U1003480

天津圖書館購藏影印本古籍書目

上

天津圖書館 編

天津社會科學院出版社

圖書在版編目(CIP)數據

天津圖書館購藏影印本古籍書目：上中下 / 天津圖書館編. -- 天津：天津社會科學院出版社，2020.12
ISBN 978-7-5563-0705-0

Ⅰ. ①天… Ⅱ. ①天… Ⅲ. ①籍－圖書館目録－天津 Ⅳ. ①Z838

中國版本圖書館 CIP 數據核字(2020)第 253725 號

天津圖書館購藏影印本古籍書目
TIANJIN TUSHUGUAN GOUCANG YINGYINBEN GUJI SHUMU

出版發行：天津社會科學院出版社
地　　址：天津市南開區迎水道 7 號
郵　　編：300191
電話/傳真：(022)23360165(總編室)
(022)23075303(發行科)
網　　址：www.tass-tj.org.cn
印　　刷：天津午陽印刷股份有限公司

開　　本：787×1092 毫米 1/16
印　　張：133.5
字　　數：2556 千字
版　　次：2020 年 12 月第 1 版 2020 年 12 月第 1 次印刷
定　　價：798.00 元(全三冊)

版權所有　翻印必究

編　委　會

主　編　王　振

編　委　王　振　楊欣言　江　山　駱　驍　孫立智　邢碧瑩

編　例

其一，本書目收錄範圍：一般影印本古籍、四庫全書系列、地方志系列、明清小説系列、詩文别集系列、珍貴古籍系列、敦煌遺書系列、漢文大藏經系列等部分。書後還附錄了縮微品，包括：古籍、期刊、報紙等内容。

其二，本書目著錄内容包括：書名、著者、版本、卷册數；子目的書名、著者、版本、卷册數；叢書名、子目類别等。

其三，原復康路館區圖書沿用原索書號，為字母加序號的形式。一般影印本古籍用“Y”表示；小説類用“T”表示；地方志用“F”表示。文化中心新館區圖書因採購量大，圖書到館時間不一，目前只是按類集中排架，尚未著録索書號。

其四，四庫全書系列中的各种影印本古籍，本書为其標註了新索書號。

《四庫全書》用“SK”表示；

《續修四庫全書》用“XX”表示；

《四庫全書存目叢書》用“CM”表示；

《四庫全書存目叢書補編》用“CB”表示；

《四庫未收書輯刊》用“WS”表示；

《四庫禁燬書叢刊》用“JH”表示。

例如，SK/第 1 册，指《四庫全書》第一册，以此類推。

其五，《中華再造善本》，本書为其標註了新索書號，用“ZZ”表示。

例如，ZZ/0002，指《中華再造善本》的第二種，以此類推。

序

《天津圖書館購藏影印本古籍書目》,經過編者多年努力,終於殺青,近日即將付梓。編者王振持書稿索序於我,因此書編制之始末,自己既是知情者,又是見證者,所以欣然應允。聊書數語于簡端,充為書序。

在我國初期的古籍影印工作方面,天津圖書館應該屬於先行者。早在20世紀80年代,天津圖書館古籍部選擇了館藏稀見善本古籍,進行影印。包括孤本《恩平縣志》《大浦縣志》及《火戲略》等。記得當時印書,全部是手工操作:製版用電火花蠟版,刷印用手推油墨機,印刷用的玉扣紙直接從南方購進。刷印出來後,齊欄訂線、裝訂成冊,印製訂單,向全國兄弟省館介紹和推銷。當時上級領導要求我們文化事業單位創收,以文補文,用來解決員工的月獎金發放問題。這項工作因有領導支援,員工受益,所以有條不紊推進,取得了經濟效益和社會效果雙豐收。

嗣後,天津圖書館與中華全國圖書館文獻縮微複製中心合作,首先將館藏善本古籍進行縮微複製,目的是利用照相複製技術,把館藏善本古籍的內容轉化成膠捲的形式進行複製保存。再從中精選部分善本古籍進行影印出版。經過多年合作,我們影印出版了一些古籍。主要包括:《全祖望校水經注稿本合編》,1996年據天津圖書館原藏全祖望的五校稿本影印;《足本按遼疏稿》,1996年據天津圖書館原藏明刻本影印;《袁世凱未刊書信稿》,1998年據天津圖書館原藏本影印;《天津圖書館孤本秘笈叢書》,1999年據天津圖書館原藏善本影印;《明鈔本萬曆起居注》,2001年據天津圖書館藏明抄本影印。

與此同時,為了擴大"雙效",天圖自己選擇稀見善本,與其他專業古籍出版社合作,進行影印出版,使館藏善本古籍化身百千,為更多讀者服務。這類出版物主要包括:《王襄著作選集》,2005年天津古籍出版社影印本;《治河全書》,2007年天津古籍出版社影印本;《天津圖書館珍藏清人別集善本叢刊》,2009年天津古籍出版社影印本;《天津圖書館藏家譜叢書》,2011年天津古籍出版社影印本。

當時各大專業古籍出版社,將深藏於各家收藏單位的有價值的善本古籍進行遴選、編輯、出版,投向社會,在一定程度上緩解了學術研究資料荒的狀況,同時又彌補了各類型圖書館原藏古籍之缺,滿足讀者急需。

我們認為,作為公益性的公共圖書館購藏影印本古籍,具有十分重要的意義和功用。影印本古籍,可以增加館藏古籍的品種和數量,彌補館藏原版古籍之不足。影印本古籍,可以充當館藏原版古籍的化身作用,供讀者借閱,從而有效地保護了館藏原版古籍。影印本古籍,可以為出版社策劃選題提供參考,起到一定借鑒作用。

天津圖書館與時俱進,逐年增加購書經費,用來採購所需影印本古籍。為了採購有價值的影印本古籍,天津圖書館制定了若干條"文獻採購原則":主要條款包括:屬於本館特色藏書,優先購藏;屬於兄弟館藏的古籍善本,優先購藏;屬於古籍善本系列的叢書者,優先購藏。凡屬於點校、注釋等加工過的新版古籍不予採購。

我館2012年新建了一座現代化程度很高的"文化中心"圖書館。新館建成後,閱覽室面積比以前增長幾倍,來館查閱影印本古籍的讀者人數也在同步增加。購書經費每年也在同步增加。這些方面為大規模購藏影印本古籍創造了寬鬆條件。

依據館訂採購原則,利用年度預算經費,我館每年都採購了全國各大專業古籍出版社和民營文化公司編印出版的大量有價值的影印本古籍。經過20年的採購和積累,天津圖書館購藏的影印本古籍數量達到相當規模。依據《天津圖書館購藏影印本古籍書目》統計,截止2018年,我館各個時期採購的、各個類型的影印本古籍共計1600餘種。若以每種影印本古籍叢書包含的子目作為對象進行統計,本書著錄的單種影印本古籍的數量高達103000餘種。若單種原版古籍按照每種6冊進行統計,其數量高達618000冊。這個數字幾乎相當於天津圖書館現在所藏540000冊原版古籍的數量。這些影印版古籍,極大地豐富了我館古籍藏書,彌補原藏之缺,滿足了讀者需要。

經過多年的購藏和積累,我館收藏的影印本古籍,業已形成了幾大系列

一、明清方志系列

《天一閣藏明代方志選刊續編》,丘時庸修,1990年上海上海書店影印本,72冊;《中國西北稀見方志續集》,邵國秀編,1997年北京中華全國圖書館文獻縮微複製中心影印本,10冊;《明代孤本方志選》,國家圖書館地方志和家譜文獻中心編,2000年北京中華全國圖書館文獻縮微複製中心影印本,12冊;《清代孤本方志選》,國家圖書館分館編,2001年北京綫裝書局影印本,兩輯共60冊;《孤本舊方志選編》,國家圖書館地方志家譜文獻中心編,2004年北京綫裝書局據國家圖書館藏書影印本,26冊;《華東師範大學圖書館藏稀見方志叢刊》,黄秀文 吳平主編,2005年北京圖書館出版社影印本,20冊;《國家圖書館藏地方志珍本叢刊》,2016年天津古籍出版社影印本,800冊。

除了以上列舉之外,尚有《上海圖書館藏稀見方志叢刊》《浙江圖書館藏稀見方志叢刊》《華東師範大學圖書館藏稀見方志叢刊》及《日本藏中國罕見地方志叢刊續編》等。2004年是天津建城600周年,為迎接這一頗具歷史意義的日子,我們特將本館珍藏的天津地區25部善本方志,影印製成《天津圖書館藏地方史志叢書》,成為方志系列的重要組成部分。

二、明清小說系列

《明清善本小說叢刊初編》,"國立"政治大學古典小說研究中心主編,1985年中國臺灣天一出版社影印本,809冊;《古本小說叢刊》,《古本小說叢刊》編輯委員會編輯,1987年北京中華書局影印本,205冊;《古本小說集成》,《古本小說集成》編委會編,1990至1994年上海古籍出版社影印本,714冊。

除了以上列舉書之外,尚有《大連圖書館藏稀見小說叢書》《北京圖書館藏珍本小說叢刊》及《哈佛燕京圖書館藏齊如山小說戲曲文獻彙刊》等。當時幾家出版社出版的小說叢書全部予以購藏。

三、歷代詩文別集系列

《宋集珍本叢刊》是一套旨在保存和流通宋代文集珍稀版本的大型斷代文集叢書。由四川大學古籍研究所編纂。全書共選錄宋人別集、總集405種,108冊。

除此之外,尚有黄山書社影印出版的《明別集叢刊》(第一輯),《明別集叢刊》從明代政治、經濟、思想、學術、文學、藝術等方面有相當影響或極具史料文獻價值的個人詩文集中,遴選出約1800種明人詩文集彙編而成。《叢刊》底本主要來源於北京大學圖書館、復旦大學圖書館所藏明人別集。再有上海古籍出版社影印出版的《清代詩文集彙編》及國家圖書館出版社影印出版的《清代詩文集珍本叢刊》等。

四、古籍善本系列

《中華再造善本》正編及續編。這是含金量最足的一部善本古籍系列叢書。從歷代古籍傳本中精選成,自唐迄清分為《唐宋編》《金元編》《明代編》《清代編》及《少數民族文字文獻編》共計5編。每編悉按經、史、子、集、叢編次。選錄範圍以我國內地各大圖書館收藏為主,兼及香港、澳門及臺灣地區所藏。2011年1月國家圖書館出版社以線裝形式影印出版。

除此之外,尚有《永樂大典》《國家圖書館藏年譜叢書》《北京圖書館古籍珍本叢刊》《國家圖書館稀見古代醫籍鈔(稿)本叢編》《北京大學圖書館館藏稾本叢書》及《華東師範大學圖書館藏稀見叢書匯刊》等。

五、四庫全書系列

《四庫全書》乃清代乾隆時期編纂的最大一部綜合性叢書。分經、史、子、集四部。收錄古籍3400餘種、79000餘卷、裝訂成36000餘冊。保存了清乾隆以前刊印繕寫的歷代四部重要典籍。

我館購藏的四庫全書系列,主要包括《四庫全書》,1987年上海古籍出版社文淵閣影印本,1501冊。此書將臺灣影印出版的文淵閣本《四庫全書》作為底本,經縮小板框後予以影印出版,亦即小開本文淵閣《四庫全

書》此書影印後，頗受學界和藏書單位青睞，一時間洛陽紙貴，"四庫學"成為顯學，持續熱度不減。嗣後，相繼出現了多種相關的《四庫全書》系列叢書，主要包括：《四庫全書存目叢書》，1997 年齊魯書社影印本，1200 冊；《四庫未收書輯刊》，1998 年北京出版社影印本，301 冊；《四庫禁燬書叢刊》，1998 年北京出版社影印本，310 冊；《續修四庫全書》，2003 年上海古籍出版社影印本，1801 冊；《四庫提要著錄叢書》，2012 年北京出版社，1000 冊。

六、明清檔案系列

明清檔案，分為內閣大庫檔案、軍機處檔案及內務府檔案等。其中，除大部分為漢文外，還有滿文老檔以及英、法、德等文字的外交檔案。我國現存明清各種檔案約計 1000 萬件。

這些明清代檔案，是研究中國歷史不可或缺的歷史文獻。天圖加大購藏力度，幾乎把由廣西師範大學出版社出版的原藏中國歷史第一檔案館的檔案全部購藏，形成具有特色的一宗藏品。主要包括：《中國明朝檔案總匯》《康熙朝漢文硃批奏摺彙編》《雍正朝漢文硃批奏摺匯編》《雍正朝漢文諭旨匯編》《乾隆朝上諭檔》《乾隆朝軍機處隨手登記檔》《嘉慶道光兩朝上諭檔》《咸豐同治兩朝上諭檔》《光緒朝硃批奏摺一百二十輯》及《光緒宣統兩朝上諭檔》等。

七、敦煌遺書系列

敦煌遺書，指甘肅敦煌所出五至十一世紀的古寫本及印本。清光緒末年被西方探險家將大批文書珍品捆載而去，分佈在世界各地的博物館。從內容上可分為宗教典籍、官私文書、中國四部書、非漢文文書等類。是研究中古中國、中亞、東亞、南亞相關的歷史學、考古學、宗教學、人類學、語言學、文學史、藝術史、科技史的重要研究資料。

這些敦煌遺書，幾乎由上海古籍出版社獨家予以影印出版。我館全部予以購藏，計有：《上海圖書館藏敦煌吐魯番文獻》四冊，1999 年 8 月一版；《上海博物館藏敦煌吐魯番文獻》2 冊，1993 年 12 月一版；《北京大學藏敦煌文獻》2 冊、1995 年 12 月一版；《天津市藝術博物館藏敦煌文獻》7 冊，1996 年 12 月一版；《俄藏敦煌文獻》17 冊，1992 年 12 月一版；《俄藏敦煌藝術品》6 冊，1997 年 12 月一版；《法藏敦煌西域文獻》34 冊，1994 年 12 月一版；《英藏敦煌文獻》（漢文佛經以外部分），15 冊，1990 年四川人民出版社等。

八、漢文大藏經系列

《大藏經》是佛教典籍叢書，又名一切經、契經、藏經或三藏。內容包括經、律、論三大部分。其後又增加了有關經、律、論的注釋和疏解等"藏外典籍"，成為卷帙浩繁的四大部類。各個時代編纂的大藏經，形式和內容互有不同。除房山石經外，宋代以前的基本上都是卷軸裝幀的書寫本。北宋開寶年間，第一部木版雕印的大藏經問世後，歷元、明、清至民國，共出版過木刻和排印本大藏經二十種。我館陸續購藏其中幾種重要的大藏經，包括：國家圖書館藏孤本《趙城金藏》、明清時期刊本的《徑山藏》、清乾隆版《大藏經》及《嘉興藏》等。

以上列舉的八大系列影印本古籍叢書，佔據本館購藏影印本古籍的百分之八十以上。除了這部分影印本古籍叢書外，尚有其餘百分之二十的小品種影印本古籍，也頗有價值。

為了充分揭示這些影印本古籍的價值，為讀者查閱影印本古籍提供便利，當時的閱覽室負責人王振組長提出自己動手，利用工餘時間，為閱覽室收藏的這些影印本古籍編制目錄的想法。從 2013 年搬入新館開始，到 2018 年為止，用了六年時間，終於編成了這部《天津圖書館購藏影印本古籍書目》。

編制這部書目，王振老師主要做了以下工作。

順架並給序號。把書架上面放置的影印本古籍進行前後調整和重新排順。做到藏書與序號相符。

儘量將同類書，或者同屬一個系列古籍叢書放在一起。若沒有放在一處，就進行調整，重新排序。這項工作頗費體力。

將新購進來的影印本古籍進行著錄。對有些古籍叢書沒有提供詳細的子目信息者，對有些零種古籍的基本著錄事項不全者，持書予以增補著錄。這項工作頗費精力。

將購藏的影印本古籍著錄信息,全部錄成文本,進行排版,形成書目。

校對書稿,使錯字率控制在萬分之一以下。使書目達到“齊清定”出版標準。

《天津圖書館購藏影印本古籍書目》,既是第一部全面揭示一座圖書館購藏影印本古籍的館藏書目,又是我國第一部著錄影印本古籍的專題書目。這部書目具有以下特點。

收錄的影印本古籍量大質精,幾乎將全國各個時期出版的主要影印本古籍囊括其中。

正文以叢書立目。一種叢書列為一個條目。每種叢書詳細著錄書名、著者、版本、出版年及館藏號等事項。

叢書之下,析分子目。子目詳細著錄書名、著者、版本及序號等事項。

王振老師作為一名職業女士,長期在一線工作,為讀者服務。面對購藏數量巨大的這些影印本古籍,主動提出承擔這個艱巨的編目任務,她利用工餘時間,憑著一種敬業精神和奉獻精神,創造性開展工作,完成了這部書目的編制任務。“為書找讀者,為讀者找書”,這是圖書館工作者一直追求的服務宗旨、工作目標和精神境界。王振女士以自己的實際行動,常年的辛勤勞作和汗水的付出,踐行了這個服務宗旨。王振女士的這種工作作風,令人敬佩,值得褒獎。王振女士為天津圖書館留下了一部高品質的的影印本古籍編目成果,同時,更為圖書館事業的發展做出了自己的貢獻。

令人欣慰的是,王振老師完成了這部書目編制任務後,即向館裡申請專項出版經費。很快得到了館領導的大力支持,同意利用館裡設立的科研經費向承接出版專案的天津社會科學院出版社提供出版資助。這部書的出版,既是王振老師的研究成果,同時也是天津圖書館的一項業務成果。

今後,隨著我館購藏影印本古籍數量的不斷增加,這部《天津圖書館購藏影印本古籍書目》也需要不斷地進行增補,與此同時,還需要將2019年至今採購的影印本古籍及時進行著錄,予以增補。因受篇幅限制,此次出版時刪掉了原來已經編制的索引,留下了些許遺憾。期待再版時,彌補這些不足,不斷增補之、完善之,使這部書目更趨完美,以達成為讀者提供更好服務之目的。

李國慶

目　　錄

天津圖書館購藏影印本古籍書目:上

一、一般影印本古籍

Y0001(1－164)
永樂大典附索引
(明)解縉等編纂
二〇〇二年北京圖書館出版社影印本
一六四册
牛津大學博德利圖書館藏《永樂大典》
(明)解縉等纂修
二〇一五年北京國家圖書館出版社
十九册

Y0002
明鈔本萬曆起居注附索引
陸行素主编
二〇〇一年全國圖書館文獻縮微複製中心據天津圖書館藏明抄本影印
十七册
中國公共圖書館古籍文獻珍本匯刊.史部

Y0003(1－4)
治河全書
(清)張鵬翮撰
二〇〇七年天津古籍出版社影印本
四册

Y0004(1－12)
讀史方輿紀要稾本附索引
(清)顧祖禹撰
一九九三年上海古籍出版社影印本
十二册
中國古籍珍本叢書

Y0005(1－10)
中日文化交流史大系
周一良(日)中西進主編
一九九六年浙江人民出版社鉛印本
十册
歷史卷 Y0005/第1册
王曉秋(日)大庭修主編
法制卷 Y0005/第2册
劉俊義(日)池田溫主编
思想卷 Y0005/第3册
嚴紹璗(日)源了圓主編
宗教卷 Y0005/第4册
楊增文(日)源了圓主編
民俗卷 Y0005/第5册
馬興國(日)宫田登主編
文學卷 Y0005/第6册
嚴紹璗(日)中西進主編
藝術卷 Y0005/第7册
王勇(日)上原昭一主編
科技卷 Y0005/第8册
李廷舉(日)吉田忠主編
典籍卷 Y0005/第9册
王勇(日)大庭修主編
人物卷 Y0005/第10册
王勇(日)中西進主編

Y0006
朱啟鈐學術研討會文集 冉冉流芳驚絕代
啓功等編
二〇〇五年貴陽貴州人民出版社鉛印本
一册

Y0007(1－10)
政書集成
陳生璽輯
一九九六年鄭州市中州古籍出版社影印本
十册
新語二卷 Y0007/第1輯
(西漢)陸賈撰
據中華書局聚珍倣宋版印
新書十卷 Y0007/第1輯
(西漢)賈誼撰
據中華書局聚珍倣宋版印
申鑒五卷 Y0007/第1輯
(東漢)荀悅撰
據中華書局聚珍倣宋版印
中論二卷 Y0007/第1輯
(東漢)徐干撰
據中華書局聚珍倣宋版印
政論一卷 Y0007/第1輯
(三國魏)劉廙撰
據中華書局聚珍倣宋版印
體論 Y0007/第1輯
(三國魏)杜恕撰
據中華書局聚珍倣宋版印
世要論一卷 Y0007/第1輯
(三國魏)桓範撰
據中華書局聚珍倣宋版印
萬機論 Y0007/第1輯
(三國魏)蔣濟撰
據中華書局聚珍倣宋版印
典語 Y0007/第1輯
(西晉)陸景撰
據中華書局聚珍倣宋版印
傅子 Y0007/第1輯
(西晉)傅玄撰
據中華書局聚珍倣宋版印
袁子政書 Y0007/第1輯
(西晉)袁淮撰
據中華書局聚珍倣宋版印
中說 Y0007/第2輯
(隋)王通撰
據中華書局聚珍倣宋版印
帝範 Y0007/第2輯
唐太宗李世民撰
據中華書局聚珍倣宋版印
貞觀政要 Y0007/第2輯
(唐)吳兢撰
據中華書局聚珍倣宋版印
長短經 Y0007/第3輯
(唐)趙蕤撰
據中華書局聚珍倣宋版印
帝學 Y0007/第3輯
(宋)范祖禹撰
據中華書局聚珍倣宋版印
東宫備覽 Y0007/第3輯
(南宋)陳模撰
據中華書局聚珍倣宋版印
州縣提綱 Y0007/第3輯
(宋)不著撰人
據中華書局聚珍倣宋版印
作邑自箴 Y0007/第3輯
(宋)李元弼撰
據中華書局聚珍倣宋版印
廉吏傳 Y0007/第4輯
(明)黃汝亨撰

據中華書局聚珍倣宋版印
官箴 Y0007/第4輯
(宋)呂本中撰
據中華書局聚珍倣宋版印
百官箴 Y0007/第4輯
(宋)許月卿撰
據中華書局聚珍倣宋版印
晝簾緒論 Y0007/第4輯
(宋)許月卿撰
據中華書局聚珍倣宋版印
朱文公政訓 Y0007/第4輯
(宋)朱熹撰
據中華書局聚珍倣宋版印
西山政訓 Y0007/第4輯
(宋)眞德秀撰
據中華書局聚珍倣宋版印
折獄龜鑒 Y0007/第4輯
(南宋)鄭克撰
據中華書局聚珍倣宋版印
仕學規範 Y0007/第4輯
(宋)張鎡撰
據中華書局聚珍倣宋版印
為政忠告 Y0007/第5輯
(元)張養浩撰
據中華書局聚珍倣宋版印
治世龜鑒 Y0007/第5輯
(元)蘇天爵撰
據中華書局聚珍倣宋版印
為政善報事類 Y0007/第5輯
(元)葉留編
據中華書局聚珍倣宋版印
從政錄 Y0007/第5輯
(明)薛瑄著
據中華書局聚珍倣宋版印
全史吏鑒 Y0007/第5輯
(明)徐元太撰
據中華書局聚珍倣宋版印
牧鑒 Y0007/第6輯
(明)楊昱撰
據中華書局聚珍倣宋版印
實政錄 Y0007/第6輯
(明)呂坤撰
據中華書局聚珍倣宋版印
資政要覽 Y0007/第7輯
(清)福臨撰
據中華書局聚珍倣宋版印
庭訓格言 Y0007/第7輯
(清)康熙皇帝愛新覺羅玄燁撰
據中華書局聚珍倣宋版印
日知薈說 Y0007/第7輯
(清)高宗愛新覺羅弘曆撰
據中華書局聚珍倣宋版印
政學錄 Y0007/第7輯
(清)鄭端輯
據中華書局聚珍倣宋版印
居官必覽 Y0007/第7輯
(清)金庸齋撰
據中華書局聚珍倣宋版印
從政遺規 Y0007/第8輯
(清)陳弘謀輯
據中華書局聚珍倣宋版印
在官法戒錄 Y0007/第8輯
(清)陳弘謀輯
據中華書局聚珍倣宋版印
君鑒錄 Y0007/第8輯
(清)尹會一撰
舊刻本
臣鑒錄 Y0007/第8輯
(清)尹會一撰
舊刻本
士鑒錄 Y0007/第8輯
(清)尹會一撰
舊刻本
女鑒錄 Y0007/第8輯
(清)尹會一撰
舊刻本
圖民錄 Y0007/第8輯
(清)袁守定撰
據中華書局聚珍倣宋版印
牧令書輯要 Y0007/第9輯
(清)徐棟編
據中華書局聚珍倣宋版印
宦海指南 Y0007/第10輯
(清)許乃普輯
據中華書局聚珍倣宋版印
劉簾舫先生吏治三書 Y0007/第10輯
(清)劉衡撰
據中華書局聚珍倣宋版印
入幕須知 Y0007/第10輯
張廷驤輯
據中華書局聚珍倣宋版印
保甲書 Y0007/第10輯
(清)徐棟纂
道光間鐫

Y0008(1-2)
欽定國子監志
(清)文慶 李宗昉等纂修 郭亞南等校點
二〇〇〇年北京古籍出版社鉛印本
二冊

Y0009(1-4)
景刊唐開成石經:附賈刻孟子嚴氏校文
中華書局編輯部
一九九七年中華書局出版影印本
四冊
周易九卷 Y0009/第1冊
(魏)王弼注 (晉)韓康伯注
民國十五年皕忍堂
尚書十三卷 Y0009/第1冊
(漢)孔安國傳
民國十五年皕忍堂
毛詩二十卷 Y0009/第1冊
(漢)鄭玄箋
民國十五年皕忍堂
周禮十二卷 Y0009/第1冊
(漢)鄭玄注
民國十五年皕忍堂
儀禮十七卷 Y0009/第1-2冊
(漢)鄭玄注
民國十五年皕忍堂
禮記二十卷 Y0009/第2冊
林甫等奉敕注
民國十五年皕忍堂
春秋左傳三十卷 Y0009/第2-3冊
(晉)杜預注
民國十五年皕忍堂
公羊傳十一卷 Y0009/第3-4冊
(漢)何休撰
民國十五年皕忍堂
谷梁傳十二卷 Y0009/第4冊
(晉)范甯集解
民國十五年皕忍堂
孝經一卷 Y0009/第4冊
(唐)唐玄宗注
民國十五年皕忍堂
論語十卷 Y0009/第4冊
(魏)何晏集解
民國十五年皕忍堂
爾雅三卷 Y0009/第4冊
(晉)郭璞注
民國十五年皕忍堂

五經文字三卷 Y0009/第 4 册
(唐)張參撰
民國十五年皕忍堂
九經字様一卷 Y0009/第 4 册
(唐)唐玄度撰
民國十五年皕忍堂
孟子七卷 Y0009/第 4 册
(宋)朱熹集注
民國十五年皕忍堂
唐石經校文十卷 Y0009/第 4 册
(清)嚴可均撰
民國十五年皕忍堂

Y0010(1 -5)

玉海
(宋)王應麟輯
二〇〇三年揚州市廣陵書社影印本
五册

Y0011(1 -46)

地方經籍志彙編
賈貴榮 杜澤遜輯
二〇〇八年北京圖書館出版社影印本
四十六册
畿輔藝文志八卷 Y0011/第 1 -4 册
(清)史夢蘭輯
民國間定川王氏抄本
大清畿輔書徵四十一卷 Y0011/第 4 册
徐世昌輯
民國間天津徐世昌鉛印本
畿辅藝文 Y0011/第 4 -5 册
佚名編
民國間鈔本
畿輔藝文考八卷 Y0011/第 6 -7 册
(清)史夢蘭輯
民國間定川王氏鈔本
太原藝文目錄 Y0011/第 8 册
王保譿編
清宣統二年(1910)油印本
遼海書征六卷 Y0011/第 8 册
金毓黻編
民國三十一年(1942)國立東北大學文科研究所石印本
長白藝文志 Y0011/第 8 册
(清)英浩編
清抄本
隴右張氏遺著書錄 Y0011/第 8 册
張令瑄輯
民國三十七年(1948)抄本
萊郡經籍考四卷附編一卷 Y0011/第 8 册
(清)侯登岸撰
民國間北海郭氏松南書廬抄本
曲阜清儒著述記二卷 Y0011/第 9 册
孔祥霖編
民國四年(1915)山東鉛印本
蘇州府志藝文志四卷 Y0011/第 9 册
(清)李銘皖等修 (清)馮桂芬纂
清江蘇書局光緒九年(1883)刻本
海虞藝文志備考 Y0011/第 9 册
佚名編
抄本
海虞文獻備略 Y0011/第 10 册
(清)姚福均編
抄本
海虞藝文目錄十六卷 Y0011/第 10 册
(清)楊英彝編
清道光間刻本
重修常昭合志藝文志一卷 Y0011/第 11 册
丁祖蔭編
民國三十八年(1947)鉛印本
無錫先哲遺書目四卷 Y0011/第 11 册
孫祖基編
民國三十年(1941)孫氏玉鑒堂鉛印本
錫山歷朝著述書目考正編六卷續編三卷補編三卷卷首一卷雜錄一卷 Y0011/第 12 册
(清)高鑅泉撰
清光緒二十八年(1902)活字本
江陰藝文志二卷校補一卷 Y0011/第 13 -16 册
金武祥輯
清光緒十七年(1891)暨陽金氏赤溪刻本
江陰縣續志藝文二卷 Y0011/第 16 册
繆荃孫編
民國十年(1921)刻本
常郡八邑藝文志十二卷 Y0011/第 16 册
(清)盧文弨輯 (清)莊翊昆等校補
清光緒十六年(1890)刻本
清代毗陵書目八卷 Y0011/第 16 册
張惟驤編
民國間抄本
泰縣著述考八卷 Y0011/第 16 -17 册
陸銓撰
一九六三年泰州市圖書館傳抄原稿本
南通地方文獻聯合目錄初稿 Y0011/第 17 册
南通市圖書館編
一九六三年油印本
淮安藝文志十卷 Y0011/第 18 -19 册
清同治十二年(1873)刻本
台州經籍志四十卷 Y0011/第 20 -23 册
項元勛編
民國四年(1915)浙江省立圖書館鉛印本
台州藝文略 Y0011/第 23 册
楊晨編
民國二十五年(1936)黄岩楊氏黄岩鉛印本
台州經籍考 Y0011/第 24 册
民國間吴興劉承幹嘉業堂抄本
兩浙地志錄 Y0011/第 24 册
(清)周廣業撰
民國間(1912 -1949)抄本
杭州藝文志十卷 Y0011/第 25 册
(清)吳慶坻編
清光緒三十四年(1908)長沙刻本
平湖經籍志十六卷 Y0011/第 26 册
陸惟鍌編
民國二十七至民國三十年(1938 -1941)陸惟鍌求是齋刻本
海昌藝文志二十四卷 Y0011/第 27 册
(清)管庭芬原輯 蔣學堅續輯
蔣學堅續輯民國十年(1921)鉛印本
海寧經籍專備考 Y0011/第 28 册
(清)吳騫編
小清儀閣抄本
湖錄經籍考六卷 Y0011/第 28 册
(清)鄭元慶輯
民國九年(1920)吳興劉氏嘉叢堂刻本
寧波學人著書目一卷 Y0011/第 28 册
張氏約園抄本
四明經籍志四十五卷 Y0011/第 29 册
張壽鏞編
民國間張氏約園抄本
金華文萃書目提要八卷 Y0011/第 30 册
(清)胡鳳丹編
清同治八年(1869)金華胡氏退補齋刻本
金華經籍志二十七卷 Y0011/第 31 册

胡宗楙編
民國十四年(1925)永康胡氏夢選樓刻本
溫州經籍志三十六卷卷首一卷 Y0011/第32－35册
(清)孫詒讓編
民國十年(1921)浙江公立圖書館刻本
桐城續修縣志藝文志一卷 Y0011/第35册
(清)廖大聞等修 (清)金鼎壽纂
清道光十四年(1834)刻本
桐城文學撰述考補遺四卷 Y0011/第35册
劉聲木編
民國十八年(1929)直介堂刻本
貴池先哲遺書序目 Y0011/第36册
劉世珩編
民國十四年(1925)貴池劉氏唐石簃刻本
貴池先哲遺書待訪目 Y0011/第36册
劉世珩編
民國十四年(1925)貴池劉氏唐石簃刻本
西江志經籍志三卷 Y0011/第37册
(清)白潢修 (清)查慎行等纂
清康熙間刻本
耕冰寄廬鄉賢書目 Y0011/第37册
康爵編
民國十八年(1929)康氏抄本
泉州府志藝文志一卷 Y0011/第37册
(清)懷蔭布修 (清)黄任等纂
清同治九年(1870)章倬標刻本
中州集略六卷 Y0011/第37－38册
(清)張宗泰輯
民國十八年(1929)鉛印本
中州藝文錄四十二卷 Y0011/第38－42册
李時燦等編
民國間刻本
湖北書征存目十四卷 Y0011/第43－45册
(清)張康遜原輯 張國淦續輯
民國十一年(1922)蒲圻張氏油印本
黄州府志藝文志四卷 Y0011/第45册
(清)英啓修 (清)鄧琛纂
清光緒十年(1884)硃印本
鐘祥藝文考四卷 Y0011/第45册
李權編
民國十五年(1926)鍾祥李氏雙槐廬鉛印本
楚寶目錄 Y0011/第45册
(清)劉人熙編
清光緒十四年(1888)刻本
潛江書征四卷附錄二卷 Y0011/第46册
甘鵬雲撰
民國二十五年(1936)潛江甘氏崇雅堂鉛印本
襄陽藝文略五卷附錄一卷 Y0011/第46册
(清)吳慶燾編
清光緒間刻本
潮州志藝文志四卷 Y0011/第46册
饒宗頤纂
民國間汕頭潮州修志館汕頭鉛印本

Y0011

地方經籍志彙編書名索引
宋志英 駢宇騫
二〇一〇年北京圖書館出版社
二册

Y0012(1－24)

孫子集成
謝祥皓 劉申寧輯
一九九三年濟南齊魯書社影印本
二十四册
銀雀山漢墓竹簡・孫子兵法 Y0012/第1册
文物出版社一九八五年刊本
大通上孫家寨漢簡・孫子 Y0012/第1册
《文物》一九八一年第二期六朝寫本
六朝鈔本舊注孫子斷片 Y0012/第1册
六朝寫本
魏武帝注孫子 Y0012/第1册
(三國)曹操
清平津館顧千里摹本
校正武經七書・孫子 Y0012/第1册
朱服
宋刊本
宋本武經七書・孫子 Y0012/第1册
續古逸叢書景刊本
重刻武經七書・孫子 Y0012/第1册
皕忍堂刊本
宋本十一家注孫子 Y0012/第1册
中華書局一九六一年景印本
西夏文孫子 Y0012/第1册
舊刊本
施氏七書講義・孫子十一卷 Y0012/第2册
(宋)施子美講義
日本文久三年刊本
孫武子直解三卷 Y0012/第2册
(明)劉寅撰
明成化二十二年刊本
新鐫武經七書・孫子一卷 Y0012/第2册
(明)王陽明手批
明天啟元年刊本
武學經傳・孫子三卷 Y0012/第2册
(明)鄭廷鵠注
明嘉靖癸丑刊本
孫子說二卷 Y0012/第2册
(明)方山注
明嘉靖丙辰刊本
孫子注解十三卷 Y0012/第3册
上海涵芬樓景印《道藏》本
孫子集注十三卷 Y0012/第4册
談愷
上海涵芬樓影印明嘉靖刻本
孫子校解引類 Y0012/第5册
(明)趙本學編輯
明萬曆甲寅重刊本
握機緯・孫武子(諸家約注)十三卷 Y0012/第5册
曹胤儒輯
明刊本
孫子集注十三卷 Y0012/第6册
(明)李棣注
明隆慶壬申刊本
孫子集注十三卷 Y0012/第7册
(明)黃邦彥校
明萬曆乙丑刊本
諸子品節・孫武子二卷 Y0012/第7册
陳深撰
明萬曆辛卯刊本
孫子略解(曹操)二卷 Y0012/第7册
(三國)曹操著 (清)何允中輯
清嘉慶刊廣漢魏叢書補足本
武經七書・孫子三卷 Y0012/第7册
(明)徐夢麟輯
明萬曆二十三年文錦堂刊本

諸子彙函·孫武子一卷 Y0012/第7冊
(明)歸有光輯
明天啟乙丑刊本
評注七子兵略·孫子一卷
Y0012/第7冊
陳玖學評注
民國六年石印本
孫子取衷十三卷 Y0012/第8冊
(明)趙庭編輯
明萬曆己酉刊本
孫子參同五卷 Y0012/第8冊
(明)李贄評注
明吳興閔氏刻本
孫子評釋一卷 Y0012/第9冊
(明)王世貞評釋
明天啟元年刊本
武書考注·孫子一卷 Y0012/第9冊
(明)黄榜注
明運籌堂刊本
武備志兵訣評·孫子一卷
Y0012/第9冊
(明)茅元儀輯
明天啟辛酉刊本
校音點注孫子六卷 Y0012/第9冊
(明)何守法校注
《中國兵學大系》景印本
孫子明解八卷 Y0012/第10冊
(明)鄭二陽著
明崇禎辛未刊本
武經七書匯通三卷 Y0012/第11冊
(明)沈際飛閱纂
明崇禎九年刊本
武經七書合箋·孫子一卷
Y0012/第11冊
(明)沈際飛閱纂
明崇禎九年刊本
新鐫武經七書類注·孫子三卷
Y0012/第11冊
(明)黄謩伯類注
明崇禎金閶吳氏刊本
武經直解開宗合參·孫子一卷
Y0012/第11冊
(明)張居正著輯 (明)汪桓訂正
清順治辛丑刊本
四子兵法·孫子一卷 Y0012/第11冊
(明)黄之寀
明刊本
兵鏡八卷 Y0012/第12-13冊
(清)鄭廷羅撰
清康熙己未刊本
重刊武經七書匯解·孫子一卷
Y0012/第14冊
(清)朱墉纂輯
清光緒二年國英重訂本
武經匯解·孫子一卷 Y0012/第14冊
(清)黎觀五 曹繼武 夏書城等纂輯
清康熙己酉刊本
古今圖書集成·孫子十三篇
Y0012/第14冊
陳夢雷 蔣廷錫輯
中華書局影印本
四庫全書·孫子十三篇
Y0012/第14冊
陳夢雷 蔣廷錫輯
文淵閣四庫全書本
孫吳兵訣一卷 Y0012/第14冊
(清)徐經輯
清嘉慶己未《雅歌堂全集》刊本
孫子十家注十三卷 Y0012/第15冊
(清)孫星衍校
清嘉慶二年兖州觀察署刊本
孫子折衷十三卷 Y0012/第15冊
(日)平山潛纂輯
同武將軍行署校印本
孫子左樞箋三卷 Y0012/第16冊
(清)左樞注
清光緒戊戌刊本
魏武帝注孫子三卷 Y0012/第16冊
日本天保四年刊本
孫子副詮十三篇 Y0012/第16冊
(日)左藤坦注
日本天保壬寅刊本
孫子十三篇 Y0012/第16冊
(清)姚椿校
清道光癸卯抄本
武經七書擇要·孫子一卷
Y0012/第16冊
(清)朱煌漫撰
清道光乙巳刊本
滿漢合璧孫子兵法 Y0012/第16冊
(清)耆英譯
清道光丙午刊本
魏武帝注孫子三卷 Y0012/第16冊
凌堃增注
清凌氏傳經堂叢書本
古文孫子正文二篇 Y0012/第16冊
(日)櫻田迪藏
日本嘉永四年濟美館刊本
孫子兵法十三篇 Y0012/第16冊
丁晏抄
清咸豐四年抄本
武經團鏡·孫子 Y0012/第16冊
(清)王岳集注
清咸豐十一年刊本
孫子詳解十三卷 Y0012/第17冊
(日)伊藤馨著
台北文久辛酉刊本
趙注孫子五卷 Y0012/第17冊
(明)趙本學注
日本文久癸亥刊本
孫子十家注十三卷 Y0012/第18冊
(清)孫星衍 (清)吳人驥校 (清)
王詒壽重校
清光緒三年浙江書局刊本
孫子九地問對一卷 Y0012/第19冊
(清)大純鎮編輯
清光緒甲申刊本
戊笈談兵·孫子一卷 Y0012/第19冊
(清)汪紱撰
清光緒二十一年刊本
兵書七種·孫子三卷 Y0012/第19冊
(清)王緯輯
清光緒二十四年杭城石印本
孫子集解十三卷 Y0012/第19冊
(清)顧福棠集解
清光緒庚子刊本
孫子十三篇直講十三篇 Y0012/第19冊
(清)陳任暘注
清光緒三十一年月圓人壽室刊本
孫吳武經二卷 Y0012/第19冊
清光緒丙午刊本
孫子佚文一卷 Y0012/第19冊
(周)孫武撰
清稿本
孫子集注二卷 Y0012/第20冊
民國三年長沙鉛印本
孫子淺說十三篇 Y0012/第20冊
蔣方震 劉邦驥撰
民國四年房西民抄本
孫子兵法集釋十三篇 Y0012/第20冊
陸懋德集釋

民國四年商務印書館刊本
孫子十三篇三卷 Y0012/第20冊
王廷學校
上海鉛印本
孫子選注十三卷 Y0012/第20冊
夏壽田選注
民國初年石印本
諸子菁華錄·孫子一卷 Y0012/第20冊
張之純評注
民國七年鉛印本
孫子兵法史證十三篇 Y0012/第20冊
支偉成著
民國二十三年泰東書局印本
評注孫子讀本十三篇 Y0012/第21冊
陳和祥評注
民國十五年世界書局印本
孫子釋證十三卷 Y0012/第21冊
劉文屋著
民國十六年寬于一天下宣印本
孫子兵法古今釋例十三篇 Y0012/第21冊
周傳銘著
民國二十五年濟南五三美術社印本
白話譯解孫子兵法二卷 Y0012/第22冊
葉玉麟選譯
上海廣益書局刊本
孫子考十卷 Y0012/第22冊
陸達節編著
重慶軍用圖書社石印本
孫武子 Y0012/第23冊
楊杰編著
重慶勝利出版社印本
孫子章句訓義 Y0012/第23冊
錢基博著
民國三十六年商務印書館印本
孫吳兵法·孫子 Y0012/第24冊
大眾書局刊本

Y0013(1－11)
歷代山海經文獻集成
文清閣編委會編
二〇〇六年西安地圖出版社影印本
十一冊
山海經十八卷 Y0013/第1冊
作者不詳
宋淳熙七年(1180)池陽郡齋刻本
山海經十八卷 Y0013/第2冊
作者不詳
涵芬樓影印明正統(1437－1449)道藏本
山海經十八卷 Y0013/第2冊
作者不詳
涵芬樓影印明成化四年(1468)刻本
山海經十八卷 Y0013/第2－3冊
(明)蔣應鎬繪圖
明(1368－1644)刻本
山海經十八卷 Y0013/第3－4冊
作者不詳
清乾隆(1736－1796)槐蔭草堂本
山海經釋義十八卷 Y0013/第4冊
(明)王崇慶釋義
明萬曆(1573－1620)大業堂刻本
山海經補注一卷 Y0013/第4冊
(明)楊慎撰
一九一九年掃葉山房石印百子全書本
山海經廣注十八卷 Y0013/第4－6冊
(清)吳任臣撰
清康熙六年(1667)刻本
山海經存九卷首一卷 Y0013/第6－7冊
(清)王紱釋
清(1644－1911)刻汪雙池先生叢書本
山海經新校正十八卷 Y0013/第7－8冊
(清)畢沅校
清光緒三年(1877)浙江書局刻本
山海經箋疏十八卷圖贊一卷訂訛一卷叙錄一卷 Y0013/第8冊
(清)郝懿行
清嘉慶四年(1799)阮氏琅環仙館刻本
山海經腴詞一卷 Y0013/第8冊
(明)朱銓輯
清同治六年(1867)小琅環山館匯刊類書十二種本
山海經圖贊二卷補逸一卷 Y0013/第9冊
作者不詳
明萬曆(1573－1620)秘册匯函本(清刻本)
山海經圖贊二卷 Y0013/第9冊
(清)嚴可均輯
清光緒三十四年(1908)觀古堂匯刻書第一集本
山海經圖贊補逸一卷 Y0013/第9冊
(清)盧文弨撰
直隸書局影印清乾隆(1736－1796)刻抱經堂叢書本
讀山海經一卷 Y0013/第9冊
(清)俞越撰
清光緒二十五年(1899)春在堂全書本
五藏山經傳五卷 Y0013/第9冊
(清)呂調陽撰
清光緒(1875－1908)觀象盧叢書本
海內經附傳一卷 Y0013/第10冊
(清)呂調陽撰
清光緒(1875－1908)觀象盧叢書本
山海經表目二卷 Y0013/第10冊
(清)馮桂芬撰
清光緒十一年(1885)校邠盧逸箋本
山海經地理今釋六卷 Y0013/第10－11冊
(清)吳承志
民國間求恕齋叢書本

Y0014(1－7)
歷代禹貢文獻集成
文清閣編委會編
二〇〇六年西安地圖出版社影印本
七冊
禹貢集解二卷 Y0014/第1冊
(宋)傅寅撰 (清)胡鳳丹校
清同治八年刻金華叢書本
禹貢說斷四卷 Y0014/第1冊
(宋)傅寅撰
文淵閣四庫全書本
禹貢論二卷後論一卷 Y0014/第1冊
(宋)程大昌撰
文淵閣四庫全書本
禹貢山川地理圖二卷後論一卷 Y0014/第1冊
(宋)程大昌撰
文淵閣四庫全書本
禹貢指南四卷後論一卷 Y0014/第1冊
(宋)毛晃撰
文淵閣四庫全書本
禹貢圖一卷尚書禹貢圖說一卷 Y0014/第1冊
(明)鄭曉撰
明嘉靖四十三年書帶草廬刻本
禹貢要注一卷 Y0014/第1冊
(明)鄭曉撰
清光緒十年古虞朱氏朱墨套印本
禹貢說長箋一卷 Y0014/第1冊
(明)鄭曉撰

明抄本
禹貢匯疏十二卷 Y0014/第2册
(明)茅瑞徵撰
明崇禎刻本
禹貢古今合注五卷 Y0014/第2册
(明)夏允彝撰
明末刻本
禹貢備遺二卷書法一卷 Y0014/第2册
(明)胡瓚撰 (清)胡宗緒增注
清初刻本
禹貢山川郡邑考四卷 Y0014/第3册
(明)王鑒撰
清抄本
禹貢圖注一卷 Y0014/第3册
(明)艾南英撰
清道光十一年安晁氏木活字印學海類編本
禹貢譜二卷 Y0014/第3册
(清)王澍撰
清康熙四十六年積書岩刻本
禹貢臆參二卷 Y0014/第3册
(清)楊陸榮撰
清康熙乾隆刻楊潭西先生遺書本
禹貢方域考一卷附北行草一卷 Y0014/第3册
(清)湯奕瑞撰
清雍正十二年刻本
禹貢匯覽四卷總論一卷 Y0014/第3册
(清)夏之芳撰
清乾隆積翠軒刻補修本
禹貢正義三卷 Y0014/第3册
(清)曹爾成撰
清乾隆刻本
禹貢解八卷 Y0014/第3册
(清)晏斯盛撰
清乾隆新喻晏氏刻楚蒙山房集本
禹貢三江考三卷 Y0014/第3册
(清)程瑤田撰
清嘉慶刻通藝錄本
禹貢水道析疑二卷 Y0014/第4册
(清)張履元撰
清道光五年味古齋刻本
禹貢因一卷 Y0014/第4册
(清)沈練撰
清光緒十八年溧陽沈氏家塾刻本
禹貢川澤考二卷 Y0014/第4册
(清)桂文燦撰
一九四六年廣東利華印務局鉛印本
禹貢正解一卷圖表一卷 Y0014/第4册
(清)朱鎮撰
清光緒三十年知止軒家塾刻本
禹貢便讀二卷 Y0014/第4册
(清)吳墀匯注撰
清道光七年刻本
禹貢九江三江考一卷 Y0014/第4册
(清)榮錫勛撰
清末刻本
禹貢今注一卷 Y0014/第4册
(清)閻寶森撰
清宣統三年鉛印本
禹貢注解一卷 Y0014/第4册
(清)姚明煇撰
民國間武昌高等師範學校鉛印本
禹貢正字一卷 Y0014/第4册
(清)王筠撰
清道光刻本
禹貢析疑一卷 Y0014/第4册
(清)顧炳嶸撰
清抄本
禹貢節注便讀一卷附禹貢總志一卷 Y0014/第4册
(清)朱麟書輯
清嘉慶十六年木活字印本
尚書地理今釋一卷 Y0014/第4册
(清)蔣廷錫撰
文淵閣四庫全書本
禹貢班義述一卷 Y0014/第4册
(清)成蓉鏡撰
清光緒十四年廣雅書局刻本
禹貢本義一卷 Y0014/第4册
(清)楊守敬撰
清光緒三十二年刻本
禹貢長箋十二卷 Y0014/第4册
(清)朱鶴齡撰
文淵閣四庫全書本
禹貢古今義案一卷 Y0014/第5册
不著撰人
清稿本
禹貢古今注通釋六卷 Y0014/第5册
(清)侯楨撰
清光緒六年侯復曾古杼秋館活字本
禹貢匯解六卷首一卷 Y0014/第5册
(清)洪兆雲撰
清光緒二十八年洪氏刻本
禹貢會箋十二卷 Y0014/第5册
(清)徐文靖撰
文淵閣四庫全書本
禹貢集釋三卷錐指正誤一卷 Y0014/第5册
(清)丁晏撰
清同治山陽丁氏六藝堂刻本
禹貢今釋二卷 Y0014/第5册
(清)芮日松撰
清道光八年求是齋刻本
禹貢九州今地考二卷 Y0014/第5册
(清)曾廉撰
清光緒三十二年刻本
禹貢山水詩九卷 Y0014/第6册
(清)崔啓晦撰
清同治三年長沙刻本
禹貢釋詁一卷附文集摘刻一卷 Y0014/第6册
(清)孫喬年撰
清道光五年天心閣刻本
禹貢說二卷 Y0014/第6册
(清)魏源撰
清同治六年方氏碧玲瓏館刻本
禹貢說一卷 Y0014/第6册
(清)倪文蔚撰
清光緒十四年刻皇清經解續編本
禹貢通解一卷 Y0014/第6册
(清)邵瓚撰
清抄本
禹貢易知錄十二卷 Y0014/第6册
(清)李慎儒撰
清光緒二十五年刻本
禹貢章句四卷 Y0014/第6册
(清)譚澐撰
清同治九年譚氏家塾刻本
禹貢正詮四卷 Y0014/第6册
(清)姚彥渠撰
清光緒十一年姚丙吉刻本
禹貢鄭氏略例一卷 Y0014/第6册
(清)何秋濤撰
清光緒十四年刻皇清經解續編本
禹貢鄭注釋二卷 Y0014/第6册
(清)焦循撰
清道光八年刻焦氏叢書本
禹貢注節讀一卷圖說一卷 Y0014/第6册
(清)馬俊良撰

清乾隆端溪書院刻本
禹貢錐指二十卷 Y0014/第7册
(清)胡渭撰
文淵閣四庫全書本
禹貢錐指導節要一卷 Y0014/第7册
(清)汪彦石輯
清咸豐三年家塾刻本

Y0015(1-3)
王襄著作選集
王襄著 唐石父 王巨儒整理
二〇〇五年天津古籍出版社影印本
三册

Y0016(1-31)
中國科學技術典籍通彙
任繼愈主編
一九九三年河南教育出版社影印本
三十一册

Y0017
《永樂大典》本《禪林類聚》校錄
林世田編校
二〇〇三年北京全國圖書館文獻縮微複製中心影印本
一册
中國佛學文獻叢刊

Y0018
李叔同印存
龔望 天津市藝術博物館藏
一九九五年天津人民美術出版社影印本
一册

Y0019(1-12)
明代經濟文錄三種
北京師範大學史學理論與史學史研究中心編輯
二〇〇三年北京全國圖書館文獻縮微複製中心影印本
十二册

Y0020(1-10)
中國歷代觀音文獻集成
夏荊山 婁玉田主編 濮文起執行主編 天津社會科學院宗教文化研究所編
一九九八年北京中華全國圖書館文獻縮微複製中心影印本
十册
中國佛學文獻叢刊
觀世音菩薩普門品經 Y0020/第1册
妙法蓮華經觀世音菩薩普門品并圖 Y0020/第1册
觀世音菩薩尋聲救苦普門示現圖 Y0020/第1册
觀音義疏記會本 Y0020/第1册
觀世音菩薩普門品講義 Y0020/第2册
觀世音菩薩普門品講錄 Y0020/第2册
倓虚法師講
青島湛山寺印經處印行
觀世音菩薩普門品經懺法 Y0020/第2册
千手千眼觀世音菩薩廣大圓滿無礙大悲心陀羅尼經 Y0020/第2册
(唐)伽梵達摩譯
觀世音菩薩大悲陀羅尼經咒 Y0020/第2册
大清宣統三年孟夏月新鐫
八十四相大悲咒 Y0020/第2册
華嚴經·普賢行願品疏·觀自在菩薩 Y0020/第2册
法苑珠林·觀世音 Y0020/第2册
古今圖書集成·觀世音 Y0020/第2册
禪門日誦·觀世音 Y0020/第2册
觀音大士自訂觀音經 Y0020/第2册
觀音濟度本願真經 Y0020/第2册
同治庚午年重鐫
觀世音經箋注 Y0020/第2册
上海醫學書局發行 佛學叢書之五
高王觀世音經注解 Y0020/第2册
光緒廿年刻
高王觀世音經箋注 Y0020/第2册
上海醫學書局發行 佛學叢書之六
觀音玄義記 Y0020/第3-4册
觀世音菩薩三寶救生經解義 Y0020/第4册
咸豐己未年刊
觀世音菩薩本行徑 Y0020/第4册
十二圓覺經 Y0020/第5册
宣統元年新刻上洋翼化堂板
觀音真經 Y0020/第5册
陳寶亭敬送
煙台東華裕印刷局印
觀音救劫經 Y0020/第5册
南海觀音救劫訓 Y0020/第5册
觀音勸善文 Y0020/第5册
板存前門外楊梅竹斜街中間永盛齋刻字鋪
南海觀音全傳 Y0020/第5册
清嘉慶二十四年刊 維新書局藏板
南海觀音全傳 Y0020/第5册
西大午辰走人訂著
普陀巖紫竹林中原本 古經閣藏版
新刻全相南海觀世音菩薩出身修行傳 Y0020/第5册
西大午辰走人訂著
歷朝名畫觀音寶像 Y0020/第6册
觀音大士慈榮五十三現象贊 Y0020/第6册
(明)胡應麟等輯
善財五十三參圖贊 Y0020/第6册
(宋)惟白述
觀音靈應圖經 Y0020/第6册
鳩摩羅什譯
觀音靈異記 Y0020/第7册
萬鈞編
民國壬申第三十三次再版本
觀世音持驗記 Y0020/第7册
觀世音菩薩本跡感應頌 Y0020/第7-8册
觀音經咒靈感錄要 Y0020/第8册
民國九年上海醫學書局
觀世音菩薩靈感錄 Y0020/第8册
觀音經咒靈感錄匯編 Y0020/第8册
新編觀音靈感錄 Y0020/第8册
觀世音菩薩感應靈課 Y0020/第9册
癸酉十月潮陽郭氏雙百鹿齋依明萬曆壬辰内府刊本模寫交北平文楷齋繡梓
觀世音菩薩圣誕祝儀 Y0020/第9册
世界佛教居士林編
上海佛學書局印行
寧波放生會癸亥匯刊 Y0020/第9册
觀音菩薩魚籃記 Y0020/第9册
專治婦人百病神方—觀音普濟丹方 Y0020/第9册
光緒甲午年丁丑月癸卯日
普陀山志十六卷 Y0020/第9-10册
廈門南普陀寺志 Y0020/第10册
觀音品經一卷 Y0020/第10册
注觀世音經 Y0020/第10册
觀音經注釋 Y0020/第10册
觀音禮 Y0020/第10册
觀世音菩薩如意輪陀羅尼章句咒 Y0020/第10册

馬鳴菩薩譯
觀世音菩薩符印 Y0020/第 10 册
馬鳴菩薩譯

Y0021（1－30）
中國館藏滿鐵資料聯合目錄
滿鐵資料編輯出版委員會編
二〇〇七年上海東方出版中心鉛印本
三十册

Y0022（1－10）
關帝文獻匯編
魯愚等編
一九九五年北京國際文化出版公司影印本
十册
關聖帝群聖迹圖志全集 Y0022/第 1 册
光緒二年刻本
關聖帝君匯考 Y0022/第 1 册
光緒二年刻本
關帝聖迹圖志 Y0022/第 2 册
光緒二年刻本
解梁關帝志 Y0022/第 2 册
光緒二年刻本
關聖帝君征信編 Y0022/第 3－4 册
周耕崖 崔秋谷纂輯
光緒二年刻本
關帝全書 Y0022/第 5－7 册
黄啟曙彙輯
光緒二年刻本
關壯繆侯事迹 Y0022/第 8 册
韓組康譔
光緒二年刻本
漢前將軍關公祠志 Y0022/第 8 册
光緒二年刻本
關聖陵廟紀略 Y0022/第 9 册
魏蒼霞鑒修
光緒二年刻本
鑒定 Y0022/第 10 册
惟一子編輯
光緒二年刻本

Y0023（1－3）
中國書院史資料
陳谷嘉 鄧洪波主編
一九九八年杭州浙江教育出版社鉛印本
三册

Y0024（1－42）
詩經要籍集成
中國詩經學會編輯
二〇〇二年北京學苑出版社影印本
四十二册
魯詩故三卷 Y0024/第 1 册
（漢）申培撰
清馬國翰《玉函山房輯佚書》本
轅固齊詩傳一卷 Y0024/第 1 册
（漢）轅固撰
民國二十三年（1934）江都朱長圻據甘泉黄氏原版補刊《黄氏逸書考·漢學堂經解》本
齊詩傳二卷 Y0024/第 1 册
（漢）後蒼撰
清馬國翰《玉函山房輯佚書》本
韓嬰詩内傳 Y0024/第 1 册
（漢）韓嬰撰 （漢）薛漢章句
民國二十三年（1934）江都朱長圻據甘泉黄氏原版補刊《黄氏遺書考·漢學堂經解》本
韓詩外傳十卷 Y0024/第 1 册
（漢）韓嬰撰 （明）程榮校
明萬曆年間新安程氏刊《漢魏叢書》本
詩緯詩含神霧詩推度災詩汎曆樞各一卷 Y0024/第 1 册
民國二十三年（1934）江都朱長圻據甘泉黄氏原版補刊《黄氏遺書考·漢學堂經解》本
附釋音毛詩注疏二十卷附校勘二十卷 Y0024/第 2－3 册
（漢）毛亨撰 （漢）鄭玄箋 （唐）陸德明音義 （唐）孔穎 達疏 （清）阮元校勘
清嘉慶間南昌府學重刊宋《十三經注疏》本
毛詩譜一卷 Y0024/第 3 册
（漢）鄭玄撰
民國二十三年（1934）江都朱長圻據甘泉黄氏原版補刊《黄氏逸書考·通德堂經解》本
毛詩馬氏注一卷 Y0024/第 3 册
（漢）馬融撰
清馬國翰《玉函山房輯佚書》本
毛詩答雜問一卷 Y0024/第 3 册
（吳）韋昭 （吳）朱育等撰
清馬國翰《玉函山房輯佚書》本
毛詩草木鳥獸蟲魚疏二卷 Y0024/第 3 册
（吳）陸璣撰 （清）丁晏校
清光緒十四年（1888）上海蜚英館石印《古經解匯函》本
毛詩草木鳥獸蟲魚疏廣要四卷 Y0024/第 3 册
（吳）陸璣撰 （明）毛晋參
明崇禎年間虞山毛氏汲古閣刊《津逮秘書》本
毛詩義問一卷 Y0024/第 3 册
（魏）劉楨撰
清光緒十五年（1889）綉江季氏重刊《玉函山房輯佚書》本
毛詩王氏注四卷 Y0024/第 3 册
（魏）王肅撰
清光緒十五年（1889）綉江季氏重刊《玉函山房輯佚書》本
毛詩異同評三卷 Y0024/第 4 册
（晋）孫毓撰
清光緒十五年（1889）綉江季氏重刊《玉函山房輯佚書》本
難孫氏毛詩評一卷 Y0024/第 4 册
（晋）陳統撰
清光緒十五年（1889）綉江季氏重刊《玉函山房輯佚書》本
毛詩拾遺一卷 Y0024/第 4 册
（晋）郭璞撰
清光緒十五年（1889）綉江季氏重刊《玉函山房輯佚書》本
毛詩徐氏音一卷 Y0024/第 4 册
（晋）徐邈撰
清光緒十五年（1889）綉江季氏重刊《玉函山房輯佚書》本
毛詩序義一卷 Y0024/第 4 册
（劉宋）周續之撰
清嘉慶三年（1798）金溪王氏刊本
毛詩周氏注一卷 Y0024/第 4 册
（劉宋）周續之撰
清光緒十五年（1889）綉江季氏重刊《玉函山房輯佚書》本
毛詩序義疏一卷 Y0024/第 4 册
（南齊）劉瓛撰
清光緒十五年（1889）綉江季氏重刊《玉函山房輯佚書》本
毛詩沈氏義疏二卷 Y0024/第 4 册
（北周）沈重撰
清光緒十五年（1889）綉江季氏重刊《玉函山房輯佚書》本

集注毛詩一卷 Y0024/第4冊
(梁)崔靈恩撰
清光緒十五年(1889)綉江李氏重刊《玉函山房輯佚書》本
毛詩音義三卷 Y0024/第4冊
(唐)陸德明撰
影宋杭州刊《經典釋文》本
(逸齋)詩補傳三十卷篇目一卷 Y0024/第5冊
(宋)范處義撰
清同治十二年(1873)粵東書局刊《通志堂經解》本
詩總聞二十卷 Y0024/第5-6冊
(宋)王質撰
清道光二十六年(1846)錢氏刊本
詩辨妄二卷 Y0024/第6冊
(宋)鄭樵撰
光緒二十二年(1896)上海同文書局《古今圖書集成》石印描潤本
詩議一卷 Y0024/第6冊
(宋)程大昌撰
光緒二十二年(1896)上海同文書局《古今圖書集成》石印描潤本
詩集傳二十卷 Y0024/第6冊
(宋)朱熹撰
民國二十四至二十五年(1935-1936)上海商務印書館《四部叢刊三編》影宋本
詩序辨一卷 Y0024/第6冊
(宋)朱熹撰
光緒二十二年(1896)上海同文書局《古今圖書集成》石印描潤本
詩綱領不分卷 Y0024/第6冊
(宋)朱熹撰
光緒二十二年(1896)上海同文書局《古今圖書集成》石印描潤本
呂氏家塾讀詩記三十二卷 Y0024/第6-7冊
(宋)呂祖謙撰
民國二十四年(1934)上海商務印書館《四部叢刊續編》影宋本
茲湖詩傳二十卷 Y0024/第7-8冊
(宋)楊簡撰
民國二十四年(1935)四明張氏約園刊《四明叢書》本
詩童子問八卷首一卷附協韵考異一卷 Y0024/第7-8冊
(宋)輔廣撰
清乾隆三十年(1765)《四庫全書》本
非詩辨妄一卷 Y0024/第7-8冊
(宋)周孚撰
清咸豐元年(1851)海昌蔣氏宜年堂刊六年(1856)重編《涉聞梓舊》本
昌武段氏詩義指南一卷 Y0024/第7-8冊
(宋)段昌武撰
民國十年(1921)上海古書流通處據清鮑氏刊《知不足齋叢書》本影印
詩緝三十六卷 Y0024/第9-10冊
(宋)嚴粲撰
明味經堂刊本
詩傳逸說六卷 Y0024/第10冊
(宋)朱鑒撰
清同治十二年(1873)粵東書局刊《通志堂經解》本
詩疑二卷 Y0024/第10冊
(宋)王柏撰
清同治十二年(1873)粵東書局刊《通志堂經解》本
詩傳注疏三卷 Y0024/第10冊
(宋)謝枋得撰
民國十年(1921)上海古書流通處據清鮑氏刊本影印《知不足齋叢書》本
詩考一卷 Y0024/第10冊
(宋)王應麟撰
光緒九年(1883)浙江書局重刊《玉海》本
詩地理考六卷 Y0024/第10冊
(宋)王應麟撰
光緒九年(1883)浙江書局重刊《玉海》本
詩辨說一卷 Y0024/第10冊
清光緒年間吳縣朱氏槐廬家塾刊《槐廬叢書初編》本
詩傳通釋二十卷 Y0024/第11-12冊
(元)劉瑾撰
清乾隆三十年(1765)《四庫全書》本
詩經疑問七卷附編一卷 Y0024/第12冊
(元)朱倬 (元)趙德等撰 (元)劉錦文編
清同治十二年(1873)粵東書局刊《通志堂經解》本
詩纘緒十八卷 Y0024/第12冊
(元)劉玉汝撰
清乾隆三十年(1765)《四庫全書》本
詩解頤四卷 Y0024/第12冊
(明)朱善撰
清同治十二年(1873)粵東書局《通志堂經解》本
詩說解頤四十卷 Y0024/第12-13冊
(明)季本撰
清乾隆三十年(1765)《四庫全書》本
詩故十卷 Y0024/第14冊
(明)朱謀㙔撰
民國四年(1915)南昌豫章叢書編刻劇刊《豫章叢書》本
讀詩私記五卷 Y0024/第14冊
(明)李先芳撰
民國十二年(1923)沔陽盧氏慎始基齋《湖北先生遺書》影印本
詩傳孔氏傳一卷 Y0024/第14冊
(明)豐坊撰
民國二十四至二十六年(1935-1937)上海商務印書館影《白陵學山》本
詩說一卷 Y0024/第14冊
(明)豐坊撰
民國二十四至二十六年(1935-1937)上海商務印書館影《白陵學山》本
重訂詩經疑問十二卷 Y0024/第14冊
(明)姚舜牧撰
清乾隆三十年(1765)《四庫全書》本
待軒詩記八卷首一卷 Y0024/第15冊
(明)張次仲撰
清乾隆三十年(1765)《四庫全書》本
讀風臆評一卷 Y0024/第15冊
(明)戴君恩撰
明萬曆四十八年(1619)閔齊伋刻朱墨套印本
詩經偶箋十三卷 Y0024/第15-16冊
(明)萬時華撰
明崇禎六年(1633)李泰刊本
徐文定公詩經傳稿不分卷 Y0024/第16冊
(明)徐光啓撰
明徐氏淵源堂家刊本 倫敦牛津大學藏
詩經世本古義二十八卷 Y0024/第16-18冊
(明)何楷撰
清乾隆三十年(1765)《四庫全書》本

詩經說約二十八卷 Y0024/第18-19册
(明)顧夢麟撰
明崇禎十五年(1642)織簾居刊本
六家詩名物疏五十五卷提要三卷 Y0024/第19-20册
(明)馮複京撰
清乾隆三十年(1765)《四庫全書》本
毛詩古音考四卷附讀詩拙言一卷附錄一卷 Y0024/第20册
(明)陳第撰
民國二十二年(1933)渭南嚴氏成都刊1957年四川人民出版社匯印《音韵學叢書》本
詩本音十卷 Y0024/第20-21册
(清)顧炎武撰
民國二十二年(1933)渭南嚴氏成都刊1957年四川人民出版社匯印《音韵學叢書》本
日知錄·論詩總 Y0024/第21册
(清)顧炎武撰
清光緒二十二年(1896)上海同文書局《古今圖書集成》石印描潤本
詩經稗疏四卷 Y0024/第21册
(清)王夫之撰
清光緒十四年(1888)南菁書院刊《皇清經解續編》本
詩繹一卷 Y0024/第21册
(清)王夫之撰
清光緒十四年(1888)南菁書院刊《皇清經解續編》本
詩廣傳五卷 Y0024/第21册
(清)王夫之撰
清光緒十四年(1888)南菁書院刊《皇清經解續編》本
毛詩寫官記四卷 Y0024/第21册
(清)毛奇齡
清蕭山書留草堂刊《西河合集》本
詩經通義十二卷附詩經考異 Y0024/第22册
(清)朱鶴齡撰
清乾隆三十年(1765)《四庫全書》本
毛詩稽古編三十卷 Y0024/第22-23册
(清)陳啓源撰
清道光九年(1829)廣東學海堂刊《皇清經解》本
田間詩學 Y0024/第23-24册
(清)錢澄之撰
清乾隆三十年(1765)《四庫全書》本
欽定詩經傳說匯纂二十一卷首二卷詩序二卷 Y0024/第24-25册
(清)王鴻緒等撰
清雍正五年(1727)內府刊《御纂七經》本
詩說三卷 Y0024/第26册
(清)惠周惕撰
清乾隆三十年(1765)《四庫全書》本
九經古義·毛詩二卷 Y0024/第26册
(清)惠棟撰
清道光九年(1829)廣東學海堂刊《皇清經解》本
詩疑辨證六卷 Y0024/第26册
(清)黃中松撰
清乾隆三十年(1765)《四庫全書》本
詩經通論十八卷 Y0024/第26-27册
(清)姚際恒撰
1927成都書局據道光十七年(1837)韓城王篤刻本重刊本
毛詩名物圖說九卷 Y0024/第27册
(清)徐鼎撰
清三餘齋稿本
毛鄭詩考正四卷 Y0024/第27册
(清)戴震撰
清道光九年(1829)廣東學海堂刊《皇清經解》本
杲溪詩經補注二卷 Y0024/第27册
(清)戴震撰
清道光九年(1829)廣東學海堂刊《皇清經解》本
詩經小學四卷 Y0024/第27册
(清)段玉裁撰
清道光九年(1829)廣東學海堂刊《皇清經解》本
讀風偶識四卷 Y0024/第27册
(清)崔述撰
清光緒五年(1879)定州王氏謙德堂刊《畿輔叢書》本
毛詩天文考一卷 Y0024/第27册
清光緒年間廣雅書局刊
詩聲類十二卷附分例一卷 Y0024/第28册
(清)孔廣森撰
民國二十二年(1933)渭南嚴氏成都刊1957年四川人民出版社匯印《音韵學叢書》本
古今圖書集成·詩經部藝文四卷 Y0024/第28册
光緒二十二年(1896)上海同文書局《古今圖書集成》石印描潤本
詩故考異三十二卷 Y0024/第28册
(清)徐華岳撰
清道光十二年(1832)思聞齋刊本
毛詩補疏五卷 Y0024/第29册
(清)焦循撰
清道光九年(1829)廣東學海堂刊《皇清經解》本
經義述聞·毛詩三卷 Y0024/第29册
(清)王引之撰
清嘉慶二十二年(1817)南昌盧宣旬刊本
詩書古訓·詩七卷 Y0024/第29册
(清)阮元撰
清光緒十四年(1888)南菁書院刊《皇清經解續編》本
毛詩後箋三十卷 Y0024/第29-30册
(清)胡承珙撰
清光緒十四年(1888)南菁書院刊《皇清經解續編》本
詩切不分卷 Y0024/第31-32册
(清)牟庭撰
清嘉慶二十一年(1816)《雪泥屋遺書》抄本
雪泥屋遺書目錄·詩切 Y0024/第32册
(清)牟房編
道光二十三年(1843)牟氏刊本
詩地理徵七卷 Y0024/第32册
(清)朱右曾撰
清光緒十四年(1888)南菁書院刊《皇清經解續編》本
詩問六卷 Y0024/第32-33册
(清)牟應震撰
清嘉慶間牟氏刻 道咸間朱氏補修《毛詩質疑》本
毛詩傳箋通釋三十二卷 Y0024/第33-34册
(清)馬瑞辰撰
清光緒十四年(1888)南菁書院刊《皇清經解續編》本
詩毛氏傳疏三十卷 Y0024/第34-35册
(清)陳奐撰
清道光年間武林愛日軒刊本
附釋毛詩音四卷 Y0024/第35册

(清)陳奐撰
清咸豐元年(1851)蘇州漱芳齋刊本
毛詩說一卷 Y0024/第35册
(清)陳奐撰
清道光二十七年(1847)武林愛日軒刊本
毛詩傳義類 Y0024/第35册
(清)陳奐撰
清咸豐九年(1859)王載雲刊本
鄭氏箋考徵 Y0024/第35册
(清)陳奐撰
清咸豐八年(1858)許文一刊本
陳東塾先生讀詩日錄一卷 Y0024/第35册
(清)陳澧撰
民國元年(1912)上海國粹學報社排印《古學彙刊》本
詩本誼一卷 Y0024/第35册
(清)龔橙撰
清光緒年間仁和譚氏刊《半廠叢書初編》本
群經平議・毛詩四卷(達齋詩說一卷荀子詩說一卷) Y0024/第35册
(清)俞樾撰
清光緒二十五年(1899)刊《春在堂全書》本
詩音表一卷 Y0024/第35册
(清)錢坫撰
民國二十二年(1933)渭南嚴氏成都刊1957年四川人民出版社匯印《音韵學叢書》本
詩經韵讀四卷 Y0024/第35册
(清)江有誥撰
民國二十二年(1933)渭南嚴氏成都刊1957年四川人民出版社匯印《音韵學叢書》本
詩古微十七卷 Y0024/第36册
(清)魏源撰
清光緒十四年(1888)南菁書院刊《皇清經解續編》本
詩經原始十八卷首二卷 Y0024/第36－37册
(清)方玉潤撰
民國十三年(1924)泰東圖書局影印《雲南叢書》本
讀詩質疑三十一卷附錄十五卷 Y0024/第37－38册
(清)嚴虞惇撰
清乾隆三十年(1765)《四庫全書》本
三家詩拾遺十卷 Y0024/第38册
(清)范家相撰
民國十一年(1922)上海博古齋影清錢氏《守山閣叢書》本
齊詩翼氏學四卷 Y0024/第38册
(清)迮鶴壽撰
清光緒十四年(1888)南菁書院刊《皇清經解續編》本
齊詩翼氏學疏證二卷 Y0024/第38册
(清)陳喬樅撰
清光緒十四年(1888)南菁書院刊《皇清經解續編》本
三家詩遺說考五十卷(魯詩遺說考八卷至韓詩遺說考十八卷) Y0024/第38－39册
(清)陳壽祺 (清)陳喬樅撰
清光緒十四年(1888)南菁書院刊《皇清經解續編》本
詩經異文釋十六卷 Y0024/第40册
(清)李富孫撰
清光緒十四年(1888)南菁書院刊《皇清經解續編》本
讀風臆補二卷 Y0024/第40册
(清)陳繼揆撰
清光緒六年(1880)寧郡述古堂刊本
三家詩異文疏證二卷 Y0024/第40册
(清)馮登府撰
清道光九年(1829)廣東學海堂刊《皇清經解》本
詩經四家異文考五卷附毛詩鄭箋改字說四卷 Y0024/第40册
(清)陳喬樅撰
清光緒十四年(1888)南菁書院刊《皇清經解續編》本
詩經四家異文考補一卷 Y0024/第41册
(清)江瀚撰
清宣統元年(1912)沈氏刊《晨風閣叢書》本
經學通論・詩一卷 Y0024/第41册
(清)皮錫瑞撰
清光緒三十三年(1907)思賢書局刊《皮氏經學叢書》本
古郊詩義一卷 Y0024/第41册
(清)許宗寅撰
清同治六年(1867)重刊本
詩三家義集疏二十八卷 Y0024/第41册
(清)王先謙撰
民國四年(1915)虛受堂刻本
詩雙聲叠韵譜 Y0024/第42册
(清)鄧廷楨撰
民國十一年(1922)江寧鄧氏刊《雙硯齋叢書》本
毛詩品物圖考七卷 Y0024/第42册
(日)岡元鳳撰
清光緒年間石印本
齊風說一卷 Y0024/第42册
李坤撰
民國三年(1914)雲南叢書刊《雲南叢書》本
周大武樂章考、說周頌、說商頌 Y0024/第42册
王國維撰
民國十二年(1923)烏程蔣氏密韵樓《觀堂集林》本
毛詩詞例舉要 Y0024/第42册
劉師培撰
民國二十五年(1936)寧武南氏排印《劉申叔先生遺書》本
毛鄭詩斛義 Y0024/第42册
羅振玉撰
清宣統元年(1909)沈氏刊《晨風閣叢書》本
詩經要籍集成存目提要目錄 Y0024/第42册
詩經要籍集成存目提要 Y0024/第42册
清代民國著作輯目 Y0024/第42册

Y0025(1－3)
三朝遼事實錄
(明)王在晉輯撰
二〇〇二年北京全國圖書館文獻縮微複製中心據湖北省圖書館原藏影印本
三册
中國公共圖書館古籍文獻珍本匯刊.史部

Y0026(1－4)
劉師培全集
劉師培著
一九九七年北京中共中央黨校出版社影印本
四册

Y0027
劉申叔遺書

劉師培著
一九九七年江蘇古籍出版社影印本
二冊

Y0028
南征日記
一九九四年北京中華全國圖書館文獻縮微複製中心據遼寧省圖書館原藏影印本
二冊
中國公共圖書館古籍文獻珍本匯刊

Y0029
直廬日記
胡嗣瑗撰
一九九四年北京中華全國圖書館文獻縮微複製中心據遼寧省圖書館原藏影印本
一冊
中國文獻珍本叢書

Y0030
朝鮮刻本樊川文集夾註
一九九七年北京中華全國圖書館文獻縮微複製中心據遼寧省圖書館原藏影印本
一冊
中國公共圖書館古籍文獻珍本匯刊. 集部

Y0031
羅氏雪堂藏書遺珍
羅振玉撰
二〇〇一年北京中華全國圖書館文獻縮微複製中心據遼寧省圖書館原藏影印本
十六冊
中國公共圖書館古籍文獻珍本匯刊. 叢部

易大象義 Y0031/第 1 冊
(明)章潢撰
清抄本

周易虞氏義 Y0031/第 1 冊
(清)張惠言撰
清稿本

詩附記 Y0031/第 1 冊
(清)翁方綱撰
清稿本

金石字樣 Y0031/第 2 冊
(清)戴源集錄
清抄本

爾雅新義 Y0031/第 3 冊
(宋)陸佃撰
清乾隆抄本

潰癰流毒 Y0031/第 4 冊
(清)鶴問居士輯
日本抄本

錢幣考摘要 Y0031/第 5 冊

順治二年兵部檔冊 Y0031/第 5 冊
清抄本

三韓紀略 Y0031/第 6 冊
(日)伊藤長胤輯
清光緒抄本

山中聞見錄 Y0031/第 6 冊
(清)鵬孫貽撰
清抄本

長洲陸子(陸隴其)年譜 Y0031/第 6 冊
(清)陸禮徵等撰
清乾隆抄本

古泉書錄解題 Y0031/第 6 冊
(清)黎尹驄撰
民國抄本

報經樓書目 Y0031/第 7 冊
(清)盧址撰
清抄本

經世大典 Y0031/第 7 冊
(清)文廷式輯
清抄本

籌邊一得 Y0031/第 8 冊
(明)易文撰
清抄本

河南議處祿糧稿宣化錄 Y0031/第 8 冊
明抄本

撫豫宣化錄 Y0031/第 8 冊
(清)田文鏡撰
清抄本

漱芳閣書畫記 Y0031/第 8 冊
(日)淺野長祚藏
日本抄本

庭聞錄 Y0031/第 8 冊
(清)劉健撰
清抄本

敕建隆興寺志 Y0031/第 8 冊
(清)王發枝撰
清抄本

美芹十論 Y0031/第 9 冊
(宋)辛棄疾撰
清末唐風樓抄本

自敘宦夢錄 Y0031/第 9 冊
(明)黃景昉撰
清康熙三十三年徐沇抄本

述聞類編 Y0031/第 9 冊
(明)謝晉輯
清抄本

洛誦集 Y0031/第 10 冊
(宋)鄒浩撰
明抄清補抄本

藥園文集 Y0031/第 11 冊
(明)文震孟撰
明稿本

頤志齋詩文鈔 Y0031/第 12 冊
(清)丁晏撰
清抄本

樂府新編陽春白雪 Y0031/第 12 冊
(元)楊朝英輯
明抄本

華陽貞素齋集 Y0031/第 13 冊
(元)舒頔撰
清抄本

侍御公詩集 Y0031/第 13 冊
(明)彭宗孟撰
清抄本

彭麓詩鈔 Y0031/第 14 冊
(清)成達可撰
清康熙稿本

覺庵存稿 Y0031/第 14 冊
(明)查秉彝撰
明抄本

群英珠玉 Y0031/第 14 冊
(明)范士衡編
清抄本

伽音集 Y0031/第 15 冊
(明)袁九淑撰
明抄本

寫園百二詩 Y0031/第 15 冊
(清)程先貞撰
清抄本

祝氏家集 Y0031/第 15 冊
(明)祝守範撰
清康熙抄本

綠曉齋集 Y0031/第 15 冊
(明)卜舜生撰
明崇禎稿本

張月泉詩集 Y0031/第 15 冊
(明)張元論撰
明抄本

葛銘著述三種 Y0031/第 16 册
(清)葛銘撰
清抄本

Y0032
中國古代飲膳文獻匯編
二〇〇八年北京全國圖書館文獻縮微複製中心影印本
六册
中國文獻珍本叢書
飲膳正要三卷 Y0032/第 1 册
(元)忽思慧撰
食物本草四卷 Y0032/第 1 册
(明)盧和撰
明刻本
食品集二卷附錄一卷 Y0032/第 2 册
(明)吳源撰
明刻本
蒲水齋食治廣要八卷 Y0032/第 2 册
(明)應廖撰
明刻本
食味雜咏一卷 Y0032/第 2 册
(清)謝墉撰
抄本
疏食譜不分卷 Y0032/第 2 册
清抄本
食物本草二十二卷 Y0032/第 3－6 册
救荒野譜一卷 Y0032/第 3－6 册
(元)李杲撰 (明)李時珍訂
明刻本

Y0033
帝鑒圖說
(明)張居正等撰
二〇〇八年北京全國圖書館文獻縮微複製中心影印明刻本
一册
中國文獻珍本叢書

Y0034
宋鈔本洪範政鑑
(北宋)仁宗趙禎撰
一九九二年北京書目文獻出版社影印本
一册

Y0035(1－10)
清代軍政資料選粹十六種
國家圖書館分館編
二〇〇二年北京全國圖書館文獻縮微複製中心據國家圖書館分館藏書影印本
十册

Y0036(1－13)
醒目清心錄
(清)張德彝纂 國家圖書館分館編
二〇〇四年北京全國圖書館文獻縮微複製中心據國家圖書館藏書影印本
十三册

Y0037
稿本三古人苑
(清)張澍撰
二〇〇二年北京全國圖書館文獻縮微複製中心據湖北省圖書館藏書影印本
一册
中國公共圖書館古籍文獻珍本匯刊. 史部

Y0038(1－2)
古今宗藩懿行考
(明)朱常淓輯
二〇〇四年北京全國圖書館文獻縮微複製中心據吉林省圖書館原藏明崇禎九年潞王府大字精刻本影印
二册
中國公共圖書館古籍文獻珍本匯刊. 史部

Y0039(1－16)
中國歷代書院志
趙所生 薛正興主編
一九九五年江蘇教育出版社影印本
十六册
江蘇書院志初稿 Y0039/第 1 册
柳詒徵著
據一九三一年《江蘇國學圖書館年刊》第四期專欄
安徽書院志 Y0039/第 1 册
吳景賢著
一九三二年《學風》第四至八期
河北省書院志初稿 Y0039/第 1 册
王蘭蔭著
一九三六年《師大月刊》第二十五至二十九期
山東省書院志初稿 Y0039/第 1 册
王蘭蔭著
一九三六年《師大月刊》第二十九期
白鹿洞志 Y0039/第 1 册
(明)鄭廷鵠編
明嘉靖四十五年(1566)知府張純等人增刻本
白鹿洞書院志 Y0039/第 1 册
(明)周偉編
明萬曆二十年(1592)田琯刻本
白鹿書院志 Y0039/第 2 册
(明)李應昇編
清宣統二年(1910)刻本
白鹿洞書院志 Y0039/第 2 册
(清)廖文英編 錢正振補
白鹿書院志 Y0039/第 2 册
(清)毛德琦原訂 周兆蘭重修
新淦凝秀書院志 Y0039/第 2 册
(清)朱一琛編撰
清乾隆二十六年(1761)琢玉堂本
信江書院志 Y0039/第 2 册
(清)鍾世楨編
清同治六年(1867)刻本
玉山縣懷玉草堂斗山端明書院志 Y0039/第 2 册
(清)佚名編
清抄本
白鷺洲書院志 Y0039/第 2 册
(清)劉繹編
清同治十年(1871)白鷺書院刻本
鳳巘書院志 Y0039/第 2 册
(清)朱點易編
清光緒元年(1875)刻本
粵秀書院志 Y0039/第 3 册
(清)梁廷楠編
清道光二十七年(1847)刻本
應元書院志略 Y0039/第 3 册
(清)王凱泰編
清同治九年(1870)刻本
學海堂志 Y0039/第 3 册
(清)林柏桐編 陳澧續補
清光緒九年(1883)續刊本
連山書院志 Y0039/第 3 册
(清)李來章編
《禮山園全集》本
端溪書院志 Y0039/第 3 册
(清)傅維森編
清光緒二十六年(1900)端溪書院刊本
端溪書院志 Y0039/第 3 册
(清)趙敬襄編
清嘉慶二十一年(1816)《竹崗齋九種》本

紫陽書院志略 Y0039/第 3 册
(清)董桂敷編
清嘉慶十一年(1806)刻本
問津書院志 Y0039/第 3 册
(清)王會釐續修
清光緒三十一年(1905)刻本
石鼓書院志 Y0039/第 4 册
(明)李安仁重修 王大韶重校
明嘉靖十二年(1533)刻本 萬曆十七年(1589)重刻本
國朝石鼓志 Y0039/第 4 册
(清)李揚華述
清光緒六年(1880)刻本
長沙府岳麓志 Y0039/第 4 册
(清)趙寧纂修
清康熙二十六年(1687)鏡水堂本
長沙岳麓書院續志 Y0039/第 4 册
(清)丁善慶纂輯
清同治六年(1867)刻本
新修寧鄉縣玉潭書院志 Y0039/第 4 册
(清)周在熾編撰
清乾隆三十二年(1767)刻本
重修玉潭書院輯略 Y0039/第 4 册
(清)張思炯編輯
清嘉慶五年(1800)刻本
巴陵縣金鶚書院志略 Y0039/第 4 册
(清)張作霖輯
清光緒十二年(1886)刻本
校經書院志略 Y0039/第 4 册
(清)張亨嘉輯
清光緒十七年(1891)刻本
瀏東獅山書院志 Y0039/第 4 册
(清)蕭振聲纂修
清光緒四年(1878)刻本
瀏東洞溪書院志 Y0039/第 4 册
(清)李臨輯
清光緒二十六年(1900)刻本
城南書院志 Y0039/第 5 册
(清)余正煥輯
清道光五年(1825)刻本
岳陽慎修書院志 Y0039/第 5 册
(清)鍾英輯
清光緒二十二年(1896)刻本
群玉書院志 Y0039/第 5 册
(清)陳三恪輯
清乾隆四十一年(1776)刻本
蓮湖書院志略 Y0039/第 5 册
(清)徐鳳喈輯
清道光四年(1824)刻本
箴言書院志 Y0039/第 5 册
(清)胡林翼輯
清同治五年(1866)刻本
寧鄉雲山書院志 Y0039/第 5 册
(清)周瑞松輯
清同治十三年(1874)活字本 據清同治《續修寧鄉縣志》補
石山書院彙記 Y0039/第 5 册
(清)張頌卿纂修
清光緒十年(1884)刻本
郴侯書院志 Y0039/第 5 册
(清)曹維精纂
清同治二年(1863)刻本
淥江書院志 Y0039/第 5 册
(清)劉青藜纂輯
清光緒三年(1877)刻本
崇義書院傳書 Y0039/第 5 册
(清)佚名輯
清光緒年間刻本
陝甘味經書院志 Y0039/第 6 册
(清)劉光蕡輯
清光緒二十年(1894)刊 民國二十五年(1936)陝西通志館鉛印本
潼川書院志 Y0039/第 6 册
(清)李元春著
清道光 咸豐年間《桐閣全書》本
華原書院志 Y0039/第 6 册
(清)李元春著
清道光 咸豐年間《桐閣全書》本
文蔚書院紀略 Y0039/第 6 册
(清)靳榮藩輯
清乾隆四十年(1775)刻本
士鄉書院志 Y0039/第 6 册
(清)尹繼美輯
清同治十一年(1872)刻本
百泉書院志 Y0039/第 6 册
(明)聶良杞輯
明萬曆六年(1578)刻本
敕賜紫雲書院志 Y0039/第 6 册
(清)李來章 李秀璞同纂
康熙中刊 乾隆中印《禮山園全集》本
南陽書院學規 Y0039/第 6 册
(清)李來章著
康熙中刊 乾隆中印《禮山園全集》本
彝山書院志 Y0039/第 6 册
(清)史志昌輯
清道光二十六年(1846)刻本
創建豫南書院考略 Y0039/第 6 册
(清)朱壽鏞輯
清光緒十七年(1891)刻本
明道書院志 Y0039/第 6 册
(清)呂永輝纂
清光緒二十六年(1900)刻本
朱陽書院志 Y0039/第 6 册
(清)竇克勤輯
清康熙三十四年(1695)刊 清雍正年間尋樂堂本
弘道書院志 Y0039/第 6 册
(明)來時熙輯錄
明弘治十八年(1505)刻本
潛溪書院志 Y0039/第 6 册
(清)朱霞堂輯
清乾隆五十五年(1790)刊 清光緒三年(1877)重刊本
錦江書院紀略 Y0039/第 6 册
(清)李承熙輯
清咸豐八年(1858)刻本
東坡書院志略 Y0039/第 6 册
(清)崔書黼輯
清道光二十九年(1849)刻本
東林書院志 Y0039/第 7 册
(清)高廱 高廷珍 高陛 高嵀等增輯
清康熙間刻本
東林書院志 Y0039/第 7 册
(明)嚴瑴等輯
清康熙年間刻本
東林書院志 Y0039/第 7 册
(清)高廱 高嵀 高廷珍 高陛增輯
清雍正間刻本 光緒七年(1881)重刻本
鍾山書院志 Y0039/第 7 册
(清)湯椿年纂輯
清雍正間刻本
寶晋書院志 Y0039/第 7 册
(清)貴中孚編 趙佑宸等續編
初刻清乾隆 光緒二年(1876)重刻本
虞山書院志 Y0039/第 8 册
(明)張鼐等纂
明萬曆間刻本
敷文書院志略 Y0039/第 8 册
(民國)魏頌唐編
民國二十五年(1936)浙江財務學校鉛印本

詁經精舍志初稿 Y0039/第 8 册
(民國)張崟著
民國二十五年(1936)《文瀾學報》第二卷 第一期
二張先生書院錄 Y0039/第 8 册
(明)張文化編
明末刻本
瀛山書院志 Y0039/第 8 册
(清)方宏綬等纂
清乾隆三十九年(1774)刻本
龍山書院志 Y0039/第 8 册
(清)劉作垣撰
清鈔本
東山書院志略 Y0039/第 8 册
(清)唐治編
清咸豐二年(1852)刻本
還古書院志 Y0039/第 8 册
(清)施璜編
清道光二十三年(1843)刻本
毓文書院志 Y0039/第 8 册
(清)洪亮吉纂
清嘉慶九年(1804)刻本
杭州三書院紀略 Y0039/第 9 册
(清)王同編
清抄稿本
五峰書院志 Y0039/第 9 册
(清)程尚斐編
民國二十五年(1936)重印清活字本
姚江書院志略 Y0039/第 9 册
(清)書院弟子編
清乾隆五十九年(1794)刻本
東明書院志 Y0039/第 9 册
(民國)鄭只愷編
民國十一年(1922)活字本
鄮山書院志 Y0039/第 9 册
(清)佚名編
清光緒十六年(1890)活字本
紫陽書院志附四書講義 Y0039/第 9 册
(清)施璜編 吴瞻泰 吴瞻淇補
清雍正三年(1725)活字本
桐鄉書院志 Y0039/第 9 册
(清)佚名編
清末活字本
涇川書院志 Y0039/第 9 册
(清)趙仁基編輯
清道光十四年(1834)活字本
涇川書院志略 Y0039/第 9 册
(清)吴鶚等編
清光緒七年(1881)活字本
龍湖書院志 Y0039/第 10 册
(清)余麗元續編
清光緒十四年(1888)刻本
仁文書院志 Y0039/第 10 册
(明)岳元聲編 岳和聲訂
明萬曆間刻本
共學書院志 Y0039/第 10 册
(明)岳和聲等修
明萬曆間刻本
鰲峰書院志 Y0039/第 10 册
(清)游光繹等編
清嘉慶十二年(1807)初刻 清道光正誼堂重刻本
鰲峰書院紀略 Y0039/第 10 册
(清)來錫蕃等編
清道光十八年(1838)刻本
致用堂志略 Y0039/第 10 册
(清)王凱泰等編
清同治十二年(1873)刻本
詩山書院志 Y0039/第 10 册
(清)戴鳳儀編
清光緒三十一年(1905)刻本
南溪書院志 Y0039/第 10 册
(清)楊毓健纂修
清同治九年(1870)重刊本
棗強敬義書院志 Y0039/第 11 册
(清)方宗誠編
清光緒五年(1879)刻本
鵝湖書田志 Y0039/第 11 册
(清)王賡言 吳嵩梁編
清嘉慶十八年(1813)刻本
鵝湖講學會編 Y0039/第 11 册
(清)鄭之僑編
清乾隆九年(1744)刻本
象山書院章程 Y0039/第 11 册
(清)佚名編
上海華東師範大學圖書館藏
鍾山書院乙未課藝 Y0039/第 11 册
(清)梁星海編
清光緒二十一年(1895)刻本
南菁書院課藝 Y0039/第 11 册
南菁書院製
南菁書院課藝原件
南菁講舍文集 Y0039/第 11 册
(清)黄以周編
(文)光緒十五年(1889)刻本(集)光緒二十年(1894)刻本
蓮池書院肄業日記 Y0039/第 11 册
(清)黄彭年編
清光緒五年(1879)刻本
復性書院講錄 Y0039/第 12 册
馬浮編
民國二十八年(1939)復性書院叢刊本
求志書院課藝 Y0039/第 12 册
佚名編
清光緒三年(1877)刻本
龍山書院課藝 Y0039/第 12 册
佚名編
上海師範大學藏刻本
龍城書院課藝 Y0039/第 12 册
(清)華若谿 繆荃孫編
清光緒二十七年(1901)刻本
學海堂集 Y0039/第 13 册
(清)阮元編
清道光五年(1825)啟秀山房刻本
學海堂二集 Y0039/第 13 册
(清)吳蘭修編
清道光五年(1825)啟秀山房刻本
致用書院文集 Y0039/第 13 册
(清)佚名編
清道光十五年(1889)啟秀山房刻本
端溪書院課藝 Y0039/第 13 册
(清)趙敬襄編
清嘉慶二十一年(1816)《竹崗齋九種》本
學海堂三集 Y0039/第 14 册
(清)張維屏選
清咸豐九年(1859)啟秀山房本
學海堂四集 Y0039/第 14 册
(清)陳澧 金錫齡選
清光緒十二年(1886)啟秀山房本
詁經精舍文集 Y0039/第 15 册
(清)阮元手訂
清嘉慶六年(1801)刻本
詁經精舍文續集 Y0039/第 15 册
(清)羅文俊手訂
清同治十二年(1873)重刻本
詁經精舍三集 Y0039/第 15 册
(清)俞樾編次
清同治七年(1868)至同治八年(1869)官師課合刻本
詁經精舍自課文 Y0039/第 15 册

(清)俞樾著
清光緒二十五年(1899)第一樓叢書本
經訓書院自課文 Y0039/第15册
(清)皮錫瑞著
清光緒十九年(1893)師伏堂刻本
尊經書院初集 Y0039/第16册
(清)王壬秋閱定
清光緒十一年(1885)刻本
尊經書院二集 Y0039/第16册
(清)伍肇齡閱選
清光緒十七年(1891)刻本
太華書院會語 Y0039/第16册
(明)馮從吾著
明萬曆四十五年(1617)刻本
關中書院語録 Y0039/第16册
(明)馮從吾著
明萬曆四十五年(1617)刻本

Y0040

墨譜集成
古道編委會編
二〇〇六年西安三秦出版社影印本
四册
十六家墨説 Y0040/第1册
(民國)吴昌綬輯
民國十一年仁和吴氏雙照樓刻本
春渚記墨一卷 Y0040/第1册
(宋)何薳撰
疇齋墨譜一卷 Y0040/第1册
(元)張壽撰
墨譚一卷墨記一卷程君房墨贊一卷 Y0040/第1册
(明)邢侗撰
墨苑序一卷 Y0040/第1册
(明)焦竑撰
墨雜説一卷 Y0040/第1册
(明)陶望齡撰
潘方凱墨序一卷 Y0040/第1册
(明)顧起元撰
墨録一卷 Y0040/第1册
(明)項元汴撰
論墨一卷 Y0040/第1册
(明)張謙德撰
説墨貽兄孫西侯一卷 Y0040/第1册
(清)曹度撰
雪堂墨品一卷 Y0040/第1册
(清)張仁熙撰
漫堂墨品一卷續墨品一卷 Y0040/第1册
(清)宋犖撰
硯山齋墨譜一卷 Y0040/第1册
(清)孫炯撰
紀墨小言一卷補編一卷 Y0040/第1册
(清)汪紹焻撰
百十二家墨録一卷 Y0040/第1册
(清)邱學敏撰
借軒墨存一卷 Y0040/第1册
(清)借軒居士撰
窳叟墨録一卷 Y0040/第1册
(清)徐康撰
涉園墨萃 Y0040/第1册
(民國)陶湘輯
民國武進陶氏涉園刻本
墨譜法式三卷 Y0040/第1册
(宋)李孝美撰
墨經一卷 Y0040/第1册
(宋)晁貫之撰
墨史三卷 Y0040/第1册
(元)陸友撰
墨法集要一卷 Y0040/第1册
(明)沈繼孫撰
中山狼圖一卷 Y0040/第1册
(明)程大約撰
利瑪竇題寶像圖一卷 Y0040/第1册
(明)程大約撰
墨海十卷附録一卷 Y0040/第1册
(明)方瑞生撰
墨表四卷 Y0040/第2册
(清)萬壽祺撰
鑑古齋墨藪四卷附録一卷 Y0040/第2册
(清)汪近聖撰
中舟藏墨録三卷 Y0040/第2册
(民國)袁勵準撰
内務府墨作則例一卷 Y0040/第2册
不著編者
南學制墨札記一卷 Y0040/第2册
(清)謝崧岱撰
墨譜一卷 Y0040/第2册
(宋)蘇易簡撰
程氏墨苑十四卷 Y0040/第2册
(明)程大約撰
明萬曆年間程氏滋蘭堂刻本
方氏墨譜六卷 Y0040/第3册
(明)方于魯撰
明萬曆年間方氏美陰堂刻本
墨志一卷 Y0040/第3册
(明)麻三衡撰
清抄本
潘膺祉墨評不分卷 Y0040/第3册
(明)顧起元撰
民國石印本
汪氏鑑古齋墨藪四卷附録一卷 Y0040/第3册
(清)汪近聖撰
清嘉慶刻本
曹氏墨林二卷 Y0040/第4册
(清)曹聖臣輯
清康熙二十七年自刻本
百十二家墨録題句五卷 Y0040/第4册
(清)商學敏撰
清乾隆刻本
墨餘贅稿一卷 Y0040/第4册
(清)計楠撰
民國間影印美術叢書本
墨表二卷古今論墨一卷 Y0040/第4册
(清)萬壽祺撰
民國間影印美術叢書本
論墨一卷 Y0040/第4册
(清)萬壽祺撰
民國間影印美術叢書本
墨書叢抄不分卷 Y0040/第4册
(清)借軒輯
清抄本
論墨絕句一卷 Y0040/第4册
(清)謝崧岱撰
清光緒十九年湘鄉研經榭謝氏刻本

Y0041

圖繪寶鑑校勘與研究
近藤秀實 何慶先編著
一九九七年南京江蘇古籍出版社影印本
一册

Y0042(1-3)

國家圖書館藏琉球資料匯編
黄潤華 薛英編
二〇〇〇年北京圖書館出版社影印本
三册
紀録彙編·使琉球録 Y0042/第1册
(明)陳侃撰
明萬曆四十五年陳于廷刻本

殊域周諮錄・琉球 Y0042/第1冊
(明)嚴從簡輯
明萬曆二年刻本
琉球記附中山詩集 Y0042/第1冊
(明)胡靖著
清順治十年刻本
會稽夏氏宗譜・使琉球錄 Y0042/第1冊
(明)夏子陽 王士禎編
明夏氏活字本
說鈴・使琉球記 Y0042/第1冊
(清)張學禮
清刻本
使琉球雜錄 Y0042/第1冊
(清)汪楫編
清康熙二十五年刻本
中山沿革志附中山詩文 Y0042/第1冊
(清)汪楫撰
清康熙雍正間刻悔齋集本
琉球圖說 Y0042/第1冊
(明)鄭若曾著
清康熙三十七年鄭定遠刻本
中山傳信錄附贈送詩文 Y0042/第2冊
(清)徐葆光撰
清康熙六十年二友齋刻本
琉球國志略 Y0042/第3冊
(清)周煌撰
清乾隆二十四年漱潤堂刻本
續琉球國志略 Y0042/第3冊
(清)趙新撰
清光緒八年刻本
琉球入學見聞錄 Y0042/第3冊
(清)潘相撰
清乾隆二十九年刻本
琉球詩錄 Y0042/第3冊
(琉球)阮宣詔等著 (清)孫衣言評
清道光二十四年刻本
琉球詩課 Y0042/第3冊
(清)徐幹評定 (琉球)林世功等著
清同治十二年刻本
琉球譯 Y0042/第3冊
(清)翁樹清
鈔本

Y0043(1-2)

國家圖書館藏琉球資料續編
殷夢霞 賈貴榮主編
二〇〇二年北京圖書館出版社影印本
二冊
(重編)使琉球錄 Y0043/第1冊
(明)郭汝霖 李際春撰
清抄本
續琉球國志略 Y0043/第1冊
(清)齊鯤 費錫章撰
清嘉慶間武英殿活字本
琉球入太學始末 Y0043/第1冊
(清)王士禎撰
清道光刻本
琉球地理小志并補遺附說略 Y0043/第1冊
(日)中根淑等撰 (清)姚文棟譯
清光緒九年刻本
中山紀略 Y0043/第1冊
(清)張學禮撰
清光緒間上海著堂鉛印本
中山見聞辨異 Y0043/第1冊
(清)黃景福撰
清光緒間上海著堂鉛印本
使琉球記 Y0043/第1冊
(清)李鼎元撰
清光緒間上海著堂鉛印本
琉球實錄 Y0043/第1冊
(清)錢口撰
清光緒間上海著堂鉛印本
琉球形勢略 Y0043/第1冊
(日)中根淑撰
清光緒間上海著堂鉛印本
琉球朝貢考 Y0043/第1冊
(清)王韜撰
清光緒間上海著堂鉛印本
琉球向歸日本辨 Y0043/第1冊
(清)王韜撰
清光緒間上海著堂鉛印本
琉球國向克讓等稟 Y0043/第1冊
清抄本
琉球國中山世鑒 Y0043/第1冊
抄本
中山世譜 Y0043/第2冊
抄本
琉球往來 Y0043/第2冊
抄本
琉球詩錄 Y0043/第2冊
(清)徐幹評定
清同治間刻本
古琉球吟 Y0043/第2冊
(日)橋本德有則著
昭和三年鉛印本

Y0044

容齋五筆類鈔
(宋)洪邁撰
一九九七年北京中華全國圖書館文獻縮微複製中心據湖北省圖書館原藏影印本
一冊
中國公共圖書館古籍文獻珍本匯刊. 子部

Y0045(1-5)

中國二十世紀紀事本末
周鴻 朱漢國主編 郝瑞庭等分主編
二〇〇〇年濟南山東人民出版社鉛印本
五冊

Y0046

繪影繪聲:中國戲齣版畫特展
民國八十二年臺北市中央圖書館影印本
一冊

Y0047

大臺北古地圖考釋
翁佳音著
中華民國八十七年臺北臺北縣立文化中心鉛印本
一冊
臺北縣文化叢書

Y0048

中國歷代藝文總志:經部易類書類初稿本
國立中央圖書館特藏組編
民國七十一年臺北市國立中央圖書館發行鉛印本
一冊

Y0049(1-4)

全上古三代秦漢三國六朝文
(清)嚴可均校輯
一九五八年北京中華書局影印本(一九九五年第六次印)
四冊

Y0050(1-6)

全祖望校水經注稿本合編
(清)全祖望撰
一九九六年北京中華全國圖書館文獻縮微複製中心據天津圖書館原藏全祖望的五校稿本影印

六冊
中國公共圖書館古籍文獻珍本匯刊

Y0051(1－2)
足本按遼疏稿
(明)熊廷弼撰
一九九六年北京中華全國圖書館文獻縮微複製中心據天津圖書館原藏明刻本影印
二冊
中國公共圖書館古籍文獻珍本匯刊

Y0052
稿本王船山先生南岳詩文事略
康和聲編纂
一九九六年北京中華全國圖書館文獻縮微複製中心據湖南省圖書館原藏稿本影印本
一冊
中國公共圖書館古籍文獻珍本匯刊

Y0053
梁啓超知交手札
張子文主編 國立中央圖書館特藏組編
中華民國八十四(1995)年臺北市中央圖書館影印本
一冊

Y0054(1－2)
明稿本事類提要
(明)藻玄閣輯
二〇〇一年北京中華全國圖書館文獻縮微複製中心據吉林省圖書館原藏清抄本影印本
二冊
中國公共圖書館古籍文獻珍本匯刊. 子部

Y0055(1－3)
西園聞見錄
(明)張萱輯
一九九六年北京中華全國圖書館文獻縮微複製中心影印明抄本
三冊
中國文獻珍本叢書

Y0056(1－2)
皇明資治通紀三種
(明)陳建等編纂
一九九七年北京中華全國圖書館文獻縮微複製中心據湖北省圖書館原藏影印明萬曆刻本
二冊
中國公共圖書館古籍文獻珍本匯刊. 史部
皇明資治通紀十四卷 Y0056/第1冊
皇明續紀三卷 Y0056/第2冊
皇明通紀述遺十二卷 Y0056/第2冊

Y0057(1－3)
古泉匯考
翁樹培撰
一九九四年北京中華全國圖書館文獻縮微複製中心據山東省圖書館原藏影印本
三冊
中國公共圖書館古籍文獻珍本匯刊

Y0058
稿本華鄂堂讀書小識
葉啓發著
一九九六年北京中華全國圖書館文獻縮微複製中心據湖南省圖書館原藏抄本影印
一冊
中國公共圖書館古籍文獻珍本匯刊

Y0059
吳大徵手批本弟子箴言
(清)胡達源撰 吳大徵批
一九九七年北京中華全國圖書館文獻縮微複製中心據湖南省圖書館原藏清刻本影印
一冊
中國公共圖書館古籍文獻珍本匯刊

Y0060(1－3)
晚清洋務運動事類匯鈔
(清)佚名輯
一九九九年北京中華全國圖書館文獻縮微複製中心據山東省圖書館原藏清抄本影印
三冊
中國公共圖書館古籍文獻珍本匯刊. 史部

Y0061
柳如是詩文集
谷輝之輯
一九九六年北京中華全國圖書館文獻縮微複製中心據浙江省圖書館原藏影印本
一冊
中國公共圖書館古籍文獻珍本匯刊

Y0062
大觀錄
(清)吳升撰
二〇〇一年北京全國圖書館文獻縮微複製中心據國家圖書館原藏抄本影印本
一冊
國家圖書館古籍文獻叢刊

Y0063(1－4)
紀錄匯編
(明)沈節甫輯
一九九四年北京全國圖書館文獻縮微複製中心影印本
四冊
中國文獻珍本叢刊

Y0064(1－3)
外國通鑒稿
王先謙著
一九九七年北京中華全國圖書館文獻縮微複製中心據湖南省圖書館原藏王氏手稿本影印
三冊
中國公共圖書館古籍文獻珍本匯刊

Y0065(1－3)
小學稿本七種
(清)戴震等撰 楊海清 褚佩瑜輯
一九九七年北京中華全國圖書館文獻縮微複製中心據湖北省圖書館原藏影印本
三冊
中國公共圖書館古籍文獻珍本匯刊. 經部
經雅 Y0065/第1冊
(清)戴震撰
清稿本
字雅 Y0065/第1冊
(清)英浩輯
清手稿本
操風瑣錄 Y0065/第1冊
(清)劉家謀撰
清謝章鋌手抄本
湖北方言 Y0065/第1冊
傅廷儀撰
民國間稿本
音韵學稽古錄 Y0065/第1冊

(清)劉傳瑩撰
清手稿本
識字瑣言 Y0065/第1册
(清)易本浪撰
清抄本
凡誨書 Y0065/第2-3册
(清)劉心源撰
清稿本

Y0066(1-2)
絲綢之路資料匯鈔:清代部份
一九九六年北京全國圖書館文獻縮微複製中心影印本
二册
中國文獻珍本叢書

Y0067(1-2)
抄本黄公説字
(清)顧景星撰
一九九七年北京中華全國圖書館文獻縮微複製中心據湖北省圖書館原抄本影印
二册
中國公共圖書館古籍文獻珍本匯刊.經部

Y0068
明刻珍本史學要義
(明)卜大有輯
一九九九年北京中華全國圖書館文獻縮微複製中心據山東省圖書館原藏明刻本影印
一册
中國公共圖書館古籍文獻珍本匯刊.史部

Y0069(1-4)
中國古代茶道秘本五十種
全國圖書館文獻縮微複製中心[編]
二〇〇三年北京全國圖書館文獻縮微複製中心據國家圖書館原藏影印本
四册
國家圖書館古籍文獻叢刊

Y0070(1-8)
明代尺牘
上海圖書館編
二〇〇二年上海市上海科學技術文獻出版社影印本
八册

Y0071(1-20)
太學文獻大成
金沛霖主編 首都圖書館編輯
一九九六年北京市學苑出版社影印本
二十册
南雍志二十四卷 Y0071/第1-4册
(明)黄佑撰
明刊本
明南雍經籍志二卷 Y0071/第1-4册
葉德輝撰
清光緒二十八年刊本
皇明太學志十二卷 Y0071/第5-7册
(明)郭鎜撰
明刊本
欽定國子監志八十二卷 Y0071/第8-15册
(清)文慶等撰
清道光十四年刊本
欽定國子監則例四十五卷 Y0071/第16-17册
(清)瑞慶等修
清道光四年刊本
國學禮樂錄二十卷 Y0071/第18-19册
(清)李周望等編
康熙五十八年刊本
國子監南學經籍備志光緒十五年第二次書目 Y0071/第19册
清刊本
學部官制并改設國子監官缺章程 Y0071/第19册
清光緒間京師圖書館鉛印本
琉球入學見聞錄二卷 Y0071/第20册
(清)潘相撰
清刊本
紀琉球入太學始末一卷 Y0071/第20册
(清)王士禎撰

Y0072(1-3)
袁世凱未刊書信稿
袁世凱撰
一九九八年北京中華全國圖書館文獻縮微複製中心據天津圖書館原藏影印本
三册
中國公共圖書館古籍文獻珍本匯刊.史部

Y0073
夷匪犯境聞見錄:鴉片戰爭史料集
(清)佚名編纂
一九九五年北京中華全國圖書館文獻縮微複製中心據遼寧省圖書館特藏部原藏日本安政四年明倫堂漢籍活字印本影印
一册
中國公共圖書館古籍文獻珍本匯刊

Y0074(1-3)
清初稀見方略四種匯編
一九九三年北京全國圖書館文獻縮微複製中心影印本
四册
中國文獻珍本叢書

Y0075
絲綢之路資料匯鈔增補
吳豐培整理
一九九三年北京全國圖書館文獻縮微複製中心影印本
一册
中國文獻珍本叢書

Y0076
大唐開元禮附大唐郊祀錄
二〇〇〇年北京民族出版社影印本
一册

Y0077(1-10)
官箴書集成一百一種
官箴書集成編纂委員會編
一九九七年黄山書社影印本
十册
臣軌二卷 Y0077/第1册
(唐)武則天撰
佚存叢書本
州縣提綱四卷 Y0077/第1册
(宋)陳襄撰
四庫全書本
作邑自箴一卷 Y0077/第1册
(宋)李元弼撰
民國二十三年商務印書館四部叢刊景刊宋淳熙本
官箴一卷 Y0077/第1册
(宋)吕本中撰
百川學海景刊宋咸淳本
書簾緒論一卷 Y0077/第1册
(宋)胡太初撰
百川學海景刊宋咸淳本
百官箴六卷 Y0077/第1册
(宋)許月卿撰
四庫全書本
爲政善報事類十卷 Y0077/第1册

(元)葉留撰 陳相注
民國五年商務印書館景刊宛委别藏過錄元刊本
爲政忠告牧民忠告二卷風憲忠告一卷廟堂忠告一卷 Y0077/第1册
(元)張養浩撰
民國上海涵芬樓景刊元刊本
薛文清公從政錄一卷 Y0077/第1册
(明)薛瑄撰
寶顔堂秘笈民國石印本
御製官箴一卷 Y0077/第1册
(明)宣宗朱瞻基撰
國朝典故本
牧鑒十卷 Y0077/第1册
(明)楊昱輯
清道光十年得月簃刻本
宦遊日記一卷 Y0077/第1册
(明)徐榜撰
涇川叢書本
撫黔紀略一卷 Y0077/第1册
(明)江東之撰
瑞陽阿集本
新吾吕先生實政錄七卷 Y0077/第1册
(明)吕坤撰
明末影鈔本
居官水鏡四卷 Y0077/第1册
(明)劉明俊撰 孔貞時輯
明萬曆刊本
新官到任儀注一卷 Y0077/第1册
(明)不著撰人
明崇禎金陵書房唐氏刻官常政要本
新官軌範一卷 Y0077/第1册
(明)不著撰人
明崇禎金陵書房唐氏刻官常政要本
璞山蔣公政訓一卷 Y0077/第2册
(明)蔣廷璧撰
明崇禎金陵書房唐氏刻官常政要本
牧民政要一卷 Y0077/第2册
(明)不著撰人
明崇禎金陵書房唐氏刻官常政要本
初仕要覽一卷 Y0077/第2册
(明)不著撰人
明崇禎金陵書房唐氏刻官常政要本
初仕錄一卷 Y0077/第2册
(明)吳遵撰
明崇禎金陵書房唐氏刻官常政要本
居官必要為政便覽二卷 Y0077/第2册
(明)不著撰人
明崇禎金陵書房唐氏刻官常政要本
蔣公格言一卷 Y0077/第2册
(明)不著撰人
明崇禎金陵書房唐氏刻官常政要本
治譜十卷 Y0077/第2册
(明)佘自強撰
明崇禎十二年呈祥館重刊本
政學錄五卷 Y0077/第2册
(清)鄭端撰
畿輔叢書本
總制浙閩文檄六卷 Y0077/第2册
(清)劉兆麟撰
清康熙十一年刊本
宦海慈航一卷 Y0077/第2册
(清)蔣埴撰
檀几叢書本
蒞政摘要二卷 Y0077/第2册
(清)陸隴其撰
清光緒八年津河廣仁堂刊本
已畦瑣語一卷 Y0077/第2册
(清)葉燮撰
昭代叢書本
蒞蒙平政錄二卷 Y0077/第2册
(清)陳朝君撰
清康熙二十八年刊本
未信編六卷 Y0077/第3册
(清)潘月山撰
清康熙二十三年刊本
司牧寶鑒一卷 Y0077/第3册
(清)李容輯
遜敏堂叢書本
福惠全書三十二卷 Y0077/第3册
(清)黄六鴻撰
清康熙三十八年金陵濂溪書屋刊本
治安文獻二卷 Y0077/第3册
(清)陸壽名 韓訥輯
清康熙刊本
州縣事宜一卷 Y0077/第3册
(清)田文鏡撰
清道光八年刊本
治鏡錄集解二卷 Y0077/第3册
(清)張運青撰 隋人鵬集解
清道光十三年仕學齋重刊本
天台治略十卷 Y0077/第4册
(清)戴兆佳撰
清活字本
從政遺規二卷 Y0077/第4册
(清)陳弘謀輯
中華書局五種遺規排印本
從政遺規四卷 Y0077/第4册
(清)陳弘謀輯
清乾隆刊本
從政遺規補編四卷 Y0077/第4册
(清)陳弘謀輯
清光緒十九年振華堂五種遺規本
在官法戒錄四卷 Y0077/第4册
(清)陳弘謀輯
清彙文堂刊本
健餘先生撫豫條教四卷 Y0077/第4册
(清)尹會一撰 張受長輯
畿輔叢書本
幕學舉要一卷 Y0077/第4册
(清)萬維翰撰
清光緒十八年浙江書局刊本
辦案要略一卷 Y0077/第4册
(清)王又槐撰
清光緒十八年浙江書局刊本
刑幕要略一卷附贅言十則一卷 Y0077/第5册
(清)不著撰人
清光緒十八年浙江書局刊本
蔣公寡過錄六卷 Y0077/第5册
(清)盤橋野人撰
青照堂叢書本
圖民錄四卷 Y0077/第5册
(清)袁守定撰
清光緒五年江蘇書局重刊本
筮仕金鑑二卷 Y0077/第5册
(清)邵嗣宗撰
棣香齋叢書本
學治臆說二卷 Y0077/第5册
(清)汪輝祖撰
清同治十年慎間堂刻汪龍莊先生遺書本
學治續說一卷 Y0077/第5册
(清)汪輝祖撰
清同治十年慎間堂刻汪龍莊先生遺書本
學治說贅一卷 Y0077/第5册
(清)汪輝祖撰
清同治十年慎間堂刻汪龍莊先生遺書本
佐治藥言一卷 Y0077/第5册

（清）汪輝祖撰
清同治十年慎間堂刻汪龍莊先生遺書本
續佐治藥言一卷 Y0077/第5册
（清）汪輝祖撰
清同治十年慎間堂刻汪龍莊先生遺書本
宋州從政錄三卷 Y0077/第5册
（清）王鳳生撰
清道光六年刊本
晉政輯要八卷 Y0077/第5册
（清）海寧輯
清乾隆五十四年山西布政使司刊本
宦遊紀略二卷 Y0077/第6册
（清）高廷瑤撰
清同治十二年成都刊本
勵治撮要一卷 Y0077/第6册
（清）張經田撰
清鈔本
自治官書不分卷 Y0077/第6册
（清）劉衡撰
清道光刊本
州縣須知一卷附居官一卷 Y0077/第6册
（清）劉衡撰
宦海指南本
蜀僚問答一卷 Y0077/第6册
（清）劉衡撰
清同治七年江蘇書局牧令書五種本
讀律心得三卷 Y0077/第6册
（清）劉衡撰
清同治七年楚北崇文書局刊本
庸吏庸言二卷附庸吏餘談一卷 Y0077/第6册
（清）劉衡撰
清同治七年楚北崇文書局刊本
海陵從政錄一卷 Y0077/第6册
（清）周石藩撰
清道光十九年家陰堂刊本
共城從政錄一卷附莘原從政錄一卷 Y0077/第6册
（清）周石藩撰
清道光十九年家陰堂刊本
治浙成規八卷 Y0077/第6册
（清）不著撰人
清道光十七年刊本
學治一得編不分卷 Y0077/第6册
（清）何耿繩輯
清道光二十一年眉壽堂刊本
自歷言一卷 Y0077/第6册
（清）文海撰
清光緒十八年排印本
外官新任輯要一卷 Y0077/第6册
（清）不著撰人
清鈔本
牧令書二十三卷 Y0077/第7册
（清）徐棟輯
清道光二十八年刊本
牧令要訣一卷 Y0077/第7册
（清）璧昌撰
清道光刊本
平平言四卷 Y0077/第7册
（清）方大湜撰
清光緒十八年資州官廨刊本
陸清獻公莅嘉遺蹟三卷 Y0077/第7册
（清）黃維玉輯
清同治六年刊本
貢愚錄一卷 Y0077/第7册
（清）王晉之撰
龍泉師友遺稿合編問青園集本
居官日省錄六卷 Y0077/第8册
（清）覺羅烏爾通阿編輯
清咸豐二年刊本
求治管見一卷續增一卷 Y0077/第8册
（清）戴肇辰撰
清咸豐二年刊本
從公錄一卷 Y0077/第8册
（清）戴肇辰撰
戴氏雜著本
從公續錄二卷 Y0077/第8册
（清）戴肇辰撰
戴氏雜著本
從公三錄一卷 Y0077/第8册
（清）戴肇辰撰
戴氏雜著本
宦游紀略六卷續一卷 Y0077/第8册
（清）桂超萬撰
清同治三年養浩齋刊本
得一錄十六卷 Y0077/第8册
（清）余治撰
清同治八年蘇城得見齋刊本
州縣初仕小補二卷 Y0077/第8册
（清）褚瑛著
清光緒十年森寶閣排印本
事宜須知四卷 Y0077/第9册
（清）延昌撰
清光緒十三年桂林楊鴻文堂刊本
敬簡堂學治雜錄四卷 Y0077/第9册
（清）戴杰著
清光緒十六年刊本
宦鄉要則七卷 Y0077/第9册
（清）張鑒瀛輯
清光緒十六年刊本
牧令須知六卷 Y0077/第9册
（清）剛毅撰
清光緒十八年京師刊本
居官鏡一卷 Y0077/第9册
（清）剛毅纂輯
清光緒十八年刊本
佐雜譜二卷 Y0077/第9册
（清）李庚乾輯
清光緒十九年四川會文堂刊本
書生初見一卷 Y0077/第9册
（清）翁傳照撰
清光緒刊本
公門果報錄一卷附續錄一卷佐治果報法戒錄一卷杖瘡方一卷 Y0077/第9册
（清）宋楚望輯
清光緒十九年江蘇書局重刊本
停琴餘牘一卷 Y0077/第9册
（清）羅迪楚撰
百甲山堂叢書本
學治識端一卷 Y0077/第9册
（清）徐壽茲撰
清光緒二十七年刊本
宰惠紀略五卷 Y0077/第9册
（清）柳堂撰
清光緒二十七年筆諫堂刊本
盧鄉公牘四卷補遺一卷 Y0077/第9册
（清）莊綸裔撰
清末排印本
牧民贅語一卷 Y0077/第9册
（清）王景賢撰
羲停山館集本
吏皖存牘三卷 Y0077/第9册
（清）姚錫光撰
清光緒三十四年排印本
樊山政書二十卷 Y0077/第10册
（近人）樊增祥著
清宣統二年金陵刊本
陶甓公牘十二卷 Y0077/第10册

(清)劉汝驥編輯
清宣統三年安徽印刷局排印本
從政瑣記一卷 Y0077/第10册
(民國)王守恂撰
民國六年王仁安集本
宦遊偶記二卷 Y0077/第10册
(清)陳惟彥撰
民國七年排印本
將吏法言八卷 Y0077/第10册
(民國)徐世昌著
民國八年靜遠堂排印本

Y0078(1-10)
中國舊海關與近代社會圖史(一八四〇~一九四九)
中國第二歷史檔案館 中國海關總署辦公廳編著
二〇〇六年北京市中國海關出版社影印本
十册

Y0079(1-2)
堅瓠集
(清)褚人穫撰
二〇〇二年北京全國圖書館文獻縮微複製中心據吉林省圖書館藏清康熙間四雪草堂初印本影印
二册
中國公共圖書館古籍文獻珍本匯刊.子部

Y0080
歷朝折獄纂要
(清)周爾吉編
一九九三年北京全國圖書館文獻縮微複製中心影印清光緒刻本
一册
中國文獻珍本叢書

Y0081
清抄本林則徐等西部紀行三種
(清)七十一 林則徐撰 石麗珍等編
二〇〇一年北京全國圖書館文獻縮微複製中心影印清抄本
一册
中國公共圖書館古籍文獻珍本匯刊.史部

Y0082
瀛環志略 航海瑣記
(清)徐繼畬 余思詒撰
二〇〇〇年北京全國圖書館文獻縮微複製中心據甘肅省圖書館原藏的一八五一年日本陽對眉閣刻本和稿本影印
一册
中國公共圖書館古籍文獻珍本匯刊.史部

Y0083(1-2)
道光間廣東防務未刊文牘六種
顧炳章編纂
一九九四年北京全國圖書館文獻縮微複製中心影印清抄稿本
二册
中國公共圖書館古籍文獻珍本匯刊

Y0084
御選語錄
(清)雍正編著
一九九三年北京全國圖書館文獻縮微複製中心影印本
一册
中國佛學文獻叢刊

Y0085(1-10)
中國古代陶瓷文獻輯錄
二〇〇三年北京全國圖書館文獻縮微複製中心據國家圖書館原藏影印本
十册
國家圖書館古籍文獻叢刊
宣德彝器譜 Y0085/第1册
(明)呂棠等撰
歷代名磁圖譜 Y0085/第1册
(明)項元汴撰
杯史 Y0085/第1册
(清)陳瀏撰
匋雅 Y0085/第1册
(清)陳瀏撰
窨器說 Y0085/第1册
(清)程哲撰
歷代瓷器譜 Y0085/第1册
(清)佚名輯
陶錄餘論 Y0085/第1册
(清)佚名輯
景德鎮陶錄 Y0085/第2册
(清)藍浦撰 (清)鄭廷桂補輯
古銅瓷器考 Y0085/第2册
(清)梁同書撰
古窯器考 Y0085/第2册
(清)梁同書撰
琉璃志 Y0085/第2册
(清)孫廷銓撰
浮梁縣志陶政 Y0085/第2册
吳允嘉編
陽羨名陶錄 Y0085/第2册
吳騫撰
清高宗御製咏瓷詩錄 Y0085/第3册
(清)高宗撰
陶說 Y0085/第3册
(清)朱琰撰
南窨筆記 Y0085/第3册
(清)佚名撰
陽羨茗壺系洞山岕茶系 Y0085/第3册
(清)周高起撰
陶磁器裝飾法 Y0085/第4册
(清)沈明熙編譯
瓷學 Y0085/第4册
陳孝威撰
齋匋存 Y0085/第4册
曾毅公輯
鐵雲藏陶 Y0085/第5册
(清)劉鶚輯
瓷史 Y0085/第5册
黃矞撰
瓷器概說 Y0085/第6册
郭寶昌撰
尊古齋陶佛留真 Y0085/第6册
黃濬輯
高昌匋集 Y0085/第6册
黃文弼編
匋文編 Y0085/第7册
金祥恒撰
竹園陶說 Y0085/第7册
劉子芬撰
陽羨砂壺圖考 Y0085/第7册
李景康 張虹撰
哥窯譜 Y0085/第7册
冒廣生撰
鈞窑考證 Y0085/第8册
荊子欠撰
建窑考 Y0085/第8册
薩嘉榘撰
飲流齋說瓷 Y0085/第8册
許之衡撰
胡軒瓷考 Y0085/第8册
楊嘯穀撰

增補古今瓷器源流考 Y0085/第 8 册
邵蟄民輯 余戟門增補
季木藏匋 Y0085/第 9 册
周進考藏 孫潯等編次
修内司官窑圖解 Y0085/第 9 册
朱鴻達撰
殷墟出土器物圖片 Y0085/第 9 册
國立中央研究院歷史語言研究所考古組編
湖南陶瓷玻璃原料研究 Y0085/第 9 册
湖南工業實驗所湖南大學化學系
湖南寶華玻璃瓷器公司瓷鑒 Y0085/第 9 册
佚名撰
古窑器論 Y0085/第 9 册
佚名輯
齊魯古匋存 Y0085/第 9 册
佚名輯
磁考 Y0085/第 10 册
佚名撰
明清各名家沙壺全形集拓 Y0085/第 10 册
佚名輯
陶器雜錄 Y0085/第 10 册
佚名輯
茗壺圖錄 Y0085/第 10 册
(日)奥玄寶撰
顔料篇 Y0085/第 10 册
(日)江守襄吉郎編

Y0086(1 -10)
歷代科舉文獻集成
文清閣編
二〇〇六年北京燕山出版社影印本
十册

Y0087(1 -7)
中國早期博覽會資料匯編
全國圖書館文獻縮微複製中心[編]
二〇〇三年北京全國圖書館文獻縮微複製中心據南京圖書館原藏影印本
七册
中國文獻珍本叢書

Y0088
皇明異典述五卷異事述一卷
(明)王世貞撰
二〇〇四年北京全國圖書館文獻縮微複製中心據吉林省圖書館原藏明世經堂刻本影印
一册
中國公共圖書館古籍文獻珍本匯刊. 史部

Y0089
東西洋考每月統計傳
愛漢者等編 黄時鑑整理
一九九七年北京中華書局據哈佛大學哈佛燕京圖書館藏本影印
一册

Y0090(1 -40)
中國清代宫廷版畫
曲廷鈞等編
二〇〇二年安徽美術出版社影印本
四十册
欽定古今圖書集成一萬卷目錄四十卷 Y0090/第 1 -5 册
(清)蔣廷錫 陳夢雷等編纂
雍正四年内府銅活字刊本
御製避暑山莊圖詠二卷 Y0090/第 6 -7 册
(清)聖祖玄燁 高宗弘曆撰詩 張廷玉 鄂爾泰等加注 沈玉根繪圖
乾隆六年内府刊本
盤山志十六卷首五卷 Y0090/第 7 册
(清)蔣溥等纂
乾隆二十年武英殿刊本
清凉山志圖二十卷 Y0090/第 7 册
不著撰人
清乾隆年間武英殿刊本
欽定熱河志一百二十卷 Y0090/第 7 -8 册
(清)和珅等纂
乾隆四十六年武英殿刊本
琉球國志略圖十六卷首一卷 Y0090/第 9 册
(清)周煌撰
乾隆二十二年武英殿刊本
御製耕織圖不分卷 Y0090/第 9 册
(清)玄燁題詩 焦秉真繪圖 朱圭 梅玉鳳鐫刻
康熙三十五年内府刊本
欽定授時通考七十八卷 Y0090/第 9 -10 册
(清)鄂爾泰等撰
乾隆七年武英殿刊本
農書圖二十二卷 Y0090/第 11 册
(元)王禎撰
清乾隆三十八年至嘉慶八年武英殿聚珍版刊本
欽定授衣光訓二卷 Y0090/第 11 册
(清)董浩等奉敕撰
嘉慶十三年武英殿刊本
欽定武英殿聚珍版程式 Y0090/第 11 册
金簡撰
清乾隆三十八年至嘉慶八年武英殿聚珍版刊本
墨法集要一卷 Y0090/第 11 册
(明)沈繼孫撰
清乾隆三十八年至嘉慶八年武英殿聚珍版刊本
新製儀象圖不分卷 Y0090/第 11 册
(比利時)南懷仁繪
康熙十三年内府刊本
西清古鑑四十卷附錢錄十六卷 Y0090/第 12 -16 册
(清)梁詩正 蔣溥等編 陳孝泳摹篆 梁觀 丁觀鶴繪圖 厲宗萬等繕書
乾隆二十年武英殿刊本
錢錄十六卷 Y0090/第 16 -17 册
(清)梁詩正 蔣溥等編
乾隆二十年武英殿刊本
皇朝禮器圖式十八卷 Y0090/第 17 -20 册
(清)允祿等纂
乾隆三十一年武英殿刊本
欽定大清會典圖一百三十二卷 Y0090/第 21 -27 册
(清)脫律等纂
乾隆三十一年武英殿刊本
皇清職貢圖八卷 Y0090/第 27 -28 册
(清)董浩等奉敕撰 門慶安 徐濤等繪圖
乾隆年間武英殿刊本
萬壽盛典初集二十卷 Y0090/第 29 -31 册
(清)王原祁 王奕清等修
康熙五十六年武英殿刊本
南巡盛典一百二十卷 Y0090/第 31 -33 册
(清)高晉纂輯
乾隆三十六年刻成進呈本
八旬萬壽盛典一百二十卷首一卷 Y0090/第 33 -35 册

（清）阿桂等纂
乾隆五十七年武英殿刊本
西巡盛典二十四卷首一卷 Y0090/第35-36册
（清）董浩 曹振鏞 英和等修
嘉慶十七年武英殿聚珍版刊本
欽定書經傳說彙纂二十一卷首一卷書序一卷 Y0090/第37册
（清）王頊齡等撰
雍正八年内府刊本
養正圖解不分卷 Y0090/第37册
（明）焦竑撰
清光緒二十一年武英殿刊本
欽定元承華事略補圖六卷 Y0090/第37册
（元）王運撰（清）徐郙 李文田等補圖并校訂
清光緒二十二年内府刊本
欽定書經圖說五十卷 Y0090/第37-39册
（清）孫家鼐 陸潤庠等奉敕纂集 詹秀林等繪圖
光緒三十一年總理各國事務衙門石印本
玉皇本行集經圖三卷 Y0090/第40册
清康熙五十一年内府刊本
大覺禪師語錄圖 Y0090/第40册
（清）釋性音撰 實力 實慧編
雍正五年内府刊本
二十八經同函圖 Y0090/第40册
清雍正十三年内府刊本
龍藏圖七千二百四十卷 Y0090/第40册
葉衣觀自在菩薩經圖 Y0090/第40册
清乾隆二十四年内府刊本
御書藥師本願經圖不分卷 Y0090/第40册
清乾隆三十二年内府刊本
御製大雲輪請雨經圖一卷 Y0090/第40册
（隋）釋那連提黎耶舍譯
清乾隆四十八年武英殿刊本
滿文大藏經圖二千四百六十六卷 Y0090/第40册
清乾隆五十九年内府刊成滿文朱印本
御製避暑山莊詩圖不分卷 Y0090/第40册
（清）聖祖玄燁撰詩 沈喻繪畫（意）馬國賢重繪
清康熙五十二年内府銅板刊本
圓明園長春園圖 Y0090/第40册
清乾隆五十一年内府銅板刊本
平定準噶爾回部得勝圖 Y0090/第40册
清乾隆三十至三十九年内府刊本
平定兩金川得勝圖 Y0090/第40册
清乾隆四十二至四十六年内府銅板刊本
平定臺灣得勝圖 Y0090/第40册
清乾隆五十三至五十五年内府銅板刊本
平定安南得勝圖 Y0090/第40册
清乾隆五十五年内府銅板刊本
平定廓爾喀得勝圖 Y0090/第40册
清乾隆六十至嘉慶元年内府銅板刊本
平定苗疆得勝圖 Y0090/第40册
清乾隆六十年内府銅板刊本
平定仲苗得勝圖 Y0090/第40册
清嘉慶三年内府銅板刊本
平定回疆得勝圖 Y0090/第40册
清道光十年内府銅板刊本

Y0091(1-2)
清代匠作則例
王世襄主編
二〇〇〇年鄭州大象出版社影印本
二册

Y0092(1-26)
十三經注疏
《十三經注疏》整理委員會整理
二〇〇〇年北京市北京大學出版社鉛印本
二十六册
周易正義十卷 Y0092/第1册
（魏）王弼注（晉）韓康伯注（唐）孔穎達等正義
清嘉慶二十一年阮元校刻十三經注疏為底本
尚書正義二十卷 Y0092/第2-3册
（漢）孔安國傳（唐）孔穎達等正義
清嘉慶二十一年阮元校刻十三經注疏為底本
毛詩正義七十卷 Y0092/第4-6册
（漢）毛亨傳 鄭玄箋（唐）孔穎達等正義
清嘉慶二十一年阮元校刻十三經注疏為底本
周禮注疏四十二卷 Y0092/第7-9册
（漢）鄭玄注（唐）賈公彥疏
清嘉慶二十一年阮元校刻十三經注疏為底本
儀禮注疏五十卷 Y0092/第10-11册
（漢）鄭玄注（唐）賈公彥疏
清嘉慶二十一年阮元校刻十三經注疏為底本
禮記正義六十三卷 Y0092/第12-15册
（漢）鄭玄注（唐）孔穎達等正義
清嘉慶二十一年阮元校刻十三經注疏為底本
春秋左傳正義六十卷 Y0092/第16-19册
（晉）杜預注（唐）孔穎達等正義
清嘉慶二十一年阮元校刻十三經注疏為底本
春秋公羊傳注疏二十八卷 Y0092/第20-21册
（漢）何休注（唐）徐彥疏
清嘉慶二十一年阮元校刻十三經注疏為底本
春秋穀梁傳注疏二十卷 Y0092/第22册
（晉）范寧注（唐）楊士勛疏
清嘉慶二十一年阮元校刻十三經注疏為底本
論語注疏二十卷 Y0092/第23册
（魏）何晏注（宋）邢昺疏
清嘉慶二十一年阮元校刻十三經注疏為底本
爾雅注疏十卷 Y0092/第24册
（晉）郭璞注（宋）邢昺疏
清嘉慶二十一年阮元校刻十三經注疏為底本
孟子注疏十四卷 Y0092/第25册
（漢）趙岐注（宋）孫奭疏
清嘉慶二十一年阮元校刻十三經注疏為底本
孝經注疏九卷 Y0092/第26册
（唐）玄宗注（宋）邢昺疏
清嘉慶二十一年阮元校刻十三經注疏為底本

Y0093(1-3)
故宮藏書目錄彙編
煮雨山房編
二〇〇四年北京綫裝書局據北平故宮

博物院圖書館印行本影印
三冊

Y0094(1－2)
中國古籍文獻拍賣圖錄年鑒(2003)卷
姜尋編
二〇〇四年北京中華書局影印本
二冊

Y0095(1－4)
北京琉璃廠舊書店古書價格目錄
竇水勇編
二〇〇四年北京綫裝書局影印本
四冊

Y0096(1－123)
傳世藏書
張岱年等主編 誠成企業集團(中國)有限公司組織編纂
一九九六年海南國際新聞出版中心鉛印本
一二三冊

經庫

十三經注疏

周易正義 Y0096/第1冊
(魏)王弼注 (晉)韓康伯注 (唐)孔穎達等疏 何錫光 虎維鐸整理
十三經注疏阮刻本

尚書正義 Y0096/第1冊
舊題(漢)孔安國注 (唐)孔穎達疏 喻遂生整理
十三經注疏阮刻本

毛詩正義 Y0096/第1冊
(漢)毛亨傳 (漢)鄭玄箋 (唐)孔穎達疏 梁運華整理
十三經注疏阮刻本

周禮注疏 Y0096/第2冊
(漢)鄭玄注 (唐)賈公彥疏 彭林整理
十三經注疏阮刻本

儀禮注疏 Y0096/第2冊
(漢)鄭玄注 (唐)賈公彥疏 尹小林整理
十三經注疏阮刻本

禮記正義 Y0096/第3冊
(漢)鄭玄注 (唐)孔穎達疏 喻遂生等整理
十三經注疏阮刻本

春秋左傳注疏 Y0096/第4冊
(周)左丘明傳 (晉)杜預注 (唐)孔穎達疏 劉繼華等整理
十三經注疏阮刻本

春秋公羊傳注疏 Y0096/第5冊
(漢)何休注 (唐)徐彥疏 蔣宗福整理
十三經注疏阮刻本

春秋穀梁傳注疏 Y0096/第5冊
(晉)范寧注 (唐)楊士勛疏 喻遂生等整理
十三經注疏阮刻本

論語注疏 Y0096/第5冊
(魏)何晏集解 (宋)邢昺疏 梁運華整理
十三經注疏阮刻本

孝經注疏 Y0096/第5冊
(唐)李隆基注 (宋)邢昺疏 周宏偉整理
十三經注疏阮刻本

爾雅注疏 Y0096/第5冊
(晉)郭璞注 (宋)邢昺疏 羅憲華等整理
十三經注疏阮刻本

孟子注疏 Y0096/第5冊
(漢)趙岐注 (宋)孫奭疏 龔抗云整理
十三經注疏阮刻本

經學史

尚書大傳 Y0096/第1冊
(西漢)伏勝撰 (東漢)鄭玄注 (清)陳壽祺輯校 吳人整理 朱維錚審閱
皇清經解續編本

韓詩外傳 Y0096/第1冊
(漢)韓嬰撰 朱英華整理 朱維錚審閱
明沈氏野竹齋刊本

春秋繁露 Y0096/第1冊
(漢)董仲舒撰 朱方舟整理 朱維錚審閱
抱經堂盧校本翻刻二十二子本

大戴禮記 Y0096/第1冊
(漢)戴德撰 張有志整理 朱維錚審閱
皇清經解本

六藝略 Y0096/第1冊
(西漢)劉歆撰 吳人整理 朱維錚審閱
百衲本漢書

白虎通義 Y0096/第1冊
(漢)班固纂集 吳人整理 朱維錚審閱
清江安傅氏雙鑒樓藏元大德九年張楷刊白虎通德論本

五經異義 Y0096/第1冊
(東漢)許慎撰 吳人整理 朱維錚審閱
皇清經解本

周易集解 Y0096/第1冊
(唐)李鼎祚撰 錢文忠整理 朱維錚審閱
古經解匯函本

春秋集傳纂例 Y0096/第1冊
(唐)陸淳撰 吳人整理 朱維錚審閱
古經解匯函本

周官新義 Y0096/第1冊
(宋)王安石撰 吳人整理 朱維錚審閱
錢儀吉校補本

七經小傳 Y0096/第1冊
(宋)劉敞撰 項楊整理 朱維錚審閱
涵芬樓影宋刊本

大學衍義補 Y0096/第1冊
(明)丘濬撰 金良年整理 朱維錚審閱
四庫全書本

尚書古文疏證 Y0096/第2冊
(清)閻若璩撰 錢文忠整理 朱維錚審閱
眷西堂本

孟子字義疏證 Y0096/第2冊
(清)戴震撰 李天綱整理 朱維錚審閱
微波榭叢書本

漢學師承記 Y0096/第2冊
(清)江藩撰 張完芳整理 朱維錚審閱
國學基本叢書本

經義述聞 Y0096/第2冊
(清)王引之撰 錢文忠等整理 朱維錚審閱
四部備要本

春秋公羊經何氏釋例 Y0096/第2冊
(清)柳逢祿撰 吳人整理 朱維錚審閱
皇清經解本

今古學考 Y0096/第2冊
(近代)廖平撰 張寧整理 朱維錚審閱
清光緒十二年成都刊四益館經學叢書本

孔子改制考 Y0096/第2冊
(近代)康有為著 朱維錚整理 錢伯城審閱
朱維錚複校本

經學歷史 Y0096/第2冊
(清)皮錫瑞撰 張完芳整理 朱維錚審閱
一九二〇年上海商務印書館初版的

《經學歷史》周予同注釋本
國故論衡 Y0096/第2冊
(近代)章炳麟著 朱維錚整理 錢伯城審閱
一九一〇年國學講習會原刊本
語言文字
說文解字注 Y0096/第1冊
(東漢)許慎撰 (清)段玉裁注 宋文民整理 徐復 李傳書審閱
經韵樓刻本
方言 Y0096/第1冊
(西漢)楊雄撰 李傳書整理
四部叢刊本
釋名疏證補 Y0096/第1冊
(清)王先謙撰集 李傳書整理
光緒二十二年本
廣雅疏證 Y0096/第2冊
(清)王念孫撰 江灝整理
嘉慶元年初刊本
廣韵 Y0096/第2冊
(宋)陳彭年 丘雍撰 李葆嘉整理
張氏澤存堂宋本廣韵本
中原音韵 Y0096/第2冊
(元)周德清撰 李敏辭整理
訥庵本
經傳釋詞 Y0096/第2冊
(清)王引之撰 李傳書整理
古書字義用法叢刊本
馬氏文通 Y0096/第2冊
(清)馬建忠撰 李敏辭整理
清光緒三十年本
史库
二十六史
史記 Y0096/第1冊
(漢)司馬遷著 (宋)裴駰集解 (唐)司馬貞索隱 (唐)張守節正義 劉佑平整理
百衲本
漢書 Y0096/第2冊
(東漢)班固撰 金身佳整理
百衲本
後漢書 Y0096/第3冊
(劉宋)范曄 (晉)司馬彪撰 (唐)李賢等注 謝忠明 曹小莉整理
百衲本
三國志 Y0096/第4冊
(晉)陳壽撰 (南朝宋)裴松之注 李強 鄒世華 羅生林整理
清武英殿本
晋書 Y0096/第4冊
(唐)房玄齡等撰 楊宗禹等整理
清武英殿本
宋書 Y0096/第5冊
(南朝梁)沈約撰 俞樟華等整理
清武英殿本
南齊書 Y0096/第5冊
(南朝梁)蕭子顯撰 雲輝整理
清武英殿本
梁書 Y0096/第5冊
(唐)姚思廉撰 劉建國 朱海燕整理
清武英殿本
陳書 Y0096/第5冊
(唐)姚思廉撰 王之江整理
清武英殿本
魏書 Y0096/第6冊
(北齊魏)收撰 朱海燕等整理
清武英殿本
北齊書 Y0096/第6冊
(唐)李百藥撰 劉柯整理
清武英殿本
周書 Y0096/第6冊
(唐)令狐德棻撰 歐陽小桃整理
清武英殿本
南史 Y0096/第6－7冊
(唐)李延壽撰 李克和 張唯嘉整理
清武英殿本
北史 Y0096/第7冊
(唐)李延壽撰 李道海等整理
清武英殿本
隋書 Y0096/第7冊
(唐)魏徵等整理
清武英殿本
舊唐書 Y0096/第8冊
(後晋)劉昫等撰 李克和等整理
清武英殿本
新唐書 Y0096/第9冊
(宋)歐陽修 宋祁等撰 段觀宋等整理
清武英殿本
舊五代史 Y0096/第10冊
(宋)薛居正等撰 俞樟華 饒星整理
清武英殿本
新五代史 Y0096/第10冊
(宋)歐陽修撰 司馬瀚等整理
清武英殿本
宋史 Y0096/第10－13冊
(元)脱脱等撰 李之亮等整理
清武英殿本
遼史 Y0096/第13冊
(元)脱脱等撰 饒星整理
清武英殿本
金史 Y0096/第13冊
(元)脱脱等撰 龍華 饒星等整理
清武英殿本
元史 Y0096/第14冊
(明)宋濂 王袆等撰 竹官 王光華等整理
清武英殿本
新元史 Y0096/第15冊
柯劭忞撰 姚景安等整理
庚午(1930)重訂本
明史 Y0096/第16－17冊
(清)張廷玉等撰 姜逸波等整理
清武英殿本
清史稿 Y0096/第18－20冊
趙爾巽等撰 茅進明等整理
關内本
二十六史・表(一) Y0096/第21冊
百衲本 殿本 關内本
二十六史・表(二) Y0096/第22冊
關内本
二十六史・表(三) Y0096/第23冊
關内本資治通鑒
資治通鑒 Y0096/第1－3冊
(宋)司馬光等編纂 (元)胡三省注 劉佑平等整理
影鄱陽胡氏本
續資治通鑒 Y0096/第1－2冊
(清)畢沅編纂 向祥海等整理
馮集梧補刻本
雜史
世本 Y0096/全1冊
(漢)宋衷注 (清)茆泮林輯 金身佳整理
茆泮林輯本
國語 Y0096/全1冊
(春秋)左丘明著 朱發建整理
士禮居翻刻明道本
戰國策 Y0096/全1冊
(西漢)劉向集錄 劉佑平整理
姚宏校本
吳越春秋 Y0096/全1冊

(東漢)趙曄撰 薛雅玲整理
光緒三十二年徐乃昌隨盦叢書本
越絕書 Y0096/全1冊
(東漢)袁康 吳平撰 薛雅玲整理
四部備要本
華陽國志 Y0096/全1冊
(東晉)常璩撰 薛雅玲整理
成都志古堂原版印行本
貞觀政要 Y0096/全1冊
(唐)吳兢編著 謝忠明整理
四庫全書本
史通 Y0096/全1冊
(唐)劉知幾撰 彭明整理
史通通釋本
文史通義 Y0096/全1冊
(清)章學誠撰 彭明整理
葉瑛文史通義校注本
十七史商榷 Y0096/全1冊
(清)王鳴盛撰 王德明整理
叢書集成本
竹書紀年 Y0096/全1冊
劉佑平 姚海宏整理
文淵閣四庫全書本 王國維遺書中的古本竹書紀年輯校
通典 Y0096/全1冊
(唐)杜佑撰 王文錦整理
中華書局繁體豎排通典本
通志略 Y0096/全1冊
(宋)鄭樵撰 馮克誠等整理
明汪刻本
文獻通考 Y0096/第1-3冊
(元)馬端林撰 上海師範大學古籍研究所 華東師範大學古籍研究所整理
清乾隆十三年武英殿三通合刻本

地理

水經注 Y0096/全1冊
酈道元著 劉周堂整理
世界書局排印本
大唐西域記 Y0096/全1冊
(唐)玄奘 辯機原著 季羡林等點校
高麗新藏本
海國圖志 Y0096/全1冊
(清)魏源撰 王繼平等整理
光緒丙子平慶涇固道署重刊本
讀史方輿紀要 Y0096/第1-2冊
(清)顧祖禹撰 侯仁之 史念海主編
稿本

四庫全書本

四庫全書總目 Y0096/第1-2冊
(清)永瑢等撰
浙江翻刻武英殿本
四庫未收書目提要 Y0096/第2冊
四庫撤毀書提要 Y0096/第2冊

子庫

諸子

老子 Y0096/第1冊
(周)老子撰 廖梅整理 朱維錚審閱
四部叢刊河上公本老子道德經
莊子 Y0096/第1冊
(戰國)莊周撰 廖梅整理 朱維錚審閱
四部叢刊所收南華真經本
文子 Y0096/第1冊
(周)文子撰 廖梅整理 朱維錚審閱
守山閣叢書本
鶡冠子 Y0096/第1冊
(春秋)鶡冠子撰 廖梅整理 朱維錚審閱
四部叢刊本
列子 Y0096/第1冊
(戰國)列御寇撰 廖梅整理 朱維錚審閱
四部叢刊沖虛至德真經本
晏子春秋 Y0096/第1冊
(春秋)晏嬰撰 王維江整理 朱維錚審閱
二十二子本
孔子集語 Y0096/第1冊
(清)孫星衍輯 王維江整理 朱維錚審閱
平津館叢書本
曾子 Y0096/第1冊
(周)曾參撰 王維江整理 朱維錚審閱
皇清經解本
子思子全書 Y0096/第1冊
(宋)汪晫編 王維江整理 朱維錚審閱
四庫全書本
荀子 Y0096/第1冊
(周)荀況著 王維江整理 朱維錚審閱
二十二子本
孔叢子 Y0096/第1冊
秦孔鮒撰 錢杭整理 楊曉芬審閱 朱維錚複審
杭州葉氏藏明翻宋刻七卷本

賈誼新書 Y0096/第1冊
(漢)賈誼撰 錢杭整理 楊曉芬審閱
抱經堂本
至言 Y0096/第1冊
(漢)賈山撰 錢杭整理 楊曉芬審閱 朱維錚複審
玉函山房輯佚本
河間獻王書 Y0096/第1冊
(漢)劉德撰 錢杭整理 楊曉芬審閱 朱維錚複審
玉函山房輯佚本
公孔弘書 Y0096/第1冊
(漢)公孫弘撰 錢杭整理 楊曉芬審閱 朱維錚複審
玉函山房輯佚本
新序 Y0096/第1冊
(漢)劉向撰 錢杭整理 楊曉芬審閱 朱維錚複審
明嘉靖翻宋刻本
揚子法言 Y0096/第1冊
(漢)揚雄撰 錢杭整理 楊曉芬審閱 朱維錚複審
秦氏仿宋本
新論 Y0096/第1冊
(漢)桓譚撰 錢杭整理 楊曉芬審閱 朱維錚複審
嚴可均輯本
潛夫論 Y0096/第1冊
(漢)王符撰 (陳)克艱整理 錢杭審閱 朱維錚複審
述古堂影宋本
申鑒 Y0096/第1冊
(漢)荀悅撰 錢杭整理 楊曉芬審閱 朱維錚複審
嘉靖文始堂刊黃省曾注本
孔子家語 Y0096/第1冊
(魏)王肅輯 楊曉芬整理 錢杭審閱 朱維錚複審
湖北叢書本
墨子 Y0096/第1冊
(戰國)墨翟撰 射洪整理 朱維錚審閱
畢沅校正本
隨巢子 Y0096/第1冊
(周)隨巢子撰 射洪整理 朱維錚審閱
玉函山房輯佚本
管子 Y0096/第1冊
(春秋)管仲撰 敖軍 李仲謀整理 朱

維錚審閱
二十二子本
商君書 Y0096/第 1 册
(戰國)商鞅撰 陳月琴整理 朱維錚審閱
四部叢刊本
申子 Y0096/第 1 册
(戰國)申不害撰 王東傑整理 朱維錚審閱
玉函山房輯佚本
韓非子 Y0096/第 1 册
(戰國)韓飛撰 陳月琴整理 朱維錚審閱
四部叢刊本
晁氏新書 Y0096/第 1 册
(漢)晁錯撰 錢杭整理 楊曉芬審閱 朱維錚複審
玉函山房輯佚本
政論 Y0096/第 1 册
(漢)崔寔撰 錢杭整理 楊曉芬審閱 朱維錚複審
嚴可均全後漢文本
中論 Y0096/第 1 册
(漢)徐幹撰 錢杭整理 楊曉芬審閱 朱維錚複審
江安傅氏雙鑒樓藏杜思資深堂本
仲長子昌言 Y0096/第 1 册
(漢)仲長統撰 錢杭整理 楊曉芬審閱 朱維錚複審
玉函山房輯佚本
鄧析子 Y0096/第 1 册
(周)鄧析撰 吳通福整理 朱維錚審閱
明劉氏複宋本
尹文子 Y0096/第 1 册
(戰國)尹文撰 吳通福整理 朱維錚審閱
湖海叢書本
公孫龍子 Y0096/第 1 册
(戰國)公孫龍撰 吳通福整理 朱維錚審閱
嚴可均校本
人物志 Y0096/第 1 册
(魏)劉卲撰 吳通福整理 朱維錚審閱
四部叢刊影印明正德刊本
鬼谷子 Y0096/第 1 册
(戰國)鬼谷子撰 吳通福整理 朱維錚審閱
陶弘景注本
陰符經 Y0096/第 1 册
(托名)黃帝撰 吳通福整理 朱維錚審閱
續知不足齋叢書本
尸子 Y0096/第 1 册
(戰國)尸佼撰 顔玉科整理 朱維錚審閱
二十二子汪繼培輯本
呂氏春秋 Y0096/第 1 册
(秦)呂不韋撰 李湜整理 朱維錚審閱
畢沅呂氏春秋校正本
淮南子 Y0096/第 2 册
(漢)劉安編撰 時平心整理 錢杭審閱
莊逵吉本
論衡 Y0096/第 2 册
(漢)王充撰 (陳)克艱整理 錢杭審閱
明通津草堂刊本
蔣子萬機論 Y0096/第 2 册
(三國魏)蔣濟撰 顔玉科整理 朱維錚審閱
嚴可均輯本
傅子 Y0096/第 2 册
(晉)傅玄撰 王東傑整理 朱維錚審閱
叢書集成本
抱樸子 Y0096/第 2 册
(晉)葛洪撰 顔玉科整理 朱維錚審閱
道藏本
劉子 Y0096/第 2 册
(北齊)劉晝撰 顔玉科整理 朱維錚審閱
道藏本
金樓子 Y0096/第 2 册
(梁)蕭繹撰 吳通福整理 朱維錚審閱
四庫全書本
顔氏家訓 Y0096/第 2 册
(北齊)顔之推撰 臧平湖整理
影明遼陽傅太平本
中說 Y0096/第 2 册
(隋)王通撰 顔玉科整理 朱維錚審閱
四部叢刊本
長短經 Y0096/第 2 册
(唐)趙蕤著 王維江整理 朱維錚審閱
叢書集成本
兩同書 Y0096/第 2 册
(唐五代間)羅隱撰 王維江整理 朱維錚審閱
四庫全書本
化書 Y0096/第 2 册
(五代)譚峭著 王維江整理 朱維錚審閱
道藏本
周敦頤集 Y0096/第 2 册
(宋)周敦頤撰 (宋)朱熹釋義 曹楊整理 李國鈞審閱
清康熙四十七年張伯行編輯福州正誼堂刊行的周濂溪先生全集本
張載集 Y0096/第 2 册
(宋)張載撰 曹楊整理 李國鈞審閱
康熙間朱軾校刊本
陸九淵集 Y0096/第 2 册
(宋)陸九淵撰 孫文光 王世蕓整理 李國鈞審閱
涵芬樓影印嘉靖象山先生全集本
二程本書 Y0096/第 3 册
(宋)程顥 程頤撰 吳平 徐德明整理 李國鈞審閱
康熙間呂留良刻本
朱熹集 Y0096/第 3－4 册
(宋)朱熹撰 吳宣德 馬鏞整理 李國鈞審閱
影印明嘉靖十一年本
朱子語類 Y0096/第 5 册
(宋)黎靖德編 馬鏞 吳宣德整理 李國鈞審閱
光緒二年賀瑞麟校刻西京清麓叢書正編本
王陽明集 Y0096/第 6 册
(明)王守仁撰 蘇驊整理 李國鈞審閱
影隆慶六年刻本
焚書 Y0096/第 6 册
(明)李贄撰 王焰整理 李國鈞審閱
國粹叢書
續焚書 Y0096/第 6 册
(明)李贄撰 王焰整理 李國鈞審閱
明原刻本
東西均 Y0096/第 6 册
(明)方以智撰 程觀林整理 李國鈞審閱
安徽藏原裝本
明夷待訪錄 Y0096/第 6 册
(清)黃宗羲撰 劉凌整理 李國鈞審閱
道光錢熙祚校梓指海本
四存編 Y0096/第 6 册

(清)顏元撰 劉凌整理 李國鈞審閱
畿輔叢書本
大同書 Y0096/第6册
(近代)康有為撰 鄭麥整理 李國鈞審閱
一九三五年中華書局本
仁學 Y0096/第6册
(清)譚嗣同撰 范劍華整理 李國鈞審閱
上海圖書館藏木刻本
訄書 Y0096/第6册
(近代)章炳麟撰 范劍華整理 李國鈞審閱
一九〇四年東京翔鸞社鉛印重訂本
諸子平議 Y0096/第6册
(清)俞樾撰 無懷德整理 李國鈞審閱
春在堂全書清同治十年本

佛典

佛本行經 Y0096/全1册
(南朝宋)釋寶雲譯 鄭立新整理
金陵刻經處刻本
梵網經 Y0096/全1册
(後秦)鳩摩羅什譯 鄭立新整理
鳩摩羅什譯本
阿彌陀經 Y0096/全1册
(後秦)鳩摩羅什譯 鄭立新整理
鳩摩羅什譯本
金剛經 Y0096/全1册
(後秦)鳩摩羅什譯 鄭立新整理
鳩摩羅什譯本
緣起經 Y0096/全1册
(唐)玄奘譯 鄭立新整理
常州天寧寺刻經處集刊本
妙法蓮花經 Y0096/全1册
(後秦)鳩摩羅什譯 盧國龍整理
上海佛學書局句讀本釋氏十三經
心經 Y0096/全1册
(唐)玄奘譯 盧國龍整理
上海佛學書局釋氏十三經本
維摩詰經 Y0096/全1册
(後秦)鳩摩羅什譯 鄭立新整理
鳩摩羅什譯本
無量壽經 Y0096/全1册
(魏)康僧鎧譯 鄭立新整理
魏康僧鎧譯本
唯識三十論頌 Y0096/全1册
(印度)世親造 (唐)玄奘譯 鄭立新整理
中國佛學刊唯識三十論略釋本
大乘起信論 Y0096/全1册
(印度)馬鳴造 (梁)真諦譯 鄭立新整理
南京佛紀流通處單行本
肇論 Y0096/全1册
(東晉)僧肇著 鄭立新整理
北京佛經流通處刻本
三論玄義 Y0096/全1册
(隋)吉藏撰 鄭立新整理
金陵刻本經處清光緒二十五年(1899)刻本
六祖大師法寶壇經 Y0096/全1册
(唐)惠能述 鄭立新整理
一九二九年金陵刻經處刻曹溪原本
金剛錍 Y0096/全1册
(唐)湛然撰 鄭立新整理
揚州刻經處刻本
華嚴一乘教義分齊章 Y0096/全1册
(唐)法藏撰 鄭立新整理
原人論 Y0096/全1册
(唐)宗密撰 鄭立新整理
清同治十三年(1874)鷄園刻經處刻本
輔教編 Y0096/全1册
(宋)契嵩撰 鄭立新整理
鐔津文集本
弘明集 Y0096/全1册
(梁)僧祐編 陳詠明整理
大正藏本
廣弘明集 Y0096/全1册
(唐)釋道宣編 陳詠明整理
大正藏本
高僧傳 Y0096/全1册
(梁)慧皎撰 刁勇整理
大正藏本
比丘尼傳 Y0096/全1册
(梁)釋寶唱撰 陳詠明整理
大正藏本
大宋高僧傳 Y0096/全1册
(宋)贊寧撰 刁勇整理
宋磧砂藏本
洛陽伽藍記 Y0096/全1册
(北魏)楊衒之著 鄭立新整理
一九三〇年商務印書館出版的張宗祥合校本
求法高僧傳 Y0096/全1册
(唐)義淨撰 鄭立新整理
金陵刻經處木刻單行本
景德傳燈錄 Y0096/全1册
(宋)道原纂 鄭立新整理
常州天寧寺刻經處版本

道典

太平經合校 Y0096/全1册
王明編
太平經合校本
真誥 Y0096/全1册
(梁)陶弘景編撰 盧仁龍整理
台灣藝文印書館影印道藏本
洞玄靈寶三洞奉道科戒營始 Y0096/全1册
(金)明七真撰 盧國龍整理
道藏本
道教義樞 Y0096/全1册
(唐)夢安排纂 安然整理
道藏本
養性延命錄 Y0096/全1册
(梁)陶弘景編纂 王書獻整理
道藏本
道樞 Y0096/全1册
(宋)曾慥編纂 李睿整理
道藏本
修真十書 Y0096/全1册
(元)佚名纂 李硯整理
台灣新文豐書局影印正統道藏本
庚道集 Y0096/全1册
(宋元)佚名編纂 安然整理
中和集 Y0096/全1册
(梁)李道純撰 沈峰整理
道藏本
曆世真仙體道通鑒 Y0096/全1册
(元)趙道一撰 盧國龍整理
道藏本
太上感應篇 Y0096/全1册
(宋)佚名著 (宋)李昌齡注 (宋)鄭清之贊 王書獻 范君恩整理
道藏本

文史筆記

風俗通義 Y0096/第1册
(漢)應劭撰 王利器點校
四部叢刊影印元大德本
古今注 Y0096/第1册
(晉)崔豹撰 芮傳明整理 錢杭審閱
涵芬樓影印宋刊本

酉陽雜俎 Y0096/第 1 册
(唐)段成式撰 芮傳明整理 錢杭審閱
上海涵芬樓影印趙氏本
封氏聞見記 Y0096/第 1 册
(唐)封演撰 芮傳明整理 錢杭審閱
雅雨堂叢書本
夢溪筆談 Y0096/第 1 册
(宋)沈括著 楊善群整理 徐元基審閱
四部叢刊本 學津討原本
容齋隨筆 Y0096/第 1 册
(宋)洪邁撰 張敏整理 錢杭審閱
四部叢刊影印宋刊本
困學紀聞 Y0096/第 1 册
(宋)王應麟撰 承載整理 熊月之審閱
涵芬樓影印傅氏雙鑒樓藏元刻本
南村輟耕錄 Y0096/第 1 册
(元)陶宗儀撰 劉修明 劉瀟江整理 熊月之審閱
涵芬樓影印吳縣潘氏滂喜齋元刊本
焦氏筆乘 Y0096/第 1 册
(明)焦竑撰 何泉達整理 錢杭審閱
上海圖書館藏明萬曆刻本
客座贅語 Y0096/第 2 册
(明)顧起元撰 馬學強整理 承載審閱
清光緒間江寧傅春官列入金陵叢刻校刊本
日知錄集釋 Y0096/第 2 册
(清)顧炎武撰 黄汝成集釋 羅義俊等整理 楊善群等審閱
清道光十四年(1834)嘉定黄氏西溪草廬重刊本
十駕齋養新錄 Y0096/第 2 册
(清)錢大昕撰 李天綱整理 熊月之等審閱
四部叢刊影印嘉慶本
札樸 Y0096/第 2 册
(清)桂馥撰 楊善群整理 徐元基審閱
蔣氏心矩齋校本
東塾讀書記 Y0096/第 2 册
(清)陳澧撰 楊國強整理 熊月之等審閱
商務印書館一九三六年排印本
讀書雜志 Y0096/第 3 册
(清)王念孫撰 楊善群等整理 熊月之 楊善群審閱
清道光十二年刻本
癸巳存稿 Y0096/第 3 册
(清)俞正燮撰 楊國強整理 熊月之審閱
光緒十年刻本
癸巳類稿 Y0096/第 3 册
(清)俞正燮撰 周武整理 錢杭審閱
王藻一八三三年刻本
日下舊聞考 Y0096/第 4 册
(清)朱彝尊等撰 袁燮銘等整理 熊月之等審閱
原刻本

雜記

西京雜記 Y0096/第 1 册
(晉)葛洪撰 孟彭興整理 錢杭審閱
四部叢刊影印涵芬樓藏明嘉靖本
雲溪友議 Y0096/第 1 册
(唐)范攄撰 芮傳明整理 錢杭審閱
上海涵芬樓影印常熟瞿氏鐵琴銅劍樓藏明刊本
唐語林 Y0096/第 1 册
(宋)王讜撰 許映湖整理 錢杭審閱
光緒十九年守山閣本
東坡志林 Y0096/第 1 册
(宋)蘇軾撰 芮傳明整理 錢杭審閱
學津討原本
揮麈錄 Y0096/第 1 册
(宋)王明清撰 吳桂龍整理 承載審閱
四庫叢刊續編影印涵芬樓藏毛氏影鈔本
老學庵筆記 Y0096/第 1 册
(宋)陸游撰 孟彭興整理 芮傳明審閱
津逮秘書本
雲麓漫鈔 Y0096/第 1 册
(宋)趙彥衛撰 孟彭興整理 錢杭審閱
清咸豐蔣光煦輯涉聞梓舊本
東京夢華錄 Y0096/第 1 册
(宋)孟元老著 宋鈷友整理 承載審閱
學津討原本
夢粱錄 Y0096/第 1 册
(宋)吳自牧撰 宋鈷友整理 承載審閱
知不足齋本
齊東野語 Y0096/第 1 册
(宋)周密著 楊善群整理 熊月之審閱
叢書集成本
武林舊事 Y0096/第 1 册
(宋)周密撰 宋鈷友整理 承載審閱
知不足齋本
桯史 Y0096/第 1 册
(宋)岳珂撰 吳健熙整理 熊月之審閱
四部叢刊影印元刊本
青樓集 Y0096/第 1 册
(元)夏庭芝著 吳健熙整理 馬學強審閱
古今說海本
七修類稿 Y0096/第 1 册
(明)郎瑛撰 馬學強等整理 熊月之 承載審閱
清乾隆四十年耕烟草堂刻本
五雜組 Y0096/第 1 册
(明)謝肇淛撰 陳正青整理 熊月之審閱
上海圖書館藏日本寬文刻本
萬曆野獲編 Y0096/第 2 册
(明)沈德符撰 陳正青等整理 熊月之審閱
清道光七年(1827)姚氏扶荔山房刻本
池北偶談 Y0096/第 2 册
(清)王士禛撰 齊國華整理 熊月之審閱
康熙辛巳文粹堂刊本
板橋雜記 Y0096/第 2 册
(明)余懷撰 吳健熙整理 馬學強審閱
金陵叢刻本
茶餘客話 Y0096/第 2 册
(清)阮葵生撰 錢伯城整理 熊月之審閱
二十二卷本
履園叢話 Y0096/第 2 册
(清)錢泳著 陳正青整理 錢杭審閱
錢泳自輯清道光十八年(1838)述德堂原刻本
閱世編 Y0096/第 2 册
(清)葉夢珠撰 馬學強整理 熊月之審閱
上海掌故叢書本
清稗類鈔 Y0096/第 3-4 册
徐珂編 上海社會科學院 歷史研究所整理 熊月之等審閱
民國六年(1917)商務印書館初版

醫部

醫經類

素問 Y0096/第 1 册
(唐)王冰編次 (宋)高保衡 林億校正 吳潤秋整理
顧氏翻宋刻本

靈樞經 Y0096/第1册
(宋)史崧重編 胡郁坤 劉志龍整理
明趙府居敬堂刊本
難經 Y0096/第1册
(舊題)秦越人著 (唐)楊玄操編次 熊繼柏整理
古今醫統正脉全書本
類經 Y0096/第1册
(明)張介賓著 吴潤秋等整理
金閶童涌泉刊本

傷寒類

傷寒論 Y0096/第1册
(漢)張機述 (晉)王叔和撰次 (宋)林億等校正 (明)趙開美校刻 路振平整理
明趙開美影宋刻本
類證活人書 Y0096/第1册
(宋)朱肱撰 路振平整理
古今醫統正脉全書本
傷寒明理論 Y0096/第1册
(金)成無己著 路振平整理
明刊本
傷寒論注 Y0096/第1册
(清)柯琴撰 劉繼泉整理
清乾隆二十年馬中驊校刊本
傷寒貫珠集 Y0096/第1册
(清)尤在涇注 何清湖整理
清末廣州惠濟倉刻本

金匱類

金匱要略方論 Y0096/第1册
(漢)張機著 周衡 曠惠桃整理
明萬曆趙開美本
金匱要略心典 Y0096/第1册
(清)尤在涇纂注 曠惠桃 周衡整理
清雍正刻本

溫病類

溫疫論 Y0096/第1册
(明)無有性著 黄明舫 喻桂華整理
鄭重光溫疫論補注本
廣瘟疫論 Y0096/第1册
(清)戴天章著 喻桂華 黄明舫整理
上海千頃堂書局石印本
疫疹一得 Y0096/第1册
(清)余霖著 譚圣娥 程丑夫整理
延慶堂刊本
溫病條辨 Y0096/第1册
(清)吳瑭著 程丑夫 譚圣娥整理
清嘉慶問心堂刻本
溫熱經緯 Y0096/第1册
(清)王士雄編撰 蔣文明 劉寧飛整理
清同治十三年湖北崇文書局刻本
隨息居重訂霍亂論 Y0096/第1册
(清)王士雄著 蔣文明整理
四明林正堂室刊本
時病論 Y0096/第1册
(清)雷豐著 程丑夫 譚圣娥整理
清光緒十年雷慎修堂本

診斷類

脉經 Y0096/第1册
(晉)王叔和著 楊運高 蔣文明整理
清光緒周學海本
瀕湖脉學 Y0096/第1册
(明)李時珍撰 楊運高整理
四庫全書本
四診抉微 Y0096/第1册
(清)林之翰撰 楊運高整理
一九五七年人民衛生出版社排印本
察舌辨症新法 Y0096/第1册
(清)劉恒瑞撰 吳永貴整理
中國醫學大成本

本草類

神農本草經 Y0096/第2册
(魏)吳普等述 (清)孫星衍 孫馮翼輯 周慎 楊維華整理
問經堂叢書本
雷公炮炙論 Y0096/第2册
(南北朝)雷斅撰 王興法輯校 賀福元整理
上海中醫學院鉛印本
珍珠囊補遺藥性賦 Y0096/第2册
(元)李杲原編 楊維華整理
中國醫學大成本
湯液本草 Y0096/第2册
(元)王好古集 楊維華等整理
醫統正脉本
本草綱目 Y0096/第2册
(明)李時珍撰 周慎等整理
味古齋重校刻本

方書類

肘後備急方 Y0096/第3册
(晉)葛洪撰 蔡鐵如整理
一九二六年上海商務印書館影印明正統道德藏本
備急千金要方 Y0096/第3册
(唐)孫思邈撰 蔣士生 郭志華整理
江戶醫學影宋本
千金翼方 Y0096/第3册
(唐)孫思邈撰 蔣士生 王和平整理
一九五五年人民衛生出版社影印日本元大德梅溪書院本
外台秘要 Y0096/第3册
(唐)王燾撰 蔡鐵如整理
一九五五年人民衛生出版社影印明崇禎十三年新安程衍道經余居本
太平聖惠方 Y0096/第3册
(宋)王懷隱撰 李佑生整理
一九五八年人民衛生出版社影印本
太平惠民和劑局方 Y0096/第3册
(宋)陳師文 裴宗元撰 何耀榮整理
元鄭天澤刊本
聖濟總錄 Y0096/第3册
(宋)趙佶敕撰 蔡鐵如整理
一九六二年人民衛生出版社鉛印本
普濟本事方 Y0096/第3册
(宋)許叔微著 何耀榮整理
一九五九年上海科學技術出版社鉛印本
濟生方 Y0096/第3册
(宋)嚴用和撰 李佑生 李和生整理
四庫全書本
醫方考 Y0096/第3册
(明)吳昆撰 何耀榮整理
亮明齋刻本

内科類

素問玄機原病式 Y0096/第3册
(金)劉完素著 張崇泉整理
古今醫統正脉全書本
宣明方論 Y0096/第3册
(金)劉完素撰 解發良整理
四庫全書本
內外傷辨 Y0096/第3册
(金)李杲撰 張崇泉整理
明萬曆吳勉學校刻東垣十書本
脾胃論 Y0096/第3册
(金)李杲著 胡郁坤 李坤三整理
明嘉靖梅南書屋刻東垣十書本
蘭室秘藏 Y0096/第3册
(金)李杲著 蔡鐵如整理
元刻本
醫學發明 Y0096/第3册
(金)李杲撰 李佑生 伍大華整理

一九五九年人民衛生出版社鉛印本
陰證略例 Y0096/第3册
(元)王好古著 解發良整理
十萬卷樓重刻本
十藥神書 Y0096/第3册
(元)葛可久著 李佑生整理
中國醫學大成本
雜病證治準繩 Y0096/第3册
(明)王肯堂著 喻正科 彭楚湘整理
上海科技出版社縮影本
痰火點雪 Y0096/第3册
(明)龔居中著 解發良整理
中國醫學大成本
症因脉治 Y0096/第3册
(明)秦景明撰 張崇泉整理
康熙四十五年初刻本
理虛元鑒 Y0096/第3册
(明)綺石著 肖森林整理
清乾隆辛卯年柯氏原刻本
傅青主男科 Y0096/第3册
(清)傅山撰 蔡鐵如整理
上海啓新書局傅青主男女科合刊影印本
風勞臌膈四大證治 Y0096/第3册
(清)姜天敘著 周慎整理
一九五七年江蘇人民出版社鉛印本
血證論 Y0096/第3册
(清)唐榮川著 周慎整理
清光緒十六年庚寅刻本

外科類

劉涓子鬼遺方 Y0096/第3册
(晉)劉涓子著 (南齊)龔慶宣編 譚新華 何清湖整理
一九五六年人民衛生出版社影印本
外科正宗 Y0096/第3册
(明)陳實功編著 譚新華 何清湖整理
明崇禎四年辛未刻本
外科證治全生 Y0096/第3册
(清)王維德著 何清湖 周耀湘整理
清咸豐十一年武昌節署刻本
瘍科心得集 Y0096/第3册
(清)高秉鈞著 何清湖 李坤三整理
盡心齋刻本

傷科類

理傷續斷方 Y0096/第3册
(唐)藺道人撰 仇湘中 蔣益蘭整理
洪武刻本
正體類要 Y0096/第3册
(明)薛己著 仇湘中 蔣益蘭整理
薛氏醫案本

婦科類

婦人大全良方 Y0096/第4册
(宋)陳自明著 潘遠根 胡靜娟整理
四庫全書本
濟陰綱目 Y0096/第4册
(明)武之望輯著 潘遠根 曠惠桃整理
清康熙四年小西山房刻本蜩寄藏版
傅青主女科 Y0096/第4册
(清)傅山撰 曠惠桃 胡靜娟整理
湖北崇文書局刻本

兒科類

小兒藥證直訣 Y0096/第4册
(宋)錢乙著 賀雙騰 卜獻春整理
周氏醫學叢書本
萬氏家傳幼科發揮 Y0096/第4册
(明)萬全著 卜獻春 賀雙騰整理
萬密齋醫學全書本
幼幼集成 Y0096/第4册
(清)陳復正輯訂 黄政德整理
登雲閣藏版(初刻本)

五官科類

秘傳眼科龍木論 Y0096/第4册
葆光道人等編 謝立科整理
一九五八年人民衛生出版社影印本
銀海精微 Y0096/第4册
(唐)孫思邈著 王維賢 謝立科整理
醉耕堂刊本
原機啓微 Y0096/第4册
(元)倪維德撰著 (明)薛己校補 李點整理
薛氏醫案本
口齒類要 Y0096/第4册
(明)薛己著 李元聰整理
明新都吳玄有校刊本
審視瑤函 Y0096/第4册
(明)傅仁宇撰 謝立科整理
一九七七年上海人民出版社排印本
重樓玉鑰 Y0096/第4册
(清)鄭梅澗著 段曉惠整理
清道光十八年蘇城喜墨齋刊本

針灸類

針灸甲乙經 Y0096/第4册
(晉)皇甫謐撰 章威 嚴潔整理
古今醫統正脉全書本
針灸大成 Y0096/第4册
(明)楊繼洲著 嚴潔 章威整理
明萬曆辛丑年刻本

氣功養生類

十問 Y0096/第4册
馬王堆帛書整理小組整理
一九八五年文物出版社馬王堆漢墓帛書
合陰陽 Y0096/第4册
馬王堆帛書整理小組整理
一九八五年文物出版社馬王堆漢墓帛書
天下至道談 Y0096/第4册
馬王堆帛書整理小組整理
一九八五年文物出版社馬王堆漢墓帛書
素女經 Y0096/第4册
(清)葉德輝著 周慎整理
雙梅影闇叢書本
養老奉親書 Y0096/第4册
(宋)陳直撰 楊維華整理
壽親養老新書本
內功圖說 Y0096/第4册
(清)潘霨編 楊維華整理
人民衛生出版社影印本

醫案醫話醫論類

格致餘論 Y0096/第4册
(元)朱震亨著 宋含平整理
古今醫統正脉全書本
醫經溯洄集 Y0096/第4册
(元)王履編著 劉志龍整理
古今醫統正脉全書本
名醫類案 Y0096/第4册
(明)江瓘編 瞿岳雲整理
知不足齋本
醫貫 Y0096/第4册
(明)趙獻可著 劉志龍 宋含平整理
三多齋梓行本
醫學源流論 Y0096/第4册
(清)徐大椿著 劉志龍整理
清乾隆二十二年半松齋初刻本
醫原 Y0096/第4册
(清)石壽棠撰 秦華珍 劉繼泉整理
留耕書屋新鐫本

綜合類

諸病源候論 Y0096/第5册
(隋)巢元方等著 丁光迪等點校 楊

柳 陳永萍整理
丁光迪等校注本
華氏中藏經 Y0096/第5册
(舊題)華佗撰 (清)孫星衍校 蔣文明整理
清孫星衍校刻本
三因極一病證方論 Y0096/第5册
(宋)陳無擇著 路振平整理
宋刊配補元麻沙複刻本
醫學啓源 Y0096/第5册
(金)張元素著 任應秋點校 應薦整理
一九七八年人民衛生出版社影印本
儒門事親 Y0096/第5册
(金)張子和著 李佑生整理
古今醫統正脉全書本
洗冤集錄 Y0096/第5册
(宋)宋慈編 楊柳整理
一九八一年上海科技出版社鉛印本
衛生寶鑒 Y0096/第5册
(元)羅天益著 李點整理
惜陰軒叢書本
丹溪心法 Y0096/第5册
(元)朱震亨著 劉志龍 宋含平整理
古今醫統正脉全書本
脉因證治 Y0096/第5册
(元)朱丹溪著 楊運高 楊少鋒整理
頤生堂刻本
醫學綱目 Y0096/第5册
(明)樓英編撰 司銀楚整理
明嘉靖刻本
證治要訣及類方 Y0096/第5册
(明)戴原禮著 楊柳整理
明正統八年刻本
明醫雜著 Y0096/第5册
(明)王綸撰 (明)薛己注 歐陽劍虹整理
宋陽山刻本
醫學正傳 Y0096/第5册
(明)虞摶著 黄惠勇整理
上海會文堂書局本
韓氏醫通 Y0096/第5册
(明)韓悉著 蔡鐵如整理
清光緒十一年鄒松如氏藏本
赤水玄珠 Y0096/第5册
(明)孫一奎著 謝林整理
明萬曆二十四年刻本
醫學入門 Y0096/第5册
(明)李梴著 黄江波整理
萬曆三年乙亥刊本
萬病回春 Y0096/第5册
(明)龔廷賢撰 楊維華整理
金陵周氏刻本
先醒齋醫學廣筆記 Y0096/第5册
(明)繆希雍撰 楊運高 楊少鋒整理
京口大成堂刻本
景岳全書 Y0096/第6册
(明)張景岳著 蔣文明等整理
兩廣運使署刻本
醫宗必讀 Y0096/第6册
(明)李中梓撰 蔣士生等整理
金相堂本
醫門法律 Y0096/第6册
(清)喻嘉言著 徐復霖整理
一九八三年上海科技出版社鉛印本
石室秘錄 Y0096/第6册
(清)陳士鐸編述 程丑夫 譚圣娥整理
三讓堂刻本
辨證錄 Y0096/第6册
(清)陳士鐸著 司銀楚 謝春娥整理
清乾隆十三年黄退庵校刊本
醫學心悟 Y0096/第6册
(清)程國彭著 劉炳午 韓育明整理
中國醫學大成本
醫宗金鑒 Y0096/第6册
(清)吳謙等編 周慎等整理
武英殿刊本
醫學三字經 Y0096/第6册
(清)陳修園著 黄江波整理
南雅堂刻本
醫林改錯 Y0096/第6册
(清)王清任撰 王明輝整理
三槐堂刻本
理瀹駢文 Y0096/第6册
(清)吳師機著 何清湖 謝林整理
一九五五年人民衛生出版社影印本
醫學衷中參西錄 Y0096/第6册
(清)張錫純著 王明輝整理
一九八五年河北科技出版社鉛印本

兵書

孫子 Y0096/全1册
(春秋)孫武著 彭明哲整理
中華學藝社影宋刻武經七書本
吳子 Y0096/全1册
(戰國)吳起著 彭明哲整理
中華學藝社影宋刻武經七書本
司馬法 Y0096/全1册
(舊題)司馬穰苴著 彭明哲整理
中華學藝社影宋刻武經七書本
孫臏兵法 Y0096/全1册
(戰國)孫臏著 彭明哲整理
文物出版社一九八五年本
尉繚子 Y0096/全1册
(戰國)尉繚子著 彭明哲整理
中華學藝社影宋刻武經七書本
六韜 Y0096/全1册
(舊題周)姜尚著 彭明哲整理
中華學藝社宋刻武經七書本
黄帝陰符經 Y0096/全1册
(舊題)黄帝著 彭明哲整理
四庫全書本
黄石公三略 Y0096/全1册
(舊題)黄石公著 彭明哲整理
中華學藝社影宋刻武經七書本
握奇經 Y0096/全1册
(舊題)風後著 彭明哲整理
津逮秘書本
將苑 Y0096/全1册
(舊題蜀)諸葛亮著 彭明哲整理
清張澍輯諸葛忠武侯文集本
唐太宗李衛公問對 Y0096/全1册
(舊題)李靖著 彭明哲整理
中華學藝社影宋刻武經七書本
衛公兵法輯本 Y0096/全1册
(唐)李靖著 (清)汪宗沂輯 劉樂賢整理
清乙未漸西村舍叢刊本
神機制敵太白陰經 Y0096/全1册
(唐)李筌著 劉樂賢整理
守山閣叢書本
武經總要 Y0096/全1册
(宋)曾公亮 丁度撰 蒲偉忠 劉樂賢整理
兵書集成影印的明唐福春刻本
虎鈐經 Y0096/全1册
(宋)許洞著 劉樂賢整理
粵雅堂叢書本
何博士備論 Y0096/全1册
(宋)何去非著 劉樂賢整理
清嘉慶十六年留香室刊本
十七史百將傳 Y0096/全1册
(宋)張預著 楊蓉蓉整理

明嘉靖三十二年翁氏刻隆慶元年耿文光印本
守城錄 Y0096/全1册
(宋)陳規 湯璹著 劉樂賢整理
瓶花書屋叢書本
歷代兵制 Y0096/全1册
(宋)陳傅良著 劉樂賢整理
清道光二十九年靜觀堂刊本
翠微先生北征錄 Y0096/全1册
(宋)華嶽著 劉樂賢整理
秋浦雙忠錄本
紀效新書 Y0096/全1册
(明)戚繼光著 蒲偉忠整理
四庫全書本
練兵實紀 Y0096/全1册
(明)戚繼光著 劉樂賢整理
四庫全書本
武編 Y0096/全1册
(明)唐順之纂輯 郭小武 葉青整理
明萬曆四十六年徐象標枟曼山館刻本
陣紀 Y0096/全1册
(明)何良臣著 劉樂賢整理
惜陰軒叢書本
草廬經略 Y0096/全1册
(明)佚名著 劉樂賢整理
粵雅堂叢書本
三十六計 Y0096/全1册
佚名著 彭明哲整理
吉林人民出版社一九七九年譯注本
曾胡治兵語錄 Y0096/全1册
蔡鍔編著 彭明哲整理
一九三一年青年書店費怒春注釋本
存目提要 Y0096/全1册
彭明哲 劉樂賢撰

小說

山海經 Y0096/第1册
黃鈞整理
四部叢刊影印明成化刻本
燕丹子 Y0096/第1册
楊序九整理
四部備要中所收錄平津館叢書孫星衍校訂本
異苑 Y0096/第1册
(南朝宋)劉敬叔著 黃運雲整理
四庫全書本
世說新語 Y0096/第1册
(南朝宋)劉義慶編著 黃鈞整理
光緒間王先謙根據淳熙十五年陸游本校訂重印本
搜神記 Y0096/第1册
(晉)干寶撰 黃飇整理
明末毛晉津逮秘書本
夷堅志 Y0096/第1册
(宋)洪邁撰 黃鈞整理
涵芬樓排印本
太平廣記 Y0096/第2-3册
(宋)李昉等編 熊江平等整理
談愷本
剪燈新話 Y0096/第2-3册
(明)瞿佑著 易君整理
董康誦芬室翻刻日本活字本
剪燈餘話 Y0096/第2-3册
(明)李昌祺著 易君整理
董康誦芬室翻刻日本活字本
覓燈因話 Y0096/第2-3册
(明)邵景詹著 易君整理
董康誦芬室刊本
虞初新志 Y0096/第2-3册
(清)張潮輯 黃運雲整理
上海進步書局石印本
聊齋志异 Y0096/第2-3册
(清)蒲松齡著 黃鈞整理
鑄雪齋抄本
閱微草堂筆記 Y0096/第2-3册
(清)紀昀著 黃鈞整理
進步書局筆記小說大觀本
三國演義 Y0096/第4册
(明)羅貫中著 陳靜整理
清康熙間毛綸毛崗本
水滸全傳 Y0096/第4册
(明)施耐庵 羅貫中著 宋文華整理
袁無涯原刊一百二十回本
西游記 Y0096/第5册
(明)吳承恩著 宋三媛整理
明代刊本李卓吾先生批評西游記本
封神演義 Y0096/第5册
(明)許仲琳編 舒舍整理
四雪草堂刊本
三遂平妖傳 Y0096/第5册
(明)羅貫中著 舒舍整理
明萬曆間錢塘王慎修刊本
綠野仙踪 Y0096/第5册
(清)李百川著 舒舍整理
上海古籍出版社影印出版的美國印地安那圖書館藏刻本
紅樓夢 Y0096/第6册
(清)曹雪芹 高鶚著 張大寬整理
清乾隆五十七年(1792)木活字重新排印本(程乙本)
醒世姻緣傳 Y0096/第6册
(清)西周生輯著 劉湘生整理
文學古籍刊行社影印同德堂本
儒林外史 Y0096/第7册
(清)吳敬梓著 李常文整理
清嘉慶八年(1803)臥閑草堂本
鏡花緣 Y0096/第7册
(清)李汝珍著 彭憶整理
清嘉慶二十三年(1818)蘇州原刊本
海上花列傳 Y0096/第7册
(清)韓邦慶著 張健勇整理
初刻石印本
七俠五義 Y0096/第7册
(清)石玉昆述 劉康敏整理
上海廣百宋齋排印本
兒女英雄傳 Y0096/第8册
(清)文康著 方志鳴整理
清光緒四年(1878)北京聚珍堂活字本
官場現形記 Y0096/第8册
(清)李寶嘉著 王寧輝整理
清光緒癸卯年(1903)上海世界繁華報本
二十年目睹之怪現狀 Y0096/第8册
(清)吳趼人著 羅章近整理
廣智書局本
喻世明言 Y0096/第9册
(明)馮夢龍著 丁方文整理
上海古籍出版社影印日本藏天許齋刊本
警世通言 Y0096/第9册
(明)馮夢龍著 張燕整理
上海古籍出版社影印日本藏兼善堂刊本
醒世恒言 Y0096/第9册
(明)馮夢龍著 文九鼎整理
上海古籍出版社影印日本藏葉敬池刊本
老殘游記 Y0096/第9册
(清)劉鶚著 李華久整理
清光緒三十三年上海神州日報館排印本 剪報本
孽海花 Y0096/第9册

(清)曾樸著 龍華整理
一九二八年真美善書店合刊本
拍案驚奇 Y0096/第10册
(明)凌濛初著 丁曉虎整理
上海古籍出版社影印日本藏尚友堂刊本
二刻拍案驚奇 Y0096/第10册
(明)凌濛初著 張周楚整理
上海古籍出版社影印日本藏尚友堂刊本
型世言 Y0096/第10册
(明)陸人龍編撰 郭豫適 邵循瑛整理 錢伯城審閱
臺北中央研究院中國文哲研究所影印本

科技

周髀算經 Y0096/全1册
(漢)佚名著 孫小淳整理
南宋鮑澣翻刻北宋元豐七年秘書省刻本
九章算術 Y0096/全1册
(西漢)張蒼 耿壽昌編定 (魏)劉徽注 (唐)李淳風等註釋 郭書春整理
四庫全書本
四元玉鑒 Y0096/全1册
(元)朱世傑撰 田淼整理
丁取忠校本
測圓海鏡 Y0096/全1册
(元)李冶著 孔國平整理
知不足齋叢書本
五星占 Y0096/全1册
段異兵整理
中國天文史文集(1978)本
星經 Y0096/全1册
(舊題)甘公 石申撰 段異兵整理
叢書集成本
靈台秘苑 Y0096/全1册
(北周)庾季才撰 段異兵整理
四庫全書本
乙巳占 Y0096/全1册
(唐)李淳風撰 石雲里整理
叢書集成初編本
新儀象法要 Y0096/全1册
(宋)蘇頌撰 胡維佳整理
守山閣叢書本
毛詩草木鳥獸蟲魚疏 Y0096/全1册
(三國)陸機撰 趙雲鮮整理
叢書集成初編本
南方草木狀 Y0096/全1册
(舊題晉)嵇含撰 趙雲鮮整理
叢書集成初編本
茶經 Y0096/全1册
(唐)陸羽撰 黎家文整理
百川學海本
竹譜 Y0096/全1册
(劉宋)戴凱之撰 趙雲鮮整理
叢書集成初編本
筍譜 Y0096/全1册
(宋)贊寧撰 趙雲鮮整理
百川學海本
菌譜 Y0096/全1册
(宋)陳仁玉撰 趙雲鮮整理
百川學海本
荔枝譜 Y0096/全1册
(宋)蔡襄撰 趙雲鮮整理
叢書集成初編本
桐譜 Y0096/全1册
(宋)陳翥撰 趙雲鮮整理
叢書集成初編本
鳳仙譜 Y0096/全1册
(清)趙學敏撰 馬芳整理
昭代叢書別集本
人參譜 Y0096/全1册
(清)陸烜撰 趙雲鮮整理
梅谷叢書十種本
禽經 Y0096/全1册
(周)師曠撰 趙雲鮮整理
百川學海本
閩中海錯疏 Y0096/全1册
(明)屠笨畯撰 趙雲鮮整理 張文澤審閱
萬有文庫本
促織經 Y0096/全1册
(清)金文錦撰 劉若芳整理
康熙乙未年(1715)抄本
鵽譜 Y0096/全1册
(清)佚名撰 趙雲鮮整理
乾隆丁未年抄本
氾勝之書 Y0096/全1册
(漢)氾勝之撰 朱明霞整理
萬國鼎本
四民月令 Y0096/全1册
(漢)崔寔撰 朱明霞整理
石氏書(石聲漢四民月令校注)
齊民要術 Y0096/全1册
(後魏)賈思勰著 臧平湖整理
四部叢刊本
四時纂要 Y0096/全1册
(唐)韓鄂撰 蔡靖方整理
明萬曆十八年朝鮮刻本
耒耜經 Y0096/全1册
(唐)陸龜蒙撰 朱明霞整理
夷門廣牘叢書本
農書 Y0096/全1册
(南宋)陳旉撰 程占京整理
知不足齋叢書本
農桑輯要 Y0096/全1册
(元)司農司撰 馮海燕整理
武英殿聚珍本
農桑衣食撮要 Y0096/全1册
(元)魯明善撰 曾雄生整理
文淵閣四庫全書本
馬首農言 Y0096/全1册
(清)祈寯藻撰 蔡靖方整理
咸豐五年刻本
營田輯要 Y0096/全1册
(清)黃輔辰撰 蔡靖方整理
同治三年成都楓林黃氏家乘本
湖蠶述 Y0096/全1册
(清)汪日楨撰 馮海燕整理
錢恂積蹞步齋抄本
天工開物 Y0096/全1册
(明)宋應星撰 汪前進整理
明崇禎十年刊本
營造法式 Y0096/全1册
(宋)李誡撰 李明整理
四庫全書本
刀劍錄 Y0096/全1册
(舊題梁)陶弘景撰 劉若芳整理
說郛本
陶說 Y0096/全1册
(清)朱琰撰 李勁松 何曉玲整理
清乾隆三十九年(1744)鮑廷博本
景德鎮陶錄 Y0096/全1册
(清)藍浦 鄭廷桂撰 李勁松整理
光緒十七年(1891)書業堂重刊本
飲流齋說瓷 Y0096/全1册
(民國)許之衡撰 汪前進整理
上海朝記書店鉛排本
北山酒經 Y0096/全1册
(宋)朱肱撰 李斌整理

文淵閣四庫全書本
酒譜 Y0096/全1册
(宋)竇蘋撰 馬芳整理
說郛本(宛委山堂本)
文房四譜 Y0096/全1册
(宋)蘇易簡撰 覃建欽整理
叢書集成初編本
雲林石譜 Y0096/全1册
(宋)杜綰撰 汪前進整理
叢書集成本
硯箋 Y0096/全1册
(宋)高似孫撰 汪前進整理
叢書集成續編中所印的楝亭藏書本
墨史 Y0096/全1册
(元)陸友撰 覃建欽整理
知不足齋叢書本
蜀錦譜 Y0096/全1册
(舊題)費著撰 朱明霞整理
嘉靖二十年全蜀藝文志本
裝璜志 Y0096/全1册
(明)周嘉胄撰 劉若芳整理
叢書集成初編本

術數

宅經 Y0096/第1册
(舊題)黄帝撰 方成之整理
四庫全書本
靈棋經 Y0096/第1册
(舊題漢)東方朔撰 (明)劉基軍注 祝德純整理
四庫全書本
易林 Y0096/第1册
(漢)焦贛撰 祝德純整理
四庫全書本
太玄經 Y0096/第1册
(漢)楊雄撰 (晉)范望注 鄒世毅整理
四庫全書本
葬書 Y0096/第1册
(舊題晉)郭璞撰 方成之整理
四庫全書本
李虛中命書 Y0096/第1册
(舊題)鬼谷子撰 (唐)李虛中注 劉舒整理
四庫全書本
靈城精義 Y0096/第1册
(舊題南唐)何溥撰 方成之整理
四庫全書本
玉管照神局 Y0096/第1册
(舊題南唐)宋齊邱撰 方成之整理
四庫全書本
太清神鑒 Y0096/第1册
(舊題後周)王樸撰 方成之整理
四庫全書本
月波洞中記 Y0096/第1册
無名氏撰 方成之整理
四庫全書本
皇極經世書 Y0096/第1册
(宋)邵雍撰 劉周堂 劉舒整理
四庫全書本
六壬大全 Y0096/第1册
無名氏撰 曹大中整理
四庫全書本
遁甲演義 Y0096/第2册
(明)程道生撰 方成之整理
四庫全書本
三命通會 Y0096/第2册
(明)萬民英撰 鄒世毅 張小凱整理
四庫全書本
卜法詳考 Y0096/第2册
(清)胡煦撰 王毅整理
四庫全書本
協紀辨方書 Y0096/第2册
(清)允祿等撰 劉周堂等整理
四庫全書本

集庫

總集

全上古三代秦漢三國六朝文 Y0096/第2册
(清)嚴可均輯
光緒王刻本
全上古三代文 Y0096/第1册
雒啟坤整理 盧仁龍複校
光緒王刻本
全秦文 Y0096/第1册
雒啟坤整理 盧仁龍複校
光緒王刻本
全漢文 Y0096/第1册
米禎祥 陳文雅整理 盧仁龍複校 王利器審閲
光緒王刻本
全後漢文 Y0096/第1册
梁運華整理
光緒王刻本
全三國文 Y0096/第1册
劉石 劉翠整理 王利器審閲
光緒王刻本
全晋文 Y0096/第2册
王利器 盧仁龍 陳文雅整理
光緒王刻本
全宋文 Y0096/第2册
盧仁龍整理
光緒王刻本
全齊文 Y0096/第3册
駢宇騫 趙超整理
光緒王刻本
全梁文 Y0096/第3册
王利器 盧仁龍 全根先整理
光緒王刻本
全陣文 Y0096/第3册
王利器整理
光緒王刻本
全後魏文 Y0096/第3册
駢宇騫整理 趙超複校 王利器審閲
光緒王刻本
全北齊文 Y0096/第3册
趙超整理 王利器複校
光緒王刻本
全後周文 Y0096/第3册
趙超整理
光緒王刻本
全隋文 Y0096/第3册
全根先整理
光緒王刻本
先唐文 Y0096/第3册
全根先整理
光緒王刻本
楚辭補注 Y0096/第4册
(漢)王逸章句 (宋)洪興祖補注 孫國強整理 張搗之審閲
四部叢刊影印明翻宋本
文選 Y0096/第4册
(梁)蕭統編 (唐)李善注 陳明潔整理 張搗之審閲
清嘉慶胡克家翻宋本
玉臺新咏 Y0096/第4册
(南朝陳)徐陵編選 歸青整理 張搗之審閲
明寒山趙氏小宛堂本
全唐詩 Y0096/第5-6册
羊春秋主編 彭炳成等整理
清康熙揚州詩局本
全唐文 Y0096/第7-12册

(清)董誥等編 王水照主編 丁錫根等整理
清嘉慶二十三年(1818)揚州官刻本
唐文拾遺 Y0096/第12册
(清)陸心源纂輯 陳尚君校訂
潛園總集本
唐文續拾 Y0096/第12册
(清)陸心源纂輯 陳尚君校訂
潛園總集本
讀全唐文札記三種 Y0096/第12册
(清)仁和勞格著
樂府詩集 Y0096/第13册
(宋)郭茂倩編 徐幼良整理 張撝之審閱
毛氏汲古閣本
中州集 Y0096/第13册
(金)元好問編 張劍光整理 朱瑞熙審閱
涵芬室影元本
全金元散曲 Y0096/第13册
龍華 張鐵燕輯校
彊村叢書 Y0096/第14－15册
(近)朱孝臧輯 蔡鎮楚主編 李清良等整理
影印民國十一年(1922)第三次校補本
雍熙樂府 Y0096/第16册
(明)郭勛編集 張撝之整理 陳明潔審閱
嘉靖四十五年本
盛明雜劇 Y0096/第16册
(明)沈泰編 李平整理 章培恒審閱
涵芬室本
明代吳歌集 Y0096/第16册
(明)馮夢龍編 鄭利華整理 章培恒審閱
明刻本
明詞匯刊 Y0096/第17册
趙尊嶽輯 朱允佳 蕭牧整理 章培恒審閱
上海古籍出版社一九九一年影印再校本
列朝詩集 Y0096/第18－19册
(清)錢謙益輯 許逸民 林淑敏點校
清宣統二年神州國光社鉛印本
六十種曲 Y0096/第20－21册
(明)毛晉輯 江巨榮 李平整理 章培恒審閱
汲古閣本

別集

建安七子集 Y0096/第1册
(漢)孔融等撰 徐幼良整理 張撝之審閱
丁福保漢魏六朝名家集初刻本
三曹集 Y0096/第1册
(魏)曹操等撰 歸青整理 陳明潔審閱
丁福保漢魏六朝名家集本
阮籍集 Y0096/第1册
(三國魏)阮籍撰 顧義生整理 張撝之審閱
清宣統三年(1911)丁氏刻本
嵇康集 Y0096/第1册
(三國魏)嵇康撰 顧義生整理 沈惠樂審閱
四部叢刊影印黄本
陶淵明集 Y0096/第1册
(晉)陶淵明撰 沈惠樂整理 張撝之審閱
四部叢刊影印李注本
謝靈運集 Y0096/第1册
(南朝宋)謝靈運撰 徐幼良整理 張撝之審閱
漢魏諸名家集
鮑照集 Y0096/第1册
(南朝宋)鮑照撰 歸青整理 張撝之陳明潔審閱
四部叢刊影印毛氏校宋本
庾信集 Y0096/第1册
(北周))庾信撰 孫國強整理 張撝之審閱
四部叢刊影印明屠隆評點本
王維集 Y0096/第1册
(唐)王維撰 (清)趙殿成箋注 胡中行整理 王水照審閱
清乾隆原刻本
李白集 Y0096/第1册
(唐)李白撰 (清)王琦輯注 雷漢卿呂肖煥整理 王水照審閲
中華書局聚珍倣宋版(王注刻本)
杜甫集 Y0096/第1－2册
(唐)杜甫撰 (清)仇兆鰲輯注 聶安福整理 王水照審閱
清康熙五十二年(1713)仇兆鰲注本
韓愈集 Y0096/第2册
(唐)韓愈撰 (宋)魏仲舉集注 朱迎平 俞紀東整理 王水照審閱
商務印書館依宋板影印本
白居易集 Y0096/第2册
(唐)白居易撰 王宜瑗整理 王水照審閱
日本元和戊午年(1618 明萬曆四十六)那波道圓活字本
梅堯臣集 Y0096/第3册
(宋)梅堯臣撰 程郁整理 朱瑞熙審閱
四部備要本
歐陽修集 Y0096/第3册
(宋)歐陽修撰 吳松弟整理 朱瑞熙徐建華審閱
世界書局一九三六年排印本
蘇洵集 Y0096/第4册
(宋)蘇洵著 朱瑞熙整理 孫家驊審閱
四部叢刊初編影印宋巾箱本
蘇軾集 Y0096/第4册
(宋)蘇軾撰 徐建華整理 朱瑞熙審閱
四部備要本
蘇轍集 Y0096/第4册
(宋)蘇轍撰 朱瑞熙整理 郭玉琴審閱
四部叢刊初編本
王安石集 Y0096/第5册
(宋)王安石撰 李國強整理 朱瑞熙審閱
四部叢刊明嘉靖三十九年本
黄庭堅集 Y0096/第5册
(宋)黄庭堅撰 黄寶華 胡靜宜整理孫家驊審閱
四部叢刊初編 四庫全書文淵閣本 四部叢刊三編
文天祥集 Y0096/第5册
(宋)文天祥撰 陳亞如整理 朱瑞熙審閱
四部叢刊本
陸游集 Y0096/第6册
(宋)陸游撰 吳以寧整理 顧吉辰審閱
四部備要收入的汲古閣本
楊萬里集 Y0096/第6册
(宋)楊萬里撰 程維榮等整理 朱瑞熙 祝建平審閱
四部叢刊本
元好問集 Y0096/第7册
(金)元好問撰 張劍光整理 金圓審閱
四部叢刊本
薩都剌集 Y0096/第7册

(元)薩都剌撰 朱瑞熙整理 孫家驊審閱
四庫全書文淵閣本
楊維楨集 Y0096/第7册
(元)楊維楨撰 金圓整理 吳紹烈 孫家驊審閱
四部叢刊初編影印鳴野山房鈔本
劉基集 Y0096/第7册
(明)劉基撰 談蓓芳整理 章培恒審閱
四部叢刊本
高啟集 Y0096/第7册
(明)高啟撰 錢振民整理 章培恒審閱
景泰本大全集 正統本扣舷集 鳧藻集
宋濂集 Y0096/第8册
(明)宋濂撰 陳葛滿等整理 章培恒審閱
四部叢刊影印張縉刻本
方孝孺集 Y0096/第8册
(明)方孝孺撰 鄭利華 陳廣宏整理 章培恒審閱
四部叢刊影印嘉靖四十年(1561)刊本
歸有光集 Y0096/第9册
(明)歸有光撰 朱邦薇整理 章培恒審閱
康熙原刻本
袁宗道集 Y0096/第9册
(明)袁宗道著 錢伯城整理 章培恒審閱
原中央圖書館藏劉氏嘉業堂本
袁宏道集 Y0096/第9册
(明)袁宏道著 錢伯城整理 章培恒審閱
佩ㄆ居四十卷
袁中道集 Y0096/第9册
(明)袁中道著 錢伯城整理 章培恒審閱
明萬曆四十六年(1618)珂雪齋前集
徐渭集 Y0096/第10册
(明)徐渭撰 鄭利華整理 章培恒審閱
萬曆本徐文長三集等
鍾惺集 Y0096/第10册
(明)鍾惺著 陳廣宏整理 章培恒審閱
近聖居本 明天啟七年(1627)徐波刻遺稿本
譚元春集 Y0096/第10册
(明)譚元春撰 陳廣宏整理 章培恒審閱
張澤刻譚友夏合集本
陳子龍集 Y0096/第10册
(明)陳子龍撰 談蓓芳整理 章培恒審閱
安雅堂稿崇禎原刻本
牧齋集 Y0096/第11册
(清)錢謙益撰 譚松林等整理
四部叢刊影印明刻本
吳梅村集 Y0096/第11册
(清)吳偉業撰 徐煉整理
四部叢刊影印宣統三年董氏誦芬室刻梅村家藏稿 長樂鄭氏藏順治刻本
黃梨洲詩文集 Y0096/第12册
(清)黃宗羲撰 龔抗雲 楊豔平整理
四部備要本 南雷詩曆等
顧亭林集 Y0096/第12册
(清)顧炎武著 馬固鋼整理
四部叢刊影印潘刻本
王船山詩文集 Y0096/第12册
(清)王夫之撰 湯勁整理
清同治四年(1865)金陵刻本
曝書亭集 Y0096/第12册
(清)朱彝尊撰 金身佳整理
四部叢刊本
漁洋山人精華錄 Y0096/第12册
(清)王士禛著 喻幾凡整理
康熙戊辰年(1688)其門人林佶刻本
通志堂集 Y0096/第13册
(清)納蘭性德撰 喻幾凡整理
以徐乾學刻之原本為底本 酌校他本
方苞集 Y0096/第13册
(清)方苞撰 李伯超整理
《四部叢刊·望溪先生全集》為底本
小倉山房詩文集 Y0096/第13册
(清)袁枚撰 李劍波整理
嘉慶隨園藏本《小倉山房詩集》《小倉山房文集》為底本
龔自珍集 Y0096/第14册
(清)龔自珍著 胡平仁 周秀萍整理
四部叢刊影印吳 朱刻本
惜抱軒詩文集 Y0096/第14册
(清)姚鼐撰 周義祥整理
四部備要本
魏源集 Y0096/第14册
(清)魏源撰 段觀宋 熊杏林整理
清同治九年刻本 清宣統元年國學扶輪社本
湘綺樓詩文集 Y0096/第14册
(清)王闓運撰 陳光明整理
清光緒丁未年(1907)東州講舍刊本 台灣文海出版社編近代中國史料叢刊等
人境廬詩草 Y0096/第14册
(清)黃遵憲撰 喻幾凡整理
能立辛未(1931)重校再版本
嚴複詩文集 Y0096/第15册
(清)嚴複撰 章育良整理
嚴幾道詩文鈔等編校本
譚嗣同集 Y0096/第15册
(清)譚嗣同撰 蔡尚思 方行編 戴文葆整理
中華書局版
梁啟超集 Y0096/第15册
(近代)梁啟超著 易華整理
林志鈞編飲冰室合集
王國維詩文集 Y0096/第15册
(清)王國維撰 譚松林整理
上海古籍書店一九八三年印行的王國維遺集本

文藝論評

文心雕龍 Y0096/第1册
(梁)劉勰撰 蕭華榮整理 張文澤審閱
黃叔琳校本(清道光十三年兩廣節署刊黃注紀評本)
文則 Y0096/第1册
(宋)陳騤撰 朱碧蓮整理 徐中玉審閱
有正書局文學津梁本
文章精義 Y0096/第1册
(宋)李耆卿撰 朱碧蓮整理 徐莉莉審閱
有正書局文學津梁本
修辭鑒衡 Y0096/第1册
(元)王構編 程觀林整理 張文澤審閱
四庫全書本
文章辨體序說 Y0096/第1册
(明)吳訥撰 汪宇整理 周聖偉審閱
明天順八年刊本
文章辨體序說 Y0096/第1册
(明)徐師曾撰 汪宇整理 周聖偉審閱
羅根澤據明萬曆壽檜堂刊本
論文偶記 Y0096/第1册
(清)劉大櫆撰 朱樺整理 譚帆審閱
遜敏堂叢書本
楹聯叢話 Y0096/第1册

(清)梁章鉅撰 張文澤整理 蕭華榮審閱
清道光二十年刊本
初月樓古文緒論 Y0096/第1册
(清)吴德旋撰 朱樺整理 譚帆審閲
常州先哲遺書本
藝概 Y0096/第1册
(清)劉熙載撰 周聖偉整理 譚帆審閲
清同治十三年(1874)刻本
春覺齋論文 Y0096/第1册
(近代)林紓撰 朱碧蓮整理 朱樺審閲
民國五年(1916)都門印書局鉛印本
論文雜記 Y0096/第1册
(近代)劉師培撰 徐莉莉整理 張文澤審閲
劉申叔遺書本
文評散篇選編 Y0096/第1册
張文澤 趙山林整理 徐中玉審閲
詩品 Y0096/第1册
(梁)鍾嶸撰 沈茶英整理 蕭華榮審閲
明刊説郛本
文鏡秘府論 Y0096/第1册
(日)弘法大師撰 陳文華整理 黄明審閲
日本京都藤井佐兵衛版行本
二十四詩品 Y0096/第1册
(唐)司空圖撰 沈茶英整理 蕭華榮審閲
明刊説郛本
六一詩話 Y0096/第1册
(宋)歐陽修撰 曾抗美整理 徐德明審閲
四庫全書本
石林詩話 Y0096/第1册
(宋)葉夢得撰 曾抗美整理 徐德明審閲
清何文换所輯清乾隆三十五年歷代詩話本
歲寒堂詩話 Y0096/第1册
(宋)張戒撰 曾抗美整理 徐德明審閲
一九一六年上海文明書局版丁福寶輯訂的歷代詩話續編本
白石道人師説 Y0096/第1册
(宋)姜夔撰 曾抗美整理 徐德明審閲
清同治十年白石道人四種本
滄浪詩話 Y0096/第1册
(宋)嚴羽撰 陳謙豫整理 徐中玉審閲
歷代詩話本
滹南詩話 Y0096/第1册
(金)王若虛撰 戴揚本整理 曾抗美審閲
清乾隆道光間鮑氏知不足齋本
藝苑卮言 Y0096/第1册
(明)王世貞撰 黄明整理 趙廂審閲
歷代詩話續編本
詩藪 Y0096/第1册
(明)胡應麟撰 嚴小林整理 吴平審閲
朝鮮舊刊本
薑齋詩話 Y0096/第1册
(清)王夫之撰 鄭明整理 姜漢椿審閲
清詩話本
原詩 Y0096/第1册
(清)葉燮著 陳謙豫整理 徐中玉審閲
丁福保訂清詩話本
漁洋詩話 Y0096/第1册
(清)王士禛撰 鄭明整理 姜漢椿審閲
清詩話本
説詩晬語 Y0096/第1册
(清)沈德潛撰 鄭明整理 姜漢椿審閲
丁福保訂清詩話本
隨園詩話 Y0096/第1册
(清)袁枚撰 吴平整理 黄明審閲
清乾隆自刻本
石洲詩話 Y0096/第2册
(清)翁方綱撰 徐德明整理 曾抗美審閲
嘉慶二十年(1815)原刻本
飲冰室詩話 Y0096/第2册
(近代)梁啟超撰 趙山林整理 沈茶英審閲
中華書局飲冰室合集本
詩評散篇選編 Y0096/第2册
趙山林 張文澤整理 徐中玉審閲
樂府指迷 Y0096/第2册
(宋)沈義父撰 陳曉芬整理 方智範審閲
四庫全書本
詞源 Y0096/第2册
(宋)張炎著 陳曉芬整理 方智範審閲
清道光戈載校秦恩複刻本
詞旨 Y0096/第2册
(元)陸輔之撰 方智範整理 徐中玉審閲
陳去病百尺樓叢書所刊詞旨暢本
渚山堂詞話 Y0096/第2册
(明)陳霆撰 王鐵麟整理 方智範審閲
劉承幹吴興叢書本
詞品 Y0096/第2册
(明)楊慎撰 曹光甫整理 方智範審閲
嘉靖本
爰園詞話 Y0096/第2册
(明)俞彦撰 方智範整理 徐中玉審閲
詞話叢編本
窺詞管見 Y0096/第2册
(清)李漁撰 方智範整理 徐中玉審閲
詞話叢編本
古今詞論 Y0096/第2册
(清)王又華撰 蔡慧蘋整理 方智範審閲
世德堂刊詞學全書本
七頌堂詞繹 Y0096/第2册
(清)劉體仁撰 曹光甫整理 方智範審閲
別下齋叢書本
遠志齋詞衷 Y0096/第2册
(清)鄒祗謨撰 王鐵麟整理 方智範審閲
唐圭章詞話叢編本
花草蒙拾 Y0096/第2册
(清)王士禛撰 方智範整理 徐中玉審閲
賜硯堂叢書本
皺水軒詞筌 Y0096/第2册
(清)賀裳撰 方智範整理 徐中玉審閲
詞話叢編本
金粟詞話 Y0096/第2册
(清)彭孫遹撰 蔡慧蘋整理 方智範審閲
清道光蔣光煦輯別下齋叢書本
古今詞話 Y0096/第2册
(清)沈雄編 曹光甫整理 方智範審閲
清康熙二十八年(1689)澄暉堂本
介存齋論詞雜著 Y0096/第2册
(清)周濟撰 方智範整理 徐中玉審閲
詞話叢編本
賭棋山莊詞話 Y0096/第2册
(清)謝章鋌撰 姚大勇整理 方智範審閲
中華書局一九八六年版唐圭璋編詞話叢編本
蒿庵論詞 Y0096/第2册
(清)馮煦撰 方智範整理 徐中玉審閲

詞話叢編本
芬陀利室詞話 Y0096/第2册
(清)蔣敦復撰 李康化整理 方智範審閲
清光緒刊本
白雨齋詞話 Y0096/第2册
(清)陳廷焯撰 鈴木幾道整理 方智範審閲
開明書店鉛印八卷本
復堂詞話 Y0096/第2册
(清)譚獻撰 方智範整理 徐中玉審閲
詞話叢編本
論詞隨筆 Y0096/第2册
(清)沈祥龍撰 方智範整理 徐中玉審閲
詞話叢編本
詞徵 Y0096/第2册
(清)張德瀛撰 曹光甫整理 方智範審閲
上海圖書館藏閣樓叢書本
人間詞話 Y0096/第2册
(近代)王國維撰 毛金燕整理 方智範審閲
王國維遺書
蕙風詞話 Y0096/第2册
(清)況周頤撰 李康化整理 方智範審閲
惜陰堂叢書本
海綃說詞 Y0096/第2册
(近代)陳洵撰 姚大勇整理 方智範審閲
一九八六年版詞話叢編本
詞論散篇選編 Y0096/第2册
方智範整理 徐中玉審閲
教坊記 Y0096/第2册
(唐)崔令欽撰 汗宇整理 黄飈審閲
元陶宗儀編百卷說郛本
碧雞漫志 Y0096/第2册
(宋)王灼撰 汪宇整理 黄飈審閲
知不足齋五卷本
唱論 Y0096/第2册
(元)燕南撰 邵明珍整理 譚帆審閲
新曲苑本
南詞敍錄 Y0096/第2册
(明)徐渭撰 汪宇整理 黄飈審閲
讀曲叢刊本
魏良輔曲律 Y0096/第2册
(明)魏良輔撰 邵明珍整理 譚帆審閲
誦芬室讀曲叢刊本
曲律 Y0096/第2册
(明)王驥德撰 邵明珍整理 譚帆審閲
讀曲叢刊本
曲品 Y0096/第2册
(明)呂天成撰 邵明珍整理 譚帆審閲
一九一八年北京大學出版的吳梅校本
度曲須知 Y0096/第2册
(明)沈寵綏撰 邵明珍整理 譚帆審閲
崇禎原刻本
譚曲雜禮 Y0096/第2册
(明)凌濛初撰 邵明珍整理 譚帆審閲
南音三籟本
衡曲塵談 Y0096/第2册
(明)張琦撰 邵明珍整理 譚帆審閲
誦芬室讀曲叢刊本
遠山堂曲品 Y0096/第2册
(明)祁彪佳撰 黄飈整理 譚帆審閲
書目文獻出版社祁彪佳文稿本
遠山堂劇品 Y0096/第2册
(明)祁彪佳撰 黄飈整理 譚帆審閲
書目文獻出版社祁彪佳文稿本
笠翁劇論 Y0096/第3册
(清)李漁撰 程華平整理 譚帆審閲
新曲苑本
樂府傳聲 Y0096/第3册
(清)徐大椿撰 邵明珍整理 譚帆審閲
正覺樓叢書本
雨村曲話 Y0096/第3册
(清)李調元撰 王旭川整理 程華平審閲
曲苑本
雨村劇話 Y0096/第3册
(清)李調元撰 王旭川整理 程華平審閲
函海本
花部農譚 Y0096/第3册
(清)焦循撰 邵明珍整理 譚帆審閲
懷豳雜俎本
藤花亭曲話 Y0096/第3册
(清)梁廷枏撰 邵明珍整理 譚帆審閲
清道光十年(1836)藤花亭十種本
詞餘叢話 Y0096/第3册
(清)楊恩壽撰 歐明俊整理 程華平審閲
清光緒間長沙楊氏自刻家藏坦園叢稿本
續詞餘叢話 Y0096/第3册
(清)楊恩壽撰 歐明俊整理 程華平審閲
清光緒間長沙楊氏自刻家藏坦園叢稿本
宋元戲曲考 Y0096/第3册
(近代)王國維撰 邵明珍整理 譚帆審閲
一九四〇年商務印書館的王國維遺書本
曲評散篇續編 Y0096/第3册
譚帆 邵明珍整理 徐中玉審閲
小說論評散篇續編 Y0096/第3册
陳大康 漆瑗整理 徐中玉審閲
古畫品錄 Y0096/第3册
(南齊)謝赫撰 鄧喬彬整理 徐中玉審閲
四庫全書本
續畫品 Y0096/第3册
(陳)姚最撰 鄧喬彬整理 徐中玉審閲
四庫全書本
唐朝名畫錄 Y0096/第3册
(唐)朱景玄撰 鄧喬彬整理 徐中玉審閲
四庫全書本
歷代名畫記 Y0096/第3册
(唐)張彥遠撰 陳引馳整理 徐中玉審閲
津逮秘書本
山水賦 Y0096/第3册
(宋)荊浩撰 鄧喬彬整理 徐中玉審閲
四庫全書本
筆法記 Y0096/第3册
(五代)荊浩撰 鄧喬彬整理 徐中玉審閲
四庫全書本
益州名畫錄 Y0096/第3册
(宋)黄休復撰 鄧喬彬整理 徐中玉審閲
四庫全書本
國畫見聞錄 Y0096/第3册
(宋)郭若虛撰 鄧喬彬整理 徐中玉審閲
四庫全書本
宋朝名畫評 Y0096/第3册
(宋)劉道醇撰 鄧喬彬整理 徐中玉

審閱
四庫全書本
林泉高致集 Y0096/第3冊
(宋)郭熙思編 鄧喬彬整理 徐中玉審閱
四庫全書本
德隅齋畫品 Y0096/第3冊
(宋)李廌撰 鄧喬彬整理 徐中玉審閱
四庫全書本
畫史 Y0096/第3冊
(宋)米芾撰 鄧喬彬整理 徐中玉審閱
四庫全書本
山水純全集 Y0096/第3冊
(宋)韓拙撰 鄧喬彬整理 徐中玉審閱
四庫全書本
廣川畫跋 Y0096/第3冊
(宋)董逌撰 陳引馳整理 徐中玉審閱
四庫全書本
宣和畫譜 Y0096/第3冊
(宋)無撰人名氏 鄧喬彬整理 徐中玉審閱
四庫全書本
畫繼 Y0096/第3冊
(宋)鄧椿撰 鄧喬彬整理 徐中玉審閱
四庫全書本
華光梅譜 Y0096/第3冊
(宋)釋華光撰 鄧喬彬整理 徐中玉審閱
沈子丞編歷代論畫名著匯編
竹譜 Y0096/第3冊
(元)李衎撰 段學儉整理 鄧喬彬審閱
知不足齋叢書本
古今畫鑒 Y0096/第3冊
(元)湯垕撰 段學儉整理 徐中玉審閱
學海類編
中麓畫品 Y0096/第3冊
(明)李開先撰 段學儉整理 鄧喬彬審閱
函海本
畫說 Y0096/第3冊
(明)莫是龍撰 段學儉整理 鄧喬彬審閱
寶顏堂秘籍本
明畫錄 Y0096/第3冊
(清)徐沁撰 黃凌整理 徐中玉審閱
讀畫齋叢書本
畫塵 Y0096/第3冊
(明)沈顥撰 黃凌整理 徐中玉審閱
明陶宗儀說郛本
畫訣 Y0096/第3冊
(清)龔賢撰 黃凌整理 徐中玉審閱
馬克明點校論畫輯要本
畫筌 Y0096/第3冊
(清)笪重光撰 黃凌整理 徐中玉審閱
馬克明點校論畫輯要本
苦瓜和尚畫語錄 Y0096/第3冊
(清)石濤撰 陳引馳整理 徐中玉審閱
知不足齋叢書本
南田畫跋 Y0096/第3冊
(清)惲正叔撰 陳引馳整理 徐中玉審閱
畫論叢刊本
雨窗漫筆 Y0096/第3冊
(清)王原祁撰 黃凌整理 徐中玉審閱
馬克明點校論畫輯要本
麓臺題畫錄 Y0096/第3冊
(清)王原祁撰 黃凌整理 徐中玉審閱
馬克明點校論畫輯要本
繪事發微 Y0096/第3冊
(清)唐岱撰 段學儉整理 鄧喬彬審閱
畫論叢刊本
畫學心法問答 Y0096/第3冊
(清)布顏圖撰 黃凌整理 徐中玉審閱
周延年邈園叢書本
小山畫譜 Y0096/第3冊
(清)鄒一桂撰 段學儉整理 鄧喬彬審閱
借月山房匯鈔本
芥州學畫編 Y0096/第3冊
(清)沈宗騫撰 黃凌整理 徐中玉審閱
清乾隆辛丑年(1781)編琴書閣藏書本
山靜居畫論 Y0096/第3冊
(清)方薰撰 黃凌整理 徐中玉審閱
知不足齋叢書本
松壺畫憶 Y0096/第3冊
(清)錢杜撰 段學儉整理 鄧喬彬審閱
榆園叢刻本
南宗抉秘 Y0096/第3冊
(清)華琳撰 華琳整理 徐中玉審閱
屏廬叢刻本
藝舟雙楫 Y0096/第3冊
(清)包世臣撰 田兆元整理 賀聖迪審閱
清光緒十四年(1888)重校本安吳四種之藝舟雙楫本
書譜 Y0096/第3冊
(唐)孫過庭撰 田兆元整理 孫小力審閱
文淵閣四庫全書本
法書要錄 Y0096/第3冊
(唐)張彥遠撰 田兆元整理 孫小力審閱
文淵閣四庫全書本
廣藝舟雙楫 Y0096/第3冊
(清)康有為撰 田兆元整理 張培生審閱
清光緒十九年(1893)南海康氏萬木草堂刊本
存目提要 Y0096/第3冊
張文澤 趙山林 方智範撰 徐中玉審閱

Y0097(1-46)

乾隆朝軍機處隨手登記檔
中國第一歷史檔案館編
二〇〇〇年桂林廣西師範大學出版社據中國第一歷史檔案館原藏資料影印
四十六冊

Y0098(1-8)

康熙朝漢文硃批奏摺彙編(康熙二十八年二月至六十一年十二月)
中國第一歷史檔案館編
一九八四年至一九九八年北京市檔案出版社影印本
八冊

Y0099(1-40)

雍正朝漢文硃批奏摺匯編(雍正元年至十三年)
中國第一歷史檔案館編
一九九一年江蘇古籍出版社影印本
四十冊

Y0099

雍正硃批諭旨
(清)鄂爾泰
二〇〇八年北京圖書館出版社
十冊

Y0100(1-120)

光緒朝硃批奏摺一百二十輯
中國第一歷史檔案館編
一九九五年北京中華書局影印本
一二〇冊

Y0101(1－10)
雍正朝漢文諭旨匯編
中國第一歷史檔案館編
一九九九年廣西師範大學出版社影印本
十冊

Y0102(1－55)
嘉慶道光兩朝上諭檔
中國第一歷史檔案館編
二〇〇〇年廣西師範大學出版社影印本
五十五冊

Y0103(1－24)
咸豐同治兩朝上諭檔
中國第一歷史檔案館編
一九九八年廣西師範大學出版社影印本
二十四冊

Y0104(1－37)
光緒宣統兩朝上諭檔
中國第一歷史檔案館編
一九九八年廣西師範大學出版社影印本
三十七冊

Y0105(1－18)
乾隆朝上諭檔
中國第一歷史檔案館編
一九九七年檔案出版社影印本
十八冊

Y0106(1－101)
中國明朝檔案總匯
中國第一歷史檔案館 遼寧省檔案館編
二〇〇一年廣西師範大學出版社影印本
一〇一冊

Y0107(1－18)
清宮熱河檔案
中國第一歷史檔案館 承德市文物局合編
二〇〇三年中國檔案出版社影印本
十八冊

Y0108(1－18)
庚子事變清宮檔案彙編
中國第一歷史檔案館編
二〇〇三年北京中國人民大學出版社影印本
十八冊
國家清史編纂委員會.檔案叢刊

Y0109(1－10)
清宮恭王府檔案總彙：奕訢密檔
中國第一歷史檔案館 文化部恭王府管理中心編
二〇〇八年北京市國家圖書館出版社影印本
十冊

Y0110
撫遠大將軍允禵奏稿
(清)允禵撰
一九九一年北京全國圖書館文獻縮微複製中心影印本
一冊
中國文獻珍本叢書

Y0111(1－2)
大總統府秘書廳公函
國家圖書館編
二〇〇三年北京全國圖書館文獻縮微複製中心據國家圖書館原藏影印本
二冊
國家圖書館藏歷史檔案文獻叢刊

Y0112
外交部收發電稿
國家圖書館編
二〇〇三年北京全國圖書館文獻縮微複製中心據國家圖書館原藏影印本
一冊
國家圖書館藏歷史檔案文獻叢刊

Y0113(1－3)
總署奏底彙訂
國家圖書館編
二〇〇三年北京全國圖書館文獻縮微複製中心據國家圖書館原藏影印本
三冊
國家圖書館藏歷史檔案文獻叢刊

Y0114
清季鈔電彙訂
國家圖書館編
二〇〇三年北京全國圖書館文獻縮微複製中心據國家圖書館原藏影印本
一冊
國家圖書館藏歷史檔案文獻叢刊

Y0115
清外務部收發文依類存稿
國家圖書館編
二〇〇三年北京全國圖書館文獻縮微複製中心據國家圖書館原藏影印本
一冊
國家圖書館藏歷史檔案文獻叢刊

Y0116(1－3)
明發檔案
國家圖書館編
二〇〇三年北京全國圖書館文獻縮微複製中心據國家圖書館原藏影印本
三冊
國家圖書館藏歷史檔案文獻叢刊

Y0117
朝鮮調查記
二〇〇四年北京全國圖書館文獻縮微複製中心據國家圖書館原藏影印本
一冊
國家圖書館藏歷史檔案文獻叢刊

Y0118(1－2)
清國史館奏稿
二〇〇四年北京全國圖書館文獻縮微複製中心據國家圖書館原藏影印本
二冊
國家圖書館藏歷史檔案文獻叢刊

Y0119(1－2)
民政部奏摺匯存
二〇〇四年北京全國圖書館文獻縮微複製中心據國家圖書館原藏影印本
二冊
國家圖書館藏歷史檔案文獻叢刊

Y0120(1－2)
清陸軍部檔案資料匯編
二〇〇四年北京全國圖書館文獻縮微複製中心據國家圖書館原藏影印本
二冊
國家圖書館藏歷史檔案文獻叢刊

Y0121
清會典館奏議
二〇〇四年北京全國圖書館文獻縮微複製中心據國家圖書館原藏影印本
一冊
國家圖書館藏歷史檔案文獻叢刊

Y0122(1－10)
駐外各使館星期報告(附駐外文牘)
二〇〇四年北京全國圖書館文獻縮微複製中心據國家圖書館原藏影印本
十冊
國家圖書館藏歷史檔案文獻叢刊

Y0123(1－6)
(民國)教育部文牘政令匯編
二〇〇四年北京全國圖書館文獻縮微複製中心據國家圖書館原藏影印本
六冊
國家圖書館藏歷史檔案文獻叢刊

Y0124
伊犁文檔匯鈔
二〇〇四年北京全國圖書館文獻縮微複製中心據國家圖書館原藏影印本
一冊
國家圖書館藏歷史檔案文獻叢刊

Y0125
光緒戊戌年收發抄電
二〇〇四年北京全國圖書館文獻縮微複製中心據國家圖書館原藏影印本
一冊
國家圖書館藏歷史檔案文獻叢刊

Y0126(1－3)
洋務檔案
二〇〇四年北京全國圖書館文獻縮微複製中心據國家圖書館原藏影印本
三冊
國家圖書館藏歷史檔案文獻叢刊

Y0127(1－3)
洋事記冊
程雪樓等撰
二〇〇四年北京全國圖書館文獻縮微複製中心據國家圖書館原藏影印本
三冊
國家圖書館藏歷史檔案文獻叢刊

Y0128
鑲白旗滿洲公牘
費莫瑞豐輯
二〇〇四年北京全國圖書館文獻縮微複製中心據國家圖書館原藏影印本
一冊
國家圖書館藏歷史檔案文獻叢刊

Y0129(1－7)
外交文牘
二〇〇四年北京全國圖書館文獻縮微複製中心據國家圖書館原藏影印本
七冊
國家圖書館藏歷史檔案文獻叢刊

Y0130
西藏奏議、川藏奏底合編
二〇〇四年北京全國圖書館文獻縮微複製中心據國家圖書館原藏影印本
一冊
國家圖書館藏歷史檔案文獻叢刊

Y0131
新民通信社稿
二〇〇四年北京全國圖書館文獻縮微複製中心據國家圖書館原藏影印本
一冊
國家圖書館藏歷史檔案文獻叢刊

Y0132(1－2)
籌備第一次國會報告書
二〇〇四年北京全國圖書館文獻縮微複製中心據國家圖書館原藏影印本
二冊
國家圖書館藏歷史檔案文獻叢刊

Y0133(1－2)
鹽務檔案
二〇〇四年北京全國圖書館文獻縮微複製中心據國家圖書館原藏影印本
二冊
國家圖書館藏歷史檔案文獻叢刊

Y0134(1－2)
宣統年交旨檔
二〇〇四年北京全國圖書館文獻縮微複製中心據國家圖書館原藏影印本
二冊
國家圖書館藏歷史檔案文獻叢刊

Y0135(1－2)
盛京將軍奏摺檔
(清)奕慶等撰
二〇〇四年北京全國圖書館文獻縮微複製中心據國家圖書館原藏影印本
二冊
國家圖書館藏歷史檔案文獻叢刊

Y0136(1－5)
散木居奏稿
(清)瑞洵撰
二〇〇四年北京全國圖書館文獻縮微複製中心據國家圖書館原藏影印本
五冊
國家圖書館藏歷史檔案文獻叢刊

Y0137
清內閣政務處奏稿匯訂
二〇〇四年北京全國圖書館文獻縮微複製中心據國家圖書館原藏影印本
一冊
國家圖書館藏歷史檔案文獻叢刊

Y0138(1－2)
慶固奏稿
二〇〇四年北京全國圖書館文獻縮微複製中心據國家圖書館原藏影印本
二冊
國家圖書館藏歷史檔案文獻叢刊

Y0139
清憲政編查館奏稿匯訂
二〇〇四年北京全國圖書館文獻縮微複製中心據國家圖書館原藏影印本
一冊
國家圖書館藏歷史檔案文獻叢刊

Y0140(1－9)
清內務府檔案文獻匯編
二〇〇四年北京全國圖書館文獻縮微複製中心據國家圖書館原藏影印本
九冊
國家圖書館藏歷史檔案文獻叢刊

Y0141(1－4)
剿平蔡牽奏稿
二〇〇四年北京全國圖書館文獻縮微複製中心據國家圖書館原藏影印本
四冊
國家圖書館藏歷史檔案文獻叢刊

Y0142(1－2)
庫倫奏議
二〇〇四年北京全國圖書館文獻縮微複製中心據國家圖書館原藏影印本
二冊
國家圖書館藏歷史檔案文獻叢刊

Y0143
督蜀電存
二〇〇四年北京全國圖書館文獻縮微複製中心據國家圖書館原藏影印本
一冊
國家圖書館藏歷史檔案文獻叢刊

Y0144(1－10)
戶部奏稿

二〇〇四年北京全國圖書館文獻縮微複製中心據國家圖書館原藏影印本
十冊
國家圖書館藏歷史檔案文獻叢刊

Y0145(1－4)
曹(鴻勛)中丞撫黔奏電稿
二〇〇四年北京全國圖書館文獻縮微複製中心據國家圖書館原藏影印本
四冊
國家圖書館藏歷史檔案文獻叢刊

Y0146(1－8)
清末奏底匯訂
二〇〇四年北京全國圖書館文獻縮微複製中心據國家圖書館原藏影印本
八冊
國家圖書館藏歷史檔案文獻叢刊

Y0147(1－38)
國家圖書館藏清代孤本內閣六部檔案
孫學雷 劉家平主編
二〇〇三年北京全國圖書館文獻縮微複製中心據國家圖書館所藏影印本
三十八冊
國家圖書館藏歷史檔案文獻叢刊

Y0148(1－52)
國家圖書館藏清代孤本外交檔案
孫學雷 劉家平主編
二〇〇三年北京全國圖書館文獻縮微複製中心據國家圖書館所藏影印本
五十二冊
國家圖書館藏歷史檔案文獻叢刊

Y0149(1－26)
國家圖書館藏民國孤本外交檔案
孫學雷 劉家平主編
二〇〇三年北京全國圖書館文獻縮微複製中心據國家圖書館所藏影印本
二十六冊
國家圖書館藏歷史檔案文獻叢刊

Y0150
皇清奏議
清史研究史料彙編
二〇〇四年北京全國圖書館文獻縮微複製中心據國家圖書館原藏影印本
四冊
中國公共圖書館古籍文獻珍本匯刊.史部

Y0151(1－2)
清抄本劉侍郎奏議
(清)劉崐撰
二〇〇二年北京全國圖書館文獻縮微複製中心據湖北省圖書館藏書影印本
一冊
中國公共圖書館古籍文獻珍本匯刊.史部

Y0152(1－2)
抄本籌邊纂議八卷續集
(明)鄭文彬撰
一九九九年北京中華全國圖書館文獻縮微複製中心據遼寧省圖書館原藏影印本
二冊
中國公共圖書館古籍文獻珍本匯刊.史部

Y00153(1－4)
清內府奏摺檔東三省練兵奏議
(清)定安等撰
二〇〇二年北京全國圖書館文獻縮微複製中心據吉林省圖書館藏書影印本
二冊
中國公共圖書館古籍文獻珍本匯刊.史部

Y0154
撫閩奏稿
(清)定長
二〇〇六年北京全國圖書館文獻縮微複製中心影印清抄本
一冊
中國文獻珍本叢書

Y0155
三撫密奏疏稿三撫捷功奏疏
(清)佟國器
二〇〇六年北京全國圖書館文獻縮微複製中心影印清刻本
一冊
中國文獻珍本叢書

Y0156(1－22)
大清五朝會典
二〇〇六年北京綫裝書局影印本
二十四冊

Y0157(1－2)
清內府刻書檔案史料彙編
翁連溪編
二〇〇七年廣陵書社鉛印本
二冊

Y0158(1－2)
故宮圖書及內務檔案史料
煮雨山房編
二〇〇八年廣陵書社鉛印本
二冊

Y0159(1－5)
抄本歷代高僧集傳
(清)王先謙撰
一九九七年北京全國圖書館文獻縮微複製中心據湖南圖書館藏稿本影印
五冊
中國公共圖書館古籍文獻珍本匯刊

Y0160(1－3)
中國歷代禪師傳記資料彙編
徐自強主編 林世田 申國英整理
二〇〇三年北京全國圖書館文獻縮微複製中心據國家圖書館珍藏的石刻拓片影印
三冊
中國佛學文獻叢刊

Y0161
旅日高僧隱元中土來往書信集
陳智超 韋祖輝等編
一九九五年北京中華全國圖書館文獻縮微複製中心據日本黄檗山萬福寺藏原稿整理影印本
一冊

Y0162(1－9)
疑年錄集成附索引
賈貴榮 殷夢霞輯
二〇〇二年北京市北京圖書館影印錢大昕《疑年錄》(吳修校訂)稿本
九冊
疑年錄 Y0162/第1冊
(清)錢大昕編
清稿本
續疑年錄 Y0162/第1冊
(清)吳修編
清道光光緒間南海伍氏粵雅堂叢書本
補疑年錄 Y0162/第1冊
錢椒編
清道光年間刻本
三續疑年錄 Y0162/第1冊
(清)陸心源編
清光緒年間刻本

四續疑年錄 Y0162/第 2 册
(清)朱昌熙編
稿本
四史疑年錄 Y0162/第 2 册
(清)劉文如編
清嘉慶二十三年阮元刻本
疑年庚錄 Y0162/第 2 册
(清)張鳴珂編
清光緒二十四年寒松閣刻本
五續疑年錄 Y0162/第 2 册
閔保之編
民國七年鉛印本
春秋疑年錄 Y0162/第 3 册
(清)錢保塘編
清光緒年間清風室校刊本
歷代帝王疑年錄 Y0162/第 3 册
張維驤編
民國十五年張氏小雙寂庵刻本
毘陵名人疑年錄 Y0162/第 3 册
張維驤編
民國十五年張氏小雙寂庵刻本
疑年錄外編 Y0162/第 3 册
張維驤編
民國十五年張氏小雙寂庵刻本
疑年錄彙編 Y0162/第 4－5 册
張維驤編
民國十五年張氏小雙寂庵刻本
疑年錄彙編補遺 Y0162/第 5 册
張維驤編
稿本
疑年錄輯稽疑 Y0162/第 5 册
(民國)余嘉錫編
民國三十年輔仁學誌抽印本
疑年錄考 Y0162/第 5 册
(法)伯希和編
一九四一年《圖書季刊》第三卷三期
疑年錄釋疑 Y0162/第 5 册
(民國)馮先恕編
一九四二年輔仁大學輔仁學志抽印本
歷代名人生卒錄 Y0162/第 6 册
(清)錢保塘編
中華民國二十五年五月海寧錢氏清風室刊
歷代名人(生卒)年譜 Y0162/第 7 册
(清)吳榮光編
清光緒元年南海張蔭桓重刻本
釋氏疑年錄 Y0162/第 8 册
陳垣編
民國二十八年輔仁大學叢書本
全書索引 Y0162/第 9 册

Y0163(1－2)
清內府八旗列傳檔案稿
(清)佚名輯
二〇〇一年北京全國圖書館文獻縮微複製中心據吉林省圖書館原藏影印本
二册
中國公共圖書館古籍文獻珍本匯刊.史部

Y0164
諸葛亮傳記集
陳翔華編
一九九八年北京中華全國圖書館文獻縮微複製中心據宋元明清刻本影印
一册

Y0165
明史列傳擬稿
(清)方象瑛撰
二〇〇一年北京全國圖書館文獻縮微複製中心據湖北省圖書館原藏稿本影印
一册
中國公共圖書館古籍文獻珍本匯刊.史部

Y0166(1－10)
孤本明代人物小傳
董光和 張國喬編輯
二〇〇三年北京全國圖書館文獻縮微複製中心據國家圖書館藏清抄本影印
十册

Y0167(1－10)
清代名人手札匯編
北京大學圖書館古籍善本特藏部編輯
二〇〇二年國際文化出版公司影印本
十册

Y0168(1－12)
宋人年譜叢刊
吳洪澤 尹波主編
二〇〇三年成都四川大學出版社鉛印本
十二册
趙普年表簡 Y0168/第 1 册
張其凡編
據《趙普評傳》附錄本重訂
徐鉉行年事迹考 Y0168/第 1 册
李文澤編
據《宋代文化研究》第三輯增訂
《西昆酬唱集》詩人年譜簡編 Y0168/第 1 册
曾棗莊編
據《宋代文化研究》第三輯增訂
張詠年譜 Y0168/第 1 册
張其凡編
據《歷史文獻與傳統文化》第五集、六集增訂
柳開年譜 Y0168/第 1 册
祝尚書編
據《宋代文化研究》第三輯訂補
王禹偁年譜簡編 Y0168/第 1 册
黃啓方編
《幼獅學誌》第十五卷第一期
尊者年譜 Y0168/第 1 册
(宋)釋宗曉編 吳洪澤校點
大正新修大藏經卷四六
正惠公年譜 Y0168/第 1 册
(清)佚名編 吳洪澤校點
清抄本《宋侍郎胡正惠公集》卷首
胡正惠公年譜 Y0168/第 1 册
胡宗楙編 張尚英校點
一九三二年胡氏夢選樓叢書稿本
許昌梅公年譜 Y0168/第 1 册
(宋)陳天麟編 刁忠民校點
清初鈔二梅公年譜本
寇准年譜簡編 Y0168/第 1 册
王曉波編
據巴蜀書社一九九五年版刪訂重編
丁謂年譜 Y0168/第 1 册
(日)池澤滋子編
巴蜀書社一九九八年版《丁謂研究》附
錢惟演年譜 Y0168/第 1 册
(日)池澤滋子編
柳永年譜稿 Y0168/第 1 册
劉天文編
據成都大學學報一九九二年第一、二期增訂
范文正公年譜 Y0168/第 1 册
(宋)樓鑰編 范之柔補 刁忠民校點
張氏約園刊本《四明叢書》第三集
安定先生年譜 Y0168/第 2 册
(近)胡鳴盛編
山東大學文史叢刊第一期
北宋奉使遼川喃厮囉政權使者劉渙事跡編年 Y0168/第 2 册

顧吉辰編
《西藏研究》一九八八年一期
包拯年譜 Y0168/第2冊
齊濤編
《安徽史學》一九八五年六期
余靖年譜簡編 Y0168/第2冊
易行廣編
據《余靖譜傳志略》增訂
尹洙年譜 Y0168/第2冊
祝尚書編
據《宋代文化研究》第七輯增訂
宛陵先生年譜 Y0168/第2冊
(元)張師曾編 吳洪澤校點
清初鈔本二梅公年譜卷二
石徂徠年譜 Y0168/第2冊
許毓峰編
責善半月刊第二卷第二十期
富弼年譜 Y0168/第2冊
曹清華編
盧陵歐陽文忠公年譜 Y0168/第2冊
(宋)胡柯編 吳洪澤校點
《四部叢刊》本《歐陽文忠公集》卷首附
歐陽修年譜 Y0168/第2冊
劉德清編
據《歐陽修傳·歐陽修紀年》删訂
韓忠獻公年譜 Y0168/第2冊
(清)楊希閔編 吳洪澤校點
據十五家年譜叢書本
蘇舜欽年譜簡編 Y0168/第2冊
傅平驤 胡問濤編
《南充師院學報》一九八六年一期
趙清獻公年譜 Y0168/第2冊
(清)羅以智編 李文澤校點
民國二十二年刊《趙清獻公集》卷首
宋趙清獻公年譜 Y0168/第2冊
(近)肖魯編 曹清華校點
民國間刊《趙清獻公集》卷首
直講李先生年譜 Y0168/第2冊
(宋)魏峙編 吳洪澤校點
明正德刊本《直講李先生文集》卷首
眉陽三蘇先生年譜 Y0168/第2冊
(宋)何掄編 王水照整理
日本名古屋蓬左文庫藏舊抄本
蘇洵年譜 Y0168/第3冊
曾棗莊編
據《四川大學學報》一九八一年第四期增訂
蔡襄年譜 Y0168/第3冊
劉琳編
據宋代文化研究第四輯增訂
濂溪先生周元公年表 Y0168/第3冊
(宋)度正編 吳洪澤校點
宋刻元公周先生濂溪集附
周濂溪年譜 Y0168/第3冊
(近)許毓峰編
據中國文化研究彙刊第三卷整理
古靈先生年譜 Y0168/第3冊
(宋)陳曄編 吳洪澤校點
宋紹興三十一年陳輝刻本《古靈先生文集》附
石室先生年譜 Y0168/第3冊
(宋)家誠之編 吳洪澤校點
明萬曆刻本《陳眉公訂正丹淵集》卷首
宋敏求事蹟簡錄 Y0168/第3冊
張保見編
南豐年譜 Y0168/第3冊
(清)姚範編 吳洪澤校點
《援鶉堂筆記》卷四五
曾子固年譜稿 Y0168/第3冊
(近)周明泰編 李春梅校點
民國二十一年排印三曾年譜本
司馬溫公年譜 Y0168/第3冊
(清)顧棟高編 劉承幹校 尹波校點
求恕齋叢書本
王荊文公年譜 Y0168/第3冊
(宋)詹太和編 吳洪澤校點
影印元大德五年刊本《王荊文公詩》卷首
王荊公年譜 Y0168/第3冊
(清)顧棟高編 尹波校點
求恕齋叢書本
劉敞年譜 Y0168/第4冊
張尚英編
橫渠先生年譜 Y0168/第4冊
(清)歸曾祁編 吳洪澤校點
孔教會雜志第一卷第六號
蘇頌年表 Y0168/第4冊
顏中其編
據《蘇魏公文集》附錄校訂
呂陶年譜 Y0168/第4冊
王智勇編
據《宋代文化研究》第七輯增訂
章楶年譜 Y0168/第4冊
黃錦君編
據《宋代文化研究》第四輯增訂
宋孫莘老先生年譜 Y0168/第4冊
(清)茆泮林編 曹清華校點
清道光二十五年高郵甘雨亭刊本
宋徐節孝先生年譜 Y0168/第4冊
(清)段朝端編 刁忠民校點
楚州叢書本
王令年譜 Y0168/第4冊
沈文倬編
《王令集》附錄
沈括事蹟年表 Y0168/第4冊
胡道靜編
《夢溪筆談校證》附錄
劉恕年譜 Y0168/第4冊
李裕民編
《山西大學學報》一九七八年二期
宋程純公年譜 Y0168/第4冊
(清)楊希閔編 刁忠民校點
民國二十三年燕京大學圖書館排印本
伊川先生年譜 Y0168/第4冊
(宋)朱熹編 尹波校點
明嘉靖十一年刻本《晦庵先生朱文公文集》卷九八
二程子年譜 Y0168/第4冊
(清)池生春 諸星杓編 張尚英校點
清咸豐五年味經室刊本
曾子宣年譜稿 Y0168/第4冊
(近)周明泰編 李春梅校點
民國二十一年排印三曾年譜本
東坡先生年譜 Y0168/第4冊
(宋)王宗稷編 吳洪澤校點
影印明成化四年程宗刻《蘇文忠公全集》本
東坡先生年譜 Y0168/第5冊
(宋)施宿編 王水照整理
并據日本倉田淳之助 小川環樹編《蘇詩佚注》本并據日本名古屋蓬左文庫藏舊鈔本校補
東坡紀年錄 Y0168/第5冊
(宋)傅藻編 吳洪澤校點
宋黃善夫家塾刻《百家注分類東坡先生詩》本
三孔事迹編年 Y0168/第5冊
李春梅編
蘇潁濱年表 Y0168/第5冊
(宋)孫汝聽編 尹波校點
《永樂大典》卷二三九九

山谷年譜 Y0168/第5冊
(宋)黄罃編 曹清華校點
影印文淵閣四庫全書本
李之儀年譜 Y0168/第5冊
曾棗莊編
據《宋代文化研究》第四輯增訂
曾子開年譜稿 Y0168/第5冊
(近)周明泰編 李春梅校點
民國二十一年鉛印三曾年譜本
淮海先生年譜 Y0168/第5冊
(清)秦鏞編 (清)秦瀛重編 吴洪澤校點
清嘉慶二年世恩堂刻本
張文潛先生年譜 Y0168/第5冊
(近)邵祖壽編 尹波校點
民國十八年刊《柯山集》附
米海岳年譜 Y0168/第5冊
(清)翁方綱編 刁忠民校點
清咸豐五年刻《粤海叢書》本
賀鑄年譜 Y0168/第5冊
王夢隱編 王震生增訂
據河南師大學報一九八二年五期增訂
後山詩註目錄年譜 Y0168/第5冊
(宋)任淵編 吴洪澤校點
四部叢刊初編本《後山詩注》卷首
陳後山年譜 Y0168/第5冊
(近)陳兆鼎編
江蘇省立國學圖書館年刊第十年刊
游定夫先生年譜 Y0168/第5冊
(清)游智開編 吳洪澤校點
清同治六年重刊《游定夫先生集》卷首
龜山先生文靖楊公年譜 Y0168/第5冊
(宋)黄去疾編 刁忠民校點
明正德十二年沈晖刊本《龜山先生集》卷首
清真居士年譜 Y0168/第5冊
(近)陳思編 吳洪澤校點
遼海叢書本
陳了翁年譜 Y0168/第6冊
(元)陳宣子編 吳洪澤校點
《永樂大典》卷三一四三、三一四四
忠簡公年譜 Y0168/第6冊
(宋)喬行簡編 尹波校點
清同治十二年刊本《宋宗忠簡公集》卷首
宗忠簡公年譜 Y0168/第6冊
(清)宗嘉謨編 吳洪澤校點
民國六年常熟桐柏山房鉛印本
道鄉先生年譜 Y0168/第6冊
(清)李兆洛編 張尚英校點
清道光十一年刻《道鄉先生文集》附
呂忠穆公年譜 Y0168/第6冊
(宋)佚名編 刁忠民校點
清乾隆四十二年孔繼涵抄自《永樂大典》本
唐庚年譜 Y0168/第6冊
馬德富編
據《宋代文化研究》第三輯增訂
和靖先生年譜 Y0168/第6冊
(宋)黄士毅編 刁忠民校點
清光緒間刊《和靖尹先生文集》
蘇過年譜 Y0168/第6冊
舒大剛 曾棗莊編
據《四川大學學報》叢刊二十七輯增訂
豫章羅先生年譜 Y0168/第6冊
(清)毛念恃編 李春梅校點
乾隆十年刊延平四先生年譜本
葛勝仲葛立方年譜 Y0168/第6冊
王兆鵬編
據《兩宋詞人年譜》節編
葉夢得年譜 Y0168/第6冊
王兆鵬編
據《兩宋詞人年譜》刪訂
王庭珪年譜 Y0168/第6冊
蕭東海編
吉安師專學報一九九四年第二、三期
胡少師年譜 Y0168/第6冊
(清)胡培翬編 (清)胡培系補編 李春梅校點
清光緒間胡廷楨校刊本
梁溪先生年譜 Y0168/第6冊
(宋)李綸編 彭邦明校點
傅增湘校訂本《梁溪先生文集》附錄
李忠定公年譜 Y0168/第6冊
(清)楊希閔編 彭邦明校點
據廣陵古籍刊行社重印《十五家年譜》本
胡憲行實考 Y0168/第7冊
郭齊編
據《朱熹新考》附錄增訂
洪忠宣公年譜 Y0168/第7冊
(清)洪汝奎編 張尚英校點
宣統元年晦木齋刊《四洪年譜》
宣撫資政鄭公年譜 Y0168/第7冊
(宋)鄭良嗣編 尹波校點
金華叢書本《北山文集》卷末附
大慧普覺禪師年譜 Y0168/第7冊
(宋)釋祖詠編 (宋)釋宗演增訂 刁忠民校點
宋寶祐元年徑山明月堂刊本
宋韓忠武公世忠年譜 Y0168/第7冊
鄧恭三編
據重慶獨立出版社一九四四年刊本新編中國名人年譜集成第十二輯校訂
簡齋先生年譜 Y0168/第7冊
(宋)胡穉編 刁忠民校點
影印宋刊本增廣箋注簡齋詩集卷首
鄧肅年譜 Y0168/第7冊
王兆鵬 陳爲民編
張元幹年譜 Y0168/第7冊
王兆鵬編
據南京出版社一九八九年版節編
蘇籀年譜 Y0168/第7冊
舒大剛編
劉勉之事蹟考 Y0168/第8冊
郭齊編
據《宋代文化研究》第三輯增訂
張九成年譜 Y0168/第8冊
尹波編
據《宋代文化研究》第五輯增訂
延平李先生年譜 Y0168/第8冊
(清)毛念恃編 李春梅校點
乾隆十年刊延平御書閣刊延平四先生年譜本
陳康伯年譜 Y0168/第8冊
羅國威編
據《宋代文化研究》第三輯增訂
潘舍人年譜 Y0168/第8冊
(明)宋濂編 尹波校點
清康熙三十六年黄珍刻本《潘默成公文集》
簡惠公年譜 Y0168/第8冊
(清)周湛霖編 尹波校點
清光緒七年木活字本
屏山先生年譜 Y0168/第8冊
(近)詹繼良編 彭邦明校點
民國十一年排印《屏山志略》
宋長興施氏父子事蹟考 Y0168/第8冊
陳乃乾編
據一九四一年月刊《學林》第六輯

忠文王紀事實錄 Y0168/第8冊
(宋)岳珂原編 (宋)謝起巖改編 李春梅校點
中華書局一九八六年影印宋咸淳七年刻本
梅溪王忠文公年譜 Y0168/第8冊
(清)徐炯文編 李文澤校點
道光十三年王氏刻王忠文集卷首
王十朋詩文繫年 Y0168/第8冊
李文澤編
據《宋代文化研究》第五輯增訂
李燾父子年譜 Y0168/第8冊
王德毅編
據台灣精華印書館排印本
洪文惠公年譜 Y0168/第8冊
(清)錢大昕撰 (清)洪汝奎增訂 張尚英校點
宣統元年晦木齋刊《四洪年譜》本
洪文安公年譜 Y0168/第8冊
(清)洪汝奎編 張尚英校點
宣統元年晦木齋刊《四洪年譜》本
洪文敏公年譜 Y0168/第9冊
(清)錢大昕編 (清)洪汝奎增訂 張尚英校點
宣統元年晦木齋刊《四洪年譜》
洪容齋先生年譜 Y0168/第9冊
王德毅編
幼獅學報第三卷第二期
陸放翁年譜 Y0168/第9冊
(清)趙翼編 尹波校點
甌北詩話卷七
徐夢莘年表 Y0168/第9冊
王德毅編
據《大陸雜志》二一卷八期修訂
范石湖先生年譜 Y0168/第9冊
王德毅編
《文史哲學報》第十八期
鄭忠肅公年譜 Y0168/第9冊
(宋)鄭竦編 刁忠民校點
清康熙年間刊《鄭忠肅公奏議遺集》附
周益國文忠公年譜 Y0168/第9冊
(宋)周綸編 刁忠民校點
傅增湘校訂《廬陵周益國文忠公集》卷首
大鄭公行年小紀 Y0168/第9冊
(清)孫衣言編 吳洪澤校點
同治十二年刊本《遜學齋文鈔》
尤袤年譜 Y0168/第9冊
吳洪澤編
據《宋代文化研究》第三輯增訂
楊文節公年譜 Y0168/第9冊
(清)鄒樹榮編 劉德清校點
南昌鄒氏一粟園叢書
宋太師徽國文公朱先生年譜節略 Y0168/第9冊
(元)都璋編 尹波校點
元至正十二年都璋刻明修本《朱文公大同集》卷首
朱子年譜 Y0168/第9冊
(舊題宋)李方子編 佚名補注 尹波校點
明刻本
袁樞年譜 Y0168/第9冊
(近)鄭鶴聲編
民國十九年上海商務印書館中國史學叢書本
張孝祥事蹟著作繫年 Y0168/第9冊
李一飛編
據《湘潭師專學報》增訂
唐仲友年譜 Y0168/第9冊
周學武編
轉載自《國魂》第三一〇期
張宣公年譜 Y0168/第10冊
(近)胡宗楙編 李春梅校點
一九三二年胡氏夢選樓刊本
薛季宣年譜 Y0168/第11冊
楊世文編
據《宋代文化研究》第三輯訂補
東萊呂太史年譜 Y0168/第11冊
(宋)呂祖儉 (宋)呂喬年編 李文澤校點
宋刻元遞修本《東萊呂太史文集》附錄卷一
陳文節公年譜 Y0168/第11冊
(清)孫鏘鳴編 吳洪澤校點
敬鄉樓叢書第二輯
定川言行彙攷 Y0168/第11冊
(近)張壽鏞編 吳洪澤校點
四明叢書本《定川遺書》附錄卷四
象山先生年譜 Y0168/第11冊
(宋)袁燮 (宋)傅子雲初稿 李子愿彙編 (清)李紱增訂 李文澤校點
清雍正十年李紱依宋本增訂重刊本
稼軒先生年譜 Y0168/第11冊
(清)辛啓泰編 吳洪澤校點
清嘉慶十六年刊本《稼軒集》附
慈湖先生年譜 Y0168/第11冊
(清)馮可鏞 (清)葉意深編 李春梅校點
約園刊四明叢書本
陳龍川先生年譜長編 Y0168/第11冊
(近)顏虛心編
據民國二十九年商務印書館排印本整理
雲莊劉文簡公年譜 Y0168/第11冊
(宋)沈倜原編 (明)鄭京校正 吳洪澤校點
清抄本《雲莊劉文簡公文集》卷首
葉水心先生年譜 Y0168/第11冊
周學武編
據臺北大安出版社一九八八年版刪訂
勉齋先生黃文肅公年譜 Y0168/第11冊
(宋)鄭元肅錄 (宋)陳義和編 吳洪澤校點
元刊本《勉齋先生黃文肅公文集》卷末附
劉過年表 Y0168/第11冊
劉宗彬編
姜白石先生年譜 Y0168/第11冊
(近)馬維新編
山東大學《勵學》第一、二冊
崔與之事蹟繫年 Y0168/第11冊
何忠禮編
據《文史》第四十一輯修訂
程珌年譜 Y0168/第11冊
黃寬重編
據臺灣大學歷史學研究所《史原》第五期修訂
李秀巖先生年譜 Y0168/第11冊
王德毅編
《宋史研究資料萃編》第二輯
西山真文忠公年譜 Y0168/第11冊
(清)真采編 李春梅校點
乾隆二十九年拱極堂刊《真西山全集》附
魏文靖公年譜 Y0168/第11冊
(近)繆荃孫編 張尚英校點
南陵徐氏刊《煙畫東堂四譜》本
杜清獻公年譜 Y0168/第11冊
(清)王棻編 曹清華校點
清同治十三年刊《杜清獻公集》附

劉克莊年譜簡編 Y0168/第11冊
李國庭編
據《福建圖書館學刊》一九九〇年第一、二期增訂
字溪先生陽公紀年錄 Y0168/第11冊
(宋)陽炎卯編 尹波校點
文淵閣四庫全書本《字溪集》
宋宗伯徐清正公年譜 Y0168/第11冊
(明)徐鑒編 曹清華校點
豫章叢書本《宋宗伯徐清正公存稿》附
余玠年譜新編 Y0168/第12冊
王曉波編
據《宋代文化研究》第三輯重編
方岳年譜 Y0168/第12冊
秦效成編
據《秋崖詩詞校注》附錄增訂
忠簡公年譜 Y0168/第12冊
(清)李履中編 尹波校點
光緒刊本《文溪集》卷首
舒閬風年譜 Y0168/第12冊
(近)幹人俊編 李春梅校點
民國年間油印本
馬廷鸞馬端臨父子合譜 Y0168/第12冊
舒大剛編
據《宋代文化研究》第四輯增訂
王深寧先生年譜 Y0168/第12冊
(清)張大昌編 李春梅校點
約園刊本《四明叢書》第一集
謝枋得年譜 Y0168/第12冊
(近)崔驥編
據《江西教育》第四、第七期整理
草窗年譜 Y0168/第12冊
(清)顧文彬編 刁忠民校點
《過雲樓書畫記》
劉辰翁年譜 Y0168/第12冊
劉宗彬編
據《吉安師專學報》第十八卷第三期增訂
宋少保右丞相兼樞密使信國公文山先生紀年錄 Y0168/第12冊
(宋)文天祥編 佚名補編 尹波校點
《文山先生全集》
陸秀夫年譜 Y0168/第12冊
(近)蔣逸雪編
據一九三六年上海商務印書館排印本整理
謝皋羽年譜 Y0168/第12冊
(清)徐沁編 吳洪澤校點
昭代叢書甲集

Y0169
全國胡氏族譜
胡海(金勝)編纂
二〇〇四年鉛印本
一冊

Y0170
靈石陳氏族譜
山西省靈石陳氏族譜編委會編
二〇〇三年山西煤田地質製印中心鉛印本
一冊一函

Y0171
家譜與中國文化:浙江家譜研討會論文集
程小瀾主編
二〇〇五年杭州浙江人民出版社鉛印本
一冊

Y0172
盛宣懷檔案名人手札選
上海圖書館歷史文獻研究所編
一九九九年上海復旦大學出版社影印本
一冊

Y0173
河北行唐縣廟上村習氏西股老靜支譜
習文修編著
一九九九年天津
一冊

Y0174(1-44)
湖南名人家譜叢刊
湖南省圖書館編
二〇〇二年北京全國圖書館文獻縮微複製中心影印本
四十四冊
湖南名人家譜叢刊
大界曾氏五修族譜 Y0174/全3冊
一九四六年三省堂木活字本
資江陶氏七修族譜文毅公房本支提本 Y0174/全1冊
(清)陶澍纂修 陶思曾總修
一九三九年木活字本
麥田胡氏族譜 Y0174/全4冊
胡主猷主修
一九三六年鉛印本
李報本堂族譜 Y0174/全8冊
李前普總纂
一九一六年報本堂木活字本
湘潭黎氏續四修譜 Y0174/全3冊
黎錦命等修
一九三二年敦本堂石印本
韶山毛氏族譜 Y0174/全7冊
一九四一年四修
寧鄉南塘劉氏四修族譜 Y0174/全5冊
一九二一年存著堂木活字本
湘鄉九溪彭氏族譜彭氏續修族譜 Y0174/全8冊
湘鄉九溪彭氏族譜 清道光二十八年(1848)和宗堂木活字本
湘鄉高沖文氏支譜 Y0174/全1冊
一九三一年雁門堂木活字本
湖南醴陵何氏五修族譜 Y0174/全4冊
一九四四年敦倫堂木活字本

Y0175(1-2)
歷代詞人考略
況同頤等編輯
二〇〇三年北京全國圖書館文獻縮微複製中心據南京圖書館所藏吳興劉氏嘉業堂鈔本影印
二冊
中國公共圖書館古籍文獻珍本匯刊.集部

Y0176
稿本吳孚威(佩孚)上將軍年譜
彭昌魯編輯
二〇〇一年北京全國圖書館文獻縮微複製中心據湖北省圖書館原藏稿本影印本
一冊
中國文獻珍本叢書

Y0177(1-2)
欽定宗室王公功績表傳
清乾隆四十六年敕撰
二〇〇四年北京全國圖書館文獻縮微複製中心據吉林省圖書館原藏清抄本影印
二冊
中國公共圖書館古籍文獻珍本匯刊.史部

Y0178(1-2)
徽州名族志
二〇〇三年北京全國圖書館文獻縮微複製中心據安徽省圖書館原藏影印本
二冊

中國公共圖書館古籍文獻珍本匯刊.史部
新安大族志二卷
(元)陳定宇真本 (明)彭德庵添輯 (清)程以通補校
清康熙六年致一堂藏版
新安名族志二卷
(明)汪孟沚 戴廷明等撰
明嘉靖刻本
休寧名族志四卷
(明)曹叔明等輯
明天啓六年歙縣汪仲遇刻本

Y0179(1-4)
中國歷代人物像傳
郭磬 廖東編
二〇〇二年濟南齊魯書社影印本
四冊
歷代古人像讚一卷 Y0179/第1冊
不著繪者姓氏 (明)天然撰讚
明弘治十一年(1498)明宗室天然重刻本
聖賢像讚三卷 Y0179/第1冊
(明)呂維祺編
明崇禎刻本
晚笑堂書傳二卷附明太祖功臣圖一卷 Y0179/第1冊
(清)上官周繪
清乾隆八年(1743)刻本
雲臺三十二將圖一卷 Y0179/第1冊
(清)張士保繪
清道光二十六年(1846)白松巖刻本
淩煙閣功臣圖一卷 Y0179/第1冊
(清)劉源繪
清康熙七年(1668)蘇州柱笏堂刻本
古聖賢像傳略十六卷 Y0179/第2冊
(清)顧沅輯
清道光十年(1830)刻本
吳郡名賢圖傳贊二十卷 Y0179/第3-4冊
(清)顧沅主編 孔繼堯繪像 張錦章鐫刻
清道光年間刻本
於越先賢像傳贊二卷 Y0179/第4冊
(清)任熊繪圖 王齡撰讚
清咸豐六年(1856)蕭山王氏養合堂刻本
劍俠傳四卷 Y0179/第4冊
(清)任熊繪 蔡照初雕版
清咸豐八年(1858)王氏養合堂刻本
高士傳三卷 Y0179/第4冊
(清)任熊繪 蔡照初雕版
清咸豐八年(1859)王氏養合堂刻本
百美新詠 Y0179/第4冊
(清)顏鑑塘題詩 (清)王翽繪圖
清嘉慶間顏氏刻本
秦淮八艷圖詠一卷 Y0179/第4冊
(清)葉驌蘭繪圖 (清)張景祈題詠
清光緒十八年(1892)羊城越華講院刻本

Y0180(1-200)
北京圖書館藏珍本年譜叢刊
周和平主編 北京圖書館編
一九九九年北京圖書館出版社影印本
二〇〇冊
舜年表一卷 Y0180/第1冊
(清)徐時棟編
民國十七年鄞縣徐氏蘧學齋鉛印《烟嶼樓讀書志》本
文王年表一卷 Y0180/第1冊
張壽鏞編
民國三十一年鉛印《史詩初稿》本
武王年表一卷 Y0180/第1冊
張壽鏞編
民國三十一年鉛印《史詩初稿》本
周公年表一卷 Y0180/第1冊
張壽鏞編
民國三十一年鉛印《史詩初稿》本
成王年表一卷 Y0180/第1冊
張壽鏞編
民國三十一年鉛印《史詩初稿》本
周公年表一卷 Y0180/第1冊
(清)牟庭編
清同治十年刻本
孔子編年五卷 Y0180/第1冊
(宋)胡仔編 (清)胡培翬校注
清同治九年績溪胡湛重刻本
孔子論語年譜一卷 Y0180/第1冊
(元)程復心編
民國九年上海涵芬樓影印《學海類編》本
孔子年譜綱目一卷附孔廟正位圖一卷 Y0180/第1冊
(明)夏洪基編
清同治間江都刻本
至聖年表正訛一卷附至聖像記一卷 Y0180/第2冊
(清)姜兆錫編
清刻本
至聖先師孔子年譜三卷 Y0180/第2冊
(清)楊方晃編
清乾隆二年刻本
孔子年譜一卷附錄一卷 Y0180/第3冊
(明)沈繼震 (清)張次仲編
清康熙三十一年海昌張訒一經堂刻本
孔子年譜一卷 Y0180/第3冊
(清)杜詔等輯
抄本
孔子年譜輯注一卷 Y0180/第3冊
(清)江永編 黃定宜輯注
清道光二十七年萍鄉文晟刻本
孔子年譜一卷 Y0180/第3冊
(清)鄭環編
清嘉慶八年刻《孔子世家考》本
孔子編年四卷 Y0180/第3冊
(清)狄子奇編
清光緒十三年浙江書局刻《孔孟編年》本
先聖年譜考二卷 Y0180/第3冊
(清)黃位清編
清道光二十七年刻本
至聖譜考一卷 Y0180/第3冊
(清)徐慎安編
清光緒三年木活字本
孔子年譜一卷 Y0180/第3冊
(清)寇宗編
清光緒八年樂道齋刻本
孔子年譜一卷 Y0180/第3冊
石榮暲編
民國十七年鉛印《尊孔史》本
子路年表一卷 Y0180/第3冊
(明)趙時雍編
明崇禎十三年刻《仲志》本
卜子年譜二卷 Y0180/第3冊
(清)陳玉澍編
民國四年上虞羅氏鉛印《雪堂叢刻》本
曾子年譜一卷 Y0180/第4冊
(清)馮雲鵷編
清道光十二年馮雲鵷刻《聖門十六子書》本
顓孫師年表一卷 Y0180/第4冊
(清)馮雲鵷編

清道光間馮雲鵷刻《聖門十六子書》本
墨子年表一卷 Y0180/第4册
(清)孫詒讓編
清宣統間刻《墨子閒詁》年本
孟子年譜一卷 Y0180/第4册
(元)程復心編
民國九年上海涵芬樓影印《學海類編》本
孟子時事略一卷 Y0180/第4册
(清)任兆麟編
清嘉慶二十四年兩廣節署刻《有竹居集》本
孟子時事考徵四卷 Y0180/第4册
(清)陳寶泉編
清嘉慶間稡經堂刻本
孟子年譜二卷 Y0180/第4册
(清)曹之升編
清道光九年安康張鵬翂刻本
孟子年譜一卷 Y0180/第4册
(清)趙大浣編
清同治四年刻《校補蘇氏朱批孟子》本
孟子時事年表一卷後說一卷 Y0180/第4册
(清)林春溥編
清嘉慶咸豐間刻咸豐五年福州匯印《竹柏山房十五種》本
孟子時事考二卷 Y0180/第4册
(清)黃位清編
清道光二十七年刻本
孟子年譜一卷 Y0180/第4册
(清)黃玉蟾編
民國間抄本
孟子年譜一卷 Y0180/第5册
(清)管同編
清寶芸齋抄本
孟子編年四卷 Y0180/第5册
(清)狄子奇編
清光緒十三年浙江書局刻《孔孟編年》本
孟子年譜一卷 Y0180/第5册
(清)黃本驥編
清道光間刻《三長物齋叢書》本
孟子年表一卷 Y0180/第5册
(清)孟經國編
清道光十二年私淑書屋木活字《閑道集》本
孟子年表一卷孟子年表考五篇 Y0180/第5册
(清)魏源編
清光緒四年刻《古微堂外集》本
孟子年譜 Y0180/第5册
馬征麐編
民國皖江馬林影印暨鉛印《馬種山遺書》本
孟子年略一卷 Y0180/第5册
易順豫編
民國間鉛印本
莊子年表一卷 Y0180/第5册
馬叙倫編
民國間鉛印《天馬山房叢書》本
屈原年表一卷 Y0180/第5册
張松儒編
民國間油引《屈原》本
荀卿子年表一卷 Y0180/第5册
(清)汪中編
民國十四年上海中國書店影印《汪氏叢書》本
韓非子年表一卷 Y0180/第5册
容肇祖編
民國二十五年鉛印《韓非子考證》本
先儒年表一卷 Y0180/第5册
陳蜚生編
民國十四年濰縣丁氏十笏園石印《伏乘》本
賈太傅年表 Y0180/第5册
(清)汪中編
清光緒四年長沙刻《屈賈文合編》本
董子年表一卷 Y0180/第5册
(清)蘇輿編
清宣統二年刻《春秋繁露考證》本
太史公年譜 Y0180/第6册
張鵬一編
民國二十二年富平張氏在山草堂刻本
太史公系年考略一卷 Y0180/第6册
王國維編
民國五年上海倉聖明智大學鉛印《廣倉學宭叢書》本
太史公疑年考一卷 Y0180/第6册
張惟驤編
民國武進張氏刻《小雙寂庵叢書》本
劉更生年表 Y0180/第6册
(清)梅毓編
清光緒南陵徐氏刻《積學齋叢書》本
許君年表一卷考一卷 Y0180/第6册
(清)陶方琦編
清抄本
許君疑年錄一卷 Y0180/第6册
(清)諸可寶編
民國八年天津金鉞刻《許學四種》本
漢徐征士年譜一卷 Y0180/第6册
(清)楊希閔編
清光緒四年新城楊氏福州刻《豫章先賢九家年譜》本
鄭君紀年一卷 Y0180/第6册
(清)陳鱣編 袁均訂正
清光緒十四年浙江書局刻《鄭氏佚書》本
鄭司農年譜一卷 Y0180/第6册
(清)孫星衍編 阮元增補
清嘉慶十四年揚州阮元刻本
鄭康成年譜一卷 Y0180/第6册
(清)沈可培編
清道光二十四年吴江沈氏世楷堂刻《昭代叢書》本
漢大司農康成鄭公年譜一卷 Y0180/第6册
(清)侯登岸編
清道光二十一年寫刻本
漢鄭君年譜一卷 Y0180/第6册
(清)丁晏編
清山陽丁氏六藝堂刻同治元年匯印《頤志齋叢書》本
蔡中郎年表一卷 Y0180/第7册
(清)王昶編
清刻《蔡中郎集》本
孔北海年譜一卷 Y0180/第7册
繆荃孫編
民國間南陵徐氏刻《烟畫東堂四譜》本
後漢侍中尚書涿郡盧君年表一卷 Y0180/第7册
蔣元慶編
民國間蘇州鉛印本
漢管處士年表一卷 Y0180/第7册
(清)管世駿編
民國間刻本
關王年譜圖一卷 Y0180/第7册
(元)胡琦編
民國間烏絲欄抄本
關聖帝君年表一卷 Y0180/第7册
(清)張鎮編

清乾隆刻《關帝志》本
關帝年譜一卷 Y0180/第7册
(清)柯汝霖編
清同治八年重刻本
關聖帝君本傳年譜一卷 Y0180/第7册
(清)崇德弟子編
清光緒三十二年成都二仙庵刻《道藏輯要》本
關夫子編年集注一卷 Y0180/第7册
張茲編
民國十四年石印本
漢昭烈帝年譜一卷 Y0180/第7册
(清)王復禮編
清康熙四十一年杭城尊行齋刻《季漢五志》本
趙順平侯年譜一卷 Y0180/第7册
(清)王復禮編
清康熙四十一年杭城尊行齋刻《季漢五志》本
張桓侯年譜一卷 Y0180/第7册
(清)王復禮編
清康熙四十一年杭城尊行齋刻《季漢五志》本
諸葛忠武侯年譜一卷 Y0180/第7册
(明)楊時偉編
民國間朱絲欄抄本
諸葛忠武侯年表一卷 Y0180/第7册
(清)張鵬翮編
清刻《忠武志》本
諸葛忠武侯年譜一卷 Y0180/第7册
(清)張澍編
清嘉慶道光間刻《諸葛忠武侯文集》本
漢諸葛忠武侯年譜一卷附錄一卷 Y0180/第7册
(清)楊希閔編
清光緒四年新城楊氏福州刻《四朝先賢六家年譜》本
諸葛忠武侯年譜一卷 Y0180/第7册
古直編
民國十八年中華書局鉛印《層冰草堂叢書》本
魏陳思王年譜一卷 Y0180/第8册
(清)丁晏編
清山陽丁氏六藝堂刻同治元年匯印《頤志齋叢書》本
許真君歷年表一卷 Y0180/第8册
(清)丁啓健等編
清道光二十六年刻《逍遙山萬壽宮志》本
孝侯公年譜一卷 Y0180/第8册
(清)周湛霖輯注
清光緒七年木活字本
陸士衡年譜一卷 Y0180/第8册
李澤仁編
民國二十三年成都茹古書局鉛印《陸士衡史》本
右軍年譜一卷 Y0180/第8册
(清)魯一同編
清咸豐刻《通甫類稿》本
王羲之年譜一卷 Y0180/第8册
麥華三編
一九五〇年番禺麥氏油印本
慧遠大師年譜一卷 Y0180/第8册
陳統編
民國二十五年燕金大學鉛印《史學年報》本
陶靖節先生年譜一卷 Y0180/第8册
(宋)吳仁杰編
清光緒二十四年刻本
柳村譜陶一卷 Y0180/第8册
(清)顧易編
清雍正間刻本
靖節先生年譜攷異二卷 Y0180/第8册
(清)陶澍編
清刻本
晉陶靖節年譜一卷 Y0180/第8册
(清)丁晏編
清山陽丁氏六藝堂刻同治元年匯印《頤志齋叢書》本
晉陶征士年譜一卷 Y0180/第8册
(清)楊希閔編
清光緒四年刻本
陶靖節年譜一卷附錄一卷 Y0180/第8册
古直編
民國十五年廣州中華書局鉛印《隅樓叢書》本
華陽譜一卷 Y0180/第8册
(宋)王質編
民國十二年沔陽盧氏慎始基齋影印《湖北先正遺書》本
昭明太子年譜一卷附錄一卷 Y0180/第9册
胡宗楙編
民國二十一年永康胡氏夢選樓刻本
庚子山年譜 Y0180/第9册
(清)倪璠編
民國十二年沔陽盧氏慎始基齋影印《湖北先正遺書》本
智者大禪師年譜事迹一卷 Y0180/第9册
(宋)釋戒應編
一九八三年大藏經刊行會臺北影印《大正新修大藏經》本
唐司空尚書右僕射趙國公封德彝歷史一卷 Y0180/第9册
封寶楨輯
民國二十二年哈佛燕京學社鉛印《封氏聞見記校正》本
魏文貞公年譜一卷 Y0180/第9册
(清)王先恭編
清光緒九年長沙王氏刻《魏文貞故事拾遺》本
王祖年譜一卷 Y0180/第9册
汪斌編
民國二十五年石印《吳山汪王廟志略續編》本
唐玄奘法師年譜一卷 Y0180/第9册
劉汝霖編
民國三十年鉛印《女師大學術季刊》本
王子安年譜一卷 Y0180/第9册
姚大榮編
清宣統三年普定姚氏刻《惜道味齋集》本
劉子玄年譜稿一卷 Y0180/第9册
朱希祖編
民國間鹽朱希祖朱絲欄稿本
張曲江年譜一卷 Y0180/第9册
(清)溫汝適編
民國三十五年上海商務印書館影印暨鉛印《廣東叢書》本
李翰林年譜一卷 Y0180/第9册
(宋)薛仲邕編
明刻本
唐王右丞年譜一卷 Y0180/第9册
(明)顧起經編
抄本
王右丞年譜一卷 Y0180/第9册
(清)趙殿成編
清揚錦田翠含刻《王右丞集》本
顏魯公年譜一卷 Y0180/第9册

(宋)留元剛編
明嘉靖間錫山安國氏館銅活字《顏魯公文集》本
顏魯公年譜一卷 Y0180/第9册
(清)黄本驥編
清道光間刻《三長物齋叢書》本
杜工部年譜一卷 Y0180/第9册
(宋)吕大防編
民國間上海商務印書館影印《四部叢刊》本
杜工部年譜一卷 Y0180/第9册
(宋)蔡興宗編
民國間上海商務印書館影印《四部叢刊》本
杜工部草堂詩年譜一卷 Y0180/第9册
(宋)魯訔編
民國間上海商務印書館影印《四部叢刊》本
杜工部年譜一卷 Y0180/第9册
(宋)黄鶴編
明刻本
杜工部年譜一卷 Y0180/第10册
(宋)趙子櫟編
民國三年天津華新印刷局鉛印《杜工部草堂詩話》本
杜工部年譜一卷 Y0180/第10册
(清)朱鶴齡編
清康熙元年金陵葉永茹萬卷樓刻《杜工部全集》本
少陵先生年譜一卷 Y0180/第10册
(清)錢謙益編
清康熙六年泰興季振宜靜思堂刻《杜工部集》本
杜工部年譜一卷 Y0180/第10册
(清)張遠編
清康熙二十七年蕭山張氏蕉團刻《杜詩薈萃》本
杜工部年譜 Y0180/第10册
(清)朱鶴齡編 仇兆鰲訂
清康熙三十二年刻《杜詩詳注》本
杜工部年譜一卷 Y0180/第10册
(清)楊倫編
清同治十一年盱眙吳氏望三益齋刻《杜詩鏡銓》本
杜少陵年譜一卷 Y0180/第10册
(清)朱駿聲編
民國間南林劉氏刻上海古籍書店印《求恕齋叢書》本
少陵新譜六卷 Y0180/第10册
李春坪編
民國二十四年來熏閣書店北平鉛印本
岑參年譜一卷 Y0180/第10册
賴義輝編
民國十九年鉛印《嶺南學報》本
唐李鄴侯年譜一卷 Y0180/第10册
(清)楊希閔編
清光緒四年新城楊氏福州刻《四朝先賢家年譜》本
唐孟郊年譜一卷附錄一卷 Y0180/第10册
華忱之編
民國二十九年國立北京大學圖書館鉛印本
孟東野詩文繫年考證 Y0180/第10册
華忱之編
民國三十年油印本
陸宣公年譜一卷 Y0180/第10册
(明)陸申編
明正德十四年刻《唐陸宣公外集備錄》本
唐陸宣公年譜一卷 Y0180/第10册
(清)丁晏編
清山陽丁氏六藝堂刻同治元年匯印《頤志齋叢書》本
唐陸宣公年譜一卷 Y0180/第10册
(清)楊希閔編
清光緒四年新城楊氏福州刻《四朝先賢六家年譜》本
陸宣公年譜集略一卷 Y0180/第11册
耆英編
清刻《陸宣公集》本
韓吏部文公集年譜 Y0180/第11册
(宋)吕大防編
民國元年上海商務印書館影印《新刊五百家注音辨昌黎先生文集》本
韓文公歷官記一卷 Y0180/第11册
(宋)程俱編
民國元年上海商務印書館影印《新刊五百家注音辨昌黎先生文集》本
韓子年譜五卷 Y0180/第11册
(宋)洪興祖編
民國元年上海商務印書館影印《新刊五百家注音辨昌黎先生文集》本
韓文公年譜一卷 Y0180/第11册
(宋)樊汝霖編
民國元年上海商務印書館影印《新刊五百家注音辨昌黎先生文集》本
韓文年表一卷 Y0180/第11册
(宋)方崧卿編
民國元年上海商務印書館影印《新刊五百家注音辨昌黎先生文集》本
韓文公年譜一卷 Y0180/第11册
(宋)林雲銘編
清康熙三十二年晋安林氏挹奎樓刻《韓文起》本
昌黎先生年譜一卷 Y0180/第11册
(清)顧嗣立編
清康熙三十八年長洲顧氏秀野草堂刻《昌黎先生詩集注》本
昌黎先生年譜一卷 Y0180/第11册
(清)黄鉞編
清咸豐七年四明鮑氏二客軒刻《昌黎先生詩贈注證訛》本
昌黎先生詩文年譜一卷 Y0180/第11册
(清)方成珪編
民國十五年瑞安陳氏湫漻齋鉛印《韓集箋正》本
白氏文公年譜一卷 Y0180/第11册
(宋)陳振孫編
明抄本
白香山年譜一卷 Y0180/第11册
(清)汪立名編
清康熙四十二年一隅草堂刻本
柳先生年譜一卷 Y0180/第11册
(宋)文安禮編
清光緒元年翻刻雍正七年廣陵馬氏小玲瓏山館刻《韓文類譜》本
微之年譜一卷 Y0180/第11册
(宋)趙令畤編
民國間抄本
李義山詩譜一卷 Y0180/第11册
(清)朱鶴齡編
清順治間刻《李義山詩集》本
重訂李義山年譜一卷 Y0180/第11册
(清)程夢星編
清乾隆九年江都汪增寧刻《重訂李義山詩集箋注》本
玉谿生年譜一卷 Y0180/第11册
(清)馮浩編
清乾隆四十五年桐鄉馮氏重刻《玉溪生詩詳注》本

玉谿生年譜訂誤一卷　Y0180/第11册
(清)錢振倫編
清同治五年盱眙吳氏望三益齋刻《樊南文集補編》本
玉谿生年譜會箋四卷卷首一卷　Y0180/第12册
張采田編
民國間南林劉氏刻《求恕齋叢書》本
韓承旨年譜一卷　Y0180/第13册
震鈞編
民國八年上海掃葉山房石印《香奩集發微》本
韓翰林詩譜略一卷　Y0180/第13册
繆荃孫編
民國間南陵徐氏刻《烟畫東堂四譜》本
武肅王年表一卷　Y0180/第13册
錢文選編
民國間抄《錢氏五王年表》本
文穆王年表一卷　Y0180/第13册
錢文選編
民國間抄《錢氏五王年表》本
南唐中主年表一卷　Y0180/第13册
唐圭璋編
民國二十五年上海正中書局鉛印《南唐二主詞匯箋》本
忠獻王年表一卷　Y0180/第13册
錢文選編
民國間抄《錢氏五王年表》本
忠遜王年表一卷　Y0180/第13册
錢文選編
民國間抄《錢氏五王年表》本
忠懿王年表一卷　Y0180/第13册
錢文選編
民國間抄《錢氏五王年表》本
南唐後主年表一卷　Y0180/第13册
唐圭璋編
民國二十五年上海正中書局鉛印《南唐二主詞匯箋》本
胡正惠公年表一卷附錄一卷　Y0180/第13册
胡宗楙編
民國二十一年永康胡氏夢選樓刻本
范文正公年譜一卷補遺一卷遺迹一卷鄱陽遺事錄一卷　Y0180/第13册
(宋)樓鑰編
元天曆至正間吳縣范氏歲寒堂刻明遞修本
范文正公年譜一卷補遺一卷　Y0180/第13册
(宋)樓鑰編
民國間上海商務印書館影印《四部叢刊》本
宛陵先生年譜一卷　Y0180/第13册
(元)張師曾編
清道光十年山右梁中孚刻《宛陵先生集》本
廬陵歐陽文忠公年譜一卷　Y0180/第13册
(宋)胡柯編
民國間上海商務印書館影印《四部叢刊》本
增訂歐陽文忠公年譜一卷　Y0180/第13册
(清)華孳亨編
清道光十四年吳江沈氏世楷堂刻《昭代叢書》本
歐陽文忠公年譜一卷　Y0180/第13册
(清)楊希閔編
清光緒四年新城楊氏福州刻《豫章先賢九家年譜》本
趙清獻公年譜一卷　Y0180/第13册
(清)羅以智編
民國二十二年鉛印《趙清獻公集》本
直講李先生年譜一卷　Y0180/第13册
(宋)陳次公編
民國間上海商務印書館影印《四部叢刊》本
宋韓忠獻公年譜一卷　Y0180/第14册
(清)楊希閔編
清光緒四年新城楊氏福州刻《四朝先賢六家年譜》本
道國元公濂溪周夫子年表一卷　Y0180/第14册
(清)吳大熔編
民國間朱絲欄抄本
石室先生年譜一卷　Y0180/第14册
(宋)家誠之編
民國間上海商務印書館影印《四部叢刊》本
南豐年譜一卷　Y0180/第14册
(清)姚范編
清道光十六年桐城姚瑩淮南監製官署刻《援鶉堂筆記》本
曾南豐年譜一卷　Y0180/第14册
(清)孫葆田編
清抄本
曾文定公年譜一卷　Y0180/第14册
(清)楊希閔編
清光緒四年新城楊氏福州刻《豫章先賢九家年譜》本
曾子固年譜稿一卷　Y0180/第14册
周明春編
民國二十一年文嵐簃古宋印書局鉛印《三曾年譜》本
曾南豐先生年譜一卷　Y0180/第14册
王煥鑣編
民國二十年公孚印書局鉛印本
溫公年譜六卷　Y0180/第14－15册
(明)馬巒編
明萬曆四十六年夏縣司馬露校刻本
司馬太師溫國文正公年譜八卷卷後一卷遺事一卷　Y0180/第15册
(清)顧棟高編
民國間南林劉氏刻《求恕齋叢書》本
宋司馬文正公年譜一卷附錄一卷　Y0180/第16册
(清)陳宏謀編
清乾隆六年桂林陳氏培遠堂刻《司馬文正公傳家集》本
張子年譜一卷　Y0180/第16册
(清)武澄編
清同治間刻《張子全書》本
王荊國文公年譜三卷卷後一卷遺事一卷　Y0180/第16册
(清)顧棟高編
民國間南林劉氏可《求恕齋叢書》本
王荊公年譜考略二十五卷卷首三卷雜錄一卷附錄一卷(卷首至雜錄卷一)　Y0180/第16－18册
(清)蔡上翔編
清嘉慶九年金溪蔡氏存是樓木活字本
宋孫莘老先生年譜一卷補遺一卷　Y0180/第18册
(清)茆泮林編
清道光二十五年湘鄉左氏咏史精廬刻本
宋徐節孝先生年譜一卷　Y0180/第18册
段朝端編
民國十年如臯冒氏刻《楚州叢書》
明道先生年譜五卷　Y0180/第18册
(清)池生春編

清咸豐五年刻《程子年譜》本
宋程純公年譜一卷 Y0180/第18册
(清)楊希閔編
民國二十三年燕京大學圖書館北平鉛印《燕京大學圖書館叢書》本
伊川先生年譜一卷 Y0180/第19册
(宋)朱熹編
清康熙二十八年刻《朱子大全集》本
伊川先生年譜七卷 Y0180/第19册
(清)池生春編
清咸豐五年刻《程子年譜》本
曾子宣年譜稿一卷 Y0180/第19册
周明春編
民國二十一年文嵐簃古宋印書局鉛印《三曾年譜》本
東坡紀年錄一卷 Y0180/第19册
(宋)傅藻編
明刻《東坡先生詩集注》本
東坡先生年譜一卷本傳一卷 Y0180/第19册
(宋)王宗稷編
明天啓元年刻《東坡詩選》本
東坡先生年表一卷 Y0180/第19册
(宋)王宗稷編
清乾隆二十六年海寧查氏香雨齋刻《補注東坡先生編年詩》本
蘇潁濱年表一卷 Y0180/第19册
(宋)孫汝聽編
清光緒宣統間江陰繆氏刻《藕香零拾》本
山谷先生年譜三十卷 Y0180/第20册
(宋)黄罃編
民國三年烏程張氏刻《適園叢書》本
黄文節公年譜一卷 Y0180/第20册
(清)楊希閔編
清光緒四年新城楊氏福州刻《豫章先賢九家年譜》本
曾子開年譜稿一卷 Y0180/第20册
周明泰編
民國二十一年文嵐簃古宋印書局鉛印《三曾年譜》本
淮海先生年譜一卷 Y0180/第20册
(清)秦鏞編
清嘉慶間刻本
米海岳年譜一卷 Y0180/第20册
(清)翁方綱編
清嘉慶二十三年刻本

游定夫先生年譜一卷 Y0180/第20册
(清)游智開編
清同治六年新化游智開和州官舍重刻《游定夫先生集》本
楊龜山先生年譜一卷 Y0180/第20册
(清)佚名編
清康熙四十六年刻光緒五年重修《楊龜山先生集》本
宋儒龜山楊先生年譜一卷 Y0180/第21册
(清)毛念恃編
清光緒二年會稽張其曜刻光緒五年重印《延平李先生師弟子答問》本
宋楊文靖公龜山先生年譜二卷 Y0180/第21册
(清)張夏補編
清康熙間刻本
張文潛先生年譜一卷 Y0180/第21册
(清)邵祖壽編
民國十八年淮安刻《柯山集》本
陳了翁年譜一卷 Y0180/第21册
(元)陳宣子編
民國二十五年海寧陳乃幹吾絲欄抄本
陳忠肅公年譜 Y0180/第21册
(明)陳載興編
民國間朱絲欄抄本
清真居士年譜一卷 Y0180/第21册
陳思編
民國間遼海書社鉛印《遼海叢書》本
忠簡公年譜一卷 Y0180/第21册
(宋)喬行簡編
清光緒二十四年刻《宗忠簡記》本
宗忠簡公年譜二卷 Y0180/第21册
(清)宗嘉謨編
民國六年常熟宗氏桐柏山房鉛印本
鄒道鄉先生年譜一卷 Y0180/第21册
(清)李兆洛編
清道光十三年武進鄒禾刻《道鄉公文集》本
尹和靖先生年譜一卷 Y0180/第21册
(宋)佚名編
清抄本
豫章羅先生年譜 Y0180/第21册
(清)毛念恃編
清乾隆十年滏陽張坦重刻《延平楊羅李朱四先生年譜》本

石林先生兩鎮建康紀年略一卷 Y0180/第21册
(清)葉廷琯編
清乾隆二十四年刻《石林居士建康集》本
梁溪先生年譜一卷 Y0180/第21册
(宋)李綸編
清抄本
李忠定公年譜一卷 Y0180/第22册
(清)楊希閔編
清同治五年福州刻本
胡少師年譜二卷 Y0180/第22册
(清)胡培翬等編
清光緒十年績溪胡廷楨刻本
易安居士年譜一卷 Y0180/第22册
李文裿編
民國十六年冷雪盦鉛印《冷雪盦叢書》本
洪忠宣公年譜一卷 Y0180/第22册
(清)洪汝奎編
清宣統元年漢陽洪氏晦木齋刻《四洪年譜》本
宣撫資政鄭公年譜一卷 Y0180/第22册
(宋)鄭世成編
民國間朱絲欄抄本
大慧普覺禪師年譜一卷 Y0180/第22册
(宋)釋祖咏等編
宋寶祐元年徑山明月堂刻本
簡齋先生年譜一卷 Y0180/第22册
(宋)胡稚編
民國十八年上海商務印書館影印《四部叢刊》本
延平李先生年譜一卷 Y0180/第22册
(清)毛念恃編
清乾隆十年滏陽張坦重刻《延平楊羅李朱四先生年譜》本
簡惠公年譜一卷 Y0180/第22册
(清)周湛霖編
清光緒七年木活字本
屏山先生年譜一卷 Y0180/第22册
詹繼良編
民國十一年鉛印《屏山志略》本
宋少保岳鄂王行實編年二卷 Y0180/第22册
(宋)岳珂編
清咸豐同治間刻本
岳武穆王年表一卷 Y0180/第22册

(宋)張應登 鄭懋洵編
清乾隆間刻《湯陰精忠廟志》本
增訂忠武王年譜一卷 Y0180/第23册
(清)岳士景編
清乾隆間刻《岳鄂王金陀粹編》本
岳忠武王年譜一卷 Y0180/第23册
(清)黄邦寧編
清道光咸豐間宜黄氏刻暨木活字《遜敏堂叢書》本
宋岳鄂王年譜六卷 Y0180/第23册
錢汝雯編
民國十三年鉛印本
岳武穆年譜五卷 Y0180/第23－25册
李漢魂編
民國三十五年吴川李漢魂稿本
梅溪王忠文公年譜一卷墓志銘一卷 Y0180/第25册
(清)徐炯文編
清雍正六年刻《宋王忠文公文集》本
洪文惠公年譜一卷 Y0180/第25册
(清)錢大昕編
清嘉慶十二年刻本
洪文安公年譜一卷 Y0180/第25册
(清)洪汝奎編
清宣統元年漢陽洪氏晦木齋刻《四洪年譜》本
洪文敏公年譜一卷 Y0180/第25册
(清)錢大昕編
清嘉慶十二年刻本
陸放翁先生年譜一卷 Y0180/第25册
(清)錢大昕編
清嘉慶十二年刻本
周益國文忠公年譜一卷 Y0180/第25册
(宋)周綸編
清道光二十八年盧陵歐陽棨瀛塘别墅刻《周益國文忠公集》本
大鄭公行年小記 Y0180/第25册
(清)孫衣言編
清同治十二年刻《遜學齋文鈔》本
朱文公年譜一卷 Y0180/第25册
(宋)李方子編
清雍正八年建安朱玉紫陽書堂刻《竹子文集大全類編》本
紫陽文公先生年譜二卷 Y0180/第25－26册
(宋)李方子原編 (明)李默 朱河訂
明嘉靖間刻本
紫陽朱夫子年譜 Y0180/第26册
(明)何可化等編
清康熙二年婺源朱烈刻本
朱子年譜一卷附録一卷 Y0180/第26册
(清)黄中編
清康熙二十九年舒城黄氏泳古堂刻本
紫陽朱先生年譜一卷 Y0180/第27册
(清)毛念恃編
清乾隆十年滏陽張坦重刻《延平楊羅李朱四先生年譜》本
朱夫子年譜一卷 Y0180/第27册
(清)朱欽紳輯
清乾隆二年南昌楊雲服滎河郭錞重刻本
文公朱夫子年譜一卷 Y0180/第27册
(清)高愈編
清同治八年江蘇書局刻《小學纂注》本
朱子年譜四卷考異三卷 Y0180/第27－29册
(清)王懋竑編
清道光光緒間刻《粤雅堂叢書》本
重訂朱子年譜一卷 Y0180/第29册
(清)褚寅亮編
清乾隆四十七年長沙褚寅亮刻本
朱子年譜一卷 Y0180/第29册
(清)鄭士范編
清光緒六年鳳翔周氏正誼堂課本
子朱子爲學次第考三卷 Y0180/第29册
(清)童能靈編
清乾隆間刻本
朱子年譜綱目十二卷 Y0180/第30－31册
(清)李元禄編
清嘉慶七年敬修齋郴州刻本
張宣公年譜二卷 Y0180/第31册
胡宗楙編
民國二十一年永康胡氏夢選樓刻本
東萊吕成公年譜一卷 Y0180/第31册
(明)阮元聲 史繼任編
明崇禎五年刻《宋東萊吕成公外録》本
陳文節公年譜一卷 Y0180/第31册
(清)孫鏘鳴編
民國間永嘉黄氏鉛印《敬鄉樓叢書》本
象山陸先生年譜二卷 Y0180/第31册
(宋)袁燮 李子願 傅子雲編
明嘉靖三十八年晋江張喬相刻本
象山先生年譜一卷 Y0180/第32册
(宋)李子願編 (清)李紱點次
清道光三年臨川陸邦瑞槐堂書齋刻《象山先生全集》本
象山先生年譜三卷 Y0180/第32册
(宋)袁燮 李子願 傅子雲編 (清)李紱增訂
清雍正十年刻本
陸象山年譜節要一卷 Y0180/第32册
(清)方宗誠編
民國間朱絲欄抄本
陸文安公年譜二卷 Y0180/第32册
(清)楊希閔編
清光緒四年新城楊氏福州刻《豫章先賢九家年譜》本
稼軒先生年譜一卷 Y0180/第32册
(清)辛啓泰編
清嘉慶十六年萬載辛啓泰刻《稼軒集鈔存》本
稼軒先生年譜一卷 Y0180/第32册
陳思編
民國間遼海書社鉛印《遼海叢書》本
慈湖先生年譜二卷附慈湖先生世系一卷 Y0180/第32－33册
(清)馮可鏞 葉意深編
民國十九年重印本
白石道人年譜一卷 Y0180/第33册
陳思編
民國間遼海書社鉛印《遼海叢書》本
西山真文忠公年譜一卷 Y0180/第33册
(清)真采編
清乾隆二十九年刻《真西山全集》本
魏文靖公年譜一卷 Y0180/第33册
繆荃孫編
民國南陵徐氏刻《烟畫東堂四譜》本
杜清獻公年譜一卷 Y0180/第33册
(清)王棻編
清刻光緒六年刻本
徐清正公年譜一卷 Y0180/第33册
(明)徐鑒編
民國四年刻《豫章叢書》本
吴夢窗事迹考一卷 Y0180/第33册
楊鐵夫編
民國二十五年嶺南楊氏抱香室鉛印《吴夢窗詞箋釋》本
深寧先生年譜一卷 Y0180/第33册
(清)錢大昕編
清嘉慶十二年刻本

王深寧先生年譜一卷　Y0180/第33册
(清)陳僅編
民國間四明張壽鏞約園抄本
王深寧先生年譜一卷　Y0180/第33册
(清)張大昌編
清光緒十六年浙江書局刻《玉海》本
草窗年譜一卷　Y0180/第33册
(清)顧文彬編
清光緒八年元和顧氏刻《過雲樓書畫記》本
宋少保右丞相兼樞密使信國公文山先生紀年錄一卷　Y0180/第34册
(宋)文天祥編
民國間海寧陳乃幹慎初唐烏絲欄抄本
文文山年譜一卷　Y0180/第34册
許浩基編
民國十六年鉛印本
陸忠烈公年譜一卷　Y0180/第34册
蔣逸雪編
民國十八年鹽城光華印務局鉛印本
謝皋羽年譜　Y0180/第34册
(清)徐沁編
清康熙間新安張潮刻《昭代叢書》本
契丹國九主年譜一卷　Y0180/第34册
(金)佚名編
一九六〇年中華書局北京影印《永樂大典》本
王黃華先生年譜一卷　Y0180/第34册
金毓黻編
民國間遼海書社鉛印《遼海叢書》本
閑閑老人年譜二卷　Y0180/第34册
王樹枏編
清光緒十三年新城王氏文莫室刻本
楊文憲公考歲略一卷　Y0180/第34册
(明)宋廷佐編
民國十二年陝西文獻征輯處鉛印《關隴叢書》本
耶律文正公年譜一卷年譜餘記一卷　Y0180/第34册
王國維編
民國間東方文化事業委員會大字油印《王忠慤公遺書》本
湛然居士年譜一卷世系雜考一卷　Y0180/第34册
張相文編
民國二十四年鉛印《地學叢書》本
元遺山先生年譜三卷附錄一卷　Y0180/第34册
(清)翁文綱編
清道光光緒間刻本
元遺山全集年譜一卷　Y0180/第34册
(清)施國祁訂
清道光二年南潯蔣氏瑞松堂刻《元遺山詩集箋注》本
元遺山先生年譜二卷　Y0180/第35册
(清)凌廷堪編
清道光二十九年涇縣潘芸閣刻《校禮堂全集》本
元遺山先生年譜略一卷　Y0180/第35册
(清)余集編
清道光十年刻《得月簃叢書》本
廣元遺山年譜二卷　Y0180/第35册
(清)李光廷編
清同治五年番禺李氏自刻本
遁庵先生年譜一卷　Y0180/第35册
孫德謙編
民國間吳興劉氏刻《求恕齋叢書》本
菊軒先生年譜一卷　Y0180/第35册
孫德謙編
民國間吳興劉氏刻《求恕齋叢書》本
許文正公考歲略續一卷　Y0180/第35册
(元)耶律有尚編
清乾隆五十五年刻《許文正公遺書》本
許魯齋先生年譜一卷　Y0180/第35册
(清)鄭士范編
清光緒六年鳳翔周宗劍正誼堂刻本
宋舒閬風年譜一卷卷首一卷雜錄一卷　Y0180/第35册
干人俊編
民國間油印本
郝文忠公年譜一卷　Y0180/第36册
(清)王汝楫編
清乾隆三年刻道光間重印《郝文忠公陵川文集》本
佛光國師年譜一卷　Y0180/第36册
(清)釋佚名編
日本昭和十年瑞鹿山圓覺興聖禪寺影印《佛光國師語錄》本
宋仁山金先生年譜一卷　Y0180/第36册
(明)徐袍編
清乾隆間刻光緒十三年鎮海謝氏補刻《率祖堂叢書》本
牧庵年譜一卷　Y0180/第36册
(元)劉致編
民國間上海商務印書館影印《四部叢刊》本
水邨先生年譜一卷　Y0180/第36册
(清)龔望曾編
清道光十年南豐劉斯嵋刻《水雲村吟稿》本
臨川吳文正公年譜一卷　Y0180/第36册
(明)危素編
清乾隆二十一年萬璜刻《草廬吳文正公集》本
楚國文憲公雪樓程先生年譜一卷　Y0180/第36册
(元)程世京編
民國十八年海寧陳乃幹慎初堂烏絲蘭抄本
定宇先生年表一卷　Y0180/第36册
(清)陳嘉基編
清康熙三十五年刻《陳定宇先生文集》本
虞文靖公年譜一卷　Y0180/第36册
(清)翁方綱編
清嘉慶十一年南城曾氏刻《虞文靖公詩集》本
郭天錫年歲考略一卷　Y0180/第36册
陳慶年編
民國間刻《橫山鄉人類稿》本
倪高士年譜一卷　Y0180/第36册
(清)沈世良編
清宣統元年番禺沈氏刻本
吳王張士誠載記正編一卷　Y0180/第36册
支偉成編
民國二十一年鉛印《吳士誠載記》本
環谷先生年譜一卷　Y0180/第37册
(明)吳國英編
清康熙間刻《環穀集》本
貞素先生舒公年譜一卷　Y0180/第37册
(明)舒正儀編
清道光間績溪舒氏刻《貞素齋集》本
宋文憲公年譜二卷附錄一卷　Y0180/第37册
(清)朱興悌 戴殿江編 孫鏘增輯
民國五年奉化孫氏刻《宋文濂公全集》本
劉文成公年譜稿二卷　Y0180/第37册
劉耀東編

民國二十八年南田山啓後亭鉛印本
明翰林學士當涂陶主敬先生年譜一卷 Y0180/第37册
(清)夏炘編
清咸豐同治間刻同治六年匯印《景紫堂全書》本
戴九靈先生年譜一卷 Y0180/第37册
(明)戴殿江 戴殿泗編
清乾隆三十六年瑞安林氏鉛印《惜硯樓叢刊》本
方國珍寇溫始末一卷 Y0180/第37册
(清)葉嘉棆編 劉紹寬增訂
民國二十三年瑞安林氏鉛印《惜硯樓叢刊》本
青邱高季迪先生年譜一卷 Y0180/第37册
(清)金檀編
清雍正六年桐鄉金氏文瑞樓刻《青丘高季迪先生詩集》本
朝貴府君年譜一卷 Y0180/第37册
(清)黄培芳編
清光緒三十一年香山黄氏純淵堂刻《黄氏家乘》本
方正學先生年譜一卷方氏本末記略一卷 Y0180/第37册
(明)盧演編
清同治十二年吳縣孫熹武林刻《遜志齋集》本
太師楊文貞公年譜 Y0180/第37册
(明)楊稙編 楊思堯補編
清道光間泰和楊觀光刻本
致身錄一卷附編一卷附錄一卷 Y0180/第37册
(明)史仲彬編 焦竑 錢士升訂 史冊釋
清康熙八年吳江史在相刻本
蔡氏文溥公白叙年譜一卷 Y0180/第37册
(明)蔡溥編
民國八年木活字《德清蔡氏宗譜》本
曹月川先生年譜一卷 Y0180/第37册
(明)張信民編
清正誼堂刻《曹月川先生集》本
建文年譜二卷後事一卷辨疑一卷 Y0180/第38册
(明)趙士喆編 趙濤 趙瀚音注
清初刻本
龔安節先生年譜一卷 Y0180/第38册
(明)龔紱編
民國九年昆山趙氏刻《又滿樓叢書》本
況太守年譜一卷 Y0180/第38册
(清)況廷秀編
清道光二十九年蘇州胡容本刻《況太守集》本
芳洲先生年譜一卷 Y0180/第38册
(明)王翔編
清同治光緒間刻《芳洲文集》本
吳聘君年譜一卷 Y0180/第38册
(清)楊希閔編
清光緒四年新城楊氏福州刻《豫章先賢九家年譜》本
薛文清公年譜一卷 Y0180/第38册
(明)楊鶴 楊嗣昌編
明萬曆間沁水張銓刻本
明薛文清公年譜一卷 Y0180/第39册
(清)楊希閔編
民國二十三年燕京大學圖書館北平鉛印《燕京大學圖書館叢書》本
杜東原先生年譜一卷 Y0180/第39册
(明)沈周編
清光緒間刻《過雲樓書畫集》本
呆齋公年譜一卷 Y0180/第39册
(清)劉作樑編
清刻《劉文安公策略》本
章恭毅公年譜一卷 Y0180/第39册
(明)章玄應編
民國間永嘉黄氏鉛印《敬鄉樓叢書》本
明三元太傅商文毅公年譜四卷 Y0180/第39册
(明)商振倫編
明萬曆四十六年元始堂刻本
段容思先生年譜紀略一卷 Y0180/第39册
(明)彭澤編
清道光三年刻本
丘文莊公年譜一卷 Y0180/第39册
(清)王國棟編
清光緒二十四年瓊山琹經書院刻本
雲東逸史年譜一卷 Y0180/第39册
(清)沈銘彝編
民國間上虞羅氏影印《雲窗叢刻》本
雙槐公年譜一卷 Y0180/第40册
(清)黄佛頤編
清光緒二十九年香山黄氏純淵堂刻《黄氏家乘續編》本
秦襄毅公自訂年譜一卷 Y0180/第40册
(明)秦紘編
明嘉靖十七年單縣秦學書刻隆慶三年天啓元年遞修本
編次陳白沙先生年譜二卷白沙叢考一卷白沙門人考一卷 Y0180/第40册
(清)阮榕齡編
清咸豐元年至八年新會阮氏夢菊堂刻本
胡文敬公年譜一卷 Y0180/第40册
(清)楊希閔編
清光緒四年新城楊氏福州刻《豫章先賢九家年譜》本
劉忠宣公年譜二卷 Y0180/第41册
(明)劉世節編
清光緒元年華容劉氏刻《劉忠宣公遺集》本
楓山章文懿公年譜二卷 Y0180/第41册
(明)阮鶚編
清光緒二十六年常熟丁秉衡烏絲欄抄本
李文正公年譜七卷 Y0180/第41册
(清)朱景英編
清嘉慶八年刻《懷麓堂集》本
明李文正公年譜七卷 Y0180/第41册
(清)法式善編 唐仲冕補編
清嘉慶九年蒙古法式善詩龕京師刻本
先自如府君年譜一卷 Y0180/第41册
(清)顧易編
清初刻《玉峰雍裏顧氏六世詩文集》本
文正謝公年譜一卷 Y0180/第41册
(明)倪宗正編 (清)謝鐘和重編
清康熙刻本
明南京工部尚書進階榮祿大夫簡庵陳公年譜一卷 Y0180/第41册
(明)陳塏編 陳文匡等輯
明萬曆間刻本
王恭襄公年譜一卷附錄一卷 Y0180/第42册
張友椿編
民國二十五年太原王氏齋芳堂鉛印本
邵文莊公年譜一卷 Y0180/第42册
(明)邵賨 吳道成編
民國間朱絲欄抄本
粵洲公年譜一卷 Y0180/第42册
(清)黄佛頤編
清光緒二十九年香山黄氏純淵堂刻

《黃氏家乘續編》本
陽明先生年譜三卷 Y0180/第42册
(明)錢德洪編 羅洪先考訂
明嘉靖四十三年毛汝麒刻本
王陽明先生圖譜一卷 Y0180/第43册
(明)鄒守益編
民國三十年程守中影印本
陽明先生年譜二卷 Y0180/第43册
(明)李贄編
明萬曆三十七年武林繼錦堂刻《陽明先生道學鈔》本
陽明先生年譜一卷 Y0180/第43册
(明)施邦曜編
清乾隆五十二年刻《陽明先生集要三編》本
王陽明先生年譜一卷 Y0180/第43册
(清)張問達輯
清康熙間刻《王陽明先生文鈔》本
明王文成公年譜節抄二卷 Y0180/第43册
(明)錢德洪原本 (清)楊希閔節抄
清光緒四年新城楊氏福州刻《四朝先賢六家年譜》本
陽明先生年譜一卷卷首一卷 Y0180/第43册
(清)劉原道編
清光緒三十二年中州方氏邵陽鉛印《陽明先生集要三遍》本
王文成公年紀一卷 Y0180/第44册
(清)陳澹然編
清光緒間石印本
王陽明年譜節錄一卷傳習錄節錄一卷 Y0180/第44册
陳築山編
民國二十二年中華平民教育促進會北平鉛印本
王文成公年譜節略一卷 Y0180/第44册
(明)錢德洪原本 (日)三輪希賢節略
民國間抄本
桂古山先生年譜一卷 Y0180/第44册
(明)桂萼編
清乾隆間《古山集》本
陳紫峰先生年譜二卷 Y0180/第44册
(明)陳敦履 陳敦豫編
清乾隆二十二年晉江陳元錫重刻本
吉水毛襄懋先生年譜一卷 Y0180/第44册
(明)毛棟編
民國間朱絲欄抄本
端岩公年譜一卷 Y0180/第44册
(明)張文麟編
民國九年上海博古齋影印清嘉慶間常熟張海鵬刻《借月山房匯鈔》本
何大復先生年譜一卷附錄三卷 Y0180/第44册
劉海涵編
民國間刻《龍潭精舍叢刻》本
蓉川公年譜一卷 Y0180/第45册
(明)齊祖名編
清光緒二十三年桐城徐氏刻《蓉川集》本
王心齋先生年譜一卷補餘一卷補遺一卷 Y0180/第45册
(明)董燧等編
民國元年東台袁承業鉛印《王心齋先生集》本
石頭錄八卷卷首一卷 Y0180/第45册
(明)霍韜編 霍與瑕補編 沈應乾 霍尚守注
清同治元年刻《霍文敏公全集》本
楊文憲升庵先生年譜一卷 Y0180/第45册
(明)簡紹芳編 (清)程封改輯 孫錤補訂
清道光間鵝溪孫氏刻《古棠書屋叢書》本
明修撰楊升菴先生年譜一卷 Y0180/第45册
(清)程封編
清道光二十四年刻《新都縣志》本
升菴先生年譜一卷 Y0180/第45册
(清)李調元編
清道光五年綿州李欔補刻《函海》本
文裕公年譜一卷 Y0180/第45册
(清)黃佛頤編
清光緒二十九年香山黃氏純淵堂刻《黃氏家乘續編》本
烏拉哈喹貝勒斡達善年譜一卷 Y0180/第45册
(清)穆精額編
清道光間《金山赫舍里氏淵源》朱格稿本
龍峰先生年譜一卷 Y0180/第45册
(清)徐堂編
民國間朱絲欄抄本
王父雲塘先生年譜一卷行狀一卷 Y0180/第45册
(明)郭子章編
明萬曆間刻本
松谿程先生年譜一卷 Y0180/第46册
(明)姜寶編
清咸豐間重刻《程文恭公遺稿》本
唐一庵先生年譜一卷 Y0180/第46册
(明)李樂編 (清)王表正重編 許正綬三編
清咸豐六年重刻本
吳太宰公年譜二卷 Y0180/第46册
(明)吳惟貞編
明萬曆間刻本
太常公年譜一卷 Y0180/第46册
(清)錢泰吉編
清光緒三十年海鹽錢志澄校刻本
吳疎山先生年譜一卷附錄一卷 Y0180/第47册
(清)吳尚志 吳梅編
清刻《吳疏山先生遺集》本
王一庵先生年譜記略一卷 Y0180/第47册
袁承業編
民國元年鉛印本
譚次川自訂年譜一卷 Y0180/第47册
(明)譚大初編
明萬曆間刻本
明唐荊川先生年譜八卷 Y0180/第47–48册
唐鼎元編
民國二十八年武進唐氏鉛印本
太師楊襄毅公年譜十卷 Y0180/第48册
(明)項德楨編
明刻本
歸震川先生年譜一卷 Y0180/第49册
(明)孫岱編
清光緒六年嘉興金吳瀾刻《歸顧朱三先生年譜合訂刻》本
明歸震川先生年譜一卷 Y0180/第49册
張聯駿編
民國二十三年報紙剪貼本
嚴文靖公年譜一卷 Y0180/第49册
(清)嚴炳 嚴燮編 嚴士美重訂
清光緒九年常熟嚴鍾瑞木活字本

王東厓先生年譜紀略一卷 Y0180/第49册
袁承業編
民國元年東台袁承業鉛印《王心齋先生集》本
幻跡自警一卷 Y0180/第49册
(明)殷邁編
民國間海寧陳乃幹慎初堂烏絲欄抄本
海忠介公年譜一卷 Y0180/第49册
(明)王國憲編
清光緒三十二年瓊山擘經書院刻本
椒山先生自著年譜一卷 Y0180/第49册
(明)楊繼盛編
民國九年上海宏大善書總發行所石印《楊椒山公傳家寶書》本
陳士元先生年譜一卷 Y0180/第49册
胡鳴盛編
民國十八年鉛印《國立北平圖書館月刊》本
三一教主夏午尼林子本行實錄一卷 Y0180/第49册
(明)盧文輝存稿 (清)陳衷瑜編
民國二十八年錦江尚陽書院鉛印本
譚襄敏公年譜一卷 Y0180/第49册
(明)佚名編
清嘉慶間木活字《譚襄敏公遺集》本
哈達色勒貝勒年譜一卷 Y0180/第50册
(清)穆精額編
清道光間《金山赫舍里氏淵源》朱格稿本
色勒福晋覺羅氏年譜一卷 Y0180/第50册
(清)穆精額編
清道光間《金山赫舍里氏淵源》朱格稿本
觀生記一卷 Y0180/第50册
(明)耿定向編
民國十四年黄岡蕭耀南武昌鉛印《耿天臺先生全書》本
太史來瞿唐先生年譜一卷 Y0180/第50册
(明)古之賢等編
清道光十一年端州區拔熙梁山官署刻本
弇州山人年譜一卷 Y0180/第50册
(清)錢大昕編
清嘉慶十二年刻本
琅琊鳳麟兩公年譜合編一卷 Y0180/第50册
(清)王瑞國編
清康熙五十二年抄本
戚少保年譜耆編十二卷卷首一卷 Y0180/第50-51册
(明)戚祚國匯纂 戚昌國集錄 戚報國詳訂 戚興國參校
清道光二十七年刻本
王師竹先生年譜一卷 Y0180/第51册
劉海涵編
民國間刻《龍潭精舍叢刻》本
王文肅公年譜一卷 Y0180/第52册
(明)王衡編 (清)王時敏續編
清光緒二十五年太倉王宗愈刻本
荼史一卷 Y0180/第52册
(明)朱賡編
民國十七年東方學會鉛印《殷禮在斯堂叢書》本
顧襄敏公年譜一卷 Y0180/第52册
(清)楊廷撰編
清道光間一經堂刻《五山耆舊集》本
景素公自叙年譜一卷 Y0180/第52册
(明)于孔兼編
清抄本
何伯子自注年譜一卷 Y0180/第52册
(明)何出圖編
清乾隆十八年扶溝何功璜刻本
一齋公年譜一卷 Y0180/第52册
(清)陳斗初編
清道光二十九年刻本
資德大夫兵部尚書郭公青螺年譜一卷 Y0180/第52册
(明)郭孔延編
民國間朱絲欄抄本
憨山老人年譜自叙實錄二卷附錄一卷 Y0180/第52-53册
(明)释德清編 (清)釋福善記錄 釋福征述疏
清順治間刻本
哈噠貝勒法克産年譜一卷 Y0180/第53册
(清)穆精額編
清道光間《金山赫舍里氏淵源》朱格稿本
顧端文公年譜二卷譜前一卷譜後一卷 Y0180/第53册
(清)顧與沐記略 顧樞編 顧貞觀補訂
清光緒三年涇裹宗祠刻《顧端文公遺書》本
眉公府君年譜一卷 Y0180/第53册
(明)陳夢蓮編
明崇禎間刻本
蘧編二十卷 Y0180/第53-54册
(明)葉向高編
民國二十四年海寧陳乃幹共讀樓鎢絲欄抄本
鶴坡公年譜一卷 Y0180/第54册
(清)莊起元編
民國二十五年鉛印《毗陵莊氏增修族譜》本
先考通議大夫全楚大方伯年譜略一卷 Y0180/第54册
(清)莊鼎鉉編
民國二十五年鉛印《毗陵莊氏增修族譜》本
哈噠貝勒順克夷巴克什蘇三音年譜一卷 Y0180/第54册
(清)穆精額編
清道光間《金山赫舍里氏淵源》朱格稿本
高忠憲公年譜一卷 Y0180/第54册
(明)華允誠編
清光緒二年刻《高子遺書》本
高忠憲公年譜二卷 Y0180/第54册
(清)高世寧編 高世泰訂
清康熙刻本
理學張抱初先生年譜一卷 Y0180/第54册
(明)馮奮庸編 (清)張弘文續編
清雍正間刻乾隆間增刻本
文貞公年譜一卷 Y0180/第55册
(清)繆之鎔編
清同治十三年刻《從野堂存稿》本
徐文定公年譜一卷 Y0180/第55册
(清)徐允希 李杕編
清光緒二十二年上海慈母堂鉛印《徐文丁公集》本
高陽太傅孫文正公年譜五卷 Y0180/第55册
(明)孫銓編 (清)孫奇逢訂正
清乾隆六年高陽孫爾然補刻本
安我素先生年譜一卷 Y0180/第55册
(清)安紹杰編

清乾隆五十九年刻本
天童密雲禪師年譜一卷　Y0180/第 55 册
(清)釋道忞編
清順治十七年刻《密雲禪師語錄》本
袁中郎年譜一卷　Y0180/第 55 册
佚名編
民國間朱絲欄抄本
淄川畢少保公年譜二卷
Y0180/第 55 – 56 册
(清)畢口口編
清初抄本
楊忠烈公年譜一卷　Y0180/第 56 册
(清)楊征午等編
清道光十三年刻《楊忠烈公文集》本
畢司徒東郊先生年譜一卷
Y0180/第 56 册
(明)胡博文編
清初抄本
海澄周忠惠公自叙年譜一卷
Y0180/第 56 册
(明)周起元編 (清)王焕 王如續編
清同治十一年刻本
三峰和尚年譜一卷　Y0180/第 56 册
(清)釋弘儲編
民國間影印本
魏廓園先生自譜一卷　Y0180/第 56 册
(明)魏大中編 (明)魏學洢補編
明崇禎元年刻《藏密齋集》本
左忠毅公年譜二卷　Y0180/第 56 册
(清)左宰編
清道光二十九年湘鄉左輝春刻本
左忠毅公年譜定本二卷　Y0180/第 56 册
馬其昶編
民國十四年蓬萊慕氏京師刻本
鹿忠節公年譜二卷碑銘一卷傳一卷
Y0180/第 57 册
(明)陳鋐編
清道光間尋樂堂刻本
王季重先生自叙年譜不分卷
Y0180/第 57 册
(明)王思任編 (清)王鼎起 王霞起訂
清初山陰王袞錫等刻本
真隱先生年譜一卷　Y0180/第 57 册
(明)張有譽編 (清)劉之勃注
民國三十三年南通馮雄抄本
劉職方公年譜一卷　Y0180/第 57 册
(清)劉穎編
民國間朱絲欄抄本
春溥先生年譜一卷　Y0180/第 57 册
(清)黄駒編
民國間商務印書館影印《廣東叢書》本
達爾漢貝勒巴彥攝津年譜一卷
Y0180/第 57 册
(清)穆精額編
清道光間《金山赫舍里氏淵源》朱格稿本
劉子年譜四十卷　Y0180/第 57 – 58 册
(清)劉汋編 董瑒輯
清道光四年至十五年刻《劉子全書》本
劉忠介公年譜二卷　Y0180/第 58 册
(清)劉汋編
清乾隆四十二年山陰毓德刻本
天傭子年譜一卷　Y0180/第 58 册
(清)張符驤編 艾舟補編
清康熙間刻《天傭子集》本
黄忠端公年譜二卷　Y0180/第 58 册
(清)黄炳垕編
清光緒元年余姚黄炳垕留書種閣刻本
周吏部年譜一卷　Y0180/第 58 册
(明)殷獻臣編
清康熙四十年刻本
方孩未年譜一卷　Y0180/第 59 册
(明)方震孺編
清同治七年樹德堂刻《方孩未先生集》本
黄子年譜一卷　Y0180/第 59 册
(明)洪思編
清道光二十四年龍溪曾省林廣邁校刻本
黄忠端公年譜四卷補遺一卷
Y0180/第 59 册
(明)莊起儔編 (清)蔡世遠校
清道光九年刻本
徐霞客先生年譜　Y0180/第 59 册
丁文江著
上海商務印書館一九三三年鉛印《徐霞客游記》本
徐霞客先生年譜訂誤一卷
Y0180/第 59 册
方豪訂誤
民國三十一年國立浙江大學史地學部鉛印《史地學部叢刊》本
范文忠公年譜　Y0180/第 59 册
(清)王孫錫編
清康熙間刻本
吕明德先生年譜四卷
Y0180/第 59 – 60 册
(清)施化遠等編
清康熙間刻《范文忠公初集》本
奉直大夫吏部員外郎豫如府君年譜二卷卷首一卷　Y0180/第 60 册
(清)華衷黄述略 (清)張夏參訂
(清)華王澄補編
清道光二十八年刻本
葉天寥自撰年譜一卷續編一卷別記一卷　Y0180/第 60 册
(明)葉紹袁編
民國間吳興劉氏嘉業堂刻《嘉業堂叢書》本
侯忠節公年譜三卷卷首一卷
Y0180/第 60 册
(清)侯玄瀞編
民國二十二年鉛印《侯忠節公全集》本
補輯李忠毅公年譜一卷　Y0180/第 60 册
繆荃孫編
民國間南陵徐氏刻《烟畫東堂四譜》本
先忠節公年譜略一卷　Y0180/第 61 册
(清)吳蕃昌編
清初刻本
天山自叙年譜一卷　Y0180/第 61 册
(明)鄭鄤編
清宣統二年武進盛氏刻本
倪文正公年譜四卷　Y0180/第 61 册
(清)倪會鼎編
清咸豐四年刻《粵雅堂叢書》本
陳忠潔公年譜一卷　Y0180/第 61 册
(清)陳才偉編
清嘉慶二十四年重刻《陳忠潔公殉難錄》本
忠節吳次尾先生年譜一卷樓山遺事一卷　Y0180/第 61 册
(清)夏燮編
清同治六年永寧官廨刻《樓山堂遺書》本
吳先生年譜一卷貴池高田吳氏世表一卷　Y0180/第 61 册
劉世珩編
清光緒民國間刻民國九年貴池劉氏唐石簃印《貴池先哲遺書》本
張忠敏公年譜一卷　Y0180/第 61 册
(清)張振珂編

清光緒五年江蘇書局刻《張忠敏公遺集》本
金正希先生年譜一卷 Y0180/第62册
(清)劉洪烈注
清光緒二十三年兩湖書院木活字本
金正希先生年譜一卷附錄一卷 Y0180/第62册
(清)程錫類編
民國十七年恩貽堂刻本
金正希先生年譜一卷 Y0180/第62册
(清)李宗媚編
清末抄本
貝子銜按班章京牛錄額鎮拜音岱年譜一卷 Y0180/第62册
(清)穆精額編
清道光間《金山赫舍里氏淵源》朱格稿本
莊介吳公葦菴先生年譜一卷 Y0180/第62册
(清)漆嘉祉編
清咸豐七年柏友山房刻《吳莊介公遺集》本
明大司馬盧公年譜一卷 Y0180/第62册
(清)盧安節編
清光緒元年會稽施惠重刻《明大司馬盧公集》本
蘿石先生年譜一卷 Y0180/第62册
(清)左輝春編
民國間朱絲欄抄本
堵忠肅公年譜一卷 Y0180/第62册
(明)堵胤錫自記 (清)佚名編 吳騫校
清嘉慶十年海寧吳騫抄本
堵文襄公年譜一卷 Y0180/第62册
(明)堵胤錫編 (清)佚名輯
清光緒十一年童斐抄本
堵文忠公年譜一卷 Y0180/第62册
(清)張夏編
清道光二十三年錫山潘氏刻本
堵文忠公年譜一卷 Y0180/第63册
(清)潘士超編
清光緒間刻《堵文忠公集》本
申端湣公年譜一卷 Y0180/第63册
(清)申涵光等編
清光緒五年刻《畿輔叢書》本
葛中翰年譜一卷 Y0180/第63册
(清)葛暾 葛暐編
清光緒十六年湘鄉葛培義重刻《葛中翰遺集》本
祁忠敏公年譜一卷 Y0180/第63册
(明)王思任編
清初烏絲欄稿本
祁忠敏公年譜一卷 Y0180/第63册
(明)王思任編 (清)梁廷枏 (清)龔沅補編
民國二十六年紹興縣修志委員會鉛印《祁忠敏公日記》本
陶菴先生年譜一卷 Y0180/第63册
(清)陳樹德編 宋道南重訂
清光緒五年重刻《陶菴集》本
錢忠介公年譜一卷 Y0180/第63册
馮貞群編
民國間四明張氏約園刻《思明叢書》本
陳忠裕公自著年譜三卷 Y0180/第63册
(明)陳子龍編 (清)王澐續編 莊師洛等訂
清嘉慶八年青浦何氏簳山草堂刻《陳忠裕公全集》本
姜貞毅先生自著年譜一卷續編一卷 Y0180/第63册
(明)姜埰編 (清)姜安節續編 姜實節訂
清光緒十五年山東書局刻《敬亭集》本
金忠潔年譜一卷 Y0180/第64册
(清)金鏡編 金鑨訂
清光緒五年刻《畿輔叢書》本
蔡忠烈公年譜一卷 Y0180/第64册
(清)鄒漢勛編 黃本驥重訂
清光緒七年刻《蔡忠烈公遺集》本
疎香閣紀年一卷 Y0180/第64册
(清)葉德輝編
民國間南陽葉氏刻《疏香閣遺錄》本
武舟公年譜一卷 Y0180/第64册
(清)李慶來編
清道光間刻《李氏忠事迹考證》本
張忠烈公年譜一卷 Y0180/第64册
(清)趙之謙編
清光緒二十二年慈溪童賡年校刻本
頭等侍衛穆爾歡年譜一卷 Y0180/第64册
(清)穆精額編
清道光間《金山赫舍里氏淵源》朱格稿本
鄭延平年譜一卷 Y0180/第64册
許浩基編
民國十五年吳興許氏杏蔭堂鉛印本
王伯子自叙年譜一卷 Y0180/第64册
(清)王兆吉編
清順治間正定王兆吉硃絲欄稿本
向若水公年譜一卷 Y0180/第64册
(清)張杞編 水寶璐輯
清光緒十八年鄞縣水嘉穀刻《四明水氏留碩稿》本
牧齋先生年譜一卷 Y0180/第64册
(清)葛萬里編
一笏齋綠絲欄抄本
錢牧翁先生年譜一卷 Y0180/第64册
(清)彭城退士編
清宣統三年上海國學扶輪社鉛印《牧齋晚年家乘文》本
錢牧齋先生年譜一卷 Y0180/第64册
金鶴翀編
民國二十一年鉛印本
清錢牧齋先生年譜一卷 Y0180/第64册
張聯駿編
民國間報紙剪貼本
李二何先生年譜一卷 Y0180/第64册
李大中編
民國二十二年汕頭志成公司鉛印《李二何先生文存》本
歲寒居年譜不分卷 Y0180/第65册
(清)孫奇逢編 魏一鰲等增訂
清康熙間稿本
徵君孫先生年譜四卷 Y0180/第65册
(清)戴明說等編
清康熙間稿本
徵君孫先生年譜二卷 Y0180/第65－66册
(清)湯斌等編 (清)方苞訂正
清康熙間刻道光光緒間增刻《孫夏峰全集》本
初代開山主法雲頂和尚年譜一卷 Y0180/第66册
(清)佚名編
清刻《鼎湖山慶雲寺志》本
蒼雪大師行年考略一卷 Y0180/第66册
陳乃乾編
民國二十九年鉛印本
聲鶴公年譜一卷 Y0180/第66册
(清)莊恒編
民國二十五年鉛印《毗陵莊氏增修族譜》本

邢孟貞先生年譜一卷　Y0180/第66册
(清)湯之孫編
清光緒十八年重刻《石臼集》本
李蜃園先生年譜一卷附録一卷蜃園集拾遺一卷　Y0180/第66册
羅繼祖編
民國二十五年上虞羅氏墨緣堂石印《願學齋叢刊》本
奉常公年譜四卷　Y0180/第66册
(清)王寶仁編
清道光十八年太倉王氏刻本
洪文襄公年譜一卷　Y0180/第66册
(清)法式善編
民國二十五年北平洪文襄公宗祠打字油印本
鄭桐菴先生年譜二卷　Y0180/第66册
(清)鄭敷教自記 徐云祥等續編
民國二十三年昆山趙氏鉛印《甲戌叢編》本
劉伯宗先生年譜一卷　Y0180/第66册
劉世珩編
清光緒至民國間刻民國九年貴池劉氏唐石簃印《貴池先哲遺書》本
文康府君年譜一卷　Y0180/第66册
(清)宋犖編
清康熙間刻《商丘宋氏三世遺集》本
徐闇公年譜一卷附録一卷　Y0180/第67册
陳乃乾 陳洙編
民國十五年金山姚氏懷舊樓刻《釣璜堂存稿》本
查東山先生年譜一卷附録一卷　Y0180/第67册
(清)沈起編 (清)張濤 查穀注
民國間吴興劉氏刻《嘉業堂叢書》本
陶密庵先生年譜一卷　Y0180/第67册
梅英杰編
民國九年潙嶠遺書館刻《陶密先生遺集》本
王崇簡年譜一卷　Y0180/第67册
(清)王崇簡編
民國間抄本
李寒支先生歲紀一卷　Y0180/第67册
(清)李世熊編 (清)李權續編
清道光間木活字《寒支二集》本
萬年少先生年譜一卷附録一卷隰西草堂集拾遺一卷續一卷年譜補正一卷　Y0180/第67册
羅振玉編
民國八年上虞羅氏鉛印本
白耷山人年譜一卷寅賓録一卷　Y0180/第67册
(清)魯一同編
民國間吴興劉氏刻《嘉業堂叢書》本
白耷山人年譜一卷　Y0180/第68册
張相文編
民國十一年中國地學會北京鉛印《閻古古全集》本
平南王元功垂範二卷續一卷　Y0180/第68册
(清)釋今釋編 張允格續編
清乾隆三十年平原張允格刻本
平南敬親王尚可喜事實册一卷　Y0180/第68册
羅振玉編
民國十三年東方學會鉛印《史料叢刊》本
陳乾初先生年譜二卷　Y0180/第68册
(清)吳騫編
民國四年上虞羅氏鉛印《雪堂叢刊》本
陳乾初先生年譜二卷　Y0180/第68册
(清)吳騫編 陳敬璋訂補
清抄本
胡石莊年譜一卷　Y0180/第68册
(清)胡玉章編
清道光二十五年刻《讀書説》本
公他先生年譜略一卷　Y0180/第68册
(清)張廷鑑編
民國間硃絲欄抄本
傅青主先生年譜一卷　Y0180/第69册
丁寶銓編 繆荃孫等校訂
清宣統三年山陽丁氏校刻《霜紅龕集》本
天然和尚年譜一卷著述考一卷　Y0180/第69册
汪宗衍編
民國三十二年鉛印本
吳梅村先生年譜四卷世系一卷　Y0180/第69册
(清)顧師軾編 顧思義訂
清光緒三年太倉吳氏重刻光緒二十三年印本
吳梅村年譜一卷　Y0180/第69册
(日)鈴木虎雄編
民國間抄本
易齋馮公年譜一卷　Y0180/第69册
(清)毛奇齡編
清康熙五十九年蕭山書留草堂刻《西河集》本
先太高祖別駕公年譜一卷　Y0180/第69册
(清)宋瀛編
清嘉慶二十五年刻《海沂詩集》本
黃梨洲先生年譜三卷　Y0180/第69册
(清)黃炳垕編
清同治十二年余姚黃氏刻本
尊道先生年譜一卷　Y0180/第69册
(清)凌錫祺編 王祖畬 唐受祺參閲
清光緒二十六年刻《桴亭先生遺書》本
張楊園先生年譜四卷附録一卷　Y0180/第70册
(清)姚夏編 (清)陳梓增訂
清道光十四年平湖沈維鐈刻本
張楊園先生年譜一卷附録一卷　Y0180/第70册
(清)蘇惇元編
清道光間桐城蘇氏刻本
杜茶村先生年譜一卷　Y0180/第70册
(清)汪士淪編 王葆心拾補
民國二十四年黃岡汪氏鉛印《黃岡二處士集》本
冒巢民先生年譜一卷　Y0180/第70册
冒廣生編
清光緒至民國間如皋冒氏刻《如皋冒氏叢書》本
柴雪年譜一卷　Y0180/第70册
(清)宋之繩編
民國間海寧陳乃乾共讀樓烏絲欄抄本
先府君年譜一卷　Y0180/第70册
(清)孫無熚編
清同治九年刻《愛日堂全集》本
周櫟園先生年譜一卷　Y0180/第71册
(清)周在濬編
民國間朱絲欄抄本
先公田間府君年譜一卷　Y0180/第71册
(清)錢撝禄編
清宣統三年鉛印《國粹學報》
歸玄恭先生年譜一卷　Y0180/第71册
歸曾祁編
民國七年常熟歸曾祁藍格稿本
歸玄恭先生年譜一卷　Y0180/第71册

趙經達編
民國間昆山趙氏刻《又滿樓叢書》本
安道公年譜二卷 Y0180/第71册
(清)陳溥編
清光緒十九年太倉繆氏刻《東倉書庫叢刻初編》本
顧亭林先生年譜一卷 Y0180/第71册
(清)吳映奎編
清光緒六年嘉興金吳瀾刻《歸顧朱三先生年譜合刻》本
顧亭林先生年譜一卷 Y0180/第71册
(清)顧衍生原編 吳映奎重輯 車持謙增纂
清抄本
顧亭林先生年譜一卷 Y0180/第72册
(清)顧衍生原編 吳映奎重輯 車持謙增纂
清道光十九年上元車氏刻本
顧亭林先生年譜一卷 Y0180/第72册
(清)張穆編
清道光二十四年刻本
顧亭林先生詩譜一卷 Y0180/第72册
(清)徐嘉編
清光緒二十三年山陽徐氏味靜齋刻《顧亭林先生詩箋注》本
顧亭林先生年譜一卷 Y0180/第72册
(清)吳映奎 車持謙編 錢邦彥校補
民國間商務印書館印行《四部叢刊》本
三補顧亭林先生年譜一卷
Y0180/第72册
倫明編
民國間東莞倫明烏絲欄稿本
黃山年略一卷 Y0180/第72册
(清)法若真編 (清)法輝祖校定
清乾隆十六年刻本
大覺普濟能仁國師年譜二卷
Y0180/第73册
(清)釋超琦編
清同治十三年釋機心刻《普濟玉林國師語錄》本
魏貞菴先生年譜一卷 Y0180/第73册
(清)魏荔彤編
清光緒五年定州王氏刻《畿輔叢書》本
程山謝明學先生年譜一卷
Y0180/第73册
(清)謝鳴謙編
清刻《謝程山全書》本
依思公年譜一卷 Y0180/第73册
(清)劉漢卿編
民國十八年鉛印《武進西營劉氏家譜》本
先府君年譜一卷 Y0180/第73册
(清)毛志錯編
清道光二十五年永思堂刻《劉村毛氏世譜》本
寒松老人年譜一卷 Y0180/第73册
(清)魏象樞口授 (清)魏學誠等錄
清乾隆六年蔚州魏氏寒松堂刻《寒松堂集》本
壯悔堂年譜一卷 Y0180/第73册
(清)侯洵編
民國二十三年海寧陳乃乾共讀樓烏絲欄抄本
吳嘉紀年譜一卷 Y0180/第73册
蔡觀明編
一九六四年東台蔡觀明油印本
紫雲先生年譜一卷 Y0180/第73册
(清)錢聚仁編
清光緒十三年海鹽錢發榮刻民國七年印本
悔菴年譜圖詩圖贊二卷 Y0180/第73册
(清)尤侗編
清康熙間刻《西堂全集》本
悔菴年譜正文二卷 Y0180/第74册
(清)尤侗編
清康熙間刻本
施侍讀年譜一卷 Y0180/第74册
(清)施琮編
清抄本
施愚山先生年譜四卷 Y0180/第74册
(清)施念曾編
清末木活字本
王船山先生年譜二卷 Y0180/第74册
(清)劉毓崧編
清光緒十二年江南書局刻本
先船山公年譜前編一卷後編一卷
Y0180/第74-75册
(清)王之春編
清光緒十九年刻本
申鳧盟先生年譜略一卷 Y0180/第75册
(清)申涵煜 申涵昐編
清康熙十六年刻本
陸辛齋先生年譜擬稿一卷
Y0180/第75册
(清)王簡可編 崔以學補輯 管庭芬校
清稿本
第三代繼席弘化石門和尚年譜一卷
Y0180/第75册
(清)釋成鶩編
清刻《鼎湖山慶雲寺志》本
徐俟齋先生年譜一卷附錄一卷
Y0180/第75册
羅振玉編
民國八年上虞羅氏鉛印本
李文襄公年譜一卷 Y0180/第75册
(清)程光裋編
清康熙四十一年刻《李文襄公奏議》本
董小宛考編年一卷 Y0180/第76册
孟森編
民國二十五年大東書局上海鉛印《心史叢刊》本
花甲自譜一卷 Y0180/第76册
(清)吳莊編
清康熙二十六年刻《延陵合璧》本
鈍翁年譜一卷 Y0180/第76册
(清)汪筠編 (清)佚名補
清康熙間刻《鈍翁前後類稿》本
續修文清公年譜不分卷 Y0180/第76册
汪敬源編
民國間抄本
汪堯峰先生年譜一卷 Y0180/第76册
趙經達編
民國間昆山趙氏刻《又滿樓叢書》本
費燕峰先生年譜四卷
Y0180/第76-77册
(清)費冕編
揚州古籍書店紫絲欄抄本
張力臣先生年譜一卷 Y0180/第77册
段朝端編
民國十年如皋冒氏刻《楚州叢書》本
潛庵先生年譜一卷 Y0180/第77册
(清)王廷燦編
清康熙四十二年刻《湯子遺書》本
湯文正公年譜定本一卷附錄一卷
Y0180/第77册
(清)方苞考訂 楊椿重編
清乾隆八年重刻本
狷菴先生年譜一卷 Y0180/第77册
(清)蔣炯編
清嘉慶七年蘭裏蔣氏印山樓刻《貞白齋詩集》本

朱柏廬先生編年毋欺錄三卷補遺一卷 Y0180/第 77－78 冊
(清)朱用純編 (清)金吳瀾補編 李祖榮校輯
清光緒六年嘉興金吳瀾刻本
關中李二曲先生履歷記略一卷 Y0180/第 78 冊
(清)惠龗嗣編
清程氏刻本
二曲先生年譜二卷附錄一卷 Y0180/第 78 冊
(清)吳懷清編
民國十七年山陽吳氏默存齋北京刻《關中三李年譜》本
王文靖公年譜一卷 Y0180/第 78－79 冊
(清)王熙編
民國間抄本
上浦經歷筆記二卷拾遺一卷 Y0180/第 79 冊
(清)姚廷遴撰
清抄本
朱竹垞先生年譜一卷 Y0180/第 79 冊
(清)楊謙編
清刻《曝書亭集詩注》本
稼書先生年譜一卷 Y0180/第 79 冊
(清)陸宸徵 李鉉編
清同治十三年虞山顧氏刻《小石山房叢書》本
陸子年譜二卷 Y0180/第 79－80 冊
(清)張師載編
清乾隆十六年寧化雷鋐刻本
陸稼書先生年譜定本二卷附錄一卷 Y0180/第 80 冊
(清)吳光酉重編
清雍正六年清風堂刻本
雪木先生年譜一卷附錄一卷 Y0180/第 80 冊
(清)吳懷清編
民國十七年山陽吳氏默存齋北京刻《關中三李年譜》本
石濤上人年譜一卷 Y0180/第 80 冊
傅抱石編
民國三十七年京滬週刊社鉛印本
天生先生年譜三卷 Y0180/第 81 冊
(清)吳懷清編
民國十七年山陽吳氏默存齋京師刻《關中三李年譜》本
陳獨漉先生年譜一卷 Y0180/第 81 冊
溫肅編
民國八年廣東刻《陳獨漉先生集》本
溧陽仙山黃劬雲年譜二卷 Y0180/第 81 冊
(清)黃如瑾編 (清)黃夢麟等補編
清光緒二十六年溧陽黃氏木活字本
我堂年譜一卷 Y0180/第 81 冊
(清)吳自肅編
清光緒九年陳州刻《吳氏世德錄》本
吳漁山先生年譜二卷 Y0180/第 81－82 冊
陳垣編
民國二十六年北平輔仁大學刻藍印本
翁鐵庵年譜一卷 Y0180/第 82 冊
(清)翁叔元編
民國九年上海博古齋影印清嘉慶間刻《借月山房匯鈔》本
漁洋山人自撰年譜二卷 Y0180/第 82 冊
(清)王士禛編 (清)惠棟注補
清乾隆間吳縣惠氏紅豆齋刻《漁洋山人精華錄訓纂》本
漫堂年譜四卷 Y0180/第 82 冊
(清)宋犖編
清康熙間商丘宋氏漫堂稿本
范忠貞年譜一卷 Y0180/第 82 冊
(清)柯汝霖編
清光緒五年當湖柯氏掃石山房刻本
顏習齋先生年譜二卷 Y0180/第 83 冊
(清)李塨編 王源訂
清康熙四十六年刻本
顏習齋先生年譜節本一卷 Y0180/第 83 冊
(清)李塨編 瞿世英節抄
民國十八年中華平民教育促進總會北平鉛印《修養集》
蒙齋年譜一卷續一卷補一卷 Y0180/第 83 冊
(清)田雯編 (清)田肇麗補編
清康熙間德州田氏刻《古歡堂集》本
熊文端公年譜一卷 Y0180/第 83 冊
(清)孔繼涵編
清光緒十九年江蘇書局刻《碑傳集》本
閻潛邱先生年譜一卷 Y0180/第 83－84 冊
(清)張穆編
清道光二十七年壽陽祁氏□□亭刻《顧閻年譜合刻》本
紀夢編年一卷續編一卷 Y0180/第 84 冊
(清)方顓愷編
清同治二年南海伍氏粵雅堂刻《嶺南遺書》本
正前鋒章京瑪拉渾年譜一卷 Y0180/第 84 冊
(清)穆精額編
清道光間《金山赫舍里氏淵源》硃格稿本
鷗盟己史一卷 Y0180/第 84 冊
(清)申涵盼編
民國間硃絲欄抄本
于襄勤公年譜墓誌銘二卷 Y0180/第 84 冊
(清)宋犖 李樹德編
清道光十八年奉天于卿保刻本
萬季野先生繫年要錄一卷 Y0180/第 84 冊
王煥鑣編
民國三十三年四明張芝聯綠格抄本
先寒村公年譜一卷家書一卷 Y0180/第 84 冊
(清)鄭勳編
清嘉慶十三年慈溪鄭氏刻本
華野郭公年譜一卷 Y0180/第 84 冊
(清)郭廷翼編
清道光二十一年吳江柳氏刻本
蒲柳泉先生年譜一卷 Y0180/第 84－85 冊
路大荒編
一九五五年油印本
張文貞公年譜一卷 Y0180/第 85 冊
丁傳靖編
清光緒三十一年丹徒張氏刻本
文貞公年譜二卷 Y0180/第 85 冊
(清)李清植編
清道光五年安溪李氏刻本
榕村譜錄合考二卷 Y0180/第 85 冊
(清)李清馥編
清道光六年安溪李氏刻本
厚齋自著年譜一卷 Y0180/第 86 冊
(清)張篤慶編
民國間硃絲欄抄本
草亭先生年譜一卷 Y0180/第 86 冊
(清)周廉編 周勉增訂
清嘉慶二十五年刻《草亭先生集》本

莘野先生年譜一卷 Y0180/第86册
(清)康緯編
民國間陝西通志館鉛印《關中叢書》本
蓮洋吴徵君年譜一卷 Y0180/第86册
(清)翁方綱編
清乾隆三十九年刻《蓮洋集》本
慈谿裘蔗邨太史年譜一卷
Y0180/第86册
(清)裘姚崇編
清道光十九年奚疑齋木活字本
南畇老人自訂年譜一卷 Y0180/第86册
(清)彭定求編 彭祖賢重編
清光緒七年長洲彭祖賢刻《長沙彭氏家集》本
曾一川自叙年譜一卷 Y0180/第86册
(清)曾倬編
清光緒二十年常熟曾氏義莊木活字《習是堂文集〉本
遂寧張文端公年譜一卷 Y0180/第86册
(清)張知銓編
清光緒八年遂寧張知銓刻〈張文端公全集》本
吴絳雪年譜一卷 Y0180/第86册
(清)俞樾編
清宣統間國學扶輪社鉛印《香艷叢書》本
查他山先生年譜一卷 Y0180/第86册
(清)陳敬璋編
民國間吴興劉氏刻《嘉業堂叢書》本
山西太原城守尉兆寶善年譜一卷
Y0180/第86册
(清)穆精額編
清道光間《金山赫舍里氏淵源》朱格稿本
趙客亭先生年譜記略一卷
Y0180/第86册
(清)呂元亮編
民國間上虞羅氏石印《百爵齋叢刊》本
張清恪公年譜二卷 Y0180/第86册
(清)張師栻編
清乾隆間刻《正誼堂集》本
南山先生年譜一卷 Y0180/第87册
(清)戴鈞衡編
清光緒間刻《南山集》本
溧陽潘孝子鐵廬先生年譜一卷
Y0180/第87册
(清)許重炎編
清光緒十八年錫類堂木活字本《鐵盧集》本
海康陳清端公年譜二卷續傳一卷附錄一卷 Y0180/第87册
(清)丁宗洛編
民國十年海康黄景星雷城鉛印本
劉大山先生年譜一卷 Y0180/第87册
(清)吴楫編
清光緒二年複廬校刻《匪我堂文集》本
念菴府君年譜二卷 Y0180/第87册
(清)王棠 王檕編
清雍正間諸城王氏刻本
劉鼇石先生年譜一卷 Y0180/第87册
丘復編
民國五年鉛印《天潮閣集》本
敷九自訂年譜一卷續輯一卷續
Y0180/第87册
潘兆鼎編 潘鍾瑞續編
清光緒間長洲潘氏香禪精舍刻《香禪精舍集》本
李恕谷先生年譜五卷
Y0180/第87-88册
(清)馮辰編 劉調贊續編 惲鶴生訂
清道光十六年蠡吾李誥金陵刻本
焦南浦先生年譜一卷附錄一卷增附一卷 Y0180/第88册
(清)焦以敬 焦以恕編
清光緒二十三年雲間木活字本
緘齋府君年譜一卷家傳一卷
Y0180/第88册
(清)宋朝立等編
清刻本
陳恪勤公年譜三卷 Y0180/第88册
(清)唐祖價編
清道光間刻本
周漁潢先生年譜一卷 Y0180/第89册
陳田編
民國間貴陽陳氏聽詩齋石印《陳氏叢書》本
閭丘先生自訂年譜一卷 Y0180/第89册
(清)顧嗣立編
民國二十五年鉛印《丙子叢書》本
朱文端公年譜一卷 Y0180/第89册
(清)朱瀚編 朱舲補編
清光緒間津河廣仁堂刻《津河廣仁堂所刻書》本
何端簡公年譜一卷 Y0180/第89册
(清)俞正燮編
清道光二十四年刻《何端簡公集》本
王太常年譜一卷 Y0180/第89册
(清)佚名編
清同治光緒間福山王氏刻《天壤閣叢書》本
尹太夫人年譜一卷 Y0180/第89册
(清)尹會一編
清乾隆十年博野尹會一刻本
方望溪先生年譜一卷附錄一卷
Y0180/第89册
(清)蘇惇元編
民國間上海商務印書館影印《四部叢刊》本
清大司馬薊門唐公年譜一卷
Y0180/第89册
唐鼎元編
民國間毗陵唐氏鉛印本
先六世祖近野公簡略年譜一卷附錄一卷 Y0180/第90册
曹秉璋編
1987年武清曹秉璋《曹近野先生年譜史料彙編》稿本
沈端恪公年譜 Y0180/第90册
(清)沈曰富編
清光緒間刻《沈端恪公遺書》本
誥封通議大夫色爾古德年譜一卷
Y0180/第90册
(清)穆精額編
清道光間《金山赫舍里氏淵源》硃格稿本
誠齋公年譜一卷 Y0180/第90册
(清)葉希曾編 葉之豐重編
清抄本
先府君北湖公年譜一卷 Y0180/第90册
(清)張京顔編
清乾隆間海寧張氏寫刻本
澄懷主人自訂年譜六卷 Y0180/第90册
(清)張廷玉編
清光緒六年桐城張紹文龐山刻本
黄侍郎公年譜三卷 Y0180/第91册
(清)顧鎮編
清乾隆間吴門刻本
沈歸愚自訂年譜一卷 Y0180/第91册
(清)沈德潛編
清乾隆間刻《歸愚全集》本
雲臥府君筆記一卷 Y0180/第91册

（清）瑤岡編
清抄本
唐俊公先生陶務紀年表一卷 Y0180/第91册
郭葆昌編
民國二十六年定興郭氏鉛印本
山陰王弇山先生年譜一卷 Y0180/第91册
（清）傅汝桂編 王蘅補注
民國間硃絲欄抄本
恩榮備載一卷 Y0180/第91册
（清）王蘭生編
清道光十六年交河王氏刻《交河集》本
襄勤伯鄂文端公年譜不分卷 Y0180/第91册
（清）鄂容安等編
清抄本
江慎修先生年譜一卷 Y0180/第92册
（清）江錦波 汪世重編
民國十二年中華書局鉛印《放生殺生現報錄》本
介山自訂年譜一卷 Y0180/第92册
（清）王又樸編
清乾隆間刻《詩禮堂全集》本
樓山省身錄六卷 Y0180/第92册
（清）王恕編
清宣統三年金陵鉛印本
屈肖巖年譜一卷 Y0180/第92册
（清）屈成霖編
清同治十三年常熟屈氏重刻《習是編》本
胡偫齋先生年譜一卷 Y0180/第92册
（清）賈鵬程校
民國九年鉛印《求志山房文稿》本
阿文勤公年譜一卷 Y0180/第92册
（清）阿桂編
清嘉慶二十一年長白那彥成重刻《德蔭堂集》本
敬亭公年譜二卷卷首一卷卷末一卷 Y0180/第92册
（清）沈起元編 沈宗約補編
清道光二十七年刻本
自紀一卷 Y0180/第93册
（清）王植編
清乾隆十一年刻《崇德堂稿》本
文端公年譜三卷 Y0180/第93册
（清）錢儀吉編 錢志澄增訂
清光緒二十年刻本
先水部公年譜一卷世系略一卷年譜譏餘一卷 Y0180/第93－94册
（清）許士杰編
清乾隆間海寧許氏刻本
尹健餘先生年譜三卷附錄一卷 Y0180/第94册
（清）尹嘉銓編 呂熾訂正
清光緒五年定州王氏謙德堂刻《畿輔叢書》本
顏李學派的程廷祚一卷 Y0180/第94册
胡適編
民國二十五年國立北京大學影印暨鉛印《青溪文集》本
厲樊榭先生年譜一卷 Y0180/第94册
（清）朱文藻編 繆荃孫重訂
民國間吳興劉氏刻《嘉業堂叢書》本
雙池先生年譜四卷 Y0180/第94－95册
（清）余龍光編
清同治五年婺源余氏刻本
周甲錄一卷 Y0180/第95册
（清）姚培謙編
清乾隆間刻《松桂讀書堂集》本
舜山是仲明先生年譜一卷附錄一卷 Y0180/第95册
（清）張敬立編 金吳瀾補注
清光緒十三年嘉興金氏武進木活字本
泰舒胡先生年譜一卷 Y0180/第95册
（清）王永祺編
清光緒二十九年歙縣胡氏重刻本
憶往編一卷 Y0180/第95册
（清）宋在詩編
清刻本
世承佐領色爾布年譜一卷 Y0180/第95册
（清）穆精額編
清道光間《金山赫舍里氏淵源》硃格稿本
先考穉威府君年譜紀略一卷 Y0180/第95册
（清）胡元琢編
清咸豐二年山陰胡氏刻《石笥山房集》本
先文恭公年譜十二卷 Y0180/第95－96册
（清）陳鐘珂編
清刻本
檢討公年譜一卷附錄一卷 Y0180/第96册
（清）夏味堂編
清刻本
吳山夫先生年譜一卷 Y0180/第96册
（清）丁晏編
民國四年鉛印本
吳山夫先生年譜一卷 Y0180/第96册
段朝端編
民國十年刻本
蟻園自記年譜一卷 Y0180/第97册
（清）吳紹詩編
清乾隆間蒲阪吳氏刻本
永宇溪莊識閱歷一卷 Y0180/第97册
（清）曹庭棟編
清乾隆間刻《永宇溪莊識略》本
吳敬梓年譜一卷 Y0180/第97册
胡適編
民國二十年上海東亞東圖書館鉛印《文木山房集》本
陳句山先生年譜一卷紫竹山房詩鈔一卷 Y0180/第97册
（清）陳玉繩編
清嘉慶十二年刻《紫竹山房詩文集》本
可齋府君年譜一卷 Y0180/第97册
（清）陳輝祖等編
清乾隆間祁陽陳氏刻本
馮潛齋先生年譜一卷 Y0180/第97册
（清）勞潼編
清宣統三年學古堂重刻本
秋谷居士自撰年譜一卷 Y0180/第97册
（清）梁濬編
清乾隆三十六年刻《劍虹齋集》本
全謝山先生年譜一卷全氏世譜一卷 Y0180/第97册
（清）董秉純編
清同治十一年刻《鮚埼亭集》本
清詩人王用晦先生年譜一卷 Y0180/第97册
（清）王今遙 王金通編
清光緒二十五曲周王氏重刻《清白堂文存》本
作詩年譜一卷 Y0180/第98册
（清）袁守定編
清光緒十三年重刻《說雲詩鈔》本
上湖紀歲詩編四卷續編一卷 Y0180/第98册

(清)汪師韓編
清光緒十二年錢塘汪氏刻《叢睦汪氏遺書》本
時庵自撰年譜一卷 Y0180/第98册
(清)蔣元益編
清乾隆間刻本
成祉府君自著年譜一卷 Y0180/第98册
(清)王縈緒編 王鳳文等補編
清乾隆間諸城王氏刻本
隨園先生年譜一卷 Y0180/第98册
(清)方濬師編
清同治十一年肇羅道署刻本
沁園居士年譜一卷 Y0180/第98册
(清)成一夔編
清乾隆五十六年刻《玉汝堂是詩》本
五世祖廉訪公年譜一卷 Y0180/第98册
陳詩編
民國間盧江陳氏鉛印本
韓湘巖先生年譜二卷附錄一卷 Y0180/第99册
劉耀東編
民國三十六年啓後亭鉛印本
原任參將色爾福年譜一卷 Y0180/第99册
(清)穆精額編
清道光間《金山赫舍里氏淵源》硃格稿本
敬亭自記年譜一卷 Y0180/第99册
(清)王祖肅編
清乾隆間新城王氏刻本
阿文成公年譜三十四卷 Y0180/第99-104册
(清)那彦成編 王昶勘定 盧蔭溥增修
清嘉慶十八年刻本
曹劍亭先生自撰年譜一卷 Y0180/第104册
(清)曹錫寶編
清光緒二十三年印書公會鉛印本
紀年草一卷 Y0180/第104册
(清)萬廷蘭編 萬承紹等補編
清嘉慶十二年南昌萬氏刻本
世承佐領色勤年譜一卷 Y0180/第104册
(清)穆精額編
清道光間《金山赫舍里氏淵源》硃格稿本
陶園年譜一卷 Y0180/第104册
(清)張家栻編
清咸豐間湘潭張氏《紫峴山人全集》本
豐山府君自訂年譜一卷 Y0180/第104册
(清)梁國治編 梁承云等補編
清抄本
戴東原先生年譜一卷 Y0180/第104册
(清)段玉裁編
清乾隆五十七年重刻本
清容居士行年錄一卷 Y0180/第105册
(清)蔣士銓編 蔣立仁補編
清刻本
王文端公年譜一卷 Y0180/第105册
(清)阮元編
清嘉慶間刻《葆淳閣集》本
述庵先生年譜二卷 Y0180/第105册
(清)嚴榮編
清嘉慶道光間刻《春融堂集》本
程易疇先生年譜一卷 Y0180/第105册
羅繼祖編
民國二十三年庫籍整理處石印《朱程段三先生年譜》本
甌北先生年譜一卷 Y0180/第105册
(清)佚名編
清光緒三年重刻《甌北全集》本
誥封昭武大夫色敏年譜一卷 Y0180/第105册
(清)穆精額編
清道光間《金山赫舍里氏淵源》硃格稿本
胥園府君年譜略一卷 Y0180/第105册
(清)莊兆鈐編
民國二十五年鉛印《毗陵莊氏增修族譜》本
錢辛楣先生年譜一卷續編一卷 Y0180/第105册
(清)錢大昕編 錢慶曾校註并續編
清咸豐間刻本
茂園自撰年譜二卷 Y0180/第105册
(清)康基田編 康亮鈞補編
清道光七年興縣康亮鈞刻本
朱笥河先生年譜一卷 Y0180/第106册
羅繼祖編
民國二十年上虞羅氏鉛印《朱程段三先生年譜》本
朱笥河先生年譜一卷 Y0180/第106册
王蘭蔭編
民國二十二年鉛印《師大月刊》
韓理堂先生年譜一卷 Y0180/第106册
丁錫田編
民國十七年濰縣丁氏石印《十笏園叢刊》本
半塘山人自訂年譜一卷 Y0180/第106册
(清)林芳春編
清道光五年閩縣林元英錦江官署刻《介石堂文鈔》本
弇山畢公年譜一卷 Y0180/第106册
(清)史善長編
清同治十一年鎮洋畢長慶刻本
吳白華自訂年譜一卷 Y0180/第106册
(清)吳省欽編 吳敬樞續編
清嘉慶十五年石經堂刻《白華後稿》本
姜杜薌先生自訂年譜一卷 Y0180/第106册
(清)姜晟編 余肇鈞重訂
清咸豐同治間長沙餘氏明辨齋刻《明辨齋叢書》本
曹學士年譜一卷 Y0180/第106册
(清)王鴻逵編
清嘉慶間次歐山館藍絲欄抄本
南厓府君年譜三卷 Y0180/第106册
(清)朱錫經編
清嘉慶間刻本
病榻夢痕錄二卷夢痕餘錄一卷 Y0180/第107册
(清)汪輝祖口授 汪繼培 汪繼壕記錄 汪繼坊等補編
清光緒間刻江蘇書局刻《龍莊遺書》本
先大父泗洲府君事輯一卷 Y0180/第107册
(清)張穆編
清道光二十七年刻《希音堂集》本
姚惜抱先生年譜一卷 Y0180/第107册
(清)鄭福照編
清同治七年桐城姚濬昌刻本
香亭先生年譜一卷續編一卷 Y0180/第107-108册
(清)錢棨編 吳玉綸續編
清抄本
謙山行年錄一卷 Y0180/第108册
(清)熊枚編
清咸豐五年鉛山熊嘉澍刻本
乾州公年譜一卷 Y0180/第108册

(清)吳受福註
清光緒二十一年小種字林刻《石鐘山人遺稿》本
先太孺人年譜一卷 Y0180/第108冊
(清)陸繼輅編
清光緒四年興國州署刻《崇百藥齋文集》本
段玉裁先生年譜一卷 Y0180/第108冊
劉盼遂編
民國二十五年北平來熏閣書店鉛印《段王學五種》本
段懋堂先生年譜一卷 Y0180/第108冊
羅繼祖編
民國二十三年庫籍整理處石印《朱程段三先生年譜》本
內閣中書保存年譜一卷
Y0180/第108冊
(清)穆精額編
清道光間《金山赫舍里氏淵源》硃格稿本
雲谷年譜一卷 Y0180/第108冊
(清)張邦伸編
清嘉慶九年隆昌張氏刻本
楚珍自記年譜一卷 Y0180/第108冊
(清)尹壯圖編 尹佩珩等續編
清道光五年蒙自尹氏刻本
章實齋先生年譜一卷 Y0180/第109冊
趙譽船編
民國間上海真美書局石印《詳注文史通義》本
露桐先生年譜六卷 Y0180/第109冊
(清)錢景星前編 李轍通續編
清嘉慶八年高陽李氏刻本
錢南園先生年譜 Y0180/第110冊
方樹梅編
民國十八年晉寧方氏南荔草堂刻本
三松自訂年譜一卷 Y0180/第110冊
(清)潘亦雋編
清道光十年吳縣潘氏刻本
翠微山房自訂年譜一卷
Y0180/第110冊
(清)曹錫齡編
清嘉慶間硃格稿本
是齋公編年一卷 Y0180/第110冊
(清)蘇燕編
清光緒二十六年忠孝堂木活字《澄江蘇氏族譜》本
邵二雲先生年譜 Y0180/第110冊
黃雲眉編
民國二十二年金陵大學鉛印《金陵大學中國文化研究所叢刊》本
吳蘇泉編修年譜一卷 Y0180/第110冊
(清)吳保琳編
清末歙縣吳保琳硃絲欄稿本
沈丹厓年譜一卷 Y0180/第110冊
(清)沈峻編
清咸豐四年天津沈氏重刻《欣遇齋詩鈔》本
岱玖公年譜一卷 Y0180/第110冊
莊俞編
民國二十五年鉛印《毗陵莊氏增修族譜》本
王石臞先生年譜 Y0180/第110冊
閔爾昌編
民國間刻《高郵王氏父子年譜》本
容甫先生年譜一卷 Y0180/第111冊
(清)汪喜孫編
民國十四年上海中國書店影印《江都汪氏叢書》本
汪容甫年表一卷 Y0180/第111冊
(清)汪喜孫編
民國十四年上海中國書店影印《江都汪氏叢書》本
逸雲居士自訂年譜一卷
Y0180/第111冊
(清)孫蔚編
清嘉慶間刻《逸雲居士詩編》本
肯庵自叙年譜一卷 Y0180/第111冊
(清)蔣基編
抄本
德壯果公年譜三十二卷
Y0180/第111－116冊
(清)花沙納編
清咸豐六年刻本
洪北江先生年譜一卷 Y0180/第116冊
(清)呂培等編
清光緒三年陽湖洪用勤授精堂刻《洪北江遺集》本
戴可亭相國夫子年譜一卷
Y0180/第116冊
(清)湯金釗等編
清道光間大庚戴氏刻本
先君子太史公年譜一卷
Y0180/第117冊
(清)馮士履編 馮士鑣補編
清道光間刻《小羅浮草堂文集》本
吳菘圃府君自訂年譜一卷
Y0180/第117冊
(清)吳璥編
清道光三年錢塘吳氏刻本
收庵居士自叙年譜略二卷
Y0180/第117冊
(清)趙懷玉編
清道光間刻《亦有生齋集》本
黃仲則先生年譜一卷 Y0180/第117冊
(清)毛慶善 季錫疇編
清咸豐八年武進黃氏刻《兩當軒集》本
王壯節公年譜一卷 Y0180/第117冊
(清)王開雲編
清咸豐四年玉屏王鳳翥刻本
青城山人年譜一卷 Y0180/第117冊
(清)李鈞簡等編
清嘉慶十三年刻《青城山人集》本
滄來自記年譜一卷 Y0180/第117冊
(清)于鰲圖編 于定保續編
清嘉慶間金陵刻本
彡石自訂年譜一卷 Y0180/第118冊
陸元鋐編 陸瀚續編
清道光間刻本
倪迂存先生年譜二卷 Y0180/第118冊
(清)江爾維編
清光緒十年望江倪文蔚兩勉齋刻《迂存遺文》本
黃勤敏公年譜一卷 Y0180/第118冊
(清)黃富民編 黃鉞刪定
清同治五年刻本
世承佐領慶安年譜一卷
Y0180/第118冊
(清)穆精額編
清道光間《金山赫舍里氏淵源》硃格稿本
周慕蘐年譜一卷 Y0180/第118冊
(清)邵甲名編
清咸豐二年刻《雲臥山房集》本
鶴皋年譜一卷 Y0180/第118冊
(清)祈韻士編
民國間山西省文獻委員會鉛印《山右叢書初編》本
長山公自書年譜一卷 Y0180/第118冊
(清)黎安理編
清光緒十五年遵義黎氏日本使署刻本

杏壯府君自叙年譜一卷 Y0180/第 118 册
(清)左輔編
清宣統二年木活字本
葉健庵自訂年譜一卷 Y0180/第 118 册
(清)葉世倬編
清稿本
葉健庵先生年譜二卷 Y0180/第 118-119 册
(清)端木從恒編
清刻本
梅庵自編年譜二卷續編一卷 Y0180/第 119 册
(清)鐵保編 瑞元 瑞恩續編
清道光刻本
松文清公升官錄一卷 Y0180/第 119 册
(清)佚名編
清硃格抄本
景廉堂年譜一卷 Y0180/第 119 册
(清)徐青編
民國間抄《清芬叢鈔》本
梧門先生年譜一卷 Y0180/第 119 册
(清)阮元編
清嘉慶二十一年刻《存素堂詩續集錄存》本
孫淵如先生年譜二卷 Y0180/第 119 册
(清)張紹南編 王德福續編
清海虞顧氏抄本
誥贈中憲大夫抑莊府君年譜一卷 Y0180/第 119 册
(清)吴祖昌編
清咸豐十一年南海吴氏刻《先大父抑莊府君行述》本
寄圃老人自記年譜一卷 Y0180/第 119 册
(清)孫玉庭編
清道光間刻本
楊蓉裳先生年譜一卷 Y0180/第 120 册
(清)楊芳燦編 余一鰲續編
清光緒五年上饒盧紹緒刻本
二十一世會稽鏡西公年譜一卷 Y0180/第 120 册
(清)岑象坤編
民國間藍絲欄抄本
世承佐領明安年譜一卷 Y0180/第 120 册
(清)穆精額編
清道光間《金山赫舍里氏淵源》硃格稿本
翻譯生員翻譯官教習福祝隆阿年譜一卷 Y0180/第 120 册
(清)穆精額編
清道光間《金山赫舍里氏淵源》硃格稿本
竹崗鴻爪錄一卷 Y0180/第 120 册
(清)趙敬襄編
清嘉慶道光間刻《趙太史竹岡齋九種》本
仁菴自記年譜一卷 Y0180/第 120 册
(清)魏成憲編
清道光間刻本
淩次仲先生年譜四卷 Y0180/第 120 册
(清)張其錦編
民國間安徽叢書編印處影印暨鉛印《安徽叢書》本
惲子居著作年譜一卷 Y0180/第 120 册
(清)陳蓮青編
清嘉慶二十年武寧盧旬宜南昌刻《大雲山房文稿》本
惕園歲紀一卷 Y0180/第 120 册
(清)陳宗英編
清咸豐元年刻《惕園全集》本
韓桂舲先生自訂年譜一卷 Y0180/第 120 册
(清)韓對編
清道光間鳳陽韓氏刻本
許順庵老人自述年譜一卷 Y0180/第 121 册
(清)許嘉猷編
清道光間海寧許氏刻本
懋亭自定年譜四卷 Y0180/第 121 册
(清)長齡編 桂綸續編
清道光二十一年桂叢堂刻本
望坡府君年譜一卷 Y0180/第 121 册
(清)陳景亮等編
清道光間閩縣陳氏刻本
辛筠谷年譜一卷 Y0180/第 122 册
(清)辛從益編 辛桂雲等補編
清咸豐元年刻《寄思齋藏稿》本
梅溪先生年譜一卷 Y0180/第 122 册
(清)囗穎編 錢泳校訂
清金匱錢氏述祖德堂稿本
梅溪先生年譜一卷 Y0180/第 122 册
(清)胡源 褚逢春編
民國間海寧陳乃幹共讀樓抄本
跛奚年譜一卷 Y0180/第 122 册
葉葆編 葉錫麟續編
清咸豐六年秀水高均儒手寫刻本
盧文肅公年譜一卷 Y0180/第 122 册
(清)盧蔭溥編
清道光十九年德州盧氏刻本
張夕庵先生年譜一卷 Y0180/第 122 册
鮑鼎編
民國十五年石印《默廠所著書》本
江子屏先生年譜一卷 Y0180/第 122 册
閔爾昌編
民國十六年江都閔氏刻本
忠武公年譜一卷 Y0180/第 122-123 册
(清)楊國佐 楊國禎編
清道光二十年刻本
時齋府君年譜不分卷 Y0180/第 123-125 册
(清)李光涵編
清道光間朱格抄本
一西自記年譜一卷 Y0180/第 126 册
(清)張師誠編
清道光間歸安張氏刻本
昇勤直公年譜二卷 Y0180/第 126 册
(清)寶琳 寶珣編
清道光間刻本
散樗老人自紀年譜一卷 Y0180/第 126 册
(清)蔣祥墀編
清道光間天門蔣氏刻本
竹南居士年譜一卷 Y0180/第 126 册
(清)方華欽編
清道光二十年慈溪方氏刻本
焦理堂先生年譜一卷 Y0180/第 127 册
閔爾昌編
民國十六年江都閔氏刻本
黄蕘圃先生年譜二卷 Y0180/第 127 册
(清)江標編
清光緒二十三年元和江氏長沙使院刻本
楊介坪先生自叙年譜一卷 Y0180/第 127 册
(清)楊懌曾編 楊用澥續編
清道光間六安楊氏刻本
心鐵石齋年譜一卷 Y0180/第 127 册
(清)宋鳴琦編
清道光十二年誦梅堂刻本

獨山莫貞定先生年譜一卷
Y0180/第127冊
萬大章編
民國二十八年獨山莫氏鉛印本
春洋子自訂年譜一卷 Y0180/第127冊
(清)張佑編
清道光間刻本
張船山先生年譜一卷 Y0180/第127冊
蔡珅編 蔡璐參校
一九六二年桐鄉蔡璐稿本
張船山先生年譜一卷 Y0180/第127冊
王世芬編
民國十三年江都于氏刻本
覺生自訂年譜一卷 Y0180/第128冊
(清)鮑桂星編
清同治四年退一步齋刻《覺生詩讀鈔》本
羅壯勇公年譜二卷 Y0180/第128冊
(清)羅思舉編
清光緒宣統間泉唐汪氏刻《振綺堂叢書》本
校經叟自訂年譜一卷 Y0180/第128冊
(清)李富孫編
清道光二十四年嘉興李氏刻本
雷塘庵主弟子記八卷
Y0180/第128－129冊
(清)張鑑等編
清咸豐間刻本
杜文端公自訂年譜一卷
Y0180/第129冊
杜堮編 杜翻續編
清咸豐九年濱州杜氏刻本
方聚成禪師年譜一卷 Y0180/第129冊
(清)釋真淨編
清道光五年刻本
繩枻齋年譜二卷 Y0180/第130冊
(清)蔣攸銛編 蔣尉遠註
清道光十五年襄平蔣氏刻本
守拙居士自編年譜一卷
Y0180/第130冊
(清)蔡鑾登編
清道光間桐鄉蔡氏刻本
王伯申先生年譜一卷 Y0180/第130冊
閔爾昌編
民國間刻《高郵王氏父子年譜》本
顧千里先生年譜一卷補遺一卷
Y0180/第130冊
(日)神田喜一郎編 孫世偉譯
民國十五年大東書局鉛印《國學月刊》
顧千里先生年譜二卷 Y0180/第130冊
趙詒琛編
民國間昆山趙詒琛刻《對樹書屋叢刻》本
生述一卷 Y0180/第130冊
(清)張琛編
清道光咸豐間刻《日鋤齋詩集》本
卞徵君年譜一卷 Y0180/第130冊
卞宗謨編
民國元年揖峰書屋木活字《卞征君集》本
彭湘涵先生年譜一卷 Y0180/第130冊
(清)繆朝荃編
清光緒元年東倉書庫刻《小謨觴館全集》本
武進李先生年譜三卷先師小德錄一卷
Y0180/第131冊
(清)蔣彤編
民國間吳興劉氏刻《嘉業堂叢書》本
瞿木夫先生自訂年譜一卷
Y0180/第131冊
(清)瞿中溶編
民國間吳興劉氏刻《嘉業堂叢書》本
書農府君年譜一卷 Y0180/第131冊
(清)胡珵編
清道光間仁和胡氏刻本
平叔府君年譜一卷 Y0180/第131冊
(清)孫慧惇 孫慧翼編
清道光二十二年金匱孫氏刻本
云翁自訂年譜一卷 Y0180/第131冊
(清)王楚堂編
清光緒十三年仁和王永言刻本
鹿樵自敘年譜稿二卷 Y0180/第132冊
(清)張大鏞編
清道光十八年昭文張氏刻本
宮傅楊果勇侯自編年譜五卷
Y0180/第132－133冊
(清)楊芳編
清道光二十年南海傅祥麟寶和堂刻本
思補老人自訂年譜一卷
Y0180/第133冊
(清)潘世恩編
清咸豐五年吳門潘氏刻本
恩福堂年譜一卷 Y0180/第133冊
(清)英和編 奎照補編
清道光間刻本
厚山府君年譜一卷 Y0180/第133冊
(清)盧端黼編
清道光間刻本
馮旭林先生年譜一卷行述一卷
Y0180/第134冊
(清)王心照編
清道光十六年木活字《椿影集》本
方儀衛先生年譜一卷 Y0180/第134冊
(清)鄭福照編
清同治七年刻《儀衛軒文集》本
先文端公自訂年譜一卷
Y0180/第134冊
(清)湯金釗編 湯修續編
清咸豐六年蕭山湯氏刻《寸心知室存稿》本
太鶴山人年譜一卷 Y0180/第134冊
(清)端木百祿編 陳謐補編
民國三十三年瑞安林氏鉛印《惜硯樓叢刊》本
荷屋府君年譜一卷 Y0180/第134冊
(清)吳榮光編 吳尚忠 吳尚志補編
清道光間南海吳氏刻本
顯考尊君府君年譜一卷
Y0180/第134冊
(清)童恩編
清同治間刻《今白華堂集》本
徐侶樵先生年譜一卷 Y0180/第134冊
(清)支清彥編
清咸豐五年錦屏徐氏刻本
俞理初先生年譜一卷譜余一卷詩文補遺一卷 Y0180/第134冊
王立中編 蔡元培補訂
民國間安徽叢書編印處影印暨鉛印《安徽叢書》本
退菴自訂年譜一卷 Y0180/第135冊
(清)梁章鉅編
清光緒元年福州梁氏杭州刻《二思堂叢書》本
包慎伯先生年譜一卷 Y0180/第135冊
胡韞玉編
民國十二年安吳胡氏鉛印《樸學齋叢刊》本
鄧尚書年譜一卷補遺一卷
Y0180/第135冊
鄧邦編

清宣統元年江浦陳潛刻本
季思手訂年譜一卷 Y0180/第135冊
(清)龔守正編
清咸豐間仁和龔氏刻本
歲貢士壽臧府君年譜一卷
Y0180/第135冊
(清)徐士燕編
民國間吳興劉氏刻《嘉業堂叢書》本
慎齋年譜一卷 Y0180/第135冊
(清)陳益言編
清嘉慶七年金華陳氏刻《豫立軒文集》本
月滄自編年譜一卷 Y0180/第135冊
(清)呂璜編
清道光二十一年永福呂氏桂林刻《月滄文集》本
湯貞愍公年譜一卷 Y0180/第135冊
陳韜編
民國二十二年鉛印本
栗恭勤公年譜二卷
Y0180/第135-136冊
(清)張壬林編 傅鍾沅訂正
清光緒十六年刻本
芸皋先生自纂年譜一卷
Y0180/第136冊
(清)周凱編
清道光二十年愛吾廬刻《內自訟齋文集》本
陶文毅公年譜二卷 Y0180/第136冊
王煥錪編
民國三十七年南通王煥錪油印本
鼎甫府君年譜一卷 Y0180/第136冊
(清)沈宗涵 沈宗濟編
清道光十三年刻本
穆精額年譜一卷 Y0180/第136冊
(清)穆精額編
清道光間《金山赫舍里氏淵源》硃格稿本
蒼溪府君年譜一卷 Y0180/第136冊
(清)倪寶璜編
清同治間刻本
知非錄一卷 Y0180/第136冊
(清)孔昭杰編 孔憲階等註
清咸豐間刻本
張南山先生年譜撮略一卷
Y0180/第136冊
(清)金青茅編
清咸豐間刻本
客世行年一卷 Y0180/第136-137冊
(清)馮古椿編
清烏絲欄抄本
張介侯先生年譜一卷附錄一卷
Y0180/第137冊
馮國瑞編
民國二十四年鉛印《慰景盧叢刻》本
徐星伯先生事輯一卷 Y0180/第137冊
繆荃孫編
清光緒二十七年江陰繆氏刻《藝風堂文集》本
竹塍府君年譜一卷附錄一卷
Y0180/第137冊
(清)常恩編
清咸豐四年滿洲納喇氏刻本
知所止齋自訂年譜一卷補述一卷
Y0180/第137冊
(清)何汝霖編 何兆瀛補編
清咸豐三年江寧何氏刻本
雲墀老人自訂年譜一卷
Y0180/第137冊
(清)彭玉雯編
清光緒二年南昌彭氏刻本
楊國楨海梁氏自叙年譜一卷
Y0180/第137-138冊
(清)楊國楨編
清道光三十年崇慶楊氏刻本
穉圭府君年譜一卷 Y0180/第138冊
(清)周汝筠 周汝策編
清同治間祥符周氏刻本
馮柳東先生年譜一卷 Y0180/第138冊
(清)史詮編
民國間嘉興譚新嘉綠絲欄抄本
南村府君自訂年譜一卷
Y0180/第138冊
(清)陳華齡編 陳錦補編
清咸豐七年甘泉陳氏刻本
先仲兄少司寇公年譜一卷
Y0180/第138冊
(清)法良編
清道光二十九年袁浦官署刻《抱沖齋詩集》本
蘭石公年譜一卷 Y0180/第138冊
郭嗣蕃編
民國二十年莆田新民印書局鉛印《增默菴文集》本
姚石甫先生年譜一卷 Y0180/第138冊
(清)姚濬昌編
清同治六年桐城姚氏安福縣署重刻《中複堂全集》本
頤壽老人年譜二卷 Y0180/第139冊
(清)錢寶琛 錢鼎銘編 錢鼒銘補編并註
清同治八年太倉錢氏刻本
先溫和公年譜一卷 Y0180/第139冊
(清)張茂辰等編
清同治間上海張氏刻本
汪荀叔自撰年譜一卷 Y0180/第139冊
(清)汪喜孫編
民國間灰格抄《壽母小記》本
阮鄰自訂年譜一卷 Y0180/第139冊
(清)徐保字編
清咸豐間烏程徐氏刻本
徵君陳先生年譜一卷 Y0180/第139冊
(清)管慶祺編
民國二十七年鉛印《戊寅叢編》本
言舊錄一卷 Y0180/第139冊
(清)張金吾編
民國間吳興劉氏刻《嘉業堂叢書》本
徐秋士先生自訂年譜一卷
Y0180/第139冊
(清)徐元潤編 徐春祺補編
清道光三十年太倉徐氏刻本
啖蔗軒自訂年譜一卷東歸日記一卷
Y0180/第139冊
(清)方士淦編
清同治十一年兩淮運署刻本
杜文正公年譜一卷 Y0180/第139冊
(清)杜翰 杜翻編
清咸豐九年濱州杜氏刻本
中議公自訂年譜八卷吹爐小草一卷
Y0180/第139-142冊
(清)楊炳堃編
清光緒十一年歸安楊氏刻本
先恭勤公年譜四卷誄詞一卷
Y0180/第142冊
(清)徐彬 徐桐編
清咸豐九年靜海徐氏刻本
東巖府君年譜一卷 Y0180/第142冊
(清)長啓等編
清同治九年廣州刻本
石隱山人自訂年譜一卷
Y0180/第143冊

(清)朱駿聲編
民國十八年鉛印《國立北平圖書館月刊》
無成錄一卷 Y0180/第143冊
(清)陸我嵩編
清道光二十八年潯州郡署刻本
淩台府君年譜一卷 Y0180/第143冊
(清)葛以簡 葛以敦編
清道光間刻本
朝議公自訂年譜一卷 Y0180/第143冊
(清)陸模編 陸衡燮 陳廷欌補編
清咸豐間婁縣陸氏刻本
王寶仁自述行年紀略一卷
Y0180/第143冊
(清)王寶仁編
清光緒九年太倉王維驎重刻本
劉孟瞻先生年譜二卷附錄一卷
Y0180/第143冊
(日)小澤文四郎編
民國二十八年北平文思樓鉛印本
彭春洲先生詩譜一卷 Y0180/第144冊
(清)李光廷編
清同治間刻《詩義堂集》本
柳堂紀年隨筆二卷 Y0180/第144冊
(清)周鳳翥編 周李燮續編
清道光光緒間雲南周李氏景蓮堂《周李合浦》稿本
寶素室金石書畫編年錄二卷
Y0180/第144冊
(清)釋達受編 汪士驤訂
清抄本
丹魁堂自訂年譜一卷感遇錄一卷
Y0180/第144冊
(清)季芝昌編
清咸豐十一年江陰季氏刻本
先文端公年譜一卷行狀一卷
Y0180/第145冊
(清)翁同書等編
清稿本
警石府君年譜一卷 Y0180/第145冊
(清)錢應溥編
清同治三年嘉興錢氏稿本
定盦先生年譜一卷 Y0180/第145冊
吴昌綬編
清光緒三十四年仁和吴氏雙照樓刻《龔禮部集》本
定盦年譜稿本一卷 Y0180/第145冊
黄守恒編
民國十二年燕京大學國學研究所北平鉛印《碑傳集補》本
定盦先生年譜外紀二卷
Y0180/第145冊
張祖廉編
民國九年嘉善張氏鉛印《娟境樓叢刻》本
小浮山人年譜一卷 Y0180/第145冊
(清)潘曾沂編 潘儀鳳續編
清咸豐間吴縣潘氏蘇州刻本
先河南公年譜二卷
Y0180/第145－146冊
(清)周廷冕編
清光緒四年臨桂賃廬刻本
四留山人自記一卷 Y0180/第146冊
(清)陳肇編
清咸豐四年平度陳氏刻藍印本
文節府君年譜一卷 Y0180/第146冊
(清)吴養原編
清咸豐同治間刻本
彭文敬公自訂年譜一卷
Y0180/第146冊
(清)彭蘊章編 彭慰高等續編
清同治三年刻《彭文敬公全集》本
致初自譜一卷 Y0180/第146冊
(清)徐楝編 徐炳華等續編
清同治四年安肅徐氏刻本
觀齋行年自記一卷 Y0180/第146冊
(清)祈寯藻編 祈世長續編
清同治間壽陽祁氏刻本
駱文忠公自訂年譜二卷
Y0180/第147冊
(清)駱秉章編
清光緒二十一年思賢書局長沙刻本
馥芬居日記一卷 Y0180/第147冊
(清)王汝潤編
民國十五年鉛印《先澤殘存續編》本
吴竹如先生年譜一卷 Y0180/第147冊
(清)方宗誠編
清光緒四年畿輔志局刻本
思補過齋主人自叙年譜一卷
Y0180/第147冊
(清)李基溥編 李鐘文 李繼芳續編
清同治間長白李氏刻本
丁柘唐先生歷年記略一卷
Y0180/第147冊
(清)丁一鵬編
清末硃格抄本
柘唐府君年譜一卷 Y0180/第148冊
(清)丁壽恒等編
清抄本
大夢紀年一卷 Y0180/第148冊
(清)汪荊川編
清道光二十四年鬲津汪荊川刻本
勿齋自訂年譜一卷 Y0180/第148冊
(清)陳士枚編 陳藎章續編
清同治間刻本
遲悔齋年譜一卷 Y0180/第148冊
(清)曹肅孫編
清同治光緒間刻《洛陽曹氏叢書》本
夢盦居士自編年譜一卷
Y0180/第148冊
(清)程庭鷺編
民國二十四年鉛印《乙亥叢編》本
斯未信齋主人自訂年譜一卷
Y0180/第148冊
(清)徐宗幹編
清同治間南通徐氏刻本
王蘭史自訂年譜一卷 Y0180/第148冊
(清)王錫九編
清同治六年山陰王氏刻本
趙文恪公自訂年譜不分卷
Y0180/第149冊
(清)趙光編
清光緒十六年昆明趙氏木活字本
仲升自訂年譜一卷 Y0180/第149冊
(清)徐廣縉編
清光緒十八年鹿邑徐氏刻本
陳秋門先生年譜一卷 Y0180/第149冊
石榮暲編
民國十六年鉛印本
萃英堂老人自訂年譜一卷
Y0180/第149冊
(清)煦菶編
清同治間刻本
禮部君年譜一卷 Y0180/第149冊
梅英杰編
清宣統三年寧鄉梅英杰刻《梅氏遺書》本
王靖毅公年譜二卷附錄四卷
Y0180/第149－150冊
(清)王家勤編
清同治間刻本

王文勤公年譜一卷 Y0180/第150冊
(清)王傳璨編
民國二十二年閩縣王氏鉛印本
敬亭先生年譜一卷附錄一卷 Y0180/第150冊
(清)陳樂三編 王檢心訂正
清咸豐五年內鄉王檢心彭城重刻本
張亨甫先生年譜一卷 Y0180/第150冊
(清)李雲誥編
清同治六年刻《張亨甫全集》本
向忠武公行略一卷 Y0180/第150冊
(清)過鑄編
清梁溪過氏刻《向張二公傳忠錄》本
胞兄紀略二卷 Y0180/第150-151冊
(清)牛樹桃編 牛樹梅補編
清同治十三年蓉城刻《省齋全集》本
蘇河督年譜一卷 Y0180/第151冊
(清)蘇廷魁編
民國間抄本
南溪韓公年譜一卷 Y0180/第151冊
(清)陳昌運編
清宣統二年泉唐王氏鉛印《振綺堂叢書初集》本
武秋瀛自訂年譜一卷 Y0180/第151冊
(清)武澄清編
清光緒十四年刻本
先文忠公自訂年譜一卷 Y0180/第151冊
(清)沈兆霖編
清同治間刻本
馮桂山自訂年譜一卷 Y0180/第151冊
(清)馮德馨編 馮斯達續編
清同治間洛陽馮氏課本
汪悔翁自書紀事一卷 Y0180/第151冊
(清)汪士鐸編
民國二十二年鉛印《骨董瑣集》本
黼山府君年譜一卷 Y0180/第151冊
(清)余香祖 余家鼎編
清光緒二十二年刻本
一齋公年譜一卷 Y0180/第151冊
(清)周以均編
清光緒三年寧壽堂木活字《越城周氏支譜》本
厚庵自叙年華錄一卷 Y0180/第151冊
(清)謝蘭生編
清光緒間木活字本
鄒叔績先生年譜一卷 Y0180/第151冊
李景僑編
民國二十六年抱一遺集委員會鉛印《抱一遺著》本
繩其武齋自纂年譜一卷 Y0180/第151冊
(清)黃贊湯編 黃祖絡補編
清同治九年廬陵黃氏刻本
先伯石州公年譜不分卷 Y0180/第152冊
張繼文編 蔡侗訂
民國十年石印本
歐醻殘客自記年譜一卷 Y0180/第152冊
周衡編
清上海周衡稿本
著庵先生年譜一卷 Y0180/第152冊
(清)范兆蘭等編
清同治十三年真率堂刻本
鄭子尹先生年譜一卷 Y0180/第152冊
趙愷編
民國十八年貴陽鉛印《巢經巢遺詩》本
誥封光祿大夫劉公象久年譜一卷 Y0180/第152冊
(清)劉策先等編
清光緒二年沂水劉氏刻本
殷譜經侍郎自訂年譜一卷 Y0180/第152冊
(清)殷兆鏞編
清宣統三年吳江殷氏鉛印本
張惠肅公年譜八卷卷首一卷 Y0180/第153-154冊
張祖祐編 張德廣原編 林紹年等訂 劉承幹等增輯
一九六二年揚州古舊書店油印本
朱九江先生年譜一卷 Y0180/第155冊
簡朝亮編
清光緒二十三年順德簡氏讀書草堂刻《朱九江先生集》本
朱九江先生年譜注一卷 Y0180/第155冊
張啓煌注
民國十九年刻《朱九江先生集注》本
還讀我書室老人手訂年譜二卷 Y0180/第155冊
(清)董恂編
清光緒間甘泉董氏刻本
告存漫叟年譜一卷 Y0180/第155冊
(清)馬先登編
清光緒十五年大荔馬氏刻本
羅忠節公年譜二卷 Y0180/第155冊
(清)郭嵩燾編
清同治二年長沙刻本
遂翁自訂年譜一卷 Y0180/第155冊
(清)趙畇編 趙繼元等補編
清光緒間太湖趙氏刻本
王母先太夫人年譜一卷 Y0180/第156冊
王先謙編
清光緒二十六年湘鄉陳毅等刻《虛受堂文集》本
夢因錄一卷 Y0180/第156冊
(清)張文虎編
清光緒間刻《覆瓿集》本
龍川李夫子年譜一卷 Y0180/第156冊
(清)謝逢源編
烏絲欄抄本
萬清軒先生年譜一卷 Y0180/第156冊
(清)張鼎元編 錢同壽校訂
清光緒三十二年叠山書院刻《萬清軒全書》本
余孝惠先生年譜一卷 Y0180/第156冊
(清)吳師澄編
清光緒間刻《尊小學齋集》本
侯官王壯愍公年譜 Y0180/第156冊
(清)王喬雲編
民國三十年侯官王氏北平鉛印本
敝帚齋主人年譜一卷補一卷 Y0180/第156冊
(清)徐鼐編 徐承禧等註補
清同治十三年福州邸舍刻本
學齋自訂年譜一卷 Y0180/第156冊
(清)翁同書編 翁同龢補編
清同治間常熟翁氏刻本
潘紱庭自訂年譜一卷 Y0180/第156冊
(清)潘曾綬編 潘祖蔭 潘祖年補編
清光緒九年吳縣潘氏刻本
曾文正公年譜十二卷 Y0180/第157冊
(清)黎庶昌編 李瀚章審訂
清光緒二年傳忠書局刻《曾文正公全集》本
鴻蒙室主人自訂年表二卷 Y0180/第158冊
(清)方玉潤編
清光緒間刻《星烈日記匯要》本

胡文忠公年譜一卷　Y0180/第158册
(清)夏先範編 嚴樹森鑒定
清光緒二十五年湖南糧儲道署刻《胡文忠公政書》本
胡文忠公年譜三卷　Y0180/第158册
梅英杰編
民國十八年寧鄉梅氏抱冰堂刻本
石知府君年譜一卷　Y0180/第158册
(清)佚名編
清同治間桐梓趙氏刻本
先父年譜一卷　Y0180/第158册
李慎修編
民國間鉛印《率性篇》本
先考至山府君年譜一卷
Y0180/第158册
林履莊編
清光緒十三年大梁刻本
編年自紀一卷　Y0180/第158册
(清)丁守存編
清光緒間日照丁氏刻本
左文襄公年譜十卷
Y0180/第159－160册
(清)羅正鈞編
清光緒二十三年湘陰左氏長沙刻本
涂大司馬年譜一卷行述一卷
Y0180/第160册
(清)涂宗瀛編 涂承儒 涂懋儒補編
民國九年蕪湖江東印書館鉛印《六安涂大司馬遺集》本
仲驥年譜一卷　Y0180/第160册
(清)楊超格編
清綠絲欄抄本
謝家山人自訂年譜一卷
Y0180/第160册
(清)唐瑩編 唐汝瓌補編
清光緒間安慶刻《謝家山人集》本
十年讀書之廬主人自叙年譜一卷
Y0180/第160册
(清)李鍾文編 李熙麟 李照麟補編
清光緒十五年長白李氏刻本
椒生府君年譜一卷　Y0180/第160册
(清)羅惇衍編 羅架等續編
清光緒間順德羅氏刻本
程竹溪先生年譜一卷　Y0180/第161册
(清)嚴寶枝 謝家樹編
清光緒三年吴縣謝氏刻本
錢警齋公年譜一卷　Y0180/第161册
(清)錢世銘編
清宣統三年鎮洋錢氏刻本
八旬自述百韻詩一卷　Y0180/第161册
(清)黄炳垕編
清同治光緒間余姚黄氏刻《留書種閣集》本
吴太夫人年譜三卷續一卷
Y0180/第161册
(清)董金鑒編
清末會稽董氏取斯家塾刻本
質齋先生年譜一卷　Y0180/第161册
(清)王其慎編
清末刻本
静叟自述一卷　Y0180/第161册
(清)倉景愉編
民國二十三年國立北平圖書館抄本
先考雨生府君年譜編略一卷
Y0180/第161册
(清)張惟儁 張惟佶編
清光緒二十五年善化張氏刻本
文文忠公自訂年譜二卷
Y0180/第161－162册
(清)文祥編
清光緒八年刻《文文忠公事略》本
劉武慎公年譜三卷　Y0180/第162册
(清)鄧輔綸 王政慈編
清光緒間鉛印《劉武慎公遺書》本
雪泥鴻爪四編　Y0180/第162－163册
邵亨豫編 邵松年 邵椿年續編
清光緒間常熟邵氏刻本
方柏堂先生譜系略一卷
Y0180/第163册
(清)陳澹然等編
清光緒間木活字《方柏堂先生事實考略》本
教諭公稀齡撮記一卷　Y0180/第163册
(清)陳元恒編 陳作霖補編
民國間《金陵陳氏宗譜》稿本
主善堂主人年譜一卷　Y0180/第163册
(清)成琦編
清光緒間滿洲成琦稿本
損齋先生編年一卷　Y0180/第163册
(清)楊玉清編
民國間海寧陳乃幹共讀樓烏絲欄抄本
龔光禄公年譜一卷　Y0180/第163册
(清)龔家尚編
民國七年仁和龔氏鉛印本
莜閑年譜一卷　Y0180/第163册
(清)潘曾瑋編
清光緒十三年刻本
藐叟年譜一卷續一卷　Y0180/第163册
(清)楊峴編 劉繼增續編
民國間吴興劉氏嘉業堂刻《吴興叢書》本
廬山海印老人年譜一卷
Y0180/第163册
(清)釋本源編
清光緒二十六年西山翠巖寺刻本
張忠武公行略一卷　Y0180/第163册
(清)過鑄編
清梁溪過氏刻《向張二公傳忠録》本
惕盦年譜一卷齋詩集四卷
Y0180/第164册
(清)崇實編
清光緒三年長白完顔氏北京刻本
丁文誠公年譜一卷　Y0180/第164册
(清)唐炯編
清光緒二十七年岳池刻本
馬端敏公年譜一卷　Y0180/第164册
(清)馬新祐編
清光緒三年荷澤馬氏刻本
通齋自記一卷　Y0180/第164册
(清)蔣翹然編
清光緒間刻本
嗇庵府君年狀一卷　Y0180/第164册
(清)趙徹詒等編
清光緒間陽湖趙氏刻本
開封府君年譜二卷　Y0180/第165册
(清)孫孟平編
清宣統二年鉛印《孫先生遺書》本
曲園自述詩一卷補一卷
Y0180/第165册
(清)俞樾撰
清光緒間德清俞氏刻《春在堂全書》本
知非録一卷　Y0180/第165册
(清)龐鍾璐 龐鴻文編 龐鴻書補編
清光緒間常熟龐氏刻本
桐溪達叟自編年譜一卷
Y0180/第165册
(清)嚴辰編
清光緒間刻本
顧齋簡譜一卷　Y0180/第165册
楊思濬編
民國間山西省文獻委員會鉛印《山右

叢書初編》本
裴光祿年譜四卷 Y0180/第165冊
(清)裴士騏等輯 徐嘉編
清光緒二十五年刻本
陳元禄自訂年譜一卷 Y0180/第166冊
(清)陳元禄編
清抄本
懷庭府君年狀一卷 Y0180/第166冊
(清)陳鼎等編
清光緒間木活字本
梅府君年譜一卷鴉岑詩錄一卷
Y0180/第166冊
梅頤杰編
民國十三年寧鄉梅氏鉛印本
涇舟老人洪琴西先生年譜四卷
Y0180/第166冊
(清)章洪鈞 陳作霖編 魏家驊重編
民國二十八年鉛印本
曾忠襄公年譜四卷榮哀錄二卷
Y0180/第166－167冊
王定安編 蕭榮爵增訂
清光緒二十九年刻本
太學生段公斗垣年譜一卷
Y0180/第167冊
賈壇編
民國三年武威段氏多壽堂鉛印《武威段氏族譜》本
清麓年譜二卷 Y0180/第167冊
張元勳編
民國十一年刻本
賀清麓先生年譜一卷 Y0180/第167冊
孫乃琨編
民國十六年于陵石熙祚刻本
王壯武公年譜二卷 Y0180/第167冊
(清)羅正鈞編
清光緒十八年湘鄉王氏江寧刻《王壯武公遺集》本
李秀成大事年表一卷 Y0180/第168冊
李景僑編
民國二十六年抱一遺集委員會鉛印《抱一遺著》本
小西腴山館主人自著年譜二卷
Y0180/第168冊
(清)吳大廷編
清光緒五年刻《小西腴山館集》本
耕經堂年譜三卷 Y0180/第168冊
(清)葉伯英編
清光緒間抄本
酒五經吟館年譜一卷 Y0180/第168冊
(清)恭釗編
清光緒間刻《酒五經吟館詩草》本
竹問道人自述年譜一卷
Y0180/第168冊
(清)黎培敬編 黎錦纓等補編
清光緒十七年湘潭黎氏刻《黎文肅公遺書》本
章午峰先生年譜一卷 Y0180/第169冊
(清)章家祚編
清光緒十八年銅陵章氏刻本
鶴槎年譜一卷 Y0180/第169冊
(清)崇厚述 衡永編
民國十九年鉛印本
先考通奉府君年譜一卷
Y0180/第169冊
劉錦藻編
清光緒間烏程劉氏刻本
壽州孫文正公年譜一卷
Y0180/第169冊
孫傳檙編
民國間硃絲欄抄本
鮑公年譜一卷 Y0180/第169冊
(清)李叔播編
清同治間刻本
配南紀年隨筆一卷 Y0180/第169冊
(清)周李燮編 周李培錄
清道光光緒間雲南周李氏景蓮堂《周李合浦》稿本
草心閣自訂年譜一卷 Y0180/第169冊
(清)徐景軾編
清光緒間刻本
雪鴻山館紀年一卷 Y0180/第169冊
(清)趙守純編
一九五八年廣州古籍書店油印本
岑襄勤公年譜十卷 Y0180/第170冊
趙藩編
清光緒二十五年西林岑春榮河朔使署刻本
成山老人自撰年譜六卷附錄一卷
Y0180/第170冊
(清)唐炯編 唐堅續編
清宣統二年京師鉛印本
潘文勤公年譜一卷 Y0180/第171冊
(清)潘祖年編
清光緒間刻本
寄生府君年譜一卷 Y0180/第171冊
(清)堵煥辰編
清光緒間越城堵氏刻本
蘇溪漁隱讀書譜四卷 Y0180/第171冊
(清)耿文光編
清光緒間刻《耿氏叢書》本
先考子松府君年譜一卷屠夫人行狀一卷 Y0180/第171冊
夏庚復等編
民國九年上海聚珍仿宋印書局鉛印本
王安甫年譜一卷 Y0180/第171冊
(清)王文思編
民國十五年鉛印《先澤殘存續編》本
三省軒自記一卷 Y0180/第172冊
(清)王世恩編
清光緒間木活字本
先考松生府君年譜四卷
Y0180/第172冊
丁立中編
清光緒二十五年錢塘丁氏嘉惠堂刻《宜堂類編》本
厚堂公自記年譜一卷 Y0180/第172冊
(清)鍾念祖編
民國十二年至德堂木活字《會稽鍾氏宗譜》本
先君舜臣府君年譜一卷
Y0180/第172冊
(清)涂儒翯編
民國十三年同文書社石印《大圍山房文集》本
晚悔庵年譜一卷 Y0180/第172冊
鄧崇甲編
民國間硃綠格抄本
子穎林公年譜一卷 Y0180/第172冊
(清)林綺編
清光緒三十一年富平林氏刻本
孟晋齋年譜一卷 Y0180/第172冊
(清)顧家相編
民國二年增刻重印《孟晋齋文集》本
藹仁府君自訂年譜一卷
Y0180/第173冊
(清)龔易圖編 龔晉義等續編
清光緒十九年閩縣龔氏刻本
畬經老人自述年譜一卷
Y0180/第173冊
(清)杜煥章編
民國十七年鉛印《佘經館遺集》本

怡園老人年譜一卷　Y0180/第173冊
(清)陳芾編
清光緒二十二年鉛印《執硯山館詩集》本
唐公年譜一卷附錄一卷　Y0180/第173冊
唐鴻學編
清光緒三十四年石印本
石柱山農行年錄一卷　Y0180/第173冊
(清)呂鳳岐編 呂賢鈖續編
民國間鉛印《靜然齋雜著》本
春渚草堂居士年譜一卷　Y0180/第173冊
(清)朱彭年編 朱澍生補編
清光緒二十二年刻本
蓀甫公年譜一卷　Y0180/第173冊
莊俞編
民國二十五年鉛印《毗陵莊氏增修族譜》本
年事記略暖香堂筆記二卷　Y0180/第173冊
(清)延昌編 崇雯 崇霽續編
清末硃絲欄稿本
張文襄公年譜十卷　Y0180/第173－174卷
許同莘編
民國二十八年南皮張氏舍利函齋武漢鉛印本
張文襄公年譜六卷　Y0180/第174卷
胡鈞編
民國二十八年北京天華印書館鉛印本
嚴廉訪自訂年譜一卷　Y0180/第174卷
(清)嚴金清編 張鑒續編
民國間鉛印《嚴廉訪遺稿》本
海珊自紀一卷　Y0180/第174卷
(清)翁曾翰編
清同治十一年常熟翁曾翰稿本
鞠笙年譜一卷日記一卷　Y0180/第174卷
(清)邢崇先編
民國五年定襄牛氏鉛印《雪華館叢編》本
半隱先生花甲紀略一卷華鄂堂文鈔　Y0180/第174卷
(清)鍾毓編
清光緒二十五年江東鍾氏刻本
虛閣先生年譜一卷　Y0180/第174卷
嚴蔚春編 嚴謙潤記
清末抄本
徐愚齋自叙年譜一卷上海雜記二篇　Y0180/第175冊
(清)徐潤編 徐廷鑾等續編 闞澤整理
民國十六年香山徐氏鉛印本
先考侍郎公年譜一卷　Y0180/第175冊
壽福等編
清宣統二年京邸鉛印《嘉定長白二先生奏議》本
王篠泉先生年譜一卷　Y0180/第175冊
王孝箴編
清光緒二十年鉛印《論語經正路》本
鍾鶴笙徵君年譜一卷　Y0180/第175冊
鍾鏡芙等編
民國間刻本
焦雨田先生年譜二卷　Y0180/第175冊
鮑喜安等述 焦振滄編
民國二十五年鉛印《焦雨田先生遺集》本
桐城吳先生年譜四卷　Y0180/第175－176冊
郭立志編
民國三十三年鉛印《雍睦堂叢書》本
顯考溫毅府君年譜一卷　Y0180/第176冊
秦錫田編
民國十九年鉛印《補晋書藝文志》本
楊珍林自訂年譜一卷　Y0180/第176冊
(清)楊樹編
民國十二年貴陽文通書局鉛印本
天均卮言一卷　Y0180/第176冊
(清)郭階編
清光緒刻《春輝雜稿》本
再青先生年譜一卷　Y0180/第176冊
崔壽祺編
民國六年鉛印《涉獵筆記》本
皇清誥授奉政大夫蘊山王公年譜一卷　Y0180/第176冊
(清)王澤澄編
民國七年鉛印《觀城王蘊山公傳記》本
笏珊年譜一卷　Y0180/第176冊
(清)張桂林編
清光緒二十二年成都森榮齋刻本
黃公度先生年譜一卷　Y0180/第176冊
錢萼孫編
民國二十五年上海商務印書館鉛印《人境廬詩草箋注》本
先公年譜一卷　Y0180/第176冊
王孝緝等編
民國二十三年鉛印《王蘇州遺書》本
陸文慎公年譜二卷　Y0180/第177冊
(清)陸寶忠編 陳宗彝續編
民國十二年刻本
曼君先生紀年錄一卷　Y0180/第177冊
鄭肇經編
民國二十三年泰興鄭余慶堂鉛印《桂之華軒遺集》本
張達生先生年譜稿本一卷　Y0180/第177冊
張宗芳編
民國間抄本
江亭芙先生年歷一卷　Y0180/第177冊
張壽鏞編
民國二十一至三十七年四明張氏約園刻《思明叢書》本
四十年艱辛記一卷　Y0180/第177冊
(清)朱慶奎編 朱啟鎔續編
民國二十四年至三十三年紫江朱氏北平鉛印暨影印《紫江朱氏家乘》本
新淦公自訂年譜一卷　Y0180/第177冊
(清)章定瑜編
民國二十二年鉛印《新淦公遺稿》本
趙魯菴先生年譜一卷　Y0180/第177冊
(清)趙天錫編
民國五年刻《趙魯庵先生集》本
文雲閣先生年譜四卷　Y0180/第177冊
錢萼孫編
揚州古籍書店赭絲欄抄本
先考羅公紀年錄一卷　Y0180/第177冊
(清)羅春駃編
清光緒間刻《和州集》本
魯齋年譜一卷　Y0180/第177冊
(清)翁傳煦編 翁傳照整理
清光緒間刻本
汪穰卿先生年譜一卷傳一卷　Y0180/第177冊
汪詒年編
民國間鉛印《汪穰卿遺著》本
瀏陽譚先生年譜一卷　Y0180/第177冊
陳乃乾編
民國十二年上海文明書局鉛印《譚瀏陽全集》本

先妣薛恭人年譜一卷傳略一卷 Y0180/第177冊
陳鏘等編
清宣統三年《黛韻樓遺集》本
先府君曉亭公年譜一卷附錄一卷 Y0180/第177冊
曹英瑾編
民國三十七年高唐曹氏鉛印本
方山民紀年詩一卷 Y0180/第178冊
方觀瀾編
民國間刻本
湘綺府君年譜六卷 Y0180/第178冊
王代功編
民國十二年湘潭王氏湘綺樓刻本
醉園府君年譜一卷 Y0180/第178冊
蔣兆蘭 蔣兆燮編
民國五年宜興蔣氏鉛印《醉園詩存》
石叟年譜一卷 Y0180/第178冊
黄文煥編
民國二年英山李氏鉛印本
周慤慎公自著年譜二卷 Y0180/第178冊
周馥編
民國十一年秋浦周氏石印《周慤慎公全集》本
撝廬氏自編年譜一卷 Y0180/第179冊
童以謙編 童世亨續編
民國十二年嘉定童氏鉛印本
鄰蘇老人年譜一卷 Y0180/第179冊
楊守敬編 熊會貞續編
民國四年石印本
王先謙自定年譜三卷 Y0180/第179冊
王先謙編
清光緒三十四年長沙王氏刻本
吕鏡宇自叙年譜一卷 Y0180/第180冊
吕海寰編
清光緒間大興吕海寰硃絲欄稿本
次晳次齋主人年譜一卷 Y0180/第180冊
孫振烈編
民國八年無錫孫氏鉛印本
韌叟自訂年譜一卷 Y0180/第180冊
勞乃宣編
清宣統至民國間上虞羅氏鉛印《蟫隱廬叢書》本
福山石塢王君年譜一卷 Y0180/第180冊
王塝編
民國十五年石印本
祖庭聞見錄一卷 Y0180/第180冊
張紹蕃編
民國六年天水張氏鉛印本
朴翰臣年譜一卷 Y0180/第180冊
佚名編
民國七年石印本
藝風老人年譜一卷行狀一卷 Y0180/第180冊
繆荃孫編
民國二十五年北平文祿堂刻本
臯叟七十年譜一卷 Y0180/第180冊
李思敬編
民國四年上海商務印書館鉛印本
養雲主人自編年譜一卷續記一卷 Y0180/第181冊
王懋官編
清光緒三十二年申江石印暨民國六年鉛印本
光祿大夫建威將軍張公年譜一卷 Y0180/第181冊
穆印編
民國間鉛印《光祿大夫建威將軍張公集》本
潘孝端先生年譜一卷 Y0180/第181冊
潘肇元編
民國十八年木活字《師竹盧隨筆》本
師竹盧自述一卷 Y0180/第181冊
竇鎮編
民國八年木活字《師竹盧隨筆》本
慎獨齋七十年譜一卷 Y0180/第181冊
關蔚煌編
民國間鉛印本
止盦年譜一卷附錄一卷 Y0180/第181冊
瞿鴻禨編 瞿宣穎續編
民國二十三年善化瞿氏鉛印《長沙瞿氏家乘》本
恩遇記一卷 Y0180/第181冊
瞿鴻禨編
民國二十三年善化瞿氏鉛印《長沙瞿氏家乘》本
部眗府君年譜一卷 Y0180/第181冊
王邁常 王蘧常編
民國間鉛印本
晏海澄先生年譜四卷附錄一卷 Y0180/第181－182冊
金兆豐編
民國十九年鎮安晏氏北平刻本
惜分陰軒主人述略一卷 Y0180/第182冊
周憬編
民國九年無錫周氏鉛印本
梁母潘太夫人年譜 Y0180/第182冊
梁壽臧 梁壽相編
民國八年梁氏鉛印本
心乾氏自編年譜一卷 Y0180/第182冊
陳慶容編
民國十七年嘉定陳鏡珩鉛印本
陳玉蒼先生年譜一卷 Y0180/第182冊
陳宗蕃編
民國二十一年鉛印《望嵩堂奏稿》本
陶廬老人年譜二卷 Y0180/第182冊
王樹枏編
民國二十四年抄本
崇德老人八十自訂年譜一卷 Y0180/第182冊
曾紀芬述 瞿宣穎筆錄
民國二十二年衡山聶氏鉛印本
嗇翁自訂年譜二卷 Y0180/第183冊
張謇編
民國十四年鉛印本
侯官嚴先生年譜一卷 Y0180/第183冊
嚴璩編
民國間鉛印本
松壽老人自叙一卷 Y0180/第183冊
張勛編
民國間刻本
且頑七十歲自叙不分卷 Y0180/第183冊
李鍾珏編
民國間中華書局鉛印本
窺園先生自訂年譜一卷 Y0180/第184冊
許南英編
民國二十二年北京鉛印《窺園留草》本
桐城馬先生年譜一卷 Y0180/第184冊
陳祖壬編
民國間新城陳祖壬稿本
水竹邨人年譜二卷附錄一卷 Y0180/第184冊
賀培新編

民國間武強賀培新硃絲欄稿本
鄭叔問先生年譜一卷 Y0180/第184冊
戴正誠編
民國三十年鉛印本
葵園遯叟自訂年譜一卷
Y0180/第184冊
高覲昌編
民國十四年鉛印本
侯官陳石遺先生年譜七卷
Y0180/第184－185冊
陳聲暨編 王真續編 葉長青補訂
民國間刻本
侯官陳石遺先生年譜一卷
Y0180/第185冊
王真續編
一九六〇年油印本
止叟年譜一卷 Y0180/第185冊
韓國鈞編
民國間鉛印本
水流雲在圖記不分卷 Y0180/第185冊
陳夔龍編
民國間石印本
默盦居士自定年譜一卷續編一卷附錄一卷 Y0180/第185冊
王敬禮編
民國間黃巖王氏鉛印本
段甲樓先生年譜一卷 Y0180/第185冊
萬大章編
民國二十六年貴陽文通書局鉛印《暢園詩草》本
容菴弟子記四卷 Y0180/第185冊
沈祖憲 吳闓生編
民國二年油印本
陳介石先生年譜一卷 Y0180/第186冊
陳謐編
民國二十三年見思堂鉛印本
桂林梁先生年譜一卷思親記一卷
Y0180/第186冊
梁煥鼐 梁煥鼎編
民國十四年鉛印《桂林梁先生遺書》本
滯園自述一卷 Y0180/第186冊
趙啓霖編 趙殷續編
民國間抄本
範孫自定年譜一卷補一卷
Y0180/第186冊
嚴修編 高彤續編
民國三十二年天津嚴氏刻本
疚存齋自訂年譜一卷 Y0180/第186冊
周宗麟編
民國十九年鉛印《疚存齋集》本
求我山人年譜一卷 Y0180/第186冊
莊景仲編
民國十八年奉化莊景仲鉛印《求我山人雜著》本
追憶録一卷續錄一卷 Y0180/第186冊
殷葆諴編
民國間中華書局鉛印本
庸叟編年錄一卷 Y0180/第187冊
庸叟編
民國間庸叟硃絲欄稿本
提法公年譜一卷 Y0180/第187冊
張學華編 張澍棠補編
一九五二年鉛印本
王淡園自訂年譜一卷 Y0180/第187冊
王陳常編
民國十二年美華印書局石印《賞心山房全稿》本
文叔公自著年譜一卷 Y0180/第187冊
鍾壽康編
民國十二年至德堂木活字《會稽鍾氏宗譜》本
弊庵主人自訂年譜一卷
Y0180/第187冊
張茂鏞編
民國初年蘇州啓新公司鉛印本
桂林秦仲勤先生年譜一卷
Y0180/第187冊
秦恩述編 秦振夫補編
民國間石印本
黎元洪年譜資料一卷 Y0180/第187冊
薛明劍編
一九六一年打字油印本
阮南自述一卷 Y0180/第187冊
王守恂編
民國間鉛印《王仁安集》本
吳興周夢坡先生年譜一卷
Y0180/第188冊
周廷礽編
民國二十三年鉛印暨影印《吳興周夢坡先生訃告》本
合肥執政年譜初稿一卷
Y0180/第188冊
吳廷燮編
民國二十七年鉛印本
吳漁川先生年譜一卷 Y0180/第188冊
劉治襄編
民國間鉛印《庚子西狩叢談》本
景牧自訂年譜一卷 Y0180/第188冊
吳廷燮編
民國二十七年江寧吳氏鉛印本
鈍盦紀年一卷 Y0180/第188冊
陳炳華編
民國間北平陳炳華刻本
陸肅武將軍年譜二卷 Y0180/第188冊
鍾彤澐編 鍾廣生續編
民國十九年北平刻本
先考幼山府君年譜一卷
Y0180/第188冊
羅香林編
民國二十五年興寧羅氏鉛印《希山叢著》本
石琴廬主年譜一卷 Y0180/第188冊
張之漢編
民國間鉛印《張仙舫運使哀挽錄》本
聲玲年譜一卷 Y0180/第188冊
汪聲玲編
民國十六年鉛印《旌德板橋汪三輝堂家乘》本
抑齋自述七種 Y0180/第189－191冊
王錫彤編
民國間鉛印本
王筱汀先生年譜一卷加傳一卷
Y0180/第191冊
童坤厚編
民國二十八年鉛印本
唾蕣年譜一卷 Y0180/第191冊
郭敬安編
民國七年鉛印本
自述錄一卷 Y0180/第191冊
鈕澤晟編
民國十三年吳興鈕氏鉛印《鈕寅身先生遺著》本
先烈謝飛麟先生年譜一卷
Y0180/第192冊
陳成編
民國間鉛印《謝非麟遺著》本
思緘公年譜一卷 Y0180/第192冊
馮飛編
民國二十五年鉛印《毗陵莊氏增修族譜》本

泗陽張沌谷居士年譜一卷
Y0180/第 192 册
張星烺編
民國二十四年中國地學會北平鉛印《南園叢書》本
榆廬年譜一卷續一卷 Y0180/第 192 册
夏辛銘編 夏祖年 夏廷正續編
民國間桐鄉夏氏鉛印本
含嘉室自訂年譜一卷 Y0180/第 192 册
吳士鑒編
民國間鉛印本
先府君蕭公石齋年譜一卷
Y0180/第 192 册
蕭家仁編
民國間香港集大莊鉛印本
苓泉居士自訂年譜二卷
Y0180/第 192 册
楊壽枬編
民國三十二年鉛印本
陳少白先生年譜一卷 Y0180/第 192 册
陳德芸編
民國二十四年鉛印《陳少白先生哀思錄》本
太炎先生年譜一卷 Y0180/第 192 册
章炳麟編
民國間四明張氏約園烏絲欄抄本
朱徵君年譜續編一卷 Y0180/第 192 册
周雲編
民國十七年江寧朱氏鉛印本
一齋自編年譜一卷續編一卷
Y0180/第 192 册
陳毓瑞編
民國十七年江陰陳氏鉛印本
涉園七十年記略一卷 Y0180/第 192 册
陶湘編
民國二十八年武進陶氏鉛印本
忍堪居士年譜一卷 Y0180/第 192 册
鄧鎔編
民國二十一年鉛印《荃察餘齋詩存再續》本
袁屏山先生年譜一卷 Y0180/第 193 册
袁丕元等編 林景泰 李士厚參訂
民國二十七年鉛印《袁屏山先生紀念集》本
倬盦自訂年譜一卷 Y0180/第 193 册
邵章編
1953 年北京油印《倬盦遺稿》本
蠖園年表一卷 Y0180/第 193 册
朱啓鈐編
民國二十四年至三十三年紫江朱氏北平鉛印暨影印《紫江朱氏家乘》本
梁任公先生年譜長編初稿
Y0180/第 193－196 册
丁文江 趙豐田編
民國二十五年油印本
潘霞青先生年譜一卷 Y0180/第 196 册
潘項等編
民國二十二年鉛印本
適園老人年譜一卷附錄一卷
Y0180/第 196 册
權量編 權國華續編
民國十五年京華印書局北京鉛印本
文藪自撰年譜一卷 Y0180/第 196 册
袁毓麟編
民國二十四年鉛印《錢唐袁氏族譜》本
李希白先生年譜一卷 Y0180/第 196 册
李根源編
民國二十年騰沖青齋李氏宗祠刻《騰沖青齋李氏宗譜》本
賽金花年表一卷 Y0180/第 196 册
劉半農 商鴻逵編
民國二十三年星雲堂書店鉛印《賽金花本事》本
賽金花年譜一卷 Y0180/第 196 册
李蜀宜編
民國二十四年鉛印《時事新報》本
夢懷錄一卷 Y0180/第 196－197 册
譚新嘉編
民國間嘉興譚新嘉稿本
疇隱居士自訂年譜一卷
Y0180/第 197 册
丁福保編
民國十八年無錫丁氏鉛印本
錢士青先生編年事略一卷
Y0180/第 197 册
甘澤沛 王永清編
民國二十五年鉛印《誦芬堂文稿》本
錢士青先生年譜一卷 Y0180/第 197 册
陳鳳章編
民國間鉛印本
錢士青先生年譜一卷 Y0180/第 197 册
蔣絅裳編
一九五三年鉛印本
粹廬自訂年譜一卷 Y0180/第 197 册
劉潛編
民國間朱絲欄抄本
樂農自訂行年紀事一卷
Y0180/第 197 册
榮宗銓編
民國間建東印刷公司上海鉛印本
環璽齋主人年譜一卷 Y0180/第 197 册
馮汝玠編
民國間祥符馮汝玠硃絲欄稿本
先君年譜一卷 Y0180/第 197 册
張鍾芸編
民國二十八年成都球新印刷廠鉛印《張列遺札》本
天風澥濤館六十自述一卷
Y0180/第 197 册
謝持編
民國間上海二我軒鉛印本
王海髯先生年譜一卷 Y0180/第 197 册
王載紘編
一九八五年平陽王載紘膠印本
盧慎之自訂年譜一卷 Y0180/第 198 册
盧弼編
一九五八年油印《慎園文選》本
演蒼年史一卷 Y0180/第 198 册
謝蔭昌編
民國間吉林吉東印刷社鉛印本
陳英士先生年譜初稿一卷
Y0180/第 198 册
何仲簫編
民國十九年鉛印《陳英士先生紀念全集》本
今傳是樓主人年譜一卷
Y0180/第 198 册
李元輝編
民國三十年刻藍印《逸塘詩存》本
金公年譜一卷 Y0180/第 198 册
申權編
民國間油印本
松石齋日記摘錄 Y0180/第 198 册
吳恩培編
民國三十年遼陽吳氏照相排字《遼陽吳氏族譜》本
李氏復仇實錄 Y0180/第 198 册
李贊臯編
民國二十四年遼陽李氏鉛印本
蔡渭生自編年譜一卷 Y0180/第 198 册
蔡煥文編 蔡鎮瀛等續編

民國三十七年鉛印本
雪生年錄三卷 Y0180/第198冊
李根源編
民國二十三年騰沖李氏曲石精盧鉛印本
崇翰池年記一卷 Y0180/第198冊
崇雯編
民國間滿洲崇雯硃絲欄稿本
天行草堂主人自訂年譜一卷 Y0180/第199冊
章嶔編
民國二十四年鉛印《天行草堂主人遺稿叢刊》本
葉遐菴先生年譜一卷 Y0180/第199冊
遐庵年譜匯稿編印會編
民國三十五年廣州遐庵年譜匯稿編印會鉛印本
蔡公松坡年譜二卷 Y0180/第199冊
李文漢編
民國三十二年嵩明縣教育科石印本
淡志室主人紀年前編一卷 Y0180/第199冊
鄭裕孚編
民國間文蔚閣鉛印本
傅鈍安先生年譜一卷 Y0180/第199冊
傅熊湘編
民國二十一年鉛印《鈍安遺集》本
汪精衛先生年譜一卷 Y0180/第199冊
張江裁編
民國三十二年東莞張氏拜袁堂鉛印《汪精衛先生行實錄》本
汪精衛先生著述年表一卷 Y0180/第199冊
張江裁編
民國三十二年東莞張氏拜袁堂鉛印《汪精衛先生行實錄》本
左盦年表一卷 Y0180/第199冊
錢玄同編
民國間吳興錢玄同烏絲欄稿本
霜厓先生年譜一卷 Y0180/第199冊
盧前編
民國二十八年石印《南北詞簡樸》本
陸費伯鴻先生年譜一卷 Y0180/第200冊
鄭子展編
民國間油印本
李抱一先生自訂年譜一卷 Y0180/第200冊
李景僑編 李載章續編
民國二十六年抱一遺集委員會鉛印《抱一遺著》本
孫庵老人自訂五十以前年譜二卷年表一卷附錄一卷 Y0180/第200冊
錢基厚編
民國三十二年無錫錢氏鉛印本
牛惠生先生年譜一卷 Y0180/第200冊
黃素封編
民國二十六年鉛印本
推十書繫年錄一卷 Y0180/第200冊
李克齊 羅體基編
民國十四年尚友書塾鉛印本
吳碧柳自訂年表一卷 Y0180/第200冊
吳芳吉編
民國間成都大中印務局鉛印《成都追悼吳碧柳先生紀念刊》本
芋園四十年譜一卷 Y0180/第200冊
易雨仙編
民國間鉛印《宇園主人四十自述》本
摹盧著述紀年一卷 Y0180/第200冊
陳直編
一九六四年鎮江陳直稿本

Y0181(1－90)

中華歷史人物別傳集
劉家平 蘇曉君主編 國家圖書館分館編
二〇〇三年北京綫裝書局影印本
九十冊

Y0182(1－50)

北京圖書館藏家譜叢刊閩粵(僑鄉)卷
北京圖書館編
二〇〇〇年北京圖書館出版社影印本
五十冊
莆陽刺桐金紫方氏族譜 Y0182/第1冊
(清)方元會纂修
清順治間刻本
西河林氏族譜 Y0182/第1冊
林光銓校
清光緒三年新加坡古友軒石印本
林氏宗譜 Y0182/第1冊
陶恩綬纂
清光緒四年抄本
渤海吳氏家譜 Y0182/第1冊
吳士琛等修
清光緒間木活字本
侯官雲程林氏家乘 Y0182/第2－3冊
林懋績等纂修
民國二十三年鉛印暨石印本
麟峰黃氏家譜 Y0182/第4冊
黃惠纂
清乾隆五十八年刻本
黃氏族譜 Y0182/第4冊
黃翰修
清光緒十三年石印本
南海學正黃氏家譜 Y0182/第4冊
黃任恒纂修
清宣統三年寶粹堂刻本
黃氏家乘 Y0182/第5冊
(清)黃培芳等纂修
清道光二十七年廣州純淵堂刻本
黃氏家乘續編 Y0182/第5冊
(清)黃鯨文編
清光緒三十一年刻本
黃氏家乘續編 Y0182/第5冊
(清)黃佛頤編
清光緒二十九年刻本
黃氏族譜 Y0182/第6冊
黃普怡等纂修
清光緒八年刻本
莆田浮山東陽陳氏族譜 Y0182/第7－9冊
(清)陳雲章修
清嘉慶二十二年刻本
南海鶴園陳氏族譜 Y0182/第10冊
陳萬豫等纂
民國八年南海陳氏貽燕堂刻本
陳氏族譜 Y0182/第10冊
陳昌遠纂修
民國十三年梅州陳昌遠鉛印本
螺江陳氏家譜 Y0182/第11－15冊
陳寶琛修
民國二十二年鉛印本
浦城陳氏家譜 Y0182/第16冊
陳模等纂
民國六年集賢堂活字本
顏氏族譜 Y0182/第17冊
顏亮洲等纂修
清抄本
平潭李氏族譜 Y0182/第18冊
李友于輯
清道光間砢山房木活字

福州通賢龔氏支譜 Y0182/第 18 册
龔葆琛纂修
清光緒九年刻本
泰寧李氏族譜 Y0182/第 19 - 20 册
李喜發等增輯
民國三年廣州中外圖書館鉛印本
南海九江朱氏家譜 Y0182/第 21 - 23 册
朱次琦等修 朱宗琦纂
清同治八年南海朱氏刻本
桃園鄭氏族譜 Y0182/第 24 册
鄭錦和等纂修
清光緒間仁德堂朱絲欄抄本
分派福州武林邵氏族譜 Y0182/第 24 册
邵守正纂
民國年間鉛印本
姚氏述先記 Y0182/第 24 册
姚璧撰 姚家琳編
民國十二年石印本
增訂香山郭氏族譜 Y0182/第 24 册
郭紹陽等纂
民國十八年鉛印本
舊德述聞 Y0182/第 24 册
郭則沄撰
民國二十五年蟄園校刻本
藍氏續修族譜 Y0182/第 25 - 26 册
(清)藍星修 (清)藍日照纂
清光緒七年汝南堂木活字本
關氏族譜 Y0182/第 27 - 28 册
(清)關氏修
清光緒十五年翰元樓刻本
南海吉利下橋關樹德家譜
Y0182/第 29 册
關蔚煌等纂修
清光緒年間刻本
恩平岑氏家譜 Y0182/第 30 册
岑兆瑞等纂
清光緒二十年刻本
蓮湖祖氏族譜 Y0182/第 31 - 33 册
祖國鈞纂修
清光緒二十五年刻本
鳳崗忠賢劉氏族譜 Y0182/第 34 - 39 册
劉懋勛等修 劉君翰等纂
民國九年鉛印本
劉氏傳忠錄 Y0182/第 40 册
程勛纂
民國二十二年三餘書室鉛印本
洪氏宗譜 Y0182/第 41 册
洪宗海修 洪己任纂
民國十一年汕頭名利軒印務局鉛印本
粤東簡氏大同譜 Y0182/第 42 - 44 册
簡賓侯等修 簡竹居等纂
民國十七年鉛印本
順德簡岸簡氏家譜 Y0182/第 42 - 44 册
簡朝亮纂修
民國十七年鉛印本
廖氏族譜 Y0182/第 45 - 46 册
廖萱榮等修 廖文炳等纂
民國十三年石印本
哀烈錄 Y0182/第 45 - 46 册
康有爲輯
民國間東莞張泊楨刻本
南溪盛氏家譜 Y0182/第 45 - 46 册
盛鴻燾纂修
民國十九年鉛印本
餘慶孫氏族譜 Y0182/第 47 - 48 册
孫詒謀纂修
民國十八年木活字本
雁門薩氏家譜 Y0182/第 49 - 50 册
薩鎮冰 薩嘉曦修
民國二十四年鉛印本

Y0183

地方志人物傳記資料叢刊
國家圖書館編
二〇〇一至二〇一二年北京市北京圖書館出版社影印本
三五五册
東北卷
遼寧省
[嘉靖]全遼志 Y0183/第 1 册
(明)李輔等修 陳絳等纂
民國二十三年(1934)遼海書社鉛印《遼海叢書》本
[乾隆]盛京通志 Y0183/第 1 - 2 册
(清)阿桂 董誥修 (清)劉謹之 程維岳纂
民國六年(1917)鉛印本
[民國]奉天通志 Y0183/第 2 - 5 册
翟文選等修 王樹枏等纂
民國二十三年(1934)鉛印本
[宣統]承德縣志書 Y0183/第 6 册
(清)都林布修 李巨源等纂 金正元續修 張子瀛等增纂
清宣統二年(1910)增修石印本
[民國]沈陽縣志 Y0183/第 6 册
趙恭寅修 曾有翼等纂
民國六年(1917)鉛印本
[民國]新民縣志 Y0183/第 6 册
王寶善修 張博惠纂
民國十五年(1926)石印本
[民國]遼中縣志 Y0183/第 6 册
徐維淮修 李植嘉等纂
民國十九年(1930)鉛印本
[民國]遼陽縣志 Y0183/第 6 册
裴焕星 王煜斌修 白永貞等纂
民國十七年(1928)鉛印本
[民國]海城縣志 Y0183/第 6 册
廷瑞 孫紹宗修 張輔相纂
民國十三年(1924)鉛印本
[民國]台安縣志 Y0183/第 6 册
孫維善 傅玉璞修 王紹武 孟廣田纂
民國十九年(1930)鉛印本
[宣統]懷仁縣志 Y0183/第 6 册
(清)馬俊顯修 劉熙春等纂
清宣統二年(1910)鉛印本
[民國]桓仁縣志 Y0183/第 6 册
侯錫爵修 羅明述纂
民國十九年(1930)鉛印本
[民國]撫順縣志 Y0183/第 6 册
張克湘修 周之楨纂
民國二十年(1931)修抄本
[民國]興京縣志 Y0183/第 6 册
張耀東修 李屬春纂
民國二十五年(1936)鉛印本
[宣統]昌圖府志 Y0183/第 6 册
(清)紅汝沖纂修
清宣統二年(1910)鉛印本
[民國]昌圖縣志 Y0183/第 6 册
程道元修 續文金纂
民國五年(1916)鉛印本
[民國]鐵嶺縣志 Y0183/第 6 册
黄世芳 俞榮慶修 陳德懿等纂
民國二十二年(1933)鉛印本
[民國]鐵嶺縣續志 Y0183/第 6 册
楊宇齊修 張嗣良纂
民國二十二年(1934)鉛印本
[民國]開原縣志 Y0183/第 6 册
李毅 趙家語修 王毓琪纂
民國十八年(1929)鉛印本
[民國]西豐縣志 Y0183/第 6 册
蕭德潤修 張恩書纂 曹肇元補修 希廉等補纂

民國二十七年(1938)鉛印本
法庫縣鄉土志　Y0183/第6册
(清)劉鳴復原編 (民國)李心曾續補
民國三年(1914)法庫縣泰生山房石印本
遼東文獻徵略　Y0183/第6册
金毓黻撰
民國十六年(1927)鉛印本
[民國]營口縣志　Y0183/第7册
楊晉源修 王慶雲纂
民國二十四年(1935)油印本
[民國]蓋平縣志　Y0183/第7册
石秀峰 辛廣瑞修 王郁雲纂
民國十九年(1930)鉛印本
[民國]盤山縣志略　Y0183/第7册
馬俊顯修 孫名耀等纂
民國四年(1915)修抄本
旅大文獻徵存　Y0183/第7册
孫寶田纂修
一九八〇年天津古籍書店抄本
[民國]復縣志略　Y0183/第7册
程廷恒修 張素纂
民國九年(1920)石印本
[民國]莊河縣志　Y0183/第7册
王純古 王佐才修 楊維嶓 李其實纂
民國二十三年(1934)鉛印本
[民國]安東縣志　Y0183/第7册
關定賓等修 于雲峰等纂
民國二十年(1931)鉛印本
[民國]鳳城縣志　Y0183/第7册
馬龍潭 沈國冕等修 蔣齡益等纂
民國十年(1921)石印本
[民國]岫巖縣志　Y0183/第7册
劉景文 高乃濟修 郝玉璞纂
民國十七年(1938)鉛印本
[民國]寬甸縣志略　Y0183/第7册
程廷恒修 陶牧纂
民國四年(1915)石印本
[民國]阜新縣志　Y0183/第7册
張遇春修 賈如誼纂
民國二十四年(1935)鉛印本
[民國]彰武縣志　Y0183/第7册
王恕修 王德輝 馬書田纂
民國二十二年(1933)鉛印本
[民國]錦縣志　Y0183/第7册
王文藻修 陸善格 朱顯廷纂
民國九年(1920)鉛印本
[民國]義縣志　Y0183/第7册
趙興德等修 王鶴齡等纂
民國二十年(1931)鉛印本
廣寧縣鄉土志　Y0183/第8册
(清)蕭雨春編
清光緒三十四年(1908)鉛印本
[民國]北鎮縣志　Y0183/第8册
王文璞等修 呂中清纂 楊煥文續修 劉振翮續纂
民國二十二年(1933)石印本
[民國]黑山縣志　Y0183/第8册
梁學貴修 朱尚弼 龐國士纂
民國三十年(1941)鉛印本
鎮安縣鄉土志　Y0183/第8册
張霽編
清光緒三十三年(1907)鉛印本
[民國]錦西縣志　Y0183/第8册
張鑒唐 劉煥文修 郭逵等纂
民國十八年(1929)鉛印本
[民國]興城縣志　Y0183/第8册
恩麟 王恩士修 楊蔭芳等纂
民國十六年(1927)鉛印本
[民國]綏中縣志　Y0183/第8册
文鎰修 范炳勳等纂
民國十八年(1929)鉛印本
[民國]綏中縣志續編　Y0183/第8册
溫繼嶠修 席文彙纂
民國二十二年(1933)鉛印本
[民國]朝陽縣志　Y0183/第8册
周鐵錚修 沈鳴詩等纂
民國十九年(1930)鉛印本
[民國]凌源縣志稿　Y0183/第8册
周憲章修 宮葆廉纂
民國十六年(1927)修稿本
[民國]林西縣志　Y0183/第8册
蘇紹泉修 徐致軒纂
民國十九年(1930)鉛印本

吉林省

[道光]吉林外記　Y0183/第8册
(清)薩英額纂
清光緒二十一年(1895)桐廬袁昶漸西村舍刻本
[光緒]吉林通志　Y0183/第8-9册
(清)長順 訥欽修 李桂林 顧雲纂
清光緒十七年(1891)刻本
[民國]長春縣志　Y0183/第9册
張書翰 馬仲援修 趙述雲 金毓紱纂
民國三十年(1941)鉛印本
[民國]農安縣志　Y0183/第9册
鄭士純修 朱衣點纂
民國十六年(1927)鉛印本
榆樹縣鄉土志資料　Y0183/第9册
榆樹縣公署編
民國二十六年(1937)鉛印本
九臺縣鄉土志資料　Y0183/第9册
偽九臺公署輯
民國二十五年(1936)油印本
雙陽縣鄉土志　Y0183/第9册
吉人修 吳榮桂 陳永奉纂
民國十五年(1926)鉛印本
[民國]永吉縣志　Y0183/第10册
徐鼐霖修 章華纂
民國二十年(1931)鉛印本
[民國]樺甸縣志　Y0183/第10册
胡聊恩修 陳鐵梅纂
民國二十一年(1932)鉛印本
[民國]延吉縣志　Y0183/第10册
吳祿貞修 周維楨纂
民國三年(1914)油印本
[民國]琿春縣志　Y0183/第10册
朱約之修 何廉惠等纂
民國十六年(1927)修 民國二十年(1931)複寫本
[宣統]安圖縣志　Y0183/第11册
(清)劉建封修 吳亞元纂
清宣統二年(1910)修稿本
[民國]安圖縣志　Y0183/第11册
陳鴻謨 陳國鈞等修 孔廣泉 臧文源纂
民國十八年(1929)鉛印本
[民國]額穆縣志　Y0183/第11册
謝雨琴修 石文衡纂
一九六〇年旅大圖書館據民國二十八年鉛印本油印
[宣統]輝南廳志　Y0183/第11册
薛德履修 張見田等纂
清宣統二年(1910)石印本
[民國]輝南縣志　Y0183/第11册
白純義修 于鳳桐等纂
民國十六年(1927)鉛印本
[民國]海龍縣志　Y0183/第11册
王永恩修 王春鵬纂
民國二十六年(1937)鉛印本
[民國]增修通化縣志　Y0183/第11册
李春雨原修 劉天成增修 李鎮華 邵

芳齡續纂
民國二十四年(1935)鉛印本
[民國]臨江縣志　Y0183/第11册
劉維清 張之言修 羅寶書 邱在官纂
民國二十四年(1935)鉛印本
[民國]輯安縣志　Y0183/第11册
劉天成 蘇顯揚修 張拱垣 于雲峰纂
民國二十年(1931)鉛印本
[民國]撫松縣志　Y0183/第11册
張元俊修 車煥文纂
民國十九年(1930)石印本
伊通縣鄉土志　Y0183/第11册
僞伊通縣署編
民國二十六年(1937)油印本
[民國]懷德縣志　Y0183/第11册
李宴春等修 趙晉臣 孫雲章等纂
民國十八年(1929)鉛印本
[民國]續修懷德縣志　Y0183/第11册
孫潤蒼修 孫雲章纂
民國二十三年(1934)鉛印本
[光緒]奉化縣志　Y0183/第11册
(清)錢開震修 陳文焯纂
清光緒十一年(1885)刻本
[民國]梨樹縣志　Y0183/第11册
包文俊修 李溶纂 曲廉本續修 范大全續纂
民國二十三年(1934)續修鉛印本
[宣統]西安縣志略　Y0183/第11册
雷飛鵬等修 段盛梓等纂
清宣統三年石印本
[民國]東豐縣志　Y0183/第11册
邢麟章 王瀛傑修 李耦纂
民國二十年(1931)鉛印本
[民國]洮南縣志　Y0183/第11册
張勘等修 王翼廷等纂
民國十九年(1930)鉛印本
[民國]大賚縣志　Y0183/第11册
于英蕤纂修
民國二年(1913)修抄本
[民國]鎮東縣志　Y0183/第11册
陳占甲修 周渭賢纂
民國十六年(1927)鉛印本
扶餘縣鄉土志資料　Y0183/第11册
僞扶餘縣公署編
民國二十六年(1937)打字印本
黑龍江省
[民國]黑龍江志稿　Y0183/第11-12册
萬福麟修 張伯英等纂
民國二十二年(1933)鉛印本
龍城舊聞　Y0183/第12册
魏毓蘭編
民國八年(1919)鉛印本
[宣統]呼蘭府志　Y0183/第12册
(清)黃維翰纂修
民國四年(1915)鉛印本
[民國]呼蘭縣志　Y0183/第12册
廖飛鵬修 柯寅纂
民國十九年(1930)鉛印本
[民國]巴彥縣志　Y0183/第12册
王岱纂修
民國六年(1917)修抄本
[民國]雙城縣志　Y0183/第12册
高文垣等修 張鼐銘等纂
民國十五年(1926)鉛印本
[民國]賓縣縣志　Y0183/第12册
趙汝楳 德壽修 朱衣點纂
民國十八年(1929)鉛印本
[民國]珠河縣志　Y0183/第12册
孫荃芳修 宋景文纂
民國十八年(1929)鉛印本
[民國]延壽縣志　Y0183/第12册
周萬選修 楊光博纂
民國二十三年(1934)鉛印本
[民國]綏化縣志　Y0183/第12册
常蔭廷修 胡鏡海等纂
民國九年(1920)鉛印本
[民國]慶城縣志　Y0183/第12册
佚名纂
民國年間抄本
[民國]海倫縣志　Y0183/第12册
辛天成纂修
民國二年(1913)修抄本
[民國]望奎縣志　Y0183/第12册
嚴兆霖修 張玉書等纂
民國八年(1919)鉛印本
[民國]青岡縣志　Y0183/第12册
兆麟纂修
民國二年(1913)修抄本
[民國]肇州縣志略　Y0183/第12册
張樾纂修
民國二年(1913)修抄本
[民國]寧安縣志　Y0183/第12册
王世選修 梅文昭纂
民國十三年(1924)鉛印本
[民國]東寧縣志略　Y0183/第12册
田徵明纂修
民國九年(1920)鉛印本
[民國]吉林依蘭縣志　Y0183/第12册
楊步墀纂修
民國十年(1921)鉛印本
[民國]湯原縣志略　Y0183/第12册
伊雙慶纂修
民國十年(1921)修抄本
[民國]樺川縣志　Y0183/第12册
鄭士純 朱衣點等纂修
民國十七年(1928)鉛印本
[民國]寶清縣志　Y0183/第12册
齊耀珷修 韓大光纂
民國二十五年(1936)鉛印本
[民國]拜泉縣志　Y0183/第12册
張霖如修 胡乃新等纂
民國八年(1919)石印本
[民國]林甸縣志略　Y0183/第12册
伊雙慶纂修
民國六年(1917)修抄本
[民國]龍江縣志　Y0183/第12册
高湛臣編
民國二十七年(1938)鉛印本
[民國]依安縣志　Y0183/第12册
梁巖修 何士舉纂
民國十九年(1930)鉛印本
[民國]訥河縣志　Y0183/第12册
崔福坤修 業紹卿纂
民國二十年(1943)鉛印本
[民國]璦琿縣志　Y0183/第12册
孫蓉圖修 徐希廉纂
民國九年(1920)鉛印本
[民國]黑龍江通北設治局通志　Y0183/第12册
熊良弼纂修
民國五年(1916)修抄本
[民國]嫩江縣志　Y0183/第12册
趙富安纂修
民國二年(1913)修抄本
西北卷
陝西省
[民國]續修陝西通志稿　Y0183/第1-2册
楊虎城 邵力子修 宋伯魯 吳廷錫纂
民國二十三年(1934)鉛印本
[乾隆]西安府志　Y0183/第2册

(清)舒其紳修 嚴長明纂
清乾隆四十四年(1719)刻本
[嘉慶]長安縣志 Y0183/第3册
(清)張聰賢修 董曾臣纂
清嘉慶二十年(1815)修刻本
[道光]藍田縣志 Y0183/第3册
(清)胡元煐修 蔣湘南纂
清道光十九年(1839)修 二十二年(1842)刻本
[乾隆]臨潼縣志 Y0183/第3册
(清)史傳遠纂修
清乾隆四十一年(1776)刻本
[嘉靖]高陵縣志 Y0183/第3册
(明)呂柟纂修
明嘉靖二十年(1541)刻本
[光緒]高陵縣續志 Y0183/第3册
(清)程維雍修 白遇道纂
清光緒七年修 十年(1884)刻本
[乾隆]鄠縣新志 Y0183/第3册
(清)汪以誠修 孫景烈纂
清乾隆四十二年(1777)刻本
[民國]重修鄠縣志 Y0183/第3册
強雲程 趙葆真修 吳繼祖纂
民國二十二年(1933)西安酉山書局鉛印本
[民國]盩厔縣志 Y0183/第3册
龐文中修 任肇新 路孝愉纂
民國十四年(1925)西安藝林印書社鉛印本
[民國]同官縣志 Y0183/第3册
余正東修 黎錦熙纂
民國三十三年(1944)鉛印本
[乾隆]續耀州志 Y0183/第3册
(清)汪灝修 鍾麟書纂
清乾隆二十七年(1162)刻本
[民國]寶鷄縣志 Y0183/第3册
(清)鄧夢琴原本 曹驥觀續修 強振志續纂
民國十一年(1922)陜西印刷局鉛印本
[乾隆]重修鳳翔府志 Y0183/第3-4册
(清)達靈阿修 周方炯 高登科纂
清乾隆三十一年(1766)刻本
[乾隆]重修鳳翔縣志 Y0183/第4册
(清)羅鰲修 周方炯 劉震纂
清乾隆三十二年(1767)刻本
[道光]重修汧陽縣志 Y0183/第4册
(清)羅日壁纂修
清道光二十一年(1841)刻本
[乾隆]隴州續志 Y0183/第4册
(清)吳炳纂修
清乾隆三十一年(1766)刻本
[光緒]麟遊縣新志草 Y0183/第4册
(清)彭洵纂修
清光緒九年(1883)刻本
[乾隆]岐山縣志 Y0183/第4册
(清)平世增 郭履恒修 蔣兆甲纂
清乾隆四十四年(1779)刻本
[光緒]岐山縣志 Y0183/第4册
(清)胡升猷修 張殿元纂
清光緒十年(1884)刻本
[民國]岐山縣志 Y0183/第4册
田惟均修 白岫雲纂
民國二十四年(1935)西安酉山書局鉛印本
[順治]扶風縣志 Y0183/第4册
(清)劉瀚芳 陳允錫修 馮文可纂
清順治十八年(1661)刻本
[嘉慶]扶風縣志 Y0183/第4册
(清)宋世犖修 吳鵬翱 王樹棠纂
清嘉慶二十四年(1819)刻本
[宣統]郿縣志 Y0183/第4册
(清)李帶雙原本 沈錫榮增補
清宣統元年(1909)增補 二年(1910)陜西圖書館鉛印本
[光緒]鳳縣志 Y0183/第4册
(清)朱子春修 段澍霖纂
清光緒十八年(1892)刻本
[乾隆]咸陽縣志 Y0183/第4册
(清)臧應桐纂修
清道光十六年(1836)刻本
[民國]重修咸陽縣志 Y0183/第4册
劉安國修 吳廷錫 馮光裕纂
民國二十一年(1932)鉛印本
[崇禎]醴泉縣志 Y0183/第5册
(明)肴好善纂修
明崇禎十一年(1638)刻本
[乾隆]醴泉縣志 Y0183/第5册
(清)蔣騏昌修 孫星衍纂
清乾隆四十九年(1784)刻本
[民國]續修醴泉縣志稿 Y0183/第5册
張道芷 胡銘荃修 曹驥觀纂
民國二十四年(1935)鉛印本
[乾隆]永壽縣新志 Y0183/第5册
(清)蔣基修 王開沃纂
清乾隆五十六年(1191)刻本
[光緒]永壽縣重修新志 Y0183/第5册
(清)鄭德樞修 趙奇齡纂
清光緒十四年(1888)刻本
[順治]邠州志 Y0183/第5册
(明)姚本修 閻奉恩纂 (清)蘇東柱續修
清順治六年(1649)刻本
[乾隆]直隸邠州志 Y0183/第5册
(清)王朝爵 王灼修 孫星衍纂
清乾隆四十九年(1784)刻本
[乾隆]長武縣志 Y0183/第5册
(清)樊士鋒修 洪亮吉 李泰交纂
清乾隆四十八年(1183)刻本
[宣統]長武縣志 Y0183/第5册
沈錫榮修 王錫璋 魚獻珍纂
清宣統二年(1910)鉛印本
[乾隆]三水縣志 Y0183/第5册
(清)朱廷模 葛德新修 孫星衍纂
清乾隆五十年(1785)刻本
[同治]三水縣志 Y0183/第5册
(清)姜桐岡修 郭四維纂
清同治十一年(1812)刻本
[乾隆]淳化縣志 Y0183/第5册
(清)葛廷樹修 洪亮吉纂
清乾隆四十九年(1784)刻本
[康熙]涇陽縣志 Y0183/第5册
(清)王際有纂修
清康熙九年(1670)刻本
[道光]涇陽縣志 Y0183/第5册
(清)胡元煐修 蔣湘南纂
清道光二十二年(1842)刻本
[宣統]重修涇陽縣志 Y0183/第5册
劉懋官修 宋伯魯 周斯億纂
清宣統三年(1910)天津華新印刷局鉛印本
[乾隆]三原縣志 Y0183/第6册
(清)劉紹攽纂
清乾隆四十八年(1783)刻本
[光緒]三原縣新志 Y0183/第6册
(清)焦雲龍修 賀瑞麟纂
清光緒六年(1880)刻本
[乾隆]興平縣志 Y0183/第6册
(清)顧聲雷修 張塤纂
清光緒二年(1876)刻本
[民國]重纂興平縣志 Y0183/第6册
王廷珪修 張元際 馮光裕纂

民國十二年(1923)西安藝林印書局鉛印本
[光緒]乾州志稿 Y0183/第6册
(清)周銘旂纂修
清光緒十年(1884)乾陽書院刻本
[民國]乾縣新志 Y0183/第6册
續儉 田屏軒修 范凝續纂
民國三十年(1941)鉛印本
[正德]武功縣志 Y0183/第6册
(明)康海纂
明正德十四年(1519)馮瑋刻本
[康熙]武功縣重校續志 Y0183/第6册
(清)張文熙原纂 康呂賜校補
清康熙元年(1662)刻 雍正十二年(1734)補刻本
[雍正]武功縣後志 Y0183/第6册
(清)沈華修 崔昭等纂
清雍正十二年(1734)刻本
[嘉慶]續武功縣志 Y0183/第6册
(清)張樹勛修 王森文纂
清嘉慶二十一年(1816)绿野書院刻本
[光緒]武功縣續志 Y0183/第6册
(清)張世英修 巨國桂纂
清光緒十四年(1888)刻本
[道光]榆林府志 Y0183/第6-7册
(清)李熙齡纂修
清道光二十一年(1841)刻本
[道光]神木縣志 Y0183/第7册
(清)王致雲修 朱塤纂 張琛纂
清道光二十一年(1841)刻本
[乾隆]府谷縣志 Y0183/第7册
(清)鄭居中 麟書纂修
清乾隆四十八年(1783)刻本
[嘉慶]葭州志 Y0183/第7册
(清)高珣修 龔玉麟纂
清光緒二十年(1894)刻本
[民國]葭縣志 Y0183/第7册
陳琯修 趙思明纂
民國二十二年(1933)石印本
[光緒]米脂縣志 Y0183/第7册
高照煦纂 高增融校訂
清光緒三十三年(1907)鉛印本
[民國]米脂縣志 Y0183/第7册
嚴建章 高仲謙等修 高照初纂
民國三十三年(1944)榆林讼濤齋鉛印本
[順治]清澗縣志 Y0183/第7册
(清)廖元發修 白乃貞等纂
清順治十八年(1661)刻本
[乾隆]綏德州直隸州志 Y0183/第7册
(清)吳忠誥修 李繼嶠纂
清乾隆四十九年(1784)刻本
[道光]增修懷遠縣志 Y0183/第7册
(清)蘇其炤原本 何丙勛增補
民國十七年(1928)横山縣志局石印本
[民國]横山縣志 Y0183/第7册
劉濟南 張斗山修 曹子正纂 曹思聰續纂
民國十八年(1929)榆林東順齋石印本
[光緒]靖邊縣志 Y0183/第7册
(清)丁錫奎修 白翰章 辛居乾纂
清光緒二十五年(1899)刻本
[嘉慶]定邊縣志 Y0183/第7册
(清)徐觀海 戴元夔原纂 黄沛增修 宋謙 江廷球增纂
清嘉慶二十五年(1820)刻本
[民國]安塞縣志 Y0183/第7册
安慶豐修 郭永清纂
民國三年(1914)鉛印本
[乾隆]延長縣志 Y0183/第7册
(清)王崇禮纂修
清乾隆二十七年(1762)刻本
[民國]宜川縣志 Y0183/第7册
余正東纂修 黎錦熙校訂
民國三十三年(1944)鉛印本
[民國]洛川縣志 Y0183/第7册
余正東修 黎錦熙 吳致勛纂
民國三十三年(1944)泰華印刷廠鉛印本
[民國]黄陵縣志 Y0183/第7册
余正東修 吳致勛纂
民國三十三年(1944)鉛印本
[道光]鄜州志 Y0183/第7册
(清)吳鳴捷修 譚瑀等纂
清道光十三年(1833)刻本
[咸豐]保安縣志 Y0183/第7册
(清)彭瑞麟修 武東旭纂
清咸豐六年(1851)抄本
[光緒]新續渭南縣志 Y0183/第8册
(清)嚴書麐修 焦聯甲纂
清光緒十八年(1892)刻本
[萬曆]韓城縣志 Y0183/第8册
(明)蘇進修 張士佩纂
明萬曆三十五年(1607)刻本
[乾隆]韓城縣志 Y0183/第8册
(清)傅應奎修 錢坫等纂
清乾隆四十九年(1784)刻本
[嘉慶]韓城縣續志 Y0183/第8册
(清)冀蘭泰修 陸耀遹纂
清嘉慶二十三年(1818)刻本
[民國]韓城縣續志 Y0183/第8册
趙本蔭修 程仲昭纂
民國十四年(1925)韓城縣德興石印館石印本
[乾隆]蒲城縣志 Y0183/第8册
(清)張心鏡修 吳泰來纂
清乾隆四十七年(1782)刻本
[光緒]蒲城縣新志 Y0183/第8册
(清)李體仁修 王學禮纂
清光緒三十一年(1905)刻本
[乾隆]白水縣志 Y0183/第8册
(清)梁善長纂修
清乾隆十九年(1754)刻本
[嘉靖]澄城縣志 Y0183/第8册
(明)徐效賢 敖佐修 石道立纂
明嘉靖二十八年(1549)修清咸豐元年(1851)重刻明嘉靖三十年本
[咸豐]澄城縣志 Y0183/第8册
(清)金玉麟修 韓亞熊纂
清咸豐元年(1851)刻本
[民國]澄城縣續志 Y0183/第8册
王懷斌修 姬新命纂
民國十五年(1926)鉛印本
[乾隆]郃陽縣全志 Y0183/第9册
(清)席奉乾修 孫景烈纂
清乾隆三十四年(1769)刻本
[天啟]同州志 Y0183/第9册
(明)張一英修 馬樸纂
明天啟五年(1625)刻本
[咸豐]同州府志 Y0183/第9册
(清)李恩繼 文廉修 蔣湘南纂
清咸豐二年(1852)刻本
[光緒]同州府續志 Y0183/第9册
(清)饒應祺修 馬光登 王守恭纂
清光緒七年(1881)刻本
[乾隆]大荔縣志 Y0183/第9-10册
(清)賀雲鴻纂修
清乾隆五十一年(1786)刻本
[光緒]大荔縣續志 Y0183/第10册
(清)周銘旂修 李志復纂
清光緒五年(1879)修 十一年(1885)

馮翊書院刻本
[民國]大荔縣新志存稿 Y0183/第10冊
聶雨潤修 李泰纂
民國二十六年(1937)陝西省印刷局鉛印本
[正德]朝邑縣志 Y0183/第10冊
(明)王道修 韓邦靖纂
清刻本
[萬曆]續朝邑縣志 Y0183/第10冊
(明)郭實修 王學謨纂
明萬曆十二年(1584)刻本
[乾隆]朝邑志 Y0183/第10冊
(清)金嘉琰 朱廷模修 錢坫纂
清乾隆四十五年(1780)刻本
[咸豐初]朝邑縣志 Y0183/第10冊
(清)李元春纂
清咸豐元年(1851)華原書院刻本
[民國]平民縣志 Y0183/第10冊
楊瑞霆修 霍光縉纂
民國二十一年(1932)鉛印本
[康熙]潼關衛志 Y0183/第10冊
(清)唐咨伯修 楊端本纂
清康熙二十四年(1685)刻本
[嘉慶]續修潼關廳志 Y0183/第10冊
(清)向淮修 王森文纂
清嘉慶二十二年(1817)刻本
[民國]潼關縣新志 Y0183/第10冊
羅傳甲修 趙鵬超纂
民國二十年(1931)鉛印本
[萬曆]華陰縣志 Y0183/第10冊
(明)王九疇修 張毓翰纂
明萬曆四十二年(1614)修 四十九年(1621)刻本
[民國]華陰縣續志 Y0183/第10冊
(清)米登嶽修 張崇善 王之彦纂
民國二十一年(1932)鉛印本
[隆慶]華州志 Y0183/第10冊
(明)李可久修 張光孝纂
明隆慶六年(1572)刻本
[光緒]三續華州志 Y0183/第10冊
(清)吳炳南修 劉域纂
清光緒八年(1882)合刻華州志本
[光緒]富平縣志稿 Y0183/第11冊
(清)樊增祥 劉錕修 譚麐纂
清光緒十七年(1891)刻本
[乾隆]直隸商州志 Y0183/第11冊
(清)王如玖纂修
清乾隆九年(1744)刻本
[乾隆]續商州志 Y0183/第11冊
(清)羅文思纂修
清乾隆二十三年(1758)刻本
[乾隆]雒南縣志 Y0183/第11冊
(清)范啟源纂修 薛醞訂正
清乾隆五十二年(1787)暨同治七年(1846)增刻本
[民國]商南縣志 Y0183/第11冊
羅傳銘修 路炳文纂
民國八年(1919)修 十二年(1923)鉛印本
[嘉慶]山陽縣志 Y0183/第11冊
(清)何樹滋纂修
民國間清史館抄本
[光緒]孝義廳志 Y0183/第11冊
(清)常毓坤修 李開甲等纂
清光緒九年(1883)刻本
[嘉慶]安康縣志 Y0183/第11冊
(清)鄭謙修 王森文纂
清嘉慶二十年(1815)刻本
[光緒]洵陽縣志 Y0183/第11冊
(清)劉德全修 郭焱昌 姜善繼纂
清光緒二十八年(1902)刻本
[嘉慶]白河縣志 Y0183/第11冊
(清)嚴一青纂修
清嘉慶六年(1801)挹漠亭刻本
[光緒]白河縣志 Y0183/第11冊
(清)顧缘修 王賢輔 李宗麟纂
清光緒十九年(1893)刻本
[光緒]續修平利縣志 Y0183/第11冊
(清)楊孝寬修 李聯芳等纂
清光緒二十三年(1897)刻本
[民國]磚坪縣志 Y0183/第11冊
佚名纂
民國六年(1917)鉛印本
[道光]紫陽縣志 Y0183/第11冊
(清)陳僅 吳純修 楊家坤 曹學易纂
清道光二十三年(1843)刻本 光緒八年(1882)北平 吳世澤增刻本
[民國]重修紫陽縣志 Y0183/第11冊
楊家駒修 陳振紀 陳如墉纂
民國十四年(1925)石印本
[嘉慶]漢陰廳志 Y0183/第12冊
(清)錢鶴年修 董詔纂
清嘉慶二十三年(1818)刻本
[道光]石泉縣志 Y0183/第12冊
(清)舒鈞纂修
清道光二十九年(1849)刻本
[道光]寧陝廳志 Y0183/第12冊
(清)林一銘修 焦世官 胡官清纂
清道光九年(1829)刻本
[嘉慶]漢南續修郡志 Y0183/第12冊
(清)嚴如熤修 鄭炳然等纂
清嘉慶十九年(1814)刻本
[道光]留壩廳志 Y0183/第12冊
(清)賀仲城修 蔣湘南纂
清道光二十二年(1842)漢中友義齋刻本
[康熙]城固縣志 Y0183/第12冊
(清)王穆纂修
清康熙五十六年(1717)刻本
[光緒]洋縣志 Y0183/第12冊
(清)張鵬翼纂修
清光緒二十四年(1898)青門寓廬刻本 據民國二十六年石印本補
[民國]西鄉縣志 Y0183/第12冊
薛祥綏纂
民國三十七年(1948)石印本
[光緒]定遠廳志 Y0183/第12冊
(清)余修鳳纂修
清光緒五年(1819)刻本
[民國]續修南鄭縣志 Y0183/第12冊
郭鳳洲 柴守愚修 劉定鐸等纂
民國十年(1921)刻本
[光緒]寧羌州志 Y0183/第12冊
(清)馬毓華修 鄭書香 曹良模纂
清光緒十四年(1888)刻本
[光緒]沔縣新志 Y0183/第12冊
(清)孫銘鐘 羅桂銘修 彭齡纂
清光緒九年(1883)刻本
[道光]褒城縣志 Y0183/第12冊
(清)光朝魁纂修
清道光十一年(1831)刻本
[嘉靖]略陽縣志 Y0183/第12冊
(明)李遇春纂修 李東甲 賈言校補
一九六三年《天一閣藏明代地方志選刊》本
[道光]重修略陽縣志 Y0183/第12冊
(清)譚瑀修 黎成德等纂
清道光二十六年(1846)刻本
[光緒]新續略陽縣志 Y0183/第12冊
(清)桂超修 侯龍光纂
清光緒三十年(1904)刻本

甘肅省

［光緒］甘肅新通志　Y0183/第 12－14 册
(清)升允 長庚修 安維峻纂
清光緒三十四年(1908)修 宣統元年(1909)刻本暨石印本

［道光］蘭州府志　Y0183/第 14 册
(清)陳士楨修 涂鴻儀纂
清道光十三年(1833)刻本

［道光］金縣志　Y0183/第 14 册
(清)恩福修 冒蕖纂
清道光二十四年(1844)刻本

［嘉慶］永昌縣志　Y0183/第 14 册
(清)南濟漢纂
民國七年(1918)石印本

［道光］靖遠縣志　Y0183/第 14 册
(清)陳之驥修 尹世阿纂
民國十四年(1925)鉛印本

［道光］會寧縣志　Y0183/第 14 册
(清)畢光堯纂修
清道光十一年(1831)刻咸豐間增刻本

［乾隆］皋蘭縣志　Y0183/第 14 册
(清)吳鼎新修 黃建中纂
清乾隆四十三年(1778)刻本

［光緒］重修皋蘭縣志　Y0183/第 15 册
(清)張國常纂修
民國間抄本

［乾隆］直隸秦州新志　Y0183/第 15 册
(清)費廷珍修 胡釴等纂
清乾隆二十九年(1764)刻本

［光緒］重纂秦州直隸州新志　Y0183/第 15 册
(清)余澤春修 王權 任其昌纂
清光緒十五年(1889)隴南書院刻本

［民國］秦州直隸州新志續編　Y0183/第 16 册
姚展等修 任承允纂
民國二十三年(1934)修 二十八年(1933)鉛印本

［民國］天水縣志　Y0183/第 16 册
莊以綏修 賈纘緒纂
民國十七年(1928)修 二十二年(1933)續修 二十八年(1939)鉛印本

［道光］秦安縣志　Y0183/第 16 册
(清)嚴長宦修 劉德熙纂
清道光十八年(1838)刻本

［同治］秦安縣志　Y0183/第 16 册
清抄本

［康熙］寧遠縣志　Y0183/第 16 册
(清)馮同意修 李樟纂
清康熙四十八年(1709)刻本

［乾隆］伏羌縣志　Y0183/第 16 册
(清)周詵修 葉芝纂
清乾隆三十五年(1770)刻本

［乾隆］清水縣志　Y0183/第 16 册
(清)朱超纂修
清乾隆六十年(1795)刻本

［民國］清水縣志　Y0183/第 16 册
劉福祥 王鳳翼修 王耿光纂
民國三十七年(1948)石印本

［康熙］安定縣志　Y0183/第 16 册
(清)張爾介纂修
清康熙十九年(1680)刻本

［康熙］鞏昌府志　Y0183/第 16 册
(明)楊恩原本 (清)紀元續修
清康熙二十七年(1688)刻本

［乾隆］狄道州志　Y0183/第 16 册
(清)呼延華國纂修
清宣統元年(1909)刻本

［宣統］狄道州續志　Y0183/第 16 册
(清)聯瑛修 李鏡清纂
清宣統元年(1909)刻本

［光緒］重修通渭縣新志　Y0183/第 16 册
(清)高蔚霞修 苟廷誠纂
清光緒十九年(1893)刻本

［民國］創修渭源縣志　Y0183/第 17 册
張兆鉀修 陳鴻寶纂
民國十五年(1926)平凉新隴書社石印本

［民國］漳縣志　Y0183/第 17 册
張鶚原本 韓世英增輯
民國二十二年(1934)鉛印本

［民國］平凉縣志　Y0183/第 17 册
劉興沛修 鄭濬 朱離明纂
民國三十二年(1943)修 抄本

［民國］重修靈臺縣志　Y0183/第 17 册
高維岳 張東野修 王朝俊等纂
民國二十四年(1935)南京京華印書館鉛印本

［嘉慶］華亭縣志　Y0183/第 17 册
(清)趙先甲纂
清嘉慶元年(1796)刻本

［民國］增修華亭縣志　Y0183/第 17 册
張次房修 幸邦隆纂
民國二十二年(1933)石印本

［乾隆］静寧州志　Y0183/第 17 册
(清)王烜纂修
清乾隆十一年(1746)刻本

［乾隆］涇州志　Y0183/第 17 册
(清)張延福修 李瑾纂
清乾隆十九年(1754)刻本

［民國］重修崇信縣志　Y0183/第 17 册
張明道修 任瀛翰纂
民國十七年(1928)石印本

［乾隆］莊浪志略　Y0183/第 17 册
(清)邵陸原本 耿光文增補
民國十九年(1930)國立北平圖書館抄本

［乾隆］新修慶陽府志　Y0183/第 17 册
(清)趙本植纂修
清乾隆二十六年(1761)刻本 一九七九年翻印本

［道光］鎮原縣志　Y0183/第 17 册
(清)李從圖纂修
清道光二十七年(1841)刻本

［民國］重修鎮原縣志　Y0183/第 17 册
錢史彤 鄒介民修 焦國理 慕壽祺纂
民國二十四年(1935)蘭州俊華印書館鉛印本

［乾隆］正寧縣志　Y0183/第 18 册
(清)折遇蘭纂修
清乾隆二十八年(1763)刻本

［乾隆］合水縣志　Y0183/第 18 册
(清)陶奕曾纂修
民國二十二年(1933)國立北平圖書館抄本

［乾隆］成縣新志　Y0183/第 18 册
(清)黄泳修 汪于雍等纂
清乾隆六年(1741)修 十七年(1752)刻本

［民國］新纂康縣縣志　Y0183/第 18 册
王世敏修 呂鍾祥纂
民國二十五年(1936)石印本

［光緒］文縣志　Y0183/第 18 册
(清)長贇修 劉健纂
清光緒二年(1876)刻本

［民國］文縣要覽　Y0183/第 18 册
李秉璋 韓建篤纂
民國三十六年(1947)石印本

［乾隆］直隸階州志　Y0183/第 18 册
(清)林忠纂 毛琪麟補輯 葛時政重訂
清乾隆元年(1736)刻本

[嘉慶]武階備志 Y0183/第18冊
(清)吳鵬翱纂
清嘉慶十三年(1808)修 同治十二年(1813)洪惟善刻本
[光緒]階州直隸州續志 Y0183/第18冊
(清)葉恩沛修 呂震南纂
清光緒十二年(1886)刻本
[乾隆]西河縣志 Y0183/第18冊
(清)邱大英纂修
清乾隆三十六年(1771)修 三十九年(1774)刻本
[民國]重纂禮縣新志 Y0183/第18冊
(清)孫文俊纂
民國十八年(1929)修 二十二年(1933)鉛印本
[嘉慶]徽縣志 Y0183/第18冊
(清)張伯魁纂修
清嘉慶十四年(1809)刻本
[乾隆]兩當縣志 Y0183/第18冊
(清)秦武域纂修
民國二十二年(1933)國立北平圖書館抄本
[道光]兩當縣新志 Y0183/第18冊
(清)德俊修 韓塘纂
清道光二十二年(1842)刻本
[順治]凉州府志備考 Y0183/第18冊
(清)張澍輯錄 周鵬飛 段憲文點校
1988年三秦出版社排印本
[民國]民勤縣志 Y0183/第18冊
馬福祥主修 王之臣等纂
影印民國十五年(1926)抄本
[道光]重修鎮番縣志 Y0183/第18冊
(清)許協修 謝集成纂
清道光五年(1825)刻本
[民國]續修鎮番縣志 Y0183/第18冊
周樹清修 盧殿元纂
民國九年(1920)刻本
[民國]古浪縣志 Y0183/第19冊
李培清修 唐海雲纂
民國二十八年(1939)鉛印本
[乾隆]甘州府志 Y0183/第19冊
(清)鍾賡起纂修
清乾隆四十四年(1719)刻本
[民國]新修張掖縣志 Y0183/第19冊
白册侯原纂 余炳元續纂
民國三十八年(1949)修 抄本
[民國]東樂縣志 Y0183/第19冊
徐傳鈞修 張著常纂
民國十二年(1923)競業石印館石印本
[民國]創修臨澤縣志 Y0183/第19冊
章金瀧 高增貴纂
民國三十一年(1942)蘭州俊華印書館鉛印本
[道光]續修山丹縣志 Y0183/第19冊
(清)党行義原本 黃璟續修
清道光十一年(1831)修 十五年(1835)刻本
[嘉慶]玉門縣志 Y0183/第19冊
(清)佚名纂
民國間抄本
[乾隆]重修肅州新志 Y0183/第19冊
(清)黃文煒 沈青崖纂修
清乾隆二年(1737)刻本
[乾隆]重修肅州新志沙州册 Y0183/第19冊
(清)黃文煒 沈青崖纂修 佚名續纂修
清乾隆二十七年(1762)補刻本
[道光]敦煌縣志 Y0183/第19冊
(清)蘇履吉修 曾誠纂
清道光十一年(1831)刻本
[光緒]洮州廳志 Y0183/第19冊
(清)張彥篤修 包永昌纂
清光緒三十三年(1907)刻本
[康熙]河州志 Y0183/第19冊
(清)王全臣纂修
一九八一年靜電複印清抄本

寧夏回族自治區

[宣統]新修固原直隸州志 Y0183/第19冊
(清)王學伊修 錫麟纂
清宣統元年(1909)官報書局鉛印本
[萬曆]朔方新志 Y0183/第19冊
(明)楊應聘 楊壽纂修
明萬曆四十二年(1614)修 四十五年(1617)刻本
[民國]朔方道志 Y0183/第19冊
馬福祥 陳必淮修 王之臣纂
民國十六年(1927)天津華泰書局鉛印本
[道光]續修中衛縣志 Y0183/第20冊
(清)鄭元吉修 余懋官纂
清道光二十一年(1841)刻本
[道光]平羅記略 Y0183/第20冊
(清)徐保字纂
清道光九年(1829)新堡官舍刻本
[道光]續增平羅紀略 Y0183/第20冊
(清)張梯纂
清道光二十四年(1844)刻本
[康熙]朔方廣武志 Y0183/第20冊
(清)高嶷修 俞益謨 俞汝欽纂
清康熙五十六年(1717)刻本
[乾隆]寧夏府志 Y0183/第20冊
(清)張金城修 楊浣雨纂
清乾隆四十五年(1780)刻本
[嘉慶]靈州誌蹟 Y0183/第20冊
(清)楊芳燦修 郭楷纂
清嘉慶三年(1798)豐延泰刻本
[光緒]靈州志 Y0183/第20冊
(清)楊芳燦修 佚名續修
清光緒三十三年(1907)續修 抄本
[康熙]隆德縣志 Y0183/第20冊
(清)常星景修 張烽纂
清康熙二年(1663)刻本
[民國]重修隆德縣志 Y0183/第20冊
桑丹桂修 陳國棟纂
民國二十四年(1935)修 石印本
[乾隆]鹽茶廳志備遺 Y0183/第20冊
(清)朱亨衍修 劉統纂
清乾隆十七年(1752)修 抄本
[光緒]花馬池誌蹟 Y0183/第20冊
(清)佚名纂
清光緒三十三年(1907)修 抄本
[光緒]平遠縣志 Y0183/第20冊
(清)陳日新纂修
清光緒五年(1879)刻本
[民國]新編化平縣志 Y0183/第20冊
蓋世儒修 張逢泰纂
民國二十九年(1940)石印本

新疆維吾爾自治區

[宣統]新疆圖志 Y0183/第20冊
王樹枏 王學曾纂
民國十二年(1923)東方學會校訂鉛印本
[乾隆]西陲總統事略 Y0183/第20冊
(清)汪廷楷原輯 松筠纂 祁韻士編
清嘉慶間刻本
[嘉慶]三州輯畧 Y0183/第20冊
(清)和寧纂
清嘉慶間刻本
[道光]欽定新疆識畧 Y0183/第20冊
(清)徐松原著 松筠纂

清道光元年(1821)武英殿修書處刻本
[道光]哈密志 Y0183/第20册
(清)鍾方纂
民國二十六年(1937)鉛印本
[光緒]莎車府志 Y0183/第20册
(清)佚名纂
清宣统元年(1909)抄本
青海省
[乾隆]西寧府新志 Y0183/第20册
(清)揚應琚纂修
清乾隆十二年(1747)刻本
[民國]西寧府續志 Y0183/第20册
(清)鄧承偉原本 基生蘭續纂
民國二十七年(1938)鉛印本
甘肅大通縣風土調查錄 Y0183/第20册
聶守仁编
民國間抄本
[光緒]丹噶爾廳志 Y0183/第20册
(清)張庭武修 楊景升纂
清宣統二年(1910)甘肅官報書局鉛印本
[乾隆]循化志 Y0183/第20册
(清)龔景瀚纂修
清道光間刻本
華東卷[上編]
[宣統]山東通志 Y0183/第1-4册
(清)楊士壤等纂
清宣統三年(1911)修 民國四年(1915)山東通志刊印局鉛印本
[道光]濟南府志 Y0183/第5册
(清)王贈芳 王鎮修 成瓘 冷烜纂
清道光二十年(1840)刻本
[民國]續修歷城縣志 Y0183/第5-6册
毛承霖纂修
民國十五年(1926)歷城縣志局鉛印本
[乾隆]淄川縣志 Y0183/第6册
(清)張鳴鐸修 張廷寀等纂
清乾隆四十一年(1776)刻本
[宣統]三續淄川縣志 Y0183/第6册
(清)方作霖修 王敬鑄纂
清宣統三年(1911)修 民国九年(1920)石印本
[乾隆]博山縣志 Y0183/第6册
(清)富申修 田士麟纂
清乾隆十八年(1753)刻本
[民國]續修博山縣志 Y0183/第6册
王蔭桂修 張新曾纂
民國二十六年(1931)鉛印本
[康熙]臨淄縣志 Y0183/第7册
(清)鄧性修 李焕章纂
清康熙十一年(1672)刻本
[民國]臨淄縣志 Y0183/第7册
舒孝先修 崔象穀纂
民國九年(1920)石印本
[康熙]嶧縣志 Y0183/第7册
(清)田顯吉修 褚光鏌纂
清康熙十二年(1673)刻本
[光緒]嶧縣志 Y0183/第7册
(清)王振錄 周鳳鳴修 王寶田纂
清光緒三十年(1904)刻本
[光緒]德州志略 Y0183/第8册
(清)錢祝祺纂修
清光緒二十二年(1896)纂 抄本
[光緒]陵縣志 Y0183/第8册
(清)沈淮修 李圖纂 戴杰續纂
清光緒元年(1875)增刻本
[民國]陵縣續志 Y0183/第8册
苗恩波修 劉蔭岐纂
民國二十四年(1935)鉛印本
[民國]德縣志 Y0183/第8册
李樹德修 董瑤林纂
民國二十四年(1935)鉛印本
[康熙]德平縣志 Y0183/第8册
(清)戴王縉修 劉胤德纂
清康熙十二年(1673)刻本
[乾隆]樂陵縣志 Y0183/第9册
(清)王謙益修 鄭成中纂
清乾隆二十七年(1762)刻本
[民國]商河縣志 Y0183/第9册
石毓嵩修 馬忠藩 路程誨纂
民國二十五年(1936)鉛印本
[道光]武城縣志續編 Y0183/第9册
(清)厲秀芳纂修
清道光二十一年(1841)刻本
民國增訂武城縣志續編 Y0183/第9册
王延綸修 王蘭銘纂
民國元年(1912)刻本
[乾隆]夏津縣志 Y0183/第9册
(清)方學成修 梁大鯤纂
清乾隆六年(1741)刻本
[民國]夏津縣志續編 Y0183/第9册
謝錫文修 許宗海纂
民國二十三年(1934)鉛印本
[民國]齊河縣志 Y0183/第10册
楊豫修等修 郝金章 孫秀堃纂
民國二十二年(1933)鉛印本
[民國]濟陽縣志 Y0183/第10册
盧永祥等修 王嗣鋆纂
民國二十三年(1934)鉛印本
[嘉慶]禹城縣志 Y0183/第10册
(清)董鵬翱修 牟應震纂
清嘉慶十三年(1808)刻本
[雍正]恩縣續志 Y0183/第11册
(清)陳學海修 韓天篤纂
清雍正元年(1723)刻本
[宣統]重修恩縣志 Y0183/第11册
(清)汪鴻孫修 劉儒臣 王金階纂
清宣統元年(1909)刻本
[康熙]寧津縣志稿 Y0183/第11册
(明)余鏜修 王良貴纂 (清)程裕昌續纂修
清康熙十三年(1674)增修刻本
[光緒]寧津縣志 Y0183/第11册
(清)祝嘉庸修 吳潯源纂
清光緒二十六年(1900)刻本
[康熙]慶雲縣志 Y0183/第11册
(清)李居一修 崔允貞纂
清康熙十二年(1673)刻本
[民國]慶雲縣志 Y0183/第11册
秦夏聲修 劉鴻逵纂
民國三年(1914)石印本
[咸豐]武定府志 Y0183/第11册
(清)李熙齡修 鄒恒纂
清咸豐九年(1859) 刻本
[光緒]惠民縣志 Y0183/第12册
(清)沈世銓修 李勗纂
清光緒十二年(1886)刻本
[光緒]惠民縣志補遺 Y0183/第12册
(清)柳堂修 李鳳岡纂
清光緒二十七年(1901)刻本
[光緒]陽穀縣志 Y0183/第12册
(清)董政華修 孔廣海纂
清光緒二十六年(1900)修 民國三十一年(1942)鉛印本
[民國]無棣縣志 Y0183/第13册
侯蔭昌修 張方墀纂
民國十四年(1925)鉛印本
[乾隆]利津縣志續編 Y0183/第13册
(清)劉文確修 劉永祚 李儼纂
清乾隆二十三年(1758)刻本
[民國]利津縣續志 Y0183/第13册

王廷彥修 蓋爾佶纂
民國二十四年(1935)鉛印本
[民國]霑化縣志 Y0183/第13册
梁建章修 于清泮纂
民國二十四年(1935)鉛印本
[民國]鄒平縣志 Y0183/第13册
欒鍾垚 趙咸慶修 趙仁山纂
民國三年(1914)刻本
[民國]重修博興縣志 Y0183/第14册
張其丙修 張元鈞纂
民國二十五年(1936)鉛印本
[康熙]高苑縣志 Y0183/第14册
(清)宋弼纂修
清康熙十一年(1672)刻本
[民國]續修廣饒縣志 Y0183/第14册
潘苂峯等纂
民國二十四年(1935)鉛印本
[民國]臨清縣志 Y0183/第14册
張自清修 張樹梅 王貴笙纂
民國二十三年(1934)鉛印本
[康熙]新修齊東縣志 Y0183/第15册
(清)余為霖修 郭國琦等纂
清康熙二十四年(1685)刻本
[民國]齊東縣志 Y0183/第15册
梁中權修 于清泮纂
民國二十四年(1935)鉛印本
[嘉靖]青州府志 Y0183/第15册
(明)杜思修 馮惟訥纂
明嘉靖四十四年(1565)刻本
[咸豐]青州府志 Y0183/第16－17册
(清)毛永柏修 李圖 劉耀椿纂
清咸豐九年(1859)刻本
[光緒]益都縣圖志 Y0183/第18册
(清)張承燮修 法偉堂等纂
清光緒三十三年(1910)刻本
[民國]壽光縣志 Y0183/第18册
宋憲章修 鄒允中 崔亦文纂
民國二十四年(1935)稿本
[民國]冠縣志 Y0183/第18册
侯光陸修 陳熙雍纂
民國二十三年(1934)刻本
[嘉慶]昌樂縣志 Y0183/第19册
(清)魏禮焯 時銘修 閻學夏 黄方遠纂
清嘉慶十四年(1809)刻本
[民國]昌樂縣續志 Y0183/第19册
王金嶽修 趙文琴 王景韓纂
民國二十三年(1934)鉛印本
[光緒]臨朐縣志 Y0183/第19册
(清)姚延福修 鄧嘉緝 蔣師轍纂
清光緒十年(1884)刻本
[民國]臨朐續志 Y0183/第19册
周鈞英修 劉仞千纂
民國二十四年(1935)鉛印本
[道光]安邱新志 Y0183/第19册
(清)馬世珍纂修 張柏恒增訂
民國九年(1920)石印《安邱縣新志》本
[乾隆]昌邑縣志 Y0183/第19册
(清)周來邰纂修
清乾隆七年(1742)刻本
[民國]續安邱新志 Y0183/第20册
孫維均 章光銘修 馬步元纂
民國九年(1920)石印《安邱縣新志》本
[乾隆]諸城縣志 Y0183/第20册
(清)宫懋讓修 李文藻等纂
清乾隆二十九年(1764)刻本
[道光]諸城縣續志 Y0183/第20册
(清)劉光斗修 朱學海纂
清道光十四年(1834)刻本
[民國]濰縣志稿 Y0183/第21册
常之英修 劉祖幹纂
民國三十年(1941)鉛印本
[民國]增修膠志 Y0183/第22册
葉鍾英修 匡超纂
民國二十年(1931)鉛印本
[道光]重修膠州志 Y0183/第22册
(清)張同聲修 李圖等纂
清道光二十五年(1845)刻本
[民國]膠澳志 Y0183/第22册
趙琪修 袁榮叜纂
民國十七年(1928)鉛印本
[民國]高密縣志 Y0183/第23册
余有林 曹夢九修 王照青纂
民國二十四年(1935)鉛印本
[光緒]平度志要 Y0183/第23册
(清)陳爾延修 王崧翰纂
清光緒十九年(1893)修 抄本
[乾隆]萊州府志 Y0183/第23册
(清)嚴有禧纂修
清乾隆五年(1740)刻本
[乾隆—光緒]掖縣全志 Y0183/第24册
(清)張思勉修 于始瞻纂
清光緒十九年(1893)刻《掖縣全志》本
[民國]四續掖縣志 Y0183/第24册
劉國斌修 劉錦堂纂
民國二十四年(1935)鉛印本
[道光]重修蓬萊縣志 Y0183/第25册
(清)王文燾修 張本 葛元昶纂
清道光十九年(1839)刻本
[光緒]蓬萊縣續志 Y0183/第25册
(清)郑錫鴻 江瑞采修 王爾植等纂
清光緒八年(1882)刻本
[康熙]黄縣志 Y0183/第25册
(清)李蕃修 范廷吼纂
清康熙十二年(1673)刻本
[康熙]福山縣志 Y0183/第25册
(清)羅博修 鹿兆甲纂
清康熙十年(1673)刻本
[康熙]棲霞縣志 Y0183/第25册
(清)胡璘修 牟國玠纂
清康熙十一年(1672)刻本
[乾隆]棲霞縣志 Y0183/第25册
(清)衛萇纂修
清乾隆十九年(1754)刻本
[光緒]棲霞縣續志 Y0183/第25册
(清)黄麗中修 于如川纂
清光緒五年(1879)刻本
[順治]招遠縣志 Y0183/第25册
(清)張作礪修 張鳳羽纂
清順治十七年(1660)刻本
[康熙]萊陽縣志 Y0183/第25册
(清)萬邦維修 衛元爵 張重潤纂
清康熙十二年(1673)修 十七年(1678)刻本
[同治]黄縣志 Y0183/第26册
(清)尹繼美纂修
清同治十年(1871)刻本
[民國]福山縣志稿 Y0183/第26册
王陵基修 于宗潼纂
民國九年(1920)修 二十年(1931)鉛印本
[民國]萊陽縣志 Y0183/第27册
梁秉錕修 王丕煦纂
民國二十四年(1935)鉛印本
[嘉靖]寧海州志 Y0183/第27册
(明)李光先修 焦希程纂
明嘉靖二十六年(1547)刻本
[同治]重修寧海州志 Y0183/第27册
(清)舒孔安修 王厚階纂
清同治三年(1864)刻本
[民國]牟平縣志 Y0183/第27－28册
宋憲章修 于清泮纂

民國二十五年(1936)石印本
[光緒]文登縣志 Y0183/第28－29册
(清)李祖年修 于霖逢纂
清光緒二三年(1897)修 民國十一年(1922)鉛印本
[乾隆]威海衛志 Y0183/第29册
(清)畢懋第修 郭文大續修 王兆鵬增訂
清康熙十一年(1672)修 乾隆七年(1742)續修 民國十八年(1929)鉛印本
[道光]榮成縣志 Y0183/第29册
(清)李天騭修 岳賡廷纂
清道光二十年(1840)刻本
[光緒]海陽縣續志 Y0183/第29册
(清)王敬勳修 李爾梅 王兆騰纂
清光緒六年(1880)刻本
[民國]臨沂縣志 Y0183/第30册
陳景星 沈兆禕修 王景祜纂
民國六年(1917)刻本
[嘉慶]續修郯城縣志 Y0183/第30册
(清)吳堦修 陸繼輅纂
清嘉慶十五年(1810)刻本
[光緒]費縣志 Y0183/第30册
(清)李敬修纂修
清光緒二十二年(1896)刻本
[民國]重修莒志 Y0183/第30册
盧少泉等修 莊陔蘭等纂
民國二十五年(1936)鉛印本
[民國]續修臨沂縣志 Y0183/第31册
范築先修 李宗仁纂
民國二十四年(1935)鉛印本
[康熙]費縣志 Y0183/第31册
(清)黃學懃纂修
清康熙二十八年(1689)刻本
[雍正]莒州志 Y0183/第31册
(清)彭甲聲等修 陳有蓄等纂
清雍正十一年(1133)修 乾隆七年(1742)刻本
[康熙]日照縣志 Y0183/第31册
(清)楊士雄修 丁峕纂
清康熙五十四年(1715)成永健增刻本
[康熙]蒙陰縣志 Y0183/第31册
(清)劉德芳纂修
清康熙二十四年(1685)刻本
[乾隆]泰安府志 Y0183/第31册
(清)顏希深修 成城等纂
清乾隆二十五年(1760)刻本
[宣統]蒙陰縣志 Y0183/第32册
(清)沈巘清修 陳尚仁纂
清宣統間抄本
[道光]沂水縣志 Y0183/第32册
(清)張燮修 劉承謙等纂
清道光七年(1827)刻本
[光緒]日照縣志 Y0183/第32册
(清)陳懋修 張庭詩 李堉纂
清光緒九年(1883)刻本 十二年(1886)刻本
[道光]泰安縣志 Y0183/第32册
(清)徐宗幹修 蔣大慶纂
清道光八年(1829)刻本
[道光]章邱縣志 Y0183/第32册
(清)吳璋修 曹楙堅纂
清道光十三年(1833)刻本
[民國]重修泰安縣志 Y0183/第33册
葛延瑛 吳元禄修 孟昭章等纂
民國十五年(1926)修 民國十八年(1929)泰安縣志局鉛印本
[康熙]肥城縣志 Y0183/第33册
(清)尹任修 尹足法纂
清康熙十一年(1672) 刻本
[光緒]肥城縣志 Y0183/第33册
(清)凌紱曾修 邵承照纂
清光緒十七年(1891)刻本
[康熙]長清縣志 Y0183/第34册
(清)岳之嶺修 徐繼曾纂
清康熙十一年(1672)刻本
[民國]長清縣志 Y0183/第34册
李起元修 王連儒纂
民國二十四年(1935)鉛印本
[乾隆]新泰縣志 Y0183/第34册
(清)江乾達修 牛士瞻等纂
清乾隆四十九年(1784) 刻本
[光緒]寧陽縣志 Y0183/第35册
(清)高陞榮修 黄恩彤纂
清光緒五年(1819)刻本
[光緒]平陰縣志 Y0183/第35册
(清)李敬修纂修
清光緒二十一年(1895)刻本
[光緒]滋陽縣志 Y0183/第35册
(清)莫熾修 黃恩彤纂 李兆霖等續修 黃師誾等續纂
清咸豐九年(1859)修 光緒十四年(1888)續修刻本
[乾隆]曲阜縣志 Y0183/第35册
(清)潘相等纂
清乾隆三十九年(1774)刻本
[民國]續修曲阜縣志 Y0183/第36册
孫永漢修 李經野 孔昭曾纂
民國二十三年(1934)鉛印本
[光緒]鄒縣續志 Y0183/第36册
(清)吳若灝修 錢檯纂
清光緒十八年(1892)刻本
[光緒]泗水縣志 Y0183/第36册
(清)趙英祚修 黃承箎纂
清光緒十八年(1892)刻本
[道光]滕縣志 Y0183/第36册
(清)王政修 王庸立 黃來麟纂
清道光二十六年(1846)刻本
[民國]續滕縣志 Y0183/第36册
崔公甫等纂
民國二十三年(1934)修 三十年(1941)刻本
[民國]東阿縣志 Y0183/第36册
周竹生修 靳維熙纂
民國二十三年(1934)鉛印本
[民國]濟寧縣志 Y0183/第37册
潘守廉修 袁紹昂纂
民國十六年(1927)鉛印本
[咸豐]金鄉縣志略 Y0183/第37册
(清)李壘纂修
清咸豐十年(1860)修 同治元年(1862)刻本
[光緒]嘉祥縣志 Y0183/第37册
(清)章文華 官擢午纂修
清光緒三十四年(1908)刻本
[光緒]魚臺縣志 Y0183/第37册
(清)趙英祚纂修
清光緒十五年(1889)刻本
[康熙]續修汶上縣志 Y0183/第37册
(清)聞元炅纂修
清康熙五十六年(1717)刻本
[光緒]新修菏澤縣志 Y0183/第37册
(清)凌壽柏修 葉道源纂
清光緒十一年(1885)刻本
[民國]單縣志 Y0183/第38册
項葆楨修 李經野纂
民國十八年(1929)石印本
[宣統]聊城縣志 Y0183/第38册
陳慶蕃修 葉錫麟 靳維熙纂
清宣統二年(1910)刻本

[康熙]堂邑縣志 Y0183/第 38 册
(清)盧承琰修 劉淇纂
清康熙四十九年(1710)刻本
[道光]城武縣志 Y0183/第 39 册
(清)袁章華修 劉士瀛纂
清道光十年(1830)刻本
[道光]鉅野縣志 Y0183/第 39 册
(清)黄維翰纂修 袁傳裘續纂修
清道光二十年(1840)修 二十六年(1846)續修刻本
[民國]續修鉅野縣志 Y0183/第 39 册
郁濬生修 畢鴻賓纂
民國十年(1921)刻本
[光緒]高唐州志 Y0183/第 39 册
(清)周家齊修 鞠建章纂
清光緒三十三年(1907)刻本
[崇禎]鄆城縣志 Y0183/第 40 册
(明)米嘉穗修 孫鯨纂
明崇禎七年(1634)刻本
[光緒]鄆城縣志 Y0183/第 40 册
(清)畢炳炎 胡建樞修 趙翰鑾 李承光纂
清光緒十九年(1893)刻本
[光緒]曹縣志 Y0183/第 41 册
(清)陳嗣良修 孟廣來 賈迺延纂
清光緒十年(1884)刻本
[民國]定陶縣志 Y0183/第 41 册
馮麟溎修 曹垣纂
民國五年(1916)刻本
[民國]東明縣新志 Y0183/第 41 册
任傳藻修 穆祥仲纂
民國二十二年(1933)鉛印本
[道光]觀城縣志 Y0183/第 42 册
(清)孫觀纂修
清抄本
[康熙]朝城縣志 Y0183/第 42 册
(清)祖植桐修 趙昶纂
清康熙十二年(1673)刻本
[民國]朝城縣續志 Y0183/第 42 册
杜子徘修 賈銘恩纂
民國九年(1920)刻本
[道光]冠縣志 Y0183/第 42 册
(清)梁永康修 趙錫書纂
清道光十一年(1831)刻本
[康熙]高唐州志 Y0183/第 42 册
(清)劉佑纂修
清康熙十二年(1673)刻本
[光緒]壽張縣志 Y0183/第 42 册
(清)劉文喹修 王守謙纂
清光緒二十六年(1900)刻本
[康熙]臨清州志 Y0183/第 42 册
(清)于睿明修 胡悉寧纂
清康熙十二年(1673)刻本
[民国]陽信縣志 Y0183/第 43 册
朱蘭修 勞迺宣纂
民國十五年(1926)鉛印本
[民國]重修新城縣志 Y0183/第 43 册
袁勵傑 張儒玉修 王案廷纂
民國二十二年(1933)鉛印本
[民國]青城續修縣志 Y0183/第 43 册
楊啟東修 趙梓湘纂
民國二十四年(1935)鉛印本
[嘉慶]長山縣志 Y0183/第 43 册
(清)倪企望修 鍾廷瑛 徐果行纂
清嘉慶六年(1801)刻本
[光緒]南昌縣志 Y0183/第 44－45 册
(清)江召棠修 魏元曠等纂
清光绪三十二年(1906)修 民國八年(1919)刻本
[同治]新建縣志 Y0183/第 45－46 册
(清)承霈修 杜友棠 楊兆崧纂
清同治十年(1871)刻本
[道光]浮梁縣志 Y0183/第 47 册
(清)喬淮修 賀熙齡纂 游際盛增補
清道光三年(1823)修 十二年(1832)增補刻本
[同治]萍鄉縣志 Y0183/第 47 册
(清)錫榮 王明璠纂修
清同治十一年(1872)尊經堂刻本
[同治]德安縣志 Y0183/第 47 册
(清)沈建勳修 程景周等纂
清同治十年(1871)刻本
[同治]德化縣志 Y0183/第 48 册
(清)陳鼒修 吳彬等纂
清同治十一年(1872)刻本
[同治]瑞昌縣志 Y0183/第 48 册
(清)姚暹修 馮士傑等纂
清同治十年(1871)滾溪書院刻本
[同治]湖口縣志 Y0183/第 48 册
(清)殷禮 張興言修 周謨等纂
清同治十三年(1874)刻本
[同治]彭澤縣志 Y0183/第 49 册
(清)趙宗耀 陳文慶修 歐陽燾等纂
清同治十二年(1873)刻本
[同治]武寧縣志 Y0183/第 49 册
(清)何慶朝纂修
清同治九年(1870)刻本
[同治]星子縣志 Y0183/第 49 册
(清)藍煦 徐鳴臯修 曹徵甲等纂
清同治十年(1871)刻本
[同治]都昌縣志 Y0183/第 50 册
(清)狄學耕修 劉庭揞 黃昌蕃纂
清同治十一年(1872)刻本
[同治]玉山縣志 Y0183/第 50 册
(清)黃壽祺修 吳華辰 任廷槐纂
清同治十二年(1873)刻本
[同治]弋陽縣志 Y0183/第 50 册
(清)俞致中修 汪炳熊等
清同治十年(1871)刻本
[同治]建昌縣志 Y0183/第 51 册
(清)陳惟清修 閔芳言 王士彬纂
清同治十年(1871)刻本
[同治]上饒縣志 Y0183/第 51 册
(清)王恩溥 邢德裕修 李樹藩等纂
清同治十一年(1872)刻本
[同治]貴溪縣志 Y0183/第 52 册
(清)楊長傑修 黃聯珏等
清同治十年(1871)刻本
[同治]鉛山縣志 Y0183/第 52－53 册
(清)張廷珩修 華祝三纂
清同治十二年(1873)刻本
[同治]廣豳豆縣誌 Y0183/第 53 册
(清)雙全 王麟書修 顧蘭生 林廷傑等纂
清同治十一年(1872)刻本
[民國]重修婺源縣志 Y0183/第 54－57 册
葛韻芬等纂
民國十四年(1925)刻本
[同治]鄱陽縣志 Y0183/第 58 册
(清)陳志培修 王廷鑑等纂
濱同治十年(1871)刻本
[同治]德興縣志 Y0183/第 58 册
(清)孟慶雲修 楊重雅纂
清同治十一年(1812)刻本
[同治]餘干縣志 Y0183/第 59 册
(清)區作霖 馮蘭森修 曾福善等纂
清同治十一年(1872)東山書院刻本
[同治]樂平縣志 Y0183/第 59 册
(清)董萼榮 梅毓翰修 汪元祥 陳謨纂
清同治九年(1870)翥山書院刻本

[同治]安仁縣志 Y0183/第60册
(清)朱潼修 徐彦楠 劉兆傑纂
清同治十一年(1872)刻本
[同治]萬年縣志 Y0183/第60册
(清)項珂修 劉馥桂等纂
清同治十年(1871)刻本
[同治]宜春縣志 Y0183/第60册
(清)路青雲修 李佩琳 陳瑜纂
清同治十年(1871)刻本
[同治]分宜縣志 Y0183/第61册
(清)李寅清 夏琮鼎修 嚴升偉等纂
清同治十年(1871)刻本
[同治]萬載縣志 Y0183/第61册
(清)金第 杜紹斌纂修
清同治十一年(1872)刻本
[同治]高安縣志 Y0183/第62册
(清)孫家鐸修 熊松之纂
清同治十年(1871)刻本
[同治]重修上高縣志 Y0183/第63册
(清)馮蘭森修 陳卿雲等纂
清同治九年(1870)刻本
[同治]新昌縣志 Y0183/第63－64册
(清)朱慶萼等纂
清同治十一年(1872)活字本
[同治]清江縣志 Y0183/第65册
(清)潘懿 胡湛修 朱孫論等纂
清同治九年(1870)刻本
[同治]靖安縣志 Y0183/第65册
(清)徐家瀛修 舒孔恂纂
清同治九年(1870)活字本
[同治]新喻縣志 Y0183/第66册
(清)文聚奎 祥安修 吳增逵纂
清同治十二年(1873)瀛洲書院刻本
[同治]安義縣志 Y0183/第66册
(清)杜林修 彭斗山 熊寶善纂
清同治十年(1871)活字本
[同治]奉新縣志 Y0183/第67册
(清)呂懋先修 帥方蔚纂
清同治十年(1871)刻本
[同治]豐城縣志 Y0183/第68册
(清)王家傑修 周文鳳 李庚纂
清同治十二年(1873)刻本
[同治]臨川縣志 Y0183/第69册
(清)童範儼修 陳慶齡等纂
清同治九年(1870)刻本
[同治]崇仁縣志 Y0183/第70册
(清)盛銓等纂
清同治十二年(1873)刻本
[同治]金谿縣志 Y0183/第70册
(清)程芳修 鄭浴脩等纂
清同治九年(1870)刻本
[同治]宜黄縣志 Y0183/第71册
(清)張興言等纂
清同治十年(1871)刻本
[同治]樂安縣志 Y0183/第71册
(清)朱奎章修 胡芳杏纂
清同治十年(1871)刻本
[同治]東鄉縣志 Y0183/第71册
(清)李士棻 王維新修 胡業恒纂
清同治八年(1869)刻本
[同治]南城縣志 Y0183/第71册
(清)李人鏡修 梅體萱纂
清同治十二年(1813)刻本
[同治]江西新城縣志 Y0183/第71册
(清)劉昌嶽修 鄧家祺纂
清同治十年(1871)刻本
[同治]南豐縣志 Y0183/第71册
(清)柏春修 魯琪光等纂
清同治十年(1871)刻本
[同治]瀘溪縣志 Y0183/第72册
(清)楊松兆 孫毓秀修 彭鍾華等纂
清同治九年(1870)刻本
[同治]進賢縣志 Y0183/第72册
(清)江璧等纂
清同治十年(1871)刻本
[民國]吉安縣志 Y0183/第72册
李正誼等纂
民國三十年(1941)鉛印木
[光緒]泰和縣志 Y0183/第72册
(清)宋瑛修 彭啟瑞纂 周之鏞續纂修
清光緒四年(1878)刻本
[光緒]吉水縣志 Y0183/第72册
(清)彭際盛等修 胡宗元等纂
清光緒元年(1875)刻本
[同治]安福縣志 Y0183/第72册
(清)姚濬昌修 周立瀛 趙廷愷等纂
清同治十一年(1872)刻本
[同治]龍泉縣志 Y0183/第73册
(清)王肇渭修 郭崇煇等纂
清同治十二年(1873)刻本
[同治]萬安縣志 Y0183/第73册
(清)歐陽駿修 周之鏞纂
清同治十二年(1873)刻本
[民國]寧岡縣志 Y0183/第73册
(民國)丁國屏修 陳家駿纂
民國二十六年(1931)鉛印本
[乾隆]永新縣志 Y0183/第73册
(清)王翰修 陳善言纂
清乾隆十一年(1746)刻本
[同治]新淦縣志 Y0183/第73册
(清)王肇賜修 陳錫麟纂
清司治十二年(1873)活字本
[同治]峽江縣志 Y0183/第73册
(清)暴大儒修 廖其觀纂
清同治十年(1871)刻本
[同治]贛縣志 Y0183/第73册
(清)黄德溥 崔國榜修 褚景昕纂
清同治十一年(1872)刻本
[乾隆]信豐縣志 Y0183/第73册
(清)游法珠修 楊廷為等纂
清乾隆十六年(1751)刻本
[同治]興國縣志 Y0183/第74册
(清)崔國榜修 金益謙 藍拔奇纂
清同治十一年(1872)刻本
[康熙]會昌縣志 Y0183/第74册
(清)王凝命修 董喆纂
清康熙十四年(1675)刻本
[同治]安遠縣志 Y0183/第74册
(清)黄瑞圖等纂
清同治十一年(1872)刻本
[光緒]長寧縣志 Y0183/第74册
(清)王衍曾 程祖蔚修 古有輝等纂
清光绪三十三年(1907)活字本
[乾隆]寧都縣志 Y0183/第74册
(清)鄭昌齡修 梅廷馴纂
清乾隆六年(1741)刻本
[光緒]瑞金縣志 Y0183/第74册
(清)張國英修 陳芳等纂
清光緒元年(1875)刻本
[光緒]龍南縣志 Y0183/第74册
(清)孫瑞徵 胡鴻澤修 鍾益馭纂
清光緒二年(1876)刻本
[乾隆]石城縣志 Y0183/第74册
(清)王士傢等纂
清乾隆十年(1745)刻本
[同治]定南廳志 Y0183/第74册
(清)王大枚 楊邦棟修 黄正琅等纂
清同治十一年(1872)刻本
[民國]大庾縣志 Y0183/第74册
吳寶炬修 劉人俊等纂
民国八年(1919)刻本

［同治］南康縣志 Y0183/第74册
（清）沈恩華修 盧鼎峋纂
清同治十一年（1872）刻本
［光緒］上猶縣志 Y0183/第74册
（清）葉滋瀾修 李臨馴纂
清光緒七年（1881）修 十九年（1893）校補刻本
［光緒］崇義縣志 Y0183/第74册
（清）廖鼎璋纂修
清光緒二十一年（1895）刻本
［同治］廣昌县志 Y0183/第74册
（清）曾毓璋纂修
清同治六年（1867）刻本
［同治］興安縣志 Y0183/第74册
（清）李賓暘修 趙桂林纂
清同治十年（1871）刻本
［乾隆］福州府志 Y0183/第75册
（清）徐景熹修 魯曾煜 施廷樞等纂
清乾隆十九年（1754）刻本
［乾隆］銅山志 Y0183/第75册
（清）涑振藻纂
清乾隆二十五年（1760）纂 舊抄本
［民國］詔安縣志 Y0183/第75册
陳蔭祖修 吳名世纂
民國三十一年（1942）詔安青年印務公司鉛印本
［康熙］平和縣志 Y0183/第75册
（清）王相修 昌天錦 藍三祝 游宗亨等纂
清康熙五十八年（1719）刻本
［乾隆］南靖縣志 Y0183/第75册
（清）姚循義修 李正曜等纂
清乾隆八年（1743）刻本
［民國］閩侯縣志 Y0183/第76册
欧楊英修 陳衍纂
民國十九年（1930）修 二十二年（1933）刻本
［道光］厦門志 Y0183/第76册
（清）周凱等纂
清道光十二年（1832）修 十九年（1839）玉屏書院刻本
［民國］同安縣志 Y0183/第76册
林學增修 吳錫璜纂
民國十八年（1929）鉛印本
［民國］建陽縣志 Y0183/第76册
姚有別 萬文衡等修 羅應辰纂
民國十八年（1929）新明印刷所鉛印本
［民國］建甌縣志 Y0183/第76册
詹宣猷修 蔡振堅等纂
民國十八年（1929）芝新印刷所鉛印水
［光緒］續修浦城縣志 Y0183/第76册
（清）翁天祐 呂渭英修 翁昭泰纂
清光緒二十六年（1900）南浦書院刻本
［乾隆］海澄縣志 Y0183/第76册
（清）陳鍈 王作霖修 葉廷推 鄧來祚纂
清乾隆二十七年（1762）刻本
［光緒］漳浦縣志 Y0183/第76册
（清）陳汝咸原本 施錫衛再續纂修
清光緒十一年（1885）補刻本
［民國］雲霄縣志 Y0183/第76册
徐炳文修 鄭豐稔纂
民國三十六年（1947）鉛印本
［康熙］松溪縣志 Y0183/第77册
（清）潘拱辰纂修 黃鑒補遺
清康熙三十九年（1700）刻本
［民國］政和縣志 Y0183/第77册
錢鴻文 黃體震修 李熙等
民國八年（1919）鉛印本
［民國］南平縣志 Y0183/第77册
吳栻等纂
民國八年（1919）修 十七年（1928）鉛印本
［民國］順昌縣志 Y0183/第77册
高登艇 潘先龍修 劉敬等纂
民国二十五年（1935）鉛印本
［民國］重修邵武縣志 Y0183/第77册
秦振夫等纂
民國二十六年（1937）永生堂鉛印本
［光緒］重修光澤縣志 Y0183/第77册
（清）盛朝輔原本 李麟瑞 鈕承藩續修 何秋淵續纂
清光绪二十三年（1897）增刻道光本
［乾隆］寧德縣志 Y0183/第77册
（清）盧建其修 張君賓 胡家祺纂
清乾隆四十六年（1781）刻本
［民國］霞浦縣志 Y0183/第77册
劉以臧修 徐友梧等纂
民國十四年（1925）修 十八年（1929）鉛印本
［康熙］壽寧縣志 Y0183/第77册
（清）趙廷璣修 壬錫卣等纂
清康熙二十五年（1686）刻本
［光緒］福安縣志 Y0183/第77册
（清）張景祁修 黃錦燦等纂
清光緒十年（1884）刻本
［光緒］福安鄉土志 Y0183/第77册
（清）周祖頤纂修
福安縣文化館一九七九年油印本
［道光］新修羅源縣志 Y0183/第77册
（清）廬鳳芩修 林春溥纂
清道光十一年（1831）刻本
［民國］連江縣志 Y0183/第77册
曹剛等纂
民國十六年（1927）修 民國二十二年（1933）鉛印本
［民國］古田縣志 Y0183/第77册
黃澄淵修 余鍾英等纂
民國三十一年（1942）古田縣修志委員會鉛印本
［道光］屏南縣志 Y0183/第77册
何樹德修 黃恩波 張宗銘纂 陸章銓續纂
民國九年（1920）修 三十年（1941）續修 抄本
［民國］金門縣志 Y0183/第77册
左樹夔修 劉敬纂
一九五九年福建師範学院圖書館油印本
［乾隆］龍溪縣志 Y0183/第77册
（清）吳宜燮修 黃惠 李疇纂
清乾隆二十七年（1762）刻本
［乾隆］興化府莆田縣志 Y0183/第78册
（清）汪大經 王恒等纂
民國十五年（1926）吳輔再補刻本
［乾隆］槧遊縣志 Y0183/第78册
（清）胡放植 王椿修 葉和侃等纂
清乾隆三十五年（1770）刻木
［乾隆］永福縣志 Y0183/第78册
（清）陳焱 王綱修 俞荔 陳雲客纂
港乾隆十四年（1749）刻本
［民國］永泰縣志 Y0183/第78册
金章 董秉清修 王紹沂等纂
民國十一年（1922）鉛印本
［民國］閩清縣志 Y0183/第78册
楊乐彩修 劉訓鐺纂
民國十年（1921）鉛印本
［民國］長樂縣志 Y0183/第78册
孟昭涵修 李駒等纂
民國六年（1917）福建印刷所鉛印本
［民國］平潭縣志 Y0183/第78册

黄覆思等纂
民國十二年(1923)葉于飛鉛印本
[嘉靖]惠安縣志 Y0183/第78册
(明)莫尚簡修 (明)張岳纂
明嘉靖九年(1530)刻本
[民國]德化縣志 Y0183/第78册
方清芳修 王光張纂
民國十六年(1927)修 二十九年(1940)朱朝亨鉛印本
[乾隆]長泰縣志 Y0183/第78册
(清)張懋建等纂
清乾隆十五年(1750)刻本
[民國]龍巖縣志 Y0183/第78册
馬龢鳴 陳丕顯修 杜翰生等纂
民國五年(1916)修 九年(1920)上海商務印書館鉛印本
[道光]漳平縣志 Y0183/第78册
(清)蔡世鈸修 林得震等纂
清道光十年(1830)刻本
[同治]寧洋縣志 Y0183/第78册
(清)董鍾驥修 陳天樞 吴正南等纂
清同治十三年(1874)修 光緒元年(1875)刻本
[乾隆]福清縣志 Y0183/第79册
(清)饒安鼎修 林昂 李修卿纂
清光緒二十四年(1898)劉玉璋刻本
[道光]晉江縣志 Y0183/第79册
(清)胡之鍥修 周學曾 尤遜恭等纂
清道光九年(1829)修 稿本
[民國]永春縣志 Y0183/第79册
鄭翹松等纂
民國十六年(1927)纂 十九年(1930)中華書局鉛印本
[乾隆]安溪縣志 Y0183/第79册
(清)莊成修 沈鍾 李疇纂
清乾隆二十二年(1751)刻本
[民國]南安縣志 Y0183/第79册
蘇鏡潭纂修
民國間泉州泉山書社鉛印本
[光緒]長汀縣志 Y0183/第80册
(清)王壘原本 謝昌霖再續修 劉國光再續纂
清光绪五年(1879)刻本
[康熙]武平縣志 Y0183/第80册
(清)劉昈纂修 趙良生續纂修
清康熙十一年(1672)刻 三十八年(1699)增刻本

[民國]上杭縣志 Y0183/第80册
張漢等纂
民國二十八年(1939)上杭啟文書局鉛印本
[民國]永定縣志 Y0183/第80册
徐元龍修 張超南 林上楠纂
民國三十八年(1949)石印本
[道光]清流縣志 Y0183/第80册
(清)喬有豫修 雷可升 伍嘉猷等纂
清道光九年(1829)活字本
[康熙]寧化縣志 Y0183/第80册
(清)祝文郁修 李世熊纂
清康熙二十三年(1684)刻本
[道光]沙縣志 Y0183/第80册
(清)孫大焜 王庚修 徐逢盛 陳名世等纂
清道光十四年(1834)刻本
[道光]永安縣續志 Y0183/第80册
(清)孫義修 陳樹蘭 劉承美纂
清道光十三年(1833)刻本
[乾隆]將樂縣志 Y0183/第80册
(清)李永錫 程廷枝修 徐觀海等纂
清乾隆三十年(1765)刻本
[民國]大田縣志 Y0183/第80册
陳朝宗修 王光張 林韶光纂
民國二十年(1931)鉛印本
[民國]建寧縣志 Y0183/第80册
錢江修 范毓桂纂 吴海清續修 張書簡續纂
民国五年(1916)修 八年(1919)續修鉛印本
[康熙]建寧縣志 Y0183/第80册
(清)周爆修 陳恂纂
清刻本
[道光]噶瑪蘭志略 Y0183/第80册
(清)柯培元纂修
清道光十七年(1837)修 稿本
[光緒]新竹縣志 Y0183/第80册
(清)鄭鵬雲 曾逢辰纂
清光緒十九年(1893)纂 1959《臺灣文獻叢刊》本
[光緒]苗栗縣志 Y0183/第80册
(清)沈茂蔭纂修
清光緒十七年(1891)修 民國抄本
[乾隆]重修臺灣縣志 Y0183/第80册
(清)魯鼎梅修 王必昌纂
清乾隆十七年(1752)刻本

[道光]彰化縣志 Y0183/第80册
(清)李廷璧修 周璽纂
清道光十四年(1834)刻本
[乾隆]重修鳳山縣志 Y0183/第80册
(清)王瑛曾纂修
清乾隆二十九年(1164)刻本
[光緒]甲午新修臺灣澎湖志 Y0183/第80册
(清)蔡麟祥 陳步錦修 林豪纂
清光緒二十年(1894)修 1959年油印本
[民國]連城縣志 Y0183/第80册
王集吾修 鄧光瀛等纂
民國二十八年(1939)維新書局石印本

華東卷[下編]

上海市

[同治]上海縣志 Y0183/第1册
(清)應寶時等修 俞樾 方宗誠纂
清同治十年(1871)吳門臬署刻本 清同治十一年(1872)上海文廟南園志局王承基等校正本
[民國]上海縣續志 Y0183/第2册
吴馨 洪錫范修 姚文枬等纂
民國七年(1918)上海文廟南園志局刻本
[民國]上海縣志 Y0183/第2册
吴馨 江家嵋修 姚文枬纂
民國二十五年(1936)鉛印本
[光緒]重修華亭縣志 Y0183/第2-3册
(清)楊開第修 姚光發等纂
清光緒五年(1879)刻本
[乾隆]婁縣志 Y0183/第4册
(清)謝庭薰修 陸錫熊纂
清乾隆五十三年(1788)刻本
[光緒]婁縣續志 Y0183/第5册
(清)汪坤厚 程其珏修 張雲望纂
清光緒五年(1879)刻本
[光緒]南匯縣志 Y0183/第5册
(清)金福曾 顧思賢修 張文虎等纂
清光緒五年(1879)刻本
[民國]南匯縣續志 Y0183/第5册
(清)嚴偉 劉芷芬修 秦錫田纂
民國十七年(1928)刻本
[民國]川沙縣志 Y0183/第6册
方鸿鎧 陆炳麟修 黄炎培纂
民國二十六年(1937)上海國光書局鉛印本

[光緒]重修奉賢縣志 Y0183/第6冊
(清)韩佩金修 張文虎等纂
清光緒四年(1878)刻本
[光緒]金山縣志 Y0183/第6冊
(清)龔寶琦 崔廷鏞修 黄厚本等纂
清光緒四年(1878)刻本
[光緒]青浦縣志 Y0183/第7冊
(清)汪祖綬等修 熊其英 邱式金纂
清光緒五年(1879)尊經閣刻本
[民國]青浦縣續志 Y0183/第8冊
于定等修 金詠榴等纂
民國二十三年(1934)刻本
[光緒]嘉定縣志 Y0183/第8-9冊
(清)程其珏修 杨震福等纂
清光緒七年(1881)刻本
[民國]嘉定縣續志 Y0183/第9冊
范鍾湘 陳傳德修 金念祖 黄世祚纂
民國十九年(1930)鉛印本
[光緒]寶山縣志 Y0183/第9-10冊
(清)梁蒲贵 吳康壽修 朱延射 潘履祥纂
清光緒八年(1882)學海書院刻本
[民國]寶山縣續志 Y0183/第10冊
張允高等修 錢淦 袁希濤纂
民國十年(1921)鉛印本
[民國]寶山縣再續志 Y0183/第11冊
吳葭修 王鍾琦纂
民國二十年(1931)鉛印本
[民國]寶山縣新志備稿 Y0183/第11冊
趙恩鉅修 王鍾琦纂
民國二十年(1931)鉛印本
[民國]崇明縣志 Y0183/第11冊
曹炳麟纂修
民國十九年(1930)鉛印本
[道光]上元縣志 Y0183/第12冊
(清)武念祖修 陳栻纂
清道光四年(1824)刻本
[同治]上江兩縣志 Y0183/第13冊
(清)莫祥芝 甘紹盤修 汪士鐸等纂
清同治十三年(1874)刻本
[光緒]江浦埤乘 Y0183/第14冊
(清)侯宗海 夏錫寶纂
清光緒十三年修 十七年(1891)刻本
[光緒]六合縣志 Y0183/第14冊
(清)谢延庚 吕憲秋修 賀延壽 唐毓和纂
清光緒六年修 十年(1884)刻本
[民國]六合縣續志稿 Y0183/第14冊
鄭耀烈修 汪昇遠 王桂馨同纂
民國九年(1920)石印本
[民國]棠志拾遺 Y0183/第15冊
張官倬纂
民國三十六年(1947)六合新奎光石印館石印本
[民國]吳縣志 Y0183/第15-17冊
曹允源 李根源纂
民國二十二年(1933)蘇州文新公司鉛印本
[乾隆]長洲縣志 Y0183/第17冊
(清)李光祚修 顧詒祿等纂
清乾隆十八年(1753)刻本
[乾隆]元和縣志 Y0183/第18冊
(清)許治修 沈德潛 顧詒祿纂
清乾隆二十六年(1761)刻本
[光緒]崑新兩縣續修合志
Y0183/第18-20冊
(清)金吳瀾 李福沂修 汪堃 朱成熙纂
清光緒六年(1880)刻本
[民國]崑新兩縣續補合志
Y0183/第20冊
連德英修 李傳元纂
民國十二年(1923)刻本
[民國]乙亥志稿 Y0183/第20冊
唐文治 王慧言纂
民國二十四年(1935)鉛印本
[民國]鎮洋縣志 Y0183/第21冊
王祖畬纂
民國七年(1918)刻本
[雍正]昭文縣志 Y0183/第21冊
(清)勞必達修 陳祖範等纂
清雍正九年(1731)刻本
[光緒]常昭合志稿 Y0183/第21-23冊
(清)鄭鍾祥 張瀛修 龐鸿文等纂
清光緒三十年(1904)活字本
[民國]重修常昭合志
Y0183/第23-24冊
張鏡寰修 丁祖陰 徐兆瑋纂 潘一塵 張禮綱續修 龐樹森續纂
民國三十八年(1949)鉛印本
[乾隆]吳江縣志 Y0183/第25冊
(清)陳莫纕 丁元正修 倪師孟 沈彤纂
民國石印本
[光緒]吳江縣續志 Y0183/第25冊
(清)勁佚曾等修 熊其英等纂
清光緒五年(1879)刻本
[乾隆]震澤縣志 Y0183/第26冊
(清)陳和志修 沈彤 倪師孟纂
清乾隆十一年(1746)刻本
[民國]震澤縣志續 Y0183/第26冊
佚名纂
民國九年(1920)吳江柳氏抄本
[光緒]無錫金匱縣志
Y0183/第26-27冊
(清)裴大中 倪咸生修 秦緗業等纂
清光緒七年(1881)刻本
[光緒]江陰縣志 Y0183/第27-28冊
(清)盧思誠 馮壽鏡修 季念詒 夏煒如纂
清光緒四年(1878)刻本
[民國]江陰縣續志 Y0183/第28冊
陳思修 缪荃孫纂
民國十年(1921)刻本
[光緒]丹徒縣志 Y0183/第28-30冊
(清)何紹章 馮壽鏡修 吕耀斗等纂
清光緒五年(1879)刻本
[民國]丹徒縣志摭餘 Y0183/第30冊
(清)李恩綬原纂 李炳榮續纂
民國七年(1918)刻本
[民國]續丹徒縣志 Y0183/第31冊
張玉藻 翁有成修 高覲昌等纂
民國十九年(1930)刻本
[光緒]丹陽縣志 Y0183/第31冊
(清)劉誥 淩焯等修 徐錫麟 姜璘纂
清光緒十一年(1885)鴻鳳書院刻本
[民國]丹陽縣續志 Y0183/第32冊
胡為和修 孫國鈞纂
民國十五年(1926)刻本
[光緒]溧陽縣續志 Y0183/第32冊
(清)朱畯等修 馮煦等纂
清光緒二十五年(1899)活字本
[光緒]金壇縣志 Y0183/第32冊
(清)夏宗彝修 汪國鳳等纂
清光緒十一年(1885)活字本
[民國]重修金壇縣志
Y0183/第32-33冊
馮煦等纂修
民國十年(1921)修 十五年(1926)上海商務印書館鉛印本
[光緒]溧水縣志 Y0183/第33冊
(清)傅觀光等修 丁維誠纂
清光緒九年(1883)刻本

[民國]高淳縣志 Y0183/第34册
劉春堂修 吳壽寬纂
民國七年(1918)刻本
[光緒]續纂句容縣志
Y0183/第34–35册
(清)張紹棠 蕭穆等纂
清光緒三十年(1904)刻本
[光緒]武進陽湖縣志
Y0183/第35–36册
(清)王其淦 吳康壽修 湯成烈等纂
清光緒五年(1879)刻本
[光緒]武陽志餘 Y0183/第36册
(清)莊毓鋐 陸鼎翰纂修
清光緒十四年(1888)活字本
[光緒]宜興荆溪縣新志 Y0183/第37册
(清)施惠 錢志澄修 吳景牆等纂
清光緒八年(1882)刻本
[乾隆]江都縣志 Y0183/第37–38册
(清)五格 黄湘纂修
清光緒七年(1881)劉汝賢刻本
[民國]江都縣新志 Y0183/第38册
陳肇桑修 陳懋森纂
民國二十一年(1932)修 二十六年(1937)刻本
[光緒]增修甘泉縣志
Y0183/第38–39册
(清)徐成敷等修 陳浩恩等纂
清光緒十一年(1885)刻本
[民國]甘泉縣續志 Y0183/第40册
錢祥保修 桂邦傑纂
民國十年(1921)刻本
[道光]重修儀徵縣志 Y0183/第40册
(清)王檢心修 劉文淇 張安保纂
清光緒十六年(1890)刻本
[嘉慶]高郵州志 Y0183/第41册
(清)杨宜崙修 夏之蓉 沈之本纂 馮馨增修
清道光二十五年(1845)刻本
[道光]續增高郵州志 Y0183/第42册
(清)左輝春等纂修
清道光二十三年(1843)刻本
[光緒]再續高郵州志 Y0183/第42册
(清)金元烺 (清)龔定瀛修 夏子鐊纂
清光緒九年(1883)刻本
[民國]三續高郵州志 Y0183/第42册
胡為和 盧鴻鈞修 高樹敏纂
民國十一年(1922)刻本

[民國]續修興化縣志 Y0183/第43册
李恭簡修 魏儁 任乃賡纂
民國三十二年(1943)鉛印本
[民國]寶應縣志 Y0183/第43册
戴邦楨 趙世榮修 馮煦 朱葨生纂
民國二十一年(1932)鉛印本
[民國]續纂泰州志 Y0183/第44册
鄭輔東修 王貽牟纂
民國十三年(1924)稿本
[民國]泰縣志 Y0183/第44册
單毓元等纂修
抄本
[光緒]泰興縣志 Y0183/第44–45册
(清)楊激雲修 顧曾烜纂
清光緒十二年(1886)刻本
[宣統]泰興縣志續志补志校
Y0183/第45册
王元章修 金鉽纂
民國二十二年(1933)刻本
[光緒]靖江縣志 Y0183/第45–46册
(清)葉滋森修 褚祥等纂
清光緒五年(1879)刻本
[民國]南通縣圖志 Y0183/第46册
范鎧纂 張謇續纂
民國十四年(1925)鉛印本
[光緒]海門廳圖志 Y0183/第46册
(清)劉文徵等修 周家禄等纂
清光緒二十六年(1900)刻本
[民國]續海門廳圖志 Y0183/第46册
劉偉纂
民國間稿本
[民國]海門縣圖志 Y0183/第46册
劉偉纂
民國抄稿本
[咸豐]古海陵縣志 Y0183/第46册
(清)王葉衢纂
清咸豐五年(1855)纂 一九六二年油印本 油印時更名為《海安縣志》
[同治]重修山陽縣志
Y0183/第46–47册
(清)張兆棟 孫雲修 何紹基 丁晏等纂
清同治十二年(1873)刻本
[宣統]續纂山陽縣志 Y0183/第47册
邱沅 王元章修 段朝端等纂
清宣統三年(1911)修 民國十年(1921)刻本

[光緒]丙子清河縣志
Y0183/第47–48册
(清)胡裕燕修 吳昆田 魯蕡纂
清光緒五年(1879)刻本
[民國]續纂清河縣志 Y0183/第48册
劉檈壽等修 范昆纂
民國十年(1921)修 民國十七年(1928)刻本
[民國]淮陰縣志徵訪稿 Y0183/第48册
徐鍾令纂
民國初年纂 抄本
[光緒]安東縣志 Y0183/第48册
(清)金元烺修 吳昆田 魯蕡纂
清光緒元年(1875)刻本
[乾隆]重修桃源縣志 Y0183/第48册
(清)眭文煥纂修
民國六年(1917)汪保誠鉛印本
[民國]泗陽縣志 Y0183/第49册
李佩恩修 張相文 王聿望纂
民國十四年(1925)鉛印本
[民國]重修沭陽縣志 Y0183/第49册
戴仁修 錢崇威纂
民國七年(1918)修 民國十五年(1926)纂成 民國間抄本
[民國]宿遷縣志 Y0183/第50册
嚴型修 馮煦纂
民國十三年(1924)修 民國二十四年(1935)鉛印本
[光緒]盱眙縣志稿 Y0183/第50册
(清)王錫元修 高延第等纂
清光緒二十九年(1903)盱眙縣志局增刻本
[光緒]鹽城縣志 Y0183/第51册
(清)劉崇照修 陳玉樹 龍繼棟纂
清光緒二十一年(1895)刻本
[民國]續修鹽城縣志 Y0183/第51册
林懿均 李直夫修 胡應庚 陳鐘凡纂
民國二十五年(1936)鉛印本
[光緒]阜寧縣志 Y0183/第51册
(清)阮本焱等修 陳肇 殷自芳纂
清光緒十二年(1886)刻本
[民國]阜寧縣新志 Y0183/第52册
焦忠祖修 龐友蘭纂
民國二十三年(1934)鉛印本
[嘉慶]東臺縣志 Y0183/第52册
(清)周古修 蔡復午等纂
清道光十年(1830)增刻本

[民國]銅山縣志　Y0183/第52－53冊
余家謨 章世嘉 王嘉銑 王開孚纂
民國八年(1919)修 十五年(1926)刻本
[光緒]豐縣志　Y0183/第53－54冊
(清)姚鴻杰等纂修
清光緒二十年(1894)刻本
[民國]沛縣志　Y0183/第54冊
丁書雲修 赵錫蕃纂
民國九年(1920)上海商務印書館鉛印本
[咸豐]邳州志　Y0183/第54冊
(清)董用威 馬軼羣修 魯一同纂
清咸豐元年(1851)刻本
[民國]邳志補　Y0183/第55冊
竇鴻年纂
民國十二年(1923)刻本
[光緒]睢寧縣志稿　Y0183/第55冊
(清)侯紹瀛修 丁顯纂
清光緒十二年(1886)刻本
[光緒]贛榆縣志　Y0183/第55冊
(清)王豫熙修 張謇纂
清光緒十四年(1888)刻本
[民國]贛榆縣續志　Y0183/第55冊
王佐良修 王思衍纂
民國十三年(1924)鉛印本
[乾隆]敕修浙江通志
Y0183/第56－63冊
(清)李衛等修 沈翼機 傅玉露等纂
清乾隆元年(1736)刻本
[康熙]仁和縣志　Y0183/第64冊
(清)趙世安修 顧豹文 邵遠平纂
清康熙二十六年(1687)刻本
[光緒]唐棲志　Y0183/第65冊
(清)王同纂
清光緒十六年(1890)刻本
[嘉慶]餘杭縣志　Y0183/第65－66冊
(清)張吉安修 朱文藻纂 崔應榴 董作棟纂
清嘉慶十三年(1808)刻本
[光緒]富陽縣志　Y0183/第66冊
(清)汪文炳修 蔣敬時 何鎔纂
清光緒三十二年(1906)刻本
[宣統]臨安縣志　Y0183/第67冊
(清)彭循堯修 董運昌 同鼎纂
清宣統二年(1910)活字本
[嘉慶]於潛縣志　Y0183/第67冊
(清)蔣光弼修 張燮纂
清嘉慶十七年(1812)活字本
[民國]昌化縣志　Y0183/第67冊
陳培珽 曾國霖等修 許昌言等纂
民國十三年(1924)鉛印本
[民國]建德縣志　Y0183/第68冊
夏日璈 張良楷等修 王韌等纂
民國八年(1919)金華集成堂鉛印本
[民國]壽昌縣志　Y0183/第68冊
陳煥 潘紹雋修 李飪 陳舉愷纂
民國十九年(1930)金華大同印務局鉛印本
[光緒]淳安縣志　Y0183/第69冊
(清)劉世甯修 李詩續修 陳中元 竺士彥續纂
清光緒十年(1884)刻本
[民國]遂安縣志　Y0183/第69冊
羅柏麓 周樹美修 姚桓 洪夢雲等纂
民國十九年(1930)鉛印本
[乾隆]桐廬縣志　Y0183/第69冊
(清)嚴正身 王德讓修 金嘉琰等纂
清乾隆間(1736－1795)抄本
[民國]續修分水縣志　Y0183/第70冊
鍾詩傑修 臧承宣纂
民國三十一年(1942)鉛印本
[道光]新城縣志　Y0183/第70冊
(清)吳墉修 張吉安纂
清道光三年(1823)深清堂刻本
[民國]新登縣志　Y0183/第70冊
徐士瀛修 張子榮 史錫永纂
民國十一年(1922)鉛印本
[民國]萧山縣志稿
Y0183/第70－71冊
彭延慶修 姚瑩俊纂 張宗海續修 楊士龍續纂
民國二十四年(1935)鉛印本
[光緒]嘉興縣志　Y0183/第71－72冊
(清)趙惟修 石中玉 吳受福纂
清光緒三十四年(1908)刻本
[康熙]秀水縣志　Y0183/第72冊
(清)任之鼎修 范正輅纂
清康熙二十四年(1685)刻本
[光緒]重修嘉善縣志　Y0183/第73冊
(清)江峰青修 顧福仁纂
民國七年(1918)印本
[光緒]平湖縣志　Y0183/第74冊
(清)鵬潤年等修 葉廉鍔等纂
清光緒十二年(1886)刻本
[光緒]海鹽縣志　Y0183/第75冊
(清)王彬修 徐用儀纂
清光緒三年(1877)蔚文書院刻本
[康熙]海寧縣志　Y0183/第76冊
(清)許三禮纂修 黃承璉續纂修
清康熙二十二年(1683)刻本
[光緒]桐鄉縣志　Y0183/第76－77冊
(清)嚴辰纂
清光緒十三年(1887)刻本
[萬曆]崇德縣志　Y0183/第77冊
(明)靳一派修 李太沖 張洪儒纂
明萬曆三十九年(1611)刻本
[光緒]石門縣志　Y0183/第77冊
(清)余麗元等纂修
清光緒五年(1879)刻本
[光緒]烏程縣志　Y0183/第78冊
(清)潘玉璿 馮健修 周學濬 汪日楨纂
清光緒七年(1881)刻本
[光緒]歸安縣志　Y0183/第79冊
(清)李昱修 陸心源纂
清光緒八年(1882)刻本
[同治]長興縣志　Y0183/第79－80冊
(清)趙定邦修 周學濬 丁寶書纂
清光緒元年(1875)刻本
[同治]安吉縣志　Y0183/第80冊
(清)汪榮 劉蘭敏修 張行孚 丁寶書纂
清同治十三年(1874)刻本
[同治]孝豐縣志　Y0183/第80冊
(清)劉濬修 潘宅仁等纂
清光緒五年(1879)刻本
[民國]德清縣新志　Y0183/第80冊
吳翯皋 王任化修 程森纂
民國二十一年(1932)鉛印本
[乾隆]武康縣志　Y0183/第81冊
(清)劉守成修 高植等纂
清乾隆十二年(1747)刻本
[民國]鄞縣通志　Y0183/第81冊
張傳保修 陳訓正 馬瀛纂
一九三五至一九五一年鉛印本
[光緒]奉化縣志　Y0183/第82冊
(清)李前泮修 張美翊等纂
清光緒三十四年(1908)刻本
[民國]象山縣志　Y0183/第82冊
羅士筠修 陳漢章等纂
民國十六年(1927)寧波天勝印刷公司鉛印本
[民國]南田縣志　Y0183/第83冊

呂耀钤 厲家楨修 呂芝延 施仁緯纂
民國十九年(1930)鉛印本
[民國]鎮海縣志 Y0183/第83冊
洪錫範 盛鴻濤修 王榮商 楊敏曾纂
民國二十年(1931)上海蔚文印刷局鉛印本
[光緒]慈溪縣志 Y0183/第84－85冊
(清)楊泰亨修 馮可鏞纂
清光緒二十五年(1899)德潤書院刻本
[光緒]餘姚縣志 Y0183/第85－86冊
(清)周秉麟修 邵友濂 孫德祖纂
清光緒二十五年(1899)刻本
[民國]定海縣志 Y0183/第86冊
陳訓正 馬瀛纂修
民國十三年(1924)旅滬同鄉會鉛印本
[嘉慶]山陰縣志 Y0183/第87冊
(清)徐元梅修 朱文翰等纂
清嘉慶八年(1803)刻本
[道光]會稽縣志稿 Y0183/第87冊
(清)王蓉坡 (清)沈墨莊纂
民國二十五年(1936)鉛印本
[民國]紹興縣志资料 Y0183/第88冊
紹興縣志委員會纂
民國二十八年(1939)鉛印本
[光緒]諸暨縣志 Y0183/第89冊
(清)陳遹聲修 蔣鴻藻纂
清宣統二年(1910)刻本
[光緒]上虞縣志校續 Y0183/第90－91冊
(清)儲家藻修 徐致靖纂
清光緒二十五年(1899)刻本
[民國]嵊縣志 Y0183/第91冊
牛蔭麐 羅毅修 丁謙 余重耀纂
民國二十四年(1935)鉛印本
[民國]新昌縣志 Y0183/第92冊
金城修 陳畬等纂
民國八年(1919)鉛印本
[民國]临海縣志稿 Y0183/第93－94冊
孫熙鼎 張寅修 何奏簧纂
民國二十四年(1935)鉛印本
[光緒]僊居志 Y0183/第94冊
(清)王壽頤 潘紀恩修 王棻 李仲昭纂
清光緒二十年(1894)活字本
[光緒]黃巖縣志 Y0183/第95－96冊
(清)陳寶善 孫熹修 王棻纂 陳鍾英 鄭錫滜續修 王詠霓續纂
清同治七年(1868)修 光緒元年(1875)續修 三年(1877)刻本
[光緒]太平續志 Y0183/第96冊
(清)陳汝霖修 王棻等纂
清光緒二十二年(1896)刻本
[光緒]金華縣志 Y0183/第96冊
(清)鄧鍾玉等纂
民國四年(1915)錢人龍鉛印本
[民國]湯谿縣志 Y0183/第97冊
丁燮 薛達修 戴鴻熙纂
民國二十年(1931)金震東石印局鉛印本
[光緒]蘭谿縣志 Y0183/第97－98冊
(清)秦簧 邵秉經修 唐壬森纂
清光緒十五年(1889)刻本
[嘉慶]武義縣志 Y0183/第98冊
(清)張誉堠修 周家駒等纂
清宣統二年(1910)石印本
[光緒]永康縣志 Y0183/第98－99冊
(清)李汝為 郭文翹修 潘樹棠等纂
清光緒十八年(1892)刻本
[道光]東陽縣志 Y0183/第99冊
(清)黨金衡原本 王恩注重定
民國三年(1914)東陽商務石印公司石印本
[嘉慶]義烏縣志 Y0183/第99－100冊
(清)諸自穀修 程瑜 李錫齡纂
民國十八年(1929)灌聰圖書館石印本
[光緒]浦江縣志稿 Y0183/第100－101冊
(清)善廣修 張景青纂
民國五年(1916)黃志璠再增補鉛印本
[嘉慶]西安縣志 Y0183/第102冊
(清)姚寶煃修 范崇楷等纂
清嘉慶十六年(1811)刻本
[民國]衢縣志 Y0183/第102－103冊
鄭永禧纂
民國二十六年(1937)鉛印本
[民國]龍游縣志 Y0183/第103－104冊
余紹宋纂
民國十四年(1925)鉛印本
[光緒]開化縣志 Y0183/第104冊
(清)徐名立 潘紹詮修 潘樹棠纂
清光緒二十四年(1896)刻本
[光緒]常山縣志 Y0183/第105冊
(清)李瑞鍾修 朱昌泰等纂
清光緒十二年(1886)刻本
[同治]江山縣志 Y0183/第106冊
(清)王彬 孫晉梓修 朱寶慈纂
清同治十二年(1873)文溪書院刻本
[光緒]永嘉縣志 Y0183/第106－107冊
(清)張寶琳修 王棻 孫詒讓纂
清光緒八年(1882)刻本
[光緒]樂清縣志 Y0183/第108冊
(清)李登雲 錢寶鎔修 陳坤等纂
民國元年(1912)高誼校印本
[民國]平陽縣志 Y0183/第109－110冊
王理孚修 劉紹寬纂
民國十五年(1926)刻本
[同治]泰顺分疆錄 Y0183/第110冊
(清)林鶚修 林用霖續纂
清同治四年(1865)修 光緒五年(1879)林氏望山堂刻本
[民國]麗水縣志 Y0183/第111冊
李鍾嶽 李郁芬修 孫壽芝纂
民國十五年(1926)啟明印刷所鉛印本
[民國]宣平縣志 Y0183/第111冊
何横 張高修 鄒家箴等纂
民國二十三年(1934)鉛印本
[光緒]青田縣志 Y0183/第112冊
(清)雷銑 王棻纂
清光緒二年(1876)刻本
[光緒]縉雲縣志 Y0183/第112－113冊
(清)何乃容 葛華修 潘樹棠纂
清光緒二年(1876)修 七年(1881)刻本
[民國]松陽縣志 Y0183/第113冊
呂耀鈐修 高煥然纂
民國十五年(1926)活字本
[光緒]遂昌縣志 Y0183/第114冊
(清)胡壽海 史恩緯修 褚成允纂
清光緒二十二年(1896)尊經閣刻本
[同治]雲和縣志 Y0183/第114冊
(清)伍承吉修 涂冠續修 王士鈖纂
清咸豐七年(1857)修 同治三年(1864)續修刻本
[光緒]龍泉縣志 Y0183/第115冊
(清)顧國詔修 張世堉纂
清光緒四年(1878)刻本
[光緒]慶元縣志 Y0183/第115冊
(清)林步瀛 史恩緯修 史恩緯等纂
清光緒三年(1877)刻本
[民國]安徽通志稿 Y0183/第116－117冊
安徽通志館纂修
民國二十三年(1934)刻本

安徽佛門龍象傳　Y0183/第118冊
江謙纂修
民國二十二年(1933)鉛印本
[光緒]續修廬州府志　Y0183/第119－120冊
(清)黄雲修 林之望 汪宗沂纂
清光緒十一年(1885)刻本
[嘉慶]合肥縣志　Y0183/第120冊
(清)左輔纂修
清嘉慶九年(1804)刻本
[光緒]合肥縣志　Y0183/第121冊
(清)佚名纂修
清光緒年間(1875－1908)抄本
[嘉靖]銅陵縣志　Y0183/第121冊
(明)李士元修 沈梅纂
一九六二年上海古籍書店《天一閣藏明代地方志選刊》本
[乾隆]銅陵縣志　Y0183/第121冊
(清)朱成阿等修 史應貴等纂
民國十九年(1930)鉛印本
[康熙]巢縣志　Y0183/第121冊
(清)于覺世修 陸龍騰等纂
清康熙十二年(1673)刻本
[道光]巢縣志　Y0183/第121冊
(清)舒夢齡纂修
清(1644－1911)抄本
[康熙]含山縣志　Y0183/第121冊
(清)趙燦修 唐庭伯等纂
清康熙二十三年(1684)抄本
[光緒]直隸和州志　Y0183/第122冊
(清)朱大紳修 高照纂
清光緒二十七年(1901)木活字本
[光緒]廬江縣志　Y0183/第122冊
(清)錢榮主修
[嘉慶]無為州志　Y0183/第123冊
(清)顧浩修 吳元慶等纂
清嘉慶八年(1803)刻本
[道光]桐城續修縣志　Y0183/第123－124冊
(清)廖大闻等修 金鼎壽纂
清道光十四年(1834)刻本
[民國]桐城志略　Y0183/第125冊
徐國治纂修
民國二十五年(1936)鉛印本
[康熙]安慶府志　Y0183/第125－126冊
(清)張楷纂修
一九六一年安慶古舊書店石印本

[民國]懷寧縣志　Y0183/第126－127冊
朱之英等修 舒景蘅纂
民國七年(1918)鉛印本
[康熙]安慶府望江縣志　Y0183/第128冊
(清)劉天維修 龍燮纂
清康熙十二年(1673)刻本
[康熙]安慶府宿松縣志　Y0183/第128冊
(清)朱維高等修 黄鉞等纂
清康熙四十二年(1703)刻本
[道光]宿松縣志　Y0183/第128冊
(清)鄔正階 鄭敦亮修 石葆元 汪景祥纂
清道光八年(1828)刻本
[民國]宿松縣志　Y0183/第128－129冊
俞慶瀾 劉昂修 張燦奎等纂
民國十至十二年(1921－1923)活字本
[道光]太湖縣志　Y0183/第130冊
(清)孫濟等修 陳烈纂
清道光十年(1830)刻本
[民國]太湖縣志　Y0183/第130冊
高壽恒修 李英纂
民國十一年(1922)活字本
[康熙]安慶府潛山縣志　Y0183/第131冊
(清)周克友纂修
清康熙十四年(1675)刻本
[同治]六安州志　Y0183/第131冊
(清)李蔚 (清)王峻修 吳康霖纂
清光緒二十一年(1895)刻本
[康熙]霍邱縣志　Y0183/第132冊
(清)姬之簋修 李瑾纂
清康熙九年(1670)刻本
[同治]霍邱縣志　Y0183/第132冊
(清)陸鼎斅 王寅清纂修
清同治九年(1870)活字本
[嘉靖]壽州志　Y0183/第132冊
(清)栗永祿纂修
一九六三年上海古籍書店《天一閣明代方志選刊》本
[光緒]壽州志　Y0183/第132－133冊
(清)曾道唯等修 葛陰南等纂
清光緒十六年(1890)活字本
[雍正]舒城縣志　Y0183/第133冊
(清)陳守仁修 賈彬 郭維祺纂
清雍正九年(1731)刻本

[光緒]續修舒城縣志　Y0183/第133－134冊
(清)呂林鍾等修 趙鳳詔等纂
清光緒三十三年(1907)活字本
[乾隆]霍山縣志　Y0183/第134冊
(清)甘山修 程在嶸纂
清乾隆四十一年(1776)刻本
[光緒]霍山縣志　Y0183/第134冊
(清)秦達章修 何國祐 程秉祺纂
清光緒三十一年(1905)活字本
[正德]潁州志　Y0183/第134冊
(明)劉節纂修
一九六三年上海古籍書店《天一閣明代方志選刊》本
[乾隆]颍州府志　Y0183/第135冊
(清)王斂福纂修
清乾隆十七年(1752)刻本
[道光]阜陽縣志　Y0183/第136冊
(清)劉虎文等修 李復慶等纂
清道光九年(1829)刻本
[顺治]亳州志　Y0183/第136冊
(清)劉澤溥修 高搏九纂
清順治(1644－1661)刻本
[光緒]亳州志　Y0183/第136－137冊
(清)鍾泰等修 宗能徵纂
清光緒二十年(1894)活字本
[民國]亳縣志略　Y0183/第137冊
劉治堂纂修
民國二十五年(1936)鉛印本
[同治]渦陽縣志　Y0183/第137冊
(清)石成之修 楊雨霖 王冠甲纂
清同治十一年(1872)稿本
[民國]渦陽縣志　Y0183/第137冊
黄佩蘭修 王佩箴纂
民國十五年(1926)鉛印本
[同治]蒙城縣志　Y0183/第137冊
(清)李炳濤修 石廷樞等纂
清(1644－1911)抄本
[民國]重修蒙城縣志　Y0183/第138冊
汪篪修 于振江 黄與綬纂
民國四年(1915)鉛印本
[光緒]鳳臺縣志　Y0183/第138冊
(清)李師沆修 葛蔭南 周爾儀纂
清光緒十八年(1892)木活字本
[顺治]潁上縣志　Y0183/第138冊
(清)翟乃慎修 馬履雲 徐必達纂
清順治十二年(1655)刻本

[同治]潁上縣志 Y0183/第139冊
(清)都寵錫等修 李道章 鄭以莊纂
清光緒四年(1878)刻本
[民國]臨泉縣志略 Y0183/第139冊
劉焕東纂修
民國二十五年(1936)石印本
[民國]太和縣志 Y0183/第139冊
丁炳烺修 吴承志纂
民國十四年(1925)上海中華書局鉛印本
[嘉靖]宿州志 Y0183/第139冊
(明)余鍧纂修
一九六三年上海古籍書店《天一閣明代方志選刊》本
[光緒]宿州志 Y0183/第140冊
(清)何慶釗修 丁遜之等纂
清光緒十五年(1889)刻本
[乾隆]碭山縣志 Y0183/第140冊
(清)劉王瑷纂修
清乾隆三十二年(1767)刻本
[嘉慶]蕭縣志 Y0183/第140冊
(清)潘鎔修 沈學淵 顧翰纂
清嘉慶二十年(1814)刻本
[同治]續蕭縣志 Y0183/第141冊
顧景濂 段廣瀛纂修
清光緒元年(1875)刻本
[乾隆]靈璧縣志略 Y0183/第141冊
(清)貢震纂修
清乾隆二十五年(1760)此君草堂刻本
[乾隆]泗州志 Y0183/第141冊
(清)葉蘭纂修
清乾隆五十三年(1788)抄本
[光緒]泗虹合志 Y0183/第141冊
(清)方瑞蘭修 江殿颺 許湘甲纂
清光緒十四年(1888)刻本
[光緒]重修五河縣志 Y0183/第142冊
(清)賴同宴 孫玉銘修 俞宗誠等纂
清光緒二十年(1894)刻本
[嘉靖]懷遠縣志 Y0183/第142冊
(明)楊鈞纂修
明嘉靖十八年(1539)刻本
[嘉慶]懷遠縣志 Y0183/第142冊
(清)孫讓修 李兆洛纂
清嘉慶二十四年(1819)木活字本
[成化]中都志 Y0183/第142冊
(明)柳瑛纂
明弘治元年(1488)刻本
[天啟]鳳陽新书 Y0183/第143冊
(明)袁文新修 柯仲炯纂
明天啟元年(1621)刻本
[康熙]鳳陽府志 Y0183/第143冊
(清)耿繼志等修 湯原振等纂
清康熙二十三年(1684)刻本
[光緒]鳳陽府志 Y0183/第143－144冊
(清)馮煦修 魏家驊等纂 張家霈續纂
清光緒三十四年(1908)活字本
[乾隆]鳳陽縣志 Y0183/第145冊
(清)于萬培纂修 謝永泰續修 王汝琛續纂
清光緒十三年(1887)刻本
[康熙]臨淮縣志 Y0183/第145冊
(清)魏宗衡修 邢仕誠纂
清康熙十一年(1672)刻本
[萬曆]滁陽志 Y0183/第145冊
(明)戴瑞卿等纂修
明萬曆四十二年(1614)刻本
[康熙]滁州志 Y0183/第146冊
(清)余國楷修 潘運皞纂
清康熙十二年(1673)刻本
[光緒]滁州志 Y0183/第146冊
(清)熊祖詒纂修
清光緒二十二年(1896)活字本
[嘉靖]皇明天長志 Y0183/第146冊
(明)邵時敏修 王心纂
明嘉靖二十九年(1550)刻本
[康熙]天長縣志 Y0183/第146－147冊
(清)江映鯤修 張振先等纂
清康熙十二年(1673)刻本
[嘉慶]備修天長縣志稿
Y0183/第147冊
(清)張宗泰纂
清嘉慶二十四年(1819)刻 民國二十三年(1934)劉增齡補輯鉛印本
[同治]天長縣志纂輯志稿
Y0183/第147－148冊
(清)江景桂等纂
清同治八年(1869)抄本
[雍正]來安縣志 Y0183/第148冊
(清)伍斯璸修 項世榮纂
清雍正十三年(1735)刻本
[道光]來安縣志 Y0183/第148冊
(清)符鴻 劉廷槐修 歐陽泉 戴宗炬纂
清道光十年(1830)刻本
[泰昌]全椒縣志 Y0183/第149冊
(明)楊道臣纂修
明泰昌元年(1620)刻本
[民國]全椒縣志 Y0183/第149冊
張其濬修 江克讓 汪文鼎纂
民國九年(1920)活字本
[嘉靖]重修太平府志 Y0183/第149冊
(明)祝鑾纂修
明嘉靖十年(1531)刻本
[乾隆]太平府志 Y0183/第149－150冊
(清)朱肇基修 陸綸纂
清乾隆二十二年(1757)刻本
[嘉慶]蕪湖縣志 Y0183/第150冊
(清)梁啟讓修 陳春華纂
清嘉慶十二年(1807)刻本
[民國]蕪湖縣志 Y0183/第151冊
余誼密修 鮑實等纂
民國八年(1919)石印本
[乾隆]當塗縣志 Y0183/第151－152冊
(清)張海等修 萬橚等纂
清乾隆十五年(1750)刻本
[嘉靖]建平縣志 Y0183/第152冊
(明)連鑛修 姚文燁等纂
明嘉靖十年(1531)刻本
[光緒]廣德州志 Y0183/第152－153冊
(清)胡有誠修 丁寶書等纂
清光緒七年(1881)刻本
[民國]廣德縣志稿 Y0183/第153冊
錢文選纂
民國三十七年(1948)鉛印本
[嘉靖]寧國府志 Y0183/第153冊
(明)黎晨修 李默纂
明嘉靖十五年(1536)刻本
[嘉慶]寧國府志 Y0183/第153－155冊
(清)魯銓 鍾英修 洪亮吉 施晉纂
清嘉慶二十年(1815)刻本
[光緒]宣城縣志 Y0183/第155冊
(清)李應泰等修 章綬纂
清光緒十四年(1888)活字本
[嘉靖]涇縣志 Y0183/第156冊
(明)丘時庸修 王廷幹纂
明嘉靖三十一年(1552)刻本
[嘉慶]涇縣志 Y0183/第156冊
(清)李德淦 周鶴立修 洪亮吉纂
清嘉慶十一年(1806)刻本
[道光]涇縣續志 Y0183/第156冊
(清)阮文藻修 趙懋曜等纂
清道光五年(1825)刻本

[民國]南陵縣志 Y0183/第157冊
余誼密修 徐乃昌纂
民國十三年(1924)鉛印本
[道光]繁昌縣志 Y0183/第157－158冊
(清)曹德贊原本 張星煥增修
清道光六年(1826)刻本
[淳熙]新安志 Y0183/第158冊
(宋)羅願纂
宋淳熙二年(1175)纂 清康熙四十六年(1707)刻本
[弘治]徽州府志 Y0183/第159冊
(明)彭澤修 汪舜民纂
明弘治十五年(1502)刻本
[道光]徽州府志 Y0183/第159－163冊
(清)馬步蟾纂修
清道光七年(1827)刻本
[乾隆]歙縣志 Y0183/第164冊
(清)張佩芳修 劉大櫆等纂
清乾隆二十六年(1761)刻本
[民國]歙縣志 Y0183/第165冊
石國柱 樓文釗修 許承堯纂
民國二十六年(1937)鉛印本
[康熙]休寧縣志 Y0183/第165－166冊
(清)廖騰煃修 汪晉徵纂
清康熙三十二年(1693)刻本
[嘉慶]旌德縣志 Y0183/第166－167冊
(清)陳炳德修 赵良霨等纂
清嘉慶十三年(1808)刻本
[道光]旌德縣續志 Y0183/第167冊
(清)王椿林修 胡承珙纂
清道光六年(1826)刻本
[嘉靖]寧國縣志 Y0183/第167冊
(明)范鎬纂修
明嘉靖二十八年(1549)刻本
[光緒]寧國縣通志 Y0183/第167冊
(清)張達五修 鄭思賢增修 周贇纂
清同治八年(1869)修 光緒二十五年(1899)增補 抄本
[民國]寧國縣志 Y0183/第167冊
王式典修 李丙麐纂
民國二十五年(1936)鉛印本
[萬曆]祁門縣志 Y0183/第167冊
(明)余士奇修 謝存仁纂
明萬曆二十八年(1600)刻 清順治九年(1652)補刻本
[道光]祁門縣志 Y0183/第168冊
(清)王讓修 桂超萬纂
清道光七年(1827)刻本
[民國]祁門縣志 Y0183/第168冊
胡光釗纂修
民國三十三年(1944)鉛印本
[乾隆]績溪縣志 Y0183/第168－169冊
(清)較陳錫修 趙繼序 章瑞鐘纂
清乾隆二十一年(1756)刻本
[嘉慶]黟縣志 Y0183/第169冊
(清)吳甸華修 程汝翼 俞正燮纂
清嘉慶十七年(1812)刻 道光五年(1825)重印本
[同治]黟縣三志 Y0183/第170冊
(清)謝永泰修 程鴻詔等纂
清同治十年(1871)刻本
[民國]黟縣四志 Y0183/第170冊
吳克俊 許復修 程壽保 舒斯笏纂
民國十二年(1923)黟縣藜照堂刻本
[嘉靖]池州府志 Y0183/第170冊
(明)王崇纂修
明嘉靖二十四年(1545)刻本
[乾隆]池州府志 Y0183/第171冊
(清)張士範纂修
清乾隆四十四年(1779)刻本
[乾隆]贵池縣志續编 Y0183/第171冊
(清)謝錫伯修 汪廷霖纂
清乾隆十年(1745)刻本
[光緒]貴池縣志 Y0183/第172冊
(清)陸延齡修 桂迓衡等纂
清光緒九年(1883)活字本
[嘉慶]東流縣志 Y0183/第172冊
(清)吳篪修 李兆洛等纂
清嘉慶二十三年(1818)刻本
[光緒]青陽縣志 Y0183/第173－174冊
(清)華椿等修 周贇纂
清光緒十七年(1891)活字本
[嘉慶]太平縣志 Y0183/第174冊
(清)曹夢鶴等修 孔傳薪 陸仁虎纂
清光緒三十四年(1908)真筆版重印本
[康熙]石埭縣志 Y0183/第174冊
(清)姚子莊修 周體元纂
清康熙十四年(1675)刻本
[民國]石埭備志彙編 Y0183/第174冊
陳惟壬纂
民國三十年(1941)鉛印本
[宣統]建德縣志 Y0183/第175冊
(清)張贊巽 張翊六修 周學銘等纂
清宣統二年(1910)鉛印本

華北卷

北京市

[萬曆]順天府志 Y0183/第1冊
(明)沈應文修 (明)張元芳纂
明萬曆(1573－1620)刻本
[光緒]順天府志 Y0183/第1－2冊
(清)万青黎 (清)周家楣修 (清)張之洞 (清)缪荃孙纂
清光绪十二年(1886)刻本
[康熙]宛平縣志 Y0183/第2冊
(清)王養廉修 (清)李開泰 張采纂
清康熙二十四年(1685)刻本
[光緒]昌平州志 Y0183/第2冊
(清)吳履福等修 繆全孫等纂
清光绪十二年(1886)刻本
[嘉靖]隆慶志 Y0183/第2冊
(明)謝庭桂纂 (明)蘇乾續纂
一九六二年《天一閣藏明代地方志選刊》本
[乾隆]延慶縣志 Y0183/第2冊
(清)李鐘俾修 (清)穆元肇 (清)方世熙纂
民國二十七年(1938)鉛印本
[光緒]延慶州志 Y0183/第2冊
(清)何道增等修 張惇德纂
民國七年(1918)鉛印本
[康熙]懷柔縣新志 Y0183/第2冊
(清)吳景果纂修
民國二十四年(1935)鉛印本
[民國]密雲縣志 Y0183/第3冊
臧理臣等修 宗慶煦纂
民国三年(1914)北平京华書局铅印本
[康熙]順義縣志 Y0183/第3冊
(清)黃成章修 (清)張大酉纂
清康熙五十八年(1719)刻本
[民國]順義縣志 Y0183/第3冊
禮闊泉等修 楊德馨等纂
民国二十二年(1933)铅印本
[民國]平谷縣志 Y0183/第3冊
李兴焯修 王兆元纂
民国二十三年(1934)铅印本
[光緒]通州志 Y0183/第3冊
(清)高建勳等纂
民国三十年(1941)铅印本
[民國]通縣志要 Y0183/第3冊
金士堅修 徐白纂
民国三十年(1941)铅印本

［康熙］大興縣志 Y0183/第 3 册
（清）張茂節修（清）李開泰等纂
清康熙二十四年(1685)刻本
［民國］房山縣志 Y0183/第 3 册
廖飛鵬 馬慶瀾修 高書官等纂
民国十七年(1928)铅印本
［民國］良鄉縣志 Y0183/第 3 册
周志中修 吕植 见之深纂
民国十三年(1924)铅印本

天津市

［康熙］新校天津衛志 Y0183/第 4 册
（清）薛柱斗修（清）高必大纂
民國二十三年(1934)鉛印本
［光緒］重修天津府志 Y0183/第 4 册
（清）沈家本（清）榮銓修（清）徐宗亮（清）蔡啟盛纂
清光緒二十五年(1899)刻本
［乾隆］天津縣志 Y0183/第 4 册
（清）朱奎揚 張志奇修（清）吳廷華纂
清同治九年(1870)刻本
［同治］續天津縣志 Y0183/第 5 册
（清）吳惠元修（清）蔣玉虹 俞樾纂
清同治九年(1870)續修刻本
［民國］天津縣新志 Y0183/第 5 册
高凌雯纂修
民國二十年(1931)金樾刻本
［康熙］薊州志 Y0183/第 5 册
（清）張朝琮修（清）鄔棠等纂
清康熙四十三年(1704)刻本
［道光］薊州志 Y0183/第 5 册
（清）沈鋭纂修
清道光十一年(1831)刻本
［民國］薊縣志 Y0183/第 5 册
徐葆瑩修 仇錫廷纂
民國三十三年(1944)鉛印本
［乾隆］寶坻縣志 Y0183/第 5 册
（清）洪肇楙修（清）蔡寅斗纂
清乾隆十年(1745)刻本
［乾隆］武清縣志 Y0183/第 5 册
（清）吳翀中修 曹涵纂
清乾隆七年(1742)刻本
［同治］靜海縣志 Y0183/第 5 册
（清）郑士蕙纂修
清同治十二年(1873)刻本
［民國］靜海縣志 Y0183/第 6 册
白鳳文修 高毓浵纂
民國二十三年(1934)鉛印本
［光緒］寧河縣志 Y0183/第 6 册
（清）丁符九修（清）談松林纂
清光绪六年(1880)刻本

河北省

［同治］畿輔通志 Y0183/第 6－10 册
（清）李鴻章等修 黃彭年等撰
民國二十三年(1938)上海商務印書館影印本
［乾隆］正定府志 Y0183/第 11 册
（清）鄭大進纂修
清乾隆二十七年(1761)刻本
［光緒］正定縣志 Y0183/第 11 册
（清）慶之金 賈孝彰修 趙文濂等纂
清光緒元年(1815)刻本
［光緒］獲鹿縣志 Y0183/第 11 册
（清）俞錫綱修（清）曹鑅纂
清光绪七年(1881)刻本
［乾隆］行唐縣新志 Y0183/第 11 册
（清）吳高增纂修
清乾隆二十八年(1763)刻本
［同治］靈壽縣志 Y0183/第 11 册
（清）陸隴其原本 劉賡年續纂
清同治十二年(1873)刻本
［康熙］保定府祁州束鹿縣志 Y0183/第 11 册
（清）劉崑修 陳僖纂
民國二十六年(1937)《束鹿五志合刊》本
［同治］續修束鹿縣志 Y0183/第 11 册
（清）宋陳壽纂修
民國二十六年(1937)《束鹿五志合刊》本
［康熙］晉州志 Y0183/第 11 册
（清）郭建章原本 康如璉續修 劉士麟續纂
清咸豐十年(1860)補刻本
［民國］晉縣志 Y0183/第 12 册
孟昭章修 李翰如纂
民國十六年(1927)石印本
［康熙］藁城縣志 Y0183/第 12 册
（清）賴于宣修 張丙宿纂
清康熙三十七年(1698)刻本
［民國］續藁城縣志 Y0183/第 12 册
王炳熙 任傳藻修 于葳等纂
民國二十三年(1934)鉛印《藁城縣志四種合刊》本
［民國］高邑縣志 Y0183/第 12 册
張權本修 李湧泉纂
民國三十年(1941)鉛印本
［隆慶］趙州志 Y0183/第 12 册
（明）蔡懋昭纂修
明隆慶元年(1567)刻本
［光緒］直隸趙州志 Y0183/第 12 册
（清）孫傳拭修 王景美纂
清光緒二十三年(1897)刻本
［光緒］趙州屬邑志 Y0183/第 12 册
（清）孫傳拭纂修
清光緒二十三年(1897)刻本
［雍正］井陘縣志 Y0183/第 12 册
（清）鍾文英纂修
清雍正八年(1730)刻本
［光緒］續修井陘縣志 Y0183/第 12 册
（清）常善修 赵文濂纂
清光绪元年(1875)刻本
［光緒］重修新樂縣志 Y0183/第 12 册
（清）雷鶴鳴修 趙文濂纂
清光緒十一年(1885)刻本
［康熙］深澤縣志 Y0183/第 12 册
（清）許來音纂修
清康熙十四年(1615)刻本
［咸豐］深澤縣志 Y0183/第 12 册
（清）張衍壽修（清）王肇晉纂
民國二十五年(1936)鉛印本
［民國］無極縣志 Y0183/第 13 册
耿之光 王桂照修 王重民等纂
民國二十五年(1936)鉛印本
［乾隆］贊皇縣志 Y0183/第 13 册
（清）黃崗竹纂修
清乾隆十六年(1751)刻本
［光緒］續修贊皇縣志 Y0183/第 13 册
（清）史賡雲 周晋堃修 趙萬泰等纂
清光緒二年(1876)刻本
［民國］元氏縣志 Y0183/第 13 册
王自尊修 李林奎 武儒衡等纂
民國二十二年(1933)鉛印本
［同治］欒城縣志 Y0183/第 13 册
（清）陳詠修 張惇德纂
清同治十一年(1872)刻本
［咸豐］平山縣志 Y0183/第 13 册
（清）王滌心修（清）郭程先纂
清咸豐四年(1854)刻本
［光緒］續修平山縣志 Y0183/第 13 册
（清）郭奇中 唐世禄修 鲁述文 畢音纂
清光緒二年(1876)刻本

[民國]察哈爾省通志 Y0183/第13册
宋哲元等纂
民國二十四年(1935)鉛印本
[嘉靖]宣府鎮志 Y0183/第14册
(明)孫世芳修 欒尚約纂
明嘉靖四十年(1561)刻本
[乾隆]宣化府志 Y0183/第14册
(清)王者輔原本 張志奇續修 黄可潤續纂
清乾隆二十二年(1757)增刻本
[康熙]宣化縣志 Y0183/第14册
(清)陳坦纂修
清康熙五十年(1711)刻本
[民國]宣化縣新志 Y0183/第14册
陳繼曾 陳時雋修 郭維城纂
民國十一年(1922)鉛印本
[乾隆]赤城縣志 Y0183/第14册
(清)孟思誼修 張曾炳纂
清乾隆十三年(1748)刻本
[同治]赤城縣續志 Y0183/第14册
(清)林牟貽等纂修
清光緒九年(1883)重訂刻本
[民國]龍關縣志 Y0183/第14册
劉德寬修 何耀慧纂
民國二十三年(1934)鉛印本
[光緒]懷來縣志 Y0183/第14册
(清)朱乃恭修 席之瓚纂
清光绪八年(1882)刻本
[乾隆]蔚縣志 Y0183/第15册
(清)王育榞修 李舜臣纂
清乾隆四年(1739)刻本
[乾隆]蔚州志補 Y0183/第15册
(清)楊世昌修 吳廷華 楊大猷纂
清乾隆十年(1745)刻本
[光緒]蔚州志 Y0183/第15册
(清)慶之金修 楊篤纂
清光緒三年(1877)刻本
[民國]張北縣志 Y0183/第15册
陳繼淹修 許聞詩纂
民國二十四年(1935)鉛印本
[道光]保安州志 Y0183/第15册
(清)楊桂森纂修
清道光十五年(1835)刻本
[光緒]保安州續志 Y0183/第15册
(清)尋鑾晉 張毓生纂修
清光绪三年(1877)刻本
[康熙]西寧縣志 Y0183/第15册
(清)張充國纂修
清康熙五十一年(1712)刻本
[同治]西寧新志 Y0183/第15册
(清)韓志超 寅康等修 楊篤纂
清光緒元年(1875)宏州書院刻本
[民國]陽原縣志 Y0183/第15册
劉志鴻修 李泰棻纂
民國二十四年(1935)鉛印本
[民國]懷安縣志 Y0183/第15册
景佐綱修 張鏡淵纂
民國二十三年(1934)鉛印本
[道光]萬全縣志 Y0183/第15册
(清)左承業原本 施彦士續纂修
清光绪十四年(1834)增刻乾隆本
[民國]萬全縣志 Y0183/第16册
路聯逵修 任守恭纂
民國二十三年(1934)鉛印本
[乾隆]口北三廳志 Y0183/第16册
(清)黄可潤纂修
清乾隆二十三年(1748)刻本
[乾隆]熱河志 Y0183/第16册
(清)和珅 梁國治等修
民國二十三年(1934)《遼海叢書》本
[道光]承德府志 Y0183/第16册
(清)海忠纂修 廷杰 李世寅重訂
清光緒十三年(1887)刻本
[民國]隆化縣志 Y0183/第16册
羅則逖修 施琦纂
民國八年(1919)鉛印本
[光緒]永平府志 Y0183/第16册
(清)游智開修 史夔闌纂
清光緒五年(1879)刻本
[民國]遷安縣志 Y0183/第16册
滕紹周修 王維賢纂
民國二十年(1931)鉛印本
[民國]昌黎縣志 Y0183/第17册
金良驥 汪鴻孫修 張念祖 張錫恩纂 安慶雲續修 田秀琇續纂 陶宗奇再續修 張鵬翱再續纂
民国六年(1917)修 十七年(1928)續修 民國二十二年(1933)再續修鉛印本
[民國]盧龍縣志 Y0183/第17册
董天華修 胡應麟纂
民國二十年(1931)鉛印本
[乾隆]玉田縣志 Y0183/第17册
(清)謝客纂修
清乾隆二十一年(1756)刻本
[民國]臨榆縣志 Y0183/第17册
仵墉 高凌蔚修 程敏侯等纂
民國十八年(1929)鉛印本
[光緒]遵化通志 Y0183/第17－18册
(清)何崧泰等纂
清光緒十二年(1886)刻本
[光緒]撫寧縣志 Y0183/第18册
(清)張上龢修 史夢蘭纂
清光緒三年(1877)刻本
[光緒]樂亭縣志 Y0183/第18册
(清)蔡志修等纂
清光緒三年(1877)刻本
[光緒]灤州志 Y0183/第18册
(清)楊文鼎修 王大本等纂
清光緒二十四年(1898)刻本
[民國]灤縣志 Y0183/第18册
袁棻修 張鳳翔 劉祖培纂
民國二十六年(1937)鉛印本
[乾隆]豐潤縣志 Y0183/第19册
(清)吳慎纂修
清乾隆二十年(1755)刻本
[乾隆]東安縣志 Y0183/第19册
(清)李光昭修 周琰纂
民國二十四年(1935)《安次縣舊志四種合刊》本
[民國]安次縣志 Y0183/第19册
劉鍾英 馬鍾琇纂修
民國二十四年(1935)《安次縣舊志四種合刊》本
[乾隆]三河縣志 Y0183/第19册
(清)陳湶修 王大信等纂
清乾隆二十五年(1760)刻本
[民國]三河縣新志 Y0183/第19册
曹偵 蘇士俊修 吳寶銘 韓琛纂
民國二十四年(1935)北平中華印書館鉛印本
[民國]香河縣志 Y0183/第19册
王葆安修 馬文焕 陳式謀纂
民國二十五年(1936)鉛印本
[嘉靖]霸州志 Y0183/第19册
(明)唐交等纂
明嘉靖二十七年(1548)刻本
[民國]霸縣新志 Y0183/第19册
張仁蠡 劉延呂修 劉崇本 崔汝襄纂
民國二十三年(1934)天津文竹齋鉛印本
[咸豐]固安縣志 Y0183/第19册

(清)陳崇砥修 陳福嘉 吳三峯等纂
清咸豐九年(1859)刻本
[民國]固安縣志 Y0183/第20册
錢仲仁修 王尚義等纂
民國三十一年(1942)鉛印本
[光緒]大城縣志 Y0183/第20册
(清)趙炳文 徐國禎修 劉鐘英 鄧毓怡纂
清光緒二十三年(1897)刻本
[民國]文安縣志 Y0183/第20册
陳禎修 李蘭增 陳德沛纂
民國十一年(1922)鉛印本
[乾隆]永清縣志 Y0183/第20册
(清)周震榮修 章學誠纂
清乾隆四十四年(1779)刻本
[光緒]續永清縣志 Y0183/第20册
(清)李秉鈞 吳欽修 魏邦翰纂
清光緒元年(1875)刻本
[光緒]保定府志 Y0183/第21册
(清)李培祜 朱靖旬修 張豫垲等纂
清光緒十年(1886)刻本
[民國]清苑縣志 Y0183/第21册
金良驥 劉雲亭修 姚壽昌纂
民國二十三年(1934)鉛印本
[光緒]淶水縣志 Y0183/第22册
(清)陳杰等纂
清光緒二十一年(1895)刻本
[同治]涿州志 Y0183/第22册
(清)石衡修 盧端衡纂
清光緒元年(1875)刻本
[民國]涿縣志 Y0183/第22册
宋大章 馮舜生修 周存培 張星樓纂
民國二十五年(1936)鉛印本
[光緒]定興縣志 Y0183/第22册
(清)張主敬等纂
民國二十一年(1932)重印本
[乾隆]容城縣志 Y0183/第22册
(清)王克淳纂修
清乾隆二十六年(1761)刻本
[乾隆]新安縣志 Y0183/第22册
(清)高景原本 孫孝芬增修 張麟甲增纂
清乾隆八年(1743)增刻本
[光緒]蠡縣志 Y0183/第23册
(清)韓志超 何雲誥修 張瑜 王其衡等纂
清光緒二年(1876)刻本
[乾隆]博野縣志 Y0183/第23册
(清)吳鏊修 朱基 尹啟銓纂
清乾隆三十一年(1766)刻本
[道光]定州志 Y0183/第23册
(清)寶琳 勞沅恩纂修
清道光三十年(1850)刻本
[咸豐]直隸定州續志 Y0183/第23册
(清)王榕吉修 張樸纂
清咸豐十年(1860)刻本
[民國]定縣志 Y0183/第24册
何其章 呂復修 賈恩紱纂
民國二十三年(1934)刻本
[同治]阜平縣志 Y0183/第24册
(清)勞輔芝修 張錫三纂
清同治十三年(1874)刻本
[光緒]唐縣志 Y0183/第24册
(清)陳詠修 張惇德纂
清光緒四年(1878)刻本
[光緒]廣昌縣志 Y0183/第24册
(清)劉榮纂修
清光緒一年(1875)刻本
[弘治]易州志 Y0183/第24册
(明)戴敏修 戴銑纂
明弘治十五年(1502)刻本
[乾隆]易州志 Y0183/第24册
(清)楊芊纂修 張登高續纂修
清乾隆十二年(1747)刻本
[道光]新城縣志 Y0183/第24册
(清)李廷棨修 王振鐘等纂
清道光十八年(1838)刻本
[民國]新城縣志 Y0183/第24册
張雨蒼等纂
民國二十四年(1935)北平文華齋鉛印本
[民國]雄縣新志 Y0183/第24册
秦廷秀 褚保熙修 劉崇本纂
民國十九年(1930)鉛印本
[民國]徐水縣新志 Y0183/第25册
劉延昌修 劉鴻書纂
民國二十一年(1932)鉛印本
[雍正]高陽縣志 Y0183/第25册
(清)嚴宗嘉修 李其旋纂
清雍正八年(1730)刻本
[乾隆]祁州志 Y0183/第25册
(清)羅以桂 王楷修 張萬銓 刁錦纂
清乾隆二十一年(1756)刻本
[光緒]祁州續志 Y0183/第25册
(清)趙秉恒等纂
清光緒八年(1882)刻本
[康熙]慶都縣志 Y0183/第25册
(清)李天璣修 秦毓琦等纂
清康熙十七年(1678)刻本
[民國]望都縣志 Y0183/第25册
王德乾修 崔蓮峰纂
民國二十三年(1934)鉛印
[光緒]重修曲陽縣志 Y0183/第25册
(清)周斯億 溫亮珠修 董濤纂
清光緒三十年(1904)刻本
[民國]完縣新志 Y0183/第25册
彭作楨修 劉玉田等纂
民國二十三年(1934)鉛印本
[民國]滿城縣志略 Y0183/第25册
陳寶生修 楊式震 陳昌源纂
民國二十年(1931)浦城縣修志局鉛印本
[乾隆]滄州志 Y0183/第26册
(清)徐時作修 胡淦等纂
清乾隆八年(1743)刻本
[民國]滄縣志 Y0183/第26册
張鳳端 徐國桓修 張坪纂
民國二十二年(1933)鉛印本
[同治]鹽山縣志 Y0183/第27册
(清)王福謙 江毓秀修 潘震乙纂
清同治七年(1868)京都文采齋刻本
[民國]鹽山新志 Y0183/第27册
賈恩紱纂
民國五年(1916)刻本
[光緒]吳橋縣志 Y0183/第27册
(清)倪昌燮修 馮慶楊纂
清光緒元年(1875)瀾陽書院刻本
[光緒]東光縣志 Y0183/第27册
(清)周植瀛修 吳潯源纂
清光绪十四年(1888)刻本
[乾隆]肅寧縣志 Y0183/第27册
(清)尹侃 范森修 談有典纂
清乾隆二十一年(1756)刻本
[民國]交河縣志 Y0183/第27册
高步青 王恩沛修 苗毓芳 蘇彩河纂
民國六年(1917)刻本
[民國]青縣志 Y0183/第28册
萬震霄修 高遵章 姚維錦纂
民國二十年(1931)鉛印本
[民國]南皮縣志 Y0183/第28册
王德乾 尹銘續修 劉樹鑫纂

民國二十二年(1933)鉛印本
[乾隆]任邱縣志 Y0183/第28册
(清)劉統修 劉炳 王應鯨纂
清乾隆二十七年(1762)刻本
[道光]任邱縣志續編 Y0183/第28册
(清)鮑承燾修 瞿光繙 邊士圻纂
清道光十七年(1837)刻本
[乾隆]獻縣志 Y0183/第29册
(清)萬廷蘭修 瞿光繙 戈濤纂
清乾隆二十六年(1761)刻本
[咸豐]初續獻縣志 Y0183/第29册
(清)李昌祺纂修
清咸豐七年(1857)刻本
[乾隆]衡水縣志 Y0183/第29册
(清)陶淑纂修
清乾隆三十二年(1767)刻本
[乾隆]饒陽縣志 Y0183/第29册
(清)單作哲纂修
清乾隆十四年(1749)刻本
[雍正]阜城縣志 Y0183/第29册
(清)陸福宜修 多時珍纂
清雍正十三年(1735)刻本
[乾隆]景州志 Y0183/第29册
(清)屈成霖纂修
清乾隆十年(1745)刻本
[民國]景縣志 Y0183/第29册
耿兆棟 董大年修 張汝漪纂
民國二十一年(1932)鉛印本
[嘉慶]棗強縣志 Y0183/第30册
(清)任銜蕙修 楊元錫纂
清嘉慶九年(1804)刻本
[民國]棗強縣志 Y0183/第30册
賈恩紱纂修
民國間刻本
[道光]深州直隸州志 Y0183/第30册
(清)張范東修 李廣滋纂
清道光七年(1827)刻本
[康熙]安平縣志 Y0183/第30册
(清)陳宗石纂修
清康熙三十一年(1692)增刻本
[康熙]武強縣新志 Y0183/第30册
(清)冼國幹修 張星法纂
清康熙三十三年(1694)刻本
[同治]武邑縣志 Y0183/第30册
(清)彭美修 盤文彬纂
清同治十一年(1872)刻本
[光緒]續修故城縣志 Y0183/第30册
(清)丁燦修 王堉德纂 張焕續修 范翰文續纂
光緒十一年(1885)續修刻本
[乾隆]冀州志 Y0183/第31册
(清)范清曠纂修
清乾隆十二年(1747)刻本
[民國]冀縣志 Y0183/第31册
王樹枏纂修
民國十八年(1929)鉛印本
[光緒]廣平府志 Y0183/第31-32册
(清)吳中彦修 胡景桂纂
清光緒二十年(1895)刻本
[民國]廣平縣志 Y0183/第32册
韓作舟纂修
民國二十八年(1939)鉛印本
[咸豐]大名府志 Y0183/第32册
(清)朱煐等纂
清咸豐三年(1853)刻本
[乾隆]大名縣志 Y0183/第33册
(清)張維祺修 李棠纂
清乾隆五十四年(1789)刻本
[民國]大名縣志 Y0183/第33册
張昭芹 程廷恒修 范鑑吉 洪家祿等纂
民國二十三年(1934)鉛印本
[同治]續修元城縣志 Y0183/第33册
(清)吳大鏞修 王仲姓纂
清同治十一年(1872)刻本
[民國]邯鄲縣志 Y0183/第33册
畢星垣 張奉先修 王琴堂纂
民國二十二年(1933)邯鄲秀文齋刻本
[康熙]永年縣志 Y0183/第33册
(清)朱世緯纂修
清康熙十一年(1672)刻本清雍正十一年(1732)侯可大增補
[光緒]永年縣志 Y0183/第34册
(清)夏詒鈺纂修
清光緒三年(1877)刻本
[同治]曲周縣志 Y0183/第34册
(清)存祿修 劉自立纂
清同治八年(1869)刻本
[雍正]館陶縣志 Y0183/第34册
(清)趙知希纂修 張興宗增修
清乾隆元年(1736)刻本
[民國]館陶縣志 Y0183/第34册
王華安 丁世恭修 劉清如纂
民國二十五年(1936)鉛印本
[康熙]魏縣志 Y0183/第34册
張慮麟修 張永和纂
民國二十年(1931)鉛印本
[民國]成安縣志 Y0183/第34册
(清)戚學標纂修
清嘉慶四年(1799)刻本
[嘉慶]涉縣志 Y0183/第34册
(清)戚學標纂修
清嘉慶四年(1799)刻本
[民國]鷄澤縣志 Y0183/第35册
李澤遠修 劉國昌纂
民國二十一年(1942)鉛印本
[民國]邱縣志 Y0183/第35册
薛儒华修 趙又楊纂
民國二十三年(1934)鉛印本
[民國]肥鄉縣志 Y0183/第35册
張仁侃等纂
民國二十九年(1940)鉛印本
[光緒]臨漳縣志 Y0183/第35册
(清)周秉彝修 周壽梓 李耀中纂
清光緒三十年(1904)刻本
[同治]磁州續志 Y0183/第35册
(清)程光滢纂修
清同治十三年(1874)刻本
[民國]磁縣縣志 Y0183/第36册
黄希文等纂
民國三十年(1941)鉛印本
[民國]武安縣志 Y0183/第36册
杜濟美修 郗濟川纂
民國二十九年(1940)鉛印本
[乾隆]順德府志 Y0183/第36册
(清)徐景曾纂修
清乾隆十五年(1750)刻本
[乾隆]邢臺縣志 Y0183/第36册
(清)劉蒸雯修 李憷纂
清乾隆六年(1741)刻本
[民國]邢臺縣志 Y0183/第36册
張棟修 薛椿齡纂
民國三十二年(1943)鉛印本
[乾隆]柏鄉縣志 Y0183/第36册
(清)鍾賡華纂修
清乾隆三十一年(1766)刻本
[民國]柏鄉縣志 Y0183/第37册
牛寶善修 魏永弼纂
民國二十一年(1932)鉛印本
[民國]寧晉縣志 Y0183/第37册
苏毓琦 伊承熙修 張震科纂
民國十八年(1929)石印本

[乾隆]隆平縣志 Y0183/第37册
(清)袁文煥纂修
民國二十五年(1936)石印本
[光緒]唐山縣志 Y0183/第37册
(清)蘇玉修 杜靄 李飛鳴纂
清光緒七年(1881)刻本
[康熙]南宫縣志 Y0183/第37册
(清)胡胤銓纂修
清康熙十二年(1673)刻本
[民國]南宫縣志 Y0183/第37册
黄容惠修 賈恩紱纂
民國二十五年(1636)刻本
[光緒]鉅鹿縣志 Y0183/第37册
(清)凌燮 赫慎修 夏應麟纂
清光緒十二年(1886)刻本
[康熙]任縣志 Y0183/第37册
(清)季芷修 謝元震纂
清康熙十二年(1673)刻本
[民國]任縣志 Y0183/第37册
(清)謝爵麟修 陳智纂 (民國)王億年續修 劉書續纂
民國四年(1915)續修鉛印本
[民國]沙河縣志 Y0183/第38册
林清揚修 王延升纂
民國二十九年(1940)鉛印本
[康熙]臨城縣志 Y0183/第38册
(清)楊寬修 喬已百纂
清康熙三十年(1691)刻本
[康熙]内丘縣志 Y0183/第38册
(清)汪匡鼎修 和羹纂
清康熙七年(1668)刻本
[民國]新河縣志 Y0183/第38册
傅振倫纂
民國十八年(1929)鉛印本
[萬曆]清河縣志 Y0183/第38册
(明)向日紅纂修
明萬曆九年(1581)刻本
[民國]清河縣志 Y0183/第38册
張福謙修 趙鼎銘纂
民國二十三年(1934)鉛印本
[民國]威縣志 Y0183/第38-39册
崔正春修 尚希賓纂
民國十八年(1930)鉛印本
[萬曆]廣宗縣志 Y0183/第39册
(明)馬協纂修
明萬曆二十六年(1598)刻本
[嘉慶]廣宗縣志 Y0183/第39册
(清)李師舒纂修
清嘉慶七年(1802)刻本
[民國]廣宗縣志 Y0183/第39册
姜檻榮修 韓敏纂
民國二十二年(1933)廣宗文獻委員會鉛印本
[同治]平鄉縣志 Y0183/第39册
(清)蘇性纂修
清同治七年(1868)刻本
[乾隆]南和縣志 Y0183/第39册
(清)周章煥纂修
清乾隆十四年(1749)刻本
[光緒]南和縣志 Y0183/第39册
(清)王立勳修 李清芝纂
清光绪十九年(1893)修抄本

山西省

[光緒]山西通志 Y0183/第40-42册
(清)曾國荃 張煦等修 王軒 楊篤等纂
清光緒十八年(1892)刻本
[乾隆]太原府志 Y0183/第42册
(清)費淳 沈樹聲纂修
清乾隆四十八年(1783)刻本
[道光]陽曲縣志 Y0183/第43册
(清)李培兼 董典修 閻襄 鄭運昌纂
民國二十一年(1932)鉛印本
[道光]太原縣志 Y0183/第43册
(清)員佩蘭修 (清)楊國泰纂
清道光六年(1826)刻本
[光緒]續太原縣志 Y0183/第43册
(清)薛元釗修 (清)王效尊纂
清光緒八年(1882)刻本
[康熙]徐溝縣志 Y0183/第43册
(清)王嘉謨修
清康熙五十一年(1712)刻本
[光緒]補修徐溝縣志 Y0183/第43册
(清)王勃祥修 秦憲纂
清光緒七年(1881)刻本
[光緒]清源鄉志 Y0183/第43册
(清)王勛祥修 (清)王效尊纂
清光緒八年(1882)梗陽書院刻本
[乾隆]大同府志 Y0183/第43册
(清)吳輔宏修 (清)王飛藻纂
清乾隆四十七年(1782)刻本
[道光]大同縣志 Y0183/第43册
(清)黎中輔纂修
清道光十年(1830)刻本
[光緒]天鎮縣志 Y0183/第43册
(清)洪汝霖修 楊篤纂
清光绪十六年(1890)刻本
[康熙]靈邱縣志 Y0183/第43册
(清)朱起鳳原本 岳宏譽增訂
清康熙二十三年(1684)刻本
[光緒]靈邱縣補志 Y0183/第43册
(清)雷棣榮 嚴潤林修 (清)陆泰元纂
清光緒八年(1882)刻本
[光緒]懷仁縣新志 Y0183/第43册
(清)李長华修 姜科任纂 汪大浣續修 焉蕃續纂
清光緒三十一年(1905)增刻本
[崇禎]山陰縣志 Y0183/第44册
(明)劉以守纂修
明崇禎三年(1630)清重修本
[雍正]陽高縣志 Y0183/第44册
(清)蘇之芬纂修
清雍正七年(1729)刻本
[乾隆]廣靈縣志 Y0183/第44册
(清)郭磊等纂
清乾隆十九年(1754)刻本
[光緒]廣靈縣補志 Y0183/第44册
(清)楊亦銘纂修
清光緒六年(1880)刻本
[乾隆]渾源州志 Y0183/第44册
(清)桂敬順纂修
清乾隆二十八年(1763)刻 同治九年(1870)增刻本
[光緒]渾源州續志 Y0183/第44册
(清)賀澍恩修 (清)程續等纂
清光緒七年(1881)刻本
[乾隆]應州續志 Y0183/第44册
(清)吳炳纂修
清乾隆三十四年(1769)刻本
[雍正]朔平府志 Y0183/第44册
(清)劉士銘修 王靈纂
清雍正十一年(1733)刻本
[雍正]朔州志 Y0183/第44册
(清)汪一巩修 王一錫纂
清雍正十三年(1735)刻本
[民國]馬邑縣志 Y0183/第44册
陳廷璋修 霍殿鼇纂
民國七年(1918)鉛印本
[光緒]左雲縣志 Y0183/第44册
(清)余卜頤增修 蘭炳章纂
民國間石印本
[乾隆]寧武府志 Y0183/第44册

(清)周景柱修 李維梓纂
清乾隆十六年(1751)刻本
[光緒]忻州志 Y0183/第44册
(清)方戊昌修 (清)方淵如纂
清光緒六年(1880)刻本
[雍正]定襄縣志 Y0183/第45册
(清)王時炯原本 (清)王會隆續纂修
清雍正五年(1727)增補康熙本
[光緒]定襄縣補志 Y0183/第45册
(清)鄭繼修等修 邢澍田纂
清光緒六年(1880)刻本
[康熙]靜樂縣志 Y0183/第45册
(清)黄圖昌纂修
民國二十二年(1933)國立北平圖書館抄本
[雍正]續靜樂縣志 Y0183/第45册
(清)梅廷謨修 (清)俎夏鼎纂
民國二十二年(1933)國立北平圖書館抄本
[乾隆]直隸代州志 Y0183/第45册
(清)吳重光纂修
清乾隆五十年(1785)刻本
[康熙]五臺縣志 Y0183/第45册
(清)周三進纂修
清康熙二十六年(1987)刻本
[光緒]五臺新志 Y0183/第45册
(清)徐繼畬纂修 (清)孫汝明 (清)王步墀續修 (清)楊篤續纂
清光緒九年(1883)刻本
[乾隆]崞縣志 Y0183/第45册
(清)邵豐簇 顧弼修 賈瀛纂
清乾隆二十二年(1757)刻本 民國間印本
[光緒]續修崞縣志 Y0183/第45册
(清)趙冠卿 龍朝言修 潘肯堂纂
清光緒八年(1882)刻本
[光緒]繁峙縣志 Y0183/第45册
(清)何才價修 楊篤纂
清光緒七年(1881)刻本
[康熙]保德州志 Y0183/第45册
(清)王克昌修 殷夢高纂
清康熙四十九年(1710)鉛印本
[同治]河曲縣志 Y0183/第45册
(清)金福增修 張兆魁 金鐘彦纂
清同治十一年(1872)刻本
[光緒]神池縣志 Y0183/第45册
(清)崔長清等纂
清光緒六年(1880)修民國抄本
[光緒]岢嵐州志 Y0183/第46册
(清)吳光熊等纂
清光緒十年(1884)刻本
[嘉慶]五寨縣志 Y0183/第46册
(清)秦雄褒纂修 朱青續纂修
清乾隆十六年(1751)刻 民國二十年(1931)遞修本
[道光]偏關志 Y0183/第46册
(清)馬振文纂修
民國四年(1915)浙江王有宗鉛印本
[同治]榆次縣志 Y0183/第46册
(清)俞世銓 陶良駿修 王平格 王序賓纂
清同治二年 年(1863)刻本
[民國]榆次縣志 Y0183/第46册
張敬顥修 常麟書纂
民国三十一年(1942)铅印本
[民國]昔陽縣志 Y0183/第46册
皇甫振清修 李光宇纂
民國三年(1914)手抄本
[光緒]遼州志 Y0183/第46册
(清)陳棟纂修
清光緒十六年(1890)刻版 民國十八年(1929)重修
[民國]和順縣志 Y0183/第46册
王玉汝纂修
民国三年(1914)重修本
[光緒]榆社縣志 Y0183/第46册
(清)王家坊修 葛士達纂
清光緒七年(1881)刻本
[乾隆]太谷縣志 Y0183/第46册
(清)高繼允修 姚孔碩 涂逢豫纂
清乾隆三十年(1765)刻本
[民國]太谷縣志 Y0183/第47册
劉玉璣 仇曾祐修 胡萬凝纂
民國二十年(1931)鉛印本
[光緒]平遙縣志 Y0183/第47册
(清)恩端修 (清)武达材 (清)王舒萼纂
清光绪九年(1883)刻本
[民國]靈石縣志 Y0183/第47册
李凯朋修 耿步蟾纂
民國二十三年(1934)鉛印本
[乾隆]平定州志 Y0183/第47册
(清)金明源纂修
清乾隆五十五年(1790)刻本
[光緒]盂縣志 Y0183/第47册
(清)張嵐奇 劉鴻逵等修 武纘緒 劉懋功等纂
清光緒八年(1882)刻本
[康熙]壽陽縣志 Y0183/第47册
(清)吳柞昌纂修
清康熙十一年(1672)刻本
[乾隆]壽陽縣志 Y0183/第47册
(清)龔導江纂修
清乾隆三十六年(1771)刻本
[光緒]壽陽縣志 Y0183/第47册
(清)焉家鼎修 張嘉言纂
清光绪八年(1882)刻本
[乾隆]祁縣志 Y0183/第48册
(清)陳時纂修
清乾隆四十五年(1780)刻本
[乾隆]介休縣志 Y0183/第48册
(清)王謀文纂修
清乾隆三十五年(1770)刻本
[嘉慶]介休縣志 Y0183/第48册
(清)徐品山 陸元鏸修 熊兆占等纂
清嘉慶二十四年(1819)刻本
[民國]介休縣志 Y0183/第48册
張賡麟 黄廷槐修 董重纂
民國十九年(1930)鉛印本
[光緒]永寧州志 Y0183/第48册
(清)姚啟瑞修 方淵如 劉子俊纂
清光緒七年(1881)刻本
[乾隆]興縣志 Y0183/第48册
(清)程雲修 孫鴻淦等纂
清乾隆十四年(1749)增刻本
[光緒]興縣續志 Y0183/第48册
(清)張啟蘊修 孫福昌 温亮珠纂
清光绪六年(1880)刻本
[雍正]重修嵐縣志 Y0183/第49册
(清)沈繼賢修 常大昇纂
清雍正八年(1730)刻本
[光緒]交城縣志 Y0183/第49册
(清)夏肇庸纂修
清光緒八年(1882)刻本
[康熙]文水縣志 Y0183/第49册
(清)傅星修 鄭立功纂
清康熙十二年(1673)刻本
[光緒]文水縣志 Y0183/第49册
(清)范啟堃 王烽修 陰步菱纂
清光緒九年(1883)刻本
[乾隆]汾州府志 Y0183/第49册

(清)孙和相修 戴震纂
清乾隆三十六年(1771)刻本
[光緒]汾陽縣志 Y0183/第49册
(清)方家駒 廖文修 王文員纂
清光绪十年(1884)刻本
[乾隆]孝義縣志 Y0183/第49册
(清)鄧必安修 鄧常纂
清乾隆三十五年(1770)刻本
[光緒]孝義縣續志 Y0183/第49册
(清)孔廣熙修 何之煌纂
清光緒六年(1880)刻本
[雍正]石樓縣志 Y0183/第49册
(清)袁學謨修 秦燮等纂
清雍正十年(1732)刻本
[康熙]寧鄉縣志 Y0183/第49册
(清)呂履恒纂修
清康熙四十一年(1702)刻本
[民國]臨縣志 Y0183/第49册
胡宗虞修 吳命新等纂
民國六年(1917)鉛印本
[乾隆]潞安府志 Y0183/第50册
(清)張淑渠 姚學瑛等纂
清乾隆三十五年(1770)刻本
[乾隆]長治縣志 Y0183/第50册
(清)吳九齡修 蔡履豫纂
清乾隆二十八年(1763)榮輝堂刻本
[光緒]長治縣志 Y0183/第50册
(清)李楨鑑修 楊篤纂
清光緒二十年(1894)刻本
[民國]襄垣縣志 Y0183/第50册
嚴用琛 魯宗藩修 王維新等纂
民國十七年(1928)鉛印本
[康熙]黎城縣志 Y0183/第50册
(清)程大夏修 李御等纂
清康熙二十一年(1682)刻本
[光緒]黎城縣續志 Y0183/第50册
(清)鄭灝等纂
清光緒九年(1883)刻本
[道光]壺關縣志 Y0183/第50册
(清)茹金修 呂鳴岐等纂
清道光十四年(1834)刻本
[光緒]壺關縣續志 Y0183/第50册
(清)胡燕昌修 楊篤纂
清光緒七年(1881)刻本
[雍正]澤州府志 Y0183/第51－52册
(清)朱樟修 田嘉穀纂
清雍正十三年(1735)刻本
[順治]高平縣志 Y0183/第52册
(清)范繩祖修 龐太樸纂
清順治十五年(1658)刻本
[光緒]續高平縣志 Y0183/第52册
(清)陳學富 慶鐘修 李廷一纂
清光緒六年(1880)刻本
[乾隆]鳳臺縣志 Y0183/第52册
(清)林荔修 姚學甲纂
清乾隆四十九年(1784)刻本
[光緒]鳳臺縣續志 Y0183/第52册
(清)張貽琯修 郭維垣等
清光緒八年(1882)刻本
[同治]陽城縣志 Y0183/第52册
(清)賴昌期修 潭沄 盧廷棻纂
清同治十年(1874)刻本
[康熙]長子縣志 Y0183/第52册
(清)郭守邦修 霍爆纂 徐颺廷續修
徐介續纂
清康熙四十四年(1705)刻本
[光緒]長子縣志 Y0183/第52册
(清)豫謙修 楊篤纂
清光緒八年(1882)刻本
[乾隆]沁州志 Y0183/第53册
(清)姚學英等纂
清乾隆三十六年(1771)刻本
[光緒]沁州復續志 Y0183/第53册
(清)吳承恩纂修
清光緒六年(1881)刻本
[雍正]沁源縣志 Y0183/第53册
(清)韓瑛纂修 王廷掄續纂修
清雍正八年(1730)刻 光緒七年(1881)印本
[民國]沁源縣志 Y0183/第53册
孔兆熊 郭藍田修 陰國垣纂
民國二十二年(1933)鉛印本
[乾隆]武鄉縣志 Y0183/第53册
(清)白鶴修 史傳遠纂
清乾隆五十五年(1790)刻本
[天啟]潞城縣志 Y0183/第53册
(清)馮惟賢纂修 王溥續纂修
清抄本
[光緒]潞城縣志 Y0183/第53册
(清)崔曉然 曾雲章修 楊篤纂
清光緒十一年(1885)刻本
[康熙]平順縣志 Y0183/第53册
(清)杜之昂修 路躋垣 申昌先纂
民國三十四年(1945)崞縣梁上椿抄本
[民國]陵川縣志 Y0183/第53册
庫增銀修 楊謙纂
民國二十二年(1933)鉛印本
[光緒]沁水縣志 Y0183/第54册
(清)泰丙煋修 李疇纂
清光緒七年(1881)刻本
[康熙]屯留縣志 Y0183/第54册
(清)屠直纂修
清康熙十四年(1675)刻本
[雍正]平陽府志 Y0183/第54－55册
(清)章廷珪修 范安治等
清乾隆元年(1735)刻本
[民國]臨汾縣志 Y0183/第55－56册
劉玉璣修 張其昌等纂
民國二十二年(1933)鉛印本
[光緒]汾西縣志 Y0183/第56册
(清)曹憲等纂
清光緒八年(1882)刻本
[民國]新修岳陽縣縣志 Y0183/第56册
李仲珩修 王之哲纂
民國二年(1913)石印本
[民國]重修安澤縣縣志 Y0183/第56册
楊世瑛等纂
民國二十一年(1932)鉛印本
[民國]翼城縣志 Y0183/第56册
馬繼楨修 吉延彥纂
民國十八年(1929)鉛印本
[萬曆]沃史 Y0183/第57册
(明)趙彥復纂修
明萬曆四十年(1612)刻本
[乾隆]新修曲沃縣志 Y0183/第57册
(清)張坊修 胡克琢 徐儲纂
清乾隆二十三年(1758)刻本
[光緒]續修曲沃縣志 Y0183/第57册
(清)張鴻逵 茅丕熙修 韓子泰纂
清光緒六年(1880)刻本
[民國]新修曲沃縣志 Y0183/第57册
酈漢童修 仇汝功纂
民國十七年(1928)鉛印本
[光緒]吉州全志 Y0183/第58册
(清)吳葵之修 裴國苞纂
清光緒五年(1819)鉛印本
[康熙]隰州志 Y0183/第58册
(清)錢以垲纂修
清康熙四十九年(1710)刻本
[光緒]續修隰州志 Y0183/第58册
(清)崔澄寰修 王嘉會纂

清光緒二十四年(1898)刻本
[康熙]永和縣志 Y0183/第58册
(清)王士儀纂修
清康熙四十九年(1710)刻本
[民國]永和縣志 Y0183/第58册
段金成等纂
民國二十年(1931)抄本
[光緒]大寧縣志 Y0183/第58册
(清)崔同紱修 李華棠纂
清光緒九年(1883)刻本
[乾隆]蒲縣志 Y0183/第58册
(清)巫慧修 王居正纂
清乾隆十八年(1753)刻本
[光緒]蒲縣續志 Y0183/第58册
(清)托克托歡修 曹和鈞 羅良柱纂
清光緒六年(1880)刻本
[雍正]洪洞縣志 Y0183/第58册
(清)余世堂修 蔡行仁纂
清雍正八年(1730)刻本
[民國]洪洞縣志 Y0183/第58册
孫奐苍修 韓坰纂
民國六年(1917)鉛印本
[道光]趙城縣志 Y0183/第59册
(清)楊延亮纂修
清道光七年(1827)刻本
[道光]直隸霍州志 Y0183/第59册
(清)崔允昭修 李培謙纂
清道光六年(1826)刻本
[光緒]續刻直隸霍州志 Y0183/第59册
(清)楊立咀修 白天章纂
清光緒六年(1880)刻本
[光緒]浮山縣志 Y0183/第59册
(清)鹿學典等纂
清光緒六年(1880)刻本
[乾隆]太平縣志 Y0183/第59册
(清)張鍾秀纂修
清乾隆四十年(1715)刻本
[道光]太平縣志 Y0183/第59册
(清)李炳彦修 梁棲鸞纂
清道光五年(1825)刻本
[光緒]襄陵縣志 Y0183/第59册
(清)錢墉修 郝登雲纂
清光緒七年(1881)刻本
[民國]襄陵縣志 Y0183/第59-60册
李世祐修 劉師亮纂
民國十二年(1923)刻本
[乾隆]鄉寧縣志 Y0183/第60册
(清)葛清等纂
清乾隆四十九年(1784)刻本
[光緒]續修鄉寧縣志 Y0183/第60册
(清)馮安瀾修 崔鍾淦纂
清光緒七年(1881)刻本
[光緒]解州志 Y0183/第60册
(清)馬丕瑶 魏象乾修 張承熊纂
清光緒七年(1881)刻本
[民國]解縣志 Y0183/第60册
曲通鋭等纂
民國九年(1920)石印本
[乾隆]解州安邑縣志 Y0183/第60册
(清)言如泗修 吕瀶等纂
清乾隆二十九年(1764)刻本
[光緒]安邑縣續志 Y0183/第60册
(清)趙輔堂修 張承熊纂
清光緒六年(1880)刻本
[光緒]直隸降州志 Y0183/第60册
(清)李焕揚修 張于鑄纂
清光緒五年(1879)刻本
[民國]新降縣志 Y0183/第60册
徐昭儉修 楊兆泰纂
民國十八年(1929)鉛印本
[民國]聞喜縣志 Y0183/第61册
余寶滋修 楊韍田纂
民國八年(1919)石印本
[光緒]垣曲縣志 Y0183/第61册
(清)薛元劍修 張于鑄纂
清光緒六年(1880)刻本
[光緒]降縣志 Y0183/第61册
(清)胡延纂修
清光緒二十五年(1889)刻本
[光緒]河津縣志 Y0183/第61册
(清)茅丕熙 楊漠章修 程象濂 韓秉鈞纂
清光緒六年(1880)刻本
[嘉慶]稷山縣志 Y0183/第61册
(清)張應辰修 王墀纂
清嘉慶二十年(1815)刻本
[光緒]續修稷山縣志 Y0183/第61册
(清)馬家鼎纂修
清光緒十一年(1885)刻本
[乾隆]解州芮城縣志 Y0183/第62册
(清)言如泗修 莫溥等纂
清乾隆二十九年(1764)刻本
[民國]芮城縣志 Y0183/第62册
張亘等纂
民國十二年(1923)鉛印本
[光緒]夏縣志 Y0183/第62册
(清)黄缙榮 萬啟鈞修 張承熊纂
清光緒六年(1880)刻本
[乾隆]平陸縣志 Y0183/第62册
(清)言如泗 韓夔典修 杜若拙 荆如棠纂
民國二十一年(1932)石印本
[光緒]平陸縣續志 Y0183/第62册
(清)劉鴻逵修 沈承恩纂
民國二十一年(1932)石印本
[乾隆]蒲州府志 Y0183/第62册
(清)周景柱等纂
清乾隆二十年(1755)刻本
[光緒]永濟縣志 Y0183/第63册
(清)李榮河 劉鐘麟修 胡仰廷等纂
清光緒十二年(1886)刻本
[民國]虞鄉縣新志 Y0183/第63册
徐貫之 周振聲修 李元逸等纂
民國九年(1920)石印本
[民國]萬泉縣志 Y0183/第63册
何檠修 馮文瑞纂
民國六年(1917)石印本
[民國]臨晉縣志 Y0183/第63册
俞家驥 許觀修 趙意空 于廷梁纂
民國十二年(1923)鉛印本
[雍正]猗氏縣志 Y0183/第63册
(清)潘鎚 宋之樹纂修 何世勳 陳僩儀續纂
清雍正七年(1729)刻本
[同治]續猗氏縣志 Y0183/第63册
(清)周之楨修 崔賓鎬纂
清同治六年(1861)刻本
[光緒]續猗氏縣志 Y0183/第63册
(清)徐浩修 王道正等纂
清光緒六年(1880)刻本

内蒙古自治區

[光緒]綏遠志 Y0183/第64册
(清)貽穀修 高賡恩纂
清光緒三十四年(1908)刻本
[民國]綏遠通志稿 Y0183/第64-65册
绥遠通志馆纂
民國二十六年(1931)修 稿本
[光緒]土默特旗志 Y0183/第65册
(清)貽穀修 高賡恩纂
清光緒三十四年(1908)刻本
[光緒]歸綏識略 Y0183/第65册

(清)張曾纂
民國二十六年(1937)印光緒間刻本
[民國]歸綏縣志 Y0183/第65册
鄭植昌修 鄭裕孚纂
民國二十四年(1935)鉛印本
[光緒]歸化城廳志 Y0183/第65-66册
(清)劉鴻逵 徐樹璟修 沈瑨纂
清光緒間修 抄本
[民國]包頭市志 Y0183/第66册
孫斌編纂
民國抄本
[民國]薩拉齊縣志 Y0183/第66册
韓紹祖修 望月稔纂
民國三十年(1941)鉛印本
[民國]集寧縣志 Y0183/第66册
楊葆初纂修
民國十三年(1924)抄本
[光緒]新修清水河廳志 Y0183/第66册
(清)文秀修 盧夢蘭纂
清光緒末年增删重訂本
[民國]武川縣志略 Y0183/第66册
文炳勳匯編
民國二十九年(1940)鉛印本
[光緒]豐鎮縣志書 Y0183/第66册
(清)德溥修 麻麗五纂
民國五年(1916)鉛印本
[咸豐]和林格爾廳志 Y0183/第66册
(清)德齡纂修
清咸豐二年(1852)活字本
[民國]臨河縣志 Y0183/第66册
呂咸 白保修 王文墀纂
民國二十年(1931)鉛印本
[光緒]五原廳志略 Y0183/第66册
(清)姚學鏡修 全家驥纂
清光緒三年(1908)纂 民國抄本
[民國]呼倫貝爾志略 Y0183/第66册
程廷恒 張家璠編
民國十二年(1923)鉛印本
[民國]布哈特志略 Y0183/第66册
孟定恭纂
民國二十三年(1934)鉛印《遼海叢書》本
地方志人物傳記資料叢刊·西南卷
國家圖書館編
二〇一五年北京國家圖書館出版社
八十二册
[同治]重修成都縣志十六卷首一卷 第1册
(清)李玉宣等修 (清)衷興鑒等纂
清同治十二年(1873)刻本
[民國]雙流縣志四卷首一卷 第1册
劉佶等修 劉咸滎等纂
民國二十六年(1937)鉛印本
[民國]華陽縣志三十六卷首一卷 第1-2册
陳法駕等修 曾鑒等纂
民國二十三年(1934)刻本
[嘉慶]金堂縣志九卷首一卷末一卷 第3册
(清)謝惟傑修 (清)黃烈 陳一津纂
清道光二十四年(1844)楊得質補刻本
[同治]續金堂縣志八卷首一卷末一卷 第3册
(清)王樹桐 徐璞玉修 (清)米繪裳等纂
清同治六年(1867)刻本
[民國]金堂縣續志十卷首一卷 第3册
王暨英等修 曾茂林等纂
民國十年(1921)刻本
[道光]重慶府志九卷 第3册
(清)王夢庚修 (清)寇宗纂
清道光二十三年(1843)刻本
[民國]長壽縣志十六卷 第3-4册
陳毅夫等修 劉君錫 張名振纂
民國三十三年(1944)鉛印本
[民國]巴縣志二十三卷 第4-5册
朱之洪等修 向楚等纂
民國二十八年(1939)刻本
[道光]綦江縣志十二卷首一卷 第5册
(清)宋灝修 (清)羅星纂
清同治二年(1863)增刻本
[光緒]四川綦江續志四卷 第6册
(清)戴綸喆纂修
民國二十七年(1938)刻本
[道光]江北廳志八卷首一卷 第6册
(清)福珠朗阿修 (清)宋煊 黃雲衢纂
民國鉛字重排清道光二十四年(1844)刻本
[民國]温江縣志十二卷首一卷 第6册
張驥等修 曾學傳等纂
民國十年(1921)刻本
[民國]郫縣志六卷 第6-7册
李之青等修 戴朝紀等纂
民國三十七年(1948)鉛印本
[民國]崇寧縣志八卷首一卷 第7册
陳邦倬修 易象乾 田樹勛等纂
民國十四年(1925)刻本
[民國]灌縣志十八卷首一卷 第7-8册
葉大鏘等修 羅駿聲纂
民國二十二年(1933)鉛印本
[光緒]重修彭縣志十三卷首一卷末一卷補遺一卷 第8册
(清)張龍甲修 (清)吕調陽等纂
清光緒四年(1878)刻本
[民國]重修郫縣志十卷 第8册
王文照修 曾慶奎 吴江纂
民國十八年(1929)鉛印本
[嘉慶]漢州志四十卷首一卷末一 第8册
(清)劉長庚修 (清)侯肇元 張懷泗纂
清嘉慶二十二年(1817)刻本
[民國]新都縣志六編 第9册
陳習删等修 閔昌術等纂
民國十八年(1929)鉛印本
[民國]新繁縣志三十四卷首一卷 第9-10册
侯俊德等修 劉復等纂
民國三十六年(1947)鉛印本
[道光]新津縣志四十卷首一卷 第10册
(清)王夢庚原稿 (清)陳霽學修 (清)葉方模 童宗沛纂
民國十一年(1922)鉛印本
[光緒]蒲江縣志五卷 第10册
(清)孫清士修 (清)解璜 徐元善纂
清光緒四年(1878)刻本
[嘉慶]邛州直隸州志四十六卷首一卷 第10册
(清)吴鞏修 (清)王來遴纂
清嘉慶二十三年(1818)刻本
[民國]邛崍縣志四卷首一卷 第10-11册
劉夐等修 寧緗等纂
民國十一年(1922)鉛印本
[民國]大邑縣志十四卷 第11-12册
王銘新等修 鍾毓靈等纂
民國十九年(1930)鉛印本
[民國]崇慶縣志十二卷 第12册
謝汝霖等修 羅元黼等纂
民國十五年(1926)鉛印本
[道光]龍安府志十卷 第12册

(清)鄧存詠等纂修
清道光二十一年(1841)刻本
[光緒]新修潼川府志三十卷 第12－13冊
(清)阿麟修 (清)王龍勛等纂
清光緒二十三年(1897)刻本
[同治]直隸綿州志五十五卷 第13－14冊
(清)文棨 董貽清修 (清)伍肇齡 何天祥纂
清同治十二年(1873)刻本
[民國]綿陽縣志十卷首一卷 第14冊
蒲殿欽等修 崔映棠等纂
民國二十一年(1932)刻本
[光緒]江油縣志二十四卷 第14冊
(清)武丕文修 (清)歐培槐等纂
清光緒二十九年(1903)刻本
[同治]彰明縣志五十七卷首二卷 第15冊
(清)牛樹梅原本 (清)何慶恩 韓樹屏增修 (清)李朝棟等增纂
清同治十三年(1874)刻本
[民國]重修廣元縣志稿二十八卷首一卷 第15冊
謝開來等修 王克禮 羅映湘纂
民國二十九年(1940)鉛印本
[道光]重修昭化縣志四十八卷 第15冊
(清)張紹齡等纂修
清同治三年(1864)曾寅光修補清道光二十五年(1845)刻本
[同治]劍州志十卷 第15冊
(清)李溶 余文煥修 (清)李榕等纂
清同治十二年(1873)刻本
[民國]劍閣縣續志十卷 第15冊
張政等纂修
民國十六年(1927)鉛印本
[咸豐]重修梓潼縣志六卷 第15冊
(清)張香海修 (清)楊曦等纂
清咸豐八年(1858)刻本
[民國]三臺縣志二十六卷 第15冊
林志茂等纂修
民國二十年(1931)鉛印本
[光緒]鹽亭縣志續編四卷首一卷 第15冊
(清)邢錫晉修 (清)趙宗藩等纂
清光緒八年(1882)刻本
[光緒]射洪縣志十八卷首一卷 第15冊
(清)黄允欽等修 (清)羅錦城等纂
清光緒十年(1884)刻本
[民國]遂寧縣志八卷 第16－17冊
甘燾等修 王懋昭等纂
民國十八年(1929)刻本
[民國]蓬溪縣近志十四卷首一卷 第17冊
(清)伍彝章等修 曾世禮等纂
民國二十四年(1935)刻本
[民國]中江縣志二十四卷首一卷 第17冊
譚毅武修 陳品全等纂
民國十九年(1930)鉛印本
[民國]德陽縣志五卷 第18冊
熊卿雲 汪仲夔修 洪烈森等纂
民國二十八年(1939)鉛印兼石印本
[民國]綿竹縣志十八卷 第18－19冊
王佐 文顯謨修 黄尚毅等纂
民國九年(1920)刻本
[嘉慶]安縣志三十二卷首一卷 第19冊
(清)楊英燦纂修 (清)余天鵬續修 (清)陳嘉繡續纂
清鈔本
[民國]安縣續志六卷 第19冊
成雲章修 陳紹欽纂
民國二十七年(1938)石印本
[同治]續修羅江縣志二十四卷 第19冊
(清)馬傳業修 (清)劉正慧等纂
清同治四年(1865)刻本
[道光]石泉縣志十卷 第19冊
(清)趙德林等修 (清)張沆等纂
清道光十四年(1834)刻本
[民國]北川縣志八卷首一卷 第19冊
楊鈞衡等修 黄尚毅等纂
民國二十一年(1932)石印本
[民國]内江縣志八卷 第19－20冊
曾慶昌原本 易元明修 朱壽朋 伍應奎纂
民國三十四年(1945)石印本
[光緒]續增樂至縣志四卷首一卷 第20冊
(清)胡書雲修 (清)李星根等纂
清光緒九年(1883)刻本
[民國]樂至縣志又續四卷首一卷 第20冊
楊祖唐等修 蔣德勛等纂
民國十八年(1929)刻本
[道光]安岳縣志十六卷首一卷 第21冊
(清)濮瑗修 (清)周國頤纂
清道光十六年(1836)刻本
[光緒]威遠縣志三編四卷 第21冊
(清)吴增輝修 (清)吴容纂
清光緒三年(1877)刻本
[民國]榮縣志十七篇 第21冊
廖世英等修 趙熙等纂
民國十八年(1929)刻本
[光緒]資州直隸州志三十卷首四卷 第21冊
(清)劉炯原本 (清)羅廷權續修 (清)何衮等續纂
清光緒二年(1876)增刻本
[民國]資中縣續修資州志十卷首一卷 第22冊
吴鴻仁等修 黄清亮等纂
民國十八年(1929)鉛印本
[咸豐]資陽縣志四十八卷首二卷 第22冊
(清)范涞清等修 (清)何華元等纂
清咸豐十年(1860)刻本
[民國]簡陽縣志二十四卷首一卷末一卷 第22－25冊
林志茂等修 汪全相等纂
民國十六年(1927)鉛印本
[光緒]敘州府志四十三卷首一卷末一卷 第25－26冊
(清)王麟祥修 (清)邱晉成等纂
清光緒二十一年(1895)刻本
[嘉慶]宜賓縣志五十四卷首一卷 第26冊
(清)劉元熙修 (清)李世芳等纂
民國二十一年(1932)鉛印本
[民國]富順縣志十七卷首一卷 第26－28冊
彭文治 李永成修 盧慶家 高光照纂
民國二十一年(1932)刻本
[同治]隆昌縣志四十二卷首一卷 第28冊
(清)魏元燮 花映均修 (清)耿光祜纂
清同治十三年(1874)晏棻增刻本
[民國]南溪縣志六卷 第28冊
李淩霄等修 鍾朝煦纂
民國二十六年(1937)鉛印本
[民國]江安縣志四卷 第29冊
嚴希慎修 陳天錫纂

民國二十一年(1932)鉛印本
[嘉慶]納溪縣志十卷 第29冊
(清)趙炳然 陳廷鈺纂修
清嘉慶十八年(1813)刻本
[光緒]直隸瀘州志十二卷 第29冊
(清)田秀栗等修 (清)華國清 施澤久纂
清光緒八年(1882)刻本
[民國]瀘縣志八卷 第29-30冊
王禄昌 高覲光修
民國二十七年(1938)鉛印本
[民國]合江縣志六卷 第30-31冊
王玉璋修 劉天錫等纂
民國十八年(1929)鉛印本
[民國]敘永縣志八卷 第31冊
賴佐唐等修 宋曙等纂
民國二十四年(1935)鉛印本
[民國]古宋縣志初稿十一卷 第31冊
佚名纂
民國二十四年(1935)石印本
[嘉慶]長寧縣志十二卷 第32冊
(清)曹秉讓修 (清)楊庚等纂
民國八年(1919)鉛印本
[民國]興文縣志三十九卷首一卷 第32冊
李仲陽等修 何鴻亮纂
民國三十二年(1943)鉛印本
[光緒]珙縣志十五卷首一卷 第32冊
(清)冉瑞桐等纂修
清光緒九年(1883)刻本
[同治]高縣志五十四卷首一卷 第32冊
(清)敖立榜等修 (清)曾毓佐等纂
清同治五年(1866)刻本
[光緒]慶符縣志五十五卷 第33冊
(清)孫定揚修 (清)胡錫祜等纂
清光緒二年(1876)刻本
[同治]筠連縣志十六卷 第33冊
(清)程熙春修 (清)文爾炘等纂
清同治十二年(1873)刻本
[民國]續修筠連縣志七卷 第33冊
祝世德纂修
民國三十七年(1948)鉛印本
[光緒]屏山縣續志二卷首一卷 第33冊
(清)張九章修 (清)陳藩垣等纂
民國二十年(1931)鉛印本
[同治]嘉定府志四十八卷首一卷 第33冊
(清)文良等修 (清)陳堯采等纂
清同治三年(1864)刻本
[民國]樂山縣志十二卷 第33-34冊
唐受潘修 黄鎔等纂 王畏巖補正
民國二十三年(1934)鉛印本
[民國]夾江縣志十二卷 第34冊
羅國鈞修 劉作銘 薛志清纂
民國二十四年(1935)鉛印本
[光緒]洪雅縣志十二卷首一卷 第35冊
(清)郭世棻修 (清)鄧敏修等纂
清光緒十年(1884)刻本
[民國]丹稜縣志八卷首一卷 第35冊
劉良模等修 羅春霖等纂
民國十二年(1923)石印本
[光緒]青神縣志五十四卷首一卷 第35冊
(清)郭世棻修 (清)文筆超等纂
清光緒三年(1877)刻本
[嘉慶]眉州屬志十九卷 第35冊
(清)涂長發修 (清)王昌年纂
清嘉慶五年(1800)刻本
[民國]眉山縣志十五卷 第35冊
王銘新等修 楊衛星 郭慶琳纂
民國十二年(1923)鉛印本
[民國]重修彭山縣志八卷 第35冊
劉錫純纂
民國三十三年(1944)鉛印本
[光緒]井研志四十二卷首一卷 第36冊
(清)葉桂年等修 (清)吴嘉謨 龔煦春纂
清光緒二十六年(1900)刻本
[光緒]補纂仁壽縣原志六卷末一卷 第36冊
(清)翁植等修 (清)陳韶湘纂
清光緒七年(1881)刻本
[民國]犍爲縣志十四卷首一卷 第36冊
陳謙 陳世虞修 羅綬香等纂
民國二十六年(1937)鉛印本
[宣統]峨眉縣續志十卷圖一卷 第37冊
(清)李錦成修 (清)朱榮邦等纂
清宣統三年(1911)刻本
[光緒]永川縣志十卷首一卷 第37冊
(清)許曾蔭等修 (清)馬慎修等纂
清光緒二十年(1894)刻本
[民國]重修大足縣志九卷首一卷 第37冊
郭鴻厚修 陳習删等纂
民國三十四年(1945)鉛印本
[光緒]銅梁縣志十六卷首一卷 第37冊
(清)韓清桂等修 (清)陳昌等纂
清光緒元年(1875)刻本
[民國]新修合川縣志八十三卷 第37-40冊
鄭賢書等修 張森楷纂
民國十一年(1922)刻本
[民國]潼南縣志十卷首一卷 第41冊
王安鎮修 夏璜纂
民國四年(1915)刻本
[同治]璧山縣志十卷首一卷末一卷 第41冊
(清)寇用平修 (清)陳錦堂 盧有徽纂
清同治四年(1865)刻本
[民國]江津縣志十六卷首一卷 第41-42冊
聶述文等修 劉澤嘉等纂
民國十三年(1924)刻本
[光緒]榮昌縣志二十二卷 第42冊
(清)文康原本 (清)施學煌續修 (清)敖册賢續纂
清光緒十年(1884)增刻本
[同治]重修涪州志十六卷首一卷 第42冊
(清)吕紹衣等修 (清)王應元等纂
清同治九年(1870)刻本
[光緒]秀山縣志十四卷首一卷 第42冊
(清)王壽松修 (清)李稽勛等纂
清光緒十八年(1892)刻本
[同治]增修酉陽直隸州總志二十二卷首一卷末一卷 第42-43冊
(清)王鱗飛等修 (清)馮世瀛 冉崇文纂
清同治二年(1863)刻本
[光緒]黔江縣志五卷首一卷 第43冊
(清)張九章修 (清)陳藩垣等纂
清光緒二十年(1894)刻本
[光緒]彭水縣志四卷首一卷 第43冊
(清)莊定域修 (清)支承祜等纂
清光緒元年(1875)刻本
[民國]重修南川縣志十四卷首一卷 第43冊
柳琅聲等修 韋麟書等纂
民國二十年(1931)鉛印本
[道光]夔州府志三十六卷首一卷 第43-44冊

(清)恩成修 (清)劉德銓纂
清道光七年(1827)刻本
[同治]增修萬縣志三十六卷首一卷 第44册
(清)王玉鯨等修 (清)范泰衡等纂
清同治五年(1866)刻本
[咸豐]開縣志二十七卷首一卷 第44册
(清)朱肇奎等修 (清)陳崑等纂
清咸豐三年(1853)刻本
[道光]城口廳志二十卷首一卷 第44册
(清)劉紹文修 (清)洪錫疇纂
清道光二十四年(1844)刻本
[光緒]大寧縣志八卷首一卷 第44册
(清)高維嶽修 (清)魏遠猷等纂
清光緒十一年(1885)刻本
[光緒]巫山縣志三十二卷首一卷 第44册
(清)連山等修 (清)李友梁等纂
清光緒十九年(1893)刻本
[光緒]奉節縣志三十六卷首一卷 第45册
(清)曾秀翹修 (清)楊德坤等纂
清光緒十九年(1893)刻本
[民國]雲陽縣志四十四卷首一卷 第45册
朱世鏞 黄葆初修 劉貞安等纂
民國二十四年(1935)鉛印本
[同治]忠州直隸州志十二卷首一卷 第45册
(清)侯若源 慶徵修 (清)柳福培纂
清同治十二年(1873)刻本
[光緒]梁山縣志十卷首一卷 第46册
(清)朱言詩等纂修
清光緒二十年(1894)刻本
[康熙]順慶府志十卷 第46册
(清)李成林修 (清)羅承順等纂
清嘉慶二十年(1815)補刻本
[道光]保寧府志六十二卷 第46册
(清)黎學錦等修 (清)史觀等纂
清道光元年(1821)刻本
[民國]南充縣志十六卷附圖一卷 第46册
李良俊修 王荃善等纂
民國十八年(1929)刻本
[民國]蒼溪縣志十五卷 第47册
熊道琛等修 李靈椿等纂
民國十七年(1928)鉛印本
[民國]閬中縣志三十卷 第47册
岳永武修 鄭鍾靈等纂
民國十五年(1926)石印本
[同治]儀隴縣志六卷 第47册
(清)曹紹樾 胡晉熙修 (清)胡輯瑞等纂
清同治十年(1871)刻本
[道光]南部縣志三十卷首一卷 第47册
(清)王瑞慶等修 (清)徐暢達等纂
清道光二十九年(1849)刻本
[光緒]西充縣志十四卷首一卷 第47册
(清)高培穀修 (清)劉藻等纂
清光緒二年(1876)刻本
[同治]營山縣志三十卷 第48册
(清)翁道均修 (清)熊毓藩等纂
清光緒十五年(1889)增刻本
[光緒]蓬州志十五卷 第48册
(清)方旭修 (清)張禮傑等纂
清光緒二十三年(1897)刻本
[光緒]廣安州新志四十三卷首一卷 第48册
(清)周克堃等纂
民國十六年(1927)重印本
[光緒]岳池縣志二十卷首一卷 第48册
(清)何其泰等修 (清)吴新德纂
清光緒元年(1875)刻本
[民國]新修武勝縣志十三卷 第48册
羅興志等修 楊葆田等纂
民國二十年(1931)鉛印本
[民國]達縣志二十卷首一卷末一卷補遺二卷 第49册
藍炳奎等修 吴德准等纂
民國二十七年(1938)鉛印本
[民國]萬源縣志十卷首一卷末一卷 第49册
劉子敬修 賀維翰等纂
民國二十一年(1932)鉛印本
[同治]新寧縣志八卷 第50册
(清)復成修 (清)周紹鑾 胡元翔纂
清同治八年(1869)刻本
[民國]宣漢縣志十六卷 第50－51册
汪承烈修 鄧方達等纂
民國二十年(1931)石印本
[道光]鄰水縣志六卷首一卷 第51册
(清)曾燦奎 劉光第修 (清)甘家斌等纂
清道光十五年(1835)刻本
[民國]大竹縣志十六卷 第51册
鄭國翰 曾瀛藻修 陳步武 江三乘纂
民國十七年(1928)鉛印本
[民國]渠縣志六十六卷 第52册
楊維中等修 鍾正懋等纂 郭奎銓續纂
民國二十一年(1932)鉛印本
[民國]南江縣志四編 第52册
董珩修 岳永武等纂
民國十一年(1922)鉛印本
[民國]巴中縣志四編 第53册
張仲孝等修 馬文燦等纂 余震等續纂
民國十六年(1927)石印本
[道光]通江縣志十五卷 第53册
(清)錫檀修 (清)陳瑞生 鄧範之纂
清道光二十八年(1848)刻本
[乾隆]雅州府志十六卷 第53册
(清)曹掄彬等纂修
清乾隆四年(1739)刻本 清光緒十三年(1887)補刻本
[民國]雅安縣志六卷 第53册
胡榮湛修 余良選等纂
民國十七年(1928)石印本
[民國]蘆山縣志十卷首一卷 第53册
宋琅 張宗翩修 劉天倪等纂
民國三十二年(1943)鉛印本
[民國]名山縣新志十六卷首一卷末一卷 第54册
胡存琮等纂修
民國十九年(1930)刻本
[民國]滎經縣志二十卷首一卷 第54册
賀澤等修 張趙才等纂
民國四年(1915)刻本
[民國]漢源縣志四卷 第55册
劉裕常修 王琢等纂
民國三十年(1941)鉛印本
[咸豐]天全州志八卷首一卷 第55册
(清)陳松齡纂修
清咸豐八年(1858)刻本
[民國]西昌縣志十二卷首一卷 第55册
鄭少成等修 楊肇基等纂
民國三十一年(1942)鉛印本
[同治]會理州志十二卷 第55册
(清)鄧仁垣等修 (清)吴鍾崙等纂
清同治十三年(1874)刻本
[光緒]鹽源縣志十二卷首一卷 第55册
(清)辜培源等修 (清)曹永賢等纂
清光緒二十年(1894)刻本

[咸豐]冕寧縣志十二卷首一卷末一卷 第55冊
(清)李英粲修 (清)李昭纂
清咸豐七年(1857)刻本
[民國]松潘縣志八卷首一卷 第55－56冊
張典等修 徐湘等纂
民國十三年(1924)刻本
[道光]茂州志四卷首一卷 第56冊
(清)楊迦懌等修 (清)劉輔廷纂
清道光十一年(1831)刻本
[民國]汶川縣志七卷 第56冊
祝世德纂修
民國三十三年(1944)鉛印本
[同治]直隸理番廳志六卷首一卷 第56冊
(清)吴羹梅修 (清)周祚嶧纂
清同治五年(1866)刻本
[嘉慶]馬邊廳志略六卷首一卷 第56冊
(清)周斯才纂修
鈔本
[光緒]雷波廳志三十六卷首一卷 第56冊
(清)秦雲龍修 (清)萬科進纂
清光緒十九年(1893)刻本
[光緒]越嶲廳全志十二卷 第56冊
(清)馬忠良修 (清)馬湘等纂 (清)孫鏘等續修
清光緒三十二年(1906)鉛印本
[道光]貴陽府志八十八卷首二卷餘編二十卷 第57－58冊
(清)周作楫修 (清)蕭琯等纂
清咸豐二年(1852)補刻本
[道光]遵義府志四十八卷首一卷 第58冊
(清)平翰等修 (清)鄭珍 莫友芝纂
清道光二十一年(1841)刻本
[民國]續遵義府志三十五卷 第58－59冊
周恭壽修 趙愷 楊恩元纂
民國二十五年(1936)刻本
[民國]綏陽縣志八卷附録一卷 第59冊
胡仁修 李培枝等纂
民國十七年(1928)鉛印本
[民國]桐梓縣志四十九卷 第59冊
李世祚修 猶海龍等撰
民國十八年(1929)鉛印本
[光緒]續修正安州志十卷 第59冊
(清)彭焯等修 (清)楊德明等纂
清光緒三年(1877)刻本
[民國]婺川縣備志存十一卷 第59冊
婺川縣修志局彙輯
一九六五年貴州省圖書館油印本
[光緒]湄潭縣志八卷 第59冊
(清)吴宗周修 (清)歐陽曙纂
清光緒二十五年(1899)刻本
[光緒]增修仁懷廳志八卷首一卷 第59冊
(清)崇俊修 (清)王椿纂 (清)王培森校補
清光緒二十八年(1902)刻本
[道光]銅仁府志十一卷補遺一卷 第60冊
(清)敬文等修 (清)徐如澍纂
一九六五年貴州省圖書館油印本
[康熙]思州府志八卷 第60冊
(清)蔣深纂
一九六四年貴州省圖書館油印本
[乾隆]玉屏縣志十卷首一卷 第60冊
(清)赵沁修 (清)田榕纂
一九六五年貴州省圖書館油印本
[道光]思南府續志十二卷 第60冊
(清)夏修恕 周作楫修 (清)蕭琯 何廷熙纂
一九六五年貴州省圖書館油印本
[民國]思南縣志稿十卷 第60冊
馬震崑修 陳文燽纂
一九六五年貴州省圖書館油印本
[民國]德江縣志三卷 第60冊
張禮綱修 黎民怡等纂
民國三十一年(1942)石印本
[道光]松桃廳志三十二卷 第60冊
(清)徐鋐修 (清)蕭琯纂
清道光十六年(1836)刻本
[民國]石阡縣志二十卷首一卷 第60冊
周國華等修 馮翰先等纂
一九六六年貴州省圖書館油印本
[道光]印江縣志二卷 第61冊
(清)郑士範纂修
民國二十四年(1935)石印本
[民國]沿河縣志十八卷 第61冊
楊化育修 覃夢松纂
民國三十二年(1943)鉛印本
[乾隆]南籠府志八卷首一卷末一卷 第61冊
(清)李其昌纂修
一九六五年貴州省圖書館油印本
[咸豐]興義府志七十四卷首一卷 第61冊
(清)張鍈修 (清)鄒漢勛 朱逢甲纂
民國三年(1914)鉛印本
[民國]興義縣志十四章 第61冊
盧傑修 蔣芷澤等纂
一九六六年油印本
[光緒]普安直隸廳志二十二卷 第61－62冊
(清)曹昌祺等修 (清)覃夢榕等纂
清光緒十五年(1889)刻本
[民國]普安縣志十八卷 第62冊
楊學溥修 田昌雯纂
民國十五年(1926)石印本
[民國]興仁縣志二十二卷首一卷 第62冊
冉晸修 張俊穎纂
一九六五年貴州省圖書館油印本
[雍正]安南縣志四卷 第62冊
(清)何天衢修 (清)郭士信等纂
一九六六年貴州省圖書館油印本
[道光]大定府志六十卷 第62冊
(清)黄宅中修 (清)鄒漢勛纂
清道光二十九年(1849)刻本
[同治]畢節縣志稿二十卷首一卷 第62冊
(清)王正璽等修 (清)周範纂
一九六五年貴州省圖書館油印本
[光緒]黔西州續志六卷 第62冊
(清)白建鋆修 (清)諶焕模等纂
清光緒十年(1884)重印本
[道光]平遠州志二十卷圖一卷 第63冊
(清)徐豐玉 周溶修 (清)諶厚光撰
清道光二十八年(1848)刻本
[民國]威寧縣志十八卷 第63冊
苗勃然 王祖奕纂
一九六四年畢節地區檔案館油印本
[咸豐]安順府志五十四卷首一卷 第63冊
(清)常恩修 (清)鄒漢勛 吴寅邦纂
清咸豐元年(1851)刻本
[民國]息烽縣志三十八卷 第63冊
王佐 樊昌緒修 顧樅纂

一九六五年貴州省圖書館油印本
[民國]清鎮縣志稿十二卷 第63冊
方中等修 龍在深等纂
民國三十七年(1948)鉛印本
[民國]鎮寧縣志四卷首一卷 第63冊
胡翯修 饒燮乾等纂
民國三十六年(1947)石印本
[民國]開陽縣志稿十三卷首一卷末一卷 第64冊
解幼瑩修 鍾景賢撰
民國二十九年(1940)鉛印本
[道光]安平縣志十卷 第64冊
(清)劉祖憲修 (清)何思貴等纂
一九六四年貴州省圖書館油印本
[民國]平壩縣志十六卷 第64冊
江鍾岷 蔣希仁修 陳延棻 陳楷纂
民國二十一年(1932)鉛印本
[道光]永寧州志十二卷首一卷 第64冊
(清)黃培杰纂修
清光緒二十年(1894)重刻本
[民國]施秉縣志二卷 第64冊
朱嗣元修 錢光國等纂
一九六五年貴州省圖書館油印本
[光緒]天柱縣志八卷首一卷 第64冊
(清)林佩綸等修 (清)楊樹琪等纂
清光緒二十九年(1903)刻本
[光緒]黎平府志八卷首一卷 第64冊
(清)俞渭修 (清)陳瑜纂
清光緒十八年(1892)刻本
[民國]麻江縣志二十四卷 第64冊
拓澤忠修 周恭壽等纂
民國二十七年(1938)鉛印本
[嘉慶]黃平州志十二卷首一卷 第65冊
(清)李臺修 (清)王孚鏞纂
清嘉慶六年(1801)刻本
[民國]黃平縣志二十五卷 第65冊
陳紹令等修 李承棟纂
一九六五年貴州省圖書館油印本
[民國]思縣志稿十卷 第65冊
楊焜修 涂芳藩纂
一九六六年貴州省圖書館油印本
[乾隆]開泰縣志四卷 第65冊
(清)郝大成修 (清)王師泰等纂
一九六四年貴州省圖書館油印本
[光緒]古州廳志十卷首一卷 第65冊
(清)余澤春修 (清)余嵩慶等纂
清光緒十四年(1888)刻本
[民國]八寨縣志稿三十卷首一卷 第65冊
郭輔相修 王世鑫等纂
民國二十一年(1932)鉛印本
[民國]都勻縣志稿二十一卷首一卷 第65－66冊
竇全曾修 陳矩纂
民國十四年(1925)鉛印本
[民國]甕安縣志二十一卷 第66冊
李退谷修 朱勛纂
民國四年(1915)鉛印本
[道光]廣順州志十二卷首一卷末一卷 第66冊
(清)金臺修 (清)但明倫纂
清道光二十七年(1847)刻本
[康熙]定番州志二十一卷 第66冊
(清)年法堯修 (清)夏文炳纂
清康熙五十七年(1718)修 清道光二十二年(1842)增補舊鈔本
[民國]三河縣志略四十四卷 第66冊
許用權修 胡翯纂
民國二十九年(1940)鉛印本
[光緒]平越直隸州志四十卷 第66冊
(清)瞿鴻錫修 (清)賀緒蕃纂
清光緒二十八年(1902)刻本
[乾隆]獨山州志十卷 第66冊
(清)劉岱修 (清)艾茂 謝庭薰纂
一九六五年貴州省圖書館油印本
[民國]獨山縣志二十八卷 第66冊
王華裔修 艾應芳纂
一九六五年貴州省圖書館油印本
[康熙]富民縣志不分卷 第67冊
(清)彭兆逵修 (清)楊撝秀纂
鈔本
[道光]晉寧州志十二卷 第67冊
(清)朱慶椿修 (清)陳金堂纂
民國十五年(1926)鉛印本
[光緒]呈貢縣志八卷 第67冊
(清)朱若功原本 (清)李明續修 (清)李蔚文等續纂
清雍正三年(1725)刻本 清光緒十一年(1885)增修本
[雍正]安寧州志二十卷 第67冊
(清)楊若椿修 (清)段昕纂
清雍正九年(1731)重修清乾隆四年(1739)刻本
[道光]昆陽州志十六卷 第67冊
(清)朱慶椿纂修
清道光十九年(1839)刻本
[宣統]恩安縣志六卷 第67冊
(清)汪炳謙纂修
清宣統三年(1911)鈔本
[光緒]鎮雄州志六卷 第67冊
(清)吴光漢修 (清)宋成基纂
清光緒十三年(1887)刻本
[民國]巧家縣志稿十卷首一卷 第68冊
陳崇仁修 湯祚纂
民國三十一年(1942)雲南印刷局鉛印本
[乾隆]東川府志二十卷首一卷 第68冊
(清)方桂修 (清)胡蔚纂
清乾隆二十六年(1761)刻本
[咸豐]南寧縣志十卷首一卷 第68冊
(清)毛玉成修 (清)張翊辰 喻懷信纂
鈔本
[道光]宣威州志八卷 第68冊
(清)劉沛霖修 (清)朱光鼎等纂
清道光二十四年(1844)刻本
[民國]宣威縣志稿十二卷首一卷 第68冊
王鈞圖 陳其棟修 繆果章纂
民國二十三年(1934)雲南開智印刷公司鉛印本
[康熙]平彝縣志十卷 第68冊
(清)任中宜纂修
鈔本
[雍正]師宗州志二卷續編一卷 第69冊
(清)管棆原本 (清)夏治源增修
鈔本
[民國]路南縣志十卷 第69冊
馬標修 楊中潤纂
鈔本
[光緒]續修嵩明州志四卷 第69冊
(清)薛渭川纂修
鈔本
[民國]嵩明縣志三十八卷 第69冊
陳詒孫等修 楊思誠纂
民國三十四年(1945)鉛印本
[光緒]霑益州志六卷 第69冊
(清)陳燕 韓寶琛修 (清)李景賢纂
鈔本
[康熙]羅平州志四卷 第69冊
(清)黃德巽修 (清)胡承灝等纂
鈔本

[民國]姚安縣志六十六卷首一卷末一卷 第79册
霍士廉等修 由雲龍等纂
民國三十七年(1948)鉛印本
[民國]鹽豐縣志十二卷首一卷 第80册
郭燮熙纂修
民國十三年(1924)鉛印本
[乾隆]大理府志三十卷首一卷 第80册
(清)傅天祥 李斯佺修 (清)黄元治 張泰交纂
民國二十九年(1940)大理嚴氏鉛印本
[民國]大理縣志稿三十二卷首一卷 第80-81册
張培爵等修 周宗麟等纂 周宗洛校訂
民國六年(1917)鉛印本
[光緒]浪穹縣志略十三卷 第81册
(清)周沆纂修
清光緒二十九年(1903)刻本
[咸豐]鄧川州志十六卷首一卷末一卷 第81册
(清)鈕方圖修 (清)侯允欽纂
清咸豐三年(1853)楊炳鋥刻本
[雍正]賓川州志十二卷 第81册
(清)周鉞纂修
鈔本
[道光]趙州志六卷 第81册
(清)陳釗鏜修 (清)李其馨等纂
鈔本
[民國]蒙化志稿二十六卷 第82册
李春曦修 梁友檍纂
民國九年(1920)雲南崇文書館鉛印本
[光緒]鶴慶州志三十二卷首一卷 第82册
(清)王寶儀修 (清)楊金和 楊金鎧纂
清光緒二十年(1894)刻本
[光緒]雲南縣志十二卷 第82册
(清)項聯晉修 (清)黄炳堃纂
鈔本
[雍正]雲龍州志十二卷首一卷 第82册
(清)陳希芳修 (清)胡禹謨纂
鈔本
[光緒]新修中甸廳志書三卷 第82册
(清)吴自修修 (清)張翼夔纂
鈔本
[民國]中甸縣志稿三卷首一卷末一卷 第82册
段綬滋纂修
鈔本
[民國]維西縣志四卷 第82册
李炳臣修 李翰湘纂
鈔本

地方志人物傳記資料叢刊·華南卷
國家圖書館編
二〇一六年北京國家圖書館出版社
五十一册

廣東省

[光緒]廣州府志一百三十六卷 第1-3册
[民國]花縣志十三卷 第3册
[道光]長寧縣志十卷 第3册
[雍正]從化縣新志五卷 第3册
[民國]龍門縣志二十卷首一卷 第4册
[康熙]增城縣志十四卷 第4册
[民國]增城縣志三十一卷首一卷 第4册
[同治]番禺縣志五十四卷首一卷附録一卷 第4-5册
[宣統]番禺縣續志四十四卷首一卷 第5册
[同治]韶州府志四十卷 第5-6册
[光緒]曲江縣志十六卷 第6册
[民國]樂昌縣志二十二卷 第6册
[民國]仁化縣志八卷 第6册
[道光]直隸南雄州志三十四卷首一卷 第6册
[乾隆]保昌縣志十四卷 第6册
[民國]始興縣志十六卷首一卷 第7册
[嘉慶]翁源縣志十二卷首一卷末一卷 第7册
[康熙]乳源縣志八卷 第7册
[道光]佛岡縣直隸軍民廳志四卷 第7册
[道光]英德縣志十六卷首一卷 第7册
[民國]英德縣續志十七卷首一卷末一卷 第7册
[民國]清遠縣志二十一卷圖一卷 第7册
[順治]陽山縣志八卷 第7册
[民國]陽山縣志十八卷首一卷 第8册
[民國]連山縣志十六卷首一卷 第8册
[道光]連山綏傜廳志不分卷 第8册
[同治]連州志十二卷 第8册
[光緒]惠州府志四十五卷首一卷 第8册
[雍正]歸善縣志二十一卷 第9册
[乾隆]博羅縣志十四卷 第9册
[康熙]河源縣志八卷 第9册
[同治]河源縣志十五卷 第9册
[雍正]連平州志十卷 第9册
[民國]和平縣志二十卷首二卷附文徵二卷 第9册
[嘉慶]龍川縣志四十卷 第9册
[道光]永安縣三志五卷首一卷末一卷 第9册
[嘉慶]新安縣志二十四卷首一卷 第10册
[民國]東莞縣志一百二卷首一卷 第10册
[光緒]嘉應州志三十二卷首一卷 第11册
[嘉慶]平遠縣志五卷首一卷 第11册
[光緒]鎮平縣志九卷 第11册
[康熙]埔陽志六卷 第11册
[民國]新修豐順縣志二十六卷 第11册
[民國]新修大埔縣志三十九卷首一卷 第11-12册
[康熙]長樂縣志八卷 第12册
[道光]長樂縣志十卷 第12册
[咸豐]興寧縣志十二卷首一卷 第12册
[乾隆]潮州府志四十二卷首一卷 第12-13册
[民國]潮州府志略不分卷 第13册
[民國]潮州志不分卷 第13册
[嘉慶]澄海縣志二十六卷首一卷 第13册
[光緒]海陽縣志四十六卷 第13册
[光緒]饒平縣志二十五卷 第14册
[乾隆]南澳志十二卷 第14册
[雍正]惠來縣志十九卷 第14册
[光緒]潮陽縣志二十二卷首一卷 第14册
[乾隆]海豐縣志十卷末一卷 第14册
[同治]海豐縣志續編二卷 第14册
[乾隆]陸豐縣志十二卷 第14册
[乾隆]揭陽縣志八卷首一卷 第14册
[光緒]揭陽縣續志四卷首一卷 第15册
[宣統]南海縣志二十六卷末一卷 第15册
[嘉慶]三水縣志十六卷首一卷 第15册
[康熙]順德縣志十三卷首一卷 第15册
[民國]順德縣志二十四卷附郭志刊誤

廣西省

[民國]賀縣志十卷　第38册
[民國]信都縣志十編　第38－39册
[乾隆]岑溪縣志二卷　第39册
[同治]藤縣志二十二卷　第39－40册
[乾隆]鬱林州志十卷　第40册
[光緒]鬱林州志二十卷首一卷　第40册
[乾隆]興業縣志四卷　第40册
[光緒]容縣志二十八卷首一卷　第40－41册
[道光]潯州府志七十六卷首一卷　第41册
[同治]潯州府志三十八卷首一卷　第41册
[乾隆]桂平縣資治圖志四卷　第42册
[民國]桂平縣志五十九卷　第42－43册
[道光]平南縣志二十二卷首一卷　第43册
[光緒]平南縣志二十四卷首一卷　第43册
[民國]平南縣志二編　第43册
[道光]博白縣志十六卷首一卷末一卷附録二卷　第43册
[乾隆]北流縣志十卷　第43册
[光緒]北流縣志二十四卷　第43册
[民國]北流縣志十二編　第44册
[民國]陸川縣志二十四卷首一卷末一卷　第44册
[民國]貴縣志十八卷　第44－45册
[雍正]欽州志十四卷　第45册
[道光]欽州志十二卷首一卷　第45册
[民國]欽縣志十六卷首一卷　第45册
[乾隆]靈山縣志十二卷　第46册
[嘉慶]靈山縣志十三卷　第46册
[民國]靈山縣志二十二卷　第46册
[崇禎]廉州府志十四卷　第46册
[康熙]廉州府志十四卷　第46册
[乾隆]廉州府志二十卷首一卷　第47册
[道光]廉州府志二十六卷首一卷　第47册
[民國]合浦縣志六卷附拾遺一卷　第47册
[道光]上思州志二十卷首一卷　第47册
[民國]上思縣志六卷　第47册
[乾隆]鎮安府志八卷　第48册
[光緒]鎮安府志二十五卷首一卷　第48册
[同治]蒼梧縣志十八卷首一卷　第48册
[光緒]百色廳志八卷首一卷　第48册
[民國]來賓縣志二編　第48册

海南省

[道光]瓊州府志四十四卷首一卷　第49册
[康熙]瓊山縣志十卷　第49册
[民國]瓊山縣志二十八卷首一卷　第49－50册
[嘉慶]會同縣志十卷　第50册
[民國]文昌縣志十八卷　第50册
[宣統]樂會縣志八卷　第50册
[光緒]定安縣志十卷首一卷　第50册
[道光]萬州志十卷　第51册
[光緒]澄邁縣志十二卷首一卷　第51册
[民國]儋縣志十八卷首一卷　第51册
[乾隆]陵水縣志十卷　第51册
[民國]崖州志二十二卷　第51册
[民國]感恩縣志二十卷首一卷　第51册
[光緒]昌化縣志十一卷首一卷　第51册
[光緒]臨高縣志二十四卷　第51册

Y0184(1－3)

二十五史外人物總傳要籍集成
董治安主編
二〇〇〇年濟南齊魯書社影印本
三册
儒林宗派十六卷　Y0184/第1册
(清)万斯同撰
清宣統三年(1911)刻本
歷代名儒傳八卷　Y0184/第1册
(清)李清植纂
清代精刻本
國朝漢學師承記八卷　Y0184/第1册
(清)江藩纂
民國間重印本
書史會要九卷補遺一卷　Y0184/第2册
(明)陶宗儀撰
皇清書史三十二卷　Y0184/第2册
李放撰
繪事備考八卷　Y0184/第2册
(清)王毓賢撰
清康熙三十年(1691)刻本
疇人傳續六卷　Y0184/第3册
(清)羅士琳撰
清光緒二十二年(1896)石印本
疇人傳三編七卷　Y0184/第3册
(清)阮元撰
清光緒二十二年(1896)石印本
列女傳七卷續列女傳一卷　Y0184/第3册
(漢)劉向撰 (明)汪氏增輯
清乾隆間(1736－1795)重印本
二十五史外人物總傳要籍集成索引　Y0184/第3册

Y0185(1－4)

國朝詩人徵略
張維屏輯
二〇〇四年北京全國圖書館文獻縮微複製中心據河南省圖書館藏書清道光二十三年刊本影印
四册
中國公共圖書館古籍文獻珍本匯刊·集部

Y0186(1－10)

稿本清代人物史料三編
朱彭壽編
二〇〇二年北京圖書館出版社影印朱彭壽稿本
十册

Y0187(1－26)

中國古代書畫人物編年
(清)卞永譽編撰
二〇〇八年北京國家圖書館出版社影印編撰者手稿謄清本
二十六册

Y0188(1－3)

清代粵人傳
(清)佚名輯
二〇〇一年北京中華全國圖書館文獻縮微複製中心據廣東省中山圖書館原藏影印本
三册
中國公共圖書館古籍文獻珍本匯刊·史部

Y0189

未刊稿本孫中山先生傳
二〇〇三年北京全國圖書館文獻縮微複製中心據南京圖書館原藏影印本
一册
中國文獻珍本叢書

Y0190(1－10)

中華各姓祖先像傳集
馬小林 鮑國強主編
一九九九年北京民族出版社鉛印本

十冊

Y0191(1－420)

清代硃卷集成
顧廷龍主編
一九九二年台灣成文出版社有限公司影印本
四二〇冊

Y0192

魏忠賢軼事
(明)西湖野臣撰
二〇〇二年北京全國圖書館文獻縮微複製中心據吉林省圖書館原藏明崇禎八年樂氏清稿本影印
一冊
中國公共圖書館古籍文獻珍本匯刊・子部

Y0193

鈔本明實錄
二〇〇五年北京綫裝書局據北平圖書館原藏紅格抄本影印
二十七冊
明太祖實錄 Y0193/第1－2冊
(明)胡廣等
明太宗實錄 Y0193/第2－3冊
(明)胡廣等
明仁宗實錄 Y0193/第3冊
(明)張輔纂修
明宣宗實錄 Y0193/第4冊
(明)楊士奇等
明英宗實錄附景泰帝 Y0193/第5－7冊
柯潜等
明憲宗實錄 Y0193/第8－10冊
傅翰等
明孝宗實錄 Y0193/第10－11冊
毛紀等
明武宗實錄 Y0193/第12－13冊
許繒等
明世宗實錄 Y0193/第13－17冊
陳經邦等
明穆宗實錄 Y0193/第17冊
(明)范立期等
明神宗實錄 Y0193/第18－22冊
(明)張惟賢等
明光宗實錄 Y0193/第22冊
明熹宗實錄 Y0193/第23－24冊
(明)張惟賢等
明熹宗七年都察院實錄 Y0193/第24－25冊
(明)李長春撰
崇禎實錄 Y0193/第25冊
(明)錢邦芑撰
崇禎長編實錄 Y0193/第25－26冊
(痛史本)崇禎長編實錄 Y0193/第26冊
明太祖寶訓 Y0193/第27冊
明太宗寶訓 Y0193/第27冊
明仁宗寶訓 Y0193/第27冊
明宣宗寶訓 Y0193/第27冊
明英宗寶訓 Y0193/第27冊
明憲宗寶訓 Y0193/第27冊

Y0194(1－24)

中國近代古籍出版發行史料叢刊補編
韋力主編
二〇〇六年北京綫裝書局據芷蘭齋所藏影印本
二十四冊
三友堂書目 Y0194/第1冊
民國二十五年二月底第二期鉛排本
千頃堂書籍目録 Y0194/第1冊
民國石印本
大華書店新舊書目 Y0194/第1冊
民國二十四年第四期石印本
中央大學區立蘇州圖書館印行所書籍價目 Y0194/第1冊
民國十九年鉛排本
中華圖書館書目 Y0194/第1冊
民國四年鉛排本
中國書店丙寅年第二期書目 Y0194/第1冊
民國鉛排本
中國書店新舊書目 Y0194/第2冊
民國十九年十一月第二卷石印本
中國書店新舊書目 Y0194/第2冊
民國二十四年十二月第十八卷石印本
中國書店新舊書目 Y0194/第2冊
民國二十五年五月第十九卷石印本
中國書店新舊書目 Y0194/第3冊
民國二十六年三月第二十一卷石印本
中國書店新舊書目 Y0194/第3冊
民國第三卷上石印本
中國書店新舊書目 Y0194/第3冊
民國第六卷石印本
中國通藝館新舊書目第二卷 Y0194/第3冊
民國二十二年石印本
文友堂書目第一期上冊 Y0194/第4冊
民國二十五年鉛排本
文奎堂書莊目録上冊 Y0194/第4冊
民國二十年三月重訂
北平富晋書社新舊書籍碑帖書畫目録 Y0194/第4冊
民國十八年十二月石印本
成都志古堂校刊書目録 Y0194/第5冊
民國二十三年編印
西泠印社第三十期書目 Y0194/第5冊
民國二十一年西泠印社鉛排本
西泠印社書籍目録第二十一期 Y0194/第5冊
民國石印本
佛學書目表(北京佛經流通處代售各地刻經處書目) Y0194/第5－6冊
民國北京佛經流通處編
受古書店舊書目録 Y0194/第6冊
民國二十年十一月石印本
受古書店舊書目録 Y0194/第6－7冊
民國二十六年六月編印
上海四馬路中市來青閣書目 Y0194/第7冊
民國十四年十二月第一期鉛排本
上海四馬路中市來青閣書目 Y0194/第7冊
民國十七年八月石印本
上海四馬路中市來青閣書目 Y0194/第7冊
民國十八年六月石印本
上海四馬路中市來青閣書目 Y0194/第8冊
民國十九年二月石印本
上海四馬路中市來青閣書目 Y0194/第8冊
民國十九年十月第二版石印本
上海三馬路西市來青閣書目 Y0194/第8冊
民國二十年十月二版石印本
上海四馬路西市來青閣書目 Y0194/第9冊
民國二十二年二月第一期石印本
上海三馬路西市來青閣書目 Y0194/第9冊
民國二十二年第二期石印本

商務印書館四庫全書珍本初集樣本 Y0194/第24册
民國鉛排本
湘綺樓日記樣本 Y0194/第24册
民國商務印書館鉛排本
精印曾文正公日記手迹樣本 Y0194/第24册
宣統元年石印本
影印國藏善本叢刊樣本 Y0194/第24册
民國商務印書館鉛排本
影印墨海金壺樣本 Y0194/第24册
民國博古齋書莊石印本
影印學津討原樣本 Y0194/第24册
民國上海商務印書館鉛排本

Y0195(1－50)
清代邊疆史料抄稿本彙編
國家圖書館分館編
二〇〇三年北京綫裝書局影印本
五十册
東三省地理圖說錄 Y0195/第1册
(清)曹廷傑撰
清抄稿本
東三省海防芻記 Y0195/第1册
(清)胡傳撰
清抄稿本
東北邊防輯要 Y0195/第1册
(清)曹廷傑撰
清抄稿本
調查委員歐本麟赴吉江兩省調查鹽務利弊 Y0195/第2册
(清)歐本麟撰
清抄稿本
黑龍江全省四至地圖全集 Y0195/第2册
(清)佚名編
清抄稿本
黑龍江礦檔 Y0195/第2册
(清)黑龍江礦務局編
清抄稿本
黑龍江漠河籌辦礦務章程 Y0195/第2册
(清)黑龍江礦務局編
清抄稿本
黑龍江省實業檔案 Y0195/第3－5册
(清)佚名輯
清抄稿本
調查松花江上流森林報告 Y0195/第6册
余樹桓等撰
清抄稿本
黑龍江省各屬城鄉禮俗一覽表 Y0195/第6册
(清)佚名編
清抄稿本
中俄交界釋地 Y0195/第6册
(清)朱珩撰
清抄稿本
中俄交界地名表 Y0195/第7册
王肇鋐輯
清抄稿本
每年出派各處卡倫名目及各項差使手折 Y0195/第8册
(清)佚名編輯
清抄稿本
吉林各城每年應進貢鮮數目手折 Y0195/第8册
(清)佚名編輯
清抄稿本
吉林夾皮溝檔 Y0195/第8册
(清)佚名編輯
清抄稿本
覆勘圖們界址談錄公文節略 Y0195/第8册
(清)佚名編輯
清抄稿本
奉天礦檔 Y0195/第8册
(清)佚名編輯
清抄稿本
撫順煤礦案 Y0195/第8册
(清)佚名編輯
清抄稿本
金旅陷後毅軍用兵記 Y0195/第8册
(清)沈敦士撰
清抄稿本
西北三宗藩地通釋 Y0195/第9册
(清)王□輯
清抄稿本
藩疆攬要 Y0195/第10册
(清)松筠撰 (清)和寧編
清抄稿本
西域補志 Y0195/第11册
(清)黄楙材撰
清抄稿本
實邊條議 Y0195/第12册
(清)姚錫光撰
清抄稿本
呼倫貝爾志書稿 Y0195/第13册
(清)佚名纂修
清抄稿本
欽定石峰堡紀略 Y0195/第11－12册
(清)清高宗御製
清抄稿本
歸綏識略 Y0195/第13册
(清)張曾纂修
清抄稿本
支那地志摘譯:蒙古之部 Y0195/第14册
(清)楊守敬摘譯
清抄稿本
異域輿情便覽 Y0195/第15册
(清)七十一撰 (清)馬慶琛增輯
清抄稿本
蒙古逸史 Y0195/第15册
蒙文原著 黄成垿口述 陳籙筆譯
清抄稿本
調查蒙古邊務意見 Y0195/第15册
(清)佚名撰
清抄稿本
庫恰間軍事報告 Y0195/第15册
春群等
清抄稿本
蒙古礦檔 Y0195/第15册
(清)佚名輯
清抄稿本
甘肅現任文職大小官簡明履歷便覽 Y0195/第16册
(清)佚名編
清抄稿本
甘肅鞏昌府安定縣保甲團練章程 Y0195/第16册
(清)佚名編
清抄稿本
甘肅鞏秦階道所屬鞏昌府屬各州縣宣統二年秋季分入款出款报告汇册 Y0195/第16册
佚名撰
清抄稿本
靖遠縣驛站例馬銀兩交代清册 Y0195/第16册
(清)佚名輯
清抄稿本
化平廳草簿 Y0195/第16册
(清)佚名撰
清抄稿本
東樂草稿 Y0195/第16册

（清）佚名撰
清抄稿本
毛目分縣稿簿　Y0195/第16册
（清）佚名撰
清抄稿本
狄道草稿簿　Y0195/第17册
（清）佚名撰
清抄稿本
丹噶爾分府稟稿簿　Y0195/第18册
（清）佚名撰
清抄稿本
甘肅土族番部志　Y0195/第18册
（清）佚名撰
清抄稿本
武威县民情风俗志　Y0195/第18册
（清）佚名編
清抄稿本
甘肅河州招回難民花名册　Y0195/第18册
（清）潘效蘇編
清抄稿本
鞏昌府洮州撫番廳安置軍流人犯案清册　Y0195/第18册
（清）佚名輯
清抄稿本
陝西侯補大小各官簡明履歷　Y0195/第19册
（清）佚名編
清抄稿本
陝西一提五鎮官兵馬區程途裏數册　Y0195/第19册
（清）佚名編
清抄稿本
新疆輿地圖說　Y0195/第20册
（清）佚名編
清抄稿本
珠華亭新疆紀略　Y0195/第20册
（清）珠克登撰
清抄稿本
新疆志　Y0195/第21册
（清）佚名編
清抄稿本
新疆政見　Y0195/第21册
羅迪楚撰
清抄稿本
訊鮮錄　Y0195/第21册
（清）佚名撰
清抄稿本
西陲事略　Y0195/第22册
（清）李雲麟撰
清抄稿本
新疆省購辦軍械案　Y0195/第22册
總理各國事物衙門檔案
清抄稿本
新疆巡警章程折稿　Y0195/第22册
（清）佚名輯
清抄稿本
新疆地理植物考　Y0195/第22册
李文如編
清抄稿本
新疆俄人販運牲茶案　Y0195/第22册
（清）沙克都林札布撰
清抄稿本
南疆勘界日記　Y0195/第22册
（清）沙克都林札布撰
清抄稿本
新疆稅務局總辦會議皮毛公司改爲官行詳　Y0195/第22册
（清）新疆全省商務總局編
清抄稿本
新疆俄領事會訊回民案　Y0195/第22册
（清）佚名編
清抄稿本
烏提屬各營武職便覽　Y0195/第22册
（清）佚名編
清抄稿本
伊犁文檔匯抄　Y0195/第23册
（清）佚名輯
清抄稿本
伊犁考　Y0195/第23册
（清）佚名撰
清抄稿本
粗擬伊犁辦法　Y0195/第23册
（清）佚名纂
清抄稿本
于闐縣志　Y0195/第23册
（清）賀家棟纂修
清抄稿本
喀什噶爾略節事宜　Y0195/第24册
（清）華亭編
清抄稿本
喀什噶爾事宜考　Y0195/第24册
（清）佚名編
清抄稿本
西藏全圖附說　Y0195/第25册
（清）嵇志文撰
清抄稿本
西藏志考　Y0195/第25册
（清）佚名撰
清抄稿本
衛藏攬要　Y0195/第25册
邵欽權撰
清抄稿本
藏印邊務支發薪餉籌銀兩清册　Y0195/第25册
（清）余釗編
清抄稿本
使藏紀事　Y0195/第26册
（清）佚名輯
清抄稿本
欽定巴勒布紀略　Y0195/第27－29册
（清）佚名輯
清抄稿本
西藏雜俎　Y0195/第29册
（清）虬一輯
清抄稿本
安南幷南掌礦說　Y0195/第30册
（清）佚名撰
清抄稿本
四川布政錄　Y0195/第30册
（清）佚名輯
清抄稿本
四川綏定府太平縣城鎮鄉地方自治區域表　Y0195/第30册
（清）佚名編
清抄稿本
雲南同官履歷册　Y0195/第30册
（清）佚名編
清抄稿本
游蜀疏稿　Y0195/第31－32册
（清）佚名輯
清抄稿本
報滇省光緒三十四年分考核各廳州縣事實表册　Y0195/第33册
（清）雲南布政使司等
清抄稿本
滇省府廳縣宣統三年二月份糧價统计散表　Y0195/第34册
（清）佚名編
清抄稿本
雲南府猺獞峒蠻考　Y0195/第34册

（清）佚名撰
清抄稿本
雲南府風俗考 Y0195/第 34 册
（清）佚名撰輯
清抄稿本
滇語備忘錄 Y0195/第 34 册
（清）王定柱撰
清抄稿本
夷人圖說 Y0195/第 34 册
（清）佚名撰
清抄稿本
滇南抄錄 Y0195/第 34 册
不著撰人
清抄稿本
開南隨筆 Y0195/第 34 册
（清）佚名撰
清抄稿本
粤滇紀略 Y0195/第 35 册
（清）九峰居士撰
清抄稿本
滇寇紀略 Y0195/第 35 册
（清）鹿樵撰
清抄稿本
滇緬界案錄要 Y0195/第 36 册
佚名輯
清抄稿本
滇事述聞 Y0195/第 36 册
（清）覺圓七撰
清抄稿本
綏緬紀事 Y0195/第 36 册
（清）佚名輯
清抄稿本
大理府建置沿革考 Y0195/第 36 册
佚名撰
清抄稿本
雲南永順鎮營制總册 Y0195/第 36 册
（清）佚名編輯
清抄稿本
雲南昭通鎮營制總册 Y0195/第 37 册
（清）何雄輝編輯
清抄稿本
片馬緊要記 Y0195/第 37 册
関爲人編
清抄稿本
石阡物産記 Y0195/第 37 册
（清）孟繼塤撰
清抄稿本
曹中丞撫黔稿 Y0195/第 38－39 册
（清）曹鴻勛編
清抄稿本
綏猺軍需條款 Y0195/第 40 册
（清）佚名編輯
清抄稿本
粤省賑捐清單 Y0195/第 40 册
（清）佚名編
清抄稿本
廣東錢局銀錢兩廠章程 Y0195/第 40 册
（清）廣東錢局編
清抄稿本
廣州駐防事宜 Y0195/第 41 册
（清）慶保纂
清抄稿本
廉欽礦檔 Y0195/第 41 册
（清）佚名撰
清抄稿本
福建政事錄 Y0195/第 42 册
（清）佚名編
清抄稿本
閩省現任文職大小各官簡明履歷清折 Y0195/第 43 册
（清）佚名編
清抄稿本
閩海雜記 Y0195/第 43 册
（清）汪鏞撰
清抄稿本
七閩考 Y0195/第 43 册
佚名撰
清抄稿本
福建督糧道報光緒間鑄錢收存動用銅鉛四柱清册 Y0195/第 44 册
（清）福建鑄錢局編
清抄稿本
福建省全屬地丁平餘規費數目表 Y0195/第 45 册
（清）佚名編
清抄稿本
福建省全屬糧米平餘規費數目表 Y0195/第 45 册
（清）佚名編
清抄稿本
福建建汀部礦檔 Y0195/第 45 册
（清）佚名輯
清抄稿本
閩嵯情形匯記 Y0195/第 45 册
（清）佚名編
清抄稿本
閩海紀略 Y0195/第 45 册
（清）佚名輯
清抄稿本
福建通商總局造送同治九年福厦臺灣各口與洋人交涉案清册 Y0195/第 45 册
（清）福建通商總局輯
清抄稿本
平定臺灣紀略 Y0195/第 46－48 册
（清）王錫祺輯
清抄稿本
吴質卿記臺灣戰事 Y0195/第 49 册
（清）吴質卿撰
清抄稿本
請將臺灣議款宣示奏稿 Y0195/第 49 册
（清）佚名撰
清抄稿本
順治鎮江防禦海寇記 Y0195/第 50 册
（清）陳慶年撰
清抄稿本
海運續案 Y0195/第 50 册
（清）佚名編
清抄稿本

Y0196

二十四史
中華書局編輯部點校
一九九五年中華書局影印本
八十册
史記一百三十卷 Y0196/第 1－3 册
（西漢）司馬遷撰
金陵局本為底本
漢書一百卷 Y0196/第 4－7 册
（東漢）班固撰
王先謙漢書補注本為底本
後漢書一百二十卷 Y0196/第 8－11 册
（南朝宋）范曄撰
商務印書館紹興本為底本
三國志六十五卷 Y0196/第 12－13 册
（西晉）陳壽撰
百衲本、清武英殿本、金陵活字本、江南書局刻本互相勘對
晋書一百三十卷 Y0196/第 14－16 册
（唐）房玄齡撰
金陵局本為底本

宋書一百卷 Y0196/第 17－19 册
(南朝梁)沈約撰
宋元明三朝遞修本為底本
南齊書五十九卷 Y0196/第 20 册
(南朝梁)蕭子顯撰
百衲本為底本
梁書五十六卷 Y0196/第 21 册
(唐)姚思廉撰
百衲本、明南監本、北監本、汲古閣本、武英殿本、金陵書局本互校
陳書三十六卷 Y0196/第 22 册
(唐)姚思廉撰
百衲本為底本
魏書一百十四卷 Y0196/第 23－25 册
(北齊)魏收撰
百衲本、明南監本、北監本、汲古閣本、武英殿本、金陵書局本互校
北齊書五十卷 Y0196/第 26 册
(唐)李百藥撰
三朝本、南京國子監本、武英殿本為主要本
周書五十卷 Y0196/第 27 册
(唐)令狐德棻撰
宋本、南本、北本武英殿本等七種本子
隋書八十五卷 Y0196/第 28－29 册
(唐)魏徵撰
宋刻遞修本、百衲本、武英殿本等九種本互校
南史八十卷 Y0196/第 30－31 册
(唐)李延壽撰
百衲本為底本
北史一百卷 Y0196/第 32－34 册
(唐)李延壽撰
百衲本為底本
舊唐書二百卷 Y0196/第 35－39 册
(後晉)劉昫等撰
殘宋本、百衲本、武英殿本等五種本
新唐書二百二十五卷 Y0196/第 40－45 册
(宋)歐陽修 宋祁撰
百衲本、北宋十六行本、南宋十行本補為工作本
舊五代史一百五十卷 Y0196/第 46－47 册
(宋)薛居正等撰
影庫本為底本
新五代史七十四卷 Y0196/第 48 册
(宋)歐陽修撰(宋)徐無黨注
百衲本為工作本
宋史四百九十六卷 Y0196/第 49－62 册
(元)脫脫等撰
百衲本為工作本
遼史一百十六卷 Y0196/第 63－64 册
(元)脫脫等撰
百衲本為工作本
金史一百三十五卷 Y0196/第 65－67 册
(元)脫脫等撰
百衲本為工作本
元史二百一十卷 Y0196/第 68－71 册
(元)脫脫等撰
百衲本為工作本
明史三百三十二卷 Y0196/第 72－80 册
(清)張廷玉撰

Y0197(1－15)

二十四史訂補
徐蜀選編
一九九六年北京書目文獻出版社影印本
十五册
史記探源 Y0197/第 1 册
(清)崔適撰
宣統二年刻本
校刊史記集解索引正義札記 Y0197/第 1 册
(清)張文虎撰
同治十一年金陵書局
史記正義佚文纂錄 Y0197/第 1 册
李蔚芬撰
民國時期刻本
史記訂補 Y0197/第 1 册
李笠撰
民國十三年刻本
史記瑣言 Y0197/第 1 册
(清)沈家本撰
沈寄簃先生叢書本
學古堂日記·史記 Y0197/第 1 册
(清)雷濬等撰
光緒刻本
史記校 Y0197/第 1 册
(清)王筠撰
民國二十四年印本
史記識誤 Y0197/第 1 册
周尚木撰
民國十七年石印本
史記考證 Y0197/第 1 册
(清)杭世駿撰
民國時期刻本
史記正訛 Y0197/第 1 册
(清)王元啓撰
乾隆四十年刻本
史記校注 Y0197/第 1 册
佚名撰
民國時期影印本
史記拾遺 Y0197/第 1 册
(清)林茂春撰
稿本
史記注補正 Y0197/第 1 册
(清)方苞撰
廣雅書局刊本
史表功比說 Y0197/第 1 册
(清)張錫瑜撰
廣雅書局刊本
景佑本史記校勘記 Y0197/第 1 册
龍良棟撰
臺灣影印本
史記毛本正識 Y0197/第 1 册
(清)丁晏撰
廣雅書局刊本
漢書古義考 Y0197/第 2 册
(清)侯鄰著
清抄本
漢書蒙拾 Y0197/第 2 册
(清)杭世駿輯
錢塘汪氏刻本
漢書辨疑 Y0197/第 2 册
(清)錢大昭著
廣雅書局刊本
漢書考異 Y0197/第 2 册
(清)錢大昕著
暢園抄本
漢書校證 Y0197/第 2 册
(清)史學海著
傳抄本
漢書正誤 Y0197/第 2 册
(清)王峻著
傳抄本
漢書音義 Y0197/第 2 册
隋蕭該著
清光緒十四年刻本
讀漢書札記 Y0197/第 2 册
楊樹達著
民國時期印本

讀漢書札記 Y0197/第 2 册
寧調元著
民國四年印本
漢書注考證 Y0197/第 2 册
(清)何若瑤著
廣雅書局刊本
漢書注校補 Y0197/第 2 册
(清)周壽昌著
清刻本
漢書補注 Y0197/第 2 册
(清)王榮商著
清刻本
漢書補注訂誤 Y0197/第 3 册
周正權著
漢書補注補正 Y0197/第 3 册
楊樹達著
民國十四年商務印書館初印本
漢書瑣言 Y0197/第 3 册
(清)沈家本著
沈寄簃先生叢書本
學古堂日記·漢書 Y0197/第 3 册
(清)雷濬編
光緒刻本
漢書引經異文錄證 Y0197/第 3 册
(清)繆佑孫著
光緒十一年刻本
漢書西域傳補注 Y0197/第 3 册
(清)徐松著
道光緒九年刻本
漢書地理志水道圖說補正 Y0197/第 3 册
(清)吳承志著
求恕齋叢書本
後漢書訓纂 Y0197/第 3 册
(清)惠棟著
抄本
後漢書蒙拾 Y0197/第 3 册
(清)杭世駿輯
錢塘汪氏刻本
後漢書辨疑 Y0197/第 3 册
(清)錢大昭著
廣雅書局刻本
後漢書瑣言 Y0197/第 3 册
(清)沈家本著
沈寄簃先生叢書本
後漢書拾遺 Y0197/第 4 册
(清)林茂春著
稿本
後漢書補逸 Y0197/第 4 册
(清)姚之駰輯
會稽徐氏抄本
後漢書校語 Y0197/第 4 册
佚名編著
稿本
後漢書注校 Y0197/第 4 册
(清)吳壽暘著
稿本
後漢書補注 Y0197/第 4 册
(清)惠棟著
嘉慶德裕堂刻本
後漢書補注續 Y0197/第 4 册
(清)侯康著
廣雅書局刊本
後漢書注又補 Y0197/第 4 册
(清)沈銘彝著
同治八年刻本
後漢書注補正 Y0197/第 4 册
(清)周壽昌著
廣雅書局刊本
後漢書注考證 Y0197/第 4 册
(清)何若瑤著
廣雅書局刊本
謝氏後漢書補逸 Y0197/第 4 册
(清)姚之駰輯
孫志祖增訂稿本
後漢書辨疑 Y0197/第 4 册
(清)錢大昭著
廣雅書局刊本
十意輯存 Y0197/第 4 册
(漢)蔡邕著
清東陽于氏叢書本
後漢書華佗傳補注 Y0197/第 4 册
(清)張驥著
民國二十四年刻本
後漢郡國職方表 Y0197/第 4 册
(清)劉庠著
稿本
漢季方鎮年表 Y0197/第 4 册
(清)吳廷燮著
景社堂刊本
學古堂日記·後漢匈奴表 Y0197/第 4 册
(清)雷濬編
光緒刻本
兩漢刊誤補遺 Y0197/第 4 册
(清)吳仁杰著
知不足齋叢書本
兩漢訂誤 Y0197/第 4 册
(清)陳景雲著
丙子叢編本
三國志辨誤 Y0197/第 5 册
(宋)無名氏著
清抄本
三國志辨疑 Y0197/第 5 册
(清)錢大昭著
廣雅書局刊本
三國志質疑 Y0197/第 5 册
(清)徐紹楨著
光緒十二年廣東刻本
三國志證聞 Y0197/第 5 册
(清)錢儀吉著
光緒江蘇局本
三國志證聞校勘記 Y0197/第 5 册
(清)羅振玉著
三國志考證 Y0197/第 5 册
(清)潘眉著
廣雅書局刊本
三國志旁證 Y0197/第 5 册
(清)梁章鉅著
廣雅書局刊本
三國志瑣言 Y0197/第 5 册
(清)沈家本著
沈寄簃先生叢書本
三國志補注 Y0197/第 5 册
(清)沈欽韓著
稿本
三國志補注 Y0197/第 5 册
(清)杭世駿著
清刻本
三國志補注續 Y0197/第 5 册
(清)侯康著
廣雅書局刊本
三國志補義 Y0197/第 5 册
(清)康發祥著
咸豐十一年泰州康氏家刻本
三國志注證遺 Y0197/第 5 册
(清)周壽昌著
廣雅書局刊本
三國志裴注述 Y0197/第 5 册
(清)林國贊著
學海堂刻本
補三國食貨志 Y0197/第 5 册
佚名著

三國方鎮年表 Y0197/第5册
(清)吳廷燮著
景杜堂刊本
晋書考證 Y0197/第6册
(清)孫人龍輯
清抄本
晋書考證 Y0197/第6册
(清)傅雲龍校
抄本
晋書校文 Y0197/第6册
(清)丁國鈞著
稿本
晋書校勘記 Y0197/第6册
(清)周家禄著
廣雅書局刊本
晋書音義 Y0197/第6册
(唐)何超著
元刻明修本
晋書輯本 Y0197/第6册
(清)湯球輯
廣雅書局刊本
晋書補傳贊 Y0197/第6册
(清)杭世駿著
錢塘汪氏刻本
晋書地理志注 Y0197/第6册
馬與龍注
民國二十一年印本
晋書補表 Y0197/第7册
(清)趙在翰著
小積石山房印本
晋五胡指掌 Y0197/第7册
(明)張大齡著
崑山趙氏刻本
宋書札記 Y0197/第7册
(清)李慈銘著
民國時期印本
補南齊書經籍志 Y0197/第7册
陳鴻儒等
民國間藍印本、抄本
梁書札記 Y0197/第7册
(清)李慈銘著
民國時期印本
梁書斠議 Y0197/第7册
(清)羅振玉著
陳書斠議 Y0197/第7册
(清)羅振玉著
魏書源流考 Y0197/第7册
李正奮著
抄本
魏書校勘記 Y0197/第7册
(清)王先謙著
魏書札記 Y0197/第7册
(清)李慈銘著
民國時期印本
魏書宗室傳注 Y0197/第7册
(清)羅振玉注
民國時期印本
魏書宗室傳注校補 Y0197/第7册
(清)羅振玉著
民國時期印本
補後魏書藝文志 Y0197/第7册
李正奮編
民國時期印本
西魏書 Y0197/第7册
(清)謝啓昆著
清刻本
北齊書斠議 Y0197/第7册
(清)羅振玉著
北齊書校證 Y0197/第7册
願學齋主人著
稿本
北齊書旁證 Y0197/第7册
願學齋主人著
稿本
補北齊書疆域志 Y0197/第7册
佚名著
周書斠議 Y0197/第7册
(清)羅振玉著
南北朝僑置州郡考 Y0197/第7册
(清)胡孔福著
清抄本
隋書考證 Y0197/第8册
(清)傅雲龍校
清抄本
隋書札記 Y0197/第8册
(清)李慈銘著
民國時期印本
隋書斠議 Y0197/第8册
(清)羅振玉著
舊唐書校勘記六十六卷
Y0197/第8－9册
(清)羅士琳 劉文淇校勘
懼盈齋刻本
舊唐書疑義 Y0197/第9册
(清)張道著
光緒七年刻本
舊唐書逸文 Y0197/第9册
(清)岑建功編
新唐書斠議正誤 Y0197/第9册
羅振常著
民國時期印本
唐書釋音 Y0197/第9册
(宋)董衝著
重刻汲古閣本
唐書注 Y0197/第9册
(清)唐景崇注
唐書西域傳注 Y0197/第9册
(清)沈惟賢著
光緒二十四年刻本
新唐書藝文志注 Y0197/第9册
民國間抄本
唐藩鎮指掌 Y0197/第9册
(明)張大齡著
民國重刻明刊本
續唐書 Y0197/第9册
(清)陳鱣著
道光四年刻本
舊五代史輯本發覆 Y0197/第10册
陳垣著
五代史校勘札記 Y0197/第10册
(清)劉光蕡著
清刻本
五代史記纂誤補 Y0197/第10册
(清)吳蘭庭著
嘉慶刻本
五代史記纂誤續補 Y0197/第10册
(清)吳光耀著
光緒十四年江夏吳氏刻本
五代史記纂誤補續 Y0197/第10册
(清)周壽昌著
小對竹軒刻本
五代春秋志疑 Y0197/第10册
(清)華湛恩著
光緒間印本
五代史補 Y0197/第10册
(宋)陶岳著
毛氏汲古閣刻本
五代史續補 Y0197/第10册
(清)牛坤著
道光刻本

五代史記注補七十四卷 Y0197/第10－11册
(清)徐炯著
清抄本
補五代史藝文志 Y0197/第10－11册
(清)宋祖駿編
咸豐刻本
補南唐書藝文志 Y0197/第10－11册
(清)汪之昌編
光緒二十五年抄本
五代史補考 Y0197/第12册
(清)徐炯著
適園叢書本
宋史忠義傳王稟補傳 Y0197/第12册
王國維撰
廣倉學術叢書本
宋史李重進列傳注 Y0197/第12册
西夏志略 Y0197/第12册
西夏紀 Y0197/第12册
戴錫章撰
京華印書局本
西夏書事四十二卷 Y0197/第12－13册
(清)吳廣成著
民國時期印本
遼史拾遺 Y0197/第13册
(清)勵鶚著
振綺堂刊本
遼史拾遺補 Y0197/第13册
(清)楊複吉著
振綺堂刊本
遼史語解 Y0197/第13册
清光緒四年江蘇局本
西遼立國本末考 Y0197/第13册
(清)丁謙著
上海國粹學報印本
遼史地理志今釋 Y0197/第13册
金史語解 Y0197/第13册
清光緒四年江蘇局本
金史詳校十卷 Y0197/第13－14册
(清)施國祁撰
光緒六年會稽章氏刻本
金史藝文略 Y0197/第14册
稿本
元史本證 Y0197/第14册
(清)汪輝祖撰
咸豐間刻本
元史考訂 Y0197/第14册
(清)曾廉撰
清刻本
元史弼違 Y0197/第14册
(明)周復俊撰
民國間刻本
元史備忘錄 Y0197/第14册
(明)王光魯編 (清)陶越重訂
清抄本
元史語解 Y0197/第14册
清光緒四年江蘇局本
元史譯文證補 Y0197/第15册
(清)洪鈞撰
光緒二十三年刻本
元書後妃公主列傳 Y0197/第15册
(清)毛嶽生撰
漸學盧叢書本
元史地理通釋 Y0197/第15册
張郁文輯
蘇州利蘇印書社本
木剌夷補傳稿 Y0197/第15册
光緒二十年刻本
明史例案 Y0197/第15册
(清)劉承幹纂
嘉業堂刊本
明史考證捃逸 Y0197/第15册
(清)王頌蔚著
嘉業堂叢書單行本
國史考異 Y0197/第15册
(清)潘檉章著
明宮史 Y0197/第15册
(明)劉若愚編述
國學扶輪社印本
明史擬稿 Y0197/第15册
(清)尤侗著
清刻本
明史分稿殘本 Y0197/第15册
(清)方象瑛著
振綺堂叢書本
明史館稿傳 Y0197/第15册
(清)朱彝尊著
民國四年鄭氏風雨樓影印本
(明史)外國傳 Y0197/第15册
(清)尤侗著
西堂餘集本
季明封爵表 Y0197/第15册
毛乃庸著
民國間印本

Y0198(1－152)
二十四史外編
吳樹平編輯
一九九八年天津古籍出版社影印本
一五二册
古史 Y0198/第1册
(宋)蘇轍撰
四庫全書本
通志 Y0198/第2－18册
(宋)鄭樵撰
四庫全書本
續通志 Y0198/第19－35册
(清)嵇璜等纂修
四庫全書本
尚史 Y0198/第36－39册
(清)李鍇撰
四庫全書本
春秋紀傳 Y0198/第40－43册
(清)李鳳雛撰
清康熙刻本
東觀漢記 Y0198/第44册
(東漢)劉珍等撰
四庫全書本
後漢書補逸四庫全書本 Y0198/第44册
(清)姚之駰輯
四庫全書本
續後漢書四庫全書本 Y0198/第45册
(宋)蕭常撰
四庫全書本
續後漢書四庫全書本
Y0198/第45－48册
(元)郝經撰
四庫全書本
季漢書 Y0198/第48－52册
(明)謝陛撰
明萬曆刻本
晋書 Y0198/第53－62册
(明)蔣之翹删補
明崇禎十二年刻本
晋記 Y0198/第63－69册
(清)郭倫撰
清光緒重刊本
西魏書 Y0198/第70－71册
(清)謝啓昆撰
清光緒九年重刊本
唐紀 Y0198/第71－76册
(明)孫慤撰

清初抄本
十國春秋 Y0198/第77-83冊
(清)吳任臣撰
清漱石山房刻本
南唐書 Y0198/第83冊
(宋)馬令撰
南唐書 Y0198/第83冊
(宋)陸游撰
四庫全書本
南漢春秋 Y0198/第84冊
(清)劉應麟撰
清道光三十年刻本
東都事略 Y0198/第85-86冊
(宋)王偁撰
四庫全書本
宋史新編 Y0198/第87-102冊
(明)柯維騏撰
明嘉靖刻本
南宋書 Y0198/第103-106冊
(明)錢士升撰
《宋遼金元别史》本
契丹國志 Y0198/第106冊
(宋)葉隆禮撰
四庫全書本
大金國志 Y0198/第107冊
(宋)宇文懋劭撰
四庫全書本
新元史 Y0198/第108-124冊
(民國)柯劭忞撰
一九三〇年重訂本
新元史 Y0198/第125冊
(民國)柯劭忞撰
一九三一年重訂本
明史稿 Y0198/第125-152冊
(清)王鴻緒撰
清敬慎堂刻本

Y0199(1-16)

遼金史料彙編
姜亞沙等主編
二〇〇八年北京全國圖書館文獻縮微複製中心影印本
十六冊
中國文獻珍本叢書
遼史一百十六卷 Y0199/第1-6冊
遼史拾遺二十四卷 Y0199/第6冊
(清)厲鶚撰
遼史拾遺續三卷 Y0199/第6冊
(清)楊複吉撰
金史一百三十五卷 Y0199/第8-16冊
(元)脱脱等撰
大金國志四十卷 Y0199/第16冊

Y0200

蒙古通鑒長編
(清)王先謙撰
一九九六年北京全國圖書館文獻縮微複製中心據湖南省圖書館藏原稿本影印
一冊
中國公共圖書館古籍文獻珍本匯刊

Y0201(1-2)

宋元資治通鑒
(明)薛應旗撰 (明)陳仁錫評
一九九六年北京全國圖書館文獻縮微複製中心據明刻本影印
二冊
中國文獻珍本叢書

Y0202(1-7)

宋板續資治通鑒長編
(宋)李燾撰
一九九五年北京中華全國圖書館文獻縮微複製中心據遼寧省圖書館藏宋刊本影印
七冊
中國公共圖書館古籍文獻珍本匯刊

Y0203(1-14)

清國史
清國史館編
一九九三年北京中華書局據清嘉業堂鈔本影印
十四冊

Y0204(1-7)

清代蒙古史料合輯
全國公共圖書館古籍文獻編委會編
二〇〇三年北京全國圖書館文獻縮微複製中心影印本
七冊
中國公共圖書館古籍文獻珍本匯刊·史部

Y0205(1-30)

稀見明史史籍輯存
蘇曉君 余冰主編 國家圖書館分館編
二〇〇三年北京綫裝書局據國家圖書館藏影印本
三十冊
明右史略二十一卷卷首一卷 Y0205/第1-3冊
(明)馮復京撰
清末海虞馮晋璋世豸堂抄本
皇明啓運錄 Y0205/第4冊
(明)陳建撰
明刻本
昭代纂考年 Y0205/第4冊
(明)佚名撰
清朱絲欄抄本
皇明名臣記三十卷 Y0205/第5-6冊
(明)鄭曉撰
明隆慶間刻本
明四代年鑒二卷 Y0205/第7冊
(明)佚名撰
清抄本(洪武 建文 正統 弘治)
史乘纂誤 Y0205/第8冊
(明)周之綱撰
明萬曆間刻本
孝陵詔敕 Y0205/第8冊
(明)明太祖撰
民國間京師圖書館烏絲欄抄本
遜國傳疑辨三卷 Y0205/第9冊
(清)宋瑾撰
清抄本
抄建文君從亡烈傳 Y0205/第9冊
(明)佚名撰
清抄本輯
王光禄正統殉難事略 Y0205/第9冊
(清)王梓材輯
清朱絲欄抄本
桂坡安徽君傳 Y0205/第9冊
(明)黄省曾撰
清藍絲欄抄本
宫保大司空潘公傳 Y0205/第9冊
(明)申時行撰
清道光二十年(1840)抄本
觀我圖册彙編五卷卷首一卷卷末一卷 Y0205/第9冊
(明)朱勳等
清乾隆間馮浩抄本
快雪堂日記 Y0205/第10冊
(明)馮夢禎撰
清抄本
蕪史小草二十一卷 Y0205/第10冊
(明)劉若愚撰
清抄本

曹學佺行述一卷 Y0205/第11册
(清)曹孟善撰
民國二十六年(1937)福州烏山圖書館藍絲欄抄本
先朝逸事十二則 Y0205/第11册
(清)鄒之麟撰
明弘光元年(1644)稿本
先朝逸事 Y0205/第11册
(清)鄒之麟撰
清抄本
先朝遺事 Y0205/第11册
(清)程正揆撰
清抄本
熹朝奄党禍國錄 Y0205/第11册
(明)江右遺民撰
清抄本
通紀續编 Y0205/第11册
(清)古越梅里晋赤田編
清抄本
後督師紀略十卷 Y0205/第12册
(明)鹿善繼 (明)杜應芳撰
清抄本
甲申北都覆沒遺聞一卷 Y0205/第12册
(清)黄巍赫撰
民國間抄本
圍城日錄 Y0205/第12册
(明)徐從治撰
清藍絲欄抄本
甲申日記八卷 Y0205/第13册
(清)李清撰
清抄本
南明綱目五卷 Y0205/第14册
(朝)鄭喬撰
民國二十三年(1934)海鹽朱希祖抄本
明季野史雜鈔 Y0205/第15册
(清)佚名編
清抄本
江右金王變亂紀略 Y0205/第16册
(清)佚名編
清抄本
明季水西紀略二卷 Y0205/第16册
(明)佚名輯
民國間國立北平圖書館烏絲欄抄本
明季逸史四集 Y0205/第16册
(清)顧炎武輯
清不夜山房朱絲欄抄本
明季雜志四集 Y0205/第16册
(清)佚名撰
清朱絲欄抄本
明季雜抄 Y0205/第16册
(清)佚名輯
清抄本
山西巡撫蔡雲怡先生殉難始末傳 Y0205/第17册
(明)文秉编
明季殉節擬謚忠烈諸臣姓名事略清册 Y0205/第17册
(清)佚名編
清抄本
白衣人書劉忠毅公殉節事略册 Y0205/第17册
(清)鄒之麟撰
明末稿本
周忠武公實紀 Y0205/第17册
(清)佚名
戍北楼耐苦志 Y0205/第17册
(明)孙繩武撰
南都雜志一卷 Y0205/第17册
(清)佚名撰
清烏絲欄抄本
滇寇紀略八卷 Y0205/第18册
(清)鹿樵載記
清抄本
桐城軼事一卷 Y0205/第18册
(清)馬小眉撰
清桐城張祖翼朱絲欄抄本
明延平忠節王始末四卷卷首一卷卷末一卷 Y0205/第18册
(清)汪鏞鐘輯
清末抄 民國二十三年(1934)朱熙祖校改本
前明諸王事迹 Y0205/第19册
(清)佚名撰
清朱絲欄抄本
存信編五卷 Y0205/第19册
(清)沈佳撰
清末抄本
皇明虞陽采芹錄 Y0205/第19册
(明)佚名编
清抄本
明人小傳 Y0205/第20-22册
(清)曹溶輯
清抄本
明季烈臣傳 Y0205/第23-29册
(清)佚名編
清抄本
品級考 Y0205/第30册
(明)劉元霖 (明)馮生虞 (明)李複陽輯
民國間烏絲欄抄本
帝陵圖說三卷 Y0205/第30册
(清)梁份撰
清抄本

Y0206(1-14)

台灣史料彙編
姜亞沙等編輯
二〇〇四年北京全國圖書館文獻縮微複製中心影印本
十四册
中國文獻珍本叢書

Y0207(1-2)

太平天國稀見史料三種
(清)周騰虎 徐僖著
一九九五年北京中華全國圖書館文獻縮微複製中心據蘇州市圖書館所藏稿本影印本
二册
中國文獻珍本叢書
餐芍花館日記 Y0207/第1册
(清)周騰虎著
秣營瑣記 Y0207/第2册
(清)周騰虎著
雪煩山房日記 Y0207/第2册
(清)徐僖著

Y0208(1-2)

澳門問題史料集
南京圖書館古籍部編
一九九八年北京中華全國圖書館文獻縮微複製中心影印本
二册
中國公共圖書館古籍文獻珍本匯刊・史部

Y0209(1-2)

滿洲編年紀要
(清)周沆編輯 全國公共圖書館古籍文獻編委會編
一九九五年北京中華全國圖書館文獻縮微複製中心據遼寧省圖書館特藏部清稿本影印
二册

中國公共圖書館古籍文獻珍本匯刊・史部

Y0210

稿本明史約

(清)梅啓照撰 全國公共圖書館古籍文獻編委會編

二〇〇二年北京全國圖書館文獻縮微複製中心據湖北省圖書館藏書稿本影印

一冊

中國公共圖書館古籍文獻珍本匯刊・史部

Y0211

晚明史料二種

(明)許重熙撰

二〇〇一年北京全國圖書館文獻縮微複製中心據湖北省圖書館原藏清抄本影印

一冊

中國公共圖書館古籍文獻珍本匯刊・史部

Y0212(1－3)

後漢書

尾崎康解題

平成十二年古典研究會據國立歷史民俗博物館所藏影印本

三冊

古典研究會叢書 漢籍之部 29－30－31 卷

Y0213(1－20)

朝鮮史料彙編

姜亞沙等編輯

二〇〇四年北京全國圖書館文獻縮微複製中心影印本

二十冊

中國文獻珍本叢書

宣和奉使高麗圖經四十卷 Y0213/第 1 冊

(宋)徐兢撰

清抄本

高麗史 Y0213/第 2－15 冊

李朝 鄭林趾等撰

清抄本

經略複國要編 Y0213/第 16－17 冊

(明)宋應昌撰

明萬曆刻本

兩朝平壤錄・日本 Y0213/第 18 冊

(明)諸葛元聲輯

明抄本

萬曆三大征考・倭 Y0213/第 18 冊

(明)茅瑞徵撰

抄本

懲毖錄 Y0213/第 18 冊

(朝)柳成龍撰

日本元祿八年刻本

征韓偉略 Y0213/第 18 冊

(日)川口長孺撰

日本天寶二年刻本

朝鮮紀事 Y0213/第 19 冊

(明)倪謙撰

明抄本

使朝鮮錄 Y0213/第 19 冊

(明)龔用卿撰

明刻本

朝鮮圖說 Y0213/第 19 冊

(明)鄭若曾撰

清康熙刻本

朝鮮志 Y0213/第 19 冊

著者不詳

清抄本

朝鮮史略 Y0213/第 20 冊

著者不詳

明刻本

Y0214

辛丑變法彙鈔

全國公共圖書館古籍文獻編委會[編]

二〇〇四年北京全國圖書館文獻縮微複製中心據河南省圖書館原藏抄本影印

一冊

中國公共圖書館古籍文獻珍本匯刊・史部

Y0215(1－5)

御倭史料彙編

姜亞沙等編輯

二〇〇四年北京全國圖書館文獻縮微複製中心影印本

五冊

中國文獻珍本叢書

倭志 Y0215/第 1 冊

(明)王世貞撰

明抄本

禦倭軍事條款 Y0215/第 1 冊

明刻本

倭情考略 Y0215/第 1 冊

(明)郭光復撰

明刻本

嘉靖東南平倭通錄 Y0215/第 1 冊

(明)徐學聚撰

明抄本

倭患考原 Y0215/第 1 冊

(明)黃俣卿撰

清抄本

皇明馭倭錄 Y0215/第 2－3 冊

(明)王士騏纂

明刻本

經略禦倭奏議 Y0215/第 4－5 冊

(明)邢玠著

明刻本

Y0216(1－7)

日本史料彙編

姜亞沙等編輯

二〇〇四年北京全國圖書館文獻縮微複製中心影印本

七冊

中國文獻珍本叢書

日本國考略 Y0216/第 1 冊

(明)薛俊撰

明刻本

日本圖纂 Y0216/第 1 冊

(明)鄭若魯手繪

明手繪

倭名類聚鈔 Y0216/第 1 冊

(日)源順撰

日本貞享五年(清康熙二十七)刻本

日本輿地通志 Y0216/第 2 冊

(日)關祖衡撰

清抄本

日本紀略 Y0216/第 3－4 冊

伴直方校并跋

日本抄本

琉球國志略 Y0216/第 5 冊

(清)周煌撰

清乾隆刻本

續琉球國志略 Y0216/第 6 冊

(清)趙新撰

清光緒刻本

琉球記 Y0216/第 6 冊

(明)胡靖撰

明萬曆刻本

琉球圖說 Y0216/第 6 冊

(明)鄭若曾撰
琉球錄 Y0216/第6册
(明)陳侃撰
清抄本
琉球小志 Y0216/第6册
(日)官撰(清)姚文棟譯
清光緒刻本
琉球入學見聞錄 Y0216/第7册
(清)潘相撰
清乾隆刻本

Y0217(1-20)
中國西部開發文獻
許治勝編輯
二〇〇四年北京全國圖書館文獻縮微複製中心影印本
二十册

Y0218
民國清史研究史料三種
經莉等編
二〇〇四年北京全國圖書館文獻縮微複製中心據吉林省圖書館原藏影印本
一册
中國文獻珍本叢書
清初諸王爭國記 Y0218/全1册
趙光賢撰
爲清代通史批評事再致吳宓君書 Y0218/全1册
蕭一山撰
清代對大小金川及西康青海用兵紀要 Y0218/全1册
伍非百編
一九三五年鉛印本

Y0219
辛亥革命稀見史料彙編
陽海清 孫式禮 張德英編
一九九七年北京中華全國圖書館文獻縮微複製中心影印本
一册
中國公共圖書館古籍文獻珍本匯刊·史部
辛亥革命建國史綱附武昌革命真史之商榷 Y0219/全1册
楊鐸撰
稿本
辛亥革命武昌起義紀實 Y0219/全1册
熊秉坤撰
稿本
辛壬聞見錄 Y0219/全1册
黄中垲編述
復寫本
辛亥革命八月十九夜武昌首義之回憶 Y0219/全1册
朱樹烈撰
稿本
辛亥武昌首義見聞錄 Y0219/全1册
成致和撰
稿本
武昌起義三日記 Y0219/全1册
吳醒漢授 王嗣昌記
稿本
書吳醒漢武昌起義三日記后 Y0219/全1册
李翊東撰
稿本
軍政府直屬第二義勇隊紀事 Y0219/全1册
張云卿撰
稿本
回憶二十九標 Y0219/全1册
謝楚珩撰
稿本
武昌起義荊沙施宜川等處駐軍響應革命實錄 Y0219/全1册
潘武峰撰
稿本
辛亥參加首義回憶錄 Y0219/全1册
黄世傑撰
稿本
梁公瀛洲革命事蹟稿底 Y0219/全1册
佚名編
稿本
劉聃述記 Y0219/全1册
章炳麟撰
稿本
湯化龍事略 Y0219/全1册
湯震龍撰
稿本
辛亥革命先進張鵬程小傳 Y0219/全1册
佚名撰
稿本
賀公俠先生事略 Y0219/全1册
賀紹中撰
稿本
先君(鄧賢才)事略 Y0219/全1册
鄧卓明撰
稿本
蔡鵬來事略 Y0219/全1册
佚名撰
稿本
中華民國軍第十三章檄告天下文 Y0219/全1册
黎元洪撰
稿本

Y0220(1-51)
中國野史集成
《中國野史集成》編委會 四川大學圖書館編
一九九三年成都巴蜀書社影印本
五十一册
吳越春秋十卷 Y0220/第1册
(漢)趙曄撰
四部叢刊 木刻版
越絕書十五卷 Y0220/第1册
(漢)袁康撰
四部叢刊 木刻版
徐偃王志六卷 Y0220/第1册
(清)徐時棟輯
四明叢書 木刻版
蜀王本記一卷 Y0220/第1册
(漢)陽雄撰
壁經堂叢書 木刻版
楚漢春秋一卷附疑義一卷考證一卷 Y0220/第1册
(漢)陸賈撰(清)茆泮林輯
槐廬軒叢書
漢皇德傳一卷 Y0220/第1册
(漢)侯瑾撰(清)張澍輯
二西堂叢書
獻帝春秋一卷 Y0220/第1册
古今說部叢書一集
三國典略一卷 Y0220/第1册
(晉)魚豢撰
古今說部叢書一集
王粲英雄記一卷 Y0220/第1册
(漢)王粲撰
黄氏逸書考·子史鉤沉
魏略一卷 Y0220/第1册
(晉)魚豢撰(清)王仁俊輯
玉函山房輯佚書補編

魏春秋一卷 Y0220/第1冊
(晋)孫盛撰
古今說部叢書一集
司馬彪九州春秋一卷 Y0220/第1冊
(晋)司馬彪撰(清)黄奭輯
黄氏佚書考·子史鈎沉
荀綽晋後略一卷 Y0220/第1冊
(晋)荀綽撰(清)黄奭輯
黄氏佚書考·子史鈎沉
盧綝晋八王故事一卷 Y0220/第1冊
(晋)盧綝(清)黄奭輯
黄氏佚書考·子史鈎沉
盧綝晋四王遺事一卷 Y0220/第1冊
(清)黄奭輯
黄氏佚書考·子史鈎沉
習鑿齒漢晋春秋三卷 Y0220/第1冊
(晋)習鑿齒撰(清)湯球輯
廣雅書局叢書·史學
晋陽秋一卷 Y0220/第1冊
(晋)庾翼撰
古今說部叢書一集
續晋陽秋一卷 Y0220/第1冊
(劉宋)檀道鸞撰
古今說部叢書一集
晋中興書一卷 Y0220/第1冊
(晋)何法盛撰
古今說部叢書一集
建康實錄二十卷 Y0220/第1冊
(唐)許嵩撰
清光緒二十八年甘氏校刊本
南北朝雜記一卷 Y0220/第1冊
(宋)劉敞撰
學海類編·史參
三十國春秋輯本 Y0220/第2冊
(清)湯球輯
廣雅書局叢書·史學
蕭方等三十國春秋 Y0220/第2冊
(梁)蕭方等撰
武敏之三十國春秋一卷 Y0220/第2冊
(劉宋)武敏之撰
十六國春秋一百卷 Y0220/第2冊
(魏)崔鴻撰
清乾隆中汪曰桂刻本
晋五胡指掌二卷 Y0220/第3冊
(明)張大齡撰
峭帆樓叢書
和苞漢趙記一卷 Y0220/第3冊
(前趙)和苞撰(清)湯球輯
廣雅書局叢書·史學
王度二石傳一卷 Y0220/第3冊
(晋)王度撰(清)湯球輯
廣雅書局叢書·史學
范亨燕書一卷 Y0220/第3冊
(□燕)范亨撰(清)湯球輯
廣雅書局叢書·史學
田融趙書一卷 Y0220/第3冊
(□燕)田融撰(清)湯球輯
廣雅書局叢書·史學
吴篤趙書一卷 Y0220/第3冊
(□)吴篤撰(清)湯球輯
廣雅書局叢書·史學
常璩蜀李書一卷 Y0220/第3冊
(晋)常璩撰(清)湯球輯
廣雅書局叢書·史學
王景輝南燕書一卷 Y0220/第3冊
(□燕)王景輝撰(清)湯球輯
廣雅書局叢書·史學
車頻秦書一卷 Y0220/第3冊
(前秦)車頻撰(清)湯球輯
廣雅書局叢書·史學
裴景仁秦記一卷 Y0220/第3冊
(劉宋)裴景仁撰(清)湯球輯
廣雅書局叢書·史學
姚和都後秦記一卷 Y0220/第3冊
(後魏)姚和都撰(清)湯球輯
廣雅書局叢書·史學
張諮涼記一卷 Y0220/第3冊
(□燕)張諮撰(清)湯球輯
廣雅書局叢書·史學
劉昞燉煌實錄一卷 Y0220/第3冊
(後魏)劉昞撰(清)湯球輯
廣雅書局叢書·史學
凉州記一卷 Y0220/第3冊
(北凉)段龜龍撰(清)張澍輯
道光元年二酉堂叢書
喻歸西河記一卷 Y0220/第3冊
(晋)喻歸撰(清)湯球輯
廣雅書局叢書·文學
高閭燕志一卷 Y0220/第3冊
(後魏)高閭撰(清)湯球輯
廣雅書局叢書·史學
張詮南燕書一卷 Y0220/第3冊
(□燕)張詮撰(清)湯球輯
廣雅書局叢書·史學
沙州記一卷附錄一卷 Y0220/第3冊
(劉宋)段國撰(清)張澍輯
二酉堂叢書
平陳記 Y0220/第3冊
說郛(商務印書館本)卷四十五
大業雜記一卷 Y0220/第3冊
(唐)杜寶撰
景印元明善本叢書十種·歷代小史
隋遺錄一卷 Y0220/第3冊
(唐)顔師古撰
景印元明善本叢書十種·歷代小史
大業拾遺記一卷 Y0220/第3冊
(唐)顔師古撰
香艷叢書第三集
東觀奏記三卷 Y0220/第3冊
(唐)裴庭裕撰
藕香零拾
奉天錄四卷 Y0220/第3冊
(唐)趙元一撰
雲自在龕叢書
新城錄一卷 Y0220/第3冊
(唐)沈亞之撰
說郛(委宛山堂本)
文武兩朝獻替記一卷 Y0220/第3冊
(唐)李德裕撰
十萬卷樓叢書三編
大中遺事一卷 Y0220/第3冊
(唐)令狐澄撰
說郛(宛委山堂本)
牛羊日曆一卷 Y0220/第3冊
(唐)劉軻撰
藕香零拾
安祿山事迹三卷附校記一卷
Y0220/第3冊
(唐)姚汝能撰
學海類編·史參
平巢事迹考一卷 Y0220/第3冊
學海類編·史參
廣陵妖亂志 Y0220/第3冊
(唐)羅隱撰
藕香零拾
隋唐嘉話一卷 Y0220/第3冊
(唐)劉餗撰
景印元明善本叢書十種·歷代小史
翰林志一卷 Y0220/第3冊
(唐)李肇撰
景印元明善本叢書十種·歷代小史

次柳氏舊聞一卷 Y0220/第3冊
(唐)李德裕撰
景印元明善本叢書十種·歷代小史
朝野僉載一卷 Y0220/第3冊
(唐)張鷟撰
景印元明善本叢書十種·歷代小史
卓異記一卷 Y0220/第3冊
(唐)李翱撰
景印元明善本叢書十種·歷代小史
常侍言旨一卷 Y0220/第3冊
(唐)柳珵撰
唐代叢書初集
因話錄一卷 Y0220/第3冊
(唐)趙璘撰
唐代叢書二集
大唐新語十三卷 Y0220/第3冊
(唐)劉肅撰
稗海第二函
明皇雜錄二卷補遺一卷附校勘記逸文一卷 Y0220/第3冊
(唐)鄭處誨撰 (清)錢熙祚輯
守山閣叢書·子部
摭異記一卷 Y0220/第3冊
(唐)李濬撰
說郛(宛委山堂本)
大唐傳載一卷 Y0220/第3冊
守山閣叢書·子部
幽閑鼓吹一卷 Y0220/第3冊
(唐)張固撰
古今說部叢書二集
玉泉子一卷 Y0220/第3冊
百子全書
松窗雜錄一卷 Y0220/第3冊
(唐)李濬撰
景印元明善本叢書十種·歷代小史
開天傳信記一卷 Y0220/第3冊
(唐)鄭棨撰
景印元明善本叢書十種·歷代小史
開元天寶遺事一卷 Y0220/第3冊
(唐)王仁裕撰
景印元明善本叢書十種·歷代小史
金鑾密記一卷 Y0220/第3冊
(唐)韓偓撰
唐代叢書初集
燈下閑談一卷 Y0220/第3冊
(宋)江洵撰
古今說部叢書一集

中朝故事一卷 Y0220/第3冊
(南唐)尉遲偓撰
唐代叢書初集
耳目記一卷 Y0220/第3冊
(唐)張鷟撰
唐代叢書二集
賈氏譚錄等三種 Y0220/第3冊
賈氏譚錄一卷 Y0220/第3冊
(宋)張洎撰
守山閣叢書·子部
南部新書十卷 Y0220/第3冊
(宋)錢易撰
學津討原第十七集
五代新說一卷 Y0220/第3冊
(唐)徐炫撰
說郛(宛委山堂本)
北夢瑣言二十卷 Y0220/第4冊
(宋)孫光憲撰
光緒二十五年雲自在龕刊刻
唐語林八卷附校勘記一卷 Y0220/第4冊
(宋)王讜撰 (清)錢熙祚校勘
守山閣叢書·子部
摭言不分卷 Y0220/第4冊
(五代)王定保撰(誤題爲王保定)
說庫
蠻書十卷附校訛一卷續校一卷 Y0220/第4冊
(唐)樊綽撰 (清)胡珽校 (清)董金鑒續校
琳琅秘室叢書三集 武英殿版
南關錄一卷 Y0220/第4冊
(唐)太行山人撰
說郛(商務印書館排印本)
南楚新聞一卷 Y0220/第4冊
(唐)尉遲樞撰
說郛(商務印書館排印本)
五代史補五卷附校勘記一卷 Y0220/第4冊
(宋)陶岳撰 (民國)胡思敬撰校記
豫章叢書(胡思敬輯本)·宋人小史三種
五代春秋二卷 Y0220/第4冊
(宋)尹洙撰
學海類編·史參
雒陽縉紳舊聞記五卷 Y0220/第4冊
(宋)張齊賢撰
知不足齋叢書第四集

五國故事二卷 Y0220/第4冊
知不足齋叢書第十一集
江南餘載二卷 Y0220/第4冊
(宋)鄭文寶撰
知不足齋叢書第十一集
九國志十二卷附拾遺一卷 Y0220/第4冊
(宋)路振撰 (宋)張唐英補 (清)錢熙祚拾遺
守山閣叢書·史部
釣磯立談一卷附錄一卷 Y0220/第4冊
知不足齋叢書第四集
江南野錄一卷 Y0220/第4冊
(宋)龍袞撰
說郛(宛委山堂本)
江南野史十卷附錄一卷附校勘記一卷 Y0220/第4冊
(宋)龍袞撰 (民國)胡思敬撰 附錄及校勘
豫章叢書(胡思敬輯本)·宋人小史三種
江南別錄一卷 Y0220/第4冊
(宋)陳彭年撰
墨海金壺·史部
南唐拾遺記一卷 Y0220/第4冊
(清)毛先舒撰
學海類編·史參
南唐近事一卷 Y0220/第4冊
(宋)鄭文寶撰
寶顏堂秘笈·續集
江表志三卷 Y0220/第4冊
(宋)鄭文寶撰
學海類編·史參
南唐書十八卷附音釋一卷 Y0220/第4冊
(宋)陸游撰 (元)戚光音釋
四部備要·集部·宋別集·陸放翁全集
馬氏南唐書三十卷 Y0220/第5冊
(宋)馬令撰
墨海金壺·史部
幸蜀記一卷 Y0220/第5冊
題(唐)宋居白撰
古今說部叢書七集
錦裏耆舊傳八卷 Y0220/第5冊
(宋)句延慶撰
讀書齋叢書乙集
蜀檮杌二卷 Y0220/第5冊
(宋)張唐英撰

學海類編・史參
吳越備史四卷補遺一卷 Y0220/第5冊
(宋)范坰 (宋)林禹撰
學津討原第六集
三楚新錄三卷 Y0220/第5冊
(宋)周羽翀撰
墨海金壺・史部
征南錄一卷 Y0220/第5冊
(宋)滕元發撰
墨海金壺・史部
曾公遺錄殘三卷 Y0220/第5冊
(宋)曾布撰
藕香零拾
青溪寇軌一卷 Y0220/第5冊
(宋)方勺撰
學海類編
青溪弄兵錄一卷 Y0220/第5冊
(宋)王彌大輯
函海(道光本)第六函
靖康稗史・宣和乙巳奉使金國行程錄一卷 Y0220/第5冊
靖康稗史・瓮中人語一卷 Y0220/第5冊
(宋)韋承撰
靖康稗史・開封府狀一卷 Y0220/第5冊
靖康稗史・呻吟語一卷 Y0220/第5冊
避戎嘉話二卷 Y0220/第5冊
(宋)石茂良撰
景印元明善本叢書十種・歷代小史
朝野僉言一卷 Y0220/第5冊
景印元明善本叢書十種・歷代小史
朝野遺記一卷 Y0220/第5冊
景印元明善本叢書十種・歷代小史
劉豫事迹一卷 Y0220/第5冊
學海類編・史參
北狩行錄一卷 Y0220/第5冊
(宋)蔡鞗撰
學海類編・史參
北狩見聞錄一卷 Y0220/第5冊
(宋)曹勛撰
學海類編・史參
南燼紀聞錄一卷 Y0220/第5冊
(宋)辛弃疾撰
學海類編・史參
靖康傳信錄三卷 Y0220/第5冊
(宋)李綱撰
四部備要・史部雜史
靖康紀聞一卷拾遺一卷 Y0220/第5冊
(宋)丁特起撰
學海類編・史參
張邦昌事略一卷 Y0220/第5冊
(宋)王偁撰
學海類編・史參
建炎進退志四卷 Y0220/第5冊
(宋)李綱撰
邵武徐氏叢書初刻
建炎時政記三卷 Y0220/第5冊
(宋)李綱撰
邵武徐氏叢書初刻
東巡記一卷 Y0220/第5冊
(宋)趙彦撰
說郛(宛委山堂本)
從駕記一卷 Y0220/第5冊
(宋)陳世崇撰
說郛(宛委山堂本)
建炎維揚遺錄一卷 Y0220/第5冊
學津討原第六集
建炎復辟記一卷 Y0220/第5冊
學津討原第六集
己酉避亂錄一卷附校勘記一卷 Y0220/第5冊
(宋)胡舜申撰 (民國)陳懋恆校勘
京口掌故叢編初集
建炎筆錄三卷 Y0220/第5冊
(宋)趙鼎撰
函海(道光本)第六函
辯誣筆錄一卷 Y0220/第5冊
(宋)趙鼎撰
函海(道光本)第六函
靖康要錄十六卷 Y0220/第6冊
清光緒刻本(現僅十二卷)
南渡錄四卷 Y0220/第6冊
(宋)辛弃疾撰
四川大學圖書館藏抄本
竊憤錄一卷續錄一卷 Y0220/第6冊
(宋)辛弃疾撰
學海類編・史參
阿計替傳一卷 Y0220/第6冊
(宋)辛弃疾撰
學海類編・史參
南燼紀聞一卷 Y0220/第6冊
(宋)黄冀之撰
筆記小說大觀第六輯
中興戰功錄一卷 Y0220/第6冊
(宋)李壁撰
藕香零拾
偽齊錄二卷 Y0220/第6冊
(宋)楊堯弼撰
藕香零拾
親征錄一卷 Y0220/第6冊
(宋)周必大撰
宋廬陵周國文忠公集・雜著述
龍飛錄一卷 Y0220/第6冊
(宋)周必大撰
宋廬陵周國文忠公集・雜著述
思陵錄二卷 Y0220/第6冊
(宋)周必大撰
宋廬陵周國文忠公集・雜著述
采石瓜州記二卷 Y0220/第6冊
(宋)蹇駒撰
函海(道光本)第六函
書虞雍公守唐鄧事 Y0220/第6冊
(宋)任變撰
舊小說丁集
紹熙行禮記一卷 Y0220/第6冊
(宋)周密撰
說郛(宛委山堂本)
開禧德安守城錄一卷 Y0220/第6冊
(宋)王致遠撰
永嘉叢書
中興禦侮錄二卷 Y0220/第6冊
粵雅堂叢書二編第十三集
襄陽守城錄一卷 Y0220/第6冊
(宋)趙萬年撰
粵雅堂叢書二編第十三集
宋季三朝政要五卷附錄一卷 Y0220/第6冊
粵雅堂叢書二編第十三集
辛巳泣蘄錄一卷附錄一卷 Y0220/第6冊
(宋)趙與撰
國粹叢書第三集
咸淳遺事二卷 Y0220/第6冊
墨海金壺・史部
厓山集不分卷 Y0220/第6冊
灑芬樓秘笈第四集
丁晋公談錄一卷 Y0220/第6冊
(宋)丁謂撰
百川學海乙集
聖宋掇遺不分卷 Y0220/第6冊
粵雅堂叢書三編第二十三集
王文正筆錄一卷 Y0220/第6冊

(宋)王曾撰
學津討原第十七集
歸田錄二卷 Y0220/第6冊
(宋)歐陽修撰
學津討原第十七集
國老談苑二卷 Y0220/第6冊
(宋)王君玉撰
學津討原第十七集
碧雲騢一卷 Y0220/第6冊
(宋)梅堯臣撰
顧氏文房小說
儒林公議二卷 Y0220/第6冊
(宋)田況撰
筆記小說大觀第七輯
東齋記事五卷補遺一卷 Y0220/第6冊
(宋)范鎮撰
守山閣叢書・子部
隆平集二十卷 Y0220/第7冊
(宋)曾鞏撰
清康熙四十年彭期七業堂刻本
東都事略一百三十卷 Y0220/第7冊
(宋)王偁撰
光緒九年淮南書局覆眉山程舍人宅本
湘山野錄三卷續錄一卷 Y0220/第8冊
(宋)釋文瑩撰
學津討原 第十七集
玉壺清話十卷 Y0220/第8冊
(宋)釋文瑩撰
知不足齋叢書第六集
蘇黃門龍川略志十卷別志二卷
Y0220/第8冊
(宋)蘇轍撰
宋元人說部書
春明退朝錄三卷 Y0220/第8冊
(宋)宋敏求撰
學津討原第十四集
避暑錄話二卷 Y0220/第8冊
(宋)葉夢得撰
學津討原第十四集
澠水燕談錄十卷 Y0220/第8冊
(宋)王辟之撰
宋元人說部書
東軒筆錄十五卷 Y0220/第8冊
(宋)魏泰撰
湖北先正遺書・子部
道山清話一卷 Y0220/第8冊
學津討原第十七集

孫公談圃三卷 Y0220/第8冊
(宋)孫升撰
學津討原第十七集
清虛雜著三卷補闕一卷 Y0220/第8冊
(宋)王鞏撰
知不足齋叢書第五集
聞見近錄一卷 Y0220/第8冊
甲申雜記一卷 Y0220/第8冊
隨手雜錄一卷 Y0220/第8冊
珍席放談二卷 Y0220/第8冊
(宋)高晦叟撰
函海(道光本)第六函
錢氏私志一卷 Y0220/第8冊
(宋)錢愐撰
學海類編・集餘一
桐陰舊話一卷 Y0220/第8冊
(宋)韓元吉撰
學海類編・集餘一
萬柳溪邊舊話一卷 Y0220/第8冊
(宋)尤玘撰
學海類編・集餘一
聞見雜錄一卷 Y0220/第8冊
(宋)蘇舜欽撰
景印元明善本叢書十種・歷代小史
行營雜錄一卷 Y0220/第8冊
(宋)趙葵撰
景印元明善本叢書十種・歷代小史
高齋漫錄一卷 Y0220/第8冊
(宋)曾慥撰
景印元明善本叢書十種・歷代小史
談淵一卷 Y0220/第8冊
(宋)王陶撰
景印元明善本叢書十種・歷代小史
涑水紀聞十六卷補遺一卷 Y0220/第8冊
(宋)司馬光撰
宋元人說部書
曲洧舊聞十卷 Y0220/第8冊
(宋)朱弁撰
學津討原第十四集
河南邵氏聞見前錄二十卷 Y0220/第9冊
(宋)邵伯溫撰
學津討原第十八集
河南邵氏聞見後錄三十卷 Y0220/第9冊
(宋)邵博撰
學津討原第十八集
鐵圍山叢談六卷 Y0220/第9冊
(宋)蔡絛撰

知不足齋叢書第九集
却掃編三卷 Y0220/第9冊
(宋)徐度撰
學津討原第十四集
楓窗小牘二卷 Y0220/第9冊
(宋)袁褧撰 (宋)袁頤續
古今說部叢書七集
閑燕常談一卷 Y0220/第9冊
(宋)董棻撰
景印元明善本叢書十種・歷代小史
清夜錄一卷 Y0220/第9冊
(宋)俞文豹撰
景印元明善本叢書十種・歷代小史
默記三卷 Y0220/第9冊
(宋)王銍撰
宋元人說部書
揮麈前錄四卷 Y0220/第9冊
(宋)王明清撰
學津討原第十八集
揮麈後錄十一卷 Y0220/第9冊
(宋)王明清撰
學津討原第十八集
揮麈三錄三卷 Y0220/第9冊
(宋)王明清撰
學津討原第十八集
揮麈餘話二卷 Y0220/第9冊
(宋)王明清撰
學津討原第十八集
建炎以來朝野雜記甲集二十卷乙集二十卷逸文一卷 Y0220/第9冊
(宋)李心傳撰 (民國)張鈞衡輯逸文
玉照新志六卷 Y0220/第10冊
(宋)王明清撰
宋元人說部書
投轄錄一卷 Y0220/第10冊
(宋)王明清撰
宋元人說部書
四朝聞見錄五卷附錄一卷
Y0220/第10冊
(宋)葉紹翁撰
知不足齋叢書第四集
朝野遺記一卷 Y0220/第10冊
學海類編・史參
白獺髓一卷 Y0220/第10冊
(宋)張仲文撰
景印元明善本叢書十種・歷代小史
退齋筆錄一卷 Y0220/第10冊

(宋)侯延慶撰
景印元明善本叢書十種·歷代小史
錢塘遺事十卷 Y0220/第10册
(元)劉一清撰
武林掌故叢編第十二集
三朝野史一卷 Y0220/第10册
(元)吳萊撰
學海類編·史參
燼餘錄二卷 Y0220/第10册
(元)徐大焯撰
望炊樓叢書
焚椒錄一卷 Y0220/第10册
(遼)王鼎撰
香艷叢書第三集
遼小史一卷 Y0220/第10册
(明)楊循吉撰
遼海叢書第一集
燕北錄一卷 Y0220/第10册
(宋)王易撰
說郛(商務印書館排印本)卷三十八
大金吊伐錄四卷 Y0220/第10册
守山閣叢書·史部
南征錄匯一卷 Y0220/第10册
(金)李天民輯
靖康稗史
青宮譯語 Y0220/第10册
(金)王成棣撰
靖康稗史
宋俘記一卷 Y0220/第10册
(金)可恭撰
靖康稗史
虜廷事實一卷 Y0220/第10册
(宋)文惟簡撰
說郛(商務印書館本)
北風揚沙錄一卷 Y0220/第10册
(宋)陳準撰
說郛(商務印書館本)
松漠紀聞一卷續一卷補遺一卷
Y0220/第10册
(宋)洪皓撰
學津討原第六集
南遷錄一卷 Y0220/第10册
(金)張師顏撰
學海類編·史參
汝南遺事四卷 Y0220/第10册
(元)王鶚撰
畿輔叢書

歸潛志十四卷附錄一卷 Y0220/第10册
(元)劉祁撰
知不足齋叢書第五集
金小史八卷 Y0220/第10册
(明)楊循吉撰
遼海叢書第一集
大金國志四十卷 Y0220/第10册
(宋)宇文懋撰
清嘉慶中掃葉山房刻本
西夏事略一卷 Y0220/第11册
(宋)王傳撰
學海類編·史參
西夏書事四十二卷 Y0220/第11册
(清)吳廣成撰
一九三五年文奎堂景清道光五年小峴山房刻本
西夏紀二十八卷 Y0220/第11册
(民國)戴錫章撰
民國排印本
蒙韃備錄一卷 Y0220/第12册
(宋)孟珙撰
景印元明善本叢書十種·歷代小史
黑韃事略一卷附校勘記一卷
Y0220/第12册
(宋)彭大雅撰(宋)徐霆疏證(民國)胡思敬校勘
問影樓輿地叢書
元朝秘史十五卷 Y0220/第12册
連筠簃叢書
聖武親征錄校注一卷 Y0220/第12册
(民國)王國維校注
平宋錄三卷 Y0220/第12册
(元)劉敏中撰
守山閣叢書·史部
元朝征緬錄一卷 Y0220/第12册
守山閣叢書·史部
招捕總錄一卷 Y0220/第12册
守山閣叢書·史部
庚申外史二卷 Y0220/第12册
(明)權衡撰
學海類編·史參
庚申君遺事一卷 Y0220/第12册
(清)萬斯同輯
昭代叢書(道光本)己集廣編
隆平紀事一卷 Y0220/第12册
(清)史册撰
昭代叢書(道光本)壬集補編

保越錄一卷 Y0220/第12册
(元)徐勉之撰
學海類編·集餘二
山居新話一卷 Y0220/第12册
(元)楊瑀撰
筆記小說大觀叢刊第二十八編
遂昌雜錄一卷 Y0220/第12册
(元)鄭元佑撰
筆記小說大觀第八輯
樂郊私語一卷 Y0220/第12册
(元)姚桐壽撰
學海類編·集餘八
解酲語一卷 Y0220/第12册
(元)李材撰
明刻本
元氏掖庭記一卷 Y0220/第12册
(元)陶宗儀撰
香艷叢書第三集
明史竊一百五卷 Y0220/第12册
(明)尹守衡撰
東莞博物圖書館刻本
明史紀事本末八十卷 Y0220/第13册
(清)谷應泰撰
清同治中江西書局刻本
皇明紀要八卷 Y0220/第14册
(明)陳建撰
明崇禎刻本
明史紀事不分卷 Y0220/第14册
(明)蔣棻撰
清初清稿本
明紀史闕不分卷 Y0220/第14册
(明)張岱撰
抄本
全邊略記十二卷 Y0220/第14册
(明)方孔炤撰
一九三〇年北平圖書館排印本
罪惟錄九十卷 Y0220/第15－17册
(清)查繼佐撰
四部叢刊三編·史部
東山國語不分卷 Y0220/第17册
(清)查繼佐撰
四部叢刊三編·史部
憲章錄四十七卷 Y0220/第18册
(明)薛應旂撰
明刻本
明史鈔略殘七卷 Y0220/第18册
(清)莊廷鑨撰

四部叢刊三編·史部
國初群雄事略十二卷 Y0220/第18冊
(清)錢謙益撰
適園叢書第三集
明書一百七十一卷 Y0220/第19－21冊
(清)傅維麟撰
畿輔叢書
潛庵先生擬明史稿二十卷
Y0220/第22冊
(清)湯斌撰
湯子遺書
逐鹿記一卷 Y0220/第22冊
(明)王禕撰
廣百川學海甲集
壟起雜事一卷 Y0220/第22冊
(明)楊儀撰
廣百川學海甲集
椒宮舊事一卷 Y0220/第22冊
(明)王達撰
廣百川學海甲集
陳張事略一卷 Y0220/第22冊
(明)吳國倫撰
學海類編·史參
明氏實錄一卷 Y0220/第22冊
(明)楊學可撰
學海類編·史參
金姬傳一卷附金姬傳別記一卷
Y0220/第22冊
(明)楊儀撰
借月山房匯鈔第六集
洞庭集四卷 Y0220/第22冊
(明)孫宜撰
玄覽堂叢書續集
剪勝野聞一卷 Y0220/第22冊
(明)徐禎卿撰
廣百川學海丙集
在田錄一卷 Y0220/第22冊
(明)張定撰
廣百川學海甲集
天潢玉牒一卷 Y0220/第22冊
(明)解縉撰
景印元明善本叢書十種·紀錄彙編
龍興慈記一卷 Y0220/第22冊
(明)王文祿撰
景印元明善本叢書十種·紀錄彙編
國初禮賢錄一卷 Y0220/第22冊
景印元明善本叢書十種·紀錄彙編

平吳錄一卷 Y0220/第22冊
(明)吳寬撰
景印元明善本叢書十種·紀錄彙編
平漢錄一卷 Y0220/第22冊
(明)童承叙撰
景印元明善本叢書十種·紀錄彙編
平胡錄一卷 Y0220/第22冊
(明)陸深撰
景印元明善本叢書十種·紀錄彙編
北平錄一卷 Y0220/第22冊
景印元明善本叢書十種·紀錄彙編
平夏錄一卷 Y0220/第22冊
(明)黃標撰
景印元明善奉叢書十種·紀錄彙編
平蜀記一卷 Y0220/第22冊
景印元明善本叢書十種·紀錄彙編
洪武聖政記一卷 Y0220/第22冊
(明)宋濂撰
指海
聖君初政記一卷 Y0220/第22冊
(明)沈文撰
廣百川學海甲集
國初事迹一卷 Y0220/第22冊
(明)劉辰撰
金聲玉振集·考文
革除遺事六卷 Y0220/第22冊
(明)黃佐撰
金聲玉振集·紀變
革除逸史二卷 Y0220/第23冊
(明)朱睦㮮撰
指海第五集 四庫全書
姜氏秘史五卷附校勘記一卷
Y0220/第23冊
(明)姜清撰 (民國)胡思敬校勘
豫章叢書(胡思敬輯本)·明人小史八種
革朝遺忠錄二卷 Y0220/第23冊
(明)郁袞撰
明刻本
建文年譜二卷附甲申秋杪山僧問答
Y0220/第23冊
(明)趙士哲撰
東萊趙氏楹書叢刊
建譜志餘一卷 Y0220/第23冊
(清)趙宿膺撰
東萊趙氏楹書叢刊

建文皇帝事迹備遺錄一卷
Y0220/第23冊
(明)大嶽山人撰
抄本
革除建文皇帝紀一卷 Y0220/第23冊
(明)徐德英撰
古今說部叢書五集·然脂百一編六種
致身錄一卷 Y0220/第23冊
(明)吏仲彬撰
學海類編·集餘一
東朝記一卷 Y0220/第23冊
(明)王泌撰
廣百川學海甲集
建文遜國記 Y0220/第23冊
(明)鄭曉撰
鄭端簡公全集·吾學編
奉天刑賞錄一卷 Y0220/第23冊
(明)袁褧撰
金聲玉振集·紀變
前北征錄一卷 Y0220/第23冊
(明)金幼孜撰
景印元明善本叢書十種·紀錄彙編
後北征錄一卷 Y0220/第23冊
(明)金幼孜撰
景印元明善本叢書十種·紀錄彙編
北征記一卷 Y0220/第23冊
(明)楊榮撰
景印元明善本叢書十種·紀錄彙編
平定交南錄一卷 Y0220/第23冊
(明)丘濬撰
景印元明善本叢書十種·紀錄彙編
仁廟聖政記二卷 Y0220/第23冊
晨風閣叢書
正統臨戎錄一卷 Y0220/第23冊
景印元明善本叢書十種·紀錄彙編
正統北狩事迹一卷 Y0220/第23冊
景印元明善本叢書十種·紀錄彙編
否泰錄一卷 Y0220/第23冊
(明)劉定之撰
景印元明善本叢書十種·紀錄彙編
北征事迹一卷 Y0220/第23冊
(明)袁彬撰 (明)尹直錄
景印元明善本叢書十種·紀錄彙編
北使錄一卷 Y0220/第23冊
(明)李實撰
景印元明善本叢書十種·紀錄彙編
復辟錄一卷 Y0220/第23冊

(明)楊瑄撰
景印元明善本叢書十種・紀録彙編
天順日録一卷 Y0220/第23冊
(明)李賢撰
景印元明善本叢書十種・紀録彙編
西征石城記一卷 Y0220/第23冊
(明)馬文升撰
景印元明善本叢書十種・紀録彙編
撫安東夷記一卷 Y0220/第23冊
(明)馬文升撰
景印元明善本叢書十種・紀録彙編
平夷賦一卷 Y0220/第23冊
(明)趙輔撰
景印元明善本叢書十種・紀録彙編
興複哈密記一卷 Y0220/第23冊
(明)馬文升撰
景印元明善本叢書十種・今獻匯言
東征紀行録一卷 Y0220/第23冊
景印元明善本叢書十種・今獻匯言
治世餘聞録八卷 Y0220/第23冊
(明)陳洪謨撰
景印元明善本叢書十種・紀録彙編
平番始末一卷 Y0220/第23冊
(明)許進撰
景印元明善本叢書十種・紀録彙編
繼世紀聞一卷 Y0220/第23冊
(明)陳洪謨撰
景印元明善本叢書十種・歷代小史
備遺録一卷 Y0220/第23冊
(明)張芹撰
借月山房匯鈔第六集
武宗外紀一卷 Y0220/第23冊
(明)毛奇齡撰
西河合集
西征日録一卷 Y0220/第23冊
(明)楊一清撰
景印元明善本叢書十種・紀録彙編
平濠記一卷 Y0220/第23冊
(明)錢德洪撰
學海類編・集餘二
江海殲渠記一卷 Y0220/第23冊
(明)祝允明撰
景印元明善本叢書十種・今獻匯言
炎僥紀聞一卷 Y0220/第23冊
(明)田汝成撰
景印元明善本叢書十種・歷代小史
廣右戰功一卷 Y0220/第23冊
(明)唐順之撰
金聲玉振集・水衡
西番事迹一卷 Y0220/第23冊
(明)王瓊撰
金聲玉振集・水衡
北虜事迹一卷 Y0220/第23冊
(明)王瓊撰
金聲玉振集・水衡
茂邊紀事一卷 Y0220/第23冊
(明)朱紈撰
金聲玉振集・水衡
遼紀一卷 Y0220/第23冊
(明)田汝成撰
遼海叢書第八集
遼事述不分卷 Y0220/第23冊
清抄本
三朝遼事實録十七卷 Y0220/第24冊
(明)王在晋撰
一九三一年江蘇國學圖書館景明刻本
聖駕南巡日録一卷 Y0220/第24冊
(明)陸深撰
景印元明善本叢書十種・紀録彙編
大駕北還録一卷 Y0220/第24冊
(明)陸深撰
景印元明善本叢書十種・紀録彙編
兵部問寧夏案一卷 Y0220/第24冊
玄覽堂叢書
平粤録一卷 Y0220/第24冊
(明)談愷撰
玄覽堂叢書三集
備倭記二卷 Y0220/第24冊
(明)卜大同撰
學海類編・集餘二
明倭寇始末一卷 Y0220/第24冊
(清)谷應泰撰
學海類編・集餘二
嘉靖東南平倭通録一卷 Y0220/第24冊
(明)徐學聚輯
一九四三年盋山精舍影印本
倭志一卷 Y0220/第24冊
(明)王世貞撰
玄覽堂叢書續集
倭變事略四卷 Y0220/第24冊
(明)采九德撰
景印元明善本叢書十種・鹽邑志林
汪直傳一卷 Y0220/第24冊
借月山房匯鈔第六集
徐海本末一卷 Y0220/第24冊
(明)茅坤撰
借月山房匯鈔第四集
倭奴遺事一卷 Y0220/第24冊
(明)鍾薇撰
玄覽堂叢書續集
倭情考略一卷 Y0220/第24冊
(明)郭光復撰 (明)郭師古校正
乙亥叢編
靖海紀略一卷 Y0220/第24冊
(明)鄭茂撰
景印元明善本叢書十種・鹽邑志林
崔鳴吾紀事一卷 Y0220/第24冊
(明)崔嘉祥撰
景印元明善本叢書十種・鹽邑志林
鍾秉文烏槎幕府記一卷 Y0220/第24冊
(明)鍾兆斗撰
景印元明善本叢書十種・鹽邑志林
海寇議一卷 Y0220/第24冊
(明)萬表撰
金聲玉振集・紀亂
海寇後編一卷 Y0220/第24冊
(明)茅坤撰
金聲玉振集・紀亂
吴淞甲乙倭變志二卷 Y0220/第25冊
(明)張鼐撰
上海掌故叢書第一集
金山倭變小志一卷 Y0220/第25冊
(清)玉壘山人撰
中國内亂外禍歷史叢書第十六輯
檇李記一卷 Y0220/第25冊
(明)王樵撰
景印元明善本叢書十種・鹽邑志林
虔台倭纂二卷 Y0220/第25冊
(明)謝杰撰
玄覽堂叢書續集
名臣寧攘要編 Y0220/第25冊
(明)項德楨編
明刻本
龍憑紀略一卷 Y0220/第25冊
(明)田汝成撰
藤峽紀聞一卷 Y0220/第25冊
(明)田汝成撰
大寧考一卷 Y0220/第25冊
(明)楊守謙撰
大同平叛志一卷 Y0220/第25冊
(明)尹畊撰

藤峽紀略二卷 Y0220/第25册
(明)尹畊撰
南太紀略一卷 Y0220/第25册
(明)尹畊撰
款塞始末一卷 Y0220/第25册
(明)劉應箕撰
伏戎紀事一卷 Y0220/第25册
(明)高拱撰
雲中降虜傳一卷 Y0220/第25册
(明)劉紹恤撰
平番紀事一卷 Y0220/第25册
(明)劉伯燮撰
綏交記一卷 Y0220/第25册
(明)楊寅秋撰
紀剿一卷 Y0220/第25册
(明)茅坤撰
防邊紀事一卷 Y0220/第25册
(明)高拱撰
景印元明善本叢書十種・紀錄彙編
撻虜紀事一卷 Y0220/第25册
(明)高拱撰
景印元明善本叢書十種・紀錄彙編
靖夷紀事一卷 Y0220/第25册
(明)高拱撰
景印元明善本叢書十種・紀錄匯儒
綏廣紀事一卷 Y0220/第25册
(明)高拱撰
景印元明善本叢書十種・紀錄彙編
病榻遺言一卷 Y0220/第25册
(明)高拱撰
景印元明善本叢書十種・紀錄彙編
錦衣志一卷 Y0220/第25册
(明)王世貞撰
景印元明善本叢書十種・紀錄彙編
星變志一卷 Y0220/第25册
(明)抱甕外史撰
景印元明善本叢書十種・紀錄彙編
張司馬定浙二亂志一卷 Y0220/第25册
(明)王世貞撰
景印元明善本叢書十種・紀錄彙編
征東實紀一卷 Y0220/第25册
(明)錢世楨撰
觀自得齋叢書
剿奴議撮一卷 Y0220/第25册
(明)于燕芳撰
民國盋山精舍排印本
遼夷略一卷 Y0220/第25册
(明)張鼐撰
玄覽堂叢書
建州考一卷 Y0220/第25册
(明)陳繼儒撰
民國盋山精舍排印本
存是錄一卷 Y0220/第25册
(明)姚宗典撰
借月山房匯鈔第四集
天變邸抄一卷 Y0220/第25册
借月山房匯鈔第六集・詔獄慘言附
東事書一卷 Y0220/第25册
(明)郭淳撰
玄覽堂叢書
攻渝紀事一卷 Y0220/第25册
(明)徐如珂撰
荊駝逸史
念陽徐公定蜀記一卷 Y0220/第25册
(明)文震孟撰
荊駝逸史
平蜀紀事一卷 Y0220/第25册
(清)虞山逸民(錢謙益)撰
荊駝逸史
明季水西紀略一卷 Y0220/第25册
(清)李珍撰
清抄本
皇明嘉隆兩朝聞見紀十二卷
Y0220/第25册
(明)沈朝陽撰
明萬曆二十七年刻本
萬曆武功錄十四卷 Y0220/第26册
(明)瞿九思撰
明萬曆刊本
萬曆三大征考不分卷 Y0220/第26册
(明)茅坤撰
民國燕京大學排印本
輶軒紀事一卷 Y0220/第26册
(明)姜曰廣撰
叢書集成初編・史地類
庚申紀事一卷 Y0220/第26册
(明)張潑撰
借月山房匯鈔第四集
兩朝平攘錄五卷 Y0220/第27册
(明)諸葛元聲撰
明萬曆刻本
酌中志二十四卷 Y0220/第27册
(明)劉若愚撰
海山仙館叢書
四朝大政錄二卷 Y0220/第27册
(明)劉心學撰
民國排印本
三朝大議錄一卷 Y0220/第27册
(明)顧苓撰
民國排印本
邊事小紀四卷 Y0220/第27册
(明)周文郁撰
玄覽堂叢書續集
詔獄慘言一卷 Y0220/第27册
(明)燕客撰
借月山房匯鈔第六集
丙寅北行日譜一卷 Y0220/第27册
(明)朱祖文撰
知不足齋叢書第二十一集
乙丙紀事一卷 Y0220/第27册
(清)孫奇逢撰
昭代叢書(道光本)己集廣編
全吳紀略一卷 Y0220/第27册
(明)楊廷樞撰
中國內亂外禍歷史叢書第十輯
人變述略一卷 Y0220/第27册
(明)黃煜撰
荊駝逸史
徐巡按揭帖一卷 Y0220/第27册
(明)徐吉撰
又滿樓叢書
李仲達被逮紀略一卷 Y0220/第27册
(明)蔡士順撰
粟香室叢書
隨筆漫記一卷 Y0220/第27册
(明)唐昌世撰
指海第十七集
恩恤諸公志略二卷 Y0220/第27册
(明)孫慎行撰
荊駝逸史
熹朝忠節死臣列傳一卷 Y0220/第27册
(明)吳應箕撰
荊駝逸史
東林事略三卷 Y0220/第27册
(明)吳應箕撰
荊駝逸史
碧血錄二卷 Y0220/第27册
(明)黃煜撰
知不足齋叢書第十三集
周端孝先生血疏貼黃册一卷
Y0220/第27册

（明）周茂蘭撰
知不足齋叢書第十三集・碧血錄附
東林始末一卷 Y0220/第27册
（明）蔣平階撰
學海類編・集餘一
複社紀事一卷 Y0220/第27册
（清）吳偉業撰
借月山房匯鈔第四集
社事始末一卷 Y0220/第27册
（清）杜登春撰
昭代叢書（道光本）戊集續編
明季複社紀略四卷 Y0220/第27册
（清）陸世儀撰
國粹叢書第三集
民鈔董宦事實一卷 Y0220/第27册
又滿樓叢書
今史九卷 Y0220/第28册
玄覽堂叢書三集
崇禎長編二卷 Y0220/第28册
中國内亂外禍歷史叢書第十輯
崇禎遺錄一卷 Y0220/第28册
（明）王世德撰
盋山精舍抄本
思陵勤政紀一卷 Y0220/第28册
（清）孫承澤撰
借月山房匯鈔第五集
燼宮遺錄二卷 Y0220/第28册
適園叢書第一集
靖海紀略四卷 Y0220/第28册
（明）曹履泰撰
別下齋叢書
東江遺事二卷 Y0220/第28册
（清）吳騫輯
明季遼事叢刊
孫高陽前後督師略跋一卷
Y0220/第28册
（明）蔡鼎撰
荊駝逸史
孫愷陽先生殉城論一卷 Y0220/第28册
（明）蔡鼎撰
荊駝逸史
袁督師計斬毛文龍始末一卷
Y0220/第28册
（清）李清撰
荊駝逸史
荊溪盧司馬殉忠實錄一卷
Y0220/第28册
（明）許德士撰
荊駝逸史
劉公旦先生死義記一卷 Y0220/第28册
（明）吳下逸民撰
荊駝逸史
平叛記二卷 Y0220/第28册
（清）毛霦撰
一九三五年排印本
東陽兵變一卷 Y0220/第28册
荊駝逸史
將亡妖孽一卷 Y0220/第28册
（清）戴笠撰
玄覽堂叢書續集・懷陵流寇始終錄附
延綏鎮志李自成傳一卷 Y0220/第28册
（清）譚吉璁撰
玄覽堂叢書續集・懷陵流寇始終錄附
懷陵流寇始終錄十八卷 Y0220/第28册
（清）戴笠撰
玄覽堂叢書續集
甲申剩事一卷 Y0220/第28册
（清）戴笠撰
玄覽堂叢書續集・懷陵流寇始終錄附
綏寇紀略十二卷補遺三卷
Y0220/第29册
（清）吳偉業撰
學津討原第六集
平寇志十二卷 Y0220/第29册
（清）彭孫貽撰
一九三一年北平圖書館排印本
虎口餘生記一卷 Y0220/第29册
（明）邊大綬撰
知不足齋叢書第五集
崇禎癸未榆林城守紀略一卷
Y0220/第29册
（清）戴名世撰
荊駝逸史（古槐山房本）
從戎始末一卷兵燹瑣記一卷
Y0220/第29册
（明）張道濬撰
山右叢書初編
守汴日志一卷 Y0220/第29册
（清）李光壂撰
昭代叢書（道光本）壬集補編
汴圍濕襟錄一卷 Y0220/第29册
（明）白愚撰
荊駝逸史
大梁守城記 Y0220/第29册
（清）周在濬撰
痛史
存漢錄一卷 Y0220/第29册
（明）高斗樞撰
仰視幹七百二九鶴齋叢書第四集
歷年城守記一卷 Y0220/第29册
（清）王度撰
荊駝逸史
僞官據城記一卷 Y0220/第29册
（清）王度撰
荊駝逸史
淮城紀事一卷 Y0220/第29册
痛史
荒書一卷附校記一卷 Y0220/第29册
（清）費密撰（民國）唐鴻學校記
怡蘭堂叢書・費氏遺書三種
蜀難叙略一卷 Y0220/第29册
（清）沈荀蔚撰
昭代叢書（道光本）己集廣編
蜀碧四卷 Y0220/第29册
（清）彭遵泗撰
筆記小說大觀第三輯
蜀警錄 Y0220/第29册
（清）歐陽直公撰
民國元年成都刻本
蜀高抬貴手七卷 Y0220/第29册
（清）劉景伯撰
清宣統三年裴氏刻本
流賊張獻忠陷廬州記一卷
Y0220/第29册
（明）余瑞紫撰
一九二九年合肥徐氏歸晚軒排印本
蠹頏囊五卷 Y0220/第30册
（清）李馥榮撰
清雙流黃氏濟忠堂刻本
明末清初雅安受害記一卷
Y0220/第30册
（清）李蕃撰
手抄本
客滇述一卷 Y0220/第30册
（明）顧山貞撰
痛史
孑遺錄一卷 Y0220/第30册
（清）戴名世撰
荊駝逸史（古槐山房本）
甲申紀事十三卷 Y0220/第30册
（明）馮夢龍輯

玄覽堂叢書
再生記略一卷 Y0220/第30册
(清)陳濟生撰
昭代叢書(道光本)丁集新編補
遇變紀略一卷 Y0220/第30册
(明)聾道人(徐應芬)撰
荊駝逸史
崇禎甲申燕都紀變實錄一卷 Y0220/第30册
(明)錢邦芑撰
痛史
甲申三月忠逆諸臣紀事一卷 Y0220/第30册
(明)錢邦芑撰
痛史
國變難臣鈔一卷 Y0220/第30册
中國内亂外禍歷史叢書第一輯
中州戰略不分卷 Y0220/第30册
(明)高謙撰
清順治刻本
圍城日錄不分卷 Y0220/第30册
(明)徐從治撰
抄本
甲申傳信錄十卷 Y0220/第30册
(明)錢䎘撰
中國内亂外禍歷史叢書第八輯
滄州紀事一卷 Y0220/第30册
(清)程正揆撰
荊駝逸史
崇禎甲申保定城守紀略一卷 Y0220/第30册
(清)戴名世撰
荊駝逸史(古槐山房本)
董心葵事記一卷 Y0220/第30册
中國内亂外禍歷史叢書第七輯
餓鬮小史六卷 Y0220/第30册
(清)葫蘆道人撰
玄覽堂叢書
甲乙事案二卷 Y0220/第30册
(明)文秉撰
清抄本
先撥志始二卷 Y0220/第30册
(明)文秉撰
借月山房匯鈔第五集
啓禎兩朝剝複錄三卷 Y0220/第31册
(明)吳應箕撰
荊駝逸史
三朝野紀七卷 Y0220/第31册
(明)李遜之輯
荊駝逸史
山中聞見錄十一卷 Y0220/第31册
(清)彭孫貽撰
玉簡齋叢書
過江七事一卷 Y0220/第31册
(明)陳貞慧撰
中國内亂外禍歷史叢書第一輯
說略一卷 Y0220/第31册
(明)黃尊素撰
涵芬樓秘笈第二集
遺事瑣談六卷附紀一卷 Y0220/第31册
(清)沈頤仙撰
清抄本
啓禎野乘十六卷 Y0220/第31册
(明)鄒漪撰
一九三六年故宮博物院排印本
鹿樵紀聞三卷 Y0220/第31册
(清)吳偉業撰
中國内亂外禍歷史叢書第二輯
幸存錄二卷 Y0220/第31册
(明)夏允彝撰
明季稗史彙編
續幸存錄一卷 Y0220/第31册
(明)夏完淳撰
明季稗史彙編
汰存錄一卷 Y0220/第31册
(清)黃宗羲撰
昭代叢書(道光本)丁集新編
三垣筆記三卷補遺三卷附識三卷附識補遺一卷 Y0220/第32册
(清)李清撰
嘉業堂叢書·史部
明季實錄一卷 Y0220/第32册
(清)顧炎武撰
昭代叢書(道光本)癸集萃編
明季遺聞一卷 Y0220/第32册
(清)鄒漪撰
昭代叢書(道光本)壬集補編
行朝錄 Y0220/第32册
(清)黃宗羲撰
梨洲遺著彙刊
隆武紀年一卷 Y0220/第32册
贛州失事記一卷 Y0220/第32册
紹武爭立紀一卷 Y0220/第32册
魯紀年二卷 Y0220/第32册
舟山興廢一卷 Y0220/第32册
日本乞師紀一卷 Y0220/第32册
四明山寨紀一卷 Y0220/第32册
永曆紀年一卷 Y0220/第32册
沙定洲紀亂一卷 Y0220/第32册
滇考一卷 Y0220/第32册
賜姓始末一卷 Y0220/第32册
鄭成功傳一卷 Y0220/第32册
(清)黃宗羲撰
梨洲遺著彙刊
海外慟哭記一卷 Y0220/第32册
(清)黃宗羲撰
梨洲遺著彙刊
東南紀事十二卷 Y0220/第32册
(清)邵廷采撰
邵武徐氏叢書初刻
西南紀事十二卷 Y0220/第32册
(清)邵廷采撰
邵武徐氏叢書初刻
所知錄三卷 Y0220/第32册
(清)錢澄之撰
荊駝逸史
聖安本紀六卷 Y0220/第32册
(清)顧炎武撰
荊駝逸史
弘光實錄鈔四卷 Y0220/第32册
(清)古藏室史臣(黃宗羲)撰
痛史
金陵野鈔一卷 Y0220/第33册
(清)顧苓撰
殷禮在斯堂叢書
福王登極實錄一卷 Y0220/第33册
(明)文震亨撰
痛史
金陵紀略一卷附南征記一卷 Y0220/第33册
痛史
懿安事略一卷 Y0220/第33册
(清)賀宿撰
荊駝逸史
弘光朝僞東宮僞後及党禍紀略一卷 Y0220/第33册
(清)戴名世撰
荊駝逸史(古槐山房本)
使臣碧血一卷 Y0220/第33册
(明)錢䎘撰
適園叢書第一集·魯春秋附

北使紀略一卷 Y0220/第33册
(明)陳洪範撰
中國内亂外禍歷史叢書第十輯
揚州變略一卷 Y0220/第33册
痛史
揚州十日記一卷 Y0220/第33册
(清)王秀楚撰
荊駝逸史
弘光乙酉揚州城守紀略一卷
Y0220/第33册
(清)戴名世撰
荊駝逸史(古槐山房本)
京口變略一卷 Y0220/第33册
痛史
維揚殉節紀略一卷首一卷
Y0220/第33册
(明)史得威撰
借月山房匯鈔第六集
潯陽紀事一卷 Y0220/第33册
(明)袁繼咸撰
豫章叢書(胡思敬輯本)・明季逸史
青磷屑二卷 Y0220/第33册
(明)應喜臣撰
中國内亂外禍歷史叢書第十輯
滿清入關暴政 Y0220/第33册
(清)韓菼撰
滿清野史五編
江南聞見錄一卷 Y0220/第33册
明季稗史彙編
江陰城守紀二卷 Y0220/第33册
(清)韓菼撰
荊駝逸史
江陰守城記一卷 Y0220/第33册
(清)許重熙撰
荊駝逸史
江上孤忠錄一卷 Y0220/第33册
(清)黄明曦撰 黄懷孝 龔丙吉重訂
粟香室叢書
江上遺聞一卷 Y0220/第33册
(清)沈濤撰
粟香室叢書
平吳事略一卷 Y0220/第33册
(清)南園嘯客撰
荊駝逸史(古槐山房本)
嘉定縣乙酉紀事一卷 Y0220/第33册
(清)朱子素撰
痛史

孤忠後錄一卷 Y0220/第33册
(清)祝純嘏撰
痛史
臨安旬制記三卷附錄一卷
Y0220/第33册
(清)張道撰 (清)羅矩輯附錄
武林掌故叢編第二十一集
海東逸史十八卷 Y0220/第33册
(清)翁洲老民撰
邵武徐氏叢書初刻
魯春秋一卷 Y0220/第33册
(清)查繼佐撰
適園叢書第一集
浙東紀略一卷 Y0220/第33册
(清)徐芳烈撰
痛史
甲行日注八卷 Y0220/第33册
(明)葉紹袁撰
荊駝逸史
仿指南錄一卷 Y0220/第33册
(明)康范生撰
荊駝逸史
閩游月記二卷 Y0220/第33册
(明)華廷獻撰
荊駝逸史
航澥遺聞一卷 Y0220/第33册
(明)汪光復撰
荊駝逸史
風倒梧桐記二卷 Y0220/第33册
(明)何是非撰
荊駝逸史
江變紀略二卷 Y0220/第33册
(清)徐世溥撰
荊駝逸史
兩粵夢游記一卷 Y0220/第33册
(明)馬光撰
荊駝逸史
粵中偶記一卷 Y0220/第33册
(明)華復蠡撰
荊駝逸史
入長沙記一卷 Y0220/第33册
(清)丁大任撰
荊駝逸史
四王合傳一卷 Y0220/第33册
荊駝逸史
明亡述略一卷 Y0220/第33册
(清)鎖綠山人撰

荊駝逸史
永曆紀事一卷 Y0220/第33册
(清)丁大任撰
荊駝逸史
攻渝諸將小傳一卷附西征雜記一卷
Y0220/第33册
(明)徐如珂撰
明天啓刻本
聖安紀事二卷 Y0220/第33册
(清)顧炎武撰
顧亭林先生遺書補遺
北征紀略一卷 Y0220/第33册
(明)張煌言撰
適園叢書第一集・魯春秋附
粵游見聞一卷 Y0220/第34册
(明)瞿共美撰
明季稗史彙編
東明聞見錄一卷 Y0220/第34册
(明)瞿共美撰
明季稗史彙編
粵行紀事三卷 Y0220/第34册
(清)瞿昌文撰
知不足齋叢書第二十一集
兩廣紀略一卷 Y0220/第34册
(明)華複蠡撰
明季稗史彙編
天南紀事二卷 Y0220/第34册
抄本
北征得失紀略一卷 Y0220/第34册
(明)張煌言撰
抄本
前車野語一卷 Y0220/第34册
抄本
安南供役紀事一卷 Y0220/第34册
(明)朱之瑜撰
舜水遺書
餘生錄一卷 Y0220/第34册
(清)張茂滋撰
仰視千七百二九鶴齋叢書第三集
思文大紀八卷 Y0220/第34册
痛史
隆武遺事一卷 Y0220/第34册
痛史
湖西遺事一卷 Y0220/第34册
(清)彭孫貽撰
適園叢書第七集
虔台節略一卷 Y0220/第34册

(清)彭孫貽撰
適園叢書第七集
永曆實錄二十六卷 Y0220/第34册
(清)王夫之撰
船山遺書
劫灰錄一卷 Y0220/第34册
(清)珠江寓舫撰
國粹叢書第三集
見聞隨筆二卷 Y0220/第34册
(清)馮蘇撰
台州叢書甲集
庚寅始安事略一卷 Y0220/第34册
(清)瞿玄錫撰
中國内亂外禍歷史叢書第十輯
行在陽秋二卷 Y0220/第34册
題(明)劉湘客(一題清戴笠)撰
明季稗史彙編
殘明紀事一卷 Y0220/第34册
張氏適園叢書初集
安龍逸史二卷 Y0220/第34册
(清)屈大均撰
嘉業堂叢書·史部
三湘從事錄一卷 Y0220/第34册
(明)蒙正發撰 (清)金永森注
中國内亂外禍歷史叢書第四輯
安龍紀事一卷 Y0220/第34册
(明)江之春撰
清刻本
楊監筆記一卷 Y0220/第34册
(明)楊德澤撰
玉簡齋叢書
也是錄二卷 Y0220/第34册
(明)自非逸史(鄧凱)撰
明季稗史彙編
求野錄一卷 Y0220/第34册
(明)客溪樵隱(鄧凱)撰
明季稗史彙編
臺灣外記三十卷 Y0220/第34册
(清)江日昇撰
筆記小說大觀第四輯
海寇記一卷 Y0220/第34册
(清)洪若臯撰
昭代叢書(道光本)戊集續編
南明野史三卷 Y0220/第35册
(清)南沙三余氏撰
民國排印本
南疆繹史勘本五十八卷 Y0220/第35册
(清)溫睿臨原本 (清)李瑤勘定
清末刻本
皇明末造錄二卷 Y0220/第35册
(清)金鐘撰
龍龕精舍抄本
梅花嶺遺事一卷 Y0220/第35册
滿清野史三編
翊運錄一卷 Y0220/第35册
(明)劉基撰
說郛續卷七
鳳凰台記事一卷 Y0220/第35册
(明)馬生龍撰
叢書集成初編
彭文憲公筆記二卷 Y0220/第35册
(明)彭時撰
顧氏四十家小說
謇齋瑣綴錄一卷 Y0220/第35册
(明)尹直撰
景印元明善本叢書十種·歷代小史
遵聞錄一卷 Y0220/第35册
(明)梁億撰
景印元明善本叢書十種·今獻匯言
近峰記略一卷 Y0220/第35册
(明)皇甫錄(誤題爲皇甫庸)撰
學海類編·子類
明季北略二十四卷 Y0220/第36册
(清)計六奇撰
清末刻本
明季南略十八卷 Y0220/第36册
(清)計六奇撰
清末刻本
複齋日記一卷 Y0220/第36册
(明)許浩撰
排印本
雙槐歲鈔十卷 Y0220/第37册
(明)黃瑜撰
嶺南遺書
賢識錄一卷 Y0220/第37册
(明)陸釴撰
景印元明善本叢書十種·今獻匯言
青溪暇筆摘抄一卷 Y0220/第37册
(明)姚福撰
景印元明善本叢書十種·紀錄彙編
篷窗類記五卷 Y0220/第37册
(明)黃暐撰
涵芬樓秘笈
醫閭漫記一卷 Y0220/第37册
(明)賀欽撰
景印元明善本叢書十種·紀錄彙編
震澤紀聞一卷 Y0220/第37册
(明)王鏊撰
景印元明善本叢書十種·歷代小史
野記四卷 Y0220/第37册
(明)祝允明撰
景印元明善本叢書十種·歷代小史
枝山前聞一卷 Y0220/第37册
(明)祝允明撰
說郛續卷十三
征藩功次一卷 Y0220/第37册
(明)王守仁撰
說郛續卷九
寓圃雜記十卷 Y0220/第37册
(明)王錡撰
玄覽堂叢書三集
漫記一卷 Y0220/第37册
(明)崔銑撰
景印元明善本叢書十種·紀錄彙編
後渠雜識一卷 Y0220/第37册
(明)崔銑撰
說郛續卷十三
沂陽日記一卷 Y0220/第37册
說郛續卷七
徐襄陽西園雜記二卷 Y0220/第37册
(明)徐咸撰
景印元明善本叢書十種·鹽邑志林
吾學編餘一卷 Y0220/第37册
(明)鄭曉撰
景印元明善本叢書十種·鹽邑志林
孤樹裒談一卷 Y0220/第37册
(明)李默撰
說郛續卷七
磯園稗史三卷 Y0220/第37册
(明)孫繼芳撰
涵芬樓秘笈
明良記四卷 Y0220/第37册
(明)楊儀撰
叢書集成初編
庭聞述略一卷 Y0220/第37册
(明)王文錄撰
說郛續卷十二
蒹葭堂雜著摘抄一卷 Y0220/第37册
(明)陸楫撰
景印元明善本叢書十種·紀錄彙編
滄江野史一卷 Y0220/第37册

説郛續卷七
窺天外乘一卷 Y0220/第 37 册
(明)王世懋撰
景印元明善本叢書十種・紀錄彙編
賓退錄四卷 Y0220/第 37 册
(明)趙善政撰
涇川叢書
留青日札一卷 Y0220/第 37 册
(明)田藝蘅撰
筆記小説大觀叢刊第十編
見聞錄八卷 Y0220/第 37 册
(明)陳繼儒撰
寶顔堂秘笈・秘集
損齋備忘錄一卷 Y0220/第 37 册
(明)梅純撰
景印元明善本叢書十種・今獻匯言
玉堂薈記二卷 Y0220/第 37 册
(明)楊士聰撰
借月山房匯鈔第十四集
天香閣隨筆二卷 Y0220/第 37 册
(明)李介撰
粤雅堂叢書初編第二集
書事七則一卷 Y0220/第 37 册
(清)陳貞慧撰
昭代叢書(道光本)戊集續編
謏聞續筆四卷 Y0220/第 37 册
筆記大觀第八輯
纖言三卷 Y0220/第 37 册
(清)陸圻撰
古學彙刊
秋鐙錄一卷 Y0220/第 37 册
(清)沈元欽撰
昭代叢書(道光本)癸集萃編
研堂見聞雜記一卷 Y0220/第 37 册
(清)王家禎撰
痛史
後鑒錄七卷 Y0220/第 37 册
(清)毛奇齡撰
西河合集
萬曆野獲編三十卷附補遺
Y0220/第 38 册
(明)沈德符撰
清代抄本
國朝當機錄三卷 Y0220/第 38 册
(明)黄正賓撰
玄覽堂叢書續集
霜猿集二卷 Y0220/第 38 册
(明)華陽道隱撰
屑玉叢談初集
明宫史八卷 Y0220/第 39 册
(明)劉若愚撰
清宣統二年國學扶輪社排印本
皇明帝后紀略一卷 Y0220/第 39 册
明代宫廷雜錄彙編本
十二帝紀論一卷 Y0220/第 39 册
(明)李維楨撰
明代宫廷雜錄彙編本
經筵故事一卷 Y0220/第 39 册
明代宫廷雜錄彙編本
經筵日講始末一卷 Y0220/第 39 册
明代宫廷雜錄彙編本
東宫講讀一卷 Y0220/第 39 册
明代宫廷雜錄彙編本
高廟看書一卷 Y0220/第 39 册
明代宫廷雜錄彙編本
永樂帝以後諸帝燕封一卷
Y0220/第 39 册
明代宫廷雜錄彙編本
承天大志 - 大狩記一卷 Y0220/第 39 册
明代宫廷雜錄彙編本
燕對錄抄略一卷 Y0220/第 39 册
明代宫廷雜錄彙編本
林居漫錄抄略一卷 Y0220/第 39 册
(明)伍袁萃撰
明代宫廷雜錄彙編本
清朝前紀一卷 Y0220/第 39 册
滿清野史三編
清朝前紀一卷附王杲紀一卷
Y0220/第 39 册
滿清野史四編
建州私志三卷 Y0220/第 39 册
(清)海濱野史撰
清初史料四種
能一編二卷首一卷 Y0220/第 39 册
(清)金安清撰
暢園叢書甲函
開國龍興記一卷 Y0220/第 39 册
(清)魏源撰
小方壺齋輿地叢鈔第一帙
綏服内蒙古記一卷 Y0220/第 39 册
(清)魏源撰
小方壺齋輿地叢鈔第二帙
綏服外蒙古記一卷 Y0220/第 39 册
(清)魏源撰
小方壺齋輿地叢鈔第二帙
征撫朝鮮記一卷 Y0220/第 39 册
(清)魏源撰
小方壺齋輿地叢鈔第十帙
牧齋遺事一卷 Y0220/第 39 册
滿清野史四編
錢氏家變錄一卷 Y0220/第 39 册
(清)錢孺飴撰
荊駝逸史
順治鎮江防禦海寇記一卷
Y0220/第 39 册
(清)陳慶年著
抄本
丁酉北闈大獄記略一卷 Y0220/第 39 册
(清)信天翁撰
痛史
辛丑紀聞一卷 Y0220/第 39 册
又滿樓叢書
哭廟紀略一卷 Y0220/第 39 册
痛史
莊氏史案一卷 Y0220/第 39 册
痛史
秋思草堂遺集老父雲游始末記一卷尊前話舊一卷 Y0220/第 39 册
(清)陸莘行撰
痛文
書湖州莊氏史獄一卷 Y0220/第 39 册
(清)翁廣平撰
嘉業堂叢書・史部・查東山年譜附
范氏記私史事一卷 Y0220/第 39 册
(清)范韓撰
南林叢刊次集
指嚴筆記不分卷 Y0220/第 39 册
(民國)許國英撰
滿清野史四編
百尺樓 Y0220/第 39 册
陸沈集 Y0220/第 39 册
紅花鋪 Y0220/第 39 册
大獄記一卷附龍川先生詩鈔一卷私史獄一卷 Y0220/第 39 册
(清)黄人輯
説庫
圓明園恭紀一卷 Y0220/第 39 册
(清)黄凱鈞撰
清人説薈二集
康雍乾間文字之獄一卷 Y0220/第 39 册
滿清野史續編

記桐城方戴兩家書案一卷 Y0220/第39册
滿清野史四編
骨董禍一卷 Y0220/第39册
滿清野史三編
桂藩事略不分卷 Y0220/第39册
滿清野史四編
吳逆取亡録一卷 Y0220/第39册
吳三桂借兵記一卷 Y0220/第39册
提牢瑣記一卷 Y0220/第39册
(清)濮文暹撰
清人説薈初集
庭聞録六卷 Y0220/第39册
(清)劉健撰
民國刻本
平定耿逆記一卷 Y0220/第39册
(清)李之芳撰
荊駝逸史
閩難記一卷 Y0220/第39册
(清)洪若皋撰
昭代叢書(道光本)戊集續編
閩中紀略一卷 Y0220/第39册
(清)許旭撰
昭代叢書(道光本)癸集萃編
平閩記十三卷 Y0220/第39册
(清)楊捷撰
清康熙刻本
寧海將軍固山貝子功績録一卷 Y0220/第40册
借月山房匯鈔第七集
胤禎外傳一卷 Y0220/第40册
(民國)胡樸安撰
滿清野史初編
髮史一卷 Y0220/第40册
(民國)胡樸安撰
滿清野史初編
多鐸妃劉氏外傳一卷 Y0220/第40册
(民國)胡樸安撰
滿清野史初編
董妃行狀一卷 Y0220/第40册
(清)世祖撰
滿清野史續編
董小宛別傳一卷 Y0220/第40册
滿清野史三編
漢人不服滿人表一卷 Y0220/第40册
(民國)胡樸安撰
滿清野史初編

金川紀略二卷 Y0220/第40册
(清)程穆衡撰
四川大學圖書館藏抄本
金川妖姬志一卷 Y0220/第40册
(民國)許國英撰
滿清野史三編
平苗記一卷 Y0220/第40册
(清)劉應中撰
小方壺齋輿地叢鈔第八帙
塞北紀程一卷 Y0220/第40册
(清)馬思哈撰
小方壺齋輿地叢鈔第二帙
征準噶爾記一卷 Y0220/第40册
(清)魏源撰
小方壺齋輿地叢鈔第二帙
西征紀略一卷 Y0220/第40册
(清)殷化行撰
小方壺齋輿地叢鈔第二帙
從西紀略一卷 Y0220/第40册
(清)范昭逵撰
小方壺齋輿地叢鈔第二帙
苗防論一卷 Y0220/第40册
(清)魏源撰
小方壺齋輿地叢鈔第八帙
苗疆師旅考一卷 Y0220/第40册
(清)嚴如熤撰
小方壺齋輿地叢鈔第八帙
撫綏西藏記一卷 Y0220/第40册
(清)魏源撰
小方壺齋輿地叢鈔第三帙
西藏後記一卷 Y0220/第40册
(清)魏源撰
小方壺齋輿地叢鈔第三帙
平臺紀略一卷 Y0220/第40册
(清)藍鼎元撰
荊駝逸史
東征集六卷 Y0220/第40册
(清)藍鼎元撰
清光緒二十四年成都兩儀書局刻本
記朱一貴之亂一卷 Y0220/第40册
滿清野史續編
永憲録一卷 Y0220/第40册
(清)蕭奭齡撰
古學彙刊
綏服厄魯特蒙古記一卷 Y0220/第40册
(清)魏源撰
小方壺齋輿地叢鈔第二帙

兩征厄魯特記一卷 Y0220/第40册
(清)魏源撰
小方壺齋輿地叢鈔第二帙
西征記一卷 Y0220/第40册
(清)毛振翧撰
小方壺齋輿地叢鈔第三帙
西南夷改流記一卷 Y0220/第40册
(清)魏源撰
小方壺齋輿地叢鈔第八帙
烏蒙秘聞一卷 Y0220/第40册
滿清野史三編
平定兩金川述略一卷 Y0220/第40册
(清)趙翼撰
小方壺輿地叢鈔第八帙
蜀徼紀聞一卷 Y0220/第40册
(清)王昶撰
小方壺齋輿地叢鈔第八帙
征烏梁海述略一卷 Y0220/第40册
(清)何秋濤撰
小方壺齋輿地叢鈔第三帙
蕩平准部記一卷 Y0220/第40册
(清)魏源撰
小方壺齋輿地叢鈔第二帙
勘定回疆記一卷 Y0220/第40册
(清)魏源撰
小方壺齋輿地叢鈔第二帙
綏服西屬國記一卷 Y0220/第40册
(清)魏源撰
小方壺齋輿地叢鈔第三帙
哈薩克述略一卷 Y0220/第40册
(清)何秋濤撰
小方壺齋輿地叢鈔第三帙
新疆後事記一卷 Y0220/第40册
(清)魏源撰
小方壺齋輿地叢鈔第二帙
從征緬甸日記一卷 Y0220/第40册
(清)周裕撰
借月山房匯鈔第七集
征緬紀略一卷 Y0220/第40册
(清)王昶撰
小方壺齋輿地叢鈔第十帙
征緬紀聞一卷 Y0220/第40册
(清)王昶撰
小方壺齋輿地叢鈔第十帙
征緬甸記一卷 Y0220/第40册
(清)魏源撰
小方壺齋輿地叢鈔第十帙

(清)羅大椿撰
清末石印本
咸同貴州軍事史五編 Y0220/第43册
(民國)凌惕安撰
一九三二年貴州慈惠圖書館排印本
同治蜀軍平黔記一卷 Y0220/第43册
(清)陳慶年撰
抄本
獨山平匪記一卷 Y0220/第43册
(清)韓超撰
振綺堂叢書初集·韓南溪四種
遵義平匪日記一卷 Y0220/第43册
(清)韓超撰
振綺堂叢書初集·韓南溪四種
苗變紀事一卷 Y0220/第43册
(清)韓超撰
振綺堂叢書初集·韓南溪四種
咸同廣陵史稿二卷首一卷外編一卷 Y0220/第43册
刻本
戡定新疆記八卷 Y0220/第43册
(清)魏光燾撰
清光緒二十五年排印本
中西紀事本末二十四卷 Y0220/第43册
(清)夏燮撰
清光緒二十四年藜照書屋本
湘軍志十六卷 Y0220/第44册
(民國)王闓運撰
王湘綺先生全集
湘軍記二十卷 Y0220/第44册
(清)王定安撰
清光緒十五年江南書局本
賊情匯纂十二卷 Y0220/第44册
(清)張德堅撰
一九三二年盋山精舍石印本
太平天國戰記一卷 Y0220/第44册
(民國)羅惇曧撰
滿清野史四編
洪楊遺事一卷 Y0220/第44册
(民國)謝興堯撰
太平天國叢書十三種
霆軍紀略十六卷 Y0220/第45册
(清)陳昌撰
清光緒刻本
從戎紀略一卷附錄一卷 Y0220/第45册
(清)朱洪章撰
念劬廬叢刻
弢園筆乘一卷 Y0220/第45册
(清)王韜撰
滿清野史五編
洪楊軼聞一卷 Y0220/第45册
滿清野史四編
洪福異聞一卷 Y0220/第45册
滿清野史三編
蘭陵女俠一卷 Y0220/第45册
滿清野史三編
太平詩史一卷 Y0220/第45册
(民國)謝興堯輯
太平天國叢書十三種第三輯
武川寇難詩草一卷附討賊檄 Y0220/第45册
(清)何德潤撰
太平天國叢書十三種第三輯
武昌紀事二卷附錄一卷 Y0220/第45册
(清)陳徽言撰
滿清野史五編
癸丑中州罹兵紀略一卷 Y0220/第45册
(清)陳善鈞撰
太平天國叢書十三種第三輯
金陵癸甲紀事略二卷粵逆名目略一卷 Y0220/第45册
(清)謝介鶴撰
太平天國叢書十三種第二輯
金陵癸甲摭談補一卷 Y0220/第45册
(清)沈雋曦撰
太平天國叢書十三種第二輯
金陵紀事雜咏一卷 Y0220/第45册
(清)吳家楨撰
清人說薈初集
從軍紀事一卷 Y0220/第45册
(清)卞乃謳撰
京口掌故叢編初集
揚州禦寇錄三卷 Y0220/第45册
(清)倪在田撰
揚州叢刻
粵氛紀事十三卷 Y0220/第45册
(清)謝山居士撰
清刻本
盾鼻隨聞錄八卷 Y0220/第45册
(清)汪堃撰
排印本
江南春夢庵筆記一卷 Y0220/第45册
(清)沈懋良撰
排印本
發逆初記一卷 Y0220/第45册
(清)明心道人撰
排印本
洋兵紀略一卷 Y0220/第45册
(清)董恂撰
排印本
武昌兵燹紀略一卷 Y0220/第45册
排印本
金陵省難紀略一卷附賊據城後大略 Y0220/第45册
(清)張汝南撰
排印本
金陵癸甲新樂府一卷附城外新樂府 Y0220/第45册
(清)馬壽齡撰
排印本
金陵被難記一卷 Y0220/第45册
排印本
張繼庚遺稿一卷 Y0220/第45册
(清)張繼庚撰
排印本
鏡山野史一卷 Y0220/第45册
(清)李汝昭撰
排印本
金壇見聞記二卷 Y0220/第45册
(清)強汝詢撰
排印本
常熟記變始末二卷 Y0220/第45册
(清)譚文壽撰
排印本
蘇台麋鹿記二卷 Y0220/第45册
(清)潘種瑞撰
排印本
東南紀略一卷 Y0220/第45册
排印本
金陵兵事匯略四卷 Y0220/第46册
(清)李圭撰
清光緒十三年刻本
鳳鶴實錄一卷 Y0220/第46册
(清)胡潛甫撰
排印本
鳳鶴小草一卷 Y0220/第46册
(清)胡潛甫撰
排印本
蒙難述抄一卷 Y0220/第46册
(清)周邦福撰
排印本

遭亂紀略一卷 Y0220/第46册
(清)解溎撰
排印本
六合紀事四卷 Y0220/第46册
(清)周長森撰
排印本
粵匪陷臨清紀略一卷 Y0220/第46册
(清)馬振文撰
排印本
紀(無錫)縣城失守克復本末四卷 Y0220/第46册
(清)施建烈撰
排印本
吳清卿太史日記不分卷 Y0220/第46册
(清)吳大澄撰
排印本
海虞賊亂志一卷 Y0220/第46册
(清)顧汝鈺撰
排印本
守虞日記不分卷 Y0220/第46册
(清)譚嘘雲撰
排印本
庚申江陰東南常熟西北鄉日記不分卷 Y0220/第46册
(清)徐日襄撰
排印本
諸王自述不分卷 Y0220/第46册
排印本
粵匪起手根由一卷 Y0220/第46册
向達校錄
排印本
大事記一卷 Y0220/第46册
王重民抄錄
排印本
粵匪大略一卷 Y0220/第46册
排印本
遐邇貫珍所載有關太平天國史料不分卷 Y0220/第46册
王重民輯
排印本
小滄桑記一卷 Y0220/第46册
(清)姚濟撰
排印本
談浙四卷 Y0220/第46册
(清)許瑤光撰
排印本
花溪日記二卷 Y0220/第46册
(清)馮□□撰
排印本
虎穴生還記一卷 Y0220/第46册
(清)顧深撰
排印本
湘變紀略一卷 Y0220/第46册
(清)姚諶撰
排印本
夏蟲自語一卷 Y0220/第46册
(清)楊德榮撰
排印本
虎口日記一卷 Y0220/第46册
(清)魯叔容撰
排印本
寇汀紀略一卷 Y0220/第46册
(清)曹大觀撰
排印本
餘冬瑣錄二卷 Y0220/第46册
(清)徐堅撰
稿本
平定教匪紀事一卷 Y0220/第46册
(清)勒保撰
清代抄本
金壇圍城紀事詩一卷 Y0220/第46册
(清)于桓撰
太平天國叢書十三種第三輯
庚申避亂實錄二卷 Y0220/第46册
(清)趙烈文撰
太平天國叢書十三種第三輯
劫餘雜識一卷 Y0220/第46册
(清)李光霽撰
南林叢刊正集
星周紀事二卷 Y0220/第46册
(清)王萃元撰
上海掌故叢書第一集
平浙紀略十六卷 Y0220/第46册
(清)秦緗業 陳鍾英撰
清同治十二年浙江書局刻本
兩浙庚辛紀略一卷 Y0220/第46册
(清)陳學繩撰
武林掌故叢編第十八集·庚辛泣杭錄
庚申浙變記一卷 Y0220/第46册
(清)繆德棻撰
武林掌故叢編第十八集·庚辛泣杭錄
轉徙餘生記一卷 Y0220/第46册
(清)許奉恩述 (清)丁丙節錄
武林掌故叢編第十八集·庚辛泣杭錄
杭城再陷紀實一卷 Y0220/第46册
(清)華學烈撰
武林掌故叢編第十八集·庚辛泣杭錄
思痛記二卷 Y0220/第46册
(清)李圭撰
清光緒十三年刻本
難中記 Y0220/第46册
(清)張爾嘉撰
武林掌故叢編第十八集·庚辛泣杭錄
殉烈記 Y0220/第46册
(清)張光烈撰 (清)丁丙節錄
武林掌故叢編第十八集·庚辛泣杭錄
杭城紀難詩 Y0220/第46册
(清)陸以湉撰
武林掌故叢編第十八輯·庚辛泣杭錄
蒿目集 Y0220/第46册
(清)許瑤光撰
武林掌故叢編第十八集·庚辛泣杭錄
杭城辛酉紀事詩一卷 Y0220/第46册
(清)張蔭矩 吳淦撰
武林掌故叢編第十八集·庚辛泣杭錄
杭城紀難詩編一卷 Y0220/第46册
(清)王震元輯
武林掌故叢編第十八集·庚辛泣杭錄
粵逆陷寧始末記四卷 Y0220/第46册
(清)陳錫麒撰
太平天國叢書十三種第二輯
儉德齋隨筆一卷 Y0220/第46册
(清)胡長齡撰
太平天國叢書十三種第二輯
越州紀略一卷 Y0220/第46册
太平天國叢書十三種第二輯
守撫紀略一卷 Y0220/第46册
(清)鍾峻撰
清人說薈初集
張汶祥記一卷 Y0220/第46册
滿清野史續編
清代割地談一卷 Y0220/第46册
(民國)程善之撰
滿清野史續編
第一次中俄密約一卷 Y0220/第46册
滿清野史續編
中俄伊犁交涉始末一卷 Y0220/第46册
(民國)羅惇曧撰
滿清野史續編
咸同以來中俄交涉記三卷 Y0220/第46册

(清)江標撰
民國成都志古堂刻本
德宗承統私記一卷 Y0220/第46册
(民國)羅惇曧撰
滿清野史續編
清光緒帝外傳一卷 Y0220/第46册
(民國)惲毓鼎撰
滿清野史三編
清廷戊戌朝變記一卷附錄一卷 Y0220/第46册
一九三一年石印本
西行瑣錄一卷 Y0220/第46册
(德國)福克撰
小方壺齋輿地叢鈔第六帙
光緒大事匯鑒十二卷 Y0220/第47册
(民國)趙炳麟撰
趙伯巖集
清宮禁二年記不分卷 Y0220/第47册
(民國)德菱撰
滿清野史續編
克復諒山大略一卷 Y0220/第47册
振綺堂叢書初集
浙東籌防錄四卷 Y0220/第47册
(清)薛福成撰
庸庵全集
中法兵事本末一卷 Y0220/第47册
滿清野史初編
東方兵事紀略六卷 Y0220/第47册
(清)姚錫光撰
清光緒中武昌刻本
中日兵事本末一卷 Y0220/第47册
(民國)羅惇曧撰
滿清野史初編
中日議和紀略一卷 Y0220/第47册
清末石印本
割臺記一卷 Y0220/第47册
(民國)羅惇曧撰
滿清野史初編
戊戌履霜錄四卷 Y0220/第47册
(民國)胡思敬撰
一九二二年南昌胡氏刻本
戊壬錄等二卷 Y0220/第47册
(民國)宋玉卿撰
滿清稗史
戊戌政變始末一卷 Y0220/第47册
滿清野史三編
景善日記一卷 Y0220/第47册
(清)景善撰
滿清野史三編
庚子拳變始末紀一卷 Y0220/第47册
滿清野史三編
拳匪聞見錄一卷 Y0220/第47册
(清)管鶴撰
清人說薈二集
都門紀變百咏一卷 Y0220/第47册
(清)複儂氏 杞廬氏撰
滿清野史四編
西巡迴鑾始末記六卷 Y0220/第47册
中國内亂外禍歷史叢書第六輯
庚子西行記事一卷 Y0220/第47册
(民國)震鈞(唐晏)撰
求恕齋叢書
庚子詩鑒七卷 Y0220/第47册
(民國)龍顧山人(郭則澐)撰
排印本
拳變系日要錄一卷 Y0220/第47册
陳陸撰
排印本
西巡大事記十一卷首一卷 Y0220/第48册
(清)王彦夫撰
民國排印本
庚子國變記一卷 Y0220/第48册
(民國)羅惇曧撰
滿清野史初編
拳變餘聞一卷 Y0220/第48册
(民國)羅惇曧撰
滿清野史初編
拳匪紀略前編二卷正編八卷後編二卷 Y0220/第48册
(清)僑析生撰
清光緒二十九年上海書局本
瓦德西拳亂筆記一卷 Y0220/第48册
(民國)王光祈譯
排印本
庚子北京事變紀略一卷 Y0220/第48册
(清)鹿完天撰
一九〇一年刻本
平原拳匪紀事等二種 Y0220/第48册
平原拳匪紀事一卷 Y0220/第48册
(清)蔣楷撰
清刻本
畿南濟變紀略一卷 Y0220/第48册
(清)劉春堂撰
一九〇一年排印本
永清庚辛紀略一卷 Y0220/第48册
(清)高紹陳撰
一九〇八年石印本
李文忠公事略一卷 Y0220/第48册
滿清野史四編
張文襄幕府紀聞二卷 Y0220/第48册
(民國)辜鴻銘撰
清人說薈初集
張文襄公事略一卷 Y0220/第48册
滿清野史四編
慈禧及光緒賓天厄一卷 Y0220/第48册
滿清野史三編
慶親王外傳一卷 Y0220/第48册
滿清野史初編
新燕語二卷 Y0220/第48册
(民國)雷震撰
滿清稗史
宣統大事鑒一卷 Y0220/第48册
(民國)趙炳麟撰
趙伯巖集
清末實錄一卷 Y0220/第48册
滿清野史初編
暗殺史一卷 Y0220/第48册
(民國)一廠撰
滿清稗史
華僑革命史一卷 Y0220/第48册
(民國)陳文圖撰
陳新政遺集
辛亥四川路事紀略一卷 Y0220/第48册
(民國)誦清堂主人輯
滿清野史四編
鐵路國有案一卷 Y0220/第48册
滿清野史四編
辛亥武昌首義紀二卷 Y0220/第48册
李廉方撰
民國排印本
湘漢百事二卷 Y0220/第49册
(民國)金城撰
滿清稗史
三江筆記二卷 Y0220/第49册
(民國)三江游客撰
滿清稗史
中國革命日記二卷 Y0220/第49册
滿清稗史
各省獨立史別裁一卷 Y0220/第49册
(民國)曹榮撰

滿清稗史
南北春秋二卷 Y0220/第49册
(民國)天嘏撰
滿清稗史
陽九述略一卷 Y0220/第49册
(明)朱之瑜撰
舜水遺書
海濱外史三卷 Y0220/第49册
(清)陳維安撰
涵芬樓秘笈第五集
西清筆記二卷 Y0220/第49册
(清)沈初撰
功順堂叢書
管見所及一卷補遺一卷 Y0220/第49册
(清)奕賡撰
佳夢軒叢著
嘯亭雜録十卷續録三卷 Y0220/第49册
(清)昭槤撰
一九一一年中國圖書公司排印本
楊忠武公記事録一卷 Y0220/第49册
(清)楊遇春撰
一九一一年排印本
舟車聞見録二卷雜録續集一卷續録三集一卷 Y0220/第49册
(清)江藩撰
炳燭齋雜著
熙朝新語十六卷 Y0220/第49册
(清)徐錫麟 (清)錢泳撰
清代筆記叢刊
金壺浪墨八卷 Y0220/第49册
(清)黄鈞宰撰
清代筆記叢刊·金壺七墨
金壺遁墨五卷 Y0220/第49册
(清)黄鈞宰撰
清代筆記叢刊·金壺七墨
瓮牖餘談八卷 Y0220/第49册
(清)王韜撰
清代筆記叢刊
庸庵文九則不分卷 Y0220/第49册
(清)薛福成撰
滿清野史四編
科爾沁忠親王死事略 Y0220/第49册
書科爾沁忠親王大沽之敗 Y0220/第49册
書桐城程忠烈公遺事 Y0220/第49册
叙曾文正公幕府賓僚 Y0220/第49册
書陳玉成苗沛霖二賊伏誅事 Y0220/第49册
書劇寇石達開就擒事 Y0220/第49册
書昆明何帥失陷蘇常事 Y0220/第49册
書兩總督何桂清之獄 Y0220/第49册
書霆軍銘軍尹隆河之役 Y0220/第49册
書合肥伯相李公用滬平吳 Y0220/第49册
書樂城唐公祠 Y0220/第49册
歸廬談往録二卷 Y0220/第49册
(清)徐宗亮撰
滿清野史三編
鷓山文摘鈔一卷 Y0220/第49册
(清)趙增瑀撰
滿清野史五編
丘逢甲傳一卷 Y0220/第49册
滿清野史五編
慧因室雜綴一卷 Y0220/第49册
滿清野史五編
知過軒隨録一卷 Y0220/第49册
(清)文廷式撰
滿清野史五編
弢園紀事二卷 Y0220/第49册
(清)史念祖撰
抄本
滿清紀事一卷 Y0220/第49册
滿清野史續編
蕉窗雨話九則一卷 Y0220/第49册
滿清野史四編
記乾隆間吏部郎中郝雲士諂事和坤事 Y0220/第49册
記杜文秀踞大理事 Y0220/第49册
記石達開老鴉被擒異聞 Y0220/第49册
記董宛欲從張申伯不果事 Y0220/第49册
記張申伯爲太平天國朝解元事 Y0220/第49册
記王漁洋宋牧仲逸事 Y0220/第49册
記說降洪承疇事 Y0220/第49册
記岳大將軍平青海事 Y0220/第49册
記準噶爾與俄人戰事 Y0220/第49册
清代名人趣史一卷 Y0220/第49册
滿清野史四編
栖霞閣野乘二卷 Y0220/第49册
滿清野史五編
庸閑齋筆記八卷 Y0220/第50册
(清)陳其元撰
排印本
陽秋剩筆一卷 Y0220/第50册
滿清野史五編
啁啾漫記一卷 Y0220/第50册
滿清野史五編
圓明園總管世家一卷 Y0220/第50册
滿清野史三編
春冰室野乘三卷 Y0220/第50册
(民國)李岳瑞撰
關中叢書
悔逸齋筆乘一卷 Y0220/第50册
滿清野史五編
滿清興亡史不分卷 Y0220/第50册
(民國)漢吏氏撰
滿清野史初編
都門識小録一卷 Y0220/第50册
(民國)蔣芷儕撰
滿清野史初編
九朝新語十六卷十朝新語外編一卷 Y0220/第50册
(民國)胡思敬撰
一九二四年南昌胡氏刻本
國聞備乘四卷 Y0220/第50册
(民國)胡思敬撰
一九二四年南昌胡氏刻本
十葉野聞不分卷 Y0220/第50册
(民國)許國英撰
排印本
滿清外史二卷 Y0220/第50册
(民國)天嘏撰
滿清野史初編
所聞録一卷 Y0220/第50册
(民國)蘇民撰
滿清野史初編
變異録一卷 Y0220/第50册
(民國)天嘏撰
滿清稗史
異辭録四卷 Y0220/第50册
(民國)劉體仁撰
辟園四種
清宮瑣聞一卷 Y0220/第50册
滿清野史續編
名人軼事一卷 Y0220/第50册
滿清野史四編

檮杌近志一卷 Y0220/第 50 册
滿清野史四編
外交小史一卷 Y0220/第 50 册
滿清野史四編
秦環樓談錄一卷 Y0220/第 50 册
滿清野史五編
小奢摩館脞錄一卷 Y0220/第 50 册
滿清野史五編
清代之竹頭木屑一卷 Y0220/第 50 册
滿清野史五編
清稗瑣綴一卷 Y0220/第 50 册
滿清野史五編
述庵秘錄一卷 Y0220/第 50 册
(民國)王無生撰
滿清野史初編
貪官污吏外傳一卷 Y0220/第 50 册
滿清野史初編
奴才小史一卷 Y0220/第 50 册
(民國)老吏撰
滿清野史續編

Y0221(1－30)
中國野史集成續編
《中國野史集成》續編編委會 四川大學圖書館編
二〇〇〇年成都巴蜀書社影印本
三十册
路史前紀九卷後紀十五卷餘論十卷發揮六卷國名記十一卷 Y0221/第 1 册
(宋)羅泌撰 羅蘋注
文淵閣四庫全書本
拾遺記十卷 Y0221/第 1 册
(晋)王嘉撰
民國上海商務印書館影印《影印元明善本叢書十種・古今逸史》本
三墳一卷 Y0221/第 1 册
(晋)阮咸注
民國上海商務印書館影印《影印元明善本叢書十種・古今逸史》本
穆天子傳六卷 Y0221/第 1 册
佚名撰 (晋)郭璞注
一九二九年上海商務印書館影印明天一閣刻本
華陽國志十二卷 Y0221/第 1 册
(晋)常璩撰 佚名批校
民國成都志古堂影印廖寅題襟館刻本
華陽國志校勘 Y0221/第 1 册
顧尚之輯
民國成都志古堂據題襟館本影刻
趙后外傳一卷 Y0221/第 1 册
題(漢)伶玄撰
民國上海商務印書館影印《影印元明善本叢書十種・古今逸史》本
漢武故事一卷 Y0221/第 1 册
題(漢)班固撰
民國上海商務印書館影印《影印元明善本叢書十種・古今逸史》本
續後漢書四十四卷義例一卷音義四卷 Y0221/第 2 册
(宋)蕭常撰
文淵閣《四庫全書》本
西魏書二十四卷叙錄一卷 Y0221/第 2 册
(清)謝啓昆撰
清乾隆六十年樹經堂刻本
南詔野史二卷 Y0221/第 2 册
(明)楊慎編輯
清光緒六年雲南書局刻本
西京雜記一卷 Y0221/第 2 册
(漢)劉歆撰
民國上海商務印書館影印《影印元明善本叢書十種・古今逸史》本
海山記一卷 Y0221/第 2 册
佚名撰
民國上海商務印書館影印《影印元明善本叢書十種・古今逸史》本
迷樓記一卷 Y0221/第 2 册
佚名撰
民國上海商務印書館影印《影印元明善本叢書十種・古今逸史》本
開河記一卷 Y0221/第 2 册
佚名撰
民國上海商務印書館影印《影印元明善本叢書十種・古今逸史》本
翰林壁記一卷 Y0221/第 2 册
(唐)丁居晦撰
清順治三年宛委山堂刻本《説郛》卷五十一
御史臺記一卷 Y0221/第 2 册
佚名撰
清順治三年宛委山堂刻本《説郛》卷五十一
上庠錄一卷 Y0221/第 2 册
(宋)呂榮義撰
清順治三年宛委山堂刻本《説郛》卷五十一
南漢春秋十三卷 Y0221/第 2 册
(清)劉應麒撰 劉熊湘校
清道光七年含章書屋刻本
南漢書十八卷 Y0221/第 2 册
(清)梁廷枏撰
清道光刻本
南漢書考異十八卷 Y0221/第 2 册
(清)梁廷枏撰
清道光刻本
南漢文字略四卷 Y0221/第 2 册
(清)梁廷枏撰
清道光刻本
南漢叢錄二卷 Y0221/第 2 册
(清)梁廷枏撰
清道光刻本
燕翼詒謀錄五卷 Y0221/第 3 册
(宋)王栐撰
文淵閣《四庫全書》本
宋西事案二卷 Y0221/第 3 册
(明)祁承㸁撰
明天啟刻本
南宋書六十八卷 Y0221/第 3 册
(明)錢士升撰
清嘉慶二年掃葉山房刻本
青溪寇軌一卷 Y0221/第 3 册
(宋)方勺撰
一九二〇年上海涵芬樓影印清晁氏《學海類編》本
玉堂逢辰錄一卷 Y0221/第 3 册
(宋)錢惟演撰
清順治三年宛委山堂刻《説郛》卷四十四
太清樓侍宴記一卷 Y0221/第 3 册
(宋)蔡京撰
清順治三年宛委山堂刻《説郛》卷一百十四
保和殿曲宴記一卷 Y0221/第 3 册
(宋)蔡京撰
清順治三年宛委山堂刻《説郛》卷一百十四
延福宫曲宴記一卷 Y0221/第 3 册
(宋)李邦彦撰
清順治三年宛委山堂刻《説郛》卷一百十四
使高麗錄一卷 Y0221/第 3 册
(宋)徐兢撰

清順治三年宛委山堂刻本《說郛》卷五十六

避亂錄一卷　Y0221/第3冊
（宋）王明清撰
清順治三年宛委山堂刻《說郛》卷三十八

熙豐日曆一卷　Y0221/第3冊
（宋）王明清撰
清順治三年宛委山堂刻《說郛》卷四十二

蜀道征討比事一卷　Y0221/第3冊
（宋）袁申儒撰
清順治三年宛委山堂刻《說郛》卷四十九

中興小紀四十卷　Y0221/第3冊
（宋）熊克撰
清光緒十七年廣雅書局刻本

三朝北盟會編二百五十卷　Y0221/第4-5冊
（宋）徐夢莘撰
文淵閣《四庫全書》本

僞豫傳一卷　Y0221/第6冊
（宋）楊堯（一作克）弼撰
清鈔本《碧溪叢書》

吳武安公功績記一卷　Y0221/第6冊
（宋）佚名撰
清鈔本《碧溪叢書》

舊聞證誤五卷　Y0221/第6冊
（宋）李心傳撰
清乾隆中綿州李氏萬卷樓刊嘉慶十四年李調元重校本《涵海》

忠文王紀事實錄五卷　Y0221/第6冊
（宋）謝起巖撰
宋咸淳七年吳安朝等刻 明洪武公文紙印本

順昌戰勝破賊錄一卷　Y0221/第6冊
（宋）楊汝翼撰
清鈔本《碧溪叢書》

皇太后回鑾事實一卷　Y0221/第6冊
（宋）方俟尚撰
清鈔本《碧溪叢書》

金國文具錄一卷　Y0221/第6冊
（宋）洪皓撰
清鈔本《碧溪叢書》

使金錄一卷　Y0221/第6冊
（宋）程卓撰
清鈔本

煬王江上錄一卷　Y0221/第6冊
（金）佚名撰
清鈔本

北邊備對一卷　Y0221/第6冊
（宋）程大昌撰
民國上海商務印書館影印《影印元明善本叢書十種・歷代小史》本

北轅錄一卷　Y0221/第6冊
（宋）周輝撰
民國上海商務印書館影印《影印元明善本叢書十種・歷代小史》本

高昌行紀一卷　Y0221/第6冊
（宋）王延德撰
清順治三年宛委山堂刻本《說郛》卷五十六

陷虜記一卷　Y0221/第6冊
（宋）胡嶠撰
清順治三年宛委山堂刻本《說郛》卷五十六

宋季忠義錄十六卷附錄一卷補錄一卷　Y0221/第6冊
（清）萬斯同輯
民國四明張氏約園刻《四明叢書》本

宋遺民錄十五卷　Y0221/第6冊
（明）程敏政輯
清乾隆道光間長塘鮑氏刻本《知不足齋叢書》

墨客揮犀十卷　Y0221/第6冊
（宋）彭乘撰
文淵閣《四庫全書》本

續墨客揮犀十卷　Y0221/第6冊
（宋）彭乘撰
一九二八年東方學會排印《殷禮在斯堂叢書》本

清尊錄一卷　Y0221/第6冊
（宋）廉宣撰
清順治三年宛委山堂刻本《說郛》卷三十四

昨夢錄一卷　Y0221/第6冊
（宋）康譽之撰
一九二〇年上海涵芬樓據清晁氏本影印《學海類編》本

漫笑錄一卷　Y0221/第6冊
（宋）徐慥撰
清順治三年宛委山堂刻本《說郛》卷三十四

軒渠錄一卷　Y0221/第6冊
（宋）呂居仁撰
清順治三年宛委山堂刻本《說郛》卷三十四

藾堂野史一卷　Y0221/第6冊
（宋）林子中撰
清順治三年宛委山堂刻本《說郛》卷三十七

貴耳錄一卷　Y0221/第6冊
（宋）張端義撰
清順治三年宛委山堂刻本《說郛》卷三十八

喻囈集一卷　Y0221/第6冊
（宋）宋無撰
清順治三年宛委山堂刻本《說郛》卷三十八

陶朱新錄一卷　Y0221/第6冊
（宋）馬純撰
一九二一年上海博古齋據清張氏刊本影印《墨海金壺》本

南游記舊一卷　Y0221/第6冊
（宋）曾紆撰
清順治三年宛委山堂刻本《說郛》卷五十

燕北雜記一卷　Y0221/第6冊
（宋）武珪撰
清順治三年宛委山堂刻本《說郛》卷五十

話腴一卷　Y0221/第6冊
（宋）陳郁撰
一九二〇年上海涵芬樓據清晁氏本影印《學海類編》本

愧郯錄十五卷　Y0221/第6冊
（宋）岳珂撰
清朝隆道光中長塘鮑氏刻《知不足齋叢書》本

南宋六陵遺事一卷附庚申君遺事　Y0221/第6冊
（清）萬斯同輯
清道光中吳江沈氏世楷堂刻《昭代叢書》本

諧史一卷　Y0221/第6冊
（宋）沈俶撰
一九二〇年上海涵芬樓據清晁氏本影印《學海類編》本

西使記一卷　Y0221/第6冊
（元）劉郁撰
一九二二年上海商務印書館據清張

氏刊本影印《學津討原》本
天南行記一卷 Y0221/第6冊
(元)徐明善撰
清順治三年宛委山堂刻本《說郛》卷五十六
北巡私記一卷 Y0221/第6冊
(元)劉佶撰
一九一四年羅氏東山僑舍《雲窗叢刻》影印清咸豐九年莫友芝鈔本
拊掌錄一卷 Y0221/第6冊
(元)元懷撰
一九二〇年上海涵芬樓據清晁氏本影印《學海類編》本
東園友聞一卷 Y0221/第6冊
(元)佚名撰
一九二〇年上海涵芬樓據清晁氏本影印《學海類編》本
稗史集傳一卷 Y0221/第6冊
(元)徐顯撰
清宣統三年上海國學扶輪杜排印《顧氏明朝四十家小說》本
皇明大政記三十六卷 Y0221/第7冊
(明)朱國禎輯
明崇禎刻《皇明史概》本
皇明大訓記十六卷 Y0221/第7冊
(明)朱國禎輯
明崇禎刻《皇明史概》本
皇明大事記五十卷 Y0221/第8冊
(明)朱國禎輯
明崇禎刻《皇明史概》本
皇明開國臣傳十三卷 Y0221/第9冊
(明)朱國楨輯
明崇禎刻《皇明史概》本
皇明遜國臣傳五卷首一卷 Y0221/第9冊
(明)朱國禎輯
明崇禎刻《皇明史概》本
皇明通紀述遺十二卷 Y0221/第9冊
(明)卜世昌 屠衡撰
明刻本
明朝小史十八卷 Y0221/第9冊
(明)呂毖輯
一九四一年上海影印《玄覽堂叢書》本
皇明通紀集要六十卷 Y0221/第10冊
(明)陳建撰 江旭奇增補
明刻本
皇明續紀三卷 Y0221/第10冊
(明)卜大有撰 卜世昌校正
明刻本
皇明政要二十卷末一卷 Y0221/第10冊
(明)婁性撰
明正德二年慎獨齋刻本
弇山堂別集一百卷 Y0221/第11－12冊
(明)王世貞撰
明萬曆庚寅金陵刻本
國史唯疑十二卷 Y0221/第12冊
(明)黃景昉撰
清康熙三十年徐釚鈔本
皇明臣略纂聞十二卷 Y0221/第12冊
(明)瞿汝說輯
明崇禎八年瞿式耜刻本
名山藏一百九卷 Y0221/第12－14冊
(明)何喬遠撰
明崇禎刻本
二申野錄八卷 Y0221/第14冊
(清)孫之騄撰
清刻本
皇明小史摘抄二卷附建文遺事一卷 Y0221/第14冊
(明)佚名撰
清初鈔本
昭代武功編十卷 Y0221/第15冊
(明)范景文撰
明崇禎刻本
今言四卷 Y0221/第15冊
(明)鄭曉撰
民國上海商務印書館影印《影印元明善本叢書十種·紀綠匯編》本
皇明繩武編擬續大學衍義三十四卷 Y0221/第15冊
(明)吳瑞登撰
明萬曆刻本
壬午功臣爵賞錄一卷壬午功賞別錄一卷 Y0221/第15冊
(明)都穆撰
明鈔《國朝典故》本
鴻猷錄十六卷 Y0221/第15冊
(明)高岱撰
民國上海商務印書館影印《影印元明善本叢書十種·紀綠匯編》本
明事斷略一卷 Y0221/第16冊
佚名撰
一九二〇年上海博古齋據清張氏刊本影印《借月山房匯鈔》本
一統肇基錄一卷 Y0221/第16冊
(明)夏原吉撰
清順治三年宛山堂刻本《說郛續》卷五
皇朝本記一卷 Y0221/第16冊
(明)佚名撰
民國上海商務印書館影印《影印元明善本叢書十種·紀綠匯編》本
渤泥入貢記一卷 Y0221/第16冊
(明)宋濂撰
清順治三年宛委山堂刻本《說郛續》卷十一
滇南慟哭記一卷 Y0221/第16冊
(明)王紳撰
清順治三年宛委山堂刻本《說郛續》卷十一
雲南機務抄黃一卷 Y0221/第16冊
(明)張允輯
明嘉靖吳郡袁氏嘉趣堂刻《金聲玉振集》本
遇恩錄一卷 Y0221/第16冊
(明)劉仲璟撰
清順治三年宛委山堂刻本《說郛續》卷十二
奉天靖難記四卷 Y0221/第16冊
(明)佚名撰
明鈔《國朝典故》本
建文朝野彙編二十卷 Y0221/第16冊
(明)屠叔方輯
明萬曆刻本
革朝志十卷 Y0221/第16冊
(明)許相卿撰
明刻本
建文書法擬前編一卷正編二卷附編二卷 Y0221/第16冊
(明)朱鷺撰
明萬曆刻本
安楚錄十卷 Y0221/第16冊
(明)秦金撰
明萬曆四年秦氏刻本
從亡隨筆一卷 Y0221/第17冊
(明)錢士升撰
明崇禎刻《遜國逸書》本
遜國記一卷 Y0221/第17冊
清順治三年宛委山堂刻本《說郛續》卷七
拊膝錄一卷 Y0221/第17冊
(明)劉琳撰 錢士升訂

明崇禎刻《遜國逸書》本
建文帝后紀一卷 Y0221/第 17 册
(清)邵遠平撰
清道光吳江沈氏世楷堂刻《昭代叢書》本
黃陳冤報錄一卷 Y0221/第 17 册
(明)佚名撰
明崇禎刻《遜國逸書》本
擁絮迂談一卷 Y0221/第 17 册
(明)朱鷺撰
清順治三年宛委山堂刻本《說郛續》卷七
平蠻錄一卷 Y0221/第 17 册
(明)王軾撰
民國上海商務印書館影印《影印元明善本叢書十種・紀錄匯編》本
朝鮮紀事一卷 Y0221/第 17 册
(明)倪謙撰
民國上海商務印書館影印《影印元明善本叢書十種・紀錄匯編》本
秘錄一卷 Y0221/第 17 册
(明)李夢陽撰
清順治三年宛委山堂刻本《說郛續》卷五
制府雜錄一卷 Y0221/第 17 册
(明)楊一清撰
民國上海商務印書館影印《影印元明善本叢書十種・紀錄匯編》本
兩朝憲章錄二十卷 Y0221/第 17 册
(明)吳瑞登撰
清鈔本
世廟識餘錄二十六卷 Y0221/第 17 册
(明)徐學謨輯
明徐兆稷活字本
嘉靖大政類編二卷 Y0221/第 17 册
(明)黃鳳翔撰
明刻本
雲中事記一卷 Y0221/第 17 册
(明)蘇祐撰
民國上海商務印書館影印《影印元明善本叢書十種・紀錄匯編》本
雲中紀變一卷 Y0221/第 17 册
(明)孫允中撰
北京大學圖書館藏明鈔《國朝典故》本
北虜紀略一卷 Y0221/第 17 册
(明)汪道昆撰
清順治三年宛委山堂刻本《說郛續》卷十
交黎剿平事略四卷 Y0221/第 17 册
(明)歐陽必進撰 方民悅輯
一九四一年《玄覽堂叢書》影印明嘉靖刻本
西征記一卷 Y0221/第 17 册
(明)宗臣撰
清順治三年宛委山堂刻本《說郛續》卷十
倭患考原一卷恤援朝鮮倭患考一卷 Y0221/第 17 册
(明)黃俣卿撰
清初鈔本
遼邸記聞一卷 Y0221/第 17 册
(明)錢希言撰
清順治三年宛委山堂刻本《說郛續》卷十八
西南紀事六卷 Y0221/第 17 册
(明)郭應聘撰
明刻本
江陵紀事一卷 Y0221/第 17 册
臺北新興書局有限公司影印《筆記小說大觀》本
甲乙剩言 Y0221/第 17 册
(明)胡應麟撰
清順治三年宛委山堂刻本《說郛續》卷十六
召對錄一卷 Y0221/第 17 册
(明)申時行撰
一九二二年上海文明書局石印《寶顏堂秘笈》本
梃擊始末一卷 Y0221/第 17 册
(明)陸夢龍撰
清鈔《明季野史匯編》本
閑思往事不分卷 Y0221/第 17 册
(明)曹珖撰
明刻本
皇明肅皇外史四十六卷 Y0221/第 18 册
(明)范守己撰
清鈔本
皇明馭倭錄九卷附略二卷寄語略一卷 Y0221/第 18 册
(明)王士騏輯
明萬曆刻本
安南來威圖册三卷輯略三卷 Y0221/第 18 册
(明)馮時暘 梁天錫 江美中輯撰
明隆慶刻本
平蠻全錄十五卷 Y0221/第 18 册
(明)曾省吾撰
明萬曆九年張一鯤刻本
嘉靖倭亂備抄不分卷 Y0221/第 18 册
(明)佚名撰
清初鈔本
平播全書十五卷 Y0221/第 19 册
(明)李化龍撰
清光緒五年刻《畿輔叢書》本
定陵注略十卷 Y0221/第 19 册
(明)文秉撰
鈔本
粵劍編四卷 Y0221/第 19 册
(明)王臨亨撰
民國三十六年國立中央圖書館影印《玄覽堂叢書續集》本
泰昌日錄一卷 Y0221/第 19 册
(明)楊惟休撰
明刻本
泰昌朝記事一卷 Y0221/第 19 册
(明)李遜之撰
清鈔本
萬曆三十一年癸卯楚事妖書始末不分卷 Y0221/第 20 册
(明)佚名輯
明刻本
三朝要典三十四卷 Y0221/第 20 册
(明)顧秉謙撰
明崇禎刻本
蘧編二十卷 Y0221/第 20 册
(明)葉向高撰
明刻本
虐政集一卷邪氛集一卷倒戈集一卷 Y0221/第 20 册
(明)佚名撰
清初鈔本
酌中志餘二卷 Y0221/第 20 册
清光緒六年至七年湖北崇文書局刻《正覺樓叢刻》
欽定逆案一卷 Y0221/第 20 册
(明)韓爌等撰
清鈔《明季野史匯編》本
聖朝新政要略十卷訪單一卷附錄一卷 Y0221/第 21 册
題外史氏輯
鈔本

督師紀略十三卷 Y0221/第21册
(明)茅元儀撰
明刻本
蜀事紀略一卷 Y0221/第21册
(明)朱燮元撰
明天啟刻本
甲乙記政錄一卷 Y0221/第21册
(明)徐肇基撰
明崇禎刻本
續丙記政錄一卷 Y0221/第21册
(明)徐肇基撰
明崇禎刻本
續丁記政錄一卷 Y0221/第21册
(明)徐肇基撰
明崇禎刻本
新政一卷 Y0221/第21册
(明)徐肇基撰
明崇禎刻本
袁督師事迹一卷 Y0221/第21册
佚名輯
一九三五至一九三七年上海商務印書館《叢書集成初編》本
東莞袁督師遺事一卷 Y0221/第21册
(清)張江裁纂
一九三九年燕歸來簃排印《燕都風土叢書》本
烈皇小識六卷 Y0221/第21册
(明)文秉撰
舊鈔本
東江始末一卷 Y0221/第21册
(明)柏起宗撰
一九二〇年上海博古齋據清張氏刊本影印《借月山房匯鈔》本
流寇長編二十卷 Y0221/第21册
(清)戴笠撰
舊鈔本
頌天臚筆二十四卷 Y0221/第22册
(明)金日升輯
明崇禎刻本
燕都日記一卷 Y0221/第22册
(明)馮夢龍撰 (清)莫釐山人增補
清光緒四年排印《電報館叢書·紀載匯編》本
柳如是事輯一卷 Y0221/第22册
雪苑懷圃居士錄
民國文字同盟社排印本
虞淵沉不分卷 Y0221/第22册
(清)吴偉業撰
清鈔本
鄭華亭考選處分始末不分卷 Y0221/第22册
(明)佚名輯
清鈔本
朝野公言不分卷 Y0221/第22册
(明)佚名輯
明崇禎刻本
守鄖紀略一卷附大梁守城記一卷 Y0221/第22册
(明)高斗樞撰
一九一七年商務印書館排印《痛史》本
明季甲乙兩年匯略三卷 Y0221/第22册
(清)許重熙撰
清初刻本
南都死難紀略一卷 Y0221/第22册
(清)顧苓撰
民國十七年東方學會排印《殷禮在斯堂叢書》本
談往三卷 Y0221/第22册
題花村看行侍者撰
臺北新興書局有限公司影印《筆記小說大觀》本
蜀破鏡五卷 Y0221/第22册
(清)孫錤撰
一九二九年刻《壁經堂叢書》本
南渡錄五卷 Y0221/第23册
(清)李清撰
清鈔本
遜國正氣紀八卷 Y0221/第23册
(明)曹參芳撰
明末刻本
三峰傳稿一卷 Y0221/第23册
(清)萬應隆撰
清道光十二年涇縣趙氏古墨齋刻《涇川叢書》本
崇禎朝記事四卷 Y0221/第23册
(清)李遜之撰
清光緒中武進盛氏刻《常州先哲遺書》本
明遺民錄四十八卷 Y0221/第23册
民史氏撰
民國元年排印本
勝朝粤東遺民錄四卷附錄一卷 Y0221/第23册
(清)真逸輯
四川大學圖書綰藏單刻本
南天痕二十六卷 Y0221/第23册
(清)凌雪撰
一九一一年石印本
小腆紀傳六十五卷 Y0221/第24册
(清)徐鼒撰
清光緒丁亥刻本
小腆紀傳補遺五卷 Y0221/第24册
(清)徐鼒撰
清光緒丁亥刻本
小腆紀年附考二十卷 Y0221/第24册
(清)徐鼒撰
清光緒四年刻本
續明紀事本末十八卷 Y0221/第25册
(清)倪在田撰
清光緒二十九年刻本
勝朝彤史拾遺記六卷 Y0221/第25册
(清)毛奇齡撰
清康熙刻《毛西河先生全集》本
海上見聞錄定本二卷 Y0221/第25册
(清)阮旻錫撰
清鈔本
閩海紀略二卷 Y0221/第25册
(清)佚名撰
清鈔本
嶺海焚餘三卷 Y0221/第25册
(明)金堡撰
一九一三至一九一六年烏程張氏刻《適園叢書》本
從征實錄一卷 Y0221/第25册
(明)楊英撰
一九三一年中央研究院歷史語言研究所影印本
魯之春秋二十四卷 Y0221/第25册
(清)李聿求撰
清咸豐刻本
三藩紀事本末四卷 Y0221/第25册
(清)楊陸榮撰
一九二〇年上海博古齋據清張氏刊本影印《借月山房匯鈔》本
靖海志四卷 Y0221/第25册
(清)彭孫貽撰
清鈔本
臺灣鄭氏始末六卷 Y0221/第25册
(清)沈雲 沈垚撰
一九一九年嘉業堂刻《吴興叢書》本
靖海紀事二卷 Y0221/第25册

(清)施琅撰
清康熙刻本
勝朝殉揚錄三卷 Y0221/第 26 册
(清)劉寶楠撰
同治十年淮南書局刻本
續編綏寇紀略五卷 Y0221/第 26 册
(清)葉夢珠輯
申報館鉛印本
夷俗記二卷 Y0221/第 26 册
(明)蕭大亨撰
清順治三年宛委山堂刻本《說郛續》卷十一
鳳凰台紀事一卷 Y0221/第 26 册
(明)馬生龍撰
清順治三年宛委山堂刻本《說郛續》卷十一
立齋閑錄四卷 Y0221/第 26 册
(明)宋端儀撰
遼寧省圖書館藏明鈔《國朝典故》本
雲蕉館紀談一卷 Y0221/第 26 册
(明)孔邇撰
清順治三年宛委山堂刻本《說郛續》卷二十
願豐堂漫書一卷 Y0221/第 26 册
(明)陸深撰
一九二二年上海文明書局石印《寶顏堂秘笈》本
觚不觚錄一卷 Y0221/第 26 册
(明)王世貞撰
一九二二年上海文明書局石印《寶顏堂秘笈》本
皇朝盛事一卷 Y0221/第 26 册
(明)王世貞撰
清順治三年宛委山堂刻本《說郛續》卷十三
鳳洲雜編六卷 Y0221/第 26 册
(明)王世貞撰
民國上海商務印書館影印《影印元明善本叢書十種·紀錄匯編》本
守溪長語一卷 Y0221/第 26 册
(明)王鏊撰
民國上海商務印書縮影印《影印元明善本叢書十種·今獻匯言》本
古穰雜錄一卷 Y0221/第 26 册
(明)李賢撰
民國上海商務印書縮影印《影印元明善本叢書十種·歷代小史》本
兩湖麈談錄一卷 Y0221/第 26 册
(明)許浩撰
民國上海商務印書館影印《影印元明善本叢書十種·歷代小史》本
莘野纂聞一卷 Y0221/第 26 册
(明)伍餘福撰
清順治三年宛委山堂刻本《說郛續》卷十三
駒陰冗記一卷 Y0221/第 26 册
(明)闌莊撰
清順治三年宛委山堂刻本《說郛續》卷十三
客座新聞一卷 Y0221/第 26 册
(明)沈周撰
清順治三年宛委山堂刻本《說郛續》卷十三
南翁夢錄一卷 Y0221/第 26 册
(明)黎澄撰
民國上海商務印書館影印《影印元明善本叢書十種·紀錄匯編》本
公餘日錄一卷 Y0221/第 26 册
(明)湯沐撰
清順治三年宛委山堂刻本《說郛續》卷十四
聞雁齋筆談一卷 Y0221/第 26 册
(明)張大複撰
清順治三年宛委山堂刻本《說郛續》卷十四
三餘贅筆一卷 Y0221/第 26 册
(明)都卬撰
清順治三年宛委山堂刻本《說郛續》卷十四
懸笥瑣探一卷 Y0221/第 26 册
(明)劉昌撰
清順治三年宛委山堂刻本《說郛續》卷十四
鄭桐庵筆記一卷 Y0221/第 26 册
(明)鄭敷教撰
民國排印《乙亥叢編》本
蘇談一卷 Y0221/第 26 册
(明)楊循吉撰
民國上海商務印書館影印《影印元明善本叢書十種·紀錄匯編》本
病逸漫記一卷 Y0221/第 26 册
(明)陸釴撰
民國上海商務印書館影印《影印元明善本叢書十種·紀錄匯編》本
吳中故語一卷 Y0221/第 26 册
(明)楊循吉撰
清順治三年宛委山堂刻本《說郛續》卷十四
庚巳編十卷 Y0221/第 26 册
(明)陸粲撰
民國上海商務印書館影印《影印元明善本叢書十種·紀錄匯編》本
說聽二卷 Y0221/第 26 册
(明)陸粲撰
臺北新興書局有限公司影印《筆記小說大觀》本
續巳綸一卷 Y0221/第 26 册
(明)郎瑛撰
清順治三年宛委山堂刻本《說郛續卷》卷十四
長安客話一卷 Y0221/第 26 册
(明)蔣一葵撰
清順治三年宛委山堂刻本《說郛續》卷十四
快雪堂漫錄一卷 Y0221/第 26 册
(明)馮夢禎撰
一九一二年冰雪山房據清陸氏刊本石印《奇晉齋叢書》本
雲夢藥溪談一卷 Y0221/第 26 册
(明)文翔鳳撰
清順治三年宛委山堂刻本《說郛續》卷十四
中洲野錄一卷 Y0221/第 26 册
(明)程文憲撰
清順治三年宛委山堂刻本《說郛續》卷十四
鬱岡齋筆塵一卷 Y0221/第 26 册
(明)王肯堂撰
清順治三年宛委山堂刻本《說郛續》卷十四
識小編一卷 Y0221/第 26 册
(明)周賓所撰
清順治三年宛委山堂刻本《說郛續》卷十五
西樵野記一卷 Y0221/第 26 册
(明)侯甸撰
清順治三年宛委山堂刻本《說郛續》卷十六
雙溪雜記一卷 Y0221/第 26 册
(明)王瓊撰
民國上海商務印書館影印《影印元明

善本叢書十種・今獻匯言》本
二酉委譚摘錄一卷 Y0221/第26册
(明)王世懋撰
民國上海商務印書館影印《影印元明善本叢書十種・紀錄匯編》本
百可漫志一卷 Y0221/第26册
(明)陳鼐撰
民國上海商務印書館影印《影印元明善本叢書十種・紀錄匯編》本
耳新十卷 Y0221/第26册
(明)鄭仲夔撰
臺北新興書局有限公司影印《筆記小說大觀》本
吳乘竊筆一卷 Y0221/第26册
(明)許元溥撰
民國排印《乙亥叢編》本
荷插叢談四卷 Y0221/第26册
(清)林時對撰
臺灣文海出版社影印
熙朝紀政六卷 Y0221/第26册
(清)王慶雲撰
清光緒二十七年上海天章書局石印本
嘯海成都筆記二卷續編二卷 Y0221/第26册
(民國)汪海如撰
一九三七年排印本
國朝掌故輯要二十四卷 Y0221/第27册
(清)林熙春撰
清光緒二十八年刻本
皇朝瑣屑錄四十四卷 Y0221/第27册
(清)鍾琦撰
清光緒二十三年刻本
金壇獄案一卷 Y0221/第27册
(清)計六奇撰
清光緒四年排印《申報館叢書・紀載匯編》本
過墟志一卷 Y0221/第27册
(清)墅西逸叟撰
清光緒四年排印《申報館叢書・紀載匯編》本
戴重事錄一卷 Y0221/第27册
(清)章學誠撰
清光緒四年排印《申報館叢書・紀載匯編》本
東塘日札一卷 Y0221/第27册
(清)朱子素撰
清光緒四年排印《申報館叢書・紀載匯編》本
五藩檮乘二卷 Y0221/第27册
(清)巫峽逸人撰
民國杭縣徐氏排印《天蘇靈最刊》本
安南使事紀要四卷 Y0221/第27册
(清)李仙根撰
清鈔本
盾墨四卷 Y0221/第27册
(清)湯彝撰
清道光刻本
平定羅剎方略四卷 Y0221/第27册
(清)佚名撰
清光緒刻《功順堂叢書》本
乾隆英使覲見記二卷 Y0221/第27册
(英)馬戛爾尼撰 劉複譯
中華書局一九二八年排印本
防浦紀略五卷附錄一卷 Y0221/第28册
(清)周士拔撰
鈔本
嘉慶東巡紀事三卷 Y0221/第28册
民國排印《孫海叢書》本第八集
夷氛聞記五卷 Y0221/第28册
(清)梁廷枏撰
清刻本
夷艘入寇記二卷 Y0221/第28册
(清)佚名撰
鈔本
撫夷日記不分卷 Y0221/第28册
(清)張喜撰
臺北新興書局有限公司排印《筆記小說大觀》本
防海紀略二卷 Y0221/第28册
(清)王之春撰
清光緒六年上洋文藝齋刻本
記馮中丞事一卷 Y0221/第28册
葉昌熾撰
抄本《緣督廬秘乘十五種》
清代野記二卷 Y0221/第28册
坐觀老人編
民國上海進步書局排印《稗史叢書》本
太平天國史事日志二卷 Y0221/第28册
佚名撰
油印本
粵匪紀略不分卷 Y0221/第28册
(清)蕭盛遠撰
清抄本
豫軍紀略十二卷 Y0221/第28册
(清)尹耕雲纂
清刻本
中興名臣事略八卷 Y0221/第29册
(清)朱孔彰撰
清光緒二十七年上海書局石印本
驢背集四卷 Y0221/第29册
胡思敬撰
鈔本
庚申北略一卷 Y0221/第29册
葉昌熾撰
鈔本《緣督廬秘乘十五種》
李揚材事略一卷 Y0221/第29册
葉昌熾撰
鈔本《緣督廬秘乘十五種》
常勝軍案略一卷 Y0221/第29册
(清)謝元壽輯
鈔本
記咸豐三年上海縣城被擾事實一卷 Y0221/第29册
葉昌熾撰
鈔本《緣督廬秘乘十五種》
湖北兵事述略一卷 Y0221/第29册
(清)莊受祺撰
鈔本清同治十三年刻《楓南山館遺集》(卷五)本
貞豐里庚甲見聞錄二卷 Y0221/第29册
(清)陶煦撰
鈔本
張忠滑公行略一卷 Y0221/第29册
葉昌熾撰
鈔本《緣督廬秘乘十五種》
諸暨包村殉難筆記一卷 Y0221/第29册
葉昌熾撰
鈔本《緣督廬秘乘十五種》
清提督黃公嘯山事略一卷 Y0221/第29册
(清)黃潤泉撰
清末石印本
江蘇減賦記不分卷 Y0221/第29册
(清)馮桂芬撰
清光緒二年校邠廬刻《顯志堂稿》本(卷四)
上海守城記不分卷 Y0221/第29册
(清)馮桂芬撰
清光緒二年校邠廬刻《顯志堂稿》本(卷四)
滬城會防記不分卷 Y0221/第29册

（清）馮桂芬撰
清光緒二年校邠廬刻《顯志堂稿》本（卷四）
續郡志記兵不分卷　Y0221/第29册
（清）馮桂芬撰
清光緒二年校邠廬刻《顯志堂稿》本（卷四）
耒陽紀聞不分卷　Y0221/第29册
（清）馮桂芬撰
清光緒二年校邠廬刻《顯志堂稿》本（卷四）
皖水迎師記不分卷　Y0221/第29册
（清）馮桂芬撰
清光緒二年校邠廬刻《顯志堂稿》本（卷四）
上海紀事不分卷　Y0221/第29册
（清）馮桂芬撰
清光緒二年校邠廬刻《顯志堂稿》本（卷四）
記奇女畢韜文事一卷　Y0221/第29册
葉昌熾撰
鈔本《緣督廬秘乘十五種》
玉池老人自叙一卷首一卷　Y0221/第29册
（清）郭嵩燾撰
清光緒十九年養知書屋刻本
淄川靖逆記一卷　Y0221/第29册
（清）張錫綸撰
清同治鈔本
三朝聞見錄一卷　Y0221/第29册
朱孔彰 朱師轍撰
一九三六年成都華西協和大學排印《闕隱廬叢稿》本
吳柳堂侍御師事略一卷　Y0221/第29册
葉昌熾撰
鈔本《緣督廬秘乘十五種》
華洋戰書初編不分卷　Y0221/第29册
（清）留心時事人輯
清光緒十年三益齋刻本
東行初錄一卷　Y0221/第29册
（清）馬建忠撰
一九四六年神州國光社排印本
東行續錄一卷　Y0221/第29册
（清）馬建忠撰
一九四六年神州國光社排印本
東行三錄一卷　Y0221/第29册
（清）馬建忠撰
一九四六年神州國光社排印本
台陽瑣記一卷附台南北紀程　Y0221/第29册
葉昌熾撰
鈔本《緣督廬秘乘十五種》
中日議和紀略不分卷　Y0221/第29册
（清）佚名輯
清光緒石印本
戡定渦陽土匪紀略一卷附紀肅清劉匪疙瘩本末　Y0221/第29册
葉昌熾撰
鈔本《緣督廬秘乘十五種》
戊戌政變記九卷　Y0221/第29册
梁啓超撰
民國排印本
海龍戰守事迹六卷　Y0221/第29册
（清）凌阿輯
清宣統二年奉天惠工有限公司排印本
庚子傳信錄不分卷　Y0221/第29册
（日）李秉信撰
排印本
榆關紀事不分卷　Y0221/第29册
鄒渭三撰
排印本
燕晋彌兵記不分卷　Y0221/第29册
陳守謙撰
排印本
庚子使館被圍記六十一章　Y0221/第29册
撲笛南姆威爾撰 陳冷汰 陳詒先譯
排印本
慈嬉外紀二十八章　Y0221/第29册
陳冷汰 陳詒先譯
排印本
庚子海外紀事四卷　Y0221/第30册
呂海寰撰
光緒二十七年刻本
庚辛提牢筆記一卷　Y0221/第30册
（清）白曾偉撰
清刻本
庚辛之際月表不分卷　Y0221/第30册
王鏡航編
排印本
記中國自明代以來與西洋交涉大略一卷　Y0221/第30册
葉昌熾撰
鈔本《緣督廬秘乘十五種》
述豪杰事迹應泰西駱任庭問世故一卷　Y0221/第30册
葉昌熾撰
鈔本《緣督廬秘乘十五種》
閩游略記一卷　Y0221/第30册
葉昌熾撰
鈔本《緣督廬秘乘十五種》
掘塔記一卷　Y0221/第30册
葉昌熾撰
鈔本《緣督廬秘乘十五種》
漕運昔聞一卷　Y0221/第30册
葉昌熾撰
鈔本《緣督廬秘乘十五種》
蜀中先烈備徵錄五卷附編文錄詩錄一卷　Y0221/第30册
民國十二年新記啟渝公司排印本
蘄春紀略不分卷　Y0221/第30册
（清）羅緗撰
清光緒二十五年成都呂德生刻本
蜀辛二卷　Y0221/第30册
秦枏撰
民國排印本
辛亥殉難記六卷附一卷　Y0221/第30册
吳自修撰
一九二三年重印本
辛亥革命北方實錄不分卷　Y0221/第30册
胡鄂公撰
排印本
辛壬春秋四十八卷　Y0221/第30册
（民國）尚秉和纂輯
一九二四年辛壬歷史編輯社刻本
護國川軍戰記不分卷　Y0221/第30册
劉存厚撰
民國排印本

Y0222（1－10）

五代史書彙編
傅璇琮等主編
二〇〇四年杭州市杭州出版社鉛印本
十册
舊五代史考異　Y0222/第1册
（清）邵晉涵撰 曾貽芬校點
國家圖書館藏藍墨格抄本
五代史記纂誤　Y0222/第1册
（宋）吳縝撰 曾貽芬校點
據《永樂大典》輯本
五代史志疑　Y0222/第1册

(清)楊陸榮撰 曾貽芬校點
南京圖書館藏康熙十九年刻本
五代史記補考 Y0222/第2册
(清)徐炯撰 崔文印校點
《適園叢書》為底本
五代史記纂誤補 Y0222/第3册
(清)吳蘭庭撰 曾貽芬校點
清乾隆武英殿本
五代史記纂誤補續 Y0222/第3册
(清)周壽昌撰 崔文印校點
知不足齋本為底本嘉慶八年本為校本
五史記纂誤續補 Y0222/第3册
(清)吳光耀撰 曾貽芬校點
光緒十四年江夏吳氏刻本
玉堂閑話 Y0222/第4册
(五代)王仁裕撰 陳尚君輯校
于闐國行程錄 Y0222/第4册
(五代)平居誨撰 陳尚君輯校
周世宗實錄 Y0222/第4册
(宋)王溥撰 陳尚君輯校
《煙畫東堂小品》為底本
五代會要 Y0222/第4册
(宋)王溥撰
上海古籍出版社點校本《五代會要》為底本
五代登科記 Y0222/第4册
(宋)韓思撰 冉旭校點
上海古籍出版社一九八八年影印《說郛三種》中宛委山堂刊本
洛陽搢紳舊聞記 Y0222/第4册
(宋)張齊賢撰 俞鋼校點
《知不足齋叢書》為底本并校以其它版本
五代史闕文 Y0222/第4册
(宋)王禹偁撰 顧薇薇校點
文淵閣《四庫全書》為底本
五代史補 Y0222/第5册
(宋)陶嶽撰 顧薇薇校點
《豫章叢書》為底本
五代春秋 Y0222/第5册
(宋)尹洙撰 羅筱玉校點
民國九年涵芬樓影印清晁氏刊本《學海類編》為底本
五代名畫補遺 Y0222/第5册
(宋)劉道醇撰 劉石校點
民國十一年泰東圖書局重印《王氏書畫苑》為底本

五代詩話 Y0222/第5册
(宋)鄭方坤撰 傅璇琮校點
《粵雅堂叢書》為底本
五代春秋志疑 Y0222/第5册
(宋)華湛恩撰 羅筱玉校點
《昭代叢書》為底本
補五代史藝文志 Y0222/第5册
(宋)顧懷三撰 張從羅校點 張興武審訂
據《二十五史補編》本校點
補五代史藝文志 Y0222/第5册
(宋)宋祖駿撰 尹興國校點 張興武審訂
國家圖書館藏《樸學廬叢刻》本
五國故事 Y0222/第6册
(宋)佚名撰 張劍光校點
《知不足齋叢書》為底本
九國志 Y0222/第6册
(宋)路振撰 吳在慶 吳嘉騏校點
《叢書集成初編》為底本
十國春秋 Y0222/第7-8册
(清)吳任臣撰 徐敏霞校點
乾隆五十三年周昂重刻本為底本
釣磯立談 Y0222/第9册
(宋)史溫撰 虞雲國 吳愛芬校點
《知不足齋叢書》為底本
南唐近事 Y0222/第9册
(宋)鄭文寶撰 張劍光校點
文淵閣《四庫全書》為底本
江表志 Y0222/第9册
(宋)鄭文寶撰 張劍光 孫勵校點
《墨海金壺》本為底本
江南餘載 Y0222/第9册
(宋)佚名撰 張劍光 孫勵校點
文淵閣《四庫全書》為底本
江南別錄 Y0222/第9册
(宋)陳彭年撰 陳尚君校點
《學海類編》為底本
江南野史 Y0222/第9册
(宋)龍衮撰 張劍光校點
《豫章叢書》為底本
南唐書 Y0222/第9册
(宋)馬令撰 李建國校點
《四部叢刊續編》影印明鈔本為底本
南唐書 Y0222/第9册
(宋)陸遊撰 李建國校點
《四部叢刊續編》影印明鈔本為底本

唐餘紀傳 Y0222/第9册
(明)陳霆撰 李建國校點
明嘉靖二十三年馮煥刻本為底本
南唐拾遺記 Y0222/第9册
(清)毛先舒撰 傅璇琮校點
據《學海類編》本標點
補南唐藝文志 Y0222/第9册
(清)汪振民撰 王小蘭校點
國家圖書館藏綠格抄本
王氏聞見錄 Y0222/第10册
(五代)王仁裕撰 陳尚君輯校
《太平廣記》
鑒誡錄 Y0222/第10册
(五代)何光遠撰 劉石校點
《知不足齋叢書》為底本《學海類編》、文淵閣《四庫全書》本參校
幸蜀記 Y0222/第10册
(宋)居白撰 劉石校點
宛委山堂《說郛》本為底本《十國春秋》參校
野人閒話 Y0222/第10册
(宋)耿煥撰 陳尚君輯校
採集宋元諸書所印 輯為本書
錦裏耆舊傳 Y0222/第10册
(宋)句延慶撰 儲玲玲校點
《讀畫齋叢書》為底本
蜀檮杌 Y0222/第10册
(宋)張唐英撰 冉旭校點
民國九年涵芬樓影印清晁氏刊《學海類編》本為底本
益州名畫錄 Y0222/第10册
(宋)黃休復撰 劉石校點
明王世貞《王氏畫苑》本為底本
吳越備史 Y0222/第10册
(宋)錢儼撰 李最欣校點
《武林掌故》本為底本
葆光錄 Y0222/第10册
(宋)陳纂撰 冉旭校點
《顧氏文房小說》本為底本
三楚新錄 Y0222/第10册
(宋)周羽翀撰 俞鋼校點
《墨海金壺》本為底本
南漢書附考異 Y0222/第10册
(清)梁廷柟撰 吳再慶 李菁校點
清道光年間藤花亭十七種本
南漢叢錄 Y0222/第10册
(清)梁廷柟撰 吳再慶 李菁校點

清道光年間藤花亭十七種本
南漢記 Y0222/第10册
(清)吳蘭修撰 吳再慶 李菁校點
粵雅堂校刊的嶺南遺書本
南漢地理志 Y0222/第10册
(清)吳蘭修撰 吳再慶 李菁校點
清道光三十年南海伍崇曜雕刻的《嶺南遺書》本

Y0223(1-19)
明實錄類纂
李國祥 楊昶主編
一九九二年武漢市武漢出版社鉛印本
十九册

Y0224
清通鑑
戴逸 李文海主編
二〇〇〇年太原山西人民出版社鉛印本
二十二册

Y0225(1-22)
中國貝葉經全集
西雙版納傣族自治州人民政府搜集整理
二〇〇六年北京人民出版社鉛印本
二十二册
佛祖巡遊記 Y0225/第1册
刀正明譯
維先達臘 Y0225/第2-3册
刀正明 刀金平 巖香 巖貫等譯
瞿曇出家 Y0225/第4册
依娟炳譯
嘎鵬 Y0225/第4册
嚴罕思譯
緬蟮 Y0225/第5册
巖香囡譯
十世輪回 Y0225/第6册
巖溫譯
金鯉魚 Y0225/第7册
巖莊香譯
粘響 Y0225/第8册
刀金平譯
趕塔南 Y0225/第9册
巖貫直譯
召樹屯 Y0225/第10册
陸雲東譯
青瓜王 Y0225/第10册
巖貫譯
創世史 Y0225/第11册
巖溫叫直譯
貝葉刻本 棉紙抄本
嘎里羅嘎里坦 Y0225/第11册
玉康龍譯
佛教格言 Y0225/第11册
玉臘波譯
扎哩呀 Y0225/第12-13册
刀正明譯
千瓣蓮花 Y0225/第14册
巖貫譯
跌蜜牙王子 Y0225/第14册
巖貫譯
松帕敏 Y0225/第15册
依艷罕譯
布罕 Y0225/第15册
巖香囡直譯
宋摩南富翁 Y0225/第15册
巖應譯
孟臘甘達萊 Y0225/第16册
巖香囡直譯
甘達萊公主 Y0225/第16册
巖香囡直譯
召相勐與喃宗布 Y0225/第17册
陸雲東譯
少年王召波拉 Y0225/第18册
刀正明譯
蘇帕雪 Y0225/第19册
巖貫 玉臘波譯
玉喃妙 Y0225/第20册
刀金平譯
佛陀教語 Y0225/第21册
巖罕恩譯
阿瓦夯 Y0225/第21册
巖勐譯
摩尼尖 Y0225/第22册
嚴莊譯

Y0226(1-16)
淨土宗大典
陳宏基總策劃 林明珂 申國美編
二〇〇三年北京全國圖書館文獻縮微複製中心影印本
十六册
中國佛教經典叢刊
般舟三昧經三卷 Y0226/第1册
(後漢)支婁迦讖譯
佛說阿閦佛國經三卷 Y0226/第1册
(後漢)支婁迦讖譯
佛說大阿彌陀經二卷 Y0226/第1册
(吳)支謙譯
佛說阿彌陀經二卷 Y0226/第1册
(吳)支謙譯
佛說無量壽經二卷 Y0226/第1册
(曹魏)康僧鎧譯
佛說無量壽佛名號利益大事因緣經一卷 Y0226/第1册
(曹魏)康僧鎧譯
佛說無量清淨平等覺經三卷 Y0226/第1册
(西晉)竺法護譯
佛說阿彌陀經一卷 Y0226/第1册
(姚秦)鳩摩羅什譯
佛說阿彌陀經一卷 Y0226/第1册
(姚秦)鳩摩羅什譯
敦煌本
十住毗婆沙論十五卷 Y0226/第1册
(姚秦)鳩摩羅什譯
妙法蓮華經七卷 Y0226/第2册
(姚秦)鳩摩羅什譯
悲華經十卷 Y0226/第2册
(北涼)曇無讖譯
佛說觀無量壽佛經一卷 Y0226/第2册
(劉宋)畺良耶舍譯
拔除一切業障得生淨土神咒一卷 Y0226/第2册
(劉宋)求那跋陀羅譯
佛說菩薩念佛三昧經六卷 Y0226/第2册
(劉宋)功德直譯
佛說觀彌勒上生經一卷 Y0226/第2册
(北涼)沮渠京聲譯
阿彌陀佛神咒經一卷 Y0226/第2册
(北魏)菩提流支譯
無量壽經優婆提舍願生偈一卷 Y0226/第2册
婆藪盤頭菩薩造 (北魏)菩提流支譯
大方等大集菩薩念佛三昧經十卷 Y0226/第2册
(隋)達磨笈多譯
稱贊淨土佛攝受經一卷 Y0226/第2册
(唐)玄奘譯
藥師琉璃光如來本願功德經一卷 Y0226/第2册
(唐)玄奘譯
大佛頂如來密因修證了義諸菩薩萬行首楞嚴經十卷 Y0226/第3册

（唐）般剌蜜帝譯
九品往生阿彌陀三摩地集陀羅尼經一卷 Y0226/第3册
（唐）不空譯
大乘無量壽莊嚴經三卷 Y0226/第3册
（宋）法賢譯
無量壽經會譯一卷 Y0226/第3册
（清）魏源會譯
後出阿彌陀佛偈經一卷 Y0226/第3册
失譯
觀世音菩薩往生淨土本緣經一卷 Y0226/第3册
失譯
念佛超脱輪回捷徑經一卷 Y0226/第3册
失譯
十往生阿彌陀佛國經一卷 Y0226/第3册
失譯
阿彌陀佛說咒一卷 Y0226/第3册
失譯
阿彌陀鼓音王經一卷 Y0226/第3册
失譯
無量壽經義疏二卷 Y0226/第3册
（隋）慧遠撰
無量壽經義疏二卷 Y0226/第3册
（隋）吉藏撰
無量壽經記卷上 Y0226/第3册
（唐）玄一集
無量壽經連義述文贊三卷 Y0226/第3册
（唐）璟興撰
無量壽經宗要一卷 Y0226/第3册
（新羅）元曉撰
無量壽經起信論三卷 Y0226/第3册
（清）彭紹升撰
摩訶阿彌陀經衷論一卷 Y0226/第3册
（清）王耕心衷論
佛說大乘無量壽莊嚴清淨平等覺經解 Y0226/第4册
黄念祖注
無量壽經義記 Y0226/第5册
佚名
佛說觀無量壽佛經義疏二卷 Y0226/第5册
（隋）慧遠撰
觀無量壽經義疏一卷 Y0226/第5册
（隋）吉藏撰
佛說觀無量壽佛經疏四卷 Y0226/第5册
（唐）善導集記
釋觀無量壽佛經記一卷 Y0226/第5册
（唐）法聰撰
佛說觀無量壽佛經疏妙宗鈔科 Y0226/第5册
（宋）知禮排定
佛說觀無量壽佛經疏妙宗鈔會本 Y0226/第5册
（隋）智者說（宋）知禮述
觀無量壽佛經融心解 Y0226/第5册
（宋）知禮述
觀無量壽佛經義疏 Y0226/第5册
（宋）元照述
觀無量壽佛經扶新論 Y0226/第5册
（宋）戒度述
觀無量壽佛經義疏正觀記 Y0226/第5册
（宋）戒度述
佛說觀無量壽佛經圖頌 Y0226/第5册
（明）傳燈撰
佛說觀無量壽佛經直指疏 Y0226/第5册
（清）續法集
觀無量壽佛經約論 Y0226/第5册
（清）彭際清述
佛說觀無量壽佛經略論 Y0226/第5册
（清）楊文會撰
觀無量壽佛經義記 Y0226/第5册
佚名
阿彌陀經義記 Y0226/第5册
（隋）智者說 灌頂記
阿彌陀經義述 Y0226/第5册
（唐）慧淨述
阿彌陀經通贊疏 Y0226/第5册
（唐）窺基撰
阿彌陀經疏 Y0226/第6册
（唐）窺基撰
佛說阿彌陀經疏 Y0226/第6册
（宋）智圓述
佛說阿彌陀經義疏聞持記 Y0226/第6册
（宋）元照說 戒度述
阿彌陀經句解 Y0226/第6册
（元）性澄句解
佛說阿彌陀經略解 Y0226/第6册
（明）大佑述
阿彌陀經略解圓中鈔 Y0226/第6册
（明）大佑述 傳燈鈔
阿彌陀經疏鈔 Y0226/第6册
（明）蓮池述
阿彌陀經疏鈔事義 Y0226/第6册
（明）蓮池述
阿彌陀經疏鈔問辨 Y0226/第6册
（明）蓮池述
阿彌陀經淨土已決 Y0226/第6册
（明）大慧釋
阿彌陀經疏鈔演義 Y0226/第6册
（明）古德法師演義 慈航智願定本
阿彌陀經略注 Y0226/第7册
（清）續法注
阿彌陀經約論 Y0226/第7册
（清）彭際清述
佛說阿彌陀經直解正行 Y0226/第7册
（清）了根注
阿彌陀經注 Y0226/第7册
（清）鄭澄德 鄭澄源注
佛說阿彌陀經疏鈔擷 Y0226/第7册
徐槐廷擷
佛說阿彌陀經要解便蒙鈔 Y0226/第7册
（清）達默鈔 達林參訂
阿彌陀經摘要易解 Y0226/第7册
（清）真嵩槩譚述
阿彌陀經白話解釋 Y0226/第7册
黄智海演述
佛說阿彌陀經注釋會要 Y0226/第7册
徐珂輯
佛說阿彌陀經講義 Y0226/第7册
圓瑛講
佛說阿彌陀經講經文 Y0226/第8册
往生論注 Y0226/第8册
（清）楊文會注
楞嚴經勢至念佛圓通章疏鈔 Y0226/第8册
（清）續法集
大乘義章 Y0226/第8册
（東晉）慧遠 鳩摩羅什著
略論安樂淨土義 Y0226/第8册
（魏）曇鸞著
贊阿彌陀佛偈 Y0226/第8册
（魏）曇鸞撰
五方便念佛門 Y0226/第8册
（隋）智凱撰
安樂集 Y0226/第8册
（唐）道綽撰
淨土論 Y0226/第8册
（唐）迦才撰
釋淨土群疑論 Y0226/第8册
（唐）懷感著

西方要訣釋疑通規 Y0226/第 8 册
(唐)窺基著
西方要訣科注 Y0226/第 8 册
失名
游心安樂道 Y0226/第 8 册
(新羅)元曉著
觀念阿彌陀佛相海三昧功德法門
Y0226/第 8 册
(唐)善導集記
轉經行道願往生淨土法事贊
Y0226/第 8 册
(唐)善導集記
往生禮贊偈 Y0226/第 8 册
(唐)善導集記
依觀經等明般舟三昧行道往生贊
Y0226/第 8 册
(唐)善導撰
念佛鏡 Y0226/第 8 册
(唐)道鏡 善道共撰
淨土五會念佛略法事儀贊 Y0226/第 8 册
(唐)法照撰
淨土五會念佛誦經觀行儀 Y0226/第 8 册
(唐)法照撰
略諸經論念佛法門往生淨土集
Y0226/第 8 册
(唐)慧日集
集諸經禮懺儀 Y0226/第 8 册
(唐)智升撰
三時系念佛事 Y0226/第 8 册
(宋)延壽撰
三時系念儀範 Y0226/第 8 册
(宋)延壽撰
無量壽佛贊注 Y0226/第 8 册
(宋)戒度注
慈雲懺主禮懺法 Y0226/第 8 册
(宋)遵式撰
注十疑論 Y0226/第 9 册
(宋)澄彧注
樂邦文類 Y0226/第 9 册
(宋)宗曉編
樂邦遺稿 Y0226/第 9 册
(宋)宗曉編
龍舒增廣淨土文 Y0226/第 9 册
(宋)王日休撰
淨土境觀要門 Y0226/第 9 册
(元)懷則著
廬山蓮宗寶鑒 Y0226/第 9 册
(元)普度輯
三時系念 Y0226/第 9 册
(元)明本述
禮念彌陀道場懺法 Y0226/第 9 册
(元)王子成集
淨土指歸集 Y0226/第 9 册
(明)大佑集
淨土簡要錄 Y0226/第 9 册
(明)道衍編
歸元直指集 Y0226/第 10 册
(明)宗本集
淨土決 Y0226/第 10 册
(明)李贄集
答淨土四十八問 Y0226/第 10 册
(明)蓮池大師著
淨土疑辨 Y0226/第 10 册
(明)蓮池大師著
西方願文解 Y0226/第 10 册
(明)蓮池大師著
淨土文鈔 Y0226/第 10 册
(明)蓮池大師著
雲栖淨土匯語 Y0226/第 10 册
(明)蓮池大師著
淨土資糧全集 Y0226/第 10 册
(明)莊廣還輯 蓮池大師校正
蓮邦詩選 Y0226/第 10 册
(明)廣貴輯
西方直指 Y0226/第 10 册
(明)一念編
淨土十要 Y0226/第 11 册
(明)智旭選定 成時評點
西方合論標注 Y0226/第 12 册
(明)明教標注
淨慈要語 Y0226/第 12 册
(明)元賢述
淨土生無生論注 Y0226/第 12 册
(明)正寂
淨土生無生論親聞記 Y0226/第 12 册
(明)受教記
靈峰蕅益大師淨土集 Y0226/第 12 册
(明)智旭著
憨山大師淨宗法要 Y0226/第 12 册
(明)德清著
淨土生無生論會集 Y0226/第 12 册
(清)達默集
淨土旨決 Y0226/第 12 册
(清)道霈撰
淨土晨鐘 Y0226/第 12 册
(清)周克復纂
西歸直指 Y0226/第 12 册
(清)周夢顔彙集
淨土警語 Y0226/第 12 册
(清)行策著
起一心精進念佛七期規式
Y0226/第 13 册
(清)行策定
淨土全書 Y0226/第 13 册
(清)俞行敏重輯
角虎集 Y0226/第 13 册
(清)濟能纂輯
東海若解 Y0226/第 13 册
(清)實賢解
西方發願文注 Y0226/第 13 册
(清)實賢注
省庵法師語錄 Y0226/第 13 册
(清)彭紹升重訂
二林唱和詩 Y0226/第 13 册
(清)彭紹升集
觀河集節鈔 Y0226/第 13 册
(清)彭紹升著
測海集節鈔 Y0226/第 13 册
(清)彭紹升著
華嚴念佛三昧論 Y0226/第 13 册
(清)彭際清述
重訂西方公據 Y0226/第 13 册
(清)彭際清集
念佛警策 Y0226/第 13 册
(清)彭際清纂
唯心集 Y0226/第 13 册
(清)乘戒著
影響集 Y0226/第 13 册
(清)量海著
淨業知津 Y0226/第 13 册
(清)悟開述
念佛百問 Y0226/第 13 册
(清)悟開著
徑中徑又徑 Y0226/第 13 册
(清)張師誠著
勸修淨土切要 Y0226/第 13 册
(清)真益願纂述
淨土隨學 Y0226/第 13 册
(清)古昆編
淨土必求 Y0226/第 13 册
(清)古昆集

西歸行儀 Y0226/第13册
（清）古昆輯
蓮宗必讀 Y0226/第13册
（清）古昆輯
淨土神珠 Y0226/第14册
（清）古昆輯
淨土承恩集 Y0226/第14册
（清）芳慧編
念佛三昧 Y0226/第14册
（清）瑞聖嘆注
西方確指 Y0226/第14册
（清）覺明菩薩說
清珠集 Y0226/第14册
（清）治兆輯
蓮邦消息 Y0226/第14册
（清）妙空子述
淨土極信錄 Y0226/第14册
（清）戒香述
念佛起緣彌陀觀偈直解 Y0226/第14册
（清）張淵述
淨土證心集 Y0226/第14册
（清）卍蓮述
淨業痛策 Y0226/第14册
（清）照瑩集
時時好念佛 Y0226/第14册
（清）果能述
啟信雜說 Y0226/第14册
（清）周思仁輯
淨土紺珠 Y0226/第14册
（清）德真輯
修西輯要 Y0226/第14册
（清）信庵輯
蓮修起信錄 Y0226/第14册
（清）程兆鸞錄
持名四十八法 Y0226/第14册
（清）鄭章庵述
瓊樓吟稿節鈔 Y0226/第14册
（清）陶善著
蓮修必讀 Y0226/第14册
（清）觀如集
普能嵩禪師淨土詩 Y0226/第14册
（清）德潤錄
淨土救生船詩 Y0226/第14册
（清）寬量集
報恩論 Y0226/第14册
（清）沈善登述
闡教編 Y0226/第15册
（清）楊文會撰
印光法師文鈔 Y0226/第15册
印光著
淨土徵經錄 Y0226/第16册
佚名編
蓮宗輯要 Y0226/第16册
佚名編
阿彌陀佛懺法 Y0226/第16册
海源德曉校
往生西方淨土瑞應刪傳 Y0226/第16册
（唐）道詵撰
淨土往生傳 Y0226/第16册
（宋）戒珠撰
諸上善人咏 Y0226/第16册
（明）道衍撰
往生集 Y0226/第16册
（明）蓮池大師輯
淨土聖賢錄 Y0226/第16册
（清）彭希涑述
淨土聖賢錄續編 Y0226/第16册
（清）胡珽述
西舫彙征 Y0226/第16册
（清）瑞璋輯
修西聞見錄 Y0226/第16册
（清）咫觀輯
東林十八高賢傳 Y0226/第16册
佚名編
新修往生傳 Y0226/第16册
佚名編
往生錄 Y0226/第16册
佚名編

Y0227(1－20)
宋藏遺珍
國家圖書館分館編
二〇〇二年全國圖書館文獻縮微複製中心據國家圖書館藏書影印本
二十册
國家圖書館古籍文獻叢刊
大聖文殊師利菩薩佛刹功德莊嚴經 Y0227/第1册
大方廣如來藏經 Y0227/第1册
金剛頂經一字頂輪王瑜伽一切時處念誦成佛儀軌 Y0227/第1册
金剛頂降三世大儀軌法王教中觀自在菩薩心真言一切如來蓮華大曼荼羅品 Y0227/第1册
修習般若波羅蜜菩薩觀行念誦儀軌 Y0227/第1册
佛說十力經 Y0227/第1册
佛說迴嚮輪經 Y0227/第1册
佛說勝義空經 Y0227/第1册
佛說清淨心經 Y0227/第1册
佛說十地經 Y0227/第1册
佛說十地經(續) Y0227/第2册
金色童子因緣經 Y0227/第2册
佛說開覺自性般若波羅蜜多經 Y0227/第2册
諸法集要經 Y0227/第2册
諸法集要經(續) Y0227/第3册
父子合集經 Y0227/第3册
父子合集經(續) Y0227/第4册
佛說大乘僧伽咤法義經 Y0227/第4册
佛說清淨毗柰耶最上大乘經 Y0227/第4册
佛說隨勇尊者經 Y0227/第4册
仁王般若陀羅尼釋 Y0227/第4册
觀心論 Y0227/第4册
天合智者大師說
大唐正元續開元錄 Y0227/第4册
御製蓮華心輪廻文偈頌 Y0227/第4册
御製蓮華心輪廻文偈頌(續) Y0227/第5册
御注金剛般若經疏宣演 Y0227/第5册
御注金剛般若經疏宣演(續) Y0227/第6册
維摩疏記 Y0227/第6册
雙峯山曹侯溪寶林傳 Y0227/第6册
雙峰山曹侯溪寶林傳(續) Y0227/第7册
傳燈玉英集 Y0227/第7册
傳燈玉英集(續) Y0227/第8册
景祐天竺字源 Y0227/第8册
成唯識論述記 Y0227/第8册
翻經沙門基撰
成唯識論述記(續) Y0227/第9册
翻經沙門基撰
成唯識論述記科文 Y0227/第10册
成唯識論掌中樞要 Y0227/第10册
因明論理門十四過類疏 Y0227/第10册
法苑義林 Y0227/第10册
因明入正理論疏 Y0227/第10册
因明入正理論疏(續) Y0227/第11册
般若波羅蜜多心經幽贊 Y0227/第11册

阿彌陀經通贊疏 Y0227/第 11 册
妙法蓮華經玄贊 Y0227/第 11 册
瑜伽師地論略纂疏 Y0227/第 11 册
瑜伽師地論略纂疏(續) Y0227/第 12 册
瑜伽師地論義演 Y0227/第 12 册
瑜伽師地論義演(續) Y0227/第 13－15 册
瑜伽師地論記 Y0227/第 15 册
瑜伽師地論記(續) Y0227/第 16－17 册
大唐開元釋教廣品歷章 Y0227/第 17 册
(唐)玄逸撰
大唐開元釋教廣品歷章(續) Y0227/第 18 册
(唐)玄逸撰
大中祥符法寶錄 Y0227/第 19 册
(宋)趙安仁等
天聖釋教總錄 Y0227/第 19 册
(宋)惟淨等
景祐修法寶錄 Y0227/第 20 册
(宋)呂夷簡等
觀彌勒菩薩上生兜率天經疏 Y0227/第 20 册
(唐)窺基撰
上生經疏會古通今新抄 Y0227/第 20 册
(唐)詮明撰
上生經隨新抄科文 Y0227/第 20 册

Y0228(1－61)
正統道藏附書目索引
(法)施博爾原編 李殿魁改編
中華民國六十六年臺北縣藝文印書館影印本
六十一册

洞真部本文類

靈寶無量度人上品妙經六十一卷 Y0228/第 1 册
元始無量度人上品妙經直音一卷 Y0228/第 1 册
元始說先天道德經註解五卷 Y0228/第 1 册
(宋)李嘉謀註撰
無上内秘真藏經十卷 Y0228/第 1 册
太上無極總真文昌大洞仙經五卷 Y0228/第 1 册
(宋)劉安勝捧 羅懿子校正
上清大洞真經六卷 Y0228/第 1 册
(宋)朱自英序 (元)蔣宗映校勘 (宋)程公端 (明)張宇初跋
大洞玉經二卷 Y0228/第 2 册
(明)龔德同跋
太上三十六部尊經六卷 Y0228/第 2 册
太上一乘海空智藏經十卷 Y0228/第 2 册
高上玉皇本行集經三卷 Y0228/第 2 册
高上玉皇本行集經附奏陳表文三卷 Y0228/第 2 册
(漢)張良校正
高上玉皇本行經髓一卷 Y0228/第 2 册
(元)劉處源撰
高上玉皇心印妙經一卷 Y0228/第 2 册
高上玉皇胎息經一卷 Y0228/第 2 册
無上九霄玉清大梵紫微玄都雷霆玉經一卷 Y0228/第 2 册
九天應元雷聲普化天尊玉樞寶經一卷 Y0228/第 2 册
太上說朝天謝雷真經一卷 Y0228/第 2 册
太上虛皇天尊四十九章經一卷 Y0228/第 2 册
太上昇玄消災護命妙經一卷 Y0228/第 2 册
三光注齡資福延壽妙經一卷 Y0228/第 2 册
太上長生延壽集福德經一卷 Y0228/第 2 册
元始五老赤書玉篇真文天書經三卷 Y0228/第 2 册
太上諸天靈書度命妙經一卷 Y0228/第 2 册
元始天尊說生天得道經一卷 Y0228/第 2 册
元始天尊說得道了身經一卷 Y0228/第 2 册
太上九天延祥滌惡四聖妙經一卷 Y0228/第 2 册
元始天尊說北方真武妙經一卷 Y0228/第 2 册
元始天尊說梓童帝君應驗經一卷 Y0228/第 2 册
元始天尊說梓童帝君本願經一卷 Y0228/第 2 册
元始八威龍文經一卷 Y0228/第 2 册
黄帝陰符經一卷 Y0228/第 2 册
混元陽符經一卷 Y0228/第 2 册
上清黄氣陽精三道順行經一卷 Y0228/第 2 册
太上開明天地本真經一卷 Y0228/第 2 册
太上玄都妙本清靜身心經一卷 Y0228/第 2 册
太上太玄女青三元品誡拔罪妙經三卷 Y0228/第 2 册
元始天尊說變化空洞妙經一卷 Y0228/第 2 册
太上昇玄三一融神變化妙經二卷 Y0228/第 2 册
太上導引三光九變妙經一卷 Y0228/第 2 册
太上導引三光寶真妙經一卷 Y0228/第 2 册
太上修真體元妙道經一卷 Y0228/第 2 册
(宋)劉元瑞撰 董正觀跋
玉清元始玄黄九光真經一卷 Y0228/第 2 册
元始天尊說十一曜大消灾神咒經一卷 Y0228/第 2 册
太上洞真五星秘授經一卷 Y0228/第 2 册
玉清無上靈寶自然北斗本生真經一卷 Y0228/第 2 册
太乙元真保命長生經一卷 Y0228/第 2 册
太上元始天尊證果真經一卷 Y0228/第 2 册
太上元始天尊說續命妙經一卷 Y0228/第 2 册
洞真太極北帝紫微神咒妙經一卷 Y0228/第 2 册
太上說六甲直符保胎護命妙經一卷 Y0228/第 2 册
太上元始天尊說大雨龍王經一卷 Y0228/第 2 册
太上護國祈雨消魔經一卷 Y0228/第 2 册
太上洞淵北帝天蓬護命消灾神咒妙經一卷 Y0228/第 2 册
太上洞淵辭瘟神咒妙經一卷 Y0228/第 2 册
高上太霄琅書瓊文帝章經一卷 Y0228/第 2 册
紫微夫人撰
太上玉佩金璫太極金書上經一卷 Y0228/第 2 册
上方天尊說真元通仙道經一卷 Y0228/第 2 册
無上大乘要訣妙經一卷 Y0228/第 2 册
元始洞真決疑經一卷 Y0228/第 2 册

(元)俞琰注
黄帝陰符經夾頌解註三卷 Y0228/第4册
(元)王玠注
黄帝陰符經集解三卷 Y0228/第4册
(宋)袁淑貞注
太上求仙定錄尺素真訣玉文一卷 Y0228/第4册
西王母授
太霄琅書瓊文帝章訣一卷 Y0228/第4册
胎息經註三書同卷 Y0228/第4册
幻真先生撰
胎息秘要歌訣三書同卷 Y0228/第4册
太清真人絡命訣三書同卷 Y0228/第4册
太上洞房內經註一卷 Y0228/第4册
(周)真人撰
陰真君還丹歌註一卷 Y0228/第4册
陳摶撰
崔公入藥鏡註解一卷 Y0228/第4册
(元)王玠注
呂純陽真人沁園春丹詞註解一卷 Y0228/第4册
(元)俞琰注
青天歌註釋一卷 Y0228/第4册
(元)邱長春作歌 (元)王玠註
學仙辨真訣一卷 Y0228/第4册
(宋)張無夢撰
太上洞真凝神修行經訣一卷 Y0228/第4册
上清握中訣三卷 Y0228/第4册
(梁)陶弘景撰
紫陽真人悟真篇註疏八卷 Y0228/第4册
(宋)張伯端撰 翁葆光注 (元)戴起宗疏
紫陽真人悟真篇三註五卷 Y0228/第4册
(宋)薛道光 陸墅 (元)陳致虛注
紫陽真人悟真篇拾遺一卷 Y0228/第4册
(宋)翁葆光撰
紫陽真人悟真直指詳說三乘秘要一卷 Y0228/第4册
(宋)翁葆光撰
悟真篇註釋三卷 Y0228/第4册
(宋)翁葆光註
紫陽真人悟真篇講義七卷 Y0228/第4册
(宋)夏元鼎撰

洞真部靈圖類

靈寶無量度人上品妙經符圖三卷 Y0228/第4册
無量度人上品妙經旁通圖三卷 Y0228/第4册
(宋)劉元道編
修真太極混元圖一卷 Y0228/第4册
蕭道存撰
修真太極混元指玄圖一卷 Y0228/第4册
金液還丹印證圖一卷 Y0228/第4册
(宋)龍眉子撰
修真曆驗鈔圖一卷 Y0228/第4册
龍虎手鑑圖一卷 Y0228/第4册
上清太玄九陽圖一卷 Y0228/第4册
(金)太玄子撰
三才定位圖一卷 Y0228/第4册
(宋)張商英撰
上清洞真九宮紫房圖一卷 Y0228/第4册
周易圖三卷 Y0228/第4册
大易象數鈎沉圖三卷 Y0228/第4册
(宋)楊甲編撰
易數鈎隱圖三卷 Y0228/第4册
(宋)劉牧撰
易數鈎隱圖遺論九事一卷 Y0228/第4册
(宋)劉牧撰
易象圖說(内外篇)六卷 Y0228/第4册
(元)張理撰
玄元十子圖一卷 Y0228/第4册
(元)趙孟頫作

洞真部譜録類

上清三尊譜録一卷 Y0228/第5册
靈寶自然九天生神三寶大有金書一卷 Y0228/第5册
元始上真衆仙記一卷 Y0228/第5册
(晉)葛洪撰
洞玄靈寶真靈位業圖一卷 Y0228/第5册
(梁)陶弘景撰
元始高上玉檢大録一卷 Y0228/第5册
清河內傳一卷 Y0228/第5册
梓潼帝君化書四卷 Y0228/第5册
清微仙譜一卷 Y0228/第5册
(元)陳采編
三茅真君加封事典二卷 Y0228/第5册
(宋)張大淳編
金蓮正宗記五卷 Y0228/第5册
(元)樗櫟道人撰
金蓮正宗仙源像傳一卷 Y0228/第5册
(元)劉志玄撰
七真年譜一卷 Y0228/第5册
(元)李道謙撰
玄風慶會録一卷 Y0228/第5册
(元)移剌楚材撰

洞真部戒律類

太上洞真智慧上品大誡一卷 Y0228/第5册
三洞衆戒文二卷 Y0228/第5册
(唐)張萬福輯
太微靈書紫文仙忌真記上經一卷 Y0228/第5册
虛皇天尊初真十戒文一卷 Y0228/第5册
太上九真妙戒金籙度命拔罪妙經一卷 Y0228/第5册
太上十二上品飛天法輪勸戒妙經一卷 Y0228/第5册
太極真人說二十四門戒經一卷 Y0228/第5册
太真玉帝四極明科經五卷 Y0228/第5册
赤松子中誡經一卷 Y0228/第5册
太微仙君功過格一卷 Y0228/第5册
太清五十八願文一卷 Y0228/第5册
玄都律文一卷 Y0228/第5册

洞真部威儀類

太上靈寶朝天謝罪大懺十卷 Y0228/第5册
太上玉清謝罪登真寶懺一卷 Y0228/第5册
太上上清禳灾延壽寶懺一卷 Y0228/第5册
太上泰清拔罪昇天寶懺一卷 Y0228/第5册
玉皇宥罪錫福寶懺一卷 Y0228/第5册
高上玉皇滿願寶懺十卷 Y0228/第5册
九天應元雷聲普化天尊玉樞寶懺一卷 Y0228/第5册
雷霆玉樞宥罪法懺一卷 Y0228/第5册
玉皇十七慈光燈儀一卷 Y0228/第5册
上清十一大曜燈儀一卷 Y0228/第5册
南斗延壽燈儀一卷 Y0228/第5册
北斗七元星燈儀一卷 Y0228/第5册
北斗本命延壽燈儀一卷 Y0228/第5册
三官燈儀一卷 Y0228/第5册
玄帝燈儀一卷 Y0228/第5册
九天三茅司命仙燈儀一卷 Y0228/第5册
萬靈燈儀一卷 Y0228/第5册
五顯靈觀大帝燈儀一卷 Y0228/第5册

土司燈儀一卷 Y0228/第5册
東厨司命燈儀一卷 Y0228/第5册
正一瘟司辟毒神燈儀一卷 Y0228/第5册
離明端相燈儀一卷 Y0228/第5册
黄籙九陽梵炁燈儀一卷 Y0228/第5册
黄籙九卮燈儀一卷 Y0228/第5册
黄籙破獄燈儀一卷 Y0228/第5册
黄籙五苦輪燈儀一卷 Y0228/第5册
地府十王拔度儀一卷 Y0228/第5册
上清天寳齋初夜儀一卷 Y0228/第5册
太乙火府奏告祈禳儀一卷 Y0228/第5册
清微玄樞奏告儀一卷 Y0228/第5册

洞真部方法類

靈寳無量度人上經大法七十二卷 Y0228/第5册
無上玄元三天玉堂大法三十卷 Y0228/第6册
路時中編
無上三天玉堂正宗高奔内景玉書二卷 Y0228/第6册
清微神烈秘法二卷 Y0228/第6册
清微元降大法二十五卷 Y0228/第6册
清微齋法二卷 Y0228/第7册
太上九要心印妙經一卷 Y0228/第7册
紫元君授道傳心法一卷 Y0228/第7册
(漢)陰長生注
真龍虎九仙經一卷 Y0228/第7册
(唐)羅公遠 葉靜能注
龍壺中丹訣一卷 Y0228/第7册
九還七返龍虎金丹析理真訣一卷 Y0228/第7册
(宋)程昭述
諸真論還丹訣一卷 Y0228/第7册
真一金丹訣一卷 Y0228/第7册
(宋)王常集
還丹秘訣養赤子神方一卷 Y0228/第7册
(宋)許明道述
還丹衆仙論一卷 Y0228/第7册
(宋)楊在集
修丹妙用至理論一卷 Y0228/第7册
丹經極論一卷 Y0228/第7册
金晶論一卷 Y0228/第7册
還丹現妙通幽集一卷 Y0228/第7册
(宋)潛真子撰
元陽子金液集一卷 Y0228/第7册
(唐)元陽子撰
還丹金液歌註一卷 Y0228/第7册
玉清玉笥青華秘文金寳煉丹訣三卷 Y0228/第7册
(宋)張伯端撰
碧虚子親傳直指一卷 Y0228/第7册
碧虚子撰 (宋)陳景元編
紙舟先生全真直指一卷 Y0228/第7册
(金)月巖編 (元)黄公望傳
陳虚白忖中指南二卷 Y0228/第7册
(元)陳沖素撰
大丹直指二卷 Y0228/第7册
(金)丘處機撰
玉谿子丹經指要三卷 Y0228/第7册
(宋)李簡易撰
西山群仙會真記五卷 Y0228/第7册
(唐)施肩吾撰 李竦編
會真集五卷 Y0228/第7册
(金)王吉昌撰
啓真集三卷 Y0228/第7册
(金)劉志淵撰
中和集六卷 Y0228/第7册
(元)李道純撰 蔡志頤編
三天易髓一卷 Y0228/第7册
(元)李道純撰 王玠校正
全真集玄秘要一卷 Y0228/第7册
(元)李道純撰
谷神篇二卷 Y0228/第7册
(元)林轅撰
金闕帝君三元真一經一卷 Y0228/第7册
大洞金華玉經一卷 Y0228/第7册
太微靈書紫文琅玕華丹神真上經一卷 Y0228/第7册
玉景九天金霄威神王祝太元上經一卷 Y0228/第7册
洞真太微黄書九天八籙真文一卷 Y0228/第7册
太玄八景籙一卷 Y0228/第7册
陶真人内丹賦一卷 Y0228/第7册
陶植撰
擒玄賦一卷 Y0228/第7册
金丹賦一卷 Y0228/第7册
(金)馬莅昭注
谷神賦一卷 Y0228/第7册
(宋)趙大信注
修真十書六十卷 Y0228/第7册
(宋)石泰輯
真氣還元銘一卷 Y0228/第8册
(五代)強名子注解
還丹歌訣一卷 Y0228/第8册
(元)陽子編
金液還丹百問訣一卷 Y0228/第8册
李光玄撰
上乘修真三要一卷 Y0228/第8册
圓明老人述
乾元子三始論一卷 Y0228/第8册
至真子龍虎大丹詩一卷 Y0228/第8册
(宋)周文撰

洞真部衆術類

破迷正道歌一卷 Y0228/第8册
正陽真人鍾離述
太玄郎然子進道詩一卷 Y0228/第8册
(宋)劉希岳撰
了明篇一卷 Y0228/第8册
(南宋)宋先生述 毛日新編
明道篇一卷 Y0228/第8册
(元)王惟一撰
真仙秘傳火候法一卷 Y0228/第8册
三極至命筌蹄一卷 Y0228/第8册
(宋)王慶升撰
析疑指迷論一卷 Y0228/第8册
(元)牛道淳撰
修真精義雜論一卷 Y0228/第8册
(唐)司馬承禎述
清微丹訣一卷 Y0228/第8册
先天金丹大道玄奥口訣一卷 Y0228/第8册
(宋)霍濟之撰
金液大丹口訣一卷 Y0228/第8册
(宋)鄭德安撰
抱一子三峯老人丹訣一卷 Y0228/第8册
(元)金月巖編 黄公望傳
黄帝宅經二卷 Y0228/第8册
黄帝龍首經二卷 Y0228/第8册
黄帝金匱玉衡經一卷 Y0228/第8册
黄帝授三子玄女經一卷 Y0228/第8册
太上登真三矯靈應經一卷 Y0228/第8册
通占大象暦星經二卷 Y0228/第8册
靈臺經一卷 Y0228/第8册
秤星靈臺秘要經一卷 Y0228/第8册

洞真部記傳類

廣黄帝本行記一卷 Y0228/第 8 册
(唐)王瓘撰
穆天子傳六卷 Y0228/第 8 册
(晉)郭璞注
漢武帝内傳一卷 Y0228/第 8 册
(漢)班固撰
漢武帝外傳一卷 Y0228/第 8 册
(漢)班固撰
列仙傳二卷 Y0228/第 8 册
(漢)劉向撰
續仙傳三卷 Y0228/第 8 册
(南唐)沈汾撰
曆世真仙體道通鑑五十三卷 Y0228/第 8 册
(元)趙道一編撰
曆世真仙體道通鑑續篇五卷 Y0228/第 9 册
(元)趙道一編撰
曆世真仙體道通鑑後集六卷 Y0228/第 9 册
(元)趙道一編撰
疑仙傳一卷 Y0228/第 9 册
(宋)隱夫玉簡撰
華陽陶隱居内傳三卷 Y0228/第 9 册
(唐)賈嵩撰
桓真人升仙記一卷 Y0228/第 9 册
周氏冥通記四卷 Y0228/第 9 册
(梁)陶弘景撰
紫陽真人内傳一卷 Y0228/第 9 册
茅山志三十三卷 Y0228/第 9 册
(元)劉大彬編撰
純陽帝君神化妙通紀七卷 Y0228/第 9 册
(元)苗善時編
太華希夷志二卷 Y0228/第 9 册
(元)張輅撰
西嶽華山志一卷 Y0228/第 9 册
(金)王處一撰
凝陽董真人遇仙記一卷 Y0228/第 9 册
(金)祿昭聞撰

洞真部讚頌類

諸師真誥一卷 Y0228/第 9 册
金籙齋三洞讚詠儀三卷 Y0228/第 9 册
(宋)張商英編
黄帝陰符經頌一卷 Y0228/第 9 册
(唐)元陽子撰
太上昇玄消災護命妙經頌一卷 Y0228/第 9 册
(唐)司馬承禎撰
生天經頌解一卷 Y0228/第 9 册
(元)王吉昌撰
三洞讚頌靈章三卷 Y0228/第 9 册

洞真部表奏類

宋真宗御製玉京集六卷 Y0228/第 9 册
(宋)真宗撰
太上濟度章赦三卷 Y0228/第 9 册

洞玄部本文類

靈寶天尊説洪恩靈濟真君妙經一卷 Y0228/第 9 册
洞玄靈寶自然九天生神章經一卷 Y0228/第 9 册
洞玄靈寶本相運度劫期經一卷 Y0228/第 9 册
洞玄靈寶丹水飛術運度小劫妙經一卷 Y0228/第 9 册
洞玄靈寶諸天世界造化經一卷 Y0228/第 9 册
太上靈寶天地運度自然妙經一卷 Y0228/第 9 册
太上洞玄靈寶三元無量壽經一卷 Y0228/第 9 册
上清五常變通萬化鬱冥經一卷 Y0228/第 9 册
太上洞玄靈寶智慧定志通微經一卷 Y0228/第 9 册
太上洞玄靈寶觀妙經一卷 Y0228/第 9 册
太上洞玄靈寶天尊説大通經一卷 Y0228/第 9 册
太上洞玄靈寶護諸童子經一卷 Y0228/第 9 册
太上洞玄靈寶開演秘密藏經一卷 Y0228/第 9 册
太上洞玄靈寶真文要解上經一卷 Y0228/第 9 册
(題)高玄大法師受
太上黄庭内景玉經一卷 Y0228/第 9 册
太上黄庭外景玉經一卷 Y0228/第 9 册
靈寶天尊説祿庫受生經一卷 Y0228/第 9 册
太上靈寶元陽妙經十卷 Y0228/第 10 册
太上洞淵神咒經二十卷 Y0228/第 10 册
太上洞玄靈寶業報因緣經十卷 Y0228/第 10 册
太上洞玄靈寶十號功德因緣妙經一卷 Y0228/第 10 册
太上洞玄靈寶宿命因緣明經一卷 Y0228/第 10 册
太上洞玄靈寶出家因緣經一卷 Y0228/第 10 册
太上洞玄靈寶轉神度命經一卷 Y0228/第 10 册
太上洞玄靈寶十師度人妙經一卷 Y0228/第 10 册
太上洞玄靈寶太玄普慈勸世經一卷 Y0228/第 10 册
太上洞玄靈寶四方大願經一卷 Y0228/第 10 册
太上洞玄靈寶智慧本願大戒上品經一卷 Y0228/第 10 册
太上洞玄靈寶誡業本行上品妙經一卷 Y0228/第 10 册
太上洞玄靈寶真一勸誡法輪妙經一卷 Y0228/第 10 册
太上玄一真人説妙通轉神入定經一卷 Y0228/第 10 册
太上玄一真人説勸誡法輪妙經一卷 Y0228/第 10 册
太上洞玄靈寶法燭經一卷 Y0228/第 10 册
太上靈寶智慧觀身經一卷 Y0228/第 10 册
太一救苦護身妙經一卷 Y0228/第 10 册
太上洞玄靈寶赤書玉訣妙經二卷 Y0228/第 10 册
上清金匱玉鏡修真指玄妙經一卷 Y0228/第 10 册
上清三元玉檢三元布經一卷 Y0228/第 10 册
太上洞玄靈寶福日妙經一卷 Y0228/第 10 册
洞玄靈寶上師説救護身命經一卷 Y0228/第 10 册
太上靈寶天尊説禳災度厄經一卷 Y0228/第 10 册
太上神咒延壽妙經一卷 Y0228/第 10 册
太上洞玄靈寶消禳火災經一卷 Y0228/第 10 册
太上洞玄靈寶天尊説養蠶營種經一卷

Y0228/第10册
太上洞玄靈寶八威召龍妙經二卷 Y0228/第10册
太上洞淵說請雨龍王經一卷 Y0228/第10册
太上召諸神龍安鎮墳墓經一卷 Y0228/第10册
太上靈寶補謝竈王經一卷 Y0228/第10册
太上說利益蠶王妙經一卷 Y0228/第10册
太上說牛癀妙經一卷 Y0228/第10册
上清洞玄明燈上經一卷 Y0228/第10册
太上洞玄寶元上經一卷 Y0228/第10册
太上洞玄靈寶滅度五錬生尸妙經一卷 Y0228/第10册
太上洞玄靈寶三元玉京玄都大獻經一卷 Y0228/第10册
太上洞玄靈寶三塗五苦拔度生死妙經一卷 Y0228/第10册
太上道君說解冤拔度妙經一卷 Y0228/第10册
太上洞玄靈寶往生救苦妙經一卷 Y0228/第10册
太上洞玄靈寶救苦妙經一卷 Y0228/第10册
太上洞玄靈寶天尊說濟苦經一卷 Y0228/第10册
太上洞玄靈寶淨供妙經一卷 Y0228/第10册
太上靈寶洪福滅罪像名經一卷 Y0228/第10册
太上救苦天尊說消愆滅罪經一卷 Y0228/第10册
太上說酆都拔苦愈樂妙經一卷 Y0228/第10册
洞玄靈寶道要經一卷 Y0228/第10册
洞玄靈寶飛仙上品妙經一卷 Y0228/第10册
太上靈寶天尊說延壽妙經一卷 Y0228/第10册
太上七星神咒經一卷 Y0228/第10册
太上虛皇保生神咒經一卷 Y0228/第10册
太上洞玄三洞開天風雷禹步制魔神咒經一卷 Y0228/第10册
太上洞淵三昧帝心光明正印太極紫微伏魔制鬼拯救惡道集福吉祥神咒一卷 Y0228/第10册
太上三生解冤妙經一卷 Y0228/第10册

洞玄部神符類

太上靈寶五符序三卷 Y0228/第10册
太上洞玄靈寶素靈真符三卷 Y0228/第10册
太上洞玄靈寶五嶽神符一卷 Y0228/第10册
上清金母求仙上法一卷 Y0228/第10册
李玄真撰
上清豁落七元符一卷 Y0228/第10册
太上洞玄靈寶大綱鈔一卷 Y0228/第10册
（唐）閭丘方遠撰
上清太一金闕玉璽金真紀一卷 Y0228/第10册
太上洞玄靈寶投簡符文要訣一卷 Y0228/第10册

洞玄部玉訣類

洞玄靈寶自然九天生神章經解義四卷 Y0228/第10册
（宋）董思靖撰
洞玄靈寶自然九天生神玉章經解三卷 Y0228/第10册
（宋）王希巢撰
洞玄靈寶自然九天生神章經註三卷 Y0228/第11册
（元）華陽複注
太上洞玄靈寶天尊說救苦妙經註解一卷 Y0228/第11册
洞陽子注
洞玄靈寶定觀經註一卷 Y0228/第11册
黄庭内景玉經註一卷 Y0228/第11册
（金）劉處玄解
黄庭内景玉經註三卷 Y0228/第11册
（唐）梁丘子注
黄庭内外玉景經解殘卷 Y0228/第11册
（宋）蔣慎修注
上清丹元玉真帝皇飛仙上經一卷 Y0228/第11册
上清紫精君皇初紫靈道君洞房上經一卷 Y0228/第11册
上清紫微帝君南極元君玉經寶訣一卷 Y0228/第11册
靈寶大錬内旨行持機要一卷 Y0228/第11册
上清胎精記解結行事訣一卷 Y0228/第11册
上清華晨三奔玉訣一卷 Y0228/第11册
太上洞玄靈寶衆簡文一卷 Y0228/第11册
（劉宋）陸修靜撰
太上洞玄靈寶五帝醮祭招真玉訣一卷 Y0228/第11册
上清佩符文青券訣一卷 Y0228/第11册
上清佩符文白券訣一卷 Y0228/第11册
上清佩符文絳券訣一卷 Y0228/第11册
上清佩符文黑券訣一卷 Y0228/第11册
上清佩符文黄券訣一卷 Y0228/第11册
太上大道三元品誡謝罪上法一卷 Y0228/第11册
固氣還神九轉瓊丹論一卷 Y0228/第11册
靈寶衆真丹訣一卷 Y0228/第11册
神仙服餌丹石行藥法一卷 Y0228/第11册
京里先生撰
登真隱訣三卷 Y0228/第11册
（梁）陶弘景編撰
上清三真旨要玉訣一卷 Y0228/第11册
上清洞真解過訣一卷 Y0228/第11册
上清明堂元真經訣一卷 Y0228/第11册
上清太極隱注玉經寶訣一卷 Y0228/第11册
上清太上八素真經一卷 Y0228/第11册
上清修行經訣一卷 Y0228/第11册
太上飛行九晨玉經一卷 Y0228/第11册

洞玄部靈圖類

上清長生寶鑑圖一卷 Y0228/第11册
上清八道秘言圖一卷 Y0228/第11册
上清含象劍鑑圖一卷 Y0228/第11册
（唐）司馬承禎撰
黄庭内景五臟六腑補瀉圖一卷 Y0228/第11册
（唐）胡愔撰
七域修真證品圖一卷 Y0228/第11册
玄覽人鳥山經圖一卷 Y0228/第11册
太上玉晨鬱儀結璘奔日月圖一卷 Y0228/第11册
上方大洞真元妙經品一卷 Y0228/第11册
上方大洞真元妙經圖一卷 Y0228/第11册

上方大洞真元陰陽陟降圖書後解一卷 Y0228/第 11 册
上方大洞真元圖書繼說終篇一卷 Y0228/第 11 册
許太史真君圖傳二卷 Y0228/第 11 册
洞玄靈寶五岳古本真形圖并序一卷 Y0228/第 11 册
(漢)東方朔撰

洞玄部譜録類

上清後聖道君列紀一卷 Y0228/第 11 册
上清高上玉真衆道綜監寶諱一卷 Y0228/第 11 册
洞玄靈寶三師記一卷 Y0228/第 11 册
(唐)劉處靜撰
洞玄靈寶三師名諱形狀居觀方所文一卷 Y0228/第 11 册
(唐)張萬福撰
上清衆經諸真聖秘八卷 Y0228/第 11 册
許真君仙傳一卷 Y0228/第 11 册
西山許真君八十五化録三卷 Y0228/第 11 册
(宋)施岑編
孝道吳許二真君傳一卷 Y0228/第 11 册
太極葛仙公傳一卷 Y0228/第 11 册
(明)譚嗣先撰
雲阜山申仙翁傳一卷 Y0228/第 11 册
南嶽九真人傳一卷 Y0228/第 11 册
(宋)廖侁撰
南嶽小録一卷 Y0228/第 11 册
(唐)李沖昭撰

洞玄部戒律類

太上洞玄靈寶上品戒經一卷 Y0228/第 11 册
太上玄一真人說三途五苦勸戒經一卷 Y0228/第 11 册
太上洞玄靈寶三元品戒功德輕重經一卷 Y0228/第 11 册
太上洞玄靈寶智慧罪根上品大戒經二卷 Y0228/第 11 册
上清衆真教戒德行經一卷 Y0228/第 11 册
洞玄靈寶天尊說十戒經一卷 Y0228/第 11 册
太上洞玄靈寶宣戒首悔衆罪保護經三卷 Y0228/第 11 册
上清骨髓靈文鬼律三卷 Y0228/第 11 册
(宋)饒洞天定正 鄭有功編
太上洞玄靈寶法身製論一卷 Y0228/第 11 册
要修科儀戒律鈔十六卷 Y0228/第 11 册
(唐)朱法滿撰
齋戒籙一卷 Y0228/第 11 册

洞玄部威儀類

靈寶領教濟度金書目錄一卷 Y0228/第 12－14 册
靈寶領教濟度金書(嗣教錄一卷)三百二十卷 Y0228/第 12－14 册
(宋)寧全真授 (元)林靈真編
大明玄教立成齋醮儀一卷 Y0228/第 15 册
(明)宋宗真等
洪恩靈濟真君自然行道儀一卷 Y0228/第 15 册
洪恩靈濟真君集福宿啓儀一卷 Y0228/第 15 册
洪恩靈濟真君集福早朝儀一卷 Y0228/第 15 册
洪恩靈濟真君集福午朝儀一卷 Y0228/第 15 册
洪恩靈濟真君集福晚朝儀一卷 Y0228/第 15 册
洪恩靈濟真君祈謝設醮儀一卷 Y0228/第 15 册
洪恩靈濟真君禮願文一卷 Y0228/第 15 册
洪恩靈濟真君七政星燈儀一卷 Y0228/第 15 册
洪恩靈濟真君事實一卷 Y0228/第 15 册
羅天大醮早朝儀一卷 Y0228/第 15 册
羅天大醮午朝儀一卷 Y0228/第 15 册
羅天大醮晚朝儀一卷 Y0228/第 15 册
羅天大醮設醮儀一卷 Y0228/第 15 册
玄門報孝追薦儀一卷 Y0228/第 15 册
諸師聖誕沖舉酌獻儀一卷 Y0228/第 15 册
金籙齋啓壇儀一卷 Y0228/第 15 册
(唐末五代)杜光庭編
金籙大齋宿啓儀一卷 Y0228/第 15 册
金籙大齋啓盟儀一卷 Y0228/第 15 册
金籙大齋補職說戒儀一卷 Y0228/第 15 册
金籙早午晚朝儀三卷 Y0228/第 15 册
金籙齋懺方儀一卷 Y0228/第 15 册
金籙解壇儀一卷 Y0228/第 15 册
金籙設醮儀一卷 Y0228/第 15 册
金籙放生儀一卷 Y0228/第 15 册
金籙祈壽早午晚朝儀三卷 Y0228/第 15 册
金籙上壽三獻儀一卷 Y0228/第 15 册
金籙延壽設醮儀一卷 Y0228/第 15 册
金籙玄靈轉經早午晚朝儀三卷 Y0228/第 15 册
金籙十迴度人早午晚朝開收儀一卷 Y0228/第 15 册
金籙十迴度人三朝轉經儀一卷 Y0228/第 15 册
金籙投簡儀一卷 Y0228/第 15 册
(宋)張商英刪定
玉籙資度宿啓儀一卷 Y0228/第 15 册
玉籙資度解壇儀一卷 Y0228/第 15 册
玉籙資度設醮儀一卷 Y0228/第 15 册
玉籙資度早午晚朝儀一卷 Y0228/第 15 册
玉籙生神資度轉經儀一卷 Y0228/第 15 册
玉籙生神資度開收儀一卷 Y0228/第 15 册
玉籙大齋三日九朝儀三卷 Y0228/第 15 册
玉籙濟幽判斛儀一卷 Y0228/第 15 册
太上黃籙齋儀五十八卷 Y0228/第 15 册
(唐末五代)杜光庭編
無上黃籙大齋立成儀五十七卷 Y0228/第 15 册
(宋)留用光傳授 (宋)蔣叔輿編撰
黃籙救苦十齋轉經儀一卷 Y0228/第 16 册
黃籙十念儀一卷 Y0228/第 16 册
黃籙五老悼亡儀一卷 Y0228/第 16 册
黃籙齋十天尊儀一卷 Y0228/第 16 册
黃籙齋十洲三島拔度儀一卷 Y0228/第 16 册
黃籙九幽醮無礙夜齋次第儀一卷 Y0228/第 16 册
洞玄靈寶河圖仰謝三十六天齋儀四卷 Y0228/第 16 册
洞玄靈寶河圖仰謝三十六天土皇齋儀四卷 Y0228/第 16 册
靈寶半景齋儀一卷 Y0228/第 16 册
神功妙濟真君禮文一卷 Y0228/第 16 册

太上靈寶玉匱明真齋懺方儀一卷 Y0228/第16册
(唐末五代)杜光庭集
太上靈寶玉匱明真大齋懺方儀一卷 Y0228/第16册
(唐末五代)杜光庭集
太上靈寶玉匱明真大齋言功儀一卷 Y0228/第16册
(唐末五代)杜光庭集
洞玄靈寶自然券儀一卷 Y0228/第16册
洞玄靈寶自然齋儀一卷 Y0228/第16册
洞玄靈寶齋說光燭戒罰燈祝願儀一卷 Y0228/第16册
(劉宋)陸修靜撰
太上洞淵三昧神咒齋懺謝儀一卷 Y0228/第16册
(唐末五代)杜光庭集
太上洞淵三昧神咒齋清旦行道儀一卷 Y0228/第16册
(唐末五代)杜光庭集
太上洞淵三昧神咒齋十方懺儀一卷 Y0228/第16册
(唐末五代)杜光庭集
太上洞玄靈寶授度儀一卷 Y0228/第16册
(劉宋)陸修靜撰
靈寶五經提綱一卷 Y0228/第16册
洞玄靈寶玉籙簡文三元威儀自然真經一卷 Y0228/第16册
洞玄靈寶鐘磬威儀經一卷 Y0228/第16册
太極真人敷靈寶齋戒威儀諸經要訣一卷 Y0228/第16册
(晉)鄭隱記
太上靈寶上元天官消愆滅罪懺一卷 Y0228/第16册
太上靈寶中元地官消愆滅罪懺一卷 Y0228/第16册
太上靈寶下元水官消愆滅罪懺一卷 Y0228/第16册
太上玄司滅罪紫府消灾法懺一卷 Y0228/第16册
太上消滅地獄昇升陟天堂懺一卷 Y0228/第16册
太一救苦天尊說拔度血湖寶懺一卷 Y0228/第16册
青玄救苦寶懺一卷 Y0228/第16册
慈尊昇度寶懺一卷 Y0228/第16册
東嶽大生寶懺一卷 Y0228/第16册
太上靈寶十方應號天尊懺存二卷 Y0228/第16册
太上慈悲道場消災九幽懺十卷 Y0228/第16册
(漢)葛洪纂集
太上慈悲九幽拔罪懺十卷 Y0228/第16册
太上慈悲道場滅罪水懺一卷 Y0228/第16册

洞玄部方法類

靈寶玉鑑目錄一卷 Y0228/第16册
靈寶玉鑒四十四卷 Y0228/第16册
太極祭鍊内法三卷 Y0228/第17册
(宋)鄭思肖編撰
上清天樞院回車畢道正法三卷 Y0228/第17册
許真君受鍊形神上清畢道法要節文一卷 Y0228/第17册
天樞院都司須知令一卷 Y0228/第17册
天樞院都司須知格一卷 Y0228/第17册
靈寶淨明天樞都司法院須知法文一卷 Y0228/第17册
靈寶淨明院教師周真公起請畫十一卷 Y0228/第17册
高上月宫太陰元君孝道仙王靈寶淨明黃素書十卷 Y0228/第17册
傅飛卿解
靈寶淨明黃素書釋義秘訣一卷 Y0228/第17册
太上靈寶淨明入道品一卷 Y0228/第17册
靈寶淨明院真師密誥一卷 Y0228/第17册
太上靈寶淨明法印式一卷 Y0228/第17册
靈寶淨明大法萬道玉章秘訣一卷 Y0228/第17册
太上靈寶淨明秘法篇二卷 Y0228/第17册
靈寶淨明新修九老神印伏魔秘法一卷 Y0228/第17册
(宋)何守澄撰
太上靈寶淨明飛仙度人經法五卷 Y0228/第17册
(題)許旌陽釋
太上靈寶淨明飛仙度人經法釋例一卷 Y0228/第17册
(題)許旌陽釋
太上浄明院補奏職局太玄都省須知一卷 Y0228/第17册
(題)許旌陽釋
上清天心正法七卷 Y0228/第17册
(宋)鄭有功删定
上清北極天心正法一卷 Y0228/第17册
靈寶歸空訣一卷 Y0228/第17册
(元末明初)趙宜真編
上清大洞九宫朝修秘訣上道一卷 Y0228/第17册
周德大編撰

洞玄部衆術類

靈劍子一卷 Y0228/第17册
(題)許旌陽述
靈劍子引導子午記一卷 Y0228/第17册
(題)許旌陽述
養命機關金丹真訣一卷 Y0228/第17册
玄珠歌一卷 Y0228/第17册
(題)通玄先生撰
玄珠心鏡註一卷 Y0228/第17册
衡嶽真子撰
玄珠心鏡註一卷 Y0228/第17册
(唐)長孫滋傳 (唐)王損之章句
抱一函三秘訣一卷 Y0228/第17册
(元)金月巖編 (元)黃公望傳
存神固氣論一卷 Y0228/第17册
攝生纂錄一卷 Y0228/第17册
(唐)王仲丘撰
養生秘錄一卷 Y0228/第17册
玄圃山靈毻秘錄三卷 Y0228/第18册
靈寶六丁秘法一卷 Y0228/第18册
魁罡六鎖秘法一卷 Y0228/第18册
太上三辟五解秘法一卷 Y0228/第18册
上清六甲祈禱秘法一卷 Y0228/第18册
貫斗忠孝五雷武侯秘法一卷 Y0228/第18册
(元末)張輝齊撰
黃帝太乙八門入式訣三卷 Y0228/第18册
黃帝太一八門入式秘訣一卷 Y0228/第18册
黃帝太一八門逆順生死訣一卷 Y0228/第18册
太上赤文洞神三籙一卷 Y0228/第18册

(梁)陶弘景集 (唐)李淳風注

洞玄部記傳類

道教靈驗記十五卷 Y0228/第18册
(唐末五代)杜光庭撰
錄異記八卷 Y0228/第18册
(唐末五代)杜光庭撰
神仙感遇傳五卷 Y0228/第18册
(唐末五代)杜光庭撰
歷代崇道記一卷 Y0228/第18册
(唐末五代)杜光庭撰
體玄真人顯異錄一卷 Y0228/第18册
江淮異人錄一卷 Y0228/第18册
(宋)吳淑撰
仙苑編珠三卷 Y0228/第18册
(唐末五代)王松年撰
道迹靈仙記一卷 Y0228/第18册
十洲記一卷 Y0228/第18册
(題)東方朔集
洞天福地嶽瀆名山記一卷 Y0228/第18册
(唐末五代)王松年撰
梅仙觀記一卷 Y0228/第18册
(宋)楊智遠編
金華赤松山志一卷 Y0228/第18册
(宋)倪守約撰
仙都志二卷 Y0228/第18册
(元)陳性定編
天台山志一卷 Y0228/第18册
龍瑞觀禹穴陽明洞天圖經一卷 Y0228/第18册
(宋)李宗諤編
四明洞天丹山圖詠集一卷 Y0228/第18册
(元)曾堅等
南嶽總勝集一卷 Y0228/第18册
(宋)陳田夫撰

洞玄部贊頌類

玉音法事三卷 Y0228/第18册
上清諸真章頌一卷 Y0228/第18册
太上洞玄靈寶智慧禮讚一卷 Y0228/第18册
靈寶九幽長夜起尸度亡玄章一卷 Y0228/第18册
洞玄靈寶六甲玉女上宮歌章一卷 Y0228/第18册
上清侍帝晨桐柏真人真圖讃一卷有圖 Y0228/第18册
(唐)司馬承禎錄
衆仙贊頌靈章一卷 Y0228/第18册
洞玄靈寶昇玄步虛章序疏一卷 Y0228/第18册

洞玄部表奏類

赤松子章曆六卷 Y0228/第18册
廣成集十七卷 Y0228/第18册
(唐末五代)杜光庭撰
太上宣慈助化章五卷 Y0228/第18册
(唐末五代)杜光庭撰
靈寶淨明院行遣式一卷 Y0228/第18册
周真人撰
天樞院都司須知行遣式一卷 Y0228/第18册

洞神部本文類

太上老君說常清靜妙經一卷 Y0228/第19册
太上玄靈斗姆大聖元君本命延生心經一卷 Y0228/第19册
太上玄靈北斗本命延生真經一卷 Y0228/第19册
太上玄靈北斗本命長生妙經一卷 Y0228/第19册
太上說南斗六司延壽度人妙經一卷 Y0228/第19册
(題)張道陵 王長 趙升同記述
太上說東斗主筭護命妙經一卷 Y0228/第19册
太上說西斗記名護身妙經一卷 Y0228/第19册
太上說中斗大魁保命妙經一卷 Y0228/第19册
太上說中斗大魁掌筭伏魔神咒經一卷 Y0228/第19册
太上北斗二十八章經一卷 Y0228/第19册
太上老君說救生真經一卷 Y0228/第19册
太上老君說消災經一卷 Y0228/第19册
太上太清天童護命妙經一卷 Y0228/第19册
(梁)悟真受
太上泰清皇老帝君運雷天童隱梵仙經一卷 Y0228/第19册
太上老君說安宅八陽經一卷 Y0228/第19册
太上老君說補謝八陽經一卷 Y0228/第19册
太上說十鍊生神救護經一卷 Y0228/第19册
太上飛步五星經一卷 Y0228/第19册
太上飛步南斗太微玉經一卷 Y0228/第19册
皇天上清金闕帝君靈書紫文上經一卷 Y0228/第19册
洞神八帝妙精經一卷 Y0228/第19册
太上老君內觀經一卷 Y0228/第19册
太上老君說了心經一卷 Y0228/第19册
太上老君內丹經一卷 Y0228/第19册
太上內丹守一真定經一卷 Y0228/第19册
太上老君內日用妙經一卷 Y0228/第19册
太上老君外日用妙經一卷 Y0228/第19册
太上說輪轉五道宿命因緣經一卷 Y0228/第19册
太上化道度世仙經一卷 Y0228/第19册
太上老君說天妃救苦靈驗經一卷 Y0228/第19册
太上老君說長生益筭妙經一卷 Y0228/第19册
太上洞神三元妙本福壽真經一卷 Y0228/第19册
太上老君說解釋咒詛經一卷 Y0228/第19册
太上老君說五斗金章受生經一卷 Y0228/第19册
太上洞神天公消魔護國經三卷 Y0228/第19册
太上說紫微神兵護國消魔經一卷 Y0228/第19册
太上日月混元經一卷 Y0228/第19册
太上洞神五星諸宿日月混常經一卷 Y0228/第19册
太上妙始經一卷 Y0228/第19册
太上浩元經一卷 Y0228/第19册
混元八景真經五卷 Y0228/第19册
老子像名經十卷 Y0228/第19册
太上老君說報父母恩重經一卷 Y0228/第19册
玄天上帝說報父母恩重經一卷 Y0228/第19册

道德真經二卷 Y0228/第 19 册
道德經古本篇二卷 Y0228/第 19 册
(唐)傅奕校定
西昇經三卷 Y0228/第 19 册
(宋)趙佶注
無上妙道文始真經一卷 Y0228/第 19 册
(周)尹喜撰
沖虚至德真經三卷 Y0228/第 19 册
(戰國)列禦寇撰
洞靈真經一卷 Y0228/第 19 册
(周)耿桑楚撰
南華真經五卷 Y0228/第 19 册
(周)莊子撰

洞神部神符類

太上無極大道自然真一五稱符上經二卷 Y0228/第 19 册
太上老君說益筭神符妙經一卷 Y0228/第 19 册
太上老君混元三部符三卷 Y0228/第 19 册
無上三元鎮宅靈籙一卷 Y0228/第 19 册
上清丹天三氣玉皇六辰飛綱司命大籙一卷 Y0228/第 19 册

洞神部玉訣類

大明太祖高皇帝御註道德真經二卷 Y0228/第 19 册
(明)朱元璋注
唐玄宗御註道德真經四卷 Y0228/第 19 册
(唐)李隆基注
唐玄宗御製道德真經疏十卷 Y0228/第 19 册
(唐)李隆基疏
唐玄宗御製道德真經疏四卷 Y0228/第 19 册
(唐)(題)李隆基制
宋徽宗御解道德真經四卷 Y0228/第 19 册
(宋)徽宗注
宋徽宗道德真經解義十卷 Y0228/第 20 册
(宋)章安撰
道德真經註四卷 Y0228/第 20 册
(漢)河上公注
道德真經解二卷 Y0228/第 20 册
(宋)陳象古注
道德真經四子古道集解十卷 Y0228/第 20 册
(金)冦才質集解
道德真經傳四卷 Y0228/第 20 册
(唐)陸希聲注
道德真經傳四卷 Y0228/第 20 册
(宋)吕惠卿注
道德真經三解四卷 Y0228/第 20 册
(元)鄧錡注
道德真經直解四卷 Y0228/第 20 册
(宋)邵若愚注 張知新校正
道德真經論四卷 Y0228/第 20 册
(宋)司馬光注
道德真經註四卷 Y0228/第 20 册
(魏)王弼注
道德真經註四卷 Y0228/第 20 册
(宋)蘇轍注
道德真經新註四卷 Y0228/第 20 册
(唐)李約注
道德真經指歸十三卷 Y0228/第 20 册
(漢)嚴遵撰 谷神子注
道德真經疏義十四卷 Y0228/第 20 册
(宋)江徵疏
道德真經集解四卷 Y0228/第 21 册
(金)趙秉文集注
道德真經全解二卷 Y0228/第 21 册
(題)時雍解
道德真經次解二卷 Y0228/第 21 册
(題)無名氏注
道德真經章句訓頌二卷 Y0228/第 21 册
(元)張嗣成撰
道德會元二卷 Y0228/第 21 册
(元)李道純撰
道德真經解二卷 Y0228/第 21 册
(題)無名氏解
道德真經口義四卷 Y0228/第 21 册
(宋)林希逸撰
道德玄經原旨四卷 Y0228/第 21 册
(元)杜道堅撰
玄經原旨發揮二卷 Y0228/第 21 册
(元)杜道堅撰
道德真經註四卷 Y0228/第 21 册
(元)吳澄注
道德真經集解四卷 Y0228/第 21 册
(宋)董思靖撰
道德真經集注十卷 Y0228/第 21 册
道德真經集註十八卷釋文一卷雜說二卷 Y0228/第 21 册
(宋)彭耜集注
道德真經集註釋文一卷 Y0228/第 22 册
(宋)彭耜集注
道德真經集註雜說二卷 Y0228/第 22 册
(宋)彭耜集注
道德真經註疏八卷 Y0228/第 22 册
(南齊)顧歡述
道德真經玄德纂疏二十卷 Y0228/第 22 册
(前蜀)強思齊編
道德真經集義十卷 Y0228/第 22 册
(明)危大有撰
道德經論兵要義述四卷 Y0228/第 22 册
(唐)王真撰
道德真經藏室纂微篇十卷 Y0228/第 22 册
(宋)陳景元編撰
道德真經藏室纂微開題科文疏五卷 Y0228/第 23 册
(宋)薛致玄撰
道德真經藏室纂微手鈔二卷 Y0228/第 23 册
(宋)薛致玄撰
道德真經衍義手鈔二十卷 Y0228/第 23 册
(元)王守正撰
道德真經取善集十二卷 Y0228/第 23 册
(宋)李霖編撰
道德真經疏義六卷 Y0228/第 23 册
(宋)趙志堅注
道德真經註二卷 Y0228/第 23 册
(元)林志堅注
道德真經義解四卷 Y0228/第 23 册
(宋)息齊道人解
道德真經註四卷 Y0228/第 23 册
(唐)李榮注
道德真經集義大旨三卷 Y0228/第 23 册
(元)劉惟永 丁易東編
道德真經集義十七卷 Y0228/第 23 册
(元)劉惟永 丁易東編
道德真經廣聖義五十卷 Y0228/第 24 册
(唐末五代)杜光庭撰
西昇經集註六卷 Y0228/第 24 册
(宋)陳景元集注
文始真經註九卷 Y0228/第 24 册
(元)牛道淳注

文始真經言外旨九卷 Y0228/第24册
(宋)陳顯微注
沖虛至德真經鬳齋口義八卷
Y0228/第24册
(宋)林希逸
沖虛至德真經解二十卷 Y0228/第24册
(宋)江遹注
沖虛至德真經義解六卷 Y0228/第25册
(宋)趙佶注
沖虛至德真經四解二十卷
Y0228/第25册
(金)高守元編
列子沖虛至德真經釋文二卷
Y0228/第25册
(唐)殷敬順撰 (宋)陳景元補遺
南華真經義海纂微一百六卷
Y0228/第25册
(宋)褚伯秀編撰
南華真經口義三十二卷 Y0228/第26册
(宋)林希逸注
南華真經章句音義十四卷
Y0228/第26册
(宋)陳景元撰
南華真經章句餘事一卷 Y0228/第26册
(宋)陳景元撰
南華真經餘事雜錄二卷 Y0228/第26册
(宋)陳景元撰
南華真經直音一卷 Y0228/第26册
(宋)賈善翔撰
南華邈一卷 Y0228/第26册
(宋)賈善翔撰
莊子内篇訂正二卷 Y0228/第26册
(元)吳澄編
南華真經循本三十卷
Y0228/第26-27册
(明)羅勉道撰
南華真經新傳二十卷 Y0228/第27册
(宋)王雱撰
南華真經拾遺一卷 Y0228/第27册
(宋)王雱集
南華真經注疏三十五卷
Y0228/第27-28册
(晉)郭象注 (唐)成玄英疏
通玄真經註二十卷 Y0228/第28册
(唐)徐靈府注
洞靈真經註三卷 Y0228/第28册
(宋)何璨注

通玄真經讃義十二卷釋音一卷
Y0228/第28册
(元)杜道堅撰
通玄真經註七卷 Y0228/第28册
(宋)朱弁注
太上玄靈北斗本命延生真經註五卷
Y0228/第28册
(元)徐道齡集注 徐道玄校正
太上玄靈北斗本命延生真經註解三卷
Y0228/第28册
玄元真人注
太上玄靈北斗本命延生經註三卷
Y0228/第28册
傅洞真撰
北斗七元金玄羽章一卷 Y0228/第28册
太上說玄天大聖真武本傳神咒妙經六卷 Y0228/第28册
(宋)陳伀注
太上老君說常清靜經註一卷
Y0228/第28册
(元)李道純注
太上老君說常清靜經註一卷
Y0228/第28册
(題)無名氏注
太上老君說常清靜經註一卷
Y0228/第28册
(宋)白玉蟾分章正誤 (元)王元輝注
太上老君說常清靜經註一卷
Y0228/第28册
(金)侯善淵注
太上老君說常清靜經註一卷
Y0228/第28册
(唐末五代)杜光庭注
太上老君說常清靜妙經纂圖解註一卷
Y0228/第28册
(宋)王玠注
太上老君元道真經註解一卷
Y0228/第28册
合明子隱芝内秀注
太上太清天童護命妙經註一卷
Y0228/第28册
(金)侯善淵注
太上說五厨經註一卷 Y0228/第28册
(唐)尹愔注

洞神部靈圖類

太上三元飛星冠禁金書玉籙圖一卷
Y0228/第28册

上清金闕帝君五斗三一圖訣一卷
Y0228/第28册
四氣攝生圖序一卷 Y0228/第28册
太上通靈八史聖文真形圖一卷
Y0228/第28册
圖經衍義本草五卷 Y0228/第28册
(宋)寇宗奭編纂
圖經衍義本草四十二卷 Y0228/第29册
(宋)寇宗奭編纂

洞神部譜錄類

混元聖紀九卷 Y0228/第30册
(宋)謝守灝編
太上老君年譜要略一卷 Y0228/第30册
(宋)謝守灝編
太上老君金書内序一卷 Y0228/第30册
太上混元老子史略三卷 Y0228/第30册
(宋)謝守灝編
猶龍傳六卷 Y0228/第30册
(宋)賈善翔撰
太上說玄天大聖真武本傳神咒妙經一卷 Y0228/第30册
真武靈應真君增上佑聖尊號册文一卷
Y0228/第30册
章獻明肅皇后受上清畢法籙記一卷
Y0228/第30册
(宋)朱自英撰
華蓋山浮丘王郭三真君事實六卷
Y0228/第30册
(宋)沈庭瑞述 黄彌堅等
唐葉真人傳一卷 Y0228/第30册
地祇上將溫太保傳一卷補遺一卷
Y0228/第30册
(宋)黄公瑾校正并輯補遺
玄品錄五卷 Y0228/第30册
(元)張雨編
大滌洞天圖記三卷 Y0228/第30册
(宋)鄧牧撰
墉城集仙錄六卷 Y0228/第30册
(唐末五代)杜光庭撰

洞神部戒律類

太上老君戒經一卷 Y0228/第30册
老君音誦誡經一卷 Y0228/第30册
(北魏)寇謙之撰
太上老君經律一卷 Y0228/第30册
太上經戒一卷 Y0228/第30册
三洞法服科戒文一卷 Y0228/第30册
(唐)張萬福編

正一法文天師教戒科經一卷
Y0228/第30册
女青鬼律六卷 Y0228/第30册
洞神部威儀類
正一威儀經一卷 Y0228/第30册
玄門十事威儀一卷 Y0228/第30册
太清道德顯化儀一卷 Y0228/第30册
正一解戹醮儀一卷 Y0228/第30册
正一出官章儀一卷 Y0228/第30册
太上三五正一盟威閱籙醮儀一卷
Y0228/第30册
(唐末五代)杜光庭刪定
太上正一閱籙儀一卷 Y0228/第30册
(唐末五代)杜光庭編
正一指教齋儀一卷 Y0228/第30册
正一指教齋清旦行道儀一卷
Y0228/第30册
正一勅壇儀一卷 Y0228/第30册
正一醮宅儀一卷 Y0228/第30册
正一醮墓儀一卷 Y0228/第30册
太上洞神三皇儀一卷 Y0228/第30册
洞神三皇七十二君齋方懺儀一卷
Y0228/第30册
(唐末五代)杜光庭刪定
太上洞神太元河圖三元仰謝儀一卷
Y0228/第30册
(唐末五代)杜光庭修
太上金書玉牒寶章儀一卷
Y0228/第30册
天心正法修真道場設醮儀一卷
Y0228/第30册
太上三洞傳授道德經紫虚籙拜表儀一卷 Y0228/第30册
(唐末五代)杜光庭集
太上三五傍救醮五帝斷瘟儀一卷
Y0228/第30册
太上消災祈福醮儀一卷 Y0228/第30册
太上金櫃玉鏡延生洞玄燭幽懺一卷
Y0228/第30册
太上瑤台益算寶籍延年懺一卷
Y0228/第30册
太上正一朝天三八謝罪法懺一卷
Y0228/第30册
真武靈應護世消災滅罪寶懺一卷
Y0228/第30册
北極真武普慈度世法懺十卷
Y0228/第30册
北極真武佑聖真君禮文一卷
Y0228/第30册
洞神部方法類
太清中黄真經二卷 Y0228/第31册
(題)九仙君撰 中黄真人注
太清導引養生經一卷 Y0228/第31册
太上養生胎息氣經一卷 Y0228/第31册
太清調氣經一卷 Y0228/第31册
太上老君養生訣一卷 Y0228/第31册
(題)華佗授廣陵吴普
太清服氣口訣 Y0228/第31册
莊周氣訣解一卷 Y0228/第31册
嵩山太無先生氣經二卷 Y0228/第31册
延陵先生集新舊服氣經一卷
Y0228/第31册
延陵先生編 桑榆子評
諸真聖胎神用訣一卷 Y0228/第31册
胎息抱一歌一卷 Y0228/第31册
幻真先生服内元氣訣一卷
Y0228/第31册
胎息精微論一卷 Y0228/第31册
服氣精義論一卷 Y0228/第31册
(唐)司馬承禎撰
氣法要妙至訣一卷 Y0228/第31册
上清司命茅真君修行指迷訣一卷
Y0228/第31册
神氣養形論一卷 Y0228/第31册
存神鍊氣銘一卷 Y0228/第31册
(唐)孫思邈撰
保生銘一卷 Y0228/第31册
(唐)孫思邈撰
神仙食氣金櫃妙錄一卷 Y0228/第31册
(唐)京黑先生撰
枕中記一卷 Y0228/第31册
(唐)孫思邈撰
養性延命錄二卷 Y0228/第31册
(梁)陶弘景撰
三洞樞機雜説一卷 Y0228/第31册
彭祖攝生養性論一卷 Y0228/第31册
孫真人攝養論一卷 Y0228/第31册
(唐)孫思邈撰
抱朴子養生論一卷 Y0228/第31册
(東晉)葛洪撰
養生詠玄集一卷 Y0228/第31册
神仙服食靈草菖蒲丸方一卷
Y0228/第31册
上清經真丹秘訣一卷 Y0228/第31册
太清經斷穀法一卷 Y0228/第31册
太上肘後玉經方一卷 Y0228/第31册
(唐)盧道元編
混俗頤生錄一卷 Y0228/第31册
(宋)劉詞編
保生要錄一卷 Y0228/第31册
(五代)蒲虔貫撰
修真秘籙一卷 Y0228/第31册
符度仁編
三元延壽參贊書五卷 Y0228/第31册
(元)李鵬飛編
太上保真養生論一卷 Y0228/第31册
養生辯疑訣一卷 Y0228/第31册
(唐)施肩吾撰
太上三皇寶齋神仙上錄經一卷
Y0228/第31册
太清金闕玉華仙書八極神章三皇内秘文三卷 Y0228/第31册
三皇内文遺秘一卷 Y0228/第31册
秘藏通玄變化六陰洞微遁甲真經三卷
Y0228/第31册
太上洞神玄妙白猿真經一卷
Y0228/第31册
太上通玄靈印經一卷 Y0228/第31册
上清鎮元榮靈經一卷 Y0228/第31册
太上六壬明鑑符陰經四卷
Y0228/第31册
顯道經一卷 Y0228/第31册
神仙鍊丹點鑄三元寶照法一卷
Y0228/第31册
(唐)歸耕子撰
元陽子五假論一卷 Y0228/第31册
太清元極至妙神珠玉顆經一卷
Y0228/第31册
天老神光經一卷 Y0228/第31册
(唐)李靖修
鬼谷子天髓靈文二卷 Y0228/第31册
先天玄妙玉女太上聖母資傳仙道一卷
Y0228/第31册
思印氣訣法一卷 Y0228/第31册
北斗治法武威經一卷 Y0228/第31册
(隋)遠清撰
太上除三尸九蟲保生經一卷
Y0228/第31册
太上老君玄妙枕中内德神咒經一卷
Y0228/第31册
黄庭遁甲緣身經一卷 Y0228/第31册

紫庭内秘訣修行法一卷　Y0228/第 31 册
太上老君大存思圖注訣一卷
Y0228/第 31 册
太上五星七元空常訣一卷
Y0228/第 31 册
上玄高真延壽赤書一卷　Y0228/第 31 册
（唐）裴鉉撰
紫團丹經一卷　Y0228/第 31 册
上清金書玉字上經一卷　Y0228/第 31 册
（題）青童君傳

洞神部衆術類

太清金液神丹經三卷　Y0228/第 31 册
太清石壁記三卷　Y0228/第 31 册
楚澤先生編
太清金液神氣經三卷　Y0228/第 31 册
太清經天師口訣一卷　Y0228/第 31 册
太清修丹秘訣一卷　Y0228/第 31 册
黄帝九鼎神丹經訣二十卷
Y0228/第 31 册
九轉靈砂大丹資聖玄經一卷
Y0228/第 31 册
張真人金石靈砂論一卷　Y0228/第 31 册
（唐）張九垓撰
魏伯陽七返丹砂訣一卷　Y0228/第 31 册
（題）黄童君注解
太極真人九轉還丹經要訣一卷
Y0228/第 31 册
大洞鍊真寶經修伏靈砂妙訣一卷
Y0228/第 31 册
（唐）陳少微撰
大洞鍊真寶經九還金丹妙訣一卷
Y0228/第 31 册
（唐）陳少微撰
太上衛靈神化九轉丹砂法一卷
Y0228/第 31 册
九轉靈砂大丹一卷　Y0228/第 31 册
九轉青金靈砂丹一卷　Y0228/第 31 册
陰陽九轉成紫金點化還丹訣一卷
Y0228/第 31 册
玉洞大神丹砂真要訣一卷
Y0228/第 31 册
（題）張果纂
靈砂大丹秘訣一卷　Y0228/第 31 册
碧玉朱砂寒林玉樹匱一卷
Y0228/第 31 册
陳大師撰
大丹記一卷　Y0228/第 32 册
（題）太素真人魏伯陽口訣
丹房需知一卷　Y0228/第 32 册
（宋）吳悮撰
石藥爾雅一卷　Y0228/第 32 册
（唐）梅彪撰
稚川真人校證術一卷　Y0228/第 32 册
純陽呂真人藥石制一卷　Y0228/第 32 册
金碧五相類參同契三卷　Y0228/第 32 册
（題）陰長生注
參同契五相類秘要一卷　Y0228/第 32 册
（宋）盧天驥撰
陰真君金石五相類一卷　Y0228/第 32 册
金石簿五九數訣一卷　Y0228/第 32 册
上清九真中經内訣一卷　Y0228/第 32 册
（題）赤松子述
龍虎還丹訣二卷　Y0228/第 32 册
（唐）金陵子撰
金華玉液大丹一卷　Y0228/第 32 册
感氣十六轉金丹一卷　Y0228/第 32 册
修鍊大丹要旨二卷　Y0228/第 32 册
通幽訣一卷　Y0228/第 32 册
金華沖碧丹經秘旨二卷　Y0228/第 32 册
（宋）白玉蟾授（宋）彭耜受 孟煦撰
還丹肘後訣三卷　Y0228/第 32 册
蓬萊山西竈還丹歌二卷　Y0228/第 32 册
（唐）黄玄鐘撰
抱朴子神仙金汋經三卷　Y0228/第 32 册
諸家神品丹法六卷　Y0228/第 32 册
（宋）孟要甫述
鉛汞甲庚至寶集成五卷　Y0228/第 32 册
丹房奥論一卷　Y0228/第 32 册
（宋）程了一撰
指歸集一卷　Y0228/第 32 册
（宋）吳悮撰
還金述一卷　Y0228/第 32 册
（唐）陶植撰
大丹鉛汞論一卷　Y0228/第 32 册
（金）竹坡撰
真元妙道要略一卷　Y0228/第 32 册
（題）鄭思遠撰
丹方鑑源一卷　Y0228/第 32 册
（隋）獨孤滔撰
大還丹照鑑一卷　Y0228/第 32 册
太清玉碑子一卷　Y0228/第 32 册
懸解錄一卷　Y0228/第 32 册
軒轅黄帝水經藥法一卷　Y0228/第 32 册
三十六水法一卷　Y0228/第 32 册
巨勝歌一卷　Y0228/第 32 册
（宋）柳沖用撰
白雲仙人靈草歌一卷　Y0228/第 32 册
種芝草法一卷　Y0228/第 32 册
太白經一卷　Y0228/第 32 册
丹論訣旨心鑑一卷　Y0228/第 32 册
（宋）張元德撰
大還心鑑一卷　Y0228/第 32 册
（宋）寒山子撰
大還丹金虎白龍論一卷　Y0228/第 32 册
（唐）還陽子撰
大丹篇一卷　Y0228/第 32 册
大丹問答一卷　Y0228/第 32 册
金木萬靈論一卷　Y0228/第 32 册
（題）葛稚川撰
紅鉛入黑鉛訣一卷　Y0228/第 32 册
通玄秘術一卷　Y0228/第 32 册
（唐）沈知言編
靈飛散傳信錄一卷　Y0228/第 32 册
（唐）齊推編
鴈門公妙解錄一卷　Y0228/第 32 册
玄霜掌上錄一卷　Y0228/第 32 册
太極真人雜丹藥方一卷　Y0228/第 32 册
玉清内書一卷　Y0228/第 32 册
神仙養生秘術一卷　Y0228/第 32 册
（後趙）劉景先撰 抱一子校正
太古土兑經一卷　Y0228/第 32 册
上洞心丹經訣三卷　Y0228/第 32 册
（題）太極真人嗣孫手述
許真君石函記二卷　Y0228/第 32 册
（晉）許遜撰
九轉流珠神仙九丹經二卷
Y0228/第 32 册
太清真人述
庚道集九卷　Y0228/第 32 册

洞神部記傳類

太上混元真錄一卷　Y0228/第 32 册
終南山祖庭仙真内傳三卷
Y0228/第 32 册
（元）李道謙撰
終南山説經臺歷代真仙碑記一卷
Y0228/第 32 册
（元）朱象先撰
古樓觀紫雲衍慶集三卷　Y0228/第 32 册
（元）朱象先輯
玄天上帝啓聖錄八卷　Y0228/第 33 册

大明玄天上帝瑞應圖録一卷 Y0228/第 33 册
御製真武廟碑一篇 Y0228/第 33 册
(明)朱棣撰
玄天上帝啓聖靈異録一卷 Y0228/第 33 册
武當福地總真集三卷 Y0228/第 33 册
(元)劉道明編撰
武當紀勝集一卷 Y0228/第 33 册
(元)羅霆震撰
西川青羊宫碑銘一卷 Y0228/第 33 册
(唐)樂朋亀撰
宋東太一宫碑銘一篇 Y0228/第 33 册
(宋)扈蒙撰
宋西太乙宫碑銘一篇 Y0228/第 33 册
(宋)宋綬撰
宋中太乙宫碑銘一篇 Y0228/第 33 册
(宋)吕惠卿撰
龍角山記一卷 Y0228/第 33 册
李隆基 韓望等撰
天壇王屋山聖迹記一卷 Y0228/第 33 册
(唐末五代)杜光庭等撰
唐王屋山中嚴臺正一先生廟碣一篇 Y0228/第 33 册
(唐)衛阶撰
唐嵩高山啓母廟碑銘一篇 Y0228/第 33 册
(唐)崔融撰
宫觀碑誌一卷 Y0228/第 33 册
甘水仙源録十卷 Y0228/第 33 册
(元)李道謙辑

洞神部贊頌類

太上老君說常清靜經頌註一卷 Y0228/第 33 册
(金)劉通微注
北斗七元金玄羽章一卷 Y0228/第 33 册
太上洞神五星讚一卷 Y0228/第 33 册
(題)張平子撰
道德篇章玄頌二卷 Y0228/第 33 册
(宋)宋鸞撰
道德真經頌一卷 Y0228/第 33 册
(宋)蔣融庵撰
明真破妄章頌一卷 Y0228/第 33 册
(宋)張繼先撰
諸真歌頌一卷 Y0228/第 33 册

洞神部表奏類

大明御製玄教樂章一卷 Y0228/第 33 册
太上三洞表文三卷 Y0228/第 33 册
萃善録 Y0228/第 33 册

太玄部

玄精碧匣靈寶聚玄經三卷 Y0228/第 33 册
太上洞玄靈寶三一五氣真經一卷 Y0228/第 33 册
太上清靜元洞真文玉字妙經一卷 Y0228/第 33 册
太上洞玄靈寶天關經一卷 Y0228/第 33 册
上清無英真童合游內變玉經一卷 Y0228/第 33 册
上清神寳洞房真諱上經一卷 Y0228/第 33 册
洞玄靈寶九真人五復三歸行道觀門經一卷 Y0228/第 33 册
太上長文大洞靈寶幽玄上品妙經一卷 Y0228/第 33 册
太上長文大洞靈寶幽玄上品妙經發揮一卷 Y0228/第 33 册
上清秘道九精回曜合神上真玉經一卷 Y0228/第 33 册
上清太淵神龍瓊胎乘景上玄玉章一卷 Y0228/第 33 册
淵源道妙洞真繼篇三卷 Y0228/第 33 册
李景元注
古文龍虎經注疏三卷 Y0228/第 33 册
(宋)王道注疏
古文龍虎上經註一卷 Y0228/第 33 册
讀龍虎經一篇 Y0228/第 33 册
周易參同契三卷 Y0228/第 33 册
(題)長生陰真人注
周易參同契註三卷 Y0228/第 33 册
(題)無名氏注
周易參同契三卷 Y0228/第 33 册
(宋)朱熹注 黃瑞節附錄
周易參同契分章通真義三卷 Y0228/第 33 册
(後蜀)彭曉注
周易參同契鼎器歌明鏡圖一卷 Y0228/第 33 册
(後蜀)彭曉撰
周易參同契註二卷 Y0228/第 33 册
周易參同契發揮九卷 Y0228/第 34 册
(元)俞琰撰
周易參同契釋疑三卷 Y0228/第 34 册
(元)俞琰撰
周易參同契解三卷 Y0228/第 34 册
(宋)陳顯微注
周易參同契三卷 Y0228/第 34 册
(宋)儲華谷注
易外別傳一卷 Y0228/第 34 册
(元)俞琰注
玄牝之門賦一卷 Y0228/第 34 册
易筮通變三卷 Y0228/第 34 册
(元)雷思齊撰
空山先生易圖通變五卷 Y0228/第 34 册
(元)雷思齊撰
河圖 Y0228/第 34 册
易圖通變五卷 Y0228/第 34 册
金鎖流珠引二十九卷 Y0228/第 34 册
(題)李淳風注
真誥二十卷 Y0228/第 34 册
(梁)陶弘景編撰
道樞四十二卷 Y0228/第 34 册
(宋)曾慥編
黃帝内經素問補註釋文五十卷 Y0228/第 35 册
(唐)王冰次注 (宋)林億等校正
黃帝内經靈樞略一卷 Y0228/第 35 册
(宋)史崧校釋
黃帝素問靈樞集註二十三卷 Y0228/第 35 册
(宋)史崧校釋
黃帝内經素問遺篇五卷 Y0228/第 36 册
(宋)劉溫舒集
素問入式運氣論奧三卷 Y0228/第 36 册
(宋)劉溫舒撰
素問六氣玄珠密語十七卷 Y0228/第 36 册
(唐)王冰述
黃帝八十一難經纂圖句解七卷 Y0228/第 36 册
(宋)李駉注
鬼谷子三卷 Y0228/第 36 册
天隱子一卷 Y0228/第 36 册
(唐)司馬承禎述
素履子三卷 Y0228/第 36 册
(唐)張弧撰
無能子三卷 Y0228/第 36 册
玄真子外篇三卷 Y0228/第 36 册
(唐)張志和撰
劉子十卷 Y0228/第 36 册

（北齊）劉晝撰
山海經十八卷 Y0228/第 36 册
（晉）郭璞注
雲笈七籤一百二十二卷 Y0228/第 37－38 册
（宋）張君房編
至言總五卷 Y0228/第 37－38 册
范翛然撰
太玄寶典三卷 Y0228/第 37－38 册
道體論一卷 Y0228/第 37－38 册
（題）通玄先生述
坐忘論一卷 Y0228/第 37－38 册
（唐）司馬承禎撰
大道論一卷 Y0228/第 37－38 册
（宋）周固樸撰
心目論一卷 Y0228/第 37－38 册
（唐）吳筠撰
三論元旨一卷 Y0228/第 37－38 册
皇極經世十二卷 Y0228/第 37－38 册
（宋）邵雍撰
靈棊本章正經二卷 Y0228/第 39 册
（晉）顔幼明注（劉宋）何承天續注
伊川擊壤集二十卷 Y0228/第 39 册
（宋）邵雍撰
太上修真玄章一卷 Y0228/第 39 册
化書六卷 Y0228/第 39 册
（南唐）譚峭撰
海客論一卷 Y0228/第 39 册
（宋）李光元撰
悟玄篇一卷 Y0228/第 39 册
余洞真撰
太虚心淵篇一卷 Y0228/第 39 册
玄珠録二卷 Y0228/第 39 册
王玄覽口述 王輝撰 王大霄編録
雲宫法語二卷 Y0228/第 39 册
（元）汪可孫撰
華陽陶隱居集二卷 Y0228/第 39 册
（明）傅霄編
宗玄先生文集三卷 Y0228/第 39 册
（唐）吳筠撰
宗玄先生玄綱論一卷 Y0228/第 39 册
（唐）吳筠撰
吳尊師傳 Y0228/第 39 册
（唐）權德輿撰
南統大君内丹九章經一卷 Y0228/第 39 册
純陽真人渾成集二卷 Y0228/第 39 册
（唐）吕巖撰
晋真人語録一卷 Y0228/第 39 册
晋真人撰
丹陽真人語録一卷 Y0228/第 39 册
（金）馬鈺述 王頤中編
無爲清静長生真人至真語録一卷 Y0228/第 39 册
（金）劉處玄撰
盤山棲雲王真人語録一卷 Y0228/第 39 册
（元）王志謹撰 論志焕編
清庵瑩蟾子語録六卷 Y0228/第 39 册
（元）李道純述
上清太玄集十卷 Y0228/第 39 册
（金）侯善淵撰
洞淵集九卷 Y0228/第 39 册
（宋）李思聰編撰
洞淵集五卷 Y0228/第 39 册
（金）長筌子撰
玄教大公案二卷 Y0228/第 40 册
（元）苗太素主編（元）王志道編輯
玄宗直指萬法同歸七卷 Y0228/第 40 册
（元）牧常晁撰（元）黄本仁編
上陽子金丹大要十六卷 Y0228/第 40 册
（元）陳致虚撰
上陽子金丹大要圖一卷 Y0228/第 40 册
（元）陳致虚撰
上陽子金丹大要列仙誌一卷 Y0228/第 40 册
（元）陳致虚撰
上陽子金丹大要仙派一卷 Y0228/第 40 册
（元）陳致虚撰
原陽子法語二卷 Y0228/第 40 册
（明）趙宜真撰
金丹直指一卷 Y0228/第 40 册
（宋）周無所住撰
道禪集一卷 Y0228/第 40 册
（金）王志坦編
還真集三卷 Y0228/第 40 册
（元）王道淵撰
通玄篇一卷 Y0228/第 40 册
（元）王道淵撰
隨機應化録二卷 Y0228/第 40 册
（明）何道全撰（明）賈道玄編
修鍊須知一卷 Y0228/第 40 册
玉室經一卷 Y0228/第 40 册
李成之撰
真人高象先金丹歌一卷 Y0228/第 40 册
（宋）高象先撰
金丹真一論一卷 Y0228/第 40 册
百玄子撰
金丹四百字一卷 Y0228/第 40 册
（宋）張伯端撰（宋）黄自如注
龍虎還丹訣頌一卷 Y0228/第 40 册
林太古撰 谷神子注
龍虎元旨一卷 Y0228/第 40 册
（唐）董師元傳 成君撰
龍虎還丹訣一卷 Y0228/第 40 册
李真人撰
内丹秘訣一卷 Y0228/第 40 册
漁莊邂逅録一卷 Y0228/第 40 册
（宋）吳悮撰
金丹正宗一卷 Y0228/第 40 册
（宋）胡混成撰
還丹復命篇一卷 Y0228/第 40 册
（宋）薛道光撰
爰清子至命篇二卷 Y0228/第 40 册
（宋）王慶昇撰
翠虚篇一卷 Y0228/第 40 册
（宋）陳楠撰
還源篇一卷 Y0228/第 40 册
（宋）石泰撰
還丹至藥篇一卷 Y0228/第 40 册
賢芝贋圖撰
亶甲集一卷 Y0228/第 40 册
趙民述
金液大丹詩一卷 Y0228/第 40 册
證道歌一卷 Y0228/第 40 册
左掌子撰
陳先生内丹訣一卷 Y0228/第 40 册
（宋）陳朴撰
洞元子内丹訣二卷 Y0228/第 40 册
内丹還元訣一卷 Y0228/第 40 册
長生指要篇一卷 Y0228/第 40 册
（宋）林自然撰
鳴鶴餘音九卷 Y0228/第 40 册
（元）彭致中編

太平部

太平經一百十九卷 Y0228/第 40 册
太平經聖君秘旨一卷 Y0228/第 41 册
太上靈寶淨明洞神上品經二卷 Y0228/第 41 册

太上靈寶淨明玉真樞真經一卷 Y0228/第41冊
太上靈寶淨明道元正印經一卷 Y0228/第41冊
太上靈寶淨明天尊說禦瘟經一卷 Y0228/第41冊
太上靈寶首入淨明四規明鑑經一卷 Y0228/第41冊
太上靈寶淨明九仙水經一卷 Y0228/第41冊
太上靈寶淨明中黃八柱經一卷 Y0228/第41冊
淨明忠孝全書六卷 Y0228/第41冊
(元)黃元吉等編
太玄真一本際妙經一卷 Y0228/第41冊
太上洞玄靈寶八仙王教誡經一卷 Y0228/第41冊
太上洞玄靈寶國王行道經一卷 Y0228/第41冊
太上洞玄靈寶本行宿緣經 Y0228/第41冊
太上洞玄靈寶本行因緣經一卷 Y0228/第41冊
洞玄靈寶太上真人問疾經一卷 Y0228/第41冊
太極左仙公說神符經一卷 Y0228/第41冊
太上洞玄靈寶飛行三界通微內思妙經一卷 Y0228/第41冊
洞玄靈寶玄一真人說生死輪轉因緣經一卷 Y0228/第41冊
太上洞玄靈寶中和經一卷 Y0228/第41冊
太上洞玄靈寶三十二天尊應號經二卷 Y0228/第41冊
太上靈寶昇玄內教經中和品述議疏一卷 Y0228/第41冊
一切道經音義妙門由起一卷 Y0228/第41冊
(唐)史崇等編
洞玄靈寶玄門大義一卷 Y0228/第41冊
洞玄靈寶三洞奉道科戒營始六卷 Y0228/第41冊
(題)(金)明七真撰
洞玄靈寶道學科儀二卷 Y0228/第41冊
(題)太極太虛真人撰
陸先生道門科略一卷 Y0228/第41冊
(劉宋)陸修靜撰
道門經法相承次序三卷 Y0228/第41冊
道教義樞十卷 Y0228/第41冊
(唐)孟安排編
道典論四卷 Y0228/第41冊
太上妙法本相經三卷 Y0228/第41冊
上清道類事相四卷 Y0228/第41冊
(唐)王懸河編
上方靈寶無極至道開化真經三卷 Y0228/第41冊
上方鈞天演範真經一卷 Y0228/第41冊
太平兩同書一卷 Y0228/第41冊
(唐)羅隱撰
洞玄靈寶左玄論四卷 Y0228/第41冊
上清太玄鑑誡論一卷 Y0228/第41冊
(唐)侯善淵撰
無上秘要一百卷 Y0228/第41冊
三洞珠囊十卷 Y0228/第42冊
(唐)王懸河編
雲山集八卷 Y0228/第42冊
(元)姬志真撰
仙樂集五卷 Y0228/第42冊
(金)劉處玄撰
漸悟集二卷 Y0228/第42冊
(金)馬鈺撰
草堂集一卷 Y0228/第42冊
(金)王丹桂撰
自然集一卷 Y0228/第42冊
玄虛子鳴真集一卷 Y0228/第42冊
(元)玄虛子撰
葆光集三卷 Y0228/第42冊
(金)尹志平撰
西雲集三卷 Y0228/第42冊
(元)祁志誠撰
勿齋先生文集二卷 Y0228/第42冊
(宋)楊至質撰
洞玄金玉集十卷 Y0228/第42冊
(金)馬鈺撰
丹陽神光燦一卷 Y0228/第42冊
(金)馬鈺撰
悟真集二卷 Y0228/第42冊
(金)李通玄撰
雲光集四卷 Y0228/第42冊
(金)王處一撰
重陽全真集十三卷 Y0228/第43冊
(金)王嚞撰
重陽教化集三卷 Y0228/第43冊
(金)王嚞撰
重陽分梨十化集二卷 Y0228/第43冊
(金)王嚞撰
重陽真人金關玉鎖訣一卷 Y0228/第43冊
(金)王嚞撰
馬自然金丹口訣一卷 Y0228/第43冊
(宋)馬自然撰
重陽真人授丹陽二十四訣一卷 Y0228/第43冊
(金)王嚞撰
磻溪集六卷 Y0228/第43冊
(金)丘處機撰
水雲集三卷 Y0228/第43冊
(金)譚處端撰
太古集四卷 Y0228/第43冊
(金)郝大通撰
孫真人備急千金要方目錄二卷 Y0228/第43冊
(唐)孫思邈撰
孫真人備急千金要方九十三卷 Y0228/第43－44冊
(唐)孫思邈撰 林億等校正
急救仙方十一卷 Y0228/第44冊
仙傳外科秘方十一卷 Y0228/第44冊
楊清叟述 (明)趙宜真編撰
法海遺珠四十六卷 Y0228/第44冊

太清部

太上感應篇三十篇 Y0228/第45冊
(宋)李昌齡注 (宋)鄭清之讚
太上老君中經二卷 Y0228/第45冊
太上老君清靜心經一卷 Y0228/第45冊
太上老君說上七滅罪集福妙經一卷 Y0228/第45冊
鬻子二卷 Y0228/第45冊
(周)鬻熊撰 (唐)逢行珪注
公孫龍子三卷 Y0228/第45冊
(周)公孫龍撰
尹文子二卷 Y0228/第45冊
(周)尹文子撰
子華子十卷 Y0228/第45冊
(題)程本注
鶡冠子三卷 Y0228/第45冊
(宋)陸佃注
墨子十五卷 Y0228/第45冊
(周)墨翟撰
韓非子二十卷 Y0228/第45冊

(周)韓非撰 (宋)謝希深註
黃石公素書一卷 Y0228/第45冊
(宋)魏魯注
黃石公素書一卷 Y0228/第45冊
(宋)張商英注
孫子註解十三卷 Y0228/第46冊
(宋)吉天保集注
孫子遺說一卷 Y0228/第46冊
(宋)鄭有賢撰
天原發微十八卷 Y0228/第46冊
(宋)鮑雲龍撰 方回校正
太玄經集注六卷 Y0228/第46冊
(宋)司馬光注
淮南鴻烈解二十八卷 Y0228/第46冊
(漢)劉安撰 (漢)許慎注
抱朴子内篇二十卷 Y0228/第46冊
(晉)葛洪撰
抱朴子別旨一篇 Y0228/第47冊
抱朴子外篇五十卷 Y0228/第47冊
(晉)葛洪撰
橐籥子一卷 Y0228/第47冊
陰丹内篇一卷 Y0228/第47冊
天機經一卷 Y0228/第47冊
秘傳正陽真人靈寶畢法三卷 Y0228/第47冊
(題)鍾離權著 (唐)呂巖撰

正一部

大慧靜慈妙樂天尊說福德五聖經一卷 Y0228/第47冊
太上正一咒鬼經一卷 Y0228/第47冊
太上洞玄靈寶天尊說羅天大醮上品妙經一卷 Y0228/第47冊
老君變化無極經一卷 Y0228/第47冊
太上金華天尊救劫護命妙經一卷 Y0228/第47冊
無上三天法師說廕育衆生妙經一卷 Y0228/第47冊
太上說青玄雷令法行因地妙經一卷 Y0228/第47冊
上清太霄隱書元真洞飛二景經一卷 Y0228/第47冊
洞玄靈寶太上六齋十直聖紀經一卷 Y0228/第47冊
道要靈祇神鬼品經一卷 Y0228/第47冊
洞神八帝元變經一卷 Y0228/第47冊
太上三天正法經一卷 Y0228/第47冊
太上正一法文經一卷 Y0228/第47冊
三天内解經二卷 Y0228/第47冊
徐氏撰
上清明鑑要經一卷 Y0228/第47冊
太上明鑑真經一卷 Y0228/第47冊
太上三五正一盟威籙六卷 Y0228/第47冊
太上正一盟威法籙一卷 Y0228/第47冊
正一法文十籙召儀一卷 Y0228/第47冊
正一法文傳都功版儀 Y0228/第47冊
醮三洞真文五法正一盟威籙立成儀一卷 Y0228/第47冊
(唐)張萬福撰
太上玄天真武無上將軍籙一卷 Y0228/第47冊
高上大洞文昌司祿紫陽寶籙三卷 Y0228/第47冊
太上北極伏魔神咒殺鬼籙一卷 Y0228/第47冊
太上正一延生保命籙一卷 Y0228/第47冊
太上正一解五音咒詛秘籙一卷 Y0228/第47冊
正一法文經章官品四卷 Y0228/第47冊
高上神霄玉清真王紫書大法十二卷 Y0228/第47冊
道法會元二百六十八卷 Y0228/第47－50冊
上清靈寶大法六十六卷 Y0228/第51冊
(宋)甯全真授 (宋)王契真纂
上清靈寶大法目錄一卷 Y0228/第52冊
(宋)金允中編
上清靈寶大法四十四卷 Y0228/第52冊
(宋)金允中編
道門定制十卷 Y0228/第52冊
(宋)呂元素編
道門科範大全集八十七卷 Y0228/第52冊
仲勵編 (唐末五代)杜光庭刪定
道門通教必用集九卷 Y0228/第53冊
(宋)呂太古 馬道逸編
太上助國救民總真秘要十卷 Y0228/第53冊
(宋)元妙宗編
正一論一卷 Y0228/第53冊
全真坐鉢捷法一卷 Y0228/第53冊
太平御覽三卷 Y0228/第53冊
道書援神契一卷 Y0228/第53冊
道門十規一卷 Y0228/第53冊
(明)張宇初撰
重陽立教十五論一卷 Y0228/第53冊
(金)王嚞撰
丹陽真人直言一卷 Y0228/第53冊
(金)馬鈺撰
全真清規一卷 Y0228/第53冊
(元)陸道和編
太上出家傳度儀一卷 Y0228/第53冊
(宋)賈善翔編
三洞修道儀一卷 Y0228/第53冊
劉若拙撰 (宋)孫夷中編撰
傳授經戒儀註訣一卷 Y0228/第53冊
正一修真略儀一卷 Y0228/第53冊
洞玄靈寶道士受三洞經誡法籙擇日曆一卷 Y0228/第53冊
(唐)張萬福撰
傳授三洞經戒法籙畧說二卷 Y0228/第53冊
(唐)張萬福撰
正一法文籙部儀一卷 Y0228/第53冊
正一法文太上外籙儀一卷 Y0228/第53冊
受籙次第法信儀一卷 Y0228/第53冊
洞玄靈寶道士明鏡法一卷 Y0228/第53冊
洞玄靈寶課中法一卷 Y0228/第53冊
太清玉司左院秘要上法一卷 Y0228/第53冊
霞映撰
三洞羣仙錄二十卷 Y0228/第53冊
(宋)陳葆光編撰
三十代天師虛靖真君語錄七卷 Y0228/第53冊
(宋)張繼先撰 (明)張宇初編次
沖虛通妙侍宸王先生家話一卷 Y0228/第53冊
(宋)王文卿撰
虛靖沖和先生徐神翁語錄二卷 Y0228/第53冊
(宋)徐守信述 (宋)苗希頤輯
靜余玄問一卷 Y0228/第53冊
(宋)白玉蟾述
道法心傳一卷 Y0228/第53冊
(元)王惟一撰

雷法議玄篇一卷 Y0228/第 53 册
(宋)萬宗師等撰
老子微旨例畧一卷 Y0228/第 54 册
(魏)王弼撰
真仙直指語錄二卷 Y0228/第 54 册
(元)玄全子編
群仙要語纂集二卷 Y0228/第 54 册
董漄醇編
諸真內丹集要三卷 Y0228/第 54 册
(元)玄全子編
龍虎精微論一卷 Y0228/第 54 册
三要達道篇一卷 Y0228/第 54 册
六根歸道篇一卷 Y0228/第 54 册
意林五卷 Y0228/第 54 册
(唐)馬總編
莊列十論一卷 Y0228/第 54 册
(宋)李元卓撰
離峯老人集二卷 Y0228/第 54 册
(金)于道顯撰
北帝七元紫庭延生秘訣一卷 Y0228/第 54 册
鄧天君玄靈八門報應內旨一卷 Y0228/第 54 册
九天上聖秘傳金符經一卷 Y0228/第 54 册
天皇太一神律避穢經一卷 Y0228/第 54 册
上清修身要事經一卷 Y0228/第 54 册
正一法文修真旨要一卷 Y0228/第 54 册
洞玄靈寶真人修行延年益筭法一卷 Y0228/第 54 册
三洞道士居山修鍊科一卷 Y0228/第 54 册
正一天師告趙昇口訣一卷 Y0228/第 54 册
玄和子十二月卦金訣一卷 Y0228/第 54 册
雨暘氣候親機一卷 Y0228/第 54 册
盤天經一卷 Y0228/第 54 册
道法宗旨圖衍義二卷 Y0228/第 54 册
(元)鄧柟纂圖 (元)章希賢衍義
洞玄靈寶五感文一卷 Y0228/第 54 册
(劉宋)陸修靜撰
靈書肘後鈔一卷 Y0228/第 54 册
玄壇刊誤論一卷 Y0228/第 54 册
(五代)張若海編
五嶽真形序論一卷 Y0228/第 54 册
高上神霄宗師受經式一卷 Y0228/第 54 册
太上洞神行道授度儀一卷 Y0228/第 54 册
太上洞神三皇傳授儀一卷 Y0228/第 54 册
翊聖保德傳三卷 Y0228/第 54 册
(宋)王欽若編
廬山太平興國宮訪真君事實七卷 Y0228/第 54 册
正一法文經護國醮海品一卷 Y0228/第 54 册
元辰章醮立成曆二卷 Y0228/第 54 册
六十甲子本命元辰曆一卷 Y0228/第 54 册
太上洞神洞淵神咒治病口章一卷 Y0228/第 54 册
上清經秘訣一卷 Y0228/第 54 册
靈寶鍊度五仙安靈鎮神黃繪章法一卷 Y0228/第 54 册
上清太微帝君結帶真文法一卷 Y0228/第 54 册
上清黃書過度儀一卷 Y0228/第 54 册
太上洞玄靈寶二部傳授儀一卷 Y0228/第 54 册
洞玄靈寶八節齋宿啓儀一卷 Y0228/第 54 册
洞玄靈寶五老攝召北酆鬼魔赤書玉訣一卷 Y0228/第 54 册
四聖真君靈纖一卷 Y0228/第 54 册
玄真靈應寶纖三卷 Y0228/第 54 册
大慈好生九天衛房聖母元君靈應寶纖一卷 Y0228/第 54 册
洪恩靈濟真君靈纖一卷 Y0228/第 54 册
靈濟真君注生堂靈纖一卷 Y0228/第 54 册
扶天廣聖如意靈纖一卷 Y0228/第 54 册
贛州聖濟廟靈跡理一卷 Y0228/第 54 册
(明)宋濂撰
護國嘉濟江東王靈纖一卷 Y0228/第 54 册
葛仙翁肘後備急方八卷 Y0228/第 54 册
(晉)葛洪撰 (梁)陶弘景 (明)楊用道增補
海瓊白真人語録四卷 Y0228/第 54 册
(宋)白玉蟾述 (宋)彭耜編
海瓊問道集一卷 Y0228/第 55 册
(宋)白玉蟾述 (宋)留元長輯
傳道集一卷 Y0228/第 55 册
(宋)洪知常編
清和真人北遊語録四卷 Y0228/第 55 册
(金)尹志平述 (元)段志堅編
峴泉集十二卷 Y0228/第 55 册
(明)張宇初編
太上大道玉清經十卷 Y0228/第 55 册
洞真高上玉帝大洞雌一玉檢五老寶經一卷 Y0228/第 55 册
洞真太上素靈洞元大有妙經一卷 Y0228/第 55 册
洞真上清青要紫書金根衆經二卷 Y0228/第 55 册
洞真上清太微帝君步天綱飛地紀金簡玉字上經一卷 Y0228/第 55 册
洞真上清開天三圖七星移度經二卷 Y0228/第 55 册
洞真太上三元流珠經一卷 Y0228/第 55 册
洞真西王母寶神起居經一卷 Y0228/第 55 册
洞真太上八素真經精耀三景妙訣一卷 Y0228/第 55 册
洞真太上八素真經修習功業妙訣一卷 Y0228/第 55 册
洞真太上八素真經三五行化妙訣一卷 Y0228/第 55 册
洞真太上八素真經服食日月皇華訣一卷 Y0228/第 55 册
洞真太上八素真經登壇符札妙訣一卷 Y0228/第 55 册
洞真太上八素真經占候入定妙訣一卷 Y0228/第 55 册
洞真上清龍飛九道尺素隱訣一卷 Y0228/第 55 册
洞真太上三九素語玉精真訣一卷 Y0228/第 55 册
洞真太上八道命籍經二卷 Y0228/第 55 册
太上九赤班符五帝內真經一卷 Y0228/第 55 册
洞真太一帝君太丹隱書洞真玄經一卷 Y0228/第 55 册
洞真上清神州七轉七變舞天經一卷 Y0228/第 55 册

洞真太上紫度炎光神元變經一卷 Y0228/第55册
洞真太上神虎玉經一卷 Y0228/第55册
洞真太上神虎隱文一卷 Y0228/第55册
洞真太上紫文丹章一卷 Y0228/第55册
洞真太上金篇虎符真文經一卷 Y0228/第55册
洞真太微金虎真符一卷 Y0228/第55册
洞真太上太素玉籙二籙同卷 Y0228/第55册
洞真八景玉籙晨圖隱符二籙同卷 Y0228/第55册
洞真太上倉元上錄二籙同卷 Y0228/第55册
洞真太上上皇民籍定真玉籙二籙同卷 Y0228/第55册
洞真太上紫書籙傳一卷 Y0228/第55册
洞真黄書一卷 Y0228/第55册
洞真太上說智慧消魔真經五卷 Y0228/第55册
洞真太上道君元丹上經一卷 Y0228/第55册
(題)青童大君傳
洞真金房度命綠字廻年三華寶曜内真上經一卷 Y0228/第55册
洞真太上上清内經一卷 Y0228/第55册
洞真太上丹景道精經一卷 Y0228/第55册
洞真太上青牙始生經一卷 Y0228/第55册
洞真三天秘諱一卷 Y0228/第55册
洞真太上飛行羽經九真昇玄上記一卷 Y0228/第55册
洞真太上太霄琅書十卷 Y0228/第56册
(題)紫薇夫人撰
上清道寶經五卷 Y0228/第56册
上清太上開天龍蹻經五卷 Y0228/第56册
上清太上玉清隱書滅魔神慧高玄真經一卷 Y0228/第56册
上清高上滅魔玉帝神慧玉清隱書一卷 Y0228/第56册
上清高上滅魔洞景金元玉清隱書經一卷 Y0228/第56册
上清高上金元羽章玉清隱書經一卷 Y0228/第56册
上清丹景道精隱地八術經二卷 Y0228/第56册
上清九天上帝祝百神内名經一卷 Y0228/第56册
上清七聖玄紀經一卷 Y0228/第56册
上清太上廻元隱道除罪籍經一卷 Y0228/第56册
上清太極真人撰所施行秘要經一卷 Y0228/第56册
上清洞真智慧觀身大戒文一卷 Y0228/第56册
上清元始譜錄太真玉訣一卷 Y0228/第56册
上清天關三圖經一卷 Y0228/第56册
上清河圖内玄經二卷 Y0228/第56册
上清廻神飛霄登空招五星上經法一卷 Y0228/第56册
上清化形隱景登昇保仙上經一卷 Y0228/第56册
上清廻耀飛光日月精華上經一卷 Y0228/第56册
上清素靈上篇一卷 Y0228/第56册
上清高上玉晨鳳台曲素上經一卷 Y0228/第56册
上清外國放品青童内文二卷 Y0228/第56册
上清諸真人授經時頌金真章一卷 Y0228/第56册
上清無上金元玉清金真飛元步虚玉章一卷 Y0228/第56册
上清太上帝君九真中經二卷 Y0228/第56册
(題)赤松子傳
上清太上九真中經降生神丹訣一卷 Y0228/第56册
上清金真玉光八景飛經一卷 Y0228/第56册
(題)上相青童君撰
上清玉帝七聖玄紀廻天九霄經一卷 Y0228/第56册
上清太上黄素四十四方經一卷 Y0228/第56册
上清明堂玄丹真經一卷 Y0228/第56册
上清九丹上化胎精中記經一卷 Y0228/第56册
上清太上元始耀光金虎鳳文章寶經一卷 Y0228/第56册
上清太一帝君太丹隱書解胞十二結節圖訣一卷 Y0228/第56册
上清洞真天寶大洞三景寶籙二卷 Y0228/第56册
上清大洞三景玉清隱書訣籙一卷 Y0228/第56册
上清元始高上玉皇九天譜錄一卷 Y0228/第56册
上清金真玉皇上元九天真靈三百六十五部元錄一卷 Y0228/第56册
上清高聖太上大道君洞真金元八景玉錄一卷 Y0228/第56册
上清洞天三五金剛玄籙儀經一卷 Y0228/第56册
上清瓊宫靈飛六甲籙一卷 Y0228/第56册
上清曲素訣辭籙一卷 Y0228/第56册
(題)太極左真人授
上清元始變化寶真上經九靈太妙龜山玄籙三卷 Y0228/第56册
上清高上龜山玄籙一卷 Y0228/第56册
上清大洞九微八道大經妙籙一卷 Y0228/第56册
上清河圖寶籙一卷 Y0228/第56册
四斗二十八宿天帝大籙一卷 Y0228/第56册
大乘妙林經三卷 Y0228/第56册
太上元寶金庭無爲妙經一卷 Y0228/第56册
上清黄庭養神經一卷 Y0228/第56册
太上黄庭中景經一卷 Y0228/第56册
李千乘注
上清黄庭五藏六府真人玉軸經一卷 Y0228/第56册
上清僊府瓊林經一卷 Y0228/第56册
上清太極真人神仙經一卷 Y0228/第56册
長生胎元神用經一卷 Y0228/第56册
太上靈寶芝草品一卷 Y0228/第57册
洞玄靈寶二十四生圖經一卷 Y0228/第57册
玉清上宫科太真文一卷 Y0228/第57册
太上九真明科一卷 Y0228/第57册
洞玄靈寶千真科一卷 Y0228/第57册
洞玄靈寶長夜之府九幽玉匱明真科一卷 Y0228/第57册
太上元始天尊說北帝伏魔神咒妙經十

卷 Y0228/第 57 册
歐陽雯受
北帝伏魔經法建壇儀一卷
Y0228/第 57 册
(明)盧中苓編
伏魔經壇謝恩醮儀一卷 Y0228/第 57 册
北帝說豁落七元經一卷 Y0228/第 57 册
七元真訣語驅疫秘經一卷
Y0228/第 57 册
七元璇璣召魔品經一卷 Y0228/第 57 册
元始說度酆都經一卷 Y0228/第 57 册
七元召魔伏六天神咒經一卷
Y0228/第 57 册
七元真人說神真靈符經一卷
Y0228/第 57 册
太上紫微中天七元真經一卷
Y0228/第 57 册
枕中經一卷 Y0228/第 57 册
太清元道真經三卷 Y0228/第 57 册
太上老君太素經一卷 Y0228/第 57 册
靈信經旨一卷 Y0228/第 57 册
唐太古妙應孫真人福壽論一卷
Y0228/第 57 册
(唐)孫思邈撰
太清道林攝生論一卷 Y0228/第 57 册
侍帝晨東華上佐司命楊君傳記一卷
Y0228/第 57 册
長春真人西游記二卷 Y0228/第 57 册
(元)李志常撰
道藏闕經目錄二卷 Y0228/第 57 册
大明道藏經目錄四卷 Y0228/第 57 册
(明)白雲霽撰
續道藏
太上中道妙法蓮華經十卷
Y0228/第 57 册
太上元始天尊說寶月光皇后聖母天尊孔雀明王經一卷 Y0228/第 57 册
聖母孔雀明王尊經啓白儀一卷
Y0228/第 57 册
太上元始天尊說孔雀經白文一卷
Y0228/第 57 册
上清元始變化寶真上經一卷
Y0228/第 57 册
太上老君開天經一卷 Y0228/第 57 册
太上老君虛無自然本起經一卷
Y0228/第 57 册

洞玄靈寶玉京山步虛經一卷
Y0228/第 57 册
皇經集註十卷 Y0228/第 57 册
(明)周玄貞集注
元始天尊說東嶽化身濟生度死拔罪解冤保命玄範誥咒妙經一卷
Y0228/第 57 册
太上三元賜福赦罪解厄消災延生保命妙經一卷 Y0228/第 57 册
太上元陽上帝無始天尊說火車王靈官真經一卷 Y0228/第 57 册
元始天尊說藥王救八十一難真經一卷
Y0228/第 57 册
碧霞元君護國庇民普濟保生妙經一卷
Y0228/第 57 册
太上大聖朗靈上將護國妙經一卷
Y0228/第 57 册
太上老君說城隍感應消災集福妙經一卷 Y0228/第 57 册
太上洞玄靈寶五顯觀華光本行妙經一卷 Y0228/第 57 册
太上說通真高皇解冤經一卷
Y0228/第 57 册
中天紫微星真寶懺一卷 Y0228/第 57 册
紫皇鍊度玄科一卷 Y0228/第 57 册
先天斗母奏告玄科一卷 Y0228/第 57 册
朝真發願懺悔文一卷 Y0228/第 57 册
靈寶施食法一卷 Y0228/第 57 册
太微帝君二十四神回元經一卷
Y0228/第 57 册
北斗九皇隱諱經一卷 Y0228/第 57 册
高上玉宸憂樂經一卷 Y0228/第 57 册
太上洞真徊玄章一卷 Y0228/第 57 册
上清金章十二篇一卷 Y0228/第 57 册
太上洞玄濟衆經一卷 Y0228/第 57 册
大洞經吉祥神咒法一卷 Y0228/第 57 册
皇明恩命世錄九卷 Y0228/第 57 册
漢天師世家四卷 Y0228/第 57 册
(明)張正常撰
弘道錄五十六卷 Y0228/第 58 册
邵經邦編撰
消搖墟經二卷 Y0228/第 58 册
(明)洪自誠撰
長生詮經一卷 Y0228/第 58 册
無生訣經一卷 Y0228/第 58 册
徐仙翰藻十四卷 Y0228/第 58 册
(元)陳夢根輯

贊靈集四卷 Y0228/第 58 册
徐仙真錄五卷 Y0228/第 59 册
(明)方文照編
儒門崇理折衷堪輿完孝錄八卷
Y0228/第 59 册
岱史十八卷 Y0228/第 59 册
(明)查志隆撰
易因六卷 Y0228/第 59 册
(明)李贄撰
古易考原三卷 Y0228/第 59 册
(明)梅鷟撰
易林十卷 Y0228/第 59 册
(漢)焦贛撰
搜神記六卷 Y0228/第 60 册
太初元氣接要保生之論一卷
Y0228/第 60 册
化書六卷 Y0228/第 60 册
(南唐)譚峭撰
水鏡錄一卷 Y0228/第 60 册
許真君玉匣記一卷 Y0228/第 60 册
法師選擇記一卷 Y0228/第 60 册
玄天上帝百字聖號一卷 Y0228/第 60 册
天皇至道太清玉册八卷 Y0228/第 60 册
(明)朱權編撰
呂祖志六卷 Y0228/第 60 册
紫微斗數三卷 Y0228/第 60 册
老子翼六卷 Y0228/第 60 册
(明)焦竑編撰
莊子翼八卷 Y0228/第 60 册
(明)焦竑編撰

Y0229(1-26)
密宗甘露精要
密宗甘露精要編委會編
二〇〇七年北京圖書館出版社影印本
二十六册
傳世《大藏經》秘密部
蘇悉地羯囉經 Y0229/第 1 册
蘇悉地羯囉經請問品 Y0229/第 1 册
大傅法院惠淳譯
蘇悉地羯羅供養法 Y0229/第 1 册
三藏法師善無畏譯
蘇磨呼童子請問經 Y0229/第 1 册
文殊菩薩獻佛陀羅尼名烏蘇吒
Y0229/第 1 册
慈氏菩薩略修愈誐念誦法 青龍寺山林院 Y0229/第 1 册
大毗盧遮那成佛經疏 Y0229/第 1 册

大毗盧遮那成佛經疏 Y0229/第2-6册
大毗盧遮那成佛經疏 Y0229/第7册
金剛頂瑜伽中略出念誦經卷 Y0229/第7册
大樂金剛不空真實三麼耶經 Y0229/第7册
佛說最上根本大樂金剛不空三昧大教王經 Y0229/第7册
大毘盧遮那成佛神變加持經 Y0229/第8册
大毘盧遮那成佛神變加持經 Y0229/第9册
佛說摩利支天經 Y0229/第9册
　不空譯
佛母大孔雀明王經 Y0229/第9册
佛說大孔雀明王畫像壇場儀軌 Y0229/第9册
　不空譯
大方廣如來藏經 Y0229/第9册
　不空譯
白傘蓋大佛頂王最勝無比大威德金剛無礙大道場陀羅尼念誦法要 Y0229/第9册
佛說大威德金輪佛頂熾盛光如來消除一切災難陀羅尼經 Y0229/第9册
頂輪王大曼荼羅灌頂儀軌 Y0229/第9册
供養護世八天法 Y0229/第9册
大毗盧遮那經廣大儀軌 Y0229/第9册
大毗盧遮那經供養次第法疏 Y0229/第9册
加句靈驗佛頂尊勝陀羅尼記 Y0229/第9册
實相般若波羅蜜經 Y0229/第9册
佛說遍照般若波羅蜜經 Y0229/第9册
攝大毘盧遮那成佛神變加持經入蓮華胎藏海悲生曼荼羅廣大念誦儀軌 Y0229/第9册
大毗盧遮那成佛神變加持經蓮華胎藏菩提幢標幟普通真言藏廣大成就 Y0229/第10册
會刻仁王護國般若經疏序 Y0229/第10册
新譯護國仁王般若經序 Y0229/第10册
　(唐)代宗皇帝製
仁王護國般若波羅蜜多經疏 Y0229/第10册
　良賁述
大黑天神法 Y0229/第10册
　神愷記
金剛頂普賢瑜伽大教王經大樂不空金剛薩埵一切時方成就儀 Y0229/第10册
諸星母陀羅尼經 Y0229/第10册
　法成譯
般若波羅蜜多心經 Y0229/第10册
　法成譯
　燉煌石室本
青色大金剛藥叉辟鬼魔法亦名辟鬼殊法 Y0229/第10册
青龍寺軌記 Y0229/第10册
鋟尊勝陀羅尼經疏叙 Y0229/第10册
佛頂尊勝陀羅尼經教跡義記 Y0229/第10册
增慧陀羅尼經 Y0229/第11册
妙吉祥平等瑜伽秘密觀身成佛儀軌 Y0229/第11册
　(宋)慈賢譯
金光明最勝懺儀 Y0229/第11册
　(宋)知禮集
千手眼大悲心呪行法 Y0229/第11册
　(宋)知禮集
千手千眼大悲心呪行法 Y0229/第11册
金光明懺法補助儀 Y0229/第11册
　(宋)遵式集
熾盛光道場念誦儀拾遺序 Y0229/第11册
　(宋)靈鑑述
熾盛光道場念誦儀 Y0229/第11册
　(宋)遵式撰
請觀世音菩薩消伏毒害陀羅尼三昧儀金光明最勝懺儀同 Y0229/第11册
觀自在菩薩如意輪呪課法序 Y0229/第11册
　(宋)仁岳撰
楞嚴集註序 Y0229/第11册
大佛頂首楞嚴經釋題 Y0229/第11册
　(宋)北峯沙門宗印述
大佛頂如來密因修證了義諸菩薩萬行首楞嚴經 Y0229/第11册
佛頂大白傘蓋陀羅尼經 Y0229/第12-13册
觀自在菩薩廣大圓滿無礙大悲心大陀羅尼 Y0229/第13册
　指空雠校
觀世音菩薩施食 Y0229/第13册
　指空譯
大方等大集經 Y0229/第13册
瑜伽集要施食儀軌序 Y0229/第14册
修設瑜伽集要施食壇儀 Y0229/第14册
　(明)袾宏重訂
修設瑜伽集要施食壇儀 Y0229/第14册
　(明)袾宏補註
刻準提心要序 Y0229/第14册
準提心要序 Y0229/第14册
重刻准提淨業序 Y0229/第14册
准提淨業 Y0229/第14册
於密滲施食旨槩 Y0229/第14册
　三峰法藏著
重梓佛母准提焚修悉地懺悔玄文序 Y0229/第14册
佛母准提焚修悉地儀文寶懺序 Y0229/第14册
佛母准提脩懺儀序 Y0229/第14册
大准提菩薩焚修悉地懺悔玄文 Y0229/第14册
藥師三昧行法序 Y0229/第14册
藥師三昧行法 Y0229/第14册
　受登集
天溪准提三昧行法序 Y0229/第14册
准提三昧行法序 Y0229/第14册
準提三昧行法 Y0229/第14册
　受登集
纂要序 Y0229/第14册
瑜伽燄口註集纂要儀軌 Y0229/第14册
修習瑜伽集要施食壇儀 Y0229/第14册
如意呪經疏序 Y0229/第14册
觀自在菩薩如意心陀羅尼呪經略疏 Y0229/第14册
　(清)續法述
七俱胝佛母所說准提陀羅尼經會釋龍祇 Y0229/第15册
持誦准提真言法要 Y0229/第15册
六門陀羅尼經論附廣釋 Y0229/第15册
　世親菩薩造
佛說無量門微密持經一名成道降魔得一切智 Y0229/第15册
妙法蓮華經 Y0229/第15册
　(後秦)鳩摩羅什譯
佛說首楞嚴三昧經 Y0229/第15册
　(後秦)鳩摩羅什譯

虛空藏菩薩經 Y0229/第15册
拔一切業障根本得生淨土神呪出小無量籌經 Y0229/第15册
大方等無想經 Y0229/第15册
金光明經 Y0229/第15册
合部金光明經 Y0229/第15册
大乘理趣六波羅蜜多經 Y0229/第16册
金光明經疏 Y0229/第16册
吉藏撰
鋟金光明經疏跋 Y0229/第16册
大乘大方等日藏經 Y0229/第16册
(隋)那連提耶捨譯
大般若經第十會般若理趣分序 Y0229/第16册
玄則撰
大般若波羅蜜多經卷第五百七十八 Y0229/第16册
玄奘譯
千眼千臂觀世音菩薩陀羅尼神呪經 Y0229/第16册
智通譯
百千印陀羅尼經 Y0229/第16册
文殊師利寶藏陀羅尼經 Y0229/第16册
金剛光燄止風雨陀羅尼經 Y0229/第17册
大寶積經 Y0229/第17册
曼殊室利呪藏中校量數珠功德經 Y0229/第17册
釋義淨譯
金光明最勝王經 Y0229/第17册
義淨譯
金光明最勝王經疏 Y0229/第18册
(唐)義淨譯 慧沼撰
十一面神呪心經義疏 Y0229/第18册
佛說安宅神呪經 Y0229/第19册
佛說華聚陀羅尼呪經 Y0229/第19册
佛說師子奮迅菩薩所問經 Y0229/第19册
佛說六字呪王經 Y0229/第19册
七佛八菩薩所說大陀羅尼神呪經 Y0229/第19册
佛說善法方便陀羅尼經 Y0229/第19册
金剛秘密善門陀羅尼呪經 Y0229/第19册
大金色孔雀王呪經一卷 Y0229/第19册
佛說大金色孔雀王呪經一卷 Y0229/第19册
阿吒婆拘鬼神大將上佛陀羅尼經一卷亦直雲阿吒婆拘呪經 Y0229/第19册
佛說大七寶陀羅尼經 Y0229/第19册
虛空藏菩薩問七佛陀羅尼呪經 Y0229/第19册
陀羅尼雜集 Y0229/第19册
阿彌陀鼓音聲王陀羅尼經 Y0229/第19册
佛說摩利支天陀羅尼呪經 Y0229/第19册
牟梨曼陀羅呪經 Y0229/第19册
佛說大普賢陀羅尼經 Y0229/第19册
六字大陀羅尼呪經 Y0229/第19册
佛說六字神呪王經 Y0229/第19册
六字神呪王經 Y0229/第19册
佛說辟除賊害呪經 Y0229/第19册
佛說俱利伽羅大龍勝外道伏陀羅尼經 Y0229/第19册
播般曩結使波唐云步擲金剛念誦儀 Y0229/第19册
大聖妙吉祥菩薩說除災教令法輪 Y0229/第19册
寶藏天女陀羅尼法 Y0229/第19册
佛說却溫黃神呪經 Y0229/第19册
佛頂尊勝陀羅尼真言 Y0229/第19册
㞢囼大道心駈策法 Y0229/第19册
文殊師利菩薩六字呪功能法經 Y0229/第19册
作世水宅心陀羅尼 Y0229/第19册
佛說無二平等最上瑜伽大教王經 Y0229/第19册
佛說毗奈耶經 Y0229/第20－26冊
清淨法身毗盧遮那心地法門成就一切陀羅尼三種悉地 Y0229/第26冊
何耶揭唎婆像法 Y0229/第26冊
何耶揭唎婆觀世音菩薩受法壇 Y0229/第26冊
說矩里迦唐作尊敕龍王像法 Y0229/第26冊
阿吒薄拘付囑呪 Y0229/第26冊
佛說安宅陀羅尼呪經 Y0229/第26冊
摩利支天一印法 Y0229/第26冊
賢劫十六尊 Y0229/第26冊
伽馱金剛真言 Y0229/第26冊
大日如來劍印 Y0229/第26冊
大輪金剛修行悉地成就及供養法 Y0229/第26冊
摩醯首羅大自在天王神通化生伎藝天女念誦法 Y0229/第26冊
大日經持誦次第儀軌 Y0229/第26冊
大毗盧遮那略要速疾門五支念誦法 Y0229/第26冊
火吽軌別錄 Y0229/第26冊
藥師儀軌一具 Y0229/第26冊
十二天供儀軌 Y0229/第26冊
供養儀式 Y0229/第26冊
孔雀尊經科儀 Y0229/第26冊
消災延壽藥師懺法 Y0229/第26冊
慈悲地藏懺法 Y0229/第26冊
大隨求即得大陀羅尼明王懺悔法 Y0229/第26冊
金剛頂經一字頂輪王儀軌音義 Y0229/第26冊
佛說虛空藏菩薩神呪經 Y0229/第26冊
十天儀軌 Y0229/第26冊
孔雀經真言等梵本呪 Y0229/第26冊
佛說甘露經陀羅尼呪 Y0229/第26冊
甘露陀羅尼呪 Y0229/第26冊
摩醯首羅天法要 Y0229/第26冊
烏芻澀明王儀軌梵字 Y0229/第26冊
金剛童子持念經 Y0229/第26冊
文殊師利耶曼德迦呪法 Y0229/第26冊
一繯文殊師利童子陀羅尼念誦儀軌 Y0229/第26冊
千鉢文殊一百八名讚 Y0229/第26冊
八曼荼羅經 Y0229/第26冊
佛說地藏菩薩陀羅尼經 Y0229/第26冊
大佛頂廣聚陀羅尼經 Y0229/第26冊
勝初瑜伽儀軌真言 Y0229/第26冊
觀自在菩薩阿麼𪘨法 Y0229/第26冊
番大悲神呪 Y0229/第26冊
世尊聖者千眼千首千足千舌千臂觀自在菩提薩埵怛嚩廣大圓滿無礙大悲心陀羅尼 Y0229/第26冊
大方廣佛花嚴經入法界品頓證毗盧遮那法身字輪瑜伽儀軌 Y0229/第26冊
寶樓閣經梵字真言 Y0229/第26冊
佛頂尊勝陀羅尼 Y0229/第26冊
奇特最勝金輪佛頂念誦儀軌法要 Y0229/第26冊
大佛頂如來放光悉怛多般怛囉大神力都攝一切呪王陀羅尼經大威德最勝金輪三昧呪品第一 Y0229/第26冊
胎藏梵字真言 Y0229/第26冊

蓮華部心念誦儀軌　Y0229/第 26 冊
金剛頂瑜伽略述三十七尊心要
Y0229/第 26 冊
金剛頂蓮華部心念誦儀軌
Y0229/第 26 冊
金剛頂經瑜伽十八會指歸
Y0229/第 26 冊

Y0230(1－169)
乾隆大藏經附索引
寶印佛經流通處傳正有限公司編輯部編著
一九九七年彰化市寶印佛經流通處傳正有限公司乾隆版大藏經刊印處
一六九冊

大乘經般若部

大般若波羅蜜多經六百卷
Y0230/第 1－14 冊
(唐)玄奘譯
放光般若波羅蜜經三十卷
Y0230/第 14 冊
摩訶般若波羅蜜多經三十卷
Y0230/第 14－15 冊
光讚般若波羅蜜經十卷　Y0230/第 15 冊
道行般若波羅蜜經十卷　Y0230/第 15 冊
小品般若波羅蜜經十卷　Y0230/第 16 冊
摩訶般若波羅蜜鈔經五卷
Y0230/第 16 冊
大明度無極經六卷　Y0230/第 16 冊
勝天王般若波羅蜜經七卷
Y0230/第 16 冊
金剛般若波羅蜜經三卷三譯
Y0230/第 16 冊
能斷金剛般若波羅蜜經二卷二譯
Y0230/第 16 冊
金剛能斷般若波羅蜜多經一卷
Y0230/第 16 冊
(隋)笈多譯
佛說濡首菩薩無上清淨分衛經二卷(決了諸法如幻化三昧經)　Y0230/第 16 冊
(劉宋)翔公譯
仁王護國般若波羅蜜經二卷
Y0230/第 16 冊
(姚秦)鳩摩羅什譯
實相般若波羅蜜經一卷　Y0230/第 16 冊
摩訶般若波羅蜜大明咒經一卷
Y0230/第 16 冊
(後秦)鳩摩羅什譯
般若波羅蜜多心經一卷　Y0230/第 16 冊
(唐)玄奘譯
文殊師利所說摩訶般若波羅蜜經一卷
Y0230/第 16 冊
文殊師利所說般若波羅蜜經一卷
Y0230/第 16 冊

大乘經寶積部

大寶積經一百二十卷
Y0230/第 17－19 冊
大方廣三戒經三卷　Y0230/第 19 冊
佛說無量清淨平等覺經三卷
Y0230/第 19 冊
佛說阿彌陀經二卷　Y0230/第 19 冊
佛說無量壽經二卷　Y0230/第 19 冊
(曹魏)康僧鎧譯
佛說阿閦佛國經三卷　Y0230/第 20 冊
佛說大乘十法經一卷　Y0230/第 20 冊
佛說普門品經一卷　Y0230/第 20 冊
文殊師利佛土嚴淨經二卷
Y0230/第 20 冊
佛說胞胎經一卷　Y0230/第 20 冊
佛說法鏡經二卷　Y0230/第 20 冊
郁迦羅越問菩薩行經一卷
Y0230/第 20 冊
幻士仁賢經一卷　Y0230/第 20 冊
佛說決定毘尼經一卷　Y0230/第 20 冊
發覺淨心經二卷　Y0230/第 20 冊
佛說優填王經一卷　Y0230/第 20 冊
佛說須摩提經一卷　Y0230/第 20 冊
佛說須摩提菩薩經一卷　Y0230/第 20 冊
(姚秦)鳩摩羅什譯
佛說離垢施女經一卷　Y0230/第 20 冊
佛說阿闍世王女阿術達菩薩經一卷
Y0230/第 20 冊
佛說須賴經二譯二卷(叉須賴此云善順)　Y0230/第 20 冊
(曹魏)白延譯
得無垢女經一卷(論義辯才法門)
Y0230/第 20 冊
文殊師利所說不思議佛境界經二卷
Y0230/第 20 冊
佛說如幻三昧經三卷　Y0230/第 20 冊
善住意天子所問經三卷　Y0230/第 20 冊
太子刷護經一卷　Y0230/第 20 冊
太子和休經一卷　Y0230/第 20 冊
入法界體性經一卷　Y0230/第 20 冊
慧上菩薩問大善權經二卷(善權方便所度無極經)　Y0230/第 20 冊
大乘顯識經二卷　Y0230/第 20 冊
佛說大乘方等要慧經一卷
Y0230/第 20 冊
彌勒菩薩所問本願經一卷
Y0230/第 20 冊
度一切諸佛境界智嚴經一卷
Y0230/第 20 冊
佛遺日摩尼寶經一卷　Y0230/第 20 冊
摩訶衍寶嚴經一卷亦名大迦葉品
Y0230/第 20 冊
勝鬘雯師子吼一乘大方便方廣經一卷
Y0230/第 20 冊
昆耶娑問經二卷　Y0230/第 20 冊

大乘經大集部

大方等大集經三十卷　Y0230/第 21 冊
大乘大方等日藏經十卷　Y0230/第 21 冊
大方等大集月藏經十卷　Y0230/第 22 冊
大乘大集地藏十輪經十卷
Y0230/第 22 冊
(唐)玄奘譯
佛說大方廣十輪經八卷　Y0230/第 22 冊
大集須彌藏經二卷　Y0230/第 22 冊
虛空孕菩薩經二卷　Y0230/第 22 冊
虛空藏菩薩經一卷　Y0230/第 22 冊
虛空藏菩薩神咒經一卷　Y0230/第 22 冊
觀虛空藏菩薩經一卷　Y0230/第 22 冊
佛說菩薩念佛三昧經六卷
Y0230/第 22 冊
佛說大方等大集菩薩念佛三昧經十卷
Y0230/第 22 冊
般舟三昧經三卷　Y0230/第 23 冊
阿差末菩薩經七卷　Y0230/第 23 冊
大方等大集賢護經五卷　Y0230/第 23 冊
拔陂菩薩經一卷　Y0230/第 23 冊
無盡意菩薩經四卷　Y0230/第 23 冊
大集譬喻王經二卷　Y0230/第 23 冊
大哀經八卷　Y0230/第 23 冊
寶女所問經四卷　Y0230/第 23 冊
無言童子經二卷　Y0230/第 23 冊
自在王菩薩經二卷　Y0230/第 23 冊
(姚秦)鳩摩羅什譯
奮迅王問經二卷　Y0230/第 23 冊
寶星陀羅尼經八卷　Y0230/第 23 冊
度諸佛境界智光嚴經一卷
Y0230/第 23 冊

大乘金剛髻珠菩薩修行分經一卷 Y0230/第23册

大乘經華嚴部

大方廣佛華嚴經六十卷 Y0230/第24册
大方廣佛華嚴經六十卷 Y0230/第25册
大方廣佛華嚴經八十卷 Y0230/第25册
大方廣佛華嚴經八十卷 Y0230/第26册
大方廣佛華嚴經八十卷 Y0230/第27册
大方廣佛華嚴經普賢菩薩行願品四十卷 Y0230/第27册
信力入印法門經五卷 Y0230/第27册
佛華嚴入如來德智不思議境界經一卷 Y0230/第28册
佛說如來興顯經四卷 Y0230/第28册
大方廣入如來智德不思議經一卷 Y0230/第28册
大方廣佛華嚴經修慈分一卷 Y0230/第28册
顯無邊佛土功德經一卷 Y0230/第28册
(唐)玄奘譯
大方廣佛華嚴經不思議佛境界分一卷 Y0230/第28册
大方廣如來不思議境界經一卷 Y0230/第28册
大方廣普賢所說經一卷 Y0230/第28册
莊嚴菩提心經一卷 Y0230/第28册
(姚秦)鳩摩羅什譯
佛說菩薩本業經一卷 Y0230/第28册
大方廣佛華嚴經續入法界品一卷 Y0230/第28册
佛說兜沙經一卷 Y0230/第28册
大方廣菩薩十地經一卷 Y0230/第28册
度世品經六卷 Y0230/第28册
十住經六卷 Y0230/第28册
佛說羅摩伽經四卷 Y0230/第28册
諸菩薩求佛本業經一卷 Y0230/第28册
菩薩十住行道品經一卷 Y0230/第28册
佛說菩薩十住經一卷 Y0230/第28册
漸備一切智德經五卷 Y0230/第28册
等目菩薩所問三昧經三卷(普賢菩薩定意經) Y0230/第28册
文殊師利問菩薩署經一卷 Y0230/第28册

大乘經涅盤部

大般涅槃經四十卷 Y0230/第29册
南本大般涅槃經三十六卷 Y0230/第30-31册
大般涅槃經後分二卷 Y0230/第31册
佛說方等般泥洹經二卷 Y0230/第31册
大悲經五卷 Y0230/第31册
大般涅槃經三卷 Y0230/第31册
(東晉)釋法顯譯
佛說方等泥洹經二卷 Y0230/第31册
大般洹經六卷 Y0230/第31册
四童子三昧經兰卷 Y0230/第31册
佛垂般涅槃略說教誡經一卷(佛遺教經) Y0230/第31册
(姚秦)鳩摩羅什譯
佛臨涅槃記法住經一卷 Y0230/第31册
(唐)玄奘譯
佛滅度後棺斂葬送經一卷 Y0230/第31册
般泥洹後灌臘經一卷 Y0230/第31册

大乘經五大部

金光明最勝王經十卷 Y0230/第32册
(唐)義淨譯
金光明經四卷 Y0230/第32册
等集眾德三昧經三卷 Y0230/第32册
集一切福德三昧經三卷 Y0230/第32册
(姚秦)鳩摩羅什譯
合部金光明經八卷 Y0230/第32册
人定不定印經一卷 Y0230/第32册
(唐)義淨譯
不必定入定人印經一卷 Y0230/第32册
無量義經一卷 Y0230/第32册
妙法蓮華經七卷 Y0230/第32册
(姚秦)鳩摩羅什譯
法華三昧經一卷 Y0230/第32册
(宋)釋智嚴譯
薩曇芬陀利經一卷 Y0230/第32册
妙法蓮華經觀世音菩薩普門品經一卷 Y0230/第32册
(姚秦)鳩摩羅什譯
正法華經十卷 Y0230/第32-33册
添品妙法蓮華經八卷 Y0230/第33册
分別緣起初勝法門經上下合卷 Y0230/第33册
(唐)玄奘譯
緣生初勝分法本經上下合卷 Y0230/第33册
悲華經十卷 Y0230/第33册
六度集經八卷 Y0230/第33册
大乘頂王經一卷 Y0230/第33册
大方等頂王經一卷(維摩詰子問經) Y0230/第33册
維摩詰所說經三卷 Y0230/第33册
維摩詰經三卷(不可思議法門) Y0230/第33册
道神足無極變化經四卷 Y0230/第34册
說無垢稱經六卷 Y0230/第34册
(唐)玄奘譯
阿惟越致遮經四卷 Y0230/第34册
佛說寶雨經十卷(顯受不退轉菩薩記) Y0230/第34册
佛說寶雲經七卷 Y0230/第34册
佛昇忉利天為母說法經三卷 Y0230/第34册
相續解脫地波羅蜜了義經一卷 Y0230/第34册
相續解脫如來所作隨順處了義經一卷 Y0230/第34册
佛說解節經一卷 Y0230/第34册
不退轉法輪經四卷 Y0230/第34册
廣博嚴淨不退轉法輪經四卷 Y0230/第34册
方廣大莊嚴經十二卷(神通遊戲) Y0230/第34册
方廣大莊嚴經十二卷(神通遊戲) Y0230/第35册
普曜經八卷 Y0230/第35册
伅真陀羅所問寶如來三昧經三卷 Y0230/第35册
大樹緊那羅王所問經四卷 Y0230/第35册
(姚秦)鳩摩羅什譯
諸法本無經三卷 Y0230/第35册
(隋)闍那崛多譯
諸法無行經二卷 Y0230/第35册
(姚秦)鳩摩羅什譯
持人菩薩所問經四卷 Y0230/第35册
持世經四卷(佛說法印品經) Y0230/第35册
(姚秦)鳩摩羅什譯
佛說大灌頂神咒經十二卷 Y0230/第35册
佛說文殊師利現寶藏經二卷 Y0230/第35册
大方廣寶篋經二卷 Y0230/第35册
佛說藥師如來本願經一卷 Y0230/第36册

藥師瑠璃光如來本願功德經一卷 Y0230/第 36 册
(唐)玄奘譯
藥師瑠璃光七佛本願功德經二卷 Y0230/第 36 册
(唐)義淨譯
番字藥師七佛本願功德經一卷 Y0230/第 36 册
(唐)義淨譯
佛說阿闍世王經二卷 Y0230/第 36 册
楞伽阿跋多羅寶經四卷 Y0230/第 36 册
入楞伽經十卷 Y0230/第 36 册
大乘入楞伽經七卷 Y0230/第 36 册
菩薩行方便境界神通變化經三卷 Y0230/第 36 册
大薩遮尼乾子受記經十卷 Y0230/第 36 册
大乘大悲分陀利經八卷 Y0230/第 37 册
善思童子經二卷 Y0230/第 37 册
普超三昧經四卷 Y0230/第 37 册
佛說放鉢經一卷 Y0230/第 37 册
佛說大淨法門品經一卷 Y0230/第 37 册
大莊嚴法門經二卷 Y0230/第 37 册
佛說大方等大雲請雨經一卷 Y0230/第 37 册
大雲請雨經一卷 Y0230/第 37 册
大雲輪請雨經二卷 Y0230/第 37 册
勝思惟梵天所問經六卷 Y0230/第 37 册
思益梵天所問經四卷 Y0230/第 37 册
月燈三昧經十卷(大方等大集月燈經) Y0230/第 37 册
月燈三昧經一卷 Y0230/第 38 册
佛說象腋經一卷 Y0230/第 38 册
佛說無所希望經一卷(象步經) Y0230/第 38 册
佛說大乘同性經二卷 Y0230/第 38 册
佛說證契大乘經二卷 Y0230/第 38 册
持心梵天所問經四卷(莊嚴佛法經、等御諸法經) Y0230/第 38 册
佛說觀無量壽佛經一卷 Y0230/第 38 册
稱讚淨土佛攝受經一卷 Y0230/第 38 册
(唐)玄奘譯
佛說阿彌陀經一卷 Y0230/第 38 册
(姚秦)鳩摩羅什譯
拔一切業障根本得生淨土神呪一卷 Y0230/第 38 册
後出阿彌陀佛偈經一卷 Y0230/第 38 册
大阿彌陀經二卷 Y0230/第 38 册
佛說觀彌勒菩薩上生兜率陀天經一卷 Y0230/第 38 册
佛說彌陀下生經一卷(彌陀當來成佛) Y0230/第 38 册
(姚秦)鳩摩羅什譯
佛說彌勒來時經一卷 Y0230/第 38 册
佛說彌勒下生成佛經一卷 Y0230/第 38 册
(唐)義淨譯
觀彌勒菩薩下生經一卷 Y0230/第 38 册
佛說彌勒成佛經一卷 Y0230/第 38 册
(姚秦)鳩摩羅什譯
佛說第一義法勝經一卷 Y0230/第 38 册
佛說大威燈光仙人問疑經一卷 Y0230/第 38 册
(隋)闍那崛多譯
一切法高王經一卷 Y0230/第 38 册
佛說諸法勇王經一卷 Y0230/第 38 册
順權方便經二卷 Y0230/第 38 册
佛說樂瓔珞莊嚴方便經一卷(轉女身菩薩問答經) Y0230/第 38 册
菩薩睒子經一卷 Y0230/第 38 册
佛說睒子經一卷 Y0230/第 38 册
(姚秦)釋聖堅譯
佛說九色鹿經一卷 Y0230/第 38 册
佛說太子沐魄經一卷 Y0230/第 38 册
太子慕魄經一卷 Y0230/第 38 册
(後漢)安世高譯
無字寶篋經一卷 Y0230/第 38 册
大乘離文字普光明藏經一卷 Y0230/第 38 册
大乘徧照光明藏無字法門經一卷 Y0230/第 38 册
佛說老女人經一卷 Y0230/第 38 册
佛說老母經一卷 Y0230/第 38 册
佛說老母女六英經一卷 Y0230/第 38 册
佛說長者子制經一卷 Y0230/第 38 册
(後漢)安世高譯
佛說菩薩逝經一卷 Y0230/第 38 册
佛說逝童子經一卷 Y0230/第 38 册
佛說月光童子經一卷(申日經) Y0230/第 38 册
佛說申日兒本經一卷 Y0230/第 38 册
佛說德護長者經二卷 Y0230/第 38 册
佛說犢子經一卷 Y0230/第 38 册
佛說乳光佛經一卷 Y0230/第 38 册
佛說無垢賢女經一卷 Y0230/第 38 册
佛說腹中女聽經一卷 Y0230/第 38 册
佛說轉女身經一卷 Y0230/第 38 册
文殊師利問菩提經一卷 Y0230/第 38 册
(姚秦)鳩摩羅什初譯
伽耶山頂經一卷 Y0230/第 38 册
佛說象頭精舍經一卷 Y0230/第 38 册
大乘伽耶山頂經一卷 Y0230/第 38 册
佛說決定總持經一卷 Y0230/第 38 册
佛說謗佛經一卷 Y0230/第 38 册
大方等大雲經四卷 Y0230/第 38 册
如來莊嚴智慧光明入一切佛境界經二卷 Y0230/第 38 册
深蜜解脫經五卷 Y0230/第 39 册
解深蜜經五卷 Y0230/第 39 册
(唐)玄奘譯
佛說諫王經一卷 Y0230/第 39 册
如來示教勝軍王經一卷 Y0230/第 39 册
(唐)玄奘譯
佛為勝光天子說王法經一卷 Y0230/第 39 册
(唐)義淨譯
寶積三昧文殊師利菩薩問法身經一卷 Y0230/第 39 册
(後漢)安世高譯
佛說濟諸方等學經一卷 Y0230/第 39 册
大乘方廣總持經一卷 Y0230/第 39 册
太子須大拏經一卷 Y0230/第 39 册
佛說如來智印經一卷(諸佛法身經) Y0230/第 39 册
佛說慧印三昧經一卷 Y0230/第 39 册
佛說無極寶三昧經二卷 Y0230/第 39 册
寶如來三昧經二卷 Y0230/第 39 册
無上依經二卷 Y0230/第 39 册
佛說未曾有經一卷 Y0230/第 39 册
佛說甚希有經一卷 Y0230/第 39 册
(唐)玄奘譯
佛說如來師子吼經一卷 Y0230/第 39 册
佛說大方廣師子吼經一卷 Y0230/第 39 册
佛說大乘百福相經一卷 Y0230/第 39 册
佛說大乘百福莊嚴相經一卷 Y0230/第 39 册
佛說大乘四法經一卷 Y0230/第 39 册
佛說菩薩修行四法經一卷 Y0230/第 39 册

佛說希有校量功德經一卷 Y0230/第 39 册
(隋)闍那崛多譯
佛說最無比經一卷 Y0230/第 39 册
(唐)玄奘譯
佛說前世三轉經一卷 Y0230/第 39 册
佛說銀色女經一卷 Y0230/第 39 册
佛說阿闍世王受決經一卷 Y0230/第 39 册
採華違王上佛授決經一卷 Y0230/第 39 册
佛說正恭敬經一卷 Y0230/第 39 册
佛說善恭敬經一卷 Y0230/第 39 册
(隋)闍那崛多譯
稱讚大乘功德經一卷 Y0230/第 39 册
(唐)玄奘譯
妙法決定業障經一卷 Y0230/第 39 册
(唐)智嚴譯
佛說貝多樹下思惟十二因緣經一卷(聞城十二因緣) Y0230/第 39 册
佛說緣起聖道經一卷 Y0230/第 39 册
(唐)玄奘譯
佛說稻稈經一卷 Y0230/第 39 册
佛說了本生死經一卷 Y0230/第 39 册
佛說自誓三昧經一卷 Y0230/第 39 册
(後漢)安世高譯
如來獨證自誓三昧經一卷 Y0230/第 39 册
佛說轉有經一卷 Y0230/第 39 册
大方等修多羅王經一卷 Y0230/第 39 册
佛說文殊師利巡行經一卷 Y0230/第 39 册
佛說文殊尸利行經一卷 Y0230/第 39 册
(隋)闍那崛多譯
大乘造像功德經二卷 Y0230/第 39 册
佛說作佛形像經一卷 Y0230/第 39 册
佛說造立形像福報經一卷 Y0230/第 39 册
佛說灌佛經一卷(灌洗佛形像經) Y0230/第 39 册
佛說灌洗佛經一卷(摩訶刹頭經) Y0230/第 39 册
佛說浴像功德經一卷 Y0230/第 39 册
(唐)寶思惟譯
浴像功德經一卷 Y0230/第 39 册
(唐)義淨譯

佛說校量數珠功德經一卷 Y0230/第 39 册
(唐)寶思惟譯
曼殊室利咒藏中校量數珠功德經一卷 Y0230/第 39 册
(唐)義淨譯
佛說龍施女經一卷 Y0230/第 39 册
佛說龍施菩薩本起經一卷 Y0230/第 39 册
佛說八吉祥神呪經一卷 Y0230/第 39 册
佛說八陽神呪經一卷 Y0230/第 39 册
佛說八吉祥經一卷 Y0230/第 39 册
佛說八佛名號經一卷 Y0230/第 39 册
(隋)闍那崛多譯
佛說盂蘭盆經一卷 Y0230/第 39 册
佛說報恩奉盆經一卷(報像功德經) Y0230/第 39 册
佛說觀藥王藥上二菩薩經一卷 Y0230/第 39 册
佛說大孔雀咒王經三卷 Y0230/第 39 册
(唐)義淨譯
佛母大孔雀明王經三卷 Y0230/第 39 册
(唐)不空譯
佛說孔雀王呪經二卷 Y0230/第 39 册
佛說大孔雀王神呪經一卷 Y0230/第 39 册
佛說大孔雀王雜神呪經一卷 Y0230/第 39 册
大金色孔雀王呪經一卷 Y0230/第 39 册
(姚秦)鳩摩羅什譯
佛說不空羂索呪經一卷 Y0230/第 39 册
(隋)闍那崛多等譯
不空羂索心呪王經三卷 Y0230/第 40 册
(唐)天竺三藏寶思惟譯
不空羂索陀羅尼經二卷 Y0230/第 40 册
(唐)李無諂譯
不空羂索呪心經一卷 Y0230/第 40 册
不空羂索神呪心經一卷 Y0230/第 40 册
(唐)玄奘譯
不空羂索神變真言經三十卷 Y0230/第 40 册
千眼千臂觀世音菩薩陀羅尼神呪經上下卷 Y0230/第 40 册
(唐)智通譯
千手千眼觀世音菩薩姥陀羅尼身經一卷 Y0230/第 40 册
千手千眼觀世音菩薩廣大圓滿無礙大悲心陀羅尼經一卷(附番大悲神呪) Y0230/第 40 册
(唐)西天竺沙門伽梵達摩譯
觀世音菩薩祕密藏神呪經一卷 Y0230/第 40 册
觀世音菩薩如意摩尼陀羅尼經一卷 Y0230/第 40 册
觀自在菩薩如意心陀羅尼呪經一卷 Y0230/第 40 册
(唐)義淨譯
如意輪陀羅尼經一卷 Y0230/第 40 册
觀自在菩薩怛囀多唎隨心陀羅尼經一卷 Y0230/第 40 册
(唐)智通譯
請觀世音菩薩消伏毒害陀羅尼呪經一卷 Y0230/第 40 册
佛說十一面觀世音神呪經一卷 Y0230/第 40 册
十一面神呪心經一卷 Y0230/第 40 册
(唐)玄奘譯
千轉陀羅尼觀世音菩薩呪經一卷 Y0230/第 40 册
(唐)智通譯
呪五首經一卷 Y0230/第 40 册
(唐)玄奘譯
六字神呪經一卷 Y0230/第 40 册
呪三首經一卷 Y0230/第 40 册
大方廣菩薩藏經中文殊師利根本一字陀羅尼法一卷 Y0230/第 40 册

大乘經五大部

曼殊室利菩薩呪藏中一字呪王經一卷 Y0230/第 41 册
(唐)義淨譯
十二佛名神呪校量功德除障滅罪經一卷 Y0230/第 41 册
佛說稱讚如來功德神呪經一卷 Y0230/第 41 册
(唐)義淨譯
華積陀羅尼神呪經一卷 Y0230/第 41 册
師子奮迅菩薩所問經一卷 Y0230/第 41 册
佛說華聚陀羅尼呪經一卷 Y0230/第 41 册
六字呪王經一卷 Y0230/第 41 册
六字神呪王經一卷 Y0230/第 41 册
梵女首意經一卷 Y0230/第 41 册
有德女所問大乘經一卷 Y0230/第 41 册

佛說七俱胝佛母心大准提陁羅尼經一卷 Y0230/第 41 册
佛說七俱胝佛母准提大明陁羅尼經一卷附觀行法 Y0230/第 41 册
七俱胝佛母所說准提陀羅尼經一卷 Y0230/第 41 册
(唐)不空譯
種種雜呪經一卷 Y0230/第 41 册
佛頂尊勝陀羅尼經一卷 Y0230/第 41 册
佛頂尊勝陀羅尼經一卷 Y0230/第 41 册
佛說佛頂尊勝陀羅尼經一卷 Y0230/第 41 册
(唐)義淨譯
最勝佛頂陀羅尼淨除業障經一卷 Y0230/第 41 册
佛頂最勝陀羅尼經一卷 Y0230/第 41 册
苦利弗陀羅尼經一卷 Y0230/第 41 册
佛說無量門破魔陀羅尼經一卷 Y0230/第 41 册
佛說無量門微密持經一卷 Y0230/第 41 册
佛說出生無量門持經一卷 Y0230/第 41 册
阿難陀目佉尼訶離陀鄰尼經一卷 Y0230/第 41 册
阿難陀目佉尼訶離陀經一卷 Y0230/第 41 册
佛說一向出生菩薩經一卷 Y0230/第 41 册
(隋)闍那崛多譯
出生無邊門陀羅尼經一卷 Y0230/第 41 册
(唐)釋智嚴譯
勝幢臂印陀羅尼經一卷 Y0230/第 41 册
(唐)玄奘譯
妙臂印幢陀羅尼經一卷 Y0230/第 41 册
佛說陀羅尼集經一三卷 Y0230/第 41 册
佛說持句神呪經一卷(陀羅尼句經) Y0230/第 41 册
佛說陀鄰尼鉢經一卷 Y0230/第 41 册
東方最勝燈王如來助護持世間神呪經一卷 Y0230/第 41 册
(隋)闍那崛多譯
如來方便善巧呪經一卷 Y0230/第 41 册
(隋)闍那崛多譯
虚空藏菩薩問七佛陀羅尼呪經一卷 Y0230/第 41 册
善法方便陀羅尼呪經一卷 Y0230/第 41 册
金剛秘密善門陀羅尼經一卷 Y0230/第 41 册
護命法門神呪經一卷 Y0230/第 41 册
五剛場陀羅尼經一卷 Y0230/第 41 册
(隋)闍那崛多譯
五剛上味陀羅尼經一卷 Y0230/第 41 册
佛說無崖際總持法門經一卷 Y0230/第 41 册
寻勝菩薩所問一切諸法入無量法門陀羅尼經一卷 Y0230/第 41 册

大乘經單譯經(一)

十住斷結經十四卷 Y0230/第 42 册
豆隆道樹經一卷(私呵經、道樹三昧經、私呵三昧經) Y0230/第 42 册
菩薩生地經一卷 Y0230/第 42 册
佛說孛經一卷 Y0230/第 42 册
無垢淨大陀羅尼經一卷 Y0230/第 42 册
成具光明定意經一卷 Y0230/第 42 册
摩訶摩耶經二卷(佛昇忉利天為母說法經) Y0230/第 42 册
諸德福田經一卷 Y0230/第 42 册
大方等如來藏經一卷 Y0230/第 42 册
佛說寶網經一卷 Y0230/第 42 册
佛說內藏百寶經一卷 Y0230/第 42 册
佛說溫室洗浴眾僧經一卷 Y0230/第 42 册
(後漢)安世高譯
佛說菩薩行五十緣身經一卷 Y0230/第 42 册
佛說菩薩修行經一卷 Y0230/第 42 册
(西晉)白法祖譯
佛說金色王經一卷 Y0230/第 42 册
佛語法門經一卷 Y0230/第 42 册
佛說四不可得經一卷 Y0230/第 42 册
須真天子經二卷 Y0230/第 42 册
佛說觀普賢菩薩行法經一卷(觀普賢觀經出深功德經) Y0230/第 42 册
觀世音菩薩得大勢菩薩受記經一卷 Y0230/第 42 册
不思議光菩薩所說經一卷 Y0230/第 42 册
(姚秦)鳩摩羅什譯
超日明三昧經二卷 Y0230/第 42 册
除恐災患經一卷 Y0230/第 42 册
佛說首楞嚴三昧經三卷 Y0230/第 42 册
(姚秦)鳩摩羅什譯
未會有因緣經二卷 Y0230/第 42 册
諸佛要集經二卷 Y0230/第 42 册
稱揚諸佛功德經三卷(集諸佛華) Y0230/第 42 册

大乘經單譯經(二)

賢劫經十卷(颰陀劫三昧經、晉日賢劫定意) Y0230/第 43 册
佛說佛名經一二卷 Y0230/第 43 册
過去莊嚴劫千佛名經一卷(集諸佛大功德山) Y0230/第 43 册
現在賢劫千佛名經一卷(集諸佛大功德山) Y0230/第 43 册
未來星宿劫千佛名經一卷(集諸佛大功德山) Y0230/第 43 册
五千五百佛名神呪除障滅罪經八卷 Y0230/第 43 册
力莊嚴三昧經三卷 Y0230/第 43 册
佛說八部佛名經一卷 Y0230/第 43 册
百佛名經一卷 Y0230/第 43 册
佛說不思議功德諸佛所護念經二卷 Y0230/第 43 册
(隋)闍那崛多譯
金剛三昧本性清淨不壞不滅經一卷(金剛清淨經) Y0230/第 43 册
佛說師子月佛本生經一卷 Y0230/第 43 册
演道俗業經一卷 Y0230/第 43 册
佛說長者法志妻經一卷 Y0230/第 43 册
佛說薩羅國經一卷 Y0230/第 43 册
佛說十吉祥經一卷 Y0230/第 43 册
佛說長者女菴提遮師子吼了義經一卷 Y0230/第 43 册
佛說一切智光明仙人慈心因緣不食肉經一卷 Y0230/第 43 册
大方等陀羅尼經四卷 Y0230/第 43 册

大乘經單譯經(三)

大法炬陀羅尼經十卷 Y0230/第 43 册
(隋)闍那崛多等譯
大威德陀羅尼經二十卷 Y0230/第 43 册
(隋)闍那崛多等譯
觀察諸法行經四卷 Y0230/第 43 册
(隋)闍那崛多等譯
佛說華手經十卷(攝諸善根經) Y0230/第 44－45 册
(姚秦)鳩摩羅什譯

大乘經單譯經(四)

法集經六卷 Y0230/第45册
大方廣圓覺修多羅了義經一卷 Y0230/第45册
佛說施燈功德經一卷 Y0230/第45册
金剛三昧經二卷 Y0230/第45册
觀佛三昧經十卷 Y0230/第45册
大方便佛報恩經七卷 Y0230/第45册
菩薩本行經三卷 Y0230/第45册
菩薩處胎經五卷 Y0230/第45册
央掘魔羅經四卷 Y0230/第45册
菩薩内習六波羅蜜經一卷 Y0230/第45册
菩薩投身飼餓虎起塔因緣經一卷 Y0230/第45册

大乘經單譯經(五)

三昧弘道廣顯定意經四卷(入金剛問定意) Y0230/第46册
佛說明度五十校計經二卷 Y0230/第46册
(後漢)安世高譯
無所有菩薩經四卷 Y0230/第46册
(隋)闍那崛多等
大法鼓經二卷 Y0230/第46册
月上女經二卷 Y0230/第46册
(隋)闍那崛多譯
文殊師利問經二卷 Y0230/第46册
大方廣如來秘密藏經二卷 Y0230/第46册
大乘密嚴經三卷 Y0230/第46册
菩薩瓔珞經二十卷(現在報經) Y0230/第46册

大乘經單譯經(六)

大佛頂如來密因修證了義諸菩薩萬行首楞嚴經十卷 Y0230/第47册
七佛所說神呪經四卷(廣濟眾生神呪) Y0230/第47册
文殊師利寶藏陀羅尼經一卷(文殊師利菩薩八字三昧法) Y0230/第47册
僧伽吒經四卷 Y0230/第47册
出生菩提心經一卷 Y0230/第47册
(隋)闍那崛多等
佛說佛印三昧經一卷 Y0230/第47册
(後漢)安世高譯
佛說十二頭陀經一卷(沙門頭陀經) Y0230/第47册
佛說樹提伽經一卷 Y0230/第47册
佛說法常住經一卷 Y0230/第47册
佛說長壽王經一卷 Y0230/第47册
佛說海龍王經四卷 Y0230/第47册
佛為海龍王說法印經一卷 Y0230/第47册
佛說右達佛塔功德經一卷 Y0230/第47册
佛說妙色王因緣經一卷 Y0230/第47册
師子素馱娑王斷肉經一卷 Y0230/第47册
(唐)智嚴譯
佛說差摩婆帝受記經一卷 Y0230/第47册
佛說師子莊嚴王菩薩請問經一卷 Y0230/第47册
中陰經二卷 Y0230/第47册
占察善惡業報經二卷 Y0230/第47册
佛說蓮華面經二卷 Y0230/第47册
佛說三品弟子經一卷(弟子學有三輩經) Y0230/第47册
佛說四輩經一卷(四輩學經) Y0230/第47册
佛說當來變經一卷 Y0230/第47册
過去佛分衛經一卷 Y0230/第47册
佛說法滅盡經一卷 Y0230/第47册
佛說甚深大迴向經一卷 Y0230/第47册
天王太子辟羅經一卷 Y0230/第47册
大吉義神咒經二卷 Y0230/第47册
阿吒婆拘鬼神大將上佛陀羅尼經一卷 Y0230/第47册
佛說大普賢陀羅尼經一卷 Y0230/第47册
佛說大七寶陀羅尼經一卷 Y0230/第47册
六字大陀羅尼咒經一卷 Y0230/第47册
佛說安宅神咒經一卷 Y0230/第47册
幻師颰陀神咒經一卷(玄師颰陀所說神咒經) Y0230/第47册
佛說辟除賊害咒經一卷 Y0230/第47册
佛說咒時氣病經一卷 Y0230/第47册
佛說咒齒經一卷 Y0230/第47册
佛說咒目經一卷 Y0230/第47册
佛說咒小兒經一卷 Y0230/第47册
阿彌陀鼓音聲王陀羅尼經一卷 Y0230/第47册
佛說摩尼羅亶經一卷 Y0230/第47册
佛說檀持羅麻油述經一卷 Y0230/第47册
佛說護諸童子陀羅尼咒經一卷 Y0230/第47册
諸佛心陀羅尼經一卷 Y0230/第47册
(唐)玄奘譯
拔濟苦難陀羅尼經一卷 Y0230/第47册
(唐)玄奘譯
八名普密陀羅尼經一卷 Y0230/第47册
(唐)玄奘譯
佛說持世陀羅尼經一卷 Y0230/第47册
(唐)玄奘譯
佛說六門陀羅尼經一卷 Y0230/第47册
(唐)玄奘譯
清淨觀世音菩薩普賢陀羅尼經一卷 Y0230/第47册
(唐)智通譯
諸佛集會陀羅尼經一卷 Y0230/第47册
佛說智炬陀羅尼經一卷 Y0230/第47册
佛說隨求即得大自在陀羅尼神咒經一卷 Y0230/第47册
佛說一切法功德莊嚴王經一卷 Y0230/第47册
(唐)義淨譯
佛說拔除罪障咒王經一卷 Y0230/第47册
(唐)義淨譯
佛說善夜經一卷 Y0230/第47册
(唐)義淨譯
佛說虛空藏菩薩能滿諸願最勝心陀羅尼求聞持法一卷 Y0230/第47册
佛說佛地經一卷 Y0230/第47册
(唐)玄奘譯
百千印陀羅尼經一卷 Y0230/第47册
莊嚴王陀羅尼咒經一卷 Y0230/第47册
(唐)義淨譯
香王菩薩陀羅尼咒經一卷 Y0230/第47册
(唐)義淨譯
優婆夷淨行法門經二卷 Y0230/第47册
諸法最上王經一卷 Y0230/第47册
文殊師利般涅槃經一卷 Y0230/第47册
異出菩薩本起經一卷 Y0230/第47册
佛說賢首經一卷 Y0230/第47册
千佛因緣經一卷 Y0230/第47册
(姚秦)鳩摩羅什譯
八大人覺經一卷 Y0230/第47册

(後漢)安世高譯

大乘經單譯經(七)

佛說月明菩薩經一卷　Y0230/第 48 册
佛說心明經一卷　Y0230/第 48 册
佛說滅十方冥經一卷　Y0230/第 48 册
佛說鹿母經一卷　Y0230/第 48 册
佛說魔逆經一卷　Y0230/第 48 册
佛說賴吒和羅所問德光太子經一卷　Y0230/第 48 册
商主天子所問經一卷　Y0230/第 48 册
大乘四法經一卷　Y0230/第 48 册
離垢慧菩薩所問禮佛法經一卷　Y0230/第 48 册
寂照神變三摩地經一卷　Y0230/第 48 册
(唐)玄奘譯
佛說造塔功德經一卷　Y0230/第 48 册
佛說不增不減經一卷　Y0230/第 48 册
佛說堅固女經一卷　Y0230/第 48 册
佛說大乘流轉諸有經一卷　Y0230/第 48 册
(唐)義淨譯
佛說大意經一卷(大意抒海經)　Y0230/第 48 册
受持七佛名號所生功德經一卷　Y0230/第 48 册
(唐)玄奘譯
金剛光焰止風雨陀羅尼經一卷　Y0230/第 48 册
大毗盧遮那成佛神變加持經七卷　Y0230/第 48 册
蘇婆呼童子經三卷　Y0230/第 48 册
一字佛頂輪王經六卷(五佛頂經)　Y0230/第 48 册
蘇悉地羯羅經四卷　Y0230/第 48 册
金剛頂瑜伽中略出念誦經四卷　Y0230/第 48 册
廣大寶樓閣善住秘密陀羅尼經三卷　Y0230/第 48 册
牟梨曼陀羅咒經二卷　Y0230/第 48 册
金剛頂經曼殊室利菩薩五字心陀羅尼品一卷　Y0230/第 48 册
觀自在如意輪菩薩瑜伽法要一卷　Y0230/第 48 册
佛說救面然餓鬼陀羅尼神咒經一卷　Y0230/第 48 册
佛說甘露經陀羅尼一卷　Y0230/第 48 册
大陀羅尼末法中一字心咒經一卷　Y0230/第 48 册

小乘經阿含部

中阿含經六十卷　Y0230/第 49 – 50 册
增壹阿含經五十卷　Y0230/第 50 – 51 册
雜阿含經五十卷　Y0230/第 51 – 52 册
佛說長阿含經二十二卷　Y0230/第 52 – 53 册
別譯雜阿含經二十卷　Y0230/第 53 册
雜阿含經一卷　Y0230/第 53 册
長阿含十報法經一卷　Y0230/第 53 册
(後漢)安世高譯
起世因本經十卷　Y0230/第 53 – 54 册
起世經十卷　Y0230/第 54 册
(隋)闍那崛多等譯
佛說樓炭經六卷　Y0230/第 54 册
佛般泥洹經二卷　Y0230/第 54 册
佛說人本欲生經一卷　Y0230/第 54 册
(後漢)安世高譯
佛說梵網六十二見經一卷　Y0230/第 54 册
佛說尸迦羅越六方禮經一卷　Y0230/第 54 册
(後漢)安世高譯
中本起經二卷　Y0230/第 54 册
佛說七知經一卷　Y0230/第 54 册
佛說鹹水喻經一卷　Y0230/第 54 册
佛說一切流攝守因經一卷　Y0230/第 54 册
(後漢)安世高譯
佛說閻羅王五天使者經一卷　Y0230/第 54 册
佛說鐵城泥梨經一卷　Y0230/第 54 册
佛說古來世時經一卷　Y0230/第 54 册
佛說阿那律八念經一卷　Y0230/第 54 册
(後漢)支曜譯
佛說離睡經一卷　Y0230/第 54 册
佛說是法非法經一卷　Y0230/第 54 册
(後漢)安世高譯
佛說樂想經一卷　Y0230/第 54 册
佛說漏分布經一卷　Y0230/第 54 册
(後漢)安世高譯
佛說阿耨颰經一卷　Y0230/第 54 册
佛說求欲經一卷　Y0230/第 54 册
佛說受歲經一卷　Y0230/第 54 册
佛說梵志計水淨經一卷　Y0230/第 54 册
佛說伏淫經一卷　Y0230/第 54 册
佛說魔嬈亂經一卷　Y0230/第 54 册
佛說弊魔試目連經一卷　Y0230/第 54 册
佛說泥犁經一卷　Y0230/第 54 册
佛說優婆夷墮舍迦經一卷　Y0230/第 54 册
佛說齋經一卷　Y0230/第 54 册
佛說苦陰經一卷　Y0230/第 54 册
佛說苦陰因事經一卷　Y0230/第 54 册
(西晉)釋法炬譯
佛說釋摩男本經一卷　Y0230/第 54 册
佛說鞞摩肅經一卷　Y0230/第 54 册
佛說婆羅門子命終愛念不離經一卷　Y0230/第 54 册
(後漢)安世高譯
佛說十支居士八城人經一卷　Y0230/第 54 册
(後漢)安世高譯
佛說邪見經一卷　Y0230/第 54 册
佛說箭喻經一卷　Y0230/第 54 册
佛說普法義經一卷(具法行經)　Y0230/第 54 册
(後漢)安世高譯
佛說廣義法門經一卷　Y0230/第 54 册
佛說戒德香經一卷　Y0230/第 54 册
佛說四人出現世間經一卷　Y0230/第 54 册
佛說諸法本經一卷　Y0230/第 54 册
佛說瞿曇彌記果經一卷　Y0230/第 54 册
(劉宋)慧簡譯
佛說梵志阿颰經一卷　Y0230/第 54 册
佛說寂志果經一卷　Y0230/第 54 册
佛說賴吒和羅經一卷　Y0230/第 54 册
佛說善生子經一卷　Y0230/第 54 册
(西晉)支法度譯
佛說數經一卷　Y0230/第 54 册
(西晉)釋法炬譯
佛說梵志頞波羅延問種尊經一卷　Y0230/第 54 册
佛說四諦經一卷　Y0230/第 54 册
(後漢)安世高譯
佛說恒水經一卷　Y0230/第 54 册
(西晉)釋法炬譯
佛說瞻婆比丘經一卷　Y0230/第 54 册
(西晉)釋法炬譯
佛說本相倚致經一卷　Y0230/第 54 册
(後漢)安世高譯
佛說緣本致經一卷　Y0230/第 54 册

佛說頂生王故事經一卷 Y0230/第 54 册
(西晉)釋法炬譯
佛說文陀竭王經一卷 Y0230/第 54 册
三歸五戒慈心厭離功德經一卷
Y0230/第 55 册
佛說須達經一卷 Y0230/第 55 册
佛為黄竹園老波羅門說學經一卷
Y0230/第 55 册
佛說梵摩喻經一卷 Y0230/第 55 册
佛說尊上經一卷 Y0230/第 55 册
佛說鸚鵡經一卷 Y0230/第 55 册
佛說兜調經一卷 Y0230/第 55 册
佛說意經一卷 Y0230/第 55 册
佛說應法經一卷 Y0230/第 55 册
佛說波斯匿王太后崩塵土坌身經一卷
Y0230/第 55 册
(西晉)釋法炬譯
須摩提女經一卷 Y0230/第 55 册
佛說三摩竭經一卷 Y0230/第 55 册
佛說婆羅門避死經一卷 Y0230/第 55 册
(後漢)安世高譯
食施獲五福報經一卷(佛說施色力經)
Y0230/第 55 册
頻毗娑羅王詣佛供養經一卷
Y0230/第 55 册
(西晉)釋法炬譯
佛說長者子六過出家經一卷
Y0230/第 55 册
佛說鴦崛摩經一卷 Y0230/第 55 册
佛說鴦崛髻經一卷 Y0230/第 55 册
(西晉)釋法炬譯
佛說力士移山經一卷 Y0230/第 55 册
佛說四未曾有法經一卷 Y0230/第 55 册
佛說舍利弗目揵連遊四衢經一卷
Y0230/第 55 册
(後漢)康孟詳譯
七佛父母姓字經一卷 Y0230/第 55 册
佛說放牛經一卷 Y0230/第 55 册
(姚秦)鳩摩羅什譯
緣起經一卷 Y0230/第 55 册
(唐)玄奘譯
佛說十一想思念如來經一卷
Y0230/第 55 册
佛說四泥犁經一卷 Y0230/第 55 册
舍衛國王夢見十事經一卷
Y0230/第 55 册

佛說國王不黎先尼十夢經一卷
Y0230/第 55 册
阿難同學經一卷 Y0230/第 55 册
(後漢)安世高譯
五蘊皆空經一卷 Y0230/第 55 册
(唐)釋義淨譯
阿難問事佛吉凶經一卷 Y0230/第 55 册
(後漢)安世高譯
慢法經一卷 Y0230/第 55 册
(西晉)釋法炬譯
阿難分別經一卷 Y0230/第 55 册
五母子經一卷 Y0230/第 55 册
沙彌羅經一卷 Y0230/第 55 册
玉耶經一卷 Y0230/第 55 册
玉耶女經一卷 Y0230/第 55 册
阿遬達經一卷 Y0230/第 55 册
摩鄧女經一卷 Y0230/第 55 册
(後漢)安世高譯
摩登女解形中六事經一卷
Y0230/第 55 册
摩登伽經二卷 Y0230/第 55 册
舍頭諫經一卷 Y0230/第 55 册
治禪病秘要經二卷 Y0230/第 55 册
佛說七處三觀經二卷 Y0230/第 55 册
(後漢)安世高譯
阿那邠邸化七子經一卷 Y0230/第 55 册
(後漢)安世高譯
佛說大愛道般涅槃經一卷
Y0230/第 55 册
佛母般泥洹經一卷 Y0230/第 55 册
(劉宋)釋慧簡譯
佛說聖法印經一卷 Y0230/第 55 册
五陰譬喻經一卷 Y0230/第 55 册
(後漢)安世高譯
佛說水沫所漂經一卷 Y0230/第 55 册
佛說不自守意經一卷 Y0230/第 55 册
佛說滿願子經一卷 Y0230/第 55 册
轉法輪經一卷 Y0230/第 55 册
(後漢)安世高譯
佛說三轉法輪經一卷 Y0230/第 55 册
(唐)義淨譯
佛說八正道經一卷 Y0230/第 55 册
(後漢)安世高譯
難提釋經一卷 Y0230/第 55 册
(西晉)釋法炬譯
佛說馬有三相經一卷 Y0230/第 55 册
(後漢)史曜譯

佛說馬有八態譬人經一卷
Y0230/第 55 册
(後漢)支曜譯
佛說相應相可經一卷 Y0230/第 55 册
(西晉)釋法炬譯
修行本起經二卷 Y0230/第 55 册
太子瑞應本起經二卷 Y0230/第 55 册
過去現在因果經四卷 Y0230/第 55 册
佛說柰女耆域因緣經一卷
Y0230/第 55 册
(後漢)安世高譯
佛說柰女耆婆經一卷 Y0230/第 55 册
(後漢)安世高譯
佛說生經五卷 Y0230/第 55 册
蓱沙王五願經一卷 Y0230/第 55 册
瑠璃王經一卷 Y0230/第 55 册
佛說海八德經一卷 Y0230/第 55 册
(姚秦)鳩摩羅什譯
佛說法海經一卷 Y0230/第 55 册
(西晉)釋法炬譯
佛說義足經二卷 Y0230/第 55 册
鬼問目連經一卷 Y0230/第 55 册
(後漢)安世高譯
雜藏經一卷 Y0230/第 55 册
(東晉)釋法顯譯
餓鬼報應經一卷 Y0230/第 55 册
佛說四十二章經一卷 Y0230/第 55 册

小乘經單譯經

正法念處經七十卷 Y0230/第 56－57 册
佛本行集經六十卷 Y0230/第 57－58 册
(隋)闍那崛多譯
佛說大安般守意經二卷 Y0230/第 58 册
(後漢)安世高譯
佛說罵意經一卷 Y0230/第 58 册
(後漢)安世高譯
禪行法想經一卷 Y0230/第 58 册
(後漢)安世高譯
佛說處處經一卷 Y0230/第 58 册
(後漢)安世高譯
佛說分別善惡所起經一卷
Y0230/第 58 册
(後漢)安世高譯
佛說出家緣經一卷 Y0230/第 58 册
(後漢)安世高譯
佛說阿含正行經一卷 Y0230/第 58 册
(後漢)安世高譯
佛說十八泥犁經一卷 Y0230/第 58 册

（後漢）安世高譯
佛說法受塵經一卷 Y0230/第58册
（後漢）安世高譯
佛說進學經一卷 Y0230/第58册
佛說得道梯隥錫杖經一卷附持錫杖法 Y0230/第58册
佛說貧窮老公經一卷 Y0230/第58册
（宋）釋慧簡譯
須摩提長者經一卷（會諸佛前、如來所說示現衆生） Y0230/第58册
長者懊惱三處經一卷 Y0230/第58册
（後漢）安世高譯
犍陀國王經一卷 Y0230/第58册
（後漢）安世高譯
阿難四事經一卷 Y0230/第58册
分別經一卷 Y0230/第58册
未生怨經一卷 Y0230/第58册
四願經一卷 Y0230/第58册
猘狗經一卷 Y0230/第58册
八關齋經一卷 Y0230/第58册
孝子經一卷 Y0230/第58册
黑氏梵志經一卷 Y0230/第58册
阿鳩留經一卷 Y0230/第58册
佛為阿支羅迦葉自化作苦經一卷 Y0230/第58册
佛說罪業報應教化地獄經一卷 Y0230/第58册
（後漢）安世高譯
佛說龍王兄弟經一卷 Y0230/第58册
佛說長者音悅經一卷 Y0230/第58册
佛說七女經一卷 Y0230/第58册
佛說八師經一卷 Y0230/第58册
佛說越難經一卷 Y0230/第58册
（西晉）聶承遠譯
佛說所欲致患經一卷 Y0230/第58册
阿闍世王問五逆經一卷 Y0230/第58册
（西晉）釋法炬譯
本事經七卷 Y0230/第58册
（唐）玄奘譯
佛說中心經一卷 Y0230/第58册
佛說見正經一卷 Y0230/第58册
佛說大魚事經一卷 Y0230/第58册
佛說阿難七夢經一卷 Y0230/第58册
佛說呵鵰那含經一卷 Y0230/第58册
佛說燈指因緣經一卷 Y0230/第58册
（姚秦）鳩摩羅什譯
佛說婦人遇辜經一卷 Y0230/第58册
佛說四天王經一卷 Y0230/第58册
佛說摩訶迦葉度貧母經一卷 Y0230/第58册
佛說禪行三十七品經一卷 Y0230/第58册
（後漢）安世高譯
比丘避女惡名欲自殺經一卷 Y0230/第58册
（西晉）釋法炬譯
佛說身觀經一卷 Y0230/第58册
佛說無常經一卷 Y0230/第58册
（唐）義淨譯
佛說八無暇有暇經一卷 Y0230/第58册
（唐）義淨譯
五百弟子自說本起經一卷 Y0230/第58册
佛說五苦章句經一卷（淨除罪蓋娛樂佛法經） Y0230/第58册
佛說堅意經一卷 Y0230/第58册
（後漢）安世高譯
佛說淨飯王般涅槃經一卷 Y0230/第58册
佛說興起行經二卷 Y0230/第58册
（後漢）康孟詳譯
長爪梵志請問經一卷 Y0230/第58册
（唐）義淨譯
佛說譬喻經一卷 Y0230/第58册
（唐）義淨譯
佛說比丘聽施經一卷 Y0230/第58册
佛說略教誡經一卷 Y0230/第58册
（唐）義淨譯
佛說療痔病經一卷 Y0230/第58册
（唐）義淨譯
佛說業報差別經一卷 Y0230/第58册
佛說十二品生死經一卷 Y0230/第58册
佛說輪轉五道罪福報應經一卷 Y0230/第58册
佛說五無返復經一卷別本一卷 Y0230/第58册
佛說佛大僧大經一卷 Y0230/第58册
佛說大迦葉本經一卷 Y0230/第58册
佛說四自侵經一卷 Y0230/第58册
佛說羅云忍辱經一卷 Y0230/第58册
（西晉）釋法炬譯
佛為年少比丘說正事經一卷 Y0230/第58册
（西晉）釋法炬譯
佛說沙曷比丘功德經一卷 Y0230/第58册
（西晉）釋法炬譯
佛說時非時經一卷 Y0230/第58册
佛說自愛經一卷 Y0230/第58册
佛說賢者五福德經一卷 Y0230/第58册
（西晉）白法祖譯
天請問經一卷 Y0230/第58册
（唐）玄奘譯
佛說護淨經一卷 Y0230/第58册
佛說木槵經一卷 Y0230/第58册
佛說無上處經一卷 Y0230/第58册
盧至長者因緣經一卷 Y0230/第58册
佛說普達王經一卷 Y0230/第58册
佛說鬼子母經一卷 Y0230/第58册
佛說梵摩難國王經一卷 Y0230/第58册
佛說孫多耶致經一卷 Y0230/第58册
佛說父母恩難報經一卷 Y0230/第58册
（後漢）安世高譯
佛說新歲經一卷 Y0230/第58册
佛說群牛譬經一卷 Y0230/第58册
（西晉）釋法炬譯
佛說九横經一卷 Y0230/第58册
（後漢）安世高譯
佛說五恐怖世經一卷 Y0230/第58册
佛說弟子死復生經一卷 Y0230/第58册
佛說懈怠耕者經一卷 Y0230/第58册
佛說辯意長者子所問經一卷 Y0230/第58册
（元）釋法場譯
無垢優婆夷問經一卷 Y0230/第58册
佛說耶衹經一卷 Y0230/第58册
佛說末羅王經一卷 Y0230/第58册
佛說摩達國王經一卷 Y0230/第58册
佛說旃陀越國王經一卷 Y0230/第58册
佛說五王經一卷 Y0230/第58册
佛說出家功德經一卷 Y0230/第58册
佛說梅檀樹經一卷 Y0230/第58册
佛說頞多和多耆經一卷 Y0230/第58册
禪秘要法經三卷 Y0230/第58册
（姚秦）鳩摩羅什譯
陰持人經二卷 Y0230/第58册
（後漢）安世高譯
佛說因緣僧護經一卷 Y0230/第58册

宋元入藏諸大小乘經

佛說大乘莊嚴寶王經四卷 Y0230/第59册

分別善惡報應經二卷 Y0230/第 59 册
佛說守護大千國土經三卷
Y0230/第 59 册
大方廣總持寶光明經五卷
Y0230/第 59 册
佛說大乘聖無量壽決定光明王如來陀羅尼經一卷 Y0230/第 59 册
佛說大乘聖吉祥持世陀羅尼經一卷
Y0230/第 59 册
佛說大乘日子王所問經一卷
Y0230/第 59 册
佛說金耀童子經一卷 Y0230/第 59 册
佛頂放無垢光明入普門觀察一切如來心陀羅尼經二卷 Y0230/第 59 册
佛說樓閣正法甘露鼓經一卷
Y0230/第 59 册
佛說大乘善見變化文殊師利問法經一卷 Y0230/第 59 册
聖虛空藏菩薩陀羅尼經一卷
Y0230/第 59 册
佛說大護明大陀羅尼經一卷
Y0230/第 59 册
佛說無能勝旛王如來莊嚴陀羅尼經一卷 Y0230/第 59 册
最勝佛頂陀羅尼經一卷 Y0230/第 59 册
聖佛母小字般若波羅蜜多經一卷
Y0230/第 59 册
消除一切閃電障難隨求如意陀羅尼經一卷 Y0230/第 59 册
聖最上燈明如來陀羅尼經一卷
Y0230/第 59 册
大寒林聖難拏陀羅尼經一卷
Y0230/第 59 册
佛說諸行有為經一卷 Y0230/第 59 册
息除中夭陀羅尼經一卷 Y0230/第 59 册
一切如來正法秘密篋印心陀羅尼經一卷 Y0230/第 59 册
妙法聖念處經八卷 Y0230/第 59 册
佛說大迦葉問大寶積正法經五卷
Y0230/第 59 册
嗟韈曩法天子受三歸依獲免惡道經一卷 Y0230/第 59 册
佛說較量壽命經一卷 Y0230/第 59 册
佛說沙彌十戒儀則經一卷
Y0230/第 59 册
佛說聖持世陀羅尼經一卷
Y0230/第 59 册

佛說布施經一卷 Y0230/第 59 册
佛說聖曜母陀羅尼經一卷
Y0230/第 59 册
法集名數經一卷 Y0230/第 59 册
聖多羅菩薩一百八名陀羅尼經一卷
Y0230/第 59 册
十二緣生祥瑞經二卷 Y0230/第 59 册
讚揚聖德多羅菩薩一百八名經一卷
Y0230/第 59 册
聖觀自在菩薩一百八名經一卷
Y0230/第 59 册
佛說目連所問經一卷 Y0230/第 59 册
(宋)法天譯
外道問聖大乘法無我義經一卷
Y0230/第 59 册
(宋)法天譯
毗俱胝菩薩一百八名經一卷
Y0230/第 59 册
(宋)法天譯
勝軍化世百喻伽他經一卷
Y0230/第 59 册
六道伽陀經一卷 Y0230/第 59 册
妙臂菩薩所問經四卷 Y0230/第 59 册
(宋)法天譯
佛說苾芻五法經一卷 Y0230/第 59 册
(宋)法天譯
佛說苾芻迦尸迦十法經一卷
Y0230/第 59 册
(宋)法天譯
諸佛心印陀羅尼經一卷 Y0230/第 59 册
(宋)法天譯
大乘寶月童子問法經一卷
Y0230/第 59 册
(宋)施護譯
佛說蓮華眼陀羅尼經一卷
Y0230/第 59 册
(宋)施護譯
佛說觀想佛母般若波羅蜜多菩薩經一卷 Y0230/第 59 册
佛說如意摩尼陀羅尼經一卷
Y0230/第 59 册
(宋)施護譯
佛說聖大總持王經一卷 Y0230/第 59 册
(宋)施護譯
佛說最上意陀羅尼經一卷
Y0230/第 59 册
(宋)施護譯

佛說持明藏八大總持王經一卷
Y0230/第 59 册
(宋)施護譯
聖無能勝金剛火陀羅尼經一卷
Y0230/第 59 册
(宋)法天譯
佛說尊勝大明王經一卷 Y0230/第 59 册
(宋)施護譯
佛說智光滅一切業障陀羅尼經一卷
Y0230/第 59 册
(宋)施護譯
佛說如意寶總持王經一卷
Y0230/第 59 册
(宋)施護譯
佛說大自在天子因地經一卷
Y0230/第 59 册
(宋)施護譯
佛說寶生陀羅尼經一卷 Y0230/第 59 册
(宋)施護譯
佛說十號經一卷 Y0230/第 59 册
佛為娑伽羅龍王所說大乘法經一卷
Y0230/第 59 册
(宋)施護譯
佛說普賢菩薩陀羅尼經一卷
Y0230/第 59 册
(宋)法天譯
大金剛妙高山樓閣陀羅尼經一卷
Y0230/第 59 册
(宋)施護譯
廣大蓮華莊嚴曼拏羅滅一切罪陀羅尼經一卷 Y0230/第 59 册
(宋)施護譯
佛說大摩里支菩薩經七卷
Y0230/第 59 册
佛說末利支提婆華鬘經一卷
Y0230/第 59 册
(唐)不空譯
佛說摩利支天經一卷 Y0230/第 59 册
(唐)不空譯
佛說摩利支天陀羅尼咒經一卷
Y0230/第 59 册
佛說長者施報經一卷 Y0230/第 59 册
(宋)法天譯
佛說毗沙門天王經一卷 Y0230/第 59 册
(宋)法天譯
毗婆尸佛經二卷 Y0230/第 59 册
(宋)法天譯

佛說大三摩惹經一卷　Y0230/第 59 册
（宋）法天譯
佛說月光菩薩經一卷　Y0230/第 59 册
（宋）法天譯
佛說普賢曼拏羅經一卷　Y0230/第 59 册
（宋）施護譯
佛說聖莊嚴陀羅尼經二卷
Y0230/第 60 册
（宋）施護譯
佛說聖六字大明王陀羅尼經一卷
Y0230/第 60 册
（宋）施護譯
千轉大明陀羅尼經一卷　Y0230/第 60 册
（宋）施護譯
佛說華積樓閣陀羅尼經一卷
Y0230/第 60 册
（宋）施護譯
佛說勝旛瓔珞陀羅尼經一卷
Y0230/第 60 册
（宋）施護譯
眾許摩訶帝經一三卷　Y0230/第 60 册
（宋）法賢譯
佛說七佛經一卷　Y0230/第 60 册
（宋）法天譯
佛說解憂經一卷　Y0230/第 60 册
（宋）法天譯
佛說徧照般若波羅蜜經一卷
Y0230/第 60 册
（宋）施護譯
佛說大乘無量壽莊嚴經三卷
Y0230/第 60 册
（宋）法賢譯
佛母寶德藏般若波羅蜜經三卷
Y0230/第 60 册
（宋）法賢譯
佛說帝釋般若波羅蜜多心經一卷
Y0230/第 60 册
（宋）施護譯
佛說諸佛經一卷　Y0230/第 60 册
（宋）施護譯
大乘舍黎娑擔摩經一卷　Y0230/第 60 册
（宋）施護譯
佛說大金剛香陀羅尼經一卷
Y0230/第 60 册
（宋）施護譯
最上大乘金剛大教寶王經二卷
Y0230/第 60 册
（宋）法天譯
佛說薩鉢多酥哩踰捺野經一卷
Y0230/第 60 册
（宋）法賢譯
佛說一切如來烏瑟膩沙最勝總持經一卷　Y0230/第 60 册
（宋）法天譯
菩提心觀釋一卷　Y0230/第 60 册
（宋）法天譯
佛說護國尊者所問大乘經四卷
Y0230/第 60 册
（宋）施護譯
佛說四無所畏經一卷　Y0230/第 60 册
（宋）施護譯
增慧陀羅尼經一卷　Y0230/第 60 册
（宋）施護譯
聖六字增壽大明陀羅尼經一卷
Y0230/第 60 册
（宋）施護譯
佛說大乘戒經一卷　Y0230/第 60 册
（宋）施護譯
佛說聖最勝陀羅尼經一卷
Y0230/第 60 册
（宋）施護譯
佛說五十頌聖般若波羅蜜經一卷
Y0230/第 60 册
（宋）施護譯
大乘八大曼拏羅經一卷　Y0230/第 60 册
（宋）法賢譯
佛說較量一切佛刹功德經一卷
Y0230/第 60 册
（宋）法賢譯
囉嚩拏說救療小兒疾病經一卷
Y0230/第 60 册
（宋）法賢譯
迦葉仙人說醫女人經一卷
Y0230/第 60 册
（宋）法賢譯
佛說俱枳羅陀羅尼經一卷
Y0230/第 60 册
（宋）法賢譯
佛說消除一切災障寶髻陀羅尼經一卷
Y0230/第 60 册
（宋）法賢譯
佛說妙色陀羅尼經一卷　Y0230/第 60 册
（宋）法賢譯
佛說栴檀香身陀羅尼經一卷
Y0230/第 60 册
（宋）法賢譯
佛說鉢蘭那賒嚩哩大陀羅尼經一卷
Y0230/第 60 册
（宋）法賢譯
佛說宿命智陀羅尼經一卷
Y0230/第 60 册
（宋）法賢譯
佛說慈氏菩薩誓願陀羅尼經一卷
Y0230/第 60 册
（宋）法賢譯
佛說滅除五逆罪大陀羅尼經一卷
Y0230/第 60 册
（宋）法賢譯
佛說無量功德陀羅尼經一卷
Y0230/第 60 册
（宋）法賢譯
佛說十八臂陀羅尼經一卷
Y0230/第 60 册
（宋）法賢譯
佛說洛叉陀羅尼經一卷　Y0230/第 60 册
（宋）法賢譯
佛說辟除諸惡陀羅尼經一卷
Y0230/第 60 册
（宋）法賢譯
佛說大愛陀羅尼經一卷　Y0230/第 60 册
（宋）法賢譯
佛說阿羅漢具德經一卷　Y0230/第 60 册
（宋）法賢譯
佛說八大靈塔名號經一卷
Y0230/第 60 册
（宋）法賢譯
佛說尊那經一卷　Y0230/第 60 册
（宋）法賢譯
佛說頻婆娑羅王經一卷　Y0230/第 60 册
（宋）法賢譯
佛說人仙經一卷　Y0230/第 60 册
（宋）法賢譯
佛說舊城喻經一卷　Y0230/第 60 册
（宋）法賢譯
佛說信解智力經一卷　Y0230/第 60 册
（宋）法賢譯
大正句王經二卷　Y0230/第 60 册
（宋）法賢譯
佛說善樂長者經一卷　Y0230/第 60 册
（宋）法賢譯

佛說聖多羅菩薩經一卷 Y0230/第 60 册
(宋)法賢譯
佛說大吉祥陀羅尼經一卷
Y0230/第 60 册
(宋)法賢譯
寶賢陀羅尼經一卷 Y0230/第 60 册
(宋)法賢譯
佛說秘密八名陀羅尼經一卷
Y0230/第 60 册
(宋)法賢譯
觀自在菩薩母陀羅尼經一卷
Y0230/第 60 册
(宋)法賢譯
佛說戒香經一卷 Y0230/第 60 册
(宋)法賢譯
佛說妙吉祥菩薩陀羅尼一卷
Y0230/第 60 册
(宋)法賢譯
佛說無量壽大智陀羅尼一卷
Y0230/第 60 册
(宋)法賢譯
佛說宿命陀羅尼一卷 Y0230/第 60 册
(宋)法賢譯
佛說慈氏菩薩陀羅尼一卷
Y0230/第 60 册
(宋)法賢譯
佛說虛空藏菩薩陀羅尼一卷
Y0230/第 60 册
(宋)法賢譯
寶授菩薩菩提行經一卷 Y0230/第 60 册
(宋)法賢譯
佛說延壽妙門陀羅尼經一卷
Y0230/第 60 册
(宋)法賢譯
一切如來名號陀羅尼經一卷
Y0230/第 60 册
(宋)法賢譯
佛說息除賊難陀羅尼經一卷
Y0230/第 60 册
(宋)法賢譯
佛說法身經一卷 Y0230/第 60 册
(宋)法賢譯
信佛功德經一卷 Y0230/第 60 册
(宋)法賢譯
佛說解夏經一卷 Y0230/第 60 册
(宋)法賢譯
佛說帝釋所問經一卷 Y0230/第 60 册
(宋)法賢譯
佛說未曾有正法經六卷 Y0230/第 60 册
(宋)法天譯
佛說大方廣善巧方便經四卷
Y0230/第 60 册
(宋)法賢譯
佛母出生三法藏般若波羅蜜多經二五卷 Y0230/第 60 册
佛母出生三法藏般若波羅蜜多經二五卷 Y0230/第 61 册
佛說決定義經一卷 Y0230/第 61 册
(宋)法賢譯
佛說護國經一卷 Y0230/第 61 册
(宋)法賢譯
佛說分別布施經一卷 Y0230/第 61 册
(宋)施護譯
佛說分別緣生經一卷 Y0230/第 61 册
(宋)法天譯
佛說法印經一卷 Y0230/第 61 册
(宋)施護譯
佛說大生義經一卷 Y0230/第 61 册
(宋)施護譯
佛說發菩提心破諸魔經二卷
Y0230/第 61 册
(宋)施護譯
佛說聖佛母般若波羅蜜多經一卷
Y0230/第 61 册
(宋)施護譯
佛說大乘不思議神通境界經三卷
Y0230/第 61 册
(宋)施護譯
佛說給孤長者女得度因緣經三卷
Y0230/第 61 册
(宋)施護譯
佛說大集法門經二卷 Y0230/第 61 册
(宋)施護譯
佛說光明童子因緣經四卷
Y0230/第 61 册
(宋)施護譯
佛說寶帶陀羅尼經一卷 Y0230/第 61 册
(宋)施護譯
佛說金身陀羅尼經一卷 Y0230/第 61 册
(宋)施護譯
佛說入無分別法門經一卷
Y0230/第 61 册
(宋)施護譯
佛說淨意優婆塞所問經一卷
Y0230/第 61 册
(宋)施護譯
佛說金剛場莊嚴般若波羅蜜多教中一分一卷 Y0230/第 61 册
(宋)施護譯
佛說息諍因緣經一卷 Y0230/第 61 册
(宋)施護譯
佛說初分說經二卷 Y0230/第 61 册
(宋)施護譯
佛說無畏授所問大乘經三卷
Y0230/第 61 册
(宋)施護譯
佛說月喻經一卷 Y0230/第 61 册
(宋)施護譯
佛說醫喻經一卷 Y0230/第 61 册
(宋)施護譯
佛說灌頂王喻經一卷 Y0230/第 61 册
(宋)施護譯
佛說尼拘陀梵志經二卷 Y0230/第 61 册
(宋)施護譯
佛說白衣金幢二婆羅門緣起經三卷
Y0230/第 61 册
(宋)施護譯
佛說福力太子因緣經三卷
Y0230/第 61 册
(宋)施護譯
佛說身毛喜豎經三卷 Y0230/第 61 册
大乘本生心地觀經八卷 Y0230/第 61 册
佛說出生無邊門陀羅尼經一卷
Y0230/第 61 册
(唐)不空譯
一切如來心秘密全身舍利寶篋印陀羅尼經一卷 Y0230/第 61 册
(唐)不空譯
佛說大吉祥天女十二名號經一卷
Y0230/第 61 册
(唐)不空譯
佛說大吉祥天女十二契一百八名無垢大乘經一卷 Y0230/第 61 册
(唐)不空譯
佛說一切如來金剛壽命陀羅尼經一卷
Y0230/第 61 册
佛說穰麌梨童女經一卷 Y0230/第 61 册
(唐)不空譯
佛說雨寶陀羅尼經一卷 Y0230/第 61 册
(唐)不空譯

慈氏菩薩所説大乘緣生稻莽喻經一卷 Y0230/第61册
(唐)不空譯
佛説除蓋障菩薩所問經二十卷 Y0230/第61册
仁王護國般若波羅蜜多經二卷 Y0230/第61册
(唐)不空譯
穢跡金剛説神通大滿陀羅尼法術靈要門經一卷 Y0230/第62册
穢跡金剛法禁百變法門經一卷 Y0230/第62册
佛説大乘大方廣佛冠經二卷 Y0230/第62册
佛説八種長養功德經一卷 Y0230/第62册
大雲輪請雨經二卷 Y0230/第62册
(唐)不空譯
大乘蜜嚴經三卷 Y0230/第62册
(唐)不空譯
佛説大集會正法經五卷 Y0230/第62册
(宋)施護譯
葉衣觀自在菩薩經一卷 Y0230/第62册
(唐)不空譯
毗沙門天王經一卷 Y0230/第62册
(唐)不空譯
文殊問經字母品一卷 Y0230/第62册
(唐)不空譯
海意菩薩所問淨印法門經九卷 Y0230/第62册
佛説如幻三摩地無量印法門經三卷 Y0230/第62册
(宋)施護等譯
守護國界主陀羅尼經十卷 Y0230/第62册
佛説三十五佛名禮懺文一卷 Y0230/第62册
(唐)不空譯
觀自在菩薩説普賢陀羅尼經一卷 Y0230/第62册
(唐)不空譯
佛説八大菩薩曼荼羅經一卷 Y0230/第62册
(唐)不空譯
佛説能淨一切眼疾病陀羅尼經一卷 Y0230/第62册
(唐)不空譯
佛説除一切疾病陀羅尼經一卷 Y0230/第62册
(唐)不空譯
佛説救拔焰口餓鬼陀羅尼經一卷 Y0230/第62册
(唐)不空譯
瑜伽集要救阿難陀羅尼焰口儀軌經一卷 Y0230/第62册
(唐)不空譯
佛説蟻喻經一卷 Y0230/第62册
(宋)施護譯
聖觀自在菩薩不空王秘密心陀羅尼經一卷 Y0230/第62册
(宋)施護等譯
佛説勝軍王所問經一卷 Y0230/第62册
(宋)施護譯
佛説輪王七寶經一卷 Y0230/第62册
(宋)施護譯
佛説園生樹經一卷 Y0230/第62册
(宋)施護譯
佛説了義般若波羅蜜多經一卷 Y0230/第62册
(宋)施護譯
佛説大方廣未曾有經善巧方便品一卷 Y0230/第62册
(宋)施護譯
佛説大堅固婆羅門緣起經二卷 Y0230/第62册
佛説巨力長者所問大乘經三卷 Y0230/第62册
佛説妙吉祥菩薩所問大乘法螺經一卷 Y0230/第62册
(宋)法賢譯
佛説四品法門經一卷 Y0230/第62册
(宋)法賢譯
佛説八大菩薩經一卷 Y0230/第62册
(宋)法賢譯
佛説施一切無畏陀羅尼經一卷 Y0230/第62册
聖八千頌般若波羅蜜多一百八名真實圓義陀羅尼經一卷 Y0230/第62册
佛説一髻尊陀羅尼經一卷 Y0230/第62册
(唐)不空譯
金剛摧碎陀羅尼一卷 Y0230/第62册
(宋)慈賢譯
不空羂索毘盧遮那佛大灌頂真言經一卷 Y0230/第62册
(唐)不空譯
地藏菩薩本願經二卷 Y0230/第62册
大乘理趣六波羅蜜多經十卷 Y0230/第62册
佛説大乘菩薩藏正法經四十卷 Y0230/第62册
佛為優填王説王法政論經一卷 Y0230/第62册
(唐)不空譯
佛説五大施經一卷 Y0230/第62册
佛説無畏陀羅尼經一卷 Y0230/第62册
(宋)法賢譯
佛説大威德金輪佛頂熾盛光如來消除一切災難陀羅尼經一卷 Y0230/第62册
佛説熾盛光大威德消災吉祥陀羅尼經一卷 Y0230/第62册
(宋)不空譯
佛説頂生王因緣經六卷 Y0230/第62册
佛説大乘隨轉宣説諸法經三卷 Y0230/第62册
佛説大乘入諸佛境界智光明莊嚴經五卷 Y0230/第62册
佛説大乘智印經五卷 Y0230/第62册
佛説法乘義決定經三卷 Y0230/第62册
佛説大白傘蓋總持陀羅尼經一卷 Y0230/第62册
佛説一切如來真實攝大乘現證三昧大教王經三十卷 Y0230/第63－64册
一切如來大秘密王未曾有最上微妙大曼羅經五卷 Y0230/第64册
出生一切如來法眼徧照大力明王經二卷 Y0230/第64册
(宋)法護譯
金剛頂一切如來員實攝大乘現證大教王經三卷 Y0230/第64册
(唐)不空譯
阿唎多羅陀羅尼阿嚕力經一卷 Y0230/第64册
(唐)不空譯
佛説瑜伽大教王經五卷 Y0230/第64册
(宋)法賢譯
一字奇特佛頂經三卷 Y0230/第64册
(唐)不空譯
菩提場所説一字頂輪王經五卷 Y0230/第64册
(唐)不空譯

菩提場莊嚴陀羅尼經一卷 Y0230/第64册
(唐)不空譯
佛說秘密相經三卷 Y0230/第64册
佛說一切如來金剛三業最上秘密大教王經七卷 Y0230/第64册
(宋)施護譯
大寶廣博樓閣善住秘密陀羅尼經三卷 Y0230/第64册
(唐)不空譯
佛說秘密三昧大教王經四卷 Y0230/第64册
佛說無二平等最上瑜伽大教王經六卷 Y0230/第65册
佛說金剛手菩薩降伏一切部多大教王經三卷 Y0230/第65册
(宋)法天譯
聖妙吉祥真實名經一卷 Y0230/第65册
金剛頂瑜伽理趣般若經一卷 Y0230/第65册
大樂金剛不空真實三麼耶般若波羅蜜多理趣經一卷 Y0230/第65册
(唐)不空譯
佛說佛母般若波羅蜜多大明觀想儀軌經一卷 Y0230/第65册
(宋)施護譯
金剛頂瑜伽念珠經一卷 Y0230/第65册
(唐)不空譯
佛說最上根本大樂金剛不空三昧大教王經七卷 Y0230/第65册
(宋)法賢譯
佛說最上秘密那拏天經三卷 Y0230/第65册
(宋)法賢譯
金剛峰樓閣一切瑜伽瑜祇經二卷 Y0230/第65册
(唐)金剛智譯
佛說妙吉祥最勝根本大教經三卷 Y0230/第65册
(宋)法賢譯
妙吉祥平等秘密最上觀門大教王經五卷 Y0230/第65册
(宋)慈賢譯
普徧光明焰鬘清淨熾盛如意寶印心無能勝大明王大隨求陀羅尼經二卷 Y0230/第65册
(唐)不空譯
佛說如來不思議秘密大乘經十卷 Y0230/第65册
大乘瑜伽金剛性海曼殊室利千臂千鉢大教王經十卷 Y0230/第65册
(唐)不空譯
佛說聖寶藏神儀軌經二卷 Y0230/第66册
(宋)法天譯
佛說寶藏神大明曼拏羅儀軌經二卷 Y0230/第66册
(宋)法天譯
金剛恐怖集會方廣軌儀觀自在菩薩三世最勝心明王經一卷 Y0230/第66册
(唐)不空譯
金剛恐怖集會方廣軌儀觀自在菩薩三世最勝心明王大威力烏樞瑟摩明王經三卷 Y0230/第66册
(唐)不空譯
佛說大乘觀想曼拏羅淨諸惡趣經二卷 Y0230/第66册
(宋)法賢譯
佛說大方廣曼殊室利經觀自在多羅菩薩儀軌經一卷 Y0230/第66册
(唐)不空譯
佛說一切佛攝相應大教王經聖觀自在菩薩念誦儀軌經一卷 Y0230/第66册
(宋)法賢譯
瑜伽金剛頂經釋字母品一卷 Y0230/第66册
(唐)不空譯
佛說一切如來安像三昧儀軌經一卷 Y0230/第66册
(宋)施護譯
文殊師利菩薩根本大教王金翅鳥王品一卷 Y0230/第66册
(唐)不空譯
十一面觀自在菩薩心密言念誦儀軌經三卷 Y0230/第66册
(唐)不空譯
大方廣菩薩藏文殊師利根本儀軌經二十卷 Y0230/第66册
(宋)天息災譯
佛說持明藏瑜伽大教尊那菩薩大明成就儀軌經四卷 Y0230/第66册
(宋)法賢譯
佛說金剛香菩薩大明成就儀軌經三卷 Y0230/第66册
(宋)施護譯
金剛薩埵說頻那夜迦天成就儀軌經四卷 Y0230/第66册
(宋)施護譯
佛說大悲空智金剛大教王儀軌經五卷 Y0230/第66册
(宋)法護譯
佛說幻化網大瑜伽教十忿怒明王大明觀想儀軌經一卷 Y0230/第66册
(宋)法賢譯
佛說妙吉祥瑜伽大教金剛陪羅嚩輪觀想成就儀軌經一卷 Y0230/第66册
(宋)法賢譯
底哩三昧耶不動尊威怒王使者念誦法一卷 Y0230/第66册
(唐)不空譯
聖迦柅忿怒金剛童子菩薩成就儀軌經三卷 Y0230/第66册
(唐)不空譯
七佛讚唄伽陀一卷 Y0230/第66册
(宋)法天譯
佛三身讚一卷 Y0230/第66册
(宋)法賢譯
佛一百八名讚經一卷 Y0230/第66册
(宋)法天譯
聖救度佛母二十一種禮讚經一卷 Y0230/第66册
佛說一切如來頂輪王一百八名讚經一卷 Y0230/第66册
(宋)施護譯
讚法界頌一卷 Y0230/第66册
(宋)施護譯
八大靈塔梵讚一卷 Y0230/第66册
(宋)法賢譯
三身梵讚一卷 Y0230/第66册
(宋)法賢譯
佛說文殊師利一百八名梵讚一卷 Y0230/第66册
(宋)法天譯
曼殊室利菩薩吉祥伽陀一卷 Y0230/第66册
(宋)法賢譯
聖金剛手菩薩一百八名梵讚一卷 Y0230/第66册
(宋)法賢譯
聖觀自在菩薩功德讚一卷 Y0230/第66册

（宋）施護譯
讚觀世音菩薩頌一卷　Y0230/第66册
（唐）慧智譯
佛說聖觀自在菩薩梵讚一卷
Y0230/第66册
（宋）法天譯
聖多羅菩薩梵讚一卷　Y0230/第66册
（宋）施護譯
事帥法五十頌一卷馬鳴菩薩集
Y0230/第66册
（宋）日稱譯
犍椎梵讚一卷　Y0230/第66册
（宋）法天譯

大乘律

佛說菩薩內戒經一卷　Y0230/第67册
（劉宋）求那跋摩譯
菩薩優婆塞五戒威儀經一卷
Y0230/第67册
（劉宋）求那跋摩譯
佛說文殊師利淨律經一卷
Y0230/第67册
菩薩善戒經十卷（菩薩地經）
Y0230/第67册
（劉宋）求那跋摩譯
菩薩地持經八卷　Y0230/第67册
佛說梵網經二卷　Y0230/第67册
（姚秦）鳩摩羅什譯
優婆塞戒經七卷　Y0230/第67册
寂調音所問經一卷（如來所說清淨調伏經）　Y0230/第67册
大乘三聚懺悔經一卷　Y0230/第67册
佛說文殊悔過經一卷　Y0230/第67册
（西晉）竺法護譯
菩薩瓔珞本業經二卷　Y0230/第67册
佛說受十善戒經一卷　Y0230/第67册
佛說淨業障經一卷　Y0230/第67册
佛藏經四卷　Y0230/第67册
（姚秦）鳩摩羅什譯
菩薩戒本經一卷　Y0230/第67册
菩薩戒羯磨文一卷　Y0230/第67册
（唐）玄奘譯
菩薩戒本一卷　Y0230/第67册
（唐）玄奘譯
佛說法律三昧經一卷　Y0230/第67册
佛說十善業道經一卷　Y0230/第67册
（唐）實叉難陀譯
清淨毗尼方廣經一卷　Y0230/第67册
（姚秦）鳩摩羅什譯
菩薩五法懺悔經一卷　Y0230/第67册
菩薩藏經一卷　Y0230/第67册
三曼陀颰陀羅菩薩經一卷
Y0230/第67册
菩薩受齋經一卷　Y0230/第67册
舍利弗悔過經一卷　Y0230/第67册
（後漢）安世高譯
佛阿毗曇經二卷　Y0230/第67册
解脫戒本經一卷　Y0230/第67册
優波離問經一卷　Y0230/第67册
（劉宋）求那跋摩譯
根本說一切有部戒經一卷
Y0230/第67册
（唐）義淨譯
佛說迦葉禁戒經一卷　Y0230/第67册
佛說犯戒罪輕重經一卷　Y0230/第67册
（後漢）安世高譯
佛說戒消文經一卷　Y0230/第67册
佛說優婆塞五戒相經一卷
Y0230/第67册
（宋）求那跋摩譯

小乘律

十誦律六五卷　Y0230/第68－69册
尼羯磨五卷　Y0230/第69册
（唐）懷素集
四分律藏六十卷　Y0230/第69－70册
根本說一切有部毗奈耶五十卷
Y0230/第71册
（唐）義淨譯
摩訶僧祇律四十六卷
Y0230/第71－72册
曇無德部四分律删補隨機羯磨四卷
Y0230/第73册
（唐）道宣撰
根本說一切有部毗奈耶雜事四十卷
Y0230/第73册
（唐）義淨譯
彌沙塞部五分律三十卷
Y0230/第73－74册
根本說一切有部毗奈耶破僧事十卷
Y0230/第74册
（唐）義淨譯
根本說一切有部苾芻尼毗奈耶十卷
Y0230/第74－75册
（唐）義淨譯
善見毗婆沙律十八卷　Y0230/第75册
大比丘三千威儀二卷　Y0230/第75册
（後漢）安世高譯
根本薩婆多部律攝一四卷
Y0230/第75册
（唐）義淨譯
四分僧羯磨五卷　Y0230/第75册
（唐）懷素集
四分比丘尼羯磨法一卷　Y0230/第76册
（劉宋）求那跋摩譯
戒因緣經十卷　Y0230/第76册
（姚秦）竺佛念譯
根本說一切有部百一羯磨十卷
Y0230/第76册
（唐）義淨譯
薩婆多部毗尼摩得勒伽十卷
Y0230/第76册
（宋）僧伽跋摩譯
根本說一部尼陀那五卷　Y0230/第76册
（唐）義淨譯
根本說一切有部目得迦五卷
Y0230/第76册
（唐）義淨譯
薩婆多毘尼毘婆沙八卷　Y0230/第76册
續薩婆多毘尼毘婆沙一卷
Y0230/第76册
出家授近圓羯磨儀範一卷
Y0230/第76册
毗尼母論八卷　Y0230/第76册
毗尼母論八卷　Y0230/第77册
律二十二明了論一卷　Y0230/第77册
根本說一切有部毗奈耶尼陀那目得迦攝頌一卷　Y0230/第77册
（唐）義淨譯
根本說一切有部毗奈耶雜事攝頌一卷
Y0230/第77册
（唐）義淨譯
普賢菩薩行願讚一卷　Y0230/第77册
（唐）不空譯
根本說一切有部毘奈耶頌四卷
Y0230/第77册
（唐）義淨譯
十誦律毗尼序三卷　Y0230/第77册
沙彌十戒法并威儀一卷　Y0230/第77册
羯磨二卷　Y0230/第77册
（曹魏）曇諦集
佛說大愛道比丘尼經二卷
Y0230/第77册

佛說目連問戒律中五百輕重事經二卷 Y0230/第77册
根本說一切有部苾蒭尼戒經二卷 Y0230/第77册
(唐)義淨譯
比丘尼僧祇律波羅提木叉戒經一卷 Y0230/第77册
沙彌尼戒經一卷 Y0230/第77册
舍利弗問經一卷 Y0230/第77册
彌沙塞羯磨本二卷 Y0230/第77册
四分戒本二卷 Y0230/第77册
四分比丘尼戒本二卷 Y0230/第77册
五分戒本一卷 Y0230/第77册
五分比丘尼戒本一卷 Y0230/第77册
波羅提木叉僧祇戒本一卷 Y0230/第77册
十誦律比丘戒本一卷 Y0230/第77册
(姚秦)鳩摩羅什譯
十誦律比丘尼戒本一卷 Y0230/第77册
大沙門百一羯磨法一卷 Y0230/第77册
曇無德律部雜羯磨二卷 Y0230/第77册
沙彌威儀一卷 Y0230/第77册
(宋)求那跋摩譯
沙彌尼離戒文一卷 Y0230/第77册
十誦羯磨比丘要用一卷 Y0230/第77册

大乘論

金剛般若波羅蜜經論三卷 Y0230/第78册
(隋)達摩岌多譯
金剛般若波羅蜜經論三卷 Y0230/第78册
大智度論一百卷 Y0230/第78－80册
(姚秦)鳩摩羅什譯
瑜伽師地論一百卷 Y0230/第80－82册
(唐)玄奘譯
攝大乘論釋四譯四十八卷 Y0230/第82－83册
無相思塵論一卷 Y0230/第83册
觀所緣緣論一卷 Y0230/第83册
(唐)玄奘譯
觀所緣緣論釋一卷 Y0230/第83册
大乘廣五蘊論一卷 Y0230/第83册
大乘五蘊論一卷 Y0230/第83册
(唐)玄奘譯
顯揚聖教論二十卷 Y0230/第83－84册
(唐)玄奘譯
大乘阿毗達磨雜集論十六卷 Y0230/第84册
(唐)玄奘譯
中論四卷 Y0230/第84册
(姚秦)鳩摩羅什譯
十住毗婆沙論十五卷 Y0230/第84册
(姚秦)鳩摩羅什譯
菩提資糧論六卷 Y0230/第84册
(隋)達摩笈多譯
大莊嚴經論十五卷 Y0230/第84－85册
(姚秦)鳩摩羅什譯
攝大乘論二譯五卷 Y0230/第85册
(元)佛陀扇多譯
般若燈論十五卷 Y0230/第85册
十二門論一卷 Y0230/第85册
(姚秦)鳩摩羅什譯
十八空論一卷 Y0230/第85册
百論二卷 Y0230/第85册
(姚秦)鳩摩羅什譯
廣百論本一卷 Y0230/第85册
(唐)玄奘譯
大乘莊嚴經論一三卷 Y0230/第85册
文殊師利菩薩問菩提經論二卷 Y0230/第86册
(元)菩提留支譯
金剛般若波羅蜜經破取著不壞假名論二卷 Y0230/第86册
勝思惟梵天所問經論三卷 Y0230/第86册
(元)菩提留支譯
十地經論二十一卷 Y0230/第86册
(元)菩提留支譯
佛地經論七卷 Y0230/第86册
三具足經優波提舍一卷 Y0230/第86册
成唯識論十卷 Y0230/第86册
廣百論釋論十卷 Y0230/第86－87册
(唐)玄奘譯
大乘阿毗達磨集論七卷 Y0230/第87册
(唐)玄奘譯
王法正理論一卷 Y0230/第87册
(唐)玄奘譯
瑜伽師地論釋一卷 Y0230/第87册
顯揚聖敦論頌一卷 Y0230/第87册
(唐)玄奘譯
彌勒菩薩所問經論七卷 Y0230/第87册
(元)菩提留支譯
無量壽經優波提舍一卷 Y0230/第87册
(元)菩提留支譯
轉法輪經優波提舍一卷 Y0230/第87册
大般涅槃經論一卷 Y0230/第87册
(元)達磨菩提譯
涅槃經本有今無偈論一卷 Y0230/第87册
能斷金剛般若波羅蜜多經論頌一卷 Y0230/第87册
(唐)義淨譯
遺教經論一卷 Y0230/第87册
成唯識寶生論五卷 Y0230/第87册
(唐)義淨譯
十二因緣論一卷 Y0230/第87册
壹輸盧迦論一卷 Y0230/第87册
大乘百法明門論一卷 Y0230/第87册
(唐)玄奘譯
轉識論一卷 Y0230/第87册
唯識三十論一卷 Y0230/第87册
(唐)玄奘譯
因明入正理論一卷 Y0230/第87册
(唐)玄奘譯
顯識論一卷 Y0230/第87册
發菩提心論二卷 Y0230/第87册
(姚秦)鳩摩羅什譯
三無性論二卷 Y0230/第87册
佛性論四卷 Y0230/第87册
大乘成業論一卷 Y0230/第87册
(唐)玄奘譯
業成就論一卷 Y0230/第87册
因明正理門論一卷 Y0230/第87册
(唐)義淨譯
因明正理門論本一卷 Y0230/第87册
(唐)玄奘譯
止觀門論頌一卷 Y0230/第87册
(唐)義淨譯
手杖論一卷 Y0230/第87册
(唐)義淨譯
緣生論一卷 Y0230/第87册
(隋)達摩笈多譯
取因假設論一卷 Y0230/第87册
(唐)義淨譯
觀總相論頌一卷 Y0230/第87册
(唐)義淨譯
六門教授習定論一卷 Y0230/第87册
(唐)義淨譯
能斷金剛般若波羅蜜多經論釋三卷 Y0230/第87册

(唐)義淨譯
略明般若末後一頌讚述一卷 Y0230/第88册
(唐)義淨譯
妙法蓮華經優波提舍二卷 Y0230/第88册
妙法蓮華經論優波提舍二卷 Y0230/第88册
大寶積經論四卷 Y0230/第88册
(元)菩提留支譯
決定藏論三卷 Y0230/第88册
(梁)真諦譯
究竟一乘寶性論五卷 Y0230/第88册
(元)勒那摩提譯
大乘掌珍論二卷 Y0230/第88册
(唐)玄奘譯
大乘楞伽經唯識論一卷 Y0230/第88册
大乘唯識論一卷 Y0230/第88册
唯識二十論一卷 Y0230/第88册
(唐)玄奘譯
寶髻經四法優波提舍一卷 Y0230/第88册
大丈夫論二卷 Y0230/第88册
入大乘論二卷 Y0230/第88册
辯中邊論三卷 Y0230/第88册
(唐)玄奘譯
辯中邊論頌一卷 Y0230/第88册
(唐)玄奘譯
順中論二卷 Y0230/第88册
攝大乘論本三卷 Y0230/第88册
(唐)玄奘譯
中邊分別論二卷 Y0230/第88册
大乘起信論二譯三卷 Y0230/第88册
回諍論一卷 Y0230/第88册
如實論一卷 Y0230/第88册
實行王正論一卷 Y0230/第88册
百字論一卷 Y0230/第88册
(元)菩提流支譯
解拳論一卷 Y0230/第88册
掌中論一卷 Y0230/第88册
(唐)義淨譯
方便心論一卷 Y0230/第88册
大乘法界無差別論一卷 Y0230/第88册
提婆菩薩破楞伽經中外道小乘四宗論一卷 Y0230/第88册
(元)菩提流支譯
提婆菩薩釋楞伽經中外道小乘涅槃論一卷 Y0230/第88册
(元)菩提流支譯

小乘論

四諦論四卷 Y0230/第89册
辟支佛因緣論一卷 Y0230/第89册
阿毗達磨大毗婆沙論一百卷 Y0230/第89－92册
阿毗曇毗波沙論八十二卷 Y0230/第92－94册
阿毘達磨順正理論八十卷 Y0230/第94－96册
(唐)玄奘譯
阿毘達磨藏顯宗論四十卷 Y0230/第96册
(唐)玄奘譯
阿毗達磨俱舍論三十卷 Y0230/第97册
(唐)玄奘譯
舍利弗阿毘曇論二十二卷 Y0230/第97－98册
阿毗達磨俱舍釋論二十二卷 Y0230/第98－99册
阿達磨俱舍論本頌二卷 Y0230/第99册
(唐)玄奘譯
三法度論三卷 Y0230/第99册
三彌底部論三卷 Y0230/第99册
阿毗曇八犍度論三十卷 Y0230/第99册
成實論一十卷 Y0230/第100册
(姚秦)鳩摩羅什譯
阿毗達磨發智論十卷 Y0230/第100册
(唐)玄奘譯
阿毗達磨集異門足論二十卷 Y0230/第101册
(唐)玄奘譯
阿毗達磨品類足論十八卷 Y0230/第101册
(唐)玄奘譯
阿毗曇甘露味論二卷 Y0230/第101册
鞞婆沙論十八卷 Y0230/第101－102册
隨相論二卷 Y0230/第102册
阿毗達磨識身足論十六卷 Y0230/第102册
(唐)玄奘譯
阿毗達磨界身足論二卷 Y0230/第102册
(唐)玄奘譯
五事毗婆沙論二卷 Y0230/第102册
(唐)玄奘譯
十八部論一卷 Y0230/第102册
部執異論一卷 Y0230/第102册
異部宗輪論一卷 Y0230/第102册
(唐)玄奘譯
雜阿毗曇心論十六卷 Y0230/第102册
阿毗曇心論四卷 Y0230/第103册
尊婆須蜜菩薩所集論十五卷 Y0230/第103册
分別功德論三卷 Y0230/第103册
入阿毗達磨論二卷 Y0230/第103册
(唐)玄奘譯
眾事分阿毗曇論十二卷 Y0230/第103册
解脱道論二十一卷 Y0230/第103册
(梁)僧伽婆羅譯
解脱道論十二卷 Y0230/第104册
(梁)僧伽婆羅譯
法勝阿毗曇心論六卷 Y0230/第104册
勝宗十句義論一卷 Y0230/第104册
(唐)玄奘譯
阿毗達磨法蘊足論十卷 Y0230/第104册
(唐)玄奘譯
立世阿毗曇論十卷 Y0230/第104册
大乘集菩薩學論二五卷 Y0230/第104册
宋元續入藏諸論 Y0230/第104册
大宗地玄文本論八卷 Y0230/第105册
(陳)真諦譯
金七十論三卷 Y0230/第105册
(陳)真諦譯
廣釋菩提心論四卷 Y0230/第105册
(宋)施護譯
集諸法寶最上義論二卷 Y0230/第105册
(宋)施護譯
金剛針論一卷 Y0230/第105册
(宋)法天譯
菩提心離相論一卷 Y0230/第105册
(宋)施護譯
大乘破有論一卷 Y0230/第105册
(宋)施護譯
集大乘相論二卷 Y0230/第105册
(宋)施護譯
六十頌如理論一卷 Y0230/第105册
(宋)施護譯
大乘二十頌論一卷 Y0230/第105册

（宋）施護譯
佛母般若波羅蜜多圓集要義論一卷 Y0230/第105冊
（宋）施護譯
佛母般若波羅蜜多圓集要義釋論四卷 Y0230/第105冊
大域龍菩薩造本論 Y0230/第105冊
大乘寶要義論十卷 Y0230/第105冊
菩薩本生鬘論十六卷 Y0230/第105冊
聖佛母般若波羅蜜多九頌精義論二卷 Y0230/第105冊
大乘緣生論一卷 Y0230/第105冊
（唐）不空譯
諸教決定名義論一卷 Y0230/第105冊
（宋）施護譯
大乘中觀釋論九卷 Y0230/第105冊
施設論七卷 Y0230/第105冊
大乘法界無差別論一卷 Y0230/第105冊
金剛頂瑜伽中發阿耨多羅三藐三菩提心論一卷 Y0230/第105冊
（唐）不空譯
彰所知論二卷 Y0230/第105冊
西土聖賢撰集 Y0230/第105冊
出曜經二十卷 Y0230/第106冊
（姚秦）竺佛念譯
賢愚因緣經十三卷 Y0230/第106冊
（元）慧覺譯
佛本行經七卷 Y0230/第107冊
撰集百緣經十卷 Y0230/第107冊
修行道地經八卷 Y0230/第107冊
（西晉）竺法護譯
道地經一卷 Y0230/第107冊
（後漢）安世高譯
佛說佛醫經一卷 Y0230/第107冊
惟日雜難經一卷 Y0230/第107冊
雜寶藏經八卷 Y0230/第107冊
迦葉赴佛般涅槃經一卷 Y0230/第107冊
瑜伽翳迦訖沙囉烏瑟尼沙斫訖囉真言安怛陀那儀則一字頂輪王瑜伽經一卷 Y0230/第107冊
（唐）不空譯
佛入涅槃密迹金剛力士哀戀經一卷 Y0230/第107冊
佛使比丘迦旃延說法沒盡偈經一卷 Y0230/第107冊
佛治身經一卷 Y0230/第107冊
治意經一卷 Y0230/第107冊
文殊師利發願經一卷 Y0230/第107冊
六菩薩名亦當誦持經一卷 Y0230/第107冊
小道地經一卷 Y0230/第107冊
阿含口解十二因緣經一卷 Y0230/第107冊
付法藏因緣經六卷 Y0230/第107冊
達磨多羅禪經二卷 Y0230/第107冊
禪法要解經二卷 Y0230/第108冊
（姚秦）鳩摩羅什譯
阿育王經十卷 Y0230/第108冊
（梁）僧伽婆羅譯
阿育王譬喻經一卷 Y0230/第108冊
三彗經一卷 Y0230/第108冊
阿毗曇五法行經一卷 Y0230/第108冊
賓頭盧突羅闍為優陀延王說法緣經一卷 Y0230/第108冊
請賓頭盧經一卷 Y0230/第108冊
（宋）慧簡譯
大勇菩薩分別業報略經一卷 Y0230/第108冊
（宋）僧伽跋摩譯
坐禪三昧法門經二卷 Y0230/第108冊
（姚秦）鳩摩羅什譯
佛所行讚經五卷 Y0230/第108冊
僧伽羅刹所集佛行經五卷 Y0230/第108冊
法句譬喻經四卷 Y0230/第108冊
菩提行經四卷 Y0230/第108冊
（宋）天息災譯
金剛頂一切如來真實攝大乘現證大教王經二卷 Y0230/第108冊
（唐）不空譯
文殊師利菩薩及諸仙所說吉凶時日善惡宿曜經二卷 Y0230/第108冊
（唐）不空譯
僧伽斯那所撰菩薩本緣經四卷 Y0230/第108冊
那先比丘經三卷 Y0230/第108冊
舊雜譬喻經二卷 Y0230/第109冊
禪要訶欲經一卷 Y0230/第109冊
內身觀章句經一卷 Y0230/第109冊
法觀經一卷 Y0230/第109冊
（西晉）竺法護譯
迦葉結經一卷 Y0230/第109冊
（後漢）安世高譯
百喻經二卷 Y0230/第109冊
法句經二卷 Y0230/第109冊
眾經撰雜譬喻經二卷 Y0230/第109冊
（姚秦）鳩摩羅什譯
阿育王子法益壞目因緣經一卷 Y0230/第109冊
雜譬喻經二卷 Y0230/第109冊
無明羅刹經一卷 Y0230/第109冊
文殊所說最勝名義經二卷 Y0230/第109冊
迦丁比丘說當來變經一卷 Y0230/第109冊
雜譬喻經一卷 Y0230/第109冊
（後漢）支婁迦讖譯
思惟要略法一卷 Y0230/第109冊
（姚秦）鳩摩羅什譯
十二遊經一卷 Y0230/第109冊
（東晉）迦留陀伽譯
賢聖集伽陀一百頌一卷 Y0230/第109冊
（宋）天息災譯
廣大發願頌一卷 Y0230/第109冊
無能勝大明陀羅尼經一卷 Y0230/第109冊
（宋）法天譯
無能勝大明心陀羅尼經一卷 Y0230/第109冊
（宋）法天譯
十不善業道經一卷 Y0230/第109冊
大乘修行菩薩行門諸經要集三卷 Y0230/第109冊
（唐）釋智嚴譯
四阿含暮抄解二卷 Y0230/第109冊
五門禪經要用法一卷 Y0230/第109冊
金剛頂瑜伽千手千眼觀自在菩薩修行儀軌經一卷 Y0230/第109冊
（唐）不空譯
密跡力士大權神王經偈頌一卷 Y0230/第109冊
（元）廣福大師僧錄管主八撰
一切秘密最上名義大教王儀軌二卷 Y0230/第109冊
（宋）施護譯

大樂金剛埵修行成就儀軌一卷
Y0230/第 109 冊
（唐）不空譯
曼殊室利菩薩吉祥伽陀一卷
Y0230/第 109 冊
（宋）法賢譯
成就妙法蓮華經王瑜伽觀智儀軌一卷
Y0230/第 109 冊
（唐）不空譯
金剛頂瑜伽降三世成就極深密門一卷
Y0230/第 109 冊
（唐）不空譯
金剛頂瑜伽他化自在天理趣會普賢修行念誦儀軌一卷　Y0230/第 109 冊
（唐）不空譯
金剛壽命陀羅尼念誦法一卷
Y0230/第 109 冊
（唐）三藏金剛智與不空奉詔譯
大藥叉女歡喜母并愛子成就法一卷
Y0230/第 109 冊
（唐）不空譯
佛說帝釋嚴祕密成就儀軌一卷
Y0230/第 109 冊
（宋）施護譯
觀自在菩薩如意輪念誦儀軌一卷
Y0230/第 109 冊
（唐）不空譯
大毗盧遮那成佛神變加持經略示七支念誦隨行法一卷　Y0230/第 109 冊
（唐）不空譯
速疾立驗摩醯首羅天說阿尾奢法一卷
Y0230/第 109 冊
（唐）不空譯
大聖曼殊室利童子五字瑜伽法一卷
Y0230/第 109 冊
（唐）不空譯
大威怒烏芻澁麼儀軌一卷
Y0230/第 109 冊
（唐）不空譯
大孔雀明王畫像壇場儀軌一卷
Y0230/第 109 冊
（唐）不空譯
金剛頂瑜伽金剛薩埵儀軌一卷
Y0230/第 109 冊
（唐）不空譯
一字金輪王佛頂要略念誦法一卷
Y0230/第 109 冊
（唐）不空譯
觀自在菩薩如意輪瑜伽念誦法一卷
Y0230/第 109 冊
（唐）不空譯
大聖大歡喜雙身毗那耶迦法一卷
Y0230/第 109 冊
（唐）不空譯
大日經略攝念誦隨行法一卷
Y0230/第 109 冊
（唐）不空譯
五字陀羅尼頌一卷　Y0230/第 109 冊
（唐）不空譯
仁王般若陀羅尼釋一卷
Y0230/第 109 冊
（唐）不空譯
大樂金剛不空真實三昧耶經般若波羅蜜多理趣釋二卷　Y0230/第 110 冊
（唐）不空譯
佛說最勝妙吉祥根本智最上祕密一切名義三摩地分二卷　Y0230/第 110 冊
（宋）施護譯
金剛王菩薩祕密念誦儀軌一卷
Y0230/第 110 冊
（唐）不空譯
金剛頂勝初瑜伽普賢菩薩念誦法經一卷　Y0230/第 110 冊
（唐）不空譯
金剛頂瑜伽金剛薩埵五祕密修行念誦儀軌一卷　Y0230/第 110 冊
（唐）不空譯
無量壽如來修觀行供養儀軌一卷
Y0230/第 110 冊
（唐）不空譯
甘露軍荼利菩薩供養念誦成就儀軌一卷　Y0230/第 110 冊
（唐）不空譯
觀自在多羅瑜伽念誦法一卷
Y0230/第 110 冊
（唐）不空譯
聖觀自在菩薩心真言瑜伽觀行軌儀一卷　Y0230/第 110 冊
（唐）不空譯
菩薩訶色欲法一卷　Y0230/第 110 冊
（後秦）鳩摩羅什譯
四品學法一卷　Y0230/第 110 冊
大虛空藏菩薩念誦法一卷
Y0230/第 110 冊
（唐）不空譯
仁王般若念誦法一卷　Y0230/第 110 冊
（唐）不空譯
阿閦如來念誦供養法一卷
Y0230/第 110 冊
（唐）不空譯
佛頂尊勝陀羅尼念誦儀軌一卷
Y0230/第 110 冊
（唐）不空譯
聖閻曼德迦威怒王立成大神驗念誦法一卷　Y0230/第 110 冊
（唐）不空譯
大乘方廣曼殊室利菩薩華嚴本教讚閻曼德迦忿怒真言大威德儀軌品一卷
Y0230/第 110 冊
（唐）不空譯
大方廣曼殊室利童真菩薩華嚴本教讚閻曼德迦忿怒王真言阿毗遮嚕迦儀軌品一卷　Y0230/第 110 冊
（唐）不空譯
蘇悉地羯羅供養法三卷
Y0230/第 110 冊
（唐）善無畏譯
不動使者陀羅尼祕密法一卷
Y0230/第 110 冊
金剛頂瑜伽修習毗盧遮那三摩地法一卷　Y0230/第 110 冊
（唐）金剛智譯
金剛頂瑜伽經文殊師利菩薩儀軌供養法一卷　Y0230/第 110 冊
（唐）不空譯
瑜伽蓮華部念誦法一卷
Y0230/第 110 冊
（唐）不空譯
金剛頂經瑜伽觀自在王如來修行法一卷　Y0230/第 110 冊
（唐）金剛智譯
金剛頂經觀自在王如來修行法一卷
Y0230/第 110 冊
（唐）不空譯
金剛手光明灌頂經最勝立印聖無動尊大威怒王念誦儀軌一卷
Y0230/第 110 冊
（唐）不空譯
略述金剛頂瑜伽分別聖位修證法門一卷　Y0230/第 110 冊
（唐）不空譯

一字佛頂輪王念誦儀軌一卷 Y0230/第110册
(唐)不空譯
仁王護國般若波羅蜜多經道場念誦軌儀一卷 Y0230/第110册
(唐)不空譯
金剛頂蓮華部心念誦儀軌一卷 Y0230/第110册
(唐)不空譯
佛說如意輪蓮華心如來修行觀門儀一卷 Y0230/第110册
(宋)慈賢譯
妙吉祥平等瑜伽祕密觀身成佛儀軌一卷 Y0230/第110册
(宋)慈賢譯
法集要頌經匹卷 Y0230/第110册
(宋)天息災譯
勸發諸王要偈一卷 Y0230/第110册
(宋)求那跋摩譯
龍樹菩薩勸誡王頌一卷 Y0230/第110册
(唐)義淨譯
普賢金剛埵瑜伽念誦儀一卷 Y0230/第110册
(唐)不空譯
金剛頂瑜伽護摩儀軌一卷 Y0230/第110册
大悲心陀羅尼修行念誦略儀一卷 Y0230/第110册
(唐)不空譯
妙吉祥平等觀門大教王經略出護摩儀一卷 Y0230/第110册
(宋)慈賢譯
金剛頂超勝三界經說文殊五字真言勝相一卷 Y0230/第110册
(唐)不空譯
金剛頂經瑜伽文殊師利菩薩法一品一卷 Y0230/第110册
(唐)不空譯
金剛頂瑜伽經十八會指歸一卷 Y0230/第110册
(唐)不空譯
訶利帝母真言法一卷 Y0230/第110册
(唐)不空譯
大方廣佛華嚴經入法界品四十二字觀一卷 Y0230/第110册
(唐)不空譯

般若波羅蜜多理趣經大安樂不空三昧真實金剛菩薩等一十七聖大曼荼羅義述一卷 Y0230/第110册
陀羅尼門諸部要目一卷 Y0230/第110册
(唐)不空譯
金剛頂瑜伽三十七尊禮一卷 Y0230/第110册
(唐)不空譯
受菩提心戒儀一卷 Y0230/第110册
(唐)不空譯
大聖文殊師利菩薩讚佛法身禮一卷 Y0230/第110册
(唐)不空譯
一百五十讚佛頌一卷 Y0230/第110册
(唐)義淨譯
百千頌大集經地藏菩薩請問法身讚一卷 Y0230/第110册
(唐)不空譯
佛吉祥德讚三卷 Y0230/第110册
阿育王傳五卷 Y0230/第110册
(西晉)安法欽譯
馬鳴菩薩傳一卷 Y0230/第110册
(姚秦)鳩摩羅什譯
龍樹菩薩傳一卷 Y0230/第110册
(姚秦)鳩摩羅什譯
提婆菩薩傳一卷 Y0230/第110册
(姚秦)鳩摩羅什譯
婆藪槃豆傳一卷 Y0230/第110册
(陳)真諦譯
龍樹菩薩為禪陀迦王說法要偈一卷 Y0230/第110册
(宋)求那跋摩譯
撰集三藏及雜藏傳一卷 Y0230/第110册
大阿羅漢難提蜜多羅所說法住記一卷 Y0230/第110册
(唐)玄奘譯
瑜伽集要焰口施食儀一卷 Y0230/第110册
(唐)不空譯
此土著述
維摩詰所說經註十卷 Y0230/第111册
(姚秦)鳩摩羅什譯
晉僧肇法師寶藏論一卷 Y0230/第111册
法顯傳一卷 Y0230/第111册

(東晉)法顯撰
釋迦譜十卷 Y0230/第111册
經律異相五十卷 Y0230/第111－112册
慈悲道場懺法十卷 Y0230/第112册
比丘尼傳四卷 Y0230/第112册
(晉)釋寶唱撰
高僧傳八卷 Y0230/第112册
(梁)慧皎撰
高僧傳十六卷 Y0230/第113册
(梁)慧皎(唐)釋道宣撰
續高僧傳三十一卷 Y0230/第114册
(唐)釋道宣撰
宋高僧傳三十卷 Y0230/第114册
明高僧傳六卷 Y0230/第114册
(明)釋如惺識
弘明集十四卷 Y0230/第115册
(梁)釋僧祐撰
廣弘明集三十卷 Y0230/第115－116册
(唐)釋道宣撰
陀羅尼雜集十卷 Y0230/第116册
大乘止觀法門四卷 Y0230/第116册
法華三昧懺儀一卷 Y0230/第116册
(隋)釋智顗撰
諸法無諍三昧法門二卷 Y0230/第116册
釋摩訶般若波羅蜜經覺意三昧一卷 Y0230/第116册
淨土十疑論一卷 Y0230/第116册
觀音義疏二卷 Y0230/第116册
觀音義疏記三卷 Y0230/第116册
(宋)知禮述
法界次第初門三卷 Y0230/第116册
(隋)智者大師撰
修習止觀坐禪法要二卷 Y0230/第117册
(隋)釋智顗述
觀音玄義二卷 Y0230/第117册
觀音玄義記四卷 Y0230/第117册
四念處四卷 Y0230/第117册
天台四教儀一卷 Y0230/第117册
天台四敎儀集註九卷 Y0230/第117册
妙法蓮華經玄義釋籤四十卷 Y0230/第117－118册
妙法蓮華經文句十卷 Y0230/第118－119册
法華文句記十卷 Y0230/第119－120册
(唐)湛然述

摩訶止觀十卷 Y0230/第 120 冊
集沙門不應拜俗等事六卷
Y0230/第 120 冊
（唐）釋彥悰纂錄
華嚴經旨歸一卷 Y0230/第 120 冊
（唐）法藏述
般若波羅蜜多心經略疏一卷
Y0230/第 120 冊
（唐）法藏述
金剛般若經疏一卷 Y0230/第 120 冊
隋天台智者大師別傳一卷
Y0230/第 120 冊
仁王護國般若經疏五卷
Y0230/第 120 冊
金光明經玄義二卷 Y0230/第 121 冊
金光明經玄義拾遺記六卷
Y0230/第 121 冊
（宋）釋知禮述
佛說觀無量壽佛經□一卷
Y0230/第 121 冊
佛說觀無量壽佛經□妙宗鈔六卷
Y0230/第 121 冊
（宋）釋智禮述
釋禪波羅蜜次第法門十卷
Y0230/第 121 冊
觀心論□五卷 Y0230/第 121 冊
金光明經文句六卷 Y0230/第 121 冊
金光明經文句記六卷 Y0230/第 121 冊
（宋）釋知禮述
金光明經文句記六卷 Y0230/第 122 冊
（宋）釋知禮述
菩薩戒義疏二卷 Y0230/第 122 冊
歷代三寶紀一卷 Y0230/第 122 冊
請觀音經疏一卷 Y0230/第 122 冊
四教義六卷 Y0230/第 122 冊
（隋）智顗撰
眾經目錄五卷 Y0230/第 122 冊
眾經目錄七卷 Y0230/第 122 冊
大般涅槃經疏十八卷
Y0230/第 122－123 冊
（隋）灌頂法師撰（唐）湛然再治
華嚴經明法品內立三寶章二卷
Y0230/第 124 冊
（唐）法藏述
修華嚴奧旨妄盡還源觀一卷
Y0230/第 124 冊
（唐）法藏述

華嚴金師子章一卷 Y0230/第 124 冊
（唐）法藏述
華嚴法界玄鏡二卷 Y0230/第 124 冊
（唐）澄觀述
天台八教大意一卷 Y0230/第 124 冊
（隋）灌頂撰
破邪論二卷 Y0230/第 124 冊
（唐）釋法琳撰
集古今佛道論衡實錄五卷
Y0230/第 124 冊
（唐）釋道宣撰
續集古今佛道論衡一卷
Y0230/第 124 冊
（唐）智昇撰
佛說阿彌陀經疏一卷 Y0230/第 124 冊
大唐內典錄十卷 Y0230/第 124 冊
（唐）釋道宣撰
集神州塔寺三寶感通錄三卷
Y0230/第 124 冊
（唐）釋道宣撰
大唐西域記十二卷
Y0230/第 124－125 冊
（唐）玄奘譯
大慈恩寺三藏法師傳十卷
Y0230/第 125 冊
（唐）釋彥踪箋
法苑珠林一百卷 Y0230/第 125－127 冊
（唐）釋道世撰
諸經要集二十卷 Y0230/第 128 冊
（唐）釋道世撰
顯密圓通成佛心要集二卷
Y0230/第 128 冊
十門辨惑論二卷 Y0230/第 128 冊
（唐）釋復禮撰
大唐西域求法高僧傳二卷
Y0230/第 128 冊
（唐）義淨撰
南海寄歸內法傳四卷 Y0230/第 128 冊
（唐）義淨撰
開元釋教錄十卷 Y0230/第 129 冊
（唐）智昇撰
開元釋教錄略出四卷 Y0230/第 129 冊
（唐）智昇撰
甄正論三卷 Y0230/第 129 冊
（唐）玄嶷撰
說罪要行法一卷 Y0230/第 129 冊
（唐）義淨撰

受用三水要行法一卷 Y0230/第 129 冊
（唐）義淨撰
護命放生軌儀法一卷 Y0230/第 129 冊
（唐）義淨撰
永嘉集一卷 Y0230/第 130 冊
（唐）玄覺述
大方廣佛華嚴經論四十九卷
Y0230/第 130－131 冊
（唐）李通玄造
華嚴十明論一卷 Y0230/第 131 冊
（唐）李通玄撰
六祖大師法寶壇經一卷
Y0230/第 131 冊
止觀大意一卷 Y0230/第 131 冊
（唐）釋湛然述
始終心要一卷 Y0230/第 131 冊
（唐）釋湛然述
法華三昧行事運想補助儀一卷
Y0230/第 131 冊
（唐）釋湛然撰
集諸經禮懺悔文四卷 Y0230/第 131 冊
（唐）釋智昇撰
十不二門一卷 Y0230/第 131 冊
（唐）釋湛然述
十不二門指要鈔二卷 Y0230/第 131 冊
（宋）釋知禮述
金剛錍一卷 Y0230/第 131 冊
（唐）釋湛然述
大方廣佛華嚴經懸談疏鈔會本二十九卷 Y0230/第 131 冊
華嚴會本懸談會玄記四十卷
Y0230/第 132 冊
大方廣佛華嚴經疏鈔會本二百二十卷
Y0230/第 133－137 冊
（唐）實叉難陀譯 澄觀撰述
華嚴普賢行願品別行疏鈔會本十卷
Y0230/第 137 冊
境界普賢行願品疏鈔會本
Y0230/第 137 冊
折疑論五卷 Y0230/第 137 冊
華嚴原人論解五卷 Y0230/第 137 冊
大方廣圓覺修多羅了義經略疏五卷
Y0230/第 137 冊
（唐）宗密述
圓覺經略疏之鈔二十五卷
Y0230/第 137－138 冊

大方廣圓覺經大疏十二卷 Y0230/第 138 冊
(唐)宗蜜述
盂蘭盆經疏一卷 Y0230/第 138 冊
(唐)宗蜜述 (宋)淨源錄疏注經
禪源諸詮集四卷 Y0230/第 138 冊
(唐)宗蜜述
註華嚴法界觀門一卷 Y0230/第 138 冊
(唐)宗蜜注
黃檗傳心法要二卷 Y0230/第 138 冊
金剛般若經疏論纂要三卷 Y0230/第 138 冊
(唐)宗蜜述
金剛經纂要刊定記七卷 Y0230/第 139 冊
慈悲水懺法三卷 Y0230/第 139 冊
觀自在菩薩如意輪呪課法一卷 Y0230/第 139 冊
(宋)仁岳撰
天台智者大師齋忌禮讚文一卷 Y0230/第 139 冊
(宋)遵式述
金光明懺法補助儀一卷 Y0230/第 139 冊
(宋)遵式集
往生淨土懺願儀一卷 Y0230/第 139 冊
(宋)遵式集
往生淨土決疑行願二門一卷 Y0230/第 139 冊
(宋)遵式撰
請觀世音菩薩消伏毒害陀羅尼三昧儀一卷 Y0230/第 139 冊
(宋)遵式集
金光明最勝懺儀一卷 Y0230/第 139 冊
(宋)釋知禮集
法智遺編觀心二百門一卷 Y0230/第 139 冊
千手眼大悲心咒行法一卷 Y0230/第 139 冊
(宋)釋知禮集
禮法華經儀式一卷 Y0230/第 139 冊
失譯撰集人名
修懺要旨一卷 Y0230/第 139 冊
(宋)釋知禮述
熾盛光道場念誦儀一卷 Y0230/第 139 冊
(宋)遵式撰
釋迦如來涅槃禮讚文一卷 Y0230/第 139 冊
(宋)仁岳撰
景德傳燈錄三十 Y0230/第 139-140 冊
(宋)道原纂
明覺顯禪師語錄六卷 Y0230/第 140 冊
禪林寶訓四卷 Y0230/第 140 冊
首楞嚴經義海三十卷 Y0230/第 140-141 冊
傳法正宗記九卷 Y0230/第 141 冊
(宋)釋契嵩編修
傳法正宗論一卷 Y0230/第 141 冊
(宋)釋契高編修
萬善同歸六卷 Y0230/第 141 冊
定慧相資歌一卷 Y0230/第 141 冊
警世一卷 Y0230/第 141 冊
永明心賦註四卷 Y0230/第 141 冊
密咒圓因往生集一卷 Y0230/第 141 冊
宗鏡錄一百卷 Y0230/第 141-143 冊
碧巖集十卷 Y0230/第 143 冊
圓悟佛果禪師語錄十七卷 Y0230/第 144 冊
輔教編三卷 Y0230/第 144 冊
(宋)釋契嵩撰
翻譯名義集十卷 Y0230/第 144 冊
(宋)法雲編
大乘起信論疏五卷 Y0230/第 144 冊
(宋)法藏述
大乘起信論疏筆削記十五卷 Y0230/第 145 冊
(宋)子璿錄
五燈會元五十七卷 Y0230/第 145-146 冊
(宋)大川濟纂
護法論一卷 Y0230/第 146 冊
佛遺教經論疏節要一卷 Y0230/第 146 冊
天台傳佛心印記一卷 Y0230/第 147 冊
(元)懷則述
廬山蓮宗寶鑑十卷 Y0230/第 147 冊
肇論新疏十卷 Y0230/第 147 冊
大藏聖敎法寶標目十卷 Y0230/第 147 冊
(元)王古撰
妙法蓮華經要解十卷 Y0230/第 147 冊
大佛頂首楞嚴經會解二十卷 Y0230/第 148 冊
元叟端禪師語錄四卷 Y0230/第 148 冊
楚石琦禪師語錄十六卷 Y0230/第 148 冊
佛祖歷代通載三十六卷 Y0230/第 148-149 冊
百丈清規八卷 Y0230/第 149 冊
辯偽錄六卷 Y0230/第 150 冊
大元至元法寶勘同總錄十卷 Y0230/第 150 冊
楞伽阿跋多羅寶經註解八卷 Y0230/第 150 冊
般若波羅蜜多心經註解一卷 Y0230/第 150 冊
(唐)玄奘譯
金剛般若波羅蜜經註解一卷 Y0230/第 150 冊
(姚秦)鳩摩羅什譯
大明仁孝皇后夢感佛說第一希有大功德經一卷 Y0230/第 150 冊
大明三藏法數三十八卷 Y0230/第 150-151 冊
諸佛世尊如來菩薩尊者神僧名經十卷 Y0230/第 151-152 冊
明成祖撰
大明太宗文皇帝御製序讚文一卷 Y0230/第 152 冊
明成祖撰
神僧傳九卷 Y0230/第 152 冊
明成祖撰
緇門警訓十卷 Y0230/第 152 冊
(明)如巹續補 (元)永中補
修心訣一卷 Y0230/第 152 冊
真心直說一卷 Y0230/第 152 冊
八識規矩補註二卷 Y0230/第 152 冊
(明)普奉補註
大乘百法明門論註一卷 Y0230/第 152 冊
(唐)玄奘譯
八十八祖傳贊五卷 Y0230/第 152 冊
大佛頂首楞嚴經正脈疏四十卷 Y0230/第 152-153 冊
佛說阿彌陀經疏鈔十卷 Y0230/第 154 冊
(明)袾宏述
紫柏尊者全集三十卷 Y0230/第 154-155 冊
(明)德清閱

Y0231（1 – 37）

道藏附索引

一九九六年北京文物出版社 上海書店 天津古籍出版社據民國間上海涵芬樓影印本影印

三十七冊

洞真部本文類

太上開明天地本真經一卷 Y0231/第1册
太上玄都妙本清靜身心經一卷 Y0231/第1册
太上太玄女青三元品誡拔罪妙經三卷 Y0231/第1册
元始天尊說變化空洞妙經一卷 Y0231/第1册
太上昇玄三一融神變化妙經二卷 Y0231/第1册
太上導引三光九變妙經一卷 Y0231/第1册
太上導引三光寶真妙經一卷 Y0231/第1册
太上修真體元妙道經一卷 Y0231/第1册
(宋)劉元瑞撰 董正觀跋
玉清元始玄黃九光真經一卷 Y0231/第1册
元始天尊說十一曜大消灾神咒經一卷 Y0231/第1册
太上洞真五星秘授經一卷 Y0231/第1册
玉清無上靈寶自然北斗本生真經一卷 Y0231/第1册
太乙元真保命長生經一卷 Y0231/第1册
太上元始天尊證果真經一卷 Y0231/第1册
太上元始天尊說續命妙經一卷 Y0231/第1册
洞真太極北帝紫微神咒妙經一卷 Y0231/第1册
太上說六甲直符保胎護命妙經一卷 Y0231/第1册
太上元始天尊說大雨龍王經一卷 Y0231/第1册
太上護國祈雨消魔經一卷 Y0231/第1册
太上洞淵北帝天蓬護命消灾神咒妙經一卷 Y0231/第1册
太上洞淵辭瘟神咒妙經一卷 Y0231/第1册
高上太霄琅書瓊文帝章經一卷 Y0231/第1册
紫微夫人撰

太上玉佩金璫太極金書上經一卷 Y0231/第1册
上方天尊說真元通仙道經一卷 Y0231/第1册
無上大乘要訣妙經一卷 Y0231/第2册
元始洞真決疑經一卷 Y0231/第2册
元始天尊說玄微妙經一卷 Y0231/第2册
太上洞真賢門經一卷 Y0231/第2册
元始天王歡樂經一卷 Y0231/第2册
玉清胎元内養真經一卷 Y0231/第2册
(元)臺真君傳
玉清無上内景真經一卷 Y0231/第2册
紫光天母傳
太上真一報父母恩重經一卷 Y0231/第2册
元始洞真慈善孝子報恩成道經一卷 Y0231/第2册
太上元始天尊說消殄蟲蝗經一卷 Y0231/第2册
太上安鎮九壘龍神妙經一卷 Y0231/第2册
太上洞真安竈經一卷 Y0231/第2册
太上元始天尊說金光明經一卷 Y0231/第2册
元始天尊說三官寶號經一卷 Y0231/第2册
元始天尊濟度血湖真經三卷 Y0231/第2册
元始天尊說酆都滅罪經一卷 Y0231/第2册
太上說九幽拔罪心印妙經一卷 Y0231/第2册
元始天尊說甘露昇天神咒妙經一卷 Y0231/第2册
元始說功德法食往生經一卷 Y0231/第2册
太上玉華洞章拔亡度世昇仙妙經一卷 Y0231/第2册
太上三洞神咒十二卷 Y0231/第2册

洞真部神符類

三洞神符記一卷 Y0231/第2册
雲篆度人妙經一卷 Y0231/第2册
洞真太微黄書天帝君石景金陽素經一卷 Y0231/第2册
許邁授

上清洞真元經五籍符一卷 Y0231/第2册
白羽黑翮靈飛玉符一卷 Y0231/第2册
上清瓊宫靈飛六甲左右上符一卷 Y0231/第2册
太上洞真經洞章符一卷 Y0231/第2册
太上秘法鎮宅靈符一卷 Y0231/第2册
(漢)劉進平授

洞真部玉訣類

元始無量度人上品妙經四註四卷附釋音 Y0231/第2册
(齊)嚴東 (唐)薛幽棲 李少微 成玄英註 (宋)陳景元集註
元始無量度人上品妙經註三卷 Y0231/第2册
青元真人註 清河老人頌 郭岡鳳參校并贊
元始無量度人上品妙經通義四卷 Y0231/第2册
(明)張宇初註 陳元亨跋
元始無量度人上品妙經内義五卷 Y0231/第2册
(宋)蕭應叟撰 (宋)林元鼎述附
丹旨纲目举要一卷 Y0231/第2册
太上洞玄靈寶無量度人上品妙經註三卷 Y0231/第2册
(元)陳致虚註
元始無量度人上品妙經註三卷 Y0231/第2册
(元)薛季昭註解
太上洞玄靈寶無量度人上品經法五卷 Y0231/第2册
(宋)陳椿榮集註
洞玄靈寶度人經大梵隱語疏義一卷 Y0231/第2册
洞玄靈寶無量度人經訣音義一卷 Y0231/第2册
(唐)張萬福編
真藏經要訣一卷 Y0231/第2册
太上靈寶諸天内音自然玉字四卷 Y0231/第2册
諸天靈書度命妙經義疏一卷 Y0231/第2册
九天應元雷聲普化天尊玉樞寶經集註二卷 Y0231/第2册
(宋)白玉蟾註 (元)張嗣成跋

太上昇玄說消灾護命妙經註一卷 Y0231/第2册
（元）王玠撰
太上昇玄消灾護命妙經註一卷 Y0231/第2册
（元）李道純註
元始天尊說太古經註一卷 Y0231/第2册
（金）長筌子註
玉清無極總真文昌大洞仙經註十卷 Y0231/第2册
（元）衛琪註并撰序圖
上清大洞真經玉訣音義一卷 Y0231/第2册
（宋）陳景元撰
太上大通經註一卷 Y0231/第2册
（元）李道純注
太上赤文洞古經註一卷 Y0231/第2册
（金）長筌子注
無上赤文洞古真經註一卷 Y0231/第2册
（元）李道純注
黃帝陰符經集註一卷 Y0231/第2册
伊尹 太公 范蠡 鬼谷子 諸葛亮 張良 （唐）李筌註
黃帝陰符經講義四卷 Y0231/第2册
（宋）夏元鼎撰
黃帝陰符經疏三卷 Y0231/第2册
（唐）李筌撰
黃帝陰符經集解三卷 Y0231/第2册
黃帝陰符經註一卷 Y0231/第2册
（唐）張果註
黃帝陰符經解一卷 Y0231/第2册
（宋）蹇昌辰撰
黃帝陰符經註解一卷 Y0231/第2册
（宋）任照一注
黃帝陰符經註一卷 Y0231/第2册
（宋）黃居真注
黃帝陰符經註一卷 Y0231/第2册
（宋）沈亞夫注
黃帝陰符經註一卷 Y0231/第2册
（宋）蔡望注
黃帝陰符經解義一卷 Y0231/第2册
（宋）蕭真宰解義
陰符經三皇玉訣三卷 Y0231/第2册
軒轅黃帝製
黃帝陰符經心法三卷 Y0231/第2册
（宋）胥元一注
黃帝陰符經註二卷 Y0231/第2册
（金）唐淳注
黃帝陰符經註一卷 Y0231/第2册
（金）劉處玄注
黃帝陰符經註一卷 Y0231/第2册
（金）侯善淵注
黃帝陰符經註解一卷 Y0231/第2册
（宋）鄒訴（朱熹）注
黃帝陰符經註一卷 Y0231/第2册
（元）俞琰注
黃帝陰符經夾頌解註三卷 Y0231/第2册
（元）王玠注
黃帝陰符經集解三卷 Y0231/第2册
（宋）袁淑貞注
太上求仙定錄尺素真訣玉文一卷 Y0231/第2册
西王母受
太霄琅書瓊文帝章訣一卷 Y0231/第2册
胎息經註三書同卷 Y0231/第2册
幻真先生撰
胎息秘要歌訣三書同卷 Y0231/第2册
太清真人絡命訣三書同卷 Y0231/第2册
太上洞房內經註一卷 Y0231/第2册
周真人撰
陰真君還丹歌註一卷 Y0231/第2册
陳摶撰
崔公入藥鏡註解一卷 Y0231/第2册
（元）王玠注
呂純陽真人沁園春丹詞註解一卷 Y0231/第2册
（元）俞琰注
青天歌註釋一卷 Y0231/第2册
（元）邱長春作歌（元）王玠註
學仙辨真訣一卷 Y0231/第2册
（宋）張無夢撰
太上洞真凝神修行經訣一卷 Y0231/第2册
上清握中訣三卷 Y0231/第2册
（梁）陶弘景撰
紫陽真人悟真篇註疏八卷 Y0231/第2册
（宋）張伯端撰（宋）翁葆光注（元）戴起宗疏
紫陽真人悟真篇三註五卷 Y0231/第2册
（宋）薛道光 陸墅（元）陳致虛注
紫陽真人悟真篇拾遺一卷 Y0231/第2册
（宋）翁葆光撰
紫陽真人悟真直指詳說三乘秘要一卷 Y0231/第2册
（宋）翁葆光撰
悟真篇註釋三卷 Y0231/第3册
（宋）翁葆光註
紫陽真人悟真篇講義七卷 Y0231/第3册
（宋）夏元鼎撰

洞真部靈圖類

靈寶無量度人上品妙經符圖三卷 Y0231/第3册
無量度人上品妙經旁通圖三卷 Y0231/第3册
（宋）劉元道編
修真太極混元圖一卷 Y0231/第3册
蕭道存撰
修真太極混元指玄圖一卷 Y0231/第3册
金液還丹印證圖一卷 Y0231/第3册
（宋）龍眉子撰
修真曆驗鈔圖一卷 Y0231/第3册
龍虎手鑑圖一卷 Y0231/第3册
上清太玄九陽圖一卷 Y0231/第3册
（金）太玄子撰
三才定位圖一卷 Y0231/第3册
（宋）張商英撰
上清洞真九宮紫房圖一卷 Y0231/第3册
周易圖三卷 Y0231/第3册
大易象數鈎沉圖三卷 Y0231/第3册
（宋）楊甲編撰
易數鈎隱圖三卷 Y0231/第3册
（宋）劉牧撰
易數鈎隱圖遺論九事一卷 Y0231/第3册
（宋）劉牧撰
易象圖說內外篇六卷 Y0231/第3册
（元）張理撰
玄元十子圖一卷 Y0231/第3册
（元）趙孟頫作

洞真部譜録類

上清三尊譜録一卷 Y0231/第3册
靈寶自然九天生神三寶大有金書一卷 Y0231/第3册
元始上真衆仙記一卷 Y0231/第3册
（晉）葛洪撰
洞玄靈寶真靈位業圖一卷 Y0231/第3册
（梁）陶弘景撰
元始高上玉檢大録一卷 Y0231/第3册
清河内傳一卷 Y0231/第3册
梓潼帝君化書四卷 Y0231/第3册
清微仙譜一卷 Y0231/第3册
（元）陳采編
三茅真君加封事典二卷 Y0231/第3册
（宋）張大淳編
金蓮正宗記五卷 Y0231/第3册
（元）樗櫟道人撰
金蓮正宗仙源像傳一卷 Y0231/第3册
（元）劉志玄撰
七真年譜一卷 Y0231/第3册
（元）李道謙撰
玄風慶會録一卷 Y0231/第3册
（元）移剌楚材撰

洞真部戒律類

太上洞真智慧上品大誡一卷 Y0231/第3册
三洞衆戒文二卷 Y0231/第3册
（唐）張萬福輯
太微靈書紫文仙忌真記上經一卷 Y0231/第3册
虚皇天尊初真十戒文一卷 Y0231/第3册
太上九真妙戒金籙度命拔罪妙經一卷 Y0231/第3册
太上十二上品飛天法輪勸戒妙經一卷 Y0231/第3册
太極真人說二十四門戒經一卷 Y0231/第3册
太真玉帝四極明科經五卷 Y0231/第3册
赤松子中誡經一卷 Y0231/第3册
太微仙君功過格一卷 Y0231/第3册
太清五十八願文一卷 Y0231/第3册
玄都律文一卷 Y0231/第3册

洞真部威儀類

太上靈寶朝天謝罪大懺十卷 Y0231/第3册
太上玉清謝罪登真寶懺一卷 Y0231/第3册
太上上清禳灾延壽寶懺一卷 Y0231/第3册
太上泰清拔罪昇天寶懺一卷 Y0231/第3册
玉皇宥罪錫福寶懺一卷 Y0231/第3册
（題）辛漢臣著
高上玉皇滿願寶懺十卷 Y0231/第3册
九天應元雷聲普化天尊玉樞寶懺一卷 Y0231/第3册
雷霆玉樞宥罪法懺一卷 Y0231/第3册
玉皇十七慈光燈儀一卷 Y0231/第3册
上清十一大曜燈儀一卷 Y0231/第3册
南斗延壽燈儀一卷 Y0231/第3册
北斗七元星燈儀一卷 Y0231/第3册
北斗本命延壽燈儀一卷 Y0231/第3册
三官燈儀一卷 Y0231/第3册
玄帝燈儀一卷 Y0231/第3册
九天三茅司命仙燈儀一卷 Y0231/第3册
萬靈燈儀一卷 Y0231/第3册
五顯靈觀大帝燈儀一卷 Y0231/第3册
土司燈儀一卷 Y0231/第3册
東厨司命燈儀一卷 Y0231/第3册
正一瘟司辟毒神燈儀一卷 Y0231/第3册
離明端相燈儀一卷 Y0231/第3册
黄籙九陽梵炁燈儀一卷 Y0231/第3册
黄籙九卮燈儀一卷 Y0231/第3册
黄籙破獄燈儀一卷 Y0231/第3册
黄籙五苦輪燈儀一卷 Y0231/第3册
地府十王拔度儀一卷 Y0231/第3册
上清天寶齋初夜儀一卷 Y0231/第3册
太乙火府奏告祈禳儀一卷 Y0231/第3册
清微玄樞奏告儀一卷 Y0231/第3册

洞真部方法類

靈寶無量度人上經大法七十二卷 Y0231/第3册
無上玄元三天玉堂大法三十卷 Y0231/第4册
路時中編
無上三天玉堂正宗高奔内景玉書二卷 Y0231/第4册
清微神烈秘法二卷 Y0231/第4册
清微元降大法二十五卷 Y0231/第4册
清微齋法二卷 Y0231/第4册
太上九要心印妙經一卷 Y0231/第4册
紫元君授道傳心法一卷 Y0231/第4册
（漢）陰長生注
真龍虎九仙經一卷 Y0231/第4册
（唐）羅公遠 葉静能注
龍虎中丹訣一卷 Y0231/第4册
九還七返龍虎金丹析理真訣一卷 Y0231/第4册
（宋）程昭述
諸真論還丹訣一卷 Y0231/第4册
真一金丹訣一卷 Y0231/第4册
（宋）王常集
還丹秘訣養赤子神方一卷 Y0231/第4册
（宋）許明道述
還丹衆仙論一卷 Y0231/第4册
（宋）楊在集
修丹妙用至理論一卷 Y0231/第4册
丹經極論一卷 Y0231/第4册
金晶論一卷 Y0231/第4册
還丹現妙通幽集一卷 Y0231/第4册
（宋）潜真子撰
元陽子金液集一卷 Y0231/第4册
（唐）元陽子撰
還丹金液歌註一卷 Y0231/第4册
玉清金笥青華秘文金寶煉丹訣三卷 Y0231/第4册
（宋）張伯端撰
碧虚子親傳直指一卷 Y0231/第4册
（宋）陳景元撰
紙舟先生全真直指一卷 Y0231/第4册
（金）月巖編（元）黄公望傳
陳虚白規中指南二卷 Y0231/第4册
（元）陳沖素撰
大丹直指二卷 Y0231/第4册
（金）丘處機撰
玉谿子丹經指要三卷 Y0231/第4册
（宋）李簡易撰
西山群仙會真記五卷 Y0231/第4册
（唐）施肩吾撰 李竦編
會真集五卷 Y0231/第4册
（金）王吉昌撰
啓真集三卷 Y0231/第4册
（金）劉志淵撰
中和集六卷 Y0231/第4册

(元)李道純撰 蔡志頤編
三天易髓一卷 Y0231/第4册
(元)李道純撰 王玠校正
全真集玄秘要一卷 Y0231/第4册
(元)李道純撰
谷神篇二卷 Y0231/第4册
(元)林轅撰
金闕帝君三元真一經一卷 Y0231/第4册
大洞金華玉經一卷 Y0231/第4册
太微靈書紫文琅玕華丹神真上經一卷 Y0231/第4册
玉景九天金霄威神王祝太元上經一卷 Y0231/第4册
洞真太微黄書九天八籙真文一卷 Y0231/第4册
太玄八景籙一卷 Y0231/第4册
陶真人内丹賦一卷 Y0231/第4册
陶植撰
擒玄賦一卷 Y0231/第4册
金丹賦一卷 Y0231/第4册
(金)馬莅昭注
谷神賦一卷 Y0231/第4册
(宋)趙大信注
修真十書雜著指玄篇八卷 Y0231/第4册
(宋)石泰輯
修真十書金丹大成集五卷 Y0231/第4册
(宋)石泰輯
修真十書鐘呂傳道集三卷 Y0231/第4册
(宋)石泰輯
修真十書雜著捷徑九卷 Y0231/第4册
(宋)石泰輯
修真十書悟真篇五卷 Y0231/第4册
(宋)石泰輯
修真十書玉隆集六卷 Y0231/第4册
(宋)石泰輯
修真十書上清集八卷 Y0231/第4册
(宋)石泰輯
修真十書武夷集八卷 Y0231/第4册
(宋)石泰輯
修真十書盤山語録一卷 Y0231/第4册
(宋)石泰輯
修真十書黄庭内景五藏六腑圖一卷 Y0231/第4册
(宋)石泰輯
修真十書黄庭内景玉經注三卷 Y0231/第4册
(宋)石泰輯
修真十書黄庭外景玉經注三卷 Y0231/第4册
(宋)石泰輯
真氣還元銘一卷 Y0231/第4册
(五代)強名子注解
還丹歌訣一卷 Y0231/第4册
(元)陽子編
金液還丹百問訣一卷 Y0231/第4册
李光玄撰
上乘修真三要一卷 Y0231/第4册
圓明老人述
乾元子三始論一卷 Y0231/第4册
至真子龍虎大丹詩一卷 Y0231/第4册
(宋)周文撰

洞真部衆術類

破迷正道歌一卷 Y0231/第4册
鍾離述
太玄郎然子進道詩一卷 Y0231/第4册
(宋)劉希岳撰
了明篇一卷 Y0231/第4册
(南宋)宋先生述 毛日新編
明道篇一卷 Y0231/第4册
(元)王惟一撰
真仙秘傳火候法一卷 Y0231/第4册
三極至命荃蹄一卷 Y0231/第4册
(宋)王慶升撰
析疑指迷論一卷 Y0231/第4册
(元)牛道淳撰
修真精義雜論一卷 Y0231/第4册
(唐)司馬承禎述
清微丹訣一卷 Y0231/第4册
先天金丹大道玄奥口訣一卷 Y0231/第4册
(宋)霍濟之撰
金液大丹口訣一卷 Y0231/第4册
(宋)鄭德安撰
抱一子三峯老人丹訣一卷 Y0231/第4册
(元)金月巖編 黄公望傳
黄帝宅經二卷 Y0231/第4册
黄帝龍首經二卷 Y0231/第4册
黄帝金匱玉衡經一卷 Y0231/第4册
黄帝授三子玄女經一卷 Y0231/第5册
太上登真三矯靈應經一卷 Y0231/第5册
通占大象曆星經二卷 Y0231/第5册
靈台經一卷 Y0231/第5册
秤星靈臺秘要經一卷 Y0231/第5册

洞真部記傳類

廣黄帝本行記一卷 Y0231/第5册
(唐)王瓘撰
穆天子傳六卷 Y0231/第5册
(晉)郭璞注
漢武帝内傳一卷 Y0231/第5册
(漢)班固撰
漢武帝外傳一卷 Y0231/第5册
(漢)班固撰
列仙傳二卷 Y0231/第5册
(漢)劉向撰
續仙傳三卷 Y0231/第5册
(南唐)沈汾撰
曆世真仙體道通鑑五十三卷 Y0231/第5册
(元)趙道一編撰
曆世真仙體道通鑑續篇五卷 Y0231/第5册
(元)趙道一編撰
曆世真仙體道通鑑後集六卷 Y0231/第5册
(元)趙道一編撰
疑仙傳一卷 Y0231/第5册
(宋)隱夫玉簡撰
華陽陶隱居内傳三卷 Y0231/第5册
(唐)賈嵩撰
桓真人升仙記一卷 Y0231/第5册
周氏冥通記四卷 Y0231/第5册
(梁)陶弘景撰
紫陽真人内傳一卷 Y0231/第5册
茅山志三十三卷 Y0231/第5册
(元)劉大彬編撰
純陽帝君神化妙通紀七卷 Y0231/第5册
(元)苗善時編
太華希夷志二卷 Y0231/第5册
(元)張輅撰
西嶽華山志一卷 Y0231/第5册
(金)王處一撰
凝陽董真人遇仙記一卷 Y0231/第5册
(金)祿昭聞撰

洞真部讃頌類

諸師真誥一卷 Y0231/第5册
金籙齋三洞讃詠儀三卷 Y0231/第5册
(宋)張商英編
黃帝陰符經頌一卷 Y0231/第5册
(唐)元陽子撰
太上昇玄消災護命妙經頌一卷 Y0231/第5册
(唐)司馬承禎撰
生天經頌解一卷 Y0231/第5册
(元)王吉昌撰
三洞讃頌靈章三卷 Y0231/第5册

洞真部表奏類

宋真宗御製玉京集六卷 Y0231/第5册
(宋)真宗撰
太上濟度章赦三卷 Y0231/第5册

洞玄部本文類

靈寶天尊說洪恩靈濟真君妙經一卷 Y0231/第5册
洞玄靈寶自然九天生神章經一卷 Y0231/第5册
洞玄靈寶本相運度劫期經一卷 Y0231/第5册
洞玄靈寶丹水飛術運度小劫妙經一卷 Y0231/第5册
洞玄靈寶諸天世界造化經一卷 Y0231/第5册
太上靈寶天地運度自然妙經一卷 Y0231/第5册
太上洞玄靈寶三元無量壽經一卷 Y0231/第5册
上清五常變通萬化鬱冥經一卷 Y0231/第5册
太上洞玄靈寶智慧定志通微經一卷 Y0231/第5册
太上洞玄靈寶觀妙經一卷 Y0231/第5册
太上洞玄靈寶天尊說大通經一卷 Y0231/第5册
太上洞玄靈寶護諸童子經一卷 Y0231/第5册
太上洞玄靈寶開演秘密藏經一卷 Y0231/第5册
太上洞玄靈寶真文要解上經一卷 Y0231/第5册
太上黃庭內景玉經一卷 Y0231/第5册
太上黃庭外景玉經一卷 Y0231/第5册
靈寶天尊說祿庫受生經一卷 Y0231/第5册
太上靈寶元陽妙經十卷 Y0231/第5册
太上洞淵神咒經二十卷 Y0231/第6册
太上洞玄靈寶業報因緣經十卷 Y0231/第6册
太上洞玄靈寶十號功德因緣妙經一卷 Y0231/第6册
太上洞玄靈寶宿命因緣明經一卷 Y0231/第6册
太上洞玄靈寶出家因緣經一卷 Y0231/第6册
太上洞玄靈寶轉神度命經一卷 Y0231/第6册
太上洞玄靈寶十師度人妙經一卷 Y0231/第6册
太上洞玄靈寶太玄普慈勸世經一卷 Y0231/第6册
太上洞玄靈寶四方大願經一卷 Y0231/第6册
太上洞玄靈寶智慧本願大戒上品經一卷 Y0231/第6册
太上洞玄靈寶誡業本行上品妙經一卷 Y0231/第6册
太上洞玄靈寶真一勸誡法輪妙經一卷 Y0231/第6册
太上玄一真人說妙通轉神入定經一卷 Y0231/第6册
太上玄一真人說勸誡法輪妙經一卷 Y0231/第6册
太上洞玄靈寶法燭經一卷 Y0231/第6册
太上靈寶智慧觀身經一卷 Y0231/第6册
太一救苦護身妙經一卷 Y0231/第6册
太上洞玄靈寶赤書玉訣妙經二卷 Y0231/第6册
上清金匱玉鏡修真指玄妙經一卷 Y0231/第6册
上清三元玉檢三元布經一卷 Y0231/第6册
太上洞玄靈寶福日妙經一卷 Y0231/第6册
洞玄靈寶上師說救護身命經一卷 Y0231/第6册
太上靈寶天尊說禳災度厄經一卷 Y0231/第6册
太上神咒延壽妙經一卷 Y0231/第6册
太上洞玄靈寶消禳火災經一卷 Y0231/第6册
太上洞玄靈寶天尊說養蠶營種經一卷 Y0231/第6册
太上洞玄靈寶八威召龍妙經二卷 Y0231/第6册
太上洞淵說請雨龍王經一卷 Y0231/第6册
太上召諸神龍安鎮墳墓經一卷 Y0231/第6册
太上靈寶補謝竈王經一卷 Y0231/第6册
太上說利益蠶王妙經一卷 Y0231/第6册
太上說牛癀妙經一卷 Y0231/第6册
上清洞玄明燈上經一卷 Y0231/第6册
太上洞玄寶元上經一卷 Y0231/第6册
太上洞玄靈寶滅度五鍊生尸妙經一卷 Y0231/第6册
太上洞玄靈寶三元玉京玄都大獻經一卷 Y0231/第6册
太上洞玄靈寶三塗五苦拔度生死妙經一卷 Y0231/第6册
太上道君說解冤拔度妙經一卷 Y0231/第6册
太上洞玄靈寶往生救苦妙經一卷 Y0231/第6册
太上洞玄靈寶救苦妙經一卷 Y0231/第6册
太上洞玄靈寶天尊說濟苦經一卷 Y0231/第6册
太上洞玄靈寶淨供妙經一卷 Y0231/第6册
太上靈寶洪福滅罪像名經一卷 Y0231/第6册
太上救苦天尊說消愆滅罪經一卷 Y0231/第6册
太上說酆都拔苦愈樂妙經一卷 Y0231/第6册
洞玄靈寶道要經一卷 Y0231/第6册
洞玄靈寶飛仙上品妙經一卷 Y0231/第6册
太上靈寶天尊說延壽妙經一卷 Y0231/第6册
太上七星神咒經一卷 Y0231/第6册

太上虛皇保生神咒經一卷 Y0231/第6册
太上洞玄三洞開天風雷禹步制魔神咒經一卷 Y0231/第6册
太上洞淵三昧帝心光明正印太極紫微伏魔制鬼拯救惡道集福吉祥神咒一卷 Y0231/第6册
太上三生解冤妙經一卷 Y0231/第6册

洞玄部神符類

太上靈寶五符序三卷 Y0231/第6册
太上洞玄靈寶素靈真符三卷 Y0231/第6册
太上洞玄靈寶五嶽神符一卷 Y0231/第6册
上清金母求仙上法一卷 Y0231/第6册
李玄真撰
上清豁落七元符一卷 Y0231/第6册
太上洞玄靈寶大綱鈔一卷 Y0231/第6册
(唐)閭丘方遠撰
上清太一金闕玉璽金真紀一卷 Y0231/第6册
太上洞玄靈寶投簡符文要訣一卷 Y0231/第6册

洞玄部玉訣類

洞玄靈寶自然九天生神章經解義四卷 Y0231/第6册
(宋)董思靖撰
洞玄靈寶自然九天生神玉章經解三卷 Y0231/第6册
(宋)王希巢撰
洞玄靈寶自然九天生神章經註三卷 Y0231/第6册
(元)華陽複注
太上洞玄靈寶天尊說救苦妙經註解一卷 Y0231/第6册
洞陽子注
洞玄靈寶定觀經註一卷 Y0231/第6册
黄庭内景玉經註一卷 Y0231/第6册
(金)劉處玄解
黄庭内景玉經註三卷 Y0231/第6册
(唐)梁丘子注
黄庭内外玉景經解殘卷 Y0231/第6册
(宋)蔣慎修注
上清丹元玉真帝皇飛仙上經一卷 Y0231/第6册
上清紫精君皇初紫靈道君洞房上經一卷 Y0231/第6册
上清紫微帝君南極元君玉經寶訣一卷 Y0231/第6册
靈寶大鍊内旨行持機要一卷 Y0231/第6册
上清胎精記解結行事訣一卷 Y0231/第6册
上清華晨三奔玉訣一卷 Y0231/第6册
太上洞玄靈寶衆簡文一卷 Y0231/第6册
(劉宋)陸修靜撰
太上洞玄靈寶五帝醮祭招真玉訣一卷 Y0231/第6册
上清佩符文青券訣一卷 Y0231/第6册
上清佩符文白券訣一卷 Y0231/第6册
上清佩符文絳券訣一卷 Y0231/第6册
上清佩符文黑券訣一卷 Y0231/第6册
上清佩符文黄券訣一卷 Y0231/第6册
太上大道三元品誡謝罪上法一卷 Y0231/第6册
固氣還神九轉瓊丹論一卷 Y0231/第6册
靈寶衆真丹訣一卷 Y0231/第6册
神仙服餌丹石行藥法一卷 Y0231/第6册
京里先生撰
登真隱訣三卷 Y0231/第6册
(梁)陶弘景編撰
上清三真旨要玉訣一卷 Y0231/第6册
上清洞真解過訣一卷 Y0231/第6册
上清明堂元真經訣一卷 Y0231/第6册
上清太極隱注玉經寶訣一卷 Y0231/第6册
上清太上八素真經一卷 Y0231/第6册
上清修行經訣一卷 Y0231/第6册
太上飛行九晨玉經一卷 Y0231/第6册

洞玄部靈圖類

上清長生寶鑑圖一卷 Y0231/第6册
上清八道秘言圖一卷 Y0231/第6册
上清含象劍鑑圖一卷 Y0231/第6册
(唐)司馬承禎撰
黄庭内景五臟六腑補瀉圖一卷 Y0231/第6册
(唐)胡愔撰
七域修真證品圖一卷 Y0231/第6册
玄覽人鳥山經圖一卷 Y0231/第6册
太上玉晨鬱儀結璘奔日月圖一卷 Y0231/第6册
上方大洞真元妙經品一卷 Y0231/第6册
上方大洞真元妙經圖一卷 Y0231/第6册
上方大洞真元陰陽陟降圖書後解一卷 Y0231/第6册
上方大洞真元圖書繼說終篇一卷 Y0231/第6册
許太史真君圖傳二卷 Y0231/第6册
洞玄靈寶五岳古本真形圖并序一卷 Y0231/第6册
(漢)東方朔撰

洞玄部譜錄類

上清後聖道君列紀一卷 Y0231/第6册
上清高上玉真衆道綜監寶諱一卷 Y0231/第6册
洞玄靈寶三師記一卷 Y0231/第6册
(唐)劉處靜撰
洞玄靈寶三師名諱形狀居觀方所文一卷 Y0231/第6册
(唐)張萬福撰
上清衆經諸真聖秘八卷 Y0231/第6册
許真君仙傳一卷 Y0231/第6册
西山許真君八十五化錄三卷 Y0231/第6册
(宋)施岑編
孝道吳許二真君傳一卷 Y0231/第6册
太極葛仙公傳一卷 Y0231/第6册
(明)譚嗣先撰
雲阜山申仙翁傳一卷 Y0231/第6册
南嶽九真人傳一卷 Y0231/第6册
(宋)廖侁撰
南嶽小錄一卷 Y0231/第6册
(唐)李沖昭撰

洞玄部戒律類

太上洞玄靈寶上品戒經一卷 Y0231/第6册
太上玄一真人說三途五苦勸戒經一卷 Y0231/第6册
太上洞玄靈寶三元品戒功德輕重經一卷 Y0231/第6册
太上洞玄靈寶智慧罪根上品大戒經二卷 Y0231/第6册
上清衆真教戒德行經一卷 Y0231/第6册

洞玄靈寶天尊說十戒經一卷 Y0231/第6册
太上洞玄靈寶宣戒首悔衆罪保護經三卷缺上卷 Y0231/第6册
上清骨髓靈文鬼律三卷 Y0231/第6册
(宋)饒洞天定正 鄭有功編
太上洞玄靈寶法身製論一卷 Y0231/第6册
要修科儀戒律鈔十六卷 Y0231/第6册
(唐)朱法滿撰
齋戒籙一卷 Y0231/第6册

洞玄部威儀類

靈寶領教濟度金書目錄一卷 Y0231/第7-8册
靈寶領教濟度金書(嗣教錄一卷)三百二十卷 Y0231/第8册
(宋)寧全真授 (元)林靈真編
大明玄教立成齋醮儀一卷 Y0231/第9册
(明)宋宗真等編
洪恩靈濟真君自然行道儀一卷 Y0231/第9册
洪恩靈濟真君集福宿啓儀一卷 Y0231/第9册
洪恩靈濟真君集福早朝儀一卷 Y0231/第9册
洪恩靈濟真君集福午朝儀一卷 Y0231/第9册
洪恩靈濟真君集福晚朝儀一卷 Y0231/第9册
洪恩靈濟真君祈謝設醮儀一卷 Y0231/第9册
洪恩靈濟真君禮願文一卷 Y0231/第9册
洪恩靈濟真君七政星燈儀一卷 Y0231/第9册
洪恩靈濟真君事實一卷 Y0231/第9册
羅天大醮早朝儀一卷 Y0231/第9册
羅天大醮午朝儀一卷 Y0231/第9册
羅天大醮晚朝儀一卷 Y0231/第9册
羅天大醮設醮儀一卷 Y0231/第9册
玄門報孝追薦儀一卷 Y0231/第9册
諸師聖誕沖舉酌獻儀一卷 Y0231/第9册
金籙齋啓壇儀一卷 Y0231/第9册
(唐末五代)杜光庭編
金籙大齋宿啓儀一卷 Y0231/第9册
金籙大齋啓盟儀一卷 Y0231/第9册
金籙大齋補職說戒儀一卷 Y0231/第9册
金籙早朝儀一卷 Y0231/第9册
金籙午朝儀一卷 Y0231/第9册
金籙晚朝儀一卷 Y0231/第9册
金籙齋懺方儀一卷 Y0231/第9册
金籙解壇儀一卷 Y0231/第9册
金籙設醮儀一卷 Y0231/第9册
金籙放生儀一卷 Y0231/第9册
金籙祈壽早朝儀一卷 Y0231/第9册
金籙祈壽午朝儀一卷 Y0231/第9册
金籙祈壽晚朝儀一卷 Y0231/第9册
金籙上壽三獻儀一卷 Y0231/第9册
金籙延壽設醮儀一卷 Y0231/第9册
玄靈轉經早朝儀一卷 Y0231/第9册
玄靈轉經午朝儀一卷 Y0231/第9册
玄靈轉經晚朝儀一卷 Y0231/第9册
金籙十迴度人早朝開收儀一卷 Y0231/第9册
金籙十迴度人午朝開收儀一卷 Y0231/第9册
金籙十迴度人晚朝開收儀一卷 Y0231/第9册
金籙十迴度人早朝轉經儀一卷 Y0231/第9册
金籙十迴度人午朝轉經儀一卷 Y0231/第9册
金籙十迴度人晚朝轉經儀一卷 Y0231/第9册
金籙齋投簡儀一卷 Y0231/第9册
(宋)張商英刪定
玉籙資度宿啓儀一卷 Y0231/第9册
玉籙資度解壇儀一卷 Y0231/第9册
玉籙資度設醮儀一卷 Y0231/第9册
玉籙資度早朝儀一卷 Y0231/第9册
玉籙資度午朝儀一卷 Y0231/第9册
玉籙資度晚朝儀一卷 Y0231/第9册
玉籙生神資度轉經儀一卷 Y0231/第9册
玉籙生神資度開收儀一卷 Y0231/第9册
玉籙大齋第一日早朝儀一卷 Y0231/第9册
玉籙大齋第一日午朝儀一卷 Y0231/第9册
玉籙大齋第一日晚朝儀一卷 Y0231/第9册
玉籙大齋第二日早朝儀一卷 Y0231/第9册
玉籙大齋第二日午朝儀一卷 Y0231/第9册
玉籙大齋第二日晚朝儀一卷 Y0231/第9册
玉籙大齋第三日早朝儀一卷 Y0231/第9册
玉籙大齋第三日午朝儀一卷 Y0231/第9册
玉籙濟幽判斛儀一卷 Y0231/第9册
太上黄籙齋儀五十八卷 Y0231/第9册
(唐末五代)杜光庭編
無上黄籙大齋立成儀五十七卷 Y0231/第9册
(宋)留用光傳授 (宋)蔣叔輿編撰
黄籙救苦十齋轉經儀一卷 Y0231/第9册
黄籙十念儀一卷 Y0231/第9册
黄籙五老悼亡儀一卷 Y0231/第9册
黄籙齋十天尊儀一卷 Y0231/第9册
黄籙齋十洲三島拔度儀一卷 Y0231/第9册
黄籙九幽醮無礙夜齋次第儀一卷 Y0231/第9册
洞玄靈寶河圖仰謝三十六天齋儀四卷 Y0231/第9册
洞玄靈寶河圖仰謝三十六天土皇齋儀四卷 Y0231/第9册
靈寶半景齋儀一卷 Y0231/第9册
神功妙濟真君禮文一卷 Y0231/第9册
太上靈寶玉匱明真齋懺方儀一卷 Y0231/第9册
(唐末五代)杜光庭集
太上靈寶玉匱明真大齋懺方儀一卷 Y0231/第9册
(唐末五代)杜光庭集
太上靈寶玉匱明真大齋言功儀一卷 Y0231/第9册
(唐末五代)杜光庭集
洞玄靈寶自然券儀一卷 Y0231/第9册
洞玄靈寶自然齋儀一卷 Y0231/第9册
洞玄靈寶齋說光燭戒罰燈祝願儀一卷 Y0231/第9册
(劉宋)陸修靜撰

太上洞淵三昧神咒齋懺謝儀一卷 Y0231/第 9 册
(唐末五代)杜光庭集
太上洞淵三昧神咒齋清旦行道儀一卷 Y0231/第 9 册
(唐末五代)杜光庭集
太上洞淵三昧神咒齋十方懺儀一卷 Y0231/第 9 册
(唐末五代)杜光庭集
太上洞玄靈寶授度儀一卷 Y0231/第 9 册
(劉宋)陸修靜撰
靈寶五經提綱一卷 Y0231/第 9 册
洞玄靈寶玉籙簡文三元威儀自然真經一卷 Y0231/第 9 册
洞玄靈寶鐘磬威儀經一卷 Y0231/第 9 册
太極真人敷靈寶齋戒威儀諸經要訣一卷 Y0231/第 9 册
(晉)鄭隱記
太上靈寶上元天官消愆滅罪懺一卷 Y0231/第 9 册
太上靈寶中元地官消愆滅罪懺一卷 Y0231/第 9 册
太上靈寶下元水官消愆滅罪懺一卷 Y0231/第 9 册
太上玄司滅罪紫府消灾法懺一卷 Y0231/第 9 册
太上消滅地獄昇升陟天堂懺一卷 Y0231/第 9 册
太一救苦天尊說拔度血湖寶懺一卷 Y0231/第 9 册
青玄救苦寶懺一卷 Y0231/第 9 册
慈尊昇度寶懺一卷 Y0231/第 9 册
東嶽大生寶懺一卷 Y0231/第 10 册
太上靈寶十方應號天尊懺存二卷 Y0231/第 10 册
太上慈悲道場消災九幽懺十卷 Y0231/第 10 册
(漢)葛洪纂集
太上慈悲九幽拔罪懺十卷 Y0231/第 10 册
太上慈悲道場滅罪水懺一卷 Y0231/第 10 册

洞玄部方法類

靈寶玉鑒四十三卷 Y0231/第 10 册
太極祭鍊內法三卷 Y0231/第 10 册
(宋)鄭思肖編撰
上清天樞院回車畢道正法三卷 Y0231/第 10 册
許真君受鍊形神上清畢道法要節文一卷 Y0231/第 10 册
天樞院都司須知令一卷 Y0231/第 10 册
天樞院都司須知格一卷 Y0231/第 10 册
靈寶淨明天樞都司法院須知法文一卷 Y0231/第 10 册
靈寶淨明院教師周真公起請晝十一卷 Y0231/第 10 册
高上月宮太陰元君孝道仙王靈寶淨明黃素書十卷 Y0231/第 10 册
傳飛卿解
黃素書十卷 Y0231/第 10 册
靈寶淨明黃素書釋義秘訣一卷 Y0231/第 10 册
太上靈寶淨明入道品一卷 Y0231/第 10 册
靈寶淨明院真師密誥一卷 Y0231/第 10 册
太上靈寶淨明法印式一卷 Y0231/第 10 册
靈寶淨明大法萬道玉章秘訣一卷 Y0231/第 10 册
太上靈寶淨明秘法篇二卷 Y0231/第 10 册
靈寶淨明新修九老神印伏魔秘法一卷 Y0231/第 10 册
(宋)何守澄撰
太上靈寶淨明飛仙度人經法五卷 Y0231/第 10 册
(題)許旌陽釋
太上靈寶淨明飛仙度人經法釋例一卷 Y0231/第 10 册
(題)許旌陽釋
太上淨明院補奏職局太玄都省須知一卷 Y0231/第 10 册
(題)許旌陽釋
上清天心正法七卷 Y0231/第 10 册
(宋)鄭有功刪定
上清北極天心正法一卷 Y0231/第 10 册
靈寶歸空訣一卷 Y0231/第 10 册
(元末明初)趙宜真編
上清大洞九宮朝修秘訣上道一卷 Y0231/第 10 册
周德大編撰

洞玄部衆術類

靈劍子一卷 Y0231/第 10 册
(題)許旌陽述
靈劍子引導子午記一卷 Y0231/第 10 册
(題)許旌陽述
養命機關金丹真訣一卷 Y0231/第 10 册
玄珠歌一卷 Y0231/第 10 册
(題)通玄先生撰
玄珠心鏡註一卷 Y0231/第 10 册
衡嶽真子撰
玄珠心鏡註一卷 Y0231/第 10 册
(唐)長孫滋傳 (唐)王損之章句
抱一函三秘訣一卷 Y0231/第 10 册
(元)金月巖編 (元)黃公望傳
存神固氣論一卷 Y0231/第 10 册
攝生纂錄一卷 Y0231/第 10 册
(唐)王仲丘撰
養生秘錄一卷 Y0231/第 10 册
玄圃山靈匧秘錄三卷 Y0231/第 10 册
靈寶六丁秘法一卷 Y0231/第 10 册
魁罡六鎖秘法一卷 Y0231/第 10 册
太上三辟五解秘法一卷 Y0231/第 10 册
上清六甲祈禱秘法一卷 Y0231/第 10 册
貫斗忠孝五雷武侯秘法一卷 Y0231/第 10 册
(元末)張輝齊撰
黃帝太乙八門入式訣三卷 Y0231/第 10 册
黃帝太一八門入式秘訣一卷 Y0231/第 10 册
黃帝太一八門逆順生死訣一卷 Y0231/第 10 册
太上赤文洞神三籙一卷 Y0231/第 10 册
(梁)陶弘景集 (唐)李淳風注

洞玄部記傳類

道教靈驗記十五卷 Y0231/第 10 册
(唐末五代)杜光庭撰
錄異記八卷 Y0231/第 10 册
(唐末五代)杜光庭撰
神仙感遇傳五卷 Y0231/第 10 册
(唐末五代)杜光庭撰
歷代崇道記一卷 Y0231/第 11 册
(唐末五代)杜光庭撰
體玄真人顯異錄一卷 Y0231/第 11 册
江淮異人錄一卷 Y0231/第 11 册
(宋)吳淑撰
仙苑編珠三卷 Y0231/第 11 册

（唐末五代）王松年撰
道迹靈仙記一卷 Y0231/第11册
十洲記一卷 Y0231/第11册
（題）東方朔集
洞天福地嶽瀆名山記一卷 Y0231/第11册
（唐末五代）王松年撰
梅仙觀記一卷 Y0231/第11册
（宋）楊智遠編
金華赤松山志一卷 Y0231/第11册
（宋）倪守約撰
仙都志二卷 Y0231/第11册
（元）陳性定編
天台山志一卷 Y0231/第11册
龍瑞觀禹穴陽明洞天圖經一卷 Y0231/第11册
（宋）李宗諤編
四明洞天丹山圖詠集一卷 Y0231/第11册
（元）曾堅等
南嶽總勝集一卷 Y0231/第11册
（宋）陳田夫撰

洞玄部贊頌類

玉音法事三卷 Y0231/第11册
上清諸真章頌一卷 Y0231/第11册
太上洞玄靈寶智慧禮讃一卷 Y0231/第11册
靈寶九幽長夜起尸度亡玄章一卷 Y0231/第11册
洞玄靈寶六甲玉女上宫歌章一卷 Y0231/第11册
上清侍帝晨桐柏真人真圖讃一卷有圖 Y0231/第11册
（唐）司馬承禎錄
衆仙贊頌靈章一卷 Y0231/第11册
洞玄靈寶昇玄步虚章序疏一卷 Y0231/第11册

洞玄部表奏類

赤松子章曆六卷 Y0231/第11册
廣成集十七卷 Y0231/第11册
（唐末五代）杜光庭撰
太上宣慈助化章五卷 Y0231/第11册
（唐末五代）杜光庭撰
靈寶淨明院行遣式一卷 Y0231/第11册
（周）真人撰
天樞院都司須知行遣式一卷 Y0231/第11册

洞神部本文類

太上老君說常清靜妙經一卷 Y0231/第11册
太上玄靈斗姆大聖元君本命延生心經一卷 Y0231/第11册
太上玄靈北斗本命延生真經一卷 Y0231/第11册
太上玄靈北斗本命長生妙經一卷 Y0231/第11册
太上說南斗六司延壽度人妙經一卷 Y0231/第11册
張道陵 王長 趙昇同記述
太上說東斗主筭護命妙經一卷 Y0231/第11册
太上說西斗記名護身妙經一卷 Y0231/第11册
太上說中斗大魁保命妙經一卷 Y0231/第11册
太上說中斗大魁掌筭伏魔神咒經一卷 Y0231/第11册
太上北斗二十八章經一卷 Y0231/第11册
太上老君說救生真經一卷 Y0231/第11册
太上老君說消災經一卷 Y0231/第11册
太上太清天童護命妙經一卷 Y0231/第11册
（梁）悟真受
太上泰清皇老帝君運雷天童隱梵仙經一卷 Y0231/第11册
太上老君說安宅八陽經一卷 Y0231/第11册
太上老君說補謝八陽經一卷 Y0231/第11册
太上說十鍊生神救護經一卷 Y0231/第11册
太上飛步五星經一卷 Y0231/第11册
太上飛步南斗太微玉經一卷 Y0231/第11册
皇天上清金闕帝君靈書紫文上經一卷 Y0231/第11册
洞神八帝妙精經一卷 Y0231/第11册
太上老君内觀經一卷 Y0231/第11册
太上老君說了心經一卷 Y0231/第11册
太上老君内丹經一卷 Y0231/第11册
太上内丹守一真定經一卷 Y0231/第11册

太上老君内日用妙經一卷 Y0231/第11册
太上老君外日用妙經一卷 Y0231/第11册
太上說輪轉五道宿命因緣經一卷 Y0231/第11册
太上化道度世仙經一卷 Y0231/第11册
太上老君說天妃救苦靈驗經一卷 Y0231/第11册
太上老君說長生益筭妙經一卷 Y0231/第11册
太上洞神三元妙本福壽真經一卷 Y0231/第11册
太上老君說解釋咒詛經一卷 Y0231/第11册
太上老君說五斗金章受生經一卷 Y0231/第11册
太上洞神天公消魔護國經三卷 Y0231/第11册
太上說紫微神兵護國消魔經一卷 Y0231/第11册
太上日月混元經一卷 Y0231/第11册
太上洞神五星諸宿日月混常經一卷 Y0231/第11册
太上妙始經一卷 Y0231/第11册
太上浩元經一卷 Y0231/第11册
混元八景真經五卷 Y0231/第11册
老子像名經十卷 Y0231/第11册
太上老君說報父母恩重經一卷 Y0231/第11册
玄天上帝說報父母恩重經一卷 Y0231/第11册
道德真經二卷 Y0231/第11册
道德經古本篇二卷 Y0231/第11册
（唐）傅奕校定
西昇經三卷 Y0231/第11册
（宋）趙佶注
無上妙道文始真經一卷 Y0231/第11册
（周）尹喜撰
沖虚至德真經三卷 Y0231/第11册
（戰國）列禦寇撰
洞靈真經一卷 Y0231/第11册
（周）耿桑楚撰
南華真經五卷 Y0231/第11册
（周）莊子撰

洞神部神符類

太上無極大道自然真一五稱符上經二

卷 Y0231/第 11 册
太上老君說益筭神符妙經一卷
Y0231/第 11 册
太上老君混元三部符三卷
Y0231/第 11 册
無上三元鎮宅靈籙一卷 Y0231/第 11 册
上清丹天三氣玉皇六辰飛綱司命大籙一卷 Y0231/第 11 册

洞神部玉訣類

大明太祖高皇帝御註道德真經二卷
Y0231/第 11 册
(明)朱元璋注
唐玄宗御註道德真經四卷
Y0231/第 11 册
(唐)李隆基注
唐玄宗御製道德真經疏十卷
Y0231/第 11 册
(唐)李隆基疏
唐玄宗御製道德真經疏四卷 外傳一卷
Y0231/第 11 册
(唐)李隆基製
宋徽宗御解道德真經四卷
Y0231/第 11 册
(宋)徽宗注
宋徽宗道德真經解義十卷
Y0231/第 11 册
(宋)章安撰
道德真經註四卷 Y0231/第 12 册
(漢)河上公注
道德真經解二卷 Y0231/第 12 册
(宋)陳象古注
道德真經四子古道集解十卷
Y0231/第 12 册
(金)冠才質集解
道德真經傳四卷 Y0231/第 12 册
(唐)陸希聲注
道德真經傳四卷 Y0231/第 12 册
(宋)呂惠卿注
道德真經三解四卷 Y0231/第 12 册
(元)鄧錡注
道德真經直解四卷 Y0231/第 12 册
(宋)邵若愚注 張知新校正
道德真經論四卷 Y0231/第 12 册
(宋)司馬光注
道德真經註四卷 Y0231/第 12 册
(魏)王弼注
道德真經註四卷 Y0231/第 12 册
(宋)蘇轍注
道德真經新註四卷 Y0231/第 12 册
(唐)李約注
道德真經指歸十三卷 Y0231/第 12 册
(漢)嚴遵撰 谷神子注
道德真經疏義十四卷 Y0231/第 12 册
(宋)江徵疏
道德真經集解四卷 Y0231/第 12 册
(金)趙秉文集注
道德真經全解二卷 Y0231/第 12 册
(題)時雍解
道德真經次解二卷 Y0231/第 12 册
(題)無名氏注
道德真經章句訓頌二卷 Y0231/第 12 册
(元)張嗣成撰
道德會元二卷 Y0231/第 12 册
(元)李道純撰
道德真經解三卷 Y0231/第 12 册
(題)無名氏解
道德真經口義四卷 Y0231/第 12 册
(宋)林希逸撰
道德玄經原旨四卷 Y0231/第 12 册
(元)杜道堅撰
玄經原旨發揮二卷 Y0231/第 12 册
(元)杜道堅撰
道德真經註四卷 Y0231/第 12 册
(元)吳澄注
道德真經集解四卷 Y0231/第 12 册
(宋)董思靖撰
道德真經集註十卷 Y0231/第 13 册
道德真經集註十八卷 釋文一卷 雜說二卷 Y0231/第 13 册
(宋)彭耜集注
道德真經註疏八卷 Y0231/第 13 册
(南齊)顧歡述
道德真經玄德纂疏二十卷
Y0231/第 13 册
(前蜀)強思齊編
道德真經集義十卷 Y0231/第 13 册
(明)危大有撰
道德經論兵要義述四卷 Y0231/第 13 册
(唐)王真撰
道德真經藏室纂微篇十卷
Y0231/第 13 册
(宋)陳景元編撰
道德真經藏室纂微開題科文疏五卷
Y0231/第 13 册
(宋)薛致玄撰
道德真經藏室纂微手鈔二卷
Y0231/第 13 册
(宋)薛致玄撰
道德真經衍義手鈔二十卷
Y0231/第 13 册
(元)王守正撰
道德真經取善集十二卷 Y0231/第 13 册
(宋)李霖編撰
道德真經疏義六卷 Y0231/第 13 册
(宋)趙志堅注
道德真經註二卷 Y0231/第 14 册
(元)林志堅注
道德真經義解四卷 Y0231/第 14 册
(宋)息齊道人解
道德真經註四卷 Y0231/第 14 册
(唐)李榮注
道德真經集義大旨三卷 Y0231/第 14 册
(元)劉惟永 丁易東編
道德真經集義十七卷 Y0231/第 14 册
(元)劉惟永 丁易東編
道德真經廣聖義五十卷 Y0231/第 14 册
(唐末五代)杜光庭撰
西昇經集註六卷 Y0231/第 14 册
(宋)陳景元集注
文始真經註九卷 Y0231/第 14 册
(元)牛道淳注
文始真經言外旨九卷 Y0231/第 14 册
(宋)陳顯微注
沖虛至德真經鬳齋口義八卷
Y0231/第 14 册
(宋)林希逸注
沖虛至德真經解二十卷 Y0231/第 14 册
(宋)江遹注
沖虛至德真經義解六卷 Y0231/第 14 册
(宋)趙佶注
沖虛至德真經四解二十卷
Y0231/第 15 册
(金)高守元編
沖虛至德真經釋文二卷 Y0231/第 15 册
(唐)殷敬順撰 (宋)陳景元補遺
南華真經義海纂微一百零六卷
Y0231/第 15 册
(宋)褚伯秀編撰
南華真經口義三十二卷 Y0231/第 15 册
(宋)林希逸注

南華真經章句音義十四卷
Y0231/第 15 册
（宋）陳景元撰
南華真經章句餘事一卷 Y0231/第 15 册
（宋）陳景元撰
南華真經餘事雜錄二卷 Y0231/第 15 册
（宋）陳景元撰
南華真經直音一卷 Y0231/第 16 册
（宋）賈善翔撰
南華邈一卷 Y0231/第 16 册
（宋）賈善翔撰
莊子內篇訂正二卷 Y0231/第 16 册
（元）吳澄編
南華真經循本三十卷 Y0231/第 16 册
（明）羅勉道撰
南華真經新傳二十卷 拾遺一卷
Y0231/第 16 册
（宋）王雱撰
南華真經注疏三十五卷 Y0231/第 16 册
（晉）郭象注（唐）成玄英疏
通玄真經十二卷 Y0231/第 16 册
（唐）徐靈府注
洞靈真經三卷 Y0231/第 16 册
（宋）何璨注
通玄真經讃義十二卷釋音一卷
Y0231/第 16 册
（元）杜道堅撰
通玄真經七卷 Y0231/第 16 册
（宋）朱弁注
太上玄靈北斗本命延生真經註五卷
Y0231/第 17 册
（元）徐道齡集注 徐道玄校正
太上玄靈北斗本命延生真經註解三卷
Y0231/第 17 册
玄元真人注
太上玄靈北斗本命延生經註三卷
Y0231/第 17 册
傅洞真撰
北斗七元金玄羽章一卷 Y0231/第 17 册
太上說玄天大聖真武本傳神咒妙經六卷 Y0231/第 17 册
（宋）陳伀注
太上老君說常清靜經註一卷
Y0231/第 17 册
（元）李道純注
太上老君說常清靜經註一卷
Y0231/第 17 册
（題）無名氏注
清靜經註一卷 Y0231/第 17 册
太上老君說常清靜經註一卷
Y0231/第 17 册
（宋）白玉蟾分章正誤（元）王元輝注
太上老君說常清靜經註一卷
Y0231/第 17 册
（金）侯善淵注
太上老君說常清靜經註一卷
Y0231/第 17 册
（唐末五代）杜光庭注
太上老君說常清靜妙經纂圖解註一卷
Y0231/第 17 册
（宋）王玠注
太上老君元道真經註解一卷
Y0231/第 17 册
合明子隱芝內秀注
太上太清天童護命妙經註一卷
Y0231/第 17 册
（金）侯善淵注
太上說五厨經註一卷 Y0231/第 17 册
（唐）尹愔注
洞神部靈圖類
太上三元飛星冠禁金書玉籙圖一卷
Y0231/第 17 册
上清金闕帝君五斗三一圖訣一卷
Y0231/第 17 册
四氣攝生圖序一卷 Y0231/第 17 册
太上通靈八史聖文真形圖一卷
Y0231/第 17 册
圖經衍義本草四十二卷 序例五卷
Y0231/第 17 册
（宋）寇宗奭編纂
洞神部譜錄類
混元聖紀九卷 Y0231/第 17 册
（宋）謝守灝編
太上老君年譜要略一卷 Y0231/第 17 册
（宋）謝守灝編
太上老君金書內序一卷 Y0231/第 17 册
太上混元老子史略三卷 Y0231/第 17 册
（宋）謝守灝編
猶龍傳六卷 Y0231/第 18 册
（宋）賈善翔撰
太上說玄天大聖真武本傳神咒妙經一卷 Y0231/第 18 册
真武靈應真君增上佑聖尊號册文一卷
Y0231/第 18 册
章獻明肅皇后受上清畢法籙記一卷
Y0231/第 18 册
（宋）朱自英撰
華蓋山浮丘王郭三真君事實六卷
Y0231/第 18 册
（宋）沈庭瑞述 黃彌堅等
唐葉真人傳一卷 Y0231/第 18 册
地祇上將溫太保傳一卷補遺一卷
Y0231/第 18 册
（宋）黃公瑾校正并輯補遺
玄品錄五卷 Y0231/第 18 册
（元）張雨編
大滌洞天圖記三卷 Y0231/第 18 册
（宋）鄧牧撰
墉城集仙錄六卷 Y0231/第 18 册
（唐末五代）杜光庭撰
洞神部戒律類
太上老君戒經一卷 Y0231/第 18 册
老君音誦誡經一卷 Y0231/第 18 册
（北魏）寇謙之撰
太上老君經律一卷 Y0231/第 18 册
太上經戒一卷 Y0231/第 18 册
三洞法服科戒文一卷 Y0231/第 18 册
（唐）張萬福編
正一法文天師教戒科經一卷
Y0231/第 18 册
女青鬼律六卷 Y0231/第 18 册
洞神部威儀類
正一威儀經一卷 Y0231/第 18 册
玄門十事威儀一卷 Y0231/第 18 册
太清道德顯化儀一卷 Y0231/第 18 册
正一解戹醮儀一卷 Y0231/第 18 册
正一出官章儀一卷 Y0231/第 18 册
太上三五正一盟威閱籙醮儀一卷
Y0231/第 18 册
（唐末五代）杜光庭删定
太上正一閱籙儀一卷 Y0231/第 18 册
（唐末五代）杜光庭編
正一指教齋儀一卷 Y0231/第 18 册
正一指教齋清旦行道儀一卷
Y0231/第 18 册
正一勑壇儀一卷 Y0231/第 18 册
正一醮宅儀一卷 Y0231/第 18 册
正一醮墓儀一卷 Y0231/第 18 册
太上洞神三皇儀一卷 Y0231/第 18 册
洞神三皇七十二君齋方懺儀一卷
Y0231/第 18 册

(唐末五代)杜光庭刪定
太上洞神太元河圖三元仰謝儀一卷 Y0231/第18册
(唐末五代)杜光庭修
太上金書玉牒寶章儀一卷 Y0231/第18册
天心正法修真道場設醮儀一卷 Y0231/第18册
太上三洞傳授道德經紫虛籙拜表儀一卷 Y0231/第18册
(唐末五代)杜光庭集
太上三五傍救醮五帝斷瘟儀一卷 Y0231/第18册
太上消災祈福醮儀一卷 Y0231/第18册
太上金櫃玉鏡延生洞玄燭幽懺一卷 Y0231/第18册
太上瑤台益算寶籍延年懺一卷 Y0231/第18册
太上正一朝天三八謝罪法懺一卷 Y0231/第18册
真武靈應護世消災滅罪寶懺一卷 Y0231/第18册
北極真武普慈度世法懺十卷 Y0231/第18册
北極真武佑聖真君禮文一卷 Y0231/第18册

洞神部方法類

太清中黃真經二卷 Y0231/第18册
(題)九仙君撰 中黃真人注
太清導引養生經一卷 Y0231/第18册
太上養生胎息氣經一卷 Y0231/第18册
太清調氣經一卷 Y0231/第18册
太上老君養生訣一卷 Y0231/第18册
(題)華佗授
太清服氣口訣 Y0231/第18册
莊周氣訣解一卷 Y0231/第18册
嵩山太無先生氣經二卷 Y0231/第18册
延陵先生集新舊服氣經一卷 Y0231/第18册
延陵先生編 桑榆子評
諸真聖胎神用訣一卷 Y0231/第18册
胎息抱一歌一卷 Y0231/第18册
幻真先生服內元氣訣一卷 Y0231/第18册
胎息精微論一卷 Y0231/第18册
服氣精義論一卷 Y0231/第18册
(唐)司馬承禎撰
氣法要妙至訣一卷 Y0231/第18册
上清司命茅真君修行指迷訣一卷 Y0231/第18册
神氣養形論一卷 Y0231/第18册
存神鍊氣銘一卷 Y0231/第18册
(唐)孫思邈撰
保生銘一卷 Y0231/第18册
(唐)孫思邈撰
神仙食氣金櫃妙錄一卷 Y0231/第18册
(唐)京黑先生撰
枕中記一卷 Y0231/第18册
(唐)孫思邈撰
養性延命錄二卷 Y0231/第18册
(梁)陶弘景撰
三洞樞機雜說一卷 Y0231/第18册
彭祖攝生養性論一卷 Y0231/第18册
孫真人攝養論一卷 Y0231/第18册
(唐)孫思邈撰
抱朴子養生論一卷 Y0231/第18册
(東晉)葛洪撰
養生詠玄集一卷 Y0231/第18册
神仙服食靈草菖蒲丸方一卷 Y0231/第18册
上清經真丹秘訣一卷 Y0231/第18册
太清經斷穀法一卷 Y0231/第18册
太上肘後玉經方一卷 Y0231/第18册
(唐)盧道元編
混俗頤生錄一卷 Y0231/第18册
(宋)劉詞編
保生要錄一卷 Y0231/第18册
(五代)蒲虔貫撰
修真秘籙一卷 Y0231/第18册
符度仁編
三元延壽參贊書五卷 Y0231/第18册
(元)李鵬飛編
太上保真養生論一卷 Y0231/第18册
養生辯疑訣一卷 Y0231/第18册
(唐)施肩吾撰
太上三皇寶齋神仙上錄經一卷 Y0231/第18册
太清金闕玉華仙書八極神章三皇內秘文三卷 Y0231/第18册
三皇內文遺秘一卷 Y0231/第18册
秘藏通玄變化六陰洞微遁甲真經三卷 Y0231/第18册
太上洞神玄妙白猿真經一卷 Y0231/第18册
太上通玄靈印經一卷 Y0231/第18册
上清鎮元榮靈經一卷 Y0231/第18册
太上六壬明鑑符陰經四卷 Y0231/第18册
顯道經一卷 Y0231/第18册
神仙鍊丹點鑄三元寶照法一卷 Y0231/第18册
(唐)歸耕子撰
元陽子五假論一卷 Y0231/第18册
太清元極至妙神珠玉顆經一卷 Y0231/第18册
天老神光經一卷 Y0231/第18册
(唐)李靖修
鬼谷子天髓靈文二卷 Y0231/第18册
先天玄妙玉女太上聖母資傳仙道一卷 Y0231/第18册
思印氣訣法一卷 Y0231/第18册
北斗治法武威經一卷 Y0231/第18册
(隋)遠清撰
太上除三尸九蟲保生經一卷 Y0231/第18册
太上老君玄妙枕中內德神咒經一卷 Y0231/第18册
黃庭遁甲緣身經一卷 Y0231/第18册
紫庭內秘訣修行法一卷 Y0231/第18册
太上老君大存思圖注訣一卷 Y0231/第18册
太上五星七元空常訣一卷 Y0231/第18册
上玄高真延壽赤書一卷 Y0231/第18册
(唐)裴鉉撰
紫團丹經一卷 Y0231/第18册
上清金書玉字上經一卷 Y0231/第18册
(題)青童君傳

洞神部衆術類

太清金液神丹經三卷 Y0231/第18册
太清石壁記三卷 Y0231/第18册
楚澤先生編
太清金液神氣經三卷 Y0231/第18册
太清經天師口訣一卷 Y0231/第18册
太清修丹秘訣一卷 Y0231/第18册
黃帝九鼎神丹經訣二十卷 Y0231/第18册
九轉靈砂大丹資聖玄經一卷 Y0231/第19册
張真人金石靈砂論一卷 Y0231/第19册
(唐)張九垓撰

魏伯陽七返丹砂訣一卷 Y0231/第19册
(題)黄童君注解
太極真人九轉還丹經要訣一卷 Y0231/第19册
大洞鍊真寶經修伏靈砂妙訣一卷 Y0231/第19册
(唐)陳少微撰
大洞鍊真寶經九還金丹妙訣一卷 Y0231/第19册
(唐)陳少微撰
太上衛靈神化九轉丹砂法一卷 Y0231/第19册
九轉靈砂大丹一卷 Y0231/第19册
九轉青金靈砂丹一卷 Y0231/第19册
陰陽九轉成紫金點化還丹訣一卷 Y0231/第19册
玉洞大神丹砂真要訣一卷 Y0231/第19册
(題)張果纂
靈砂大丹秘訣一卷 Y0231/第19册
碧玉朱砂寒林玉樹匱一卷 Y0231/第19册
陳大師撰
大丹記一卷 Y0231/第19册
(題)魏伯陽口訣
丹房須知一卷 Y0231/第19册
(宋)吳悮撰
石藥爾雅一卷 Y0231/第19册
(唐)梅彪撰
稚川真人校證術一卷 Y0231/第19册
純陽呂真人藥石制一卷 Y0231/第19册
金碧五相類參同契三卷 Y0231/第19册
(題)陰長生注
參同契五相類秘要一卷 Y0231/第19册
(宋)盧天驥撰
陰真君金石五相類一卷 Y0231/第19册
金石簿五九數訣一卷 Y0231/第19册
上清九真中經内訣一卷 Y0231/第19册
(題)赤松子述
龍虎還丹訣二卷 Y0231/第19册
(唐)金陵子撰
金華玉液大丹一卷 Y0231/第19册
感氣十六轉金丹一卷 Y0231/第19册
修鍊大丹要旨二卷 Y0231/第19册
通幽訣一卷 Y0231/第19册
金華沖碧丹經秘旨二卷 Y0231/第19册
(宋)白玉蟾授 (宋)彭耜受 孟煦撰

還丹肘後訣三卷 Y0231/第19册
蓬萊山西竈還丹歌二卷 Y0231/第19册
(唐)黄玄鐘撰
抱朴子神仙金汋經三卷 Y0231/第19册
諸家神品丹法六卷 Y0231/第19册
(宋)孟要甫述
鉛汞甲庚至寶集成五卷 Y0231/第19册
丹房奧論一卷 Y0231/第19册
(宋)程了一撰
指歸集一卷 Y0231/第19册
(宋)吳悮撰
還金述一卷 Y0231/第19册
(唐)陶植撰
大丹鉛汞論一卷 Y0231/第19册
(金)竹坡撰
真元妙道要略一卷 Y0231/第19册
(題)鄭思遠撰
丹方鑑源一卷 Y0231/第19册
(隋)獨孤滔撰
大還丹照鑑一卷 Y0231/第19册
太清玉碑子一卷 Y0231/第19册
懸解錄一卷 Y0231/第19册
軒轅黄帝水經藥法一卷 Y0231/第19册
三十六水法一卷 Y0231/第19册
巨勝歌一卷 Y0231/第19册
(宋)柳沖用撰
白雲仙人靈草歌一卷 Y0231/第19册
種芝草法一卷 Y0231/第19册
太白經一卷 Y0231/第19册
丹論訣旨心鑑一卷 Y0231/第19册
(宋)張玄德撰
大還心鑑一卷 Y0231/第19册
(宋)寒山子撰
大還丹金虎白龍論一卷 Y0231/第19册
(唐)還陽子撰
大丹篇一卷 Y0231/第19册
大丹問答一卷 Y0231/第19册
金木萬靈論一卷 Y0231/第19册
(題)葛稚川撰
紅鉛入黑鉛訣一卷 Y0231/第19册
通玄秘術一卷 Y0231/第19册
(唐)沈知言編
靈飛散傳信錄一卷 Y0231/第19册
(唐)齊推編
鴈門公妙解錄一卷 Y0231/第19册
玄霜掌上錄一卷 Y0231/第19册
太極真人雜丹藥方一卷 Y0231/第19册

玉清内書一卷 Y0231/第19册
神仙養生秘術一卷 Y0231/第19册
(後趙)劉景先撰 抱一子校正
太古土兑經一卷 Y0231/第19册
上洞心丹經訣三卷 Y0231/第19册
(題)嗣孫手述
許真君石函記二卷 Y0231/第19册
(晉)許遜撰
九轉流珠神仙九丹經二卷 Y0231/第19册
太清真人述
庚道集九卷 Y0231/第19册

洞神部記傳類

太上混元真錄一卷 Y0231/第19册
終南山祖庭仙真内傳三卷 Y0231/第19册
(元)李道謙撰
終南山説經臺歷代真仙碑記一卷 Y0231/第19册
(元)朱象先撰
古樓觀紫雲衍慶集三卷 Y0231/第19册
(元)朱象先輯
玄天上帝啓聖錄八卷 Y0231/第19册
大明玄天上帝瑞應圖錄一卷 Y0231/第19册
玄天上帝啓聖靈異錄一卷 Y0231/第19册
武當福地總真集三卷 Y0231/第19册
(元)劉道明編撰
武當紀勝集一卷 Y0231/第19册
(元)羅霆震撰
西川青羊宮碑銘一卷 Y0231/第19册
(唐)樂朋龟撰
宋東太一宮碑銘一篇 Y0231/第19册
(宋)扈蒙撰
宋西太乙宮碑銘一篇 Y0231/第19册
(宋)宋綬撰
宋中太乙宮碑銘一篇 Y0231/第19册
(宋)吕惠卿撰
龍角山記一卷 Y0231/第19册
李隆基 韓望等撰
天壇王屋山聖迹記一卷 Y0231/第19册
(唐末五代)杜光庭撰
唐王屋山中嚴臺正一先生廟碣一篇 Y0231/第19册
(唐)衛阶撰

唐嵩高山啓母廟碑銘一篇 Y0231/第 19 册
(唐)崔融撰
宮觀碑誌一卷 Y0231/第 19 册
甘水仙源錄十卷 Y0231/第 19 册
(元)李道謙辑
洞神部贊頌類
太上老君說常清靜經頌註一卷 Y0231/第 19 册
(金)劉通微注
北斗七元金玄羽章一卷 Y0231/第 19 册
太上洞神五星讃一卷 Y0231/第 19 册
(題)張平子撰
道德篇章玄頌二卷 Y0231/第 19 册
(宋)宋鸞撰
道德真經頌一卷 Y0231/第 19 册
(宋)蔣融庵撰
明真破妄章頌一卷 Y0231/第 19 册
(宋)張繼先撰
諸真歌頌一卷 Y0231/第 19 册
洞神部表奏類
大明御製玄教樂章一卷 Y0231/第 19 册
太上三洞表文三卷 Y0231/第 19 册
萃善錄二卷 Y0231/第 19 册
太玄部
玄精碧匣靈寶聚玄經三卷 Y0231/第 19 册
太上洞玄靈寶三一五氣真經一卷 Y0231/第 19 册
太上清靜元洞真文玉字妙經一卷 Y0231/第 19 册
太上洞玄靈寶天關經一卷 Y0231/第 19 册
上清無英真童合游內變玉經一卷 Y0231/第 19 册
上清神寶洞房真諱上經一卷 Y0231/第 19 册
洞玄靈寶九真人五復三歸行道觀門經一卷 Y0231/第 19 册
太上長文大洞靈寶幽玄上品妙經一卷 Y0231/第 20 册
太上長文大洞靈寶幽玄上品妙經發揮一卷 Y0231/第 20 册
上清秘道九精回曜合神上真玉經一卷 Y0231/第 20 册
上清太淵神龍瓊胎乘景上玄玉章一卷 Y0231/第 20 册
淵源道妙洞真繼篇三卷 Y0231/第 20 册
李景元注
古文龍虎經注疏三卷 Y0231/第 20 册
(宋)王道注疏
古文龍虎上經註一卷 Y0231/第 20 册
周易參同契三卷 Y0231/第 20 册
(題)長生 陰真人注
周易參同契註三卷 Y0231/第 20 册
(題)無名氏注
周易參同契三卷 Y0231/第 20 册
(宋)朱熹注 黃瑞節附錄
周易參同契分章通真義三卷 Y0231/第 20 册
(後蜀)彭曉注
周易參同契鼎器歌明鏡圖一卷 Y0231/第 20 册
(後蜀)彭曉撰
周易參同契註二卷 Y0231/第 20 册
周易參同契發揮九卷 Y0231/第 20 册
(元)俞琰撰
周易參同契釋疑三卷 Y0231/第 20 册
(元)俞琰撰
周易參同契解三卷 Y0231/第 20 册
(宋)陳顯微注
周易參同契三卷 Y0231/第 20 册
(宋)儲華谷注
易外別傳一卷 Y0231/第 20 册
(元)俞琰注
玄牝之門賦一卷 Y0231/第 20 册
易筮通變三卷 Y0231/第 20 册
(元)雷思齊撰
易圖通變五卷 Y0231/第 20 册
金鎖流珠引二十九卷 Y0231/第 20 册
(題)李淳風注
真誥二十卷 Y0231/第 20 册
(梁)陶弘景編撰
道樞四十二卷 Y0231/第 20 册
(宋)曾慥編
黃帝內經素問補註釋文五十卷 Y0231/第 21 册
(唐)王冰次注 (宋)林億等編
黃帝內經靈樞略一卷 Y0231/第 21 册
(宋)史崧校釋
黃帝素問靈樞集註二十三卷 Y0231/第 21 册
(宋)史崧校釋
黃帝內經素問遺篇五卷 Y0231/第 21 册
(宋)劉溫舒集
素問入式運氣論奧三卷 Y0231/第 21 册
(宋)劉溫舒撰
素問六氣玄珠密語十七卷 Y0231/第 21 册
(唐)王冰述
黃帝八十一難經纂圖句解七卷 Y0231/第 21 册
(宋)李駉注
鬼谷子三卷 Y0231/第 21 册
天隱子一卷 Y0231/第 21 册
(唐)司馬承禎述
素履子三卷 Y0231/第 21 册
(唐)張弧撰
無能子三卷 Y0231/第 21 册
玄真子外篇三卷 Y0231/第 21 册
(唐)張志和撰
劉子十卷 Y0231/第 21 册
(北齊)劉晝撰
山海經十八卷 Y0231/第 21 册
(晉)郭璞注
雲笈七籤一百二十二卷 Y0231/第 22 册
(宋)張君房編
至言總五卷 Y0231/第 22 册
范翛然撰
太玄寶典三卷 Y0231/第 22 册
道體論一卷 Y0231/第 22 册
(題)通玄先生述
坐忘論一卷 Y0231/第 22 册
(唐)司馬承禎撰
大道論一卷 Y0231/第 22 册
(宋)周固樸撰
心目論一卷 Y0231/第 22 册
(唐)吳筠撰
三論元旨一卷 Y0231/第 22 册
皇極經世十二卷 Y0231/第 23 册
(宋)邵雍撰
靈棊本章正經二卷 Y0231/第 23 册
(晉)顏幼明注 (劉宋)何承天續注
伊川擊壤集二十卷 Y0231/第 23 册
(宋)邵雍撰
太上修真玄章一卷 Y0231/第 23 册
化書六卷 Y0231/第 23 册
(南唐)譚峭撰
海客論一卷 Y0231/第 23 册
(宋)李光元撰
悟玄篇一卷 Y0231/第 23 册

余洞真撰
太虚心淵篇一卷 Y0231/第23册
玄珠錄二卷 Y0231/第23册
王玄覽口述 王輝撰 王大霄編錄
雲宫法語二卷 Y0231/第23册
(元)汪可孫撰
華陽陶隱居集二卷 Y0231/第23册
(明)傅霄編
宗玄先生文集三卷 Y0231/第23册
(唐)吴筠撰
宗玄先生玄綱論一卷 Y0231/第23册
(唐)吴筠撰
南統大君内丹九章經一卷 Y0231/第23册
純陽真人渾成集二卷 Y0231/第23册
(唐)吕嚴撰
晋真人語錄一卷 Y0231/第23册
晋真人撰
丹陽真人語錄一卷 Y0231/第23册
(金)馬鈺述 王頤中編
無爲清静長生真人至真語錄一卷 Y0231/第23册
(金)劉處玄撰
盤山棲雲王真人語錄一卷 Y0231/第23册
(元)王志謹撰 論志焕編
清庵瑩蟾子語錄六卷 Y0231/第23册
(元)李道純述 (元)柴元等撰
上清太玄集十卷 Y0231/第23册
(金)侯善淵撰
洞淵集九卷 Y0231/第23册
(宋)李思聰編撰
洞淵集五卷 Y0231/第23册
(金)長筌子撰
玄教大公案二卷 Y0231/第23册
(元)苗太素主編 (元)王志道編輯
玄宗直指萬法同歸七卷 Y0231/第23册
(元)牧常晁撰 (元)黄本仁編
上陽子金丹大要十六卷 Y0231/第24册
(元)陳致虚撰
上陽子金丹大要圖一卷 Y0231/第24册
(元)陳致虚撰
上陽子金丹大要列仙誌一卷 Y0231/第24册
(元)陳致虚撰
上陽子金丹大要仙派一卷 Y0231/第24册
(元)陳致虚撰
原陽子法語二卷 Y0231/第24册
(明)趙宜真撰
金丹直指一卷 Y0231/第24册
(宋)周無所住述
道禪集一卷 Y0231/第24册
(金)王志坦編
還真集三卷 Y0231/第24册
(元)王道淵撰
通玄篇一卷 Y0231/第24册
(元)王道淵撰
隨機應化錄二卷 Y0231/第24册
(明)何道全撰 (明)賈道玄編
修鍊須知一卷 Y0231/第24册
玉室經一卷 Y0231/第24册
李成之撰
真人高象先金丹歌一卷 Y0231/第24册
(宋)高象先撰
金丹真一論一卷 Y0231/第24册
百玄子撰
金丹四百字一卷 Y0231/第24册
(宋)張伯端撰 (宋)黄自如注
龍虎還丹訣頌一卷 Y0231/第24册
林太古撰 谷神子注
龍虎元旨一卷 Y0231/第24册
(唐)董師元傳 成君撰
龍虎還丹訣一卷 Y0231/第24册
李真人撰
内丹秘訣一卷 Y0231/第24册
漁莊邂逅錄一卷 Y0231/第24册
(宋)吴悞撰
金丹正宗一卷 Y0231/第24册
(宋)胡混成撰
還丹復命篇一卷 Y0231/第24册
(宋)薛道光撰
爰清子至命篇二卷 Y0231/第24册
(宋)王慶昇撰
翠虚篇一卷 Y0231/第24册
(宋)陳楠撰
還源篇一卷 Y0231/第24册
(宋)石泰撰
還丹至藥篇一卷 Y0231/第24册
賢芝贋圖撰
亶甲集一卷 Y0231/第24册
趙民述
金液大丹詩一卷 Y0231/第24册
證道歌一卷 Y0231/第24册
左掌子撰
陳先生内丹訣一卷 Y0231/第24册
(宋)陳朴撰
洞元子内丹訣二卷 Y0231/第24册
内丹還元訣一卷 Y0231/第24册
長生指要篇一卷 Y0231/第24册
(宋)林自然撰
鳴鶴餘音九卷 Y0231/第24册
(元)彭致中編

太平部

太平經一百十九卷 Y0231/第24册
太平經聖君秘旨一卷 Y0231/第24册
太上靈寶淨明洞神上品經二卷 Y0231/第24册
太上靈寶淨明玉真樞真經一卷 Y0231/第24册
太上靈寶淨明道元正印經一卷 Y0231/第24册
太上靈寶淨明天尊説禦瘟經一卷 Y0231/第24册
太上靈寶首入淨明四規明鑑經一卷 Y0231/第24册
太上靈寶淨明九仙水經一卷 Y0231/第24册
太上靈寶淨明中黄八柱經一卷 Y0231/第24册
淨明忠孝全書六卷 Y0231/第24册
(元)黄元吉等撰
太玄真一本際妙經一卷 Y0231/第24册
洞玄靈寶八仙王教誡經一卷 Y0231/第24册
太上洞玄靈寶國王行道經一卷 Y0231/第24册
太上洞玄靈寶本行宿緣經 Y0231/第24册
太上洞玄靈寶本行因緣經一卷 Y0231/第24册
洞玄靈寶太上真人問疾經一卷 Y0231/第24册
太極左仙公説神符經一卷 Y0231/第24册
太上洞玄靈寶飛行三界通微内思妙經一卷 Y0231/第24册
洞玄靈寶玄一真人説生死輪轉因緣經一卷 Y0231/第24册

太上洞玄靈寶中和經一卷 Y0231/第 24 册
太上洞玄靈寶三十二天尊應號經二卷 Y0231/第 24 册
太上靈寶昇玄內教經中和品述議疏一卷 Y0231/第 24 册
一切道經音義妙門由起一卷 Y0231/第 24 册
(唐)史崇等撰
洞玄靈寶玄門大義一卷 Y0231/第 24 册
洞玄靈寶三洞奉道科戒營始六卷 Y0231/第 24 册
題(金)明七真撰
洞玄靈寶道學科儀二卷 Y0231/第 24 册
(題)太極太虛真人撰
陸先生道門科略一卷 Y0231/第 24 册
(劉宋)陸修靜撰
道門經法相承次序三卷 Y0231/第 24 册
道教義樞十卷 Y0231/第 24 册
(唐)孟安排編
道典論四卷 Y0231/第 24 册
太上妙法本相經三卷 Y0231/第 24 册
上清道類事相四卷 Y0231/第 24 册
(唐)王懸河編
上方靈寶無極至道開化真經三卷 Y0231/第 24 册
上方鈞天演範真經一卷 Y0231/第 24 册
太平兩同書一卷 Y0231/第 24 册
(唐)羅隱撰
洞玄靈寶左玄論四卷 Y0231/第 24 册
上清太玄鑑誡論一卷 Y0231/第 24 册
(唐)侯善淵撰
無上秘要一百卷 Y0231/第 25 册
三洞珠囊十卷 Y0231/第 25 册
(唐)王懸河編
雲山集八卷 Y0231/第 25 册
(元)姬志真撰
仙樂集五卷 Y0231/第 25 册
(金)劉處玄撰
漸悟集二卷 Y0231/第 25 册
(金)馬鈺撰
草堂集一卷 Y0231/第 25 册
(金)王丹桂撰
自然集一卷 Y0231/第 25 册
玄虛子鳴真集一卷 Y0231/第 25 册
(元)玄虛子撰
葆光集三卷 Y0231/第 25 册
(金)尹志平撰
西雲集三卷 Y0231/第 25 册
(元)祁志誠撰
勿齋先生文集二卷 Y0231/第 25 册
(宋)楊至質撰
洞玄金玉集十卷 Y0231/第 25 册
(金)馬鈺撰
丹陽神光燦一卷 Y0231/第 25 册
(金)馬鈺撰
悟真集二卷 Y0231/第 25 册
(金)李通玄撰
雲光集四卷 Y0231/第 25 册
(金)王處一撰
重陽全真集十三卷 Y0231/第 25 册
(金)王嚞撰
重陽教化集三卷 Y0231/第 25 册
(金)王嚞撰
重陽分梨十化集二卷 Y0231/第 25 册
(金)王嚞撰
重陽真人金關玉鎖訣一卷 Y0231/第 25 册
(金)王嚞撰
馬自然金丹口訣一卷 Y0231/第 25 册
(宋)馬自然撰
重陽真人授丹陽二十四訣一卷 Y0231/第 25 册
(金)王嚞撰
磻溪集六卷 Y0231/第 25 册
(金)丘處機撰
水雲集三卷 Y0231/第 25 册
(金)譚處端撰
太古集四卷 Y0231/第 25 册
(金)郝大通撰
孫真人備急千金要方九十三卷 Y0231/第 26 册
(唐)孫思邈撰 林億等編
急救仙方十一卷 Y0231/第 26 册
仙傳外科秘方十一卷 Y0231/第 26 册
楊清叟述(明)趙宜真編撰
法海遺珠四十六卷 Y0231/第 26 册

太清部

太上感應篇三十篇 Y0231/第 27 册
(宋)李昌齡注(宋)鄭清之讚
太上老君中經二卷 Y0231/第 27 册
太上老君清靜心經一卷 Y0231/第 27 册
太上老君說上七滅罪集福妙經一卷 Y0231/第 27 册
鬻子二卷 Y0231/第 27 册
(周)鬻熊撰(唐)逢行珪注
公孫龍子三卷 Y0231/第 27 册
(周)公孫龍撰
尹文子二卷 Y0231/第 27 册
(周)尹文子撰
子華子十卷 Y0231/第 27 册
(題)程本注
鶡冠子三卷 Y0231/第 27 册
(宋)陸佃注
墨子十五卷 Y0231/第 27 册
(周)墨翟撰
韓非子二十卷 Y0231/第 27 册
(周)韓非撰(宋)謝希深注
黃石公素書一卷 Y0231/第 27 册
(宋)魏魯注
黃石公素書一卷 Y0231/第 27 册
(宋)張商英注
孫子註解十三卷 Y0231/第 27 册
(宋)吉天保集注
孫子遺說一卷 Y0231/第 27 册
(宋)鄭有賢撰
天原發微十八卷 Y0231/第 27 册
(宋)鮑雲龍撰 方回校正
集注太玄經六卷 Y0231/第 27 册
(宋)司馬光注
淮南鴻烈解二十八卷 Y0231/第 28－29 册
(漢)劉安撰(漢)許慎注
抱朴子內篇二十卷外篇五十卷 Y0231/第 29 册
(晉)葛洪撰
橐籥子一卷 Y0231/第 29 册
天機經一卷 Y0231/第 29 册
秘傳正陽真人靈寶畢法三卷 Y0231/第 29 册
(題)鍾離權著(唐)呂巖撰

正一部

大惠靜慈妙樂天尊說福德五聖經一卷 Y0231/第 29 册
太上正一咒鬼經一卷 Y0231/第 29 册
太上洞玄靈寶天尊說羅天大醮上品妙經一卷 Y0231/第 29 册
老君變化無極經一卷 Y0231/第 29 册
太上金華天尊救劫護命妙經一卷 Y0231/第 29 册

無上三天法師説廕育衆生妙經一卷 Y0231/第 29 册
太上説青玄雷令法行因地妙經一卷 Y0231/第 29 册
上清太霄隱書元真洞飛二景經一卷 Y0231/第 29 册
洞玄靈寶太上六齋十直聖紀經一卷 Y0231/第 29 册
道要靈祇神鬼品經一卷 Y0231/第 29 册
洞神八帝元變經一卷 Y0231/第 29 册
太上三天正法經一卷 Y0231/第 29 册
太上正一法文經一卷 Y0231/第 29 册
三天内解經二卷 Y0231/第 29 册
徐氏撰
上清明鑑要經一卷 Y0231/第 29 册
太上明鑑真經一卷 Y0231/第 29 册
太上三五正一盟威籙六卷 Y0231/第 29 册
太上正一盟威法籙一卷 Y0231/第 29 册
正一法文十籙召儀一卷附正一法文傳都功版儀一卷 Y0231/第 29 册
醮三洞真文五法正一盟威籙立成儀一卷 Y0231/第 29 册
（唐）張萬福撰
太上玄天真武無上將軍籙一卷 Y0231/第 29 册
高上大洞文昌司祿紫陽寶籙三卷 Y0231/第 29 册
太上北極伏魔神咒殺鬼籙一卷 Y0231/第 29 册
太上正一延生保命籙一卷 Y0231/第 29 册
太上正一解五音咒詛秘籙一卷 Y0231/第 29 册
正一法文經章官品四卷 Y0231/第 29 册
高上神霄玉清真王紫書大法十二卷 Y0231/第 29 册
道法會元二百六十八卷 Y0231/第 29 册
上清靈寶大法六十六卷 Y0231/第 30 册
（宋）甯全真授（宋）王契真纂
上清靈寶大法目録一卷 Y0231/第 31 册
（宋）金允中編
道門定制十卷 Y0231/第 31 册
（宋）呂元素編
道門科範大全集八十七卷 Y0231/第 31 册
仲勵編（唐末五代）杜光庭删定

道門通教必用集九卷 Y0231/第 32 册
（宋）呂太古 馬道逸編
太上助國救民總真秘要十卷 Y0231/第 32 册
（宋）元妙宗編
正一論一卷 Y0231/第 32 册
全真坐鉢捷法一卷 Y0231/第 32 册
太平御覽三卷 Y0231/第 32 册
道書援神契一卷 Y0231/第 32 册
道門十規一卷 Y0231/第 32 册
（明）張宇初撰
重陽立教十五論一卷 Y0231/第 32 册
（金）王嚞撰
丹陽真人直言一卷 Y0231/第 32 册
（金）馬鈺撰
全真清規一卷 Y0231/第 32 册
（元）陸道和編
太上出家傳度儀一卷 Y0231/第 32 册
（宋）賈善翔編
三洞修道儀一卷 Y0231/第 32 册
劉若拙撰（宋）孫夷中編撰
傳授經戒儀註訣一卷 Y0231/第 32 册
正一修真略儀一卷 Y0231/第 32 册
洞玄靈寶道士受三洞經誡法籙擇日曆一卷 Y0231/第 32 册
（唐）張萬福撰
傳授三洞經戒法籙畧説二卷 Y0231/第 32 册
（唐）張萬福撰
正一法文籙部儀一卷 Y0231/第 32 册
正一法文太上外籙儀一卷 Y0231/第 32 册
受籙次第法信儀一卷 Y0231/第 32 册
洞玄靈寶道上明鏡法一卷 Y0231/第 32 册
洞玄靈寶課中法一卷 Y0231/第 32 册
太清玉司左院秘要上法一卷 Y0231/第 32 册
霞映撰
三洞羣仙録二十卷 Y0231/第 32 册
（宋）陳葆光編撰
三十代天師虚靖真君語録七卷 Y0231/第 32 册
（宋）張繼先撰（明）張宇初編次
沖虚通妙侍宸王先生家話一卷 Y0231/第 32 册
（宋）王文卿撰

虚靖沖和先生徐神翁語録二卷 Y0231/第 32 册
（宋）徐守信述（宋）苗希頤輯
靜余玄問一卷 Y0231/第 32 册
（宋）白玉蟾述
道法心傳一卷 Y0231/第 32 册
（元）王惟一撰
雷法議玄篇一卷 Y0231/第 32 册
（宋）萬宗師等撰
老子微旨例畧一卷 Y0231/第 32 册
（魏）王弼撰
真仙直指語録二卷 Y0231/第 32 册
（元）玄全子編
群仙要語纂集二卷 Y0231/第 32 册
董漢醇編
諸真内丹集要三卷 Y0231/第 32 册
（元）玄全子編
龍虎精微論一卷 Y0231/第 32 册
三要達道篇一卷 Y0231/第 32 册
六根歸道篇一卷 Y0231/第 32 册
意林五卷 Y0231/第 32 册
（唐）馬總編
莊列十論一卷 Y0231/第 32 册
（宋）李元卓撰
離峯老人集二卷 Y0231/第 32 册
（金）于道顯撰
北帝七元紫庭延生秘訣一卷 Y0231/第 32 册
鄧天君玄靈八門報應内旨一卷 Y0231/第 32 册
九天上聖秘傳金符經一卷 Y0231/第 32 册
天皇太一神律避穢經一卷 Y0231/第 32 册
上清修身要事經一卷 Y0231/第 32 册
正一法文修真旨要一卷 Y0231/第 32 册
洞玄靈寶真人修行延年益筭法一卷 Y0231/第 32 册
三洞道士居山修鍊科一卷 Y0231/第 32 册
正一天師告趙昇口訣一卷 Y0231/第 32 册
玄和子十二月卦金訣一卷 Y0231/第 32 册
雨暘氣候親機一卷 Y0231/第 32 册
盤天經一卷 Y0231/第 32 册
道法宗旨圖衍義二卷 Y0231/第 32 册

（元）鄧桷纂圖（元）章希賢衍義
洞玄靈寶五感文一卷 Y0231/第 32 册
（劉宋）陸修靜撰
靈書肘後鈔一卷 Y0231/第 32 册
玄壇刊誤論一卷 Y0231/第 32 册
（五代）張若海編
五嶽真形序論一卷 Y0231/第 32 册
高上神霄宗師受經式一卷 Y0231/第 32 册
太上洞神行道授度儀一卷 Y0231/第 32 册
太上洞神三皇傳授儀一卷 Y0231/第 32 册
翊聖保德傳三卷 Y0231/第 32 册
（宋）王欽若編
廬山太平興國宫訪真君事實七卷 Y0231/第 32 册
正一法文經護國醮海品一卷 Y0231/第 32 册
元辰章醮立成曆二卷 Y0231/第 32 册
六十甲子本命元辰曆一卷 Y0231/第 32 册
太上洞神洞淵神咒治病口章一卷 Y0231/第 32 册
上清經秘訣一卷 Y0231/第 32 册
靈寶鍊度五仙安靈鎮神黄繒章法一卷 Y0231/第 32 册
上清太微帝君結帶真文法一卷 Y0231/第 32 册
上清黄書過度儀一卷 Y0231/第 32 册
太上洞玄靈寶二部傳授儀一卷 Y0231/第 32 册
洞玄靈寶八節齋宿啓儀一卷 Y0231/第 32 册
洞玄靈寶五老攝召北酆鬼魔赤書玉訣一卷 Y0231/第 32 册
四聖真君靈纖一卷 Y0231/第 32 册
玄真靈應寶纖三卷 Y0231/第 32 册
大慈好生九天衛房聖母元君靈應寶纖一卷 Y0231/第 32 册
洪恩靈濟真君靈纖一卷 Y0231/第 32 册
靈濟真君注生堂靈纖一卷 Y0231/第 32 册
扶天廣聖如意靈纖一卷 Y0231/第 32 册
護國嘉濟江東王靈纖一卷 Y0231/第 32 册
葛仙翁肘後備急方八卷 Y0231/第 33 册
（晉）葛洪撰（梁）陶弘景（明）楊用道增補
海瓊白真人語録四卷 Y0231/第 33 册
（宋）白玉蟾述（宋）彭耜編
海瓊問道集一卷 Y0231/第 33 册
（宋）白玉蟾述（宋）留元長輯
傳道集一卷 Y0231/第 33 册
（宋）洪知常編
清和真人北遊語録四卷 Y0231/第 33 册
（金）尹志平述（元）段志堅編
峴泉集十二卷 Y0231/第 33 册
（明）張宇初編
太上大道玉清經十卷 Y0231/第 33 册
洞真高上玉帝大洞雌一玉檢五老寶經一卷 Y0231/第 33 册
洞真太上素靈洞元大有妙經一卷 Y0231/第 33 册
洞真上清青要紫書金根衆經二卷 Y0231/第 33 册
洞真上清太微帝君步天綱飛地紀金簡玉字上經一卷 Y0231/第 33 册
洞真上清開天三圖七星移度經二卷 Y0231/第 33 册
洞真太上三元流珠經一卷 Y0231/第 33 册
洞真西王母寶神起居經一卷 Y0231/第 33 册
洞真太上八素真經精耀三景妙訣一卷 Y0231/第 33 册
洞真太上八素真經修習功業妙訣一卷 Y0231/第 33 册
洞真太上八素真經三五行化妙訣一卷 Y0231/第 33 册
洞真太上八素真經服食日月皇華訣一卷 Y0231/第 33 册
洞真太上八素真經登壇符札妙訣一卷 Y0231/第 33 册
洞真太上八素真經占候入定妙訣一卷 Y0231/第 33 册
洞真上清龍飛九道尺素隱訣一卷 Y0231/第 33 册
洞真太上三九素語玉精真訣一卷 Y0231/第 33 册
洞真太上八道命籍經二卷 Y0231/第 33 册
太上九赤班符五帝内真經一卷 Y0231/第 33 册
洞真太一帝君太丹隱書洞真玄經一卷 Y0231/第 33 册
洞真上清神州七轉七變舞天經一卷 Y0231/第 33 册
洞真太上紫度炎光神元變經一卷 Y0231/第 33 册
洞真太上神虎玉經一卷 Y0231/第 33 册
洞真太上神虎隱文一卷 Y0231/第 33 册
洞真太上紫文丹章一卷 Y0231/第 33 册
洞真太上金篇虎符真文經一卷 Y0231/第 33 册
洞真太微金虎真符一卷 Y0231/第 33 册
洞真太上太素玉籙二籙同卷 Y0231/第 33 册
洞真八景玉籙晨圖隱符二籙同卷 Y0231/第 33 册
洞真太上倉元上籙二籙同卷 Y0231/第 33 册
洞真太上上皇民籍定真玉籙二籙同卷 Y0231/第 33 册
洞真太上紫書籙傳一卷 Y0231/第 33 册
洞真黄書一卷 Y0231/第 33 册
洞真太上說智慧消魔真經五卷 Y0231/第 33 册
洞真太上道君元丹上經一卷 Y0231/第 33 册
（題）青童大君傳
洞真金房度命緑字廻年三華寶曜内真上經一卷 Y0231/第 33 册
洞真太上上清内經一卷 Y0231/第 33 册
洞真太上丹景道精經一卷 Y0231/第 33 册
洞真太上青牙始生經一卷 Y0231/第 33 册
洞真三天秘諱一卷 Y0231/第 33 册
洞真太上飛行羽經九真昇玄上記一卷 Y0231/第 33 册
洞真太上太霄琅書十卷 Y0231/第 33 册
（題）紫薇夫人撰
上清道寶經五卷 Y0231/第 33 册
上清太上開天龍蹻經五卷 Y0231/第 33 册
上清太上玉清隱書滅魔神慧高玄真經一卷 Y0231/第 33 册
上清高上滅魔玉帝神慧玉清隱書一卷 Y0231/第 33 册
上清高上滅魔洞景金元玉清隱書經一

卷 Y0231/第33册
上清高上金元羽章玉清隱書經一卷 Y0231/第33册
上清丹景道精隱地八術經二卷 Y0231/第33册
上清九天上帝祝百神内名經一卷 Y0231/第33册
上清七聖玄紀經一卷 Y0231/第33册
上清太上廻元隱道除罪籍經一卷 Y0231/第33册
上清太極真人撰所施行秘要經一卷 Y0231/第33册
上清洞真智慧觀身大戒文一卷 Y0231/第33册
上清元始譜錄太真玉訣一卷 Y0231/第33册
上清天關三圖經一卷 Y0231/第33册
上清河圖内玄經二卷 Y0231/第33册
上清廻神飛霄登空招五星上經法一卷 Y0231/第33册
上清化形隱景登昇保仙上經一卷 Y0231/第33册
上清廻耀飛光日月精華上經一卷 Y0231/第33册
上清素靈上篇一卷 Y0231/第33册
上清高上玉晨鳳台曲素上經一卷 Y0231/第34册
上清外國放品青童内文二卷 Y0231/第34册
上清諸真人授經時頌金真章一卷 Y0231/第34册
上清無上金元玉清金真飛元步虚玉章一卷 Y0231/第34册
上清太上帝君九真中經二卷 Y0231/第34册
(題)赤松子傳
上清太上九真中經降生神丹訣一卷 Y0231/第34册
上清金真玉光八景飛經一卷 Y0231/第34册
(題)上相青童君撰
上清玉帝七聖玄紀廻天九霄經一卷 Y0231/第34册
上清太上黄素四十四方經一卷 Y0231/第34册
上清明堂玄丹真經一卷 Y0231/第34册
上清九丹上化胎精中記經一卷 Y0231/第34册
上清太上元始耀光金虎鳳文章寶經一卷 Y0231/第34册
上清太一帝君太丹隱書解胞十二結節圖訣一卷 Y0231/第34册
上清洞真天寶大洞三景寶籙二卷 Y0231/第34册
上清大洞三景玉清隱書訣籙一卷 Y0231/第34册
上清元始高上玉皇九天譜錄一卷 Y0231/第34册
上清金真玉皇上元九天真靈三百六十五部元錄一卷 Y0231/第34册
上清高聖太上大道君洞真金元八景玉錄一卷 Y0231/第34册
上清洞天三五金剛玄籙儀經一卷 Y0231/第34册
上清瓊宫靈飛六甲籙一卷 Y0231/第34册
上清曲素訣辭籙一卷 Y0231/第34册
(題)太極左真人授
上清元始變化寶真上經九靈太妙龜山玄籙三卷 Y0231/第34册
上清高上龜山玄籙一卷 Y0231/第34册
上清大洞九微八道大經妙籙一卷 Y0231/第34册
上清河圖寶籙一卷 Y0231/第34册
四斗二十八宿天帝大籙一卷 Y0231/第34册
大乘妙林經三卷 Y0231/第34册
太上元寶金庭無爲妙經一卷 Y0231/第34册
上清黄庭養神經一卷 Y0231/第34册
太上黄庭中景經一卷 Y0231/第34册
李千乘注
上清黄庭五藏六府真人玉軸經一卷 Y0231/第34册
上清僊府瓊林經一卷 Y0231/第34册
上清太極真人神仙經一卷 Y0231/第34册
長生胎元神用經一卷 Y0231/第34册
太上靈寶芝草品一卷 Y0231/第34册
洞玄靈寶二十四生圖經一卷 Y0231/第34册
玉清上宫科太真文一卷 Y0231/第34册
太上九真明科一卷 Y0231/第34册
洞玄靈寶千真科一卷 Y0231/第34册
洞玄靈寶長夜之府九幽玉匱明真科一卷 Y0231/第34册
太上元始天尊說北帝伏魔神咒妙經十卷 Y0231/第34册
歐陽雯受
北帝伏魔經法建壇儀一卷 Y0231/第34册
(明)盧中苓編
伏魔經壇謝恩醮儀一卷 Y0231/第34册
北帝說豁落七元經一卷 Y0231/第34册
七元真訣語驅疫秘經一卷 Y0231/第34册
七元璇璣召魔品經一卷 Y0231/第34册
元始說度酆都經一卷 Y0231/第34册
七元召魔伏六天神咒經一卷 Y0231/第34册
七元真人說神真靈符經一卷 Y0231/第34册
太上紫微中天七元真經一卷 Y0231/第34册
枕中經一卷 Y0231/第34册
太清元道真經三卷 Y0231/第34册
太上老君太素經一卷 Y0231/第34册
靈信經旨一卷 Y0231/第34册
唐太古妙應孫真人福壽論一卷 Y0231/第34册
(唐)孫思邈撰
太清道林攝生論一卷 Y0231/第34册
侍帝晨東華上佐司命楊君傳記一卷 Y0231/第34册
長春真人西游記二卷 Y0231/第34册
(元)李志常撰
道藏闕經目錄二卷 Y0231/第34册
道藏經目錄四卷 Y0231/第34册
(明)白雲霽撰
續道藏經目錄一卷 Y0231/第34册

續道藏

太上中道妙法蓮華經十卷 Y0231/第34册
太上元始天尊說寶月光皇后聖母天尊孔雀明王經一卷 Y0231/第34册
聖母孔雀明王尊經啓白儀一卷 Y0231/第34册
太上元始天尊說孔雀經白文一卷 Y0231/第34册

上清元始變化寶真上經一卷 Y0231/第34册
太上老君開天經一卷 Y0231/第34册
太上老君虚無自然本起經一卷 Y0231/第34册
洞玄靈寶玉京山步虚經一卷 Y0231/第34册
皇經集註十卷 Y0231/第34册
(明)周玄貞集注
元始天尊說東嶽化身濟生度死拔罪解冤保命玄範誥咒妙經一卷 Y0231/第34册
太上三元賜福赦罪解厄消災延生保命妙經一卷 Y0231/第34册
太上元陽上帝無始天尊說火車王靈官真經一卷 Y0231/第34册
元始天尊說藥王救八十一難真經一卷 Y0231/第34册
碧霞元君護國庇民普濟保生妙經一卷 Y0231/第34册
太上大聖朗靈上將護國妙經一卷 Y0231/第34册
太上老君說城隍感應消災集福妙經一卷 Y0231/第34册
太上洞玄靈寶五顯觀華光本行妙經一卷 Y0231/第34册
太上說通真高皇解冤經一卷 Y0231/第34册
中天紫微星真寶懺一卷 Y0231/第34册
紫皇鍊度玄科一卷 Y0231/第34册
先天斗母奏告玄科一卷 Y0231/第34册
朝真發願懺悔文一卷 Y0231/第34册
靈寶施食法一卷 Y0231/第34册
太微帝君二十四神回元經一卷 Y0231/第34册
北斗九皇隱諱經一卷 Y0231/第34册
高上玉宸憂樂經一卷 Y0231/第34册
太上洞真徊玄章一卷 Y0231/第34册
上清金章十二篇一卷 Y0231/第34册
太上洞玄濟衆經一卷 Y0231/第34册
大洞經吉祥神咒法一卷 Y0231/第34册
皇明恩命世錄九卷 Y0231/第34册
漢天師世家四卷 Y0231/第34册
(明)張正常撰
弘道錄五十六卷 Y0231/第35册
邵經邦編撰
消搖墟經二卷 Y0231/第35册
(明)洪自誠撰
長生詮經一卷 Y0231/第35册
無生訣經一卷 Y0231/第35册
徐仙瀚藻十四卷 Y0231/第35册
(元)陳夢根輯
贊靈集四卷 Y0231/第35册
徐仙真錄五卷 Y0231/第35册
(明)方文照編
儒門崇理折衷堪輿完孝錄八卷 Y0231/第35册
岱史十八卷 Y0231/第35册
(明)查志隆撰
易因六卷 Y0231/第36册
(明)李贄撰
古易考原三卷 Y0231/第36册
(明)梅鷟撰
易林十卷 Y0231/第36册
(漢)焦贛撰
搜神記六卷 Y0231/第36册
太初元氣接要保生之論一卷 Y0231/第36册
化書六卷 Y0231/第36册
(南唐)譚峭撰
水鏡錄一卷 Y0231/第36册
諸神聖誕日玉匣記等集目錄一卷 Y0231/第36册
許真君玉匣記一卷 Y0231/第36册
法師選擇記一卷 Y0231/第36册
玄天上帝百字聖號一卷 Y0231/第36册
天皇至道太清玉册八卷 Y0231/第36册
(明)朱權編撰
呂祖志六卷 Y0231/第36册
紫微斗數三卷 Y0231/第36册
老子翼六卷 Y0231/第36册
(明)焦竑編撰
莊子翼八卷 Y0231/第36册
(明)焦竑編撰
道藏目錄集注四卷 Y0231/第36册

Y0232
禪宗寶典
林明珂 申國美主編
一九九五年北京全國圖書館文獻縮微複製中心影印本
一册
中國佛學經典叢刊
菩提達摩大師略辨大乘八道四行觀一卷 Y0232/全1册
(梁)菩提達摩說
達摩大師血脉論一卷 Y0232/全1册
(梁)菩提達摩說
達摩大師血性論一卷 Y0232/全1册
(梁)菩提達摩說
達摩大師破相論一卷 Y0232/全1册
(梁)菩提達摩說
信心銘一卷 Y0232/全1册
(隋)僧璨撰
最上乘論一卷 Y0232/全1册
(隋)弘忍述
六祖壇經一卷 Y0232/全1册
(唐)慧能述 宗寶編
修禪要訣一卷 Y0232/全1册
(唐)明恂隨錄 慧智傳譯
頓悟入道要門論一卷 Y0232/全1册
(唐)慧海撰
宗門十規論 Y0232/全1册
(唐)文益撰
諸方門人參問語錄一卷 Y0232/全1册
(唐)慧海撰
臨濟宗旨一卷 Y0232/全1册
(宋)慧洪撰
曹洞五位顯訣三卷 Y0232/全1册
(宋)慧霞編 廣輝釋
溈山警策注一卷 Y0232/全1册
(宋)守遂注
證道歌注一卷 Y0232/全1册
(宋)彥琪注
人天眼目六卷 Y0232/全1册
(宋)智昭集
碧岩集十卷 Y0232/全1册
佛果擊節錄二卷 Y0232/全1册
正法眼藏六卷 Y0232/全1册
(宋)宗杲集幷著語
萬善同歸集六卷 Y0232/全1册
(宋)延壽撰
唯心訣一卷 Y0232/全1册
(宋)延壽撰
定慧相資歌一卷 Y0232/全1册
(宋)延壽撰
警世一卷 Y0232/全1册
(宋)延壽撰
觀心玄樞一卷 Y0232/全1册
(宋)延壽撰
注心賦四卷 Y0232/全1册
(宋)延壽撰

Y0233
禪宗寶典續編
林明珂 申國美主編
一九九五年北京全國圖書館文獻縮微複製中心影印本
一册
禪源諸詮集都序 Y0233/全1册
(唐)宗密撰
大慧普覺禪師宗門武庫 Y0233/全1册
(宋)宗杲撰 道謙編
初學記 Y0233/全1册
(宋)清覺述 道安注
人天寶鑒 Y0233/全1册
(宋)曇秀編
禪林寶訓 Y0233/全1册
(宋)淨善重輯
感山雲臥紀談 Y0233/全1册
(宋)曉瑩著
正行集 Y0233/全1册
(宋)清覺述
禪宗決疑集 Y0233/全1册
(元)智徹述
禪関策進 Y0233/全1册
(明)袾宏輯
緇門警訊 Y0233/全1册
(明)如卺編
祖庭鉗鎚錄 Y0233/全1册
(明)費隱通容輯著
禪門鍛煉說 Y0233/全1册
(明)晦山戒顯著
博山和尚參禪警語 Y0233/全1册
(明)成正集
禪海十珍 Y0233/全1册
(明)為霖道霈集
慨古錄 Y0233/全1册
(明)湛然圓澄著
宗範 Y0233/全1册
(清)錢伊庵編輯
萬法歸心錄 Y0233/全1册
(清)超溟著
五家宗旨纂要 Y0233/全1册
(清)三山燈來撰
禪宗指掌 Y0233/全1册
(清)行海述
禪門寶藏錄 Y0233/全1册
(高麗)天頙撰
修心訣 Y0233/全1册
(高麗)普照述
禪家龜鑒 Y0233/全1册
(朝)退隱述
真心直說 Y0233/全1册
佚名著
少室六門集 Y0233/全1册
佚名著

Y0234(1－12)
淨土宗大典
林明珂 申國美主編
一九九四年北京全國圖書館文獻縮微複製中心影印本
十二册
中國佛教經典叢刊
般舟三昧經三卷 Y0234/第1册
(後漢)支婁迦讖譯
佛說阿閦佛國經二卷 Y0234/第1册
(後漢)支婁迦讖譯
佛說大阿彌陀經二卷 Y0234/第1册
(吳)支謙譯
佛說阿彌陀經二卷 Y0234/第1册
(吳)支謙譯
佛說無量壽經二卷 Y0234/第1册
(曹魏)康僧鎧譯
佛說無量壽佛名號利益大事因緣經一卷 Y0234/第1册
(曹魏)康僧鎧譯
佛說無量清淨平等覺經三卷 Y0234/第1册
(西晉)竺法護譯
佛說阿彌陀經一卷 Y0234/第1册
(姚秦)鳩摩羅什譯
十住毗婆沙論十五卷 Y0234/第1册
(姚秦)鳩摩羅什譯
妙法蓮華經七卷 Y0234/第1册
(姚秦)鳩摩羅什譯
悲華經十卷 Y0234/第1册
(北涼)曇無讖譯
觀無量壽佛經一卷 Y0234/第2册
(劉宋)畺良耶舍譯
拔除一切業障得生淨土神咒一卷 Y0234/第2册
(劉宋)求那跋陀羅譯
佛說菩薩念佛三昧經六卷 Y0234/第2册
(劉宋)功德直譯
佛說觀彌勒上生經一卷 Y0234/第2册
(北涼)沮渠京聲譯
阿彌陀佛神咒經一卷 Y0234/第2册
(北魏)菩提流支譯
無量壽經優婆提舍願生偈一卷 Y0234/第2册
婆藪盤頭菩薩造 (北魏)菩提流支譯
大方等大集菩薩念佛三昧經十卷 Y0234/第2册
(隋)達磨笈多譯
稱贊淨土佛攝受經一卷 Y0234/第2册
(唐)玄奘譯
藥師琉璃光如來本願功德經一卷 Y0234/第2册
(唐)玄奘譯
首楞嚴經十卷 Y0234/第2册
(唐)般剌蜜帝譯
九品往生阿彌陀三摩地集陀羅尼經一卷 Y0234/第2册
(唐)不空譯
大乘無量壽莊嚴經三卷 Y0234/第2册
(宋)法賢譯
後出阿彌陀佛偈經一卷 Y0234/第2册
失譯
觀世音菩薩往生淨土本緣經一卷 Y0234/第2册
失譯
念佛超脫輪回捷徑經一卷 Y0234/第2册
失譯
十往生阿彌陀佛國經一卷 Y0234/第2册
失譯
阿彌陀佛說咒一卷 Y0234/第2册
失譯
阿彌陀鼓音王經一卷 Y0234/第2册
失譯
無量壽經義疏二卷 Y0234/第2册
(隋)慧遠撰
無量壽經義疏二卷 Y0234/第2册
(隋)吉藏撰
無量壽經記卷上 Y0234/第2册
(唐)玄一集
無量壽經連義述文贊三卷 Y0234/第2册
(唐)璟興撰
無量壽經宗要一卷 Y0234/第2册
新羅 元曉撰

無量壽經起信論三卷 Y0234/第2册
(清)彭紹升撰
摩訶阿彌陀經衷論一卷 Y0234/第2册
(清)王耕心衷論
佛說大乘無量壽莊嚴清淨平等覺經解 Y0234/第3册
黃念祖注
無量壽經義記 Y0234/第3册
佚名
敦煌本
佛說觀無量壽佛經義疏二卷 Y0234/第3册
(隋)慧遠撰
觀無量壽經義疏一卷 Y0234/第3册
(隋)吉藏撰
佛說觀無量壽佛經疏四卷 Y0234/第3册
(唐)善導集記
釋觀無量壽佛經記一卷 Y0234/第3册
(唐)法聰撰
觀無量壽佛經疏妙宗鈔科一卷 Y0234/第4册
(宋)知禮排定
佛說觀無量壽佛經疏妙宗鈔會本五卷 Y0234/第4册
(隋)智者說 (宋)知禮述
觀無量壽佛經融心解一卷 Y0234/第4册
(宋)知禮述
觀無量壽佛經義疏三卷 Y0234/第4册
(宋)元照述
觀無量壽佛經扶新論一卷 Y0234/第4册
(宋)戒度述
觀無量壽佛經義疏正觀記三卷 Y0234/第4册
(宋)戒度述
佛說觀無量壽佛經圖頌一卷 Y0234/第4册
(明)傳燈撰
佛說觀無量壽佛經直指疏一卷 Y0234/第4册
(清)續法集
觀無量壽佛經約論一卷 Y0234/第4册
(清)彭際清述
佛說觀無量壽佛經略論一卷 Y0234/第4册
(清)楊文會撰
觀無量壽義記一卷 Y0234/第4册
佚名
敦煌本
阿彌陀經義記一卷 Y0234/第4册
(隋)智者說 灌頂記
阿彌陀經義述一卷 Y0234/第4册
(唐)慧淨述
阿彌陀經通贊疏三卷 Y0234/第4册
(唐)窺基撰
阿彌陀經疏一卷 Y0234/第4册
(唐)窺基撰
阿彌陀經義疏一卷 Y0234/第4册
(宋)智圓述
佛說阿彌陀經義疏聞持記三卷 Y0234/第4册
(宋)元照說 戒度述
阿彌陀經句解一卷 Y0234/第4册
(元)性澄句解
佛說阿彌陀經略解一卷 Y0234/第4册
(明)大佑述
阿彌陀經略解圓中鈔二卷 Y0234/第4册
(明)大佑述 傳燈鈔
阿彌陀經疏鈔四卷 Y0234/第4册
(明)蓮池述
阿彌陀經疏鈔事義一卷 Y0234/第4册
(明)蓮池述
阿彌陀經疏鈔問辯一卷 Y0234/第4册
(明)蓮池述
阿彌陀經淨土已決 Y0234/第4册
(明)大慧釋
阿彌陀經疏鈔演義四卷 Y0234/第5册
(明)古德法師演義 慈航智願定本
阿彌陀經略注一卷 Y0234/第5册
(清)續法注
阿彌陀經約論一卷 Y0234/第5册
(清)彭際清述
佛說阿彌陀經直解正行一卷 Y0234/第5册
(清)了根注
阿彌陀經注一卷 Y0234/第5册
(清)鄭澄德 鄭澄源注
佛說阿彌陀經疏鈔擷一卷 Y0234/第5册
徐槐廷擷
佛說阿彌陀經要解便蒙鈔三卷 Y0234/第5册
(清)達默鈔 達林參訂
阿彌陀經摘要易解一卷 Y0234/第5册
(清)真嵩槃譚述
阿彌陀經白話解釋二卷 Y0234/第5册
黃智海演述
佛說阿彌陀經注釋會要一卷 Y0234/第5册
徐珂輯
佛說阿彌陀經講義一卷 Y0234/第5册
圓瑛講
佛說阿彌陀佛經講經文一卷 Y0234/第6册
唐敦煌本
往生論注一卷 Y0234/第6册
(清)楊文會注
楞嚴經勢至念佛圓通章疏鈔二卷 Y0234/第6册
(清)續法集
大乘義章三卷 Y0234/第6册
(東晉)慧遠 鳩摩羅什著
略論安樂淨土義一卷 Y0234/第6册
(魏)曇鸞著
贊阿彌陀佛偈一卷 Y0234/第6册
(魏)曇鸞撰
五方便念佛門一卷 Y0234/第6册
(隋)智凱撰
安樂集二卷 Y0234/第6册
(唐)道綽撰
淨土論三卷 Y0234/第6册
(唐)迦才撰
釋淨土群疑論七卷 Y0234/第6册
(唐)懷感著
西方要訣釋疑通規一卷 Y0234/第6册
(唐)窺基著
西方要訣科注二卷 Y0234/第6册
失名
游心安樂道一卷 Y0234/第6册
(新羅)元曉著
觀念阿彌陀佛相海三昧功德法門一卷 Y0234/第6册
(唐)善導集記
轉經行道願往生淨土法事贊二卷 Y0234/第6册
(唐)善導集記
往生禮贊偈一卷 Y0234/第6册

（唐）善導集記
依觀經等明般舟三昧行道往生贊一卷 Y0234/第6册
（唐）善導撰
念佛鏡二卷 Y0234/第6册
（唐）道鏡 善道共撰
淨土五會念佛略法事儀贊 Y0234/第6册
（唐）法照撰
淨土五會念佛誦經觀行儀 Y0234/第6册
（唐）法照撰
略諸經論念佛法門往生淨土集 Y0234/第6册
（唐）慧日集
集諸經禮懺儀二卷 Y0234/第6册
（唐）智升撰
三時繫念佛事一卷 Y0234/第6册
（宋）延壽撰
三時繫念儀範一卷 Y0234/第6册
（宋）延壽撰
無量壽佛贊注一卷 Y0234/第6册
（宋）戒度注
慈雲懺主禮懺法一卷 Y0234/第6册
（宋）遵式撰
注十疑論一卷 Y0234/第6册
（宋）澄彧注
樂邦文類五卷 Y0234/第6册
（宋）宗曉編
樂邦遺稿二卷 Y0234/第6册
（宋）宗曉編
龍舒增廣淨土文十二卷 Y0234/第6册
（宋）王日休撰
淨土境觀要門一卷 Y0234/第7册
（元）懷則著
廬山蓮宗寶鑒十卷 Y0234/第7册
（元）普度輯
三時繫念一卷 Y0234/第7册
（元）明本述
禮念彌陀道場懺法十卷 Y0234/第7册
（元）王子成集
淨土指歸集二卷 Y0234/第7册
（明）大佑集
淨土簡要錄一卷 Y0234/第7册
（明）道衍編
歸元直指集二卷 Y0234/第7册
（明）宗本集
淨土決一卷 Y0234/第7册
（明）李贄集
答淨土四十八問一卷 Y0234/第7册
（明）蓮池大師著
淨土疑辯一卷 Y0234/第7册
（明）蓮池大師著
西方愿文解一卷 Y0234/第7册
（明）蓮池大師著
淨土文鈔二卷 Y0234/第7册
（明）蓮池大師著
雲栖淨土匯語一卷 Y0234/第7册
（明）蓮池大師著
淨土資糧全集六卷 Y0234/第7册
（明）莊廣還輯 蓮池大師校正
蓮邦詩選一卷 Y0234/第7册
（明）廣貴輯
西方直指三卷 Y0234/第7册
（明）一念編
淨土十要 Y0234/第8册
（明）智旭選定 成時評點
西方合論標注十卷 Y0234/第9册
（明）明教標注
淨慈要語二卷 Y0234/第9册
（明）元賢述
淨土生無生論注一卷 Y0234/第9册
（明）正寂
淨土生無生論親聞記二卷 Y0234/第9册
（明）受教記
益大師淨土集二卷 Y0234/第9册
（明）智旭著
憨山大師淨宗法要一卷 Y0234/第9册
（明）德清著
淨土生無生論會集一卷 Y0234/第9册
（清）達默集
淨土旨訣一卷 Y0234/第9册
（清）道霈撰
淨土晨鐘十卷 Y0234/第9册
（清）周克復纂
西歸直指四卷 Y0234/第9册
（清）周夢顔彙集
淨土警語一卷 Y0234/第9册
（清）行策著
起一心精進念佛七期規式一卷 Y0234/第9册
（清）行策定
淨土全書二卷 Y0234/第9册
（清）俞行敏重輯
角虎集二卷 Y0234/第9册
（清）濟能纂輯
東海若解一卷 Y0234/第9册
（清）實賢解
西方發愿文注一卷 Y0234/第9册
（清）實賢注
省庵法師語錄二卷 Y0234/第9册
（清）彭紹升重訂
二林唱和詩一卷 Y0234/第9册
（清）彭紹升集
觀河集節鈔一卷 Y0234/第9册
（清）彭紹升著
測海集節鈔一卷 Y0234/第9册
（清）彭紹升著
華嚴念佛三昧一卷 Y0234/第10册
（清）彭際清述
重訂西方公據二卷 Y0234/第10册
（清）彭際清集
念佛警策二卷 Y0234/第10册
（清）彭際清纂
唯心集一卷 Y0234/第10册
（清）乘戒著
影響集一卷 Y0234/第10册
（清）量海著
淨業知津一卷 Y0234/第10册
（清）悟開述
念佛百問一卷 Y0234/第10册
（清）悟開著
徑中徑又徑四卷 Y0234/第10册
（清）張師誠著
勸修淨土切要一卷 Y0234/第10册
（清）真益願纂述
淨土隨學二卷 Y0234/第10册
（清）古昆編
淨土必求一卷 Y0234/第10册
（清）古昆集
西歸行儀一卷 Y0234/第10册
（清）古昆輯
蓮宗必讀一卷 Y0234/第10册
（清）古昆輯
淨土神珠一卷 Y0234/第10册
（清）古昆輯
淨土承恩集一卷 Y0234/第10册
（清）芳慧編
念佛三昧一卷 Y0234/第10册
（清）瑞聖嘆注

西方確指一卷　Y0234/第10册
(清)覺明菩薩說
清珠集一卷　Y0234/第10册
(清)治兆輯
蓮邦消息一卷　Y0234/第10册
(清)妙空子述
淨土極信錄一卷　Y0234/第10册
(清)戒香述
念佛起緣彌陀觀偈直解一卷　Y0234/第10册
(清)張淵述
淨土證心集三卷　Y0234/第10册
(清)卍蓮述
淨業痛策一卷　Y0234/第10册
(清)照瑩集
時時好念佛一卷　Y0234/第10册
(清)果能述
啓信雜說一卷　Y0234/第10册
(清)周思仁輯
淨土紺珠一卷　Y0234/第10册
(清)德真輯
修西輯要一卷　Y0234/第10册
(清)信庵輯
蓮修起信錄六卷　Y0234/第10册
(清)程兆鸞錄
持名四十八法一卷　Y0234/第10册
(清)鄭韋庵述
瓊樓吟稿節鈔一卷　Y0234/第11册
(清)陶善著
蓮修必讀一卷　Y0234/第11册
(清)觀如集
普能嵩禪師淨土詩一卷　Y0234/第11册
(清)德潤錄
淨土救生船詩一卷　Y0234/第11册
(清)寬量集
報恩論四卷　Y0234/第11册
(清)沈善登述
闡教編一卷　Y0234/第11册
(清)楊文會撰
印光文鈔四卷　Y0234/第11册
印光著
印光文鈔四卷　Y0234/第12册
印光著
淨土征經錄一卷　Y0234/第12册
佚名編
蓮宗輯要五卷　Y0234/第12册
佚名編
阿彌陀佛懺法一卷　Y0234/第12册
海源 德曉同校
往生西方淨土瑞應刪傳一卷　Y0234/第12册
(唐)道詵撰
淨土往生傳三卷　Y0234/第12册
(宋)戒珠撰
諸上善人咏一卷　Y0234/第12册
(明)道衍撰
往生集三卷　Y0234/第12册
(明)蓮池大師輯
淨土聖賢錄九卷　Y0234/第12册
(清)彭希涑述
淨土聖賢錄續編四卷　Y0234/第12册
(清)胡珽述
西舫匯征二卷　Y0234/第12册
(清)瑞璋輯
修西聞見錄七卷　Y0234/第12册
(清)咫觀輯
東林十八高賢傳一卷　Y0234/第12册
佚名編
新修往生傳下卷　Y0234/第12册
佚名編
往生錄四卷　Y0234/第12册
佚名編

Y0235

佛學三書
河北禪學研究所編輯
一九九五年北京全國圖書館文獻縮微複製中心影印本
一册
中國佛學文獻叢刊
翻譯名義集二十卷　Y0235/全1册
(南宋)釋法雲編
據《龍藏》影印
教乘法數三十卷　Y0235/全1册
(明)釋源瀞編
據《龍藏》影印
釋氏要覽三卷　Y0235/全1册
(北宋)釋道誠輯
據《大正藏》影印

Y0236

禪林象器箋
(日)無著道忠編著 河北禪學研究所編輯
一九九六年北京中華全國圖書館文獻縮微複製中心據日本京都妙心寺華院及春光院藏本影印
一册
中國佛學文獻叢刊

Y0237(1－3)

五燈全書
(清)釋超永編輯
一九九六年北京全國圖書館文獻縮微複製中心據函芬樓版《卍續藏經》影印本
三册
中國佛學文獻叢刊

Y0238(1－2)

密教發達志
(日)大村西崖撰
二〇〇一年北京全國圖書館文獻縮微複製中心據一九一八年日本刊行本影印
二册
中國佛學文獻叢刊

Y0239

中國佛教常用懺法六種
林明珂 申國美編輯
二〇〇三年北京全國圖書館文獻縮微複製中心影印本
一册
中國佛文獻叢刊
慈悲道場懺法　Y0239/全1册
梁皇寶懺
慈悲(三昧)水懺　Y0239/全1册
悟達國師
千手(千)眼大悲心咒行法　Y0239/全1册
藥師三昧行法　Y0239/全1册
受登撰
往生淨土懺願儀　Y0239/全1册
東湖志盤撰
慈悲地藏(菩薩)懺法　Y0239/全1册
撰者不詳

Y0240(1－122)

趙城金藏
佚名著
二〇〇八年北京圖書館出版社影印金刻本
一二二册

虚空藏菩薩經一卷 Y0240/第9冊
(姚秦)佛陀耶舍譯
虚空藏菩薩神咒經一卷 Y0240/第9冊
(宋)曇摩蜜多譯
觀虚空臧菩薩經一卷 Y0240/第9冊
(宋)曇摩蜜多譯
大方等大集經菩薩念佛三昧分十卷
Y0240/第9冊
(隋)達摩笈多譯
大方等大集經賢護分五卷
Y0240/第9冊
(隋)闍那崛多譯
般舟三昧經三卷 Y0240/第9冊
(後漢)支婁迦讖譯
拔陂菩薩經一卷 Y0240/第9冊
僧祐錄
阿差末菩薩經七卷 Y0240/第9冊
(西晋)竺法護譯
無盡意菩薩經六卷 Y0240/第9冊
(宋)智嚴 寶雲譯
大哀經八卷 Y0240/第9冊
(西晋)竺法護譯
大集譬喻王經二卷 Y0240/第9冊
(隋)闍那掘多譯
寶女所問經四卷 Y0240/第9冊
(西晋)竺法護譯
自在王菩薩經二卷 Y0240/第9冊
(姚秦)鳩摩羅什譯
奮迅王問經二卷 Y0240/第9冊
(元魏)般若流支譯
佛說無言童子經二卷 Y0240/第9冊
(西晋)竺法護譯
寶星陀羅尼經十卷 Y0240/第9-10冊
(唐)波羅頗蜜多羅譯
大方廣佛華嚴經五十卷
Y0240/第10-11冊
(東晉)佛陀跋陀羅譯
大方廣佛華嚴經八十卷
Y0240/第11-12冊
(唐)實叉難陀譯
信力入印法門經五卷 Y0240/第12冊
(元魏)曇摩流支譯
佛華嚴入如來德智不思議境界經二卷
Y0240/第12冊
(隋)闍那崛多譯
大乘金剛髻珠菩薩修行分一卷
Y0240/第12冊
(唐)菩提流支譯
大方廣佛華嚴經修慈分一卷
Y0240/第12冊
(唐)提雲般若譯
度諸佛境界智光嚴經一卷
Y0240/第12冊
失譯人名
大方廣入如來智德不思議經一卷
Y0240/第12冊
(唐)實叉難陀譯
大方廣入如來不思議境界經一卷
Y0240/第12冊
(唐)實叉難陀譯
大方廣佛華嚴經不思議佛境界分一卷
Y0240/第12冊
(唐)提雲般若譯
漸備一切智德經五卷 Y0240/第12冊
(西晉)竺法護譯
菩薩十住行道品一卷 Y0240/第12冊
(西晉)竺法護譯
佛說莊嚴菩提心經一卷 Y0240/第12冊
(姚秦)鳩摩羅什譯
佛說菩薩十住經一卷 Y0240/第12冊
(東晉)祇多蜜譯
佛說兜沙經一卷 Y0240/第12冊
(後漢)支婁迦懺譯
大方廣普賢所說經一卷 Y0240/第12冊
(唐)實叉難陀譯
諸菩薩求佛本業經一卷 Y0240/第12冊
(西晉)聶道真譯
佛說菩薩本業經一卷 Y0240/第12冊
(吳)支謙譯
佛說大方廣菩薩十地經一卷
Y0240/第12冊
(元魏)吉迦夜譯
十住經四卷 Y0240/第12冊
(後秦)鳩摩羅什譯
佛說如来興顯經四卷 Y0240/第12冊
(西晉)竺法護譯
等目菩薩所問三味經三卷
Y0240/第12冊
(西晉)竺法護譯
顯無邊佛土功德經一卷 Y0240/第12冊
(唐)玄奘譯
佛說羅摩伽經三卷 Y0240/第12冊
(西秦)聖堅譯
度世品經六卷 Y0240/第12冊
(西晉)竺法護譯
大方廣佛華嚴經入法界品一卷
Y0240/第12冊
(唐)地婆訶羅譯
大般涅槃經四十卷 Y0240/第12-13冊
曇無懺譯
佛說大般泥洹經六卷
Y0240/第13-14冊
(東晋)法顯譯
大般涅槃經後分二卷 Y0240/第14冊
(唐)若那跋陀羅譯
佛說方等般泥洹經二卷 Y0240/第14冊
(西晉)竺法護譯
四童子三昧經三卷 Y0240/第14冊
(隋)闍那崛多譯
大悲經五卷 Y0240/第14冊
那連提耶舍譯
方廣大莊嚴經十二卷 Y0240/第14冊
地婆訶羅奉詔譯
佛說普曜經八卷 Y0240/第14冊
(西晉)竺法護譯
佛說法華三昧經一卷 Y0240/第14冊
(宋)智嚴譯
無量義經一卷 Y0240/第14冊
三曇摩伽陀耶舍譯
薩曇分陀利經一卷 Y0240/第14冊
失譯
妙法莲華經七卷 Y0240/第14-15冊
(後秦)鳩摩羅什奉詔譯
正法華經十卷 Y0240/第15冊
(西晉)竺法護譯
添口妙法莲華經七卷 Y0240/第15冊
(隋)闍那崛多 笈多譯
維摩詰所說經三卷 Y0240/第15冊
(後秦)羅什奉詔譯
佛說維摩詰經二卷 Y0240/第15冊
支謙譯
說無垢稱經六卷 Y0240/第15冊
(唐)玄奘奉詔譯
佛說大方等頂王經一卷 Y0240/第15冊
(西晉)竺法護譯
大乘顶王經一卷 Y0240/第15冊
(梁)月婆首那譯
善思童子經二卷 Y0240/第15冊
(隋)闍那崛多譯
大乘悲分陀利經八卷
Y0240/第15-16冊

失三藏名
悲華經十卷 Y0240/第16冊
（北涼）曇無讖譯
金光明最勝王經十卷 Y0240/第16冊
（唐）義淨奉制譯
合部金光明經八卷 Y0240/第16冊
（隋）寶貴（北涼）曇無懺譯
佛說伅真陀羅所問寶如來三昧經三卷
Y0240/第16冊
（後漢）支婁迦讖譯
大樹緊那羅王所問經四卷
Y0240/第16冊
（姚泰）鳩摩羅什譯
佛說神道足無極變化經四卷
Y0240/第16冊
（西晉）安法欽譯
佛升忉利天為母說法經三卷
Y0240/第16冊
（西晉）竺法護譯
佛說寶雨經十卷 Y0240/第16冊
（唐）達摩流支譯
寶雲經七卷 Y0240/第16冊
（梁）曼陀羅仙譯
佛說阿惟越致遮經三卷 Y0240/第16冊
（西晉）竺法護譯
佛說廣博嚴淨不退轉輪經六卷
Y0240/第16－17冊
（宋）智嚴譯
不退轉法輪經四卷 Y0240/第17冊
不必定入定入印經一卷 Y0240/第17冊
（元魏）瞿曇般若流支譯
入定不定印經一卷 Y0240/第17冊
義淨奉制譯
等集眾德三昧經三卷 Y0240/第17冊
（西晉）竺法護譯
集一切福德三昧經三卷 Y0240/第17冊
（姚秦）鳩摩羅什譯
持心梵天所問經四卷 Y0240/第17冊
（西晉）竺法護譯
思益梵天所問經四卷 Y0240/第17冊
（姚秦）鳩摩羅什譯
勝思惟梵天所問經六卷 Y0240/第17冊
（元魏）菩提流支譯
持人菩薩經四卷 Y0240/第17冊
（元魏）菩提流支譯
持世經四卷 Y0240/第17冊
（姚秦）鳩摩羅什譯

佛說濟諸方等學經一卷 Y0240/第17冊
（西晉）竺法護譯
大乘方廣總持經一卷 Y0240/第17冊
（隋）毗尼多流支譯
佛說文殊師利現寶藏經二卷
Y0240/第17冊
（西晉）竺法護譯
大方廣寶篋經三卷 Y0240/第17冊
（宋）求那跋陀罹譯
大乘同性經二卷 Y0240/第17冊
（周）闍那耶舍譯
證契大乘經二卷 Y0240/第17冊
（唐）地婆訶羅譯
深密解脱經五卷 Y0240/第17冊
（元魏）地婆訶羅譯
解深密經五卷 Y0240/第17冊
（唐）玄奘奉詔譯
佛說解節經一卷 Y0240/第17冊
（陳）真諦譯
相續解脫地波羅蜜了義經一卷
Y0240/第17冊
（宋）求那跋陀羅譯
缘生初勝分法本經二卷 Y0240/第17冊
（隋）達磨笈多譯
分別缘起初勝法門經二卷
Y0240/第17冊
（唐）玄装奉詔譯
楞伽阿跋多羅寶經四卷 Y0240/第17冊
（宋）求那跋陀羅譯
入楞伽經十卷 Y0240/第17－18冊
（宋）求那跋陀羅譯
大乘入楞伽經七卷 Y0240/第18冊
（周）寶叉難陀奉敕譯
佛說菩薩行方便境界神通變化經三卷
Y0240/第18冊
（宋）求那跋陀羅譯
大薩遮尼乾子所說經十卷
Y0240/第18冊
（元魏）菩提留支譯
大方等無想經六卷 Y0240/第18冊
（北涼）曇無懺譯
大雲經請雨品卷第六十四一卷
Y0240/第18冊
（周）闍那耶舍譯
大雲輪請雨經二卷 Y0240/第18冊
（隋）那連提耶舍譯
大方等大雲經請雨品卷第六十四一卷

Y0240/第18冊
（周）闍那耶舍譯
諸法無行經二卷 Y0240/第18冊
（姚秦）鳩摩羅什譯
佛說諸法本無經三卷 Y0240/第18冊
（隋）闍那崛多譯
無極寶三昧經二卷 Y0240/第18冊
（西晉）竺法護譯
佛說寶如來三昧經二卷 Y0240/第18冊
（東晉）祇多蜜譯
佛說慧印三昧經一卷 Y0240/第18冊
（吳）支謙譯
佛說如來智印經一卷 Y0240/第18冊
僧祐 云闕譯
灌頂經十二卷 Y0240/第18冊
（東晉）帛屍梨蜜多羅譯
文殊師利普超三昧經三卷
Y0240/第18冊
（西晉）竺法護譯
佛說藥師如來本願經一卷
Y0240/第18冊
（隋）達摩笈多譯
藥師琉璃光如來本願功德經一卷
Y0240/第18冊
（唐）玄奘奉詔譯
藥師琉璃光七佛本願功德經二卷
Y0240/第18冊
（唐）義淨譯
佛說阿闍世王經二卷 Y0240/第18冊
（後漢）支婁迦懺譯
佛說放缽經一卷 Y0240/第18冊
失譯人名
月燈三昧經十卷 Y0240/第18冊
那連提耶舍譯
佛說月燈三昧經一卷 Y0240/第18冊
（宋）先公譯
佛說無希望經一卷 Y0240/第18冊
（西晉）竺法護譯
佛說象腋經一卷 Y0240/第19冊
（宋）曇摩蜜多譯
佛說大淨法門經一卷 Y0240/第19冊
（西晉）竺法護譯
大莊嚴法門經二卷 Y0240/第19冊
（隋）那連提耶舍譯
如來莊嚴智慧光明入一切佛境界經二卷 Y0240/第19冊
（元魏）曇摩流支譯

度一切諸佛境界智嚴經一卷 Y0240/第 19 冊
(梁)僧伽婆羅等譯
後出阿彌陀佛偈一卷 Y0240/第 19 冊
古舊錄 云闕譯
佛說觀無量壽佛經一卷 Y0240/第 19 冊
(宋)畺良耶舍譯
佛說阿彌陀經一卷 Y0240/第 19 冊
(姚秦)鳩摩羅什譯
稱讚淨土佛攝受經一卷 Y0240/第 19 冊
(唐)玄奘奉詔譯
佛說觀彌勒菩薩上生兜率天經一卷 Y0240/第 19 冊
(宋)沮渠京聲譯
佛說彌勒大成佛經一卷 Y0240/第 19 冊
(姚秦)鳩摩羅什譯
佛說彌勒來時經一卷 Y0240/第 19 冊
失譯人名
佛說彌勒下生經一卷 Y0240/第 19 冊
(西晉)竺法護譯
佛說彌勒下生成佛經一卷 Y0240/第 19 冊
(後秦)鳩摩羅什譯
佛說諸法勇王經一卷 Y0240/第 19 冊
(宋)曇摩密多譯
佛說一切法高王經一卷 Y0240/第 19 冊
(元魏)般若流支譯
第一義法勝經一卷 Y0240/第 19 冊
(元魏)般若流支譯
大威燈光仙人問疑經一卷 Y0240/第 19 冊
(隋)闍那崛多等譯
順權方便經二卷 Y0240/第 19 冊
(西晉)竺法護譯
樂瓔珞莊嚴方便品經一卷 Y0240/第 19 冊
(姚秦)曇摩耶舍譯
六度集經七卷 Y0240/第 19 冊
(吳)康僧會譯
太子須大拏經一卷 Y0240/第 19 冊
(西秦)聖堅奉詔譯
佛說菩薩睒子經一卷 Y0240/第 19 冊
安公錄 中闕譯
佛說太子慕魄經一卷 Y0240/第 19 冊
(後漢)安世高譯
佛說太子慕珀經一卷 Y0240/第 19 冊
(西晉)竺法護譯
佛說睒子經一卷 Y0240/第 19 冊
(西秦)聖堅奉詔譯
佛說九色鹿經一卷 Y0240/第 19 冊
(吳)支謙譯
佛說乳光佛經一卷 Y0240/第 19 冊
(西晉)竺法護譯
無字寶篋經一卷 Y0240/第 19 冊
(元魏)菩提流支譯
大乘離文字普光明藏經一卷 Y0240/第 19 冊
(唐)地婆訶羅譯
大乘遍照光明藏無字法門經一卷 Y0240/第 19 冊
(唐)地婆訶羅再譯
佛說老女人經一卷 Y0240/第 19 冊
(吳)支謙譯
佛說無垢賢女經一卷 Y0240/第 19 冊
(西晉)竺法護譯
佛說老母經一卷 Y0240/第 19 冊
僧佑錄 雲闕譯
佛說老母六英經一卷 Y0240/第 19 冊
(劉宋)求那跋陀羅譯
佛說腹中女聽經一卷 Y0240/第 19 冊
(北涼)曇無讖譯
佛說月光童子經一卷 Y0240/第 19 冊
(西晉)竺法護譯
申日兒本經一卷 Y0240/第 19 冊
(宋)求那跋陀羅譯
佛說德護長者經二卷 Y0240/第 19 冊
(隋)那連提耶舍譯
文殊師利問菩提經一卷 Y0240/第 19 冊
(姚秦)鳩摩羅什譯
伽耶山頂經一卷 Y0240/第 19 冊
(元魏)普提流支譯
佛說象頭精舍經一卷 Y0240/第 19 冊
(隋)毗尼多流支譯
佛說逝童子經一卷 Y0240/第 19 冊
(西晉)支法度譯
大乘伽耶山頂經一卷 Y0240/第 19 冊
(唐)菩提流志譯
佛說長者子制經一卷 Y0240/第 19 冊
(後漢)安世高譯
佛說菩薩逝經一卷 Y0240/第 19 冊
(西晉)白法祖譯
佛說犢子經一卷 Y0240/第 19 冊
(吳)支謙譯
佛說轉女身經一卷 Y0240/第 19 冊
(宋)曇摩蜜多譯
佛說申日經一卷 Y0240/第 19 冊
(西晉)竺法護譯
佛說無上依經二卷 Y0240/第 19 冊
(梁)真諦譯
甚希有經一卷 Y0240/第 19 冊
(唐)玄奘奉詔譯
佛說寶積三昧文殊師利菩薩問法身經一卷 Y0240/第 19 冊
(後漢)安息高譯
佛說未曾有經一卷 Y0240/第 19 冊
(後漢)失譯人名
佛說希有較量功德經一卷 Y0240/第 19 冊
(隋)闍那崛多譯
佛說決定總持經一卷 Y0240/第 19 冊
(西晉)竺法護譯
銀色女經一卷 Y0240/第 19 冊
(元魏)佛陀扇多譯
大乘百福莊嚴相經一卷 Y0240/第 19 冊
(唐)地婆訶羅再譯
謗佛經一卷 Y0240/第 19 冊
(元魏)普提流支譯
入法界體性經一卷 Y0240/第 19 冊
(隋)闍那崛多譯
如來師子吼經一卷 Y0240/第 19 冊
(元魏)佛陀扇多譯
佛說菩薩修行四法經一卷 Y0240/第 19 冊
(唐)地婆訶羅譯
阿闍世王授決經一卷 Y0240/第 19 冊
(西晉)釋法炬譯
大方廣師子吼經一卷 Y0240/第 19 冊
(唐)地婆訶羅譯
大乘百福相經一卷 Y0240/第 19 冊
(唐)地婆訶羅譯
採花違王上佛授決號妙花經一卷 Y0240/第 19 冊
(東晉)竺曇無蘭譯
說妙法決定業障經一卷 Y0240/第 19 冊
(唐)釋智嚴譯
大乘四法經一卷 Y0240/第 19 冊
(唐)地婆訶羅譯
稱讚大乘功德經一卷 Y0240/第 19 冊
(唐)玄奘奉詔譯
善恭敬經一卷 Y0240/第 19 冊
(隋)闍那堀多譯

最無比經一卷 Y0240/第19冊
(唐)玄奘奉詔譯
前世三轉經一卷 Y0240/第19冊
(西晉)法炬譯
佛說正恭敬經一卷 Y0240/第19冊
(元魏)佛陀扇多譯
如來示教勝軍王經一卷 Y0240/第19冊
(唐)玄奘奉詔譯
佛說浴像功德經一卷 Y0240/第19冊
(唐)寶思惟譯
佛說諫王經一卷 Y0240/第19冊
(劉宋)沮渠京聲譯
缘起聖道經一卷 Y0240/第19冊
(唐)玄奘奉詔譯
佛說八吉祥神咒經一卷 Y0240/第19冊
(吳)支謙譯
佛說龍施菩薩本起經一卷
Y0240/第19冊
(西晉)竺法護譯
佛說摩訶剎頭經一卷 Y0240/第19冊
(西秦)釋聖堅譯
佛為勝光天子說王法經一卷
Y0240/第19冊
(唐)釋義淨奉詔譯
八吉祥經一卷 Y0240/第19冊
(梁)僧伽婆羅譯
佛說八陽神咒經一卷 Y0240/第19冊
(西晉)竺法護譯
浴佛功德經一卷 Y0240/第19冊
(唐)釋義淨譯
佛說盂蘭盆經一卷 Y0240/第19冊
(西晉)竺法護譯
曼殊室利咒藏中校量数珠功德經一卷
Y0240/第19冊
(唐)釋義淨譯
佛說大方等修多羅王經一卷
Y0240/第19冊
(後魏)菩提流支譯
佛說文殊師利巡行經一卷
Y0240/第19冊
(元魏)菩提流支譯
佛說轉有經一卷 Y0240/第19冊
(元魏)佛陀扇多譯
佛說文殊尸利經一卷 Y0240/第19冊
(隋)豆那崛多譯
八佛名號經一卷 Y0240/第19冊
(隋)闍那崛多譯

了本生死經一卷 Y0240/第19冊
(吳)支謙譯
貝多樹下思惟十三因缘經一卷
Y0240/第19冊
(吳)支謙譯
佛說龍施女經一卷 Y0240/第19冊
(吳)支謙譯
佛說稻芉經一卷 Y0240/第19冊
闕失譯
佛說報恩奉瓫經一卷 Y0240/第19冊
闕失譯
佛說灌洗佛形像經一卷 Y0240/第19冊
(西晉)釋法炬譯
佛說自誓三昧經一卷 Y0240/第19冊
(後漢)安士高譯
佛說作佛形像經一卷 Y0240/第19冊
闕譯人名
佛說如來獨證自誓三昧經一卷
Y0240/第19冊
(西晉)竺法護譯
佛說造立形像福報經一卷
Y0240/第19冊
闕譯人名
佛說校量數珠功德經一卷
Y0240/第19冊
(唐)寶思維譯
不空羂索神變真言經三十卷
Y0240/第19-20冊
(唐)菩提流支譯
不空羂索咒經一卷 Y0240/第20冊
(隋)闍那崛多譯
不空羂索神咒心經一卷 Y0240/第20冊
(唐)玄奘奉詔譯
不空羂索陀羅尼自在王咒經三卷
Y0240/第20冊
(唐)寶思惟奉詔譯
不空羂索陀羅尼經一卷 Y0240/第20冊
李無諂譯
千眼千臂觀世音菩薩陀羅尼神咒經二卷 Y0240/第20冊
(唐)智通譯
千手千眼觀世音菩薩姥陀羅尼身經一卷 Y0240/第20冊
(唐)普提流志譯
佛說千手千眼觀世音菩薩廣大圓满無礙大悲心陀羅尼經一卷
Y0240/第20冊

(唐)伽梵達磨譯
觀世音菩薩如意摩尼陀羅尼經一卷
Y0240/第20冊
(唐)寶思惟譯
觀世音秘密藏如意輪陀羅尼神咒經一卷 Y0240/第20冊
(唐)實叉難陀譯
佛說觀自在菩薩如意心陀羅尼咒經一卷 Y0240/第20冊
(唐)義淨奉制譯
如意輪陀羅尼經一卷 Y0240/第20冊
(唐)菩提流志譯
大方廣菩薩藏經中文殊師利根本一字陀羅尼經一卷 Y0240/第20冊
(唐)寶思惟譯
大金色孔雀王咒經一卷 Y0240/第20冊
失譯人名
佛說十二佛名神咒校量功德除障滅罪經一卷 Y0240/第21冊
(隋)闍那崛多譯
曼殊室利菩薩咒藏中一字咒王經一卷
Y0240/第21冊
(唐)義淨譯
佛說稱讚如來功德神咒經
Y0240/第21冊
(唐)義淨譯
佛說大孔雀咒王經三卷 Y0240/第21冊
(唐)義淨譯
孔雀王咒經一卷 Y0240/第21冊
(姚秦)鳩摩羅什譯
佛說大金色孔雀王咒經 Y0240/第21冊
失譯人名
孔雀王咒經二卷 Y0240/第21冊
(梁)僧伽婆羅譯
佛說陀羅尼集經十二卷 Y0240/第21冊
(唐)阿地瞿多譯
千轉陀羅尼觀世音菩薩咒一卷
Y0240/第21冊
(唐)智通譯
佛說十一面觀世音神咒經一卷
Y0240/第21冊
(周)耶舍崛多譯
佛說摩利支天陀羅尼咒經一卷
Y0240/第21冊
失譯人名
咒五首一卷 Y0240/第21冊
(唐)玄奘譯

十一面神咒心經一卷　Y0240/第21册
（唐）玄奘譯
佛說六字神咒王經一卷　Y0240/第21册
失譯人名
六字神咒經一卷　Y0240/第21册
菩薩流志奉詔譯
佛說七俱胝佛母准提大明陀羅尼經一卷　Y0240/第21册
（唐）金剛智譯
佛說七俱胝佛母心大准提陀羅尼經一卷　Y0240/第21册
（唐）地婆訶羅譯
觀自在菩薩隨心咒經一卷　Y0240/第21册
（唐）釋智通譯
種種雜咒經一卷　Y0240/第21册
（周）闍那崛多譯
最勝佛頂陀羅尼淨除業障咒經一卷　Y0240/第21册
（唐）地婆訶羅譯
佛頂尊勝陀羅尼經一卷　Y0240/第21册
（唐）杜行顗奉詔譯
佛說佛頂尊勝陀羅尼經一卷　Y0240/第21册
（唐）義淨奉制譯
佛頂尊勝陀羅尼經一卷　Y0240/第21册
地婆訶羅奉詔譯
佛頂尊勝陀羅尼經一卷　Y0240/第21册
佛陀波利奉詔譯
佛說出生無量門持經一卷　Y0240/第21册
（東晉）佛陀跋陀羅譯
佛說無量門微密持經一卷　Y0240/第21册
（吳）支謙譯
無量門破魔陀羅尼經一卷　Y0240/第21册
（宋）功德直 玄暢譯
阿難陀目佉尼呵離陀經一卷　Y0240/第21册
（宋）求那跋陀羅譯
妙臂印幢陀羅尼經一卷　Y0240/第21册
（唐）實叉難陀奉制譯
佛說阿難陀目去尼呵離陀鄰尼經一卷　Y0240/第21册
（元魏）佛馱扇多譯
勝幢臂印陀羅尼經一卷　Y0240/第21册
（唐）玄奘譯
舍利佛陀羅尼經一卷　Y0240/第21册
（梁）僧伽婆羅譯
佛說一向出生菩薩經一卷　Y0240/第21册
（隋）闍那崛多譯
出生無邊門陀羅尼經一卷　Y0240/第21册
智嚴重翻譯
咒三首經一卷　Y0240/第21册
（唐）地婆訶羅譯
佛說無崖際總持法門經一卷　Y0240/第21册
（西秦）聖堅譯
尊勝菩薩所問一切諸法入無量門陀羅尼經一卷　Y0240/第21册
（北齊）萬天懿譯
金剛上味陀羅尼經一卷　Y0240/第21册
（元魏）佛陀扇多譯
金剛場陀羅尼經一卷　Y0240/第21册
（隋）闍那崛多譯
如來方便善七咒經一卷　Y0240/第21册
（隋）闍那崛多譯
佛說師子奮迅菩薩所問經一卷　Y0240/第21册
失譯人名
佛說陀鄰尼鉢經一卷　Y0240/第21册
（東晉）竺曇無蘭譯
佛說花聚陀羅尼咒經一卷　Y0240/第21册
失譯人名
佛說六字咒王經一卷　Y0240/第21册
失譯人名
佛說持句神咒經一卷　Y0240/第21册
（吳）支謙譯
佛說善法方便陀羅尼經一卷　Y0240/第21册
失譯人名
虛空藏菩薩問七佛陀羅尼咒經一卷　Y0240/第21册
失譯人名
金剛秘密善門陀羅尼咒經一卷　Y0240/第21册
失譯人名
佛說華積陀羅尼神咒經一卷　Y0240/第21册
（吳）支謙譯
護命法門神咒經一卷　Y0240/第21册
（唐）菩提流支譯
東方最勝燈王陀羅尼經一卷　Y0240/第21册
（隋）闍那崛多譯
無垢淨光大陀羅尼經一卷　Y0240/第21册
（唐）彌陀山奉詔譯
請觀世音菩薩消伏毒害陀羅尼咒經一卷　Y0240/第21册
（東晉）竺難提晉言法喜譯
佛說寶鋼經一卷　Y0240/第21册
（西晉）竺法護譯
菩薩行五十緣身經一卷　Y0240/第21册
（西晉）竺法護譯
佛說演道俗業經一卷　Y0240/第21册
（秦）釋聖堅譯
佛說內藏百寶經一卷　Y0240/第21册
（後漢）支婁迦讖譯
佛說梵志女首意經　Y0240/第22册
（西晉）竺法護譯
佛說四不可得經一卷　Y0240/第22册
（西晉）竺法護譯
私呵昧經一卷　Y0240/第22册
（吳）支謙譯
菩薩生地經一卷　Y0240/第22册
（吳）支謙譯
佛說菩薩修行經一卷　Y0240/第22册
（西晉）白法祖譯
大方等如來藏經一卷　Y0240/第22册
（東晉）佛陀跋陀羅譯
佛說須賴經一卷　Y0240/第22册
（前涼）優婆塞知施崘譯
佛說成具光明定意經一卷　Y0240/第22册
（後漢）支曜譯
佛說百佛名經一卷　Y0240/第22册
（隋）那連提耶舍譯
金色王經一卷　Y0240/第22册
（東魏）般若流支譯
佛說諸德福田經一卷　Y0240/第22册
（西晉）法立 法炬譯
佛說溫室洗浴眾僧經一卷　Y0240/第22册
（後漢）安世高譯
佛語經一卷　Y0240/第22册
（元魏）菩提流支譯

佛說稱揚諸佛功德經三卷
Y0240/第 22 冊
(元魏)釋吉迦夜譯
佛說須真天子經四卷 Y0240/第 22 冊
(西晉)竺法護譯
摩訶摩耶經二卷 Y0240/第 22 冊
釋曇景譯
佛說除恐災患經一卷 Y0240/第 22 冊
釋聖堅譯
佛說孛經抄一卷 Y0240/第 22 冊
(吳)支謙譯
觀世音菩薩授記經一卷 Y0240/第 22 冊
(宋)曇無竭譯
佛說海龍王經四卷 Y0240/第 22 冊
(西晉)竺法護譯
佛說首楞嚴三昧經二卷 Y0240/第 22 冊
(後秦)鳩摩羅什譯
佛說觀藥王藥上二菩薩經一卷
Y0240/第 22 冊
(宋)畺良耶舍譯
佛說觀普賢菩薩行法經一卷
Y0240/第 22 冊
(宋)曇無蜜多譯
不思議光菩薩所說經一卷
Y0240/第 22 冊
(後秦)鳩摩羅什譯
最勝問菩薩十住除垢斷結經八卷
Y0240/第 22 冊
(姚秦)竺佛念譯
佛說未曾有因緣經二卷 Y0240/第 23 冊
(蕭齊)釋曇景譯
諸佛要集經二卷 Y0240/第 23 冊
(西晉)竺法護譯
菩薩瓔珞經十四卷 Y0240/第 23 冊
(姚秦)竺佛念譯
佛說超日明三昧經二卷 Y0240/第 23 冊
(西晉)聶承遠譯
賢劫經八卷 Y0240/第 23 冊
(西晉)竺法護譯
大法炬陀羅尼經二十卷
Y0240/第 23－24 冊
(隋)闍那崛多譯
大威德陀羅尼經二十卷 Y0240/第 24 冊
(隋)闍那崛多譯
佛說佛名經十二卷 Y0240/第 24 冊
(元魏)菩提流支譯

過去莊嚴劫千佛名經一卷
Y0240/第 24 冊
失譯人名
現在賢劫千佛名經一卷 Y0240/第 24 冊
失譯人名
未來星宿劫千佛名經一卷
Y0240/第 24 冊
失譯人名
五千五百佛名神咒除障滅罪經八卷
Y0240/第 24 冊
(隋)闍那崛多譯
佛說不思議功德諸佛所護念經二卷
Y0240/第 24 冊
失譯人名
佛說華手經卷十卷 Y0240/第 24－25 冊
(後秦)鳩摩羅什譯
大方等陀羅尼經四卷 Y0240/第 25 冊
法衆譯
僧伽吒經四卷 Y0240/第 25 冊
(元魏)月婆首那譯
力莊嚴三昧經三卷 Y0240/第 25 冊
(隋)那連提耶舍譯
大方廣圓覺修多羅了義經一卷
Y0240/第 25 冊
(唐)佛陀多羅譯
佛說觀佛三昧海經十卷 Y0240/第 25 冊
(東晉)佛陀跋陀羅譯
大方便佛報恩經七卷 Y0240/第 25 冊
失譯人名
佛說菩薩本行經三卷 Y0240/第 25 冊
失譯人名
佛說法集經六卷 Y0240/第 25 冊
(元魏)菩提流支譯
最勝問菩薩十住除垢斷結經卷第九至
第十 Y0240/第 26 冊
(姚秦)竺佛念譯
觀察諸法行經四卷 Y0240/第 26 冊
(隋)闍那崛多譯
菩薩處胎經七卷 Y0240/第 26 冊
(姚秦)竺佛念譯
佛說弘道廣顯三昧經四卷
Y0240/第 26 冊
(西晉)竺法護譯
佛說施燈功德經一卷 Y0240/第 26 冊
那連提耶舍譯
無所有菩薩經四卷 Y0240/第 26 冊
(隋)闍那崛多等譯

央掘摩羅經四卷 Y0240/第 26 冊
(宋)求那跋陀羅譯
佛說明度五十校計經二卷
Y0240/第 26 冊
(後漢)安世高譯
文殊師利問經二卷 Y0240/第 26 冊
(梁)僧伽婆羅譯
大方廣如來秘密藏經二卷
Y0240/第 26 冊
失譯人名
中陰經二卷 Y0240/第 26 冊
(後秦)竺佛念譯
佛說月上女經二卷 Y0240/第 26－27 冊
(隋)闍那崛多譯
大法鼓經二卷 Y0240/第 27 冊
(宋)求那跋陀羅譯
大乘密嚴經三卷 Y0240/第 27 冊
(唐)地婆訶羅奉制譯
文殊師利問菩薩署經一卷
Y0240/第 27 冊
(後漢)支婁迦讖譯
佛說大乘造像功德經二卷
Y0240/第 27 冊
(唐)提雲般若奉制譯
蓮花面經二卷 Y0240/第 27 冊
(隋)那連提耶舍譯
占察善惡業報經二卷 Y0240/第 27 冊
菩提燈譯
廣大寶樓閣善住秘密陀羅尼經三卷
Y0240/第 27 冊
(唐)菩提流志奉詔譯
五佛頂三昧陀羅尼經四卷
Y0240/第 27 冊
(唐)菩提流志奉詔譯
大陀羅尼末法中一字心咒經一卷
Y0240/第 27 冊
(唐)寶思惟奉詔譯
一字佛頂輪王經五卷 Y0240/第 27 冊
(唐)寶思惟奉詔譯
大佛頂如來密因修證了義諸菩薩萬行
首楞嚴經十卷 Y0240/第 27 冊
(唐)般剌蜜帝譯
大毗盧遮那成佛神變加持經七卷
Y0240/第 27 冊
(唐)善無畏等譯
蘇婆呼童子請問經三卷
Y0240/第 27－28 冊

(唐)輸波迦羅奉制譯
金剛頂瑜伽中略出念誦經四卷 Y0240/第 28 冊
(唐)金剛智譯
牟尼曼陀羅咒經一卷 Y0240/第 28 冊
失譯人名
蘇悉地羯羅供養法三卷 Y0240/第 28 冊
(唐)善無畏譯
七佛八菩薩所說大陀羅尼神咒經四卷 Y0240/第 28 冊
(晉)失譯人名
大吉義神咒經四卷 Y0240/第 28 冊
(元魏)釋曇曜譯
佛說文殊師利法寶藏陀羅尼經一卷 Y0240/第 28 冊
(唐)菩提流志譯
金剛光焰止風雨陀羅尼經一卷 Y0240/第 28 冊
(唐)菩提流志譯
佛說安宅神咒經一卷 Y0240/第 28 冊
(後漢)失譯人名
佛說摩尼羅亶經一卷 Y0240/第 28 冊
(東晉)曇無蘭譯
佛說咒時氣病經一卷 Y0240/第 28 冊
(東晉)曇無蘭譯
佛說檀特羅麻油述經一卷 Y0240/第 28 冊
(東晉)曇無蘭譯
佛說鬬除賊害咒經一卷 Y0240/第 28 冊
(東晉)曇無蘭譯
佛說咒小兒經一卷 Y0240/第 28 冊
(東晉)曇無蘭譯
佛說咒齒經一卷 Y0240/第 28 冊
(東晉)曇無蘭譯
佛說咒目經一卷 Y0240/第 28 冊
(東晉)曇無蘭譯
佛說安宅陀羅尼咒經一卷 Y0240/第 28 冊
(東晉)曇無蘭譯
佛說玄師颰陀所說神咒經一卷 Y0240/第 28 冊
(東晉)曇無蘭譯
佛說護諸童子陀羅尼經一卷 Y0240/第 28 冊
(元魏)菩提流支譯
六字大陀羅尼經一卷 Y0240/第 28 冊
失譯人名
阿吒婆拘鬼神大將上佛陀羅尼神咒經一卷 Y0240/第 28 冊
失譯人名
佛說大普賢陀羅尼經一卷 Y0240/第 28 冊
失譯人名
佛說大七寶陀羅尼經一卷 Y0240/第 28 冊
失譯人名
諸佛心陀羅尼經一卷 Y0240/第 28 冊
(唐)玄奘奉詔譯
阿彌陀鼓音聲王陀羅尼經一卷 Y0240/第 28 冊
失譯人名
八名普密陀羅尼經一卷 Y0240/第 28 冊
(唐)玄奘奉詔譯
拔濟苦難陀羅尼經一卷 Y0240/第 28 冊
(唐)玄奘奉詔譯
六門陀羅尼經一卷 Y0240/第 28 冊
(唐)玄奘奉詔譯
持世陀羅尼經一卷 Y0240/第 28 冊
(唐)玄奘奉詔譯
清淨觀世音普賢陀羅尼經一卷 Y0240/第 28 冊
(唐)釋智通譯
佛說千佛因緣經一卷 Y0240/第 28 冊
(後秦)鳩摩羅什譯
佛垂般涅盤略說教誡經一卷 Y0240/第 28 冊
(後秦)鳩摩羅什奉詔譯
佛說莊嚴王陀羅尼咒經一卷 Y0240/第 28 冊
義淨奉制譯
佛說隨求即得大自在陀羅尼神咒經一卷 Y0240/第 28 冊
(唐)寶思惟譯
佛說一切功德莊嚴王經 Y0240/第 28 冊
(唐)義淨奉制譯
諸佛集會陀羅尼經一卷 Y0240/第 28 冊
(唐)提雲般若等譯
佛說拔除罪障咒王經一卷 Y0240/第 28 冊
(唐)義淨譯
百千印陀羅尼經一卷 Y0240/第 28 冊
(周)實叉難陀奉制譯
香王菩薩陀羅尼咒經一卷 Y0240/第 28 冊
義淨譯
佛說善夜經一卷 Y0240/第 28 冊
義淨譯
佛說鹿母經一卷 Y0240/第 28 冊
(西晉)竺法護譯
佛說賢首經一卷 Y0240/第 28 冊
(西秦)聖堅譯
佛說心明經一卷 Y0240/第 28 冊
(西晉)竺法護譯
佛說滅十方冥經一卷 Y0240/第 28 冊
(西晉)竺法護譯
佛說佛地經一卷 Y0240/第 28 冊
玄奘奉詔譯
佛說魔逆經一卷 Y0240/第 28 冊
(西晉)竺法護譯
金剛頂經曼殊室利菩薩五字心陀羅尼品一卷 Y0240/第 28 冊
(唐)金剛智奉制譯
佛說月明菩薩經一卷 Y0240/第 28 冊
支謙譯
佛說出生菩提心經一卷 Y0240/第 28 冊
(隋)闍那崛多譯
異出菩薩本起經一卷 Y0240/第 28 冊
(西晉)聶道真譯
佛說文殊利般涅槃經一卷 Y0240/第 28 冊
(西晉)聶道真譯
佛說佛印三昧經一卷 Y0240/第 28 冊
(後漢)安世高譯
觀自在如意輪菩薩瑜伽法要一卷 Y0240/第 28 冊
金剛智譯
虛空藏菩薩能滿諸願最勝心陀羅尼求聞持法一卷 Y0240/第 28 冊
(唐)善無畏譯
佛說救面然餓鬼陀羅尼神咒經一卷 Y0240/第 28 冊
(唐)實叉難陀譯
佛說甘露經陀羅尼咒一卷 Y0240/第 28 冊
譯者不詳
智炬陀羅尼經一卷 Y0240/第 28 冊
(唐)提雲般若等譯
諸法最上王經一卷 Y0240/第 28 冊
(隋)闍那崛多譯
佛說德光太子經一卷 Y0240/第 28 冊
(西晉)竺法護譯

般泥洹后灌臘經一卷 Y0240/第28冊
(西晉)竺法護譯
商主天子所問經一卷 Y0240/第28冊
(隋)闍那崛多譯
寂照神變三摩地經一卷 Y0240/第28冊
玄奘奉詔譯
佛說八部佛名經一卷 Y0240/第28冊
(元魏)般若流支譯
離垢慧菩薩所問禮佛法經一卷
Y0240/第28冊
(唐)那提譯
佛說堅固女經一卷 Y0240/第28冊
(隋)那連提耶舍奉制譯
佛說妙色王因緣經一卷 Y0240/第28冊
義淨奉制譯
右繞佛塔功德經一卷 Y0240/第28冊
實叉難陀奉制譯
佛臨涅槃記法住經一卷 Y0240/第28冊
玄奘奉詔譯
受持七佛名號所生功德經一卷
Y0240/第28冊
(唐)玄奘奉詔譯
大乘四法經一卷 Y0240/第28冊
實叉難陀奉制譯
師子莊嚴王菩薩請問經一卷
Y0240/第28冊
(唐)那提譯
佛說師子素駄娑王斷肉經一卷
Y0240/第28冊
(唐)智嚴譯
差摩婆帝授記經一卷 Y0240/第28冊
(元魏)菩提流支譯
有德女所問大乘經一卷 Y0240/第28冊
(唐)菩提流志奉詔譯
佛說不增不減經一卷 Y0240/第28冊
(元魏)菩提流支譯
佛說大乘流轉諸有經一卷
Y0240/第28冊
(唐)義淨奉制譯
佛為海龍王說法印經一卷
Y0240/第28冊
(唐)義淨奉制譯
佛說造塔功德經一卷 Y0240/第28冊
(唐)地婆訶羅 (唐)言日照譯
佛說大意經一卷 Y0240/第28冊
(宋)求那跋陀羅譯
優婆夷淨行法門經二卷 Y0240/第28冊
僧祐錄
佛說金剛三昧本性清淨不壞不滅經一卷 Y0240/第28冊
失譯人名
佛說師子月佛本生經一卷
Y0240/第28冊
失譯人名
佛說十二頭陀經一卷 Y0240/第28冊
(宋)求那跋陀羅譯
佛說樹提伽經一卷 Y0240/第28冊
(宋)求那跋陀羅譯
長壽王經一卷 Y0240/第28冊
僧祐錄 失譯人名
佛說甚深大迴向經一卷 Y0240/第28冊
僧祐錄 失譯人名
佛說十吉祥經一卷 Y0240/第28冊
失譯人名
一切智光明仙人慈心因緣不食肉經一卷 Y0240/第28冊
失譯人名
佛說菩薩內習六波羅蜜經一卷
Y0240/第28冊
(後漢)嚴佛調譯
佛說長者法志妻經一卷 Y0240/第28冊
失譯人名
佛說菩薩投身飴餓虎起塔因緣經一卷
Y0240/第28冊
(北涼)法盛譯
佛說天王太子闢羅經一卷
Y0240/第28冊
僧祐錄
佛說長者女菴提遮師子吼了義經一卷
Y0240/第28冊
失譯人名
佛說法滅盡經一卷 Y0240/第28冊
僧祐錄 失譯人名
佛說八大人覺經一卷 Y0240/第28冊
(後漢)安世高譯
佛說薩羅國經一卷 Y0240/第28冊
失譯人名
佛說四輩經一卷 Y0240/第28冊
(西晉)竺法護譯
佛說三品弟子經一卷 Y0240/第28冊
(吳)支謙譯
佛說過去世佛分衛經一卷
Y0240/第28冊
(西晉)竺法護譯
佛說當來變經一卷 Y0240/第28冊
(西晉)竺法護譯
佛說法常住經一卷 Y0240/第28冊
僧祐錄 失譯人名
金剛三昧經一卷 Y0240/第29冊
失譯人名
菩薩地持經十卷 Y0240/第29冊
(北涼)曇無讖譯
菩薩善戒經九卷 Y0240/第29冊
(宋)求那跋摩譯
佛說淨業障經一卷 Y0240/第29冊
失譯人名
優婆塞戒經七卷 Y0240/第29冊
(北涼)曇無讖譯
梵網經二卷 Y0240/第29冊
(後秦)鳩摩羅什譯
受十善戒經一卷 Y0240/第29冊
(後漢)失譯人名
佛藏經三卷 Y0240/第29冊
(姚秦)鳩摩羅什譯
菩薩瓔珞本業經二卷 Y0240/第29冊
(姚秦)竺佛念譯
菩薩戒本一卷 Y0240/第29冊
(北涼)曇無讖譯
菩薩善戒經一卷 Y0240/第29冊
(宋)求那跋摩譯
菩薩戒本一卷 Y0240/第29冊
玄奘譯
菩薩戒羯磨文一卷 Y0240/第29冊
玄奘譯
佛說菩薩內戒經一卷 Y0240/第29冊
(宋)求那跋摩譯
優婆塞五戒威儀經一卷 Y0240/第29冊
(宋)求那跋摩譯
佛說文殊師利淨律經一卷
Y0240/第29冊
(西晉)竺法護譯
佛說文殊悔過經一卷 Y0240/第30冊
(西晉)竺法護譯
清淨毗尼方廣經一卷 Y0240/第30冊
(後秦)鳩摩羅什譯
寂調音所問經一卷 Y0240/第30冊
(宋)法海譯
大乘三聚懺悔經一卷 Y0240/第30冊
(隋)闍那崛多 笈多等譯
菩薩五法懺悔文一卷 Y0240/第30冊
菩薩藏經一卷 Y0240/第30冊

（梁）僧伽婆羅譯
三曼陀跋陀羅菩薩經一卷 Y0240/第30冊
（西晉）聶道真譯
菩薩受齊經一卷 Y0240/第30冊
（西晉）聶道真譯
佛說舍利弗悔過經一卷 Y0240/第30冊
（後漢）安世高譯
佛說法律三昧經一卷 Y0240/第30冊
（吳）支謙奉詔譯
十善業道經一卷 Y0240/第30冊
（唐）實叉難陀奉制譯
大智度論一百卷 Y0240/第30－33冊
龍樹菩薩造（後秦）鳩摩羅什譯
十地論十二卷 Y0240/第33冊
天親菩薩造（後魏）菩提流支譯
彌勒菩薩所問經論九卷 Y0240/第33冊
（後魏）菩提流支譯
大寶積經論四卷 Y0240/第33冊
（元魏）菩提流支譯
寶髻經四法優波提舍一卷 Y0240/第33冊
天親菩薩造（元魏）毗目智仙譯
佛地經論七卷 Y0240/第33－34冊
親光菩薩等
金剛般若論二卷 Y0240/第34冊
無著菩薩造（隋）達磨笈多譯
能斷金剛般若波羅蜜多經論頌一卷 Y0240/第34冊
無著菩薩造 義淨奉制譯
能斷金剛般若波羅蜜多經論釋三卷 Y0240/第34冊
無著菩薩造 世親菩薩釋 義淨奉制譯譯
金剛般若波羅蜜經論三卷 Y0240/第34冊
天親菩薩造（元魏）菩提流支譯
金剛般若波羅蜜經破取著不壞假名論二卷 Y0240/第34冊
功德施菩薩造（唐）地婆訶羅奉詔譯
文殊師利菩薩問菩提經論二卷 Y0240/第34冊
天親菩薩造（元魏）菩提流支譯
妙法蓮華經論優婆提舍一卷 Y0240/第34冊
婆娑般豆菩薩造（元魏）勒那摩提 僧朗等譯
勝思惟梵天所問經論四卷 Y0240/第34冊
天親菩薩造（後魏）菩提流支譯
妙法蓮華經憂波提舍二卷 Y0240/第34冊
婆藪槃豆釋（後魏）菩提留支 曇林等譯
遺教經論一卷 Y0240/第34冊
天親菩薩造 真諦譯
無量壽經優波提舍願生偈一卷 Y0240/第34冊
婆藪槃豆造（元魏）菩提留支譯
涅槃經本有今無偈論一卷 Y0240/第34冊
天親菩薩造（陳）世真諦譯
涅槃論一卷 Y0240/第34冊
婆藪槃豆作 達摩菩提譯
三具足經優波提舍一卷 Y0240/第34冊
（元魏）毗目智仙譯
轉法輪經優波提舍一卷 Y0240/第34冊
（元魏）毗目智仙譯
瑜伽師地論一百卷 Y0240/第34－37冊
彌勒菩薩說 玄奘奉詔譯
顯揚聖教論二十卷 Y0240/第37冊
無著菩薩造 玄奘奉詔譯
大乘阿毗達磨集論七卷 Y0240/第37冊
無著菩薩造 玄奘奉詔譯
顯揚聖教論頌一卷 Y0240/第37冊
無著菩薩造 玄奘奉詔譯
王法正理論一卷 Y0240/第37冊
彌勒菩薩造 玄奘奉詔譯
瑜伽師地論釋一卷 Y0240/第38
玄奘譯
大乘阿毗達摩雜集論十六卷 Y0240/第38
安慧菩薩糅（唐）玄奘譯
中論四卷 Y0240/第38
龍樹菩薩造（姚秦）鳩摩羅什譯
般若燈論釋十五卷 Y0240/第38
（唐）波頗蜜多羅譯
十二門論一卷 Y0240/第38
龍樹菩薩造（姚秦）鳩摩羅什譯
十八空論一卷 Y0240/第38
龍樹菩薩造（陳）真諦譯
百論二卷 Y0240/第38
提婆菩薩造 婆藪開士釋（姚秦）鳩摩羅什譯
廣百論本一卷 Y0240/第38
聖天菩薩造 玄奘奉詔譯
大乘廣百論釋論十卷 Y0240/第38－39
聖天菩薩本 護法菩薩釋 玄奘譯
十住毗婆沙論十七卷 Y0240/第39冊
龍樹造（後秦）鳩摩羅什譯
菩提資糧論六卷 Y0240/第39冊
龍樹本 自在釋（隋）達摩笈多譯
大乘莊嚴經論十三卷 Y0240/第39－40冊
無著菩薩造（唐）波羅頗蜜多羅譯
大莊嚴論經十五卷 Y0240/第40冊
馬鳴菩薩撰（後秦）鳩摩羅什譯
攝大乘論三卷 Y0240/第40冊
無著菩薩造 真諦譯
順中論義入大般若波羅蜜經初品法門二卷 Y0240/第40冊
龍勝菩薩造 無著菩薩釋（元魏）瞿曇般若流支譯
攝大乘論釋十五卷 Y0240/第40－41冊
世親菩薩釋（陳）真諦譯
攝大乘論二卷 Y0240/第41冊
阿僧伽作（後魏）世佛陀扇多譯
攝大乘論本三卷 Y0240/第41冊
無著菩薩造 玄奘譯
攝大乘論釋論十卷 Y0240/第41冊
世親菩薩釋（隋）笈多 行矩等譯
攝大乘論釋十卷 Y0240/第41冊
世親菩薩釋 玄奘奉詔譯
攝大乘論釋十卷 Y0240/第41－42冊
無性菩薩造 玄奘奉詔譯
佛性論四卷 Y0240/第42冊
天親菩薩造 真諦譯
中邊分別論二卷 Y0240/第42冊
天親菩薩造 真諦譯
決定藏論三卷 Y0240/第42冊
（梁）真諦譯
究竟一乘寶性論四卷 Y0240/第42冊
（後魏）勒那摩提譯
辯中邊論三卷 Y0240/第42冊
世親菩薩造（唐）玄奘奉詔譯
辯中邊論頌一卷 Y0240/第42冊
彌勒菩薩說 玄奘奉詔譯
業成就論一卷 Y0240/第42冊
天親菩薩造（元魏）毗目智仙譯
大乘成業論一卷 Y0240/第42冊
世親菩薩造（唐）玄奘奉詔譯

因明正理門論一卷 Y0240/第 42 冊
大域龍菩薩造 (唐)玄奘奉詔譯
業成就論 Y0240/第 42 冊
成唯識寶生論五卷 Y0240/第 42 冊
護法菩薩造 義淨奉制譯
因明正理門論一卷 Y0240/第 42 冊
大域龍菩薩造 義淨奉制譯
唯識三十論頌一卷 Y0240/第 42 冊
世親菩薩造 玄奘奉詔譯
因明入正理論一卷 Y0240/第 42 冊
商羯羅主菩薩造 玄奘奉詔譯
唯識二十論一卷 Y0240/第 42 冊
世親菩薩造 (唐)玄奘奉詔譯
大乘唯識論一卷 Y0240/第 42 冊
天親菩薩造 (陳)世真諦譯
顯識論一卷 Y0240/第 42 冊
真諦譯
轉識論一卷 Y0240/第 42 冊
(陳)真諦譯
唯識論一卷 Y0240/第 42 冊
天親菩薩造 (後魏)瞿曇般若流支譯
成唯識論十卷 Y0240/第 42 冊
護法菩薩造 玄奘奉詔譯
大丈夫論二卷 Y0240/第 42 冊
提婆羅菩薩造 道泰譯
大乘起信論一卷 Y0240/第 42 冊
馬鳴菩薩造 真諦譯
實行王正論一卷 Y0240/第 42 冊
(陳)真諦譯
大乘廣武蘊論一卷 Y0240/第 42 冊
安慧菩薩造 (唐)地婆訶羅譯
大乘武蘊論一卷 Y0240/第 42 冊
世親菩薩造 玄奘奉詔譯
大乘掌珍論二卷 Y0240/第 42 冊
清辯菩薩造 玄奘奉詔譯
入大乘論二卷 Y0240/第 43 冊
堅意菩薩造 (北涼)道泰等譯
三無性論二卷 Y0240/第 43 冊
真諦翻譯
大乘起信論二卷 Y0240/第 43 冊
馬鳴菩薩造 (周)實叉難陀譯
發菩提心經論二卷 Y0240/第 43 冊
天親菩薩造 (後秦)鳩摩羅什譯
如實論一卷 Y0240/第 43 冊
(陳)真諦譯
方便心論一卷 Y0240/第 43 冊
(後魏)吉迦夜譯

觀所緣緣論一卷 Y0240/第 43 冊
(陳)那菩薩造 玄奘譯
無相思塵論一卷 Y0240/第 43 冊
(陳)那菩薩造 (陳)真諦譯
觀所緣論釋一卷 Y0240/第 43 冊
護法菩薩造 義淨譯
迴諍論一卷一卷 Y0240/第 43 冊
龍樹菩薩造 (後魏)毗目智仙 瞿曇流支譯
百字論一卷 Y0240/第 43 冊
提婆菩薩造 (後魏)菩提流支譯
壹輪盧迦論一卷 Y0240/第 43 冊
龍樹菩薩造 (後魏)瞿曇流支譯
六門教授習定論一卷 Y0240/第 43 冊
無著菩薩本 世親菩薩釋 義淨奉制譯
手杖論一卷 Y0240/第 43 冊
釋迦稱造 (唐)義淨奉詔譯
觀總相論頌一卷 Y0240/第 43 冊
(陳)那菩薩造 義淨奉制譯
取因假設論一卷 Y0240/第 43 冊
(陳)那菩薩造 義淨奉制譯
掌中論一卷 Y0240/第 43 冊
(陳)那菩薩造 義淨奉制譯
止觀門論頌一卷 Y0240/第 43 冊
世親菩薩造 義淨奉詔譯
大乘法界無差別論一卷 Y0240/第 43 冊
堅慧菩薩造 (唐)提雲般若等譯
緣生論一卷 Y0240/第 43 冊
聖者欝楞迦造 (隋)達磨笈多譯
提婆菩薩釋楞伽經中外道小乘涅槃論一卷 Y0240/第 43 冊
提婆菩薩造 (後魏)菩提流支譯
解捲論一卷 Y0240/第 43 冊
(陳)那菩薩造 (陳)真諦譯
大乘百法明門論本事分中略錄名數一卷 Y0240/第 43 冊
天親菩薩造 (唐)玄奘譯
提婆菩薩破楞伽經中外道小乘四宗論一卷 Y0240/第 43 冊
提婆菩薩造 (後魏)菩提流支譯
十二因緣論一卷 Y0240/第 43 冊
淨意菩薩造 (後魏)菩提流支譯
佛說長阿含經二十二卷 Y0240/第 43 冊
(後秦)佛陀耶舍 (後秦)竺佛念譯
中阿含經六十卷 Y0240/第 43－45 冊
(東晉)瞿曇僧伽提婆譯
增壹阿含經五十卷 Y0240/第 45－46 冊

(前秦)云摩难提譯
雜阿含經五十卷 Y0240/第 46－47 冊
(宋)求那跋陀羅譯
別譯雜阿含經十六卷 Y0240/第 47－48 冊
失譯人名
大般涅槃經三卷 Y0240/第 48 冊
(東晉)釋法顯譯
佛般泥洹經二卷 Y0240/第 48 冊
(西晉)白法祖譯
般泥洹經二卷 Y0240/第 48 冊
不載譯人
佛說人本欲生經一卷 Y0240/第 48 冊
(後漢)安世高譯
佛說尸加羅越六方禮經一卷 Y0240/第 48 冊
(後漢)安世高譯
佛說梵志阿颰經一卷 Y0240/第 48 冊
(吳)支謙譯
佛說寂志果經一卷 Y0240/第 48 冊
(東晉)竺曇無蘭譯
佛說梵網六十二見經一卷 Y0240/第 48 冊
支謙譯
起世經十卷 Y0240/第 48 冊
支謙譯
起世因本經十卷 Y0240/第 48－49 冊
(隋)闍那崛多等譯
大樓炭經六卷 Y0240/第 49 冊
(西晉)法立 法炬譯
中本起經二卷 Y0240/第 49 冊
(後漢)康孟詳 竺大力譯
長阿含十報法經二卷 Y0240/第 49 冊
(後漢)安世高譯
佛說七知經一卷 Y0240/第 49 冊
(吳)支謙譯
佛說樂想經一卷 Y0240/第 49 冊
(西晉)竺法護譯
佛說離睡經一卷 Y0240/第 49 冊
(西晉)竺法護譯
佛說苦陰因事經一卷 Y0240/第 49 冊
(西晉)法炬譯
佛說是法非法經一卷 Y0240/第 49 冊
(後漢)安世高譯
佛說苦陰經一卷 Y0240/第 49 冊
失譯人名
佛說阿那律八念經一卷 Y0240/第 49 冊

(後漢)支曜譯
佛說諸法本經一卷 Y0240/第49冊
(吳)支謙譯
弊魔試目連經一卷 Y0240/第49冊
(吳)支謙譯
佛說鹹水喻經一卷 Y0240/第49冊
失譯人名
佛說求欲經一卷 Y0240/第49冊
(西晉)法炬譯
佛說梵志計水淨經一卷 Y0240/第49冊
失譯人名
佛說本相猗致經一卷 Y0240/第49冊
(後漢)安世高譯
佛說頂生王故事經一卷 Y0240/第49冊
(西晉)法炬譯
佛說緣本致經一卷 Y0240/第49冊
失譯人名
佛說瞻婆比丘經一卷 Y0240/第49冊
(西晉)法炬譯
佛說文陁竭王經一卷 Y0240/第49冊
(北涼)曇無讖譯
佛說古來世時經一卷 Y0240/第49冊
失譯人名
佛說一切流攝守因經一卷 Y0240/第49冊
(後漢)安世高譯
佛說伏婬經一卷 Y0240/第49冊
(西晉)釋法炬譯
佛說四諦經一卷 Y0240/第49冊
(後漢)安世高譯
佛說阿耨風經一卷 Y0240/第49冊
(東晉)竺曇無蘭譯
佛說恒水經一卷 Y0240/第49冊
(西晉)法炬譯
佛說閻羅王五天使者經一卷 Y0240/第49冊
(宋)慧簡譯
佛說瞿曇彌記果經一卷 Y0240/第49冊
(宋)慧簡譯
佛說鐵城泥犁經一卷 Y0240/第49冊
(東晉)竺曇無蘭譯
佛說受歲經一卷 Y0240/第49冊
(西晉)竺法護譯
佛說釋摩男本四子經一卷 Y0240/第49冊
(吳)支謙譯
佛說漏分布經一卷 Y0240/第49冊
(後漢)安世高譯
佛說魔嬈亂經一卷 Y0240/第49冊
失譯人名
佛說鸚鵡經一卷 Y0240/第49冊
(宋)求那跋陀羅譯
佛說四人出現世間經一卷 Y0240/第49冊
(宋)求那跋陀羅譯
佛說逝世獲五福報經一卷 Y0240/第49冊
失譯人名
佛說婆羅門子命終愛念不離經一卷 Y0240/第49冊
(後漢)安世高譯
優陂夷墮舍迦經一卷 Y0240/第49冊
失譯人名
佛說三歸五戒慈心厭離功德經一卷 Y0240/第49冊
失譯人名
佛說婆羅門避死經一卷 Y0240/第49冊
(後漢)安世高譯
佛說邪見經一卷 Y0240/第49冊
失譯人名
佛說數經一卷 Y0240/第49冊
(西晉)釋法炬譯
佛說鞞摩肅經一卷 Y0240/第49冊
(宋)求那跋陀羅譯
佛說應法經一卷 Y0240/第49冊
(西晉)竺法護譯
佛說箭喻經一卷 Y0240/第49冊
失譯人名
佛說具法行經一卷 Y0240/第49冊
安世高譯
佛說齋經一卷 Y0240/第49冊
(吳)支謙譯
梵摩喻經一卷 Y0240/第49冊
(吳)支謙譯
佛說兜調經一卷 Y0240/第49冊
失譯人名
佛說十支居士八城人經一卷 Y0240/第49冊
(後漢)安世高譯
佛說頻婆娑羅王詣佛供養經一卷 Y0240/第49冊
(西晉)法炬譯
佛說善生子經一卷 Y0240/第49冊
(西晉)支法度譯
佛說意經一卷 Y0240/第49冊
(西晉)竺法護譯
佛說長者子六過出家經一卷 Y0240/第49冊
(宋)慧簡譯
佛說尊上經一卷 Y0240/第49冊
(西晉)竺法護譯
佛說鴦掘摩經一卷 Y0240/第49冊
(西晉)竺法護譯
佛說阿含經須摩提女度眾生品一卷 Y0240/第49冊
(吳)支謙譯
廣義法門經一卷 Y0240/第49冊
(陳)真諦譯
佛說波斯匿王太后崩塵土坌身經一卷 Y0240/第49冊
(西晉)法炬譯
佛說泥犁經一卷 Y0240/第49冊
(東晉)竺曇無蘭譯
佛說戒德香經一卷 Y0240/第49冊
(東晉)竺曇無蘭譯
梵志頞波羅延問種尊經一卷 Y0240/第49冊
(東晉)竺曇無蘭譯
佛為黃竹園老婆羅門說學經一卷 Y0240/第49冊
失譯人名
佛說賴吒和羅經一卷 Y0240/第49冊
(吳)支謙譯
佛說須達經一卷 Y0240/第49冊
(蕭齊)求那毗地譯
佛說八正道經一卷 Y0240/第49冊
(後漢)安世高譯
佛說鴦崛髻經一卷 Y0240/第49冊
(西晉)法炬譯
佛說難提釋經一卷 Y0240/第49冊
(西晉)法炬譯
佛說相應相可經一卷 Y0240/第49冊
(西晉)法炬譯
佛說三轉法輪經一卷 Y0240/第49冊
義淨奉制譯
五蘊皆空經一卷 Y0240/第49冊
(唐)義淨譯
佛說四泥犁經一卷 Y0240/第49冊
(東晉)竺曇無竺譯
佛說水沫所漂經一卷 Y0240/第49冊
(東晉)竺曇無蘭譯

佛說舍衛國王十夢經一卷 Y0240/第 49 冊
佛說十一想思念如來經一卷 Y0240/第 49 冊
(宋)求那跋陀羅譯
七佛父母姓字經一卷 Y0240/第 49 冊
佛說馬有八態譬人經一卷 Y0240/第 49 冊
(後漢)支曜譯
佛說大愛道般泥洹經一卷 Y0240/第 49 冊
(西晉)白法祖譯
緣起經一卷 Y0240/第 49 冊
玄奘奉詔譯
佛說不自守意經一卷 Y0240/第 49 冊
(吳)支謙譯
佛說七處三觀經一卷 Y0240/第 49 冊
(後漢)安世高譯
阿那邠化七子經一卷 Y0240/第 49 冊
(後漢)安世高譯
國王不梨先泥十夢經一卷 Y0240/第 49 冊
(東晉)曇無蘭譯
舍利弗摩訶目連游四衢經一卷 Y0240/第 49 冊
(後漢)康孟詳譯
佛說滿願子經一卷 Y0240/第 49 冊
佛說力士移山經一卷 Y0240/第 49 冊
(西晉)竺法護譯
佛說聖法印經一卷 Y0240/第 49 冊
(西晉)竺法護譯
佛說阿難同學經一卷 Y0240/第 49 冊
(後漢)安世高譯
四未曾有經一卷 Y0240/第 49 冊
(西晉)竺法護譯
佛說轉法輪經一卷 Y0240/第 49 冊
(後漢)安世高譯
五陰譬喻經一卷 Y0240/第 49 冊
(後漢)安世高譯
治禪病秘要法二卷 Y0240/第 49 冊
(宋)沮渠京聲譯
雜阿含經一卷 Y0240/第 49 冊
失譯
佛說放牛經一卷 Y0240/第 49 冊
(後秦)鳩摩羅什譯
佛說枯樹經一卷 Y0240/第 49 冊
佛說般泥洹經一卷 Y0240/第 49 冊
(宋)慧簡譯
佛說馬有三相經一卷 Y0240/第 49 冊
(後漢)支曜譯
沙彌羅經一卷 Y0240/第 49 冊
玉耶經一卷 Y0240/第 49 冊
(東晉)竺曇無蘭譯
佛說摩鄧女經一卷 Y0240/第 49 冊
(後漢)安世高譯
佛說阿遬達經一卷 Y0240/第 49 冊
(宋)求那跋陀羅譯
佛說鬼問目連經一卷 Y0240/第 49 冊
(後漢)安世高譯
佛說阿難問事佛吉凶經一卷 Y0240/第 49 冊
(後漢)安世高譯
佛說摩登女解形中六事經一卷 Y0240/第 49 冊
失譯
餓鬼報應經一卷 Y0240/第 49 冊
佛說雜藏經一卷 Y0240/第 49 冊
(東晉)法顯譯
舍頭諫太子二十八宿經一卷 Y0240/第 50 冊
(西晉)竺法護譯
修行本起經二卷 Y0240/第 50 冊
(後漢)竺大力 (後漢)康孟祥譯
摩登伽經二卷 Y0240/第 50 冊
(吳)竺律炎 (吳)支謙譯
五母子經一卷 Y0240/第 50 冊
(吳)支謙譯
佛說阿難分別經一卷 Y0240/第 50 冊
釋法堅譯
佛說玉耶女經一卷 Y0240/第 50 冊
失譯人名
佛說慢法經一卷 Y0240/第 50 冊
(西晉)法炬譯
佛說太子瑞應本起經二卷 Y0240/第 50 冊
(吳)支謙譯
佛說長著音悅經一卷 Y0240/第 50 冊
(吳)支謙譯
過去現在因果經四卷 Y0240/第 50 冊
(宋)求那跋陁羅譯
四十二章經一卷 Y0240/第 50 冊
(後漢)迦葉摩騰 法蘭譯
佛說海八德經一卷 Y0240/第 50 冊
(後秦)鳩摩羅什譯
龍王兄弟經一卷 Y0240/第 50 冊
(吳)支謙譯
佛說罪業應報教化地獄經一卷 Y0240/第 50 冊
(後漢)安世高譯
佛說㮈女祇域因緣經一卷 Y0240/第 50 冊
(後漢)安世高譯
法海經一卷 Y0240/第 50 冊
(西晉)法炬譯
佛說七女經一卷 Y0240/第 50 冊
(吳)支謙譯
佛說蓱沙王五願經一卷 Y0240/第 50 冊
(吳)支謙譯
佛說八師經一卷 Y0240/第 50 冊
(吳)支謙譯
佛說琉璃王經一卷 Y0240/第 50 冊
(西晉)竺法護譯
所欲致患經一卷 Y0240/第 50 冊
(西晉)竺法護譯
佛說堅意經一卷 Y0240/第 50 冊
(後漢)安世高譯
佛說三摩竭經一卷 Y0240/第 50 冊
(吳)竺律炎譯
阿闍世王問王逆經一卷 Y0240/第 50 冊
(西晉)法炬譯
佛說貧窮老公經一卷 Y0240/第 50 冊
(宋)慧簡譯
得道梯橙錫杖經一卷 Y0240/第 50 冊
失譯人名
佛說越難經一卷 Y0240/第 50 冊
(西晉)聶承遠譯
佛說進學經一卷 Y0240/第 50 冊
(宋)沮渠京聲譯
佛說淨飯王般涅槃經一卷 Y0240/第 50 冊
(宋)沮渠京聲譯
五苦章句經一卷 Y0240/第 50 冊
(東晉)竺曇無蘭譯
禪秘要法經三卷 Y0240/第 50 冊
(後秦)鳩摩羅什等譯
生經五卷 Y0240/第 50 冊
(西晉)竺法護譯
佛說義足經二卷 Y0240/第 50 冊
(吳)支謙譯
正法念處經七十卷 Y0240/第 50－51 冊
(元魏)瞿曇般若流支譯

佛本行集經六十卷 Y0240/第51－52冊
闍那崛多譯
本事經七卷 Y0240/第52冊
(唐)玄奘譯
佛說興起行經二卷 Y0240/第52冊
(後漢)康孟詳譯
佛爲首迦長者說業報差別經一卷
Y0240/第52冊
(隋)瞿曇法智譯
佛說大安般守意經二卷 Y0240/第52冊
(後漢)安世高譯
陰持入經二卷 Y0240/第52冊
(後漢)安世高譯
佛說處處經一卷 Y0240/第52冊
(後漢)安世高譯
佛說罵意經一卷 Y0240/第52冊
(後漢)安世高譯
佛說分別善惡所起經一卷
Y0240/第52冊
(後漢)安世高譯
佛說出家功德因緣經一卷
Y0240/第52冊
(後漢)安世高譯
佛說十八泥犁經一卷 Y0240/第52冊
(後漢)安世高譯
佛說阿含正行經一卷 Y0240/第52冊
(後漢)安世高譯
禪行法想經一卷 Y0240/第52冊
(後漢)安世高譯
佛說長者子懊惱三處經一卷
Y0240/第52冊
(後漢)安世高譯
佛說須摩提長者經一卷 Y0240/第52冊
(吳)支謙譯
佛說猘狗經一卷 Y0240/第52冊
(吳)支謙譯
佛說阿難四事經一卷 Y0240/第52冊
(吳)支謙譯
佛說黑氏梵志經一卷 Y0240/第52冊
(吳)支謙譯
佛說四願經一卷 Y0240/第52冊
(吳)支謙譯
佛說未生冤經一卷 Y0240/第52冊
(吳)支謙譯
佛說阿鳩留經一卷 Y0240/第52冊
僧祐錄
佛說八關齋經一卷 Y0240/第52冊
(宋)沮渠京聲譯
佛說分別經一卷 Y0240/第52冊
(西晉)竺法護譯
佛說法受塵經一卷 Y0240/第52冊
(後漢)安世高譯
犍陁國王經一卷 Y0240/第52冊
(後漢)安世高譯
佛說孝子經一卷 Y0240/第52冊
失譯人名
佛說見正經一卷 Y0240/第52冊
(東晉)竺曇無蘭譯
燈指因緣經一卷 Y0240/第52冊
(姚秦)鳩摩羅什譯
佛五百弟子自說本起偈經一卷
Y0240/第52冊
(西晉)竺法護譯
佛說四自侵經一卷 Y0240/第52冊
(西晉)竺法護譯
佛說自愛經一卷 Y0240/第52冊
(東晉)竺曇無蘭譯
佛說罪福報應經一卷 Y0240/第52冊
(宋)求那跋陁羅譯
大魚事經一卷 Y0240/第52冊
(東晉)竺曇無蘭譯
佛說大迦葉本經一卷 Y0240/第52冊
(西晉)竺法護譯
弟子死復生經一卷 Y0240/第52冊
(宋)沮渠京聲譯
佛說佛大僧大經一卷 Y0240/第52冊
(宋)沮渠京聲譯
佛說阿難七夢經一卷 Y0240/第52冊
(東晉)竺曇無蘭譯
佛說摩達國王經一卷 Y0240/第52冊
(宋)沮渠京聲譯
佛說中心經一卷 Y0240/第52冊
(東晉)竺曇無蘭譯
佛說呵鵰阿那鋡經一卷 Y0240/第52冊
(東晉)竺曇無蘭譯
佛說末羅王經一卷 Y0240/第52冊
(宋)沮渠京聲譯
佛說婦人遇辜經一卷 Y0240/第52冊
(西秦)聖堅譯
羅雲忍辱經一卷 Y0240/第52冊
(西秦)法炬譯
佛說摩訶迦葉度貧母經一卷
Y0240/第52冊
(宋)求那跋陁羅譯
十二品生死經一卷 Y0240/第52冊
(宋)求那跋陁羅譯
佛說五恐怖世經一卷 Y0240/第52冊
(宋)沮渠京聲譯
佛說耶祇經一卷 Y0240/第52冊
(宋)沮渠京聲譯
佛說旃陁越國王經一卷 Y0240/第52冊
(宋)沮渠京聲譯
佛說五無反復經一卷 Y0240/第52冊
(宋)沮渠京聲譯
佛為年少比丘說正事經一卷
Y0240/第52冊
(西晉)法炬譯
佛說沙曷比丘功德經一卷
Y0240/第52冊
(西晉)法炬譯
無垢優婆夷問經一卷 Y0240/第52冊
(後魏)般若流支譯
佛說懈怠耕者經一卷 Y0240/第52冊
(宋)慧簡譯
辯意長者子經一卷 Y0240/第52冊
(後魏)法場譯
佛說四天王經一卷 Y0240/第52冊
(宋)智嚴 寶雲譯
佛說時非時經一卷 Y0240/第52冊
若羅嚴譯
佛說因緣僧護經一卷 Y0240/第52冊
失譯人名
盧至長者因緣經一卷 Y0240/第52冊
失譯人名
佛說梵摩難國王經一卷 Y0240/第52冊
失譯人名
比丘避女惡名欲自殺經一卷
Y0240/第52冊
(西晉)法炬譯
佛說九擴經一卷 Y0240/第52冊
(後漢)安世高譯
佛說出家功德經一卷 Y0240/第52冊
失譯人名
佛說無上處經一卷 Y0240/第52冊
失譯人名
身觀經一卷 Y0240/第52冊
(西晉)竺法護譯
佛說羣牛譬經一卷 Y0240/第52冊
(西晉)法炬譯
佛說木梙子經一卷 Y0240/第52冊
失譯人名

佛說禪行三十七品經一卷
Y0240/第52冊
(後漢)安世高譯
佛說五王經一卷 Y0240/第52冊
失譯人名
佛說護淨經一卷 Y0240/第52冊
失譯人名
佛說栴檀樹經一卷 Y0240/第52冊
失譯人名
佛說孫多耶致經一卷 Y0240/第52冊
(吳)支謙譯
佛說賢者五福德經一卷 Y0240/第52冊
(西晉)白法祖譯
佛說八無暇有暇經一卷 Y0240/第53冊
義淨譯
佛說療治病經一卷 Y0240/第53冊
(唐)義淨譯
佛說略教誡經一卷 Y0240/第53冊
(唐)義淨譯
佛說譬喻經一卷 Y0240/第53冊
(唐)義淨譯
長爪梵志請問經一卷 Y0240/第53冊
(唐)義淨譯
佛說無常經一卷 Y0240/第53冊
(唐)義淨譯
佛說受新歲經一卷 Y0240/第53冊
(西晉)竺法護譯
佛說新歲經一卷 Y0240/第53冊
(東晉)曇無蘭譯
比丘聽施經一卷 Y0240/第53冊
(東晉)曇無蘭譯
佛說鬼子母經一卷 Y0240/第53冊
失譯人名
佛說頞多和多耆經一卷 Y0240/第53冊
失譯人名
普達王經一卷 Y0240/第53冊
失譯人名
佛滅度后棺斂葬送經一卷
Y0240/第53冊
失譯人名
天請問經一卷 Y0240/第53冊
(唐)玄奘譯
佛說父母恩難報經一卷 Y0240/第53冊
(後漢)安世高譯
摩訶僧祇律四十卷 Y0240/第53-54冊
(東晉)佛陀跋陀羅 (東晉)法顯譯
十誦律六十一卷 Y0240/第54-56冊
(後秦)弗若多羅 (後秦)鳩摩羅什譯
根本說一切有部毗奈耶五十卷
Y0240/第56-57冊
義淨譯
根本說一切有部苾芻尼毗奈耶二十卷
Y0240/第57-58冊
義淨譯
根本說一切有部毗奈耶雜事四十卷
Y0240/第58-59冊
義淨譯
根本說一切有部尼陁那五卷
Y0240/第59冊
(唐)義淨譯
根本說一切有部目得迦十卷
Y0240/第59冊
(唐)義淨譯
五分律三十卷 Y0240/第59-60冊
(宋)佛陀什 (宋)竺道生譯
四分律六十卷 Y0240/第60-62冊
(姚秦)佛陀耶舍 (姚秦)竺佛念譯
根本說一切有部苾蒭尼戒經一卷
Y0240/第62冊
義淨譯
根本說一切有部戒經一卷
Y0240/第62冊
義淨譯
十誦比丘尼波羅提木叉戒本一卷
Y0240/第62冊
(宋)釋法顯集出
摩訶僧祇比丘尼戒本一卷
Y0240/第62冊
(東晉)法顯 覺賢譯
彌沙塞五分節本一卷 Y0240/第62冊
(宋)佛陀什等譯
十誦比丘波羅提木叉戒本一卷
Y0240/第62冊
(姚秦)鳩摩羅什譯
摩訶僧祇律大比丘戒本一卷
Y0240/第62冊
(東晉)佛陀跋陀羅譯
四分僧戒本一卷 Y0240/第62冊
(後秦)世佛陀耶舍譯
五分比丘尼戒本一卷 Y0240/第62冊
(梁)釋明徽集
沙彌十戒法並威儀一卷 Y0240/第62冊
舍利弗問經一卷 Y0240/第62冊
四分尼戒本一卷 Y0240/第62冊
懷素集
四分比丘戒本一卷 Y0240/第62冊
懷素集
解脫戒經一卷 Y0240/第62冊
(元魏)瞿曇般若流支譯
沙彌威儀一卷 Y0240/第62冊
(宋)求那跋摩譯
沙彌尼戒經一卷 Y0240/第62冊
沙彌尼離戒文一卷 Y0240/第62冊
根本說一切有部百一羯磨十卷
Y0240/第62-63冊
義淨譯
羯磨一卷 Y0240/第63冊
曇諦譯
彌沙塞羯磨一卷 Y0240/第63冊
愛同錄
大沙門百一羯磨法一卷 Y0240/第63冊
失譯
曇無德律部雜羯磨一卷 Y0240/第63冊
(曹魏)康僧鎧譯
四分比丘尼羯磨法一卷 Y0240/第63冊
(宋)求那跋摩譯
十誦羯磨比丘要用一卷 Y0240/第63冊
(宋)釋僧璩撰
優波離問佛經一卷 Y0240/第63冊
(宋)求那跋摩譯
曇無德部四分律刪補隨機羯磨二卷
Y0240/第63冊
道宣集
僧羯磨三卷 Y0240/第63冊
懷素集
尼羯磨三卷 Y0240/第63冊
懷素集
根本說一切有部毗奈耶頌三卷
Y0240/第63冊
毗舍佉造 義淨譯
大愛道比丘尼經二卷 Y0240/第63冊
根本說一切有部毗奈耶尼陀那攝頌一卷 Y0240/第63冊
義淨譯
根本說一切有部略毗奈耶雜事攝頌一卷 Y0240/第63冊
義淨譯
佛說目連問戒律中五百輕重事一卷
Y0240/第63冊
失譯人名

佛說優婆塞五戒相經一卷 Y0240/第 63 冊
(宋)求那跋摩譯
佛說迦葉禁戒經一卷 Y0240/第 63 冊
(宋)沮渠京聲譯
佛說戒消災經一卷 Y0240/第 63 冊
(吳)支謙譯
佛說犯戒罪報輕重經一卷 Y0240/第 63 冊
(後漢)安世高譯
根本薩婆多部律攝十四卷 Y0240/第 63－64 冊
尊者勝友集 義淨譯
薩婆多部毗尼摩得勒伽經十卷 Y0240/第 64 冊
(宋)僧伽跋摩譯
鼻奈耶十卷 Y0240/第 64 冊
(姚秦)竺佛念譯
善見毗婆沙律十八卷 Y0240/第 64－65 冊
(蕭齊)僧伽跋陀羅譯
佛阿毗曇經出家相品二卷 Y0240/第 65 冊
(陳)真諦譯
毗尼母經八卷 Y0240/第 65 冊
失譯人名
大比丘三千威儀二卷 Y0240/第 65 冊
(後漢)安世高譯
薩婆多毗尼毗婆沙九卷 Y0240/第 65 冊
失譯人名
律二十二明了論一卷 Y0240/第 65 冊
佛陀多羅多法師造(陳)真諦譯
阿毗曇八犍度論三十卷 Y0240/第 65－66 冊
迦栴延子造(符秦)僧伽提婆 竺佛念譯
阿毗達磨發智論二十卷 Y0240/第 66 冊
迦多衍尼子造 玄奘譯
阿毗達磨法蘊足論十二卷 Y0240/第 67 冊
大目乾連造 玄奘譯
阿毗達磨集異門足論二十卷 Y0240/第 67 冊
舍利子說 玄奘譯
阿毗達磨識身足論十六卷 Y0240/第 67－68 冊
提婆設摩阿羅漢造 玄奘譯
阿毗達磨界身足論三卷 Y0240/第 68 冊
世友造 玄奘譯
阿毗達磨品類足論十八卷 Y0240/第 68 冊
世友造 玄奘譯
衆事分阿毗曇論十二卷 Y0240/第 68－69 冊
世友造(宋)求那跋陀羅 菩提耶舍譯
阿毗曇毗婆沙論六十卷 Y0240/第 69－70 冊
迦旃延子造(北涼)釋浮陀跋摩 (北涼)釋道泰等譯
阿毗達磨大毗婆沙論二百卷 Y0240/第 70－74 冊
五百大阿羅漢造 玄奘譯
阿毗達磨俱舍釋論二十二卷 Y0240/第 74－75 冊
婆藪盤豆造(陳)真諦譯
阿毗達磨俱舍論三十卷 Y0240/第 75－76 冊
世親造 玄奘譯
阿毗達磨順正理論八十卷 Y0240/第 76－78 冊
众賢造 玄奘譯
阿毗達磨藏顯宗論四十卷 Y0240/第 78 冊
众賢造 玄奘譯
阿毗曇心論經六卷 Y0240/第 78 冊
優波扇多譯(高齊)那連提耶舍譯
阿毗曇心論四卷 Y0240/第 78 冊
法勝造(晉)僧伽提婆 慧遠譯
雜阿毗曇心論十卷 Y0240/第 78－79 冊
法救造(宋)僧伽跋摩等譯
阿毗曇甘露味論二卷 Y0240/第 79 冊
瞿沙造
隋相論一卷 Y0240/第 79 冊
德慧法師造(陳)真諦譯
尊婆須蜜菩薩所集論十卷 Y0240/第 79 冊
尊婆須蜜造(符秦)僧迦跋澄等譯
入阿毗達磨論二卷 Y0240/第 79 冊
塞建陀羅阿羅漢造 玄奘譯
三法度論三卷 Y0240/第 79 冊
(東晉)瞿曇僧伽提婆譯
成實論十六卷 Y0240/第 79 冊
訶梨跋摩造(姚秦)鳩摩羅什譯
佛說立世阿毗曇論十卷 Y0240/第 80 冊
(陳)真諦譯
解脱道論十二卷 Y0240/第 80 冊
優波底沙造(梁)僧伽婆羅譯
舍利弗阿毗曇論三十卷 Y0240/第 80－81 冊
(姚秦)曇摩崛多(姚秦)曇摩耶舍譯
五事毗婆沙論二卷 Y0240/第 81 冊
法救造 玄奘譯
鞞婆沙論十四卷 Y0240/第 81 冊
迦旃延子造 僧伽跋澄譯
三彌底部論三卷 Y0240/第 81 冊
失譯人名
分別功德論五卷 Y0240/第 81 冊
失譯人名
四諦論四卷 Y0240/第 81 冊
婆藪跋摩造(陳)真諦譯
十八部異執論一卷 Y0240/第 81 冊
天友菩薩造(陳)真諦譯
十八部論一卷 Y0240/第 81 冊
(陳)真諦譯
異部宗輪論一卷 Y0240/第 81 冊
世友造 玄奘譯
佛說辟支佛因緣論二卷 Y0240/第 81 冊
失譯人名
佛本行經七卷 Y0240/第 81－82 冊
(宋)釋寶雲譯
佛所行讚五卷 Y0240/第 82 冊
馬鳴菩薩造(北涼)曇無讖譯
撰集百緣經十卷 Y0240/第 82 冊
(吳)塞支謙譯
出曜經三十卷 Y0240/第 82－83 冊
(姚秦)竺佛念譯
賢愚經十三卷 Y0240/第 83 冊
(宋)慧覺等譯
修行道地經七卷 Y0240/第 83 冊
(西晉)竺法護譯
僧伽羅剎所集經三卷 Y0240/第 83 冊
(符秦)僧迦跋澄等譯
道地經一卷 Y0240/第 83 冊
僧伽羅剎造(後漢)安世高譯
佛說百喻經四卷 Y0240/第 83 冊
僧伽斯那撰(蕭齊)求那毗地譯
菩薩本緣經三卷 Y0240/第 83 冊
僧伽斯那撰(吳)支謙譯
大乘修行菩薩行門諸經要集三卷 Y0240/第 83 冊
(唐)釋智嚴譯

付法藏因緣傳六卷 Y0240/第83冊
(元魏)吉迦夜 曇曜譯
坐禪三昧經二卷 Y0240/第83冊
(姚秦)鳩摩羅什譯
四品學法經一卷 Y0240/第83冊
(宋)求那跋陀羅譯
佛治身經一卷 Y0240/第83冊
失譯人名
佛說治意經一卷 Y0240/第83冊
失譯人名
惟日雜難經一卷 Y0240/第83冊
(吳)支謙譯
菩薩訶色欲法經一卷 Y0240/第83冊
(後秦)鳩摩羅什譯
佛說佛醫經一卷 Y0240/第83冊
(吳)竺律炎 支越譯
佛入涅槃密跡金剛力士哀戀經一卷 Y0240/第83冊
失譯人名
佛使比丘迦旃延說法沒進偈百二十章一卷 Y0240/第83冊
失譯人名
迦葉赴佛般涅槃經一卷 Y0240/第83冊
(東晉)竺曇無蘭譯
雜寶藏經十卷 Y0240/第83-84冊
(元魏)吉迦夜 曇曜譯
那先比丘經二卷 Y0240/第84冊
失譯人名
達摩多羅禪經二卷 Y0240/第84冊
(東晉)佛陀跋陀羅譯
禪法要解二卷 Y0240/第84冊
(姚秦)鳩摩羅什譯
舊雜譬喻經二卷 Y0240/第84冊
(吳)康僧會譯
五門禪經要用法一卷 Y0240/第84冊
佛陀蜜多撰(宋)曇摩蜜多譯
雜譬喻經一卷 Y0240/第84冊
(後漢)支婁迦讖譯
佛說內身觀章句經一卷 Y0240/第84冊
失譯人名
法觀經一卷 Y0240/第84冊
(西晉)竺法護譯
思惟略要法一卷 Y0240/第84冊
(姚秦)羅什法師出
禪要經一卷 Y0240/第84冊
失譯人名
佛說十二遊經一卷 Y0240/第84冊
(東晉)迦留陀伽譯
阿育王經十卷 Y0240/第84冊
(梁)僧伽婆羅譯
雜譬喻經二卷 Y0240/第84冊
失譯人名
天尊說阿育王譬喻經一卷 Y0240/第84冊
失譯人名
雜譬喻經一卷 Y0240/第84冊
道畍集
阿育王本施土緣傳七卷 Y0240/第84冊
(西晉)安法欽譯
阿育王息壞目因緣經一卷 Y0240/第84冊
(符秦)曇摩難提譯
四阿鋡暮抄解二卷 Y0240/第84冊
婆素跋陀撰(符秦)鳩摩羅佛提等譯
法句喻經四卷 Y0240/第84冊
(晉)法炬 法立譯
法句經二卷 Y0240/第84-85冊
法救撰(吳)維祇難等譯
撰集三藏及雜藏傳一卷 Y0240/第85冊
不載譯人
阿含口解十二因緣經一卷 Y0240/第85冊
(後漢)安玄 嚴佛調譯
一百五十讚佛頌一卷 Y0240/第85冊
摩咥裹制吒造(唐)義淨譯
六菩薩亦當誦持經一卷 Y0240/第85冊
失譯人名
讚觀世音菩薩頌一卷 Y0240/第85冊
(唐)慧智譯
佛說小道地經一卷 Y0240/第85冊
(後漢)支曜譯
三慧經一卷 Y0240/第85冊
(後漢)支曜譯
阿毗曇五法行經一卷 Y0240/第85冊
(後漢)安世高譯
迦葉結經一卷 Y0240/第85冊
(後漢)安世高譯
文殊師利發願經一卷 Y0240/第85冊
(東晉)佛陀跋陀羅譯
金七十論三卷 Y0240/第85冊
(陳)真諦譯
無名羅刹經三卷 Y0240/第85冊
失譯人名
加丁比丘說當來變經一卷 Y0240/第85冊
失譯人名
提婆菩薩傳一卷 Y0240/第85冊
(姚秦)鳩摩羅什譯
龍樹菩薩傳一卷 Y0240/第85冊
(姚秦)鳩摩羅什譯
請賓頭盧經一卷 Y0240/第85冊
(宋)釋慧簡譯
馬鳴菩薩傳一卷 Y0240/第85冊
(後秦)鳩摩羅什譯
龍樹菩薩勸誡王頌一卷 Y0240/第85冊
(唐)義淨譯
分別業報略經一卷 Y0240/第85冊
大勇菩薩撰(宋)僧伽跋摩譯
勸發諸王要偈一卷 Y0240/第85冊
龍樹菩薩撰(宋)僧伽跋摩譯
婆娑盤豆法師傳一卷 Y0240/第85冊
(陳)真諦譯
賓頭盧突羅闍為優陀延王說法經一卷 Y0240/第85冊
(宋)求那跋陀羅譯
龍樹菩薩為禪陀迦王說法要偈一卷 Y0240/第85冊
(宋)求那跋摩譯
勝宗十句義論一卷 Y0240/第85冊
勝者慧月造 玄奘譯
大阿羅漢難提蜜多羅所說法住記一卷 Y0240/第85冊
譚玄奘譯
釋迦譜五卷 Y0240/第85冊
(梁)釋僧祐譯
釋迦方志二卷 Y0240/第85冊
終南太一山釋氏
釋迦氏譜一卷 Y0240/第85冊
終南山釋氏
經律異相五十卷 Y0240/第85-86冊
(梁)旻寶唱等集
陀羅尼雜集十卷 Y0240/第86冊
諸經要集二十卷 Y0240/第86-87冊
釋道世集
出三藏記集十五卷 Y0240/第87-88冊
釋僧祐撰
衆經目錄七卷 Y0240/第88冊
(隋)法經等撰
歷代三寶紀十五卷 Y0240/第88冊
費長房上

衆經目錄五卷 Y0240/第88冊
釋靜泰撰
大唐内典錄十卷 Y0240/第88－89冊
釋氏譯
大周刊定衆經目錄十五卷
Y0240/第89冊
(唐)明佺等撰
古今譯經圖紀四卷 Y0240/第89冊
靖邁次
續古今譯經圖紀一卷 Y0240/第89冊
智昇撰
續大唐内典錄一卷 Y0240/第89冊
釋氏撰畢
開元釋教錄二十卷 Y0240/第89－90冊
智昇撰
一切經音義二十五卷
Y0240/第90－91冊
玄應撰
新譯大方廣佛華嚴經音義二卷
Y0240/第91冊
惠苑述
大唐西域記十二卷 Y0240/第91冊
玄奘譯 辯機撰
集古今佛道論衡四卷 Y0240/第91冊
(唐)西明寺釋氏
續集古今佛道論衡一卷 Y0240/第91冊
(唐)釋智昇撰
集沙門不應拜俗等事六卷
Y0240/第91冊
釋彦悰纂錄
集神州三寶感通錄三卷 Y0240/第91冊
(唐)釋道宣撰
大唐大慈恩寺三藏法師傳十卷
Y0240/第91－92冊
慧立本 釋彦悰箋
大唐西域求法高僧傳二卷
Y0240/第92冊
義淨撰
昔道人法顯從長安行西至天竺傳一卷
Y0240/第92冊
(東晉)釋法顯自記
高僧傳十四卷 Y0240/第92冊
(梁)釋惠皎撰
續高僧傳三十卷 Y0240/第92－93冊
(唐)釋道宣撰
辯正論八卷 Y0240/第93冊
(唐)釋法琳撰
破邪論二卷 Y0240/第93冊
(唐)釋法琳撰
甄正論三卷 Y0240/第93冊
玄嶷撰
十門辯惑論三卷 Y0240/第93冊
釋復禮撰
弘明集十四卷 Y0240/第93－94冊
(梁)釋僧祐撰
廣弘明集三十卷 Y0240/第94－95冊
(唐)釋道宣撰
南海寄歸内法傳四卷 Y0240/第95冊
義淨撰
說罪要行法一卷 Y0240/第95冊
義淨撰
護命放生軌儀法一卷 Y0240/第95冊
義淨撰
受用三水要行法一卷 Y0240/第95冊
義淨撰
比丘尼傳四卷 Y0240/第95冊
釋寶唱撰
集諸經禮懺儀二卷 Y0240/第95冊
(唐)智昇撰
佛說大乘莊嚴寶王經四卷
Y0240/第95冊
天息災奉詔譯
佛說聖佛母小字般若波羅蜜多經一卷
Y0240/第95冊
天息災奉詔譯
佛說大乘聖無量壽決定光明王如來陀羅尼經一卷 Y0240/第95冊
法天譯
佛說無能勝幡王如來莊嚴陀羅尼經一卷 Y0240/第95冊
施護譯
最勝佛頂陀羅尼經一卷 Y0240/第95冊
法天譯
佛說大乘聖吉祥持世陀羅尼經一卷
Y0240/第95冊
法天譯
七佛讚唄伽他一卷 Y0240/第95冊
法天譯
大方廣總持寶光明經五卷
Y0240/第95冊
法天譯
佛說守護大千國土經三卷
Y0240/第95冊
施護譯
佛說出生一切如來法眼遍照大力明王經二卷 Y0240/第95冊
法天譯
分別善惡報應經二卷 Y0240/第95冊
天息災奉詔譯
佛說大乘善見變化文殊師利問法經一卷 Y0240/第95冊
天息災奉詔譯
佛說大乘日子王所問經一卷
Y0240/第95冊
法天譯
佛說大護明大陀羅尼進一卷
Y0240/第95冊
法天譯
佛說樓閣正法甘露鼓經一卷
Y0240/第95冊
天息災奉詔譯
佛說金耀童子經一卷 Y0240/第95冊
天息災奉詔譯
大寒林聖難拏陀羅尼經一卷
Y0240/第95冊
法天譯
佛說較量壽命經一卷 Y0240/第95冊
天息災奉詔譯
聖虚空藏菩薩陀羅尼經一卷
Y0240/第95冊
法天譯
佛頂放無垢光明入普門觀察一切如來心陀羅尼經二卷 Y0240/第95冊
法天譯
佛說聖最上燈明如來陀羅尼經一卷
Y0240/第95冊
法天譯
息除中夭陀羅尼經一卷 Y0240/第95冊
法天譯
消除一切閃電障難隨求如意陀羅尼經一卷 Y0240/第95冊
法天譯
佛說嗟韈曩法天子受三歸依獲免惡道經 Y0240/第95冊
法天譯
讚法界頌一卷 Y0240/第95冊
施護譯
佛說無能勝大明王陁羅尼經一卷
Y0240/第95冊
法天譯

佛說佛說諸行有為經一卷　Y0240/第95冊
法天譯
一切如來正法秘密篋印心陀羅尼經一卷　Y0240/第95冊
法天譯
妙法聖念處經八卷　Y0240/第95冊
法天譯
佛說六道伽陀經一卷　Y0240/第95冊
法天譯
勝軍化世百喻伽他經一卷　Y0240/第95冊
天息災奉詔譯
法集要誦經四卷　Y0240/第95冊
天息災奉詔譯
聖觀自在菩薩一百八名經一卷　Y0240/第95冊
天息災奉詔譯
讚揚聖德多羅菩薩一百八名經一卷　Y0240/第95冊
天息災奉詔譯
菩提行經四卷　Y0240/第96冊
龍樹菩薩集頌 天息災譯
佛說大迦葉問大寶積正法經五卷　Y0240/第96冊
施護譯
佛說法集名數經一卷　Y0240/第96冊
施護譯
佛說沙彌十戒儀則經一卷　Y0240/第96冊
施護譯
聖持世陀羅尼經一卷　Y0240/第96冊
施護譯
十二緣生祥瑞經二卷　Y0240/第96冊
施護譯
無能勝大明心陀羅尼經一卷　Y0240/第96冊
施護譯
諸佛心印陀羅尼經一卷　Y0240/第96冊
施護譯
外道問聖大乘法無我義經一卷　Y0240/第96冊
施護譯
佛說苾芻五法經一卷　Y0240/第96冊
施護譯
佛說苾芻迦屍迦十法經一卷　Y0240/第96冊
施護譯
聖多羅菩薩一百八名陀羅尼經一卷　Y0240/第96冊
施護譯
毘俱胝菩薩一百八名經一卷　Y0240/第96冊
施護譯
金剛針論一卷　Y0240/第96冊
法稱菩薩造 法天奉詔譯
佛說目連所問經一卷　Y0240/第96冊
法天奉詔譯
無能勝大明陀羅尼經一卷　Y0240/第96冊
法天奉詔譯
大方廣菩薩藏文殊師利根本儀軌經二十卷　Y0240/第96冊
天息災奉詔譯
佛說觀想佛母般若波羅蜜多菩薩經一卷　Y0240/第96冊
天息災奉詔譯
佛為娑伽羅龍王所說大乘經一卷　Y0240/第96冊
施護奉詔譯
佛說十號經一卷　Y0240/第96冊
天息災奉詔譯
佛說寶生陀羅尼經一卷　Y0240/第96冊
施護奉詔譯
佛說蓮華眼陀羅尼經一卷　Y0240/第96冊
施護奉詔譯
佛說大金剛香陀羅尼經一卷　Y0240/第96冊
施護奉詔譯
大乘寶月童子問法經一卷　Y0240/第96冊
施護奉詔譯
佛說一切如來安像三昧儀軌經一卷　Y0240/第96冊
施護奉詔譯
佛說大自在天子因地經一卷　Y0240/第96冊
施護奉詔譯
廣大蓮華莊嚴曼拏羅滅一切罪陀羅尼經一卷　Y0240/第96冊
施護奉詔譯
佛說如意摩尼陀羅尼經一卷　Y0240/第96冊
施護奉詔譯
大金剛妙高山樓閣陀羅尼一卷　Y0240/第96冊
施護奉詔譯
佛說普賢菩薩陀羅尼經一卷　Y0240/第96冊
施護奉詔譯
妙臂菩薩所問經四卷　Y0240/第96冊
施護奉詔譯
佛說寶藏神大明曼拏羅儀軌經二卷　Y0240/第96冊
法天奉詔譯
佛說聖寶藏神儀軌經二卷　Y0240/第96冊
法天奉詔譯
一切如來大秘密王未曾有最上微妙大曼拏羅經五卷　Y0240/第96冊
天息災奉詔譯
佛說大摩裏支菩薩經七卷　Y0240/第96冊
天息災奉詔譯
聖無能勝金剛火陀羅尼經一卷　Y0240/第96冊
法天奉詔譯
佛說聖莊嚴陀羅尼經二卷　Y0240/第96冊
施護奉詔譯
佛說勝幡瓔珞陀羅尼經一卷　Y0240/第96冊
施護奉詔譯
佛說花積樓閣陀羅尼經一卷　Y0240/第96冊
施護奉詔譯
千轉大明陀羅尼經一卷　Y0240/第96冊
施護奉詔譯
佛說智光滅一切業障陀羅尼經一卷　Y0240/第96冊
施護奉詔譯
賢聖集伽陀一百頌一卷　Y0240/第96冊
天息災奉詔譯
佛說聖大總持王經一卷　Y0240/第96冊
施護奉詔譯
佛說尊勝大明王經一卷　Y0240/第96冊
施護奉詔譯
佛說如意寶總持王經一卷　Y0240/第96冊
施護奉詔譯

佛說持明藏八大總持王經一卷 Y0240/第96冊
施護奉詔譯
佛說普賢曼拏羅經一卷 Y0240/第96冊
施護奉詔譯
佛說最上意陀羅尼經一卷 Y0240/第96冊
施護奉詔譯
佛說聖六字大明王陀羅尼經一卷 Y0240/第96冊
佛說大威德金輪佛頂熾盛光如來消除一切災難陀羅尼經一卷 Y0240/第96冊
失譯
佛說眾許摩訶帝經十三卷 Y0240/第96冊
法賢奉詔譯
佛說月光菩薩經一卷 Y0240/第96冊
法賢奉詔譯
佛說金光王童子經一卷 Y0240/第96冊
法賢奉詔譯
佛說佈施經一卷 Y0240/第96冊
法賢奉詔譯
揵稚梵讚一卷 Y0240/第96冊
法賢奉詔譯
毘婆屍佛經二卷 Y0240/第96冊
法天奉詔譯
佛說文殊師利一百八名梵贊一卷 Y0240/第96冊
法天奉詔譯
佛說聖觀自在菩薩梵讚一卷 Y0240/第96冊
法天奉詔譯
佛說解憂經一卷 Y0240/第96冊
法天奉詔譯
佛說大三摩惹經一卷 Y0240/第96冊
法天奉詔譯
佛說長者施報經一卷 Y0240/第96冊
法天奉詔譯
佛說七佛經一卷 Y0240/第96冊
法天奉詔譯
佛一百八名讚一卷 Y0240/第96冊
法天奉詔譯
佛說毗沙門天王經一卷 Y0240/第96冊
法天奉詔譯
聖多羅菩薩梵讚一卷 Y0240/第96冊
法天奉詔譯
一切如來說佛頂輪王一百八名讚一卷 Y0240/第96冊
法天奉詔譯
增慧陀羅尼經一卷 Y0240/第96冊
法天奉詔譯
佛說四無所畏經一卷 Y0240/第96冊
法天奉詔譯
佛說聖最勝陀羅尼經一卷 Y0240/第96冊
法天奉詔譯
佛說徧照般若菠蘿蜜經一卷 Y0240/第96冊
法天奉詔譯
佛說帝釋般若波羅蜜多心經一卷 Y0240/第96冊
法天奉詔譯
佛說五十頌聖般若波羅蜜經一卷 Y0240/第96冊
法天奉詔譯
大乘舍黎娑擔摩經一卷 Y0240/第96冊
法天奉詔譯
佛說諸佛經一卷 Y0240/第96冊
法天奉詔譯
佛說大乘戒經一卷 Y0240/第96冊
法天奉詔譯
聖六字增壽大明陀羅尼經一卷 Y0240/第96冊
法天奉詔譯
佛說大乘無量壽莊嚴經三卷 Y0240/第96冊
法賢奉詔譯
佛說佛母寶德藏般若波羅蜜經三卷 Y0240/第96冊
法賢奉詔譯
佛說薩缽多酥哩踰捺野經一卷 Y0240/第96冊
法賢奉詔譯
佛說金剛手菩薩降伏一切部多大教王經三卷 Y0240/第96冊
法天奉詔譯
最上大乘金剛大教寶王經二卷 Y0240/第96冊
法天奉詔譯
佛說一起如來烏瑟膩沙最勝總持經一卷 Y0240/第96冊
法天奉詔譯
菩提心觀釋一卷 Y0240/第97冊
法天譯
佛說護國尊者所問大乘經四卷 Y0240/第97冊
施護譯
佛說金剛香菩薩大明成就儀軌經三卷 Y0240/第97冊
施護譯
金剛薩埵說頻那夜迦天成就儀軌經四卷 Y0240/第97冊
法賢譯
佛說妙吉祥最勝根本大教經三卷 Y0240/第97冊
法賢譯
佛說幻化網大瑜伽教十忿怒明王大明觀想儀軌經一卷 Y0240/第97冊
法賢譯
佛說妙吉祥菩薩所問大乘法螺經一卷 Y0240/第97冊
法賢譯
佛說八大菩薩經一卷 Y0240/第97冊
法賢譯
佛說持明藏瑜伽大教尊那菩薩大明成就儀軌經四卷 Y0240/第97冊
法賢譯
佛說妙吉祥瑜伽大教金剛陪囉嚩輪觀想成就儀軌經一卷 Y0240/第97冊
法賢譯
佛說大乘八大曼拏羅經一卷 Y0240/第97冊
法賢譯
迦葉仙人說醫女人經一卷 Y0240/第97冊
法賢譯
囉縛拏說救療小兒疾病經一卷 Y0240/第97冊
法賢譯
佛說較量一切佛刹功德經一卷 Y0240/第97冊
法賢譯
難你計濕嚩囉天說支輪經一卷 Y0240/第97冊
法賢譯
佛說瑜伽大教王經五卷 Y0240/第97冊
法賢譯
佛說大乘觀想曼拏羅淨諸惡趣經二卷 Y0240/第97冊
法賢譯
佛說一切佛攝相應大教王經聖觀自在

菩薩念誦儀軌一卷 Y0240/第97冊
法賢譯
聖金剛手菩薩一百八名梵讚一卷
Y0240/第97冊
法賢譯
佛說俱枳羅陀羅尼經一卷
Y0240/第97冊
法賢譯
佛說消除一切災障寶髻陀羅尼經一卷
Y0240/第97冊
法賢譯
佛說妙色陀羅尼經一卷 Y0240/第97冊
法賢譯
佛說栴檀香身陀羅尼經一卷
Y0240/第97冊
法賢譯
佛說鉢蘭那賒嚩哩大陀羅尼經一卷
Y0240/第97冊
法賢譯
佛說宿命智陀羅尼經一卷
Y0240/第97冊
法賢譯
佛說慈氏菩薩誓願陀羅尼經一卷
Y0240/第97冊
法賢譯
佛說滅除五逆罪大陀羅尼經一卷
Y0240/第97冊
法賢譯
佛說無量功德陀羅尼經一卷
Y0240/第97冊
法賢譯
佛說十八臂陀羅尼經一卷
Y0240/第97冊
法賢譯
佛說洛叉陀羅尼經一卷 Y0240/第97冊
法賢譯
佛說辟除諸惡陀羅尼經一卷
Y0240/第97冊
法賢譯
佛三身讚一卷 Y0240/第97冊
法賢譯
曼殊室利菩薩吉祥伽陀一卷
Y0240/第97冊
法賢譯
寶授菩薩菩提行經一卷 Y0240/第97冊
法賢譯
佛說八大靈塔名號經一卷
Y0240/第97冊
法賢譯
八塔靈塔梵讚一卷 Y0240/第97冊
法賢譯
三身梵讚一卷 Y0240/第97冊
法賢譯
佛說阿羅漢具德經一卷 Y0240/第97冊
法賢譯
佛說無畏陀羅尼經一卷 Y0240/第97冊
法賢譯
佛說大愛陀羅尼經一卷 Y0240/第97冊
法賢譯
佛說妙吉祥菩薩陀羅尼一卷
Y0240/第97冊
法賢譯
佛說無量壽大智陀羅尼一卷
Y0240/第97冊
法賢譯
佛說宿命智陀羅尼一卷 Y0240/第97冊
法賢譯
佛說慈氏菩薩陀羅尼一卷
Y0240/第97冊
法賢譯
佛說虛空藏菩薩陀羅尼一卷
Y0240/第97冊
法賢譯
佛說尊那經一卷 Y0240/第97冊
法賢譯
大正句王經二卷 Y0240/第97冊
法賢譯
佛說聖多羅菩薩經一卷 Y0240/第97冊
法賢譯
佛說息除賊難陀羅尼經一卷
Y0240/第97冊
法賢譯
佛說延壽妙門陀羅尼經一卷
Y0240/第97冊
法賢譯
佛說秘密八名陀羅尼經一卷
Y0240/第97冊
法賢譯
佛說大吉祥陀羅尼經一卷
Y0240/第97冊
法賢譯
佛說寶賢陀羅尼經一卷 Y0240/第97冊
法賢譯
佛說觀自在菩薩母陀羅尼經一卷
Y0240/第97冊
法賢譯
佛說戒香經一卷 Y0240/第97冊
法賢譯
佛說一切如來名號陀羅尼經一卷
Y0240/第97冊
法賢譯
佛說頻婆娑羅王經一卷 Y0240/第97冊
法賢譯
佛說信解智力經一卷 Y0240/第97冊
法賢譯
佛說舊城喻經一卷 Y0240/第97冊
法賢譯
佛說信佛功德經一卷 Y0240/第97冊
法賢譯
佛說善樂長者經一卷 Y0240/第97冊
法賢譯
佛說人仙經一卷 Y0240/第97冊
法賢譯
佛說法身經一卷 Y0240/第97冊
法賢譯
佛說決定義經一卷 Y0240/第97冊
法賢譯
佛說最上祕密那拏天經三卷
Y0240/第97冊
法賢譯
佛說帝釋所問經一卷 Y0240/第97冊
法賢譯
佛說解憂經一卷 Y0240/第97冊
法賢譯
佛說四品法門經一卷 Y0240/第97冊
法賢譯
佛說護國經一卷 Y0240/第97冊
法賢譯
佛說最上根本大樂金剛不空三昧大教王經七卷 Y0240/第97冊
法賢譯
大唐開元釋教廣品歷章三十卷
Y0240/第97－98冊
釋玄逸撰
大唐正元續開元釋教錄三卷
Y0240/第98冊
圓照撰
穢跡金剛禁百變法經一卷
Y0240/第98冊
阿質達霰（唐）言無能勝將譯

穢跡金剛說神通大滿陀羅尼法術靈要門一卷 Y0240/第98冊
阿質達霰(唐)言無能勝將譯
金剛恐怖集會方光軌儀觀自在菩薩三世最勝心明王大威力烏樞瑟摩明王經三卷 Y0240/第98冊
阿質達霰譯
普遍智藏般若波羅蜜多心經一卷 Y0240/第98冊
法月重譯
金剛頂經瑜伽修習毗盧遮那三摩地法一卷 Y0240/第98冊
(唐)金剛智奉詔譯
千手千眼觀世音菩薩大身咒本一卷 Y0240/第98冊
(唐)金剛智奉詔譯
千手千眼觀自在菩薩廣大圓滿無礙大悲心陀羅尼咒本一卷 Y0240/第98冊
(唐)金剛智奉詔譯
不動使者陀羅尼秘密法一卷 Y0240/第98冊
金剛菩提奉詔譯
金剛頂瑜伽念珠經一卷 Y0240/第98冊
不空奉詔譯
金剛頂一切如來真實攝大乘現證大教王經三卷 Y0240/第98冊
不空奉詔譯
大樂金剛不空真實三麼耶經一卷 Y0240/第98冊
不空奉詔譯
佛說大方廣曼殊室利經一卷 Y0240/第98冊
不空奉詔譯
一字奇特佛頂經三卷 Y0240/第98冊
不空奉詔譯
金剛恐怖集會方廣軌儀觀自在菩薩三世最勝心明王經一卷 Y0240/第98冊
不空奉詔譯
佛說出生無邊門陀羅尼經一卷 Y0240/第98冊
不空奉詔譯
金剛頂經瑜伽文殊師利菩薩法一品一卷 Y0240/第98冊
不空奉詔譯
阿唎多羅陀羅尼阿嚕力經一卷 Y0240/第98冊
不空奉詔譯
百千頌大集經地藏菩薩請問法身讚一卷 Y0240/第98冊
不空奉詔譯
普賢菩薩行願讚一卷 Y0240/第98冊
不空譯
大吉祥天女十二契一百八名無垢大乘經一卷 Y0240/第98冊
不空奉詔譯
底哩三昧邪不動尊威怒王使者念誦法一卷 Y0240/第98冊
不空奉詔譯
十一面觀自在菩薩心密言念誦儀軌經三卷 Y0240/第98冊
不空奉詔譯
一切如來心秘密全身舍利寶篋印陀羅尼經一卷 Y0240/第98冊
不空奉詔譯
佛說一切如來金剛壽命陀羅尼經一卷 Y0240/第98冊
金剛智 沙門智藏奉詔譯
佛說大吉祥天女十二號經一卷 Y0240/第98冊
不空奉詔譯
金剛頂瑜伽經十八會指歸一卷 Y0240/第98冊
不空奉詔譯
菩提場所說一字頂輪王經五卷 Y0240/第98冊
不空奉詔譯
略述金剛頂瑜伽分別聖位修證法門一卷 Y0240/第98冊
不空奉詔譯
佛母大孔雀明王經二卷 Y0240/第98-99冊
不空奉詔譯
大雲輪請雨經二卷 Y0240/第99冊
不空奉詔譯
佛說雨寶陀羅尼經一卷 Y0240/第99冊
不空奉詔譯
佛說穰麌梨童女經一卷 Y0240/第99冊
不空奉詔譯
慈氏菩薩所說大乘緣生稻稈喻經一卷 Y0240/第99冊
不空奉詔譯
大寶廣博樓閣善住秘密陀羅尼經三卷 Y0240/第99冊
不空奉詔譯
菩提場莊嚴陀羅尼經一卷 Y0240/第99冊
不空奉詔譯
除一切疾病陀羅尼經一卷 Y0240/第99冊
不空奉詔譯
能淨一切眼疾病陀羅尼經一卷 Y0240/第99冊
不空奉詔譯
佛說救拔焰口餓鬼陀羅尼經一卷 Y0240/第99冊
不空奉詔譯
佛說三十五佛名禮懺文一卷 Y0240/第99冊
不空奉詔譯
八大菩薩曼荼羅經一卷 Y0240/第99冊
不空奉詔譯
葉衣觀自在菩薩經一卷 Y0240/第99冊
不空奉詔譯
訶利帝母真言法一卷 Y0240/第99冊
不空奉詔譯
毗沙門天王經一卷 Y0240/第99冊
不空奉詔譯
觀自在菩薩說普賢陀羅尼經一卷 Y0240/第99冊
不空奉詔譯
文殊問經字母品卷第十四一卷 Y0240/第99冊
不空奉詔譯
金剛頂蓮華部心念誦儀軌一卷 Y0240/第99冊
不空奉詔譯
金剛頂瑜伽千手千眼觀自在菩薩修行儀軌經一卷 Y0240/第99冊
不空奉詔譯
無量壽如來修觀行供養儀軌一卷 Y0240/第99冊
不空奉詔譯
阿閦如來念誦供養法一卷 Y0240/第99冊
不空奉詔譯
佛頂尊勝陀羅尼念誦儀軌法一卷 Y0240/第99冊
不空奉詔譯
金剛頂勝初瑜伽普賢菩薩念誦法一卷 Y0240/第99冊
不空奉詔譯

金剛王菩薩秘密念誦儀軌一卷 Y0240/第99冊
不空奉詔譯
普賢金剛薩埵瑜伽念誦儀 Y0240/第99冊
不空奉詔譯
金剛頂瑜伽金剛薩埵五秘密修行念誦儀軌一卷 Y0240/第99冊
不空奉詔譯
金剛壽命陀羅尼念誦法一卷 Y0240/第99冊
不空奉詔譯
瑜伽翳迦訖沙囉烏瑟泥沙斫訖囉真言安怛陀那儀則一字頂輪王瑜伽經一卷 Y0240/第99冊
不空奉詔譯
仁王般若念誦法喻經 Y0240/第99冊
不空奉詔譯
一字頂輪王念誦儀軌一卷 Y0240/第99冊
不空奉詔譯
觀自在菩薩如意輪念誦儀軌一卷 Y0240/第99冊
不空奉詔譯
大虛空藏菩薩念誦法一卷 Y0240/第99冊
不空奉詔譯
瑜伽蓮華部念誦法一卷 Y0240/第99冊
不空奉詔譯
甘露軍荼利菩薩供養念誦成就儀軌一卷 Y0240/第99冊
不空奉詔譯
聖觀自在菩薩心真言瑜伽觀行儀軌一卷 Y0240/第99冊
不空奉詔譯
金剛頂經多羅菩薩念誦法一卷 Y0240/第99冊
不空奉詔譯
大綱廣佛華嚴經入法界品四十二字觀門一卷 Y0240/第99冊
不空奉詔譯
大聖文殊師利菩薩讚佛法身禮並序一卷 Y0240/第99冊
不空奉詔譯
受菩提心戒儀一卷 Y0240/第99冊
不空奉詔譯
金剛頂瑜伽三十七尊禮一卷 Y0240/第99冊
譯者原缺
金剛頂經金剛界大道場毗盧遮那如來自受用身內證智眷屬法身異名佛最上乘秘密三摩地禮懺文一卷 Y0240/第99冊
不空奉詔譯
大樂金剛不空真實三昧邪經般若波羅蜜多理趣釋二卷 Y0240/第99冊
不空奉詔譯
般若波羅蜜多理趣經大樂不空三昧真實金剛薩埵菩薩等一十七聖大曼荼羅義述一卷 Y0240/第99冊
不空奉詔譯
金剛頂瑜伽護摩儀軌一卷 Y0240/第99冊
智藏譯
陀羅尼門諸部要目一卷 Y0240/第99冊
不空奉詔譯
大乘緣生論一卷 Y0240/第99冊
不空奉詔譯
七俱胝佛母所說準提陀羅尼經一卷 Y0240/第99冊
不空奉詔譯
大集大虛空藏菩薩所問經八卷 Y0240/第99冊
不空奉詔譯
仁王護國般若波羅蜜多經二卷 Y0240/第99冊
不空奉詔譯
仁王護國般若波羅蜜多經陀羅尼念誦儀軌一卷 Y0240/第99冊
不空奉詔譯
成就妙法蓮花經王瑜伽觀智儀軌一卷 Y0240/第99冊
不空奉詔譯
大乘密嚴經三卷 Y0240/第99冊
不空奉詔譯
金剛頂超勝三界經說文殊五字真言勝相一卷 Y0240/第99冊
不空奉詔譯
五字陀羅尼頌一卷 Y0240/第99冊
不空奉詔譯
金剛頂勝初瑜伽經中略出太樂金剛薩埵念誦儀一卷 Y0240/第99冊
不空奉詔譯
大樂金剛薩埵修行成就儀軌一卷 Y0240/第99冊
不空奉詔譯
大樂叉女歡喜母並愛子成就法一卷 Y0240/第99冊
不空奉詔譯
普遍光明清淨熾聖如意寶印心無能勝大明王大隨求陀羅尼經二卷 Y0240/第99－100冊
不空奉詔譯
聖閻曼德迦威怒王立成大神驗念誦法一卷 Y0240/第100冊
不空奉詔譯
文殊師利菩薩根本大教王金翅鳥王品一卷 Y0240/第100冊
不空奉詔譯
不空羂索毗盧遮那佛大灌頂光真言一卷 Y0240/第100冊
不空奉詔譯
大威怒烏蒭澀麼儀軌經一卷 Y0240/第100冊
不空奉詔譯
佛說摩利支天菩薩陀羅尼經一卷 Y0240/第100冊
不空奉詔譯
聖迦抳忿怒金剛童子菩薩成就儀軌經三卷 Y0240/第100冊
不空奉詔譯
金剛頂經一字頂輪王瑜伽一切時處念誦成佛儀軌一卷 Y0240/第100冊
不空奉詔譯
大方廣如來藏經一卷 Y0240/第100冊
不空奉詔譯
佛說一髻尊陀羅尼經一卷 Y0240/第100冊
不空奉詔譯
速疾立驗魔醯首羅天說阿尾奢法一卷 Y0240/第100冊
不空奉詔譯
大日經略攝念誦隨行法一卷 Y0240/第100冊
不空奉詔譯
大毗盧遮那成佛神變加持經略示七支念誦隨行法一卷 Y0240/第100冊
不空奉詔譯
大聖曼殊室利童子五字瑜伽法一卷 Y0240/第100冊

不空奉詔譯
佛說木㮕經一卷 Y0240/第 100 冊
不空奉詔譯
金剛頂經瑜伽文殊師利菩薩供養儀軌一卷 Y0240/第 100 冊
不空奉詔譯
金剛頂降三世大儀軌法王教中觀自在菩薩心真言一切如來蓮華大曼荼羅品一卷 Y0240/第 100 冊
不空奉詔譯
文殊師利菩薩及諸仙所說吉凶時日善惡宿曜經二卷 Y0240/第 100 冊
不空奉詔譯
金剛頂經觀自在王如來修行法一卷 Y0240/第 100 冊
不空奉詔譯
金剛定於家中發阿耨多羅三藐三菩提心論一卷 Y0240/第 100 冊
不空奉詔譯
瑜伽金剛頂經釋字母品一卷 Y0240/第 100 冊
不空奉詔譯
修習般若波羅蜜菩薩觀行念誦儀軌一卷 Y0240/第 100 冊
不空奉詔譯
一字金輪王佛頂要略念誦法一卷 Y0240/第 100 冊
不空奉詔譯
金剛頂瑜伽降三世成就極深密門一卷 Y0240/第 100 冊
不空 遍智奉詔譯
仁王般若陀羅尼釋一卷 Y0240/第 100 冊
不空奉詔譯
觀自在大悲成就瑜伽蓮華部念誦法門一卷 Y0240/第 100 冊
不空奉詔譯
佛說大孔雀明王畫像壇場儀軌一卷 Y0240/第 100 冊
不空奉詔譯
怒王念誦儀軌法品一卷 Y0240/第 100 冊
不空 遍智奉詔譯
末利支提婆華鬘經一卷 Y0240/第 100 冊
不空 遍智奉詔譯

大聖天歡喜雙身毗那夜迦法一卷 Y0240/第 100 冊
不空奉詔譯
觀自在菩薩如意輪瑜伽一卷 Y0240/第 100 冊
不空奉詔譯
大乘理趣六波羅蜜多經十卷 Y0240/第 100 冊
(唐)般若奉詔譯
大花嚴長者問佛那羅延力經一卷 Y0240/第 100 冊
般若 利言譯
般若波羅蜜多心經一卷 Y0240/第 100 冊
般若 利言譯
大方廣佛華嚴經四十卷 Y0240/第 100－101 冊
般若奉詔譯
佛說十力經一卷 Y0240/第 101 冊
勿提堤犀魚譯
佛說十力經一卷 Y0240/第 101 冊
勿提堤犀魚譯
佛說迴向輪經一卷 Y0240/第 101 冊
屍羅達摩譯
佛說十地經九卷 Y0240/第 101 冊
(唐)屍羅達摩譯
守護國界主陀羅尼經十卷 Y0240/第 101 冊
般若 牟尼室利譯
大乘本生心地觀經八卷 Y0240/第 101 冊
(唐)般若譯
大乘瑜伽金剛性海曼殊室利千臂千鉢大教王經十卷 Y0240/第 101－102 冊
(唐)不空奉詔譯
佛說大生義經一卷 Y0240/第 102 冊
施護奉詔譯
佛說法印經一卷 Y0240/第 102 冊
施護奉詔譯
佛說未曾有正法經六卷 Y0240/第 102 冊
法天奉詔譯
佛說分別緣生經一卷 Y0240/第 102 冊
法天奉詔譯
佛說分別布施經一卷 Y0240/第 102 冊
法天奉詔譯

佛說大集會正法經五卷 Y0240/第 102 冊
法天奉詔譯
佛說園生樹經一卷 Y0240/第 102 冊
法天奉詔譯
聖觀自在菩薩功德讚一卷 Y0240/第 102 冊
法天奉詔譯
佛說了義般若波羅蜜多經一卷 Y0240/第 102 冊
法天奉詔譯
佛說帝釋巖秘密成就儀軌一卷 Y0240/第 102 冊
法天奉詔譯
佛說勝軍王所問經一卷 Y0240/第 102 冊
法天奉詔譯
佛說一切如來金剛三業最上秘密大教王經七卷 Y0240/第 102 冊
施護奉詔譯
佛說最勝妙吉祥根本智最上秘密一切名義三摩地分二卷 Y0240/第 102 冊
施護奉詔譯
諸教決定名義論一卷 Y0240/第 102 冊
聖慈氏菩薩造 施護奉詔譯
佛說大方廣未曾有經善巧方便品一卷 Y0240/第 102 冊
施護奉詔譯
佛說輪王七寶經一卷 Y0240/第 102 冊
施護奉詔譯
佛說佛母出生三法藏般若波羅蜜多經二十五卷 Y0240/第 102 冊
施護奉詔譯
佛說大方廣善巧方便經四卷 Y0240/第 102－103 冊
施護奉詔譯
佛說大乘不思議神通境界經三卷 Y0240/第 103 冊
施護奉詔譯
佛說發菩提破諸魔經二卷 Y0240/第 103 冊
施護奉詔譯
佛說聖佛母般若菠蘿蜜多經一卷 Y0240/第 103 冊
施護奉詔譯
佛說給孤長者女得度因緣經三卷 Y0240/第 103 冊

施護奉詔譯
佛說大集法門經二卷 Y0240/第103冊
施護奉詔譯
集諸法寶最上義論二卷
Y0240/第103冊
施護奉詔譯
佛說經義優婆塞所問經一卷
Y0240/第103冊
施護奉詔譯
菩提心離相論一卷 Y0240/第103冊
施護奉詔譯
大乘破有論一卷 Y0240/第103冊
施護奉詔譯
佛說無二平等最上瑜伽大教王經六卷
Y0240/第103冊
施護奉詔譯
集大乘相論二卷 Y0240/第103冊
施護奉詔譯
佛說佛母般若波羅蜜多大明觀想儀軌一卷 Y0240/第103冊
施護奉詔譯
佛說光明童子因緣經四卷
Y0240/第103冊
施護奉詔譯
佛說入無分別法門經一卷
Y0240/第103冊
施護奉詔譯
佛說寶帶陀羅尼經一卷
Y0240/第103冊
施護奉詔譯
六十頌如理論一卷 Y0240/第103冊
龍樹菩薩造 施護奉詔譯
佛說金身陀羅尼經一卷
Y0240/第103冊
施護奉詔譯
佛說金剛場莊嚴般若波羅蜜多教中一分一卷 Y0240/第103冊
施護奉詔譯
佛吉祥德讚三卷 Y0240/第103冊
施護奉詔譯
佛說息諍因緣經一卷 Y0240/第103冊
施護奉詔譯
大乘二十頌論一卷 Y0240/第103冊
龍樹菩薩造 施護奉詔譯
佛說醫喻經一卷 Y0240/第103冊
施護奉詔譯
佛說月喻經一卷 Y0240/第103冊
施護奉詔譯
佛說初分說經二卷 Y0240/第103冊
施護奉詔譯
廣釋菩提心論四卷 Y0240/第103冊
蓮華戒菩薩造 施護奉詔譯
佛說如幻三摩地無量印法門經三卷
Y0240/第103冊
施護奉詔譯
佛說蟻喻經一卷 Y0240/第103冊
施護奉詔譯
一切祕密最上名義大教王儀軌二卷
Y0240/第103冊
施護奉詔譯
佛說大堅固婆羅門緣起經二卷
Y0240/第103冊
施護奉詔譯
佛說祕密三昧大教王經四卷
Y0240/第103冊
施護奉詔譯
佛說施一切無畏陀羅尼經一卷
Y0240/第103冊
施護奉詔譯
聖八千頌般若波羅蜜多一百八名真實圓義陀羅尼經一卷 Y0240/第103冊
施護奉詔譯
佛說聖觀自在菩薩不空王祕密心陀羅尼經一卷 Y0240/第103冊
施護奉詔譯
佛母般若波羅蜜多圓集要義論一卷
Y0240/第103冊
大域龍菩薩造 施護等奉詔譯
佛母般若波羅蜜多圓集要義釋論四卷
Y0240/第103冊
三寶尊菩薩造 大域龍菩薩造本論 施護等奉詔譯
佛說灌頂王喻經一卷 Y0240/第103冊
施護等奉詔譯
廣大發願頌一卷 Y0240/第103冊
龍樹菩薩造 施護等奉詔譯
佛說祕密相經三卷 Y0240/第103冊
施護等奉詔譯
佛說尼拘陀梵志經二卷
Y0240/第103冊
施護等奉詔譯
佛說白衣金幢二婆羅門緣起經三卷
Y0240/第103冊
施護等奉詔譯
金光明經四卷 Y0240/第103冊
曇無讖譯
佛說一切如來真實攝大乘現證三昧大教王經三十卷 Y0240/第103-104冊
施護等奉詔譯
佛說福力太子因緣經四卷
Y0240/第104冊
施護等奉詔譯
佛說無畏授所問大乘經三卷
Y0240/第104冊
施護等奉詔譯
佛說頂生王因緣經六卷
Y0240/第104冊
施護等奉詔譯
佛說勝義空經一卷 Y0240/第104冊
施護等奉詔譯
佛說清淨心經一卷 Y0240/第104冊
施護等奉詔譯
佛說五大施經一卷 Y0240/第104冊
施護等奉詔譯
佛說隨勇尊者經一卷 Y0240/第104冊
施護等奉詔譯
大乘寶要義論十卷 Y0240/第104冊
施護等奉詔譯
佛說除蓋障菩薩所問經二十卷
Y0240/第104冊
法護等奉詔譯
佛說神毛喜堅經三卷 Y0240/第104冊
惟淨等奉詔譯
聖佛母般若波羅蜜多九頌精義論二卷
Y0240/第104冊
赤衣菩薩造 法護等奉詔譯
佛說大乘大方廣佛冠經二卷
Y0240/第104冊
法護等奉詔譯
佛說八種長養功德經一卷
Y0240/第104冊
法護等奉詔譯
佛說海意菩薩所問淨印法門經十八卷
Y0240/第104-105冊
惟淨等奉詔譯
大乘中觀釋論十八卷 Y0240/第105冊
安慧菩薩造 惟淨等奉詔譯
金色童子因緣經十二卷
Y0240/第105冊
惟淨等奉詔譯
施設論七卷 Y0240/第105冊

法護等奉詔譯
佛說開覺自性般若波蘿蜜多經四卷 Y0240/第 105 冊
惟淨等奉詔譯
佛說如來不思議祕密大乘經二十卷 Y0240/第 105 冊
法護等奉詔譯
佛說大乘菩薩藏正法經四十卷 Y0240/第 105－106 冊
法護奉詔譯
大乘集菩薩學論二十五卷 Y0240/第 106 冊
法稱菩薩造 法護等奉詔譯
佛說大誡如諸佛境界智光明莊嚴經五卷 Y0240/第 106 冊
法護等奉詔譯
十不善業道經一卷 Y0240/第 106 冊
馬鳴菩薩集 日稱等奉詔譯
六趣輪迴經一卷 Y0240/第 106 冊
馬鳴菩薩集 日稱等奉詔譯
尼乾子問無我義經一卷 Y0240/第 106 冊
馬鳴菩薩集 日稱等奉詔譯
事師法五十頌一卷 Y0240/第 106 冊
馬鳴菩薩集 日稱等奉詔譯
諸法集要經十卷 Y0240/第 106 冊
觀無畏尊者集 日稱等奉詔譯
福蓋正行所集經十二卷 Y0240/第 106 冊
龍樹菩薩集 日稱等奉詔譯
父子合集經二十卷 Y0240/第 106 冊
日稱奉詔譯
大方廣佛華嚴經合論一百二十卷 Y0240/第 106－108 冊
(唐)實叉難陀譯經 (唐)李通玄造論 (唐)志寧釐經合論
法苑珠林一百卷 Y0240/第 108－110 冊
釋道世撰
傳燈玉英集十五卷 Y0240/第 110 冊
王隨刪修
景祐天竺字源七卷 Y0240/第 110 冊
惟淨等集
天聖釋教總錄三卷 Y0240/第 110 冊
惟淨等編修
圓覺道場修證儀十八卷 Y0240/第 110－111 冊
宗密述
天聖廣燈錄三十卷 Y0240/第 111 冊
李尊勗編
天聖廣燈錄都帙目錄三十卷 Y0240/第 111 冊
李尊勗編
大中祥符法寶錄二十二卷 Y0240/第 111－112 冊
趙安仁等撰
景祐新修法寶錄二十一卷 Y0240/第 112 冊
呂夷簡等編修
景祐新修法寶錄總錄 Y0240/第 112 冊
呂夷簡等編修
雙峰山曹侯溪寶林傳十卷 Y0240/第 112 冊
智炬集
御製秘藏詮三十卷 Y0240/第 112 冊
(宋)太宗趙炅撰
御製佛賦二卷 Y0240/第 112 冊
(宋)太宗趙炅撰
御製詮源歌一卷 Y0240/第 112 冊
(宋)太宗趙炅撰
御製蓮花心輪迴文偈頌二十五卷 Y0240/第 112－113 冊
(宋)太宗趙炅撰
御製逍遙詠十一卷 Y0240/第 113 冊
(宋)太宗趙炅撰
景德傳燈錄上帙目錄 Y0240/第 113 冊
僧道原纂
景德傳燈錄三十卷 Y0240/第 113－114 冊
僧道原纂
御制緣識五卷 Y0240/第 114 冊
(宋)太宗趙炅撰
佛說大乘智印經五卷 Y0240/第 114 冊
智吉祥等奉詔譯
佛說大乘僧伽吒法義經七卷 Y0240/第 114 冊
金總持等奉詔譯
佛說清淨毗奈耶最上大乘經三卷 Y0240/第 114 冊
智吉祥等奉詔譯
佛說大乘隨轉宣說諸法經三卷 Y0240/第 114 冊
紹德等奉詔譯
佛說巨力長者所問大乘經三卷 Y0240/第 114 冊
智吉祥等奉詔譯
佛說法乘義決定經三卷 Y0240/第 114 冊
金總持等奉詔譯
文殊所說最勝名義經二卷 Y0240/第 114 冊
金總持等奉詔譯
菩薩本生鬘論十六卷 Y0240/第 114 冊
聖勇菩薩等造 臚少卿 慧珣等譯
大方廣佛華嚴經疏六十卷 Y0240/第 114－115 冊
澄觀撰
大方廣佛華嚴經隨疏演義鈔九十卷 Y0240/第 115 冊
澄觀述
御注金剛般若經疏宣演 Y0240/第 115 冊
(宋)道氤撰
圓覺經略疏之鈔卷第八 Y0240/第 115 冊
(宋)道氤撰
妙法蓮花經玄義十卷 Y0240/第 115－116 冊
智者大師說
法華玄義釋籤十卷 Y0240/第 116 冊
湛然述
妙法蓮華經文句十卷 Y0240/第 116 冊
智者大師述
法華文句記十卷 Y0240/第 116 冊
湛然述
摩訶止觀十卷 Y0240/第 116 冊
智者大師述
止觀輔行傳弘決十四卷 Y0240/第 116－117 冊
湛然述
大般涅槃經疏十八卷 Y0240/第 117 冊
灌頂撰 湛然再治
大般涅槃經玄義二卷 Y0240/第 117 冊
灌頂撰
金光明經文句三卷 Y0240/第 117 冊
智者大師說 灌頂錄
金光明經玄義 Y0240/第 117 冊
智顗說 灌頂錄
佛說觀無量壽佛經疏一卷 Y0240/第 117 冊
智者大師說
四教義四卷 Y0240/第 117 冊

智顗撰
四念處四卷 Y0240/第117冊
智者大師說
觀心論 Y0240/第117冊
智者大師說
觀心論疏二卷 Y0240/第117冊
灌頂撰
菩薩戒義疏二卷 Y0240/第117冊
智顗撰
止觀大意一卷 Y0240/第117冊
湛然述
金剛錍一卷 Y0240/第117冊
湛然述
國清百錄四卷 Y0240/第117冊
湛然述
法界次卷第初門三卷 Y0240/第117冊
智者大師撰
止觀義例 Y0240/第117冊
湛然述
方等三昧行法一卷 Y0240/第117冊
(隋)智者大師說 灌頂記
釋禪波羅蜜次第法門十卷
Y0240/第117－118冊
(隋)智者大師說 法慎記 灌頂再治
維摩經疏十卷 Y0240/第118冊
智者大師說 湛然略
維摩疏記六卷 Y0240/第118冊
湛然述
法華三昧懺儀 Y0240/第118冊
(隋)智顗撰
法華三昧行事運想補助儀
Y0240/第118冊
湛然撰
觀世音義疏二卷 Y0240/第118冊
智者大師說 灌頂記
六妙門禪法 Y0240/第118冊
天台大師出
成唯識論述記十卷
Y0240/第118－119冊
窺基撰
成唯識論述記課文二卷
Y0240/第119冊
窺基撰
成唯識論掌中樞要三卷
Y0240/第119冊
窺基撰
因明論理門十四過類疏
Y0240/第119冊
窺基撰
觀彌勒菩薩上生兜率天經疏二卷
Y0240/第119冊
窺基撰
法苑義林六卷 Y0240/第119冊
(唐)窺基撰
大乘百法明門論疏二卷
Y0240/第119冊
義忠述
因明入正理論疏三卷 Y0240/第119冊
窺基撰
般若波羅蜜多心經幽贊二卷
Y0240/第119冊
窺基撰
阿彌陀經通贊疏二卷 Y0240/第119冊
窺基撰
妙法蓮華經玄賛十卷 Y0240/第119冊
窺基撰
瑜伽論略十六卷 Y0240/第119－120冊
窺基撰
瑜伽師地論義演四十一卷
Y0240/第120－121冊
澄淨述
瑜伽師地論記二十卷 Y0240/第121冊
(唐)釋遁倫集撰
萬善同歸集三卷 Y0240/第121冊
永明壽禪師述

Y0241(1－180)
清代稿本百種彙刊
文海出版社影印本
一八〇冊
經部
周易十卦解一卷 Y0241/第1輯
(清)孫奇逢撰
手稿本
詩經鳥獸草木考一卷 Y0241/第1輯
(清)黃春魁撰
道光二十七年自序鈔本
孝經徵文一卷 Y0241/第1輯
(清)丁晏撰
道光二年序手稿本
周易粹義四卷 Y0241/第2輯
(清)薛雪撰
乾隆十一年序手稿本
周易象數易知四卷 Y0241/第3輯
(清)王定國撰
道光八年序手稿本
詩經圖譜慧解十卷首一卷
Y0241/第4輯
(清)高僑鶴撰
康熙四十六年手稿本
周官集注六卷 Y0241/第5輯
(清)闕名撰
鈔本
禮記集說參訂十六卷 Y0241/第6輯
(清)陳鱣撰
鈔本
禮記質疑四十九卷 Y0241/第7輯
(清)郭嵩燾撰
同治中鈔本
律服考古錄二卷 Y0241/第8輯
(清)楊峒撰
鈔本
爾雅義疏校補一卷 Y0241/第8輯
(清)沈錫祚撰
鈔本
倉頡篇續輯一卷 Y0241/第8輯
(清)陶方琦輯 姚振宗編錄
稿本
左氏春秋僞傳辨八卷 Y0241/第9輯
(清)王樹枏撰
手稿本
中庸箋注講義別體八卷 Y0241/第10輯
(清)潘家邦撰
光緒中手稿本
四書訂疑三十四卷 Y0241/第11輯
(清)蔣如馨撰
康熙中手稿本
小爾雅義證十三卷 Y0241/第12輯
(清)胡世琦撰
手稿本
說文諧聲十卷 Y0241/第13輯
(清)丁履恆撰
嘉慶中手稿本
說文解字音韻表十七卷首一卷
Y0241/第14輯
(清)江沅撰
鈔本
六書辨正通俗文不分卷 Y0241/第15輯
(清)曹維城撰
乾隆五十七年鈔本
韻譜六卷廣韻錄異二卷 Y0241/第16輯

（清）朱琰撰
朱氏鈔本
音紐不分卷 Y0241/第 17 輯
（清）陶良駿撰
同治中手稿本
諧聲譜不分卷 Y0241/第 18 輯
丁顯撰
光緒中鈔本
經傳徵實不分卷 Y0241/第 19 輯
（清）王圖炳撰
康熙中手稿本
鄭君遺書不分卷 Y0241/第 20 輯
（漢）鄭玄撰（清）袁鈞輯
袁氏手稿本
雕菰樓經學叢書五十卷 Y0241/第 21 輯
（清）焦循撰
鈔本

史部

史漢初學辨體不分卷 Y0241/第 22 輯
（清）徐與喬 楊貢同輯（清）潘椿重訂
清潘煌等鈔本
季漢紀二十卷 Y0241/第 23 輯
（清）趙作羹撰
雍正二年序鈔本
南唐史不分卷 Y0241/第 24 輯
（清）闕名撰
鈔本
元祕史潤文十五卷首一卷
Y0241/第 25 輯
（清）王樹榮撰
光緒三十二年自序鈔本
荷插叢談四卷 Y0241/第 26 輯
（清）林時對撰
康熙中鈔本
庚子海外紀事二卷 Y0241/第 27 輯
（清）呂海寰撰 毛祖謨編錄
底稿本
元朝人物略不分卷 Y0241/第 28 輯
（清）孫承澤撰
手稿本
鄭氏事實不分卷 Y0241/第 29 輯
（清）鄭慶崧撰
咸豐十年自序鈔本
勝國宰輔錄一卷 Y0241/第 30 輯
（清）宗能徵撰
光緒中手稿本
讀書改過齋叢錄不分卷 Y0241/第 31 輯
（清）陳鶴撰
嘉慶中手稿本
沈竹岑日記不分卷 Y0241/第 32 輯
（清）沈銘彝撰
道光中手稿本
餘冬璅錄二卷 Y0241/第 33 輯
（清）徐堅撰
乾隆四十年沈景韓手訂鈔本
祕魯國志略不分卷 Y0241/第 33 輯
（清）張溥撰
同治十二年手稿本
觀海書院出案底簿一卷 Y0241/第 34 輯
（清）潘德輿撰
道光十七年手稿本
商周文拾遺三卷 Y0241/第 34 輯
（清）吳東發撰
鈔本
嘉定周氏宗譜不分卷 Y0241/第 35 輯
（清）周鼎調撰
康熙中手稿本
陳氏宗譜不分卷 Y0241/第 36 輯
（清）闕名撰
鈔本
關中金石文字存逸考十二卷
Y0241/第 37 輯
（清）毛鳳枝撰
光緒中手稿本
唐栖志二十卷 Y0241/第 38 輯
（清）王同撰
光緒十五年序手稿本
乾隆紹興府志校記不分卷
Y0241/第 39 輯
（清）李慈銘撰
鈔本
瀛環考略二卷 Y0241/第 40 輯
（清）徐繼畬撰
道光二十四年鈔本
南巡盛典稿存四卷 Y0241/第 41 輯
（清）富勒渾等
乾隆中鈔本
己丑曝書記四卷 Y0241/第 42 輯
（清）鄒存淦撰
光緒十五年手稿本
續封泥考略四卷 Y0241/第 43 輯
（清）翁大年輯
國立中央圖書館藏鈔本
明史紀事不分卷 Y0241/第 44 輯
（明）蔣棻撰
鈔本

子部

宋五先生學約十四卷 Y0241/第 45 輯
（清）孫承澤撰
康熙中北平孫氏鈔本
類輯姚江學脉八卷諸賢小傳一卷
Y0241/第 46 輯
（清）王曾永撰
手稿本
六經農用集傳十二卷 Y0241/第 47 輯
（清）魏一川撰
康熙四十九年手稿本
桐齋學醫錄四卷 Y0241/第 48 輯
（清）洪九鳳撰
同治十三年手稿本
嘉顯堂圖書會要一卷 Y0241/第 48 輯
（清）何劍湖撰
鈔本
香閨鞋韈典略二卷 Y0241/第 48 輯
（清）蘇馥輯
光緒五年海寧鄒氏師竹友蘭室鈔本
本草約編十四卷本草選餘備考二卷
Y0241/第 49 輯
（清）王如鑒撰
鈔本
古籌算考釋六卷 Y0241/第 50 輯
（清）勞乃宣撰
光緒九年序手稿本
地學簡明十七卷 Y0241/第 51 輯
（清）汪志伊撰
嘉慶七年桐城汪氏手稿本
此君山房竹譜不分卷 Y0241/第 52 輯
（清）秦岐山撰
道光二十年手稿本
陶情百友譜不分卷 Y0241/第 53 輯
（清）王澤傅撰
雍正中手稿本
純常子枝語不分卷 Y0241/第 54 輯
（清）文廷式撰
手稿本
孫夏峯先生筆記不分卷 Y0241/第 55 輯
（清）孫奇逢撰
手稿本
微蟲世界不分卷 Y0241/第 55 輯
（清）張大野撰
光緒中手稿本

西園隨錄不分卷 Y0241/第 56 輯
(清)孫嶸撰
鈔本
文宗閣雜記三卷(汪容甫先生雜記) Y0241/第 57 輯
(清)汪中撰
鈔本
居稽錄三十一卷 Y0241/第 58 輯
(清)倪在田撰
手稿本
草書備考四卷 Y0241/第 59 輯
(清)秦彬撰
乾隆十三年手稿本
梅亭隨筆不分卷 Y0241/第 60 輯
(清)陳汝騖撰
手稿本
書史指南六卷 Y0241/第 61 輯
(清)朱作舟撰
康熙三十八年手稿本
語古齋披華啓秀不分卷 Y0241/第 62 輯
(清)何焯撰
何氏手稿本
汲古新編六卷 Y0241/第 63 輯
(清)得月山房主人撰
道光中鈔本
並蒂葫蘆不分卷 Y0241/第 64 輯
(清)周樂清撰
手稿本

集部

嘯雲樓詩集不分卷 Y0241/第 65 輯
(清)梁清寬撰
手稿本
半邏隨筆不分卷附查東山參問數條一卷 Y0241/第 65 輯
(清)祝尚矣撰 (明)查繼佐撰坿錄
手稿本
離垢集五卷 Y0241/第 66 輯
(清)華喦撰
鈔本
復初齋文稿二十卷附錄一卷詩稿不分卷筆記稿十五卷札記稿不分卷 Y0241/第 67 輯
(清)翁方綱撰
乾隆嘉慶間手稿本
琅嬛仙館詩五卷 Y0241/第 68 輯
(清)阮元撰
手稿本
拜經樓詩集續稿不分卷 Y0241/第 68 輯
(清)吳騫撰
嘉慶中手稿本
觀河集四卷附儒門公案拈題一卷 Y0241/第 69 輯
(清)彭紹升撰
手稿本
南絳集二卷 Y0241/第 69 輯
(清)朱謙撰
嘉慶中手稿本
祁叔穎尺牘詩稿不分卷 Y0241/第 70 輯
(清)祁寯藻撰
手稿本
開天宮詞一卷 Y0241/第 70 輯
(清)劉芭川撰
道光二十四年自叙鈔本
念樓集八卷外集一卷 Y0241/第 71 輯
(清)劉寶楠撰
鈔本
東洲艸堂文鈔不分卷 Y0241/第 72 輯
(清)何紹基撰
手稿本
客居所居堂稿不分卷 Y0241/第 73 輯
(清)鄒存淦撰
手稿本
芙蓉江上草堂詩稿四卷 Y0241/第 73 輯
(清)金武祥撰
鈔本
張濂卿先生詩文稿不分卷 Y0241/第 74 輯
(清)張裕釗撰
手稿本
四明舊志詩文鈔不分卷 Y0241/第 75 輯
(清)徐時棟輯
鈔本
南枝詞三卷 Y0241/第 76 輯
(清)繆泳撰
康熙中手稿本
朱大令輯抄詩評三種 Y0241/第 76 輯
(清)朱育泉輯
鈔本
荔墻詞一卷 Y0241/第 76 輯
(清)汪曰楨撰
烏程汪氏鈔本
梧門詩話十六卷 Y0241/第 77 輯
(清)法式善撰
手稿本
江湖載酒集六卷 Y0241/第 78 輯
(清)朱彝尊選
手稿本
茶烟閣體物集三卷 Y0241/第 78 輯
(清)朱彝尊選
手稿本
靜志居詩餘二卷 Y0241/第 78 輯
(清)朱彝尊選
手稿本
葉兒樂府一卷 Y0241/第 78 輯
(清)朱彝尊選
手稿本
碧桃仙館詞不分卷 Y0241/第 79 輯
(清)趙我佩撰
同治中程秉釗鈔本
靈山會傳奇二卷 Y0241/第 79 輯
(清)幻園居士撰
咸豐五年鈔本
扶容秋水詞四卷 Y0241/第 80 輯
(清)王蜺撰
稿本
梅裏詞輯八卷 Y0241/第 80 輯
(清)沈愛蓮輯
鈔本
梁任公知交手札不分卷 Y0241/第 81 輯
梁啓超輯
梁氏收輯親友函札原迹

叢書部

香山草堂叢鈔十六卷 Y0241/第 82 輯
(清)沈欽韓輯
鈔本

Y0242(1－40)
華東師範大學圖書館藏稀見叢書匯刊
黃秀文 吳平主编
二〇〇六年北京圖書館出版社影印本
四十册
白雲齋叢著八册 Y0242/第 1 册
(清)吉棠撰
稿本
皇清百名家詩八十九卷 Y0242/第 2－7 册
(清)魏憲編選
清康熙中福清魏氏枕江堂刊本
宋氏全集·西陂類稿 Y0242/第 7－11 册
(清)宋犖撰
清康熙五十年(1711)商丘宋氏刊本

宋氏全集・綿津山人詩集 Y0242/第12册
(清)宋犖撰
清康熙五十年(1711)商丘宋氏刊本
宋氏全集・綿蕭草堂詩 Y0242/第13册
(清)宋犖撰
清康熙五十年(1713)商丘宋氏刊本
鄭氏叢刻 Y0242/第13-14册
(清)鄭之僑輯撰
清乾隆二十五年(1760)刊本
敦素園七子詩鈔 Y0242/第14册
(清)吳授覍輯
清乾隆三十四年(1769)刊本
高梅亭讀書叢鈔・左傳鈔 Y0242/第15-16册
(清)高嵣集評
清乾隆五十三年(1788)廣郡永邑培元堂楊氏刊本
高梅亭讀書叢鈔・公羊傳鈔 Y0242/第17册
(清)高嵣集評
清乾隆五十三年(1788)廣郡永邑培元堂楊氏刊本
高梅亭讀書叢鈔・穀梁傳鈔 Y0242/第17册
(清)高嵣集評
清乾隆五十三年(1788)廣郡永邑培元堂楊氏刊本
高梅亭讀書叢鈔・國語鈔 Y0242/第17册
(清)高嵣集評
清乾隆五十三年(1788)廣郡永邑培元堂楊氏刊本
高梅亭讀書叢鈔・國策鈔 Y0242/第17册
(清)高嵣集評
清乾隆五十三年(1788)廣郡永邑培元堂楊氏刊本
高梅亭讀書叢鈔・國策鈔 Y0242/第18-19册
(清)高嵣集評
清乾隆五十三年(1788)廣郡永邑培元堂楊氏刊本
高梅亭讀書叢鈔・史記鈔 Y0242/第19册
(清)高嵣集評
清乾隆五十三年(1788)廣郡永邑培元堂楊氏刊本
高梅亭讀書叢鈔・前漢書鈔 Y0242/第19-20册
(清)高嵣集評
清乾隆五十三年(1788)廣郡永邑培元堂楊氏刊本
高梅亭讀書叢鈔・後漢書鈔・附蜀漢文鈔 Y0242/第20-22册
(清)高嵣集評
清乾隆五十三年(1788)廣郡永邑培元堂楊氏刊本
高梅亭讀書叢鈔・唐宋八家鈔 Y0242/第22册
(清)高嵣集評
清乾隆五十三年(1788)廣郡永邑培元堂楊氏刊本
高梅亭讀書叢鈔・歸餘鈔 Y0242/第22-23册
(清)高嵣集評
清乾隆五十三年(1788)廣郡永邑培元堂楊氏刊本
高梅亭讀書叢鈔・論文集鈔 Y0242/第24-26册
(清)高嵣集評
清乾隆五十三年(1788)廣郡永邑培元堂楊氏刊本
高梅亭讀書叢鈔・嘉懿集初鈔 Y0242/第26册
(清)高嵣集評
清乾隆五十三年(1788)廣郡永邑培元堂楊氏刊本
高梅亭讀書叢鈔・明文鈔初編 Y0242/第26-27册
(清)高嵣集評
清乾隆五十三年(1788)廣郡永邑培元堂楊氏刊本
高梅亭讀書叢鈔・明文鈔二編 Y0242/第27-28册
(清)高嵣集評
清乾隆五十三年(1788)廣郡永邑培元堂楊氏刊本
高梅亭讀書叢鈔・明文鈔三編 Y0242/第28册
(清)高嵣集評
清乾隆五十三年(1788)廣郡永邑培元堂楊氏刊本
高梅亭讀書叢鈔・明文鈔四編 Y0242/第29册
(清)高嵣集評
清乾隆五十三年(1788)廣郡永邑培元堂楊氏刊本
高梅亭讀書叢鈔・明文鈔五編 Y0242/第29-30册
(清)高嵣集評
清乾隆五十三年(1788)廣郡永邑培元堂楊氏刊本
高梅亭讀書叢鈔・明文鈔六編 Y0242/第30-31册
(清)高嵣集評
清乾隆五十三年(1788)廣郡永邑培元堂楊氏刊本
高梅亭讀書叢鈔・國朝文鈔初編 Y0242/第31-32册
(清)高嵣集評
清乾隆五十三年(1788)廣郡永邑培元堂楊氏刊本
高梅亭讀書叢鈔・國朝文鈔二編 Y0242/第33-34册
(清)高嵣集評
清乾隆五十三年(1788)廣郡永邑培元堂楊氏刊本
高梅亭讀書叢鈔・國朝文鈔三編 Y0242/第34-35册
(清)高嵣集評
清乾隆五十三年(1788)廣郡永邑培元堂楊氏刊本
高梅亭讀書叢鈔・國朝文鈔四編 Y0242/第36-37册
(清)高嵣集評
清乾隆五十三年(1788)廣郡永邑培元堂楊氏刊本
高梅亭讀書叢鈔・國朝文鈔五編 Y0242/第38-39册
(清)高嵣集評
清乾隆五十三年(1788)廣郡永邑培元堂楊氏刊本
啖蔗軒遺著 Y0242/第39-40册
(清)方士淦撰
清同治十一年(1872)兩淮運署刊本
求是齋算學四種 Y0242/第40册
(清)張楚鍾撰
清同治十二年(1873)廣東富文齋刊本

Y0243(1－50)
中國兵書集成
中國圖書集成編委會編
一九八七至一九九二年北京市解放軍出版社影印本
五十冊
孫子 Y0243/第1冊
中華學藝社影宋刻武經七書本
吳子 Y0243/第1冊
中華學藝社影宋刻武經七書本
司馬法 Y0243/第1冊
中華學藝社影宋刻武經七書本
孫臏兵法 Y0243/第1冊
一九七五年文物出版社線裝本
尉繚子 Y0243/第1冊
中華學藝社影宋刻武經七書本
六韜 Y0243/第1冊
中華學藝社影宋刻武經七書本
風後握奇經 Y0243/第1冊
(漢)公孫弘解
明毛氏汲古閣刻津逮秘書本
管子 Y0243/第1冊
(唐)房玄齡註
清末影宋刻本
老子 Y0243/第1冊
宋麻沙本
墨子 Y0243/第1冊
四部叢刊本
商君書 Y0243/第1冊
四部備要本
孟子 Y0243/第1冊
元盱郡覆宋本
荀子 Y0243/第1冊
揚倞注
黎氏古逸叢書本
韓非子 Y0243/第1冊
清道光二十五年汪氏刻韓晏合編本
經法 Y0243/第1冊
一九七六年文物出版社横排經法釋文本
十大經 Y0243/第1冊
一九七六年文物出版社横排經法釋文本
稱 Y0243/第1冊
一九七六年文物出版社横排經法釋文本
鶡冠子 Y0243/第1冊
(宋)陸佃解
武英殿聚珍版叢書本
三略 Y0243/第2冊
舊題黄石公撰
中華學藝社影宋刻武經七書本
言兵事書 Y0243/第2冊
(西漢)晁錯撰
明《武備三大秘書》本
淮南子 Y0243/第2冊
(西漢)劉安撰
《四部叢刊》影宋抄本
潛夫論 Y0243/第2冊
(東漢)王符撰
《四部叢刊》影宋抄本
魏五帝集 Y0243/第2冊
(清)丁福保輯
兵要 Y0243/第2冊
諸葛亮撰 (清)張澍輯
《諸葛忠武侯文集》
便宜十六策 Y0243/第2冊
舊題諸葛亮撰 (清)張澍輯
《諸葛忠武侯文集》
將苑 Y0243/第2冊
舊題諸葛亮撰 (清)張澍輯
《諸葛忠武侯文集》
武侯八陣兵法輯略 Y0243/第2冊
(清)汪宗沂輯
《浙西村舍叢書》本
王氏新書 Y0243/第2冊
(魏)王基撰 (清)馬國翰輯
《玉函山房輯逸書》
戰略 Y0243/第2冊
(晉)司馬彪撰 (清)黄奭輯
《黄氏逸書考》
唐太宗李衛公問對 Y0243/第2冊
(唐)李靖撰
中華學藝社影宋刻武經七書本
李衛公兵法輯本 Y0243/第2冊
(唐)李靖撰 (清)汪宗沂輯
浙西村舍叢刊本
太白陰經 Y0243/第2冊
(唐)李筌撰
《守山閣叢書》宋抄本
閫外春秋 Y0243/第2冊
(唐)李筌撰
羅振玉鳴沙石室佚書影唐寫本
道德經論兵要義述 Y0243/第2冊
(唐)王真撰
《指海叢書》本
長短經 Y0243/第2冊
(唐)趙蕤撰
文淵閣四庫本
射精 Y0243/第2冊
(唐)王琚撰
宛委山堂本《說郛》
五經總要 Y0243/第3－5冊
仁宗皇帝御製
明金陵書林唐富春刻本
虎鈐經 Y0243/第6冊
(北宋)許洞撰
明刻本
何博士備論 Y0243/第6冊
(北宋)何去非撰
清嘉慶十六年(1811)浦城祝氏校刊留香室刻本
翠微北征錄 Y0243/第6冊
(南宋)華嶽撰
清光緒劉氏唐石簃《秋浦雙忠錄》中元抄校刊本《翠微北征錄》
兵籌類要 Y0243/第6冊
(南宋)綦崇禮撰
一九三五年上海商務印書館影印故宫博物院藏文淵閣《北海集》
素書 Y0243/第7冊
舊題黄石公撰 (宋)張商英注
明閔氏《兵垣四編》朱墨本
權書 Y0243/第7冊
(北宋)蘇洵撰
無錫孫氏小綠天藏宋抄本《嘉祐集》
美芹十論 Y0243/第7冊
(宋)辛棄疾
遼寧圖書館藏羅振玉唐風樓抄本
守城錄 Y0243/第7冊
(南宋)陳規 湯璹撰
清道光瓶花書屋校刊本
歷代兵制 Y0243/第7冊
(南宋)陳傅良撰
清道光觀靜觀堂刊本
宋本十一家注孫子 Y0243/第7冊
上海圖書館藏宋本影印本
施氏七書講義 Y0243/第8冊
施子美
日本文久三年刻本《施氏七書講義》爲底本

十七史百將傳 Y0243/第 9 册
(北宋)張預撰
明嘉靖三十二年(1553)翁氏刻 隆慶(1567)耿文光印《武學經傳》本
百將傳續編 Y0243/第 9 册
何喬新
明嘉靖三十二年(1553)翁氏刻 隆慶元年(1567)耿文光印《武學經傳》本
五經七書直解 Y0243/第 10－11 册
丁氏八千卷樓藏書影明本《五經七書直解》
孫子書校解引類 Y0243/第 12 册
(明)趙本學撰
明萬曆年間重刻本
孫子參同 Y0243/第 12 册
(明)李贄撰
明萬曆年間吳興閔氏刻朱墨套印本
武編 Y0243/第 13－14 册
(明)唐順之撰
明萬曆末年徐象橒曼山館刻本
籌海圖編 Y0243/第 15－16 册
(明)鄭若曾撰
明嘉靖四十一年胡宗憲刻本
海防圖論 Y0243/第 16 册
(明)胡宗憲撰
明天啟元年閔聲刻兵垣四編本
火龍神器陣法 Y0243/第 17 册
軍事科學院軍事圖書館藏清抄本
續五經總要 Y0243/第 17 册
(明)趙本學撰
明萬曆四十二年郭尚志刻本
紀效新書 Y0243/第 18 册
(明)戚繼光撰
清嘉慶張海鵬輯刊《學津討原》本
練兵實紀 Y0243/第 19 册
(明)戚繼光撰
軍事科學院軍事圖書館藏京都琉璃廠擺板本
登壇必究 Y0243/第 20－24 册
(明)王鳴鶴撰
據明萬曆刻本
運籌綱目 Y0243/第 25 册
(明)葉夢熊撰
明余泗泉萃慶堂刻本
陣紀 Y0243/第 25 册
(明)何良臣撰
清李錫齡輯惜陰軒叢書本
決勝綱目 Y0243/第 25 册
(明)葉夢熊撰
明余泗泉萃慶堂刻本
草廬經略 Y0243/第 26 册
無名氏撰
清道光年間《粵雅堂叢書》本
投筆膚談 Y0243/第 26 册
舊題西湖逸士著 何守法撰音点注
守城救命書 Y0243/第 26 册
(明)呂坤撰
道光壬辰本
武備志 Y0243/第 27－36 册
(明)茅元儀撰輯
明天啟刻本
車營叩答合編 Y0243/第 37 册
孙承宗撰
軍事科學院軍事圖書館藏清同治八年刊本
城守籌略 Y0243/第 37 册
錢栴輯
軍事科學院軍事圖書館藏甲申本
兵畾 Y0243/第 37 册
尹宾商撰
軍事科學院軍事圖書館藏本
兵鏡 Y0243/第 38－39 册
(明)吳惟順 吳鳴球 吳若禮編輯
北京大學圖書館藏明末問奇齋刻本
八陣合變圖說 Y0243/第 40 册
(明)龍正撰
清嘉慶張海鵬輯刊《學津討原》本
鄉約 Y0243/第 40 册
(明)尹耕撰
清光緒王灝輯刊《畿輔叢書》本
塞語 Y0243/第 40 册
(明)尹耕撰
清光緒王灝輯刊《畿輔叢書》本
兵略對 Y0243/第 40 册
(明)俞大猷撰
明盔山精舍刊行 俞大猷撰《正氣堂集》本
大同鎮兵車操法 Y0243/第 40 册
(明)俞大猷撰
明盔山精舍刊行 俞大猷撰《正氣堂集》本
廣西選鋒兵操法 Y0243/第 40 册
(明)俞大猷撰
明盔山精舍刊行 俞大猷撰《正氣堂集》本
兵機要決 Y0243/第 40 册
(明)徐光啟撰
一九八三年上海古籍出版社《徐光啟著譯集》收錄的莫藏本
選練條格 Y0243/第 40 册
(明)徐光啟撰 (明)韓霖輯
一九八三年上海古籍出版社《徐光啟著譯集》
火攻挈要 Y0243/第 40 册
(明)焦勖述 (德)湯若望講授 趙仲訂
清道光年間刊本
三十六計 Y0243/第 40 册
佚名撰
一九六二年原解放軍政治學院學院圖書資料館藏本
兵法百言 Y0243/第 41 册
(清)揭暄撰 (清)侯榮釋證
清齊國璜整理本
乾坤大略 Y0243/第 41 册
(清)王餘佑撰
清王灝輯刊畿輔叢書本
兵跡 Y0243/第 41 册
(清)魏禧撰
胡思敬輯豫章叢書本
兵謀 Y0243/第 41 册
(清)魏禧撰
清光緒年間沈茂德匯補《昭代叢書》世楷堂本
兵法 Y0243/第 41 册
(清)魏禧撰
清光緒年間沈茂德匯補《昭代叢書》世楷堂本
五經七書匯解 Y0243/第 42－43 册
(清)朱墉纂辑
清光緒索綽洛氏家塾藏版《重刊武經七書匯解》
戊笈談兵 Y0243/第 44－45 册
(清)王紱撰
清光緒刻本
防守集成 Y0243/第 46 册
(清)朱璐編著
清咸豐三年刻흜山又一村藏本
海國圖志 Y0243/第 47 册
(清)魏源撰
清咸豐壬子年古微堂重刊本
太平條規 Y0243/第 47 册

太平天國壬子二年新刻本
太平軍目　Y0243/第 47 冊
馮雲山撰
太平天國壬子二年新刻本
行軍總要　Y0243/第 47 冊
太平天國乙榮五年新刻本
練勇芻言　Y0243/第 47 冊
(清)王鑫撰
光緒元年(1875)湖北崇文書局刻本
增文正公水陸行軍練兵志
Y0243/第 47 冊
王定安編纂
光緒十年(1884)孟冬三月上洋文海書局印行
長江水師全案　Y0243/第 47 冊
清光緒十三年刻本
火器略說　Y0243/第 48 冊
黃達全譯 王韜著
弢園叢書本
直隸練軍馬步營制章程　Y0243/第 48 冊
曾國藩擬
清同治九年活字本
海防要覽　Y0243/第 48 冊
丁日昌 李鴻章撰 左錫九校刊
清光緒十年敦懷書屋本
籌洋芻議　Y0243/第 48 冊
薛福成撰
清光緒十三年(1887)醉六堂刻本
北洋海軍章程　Y0243/第 48 冊
(清)海軍衙門主持制訂
清光緒十四年天津石印六冊本
洋防說略　Y0243/第 48 冊
徐稚蓀撰
清光緒十三年(1887)木刻本
淮軍武毅各軍課程　Y0243/第 48 冊
聶士成制訂
石印本
新建陸軍兵略錄存　Y0243/第 49 冊
袁世凱輯
清光緒二十四年(1898)本軍排印本
自強軍創製公言　Y0243/第 49 冊
沈敦和編
清光緒二十四年(1898)上海順成書局石印本
自強軍西法類編　Y0243/第 49 冊
沈敦和編
清光緒二十四年(1898)上海順成書局石印本
兵學新書　Y0243/第 49 冊
徐建寅撰
清光緒二十四年(1898)刊本
兵法史略學　Y0243/第 49 冊
陳慶年撰
訓練操法詳晰圖說　Y0243/第 50 冊
袁世凱等編
清光緒二十五年新建陸軍印藏本
曾胡治兵語錄　Y0243/第 50 冊
蔡鍔編輯
民國六年(1917)鉛印本

Y0244(1－62)

中國風土志叢刊
張智主編
二〇〇三年揚州廣陵書社影印本
六十二冊
華夷風土志　Y0244/第 1 冊
(明)胡文煥輯
明刻本抄
土風錄　Y0244/第 2－3 冊
(清)顧雪亭編
清刻本
稱謂錄　Y0244/第 4－6 冊
(清)梁章鉅撰 梁恭辰校刊
清光緒乙亥(1875)刊本
稱謂考辨　Y0244/第 6 冊
(清)周象明著
清《婁東雜著》本
歲時廣記　Y0244/第 7 冊
(宋)陳元靚撰
清曹溶《學海類編》刊本
中華全國風俗志　Y0244/第 7－9 冊
胡樸安撰
民國二十四年(1937)上海大達圖書供應社刊本
證俗文　Y0244/第 10－11 冊
(清)郝懿行撰
清光緒十年(1884)曬書堂板刊本
俚言解　Y0244/第 11 冊
環中迂叟撰
《歸雲外集》本
里語徵實　Y0244/第 12 冊
(清)唐訓方輯
清光緒辛卯(1891)刊本
古今諺　Y0244/第 12 冊
(明)楊慎撰 (清)李調元校定
清光緒七年(1881)《函海》刊本
古今風謠　Y0244/第 12 冊
(明)楊慎撰 (清)李調元校定
清光緒七年(1881)《函海》刊本
廓軒竹枝詞　Y0244/第 13 冊
(清)窮塞主廓軒氏撰
清刊本
北平風俗類徵　Y0244/第 13 冊
李家瑞編
民國二十六年(1937)商務印書館刊本
都門紀略　Y0244/第 14 冊
(清)楊靜亭編 [清]張琴等
清同治三年(1864)刊本
舊京秋詞　Y0244/第 14 冊
(清)夏仁虎著
民國年間《中國史跡風土叢書》本
燕都雜咏　Y0244/第 14 冊
(清)樊彬著
民國年間《中國史跡風土叢書》本
帝京景物略　Y0244/第 15 冊
(明)劉侗 (明)于奕正撰
明崇禎八年(1653)刻本
京師五城坊巷胡同集　Y0244/第 16 冊
(明)張爵纂
南林劉氏求恕齋刊本
京師坊巷志　Y0244/第 16－17 冊
(清)朱一新 (清)繆荃孫撰
民國劉承軒重訂 民國七年(1919)南林劉氏求恕齋刊本
北平歲時記　Y0244/第 17 冊
張江裁纂
民國年間國立北平研究院史學研究會出版
津門雜記　Y0244/第 18 冊
(清)張燾纂
清光緒十年(1884)刻本
中州雜俎　Y0244/第 18－19 冊
汪介人著
民國辛酉年(1921)安陽三怡堂校印本
風物紀　Y0244/第 20 冊
(清)高孔霖著
清刻本
東京夢華録　Y0244/第 20 冊
(宋)孟元老撰
清《學津討原》本
新編醉翁談録　Y0244/第 20 冊
(宋)金盈之撰

清刻本
華原風土詞 Y0244/第 20 册
顧曾烜撰
抄本
汴宋竹枝詞 Y0244/第 20 册
(清)李于潢撰
壬戌河南官書局《三怡堂叢書》本
關中勝迹圖志 Y0244/第 21－23 册
(清)畢沅撰
清《四庫全書》本
三省山内風土雜識 Y0244/第 24 册
(清)嚴炳文撰
清長沙刊本
唐兩京城坊考 Y0244/第 24 册
(清)徐松撰
清《連筠簃叢書》本
唐兩京城坊考校補記 Y0244/第 24 册
(清)張穆撰
清《武林掌故叢編》本
新疆禮俗志 Y0244/第 25 册
(清)王樹楠撰
民國戊午(1918)《陶廬叢書》聚珍仿宋版
新疆小正 Y0244/第 25 册
(清)王樹楠撰
民國戊午(1918)《陶廬叢書》聚珍仿宋版
西疆雜述詩 Y0244/第 25 册
(清)蕭雄撰
清《時用齋叢刻》本
烏魯木齊雜詩 Y0244/第 25 册
(清)紀昀撰
清刊本
濰縣竹枝詞 Y0244/第 26 册
(清)郭麐撰
民國刊本
鄱陽湖棹櫂歌 Y0244/第 26 册
(清)王其淦撰
清刻本
荊楚歲時記 Y0244/第 26 册
(梁)宗懔撰
清《四庫全書》本
岳陽風土記 Y0244/第 26 册
(宋)范致明撰
清《四庫全書》本
古州雜記 Y0244/第 26 册
(清)林溥撰
清刻本
益部方物略記 Y0244/第 26 册
(宋)宋祁撰
清《四庫全書》本
滇南新語 Y0244/第 26 册
(清)張泓撰
民國間《叢書集成初編》本
桂海虞衡志 Y0244/第 26 册
(宋)范成大撰
清《四庫全書》本
黔語 Y0244/第 26 册
(清)吳振棫撰
清咸豐四年(1854)《靈峰草堂叢書》刊本
邗江三百吟 Y0244/第 27 册
(清)林蘇門撰
清嘉慶十三年(1808)刻本
揚州竹枝詞 Y0244/第 27 册
(清)董偉業著
民國年間揚州陳恒和書林刻本
揚州西山小志 Y0244/第 27 册
(清)林溥撰
民國二十六年(1937)抄本
揚州畫舫録 Y0244/第 28－29 册
(清)李斗撰
清同治十一年(1872)重印乾隆刻本
揚州風土記略 Y0244/第 29 册
徐謙芳撰
民國稿本
蕪城懷舊錄 Y0244/第 30 册
董玉書撰
民國三十七年(1948)建國書店本
太倉風俗記 Y0244/第 30 册
(清)程穆衡著
清《婁東雜著》本
梓裏述聞 Y0244/第 30 册
(清)劉椒泉撰
一九六〇年抄本
寓瞜雜咏 Y0244/第 30 册
(清)顧張思著
清《婁東雜著》本
西石城風俗志 Y0244/第 30 册
(清)陳慶年撰
清光緒三十四年(1908)鉛印本
六朝事迹編類 Y0244/第 31 册
(宋)張敦頤撰
清光緒十三年(1887)寶章閣仿宋紹興建康府學刊本
秦淮畫舫錄 Y0244/第 31 册
(清)捧花生編
清奉華樓本
金陵歲時記 Y0244/第 31 册
潘宗鼎撰
民國十八年(1929)鉛印本
金陵物産風土志 Y0244/第 31 册
(清)陳作霖撰
清光緒十一至三十四年(1885－1908)江寧陳氏刻本
金陵百咏 Y0244/第 31 册
(宋)曾極撰
清《四庫全書》本
錫山風土竹枝詞 Y0244/第 32 册
秦頌石撰
民國二十四年(1935)鉛印本
陽羨風土記 Y0244/第 32 册
(晉)周處撰 (清)王漠輯
《粟香室叢書》本
海虞風俗記 Y0244/第 32 册
吳雙熱撰
民國五年(1916)鉛印本
錫山景物略 Y0244/第 32－33 册
(明)王永積輯
清《四庫全書》本
清嘉録 Y0244/第 34 册
(清)顧禄撰
清道光庚寅(1830)刊本
中吳紀聞 Y0244/第 35 册
(宋)龔明之撰
清《四庫全書》本
平江記事 Y0244/第 35 册
(元)高德基撰
清刻本
吳俗諷喻詩 Y0244/第 35 册
(清)袁學瀾輯
清香溪草堂《適園叢書》本
吳門歲暮雜咏 Y0244/第 35 册
(清)袁學瀾輯
清香溪草堂《適園叢書》本
吳郡新年雜咏 Y0244/第 35 册
(清)袁學瀾輯
清香溪草堂《適園叢書》本
田家四時詩 Y0244/第 35 册
(清)袁學瀾輯
清香溪草堂《適園叢書》本

昆山雜咏 Y0244/第35册
(宋)龔昱輯
清《峭帆樓叢書》本
吴風錄 Y0244/第36册
(明)黄省曾纂
清道光十一年(1831)《學海類編》木活字排印本
蘇州風俗 Y0244/第36册
周振鶴撰
民國十七年(1928)鉛印本
吴下方言考 Y0244/第36册
(清)胡文英撰
清抄本
西吴里語 Y0244/第37册
(明)宋雷著
清《適園叢書》本
宋平江城坊考 Y0244/第38册
王謇撰
民國十四年(1925)仿宋鉛印本
吴門畫舫錄 Y0244/第38册
(清)西溪山人編 (清)個中生續
民國四年(1915)有正書局刊本
采風類記 Y0244/第39-41册
(清)張大純纂
清慶藻堂藏板
林屋民風 Y0244/第42-43册
(清)王維德撰
清康熙五十二年(1713)鳳梧樓刻本
斜塘竹枝詞 Y0244/第43册
(清)倪以埴撰
清刻本
姑蘇竹枝詞續咏姑蘇竹枝詞 Y0244/第43册
(清)袁學瀾輯
清香溪草堂《適園叢書》本
勝溪竹枝詞 Y0244/第43册
(清)柳樹芳撰
清刊本
雲間百咏 Y0244/第43册
(清)汪子超撰
清光緒三年(1877)八喜齋《天馬山房詩别錄》刊本
華亭百咏 Y0244/第43册
(宋)許尚撰
清《四庫全書》本
滬城歲事衢歌 Y0244/第43册
張春華撰
民國《上海掌故叢書》本
上海縣竹枝詞 Y0244/第44册
(清)秦滬毅撰
民國元年(1911)鉛印本
滬游雜記 Y0244/第44册
(清)葛元煦撰
清光緒二年(1876)刊本
南匯縣竹枝詞 Y0244/第45册
倪斗南撰
民國間上海著易堂本
松江竹枝詞 Y0244/第45册
(清)顧翰撰
民國抄本
松江竹枝詞 Y0244/第45册
(清)黄霆著
清同治十三年(1874)刊本
申江勝景圖 Y0244/第45册
吴友如繪
民國刊本
夢梁錄 Y0244/第46册
(宋)吴自牧撰
清《武林掌故叢編》本
唐栖志略 Y0244/第47册
(清)何琪纂
清光緒七年(1881)《武林掌故叢編》本
武林舊事 Y0244/第47册
(宋)周密撰
清《武林掌故叢編》本
東城雜記 Y0244/第48册
(清)厲鶚撰
清《武林掌故叢編》本
都城紀勝 Y0244/第48册
(宋)耐得翁撰
清《武林掌故叢編》本
古杭雜記 Y0244/第48册
(元)李有撰
清《武林掌故叢編》本
東郊土物詩 Y0244/第48册
(清)朱點輯著
清光緒八年(1882)丁氏重校《武林掌故叢編》本
江鄉節物詩 Y0244/第48册
(清)吴存楷撰
清光緒八年(1882)丁氏重刻《武林掌故叢編》本
清波小志及補 Y0244/第48册
(清)徐逢吉撰 (清)陳景鐘補
清《武林掌故叢編》本
越諺 Y0244/第49册
(清)范寅撰
清光緒八年(1882)谷應山房藏板印
直語補證 Y0244/第49册
(清)梁同書輯
清《頻羅庵遺集》本
新阪土風 Y0244/第49册
(清)陳鱣輯
清光緒壬辰(1892)《海昌叢載》本
會稽三賦 Y0244/第50册
(宋)王十朋撰
清《四庫全書》本
廣會稽風俗賦 Y0244/第50册
(清)陶元藻撰 (清)翁元圻注
清怡雲閣藏板
湖墅雜詩 Y0244/第50册
(清)魏標編撰
清光緒年《武林掌故叢編》本
嘉禾百咏 Y0244/第50册
(宋)張堯同著
清《學海類編》本
金牛湖漁唱 Y0244/第50册
(清)張雲璈撰
清光緒年《武林掌故叢編》本
南屏百咏 Y0244/第50册
(清)朱彭等撰
清光緒間《武林掌故叢編》本
西湖百咏 Y0244/第51册
(宋)董嗣杲撰 (明)陳贇和韻
清光緒七年(1881)重刊《武林掌故叢編》本
西湖竹枝集 Y0244/第51册
(元)楊維楨撰
清光緒年《武林掌故叢編》本
武林新年雜咏 Y0244/第51册
(清)吴錫麒輯
清《武林掌故叢編》本
西溪百咏 Y0244/第51册
(明)釋大善撰
清光緒年《武林掌故叢編》本
句餘土音補注 Y0244/第52册
(清)全祖望撰 (清)陳銘海補注
清《嘉業堂叢書》本
畲客風俗 Y0244/第53册
浮雲撰
民國刊本

桂林風土記 Y0244/第 53 冊
(唐)莫休符撰
清《四庫全書》本
連陽八排風土記 Y0244/第 53 冊
(清)李來章撰
清《禮山園全集》本
廣州城坊志 Y0244/第 54－55 冊
黄佛頤纂
民國三十七年(1948)《廣東叢書》本
海東札記 Y0244/第 56 冊
(清)朱景英撰
清謝義寫刻本
榕城歲時記 Y0244/第 56 冊
(清)戴成芬纂輯 黄熥參訂
清戴芷農鈔本
粤東筆記 Y0244/第 56 冊
(清)李調元撰
民國六年(1917)上海廣益書局重刊本
粤風 Y0244/第 56 冊
(清)李調元撰
清光緒壬午(1882)刻本
南越筆記 Y0244/第 57 冊
(清)李調元撰
清光緒七年(1881)重刻本
廣東新語 Y0244/第 58－60 冊
(清)屈大均撰
清康熙刻本
嶺外代答 Y0244/第 61 冊
(南宋)周去非撰
清《四庫全書》本
嶺表錄異 Y0244/第 61 冊
(唐)劉恂撰
清《四庫全書》本
南方草木狀 Y0244/第 61 冊
(晋)嵇含撰
清《四庫全書》本
嶺南風物記 Y0244/第 61 冊
(清)吳綺纂 宋俊增補
清《四庫全書》本
海語 Y0244/第 61 冊
(明)黄衷撰
清《四庫全書》本
北戶錄 Y0244/第 62 冊
(唐)段公路撰
清《四庫全書》本
南海百咏 Y0244/第 62 冊
(元)方信儒撰
清《宛委別藏》本
南海百咏續編 Y0244/第 62 冊
(清)樊封撰
《翠琅玕館叢書》本

Y0245

"國立中央圖書館"善本叢刊
中華民國八十年臺北市"國立中央圖書館"影印本
十一冊
大易粹言存五十四卷 Y0245/全 3 冊
(宋)曾穜編
南宋建安劉叔剛刊本
尚書十三卷 Y0245/全 1 冊
(漢)孔安國編
南宋孝宗時建安王朋甫刊本
尚書表注二卷 Y0245/全 1 冊
(宋)金履祥編
宋末建刊本
東都事略一百三十卷 Y0245/全 4 冊
(宋)王稱編
宋光宗時眉山程舍人宅刊本
新大成醫方十卷 Y0245/全 1 冊
(宋)王元福編
宋建刊本
楚辭集注十六卷 Y0245/全 1 冊
(宋)朱熹編
元天曆三年陳忠甫宅刊本
箋注陶淵明集十卷 Y0245/全 1 冊
(晋)陶潛撰 (宋)李公煥箋注
宋末建刊本

Y0246

太平府志
(明)林鉞修 鄒壁纂 馬鞍山市地方誌辦公室組織整理 趙子文點校
二〇〇九年合肥黄山書社鉛印本
一冊
安徽歷代方志叢書

Y00247

御筆詔令說清史:影響清朝歷史進程的重要檔案
秦國經 鄒愛蓮主编 中國第一歷史檔案館編
二〇〇三年濟南山東教育出版社影印本
一冊一函

Y0248

稿本聊齋志異
全國公共圖書館古籍文獻编委會編
一九九五年北京全國圖書館文獻縮微複製中心據遼寧省圖書館特藏部原藏蒲氏手定稿本影印本
一冊
中國公共圖書館古籍文獻珍本匯刊

Y0249

外國人著清史八種
殷夢霞 李強選編
二〇〇八年北京國家圖書館出版社影印本
六冊
清鑒易知錄八卷 Y0249/第 1－2 冊
(日)村山緯 (日)永根鉉編
日本寬政九年(1797)刻本
滿清史略二卷 Y0249/第 2 冊
增田貢撰
日本明治十三年(1880)刻本
支那近三百年史二卷 Y0249/第 2 冊
(日)三島雄太郎著
群誼譯社 日本明治三十六年(1903)鉛印本
清朝史略十一卷 Y0249/第 3－4 冊
(日)佐藤楚材編輯
東京青木嵩山堂日本明治十四年(1881)刻本
清史攬要六卷 Y0249/第 5 冊
(日)增田貢撰
日本明治十年(1877)刻本
清世祖章皇帝實錄采要六卷 Y0249/第 5 冊
(日)邨山緯 (日)永根鉉编
刻本
大清三朝事略二卷 Y0249/第 6 冊
(日)邨山緯 (日)北條鉉編次
日本寬政十一年(1799)刻本
中國六十年戰史 Y0249/第 6 冊
(英國)愛特華斯撰 (清)史悠明 (清)程履祥編譯校
清光緒二十九年(1903)鉛印本

Y0250/(1－15)

北京圖書館藏珍本小說叢刊第一輯
劉一平主編
一九九六年北京書目文獻出版社影印本
十五冊
新編鴛鴦影 Y0250/第 1 冊
樵雲山人編

清初刻本
聽月樓 Y0250/第 1 册
清嘉慶二十四年(1819)刊本
風月鑒 Y0250/第 2－3 册
(清)吴貽先撰
清嘉慶刊本
風月夢 Y0250/第 2－3 册
邗上蒙人撰
據清光緒十年(1884)刻本
夢中緣 Y0250/第 3 册
(清)李修行撰
清崇德堂刊本
繪芳錄 Y0250/第 4－6 册
西泠野樵著
清光緒本
闕史 Y0250/第 6 册
(唐)參寥子述
清光緒三年刻本
狐狸緣全傳 Y0250/第 6 册
(清)醉月山人撰
清光緒刻本
西湖拾遺 Y0250/第 7－9 册
(清)陳樹基輯
清嘉慶刻本
西湖拾遺 Y0250/第 10 册
(清)墨浪子辑
清刻本
西遊真詮 Y0250/第 11－14 册
(清)陳士斌撰
清芥子園刊本
西遊補 Y0250/第 15 册
(明)董說撰
明崇禎刻本
西遊記 Y0250/第 15 册
(清释)懷明撰
清抄稿本

Y0251(1－36)

中國道觀志叢刊
高小健主編 廣陵書社編
二〇〇〇年江蘇古籍出版社影印本
三十六冊
洞天福地岳瀆名山記不分卷 Y0251/第 1 册
(唐)杜光庭撰
民國涵芬樓影印明正統《道藏》本
白雲觀志七卷附東岳廟志 Y0251/第 1 册
(日)小柳司氣太編
日本昭和九年(1934)開明堂東京支店鉛印本
王屋山志二卷 Y0251/第 1 册
(唐)李歸一撰
民國間影印明刻本
嵩岳廟史十卷 Y0251/第 2 册
(清)景日昣撰
清康熙年間太壹園刊本
嶗山志八卷 Y0251/第 3 册
(明)黄宗昌撰 (明)黄坦編續
民國五年(1916)黄氏於斯堂鉛印本
崆峒山志二卷 Y0251/第 3 册
(清)張伯魁纂修
清嘉慶二十四年(1819)刊本
古樓觀紫雲衍慶集三卷 Y0251/第 3 册
(元)朱象先輯
民國涵芬樓影印明正統《道藏》本
華岳志八卷 Y0251/第 4 册
(清)李榕纂輯
清道光刻本
武當福地總真集三卷 Y0251/第 5－6 册
(元)劉明道編撰
民國涵芬樓影印明正統《道藏》本
大岳太和山紀略八卷 Y0251/第 6 册
(清)王概總修 (清)姚世倌等
清乾隆九年(1744)下荊南道署藏板刻本
九宫山志十四卷 Y0251/第 7 册
(清)傳燮鼎重輯
清光緒壬午(1882)木活字本
長春觀志四卷 Y0251/第 8 册
李理安撰
民國二十五年(1936)鉛印本
青城山記二卷 Y0251/第 8 册
(清)彭洵輯
清光緒二十一年(1895)彭氏玉蘭堂刻本
青城指南不分卷 Y0251/第 8 册
青城古常道觀輯
民國二十八年(1939)刻本
南岳小錄不分卷 Y0251/第 9 册
(唐)李沖昭撰
清光緒十八年(1892)順德龍氏知服齋刻本
南岳總勝集三卷 Y0251/第 9 册
(宋)陳田夫撰
《宛委別藏》所抄錄之明人影宋本
安徽巢湖中廟廟志不分卷 Y0251/第 9 册
李信孔續修
一九八四年手抄民國本
齊雲山桃源洞天志不分卷 Y0251/第 9 册
(明)魯點輯
清道光十三年(1833)刻本
齊雲山志(休寧縣)五卷 Y0251/第 10 册
(明)魯點編
明萬曆二十七年(1599)刻本
金陵玄觀志十三卷 Y0251/第 11 册
佚名
民國二十六年(1937)陶風樓影印明刻本
蘇州元妙觀志十三卷 Y0251/第 11 册
(清)顧沅輯
民國十六年(1927)鉛印本
重建金陵玉虚古觀紀事徵信錄不分卷 Y0251/第 11 册
王蓮友編輯
民國二十五年(1936)上海三友實業社鉛印本
茅山志(江蘇)十四卷 Y0251/第 12－13 册
(清)笪蟾光編
清光緒二十四年(1898)大茅山九霄宮刊本
穹窿山志六卷 Y0251/第 14－15 册
(清)吴偉業 (清)向球纂修 李標編
清康熙十二年(1673)刻本
洞霄圖志六卷 Y0251/第 16 册
(宋)鄧牧編
清乾隆四十九年(1784)長塘鮑氏刊《知不足齋叢書》本
城北天后宫志不分卷 Y0251/第 16 册
(清)丁午輯
清光緒辛巳(1881)丁氏刻本
武林元妙觀志四卷 Y0251/第 17 册
(清)青嶼仲衡輯
《武林掌故叢編》本
重陽庵集不分卷 Y0251/第 17 册
(明)梅志暹編 俞大彰重編
《武林掌故叢編》本
紫陽庵集一卷 Y0251/第 17 册
(清)丁午輯

清光緒八年(1882)《武林掌故叢編》本
金鼓洞志八卷　Y0251/第18册
(清)朱文藻纂
清光緒五年(1879)錢塘丁氏《武林掌故叢編》重刻本
金華赤松山志一卷　Y0251/第18册
(宋)倪守約撰
清光緒十八年(1892)《知服齋叢書》本
吳山城隍廟志八卷　Y0251/第19册
(清)盧崧修 (清)朱朗齊等纂
清光緒戊寅(1878)重修乾隆版
東林山志二十四卷附一卷　Y0251/第20册
(清)吳玉樹輯
民國十一年(1920)上海著易堂鉛印本
天臺山記一卷　Y0251/第20册
(唐)徐靈府撰
清光緒年間黎氏影印《古逸叢書》本
天臺山志一卷　Y0251/第20册
佚名
民國涵芬樓影印明正統《道藏》本
爛柯山志(衢州市)十三卷　Y0251/第21册
(清)鄭永禧輯
清光緒三十二年(1906)不其山館刻本
覺雲軒霄玄譜志(諸暨縣)八卷附一卷　Y0251/第22-23册
(民國)沈睿等編
民國二十八年(1939)木活字本
仙都志二卷　Y0251/第24册
(元)陳性定編
民國年間涵芬樓影印明正統《道藏》本
台南洞林志二卷附二卷　Y0251/第24册
(清)馮賡雪 (清)葉書撰
清光緒二十五年(1899)馮氏刻本
江西青雲譜志不分卷　Y0251/第24册
黃翰翅編
民國九年(1920)住持徐雲巖重刻本
龍虎山志十六卷　Y0251/第25-26册
(清)婁近垣纂
清乾隆五年(1740)龍虎山大上清宮刊本
麻姑山志十二卷　Y0251/第27-28册
(清)黃家駒編訂
清同治五年(1866)洞天書屋刊本
黃堂隆道宮志十四卷　Y0251/第29册
(清)胡執佩編 伍紹詩删 胡映庚輯
清道光二十年(1840)刻本
閣皂山志二卷　Y0251/第29册
(明)俞策撰
明萬曆刻本
梅仙觀記一卷　Y0251/第29册
(宋)楊智遠編
民國年間涵芬樓影印明正統《道藏》本
逍遙山萬壽宮通志二十二卷　Y0251/第30-31册
(清)金桂馨 (清)漆逢源纂輯
清光緒四年(1878)刻本
廬山太平興國宮采訪真君事實七卷　Y0251/第32册
元人彙編
民國年間涵芬樓影印明正統《道藏》本
敕封天后志二卷　Y0251/第32册
(清)林清標撰
清乾隆戊戌(1778)仰天軒原本
武夷山志二十四卷　Y0251/第33-35册
(清)董天工纂
清道光二十六年(1846)五夫尺木軒刊本
羅浮志補十五卷附羅浮指南　Y0251/第36册
(明)陳璉撰 九龍真逸(陳伯陶)補
民國九年(1920)刻本

Y0252(1-66)

福建叢書(第一輯)
福建省文史研究館編
一九九三至一九九七年江蘇廣陵古籍刻印社影印本
六十六册
名山藏　Y0252/全8册
(明)何喬遠撰
影印福建師範大學藏明天啓本 參照其他藏本補全
蒼霞草全集　Y0252/全16册
(明)葉向高撰
影印福建師範大學藏明天啓本 參照其他藏本補全
大江集　Y0252/全1册
(明)陳衎撰
影印福建師範大學藏明天啓本 參照其他藏本補全
大江草堂二集　Y0252/全1册
(明)陳衎撰
影印福建師範大學藏明天啓本 參照其他藏本補全
楊文恪公文集　Y0252/全2册
(明)楊道賓撰
影印福建師範大學藏明天啓本 參照其他藏本補全
景璧集　Y0252/全5册
(明)李光縉撰
影印福建師範大學藏明天啓本 參照其他藏本補全
數馬集　Y0252/全4册
(明)黃克纘撰
影印福建師範大學藏明天啓本 參照其他藏本補全
羅紋山全集　Y0252/全2册
(明)羅明祖撰
影印福建師範大學藏明天啓本 參照其他藏本補全
榕庵集　Y0252/全2册
(明)韓廷錫撰
影印福建師範大學藏明天啓本 參照其他藏本補全
黃忠裕公集　Y0252/全1册
(明)黃鞏撰
影印福建師範大學藏明天啓本 參照其他藏本補全
棄草集　Y0252/全3册
(明)周之夔撰
影印福建師範大學藏明天啓本 參照其他藏本補全
福建叢書(第二輯)
福建省文史研究館編
二〇〇〇年南京市江蘇古籍出版社影印本
沈文肅公牘　Y0252/全3册
(清)沈葆楨著
影印福建師範大學藏明天啓本 參照其他藏本補全
抑快軒文集　Y0252/全3册
(清)高澍然著
影印福建師範大學藏明天啓本 參照其他藏本補全
王文勤公日記　Y0252/全5册
(清)王慶雲著
影印福建師範大學藏明天啓本 參照其他藏本補全
居業堂詩槁　Y0252/全2册

(清)李馥著
影印福建師範大學藏明天啓本 參照其他藏本補全
魏秀仁集著鈔本 Y0252/全2冊
(清)魏秀仁著
影印福建師範大學藏明天啓本 參照其他藏本補全
林賓日日記 Y0252/全1冊
(清)林賓日著
影印福建師範大學藏明天啓本 參照其他藏本補全
賭棋山莊稿本 Y0252/全2冊
(清)謝章鋌編著
影印福建師範大學藏明天啓本 參照其他藏本補全
王忠孝公集 Y0252/全1冊
(明)王忠孝著
影印福建師範大學藏明天啓本 參照其他藏本補全
莆變紀事 Y0252/全1冊
(明)余颺等著
影印福建師範大學藏明天啓本 參照其他藏本補全
摩盾餘譚 Y0252/全1冊
(清)朱用孚等著
影印福建師範大學藏明天啓本 參照其他藏本補全

Y0253(1-18)
越縵堂日記
(清)李慈明著
二〇〇四年揚州廣陵書社影印本
十八冊
國家清史編纂委員會文獻叢刊

Y0254(1-10)
藝風老人日記附人名書名索引
繆全孫撰
一九八六年北京大學出版社據原稿本影印
十冊

Y0255(1-120)
北京圖書館古籍珍本叢刊
北京圖書館古籍出版編輯組編
北京書目文獻出版社影印本
一二〇冊
周易集解十七卷附略例一卷 Y0255/第1冊
(唐)李鼎祚撰 (魏)王弼撰略例 (唐)邢璹注
嘉靖三十六年聚樂堂刊本
尚書考異不分卷 Y0255/第1冊
(明)梅鷟撰
白鶴山房明鈔本
尚書譜五卷 Y0255/第1冊
(明)梅鷟撰
清鈔本
三禮考注六十四卷序録一卷綱領一卷 Y0255/第1冊
(元)吳澄撰
成化九年長樂謝士元刊本
孟子節文七卷 Y0255/第1冊
(明)劉三吾等撰
洪武二十七年序刊本
詩緝三十六卷 Y0255/第2冊
(宋)嚴粲撰
味經堂刊本
春秋繁露十七卷 Y0255/第2冊
(漢)董仲舒撰
嘉定四年刊本
春秋公羊傳解詁十二卷附釋文一卷 Y0255/第2冊
(漢)何休學 (唐)陸德明撰釋文
紹熙四年重刊本
春秋正旨一卷 Y0255/第2冊
(明)高拱撰
萬曆二年刊本
禮書一百五十卷 Y0255/第3冊
(宋)陳祥道撰
至正七年福州路儒學刊明修本
緯讖候圖校輯不分卷 Y0255/第3冊
(清)殷元正輯 (清)陸明睿增訂
清鈔本
樂律全書 Y0255/第4冊
(明)朱載堉撰
萬曆中鄭藩刊本
爾雅三卷 Y0255/第5冊
(宋)鄭樵注
元刊本
爾雅新義二十卷附叙録一卷 Y0255/第5冊
(宋)陸佃撰 (清)宋大樽校併輯敘録
嘉慶十三年陸氏三間草堂刊本
博雅十卷 Y0255/第5冊
(魏)張揖撰 (隋)曹憲音釋
正德中皇甫氏刊本
埤雅二十卷 Y0255/第5冊
(宋)陸佃撰
成化十五年劉氏刊嘉靖二年長洲王氏重修本
增修復古編一卷 Y0255/第5冊
(宋)張有撰 (元)吳均增補
明刊本
續復古編四卷 Y0255/第5冊
(元)曹本撰
鈔本
增廣鐘鼎篆韻七卷 Y0255/第5冊
(元)揚鉤撰
鈔本
集鐘鼎古文韻選五卷 Y0255/第5冊
(明)釋道泰撰
鈔本
集篆古文韻海五卷 Y0255/第5冊
(宋)杜從古撰
嘉慶元年錢唐項氏鈔本
華夷譯語一卷續增華夷譯語一卷 Y0255/第6冊
(明)闕名撰
明鈔本
增定華夷譯語殘二卷 Y0255/第6冊
(明)闕名撰
明鈔本
高昌館課不分卷 Y0255/第6冊
(明)闕名撰
明鈔本
高昌館譯書一卷 Y0255/第6冊
(明)闕名撰
清初刊本
高昌館雜字一卷 Y0255/第6冊
(明)闕名撰
清初同文堂鈔本
回回館雜字一卷 Y0255/第6冊
(明)闕名撰
清初同文堂鈔本
回回館譯語一卷 Y0255/第6冊
(明)闕名撰
清初刊本
譯語一卷 Y0255/第6冊
闕名撰
袁氏貞節堂鈔本
百譯館譯語一卷 Y0255/第6冊
(明)闕名撰

清初同文堂鈔本
西天館譯語一卷　Y0255/第6冊
(明)闕名撰
清初刊本
西番譯語一卷　Y0255/第6冊
(明)闕名撰
清初刊本
暹羅館譯語一卷　Y0255/第6冊
(明)闕名撰
清鈔本
八館館考一卷　Y0255/第6冊
(明)闕名撰
清初同文堂鈔本
楚紀六十卷　Y0255/第7冊
(明)廖道南撰
嘉靖二十五年序刊本
皇明脩文備史　Y0255/第8冊
(清)闕名輯
清鈔本
西南紀事六卷　Y0255/第9冊
(明)郭應聘撰
明刊本
重刻確庵曾先生西蜀平蠻全録十五卷　Y0255/第9冊
(明)曾省吾撰
萬曆九年張一鯤刊本
甲乙記政録一卷續丙記政録一卷續丁記政録一卷新政一卷　Y0255/第9冊
(明)徐肇臺撰
崇禎刊本
督師紀略十三卷　Y0255/第9冊
(明)茅元儀撰
明刊本
蜀事紀略一卷　Y0255/第9冊
(明)朱燮元撰
天啓年間刊本
平閩紀十三卷　Y0255/第9冊
(清)楊捷撰
康熙二十二年世澤堂刊本
皇明馭倭録九卷附略二卷寄語略一卷　Y0255/第10冊
(明)王士騏輯
萬曆中刊本
虔臺倭纂二卷圖一卷　Y0255/第10冊
(明)謝杰撰
萬曆二十三年刊本
倭情考略一卷　Y0255/第10冊
(明)郭光復撰
萬曆二十五年刊本
倭患考原一卷恤援朝鮮倭患考附一卷　Y0255/第10冊
(明)黄俣卿撰
清鈔本
安南來威圖册三卷輯略三卷　Y0255/第10冊
(明)梁天錫輯
隆慶刊本
皇明臣略纂聞十二卷　Y0255/第10冊
(明)瞿汝説輯
崇禎八年男瞿式耜刊本
寳日堂雜抄不分卷　Y0255/第10冊
(明)張鼐輯
張氏寳日堂明鈔本
建文朝野彙編二十卷　Y0255/第11冊
(明)屠叔方撰
萬曆二十六年自序刊本
建文書法擬前編一卷正編二卷附編二卷首一卷　Y0255/第11冊
(明)朱鷺撰
萬曆二十二年刊本
名臣寧攘要編殘十二卷　Y0255/第11冊
(明)項德楨輯 (明)男項鼎鉉補
明刊本
夷俗記一卷附世系表一卷　Y0255/第11冊
(明)蕭大亨撰
萬曆二十二年刊本
遼事述不分卷　Y0255/第11冊
(清)闕名撰
鈔本
鄭端簡公吾學編六十九卷　Y0255/第12冊
(明)鄭曉撰
隆慶元年男鄭履淳等刊本
明季水西記略一卷　Y0255/第12冊
(清)李珍撰
清鈔本
泰昌朝記事一卷　Y0255/第12冊
(清)李遜之撰
清鈔本
鄭華亭考選處分始末一卷　Y0255/第12冊
(清)闕名撰
康熙五十七年鈔本
中州戰略一卷　Y0255/第12冊
(明)高謙撰
順治五年跋刊本
朝野公言一卷　Y0255/第12冊
(明)闕名撰
崇禎七年施嘉遇等刊本
藍玉黨供狀不分卷　Y0255/第13冊
(明)闕名撰
明鈔本
世廟識餘録二十六卷　Y0255/第13冊
(明)徐學謨撰
明徐兆稷活字印本
萬曆三大征考四卷圖一卷附一卷附東夷考略一卷附圖一卷附東事答問一卷　Y0255/第13冊
(明)茅瑞徵撰
天啓元年刊本
楚藩交訐疏稿一卷妖書疏稿一卷續刻近疏二卷癸卯楚事志略一卷癸卯妖書志略一卷奏一卷(萬曆三十一年癸卯楚事妖書始末)　Y0255/第13冊
(明)闕名撰
明刊本
閑思往事不分卷　Y0255/第13冊
(明)曹珖撰
明鈔本
啓禎兩朝剝復録十卷　Y0255/第13冊
(明)吳應箕撰
清吳氏樓山堂刊本
玉鏡新譚十卷　Y0255/第13冊
(明)朱長祚撰
崇禎中刊本
孔顔孟三氏志六卷提綱一卷　Y0255/第14冊
(明)劉濬撰
成化十八年張泰刊本
義勇武安王集八卷　Y0255/第14冊
(明)顧問輯
嘉靖四十三年顧夢羽刊本
重編義勇武安王集八卷　Y0255/第14冊
(清)錢謙益輯
手稾本
忠武録五卷　Y0255/第14冊
(明)沈津輯
嘉靖十九年唐藩刊本
孝順事實十卷　Y0255/第14冊
(明)太宗朱棣撰

永樂十八年内府刊本
女範編四卷　Y0255/第 14 册
(明)闕名輯
明刊本
帝鑒圖説不分卷　Y0255/第 14 册
(明)張居正等
萬曆三年郭庭梧刊本
國朝内閣名臣事略十六卷履歷一卷　Y0255/第 15 册
(明)吴伯與撰
崇禎五年宣城李尚仁刊本
皇明輔世編六卷　Y0255/第 15 册
(明)唐鶴徵撰 (明)陳睿謨評
崇禎壬十五年武進陳氏刊本
蘭臺法鑒録二十三卷　Y0255/第 16 册
(明)何出光 陳登雲等撰 喻思恂續
萬曆二十五年刊崇禎四年續刊本
南垣論世考十四卷　Y0255/第 16 册
(明)徐懋學撰 (明)盧大中續
萬曆中刊本
兩浙名賢録五十四卷外録八卷　Y0255/第 17－18 册
(明)徐象梅撰
天啓三年序光碧堂刊本
莆陽文獻十三卷列傳七十五卷　Y0255/第 19 册
(明)鄭岳輯
萬曆四十四年黄起龍刊本
今獻備遺四十二卷　Y0255/第 19 册
(明)項篤壽撰
萬曆十一年秀水項氏萬卷堂刊本
松陵文獻十五卷　Y0255/第 19 册
(清)潘檉章撰
康熙三十二年序刊本
藩獻記四卷　Y0255/第 19 册
(明)朱謀㙔撰
萬曆中刊本
西巡録一卷　Y0255/第 19 册
(明)陳堯撰
嘉靖中刊本
使西日記二卷　Y0255/第 20 册
(明)都穆撰
明刊本
味水軒日記八卷　Y0255/第 20 册
(明)李日華撰
鈔本
孫夏峰先生日譜殘稿一卷　Y0255/第 20 册
(清)孫奇逢撰
手稿本
呼桓日記五卷　Y0255/第 20 册
(明)項鼎鉉
鈔本
日記二卷北征紀行一卷　Y0255/第 20 册
(明)文震孟撰
手稿本
司徒恩遇日記二卷　Y0255/第 20 册
(明)畢自肅撰
康熙五十七年鈔本
祁忠敏公日記十五卷　Y0255/第 20 册
(明)祁彪佳撰
明祁氏遠山堂鈔本
運使復齋郭公言行録一卷編類運使復齋郭公敏行録一卷　Y0255/第 21 册
(元)徐東撰
元刊本
春浮園別集五種　Y0255/第 21 册
(明)蕭士瑋撰
清刊本
果親王西藏日記不分卷　Y0255/第 21 册
(清)愛新覺羅允禮撰
手稿本
宋歷科狀元録八卷元朝歷科狀元姓名一卷　Y0255/第 21 册
(明)朱希召撰
明刊本
元統元年進士題名録一卷　Y0255/第 21 册
闕名撰
清鈔本
皇明三元考十四卷科名盛事録七卷　Y0255/第 21 册
(明)張弘道 (明)張凝道同輯
明何敬塘刊本
皇明歷科狀元録四卷　Y0255/第 21 册
(明)陳鎏撰
隆慶中刊本
聖朝混一方輿勝覽三卷　Y0255/第 22 册
(元)闕名撰
明刊事文類聚翰墨全書本
山東海疆圖記九卷　Y0255/第 22 册
(清)闕名撰
清鈔本
章丘縣志十二卷首一卷　Y0255/第 22 册
(清)鍾運泰纂修
康熙三十年刊本
新修河東運司志十卷　Y0255/第 22 册
(清)馮達道撰 (清)張應徵續
康熙十一年刊本
全陜政要四卷　Y0255/第 22 册
(明)龔輝撰
嘉靖中刊本
三省備邊圖記不分卷　Y0255/第 22 册
(明)蘇愚撰
萬曆中刊本
修攘通考六卷　Y0255/第 23 册
(明)何鏜輯
萬曆六年自序刊本
皇輿考十卷　Y0255/第 23 册
(明)張天復撰
嘉靖三十六年臨海應氏刊本
闕裏志十五卷　Y0255/第 23 册
(明)陳鎬撰 (明)孔弘乾續
嘉靖三十一年曲阜孔氏刊本
京城圖志一卷卽洪武京城圖志　Y0255/第 24 册
(明)王俊華撰
清鈔本
南畿志六十四卷　Y0255/第 24 册
(明)聞人詮修 (明)陳沂纂
嘉靖中刊本
江寧縣志十卷圖一卷　Y0255/第 24 册
(明)王誥修 (明)劉雨纂
正德中刊本
溧水縣志十卷圖一卷　Y0255/第 24 册
(清)閔派魯修 (清)林古度纂
順治中刊本
揚州府志二十七卷圖一卷　Y0255/第 25 册
(明)楊洵修 (明)徐鑾等纂
萬曆中刊本
揚州足徵録二十七卷　Y0255/第 25 册
(清)焦循輯
雲藍閣清鈔本
鹽城縣志十卷圖一卷　Y0255/第 25 册
(明)楊瑞雲修 (明)夏應星等纂
萬曆十一年跋刊本
姑蘇志六十卷　Y0255/第 26－27 册
(明)林世遠修 (明)王鏊等纂
正德元年刊嘉靖中修本

常熟縣志十三卷圖一卷 Y0255/第 27 册
(明)鄧韍撰
嘉靖中刊本
寧波郡志十卷 Y0255/第 28 册
(明)楊寔纂修
成化四年刊本
敬止録四十卷 Y0255/第 28 册
(明)高宇泰撰 (清)徐時棟補
鈔本
四明文獻考不分卷 Y0255/第 28 册
(宋)闕名輯
明鈔本
徽州府志二十二卷圖一卷
Y0255/第 29 册
(明)何東序修 (明)汪尚寧 (明)洪垣同纂
嘉靖中刊本
休寧志三十八卷圖一卷 Y0255/第 29 册
(明)程敏政纂修 (明)歐陽旦增修
弘治四年刊本
南昌郡乘五十五卷 Y0255/第 30 册
(清)葉舟修 (清)陳弘緒纂
康熙中刊本
信豐縣志十二卷圖一卷 Y0255/第 30 册
(清)楊宗昌等纂
康熙中刊本
袁州府志二十卷 Y0255/第 31 册
(清)李芳春等纂
康熙九年刊本
吉安府志殘十二卷 Y0255/第 31 册
(明)闕名纂修
嘉靖中刊本
贛州府志二十卷圖一卷 Y0255/第 32 册
(明)余文龍修 (明)謝詔纂
順治十七年重刊本
南安府志十五卷 Y0255/第 32 册
(清)李世昌纂修
清鈔本
雩都縣志十四卷圖一卷 Y0255/第 32 册
(清)盧振先修 (清)管奏韺等纂
康熙四十七年刊本
八閩通志八十七卷 Y0255/第 33－34 册
(明)黃仲昭等纂
弘治四年刊本
福建通志六十四卷 Y0255/第 34－35 册
(清)金鋐修 (清)鄭開極等纂
康熙二十三年序刊本

衡州府志二十三卷 Y0255/第 36 册
(清)張奇勛修 (清)周士儀 (清)鄒章周同纂 (清)譚弘續修 (清)佟國瑜修卷第二十一
康熙二十一年續刻本
寶慶府志三十八卷首一卷
Y0255/第 37 册
(清)梁碧海等纂
康熙二十四年序刊本
廣東通志初稿四十卷首一卷
Y0255/第 38 册
(明)戴璟修 (明)張岳纂
嘉靖中刊本
廣東輿圖十二卷 Y0255/第 38 册
(清)蔣伊等纂
康熙二十四年刊本
廣州志三十二卷 Y0255/第 38 册
(明)吳中修 (明)王文鳳纂
成化中刊本
新修廣州府志五十四卷
Y0255/第 39－40 册
(清)汪永瑞纂修
康熙中鈔本
潮州府志十二卷 Y0255/第 40 册
(清)吳穎纂修
順治十八年刊本
韶州府志十六卷 Y0255/第 40 册
(清)馬元纂修
康熙中刊本
廣西通志六十卷 Y0255/第 41 册
(明)林富修等纂
嘉靖中刊本
四川總志十六卷附全蜀秇文志六十四卷 Y0255/第 42 册
(明)劉大謨修 (明)王元正等纂
嘉靖中刊本
黔記六十卷 Y0255/第 43 册
(明)郭子章撰
萬曆中刊本
雲南通志三十卷 Y0255/第 44 册
康熙中刊本
劍川州志二十卷 Y0255/第 44 册
(清)王世貴修 (清)張倫纂
康熙五十二年刊本
大理府志 Y0255/第 44 册
(清)李斯佺修 (清)黃元治纂
康熙中刊本

鶴慶府志二十六卷 Y0255/第 45 册
(清)佟鎭修 (清)李倬雲等纂
康熙五十三年刊本
建水州志十八卷首一卷 Y0255/第 45 册
(清)陳肇奎修 (清)葉涞纂
康熙中刊本
永昌府志二十六卷 Y0255/第 45 册
(清)羅綸修 (清)李文淵纂
康熙中刊本
皇明制書十四卷 Y0255/第 46 册
(明)闕名撰
明鎭江府丹徒縣刊本
憲章類編四十二卷 Y0255/第 46 册
(明)勞堪撰
萬曆六年刊本
經世挈要二十二卷 Y0255/第 47 册
(明)張燧撰
明刊本
工部廠庫須知十二卷 Y0255/第 47 册
(明)何士晉撰
萬曆中刊本
繕部紀略一卷 Y0255/第 47 册
(明)郭尚友撰
萬曆四十二年江夏任氏等刊本
新鐫京板工師雕斫正式魯班經匠家鏡三卷魯班仙師源流一卷 Y0255/第 47 册
(明)午榮 (明)章嚴同撰
清刊本
兩浙南關榷事書不分卷 Y0255/第 47 册
(明)楊時喬撰
明刊本
榷政紀略四卷奏疏一卷蒞政八箴一卷
Y0255/第 47 册
(明)堵胤錫撰
崇禎中刊本
實政録九卷 Y0255/第 48 册
(明)呂坤撰
萬曆二十六年趙氏刊本
寶坻政書十二卷 Y0255/第 48 册
(明)劉邦謨 王好善同輯
萬曆中刊本
按吳檄稿不分卷牌示稿不分卷
Y0255/第 48 册
(明)祁彪佳撰
明鈔本
軍政事宜一卷 Y0255/第 48 册
(明)龐尚鵬撰

萬曆五年南海龐氏刊本
揚州營志十六卷 Y0255/第48册
(清)趙孔傳撰(清)李北山增
道光十一年刊本
皇明泳化類編一百三十六卷
Y0255/第49－50册
(明)鄧球撰
隆慶中刊本
嘉靖事例不分卷 Y0255/第51册
(明)闕名輯
明鈔本
聖駕重幸太學録不分卷 Y0255/第51册
(明)夏言等輯
嘉靖中刊本
常熟縣儒學志八卷 Y0255/第51册
(明)繆肇祖等輯
萬曆三十八年蔣氏刊本
軍政條例類考六卷 Y0255/第51册
(明)霍□輯
嘉靖三十一年刊本
嶺西水陸兵紀二卷拙政編一卷
Y0255/第51册
(明)盛萬年撰
雍正中寶綸堂刊本
四川各地勘案及其他事宜檔册不分卷
Y0255/第51册
(明)闕名輯
嘉靖中鈔本
萬曆會計録四十三卷
Y0255/第52－53册
(明)袁昌祚等輯
萬曆十年刊本
萬曆大政類編不分卷 Y0255/第54册
(明)闕名輯
明山陰祁氏澹生堂遠山堂鈔本
漕運全書三十九卷 Y0255/第55册
(清)闕名輯
清鈔本
海運紀事不分卷 Y0255/第56册
(明)闕名輯
明刊本
漕運通志十卷 Y0255/第56册
(明)謝純撰
嘉靖七年刊本
條議船政撥差事宜書册不分卷
Y0255/第56册
(明)闕名輯
萬曆中刊本
救荒活民類要不分卷 Y0255/第56册
(元)張光大撰
明刊本
灾祲窾議一卷 Y0255/第56册
(明)畢自嚴撰
萬曆中清福堂刊本
太倉考十卷 Y0255/第56册
(明)劉斯潔撰
萬曆八年大城王氏等刊本
寶泉新牘二卷 Y0255/第56册
(明)陳于廷輯
天啓四年刊本
夏鎮漕渠志略二卷前集一卷
Y0255/第57册
(清)狄敬撰
順治中刊康熙中增修本
河漕備考四卷歷代黄河指掌圖説一卷
Y0255/第57册
(清)朱鋐撰
清鈔本
長蘆鹽法志二十卷援證十卷
Y0255/第57册
(清)黄掌綸等撰
嘉慶中鈔本
淮鹺分類新編六卷 Y0255/第57册
(清)陸費垓撰
手稿本
古今鹺略九卷補九卷 Y0255/第58册
(明)汪砢玉撰
清鈔本
鹽政志十卷 Y0255/第58册
(明)朱廷立等撰
明嘉靖刻本
兩浙訂正鹺規四卷 Y0255/第58册
(明)楊鶴撰(明)胡繼升(明)傅宗龍同補
天啓三年重刊本
兩淮鹽法志十二卷 Y0255/第58册
(明)史起蟄(明)張榘同撰
嘉靖三十年刊本
福建鹺政全書二卷 Y0255/第58册
(明)周昌晋撰
明天啟七年活字本
王國典禮八卷 Y0255/第59册
(明)朱勤美撰
萬曆四十三年周府刻天啓增刻本
宗藩條例二卷 Y0255/第59册
嘉靖中刊本
謚法纂十卷 Y0255/第59册
(明)孫能傳撰
萬曆四十五年孫能正刊本
宗祀議不分卷 Y0255/第59册
(清)翁同龢撰
手稿本
四譯館考十卷 Y0255/第59册
(清)江蘩撰
康熙中刊本
滿洲四禮集 Y0255/第59册
(清)索寧安撰
阿哥婚娶定例二卷 Y0255/第59册
清内府鈔本
考成録略五卷 Y0255/第60册
(明)朱國壽撰
崇禎中刊本
河南賦役總會文册殘一卷
Y0255/第60册
嘉靖中刊本
重刊賦役書册二卷 Y0255/第60册
萬曆中刊本
絲絹全書八卷 Y0255/第60册
(明)程任卿撰
萬曆中刊本
江南簡明賦役全書三十四卷
Y0255/第60册
順治中鈔本
蘇松歷代財賦考一卷附請減蘇松浮糧疏稿一卷附居官備覽一卷
Y0255/第60册
康熙中刊本
居家必用事類全集甲集一卷乙集一卷丙集一卷丁集一卷戊集一卷己集一卷庚集一卷辛集一卷壬集一卷癸集一卷 Y0255/第61册
(元)闕名撰
明刊本
宋氏家要部三卷家儀部四卷家規部四卷燕閑部二卷 Y0255/第61册
(明)宋詡撰
明刊本
雅尚齋遵生八箋十九卷 Y0255/第61册
(明)高濂撰
萬曆十九年刊本景印
類説六十卷 Y0255/第62册

(宋)曾慥輯
天啓六年序刊本
林子全集一百三十四卷 Y0255/第63册
(明)林兆恩撰
崇禎中刊本
靜虚齋惜陰録十二卷附録一卷
Y0255/第64册
(明)顧應祥撰
明刊本
山林經濟籍二十四卷 Y0255/第64册
(明)屠本畯輯
萬曆中惇德堂刊本
道聽録五卷 Y0255/第64册
(明)李春熙撰
清鈔本
鬱岡齋筆塵四卷 Y0255/第64册
(明)王肯堂撰
明萬曆刻本
談冶録十二卷 Y0255/第64册
(明)徐廣輯
萬曆四十一年古虞陳氏刊本
諺語七卷謠語七卷讔語二卷譏語二卷
譏語六卷諧語七卷(六語)
Y0255/第65册
(明)郭子章撰
萬曆中刊本
樗齋漫録十二卷 Y0255/第65册
(明)許自昌撰
萬曆中刊本
文海披沙八卷 Y0255/第65册
(明)謝肇淛撰
明萬曆刻本
南園漫録十卷 Y0255/第65册
(明)張志淳撰
嘉靖中刊本
游翰稗編五卷 Y0255/第65册
(明)梁溪無名生輯
萬曆中刊本
天都載六卷 Y0255/第65册
(明)馬大壯撰
萬曆中刊本
情種八卷 Y0255/第65册
(明)李存標撰
天啓中翁少麓刊本
禪寄筆談十卷 Y0255/第66册
(明)陳師撰
萬曆二十一年自序刊本
西臺漫紀六卷 Y0255/第66册
(明)蔣以化撰
萬曆中刊本
文園漫語一卷 Y0255/第66册
(明)程希堯撰
明鈔本
見聞雜紀九卷續二卷 Y0255/第66册
(明)李樂撰
萬曆中刊本
客座贅語十卷 Y0255/第66册
(明)顧起元撰
萬曆中刊本
鹿苑閑談一卷 Y0255/第66册
(明)錢五卿撰
清抄本
掌記六卷 Y0255/第66册
(明)茅元儀撰
崇禎元年刊本
經史避名彙考四十六卷 Y0255/第67册
(清)周廣業撰
清鈔本
彈園雜志殘一卷 Y0255/第67册
(明)伍袁萃撰
明伍袁萃撰
雙槐歲抄十卷 Y0255/第67册
(明)黃瑜撰
嘉靖三十八年陸氏重刊本
邸中雜記一卷 Y0255/第67册
(明)劉永澄撰
曾孫劉中從刊本
東坡先生物類相感志十八卷
Y0255/第67册
(宋)釋贊寧撰
明抄本
聞雁齋筆談六卷 Y0255/第67册
(明)張大復撰
萬曆三十三年顧氏刊本
閑書六卷 Y0255/第67册
(清)程作舟撰
康熙中専園刊本
問辨牘四卷續四卷 Y0255/第68册
(明)管志道撰
萬曆中刊本
雪庵清史五卷 Y0255/第68册
(明)樂純撰
明刊本
皇朝仕學規範四十卷 Y0255/第68册
(宋)張鎡輯
宋刊本
續家訓殘三卷 Y0255/第68册
(宋)董正功撰
宋刊本
裹堂道聽録四十卷又一卷
Y0255/第69册
(清)焦循撰
手稿本
愈愚録六卷又一卷 Y0255/第69册
(清)劉寶楠撰
手稿本
愈愚續録不分卷 Y0255/第69册
(清)劉寶楠撰
手稿本
新刊履齋示兒編二十三卷
Y0255/第70册
(宋)孫奕撰
元劉氏學禮堂刊本
養生雜類二十二卷 Y0255/第70册
(宋)周守忠撰
明刊本
慮得集四卷附録二卷 Y0255/第70册
(明)華悰韡撰
萬曆四十二年華氏刊本
長生詮六卷 Y0255/第70册
(明)洪應明撰
萬曆中刊本
閑中偶録二卷 Y0255/第70册
(明)石寯居士輯
明刊本
萬曆欣賞編殘七卷 Y0255/第70册
(明)沈德符撰
清鈔本
漫録評正前集六卷别集九卷多集六卷
畸集五卷駁駁漫録評正不分卷附駁
漫録評正不分卷 Y0255/第70册
(明)賀燦然 伍袁萃撰 駁漫録評正
萬曆中刊本
妝史二卷 Y0255/第70册
(清)田霢撰
手稿本
記纂淵海一百九十五卷 Y0255/第71册
(宋)潘自牧撰
宋刊本
婚禮新編二十卷 Y0255/第72册
(宋)丁昇之輯

宋刊本
奩史一百卷拾遺一卷 Y0255/第72册
(清)王初桐輯
嘉慶二年古香堂刊本
錦綉萬花穀四十卷後集四十卷續集四十卷 Y0255/第73册
(宋)闕名撰
北京書目文獻出版社用宋刊本景印
新編翰苑新書前集七十卷後集三十二卷續集四十二卷別集十二卷 Y0255/第74册
闕名輯
明鈔本
新編類意集解諸子瓊林前集二十四卷後集十六卷 Y0255/第75册
(元)蘇應龍輯
元刊本
事類賦三十卷 Y0255/第75册
(宋)吴淑撰并奉敕注
紹興十六年刊本
帝王經世圖譜十卷 Y0255/第76册
(宋)唐仲友撰
宋刊本
新鍥燕臺校正天下通行文林聚寶萬卷星羅三十九卷 Y0255/第76册
(明)徐會瀛撰
萬曆中餘獻可刊本
明本大字應用碎金二卷 Y0255/第76册
(明)闕名撰
明刊本
新增直音説文韻府群玉二十卷 Y0255/第76册
(宋)陰時夫 陰中夫同撰
明刊本
佛祖歷代通載二十二卷 Y0255/第77册
(元)釋念常輯
至正七年釋常念慕財刊本
大元至元辨僞籙五卷 Y0255/第77册
(元)釋祥邁撰
元刊本
天目中峰和尚廣録三十卷 Y0255/第77册
(元)釋慈寂撰
元統三年釋明瑞慕財刊本
欣賞編 Y0255/第78册
(明)沈津輯
明刊本
欣賞續編 Y0255/第78册
(明)茅一相輯
明刊本
天文彙抄 Y0255/第78册
明鈔本
山居小玩 Y0255/第78册
(明)毛晉輯
明刊本
水邊林下五十九種 Y0255/第78册
題湖南漫士輯
清刊本
朱秉器文集四卷詩集四卷河上楮談三卷汾上續談一卷浣水讀談一卷游宦餘談一卷卽朱秉器全集 Y0255/第79册
(明)朱孟震撰
明萬曆刻本
彭氏遺著 Y0255/第79册
(清)彭鵬撰
康熙中刊本
松筠叢著 Y0255/第79册
(清)松筠撰
嘉慶道光間刊本
童氏雜著 Y0255/第79册
(清)童華撰
清乾隆刻本
胡氏粹編 Y0255/第80册
(明)胡文煥輯
萬曆中刊本
了凡雜著十七卷 Y0255/第80册
(明)袁黄撰
明萬曆三十三年建陽余氏刻本
黔牘偶存 Y0255/第80册
(明)劉錫玄撰
明刊木
歐虞部集坿李英詩一卷附餐霞集一卷附歷游集二卷附當壚集一卷附都下贈言録一卷 Y0255/第81册
(明)歐大任撰 (明)李英撰 (明)孔達成輯
刊本
壽養叢書 Y0255/第82册
(明)胡文煥輯
明刊本
奚囊廣要 Y0255/第82册
(明)闕名輯
明童氏樂志堂刊本
艷雪齋叢書 Y0255/第82册
(明)高奭輯
稿本
士商必要 Y0255/第82册
(明)江湖散人輯
明刊本
藏説小萃 Y0255/第83册
(明)李鶚翀輯
萬曆三十四年李銓前書樓刊本
程氏叢刻七種 Y0255/第83册
(明)程百二輯
萬曆四十三年程百二胡之衍同刊本
刻金粟頭陀青蓮露六箋 Y0255/第83册
(明)葉華撰
明書林鄭氏麗正堂刊本
隱山鄙事三種 Y0255/第84册
(清)李子金撰
清康熙刻本
陽山顧氏文房小説四十種 Y0255/第84册
(明)顧元慶輯
正德嘉靖間顧元慶刊本
郭子式先生校刻書三種 Y0255/第84册
(明)郭鈺輯
明刊本
許氏巾箱集三種 Y0255/第84册
(明)許察撰 (清)許徐翀撰 (清)許兆熊撰
嘉慶二十二年許氏石契齋刊本
鉅鹿東觀集十卷 Y0255/第85册
(宋)魏野撰
紹定元年嚴陵郡齋刊本
武溪集二十一卷 Y0255/第85册
(宋)余靖撰
成化九年蘇韡等刊本
安陽集五十卷附忠獻韓魏王家傳十卷附別録三卷附遺事一卷 Y0255/第85册
(宋)韓琦撰 (宋)韓□撰家傳 (宋)王巖叟撰別録 (宋)強至撰遺事
正德九年安陽張氏刊本
徂徠石先生集二十卷 Y0255/第85册
(宋)石介撰
康熙五十六年石氏刊本
趙清獻公文集十六卷 Y0255/第85册
(宋)趙抃撰
宋刊元明間修本
莆陽居士蔡公文集三十六卷 Y0255/第86册

(宋)蔡襄撰
宋刊本
山谷老人刀筆二十卷 Y0255/第 86 册
(宋)黄庭堅撰
元刻本
梁溪遺稾詩鈔一卷文鈔一卷
Y0255/第 86 册
(宋)尤袤撰
康熙三十九年尤侗刊本
碧岩詩集二卷 Y0255/第 86 册
(宋)金朋説撰
清鈔本
亞愚江浙紀行集句詩七卷
Y0255/第 86 册
(宋)釋紹嵩撰
清毛氏汲古閣用宋鈔本景刊
石堂先生遺稿二十二卷 Y0255/第 86 册
(宋)陳普撰
萬曆三年薛孔洵刊本
古靈先生文集二十五卷末一卷附年譜一卷 Y0255/第 87 册
(宋)陳襄撰(宋)陳曄撰年譜
宋刊本
王荊文公詩五十卷附年譜一卷
Y0255/第 87 册
(宋)王安石撰(宋)李壁箋註(宋)劉辰翁批點(宋)詹大和撰年譜
大德五年王氏刊本
曾南豐先生文粹十卷 Y0255/第 87 册
(宋)曾鞏撰
宋刊本
歐陽先生文粹五卷拾遺一卷
Y0255/第 87 册
(宋)歐陽脩撰
宋刊本
劉須溪先生記鈔八卷 Y0255/第 87 册
(宋)劉辰翁撰
嘉靖五年南充王氏刊本
元公周先生濂溪集十二卷附濂溪先生周公年表一卷 Y0255/第 88 册
(宋)周敦頤撰
宋刊本
後山居士文集二十卷 Y0255/第 88 册
(宋)陳師道撰
宋刊本
羅鄂州小集五卷附附録一卷附羅郢州遺文一卷 Y0255/第 88 册
(宋)羅願撰(宋)兄羅頌撰坿録
洪武二年羅宣明刊本
撙齋先生緣督集十二卷 Y0255/第 88 册
(宋)曾豐撰(明)曾自明輯
萬曆十一年詹事講刊本
方壺存槁九卷 Y0255/第 88 册
(宋)汪莘撰
明汪璨等刊本
蛟峰先生文集十卷遺文一卷外集三卷
Y0255/第 88 册
(宋)方逢辰撰
明活字印本
樂全先生文集殘十八卷 Y0255/第 89 册
(宋)張方平撰
宋刊本
寶晋山林集拾遺八卷附故南宮舍人米公墓志一卷 Y0255/第 89 册
(宋)米芾撰(宋)蔡肇撰故南宮舍人米公墓誌
嘉泰元年筠陽郡齋刊本
竹坡類稿五卷附附録一卷
Y0255/第 89 册
(宋)吕午撰 闕名輯附録
清鈔本
宋寶章閣直學士忠惠鐵庵方公文集四十五卷 Y0255/第 89 册
(宋)方大琮撰
正德八年族孫方良節刊本
青山集三十卷 Y0255/第 89 册
(宋)郭祥正撰
宋刊本
唐先生文集二十卷 Y0255/第 90 册
(宋)唐庚撰
宣和四年序刊本
勉齋先生黄文肅公文集四十卷語録一卷附年譜一卷附附集一卷
Y0255/第 90 册
(宋)黄幹撰(宋)林圓録語録(宋)梁祖康校(宋)鄭元肅録年譜(宋)陳義和輯
延祐二年重修本
咸淳集一卷大義集一卷中興集二卷久久書一卷雜文一卷大義略叙一卷末一卷卽心史 Y0255/第 90 册
(宋)鄭思肖撰
崇禎十三年汪駿聲林古度重刊本
栖霞長春子丘神仙磻溪集三卷
Y0255/第 91 册
(金)丘處機撰
金刊本
水雲集三卷 Y0255/第 91 册
(金)譚處端撰
明刊本
知常先生雲山集五卷 Y0255/第 91 册
(元)姬志眞撰
延祐六年李懷素刊本
藏春詩集六卷 Y0255/第 91 册
(元)劉秉忠撰
明刊本
筠溪牧潜集七卷 Y0255/第 91 册
(元)釋圓至撰
大德中刊本
魯齋遺書十四卷 Y0255/第 91 册
(元)許衡撰(明)怡愉輯
萬曆二十四年江學詩等刊本
郝文忠公陵川文集三十九卷首一卷
Y0255/第 91 册
(元)郝經撰
正德二年泌水李瀚刊本
姚文公牧庵集不分卷 Y0255/第 92 册
(元)姚燧撰
清鈔本
燕石集十五卷附附録一卷
Y0255/第 92 册
(元)宋褧撰
清鈔本
中庵先生劉文簡公文集二十五卷附附録一卷 Y0255/第 92 册
(元)劉敏中撰
清鈔本
番易仲公李先生文集三十一卷
Y0255/第 92 册
(元)李存撰
永樂三年李光刊本
傅與礪文集十一卷附附録一卷
Y0255/第 92 册
(元)傅若金撰(元)傅若川輯
洪武十七年序刊本
巴西鄧先生文集一卷 Y0255/第 92 册
(元)鄧文原撰
清鈔本
劉文靖公文集二十八卷 Y0255/第 93 册
(元)劉因撰

成化十五年蜀藩刊本
吳禮部文集二十卷附録一卷 Y0255/第93册
(元)吳師道撰
清鈔本
雲峰胡先生文集十四卷附録一卷 Y0255/第93册
(元)胡炳文撰
弘治二年墨水藍氏刊本
貢文靖雲林集十卷附録一卷 Y0255/第93册
(元)貢奎撰
明八世孫貢靖國刊本
鄧伯言玉笥集九卷 Y0255/第93册
(元)鄧雅撰
清鈔本
還山遺稿二卷附録一卷附楊文憲公考歲略一卷 Y0255/第93册
(元)楊奐撰 (明)宋廷佐撰楊文憲公考歲略
嘉靖元年乾州宋氏刊本
道園遺稿六卷 Y0255/第94册
(元)虞集撰
至正十四年金氏刊本
伯生詩後三卷附録一卷 Y0255/第94册
(元)虞集撰
至元六年劉氏日新堂刊本
石田先生文集十五卷附附録一卷附正誤表 Y0255/第94册
(元)馬祖常撰 徐宗浩撰正誤表
至元五年揚州路儒學刊本
漢泉曹文貞公詩集十卷後録一卷 Y0255/第94册
(元)曹伯啓撰
至元四年男曹復享刊本
知非堂集十一卷 Y0255/第94册
(元)何中撰
清鈔本
范德機詩十卷 Y0255/第94册
(元)范梈撰
康熙三十年吳縣金氏鈔本
栖碧先生黄楊集三卷補遺一卷附録一卷 Y0255/第94册
(元)華幼武撰
萬曆四十六年刊本
一山文集九卷 Y0255/第94册
(元)李繼本撰
康熙二十八年吳縣金氏鈔本
至正集八十一卷 Y0255/第95册
(元)許有壬撰
清鈔本
梧溪集七卷 Y0255/第95册
(元)王逢撰
鈔本
清閟閣遺稿十五卷 Y0255/第95册
(元)倪瓚撰
萬曆二十八年八世孫倪珵刊本
僑吳集十二卷附録一卷 Y0255/第95册
(元)鄭元祐撰
弘治九年張習刊本
畸齋文稿一卷 Y0255/第95册
(元)張仲壽撰
手稿本
貢文靖公雲林詩集六卷附録一卷 Y0255/第96册
(元)貢奎撰
弘治三年范吉刊本
圭齋盧先生集二卷 Y0255/第96册
(元)盧琦撰
萬曆三十七年莊毓慶等刊本
雲陽李先生文集十卷附録一卷 Y0255/第96册
(元)李祁撰
清鈔本
新喻梁石門先生集十卷 Y0255/第96册
(元)梁寅撰
乾隆十五年刊本
後圃黄先生集四卷附鄉明齋詩文一卷 Y0255/第96册
(元)黄樞撰 (元)黄維天撰鄉明齋詩文
嘉靖二十九年古林山房黄餘刊本
荻溪集二卷 Y0255/第96册
(元)王偕撰
清鈔本
秋聲集十卷 Y0255/第96册
(元)黄鎮成撰
洪武十一年黄鈞刊本
陶學士先生文集二十卷附陶學士先生事迹一卷 Y0255/第97册
(元)陶安撰
弘治十三年項經刊本
朱楓林集十卷 Y0255/第97册
(明)朱升撰
萬曆中歙邑朱氏刊本
韞玉先生集不分卷 Y0255/第97册
(元)吳珷撰
清鈔本
青金集八卷 Y0255/第97册
(元)史遷撰
清鈔本
新編頤光先生詩集七卷外集二卷 Y0255/第97册
(明)陸顒撰
景泰元年刊本
得月稿七卷 Y0255/第97册
(元)呂不用撰
清鈔本
韓山人詩集九卷續集八卷 Y0255/第97册
(元)韓奕撰
清鈔本
静居集六卷附録一卷 Y0255/第97册
(明)張羽撰
弘治四年張習刊本
王忠文公文集二十四卷 Y0255/第98册
(明)王禕撰
嘉靖元年歷城張氏刊本
澉川集八卷 Y0255/第98册
(明)吳沈撰
清鈔本
浦舍人集六卷 Y0255/第98册
(明)浦源撰
清鈔本
心遠先生存稿十二卷附録二卷 Y0255/第98册
(明)楊琢撰
明鈔本
愛禮先生集十卷 Y0255/第98册
(明)劉駟撰
明刊本
坦齋劉先生文集二卷 Y0255/第99册
(明)劉三吾撰
萬曆六年韓城賈氏刊本
涂子類稿十卷 Y0255/第99册
(明)涂幾撰
嘉靖十五年莆田黄氏刊本
劉槎翁先生詩選十二卷 Y0255/第99册
(明)劉崧撰
萬曆二十五年宛陵應氏刊本
林登州遺集二十三卷 Y0255/第99册

（明）林弼撰
康熙四十五年裔孫林興刊本
淡居稿二卷 Y0255/第 99 册
（元）釋至仁撰
清鈔本
先正遺芳集十卷 Y0255/第 99 册
（明）劉昭年撰
清鈔本
西庵集十卷 Y0255/第 100 册
（明）孫蕡撰
弘治十六年金蘭館銅活字印本
青城山人集八卷 Y0255/第 100 册
（明）王燧撰
景泰四年華靖刊本
海叟集四卷 Y0255/第 100 册
（明）袁凱撰
萬曆三十七年張所望刊本
友石先生詩集五卷 Y0255/第 100 册
（明）王紱撰
弘治元年榮華刊本
泊庵先生文集十六卷附録一卷
Y0255/第 100 册
（明）梁潛撰
清刊本
坦庵先生文集八卷 Y0255/第 100 册
（明）梁本之撰
清刊本
夏忠靖公集六卷附遺事一卷
Y0255/第 100 册
（明）夏原吉撰 孫廷章輯遺事
弘治十三年袁經刊本
逃虚子詩集十卷續集一卷
Y0255/第 100 册
（明）姚廣孝撰
清金氏文瑞樓鈔本
黄給諫遺稿一卷附録一卷
Y0255/第 101 册
（清）黄鉞撰
清鈔本
仁山遺稿一卷附録一卷
Y0255/第 101 册
（明）程彌壽撰
嘉靖四年程昌等刊本
盤穀集十卷 Y0255/第 101 册
（明）劉鳳撰
鈔本
金川玉屑集六卷 Y0255/第 101 册
（明）練子寧撰
明刊本
嵩渚文集一百卷 Y0255/第 101 册
（明）李濂撰
嘉靖中刻本
石溪集殘二卷 Y0255/第 102 册
（明）周叙撰
景泰元年序刊本
胡祭酒集殘八卷 Y0255/第 102 册
（明）胡儼撰
隆慶四年新建李氏刊本
孫文簡公瀼溪草堂稿五十八卷
Y0255/第 102 册
（明）孫承恩撰
明男孫克弘從孫男孫友仁同刊本
夏東岩先生文集六卷詩集六卷
Y0255/第 102 册
（明）夏尚樸撰
嘉靖四十五年東陽斯氏刊本
頤山私稿十卷 Y0255/第 102 册
（明）吴仕撰
明刊本
拘虛集五卷後集三卷附詩談一卷附游名山録四卷 Y0255/第 102 册
（明）陳沂撰
嘉靖中刊本
覺非集十卷 Y0255/第 103 册
（明）羅亨信撰
清羅哲刊本
翰林學士耐軒王先生天游雜稿十卷
Y0255/第 103 册
（明）王達撰
正統元年胡濱刊本
戴中丞遺集八卷附録一卷
Y0255/第 103 册
（明）戴鱀撰
嘉靖三十九年戴士充刊本
少華山人前集十三卷後集九卷
Y0255/第 103 册
（明）許宗魯撰
嘉靖中刊本
東岡集十卷 Y0255/第 103 册
（明）柯暹撰
柯株林等刊本
南齋先生魏文靖公摘稿十卷
Y0255/第 103 册
（明）魏驥撰
弘治十一年洪鐘刊本
正心詩集九卷 Y0255/第 104 册
（明）朱榮撰
正德十四年楚藩刊本
董漢陽碧裏後集鳴存一卷疑存一卷雜存一卷達存二卷 Y0255/第 104 册
（明）董穀撰
嘉靖四十四年董鯤刊本
蓉川集四卷入夏録三卷贈言一卷贈言附録一卷附年譜一卷 Y0255/第 104 册
（明）齊之鸞撰
康熙二十年齊山悠然亭刊本
南湖先生文選八卷補編一卷
Y0255/第 104 册
（明）丁奉撰
萬曆三十一年丁汝寬刊本
衡藩重刻胥臺先生集二十卷
Y0255/第 104 册
（明）袁袠撰
萬曆十二年衡藩刊本
巢睫集五卷 Y0255/第 105 册
（明）曾棨撰
成化七年長清張氏刊本
洞庭集五十三卷 Y0255/第 105 册
（明）孫宜撰
嘉靖三十二年兄孫宗刊本
明山先生存集四卷 Y0255/第 105 册
（明）姚涞撰
嘉靖三十六年男姚稽刊本
遵岩先生文集四十一卷
Y0255/第 105 册
（明）王慎中撰
隆慶五年南豐邵氏刊本
芹山集三十四卷首一卷
Y0255/第 106 册
（明）陳儒撰
隆慶三年男陳一龍刊本
翁東涯集十七卷 Y0255/第 106 册
（明）翁萬達撰
嘉靖三十四年朱睦㮮刊本
楊氏南宫集七卷 Y0255/第 106 册
（明）楊儀撰
清鈔本
季彭山先生文集四卷 Y0255/第 106 册
（明）季本撰
清鈔本
東塘集十卷 Y0255/第 107 册

(明)毛伯溫撰
嘉靖十九年王儀刊本
長春競辰稿十三卷餘稿三卷 Y0255/第107册
(明)朱讓栩撰
嘉靖二十八年蜀藩刊本
汶濱蔡先生文集十卷附録二卷 Y0255/第107册
(明)蔡靉撰
嘉靖四十二年李登等刊本
飛鴻亭集二十卷 Y0255/第107册
(明)吳鵬撰
萬曆中吳惟貞刊本
月川類草十卷 Y0255/第107册
(明)夏濬撰
清鈔本
錢臨江先生集十四卷附録一卷 Y0255/第108册
(明)錢琦撰
萬曆三十二年錢蕎刊本
玉華子游藝集二十六卷 Y0255/第108册
(明)馬一龍撰
萬曆三十二年馬震伯等刊本
殳山先生遺稿三卷 Y0255/第108册
(明)張文憲撰
萬曆十一年張汝賢刊本
萬卷樓遺集六卷 Y0255/第109册
(明)豐坊撰
萬曆四十五年刊本
林榕江先生集三十卷 Y0255/第109册
(明)林炫撰 (明)林世璧輯
范氏天一閣鈔本
鹿原集九卷 Y0255/第109册
(明)戴欽撰
明鈔本
端簡鄭公文集十二卷 Y0255/第109册
(明)鄭曉撰 (明)鄭履淳輯
萬曆二十八年序刊本
甘白先生文集六卷 Y0255/第109册
(明)張適撰
舊鈔本
省庵漫稿四卷 Y0255/第109册
(明)陳逅撰
崇禎十年曾孫陳星樞刊本
浮槎稿十二卷 Y0255/第110册
(明)潘滋撰
嘉靖三十年序刊本
畏齋薛先生藝文類稿十四卷續集三卷 Y0255/第110册
(明)薛甲撰
隆慶中刊本
太師楊襄毅公奏疏十七卷 Y0255/第110册
(明)楊博撰
萬曆中刊本
天游山人集殘四卷 Y0255/第110册
(明)楊應詔撰
明刊本
擬山園選集八十一卷 Y0255/第111册
(明)王鐸撰
順治十卷王鏞王鑨同刊本
曹司馬集六卷附曹孝廉文稿一卷 Y0255/第111册
(清)曹燁 (清)曹應鶴撰
康熙三十二年曹肩吾刊本
大中丞苗晋侯先生文集八卷附撫陨雜録一卷附解鞍小録一卷附築樊文抄一卷附借鑄文抄一卷附巡襄約言一卷 Y0255/第112册
(清)苗胙土撰
雪堂先生文集二十八卷 Y0255/第112册
(清)熊文舉撰
清刊本
了菴文集九卷 Y0255/第112册
(清)王岱撰
康熙中刊本
匪棘堂集十二卷 Y0255/第112册
(清)范士楫撰
順治中刊本
龔芝麓先生集四十卷 Y0255/第113册
(清)龔鼎孳撰
康熙中刊本
内省齋文集三十二卷 Y0255/第113册
(清)湯來賀撰
康熙中書林五車樓刊本
赤城集十八卷 Y0255/第114册
(宋)林表民輯
弘治十年太平謝氏刊本
赤城後集三十卷 Y0255/第114册
(明)謝鐸輯
弘浩十年太平謝氏刊本
麟溪集二卷别篇二卷 Y0255/第114册
(元)鄭太和輯 (明)鄭璽續
鈔本
麗澤録二十四卷 Y0255/第115册
(明)朱□輯
嘉靖三十六年朱氏玄暢新館刊本
文氏家藏詩集 Y0255/第115册
(明)文肇祉輯
萬曆十六年文氏刊本
唐氏三先生集三十卷 Y0255/第115册
正德十三年張芹刊本
中州啓札四卷 Y0255/第116册
(元)吳弘道輯
清鈔本
中州名賢文表三十卷 Y0255/第116册
(明)劉昌輯
成化中刊本
成化十一年會試録不分卷 Y0255/第116册
成化中刊本
國朝進士題名碑録初集不分卷明洪武崇禎進士題名碑録不分卷 Y0255/第116册
(清)李周望等輯
雍正中刊本
廣東文選四十卷 Y0255/第117册
(清)屈大均輯
康熙二十六年序刊本
海虞文苑二十四卷 Y0255/第118册
(明)張應遴輯
萬曆三十八年刊本
虞邑遺文録十卷補集六卷 Y0255/第118册
(清)陳揆輯
道光二十八年翁氏陔華館鈔本
錫山遺響十卷 Y0255/第118册
(明)莫息 (明)潘繼芳同輯
正德中刊本
善權寺古今文録十卷 Y0255/第118册
(明)釋方策輯
清鈔本
北岳廟集十一卷 Y0255/第118册
(明)闕名輯
萬曆中刊本
三台文獻録二十三卷 Y0255/第119册
(明)李時漸輯
萬曆五年刊本
清源文獻十八卷 Y0255/第119册

(明)何炯編
萬曆中刊本
方城遺獻六卷 Y0255/第119册
(清)李成經輯
乾隆五十二年李氏刊本
太倉文略四卷 Y0255/第119册
(明)陸之裘輯
嘉靖二十二年王夢祥刊本
國朝名公經濟文鈔十一卷第一續不分卷 Y0255/第120册
(明)張文炎編
明玉屑齋刻本
同時尚論録十六卷 Y0255/第120册
(明)蔡士順編
崇禎中刻本
交游書翰四卷 Y0255/第120册
(明)張自徹輯
萬曆三年張氏刊本
北京圖書館古籍珍本叢刊目録 Y0255/第120册
國家圖書館古籍組 北京圖書館出版社同撰

Y0256/(1-40)

國家圖書館藏稀見古代醫籍鈔(稿)本叢編
國家圖書館分館編
二〇〇二年全國圖書館文獻縮微複製中心據國家圖書館藏書影印本
四十册

醫經

黄帝内經樞略・素問遺篇 Y0256/第1册
清抄本
論内經 Y0256/第1册
佚名
清抄本
内經會要 Y0256/第1册
綠蔭書屋主人手錄
難經文字考 Y0256/第1册
(日)伊藤馨撰
日本抄本
難經本義備考 Y0256/第2册
(日)香月啟益撰
日本享和四年抄本
素問元密 Y0256/第2册
(唐)王冰述
清抄本
靈素音釋匯鈔 Y0256/第3册
清抄本
素問說意 Y0256/第3册
佚名
清抄本

診法

脉法的要 Y0256/第3册
(明)閭丘煜輯
樹德堂閭丘氏抄本
脉訣 Y0256/第3册
佚名
清抄本
家傳太素脉秘訣 Y0256/第4册
(明)張太素述
清抄本
脉學註釋 Y0256/第4册
(清)汪文綺撰
清抄本
山公醫旨 Y0256/第4册
(明)施永圖撰
清抄本
四診歌括 Y0256/第4册
(清)萬青藜撰
清光緒五年抄本
舌胎辨訛 Y0256/第4册
佚名
清抄本
臺州先生腹診秘訣 Y0256/第4册
日本抄本
舌鑒十三方 Y0256/第5册
佚名
清抄本
葉天士先生辯舌廣驗 Y0256/第5册
(清)葉桂撰
清咸豐五年抄本
診極圖說 Y0256/第5册
(日)瀨丘珽長圭撰
抄本

針灸・經絡

經絡匯編 Y0256/第5册
佚名
清抄本
經絡考略 Y0256/第5册
陶集編次
清抄本
治病要穴 Y0256/第5册
佚名
清抄本
節穴身鏡 Y0256/第6册
張星餘撰
清抄本

傷寒

金鑒傷寒論方 Y0256/第6册
(清)陸懋修撰
清陸懋修稿本
傷寒方翼 Y0256/第6册
(清)柯琴撰
清抄本
千金方傷寒論 Y0256/第7册
(漢)張機撰 蔡瑋注
民國間抄本
傷寒觀舌法 Y0256/第7册
佚名
清抄本
傷寒論讀 Y0256/第7册
佚名
日本抄本
傷寒例新注 Y0256/第8册
(清)王丙撰
清光緒間抄本
傷寒論辯正凡例 Y0256/第8册
(日)中西惟忠識
日本抄本
傷寒論古訓傳 Y0256/第9册
(日)及川達撰
日本抄本
傷寒神秘精粹錄 Y0256/第9册
(清)吳謙如著
清抄本
傷寒證治明條 Y0256/第9册
佚名
清抄本
傷寒雜病論類編 Y0256/第10册
(日)小島瑞撰 内藤希哲類注
日本抄本
(張仲景)傷寒論貫珠集 Y0256/第11册
(漢)張機撰 (清)尤怡著 (清)陸懋修批
清抄本

溫病

瘟書備覽 Y0256/第11册
(清)俞錫禧
清抄本
痧證指微 Y0256/第11册
(清)釋普淨

清道光間抄本
溫熱病各論匯鈔 Y0256/第 11 册
佚名
清抄本
溫症論治 Y0256/第 12 册
(清)葉桂等撰
抄本
本草
藥性便覽 Y0256/第 12 册
佚名
清抄本
藥性便蒙 Y0256/第 12 册
(清)陳古纂
清抄本
(新刻)藥性巧合記 Y0256/第 12 册
佚名
清同治九年抄本
藥性四言賦 Y0256/第 12 册
佚名
清抄本
内科
瘰癧經驗良方 Y0256/第 12 册
(明)郭孟堅編集
清抄本
程齋醫抄秘本 Y0256/第 13 册
(清)玉華子編纂
清寶善堂抄本
外科
玉洞遺經 Y0256/第 14 册
佚名
清抄本
專門脱肛痔漏神效奇方 Y0256/第 14 册
佚名
清抄本
皮膚證治 Y0256/第 15 册
佚名
民國間抄本
血瘤 Y0256/第 15 册
佚名
日本抄本
婦產科
產寶諸方 Y0256/第 15 册
佚名
清抄本
兒科
陳氏小兒痘診方論 Y0256/第 15 册
(宋)陳文中著述
清抄本
痘科秘傳 Y0256/第 15 册
邵公傳授
清抄本
痘科秘訣 Y0256/第 15 册
佚名
清抄本
痘科式略 Y0256/第 15 册
佚名
清抄本
痘科邵公照痘麻仙方 Y0256/第 16 册
吳輔臣抄本
痘診定論 Y0256/第 16 册
(清)朱純嘏
清抄本
痘診良方 Y0256/第 16 册
李化蛟訂補
抄本
痘診刪潤便覽 Y0256/第 16 册
(清)汪尚勳輯
清抄本
痘診詩賦 Y0256/第 17 册
(清)張鑾著
清抄本
痘診正傳指心法 Y0256/第 17 册
佚名
清抄本
推拿保幼錄 Y0256/第 17 册
(清)張世緯輯
清張世緯稿本
推拿小兒秘法 Y0256/第 17 册
佚名
清抄本
小兒痘疹經驗方 Y0256/第 17 册
佚名
清抄本
小兒推拿秘訣 Y0256/第 17 册
佚名
清抄本
生生直指 Y0256/第 18 册
(明)沈大洽輯
日本抄本
新編保赤大全 Y0256/第 19 册
佚名
清抄本
徐氏活幼心法 Y0256/第 19 册
清光緒二十年抄本
幼科痘診指南集要 Y0256/第 20 册
佚名
清抄本
幼科雜病心得 Y0256/第 20 册
(清)陸懋修校
清抄本
喉科
口舌總論 Y0256/第 20 册
(日)佚名
日本安政六年抄本
痧喉正義 Y0256/第 20 册
(清)張振鋆纂輯
清光緒間張國璋抄本
咽喉急症秘書 Y0256/第 20 册
民國五年蓮溪居士抄本
尤氏喉科大法 Y0256/第 20 册
佚名輯
清抄本
尤、葉、竇三氏喉科 Y0256/第 21 册
佚名輯
清抄本
眼科
龍樹菩薩眼論 Y0256/第 21 册
清抄本
眼科方 Y0256/第 21 册
佚名
清抄本
眼科秘真 Y0256/第 21 册
佚名
清抄本
養生
調氣練外丹圖經 Y0256/第 21 册
佚名
清抄本
服氣法等三十二種 Y0256/第 21 册
(清)高濂輯
清抄本
金丹四百字解 Y0256/第 21 册
清抄本
陸地仙經 Y0256/第 21 册
佚名
清光緒二年遼陽李馨桂抄本
秘本練丹圖訣 Y0256/第 22 册
佚名
清光緒三十二年抄本
延年却病書 Y0256/第 22 册
(清)澹庵老人輯

清乾隆間抄本
醫案
類抄摘腴 Y0256/第22册
范迪襄
民國間范迪襄稿本
世濟堂醫案 Y0256/第22册
(清)何書田定
清米蘭泉鏡涵氏抄本
臨證金鑒醫案 Y0256/第23册
佚名
清抄本
名家衣本 Y0256/第23册
佚名
清抄本
治驗記略 Y0256/第23册
袁崇毅錄
民國二十五年抄本
三世醫驗 Y0256/第24册
(明)陸嶽著 陸桂輯 陸士龍重訂
清抄本
方書
二十四品再易稿 Y0256/第24册
(清)陸懋修
清陸懋修稿本
水飲治法 Y0256/第24册
佚名
清同治八年林屋丹房稿本
丸藥成方配本 Y0256/第24册
佚名
清咸豐二年抄本
富春堂經驗方書 Y0256/第25册
(清)馬兆鰲
清抄本
方論萃精 Y0256/第26册
佚名
民國間抄本
活人一術 Y0256/第26册
(清)孫德鐘
民國間抄本
集古方 Y0256/第26册
佚名
清抄本
集驗良方 Y0256/第26册
(清)黄朝遴
清抄本
秘傳劉青田先生家藏禁方 Y0256/第26册
民國間抄本
醫方通論 Y0256/第26册
佚名
清抄本
淨緣一助 Y0256/第27－29册
(清)樂雲主人
清嘉慶間抄本
類聚方議 Y0256/第30－31册
(日)村井桃
民國間抄本
平安書驗方集 Y0256/第32册
處常子錄
清抄本
醫方鈔 Y0256/第32册
佚名
清抄本
綜合
壺隱子醫書四種 Y0256/第33册
(明)劉裕德述
清抄本
精氣神論 Y0256/第33册
(日)北尾春圃述
日本抄本
醫林擇要備覽 Y0256/第33册
佚名
清抄本
類證辯異全九集 Y0256/第34册
(明)釋月湖
日本抄本
良中子神醫天真 Y0256/第34册
日本抄本
醫學簡要錄 Y0256/第34册
周華國編輯
民國間抄本
飲病論 Y0256/第34册
(日)石崎淳古著
日本由義堂抄本
良常集 Y0256/第35册
清抄本
三針竝度 Y0256/第36册
(清)熊應相
清抄本
世補齋醫書續集 Y0256/第36册
(清)陸懋修
清陸懋修稿本
現代中醫診斷手册 Y0256/第37册
康昭謹編著
民國間抄本
醫綱切要 Y0256/第37册
(清)蔣金鏞
清光緒間抄本
醫門初步 Y0256/第37册
(清)孫符泰著
清光緒間抄本
醫學匯編 Y0256/第37册
佚名
清抄本
醫鏡 Y0256/第38－39册
(清)顧靖遠著
民國二十年抄本
醫鏡集要 Y0256/第39册
佚名
清抄本
醫話與醫論
青囊瑣探 Y0256/第39册
(日)片倉元周
日本抄本
病症疑問 Y0256/第40册
佚名
清抄本
時醫集四書文 Y0256/第40册
(清)王問臣
清光緒間抄本
世補齋醫論 Y0256/第40册
(清)陸懋修
清陸懋修稿本
隨筆所到 Y0256/第40册
(清)陸懋修
清陸懋修稿本
醫史
仲景分兩考 Y0256/第40册
(日)琶湖散人
清抄本
其它
祝由科密符 Y0256/第40册
清抄本
書名首字音序索引 Y0256/第40册

Y0257(1－37)
稀見清人別集百種
文清閣編
二〇〇七年北京燕山出版社影印本
三十七册
浣香閣遺稿一卷 Y0257/第1册
(清)徐昭華等撰

清道光二十七年活字印本
寒香館遺稿十卷 Y0257/第1册
(清)辛升撰
一九一六年活字印本
石渠詩草五卷 Y0257/第1册
(清)夏慶譽撰
一九三五年夏氏大雅堂活字印本
習是堂文集二卷附年譜一卷 Y0257/第2册
(清)曾棹等撰
清光緒二十年(1894)常熟曾氏義莊活字印本
棲香閣詞二卷 Y0257/第2册
(清)顧文婉撰
一九一五年活字印本
鳳凰山錢陸靖存梅氏遺稿詩一卷詞一卷文一卷 Y0257/第2册
(清)錢陸靖撰 (清)繆曾湛校
一九一九年常熟承古堂活字印本
鐵莊文集八卷 Y0257/第3册
(清)陸楣撰
清光緒二十一年(1895)曹氏樂善堂活字印本
顧雙溪集 Y0257/第4册
(清)顧奎光撰
清光緒二十一年(1895)活字印本
詩概六卷 Y0257/第4册
(清)陳毅撰
清光緒二十四年(1898)活字印本
立齋遺詩六卷附錄一卷 Y0257/第5册
(清)郭家駒撰
清宣統三年(1911)郭氏舫婁活字印本
容甫先生遺詩五卷補遺一卷附錄一卷 Y0257/第5册
(清)汪中撰
清光緒十一年(1885)维揚述古齋活字印本
青箱閣詩集枕翠樓詩集一卷 Y0257/第5册
(清)王湘撰
一九一九年王觀活字印本
慕巖詩略六卷瓠尊山人佚詩一卷 Y0257/第6册
(清)夏熙臣撰
一九三五年夏氏尚忠堂活字印本
壬午橋存稿三卷 Y0257/第6册
(清)任朝楨撰 任燈等
清同治錦石書屋活字印本
詠梅軒稿六卷 Y0257/第6册
(清)謝蘭生撰
清同治活字印本
芙蓉山館志序存稿一卷移箏詞一卷扨蓮詞一卷 Y0257/第6册
(清)楊芳燦撰
清光緒十三年(1887)賜書堂活字印本
芙蓉山館師友尺牘一卷附書一卷 Y0257/第7册
(清)楊芳燦撰
清光緒十三年(1887)賜書堂活字印本
竹院閑吟一卷身外身一卷 Y0257/第7册
(清)柯振嶽撰
清嘉慶十七年(1812)藏修齋活字印本
近水樓遺稿一卷附錄一卷 Y0257/第7册
(清)忻恕撰
清宣統二年(1910)活字印本
慧文閣詩集二卷 Y0257/第7册
(清)畢熙曾撰
清宣統三年(1911)活字印本
亦有生齋集樂府二卷 Y0257/第7册
(清)趙懷玉撰
清光渚十三年(1887)活字印本
鳳嶺詩稿駢體合存二卷 Y0257/第8册
(清)朱昭甫撰
清道光十三年(1887)步雲軒活字印本
怡怡齋詩集一卷附集二卷增補附集一卷 Y0257/第8册
(清)趙允撰
清光緒十八年(1892)活字印本
望湖樓詩鈔二卷 Y0257/第8册
(清)忻文郁撰
清道光十三年(1833)活字印本
秋水軒詩選一卷詞一卷 Y0257/第8册
(清)莊盤珠撰
清光緒二年(1876)盛氏思補樓活字印本
江忠烈公遺集二卷卷首一卷附錄一卷 Y0257/第9册
(清)江忠源撰
清光緒十四年(1888)溪草堂活字印本
梅庵遺集三卷附清芬續集一卷 Y0257/第9册
(清)王維祺撰 王棻等
清光緒十七年(1891)臨海葉氏蔭閣活字印本
留與集十卷卷首一卷卷末一卷 Y0257/第10册
(清)史周沅撰 許重炎編
清道光二十四年(1844)璞堂活字印本
寒翠簃詩集五卷 Y0257/第10册
(清)鄭彥緗撰
一九一九年活字印本
癸丑感事詩一卷皖江新樂府一卷 Y0257/第10册
(清)翟柳村撰
一九二六年活字印本
卧樟書屋集十卷 Y0257/第11册
(清)周發藻撰
一九二五年活字印本
邁園文鈔不分卷 Y0257/第11册
(清)楊金監撰
清光緒十六年(1890)楊氏世承堂活字印本
冷紅館全集八卷 Y0257/第12册
(清)秦臻撰
一九二〇年秦寶瓚遊藝齋活字印本
聊中隱齋遺稿二卷 Y0257/第12册
(清)許祖滂撰
清光緒四年(1878)誦芬堂活字印本
箓園詩草四卷評語一卷 Y0257/第13册
(清)張賡謨撰 張爔輯 張宅厚校訂
清光緒五年(1879)活字印本
滄江詩集十卷 Y0257/第13册
(清)郭綏之撰 黎庶昌選
清同治活字印本
餐芍華館詩集八卷附焦心詞一卷 Y0257/第14册
(清)周騰虎撰
清光緒十九年(1893)活字印本
邵亭詩稿二卷 Y0257/第14册
(清)金永爵撰
清同治六年(1867)活字印本
北遊草一卷歸田集一卷東隱集一卷 Y0257/第15册
(清)王廷俊撰
清活字印本
略存稿二卷 Y0257/第15册
(清)王廷俊撰
清光緒十八年(1892)活字印本
石船居雜著賸稿不分卷 Y0257/第15册

（清）李超瓊撰
清光緒間活字印石船居賸稿本
東遊草一卷 Y0257/第15册
（清）吳敏樹撰
清同治七年(1868)朝宗書室活字印本
味閑齋蠹餘殘稿二卷 Y0257/第15册
（清）言聲均撰
清光緒閑味齋活字印本
池北詩鈔二卷 Y0257/第16册
（清）齊起鯤撰
清同治四年(1865)池北草堂活字印本
天瘦閣詩半六卷 Y0257/第16册
（清）李士棻撰
清光緒十一年(1885)活字印本
賈餘草二卷 Y0257/第17册
（清）吳之馨撰
清同治七年(1868)活字印本
東夫山堂詩選八卷三檑老屋詞選一卷 Y0257/第17册
（清）許棫撰
清光緒十三年(1887)活字印本
詠梅齋詩草二卷 Y0257/第17册
（清）凌祐撰
清光緒三十二年(1906)活字印本
師矩齋詩錄 Y0257/第18册
（清）彭翰孫
清光緒十七年(1891)活字印本
嬾山房吟稿四卷 Y0257/第18册
（清）孫清載撰
清光緒十五年(1889)活字印本
琴鶴軒遺文二卷 Y0257/第18册
（清）趙棨撰
清光緒十八年(1892)趙建勳校活字印本
得天爵齋遺稿文一卷詩一卷詩餘一卷 Y0257/第19册
（清）錢方琦撰
一九二二年錢鍠活字印本
丹魁書屋賸稿不分卷 Y0257/第19册
（清）錢福煒撰
清宣統一年(1909)活字印本
小隱山樵詩草二卷 Y0257/第19册
（清）王義祖撰
清光緒二年(1876)王鑾活字印本
拙好軒詩稿四卷五代史樂府一卷 Y0257/第20册(兩本)
（清）王潤生撰
清宣統一年(1909)活字印本
通藝閣詩遺編一卷白石鈍樵遺稿二卷 Y0257/第20册(兩本)
（清）姚椿撰
清光緒十年(1884)活字印本
柳溪詩草六卷附靜遠廬試帖一卷 Y0257/第20册(兩本)
（清）元燮撰
清光緒十三年(1887)知不足齋活字印本
師鄭堂集六卷 Y0257/第21册
（清）孫同康撰
清光緒十七年(1891)無錫文苑閣活字印本
篋山詩草二卷 Y0257/第21册
（清）劉日萼撰
清光緒十八年(1892)活字印本
補籬遺稿八卷 Y0257/第22册
（清）姚福均撰 王伊編
清光緒三十年(1904)活字印本
秋搓政本不分卷 Y0257/第22册
（清）鄭兆龍撰 李恭渭輯
清光緒三十年(1904)龍山鄭氏譜局活字印本
劫火紀焚不分卷 Y0257/第23册
（清）何桂笙撰
清光緒十一年(1885)上海萃珍齋活字印本
淚花集二卷 Y0257/第23册
（清）裘廷楨撰
清光緒十二年(1886)活字印本
紉佩仙館唫鈔一卷文抄一卷 Y0257/第23册
（清）趙瀛撰
清光緒十三年(1887)活字印本
九柏山房同懷詩集二卷 Y0257/第23册
（清）楊廷贊撰 楊道隆重校
清光緒十三年(1887)遂初堂活字印本
棄餘草不分卷 Y0257/第23册
（清）王石撰
清光緒十四年(1888)心遠書屋活字印本
綉餘小草 Y0257/第23册
（清）黄惠臣撰
清光緒十八年(1892)金陵湯明林聚珍局活字印本
玉通生詩鈔不分卷 Y0257/第23册
（清）劉心琭撰
清光緒十八年(1892)活字印本
湖海詩瓢一卷 Y0257/第24册
（清）張元吉撰
清光緒十九年(1893)無錫文苑閣活字印本
九峯閣詩草四卷 Y0257/第24册
（清）錢福蓀撰
清光緒十九年(1893)活字印本
雲在軒詩草續刻一卷隨筆一卷 Y0257/第24册
（清）錢希撰
清光緒二十一年(1895)活字印本
雲在軒詩集三卷筆談一卷附錄一卷附求拙齋遺詩一卷 Y0257/第24册
（清）蔣南棠撰
清光緒二十七年(1901)活字印陽湖錢氏家集本
雲閑詩草二卷 Y0257/第25册
（清）劉慈孚撰
清光緒二十三年(1897)活字印本
謙齋初集一卷 Y0257/第25册
（清）王尚辰撰
清光緒二十三年(1897)廬州活字印本
未焚草不分卷 Y0257/第25册
（清）吳保初撰
清光緒二十四年(1898)活字印本
寄生館焚餘稟一卷 Y0257/第25册
（清）趙秉清撰
清光緒十年(1884)活字印本
卅六芙蓉仙館詩存六卷 Y0257/第26册
（清）張曾望撰
清光緒二十二年(1896)活字印本
訥盦駢體文存二卷 Y0257/第26册
（清）李恩綬撰 李丙榮 李正學校
清光緒二十四年(1898)冬心書屋活字印本
北山樓集一卷師友緒餘一卷 Y0257/第26册
（清）吳保初撰
清光緒二十五年(1899)活字印本
古椿軒詩鈔二卷 Y0257/第26册
（清）莊善孫撰 莊鐘蔭輯
清光緒二十七年(1901)活字印本
寄影廬詩草一卷 Y0257/第27册
（清）王惟和撰
清光緒二十七年(1901)活字印本

僅存詩鈔三卷 Y0257/第27册
(清)鄭兆龍撰
清光緒龍山鄭氏譜局活字印本
乘槎小草一卷仙槎自壽徵詩集二卷
Y0257/第27册
(清)胡效騫撰
清光緒三十二年(1906)活字印本
長安宫詞一卷 Y0257/第28册
(清)胡延撰
清光緒三十年(1904)成都圖書局活字印本
萬物炊累室駢文一卷 Y0257/第28册
(清)沈同芳撰
清光緒間活字印本
倚悔閣詩集四卷詞鈔一卷
Y0257/第28册
(清)沈韻蘭撰
清宣統一年(1909)活宁印本
北山草堂詩記三卷卷首一卷
Y0257/第28册
(清)楊昌邠撰
清宣統一年(1909)甯國學捨活字印本
初月樓文抄十卷 Y0257/第29册
(清)吳德旋撰
清光緒九年活字印本
海棠秋館題畫二卷 Y0257/第29册
(清)裘廷楨撰
清光緒活字印本
秋水集詩二卷詞補遺一卷
Y0257/第30册(兩本)
(清)嚴繩孫撰
一九一七年無錫縣圖書館活字印本
愧訥集十二卷附載一卷
Y0257/第30册(兩本)
(清)朱用純撰
一九二九年活字印本
辟疆園遺集十卷 Y0257/第31册
(清)顧敏恒撰
清光緒十八年活字印本
未亭文集四卷 Y0257/第32册
(清)管學宣撰
清同治一年無錫縣圖書館活字印本
中江紀年詩集八卷 Y0257/第33册
(清)袁啟旭撰
清光緒十年紫蘭書屋活字印本
燕石詩抄四卷續刻一卷附錄一卷
Y0257/第34册
(清)虞書撰
清光緒十九年活字印本
留讀齋詩集六卷卷末一卷
Y0257/第34册
(清)宣昌緒撰
清宣統一年活字印本
王徵君詩稿三卷 Y0257/第34册
(清)王慈撰
一九二一年盟鷗別墅活字印本
適園自娱草二卷 Y0257/第35册
(清)陳式金撰
一九一四年活字印本
澹園文集二卷 Y0257/第35册
(清)華玉淳撰
清咸豐七年活字印本
璞齋集詩四卷詞一卷 Y0257/第35册
(清)諸可寶撰
清光緒十四年(1888)長洲黄氏流芳閣活字印本

Y0258(1-43)

明清史料叢編
宋祥瑞主編
一九九三年北京大學出版社據北京大學圖書館藏善本叢書影印
四十三册
昭代典則 Y0258/全4册
(明)黄光升編
國朝典匯 Y0258/全12册
(明)徐學聚輯
皇明大政紀 Y0258/全6册
(明)雷禮輯
名山藏 Y0258/全8册
(明)何喬遠撰
大明律附例注解 Y0258/全1册
(明)姚思仁注
大清律集解 Y0258/全3册
(清)沈之奇注
皇朝詞林典故 Y0258/全5册
(清)朱珪等編
國朝建業初基紀略 Y0258/全2册
清内務府
抄本
國朝名臣奏議 Y0258/全5册
無名氏
抄本

Y0259(1-201)

歷代日記叢鈔
李德龍 俞冰主編
二〇〇六年北京學苑出版社影印本
二〇一册
澗泉日記 Y0259/第1册
(宋)韓淲撰
清武英殿聚珍版本
侍講日記 Y0259/第1册
(宋)吕希哲撰
民國十六年鉛印本
禦試備官日記 Y0259/第1册
(宋)趙抃撰
民國九年活字本影印
歸廬陵日記 Y0259/第1册
(宋)周必大撰
清道光咸豐道光刻本
驂鸞録 Y0259/第1册
(宋)范成大撰
民國三年石印本
西林日記 Y0259/第1册
(元)姚燧撰
清順治三年刻本
暇日記 Y0259/第1册
(宋)劉跂撰
清順治三年刻本
雲山日記 Y0259/第1册
(元)郭畀撰
清宣統三年刻本
客杭日記 Y0259/第1册
(元)郭畀撰
清光緒七年刻本
四度授法日記 Y0259/第1册
(日)源豪撰
日本鉛印本
水東日記 Y0259/第1-3册
(明)葉盛撰
清康熙十九年刻本
水東日記摘抄 Y0259/第3册
(明)葉盛撰
明萬曆四十五年刻本
複齋日記 Y0259/第4册
(明)許浩撰
民國五年影印本
沂陽日記 Y0259/第4册
(明)佚名撰
清順治三年刻本
西征日録 Y0259/第4册
(明)楊一清撰

民國三年刻本
淮封日記 Y0259/第4册
(明)陸深撰
明嘉靖二十四年刻本
使西日記 Y0259/第4册
(明)都穆撰
明嘉靖間刻本
寶顏堂訂正西堂日記 Y0259/第4册
(明)楊豫孫撰
明萬曆間刻本
南遷日記 Y0259/第4册
(明)陸深撰
明嘉靖二十四年刻本
西山日記 Y0259/第4册
(明)丁元薦撰
民國十四年據鈔本影印
快雪堂日記 Y0259/第5册
(明)馮夢禎撰
清鈔本
味水軒日記 Y0259/第5–6册
(明)李日華撰
民國十二年刻本
游明聖湖日記 Y0259/第7册
(明)浦祊撰
民國三年石印本
祁忠敏公日記 Y0259/第7–8册
(清)祁彪佳撰
民國二十六年鉛印本
沉館録 Y0259/第9册
(朝)佚名撰
民國二十三年鉛印本
黔游日記 Y0259/第9册
(明)徐宏祖撰
民國十三年鉛印本
揚州十日記 Y0259/第9册
(清)王秀楚撰
清琉璃廠刻本
黄忠節公甲申日記 Y0259/第9册
(明)黄淳耀撰
民國十一年刻本
燕都日記 Y0259/第9册
(明)馮夢龍等
清光緒間刻本
平定江陰日記 Y0259/第9册
(清)季承禹撰
清鈔本
多爾袞攝政日記 Y0259/第10册
北平故宫博物院編
民國間鉛印本
甲行日注 Y0259/第10册
(明)木拂撰
民國二年刻本
舟行日記 Y0259/第10册
(清)姚文然撰
清光緒十七年鉛印本
滇還日記 Y0259/第10册
(明)黄向堅撰
清乾隆四十四年刻本
尋樂堂日録 Y0259/第10–14册
(清)竇克勤等撰
清康熙六十一年刻本
北游日記 Y0259/第14册
(清)陸嘉淑撰
清鈔本
陸清獻公日記 Y0259/第14–15册
(清)陸隴其撰
清道光二十一年刻本
旅庵禪師奏對録 Y0259/第15册
(清)釋純宗撰
清康熙間刻本
讀書日記 Y0259/第15–16册
(清)劉源淥撰
清雍正五年刻本
楚游日記 Y0259/第16册
(清)諸匡鼎撰
清康熙間舫齋刻本
北歸日記 Y0259/第16册
(清)申永鈞撰
清鈔本
三魚堂日記 Y0259/第16–17册
(清)陸隴其撰
清同治九年刻本
粤游日記 Y0259/第17册
(清)王鉞撰
清康熙五十三年刻本
東石澗日記 Y0259/第17册
(清)董說撰
清鈔本
使蜀日記 Y0259/第17册
(清)方象瑛撰
清道光間刻本
耐俗軒日記 Y0259/第17册
(清)申頲撰
清鈔本
奉使倭羅斯日記 Y0259/第17册
(清)張鵬翮撰
清道光五年刻本
姜天叙日記 Y0259/第18册
(清)姜禮撰
清光緒間稿本
聘盟日記 Y0259/第18册
(俄)雅蘭布撰
民國間鉛印本
蕭齋日紀 Y0259/第18册
(明)蕭士瑋撰
清光緒十八年刻本
偶游日紀 Y0259/第18册
(清)梁機撰
清康熙三十五年刻本
北征日記 Y0259/第18册
(清)宋大業撰
民國三十二年鉛印本
蓬山密記 Y0259/第18册
(清)高士奇撰
民國元年鉛印本
陪獵筆記 Y0259/第18册
(清)查慎行撰
民國間鈔本
楊大瓢日記 Y0259/第18册
(清)楊賓撰
民國間鈔本
楊子日記 Y0259/第19册
(清)佚名撰
民國鈔本
螺江日記 Y0259/第19册
(清)張文藼撰
清光緒八年刻本
甲初日記 Y0259/第20册
(清)胡具慶撰
清鈔本
唯識訓論日記 Y0259/第21册
[日]釋英乘 釋光胤撰
日本鉛印本
西藏日記 Y0259/第21册
(清)允禮撰
民國二十六年鉛印本
牛運震日記 Y0259/第21册
(清)牛運震撰
清鈔本
南征日記 Y0259/第21–23册
(清)佚名撰

清鈔本
庚復日記 Y0259/第24－27册
(清)胡具慶撰
清乾隆間鈔本
夏湘人出塞日記 Y0259/第28册
(清)曹振鏞撰
清鈔本
詩記雜鈔 Y0259/第28册
(清)陳大受等撰
清鈔本
竹汀先生日記鈔 Y0259/第28册
(清)錢大昕撰
清光緒間刻本
乾隆添減底帳 Y0259/第28册
(清)佚名撰
清乾隆間鈔本
理堂日記 Y0259/第29册
(清)韓夢周撰
清道光四年刻本
桂林日記 Y0259/第29册
(清)李文藻撰
據稿本影印
從征緬甸日記 Y0259/第29册
(清)周裕撰
清嘉慶間刻本
使蜀日記 Y0259/第29册
(清)孟超然撰
清嘉慶二十年刻本
日記備考 Y0259/第30册
(清)阿裹袞等撰
清鈔本
恩平程記 Y0259/第30册
(清)李文藻撰
據稿本影印
王文莊日記 Y0259/第30册
(清)王際華撰
清乾隆間稿本
北游日記 Y0259/第30册
(清)王初桐撰
清乾隆五十八年刻本
守臨清日記 Y0259/第31册
(清)秦震鈞撰
清乾隆四十年刻本
扈從木蘭行程日記 Y0259/第31册
(清)胡季堂撰
清道光二年刻本
竹汀日記 Y0259/第31册
(清)錢大昕撰
清光緒三十三年刻本
辦差日記 Y0259/第31册
(清)張錦撰
清乾隆間刻本
吳免床日記 Y0259/第31－32册
(清)吳騫撰
清鈔本
冬集紀程 Y0259/第32册
(清)周廣業撰
民國三年石印本
西行日記 Y0259/第32册
(清)趙鈞彤撰
民國三十二年鉛印本
臺灣日記 Y0259/第33册
(清)佚名撰
清鈔本
雪鴻再録 Y0259/第33册
(清)王昶撰
民國三年石印本
有正味齋日記 Y0259/第33册
(清)吳錫麒撰
清光緒間鉛印本
晋游日記 Y0259/第33册
(清)李燧撰
清道光十三年刻本
還京日記 Y0259/第33册
(清)吳錫麒撰
清光緒十七年鉛印本
川中雜識 Y0259/第33册
(清)吳燾撰
清鈔本
嵩洛訪碑日記 Y0259/第33册
(清)黄易撰
清咸豐四年刻本
茂苑日記 Y0259/第33册
(清)茂苑居士撰
清稿本
岱岩訪古日記 Y0259/第33册
(清)黄易撰
民國十年木活字本
伊犁日記 Y0259/第34册
(清)洪亮吉撰
清道光二十三年刻本
使滇日記 Y0259/第34册
(清)潘世恩撰
民國間石印本
天山客話 Y0259/第34册
(清)洪亮吉撰
清光緒三年刻本
西征録 Y0259/第34册
(清)李燧撰
清鈔本
北征日記 Y0259/第34册
(清)顧廷綸撰
民國十八年鉛印本
游山日記 Y0259/第34册
(清)舒夢蘭撰
清嘉慶十八年刻本
宋氏惜陰日記 Y0259/第34－35册
(清)宋鹹熙撰
民國二十五年石印本
江行日記 Y0259/第35册
(清)郭麐撰
清嘉慶間刻本
蜀輶日記皇華草合編 Y0259/第35册
(清)陶澍撰
清道光十三年刻本
守濬日記 Y0259/第35册
(清)朱鳳森撰
清嘉慶十九年刻本
鴻泥四録五録 Y0259/第36册
(清)佚名撰
清鈔本
采硫日記 Y0259/第36册
(清)郁永河撰
清咸豐三年刻本
舊游日記 Y0259/第36册
(清)許宗衡撰
清同治十三年刻本
武王克殷日紀 Y0259/第36册
(清)林春溥撰
清道光十五年刻本
粵游日記 Y0259/第36册
(清)吳嵩梁撰
清道光二十三年刻本
拜經日記 Y0259/第36－37册
(清)臧庸撰
清嘉慶二十四年刻本
訟過齋日記 Y0259/第37册
(清)毛輝鳳撰
清同治十一年刻本
雲史日記 Y0259/第37册
(清)王爾銘撰

民國二十三年刻本
省闈日記 Y0259/第 37 册
(清)顧祿撰
清光緒十七年鉛印本
寓杭日記 Y0259/第 37 册
(清)劉佳撰
清同治十三年刻本
蕉窗日記 Y0259/第 37 册
(清)王豫撰
清嘉慶九年刻本
郵程紀事草 Y0259/第 38 册
(清)觀瑞撰 (清)汪雲任等點評
清道光間刻本
徐迪惠日記 Y0259/第 38 册
(清)徐迪惠撰
清道光間稿本
詞垣日記 Y0259/第 38 册
(清)帥方蔚撰
清光緒十年刻本
閩行日記 Y0259/第 38 册
(清)周枀撰
清末鈔本
馥芬居日記 Y0259/第 38 册
(清)王汝潤撰
民國十五年鉛印本
天臺日記 Y0259/第 39 册
(清)顧廷綸撰
清道光九年刻本
鴛湖日記 Y0259/第 39 册
(清)潘希甫撰
清光緒九年刻本
東歸日記 Y0259/第 39 册
(清)方士淦編
清同治十一年刻本
淡静齋巡軺百日記 Y0259/第 39 册
(清)吴傑撰
清道光三十年刻本
蘇餘日記 Y0259/第 39 册
(清)蔣階撰
清道光間刻本
宗牧厓南歸日記 Y0259/第 39 册
(清)宗德懋撰
清道光十年稿本
三省軒自記 Y0259/第 39 册
(清)王世恩編
清光緒十一年木活字本
桃江日記 Y0259/第 39 册
(清)武穆淳撰
清道光十三年刻本
伯山日記 Y0259/第 39 册
(清)姚柬之撰
清道光二十八年刻本
李文清公日記 Y0259/第 40－44 册
(清)李棠階撰
民國間據原稿本影印本
倭艮峰日記摘抄 Y0259/第 45 册
(清)倭仁撰
清鈔本
公車日記 Y0259/第 45 册
(清)畢槐撰
清宣統三年活字本
轉漕日記 Y0259/第 45 册
(清)李鈞撰
清道光十七年刻本
滇行紀略 Y0259/第 46 册
(清)菊如撰
清鈔本
桂游日記 Y0259/第 46 册
(清)張維屏撰
清道光十七年刻本
出都日記 Y0259/第 46 册
(清)吴式芬撰
清道光刻本
鄉程日記 Y0259/第 46 册
(清)王相撰
清咸豐五年刻本
之黔日記 Y0259/第 46 册
(清)章詒燕撰
民國間鈔本
草間日記 Y0259/第 46 册
(清)朱士雲撰
清光緒三十四年刻本
滇軺紀程 Y0259/第 46 册
(清)林則徐撰
清光緒三年刻本
荷戈紀程 Y0259/第 46 册
(清)林則徐撰
清光緒三年刻本
鉛差日記 Y0259/第 47 册
(清)趙亨鈐撰
清道光二十六年刻本
半巖廬日記 Y0259/第 47 册
(清)邵懿辰撰
民國二十年刻本
奉使朝鮮驛程日記 Y0259/第 47 册
(清)柏葰撰
清道光二十四年刻本
南征日記 Y0259/第 48 册
(清)謝綸撰
清光緒八年刻本
南行日記 Y0259/第 48 册
(清)黄鈞宰撰
清光緒十七年鉛印本
湟中公餘日記 Y0259/第 48 册
(清)莊俊元撰
清鈔本
倭艮峰先生日記 Y0259/第 48 册
(清)倭仁撰
清鈔本
丙午使滇日記 Y0259/第 48 册
(清)潘曾瑩撰
民國間石印本
先學士公日記 Y0259/第 48 册
(清)丁嘉保撰
清鈔本
游雁蕩山日記 Y0259/第 49 册
(清)梁章鉅撰
民國三年石印本
科布多巡邊日記 Y0259/第 49 册
(清)慧成撰
清刻本
三願堂日記 Y0259/第 49 册
(清)趙彦稱撰
民國十九年石印本
接護越南貢使日記 Y0259/第 49 册
(清)賈臻撰
清咸豐元年刻本
己酉日記 Y0259/第 49 册
(清)佚名撰
清道光二十九年稿本
越游小録 Y0259/第 49 册
(清)管庭芬撰
民國十九年鈔本
魏子鴻先生京寓日記 Y0259/第 49 册
(清)魏承禧撰
清末鈔本
北行日録 Y0259/第 49 册
(清)黄鈞宰撰
清光緒十七年鉛印本
非石日記鈔 Y0259/第 49 册
(清)鈕樹玉撰

清光緒八年刻本
日記之模範 Y0259/第50册
(清)李慈銘撰
民國二十二年影印本
溫經日記 Y0259/第50－51册
(清)林昌彝撰
清光緒十六年刻本
翕羽巢日記 Y0259/第51册
(清)沈寶昌撰
清鈔本
西行紀程 Y0259/第51册
(清)楊炳坤撰
民國間鈔本
焦東閣日記 Y0259/第52册
(清)周伯義撰
民國七年刻本
海隅兵事紀 Y0259/第52册
(清)佚名撰
清光緒間福興祥格紙鈔本
咸豐三年避寇日記 Y0259/第52册
(清)符南樵撰
清咸豐三年稿本
癸丑瑣闈日記 Y0259/第52册
(清)潘曾瑩撰
清光緒六年影印本
江西守城日記 Y0259/第52册
(清)彭暄熓撰
清同治八年刻本
黔行日記 Y0259/第52册
(清)劉書年撰
民國二十七年鈔本
越縵堂日記補 Y0259/第53－56册
(清)李慈銘撰
民國二十五年影印本
遵義平匪日記 Y0259/第57册
(清)空六居士撰
清宣統二年鉛印本
汪悔翁乙丙日記 Y0259/第57册
(清)汪士鐸撰
民國二十五年鉛印本
星烈日記匯要 Y0259/第57－58册
(清)鴻蒙子撰
清同治十二年刻本
鷗堂日記 Y0259/第58册
(清)周星譽撰
清光緒十二年刻本
入都日記 Y0259/第58册
(清)周星譽撰
清光緒十七年鉛印本
浙游日記 Y0259/第58册
(清)張汝南撰
清光緒十七年鉛印本
蘇常日記 Y0259/第58册
(清)瞿元霖撰
民國間鉛印本
咸豐八年至九年日記 Y0259/第59册
(清)佚名撰
清鈔本
王鍾霖日記 Y0259/第59－60册
(清)王鍾霖撰
清咸豐間鈔本
秦輶日記 Y0259/第60册
(清)潘祖蔭撰
清活字本
庚申江陰東南常熟西北鄉日記 Y0259/第60册
(清)徐日襄撰
民國間鈔本
雨生日記 Y0259/第60册
(清)吳師祁撰
清光緒間鈔本
咸豐十年到十一年日記 Y0259/第61册
(清)佚名撰
清末民國間鈔本
鰍聞日記 Y0259/第61册
(清)虞陽避難叟輯
清鈔本
金壇守城日記 Y0259/第62册
(清)李淮撰
清光緒間刻本
庚申殉難日記 Y0259/第62册
(清)汪德門撰
民國十二年鉛印本
宗月鋤先生日記墨迹 Y0259/第62册
(清)宗廷輔撰
清咸豐十年稿本
歸程日記 Y0259/第62册
(清)劉書年撰
民國二十七年鈔本
虎口日記 Y0259/第62册
(清)遯安子撰
清光緒二十二年刻本
朱肯夫先生日記摘録 Y0259/第62册
(清)朱逌然撰
民國間張氏約園鈔本
清麓日記 Y0259/第62册
(清)賀瑞麟撰
清光緒二十五年刻本
楊村草堂日記 Y0259/第63册
(清)潘基泰撰
清同治元年稿本
複堂日記 Y0259/第63册
(清)譚獻撰
清光緒十三年刻本
複堂日記類抄 Y0259/第63册
(清)譚獻撰
清鈔本
複堂日記補録 Y0259/第64册
(清)譚獻撰
民國二十年鉛印本
悔初日記 Y0259/第64册
(清)佚名撰
清同治間稿本
退厓日札 Y0259/第64册
(清)賈臻撰
清刻本
澄霞閣日記 Y0259/第65册
(清)武揖齋撰
民國十年刻本
恒齋日記 Y0259/第65册
(清)于弼清撰
清光緒九年刻本
行程日記 Y0259/第65册
(清)佚名撰
清鈔本
隨軺日記 Y0259/第65册
(清)蔣大鏞撰
民國十年鉛印本
余比部臺灣日記 Y0259/第65册
余明震撰
清光緒二十一年稿本
彌壽日記 Y0259/第65册
(清)佚名撰
清同治間稿本
東陵日記 Y0259/第65册
(清)潘祖蔭撰
清宣統間刻本
馬恩溥日記 Y0259/第65册
(清)馬恩溥撰
清稿本
桐城吳先生日記 Y0259/第66－67册

(清)吳汝綸撰
民國十七年鉛印本
客程隨筆 Y0259/第67册
(清)佚名撰
清同治五年稿本
毗邪臺山散人日記 Y0259/第68－74册
(清)袁昶撰
民國間鈔本
瀋陽紀程 Y0259/第75册
(清)潘祖蔭撰
清活字本
受禮廬日記 Y0259/第75册
(清)李慈銘撰
民國九年影印本
同治日記 Y0259/第75－78册
(清)曾國藩撰
宣統元年石印本
扁舟子日記簿 Y0259/第78册
(清)范寅撰
清同治七年稿本
日記薄 Y0259/第78册
(清)范寅撰
清同治七年稿本
西行日記 Y0259/第79册
(清)海霈撰
清同治七年刻本
續鄉程日記 Y0259/第79册
(清)王棻之撰
清同治七年刻本
護送越南貢使日記 Y0259/第79册
(清)馬先登撰
清同治八年刻本
香禪精舍游記 Y0259/第79册
(清)潘鍾瑞撰
清刻本
祥琴室日記 Y0259/第79册
(清)李慈銘撰
民國九年影印本
息荼庵日記 Y0259/第79册
(清)李慈銘撰
民國九年影印本
桃花聖解盦日記 Y0259/第80－82册
(清)李慈銘撰
民國九年影印本
緣督廬日記鈔 Y0259/第83－86册
葉昌熾撰
民國二十二年石印本
飆輪日記 Y0259/第87册
(清)垕滋撰
民國間石印本
北征日記 Y0259/第87册
(清)洪良品撰
清光緒十七年鉛印本
再送越南貢使日記 Y0259/第87册
(清)馬先登撰
清同治十一年刻本
由京至巴裏坤城等處路程記
Y0259/第87册
(清)佚名撰
清鈔本
閩行日記 Y0259/第87册
(清)俞樾撰
清光緒二十五年刻本
探路日記 Y0259/第87册
(英國)佚名撰
油印本
羅景山臺灣海防并開山日記
Y0259/第87册
(清)羅大春撰
清石印本
游蜀日記 Y0259/第88册
(清)吳燾撰
清鈔本
郵程日記 Y0259/第88册
(清)奕譞撰
清光緒間刻本
元穆日記 Y0259/第88册
(清)杜俞撰
清光緒十二年刻本
荔隱居日記偶存 Y0259/第88册
(清)涂慶瀾撰
清光緒三十三年刻本
使豫日記 Y0259/第88册
瞿鴻禨撰
民國鉛印本
使閩日記 Y0259/第88册
瞿鴻禨撰
民國鉛印本
王樹柟日記 Y0259/第88册
王樹柟撰
清稿本
山西至雲南路程表 Y0259/第88册
(清)佚名撰
清鈔本
入剡日記 Y0259/第89册
(清)陶濬宣撰
清鈔本
滇游日記 Y0259/第89册
(清)包家吉撰
油印本
侍疾日記 Y0259/第89册
(清)周彝撰
民國二十二年重刻本
使德日記 Y0259/第89册
(清)李鳳苞撰
清光緒十七年鉛印本
栗賡笹日記 Y0259/第89－90册
(清)粟奉之撰
清鈔本
北行日記 Y0259/第90册
(清)陳炳泰撰
清光緒十七年鉛印本
棧雲峽雨日記 Y0259/第90册
(日)竹添進一郎撰
日本明治十二年刻本
游覽東洋日記 Y0259/第91册
(清)佚名撰
民國間鉛印本
西陵日記 Y0259/第91册
(清)潘祖蔭撰
清宣統間刻本
隨使日記 Y0259/第91册
張德彝撰
清光緒十七年鉛印本
西征日記 Y0259/第91册
(清)汪振聲撰
清光緒二十六年刻本
鄂行日記 Y0259/第91册
(清)潘鍾瑞撰
清光緒間刻本
曾惠敏公使西日記 Y0259/第91册
(清)曾紀澤撰
清光緒十九年鉛印本
松石齋日記摘録 Y0259/第91册
吳恩培撰
民國二十九年鉛印本
澗于日記 Y0259/第92－95册
(清)張佩綸撰
民國間影印本
悚齋日記 Y0259/第96册
(清)于蔭霖撰

民國十二年刻本
正元日記 Y0259/第 97 册
段正元撰
民國間鉛印本
北征日記 Y0259/第 97 册
(清)王廷鼎撰
清光緒十七年刻本
西輶日記 Y0259/第 97 册
(清)黄楙材撰
清光緒十二年刻本
使俄日記 Y0259/第 97 册
張德彝撰
清光緒十七年鉛印本
出使英法日記 Y0259/第 97 册
(清)曾紀澤撰
清光緒十七年鉛印本
使德日記 Y0259/第 97 册
(清)李鳳苞撰
民國間鈔本
棧程隨筆 Y0259/第 97 册
(清)佚名撰
民國間鈔本
北行日記 Y0259/第 97 册
王錫祺撰
清光緒十七年鉛印本
荀學齋日記 Y0259/第 98－104 册
(清)李慈銘撰
民國九年影印本
日鋤日記 Y0259/第 105 册
(清)張琛撰
清鈔本
關城日記 Y0259/第 105 册
(清)柳琳軒撰
民國間油印本
楊太夫人四十年日記摘録
Y0259/第 105 册
楊氏撰
民國間鉛印本
使還日記 Y0259/第 105 册
張德彝撰
清光緒十七年鉛印本
西征日記 Y0259/第 106 册
(清)黄家鼎撰
清光緒六年刻本
歸程紀略 Y0259/第 106 册
(清)黄家鼎撰
清光緒六年刻本
紀恩録 Y0259/第 106 册
(清)馬文植撰
清光緒十八年刻本
許文肅公日記 Y0259/第 106 册
(清)許景澄撰
清光緒間鉛印本
北行日記 Y0259/第 106 册
(清)薛寶田撰
清光緒七年刻本
越缦堂日記節鈔 Y0259/第 107 册
(清)李慈銘撰
清末民初鈔本
歙行日記 Y0259/第 107 册
(清)潘鍾瑞撰
清光緒間刻本
南行日記 Y0259/第 107 册
(清)吳廣霈撰
民國三年石印本
績溪胡鐵花明府東征日記
Y0259/第 107 册
(清)胡傳撰
鈔本
勱堂日記類鈔 Y0259/第 108 册
顧家相撰
民國十四年鉛印本
感劬山房日記節鈔附侍疾日記辛壬類稿
Y0259/第 108 册
梁濟撰
民國間鉛印本
南游日記 Y0259/第 108 册
王錫祺撰
清光緒十七年鉛印本
南疆勘界日記圖說 Y0259/第 108 册
(清)沙克都林札布撰
民國間鈔本
請纓日記 Y0259/第 108－109 册
(清)唐景崧撰
清光緒十九年刻本
京旋途記 Y0259/第 109 册
(清)佚名撰
清光緒八年稿本
庸叟日記菁華 Y0259/第 109 册
賴清鍵撰
民國二十二年鉛印本
鐵盦甲申日記 Y0259/第 109 册
(清)鐵齡撰
民國十五年鈔本
窳櫎日記鈔 Y0259/第 109 册
(清)周星詒撰
民國二十四年鉛印本
翁文恭公軍機處日記 Y0259/第 110 册
(清)翁同龢撰
民國二十八年影印本
獄中日記 Y0259/第 110 册
聶守仁撰
民國間稿本
張謇日記 Y0259/第 111－114 册
張謇撰
影印本
廉讓間居日記 Y0259/第 114 册
(清)范壽枬撰
清稿本
皇華紀程 Y0259/第 115 册
(清)吳大澂撰
民國十九年鉛印本
三洲日記 Y0259/第 116－118 册
(清)張蔭桓撰
清光緒三十二年刻本
醇親王巡閲北洋海防日記
Y0259/第 118 册
周馥撰
民國二十七年刻本
道西齋日記 Y0259/第 118 册
王咏霓撰
清光緒十三年石印本
吳承湜日記 Y0259/第 119－123 册
吳承湜撰
清末民國間稿本
校經日記附釋文經典異同疏證
Y0259/第 124 册
錢桂笙撰
清鈔本
歸國日記 Y0259/第 124 册
王咏霓撰
清光緒十七年鉛印本
俄游日記 Y0259/第 124 册
繆佑孫撰
清光緒間鉛印本
驛事紀略 Y0259/第 125 册
(清)沈惠蔭輯
清光緒間鈔本
樓船日記 Y0259/第 125 册
(清)余思詒撰
清光緒三十二年鉛印本

陳斐然撰
民國間石印本
南旋日記 Y0259/第 143 冊
甘鵬雲撰
民國二十二年刻本
東僥紀行 Y0259/第 143 冊
(清)李樹棠撰
清光緒間鉛印本
游歷日本考查商務日記 Y0259/第 144 冊
劉學詢撰
清光緒二十五年石印本
陳仲英日記 Y0259/第 144 冊
(清)陳文騄撰
清光緒間稿本
四川派赴東瀛游歷閱操日記
Y0259/第 144 冊
(清)丁鴻臣撰
清光緒二十六年蓉城刻本
汗漫録 Y0259/第 145 冊
梁啓超撰
民國間鈔本
京師日記録要 Y0259/第 145 冊
(清)宋廷模撰
清光緒二十六年鉛印本
守己草廬日記 Y0259/第 145 冊
(清)丁逢辰撰
清宣統二年刻本
日記僅存 Y0259/第 145 冊
(清)陳庚煥撰
清咸豐元年刻本
入蜀記 Y0259/第 145 冊
(清)李保泰撰
清鈔本
庚子正月日記 Y0259/第 145 冊
(清)佚名撰
民國間鈔本
合陽箋略 Y0259/第 146 冊
黎承禮撰
清稿本
張家口庚子年拳匪日記 Y0259/第 146 冊
桂豐撰
清光緒間稿本
光緒庚子辛丑日記 Y0259/第 146 冊
(清)佚名撰
清鈔本
日記録要 Y0259/第 146 冊
(清)佚名撰
清鈔本
高給諫庚子日記 Y0259/第 146-147 冊
(清)高枏撰
清光緒間刻本
甲辰東游日記 Y0259/第 148 冊
胡玉縉撰
民國間鈔本
英軺日記 Y0259/第 148 冊
唐文治撰
清鉛印本
庚辛顧氏日記 Y0259/第 149 冊
顧悫齋撰
清光緒二十六年稿本
庚子十二月赴行在日記 Y0259/第 149 冊
吳慶坻撰
清光緒間鉛印本
吳稚輝先生東游日記 Y0259/第 149 冊
吳稚輝撰
民國間鈔本
游羅浮日記 Y0259/第 149 冊
潘飛聲撰
清光緒二十八年鉛印本
學拙山房日記 Y0259/第 149 冊
松膚道人撰
清光緒間鈔本
游歷日本日記 Y0259/第 149 冊
聶嗣中撰
清木活字印本
游歷日本考查農務日記附考查北海道農務日記 Y0259/第 149 冊
黃璟撰
清光緒二十八年鉛印本
有泰駐藏日記 Y0259/第 150-151 冊
(清)有泰撰
據稿本影印本
心清室日記 Y0259/第 152-153 冊
王振聲撰
清光緒至民國稿本
癸卯汴試日記 Y0259/第 154 冊
淡庵撰
民國十五年鉛印本
錀盦東游日記 Y0259/第 154 冊
凌文淵撰
清光緒三十年鉛印本
湘軺日記 Y0259/第 154 冊
呂佩芬撰
民國二十六年鉛印本
癸卯東游日記 Y0259/第 154 冊
林炳章撰
清光緒間鉛印本
隨槎日記 Y0259/第 154 冊
晏宗慈撰
清光緒間鉛印本
西游日記 Y0259/第 154 冊
蔣煦撰
清光緒三十一年鉛印本
日游筆記 Y0259/第 155 冊
王景禧撰
清光緒三十年鉛印本
日俄戰務日記 Y0259/第 155 冊
謝纘泰撰
清光緒三十二年鉛印本
藍臯齋日記 Y0259/第 155 冊
佚名撰
清光緒三十年稿本
甲辰考察日本商務日記 Y0259/第 155 冊
許炳榛撰
清光緒三十年鉛印本
甲辰歲日記 Y0259/第 155 冊
陳孝起撰
清光緒三十年稿本
東行日記 Y0259/第 155 冊
佚名撰
民國間稿本
游美受虐日記 Y0259/第 155 冊
佚名撰
民國間鈔本
乙巳東游日記 Y0259/第 155 冊
張維蘭撰
清光緒鉛印本
乙巳年調查印錫茶務日記
Y0259/第 156 冊
陸溁撰
清宣統元年鉛印本
乙巳考察印錫茶土日記 Y0259/第 156 冊
鄭世璜撰
清光緒三十一年活字本
乙巳考察日本礦務日記 Y0259/第 156 冊
許炳榛撰
清光緒間鉛印本
考察政治日記 Y0259/第 156 冊
載澤撰
清宣統元年鉛印本
出使九國日記 Y0259/第 157 冊

戴鴻慈撰
清光緒三十二年鉛印本
藴盦東游日記 Y0259/第157冊
樓藜然撰
清光緒三十三年鉛印本
内蒙古東部調查日記 Y0259/第157冊
馮誠求撰
民國二年鉛印本
西輶瑣記 Y0259/第157冊
宋伯魯撰
清光緒三十二年鉛印本
三島雪鴻 Y0259/第158冊
段獻增撰
民國五年石印本
游蒙日記 Y0259/第158冊
李廷玉撰
民國四年鉛印本
游歷日記 Y0259/第158冊
劉坦撰
清光緒三十三年石印本
游歷蒙古日記 Y0259/第158冊
余培森撰
民國二年鉛印本
守虞日記 Y0259/第158冊
(清)譚嘘雲撰
民國六年鉛印本
按屬考查日記 Y0259/第158冊
謝汝欽撰
清宣統元年鉛印本
鈍齋東游日記 Y0259/第158冊
賀綸夔撰
清宣統元年鉛印本
戊申日記 Y0259/第159冊
易順鼎撰
清光緒間鉛印本
蒙古郭爾羅斯後旗旅行記
Y0259/第159冊
孟森撰
民國三年石印本
梅川日記 Y0259/第159冊
梅川居士撰
民國三十四年石印本
續南游日記 Y0259/第159冊
張維烺撰
清宣統元年刻本
己酉日記 Y0259/第159冊
易順鼎撰
清末民國間鉛印本
袁京卿日記 Y0259/第159冊
(清)袁昶撰
民國十年鈔本
珠泉草廬日記 Y0259/第159冊
廖樹蘅撰
清鈔本
潛雲堂日記 Y0259/第160冊
恩光撰
清末民國稿本
夔輶日記 Y0259/第160冊
孫海環撰
清宣統元年木活字本
旅杭測量日記 Y0259/第160冊
交通部上海工業專門學校土木工科纂
民國三年鉛印本
雄白日記 Y0259/第160冊
(清)張宗瑛撰
民國二十年刻本
孟憲彝日記 Y0259/第161－166冊
孟憲彝撰
民國間稿本
環球日記 Y0259/第166冊
錢文選撰
民國九年鉛印本
津濟旅行漫録 Y0259/第167冊
長佛撰
民國間鈔本
昆侖旅行日記 Y0259/第167冊
溫世霖撰
民國三十年鉛印本
武昌起義日記 Y0259/第167冊
李國鏞撰
據民國間鈔本影印本
中國革命日記 Y0259/第167冊
佚名撰
民國二年鉛印本
考察蒙古日記 Y0259/第167冊
佚名撰
清稿本
還桂日記 Y0259/第167冊
張其煌撰
民國二十一年鉛印本
販書日記 Y0259/第167冊
佚名撰
民國間稿本
陸學齋日記 Y0259/第168冊
朱夔辰撰
民國間鈔本
飛來之日記 Y0259/第168冊
天笑撰
民國五年石印本
修習日記稿本 Y0259/第168冊
佚名撰
民國間稿本
秦還日記 Y0259/第168冊
韻秋撰
民國間鈔本
赴法日記 Y0259/第168冊
孫紹康撰
民國間鈔本
春假一周記 Y0259/第168冊
吳佑撰
民國間鈔本
民國元年五月率師至吐魯番哈密鎮撫途中日記 Y0259/第168冊
劉雨沛撰
民國間鈔本
邗江游記 Y0259/第168冊
南村居士撰
民國三年石印本
太古通州輪船遇盜日記
Y0259/第168冊
徐貞孺撰
民國財政部印刷局鉛印本
吳慈培日記 Y0259/第168冊
吳慈培撰
民國間鈔本
荒島之采金日記 Y0259/第168冊
毅漢撰
民國五年石印本
癸丑日記 Y0259/第168冊
朱希祖撰
民國二年稿本
聯佑日記 Y0259/第168冊
聯佑撰
民國二年稿本
西藏歸程記 Y0259/第168冊
心禪撰
民國間鈔本
新疆旅行記 Y0259/第168冊
單騎撰
民國三年石印本
醫逸日記 Y0259/第169－170冊

佚名撰
稿本
南潯戰爭日記 Y0259/第171冊
張開泰撰
民國二年鉛印本
瑞龍展墓日記 Y0259/第171冊
朱景彝撰
民國十五年鉛印本
鈍盦日記 Y0259/第171冊
陳炳華撰
民國間稿本
拉哈蘇旅行日記 Y0259/第172冊
沈江撰
民國間鈔本
豫敬日記 Y0259/第172冊
豫敬撰
清宣統至民國間稿本
歐洲戰事日記 Y0259/第172冊
駐奥使館編
民國三年油印本
歐戰日記 Y0259/第172冊
佚名撰
民國間鈔本
菊影殘餘日記稿附詩稿函稿 Y0259/第173冊
楊競詩撰
民國間鉛印本
戌溪日記 Y0259/第173冊
佚名撰
民國間鈔本
東華日記 Y0259/第174冊
佚名撰
民國七年鈔本
川行日記 Y0259/第174冊
孝順武撰
民國間鈔本
耕齋日記 Y0259/第174冊
李慎言撰
民國十二年鉛印本
浦南二日記 Y0259/第174冊
丁傳商撰
民國間鈔本
再游西夏日記 Y0259/第174冊
鄧隆撰
民國間稿本
馮汝玠日記 Y0259/第175冊
馮汝玠撰
民國間稿本
東美調查日記 Y0259/第175冊
樂嘉藻撰
民國十年鉛印本
會勘江北運河日記 Y0259/第176冊
武同舉撰
民國間鉛印本
游藏紀程 Y0259/第176冊
李國柱撰
民國七年鉛印本
蠻愛會案國防日記 Y0259/第176冊
由人龍撰
民國六年鈔本
西湖四日記 Y0259/第176冊
汪洋撰
民國六年鉛印本
赴日本調查實業教育日記 Y0259/第176冊
郝元溥撰
民國間油印本
巡禮日記 Y0259/第176冊
(日)古城貞吉撰
日本昭和四年鉛印本
楊贊同日記 Y0259/第177－179冊
楊贊同撰
民國間稿本
海藏紀行 Y0259/第180冊
朱綉撰
民國間鈔本
旅行日記 Y0259/第180冊
佚名撰
民國間稿本
滌非日記 Y0259/第180冊
佚名撰
民國七年稿本
江南訪古記 Y0259/第180冊
佚名撰
民國間油印暨鈔本
己未八月入粵記 Y0259/第180冊
佚名撰
民國八年稿本
謁林日記 Y0259/第180冊
(法)郭休撰
民國九年影印本
西山游記 Y0259/第180冊
袁勵準撰
民國間刻本
青島及膠濟沿綫視察日記 Y0259/第181冊
金清祜 左熙撰
民國間稿本
君子館日記 Y0259/第181冊
毛昌杰撰
民國二十七年鉛印本
天年醫社會譚日記 Y0259/第181冊
鄒趾痕撰
民國十年石印本
瓠廣游歷日記 Y0259/第182冊
陳翀撰
民國十七年鉛印本
吳靜芳日記 Y0259/第182冊
吳靜芳撰
民國間稿本
寒雲日記 Y0259/第182冊
袁克文撰
民國二十五年影印本
揖唐日記 Y0259/第182冊
王揖唐撰
民國間鈔本
邴廬日記 Y0259/第183冊
郭曾炘撰
民國間鈔本
南歸志 Y0259/第184冊
陳中岳撰
民國間鉛印本
陸小曼抄徐志摩日記 Y0259/第184冊
徐志摩撰
民國間鈔本
游歐旅行日記 Y0259/第184冊
張志良撰
民國十七年鉛印本
十八年日記 Y0259/第184冊
朱希祖撰
民國十八年稿本
東北邊防軍東路前敵總指揮部陣中日記 Y0259/第184冊
東北邊防軍東路前敵總指揮部編
民國間鈔本
東瀛布道日記 Y0259/第185冊
程妙因 任維登編
民國十九年鉛印本
天籟簃日記 Y0259/第185冊
靜儀撰
民國二十五年鉛印本

學壽堂庚午日記 Y0259/第 185 冊
徐紹楨撰
民國二十一年石印本
吳震春日記 Y0259/第 186－187 冊
吳震春撰
民國間稿本
出巡日記 Y0259/第 188 冊
羅植乾撰
民國間鉛印本
直廬日記 Y0259/第 188 冊
胡嗣瑗撰
據稿本影印本
幽居十日記 Y0259/第 188 冊
劉景向撰
民國二十年鉛印本
林任寰日記 Y0259/第 189 冊
林任寰撰
民國間稿本
病中歲月 Y0259/第 189－190 冊
王錫彤撰
民國間鉛印本
壬申南北漫游日記 Y0259/第 191 冊
謝慧霖撰
民國二十一年鉛印本
華嶽日記 Y0259/第 191 冊
江庸撰
民國間鉛印本
雜記 Y0259/第 191 冊
佚名撰
民國間稿本
銜恤日記 Y0259/第 191 冊
王澤攽撰
民國間鉛印本
景陽日記 Y0259/第 191 冊
聶守仁撰
民國間稿本
華北軍抗日作戰陣中日記
Y0259/第 192 冊
軍事委員會北平分會編
民國二十二年鉛印本
北游搜訪滇南文獻日記
Y0259/第 193 冊
方樹梅撰
油印本
東陵盜案彙編 Y0259/第 193 冊
克誠輯
民國二十五年鈔本
海王村所見金石書畫記
Y0259/第 194 冊
王仁俊輯
民國二十二年鈔本
丁丑寓保日記 Y0259/第 194 冊
(清)宗婉撰
清光緒間鈔本
吳游日記 Y0259/第 194 冊
黃沐衡撰
民國二十八年鉛印本
西北考察日記 Y0259/第 194 冊
顧頡剛撰
據稿本影印本
東槎廿日記 Y0259/第 194 冊
錢謙撰
民國二十八年鉛印本
汪悔翁乙丙日記糾繆 Y0259/第 194 冊
張爾田評
民國間鉛印本
胡心耕日記 Y0259/第 195 冊
胡心耕撰
民國二十七年稿本
知足長樂齋日記 Y0259/第 196－199 冊
濤音居士撰
民國三十二年稿本
守土日記 Y0259/第 200 冊
謝賓樹編
民國三十三年石印本
北行日記 Y0259/第 200 冊
孫璞撰
民國三十三年鉛印本
訪英日記 Y0259/第 200 冊
王雲五撰
民國三十三年鉛印本
簡園日記存鈔 Y0259/第 200 冊
劉博平撰
一九五四年石印本
佘山三日記 Y0259/第 200 冊
江庸撰
清末鉛印本

Y0260(1－10)

知不足齋叢書
(清)鮑廷博輯
一九九九年北京中華書局影印本
十冊
唐闕史 Y0260/第 1 冊
(唐)高彥休撰
覆明鈔本以小山堂鈔本參校
古文孝經孔氏傳 Y0260/第 1 冊
(漢)孔安國傳(日)太宰純音
乾隆四十一年據享保十七年刊本刊
寓簡十卷 Y0260/第 1 冊
(宋)沈作喆撰
乾隆四十年據明姚舜諮鈔校本刊
兩漢刊誤補遺十卷 Y0260/第 1 冊
(宋)吳仁杰撰
乾隆四十一年覆明葉石君鈔本以抱經堂本校刊
涉史隨筆一卷 Y0260/第 1 冊
(宋)葛洪撰
乾隆四十年據舊鈔本刊
客杭日記一卷 Y0260/第 1 冊
(元)郭畀撰
乾隆三十七年據厲攀榭手鈔本刊
韻石齋筆談二卷 Y0260/第 1 冊
(明)姜紹書撰
七頌堂識小錄一卷 Y0260/第 1 冊
(清)劉體仁撰
公是先生弟子記一卷 Y0260/第 1 冊
(宋)劉敞撰
乾隆四十年據舊鈔宋淳熙本刊
經筵玉音問荅一卷 Y0260/第 1 冊
(宋)胡銓撰
溪詩話十卷 Y0260/第 1 冊
(宋)黃徹撰
朱竹垞鈔本
獨醒雜志十卷 Y0260/第 1 冊
(宋)曾敏行撰
乾隆四十年據淳熙十三年刊本刊
梁溪漫志十卷 Y0260/第 1 冊
(宋)費衮撰
乾隆四十年據周松靄藏景宋嘉泰本刊
赤雅三卷 Y0260/第 1 冊
(明)鄺露撰
乾隆三十四年刊
諸史然疑一卷 Y0260/第 1 冊
(清)杭世駿撰
乾隆四十五年刊
榕城詩話三卷 Y0260/第 1 冊
(清)杭世駿撰
乾隆四十年據朱朗齋手鈔本刊
入蜀記六卷 Y0260/第 1 冊
(宋)陸游撰
舊鈔本

猗覺寮雜記二卷 Y0260/第1册
(宋)朱翌撰
乾隆四十一年據何義門校本刊
對牀夜語五卷 Y0260/第1册
(宋)范晞文撰
乾隆三十七年覆舊鈔本以明活字本校刊
歸田詩話三卷 Y0260/第1册
(明)瞿佑撰
乾隆四十年據明刊本刊
南濠詩話一卷 Y0260/第1册
(明)都穆撰
乾隆三十九年覆明黄桓本文衡山本合校刊
麓堂詩話一卷 Y0260/第1册
(明)李東陽撰
乾隆四十年據倪建中鈔本刊
石墨鐫華八卷 Y0260/第1册
(明)趙崡撰
乾隆三十九年刊
孫子算經三卷 Y0260/第2册
(唐)李淳風等奉敕註釋
乾隆四十二年據汲古閣景宋本刊
五曹算經五卷 Y0260/第2册
闕名撰(唐)李淳風等奉敕註釋
乾隆四十二年據汲古閣景宋本刊
釣磯立談一卷 Y0260/第2册
(宋)史虚白撰
乾隆四十三年據汲古閣鈔本刊
洛陽縉紳舊聞記五卷 Y0260/第2册
(宋)張齊賢撰
乾隆四十一年據吳氏池北草堂校本刊
四朝聞見錄五卷附錄一卷 Y0260/第2册
(宋)葉紹翁撰
舊鈔本
金石史二卷 Y0260/第2册
(明)郭宗昌撰
閒者軒帖考一卷 Y0260/第2册
(清)孫承澤撰
清虚雜著三種三卷補闕一卷 Y0260/第2册
(宋)王鞏撰
乾隆四十四年據宋本及朱竹垞鈔本刊
補漢兵志一卷 Y0260/第2册
(宋)錢文子撰
乾隆四十四年據舊鈔本刊

臨漢隱居詩話一卷 Y0260/第2册
(宋)魏泰撰
乾隆四十四年據明鈔足本刊
滹南詩話三卷 Y0260/第2册
(金)王若虚撰
歸潛志十四卷 Y0260/第2册
(金)劉祁撰
乾隆四十四年覆傳鈔萊陽趙氏本以文瑞樓抱經堂諸本校刊
黄孝子紀程二卷 Y0260/第2册
(明)黄向堅撰
虎口餘生記一卷 Y0260/第2册
(明)邊大綬撰
澹生堂藏書約一卷附流通古書約一卷 Y0260/第2册
(明)祁承爜撰(清)曹溶撰附錄
苦瓜和尚畫語錄一卷 Y0260/第2册
(清)釋道濟撰
玉壺清話十卷 Y0260/第2册
(宋)釋文瑩撰
乾隆四十五年據吳枚庵校本刊
愧郯錄十五卷 Y0260/第2册
(宋)岳珂撰
乾隆四十八年據宋本刊
碧雞漫志五卷 Y0260/第2册
(宋)王灼撰
錢遵王陸紹曾校足本
樂府補題一卷 Y0260/第2册
(宋)闕名輯
蜕巖詞二卷 Y0260/第2册
(元)張翥撰
厲樊榭校本
論語集解義疏十卷 Y0260/第3册
(魏)何晏集解(梁)皇侃義疏
日本刊本
離騷草木疏四卷 Y0260/第3册
(宋)吳仁傑撰
乾隆四十五年據邵位西藏宋刊本刊
游宦紀聞十卷 Y0260/第3册
(宋)張世南撰
乾隆四十八年據盧抱經校本刊
張丘建算經三卷 Y0260/第3册
張丘建撰(北周)甄鸞注(唐)李淳風等奉敕註釋
乾隆四十五年據汲古閣景宋鈔本刊
緝古算經一卷 Y0260/第3册
(唐)王孝通撰并注

乾隆四十五年據汲古閣景宋鈔本刊
默記一卷 Y0260/第3册
(宋)王銍撰
葉石君鈔本
南湖集十卷附錄三卷 Y0260/第3册
(宋)張鎡撰
乾隆四十六年據朱朗齋鈔校永樂大典本刊
蘋州漁笛譜二卷 Y0260/第3册
(宋)周密撰
毛斧季鈔校本
金樓子六卷 Y0260/第3册
(梁)世祖蕭繹撰
永樂大典本
鐵圍山叢談六卷 Y0260/第3册
(宋)蔡絛撰
乾隆四十六年覆雁里草堂鈔本以璜川吳氏涉園張氏鈔本校刊
農書三卷 Y0260/第3册
(宋)陳旉撰
小山堂鈔本
蠶書一卷 Y0260/第3册
(宋)秦觀撰
萬作霖鈔本
耕織圖詩 Y0260/第3册
(宋)樓璹撰
萬作霖鈔本
湛淵静語二卷 Y0260/第3册
(元)白珽撰
何義門鈔本
責備餘談二卷 Y0260/第3册
(明)方鵬撰
續孟子二卷 Y0260/第4册
(唐)林慎思撰
吳枚庵鈔本
伸蒙子三卷 Y0260/第4册
(唐)林慎思撰
吳枚庵鈔本
麟角集一卷附錄一卷 Y0260/第4册
(唐)王棨撰
丁松齋校本
蘭亭考十二卷附群公帖跋一卷 Y0260/第4册
(宋)桑世昌輯
乾隆四十七年據柳大中影宋本刊
蘭亭續考二卷 Y0260/第4册
(元)俞松輯

柳大中影宋本
石刻鋪叙二卷 Y0260/第4冊
(宋)曾宏父撰
乾隆四十七年覆嘉定錢氏海鹽張氏本沈大成臨何義門評本合校刊
江西詩社宗派圖錄一卷 Y0260/第4冊
(清)張泰來撰
厲樊榭鈔本
江西詩派小序一卷 Y0260/第4冊
(宋)劉克莊撰
桐華館宋本
萬柳溪邊舊話一卷 Y0260/第4冊
(宋)尤玘撰
朱朗齋校本
詩傳注疏三卷 Y0260/第4冊
(宋)謝枋得撰
吳長元輯本
顏氏家訓七卷附考證一卷 Y0260/第4冊
(北齊)顔之推撰(宋)沈揆撰考證
述古堂影宋本
江南餘載二卷 Y0260/第4冊
(宋)闕名撰
永樂大典本
五國故事二卷 Y0260/第4冊
(宋)闕名撰
明劍光閣鈔本
故宮遺錄一卷 Y0260/第4冊
(明)蕭洵撰
明趙清常鈔本
伯牙琴一卷續補一卷 Y0260/第4冊
(宋)鄧牧撰
乾隆五十一年刊
洞霄詩集十四卷 Y0260/第4冊
(元)孟宗寶輯
厲樊榭校元刊本
石湖詞一卷補遺一卷 Y0260/第4冊
(宋)范成大撰
花外集一卷卽碧山樂府 Y0260/第4冊
(宋)王沂孫撰
詩義指南一卷 Y0260/第4冊
(宋)段昌武撰
朱竹垞藏本
離騷集傳一卷 Y0260/第4冊
(宋)錢杲之撰
宋本
江淮異人錄一卷 Y0260/第4冊
(宋)吳淑撰
乾隆五十二年刊
慶元黨禁一卷 Y0260/第4冊
(宋)闕名撰
永樂大典本
北山酒經三卷 Y0260/第4冊
(宋)朱肱撰
吳枚庵鈔足本
山居新話一卷 Y0260/第4冊
(元)楊瑀撰
元刊本
鬼董五卷 Y0260/第4冊
(宋)沈□撰
乾隆五十一年刊
墨史三卷 Y0260/第4冊
(元)陸友撰
畫訣一卷 Y0260/第4冊
(清)龔賢撰
畫筌一卷 Y0260/第4冊
(清)笪重光撰(清)王翬(清)惲格同評
今水經一卷表一卷 Y0260/第4冊
(清)黄宗羲撰
藁本
佐治藥言一卷續一卷 Y0260/第4冊
(清)汪輝祖撰
乾隆五十一年據藁本刊
相臺書塾刊正九經三傳沿革例一卷 Y0260/第5冊
(宋)岳珂撰
元眞子三卷 Y0260/第5冊
(唐)張志和撰
翰苑群書二卷 Y0260/第5冊
(宋)洪遵輯
覆宋刊本
朝野類要五卷 Y0260/第5冊
(宋)趙升撰
武英殿聚珍本
碧血錄二卷附周端孝先生血疏貼黄冊一卷 Y0260/第5冊
(明)黄煜輯(清)闕名輯附錄
逍遙集一卷 Y0260/第5冊
(宋)潘閬撰
永樂大典本
百正集三卷 Y0260/第5冊
(宋)連文鳳撰
永樂大典本
張子野詞二卷補遺二卷 Y0260/第5冊
(宋)張先撰
乾隆五十三年據綠斐軒鈔本刊
貞居詞一卷 Y0260/第5冊
(元)張天雨撰
厲樊榭鈔本
籟記一卷 Y0260/第5冊
(陳)陳叔齊撰
潛虛一卷附潛虛發微論一卷 Y0260/第5冊
(宋)司馬光撰(宋)張敦實撰附錄
宋淳熙刊本
袁氏世範三卷附集事詩鑒一卷 Y0260/第5冊
(宋)袁采撰(宋)方昕撰附錄
乾隆五十五年據袁氏家乘本刊
天水冰山錄一卷附鈐山堂書畫記一卷 Y0260/第5冊
(明)闕名撰(明)文嘉撰附錄
吳枚庵藏周石林鈔本
新唐書糾謬二十卷附修唐書史臣表一卷 Y0260/第5冊
(宋)吳縝撰(清)錢大昕校并撰附錄
錢竹汀校本
洞霄圖志六卷 Y0260/第5冊
(元)鄧牧撰
元刊本
聱隅子 Y0260/第5冊
(宋)黃晞撰
芳椒堂藏宋刊本
世緯二卷 Y0260/第5冊
(明)袁袠撰
五硯樓傳鈔閣本
皇宋書錄三卷外篇一卷 Y0260/第6冊
(宋)董史撰
小山堂藏本
宣和奉使高麗圖經四十卷附附錄一卷 Y0260/第6冊
(宋)徐兢撰
舊鈔本
武林舊事十卷 Y0260/第6冊
(宋)周密撰
乾隆五十八年覆惠氏藏元鈔本以明刊本參校刊
錢塘先賢傳贊一卷 Y0260/第6冊
(宋)袁韶撰
五代史纂誤三卷 Y0260/第6冊
(宋)吳縝撰

永樂大典本
嶺外代答十卷 Y0260/第 6 册
(宋)周去非撰
永樂大典本
南窗紀談一卷 Y0260/第 6 册
(宋)闕名撰
蘇沈内翰良方十卷 Y0260/第 6 册
(宋)蘇軾撰 (宋)沈括撰
乾隆五十八年據吴郡程氏藏足本刊
浦陽人物記二卷 Y0260/第 6 册
(明)宋濂撰
浦陽戴氏藏本
宜州家乘一卷 Y0260/第 6 册
(宋)黄庭堅撰
乾隆五十九年刊
吳船錄二卷 Y0260/第 6 册
(宋)范成大撰
清波雜志十二卷别志三卷 Y0260/第 6 册
(宋)周煇撰
覆曹彬侯鈔本以姚舜諮本校
蜀難叙略一卷 Y0260/第 6 册
(清)沈荀蔚撰
灊山集三卷補遺一卷 Y0260/第 6 册
(宋)朱翌撰
永樂大典本
頤庵居士集二卷 Y0260/第 6 册
(宋)劉應時撰
文苑英華辯證十卷 Y0260/第 7 册
(宋)彭叔夏撰
乾隆六十年據顧澗蘋校景宋本刊
詩紀匡謬一卷 Y0260/第 7 册
(清)馮舒撰
西塘集耆舊續聞十卷 Y0260/第 7 册
(宋)陳鵠撰
乾隆十八年覆丁小疋吴枚庵藏本合校刊
山房隨筆一卷 Y0260/第 7 册
(元)蔣子正撰
明初寫本
勿庵歷算書目一卷 Y0260/第 7 册
(清)梅文鼎撰
黄山領要錄二卷 Y0260/第 7 册
(清)汪洪度撰
世善堂藏書目錄二卷 Y0260/第 7 册
(明)陳第撰
乾隆六十年據陳氏原本刊
測圓海鏡細草十二卷 Y0260/第 7 册
(元)李冶撰
嘉慶三年據李尚之校本刊
蘆浦筆記十卷 Y0260/第 7 册
(宋)劉昌詩撰
嘉慶三年據明小草齋鈔本刊
五代史記纂誤補四卷 Y0260/第 7 册
(清)吳蘭庭撰
山靜居畫論二卷 Y0260/第 7 册
(清)方薰撰
茗香詩論一卷 Y0260/第 7 册
(清)宋大樽撰
孝經鄭注一卷附補證一卷 Y0260/第 7 册
(漢)鄭玄撰 (日)岡田挺之錄 (清)洪頤煊撰補證
嘉慶六年據日本刊本刊
孝經鄭氏解一卷 Y0260/第 7 册
(漢)鄭玄撰 (清)臧鏞堂輯
益古衍段三卷 Y0260/第 7 册
(元)李冶撰
李尚之校本
弧矢算術細草一卷 Y0260/第 7 册
(清)李鋭撰
五總志一卷 Y0260/第 7 册
(宋)吳炯撰
古今紀要逸編一卷 Y0260/第 7 册
(宋)黄震撰
錢塘施氏傳鈔小山堂本
北行日譜一卷 Y0260/第 7 册
(明)朱祖文撰
粤行紀事三卷 Y0260/第 7 册
(清)瞿昌文撰
滇黔土司婚禮記一卷 Y0260/第 7 册
(清)陳鼎撰
清雋集一卷 Y0260/第 7 册
(宋)鄭起撰 (元)仇遠選
所南翁一百二十圖詩集一卷錦錢餘笑二十四卷首一卷 Y0260/第 7 册
(宋)鄭思肖撰
元刊本
鄭所南先生文集一卷 Y0260/第 7 册
(宋)鄭思肖撰
元刊本
鑒誡錄十卷 Y0260/第 8 册
何光遠撰
嘉慶八年覆天籟閣藏宋本王漁洋校刊
侯鯖錄八卷 Y0260/第 8 册
(宋)趙德麟撰
嘉慶八年覆舊鈔本以明刊本校刊
松窻百說一卷 Y0260/第 8 册
(宋)李季可撰
嘉慶八年據舊鈔本刊
北軒筆記一卷 Y0260/第 8 册
(元)陳世隆撰
藏海詩話一卷 Y0260/第 8 册
(宋)吳可撰
永樂大典本
吳禮部詩話一卷 Y0260/第 8 册
(元)吳師道撰
小山堂鈔本
晝墁集八卷補遺一卷 Y0260/第 8 册
(宋)張舜民撰
永樂大典本
讀易别錄三卷 Y0260/第 8 册
(清)全祖望撰
古今僞書考一卷 Y0260/第 8 册
(清)姚際恒撰
澠水燕談錄十卷 Y0260/第 8 册
(宋)王闢之撰
趙清常藏本
吳船錄 Y0260/第 8 册
攬轡錄一卷 Y0260/第 8 册
(宋)范成大撰
嘉慶十年據嘉靖中盧襄刊本刊
驂鸞錄一卷 Y0260/第 8 册
(宋)范成大撰
嘉慶十年據嘉靖中盧襄刊本刊
桂海虞衡志一卷 Y0260/第 8 册
(宋)范成大撰
北行日錄二卷 Y0260/第 8 册
(宋)樓鑰撰
放翁家訓一卷 Y0260/第 8 册
(宋)陸游撰
庶齋老學叢談三卷 Y0260/第 8 册
(元)盛如梓撰
嘉慶十年覆汪西亭藏本 以錢功甫鈔本校刊
湛淵遺稾三卷補一卷 Y0260/第 8 册
(元)白珽撰 (清)沈景梁輯
嘉慶八年刊
趙待制遺稾一卷附王國器詞一卷 Y0260/第 8 册
(元)趙雍撰 (元)王國器撰附錄
吳尺鳧鈔本
灤京雜咏二卷 Y0260/第 8 册

（元）楊允孚撰
嘉慶十年據明鈔本刊
陽春集一卷 Y0260/第8冊
（宋）米友仁撰
草窗詞二卷補二卷 Y0260/第8冊
（宋）周密撰
吹劍錄外集一卷 Y0260/第8冊
（宋）俞文豹撰
范堯卿鈔本
宋遺民錄十五卷 Y0260/第8冊
（明）程敏政輯
舊鈔本
天地間集一卷 Y0260/第8冊
（宋）謝翱輯
舊鈔本
宋舊宮人詩詞一卷 Y0260/第8冊
（宋）汪元量輯
舊鈔本
竹譜詳錄七卷 Y0260/第8冊
（元）李衎撰
嘉慶十三年據明鈔本刊
書學捷要二卷 Y0260/第8冊
（清）朱履貞撰
嘉慶十三年刊
示兒編二十三卷附校補一卷
Y0260/第9冊
（宋）孫奕撰（清）顧廣圻撰校補
嘉慶十六年據孫怡谷盧召弓校本顧澗薲補校本刊
霽山集五卷首一卷拾遺一卷
Y0260/第9冊
（宋）林景熙撰（元）章祖程注
嘉慶十五年據校補明刊本刊
五行大義五卷 Y0260/第9冊
（隋）蕭吉撰
嘉慶十八年據日本佚存叢書本
負暄野錄二卷 Y0260/第9冊
（宋）陳櫄撰
古刻叢鈔一卷 Y0260/第9冊
（明）陶宗儀撰
李南澗藏本
梅花喜神譜二卷 Y0260/第9冊
（宋）宋伯仁撰
宋刊本
斜川集六卷附錄二卷訂誤一卷
Y0260/第9冊
（宋）蘇過撰
乾隆五十三年據吳長元校鈔永樂大典本刊附錄嘉慶十五年刊
道命錄十卷 Y0260/第9冊
（宋）李心傳輯
曲洧舊聞十卷 Y0260/第9冊
（宋）朱弁撰
字通一卷 Y0260/第9冊
（宋）李從周撰
透簾細草一卷 Y0260/第9冊
闕名撰
續古摘奇算法一卷 Y0260/第9冊
（宋）楊輝撰
丁巨算法一卷 Y0260/第9冊
（元）丁巨撰
緝古算經細草三卷 Y0260/第9冊
（唐）王孝通撰幷注（清）張敦仁細草
雲林石譜三卷附綯雲石圖記一卷
Y0260/第10冊
（宋）杜綰撰（清）馬汶撰附錄
嘉慶十九年刊
夢粱錄二十卷 Y0260/第10冊
（宋）吳自牧撰
靜春堂詩集四卷附紅蕙山房吟稿一卷
Y0260/第10冊
（元）袁易撰（清）袁廷檮撰附錄
梧溪集七卷補遺一卷 Y0260/第10冊
（元）王逢撰
道光三年刊
困學齋雜錄一卷 Y0260/第10冊
（元）鮮于樞撰
尊德性齋集三卷補遺一卷
Y0260/第10冊
（宋）程洵撰
麈史三卷 Y0260/第10冊
（宋）王得臣撰
全唐詩逸三卷 Y0260/第10冊
（日）河世寧輯
道光三年刊
中吳紀聞六卷 Y0260/第10冊
（宋）龔明之撰
廣釋名二卷 Y0260/第10冊
（清）張金吾撰
兩孝子尋親記一卷 Y0260/第10冊
（清）翁廣平撰
畫梅題記一卷 Y0260/第10冊
（清）朱方藹撰

Y0261(1－16)
歷代書畫錄輯刊
北京圖書館出版社影印室輯
二〇〇七年北京圖書館出版社影印本
十六冊
董華亭書畫錄 Y0261/第1冊
（明）董其昌撰（清）青浮山人輯
清光緒二十二年(1896)刻本
別下齋書畫録 Y0261/第1冊
（清）蔣光煦撰（清）許光詒校
清末抄本
國朝院畫録 Y0261/第1冊
（清）胡敬輯
清嘉靖間刻本
南熏殿圖像考二卷 Y0261/第1冊
（清）胡敬輯
清嘉慶間刻本（胡氏書畫考三種）
頌齋書畫錄 Y0261/第1冊
容庚撰
北平燕京大學考古學社 民國二十五年(1936)鉛印本
伏廬書畫錄 Y0261/第1冊
容庚撰
北平燕京大學考古學社 民國二十五年(1936)鉛印本
自怡悅齋書畫錄 Y0261/第2－3冊
（清）張大鏞撰
清道光十二年(1832)虞山張氏鐫
夢園書畫錄 Y0261/第4－5冊
（清）方濬頤輯
定遠方氏 清光緒三年(1877)刻本
嶽雪樓書畫錄五卷 Y0261/第6冊
（清）孔廣陶編
三十三萬卷堂 清光緒十五年(1889)刻本
似升所收書畫錄 Y0261/第6冊
（清）周嵩堯輯
清宣統間刻本
吳越所見書畫錄六卷 Y0261/第7冊
（清）陸時化編
清宣統二年(1910)刻本
大風堂書畫錄 Y0261/第8冊
張爰編
民國間鉛印本
叢碧書畫錄 Y0261/第8冊
張伯駒撰
民國二十一年(1932)油印本

解齋書畫錄 Y0261/第 8 册
郭葆昌撰
民國十五年(1926)鉛印本
江邨消夏錄三卷 Y0261/第 8 册
(清)高士奇撰
清康熙間刻本
虛齋名畫錄 Y0261/第 9－11 册
(清)龐元濟撰
烏程龐氏清宣統元年(1909)刻本
愛日吟廬書畫錄四卷 Y0261/第 12 册
(清)葛金烺編
當湖葛氏清宣統二年(1910)刻本
愛日吟廬書畫續錄八卷 Y0261/第 12 册
葛嗣浵編
當湖葛氏民國二年(1913)刻本
愛日吟廬書畫別錄四卷 Y0261/第 13 册
葛嗣浵編
當湖葛氏民國二年(1913)刻本
愛日吟廬書畫補錄一卷 Y0261/第 13 册
葛嗣浵編
當湖葛氏清宣統三年(1911)刻本
寶迂閣書畫錄四卷附錄一卷
Y0261/第 13 册
陳夔麟編
民國間石印本
盛京故宫書畫錄七卷 Y0261/第 14 册
金梁編
民國十三年(1924)鉛印本
海王村所見書畫錄 Y0261/第 15 册
(清)李葆恂撰
義州李放民國五年(1916)刻本
曝畫紀餘十二卷 Y0261/第 15 册
(清)秦炳文撰 秦潛編輯
梁溪秦氏民國十九年(1930)鉛印本
刺綉書畫錄七卷 Y0261/第 15 册
朱啓鈐輯
上海神州國光社民國二十五年(1936)鉛印本
清内府藏刻絲綉綫書畫錄二卷
Y0261/第 15 册
朱啓鈐輯
闞鐸無冰閣民國十九年(1930)鉛印本
内務部古物陳列所書畫目錄十四卷附錄三卷補遺二卷 Y0261/第 16 册
何煜纂
民國十四年(1925)京華印書局鉛印本
歷代書畫錄續編
王燕來選編
二〇一〇年北京國家圖書館出版社
二十册

Y0262(1－108)

宋集珍本叢刊
四川大學古籍整理研究所編
二〇〇四年北京綫裝書局影印本
一〇八册
徐公文集 Y0262/第 1 册
(宋)徐鉉撰
清影宋刻本
宋文安公宫詞 Y0262/第 1 册
(宋)宋白撰
田氏影宋刊本
咸平集 Y0262/第 1 册
(宋)田錫撰
明淡生堂鈔本
河東柳仲塗先生文集 Y0262/第 1 册
(宋)柳開撰
清曙戒軒鈔本
王黄州小畜集 Y0262/第 1 册
(宋)王禹偁撰
宋紹興刻本
寇忠愍公詩集 Y0262/第 2 册
(宋)寇准撰
清康熙吳調元辨義堂刻本
鉅鹿東觀集 Y0262/第 2 册
(宋)魏野撰
清鈔本
胡正惠公集 Y0262/第 2 册
(宋)胡則撰
清鈔本
和靖先生詩集 Y0262/第 2 册
(宋)林逋撰
宋刻本
林和靖先生詩集 Y0262/第 2 册
(宋)林逋撰
清季錫疇鈔校本
武夷新集 Y0262/第 2 册
(宋)楊億撰
清嘉慶刻本
河南集 Y0262/第 2 册
(宋)穆修撰
清鈔本
文莊集 Y0262/第 2 册
(宋)夏竦撰
清乾隆翰林院鈔本
范文正公文集 Y0262/第 2－3 册
(宋)范仲淹撰
北宋刻本
孫明復先生小集 Y0262/第 3 册
(宋)孫復撰
清鈔徐坊校跋本
武溪集 Y0262/第 3 册
(宋)余靖撰
明成化九年刻本
河南先生文集 Y0262/第 3 册
(宋)尹洙撰
明鈔本
宛陵先生文集 Y0262/第 3 册
(宋)梅堯臣撰
明正統四年刻本
宛陵先生文集 Y0262/第 4 册
(宋)梅堯臣撰
明正統四年刻本
徂徠文集 Y0262/第 4 册
(宋)石介撰
清張位鈔本
鐔津文集 Y0262/第 4 册
(宋)釋契嵩撰
元刻本
居士集 Y0262/第 4－5 册
(宋)歐陽修撰
宋衢州刻本
歐陽先生文粹 Y0262/第 5 册
(宋)歐陽修撰
明嘉靖二十六年郭雲鵬刻本
歐陽先生遺粹 Y0262/第 5 册
文潞公文集 Y0262/第 5 册
(宋)文彦博撰
明嘉靖五年刻本 傅增湘校
樂全先生文集 Y0262/第 5 册
(宋)張方平撰
宋刻本
樂全先生文集 Y0262/第 5－6 册
(宋)張方平撰
清鈔本
蘇學士文集 Y0262/第 6 册
(宋)蘇舜欽撰
清康熙三十七年震澤徐氏刻本 傅增湘校
安陽集 Y0262/第 6 册
(宋)韓琦撰
明刻安氏校正本

東坡先生翰墨尺牘 Y0262/第19冊
(宋)蘇軾撰
元刻本
坡仙集 Y0262/第19－20冊
(宋)蘇軾撰
明刻本
東坡樂府 Y0262/第20冊
(宋)蘇軾撰
元延祐刻本
重編東坡先生外集 Y0262/第20冊
(宋)蘇軾撰
明萬曆刻本
蘇文忠公詩集 Y0262/第20－21冊
(宋)蘇軾撰
李香巖手批原本
東坡七集 Y0262/第21冊
(宋)蘇軾撰
明成化吉州刻 繆荃孫批校本
東坡集 Y0262/第21冊
(宋)蘇軾撰
明成化吉州刻 繆荃孫批校本
東坡後集 Y0262/第21－22冊
(宋)蘇軾撰
明成化吉州刻 繆荃孫批校本
東坡内制集 Y0262/第22冊
(宋)蘇軾撰
明成化吉州刻 繆荃孫批校本
東坡外制集 Y0262/第22冊
(宋)蘇軾撰
明成化吉州刻 繆荃孫批校本
東坡應詔集 Y0262/第22冊
(宋)蘇軾撰
明成化吉州刻 繆荃孫批校本
東坡奏議 Y0262/第22冊
(宋)蘇軾撰
明成化吉州刻 繆荃孫批校本
東坡續集 Y0262/第22－23冊
(宋)蘇軾撰
明成化吉州刻 繆荃孫批校本
三蘇先生文粹 Y0262/第23冊
(宋)蘇洵 蘇軾 蘇轍撰
南宋刻本
雲巢編 Y0262/第23冊
(宋)沈遼撰
清鈔本
青山集 Y0262/第23冊
(宋)郭祥正撰
宋刻本
參寥子詩集 Y0262/第23冊
(宋)釋道潛撰
宋刻本
鄱陽先生文集 Y0262/第24冊
(宋)彭汝礪撰
清鈔本
太史範公文集 Y0262/第24冊
(宋)范祖禹撰
清鈔本
西塘先生文集 Y0262/第24冊
(宋)鄭俠撰
明萬曆刻本
演山先生文集 Y0262/第24－25冊
(宋)黃裳撰
清鈔本
山谷全書正集外集 Y0262/第25－26冊
(宋)黃庭堅撰
清乾隆三十四年緝香堂刻本
山谷全書別集 Y0262/第26冊
(宋)黃庭堅撰
清乾隆三十四年緝香堂刻本
山谷老人刀筆 Y0262/第26冊
(宋)黃庭堅撰
元刻本
豫章先生遺文 Y0262/第26冊
(宋)黃庭堅撰
清影宋鈔本
黃太史精華錄 Y0262/第26冊
(宋)黃庭堅撰
明弘治十六年朱承爵刻本
曾文昭公集 Y0262/第26冊
(宋)曾肇撰
清康熙六十一年刻本
姑溪居士文集 Y0262/第26－27冊
(宋)李之儀撰
清鈔本
姑溪居士後集 Y0262/第27冊
(宋)李之儀撰
清鈔本
淮海集 Y0262/第27冊
(宋)秦觀撰
宋紹熙重修幹道高郵軍學本
淮海後集 Y0262/第27冊
(宋)秦觀撰
宋紹熙重修幹道高郵軍學本
淮海居士長短句 Y0262/第27冊
(宋)秦觀撰
宋紹熙重修幹道高郵軍學本
淮海先生文集 Y0262/第27冊
(宋)秦觀撰
清鈔本
淮海後集 Y0262/第27冊
(宋)秦觀撰
清鈔本
淮海長短句 Y0262/第27冊
(宋)秦觀撰
清鈔本
樂靜先生李公文集 Y0262/第27冊
(宋)李昭玘撰
清道光四年東武劉氏味經書屋鈔本
寶晋英光集 Y0262/第27冊
(宋)米芾撰
清初鈔本
慶湖遺老詩集 Y0262/第28冊
(宋)賀鑄撰
明謝肇淛小草齋寫本
雲溪居士集 Y0262/第28冊
(宋)華鎮撰
清翰林院鈔本
王仲修宫詞 Y0262/第28冊
(宋)王仲脩撰
民國田氏影宋刊本
後山詩注 Y0262/第28冊
(宋)陳師道撰 任淵注
宋刻本
後山詩注 Y0262/第28冊
(宋)陳師道撰 任淵注
元刻本
後山先生集 Y0262/第28－29冊
(宋)陳師道撰
明弘治十二年刻本
後山先生集 Y0262/第29冊
(宋)陳師道撰
清光緒十一年刻本 趙熙批點
游廌山先生集 Y0262/第29冊
(宋)游酢撰
清鈔本
龜山先生全集 Y0262/第29冊
(宋)楊時撰
明萬曆十九年林熙春刻本 傅增湘校
張右史文集 Y0262/第29－30冊
(宋)張耒撰
明鈔本

宛丘先生文集 Y0262/第30册
(宋)張耒撰
清康熙呂無隱鈔本
濟南集 Y0262/第30册
(宋)李廌撰
清抄本
宗忠簡公文集 Y0262/第30册
(宋)宗澤撰
明崇禎刻本
道鄉先生鄒忠公文集 Y0262/第31册
明成化六年刻本
具茨晁先生詩集 Y0262/第31册
(宋)晁沖之撰
明翻宋刻本
倚松老人詩集 Y0262/第31册
(宋)饒節撰
清影宋鈔本
溪堂集 Y0262/第31册
(宋)謝逸撰
鮑氏知不足齋鈔本
劉左史文集 Y0262/第31册
(宋)劉安節撰
清乾隆四十四年吳氏古歡堂鈔本
劉給諫文集 Y0262/第31册
(宋)劉安上撰
清同治十二年瑞安孫衣言刻本 傅增湘校
唐先生集 Y0262/第31册
(宋)唐庚撰
明嘉靖三年任佃刻本
唐先生文集 Y0262/第31册
(宋)唐庚撰
清鈔宋紹興己卯饒州刊本
忠穆集 Y0262/第31册
(宋)呂頤浩撰
清鈔本
和靖尹先生文集 Y0262/第32册
(宋)尹焞撰
明嘉靖九年刻本
斜川集 Y0262/第32册
(宋)蘇過撰
清乾隆 嘉慶刊本
橫塘集 Y0262/第32册
(宋)許景衡撰
清鈔本
豫章羅先生文集 Y0262/第32册
(宋)羅從彥撰
明成化七年刊本
丹陽集 Y0262/第32册
(宋)葛勝仲撰
清鈔本
石林居士建康集 Y0262/第32册
(宋)葉夢得撰
清宣統三年刻本 傅增湘校跋
日涉園集 Y0262/第33册
(宋)李彭撰
清乾隆四十年翰林院鈔本
謝幼槃文集 Y0262/第33册
(宋)謝薖撰
周叔弢校跋古香樓汪氏鈔本
初寮集 Y0262/第33册
(宋)王安中撰
清乾隆翰林院鈔本
北山小集 Y0262/第33册
(宋)程俱撰
清鈔本
北山小集 Y0262/第33册
(宋)程俱撰
明寫本
莊簡集 Y0262/第33－34册
(宋)李光撰
清乾隆翰林院鈔本
苕溪集 Y0262/第34册
(宋)劉一止撰
清鈔本
浮溪文粹 Y0262/第34册
(宋)汪藻撰
明正德元年馬金刻本
陵陽先生詩集 Y0262/第34册
(宋)韓駒撰
清宣統二年沈曾植刊本
盧溪先生文集 Y0262/第34册
(宋)王庭珪撰
明嘉靖五年刻本
太倉稊米集 Y0262/第34－35册
(宋)周紫芝撰
清鈔本
孫尚書大全文集 Y0262/第35册
(宋)孫覿撰
宋刻本
南蘭陵孫尚書大全文集 Y0262/第35册
(宋)孫覿撰
明鈔本
新刊李學士新注孫尚書內簡尺牘 Y0262/第36册
(宋)孫覿撰 李祖堯注
宋刻本
大隱集 Y0262/第36册
(宋)李正民撰
清乾隆翰林院鈔本
宋著作王先生文集 Y0262/第36册
(宋)王蘋撰
清鈔本
梁溪先生文集 Y0262/第37－38册
(宋)李綱撰
清道光刊本 傅增湘校跋
北海集 Y0262/第38册
(宋)綦崇禮撰
清乾隆翰林院鈔本
華陽集 Y0262/第38册
(宋)張綱撰
清鈔本
崧庵集 Y0262/第38册
(宋)李處權撰
宜秋館刻本
胡少師總集 Y0262/第38册
(宋)胡舜陟撰
清道光十九年刻本
東萊先生詩集 Y0262/第38册
(宋)呂本中撰
宋慶元五年黃汝嘉刻江西詩派本
東萊先生詩集 Y0262/第39册
(宋)呂本中撰
清鈔本
宋陳少陽先生文集 Y0262/第39册
(宋)陳東撰
明刊本 傅增湘跋
沈忠敏公龜溪集 Y0262/第39册
(宋)沈與求撰
明萬曆二十八年刻本
傅忠肅公文集 Y0262/第39册
(宋)傅察撰
清光緒刊本 傅增湘校
三餘集 Y0262/第39册
(宋)黃次山撰
宜秋館刻本
蒙隱集 Y0262/第39册
(宋)陳棣撰
宜秋館刻本
增廣箋注簡齋詩集 Y0262/第39册

(宋)陳與義撰
元刻本
簡齋詩外集 Y0262/第39册
(宋)陳與義撰
元鈔本
飄然集 Y0262/第39册
(宋)歐陽澈撰
傅增湘校豫章叢書本
栟櫚先生文集 Y0262/第39册
(宋)鄧肅撰
明正德十四年刻本
栟櫚先生文集 Y0262/第40册
(宋)鄧肅撰
明萬曆刻本
蘆川歸來集 Y0262/第40册
(宋)張元幹撰
清鈔本
三十代天師虚靖真君語錄 Y0262/第40册
(宋)張繼先撰
道藏本
李延平先生文集 Y0262/第40册
(宋)李侗撰
清順治刻本
相山集 Y0262/第40册
(宋)王之道撰
清乾隆翰林院鈔本
潘默成公文集 Y0262/第40册
(宋)潘良貴撰
清康熙刻本
雪峰空和尚外集 Y0262/第40册
(宋)釋惠空撰
日本舊刻本
韋齋集 Y0262/第40册
(宋)朱松撰
清雍正四年浦泰鈔本
玉瀾集 Y0262/第40册
(宋)朱槔撰
清雍正四年浦泰鈔本
韋齋集 Y0262/第40-41册
(宋)朱松撰
傅增湘校清雍正六年刻本
玉瀾集 Y0262/第41册
(宋)朱槔撰
傅增湘校清雍正六年刻本
陳文正公文集 Y0262/第41册
(宋)陳康伯撰
清康熙刻本
張魏公集 Y0262/第41册
(宋)張濬撰
民國年間綿竹刊本
高東溪先生文集 Y0262/第41册
(宋)高登撰
清鈔本
松隱文集 Y0262/第41册
(宋)曹勛撰
傅增湘校嘉業堂叢書本
縉雲先生文集 Y0262/第41册
(宋)馮時行撰
清趙氏小山堂鈔本
侍郎葛公歸愚集 Y0262/第41册
(宋)葛立方撰
宋刻本
浮山集 Y0262/第42册
(宋)仲并撰
清翰林院鈔本
雪溪詩集 Y0262/第42册
(宋)王銍撰
清冰蕸閣鈔本
竹軒雜著 Y0262/第42册
(宋)林季仲撰
清光緒刻本
屏山集 Y0262/第42册
(宋)劉子翬撰
明刻本
范香溪先生文集 Y0262/第42册
(宋)范濬撰
清刻本
范蒙齋先生遺文 Y0262/第42册
(宋)范端臣撰
范楊溪先生遺文 Y0262/第42册
(宋)范端杲撰
岳武穆集 Y0262/第42册
(宋)岳飛撰
明刻本
夾漈遺稿 Y0262/第42册
(宋)鄭樵撰
清鈔本
湖山集 Y0262/第42册
(宋)吳芾撰
宜秋館刻本
鄮峰真隱漫錄 Y0262/第42-43册
(宋)史浩撰
清鈔本
五峰胡先生文集 Y0262/第43册
(宋)胡宏撰
清鈔本
大隱居士集 Y0262/第43册
(宋)鄧深撰
宜秋館刻本
方舟集 Y0262/第43册
(宋)李石撰
清鈔本
宋王忠文公文集 Y0262/第43-44册
(宋)王十朋撰
清雍正刻本
會稽三賦 Y0262/第44册
(宋)王十朋撰
清嘉慶刻本
知稼翁集 Y0262/第44册
(宋)黄公度撰
舊鈔本
莆陽知稼翁文集 Y0262/第44册
(宋)黄公度撰
清鈔本
拙齋文集 Y0262/第44册
(宋)林之奇撰
舊鈔本
艾軒先生文集 Y0262/第44-45册
(宋)林光朝撰
明正德刻本
盤洲文集 Y0262/第45册
(宋)洪适撰
傅增湘校清光緒刻本
新刊嵩山居士文全集 Y0262/第45册
(宋)晁公遡撰
清鈔本
野處類稿 Y0262/第46册
(宋)洪邁撰
清鈔本
汪文定公集 Y0262/第46册
(宋)汪應辰撰
清鈔本
洪文安公遺集 Y0262/第46册
(宋)洪遵撰
清鈔本
志道集 Y0262/第46册
(宋)顧禧撰
清乾隆刻本
新注朱淑真斷腸詩集 Y0262/第46册
(宋)朱淑真撰

明刻遞修本
新注朱淑真斷腸詩集 Y0262/第46册
(宋)朱淑真撰
清鈔本
新注朱淑真斷腸詩詞後集
Y0262/第46册
(宋)朱淑真撰
清鈔本
淡齋集 Y0262/第46册
(宋)李流謙撰
清鈔本
梁溪遺稿 Y0262/第46册
(宋)尤袤撰
清康熙刻本
竹洲文集 Y0262/第46册
(宋)吴儆撰
明弘治刻本
吴文肅公文集 Y0262/第46册
(宋)吴儆撰
明萬曆刻本
放翁先生劍南詩稿 Y0262/第46－47册
(宋)陸游撰
宋刻本
渭南文集 Y0262/第47册
(宋)陸游撰
宋嘉定刻本
渭南文集 Y0262/第47册
(宋)陸游撰
明正德刻本
精選陸放翁詩集 Y0262/第47－48册
(宋)陸游撰
明嘉靖刻本
梅山續稿 Y0262/第48册
(宋)姜特立撰
清鈔本
梅山續稿 Y0262/第48册
(宋)姜特立撰
鈔本 傅增湘跋
石湖居士集 Y0262/第48册
(宋)范成大撰
明弘治活字印本
周益公文集 Y0262/第48册
(宋)周必大撰
明淡生堂鈔本
周益公文集 Y0262/第49－51册
(宋)周必大撰
明淡生堂鈔本
廬陵周益國文忠公集
Y0262/第51－53册
(宋)周必大撰
傅增湘校清歐陽棨刻本
誠齋先生江湖集 Y0262/第53册
(宋)楊萬里撰
宋淳熙 紹熙遞刻本
誠齋先生荊溪集 Y0262/第53册
(宋)楊萬里撰
宋淳熙 紹熙遞刻本
誠齋先生西歸集 Y0262/第53册
(宋)楊萬里撰
宋淳熙 紹熙遞刻本
誠齋先生南海集 Y0262/第53册
(宋)楊萬里撰
宋淳熙 紹熙遞刻本
誠齋先生江西道院集 Y0262/第53册
(宋)楊萬里撰
宋淳熙 紹熙遞刻本
誠齋先生朝天續集 Y0262/第53册
(宋)楊萬里撰
宋淳熙 紹熙遞刻本
誠齋先生退休集 Y0262/第53册
(宋)楊萬里撰
宋淳熙 紹熙遞刻本
批點分類誠齋先生文膾 Y0262/第53册
(宋)楊萬里撰 李誠父輯撰
元刻本
誠齋集 Y0262/第53－55册
(宋)楊萬里撰
明汲古閣鈔本
橘洲文集 Y0262/第56册
(宋)釋寶曇撰
日本元祿十一年刊本
香山集 Y0262/第56册
(宋)喻良能撰
清乾隆翰林院鈔本
九華集 Y0262/第56册
(宋)員興宗撰
清劉氏嘉蔭簃鈔本
宫教集 Y0262/第56册
(宋)崔敦禮撰
清乾隆翰林院鈔本
晦菴先生文集 Y0262/第56－59册
(宋)朱熹撰
宋刊浙本
朱文公大同集 Y0262/第59册
(宋)朱熹撰
元刻本
倪石陵書 Y0262/第59册
(宋)倪樸撰
傅增湘校訂宜秋館刻本
于湖居士文集 Y0262/第59册
(宋)張孝祥撰
清影宋鈔本
新刊南軒先生文集 Y0262/第60册
(宋)張栻撰
明嘉靖刻本
南軒先生詩集 Y0262/第60册
(宋)張栻撰
清鈔本
江湖長翁文集 Y0262/第60册
(宋)陳造撰
明萬曆刻本
涉齋集 Y0262/第61册
(宋)許及之撰
清乾隆翰林院鈔本
艮齋先生薛常州浪語集 Y0262/第61册
(宋)薛季宣撰
清鈔本
雪山集 Y0262/第61册
(宋)王質撰
清孔氏微波榭鈔本
羅鄂州小集 Y0262/第61册
(宋)羅願撰
明萬曆刻本
羅鄂州小集 Y0262/第61－62册
(宋)羅願撰
明鈔本
網山集 Y0262/第62册
(宋)林亦之撰
清初鈔本
東萊吕太史文集 Y0262/第62册
(宋)吕祖謙撰
宋刻元明遞修本
麗澤論説集錄 Y0262/第62册
雙峰先生存稿 Y0262/第62册
(宋)舒邦佐撰
明崇禎刻本
雙溪文集 Y0262/第63册
(宋)王炎撰
清鈔本
重刻雙溪類稿 Y0262/第63册
(宋)王炎撰

清鈔本
義豐文集 Y0262/第63册
(宋)王阮撰
宋淳祐三年刻本
尊白堂集 Y0262/第63册
(宋)虞儔撰
清乾隆翰林院鈔本
象山先生文集 Y0262/第63册
(宋)陸九淵撰
明成化刻本
象山先生文集 Y0262/第63－64册
(宋)陸九淵撰
明正德刻本
歲寒三友除授集 Y0262/第64册
(宋)吳必大撰
明鈔本
無腸公子除授集 Y0262/第64册
(宋)吳必大撰
明鈔本
雜錄 Y0262/第64册
(宋)鄭楷撰
明鈔本
東塘集 Y0262/第64册
(宋)袁說友撰
清翰林院鈔本
稼軒長短句 Y0262/第64册
(宋)辛弃疾撰
元大德刻本
稼軒詞 Y0262/第64册
(宋)辛弃疾撰
清影宋鈔本
蕊閣集 Y0262/第64册
(宋)辛弃疾撰
清趙氏小山堂鈔本
慈湖先生遺書抄 Y0262/第64册
(宋)楊簡撰
明萬曆刻本
默齋遺稿 Y0262/第64册
(宋)游九言撰
宜秋館刻本
撙齋先生緣督集 Y0262/第65册
(宋)曾豐撰
清鈔本
格齋四六 Y0262/第65册
(宋)王子俊撰
傅增湘校豫章叢書本
宋國錄流塘詹先生集 Y0262/第65册
(宋)詹初撰
清初鈔本
華亭百咏 Y0262/第65册
(宋)許尚撰
宜秋館刻本
龍川文集 Y0262/第65册
(宋)陳亮撰
清同治刻本
平菴悔稿 Y0262/第66册
(宋)項安世撰
清秦恩複鈔本
平菴悔稿 Y0262/第66册
(宋)項安世撰
清鈔趙魏重編本
水心先生文集 Y0262/第66册
(宋)葉適撰
明正統 景泰間刻本
水心先生文集 Y0262/第66册
(宋)葉適撰
清鈔本
水心先生別集 Y0262/第67册
(宋)葉適撰
清鈔本
水心先生別集 Y0262/第67册
(宋)葉適撰
清光緒刻本
橘山四六 Y0262/第67册
(宋)李廷忠撰
明鈔本
勉齋先生黃文肅公文集 Y0262/第67－68册
(宋)黃幹撰
元刻本
勉齋先生黃文肅公文集 Y0262/第68册
(宋)黃幹撰
清鈔本
雁山吟 Y0262/第69册
(宋)呂大亨撰
宜秋館刻本
說劍吟 Y0262/第69册
(宋)呂定撰
宜秋館刻本
龍洲先生集 Y0262/第69册
(宋)劉過撰
清鈔本
龍洲道人集 Y0262/第69册
(宋)劉過撰
清鈔本
方泉先生詩集 Y0262/第69册
(宋)周文璞撰
清鈔本
姜白石詩詞合刻 Y0262/第69册
(宋)姜夔撰
清康熙刻本
白石道人詩集 Y0262/第69册
(宋)姜夔撰
傅增湘校清鈔本
白石道人歌曲 Y0262/第69册
(宋)姜夔撰
傅增湘校清鈔本
方壺先生集 Y0262/第69册
(宋)汪莘撰
清雍正刻本
方壺存稿 Y0262/第69册
(宋)汪莘撰
清鈔本
瓊琯白玉蟾武夷集 Y0262/第69册
(宋)葛長庚撰
元刻明修本
武夷集 Y0262/第69册
(宋)葛長庚撰
影印正統《道藏》本
碧巘詩集 Y0262/第69册
(宋)金朋說撰
清鈔本
宋丞相崔清獻公全錄 Y0262/第69册
(宋)崔與之撰
清鈔本
崔清獻公集 Y0262/第69册
(宋)崔與之撰
清道光刻本
崔清獻公言行錄 Y0262/第69册
(宋)崔與之撰
清道光刻本
山房集 Y0262/第69册
(宋)周南撰
清鈔本
山房集 Y0262/第69册
(宋)周南撰
傅增湘校涵芬樓秘笈本
北溪先生大全文集 Y0262/第70册
(宋)陳淳撰
明鈔本
潤泉集 Y0262/第70册

(宋)韓淲撰
清乾隆翰林院鈔本
毅齋詩集別錄 Y0262/第70册
(宋)徐僑撰
明正德刻本
竹齋先生詩集 Y0262/第70册
(宋)裘萬頃撰
清康熙刻本
裘竹齋詩集 Y0262/第70册
(宋)裘萬頃撰
清鈔本
巽齋先生四六 Y0262/第70册
(宋)危稹撰
清初汲古閣影鈔本
騷略 Y0262/第70册
(宋)高似孫撰
宜秋館刻本
友林乙稿 Y0262/第70册
(宋)史彌寧撰
宋刻本
西園康範存藁 Y0262/第70册
(宋)汪晫撰
明嘉靖刻本
程端明公洺水集 Y0262/第71册
(宋)程珌撰
明嘉靖刻本
北磵詩集 Y0262/第71册
(宋)釋居簡撰
清鈔本
北磵文集 Y0262/第71册
(宋)釋居簡撰
傅增湘藏校清鈔本
漫塘劉先生文前集 Y0262/第71-72册
(宋)劉宰撰
明正德刻本
漫塘劉先生文前集 Y0262/第72册
(宋)劉宰撰
明萬曆刻本
石屏詩集 Y0262/第72册
(宋)戴復古撰
明弘治刻本
石屏續集 Y0262/第72册
(宋)戴復古撰
清鈔本
石屏詩集 Y0262/第73册
(宋)戴復古撰
清嘉慶刻本 傅增湘批校

東澗集 Y0262/第73册
(宋)許應龍撰
清乾隆翰林院鈔本
重編古筠洪城幸清節公松垣文集
Y0262/第73册
(宋)幸元龍撰
清趙氏小山堂鈔本
複齋先生龍圖陳公文集 Y0262/第73册
(宋)陳宓撰
清鈔本
梅亭先生四六標準 Y0262/第73-74册
(宋)李劉撰
宋刻本
滄浪嚴先生吟卷 Y0262/第74册
(宋)嚴羽撰
明正德刻本
鶴林集 Y0262/第74册
(宋)吳泳撰
清乾隆翰林院鈔本
蜀阜存稿 Y0262/第74册
(宋)錢時撰
徐氏家集本
平齋文集 Y0262/第74-75册
(宋)洪諮夔撰
清影宋鈔本
平齋文集 Y0262/第75册
(宋)洪諮夔撰
清同治刻本
空同詞 Y0262/第75册
(宋)洪瑹撰
野穀詩稿 Y0262/第75册
(宋)趙汝鐩撰
清鈔本
安晚堂詩集 Y0262/第75册
(宋)鄭清之撰
宜秋館刻本
南海百咏 Y0262/第75册
(宋)方信孺撰
清康熙鈔本
西山先生真文忠公文集
Y0262/第75-76册
(宋)真德秀撰
明正德刻本
重校鶴山先生大全文集
Y0262/第76-77册
(宋)魏了翁撰
明嘉靖銅活字印本

平塘陶先生詩 Y0262/第77册
(宋)陶夢桂撰
宜秋館刻本
亞愚江浙紀行集句詩 Y0262/第78册
(宋)釋紹嵩撰
汲古閣影宋鈔本
漁墅類稿 Y0262/第78册
(宋)陳元晋撰
清乾隆翰林院鈔本
翠微南征錄 Y0262/第78册
(宋)華岳撰
清黄虞稷鈔本
翠微南征錄 Y0262/第78册
(宋)華岳撰
清劉世珩刻本 鮑廷博等校
翠微北征錄 Y0262/第78册
(宋)華岳撰
貴池先哲遺書本
勿齋先生文集 Y0262/第78册
(宋)楊至質撰
道藏本
杜清獻公集 Y0262/第78册
(宋)杜範撰
清鈔本
敝帚稿畧 Y0262/第78册
(宋)包恢撰
清乾隆翰林院鈔本
玉楮詩稿 Y0262/第78册
(宋)岳珂撰
明鈔本
玉楮集 Y0262/第78册
(宋)岳珂撰
傅增湘校三怡堂叢書本
棠湖詩稿 Y0262/第78册
(宋)岳珂撰
宋臨安陳宅書籍鋪刻本
宋寶章閣直學士忠惠鐵庵方公文集
Y0262/第78册
(宋)方大琮撰
清鈔本
臞軒集 Y0262/第78册
(宋)王邁撰
清乾隆翰林院鈔本
臞軒先生四六 Y0262/第78册
(宋)王邁撰
清鈔本
後村居士集 Y0262/第79-80册

仁山金先生文集 Y0262/第 88 册
(宋)金履祥撰
明鈔本
古梅遺稿 Y0262/第 88 册
(宋)吳龍翰撰
清咸豐鈔本
待清軒遺稿 Y0262/第 88 册
(宋)潘音撰
清鈔本
文山先生文集 Y0262/第 88 册
(宋)文天祥撰
明景泰刻本
文山先生全集 Y0262/第 88 – 89 册
(宋)文天祥撰
明嘉靖刻本
新刻宋文丞相信國公文山先生全集 Y0262/第 89 册
(宋)文天祥撰
明崇禎刻本
集杜句詩 Y0262/第 89 册
(宋)文天祥撰
明天順刻本
咏文丞相詩 Y0262/第 89 册
(宋)張慶之撰
明天順刻本
宋左丞相陸公全書 Y0262/第 89 册
(宋)陸秀夫撰
清道光刻本
林屋山人漫稿 Y0262/第 89 册
(宋)俞琰撰
清鈔本
牧萊脞語 Y0262/第 90 册
(宋)陳仁子撰
清初影元鈔本
佩韋齋文集 Y0262/第 90 册
(宋)俞德鄰撰
清鈔本
王梅邊集 Y0262/第 90 册
(宋)王炎午撰
清鈔本
心史 Y0262/第 90 册
(宋)鄭思肖撰
明崇禎刻本
汪水雲詩 Y0262/第 90 册
(宋)汪元量撰
清鈔本
霽山先生白石樵唱 Y0262/第 90 册
(宋)林景熙撰
明嘉靖刻本
霽山先生文集 Y0262/第 90 册
(宋)林景熙撰
明嘉靖刻本
伯牙琴 Y0262/第 90 册
(宋)鄧牧撰
清鈔本
釣磯詩集 Y0262/第 90 册
(宋)邱葵撰
清道光刻本
秋曉先生覆瓿集 Y0262/第 90 册
(宋)趙必撰
傅增湘校清道光刻本
九華詩集 Y0262/第 90 册
(宋)陳岩撰
宜秋館刻本
晞髮集 Y0262/第 91 册
(宋)謝翶撰
明嘉靖刻本
晞髮集 Y0262/第 91 册
(宋)謝翶撰
明萬曆刻本
宋貞士羅滄洲先生集 Y0262/第 91 册
(宋)羅公升撰
清鈔本
重刊熊勿軒先生文集 Y0262/第 91 册
(宋)熊禾撰
明隆武刻本
寧極齋稿 Y0262/第 91 册
(宋)陳深撰
清乾隆三十年鈔本
慎獨齋稿 Y0262/第 91 册
(宋)陳埴撰
清乾隆三十年鈔本
西崑詶唱集 Y0262/第 91 册
(宋)楊億撰
明鈔本
九僧詩 Y0262/第 91 册
(宋)陳充撰
清汲古閣影宋鈔本
增廣聖宋高僧詩選 Y0262/第 91 册
(宋)陳起撰
清汲古閣影宋鈔本
新雕聖宋文海 Y0262/第 91 册
(宋)江鈿撰
宋刻本
聖宋文選全集 Y0262/第 91 册
(宋)佚名編
宋刻本
校正重刊官板宋朝文鑒 Y0262/第 91 – 93 册
(宋)吕祖謙撰
明五經堂刻本
新刊國朝二百家名賢文粹 Y0262/第 93 – 94 册
(宋)佚名編
宋慶元刻本
聖宋名賢五百家播芳大全文粹 Y0262/第 94 – 96 册
(宋)魏齊賢 葉棻撰
宋鈔本
聖宋名賢五百家播芳大全文粹 Y0262/第 96 – 99 册
(宋)魏齊賢 葉棻撰
清鈔本
聖宋名賢五百家播芳大全文粹 Y0262/第 99 册
(宋)魏齊賢 葉棻撰
傅增湘藏校清鈔本
聖宋名賢五百家播芳大全文粹 Y0262/第 100 册
(宋)魏齊賢 葉棻撰
傅增湘藏校清鈔本
兩宋名賢小集 Y0262/第 101 – 103 册
(宋)陳思 陳世隆撰
清鈔本
汲古閣景鈔南宋六十家小集 Y0262/第 103 – 104 册
(宋)陳起撰
景印汲古閣鈔本
南宋八家集 Y0262/第 104 册
(宋)鮑廷博撰
景印知不足齋鈔本
宋人小集 Y0262/第 104 – 105 册
(宋)王逸陶撰
清鈔本
月泉吟社 Y0262/第 105 册
(宋)吳渭撰
清鈔本
四家四六 Y0262/第 105 册
(宋)佚名編
宋刻本

真文忠公續文章正宗 Y0262/第 105－106 冊
(宋)真德秀撰
明重修本
蔡氏九儒書 Y0262/第 106 冊
(宋)蔡有鵾撰
清同治刻本
南宋文範 Y0262/第 106－107 冊
(宋)莊仲方撰
清道光刻本
南宋文錄 Y0262/第 107 冊
(宋)董兆熊撰
清光緒刻本
宋集珍本叢刊書目提要 Y0262/第 108 冊

Y0263(1－7)

古籍叢殘彙編
鍾兆鵬編
二〇〇一年北京圖書館出版社影印本
七冊
皇覽 Y0263/第 1 冊
(清)孫馮翼輯
問經堂叢書本
修文殿御覽 Y0263/第 1 冊
龍溪精舍叢書本
玉燭寶典 Y0263/第 1 冊
古逸叢書本
文館詞林 Y0263/第 1－2 冊
適園叢書本
類書三種 Y0263/第 2 冊
鳴沙石室古籍叢殘本
類林 Y0263/第 2 冊
敦煌竇藏本
琱玉集 Y0263/第 2 冊
古逸叢書本
七略別錄 Y0263/第 2 冊
快閣師石山房叢書本
七錄序目 Y0263/第 2 冊
上海商務印書館影印明刻廣弘明集本
韓詩內傳徵 Y0263/第 2 冊
積學齋叢書本
漢魏遺書鈔 Y0263/第 3－6 冊
(清)王謨輯
清嘉慶三年金溪王氏自刊本
經典集林 Y0263/第 6 冊
(清)洪頤煊輯
問經堂叢書本
十種古逸書 Y0263/第 7 冊
(清)茆泮林輯
清道光十四年高郵茆氏梅瑞軒刻本

Y0264(1－46)

歷代詩經版本叢刊
田國福編
二〇〇八年濟南齊魯書社影印本
四十六冊
毛詩不分卷 Y0264/第 1 冊
(清)奉敕撰
清光緒九年上海同文書局石印欽定篆文六經四書本
漢石經殘字集錄三編一卷補遺一卷 Y0264/第 1 冊
(民國)羅振玉編
民國十八年石印本
漢熹平石經殘字集錄不分卷 Y0264/第 1 冊
(民國)羅振玉編
民國十九年石印本
漢熹平石經殘字集錄補遺不分卷 Y0264/第 1 冊
(民國)羅振玉編
民國二十年石印本
增訂漢熹平石經殘字集錄不分卷 Y0264/第 1 冊
(民國)羅振玉編
民國三十二年石印本
詩序二卷 Y0264/第 1 冊
舊題(漢)卜商子夏撰
上海古籍出版社影印文淵閣四庫全書本
詩傳孔氏傳一卷 Y0264/第 1 冊
(題)端木賜述
清宣統三年上海大通書局石印增訂漢魏叢書本
詩說一卷 Y0264/第 1 冊
舊題(漢)魯人申培撰
清宣統三年上海大通書局石印增訂漢魏叢書本
監本纂圖重言重意互點校毛詩二十卷圖譜一卷 Y0264/第 1－2 冊
(漢)毛萇傳 鄭玄箋 (唐)陸德明釋
宋刻本
毛詩二卷 Y0264/第 2 冊
(漢)毛氏傳 鄭玄箋 (明)馬應龍 孫開校
明刻本
毛詩故訓傳鄭氏詩譜三十卷 Y0264/第 2 冊
(漢)毛萇傳 鄭玄箋 (清)劉世珩校
清嘉慶二十一年木瀆周氏刻本
鄭氏詩譜考正一卷 Y0264/第 2 冊
(漢)鄭玄撰 (宋)歐陽修補亡 (清)丁晏考證
清光緒中刻邵武徐氏叢書本
毛詩草木鳥獸蟲魚疏新校正二卷 Y0264/第 2 冊
(吳)陸璣撰 (清)趙佑校
清光緒間貴池劉氏刻聚學軒叢書本
陸氏毛詩草木鳥獸蟲魚疏校正二卷 Y0264/第 2 冊
(吳)陸璣撰 (清)焦循考定
清乾隆五十九年刻本
毛詩草木鳥獸蟲魚疏新校正二卷 Y0264/第 2 冊
(吳)陸璣撰 (民國)羅振玉校正
民國間上海聚珍倣宋印書局排印本
二南密旨一卷 Y0264/第 2 冊
(唐)賈島撰
民國九年上海涵芬樓影印清晁氏刻本
蜀石經毛詩考異二卷 Y0264/第 2 冊
(清)吳騫撰
清抄本
詩集傳二十卷 Y0264/第 3 冊
(宋)蘇轍撰
宋淳熙七年蘇詡筠州公使庫刻本
毛詩名物解二十卷 Y0264/第 3 冊
(宋)蔡卞撰
清抄本
詩經增訂旁訓四卷 Y0264/第 3 冊
(宋)朱熹集傳
清乾隆五十二年金閶映雪草堂重刻本
詩經八卷 Y0264/第 3 冊
(宋)朱熹撰
清嘉慶十年刻本
重雕宋本詩經二十卷 Y0264/第 4 冊
(宋)朱熹撰
清光緒五年上海守經堂校刊本
參校詩傳說存二卷 Y0264/第 4 冊
(清)倪紹經 王萃龢等
清光緒十五年守經堂刻本
詩經集傳八卷 Y0264/第 4 冊
(宋)朱熹撰

清光緒七年金陵書局刻本
監本詩經八卷 Y0264/第4册
(宋)朱熹撰
清光緒十一年三義堂刻兩節本
詩經嫏嬛體注大全八卷 Y0264/第5册
(宋)朱熹撰 (清)范翔重訂
清光緒十六年刻兩節本
詩經嫏嬛體注合參八卷 Y0264/第6册
(宋)朱熹撰
清濰縣成文信刻兩節本
影殿本詩經八卷 Y0264/第7册
(宋)朱熹撰
清影刻殿本
詩經集傳八卷 Y0264/第7册
(宋)朱熹撰
清天津萃文魁重刻兩節本
慎詒堂詩經八卷 Y0264/第7册
(宋)朱熹撰
清世經堂刻兩節本
詩經集傳八卷 Y0264/第7册
(宋)朱熹撰
民國十六年掃葉山房石印本
詩論一卷 Y0264/第7册
(宋)程大昌撰
明崇禎茅氏浣花居刻芝園秘錄本
毛詩講義十二卷 Y0264/第8册
(宋)林岊撰
清抄本
詩說十二卷總說一卷 Y0264/第8册
(宋)劉克撰
宋刻本
毛詩集解三十卷 Y0264/第8册
(宋)段昌武撰
清抄本
魯詩世學三十二卷子夏序一卷首一卷 Y0264/第9册
(宋)豐稷正音 (明)豐慶續音
清抄本
漢三家詩異文釋四卷 Y0264/第9册
(宋)王應麟集考 (清)馮登府疏證
稿本
詩集傳通釋大成二十卷 Y0264/第9册
(元)劉瑾撰
元至元十二年刻本
詩經闡注備考大全八卷 Y0264/第10册
(宋)浦泰撰
清乾隆五十九年金閶文成堂刻本
詩傳旁通十五卷 Y0264/第10册
(元)梁益撰
清光緒中武進盛氏刻常州先哲遺書本
詩集傳音釋 Y0264/第11册
(元)許謙音釋 羅複纂輯
清光緒七年山西濬文書局重刻本
詩經疏義會通 Y0264/第11册
(元)朱公遷撰
明嘉靖二年安正書堂刻本
涇野先生毛詩說序 Y0264/第11册
(明)呂柟撰
明嘉靖三十二年謝少南刻涇野先生五經說本
爾雅堂家藏詩說 Y0264/第11册
(明)顧起元撰
明萬曆三十四年刻本
毛詩原解三十六卷 Y0264/第12册
(明)郝敬撰
明萬曆四十四年刻本
新刻徐玄扈先生纂輯毛詩六貼講意 Y0264/第12册
(明)徐光啓撰
清抄本
詩經說通 Y0264/第12册
(明)沈守正撰
明萬曆四十三年刻本
詩經圖史合考二十卷 Y0264/第13册
(明)鍾惺輯
明末金閶擁萬堂素政堂刻本
毛詩注疏刪翼不分卷 Y0264/第13册
(明)王志長撰
清抄本
詩經注疏大全合纂三十四卷 Y0264/第14－15册
(明)張溥撰
明崇禎刻本
毛詩振雅六卷 Y0264/第16册
(明)張元芳 魏浣初撰
明刻本
詩音辯略二卷 Y0264/第16册
(明)楊貞一撰
明萬曆四十七年刻本
詩故十卷 Y0264/第16册
(明)朱謀㙔撰
清抄本
詩傳闡二十三卷闡餘二卷 Y0264/第17册
(明)鄒忠胤撰
明崇禎刻本
韓詩外傳旁注評林十卷 Y0264/第17册
(明)黄從誡評注
明翁見岡書堂刻本
詩經考十八卷 Y0264/第18册
(明)黄文煥撰
明末刻本
詩經默雷八卷 Y0264/第18册
(明)何大掄撰
明末刻本
詩經人物考三十四卷 Y0264/第19册
(明)林世陞撰
明刻本
白雲學詩不分卷 Y0264/第19册
(清)張怡輯
清抄本
毛朱詩說一卷 Y0264/第19册
(清)閻若璩撰
清道光中吳江沈氏世楷堂叢書本刻昭代
古香齋鑒賞袖珍毛詩二卷 Y0264/第19册
(清)奉敕撰
清刻古香齋袖珍十種本
毛詩日箋六卷 Y0264/第19册
(清)秦松齡撰
清康熙刻本
仇滄柱先生增補詩經備旨十二卷 Y0264/第19－20册
(清)祁文友 伊源進增定
清乾隆五十四年衣德堂刻本
詩經疏略八卷 Y0264/第21册
(清)張沐撰
清康熙十四年張氏刻五經四書疏略本
學詩闕疑二卷 Y0264/第21册
(清)劉青芝撰
清刻嘯園叢書本
毛詩類釋二十一卷續編三卷 Y0264/第21册
(清)顧棟高撰
民國二十三年上海商務印書館影印四庫全書珍本初集本
毛詩說二卷 Y0264/第21册
(清)諸錦撰
清乾隆二十一年刻本
毛鄭異同考十卷 Y0264/第21册

(清)程晉芳撰
清抄本
詩經正解三十三卷 Y0264/第22册
(清)姜文燦 吴荃撰
清康熙二十三年深柳堂刻本
詩經體注八卷 Y0264/第23册
(清)沈李龍增補
清康熙二十八年刻本
詩經人物考一卷 Y0264/第23册
(清)汪武曹增訂
清康熙二十八年刻本
三百篇鳥獸草木疏一卷 Y0264/第23册
(清)徐士俊撰
清康熙三十四年新安張氏霞舉堂刻檀几叢書本
詩經圖譜慧解十卷 Y0264/第24-25册
(清)高倚鶴撰
清稿本
陸麟度詩經真稿不分卷 Y0264/第25册
(清)伍涵芬 吴啟崑撰
清乾隆二十六年經國堂刻本
詩經釋義八卷 Y0264/第26册
(清)李沛霖撰
清雍正五年古吴三槐堂刻兩節本
詩經去疑八卷 Y0264/第27册
(清)王文恒撰
清雍正九年左吴三樂齋刻兩節本
詩譜補亡後訂一卷拾遺一卷 Y0264/第28册
(清)吴騫撰
清乾隆五十年拜經樓刻本
韓詩内傳考一卷 Y0264/第28册
(清)邵晉涵撰
清鳴野山房抄本
詩古訓十二卷 Y0264/第28册
(清)錢大昭撰
清抄本
毛詩說六卷詩蘊二卷 Y0264/第28册
(清)莊有可撰
民國二十三年中原書局石印本
韓詩外傳校正十卷補遺一卷 Y0264/第28册
(清)趙懷玉撰
清乾隆五十五年亦有生齋校刻本
毛詩周韻誦法十卷 Y0264/第28册
(清)汪灼撰
清嘉慶刻本
毛詩明辨錄 Y0264/第28册
(清)沈青崖撰
清乾隆十四年毛德基刻本
詩經讀序私記二十四卷 Y0264/第29册
(清)姜炳璋撰
清抄本
重訂三家詩拾遺六卷 Y0264/第29册
(清)范家相撰
清嘉慶十五年詒谷堂刻嶺海樓叢書本
詩經揭要四卷 Y0264/第29册
(清)許寶善撰
清刻本
陸璣疏考證二卷 Y0264/第29册
(清)焦循撰
清稿本
毛詩地理釋四卷 Y0264/第30册
(清)焦循撰
清抄本
芸生堂詩經備旨八卷 Y0264/第30册
(清)鄒聖脉輯
清乾隆二十八年刻本
三家詩補遺三卷 Y0264/第30册
(清)阮元撰
清光緒二十八年刻觀古堂匯刻書本
詩經恒解六卷 Y0264/第30册
(清)劉沅撰
清嘉慶致福樓重刻本
三家詩述十卷 Y0264/第30册
(清)徐堂撰
清稿本
毛詩復古錄十二卷 Y0264/第30册
(清)吴懋清撰
清光緒二十年陶氏刻本
詩經衍義圖考大全合參八卷 Y0264/第31册
(清)黄維章 江晉雲撰
清乾隆十五年致和堂刻本
御纂詩義折中二十卷 Y0264/第32册
(清)傅恒等撰
清乾隆間刻本
韓詩内傳徵四卷補遺一卷 Y0264/第32册
(清)宋綿初撰
清乾隆六十年刻本
三家詩遺說八卷補一卷 Y0264/第32册
(清)馮登府撰
清稿本
嚴氏詩輯補義八卷 Y0264/第32册
(清)劉燦編
清嘉慶十六年刻本
毛詩叶訂十卷 Y0264/第32册
(清)苗夔撰
清咸豐元年漢磚亭刻本
毛詩通說二十卷首一卷 Y0264/第33册
(清)任兆麟撰
清乾隆四十九年映雪草堂刻本
毛詩禮徵十卷 Y0264/第33册
(清)包世榮撰
清道光八年刻本
毛詩九谷考釋義不分卷 Y0264/第33册
(清)陳奐撰
清鉛印本
詩誦五卷 Y0264/第33册
(清)陳僅撰
民國中四明張氏約園刻四明叢書本
韓詩外傳校注十卷拾遺一卷 Y0264/第33册
(清)周廷寀撰
清乾隆五十六年刻本
詩考補注不分卷 Y0264/第33册
(清)丁晏撰
清稿本
詩集傳附釋一卷 Y0264/第33册
(清)胡文英撰
清乾隆留芝堂刻本
詩考異補二卷 Y0264/第33册
(清)嚴蔚撰
清乾隆二酉齋刻本
新鐫江晉雲先生詩經衍義集注八卷 Y0264/第34册
(清)江環撰
清乾隆間刻本
毛詩多識十二卷 Y0264/第35册
(清)多隆阿撰
民國中遼海書社排印遼海叢書本
詩序廣義二十卷 Y0264/第35册
(清)姜炳璋撰
清嘉慶二十年刻本
讀詩記一卷 Y0264/第36册
(清)董耀撰
清嘉慶二十年孫氏世德堂刻本
韓詩外傳疏證十卷 Y0264/第36册
(清)陳士珂撰
清嘉慶二十三年刻本

詩考異字箋餘十四卷　Y0264/第 36 册
(清)周邵蓮撰
清嘉慶刻本
齊魯韓三家詩釋十六卷　Y0264/第 36 册
(清)朱士端撰
清抄本
詩經精華十卷　Y0264/第 37 册
(清)薛嘉穎撰
清抄本
毛詩異議四卷　Y0264/第 38 册
(清)汪龍撰
清道光四年絜齋鮑氏刻本
詩經音訓不分卷　Y0264/第 38 册
不著撰人
清道光十年刻兩節本
毛詩辨韻五卷　Y0264/第 38 册
(清)趙似祖撰
清道光二十二年聽雲山館刻本
詩經傳注八卷　Y0264/第 38 册
(清)李塨撰
清道光二十四年刻本
詩異文考證二卷　Y0264/第 38 册
(清)郭慶藩撰
清稿本
毛詩異文箋十卷　Y0264/第 38 册
(清)陳玉樹撰
清光緒十四年江陰南菁書院刻南菁書院叢書本
新增詩經補注附考備旨八卷　Y0264/第 39 册
(清)鄒聖脈撰
清咸豐七年青雲樓刻本
附釋音毛詩注疏并校勘記八卷　Y0264/第 40 册
(清)奉敕撰
清光緒二十四年點石齋石印本
欽定詩經喈鳳詳解八卷　Y0264/第 41 册
(清)陳抒孝撰 汪基增訂
清光緒三十四年三元堂三節本
詩經小序備覽八卷　Y0264/第 42 册
(清)蘇萬芳撰
清咸豐六年稻香齋刻本
毛詩綱領不分卷　Y0264/第 42 册
(清)薛敦誠編
清咸豐十年稿本
詩經通論十八卷　Y0264/第 42 册
(清)姚際恒撰
清成都書局刻本
敦煌古寫本毛詩校記一卷　Y0264/第 42 册
(民國)羅振玉撰
民國間石印本
韓詩内傳并薛君章句考四卷附錄一卷　Y0264/第 42 册
(清)錢玫撰
清抄本
詩經審鵠要解六卷　Y0264/第 42 册
(清)林錫齡輯
清刻兩節本
誦詩小識三卷　Y0264/第 42 册
(清)趙榮撰
民國中遼海書社排印遼海叢書本
詩經旁訓辨體合訂四卷　Y0264/第 43 册
(清)徐立綱輯
清循陔堂刻兩節本
詩毛詩學三十卷　Y0264/第 43 册
(民國)馬其昶撰
民國七年上海聚珍倣宋印書局排印本
詩經體注圖考大全八卷　Y0264/第 44 册
(民國)沈世楷輯
民國九年有益堂刻本
毛詩評注三十卷　Y0264/第 45 册
(民國)李九華撰
民國十四年四存學校排印本
新注詩經白話解八卷　Y0264/第 45 册
(民國)洪子良撰
民國十五年上海中原書局排印本
三百篇研究不分卷　Y0264/第 45 册
(民國)張壽林撰
民國二十四年排印本
詩旨纂辭五卷　Y0264/第 46 册
(民國)黃節撰
民國間北京大學排印本
詩經不分卷　Y0264/第 46 册
(民國)劉海峰等注
民國間排印本
詩經學不分卷　Y0264/第 46 册
(民國)胡韞玉撰
民國間安吳胡氏排印本
詩經名物記四卷　Y0264/第 46 册
(民國)俞壽滄撰
民國間周氏師古堂排印本
詩經大義八卷卷首一卷　Y0264/第 46 册
(民國)唐文治撰
民國間排印本
詩補箋繹二十卷　Y0264/第 46 册
(民國)程崇信撰
民國間排印本

Y0265(1－23)

北京大學圖書館館藏稟本叢書
王小秋主編 北大圖書館稿本叢書編委會編
一九九一年天津古籍出版社影印本
二十三册
汪榮寶日記　Y0265/第 1 册
汪榮寶撰
稿本
藥爐集舊　Y0265/第 2 册
鄭杰撰
嘉業堂藏本
贌鯖小紀一卷　Y0265/第 2 册
(清)薛傳均撰
未刊稿本
查悔余文集　Y0265/第 2 册
(清)查慎行撰
未刊稿本
孫文靖公奏牘稿本　Y0265/第 3 册
(清)孫爾準撰
稿本
從戎偶筆　Y0265/第 4 册
(清)鞏生文撰
撰者随军日记手稿
戊辰奏牘三卷　Y0265/第 5 册
(清)陳希曾撰
奏稿
盛伯羲雜記　Y0265/第 5 册
(清)盛昱撰
未刊手稿
郭則雲遺稿三種　Y0265/第 6 册
(清)郭則澐撰
未刊稿本
鄂庚垣手書日記　Y0265/第 7－8 册
鄂多台撰
手寫本
勞乃宣公牘手稿　Y0265/第 9 册
(清)勞乃宣撰
未刊稿本
崇雅樓自傳稿本　Y0265/第 9 册
李烈鈞撰
手寫本
伍尚書條呈手稿　Y0265/第 9 册

伍廷芳撰
稿本
藍墅制藝 Y0265/第9册
(清)高鷴撰
稿本
鈍夫年譜四卷 Y0265/第9册
(清)胡傳撰
稿本
呂海寰雜抄奏稿 Y0265/第10-12册
呂海寰撰
未刊稿本
庚子辛丑海軍紀聞 Y0265/第13册
不著撰人
稿本
夷艘入寇記 Y0265/第13册
魏源撰
鈔本
浙江英法戰爭紀略 Y0265/第13册
李應珏撰
稿本
林之望庚申日記 Y0265/第13册
林之望撰
稿本
津案紀略 Y0265/第14册
不著撰人
稿本
常勝軍案略 Y0265/第14册
謝光壽撰
稿本
咸豐要錄 Y0265/第14册
吳廷燮撰
稿本
翁文恭軍機處日記 Y0265/第15册
(清)翁同龢撰
亲笔手稿
籌夷叢牘 Y0265/第15册
不著撰人
稿本
成山堂公牘 Y0265/第15册
(清)唐炯撰
稿本
光緒軍機處事由檔錄要 Y0265/第16册
稿本
俄游日記 Y0265/第17册
繆祐孫撰
稿本
俄程日記 Y0265/第17册
楊宜治撰
稿本
懲齋日記 Y0265/第17册
楊宜治撰
稿本
東三省邊防奏稿 Y0265/第17册
穆圖善撰
稿本
護法計程 Y0265/第18册
吳宗慈撰
稿本
護法日記 Y0265/第18册
吳宗慈撰
稿本
大樹堂來鴻集 Y0265/第18册
馮國璋撰
信扎(原書信扎)
隨時錄 Y0265/第19-21册
莊受祺撰
信扎抄本
續碑傳集補 Y0265/第22册
繆荃孫撰
未刊稿本
循良傳稿 Y0265/第22册
繆荃孫撰
未刊稿本
奎順奏稿 Y0265/第23册
奎順撰
奏稿
駐藏大臣升泰奏稿 Y0265/第23册
升泰撰
奏稿

Y0266(1-16)
天津圖書館孤本秘籍叢書
天津圖書館輯
一九九九年北京中華全國圖書館文獻縮微複製中心據天津圖書館原藏影印本
十六册
中國公共圖書館古籍文獻珍本匯刊.叢部
周易雜論精義一卷 Y0266/第1册
題(宋)呂祖謙編
清抄本
鼎鐫睡庵湯太史易經脉四卷首一卷 Y0266/第1册
(明)湯賓尹撰 (明)陶望齡等校
明萬曆四十年刻本
儀禮喪服表不分卷 Y0266/第1册
(清)蔣彤撰
清養一齋抄本
禮記參訂八卷 Y0266/第1册
(清)陳鱣撰
清抄本
質言三卷 Y0266/第1册
(明)牛應元撰
明萬曆刻本
津門聞見錄六卷 Y0266/第2册
(清)郝福森撰
稿本
少司空主-徐公奏議九卷 Y0266/第2册
(明)徐恪撰
明嘉靖刻本
未焚草二卷 Y0266/第2册
(明)王元翰撰
明萬曆三十九年刻本
王柔奏稿不分卷 Y0266/第2册
(清)王柔撰
稿本
吳菘圃先生奏疏二卷 Y0266/第2册
(清)吳璥撰
清抄本
李鶴年奏稿不分卷 Y0266/第2册
(清)李鶴年撰
清抄本
李勤恪公奏議五卷 Y0266/第2册
(清)李興鋭撰
清抄本
西湖六一泉崇祀錄一卷 Y0266/第3册
(清)柴傑撰
清抄本
鮫川十八衛指揮考不分卷 Y0266/第3册
(清)陳景沛撰
稿本
節義錄二卷補一卷 Y0266/第3册
(明)謝杲撰
稿本
沈華陽傳一卷附蜀難敘略一卷 Y0266/第3册
(清)范文焚撰
清抄本
王考功年譜一卷 Y0266/第3册
(清)王士禛撰

清康熙刻本
雲山日記不分卷 Y0266/第3册
(元)郭天錫撰
清抄本
行間日記不分卷 Y0266/第3册
(清)李之芳撰
清抄本
潘獻廷日記不分卷 Y0266/第3册
(清)潘曾綬撰
稿本
李興鋭日記不分卷 Y0266/第3册
(清)李興鋭撰
稿本
滬上從戎日記不分卷 Y0266/第3册
(清)顧仲迂撰
稿本
越縵堂日記不分卷 Y0266/第4册
(清)李慈銘撰
清抄本
京師日記不分卷 Y0266/第4册
(清)嚴修撰
稿本
東皐漫錄八卷 Y0266/第4册
(明)楊樌撰
明天啟六年刻本
[萬曆]徐州志六卷 Y0266/第5册
(明)姚應龍纂修
明萬曆五年刻本
[順治]新修望江縣志十卷
Y0266/第5册
(清)王世胤 龍之珠纂
清順治八年刻本
[乾隆]銅陵縣志十六卷首一卷
Y0266/第5册
(清)單履中纂修
清乾隆十二年刻本
[康熙]合肥縣志二十卷 Y0266/第6册
(清)賈暉修 (清)王方岐纂
清康熙三十六年刻本
[同治]渦陽縣志六卷 Y0266/第6册
(清)石成之修 (清)王冠甲 楊雨霖纂
清同治十一年稿本
[萬曆]鄒志四卷圖一卷 Y0266/第6册
(明)胡繼先纂修
明萬曆三十九年刻本
[乾隆]隆昌縣志二卷 Y0266/第6册
(清)朱雲駿纂修
清乾隆四十年刻本
[康熙]黄安縣志十二卷 Y0266/第7册
(清)劉承啓修 (清)詹大衢纂
清康熙三十六年刻本
金陵名勝一卷 Y0266/第7册
(清)唐贊袞撰
清抄本
濟勝一覽不分卷 Y0266/第7册
(明)侯應琛撰
明萬曆四十六年刻本
風穴志略二卷 Y0266/第7册
(清)任楓編
清康熙十二年刻本
金山集二卷 Y0266/第7册
(明)釋圓濟撰
明刻本
東泉志四卷 Y0266/第7册
(明)王寵撰
明正德五年陳澍刻本
三吳水利圖考四卷蘇松常鎮水利圖一卷 Y0266/第8册
(明)呂光洵撰
明嘉靖四十年刻本
游西湖小記一卷 Y0266/第8册
(明)浦祊撰
清抄本
軍政備例不分卷 Y0266/第8册
(明)趙堂撰
清抄本
金石著錄考一卷 Y0266/第8册
(清)翁大年撰
稿本
一山老人史聱不分卷附改元考一卷名臣略一卷 Y0266/第8册
題(清)一山氏撰
清初刻本
便農占鏡三卷 Y0266/第9册
(清)蘇毓輝輯
稿本
錢磬室雜錄不分卷 Y0266/第9册
(明)錢穀輯
稿本
七十二子粹言二卷 Y0266/第9册
(宋)朱南功撰
明刻本
獺祭錄六十三卷 Y0266/第9册
(明)李繩遠輯
稿本
踪眼和尚機鋒語錄一卷 Y0266/第9册
不著撰人
明嘉靖刻本
泗州大聖明覺普照國師傳不分卷
Y0266/第9册
(宋)蔣之奇撰
明萬曆十九年李元嗣刻本
羅德安先生文集三卷 Y0266/第10册
(明)羅子理撰
明隆慶四年羅紈刻本
白洲詩集三卷 Y0266/第10册
(明)李士實撰
明正德刻本
東園遺稿二卷 Y0266/第10册
(明)黄璽撰
明嘉靖刻本
石聯遺稿八卷 Y0266/第10册
(明)沈爚撰
明萬曆刻本
大椿堂詩選二卷 Y0266/第10册
(明)楊博撰 (明)楊俊民輯 (明)楊俊彦增校
明萬曆二十一年裴述祖刻本
張洺南詩集十卷 Y0266/第10册
(明)張成教撰
明萬曆刻本
李氏山房集四卷 Y0266/第10册
(明)李先芳撰
明隆慶六年刻本
五體集唐五卷 Y0266/第10册
(明)朱多炤撰
明刻本
馮北湖先生鳴春集八卷 Y0266/第10册
(明)馮光浙撰
明萬曆三十九年馮埏刻本
天池雜稿不分卷 Y0266/第10册
(明)徐渭撰
稿本
半山藏稿二十卷 Y0266/第11册
(明)王叔果撰
明萬曆刻本
鄧文潔公佚稿十卷 Y0266/第11册
(明)鄧以讃撰
明萬曆萬尚列等校刻本
申椒館敝帚集四卷 Y0266/第11册
(明)淩湛初撰

明刻本
趾庵歸養草六卷 Y0266/第11册
(明)鄭一麟撰
明萬曆四十一年刻本
玄感軒稿四卷 Y0266/第11册
(明)陳邦訓撰
明萬曆四十五年刻本
朱密所先生密林漫稿十卷
Y0266/第11册
(明)朱吾弼撰
明天啓二年朱恒敬等校刻本
絮庵懟錄不分卷 Y0266/第11册
(明)吳文企撰
明末刻本
靜儉堂集二十卷 Y0266/第12册
(明)熊化撰
明崇禎十四年刻本
冰蓮集四卷 Y0266/第12册
(明)夏樹芳撰
明末江陰夏氏清遠樓刻本
耕心子漫稿二十二卷 Y0266/第12册
(明)王太白撰 (明)王孫昌等輯
明萬曆四十二年刻本
春雪館詩十六卷 Y0266/第12册
(明)錢良胤撰
清抄本
簡平子集十六卷補遺一卷
Y0266/第12册
(明)王道通撰
明崇禎九年刻本
淨信堂初集八卷 Y0266/第13册
(明)釋智旭撰
明崇禎刻本
東皋詩文集不分卷 Y0266/第13册
(清)張右民撰
清抄本
葉梧叟先生集十八卷 Y0266/第13册
(清)葉應震撰
清乾隆二十八年梧崗精刻本
賴古堂未刻詩一卷 Y0266/第13册
(清)周亮工撰
稿本
俞漸川集四卷 Y0266/第13册
(清)俞汝言撰
清師竹齋抄本
望雲草一卷 Y0266/第13册
(清)魏象樞撰
清順治刻本
微景堂宦游小集五卷 Y0266/第13册
(清)施鴻撰
清康熙刻本
介和堂集四卷補遺三卷附錄一卷
Y0266/第13册
(清)任辰旦撰
清抄本
石渠閣訂刻王謹山先生集十四卷
Y0266/第14册
(清)王辰撰
清初刻本
清溪文稿不分卷詩草十卷炎州草一卷即墨節婦考一卷 Y0266/第14册
(清)楊玠撰
清抄本
南岡詩草十六卷 Y0266/第14册
(清)于豹文撰
清于巨澍抄本
清風草堂詩鈔六卷 Y0266/第15册
(清)余崢撰
清抄本
津門雜事詩一卷 Y0266/第15册
(清)汪沆撰
清乾隆四年刻本
益齋詩稿七卷文稿一卷 Y0266/第15册
(清)永瑊撰
清抄本
綉餘近草一卷 Y0266/第15册
(清)歸懋儀撰
稿本 清許兆桂題識
邗水雜詩一卷 Y0266/第15册
(清)顧廣圻撰
稿本
古藤書屋文甲集十二卷附錄一卷文乙集六卷詩稿六卷 Y0266/第15册
(清)湯成烈撰
稿本
江鄉偶話不分卷 Y0266/第15册
(清)金淳撰
清抄本
悅雲山房初存文集五卷詩集八卷詞集四卷 Y0266/第15册
(清)劉敦元撰
稿本
判花軒吟稿一卷 Y0266/第15册
(清)王祖源撰
稿本
本朝廿二家詩不分卷 Y0266/第15册
(清)桂馥輯
清抄本
蒲溪吟社三家詩抄四卷 Y0266/第15册
(清)顧貽祿編
清平嵐書屋精抄本
郊居詩抄八卷 Y0266/第16册
(明)昌應時輯 (明)林文豪校
明萬曆六年刻本
吳興閔氏兩尚書詩集十五卷
Y0266/第16册
(明)閔一範編
明萬曆十年閔氏刻本
陶詩衍二卷 Y0266/第16册
(明)陳龍正輯
明崇禎十六年陳揆刻本
蘭雪齋韓歐文批評一卷國策選評一卷
Y0266/第16册
(清)陳儀輯並評
清乾隆抄本
明詩綜詩話不分卷 Y0266/第16册
(清)朱彝尊輯
清乾隆四年江滑抄本
竹間詩話八卷 Y0266/第16册
(清)盛大士撰
稿本
瘦紅館詞二卷 Y0266/第16册
(清)謝玉樹撰
稿本

Y0267(1-36)
醉竹軒叢稿
(清)林起峰撰輯 國家圖書館分館編
二〇〇四年北京綫裝書局影印本
三十六册
崇志堂政書 Y0267/第1-5册
稿本
醉竹軒紀聞 Y0267/第5册
稿本
保安草 Y0267/第5册
稿本
林氏世譜 Y0267/第6-10册
稿本
林氏世爵考 Y0267/第10册
稿本
閩中林氏科名錄 Y0267/第10册
稿本

閩中人物傳記　Y0267/第 10 册
稿本
鄰星常變考　Y0267/第 11－12 册
稿本
五行　Y0267/第 12 册
稿本
星備考　Y0267/第 12 册
稿本
經典合表　Y0267/第 12 册
稿本
冠裳集　Y0267/第 13 册
稿本
百家歌訣　Y0267/第 13 册
稿本
醉竹軒詩稿　Y0267/第 14－16 册
稿本
分色石　Y0267/第 16 册
稿本
分色玉　Y0267/第 16 册
稿本
鄉會必閲　Y0267/第 16 册
稿本
醉竹軒雜稿　Y0267/第 17－18 册
稿本
備格詩鍾　Y0267/第 19－23 册
稿本
醉竹軒吟草　Y0267/第 23 册
稿本
醉竹軒楹聯　Y0267/第 24－26 册
稿本
試帖匯存　Y0267/第 26 册
稿本
法帖選詞　Y0267/第 26 册
稿本
醉竹軒所藏碑銘文　Y0267/第 26 册
稿本
醉竹軒畫學　Y0267/第 27－28 册
稿本
醉竹軒印譜　Y0267/第 28 册
稿本
周列國始封譜　Y0267/第 28 册
稿本
醉竹軒雜抄　Y0267/第 28 册
稿本
植物彙參　Y0267/第 29－31 册
稿本
中議公家訓　Y0267/第 32－33 册
稿本
中議公函札　Y0267/第 33 册
稿本
孔子年譜　Y0267/第 33 册
稿本
論語類編　Y0267/第 34－35 册
稿本
盛植林公遺集目錄　Y0267/第 35 册
稿本
崇志堂家集　Y0267/第 35 册
稿本
群書序跋摘要　Y0267/第 36 册
稿本

Y0268

汲古閣叢書
鄭偉章編輯
二〇〇八年北京全國圖書館文獻縮微複製中心影印本
七册
中國文獻珍本叢書
隱湖唱和詩三卷　Y0268/第 1 册
(明)毛晋撰
汲古閣所刻本
(隱湖)題跋二卷　Y0268/第 2 册
汲古閣所刻本
汲古閣藏秘本書目不分卷　Y0268/第 2 册
(清)毛扆撰
汲古閣所刻本
汲古閣所刻書目一卷　Y0268/第 2 册
(清)陳秉鑰輯
汲古閣所刻本
確庵文稿四十卷　Y0268/第 2－3 册
(明)陳瑚撰
汲古閣所刻本
從遊集二卷　Y0268/第 4 册
(明)陳瑚撰
汲古閣所刻本
織廉居詩四卷　Y0268/第 4 册
(清)顧夢麐撰
汲古閣所刻本
覿庵詩鈔六卷　Y0268/第 5 册
(清)陸貽典撰
汲古閣所刻本
覿庵詩稿漸于集四卷　Y0268/第 5 册
(清)陸貽典撰
汲古閣所刻本
寄巢詩二卷　Y0268/第 5 册
(明)釋道源撰
汲古閣所刻本
遙擲稿二十卷　Y0268/第 6 册
(清)馮武撰
汲古閣所刻本
山居小玩十種十三卷　Y0268/第 7 册
(明)毛晋輯
汲古閣所刻本

Y0269(1－100)

中華漢語工具書書庫
中華漢語工具書書庫編輯委員會編輯
二〇〇二年安徽教育出版社影印本
一〇〇册

Y0270(1－180)

叢書集成續編
俞子林 林國華編纂
一九九四年上海書店出版社影印本
一八〇册

經部

易類

京氏易八卷　Y0270/第 1 册
(漢)京房撰 (清)王保訓輯
漢上易傳十一卷周易卦圖三卷周易叢説一卷　Y0270/第 1 册
(宋)朱震撰
易小傳六卷繫辭補注一卷　Y0270/第 1 册
(宋)沈該撰
南軒易説五卷　Y0270/第 1 册
(宋)張栻撰
周易玩辭十六卷　Y0270/第 1 册
(宋)項安世撰
楊氏易傳二十卷　Y0270/第 1 册
(宋)楊簡撰
周易總義二十卷附考證一卷　Y0270/第 1 册
(宋)易祓撰 孫文昱考證
周易通略一卷附校勘記一卷　Y0270/第 2 册
(明)黄俊撰 胡思敬撰校勘記
易大象説一卷　Y0270/第 2 册
(明)崔銑撰
淮海易談四卷　Y0270/第 2 册
(明)孫應鼇撰
易象彙解二卷　Y0270/第 2 册

(明)陳士元撰
像象管見四卷序測一卷例略一卷題辭一卷易傳五卷 Y0270/第2册
(明)錢一本撰
讀易一鈔易餘四卷 Y0270/第2册
(明)董守諭撰
象數論六卷 Y0270/第2册
(清)黄宗羲撰
周易尋門餘論一卷 Y0270/第2册
(清)黄宗炎撰
易學辨惑一卷 Y0270/第2册
(清)黄宗炎撰
讀易緒言一卷 Y0270/第2册
(清)錢棻撰
周易稗疏一卷 Y0270/第2册
(清)王夫之撰
易說一卷 Y0270/第2册
(清)查慎行撰
逸亭易論一卷 Y0270/第2册
(清)徐繼恩撰
易箋八卷首一卷 Y0270/第2册
(清)陳法撰
周易述翼五卷 Y0270/第2册
(清)黄應麒撰
讀易漢學私記一卷 Y0270/第3册
(清)陳壽熊撰
周易古義一卷 Y0270/第3册
(清)惠棟撰
周易大衍辨一卷 Y0270/第3册
(清)吳鼐撰
卦氣解一卷 Y0270/第3册
(清)莊存與撰
身易一卷 Y0270/第3册
(清)唐彪撰
重訂周易二閭記三卷 Y0270/第3册
(清)茹敦和撰 李慈銘重訂
重訂周易小義二卷 Y0270/第3册
(清)茹敦和撰 李慈銘重訂
周易諸卦合象考一卷 Y0270/第3册
(清)任雲倬撰
周易互體卦變考一卷 Y0270/第3册
(清)任雲倬撰
周易通解三卷釋義一卷 Y0270/第3册
(清)卞斌撰
易釋四卷 Y0270/第3册
(清)黄式三撰
周易通論月令二卷 Y0270/第3册
(清)姚配中撰
周易史證四卷附易傳偶解一卷 Y0270/第3册
(清)彭作邦撰
周易解故一卷 Y0270/第3册
(清)丁晏撰
易經象類一卷 Y0270/第3册
(清)丁晏撰
周易消息十四卷 Y0270/第3册
(清)紀磊撰
虞氏逸象考正一卷續纂一卷 Y0270/第3册
(清)紀磊撰
虞氏易義補注一卷附錄一卷 Y0270/第3册
(清)紀磊撰
九家易逸象辨證一卷 Y0270/第3册
(清)紀磊撰
周易本義辨證補訂四卷 Y0270/第3册
(清)紀磊撰
易原十六卷 Y0270/第3册
(清)多隆阿撰
周易標義三卷 Y0270/第3册
(清)李彪撰
鄭易馬氏學一卷 Y0270/第4册
(清)陶方琦撰
觀象反求錄一卷 Y0270/第4册
(清)甘仲賢撰
券易苞十二卷附校勘記一卷校勘續記一卷 Y0270/第4册
(明)章世純撰 魏元曠撰校勘記 胡思敬撰續記
卦極圖說一卷 Y0270/第4册
(清)馬之龍撰
周易倚數錄二卷附圖一卷 Y0270/第4册
(清)楊履泰撰
漢儒傳易源流一卷 Y0270/第4册
(清)紀磊輯
周易虞氏略例一卷 Y0270/第4册
(清)李鋭撰
易例輯略一卷 Y0270/第4册
(清)龐大堃撰

尚書類

尚書注疏二十卷附校勘記一卷 Y0270/第4册
(漢)孔安國傳 (唐)陸德明音義 孔穎達疏 張鈞衡撰校勘記
尚書講義二十卷 Y0270/第4册
(宋)史浩撰
絜齋家塾書鈔十二卷附錄一卷 Y0270/第4册
(宋)袁燮撰
書蔡傳附釋一卷 Y0270/第4册
(清)丁晏撰
尚書稗疏一卷 Y0270/第4册
(清)王夫之撰
尚書考辨四卷 Y0270/第4册
(清)宋鑒撰
尚書古義一卷 Y0270/第4册
(清)惠棟撰
尚書記七卷校逸二卷 Y0270/第4册
(清)莊述祖撰
尚書伸孔篇一卷 Y0270/第5册
(清)焦廷琥撰
尚書餘論一卷 Y0270/第5册
(清)丁晏撰
尚書微一卷 Y0270/第5册
(清)劉光蕡撰
禹貢今釋二卷 Y0270/第5册
(清)芮日松撰
禹貢班義述三卷附漢糜水入尚龍溪考一卷 Y0270/第5册
(清)成蓉鏡撰
正訛初稿一卷 Y0270/第5册
(清)王麟趾撰
洛誥箋一卷附與林浩卿博士論洛誥書二通 Y0270/第5册
王國維撰
立政臆解一卷 Y0270/第5册
(清)劉光蕡撰
古文尚書考二卷 Y0270/第5册
(清)惠棟撰
晚書訂疑三卷 Y0270/第5册
(清)程廷祚撰
尚書古今文五藏說一卷 Y0270/第5册
(清)胡廷綬撰
尚書釋文殘一卷附校語二卷 Y0270/第5册
(唐)陸德明撰 吳士鑒撰校語
尚書隸古定釋文八卷附尚書隸古定經文二卷 Y0270/第5册
(清)李遇孫撰 (宋)薛季宣撰

詩經類

毛詩異同評三卷 Y0270/第5冊
(晉)孫毓撰 (清)馬國翰輯
難孫氏毛詩評一卷 Y0270/第5冊
(晉)陳統撰
詩集傳附釋一卷 Y0270/第5冊
(清)丁晏撰
慈湖詩傳二十卷附錄一卷 Y0270/第5冊
(宋)楊簡撰
詩傳旁通十五卷 Y0270/第5冊
(元)梁益撰
讀詩私記五卷 Y0270/第5冊
(明)李先芳撰
詩故十卷附校勘記一卷校勘記續記一卷 Y0270/第5冊
(明)朱謀㙔撰 魏元曠撰校勘記 胡思敬撰續記
毛朱詩說一卷 Y0270/第5冊
(清)閻若璩撰
毛詩日箋六卷 Y0270/第5冊
(清)秦松齡撰
學詩闕疑二卷 Y0270/第5冊
(清)劉青芝撰
毛詩古義一卷 Y0270/第5冊
(清)惠棟撰
治齋讀詩蒙說一卷 Y0270/第5冊
(清)顧成志撰
毛詩異義四卷附詩譜一卷 Y0270/第5冊
(清)汪龍撰 (漢)鄭玄撰詩譜
毛詩後箋三十卷 Y0270/第6冊
(清)胡承珙撰 陳奐補
誦詩小識三卷 Y0270/第6冊
(清)趙容撰
毛詩傳箋通釋三十二卷 Y0270/第6冊
(清)馬瑞辰撰
詩誦五卷 Y0270/第7冊
(清)陳僅撰
陳東塾先生讀詩日錄一卷 Y0270/第7冊
(清)陳澧撰
詩經原始十八卷首二卷 Y0270/第7冊
(清)方玉潤撰
詩本誼一卷 Y0270/第7冊
(清)龔橙撰
毛詩多識十二卷 Y0270/第7冊
(清)多隆阿撰
齊風說一卷 Y0270/第7冊
李坤撰
毛詩禮徵十卷 Y0270/第7冊
(清)包世榮撰
毛詩古樂音四卷 Y0270/第7冊
(清)張玉綸撰
毛詩天文考一卷 Y0270/第7冊
(清)洪亮吉撰
毛詩草木鳥獸蟲魚疏校正二卷 Y0270/第7冊
(清)趙佑撰
陸氏草木鳥獸蟲魚疏疏二卷 Y0270/第7冊
(清)焦循撰
三百篇鳥獸草木記一卷 Y0270/第7冊
(清)徐士俊撰
毛詩九穀考一卷 Y0270/第7冊
(清)陳奐撰
毛詩異文箋十卷 Y0270/第7冊
(清)陳玉樹撰
鄭氏詩譜考正一卷 Y0270/第7冊
(清)丁晏撰
詩考異字箋餘十四卷 Y0270/第7冊
(清)周邵蓮撰
三家詩補遺三卷 Y0270/第8冊
(清)阮元撰
詩經四家異文考補一卷 Y0270/第8冊
江瀚撰

周禮類

周禮總義六卷附考證一卷 Y0270/第8冊
(宋)易祓撰 孫文昱考證
周官集傳十六卷附校勘記一卷校勘續記一卷 Y0270/第8冊
(元)毛應龍撰 魏元曠撰校勘記 胡思敬撰續記
周官辨非一卷 Y0270/第8冊
(清)萬斯大撰
周禮古義一卷 Y0270/第8冊
(清)惠棟撰
周禮客難一卷 Y0270/第8冊
(清)龔元玠撰
周禮補注六卷 Y0270/第8冊
(清)呂飛鵬撰
周禮政要四卷 Y0270/第8冊
(清)孫詒讓撰
考工記二卷 Y0270/第8冊
(唐)杜牧注
車制考一卷 Y0270/第8冊
(清)錢坫撰
車制圖解一卷 Y0270/第8冊
(清)阮元撰
輪輿私箋二卷附圖一卷 Y0270/第8冊
(清)鄭珍撰 鄭知同繪圖
周禮畿內授田考實一卷 Y0270/第8冊
(清)胡匡衷撰
侯國職官表一卷 Y0270/第8冊
(清)胡匡衷撰

儀禮類

儀禮古義一卷 Y0270/第8冊
(清)惠棟撰
儀禮經注疑直五卷 Y0270/第8冊
(清)程瑤田撰 吳承仕輯
儀禮私箋八卷 Y0270/第8冊
(清)鄭珍撰
射侯考一卷 Y0270/第8冊
(清)吳夤撰
雙峰先生內外服制通釋七卷 Y0270/第9冊
(宋)車垓撰
三年服制考一卷 Y0270/第9冊
(清)毛奇齡撰
喪服或問一卷 Y0270/第9冊
(清)汪琬撰
喪服翼注一卷 Y0270/第9冊
(清)閻若璩撰
儀禮禮服通釋六卷 Y0270/第9冊
(清)淩曙撰
儀禮古今文異同疏證五卷 Y0270/第9冊
(清)徐養原撰

禮記類

盧氏禮記解詁一卷補遺一卷附錄一卷 Y0270/第9冊
(漢)盧植撰 (清)臧庸輯
禮記解四卷 Y0270/第9冊
(宋)葉夢得撰
禮記篇目一卷 Y0270/第9冊
(清)芮城撰
禮記集說四十九卷 Y0270/第9-10冊
(清)鄭元慶撰
記古義一卷 Y0270/第10冊
(清)惠棟撰

蔡氏月令章句二卷 Y0270/第10冊
(漢)蔡邕撰 (清)臧庸輯
月令章句四卷 Y0270/第10冊
(漢)蔡邕撰 葉德輝輯
蔡氏月令五卷 Y0270/第10冊
(漢)蔡邕撰 (清)蔡雲輯
月令解十二卷 Y0270/第10冊
(宋)張虙撰
學記臆解 Y0270/第10冊
(清)劉光蕡撰

大戴禮記類

大戴禮記解詁十三卷 Y0270/第10冊
(清)王聘珍撰
夏小正詁一卷 Y0270/第10冊
(清)諸錦撰
夏小正分箋四卷 Y0270/第10冊
(清)黄模撰
夏小正求是四卷 Y0270/第10冊
(清)姚燮撰

三禮總義類

孔子三朝記七卷目錄一卷 Y0270/第10冊
(清)洪頤煊注
讀禮問一卷 Y0270/第10冊
(清)吳肅公撰
佚禮扶微五卷 Y0270/第10冊
(清)丁晏輯
禮經學述一篇 Y0270/第10冊
(清)秦麗昌撰
逸禮大義論六卷 Y0270/第10冊
(清)汪宗沂撰
禮學大義一卷 Y0270/第10冊
張錫恭撰
明堂考一卷 Y0270/第10冊
(清)胡夤撰
明堂廟寢通考一卷 Y0270/第10冊
王國維撰
廟製圖考一卷 Y0270/第10冊
(清)萬斯同撰
宫室考一卷 Y0270/第10冊
(清)任啓運撰
論學製備忘記一卷 Y0270/第10冊
(清)段玉裁撰
宗法論一卷 Y0270/第10冊
(清)萬斯大撰
群經冠服圖考三卷 Y0270/第10冊
(清)黄世發撰
三禮圖四卷 Y0270/第11冊
(明)劉績撰
鄭氏三禮目錄一卷 Y0270/第11冊
(漢)鄭玄撰 (清)臧庸輯
禮書綱目八十五卷首三卷 Y0270/第11冊
(清)江永撰
四禮榷疑八卷 Y0270/第11冊
(清)顧廣譽撰

樂類

樂書正誤一卷 Y0270/第11冊
(宋)樓鑰撰
泰律十二卷外篇三卷 Y0270/第12冊
(明)葛仲選撰
泰律補一卷 Y0270/第12冊
(清)閔爲人撰
聖諭樂本解說一卷 Y0270/第12冊
(清)毛奇齡撰
律吕古誼六卷 Y0270/第12冊
(清)錢塘撰
晋泰始笛律匡謬一卷 Y0270/第12冊
(清)淩廷堪撰
律吕臆說一卷 Y0270/第12冊
(清)徐養原撰
管色考一卷 Y0270/第12冊
(清)徐養原撰
荀勖笛律圖注一卷 Y0270/第12冊
(清)徐養原撰

春秋左傳類

春秋規過考信三卷 Y0270/第12冊
(清)陳熙晋撰
讀左瑣言一卷 Y0270/第12冊
(清)倪倬撰
左傳補注一卷 Y0270/第12冊
(清)姚鼐撰
劉炫規杜持平六卷 Y0270/第12冊
(清)邵瑛撰
春秋本義十二卷 Y0270/第12冊
(清)吳楫撰
左傳杜注辨證六卷 Y0270/第12冊
(清)張聰咸撰
左傳杜解集正八卷 Y0270/第12冊
(清)丁晏撰
春秋述義拾遺八卷附河間劉氏書目考一卷 Y0270/第13冊
(清)陳熙晋撰
左傳博義拾遺二卷 Y0270/第13冊
(清)朱元英撰
春秋五禮源流口號一卷 Y0270/第13冊
(清)顧棟高撰
春秋傳禮徵十卷 Y0270/第13冊
(清)朱大韶撰
春秋世族譜一卷 Y0270/第13冊
(清)陳厚耀撰
春秋世族譜拾遺一卷 Y0270/第13冊
(清)成蓉鏡撰
春秋疑年錄一卷 Y0270/第13冊
(清)錢保塘撰
春秋列國地形口號一卷 Y0270/第13冊
(清)顧棟高撰
春秋咏史樂府一卷 Y0270/第13冊
(清)舒位撰
春秋公羊注疏質疑二卷 Y0270/第13冊
(清)何若瑤撰
公羊古義一卷 Y0270/第13冊
(清)惠棟撰
公羊傳補注一卷 Y0270/第13冊
(清)姚鼐撰
穀梁古義一卷 Y0270/第13冊
(清)惠棟撰
穀梁傳補注一卷 Y0270/第13冊
(清)姚鼐撰
穀梁大義述不分卷 Y0270/第13冊
(清)柳興恩撰
春秋摘微一卷 Y0270/第13冊
(唐)盧仝撰 (清)李邦黻輯
春秋四傳糾正一卷 Y0270/第13冊
(清)俞汝言撰
春秋稗疏一卷 Y0270/第13冊
(清)王夫之撰
春秋客難一卷 Y0270/第13冊
(清)龔元玠撰
春秋平議一卷 Y0270/第13冊
(清)朱駿聲撰
三傳經文辨異四卷 Y0270/第13冊
(清)焦廷琥撰
春秋亂賊考 Y0270/第13冊
(清)朱駿聲撰
春秋列國官名異同考一卷 Y0270/第13冊
(清)汪中撰
春秋三家異文核一卷 Y0270/第13冊
(清)朱駿聲撰

四書類

蒙齋中庸講義四卷 Y0270/第13冊
(宋)袁甫撰
中庸切己錄一卷 Y0270/第13冊
(清)謝文洊撰
論語皇疏考證十卷 Y0270/第13冊
(清)桂文燦撰
論語說四卷 Y0270/第13冊
(清)程廷祚撰
論語贅言二卷 Y0270/第13冊
(清)宋在詩撰
論語古義一卷 Y0270/第13冊
(清)惠棟撰
論語通釋一卷 Y0270/第13冊
(清)焦循撰
何休注訓論語述一卷 Y0270/第13冊
(清)劉恭冕撰
論語注二十卷 Y0270/第13冊
(清)戴望撰
明明子論語集解義疏二十卷
Y0270/第14冊
(清)胡夤撰
天文本單經論語校勘記一卷
Y0270/第15冊
葉德輝撰
音注孟子十四卷 Y0270/第15冊
(漢)趙岐注 (宋)孫奭音義
孟子劉注一卷 Y0270/第15冊
(漢)劉熙撰 (清)宋翔鳳輯
孟子章句一卷附劉熙事迹考一卷
Y0270/第15冊
(漢)劉熙撰 葉德輝輯
孟子師說七卷 Y0270/第15冊
(清)黄宗羲撰
讀孟子札記一卷 Y0270/第15冊
(清)崔紀撰
讀孟子質疑二卷 Y0270/第15冊
(清)施彦士撰
孟子趙注補正六卷 Y0270/第15冊
(清)宋翔鳳撰
孟子趙注考證一卷 Y0270/第15冊
(清)桂文燦撰
孟子考一卷 Y0270/第15冊
(清)閻若璩撰
四書疑節十二卷附校勘記一卷校勘續記一卷 Y0270/第15冊
(元)袁俊翁撰 魏元曠撰校勘記 胡思敬撰校勘續記
四書經疑貫通八卷附校勘記一卷校勘續紀一卷 Y0270/第15冊
(元)王充耘撰 魏元曠撰校勘記 胡思敬撰校勘續記
四書講義一卷 Y0270/第15冊
(明)顧憲成撰
四書說約三十三卷 Y0270/第15冊
(明)鹿善繼撰
四書說六卷 Y0270/第15冊
(明)辛全撰
四書是訓十五卷 Y0270/第15冊
(清)劉逢祿撰
四書拾義五卷 Y0270/第15冊
(清)胡昭勛撰

孝經類

孝經徵文一卷 Y0270/第15冊
(清)丁晏撰

爾雅類

爾雅注疏本正誤五卷 Y0270/第16冊
(清)張宗泰撰
爾雅一切注音十卷 Y0270/第16冊
(清)嚴可均輯
爾雅補注四卷 Y0270/第16冊
(清)周春撰
爾雅郝注刊誤一卷 Y0270/第16冊
(清)王念孫撰
爾雅小箋三卷 Y0270/第16冊
(清)江藩撰
爾雅匡名二十卷 Y0270/第16冊
(清)嚴元照撰
爾雅詁二卷 Y0270/第16冊
(清)徐孚吉撰
爾雅圖贊一卷 Y0270/第16冊
(晉)郭璞撰 (清)嚴可均輯

群經總義類

白虎通義校勘記四卷 Y0270/第16冊
(清)孫星華撰
鄭志考證一卷 Y0270/第16冊
(清)成蓉鏡撰
逸經補正三卷 Y0270/第16冊
(清)朱彝尊輯 馮登府補
韋庵經說一卷 Y0270/第16冊
(清)周象明撰
二李經說一卷 Y0270/第16冊
(清)李光墺 李光型撰
五經讀法一卷 Y0270/第16冊
(清)徐與喬撰
簡莊疏記十七卷 Y0270/第16冊
(清)陳鱣撰
筆彊偶述一卷 Y0270/第16冊
(清)李遇孫撰
惜陰日記九卷附錄一卷 Y0270/第16冊
(清)宋咸熙撰
十三經詁答問六卷 Y0270/第16冊
(清)馮登府撰
安甫遺學三卷 Y0270/第16冊
(清)江承之撰
群經質二卷 Y0270/第16冊
(清)陳僅撰
愚一錄十二卷 Y0270/第16冊
(清)鄭獻甫撰
句溪雜箸六卷 Y0270/第17冊
(清)陳立撰

小學類

說經囈語一卷 Y0270/第17冊
(清)左賓森撰
勿自弃軒遺稿一卷 Y0270/第17冊
(清)華嶸撰
群經剩義一卷 Y0270/第17冊
(清)俞樾撰
經筆記一卷 Y0270/第17冊
(清)陳倬撰
易書詩禮四經正字考四卷
Y0270/第17冊
(清)鍾麐撰
經學博采錄六卷 Y0270/第17冊
(清)桂文燦撰
經典釋文補條例一卷 Y0270/第17冊
(清)汪遠孫撰
五經今文古文考一卷 Y0270/第17冊
(清)吳陳琰撰
孔賈經疏異同評一卷附錄一卷
Y0270/第17冊
陳漢章撰
漢儒傳經記二卷附歷朝崇經記一卷
Y0270/第17冊
(清)趙繼序編
今古學考二卷 Y0270/第17冊
廖平撰
注疏瑣語一卷 Y0270/第17冊
(清)沈淑撰
石經考一卷 Y0270/第17冊
(清)萬斯同撰

石經考文提要十三卷 Y0270/第17冊
(清)彭元瑞撰
漢魏石經考一卷 Y0270/第17冊
(清)萬斯同撰
唐宋石經考一卷 Y0270/第17冊
(清)萬斯同撰
漢石經考異補正二卷 Y0270/第17冊
(清)瞿中溶撰
魏三字石經尚書殘石 Y0270/第17冊
羅振玉輯
唐開成石經考異二卷 Y0270/第17冊
(清)吳騫撰
唐石經考異不分卷附補不分卷
Y0270/第17冊
(清)錢大昕撰 臧庸補 孫毓修輯
開成石經圖考一卷 Y0270/第17冊
(清)魏錫曾撰
蜀石經春秋谷梁傳殘石 Y0270/第17冊
羅振玉輯
蜀石經校記一卷 Y0270/第17冊
繆荃孫撰
北宋嘉祐石經周禮禮記殘石
Y0270/第17冊
羅振玉輯
北宋二體石經禮記檀弓殘石一卷
Y0270/第17冊
羅振玉輯
說文解字校勘記殘稿一卷
Y0270/第17冊
(清)王念孫撰 桂馥錄
說文凝錦錄一卷 Y0270/第17冊
(清)萬光泰撰
說文解字述誼二卷 Y0270/第17冊
(清)毛際盛撰
說文解字通正十四卷 Y0270/第17冊
(清)潘奕雋撰
說文校議議三十卷 Y0270/第17冊
(清)嚴章福撰
說文義例一卷附小學字解
Y0270/第17冊
(清)王宗誠撰 王紹蘭撰附
廣潛研堂說文答問疏證八卷
Y0270/第18冊
(清)承培元撰
說文本經答問二卷 Y0270/第18冊
(清)鄭知同撰
說文識墨三卷 Y0270/第18冊
(清)于鬯撰
說文字原一卷 Y0270/第18冊
(元)周伯琦撰
六書綱目一卷 Y0270/第18冊
(清)吳式釗撰
六書古微十卷 Y0270/第18冊
葉德輝撰
同聲假借字考二卷 Y0270/第18冊
葉德輝撰
說文舊音補注一卷補遺一卷補遺續一卷附改錯一卷 Y0270/第18冊
胡玉縉撰
說文聲類二卷 Y0270/第18冊
(清)嚴可均撰
說文諧聲孳生述一卷 Y0270/第18冊
(清)陳立撰
說文讀若字考七卷附說文讀同字考一卷 Y0270/第18冊
葉德輝撰
經典通用考十四卷 Y0270/第18冊
(清)嚴章福撰
說文引經證例二十四卷 Y0270/第18冊
(清)承培元撰
說文蒙求一卷 Y0270/第18冊
(清)劉庠撰
連文釋義一卷 Y0270/第18冊
(清)王言撰
釋書名一卷 Y0270/第18冊
(清)莊綬甲撰
說文籀文考證一卷附補遺一卷說籀一卷 Y0270/第18冊
葉德輝撰 葉啓勳撰補遺
字林考逸八卷 Y0270/第18冊
(清)錢保塘輯
秘府略殘二卷 Y0270/第18冊
(日)滋野貞主等
汗簡箋正七卷 Y0270/第19冊
(後周)郭忠恕撰 (清)鄭珍箋正
吳音奇字一卷 Y0270/第19冊
(明)孫樓輯 陸鎰補遺
隸通二卷 Y0270/第19冊
(清)錢慶曾撰
經典文字考異三卷 Y0270/第19冊
(清)錢大昕撰
葉石林模急就章一卷 Y0270/第19冊
(漢)史遊撰 (吳)皇象書 (宋)葉夢得臨
續千文一卷 Y0270/第19冊
(宋)侍其瑋撰
三續千字文注一卷 Y0270/第19冊
(宋)葛剛正撰
何文貞公千字文一卷 Y0270/第19冊
(清)何桂珍撰
集韻考正十卷 Y0270/第19冊
(清)方成珪撰
韻略易通一卷 Y0270/第19冊
(明)蘭茂撰
詩韻檢字一卷附韻字辨似一卷
Y0270/第19冊
(清)黄本驥撰
韻問一卷 Y0270/第19冊
(清)毛先舒撰
音韻問答一卷 Y0270/第19冊
(清)錢大昕撰
今韻古分十七部表一卷 Y0270/第19冊
(清)段玉裁撰
音分古義二卷附一卷 Y0270/第19冊
(清)戴煦撰
古音類表九卷 Y0270/第19冊
(清)傅壽彤撰
等音聲位合彙二卷 Y0270/第19冊
(清)高奣映撰
切韻正音經緯圖一卷 Y0270/第19冊
(清)釋宗常撰
音學辨微一卷附校正一卷校刊記一卷
Y0270/第20冊
(清)江永撰 夏燮校正 (民國)胡樸安撰校刊記
四聲切韻表補正三卷首一卷末一卷
Y0270/第20冊
(清)江永撰 汪曰禎補正
五聲反切正均不分卷 Y0270/第20冊
(清)吳烺撰
切字釋疑一卷 Y0270/第20冊
(清)方中履撰
切韻導原一卷 Y0270/第20冊
(清)吳式釗撰
切音啓蒙一卷 Y0270/第20冊
(清)胡僉撰
小爾雅疏八卷 Y0270/第20冊
(清)王煦撰
小爾雅義證十三卷補遺一卷
Y0270/第20冊
(清)胡承珙撰

小爾雅訓纂六卷 Y0270/第20冊
(清)宋翔鳳撰
釋名補正一卷 Y0270/第20冊
(清)成蓉鏡撰
廣雅疏證補正一卷 Y0270/第20冊
(清)王念孫撰
通俗文一卷叙錄一卷 Y0270/第20冊
(漢)服虔撰 (清)臧庸錄
異語十九卷 Y0270/第20冊
(清)錢坫撰
釋骨一卷 Y0270/第20冊
(清)沈彤撰
果贏轉語記一卷附校記一卷 Y0270/第20冊
(清)程瑤田撰 洪汝闓校
釋人疏證二卷 Y0270/第20冊
葉德輝撰
釋穀四卷 Y0270/第20冊
(清)劉寶楠撰
親屬記二卷 Y0270/第20冊
(清)鄭珍撰
辨名小記一卷 Y0270/第20冊
(清)錢保塘撰
周秦名字解故補一卷 Y0270/第20冊
(清)王萱齡撰
釋幣二卷 Y0270/第20冊
王國維撰
字詁一卷附兄字說一卷 Y0270/第20冊
(清)黃生撰 黃承吉案並撰兄字說
助字辨略五卷 Y0270/第20冊
(清)劉淇撰
續方言疏證二卷 Y0270/第20冊
(清)沈齡撰
直語補證一卷 Y0270/第20冊
(清)梁同書撰
續方言又補二卷 Y0270/第20冊
徐乃昌撰
華夷譯語不分卷 Y0270/第20冊
(明)火源潔撰

讖緯類

河圖洛書同異考一卷 Y0270/第20冊
(清)冉覲祖撰
說緯二卷 Y0270/第20冊
(清)王崧撰
易緯略義三卷 Y0270/第20冊
(清)張惠言撰

史部

正史類

史記殘一卷 Y0270/第21冊
(漢)司馬遷撰 (劉宋)裴駰集解
讀史記札記一卷 Y0270/第21冊
(清)潘永季撰
史記釋疑三卷 Y0270/第21冊
(清)錢塘撰
讀史記十表十卷 Y0270/第21冊
(清)汪越撰 徐克範補
漢書音義三卷補遺一卷 Y0270/第21冊
(隋)蕭該撰 (清)臧庸輯
漢書讀十二卷首一卷辨字二卷常談二卷 Y0270/第21冊
(清)張恕撰
兩漢訂誤四卷 Y0270/第21冊
(清)陳景雲撰
國志蒙拾二卷 Y0270/第21冊
(清)郭麐撰
三國志證聞校勘記一卷 Y0270/第21冊
羅振玉撰
五代史記補考二十四卷 Y0270/第21冊
(清)徐炯撰
史論五答一卷 Y0270/第21冊
(清)施國祁撰
吉貝居雜記一卷 Y0270/第21冊
(清)施國祁述 范鍇錄
元史本證五十卷末一卷 Y0270/第21冊
(清)汪輝祖撰 汪繼培補
讀明史札記一卷 Y0270/第22冊
(清)潘永季撰

別史類

世本二卷 Y0270/第22冊
(漢)宋衷注 (清)孫馮翼輯 陳其榮增訂
世本集覽一卷 Y0270/第22冊
(清)王梓材撰
史遺一卷 Y0270/第22冊
(明)丘兆麟撰
擬更季漢書昭烈皇帝本紀一卷 Y0270/第22冊
(清)黃中堅撰
東都事略校勘記一卷 Y0270/第22冊
(清)錢綺撰
東都事略校記一卷 Y0270/第22冊
繆荃孫撰
戊辰修史傳一卷 Y0270/第22冊
(宋)黃震撰
史館稿傳一卷 Y0270/第22冊
(清)朱彝尊撰
明史分稿殘編二卷 Y0270/第22冊
(清)方象瑛撰
資治通鑒刊本識誤三卷 Y0270/第22冊
(清)張敦仁撰
通鑒注商十八卷 Y0270/第22冊
(清)趙紹祖撰
綱目志疑一卷 Y0270/第22冊
(清)華湛恩撰
竹書紀年二卷 Y0270/第22冊
(清)張宗泰校補
竹書紀年辨證二卷補遺辨證一卷 Y0270/第22冊
(清)董豐垣撰
兩漢紀字句異同考一卷 Y0270/第22冊
(清)蔣國祚撰
三唐傳國编年五卷 Y0270/第22冊
(清)吳非撰
五代春秋志疑一卷 Y0270/第22冊
(清)華湛恩撰
太宗皇帝實錄殘八卷 Y0270/第22冊
(宋)錢若水等撰
玉牒初草二卷 Y0270/第22冊
(宋)劉克莊撰
元史弼違二卷 Y0270/第22冊
(明)周復俊撰

紀事本末類

西夏紀事本末三十六卷首二卷 Y0270/第22冊
(清)張鑒撰
明朝紀事本末補編五卷 Y0270/第23冊
(清)彭孫貽撰
平臺紀略一卷 Y0270/第23冊
(清)藍鼎元撰

雜史類

漢志武成日月表一卷 Y0270/第23冊
(清)陳目綱撰
國語補音三卷 Y0270/第23冊
(宋)宋庠撰
國語補注一卷 Y0270/第23冊
(清)姚鼐撰
讀戰國策隨筆一卷 Y0270/第23冊
(清)張尚瑗撰
楚漢春秋一卷附疑義一卷考證一卷 Y0270/第23冊
(漢)陸賈撰 (清)茆泮林輯 陳其榮

考證
牛羊日曆一卷 Y0270/第 23 冊
(唐)劉軻撰
廣陵妖亂志一卷逸文一卷
Y0270/第 23 冊
(唐)羅隱撰
五代史補五卷 Y0270/第 23 冊
(宋)陶岳撰
五代史闕文一卷 Y0270/第 23 冊
(宋)王禹偁撰
神宗皇帝即位使遼語錄一卷
Y0270/第 23 冊
(宋)陳襄撰
曾公遺錄殘三卷 Y0270/第 23 冊
(宋)曾布撰
宣靖備史四卷 Y0270/第 23 冊
(明)陳霆撰
中興戰功錄一卷 Y0270/第 23 冊
(宋)李壁撰
僞齊錄二卷 Y0270/第 23 冊
(宋)楊堯弼撰
中興政要一卷 Y0270/第 23 冊
(宋)撰人不詳 (清)文廷式輯
開禧德安守城錄一卷 Y0270/第 23 冊
(宋)王致遠撰
匡山集不分卷 Y0270/第 23 冊
(明)撰人不詳
遼小史一卷 Y0270/第 23 冊
(明)楊循吉撰
金小史八卷 Y0270/第 23 冊
(明)楊循吉撰
元秘史略一卷 Y0270/第 23 冊
(元)撰人不詳 (清)萬光泰節錄
庚申君遺事一卷 Y0270/第 23 冊
(清)萬斯同撰
隆平紀事一卷 Y0270/第 23 冊
(清)史冊撰
姜氏秘史五卷附校勘記一卷
Y0270/第 23 冊
(明)姜清撰 胡思敬撰校勘記
建文帝後紀一卷 Y0270/第 23 冊
(清)邵遠平撰
奉天刑賞錄一卷 Y0270/第 23 冊
(明)袁褧撰
仁廟聖政記二卷 Y0270/第 23 冊
(明)撰人不詳
北虜事迹一卷 Y0270/第 23 冊
(明)王瓊撰
西番事迹一卷 Y0270/第 23 冊
(明)王瓊撰
茂邊紀事一卷 Y0270/第 23 冊
(明)朱紈撰
遼紀一卷 Y0270/第 23 冊
(明)田汝成撰
明禦倭行軍條例一卷 Y0270/第 23 冊
(明)李遂撰
海寇後編二卷 Y0270/第 23 冊
(明)茅坤撰
吳淞甲乙倭變志二卷 Y0270/第 23 冊
(明)張鼐撰
征東實紀一卷 Y0270/第 23 冊
(明)錢世楨撰
倭情考略一卷 Y0270/第 23 冊
(明)郭光復撰 郭師古校正
遼廣實錄二卷 Y0270/第 23 冊
(明)傅國撰
乙丙紀事一卷 Y0270/第 23 冊
(清)孫奇逢撰
徐巡按揭帖一卷 Y0270/第 24 冊
(明)徐吉撰
明周端孝先生血疏題跋一卷
Y0270/第 24 冊
(清)萬福康輯
東林本末三卷 Y0270/第 24 冊
(明)吳應箕撰
燼宮遺錄二卷 Y0270/第 24 冊
(明)撰人不詳
平叛記一卷 Y0270/第 24 冊
(清)毛霦撰
永城紀略一卷 Y0270/第 24 冊
(明)馬士英撰
永牘一卷 Y0270/第 24 冊
(明)馬士英撰
召封紀實一卷 Y0270/第 24 冊
(清)楊山松撰
被難紀略一卷 Y0270/第 24 冊
(清)楊山松撰
從戎始末一卷兵燹瑣記一卷
Y0270/第 24 冊
(明)張道濬撰
守汴日志一卷 Y0270/第 24 冊
(明)李光壂撰
再生記略一卷 Y0270/第 24 冊
(清)陳濟生撰
燕都識餘一卷 Y0270/第 24 冊
(明)龔道人撰
定思小記一卷 Y0270/第 24 冊
(清)劉尚友撰
山中聞見錄十一卷 Y0270/第 24 冊
(清)彭孫貽撰
說略一卷 Y0270/第 24 冊
(明)黃尊素撰
三朝野記三卷 Y0270/第 24 冊
(明)李遜之撰
崇禎朝記事四卷 Y0270/第 24 冊
(明)李遜之撰
三垣筆記三卷補遺三卷 Y0270/第 24 冊
(明)李清撰
明季實錄一卷 Y0270/第 24 冊
(清)顧炎武撰
明季遺聞一卷 Y0270/第 24 冊
(清)鄒漪撰
行朝錄十二卷末一卷 Y0270/第 24 冊
(清)黃宗羲撰
東南紀事十二卷 Y0270/第 24 冊
(清)邵廷采撰
西南紀事十二卷 Y0270/第 24 冊
(清)邵廷采撰
金陵野鈔一卷 Y0270/第 24 冊
(清)顧苓撰
臨安旬制紀三卷附錄一卷
Y0270/第 24 冊
(清)張道撰 羅棨輯附錄
海東逸史十八卷 Y0270/第 24 冊
(清)翁洲老民撰
魯春秋一卷附北征紀略一卷使臣碧血一卷 Y0270/第 24 冊
(清)查繼佐撰 (明)張煌言 錢馹撰附錄
海外慟哭記一卷 Y0270/第 24 冊
(清)黃宗羲撰
湖西遺事一卷 Y0270/第 24 冊
(清)彭孫貽撰
虔臺節略一卷附彭節愍公家書一卷
Y0270/第 24 冊
(清)彭孫貽撰 (明)彭期生撰附
殘明紀事一卷 Y0270/第 24 冊
(清)撰人不詳
安龍逸史二卷 Y0270/第 25 冊
(清)屈大均撰
江右紀變一卷 Y0270/第 25 冊

（清）陸世儀撰
安龍紀事一卷 Y0270/第25册
（明）江之春撰
楊監筆記一卷 Y0270/第25册
（明）楊德澤撰
臺灣鄭氏始末六卷 Y0270/第25册
（清）沈雲撰 沈垚注
海寇記一卷 Y0270/第25册
（清）洪若皋撰
經略洪承疇奏對筆記二卷
Y0270/第25册
（清）洪承疇撰
辛丑紀聞一卷 Y0270/第25册
（清）撰人不詳
雅園居士自叙一卷 Y0270/第25册
（清）顧予咸撰
陸麗京雪罪雲游記一卷 Y0270/第25册
（清）陸莘行撰
平吳錄一卷 Y0270/第25册
（清）孫旭撰
吳三桂紀略一卷 Y0270/第25册
（清）撰人不詳
吳逆始末記一卷 Y0270/第25册
（清）撰人不詳
平滇始末一卷 Y0270/第25册
（清）撰人不詳
征西紀略一卷 Y0270/第25册
（清）陸楣撰
閩中紀略一卷 Y0270/第25册
（清）許旭撰
閩難記一卷 Y0270/第25册
（清）洪若皋撰
記桐城方戴兩家書案一卷
Y0270/第25册
（清）撰人不詳
西征紀略一卷 Y0270/第25册
（清）殷化行撰
從西紀略一卷 Y0270/第25册
（清）范昭逵撰
聖駕五幸江南恭錄一卷 Y0270/第25册
（清）撰人不詳
永憲錄一卷 Y0270/第25册
（清）蕭奭齡撰
蜀僥紀聞一卷 Y0270/第25册
（清）王昶撰
征緬紀略一卷 Y0270/第25册
（清）王昶撰
臨清寇略一卷 Y0270/第25册
（清）俞蛟撰
嘉慶東巡紀事三卷 Y0270/第25册
（清）撰人不詳
平海紀略一卷 Y0270/第25册
（清）溫承志撰
夷患備嘗記一卷事略附記一卷
Y0270/第25册
（清）曹晟撰
出圍城記一卷 Y0270/第25册
（清）蘇庵道人撰
襄理軍務紀略四卷 Y0270/第25册
（清）撰人不詳
紅亂紀事草一卷 Y0270/第25册
（清）曹晟撰
覺夢錄一卷 Y0270/第25册
（清）曹晟撰
梟林小史一卷 Y0270/第25册
（清）黃本銓撰
平黔紀略二十卷 Y0270/第25册
（清）羅文彬撰 王秉恩撰
祺祥故事一卷 Y0270/第25册
王闓運撰
克復諒山大略一卷 Y0270/第25册
（清）撰人不詳
拳匪聞見錄一卷 Y0270/第25册
（清）管鶴撰
驢背集四卷 Y0270/第25册
胡思敬撰
汪兆銘庚戌被逮供詞一卷
Y0270/第25册
張伯楨錄
北京庚戌橋史考一卷 Y0270/第25册
張江裁撰
英杰歸真一卷 Y0270/第25册
（清）洪仁玕撰
轉徙餘生記一卷 Y0270/第25册
（清）許奉恩述 方濬頤撰
武昌紀事一卷 Y0270/第25册
（清）陳徽言撰
星周紀事二卷 Y0270/第25册
（清）王萃元撰
嘉應平寇紀略一卷 Y0270/第25册
（清）謝國珍撰
護國軍紀實一卷 Y0270/第26册
鄧之誠撰
東陵盜案彙編三卷 Y0270/第26册
編者不詳
東陵道一卷 Y0270/第26册
陳毅撰
東陵紀事詩一卷 Y0270/第26册
陳毅撰
次柳氏舊聞一卷考異一卷
Y0270/第26册
（唐）李德裕撰 葉德輝撰考異
錢唐遺事十卷 Y0270/第26册
（元）劉一清撰
蓬窗類記五卷 Y0270/第26册
（明）黃暐撰
磯園稗史三卷 Y0270/第26册
（明）孫繼芳撰
民抄董宦事實一卷 Y0270/第26册
（清）撰人不詳
嗒史一卷 Y0270/第26册
（清）王焯撰
書事七則一卷 Y0270/第26册
（清）陳貞慧撰
纖言三卷 Y0270/第26册
（清）陸圻撰
秋鐙錄一卷 Y0270/第26册
（清）沈元欽撰
花村談往二卷補遺一卷 Y0270/第26册
（清）花村看行侍者撰
愓齋見聞錄一卷 Y0270/第26册
（清）蘇瀜撰
瀋館錄七卷附瀋陽日記一卷附錄一卷
Y0270/第26册
（朝）撰人不詳（朝）宣若海撰附
海濱外史三卷 Y0270/第26册
（清）陳維安撰
平圃雜記一卷 Y0270/第26册
（清）張宸撰
燕台再游錄一卷 Y0270/第26册
（朝）柳得恭撰
借巢筆記一卷 Y0270/第26册
（清）沈守之撰
荔村隨筆一卷 Y0270/第26册
（清）譚宗濬撰
春冰室野乘三卷 Y0270/第26册
（清）李岳瑞撰

載記類

吳越春秋逸文一卷吳越春秋札記一卷
Y0270/第26册
徐乃昌撰

吴疆域圖說三卷 Y0270/第26册
(清)范本禮撰
徐偃王志六卷 Y0270/第26册
(清)徐時棟輯
渤海國記三卷附校錄一卷
Y0270/第26册
黄維翰撰 金毓黻撰校錄
西遼立國本末考一卷疆域考一卷都城考一卷 Y0270/第26册
(清)丁謙撰
國初群雄事略十二卷 Y0270/第26册
(清)錢謙益撰

史表類

補歷代史表十四卷 Y0270/第27册
(清)萬斯同撰
歷代統系錄六卷 Y0270/第27册
(清)黄本騏撰
楚漢帝月表一卷 Y0270/第27册
(清)吴非撰
十六國年表一卷 Y0270/第27册
(清)張愉曾撰
瓜沙曹氏年表一卷 Y0270/第27册
羅振玉撰
高昌曲氏年表一卷 Y0270/第27册
羅振玉撰
遼方鎮年表一卷 Y0270/第27册
吴廷燮撰
金方鎮年表二卷 Y0270/第27册
吴廷燮撰
建文遜國之際月表二卷 Y0270/第27册
(清)劉廷鑾撰

史鈔類

南朝史精語十卷附札記一卷
Y0270/第27册
(宋)洪邁撰 繆荃孫撰札記
韻史一卷 Y0270/第27册
(清)金諾撰
史筌五卷首一卷 Y0270/第27册
(清)楊銘柱撰

史評類

救文格論一卷 Y0270/第27册
(清)顧炎武撰
二十一史徵一卷 Y0270/第27册
(清)徐汾撰
黜朱梁紀年論一卷 Y0270/第27册
(清)宋實穎撰
鶩筵辨一卷 Y0270/第27册
(明)張虞佽撰
鑒古瑣談一卷 Y0270/第27册
(明)徐以清撰
月鏡 Y0270/第27册
(明)撰人不詳
正法眼一卷 Y0270/第27册
(明)佘翹撰
病中抽史一卷附反絕交論
Y0270/第27册
(明)鄧予垣撰
山居隨筆一卷 Y0270/第27册
(清)孫承澤撰
史輪 Y0270/第27册
(清)吴穎撰
王船山讀通鑒論辨正二卷
Y0270/第27册
胡思敬撰
一草亭讀史漫筆二卷 Y0270/第27册
(清)吴孟堅撰
澄景堂史測十四卷 Y0270/第27册
(清)施鴻撰
讀史管見一卷 Y0270/第27册
(清)王轂撰
史弋二卷 Y0270/第27册
(清)汪楨撰
史略一卷 Y0270/第27册
(清)蕭震撰
西漢節義傳論二卷 Y0270/第27册
(清)李鄴嗣撰
經幄管見四卷附校勘記一卷
Y0270/第27册
(宋)曹彦約撰 胡思敬撰校勘記
明史十二論一卷 Y0270/第27册
(清)段玉裁撰
讀史札記一卷附論學札說十則一卷
Y0270/第27册
(清)盧文弨撰
鬼方昆夷玁狁考一卷 Y0270/第27册
王國維撰
古胡服考一卷 Y0270/第27册
王國維撰
舊聞證誤補遺一卷 Y0270/第27册
(宋)李心傳撰
讀史吟評一卷 Y0270/第27册
(清)黄鵬揚撰
松花庵韻史一卷 Y0270/第27册
(清)吴鎮撰
秋水文叢外集三卷 Y0270/第28册
(清)張鑒撰 桂榮注
十國詞箋略一卷 Y0270/第28册
(清)錢載撰
吴越雜事詩錄三卷 Y0270/第28册
(清)錢保塘撰
南宋宮閨雜咏一卷 Y0270/第28册
(清)趙棻撰
遼宮詞一卷金宮詞一卷元宮詞一卷
Y0270/第28册
(清)陸長春撰
續尤西堂擬明史樂府一卷
Y0270/第28册
(清)張晉撰 楊履道注
今樂府二卷 Y0270/第28册
(清)吴炎撰上卷 潘檉章撰下卷
新樂府二卷 Y0270/第28册
(清)萬斯同撰
明宮詞一卷 Y0270/第28册
(清)程嗣章撰
啓禎宮詞一卷 Y0270/第28册
(清)高兆撰
長安宮詞一卷 Y0270/第28册
(清)胡延撰

傳記類

雲臺二十八將圖一卷 Y0270/第28册
(清)張士保繪
宋季忠義錄十六卷附錄一卷補錄一卷
Y0270/第28册
(清)萬斯同撰 張壽鏞撰補錄
草莽私乘一卷附刻一卷 Y0270/第28册
(元)陶宗儀輯
皇明帝后紀略一卷附藩封一卷
Y0270/第28册
(明)鄭汝璧撰
成化間蘇材小纂一卷 Y0270/第28册
(明)撰人不詳
山陽錄一卷 Y0270/第28册
(清)陳貞慧撰
思舊錄一卷 Y0270/第28册
(清)黄宗羲撰
思舊錄一卷 Y0270/第28册
(清)靳治荊撰
昭代名人尺牘小傳二十四卷
Y0270/第28册
(清)吴修撰
知我錄一卷 Y0270/第28册

（清）梅庚撰
鶴徵前錄一卷 Y0270/第 28 册
（清）李集撰 李富孫 李遇孫續
鶴徵後錄一卷 Y0270/第 28 册
（清）李富孫撰
尚友記不分卷 Y0270/第 28 册
（清）汪喜孫輯
紀善錄一卷 Y0270/第 28 册
（明）杜瓊撰
姑蘇名賢續紀一卷 Y0270/第 28 册
（明）文秉撰
姑蘇名賢後紀一卷 Y0270/第 28 册
（清）褚亨奭撰
續名賢小記一卷 Y0270/第 28 册
（清）徐晟撰
吳門耆舊記一卷 Y0270/第 28 册
（清）顧承著
四明人鑒三卷 Y0270/第 28 册
（清）劉慈孚輯 虞琴繪圖
會稽典錄二卷存疑一卷校勘記一卷
Y0270/第 28 册
（晉）虞預撰 周樹人輯 馮貞群撰校勘記
巴陵人物志十五卷 Y0270/第 29 册
（清）杜貴墀撰
金氏世德紀二卷 Y0270/第 29 册
（清）金應麟輯
家兒私語一卷 Y0270/第 29 册
（明）徐複祚撰
哀烈錄一卷 Y0270/第 29 册
康有爲輯
篁溪家譜一卷附錄二卷 Y0270/第 29 册
張伯楨撰
彭氏舊聞錄一卷 Y0270/第 29 册
（清）彭孫貽撰
秣陵盛氏族譜一卷 Y0270/第 29 册
（明）撰人不詳
褚堂聞史考證一卷附錄一卷校勘記一卷 Y0270/第 29 册
（清）趙一清撰 孫鏘撰校勘記
錢氏考古錄十二卷補遺一卷
Y0270/第 29 册
（清）錢保塘撰
元和姓纂校勘記二卷佚文一卷
Y0270/第 29 册
羅振玉撰
邵氏姓解辨誤一卷 Y0270/第 29 册
（清）段朝端撰
成都氏族譜一卷 Y0270/第 29 册
（元）費著撰
姓氏解紛十卷 Y0270/第 29 册
（清）黄本驥撰
代北姓譜一卷 Y0270/第 29 册
（清）周春撰
西夏姓氏錄一卷 Y0270/第 29 册
（清）張澍撰
遼金元姓譜一卷 Y0270/第 29 册
（清）周春撰
文苑異稱一卷 Y0270/第 29 册
（清）王晫撰
歷代名人生卒錄八卷 Y0270/第 30 册
（清）錢保塘撰
忠傳二卷 Y0270/第 30 册
（明）撰人不詳
皇明名臣琬琰錄二十四卷後錄二十二卷續錄八卷 Y0270/第 30 册
（明）徐紘撰
東林點將錄一卷 Y0270/第 30 册
（明）王紹徽撰
恩恤諸公志略一卷 Y0270/第 30 册
（明）孫慎行撰
留溪外傳十八卷 Y0270/第 30 册
（清）陳鼎撰
崇禎内閣行略一卷閣臣年表一卷
Y0270/第 30 册
（明）陳盟撰
崇禎五十宰相傳一卷 Y0270/第 30 册
（清）曹溶撰
皇明四朝成仁錄十二卷 Y0270/第 30 册
（清）屈大均撰 葉恭綽校訂
南都死難紀略一卷 Y0270/第 30 册
（清）顧苓撰
雪交亭正氣錄十二卷 Y0270/第 31 册
（明）高宇泰撰（清）何樹侖附注 張壽鏞 馮貞群補注
良吏述一卷 Y0270/第 31 册
（清）彭紹升撰
五藩檮乘二卷 Y0270/第 31 册
（清）巫峽逸人撰 徐珂校
周公年表一卷 Y0270/第 31 册
（清）牟庭撰
昭忠錄五卷附錄一卷 Y0270/第 31 册
（明）周璟撰
張義潮傳一卷 Y0270/第 31 册
羅振玉撰
范文正公年譜一卷附補遺一卷
Y0270/第 31 册
（宋）樓鑰撰 補遺撰人不詳
重葺楊文襄公事略一卷 Y0270/第 31 册
（明）謝純撰
茶史一卷 Y0270/第 31 册
（明）朱賡撰
明贈光祿寺卿路南楊公忠節錄二卷
Y0270/第 31 册
袁嘉穀輯
楊大洪先生忠烈實錄一卷附錄一卷
Y0270/第 31 册
（明）胡繼先輯
鄭鄤事迹五卷 Y0270/第 31 册
（清）湯狷石輯
鄭崟陽冤獄辨一卷 Y0270/第 31 册
（清）湯修業撰
忠文靖節編一卷 Y0270/第 31 册
（清）張方湛撰
太僕行略一卷 Y0270/第 31 册
（清）彭孫貽撰
六經堂遺事一卷附錄一卷
Y0270/第 31 册
屠用錫輯
趙客亭先生年譜紀略一卷
Y0270/第 31 册
（清）呂元亮撰
定海遺愛錄一卷附錄一卷
Y0270/第 31 册
（清）撰人不詳
尹楚珍先生年譜一卷 Y0270/第 31 册
（清）尹壯圖撰
于鍾岳别傳一卷 Y0270/第 31 册
邢端撰
南海康先生傳一卷 Y0270/第 31 册
張伯楨撰
宗譜纂要一卷 Y0270/第 31 册
（清）王錟撰
儒林宗派十六卷 Y0270/第 31 册
（清）萬斯同撰 王梓材增注
宋元學案補遺一百卷序錄一卷首一卷别附三卷 Y0270/第 32－35 册
（清）王梓材 馮雲濠輯
後漢儒林傳補逸一卷附續一卷
Y0270/第 36 册
（清）田普光撰 徐乃昌輯續

元儒考略四卷 Y0270/第36册
(明)馮從吾撰
觀感錄一卷 Y0270/第36册
(清)李顒撰
儒行述一卷 Y0270/第36册
(清)彭紹升撰
國史儒林傳二卷 Y0270/第36册
繆荃孫撰
師友淵源記一卷 Y0270/第36册
(清)陳奐撰
新安學系錄十六卷 Y0270/第36册
(明)程曈撰
金石學錄四卷 Y0270/第36册
(清)李遇孫撰
疇人傳三編七卷 Y0270/第36册
(清)諸可寶撰
聖節會約一卷 Y0270/第36册
(清)郭存會撰
先聖生卒年月日考二卷 Y0270/第36册
(清)孔廣牧撰
聖域述聞二十八卷 Y0270/第36册
(清)龍光甸修 黄本驥輯
文廟從祀弟子贊一卷 Y0270/第36册
(清)盧存心撰
卜子(商)年譜二卷 Y0270/第36册
(清)陳玉澍撰
孟子游歷考一卷 Y0270/第36册
(清)潘眉撰
孟子時事略一卷 Y0270/第36册
(清)任兆麟撰
鄭康成年譜一卷 Y0270/第36册
(清)沈可培撰
北海三考六卷 Y0270/第36册
(清)胡元儀撰
申範一卷 Y0270/第36册
(清)陳澧撰
安定言行錄二卷 Y0270/第36册
(清)許正綬輯
深寧先生年譜一卷 Y0270/第36册
(清)錢大昕撰
王深寧先生年譜一卷 Y0270/第36册
(清)陳僅撰
王深寧先生年譜一卷 Y0270/第36册
(清)張大昌撰
鄭桐庵先生年譜二卷 Y0270/第36册
(明)徐雲祥 盧涇材撰上卷 鄭敷教撰下卷

陳乾初先生年譜二卷 Y0270/第36册
(清)吳騫撰
張楊園先生年譜一卷附錄一卷
Y0270/第36册
(清)蘇惇元撰
呂用晦先生行略一卷 Y0270/第36册
(清)呂公忠撰
東行述一卷 Y0270/第36册
(清)趙之俊撰
南行述一卷 Y0270/第36册
(清)王心敬撰
竹垞府君行述一卷 Y0270/第36册
(清)朱桂孫 朱稻孫撰
稼書先生年譜一卷 Y0270/第36册
(清)陸宸徵 李鉉撰
鶴臯年譜一卷 Y0270/第36册
(清)祁韻士撰
孫淵如先生年譜二卷 Y0270/第36册
(清)張紹南撰 王德福續
王文簡公行狀一卷 Y0270/第36册
(清)王壽昌等撰
顧千里先生年譜二卷 Y0270/第36册
趙詒琛撰
歲貢士壽臧府君年譜一卷
Y0270/第36册
(清)徐士燕撰
徵君陳先生年譜一卷附錄一卷
Y0270/第36册
(清)管慶祺撰
石隱山人自訂年譜一卷 Y0270/第36册
(清)朱駿聲撰 朱師轍補注
羽琌山民逸事一卷 Y0270/第36册
(清)魏季子 繆荃孫撰
殿閣詞林記二十二卷 Y0270/第37册
(明)廖道南撰
屺雁哀一卷 Y0270/第37册
(明)葉紹袁撰
吾炙集小傳一卷 Y0270/第37册
鄧實撰
積山雜記一卷 Y0270/第37册
(清)汪惟憲撰
摶沙錄一卷 Y0270/第37册
(清)戴延年撰
增訂歐陽文忠公年譜一卷
Y0270/第37册
(清)華孳亨撰

烏臺詩案一卷附雜記一卷
Y0270/第37册
(宋)朋九萬撰 (清)宋澤元輯雜記
蘇潁濱年表一卷 Y0270/第37册
(宋)孫汝聽撰
山谷先生年譜三十卷 Y0270/第37册
(宋)黄㽦撰
清真居士年譜一卷附校記一卷
Y0270/第37册
陳思撰 鄭文焯撰校記
石林遺事三卷附錄一卷 Y0270/第37册
葉德輝撰
稼軒先生年譜一卷 Y0270/第37册
陳思撰
白石道人年譜一卷 Y0270/第37册
陳思撰
謝臯羽年譜一卷 Y0270/第37册
(清)徐沁撰
廣元遺山年譜二卷 Y0270/第37册
(清)李光廷撰
杜東原先生年譜一卷 Y0270/第37册
(明)沈周撰
龔安節先生年譜一卷 Y0270/第37册
(明)龔紱撰
牧齋遺事一卷 Y0270/第37册
(清)撰人不詳
歸玄恭先生年譜一卷 Y0270/第37册
趙經達撰
汪堯峰先生年譜一卷 Y0270/第37册
趙經達撰
王巢松年譜一卷 Y0270/第37册
(清)王抃自撰
閒丘先生自訂年譜一卷 Y0270/第37册
(清)顧嗣立撰
夢盦居士自編年譜一卷 Y0270/第37册
(清)程庭鷺撰
蘋叟年譜一卷續一卷 Y0270/第37册
(清)楊峴自撰 劉繼增撰續
書小史十卷 Y0270/第37册
(宋)陳思撰
書史紀原一卷 Y0270/第37册
(明)夏浔之撰
玉臺書史一卷 Y0270/第37册
(清)厲鶚撰
皇清書史三十二卷首一卷末一卷附錄一卷附皇清書人別號錄一卷
Y0270/第38册

李放撰 葉眉撰別號錄
南宋院畫錄八卷 Y0270/第 38 册
(清)厲鶚撰
玉臺畫史五卷別錄一卷 Y0270/第 38 册
(清)湯漱玉撰
無聲詩史七卷 Y0270/第 38 册
(清)姜紹書撰
虞山畫志四卷 Y0270/第 38 册
(清)郏掄逵撰
海虞畫苑略一卷補遺一卷 Y0270/第 38 册
(清)魚翼撰
越畫見聞三卷 Y0270/第 38 册
(清)陶元藻撰
王雅宜年譜一卷 Y0270/第 38 册
(清)翁方綱撰
六如居士外集一卷 Y0270/第 38 册
(清)唐仲冕輯
金粟逸人逸事一卷 Y0270/第 38 册
(清)朱琰撰
周櫟園印人傳三卷 Y0270/第 38 册
(清)周亮工撰
飛鴻堂印人傳八卷 Y0270/第 38 册
(清)汪啓淑撰
秦雲擷英小譜一卷 Y0270/第 38 册
(清)嚴長明輯
燕蘭小譜五卷附海鷗小譜一卷 Y0270/第 38 册
(清)安樂山樵撰 秋谷老人撰附
列女傳補注正譌一卷 Y0270/第 38 册
(清)王紹蘭撰
重集列女傳例一卷 Y0270/第 38 册
(清)魏于雲撰
姝聯一卷 Y0270/第 38 册
(宋)周守忠撰
列女傳一卷 Y0270/第 38 册
(清)汪憲撰
蘭因集二卷 Y0270/第 38 册
(清)陳文述輯
賢母錄四卷附旌節錄一卷 Y0270/第 38 册
(清)黄本騏撰
女英傳四卷 Y0270/第 39 册
(清)錢保塘撰
七姬咏林一卷 Y0270/第 39 册
(清)貝墉輯
銀瓶徵一卷 Y0270/第 39 册
(清)俞樾撰
彤奩續些二卷 Y0270/第 39 册
(明)葉紹袁輯
疏香閣遺錄四卷 Y0270/第 39 册
葉德輝撰
靡蕪紀聞二卷 Y0270/第 39 册
葛昌楣撰
孝獻莊和至德宣仁溫惠端敬皇后行狀一卷附傳一卷 Y0270/第 39 册
清世祖撰 金之俊撰傳
寸草廬贈言十卷附錄一卷 Y0270/第 39 册
(清)張嘉祿編
大清孝定景皇后事略一卷 Y0270/第 39 册
(清)紹英撰
景仰撮書一卷 Y0270/第 39 册
(明)王達撰
續高士傳五卷 Y0270/第 39 册
(清)高兆撰
寒山志傳一卷 Y0270/第 39 册
(明)趙宧光撰
寒山留緒一卷 Y0270/第 39 册
(清)趙耀輯
孝弟錄二卷 Y0270/第 39 册
(清)李文耕撰
純德彙編七卷首一卷續刻一卷 Y0270/第 39 册
(清)董華鈞輯 董景沛輯續刻
旌門錄一卷 Y0270/第 39 册
(清)桑調元輯
鶴齡錄一卷 Y0270/第 39 册
(清)李清撰
人瑞錄一卷 Y0270/第 39 册
(清)孔尚任撰
武林西湖高僧事略一卷續一卷 Y0270/第 39 册
(宋)釋元敬 釋元復撰 (明)釋袾宏撰續
滇釋紀四卷 Y0270/第 39 册
(清)釋圓鼎撰
達賴喇嘛傳一卷附錄一卷 Y0270/第 39 册
張伯楨撰
班禪額爾德尼傳一卷附錄一卷 Y0270/第 39 册
張伯楨撰
諸佛出世事迹考一卷 Y0270/第 39 册
張伯楨撰
白尊者普仁傳一卷 Y0270/第 39 册
張伯楨撰
白尊者普仁舍利塔銘一卷 Y0270/第 39 册
張伯楨撰
榮武佛傳一卷 Y0270/第 39 册
張伯楨撰
榮武佛開光說法錄一卷 Y0270/第 39 册
張伯楨撰
西華仙籙一卷 Y0270/第 39 册
(清)王言撰
華陽陶隱居内傳三卷 Y0270/第 39 册
(宋)賈嵩撰
元郭天錫手書日記真迹四卷附錄一卷 Y0270/第 39 册
(元)郭畀撰
味水軒日記八卷 Y0270/第 39 册
(明)李日華撰
黄忠節公甲申日記一卷 Y0270/第 39 册
(明)黄淳耀輯
竹汀日記一卷 Y0270/第 39 册
(清)錢大昕撰
吳兔床日記一卷 Y0270/第 39 册
(清)吳騫撰
俞曲園先生日記殘稿一卷 Y0270/第 39 册
(清)俞樾撰
窳櫎日記鈔三卷 Y0270/第 39 册
(清)周星詒撰
迎駕紀恩錄一卷 Y0270/第 40 册
(清)王士禎撰
恩賜御書記一卷 Y0270/第 40 册
(清)董文驥撰
恭迎大駕記一卷 Y0270/第 40 册
(清)徐秉義撰
乾清門奏對記一卷 Y0270/第 40 册
(清)湯斌撰
出山異數記一卷 Y0270/第 40 册
(清)孔尚任撰
蓬山密記一卷 Y0270/第 40 册
(清)高士奇撰

正書類

吏部條法殘二卷 Y0270/第 40 册
(宋)佚名撰

太平治迹統類三十卷 Y0270/第40册
(宋)彭百川撰
釋奠考一卷 Y0270/第40册
(清)洪若臯撰
大唐郊祀録十卷 Y0270/第40册
(唐)王涇撰
元婚禮貢舉考一卷 Y0270/第40册
(元)撰人不詳
明景恭王之國事宜一卷 Y0270/第40册
(明)撰人不詳
三朝大議録一卷 Y0270/第40册
(清)顧苓撰
明制女官考 Y0270/第40册
(清)黄百家撰
本學指南一卷附奏摺款式一卷
Y0270/第40册
(明)撰人不詳
琉球入太學始末一卷 Y0270/第40册
(清)王士禛撰
昭代樂章恭紀一卷 Y0270/第40册
(清)張玉書撰
欽定滿洲祭神祭天典禮六卷
Y0270/第40册
清乾隆二十二年敕撰
東朝崇養録四卷 Y0270/第40册
(清)徐松撰
孔廟從祀末議一卷 Y0270/第40册
(清)閻若璩撰
進賢說一卷 Y0270/第40册
(清)張能鱗撰
西湖蘇文忠公祠從祀議一卷
Y0270/第40册
(清)吳騫撰
袁督師配祀關岳議案七卷
Y0270/第40册
張伯楨撰
北嶽恒山歷祀上曲陽考一卷
Y0270/第40册
(清)劉師峻撰
喪禮雜說一卷附常禮雜說一卷
Y0270/第41册
(清)毛先舒撰
師友行輩議一卷 Y0270/第41册
(清)魏禧撰
廣祀典議一卷 Y0270/第41册
(清)吳肅公撰
俗砭一卷 Y0270/第41册
(清)方象瑛撰
典禮質疑六卷 Y0270/第41册
(清)杜貴墀撰
歷代紀元彙考八卷附續編一卷
Y0270/第41册
(清)萬斯同撰 孫鏘校補並撰續編
歷代紀元表一卷附年號分韻録一卷
Y0270/第41册
(清)黄本驥撰
國朝謚法考一卷 Y0270/第41册
(清)王士禛(王士禎)撰
避諱録五卷附補正一卷
Y0270/第41册
(清)黄本驥撰
廿二史諱略一卷 Y0270/第41册
(清)周矩撰
登科記考三十卷 Y0270/第41册
(清)徐松撰
制科雜録一卷 Y0270/第41册
(清)毛奇齡撰
杭府仁錢三學灑埽職一卷附録一卷
Y0270/第41册
(清)撰人不詳
歷代職源撮要一卷 Y0270/第41册
(宋)王益之撰
漢官答問五卷 Y0270/第41册
(清)陳樹鏞撰
客窗偶談一卷 Y0270/第41册
(清)陳僖撰
宋中興百官題名四卷 Y0270/第41册
(宋)何異撰
暢春苑禦試恭紀一卷 Y0270/第41册
(清)狄億撰
唐御史臺精舍題名考三卷附録一卷
Y0270/第41册
(清)趙鉞 勞格撰
唐尚書省郎官石柱題名考二十六卷首一卷附録一卷索引一卷
Y0270/第42册
(清)勞格 趙鉞撰
南宋館閣録十卷續録十卷
Y0270/第42册
(宋)陳騤撰續録(宋)撰人不詳
吕梁洪志一卷 Y0270/第42册
(明)馮世雍撰
已畦瑣語一卷 Y0270/第42册
(清)葉燮撰
仕的一卷 Y0270/第42册
(清)吳儀一撰
已庚編二卷 Y0270/第42册
(清)祁韻士撰
籌餉卮言一卷 Y0270/第42册
(清)唐夢賚撰
陝境漢江流域貿易稽核表二卷
Y0270/第42册
(清)仇繼恒撰
大元海運記二卷 Y0270/第42册
(元)天曆間官撰 (清)胡敬輯
廣田水月錢譜一卷 Y0270/第42册
(清)張延世撰
國初成案二卷 Y0270/第43册
(清)謝家福輯
道咸成案十卷 Y0270/第43册
(清)謝家福輯
和約彙編六卷首一卷附一卷
Y0270/第43册
(清)謝家福輯
善後雜鈔十卷 Y0270/第43册
(清)謝家福輯
中外紀事本末十一卷備録一卷
Y0270/第44册
(清)謝家福輯
善鄰國寶記三卷 Y0270/第44册
(日)釋周鳳撰
皇華紀程一卷 Y0270/第44册
(清)吳大澂撰
澳門公牘録存一卷 Y0270/第44册
(清)撰人不詳
補漢兵志一卷附札記一卷
Y0270/第44册
(宋)錢文子撰 徐乃昌撰札記
唐折衝府考四卷附録一卷拾遺一卷
Y0270/第44册
(清)勞經原撰 羅振玉校補並撰拾遺
秦邊紀略六卷 Y0270/第44册
(清)撰人不詳
東北邊防輯要二卷 Y0270/第44册
(清)曹廷杰撰
五刑考略一卷 Y0270/第44册
徐珂撰
漢律輯證六卷 Y0270/第44册
(清)杜貴墀撰
律音義一卷 Y0270/第44册
(宋)孫奭等撰

散頒刑部格殘一卷 Y0270/第44册
(唐)蘇瓌等删定
刑統賦解一卷 Y0270/第44册
(宋)傅霖撰 (元)郄□韻釋 王亮增注
別本刑統賦解一卷 Y0270/第44册
(元)撰人不詳
粗解刑統賦一卷 Y0270/第44册
(宋)傅霖撰 (元)孟奎解
刑統賦疏一卷校語一卷 Y0270/第44册
(元)沈仲緯撰
無冤錄二卷 Y0270/第44册
(元)王與撰
吳中判牘一卷 Y0270/第44册
(清)蒯德模撰
石林燕語十卷 Y0270/第45册
(宋)葉夢得撰 宇文紹奕考異 葉德輝輯校
識小編一卷 Y0270/第45册
(明)周賓所撰
澹餘筆記一卷 Y0270/第45册
(清)曹申吉撰
唐大詔令集一百三十卷 Y0270/第45册
(宋)宋敏求輯
山公啓事一卷附佚事一卷 Y0270/第45册
(晉)山濤撰 葉德輝輯
范文正公政府奏議二卷 Y0270/第45册
(宋)范仲淹撰
余襄公奏議二卷 Y0270/第45册
(宋)余靖撰
宋趙忠定奏議四卷 Y0270/第45册
(宋)趙汝愚撰 葉德輝輯
少保于公奏議十卷 Y0270/第46册
(明)于謙撰
關中奏議全集十八卷 Y0270/第46册
(明)楊一清撰
陳節愍奏稿二卷附錄一卷 Y0270/第46册
(明)陳泰來撰
嶺海焚余三卷 Y0270/第46册
(明)金堡撰
晚聞齋稿待焚錄一卷 Y0270/第46册
(清)竇垿撰
罪言存略一卷 Y0270/第46册
(清)郭嵩燾撰
寸草廬奏稿二卷 Y0270/第46册
(清)張嘉祿撰
退廬疏稿四卷補遺一卷 Y0270/第47册
胡思敬撰
一歲芳華一卷 Y0270/第47册
(明)程羽文撰
月令演一卷 Y0270/第47册
(清)徐士俊撰
錦帶連珠一卷 Y0270/第47册
(清)王嗣槐撰
水月令一卷 Y0270/第47册
(清)王士禛(王士禎)撰
古今夏時表一卷附易通卦驗節候校文一卷 Y0270/第47册
葉德輝撰

地理類

古國都今郡縣合考一卷 Y0270/第47册
(清)閔麟嗣撰
三代地理小記一卷 Y0270/第47册
王國維撰
周末列國有今郡縣考一卷 Y0270/第47册
(清)閔麟嗣撰
秦漢郡考一卷 Y0270/第47册
王國維撰
續漢書郡國志釋略一卷 Y0270/第47册
(清)毛昌傑撰
魏書地形志校錄三卷 Y0270/第47册
(清)溫日鑑撰
元和郡縣志闕卷逸文三卷 Y0270/第47册
(唐)李吉甫撰 繆荃孫輯
大元大一統志一千三百卷輯本四卷附考證一卷附錄一卷 Y0270/第47册
(元)孛蘭肹等撰 金毓黻 安文溥輯輯本 金毓黻撰考證
大地山河圖說一卷 Y0270/第47册
(清)孫蘭撰
郡縣分韻考十卷 Y0270/第47册
(清)黃本驥撰
光緒輿地韻編一卷 Y0270/第47册
(清)錢保塘撰
雲間志三卷續入一卷 Y0270/第47册
(宋)楊潛撰
靈壽陸志節本三卷 Y0270/第47册
(清)陸隴其撰
遼東志九卷附解題一卷校勘記一卷 Y0270/第47册
(明)畢恭等修 任洛等重修
全遼志六卷附校勘記一卷 Y0270/第47册
(明)李輔等修 高鳳樓 許麟英撰校勘記
遼陽州志二十八卷 Y0270/第48册
(清)楊鑣 施鴻纂修
蓋平縣志二卷 Y0270/第48册
(清)駱雲纂修
開原縣志二卷 Y0270/第48册
(清)劉起凡等纂修
鐵嶺縣志二卷 Y0270/第48册
(清)賈弘文修 董國祥纂
鐵嶺縣志二卷 Y0270/第48册
(清)賈弘文修 李廷榮補輯
錦州府志十卷 Y0270/第48册
(清)劉源溥撰 孫成纂修
錦縣志八卷 Y0270/第48册
(清)王奕曾等修 范勳纂
寧遠州志八卷 Y0270/第48册
(清)馮昌奕等修 范勳纂
廣寧縣志八卷 Y0270/第48册
(清)項蕙修 范勛纂
岫巖志略十卷 Y0270/第48册
(清)台隆阿修 李翰穎纂
續吳郡志二卷 Y0270/第48册
(明)李翊撰
崑山郡志六卷 Y0270/第48册
(元)楊譓撰
庵村志一卷 Y0270/第48册
(清)曹焯撰
淳祐臨安志殘六卷 Y0270/第48册
(宋)施諤撰
淳祐臨安志輯逸八卷 Y0270/第48册
(宋)施諤撰 (清)胡敬輯
錢塘縣志十卷 Y0270/第48册
(明)聶心湯撰
仁和縣志十四卷 Y0270/第49册
(明)沈朝宣撰
杭志三詰三誤辨一卷 Y0270/第49册
(清)毛奇齡撰
海寧縣志略不分卷附錄一卷 Y0270/第49册
(清)范驤撰
吳興志二十卷 Y0270/第49册
(宋)談鑰撰
吳興備志三十二卷 Y0270/第49册
(明)董斯張撰

寶前兩溪志略十二卷 Y0270/第49册
(清)吳玉樹撰
寧波府簡要志五卷附南山著作考一卷 Y0270/第50册
(明)黄潤玉撰 張壽鏞輯附
鄞志稿二十卷 Y0270/第50册
(清)蔣學鏞撰
長安客話八卷 Y0270/第50册
(明)蔣一葵撰
宸垣識餘一卷 Y0270/第50册
(清)吳長元撰
燕城勝跡志一卷 Y0270/第50册
蔡繩格撰
北京歲時志一卷 Y0270/第50册
蔡繩格撰
燕城花木志一卷 Y0270/第50册
蔡繩格撰
北京禮俗小志一卷 Y0270/第50册
蔡繩格撰
燕市商標孴錄一卷 Y0270/第50册
蔡繩格撰
燕市貿販瑣錄一卷 Y0270/第50册
張大都撰
北京天橋志一卷 Y0270/第50册
張江裁撰
閲世編十卷 Y0270/第50册
(清)葉夢珠撰
滬城備考六卷附錄一卷 Y0270/第50册
(清)褚華撰
滬城歲事衢歌一卷 Y0270/第50册
(清)張春華撰
津門小令一卷 Y0270/第50册
(清)樊彬撰
營平二州地名記一卷 Y0270/第50册
(清)顧炎武撰
塔子溝紀略十二卷 Y0270/第50册
(清)哈達清格撰
遼東行部志一卷附鴨江行部志節本一卷 Y0270/第50册
(金)王寂撰 朱希祖考證
東北輿地釋略四卷 Y0270/第50册
景方昶撰
全遼備考二卷 Y0270/第50册
(清)林佶撰
鳳城瑣錄一卷 Y0270/第50册
(清)博明撰
盛京疆域考六卷 Y0270/第50册
(清)楊同桂 孫宗翰輯
瀋故四卷 Y0270/第50册
(清)楊同桂撰
遼陽聞見錄二卷 Y0270/第50册
(清)顧雲撰
絕域紀略一卷 Y0270/第50册
(清)方拱乾撰
黑龍江述略六卷 Y0270/第50册
(清)徐宗亮撰
黑龍江輿圖說一卷 Y0270/第50册
(清)屠寄撰
布特哈志略一卷 Y0270/第50册
孟定恭撰
三秦記一卷 Y0270/第51册
辛氏撰 (清)張澍輯
雍錄十卷 Y0270/第51册
(宋)程大昌撰
關中勝迹圖志三十卷 Y0270/第51册
(清)畢沅撰
唐兩京城坊考校補記一卷 Y0270/第51册
(清)程鴻詔撰
華原風土詞一百首一卷附郃陽雜咏一卷 Y0270/第51册
(清)顧曾烜撰 黨湮注郃陽雜咏
湟中雜記一卷 Y0270/第51册
(清)撰人不詳
回疆雜詠一卷 Y0270/第51册
(清)王曾翼撰
西陲竹枝詞一卷 Y0270/第51册
(清)祁韻士撰
新疆建置志四卷 Y0270/第51册
(清)宋伯魯撰
江南星野辨一卷 Y0270/第51册
(清)葉燮撰
金陵百詠一卷 Y0270/第51册
(宋)曾極撰
江南好詞一卷 Y0270/第51册
(清)張子和撰
金陵山水街道叢考一卷 Y0270/第51册
張江裁撰
三吳舊語一卷 Y0270/第51册
(清)顧岑撰
吳語一卷 Y0270/第51册
(清)戴延年撰
清嘉錄十二卷 Y0270/第51册
(清)顧祿撰
紅蘭逸乘一卷 Y0270/第51册
(清)張紫琳撰
西神叢語一卷 Y0270/第51册
(清)黄蛟起撰
松窗快筆一卷 Y0270/第51册
(明)龔立本撰
歙問一卷 Y0270/第52册
(清)洪玉圖撰
杏花村志十二卷首一卷末一卷 Y0270/第52册
(清)郎遂輯
越問一卷 Y0270/第52册
(清)王修玉撰
浙程備覽五卷 Y0270/第52册
(清)于敏中撰
廣陵曲江復對一卷 Y0270/第52册
(清)張大昌撰
神州古史考殘一卷 Y0270/第52册
(清)倪璠撰
七述一卷 Y0270/第52册
(宋)晁補之撰
聖宋錢塘賦一卷 Y0270/第52册
(宋)葛澧撰
西湖老人繁勝錄一卷 Y0270/第52册
(宋)撰人不詳
都城紀勝一卷 Y0270/第52册
(宋)趙□撰
新刻古杭雜記詩集四卷 Y0270/第52册
(元)撰人不詳
杭城治火議一卷附錄一卷 Y0270/第52册
(清)毛奇齡撰
玉几山房聽雨錄二卷 Y0270/第52册
(清)陳撰撰
臨平記四卷附錄一卷 Y0270/第52册
(清)沈謙撰
臨平記補遺四卷續一卷 Y0270/第52册
(清)張大昌撰
清波三志三卷 Y0270/第52册
(清)陳景鍾撰 莫栻續訂
南漳子二卷 Y0270/第52册
(清)孫之騄撰
龍井見聞錄十卷附宋僧元淨外傳二卷 Y0270/第52册
(清)汪孟鋗撰
艮山雜志二卷附錄一卷 Y0270/第52册
(清)翟灝撰

江鄉節物詩一卷 Y0270/第 52 册
(清)吴存楷撰
唐棲志略稾二卷 Y0270/第 52 册
(清)何琪撰
湖墅雜詩二卷 Y0270/第 52 册
(清)魏標撰
定鄉雜著二卷 Y0270/第 52 册
(清)胡敬撰
東郊土物詩一卷 Y0270/第 52 册
(清)朱點輯
北隅掌錄二卷 Y0270/第 52 册
(清)黄士珣撰
新門散記一卷 Y0270/第 52 册
(清)羅以智撰
東城記餘二卷 Y0270/第 52 册
(清)楊文杰撰
定鄉小識十六卷 Y0270/第 53 册
(清)張道撰
錢塘百詠一卷 Y0270/第 53 册
(清)楊象濟撰
北隅綴錄二卷續錄二卷 Y0270/第 53 册
(清)丁丙撰
北郭詩帳二卷 Y0270/第 53 册
(清)丁丙撰
三塘漁唱三卷 Y0270/第 53 册
(清)丁丙撰
武林雜事詩一卷 Y0270/第 53 册
丁立誠撰
峽川志略卷 Y0270/第 53 册
(清)蔣宏任撰
東湖乘二卷 Y0270/第 53 册
(清)盧生甫撰
吴興山墟名一卷 Y0270/第 53 册
(劉宋)張玄之撰 繆荃孫輯
吴興記一卷 Y0270/第 53 册
(劉宋)山謙之撰 繆荃孫輯
西吴里語四卷 Y0270/第 53 册
(明)宋雷撰
吴興掌故集十七卷 Y0270/第 53 册
(明)徐獻忠撰
四明古蹟四卷 Y0270/第 53 册
(清)陳之綱撰
昌國典詠十卷 Y0270/第 53 册
(清)朱緒曾撰
剡錄十卷 Y0270/第 53 册
(宋)高似孫撰
長溪瑣語一卷 Y0270/第 54 册
(明)謝肇撰
東槎紀略一卷 Y0270/第 54 册
(清)姚瑩撰
汴都賦一卷附錄一卷 Y0270/第 54 册
(宋)周邦彦撰 (明)王汝謙 陳繼儒輯附錄
元河南志四卷 Y0270/第 54 册
(元)撰人不詳 (清)徐松輯
湖南方物志八卷 Y0270/第 54 册
(清)黄本驥撰
乾州小志一卷 Y0270/第 54 册
(清)吴高增撰
苗俗紀聞一卷 Y0270/第 54 册
(清)方亨咸撰
南海百詠續編四卷 Y0270/第 54 册
(清)樊封撰
廣東月令 Y0270/第 54 册
(清)鈕琇撰
廣州城坊志六卷 Y0270/第 54 册
(清)黄佛頤撰
黎岐紀聞一卷 Y0270/第 54 册
(清)張慶長撰
澳門記略一卷 Y0270/第 54 册
(清)印光任 張汝霖撰
粤西瑣記一卷 Y0270/第 54 册
(清)沈日霖撰
章谷屯志略一卷 Y0270/第 54 册
(清)吴德煦撰
黔中雜記一卷 Y0270/第 54 册
(清)黄元治撰
苗俗記一卷 Y0270/第 54 册
(清)田雯撰
黔囊一卷 Y0270/第 54 册
(清)檀萃撰
黔苗竹枝詞一卷 Y0270/第 54 册
(清)舒位撰
黔語二卷 Y0270/第 54 册
(清)吴振棫撰
黔西古蹟考一卷 Y0270/第 54 册
(清)錢霦撰
古州雜記一卷 Y0270/第 54 册
(清)林溥撰
苗疆聞見錄一卷 Y0270/第 54 册
(清)徐家榦撰
都濡備乘二卷 Y0270/第 54 册
(清)楊宗瀛撰
六詔紀聞二卷 Y0270/第 54 册
(明)彭汝實撰
洱海叢談一卷 Y0270/第 54 册
(清)釋同揆撰
滇雲歷年傳十二卷 Y0270/第 54 册
(清)倪蜕撰
滇小紀一卷 Y0270/第 54 册
(清)倪蜕撰
滇繫四十卷 Y0270/第 55－56 册
(清)師範撰
雲南備徵志二十一卷 Y0270/第 56 册
(清)王崧輯
藏行紀程一卷 Y0270/第 57 册
(清)杜昌丁撰
進藏紀程一卷 Y0270/第 57 册
(清)王世睿撰
西藏紀述一卷 Y0270/第 57 册
(清)張海撰
鑪藏道里新記一卷 Y0270/第 57 册
(清)張其勤撰
西藏大呼畢勒罕考一卷 Y0270/第 57 册
張伯楨撰
西藏聖蹟考一卷 Y0270/第 57 册
張伯楨撰
歷代帝王宅京記二十卷 Y0270/第 57 册
(清)顧炎武撰
憩游偶考一卷 Y0270/第 57 册
(清)華湛恩撰
出塞圖畫山川記一卷 Y0270/第 57 册
(清)溫睿臨撰
河套圖考一卷 Y0270/第 57 册
(清)楊江撰
蠻司合志十五卷 Y0270/第 57 册
(清)毛奇齡撰
滇黔紀游一卷 Y0270/第 57 册
(清)陳鼎撰
說蠻一卷 Y0270/第 57 册
(清)檀萃撰
禁扁五卷 Y0270/第 57 册
(元)王士點撰
吴下名園記一卷 Y0270/第 57 册
僞江蘇省蘇州圖書館編纂委員會輯
武林第宅考一卷 Y0270/第 57 册
(清)柯汝霖撰
流芳亭紀一卷 Y0270/第 57 册
(清)撰人不詳
春草園小記一卷 Y0270/第 57 册
(清)趙昱撰

文瀾閣志二卷首一卷附錄一卷 Y0270/第57冊
（清）孫樹禮 孫峻撰
俞樓詩記一卷 Y0270/第57冊
（清）俞樾撰
江邨草堂紀一卷附詩 Y0270/第57冊
（清）高士奇撰
北京廟宇徵存錄一卷 Y0270/第57冊
張江裁撰
慧因寺志十二卷附錄一卷 Y0270/第57冊
（明）李翥撰
杭州上天竺講寺志十五卷 Y0270/第57冊
（明）釋廣賓撰
西谿梵隱志四卷 Y0270/第57冊
（清）吳本泰撰
鳳凰山聖果寺志一卷 Y0270/第57冊
（清）釋超乾撰
武林靈隱寺志八卷 Y0270/第57冊
（清）孫治撰 徐增重編
孝慈庵集一卷 Y0270/第58冊
（清）編者不詳
流香一覽一卷 Y0270/第58冊
（清）釋明開撰
增修雲林寺志八卷 Y0270/第58冊
（清）厲鶚撰
續修雲林寺志八卷 Y0270/第58冊
（清）沈鑅彪撰
武林理安寺志八卷 Y0270/第58冊
（清）釋寶月撰
雲居聖水寺志六卷補遺一卷 Y0270/第58冊
（清）釋明倫撰 釋實懿重纂
大昭慶律寺志十卷 Y0270/第58冊
（清）釋篆玉撰
崇福寺志四卷續志一卷 Y0270/第58冊
（清）朱文藻撰 章庭棫撰續志
敕建淨慈寺志二十八卷首二卷末一卷 Y0270/第58冊
（清）釋際祥撰
雲棲紀事一卷附孝義無礙庵錄一卷 Y0270/第59冊
（清）撰人不詳
龍興祥符戒壇寺志十二卷 Y0270/第59冊
（清）張大昌撰

重陽庵集一卷附刻一卷附錄一卷 Y0270/第59冊
（明）梅志暹輯 俞大彰重輯
金鼓洞志八卷首一卷 Y0270/第59冊
（清）朱文藻撰
武林元妙觀志四卷 Y0270/第59冊
（清）仰蘅撰
城北天后宮志一卷 Y0270/第59冊
（清）丁午撰
紫陽庵集一卷 Y0270/第59冊
（清）丁午輯
龍瑞觀禹穴陽明洞天圖經一卷 Y0270/第59冊
（宋）葉樞撰 李宗諤修定
凋上草堂紀略二卷續編一卷拾遺一卷附明孝廉李巢二先生圖詠一卷 Y0270/第59冊
（清）徐達源輯紀略 毛慶善輯續編 羅振常輯拾遺 （清）張廷濟輯圖詠
南宋六陵遺事一卷 Y0270/第59冊
（清）萬斯同撰
照膽臺志略一卷 Y0270/第59冊
（清）鄒在寅撰
崔府君祠錄一卷 Y0270/第59冊
（清）鄭烺撰
龍井顯應胡公墓錄一卷 Y0270/第59冊
（清）丁午撰
直閣朱公祠墓錄二卷附刻一卷 Y0270/第59冊
（清）朱文懋撰
陳忠肅公墓錄一卷 Y0270/第59冊
（清）孫峻撰
廣福廟志一卷 Y0270/第59冊
（清）唐垣九撰
金龍四大王祠墓錄四卷首一卷末一卷 Y0270/第59冊
（清）仲學輅撰
孫花翁墓徵一卷 Y0270/第59冊
（清）張爾嘉撰
樊公祠錄二卷 Y0270/第59冊
（清）孫樹禮撰
揚清祠志一卷 Y0270/第59冊
（清）丁午撰
同仁祠錄二卷 Y0270/第59冊
（清）孫炳奎撰
于公祠墓錄十卷首一卷末一卷 Y0270/第59冊

（清）丁丙撰
郭孝童墓記略一卷 Y0270/第59冊
（清）丁立志撰
馮王兩侍郎墓錄一卷 Y0270/第59冊
（清）馮貞群撰
陝甘味經書院志一卷 Y0270/第59冊
（清）劉光蕡撰
滇南山水綱目二卷 Y0270/第60冊
（清）趙元祚撰
桂勝四卷 Y0270/第60冊
（明）張鳴鳳撰
五嶽約 Y0270/第60冊
（清）韓則愈撰
華山經一卷 Y0270/第60冊
（清）商雲雛撰并注
長白山錄一卷 Y0270/第60冊
（清）王士禛（王士禎）撰
棲霞小志一卷 Y0270/第60冊
（明）盛時泰撰
黃山圖經一卷附圖一卷 Y0270/第60冊
（宋）撰人不詳 （清）釋雪莊繪圖
黃山志定本七卷首一卷 Y0270/第60冊
（清）閔麟嗣撰
黃山志續集八卷圖一卷附黃山志定本校記一卷黃山志續集校記一卷 Y0270/第60冊
（清）汪士鋐等撰 程演生撰附
黃山史概一卷 Y0270/第60冊
（清）陳鼎撰
齊山巖洞志二十六卷首一卷 Y0270/第61冊
（清）陳蔚撰
秀山志十八卷 Y0270/第61冊
（清）陳竑撰 釋方略重輯
吳山遺事詩一卷 Y0270/第61冊
（清）朱彭撰
四明山志九卷 Y0270/第61冊
（清）黃宗羲撰
雁山雜記一卷 Y0270/第61冊
（清）韓則愈撰
金華赤松山志一卷 Y0270/第61冊
（宋）倪守約撰
南嶽總勝集三卷 Y0270/第61冊
（宋）陳田夫撰
廬山紀事十二卷 Y0270/第61冊
（明）桑喬撰
桂鬱巖洞記一卷 Y0270/第61冊

（清）賈敦臨撰
盤龍山紀要四卷附行先遺稿一卷 Y0270/第 61 册
（清）方秉孝撰
全校水經酈注水道表四十卷 Y0270/第 62 册
（清）王楚材輯
補水經注洛水涇水武陵五溪考一卷 Y0270/第 62 册
（清）謝鍾英撰
問水集一卷 Y0270/第 62 册
（明）劉天和撰
定齋河工書牘一卷 Y0270/第 62 册
（清）陳法撰
河賦一卷 Y0270/第 62 册
（清）江藩撰 錢坤注
河干問答一卷 Y0270/第 62 册
（清）陳法撰
疏河心鏡一卷 Y0270/第 62 册
（清）凌鳴喈撰
江源記一卷 Y0270/第 62 册
（清）查拉吳麟撰
關中水利議一卷 Y0270/第 62 册
（清）張鵬飛撰
西域水道記校補一卷 Y0270/第 62 册
（清）徐松撰
三江考一卷 Y0270/第 62 册
（清）毛奇齡撰
赤山湖志六卷 Y0270/第 62 册
（清）尚兆山撰
三吳水利條議一卷 Y0270/第 62 册
（清）錢中諧撰
東河櫂歌一卷 Y0270/第 62 册
（清）姚思勤撰
續東河櫂歌一卷 Y0270/第 62 册
（清）丁丙撰
鴛鴦湖櫂歌二卷 Y0270/第 62 册
（清）朱彝尊 譚吉璁撰
耘業齋續鴛鴦湖櫂歌一卷 Y0270/第 62 册
（清）朱麟應撰
浙西水利書三卷 Y0270/第 62 册
（明）姚文灝撰
西湖水利考一卷附續考一卷 Y0270/第 62 册
（清）吳農祥撰
甬上水利志六卷 Y0270/第 62 册
（清）周道遵撰
捍海塘志一卷 Y0270/第 62 册
（清）錢文瀚撰
汴水說一卷 Y0270/第 63 册
（清）朱際虞撰
東西二漢水辯一卷 Y0270/第 63 册
（清）王士禛撰
漢水發源考一卷 Y0270/第 63 册
（清）王筠撰
六脈渠圖說一卷 Y0270/第 63 册
（清）陳坤撰
游志續編一卷 Y0270/第 63 册
（元）陶宗儀輯
游名山錄四卷 Y0270/第 63 册
（明）陳沂撰
五嶽卧游一卷 Y0270/第 63 册
（明）俞思沖撰
尋花日記二卷 Y0270/第 63 册
（清）歸莊撰
南游記一卷 Y0270/第 63 册
（清）孫嘉淦撰
愬題上方二山紀游集一卷 Y0270/第 63 册
（清）查禮撰
滬游脞記一卷 Y0270/第 63 册
（清）黃棶材撰
太華太白紀游略一卷 Y0270/第 63 册
（清）趙嘉肇撰
登華記一卷 Y0270/第 63 册
（清）屈大均撰
吳下尋山記一卷 Y0270/第 63 册
（清）黃安濤撰
靈谷紀游稿一卷 Y0270/第 63 册
鄧實撰
游黃山記一卷 Y0270/第 63 册
（清）楊補撰
黃山松石譜一卷 Y0270/第 63 册
（清）閔麟嗣撰
黟山紀游一卷 Y0270/第 63 册
（清）汪淮撰
九華日錄一卷 Y0270/第 63 册
（清）周天度撰
西湖百詠二卷 Y0270/第 63 册
（宋）董嗣杲撰（明）陳贄和韻
錢塘湖山勝暨記一卷 Y0270/第 63 册
（明）夏時撰
西村十記一卷附錄一卷 Y0270/第 63 册
（明）史鑑撰
西湖冶興二卷 Y0270/第 63 册
（明）王瀛撰
西湖游覽志二十四卷志餘二十六卷 Y0270/第 63 册
（明）田汝成撰
四時幽賞錄一卷 Y0270/第 63 册
（明）高濂撰
武林游記一卷 Y0270/第 63 册
（明）高攀龍撰
西泠游記一卷 Y0270/第 63 册
（明）王紹傳撰
西湖紀述一卷 Y0270/第 63 册
（明）袁宏道撰
西湖月觀紀一卷 Y0270/第 63 册
（明）陳仁錫撰
横山游記一卷 Y0270/第 63 册
（明）馬元調撰
西子湖拾翠餘談三卷 Y0270/第 63 册
（明）汪砢玉撰
西湖雜記一卷 Y0270/第 63 册
（明）黎遂球撰
游明聖湖日記一卷 Y0270/第 63 册
（明）浦祊撰
西湖韻事一卷 Y0270/第 63 册
（清）汪汝謙撰
西湖夢尋五卷 Y0270/第 64 册
（明）張岱撰
湖山叙游一卷 Y0270/第 64 册
（明）劉暹撰
西湖六橋桃評 Y0270/第 64 册
（清）曹之璜撰
西湖小史一卷 Y0270/第 64 册
（清）李鼎撰
錢塘懷古詩一卷附錄一卷 Y0270/第 64 册
（清）王德璘撰
湖山雜詠一卷附錄一卷 Y0270/第 64 册
（清）王緯撰
雪莊西湖漁唱七卷 Y0270/第 64 册
（清）許承祖撰
西湖遺事詩一卷 Y0270/第 64 册
（清）朱彭撰
西湖雜詠一卷 Y0270/第 64 册
（清）秦武域撰
西湖雜詠一卷 Y0270/第 64 册
（清）陳若蓮撰

西湖竹枝詞一卷 Y0270/第64册
(清)陳燦撰
西湖百詠一卷 Y0270/第64册
(清)柴杰撰
西湖詩一卷 Y0270/第64册
(清)汪志伊撰
湖山懷古集一卷 Y0270/第64册
(清)陳時撰
湖上青山集一卷 Y0270/第64册
(清)陳時撰
金牛湖漁唱一卷 Y0270/第64册
(清)張雲璈撰
西泠懷古集十卷 Y0270/第64册
(清)陳文述撰
西泠閨詠十六卷 Y0270/第64册
(清)陳文述撰
西泠仙詠三卷 Y0270/第64册
(清)陳文述撰
西湖游記一卷 Y0270/第64册
(清)查人渶撰
西湖雜詩一卷 Y0270/第64册
(清)蔣坦撰
南屏百詠一卷 Y0270/第64册
(清)張炳撰
韜光庵紀游集一卷 Y0270/第64册
(清)釋山止輯
御覽孤山志一卷 Y0270/第64册
(清)王複禮撰
西溪百詠二卷 Y0270/第64册
(明)釋大善撰
西溪雜詠一卷 Y0270/第64册
(清)陳文述撰
西溪聯吟一卷 Y0270/第64册
(清)吴祖枚 陳如松撰
徑山游草一卷 Y0270/第64册
(清)吴焯撰
裨海紀游一卷 Y0270/第64册
(清)郁永河撰
臺游日記四卷 Y0270/第64册
(清)蔣師轍撰
衡嶽游記一卷 Y0270/第65册
(清)黄周星撰
匡廬游錄一卷 Y0270/第65册
(清)黄宗羲撰
廬山紀游一卷 Y0270/第65册
(清)查慎行撰
南越游記三卷 Y0270/第65册
(清)陳徽言撰
黔游日記二卷 Y0270/第65册
(明)徐宏祖撰
元耶律文正西游錄略注補一卷
Y0270/第65册
(清)李文田注 范壽金補
客越志二卷 Y0270/第65册
(明)王穉登撰
黔塗略一卷 Y0270/第65册
(明)邢慈靜撰
閩行隨筆一卷 Y0270/第65册
(清)范光文撰
使蜀日記一卷 Y0270/第65册
(清)方象瑛撰
南巡扈從紀略一卷 Y0270/第65册
(清)張英撰
塞程別紀一卷 Y0270/第65册
(清)余宷撰
松亭行紀二卷 Y0270/第65册
(清)高士奇撰
扈從東巡日錄二卷附錄一卷
Y0270/第65册
(清)高士奇撰
扈從西巡日錄一卷 Y0270/第65册
(清)高士奇撰
塞北小鈔一卷 Y0270/第65册
(清)高士奇撰
出塞紀略一卷 Y0270/第65册
(清)錢良擇撰
西征賦一卷 Y0270/第65册
(清)李祖惠撰
自滇入都程記一卷 Y0270/第65册
(清)楊名時撰
塞外紀程一卷 Y0270/第65册
(清)陳法撰
據鞍錄一卷 Y0270/第65册
(清)楊應琚撰
河汾旅話四卷 Y0270/第65册
(清)朱維魚撰
解脫紀行錄一卷附行吟雜錄一卷
Y0270/第65册
(清)金科豫撰
灤陽錄二卷 Y0270/第65册
(朝)柳得恭撰
濛池行稿一卷 Y0270/第65册
(清)祁韻士撰
黔軺紀行集一卷 Y0270/第65册
(清)蔣攸銛撰
瀋陽紀程一卷 Y0270/第65册
(清)何汝霖撰
何蝯叟日記一卷 Y0270/第65册
(清)何紹基撰
蜀軺紀程一卷 Y0270/第65册
(清)文祥撰
巴林紀程一卷 Y0270/第65册
(清)文祥撰
瀋陽紀程一卷 Y0270/第65册
(清)潘祖蔭撰
使西紀程二卷 Y0270/第65册
(清)郭嵩燾撰
乘查筆記二卷 Y0270/第65册
(清)斌椿撰
奉使英倫記一卷 Y0270/第65册
(清)黎庶昌撰
出洋瑣記一卷 Y0270/第65册
(清)蔡鈞撰
五十日夢痕錄一卷 Y0270/第65册
羅振玉撰
島夷志略一卷 Y0270/第65册
(元)汪大淵撰
島夷志略廣證二卷 Y0270/第65册
沈曾植撰
島夷志略校注一卷 Y0270/第65册
(日)藤田豐八撰
咸賓錄八卷附校勘記二卷校勘續記一卷
Y0270/第65册
(明)羅日褧撰 魏元曠撰校勘記 胡思敬撰續校勘記
古今外國名考 Y0270/第65册
(清)孫蘭撰
外國紀一卷 Y0270/第65册
(清)張玉書撰
朝鮮賦一卷附校勘記一卷
Y0270/第65册
(明)董越撰 魏元曠撰校勘記
袖海編一卷 Y0270/第65册
(清)汪鵬撰

目錄類

武林藏書錄三卷首一卷末一卷
Y0270/第66册
(清)丁申撰
靈隱書藏紀事一卷 Y0270/第66册
(清)潘衍桐輯
書林清話十卷 Y0270/第66册

葉德輝撰
貯書小譜一卷　Y0270/第66册
撰人不詳
儒藏說一卷　Y0270/第66册
(清)周永年撰
藏書十約一卷　Y0270/第66册
葉德輝撰
補後漢書藝文志十卷　Y0270/第66册
(清)顧懷三撰
後漢藝文志四卷　Y0270/第66册
(清)姚振宗撰
三國藝文志四卷　Y0270/第66册
(清)姚振宗撰
千頃堂書目三十二卷　Y0270/第67册
(清)黄虞稷撰
皇朝經籍志六卷　Y0270/第67册
(清)黄本驥撰
秘書省續編到四庫闕書目二卷　Y0270/第67册
(宋)紹興中改定 葉德輝考證
元西湖書院重整書目一卷　Y0270/第67册
(元)胡師安等撰
四庫全書輯永樂大典本書目一卷附永樂大典書目考四卷　Y0270/第67册
(清)孫馮翼撰 郝慶柏撰考
南廱志經籍考二卷　Y0270/第67册
(明)梅鷟撰
内閣藏書目錄八卷　Y0270/第67册
(明)孫能傳 張宣等撰
各省進呈書目不分卷　Y0270/第67册
(清)乾隆中敕撰
四庫全書薈要目一卷　Y0270/第67册
(清)乾隆中敕撰
内閣大庫檔册一卷　Y0270/第67册
(清)撰人不詳
清學部圖書館善本書目五卷　Y0270/第67册
繆荃孫撰
濮陽蒲汀李先生家藏目錄　Y0270/第68册
(明)李廷相撰
四明天一閣藏書目錄一卷　Y0270/第68册
(清)撰人不詳
百川書志二十卷　Y0270/第68册
(明)高儒撰
萬卷堂書目四卷　Y0270/第68册
(明)朱睦㮮撰
脈望館書目不分卷　Y0270/第68册
(明)趙琦美撰
澹生堂藏書目十四卷　Y0270/第68册
(明)祁承㸁撰
江陰李氏得月樓書目摘錄一卷　Y0270/第68册
(明)李鶚翀撰
近古堂書目二卷　Y0270/第68册
(明)撰人不詳
絳雲樓書目補遺一卷　Y0270/第68册
(清)錢謙益撰
也是園藏書目十卷　Y0270/第68册
(清)錢曾編
傳是樓宋元本書目一卷　Y0270/第68册
(清)徐乾學撰
佳趣堂書目不分卷　Y0270/第68册
(清)陸漻撰
楝亭書目四卷　Y0270/第68册
(清)曹寅撰
孝慈堂書目不分卷　Y0270/第68册
(清)王聞遠撰
繡谷亭薰習錄經部一卷集部二卷　Y0270/第68册
(清)吳焯撰
知聖道齋書目四卷　Y0270/第68册
(清)彭元瑞撰
竹崦盦傳鈔書目一卷　Y0270/第68册
(清)趙魏撰
求古居宋本書目一卷附考證一卷　Y0270/第68册
(清)黄丕烈撰 雷愷撰考證
寶書閣著錄一卷　Y0270/第68册
(清)丁白撰
清吟閣書目四卷　Y0270/第68册
(清)瞿世英撰
結一廬書目四卷附別本結一廬書目一卷　Y0270/第68册
(清)朱學勤撰
滂喜齋宋元本書目一卷　Y0270/第68册
(清)撰人不詳
萬木草堂叢書目錄一卷　Y0270/第68册
康有爲撰
上海曹氏書目存目錄不分卷　Y0270/第68册
(清)曹驤編
貴池先哲遺書待訪目一卷　Y0270/第68册
劉世珩撰
四庫著錄江西先哲遺書鈔目四卷　Y0270/第68册
豫章叢書編刻局輯
徵刻唐宋秘本書目一卷附考證一卷　Y0270/第68册
(清)黄虞稷 周在浚撰 葉德輝考證
國朝未栞遺書志略一卷　Y0270/第68册
(清)朱記榮撰
四庫全書提要分纂稿一卷　Y0270/第68册
(清)邵晉涵撰
四部寓眼錄補遺一卷　Y0270/第68册
(清)周廣業撰
鄭堂讀書記七十一卷　Y0270/第69册
(清)周中孚撰
萬卷精華樓藏書記一百四十六卷　Y0270/第70册
(清)耿文光撰
古歡堂經籍舉要一卷　Y0270/第71册
(清)吳翌鳳撰
湖錄經籍考六卷　Y0270/第71册
(清)鄭元慶撰
漁洋書籍跋尾二卷　Y0270/第71册
(清)王士禛撰
藏書題識二卷　Y0270/第71册
(清)汪璐撰
百宋一廛書錄一卷　Y0270/第71册
(清)黄丕烈撰
士禮居藏書題跋再續記二卷　Y0270/第71册
(清)黄丕烈撰 繆荃孫輯
古泉山館題跋一卷　Y0270/第71册
(清)瞿中溶撰
勞氏碎金三卷附錄一卷　Y0270/第71册
(清)勞經原等撰 吳昌綬輯 王大隆 瞿熙邦補輯
自怡悅齋藏書目一卷　Y0270/第71册
(清)撰人不詳 羅振常訂
傳忠堂書目四卷附錄一卷　Y0270/第71册
(清)周星詒撰
箋經室所見宋元書題跋一卷　Y0270/第71册

曹元忠撰
清學部圖書館方志目一卷 Y0270/第71册
繆荃孫撰
道藏闕經目錄二卷 Y0270/第71册
(元)撰人不詳
藏逸經書一卷 Y0270/第71册
(明)釋道開撰
敦皇石室經卷中未入藏經論著述目錄一卷疑僞外道目錄一卷 Y0270/第71册
(清)李翊灼撰
日本橘氏敦煌將來藏經目錄一卷 Y0270/第71册
(日)橘瑞超撰
靜惕堂書目宋人集一卷元人文集一卷 Y0270/第71册
(清)曹溶輯
潛采堂宋金元人集目一卷 Y0270/第71册
(清)朱彝尊撰
新編錄鬼簿二卷 Y0270/第71册
(元)鍾嗣成撰
曲錄六卷 Y0270/第71册
王國維撰
古今書刻二卷 Y0270/第71册
(明)周弘祖撰
行人司重刻書目不分卷 Y0270/第71册
(明)徐圖等撰
內板經書紀略一卷 Y0270/第71册
(明)劉若愚撰
汲古閣校刻書目一卷補遺一卷刻板存亡考一卷 Y0270/第71册
(清)鄭德懋輯

金石類

金石錄三十卷 Y0270/第71册
(宋)趙明誠撰
寒山金石林部目一卷 Y0270/第72册
(明)趙均撰
金石萃編補目三卷 Y0270/第72册
(清)黄本驥撰
求古錄一卷 Y0270/第72册
(清)顧炎武撰
集古錄跋尾十卷 Y0270/第72册
(宋)歐陽修撰
金石文字跋尾六卷 Y0270/第72册
(清)朱彝尊撰
鐵橋金石跋四卷 Y0270/第72册
(清)嚴可均撰
清儀閣金石題識四卷 Y0270/第72册
(清)張廷濟撰 陳其榮輯
古泉山館金石文編殘稿四卷 Y0270/第72册
(清)瞿中溶撰
石經閣金石跋文一卷 Y0270/第72册
(清)馮登府撰
東洲草堂金石跋五卷 Y0270/第72册
(清)何紹基撰
陶齋金石文字跋尾一卷 Y0270/第72册
(清)翁大年撰
金石餘論一卷 Y0270/第72册
(清)李遇孫撰
翠墨園語一卷 Y0270/第72册
(清)王懿榮輯
怡松軒金石偶記一卷 Y0270/第72册
陳洙輯
宋代金文著錄表一卷 Y0270/第72册
王國維撰
國朝金文著錄表六卷 Y0270/第72册
王國維撰
焦山古鼎考一卷 Y0270/第72册
(明)王士祿撰
宣德彝器圖譜二十卷 Y0270/第72册
(明)吕震等撰
宣德彝器譜三卷附錄一卷 Y0270/第72册
(明)吕棠輯 (清)杭世駿撰附錄
鼎堂金石錄二卷 Y0270/第73册
(清)吳樹聲撰
不𡢁敦蓋銘考釋一卷 Y0270/第73册
王國維撰
銅僊傳一卷 Y0270/第73册
(清)徐元潤撰
古禮器略說一卷 Y0270/第73册
王國維撰
宣爐歌注一卷 Y0270/第73册
(清)冒襄撰
宣爐小志一卷 Y0270/第73册
沈囗撰
泉志校誤四卷 Y0270/第73册
(清)金嘉采撰
古金待問錄一卷 Y0270/第73册
(清)朱楓撰
虞夏贖金釋文二卷 Y0270/第73册
(清)劉師陸撰
大錢圖錄一卷 Y0270/第73册
(清)鮑康撰
錢譜一卷 Y0270/第73册
題(宋)董逌撰
蒙古西域諸國錢譜四卷 Y0270/第73册
(清)陳其鏕譯 張美翊定
嘉蔭簃論泉截句二卷 Y0270/第73册
(清)劉喜海撰
觀古閣泉說一卷附續泉說一卷 Y0270/第73册
(清)鮑康撰 李佐賢撰附
古泉雜詠四卷 Y0270/第73册
葉德輝撰
內府藏古玉印一卷附漢玉十印 Y0270/第73册
(清)乾隆中敕輯
清儀閣古印附注一卷 Y0270/第73册
(清)徐同柏撰
續百家姓印譜考略 Y0270/第73册
(清)吳大澂撰
金輪精舍藏古玉印一卷 Y0270/第73册
陶祖光輯
集古錄目十卷原目一卷 Y0270/第73册
(宋)歐陽棐撰
碑藪一卷 Y0270/第73册
(明)陳鑑編集
補寰宇訪碑錄五卷失編一卷附刊誤一卷 Y0270/第73册
(清)趙之謙輯 羅振玉撰刊誤
漢石存目二卷 Y0270/第73册
(清)王懿榮撰 羅振玉校補
魏晋石存目一卷 Y0270/第73册
(清)尹彭壽撰 羅振玉校補
非見齋審定六朝正書碑目一卷 Y0270/第73册
(清)譚獻評
元碑存目一卷 Y0270/第73册
(清)黄本驥撰
海外貞珉錄一卷 Y0270/第73册
羅振玉撰
昭陵六駿贊辯一卷 Y0270/第73册
(清)張弨撰
古誌石華三十卷 Y0270/第73册
(清)黄本驥輯
雪屐尋碑錄十六首一卷附人名通檢一卷 Y0270/第74册

(清)盛昱輯

爨龍顔碑考釋一卷 Y0270/第74册

(民國)趙詒琛輯

瘞鶴銘辯一卷 Y0270/第74册

(清)張弨撰

山樵書外紀一卷 Y0270/第74册

(清)張開福撰

石墨考異二卷 Y0270/第74册

(清)嚴蔚撰

校碑隨筆不分卷 Y0270/第74册

方若撰

漢碑徵經一卷 Y0270/第74册

(清)朱百度撰

碑帖紀證一卷 Y0270/第74册

(明)范大澈撰

蒼潤軒碑跋一卷 Y0270/第74册

(明)盛時泰撰

虛舟題跋十卷 Y0270/第74册

(清)王澍撰

虛舟題跋原三卷 Y0270/第74册

(清)王澍撰

平津讀碑記八卷續記一卷再續一卷三續二卷 Y0270/第74册

(清)洪頤煊撰

求是齋碑跋四卷 Y0270/第74册

(清)丁紹基撰

蒼崖先生金石例十卷附札記一卷 Y0270/第74册

(元)潘昂霄撰 繆荃孫撰札記

金石綜例四卷 Y0270/第74册

(清)馮登府撰

金石稱例四卷續一卷 Y0270/第74册

(清)梁廷枏撰

金石文字辨異十二卷 Y0270/第75册

(清)邢澍撰

刻碑姓名錄三卷 Y0270/第75册

(清)黄錫蕃撰

杭郡庠得表忠觀碑記事一卷 Y0270/第75册

(清)余懋棅輯

翠微亭題名考一卷附集字詩一卷 Y0270/第75册

(清)蔡名衡輯

古玉圖考補正一卷 Y0270/第75册

鄭文焯撰

論古雜識一卷 Y0270/第75册

(清)吳大徵撰

契文舉例二卷 Y0270/第75册

(清)孫詒讓撰

漢甘泉宫瓦記一卷 Y0270/第75册

(清)林佶撰

金陵古金石考目一卷 Y0270/第75册

(明)顧起元撰

中州金石目錄八卷 Y0270/第75册

(清)楊鐸撰

洛陽石刻錄一卷 Y0270/第75册

(清)常茂徠撰

洛陽存古閣藏石目一卷 Y0270/第75册

羅振玉撰

三韓冢墓遺文目錄一卷 Y0270/第75册

羅振玉撰

海東金石存考一卷附待訪目錄一卷 Y0270/第75册

(清)劉喜海撰

上谷訪碑記一卷 Y0270/第75册

(清)鄧嘉緝撰

隋唐石刻拾遺二卷關中金石記隋唐石刻原目一卷 Y0270/第75册

(清)黄本驥撰

昭陵碑錄三卷附錄一卷 Y0270/第75册

羅振玉撰

扶風縣石刻記二卷 Y0270/第75册

(清)黄樹穀撰

西陲石刻後錄一卷 Y0270/第75册

羅振玉撰

泰山石刻記一卷 Y0270/第75册

(清)孫星衍撰

陽羨摩厓紀錄一卷附荊南游草一卷 Y0270/第75册

(清)吳騫等輯

雲臺金石記一卷 Y0270/第75册

(清)撰人不詳

安徽金石略十卷 Y0270/第75册

(清)趙紹祖撰

武林金石記十卷附碑刻目一卷 Y0270/第75册

(清)丁敬撰

括蒼金石志補遺四卷 Y0270/第75册

(清)鄒柏森輯

嵩陽石刻集記二卷 Y0270/第75册

(清)葉封撰

九曜石刻錄一卷 Y0270/第75册

(清)周中孚撰

涪州石魚文字所見錄二卷 Y0270/第75册

(清)姚覲元 錢保塘撰

涪州石魚題名記一卷 Y0270/第75册

(清)錢保塘撰

海東金石苑一卷 Y0270/第75册

(清)劉喜海撰

淇泉摹古錄一卷 Y0270/第75册

(清)趙希璜撰

子部

周秦諸子類 Y0270/第75册

諸子斠淑二卷 Y0270/第76册

(明)朱君復撰

荀子考異一卷 Y0270/第76册

(宋)錢佃撰

老子解二卷 Y0270/第76册

(宋)葉夢得撰

老子解一卷 Y0270/第76册

(清)吳鼒撰

老子別錄一卷 Y0270/第76册

(清)吳鼒撰

非老一卷 Y0270/第76册

(清)吳鼒撰

莊子翼八卷闕誤一卷附錄一卷 Y0270/第76册

(明)焦竑撰

讀莊子法一卷 Y0270/第76册

(清)林雲銘撰

莊子解十二卷 Y0270/第76册

(清)吳世尚撰

莊子解一卷 Y0270/第76册

(清)吳峻撰

測莊一卷 Y0270/第76册

(明)石人隱士撰

管子二十四卷 Y0270/第76册

(周)管仲撰(唐)房玄齡注(明)劉績補注

管子校正二十四卷 Y0270/第76册

(清)戴望撰

墨子經說解二卷 Y0270/第76册

(清)張惠言撰

呂子校續補一卷 Y0270/第76册

(清)梁玉繩撰

典語一卷 Y0270/第76册

(吳)陸景撰(清)嚴可均輯

聞見漫錄二卷 Y0270/第76册

(明)陳槐撰

破邪論一卷 Y0270/第 76 册
(清)黄宗羲撰
七怪一卷 Y0270/第 76 册
(清)黄宗羲撰
山林經濟策 Y0270/第 76 册
(清)陸次雲撰
環書一卷 Y0270/第 76 册
(清)方殿元撰
籌洋芻議一卷 Y0270/第 76 册
(清)薛福成撰

儒學類

太極明辯三卷 Y0270/第 77 册
(清)高奣映撰
事天謨一卷 Y0270/第 77 册
(宋)張載撰
朱子語類日鈔五卷 Y0270/第 77 册
(清)陳澧輯
先聖大訓六卷 Y0270/第 77 册
(宋)楊簡撰
理學類編八卷附校勘記一卷 Y0270/第 77 册
(明)張九韶撰 胡思敬撰校勘記
思菴野錄三卷 Y0270/第 77 册
(明)薛敬之撰
胡子衡齊八卷 Y0270/第 77 册
(明)胡直撰
九諦解疏一卷 Y0270/第 77 册
(明)許孚遠撰 (清)周汝登 王煒疏解
枕餘一卷 Y0270/第 77 册
(明)徐汝廉撰
玉振一卷 Y0270/第 77 册
(明)昌巖撰
鏡談一卷 Y0270/第 77 册
(清)張錦蘊撰
論學酬答四卷 Y0270/第 77 册
(清)陸世儀撰
淑艾錄一卷 Y0270/第 77 册
(清)張履祥撰 祝洤輯
淮雲問答一卷續編一卷 Y0270/第 77 册
(清)陳瑚撰
程山先生日錄三卷 Y0270/第 77 册
(清)謝文洊撰
庸言一卷 Y0270/第 77 册
(清)魏象樞撰
毋欺錄一卷 Y0270/第 77 册
(清)朱用純撰
荊園語錄二卷 Y0270/第 77 册
(清)申涵光撰
夙興語一卷 Y0270/第 77 册
(清)甘京撰
語小一卷 Y0270/第 77 册
(清)毛先舒撰
志學會約一卷 Y0270/第 77 册
(清)湯斌撰
三魚堂賸言十二卷 Y0270/第 77 册
(清)陸隴其撰
顏氏學記十卷 Y0270/第 77 册
(清)戴望撰
邇語一卷 Y0270/第 77 册
(清)熊賜履撰
邇言一卷 Y0270/第 77 册
(清)勞史撰
小天集二卷 Y0270/第 77 册
(清)秦遵宗撰
切近編一卷 Y0270/第 77 册
(清)桑調元 沈廷芳輯
道南錄初稿一卷 Y0270/第 77 册
(清)遲祚永撰
懺摩錄一卷 Y0270/第 77 册
(清)彭兆蓀撰
漢學商兑三卷 Y0270/第 77 册
(清)方東樹撰
銖寸錄八卷 Y0270/第 78 册
(清)竇垿撰
忱行錄一卷 Y0270/第 78 册
(清)邵懿辰撰
續理學正宗四卷 Y0270/第 78 册
(清)何桂珍撰
修齊直指評一卷 Y0270/第 78 册
(清)劉光蕡撰
反身要語一卷 Y0270/第 78 册
(清)鄒澤撰
存真錄一卷 Y0270/第 78 册
(清)吳昌南撰
慎思記一卷訟過記一卷 Y0270/第 78 册
(清)呂存德撰
承華事略一卷 Y0270/第 78 册
(元)王惲撰
聖祖仁皇帝庭訓格言一卷 Y0270/第 78 册
清世宗述
顏氏家訓斠記一卷 Y0270/第 78 册
(清)郝懿行撰
家範十卷 Y0270/第 78 册
(宋)司馬光撰
石林家訓一卷 Y0270/第 78 册
(宋)葉夢得撰
石林治生家訓要略一卷 Y0270/第 78 册
(宋)葉夢得撰
家訓一卷 Y0270/第 78 册
(明)霍韜撰
燕貽法錄一卷 Y0270/第 78 册
(明)方宏靜撰
法楹一卷 Y0270/第 78 册
(明)閔景賢撰
家訓一卷 Y0270/第 78 册
(清)張習孔撰
霜紅龕家訓一卷 Y0270/第 78 册
(清)傅山撰
高氏塾鐸一卷 Y0270/第 78 册
(清)高拱京撰
燕翼篇一卷 Y0270/第 78 册
(清)李淦撰
宗規一卷 Y0270/第 78 册
(清)鍾于序撰
澄懷園語四卷 Y0270/第 78 册
(清)張廷玉撰
寒燈絮語一卷 Y0270/第 78 册
(清)汪惟憲撰
資敬堂家訓二卷 Y0270/第 78 册
(清)王師晉撰
婦德四箴一卷 Y0270/第 78 册
(清)徐士俊撰
新婦譜一卷 Y0270/第 78 册
(清)陸圻撰
新婦譜補一卷 Y0270/第 78 册
(清)陳確撰
新婦譜補一卷 Y0270/第 78 册
(清)查琪撰
婦學一卷 Y0270/第 78 册
(清)錢保塘輯
童蒙訓三卷 Y0270/第 78 册
(宋)呂本中撰
養蒙圖說一卷 Y0270/第 78 册
(明)涂時相撰
幼訓一卷 Y0270/第 78 册
(清)崔學古撰
少學一卷 Y0270/第 78 册
(清)崔學古撰
訓蒙條例一卷 Y0270/第 78 册
(清)陳芳生撰

蒙養詩教一卷 Y0270/第78册
(清)胡淵撰
人範六卷 Y0270/第78册
(清)蔣元撰
增訂發蒙三字經一卷條辨一卷 Y0270/第78册
(宋)王應麟撰 (清)許印芳增訂
讀書社約一卷 Y0270/第78册
(明)丁奇遇撰
續證人社約誡一卷 Y0270/第78册
(清)惲日初撰
讀書通一卷 Y0270/第78册
(明)孫伯觀撰
雅俗辨一卷 Y0270/第78册
(明)黄孟威撰
聖學入門書三卷 Y0270/第78册
(清)陳瑚撰
讀書法 Y0270/第78册
(清)魏際瑞撰
根心堂學規 Y0270/第78册
(清)宋瑾撰
家塾座右銘 Y0270/第78册
(清)宋起鳳撰
塾講規約一卷 Y0270/第78册
(清)施璜撰
鍾山書院規約一卷 Y0270/第78册
(清)楊繩武撰
讀書法彙一卷 Y0270/第78册
(清)杜貴墀撰
鄉約一卷附鄉儀一卷 Y0270/第78册
(宋)吕大鈞撰
勸忍百箴考注四卷 Y0270/第78册
(元)許名奎撰 (明)釋覺澂考注
人譜補圖一卷 Y0270/第78册
(清)宋瑾撰
家人子語一卷 Y0270/第78册
(清)毛先舒撰
猶見篇一卷 Y0270/第78册
(清)傅麟昭撰
教孝編一卷 Y0270/第79册
(清)姚廷傑撰
古人居家居鄉法一卷 Y0270/第79册
(清)丁雄飛撰
心病説一卷 Y0270/第79册
(清)甘京撰
艮堂十戒 Y0270/第79册
(清)方象瑛撰
餘慶堂十二戒一卷 Y0270/第79册
(清)劉德新撰

兵書類

劍氣 Y0270/第79册
(明)程羽文撰
兵謀一卷 Y0270/第79册
(清)魏禧撰
兵法一卷 Y0270/第79册
(清)魏禧撰
兵跡十二卷附校勘記一卷 Y0270/第79册
(清)魏禧撰 劉家立校
歷代車戰考一卷 Y0270/第79册
陳漢章撰
征南射法 Y0270/第79册
(清)黄百家撰
貫虱心傳一卷 Y0270/第79册
(清)紀鑑撰
兵杖記一卷 Y0270/第79册
(清)王晫撰
内家拳法一卷 Y0270/第79册
(清)黄百家撰
拳經一卷拳法備要一卷 Y0270/第79册
(清)張孔昭撰 曹焕斗注
練閲火器陣記一卷 Y0270/第79册
(清)薛熙撰

農家類

漢氾勝之遺書一卷附區田圖説一卷 Y0270/第79册
(漢)氾勝之撰 (清)宋葆淳輯 淩霄撰附
農書一卷 Y0270/第79册
(明)沈□撰 (清)張履祥補
豳風廣義三卷附原書一卷 Y0270/第79册
(清)楊屾撰
農丹一卷 Y0270/第79册
(清)張標撰
農具記一卷 Y0270/第79册
(清)陳玉璂撰
甘藷録一卷 Y0270/第79册
(清)陸燿撰
欽定授衣廣訓二卷 Y0270/第79册
(清)清仁宗敕撰
竹譜一卷 Y0270/第79册
(清)陳鼎撰
岕茶牋一卷 Y0270/第79册
(明)馮可賓撰
洞山岕茶系一卷 Y0270/第79册
(明)周高起撰
岕茶彙鈔一卷 Y0270/第79册
(清)冒襄撰
虎丘茶經注補一卷 Y0270/第79册
(清)陳鑑撰
茶史補一卷 Y0270/第79册
(清)余懷撰
人葠譜一卷 Y0270/第79册
(清)陸烜撰
烟譜一卷 Y0270/第79册
(清)陸燿撰
吴蕈譜一卷 Y0270/第79册
(清)吴林撰
野菜贊一卷 Y0270/第79册
(清)顧景星撰
荔譜一卷 Y0270/第79册
(清)陳定國撰
荔枝話一卷 Y0270/第79册
(清)林嗣環撰
荔社紀事一卷 Y0270/第79册
(清)高兆撰
水蜜桃譜一卷 Y0270/第79册
(清)褚華纂
箋卉一卷 Y0270/第79册
(清)吴菘撰
徐園秋花譜一卷 Y0270/第79册
(清)吴儀一撰
菊説一卷 Y0270/第79册
(清)計楠撰
藝菊新編一卷 Y0270/第79册
(清)蕭清泰撰
洋菊譜一卷 Y0270/第79册
(清)鄒一桂撰
蘭言一卷 Y0270/第79册
(清)冒襄撰
樹蕙編一卷 Y0270/第79册
(清)方時軒撰
天彭牡丹譜一卷 Y0270/第79册
(宋)陸游撰
亳州牡丹述一卷 Y0270/第79册
(清)鈕琇撰
牡丹譜一卷 Y0270/第79册
(清)計楠撰
鳳仙譜一卷 Y0270/第79册
(清)趙學敏撰

瓊花志一卷 Y0270/第79册
（清）朱顯祖撰
瓊英小錄一卷附錄一卷 Y0270/第79册
（清）俞樾撰
哺記一卷 Y0270/第79册
（清）黄百家撰
海味索隱一卷 Y0270/第79册
（明）屠本畯撰
江南魚鮮品一卷 Y0270/第79册
（清）陳鑑撰
續蟹譜一卷 Y0270/第79册
（清）褚人穫撰
識物一卷 Y0270/第79册
（清）陳僖撰
鴿經一卷 Y0270/第79册
（清）張萬鍾撰
鵪鶉譜一卷 Y0270/第79册
（清）程石鄰撰
畫眉筆談一卷 Y0270/第79册
（清）陳均撰
獸經一卷 Y0270/第79册
（清）張綱孫撰
虎苑二卷 Y0270/第79册
（明）王穉登撰
談虎一卷 Y0270/第79册
（清）趙彪詔撰
貓乘一卷附錄一卷 Y0270/第79册
（清）王初桐撰
蛇譜一卷 Y0270/第79册
（清）陳鼎撰
說蛇一卷 Y0270/第79册
（清）趙彪詔撰
龍經一卷 Y0270/第79册
（清）王晫撰

工藝類

陽羨茗壺系一卷 Y0270/第79册
（明）周高起撰
窰器說一卷 Y0270/第79册
（清）程哲撰
藥房心語一卷 Y0270/第79册
（清）楊中訥撰
繡譜一卷 Y0270/第79册
（清）陳丁佩撰
雪宧繡譜一卷 Y0270/第79册
沈壽述 張謇錄
婦人鞋襪考一卷 Y0270/第79册
（清）余懷纂
新纂香譜二卷 Y0270/第79册
（宋）陳敬撰
香韵一卷 Y0270/第79册
撰人不詳
黄熟香考 Y0270/第79册
（清）萬泰撰
非煙香法一卷 Y0270/第79册
（清）董說撰
湖船錄一卷 Y0270/第79册
（清）厲鶚撰
湖船續錄一卷首一卷 Y0270/第79册
（清）丁午撰
琉璃志一卷 Y0270/第79册
（清）孫廷銓撰
羽扇譜一卷 Y0270/第79册
（清）張燕昌撰
詠物十詞一卷 Y0270/第80册
（清）曹貞吉撰
墨譜法式三卷 Y0270/第80册
（宋）李孝美撰
中山狼圖一卷 Y0270/第80册
（明）程大約撰
利瑪竇題寶像圖一卷附贈墨苑文一卷
Y0270/第80册
（明）程大約撰
墨海十卷附錄一卷 Y0270/第80册
（明）方瑞生撰
墨表四卷 Y0270/第80册
（清）萬壽祺撰
鑑古齋墨藪四卷附錄一卷
Y0270/第80册
（清）汪近聖撰
內務府墨作則例一卷 Y0270/第80册
撰人不詳
中州墨錄三卷 Y0270/第80册
袁勵準撰
南學制墨劄記一卷 Y0270/第80册
謝崧岱撰
硯箋四卷 Y0270/第80册
（宋）高似孫撰
端石考一卷 Y0270/第80册
不著撰人
水坑石記一卷 Y0270/第80册
（清）錢朝鼎撰
硯林一卷 Y0270/第80册
（清）余懷撰
硯林拾遺一卷 Y0270/第80册
（清）施閏章撰
端溪硯石考一卷 Y0270/第80册
（清）高兆撰
淄硯錄一卷 Y0270/第80册
（清）盛百二撰
端溪硯譜記一卷 Y0270/第80册
（清）袁樹撰
端溪硯坑記一卷 Y0270/第80册
（清）李兆洛撰
寶硯堂硯辨一卷 Y0270/第80册
（清）何傳瑤撰
醉盦硯銘一卷 Y0270/第80册
（清）王繼香撰
文苑四史一卷 Y0270/第80册
（明）鍾泰華撰
熬波圖一卷 Y0270/第80册
（元）陳椿撰
頤堂先生糖霜譜一卷 Y0270/第80册
（宋）王灼撰
酒考一卷 Y0270/第80册
撰人不詳
天工開物三卷 Y0270/第80册
（明）宋應星撰

醫家類

醫津一筏一卷 Y0270/第80册
（清）江之蘭撰
傷寒六經定法一卷問答一卷
Y0270/第80册
（清）舒詔撰
傷寒六經定法一卷問答一卷
Y0270/第80册
（清）舒詔撰
丹溪朱氏脈因證治二卷 Y0270/第80册
（元）朱震亨撰
行醫八事圖一卷 Y0270/第80册
（清）丁雄飛撰
十藥神書一卷 Y0270/第80册
（元）葛乾孫撰（清）潘霨注
理虛元鑑二卷 Y0270/第81册
綺石先生撰（清）陸懋修重訂
何氏心傳一卷 Y0270/第81册
（清）何炫撰
溫熱經緯五卷 Y0270/第81册
（清）王士雄撰
葉氏眼科方一卷 Y0270/第81册
（清）葉桂撰
胎養良方一卷 Y0270/第81册

幼科鐵鏡六卷 Y0270/第81册
(清)夏鼎撰
壽親養老新書四卷 Y0270/第81册
(宋)陳直撰(元)鄒鉉續
勿藥須知一卷 Y0270/第81册
(清)尤乘撰
老老恒言五卷 Y0270/第81册
(清)曹庭棟撰
素女經一卷 Y0270/第81册
葉德輝輯
玉房秘訣一卷指要一卷 Y0270/第81册
葉德輝輯
洞玄子一卷 Y0270/第81册
葉德輝輯
天地陰陽交歡大樂賦一卷 Y0270/第81册
(唐)白行簡撰
廣成先生玉函經一卷 Y0270/第81册
(前蜀)杜光庭撰
脈藥聯珠六卷 Y0270/第81册
(清)龍柏撰
醫門擥要二卷 Y0270/第81册
(明)蘭茂撰
本草集注序錄殘一卷 Y0270/第81册
(梁)陶弘景撰
滇南本草三卷 Y0270/第81册
(明)蘭茂撰
藥症忌宜一卷 Y0270/第81册
(清)陳澈撰
攝生衆妙方十一卷 Y0270/第81册
(明)張時徹撰
景岳新方砭四卷 Y0270/第81册
(清)陳念祖撰
脈藥聯珠古方考四卷 Y0270/第81册
(清)龍柏撰
隨山宇方鈔一卷 Y0270/第81册
(清)汪曰楨撰
洄溪醫案一卷附一卷 Y0270/第81册
(清)徐大椿撰
醫學讀書記三卷續記一卷附靜香樓醫案一卷 Y0270/第81册
(清)尤怡撰
醫學總論一卷附一卷 Y0270/第81册
(清)陸汝衡撰

曆算類

周髀算經校勘記一卷 Y0270/第82册
(清)顧觀光撰
三統術補衍一卷 Y0270/第82册
(清)成蓉鏡撰
漢太初曆考一卷 Y0270/第82册
(清)成蓉鏡撰
穹天論一卷 Y0270/第82册
(晉)虞聳撰(清)馬國翰輯
天文書四卷 Y0270/第82册
(明)海達兒等
新曆曉或一卷 Y0270/第82册
(清)湯若望撰
新法表異一卷 Y0270/第82册
(清)湯若望撰
天官考異一卷 Y0270/第82册
(清)吳肅公撰
南極諸星考一卷 Y0270/第82册
(清)梅文鼎撰
學歷說一卷 Y0270/第82册
(清)梅文鼎撰
天文說一卷 Y0270/第82册
(清)董以寧撰
恒星說一卷 Y0270/第82册
(清)江聲撰
算術問答一卷 Y0270/第82册
(清)錢大昕撰
古經天象考十二卷圖說一卷緒說一卷 Y0270/第82册
(清)雷學淇撰
歲星表一卷 Y0270/第82册
(清)朱駿聲撰
歷代長術輯要十卷附古今推步諸術考二卷 Y0270/第82册
(清)汪曰楨撰
推步迪蒙記一卷 Y0270/第82册
(清)成蓉鏡撰
生霸死霸考一卷 Y0270/第82册
王國維撰
少廣正負術内篇三卷外篇三卷 Y0270/第82册
(清)孔廣森撰
開方通釋一卷 Y0270/第82册
(清)焦循撰
衡齋算學七卷 Y0270/第82册
(清)汪萊撰
弧矢算術細草圖解一卷 Y0270/第82册
(清)李鋭撰 馮桂芬解
九數外錄一卷 Y0270/第83册
(清)顧觀光撰
開方之分還原術一卷 Y0270/第83册
(清)宋景昌補草 鄒安鬯補圖
萬象一原九卷首一卷 Y0270/第83册
(清)夏鸞翔撰
句股演代二卷 Y0270/第83册
(清)江衡撰
信古齋句股一貫述四卷雜述一卷 Y0270/第83册
(清)宋演譯
爨桐廬算賸一卷續編一卷 Y0270/第83册
(清)方貞元撰
有不爲齋算學四卷 Y0270/第83册
(清)傅九淵撰
籌算法一卷 Y0270/第83册
(清)李滮撰
須曼精廬算學二十四卷 Y0270/第83册
(清)楊兆鋆撰
開方用表簡術一卷 Y0270/第83册
(清)程之驥撰
太玄闡秘十卷首一卷外編一卷附編一卷 Y0270/第83册
(清)陳本禮撰
皇極經世觀物外篇釋義四卷 Y0270/第83册
(明)余本撰
皇極經世心易發微八卷首一卷末一卷附補遺一卷 Y0270/第83册
(明)楊體仁撰

術數類

靈臺秘苑十五卷 Y0270/第83册
(北周)庾季才撰
易林釋文二卷 Y0270/第83册
(清)丁晏撰
卜筮書第二十三殘一卷 Y0270/第83册
羅振玉輯
心得要旨一卷 Y0270/第84册
(明)金星橋撰
地理驪珠一卷 Y0270/第84册
(清)張澐撰
風水祛惑一卷 Y0270/第84册
(清)丁芮樸撰
珠神真經二卷 Y0270/第84册
李德鴻撰
古觀人法一卷 Y0270/第84册
(清)宋瑾撰
鑑辨小言一卷 Y0270/第84册

(清)趙聯元撰
瑞應圖記一卷 Y0270/第84册
(梁)孫柔之撰 葉德輝輯
五行問一卷 Y0270/第84册
(清)吴肅公撰
藝術類
清祕藏二卷 Y0270/第84册
(明)張應文撰
潛吉堂雜著一卷 Y0270/第84册
(清)楊秉桂撰
寶素室金石書畫編年錄二卷 Y0270/第84册
(清)釋達受撰
破鐵網二卷 Y0270/第84册
(清)胡爾滎撰
真賞齋賦一卷 Y0270/第84册
(明)豐坊撰
孫氏書畫鈔二卷 Y0270/第84册
(明)孫鳳撰
庚子消夏記校文一卷附校勘記一卷 Y0270/第84册
(清)何焯撰 魏錫曾撰校勘記
須靜齋雲烟過眼錄一卷 Y0270/第84册
(清)潘世璜撰 潘遵祁錄
辛丑消夏記五卷 Y0270/第84册
(清)吴榮光撰
玉雨堂書畫記四卷 Y0270/第84册
(清)韓泰華撰
甌鉢羅室書畫過目考四卷首一卷附一卷 Y0270/第84册
(清)李玉棻編
游藝巵言二卷 Y0270/第84册
葉德輝撰
攻媿題跋十卷 Y0270/第84册
(宋)樓鑰撰
後村先生題跋十三卷 Y0270/第84册
(宋)劉克莊撰
珊瑚木難八卷 Y0270/第84册
(明)朱存理撰
汪氏珊瑚網法書題跋二十四卷汪氏珊瑚網名畫題跋二十四卷 Y0270/第85册
(明)汪砢玉撰
西湖卧游圖題跋一卷 Y0270/第85册
(明)李流芳輯
墨井題跋一卷 Y0270/第85册
(清)吴歷撰
王司農題畫錄二卷 Y0270/第85册
(清)王原祁撰 王保譿輯校
板橋題畫一卷 Y0270/第85册
(清)鄭燮撰
天瓶齋書畫題跋二卷 Y0270/第85册
(清)張照撰
天瓶齋書畫題跋補輯一卷 Y0270/第85册
(清)張照撰 張興載補輯
滋蕙堂法帖題跋一卷 Y0270/第85册
(清)曾恒德撰
芳堅館題跋四卷 Y0270/第85册
(清)郭尚先撰
賜硯齋題畫偶錄一卷 Y0270/第85册
(清)戴熙撰
月壺題畫詩一卷 Y0270/第85册
(清)瞿應紹撰
霜厓讀畫錄一卷 Y0270/第85册
吴梅撰
御覽書苑菁華二十卷 Y0270/第85册
(宋)陳思撰
雪庵字要一卷 Y0270/第85册
(元)李溥光撰
法書考八卷 Y0270/第85册
(元)盛熙明撰
書訣一卷 Y0270/第85册
(明)豐坊撰
書鏤管夢一卷 Y0270/第85册
(明)項穆撰
書法約言一卷 Y0270/第86册
(清)宋曹撰
鈍吟書要一卷 Y0270/第86册
(清)馮班撰
書筏一卷 Y0270/第86册
(清)笪重光撰
侯氏書品一卷 Y0270/第86册
(清)侯仁朔撰
分隸偶存二卷 Y0270/第86册
(清)萬經撰
國朝隸品一卷 Y0270/第86册
(清)桂馥撰
藝舟雙楫六卷 Y0270/第86册
(清)包世臣撰
顏書編年錄四卷 Y0270/第86册
(清)黄本驥撰
臨池心解一卷 Y0270/第86册
(清)朱和羹撰
唐褚河南陰符經墨跡一卷 Y0270/第86册
(唐)褚遂良書
淳化閣帖跋一卷 Y0270/第86册
(清)沈蘭先撰
淳化秘閣法帖源流考一卷 Y0270/第86册
(清)周行仁撰
十七帖述一卷 Y0270/第86册
(清)王弘撰撰
南邨帖考四卷 Y0270/第86册
(清)程文榮撰
聲畫集八卷 Y0270/第86册
(宋)孫紹遠輯
趙氏家法筆記一卷 Y0270/第86册
(元)撰人不詳
畫偈一卷 Y0270/第86册
(明)釋弘仁撰
畫塵一卷 Y0270/第86册
(明)沈顥撰
雨窗漫筆一卷 Y0270/第86册
(清)王原祁撰
麓臺題畫稿一卷 Y0270/第86册
(清)王原祁撰
畫羅漢頌一卷 Y0270/第86册
(清)廖燕撰
學畫淺說一卷 Y0270/第86册
(清)王槩撰
東莊論畫一卷 Y0270/第86册
(清)王昱撰
繪事發微一卷 Y0270/第86册
(清)唐岱撰
一角編二卷 Y0270/第86册
(清)周二學撰
圖畫精意識一卷 Y0270/第86册
(清)張庚撰
浦山論畫一卷 Y0270/第86册
(清)張庚撰
讀畫錄一卷 Y0270/第86册
(清)王棵撰
畫學心法問答一卷 Y0270/第86册
(清)布顔圖撰
南熏殿尊藏圖像目一卷 Y0270/第86册
(清)乾隆中敕撰
茶庫藏貯圖像目一卷 Y0270/第86册
(清)乾隆中敕撰
畫訣一卷 Y0270/第86册

（清）孔衍拭撰
指頭畫說一卷 Y0270/第 86 册
（清）高秉撰
寫竹雜記一卷 Y0270/第 86 册
（清）蔣和撰
三萬六千頃湖中畫船錄一卷 Y0270/第 86 册
（清）迮朗撰
二十四畫品一卷 Y0270/第 86 册
（清）黄鉞撰
山南論畫一卷 Y0270/第 86 册
（清）王學浩撰
畫筌析覽一卷 Y0270/第 86 册
（清）湯貽汾撰
養素居畫學鉤深一卷 Y0270/第 86 册
（清）董棨撰
繪事津梁一卷 Y0270/第 86 册
（清）秦祖永撰
觀畫百詠四卷 Y0270/第 86 册
葉德輝撰
畫家知希錄九卷 Y0270/第 86 册
李放撰
明刻傳奇圖像十種一卷 Y0270/第 86 册
陶湘輯
晚笑堂畫傳三卷 Y0270/第 86 册
（清）上官周繪
含少論略一卷 Y0270/第 87 册
（明）葛見堯撰
琴史六卷 Y0270/第 87 册
（宋）朱長文撰
琴學八則一卷 Y0270/第 87 册
（清）程雄撰
琴聲十六法一卷 Y0270/第 87 册
（清）莊臻鳳撰
琴況一卷 Y0270/第 87 册
（清）徐祺撰
瑟譜十卷 Y0270/第 87 册
（明）朱載堉撰
曲讌一卷 Y0270/第 87 册
（明）天都逸史撰
秋水園印說一卷 Y0270/第 87 册
（清）陳鍊撰
論印絕句一卷續編一卷 Y0270/第 87 册
（清）吳騫輯
篆刻鍼度八卷 Y0270/第 87 册
（清）陳克恕撰
印文考略一卷 Y0270/第 87 册
（清）鞠履厚撰
摹印傳燈二卷 Y0270/第 87 册
（清）葉爾寬撰
介庵印譜一卷 Y0270/第 87 册
（清）釋湛福刻
澹一齋章譜一卷 Y0270/第 87 册
（清）孫璓刻
乾隆竇譜一卷附錄一卷 Y0270/第 87 册
（清）乾隆十三年敕輯
書學印譜二卷 Y0270/第 87 册
（清）王綍撰
十瓶齋石言不分卷 Y0270/第 87 册
（清）孫鑄刻
味秋吟館紅書一卷 Y0270/第 87 册
（清）谷清刻
忘憂清樂集一卷 Y0270/第 87 册
（宋）李逸民輯
三友棋譜一卷 Y0270/第 87 册
（清）鄭晉德撰
聯莊一卷附聯騷一卷 Y0270/第 87 册
（清）張潮撰
春秋左傳類聯一卷 Y0270/第 87 册
（清）陸桂森撰
眉綠樓詞聯一卷 Y0270/第 87 册
（清）顧文彬撰
庾詞一卷 Y0270/第 87 册
（清）黄周星撰
燈謎 Y0270/第 87 册
（清）毛際可撰
投壺新格一卷 Y0270/第 87 册
（宋）司馬光撰
投壺考原一卷 Y0270/第 87 册
（清）丁晏撰
火戲略一卷 Y0270/第 87 册
（清）趙學敏撰
引勝小約 Y0270/第 87 册
（明）張陸撰
酒箴一卷 Y0270/第 87 册
（清）金昭鑑撰
觴政五十則一卷 Y0270/第 87 册
（清）沈中楹撰
廣抑戒錄一卷 Y0270/第 87 册
（清）朱曉撰
酒警一卷 Y0270/第 87 册
（清）程弘毅撰
仿園酒評一卷 Y0270/第 87 册
（清）張蓋撰
攬勝圖一卷 Y0270/第 87 册
（清）吳陳琰撰
攬勝圖譜一卷 Y0270/第 87 册
（清）高兆撰
酒政六則一卷 Y0270/第 87 册
（清）吳彬撰
南村觴政一卷 Y0270/第 87 册
（清）張惣撰
嬾園觴政一卷 Y0270/第 87 册
（清）蔡祖庚撰
醉鄉約法一卷 Y0270/第 87 册
（清）葉奕苞撰
飲中八仙令 Y0270/第 87 册
（清）張潮撰
暢叙譜一卷 Y0270/第 87 册
（清）沈德潛撰
除紅譜一卷 Y0270/第 87 册
（宋）朱河撰
牡丹亭骰譜一卷 Y0270/第 87 册
（清）徐震撰
牧豬閒話一卷 Y0270/第 87 册
（清）金學詩撰
桐階副墨一卷 Y0270/第 87 册
（明）黎遂球撰
混同天牌譜一卷 Y0270/第 87 册
（清）鄭旭旦撰
四十張紙牌說 Y0270/第 87 册
（清）李式玉撰
馬弔說一卷 Y0270/第 87 册
（清）李鄴嗣撰
花甲數譜一卷 Y0270/第 87 册
（清）俞長城撰
牙牌參禪圖譜一卷 Y0270/第 87 册
（清）劉遵陸撰
飯有十二合說一卷 Y0270/第 87 册
（清）張英撰
品茶八要一卷 Y0270/第 87 册
園冶三卷 Y0270/第 87 册
（明）計成撰
將就園記一卷 Y0270/第 87 册
（清）黄周星撰
花間碎事一卷 Y0270/第 87 册
選石記 Y0270/第 87 册
（清）成性撰
後觀石錄一卷 Y0270/第 87 册
（清）毛奇齡撰
怪石贊一卷 Y0270/第 87 册

（清）宋犖撰
石友贊一卷 Y0270/第 87 册
（清）王晫撰
怪石錄一卷 Y0270/第 87 册
（清）沈心撰
雨花石子記一卷 Y0270/第 87 册
王猩酋撰
唯自勉齋長物志三卷 Y0270/第 87 册
（清）唐翰題撰
書齋清事一卷 Y0270/第 87 册
清閑供一卷 Y0270/第 87 册
（明）程羽文撰
九喜榻記一卷 Y0270/第 87 册
（清）丁雄飛撰
仿園清語一卷 Y0270/第 87 册
（清）張蓋撰
洗塵法一卷 Y0270/第 87 册
（清）馬文燦撰
灌園十二師一卷 Y0270/第 87 册
（清）徐沁撰
香雪齋樂事一卷 Y0270/第 87 册
（清）江之蘭撰
芸窗雅事一卷 Y0270/第 87 册
（清）施清撰
書齋快事一卷 Y0270/第 87 册
（清）沈元琨撰
紀草堂十六宜一卷 Y0270/第 87 册
（清）王晫撰
曼盦壺廬銘一卷 Y0270/第 87 册
（清）葉金壽撰 郭傳璞注
勝蓮社約一卷 Y0270/第 87 册
（明）虞淳熙撰
月會約一卷 Y0270/第 87 册
（明）嚴武順撰
頌酒雜約一卷 Y0270/第 87 册
真率會約一卷 Y0270/第 87 册
（清）尤侗撰
簋貳約 Y0270/第 87 册
（清）尤侗撰
文房約一卷 Y0270/第 87 册
（清）江之蘭撰
賓告一卷 Y0270/第 87 册
（清）葉奕苞撰
古歡社約一卷 Y0270/第 87 册
（清）丁雄飛撰
菊社約一卷 Y0270/第 87 册
（清）狄億撰
友約一卷 Y0270/第 87 册
（清）顧有孝撰
酒約一卷 Y0270/第 87 册
（清）吳肅公撰
玩月約一卷 Y0270/第 87 册
（清）張潮撰
放生會約一卷 Y0270/第 87 册
（清）吳陳炎撰

雜學類

淮南鴻烈閒詁二卷 Y0270/第 87 册
（漢）許慎撰 葉德輝輯
任子一卷 Y0270/第 87 册
（漢）任奕撰
蔣子萬機論一卷 Y0270/第 87 册
（魏）蔣濟撰（清）嚴可均輯
劉氏政論一卷 Y0270/第 87 册
（魏）劉廙撰（清）嚴可均輯
桓氏世要論一卷 Y0270/第 87 册
（魏）桓範撰（清）嚴可均輯
杜氏篤論一卷 Y0270/第 87 册
（魏）杜恕撰（清）嚴可均輯
東洲几上語一卷枕上語一卷 Y0270/第 87 册
（宋）施清臣撰
道餘錄一卷 Y0270/第 87 册
（明）姚廣孝撰
海涵萬象錄四卷附考證一卷 Y0270/第 87 册
（明）黃潤玉撰 馮貞羣考證
浮物一卷 Y0270/第 87 册
（明）祝允明撰
大復論一卷 Y0270/第 88 册
（明）何景明撰
太藪外史一卷 Y0270/第 88 册
（明）蔡羽撰
何之子一卷 Y0270/第 88 册
（明）周宏禴撰
德山暑譚一卷 Y0270/第 88 册
（明）袁宏道撰
槎庵燕語一卷 Y0270/第 88 册
（明）來斯行撰
玄晏齋困思鈔二卷 Y0270/第 88 册
（明）孫慎行撰
管天筆記外編二卷 Y0270/第 88 册
（明）王嗣奭撰
郎川答問一卷 Y0270/第 88 册
（明）余常吉撰
擬易一卷 Y0270/第 88 册
（明）張武略撰
九發一卷 Y0270/第 88 册
（明）支華平撰
錢詈一卷 Y0270/第 88 册
（明）支華平撰
儒禪一卷 Y0270/第 88 册
（明）吳從先撰
松霞館贅言一卷 Y0270/第 88 册
（明）李長卿撰
元邱素話一卷 Y0270/第 88 册
（清）余紹祉撰
世書一卷 Y0270/第 88 册
（清）吳穎撰
激書二卷附校勘記一卷 Y0270/第 88 册
（清）賀貽孫撰 胡思敬校
西城風俗記一卷 Y0270/第 88 册
（清）金人瑞撰
旅書一卷 Y0270/第 88 册
（清）陳璜撰
五九枝譚一卷 Y0270/第 88 册
（清）尤侗撰
偶書一卷 Y0270/第 88 册
（清）魏際瑞撰
漁樵問答一卷 Y0270/第 88 册
（清）釋成鷲撰
山中問答一卷 Y0270/第 88 册
（清）楊士美撰
釋冰書一卷 Y0270/第 88 册
（清）孫汧如撰
東江子一卷 Y0270/第 88 册
（清）沈謙撰
稚黃子一卷 Y0270/第 88 册
（清）毛先舒撰
目錄雜說一卷 Y0270/第 88 册
（清）魏禧撰
吳鱓放言一卷 Y0270/第 88 册
（清）吳莊撰
艾言一卷 Y0270/第 88 册
（清）徐元美撰
拙翁庸語一卷 Y0270/第 88 册
（清）劉芳喆撰
松溪子一卷 Y0270/第 88 册
（清）王晫撰
學語雜篇一卷 Y0270/第 88 册
（清）沈思倫撰
雜言一卷 Y0270/第 88 册

(清)鈕琇撰
山公九原一卷 Y0270/第88册
(清)馮景撰
柳庭輿地隅說三卷 Y0270/第88册
(清)孫蘭撰
觀物篇一卷 Y0270/第88册
(清)石龐撰
悟語一卷 Y0270/第88册
(清)石龐撰
漁談一卷 Y0270/第88册
(清)郭欽華撰
適來子一卷 Y0270/第88册
(清)張潤貞撰
牘外餘言一卷 Y0270/第88册
(清)袁枚撰
聞見瓣香錄十卷 Y0270/第88册
(清)秦武域纂
育書一卷 Y0270/第88册
(清)張登瀛撰
曁陽答問四卷 Y0270/第88册
(清)蔣彤輯
郎園論學書札一卷 Y0270/第88册
葉德輝撰
補輯風俗通義佚文一卷 Y0270/第88册
(漢)應劭撰 (清)顧櫰三輯
讀東坡志林一卷 Y0270/第88册
(清)尤侗撰
玉潤雜書一卷 Y0270/第88册
(宋)葉夢得撰
巖下放言三卷 Y0270/第88册
(宋)葉夢得撰
藏一話腴內編二卷外編二卷附校勘記一卷校勘續記一卷 Y0270/第88册
(宋)陳郁撰 魏元曠撰校勘記 胡思敬撰校勘續記
南園漫錄十卷 Y0270/第88册
(明)張志淳撰
傍秋亭雜記二卷 Y0270/第88册
(明)顧清撰
雅述一卷 Y0270/第88册
(明)王廷相撰
灼艾集二卷續集二卷餘集二卷別集二卷 Y0270/第88册
(明)萬表撰
綠雪亭雜言一卷 Y0270/第89册
(明)敖英撰
宙載二卷 Y0270/第89册
(明)張合撰
戒庵老人漫筆八卷 Y0270/第89册
(明)李詡撰
松窗夢語八卷 Y0270/第89册
(明)張瀚撰
璅言一卷附夢語一卷 Y0270/第89册
(明)于慎行撰
雜記一卷 Y0270/第89册
(明)于慎行撰
清賢記六卷 Y0270/第89册
(明)尤鏜撰
丹甑一卷 Y0270/第89册
(明)袁宗道撰
紫桃軒雜綴三卷又綴三卷 Y0270/第89册
(明)李日華撰
交友觀一卷 Y0270/第89册
(明)吳從先撰
天爵堂筆餘一卷 Y0270/第89册
(明)薛崗撰
西山日記二卷 Y0270/第89册
(明)丁元薦撰
吹景集十四卷 Y0270/第89册
(明)董斯張撰
棗林雜俎六卷附錄一卷 Y0270/第89册
(明)談遷撰
識小錄四卷 Y0270/第89册
(明)徐樹丕撰
秋濤一卷 Y0270/第90册
(明)王聖俞撰
光明藏一卷 Y0270/第90册
(明)倪允昌撰
晉麈一卷 Y0270/第90册
(明)雙清撰
螢燈一卷 Y0270/第90册
(明)無如子撰
白雲梯一卷 Y0270/第90册
(明)李何事撰
黃齢一卷 Y0270/第90册
(明)黃俞言撰
存論一卷 Y0270/第90册
(明)天台野人撰
書憲一卷 Y0270/第90册
(明)吳季子撰
有情癡一卷 Y0270/第90册
(明)吳季子撰
七幅庵一卷 Y0270/第90册
(明)傅遠度撰
碣石宮疊語一卷 Y0270/第90册
(明)阮堅之撰
即山論一卷 Y0270/第90册
(明)沈君烈撰
千一錄客談一卷 Y0270/第90册
(明)方弘靜撰
月唳一卷 Y0270/第90册
(明)淩仲望撰
秋水鏡一卷 Y0270/第90册
(明)洪月誠撰
審是帙一卷 Y0270/第90册
(明)張靖之撰
弋說一卷 Y0270/第90册
(明)沈長慶撰
蒲團上語一卷 Y0270/第90册
(明)鮑在齊撰
山遊十六觀一卷 Y0270/第90册
(明)沈懋功撰
珠采一卷 Y0270/第90册
(明)撰人不詳
土令一卷 Y0270/第90册
(明)郭子章 黃寓庸撰
長嘯餘一卷 Y0270/第90册
(明)孫燕貽撰
嘔絲一卷 Y0270/第90册
(明)何偉然撰
書紳要語一卷 Y0270/第90册
睡方書一卷 Y0270/第90册
雨窗隨喜一卷 Y0270/第90册
清史一卷 Y0270/第90册
療言一卷 Y0270/第90册
冬夜箋記一卷 Y0270/第90册
(清)王崇簡撰
善易者言一卷 Y0270/第90册
(清)吳穎撰
西河襍箋一卷 Y0270/第90册
(清)毛奇齡撰
志壑堂雜記一卷 Y0270/第90册
(清)唐夢賚撰
無名氏筆記一卷 Y0270/第90册
(清)撰人不詳
分甘餘話二卷 Y0270/第90册
(清)王士禛(王士禎)撰
古夫于亭雜錄六卷 Y0270/第90册
(清)王士禛(王士禎)撰
池北偶談三卷 Y0270/第90册

（清）王士禛（王士禎）撰
竹溪雜述一卷　Y0270/第90册
（清）殷曙撰
天香樓偶得一卷　Y0270/第90册
（清）虞兆漋撰
言鯖二卷　Y0270/第90册
（清）呂種玉撰
強聒録一卷　Y0270/第90册
（清）彭堯諭撰
人海記一卷　Y0270/第90册
（清）查慎行撰
淥水亭雜識一卷　Y0270/第90册
（清）納蘭成德撰
在園雜志四卷　Y0270/第90册
（清）劉廷璣撰
詹言一卷　Y0270/第90册
（清）黄之雋撰
偶然欲書一卷　Y0270/第90册
（清）方桑如撰
權齋老人筆記四卷　Y0270/第90册
（清）沈炳巽撰
蠟談一卷附雜説　Y0270/第90册
（清）盧存心撰
蘭舫筆記一卷　Y0270/第90册
（清）常輝撰
談書録一卷　Y0270/第90册
（清）汪師韓撰
柚堂續筆談三卷　Y0270/第90册
（清）盛百二撰
梅谷偶筆一卷　Y0270/第90册
（清）陸烜撰
巾箱説一卷　Y0270/第90册
（清）金埴撰
日貫齋塗説一卷　Y0270/第90册
（清）梁同書撰
炙硯瑣談三卷　Y0270/第90册
（清）湯大奎撰
尖陽叢筆十卷　Y0270/第90册
（清）吳騫撰
丙辰劄記一卷　Y0270/第90册
（清）章學誠撰
雞窗叢語一卷　Y0270/第90册
（清）蔡澄撰
午風堂叢談八卷　Y0270/第91册
（清）鄒炳泰撰
東齋脞語一卷　Y0270/第91册
（清）吳翌鳳撰
遜志堂雜鈔十卷　Y0270/第91册
（清）吳翌鳳撰
鐙窗叢録五卷補遺一卷　Y0270/第91册
（清）吳翌鳳撰
飲淥軒隨筆二卷　Y0270/第91册
（清）伍宇澄撰
黄奶餘話八卷　Y0270/第91册
（清）陳錫路撰
寒夜叢談三卷　Y0270/第91册
（清）沈赤然撰
夢闌瑣筆一卷　Y0270/第91册
（清）楊復吉撰
教經堂談藪六卷　Y0270/第91册
（清）徐書受撰
易餘籥録二十卷　Y0270/第91册
（清）焦循撰
匏園掌録二卷　Y0270/第91册
（清）楊夔生撰
蕙櫋雜記一卷　Y0270/第91册
（清）嚴元照撰
思問録一卷　Y0270/第91册
（清）顧道稷撰
癡學八卷　Y0270/第91册
（清）黄本驥撰
松陰快談一卷　Y0270/第91册
（日）長野確撰
借閒隨筆一卷　Y0270/第91册
（清）汪遠孫撰
瑟榭叢談二卷　Y0270/第91册
（清）沈濤撰
交翠軒筆記四卷　Y0270/第91册
（清）沈濤撰
重論文齋筆録十二卷　Y0270/第91册
（清）王端履撰
珊瑚舌雕談摘鈔一卷　Y0270/第91册
（清）許起撰
冷官餘談二卷　Y0270/第91册
（清）袁嘉謨撰
聞見闡幽録一卷　Y0270/第91册
（清）韋光黻撰
雲自在堪筆記七卷　Y0270/第91册
繆荃孫撰
荷香館瑣言二卷　Y0270/第91册
丁國鈞撰
可言十四卷　Y0270/第91册
徐珂撰
彤芬室筆記一卷　Y0270/第91册
徐新華撰
學林考證一卷　Y0270/第92册
孫文昱撰
石魚偶記一卷　Y0270/第92册
（宋）楊簡撰
困學紀聞補注二十卷　Y0270/第92册
（清）張嘉祿撰
名義考十二卷　Y0270/第92册
（明）周祈撰
拾遺録一卷附校勘記一卷校勘續記一卷　Y0270/第92册
（明）胡爌撰 魏元曠撰校勘記 胡思敬撰校勘續記
讀五胡載記一卷　Y0270/第92册
（明）歐陽于玉撰
雜録一卷　Y0270/第92册
（清）顧炎武撰
學海蠡測一卷　Y0270/第92册
（清）沈謙撰
得樹樓雜鈔十五卷　Y0270/第92册
（清）查慎行撰
讀書質疑二卷　Y0270/第92册
（清）吳震方撰
畏壘筆記四卷　Y0270/第92册
（清）徐昂發撰
松崖筆記三卷　Y0270/第92册
（清）惠棟撰
九曜齋筆記三卷　Y0270/第92册
（清）惠棟撰
雜諍一卷　Y0270/第92册
（清）楊名寧撰
群書拾補識語一卷　Y0270/第92册
（清）徐友蘭撰
綠溪語二卷　Y0270/第92册
（清）靳榮藩撰
南江札記四卷　Y0270/第92册
（清）邵晉涵撰
舊學蓄疑一卷　Y0270/第92册
（清）汪中撰
小學盦遺書四卷　Y0270/第92册
（清）錢馥撰
質疑删存三卷　Y0270/第92册
（清）張宗泰撰
讀書雜記一卷　Y0270/第92册
（清）王紹蘭撰
經史管窺一卷　Y0270/第92册
（清）蕭曇撰

饔天錄一卷 Y0270/第92册
(清)柯汝鍔撰
潘瀾筆記二卷 Y0270/第92册
(清)彭兆蓀撰
癸巳類稿十五卷附詩文補遺一卷俞理初先生(正燮)年譜一卷 Y0270/第93册
(清)俞正燮撰 王立中撰年譜
群書答問二卷補遺一卷 Y0270/第93册
(清)凌曙撰
讀書小記二卷 Y0270/第93册
(清)焦廷琥撰
經史質疑錄一卷 Y0270/第93册
(清)張聰咸撰
音匏隨筆一卷 Y0270/第93册
(清)曹楙堅撰
愈愚錄六卷 Y0270/第93册
(清)劉寶楠撰
唐述山房日錄一卷 Y0270/第93册
(清)盛朝勛撰
讀書雜釋十四卷 Y0270/第93册
(清)徐鼒撰
東湖叢記六卷 Y0270/第93册
(清)蔣光煦撰
古柏齋讀書雜識一卷 Y0270/第93册
(清)王家文撰
蘿摩亭札記八卷 Y0270/第93册
(清)喬松年撰
駉思室答問一卷 Y0270/第93册
(清)成蓉鏡撰
讀書雜識十二卷 Y0270/第93册
(清)勞格撰
越縵堂日記鈔二卷 Y0270/第93册
(清)李慈銘撰
無邪堂答問五卷 Y0270/第93册
(清)朱一新撰
謹案二十五等人圖一卷 Y0270/第94册
三教源流搜神大全七卷 Y0270/第94册
(宋)不著撰人
忍經一卷 Y0270/第94册
(元)吳亮輯
戒殺文一卷 Y0270/第94册
(明)黎遂球撰
斷肉編一卷 Y0270/第94册
(明)閻含卿撰
七勸號一卷 Y0270/第94册
(清)張習孔撰
豆腐戒 Y0270/第94册
(清)尤侗撰
戒賭文一卷 Y0270/第94册
(清)尤侗撰
觀宅四十吉祥相一卷 Y0270/第94册
(清)周文煒撰
醉筆堂三十六善一卷 Y0270/第94册
(清)李日景撰
廣惜字說一卷 Y0270/第94册
(清)張允祥撰
清戒 Y0270/第94册
(清)石崇階撰
宦海慈航 Y0270/第94册
(清)蔣埴撰
心相百二十善一卷 Y0270/第94册
(清)沈捷撰
戒淫錄一卷 Y0270/第94册
(清)姚廷傑撰
小雲棲放生錄一卷 Y0270/第94册
(清)釋與楷輯

典故類

意林注五卷逸文一卷附編一卷 Y0270/第94册
(清)周廣業撰并輯
經子法語二十四卷 Y0270/第94册
(宋)洪邁輯
格言僅錄一卷 Y0270/第94册
(清)王仕雲撰
明本大字應用碎金二卷 Y0270/第94册
(清)撰人不詳
廣連珠一卷 Y0270/第94册
(清)陳濟生撰
月滿樓甄藻錄一卷 Y0270/第94册
(清)顧宗泰撰
花寮一卷 Y0270/第94册
花案一卷 Y0270/第94册
(明)何仙郎撰
蟲天志一卷 Y0270/第94册
(明)沈弘正撰
翰苑殘一卷 Y0270/第94册
(唐)張楚金撰 雍公叡注
說略三十卷 Y0270/第94册
(明)顧起元撰
讀書紀數略五十四卷 Y0270/第95册
(清)宮夢仁撰
聲律發蒙一卷 Y0270/第95册
(明)蘭茂撰

小說類

三水小牘二卷逸文一卷附錄一卷 Y0270/第95册
(唐)皇甫枚撰 繆荃孫校補
月河所聞集一卷 Y0270/第95册
(宋)莫君陳撰
續墨客揮犀十卷 Y0270/第95册
(宋)彭乘撰
新編醉翁談錄八卷 Y0270/第95册
(宋)金盈之撰
重刊湖海新聞夷堅續志前集二卷後集二卷補遺一卷 Y0270/第95册
(元)撰人不詳
對客燕談一卷 Y0270/第95册
(明)邵寶撰
山樵暇語十卷 Y0270/第95册
(明)俞弁撰
秋枚樓眉判一卷 Y0270/第95册
(明)何偉然撰
鄭桐庵筆記一卷 Y0270/第95册
(明)鄭敷教撰
鄭桐庵筆記補逸一卷 Y0270/第95册
(明)鄭敷教撰
樂府餘編一卷 Y0270/第95册
揚州夢一卷補一卷 Y0270/第95册
雙門調一卷 Y0270/第95册
(明)鄭元夫撰
十影君傳一卷 Y0270/第95册
(明)支廷訓撰
一聲鶯一卷 Y0270/第95册
(明)張來初撰
倉庚集一卷 Y0270/第95册
(明)魏昆陽撰
窈聞一卷續一卷 Y0270/第95册
(明)葉紹袁撰
瓊花鏡一卷 Y0270/第95册
(明)葉紹袁撰
惑溺供一卷 Y0270/第95册
(明)林□撰
千古一朋一卷 Y0270/第95册
禪榻夢餘一卷 Y0270/第95册
談助一卷 Y0270/第95册
(清)王崇簡撰
客舍偶聞一卷 Y0270/第95册
(清)彭孫貽撰
影梅庵憶語一卷 Y0270/第95册
(清)冒襄撰

矩齋雜記一卷 Y0270/第95册
(清)施閏章撰
仁恕堂筆記一卷 Y0270/第95册
(清)黎士宏撰
觚賸一卷 Y0270/第95册
(清)鈕琇輯
閒餘筆話一卷 Y0270/第95册
(清)湯傳楹撰
蓴鄉贅筆三卷 Y0270/第96册
(清)董含撰
說鈴一卷 Y0270/第96册
(清)汪琬撰
香天談藪一卷 Y0270/第96册
(清)吳雷發撰
張氏卮言一卷 Y0270/第96册
(清)張元賡撰
說部精華十二卷 Y0270/第96册
(清)王士禛(王士禎)撰 劉堅類次
筠廊偶筆二卷 Y0270/第96册
(清)宋犖撰
筠廊二筆一卷 Y0270/第96册
(清)宋犖撰
快說續紀一卷 Y0270/第96册
(清)王晫撰
五石瓠六卷 Y0270/第96册
(清)劉鑾撰
天祿識餘二卷 Y0270/第96册
(清)高士奇撰
幽夢影二卷 Y0270/第96册
(清)張潮撰
見聞錄一卷 Y0270/第96册
(清)徐岳撰
耳書一卷 Y0270/第96册
(清)佟世思撰
春樹閒鈔二卷 Y0270/第96册
(清)顧嗣立撰
松下雜抄二卷 Y0270/第96册
(清)撰人不詳
石里雜識一卷 Y0270/第96册
(清)張尚瑗撰
簪雲樓雜說一卷 Y0270/第96册
(清)陳尚古撰
吳門畫舫錄一卷 Y0270/第96册
(清)西溪山人撰
塵餘一卷 Y0270/第96册
(清)曹宗璠撰
塵餘叢話二卷 Y0270/第96册
(清)鮑倚雲撰
聞見偶錄一卷 Y0270/第96册
(清)朱象賢撰
晋人麈一卷 Y0270/第96册
(清)沈曰霖撰
散花庵叢語一卷 Y0270/第96册
(清)葉鑅撰
秋燈叢話一卷 Y0270/第96册
(清)戴延年撰
消夏閑記摘鈔三卷 Y0270/第96册
(清)顧公燮撰
潮嘉風月記一卷 Y0270/第96册
(清)俞蛟撰
賢已編六卷 Y0270/第96册
(清)黃安濤撰
多暇錄二卷 Y0270/第96册
(清)程庭鷺撰
讕言瑣記一卷 Y0270/第96册
(清)劉因之撰
北窗囈語一卷 Y0270/第96册
(清)朱燾撰
醉鄉瑣志一卷 Y0270/第96册
(清)黃體芳撰
郭氏玄中記一卷 Y0270/第96册
郭□撰 葉德輝輯
蚓庵瑣語一卷 Y0270/第96册
(清)王逋撰
冥報錄二卷 Y0270/第96册
(清)陸圻撰
諾皋廣志一卷 Y0270/第97册
(清)徐芳撰
果報聞見錄一卷 Y0270/第97册
(清)楊式傅撰
山齋客譚一卷 Y0270/第97册
(清)景星杓撰
信徵錄一卷 Y0270/第97册
(清)徐慶撰
述異記三卷 Y0270/第97册
(清)東軒主人撰
曠園雜志二卷 Y0270/第97册
(清)吳陳琰撰
龜臺琬琰一卷 Y0270/第97册
(清)張正茂撰
冥報記三卷 Y0270/第97册
(唐)唐臨撰
鐙下閑談二卷 Y0270/第97册
(宋)撰人不詳
十處士傳一卷 Y0270/第97册
(明)支立撰
桂枝女子傳一卷 Y0270/第97册
(明)撰人不詳
一夢緣一卷 Y0270/第97册
(明)王國梓撰
弈律一卷 Y0270/第97册
(明)王思任撰
花錫新命一卷附廣陵女士花殿最一卷
Y0270/第97册
(明)佘君翼撰
花底拾遺一卷 Y0270/第97册
(明)黎遂球撰
尋常事一卷 Y0270/第97册
(明)西韓生輯
客齋使令一卷 Y0270/第97册
(明)俞僧蜜撰
客齋使令反一卷 Y0270/第97册
(明)程羽文撰
鴛鴦牒一卷 Y0270/第97册
(明)程羽文撰
石交 Y0270/第97册
(明)程羽文撰
詩本事一卷 Y0270/第97册
(明)程羽文撰
豔體聯珠一卷 Y0270/第97册
(明)葉小鸞撰
閒情十二憮一卷 Y0270/第97册
(明)蘇士琨撰
十眉謠一卷 Y0270/第97册
(清)徐士俊撰
小半斤謠 Y0270/第97册
(清)黃周星撰
酒社芻言一卷 Y0270/第97册
(清)黃周星撰
鴛鴦譜一卷 Y0270/第97册
(清)衛泳撰
病約三章一卷 Y0270/第97册
(清)尤侗撰
負卦一卷 Y0270/第97册
(清)尤侗撰
元寶公案一卷 Y0270/第97册
(清)謝開寵撰
美人譜一卷 Y0270/第97册
(清)徐震撰
補庵黛史一卷 Y0270/第97册
(清)張芳撰

小星志一卷 Y0270/第97册
(清)丁雄飛撰
羽族通譜一卷 Y0270/第97册
(清)來集之撰
約言一卷 Y0270/第97册
(清)張適撰
半庵笑政一卷 Y0270/第97册
(清)陳皐謨撰
課婢約一卷 Y0270/第97册
(清)王晫撰
報謁例言一卷 Y0270/第97册
(清)王晫撰
謟卦 Y0270/第97册
(清)王晫撰
妒律一卷 Y0270/第97册
(清)陳元龍撰
貧卦一卷 Y0270/第97册
(清)張潮撰
書本草一卷 Y0270/第97册
(清)張潮撰
花鳥春秋一卷 Y0270/第97册
(清)張潮撰
補花底拾遺一卷 Y0270/第97册
(清)張潮撰
酒律一卷 Y0270/第97册
(清)張潮撰
十美詞紀一卷 Y0270/第97册
(清)鄒樞撰
胭脂紀事一卷 Y0270/第97册
(清)伍瑞隆撰
天足考略一卷 Y0270/第97册
徐珂撰
新槧大唐三藏法師取經記殘二卷
Y0270/第97册
(宋)撰人不詳

道教類

太玄真一本際經殘卷一卷
Y0270/第97册
太上感應靈篇圖說一卷附錄一卷
Y0270/第97册
(元)陳堅撰
陰騭文頌一卷 Y0270/第97册
(清)曹學詩撰
天仙正理二卷附錄一卷 Y0270/第97册
(明)伍守陽撰
無上秘要殘卷一卷 Y0270/第97册
道書殘一卷 Y0270/第97册
羅振玉輯

佛教類

佛說十八泥犁經一卷 Y0270/第97册
(漢)釋安世高譯
佛說雜藏經一卷 Y0270/第97册
(晉)釋法顯譯
餓鬼報應經一卷 Y0270/第97册
佛說鬼問目連經一卷 Y0270/第97册
(漢)釋安世高譯
佛說四十二章經一卷 Y0270/第97册
宋真宗注
無盡燈一卷 Y0270/第97册
(明)來斯行撰
觀老莊影響論一卷 Y0270/第97册
(明)釋德清(憨山道人)撰
心燈錄六卷 Y0270/第97册
(清)湛愚老人撰
鬱單越頌一卷 Y0270/第97册
(清)黃周星撰
牧牛圖頌一卷又十頌一卷
Y0270/第97册
釋普明等撰
竹窗合筆一卷 Y0270/第97册
(明)釋袾宏撰
頂門針一卷 Y0270/第97册
(明)徐卷石撰
奏對機緣一卷 Y0270/第97册
(清)釋道忞撰
念佛三昧一卷 Y0270/第97册
(清)金人瑞撰
佛解六篇一卷 Y0270/第97册
(清)畢熙暘撰
瞻禮舍利記一卷 Y0270/第97册
(明)李封若撰
現果隨錄一卷 Y0270/第97册
(清)釋戒顯撰
佛法靈感記一卷 Y0270/第97册
張伯楨撰
佛國禪師文殊指南圖讃一卷
Y0270/第97册
(宋)張商英撰
護國寺元人諸天畫像讃一卷
Y0270/第97册
(明)傅巖撰

其他宗教類

天方典禮擇要解二十卷後編一卷
Y0270/第97册
(清)劉智撰

集部

楚辭類

楚辭新注八卷 Y0270/第98册
(清)屈復撰
屈子離騷彙訂三卷雜文箋略二卷首一卷 Y0270/第98册
(清)王邦采撰
天問天對解一卷 Y0270/第98册
(宋)楊萬里撰
天問校正一卷 Y0270/第98册
(清)屈復撰
楚辭天問箋一卷 Y0270/第98册
(清)丁晏撰
楚辭音殘一卷 Y0270/第98册
(隋)釋道騫撰
欽定補繪離騷圖三卷 Y0270/第98册
(清)蕭雲從繪
陳老蓮離騷圖像一卷 Y0270/第98册
(明)陳洪綬繪
反離騷一卷 Y0270/第98册
(漢)揚雄撰
馮曲陽集一卷 Y0270/第98册
(漢)馮衍撰 張鵬一校補
傅司馬集一卷 Y0270/第98册
(漢)傅毅撰
趙太常集一卷 Y0270/第98册
(漢)趙岐撰
蔡中郎外集四卷附列傳一卷年表一卷
Y0270/第98册
(漢)蔡邕撰 (清)高均儒輯
趙計吏集一卷 Y0270/第98册
(漢)趙壹撰
曹集考異十二卷 Y0270/第98册
(清)朱緒曾撰
支遁集二卷首一卷補遺一卷
Y0270/第98册
(晉)釋支遁撰 (清)蔣清翊輯補遺
陶詩彙注四卷首一卷末一卷
Y0270/第98册
(清)吳瞻泰撰 許印芳增訂
華陽陶隱居集二卷 Y0270/第98册
(梁)陶弘景撰 (清)嚴可均輯
陶貞白集一卷校勘記一卷
Y0270/第98册
(梁)陶弘景撰 (清)汪振之撰校勘記

梁昭明太子集五卷補遺一卷 Y0270/第98册
(梁)蕭統撰
庾子山集十六卷附總釋一卷年譜一卷 Y0270/第98册
(北周)庾信撰 (清)倪璠注并撰總釋年譜

別集類

哀江南賦注一卷 Y0270/第99册
(北周)庾信撰 (清)徐樹穀 徐炯注
虞祕監集四卷 Y0270/第99册
(唐)虞世南撰
褚亮集一卷 Y0270/第99册
(唐)褚亮撰
褚遂良集一卷 Y0270/第99册
(唐)褚遂良撰
大唐三藏玄奘法師表啓一卷 Y0270/第99册
(唐)釋玄奘撰
寒山詩集一卷附豐干拾得詩一卷 Y0270/第99册
(唐)釋寒山撰 釋豐干 釋拾得撰附
賀祕監集一卷外紀三卷 Y0270/第99册
(唐)賀知章撰 馮貞群 張壽鏞輯外紀
唐丞相曲江張文獻公集十二卷附錄一卷曲江集考證二卷附曲江年譜一卷 Y0270/第99册
(唐)張九齡撰 (清)溫汝适校并撰考證年譜
李北海集五卷 Y0270/第99册
(唐)李邕撰
孟浩然集三卷 Y0270/第99册
(唐)孟浩然撰
李太白詩選五卷 Y0270/第99册
(唐)李白撰 (明)張含輯
顔魯公文集三十卷附補遺一卷目錄一卷世系表一卷年譜一卷 Y0270/第99册
(唐)顔真卿撰 (清)黄本驥編年譜
集千家注杜工部詩集二十卷附錄一卷文集二卷 Y0270/第100册
(唐)杜甫撰 (元)高楚芳輯
蕭茂挺集一卷 Y0270/第100册
(唐)蕭穎士撰
昌黎先生集考異十卷 Y0270/第100册
(宋)朱熹撰
韓集補注一卷 Y0270/第100册
(清)沈欽韓撰 胡承珙訂
柳集點勘四卷 Y0270/第100册
(清)陳景雲撰
沈下賢文集十二卷 Y0270/第100册
(唐)沈亞之撰
鄭巢詩集一卷 Y0270/第100册
(唐)鄭巢撰
薛濤詩一卷 Y0270/第100册
(唐)薛濤撰
丁卯集二卷 Y0270/第100册
(唐)許渾撰
李羣玉詩集三卷後集五卷補遺一卷 Y0270/第100册
(唐)李羣玉撰
唐女郎魚玄機詩一卷附錄一卷 Y0270/第100册
(唐)魚玄機撰
唐皮日休文藪十卷 Y0270/第100册
(唐)皮日休撰
比紅兒詩注一卷 Y0270/第100册
(清)沈可培撰
鹿門集三卷拾遺一卷續補遺一卷 Y0270/第100册
(唐)唐彦謙撰
韓翰林集三卷補遺一卷 Y0270/第100册
(唐)韓偓撰 (清)吳汝綸評注
香奩集三卷 Y0270/第100册
(唐)韓偓撰
孫拾遺文纂一卷外紀一卷 Y0270/第100册
(唐)孫郃撰 張壽鏞輯外紀
忠愍公詩集三卷 Y0270/第100册
(宋)寇準撰
河南集三卷附穆參軍遺事一卷校語一卷 Y0270/第100册
(宋)穆修撰
春卿遺稿一卷續編一卷補遺一卷附錄一卷 Y0270/第101册
(宋)蔣堂撰
武溪集二十卷附補佚一卷 Y0270/第101册
(宋)余靖撰 黃佛頤輯補佚
文潞公文集四十卷 Y0270/第101册
(宋)文彦博撰
邕州小集一卷 Y0270/第101册
(宋)陶弼撰
古洋遺響集一卷 Y0270/第101册
(宋)文同撰
鄖溪集二十八卷補遺一卷續補一卷附校勘記一卷 Y0270/第101册
(宋)鄭獬撰 張國淦撰校勘記
錢唐韋先生文集十八卷附錄一卷 Y0270/第101册
(宋)韋驤撰
蘇詩查注補正四卷 Y0270/第101册
(清)沈欽韓撰
豐清敏公遺書七卷 Y0270/第101册
(宋)豐稷撰 張壽鏞輯
舒嬾堂詩文存三卷首一卷補遺一卷附錄一卷 Y0270/第101册
(宋)舒亶撰 張壽鏞輯 馮貞群輯補遺
龍雲先生文集三十二卷附錄一卷校勘記一卷 Y0270/第101册
(宋)劉弇撰 胡思敬撰校勘記
參寥集十二卷附錄二卷 Y0270/第102册
(宋)釋道潛撰
後山先生集三十卷 Y0270/第102册
(宋)陳師道撰
摛文堂集十五卷附錄一卷 Y0270/第102册
(宋)慕容彦逢撰
横塘集二十卷 Y0270/第102册
(宋)許景衡撰
劉給諫文集五卷 Y0270/第102册
(宋)劉安上撰
劉左史文集四卷 Y0270/第102册
(宋)劉安節撰
丹陽集二十四卷 Y0270/第102册
(宋)葛勝仲撰
石林居士建康集八卷 Y0270/第102册
(宋)葉夢得撰
鴻慶居士文集四十二卷 Y0270/第102册
(宋)孫覿撰
鴻慶居士集補遺二十卷 Y0270/第103册
(宋)孫覿撰
宋孫仲益内簡尺牘十卷 Y0270/第103册
(宋)孫覿撰 李祖堯編注 (清)蔡焯 蔡龍孫增訂
北湖集五卷 Y0270/第103册
(宋)吳則禮撰
沈忠敏公龜谿集十二卷附錄一卷 Y0270/第103册

(宋)沈與求撰
紫微集三十六卷 Y0270/第 103 册
(宋)張嵲撰
少陽集十卷 Y0270/第 103 册
(宋)陳東撰
石門文字禪三十卷 Y0270/第 103 册
(宋)釋惠洪(慧洪)撰
漢濱集十六卷 Y0270/第 104 册
(宋)王之望撰
侍郎葛公歸愚集十卷補遺一卷
Y0270/第 104 册
(宋)葛立方撰
誠齋策問二卷附校勘記一卷校勘續記一卷 Y0270/第 104 册
(宋)楊萬里撰 魏元曠撰校勘記 胡思敬撰校勘續記
魏文節遺書一卷附錄一卷
Y0270/第 104 册
(宋)魏杞撰 魏頌唐輯
梁谿遺稿二卷補遺一卷附錄一卷
Y0270/第 104 册
(宋)尤袤撰
竹軒雜著六卷補遺一卷
Y0270/第 104 册
(宋)林季仲撰
艮齋先生薛常州浪語集三十五卷
Y0270/第 104 册
(宋)薛季宣撰
止齋先生文集五十二卷附錄一卷
Y0270/第 104 册
(宋)陳傅良撰
定川遺書二卷附錄四卷
Y0270/第 104 册
(宋)沈煥撰 張壽鏞輯附錄
定齋集二十卷 Y0270/第 105 册
(宋)蔡戡撰
慈湖先生遺書二十六卷
Y0270/第 105 册
張壽鏞編
新注朱淑貞斷腸詩集十卷補遺一卷後集七卷 Y0270/第 105 册
(宋)朱淑貞撰 鄭元佐注
舒文靖公類稿四卷附錄三卷
Y0270/第 105 册
(宋)舒璘撰(清)徐時棟輯附錄
袁正獻公遺文鈔二卷附錄三卷
Y0270/第 105 册
(宋)袁燮撰(清)袁士傑輯附錄
水心文集二十九卷補遺一卷
Y0270/第 105 册
(宋)葉適撰
水心先生別集十六卷 Y0270/第 105 册
(宋)葉適撰
山房集八卷後稿一卷 Y0270/第 106 册
(宋)周南撰
宋宗伯徐清正公存稿六卷附錄一卷校勘記二卷 Y0270/第 106 册
(宋)徐鹿卿撰(明)徐鑒撰附 劉家立 胡思敬撰校勘記
安晚堂詩集六十卷補遺一卷 補編二卷輯補一卷 Y0270/第 106 册
(宋)鄭清之撰 陳起輯補編(清)李之鼎輯補
客亭類稿十四卷 Y0270/第 106 册
(宋)楊冠卿撰
芸居乙稿一卷補遺一卷附錄一卷
Y0270/第 106 册
(宋)陳起撰
漁溪詩稿二卷乙稿一卷補遺一卷
Y0270/第 106 册
(宋)俞桂撰
雪窗先生文集二卷附錄一卷
Y0270/第 106 册
(宋)孫夢觀撰
戴仲培先生詩文一卷 Y0270/第 106 册
(宋)戴埴撰
雪坡舍人集五十卷補遺一卷附錄一卷校勘記一卷校勘續記一卷校勘後記一卷 Y0270/第 106 册
(宋)姚勉撰 魏元曠撰校勘記 胡思敬撰續記後記
碧梧玩芳集二十四卷附校勘記一卷
Y0270/第 106 册
(宋)馬廷鸞撰 胡思敬撰校勘記
四明文獻集五卷深寧先生文鈔摭餘編三卷補遺一卷 Y0270/第 106 册
(宋)王應麟撰(清)葉熊輯
須溪集七卷附校勘記一卷校勘續紀一卷 Y0270/第 107 册
(宋)劉辰翁撰 魏元曠撰校勘記 胡思敬撰校勘續記
蒙川先生遺稿四卷補遺一卷
Y0270/第 107 册
(宋)劉黻撰
西麓詩稿一卷西麓繼周集一卷附校記一卷 Y0270/第 107 册
(宋)陳允平撰 朱孝臧撰校記
橘潭詩稿一卷 Y0270/第 107 册
(宋)何應龍撰
陵陽先生集二十四卷 Y0270/第 107 册
(宋)牟巘撰
芝田小詩一卷 Y0270/第 107 册
(宋)張煒撰
雲泉詩稿一卷補遺一卷
Y0270/第 107 册
(宋)釋永頤撰
真山民詩集一卷補遺一卷附錄一卷校文一卷 Y0270/第 107 册
(宋)真山民撰
湖山類稿五卷附錄一卷
Y0270/第 107 册
(宋)汪元量撰
水雲集一卷附錄三卷 Y0270/第 107 册
(宋)汪元量撰
西臺慟哭記注一卷 Y0270/第 107 册
(清)黃宗羲撰
苔石效顰集一卷附一卷
Y0270/第 107 册
(宋)繆鑑撰
黃華集八卷附錄一卷 Y0270/第 107 册
(金)王庭筠撰 金毓黻輯
楊晦叟遺集一卷 Y0270/第 107 册
(金)楊庭秀撰
蘭泉老人遺集一卷 Y0270/第 107 册
(金)張建撰
莊靖先生遺集十卷 Y0270/第 107 册
(金)李俊民撰
還山遺稿二卷補遺一卷附錄一卷
Y0270/第 107 册
(元)楊奐撰
剡源文鈔四卷 Y0270/第 107 册
(元)戴表元撰(清)黃宗羲輯
金困集一卷 Y0270/第 107 册
(元)元淮撰
竹素山房集三卷補遺一卷附錄一卷
Y0270/第 107 册
(元)吾衍撰
雪樓集三十卷 Y0270/第 108 册
(元)程鉅夫撰
白雲集三卷附錄一卷 Y0270/第 108 册
(元)釋英撰

漢泉漫藁五卷 Y0270/第 108 冊
(元)曹伯啓撰
墻東類稿二十卷補遺一卷附校勘記一卷 Y0270/第 108 冊
(元)陸文圭撰 金武祥撰校勘記
牧潛集七卷 Y0270/第 108 冊
(元)釋圓至撰
山村遺集一卷附録一卷 Y0270/第 108 冊
(元)仇遠撰
玉斗山人文集三卷附録一卷校語一卷 Y0270/第 108 冊
(元)王奕撰 (明)陳中州編
方叔淵遺藁一卷 Y0270/第 108 冊
(元)方瀾撰
雙溪醉隱集六卷 Y0270/第 108 冊
(元)耶律鑄撰 (清)李文田箋
此山先生詩集十卷 Y0270/第 108 冊
(元)周權撰
清河集七卷附録一卷 Y0270/第 108 冊
(元)元明善撰
畏齋集六卷 Y0270/第 109 冊
(元)程端禮撰
寓庵集八卷 Y0270/第 109 冊
(元)李庭撰
靜軒集五卷附録一卷 Y0270/第 109 冊
(元)閻復撰
貞居先生詩集七卷補遺二卷附録二卷 Y0270/第 109 冊
(元)張雨撰
貞一齋雜著一卷詩稿一卷 Y0270/第 109 冊
(元)朱思本撰
菊潭集四卷 Y0270/第 109 冊
(元)李术魯翀撰
弁山小隱吟録二卷 Y0270/第 109 冊
(元)黄玠撰
積齋集五卷 Y0270/第 109 冊
(元)程端學撰
梅道人遺墨一卷 Y0270/第 109 冊
(元)吳鎮撰
所安遺集一卷 Y0270/第 109 冊
(元)陳泰撰
趙寶峯先生文集二卷附録一卷 Y0270/第 109 冊
(元)趙偕撰
滋溪文稿三十卷 Y0270/第 109 冊
(元)蘇天爵撰
存復齋文集十卷附録一卷 Y0270/第 109 冊
(元)朱德潤撰
存復齋續集一卷 Y0270/第 109 冊
(元)朱德潤撰
書林外集七卷 Y0270/第 110 冊
(元)袁士元撰
清閟閣全集十二卷 Y0270/第 110 冊
(元)倪瓚撰
花溪集三卷校語一卷 Y0270/第 110 冊
(元)沈夢麟撰
林外野言二卷補遺一卷 Y0270/第 110 冊
(元)郭翼撰
經濟文集六卷 Y0270/第 110 冊
(元)李士瞻撰
江月松風集十二卷續集一卷補遺一卷附文一卷附録一卷 Y0270/第 110 冊
(元)錢惟善撰
龜巢稿二十卷補遺二卷 Y0270/第 110 冊
(元)謝應芳撰
一山文集九卷 Y0270/第 110 冊
(元)李繼本撰
肅雝集一卷 Y0270/第 110 冊
(元)鄭允端撰
來鶴亭集九卷校語一卷 Y0270/第 110 冊
(元)呂誠撰
朝天集一卷 Y0270/第 110 冊
(明)釋法天撰
靜居集四卷附録一卷補遺一卷附校勘記一卷校勘續記一卷 Y0270/第 110 冊
(明)張羽撰 魏元曠撰校勘記 胡思敬撰校勘續記
張來儀先生文集一卷補遺一卷 Y0270/第 110 冊
(明)張羽撰
竹齋詩集四卷 Y0270/第 110 冊
(明)王冕撰
柘軒集四卷附録二卷 Y0270/第 111 冊
(明)凌雲翰撰
始豐藁十四卷補遺一卷附録一卷續附録一卷 Y0270/第 111 冊
(明)徐一夔撰
滄螺集六卷補遺一卷附録一卷 Y0270/第 111 冊
(明)孫作撰
詠物詩一卷 Y0270/第 111 冊
(明)瞿佑撰
松雨軒集八卷補遺一卷附録三卷 Y0270/第 111 冊
(明)平顯撰
李草閣詩集六卷拾遺一卷文集一卷 Y0270/第 111 冊
(明)李昱撰 唐光祖輯拾遺
春草齋集十二卷 Y0270/第 111 冊
(明)烏斯道撰
袁海叟詩集四卷補一卷附録一卷 Y0270/第 111 冊
(明)袁凱撰
虞山人詩三卷補遺一卷 Y0270/第 111 冊
(明)虞堪撰
鼓枻藁一卷 Y0270/第 111 冊
(明)虞堪撰
巽隱先生文集一卷 Y0270/第 111 冊
(明)程本立撰
筠谷詩集一卷 Y0270/第 111 冊
(明)李轅撰
符臺外集二卷 Y0270/第 111 冊
(明)袁忠徹撰
周真人集一卷補遺一卷 Y0270/第 111 冊
(明)周思得撰
節庵集八卷續稿一卷 Y0270/第 111 冊
(明)高得暘撰
龔安節公野古集三卷 Y0270/第 111 冊
(明)龔詡撰
龔安節先生遺文一卷 Y0270/第 111 冊
(明)龔詡撰
梅讀先生存稿十卷附録五卷 Y0270/第 111 冊
(明)楊自懲撰
于肅愍公集八卷拾遺一卷附録一卷 Y0270/第 112 冊
(明)于謙撰
土苴集二卷附録一卷 Y0270/第 112 冊
(明)周鼎撰
東軒集選一卷補遺三卷附録一卷 Y0270/第 112 冊
(明)聶大年撰

倪文僖公集三十二卷補遺一卷 Y0270/第112冊
(明)倪謙撰
楊文懿公文集三十卷 Y0270/第112冊
(明)楊守陳撰
碧川文選八卷補遺一卷 Y0270/第112冊
(明)楊守阯撰
醫閭先生集九卷附錄一卷 Y0270/第112冊
(明)賀欽撰
石淙詩鈔十五卷附諸公詩一卷 Y0270/第113冊
(明)楊一清撰
青谿漫稿二十四卷補遺一卷附錄一卷 Y0270/第113冊
(明)倪岳撰
居敬堂集一卷 Y0270/第113冊
(明)朱厚煜撰
定山集十卷 Y0270/第113冊
(明)莊昶撰
過宜言八卷附錄一卷 Y0270/第113冊
(明)華夏撰
西軒效唐集錄十二卷補遺一卷 Y0270/第113冊
(明)丁養浩撰
拘虛集五卷後集三卷詩談一卷 Y0270/第113冊
(明)陳沂撰
顧華玉集四十卷 Y0270/第114冊
(明)顧璘撰
白齋詩集九卷附竹里詩集三卷竹裹文略一卷 Y0270/第114冊
(明)張琦撰
水南集十七卷 Y0270/第114冊
(明)陳霆撰
楊弘山先生存稿十二卷 Y0270/第114冊
(明)楊士雲撰
養心亭集八卷 Y0270/第114冊
(明)張邦奇撰
集古梅花詩二卷附錄一卷 Y0270/第114冊
(明)沈行撰
陳忠貞公遺集三卷附錄二卷 Y0270/第114冊
(明)陳良謨撰
張愈光詩文選八卷附錄一卷 Y0270/第115冊
(明)張含撰
桃川剩集二卷補遺一卷 Y0270/第115冊
(明)王廷表撰
常評事集四卷 Y0270/第115冊
(明)常倫撰
亶爰子詩集二卷附錄一卷 Y0270/第115冊
(明)江暉撰
夢澤集十七卷 Y0270/第115冊
(明)王廷陳撰
雪山詩選三卷 Y0270/第115冊
(明)木公恕撰
張水南文集十一卷 Y0270/第115冊
(明)張衮撰
弘藝錄三十二卷附藝苑玄機一卷 Y0270/第115冊
(明)邵經邦撰
中谿家傳彙稿十卷首一卷 Y0270/第115冊
(明)李元陽撰
玩鹿亭稿八卷 Y0270/第115冊
(明)萬表撰
唐荊川先生文集十八卷補遺一卷附錄一卷 Y0270/第116冊
(明)唐順之撰
田叔禾小集十二卷 Y0270/第116冊
(明)田汝成撰
金子有集一卷 Y0270/第116冊
(明)金大車撰
陳后岡詩集一卷文集一卷 Y0270/第116冊
(明)陳束撰
金子坤集一卷 Y0270/第116冊
(明)金大輿撰
徐徐集二卷 Y0270/第116冊
(明)王梃撰
孫夫人集一卷 Y0270/第116冊
(明)楊文儷撰
奚囊蠹餘二十卷補遺一卷附錄二卷 Y0270/第116冊
(明)張瀚撰 (清)張景雲輯附錄
方山先生文錄二十二卷 Y0270/第116冊
(明)薛應旂撰
陸尚寶遺文一卷 Y0270/第116冊
(明)陸師道撰
龍珠山房詩集二卷補遺一卷附錄一卷 Y0270/第116冊
(明)李奎撰
湖上篇一卷 Y0270/第116冊
(明)李奎撰
四溟山人詩集十卷 Y0270/第116冊
(明)謝榛撰
泌園集三十七卷 Y0270/第117冊
(明)董份撰
楊忠愍公集五卷首一卷末一卷 Y0270/第117冊
(明)楊繼盛撰
碧筠館詩稿四卷補遺一卷附錄二卷 Y0270/第117冊
(明)凌立撰
孫山甫督學文集四卷補輯雜文一卷附錄一卷 Y0270/第117冊
(明)孫應鼇撰
寒螿詩藁存一卷 Y0270/第117冊
(明)辛丑年撰
賜餘堂集十四卷 Y0270/第117冊
(明)吳中行撰
碣石編二卷 Y0270/第117冊
(明)楊承鯤撰
小辨齋偶存八卷附錄一卷 Y0270/第117冊
(明)顧允成撰
凝翠集五卷 Y0270/第117冊
(明)王元翰撰
澹園集四十九卷續集二十七卷 Y0270/第118冊
(明)焦竑撰
田園詩一卷 Y0270/第118冊
(明)陳繼儒撰
董禮部集六卷尺牘二卷 Y0270/第118冊
(明)董嗣成撰
雪鴻堂詩蒐逸三卷附錄一卷補一卷 Y0270/第118冊
(明)謝三秀撰
從野堂存稿八卷補遺一卷年譜一卷附錄一卷 Y0270/第118冊
(明)繆昌期撰 (清)繆之鎔撰年譜
不二歌集二卷 Y0270/第118冊
(明)張春撰

嬾真草堂集二十卷 Y0270/第118冊
(明)顧起元撰
何太樸集十卷 Y0270/第119冊
(明)何棟如撰
銅馬編二卷 Y0270/第119冊
(明)楊德周撰
藏密齋書牘一卷 Y0270/第119冊
(明)魏大中撰
洎水齋文鈔三卷詩鈔五卷
Y0270/第119冊
(明)張慎言撰
問山亭主人遺詩正集一卷續集一卷補集一卷附錄一卷 Y0270/第119冊
(明)王象春撰
溫忠烈公遺稿二卷附錄一卷
Y0270/第119冊
(明)溫璜撰
靜勴齋遺文四卷 Y0270/第119冊
(明)董斯張撰
無類生詩選一卷 Y0270/第119冊
(明)郎兆玉撰
北燕巖集四卷 Y0270/第119冊
(明)黃公輔撰
袁督師遺集三卷附錄一卷續刻一卷
Y0270/第119冊
(明)袁崇煥撰
如此齋詩一卷 Y0270/第119冊
(明)張瑋撰
卓光祿集三卷 Y0270/第119冊
(明)卓明卿撰
蟋蟀在堂艸一卷 Y0270/第119冊
(明)顧凝遠撰
江注詩集四卷 Y0270/第119冊
(明)江注撰
北征集一卷 Y0270/第119冊
(明)祿洪撰
卧月軒稿三卷附錄一卷
Y0270/第119冊
(明)顧若璞撰
李行季遺詩一卷詩餘一卷
Y0270/第119冊
(明)李逵撰
秦齋怨一卷 Y0270/第119冊
(明)葉紹袁撰
鸝吹二卷附集一卷梅花詩一卷
Y0270/第119冊
(明)沈宜修撰

落落齋遺集十卷附錄一卷
Y0270/第119冊
(明)李應昇撰
清溪遺稿一卷不朽錄一卷清溪公題詞一卷 Y0270/第119冊
(明)錢啓忠撰
桐庵存稿一卷 Y0270/第119冊
(明)鄭敷教撰
禮部存稿八卷 Y0270/第120冊
(明)陳子壯撰
趙忠愍公景忠集一卷 Y0270/第120冊
(明)趙譔撰 (清)張漢 傅爲詝輯
堆山先生前集鈔一卷 Y0270/第120冊
(明)薛宷撰
續騷堂集一卷 Y0270/第120冊
(明)萬泰撰
顧與治詩集八卷 Y0270/第120冊
(明)顧夢游撰
疑雨集四卷 Y0270/第120冊
(明)王彥泓撰
石桃丙舍草一卷 Y0270/第120冊
(明)蔣若椰撰
蓮鬚閣文鈔十八卷 Y0270/第120冊
(明)黎遂球撰
夷困文編六卷 Y0270/第120冊
(明)王嗣奭撰
王節愍公遺集二卷附錄一卷
Y0270/第120冊
(明)王道焜撰
金忠潔公文集二卷 Y0270/第120冊
(明)金鉉撰
陳翼叔詩集六卷附石棺集一卷
Y0270/第120冊
(明)陳佐才撰
大錯和尚遺集四卷 Y0270/第120冊
(明)釋大錯(錢邦芑)撰
梅柳詩合刻一卷 Y0270/第120冊
(明)釋大錯(錢邦芑)撰
石臼前集九卷後集七卷
Y0270/第120冊
(明)邢昉撰
囊雲文集二卷補遺一卷
Y0270/第120冊
(明)周齊曾撰
歲寒集一卷 Y0270/第120冊
(明)焦之夏撰
陶庵集二十二卷首一卷附谷簾學吟一卷 Y0270/第121冊
(明)黃淳耀撰 黃淵耀撰附
錢忠介公集二十六卷首一卷年譜一卷
Y0270/第121冊
(明)錢肅樂撰 馮貞群撰年譜
詠歸堂集一卷 Y0270/第121冊
(明)陳曼撰
雪翁詩集十七卷 Y0270/第121冊
(明)魏畊撰
月隱先生遺集四卷外編二卷
Y0270/第121冊
(明)祝淵撰
張文烈遺集六卷附錄一卷附寒木居詩鈔一卷 Y0270/第121冊
(明)張家玉撰 (明)張家珍撰附
愁言一卷附集一卷 Y0270/第121冊
(明)葉紈紈撰
返生香一卷附集一卷 Y0270/第121冊
(明)葉小鸞撰
百旻遺草一卷附集一卷
Y0270/第121冊
(明)葉世偁撰
靈護集一卷附集一卷 Y0270/第121冊
(明)葉世傛撰
聖雨齋詩集三卷 Y0270/第121冊
(明)周拱辰撰
留補堂文集選四卷 Y0270/第121冊
(明)林時對撰
棗林詩集三卷附錄一卷
Y0270/第121冊
(明)談遷撰
豐草庵詩集十一卷文前集六卷後集二卷寶雲詩集七卷禪樂府一卷
Y0270/第122冊
(明)董說撰
張蒼水集九卷附錄八卷
Y0270/第122冊
(明)張煌言撰
王侍郎遺著一卷附錄一卷
Y0270/第122冊
(明)王翊撰
愚囊彙稿三卷 Y0270/第122冊
(明)宗誼撰
林衣集六卷 Y0270/第122冊
(明)秦舜昌撰
衹欠庵集八卷附錄一卷
Y0270/第122冊

（明）吳蕃昌撰
喻園集四卷 Y0270/第122冊
（明）梁朝鍾撰
敝帚集十卷 Y0270/第122冊
（明）吳中蕃撰
化碧錄一卷 Y0270/第122冊
（明）曹大鎬撰
不繫園集一卷 Y0270/第122冊
（清）汪汝謙撰
隨喜庵集一卷 Y0270/第122冊
（清）汪汝謙撰
蒼雪和尚南來堂詩集四卷附錄一卷
Y0270/第122冊
（清）釋讀徹撰
西廬家書一卷 Y0270/第122冊
（清）王時敏撰
擔當遺詩七卷附錄一卷
Y0270/第123冊
（清）釋普荷撰
嶧桐集二十卷附年譜一卷
Y0270/第123冊
（明）劉城撰 劉世珩編年譜
萬年少遺詩一卷 Y0270/第123冊
（清）萬壽祺撰
傅徵君霜紅龕詩鈔一卷附冷雲齋冰燈詩一卷 Y0270/第123冊
（清）傅山撰
愚庵雜著一卷 Y0270/第123冊
（清）朱鶴齡撰
澤畔吟一卷 Y0270/第123冊
（清）周燦撰
澹生詩鈔一卷文鈔一卷
Y0270/第123冊
（清）高應雷撰
塔影園集四卷詩集一卷
Y0270/第123冊
（清）顧苓撰
楊園先生未刻稿十二卷
Y0270/第123冊
（清）張履祥撰
休庵前集一卷後集一卷
Y0270/第123冊
（清）盛於斯撰
蒿庵集捃逸一卷 Y0270/第123冊
（清）張爾岐撰
看花雜詠一卷 Y0270/第123冊
（清）歸莊撰
亭林先生集外詩一卷附亭林詩集校文一卷 Y0270/第123冊
（清）顧炎武撰 荀徵撰附
縹緲集一卷 Y0270/第123冊
（清）岳昌源撰
自課堂集三卷 Y0270/第123冊
（清）程康莊撰
鈍吟集三卷 Y0270/第123冊
（清）馮班撰
吞月子集三卷附錄一卷
Y0270/第123冊
（清）毛聚奎撰
居易軒詩遺鈔一卷文遺鈔一卷
Y0270/第123冊
（清）趙炳龍撰
七釋一卷 Y0270/第123冊
（清）尤侗撰
春酒堂文存四卷詩存六卷詩話一卷外紀一卷 Y0270/第123冊
（清）周容撰 馮貞群輯外紀
杲堂詩鈔七卷文鈔六卷
Y0270/第124冊
（清）李鄴嗣撰
杲堂文續鈔四卷首一卷附錄一卷
Y0270/第124冊
（清）李鄴嗣撰
集世說詩一卷 Y0270/第124冊
（清）李鄴嗣撰
美人揉碎梅花迴文圖 Y0270/第124冊
（清）沈士英撰
半廬文稿二卷詩稿一卷
Y0270/第124冊
（清）李騰蛟撰
畫壁詩一卷 Y0270/第124冊
（清）范承謨撰
汪文摘謬一卷附校記一卷
Y0270/第124冊
（清）葉燮撰 葉德輝撰校記
微泉閣詩集十四卷文集十六卷
Y0270/第124冊
（清）董文驥撰
烟坪詩鈔二卷 Y0270/第124冊
（清）陸天麟撰
已畦文集二十二卷詩集十卷殘餘詩稿一卷附原詩四卷 Y0270/第124冊
（清）葉燮撰
一老庵文鈔一卷 Y0270/第125冊
（清）徐柯撰
一老庵遺藁四卷 Y0270/第125冊
（清）徐柯撰
釜水吟二卷 Y0270/第125冊
（清）李崇階撰
葦間詩稿一卷 Y0270/第125冊
（清）姜宸英撰
正誼堂詩集二十卷文友文選三卷蓉渡詞三卷 Y0270/第125冊
（清）董以寧撰
曝書亭文藁一卷 Y0270/第125冊
（清）朱彝尊撰
曝書亭集外詩五卷詞一卷文二卷
Y0270/第125冊
（清）朱彝尊撰
竹垞老人晚年手牘一卷
Y0270/第125冊
（清）朱彝尊撰
南山堂自訂詩十卷 Y0270/第125冊
（清）吳景旭撰
翁山文鈔四卷附佚文輯三卷
Y0270/第125冊
（清）屈大均撰 徐信符輯佚文
翁山文鈔六卷附佚文二輯一卷
Y0270/第125冊
（清）屈大均撰 黃蔭普輯佚文
三巴集一卷 Y0270/第125冊
（清）吳歷撰
墨井詩鈔二卷 Y0270/第125冊
（清）吳歷撰
璇璣碎錦一卷 Y0270/第125冊
（清）萬樹撰
漁洋山人集外詩二卷 Y0270/第125冊
（清）王士禛（王士禎）撰
使交集一卷 Y0270/第125冊
（清）吳光撰
邵青門全集三十卷附邵氏家錄二卷
Y0270/第125冊
（清）邵長蘅撰輯錄者不詳
深省堂詩集一卷 Y0270/第126冊
（清）萬斯備撰
偶存草一卷附雁字和韻詩一卷
Y0270/第126冊
（清）吳孟堅撰
萬季野先生遺稿一卷附錄一卷
Y0270/第126冊
（清）萬斯同撰

石園文集八卷 Y0270/第 126 冊
(清)萬斯同撰
江辰六文集九卷 Y0270/第 126 冊
(清)江闓撰
武林草一卷附刻一卷 Y0270/第 126 冊
(清)趙士麟撰
紅葉村詩稿六卷補遺一卷附録一卷 Y0270/第 126 冊
(清)梁逸撰
學文堂文集十六卷詩集五卷詩餘三卷 Y0270/第 126 冊
(清)陳玉璂撰
撫松吟集一卷 Y0270/第 126 冊
(清)張端亮撰
西北之文十二卷 Y0270/第 126 冊
(清)畢振穀撰
南湖集鈔十二卷 Y0270/第 126 冊
(清)章永祚撰
蒯緱館十一草一卷 Y0270/第 126 冊
(清)薛始亨撰
楊大瓢先生雜文殘稿一卷 Y0270/第 126 冊
(清)楊賓撰
綠陰亭集二卷 Y0270/第 127 冊
(清)陳奕禧撰
竹連珠 Y0270/第 127 冊
(清)鈕琇撰
字雲巢文集六卷 Y0270/第 127 冊
(清)盛大謨撰
遂初堂集外詩文稿二卷 Y0270/第 127 冊
(清)潘耒撰
分干詩鈔四卷 Y0270/第 127 冊
(清)葉舒璐撰
葉學山先生詩稿十卷 Y0270/第 127 冊
(清)葉舒穎撰
莘野先生遺書二卷首一卷 Y0270/第 127 冊
(清)康乃心撰
硯谿先生遺稿二卷 Y0270/第 127 冊
(清)惠周惕撰
耕煙草堂詩鈔四卷附録一卷 Y0270/第 127 冊
(清)戴梓撰
管邨文鈔内編三卷 Y0270/第 127 冊
(清)萬言撰

蛻翁文集二卷詩集六卷 Y0270/第 127 冊
(清)倪蛻撰
漫遊小鈔一卷 Y0270/第 127 冊
(清)魏坤撰
鶴澗先生遺詩一卷補遺一卷 Y0270/第 127 冊
(清)姜實節撰
思復堂文集十卷附録一卷末一卷 Y0270/第 127 冊
(清)邵廷采撰
敬業堂集補遺一卷 Y0270/第 128 冊
(清)查慎行撰 張元濟輯
里居雜詩一卷 Y0270/第 128 冊
(清)朱樟撰
畏壘山人文集一卷 Y0270/第 128 冊
(清)徐昂發撰
宮詞一卷 Y0270/第 128 冊
(清)徐昂發撰
七療一卷 Y0270/第 128 冊
(清)張潮撰
賜硯堂詩藁四卷附補遺一卷 Y0270/第 128 冊
(清)許賀來撰
王石和文九卷 Y0270/第 128 冊
(清)王珻撰
馬悔齋先生遺集二卷 Y0270/第 128 冊
(清)馬汝爲撰
桐埜詩集四卷 Y0270/第 128 冊
(清)周起渭撰
白田草堂存稿八卷 Y0270/第 128 冊
(清)王懋竑撰
千之草堂編年文鈔一卷 Y0270/第 128 冊
(清)萬承勳撰
清芬樓遺藁四卷 Y0270/第 128 冊
(清)任啟運撰
留硯堂詩選六卷 Y0270/第 128 冊
(清)張漢撰
現成話一卷 Y0270/第 128 冊
(清)羅嵒撰
南村詩集八卷 Y0270/第 128 冊
(清)孫鵬撰
芋栗園遺詩二卷 Y0270/第 128 冊
(清)朱奕簪撰
向惕齋先生集八卷 Y0270/第 128 冊
(清)向璿撰

陳一齋先生文集六卷 Y0270/第 128 冊
(清)陳梓撰
李鐵君先生文鈔二卷 Y0270/第 128 冊
(清)李鍇撰
含中集五卷附含中睫巢兩集校録一卷 Y0270/第 128 冊
(清)李鍇撰 金毓黻撰校録
張篁村詩一卷 Y0270/第 128 冊
(清)張宗蒼撰
冬心先生三體詩一卷 Y0270/第 128 冊
(清)金農撰
碧山堂詩鈔十六卷附録一卷 Y0270/第 129 冊
(清)田榕撰
青溪集十二卷 Y0270/第 129 冊
(清)程廷祚撰
樊榭山房集外詩一卷 Y0270/第 129 冊
(清)厲鶚撰
定齋先生猶存集八卷 Y0270/第 129 冊
(清)陳法撰
慶芝堂詩集十八卷 Y0270/第 129 冊
(清)戴亨撰
松崖文鈔二卷 Y0270/第 129 冊
(清)惠棟撰
孔堂初集二卷文集一卷私學二卷 Y0270/第 129 冊
(清)王豫撰
十憶詩一卷附吳山夫先生玉搢年譜一卷 Y0270/第 129 冊
(清)吳玉搢撰 丁晏撰年譜
雪村編年詩剩十二卷 Y0270/第 129 冊
(清)戴瀚撰
秋煙草堂詩稿三卷 Y0270/第 129 冊
(清)曹石撰
海珊詩鈔一卷 Y0270/第 129 冊
(清)嚴遂成撰
藏密詩鈔五卷 Y0270/第 129 冊
(清)傅爲詝撰
慈壽堂文鈔八卷 Y0270/第 129 冊
(清)沈樹德撰
權齋文稿一卷 Y0270/第 129 冊
(清)沈炳巽撰
實綸堂文鈔八卷 Y0270/第 129 冊
(清)齊召南撰
霜柯餘響集一卷 Y0270/第 129 冊
(清)符曾撰
玉几山房吟卷三卷 Y0270/第 130 冊

（清）陳撰撰
衎琵琶行一卷 Y0270/第130冊
（清）曹秀先撰
李中丞遺集三卷 Y0270/第130冊
（清）李發甲撰
拾草堂詩存一卷 Y0270/第130冊
（清）李觀撰
虞東先生文錄八卷 Y0270/第130冊
（清）顧鎮撰
恥夫詩鈔二卷 Y0270/第130冊
（清）楊垕撰
月船居士詩稿四卷附錄一卷 Y0270/第130冊
（清）盧鎬撰
樗庵存藁八卷 Y0270/第130冊
（清）蔣學鏞撰
蓮飲集濠上吟稿一卷 Y0270/第130冊
（清）程瑤田撰
白燦集四卷 Y0270/第130冊
（清）戴翼子撰
五之堂詩鈔二卷 Y0270/第130冊
（清）李作舟撰
袁陶村文集一卷 Y0270/第130冊
（清）袁文典撰
愛吟草一卷前草一卷附錄二卷附題跋二卷 Y0270/第130冊
（清）常紀撰
汗漫集三卷 Y0270/第130冊
（清）萬友正撰
存悔集一卷 Y0270/第130冊
（清）范鵬撰
乙丑集一卷 Y0270/第130冊
（清）朱筠撰
山子詩鈔十一卷 Y0270/第130冊
（清）方燾撰
春雨樓初删稿十卷 Y0270/第130冊
（清）董秉純撰
南澗遺文二卷附錄一卷補編一卷 Y0270/第130冊
（清）李文藻撰
胥石詩存四卷文存一卷附錄一卷 Y0270/第130冊
（清）吳蘭庭撰
嚴東有詩集十卷 Y0270/第130冊
（清）嚴長明撰
江淮旅稿一卷 Y0270/第130冊
（清）嚴長明撰
惜褎先生尺牘八卷 Y0270/第130冊
（清）姚鼐撰
東潛文稿二卷 Y0270/第130冊
（清）趙一清撰
孫太史稿二卷 Y0270/第131冊
（清）孫希旦撰
箓竹堂詩存一卷 Y0270/第131冊
（清）余萃文撰
章實齋文鈔四卷 Y0270/第131冊
（清）章學誠撰
瑤峰集二卷附錄一卷 Y0270/第131冊
（清）王爾烈撰 金毓黻輯
錢南園先生遺集八卷補遺一卷 Y0270/第131冊
（清）錢灃撰
西阿先生詩鈔三卷九峰園會詩一卷附漱芳亭詩鈔一卷 Y0270/第131冊
（清）谷際岐撰 袁彌渡撰附
惺齋詩課一卷 Y0270/第131冊
（清）永瑢撰
丁亥詩鈔一卷 Y0270/第131冊
（清）王念孫撰
七招一卷 Y0270/第131冊
（清）洪亮吉撰
東井文鈔二卷 Y0270/第131冊
（清）黄定文撰
寄庵詩文鈔三十三卷 Y0270/第131冊
（清）劉大坤撰
蕉雲遺詩一卷 Y0270/第131冊
（清）湯朝撰
傳書樓詩稿一卷 Y0270/第131冊
（清）汪金順撰
暢谷文存八卷附校勘記一卷 Y0270/第131冊
（清）宋昌悅撰 胡思敬撰校勘記
湖樓集一卷 Y0270/第132冊
（清）朱琰撰
夢鶴軒楳澥詩鈔四卷 Y0270/第132冊
（清）繆公恩撰
梅崖文鈔一卷 Y0270/第132冊
（清）郭兆麟撰
師荔扉先生詩集二十八卷 Y0270/第132冊
（清）師範撰
二餘堂文稿六卷 Y0270/第132冊
（清）師範撰
詒晋齋集八卷後集一卷隨筆一卷 Y0270/第132冊
（清）永瑆撰
樂山集二卷 Y0270/第132冊
（清）王嵩撰
孫淵如先生文補遺一卷 Y0270/第132冊
（清）孫星衍撰 王大隆輯
西湖秋柳詞一卷 Y0270/第132冊
（清）楊鳳苞撰 楊知新注
淵雅堂文藁一卷 Y0270/第132冊
（清）王芑孫撰
大溈山房遺藁九卷 Y0270/第132冊
（清）黄湘南撰
夢亭遺集三卷 Y0270/第132冊
（清）方學周撰
匪石先生文集二卷 Y0270/第132冊
（清）鈕樹玉撰
茗柯文稿一卷 Y0270/第132冊
（清）張惠言撰
程月川先生遺集十五卷 Y0270/第133冊
（清）程含章撰
喜聞過齋文集十三卷 Y0270/第133冊
（清）李文耕撰
焦里堂先生軼文一卷 Y0270/第133冊
（清）焦循撰 徐乃昌輯
宛鄰文集六卷附蓬室偶吟一卷 Y0270/第133冊
（清）張琦撰 湯瑤卿撰附
七娱一卷 Y0270/第133冊
（清）沈清瑞撰
筠軒文鈔八卷 Y0270/第133冊
（清）洪頤煊撰
七峯詩選四卷附昭文遺詩一卷 Y0270/第133冊
（清）段時恒撰 段煜撰附
疊翠居文集一卷 Y0270/第133冊
（清）紀慶曾撰
德風亭初集十三卷 Y0270/第133冊
（清）王貞儀撰
小謨觴館文集注四卷 Y0270/第133冊
（清）彭兆蓀著 張嘉祿注
紅香館詩草一卷詩餘一卷 Y0270/第134冊
（清）惲珠撰
幼學堂文稿一卷 Y0270/第134冊

（清）沈欽韓撰
九水山房文存二卷 Y0270/第134册
（清）畢亨撰
西溪偶錄一卷 Y0270/第134册
（清）何彤文撰
止庵遺集文一卷詩一卷詞一卷 Y0270/第134册
（清）周濟撰
襄陵詩草一卷詞草一卷種玉詞一卷 Y0270/第134册
（清）孫家穀撰
冬青館甲集六卷乙集八卷 Y0270/第134册
（清）張鑑撰
薄游草一卷補遺一卷 Y0270/第134册
（清）侯雲松撰
樗寮文續稿一卷 Y0270/第134册
（清）姚椿撰
雪樓詩選二卷 Y0270/第134册
（清）馬之龍撰
即園詩鈔十五卷 Y0270/第134册
（清）李於陽撰
齊雲山人文集一卷 Y0270/第134册
（清）洪符孫撰
汪孟慈文集不分卷 Y0270/第134册
（清）汪喜孫撰
三百堂文集二卷 Y0270/第134册
（清）陳奐撰
濾月軒詩集二卷詩續集二卷文集一卷文續集一卷詩餘一卷 Y0270/第134册
（清）趙菼撰
蘋庵遺詩一卷 Y0270/第134册
（清）黄彥撰
深柳堂文集一卷 Y0270/第134册
（清）沈登瀛撰
頤志齋文鈔一卷 Y0270/第134册
（清）丁晏撰
頤志齋感舊詩一卷 Y0270/第134册
（清）丁晏撰
楓江草堂詩集十卷文集一卷楓江漁唱一卷清湘瑤瑟譜一卷續譜一卷 Y0270/第134册
（清）朱紫貴撰
岩泉山人詩四選存稿一卷 Y0270/第134册
（清）嚴廷中撰
味雪齋詩鈔八卷文鈔甲集十卷乙集八卷詩鈔續二卷 Y0270/第135册
（清）戴絅孫撰
趙文恪公遺集二卷 Y0270/第135册
（清）趙光撰
落帆樓文集二十四卷補遺一卷 Y0270/第135册
（清）沈垚撰
落帆樓文遺稿二卷 Y0270/第135册
（清）沈垚撰
知蔬味齋詩鈔四卷 Y0270/第135册
（清）黄琮撰
亨甫詩選八卷 Y0270/第135册
（清）張際亮 徐榦輯
端虛勉一居文集三卷 Y0270/第135册
（清）張成孫撰
瞻袞堂文集十卷 Y0270/第136册
（清）袁鈞撰
三十六灣草廬稿十卷 Y0270/第136册
（清）黄本騏撰
三長物齋文略六卷 Y0270/第136册
（清）黄本騏撰
三長物齋詩略五卷附夏小正試帖一卷 Y0270/第136册
（清）黄本騏撰
嵰山甜雪十二卷 Y0270/第136册
（清）黄本騏撰
芸莽詩集八卷 Y0270/第136册
（清）劉開兆撰
蜕石文鈔一卷 Y0270/第136册
（清）蔡壽臧撰
王眉仙遺著二卷 Y0270/第136册
（清）王壽昌撰
藍尾軒詩稿四卷 Y0270/第136册
（清）王毓麟撰
觸懷吟二卷 Y0270/第136册
（清）錢允濟撰
玉案山房詩草二卷 Y0270/第136册
（清）尹尚廉撰
齊物論齋文集五卷 Y0270/第136册
（清）董士錫撰
嘉蔭簃集二卷 Y0270/第136册
（清）劉喜海撰
三槐書屋詩鈔四卷 Y0270/第136册
（清）金朝覲撰
茶香閣遺草一卷附錄一卷 Y0270/第136册
（清）黄婉璚撰
如畫樓詩鈔一卷 Y0270/第136册
（清）張培敦撰
晚翠軒詩鈔八卷續鈔八卷三鈔八卷四鈔八卷五鈔八卷漫稿五卷 Y0270/第137册
（清）戴淳撰
小清閟閣詩鈔一卷 Y0270/第137册
（清）倪玢撰
鄧虹橋遺詩一卷 Y0270/第137册
（清）鄧學先撰
穆清堂詩鈔三卷續集五卷 Y0270/第137册
（清）朱庭珍撰
雙清閣詩一卷詩餘一卷 Y0270/第137册
（清）趙方蔭華撰 趙烈文輯
夢花亭駢體文集四卷 Y0270/第138册
（清）陸長春撰
點蒼山人詩鈔八卷 Y0270/第138册
（清）沙琛撰
勘書巢未定稿一卷 Y0270/第138册
（清）溫曰鑑撰
紅茗山房詩存十卷詩餘一卷 Y0270/第138册
（清）嚴烺撰
夢月軒詩鈔一卷 Y0270/第138册
（清）張玉綸撰
古豔樂府一卷 Y0270/第138册
（清）楊淮撰
然松閣賦鈔一卷詩鈔三卷存稿三卷 Y0270/第138册
（清）顧櫰三撰
朱丹木詩集一卷 Y0270/第138册
（清）朱䨰撰
抱真書屋詩鈔九卷詩餘一卷 Y0270/第138册
（清）陸應穀撰
梅村賸稿二卷 Y0270/第138册
（清）汪士鐸撰
齋文集八卷詩集四卷附年譜一卷 Y0270/第138册
（清）張穆撰 張繼文撰附
靜觀書屋詩集七卷 Y0270/第139册
（清）章鶴齡撰
瑟廬詩草三卷 Y0270/第139册
（清）章永康撰

蟻餘偶筆一卷附筆一卷 Y0270/第 139 冊
(清)劉因之撰
妙香齋集四卷補遺一卷 Y0270/第 139 冊
(清)楊長年撰
靜虛堂吹生草四卷 Y0270/第 139 冊
(清)王章撰
學詁齋文集二卷 Y0270/第 139 冊
(清)薛壽撰
玉鑑堂詩集六卷 Y0270/第 139 冊
(清)汪曰楨撰
思過齋雜體詩存十二卷 Y0270/第 139 冊
(清)蕭培元撰
心巢文錄二卷 Y0270/第 139 冊
(清)成蓉鏡撰
慧珠閣詩鈔一卷附錄一卷 Y0270/第 139 冊
(清)多隆阿撰
李叔豹遺詩一卷 Y0270/第 139 冊
(清)李熙文撰
遲鴻軒詩棄四卷補遺一卷文棄二卷補遺一卷詩續一卷文續一卷 Y0270/第 139 冊
(清)楊峴撰
廿我齋詩稿略二卷 Y0270/第 139 冊
(清)尹藝撰
壽花軒詩略一卷 Y0270/第 139 冊
(清)汪懋芳撰
醇雅堂詩略六卷 Y0270/第 139 冊
(清)阮鏞撰
十五弗齋詩存一卷文存一卷 Y0270/第 140 冊
(清)丁寶楨撰
子尚詩存一卷 Y0270/第 140 冊
(清)車書撰
觀古閣叢稿二卷續稿一卷三編二卷 Y0270/第 140 冊
(清)鮑康撰
廣經室文鈔一卷 Y0270/第 140 冊
(清)劉恭冕撰
毖進齋詩文稿一卷 Y0270/第 140 冊
(清)姚覲元撰
賡縵堂集八卷 Y0270/第 140 冊
(清)何彤雲撰
季仙先生遺稿一卷補遺一卷 Y0270/第 140 冊
(清)徐時榕撰
大瓠堂詩錄八卷 Y0270/第 140 冊
(清)孫周撰
補過齋遺集二卷 Y0270/第 140 冊
(清)甘雨撰
桐華閣文集十二卷 Y0270/第 140 冊
(清)杜貴墀撰
樹蕙背遺詩一卷 Y0270/第 140 冊
(清)鄭淑昭撰
歐餘山房文集二卷 Y0270/第 140 冊
(清)丁桂撰
谷艾園文稿四卷 Y0270/第 140 冊
(清)谷誠撰
西農遺稿一卷 Y0270/第 141 冊
(清)姚必成撰
柳門遺稿一卷 Y0270/第 141 冊
(清)楊後撰
悔齋詩稿四卷 Y0270/第 141 冊
(清)畢應辰撰
在莒集一卷 Y0270/第 141 冊
(清)朱桂模撰
操敄齋遺書四卷 Y0270/第 141 冊
(清)管禮耕撰
丹棱文鈔四卷 Y0270/第 141 冊
(清)蔣彤撰
柏巖乙稿十五卷丙稿一卷 Y0270/第 141 冊
(清)凌煜撰
見山樓詩集四卷 Y0270/第 141 冊
(清)張翊儁撰
復堂類集文四卷詩十一卷詞三卷 Y0270/第 141 冊
(清)譚獻撰
待堂文一卷 Y0270/第 141 冊
(清)吳懷珍撰
五塘詩草六卷 Y0270/第 141 冊
(清)許印芳撰
括囊詩草二卷詞草一卷 Y0270/第 142 冊
(清)尚兆山撰
顧伯虬遺詩二卷 Y0270/第 142 冊
(清)顧我愚撰
荻華堂詩存一卷 Y0270/第 142 冊
(清)蔡琳撰
且巢詩存五卷 Y0270/第 142 冊
(清)周葆濂撰
寄生山館詩賸一卷附瘦玉詞鈔一卷 Y0270/第 142 冊
(清)徐士怡撰
芸香館遺詩二卷 Y0270/第 142 冊
(清)那遜蘭保撰
鏡海樓詩集四卷 Y0270/第 142 冊
(清)楊翰鳳撰
顧齋遺集二卷附顧齋簡譜一卷 Y0270/第 142 冊
(清)王軒撰 楊恩濬撰附
大衍集一卷附約仙遺稿一卷 Y0270/第 142 冊
(清)胡夤撰 胡中正撰附
一笑先生詩鈔二卷文鈔一卷 Y0270/第 142 冊
(清)李玉湛撰
吟莊館遺詩一卷 Y0270/第 142 冊
(清)路秀貞撰
補園賸稿二卷 Y0270/第 142 冊
(清)包履吉撰
心矩齋尺牘一卷 Y0270/第 142 冊
(清)蔣鳳藻撰
天船詩集三卷 Y0270/第 142 冊
(清)張星柳撰
漢孳室文鈔四卷補遺一卷 Y0270/第 142 冊
(清)陶方琦撰
不冷堂遺集四卷 Y0270/第 142 冊
(清)張舜琴撰
義烏朱氏論學遺札一卷 Y0270/第 142 冊
(清)朱一新撰 葉德輝輯
強萼圃太守上當事三書一卷 Y0270/第 142 冊
(清)強望泰撰
西笑山房詩鈔三卷 Y0270/第 142 冊
(清)于鍾岳撰
伯英遺稿三卷 Y0270/第 142 冊
(清)于鍾岳撰
訓真書屋詩存二卷 Y0270/第 143 冊
(清)黃國瑾撰
葭洲書屋遺稿一卷 Y0270/第 143 冊
(清)劉安瀾撰
薇雲室詩稿一卷 Y0270/第 143 冊
(清)周之鍈撰
始誦經室文錄一卷 Y0270/第 143 冊

（清）胡元儀撰
峽源集一卷 Y0270/第 143 冊
（清）毛宗藩撰
彊靜齋詩錄一卷 Y0270/第 143 冊
（清）吳式釗撰
清風室文鈔十二卷詩鈔五卷 Y0270/第 143 冊
（清）錢保塘撰
天隱堂文錄二卷 Y0270/第 143 冊
（清）凌霞撰
味吾廬詩存一卷文存一卷首一卷外紀一卷 Y0270/第 143 冊
（清）江仁徵撰 張壽鏞輯外紀
平叔詩存二卷 Y0270/第 143 冊
（清）蔣國平撰
鶴巢文存四卷詩存一卷 Y0270/第 143 冊
（清）忻江明撰
餘蘋室詩草一卷 Y0270/第 143 冊
（清）馮婉琳撰
香雪館遺詩一卷 Y0270/第 143 冊
（清）張瑩撰
雁影齋詩一卷 Y0270/第 143 冊
（清）李希聖撰
陔餘雜著一卷 Y0270/第 143 冊
（清）陸春官撰
容膝軒文集八卷詩草四卷 Y0270/第 143 冊
王榮商撰
高雲鄉遺稿一卷 Y0270/第 143 冊
高民撰
寄禪遺詩一卷 Y0270/第 143 冊
釋敬安撰
養園賸稿三卷 Y0270/第 144 冊
盛炳緯撰
消夏百一詩二卷 Y0270/第 144 冊
葉德輝撰
崑崙皕詠集二卷 Y0270/第 144 冊
葉德輝撰
曲中九友詩一卷 Y0270/第 144 冊
葉德輝撰
觀古堂詩集九卷 Y0270/第 144 冊
葉德輝撰
郋園山居文錄二卷 Y0270/第 144 冊
葉德輝撰
觀古堂文外集一卷 Y0270/第 144 冊
葉德輝撰
觀古堂駢儷文一卷 Y0270/第 144 冊
葉德輝撰
思亭詩鈔六卷文鈔二卷 Y0270/第 144 冊
李坤撰
小自立齋文一卷 Y0270/第 144 冊
徐珂撰
真如室詩一卷 Y0270/第 144 冊
徐珂撰
凹園詩鈔二卷附詞一卷 Y0270/第 144 冊
黃榮康撰
甲戌雜感一卷 Y0270/第 144 冊
張柏楨撰
壬癸集一卷 Y0270/第 144 冊
王國維撰
向湖村舍詩二集七卷 Y0270/第 144 冊
趙藩撰
彤芬室文一卷 Y0270/第 144 冊
徐新華撰
焚餘草一卷 Y0270/第 144 冊
張伯楨撰
愁思集一卷 Y0270/第 144 冊
張伯楨撰
尤本文選考異一卷 Y0270/第 144 冊
（宋）尤袤撰
選材錄一卷 Y0270/第 144 冊
（清）周春撰

總集類

文選箋證三十二卷 Y0270/第 145 冊
（清）胡紹煐撰
選詩補遺二卷 Y0270/第 145 冊
（明）唐堯官撰
分門纂類唐宋時賢千家詩選二十二卷 Y0270/第 145 冊
（宋）劉克莊輯
瀛奎律髓刊誤四十九卷 Y0270/第 146 冊
（元）方回輯（清）紀昀刊誤
律髓輯要七卷 Y0270/第 146 冊
（元）方回輯（清）許印芳摘抄
迷仙志一卷 Y0270/第 146 冊
撰人不詳
本事詩十二卷 Y0270/第 147 冊
（清）徐釚輯
文館詞林殘二十三卷 Y0270/第 147 冊
（唐）許敬宗等
妙絕古今四卷 Y0270/第 147 冊
（宋）湯漢輯
漢詩音注十卷 Y0270/第 147 冊
（清）李因篤撰
古詩十九首說一卷 Y0270/第 147 冊
（清）朱筠口授 徐昆筆述
篋中集一卷附札記一卷 Y0270/第 147 冊
（唐）元結撰 徐乃昌撰札記
批點唐詩始音十五卷 Y0270/第 147 冊
（元）楊士弘輯（明）顧璘批點
遼文萃七卷附遼史藝文志補證一卷 Y0270/第 148 冊
（清）王仁俊輯
天下同文前甲集五十卷 Y0270/第 148 冊
（元）周南瑞輯
敦交集一卷 Y0270/第 148 冊
（元）魏士達輯
伊人思一卷 Y0270/第 148 冊
（明）沈宜修輯
觀劇絕句三卷 Y0270/第 148 冊
葉德輝輯
荊溪外紀二十五卷 Y0270/第 148 冊
（明）沈敕輯
合肥三家詩錄二卷 Y0270/第 148 冊
（清）譚獻輯
同岑集十二卷 Y0270/第 148 冊
（清）李夏器撰
四明宋僧詩一卷元僧詩一卷 Y0270/第 148 冊
（清）董濂輯
甬上高僧詩二卷 Y0270/第 148 冊
（清）李鄴嗣輯
甬東正氣集四卷 Y0270/第 149 冊
（清）董琅輯
四明詩幹三卷 Y0270/第 149 冊
（清）董慶酉輯
四明文徵十六卷 Y0270/第 149 冊
（清）袁鈞輯
敬鄉錄十四卷 Y0270/第 149 冊
（元）吳師道撰
皇明西江詩選十卷 Y0270/第 149 冊
（明）韓陽輯
滄海遺珠四卷 Y0270/第 150 冊
（明）沐昂輯
滇南詩略四十七卷 Y0270/第 150 冊

(清)袁文典 袁文揆輯
滇詩重光集十八卷 Y0270/第151冊
(清)許印芳輯
滇詩嗣音集二十卷補遺一卷 Y0270/第151冊
(清)黄琮輯
滇詩拾遺六卷 Y0270/第151冊
陳榮昌輯
滇詩拾遺補四卷 Y0270/第151冊
李坤輯
麗郡詩徵十二卷文徵八卷 Y0270/第151冊
(清)趙聯元輯
滇南文略四十七卷 Y0270/第152冊
(清)袁文揆輯
滇文叢録一百卷首一卷總目二卷作者小傳三卷 Y0270/第153冊
雲南叢書處輯
秀水董氏五世詩鈔一卷 Y0270/第154冊
徐珂輯
舊德集十四卷 Y0270/第154冊
繆荃孫輯
羅氏一家集五卷 Y0270/第154冊
(清)羅笏等撰
竇氏聯珠集一卷 Y0270/第154冊
(唐)竇常等撰
二顧先生遺詩二卷 Y0270/第154冊
(明)顧杲 (清)顧緗撰
香山九老會詩一卷 Y0270/第154冊
(唐)白居易等撰
松陵集十卷 Y0270/第154冊
(唐)陸龜蒙輯
山游倡和詩一卷 Y0270/第154冊
(宋)釋契嵩輯
西湖竹枝集一卷 Y0270/第154冊
(元)楊維楨輯
鼇峰倡和詩一卷 Y0270/第154冊
(明)范志敏輯
奉使朝鮮倡和集一卷 Y0270/第154冊
(明)倪謙輯
西湖游詠一卷 Y0270/第154冊
(明)田汝成 黄省曾撰
西湖八社詩帖一卷 Y0270/第154冊
(明)祝時泰輯
武林怡老會詩集一卷 Y0270/第154冊
(明)張瀚輯
白嶽游稿一卷 Y0270/第154冊
(明)沈明臣輯
湖舫詩一卷 Y0270/第154冊
(清)沈奕琛輯
南湖倡和集一卷 Y0270/第154冊
(清)章世豐輯
官閣消寒集一卷 Y0270/第154冊
(清)嚴長明輯
皐亭倡和集一卷 Y0270/第154冊
(清)阮亨輯
秦亭山民移居倡和詩一卷 Y0270/第154冊
(清)周三燮輯
西湖修禊詩一卷 Y0270/第154冊
(清)鄂敏輯
池上題襟小集一卷 Y0270/第154冊
(清)譚獻輯
搨擠集一卷 Y0270/第154冊
(清)萬繩栻撰
崑侖集一卷續一卷附一卷釋文一卷 Y0270/第154冊
葉德輝輯
夜山圖題詠一卷附刻一卷 Y0270/第155冊
(元)吳福生輯
寒山舊廬詩一卷 Y0270/第155冊
(清)陸森輯
松吹讀書堂題詠一卷小松吹讀書堂題詠一卷 Y0270/第155冊
(清)杭棫輯
隨園雅集圖題詠一卷 Y0270/第155冊
(清)袁枚輯
鑒公精舍納凉圖題詠一卷 Y0270/第155冊
(清)朱文藻輯
武林新年雜詠一卷 Y0270/第155冊
(清)舒紹言等撰
西溪梅竹山莊圖題詠一卷 Y0270/第155冊
(清)章黼輯
復園紅板橋詩一卷 Y0270/第155冊
(清)吳修輯
養素園詩四卷 Y0270/第155冊
(清)王德溥輯
横橋吟館圖題詠一卷 Y0270/第155冊
(清)許乃穀輯
楊文憲公寫韻樓遺像題辭彙鈔一卷 Y0270/第155冊
(清)趙惠元輯
風木庵圖題詠一卷 Y0270/第155冊
(清)丁丙輯
篁溪歸釣圖題詞一卷 Y0270/第155冊
張伯楨輯
復庵覓句圖題詠一卷 Y0270/第155冊
徐新六輯
錢南園先生守株圖題詞録一卷 Y0270/第155冊
(清)趙藩輯
明尺牘墨華三卷 Y0270/第155冊
(清)黄本驥輯
存友札小引一卷 Y0270/第155冊
(清)徐晟撰
峒谿纖志志餘一卷 Y0270/第155冊
(清)陸次雲撰
諺說一卷 Y0270/第155冊
(清)毛先舒輯

詩文評類

漢詩總說一卷 Y0270/第155冊
(清)費錫璜撰
玉溪生詩說二卷 Y0270/第155冊
(清)紀昀撰
遼詩話二卷 Y0270/第155冊
(清)周春輯
明人詩品二卷 Y0270/第155冊
(清)杜陰棠撰
重刻足本乾嘉詩壇點將録 Y0270/第155冊
(清)舒位撰
吳興詩話十六卷 Y0270/第155冊
(清)戴璐撰
豫章詩話六卷附校勘記一卷 Y0270/第155冊
(明)郭子章撰 胡思敬撰校勘記
主客圖一卷圖考一卷 Y0270/第155冊
(唐)張爲撰 (清)袁寧珍圖考
後村詩話前集二卷後集二卷新集六卷續集四卷 Y0270/第155冊
(宋)劉克莊撰
山房隨筆一卷補遺一卷 Y0270/第156冊
(元)蔣子正撰
文章九命一卷 Y0270/第156冊
(明)王世貞撰

獨鑒錄一卷 Y0270/第156冊
(明)縠齋主人撰
瀾堂夕話一卷 Y0270/第156冊
(清)張次仲撰
秋星閣詩話一卷 Y0270/第156冊
(清)李沂撰
梅村詩話一卷 Y0270/第156冊
(清)吳偉業撰
伯子論文一卷 Y0270/第156冊
(清)魏際瑞撰
文章薪火一卷 Y0270/第156冊
(清)方以智撰
操觚十六觀一卷 Y0270/第156冊
(清)陳鑑撰
蠖齋詩話一卷 Y0270/第156冊
(清)施閏章撰
西河詩話一卷 Y0270/第156冊
(清)毛奇齡撰
然脂集例一卷 Y0270/第156冊
(清)王士祿撰
日錄論文一卷 Y0270/第156冊
(清)魏禧撰
原詩一卷 Y0270/第156冊
(清)葉燮撰
說詩菅蒯一卷 Y0270/第156冊
(清)吳雷發撰
而庵詩話一卷 Y0270/第156冊
(清)徐增撰
漁洋詩話一卷 Y0270/第156冊
(清)王士禛(王士禎)撰
律詩定體一卷 Y0270/第156冊
(清)王士禛(王士禎)撰
漁洋山人詩問二卷 Y0270/第156冊
(清)王士禛(王士禎)撰
歷代詩話八十卷 Y0270/第156冊
(清)吳景旭撰
更定文章九命一卷 Y0270/第157冊
(清)王晫撰
寒廳詩話一卷 Y0270/第157冊
(清)顧嗣立撰
說詩晬語二卷 Y0270/第157冊
(清)沈德潛撰
一瓢詩話一卷 Y0270/第157冊
(清)薛雪撰
文頌一卷 Y0270/第157冊
(清)馬榮祖撰
貞一齋詩說一卷 Y0270/第157冊
(清)李重華撰
野鴻詩的一卷 Y0270/第157冊
(清)黃子雲撰
秋窗隨筆一卷 Y0270/第157冊
(清)馬位撰
詩筏一卷 Y0270/第157冊
(清)吳大受撰
夢曉樓隨筆一卷 Y0270/第157冊
(清)宋顧樂撰
消寒詩話一卷 Y0270/第157冊
(清)秦朝釪撰
論文四則一卷 Y0270/第157冊
(清)楊繩武撰
詩學纂聞一卷 Y0270/第157冊
(清)汪師韓撰
續詩品一卷 Y0270/第157冊
(清)袁枚撰
嫏雅堂詩話一卷 Y0270/第157冊
(清)趙文哲撰
經書卮言一卷 Y0270/第157冊
(清)范泰恒撰
柳亭詩話三十卷 Y0270/第157冊
(清)宋長白撰
魚計軒詩話一卷 Y0270/第158冊
(清)計發撰
梵麓山房筆記六卷 Y0270/第158冊
(清)王汝玉撰
蔭椿書屋詩話一卷 Y0270/第158冊
(清)師範撰
春雪亭詩話一卷 Y0270/第158冊
(清)徐熊飛撰
藥欄詩話二卷 Y0270/第158冊
(清)嚴廷中撰
匏廬詩話三卷 Y0270/第158冊
(清)沈濤撰
酌雅詩話二卷續編一卷
Y0270/第158冊
(清)陳偉勳撰
梅崖詩話一卷 Y0270/第158冊
(清)郭兆麒撰
筱園詩話四卷 Y0270/第158冊
(清)朱庭珍撰
詩法萃編十五卷 Y0270/第158冊
(清)許印芳輯
詩譜詳說八卷 Y0270/第159冊
(清)許印芳撰
味燈詩話二卷 Y0270/第159冊
(清)王寶書撰
古今文派述略一卷 Y0270/第159冊
(清)陳康黼撰 張世源注
老生常談一卷 Y0270/第159冊
(清)延君壽撰
復小齋賦話二卷 Y0270/第159冊
(清)浦銑撰

詞典類

石林詞一卷補遺一卷 Y0270/第159冊
(宋)葉夢得撰
信齋詞一卷 Y0270/第159冊
(宋)葛郯撰
平園近體樂府一卷 Y0270/第159冊
(宋)周必大撰
後村別調一卷補一卷 Y0270/第159冊
(宋)劉克莊撰
夢窗詞稿四卷補遺一卷文英新詞稿一卷夢窗詞稿附錄一卷夢窗詞校勘記一卷夢窗詞集小箋一卷夢窗詞校議二卷補校夢窗新詞稿一卷
Y0270/第159冊
(宋)吳文英撰 朱孝臧撰校勘記詞集小箋 鄭文焯撰校議 張壽鏞撰補校
遺山先生新樂府五卷 Y0270/第159冊
(金)元好問撰
眉庵詞一卷 Y0270/第159冊
(明)楊基撰
曝書亭刪餘詞一卷曝書亭詞手稿原目一卷附校勘記一卷 Y0270/第159冊
(清)朱彝尊撰 葉德輝校勘
延露詞三卷 Y0270/第159冊
(清)彭孫遹撰
黑蝶齋詞一卷 Y0270/第159冊
(清)沈岸登撰
秋錦山房詞一卷 Y0270/第159冊
(清)李良年撰
春蕪詞三卷 Y0270/第159冊
(清)江闓撰
柘西精舍詞一卷 Y0270/第159冊
(清)沈皞日撰
耒邊詞二卷 Y0270/第160冊
(清)李符撰
姑聽軒詞一卷 Y0270/第160冊
(清)劉藻撰
紅雪詞鈔四卷附錄二卷
Y0270/第160冊
(清)黃湘南撰 黃本騏 黃婉璚撰附錄

立山詞一卷 Y0270/第160冊
（清）張琦撰
鶯邊詞一卷 Y0270/第160冊
（清）張思孝撰
竹鄰詞一卷 Y0270/第160冊
（清）金式玉撰
萬善花室詞一卷 Y0270/第160冊
（清）方履籛撰
三十六陂漁唱一卷 Y0270/第160冊
（清）王敬之撰
香草詞二卷 Y0270/第160冊
（清）宋翔鳳撰
洞簫詞一卷 Y0270/第160冊
（清）宋翔鳳撰
碧雲庵詞二卷附樂府餘論一卷 Y0270/第160冊
（清）宋翔鳳撰
金梁夢月詞二卷 Y0270/第160冊
（清）周之琦撰
懷夢詞一卷 Y0270/第160冊
（清）周之琦撰
夢硯齋詞一卷 Y0270/第160冊
（清）唐樹義撰
香草詞五卷附五卷附錄一卷 Y0270/第160冊
（清）陳鍾祥撰
齊物論齋詞一卷 Y0270/第160冊
（清）董士錫撰
桐月修簫譜一卷 Y0270/第160冊
（清）王嘉祿撰
葑煙亭詞四卷 Y0270/第160冊
（清）黎兆勳撰
海粟樓詞一卷 Y0270/第160冊
（清）章永康撰
留漚唫館詞存一卷 Y0270/第160冊
（清）沈鎣撰
影山詞二卷外集一卷 Y0270/第160冊
（清）莫友芝撰
荔牆詞一卷 Y0270/第160冊
（清）汪曰楨撰
飣餖吟詞一卷 Y0270/第160冊
（清）石贊清撰
柳下詞一卷 Y0270/第160冊
（清）周青撰
青田山廬詞鈔一卷 Y0270/第160冊
（清）莫庭芝撰
冰蠶詞一卷 Y0270/第160冊
（清）承齡撰
桐華閣詞鈔二卷附一卷 Y0270/第160冊
（清）杜貴墀撰
汀鷺詩餘一卷 Y0270/第160冊
（清）楊傳第撰
湖海草堂詞一卷 Y0270/第160冊
（清）樊景升撰
水雲樓詞二卷續一卷詩賸藁一卷 Y0270/第160冊
（清）蔣春霖撰
琴洲詞二卷 Y0270/第160冊
（清）黎庶燾撰
雪鴻詞二卷 Y0270/第160冊
（清）黎庶蕃撰
梅笛庵詞賸稿一卷 Y0270/第160冊
（清）宋志沂撰
香影餘譜一卷 Y0270/第160冊
（清）陳倬撰
拙宜園詞二卷 Y0270/第161冊
（清）黃憲清撰
枯桐閣詞二卷 Y0270/第161冊
（清）張鴻績撰
師古堂詞一卷 Y0270/第161冊
（清）傅衡撰
蘭紉詞一卷 Y0270/第161冊
（清）陸志淵撰
瓠落詞一卷 Y0270/第161冊
（清）陸志淵撰
殢花詞一卷 Y0270/第161冊
（清）唐祖命撰
寫禮廎遺詞一卷 Y0270/第161冊
（清）王頌蔚撰
夢悔樓詞一卷 Y0270/第161冊
（清）趙懿撰
紅蕉詞一卷 Y0270/第161冊
（清）江標撰
純飛館詞一卷 Y0270/第161冊
徐珂撰
純飛館詞續一卷 Y0270/第161冊
徐珂撰
牟珠詞一卷補遺一卷 Y0270/第161冊
（清）鄧濬撰
弗堂詞二卷菉猗曲一卷庚午春詞一卷 Y0270/第161冊
姚華撰
梅苑十卷 Y0270/第161冊
（宋）黃大輿輯
草堂詩餘五卷 Y0270/第161冊
（宋）何士信輯（明）楊慎批點
花間集十卷 Y0270/第161冊
（後蜀）趙崇祚輯
南唐二主詞一卷附補遺一卷校勘記一卷 Y0270/第161冊
（南唐）李璟 李煜撰 王國維輯補遺並撰校勘記
篋中詞六卷續四卷 Y0270/第161冊
（清）譚獻輯
湖州詞徵三十卷 Y0270/第162冊
朱祖謀輯
國朝湖州詞錄六卷 Y0270/第162冊
朱祖謀輯
滇詞叢錄三卷 Y0270/第162冊
趙藩輯
紅梨花雜劇一卷 Y0270/第162冊
（元）張壽卿撰
鴛鴦夢一卷 Y0270/第162冊
（明）葉小紈撰
迎鑾新曲二卷 Y0270/第162冊
（清）吳城 厲鶚撰
幽閨怨佳人拜月亭記四卷附錄一卷 Y0270/第162冊
（元）施惠撰
綉襦記四卷 Y0270/第162冊
（明）徐霖撰
校正原本紅梨記四卷 Y0270/第163冊
（明）陽初子撰
鴛鴦縧傳奇二卷 Y0270/第163冊
（明）路惠期撰
秦樓月二卷 Y0270/第163冊
（清）朱素臣撰
常評事寫情集二卷 Y0270/第163冊
（明）常倫撰
百花彈詞一卷 Y0270/第163冊
（清）錢濤撰
木皮散人鼓詞一卷附萬古愁曲一卷 Y0270/第163冊
（明）賈鳧西撰（清）歸莊撰附
校正萬古愁一卷 Y0270/第163冊
（清）歸莊撰 黃鈞校正
樂府新編陽春白雪前集五卷後集五卷 Y0270/第163冊
（元）楊朝英輯

清凉帖一卷 Y0270/第163冊
(明)華淑輯
詞林正韻三卷發凡一卷
Y0270/第163冊
(清)戈載撰
白香詞譜箋四卷附楊守齋作詞五要
Y0270/第163冊
(清)舒夢蘭輯 謝朝徵箋
太和正音譜二卷 Y0270/第163冊
(明)朱權撰
南曲入聲客問一卷 Y0270/第163冊
(清)毛先舒撰
渚山堂詞話三卷 Y0270/第163冊
(明)陳霆撰
皺水軒詞筌一卷 Y0270/第163冊
(明)賀裳撰
西河詞話一卷 Y0270/第164冊
(清)毛奇齡撰
花草蒙拾一卷 Y0270/第164冊
(清)王士禎撰
第十一段錦詞話一卷 Y0270/第164冊
(清)顧彩撰
戲鷗居詞話一卷叢話一卷
Y0270/第164冊
(清)毛大瀛編
詞說一卷 Y0270/第164冊
蔣兆蘭撰
明何元朗徐陽初曲論一卷
Y0270/第164冊
(明)何良俊 徐復祚撰
制曲枝語一卷 Y0270/第164冊
(清)黄周星撰
三婦評牡丹亭雜紀一卷
Y0270/第164冊
(清)吳人撰
戲曲考原一卷 Y0270/第164冊
王國維撰

別錄

經部

元三家易說 Y0270/第164冊
胡思敬輯
方氏易學五書五卷 Y0270/第164冊
(清)方申著
吳氏遺箸五卷附錄一卷
Y0270/第164冊
(清)吳夌雲 王宗涑撰
說文段注校三種 Y0270/第164冊
葉德輝輯
緯攟十四卷 Y0270/第164冊
(清)喬松年輯
通藝錄四十九卷 Y0270/第165冊
(清)程瑤田撰

史部

宋人小史三種 Y0270/第166冊
胡思敬輯
靖康稗史七種 Y0270/第166冊
(宋)耐庵輯
李忠定公別集十卷 Y0270/第166冊
(宋)李綱撰
明季逸史二種 Y0270/第166冊
胡思敬輯
庚辛泣杭錄十六卷 Y0270/第166冊
(清)丁丙輯
韓南溪四種 Y0270/第166冊
(清)韓超撰
太平天國官書十種 Y0270/第167冊
王重民輯
達觀樓遺箸二種 Y0270/第167冊
(明)鄒維璉撰
四家詠史樂府十五卷 Y0270/第167冊
(清)宋澤元輯
關中三李年譜八卷 Y0270/第167冊
(清)吳懷清編
豐川雜著三卷 Y0270/第168冊
(清)王心敬撰
臨民要略 Y0270/第168冊
(清)萬元煦輯
得一齋雜著四種 Y0270/第168冊
(清)黄楙材撰
萬載李氏遺書四種 Y0270/第168冊
(清)李榮陛撰
潛采堂書目四種 Y0270/第168冊
(清)朱彝尊撰

子部

二艾遺書二卷 Y0270/第168冊
陳榮昌輯
雞山語要二卷 Y0270/第168冊
(明)張舜典撰
楊劉周三先生語錄合鈔三卷
Y0270/第168冊
何秉智輯
程氏心法三種 Y0270/第168冊
(明)程宗猷撰
喻氏遺書三種 Y0270/第169冊
(清)喻昌撰 魏元曠撰校勘記 盧耿撰續校勘記
曉庵遺書十五卷 Y0270/第170冊
(清)王錫闡撰
疇齋二譜二卷外錄一卷
Y0270/第170冊
(元)張仲壽撰
張氏四種 Y0270/第170冊
(明)張丑撰
冬心畫題記五卷 Y0270/第170冊
(清)金農撰
朱上如木刻四種 Y0270/第170冊
(清)朱圭刻 陶湘輯
虞徵士遺書六卷 Y0270/第170冊
(晉)虞喜撰
貞白五書十五卷 Y0270/第170冊
(明)馮柯撰
還初道人著書二種 Y0270/第171冊
(明)洪應明撰
河濱遺書鈔六卷 Y0270/第171冊
(清)李楷撰
宜春張氏所著書二種 Y0270/第171冊
胡思敬輯
陳司業遺書三卷 Y0270/第172冊
(清)陳祖范撰
劉氏遺書八卷 Y0270/第172冊
(清)劉台拱撰
清白士集校補四卷 Y0270/第172冊
(清)蔡雲撰
東塾遺書九卷 Y0270/第172冊
(清)陳澧撰

集部

摯太常遺書三卷 Y0270/第172冊
(晉)摯虞撰 張鵬一輯
少室山房集六十四卷 Y0270/第172冊
(明)胡應麟撰
幾亭外書二卷 Y0270/第173冊
(明)陳龍正撰
馮侍郎遺書八卷附錄三卷
Y0270/第173冊
(明)馮京第撰
戴東原先生全集 Y0270/第173冊
(清)戴震撰
淩次仲先生遺書 Y0270/第174冊
(清)淩廷堪撰
松龕全集十卷 Y0270/第174冊
(清)徐繼畬撰

何文貞公遺書六卷　Y0270/第175冊
(清)何桂珍撰
劉貴陽遺稿四卷　Y0270/第175冊
(清)劉書年撰
四宋人集　Y0270/第175冊
胡思敬輯
九宋人集　Y0270/第175冊
胡思敬輯
元二大家集　Y0270/第176冊
胡思敬輯
四元人集　Y0270/第176冊
胡思敬輯
明季六遺老集　Y0270/第177冊
胡思敬輯
貴池唐人集十七卷　Y0270/第178冊
劉世珩輯
秋浦雙忠錄四十二卷　Y0270/第178冊
劉世珩輯
樵川二家詩六卷　Y0270/第178冊
(清)徐幹輯
鄱陽五家集十五卷附校勘記一卷校勘續記一卷　Y0270/第178冊
(清)史簡輯 魏元曠撰校勘記 胡思敬撰校勘續記
吉州二義集　Y0270/第178冊
胡思敬輯
袁州二唐人集　Y0270/第178冊
胡思敬輯
明滇南五名臣遺集　Y0270/第179冊
李根源輯
明雷石庵胡二峯遺集合刊　Y0270/第179冊
李根源輯
楊林兩隱君集三卷　Y0270/第179冊
李文漢 李文林輯
劍川羅楊二子遺詩合鈔二卷　Y0270/第179冊
趙藩輯
清江三孔集三十四卷附校勘記一卷　Y0270/第179冊
(宋)王蓮輯 胡思敬撰校勘記
呈貢文氏三遺集合鈔　Y0270/第179冊
趙藩輯
李氏詩存十四卷　Y0270/第180冊
(清)李浩輯
呈貢二孫遺詩八卷　Y0270/第180冊
(清)編者不詳
扶風班氏佚書三卷　Y0270/第180冊
張鵬一輯
保山二袁遺詩十二卷　Y0270/第180冊
趙藩輯
北地傅氏遺書六卷　Y0270/第180冊
張鵬一輯
戴氏三俊集三卷　Y0270/第180冊
(清)汪曰楨輯
瓶笙館修簫譜四卷　Y0270/第180冊
(清)舒位撰

Y0271(1－75)
中華山水志叢刊
石光明等主編 國家圖書館分館編
二〇〇四年北京綫裝書局據國家圖書館藏影印本
七十五冊
山志細目
萬山綱目二十一卷　Y0271/第1冊
(清)李誠纂
清光緒刻本
上方山志五卷卷首一卷　Y0271/第1冊
(清)釋自如纂 吳仁敵校訂
清乾隆刻本
上方山志十卷補遺一卷　Y0271/第1冊
溥儒輯
民國刻本
白帶山志十卷卷首一卷　Y0271/第1冊
溥儒輯
民國刻本
顏山雜記四卷　Y0271/第2冊
(清)孫廷銓纂
清康熙刻本
岱史十八卷　Y0271/第2冊
(明)查志隆輯
明萬曆間刻本
泰山述記十卷　Y0271/第2冊
(清)宋思仁纂
清乾隆刻本
岱覽三十二卷　Y0271/第3冊
(清)唐仲冕輯
清嘉慶刻本
盤山志十卷補遺四卷　Y0271/第4冊
(清)釋智朴纂輯
清康熙刻本
泰山志二十卷　Y0271/第4冊
(清)金棨撰
清嘉慶間刻本
泰山圖志八卷卷首一卷　Y0271/第5冊
(清)朱孝純纂
清乾隆刻本
臥象山志一卷　Y0271/第5冊
(清)張侗著
清康熙刻本
五峰山志二卷　Y0271/第5冊
(清)李侗 (清)邵承照纂
清光緒刻本
嶗山名勝志略　Y0271/第5冊
(明)黃宗昌著 (清)郭廷翕注
清嘉慶刻本
嵩山志二十卷卷首一卷　Y0271/第5冊
(清)葉封等
清康熙刻本
元遺山志四卷　Y0271/第5冊
(清)樊煥章纂輯
清光緒刻本
恒山志五卷圖一卷　Y0271/第6冊
(清)桂敬順纂修
清乾隆刻本
華岳志八卷卷首一卷　Y0271/第7冊
(清)李榕纂輯
清道光刻本
華岳圖經二卷　Y0271/第7冊
(清)蔣湘南撰
清咸豐元年刻本
崆峒山志二卷　Y0271/第7冊
(清)張伯魁纂修
清嘉慶二十四年刻本
京口山水志十八卷卷首一卷卷末一卷　Y0271/第7冊
(清)楊棨撰
清道光刻本
穹窿山志四卷　Y0271/第7冊
(清)吳偉業 (清)向球纂修
民國鉛印本
寶華山志十五卷卷首一卷　Y0271/第8冊
(清)劉名芳纂修
清刻本
雲台新志十八卷卷首一卷卷末一卷　Y0271/第8冊
(清)謝元淮修 (清)許喬林纂輯
清道光刻本

慧山記四卷附慧山記續編 Y0271/第 8 冊
(明)釋圓顯輯 (清)邵涵初續輯
清同治刻本
鉢山志八卷 Y0271/第 8 冊
(清)顧雲編
清光緒刻本
重刻高山志五卷續一卷 Y0271/第 9 冊
(明)顧世登 (明)顧伯平輯 (明)惲應翼續輯
民國木活字本
招隱山志十二卷卷首一卷 Y0271/第 9 冊
繆潛輯
清宣統刻本
五山全志二十卷 Y0271/第 9 冊
(清)劉名芳纂修
清乾隆刻本
靈岩志略 Y0271/第 9 冊
(清)王鎬輯
清石印本
鉢池山志六卷 Y0271/第 9 冊
冒廣生輯
民國九年刻本
攝山志八卷卷首一卷 Y0271/第 10 冊
(清)陳毅纂
清乾隆刻本
北固山志十二卷卷首一卷 Y0271/第 10 冊
(清)釋了璞輯
清道光刻本
北固山志十四卷卷首一卷 Y0271/第 10 冊
(清)周伯義編 (清)陳任暘訂
清光緒三十年刻本
焦山志十二卷圖一卷 Y0271/第 11 冊
(清)盧見曾撰
清乾隆刻本
焦山志二十卷卷首一卷圖一卷 Y0271/第 11 冊
(清)釋覺詮輯
清道光刻本
焦山志二十六卷圖一卷卷首一卷 Y0271/第 11 冊
(清)吳雲輯
清同治刻本
虎丘山志十卷卷首一卷 Y0271/第 12 冊
(清)顧湄重修
清宣統鉛印本
虎丘山志二十四卷 Y0271/第 12 冊
(清)顧詒錄等
清乾隆刻本
虎阜志十卷卷首一卷圖一卷 Y0271/第 12 冊
(清)陸肇域 (清)任兆麟編纂
清乾隆刻本
陽山志三卷 Y0271/第 13 冊
(明)岳岱撰
清抄本
金山志十六卷卷首一卷 Y0271/第 13 冊
(清)董天工編輯 (清)劉名芳纂修 (清)汪之珩訂
民國影印本
金山志十卷圖一卷 Y0271/第 13 冊
(清)盧見曾纂
清乾隆刻本
續金山志二十卷圖一卷 Y0271/第 13 冊
(清)曾燠輯
清道光刻本
香山小志十三卷 Y0271/第 14 冊
徐翥先輯
民國抄本
千山志十六卷 Y0271/第 14 冊
(清)周厚地輯
清抄本
茅山志十四卷附一卷 Y0271/第 14 冊
(清)笪蟾光編
清光緒印本
茅山志輯要 Y0271/第 14 冊
江導岷輯
民國石印本
錫山景物略十卷 Y0271/第 15 冊
(清)王永積輯
清光緒刻本
黃山圖經 Y0271/第 15 冊
(宋)佚名著
民國抄本
黃山志八卷 Y0271/第 15 冊
(清)釋弘眉纂
清康熙刻本
狼五山志四卷 Y0271/第 16 冊
(明)王揚德編輯 (明)鍾光嶽校正
明刻本
黃山領要錄二卷 Y0271/第 16 冊
(清)汪洪度撰
清乾隆刻本
黃山志定本七卷卷首一卷 Y0271/第 16 冊
(清)閔麟嗣纂
清康熙刻本
黃山志二卷 Y0271/第 17 冊
(清)張佩芳輯
清乾隆刻本
黃山導四卷圖一卷卷首一卷 Y0271/第 17 冊
(清)汪瑾輯
清乾隆印本
黃山紀勝四卷 Y0271/第 17 冊
(清)徐璈輯
清道光刻本
齊雲山志五卷 Y0271/第 17 冊
(明)魯點輯
明刻康熙五年重印本
齊雲山桃源洞天志 Y0271/第 17 冊
(明)魯點撰
明刻本
紫蓬山志 Y0271/第 17 冊
李恩綬輯 釋三惺續輯
民國鉛印本
琅琊山志八卷卷首一卷 Y0271/第 17 冊
章心培釋 達修編纂
民國鉛印本
秀山志十八卷 Y0271/第 18 冊
(清)陳竑纂 (清)釋方略輯
民國刻本
爛柯山志十三卷 Y0271/第 18 冊
(清)鄭永禧輯
清光緒刻本
越中山水志 Y0271/第 18 冊
(明)潘之恒撰
明刻本
招寶山志二卷圖一卷 Y0271/第 18 冊
(清)陳景沛撰 (清)周道遵編
清道光木活字本
莫干山志十三卷圖一卷 Y0271/第 18 冊
周慶雲輯
民國刻本
靈峰志四卷 Y0271/第 18 冊
周慶雲輯
民國印本
廣雁蕩山志二十八卷卷首一卷卷末一

九疑山志四卷 Y0271/第32册
(清)詹惟聖纂
清康熙刻本
九疑山志四卷 Y0271/第32册
(清)吳繩祖編 (清)樊在廷纂輯
清嘉慶刻本
衡岳志八卷 Y0271/第32册
(清)朱袞修
清康熙刻本
蓮峰志五卷 Y0271/第32册
(清)王夫之撰
清同治刻本
青城山記二卷 Y0271/第32册
(清)彭洵編輯
清光緒刻本
青城山記補正二卷 Y0271/第33册
羅元黼輯
民國鉛印本
匡山圖志四卷 Y0271/第33册
蔣德鈞纂
民國刻本
縉雲山志一卷 Y0271/第33册
釋塵空編
民國刻本
長樂六平山志四卷 Y0271/第33册
張善貴輯 陳和楝增補
一九八二年政協長樂縣委員會文史組油印本
太姥山志三卷 Y0271/第33册
(明)謝肇淛纂輯
明萬曆刻本
玉華洞志六卷 Y0271/第33册
(清)鶴齡等輯
清康熙刻本
武夷紀要 Y0271/第33册
(清)藍陳略撰
清康熙刻本
洞天巖志一卷 Y0271/第33册
翁國樑撰
民國鉛印本
藤山志十卷 Y0271/第33册
蔡人奇編
民國鉛印本
烏石山志九卷卷首一卷 Y0271/第33册
(清)郭柏蒼 (清)劉永鬆纂輯
清道光刻本
武夷山志二十四卷卷首一卷 Y0271/第34册
(清)董天工編
清乾隆刻本
道山紀略 Y0271/第34册
(清)蕭震撰
清康熙刻本
九峰志四卷 Y0271/第34册
(清)陳祚康 (清)魏傑輯
清同治間刻本
閩江金山志十三卷 Y0271/第35册
林其蓉編
民國鉛印本
鼓山志十四卷卷首一卷 Y0271/第35册
(清)黃任等輯
清乾隆刻本
泉山沿革紀略 Y0271/第35册
施景琛編輯
民國間刻本
浮山新志三卷 Y0271/第35册
(清)賴洪禧輯
清道光刻本
潮州西湖山志十卷 Y0271/第35册
饒鍔輯
民國十三年鉛印本
羅浮志十卷 Y0271/第35册
(明)陳槤撰
清道光三十年刻本
羅浮指南 Y0271/第35册
九龍真逸撰
民國刻本
禺峽山志四卷 Y0271/第36册
(清)孫繩祖撰
清光緒十年刻本
星巖今志六卷 Y0271/第36册
黎傑輯
民國鉛印本
西樵白雲洞志五卷 Y0271/第36册
(清)黃亨纂輯
清道光刻本
鼎湖山志八卷卷首一卷 Y0271/第36册
(清)丁易 (清)釋成鷲輯
清康熙間刻本
五蓮山志五卷 Y0271/第36册
(清)釋海霆編
清康熙刻本
滇南山水綱目二卷 Y0271/第36册
(清)趙元祚著
清刻本
盤龍山紀要四卷 Y0271/第36册
(清)方秉孝輯
民國刻本
雞足山志補四卷 Y0271/第36册
趙藩 李根源輯
民國鉛印本
蕩山志略二卷 Y0271/第36册
(清)黃元治輯
清抄本
雲巖小志八卷 Y0271/第37册
(清)李炤祿輯
清嘉慶間刻本
黔靈山志十二卷 Y0271/第37册
(清)何素儒輯
民國間鉛印本
長白山江岡志略 Y0271/第37册
劉建封撰
民國間鉛印本
蒙古山脉志三卷 Y0271/第37册
穀思慎撰
民國間鉛印本
新疆山脉圖志六卷 Y0271/第37册
王樹枏撰
清宣統元年刻本
清凉山志十卷 Y0271/第37册
(明)釋鎮澄修
清刻本
普陀洛迦山志十二卷 Y0271/第37册
王亨彦輯
民國鉛印本
九華山志八卷卷首一卷 Y0271/第38册
釋德森編輯 許止淨訂
民國鉛印本
霍山志六卷 Y0271/第38册
釋力空纂輯
民國間鉛印本
冶父山志六卷 Y0271/第38册
陳詩重編 章人鏡參訂
民國木活字本
清凉山新志十卷 Y0271/第38册
(清)釋老藏丹巴纂
清康熙刻本
清凉山小志 Y0271/第38册
(清)弘書撰
清乾隆間刻本

普陀山志二十卷卷首一卷 Y0271/第38册
(清)秦耀曾編輯 (清)王鼎勳參定
清道光間刻本

水志細目

九州山水考二卷 Y0271/第1册
(清)孫承澤撰
民國刻本
水經注西南諸水考三卷 Y0271/第1册
(清)陳澧撰
清道光刻本
今水經一卷 Y0271/第1册
(清)黄宗羲撰
清乾隆刻本
京省水道考六卷 Y0271/第1册
(清)汪日暐撰
清乾隆四十八年刻本
皇朝輿地水道源流五卷 Y0271/第1册
(清)胡宣慶纂
清光緒十七年刻本
水道各攷 Y0271/第1册
(清)章煜堂撰
清光緒刻本
西徼水道一卷 Y0271/第1册
(清)黄楙裁著
民國間抄本
水經綜要八卷 Y0271/第1册
(清)鄧成編
清抄本
畿輔水利議一卷 Y0271/第1册
(清)林則徐撰
清光緒刻本
清河宣防紀略圖說 Y0271/第1册
(清)裴季倫輯
清光緒鉛印本
調查永定河河流圖說 Y0271/第1册
(清)陳克俊 劉相臣撰
民國十二年抄本
直省五河圖說 Y0271/第1册
(清)黄國俊撰
民國鉛印本
直隸五大河源流攷 Y0271/第1册
佚名撰
民國間油印本
河渠彙覽十六卷 Y0271/第2册
(清)張丙嘉編
清抄本
畿輔水利四案四卷 Y0271/第2册
(清)潘錫恩輯
清道光刻本
畿輔安瀾志五十六卷 Y0271/第3-4册
(清)王履泰纂
清嘉慶十三年木活字本
永定河志三十二卷卷首一卷 Y0271/第5册
(清)李逢亨纂
清嘉慶刻本
畿輔河道水利叢書八種 Y0271/第6册
(清)吳邦慶撰
清道光刻本
直隸水利圖說十六卷 Y0271/第6册
(清)佚名撰
清抄本
永定河續志 Y0271/第7册
(清)朱其詔 (清)蔣廷臯纂
清光緒刻本
燕趙水利論一卷 Y0271/第7册
佚名撰
民國間鉛印本
廣利渠水利鏡一卷 Y0271/第7册
(清)戴寶蓉編
清嘉慶刻本
南樂猪龍河圖說一卷 Y0271/第7册
(清)任士虎撰
清抄本
滏陽河圖序一卷 Y0271/第7册
(清)佚名撰
清抄本
臨漳縣漳水圖經一卷 Y0271/第7册
(清)姚東之纂
清道光刻本
豫南水利卮言一卷 Y0271/第7册
(清)徐壽茲撰
清光緒刻本
萬金渠攷略一卷 Y0271/第7册
安陽三萬金渠水利分會編
民國石印本
固始水利紀實 Y0271/第8册
桂林撰
民國鉛印本
重修固始縣水利續志四卷 Y0271/第8册
楊汝楫輯著 謝聘重修
民國石印本
宋州從政錄 Y0271/第8册
(清)王鳳生撰
清道光刻本
伊洛河工振紀要一卷 Y0271/第8册
郭芳五撰
民國石印本
滎工案牘 Y0271/第8册
清同治抄本
山西省各縣渠道表 Y0271/第8册
六政考核處編
民國石印本
惠濟河輯說四卷卷首一卷 Y0271/第9册
(清)王儒行纂
同治刻本
山西河川水利發展計畫書 Y0271/第9册
鮑璞撰
民國石印本
涇渠志一卷 Y0271/第9册
(清)王太嶽撰
清嘉慶刻本
二華開河渠圖說一卷 Y0271/第9册
(清)汪廷楝等撰 (清)童光瀛繪圖
清光緒石印本
華陰縣新修河渠圖說 Y0271/第9册
(清)楊調元撰
清抄本
三江水利紀略四卷 Y0271/第9册
(清)蘇爾德等纂
清乾隆刻本
東南水利論三卷 Y0271/第9册
(清)張崇傃著
清光緒刻本
重濬江南水利全書 Y0271/第9-11册
陳鑾等纂
清道光刻本
江蘇水利全書圖說 Y0271/第12册
(清)陶澍等纂
清道光刻本
東南水利略六卷 Y0271/第12册
(清)淩介禧撰
清道光刻本
江南水利志十卷 Y0271/第13册
秦綬章等輯
民國木活字本
續纂江蘇水利全案四十卷附編十二卷

Y0271/第 14 - 15 冊
(清)李慶雲等纂
清光緒木活字本
武進市區濬河錄 Y0271/第 15 冊
沈保宜 曾省三編
民國木活字本
揚州水利圖說二卷 Y0271/第 16 冊
胡澍撰
民國三十三年抄本
淮陰縣水利報告書 Y0271/第 16 冊
趙邦彥編
民國鉛印本
濬河紀略 Y0271/第 16 冊
(清)李永書撰
清乾隆刻本
淮郡文渠志二卷 Y0271/第 16 冊
(清)吉元等輯
清光緒刻本
邗溝故道歷代變遷圖說一卷
Y0271/第 16 冊
徐庭曾撰
清光緒刻本
婁江志二卷 Y0271/第 16 冊
(清)顧士璉等輯
清刻本
新劉河志正集一卷附集一卷
Y0271/第 16 冊
(清)顧士璉等輯
清刻本
重濬太倉州七鴉浦記一卷
Y0271/第 16 冊
(清)蘇品仁撰
清光緒間刻本
靈璧河渠原委三卷 Y0271/第 16 冊
(清)貢震著
清乾隆間刻本
桐城東河治略一卷 Y0271/第 16 冊
劉敢文撰
民國間鉛印本
無為州江壩記 Y0271/第 16 冊
(清)劉煜撰
清道光刻本
浙西水利備攷 Y0271/第 16 冊
(清)王鳳生纂
清道光刻本
海寧縣水利要略一卷 Y0271/第 17 冊
佚名撰
民國間抄本
三江閘務全書 Y0271/第 17 冊
(清)程鳴九纂
清刻本
甬上水利志六卷 Y0271/第 17 冊
(清)周道遵撰
清道光活字本
橫橋堰水利記 Y0271/第 17 冊
(清)徐用福纂
清光緒刻本
江西水道考五卷 Y0271/第 17 冊
(清)蔣湘南撰
民國間鉛印本
李渠志六卷 Y0271/第 17 冊
(清)程國觀纂
清道光刻本
湖北安襄鄖道水利集案二卷
Y0271/第 17 冊
(清)王槩編
清乾隆刻本
籌漢末議 Y0271/第 17 冊
(清)佚名撰
清抄本
淡災蠡述 Y0271/第 17 冊
(清)范鳴禾撰
清光緒刻本
大澤口成案 Y0271/第 18 冊
翦子明輯
民國間鉛印本
湖北漢水圖說 Y0271/第 18 冊
(清)田宗漢撰
清光緒刻本
楚南諸水源流考一卷 Y0271/第 18 冊
(清)孫良貴著
清抄本
沅江白水浹案控訴呈文附白水浹圖說
Y0271/第 18 冊
李祖道等撰
民國鉛印本
蜀水經十二卷 Y0271/第 18 冊
(清)李元撰
清乾隆甲寅刻本
灌江四種 Y0271/第 18 冊
(清)佚名輯
清乾隆刻本
閩會水利故 Y0271/第 18 冊
(清)郭柏蒼校輯
清同治光緒間刻本
福州濬湖事略 Y0271/第 18 冊
(清)郭柏蒼撰輯
清同治光緒間刻本
三元溝始末 Y0271/第 18 冊
(清)郭柏蒼撰輯
清同治光緒間刻本
沙合新港開塞合編 Y0271/第 18 冊
(清)郭柏蒼撰輯
清同治光緒間刻本
續刻木蘭陂集志三卷 Y0271/第 18 冊
(清)姚文崇 (清)李嗣岱編
清乾隆間刻本
六脉渠圖說一卷 Y0271/第 18 冊
(清)陳坤撰
清光緒刻本
莆田水利志八卷 Y0271/第 19 冊
(清)陳池養編
清光緒刻本
木蘭陂集節要十卷 Y0271/第 19 冊
(明)雷應龍輯
清乾隆刻本
雲南省城六河圖說 Y0271/第 19 冊
(清)黃士傑撰
清光緒刻本
雲南水道考五卷 Y0271/第 19 冊
(清)李誠撰
民國刻本
鶴陽新河紀略一卷 Y0271/第 19 冊
(清)朱洪章撰
清光緒刻本
滿洲國水道源流考略八卷
Y0271/第 19 冊
周沆編
民國鉛印本
修濬遼河報告書二卷 Y0271/第 19 冊
遼瀋道道尹公署編
民國鉛印本
洮河防導計畫書 Y0271/第 20 冊
王耒撰
民國鉛印本
重修中衛七星渠本末輯二卷
Y0271/第 20 冊
王樹枏輯
清光緒稿本
黃淮安瀾編二卷 Y0271/第 20 冊
(清)龔元玠著

清嘉慶刻本
安瀾紀要二卷 Y0271/第 20 册
（清）徐端撰
清道光刻本
河源紀略三十五卷卷首一卷
Y0271/第 20 册
（清）紀昀等纂
民國間影印本
迴瀾紀要二卷 Y0271/第 20 册
（清）徐端撰
清道光刻本
黄運河口古今圖說一卷 Y0271/第 20 册
（清）麟慶撰
清道光刻本
治河策 Y0271/第 20 册
（清）傅咸如撰
清道光刻本
鄭工啓事二卷 Y0271/第 20 册
（清）倪文蔚撰
清抄本
安東改河議三卷 Y0271/第 21 册
（清）范玉琨撰
清道光刻本
三省黄河全圖 Y0271/第 21 册
（清）易順鼎等纂
清光緒石印本
豫河志二十八卷 Y0271/第 21 册
吳篔孫編
民國鉛印本
豫河續志二十卷卷首一卷
Y0271/第 22 册
陳善同等編
民國刻本
歷代黄河變遷圖考四卷 Y0271/第 23 册
（清）劉鄂撰
清光緒石印本
豫河三志十二卷卷首一卷
Y0271/第 23 册
陳汝珍等編
民國鉛印本
河徒及其影響 Y0271/第 23 册
孫繼伊著
民國鉛印本
歷代治黄史六卷 Y0271/第 23 册
林修竹纂
民國鉛印本
揚子江流域現勢論 Y0271/第 23 册
（日）林繁著（清）汪國屏譯
清光緒鉛印本
新編長江險要圖說五卷 Y0271/第 23 册
余宏淦撰
民國石印本
蜀水考四卷 Y0271/第 23 册
（清）陳登龍撰（清）朱錫穀補注（清）陳一津分疏
清道光刻本
最新川江圖說集成二卷 Y0271/第 24 册
楊寶珊輯
民國石印本
平灘紀略六卷 Y0271/第 24 册
（清）李本忠輯
清道光刻本
峽江圖攷 Y0271/第 24 册
（清）江國璋撰
清光緒石印本
峽江灘險志二卷 Y0271/第 24 册
史錫永等纂
民國鉛印本
楚北江漢宣防備覽二卷 Y0271/第 24 册
（清）王鳳生撰
清道光刻本
淮南水利考二卷 Y0271/第 24 册
（明）胡應恩撰
清末抄本
淮揚水利圖說一卷 Y0271/第 25 册
（清）馮道立著
道光刻朱墨套印本
請復淮水故道圖說 Y0271/第 25 册
（清）丁顯撰
清同治刻本
請復淮水故道全案 Y0271/第 25 册
（清）裴陰森等撰
清抄本
淮沂泗圖說摘要 Y0271/第 25 册
談禮成編
民國鉛印本
山東運河備覽十二卷 Y0271/第 25 册
（清）陸燿纂
清乾隆刻本
揚州水道記四卷 Y0271/第 25 册
（清）劉文淇撰
清道光刻本
山東運河圖說 Y0271/第 25 册
（清）黄春圃輯
清抄本
南河成案五十四卷 Y0271/第 26－28 册
（清）佚名編
清刻本
江北運程四十卷卷首一卷卷末一卷
Y0271/第 29－31 册
（清）董恂輯
清同治刻本
會勘江北運河日記 Y0271/第 31 册
武同舉撰
民國間鉛印本
南河編年紀要五卷 Y0271/第 31 册
（清）袁青綬編
稿本
玄武湖志八卷 Y0271/第 31 册
夏仁虎纂
民國刻本
烏程長興二邑漊港說一卷
Y0271/第 31 册
（清）王鳳生撰
清光緒間刻本
莫愁湖志六卷 Y0271/第 31 册
（清）馬士圖輯
清光緒刻本
勺湖志十六卷附一卷 Y0271/第 32 册
毛乃庸編
民國間抄本
揚州北湖小志六卷 Y0271/第 32 册
（清）焦循撰
清嘉慶刻本
揚州北湖續志六卷 Y0271/第 32 册
（清）阮元輯
清道光刻本
練湖志十卷 Y0271/第 32 册
（清）黎世序撰
清嘉慶刻本
後湖志一卷 Y0271/第 32 册
王作棫等輯
清宣統鉛印本
蕭山湘湖考略一卷 Y0271/第 32 册
（清）于士達撰
清嘉慶刻本
練湖歌叙錄九卷續編三續四續
Y0271/第 33 册
（清）湯諧等輯
民國鉛印本

西湖志纂十二卷卷末一卷 Y0271/第 33 册
(清)沈德潛 (清)傅王露輯 (清)梁詩正纂
清乾隆刻本
西湖紀勝二卷 Y0271/第 33 册
(清)孫自成撰
清刻本
蕭山湘湖志八卷外編一卷續志一卷 Y0271/第 34 册
周易藻編
民國鉛印本
西湖新志十四卷 Y0271/第 34 册
胡祥翰輯
民國鉛印本
慈谿縣鳴鶴鄉杜白二湖全書 Y0271/第 34 册
(清)王相能輯
清嘉慶道光間刻本
南湖志 Y0271/第 34 册
(明)陳幼學撰 (清)梁恭辰增輯
清光緒刻本
續濬南湖圖志一卷 Y0271/第 34 册
(清)佚名輯
清光緒間刻本
鴛鴦湖小志 Y0271/第 34 册
陶元鏞輯
民國鉛印本
東湖志二卷 Y0271/第 34 册
(清)特通阿輯 (清)洪震煊等
清乾隆刻本
洞庭湖志十四卷 Y0271/第 35 册
(清)綦世基撰 (清)夏大觀補輯 (清)萬年淳再訂
清道光刻本
新鐫海內奇觀十卷 Y0271/第 35 册
(明)楊爾曾輯
明萬曆刻本
皂李湖水利事實 Y0271/第 36 册
(明)羅朋編 (清)曹雲慶纂
清乾隆刻本
東錢湖志四卷 Y0271/第 36 册
王榮商纂 陸澍咸 戴彥編輯
民國刻本
沙湖志 Y0271/第 36 册
任桐輯
民國油印本
西湖志六卷卷首一卷 Y0271/第 36 册
(清)姚循義輯
清乾隆刻本
湯山溫泉記 Y0271/第 36 册
馬華庵撰
民國間鉛印本
趵突泉志二卷 Y0271/第 36 册
(清)任弘遠撰
清乾隆間刻本
西湖志二十四卷 Y0271/第 37 册
何振岱纂
民國鉛印本
文登溫泉游覽記及全國溫泉考略 Y0271/第 37 册
王毓升撰
民國間鉛印本
浦口湯泉小志 Y0271/第 37 册
龔心銘纂
民國鉛印本
雲南溫泉志補四卷 Y0271/第 37 册
童振藻撰
民國鉛印本

Y0272(1-16)

古籍珍本遊記叢刊
劉家平 周繼鳴主编 國家圖書館分館編
二〇〇三年北京綫裝書局影印本
十六册
北征錄 Y0272/第 1 册
(明)金幼孜撰
北征後錄 Y0272/第 1 册
(明)金幼孜撰
春假一周記 Y0272/第 1 册
吳佑撰
後北征記 Y0272/第 1 册
(明)楊榮撰
津濟旅行漫錄 Y0272/第 1 册
長佛撰
京津兩月記 Y0272/第 1 册
陸費逵撰
京華游覽記 Y0272/第 1 册
我一撰
京華游覽續記 Y0272/第 1 册
我一撰
居庸關紀游 Y0272/第 1 册
蔣維喬撰
居庸關游記 Y0272/第 1 册
我一撰
盤游小草 Y0272/第 1 册
王鴻恩撰
陪獵筆記 Y0272/第 1 册
(清)查慎行撰
清宮紀游 Y0272/第 1 册
譚新嘉撰
三貝子花園游記 Y0272/第 1 册
寄塵撰
十三陵游記 Y0272/第 1 册
我一撰
太和殿武英殿游覽記 Y0272/第 1 册
我一撰
西山記游 Y0272/第 1 册
蔣維喬撰
西山紀游 Y0272/第 1 册
譚新嘉撰
夏湘人出塞日記 Y0272/第 1 册
(清)曹振鏞
乙卯北海游記 Y0272/第 1 册
侯鴻鑒撰
游京師西山日記 Y0272/第 1 册
毅夫撰
游農事試驗場記 Y0272/第 1 册
王炳南撰
游西苑記 Y0272/第 1 册
陳衍撰
游頤和園記 Y0272/第 1 册
章鑒撰
直隸口外游記 Y0272/第 1 册
(英)希得利撰
重游西山日記 Y0272/第 1 册
毅夫撰
出塞圖畫山川記 Y0272/第 1 册
(清)溫睿臨撰
庚戌齊魯旅行記 Y0272/第 2 册
張相文撰
秉蘭錄 Y0272/第 2 册
(清)安阱撰
濟泰游覽記 Y0272/第 2 册
我一撰
曲阜紀游 Y0272/第 2 册
蔣維喬撰
泰山紀勝 Y0272/第 2 册
(清)孔貞瑄撰
泰山紀游 Y0272/第 2 册
蔣維喬撰
游泰山記 Y0272/第 2 册

十三峰撰
鄧尉山靈岩山游記 Y0272/第 2 冊
我一撰
丁未六月游後湖記 Y0272/第 2 冊
李詳撰
虎丘游記 Y0272/第 2 冊
我一撰
記天下第二泉 Y0272/第 2 冊
江應麟撰
甲寅春假遠足記 Y0272/第 2 冊
俞殿華撰
甲寅建康同游記 Y0272/第 2 冊
馮煦撰
甲寅栖霞山游記 Y0272/第 2 冊
黄炎培撰
焦山北固山游記 Y0272/第 2 冊
我一撰
劉園景色 Y0272/第 2 冊
天夢撰
茅山游記 Y0272/第 2 冊
陋莽撰
南通游記 Y0272/第 2 冊
丁傳商撰
秦淮游記 Y0272/第 2 冊
我一撰
潤州南郊紀游 Y0272/第 2 冊
許心武撰
太湖游記 Y0272/第 2 冊
胡健生撰
天平山游記 Y0272/第 2 冊
我一撰
辛卯八月游焦山記 Y0272/第 2 冊
李詳撰
陽羨游覽記 Y0272/第 2 冊
我一撰
游鴻山記 Y0272/第 2 冊
錢朝模撰
游豁蒙樓記 Y0272/第 2 冊
郎琬卿撰
游將臺山記 Y0272/第 2 冊
獻之撰
游靈穀寺記 Y0272/第 2 冊
俞殿華撰
游蘇州戒幢寺西園記 Y0272/第 2 冊
仇僧撰
游錫雜記 Y0272/第 2 冊
郁從周撰
虞山游記 Y0272/第 2 冊
我一撰
玄武湖游記 Y0272/第 2 冊
我一撰
黄山前海記游 Y0272/第 2 冊
陳衍撰
黄山游草 Y0272/第 2 冊
（清）朱紘撰
黄山游記 Y0272/第 2 冊
吴漢聲撰
黄山游記 Y0272/第 2 冊
竹坡 珠泉撰
黄山游記 Y0272/第 2 冊
佚名撰
九華游記 Y0272/第 3 冊
蘅州 栩園撰
游敬亭山記 Y0272/第 3 冊
南園撰
游肖黄山記 Y0272/第 3 冊
南園撰
板橋新記 Y0272/第 3 冊
馬二先生撰
記游怡園 Y0272/第 3 冊
莊仲咸撰
甲寅普陀紀游 Y0272/第 3 冊
蔣維喬撰
客杭日記 Y0272/第 3 冊
（元）郭畀撰
冷泉亭 Y0272/第 3 冊
逸梅撰
旅行普陀山記 Y0272/第 3 冊
丁傳商撰
珞珈游記 Y0272/第 3 冊
陳栩撰
普陀游記 Y0272/第 3 冊
汪仲閣撰
普陀游記 Y0272/第 3 冊
天風撰
入剡日記 Y0272/第 3 冊
（清）陶濬宣撰
蘇平旅行記 Y0272/第 3 冊
梅夢撰
西湖記 Y0272/第 3 冊
老劍撰
西湖夜泛記 Y0272/第 3 冊
天虚我生撰
西湖夜游記 Y0272/第 3 冊
息霜撰
西湖游記 Y0272/第 3 冊
我一撰
游虎跑泉記 Y0272/第 3 冊
裘建恂撰
游喬木山孟家山記 Y0272/第 3 冊
姚宗誠撰
游天臺記 Y0272/第 3 冊
（清）戴名世撰
游五峰書院記 Y0272/第 3 冊
盧紹曾撰
游雁蕩山記 Y0272/第 3 冊
（清）周清源撰
月湖記 Y0272/第 3 冊
周二撰
越游小錄 Y0272/第 3 冊
（清）管庭芬撰
中秋日百步橋觀潮記 Y0272/第 3 冊
謝壽昌撰
匡廬紀游 Y0272/第 3 冊
（清）吴闡思撰
匡廬游記 Y0272/第 3 冊
古湫撰
廬山游記 Y0272/第 3 冊
黄炎培撰
游青原山記 Y0272/第 3 冊
（清）何栻撰
臺灣游記 Y0272/第 4 冊
張遵旭撰
臺灣游記 Y0272/第 4 冊
倭多可支撰
海客譚瀛 Y0272/第 4 冊
（清）佚名撰
玉山紀游 Y0272/第 4 冊
（明）顧瑛撰
浦南二日記 Y0272/第 4 冊
丁傳商撰
湖舠舊游記 Y0272/第 4 冊
容肇祖撰
惠州西湖游記 Y0272/第 4 冊
魏佐國撰
龍台岩游記 Y0272/第 4 冊
張蔚文撰
龍眼洞采收林木種子紀行 Y0272/第 4 冊
張石朋撰
重游東坡閣記 Y0272/第 4 冊

容肇祖撰
甲寅暑假游積翠巖記 Y0272/第 4 冊
洪燦撰
秋季旅行記 Y0272/第 4 冊
程延鋻撰
游嵩紀略 Y0272/第 4 冊
張廣輿撰
漢陽歸元寺伯牙臺游記 Y0272/第 4 冊
張汝受撰
山阿旅行記 Y0272/第 4 冊
(清)屼山莊主撰
宜施三洞紀游 Y0272/第 4 冊
莊禮本撰
游洪山記 Y0272/第 4 冊
修曲撰
游武昌西山記 Y0272/第 4 冊
莊禮本撰
卓刀泉游記 Y0272/第 4 冊
屈鐵撰
衡岳游記 Y0272/第 4 冊
(清)黄周星撰
南岳紀游 Y0272/第 4 冊
蔣維喬撰
湘游紀事 Y0272/第 4 冊
(英國)李提摩太撰
旅行華山記 Y0272/第 5 冊
陳泰豐撰
游城南記 Y0272/第 5 冊
(宋)張禮
游華岳記 Y0272/第 5 冊
袁希濤撰
臯蘭山旅行記 Y0272/第 5 冊
魏象賢撰
再游西夏日記附閱藏隨筆
Y0272/第 5 冊
鄧隆撰
冰嶺紀程 Y0272/第 5 冊
(清)景廉撰
額魯特行程日記 Y0272/第 5 冊
宜珍撰
游華訪古記 Y0272/第 5 冊
(英)士丹撰
新疆旅行記 Y0272/第 5 冊
單騎撰
察爐道裏考 Y0272/第 6 冊
(清)佚名撰
游草堂記 Y0272/第 6 冊
蕭公弼撰
游蜀後記 Y0272/第 6 冊
(清)吳燾撰
川中雜識 Y0272/第 6 冊
(清)吳燾撰
滇輶記 Y0272/第 6 冊
(明)楊慎撰
抱泉紀略 Y0272/第 6 冊
(清)菊如撰
西山游記 Y0272/第 6 冊
何廷楷撰
巖泉寺記 Y0272/第 6 冊
何廷楷撰
滇黔紀游 Y0272/第 6 冊
(清)陳鼎撰
西招紀行圖 Y0272/第 6 冊
(清)松筠撰
北游日記 Y0272/第 6 冊
(清)陸嘉淑撰
北轅錄 Y0272/第 6 冊
(宋)周輝撰
北征紀略 Y0272/第 6 冊
(清)韓之錦撰
川行日記 Y0272/第 6 冊
孝順武撰
滇滬紀程 Y0272/第 6 冊
蘭平撰
北游搜訪滇南文獻日記 Y0272/第 7 冊
由京至巴裏坤城等外路程記
Y0272/第 7 冊
(清)佚名編
山西至雲南路程表 Y0272/第 7 冊
(清)佚名編
北游錄 Y0272/第 8－9 冊
(清)談遷撰
滇行紀略 Y0272/第 9 冊
(清)菊如撰
歸程日記 Y0272/第 10 冊
(清)劉書年撰
鴻泥四錄五錄 Y0272/第 10 冊
(清)佚名撰
鴻爪集補 Y0272/第 10 冊
(清)潘耒撰
宦游筆記 Y0272/第 10 冊
(清)守硯主人撰
各省程途 Y0272/第 10 冊
(清)佚名編
己未會試雜記 Y0272/第 11 冊
(明)歸有光撰
恐省子鴻雪留踪 Y0272/第 11 冊
(清)恐省子撰
旅行晋祠記 Y0272/第 11 冊
常乃德撰
蒙游紀略 Y0272/第 11 冊
盧士寅撰
民國元年五月率師至吐魯番哈
Y0272/第 11 冊
劉雨沛撰
閩行日記 Y0272/第 11 冊
(清)周棨撰
黔行水程記 Y0272/第 11 冊
(清)孟繼埴撰
秦還日記 Y0272/第 11 冊
韻秋撰
壬戌紀行 Y0272/第 11 冊
(明)歸有光撰
入蜀記 Y0272/第 11 冊
李保泰撰
拉哈蘇旅行日記 Y0272/第 11 冊
沈江撰
西藏歸程記 Y0272/第 11 冊
心禪撰
西盟游記 Y0272/第 12 冊
勹輿撰
西行紀程 Y0272/第 12 冊
(清)楊炳坤撰
西征錄 Y0272/第 12 冊
(清)李燧撰
西征錄(附東旋草) Y0272/第 13－14 冊
(清)王大樞撰
行程日記 Y0272/第 14 冊
(清)佚名撰
游蜀日記 Y0272/第 14 冊
(清)吳燾
棧程隨筆 Y0272/第 14 冊
佚名撰
之黔日記 Y0272/第 14 冊
(清)章詒燕撰
由京至藏路程折 Y0272/第 14 冊
(清)佚名編
由烏魯木齊至北京城路程册
Y0272/第 14 冊
佚名編

雲南省至北京城旱路路程 Y0272/第 14 册
(清)佚名編
安南紀游 Y0272/第 15 册
(清)潘鼎珪撰
赴法日記 Y0272/第 15 册
孫紹康撰
汗漫錄 Y0272/第 15 册
佚名撰
環游瑣譚 Y0272/第 15 册
王揖唐撰
紀游白浪山迦陵島事 Y0272/第 15 册
南園撰
東游日記 Y0272/第 15 册
胡玉縉撰
甲寅巴黎旅行 Y0272/第 16 册
效譚彭撰
甲寅蒙游新紀 Y0272/第 16 册
(俄)摩洛左夫撰
馬尼拉游記 Y0272/第 16 册
灝森撰
蠻荒游獵記 Y0272/第 16 册
(英)維培撰
歐戰日記 Y0272/第 16 册
佚名撰
使德日記 Y0272/第 16 册
(清)李鳳苞
西使記 Y0272/第 16 册
(元)劉鬱撰
威士哥沙島風土小記 Y0272/第 16 册
南園撰
夏威夷 Y0272/第 16 册
抱一撰
新大陸游記 Y0272/第 16 册
佚名撰
匈牙利游記 Y0272/第 16 册
澍生撰
游美受虐日記 Y0272/第 16 册
佚名撰
游日本上野公園記 Y0272/第 16 册
陳可均撰
曾惠敏公使西日記 Y0272/第 16 册
(清)曾紀澤撰
中亞游記 Y0272/第 16 册
(日)佚名撰

Y0273(1-25)
歷代碑誌叢書
中國東方文化研究會歷史文化分會編
一九九八年江蘇古籍出版社影印本
二十五册
集古錄跋尾十卷 Y0273/第 1 册
(宋)歐陽修撰
清槐廬叢書本
集古錄目十卷 Y0273/第 1 册
(宋)歐陽棐撰
清雲自在堪從書本
金石錄三十卷 Y0273/第 1 册
(宋)趙明誠撰
宋龍舒刊本
寶刻叢編二十卷 Y0273/第 1 册
清光緒十四年吳興陸氏十萬卷樓刊本
寶刻類編八卷 Y0273/第 1 册
不著姓名
粵雅堂叢書本
輿地碑記目四卷 Y0273/第 2 册
(宋)王象之撰
粵雅堂叢書本
古刻叢抄一卷 Y0273/第 2 册
(元)陶宗儀輯
知不足齋叢書本
金石古文十四卷 Y0273/第 2 册
(明)楊慎輯
清光緒八年學古齋刊本
金薤琳琅二十卷 Y0273/第 2 册
(明)都穆撰
清乾隆四十三年汪氏刻本
金薤琳琅補遺一卷 Y0273/第 2 册
(清)宋振譽撰
清乾隆刊本
金石備考十六卷 Y0273/第 2 册
(明)來濬輯
清抄本
石墨鐫華八卷 Y0273/第 2 册
(明)趙崡撰
知不足齋叢書刊本
金石文字記六卷 Y0273/第 2 册
(清)顧炎武撰
清嘉慶十三年昭文張海鵬刊本
金石錄補二十七卷附續跋七卷 Y0273/第 2 册
(清)葉奕苞撰
別下齋叢書本
曝書亭金石文字跋尾六卷 Y0273/第 3 册
(清)朱彝尊撰
芋園叢書本
張氏吉金貞石錄五卷 Y0273/第 3 册
(清)張塤撰
民國十八年燕京大學哈弗燕京學社刊本
潛研堂金石跋尾二十卷附目錄八卷 Y0273/第 3 册
(清)錢大昕撰
清長沙龍氏家塾重刊本
金石三跋一跋四卷二跋四卷三跋二卷 Y0273/第 3 册
(清)武億撰
清道光二十三年授堂重刊本
授堂金石文字續跋十四卷 Y0273/第 3 册
(清)武億撰
清道光二十三年授堂重刊本
金石萃編一百六十卷 Y0273/第 4-7 册
(清)王昶撰
清嘉慶十年經訓堂刊本
金石續編二十一卷 Y0273/第 7-8 册
(清)陸耀通撰
清同治十三年毗陵雙白燕堂刊本
金石萃編補正四卷 Y0273/第 8 册
(清)方履籛撰
清光緒二十年上海醉六堂石印本
金石萃編補略二卷 Y0273/第 8 册
(清)王言撰
清光緒八年刊本
金石萃編未刻稿三卷 Y0273/第 8 册
(民國)羅振玉撰
民國七年上虞羅氏石印本
金石續錄四卷 Y0273/第 8 册
(清)劉青藜撰
清光緒二十八年學古齋金石叢書本
希古樓金石萃編十卷 Y0273/第 8 册
(民國)劉承幹撰
民國二十年刻本
八瓊室金石補正一百三十卷 Y0273/第 9-11 册
(清)陸增祥撰
民國十四年吳興劉氏希古樓刊本
八瓊室金石札記四卷 Y0273/第 11 册
(清)陸增祥撰
民國十四年吳興劉氏希古樓刊本
八瓊室金石祛僞一卷 Y0273/第 11 册

(清)陸增祥撰
民國十四年吴興劉氏希古樓刊本
八瓊室元金石偶存一卷 Y0273/第11冊
(清)陸增祥撰
民國十四年吴興劉氏希古樓刊本
匋齋臧石記四十四卷 Y0273/第12冊
(清)端方撰
清宣統元年石印本
常山貞石志二十四卷 Y0273/第12－13冊
(清)沈濤撰
清道光二十二年刊本
平津讀碑記八卷附續一卷再續一卷三續二卷 Y0273/第13冊
(清)洪頤煊撰
清道光十二年吴縣朱氏家塾刊本
十二硯齋金石過眼錄十八卷 Y0273/第13冊
(清)汪鋆撰
清光緒元年自刊本
兩漢金石記二十二卷 Y0273/第13冊
(清)翁方綱撰
清乾隆五十四年南昌使院自刻本
遼代金石錄四卷 Y0273/第13冊
(清)黄任恒撰
清光緒三十一年排印本
京畿冢墓遺文三卷 Y0273/第14冊
(民國)羅振玉輯
民國自刊本
中州金石考八卷 Y0273/第14冊
(清)黄叔璥撰
顧氏金石輿地叢書本
中州金石記五卷 Y0273/第14冊
(清)畢沅撰
清刊本
安陽縣金石錄十二卷 Y0273/第14冊
(明)武億撰
清刊本
東都冢墓遺文一卷 Y0273/第14冊
(民國)羅振玉輯
民國自刊本
芒洛冢墓遺文三卷附補遺一卷 Y0273/第14冊
(民國)羅振玉輯
民國六年自刊本
芒洛冢墓遺文續編三卷附續補一卷 Y0273/第14冊
(民國)羅振玉輯
民國六年自刊本
芒洛冢墓遺文三編一卷 Y0273/第14冊
(民國)羅振玉輯
民國六年自刊本
芒洛冢墓遺文四編六卷附補遺一卷 Y0273/第14冊
(民國)羅振玉輯
民國六年自刊本
山左金石志二十四卷 Y0273/第14－15冊
(清)畢沅撰
清嘉慶二年儀征阮氏小琅嬛仙館刊本
山左冢墓遺文一卷附補遺一卷 Y0273/第15冊
(民國)羅振玉輯
民國自刊本
山右石刻叢編四十卷 Y0273/第15－16冊
(清)胡聘之輯
清光緒二十七年刊本
山右冢墓遺文二卷附補遺一卷 Y0273/第16冊
(民國)羅振玉輯
民國自刊本
隴右金石錄十卷校補一卷 Y0273/第16冊
(民國)張維撰
民國三十二年甘肅省文獻徵集委員會排印本
陝西金石志三十卷附補遺二卷 Y0273/第17冊
(民國)武樹善撰
民國二十三年續修陝西通志稿排印本
關中石刻文字新編四卷 Y0273/第17冊
(清)毛鳳枝撰
民國二十四年會稽顧氏石印本
雍州金石記十卷附記餘一卷 Y0273/第17冊
(清)朱楓撰
惜陰軒叢書本
江蘇金石記二十四卷 Y0273/第18冊
不著撰者
民國十六年江蘇通志局石印本
江寧金石記八卷附待訪目二卷 Y0273/第18冊
(清)嚴觀撰
清宣統二年江楚編譯書局刊本
吴下冢墓遺文三卷 Y0273/第18冊
(明)都穆輯
清鮑氏知不足齋本
吴中冢墓遺文一卷附補遺一卷 Y0273/第18冊
(民國)羅振玉輯
民國六年刊本
兩浙金石志十八卷附補遺一卷 Y0273/第19冊
(清)阮元撰
清道光四年廣東刊本
吴興金石記十六卷 Y0273/第19冊
(清)陸心源撰
清光緒十六年自刊本
武林金石記十卷 Y0273/第20冊
(清)丁敬撰
民國五年西泠印社聚珍刊本
括蒼金石志十二卷附續志四卷 Y0273/第20冊
(清)李遇孫撰 鄒柏森校補
清同治十三年浙江處州府署重刊本
台州金石錄十三卷附甎錄五卷闕訪四卷 Y0273/第20冊
(民國)黄瑞撰
民國五年劉氏嘉業堂刊本
兩浙冢墓遺文一卷附補遺 Y0273/第20冊
(民國)羅振玉撰
民國自刻本
東甌金石志十卷補遺一卷附錄一卷 Y0273/第20冊
(清)戴咸弼輯
清光緒二年浙江溫州郡庠自備聚珍排印本
安徽金石略十卷 Y0273/第21冊
(清)趙紹祖撰
聚學軒叢書本
歙縣金石志十四卷 Y0273/第21冊
(民國)葉爲銘輯
民國紫城葉氏家廟排印本
湖北金石志十四卷 Y0273/第21冊
(清)張仲炘撰
民國十年湖北通志刊本
鍾祥金石考八卷 Y0273/第21冊
(民國)李權撰
民國二十二年排印本

襄陽冢墓遺文一卷附補遺一卷 Y0273/第21冊
(民國)羅振玉輯
民國四年自刊本
粵東金石略十卷附二卷 Y0273/第22冊
(清)翁方綱輯
清乾隆三十六年石洲草堂刊本
粵西金石略十五卷 Y0273/第22冊
(清)謝啓昆撰
清嘉慶六年銅鼓亭刊本
閩中金石志十四卷 Y0273/第22冊
(清)馮登府輯
民國十五年吳興劉氏希古樓刊本
閩中金石略十五卷附考證五卷 Y0273/第22冊
(清)陳棨仁撰
民國十六年菽莊叢書本
滿洲金石志六卷附別錄二卷 Y0273/第23冊
(民國)羅福頤輯
民國二十六年刊本
滿洲金石志補遺一卷外編一卷 Y0273/第23冊
(民國)羅福頤輯
民國二十六年刊本
寰宇訪碑錄十二卷 Y0273/第23冊
(清)孫星衍 邢澍撰
清光緒十一年朱氏槐廬家塾刊本
寰宇訪碑錄刊謬一卷 Y0273/第23冊
(民國)羅振玉撰
清光緒十七年朱氏槐廬家塾刊本
寰宇訪碑錄校勘記十一卷 Y0273/第23冊
(清)劉聲木撰
直介堂叢書本
補寰宇訪碑錄五卷附失編一卷 Y0273/第23冊
(清)趙之謙撰
清同治三年刊本
補寰宇訪碑錄刊誤 Y0273/第24冊
(民國)羅振玉撰
清光緒二十年朱氏槐廬家塾補校刊本
補寰宇訪碑錄校勘記二卷 Y0273/第24冊
(清)劉聲木撰
民國十九年直介堂叢刻本
續補寰宇訪碑錄二十五卷 Y0273/第24冊
(清)劉聲木撰
民國十九年直介堂叢刻本
再續寰宇訪碑錄校勘記一卷 Y0273/第24冊
(清)劉聲木撰
民國十九年直介堂叢刻本
藝風堂金石文字目十八卷 Y0273/第24冊
(清)繆荃孫撰
清光緒三十二年刊本
金石匯目分編二十卷 Y0273/第24－25冊
(清)吳式芳撰
清海豐吳氏文錄堂刊本

Y0274(1－16)
中國名山志
全國圖書館文獻縮微複製中心編
二〇〇五年北京全國圖書館文獻縮微複製中心影印本
十六冊
泰山志四卷 Y0274/第1冊
(明)汪子卿撰
明刻本
大岳太和山志 Y0274/第2冊
(明)慎旦 賈如愚等撰
明刻本
西岳華山志一卷 Y0274/第3冊
(金)王處一撰
明刻本
普陀山志六卷 Y0274/第3冊
(明)周應賓輯
明刻本
衡岳志八卷續刻附錄一卷 Y0274/第4－5冊
(明)鄧雲霄撰
明刻本
九華山志六卷 Y0274/第5冊
(明)蔡立身等撰
明刻本
增訂廬山志十五卷 Y0274/第6－8冊
(清)吳煒 李瀅纂修
清刻本
黃山志定本七卷卷首一卷 Y0274/第9－10冊
(清)閔麟嗣撰
清刻本
黃山志續集八卷 Y0274/第11冊
(清)汪士鋐等纂修
清刻本
武夷山志二十四卷卷首一卷 Y0274/第12－14冊
(清)董天工撰
清刻本
盤山志十六卷卷首五卷 Y0274/第15－16冊
(清)蔣溥 汪由敦 董邦達纂修
清刻本

Y0275(1－10)
中國古代工具書叢編
魯仁編
一九九九年天津古籍出版社影印本
十冊
說文解字注 Y0275/第1冊
(清)段玉裁撰
說文通訓定聲 Y0275/第2冊
(清)朱駿聲撰
說文通訓定聲 Y0275/第3冊
(清)朱駿聲撰
爾雅注疏 Y0275/第3冊
(晉)郭璞注 (宋)邢昺疏
爾雅義疏 Y0275/第3冊
(清)郝懿行疏
爾雅義疏 Y0275/第4冊
(清)郝懿行疏
廣雅疏證 Y0275/第4冊
(清)王念孫疏證
爾雅翼 Y0275/第4冊
(宋)羅愿撰
駢雅 Y0275/第4冊
(明)朱謀㙔撰
釋名 Y0275/第5冊
(漢)劉熙撰
方言箋疏 Y0275/第5冊
(清)錢繹疏
續方言 Y0275/第5冊
(清)杭世駿撰
玉篇 Y0275/第5冊
(梁)顧野王撰
匡謬正俗 Y0275/第5冊
(唐)顏師古撰
干祿字書 Y0275/第5冊
(唐)顏元孫撰

類篇 Y0275/第6冊
(宋)司馬光撰
龍龕手鑒 Y0275/第6冊
(遼)釋行均撰
經籍撰詁 Y0275/第7冊
(清)阮元撰
經傳釋詞 Y0275/第8冊
(清)王引之撰
經詞衍釋 Y0275/第8冊
(清)吳昌瑩撰
廣韻 Y0275/第8冊
(宋)陳彭年撰
切韻求蒙 Y0275/第8冊
(清)梁僧寶撰
康熙字典 Y0275/第9-10冊
(清)張玉書等撰

Y0276(1-10)

中國古代版畫叢刊二編
上海古籍出版社編
一九九四年上海古籍出版社影印本
十冊
梅花喜神譜二卷 Y0276/第1輯
(宋)宋伯仁編繪
宋景定二年刻本
飲膳正要三卷附元刻飲膳正要殘卷 Y0276/第1輯
(元)忽思慧撰
明景泰七年刻本
山海經圖二卷 Y0276/第1輯
(明)胡文煥編
明格致叢書本
釋氏源流四卷 Y0276/第2輯
(明)釋寶成編撰
明成化二十二年内府刻本
水陸道場神鬼圖一卷 Y0276/第2輯
闕名作
明刻本
收年圖一卷題普 Y0276/第2輯
題普明禪師頌
明萬曆三十七年釋誅宏刻本
孔聖家語圖十一卷 Y0276/第3輯
(明)吳嘉謨集校
明萬曆刻本
孔門儒教列傳四卷 Y0276/第3輯
闕名撰
明刻本
古今列女評傳八卷 Y0276/第4輯
(漢)劉向撰 (明)茅坤補 彭烊評
明萬曆間富春堂刻本
青樓韻語四卷 Y0276/第4輯
(明)張夢徵彙選 朱元亮輯注
明萬曆四十四年刻本
閨範四卷 Y0276/第5輯
(明)吕坤撰
明萬曆間泊如齋刻本
程氏墨苑 Y0276/第6輯
(明)程大約編撰
明萬曆間程氏滋蘭堂刻彩色套印本
唐詩畫譜不分卷 Y0276/第7輯
(明)黄鳳池輯
萬曆間集雅齋刻本
詩餘畫譜不分卷 Y0276/第7輯
(明)汪氏輯
萬曆間刻本
元曲選圖不分卷 Y0276/第7輯
(明)臧懋循編
明萬曆四十四年刻本
海内奇觀十卷 Y0276/第8輯
(明)楊爾曾輯
萬曆三十七年夷白堂刻本
名山圖一卷 Y0276/第8輯
(明)墨繪齋摹
明崇禎六年刻本
太平山水圖一卷 Y0276/第8輯
(清)張萬選編 蕭雲從繪
清順治五年刻本
古歙山川圖一卷 Y0276/第8輯
(清)吳逸繪
乾隆二十二年阮溪水香園刻本
瑞世良英五卷 Y0276/第9輯
(明)金忠 車應魁編撰
明崇禎十一年車應魁刻本

Y0277(1-110)

歷代筆記小説集成
周光培編
一九九四年石家莊河北教育出版社影印本
一一〇冊

漢魏六朝筆記小説

穆天子傳 Y0277/全1冊
(戰國)時人撰
四庫全書本
列女傳 Y0277/全1冊
(西漢)劉向撰
筆記小説大觀本
列仙傳 Y0277/全1冊
(西漢)劉向撰
筆記小説大觀本
説苑 Y0277/全1冊
(西漢)劉向撰
四庫全書本
神異經 Y0277/全1冊
(西漢)東方朔撰
四庫全書本
海内十洲記 Y0277/全1冊
(西漢)東方朔撰
四庫全書本
楚漢春秋 Y0277/全1冊
(西漢)陸賈撰
筆記小説大觀本
輶軒絕代語 Y0277/全1冊
(西漢)楊雄撰
宛委山堂説郛本
飛燕外傳 Y0277/全1冊
(西漢)伶玄著
廣漢魏叢書本
天祿閣外史 Y0277/全1冊
(東漢)黄憲著
筆記小説大觀本
洞冥記 Y0277/全1冊
(東漢)郭憲撰
四庫全書本
農家諺 Y0277/全1冊
(東漢)崔寔撰
宛委山堂説郛本
漢武故事 Y0277/全1冊
(東漢)班固撰
四庫全書本
漢武帝内傳 Y0277/全1冊
(東漢)班固撰
四庫全書本
漢官儀 Y0277/全1冊
(東漢)應劭撰
宛委山堂説郛本
獨斷 Y0277/全1冊
(東漢)時人撰
宛委山堂説郛本
雜事秘辛 Y0277/全1冊
(東漢)時人撰
廣漢魏叢書本
漢宫春色 Y0277/全1冊

（東漢）時人撰
香艷叢書本
笑林　Y0277/全 1 册
（三國魏）邯鄲淳撰
小說筆記大觀影印本
九州春秋　Y0277/全 1 册
（晉）司馬彪撰
宛委山堂說郛本
三齋署記　Y0277/全 1 册
（晉）劉琛撰
宛委山堂說郛本
丹陽記　Y0277/全 1 册
（晉）山謙之撰
宛委山堂說郛本
玄晏春秋　Y0277/全 1 册
（晉）皇甫謐撰
宛委山堂說郛本
交州記　Y0277/全 1 册
（晉）劉欣期撰
宛委山堂說郛本
永嘉郡記　Y0277/全 1 册
（晉）鄭緝之撰
宛委山堂說郛本
始興記　Y0277/全 1 册
（晉）王韶撰
宛委山堂說郛本
東宮舊事　Y0277/全 1 册
（晉）張敞撰
宛委山堂說郛本
佛國記　Y0277/全 1 册
（晉）釋法顯撰
宛委山堂說郛本
宜都記　Y0277/全 1 册
（晉）袁崧撰
宛委山堂說郛本
神仙傳　Y0277/全 1 册
（晉）葛洪撰
四庫全書本
風土記　Y0277/全 1 册
（晉）周處撰
洛陽記　Y0277/全 1 册
（晉）陸機撰
宛委山堂說郛本
荊州記　Y0277/全 1 册
（晉）盛弘之撰
宛委山堂說郛本
南康記　Y0277/全 1 册
（晉）鄧德明撰
宛委山堂說郛本
南雍州記　Y0277/全 1 册
（晉）王韶撰
宛委山堂說郛本
涼州記　Y0277/全 1 册
（晉）段龜龍撰
宛委山堂說郛本
高士傳　Y0277/全 1 册
（晉）皇甫謐撰
古今逸史本
梁州記　Y0277/全 1 册
（晉）劉澄之撰
宛委山堂說郛本
鄱陽記　Y0277/全 1 册
（晉）劉澄之撰
宛委山堂說郛本
博物志　Y0277/全 1 册
（晉）張華撰
四庫全書本
搜神記　Y0277/全 1 册
（晉）干寶撰
四庫全書本
搜神後記　Y0277/全 1 册
（晉）陶潛撰
四庫全書本
潯陽記　Y0277/全 1 册
（晉）張僧鑒撰
宛委山堂說郛本
會稽記　Y0277/全 1 册
（晉）孔曄撰
宛委山堂說郛本
廣州記　Y0277/全 1 册
（晉）顧微撰
宛委山堂說郛本
廣志　Y0277/全 1 册
（晉）郭義恭撰
宛委山堂說郛本
魏晉世語　Y0277/全 1 册
（晉）郭頒撰
宛委山堂說郛本
鄴中記　Y0277/全 1 册
（晉）陸翽撰
廣漢魏叢書夲
關中記　Y0277/全 1 册
（晉）潘岳撰
宛委山堂說郛本
齊諧記　Y0277/全 1 册
（劉宋）東陽無疑撰
小說筆記大觀影印本
幽明錄　Y0277/全 1 册
（劉宋）劉義慶撰
異苑　Y0277/全 1 册
（劉宋）劉敬叔撰
宛委山堂說郛本
金樓子　Y0277/全 1 册
（梁）蕭繹撰
宛委山堂說郛本
荊楚歲時記　Y0277/全 1 册
（梁）宗懍撰
廣漢魏叢書夲
神中記　Y0277/全 1 册
（梁）沈約撰
宛委山堂說郛本
俗說　Y0277/全 1 册
（梁）沈約撰
筆記小說大觀本
冥通記　Y0277/全 1 册
（梁）陶弘景撰
宛委山堂說郛本
殷蕓小說　Y0277/全 1 册
（梁）殷蕓撰
還冤記　Y0277/全 1 册
（北齊）顔之推撰
宛委山堂說郛本
洛陽伽藍記　Y0277/全 1 册
（魏）楊衒之撰
宛委山堂說郛本

唐代筆記小說

大業雜記　Y0277/第 1 册
（隋）杜寶撰
筆記小說大觀本
水師　Y0277/第 1 册
（隋）杜寶撰
筆記小說大觀本
還冤志　Y0277/第 1 册
（隋）顔之推撰
四庫全書本
啓顔錄　Y0277/第 1 册
（唐）侯白撰
說郛本
大業拾遺記　Y0277/第 1 册
（唐）顔師古撰
筆記小說大觀本

大唐創業起居注 Y0277/第1册
(唐)溫大雅撰
筆記小說大觀本
冥報記 Y0277/第1册
(唐)唐臨撰
筆記小說大觀本
遊仙窟 Y0277/第1册
(唐)張文成撰
筆記小說大觀本
耳目記 Y0277/第1册
(唐)張鷟撰
說郛本
梁四公記 Y0277/第1册
(唐)張說撰
說郛本
封氏聞見記 Y0277/第1册
(唐)封演撰
說郛本
安祿山事蹟 Y0277/第1册
(唐)姚汝能纂
說郛本
奉天錄 Y0277/第1册
(唐)趙元一撰
筆記小說大觀本
會真記 Y0277/第1册
(唐)元稹撰
說郛本
河東先生龍城錄 Y0277/第1册
(唐)柳宗元撰
四庫全書本
茶經 Y0277/第1册
(唐)陸羽撰
四庫全書本
北戶錄 Y0277/第1册
(唐)段公璐撰
筆記小說大觀本
靈鬼志 Y0277/第1册
(唐)荀氏撰
宛委山堂說郛本
煎茶水記 Y0277/第1册
(唐)張又新撰
四庫全書本
謝小娥傳 Y0277/第1册
(唐)李公佐撰
說郛本
唐國史補 Y0277/第1册
(唐)李肇撰
四庫全書本
翰林志 Y0277/第1册
(唐)李肇撰
四庫全書本
集異記 Y0277/第1册
(唐)薛用弱撰
四庫全書本
松牕雜錄 Y0277/第1册
(唐)李濬編
筆記小說大觀本
戎幕閒談 Y0277/第1册
(唐)韋絢編
宛委山堂說郛本
次柳氏舊聞 Y0277/第1册
(唐)李德裕撰
四庫全書本
卓異記 Y0277/第1册
(唐)李翺述
筆記小說大觀本
前定錄 Y0277/第1册
(唐)鍾輅纂
四庫全書本
三夢記 Y0277/第1册
(唐)白行簡撰
筆記小說大觀本
虫國夫人傳 Y0277/第1册
(唐)白行簡撰
宛委山堂說郛本
會昌解頤錄 Y0277/第1册
(唐)包湑撰
宛委山堂說郛本
周秦行紀 Y0277/第1册
(唐)牛僧孺撰
宛委山堂說郛本
續幽怪錄 Y0277/第1册
(唐)李復言編
四庫全書本
舊聞記 Y0277/第1册
(唐)柳公權撰
四庫全書本
兩同書 Y0277/第1册
(唐)羅隱昭撰
四庫全書本
明皇雜錄 Y0277/第1册
(唐)鄭處誨撰
四庫全書本
劉賓客佳話錄 Y0277/第1册
(唐)韋絢述
四庫全書本
義山雜纂 Y0277/第1册
(唐)李商隱撰
四庫全書本
甘澤謠 Y0277/第1册
(唐)袁郊撰
四庫全書本
諾臯記 Y0277/第1册
(唐)段成式撰
四庫全書本
髻鬟品 Y0277/第1册
(唐)段成式撰
筆記小說大觀本
酉陽雜俎 Y0277/第1册
(唐)段成式撰
筆記小說大觀本
粧臺記 Y0277/第2册
(唐)宇文坄撰
筆記小說大觀本
續幽明錄 Y0277/第2册
(唐)劉孝孫撰
宛委山堂說郛本
虬髯客傳 Y0277/第2册
(唐)張說撰
宛委山堂說郛本
書斷列傳 Y0277/第2册
(唐)張懷瓌撰
筆記小說大觀本
柳毅傳 Y0277/第2册
(唐)李朝威撰
宛委山堂說郛本
教坊記 Y0277/第2册
(唐)崔令欽撰
四庫全書本
幻異志 Y0277/第2册
(唐)孫顧撰
筆記小說大觀本
高力士外傳 Y0277/第2册
(唐)郭湜撰
筆記小說大觀本
鄴侯外傳 Y0277/第2册
(唐)李繁撰
宛委山堂說郛本
來南錄 Y0277/第2册
(唐)李翱撰
宛委山堂說郛本

霍小玉傳 Y0277/第 2 册
(唐)蔣防撰
宛委山堂說郛本
東城老父傳 Y0277/第 2 册
(唐)陳鴻祖撰
宛委山堂說郛本
唐闕史 Y0277/第 2 册
(唐)高彦休撰
四庫全書本
博異志 Y0277/第 2 册
(唐)鄭還古撰
四庫全書本
開城錄 Y0277/第 2 册
(唐)李石撰
宛委山堂說郛本
冥音錄 Y0277/第 2 册
(唐)朱慶餘撰
宛委山堂說郛本
稽神錄 Y0277/第 2 册
(唐)雍陶撰
宛委山堂說郛本
洽聞記 Y0277/第 2 册
(唐)鄭常撰
宛委山堂說郛本
集異志 Y0277/第 2 册
(唐)陸勳撰
宛委山堂說郛本
羯鼓錄 Y0277/第 2 册
(唐)南卓撰
宛委山堂說郛本
幽怪錄 Y0277/第 2 册
(唐)牛僧孺撰
宛委山堂說郛本
柳無雙傳 Y0277/第 2 册
(唐)薛調撰
宛委山堂說郛本
劒俠傳 Y0277/第 2 册
(唐)段成式撰
宛委山堂說郛本
乾𦠆子 Y0277/第 2 册
(唐)溫庭筠撰
宛委山堂說郛本
尚書故實 Y0277/第 2 册
(唐)李綽撰
宛委山堂說郛本
幽閒鼓吹 Y0277/第 2 册
(唐)張固撰
四庫全書本
北里志 Y0277/第 2 册
(唐)孫棨撰
筆記小說大觀本
飛煙傳 Y0277/第 2 册
(唐)皇甫枚撰
宛委山堂說郛本
劇談錄 Y0277/第 2 册
(唐)康駢撰
四庫全書本
本事詩 Y0277/第 2 册
(唐)孟啓撰
筆記小說大觀本
蘇氏演義 Y0277/第 2 册
(唐)蘇鶚撰
筆記小說大觀本
記錦裙 Y0277/第 2 册
(唐)陸龜蒙撰
宛委山堂說郛本
桂林風土記 Y0277/第 2 册
(唐)莫休符撰
筆記小說大觀本
開天傳信記 Y0277/第 2 册
(唐)鄭綮撰
四庫全書本
松窻雜記 Y0277/第 2 册
(唐)杜荀鶴撰
宛委山堂說郛本
記事珠 Y0277/第 2 册
(唐)馮贄纂
筆記小說大觀本
雲仙雜記 Y0277/第 2 册
(唐)馮贄撰
四庫全書本
廣陵妖亂志 Y0277/第 2 册
(唐)鄭廷誨撰
宛委山堂說郛本
花九錫 Y0277/第 2 册
(唐)羅虬撰
筆記小說大觀本
迷樓記 Y0277/第 2 册
(唐)闕名撰
筆記小說大觀本
桂苑叢談 Y0277/第 2 册
(唐)馮翊撰
四庫全書本
南楚新聞 Y0277/第 2 册
(唐)尉遲樞撰
宛委山堂說郛本
嶺表錄異 Y0277/第 2 册
(唐)劉恂撰
筆記小說大觀本
番禺雜記 Y0277/第 2 册
(唐)鄭熊撰
宛委山堂說郛本
東陽夜怪錄 Y0277/第 2 册
(唐)王洙撰
宛委山堂說郛本
釵小志 Y0277/第 2 册
(唐)朱揆著
筆記小說大觀本
韓仙傳 Y0277/第 2 册
(唐)韓若雲撰
宛委山堂說郛本
魏夫人傳 Y0277/第 2 册
(唐)蔡偉撰
宛委山堂說郛本
夢遊錄 Y0277/第 2 册
(唐)任蕃撰
筆記小說大觀本
大唐傳載 Y0277/第 2 册
(唐)闕名撰
四庫全書本
白猿傳 Y0277/第 2 册
(唐)闕名撰
宛委山堂說郛本
李林甫外傳 Y0277/第 2 册
(唐)闕名撰
宛委山堂說郛本
灌畦暇話 Y0277/第 2 册
(唐)闕名撰
筆記小說大觀本
開元天寶遺事 Y0277/第 2 册
(唐)王仁裕撰
四庫全書本
唐摭言 Y0277/第 2 册
(南漢)王定保撰
筆記小說大觀本
峽程記 Y0277/第 2 册
(前蜀)韋莊撰
宛委山堂說郛本
洞天福地記 Y0277/第 2 册
(前蜀)杜光庭撰
宛委山堂說郛本

錄異記 Y0277/第2册
(前蜀)杜光庭撰
筆記小說大觀本
鑒戒錄 Y0277/第2册
(後蜀)何光遠撰
筆記小說大觀本
金華子雜編 Y0277/第2册
(南唐)劉崇遠撰
四庫全書本
中朝故事 Y0277/第2册
(南唐)尉遲偓撰
四庫全書本
粧樓記 Y0277/第2册
(南唐)張泌撰
宛委山堂說郛本
五國故事 Y0277/第2册
(唐)闕名撰
筆記小說大觀本

宋代筆記小說

靖康記聞一卷拾遺一卷 Y0277/第1册
(宋)丁特起編集
丁晋公談錄一卷拾遺一卷 Y0277/第1册
(宋)丁渭撰
西夏事略一卷 Y0277/第1册
(宋)王稱撰
張邦昌事略一卷 Y0277/第1册
(宋)王稱撰
宋朝燕翼詒謀錄五卷 Y0277/第1册
(宋)王泳撰
王文正公筆錄一卷 Y0277/第1册
(宋)王曾撰
碧鷄漫志五卷 Y0277/第1册
(宋)王灼撰
文正王公遺事一卷 Y0277/第1册
(宋)王素撰
野老紀聞一卷 Y0277/第1册
(宋)王楙撰
默記一卷 Y0277/第1册
(宋)王銍撰
國老談苑二卷 Y0277/第1册
(宋)王君玉編
唐語林八卷 Y0277/第1册
(宋)王讜撰
揮麈前錄四卷 Y0277/第2册
(宋)王明清輯
揮麈後錄十一卷 Y0277/第2册
(宋)王明清輯
揮麈第三錄三卷 Y0277/第3册
(宋)王明清輯
揮麈錄餘話二卷 Y0277/第3册
(宋)王明清輯
塵史三卷 Y0277/第4册
(宋)王得臣撰
青溪寇軌一卷 Y0277/第4册
(宋)方勺著
集事詩鑒一卷 Y0277/第4册
(宋)方昕撰
深雪偶談一卷 Y0277/第4册
(宋)方嶽撰
泊宅編一卷 Y0277/第4册
(宋)方勺撰
五代春秋二卷 Y0277/第4册
(宋)尹洙編
萬柳溪邊舊話一卷 Y0277/第4册
(宋)尤玘撰
談苑四卷 Y0277/第4册
(宋)孔平仲撰
續世說十二卷 Y0277/第4册
(宋)孔平仲撰
衍璜新論四卷 Y0277/第4册
(宋)孔平仲撰
孔氏雜說四卷 Y0277/第4册
(宋)孔平仲撰
涑水記聞十六卷補遺一卷 Y0277/第4册
(宋)司馬光撰
醴泉筆錄二卷 Y0277/第4册
(宋)江休復著
海岳名言一卷 Y0277/第4册
(宋)米芾撰
寶章待訪錄一卷 Y0277/第4册
(宋)米芾撰
楓窗小牘二卷 Y0277/第4册
(宋)百歲寓翁撰
肯綮錄一卷 Y0277/第4册
(宋)趙叔向著
宋景文公筆記三卷 Y0277/第4册
(宋)宋祈撰
春明退朝錄三卷 Y0277/第4册
(宋)宋敏求著
聞見前錄二十卷 Y0277/第5册
(宋)邵伯溫著
聞見後錄三十卷 Y0277/第6册
(宋)邵傳著
漁樵對問一卷 Y0277/第7册
(宋)邵雍撰
醉翁談錄八卷 Y0277/第7册
(宋)金盈之撰
東京夢華錄十卷 Y0277/第7册
(宋)孟元老撰
三楚新錄三卷 Y0277/第7册
(宋)周羽翀編
淳熙玉堂雜記三卷 Y0277/第7册
(宋)周必大撰
西疇老人常言一卷 Y0277/第7册
(宋)何坦撰
寓簡十卷附錄一卷 Y0277/第7册
(宋)沈作喆纂
臥遊錄一卷 Y0277/第7册
(宋)呂祖謙撰
呂氏雜記二卷 Y0277/第7册
(宋)呂希哲撰
辯誤錄三卷 Y0277/第7册
(宋)吳曾纂
宜齋野乘一卷 Y0277/第7册
(宋)吳枋著
二老堂雜志五卷 Y0277/第8册
(宋)周必大著
西湖遊幸記一卷 Y0277/第8册
(宋)周密撰
齊東野語二十卷 Y0277/第8册
(宋)周密撰
雲烟過眼錄四卷 Y0277/第8册
(宋)周密撰
齊諧記一卷 Y0277/第8册
(宋)東陽無疑撰
爐火監戒錄一卷 Y0277/第8册
(宋)俞炎著
螢雪叢說二卷 Y0277/第8册
(宋)俞成撰
酒經三卷 Y0277/第8册
(宋)朱肱撰
山家清事一卷 Y0277/第8册
(宋)林洪著
松漠記聞二卷 Y0277/第8册
(宋)洪皓撰
翰苑遺事一卷 Y0277/第8册
(宋)洪遵編
書簾緒論一卷 Y0277/第8册
(宋)胡太初撰

胡子知言六卷附錄二卷 Y0277/第8册
(宋)胡宏撰
萍州可談三卷 Y0277/第8册
(宋)朱彧撰
可談一卷 Y0277/第8册
(宋)朱彧撰
已酉避亂錄一卷 Y0277/第9册
(宋)胡舜申撰
北窗炙輠錄二卷 Y0277/第9册
(宋)施彥執編
梅譜一卷 Y0277/第9册
(宋)范成大撰
桂海虞衡志一卷 Y0277/第9册
(宋)范成大撰
菊譜一卷 Y0277/第9册
(宋)范成大撰
洛陽名園記一卷 Y0277/第9册
(宋)李廌記
步裏客談二卷 Y0277/第9册
(宋)陳長方撰
江南別錄一卷 Y0277/第9册
(宋)陳彭年著
對牀夜語五卷 Y0277/第9册
(宋)范晞文撰
東齋記事五卷補遺一卷 Y0277/第9册
(宋)范鎮撰
天彭牡丹譜一卷 Y0277/第9册
(宋)陸游撰
陶朱新錄一卷 Y0277/第9册
(宋)馬純撰
歐陽文忠公試筆一卷 Y0277/第9册
(宋)歐陽修撰
洛陽牡丹記一卷 Y0277/第9册
(宋)歐陽修撰
靖康傳信錄三卷 Y0277/第9册
(宋)李綱撰
打馬圖經一卷 Y0277/第9册
(宋)李清照撰
近世會元五卷 Y0277/第9册
(宋)李上交撰
東谷隨筆一卷 Y0277/第9册
(宋)李之彥著
建炎以來朝野雜記四十卷
Y0277/第10册
(宋)李心傳撰
宋朝事實二十卷 Y0277/第11册
(宋)李攸撰
歲時廣記四十二卷 Y0277/第12-13册
(宋)陳元靚編
花經一卷 Y0277/第14册
(宋)張翊撰
賈氏談錄一卷 Y0277/第14册
(宋)張洎撰
張太史明道雜志一卷 Y0277/第14册
(宋)張耒撰
賞心樂事一卷 Y0277/第14册
(宋)張鑑著
遊城南記一卷 Y0277/第14册
(宋)張禮撰註
晁氏客語一卷 Y0277/第14册
(宋)晁說之著
西山政訓一卷 Y0277/第14册
(宋)真德秀著
北夢瑣言二十卷 Y0277/第14册
(宋)孫光憲撰
孫公談圃三卷 Y0277/第14册
(宋)孫升撰
唐史論斷三卷 Y0277/第14册
(宋)孫甫撰
後山居士詩話一卷 Y0277/第14册
(宋)陳師道撰
善誘文一卷 Y0277/第14册
(宋)陳錄編
負暄野錄二卷 Y0277/第14册
(宋)陳槱撰
海棠譜一卷 Y0277/第14册
(宋)陳思撰
耆舊續聞十卷 Y0277/第14册
(宋)陳鵠撰
蜀檮杌二卷 Y0277/第14册
(宋)張唐英撰
張氏可書一卷 Y0277/第14册
(宋)張知甫撰
貴耳集二卷 Y0277/第14册
(宋)張端義編
括異志十卷 Y0277/第14册
(宋)張師正纂
三國雜事一卷 Y0277/第15册
(宋)唐庚著
錢唐先覺傳贊一卷 Y0277/第15册
(宋)袁韶撰
世範三卷 Y0277/第15册
(宋)袁采編
麗情集一卷 Y0277/第15册
(宋)張君房撰
密齋筆記五卷 Y0277/第15册
(宋)謝采伯撰
密齋續筆記一卷 Y0277/第15册
(宋)謝采伯撰
靖康緗素雜記十卷 Y0277/第15册
(宋)黃朝英編
棠陰比事原編三卷 Y0277/第15册
(宋)桂萬榮撰
棠陰比事續編一卷 Y0277/第15册
(宋)明吳訥撰
鷄肋編三卷 Y0277/第15册
(宋)莊季裕撰
北狩見聞錄一卷 Y0277/第16册
(宋)曹勳撰
譜系雜説二卷 Y0277/第16册
(宋)曹士冕撰
續墨客揮犀十卷 Y0277/第16册
(宋)彭乘撰
韓忠獻公遺事一卷 Y0277/第16册
(宋)強至撰
却掃編三卷 Y0277/第16册
(宋)徐度撰
稽神錄六卷拾遺一卷 Y0277/第16册
(宋)徐鉉著
麟臺故事五卷拾遺二卷 Y0277/第17册
(宋)程俱撰
高宗皇帝御製翰墨志一卷
Y0277/第17册
趙後遺事一卷 Y0277/第17册
(宋)秦醇撰
珍席放談二卷 Y0277/第17册
(宋)高晦叟撰
劇談錄二卷 Y0277/第17册
(宋)康騈撰
昨夢錄一卷 Y0277/第17册
(宋)康與之撰
高齋漫錄一卷 Y0277/第17册
(宋)曾慥纂
獨醒雜志十卷附錄一卷 Y0277/第17册
(宋)曾敏行著
誠齋揮麈錄二卷 Y0277/第18册
(宋)楊萬里著
楊公筆錄一卷 Y0277/第18册
(宋)楊彥齡著
梁谿漫志十卷 Y0277/第18册
(宋)費袞撰

清尊錄一卷 Y0277/第18册
（宋）廉宣撰
避暑錄話二卷 Y0277/第18册
（宋）葉夢得撰
四朝聞見錄五卷附錄一卷 Y0277/第18册
（宋）葉紹翁撰
名香譜一卷 Y0277/第18册
（宋）葉廷珪撰
鐵圍山叢談六卷 Y0277/第18册
（宋）蔡絛撰
角力記一卷 Y0277/第18册
（宋）調露子撰
綠珠傳一卷 Y0277/第18册
（宋）樂史撰
南部新書十卷 Y0277/第18册
（宋）錢易撰
西漢筆記十二卷 Y0277/第19册
（宋）錢時撰
鼠璞一卷 Y0277/第20册
（宋）戴植撰
羅氏識遺十卷 Y0277/第20册
（宋）羅璧著
葆光錄三卷 Y0277/第20册
（宋）龍明子撰
閑窓括異志一卷 Y0277/第20册
（宋）魯應龍撰
蟹譜二卷 Y0277/第20册
（宋）傅肱撰
折獄龜鑒八卷 Y0277/第20册
（宋）鄭克撰
江表志三卷 Y0277/第21册
（宋）鄭文寶著
養痾漫筆一卷 Y0277/第21册
（宋）趙溍錄撰
建炎筆錄二卷 Y0277/第21册
（宋）趙鼎撰
辛巳泣蘄錄一卷 Y0277/第21册
（宋）趙與褎撰
賓退錄十卷 Y0277/第21册
（宋）趙與時著
金漳蘭譜一卷 Y0277/第21册
（宋）趙時庚撰
雞肋一卷 Y0277/第21册
（宋）趙崇絢撰
青瑣高議前集十卷 Y0277/第21册
（宋）劉斧撰
青瑣高議後集十卷 Y0277/第21册
（宋）劉斧撰
青瑣高議別集七卷 Y0277/第21册
（宋）劉斧撰
藏一話腴甲集二卷乙集二卷 Y0277/第22册
（宋）陳郁撰
南北朝雜記一卷 Y0277/第22册
（宋）劉敞著
公是先生弟子記一卷 Y0277/第22册
（宋）劉敞著
格物麤談二卷 Y0277/第22册
（宋）蘇軾著
漁樵閑話錄一卷 Y0277/第22册
（宋）蘇軾撰
文房四譜五卷 Y0277/第22册
（宋）蘇易簡輯
蘇黃門龍川略志十卷 Y0277/第22册
（宋）蘇轍撰
鶴山筆錄一卷 Y0277/第22册
（宋）魏了翁撰
酒譜一卷 Y0277/第22册
（宋）竇子野撰
談藪一卷 Y0277/第22册
（宋）龐元英撰
羅湖野錄四卷 Y0277/第22册
（宋）釋曉瑩撰
疑仙傳三卷 Y0277/第22册
（宋）隱夫玉簡撰
湘山野錄三卷續一卷 Y0277/第22册
（宋）釋文瑩著
愛日齋叢鈔五卷 Y0277/第23册
無名氏撰
昭忠錄一卷 Y0277/第23册
無名氏撰
五國故事二卷 Y0277/第23册
無名氏撰
咸淳遺事二卷 Y0277/第23册
無名氏撰
道山清話一卷 Y0277/第23册
無名氏撰
釋常談三卷 Y0277/第23册
無名氏撰
南窗記談一卷 Y0277/第23册
無名氏撰
宣和遺事二卷 Y0277/第23册
無名氏撰
芥隱筆記一卷 Y0277/第23册
無名氏撰
劉豫事迹一卷 Y0277/第24册
無名氏撰
木筆雜鈔二卷 Y0277/第24册
無名氏撰
李師師外傳一卷 Y0277/第24册
無名氏撰
鐙下閑談二卷 Y0277/第24册
無名氏撰
五色線二卷 Y0277/第24册
無名氏撰
中朝故事一卷 Y0277/第24册
（南唐）尉遲偓撰
南遷錄一卷 Y0277/第24册
（金）張師顔撰
焚椒錄一卷 Y0277/第24册
（遼）王鼎撰
鬼董五卷 Y0277/第24册
無名氏撰
類林雜說十五卷 Y0277/第24册
（金）王朋壽編

元代筆記小說

異域志二卷 Y0277/第1册
（元）周致中纂集
學古編一卷 Y0277/第1册
（元）吾丘衍撰
解酲語一卷 Y0277/第1册
（元）李材著
長春真人西遊記三卷 Y0277/第1册
（元）李志常述
日聞錄一卷 Y0277/第1册
（元）李翀撰
琅嬛記三卷 Y0277/第1册
（元）伊世珍輯
席上腐談二卷 Y0277/第1册
（元）俞琰著
佩韋齋輯聞四卷 Y0277/第1册
（元）俞德鄰著
墨史三卷 Y0277/第1册
（元）陸友撰
樂郊私語一卷 Y0277/第1册
（元）姚桐壽著
吳中舊事一卷 Y0277/第2册
（元）陸友仁著
元氏掖庭記一卷 Y0277/第2册
（元）陶宗儀撰

雪履齋筆記一卷　Y0277/第2冊
（元）郭翼著
輟耕錄三十卷　Y0277/第2冊
（元）陶宗儀撰
稗史集傳一卷　Y0277/第3冊
（元）王顯撰
錢塘遺事十卷　Y0277/第3冊
（元）劉一清編
保越錄一卷　Y0277/第3冊
無名氏撰
河朔訪古記三卷　Y0277/第3冊
（元）納新撰
日損齋筆記一卷附錄一卷
Y0277/第3冊
（元）黄溍撰
歲華紀麗譜一卷　Y0277/第3冊
（元）費著撰
春夢錄一卷　Y0277/第3冊
（元）鄭禧撰
山房隨筆一卷　Y0277/第3冊
（元）蔣正子撰
庚申外史二卷　Y0277/第3冊
（元）權衡編輯
元朝秘史十五卷　Y0277/第4冊
（元）無名氏撰
東南紀聞三卷　Y0277/第4冊
（元）無名氏撰
玉堂嘉話八卷　Y0277/第4冊
（元）王惲撰
元朝征緬錄一卷　Y0277/第4冊
（元）無名氏撰
汝南遺事四卷　Y0277/第4冊
（元）王鶚撰
湛淵靜語二卷　Y0277/第4冊
（元）白珽撰

明代筆記小説

永歷紀事一卷　Y0277/第1冊
（明）丁大任撰
先撥志始二卷　Y0277/第1冊
（明）文秉撰
定蜀記一卷　Y0277/第1冊
（明）文震孟撰
琅琊漫鈔一卷　Y0277/第1冊
（明）文林撰
烈皇小識八卷　Y0277/第1冊
（明）文秉撰
安龍紀事一卷　Y0277/第1冊
（明）江之春撰
藝圃擷餘一卷　Y0277/第1冊
（明）王世懋著
弈史一卷　Y0277/第1冊
（明）王穉登著
丹青志一卷　Y0277/第1冊
（明）王穉登撰
遊喚一卷　Y0277/第1冊
（明）王思任撰
寓圃雜記二卷　Y0277/第1冊
（明）王錡撰
北牕瑣語不分卷　Y0277/第2冊
（明）余永麟著
玉笑零音一卷　Y0277/第2冊
（明）田藝蘅撰
蹇齋瑣綴錄八卷　Y0277/第2冊
（明）尹直著
觚不觚錄一卷　Y0277/第2冊
（明）王世貞撰
鳳洲雜編六卷　Y0277/第2冊
（明）王世貞撰
列朝盛事一卷　Y0277/第2冊
（明）王世貞撰
群書類編故事二十四卷　Y0277/第2冊
（明）王罃撰
守溪筆記一卷　Y0277/第2冊
（明）王鏊撰
皇明異典述十卷　Y0277/第3冊
（明）王世貞撰
皇明奇事述四卷　Y0277/第3冊
（明）王世貞撰
三垣筆記附補遺三卷　Y0277/第4冊
（明）李清撰
三垣筆記附識附補遺三卷
Y0277/第4冊
（明）李清撰
原李耳載一卷　Y0277/第4冊
（明）李中馥撰
炎徼紀聞四卷　Y0277/第5冊
（明）田汝成撰
倭變事略一卷　Y0277/第5冊
（明）朱九德撰
革除逸史二卷　Y0277/第5冊
（明）朱睦㮮撰
弘光實錄鈔四卷　Y0277/第5冊
（明）古藏室史臣撰
天順日錄一卷　Y0277/第5冊
（明）李賢撰
青鳥緒言一卷　Y0277/第5冊
（明）李豫亨撰
四友齋叢說三十八卷　Y0277/第6冊
（明）何良俊撰
嘉定屠城紀略一卷　Y0277/第6冊
（明）朱子素撰
靖難功臣錄一卷　Y0277/第6冊
（明）朱當㴐撰
山行雜記一卷　Y0277/第6冊
（明）宋彥撰
敝帚軒剩語三卷補遺一卷
Y0277/第6冊
（明）沈德符撰
飛鳧語略一卷　Y0277/第6冊
（明）沈德符撰
秋涇筆乘一卷　Y0277/第6冊
（明）宋鳳翔撰
餘冬序錄六卷　Y0277/第7冊
（明）何孟春撰
北征錄一卷　Y0277/第7冊
（明）金幼孜撰
北征後錄一卷　Y0277/第7冊
（明）金幼孜撰
東江始末一卷　Y0277/第7冊
（明）柏起宗撰
風月堂雜識一卷　Y0277/第7冊
（明）姜南撰
投甕隨筆一卷　Y0277/第7冊
（明）姜南撰
新倩籍一卷　Y0277/第7冊
（明）徐禎卿撰
萬曆野獲編三十卷 補遺四卷
Y0277/第8－9冊
（明）沈德符著
金陵瑣事四卷　Y0277/第10冊
（明）周暉撰
花當閣叢談八卷　Y0277/第11冊
（明）徐復祚撰
慎言二卷　Y0277/第12冊
（明）敖英纂
幸存錄二卷　Y0277/第12冊
（明）夏允彝撰
續幸存錄一卷　Y0277/第12冊
（明）夏允淳撰
瓶花齋雜錄一卷　Y0277/第12冊
（明）袁宏道輯

世緯二卷 Y0277/第12册
(明)袁袠撰
瓶史一卷 Y0277/第12册
(明)袁宏道撰
遊居杮錄一卷 Y0277/第12册
(明)袁中道撰
清暑筆談二卷 Y0277/第12册
(明)陸樹聲撰
病逸漫記一卷 Y0277/第12册
(明)陸釴撰
復社紀略四卷 Y0277/第12册
(明)陸世儀撰
菽園雜記十五卷 Y0277/第13册
(明)陸容撰
簣齋雜著一卷 Y0277/第13册
(明)陸垹撰
說聽二卷 Y0277/第13册
(明)陸粲撰
兩粵夢游記一卷 Y0277/第13册
(明)馬光撰
清閒供一卷 Y0277/第13册
(明)程羽文著
損齋備忘錄一卷 Y0277/第13册
(明)梅純撰
殯衣生劍記一卷 Y0277/第13册
(明)郭子章輯
涉異志不分卷 Y0277/第13册
(明)閔文振撰
吳乘竊筆一卷 Y0277/第13册
(明)許元溥撰
兩山墨談十八卷 Y0277/第14册
(明)陳霆著
奇聞類記四卷 Y0277/第14册
(明)施顯卿撰
繪圖青泥蓮花記十三卷 Y0277/第15册
(明)梅禹金纂輯
茶疏一卷 Y0277/第15册
(明)許次紓著
彭文憲公筆記二卷 Y0277/第15册
(明)彭時撰
木几冗談一卷 Y0277/第15册
(明)彭汝讓著
湖西遺事一卷 Y0277/第15册
(明)彭孫貽撰
朝鮮紀事一卷 Y0277/第15册
(明)倪謙撰
遊名山記四卷 Y0277/第15册
(明)都穆著
守鄖紀略一卷 Y0277/第15册
(明)高斗樞撰
醫閭漫鈔一卷 Y0277/第15册
(明)賀欽撰
雲南機務抄黄一卷 Y0277/第15册
(明)張紞撰
京師五城坊巷衚衕集一卷 Y0277/第15册
(明)張爵纂
文具雅編一卷 Y0277/第16册
(明)屠隆撰
天潢玉牒一卷 Y0277/第16册
(明)解縉撰
讕言長語二卷 Y0277/第16册
(明)曹安輯
星槎勝覽四卷 Y0277/第16册
(明)費信撰
上池雜說一卷 Y0277/第16册
(明)馮時可著
赤雅三卷 Y0277/第16册
(明)鄺露撰
古今譚槩不分卷 Y0277/第16－17册
(明)馮夢龍撰
快雪堂漫錄一卷 Y0277/第17册
(明)馮夢禎撰
祐山雜說一卷 Y0277/第17册
(明)馮汝弼著
效顰集二卷 Y0277/第17册
(明)趙弼撰
脈望八卷 Y0277/第18册
(明)趙臺鼎著
吳中故語一卷 Y0277/第18册
(明)楊循吉撰
制府雜錄一卷 Y0277/第18册
(明)楊一清撰
西征日錄一卷 Y0277/第18册
(明)楊一清撰
丹鉛續錄八卷 Y0277/第18册
(明)楊慎著
滇載記一卷 Y0277/第18册
(明)楊慎著
西堂日記一卷 Y0277/第18册
(明)楊豫孫撰
高坡異纂三卷 Y0277/第18册
(明)楊儀著
北征記一卷 Y0277/第18册
(明)楊榮著
草木子四卷 Y0277/第18册
(明)葉子奇著
水東日記七卷 Y0277/第19册
(明)葉盛撰
漫記一卷 Y0277/第19册
(明)崔銑撰
禱雨雜紀一卷 Y0277/第19册
(明)錢琦撰
蕉窗九錄一卷 Y0277/第19册
(明)項元汴著
三湘從事錄不分卷 Y0277/第19册
(明)王夫之撰
牧鑑十卷 Y0277/第20册
(明)楊昱輯
戲瑕三卷 Y0277/第20册
(明)錢希言撰
遼陽海神傳一卷 Y0277/第20册
(明)蔡羽述撰
南翁夢錄一卷 Y0277/第20册
(明)黎澄撰
縣笥瑣探一卷 Y0277/第20册
(明)劉昌撰
霏雪錄一卷 Y0277/第20册
(明)劉績著
否泰錄一卷 Y0277/第20册
(明)劉定之撰
賢奕編四卷 Y0277/第21册
(明)劉元卿撰
焦氏筆乘六卷續八卷 Y0277/第21册
(明)焦竑輯
歸田詩話二卷 Y0277/第21册
(明)瞿佑著
吳郡二科志一卷 Y0277/第21册
(明)閻秀卿撰
耳新八卷 Y0277/第21册
(明)鄭仲夔撰
行在陽秋二卷 Y0277/第21册
(明)戴笠撰
井觀瑣言三卷 Y0277/第21册
(明)鄭瑗撰
酌中志二十四卷 Y0277/第22册
(明)劉若愚撰
五雜俎十六卷 Y0277/第23－24册
(明)謝肇淛著
今言四卷 Y0277/第25册
(明)鄭曉撰

國寶新編一卷 Y0277/第25册
(明)顧璘撰
海槎餘錄一卷 Y0277/第25册
(明)顧岎著
客滇述一卷 Y0277/第25册
(明)顧山貞著
故宫遺錄二卷 Y0277/第25册
(明)蕭洵編
思文大紀八卷 Y0277/第25册
無名氏撰
天水冰山錄不分卷附錄一卷 Y0277/第26册
無名氏撰
雙槐歲鈔十卷 Y0277/第26册
(明)黄瑜廷撰
草廬經略十二卷 Y0277/第27册
無名氏撰
民抄董宦事實一卷 Y0277/第27册
無名氏撰
巫娥志一卷 Y0277/第27册
無名氏撰
寶櫝記一卷 Y0277/第27册
無名氏撰
江南聞見錄一卷 Y0277/第27册
無名氏撰
揚州變略一卷 Y0277/第27册
無名氏撰
淮城紀事一卷 Y0277/第27册
無名氏撰
詔獄慘言一卷 Y0277/第27册
無名氏撰
天變邸鈔一卷 Y0277/第27册
無名氏撰
大駕北還錄一卷 Y0277/第27册
(明)陸深著
同異錄二卷 Y0277/第27册
(明)陸深著
古奇器錄一卷 Y0277/第27册
(明)陸深著
谿山餘話一卷 Y0277/第27册
(明)陸深著
國琛集二卷 Y0277/第27册
(明)唐樞撰
前聞記不分卷 Y0277/第28册
(明)祝允明撰
偃曝談餘二卷 Y0277/第28册
(明)陳繼儒撰
邵康節先生外紀四卷 Y0277/第28册
(明)陳繼儒輯
妮古錄四卷 Y0277/第28册
(明)陳繼儒著
香案牘一卷 Y0277/第28册
(明)陳繼儒纂
珍珠船四卷 Y0277/第28册
(明)陳繼儒纂
銷夏部四卷 Y0277/第28册
(明)陳繼儒著
筆記二卷 Y0277/第28册
(明)陳繼儒著
辟寒部四卷 Y0277/第28册
(明)陳繼儒著
羣碎錄一卷 Y0277/第28册
(明)陳繼儒著
讀書鏡十卷 Y0277/第28册
(明)陳繼儒著
太平清話四卷 Y0277/第28册
(明)陳繼儒撰
西吳里語四卷 Y0277/第29册
(明)宋雷著
餘菴雜錄三卷 Y0277/第29册
(明)陳恂著
治世餘聞錄八卷 Y0277/第29册
(明)陳洪謨撰
辨物小志一卷 Y0277/第29册
(明)陳絳著

清代筆記小說

醋說一卷 Y0277/第1册
(清)了緣子撰
握蘭軒隨筆二卷 Y0277/第1册
(清)卜陳彝著
北隅綴錄二卷續錄二卷 Y0277/第1册
(清)丁丙松述
談助一卷 Y0277/第1册
(清)王崇簡撰
在野邇言八卷 Y0277/第1册
(清)王嘉禎 周卿著
祺祥故事一卷 Y0277/第1册
(清)王闓運撰
庚辛泣杭錄十二卷 Y0277/第2-3册
(清)丁丙撰
谿上遺聞集錄十卷別錄二卷 Y0277/第4册
(清)尹元煒輯
洗冤錄集證五卷 Y0277/第4册
(清)王又槐 李觀瀾輯
燕臺花事錄三卷 Y0277/第4册
(清)王增祺撰
籜廊瑣記九卷 Y0277/第5册
(清)王濟宏撰
居易錄三十四卷 Y0277/第6-7册
(清)王士禛撰
國朝宫史三十五卷 Y0277/第8-9册
(清)于敏中 王際華 裘日修輯
廣州游覽小志一卷 Y0277/第10册
(清)王士禛著
花燭閒談一卷 Y0277/第10册
(清)于邑撰
十洲春語三卷 Y0277/第10册
(清)二石生著
香蓮品藻一卷 Y0277/第10册
(清)方絢撰
金園雜纂一卷 Y0277/第10册
(清)方絢撰
貫月查一卷 Y0277/第10册
(清)方絢撰
采蓮船一卷 Y0277/第10册
(清)方絢撰
西青散記四卷 Y0277/第10册
(清)史震林撰
對山餘墨一卷 Y0277/第10册
(清)毛祥麟撰
勝朝彤史拾遺記六卷 Y0277/第10册
(清)毛奇齡著
武宗外記一卷 Y0277/第10册
(清)毛奇齡著
南明野史三卷附錄一卷 Y0277/第11册
(清)三餘氏撰
清宫見聞雜記不分卷 Y0277/第12册
(清)卞爾撰
神山引曲一卷 Y0277/第12册
(清)玉泉樵子撰
花國劇談二卷 Y0277/第12册
(清)玉魫生撰
海陬冶遊錄三卷附錄二卷餘錄一卷 Y0277/第12册
(清)玉魫生撰
百花園夢記一卷 Y0277/第12册
無名氏撰
珠江名花小傳一卷 Y0277/第12册
(清)支機生撰
東塘日劄二卷 Y0277/第12册

(清)朱子素述
西征隨筆不分卷 Y0277/第13册
(清)汪景祺撰
東南紀事十二卷 Y0277/第13册
(清)邵廷宷撰
西南紀事十二卷 Y0277/第13册
(清)邵廷宷撰
交翠軒筆記四卷 Y0277/第14册
(清)沈濤撰
江上遺聞一卷 Y0277/第14册
(清)沈濤撰
秋鐙錄不分卷 Y0277/第14册
(清)沈元欽鈔
婦人鞋襪考一卷 Y0277/第14册
(清)余懷著
板橋雜記三卷 Y0277/第14册
(清)余懷著
王翠翹傳一卷 Y0277/第14册
(清)余懷著
骨董志十二卷 Y0277/第14册
(清)李調元輯
五代花月一卷 Y0277/第14册
(清)李調元著
井蛙雜紀十卷 Y0277/第15册
(清)李調元撰
南越筆記十六卷 Y0277/第16册
(清)李調元撰
醉茶誌怪四卷 Y0277/第17册
(清)李慶辰 筱筠戲著
西湖小史一卷 Y0277/第18册
(清)李鼎著
李秀成諭李昭壽文一卷 Y0277/第18册
(清)李秀成撰
朝鮮國王來書不分卷 Y0277/第18册
(清)李口撰
萬善先資集四卷 Y0277/第18册
(清)周思仁述
裝潢志一卷 Y0277/第18册
(清)周嘉胄著
十二月花神議一卷 Y0277/第18册
(清)俞樾撰
銀瓶徵一卷 Y0277/第18册
(清)俞樾撰
夢廠雜著不分卷 Y0277/第18册
(清)俞蛟著
圓圓傳一卷 Y0277/第18册
(清)陸次雲著
恨塚銘一卷 Y0277/第18册
(清)陸伯周撰
芝庵雜記四卷 Y0277/第19册
(清)陸雲錦撰
織言三卷 Y0277/第19册
(清)陸圻撰
復社紀事一卷 Y0277/第19册
(清)吳偉業撰
鹿樵紀聞二卷 Y0277/第19册
(清)吳偉業撰
香天談藪一卷 Y0277/第20册
(清)吳雷發著
纏足談一卷 Y0277/第20册
(清)袁牧著
北墅抱瓮錄一卷 Y0277/第20册
(清)高士奇著
明倭寇始末一卷 Y0277/第20册
(清)谷應泰編
十國宮詞一卷 Y0277/第20册
(清)孟彬著
婦人集補一卷 Y0277/第20册
(清)冒丹書著
影梅庵憶語一卷 Y0277/第20册
(清)冒襄著
烟雨樓筆記八卷 Y0277/第20册
(清)徐時棟撰
不慊齋漫存六卷 Y0277/第21-22册
(清)徐賡陛著
信及錄不分卷 Y0277/第23册
(清)林則徐撰
拳匪紀略十二卷 Y0277/第23册
(清)僑析生撰
詞林紀事二十二卷 Y0277/第24-25册
(清)張宗橚輯
臺灣隨筆一卷 Y0277/第26册
(清)徐懷祖著
周櫟園奇緣記一卷 Y0277/第26册
(清)徐忠著
浙東紀事一卷 Y0277/第26册
(清)徐芳烈撰
紅樓葉戲譜一卷 Y0277/第26册
(清)徐畹撰
遁齋偶筆二卷 Y0277/第26册
(清)徐昆著
熙朝新語十六卷 Y0277/第26册
(清)徐錫麟著
江變紀略二卷 Y0277/第26册
(清)徐世溥撰
東行初錄一卷 Y0277/第26册
(清)馬建忠撰
東行續錄一卷 Y0277/第26册
(清)馬建忠撰
東行三錄一卷 Y0277/第26册
(清)馬建忠撰
采硫日記三卷 Y0277/第27册
(清)郁永河撰
寸陰叢錄四卷 Y0277/第27册
(清)姚瑩撰
聰訓齋語二卷 Y0277/第27册
(清)張英撰
使琉球錄一卷 Y0277/第27册
(清)陳侃撰
撫夷日記不分卷 Y0277/第27册
(清)張喜撰
龜臺琬琰一卷 Y0277/第27册
(清)張正茂著
關隴輿中偶憶編一卷 Y0277/第27册
(清)張祥河撰
何典十卷 Y0277/第27册
(清)張南莊著
溫柔鄉記一卷 Y0277/第28册
(清)梁國正撰
硯山齋雜記四卷 Y0277/第28册
(清)孫承澤撰
經學博采錄六卷 Y0277/第28册
(清)桂文燦撰
庸間齋筆記十二卷 Y0277/第29册
(清)陳其元著
婦人集一卷 Y0277/第29册
(清)陳維崧著
說夢二卷 Y0277/第29册
(清)曹家駒著
衍琵琶行一卷 Y0277/第29册
(清)曹秀先著
金石史二卷 Y0277/第29册
(清)郭宗昌著
鹿餘一卷 Y0277/第29册
(清)曹宗璠著
西湖六橋桃評一卷 Y0277/第29册
(清)曹之璜撰
小螺菴病榻憶語一卷 Y0277/第29册
(清)孫道乾著
甲申紀事一卷 Y0277/第30册
(清)程正揆記

滄州紀事一卷 Y0277/第30册
（清）程正揆記
崇陵傳信錄不分卷 Y0277/第30册
（清）惲毓鼎撰
閒處光陰二卷 Y0277/第30册
（清）彭邦鼎筆記
婦學一卷 Y0277/第30册
（清）章學誠
捕蝗考一卷 Y0277/第30册
（清）陳芳生纂
梅喜緣二卷 Y0277/第30册
（清）陳烺填詞
在官法戒錄二卷 Y0277/第30册
（清）陳踈謀輯
湘煙小錄一卷 Y0277/第30册
（清）陳裴之撰
妒律一卷 Y0277/第30册
（清）陳元龍著
折獄卮言一卷 Y0277/第30册
（清）陳士鑛著
河東君傳一卷 Y0277/第30册
（清）陳玉璂著
遊梁瑣記一卷 Y0277/第31册
（清）黄軒祖撰
永歷紀年一卷 Y0277/第31册
（清）黄宗羲撰
常語筆存一卷 Y0277/第31册
（清）湯斌著
玉臺畫史一卷 Y0277/第31册
（清）湯漱玉輯
閒餘筆話一卷 Y0277/第31册
（清）湯傳楹著
蜀碧四卷 Y0277/第31册
（清）彭遵泗編述
鈍吟雜錄十卷 Y0277/第31册
（清）馮班著
楊公政績紀一卷 Y0277/第32册
（清）黄家遴編
北遊錄九卷 Y0277/第32册
（清）談孺木撰
黔苗竹枝詞一卷 Y0277/第32册
（清）舒位撰
内閣小志一卷 Y0277/第32册
（清）葉鳳毛撰
燕臺筆錄一卷 Y0277/第32册
（清）項雜貞輯
明季遺聞一卷 Y0277/第33册
（清）鄒漪輯
十美詞紀一卷 Y0277/第33册
（清）鄒樞著
影談四卷 Y0277/第33册
（清）管世灝著
姽嫿封一卷 Y0277/第33册
（清）楊恩壽撰
帝城花樣一卷 Y0277/第33册
（清）楊懋建撰
百花扇一卷 Y0277/第33册
（清）趙杏樓著
簷曝雜記四卷 Y0277/第33册
（清）趙甌北撰
寄園寄所寄二卷 Y0277/第34册
（清）趙吉士撰
柳南隨筆六卷 Y0277/第35册
（清）王應奎撰
柳南續筆四卷 Y0277/第35册
（清）王應奎撰
玉堂薈記二卷 Y0277/第36册
（清）楊士聰撰
求野錄一卷 Y0277/第36册
（清）鄧凱撰
物妖志一卷 Y0277/第36册
（清）葆光子撰
課業餘談三卷 Y0277/第36册
（清）陶煒述
珠江奇遇記一卷 Y0277/第36册
（清）劉瀛撰
五石瓠一卷 Y0277/第36册
（清）劉鑾著
吳門畫舫錄一卷 Y0277/第36册
（清）西溪山人編
玉鉤斜哀隋宮人文一卷 Y0277/第36册
（清）姚梅伯撰
所知錄三卷 Y0277/第36册
（清）錢澄之記
彩雲曲一卷 Y0277/第36册
（清）樊增祥撰
洗冤錄辨證三卷 Y0277/第36册
（清）瞿中溶撰
養小錄三卷 Y0277/第37册
（清）顧仲撰
明季實錄不分卷 Y0277/第37册
（清）顧炎武輯
增訂解人頤廣集八卷 Y0277/第37册
（清）錢德蒼撰
歷代帝王宅京記二十卷 Y0277/第38册
（清）顧炎武著
紅杏山房聞見隨筆二十八卷
Y0277/第39册
（清）盧秉鈞纂述
增廣尚友錄統編二十二卷
Y0277/第40－41册
（清）韓卿甫編輯
明刑管見錄一卷 Y0277/第42册
（清）穆翰著
讀紅樓夢雜記一卷 Y0277/第42册
（清）顧爲明撰
營口雜記一卷 Y0277/第42册
（清）諸仁安著
遊羅浮記一卷 Y0277/第42册
（清）潘耒著
帝京歲時紀勝不分卷 Y0277/第42册
（清）潘榮陛著
夢談隨錄二卷 Y0277/第42册
（清）厲秀芳著
玉臺書史一卷 Y0277/第42册
（清）厲鶚輯
日錄裏言一卷 Y0277/第42册
（清）魏禧著
西陲聞見錄一卷 Y0277/第42册
（清）黎士宏著
聖安本紀六卷 Y0277/第42册
（清）顧炎武著
永憲錄四卷 Y0277/第43册
（清）蕭奭撰
艷囮二則一卷 Y0277/第43册
（清）嚴思庵撰
漱華隨筆四卷 Y0277/第43册
（清）嚴有禧撰
聽雨叢談十二卷 Y0277/第44册
（清）福格撰
粉墨叢談三卷 Y0277/第44册
（清）夢畹生撰
宏光朝僞東宫僞後及黨禍紀略一卷
Y0277/第44册
（清）戴名世撰
喟庵叢錄一卷 Y0277/第44册
（清）戴坤撰
藤陰雜記十二卷 Y0277/第44册
（清）戴璐著
鸝砭軒質言四卷 Y0277/第44册
（清）戴連芬著

雪鴻小記二卷 Y0277/第45册
(清)珠泉居士著
明亡述略二卷 Y0277/第45册
(清)銷綠山人述
懷芳記一卷 Y0277/第45册
(清)蘿摩庵老人編
閨律一卷 Y0277/第45册
(清)芙蓉外史撰
豆棚閒話不分卷 Y0277/第45册
(清)艾納居士撰
乾隆八字一卷 Y0277/第45册
(清)清宫檔案
慈禧太后私生活實錄三十五篇 Y0277/第45册
(清)德齡撰
吳門畫舫續錄三卷 Y0277/第45册
(清)箇中生撰
清谿惆悵集一卷 Y0277/第46册
(清)悔盦居士撰
海東逸史十八卷 Y0277/第46册
(清)翁洲老民撰
畫舫餘譚一卷 Y0277/第46册
(清)捧花生撰
秦淮畫舫錄一卷 Y0277/第46册
(清)捧花樓撰
過墟志感一卷 Y0277/第46册
(清)野西逸叟述
閒談笑語四卷 Y0277/第46册
(清)遊戲主人纂輯
笑談雜說一卷 Y0277/第46册
(清)遊戲主人纂輯
天咫偶聞十卷 Y0277/第47册
(清)曼殊震鈞撰
海天餘話一卷 Y0277/第48册
(清)錢鍪外史撰
竹西花事小錄一卷 Y0277/第48册
(清)芬利它行者編
爐宫遺錄二卷 Y0277/第48册
無名氏撰
燕京雜記一卷 Y0277/第48册
無名氏撰
玄妙洞天記一卷 Y0277/第48册
無名氏撰
陳張貴妃傳一卷 Y0277/第48册
無名氏撰
紀唐六如軼事一卷 Y0277/第48册
無名氏撰
懽内供狀一卷 Y0277/第48册
無名氏撰
靈物志一卷 Y0277/第48册
無名氏撰
笑林廣記四卷 Y0277/第48册
無名氏撰
研堂見聞雜錄一卷 Y0277/第48册
無名氏撰
梵門綺語錄三卷 Y0277/第48册
無名氏撰
紅樓夢人物論十九篇 Y0277/第49册
無名氏撰
八國聯軍秘錄六十四卷 Y0277/第49册
無名氏撰
三婦評牡丹亭一卷 Y0277/第50册
(清)吳山著
十眉謠一卷 Y0277/第50册
(清)徐士俊著
北東園筆錄四卷 Y0277/第50册
(清)梁恭辰著

Y0278(1-8)
三國志演義古版叢刊
羅貫中原著 陳翔華等主編
一九九五年北京中華全國公共圖書館文獻縮微複製中心影印本
八册
音釋補遺按鑒演義全像批評三國志傳二十卷 Y0278/全1册
(明)羅本撰 (明)余象斗評
明萬曆二十年余象斗刻本
新刻湯學士校正古本按鑒演義全像通俗三國志傳二十卷 Y0278/全2册
(明)羅本撰 (明)湯賓尹校
明刻本
新鐫全像大字通俗演義三國志傳二十卷 Y0278/全2册
(明)羅本撰
明萬曆間建劉龍田喬山堂刻本
新刻音釋旁訓評林演義三國志史傳二十卷 Y0278/全2册
(明)羅本撰 (明)朱鼎臣輯
明刻本
新刻按鑒演義京本三國英雄志傳六卷 Y0278/全1册
(明)羅本撰
明刻本

Y0279
抄本聊齋文集
(清)蒲松齡撰
一九九八年北京中華全國圖書館文獻縮微複製中心據河南省圖書館原藏影印本
一册
中國公共圖書館古籍文獻珍本匯刊·集部

Y0280
中國文學史
來裕恂著
二〇〇五年杭州杭州市蕭山區地方誌辦公室影印本
一册

Y0281(1-30)
脂硯齋重評石頭記彙校彙評
馮其庸主編
二〇〇八年北京圖書館出版社影印本
三十册

Y0282(1-20)
汲古閣宋人詞文及填詞集
姜亞沙等主編
二〇〇八年北京全國圖書館文獻縮微複製中心影印本
二十册
中國文獻珍本叢書
宋名家詞六十一種 Y0282/第1-9册
(明)毛晉匯刻
汲古閣刻本
詞苑英華七種 Y0282/第10-13册
(明)毛晉匯輯
汲古閣刻本
詩餘圖譜 Y0282/第13册
(明)毛晉輯
鈔稿本
蘇門六君子文粹六種 Y0282/第14-17册
胡濬輯
毛晉汲古閣代胡濬刻
詞海評林 Y0282/第18-20册
(明)毛晉輯
鈔稿本

Y0283(1-16)
汲古閣唐詩集

姜亞沙等主編
二〇〇八年北京全國圖書館文獻縮微複製中心影印本
十六册
中國文獻珍本叢書
三唐人文集 Y0283/第1册
(明)毛晉匯輯
宋本重雕
四唐人集 Y0283/第2册
(明)毛晉匯輯
宋本重雕
五唐人詩集 Y0283/第3-4册
(明)毛晉匯輯
宋本重雕
唐人六集 Y0283/第5-6册
(明)毛晉匯輯
宋本考校 汲古閣原刻本
唐人八家詩 Y0283/第7-8册
(明)毛晉匯輯
汲古閣刻本
唐人選唐詩 Y0283/第9-11册
(明)毛晉匯輯
汲古閣刻本
唐詩紀事 Y0283/第12册
(宋)計敏夫輯 (明)毛晉訂
汲古閣刻本

Y0284(1-18)

汲古閣元人集及歷代詩家
姜亞沙等主編
二〇〇八年北京全國圖書館文獻縮微複製中心影印本
十八册
中國文獻珍本叢書
元人集十種 Y0284/第1-6册
汲古閣毛氏刻本
元四大家詩集 Y0284/第7-8册
汲古閣毛氏刻本
倪雲林 Y0284/第8册
(元)倪瓚撰
毛晉綠君亭刻本
歷代詩家 Y0284/第9-15册
歷代詩家二集 Y0284/第16-18册

Y0285(1-2)

清車王府鈔藏曲本·子弟書集
劉烈茂 郭精鋭主編
一九九三年江蘇古籍出版社鉛印本
二册

Y0286(1-57)

清車王府藏曲本
首都圖書館編輯
二〇〇一年北京學苑出版社影印本
五十七册

Y0287(1-43)

馮夢龍全集
(明)馮夢龍纂 魏同賢主編
一九九三年上海古籍出版社影印本
四十三册
麟經指月 Y0287/全2册
明書林葉昆池刻本
春秋衡庫 Y0287/全2册
明刻本
春秋定旨參新 Y0287/全1册
明刻本
四書指月 Y0287/全2册
明寫刻本
綱鑒統一 Y0287/全5册
崇禎年間刊本
甲申紀事 Y0287/全1册
明刻本
中興實録 Y0287/合1册
明抄本
中興偉略 Y0287/合1册
明刻本
壽寧待志 Y0287/合1册
明刻本
太霞新奏 Y0287/全1册
明天啟七年(1627)刻本
墨憨齋定本傳奇 Y0287/全4册
明刻本
古今小説 Y0287/全2册
明天許齋刊本
警世通言 Y0287/全2册
明刻本
醒世恒言 Y0287/全2册
明葉敬池刻本
新列國志 Y0287/全3册
明金閶葉敬池刊本
新平妖傳 Y0287/全1册
明崇禎金閶嘉會堂陳氏刊本
三教偶拈 Y0287/全1册
雙紅堂藏本
太平廣記鈔 Y0287/全4册
明天啟六年沈飛仲刻本
智囊補 Y0287/全2册
浙江圖書館藏明末刻本
情史 Y0287/全2册
上海圖書館 浙江圖書館藏明刊本清芥子園補齊
古今概談 Y0287/全2册
葉昆池刻本
笑府 Y0287/全1册
明寫刻本
挂枝兒 Y0287/合1册
明寫刻本
山歌 Y0287/合1册
明寫刻本
折梅箋 Y0287/合1册
明寫刻本
牌經 Y0287/合1册

Y0288(1-5)

脂硯齋重評石頭記彙校
馮其庸主編 紅樓夢研究所彙校
一九八七年北京文化藝術出版社影印本
五册

Y0289(1-8)

新定九宫大成南北詞宫譜校譯
劉崇德校譯
一九九八年天津古籍出版社影印本
八册
天津圖書館珍藏清人别集善本叢刊
天津圖書館編
二〇〇九年天津古籍出版社影印本
二十册
竹坡詩草四卷 第1册
(清)寶廷撰
民國間抄本
東陵集三卷 第2册
(清)邊銘珣撰
清抄本
逸靈室雜草不分卷 第2册
(清)貝德洵撰
清抄本
蓮坡詩話三卷 第2册
(清)查爲仁撰
清乾隆六年(1741)精刻蔗塘外集本
鳩柴詩集五卷 第2册
(清)陳銑撰
清抄本

秋舫詩鈔二卷 第2册
(清)陳沆撰
清白石山館抄本
水冬集不分卷 第3册
(清)陳份撰
清乾隆三十四年(1769)慕荊樓刻本
湖海交游館初集四卷 第3册
(清)陳景初撰
清嘉慶刻本
北山文抄一卷 第3册
(清)陳石英撰
清抄本
希葛齋文稿不分卷 第3册
(清)褚龍祥撰
清希葛齋抄本
盤古山房詩集七卷 第4册
(清)陳治策撰
清嘉慶七年(1802)刻本
味蓼集二卷 第4册
(清)曹大經撰
清抄本
定軒詩抄一卷 第4册
(清)曹錫齡撰
稿本
時鳥集不分卷 第4册
(清)董懷新撰
清抄本
綉餘吟六卷附錄詩餘一卷 第5册
(清)馮思慧撰
清乾隆四十九年(1784)精刻本
坳堂集不分卷 第5册
(清)戈濤撰
清抄本
虛白亭詩抄二卷 第5册
(清)和碩撰
清嘉慶十年(1805)刻本
學字詩不分卷 第6册
(清)韓藻撰
稿本劉蔚文跋
花語山房詩文小抄一卷 第6册
(清)顧成天撰
清雍正刻本
三重賦一卷 第6册
(清)顧成天撰
清雍正刻本
南匯縣志分目原稿一卷 第6册
(清)顧成天撰
清雍正刻本
離騷解一卷 第6册
(清)顧成天撰
清雍正刻本
讀騷列論一卷 第6册
(清)顧成天撰
清雍正刻本
帝京賦一卷 第6册
(清)顧成天撰
清雍正刻本
東浦草堂詩一卷 第6册
(清)顧成天撰
清雍正刻本
楚詞九歌解一卷 第6册
(清)顧成天撰
清雍正刻本
山冉詩稿抄 第6册
(清)胡家濂撰
清抄本
東觀室詩遺稿一卷 第6册
(清)華光鼐撰
清稿本
耕烟草堂詩不分卷 第7册
(清)黄荔撰
清抄本
金樸亭詩抄不分卷 第7册
(清)金淳撰并輯
清道咸間抄本
兩間草堂詩稿十一卷 第8册
(清)懷謙撰
清稿本
三餘齋文稿一卷 第8册
(清)江得符撰
清乾隆五十一年(1786)汲古書屋精刻本
願學齋小品不分卷 第8册
(清)李鏡撰
清抄本李遇跋
義州李氏葉眉手抄書稿 第8册
(清)李放輯
稿本
御製文集二集四十四卷目錄二卷 第9册
(清)梁國治等編
清乾隆五十一年(1786)武英殿刻本
頻羅庵遺集十六卷 第10册
(清)梁同書撰
清嘉慶二十二年(1817)刻本
清白士集二十八卷 第11－12册
(清)梁玉繩撰
清嘉慶刻本
兼隱齋詩抄四卷 第13册
(清)劉中柱撰
清康熙中刻本
石桐先生詩抄不分卷 第13册
(清)李懷民撰
清嘉慶十一年(1806)刻本
薌巖詩稿不分卷 第13册
(清)劉懷祖撰
清稿本
湘帆詩集三卷 第13册
(清)劉希愈撰 劉鐘英評選
清抄本
涵虛堂詩草不分卷 第13册
(清)牟葵陽撰
清抄本
三不愛別室詩抄 第14册
(清)劉祝慶撰
稿本
匪莪草不分卷 第14册
(清)寧錡撰
清乾隆五十三年(1788)自刻本
啓禎宫詞二卷 第14册
(清)秦蘭徵 王譽昌撰 瞿紹基校
清嘉慶十六年(1811)海隅鐵琴銅劍樓刻本
渺懷堂詩集十卷 第15册
(清)陸筠撰
清抄本
山木居士外集四卷 第15册
(清)魯仕驥撰
清乾隆四十七年(1782)刻本
受宜堂駐淮集十二卷 第16册
(清)納蘭常安撰
清乾隆精刻本
叢蘭山館初稿二卷 第16册
(清)石椿撰
清精刻本
芝厓詩集二卷 第16册
(清)釋超凡撰
清雍正刻本
香郎悼亡詞不分卷 第16册
(清)舒夢蘭撰
清乾隆五十一年(1786)刻本

長龍集詩四卷文五卷博學鴻詞文案一卷補遺一卷卷首一卷 第17册
(清)喬文郁撰
清雍正佑啓堂刻乾隆增刻本
灌沐莊稿四卷 第17册
(清)孫馮翼撰
清嘉慶刻本
一樽酒軒詩抄八卷 第18册
(清)涂日燿撰
清嘉慶二十二年(1817)刻本
鴻雪草一卷 第18册
(清)唐詮撰
清嘉慶二十年(1815)刻本
咄咄吟二卷 第18册
(清)王炳撰
清刻本
臥雲山館詩草摘錄一卷 第18册
(清)王萬來撰
清同治五年(1866)馬蕚生抄本
小山詩後稿二卷 第18册
(清)王時翔撰
精刻本
稽古集不分卷 第19册
(清)王斌如撰
清稿本
古香樓詩集不分卷 第19册
(清)汪之淞撰
清抄本
一簣山人詩草四卷文集一卷 第19册
(清)魏大名撰
清嘉慶七年(1802)敦厚堂刻本
詩持二集十卷 第20册
(清)魏憲編
清康熙魏氏枕江堂刻本

日本藏中國罕見地方志叢刊續編
殷夢霞選編
二〇〇三年北京圖書館出版社影印本
二十册
[萬曆]沙河縣志八卷 第1册
(明)姬自修等纂 谷師顔重修
明萬曆三十七年刻本
[崇禎]蔚州志四卷 第1册
(明)來臨纂修
明崇禎抄本
[康熙]平鄉縣志六卷 第2册
(清)趙弼修 (清)趙培基纂
清康熙十九年刻本
[萬曆]沁源縣志二卷 第2册
(明)李守貞纂修
明萬曆間刻本
[弘治]太滄州志十卷 第3册
(明)李端修 (明)桑悅纂
清宣統元年匯刻本
[嘉靖]山陰縣志十二卷 第3-4册
(明)許東望修 (明)張天複 柳文纂
明嘉靖三十年刻本
[康熙]常山縣志十五卷 第4册
(清)楊滐纂修
清康熙二十二年抄本
[康熙]昌化縣志十卷 第5册
(清)謝廷璣纂修
清康熙間抄本
[康熙]建寧府志五十卷 第6-10册
(清)程應熊 (清)姚文燮纂修
清康熙五年抄本
[永曆]寧洋縣志九卷 第10册
(明)金基纂修
南明永曆二十九年刊本
[萬曆]歸化縣志十卷圖附各一卷 第11册
(明)周憲章纂修
明萬曆四十二年刻本
[崇禎]壽寧府志二卷 第11册
(明)馮夢龍纂修
明崇禎十年刻本
[崇禎]肇慶府志五十卷 第12-18册
(明)陸鏊 (明)陳烜奎纂修
明崇禎六至十三年刻本
[嘉靖]平凉府志十三卷 第19-20册
(明)趙時春著
明嘉靖三十九年刻本
[萬曆]通渭縣志存一卷 第20册
(明)劉世綸重修 (明)白我心纂
明萬曆四十四年刻本
[光緒]鎮番鄉土志二卷 第20册
(清)劉春堂 (清)聶守仁編
清抄本

清代詩文集彙編附索引
上海古籍出版社編
二〇一〇年上海古籍出版社影印本
八〇一册
國家清史編纂委員會·文獻叢刊
林茂之詩選二卷 第1册
(清)林古度撰 王士禛選
清康熙程哲七略書堂刻本
林茂之文草不分卷林茂之賦草不分卷 第1册
(清)林古度撰
明崇禎刻本
牧齋初學集一百十卷 第1-3册
(清)錢謙益撰
民國涵芬樓影印明崇禎瞿式耜刻本
牧齋有學集五十卷校勘記一卷補一卷 第3册
(清)錢謙益撰
民國涵芬樓影印清康熙三年刻本
投筆集箋註二卷 第3册
(清)錢謙益撰
清宣統二年鄧氏風雨樓鉛印本
牧齋外集二十五卷 第4册
(清)錢謙益撰 丁祖蔭校并跋
清抄本
戊寅草一卷 第4册
(清)柳如是撰
明崇禎刻本
河東君尺牘一卷湖上草一卷我聞室賸稿一卷附録二卷 第4册
(清)柳如是撰
清抄本
夏峯先生集十四卷首一卷補遺二卷 第4册
(清)孫奇逢撰
清道光二十五年大梁書院刻本
蒼雪大師南來堂詩集四卷遺文一卷補編四卷附録四卷 第5册
(清)釋讀徹撰
民國二十九年上海王氏鉛印本
尊水園集畧十二卷補遺二卷 第5册
(清)盧世撰
清順治刻十七年盧孝餘增修本
石臼集十六卷 第5册
(清)邢昉撰
清康熙刻本
拙存堂逸稿十卷 第6册
(清)冒起宗撰
清順治刻本
擬山園選集八十一卷 第6-7册
(清)王鐸撰
清順治十年王鏞王鑨刻本
王煙客先生集八卷(偶諧舊草一卷偶諧續草一卷西廬詩草二卷西廬詩餘一

清順治刻本
寒支初集十卷寒支二集六卷首一卷 第17－18冊
(清)李世熊撰
清康熙四十三年檀河精舍刻本
悟香集三十卷 第18冊
(清)陸寶撰
清初刻本
用六集十二卷首一卷 第18冊
(清)刁包撰
清康熙三年漢陽熊仲龍刻二十九年修訂本
秋水集十六卷 第18冊
(清)馮如京撰
清乾隆五年武林雁門馮氏重刻本
西廬文集四卷 第19冊
(清)張雋撰
清宣統二年上海國學扶輪社鉛印本
留耕堂詩集一卷 第19冊
(清)殷岳撰
清光緒定州王氏謙德堂刻畿輔叢書本
白耷山人詩集十卷白耷山人文集二卷 第19冊
(清)閻爾梅撰
清康熙刻本
四照堂詩集十一卷四照堂樂府詩集二卷四照堂詩餘集一卷四照堂時曲集一卷 第19冊
(清)盧紘撰
清康熙汲古閣刻本
鈍吟全集二十三卷 第20冊
(清)馮班撰
清初毛晉汲古閣康熙陸貽典等遞刻本
青溪遺稿二十八卷 第20冊
(清)程正揆撰
清康熙天咫閣刻本
乾初先生遺集四十七卷首一卷外編一卷 第20冊
(清)陳確撰
清陳敬璋餐霞軒抄本
張子詩選不分卷 第21冊
(清)張蓋撰
清光緒七年江陰夏氏重刻本
定園詩集十一卷定園文集不分卷 第21冊
(清)戴明説撰
清康熙平山在東閣刻本
青巖集十二卷 第21冊
(清)許楚撰
清康熙白華堂刻本
水田居存詩三卷附一卷 第21冊
(清)賀貽孫撰
清同治九年敕書樓刻水田居全集本
水田居文集五卷 第21冊
(清)賀貽孫撰
清敕書樓刻水田居全集本
蕭然吟二卷 第21冊
(清)程邃撰
清順治刻本
讀史亭詩集十六卷 第21－22冊
(清)彭而述撰
清康熙五十年刻本
東谷集三十四卷歸庸齋詩文八卷桑榆集六卷學言三卷 第22冊
(清)白胤謙撰
清順治刻康熙續刻雍正補刻本
思菴小集十五卷 第22冊
(清)朱鶴齡撰
清康熙十年松陵朱氏刻本
祓園集九卷 第22冊
(清)梁清遠撰
清康熙二十七年梁允桓刻本
了菴詩集二十卷附題讚一卷輓詩一卷 第23冊
(清)王岱撰
清乾隆十二年王恪刻本
蓼齋集四十七卷蓼齋後集五卷 第23冊
(清)李雯撰
清順治十四年石維崑刻本
築善堂文集十卷 第24冊
(清)傅振鐸撰
清順治刻本
忠孝堂文集不分卷 第24冊
(清)吳六奇撰
清抄本
吳六奇書札一卷 第24冊
(清)吳六奇撰
清抄本
大愚集二十七卷附諸同人尺牘一卷 第24冊
(清)王鑨撰
清康熙四年刻本
海右陳人集二卷 第25冊
(清)程先貞撰
清康熙刻本
敬亭集十卷自著年譜一卷年譜續編一卷補遺一卷附録一卷 第25冊
(清)姜埰撰
清康熙姜氏念祖堂刻本
霜紅龕集四十卷附録三卷年譜一卷 第25冊
(清)傅山撰
清宣統三年山陽丁氏刻本
内省齋文集三十二卷 第25－26冊
(清)湯來賀撰
清康熙内省齋刻本
柴邨詩集五卷 第26冊
(清)釋傳遐撰
清岳宗刻乾隆六年民國十一年遞修本
孑遺集不分卷 第26冊
(清)馬世傑撰
清抄本
榆墩集五卷 第26冊
(清)徐世溥撰
清康熙刻本
榆溪詩鈔二卷 第26冊
(清)徐世溥撰
清康熙三十年宋犖刻本
榆溪逸詩二卷榆溪逸稿八卷 第26冊
(清)徐世溥撰
清嘉慶刻本
湘帆堂集二十六卷 第27冊
(清)傅占衡撰
清康熙六十一年木活字印本
沉唫樓詩選不分卷 第27冊
(清)金人瑞撰
清抄本
四思堂文集八卷 第27冊
(清)傅維鱗撰
清康熙十七年刻本
瞎堂詩集二十卷首一卷 第27冊
(清)釋函昰撰
清刻本
屺思堂文集八卷屺思堂詩集八卷 第28冊
(清)劉子壯撰
清康熙二十五年刻本
匡菴文集十二卷匡菴詩前集六卷匡菴詩集六卷 第28冊
(清)馬世俊撰
清康熙刻本

恥躬堂文集二十卷 第 28 册
(清)王命岳撰
清康熙刻本
梅村家藏藁五十八卷補遺一卷世系一卷年譜四卷 第 29 册
(清)吴偉業撰
清宣統三年董氏誦芬室刻本
學易菴詩集八卷 第 29 册
(清)趙賓撰
清康熙二十四年刻本
林屋詩集九卷 第 29 册
(清)鄧旭撰
清道光三年刻本
佳山堂詩集十卷佳山堂詩二集九卷 第 29 册
(清)馮溥撰
清康熙刻本
戆叟詩鈔四卷補遺二卷 第 30 册
(清)紀映鍾撰
清光緒三十一年江寧傅氏刻本
尹蕡階稿一卷 第 30 册
(清)尹明廷撰
清嘉慶江都秦氏石研齋刻國初十六家精選本
海沂詩集二十卷附緑窗詩草一卷 第 30 册
(清)宋之韓撰
清嘉慶二十五年海沂宋氏刻本
清貽堂存藁四卷附録一卷 第 30 册
(清)王益朋撰
清咸豐四年王氏家藏集刻本
笠翁一家言全集十六卷 第 30－31 册
(清)李漁撰
清雍正八年芥子園刻本
虎溪漁叟集十八卷 第 31 册
(清)劉命清撰
清康熙臨川劉氏刻本
恥躬堂文鈔十卷恥躬堂詩鈔十六卷 第 32 册
(清)彭士望撰
清咸豐二年重刻本
留素堂文集十卷 第 32 册
(清)蔣薰撰
清初刻本
南雷文案十卷外一卷吾悔集四卷撰杖集一卷子劉子行狀二卷 第 32 册
(清)黄宗羲撰
民國上海涵芬樓影印清康熙刻本
南雷文定二十二卷附録一卷 第 33 册
(清)黄宗羲撰
清康熙刻本
南雷文定五集四卷 第 33 册
(清)黄宗羲撰
清程志隆刻本
南雷詩曆五卷 第 33 册
(清)黄宗羲撰
清鄭大節刻本
南雷餘集一卷 第 33 册
(清)黄宗羲撰
清宣統三年順德鄧氏排印風雨樓叢書本
大兖集二卷 第 33 册
(清)錢龍惕撰
民國八年木活字印本
河濱文選十卷附賦選一卷河濱詩選十卷河濱遺書抄六卷 第 34 册
(清)李楷撰
清嘉慶謝蘭佩謝澤刻本
竹雲堂稿十二卷 第 35 册
(清)沈宜撰
清光緒二十一年木活字印本
艾陵文鈔十六卷 第 35 册
(清)雷士俊撰
清康熙莘樂草堂刻本
浮山文集前編十卷浮山文集後編二卷浮山此藏軒別集二卷 第 35 册
(清)方以智撰
清康熙此藏軒刻本
桴亭先生文集六卷補遺一卷桴亭先生詩集十卷 第 36 册
(清)陸世儀撰
清光緒二十五年唐受祺刻陸桴亭先生遺書本
桴亭先生集外文不分卷附陸桴亭先生傳一卷先儒陸子從祀文廟録一卷 第 36 册
(清)陸世儀撰
民國十六年刻本
楊園先生詩文集二十四卷 第 36 册
(清)張履祥撰
清同治十年江蘇書局刻重訂楊園先生全集本
夏爲堂別集二卷 第 37 册
(清)黄周星撰
清康熙二十七年刻本
徐詩二卷 第 37 册
(清)徐夜撰 王士禛批點
清刻漁洋山人著述本
變雅堂遺集十八卷附録二卷 第 37 册
(清)杜濬撰
清光緒二十年黄岡沈氏刻本
巢民詩集六卷巢民文集七卷 第 37 册
(清)冒襄撰
清康熙刻本
鄭長公確園集四卷 第 37 册
(清)鄭蕃撰
清乾隆三十三年鄭氏世德堂刻本
南山堂自訂詩十卷南山堂續訂詩五卷南山堂三訂詩四卷 第 38 册
(清)吴景旭撰
清康熙刻本
千山詩集二十卷首一卷補遺一卷 第 38 册
(清)釋函可撰
清康熙四十二年刻本
畬山集十二卷畬山續集九卷 第 38 册
(清)方文撰
清康熙刻本
賴古堂集二十四卷附録一卷 第 39 册
(清)周亮工撰
清康熙十四年周在浚刻本
七頌堂詩集九卷 第 39 册
(清)劉體仁撰
清康熙刻本
七頌堂文集四卷附尺牘一卷 第 39 册
(清)劉體仁撰
清康熙刻本
蒿菴集三卷附録一卷 第 39 册
(清)張爾岐撰
清乾隆三十八年胡德琳刻本
愛日堂全集十一卷附墓誌銘一卷 第 39 册
(清)孫宗彝撰
清乾隆三十五年刻本
藏山閣集二十卷田間尺牘四卷 第 39 册
(清)錢澄之撰
清光緒三十四年鉛印本
田間文集三十卷田間詩集二十八卷 第 40 册
(清)錢澄之撰
清康熙刻本

棲雲閣詩十六卷拾遺三卷 第40冊
(清)高珩撰
清乾隆刻本
九詒堂集三十七卷首一卷 第41冊
(清)徐增撰
清抄本
山遊詩一卷恒軒詩一卷 第42冊
(清)歸莊撰
清康熙刻本
歸玄恭遺著一卷附詩鈔一卷 第42冊
(清)歸莊撰
民國十二年上海中華書局鉛印本
漢史億二卷顔山雜記四卷南征紀略二卷沚亭删定文集二卷沚亭自删詩一卷琴譜指法省文不分卷 第42冊
(清)孫廷銓撰
清康熙刻本
自課堂集三卷 第42冊
(清)程康莊撰
民國山右叢書初編鉛印本
西北之文十二卷 第42冊
(清)畢振姬撰
民國山右叢書初編鉛印本
亭林詩集五卷亭林文集六卷 第42冊
(清)顧炎武撰
清刻本
亭林文集六卷亭林餘集一卷 第43冊
(清)顧炎武撰
清乾隆三十八年山隱居刻本
蔣山傭殘稿三卷附熹廟諒陰記事一卷 第43冊
(清)顧炎武撰
清抄本
謙齋文集十二卷謙齋詩集八卷首一卷 第43冊
(清)蔡仲光撰
清咸豐三年篤慶堂刻本
石莊先生詩集二十七卷(青玉軒詩七卷槭游草一卷菊佳軒詩十一卷頤志堂詩八卷) 第43冊
(清)胡承諾撰
民國五年沈觀齋重刻本
黄山詩留十六卷 第44冊
(清)法若真撰
清康熙三十八年刻本
鐵堂詩草二卷 第44冊
(清)許珌撰
清乾隆五十五年蘭山書院刻本
安雅堂詩不分卷 第44冊
(清)宋琬撰
清順治十七年刻本
安雅堂文集二卷 第44冊
(清)宋琬撰
清康熙五年刻本
重刻安雅堂文集二卷 第44冊
(清)宋琬撰
清康熙三十八年宋思勃刻本
安雅堂未刻稿八卷附入蜀集二卷 第45冊
(清)宋琬撰
清乾隆三十一年刻本
静惕堂詩集四十四卷 第45冊
(清)曹溶撰
清雍正三年李維鈞刻本
静惕堂詞不分卷 第45冊
(清)曹溶撰
清康熙四十六年朱丕戭刻本
織齋文集八卷 第45冊
(清)李焕章撰
清光緒十三年尚志堂刻本
丘邦士文集十七卷 第46冊
(清)丘維屏撰
清康熙五十八年刻本
徧行堂集四十九卷 第46-47冊
(清)釋澹歸撰
清康熙十五年刻本
徧行堂續集十六卷 第47冊
(清)釋澹歸撰
清康熙二十三年刻本
中洲草堂遺集二十三卷首一卷末一卷 第48冊
(清)陳子升撰
清康熙五十九年詩雪軒校刊本
義圃傳家集十卷别録二卷首一卷 第48冊
(清)王鷺撰 王善塏輯
清嘉慶刻本
鶴静堂集十九卷 第49冊
(清)周茂源撰
清康熙天馬山房刻本
陸吴州集不分卷 第49冊
(清)陸舜撰
清陸氏雙虹堂刻本
膽餘軒集不分卷 第49冊
(清)孫光祀撰
清康熙三十五年刻本
龍性堂詩集二卷 第50冊
(清)葉矯然撰
清康熙二十一年刻本
東溟集二卷雁唳編一卷 第50冊
(清)葉矯然撰
清康熙五十年刻本
與袁堂集十四卷 第50冊
(清)陳殿桂撰
清康熙四十六年刻本
定山堂詩集四十三卷定山堂詩餘四卷 第50-51冊
(清)龔鼎孳撰
清康熙十五年吴興祚刻本
定山堂古文小品二卷 第51冊
(清)龔鼎孳撰
清康熙五十三年龔志説刻本
茗齋集二十三卷 第51-52冊
(清)彭孫貽撰
民國涵芬樓影印海鹽張氏涉園藏手稿刻本寫本
東岡詩鈔一卷補遺一卷東岡文鈔一卷 第52冊
(清)周肇撰
清抄本
五公山人集十六卷 第52冊
(清)王餘佑撰
清康熙三十四年刻本
梅谿文集六卷 第53冊
(清)方都秦撰
清康熙二十年刻本
澹寧齋詩草不分卷 第53冊
(清)阿爾稗撰
清抄本
虞圃山人文集十卷虞圃山人詩集八卷 第53冊
(清)吴甫撰
清康熙刻本
丹林集六卷附録一卷 第54冊
(清)蕭家芝撰
清康熙二十七年刻本
和敬堂全集四十四卷 第54冊
(清)黄晉良撰
清康熙四十九年刻本
東渚詩集十六卷 第54冊
(清)梅枝鳳撰

清嘉慶滿聽樓刻本
種書堂遺稿三卷種書堂題畫詩二卷 第54冊
(清)查士標撰
清刻本
真山人後集四卷 第54冊
(清)李昌祚撰
清康熙七年刻本
柴省軒先生文鈔十二卷外集一卷 第55冊
(清)柴紹炳撰
清康熙刻本
謝程山先生集十八卷 第55冊
(清)謝文洊撰
清乾隆十二年刻本
竹笑軒詩鈔一卷 第55冊
(清)李因撰
清抄本
兼濟堂詩集八卷兼濟堂文集二十四卷 第56－57冊
(清)魏裔介撰
清康熙三十九年刻本
味外軒詩輯不分卷 第57冊
(清)余懷撰
清抄本
玉琴齋詞不分卷 第57冊
(清)余懷撰
民國十七年影印清抄本
舟車集二十卷舟車後集十卷附集唐一卷 第57冊
(清)陶季撰
清刻本
龍圖詩集六卷 第58冊
(清)范正脉撰
清咸豐四年刻本
林屋文稿十六卷 第58冊
(清)宋徵輿撰
清康熙九籥樓刻本
林屋詩稿十四卷 第58冊
(清)宋徵輿撰
清抄本
熊鍾陵無何集十四卷首一卷 第58冊
(清)熊伯龍撰
清乾隆五十八年刻本
陸密菴文集二十卷録餘二卷陸密菴詩集十二卷 第59冊
(清)陸求可撰
清康熙二十年思過堂刻本
誠正齋文集八卷 第59冊
(清)上官鉝撰
清康熙二十二年翼城上官氏刻本
于清端公集四卷附刻一卷 第59冊
(清)于成龍撰
清康熙三十二年刻本
東村集十卷附刊一卷 第60冊
(清)李呈祥撰
清康熙五十八年儀一堂刻本
寒松堂全集十二卷 第60冊
(清)魏象樞撰
清康熙四十七年刻本
大觀堂文集二十二卷首一卷 第61冊
(清)余縉撰
清康熙三十八年刻本
陸菊隱先生文集十六卷陸菊隱先生詩集四卷 第61冊
(清)陸元輔撰
清抄本
道山堂前集二卷道山堂後集十卷 第62冊
(清)陳軾撰
清康熙刻本
壯悔堂文集十卷遺稿一卷四憶堂詩集六卷遺稿一卷 第62冊
(清)侯方域撰
清順治刻本
縮齋文集一卷 第62冊
(清)黄宗會撰
清抄本
鳴鶴堂詩集十一卷 第62冊
(清)任源祥撰
清光緒十五年重刻本
鳴鶴堂文集十卷 第63冊
(清)任源祥撰
清乾隆十一年陽羡任氏刻本
鈍齋詩選二十二卷 第63冊
(清)方孝標撰
清抄本
陋軒詩十二卷陋軒詩續二卷 第63冊
(清)吳嘉紀撰
清嘉慶刻道光增修本
西山集九卷 第63冊
(清)張能鱗撰
清康熙十六年刻本
紫雲先生遺稿不分卷 第64冊
(清)何汝霖撰
清抄本
半可集不分卷 第64冊
(清)戴廷栻撰
民國五年雲文齋石印本
金閶齋先生集十二卷 第64冊
(清)金敞撰
清康熙三十九年刻本
拂蓮堂集十四卷 第64冊
(清)彭年撰
清順治刻本
使粤艸八卷 第64冊
(清)張宸撰
清雲間張氏抄本
平圃遺稾十四卷 第64冊
(清)張宸撰
民國二十八年抄本
西堂文集二十四卷西堂詩集三十二卷西堂樂府七卷 第65冊
(清)尤侗撰
清康熙二十五年刻本
蕁園詩集一卷 第66冊
(清)林堯光撰
稿本
丁布衣詩鈔一卷 第66冊
(清)丁之賢撰
清康熙刻綏安二布衣詩鈔本
玉暉堂詩集五卷 第66冊
(清)趙湛撰
清光緒定州王氏謙德堂刻畿輔叢書本
春酒堂遺書十一卷附外紀一卷 第66冊
(清)周容撰
民國二十一年四明張氏約園刊四明叢書本
遺山詩四卷 第66冊
(清)高詠撰
清道光十年信芳閣木活字排印國初十家詩鈔本
薑齋詩分體稾四卷薑齋詩編年稾一卷 第66冊
(清)王夫之撰
民國二十二年上海太平洋書店排印船山遺書本
薑齋文集十卷薑齋文集補遺二卷五十自定稿一卷六十自定稿一卷七十自定稿一卷柳岸吟一卷落花詩一卷遣興詩一卷和梅花百詠詩一卷洞庭秋

詩一卷雁字詩一卷倣體詩一卷嶽餘集一卷薑齋詩賸稿一卷鼓棹初集一卷鼓棹二集一卷瀟湘怨詞一卷詩譯一卷 第66冊
(清)王夫之撰
民國二十二年上海太平洋書店排印船山遺書本
施愚山先生學餘文集二十八卷施愚山先生學餘詩集五十卷 第67冊
(清)施閏章撰
清康熙四十七年刻本
施愚山先生別集四卷附施愚山先生年譜四卷 第67冊
(清)施閏章撰
清乾隆十二年刻本
施愚山先生外集二卷 第67冊
(清)施閏章撰
清乾隆三十年刻本
林蕙堂全集二十六卷 第68冊
(清)吳綺撰
清乾隆三十九年、四十一年衷白堂刻本
託素齋詩集四卷託素齋文集六卷 第68冊
(清)黎士弘撰
清刻本
木厓集二十七卷 第69冊
(清)潘江撰
清康熙刻本
木厓續集二十四卷卷末四卷 第69冊
(清)潘江撰
清康熙刻本
木厓文集二卷 第69冊
(清)潘江撰
民國元年夢華仙館鉛印本
關隴集四卷 第69冊
(清)姜圖南撰
清順治刻本
聰山集十一卷附録二卷荆園小語一卷荆園進語一卷 第70冊
(清)申涵光撰
清康熙刻本
東江集鈔九卷附録一卷東江別集五卷 第70冊
(清)沈謙撰
清康熙十五年仁和沈氏刻本
堪齋詩存八卷 第70冊
(清)顧大申撰
清雍正七年顧思孝刻本
魏伯子文集十卷首一卷 第70冊
(清)魏際瑞撰
清道光二十五年寧都謝庭綬紱園書塾刻寧都三魏文集本
豐草菴詩集十一卷豐草菴前集三卷豐草菴文集三卷 第71冊
(清)董説撰
清順治刻本
寶雲詩集七卷 第71冊
(清)董説撰
清康熙二十八年董樵董耒刻本
溉堂前集九卷溉堂續集六卷溉堂後集六卷溉堂詩餘二卷溉堂文集五卷 第71冊
(清)孫枝蔚撰
清康熙刻六十年增刻本
射山詩抄不分卷 第72冊
(清)陸嘉淑撰
清抄本
晴江閣集三十卷 第72冊
(清)何絜撰
清康熙刻本
芙蓉集十七卷首一卷 第72冊
(清)宗元鼎撰
清康熙刻本
巽書八卷東苑詩鈔一卷蕊雲集一卷晚唱一卷 第72冊
(清)毛先舒撰
清康熙刻思古堂十四種書本
桂山堂文選十卷桂山堂詩選二卷 第73冊
(清)王嗣槐撰
清康熙青筠閣刻本
願學齋文集四十卷附録一卷 第74冊
(清)黄與堅撰
婁東嚴瀛抄本
且亭詩鈔八卷 第74冊
(清)楊思聖撰
清康熙六十年刻畿輔七名家詩鈔本
直木齋全集十三卷 第74冊
(清)任繩隗撰
清康熙十六年刻本
姚端恪公全集四十八卷末一卷 第75冊
(清)姚文然撰
清康熙桐城姚氏刻本
缺壺編文集二卷 第75冊
(清)王有年撰
清康熙硯山樓刻本
白茅堂集四十六卷附耳提録不分卷 第76冊
(清)顧景星撰
清康熙四十三年刻乾隆二十年續刻光緒二十八年補刻本
蕉林詩集十八卷 第77冊
(清)梁清標撰
清康熙十七年秋碧堂刻本
前川樓文集二卷前川樓詩集一卷 第77冊
(清)張沐撰
清康熙至乾隆間刻前川樓全集本
蔣慎齋遇集五卷附一卷日懷堂奏疏四卷 第77冊
(清)蔣永修撰
清康熙刻本
杲堂文鈔六卷杲堂詩鈔七卷 第77冊
(清)李鄴嗣撰
清康熙刻本
張右訥漱墨軒初集不分卷 第78冊
(清)張表撰
清順治十八年朝邑張氏家刻本
南肅堂申酉集八卷 第78冊
(清)李式玉撰
清順治五年刻本
巴餘集十卷 第78冊
(清)李式玉撰
清康熙十五年刻本
湄湖吟十一卷聽松軒遺文一卷 第78冊
(清)杜漺撰
清康熙刻道光九年杜堮修補本
扶荔堂詩集選十二卷扶荔堂文集選十二卷 第78冊
(清)丁澎撰
清康熙五十五年文芸館刻本
叢桂軒近集十卷 第78冊
(清)姚祖振撰
清康熙刻本
學源堂文集十九卷學源堂詩集十卷 第79冊
(清)郭棻撰
清康熙刻本
晳次齋稿十二卷附晳次齋名家贈什一卷晳次齋同人尺牘一卷 第79冊
(清)梁熙撰

改亭詩集六卷改亭文集十六卷 第97冊
(清)計東撰
清乾隆十三年計瑸刻本
萬山樓詩集二十四卷 第97冊
(清)許虬撰
清康熙四十九年刻本
心遠堂詩集十二卷心遠堂詩二集四卷 第97冊
(清)李霨撰
清康熙刻本
蔚菴嫁衣集八卷首一卷 第98冊
(清)葉鳴鸞撰
清康熙五年刻本
六松堂集十四卷 第98冊
(清)曾燦撰
民國四年南昌退廬刻豫章叢書本
願學堂登高倡和詩不分卷 第98冊
(清)許三禮撰
清康熙刻本
燕峯詩鈔五卷 第98冊
(清)費密撰
一九六四年江蘇泰州古舊書店影印清乾隆鈔本鈔校本
張亟齋遺集不分卷 第98冊
(清)張弨撰
清同治四年望三益齋刻本
始學齋遠遊草四卷始學齋後遠遊草一卷 第98冊
(清)董采撰
清康熙二十五年刻本
觀物草廬焚餘稿不分卷 第98冊
(清)潘檉章撰
清紉芳宧寫本
十笏草堂詩選十一卷 第98冊
(清)王士禄撰
清初刻增修本
十笏草堂辛甲集七卷十笏草堂上浮集四卷 第98冊
(清)王士禄撰
清康熙六年刻本
鷗跡集二十一卷 第99冊
(清)蔡受撰
清光緒三年成山書室刻本
寵壽堂詩集三十卷 第99冊
(清)張競光撰
清康熙石鏡山房刻增修本
窺園稿六卷 第99冊
(清)賀振能撰
清道光二年河北賀氏雲宿樓重刻本
定峰樂府十卷附甲子年定峰山左雜咏一卷 第99冊
(清)沙張白撰
清嘉慶十一年刻本
定峰文選二卷 第99冊
(清)沙張白撰
清光緒二十四年江陰王氏刻重思齋叢書本
默耕詩選二卷 第99冊
(清)李何煒撰
民國十四年沔陽盧氏慎始基齋刻沔陽叢書本
嚴白雲詩集二十七卷 第100冊
(清)嚴熊撰
清乾隆十九年嚴有禧刻本
菜根堂全集二十八卷續一卷 第100冊
(清)毛鳴岐撰
清康熙刻本
鴻逸堂稿不分卷 第100冊
(清)王煒撰
清初呂士鵔呂士鶴刻本
街南文集二十卷 第100－101冊
(清)吳肅公撰
清康熙二十八年豐溪吳承勵刻本
街南續集七卷 第101冊
(清)吳肅公撰
清康熙程士琦程士璋刻本
律陶一卷讀禮問二卷末一卷 第101冊
(清)吳肅公撰
清康熙刻本
五經堂文集五卷首二卷五經堂語録一卷五經堂野歌一卷附一卷 第101冊
(清)范鄗鼎撰
清康熙五經堂刻本
鶴嶺山人詩集十六卷 第101冊
(清)王澤弘撰
清康熙王材振刻本
鄒訏士詩選一卷 第101冊
(清)鄒祗謨撰
清康熙刻名家詩選本
碩園詩稿三十卷 第102冊
(清)王昊撰
清乾隆十二年刻本
湯子遺書十卷首一卷 第102冊
(清)湯斌撰
清同治九年湯氏祠堂重刻本
志壑堂集二十四卷 第103冊
(清)唐夢賚撰
清康熙二十年刻本
志壑堂後集十卷 第103冊
(清)唐夢賚撰
清康熙二十五年刻本
阮亭選志壑堂詩十五卷 第103冊
(清)唐夢賚撰
清雍正刻本
愧訥集十二卷 第104冊
(清)朱用純撰
民國十八年活字印本
朱柏廬先生未刻稿四卷 第104冊
(清)朱用純撰
清抄本
己畦集二十二卷附原詩四卷己畦詩集十卷附殘餘一卷午夢堂詩鈔三卷 第104冊
(清)葉燮撰
清康熙葉氏二弃草堂刻本
二曲集二十六卷 第105冊
(清)李顒撰
清康熙三十三年高爾公刻後印本
丁景呂詩集不分卷 第105冊
(清)丁弘誨撰
清初刻本
拙政園詩集二卷 第105冊
(清)徐燦撰
清嘉慶八年海昌吳氏刻愚谷叢書本
戒菴詩草六卷 第105冊
(清)張晉撰
清乾隆五十四年刻本
槐軒集十卷 第105冊
(清)王曰高撰
清雍正五年王念祖刻本
曉庵先生詩集二卷 第105冊
(清)王錫闡撰
清抄本
曉庵先生文集三卷 第105冊
(清)王錫闡撰
清光緒九年重刊本
我詩藁六卷 第106冊
(清)傅眉撰

詩集二卷 第141冊
(清)李伍渼撰
清雍正刻本
楊仲子小宛集不分卷 第141冊
(清)楊无咎撰
清康熙六十年刻本
學文堂文集不分卷 第142冊
(清)陳玉璂撰
清康熙刻本
學文堂文集不分卷 第143冊
(清)陳玉璂撰
清康熙刻本
霞舉堂集三十五卷 第144冊
(清)王晫撰
清康熙刻本
願學堂集二十卷使交紀事一卷使交吟一卷安南世系畧一卷南交好音一卷 第144冊
(清)周燦撰
清康熙刻本
木菴詩集不分卷 第144冊
(清)欽棐撰
清康熙刻本
蘇溪詩集十卷 第144冊
(清)范秉秀撰
清康熙鹿賓刻本
箬藹室詩集一卷 第144冊
(清)許友撰
民國二十五年陽新石榮暲鉛印蓉城仙館叢書本
米友堂詩集不分卷 第144冊
(清)許友撰
民國二十年連江劉氏影印稿本
查浙翁文集不分卷 第145冊
(清)查容撰
清乾隆三十九年海寧拜經樓抄本
抱犢山房集五卷附刻同難二先生詩文一卷 第145冊
(清)嵇永仁撰
清康熙五十七年刻本
邵子湘全集三十二卷(青門簏稾十六卷附邵氏家録二卷青門旅稾六卷青門賸稾八卷) 第145冊
(清)邵長蘅撰
清康熙三十九年毗陵邵氏青門草堂刻本
曹江集十卷 第145冊
(清)曹恒吉撰
清康熙三十五年刻本
古愚心言八卷 第146冊
(清)彭鵬撰
清康熙閩中莆田彭氏刻本
喟亭文集三卷 第146冊
(清)臧眉錫撰
清康熙十六年刻本
有懷堂詩稿六卷有懷堂文稿二十二卷 第147冊
(清)韓菼撰
清康熙四十二年長洲韓氏刻本
抱膝廬文集六卷 第147冊
(清)劉宗泗撰
清乾隆刻劉氏傳家集本
杞田集十四卷附遺稾一卷 第147冊
(清)張貞撰
清康熙四十九年春岑閣刻本
蒼峴山人詩集五卷附微雲集詩餘一卷 第147冊
(清)秦松齡撰
清康熙五十七年刻本
蒼峴山人文集六卷 第147冊
(清)秦松齡撰
清刻本
寒村詩文選三十六卷(見黄稿詩删五卷五丁詩稿五卷安庸集一卷玉堂集一卷歸省偶録一卷還朝詩存一卷玉堂後集一卷賓善堂集二卷白雲軒集二卷南行雜録一卷高州詩集二卷見黄稿二卷五丁集二卷安庸集二卷雜録二卷雜録補一卷半生亭集一卷息尚編四卷) 第148冊
(清)鄭梁撰
清康熙刻本
顧梁汾先生詩詞集九卷附刊一卷首一卷 第148冊
(清)顧貞觀撰
民國二十三年鉛印本
戒山文存不分卷 第149冊
(清)邵遠平撰
清康熙刻本
河工見聞録一卷 第149冊
(清)邵遠平撰
清康熙刻本
戒山詩存不分卷 第149冊
(清)邵遠平撰
清康熙刻本
熙朝聖德詩一卷 第149冊
(清)邵遠平撰
清康熙刻本
但吟草八卷附恭紀詩一卷 第149冊
(清)蕭惟豫撰
清康熙五十年刻本
朝寀集五卷 第149冊
(清)金玉式撰
清乾隆刻本
萬壽詩一卷 第149冊
(清)愛新覺羅福臨撰
清順治十三年内府刻本
葉忠節公遺藁十六卷 第149冊
(清)葉映榴撰
清刻本
取此居文集二卷 第149冊
(清)周正撰
清刻本
管邨文鈔内編三卷 第149冊
(清)萬言撰
民國二十三年張氏約園刻四明叢書本
存誠堂詩集二十五卷附應制詩五卷 第150冊
(清)張英撰
清康熙四十三年刻本
篤素堂文集十六卷 第150冊
(清)張英撰
清康熙刻本
篤素堂詩集七卷 第150冊
(清)張英撰
清刻本
華野疏稿五卷 第150冊
(清)郭琇撰
清抄本
縱釣居文集八卷 第151冊
(清)應是撰
清乾隆四年重刻本
水明樓詩六卷 第151冊
(清)顔光猷撰
清康熙三十七年刻本
百尺梧桐閣文集八卷百尺梧桐閣詩集十六卷錦瑟詞不分卷 第151冊
(清)汪懋麟撰
清康熙刻本
百尺梧桐閣遺稿十卷 第151冊
(清)汪懋麟撰

清康熙五十四年汪文著瞻芑堂刻本
香草居集七卷 第151冊
(清)李符撰
清刻本
日知堂文集六卷 第152冊
(清)鄭端撰
清康熙五十八年刻本
柳村詩集十二卷 第152冊
(清)董訥撰
清康熙五十年刻本
芸暉堂詩集七卷 第152冊
(清)閻中寬撰
清康熙五十八年刻本
梅東草堂詩集九卷 第152冊
(清)顧永年撰
清康熙刻本
閑存堂文集十四卷詩集九卷 第152冊
(清)張永銓撰
清康熙刻本
午亭文編五十卷 第153冊
(清)陳廷敬撰
清康熙四十七年林佶寫刻本
午亭山人第二集三卷 第153冊
(清)陳廷敬撰
清乾隆七年刻本
静觀堂詩集三十卷 第153冊
(清)勞之辨撰
清康熙四十年至五十二年刻本
白華莊藏稿鈔文集十六卷詩集六卷 第154冊
(清)沈寓撰
清乾隆十七年刻本
樂圃集七卷附補遺 第154冊
(清)顏光敏撰
清刻十子詩略本
和蘇詩初集和蘇詩二集和蘇詩三集不分卷芙蓉城記 第154冊
(清)龍燮撰
清抄本
擔峰詩四卷 第154冊
(清)孫洤撰
清康熙刻本
敬一堂詩鈔十六卷 第154冊
(清)顧八代撰
清乾隆十五年刻本
叢碧山房詩初集十四卷二集六卷三集十一卷四集十卷五集五卷 第155冊
(清)龐塏撰
清康熙刻本
叢碧山房文集八卷雜著三卷 第155冊
(清)龐塏撰
清康熙三十八年刻本
黄葉邨莊詩集八卷續集一卷後集一卷 第155冊
(清)吳之振撰
清康熙刻本(後集用光緒四年覆刻本)
聊齋全集附石印本文集詞集校對條注三種聊齋遺集目録對照表聊齋四種著作目録 第156冊
(清)蒲松齡撰
民國胡適、羅爾綱抄校本
漫與集一卷 第157冊
(清)梅庚撰
清康熙五十四年刻本
穀章詩文集不分卷 第157冊
(清)王穀章撰
清抄本
不礙雲山樓稿二十四卷 第157冊
(清)周綸撰
清康熙刻本
甓湖草堂文集六卷甓湖草堂近集四卷 第157冊
(清)吳世杰撰
清康熙四十四年刻嘉慶十七年重校本
柳塘詩集十二卷 第157冊
(清)吳祖修撰
清康熙四十四年刻本
被園詩集七卷被園文集一卷 第157冊
(清)沈爾燝撰
清康熙刻本
懷葛堂文集十四卷 第158冊
(清)梁份撰
清雍正刻民國補抄本
雪齋詩稿八卷 第158冊
(清)吳曾撰
清道光十七年吳星南抄本
歸宮詹集四卷 第158冊
(清)歸允肅撰
清嘉慶十年玉鑰堂刻本
石林集九卷(應制集一卷南歸集一卷直廬集二卷使粵集一卷附日記一卷歸田集二卷拾遺集一卷) 第158冊
(清)喬萊撰
清康熙刻劉寶楠抄補本
白石山房文稿十四卷 第159冊
(清)李振裕撰
清康熙刻本
杕左堂集六卷 第159冊
(清)孫致彌撰
清乾隆元年刻本
杕左堂續集三卷 第159冊
(清)孫致彌撰
清乾隆二十年刻本
杕左堂詞集四卷 第159冊
(清)孫致彌撰
清乾隆刻本
張文貞公集十二卷 第159冊
(清)張玉書撰
清康熙五十七年松蔭堂刻本
麓臺題畫稿一卷 第160冊
(清)王原祁撰
清光緒三年無住精舍重刻本
罨畫集三卷 第160冊
(清)王原祁撰
清康熙刻本
榕村全集四十卷榕村別集五卷 第160冊
(清)李光地撰
清乾隆元年刻本
榕村續集七卷 第160冊
(清)李光地撰
清道光七年刻本
崐崘山房集不分卷 第161冊
(清)張篤慶撰
清抄本
尚志館文述九卷補九卷 第161冊
(清)盧錫晉撰
清康熙五十一年刻本
十松集偶梓五卷 第161冊
(清)余扶上撰
清康熙刻本
牛澱洋陶史草四卷 第161冊
(清)牛兆捷撰
清抄本
石園文集八卷 第161冊
(清)萬斯同撰
民國二十五年張氏約園刻四明叢書第四集本
學箕初稿二卷 第161冊
(清)黃百家撰

清雍正八年刻本
杏村詩集七卷 第172冊
(清)謝重輝撰
清康熙刻本
蘭皐詩鈔二十五卷首一卷 第172冊
(清)宋廣業撰
清康熙刻本
廣陽詩集二卷 第172冊
(清)劉獻廷撰
清劉氏嘉業堂抄本
中江紀年詩集四卷 第172冊
(清)袁啓旭撰
清光緒十七年紫蘭書屋重刻活字印本
真志堂詩集五卷 第172冊
(清)仝軌撰
清乾隆十一年趙氏刻本
問亭詩集十三卷(白燕栖詩草八卷東皐雜咏一卷茫茫吟一卷聯句一卷集句一卷也紅詞一卷) 第172冊
(清)博爾都撰
清康熙三十五年刻本
春藹堂集十八卷 第173冊
(清)陳奕禧撰
清康熙四十六年吳門刻本
虞州集十六卷虞州續集二卷 第173冊
(清)陳奕禧撰
清康熙刻本
緑陰亭集二卷 第173冊
(清)陳奕禧撰
清光緒十一年山陰宋氏刻懺花盦叢書本
大一山房集不分卷附江夏志畧一卷性理吟一卷癡翁偶談一卷 第173冊
(清)王一寧撰
清康熙四十七年刻本
居業堂文集二十卷首一卷 第174冊
(清)王源撰
清道光十一年讀雪山房刻本
思復堂文集十卷附録一卷 第174冊
(清)邵廷采撰
清康熙刻本
習是堂文集二卷附年譜一卷 第174冊
(清)曾倬撰
清光緒二十年常熟曾氏義莊活字本
湖海集十三卷 第174冊
(清)孔尚任撰
清刻本

石門山集一卷 第174冊
(清)孔尚任撰
清刻本
樸村文集二十四卷樸村詩集十三卷 第175冊
(清)張雲章撰
清康熙華希閔等刻本
素巘文稿二十五卷 第175冊
(清)王喆生撰
清刻本
瀧江集詩選七卷 第175冊
(清)林之枚撰
清康熙二十二年攬秀堂刻本
瑩心堂詩不分卷 第175冊
(清)畢守祥撰
清康熙四十五年刻本
馮舍人遺詩六卷 第175冊
(清)馮廷櫆撰
清雍正十一年刻本
式古堂集不分卷 第175冊
(清)張雲翼撰
清康熙刻本
鐵莊文集八卷疏快軒詩二卷附詩餘一卷 第176冊
(清)陸楣撰
清光緒二十一年曹氏樂善堂木活字本
遂寧張文端公全集七卷首一卷 第176冊
(清)張鵬翮撰
清光緒七年刻本
耕煙草堂詩鈔四卷 第176冊
(清)戴梓撰
清乾隆二十三年刻本
與梅堂遺集十二卷附耳書一卷鮓話一卷 第176冊
(清)佟世思撰
清刻本
宮詹公存稿不分卷附雜著詩餘 第177冊
(清)查昇撰
民國三十年武林葉氏抄本
心齋聊復集不分卷 第177冊
(清)張潮撰
清康熙二十一年詒清堂刻本
嚴太僕先生集十二卷 第177冊
(清)嚴虞惇撰
清乾隆元年繩武堂刻本

夢月巖詩集二十卷附詩餘 第177冊
(清)呂履恒撰
清雍正三年刻本
冶古堂文集五卷首一卷末一卷 第177冊
(清)呂履恒撰
清乾隆十五年呂宣曾刻本
晞髮堂詩五卷 第178冊
(清)楊賓撰
清抄本
楊大瓢雜文殘稿不分卷 第178冊
(清)楊賓撰
清光緒青山白雲閣抄本
敬業堂詩集五十卷 第178冊
(清)查慎行撰
清康熙五十八年刻本
敬業堂詩續集六卷 第178冊
(清)查慎行撰
清乾隆查學查開刻本
松鶴山房詩集九卷松鶴山房文集二十卷 第179冊
(清)陳夢雷撰
清康熙銅活字印本
浪淘集詩鈔一卷 第179冊
(清)金人望撰
清康熙六十年刻本
受祜堂集十卷 第180冊
(清)張泰交撰
清康熙四十七年刻本
筠亭先生集八卷 第180冊
(清)張映葵撰
清抄本
皐軒文編十卷 第180冊
(清)李光坡撰
清雍正三年清白堂刻本
嶢山集四卷附補刻一卷嶢山詩集一卷附補刻 第181冊
(清)田從典撰
清雍正九年賜書樓刻本
旭華堂詩集二卷 第181冊
(清)王奐曾撰
清乾隆四十年刻本
旭華堂文集十四卷補遺一卷續編一卷 第181冊
(清)王奐曾撰
清乾隆十六年刻本
憶雪樓詩三卷衡遊草一卷并鄉集一卷還

清乾隆刻本
弇山詩鈔二十二卷首二卷末二卷 第245冊
(清)王霖撰
清道光五年刻本
太古山房詩鈔二十四卷 第245冊
(清)汪沈琇撰
清抄本
玉幾山房吟卷三卷 第245冊
(清)陳撰撰
清康熙刻本
萬卷樓剩稿不分卷 第245冊
(清)顧楝高撰
稿本
釀蜜集四卷 第246冊
(清)浦起龍撰
清光緒二十七年静寄東軒家塾刻本
三山老人不是集不分卷 第246冊
(清)浦起龍撰
民國二十五年燕京大學圖書館鉛印燕京大學圖書館叢書本
醉經草堂前集二十卷附録一卷 第246冊
(清)王史鑑撰
民國鈔本
半硯冷雲集三卷附一卷 第246冊
(清)曹三才撰
清康熙三十七年刻本
青瑶草堂詩集四卷 第246冊
(清)吴應棻撰
清雍正刻本
紫幢軒詩三十二卷 第246冊
(清)文昭撰
清康熙雍正間刻本
鹿洲初集二十卷東征集六卷 第247冊
(清)藍鼎元撰
清雍正十年刻鹿洲全集本
交河集六卷 第247冊
(清)王蘭生撰
清道光十六年大足官廨刻本
閒青堂詩集十卷附録一卷 第247冊
(清)朱倫瀚撰
清乾隆刻本
留硯堂詩選六卷 第248冊
(清)張漢撰
民國三年刻雲南叢書本
留硯堂集三卷 第248冊
(清)張漢撰
清刻本
棗花書屋詩集一卷 第248冊
(清)朱之瓛撰
清同治四年寶應朱氏刻春雨樓叢書本
詩禮堂古文五卷詩禮堂雜咏三卷 第248冊
(清)王又樸撰
清乾隆刻詩禮堂全集十四種本
善餘堂文集一卷 第248冊
(清)江永撰
民國三十一年合衆圖書館抄本
少司寇公安餘齋遺詩不分卷 第248冊
(清)來保撰
清抄本
斫桂山房詩存六卷抱珠軒詩存六卷一瓢齋詩存六卷 第248冊
(清)薛雪撰
清乾隆掃葉村莊刻本
西圃草堂詩集四卷 第249冊
(清)嚴禹沛撰
清乾隆十二年刻本
知稼軒詩九卷 第249冊
(清)王泰甡撰
清乾隆十三年刻本
王石和文九卷 第249冊
(清)王珻撰
清乾隆六年江西重刻本
秋水詩鈔十七卷秋水詩鈔續集四卷附二卷 第249冊
(清)程埜撰
清乾隆刻本
敦古堂擬古雜文三卷 第249冊
(清)李舜臣撰
清乾隆敦古堂刻本
向惕齋先生集八卷 第249冊
(清)向璿撰
民國十二年吴興劉氏刻留餘草堂叢書本
二希堂文集十一卷首一卷 第250冊
(清)蔡世遠撰
清雍正十年刻本
賜錦堂集十卷 第250冊
(清)王葉滋撰
清嘉慶十九年重刻本
積山先生遺集十卷 第250冊
(清)汪惟憲撰
清乾隆三十八年重刻本
樓山詩集六卷 第250冊
(清)王恕撰
清乾隆三十四年垂經堂刻本
�谷詩鈔六卷别集一卷 第250冊
(清)鄭江撰
清乾隆書帶草堂刻本
陶晚聞先生集十卷補録一卷 第250冊
(清)陶正靖撰
清光緒七年刻海虞三陶先生集本
貞一齋集十卷附續集一卷詩説一卷 第251冊
(清)李重華撰
清乾隆刻本
離垢集五卷 第251冊
(清)華喦撰
清道光十五年慎餘堂刻本
陶人心語六卷 第251冊
(清)唐英撰
清乾隆三十七年古柏堂重刻本
六峰閣詩稾四卷 第251冊
(清)朱稻孫撰
清康熙五十四年刻本
六峰閣詩稾六卷 第251冊
(清)朱稻孫撰
稿本
六峰閣詩稾一卷 第251冊
(清)朱稻孫撰
稿本
雙薇園集五卷 第251冊
(清)丁有煜撰
清乾隆十五年刻本
雙薇園續集一卷 第251冊
(清)丁有煜撰
清乾隆二十一年刻本
無逸集六卷首一卷 第251冊
(清)靳之隆撰
清道光十年靳逢宸忠恕堂刻本
東山草堂詩集八卷東山草堂詩集續編一卷 第252冊
(清)邱嘉穗撰
清光緒八年漢陽邱氏重刻本
東山草堂文集二十卷首一卷 第252冊
(清)邱嘉穗撰
清康熙刻本
江聲草堂詩集八卷 第252冊
(清)金志章撰

(清)錢陳群撰
清乾隆刻同治光緒間遞修本
月巖集五卷 第262冊
(清)周禮撰
清乾隆九年蔡溪刻本
思齋存草四卷 第263冊
(清)鄭愛貴撰
清乾隆刻本
冬心先生集四卷 第263冊
(清)金農撰
清雍正十一年廣陵般若庵刻本
冬心先生續集二卷附補遺續補遺冬心先生三體詩一卷冬心先生甲戌近詩一卷 第263冊
(清)金農撰
清平江貝氏千墨庵抄本
瘦瓢山人蛟湖詩鈔四卷 第263冊
(清)黄慎撰
清乾隆二十八年刻本
静寧堂詩集不分卷 第263冊
(清)朱定元撰
清乾隆六年刻本
雲溪文集五卷首一卷 第263冊
(清)儲掌文撰
清乾隆三十六年刻本
復初集賸稿一卷 第263冊
(清)王璣撰
清咸豐四年刻秀水王氏家藏集本
酌古軒詩集三十卷 第263冊
(清)吳其琰撰
清乾隆刻本
浣松軒詩集十二卷首一卷 第264冊
(清)顧我錡撰
清嘉慶五年刻本
南華山人詩鈔十六卷首賜詩賡和集六卷賦一卷 第264冊
(清)張鵬翀撰
清乾隆刻本
果堂集十二卷 第264冊
(清)沈彤撰
清乾隆刻本
春鳧小稿十二卷 第264冊
(清)符曾撰
清乾隆刻本
霜柯餘響集一卷 第264冊
(清)符曾撰
民國二十三年百爵齋叢刊石印本
沙河逸老小稿六卷嶰谷詞一卷 第265冊
(清)馬曰琯撰
清咸豐元年粵雅堂叢書本
蘭雪堂詩文集十四卷 第265冊
(清)岳禮撰
清嘉慶刻本
鋤經餘草十六卷鋤經續草四卷 第265冊
(清)王文清撰
民國三十年刻本
野航詩鈔二卷 第265冊
(清)嚴仙藜撰
清道光十三年刻本
容安齋詩集八卷 第265冊
(清)汪應銓撰
清刻本
愛日堂吟稾十三卷附稾二卷 第265冊
(清)趙昱撰
清乾隆十二年刻本
葵園詩集四卷 第266冊
(清)陳悳榮撰
清乾隆刻本
慕陵詩稿二卷補遺一卷附陳松齡大巖賸草一卷 第266冊
(清)陳榮杰撰
清嘉慶八年刻本
謝梅莊先生遺集八卷附西北域記一卷 第266冊
(清)謝濟世撰
清光緒三十四年排印本
蔭松堂詩集八卷蘭谷草堂稿不分卷 第266冊
(清)龍爲霖撰
清道光五年寶奎閣重刻本
餘集二卷附一卷 第266冊
(清)楊廷璋撰
清道光二十五年刻本
介石堂詩集十卷介石堂文集十卷 第266冊
(清)郭起元撰
清乾隆刻本
淛存愚二卷 第266冊
(清)李清植撰
清光緒十八年浙江書局刻本
道腴堂詩編三十卷 第267冊
(清)鮑鉁撰
清乾隆刻本
道腴堂詩續六卷 第267冊
(清)鮑鉁撰
清乾隆刻本
使蜀集一卷 第267冊
(清)陳士璠撰
民國四年陳毓楠鉛印本
慶芝堂詩集十八卷 第267冊
(清)戴亨撰
清道光十五年荆道復刻本
雅雨堂詩集二卷雅雨堂文集四卷雅雨山人出塞集一卷 第268冊
(清)盧見曾撰
清道光二十年盧樞清雅堂刻本
東山草堂集六卷 第268冊
(清)潘安禮撰
清乾隆四年刻本
芙航詩襭二十九卷 第268冊
(清)楊士凝撰
清康熙六十一年刻乾隆四十一年增修本
得天居士集六編 第268冊
(清)張照撰
清道光張祥河刻本
洗桐居士集八卷 第268冊
(清)王瑋撰
清乾隆太平趙氏刻本
健餘先生文集十卷 第268冊
(清)尹會一撰
清乾隆刻本
健餘先生詩草三卷附聯句詩 第268冊
(清)尹會一撰
清乾隆十四年刻本
健餘先生別集四卷 第268冊
(清)尹會一撰
清乾隆十六年刻本
青溪文集十二卷青溪文集續編八卷 第269冊
(清)程廷祚撰
清道光十七十八年東山草堂刻本
小蘭陔詩集八卷 第269冊
(清)謝道承撰
清乾隆三十八年刻本
秋塍文鈔十二卷 第269冊
(清)魯曾煜撰
清乾隆九年鳴野山房刻本

粵吟一卷　第317冊
(清)許道基撰
清乾隆二十五年刻本
靡至吟一卷　第317冊
(清)許道基撰
清乾隆二十二年刻本
夢墨堂稿十六卷夢墨堂續稿一卷　第317冊
(清)涂錫盛撰
清乾隆三十五年刻本
紫瓊巖詩鈔三卷　第317冊
(清)愛新覺羅允禧撰
清乾隆二十三年刻本
紫瓊巖詩鈔續刻一卷　第317冊
(清)愛新覺羅允禧撰
清乾隆四十八年刻本
豇虛大師遺集三卷　第317冊
(清)釋明中撰
清乾隆三十五年刻本
黄竹山房詩鈔六卷黄竹山房詩鈔補一卷附田盤紀游一卷　第317冊
(清)金玉岡撰
民國二十一至二十三年刻本
繩庵内外集二十四卷　第318冊
(清)劉綸撰
清乾隆三十九年用拙堂刻本
偶然吟四卷　第318冊
(清)尹嘉銓撰
清乾隆六有齋刻本
隨五草十卷　第318冊
(清)尹嘉銓撰
清乾隆日宣齋刻本
錫慶堂詩集八卷　第318冊
(清)嵇璜撰
清咸豐九年刻本
誤菴詩稿三卷　第318冊
(清)卓奇圖撰
清抄本
御製詩初集四十四卷御製詩二集九十卷御製詩三集一百卷御製詩四集一百卷御製詩五集一百卷御製詩餘集二十卷　第319－329冊
(清)愛新覺羅弘曆撰
清乾隆嘉慶武英殿刻本
御製文初集三十卷御製文二集四十四卷御製文三集十六卷御製文餘集二卷　第330冊
(清)愛新覺羅弘曆撰
清乾隆嘉慶武英殿刻本
樂善堂全集四十卷　第331冊
(清)愛新覺羅弘曆撰
清乾隆二年内府刻本
寶閑堂集六卷響山詞四卷　第331冊
(清)張四科撰
清乾隆刻本
戢思堂詩鈔二卷　第331冊
(清)李宏撰
清乾隆五十七年刻本
春柳堂詩稿不分卷　第331冊
(清)張宜泉撰
清光緒十五年刻本
石琴室稿不分卷　第332冊
(清)愛新覺羅弘曣撰
清道光刻本
稽古齋全集八卷　第332冊
(清)愛新覺羅弘晝撰
清乾隆十一年刻本
裘文達公文集六卷補遺一卷裘文達公詩集十八卷　第332冊
(清)裘曰修撰
清嘉慶七年刻本
蕙櫋小草二卷過庭集一卷鉢香行草一卷嶺南雜詠二卷雨亭賦抄一卷澶州吟稿二卷　第332冊
(清)吳龍光撰
清抄本
雲塘文集十二卷　第333冊
(清)程景伊撰
清乾隆四十八年武進程氏活字印本
月舫詩鈔五卷　第333冊
(清)蕭鍾偉撰
清乾隆刻本
石門山人詩稿一卷　第333冊
(清)孔廣棨撰
稿本
月山詩集四卷首一卷末一卷　第333冊
(清)恒仁撰
清乾隆刻本
李石亭詩集十卷李石亭文集六卷　第333冊
(清)李化楠撰
清道光二年刻本
白蒓詩集十六卷　第333冊
(清)張開東撰
清乾隆五十四年張兆騫棗存園刻本
勉堂詩集不分卷　第333冊
(清)湯擴祖撰
清乾隆二十八年刻本
賈稻孫集四卷　第333冊
(清)賈田祖撰
清乾隆四十九年刻本
林青山先生文集十三卷附録一卷　第334冊
(清)林愈蕃撰
清乾隆三十八年敬義堂刻本
素餘堂集三十四卷(經進詩二十三卷經進文六卷古今體詩五卷)　第334冊
(清)于敏中撰
清嘉慶十一年刻本
海山存稿二十卷　第334冊
(清)周煌撰
清乾隆五十八年金陵文炳齋刻本
祇平居士集三十卷　第335冊
(清)王元啟撰
清嘉慶十七年王尚纆恭壽堂刻本
思樹軒詩稿四卷　第335冊
(清)李棠撰
清道光十三年河南府署刻本
劉廣文集十九卷　第335冊
(清)劉肇虞撰
清刻本
自怡集不分卷　第335冊
(清)李自新撰
清抄本
日山文集四卷　第335冊
(清)許新堂撰
清光緒十四年鉛印本
雪莊文集六卷雪莊文集續編四卷　第336冊
(清)鄧作梅撰
清乾隆四十四年刻五十一年謝鳴鑾續刻本
鏤冰詩鈔六卷(艾溪集一卷朝天集一卷歸田集一卷環洲集二卷武林集一卷)　第336冊
(清)單鈺撰
清嘉慶五年河間紀氏刻本
梅崖居士文集三十卷首一卷梅崖居士外集八卷　第336冊
(清)朱仕琇撰
清乾隆四十七年刻本

清咸豐十年馮焯刻本
對雪亭文集十卷附論語講義偶録一卷對雪亭詩鈔二卷 第361冊
(清)張洲撰
清乾隆五十八年至嘉慶二年武功張氏香遠堂刻本
甌北集五十三卷 第362冊
(清)趙翼撰
清嘉慶十七年湛貽堂刻本
畹香樓詩稿二卷 第362冊
(清)梁蘭漪撰
清光緒二十一年上洋飛鴻閣書林石印本
兩塍集二卷 第362冊
(清)周嘉猷撰
清乾隆四十七年錢塘周氏刻本
林於館詩草八卷 第362冊
(清)查昌業撰
清紅欄抄本
胥園詩鈔十卷附詩餘一卷 第363冊
(清)莊肇奎撰
清嘉慶十七年刻本
松翠小菟裘文集四卷松翠小菟裘詩集十二卷 第363冊
(清)王佩蘭撰
清嘉慶刻本
筠心書屋詩鈔十二卷 第363冊
(清)褚廷璋撰
清嘉慶十一年刻本
訒莾詩存六卷 第363冊
(清)汪啟淑撰
清乾隆刻本
次立齋詩文全集六卷 第363冊
(清)袁知撰
清道光二年敦彝堂重刻本
大俞山房詩稿十二卷附録一卷 第363冊
(清)黄璋撰
清乾隆五十二年刻本
潛研堂文集五十卷潛研堂詩集十卷潛研堂詩續集十卷 第364冊
(清)錢大昕撰
清嘉慶十一年刻本
花韻軒詠物詩存不分卷 第364冊
(清)鮑廷博撰
清抄本
立厓詩鈔七卷 第365冊
(清)蔣業晉撰
清嘉慶四年交翠堂刻本
紅豆詩人集十九卷 第365冊
(清)董潮撰
清道光十九年董敏善刻本
霞蔭堂文鈔一卷 第365冊
(清)康基淵撰
清刻本
懋齋詩鈔一卷 第365冊
(清)愛新覺羅敦敏撰
文學古籍刊行社影印清稿本
詒穀草堂詩集一卷續詒穀草堂詩集一卷 第365冊
(清)余廷燦撰
清光緒三十四年重鐫本
存吾文稾不分卷 第365冊
(清)余廷燦撰
清咸豐五年雲香書屋重刻本
培蔭軒詩集四卷培蔭軒文集二卷培蔭軒雜記一卷 第365冊
(清)胡季堂撰
清道光二年胡鏻刻本
喬羽書巢詩内集六卷喬羽書巢詩外集四卷 第365冊
(清)金士松撰
清嘉慶七年刻本
笥河詩集二十卷 第366冊
(清)朱筠撰
清嘉慶八年椒華唫舫刻本
笥河文鈔三卷 第366冊
(清)朱筠撰
清刻本
笥河文集十六卷首一卷 第366冊
(清)朱筠撰
清嘉慶二十年椒華唫舫刻本
笥河文集外編一卷笥河文集遺編一卷 第366冊
(清)朱筠撰
清抄本
理堂文集十卷外集一卷附録一卷理堂詩集四卷理堂日記八卷 第367冊
(清)韓夢周撰
清道光三年至四年静恒書屋刻本
蘭韻堂詩集十二卷蘭韻堂詩續集一卷蘭韻堂文集五卷蘭韻堂文續集一卷經進文稿二卷西清筆記二卷御覽集六卷 第367冊
(清)沈初撰
清乾隆五十九年至嘉慶二十五年遞刻本
梧岡詩鈔十二卷 第368冊
(清)查虞昌撰
稿本
賜硯齋詩鈔四卷 第368冊
(清)伊朝棟撰
清嘉慶十二年刻本
晝亭詩草十八卷晝亭詞草三卷 第368冊
(清)朱黼撰
清乾隆四十三年太嶽山房刻本
適安堂詩草四卷適安堂删餘詩草一卷 第368冊
(清)張鐘撰
清嘉慶十一年青浦張氏刻本
山子詩鈔十一卷 第368冊
(清)方燾撰
民國十年吴興劉氏嘉業堂刻吴興叢書本
恩平集一卷潮陽集三卷桂林集四卷 第369冊
(清)李文藻撰
清抄本
南澗文集二卷 第369冊
(清)李文藻撰
清光緒刻功順堂叢書本
南澗遺文二卷附録一卷南澗遺文補編一卷 第369冊
(清)李文藻撰
民國二十五年至二十六年蟫隱廬石印邈園叢書本
林汲山房遺文不分卷 第369冊
(清)周永年撰
清虞山周氏抄本
澹園詩草二卷 第369冊
(清)張士範撰
清乾隆五十七年退思堂刻本
秋水詩鈔二卷 第369冊
(清)黄堂撰
清嘉慶五年瀘溪黄氏刻本
靈巖山人詩集四十卷 第369冊
(清)畢沅撰
清嘉慶四年畢氏經訓堂刻本
靈巖山館文鈔不分卷 第370冊
(清)畢沅撰

清抄本
二峩草堂遺藁二卷 第370册
(清)任承恩撰
清嘉慶九年刻本
蓬廬文鈔八卷 第370册
(清)周廣業撰
民國二十九年燕京大學圖書館叢書鉛印本
南雲草堂詩集四卷 第370册
(清)吳蘭庭撰
清乾隆三十五年刻本
夢樓詩集二十四卷 第370册
(清)王文治撰
清道光二十九年重刻本
含谿詩草二十卷 第371册
(清)王秉韜撰
清嘉慶元年刻本
賴古齋文集八卷 第371册
(清)湯修業撰
清道光九年張氏刻本
白華前稿六十卷 第371册
(清)吳省欽撰
清乾隆刻本
白華後稿四十卷 第372册
(清)吳省欽撰
清嘉慶十五年石經堂刻本
白華入蜀詩鈔十三卷 第372册
(清)吳省欽撰
清刻本
白華入蜀文鈔五卷 第372册
(清)吳省欽撰
清乾隆刻本
有方詩草十卷 第372册
(清)宋思仁撰
清乾隆三十八年傳經堂刻本
廣輿吟稿六卷 第372册
(清)宋思仁撰
清乾隆五十年傳經堂刻本
遲删集六卷附文一卷 第372册
(清)吕堅撰
清嘉慶刻本
松月廬詩稿二卷 第372册
(清)劉樹撰
清乾隆五十一年宣恩縣署刻本
紅豆村人詩稿十四卷 第373册
(清)袁樹撰
清乾隆錢塘袁氏刻隨園三十種本
紅豆村人續稿四卷 第373册
(清)袁樹撰
民國十年上海著易堂書局鉛印隨園全集四十三種本
折霽山稿不分卷 第373册
(清)折遇蘭撰
清乾隆四十九年看雲山房刻本
龍莊詩稿不分卷 第373册
(清)汪輝祖撰
稿本
慎餘齋詩鈔四卷 第373册
(清)葉佩蓀撰
清乾隆五十一年刻本
韓韶集六卷 第373册
(清)曹仁虎撰
清抄本
養愚村農吟稿不分卷 第373册
(清)曹仁虎撰
稿本
嚴東有詩集十卷(歸求草堂詩集六卷秋山紀行集二卷金闕攀松集一卷玉井搴蓮集一卷) 第373册
(清)嚴長明撰
民國元年長沙葉氏郎園先生全書本
艸堂詩集九卷 第373册
(清)曹星谷撰
清乾隆五十年刻本
恩餘堂經進初藁十二卷恩餘堂經進續藁二十二卷恩餘堂經進三藁十一卷恩餘堂策問存課二卷知聖道齋讀書跋尾二卷 第374册
(清)彭元瑞撰
清嘉慶刻本
恩餘堂輯稿四卷 第374册
(清)彭元瑞撰
清道光七年刻本
竹葉庵文集三十三卷 第375册
(清)張塤撰
清乾隆五十一年刻本
頤齋文稿不分卷 第375册
(清)陸費墀撰
清抄本
響泉集三十卷 第375册
(清)顧光旭撰
清乾隆五十七年刻嘉慶增刻本
抱山堂集十八卷 第376册
(清)朱彭撰
清嘉慶九年錢塘朱氏刻本
恒一堂文稿三卷煙霞録一卷山居野吟一卷江村野吟一卷 第376册
(清)蘇寧阿撰
清抄本
知足齋詩集二十卷知足齋詩續集四卷知足齋文集六卷知足齋進呈文稿二卷附年譜三卷 第376册
(清)朱珪撰
清嘉慶九年阮元刻增修本
聽弈軒小稿三卷 第377册
(清)方成撰
清寫刻本
雨峰詩鈔八卷 第377册
(清)齊翀撰
清乾隆四十四年刻本
怡情集四卷 第377册
(清)頡煥章撰
清乾隆三十八年刻本
挹秀山房詩集八卷附録一卷西江一櫂集一卷 第377册
(清)劉塄撰
清道光十六年東武劉氏味經書屋刻本
惜抱軒文集十六卷惜抱軒文後集十卷惜抱軒詩集十卷惜抱軒詩後集一卷惜抱軒外集一卷 第377册
(清)姚鼐撰
清嘉慶三年刻本
北溪詩文集二十二卷附集一卷 第377册
(清)王元文撰
清嘉慶十七年隨喜齋刻本
魯山木先生文集十二卷首一卷魯山木先生外集二卷 第378册
(清)魯九皋撰
清道光十一年刻本
香亭文稿十二卷 第378册
(清)吳玉綸撰
清乾隆六十年滋德堂刻本
味燈書屋詩集八卷 第378册
(清)沈業富撰
清道光九年思貽堂刻本
梓廬舊稿一卷 第378册
(清)朱休度撰
清嘉慶十七年刻本
壺山自吟稾三卷附録一卷 第378册
(清)朱休度撰

清嘉慶三年刻六年刊正本
俟寧居偶詠二卷 第 378 冊
(清)朱休度撰
清嘉慶三年刻十七年刊正本
書帶草堂詩鈔二卷 第 378 冊
(清)鄭廷湹撰
清嘉慶六年閩縣謝氏刻本
不自收拾集二卷附詩餘一卷 第 378 冊
(清)王繼燿撰
清嘉慶二十年刻本
春雨樓集十四卷附題辭一卷 第 379 冊
(清)沈彩撰
清乾隆四十七年刻本
鳴盛集四卷樂府一卷 第 379 冊
(清)愛新覺羅弘瞻撰
清乾隆二十三年錢塘汪繡寫刻本
尊聞居士集八卷附遺稿一卷 第 379 冊
(清)羅有高撰
清光緒七年重刻本
正聲集四卷 第 379 冊
(清)施朝幹撰
清嘉慶五年刻本
一勺集一卷附補遺一卷 第 379 冊
(清)施朝幹撰
清嘉慶二年刻道光二十六年補刻本
香葉草堂詩存不分卷 第 379 冊
(清)羅聘撰
清嘉慶刻道光十四年印本
居易堂詩鈔十卷 第 379 冊
(清)李天英撰
清嘉慶六年刻本
俟盦賸稿二卷俟盦賸稿續刻一卷俟盦賸稿續編二卷 第 379 冊
(清)毛琛撰
清道光静觀齋刻本
心安隱室詩集九卷心安隱室詞集四卷 第 379 冊
(清)詹肇堂撰
清光緒十年成德堂重刻本
拜經樓詩集十二卷拜經樓詩集續編四卷拜經樓詩集再續編一卷 第 380 冊
(清)吳騫撰
清嘉慶海寧吳氏刻愚谷藏書本
愚谷文存十四卷 第 380 冊
(清)吳騫撰
清嘉慶十二年刻本
愚谷文存續編二卷 第 380 冊
(清)吳騫撰
清嘉慶十九年刻本
珠樓遺稿一卷 第 380 冊
(清)徐貞撰
清嘉慶八年刻拜經樓叢書本
雨堂詩鈔二十二卷(河干初集一卷花筇小草一卷鵑啼集一卷吳淮帆影集一卷棲霞遊草一卷人境集一卷山色江聲集一卷出峽吟一卷木蘭花影集一卷三醉吟偶存一卷二武集一卷懷人吟集二卷浮青剩草後漁集一卷陟黔集二卷春江返櫂集一卷杜情集四卷另集一卷)雨堂雜著五卷(紅蕉山房文集四卷榷史一卷) 第 380 冊
(清)郁長裕撰
清乾隆郁氏河干草堂刻本
復初齋詩集七十卷 第 381 冊
(清)翁方綱撰
清刻本
復初齋文集三十五卷 第 382 冊
(清)翁方綱撰
清李彦章校刻本
復初齋集外詩二十四卷復初齋集外文四卷附逸文目一卷 第 382 冊
(清)翁方綱撰
民國六年吳興劉氏嘉業堂刻本
爨餘詩鈔四卷 第 382 冊
(清)徐步雲撰
清嘉慶刻本
香聞遺集四卷 第 382 冊
(清)薛起鳳撰
清乾隆三十九年刻本
澱湖漫稿二卷補編二卷 第 382 冊
(清)李惇撰
清乾隆刻本
四松堂集五卷 第 383 冊
(清)愛新覺羅敦誠撰
清嘉慶元年刻本
寶奎堂集十二卷 第 383 冊
(清)陸錫熊撰
清嘉慶十五年松江無求安居刻本
篁村集十二卷 第 383 冊
(清)陸錫熊撰
清道光二十九年陸成沅重刻本
楓江詩鈔十五卷(晚香園韻語六卷輪帆草二卷入蜀草一卷蜀中草三卷晉游草一卷西河草一卷歸田草一卷) 第 383 冊
(清)蔡珍焕撰
清嘉慶六順堂刻本
松厓詩鈔三十二卷松厓詩鈔續集六卷 第 383 冊
(清)管榦珍撰
清乾隆大觀樓刻本
松厓文鈔四卷 第 383 冊
(清)管榦珍撰
清乾隆大觀樓刻本
歉夫詩文稿二十二卷 第 384 冊
(清)李夢松撰
清嘉慶傲雪山房刻本
童山詩集四十二卷附蠢翁詞二卷童山文集二十卷補遺一卷 第 384 冊
(清)李調元撰
清嘉慶刻本
補希堂文集四卷 第 384 冊
(清)張泰來撰
民國盧氏慎始基齋刻沔陽叢書本
清籟閣詩草二卷 第 384 冊
(清)德敏撰
清嘉慶九年刻本
荷塘詩集十七卷 第 385 冊
(清)張五典撰
清乾隆刻本
還雲堂詩集十二卷 第 385 冊
(清)姚繼祖撰
清道光六年刻本
容齋詩集二十八卷附古香詞一卷補遺一卷 第 385 冊
(清)茹綸常撰
清乾隆三十五年刻乾隆五十二年嘉慶四年十三年增修本
容齋文鈔十卷 第 385 冊
(清)茹綸常撰
清嘉慶刻增修本
四中閣詩鈔二卷 第 385 冊
(清)黄立世撰
清嘉慶刻本
璧堂詩集八卷 第 385 冊
(清)吳昭融撰
清刻本
胎簪集十卷首一卷末一卷 第 386 冊
(清)劉應陛撰
清乾隆三十七年刻本

溉亭述古録二卷 第386冊
(清)錢塘撰
清道光儀徵阮氏刻文選樓叢書本
延芬室手選詩不分卷延芬室文集不分卷 第386冊
(清)愛新覺羅永忠撰
稿本
延芬室稿不分卷 第386冊
(清)愛新覺羅永忠撰
稿本
永忠詩一卷 第386冊
(清)愛新覺羅永忠撰
清嘉慶九年阮元刻熙朝雅頌集本
藝芸館詩鈔十三卷 第386冊
(清)王世錦撰
清嘉慶刻本
衣德樓詩文集十卷 第386冊
(清)徐秉文撰
民國九年天台謝氏刻世德樓叢書本
石鼓硯齋文鈔二十卷附行狀一卷石鼓硯齋詩鈔三十二卷石鼓硯齋試帖二卷直廬集八卷 第387冊
(清)曹文埴撰
清嘉慶五年刻本
戲鷗居詩鈔九卷 第387冊
(清)毛大瀛撰
清嘉慶七年刻本
小樓詩集八卷 第387冊
(清)王嵩高撰
清道光十六年刻本
竹軒詩稿四卷(有竹軒分牋一卷督饟集一卷觀光集一卷滇行集一卷)公餘集十卷述職吟二卷 第388冊
(清)劉秉恬撰
清乾隆四十九年至五十一年劉氏滇南官署刻本
海愚詩鈔十二卷 第388冊
(清)朱孝純撰
清乾隆五十九年東海朱氏刻本
茰門雜著不分卷 第388冊
(清)金榜撰
抄稿本
介亭文集六卷介亭外集六卷介亭詩鈔一卷 第388冊
(清)江濬源撰
清嘉慶十三年友善堂刻介亭全集本
純齋集十四卷 第388冊
(清)趙嘉程撰
清嘉慶四年刻本
經韵樓集十二卷 第389冊
(清)段玉裁撰
清嘉慶十九年刻本
聽鐘樓詩稿八卷 第389冊
(清)韓是升撰
清嘉慶刻本
種紙山房詩稿不分卷 第389冊
(清)孫辰東撰
清道光刻本
山静居遺藁四卷 第389冊
(清)方薰撰
清嘉慶八年刻本
晚學集八卷末谷詩集四卷 第389冊
(清)桂馥撰
清道光二十一年孔憲彝刻本
頤綵堂文集十六卷劍舟律賦二卷 第390冊
(清)沈叔埏撰
清嘉慶二十三年沈維鐈刻本
頤綵堂詩鈔十卷 第390冊
(清)沈叔埏撰
清道光二十八年沈維鐈刻本
經進文藁一卷駢體文鈔二卷 第390冊
(清)沈叔埏撰
清光緒九年刻本
播琴堂詩集十二卷 第390冊
(清)金學詩撰
清乾隆刻本
播琴堂文集六卷 第390冊
(清)金學詩撰
清乾隆五十五年刻本
伊蒿詩草一卷 第390冊
(清)寧錡撰
清乾隆五十五年會稽寧氏刻本
伊蒿文集六卷 第390冊
(清)寧錡撰
清乾隆六十年會稽寧氏刻本
九曲山房詩鈔十六卷九曲山房詩鈔續集一卷附偶然吟一卷 第391冊
(清)宗聖垣撰
清嘉慶五年刻道光二十九年續刻本
芸暉館詩集二卷 第391冊
(清)吳貽詠撰
清道光十三年刻拙餘軒詩集本
林太史集十四卷附存一卷 第391冊
(清)林兆鯤撰
清嘉慶九年翰香堂刻本
雨春軒詩草十卷首一卷 第391冊
(清)姚頤撰
清刻本
石蘭堂詩稿九卷(河朔集二卷古耕集一卷宣南草二卷滇行吟草一卷五溪歸棹吟一卷宣南續草一卷甲午後編一卷) 第391冊
(清)張德懋撰
清道光七年上谷張氏刻本
承蔭堂詩選二卷 第391冊
(清)慶玉撰
清嘉慶六年滿洲章佳氏刻本
怡情書室詩鈔一卷 第391冊
(清)愛新覺羅如松撰
清乾隆五十四年刻本
虛窻雅課初集一卷虛窻雅課二集一卷 第391冊
(清)佟佳氏撰
清嘉慶十年刻本
空石齋詩文合刻不分卷 第392冊
(清)汪國撰
清道光二年少白山房刻本
申鄭軒遺文一卷附經史答問校記一卷 第392冊
(清)孫志祖撰
抄本
樹經堂詩初集十五卷樹經堂詩續集八卷樹經堂文集四卷 第392冊
(清)謝啓昆撰
清嘉慶刻本
留劍山莊初藁二十四卷 第392冊
(清)石卓槐撰
清乾隆四十年刻本
洽園詩稿二十六卷附續稿一卷洽園詩餘三卷附詩餘補遺一卷 第393冊
(清)范來宗撰
葉昌熾抄本
高東井先生詩選四卷附録一卷 第393冊
(清)高文照撰
清道光十二年武康徐氏刻本
蕢香詞選一卷 第393冊
(清)高文照撰
清道光十一年袁氏刻三家詞本
子田初集四卷 第393冊

(清)任大椿撰
清乾隆刻本
韞山堂詩集十六卷韞山堂文集八卷 第393冊
(清)管世銘撰
清嘉慶六年讀雪山房刻本
章氏文集八卷章氏外集二卷 第393冊
(清)章學誠撰
民國十一年吴興劉氏嘉業堂刻章氏遺書本
樹蕙軒詩鈔二卷 第393冊
(清)虞友蘭撰
清道光三年刻本
蘭墅硯香詞不分卷 第393冊
(清)高鶚撰
稿本
閏榻先生集三十卷鯨花岡集八卷閏榻先生外集八卷 第394冊
(清)張望撰
清同治三年義寧鴻文齋重刻本
聽彝堂偶存稿三十六卷 第394冊
(清)吳省蘭撰
清乾隆嘉慶間刻聽彝堂全集本
聽彝堂時文一卷 第394冊
(清)吳省蘭撰
清嘉慶四年刻聽彝堂全集本
秋室學古録六卷梁園歸櫂録一卷憶漫菴賸稿一卷 第395冊
(清)余集撰
清刻本
紅櫚書屋詩集四卷斲冰詞三卷雜體文稾七卷(卷四缺) 第395冊
(清)孔繼涵撰
清乾隆刻微波榭遺書本
未學齋詩集十卷附補遺一卷 第395冊
(清)仇養正撰
清嘉慶刻道光二十八年補刻本
稻香樓詩集十卷 第395冊
(清)程際盛撰
清乾隆刻本
塞垣吟草四卷附東歸途咏一卷 第395冊
(清)陳庭學撰
清嘉慶十年宛平陳氏刻本
王孟公詩稿十四卷(聽雨篷詩鈔四卷焯圃詩稿四卷兩席園遺稿二卷冬養齋遺稿二卷吉羊館詩餘二卷) 第395冊
(清)王陶撰
清嘉慶九年刻本
韓川文集十卷韓川外集二卷韓川詩集七卷 第395冊
(清)陳從潮撰
清嘉慶至同治間梧陰書屋遞刻本
清容堂詩集十卷 第395冊
(清)吳樹本撰
清嘉慶刻本
竹初詩鈔十六卷竹初文鈔六卷乞食圖二卷鸜鵒媒二卷 第396冊
(清)錢維喬撰
清乾隆嘉慶遞刻本
嘯軒詩集十二卷 第396冊
(清)賈朝琮撰
清乾隆嘉慶遞刻本
長沙劉文恪公詩集四卷附文一卷 第396冊
(清)劉權之撰
清光緒五年映藜書屋重刻本
健初詩鈔四卷附文鈔一卷 第396冊
(清)朱光暄撰
清光緒二十二年十三古印齋刻本
畫石軒詩集四卷 第396冊
(清)朱逢泰撰
清嘉慶四年斯雅堂刻本
虚白齋存藁十四卷 第397冊
(清)吳壽昌撰
清乾隆五十五年刻本
錢南園先生遺集八卷 第397冊
(清)錢灃撰
民國三年雲南圖書館刻雲南叢書本
二林居集二十四卷 第397冊
(清)彭紹升撰
清嘉慶四年味初堂刻本
測海集六卷 第397冊
(清)彭紹升撰
清嘉慶二十四年彭氏刻本
一行居集八卷附一卷 第397冊
(清)彭紹升撰
清道光五年葆素堂彭氏刻本
觀河集四卷 第397冊
(清)彭紹升撰
清光緒四年刻本
自怡集十二卷 第398冊
(清)吳錫麟撰
清嘉慶惠連居刻本
紅葉山房稿二卷 第398冊
(清)朱嗣韓撰
清光緒十二年朱氏刻本
思亭詩鈔八卷思亭文鈔二卷思亭賦鈔二卷 第398冊
(清)顧堃撰
清同治九年刻本
静菴文集四卷静菴詩集六卷 第398冊
(清)左眉撰
清同治十三年鉛印本
述園遺藁五卷 第398冊
(清)晏善澄撰
清道光七年刻本
向日堂詩集十六卷 第398冊
(清)陳寅撰
清道光二年海寧陳氏刻本
無聞集四卷 第399冊
(清)崔述撰
清道光四年刻崔東壁遺書本
知非集一卷 第399冊
(清)崔述撰
民國二十年燕京大學圖書館影印稿本
三松堂集二十四卷三松堂續集六卷 第399冊
(清)潘奕雋撰
清嘉慶道光遞刻本
凝瑞堂詩鈔六卷 第399冊
(清)永琪撰
稿本
金陵雜詠一卷雙橋賸稿一卷 第399冊
(清)徐淳撰
清嘉慶震澤徐氏望雲樓刻本
藿林山人詩集五卷 第399冊
(清)吳文溥撰
清乾隆研山堂刻本
鴻爪集五卷附一卷 第399冊
(清)郭維翰撰
清嘉慶十五年刻本
易簡齋詩鈔四卷 第399冊
(清)和瑛撰
清道光刻本
借秋山居詩鈔八卷附吹竹詞一卷 第400冊
(清)汪大經撰
清嘉慶九年秀水汪氏刻本
夢東禪師遺集二卷 第400冊
(清)釋際醒撰

清嘉慶二十二年隆福寺刻本
午風堂集六卷　第400冊
（清）鄒炳泰撰
清嘉慶刻本
南屏山房集二十四卷　第400冊
（清）陳昌圖撰
清乾隆五十六年仁和陳氏刻本
余青園詩集四卷附補遺一卷　第400冊
（清）焦式沖撰
清嘉慶二十二年陽邱焦氏刻本
挹緑軒詩稿四卷挹緑軒吟餘詩草一卷挹緑軒詩稿補遺一卷挹緑軒續稿一卷　第400冊
（清）長閬撰
清嘉慶二十年刻本
醫俗軒詩集三卷附詩餘一卷醫俗軒文集一卷　第400冊
（清）孔昭熺撰
清道光七年孔氏保合堂刻本
深省堂文集一卷　第400冊
（清）景安撰
清嘉慶刻本
深省堂閒吟集九卷深省堂隨筆一卷　第400冊
（清）景安撰
清道光刻本
集聖教字詩四卷續集聖教字詩四卷　第401冊
（清）马慧裕撰
清嘉慶五年至七年貽穀堂刻本
河干詩鈔四卷　第401冊
（清）馬慧裕撰
清嘉慶九年貽穀堂刻本
梅樓詩存十六卷　第401冊
（清）李簣撰
民國十年鉛印本
藕怡詩鈔四卷　第401冊
（清）顧仙根撰
清乾隆刻本
嶽雲詩鈔二卷　第401冊
（清）朱福田撰
清刻本
吉石齋集二卷　第401冊
（清）汪彝銘撰
清嘉慶九年秀水汪氏刻本
龕山集四卷帶津詩草二卷清淮集二卷清淮續集二卷　第401冊
（清）孟淦撰
清乾隆刻本
雙佩齋文集四卷雙佩齋駢體文集一卷雙佩齋詩集八卷附補梅書屋詩草一卷　第401冊
（清）王友亮撰
清嘉慶婺源王氏刻本
悦親樓詩集三十卷悦親樓詩外集二卷　第402冊
（清）祝德麟撰
清嘉慶二年姑蘇張遇清刻本
湘舲詩稿四卷　第402冊
（清）錢棨撰
清嘉慶十四年重刻本
都門集一卷楚南集八卷春暉集二卷　第402冊
（清）李樹穀撰
清乾隆刻本
秋坪詩存十四卷　第402冊
（清）陳登龍撰
清嘉慶十九年刻本
與稽齋叢稿十八卷　第402冊
（清）吴翌鳳撰
清嘉慶刻本
藕頤類稿二十卷藕頤外集七卷附畹香閣詩鈔一卷　第403冊
（清）熊寶泰撰
清嘉慶性餘堂刻本
小通津山房詩稿一卷小通津山房文稿一卷　第403冊
（清）周錫瓚撰
清周世敬抄本
聽雪集四卷歸鶴集二卷東歸日程記一卷　第403冊
（清）舒其紹撰
清抄本
留春書屋詩集十二卷　第403冊
（清）平恕撰
清道光九年刻本
宦蜀詩鈔十卷　第403冊
（清）呂兆麒撰
清道光十六年慎修堂刻本
西樵山房文集四卷　第403冊
（清）猶法賢撰
清道光十五年刻本
染翰堂詩集不分卷附排律二卷詞二卷　第404冊
（清）章銓撰
清抄本
景文堂詩集十三卷　第404冊
（清）戚學標撰
清乾隆五十六年刻本
鶴泉文鈔二卷　第404冊
（清）戚學標撰
清嘉慶五年刻本
鶴泉文鈔續選九卷　第404冊
（清）戚學標撰
清嘉慶十八年刻本
惜分陰齋詩鈔十六卷　第405冊
（清）李棨撰
清嘉慶四年長沙李氏刻本
伯初詩鈔一卷伯初文存二卷　第405冊
（清）洪朴撰
清道光梅華書院刻二洪遺稿本
南江文鈔十二卷南江詩鈔四卷　第405冊
（清）邵晉涵撰
清道光十二年刻本
素脩堂詩集三十一卷　第405冊
（清）吴蔚光撰
清嘉慶十六年古金石齋刻本
小湖田樂府十卷　第406冊
（清）吴蔚光撰
清嘉慶二年素修堂刻本
蒓鄉詩鈔八卷蒓鄉詩續鈔四卷蒓鄉詩遺鈔三卷附四柳唱和詩一卷　第406冊
（清）金夢熊撰
清乾隆嘉慶間雲間金氏刻本
完白山民寄鶴書一卷　第406冊
（清）鄧石如撰
清光緒二十年刻本
子雲詩集十卷　第406冊
（清）方正澍撰
清乾隆五十一年刻本
賜宴宗室禮成恭紀七言排律一百韻一卷　第406冊
（清）愛新覺羅弘旿撰
清刻本
稼門集十七卷　第406冊
（清）汪志伊撰
清嘉慶十五年刻本
賜書堂集鈔六卷賜書堂詩鈔一卷　第406冊
（清）陳昌齊撰

清嘉慶刻本
述古堂文集十二卷　第 406 册
（清）錢兆鵬撰
清光緒七年刻本
長谿草堂集五卷附長谿社詩存五卷　第 407 册
（清）潘允喆撰
清光緒十二年春暉堂刻本
小峴山人詩文集三十七卷　第 407 册
（清）秦瀛撰
清嘉慶二十二年刻道光間補刻本
緑煙瑣窗集不分卷　第 407 册
（清）明義撰
文學古籍刊行社影印清抄本
九思堂詩鈔四卷　第 408 册
（清）愛新覺羅永瑢撰
清刻本
雙牖堂詩集二卷雙牖堂文集一卷雙牖堂外集一卷雙牖堂文稿一卷　第 408 册
（清）韓廷秀撰
清道光江浦韓氏刻本
黄海吟秋録一卷　第 408 册
（清）巴慰祖撰
清刻本
笏巖詩鈔一卷　第 408 册
（清）屠紳撰
清光緒十五年江陰金氏刻粟香室叢書本
秋盦遺稿不分卷　第 408 册
（清）黄易撰
清宣統二年李汝謙石印本
紫石泉山房文集十二卷紫石泉山房詩鈔三卷　第 408 册
（清）吳定撰
清嘉慶十五年鮑桂星刻本
榮性堂集二十卷　第 408 册
（清）吳俊撰
清嘉慶七年刻本
榮性堂文集八卷　第 408 册
（清）吳俊撰
清嘉慶二十二年刻本
聽雨樓詩稿八卷　第 409 册
（清）潘奕藻撰
清嘉慶二十一年吳門毛上珍局刻本
欣遇齋詩集十六卷　第 409 册
（清）沈峻撰
清道光十一年沈兆澐刻本
寒翠軒詩鈔四卷寒翠軒詩續鈔二卷補遺一卷寒翠軒外集三卷　第 409 册
（清）李書吉撰
清嘉慶慶譽堂刻本
丁亥詩鈔一卷　第 409 册
（清）王念孫撰
民國十四年上虞羅氏鉛印高郵王氏遺書本
王光禄遺文集六卷　第 409 册
（清）王念孫撰
清咸豐七年刻高郵王氏家集本
王石臞文集補編一卷　第 409 册
（清）王念孫撰
民國二十五年北平來薰閣書店鉛印段王學五種本
雙琴堂全集九卷　第 409 册
（清）趙春熙撰
清道光三年刻本
容甫先生遺詩五卷補遺一卷附録一卷　第 410 册
（清）汪中撰
清光緒十一年維揚述古齋木活字本
述學六卷附録一卷　第 410 册
（清）汪中撰
清刻本
初堂遺藁三卷　第 410 册
（清）洪榜撰
清刻本
授堂文鈔十卷授堂詩鈔八卷　第 410 册
（清）武億撰
清道光二十三年武氏刻授堂遺書本
蔚秀軒詩存一卷　第 410 册
（清）張敦培撰
蒓草廬刻南張三集本
白洋山人文鈔不分卷　第 410 册
（清）王鑾撰
清光緒八年刻本
嘉蔭堂詩存四卷　第 410 册
（清）沈琨撰
清嘉慶十八年刻本
嘉蔭堂文集三卷　第 410 册
（清）沈琨撰
清抄本
審巖集三卷附楊于棠鶴臯詩鈔　第 410 册
（清）楊于果撰
清道光二十五年非能園刻本
愲齋吟草四卷　第 410 册
（清）陳觀國撰
清嘉慶十五年海昌陳氏刻本
蜕藁四卷　第 410 册
（清）梁玉繩撰
清嘉慶刻清白士集本
樗菴存藁八卷　第 411 册
（清）蔣學鏞撰
民國二十一年四明張氏約園刻四明叢書本
退滋堂詩鈔八卷補遺一卷　第 411 册
（清）謝登雋撰
清道光十一年刻本
五研齋詩鈔二十卷五研齋文鈔十一卷　第 411 册
（清）沈赤然撰
清嘉慶刻本
遂園詩鈔六卷　第 411 册
（清）夏味堂撰
清道光二十九年刻本
遂園遺文四卷　第 411 册
（清）夏味堂撰
清抄本
琴海集二卷附正字一卷　第 411 册
（清）陳玉鄰撰
清光緒二十一年刻本
繆寄庵詩稿一卷　第 411 册
（清）繆晉撰
稿本
繆寄庵賦稿一卷　第 411 册
（清）繆晉撰
稿本
繆寄庵文稿一卷　第 411 册
（清）繆晉撰
清抄本
銅梁山人詩集二十五卷芸簏偶存二卷　第 412 册
（清）王汝璧撰
清光緒二十年京師刻本
西溪詩存不分卷　第 412 册
（清）釋觀我撰
清乾隆刻本
霽春堂集十四卷　第 412 册
（清）吳樹萱撰
清嘉慶六年刻本
冬花庵爐餘稾三卷　第 412 册
（清）奚岡撰

劉端臨先生文集一卷 第429冊
(清)劉台拱撰
清道光十四年世德堂刻劉端臨先生遺書本
詩義堂集二卷 第429冊
(清)彭輅撰
清道光三十年刻本
金華山樵詩前集五卷孤鳴集一卷鷓鴣吟一卷吾亦愛吾廬寤語一卷嘉慶選人後集二卷泛舟集一卷泛舟吟摘鈔二卷春帆集一卷前後懷人詩鈔二卷除夕紀懷詩一卷金華山樵詩内集一卷金華山樵詩外集一卷 第429冊
(清)師範撰
清嘉慶刻本
西陲竹枝詞一卷 第429冊
(清)祁韻士撰
清嘉慶十六年刻本
濛池行稿一卷 第429冊
(清)祁韻士撰
民國鉛印山右叢書初編本
珍埶宧文鈔七卷珍埶宧詩鈔二卷 第430冊
(清)莊述祖撰
清嘉慶道光間武進莊氏脊令舫刻珍埶宧遺書本
念宛齋文稿八卷念宛齋文補一卷 第430冊
(清)左輔撰
清嘉慶二十三年刻本
念宛齋詞鈔一卷念宛齋詞曲一卷 第430冊
(清)左輔撰
清嘉慶二十五年裕德堂刻本
騰嘯軒詩鈔三十八卷首一卷 第430冊
(清)陳熙撰
清道光二年刻本
蘭雪集八卷 第430冊
(清)柯振嶽撰
清嘉慶二十三年藏修齋刻本
海門文鈔一卷海門詩鈔十卷 第431冊
(清)李符清撰
清嘉慶三年鏡古堂刻本
菉厓詩鈔二卷 第431冊
(清)顧修撰
清嘉慶十六年刻本
菉厓詩鈔外集三卷 第431冊
(清)顧修撰
清嘉慶十六年刻本
自怡軒初稿四卷 第431冊
(清)陶涣悦撰
清乾隆五十二年刻本
儀鄭堂文二卷 第431冊
(清)孔廣森撰
清刻本
駢儷文三卷 第431冊
(清)孔廣森撰
清嘉慶十七年曲阜孔昭虔刻顨軒孔氏所著書本
經遺堂全集二十六卷 第431冊
(清)韋佩金撰
清道光二十一年江都丁光煦刻本
一品集二卷使黔集一卷 第431冊
(清)費錫章撰
清嘉慶刻本
悔生文集八卷悔生詩鈔六卷 第431冊
(清)王灼撰
清嘉慶十三年刻本
友漁齋詩集十卷 第431冊
(清)黄凱鈞撰
清嘉慶十年嘉善黄氏刻本
晚晴軒詩鈔五卷 第431冊
(清)蔣廷恩撰
清道光四年刻本
詒晉齋集八卷詒晉齋後集一卷詒晉齋隨筆一卷 第432冊
(清)愛新覺羅永瑆撰
清道光二十八年刻本
退思堂遺集六卷附年譜二卷 第432冊
(清)葉世倬撰
清道光十四年刻本
擁書堂詩集四卷附傳硯堂詩存一卷 第432冊
(清)張璿華撰
清光緒刻本
惟清齋全集十九卷 第432冊
(清)鐵保撰
清道光二年石經堂刻本
琴士文鈔六卷琴士詩鈔十二卷 第432冊
(清)趙紹祖撰
清道光十二年古墨齋刻本
古香樓遺稿五卷 第433冊
(清)沈南春撰
清咸豐六年刻本
綏服紀略圖詩一卷 第433冊
(清)松筠撰
清刻本
雅歌堂全集四十二卷 第433冊
(清)徐經撰
清光緒二年刻本
一粟軒詩文集六卷 第433冊
(清)鮑臺撰
清道光二十六年甌城録古齋刻同治十三年補刻本
半隱園詩集一卷廣齊音一卷 第433冊
(清)董芸撰
清嘉慶紅蕉館刻本
有香草堂詩集八卷 第434冊
(清)茅元輅撰
清道光十一年刻本
款鄭齋詩草四卷 第434冊
(清)尉維柄撰
清嘉慶刻本
雲膚山房詩稿六卷首一卷 第434冊
(清)黎光地撰
清同治十一年益陽黎氏鹿園刻本
松栢恒春館詩鈔二卷 第434冊
(清)吉爾彰阿撰
清嘉慶十六年刻本
容與集一卷 第434冊
(清)吳錫齡撰
清光緒六年抄本
溪庫詩稾六卷 第434冊
(清)龔理身撰
清道光桂隱山房刻本
藐雪山房全集六卷(墨帳制義一卷附試帖墨帳雜俎一卷附對聯寸芹草一卷藐雪山房詩集二卷附青影樓詩餘四山雲笈一卷 第434冊
(清)范鶴年撰
清嘉慶刻本
味經書屋詩稿十二卷 第434冊
(清)張燮撰
清道光十一年奉勤堂刻本
不易居詩鈔四卷 第434冊
(清)楊瑛昶撰
清乾隆五十八年勿幕軒刻本
衍波亭初稿二卷 第434冊
(清)楊瑛昶撰
清刻本

古香樓遺稾十卷 第434冊
(清)沈長春撰
清嘉慶二十五年刻本
存素堂詩初集録存二十四卷 第435冊
(清)法式善撰
清嘉慶十二年王墉刻本
存素堂詩二集八卷存素堂續集一卷 第435冊
(清)法式善撰
清嘉慶刻本
存素堂詩稿二卷 第435冊
(清)法式善撰
清刻本
存素堂文集四卷存素堂文續集四卷 第435冊
(清)法式善撰
清嘉慶十二年程邦瑞揚州刻增修本
芙蓉山館全集二十卷首一卷 第435冊
(清)楊芳燦撰
清光緒十七年聚珍版活字印本
稻香吟館詩文集七卷 第435冊
(清)李賡芸撰
清道光刻本
簡莊文鈔六卷簡莊文鈔續編二卷河莊詩鈔一卷 第436冊
(清)陳鱣撰
清光緒十四年富文齋刻本
孫淵如先生全集二十一卷(問字堂集六卷岱南閣集二卷五松園文稿一卷嘉穀堂集一卷平津館文稿二卷芳茂山人詩録九卷) 第436冊
(清)孫星衍撰
民國八年商務印書館四部叢刊影印清嘉慶刻本
孫淵如外集五卷附駢文一卷 第436冊
(清)孫星衍撰
民國二十一年國立北平圖書館鉛印本
孫淵如先生文補遺一卷 第436冊
(清)孫星衍撰
民國二十七年鉛印戊寅叢編本
白雲草堂文鈔七卷白雲草堂詩鈔三卷首一卷 第436冊
(清)呂星垣撰
清嘉慶八年刻本
芝塘詩文稿三十四卷 第436冊
(清)薛傳源撰
清嘉慶刻本
青墅詩稿十卷 第437冊
(清)李燧撰
清道光十三年刻本
陶山詩録二十四卷陶山詩前録二卷露蟬吟詞鈔一卷露蟬吟詞續鈔一卷 第437冊
(清)唐仲冕撰
清嘉慶十六年刻本
陶山文録十卷 第437冊
(清)唐仲冕撰
清道光二年刻本
遊道堂集四卷 第437冊
(清)朱彬撰
清光緒二年寶應朱氏刻本
西霞文鈔二卷 第437冊
(清)鄭光策撰
清嘉慶十年陳氏眠雨亭刻本
延鳌堂集九卷 第438冊
(清)孫玉庭撰
清同治十一年濟寧孫氏刻本
玉磬山房詩集十三卷玉磬山房文集四卷 第438冊
(清)劉大觀撰
清嘉慶道光間刻本
河横老屋詩集十卷 第438冊
(清)王士璜撰
清嘉慶十四年刻本
緑滿山房集三十六卷 第438冊
(清)殷如梅撰
清嘉慶六年刻本
鼓瑟樓詩偶存一卷 第439冊
(清)葉魚魚撰
清道光二年刻本
少鶴先生詩鈔十三卷 第439冊
(清)李憲喬撰
清光緒十二年西安郡齋刻李氏三先生詩鈔本
留春草堂詩鈔七卷 第439冊
(清)伊秉綬撰
清嘉慶十九年廣州秋水園刻本
浮槎存稿六卷補遺一卷 第439冊
(清)鄒貽詩撰
清道光十九年刻本
延緑齋詩存十二卷 第439冊
(清)岑振祖撰
清嘉慶二十五年刻本
謙受堂全集三十卷 第439冊
(清)陳廷慶撰
清道光十年至十二年一邱園刻本
聽雨齋詩集二十六卷附別集一卷補編一卷 第440冊
(清)吳照撰
清嘉慶九年刻本
澥雲詩鈔八卷 第440冊
(清)汪梅鼎撰
清嘉慶二十三年邀月軒刻本
讀蘇軒詩草四卷 第440冊
(清)朱稑撰
清道光刻本
洗桐軒詩集六卷洗桐軒文集八卷 第440冊
(清)李周南撰
清嘉慶刻本
藤梧館詩鈔一卷 第440冊
(清)孔廣栻撰
清抄本
萸江詩存三卷附朋舊詩一卷萸江古文存四卷萸江制義一卷 第440冊
(清)陶必銓撰
清嘉慶二十一年愛吾廬刻本
晚聞居士遺集九卷首一卷 第440冊
(清)王宗炎撰
清道光十年至十一年愛日軒刻本
皆山草堂詩鈔十二卷 第441冊
(清)祖之望撰
清嘉慶十七年留香室刻本
賜葛堂文集六卷附遺稿一卷 第441冊
(清)岳震川撰
清光緒五年勉紹堂重刻本
白湖詩稿八卷白湖文稿八卷 第441冊
(清)葉燕撰
清嘉慶二十三年又次居刻本
攜雪齋集十二卷 第441冊
(清)温汝适撰
清道光三年珍恕堂刻本
雨花山房詩鈔四卷雨花山房古文一卷雨花山房四六稿一卷 第441冊
(清)陳士杜撰
清道光五年刻本
淵雅堂編年詩稿二十卷惕甫未定稿二十六卷淵雅堂外集七卷(賦得詩二卷瑶想詞一卷文外集四卷)讀賦卮言一卷淵雅堂詩文續稿二卷 第442冊
(清)王孫撰

清嘉慶刻本
寫韻軒小稿二卷 第442冊
(清)曹貞秀撰
清嘉慶九年刻本
櫝山類藁九卷櫝山詩藁四卷 第443冊
(清)周鎬撰
清光緒十年刻本
小羅浮山館詩鈔十五卷 第443冊
(清)吳昇撰
清同治四年刻本
嘉樹山房集二十卷外集二卷嘉樹山房續集二卷 第443冊
(清)張士元撰
清嘉慶二十四年震澤張氏家刻道光六年續刻本
曹文正公詩集一卷 第443冊
(清)曹振鏞撰
稿本
話雲軒詠史詩二卷 第443冊
(清)曹振鏞撰
清嘉慶五年刻本
空桐子詩草十卷 第443冊
(清)王煦撰
清道光九年觀海樓刻本
灌木莊初稿不分卷 第443冊
(清)孫馮翼撰
清嘉慶二年刻本
復齋詩集四卷首一卷復齋文集二十一卷 第444冊
(清)曾鏞撰
清嘉慶二十五年刻本
鵠山小隱詩集十六卷補遺一卷附詩話一卷鵠山小隱文集十卷 第444冊
(清)熊士鵬撰
清嘉慶二十年稽古閣刻瘦羊録本
東坡詩集一卷東坡文集一卷壯遊草一卷 第444冊
(清)熊士鵬撰
清道光六年刻本
耄學集二卷續刻二卷 第444冊
(清)熊士鵬撰
清道光十六年刻本
抱影軒詩鈔十卷 第445冊
(清)高廷樞撰
清道光四年抱影軒刻本
練香詩草二卷 第445冊
(清)楊鍾寶撰
清道光十年刻本
諸花香處詩集十三卷首一卷 第445冊
(清)邱璋撰
清嘉慶道光間遞刻本
凝緒堂詩稿八卷 第445冊
(清)孔憲培撰
清嘉慶刻本
李中允集六卷 第445冊
(清)李驥元撰
清嘉慶十七年敷文閣刻本
吳學士文集四卷吳學士詩集五卷 第445冊
(清)吳鼒撰
清光緒八年江寧藩署刻本
燕滇雪跡集六卷 第445冊
(清)何南鈺撰
清嘉慶刻本
清愛堂集二十三卷 第446冊
(清)魏成憲撰
清道光刻本
衍慶堂詩稿十卷 第446冊
(清)顔檢撰
清道光閩浙督署刻本
洞樵詩稿八卷 第446冊
(清)石光宿撰
清道光二十四年守經堂刻本
遂高堂詩集十卷 第446冊
(清)陳懋撰
清嘉慶二十年刻本
飲緑山堂詩集十六卷 第446冊
(清)張鉉撰
清嘉慶寸草園刻本
三湖漁人全集八卷 第446冊
(清)劉士璋撰
清道光二年江陵劉氏刻本
聽秋軒詩集六卷 第446冊
(清)駱綺蘭撰
清乾隆六十年金陵龔氏刻本
獨學廬初稿十一卷獨學廬二稿六卷獨學廬三稿十一卷獨學廬四稿九卷獨學廬五稿九卷獨學廬餘稿一卷附獨學廬文稿一卷 第447冊
(清)石韞玉撰
清寫刻獨學廬全稿本
獨學廬尺牘偶存二卷 第447冊
(清)石韞玉撰
清道光三年刻本
連雲書屋存稿六卷 第447冊
(清)焦和生撰
清嘉慶二十年刻本
槃冬小集十卷槃冬續集二卷 第447冊
(清)馬文輝撰
清道光秀水馬氏刻本
梅葉閣文鈔三卷 第448冊
(清)陸鼎撰
清刻本
亥白詩草八卷 第448冊
(清)張問安撰
清嘉慶二十一年刻本
大滈山房遺藁八卷附外集一卷 第448冊
(清)黄湘南撰
清刻本
紅雪詞鈔四卷 第448冊
(清)黄湘南撰
清道光湘陰蔣瓌刻三長物齋叢書本
校禮堂詩集十四卷 第448冊
(清)淩廷堪撰
清道光六年張其錦刻本
静寄軒詩文鈔二卷 第448冊
(清)潘辰雅撰
清光緒六年木活字印本
秋室集十卷 第448冊
(清)楊鳳苞撰
清光緒十一年歸安陸心源刻本
邃雅堂集十卷 第448冊
(清)姚文田撰
清道光元年江陰學使者署刻本
邃雅堂文集續編一卷 第448冊
(清)姚文田撰
清道光八年刻本
大雲山房文稿十一卷 第449冊
(清)惲敬撰
民國八年上海商務印書館四部叢刊影印清同治八年刻本
曬書堂文集十二卷曬書堂外集二卷曬書堂别集一卷曬書堂詩鈔二卷 第449冊
(清)郝懿行撰
清光緒十年東路廳署刻本
曬書堂時文一卷曬書堂筆記二卷曬書堂試帖一卷曬書堂詩餘一卷附和鳴集一卷 第449冊
(清)郝懿行撰

清光緒十年東路廳署刻本
曬書堂筆録六卷 第449冊
(清)郝懿行撰
清光緒十年東路廳署刻本
紅杏山房詩鈔六卷(燕臺賸瀋一卷南行草一卷滇蹄集三卷楚艘吟一卷)紅杏山房試詩一卷紅杏山房試帖詩一卷漢書摘詠一卷後漢書摘詠一卷同館賦鈔一卷不易居齋集一卷豐湖漫草一卷豐湖續草一卷 第450冊
(清)宋湘撰
清嘉慶二十五年刻本
詠史擬古樂府二卷麻田詩草八卷麻田詩草補編二卷 第450冊
(清)陳啓疇撰
清嘉慶二十三年至道光二年凸亭書屋刻本
實事求是齋遺藁四卷實事求是齋遺藁續集一卷 第450冊
(清)汪廷珍撰
清光緒八年刻本
采馨堂詩集十二卷 第450冊
(清)張瓊英撰
清刻本
白水堂詩集二十六卷 第450冊
(清)張瓊英撰
清嘉慶道光間永豐張氏刻本
勖齋詩鈔四卷 第451冊
(清)馮宬撰
清咸豐十年馮焯刻本
稻花齋詩鈔八卷稻花齋續鈔六卷 第451冊
(清)方于穀撰
清嘉慶二十二年刻本
天香全集三十二卷(遊山日記十二卷和陶詩一卷南征集一卷香詞百選一卷花仙小志一卷緱山集一卷湘舟漫録三卷駿鸞集三卷古南餘話五卷婺舲餘稿一卷秋心集一卷聯璧詩鈔二卷) 第451冊
(清)舒夢蘭撰
清乾隆嘉慶間刻本
九水山房文存二卷 第451冊
(清)畢亨撰
清咸豐二年聊城楊以增海源閣刻本
借菴詩鈔十二卷 第452冊
(清)釋清恒撰
清道光六年刻本
香祖居詩鈔五卷 第452冊
(清)姚瀛撰
清嘉慶二十一年刻本
六觀樓文存一卷六觀樓詩存一卷記吳逆始末一卷 第452冊
(清)許鴻磐撰
民國十三年許鍾璐鉛印本
晚香居詩鈔四卷晚香居詞二卷 第452冊
(清)張玉珍撰
清嘉慶刻本
竹根齋詩草六卷 第452冊
(清)舒正載撰
清嘉慶二十二年刻本
敬學軒文集十二卷 第452冊
(清)龍廷槐撰
清道光二十二年鳳城龍氏刻本
白雲文集五卷白雲詩集二卷白雲續集八卷 第452冊
(清)陳斌撰
清嘉慶道光間刻本
留雲閣詩鈔二卷 第452冊
(清)彭壽山撰
清道光二十四年廣州羊城正文堂刻本
筱雲詩集二卷 第453冊
(清)陸應宿撰
清嘉慶十二年刻本
三餘堂存稿二卷附三餘堂經進稿一卷三餘堂館課偶存一卷 第453冊
(清)胡長齡撰
清嘉慶十五年刻本
茹古堂文集十卷茹古堂詩集四卷 第453冊
(清)朱秉鑑撰
清道光五年冰玉軒刻本
隨俟書屋詩集十一卷 第453冊
(清)劉錫五撰
清嘉慶二十三年刻本
堅白石齋詩集十六卷 第453冊
(清)李鑾宣撰
清嘉慶二十四年廉讓堂刻本
頑石廬文集十卷 第453冊
(清)徐養原撰
清抄本
續香齋讀史存質集不分卷續香齋古今體詩二卷 第454冊
(清)喬遠炳撰
清道光二年湖北喬氏刻本
續香齋文存不分卷 第454冊
(清)喬遠炳撰
清道光四年湖北喬氏刻本
在山草堂詩稿十七卷 第454冊
(清)吳文照撰
清道光八年刻本
還讀齋詩稿二十卷還讀齋詩稿續刻六卷遺稿補刻二卷 第454冊
(清)韓對撰
清道光七年刻二十四年續刻本
古白書房吟稿四卷 第454冊
(清)朱鍾撰
清道光四年刻本
蘿月軒存藁八卷 第454冊
(清)玉保撰
清嘉慶六年山右刻本
二思齋詩鈔六卷 第455冊
(清)何文明撰
清咸豐二年刻本
二思齋文存六卷 第455冊
(清)何文明撰
清光緒七年閩南節署刻本
樂園詩稿六卷(漢南集一卷漢南感舊集一卷漢臺詠史一卷蘇亭集樂府一卷蘇亭集二卷) 第455冊
(清)嚴如熤撰
清刻本
樂園文鈔八卷首一卷 第455冊
(清)嚴如熤撰
清道光二十四年刻本
寄思齋藏稿十四卷附公孫龍子注一卷年譜一卷 第455冊
(清)辛從益撰
清咸豐元年刻本
且住草堂詩稿不分卷 第456冊
(清)晉昌撰
朱絲欄謄稿本
戎旃遣興草二卷 第456冊
(清)晉昌撰
清嘉慶二十五年刻本
賞雨茅屋詩集二十二卷賞雨茅屋外集一卷 第456冊
(清)曾燠撰
清咸豐十一年重刻本
香草堂集十卷香草堂續集二卷香草堂

清咸豐七年趙畇惠潮嘉道署刻本
祇可軒删餘稿二卷　第467冊
(清)管學洛撰
清同治十一年管氏刻本
遺經樓文稿一卷　第467冊
(清)陳履和撰
清道光五年石屏陳氏遺經樓刻崔東壁遺書本
逃禪閣集八卷　第467冊
(清)張崟撰
清道光刻丹徒張氏家集本
存悔齋集二十八卷存悔齋外集四卷　第467冊
(清)劉鳳誥撰
清道光十七年刻本
樂清軒詩鈔二十卷附樂樂草一卷樂清軒外編十四卷　第467冊
(清)鄭祖芳撰
清道光刻本
椒園居士集六卷　第468冊
(清)王定柱撰
清光緒三十二年泰州刻本
乙丙集二卷　第468冊
(清)江藩撰
稿本
伴月樓詩鈔三卷　第468冊
(清)江藩撰
清抄本
炳燭室雜文一卷　第468冊
(清)江藩撰
清光緒三年吳縣潘氏八囍齋刻滂喜齋叢書本
小瓊海詩全集二十一卷　第468冊
(清)陳赫撰
清道光二十三年刻本
陶門弟子集十六卷陶門續集四卷陶門餘集三卷陶門詩話一卷　第468冊
(清)蔡家琬撰
清嘉慶至道光遞刻本
秋潭相國詩存一卷　第468冊
(清)文孚撰
清道光二十一年刻本
二娱小廬詩鈔五卷二娱小廬詩鈔補編一卷二娱小廬詞鈔二卷　第469冊
(清)尤維熊撰
清嘉慶十七年錢塘陳氏刻本
紅蕙山房吟稾一卷附録一卷　第469冊
(清)袁廷檮撰
清乾隆道光間刻知不足齋叢書静春堂詩集附刻本
尚絅堂詩集五十二卷尚絅堂文集二卷尚絅堂詞集二卷　第469冊
(清)劉嗣綰撰
清道光六年大樹園刻本
玉山草堂集三十二卷　第469冊
(清)錢林撰
清光緒二十二年刻湖墅錢氏家集本
晉齋詩存二卷　第469冊
(清)昇寅撰
清咸豐四年刻本
紅椒山館詩鈔四卷遠春試體賦鈔一卷遠春詞二卷　第469冊
(清)張興鏞撰
清嘉慶四年刻本
白鵠山房詩鈔三卷風鷗集一卷　第470冊
(清)徐熊飛撰
清嘉慶四年清素堂刻本
前溪風土詞一卷　第470冊
(清)徐熊飛撰
清嘉慶刻本
六花詞一卷　第470冊
(清)徐熊飛撰
清嘉慶刻本
白鵠山房詩選四卷附挂笠吟一卷　第470冊
(清)徐熊飛撰
清嘉慶刻本
白鵠山房詩續選二卷　第470冊
(清)徐熊飛撰
清道光二十三年刻本
白鵠山房駢體文鈔二卷白鵠山房駢體文續鈔二卷　第470冊
(清)徐熊飛撰
清嘉慶刻本
白鵠山房文鈔五卷　第470冊
(清)徐熊飛撰
清道光二十二年刻本
應試詩賦鈔二卷　第470冊
(清)徐熊飛撰
清嘉慶八年刻本
茗香堂詩集四卷茗香堂詩補遺四卷茗香堂外集八卷　第470冊
(清)王家相撰
清嘉慶十七年刻本
鐵橋漫稿十三卷　第470冊
(清)嚴可均撰
清道光十八年四録堂刻本
水西閒館詩二十卷　第470冊
(清)程虞卿撰
清嘉慶二十五年天長程氏刻本
拙守齋詩文合鈔十卷　第471冊
(清)李超孫撰
清憶梅小築刻本
種蕉館詩集六卷附録輓辭　第471冊
(清)郭堃撰
清嘉慶十四年刻本
藴真居詩集六卷附詩餘一卷　第471冊
(清)陸學欽撰
清光緒十三年刻本
壽雪山房詩稿八卷附一卷　第471冊
(清)陳廣寧撰
清刻本
試畯堂詩集十二卷試畯堂賦鈔四卷　第471冊
(清)王蘇撰
清道光二年重刻本
試畯堂文鈔一卷　第471冊
(清)王蘇撰
清道光二十六年太平院署刻本
東海半人詩鈔二十四卷　第471冊
(清)鍾大源撰
清嘉慶二十二年刻本
雕菰集二十四卷　第472冊
(清)焦循撰
清道光四年阮福校刊嶺南節署刻本
焦里堂先生軼文一卷　第472冊
(清)焦循撰
清光緒二十六年南陵徐氏刻鄦齋叢書本
澹香齋詩草三卷　第472冊
(清)王廷紹撰
清光緒十五年魯氏西安刻本
鶴麓山房詩稿六卷　第472冊
(清)葉煒撰
清嘉慶二十五年刻本
西磧山房詩文録四卷　第472冊
(清)蔡復午撰
清道光十二年蔡成畧刻本
小山泉閣詩存八卷　第472冊
(清)汪爲霖撰

清道光二十年如皐汪氏重刻本
蕘言二卷 第472冊
（清）黄丕烈撰
民國十一年上海博古齋增輯士禮居黄氏叢書本
還讀廬詩鈔八卷 第472冊
（清）周孝壎撰
清道光二十一年周奉暉堂刻本
寸心樓詩集四十二卷 第473冊
（清）顧日新撰
清嘉慶刻本
寸心樓文稿二卷補遺一卷 第473冊
（清）顧日新撰
清抄本
月川未是稿十八卷 第473冊
（清）程含章撰
清道光刻本
勤約堂文集十二卷 第474冊
（清）甘揚聲撰
清道光十九年甘氏刻本
喜聞過齋文集十二卷 第474冊
（清）李文耕撰
清道光十九年刻本
桃花山館吟稿十四卷 第474冊
（清）郎葆辰撰
清道光十年刻本
心鐵石齋存稿四十卷附聯句詩一卷年譜一卷 第474冊
（清）宋鳴琦撰
清道光十二年至二十年奉新宋氏誦梅堂刻本
貞定先生遺集四卷 第474冊
（清）莫與儔撰
清咸豐刻獨山莫氏郘亭叢書本
雞牕百二稟八卷杏春詞賸一卷雞牕續稟七卷雞牕三續稟十卷 第475冊
（清）宋楗撰
清道光海寧宋氏刻本
碻庴詩鈔二卷 第475冊
（清）王娗撰
清咸豐七年春暉堂刻本
第六絃溪文鈔四卷 第475冊
（清）黄廷鑑撰
清光緒十年後知不足齋刻本
政餘書屋文鈔二十卷 第475冊
（清）王泉之撰
清道光十年刻本
白茆草堂詩鈔三卷 第475冊
（清）吴康撰
清道光十七年刻三十年補刻本
清愛堂詩鈔七卷 第475冊
（清）李廷芳撰
清道光五年文寶齋刻本
船山詩草二十卷船山詩草補遺六卷 第476冊
（清）張問陶撰
清嘉慶二十年刻道光二十九年增修本
淵雲墨妙山房詩鈔二卷 第476冊
（清）伍秉鏞撰
清道光五年南海伍氏刻本
覺生詩鈔十卷覺生詠物詩鈔四卷覺生詠史詩鈔三卷覺生感舊詩鈔二卷 第476冊
（清）鮑桂星撰
清嘉慶二十五年刻本
覺生詩續鈔四卷附年譜一卷 第476冊
（清）鮑桂星撰
清同治四年退一步齋刻本
鮑覺生先生未刻詩一卷 第476冊
（清）鮑桂星撰
清刻本
覺生進奉文鈔一卷 第476冊
（清）鮑桂星撰
清刻本
吾吾廬草存五卷 第476冊
（清）袁名曜撰
清道光十年嶽麓書院刻本
揅經室一集十四卷揅經室二集八卷揅經室三集五卷揅經室四集十三卷（文二卷詩十一卷）揅經室續集十一卷揅經室再續集六卷揅經室外集五卷 第477冊
（清）阮元撰
清道光阮氏文選樓刻本
揅經室詩録五卷 第478冊
（清）阮元撰
清道光十三年揚州阮氏文選樓刻本
唐宋舊經樓詩稿七卷 第478冊
（清）孔璐華撰
清道光刻本
詠絮亭詩草四卷 第478冊
（清）謝雪撰
清嘉慶刻本
遂初草廬詩集十卷 第478冊
（清）杜堮撰
清同治九年琅槐杜氏刻本
薌林草堂詩鈔八卷薌林草堂文鈔四卷 第478冊
（清）王玉樹撰
清道光十七年刻光緒元年補修本
韻山堂詩集七卷 第478冊
（清）王文誥撰
清光緒十四年浙江書局刻本
頤素堂詩鈔八卷 第478冊
（清）顧禄撰
清道光九年刻本
蛾術齋詩集十卷 第478冊
（清）李如筠撰
清嘉慶刻本
三十漢瓦軒遺詩二卷 第478冊
（清）翁樹培撰
清道光二十六年淮陽張氏刻本
半樹齋文十二卷 第478冊
（清）戈宙襄撰
清道光刻本
缾水齋詩集十七卷缾水齋詩別集二卷缾水齋詩話一卷 第479冊
（清）舒位撰
清光緒十二年邊保樞刻十七年增修本
缾水齋雜組不分卷 第479冊
（清）舒位撰
稿本
保甓齋文録二卷 第479冊
（清）趙坦撰
清道光七年積經堂刻本
筠軒詩鈔四卷 第479冊
（清）洪頤煊撰
清嘉慶二十三年刻傳經堂叢書本
筠軒文鈔八卷 第479冊
（清）洪頤煊撰
民國二十三年邃雅齋叢書本
掃紅亭吟稿十四卷 第479冊
（清）馮雲鵬撰
清道光十年自刻本
夙好齋詩鈔十五卷夙好齋賦鈔一卷夙好齋試帖詩鈔一卷 第480冊
（清）楊知新撰
清道光二十五年歸安楊氏刻本
楊中丞遺稿一卷首一卷 第480冊
（清）楊健撰
清光緒二十七年蔬香别墅刻本

（清）吴德旋撰
清道光十六年刻本
初月樓詩鈔四卷初月樓續詩鈔三卷 第486册
（清）吴德旋撰
清道光刻本
磵東詩鈔十卷 第486册
（清）歐陽輅撰
清道光十年刻本
念堂詩草五卷 第486册
（清）崔旭撰
清道光刻本
含薰室文集五卷含薰室詩集二卷 第486册
（清）吉鍾穎撰
清同治刻本
青園詩草四卷附榆蔭山房詩存 第486册
（清）玉書撰
清光緒十八年刻本
紅蕉館詩鈔一卷紅蕉館詩鈔續一卷紅蕉館詩鈔續二一卷附朱廷相仍可軒詩鈔一卷 第486册
（清）朱畹撰
清道光二十一年種竹山房重刻本
此君園詩存二卷竹庵詩鈔六卷 第487册
（清）吴名鳳撰
清道光刻本
此君園文集三十卷 第487册
（清）吴名鳳撰
清道光二十一年刻本
醉經草堂文集一卷 第487册
（清）王鑑撰
清抄本
魯習之文鈔一卷 第487册
（清）魯嗣光撰
清道光十一年陳用光刻魯山木先生集本
魯賓之文鈔一卷 第487册
（清）魯繽撰
清道光十一年陳用光刻魯山木先生集附刻本
竺山詩抄六卷 第487册
（清）陳一泗撰
清道光十四年瀘州刻本
衡齋文集三卷 第487册
（清）汪萊撰
清咸豐刻衡齋遺書本
鑑止水齋集二十卷 第488册
（清）許宗彦撰
清嘉慶二十四年德清許氏家刻本
種榆仙館詩鈔二卷 第488册
（清）陳鴻壽撰
民國四年西泠印社活字印本
榆西僊館初稾四十五卷首一卷附敦艮堂集古四卷 第488册
（清）蔣詩撰
清道光刻本
味根山房詩鈔九卷味根山房文集一卷 第488册
（清）史善長撰
清光緒山陰史氏刻史氏叢刻本
勺園詩鈔四卷附松溪遺草一卷 第489册
（清）李遐齡撰
清嘉慶十九年刻光緒三十四年補刻本
藹庭詩草二卷附藹庭古文附録一卷 第489册
（清）趙元睦撰
清道光二十二年易水趙氏蘇園刻本
戴簡恪公遺集八卷 第489册
（清）戴敦元撰
清道光二十六年浙江督學使署刻本
太乙舟詩集十三卷 第489册
（清）陳用光撰
清咸豐四年孝友堂刻本
太乙舟文集八卷 第489册
（清）陳用光撰
清道光二十三年孝友堂重刻本
烏目山房詩存六卷 第489册
（清）蔣因培撰
清道光二十四年海寧楊氏刻本
蘭綺堂詩鈔十七卷 第490册
（清）王鼎撰
清嘉慶八年古訓堂刻本
白鶴山房詩鈔二十六卷白鶴山房詞鈔二卷 第490册
（清）葉紹本撰
清道光二十一年刻本
桂馨堂集十三卷（順安詩草八卷清儀閣雜詠一卷竹田樂府一卷竹里畫者詩一卷竹里耆舊詩一卷感逝詩一卷） 第490册
（清）張廷濟撰
清道光刻本
清儀閣詩文草稾不分卷 第490册
（清）張廷濟撰
稿本
冬青館甲集六卷冬青館乙集八卷 第490册
（清）張鑑撰
民國四年劉氏嘉業堂刻吴興叢書本
冬青館古宫詞三卷 第490册
（清）張鑑撰
清光緒吴縣潘氏刻功順堂叢書本
槐軒雜著四卷 第491册
（清）劉沅撰
清咸豐二年刻本
止唐韻語存六卷 第491册
（清）劉沅撰
民國十九年致福樓刻壎篪集本
吉堂詩稿八卷 第491册
（清）欽善撰
清嘉慶二十五年刻本
吉堂文稿十二卷 第491册
（清）欽善撰
清嘉慶二十五年刻本
問山樓詩稿九卷首一卷問山樓古文遺稿二卷 第491册
（清）楊士瑶撰
清同治活字印本
憶園詩鈔六卷 第491册
（清）陳燮撰
清刻本
一鳴集六卷 第491册
（清）何豫撰
清咸豐四年雙桂軒刻同治十年補刻本
小謨觴館詩文集十三卷小謨觴館續集五卷 第492册
（清）彭兆蓀撰
清嘉慶十一年刻二十二年增修本
求當集十二卷 第492册
（清）張鏐撰
清嘉慶二十年刻本
花嶼讀書堂詩鈔八卷花嶼讀書堂文鈔二卷花嶼讀書堂詞鈔二卷 第492册
（清）李福撰
清道光二十六年吴縣李氏刻本
静娱室偶存稾二卷 第492册
（清）李宗瀚撰

清道光十六年刻本
古泉山館詩集八卷　第492冊
(清)瞿中溶撰
清同治十年重刻本
奕載堂文集一卷　第492冊
(清)瞿中溶撰
清道光十一年刻本
養一齋文集二十卷補遺一卷養一齋文集續編六卷養一齋詩集八卷　第493冊
(清)李兆洛撰
清道光二十三年活字印二十四年增修本
崇雅堂文鈔二卷崇雅堂詩鈔十卷崇雅堂駢體文鈔四卷崇雅堂應制存稿一卷崇雅堂删餘詩一卷　第493冊
(清)胡敬撰
清道光二十六年刻本
小萬卷齋文藁二十四卷首一卷小萬卷齋詩藁三十二卷小萬卷齋詩續藁十二卷附遺藁一卷小萬卷齋經進藁四卷　第494－495冊
(清)朱琦撰
清光緒十一年嘉樹山房重刻本
密齋文集不分卷　第495冊
(清)朱琦撰
清咸豐刻本
密齋詩存四卷　第495冊
(清)程同文撰
清道光九年福州梁氏刻本
賜錦堂詩鈔八卷賜錦堂文鈔二卷　第495冊
(清)陳珄撰
清嘉慶刻本
此君書樓詩鈔九卷　第495冊
(清)夏際唐撰
清刻本
湖陰草堂遺藁四卷　第495冊
(清)金蘭撰
清道光三年高郵金氏刻本
證嚮齋詩集八卷　第495冊
(清)蔡鑾揚撰
清光緒六年桐鄉蔡氏刻本
思補齋詩集六卷　第495冊
(清)潘世恩撰
清道光三十年刻本
有真意齋文集二卷　第495冊
(清)潘世恩撰
清同治十二年刻本
研秋齋詩畧一卷研秋齋文畧一卷附行述　第495冊
(清)劉彦矩撰
清道光十七年寶應劉氏五之堂刻本
時齋文集初刻十卷時齋詩集初刻四卷時齋文集續刻八卷時齋詩集續刻一卷時齋文集又續六卷時齋詩集又續一卷　第496冊
(清)李元春撰
清道光刻本
桐閣拾遺二卷　第496冊
(清)李元春撰
清道光刻本
桐窗殘筆二卷桐窗餘稿四卷桐窗散存二卷　第496冊
(清)李元春撰
清道光刻本
泰雲堂集二十五卷　第497冊
(清)孫爾準撰
清道光十三年孫氏刻本
篔谷詩鈔二十卷篔谷文鈔十二卷　第497冊
(清)查揆撰
清道光十五年菽原堂刻本
歐可詩鈔三十六卷歐可文鈔六卷附龔炳撰嘯巖詩鈔一卷　第497冊
(清)龔鉽撰
清嘉慶至道光間刻本
著花庵集八卷吳門集八卷南歸集四卷　第498冊
(清)李黼平撰
清道光七年廣州刻本
愯泉書屋詩稿十六卷　第498冊
(清)宋之睿撰
清道光八年叙永宋氏刻本
留耕書屋詩草十二卷　第498冊
(清)沈惇彝撰
清道光十二年苕上世承堂刻本
藤阿吟藁四卷　第498冊
(清)陳鴻熙撰
清嘉慶二十五年會稽陳氏刻本
幼槨吟稿偶存六卷　第498冊
(清)方廷瑚撰
清道光刻本
洗蓬仙館文集二卷　第498冊
(清)林晉奎撰
清同治九年刻本
橋東詩草二十四卷情禪謾語一卷　第498冊
(清)邵葆祺撰
清同治十二年大興邵氏刻本
秋竹齋詩存八卷秋竹齋試律附存一卷　第499冊
(清)梁運昌撰
清道光二十四年長樂王道徵刻本
紅香館詩草一卷　第499冊
(清)惲珠撰
民國十七年武進涉園石印本
左海文集十卷左海文集乙編二卷絳跗草堂詩集六卷　第499冊
(清)陳壽祺撰
清刻左海全集本
東觀存稿一卷　第499冊
(清)陳壽祺撰
清刻左海全集本
朱文定公集十卷　第499冊
(清)朱士彦撰
清道光刻本
雙白燕堂詩集八卷雙白燕堂集唐詩二卷雙白燕堂文集二卷雙白燕堂外集八卷　第500冊
(清)陸耀遹撰
清道光至光緒間刻本
萋香軒吟草一卷樊學齋詩集一卷清艷堂近藁一卷眺松亭賦鈔一卷草檐即山集一卷棗窗文藁二卷瀋居集詠一卷東行吟鈔一卷棗窗文續藁一卷　第500冊
(清)愛新覺羅裕瑞撰
清嘉慶道光間遞刻本
蘊愫閣詩集十二卷　第501冊
(清)盛大士撰
清道光元年刻本
蘊愫閣詩續集九卷　第501冊
(清)盛大士撰
清道光四年刻本
蘊愫閣詩後集三卷　第501冊
(清)盛大士撰
抄本
琴竹山莊樂府二卷　第501冊
(清)盛大士撰
清道光四年刻本
蘊愫閣文集八卷　第501冊

清道光二十一年南海吳氏筠清館刻本
石雲山人奏議六卷　第510冊
(清)吳榮光撰
清道光二十一年南海吳氏筠清館刻本
蝶廬詩集八卷　第511冊
(清)夏翼朝撰
清道光二十三年學須静齋刻本
池上老人遺稿不分卷　第511冊
(清)吳廷琛撰
清咸豐七年刻本
家蔭堂尺牘一卷家蔭堂文鈔一卷家蔭堂詩鈔一卷　第511冊
(清)周際華撰
清咸豐八年家蔭堂重刻本
攄抱軒詩鈔十卷　第511冊
(清)汪桂月撰
清道光二十年培根堂刻本
亦寄齋文存十二卷　第511冊
(清)汪桂月撰
清咸豐二年培根堂刻本
今白華堂文集三十二卷　第511冊
(清)童槐撰
清刻本
今白華堂詩録八卷今白華堂詩集二卷　第511冊
(清)童槐撰
清同治八年刻本
今白華堂詩録補八卷　第511冊
(清)童槐撰
清光緒三年刻本
松心居士詩集十二卷首五卷松心居士詩二集二卷　第512冊
(清)聶鎬敏撰
清嘉慶道光遞刻本
松心居士文集十二卷首四卷　第512冊
(清)聶鎬敏撰
清道光刻本
賜書堂律賦二卷賜書堂試帖三卷　第512冊
(清)聶鎬敏撰
清嘉慶刻本
竹鄰遺稿二卷　第512冊
(清)金式玉撰
清道光三年山陰楊氏刻受經堂彙稿本
拾遺補藝齋文鈔一卷拾遺補藝齋詩鈔一卷拾遺補藝齋詞鈔一卷　第512冊
(清)莊綬甲撰
清道光刻拾遺補藝齋遺書本
玉壺山房詞選二卷　第512冊
(清)改琦撰
稿本
玉壺箋寄一卷畫餘詞一卷泖東詩課一卷　第512冊
(清)改琦撰
稿本
硯北書藁一卷茶夢庵隨筆一卷茶夢庵續筆一卷　第512冊
(清)改琦撰
稿本
秋樵詩鈔六卷　第512冊
(清)張慶成撰
清道光十四年刻本
秋樵文鈔二卷　第512冊
(清)張慶成撰
清道光十四年刻本
景士堂文集五卷　第512冊
(清)陳運鎮撰
清道光十六年刻本
祖硯堂集十二卷　第512冊
(清)朱人鳳撰
清道光二年嶺南薇署刻本
憶山堂詩録八卷　第513冊
(清)宋翔鳳撰
清嘉慶二十三年刻道光五年修訂本
洞簫樓詩紀二十四卷　第513冊
(清)宋翔鳳撰
清道光十年刻本
洞簫詞一卷　第513冊
(清)宋翔鳳撰
清光緒江陰繆氏刻本
碧雲盦詞二卷附樂府餘論一卷　第513冊
(清)宋翔鳳撰
清光緒江陰繆氏刻本
樸學齋文録四卷　第513冊
(清)宋翔鳳撰
清嘉慶二十五年刻浮谿精舍叢書本
紫亭詩鈔四卷　第513冊
(清)李辰垣撰
清道光十六年開封郡署刻本
延禧堂詩鈔一卷　第513冊
(清)豐紳殷德撰
清嘉慶十六年刻本
東里生燼餘集三卷附王述曾撰王木齋遺文　第513冊
(清)汪家禧撰
清道光元年刻本
寄嶽雲齋初稿十卷附回文賦一卷補遺一卷　第513冊
(清)聶銑敏撰
清嘉慶十二年令德堂刻本
蜚英閣文集一卷　第514冊
(清)淩曙撰
稿本
幼學堂詩稿十七卷幼學堂文稿八卷　第514冊
(清)沈欽韓撰
清嘉慶十八年刻道光八年續刻本
白圭堂詩鈔八卷白圭堂詩續鈔六卷　第514冊
(清)江之紀撰
清同治三年婺源江氏重刻本
鏡虹吟室詩集四卷鏡虹吟室詞集二卷鏡虹吟室經進稿一卷　第514冊
(清)孔昭虔撰
清道光十七年孔氏刻本
求己堂詩集一卷求己堂文集一卷　第514冊
(清)施彦士撰
清道光十三年刻本
一朵山房詩集十八卷　第514冊
(清)傅濆撰
清同治十二年刻本
四養齋詩稿三卷　第515冊
(清)俞正燮撰
清咸豐二年刻本
退菴詩存二十五卷　第515冊
(清)梁章鉅撰
清道光刻本
退菴文存四卷　第515冊
(清)梁章鉅撰
稿本
歸硯山房遺詩不分卷　第515冊
(清)劉澂撰
清光緒三年刻本
誦芬堂詩鈔十卷首一卷誦芬堂詩鈔二集六卷誦芬堂詩鈔三集六卷誦芬堂詩鈔四集四卷誦芬堂詩鈔五集四卷　第515冊
(清)郭儀霄撰
清道光刻本

竹柏山房文集二卷竹柏山房詩集一卷附録一卷 第515冊
(清)林春溥撰
抄本
海雲堂詩鈔十四卷補遺一卷金粟香龕詞鈔二卷海雲堂文鈔一卷 第516冊
(清)嚴學淦撰
清光緒十八年重刻本
魯巖所學集十五卷魯巖交遊記一卷魯巖餘事稿二卷 第516冊
(清)張宗泰撰
民國二十年模憲堂重刊本
愛日堂類稿十六卷首附王鍾栻南溪集一卷 第516冊
(清)王煦撰
清道光十七年昌黎王氏刻本
捧月樓詩四卷 第516冊
(清)袁通撰
稿本
硯壽堂詩鈔八卷附詩餘一卷硯壽堂詩續鈔二卷 第516冊
(清)吳存楷撰
清嘉慶二十三年姑孰縣齋刻道光三年續刻本
蕙荪堂集不分卷 第517冊
(清)昭槤撰
稿本
蕙荪堂燼存草二卷 第517冊
(清)昭槤撰
清抄本
劉禮部集十一卷附麟石文鈔一卷 第517冊
(清)劉逢禄撰
清道光十年思誤齋刻本
緑雪堂遺集二十卷 第517冊
(清)王衍梅撰
清道光刻本
韞山詩稿九卷 第517冊
(清)朱鳳森撰
清道光刻本
二竹齋詩鈔六卷二竹齋文集二卷 第517冊
(清)張井撰
清道光十五年賜禮堂刻本
求是堂詩集二十二卷 第518冊
(清)胡承珙撰
清道光十三年刻本
求是堂文集六卷首一卷附駢體文二卷 第518冊
(清)胡承珙撰
清道光十七年刻本
求是堂詩餘一卷 第518冊
(清)胡承珙撰
清道光十三年刻本
東蘿遺稿三卷 第518冊
(清)陸損之撰
清道光二十五年刻本
欲起竹閒樓存稾六卷 第518冊
(清)梅成棟撰
民國十二年天津志局彙刻本
日下賡歌集十卷艷雪軒文稿一卷艷雪軒詩存四卷 第518冊
(清)龔守正撰
謄清稿本
潘少白先生集十五卷 第519冊
(清)潘諮撰
清道光二十四年刻本
邁堂詩存十九卷 第519冊
(清)李祖陶撰
稿本
邁堂文略四卷 第519冊
(清)李祖陶撰
清同治七年刻本
小書巢詩課偶存四卷小書巢詩課續存六卷小書巢賦課存稿一卷 第519冊
(清)陸以莊撰
清道光二十七年重刻本
雙硯齋詩鈔十六卷 第520冊
(清)鄧廷楨撰
清刻本
雙硯齋詞鈔二卷 第520冊
(清)鄧廷楨撰
民國九年江寧鄧邦述刻本
悟雪樓詩存三十四卷 第520冊
(清)徐謙撰
清嘉慶同治間刻本
清味齋存稿二卷 第520冊
(清)陳晉元撰
清道光二十八年刻本
懷經堂詩存四卷懷經堂文存一卷 第520冊
(清)吳繩基撰
清嘉慶八年刻本
適齋居士集四卷 第520冊
(清)愛新覺羅舒敏撰
清道光二十二年刻本
冬巢詩集四卷冬巢詞集四卷 第521冊
(清)汪潮生撰
清道光十七年刻本
蓉裳詩鈔八卷 第521冊
(清)張家榘撰
清道光十二年湘潭張氏刻本
十六契齋詩鈔四卷 第521冊
(清)李少白撰
清光緒二十六年刻本
大椒山館詩二十二卷 第521冊
(清)周儀暐撰
清道光二十七年味塵軒刻本
詩娱室詩集二十四卷 第521冊
(清)黄安濤撰
清道光十四年嘉善黄氏刻本
真有益齋文編十卷 第521冊
(清)黄安濤撰
清道光二十三年刻本
通藝閣詩録八卷通藝閣詩續録八卷通藝閣詩三録八卷 第522冊
(清)姚椿撰
清道光二十九年至咸豐五年刻本
通藝閣和陶集三卷 第522冊
(清)姚椿撰
清道光二十九年刻本
通藝閣詩遺編一卷 第522冊
(清)姚椿撰
清光緒十年聚珍版排印本
通藝閣文集六卷附補編一卷 第522冊
(清)姚椿撰
清道光二十八年木活字印本
晚學齋文集十二卷 第522冊
(清)姚椿撰
清咸豐二年刻本
樗寮文續稾一卷 第522冊
(清)姚椿撰
民國二十五年石印邈園叢書本
以約山房詩稿二卷以約山房存稿二卷 第522冊
(清)易元善撰
清道光二十六年刻本
南邨草堂詩鈔二十四卷附録一卷 第523冊
(清)鄧顯鶴撰
清道光九年刻本

（清）吳維彰撰
清嘉慶二十五年藤花亭刻本
句麓山房詩草八卷 第559冊
（清）周向青撰
清道光十七年刻本
退室詩稿一卷 第559冊
（清）王棨華撰
清同治十三年刻達亭老人遺集本
知守齋詩初集六卷知守齋詩二集四卷知守齋詩别集一卷 第560冊
（清）鄭開禧撰
清道光十二年刻本
桂留山房詩集十二卷附詞集一卷 第560冊
（清）沈學淵撰
清道光二十四年上海郁松年刻本
寒香館詩鈔四卷寒香館文鈔八卷 第560冊
（清）賀熙齡撰
清道光二十八年刻本
培花小園詩鈔十三卷 第560冊
（清）戴雲官撰
清刻本
剖瓠存稿二十卷附樂府一卷左傳樂府一卷莆陽樂府一卷 第560冊
（清）蕭重撰
清道光十四年客燕齋刻本
春華集二卷 第560冊
（清）龍元任撰
清光緒十九年順德龍氏刻本
梧溪石屋詩鈔六卷 第561冊
（清）温訓撰
清道光十二年長樂温氏刻本
登雲山房文稿四卷 第561冊
（清）温訓撰
清道光三年番禺潘氏刻光緒二十四年補刻本
菜根軒詩鈔十四卷菜根軒詩鈔續集一卷 第561冊
（清）王省山撰
清咸豐四年吳門刻本
濾月軒集七卷 第561冊
（清）趙棻撰
清同治十二年重刻本
傳經室文集十卷附賦鈔一卷 第561冊
（清）朱駿聲撰
民國十二年吳興劉氏刻求恕齋叢書本

周愬亭集十卷 第561冊
（清）周玉瓚撰
清光緒五年雅存堂重刻本
養拙居詩稿二十四卷 第561冊
（清）張朝桂撰
清道光三十年寶山張氏養拙居刻本
愓夫詩鈔初刻二十三卷愓夫詩鈔續刻二卷愓夫詩鈔三刻七卷 第562冊
（清）謝炗撰
清道光刻本
小海山房詩集十二卷 第562冊
（清）康發祥撰
稿本
伯山詩鈔十七卷附小海山房詩集一卷伯山文鈔一卷 第562冊
（清）康發祥撰
清咸豐至同治間遞刻本
式訓集十六卷 第562冊
（清）張柏恒撰
清道光二十一年式訓堂刻本
知止堂詩録十二卷知止堂詞録三卷知止堂文集八卷補遺一卷 第563冊
（清）朱綬撰
清道光二十至二十二年董國華刻本
心師竹齋章牘存稿三卷附一卷 第563冊
（清）程楙采撰
清光緒三年京都琉璃廠奎光齋刻本
無止境存藁十四卷附鄉程日記一卷附録一卷 第563冊
（清）王相撰
清咸豐六年刻秀水王氏家藏集本
儆居集二十二卷 第563冊
（清）黄式三撰
清光緒十四年刻儆居遺書本
青溪舊屋文集十一卷 第564冊
（清）劉文淇撰
清光緒九年儀徵劉良甫刻本
邃懷堂全集三十八卷 第564冊
（清）袁翼撰
清光緒十三年至十四年袁鎮嵩刻本
木雞書屋文鈔四卷木雞書屋文二集六卷木雞書屋文三集八卷木雞書屋文四集六卷木雞書屋文五集六卷 第565冊
（清）黄金臺撰
清道光同治刻本

木雞書屋詩選六卷左國閒吟一卷 第565冊
（清）黄金臺撰
清道光咸豐刻本
北山文鈔四卷北山詩鈔五卷 第565冊
（清）姜文衡撰
清咸豐六年至八年錦文堂刻本
景紫堂文集十四卷 第565冊
（清）夏炘撰
清咸豐五年刻景紫堂全書本
留耕草堂初稿六卷 第565冊
（清）鄒堯廷撰
清咸豐刻本
題蕉館集八卷 第566冊
（清）周賡盛撰
清道光二十九年崇儉堂刻本
重訂厲廉州先生詩全集九卷（藉花小室詩鈔二卷寄蠡詩鈔一卷還珠堂和陶百詩鈔一卷斷梗吟一卷栖塵集一卷幸存稿二卷衡遊草一卷） 第566冊
（清）厲同勳撰
清同治三年刻本
金陵癸甲新樂府一卷金陵城外新樂府一卷 第566冊
（清）馬壽齡撰
傅增湘鈔本
萬善花室詩集四卷萬善花室詞稿一卷 第566冊
（清）方履籛撰
清道光十二年刻本
萬善花室文稿七卷 第566冊
（清）方履籛撰
清光緒七年王氏刻謙德堂畿輔叢書本
培園全集二十三卷 第566冊
（清）余錫椿撰
清光緒六年黄梅余氏家塾刻本
壺園詩鈔選十卷五代新樂府一卷 第567冊
（清）徐寶善撰
清道光刻本
壺園賦鈔二卷 第567冊
（清）徐寶善撰
清道光刻本
壺園詩外集六卷 第567冊
（清）徐寶善撰
清道光二十三年刻本

城北草堂存稿七卷附小娜嬛室詩餘殘稿　第567冊
(清)顧夔撰
清光緒十四年華亭顧氏刻本
筠緑山房詩草四卷首一卷附筠緑山房詞草一卷　第567冊
(清)湯建中撰
清光緒十九年刻本
春暉草堂詩存不分卷　第567冊
(清)陳本欽撰
清同治十二年刻光緒七年重修本
冬生草堂文録四卷冬生草堂詩録八卷冬生草堂詞録四卷山右金石録一卷跋尾一卷　第567冊
(清)夏寶晉撰
清咸豐四年刻本
鷗汀漁隱詩集六卷鷗汀漁隱詩續集三卷鷗汀漁隱外集一卷附琴韻閣遺草一卷琴韻閣悼亡詩一卷　第567冊
(清)陳偕燦撰
清道光二十年至咸豐三年刻本
詩義堂後集六卷首一卷附詩義堂集二卷　第568冊
(清)彭泰來撰
清咸豐十一年高安羅伯麟刻同治五年補刻本
昨夢齋文集四卷　第568冊
(清)彭泰來撰
清同治四年刻本
晚翠軒詩鈔八卷晚翠軒詩續鈔八卷晚翠軒詩三鈔八卷晚翠軒詩四鈔八卷晚翠軒詩五鈔八卷晚翠軒詩漫稿五卷　第568冊
(清)戴淳撰
民國三年刻雲南叢書本
彝壽軒詩鈔十二卷寄庵雜著二卷煙波漁唱四卷　第568冊
(清)張應昌撰
清同治二年西昌旅舍重刻本
西園詩鈔八卷西園文集二卷　第569冊
(清)張擴庭撰
清同治四年南皮張氏墨花軒刻本
守默齋詩集十八卷　第569冊
(清)侯家璋撰
清咸豐元年刻本
常惺惺齋文集十卷　第569冊
(清)錢世瑞撰
清道光三十年刻本
江南好詞一卷　第569冊
(清)張汝南撰
清光緒二十四年上海著易堂鉛印本
小詩航詩鈔三卷小詩航雜著一卷退鷁居偶存三卷　第569冊
(清)蔡聘珍撰
清道光間遞刻本
雲中集六卷　第569冊
(清)劉淳撰
清光緒七年岳口李氏綽裕堂刻本
董方立文甲集二卷董方立文乙集二卷蘭石詞一卷　第570冊
(清)董祐誠撰
清同治八年陽湖董氏刻董方立遺書本
休復居詩文集十二卷附一卷　第570冊
(清)毛嶽生撰
民國二十五年寶山滕氏影印道光刻本
漱芳閣集十卷辛庵館課詩鈔一卷辛庵歷試試帖詩鈔一卷　第570冊
(清)徐士芬撰
清同治十一年刻本
緑蘿書屋遺集四卷附録一卷附誦芬堂詩草一卷　第570冊
(清)羅文俊撰
清光緒二十三年穗城刻本
念樓全集十卷　第570冊
(清)劉寶楠撰
抄本
意茗山館詩稿十六卷　第570冊
(清)陸嵩撰
清光緒十八年京師刻本
兩竿竹室集六卷　第571冊
(清)王篤撰
清咸豐七年韓城王氏鐵琴山館刻本
半舫館賸稿二卷附填詞一卷　第571冊
(清)吴葆晉撰
清光緒十一年固始吴氏刻本
丹魁堂自訂年譜一卷感遇録一卷丹魁堂外集四卷丹魁堂詩集七卷附王甥植茗韻軒遺詩一卷　第571冊
(清)季芝昌撰
清咸豐十一年至同治四年遞刻本
知止齋詩集十六卷　第571冊
(清)翁心存撰
清光緒三年常熟毛文彬刻本
笠東草堂遺稿二卷　第571冊
(清)俞岳撰
清光緒十七年烏程麗氏刻本
甘泉鄉人稿二十四卷附餘稿二卷年譜一卷　第572冊
(清)錢泰吉撰
清同治十一年錢應溥刻光緒十一年錢志澄續刻本
且飲樓詩集四卷續集一卷　第572冊
(清)顧睎元撰
清道光太倉顧氏刻本
惜味齋存稾十四卷　第572冊
(清)楊炳撰
清咸豐刻本
常惺惺齋文集十卷常惺惺齋詩集十一卷　第572冊
(清)李炳奎撰
清宣統二年排印本
述園詩存一卷　第572冊
(清)恩齡撰
清同治六年刻本
方學博全集二十八卷(生齋讀易日識六卷生齋自知録三卷生齋日識一卷生齋日識續一卷生齋文藁八卷附寅甫日記寅甫小藁生齋詩稿九卷)　第573冊
(清)方坰撰
清光緒元年王大經武昌藩署刻本
小松石齋文集五卷小松石齋詩集五卷　第573冊
(清)趙允懷撰
清光緒十五年重刻本
龔定盦全集十七卷　第573冊
(清)龔自珍撰
清光緒二十三年萬本
戎馬風濤集六卷　第573冊
(清)沈汝瀚撰
清道光二十年刻本
留餘堂詩鈔八卷　第574冊
(清)夏之盛撰
清道光二十六年錢塘夏氏刻本
留餘堂詩鈔二集八卷附新安紀行草一卷　第574冊
(清)夏之盛撰
清道光二十七年錢塘夏氏刻本
一經廬文鈔一卷　第574冊
(清)姚配中撰
清道光木活字排印一經廬叢書本
王子仁文集四卷　第574冊

（清）王壽昌撰
清咸豐七年王恩泰刻本
種玉堂集六卷 第574冊
（清）張爾旦撰
清咸豐五年重刻本
積石文稾十八卷積石詩存四卷附南池唱和詩存一卷鱠餘編一卷 第574冊
（清）張履撰
清光緒二十年刻本
醉經書屋文稿不分卷 第574冊
（清）王梓材撰
稿本
吳文節公遺集八十卷 第575冊
（清）吳文鎔撰
清咸豐七年儀徵吳養原刻本
陳禮部詩稾十六卷（含香集四卷循陔集八卷載酒集四卷）月波樓琴言三卷 第575冊
（清）陳其錕撰
清咸豐刻本
望山草堂詩鈔八卷 第575冊
（清）林鶚撰
清咸豐八年刻本
花宜館詩鈔十六卷續存一卷無腔村笛二卷 第576冊
（清）吳振棫撰
清同治四年錢塘吳氏刻本
躬恥齋文鈔二十卷後編六卷躬恥齋詩鈔十四卷首一卷後編七卷 第576－577冊
（清）宗稷辰撰
清咸豐元年刻本
松風閣詩鈔二十六卷歸樸龕叢稿十二卷續編四卷 第577冊
（清）彭蘊章撰
清同治刻彭文敬公全集本
知足知不足齋詩存一卷 第577冊
（清）寶琳撰
清光緒二十七年刻本
焦尾編二卷 第578冊
（清）錢瑶鶴撰
清道光三十年刻苔岑集初刊本
紅竹山房文稿十二卷附四書臆説二卷 第578冊
（清）盧誐撰
清同治八年瀘溪盧氏木活字本
紅竹山房詩草十卷 第578冊
（清）盧誐撰
清同治八年刻本
柴辟亭詩集四卷 第578冊
（清）沈濤撰
清道光二十二年刻沈西雍遺著本
十經齋文集四卷 第578冊
（清）沈濤撰
清道光二十四年刻本
柴辟亭詩二集一卷十經齋文二集一卷九曲漁莊詞二卷 第578冊
（清）沈濤撰
民國二十五年建德周氏刻十經齋遺集本
湖東集四卷 第578冊
（清）范淩撰
清咸豐十一年刻本
兩般秋雨庵詩選不分卷 第578冊
（清）梁紹壬撰
清宣統二年南陵徐乃昌重刻振綺堂本
選夢樓詩鈔八卷 第578冊
（清）愛新覺羅豫本撰
清同治十三年刻本
小紅薇館吟草四卷 第578冊
（清）毛永柏撰
清道光三十年刻苔岑集初刊本
小紅薇館拾餘詩鈔四卷 第578冊
（清）毛永柏撰
清咸豐七年刻本
飲香讀畫齋詩集四卷 第578冊
（清）朱有萊撰
清道光十八年刻本
自然好學齋詩鈔十卷 第578冊
（清）汪端撰
清同治十三年刻本
勉益齋偶存稿八卷勉益齋續存稿十六卷 第579冊
（清）裕謙撰
清光緒二年勉益齋刻本
憶山書屋遺稿二卷 第579冊
（清）葉自莊撰
清道光二十三年刻本
豸華堂文鈔八卷豸華堂文鈔甲部十二卷首一卷 第580冊
（清）金應麟撰
清光緒元年刻本
嘉蔭簃集二卷 第580冊
（清）劉喜海撰
民國三十七年合衆圖書館得版編印咫園叢書本
仙屏書屋初集十八卷 第580冊
（清）黄爵滋撰
清道光二十六年翟金生泥活字印本
戊申粤遊草一卷戊申楚遊草一卷 第580冊
（清）黄爵滋撰
清道光二十八年刻本
己酉北行草一卷己酉北行續草一卷附文一卷 第580冊
（清）黄爵滋撰
清刻本
仙屏書屋初集文録十六卷 第580冊
（清）黄爵滋撰
清道光二十八年刻本
世忠堂文集六卷附守城善後紀略一卷家傳一卷 第581冊
（清）鄒鳴鶴撰
清同治二年錫山鄒氏刻本
鄒壯節公寶素齋詩鈔十卷 第581冊
（清）鄒鳴鶴撰
清咸豐刻本
夢硯齋遺稿八卷 第581冊
（清）唐樹義撰
清同治四年綏定郡齋刻本
蘇溪全集四十四卷（知養恬齋時文鈔四卷戊戌刊知養恬齋試帖三十卷蜀槎小草二卷知養恬齋詩鈔二卷甲辰刊知養恬齋試帖二卷知養恬齋賦鈔四卷） 第581冊
（清）羅繞典撰
清道光刻本
醽江詩草二十六卷 第582冊
（清）蘇宗經撰
清光緒十八年刻本
慎勳齋文集十一卷 第582冊
（清）蘇宗經撰
蘇文庵集二種抄本
餘甘軒詩鈔十三卷首一卷 第582冊
（清）何曰愈撰
清光緒七年刻本
存誠齋文集十四卷 第582冊
（清）何曰愈撰
清同治五年皖江藩署刻本
亭集三十二卷亭後集十二卷 第583冊
（清）祁寯藻撰

清咸豐刻本
拙修集十卷 第583冊
(清)吴廷棟撰
清同治十年六安求我齋刻本
拙修集續編四卷 第583冊
(清)吴廷棟撰
清光緒九年六安求我齋刻本
酉蜓詩集八卷 第583冊
(清)戴家政撰
清道光二十三年小石窗刻本
六九齋饌述稾五卷附一卷 第584冊
(清)陳瑑撰
清道光刻本
清惠堂集十卷 第584冊
(清)金望欣撰
清道光二十年廣陵黄氏刻本
借閒生詩三卷借閒生詞一卷 第584冊
(清)汪遠孫撰
清道光二十年錢塘汪氏振綺堂刻本
榕園文鈔六卷榕園詩鈔十六卷(槐忙吟草一卷歸槎雜詠一卷都門舊草二卷薇垣集三卷榕園詩鈔一卷戀春園詩草二卷出山小草二卷江山文選樓集一卷雙石齋詩草一卷載酒堂集二卷) 第584冊
(清)李彦章撰
清道光刻榕園全集本
榕園楹帖一卷 第584冊
(清)李彦章撰
清道光八年刻本
知稼軒詩鈔一卷 第584冊
(清)黄子高撰
清同治二年刻柳堂師友詩録初編本
味鐙聽葉廬詩草二卷 第584冊
(清)李振钧撰
清光緒十五年刻本
思補過齋遺稿六卷 第584冊
(清)辛師雲撰
清道光三十年刻本
深柳堂文集一卷 第584冊
(清)沈登瀛撰
民國五年烏程張氏刻適園叢書本
嵇庵詩集六卷 第584冊
(清)梅植之撰
清道光十六年揚州刻本
少梅詩鈔六卷 第585冊
(清)瑞元撰
清咸豐四年刻本
慧珠閣詩鈔一卷附録一卷 第585冊
(清)多隆阿撰
民國鉛印遼海叢書本
金果毅公家書節録一卷 第585冊
(清)金雲門撰
清同治八年刻本
慧文閣詩集二卷 第585冊
(清)畢熙曾撰
清宣統三年刻本
古微堂詩集十卷 第585冊
(清)魏源撰
清同治九年刻本
古微堂集十卷 第585冊
(清)魏源撰
清宣統元年國學扶輪社鉛印本
倚雲山房文集二卷南游吟草四卷倚雲山房試帖二卷 第585冊
(清)王發越撰
清咸豐三年黎城王氏倚雲山房刻本
涓齋遺稿五卷 第585冊
(清)鄒志路撰
清同治八年刻本
怡芬書屋詩草十卷 第585冊
(清)易棠撰
清咸豐十一年刻本
黛方山莊詩集六卷附詩餘一卷 第586冊
(清)黎吉雲撰
清同治五年刻本
行有恒堂初集二卷 第586冊
(清)愛新覺羅載銓撰
清道光二十八年刻本
玉函山房文集五卷玉函山房詩集九卷玉函山房詩鈔八卷竹如意二卷百八唱和集一卷月令七十二候詩四卷夏小正詩十二卷文選擬題詩一卷玉函山房制義二卷五峰山館詩課二卷 第586冊
(清)馬國翰撰
清光緒刻本
頤志齋文鈔一卷頤志齋感舊詩一卷 第587冊
(清)丁晏撰
民國四年上虞羅氏鉛印雪堂叢刻本
頤志齋文集十二卷 第587冊
(清)丁晏撰
民國三十八年丁步坤鉛印本
味辛堂詩存四卷 第587冊
(清)倪濟遠撰
清道光五年南海倪氏刻本
籀經堂類稿二十四卷 第587冊
(清)陳慶鏞撰
清光緒九年刻本
齊陳氏韶舞樂罍通釋二卷 第587冊
(清)陳慶鏞撰
清刻本
白岩文存六卷白岩詩存五卷 第587冊
(清)王侃撰
清同治四年光裕堂刻巴山七種本
讀書延年堂詩鈔三十卷讀書延年堂詩餘一卷讀書延年堂文鈔十卷讀書延年堂賦存一卷讀書延年堂駢體文存二卷讀書延年堂試帖輯註四卷 第588冊
(清)熊少牧撰
清道光二十一年至同治十年刻本
楊徵君自攜前集一卷楊徵君自攜後集一卷楊徵君自攜續集一卷 第588冊
(清)楊陳復撰
清光緒十一年至二十年刻本
紅蝠山房詩鈔九卷外編一卷 第589冊
(清)王乃斌撰
清道光七年周凱刻本
紅蝠山房二編詩鈔二卷 第589冊
(清)王乃斌撰
清光緒三年刻本
會稽山齋文十二卷會稽山齋詩五卷會稽山齋詞一卷會稽山齋文續六卷會稽山齋詩續一卷會稽山齋經義一卷蒙泉子不分卷 第589冊
(清)謝應芝撰
清光緒十四年刻本
味真閣詩鈔十二卷 第589冊
(清)張安保撰
清道光二十七年刻本
禮部遺集九卷(過庭小稾一卷晢墓餘稾一卷避弋小草二卷萍軒小草二卷萍軒詞草一卷律賦賸稾一卷試帖賸稾一卷) 第589冊
(清)黄富民撰
清同治九年南匯張文虎刻本
松龕先生奏疏二卷兩漢幽并凉三州今地考略一卷附兩漢志沿邊十郡考略

清光緒二年刻本
養志居僅存稿十八卷首一卷　第595冊
(清)陳宗起撰
清光緒十一年丹徒陳克劬刻本
梅氏遺書四卷附録三卷　第595冊
(清)梅鍾澍撰
清宣統三年莓田古屋刻本
李文恭公遺集四十六卷　第596－597冊
(清)李星沅撰
清同治四年芋香山館刻本
落帆樓文集二十四卷補遺一卷　第598冊
(清)沈垚撰
民國七年吳興劉氏嘉業堂刻吳興叢書本
李文清公遺書八卷首一卷附志節編二卷　第598冊
(清)李棠階撰
清光緒八年分寧陳寶箴河北分守道署刻本
介軒文集十八卷介軒外集二卷　第598冊
(清)張振夔撰
清同治九年刻本
敦教堂詩鈔六卷敦教堂詩鈔續刻二卷　第599冊
(清)官文撰
清同治二年吉爾哈春刻本
對影閒吟草十二卷　第599冊
(清)裘寶善等撰
清咸豐七年芝玉堂刻本
伊園文鈔四卷伊園詩鈔三卷　第599冊
(清)王景賢撰
清同治十三年王氏刻羲停山館集本
誦清閣集四卷首一卷　第599冊
(清)石景芬撰
清刻本
思無邪室吟草三卷　第599冊
(清)毛永椿撰
清道光三十年刻苔岑集初刊本
謝亭集七卷(蓮絜詩翰釋文一卷蓮絜詩存二卷蓮絜續集二卷南征日記一卷篋外録一卷)　第599冊
(清)謝綸撰
清光緒八年毓芝堂刻本
蹄涔集五卷　第599冊
(清)俞銈撰
清道光十六年刻本
培根堂集二十二卷附高順貞撰翠微軒詩稿三卷　第600冊
(清)高繼珩撰
清道光至同治間遷安高氏刻培根堂全稿本
袖海樓文録六卷　第600冊
(清)黄汝成撰
清道光十八年嘉定西溪草廬刻袖海樓雜著本
觀古齋妙蓮集三卷　第600冊
(清)愛新覺羅奕繪撰
清道光抄本
天游閣集五卷詩補一卷　第600冊
(清)顧春撰
清宣統二年風雨樓鉛印本
東海漁歌六卷　第600冊
(清)顧春撰
影印日本内藤炳卿所藏鈔本
瑞榴堂詩四卷　第600冊
(清)托渾布撰
清道光十八年刻本
含暉堂遺稿二卷　第600冊
(清)陳觀西撰
清同治七年翥山官廨重刻本
知白軒遺稿四卷附楊瓊詩一卷　第600冊
(清)楊景程撰
清光緒十一年楊氏刻本
春星閣詩鈔十五卷　第600冊
(清)楊季鸞撰
清刻本
思伯子堂詩集三十二卷　第601冊
(清)張際亮撰
清同治八年姚濬昌刻本
張亨甫文集六卷　第601冊
(清)張際亮撰
清同治六年建寧孔慶衢刻本
西舍詩鈔十六卷　第601冊
(清)況澄撰
清同治十三年登善堂刻本
西舍文遺編四卷　第601冊
(清)況澄撰
清同治十三年登善堂刻本
妙香館詩鈔四卷附妙香館詠物全韻一卷妙香館文鈔四卷　第602冊
(清)銘岳撰
清道光二十九年刻本
平湖顧氏遺書五十一卷(學詩詳説三十卷學詩正詁五卷悔過齋文集七卷附劄記一卷悔過齋續集七卷補遺一卷)　第602冊
(清)顧廣譽撰
清光緒三年平湖顧鴻昇刻四年王大經補刻本
惜心書屋詩鈔六卷皖遊雜録賸存一卷惜心書屋襍存艱貞集一卷　第603冊
(清)王正誼撰
清同治四年達縣王氏刻本
百柱堂全集五十二卷首一卷　第603冊
(清)王柏心撰
清光緒十九年刻本
東洲草堂詩鈔三十卷詩餘一卷　第604冊
(清)何紹基撰
清同治六年長沙無園刻本
補拙軒小草五卷　第604冊
(清)胡興仁撰
清刻本
省齋全集十二卷　第604冊
(清)牛樹梅撰
清同治十三年刻本
軥録齋稿四卷　第604冊
(清)夏煒如撰
民國二年刻本
石琴詩鈔十二卷　第605冊
(清)李映棻撰
清同治三年天香堂刻本
醇雅堂詩略六卷　第605冊
(清)阮鏞撰
民國三年至五年上元蔣氏慎脩書屋鉛印金陵叢書本
十三翎閣詩鈔六卷十三翎閣文稿一卷十三翎閣試帖二卷附二十四孝題注試帖一卷　第605冊
(清)趙廷愷撰
清同治十年安福趙氏刻本
典三賸稿十二卷　第605冊
(清)周寅清撰
清咸豐七年崇禮堂刻本
愛山堂詩存十二卷　第605冊
(清)張銓撰
清同治十二年刻本
不波山房詩草一卷　第605冊

（清）王甲曾撰
民國十四年補刻黄氏逸書考本
樂志堂文集十八卷樂志堂文續集二卷樂志堂詩集十二卷 第606册
（清）譚瑩撰
清咸豐十年吏隱園刻本
補讀室詩稿十卷 第606册
（清）朱蘭撰
民國二十二年中華書局鉛印本
守柔齋詩鈔初集四卷守柔齋詩鈔續集四卷 第606册
（清）蘇廷魁撰
清同治三年都門刻石印本
守柔齋行河草二卷 第606册
（清）蘇廷魁撰
清光緒刻本
今樵詩存八卷 第606册
（清）黄治撰
清太平金韶刻本
寄雲館詩鈔四卷 第607册
（清）史策先撰
清同治四年重刻本
籀書十三卷 第607册
（清）曹金籀撰
清同治刻石屋書五種本
海秋詩集二十六卷附録評跋一卷 第607册
（清）湯鵬撰
清道光十八年刻本
小琅玕山館詩鈔十卷小琅玕山館詩餘一卷附王瑶芬撰寫韻樓詩鈔一卷 第607册
（清）嚴廷珏撰
清同治十至十二年遞刻本
明瑟山莊詩集六卷明瑟山莊雜著一卷附録題詞二卷 第607册
（清）曾熙文撰
清同治十年曾氏刻本
餘暇集二卷 第607册
（清）特依順撰
清道光跨鼇樓刻本
習苦齋詩集八卷習苦齋古文四卷 第608册
（清）戴熙撰
清同治六年張曜刻本
沈文忠公集十卷首自訂年譜一卷 第608册
（清）沈兆霖撰
清同治八年吴縣潘祖蔭等刻本
浩然堂詩集六卷浩然堂詞稿一卷 第608册
（清）江開撰
清道光二十九年刻本
補學軒詩集十二卷補學軒文集外編四卷 第608册
（清）鄭獻甫撰
清光緒五年八年黔南節署刻鄭小谷先生全書本
尊聞堂詩集十六卷 第608册
（清）胡兆春撰
清同治六年刻本
尊聞堂文集十二卷 第608册
（清）胡兆春撰
民國十年鉛印胡氏遺書本
知止堂集十三卷知止堂續集六卷知止堂外集六卷飛鴻集四卷飛鴻餘集一卷秋聲辭一卷飛鴻集文一卷 第609册
（清）黄恩彤撰
清光緒六年刻本
餘霞集三卷 第609册
（清）黄恩彤撰
清宣統元年濟南國文報館石印本
含清堂詩存十卷 第609册
（清）徐光第撰
清同治三年重刻本
有竹居詩鈔二卷附言雅撰芝香吟草一卷 第609册
（清）言啓方撰
清光緒二年言雅刻本
有竹居詩鈔二集二卷 第609册
（清）言啓方撰
清光緒五年言雅刻本
天開圖畫樓全集二十七卷 第609册
（清）郭柏蔭撰
清刻本
依舊草堂遺稿二卷附汪鉽撰二如居贈答詩二卷二如居贈答詞一卷 第610册
（清）費丹旭撰
清同治七年汪氏振綺堂刻本
李光禄公遺集八卷 第610册
（清）李文安撰
清光緒三十年合肥李氏刻合肥李氏三世遺集本
王文直公遺集六卷首一卷 第610册
（清）王東槐撰
清光緒七年刻本
佑啓堂詩稿十五卷 第610册
（清）景星撰
稿本
求是山房遺集四卷 第610册
（清）鄂恒撰
清光緒十年刻本
舍是集十卷 第610册
（清）王翼鳳撰
清道光二十一年刻二十四年補刻本
聲遠堂文鈔四卷 第610册
（清）王翼鳳撰
清隱秀堂抄本
滇筆不分卷 第610册
（清）阮福撰
清抄本
聽雲山莊詩詞一卷 第610册
（清）承越撰
民國二十六年陽湖吴氏木活字印敬修堂叢書本
榴實山莊詩鈔六卷榴實山莊詞鈔一卷榴實山莊試律二卷榴實山莊文稿一卷 第611册
（清）吴存義撰
清同治刻本
守經堂詩集十卷 第611册
（清）沈筠撰
清光緒九年刻本
思貽堂詩集十二卷思貽堂詩續存八卷思貽堂詩第三集四卷思貽堂書簡八卷後永州集八卷 第611册
（清）黄文琛撰
清咸豐元年至同治十二年刻本
玩雲詩集四卷 第611册
（清）黄文琛撰
清光緒刻本
竹泉詩存前集五卷 第612册
（清）周勳懋撰
稿本
小蓬廬雜綴二卷 第612册
（清）周勳懋撰
稿本
心鄉往齋集二十卷附絅齋隨筆一卷勿二三齋詩集一卷飲冰子詞存一卷紹仁齋浦遊吟一卷林風閣詩鈔一卷 第612册

(清)孔繼鑅撰
民國吴興劉承幹刻求恕齋叢書本
汪梅村先生集十二卷文外集一卷 第612冊
(清)汪士鐸撰
清光緒七年刻本
悔翁詩鈔十五卷補遺一卷悔翁詩餘五卷 第612冊
(清)汪士鐸撰
清光緒九年至十年合肥張氏味古齋刻悔翁遺著本
汪悔翁詩續鈔一卷 第612冊
(清)汪士鐸撰
民國十五年影印鄧氏豐寶堂抄本
立誠軒古今體詩一卷附文稿一卷吕錦文懷研齋吟草一卷 第613冊
(清)吕賢基撰
民國三年刻本
四持軒詩鈔二卷 第613冊
(清)方士鼐撰
清同治八年肇羅道署刻本
緑蔭軒遺集六卷 第613冊
(清)胡佩芳撰
清光緒二十三年金陵刻本
怡志堂詩初編八卷 第613冊
(清)朱琦撰
清咸豐七年刻本
怡志堂文初編六卷 第613冊
(清)朱琦撰
清同治四年運甓軒刻本
求自得之室文鈔十二卷尚絅廬詩存二卷 第613冊
(清)吴嘉賓撰
清同治五年廣州刻本
古香山館存稿十六卷 第613冊
(清)彭洋中撰
清同治十三年湘鄉彭氏刻本
水流雲在館詩鈔六卷 第613冊
(清)宋晉撰
清光緒十二年刻本
野趣園詩文集二卷 第614冊
(清)張繼灝撰
民國三十一年鉛印本
讀秋水齋詩十六卷 第614冊
(清)陸黻恩撰
清同治七年刻本
讀秋水齋文六卷 第614冊
(清)陸黻恩撰
清光緒十六年活字印本
小石渠閣文集六卷 第614冊
(清)林昌彝撰
清光緒福州刻本
衣讔山房詩集八卷 第614冊
(清)林昌彝撰
清同治二年廣州刻本
暖春書屋詩删三卷 第614冊
(清)方俊撰
清咸豐十年秦中刻本
燹餘雜詠二卷 第614冊
(清)伍承欽撰
民國三十六年鉛印本
求是齋文存二卷求是齋詩存二卷 第614冊
(清)彭崧毓撰
清同治十一年養園刻本
香南居士集二十一卷(澮園集一卷司勳集一卷匏繫集一卷楓江集一卷遂初集一卷深雪集一卷漫與集一卷寒竽集一卷蒯緱集一卷歸閒集三卷拾得集一卷瞻園集一卷楓江後集一卷孤蓬集一卷課蔬集一卷喜雨集一卷聽雨集一卷養拙集一卷尋樂集一卷) 第614冊
(清)愛新覺羅崇恩撰
清同治刻本
劫餘勵存三卷 第614冊
(清)李承霖撰
清光緒刻本
海國勝遊草一卷天外歸帆草一卷 第615冊
(清)斌椿撰
清同治七年刻本
西江遊草偶存一卷 第615冊
(清)斌椿撰
清抄本
王武愍公遺文不分卷附王燮撰理齋遺文一卷 第615冊
(清)王恩綬撰
清同治十三年刻本
小滄溟館初集六卷小滄溟館二集九卷小滄溟館三集十二卷小滄溟館四集六卷小滄溟館五集五卷 第615冊
(清)朱瀚撰
清道光至咸豐間刻本
丹棱文鈔四卷 第615冊
(清)蔣彤撰
清道光二十二年陽湖蔣氏洗心玩易之室活字印本
抱真書屋詩鈔十一卷詩餘一卷附鄧學先撰鄧虹橋孝廉遺詩一卷 第616冊
(清)陸應穀撰
清道光咸豐刻本
慎盦文鈔二卷慎盦詩鈔二卷 第616冊
(清)左宗植撰
清光緒元年鄂中刻本
倭文端公雜稿一卷 第616冊
(清)倭仁撰
清光緒元年六安求我齋刻倭文端公遺書本
尚簡堂詩稿十卷 第616冊
(清)韓印撰
清同治十三年蘿川官廨刻本
齋文集八卷齋詩集四卷 第616冊
(清)张穆撰
清咸豐八年祈寯藻刻本
西垣詩鈔二卷附黔苗竹枝詞一卷 第616冊
(清)毛貴銘撰
清光緒十年長沙王氏刻本
斅蓺齋文存八卷斅蓺齋詩存二卷附詩餘一卷斅蓺齋外集一卷 第616冊
(清)鄒漢勛撰
清光緒九年鄒代鈞刻鄒叔子遺書本
懷白軒初稾十七卷 第616冊
(清)陸初望撰
清同治五年皖城刻本
緑漪草堂文集三十卷緑漪草堂外集二卷緑漪草堂别集二卷緑漪草堂詩集二十卷研華館詞三卷 第617冊
(清)羅汝懷撰
清光緒九年羅式常刻本
也居山房詩集十卷補録一卷也居山房文集八卷 第617冊
(清)魏承柷撰
清同治九年茹古齋刻本
躬厚堂詩録十卷躬厚堂詩初録四卷绛趺山館詞録三卷梅花閣遺詩一卷躬厚堂雜文八卷附行述一卷 第618冊
(清)張金鏞撰
清同治三年至光緒四年躬厚堂全集本
妙香軒詩集五卷附妙香軒集唐詩鈔二卷 第618冊

（清）程祖潤撰
清咸豐十一年刻本
北山集三卷 第618册
（清）朱緒曾撰
清道光二十年刻金陵朱氏家集本
通甫類藁六卷通父詩存六卷 第618册
（清）魯一同撰
清咸豐九年刻本
復莊駢儷文榷八卷復莊駢儷文榷二編八卷疏影樓詞五卷（畫邊琴趣二卷吳淞蘋唱一卷翦鐙夜語一卷石雲唫雅一卷） 第618册
（清）姚燮撰
清道光至咸豐間遞刻大梅山館集本
倚晴樓詩集十二卷倚晴樓詩續集四卷倚晴樓詩餘四卷 第619册
（清）黄燮清撰
清咸豐七年至同治九年刻本
顧庸集十二卷永矢集三卷 第619册
（清）方濬撰
清光緒十五年刻毋不敬齋全書本
膠西課存一卷 第619册
（清）方濬撰
清光緒十五年刻本
屺雲樓文鈔十二卷屺雲樓集十二卷附影春園詞一卷屺雲樓二集四卷屺雲樓三集八卷 第619册
（清）劉存仁撰
清咸豐三年至光緒四年福州遞刻本
柈湖詩録六卷首一卷釣者風一卷柈湖文録八卷首一卷 第620册
（清）吳敏樹撰
清同治八年刻本
柈湖文集十二卷 第620册
（清）吳敏樹撰
清光緒十九年思賢講舍刻本
尚志居集八卷補遺一卷尚志居讀書記四卷 第620册
（清）楊德亨撰
清光緒八年刻本
梅莊詩鈔十六卷 第620册
（清）華長卿撰
清同治八年華鼎元都門刻本
運甓齋詩稾八卷 第621册
（清）陳勱撰
清光緒十年刻本
運甓齋文稾六卷運甓齋文稾續編六卷運甓齋詩稾續編六卷附運甓齋贈言録四卷 第621册
（清）陳勱撰
清光緒二十年刻本
葆真齋集六卷 第621册
（清）賈洪詔撰
清光緒刻本
知悔齋詩稿八卷知悔齋詩續稿二卷 第621册
（清）張士寬撰
清同治十三年刻本
耕香書屋詩草一卷 第621册
（清）鶴林撰
清光緒十三年刻本
適龕詩集十四卷 第621册
（清）彭湘撰
清光緒元年安徽學署刻本
柳汁吟舫詩草十四卷柳汁吟舫賦草一卷柳汁吟舫外集一卷 第621册
（清）何盛斯撰
清咸豐元年叙樂園刻本
硯隱詩存四卷 第621册
（清）楊羲撰
清道光二十五年刻本
薜簶吟館鈔存十卷 第622册
（清）柏葰撰
清同治三年刻本
巢經巢文集六卷巢經巢詩集九卷巢經巢詩後集四卷巢經巢遺詩一卷附録一卷 第622册
（清）鄭珍撰
民國三年貴州陳氏花近樓校刻遵義鄭徵君遺著本
黼堂塗鴉稿一卷 第622册
（清）黄維誥撰
稿本
怡雲山館詩存八卷 第622册
（清）楊柄鋥撰
清光緒九年錦城刻本
小南海集詩鈔二卷 第622册
（清）徐同善撰
清同治五年刻本
齊莊中正堂詩鈔十七卷首一卷齊莊中正堂律賦六卷齊莊中正堂試帖八卷 第623册
（清）殷兆鏞撰
清光緒五年刻本
文靖公詩鈔八卷（典試浙江記程草一卷浙省還轅紀游草一卷奉使三音諾彦記程草一卷塞上吟一卷吟梅閣試帖詩存二卷自怡悦齋試帖詩存二卷） 第623册
（清）寶鋆撰
清光緒三十四年羊城重刻本
文靖公遺集十二卷補遺一卷 第623册
（清）寶鋆撰
清光緒三十四年羊城重刻本
籋雲書屋詩鈔六卷 第623册
（清）鍾景撰
清刻本
繆武烈公遺集六卷首一卷 第624册
（清）繆梓撰
清光緒七年溧陽繆德棻小岻山館刻本
二瓦硯齋詩鈔十卷附引商集一卷 第624册
（清）金玉麟撰
清咸豐元年刻本
石泉書屋詩鈔八卷 第624册
（清）李佐賢撰
清同治四年刻本
石泉書屋類稿八卷石泉書屋尺牘二卷 第624册
（清）李佐賢撰
清同治十年刻本
石泉書屋制藝二卷石泉書屋律賦二卷石泉書屋館課詩二卷石泉書屋制藝補編一卷 第624册
（清）李佐賢撰
清咸豐至同治間刻石泉書屋全集本
薛仁齋先生遺集八卷附録一卷 第624册
（清）薛于瑛撰
清光緒十四年刻民國二十一年重印本
朱九江先生集十卷首一卷 第625册
（清）朱次琦撰
清光緒刻本
荻芬書屋詩稾四卷荻芬書屋賦稾一卷荻芬書屋試帖二卷荻芬書屋制藝一卷 第625册
（清）董恂撰
清咸豐董氏刻本
荻芬書屋文稾十七卷 第625册
（清）董恂撰
清光緒董氏刻本

鐵華僊館集六卷 第625冊
(清)秦賡彤撰
清光緒四年錫山秦氏家刻本
鐵花山館詩稾八卷首一卷 第625冊
(清)吳兆麟撰
清光緒六年刻本
駕雲螭室詩録六卷 第625冊
(清)周文禾撰
清光緒十三年滬上文藝齋刻本
駕雲螭室別集不分卷 第625冊
(清)周文禾撰
清光緒六年刻本
水西詠雪齋詩藁六卷 第625冊
(清)趙炳文撰
清道光二十四年涇縣趙氏刻本
江上小蓬萊吟舫詩存十八卷江上小蓬萊吟舫詩餘二卷 第626冊
(清)葉坤厚撰
清光緒九年懷寧葉氏陝西藩署刻本
竹如意館遺集十四卷 第626冊
(清)熊松之撰
民國二十一年刻藍印本
移芝室全集二十三卷 第627冊
(清)楊彝珍撰
清光緒二十二年孫世猷刻本
勿待軒文集存藁十卷勿待軒詩集存藁四卷 第627冊
(清)馬先登撰
清光緒二年大荔馬氏敦倫堂刻本
瓶隱山房詩鈔十二卷瓶隱山房詞鈔八卷 第627冊
(清)黄曾撰
清道光二十七年至咸豐七年遞刻本
東行雜詠一卷 第627冊
(清)趙霖撰
清道光刻本
羅忠節公遺集八卷 第628冊
(清)羅澤南撰
清咸豐同治間刻本
孫文節公遺稿四卷 第628冊
(清)孫銘恩撰
清咸豐七年孫登瀛刻本
受恒受漸齋集十二卷 第628冊
(清)沈曰富撰
清光緒十三年刻本
鴻雪樓詩選初集六卷 第628冊
(清)沈善寶撰
清道光刻本
鴻雪樓外集一卷 第628冊
(清)沈善寶撰
民國十三年鉛印本
嘯古堂詩集八卷嘯古堂詩遺集一卷 第628冊
(清)蔣敦復撰
清光緒十一年王韜淞隱廬刻本
嘯古堂文集八卷 第628冊
(清)蔣敦復撰
清同治七年應寶時上海道署刻本
歗古堂駢體文集一卷 第628冊
(清)蔣敦復撰
清刻本
怡雲草堂詩存一卷怡雲草堂詞鈔一卷附遞都察院呈稿一卷 第628冊
(清)蔣大鏞撰
民國十七年鉛印本
遂園詩鈔六卷 第628冊
(清)趙昀撰
清光緒二年刻本
遂園試律詩鈔四卷 第628冊
(清)趙昀撰
清咸豐十一年刻本
碧螺山館詩鈔八卷 第629冊
(清)金蘭撰
清光緒刻本
寥天一齋文稿一卷寥天一齋詩稿一卷 第629冊
(清)歐陽兆熊撰
清光緒二十三年湘潭歐陽氏刻本
小鷗波館詩鈔十二卷小鷗波館詩補録二卷小鷗波館詞鈔一卷 第629冊
(清)潘曾瑩撰
清道光二十五年刻本
賜錦堂經進文鈔一卷小鷗波館文鈔二卷小鷗波館駢體文鈔一卷 第629冊
(清)潘曾瑩撰
民國二十六年吳縣潘氏歲可堂刻小鷗波館集四種本
古懽齋文録四卷 第629冊
(清)朱畛撰
清光緒十一年古塘朱氏刻本
潄六山房全集十一卷 第629冊
(清)吳昆田撰
清光緒十年刻本
西圃集二十四卷 第629冊
(清)潘遵祁撰
清同治十一年至光緒二十三年遞刻本
桐華舸詩鈔八卷附明季詠史詩鈔一卷桐華舸詩續鈔八卷附桐華舸遺詩一卷桐華舸褒忠詩鈔一卷 第630冊
(清)鮑瑞駿撰
清同治光緒間遞刻本
舒蓺室雜著甲編二卷舒蓺室雜著乙編二卷舒蓺室雜著賸稿一卷舒蓺室詩存七卷索笑詞二卷覆瓿集續刻十二卷舒蓺室雜存一卷 第630冊
(清)張文虎撰
清光緒刻覆瓿集本
尉山堂稿十四卷 第630冊
(清)萬斛泉撰
清光緒三十二年疊山書院刻本
鐵園集二卷 第631冊
(清)陸燨撰
清咸豐刻本
鐵僊館宦游草六卷鐵笛仙館從戎草二卷鐵僊館後從戎草二卷 第631冊
(清)柏春撰
清咸豐同治間遞刻本
亦若是齋隨筆十二卷 第631冊
(清)鄭敦曜撰
清同治十一年長沙星藪園刻本
求在我齋文存八卷附示子弟帖一卷 第631冊
(清)成毅撰
清咸豐八年邵州濂溪講院刻本
池陽吟草二卷池陽續草一卷 第631冊
(清)余庚陽撰
清同治十年至十三年遞刻西京清麓叢書本
聽雪窗詩草五卷 第631冊
(清)恩麟撰
清道光抄本
筆花軒詩稿四卷 第631冊
(清)恩麟撰
清抄本
宦遊草堂詩鈔四卷 第631冊
(清)祝應燾撰
清同治七年刻本
書春堂詩集二卷書春堂續集一卷 第631冊
(清)麟光撰
清咸豐七年刻十一年補刻本

求真是齋詩草二卷 第632冊
(清)愛新覺羅恩華撰
清咸豐十一年錫璋刻本
桐華竹實之軒詩草二卷 第632冊
(清)謙福撰
清同治二年刻本
叩槃集一卷退厓公牘文字五卷洛中吟一卷後洛中吟一卷洛言一卷 第632冊
(清)賈臻撰
清道光咸豐間躬自厚齋刻賈氏叢書甲集本
如京集二卷 第632冊
(清)賈臻撰
清同治二年躬自厚齋刻賈氏叢書本
句溪雜箸六卷 第632冊
(清)陳立撰
清光緒十四年廣雅書局刻本
顯志堂稿十二卷附夢柰詩稿一卷 第632冊
(清)馮桂芬撰
清光緒二年馮氏校邠廬刻本
禮堂遺集三卷補遺一卷附詩一卷 第633冊
(清)陳喬樅撰
清同治十二年刻本
尊小學齋文集六卷尊小學齋詩集二卷 第633冊
(清)余治撰
清光緒九年無錫李氏刻本
四照堂詩集十五卷 第633冊
(清)譚溥撰
清同治三年越中重刻本
怡青堂詩集八卷怡青堂文集六卷 第633冊
(清)王錫綸撰
民國鉛印本
怡青堂詩二刻八卷 第633冊
(清)王錫綸撰
清咸豐刻本
歸盦詩稾三卷 第634冊
(清)葉裕仁撰
清光緒九年刻本
歸盦文稾八卷 第634冊
(清)葉裕仁撰
清光緒八年蔣銘勳刻本
進修堂詩集十四卷 第634冊
(清)白恩佑撰
清光緒十九年介休白氏刻本
進修堂奏稿二卷 第634冊
(清)白恩佑撰
清光緒二十三年津門刻本
心盦詩存四卷心盦詩外一卷 第634冊
(清)何兆瀛撰
清光緒五年刻本
老學後盦自訂詩二集六卷 第634冊
(清)何兆瀛撰
清光緒十三年刻本
心盦詞存四卷 第634冊
(清)何兆瀛撰
清同治十二年武林刻本
趣園初集五種二十九卷(依隱齋詩鈔十二卷香草詞五卷附鴻爪詞一卷哀絲豪竹詞一卷菊花詞一卷集牡丹亭詞一卷香草詞補遺一卷香草詞附録一卷夏雨軒雜文四卷岷江紀程一卷楹帖偶存一卷) 第634冊
(清)陳鍾祥撰
清咸豐十年刻本
鐵琴全集二十八卷(詩鈔二十五卷文鈔一卷詞鈔一卷聯鈔一卷) 第635冊
(清)黎學淵撰
清咸豐十年刻本
志隱齋詩鈔八卷 第635冊
(清)王文瑋撰
清刻本
半巖廬遺文二卷半巖廬遺詩二卷坿録一卷 第635冊
(清)邵懿辰撰
民國十一年仁和邵氏刻本
未灰齋詩鈔一卷 第635冊
(清)徐鼒撰
清光緒十二年排印本
未灰齋文集八卷未灰齋文外集一卷 第635冊
(清)徐鼒撰
清咸豐十一年福寧郡齋刻本
咄咄吟二卷 第635冊
(清)貝青喬撰
民國三年吳興劉氏刻嘉業堂叢書本
半行庵詩存稾八卷 第635冊
(清)貝青喬撰
清同治五年葉廷琯等刻本
楓南山館遺集七卷末一卷 第635冊
(清)莊受祺撰
清光緒元年陽湖莊怡孫刻本
春星草堂集七卷 第635冊
(清)沈丙瑩撰
清光緒十六年刻本
唐中丞遺集二十七卷首一卷 第636冊
(清)唐訓方撰
清光緒十七年刻本
夢甦齋詩集六卷附海上寓公草一卷 第636冊
(清)江國霖撰
清咸豐十年粵東刻本
鍥不舍齋文集四卷附詩一卷 第637冊
(清)李祖望撰
清同治三年江都李氏半畝園刻本
觀古閣詩鈔八卷 第637冊
(清)鮑康撰
清同治刻光緒二十一年歙縣鮑恩綬續刻本
東塾集六卷 第637冊
(清)陳澧撰
清光緒十八年菊坡精舍刻本
哀生閣集七卷 第637冊
(清)王大經撰
清光緒十一年姑蘇李氏鈊芳齋刻本
舒嘯樓詩稿四卷 第637冊
(清)李曾裕撰
清同治刻本
舒嘯樓詞稿不分卷 第637冊
(清)李曾裕撰
清同治十二年刻本
燼餘詩草四卷 第637冊
(清)張景渠撰
清光緒十七年金陵刻本
茹古山房詩集四卷茹古山房讀史餘吟六卷茹古山房課徒賦草二卷茹古山房駢體文二卷 第637冊
(清)田依渠撰
清同治十一年稷山縣官署刻本
柯亭子詩初集八卷柯亭子詩二集十卷柯亭子詩三集三卷柯亭子文集八卷柯亭子駢體文集六卷 第638冊
(清)周沐潤撰
清道光二十八年至二十九年刻本
復素堂詩四集四卷 第638冊
(清)周沐潤撰
清咸豐元年刻本
養生四印齋詩五集二十二卷養生四印

齋文三集六卷 第638册
(清)周沐潤撰
清咸豐七年傳忠堂刻本
復素堂文續集五卷 第638册
(清)周沐潤撰
清刻本
聽雪軒詩存三卷 第639册
(清)李善蘭撰
張宗祥抄本
賡緩堂詩集四卷賡緩堂矢音集二卷賡緩堂文集一卷賡緩堂雜俎一卷 第639册
(清)何彤雲撰
清咸豐九年刻本
敦夙好齋詩全集二十三卷首一卷 第639册
(清)葉名澧撰
清光緒十六年重刻本
深柳堂集四卷附深柳堂詞一卷甯河廉侍郎江西學政任内日記殘本一卷 第639册
(清)廉兆綸撰
抄本
微尚齋詩集初編四卷微尚齋詩續集二卷適適齋文集二卷 第639册
(清)馮志沂撰
清同治九年刻西隃山房集本
聽雲僊館儷體文集四卷補編一卷聽雲僊館儷體文續集二卷聽雲僊館詩集二卷聽雲僊館詞一卷附西游吟草一卷 第640册
(清)湯成彦撰
清咸豐三年至同治九年遞刻本
玉井山館文略五卷玉井山館文續二卷附西行日記玉井山館詩十五卷玉井山館詩餘一卷 第640册
(清)許宗衡撰
清同治四年至九年刻本
秦川焚餘草六卷首一卷補遺一卷附刻一卷 第640册
(清)董平章撰
清光緒二十七年閩縣董氏容齋刻本
喝月樓詩録二十一卷 第640册
(清)王鴻撰
清道光十九年刻本
古愚軒全集存稿不分卷 第640册
(清)青麐撰
清光緒六年刻本
楊劍潭先生遺詩二卷 第641册
(清)楊文照撰
民國十七年紫江朱氏刻本
郘亭遺詩八卷 第641册
(清)莫友芝撰
清光緒刻本
郘亭遺文八卷 第641册
(清)莫友芝撰
清光緒刻本
慎思居存稿二卷 第641册
(清)湯修撰
清同治十一年刻本
守拙軒軍中雜稿一卷守拙軒詩集三卷 第641册
(清)海保撰
稿本
曾文正公詩集四卷曾文正公文集四卷 第641册
(清)曾國藩撰
清同治十三年傳忠書局刻本
曾文正公奏稿三十六卷 第641-642册
(清)曾國藩撰
清光緒二年傳忠書局刻本
曾文正公書札三十三卷 第643册
(清)曾國藩撰
清光緒二年傳忠書局刻光緒三年增修本
陔蘭書屋詩集六卷陔蘭書屋詩二集三卷補遺一卷附汪紉蘭撰睡香花室詩鈔一卷陔蘭書屋詞集六卷陔蘭書屋試帖三卷 第644册
(清)潘曾綬撰
清道光至同治年間遞刻本
鋤月山房文鈔二卷 第644册
(清)何仁山撰
清光緒十六年豫章臬署刻本
艸艸艸堂詩艸二卷 第644册
(清)何仁山撰
清光緒十一年刻本
鴻濛室詩鈔二十卷首一卷末一卷鴻濛室文鈔六卷鴻濛室文鈔二集二卷 第644册
(清)方玉潤撰
清咸豐十一年至同治十三年隴州刻本
知非堂未定稿不分卷 第644册
(清)招廣濤撰
稿本
味諫果齋集六卷 第645册
(清)王汝金撰
清光緒八年錢江刻本
仙心閣詩鈔八卷 第645册
(清)彭慰高撰
清光緒三年羊城刻本
仙心閣文鈔二卷附紀時略 第645册
(清)彭慰高撰
清光緒十四年刻本
眉緑樓詞八卷 第645册
(清)顧文彬撰
清光緒十年刻本
劬書室遺集十六卷 第645册
(清)金錫齡撰
清光緒二十一年刻本
張文達公遺集四卷 第645册
(清)張之萬撰
清光緒二十六年京師同文館鉛印本
庚子劫餘草一卷 第645册
(清)居巢撰
清光緒鉛印本
段永源全集十一卷(同心之言集一卷絃外餘音集一卷云誰之思集一卷長言咏嘆集一卷亦復如是集一卷蘭言餘韻集一卷和羹用汝集一卷虚心晚節合集一卷海山漁樵歌一卷) 第646册
(清)段永源撰
清道光至同治遞刻本
牟子全集四十卷(東牟紀事二卷附鑄礮詳紀一卷白溝草二卷蓼六唫二卷慈竹軒制藝一卷宦豫草二卷錦城吟二卷宦蜀紀程四卷宦蜀草六卷棧雲小稿二卷驛鐙小稿二卷笥輿吟二卷潼江草二卷密厓文鈔二卷聽鶯池館閒詠二卷楚遊小草二卷燕遊小草二卷篷背吟二卷)附一卷 第646册
(清)張香海撰
清道光至咸豐遞刻本
管斑集二卷附對語偶録 第646册
(清)楊重雅撰
清同治六年刻本
婁莫子集四卷婁莫子雜識一卷附俞承德撰高辛硯齋雜著一卷 第646册
(清)俞興瑞撰
清咸豐六年平江三德堂刻本
古柏山房詩存不分卷 第646册

(清)蔣達撰
抄本
緑蕉館詩鈔四卷附繡鐙問字圖題詞一卷　第647冊
(清)陳景高撰
清同治十三年海鹽陳氏刻本
江忠烈公遺集二卷首一卷補遺二卷行狀一卷附録二卷　第647冊
(清)江忠源撰
清光緒十二年刻槐廬叢刻本
芬響閣初藁十卷附陳瑶撰芬響閣附存稾一卷　第647冊
(清)王褧之撰
清咸豐九年至同治七年遞刻本
璞山存稾十二卷　第647冊
(清)曹藍田撰
清光緒二十二年銅陵曹氏刻本
静遠堂集三卷首一卷　第647冊
(清)陳壽熊撰
清光緒十八年蘇州五畝園刻本
賜龍堂詩稿八卷　第647冊
(清)彭瑞毓撰
清同治十年戎州刻本
攜雪堂全集四卷附時文一卷試帖二卷　第647冊
(清)吳可讀撰
清光緒十九年刻本
胡文忠公遺集八十六卷首一卷　第648－649冊
(清)胡林翼撰
清同治六年刻本
播川詩鈔六卷　第649冊
(清)趙旭撰
民國六年排印本
憶琴書屋存藁四卷　第649冊
(清)黄文涵撰
清光緒二年刻二十三年補刻本
學詁齋文集二卷　第649冊
(清)薛壽撰
清光緒六年冶城山館刻本
太倉孫子福先生遺草三卷　第649冊
(清)孫壽祺撰
清光緒十九年刻本
敦艮吉齋文鈔四卷敦艮吉齋詩存二卷敦艮吉齋詩存補遺一卷　第649冊
(清)徐子苓撰
清光緒三十二年合肥李氏刻集虚草堂叢書甲集本
宛湄書屋文鈔十一卷　第650冊
(清)李光廷撰
清光緒四年端溪書院刻本
宛湄書屋遺詩五卷　第650冊
(清)李光廷撰
清光緒八年刻本
裒遺草堂詩鈔十二卷息柯雜箸六卷息柯白牋八卷先德録一卷粤西得碑記一卷夢緑亭會合詩一卷附續編一卷　第650冊
(清)楊翰撰
清同治至光緒遞刻本
蘭言初集一卷　第650冊
(清)丁守存撰
清同治三年刻本
曠視山房課兒草二卷　第650冊
(清)丁守存撰
清光緒七年成文信刻本
補竹軒文集六卷補竹軒詩集三卷三天入直瑣記一卷補竹圖一卷　第650冊
(清)鮑源深撰
清光緒刻本
左文襄公文集五卷左文襄公詩集一卷附聯語一卷　第650冊
(清)左宗棠撰
清光緒十八年刻本
左文襄公書牘二十六卷　第651冊
(清)左宗棠撰
清光緒十八年刻左文襄公全集本
晚晴軒儷體文存二卷晚晴軒詩存五卷　第652冊
(清)陳文田撰
清光緒七年梓文齋刻本
荔雨軒文集六卷荔雨軒文續集二卷荔雨軒詩集三卷　第652冊
(清)華翼綸撰
清光緒九年梁溪華氏刻本
九梅村詩集二十卷　第652冊
(清)魏燮均撰
清光緒元年紅杏山莊刻本
六安大司馬遺集不分卷　第652冊
(清)涂宗瀛撰
民國九年鉛印本
坦室詩草不分卷　第652冊
(清)恩霖撰
清同治二年刻本
金壇圍城紀事詩一卷　第652冊
(清)于桓撰
清光緒二十四年刻本
槐卿遺稾六卷附録一卷　第652冊
(清)沈衍慶撰
清同治元年刻本
花事草堂學吟一卷　第652冊
(清)蔣光煦撰
清刻谷湖聯吟本
曾太僕左夫人詩稿合刻十一卷(吟雲仙館詩稿一卷冷吟仙館詩稿八卷詩餘一卷文存一卷)附録一卷　第652冊
(清)曾詠 左錫嘉撰
清光緒十七年定襄官署刻本
蒼葡花館詩詞集三卷　第652冊
(清)徐鴻謨撰
清光緒十一年刻本
小醉經室詩集六卷　第652冊
(清)徐廷珍撰
清光緒十年江都徐氏刻本
望三益齋詩文鈔十四卷附孝敬堂試藝一卷　第653冊
(清)吳棠撰
清同治十三年成都使署刻本
種樹軒文集一卷種樹軒詩草一卷　第653冊
(清)郭長清撰
清光緒二十三年刻種樹軒遺集本
昨非集四卷　第653冊
(清)劉熙載撰
清光緒三年刻本
觀濠居士遺著十九卷　第653冊
(清)楊沂孫撰
抄稿本
虹橋老屋遺稿九卷　第653冊
(清)秦緗業撰
清光緒十五年刻本
謝家山人集六卷　第654冊
(清)唐瑩撰
清光緒十年安慶刻本
樂餘静廉齋文稿一卷樂餘静廉齋詩稿初集一卷樂餘静廉齋詩稿二集一卷樂餘静廉齋詩鈔續集一卷蜀桐絃詞一卷海風簫詞一卷絳河笙詞稿一卷梵天瑟詞一卷　第654冊
(清)顧復初撰
清同治四年至光緒六年刻本

草廬詩二卷沁泉山館詩二卷柳湄小榭詩一卷葭柎草堂集三卷續一卷 第662册
(清)郭柏蒼撰
清光緒十一年刻郭氏彙刻本
遜學齋詩鈔十卷遜學齋詩續鈔五卷 第662册
(清)孫衣言撰
清同治三年重刻本
遜學齋文鈔十二卷首一卷末一卷遜學齋文續鈔五卷 第662册
(清)孫衣言撰
清同治十二年刻增修本
味經書屋詩存不分卷 第662册
(清)竇珣撰
清光緒二十七年刻本
履綏堂詩藳八卷 第662册
(清)海鍾撰
清同治七年福州刻本
石龕詩卷十八卷附石龕詩餘偶存一卷 第663册
(清)劉楚英撰
清同治九年粵西鹺署刻本
北戍草二卷附津案始末一卷倭文端公密疏一卷 第663册
(清)張光藻撰
清光緒二十三年刻本
一粟廬詩一稿四卷一粟廬詩二稿四卷 第663册
(清)于源撰
清道光咸豐間刻一粟廬合集本
鏡真山房詩鈔六卷鏡真山房試帖二卷 第663册
(清)張鳳翥撰
清同治二年刻本
使粵吟三卷 第663册
(清)何桂清撰
清道光二十四年刻本
餐芍華館詩集八卷附蕉心詞一卷 第663册
(清)周騰虎撰
清光緒十九年活字印本
餐芍華館遺文三卷 第663册
(清)周騰虎撰
清光緒三十一年長沙刻毗陵周氏三種本
古杼秋館遺稾三卷 第663册
(清)侯楨撰
清光緒二十三年刻民國四年增刻本
養晦堂文集十卷養晦堂詩集二卷 第663册
(清)劉蓉撰
清光緒三年思賢講舍刻本
達觀樓初稿十卷 第663册
(清)易文瀋撰
清道光二十年刻本
悔餘菴詩稿十三卷悔餘菴文稿九卷悔餘菴樂府四卷餘辛集三卷衲蘇集二卷 第664册
(清)何栻撰
清同治元年至四年刻本
空青水碧齋詩集十三卷補遺一卷空青水碧齋文集八卷 第664册
(清)蔣琦齡撰
清光緒刻全州蔣氏叢刻本
三恥齋初稿十二卷 第665册
(清)吳坤修撰
清同治四年鳩江半畝園刻本
思過齋雜體詩存十二卷 第665册
(清)蕭培元撰
清同治十三年刻本
還硯齋雜著四卷附古近體詩略一卷還硯齋賦稿十卷還硯齋大題文稿一卷附補遺一卷還硯齋小題文稿一卷還硯齋試帖一卷 第665册
(清)趙新撰
清光緒八年黃樓刻本
帶耕堂遺詩五卷首一卷 第665册
(清)蒯德模撰
民國十八年江寧刻本
蝸寄廬詩草六卷蝸寄廬詩餘二卷 第666册
(清)沈鍠撰
清光緒五年刻本
太素齋詞鈔二卷 第666册
(清)勒方錡撰
清光緒十年刻本
心巢文録九卷心巢詩録一卷 第666册
(清)成孺撰
清光緒刻成氏遺書本
夢緑草堂詩鈔十二卷附鳳簫集二卷首一卷末一卷 第666册
(清)蔡壽祺撰
清咸豐七年京師刻本
夢緑草堂詩鈔續集四卷 第666册
(清)蔡壽祺撰
清同治五年刻本
彭剛直公奏稿八卷彭剛直公詩集八卷 第666册
(清)彭玉麟撰
清光緒十七年刻本
有不爲齋集六卷 第666册
(清)端木埰撰
清宣統元年刻本
藏園詩鈔不分卷 第666册
(清)游智開撰
清光緒二十五年刪刻本
十二硯齋文録一卷 第666册
(清)汪鋆撰
清光緒刻本
何文貞公遺書五卷(補輯朱子大學講義二卷訓蒙千字文一卷何文貞公遺集二卷) 第667册
(清)何桂珍撰
清光緒十年六安求我齋刻本
帥文毅公遺集五卷 第667册
(清)帥遠燡撰
清光緒二十三年黃梅縣署刻本
黃忠壯公遺集九卷首一卷附録一卷 第667册
(清)黃淳熙撰
清光緒元年成都醒予山房刻本
井窗蛩吟集二卷 第667册
(清)林熙撰
清光緒十八年烏園讀畫亭刻本
中山紀游吟一卷 第667册
(清)林熙撰
清光緒十八年烏園讀畫亭刻本
雪門詩草十四卷 第667册
(清)許瑶光撰
清同治十三年刻本
青田山廬詩鈔二卷青田山廬詞鈔一卷 第668册
(清)莫庭芝撰
清光緒十五年日本使署刻黎氏家集本
止庵詩集二卷附盤阿草堂詞存一卷 第668册
(清)孫鏘鳴撰
抄本
市隱書屋初稾十七卷 第668册
(清)亢樹滋撰

清光緒三年刻本
隨安廬詩集九卷　第668冊
(清)亢樹滋撰
清光緒刻本
留餘齋詩集四卷　第668冊
(清)王鏡瀾撰
民國二十三年鉛印本
枕經堂文鈔二卷枕經堂駢體文三卷枕經堂詩鈔八卷(存二卷)枕經堂金石題跋三卷　第668冊
(清)方朔撰
清刻本
經進文稿偶存一卷　第668冊
(清)許振祎撰
清咸豐刻本
劉茮雲先生遺集四卷　第668冊
(清)劉傳瑩撰
清抄本
李忠武公奏疏一卷李忠武公書牘二卷附褒節録一卷　第668冊
(清)李續賓撰
清光緒十七年甌江巡署刻本
墨花軒詩詞删存二卷附詩餘一卷　第668冊
(清)張葆謙撰
清同治四年南皮張氏刻本
梧生文鈔十卷梧生詩鈔十卷　第669冊
(清)傅桐撰
清同治三年刻光緒七年遞刻本
安遇齋古近體詩二卷　第669冊
(清)李德儀撰
清刻本
耐軒文鈔十四卷首一卷　第669冊
(清)楊士達撰
清光緒五年傳硯山館木活字重印本
睦州存藁八卷　第669冊
(清)丁壽昌撰
清同治五年刻本
秋根書室詩文集十四卷附西行紀程二卷西征集一卷　第669冊
(清)孟傳鑄撰
清宣統二年緑野堂鉛印本
伏敔堂詩録十五卷首一卷伏敔堂詩續録四卷　第670冊
(清)江湜撰
清同治刻本
通義堂文集十六卷　第670冊
(清)劉毓崧撰
民國劉氏刻求恕齋叢書本
水雲樓詞二卷水雲樓詞續一卷水雲樓詩賸藁一卷　第670冊
(清)蔣春霖撰
清光緒江陰繆氏刻本
務時敏齋存稿十卷　第670冊
(清)洪昌燕撰
清光緒二十年錢塘洪氏刻本
願學堂詩存二十二卷　第671冊
(清)邵亨豫撰
清光緒十年琴川刻本
信美室集一卷　第671冊
(清)鍾文烝撰
稿本
承恩堂詩集十卷　第671冊
(清)恩錫撰
清同治十三年袁江節署刻本
甄祖齋詩鈔一卷　第671冊
(清)劉銓福撰
清同治刻本
因齋詩存二卷　第671冊
(清)劉成忠撰
清光緒十四年刻本
秋蟪吟館詩鈔七卷　第671冊
(清)金和撰
民國五年刻本
藤香館詩鈔四卷藤香館詩續鈔一卷藤香館詞一卷　第671冊
(清)薛時雨撰
清同治刻薛氏五種本
嶺上白雲集十二卷寙翁文鈔四卷　第671冊
(清)陸懋修撰
清光緒二十三年刻本
澹勤室詩六卷補遺一卷　第672冊
(清)傅壽彤撰
民國十六年涉園重刻本
蚓竅集一卷　第672冊
(清)夏家鎬撰
清光緒刻本
柏堂集前編十四卷柏堂集次編十三卷柏堂集續編二十二卷柏堂集後編二十二卷柏堂集餘編八卷柏堂集補存三卷柏堂集外編十二卷　第672冊
(清)方宗誠撰
清光緒六年至十二年刻本
劉武慎公全集二十九卷首一卷　第673冊
(清)劉長佑撰
清光緒刻本
郭侍郎奏疏十二卷養知書屋文集二十八卷養知書屋詩集十五卷　第674冊
(清)郭嵩燾撰
清光緒十八年刻本
竹石居文草四卷竹石居詩草四卷竹石居詞草不分卷　第675冊
(清)童華撰
清光緒刻本
劍虹居文集二卷劍虹居詩集二卷　第675冊
(清)秦焕撰
清光緒三十一年刻本
自鏡齋詩鈔一卷自鏡齋文鈔一卷閒雜録一卷自鏡齋試帖一卷詠花詞一卷　第675冊
(清)潘曾瑋撰
清光緒十三年刻本
碧琅玕吟館詩注二卷　第675冊
(清)愛新覺羅錫齡撰
清刻本
珂谿山房詩鈔十八卷　第675冊
(清)彭旭撰
清同治七年刻本
蒼莨初集二十一卷　第675冊
(清)孫鼎臣撰
清咸豐刻本
荻華堂詩存二卷附録一卷　第675冊
(清)蔡琳撰
清光緒十八年刻本
鄒徵君存稿一卷　第675冊
(清)鄒伯奇撰
清同治十二年鄒達泉刻鄒徵君遺書本
斲研山房詩鈔八卷　第675冊
(清)沈炳垣撰
清道光刻本
祥止室詩鈔六卷　第675冊
(清)沈炳垣撰
清道光十七年刻本
損齋文鈔十五卷首一卷損齋外集鈔一卷損齋語録鈔三卷附録一卷　第676冊
(清)楊樹椿撰
清光緒十九年柏經正堂刻本
陔南山館遺文不分卷　第676冊

(清)魏秀仁撰
福建修志局抄本
碧花凝唾集二卷 第676冊
(清)魏秀仁撰
抄本
仰蕭樓文集不分卷 第676冊
(清)張星鑑撰
清光緒六年刻本
劉果敏公文集一卷 第676冊
(清)劉典撰
清光緒十五年刻本
龔自閎集不分卷 第676冊
(清)龔自閎撰
清抄本
慊齋詩鈔二卷慊齋文鈔一卷 第676冊
(清)劉廷枚撰
清光緒十八年京師刻本
尺岡草堂遺集十二卷 第676冊
(清)陳璞撰
清光緒十五年息廬刻本
十三峰書屋全集九卷 第677冊
(清)李榕撰
清光緒十六至十八年蔣德鈞龍安書院刻本
遲鴻軒集十二卷 第677冊
(清)楊峴撰
民國三年劉氏嘉業堂刻吳興叢書本
疏蘭僊館詩集四卷疏蘭僊館詩續集六卷疏蘭僊館詩再續集四卷 第677冊
(清)朱錫綬撰
清同治十三年鎮洋朱氏刻本
小桃李園文鈔四卷 第677冊
(清)李霖撰
清光緒三年洪都李氏染柳山房刻本
小桃李園詩鈔二十卷 第677冊
(清)李霖撰
清光緒四年重刻本
寸草心齋古今體詩鈔二卷 第677冊
(清)段承實撰
清咸豐八年上海刻本
茶夢盦劫後詩稿十二卷茶夢盦詞稿二卷 第677冊
(清)高望曾撰
清同治九年福州刻光緒十六年杭州補刻本
馬徵君遺集六卷首一卷 第677冊
(清)馬三俊撰
清同治刻本
所性軒遺稿不分卷 第678冊
(清)姚步瀛撰
清半園書屋活字印本
有恒心齋集三十六卷 第678冊
(清)程鴻詔撰
清同治刻本
范湖草堂遺稿六卷 第678冊
(清)周閑撰
清光緒十九年活字印本
望雲館文詩稿二卷 第678冊
(清)章鋆撰
清光緒十四年刻本
許松濱先生詩集二卷許松濱先生文集二卷 第678冊
(清)許錫祺撰
清光緒十九年刻許松濱先生全集本
適齋詩集四卷附年譜一卷 第678冊
(清)崇實撰
清光緒刻本
丁文誠公遺集二十八卷首一卷 第679冊
(清)丁寶楨撰
清光緒十九至二十年京師刻本
小不其山房集十二卷 第680冊
(清)徐有珂撰
清光緒七年刻本
夜識齋賸稿不分卷 第680冊
(清)沈葆楨撰
清光緒刻本
實其文齋文鈔八卷實其文齋詩鈔六卷兵部公牘二卷 第680冊
(清)黄雲鵠撰
清同治十一年刻本
祥人詩草七卷孝泉遊草一卷 第680冊
(清)黄雲鵠撰
清光緒刻祥人詩續鈔本
雅州公牘一卷 第680冊
(清)黄雲鵠撰
清光緒刻本
賭棋山莊集二十五卷 第680冊
(清)謝章鋌撰
清光緒刻本
酒邊詞八卷賭棋山莊餘集五卷 第681冊
(清)謝章鋌撰
清光緒至民國刻賭棋山莊全集本
日慎齋詩草六卷外集一卷 第681冊
(清)李嗣元撰
清同治十年刻本
小梅花館詩集六卷小梅花館詞集三卷 第681冊
(清)吴廷燮撰
清道光二十一年至咸豐七年刻本
且巢詩存四卷 第681冊
(清)周葆濂撰
清光緒十六年刻本
篋山詩草二卷 第681冊
(清)劉曰蕚撰
清光緒十七年活字印本
郁山房詩存八卷郁山房駢文二卷郁山房文略二卷郁山房疏草二卷甕天瑣録一卷 第681冊
(清)趙樹吉撰
清光緒七年至十一年汗青簃刻本
味陶軒集不分卷 第681冊
(清)吳載勳撰
清宣統二年刻本
章圃文蜕八卷首一卷末一卷 第681冊
(清)姜曾撰
清同治三年刻本
餐花室詩稿十卷餐花室詩餘一卷 第681冊
(清)嚴錫康撰
清咸豐十一年刻本
張文節公遺集二卷 第681冊
(清)張洵撰
清同治十一年刻滂喜齋叢書本
小芋香館遺集十二卷 第681冊
(清)李杭撰
清咸豐元年刻本
好雲樓初集二十八卷首一卷好雲樓二集十六卷首一卷附臨川答問一卷 第682冊
(清)李聯琇撰
清咸豐十一年至光緒八年刻本
漁浦草堂詩集四卷附補遺一卷漁浦草堂詩餘二卷(影香詞一卷雪煩詞一卷) 第682冊
(清)張道撰
清同治六年刻本
蜀遊草一卷 第682冊
(清)丁紹周撰
清同治十三年刻本

浮玉山房賦鈔一卷附浮玉山房試帖一卷 第 682 冊
(清)丁紹周撰
清同治十年刻本
通齋集五卷垂金蔭緑軒詩鈔二卷圃珖巖館詩鈔四卷通齋文集二卷通齋遺稿一卷通齋外集一卷附蔣繼伯撰曉瀛遺稿二卷 第 682 冊
(清)蔣超伯撰
清同治三年刻民國二十二年揚州陳恒和書林補刻通齋全集本
趙忠節公遺墨一卷 第 682 冊
(清)趙景賢撰
清光緒八年刻本
天岳山館文鈔四十卷 第 683 冊
(清)李元度撰
清光緒六年爽谿精舍刻本
小匏庵詩存六卷末一卷 第 683 冊
(清)吴仰賢撰
清光緒四年刻本
眠琴閣遺文一卷眠琴閣遺詩二卷 第 683 冊
(清)何慶涵撰
清光緒刻本
蛾術齋詩草七卷 第 683 冊
(清)丁杰撰
清光緒二十六年廣州刻本
養拙齋詩十四卷附録一卷附王必蕃撰桂隱詩存一卷 第 684 冊
(清)王必達撰
清光緒十六年至十九年臨桂王氏家刻本
永懷堂文鈔十卷永懷堂詩鈔二卷 第 684 冊
(清)龍文彬撰
清光緒十七年刻本
淡園文集不分卷 第 684 冊
(清)馬徵麐撰
清思古書堂刻本
春在堂詩編二十三卷 第 684－685 冊
(清)俞樾撰
清光緒刻春在堂全書本
春在堂詞録三卷玉堂舊課一卷詠物一卷曲園自述詩一卷補自述詩一卷集千字文詩一卷小蓬萊謠一卷佚詩一卷 第 685 冊
(清)俞樾撰
清光緒刻春在堂全書本
賓萌集六卷賓萌外集四卷 第 685 冊
(清)俞樾撰
清光緒刻春在堂全書本
春在堂襍文四十三卷 第 685－686 冊
(清)俞樾撰
清光緒刻春在堂全書本
詁經精舍自課文二卷左傳連珠一卷銘篇一卷四書文一卷春在堂尺牘六卷佚文一卷 第 686 冊
(清)俞樾撰
清光緒刻春在堂全書本
吉羊鐙室詩集五卷(去鄉吟一卷勞薪草一卷憂亂草一卷息影吟一卷求伸集一卷) 第 686 冊
(清)瞿樹鎬撰
清同治刻本
扶荔生覆瓿集十卷 第 686 冊
(清)王濟撰
清同治十二年巴陵方氏碧琳琅館刻本
笠杖集六卷 第 687 冊
(清)張盛藻撰
清光緒七年刻本
補勤詩存二十四卷首一卷勤餘文牘六卷首一卷補勤詩存續編五卷勤餘文牘續編二卷 第 687 冊
(清)陳錦撰
清光緒三年至十年刻橘蔭軒全集本
學稼草堂詩草十卷 第 687 冊
(清)陳嗣良撰
清光緒八年刻本
實帚詩略二卷 第 687 冊
(清)周惺然撰
清光緒十年上黨重刻本
面城樓集鈔四卷 第 687 冊
(清)曾釗撰
清光緒十二年刻學海堂叢刻本
劉光禄遺稿二卷 第 687 冊
(清)劉錫鴻撰
清活字印本
亦吾廬詩草八卷 第 688 冊
(清)歐陽雲撰
清光緒刻本
黄鵠山人詩初鈔十八卷 第 688 冊
(清)林壽圖撰
清光緒六年刻本
天瘦閣詩半六卷 第 688 冊
(清)李士棻撰
清光緒十一年活字印本
天補樓行記一卷 第 688 冊
(清)李士棻撰
清光緒十一年活字印本
讀均軒館賦偶存一卷 第 688 冊
(清)龐鍾璐撰
清光緒十一年刻本
訒齋文鈔二卷訒齋詩鈔一卷訒齋手札四卷附録家約家訓一卷 第 688 冊
(清)褚維撰
清光緒二十七年刻民國五年重印本
清邃堂遺詩六卷 第 688 冊
(清)顏宗儀撰
民國三十二年上海涵芬樓影印海鹽顏氏大海明月樓寫本
鮑太史詩集八卷 第 688 冊
(清)鮑存曉撰
清光緒十二年刻本
三十二蘭亭室詩存八卷三十二蘭亭室詩存續刻二卷三十二蘭亭室詩存再續刻二卷 第 688 冊
(清)劉溎年撰
清光緒元年至十七年羊城富文齋刻本
約園詞四卷 第 688 冊
(清)劉溎年撰
清光緒十二年刻本
毋自欺室文集十卷 第 689 冊
(清)王炳燮撰
清光緒十一年津河廣仁堂刻本
墨花吟館詩鈔十六卷憶雲集試帖一卷篛雲集試帖一卷 第 689 冊
(清)嚴辰撰
清光緒刻本
墨花吟館病几續鈔四卷 第 689 冊
(清)嚴辰撰
清光緒十九年刻本
墨花吟館文鈔三卷 第 689 冊
(清)嚴辰撰
清光緒十六年刻本
墨花吟館感舊懷人集二卷 第 689 冊
(清)嚴辰撰
清光緒十六年刻本
碧琅玕館詩鈔四卷碧琅玕館詩續鈔四卷 第 689 冊
(清)楊光儀撰
清光緒刻本

朔風吟略十一卷 第690册
(清)劉秉琳撰
清光緒二年津門道署刻本
讀雪齋詩集九卷 第690册
(清)孫文川撰
清光緒八年刻本
知白齋詩鈔五卷詩草附存一卷雙橋小築詞存六卷詞存集餘二卷 第690册
(清)江人鏡撰
清光緒二十三年刻本
翠岩室詩鈔五卷 第690册
(清)韓弼元撰
清光緒刻本
翠巖室文稿二卷 第690册
(清)韓弼元撰
清光緒刻本
緑伽楠館詩稿一卷 第690册
(清)馮譽驥撰
清宣統三年同文書館鉛印本
中隱堂詩八卷 第690册
(清)方炳奎撰
清同治五年刻本
磨盾集二卷 第690册
(清)方炳奎撰
清同治六年刻本
偶存集一卷援守井研記畧一卷 第690册
(清)董貽清撰
清刻本
十二種蘭亭精舍詩集十卷附潞河漁唱一卷 第690册
(清)陳元禄撰
清光緒十四年錢塘陳氏重刻本
結一廬遺文二卷 第690册
(清)朱學勤撰
清光緒三十四年刻本
百蘭山館古今體詩五卷附百蘭山館詞一卷 第690册
(清)丁日昌撰
清末鉛印本
雲臥山莊詩集八卷首一卷末一卷 第691册
(清)郭崑燾撰
清光緒十一年湘陰郭氏岵瞻堂刻本
雲臥山莊別集五卷 第691册
(清)郭崑燾撰
清光緒十一年湘陰郭氏岵瞻堂刻本

雲臥山莊尺牘八卷 第691册
(清)郭崑燾撰
民國五年湘陰郭氏清聞山館刻本
雲臥山莊家訓二卷末一卷 第691册
(清)郭崑燾撰
清光緒十一年湘陰郭氏岵瞻堂刻本
退齋詩稿五卷 第691册
(清)方鼎鋭撰
清宣統元年從吾書屋刻本
潛心堂集一卷 第691册
(清)桂文燦撰
清光緒刻南海桂氏經學六種本
香禪精舍集二十八卷(奉思録四卷庚申噩夢記二卷蘇臺麋鹿記二卷游記三卷鄂行日記二卷歙行日記二卷虎阜石刻僅存録三卷金石文字跋尾二卷紀游草四卷香禪詞四卷) 第691册
(清)潘鍾瑞撰
清光緒刻本
度嶺吟一卷 第692册
(清)景廉撰
清光緒六年刻冰嶺紀程附刻本
李資政公遺集三卷 第692册
(清)李蕊撰
民國二十六年鉛印本
楊勇慤公奏議十六卷 第692册
(清)楊岳斌撰
清光緒二十一年問竹軒刻本
兩彊勉齋古今體詩存四卷兩彊勉齋試帖詩存一卷兩彊勉齋館課賦存一卷 第692册
(清)倪文蔚撰
清光緒九年桂林節署刻本
兩彊勉齋文存二卷 第692册
(清)倪文蔚撰
清光緒十一年羊城節署刻本
退補齋詩存十六卷首一卷退補齋文存十二卷首一卷 第693册
(清)胡鳳丹撰
清同治十二年退補齋鄂州刻本
退補齋詩存二編十卷退補齋文存二編五卷 第693册
(清)胡鳳丹撰
清光緒七年退補齋刻本
陶樓文鈔十四卷 第693册
(清)黄彭年撰
民國十二年刻本

濂亭文集八卷濂亭遺文五卷濂亭遺詩二卷 第694册
(清)張裕釗撰
清光緒八年查氏木漸齋蘇州刻本
裴光禄遺集八卷首一卷附年譜四卷 第694册
(清)裴蔭森撰
清宣統三年刻本
海雲閣詩鈔一卷 第694册
(清)葉衍蘭撰
民國十七年葉公綽刻本
秋夢盦詞鈔二卷續一卷 第694册
(清)葉衍蘭撰
清光緒十六年羊城刻本
李文忠公遺集八卷 第694册
(清)李鴻章撰
清光緒三十年刻合肥李氏三世遺集本
知退齋稿七卷 第694册
(清)張瑛撰
清光緒二十四年刻本
友竹草堂文集六卷友竹草堂詩集二卷 第694册
(清)蔣慶第撰
清光緒刻本
寄鷗游草十一卷 第695册
(清)任道鎔撰
清光緒十三年刻本
寄鷗存稿一卷 第695册
(清)任道鎔撰
清光緒十三年刻本
退復軒詩四卷 第695册
(清)錫縝撰
清光緒刻本
退復軒時文未棄草二卷 第695册
(清)錫縝撰
清光緒刻本
玉笙樓詩録十二卷玉笙樓詩續録一卷 第695册
(清)沈壽榕撰
清光緒九年刻本
毖進齋詩文稿一卷 第695册
(清)姚覲元撰
民國二十九年鉛印吳中文獻小叢書本
荻訓堂詩鈔十卷 第695册
(清)鄧琛撰
清光緒十七年刻本
靈石山房詩草一卷靈石山房續吟草一

卷 第695冊
(清)貴成撰
清同治刻本
壯學堂詩稿六卷 第695冊
(清)許亦崧撰
清光緒二十一年京師刻本
芝霞莊詩存五卷 第695冊
(清)黄錫彤撰
清光緒九年善化黄氏刻本
知非齋詩鈔不分卷知非齋詩續鈔十卷 第695冊
(清)陳鍾英撰
清同治十一年杭州衡山陳氏刻本
廣經室文鈔一卷 第695冊
(清)劉恭冕撰
清光緒十五年廣雅書局刻本
張靖達公雜著一卷 第695冊
(清)張樹聲撰
清宣統二年武昌刻本
曾忠襄公文集二卷曾忠襄公批牘五卷曾忠襄公書札二十二卷 第696冊
(清)曾國荃撰
清光緒二十九年刻曾忠襄公全集本
蓄墨復齋詩鈔四卷 第696冊
(清)王培新撰
清光緒二十二年刻本
清麓文集二十三卷附清麓日記五卷 第697冊
(清)賀瑞麟撰
清光緒刻本
求益齋詩鈔六卷 第697冊
(清)強汝詢撰
清光緒二十一年刻本
求益齋文集八卷 第697冊
(清)強汝詢撰
清光緒二十四年江蘇書局刻求益齋全集本
徵園詩集十卷首一卷 第697冊
(清)徐樹銘撰
民國七年鉛印本
湘谷初稿八卷湘谷續稿七卷湘谷吟稿四卷 第698冊
(清)謝庭蘭撰
清光緒刻本
問鸝山館詩鈔不分卷 第698冊
(清)楊炳勳撰
清光緒二十四年刻本
見素抱樸之齋詩存六卷 第698冊
(清)呂儁孫撰
清同治十一年刻本
堅白齋集八卷(詩存三卷駢文存一卷雜稿存四卷) 第698冊
(清)龍汝霖撰
清光緒七年刻本
一鐙精舍甲部稿五卷 第698冊
(清)何秋濤撰
清光緒五年淮南書局刻本
桐華閣文集十二卷 第698冊
(清)杜貴墀撰
清光緒刻本
桐華閣詞鈔二卷 第698冊
(清)杜貴墀撰
清光緒二十六年桐華閣叢書本
小西腴山館詩集八卷小西腴山館文集十二卷小西腴山館主人自著年譜二卷 第698冊
(清)吳大廷撰
清光緒五年刻本
王壯武公遺集二十四卷首一卷附年譜二卷 第699冊
(清)王鑫撰
清光緒十八年湘鄉王氏刻本
天影盦全集十八卷 第699冊
(清)李壽蓉撰
民國三年鉛印本
汲庵文存六卷汲庵詩存八卷 第700冊
(清)楊象濟撰
清光緒七年至八年刻本
延桂山房吟稿八卷延桂山房詞草一卷延桂山房文集一卷延桂山房别集一卷 第700冊
(清)王惟成撰
清光緒二十六年王氏刻本
敬恕齋遺稿二卷 第700冊
(清)張夢元撰
清光緒二十三年鉛印本
清嘯樓詩鈔一卷 第700冊
(清)嚴謹撰
清同治六年刻本
見笑集四卷 第700冊
(清)朱克家撰
清光緒十年刻本
續刻見笑集四卷 第700冊
(清)朱克家撰
清光緒十四年刻本
瓊華詩集四卷瓊華詞集二卷 第701冊
(清)俞廷瑛撰
清光緒九年刻本
酒五經吟館詩草二卷酒五經吟館詩餘草一卷 第701冊
(清)恭釗撰
清光緒刻本
文誠公集十卷首一卷 第701冊
(清)袁保恒撰
清宣統三年清芬閣鉛印項城袁氏家集本
鷗堂賸藳一卷補遺一卷附周星譼撰傳忠堂學古文一卷 第701冊
(清)周星譽撰
清光緒十二年江陰金氏刻粟香室叢書本
因樹書屋詩稿十二卷 第701冊
(清)沈寶森撰
清光緒二十三年刻本
梧竹軒詩鈔十卷附賸稿一卷 第701冊
(清)徐兆英撰
清光緒二十三年愛虞堂刻三十一年補刻民國八年再補刻本
飲雪軒詩集四卷 第701冊
(清)楊泰亨撰
清宣統二年刻本
師竹齋主人信札一卷 第701冊
(清)徐用儀撰
稿本
嶺雲齋詩草一卷 第701冊
(清)愛新覺羅遐齡撰
清光緒石印本
軍中草一卷 第701冊
(清)黄振成撰
清同治二年刻柳堂師友詩録初編本
蟄廬遺集一卷 第702冊
(清)俞文詔撰
清光緒二十一年婺源俞氏清蔭堂刻本
黎文肅公遺書六十七卷首一卷年譜一卷 第702冊
(清)黎培敬撰
清光緒十七年湘潭黎氏刻本
函樓詩鈔二十卷 第702冊
(清)易佩紳撰
清光緒間遞刻本
函樓文鈔九卷附奏稿一卷制義一卷函

懷雅堂詩存四卷 第717冊
(清)鄭鴻撰
清光緒三十一年刻本
杏邨文藁一卷 第717冊
(清)游觀第撰
清光緒十九年長白慶珍刻本
鴻晢盾墨合編六卷首一卷 第717冊
(清)宋裕椿撰
清同治七年刻本
津門徵獻詩八卷 第717冊
(清)華鼎元撰
清光緒十二年刻本
萬里游草殘稿三卷 第717冊
(清)陸光祖撰
民國十三年沔陽盧氏慎始基齋刻本
王孟調明經西凫草一卷 第718冊
(清)王星諴撰
清同治十一年吳縣潘氏八喜齋刻滂喜齋叢書本
御製詩集八卷御製文集二卷 第718冊
(清)愛新覺羅奕訢撰
清同治二年武英殿刻本
仲實類稿一卷仲實詩存二卷 第718冊
(清)魯蕡撰
清光緒刻本
俟齋詩草一卷俟齋試帖一卷附夏庚復揖青閣遺詩一卷 第718冊
(清)夏同善撰
民國朱欄打印本
守默齋詩稿一卷守默齋雜著三卷 第718冊
(清)何應祺撰
清同治十年善化何氏刻本
蘇鄰遺詩二卷 第718冊
(清)李鴻裔撰
清光緒十四年日本使署刻遵義黎氏家集本
蘇鄰遺詩續集一卷 第718冊
(清)李鴻裔撰
清光緒十七年中江李氏石印本
藏修齋詩稿四卷 第718冊
(清)愛新覺羅奕譞撰
清咸豐二年活字印本
澧西草堂集八卷附録一卷 第718冊
(清)柏景偉撰
民國十三年金陵思過齋刻本
馬中丞遺集十二卷首一卷 第718冊
(清)馬丕瑶撰
清光緒二十四年至二十五年馬氏家廟刻本
敦素堂文集八卷敦素堂詩集八卷 第719冊
(清)任其昌撰
民國鉛印本
臬實子存藁不分卷 第719冊
(清)崔國因撰
清光緒二十八年鉛印本
海棠巢小隱吟稿四卷 第719冊
(清)黄文濤撰
民國六年鉛印本
嘯雲軒詩集五卷嘯雲軒文集六卷附録一卷嘯雲軒避寇記略一卷 第719冊
(清)程畹撰
清光緒刻本
退思齋詩集六卷退思齋雜著一卷 第719冊
(清)吳中彦撰
清光緒二十一年退思齋刻本
一規八棱硯齋詩鈔六卷附類鈔一規八棱硯齋詞鈔一卷一規八棱硯齋文鈔一卷一規八棱硯齋時文一卷 第719冊
(清)徐廷華撰
清光緒九年武昌寓齋刻本
芸香館遺詩二卷 第719冊
(清)那遜蘭保撰
清同治十三年盛昱刻本
大瓠堂詩録八卷 第719冊
(清)孫周撰
清光緒十八年石埭徐氏刻觀自得齋叢書本
如許齋集四卷 第719冊
(清)旺都特那木濟勒撰
清光緒十一年至十七年如許齋刻本
屈廬詩稿四卷 第720冊
(清)鄭知同撰
民國三年花近樓刻遵義鄭徵君遺著本
漱蘭詩葺一卷 第720冊
(清)黄體芳撰
民國二十三年瑞安林氏鉛印惜硯樓叢刊本
粲花館詩鈔一卷粲花館詞鈔一卷 第720冊
(清)樓杏春撰
民國二十二年鉛印本
柏堂賸稿三卷 第720冊
(清)陳爾幹撰
清光緒八年陽湖楊氏刻大亭山館叢書本
儀晉觀堂詩鈔一卷 第720冊
(清)楊紹和撰
民國九年海源閣刻本
鶴陽新河詩集一卷 第720冊
(清)朱洪章撰
清光緒八年刻本
樵隱昔寱二十卷 第720冊
(清)平步青撰
民國六年刻香雪崦叢書本
安越堂外集十卷 第720冊
(清)平步青撰
民國十三年四有書局鉛印本
松夢寮詩稿六卷 第720冊
(清)丁丙撰
清光緒二十五年刻本
松夢寮文集三卷 第720冊
(清)丁丙撰
抄本
翠螺閣詩詞稾五卷附舞鏡集一卷 第720冊
(清)凌祉媛撰
清咸豐四年延慶堂丁氏刻本
香月樓殘稿一卷 第720冊
(清)陳道南撰
民國二十年影印手稿本
五塘詩草六卷五塘雜俎二卷 第720冊
(清)許印芳撰
清光緒十三年刻本
復堂類集十七卷 第721冊
(清)譚獻撰
清同治光緒間刻本
復堂文續五卷 第721冊
(清)譚獻撰
清光緒二十七年刻刻鵠齋叢書本
復堂詩續一卷 第721冊
(清)譚獻撰
民國二十年鉛印念劬廬叢刊初編本
希古堂文存八卷希古堂駢文二卷希古堂尺牘二卷希古堂詩存十卷希古堂詞存二卷 第721冊
(清)黄炳堃撰
民國二十年刻本
吟香室詩草二卷吟香室詩草續刻一卷

清光緒二十一年刻本
雪竹樓詩稿十四卷　第733冊
(清)黄道讓撰
清同治六年刻本
寄影軒詩鈔四卷　第733冊
(清)志潤撰
清光緒三十年上海新昌書局鉛印本
暗香疏影齋詞鈔一卷　第733冊
(清)志潤撰
清光緒三十年上海新昌書局鉛印本
愧齋遺稿四卷　第733冊
(清)顧我愚撰
民國十七年鉛印本
拙尊園叢稿六卷　第733冊
(清)黎庶昌撰
清光緒十九年上海醉六堂刻本
鐵畫樓詩鈔四卷鐵畫樓駢文二卷　第733冊
(清)張蔭桓撰
清光緒二十三年京都刻本
鐵畫樓詩續鈔二卷　第733冊
(清)張蔭桓撰
清光緒二十八年觀復齋刻本
青學齋集三十六卷附孟子錙熙注一卷裕後録二卷　第734冊
(清)汪之昌撰
民國二十年新陽汪氏刻本
南岡草堂詩選二卷南岡草堂詩選續編一卷　第734冊
(清)秦際唐撰
清光緒十三年刻本
南岡草堂文存二卷　第734冊
(清)秦際唐撰
清光緒二十七年刻本
張文襄公古文二卷張文襄公書札八卷張文襄公駢文二卷張文襄公詩集四卷　第734冊
(清)張之洞撰
民國十七年刻張文襄公全集本
張文襄公公牘三十六卷張文襄公家書一卷　第735冊
(清)張之洞撰
民國十七年刻張文襄公全集本
可園文存十六卷可園詩存二十八卷可園詞存四卷　第736冊
(清)陳作霖撰
清宣統元年至二年刻本
壽藻堂文集二卷　第736冊
(清)陳作霖撰
民國鉛印本
壽藻堂詩集八卷壽藻堂文續一卷　第736冊
(清)陳作霖撰
民國鉛印本
壽藻堂雜存二卷　第736冊
(清)陳作霖撰
民國五年鉛印本
周愨慎公奏稿五卷周愨慎公電稿一卷周愨慎公公牘二卷玉山文集二卷玉山詩集四卷周愨慎公自著年譜二卷　第736冊
(清)周馥撰
民國十一年石印周愨慎公全集本
灌亭詩鈔一卷慎言齋文鈔一卷　第736冊
(清)李毓林撰
清光緒二十五年刻本
遼東吟草不分卷　第736冊
(清)文輅撰
稿本
傳雅堂文集四卷傳雅堂詩集一卷　第737冊
(清)劉壽曾撰
民國二十六年鉛印本
何少詹文鈔三卷　第737冊
(清)何如璋撰
民國十五年補讀書廬鉛印茶陽三家文鈔本
延秋吟館詩鈔四卷延秋吟館詩續鈔四卷　第737冊
(清)張聯桂撰
清光緒十一年至十八年刻本
虚閣遺稿六卷　第737冊
(清)嚴玉森撰
民國八年儀徵嚴氏鉛印无悶堂叢書本
于中丞詩存一卷　第737冊
(清)于蔭霖撰
民國刻本
悚齋奏議十卷　第737冊
(清)于蔭霖撰
民國十二年北京刻于中丞遺書本
幸草亭詩鈔二卷　第737冊
(清)楊文瑩撰
民國八年錢塘楊氏勵采堂鉛印本
鷗洞詩鈔十二卷　第737冊
(清)劉人駿撰
民國十二年誦芬書屋鉛印本
石蓮闇詩六卷石蓮闇詞一卷附石蓮菴樂府一卷　第737冊
(清)吴重憙撰
民國五年刻本
高子安遺稿二卷　第737冊
(清)高德泰撰
抄本
罘罳草堂詩集四卷　第737冊
(清)隆觀易撰
清光緒五年長沙刻本
庸庵文編四卷庸庵文續編二卷庸庵文外編四卷庸庵海外文編四卷　第738冊
(清)薛福成撰
清光緒十三年至二十一年刻庸庵全集本
青草堂集十二卷青草堂二集十六卷青草堂三集十六卷青草堂補集七卷　第738冊
(清)趙國華撰
清同治至光緒間刻民國十二年修補本
棠谿文鈔八卷　第739冊
(清)沈用增撰
清光緒四年丁宿章鄂城刻本
聽蟬書屋詩録十二卷聽蟬書屋文録二卷附駢文一卷尺牘一卷　第739冊
(清)吴德純撰
清光緒十年味無味齋刻本
顧鳳翔遺集一卷　第739冊
(清)顧騄撰
清光緒三十二年刻本
味靈華館詩六卷　第739冊
(清)商廷焕撰
清光緒三十二年刻本
曾惠敏公奏疏六卷曾惠敏公文集五卷曾惠敏公詩集四卷曾惠敏公日記二卷　第739冊
(清)曾紀澤撰
清光緒十九年江南製造總局刻本
犢鼻山房小藁八卷　第739冊
(清)劉侃撰
民國十年裕後堂鉛印本
息園詩存九卷　第739冊
(清)方希孟撰
民國二十一年鉛印本

屏樹山莊詩集六卷屏樹山莊文集十二卷　第740冊
(清)馮德材撰
民國九年湖北鉛印本

晦明軒稿二卷附壬癸金石跋一卷己庚金石跋一卷丁戊金石跋一卷　第740冊
(清)楊守敬撰
清光緒二十七年宜都楊氏鄰蘇園刻本

函雅堂集四十卷　第740冊
(清)王詠霓撰
清光緒二十二年刻本

含青閣詩草三卷詩餘一卷　第740冊
(清)屈蕙纕撰
清刻本

思無邪齋詩存八卷　第741冊
(清)宮爾鐸撰
清光緒十五年馮翊刻本

思無邪齋文存六卷　第741冊
(清)宮爾鐸撰
清光緒十四年刻本

思無邪齋文存續集二卷思無邪齋詩存續集四卷　第741冊
(清)宮爾鐸撰
清光緒二十年刻本

宦學集初編四卷宦學集二編五卷附憩塵唫試帖一卷　第741冊
(清)孫國楨撰
清光緒二十四年樂陵孫氏世澤堂刻本

脂雪軒詩鈔六卷　第741冊
(清)胡玠撰
民國温州翰墨林鉛印本

補愚詩存五卷(望甦吟草一卷金陵紀事詩一卷來復吟草一卷寸陰室吟稿一卷代琴小詠一卷)　第741冊
(清)陳慶甲撰
清宣統三年刻本

青萍軒文録二卷青萍軒詩録一卷　第741冊
(清)薛福保撰
清光緒八年刻本

寄漚遺集八卷附何允孝撰醒齋遺集二卷　第741冊
(清)何延慶撰
清宣統二年至民國六年江寧何氏遞刻本

九思堂詩稿八卷　第742冊
(清)愛新覺羅奕譞撰
清同治十三年醇邸刻本

九思堂詩稿續編十二卷　第742冊
(清)愛新覺羅奕譞撰
清光緒刻本

紫薇花館詩稿七卷紫薇花館外集一卷紫薇花館文稿一卷續編一卷紫薇花館詞稿一卷　第742冊
(清)王廷鼎撰
清光緒十七年刻本

刖足集三卷附録一卷　第742冊
(清)鍾天緯撰
清光緒二十七年刻民國二十二年鉛印本

桐城吴先生文集四卷桐城吴先生詩集一卷附録一卷　第743冊
(清)吴汝綸撰
清光緒三十年刻桐城吴先生全書本

桐城吴先生尺牘五卷補遺一卷附諭兒書一卷本傳一卷　第743冊
(清)吴汝綸撰
清光緒二十九年刻桐城吴先生全書本

澄清堂詩存四卷　第743冊
(清)范祝崧撰
清刻本

偶齋詩草三十六卷　第744冊
(清)愛新覺羅寶廷撰
清光緒十九年方家澍刻本

寄龕文存四卷　第744冊
(清)孫德祖撰
清光緒十年鄞翰墨林刻本

寄龕詩質十二卷　第744冊
(清)孫德祖撰
清光緒二十五年刻本

寄龕詞四卷　第744冊
(清)孫德祖撰
清同治九年山陰許氏刻本

崇蘭堂詩初存十卷　第744冊
(清)張預撰
清光緒二十年刻本

崇蘭堂駢體文初存二卷　第744冊
(清)張預撰
清光緒三十四年湖北官印書局鉛印本

校經室文集六卷補遺一卷　第745冊
(清)孫葆田撰
民國五年吴興劉承幹刻求恕齋叢書本

寄簃文存八卷枕碧樓偶存稿十二卷　第745冊
(清)沈家本撰
民國刻沈寄簃先生遺書本

珠泉草廬詩鈔四卷　第745冊
(清)廖樹蘅撰
清光緒二十七年刻本

珠泉草廬文集三卷　第745冊
(清)廖樹蘅撰
清光緒刻本

紫荆吟館詩集四卷　第745冊
(清)曹秉哲撰
清光緒二十四年番禺曹氏刻本

師竹軒詩集四卷　第745冊
(清)劉樹堂撰
清光緒十五年刻本

閣學公集十七卷首一卷　第746冊
(清)袁保齡撰
清宣統三年項城清芬閣鉛印項城袁氏家集本

居易初集三卷　第746冊
(清)經元善撰
清光緒二十八年上海同文社鉛印本

穆清堂詩鈔三卷　第746冊
(清)朱庭珍撰
清光緒十三年石屏朱氏刻本

穆清堂詩鈔續集五卷　第746冊
(清)朱庭珍撰
民國刻雲南叢集本

常慊慊齋文集二卷　第747冊
(清)朱之榛撰
民國九年東湖草堂刻本

補拙草堂詩稿三卷補拙草堂文稿一卷　第747冊
(清)褚成允撰
民國九年餘杭褚德言鉛印本

篁韻盦詩鈔六卷　第747冊
(清)顧森書撰
清光緒三十二年刻本

椒生詩草六卷椒生續草六卷　第747冊
(清)王之春撰
清光緒十年至十四年上洋文藝齋遞刻本

澡雪堂詩五卷澡雪堂文七卷　第747冊
(清)楊樹撰
民國七年貴陽文通書局鉛印本

四槐寄廬類藁八卷　第747冊
(清)孫鼎烈撰
民國二十三年鉛印本

素心簃集六卷附録一卷 第747冊
(清)顧蓮撰
民國四年金山高氏寒隱草堂刻本
陶廬雜憶一卷陶廬雜憶續詠一卷陶廬續憶補詠一卷陶廬後憶一卷陶廬五憶一卷陶廬六憶一卷 第747冊
(清)金武祥撰
清光緒二十四年至民國八年江陰金氏廣州遞刻本
粟香室文稿一卷 第747冊
(清)金武祥撰
清光緒二十六年木活字印本
清芬閣集十二卷 第748冊
(清)朱采撰
清光緒三十四年歸安趙氏鉛印本
畹蘭齋文集四卷 第748冊
(清)李楨撰
清光緒十八年刻本
惜分陰書屋學吟草不分卷 第748冊
(清)鄂禮撰
稿本
扉青詩鈔八卷 第748冊
(清)吕永輝撰
清同治十年刻本
篤實堂文集八卷 第748冊
(清)吕永輝撰
清光緒三十二年大梁明道書院刻本
四百三十二峰草堂詩十二卷(宛社吟一卷燕游集一卷歸粵草三卷黎陽集一卷黎陽續集一卷彝山集一卷召南集一卷潁川集一卷附燕游續草一卷召南續集二卷) 第748冊
(清)黄璟撰
清光緒間遞刻本
茾齋文鈔四卷茾齋詩鈔七卷茾齋詩餘一卷播變紀略一卷 第749冊
(清)宦懋庸撰
清光緒二十年川東道署刻本
碧梧紅杏山房詩鈔二卷附楹帖一卷 第749冊
(清)陸費燮撰
清光緒二十六年刻本
夔夔堂詩草四卷 第749冊
(清)劉玉璋撰
清宣統三年福州印刷公司鉛印本
虚受堂詩存十六卷 第749冊
(清)王先謙撰
清光緒二十八年平江蘇氏刻本
虚受堂文集十六卷 第749冊
(清)王先謙撰
清光緒二十六年刻本
虚受堂書札二卷 第749冊
(清)王先謙撰
清光緒三十三年刻本
寶鴨齋集七卷 第749冊
(清)徐樹鈞撰
清宣統刻本
遲雲閣詩稿四卷遲雲閣文稿五卷 第750冊
(清)郭階撰
清光緒刻春暉雜稿十二種本
暢園遺稿十卷(大野草堂詩八卷白癡詞二卷) 第750冊
(清)張邁撰
清光緒三十年刻本
寶硯齋詩詞集五卷 第750冊
(清)潘文熊撰
民國十九年常熟潘氏鉛印本
半隱廬叢稿六卷 第750冊
(清)朱孔彰撰
民國二十五年成都華西協和大學活字印本
羅浮偫鶴山人詩草二卷羅浮偫鶴山人外集一卷 第750冊
(清)鄭觀應撰
清宣統元年上海著易堂鉛印本
曠廬詩集二十卷 第750冊
(清)白永修撰
清光緒二十九年膠東逸園刻本
曠廬詩續集二卷曠廬詩補遺二卷 第750冊
(清)白永修撰
民國十三年刻本
西江文稿三十二卷附編一卷 第750冊
(清)王家振撰
清光緒三十四年活字印本
霜傑齋詩二卷附補遺一卷 第750冊
(清)秦寶璣撰
清光緒十二年刻本
竢實齋文稿二卷 第750冊
(清)秦寶璣撰
清光緒十四年合肥張雲霖刻本
延壽客齋遺稿四卷 第750冊
(清)魏迺勷撰
民國二十二年德州魏氏刻本
存悔齋文稿四卷附入蜀紀程一卷 第751冊
(清)何嗣焜撰
民國六年武昌刻本
榮文忠公集四卷 第751冊
(清)榮禄撰
清刻本
煙霞草堂文集十卷附録一卷 第751冊
(清)劉光蕡撰
民國七年王典章思過齋蘇州刻本
不慊齋漫存十二卷 第751冊
(清)徐賡陛撰
清光緒三十一年大通鹾廨刻本
天根文鈔四卷天根文鈔續集一卷天根文法一卷天根詩鈔二卷 第752冊
(清)何家琪撰
清光緒三十二年大梁刻本
俞俞齋文稿初集四卷俞俞齋詩稿初集二卷俞俞齋詩餘一卷 第752冊
(清)史念祖撰
清光緒三十二年廣陵刻本
桐鄉勞先生遺稿八卷首一卷新刑律修正案彙録一卷拳案三種五卷(義和拳教門源流考一卷庚子奉禁義和拳彙録一卷拳案雜存三卷) 第752冊
(清)勞乃宣撰
民國十六年刻本
媿不學齋詩四卷 第752冊
(清)朱羅撰
清光緒三十一年刻本
彊自寬齋外集四卷 第752冊
(清)金石撰
清光緒二十九年刻本
四知堂遺稿四卷 第753冊
(清)愛新覺羅奕詥撰
清刻本
十二梅花書屋詩六卷 第753冊
(清)郭慶藩撰
清光緒十五年湘陰郭氏泊然盦刻本
四松草堂詩略四卷 第753冊
(清)宗韶撰
清光緒三十年上海新昌書局鉛印本
江上草堂前稾四卷 第753冊
(清)李嘉績撰
清光緒二十六年少華山堂刻本
代耕堂中稾二十五卷 第753冊

（清）李嘉績撰
清光緒二十七年華州刻本
澹遠軒文集二卷　第753冊
（清）竇士鏞撰
清宣統二年鉛印本
綺雲樓雜著四卷附杜敬撰曇花吟一卷　第753冊
（清）竇士鏞撰
清宣統二年鉛印本
蔚廬劉子詩集四卷蔚廬劉子文集四卷　第753冊
（清）劉人熙撰
清光緒二十二年大梁刻本
蔚廬亥子集四卷　第753冊
（清）劉人熙撰
民國二年鉛印本
三徑草堂詩鈔四卷　第753冊
（清）蔣師軾撰
清光緒十六年刻本
愚齋存稾一百卷首一卷末一卷　第754－756冊
（清）盛宣懷撰
民國二十八年盛恩頤等刻本
藝風堂文集七卷外篇一卷　第756冊
（清）繆荃孫撰
清光緒二十六年刻本
藝風堂文續集八卷外集一卷　第756冊
（清）繆荃孫撰
清宣統二年刻民國二年印本
藝風堂詩存四卷附碧香詞一卷　第756冊
（清）繆荃孫撰
民國江陰繆氏刻二十八年燕京大學圖書館印本
藝風堂文漫存十二卷　第756冊
（清）繆荃孫撰
民國江陰繆氏藝風堂遞刻本
蒿盦類稾三十二卷蒿盦續稾三卷蒿盦奏稾四卷蒿盦雜俎一卷　第757冊
（清）馮煦撰
民國二年至十二年遞刻本
缶廬詩四卷缶廬別存一卷　第757冊
（清）吳俊卿撰
清光緒十九年安吉吳氏刻本
未弱冠集八卷　第757冊
（清）愛新覺羅廷奭撰
清同治二年嬾雲窩刻本
養源山房詩鈔六卷　第757冊
（清）徐士霖撰
清光緒三十四年武林刻本
蘭言居遺稿三卷附録一卷　第758冊
（清）榮光世撰
民國二十二年無錫榮氏鉛印本
湘麋閣遺詩四卷附蘭當詞二卷　第758冊
（清）陶方琦撰
清光緒十六年湖北書局刻本
漢孳室文鈔四卷附補遺一卷　第758冊
（清）陶方琦撰
清光緒十八年會稽徐氏鑄學齋刻紹興先正遺書本
匱慧山房詩草四卷　第758冊
（清）吳超然撰
民國二十一年資陽吳氏小隱草堂活字印本
黄溪書屋吟草三卷　第758冊
（清）劉德儀撰
民國三年湖北官紙印刷局鉛印本
許文肅公遺稿十二卷許文肅公外集五卷附録一卷許文肅公書札二卷許文肅公日記一卷　第758冊
（清）許景澄撰
民國七年至九年上海陸徵祥鉛印本
王文敏公遺集八卷　第758冊
（清）王懿榮撰
民國十二年南林劉氏刻求恕齋叢書本
璞齋集八卷　第758冊
（清）諸可寶撰
清光緒二十二年玉峰官舍刻本
清足居集一卷蕉窗詞一卷　第758冊
（清）鄧瑜撰
清光緒二十二年玉峰官舍刻本
扁善齋文存三卷扁善齋詩存二卷　第759冊
（清）鄧嘉緝撰
清光緒二十七年刻本
浙使紀程詩録一卷　第759冊
（清）吳樹梅撰
清光緒二十五年長沙督學使署刻本
懷亭詩録六卷懷亭詞録二卷懷亭詩續録六卷懷亭詩三録一卷　第759冊
（清）蔣學堅撰
清光緒二十一年至民國三年遞刻本
金粟山房詩鈔十卷　第759冊
（清）朱寯瀛撰
清光緒二十七年刻本
金粟山房詩續鈔三卷　第759冊
（清）朱寯瀛撰
清光緒三十一年刻本
玉屑詞三卷　第759冊
（清）朱寯瀛撰
清光緒二十七年刻本
汴遊冰玉稿初集四卷　第759冊
（清）朱寯瀛撰
清光緒三十三年鉛印本
汴遊冰玉稿二集五卷　第759冊
（清）朱寯瀛撰
清光緒三十四年鉛印本
晚香齋文存三卷　第759冊
（清）朱寯瀛撰
清宣統元年鉛印本
素園晚稾二卷附晚香齋文綴存一卷　第759冊
（清）朱寯瀛撰
民國二年鉛印本
未味齋詩集五卷　第759冊
（清）英瑞撰
稿本
盋山文録八卷盋山詩録二卷　第759冊
（清）顧雲撰
清光緒十五年刻本
聊園詩詞存十一卷　第760冊
（清）王曾祺撰
清光緒十七年刻本
聊園詩存續六卷　第760冊
（清）王曾祺撰
清光緒刻本
聊園詩存再續十四卷　第760冊
（清）王曾祺撰
清光緒刻本
聊園雜文略不分卷　第760冊
（清）王曾祺撰
清光緒二十九年成都文倫書局鉛印本
聞妙香室詩稿五卷聞妙香室詞鈔四卷　第760冊
（清）錢錫宷撰
清宣統二年天津醒華報館石印本
佩弦齋試帖存一卷佩弦齋律賦存一卷佩弦齋雜存二卷　第760冊
（清）朱一新撰
清光緒刻本

師伏堂詠史一卷師伏堂詞一卷師伏堂駢文四卷師伏堂詩草六卷 第772冊
(清)皮錫瑞撰
清光緒三十年善化皮氏刻師伏堂叢書本

超覽樓詩稿六卷 第772冊
(清)瞿鴻禨撰
民國二十四年鉛印長沙瞿氏叢刊本

瞿文慎公文存一卷 第772冊
(清)瞿鴻禨撰
民國十五年石印本

寐叟乙卯稿一卷 第772冊
(清)沈曾植撰
民國元年四益宧寫刻本

曼陀羅寱詞一卷 第772冊
(清)沈曾植撰
民國十四年上海商務印書館鉛印本

海日樓詩稿一卷 第772冊
(清)沈曾植撰
清抄本

海日樓遺詩一卷 第772冊
(清)沈曾植撰
抄本

寐叟題跋一集二卷 第772冊
(清)沈曾植撰
民國十五年上海商務印書館石印本

寐叟題跋二集二卷 第772冊
(清)沈曾植撰
民國十五年上海商務印書館石印本

三借廬集五卷 第773冊
(清)鄒弢撰
民國二十一年鉛印本

天雲樓詩四卷天雲樓詞二卷 第773冊
(清)胡薇元撰
清光緒十一年刻本

訪樂堂詩一卷 第773冊
(清)胡薇元撰
清光緒二十七年憶秋唫館刻本

伊川草堂詩一卷 第773冊
(清)胡薇元撰
清光緒二十七年旌德呂氏刻本

孥經館詩二卷 第773冊
(清)胡薇元撰
清光緒二十八年刻本

湖上草堂詩一卷 第773冊
(清)胡薇元撰
清宣統刻玉津閣叢書甲集本

船司空齋詩録四卷 第773冊
(清)胡薇元撰
民國元年成都刻本

玉津閣文略九卷 第773冊
(清)胡薇元撰
清光緒十四年刻本

導古堂文集二卷 第773冊
(清)胡薇元撰
清光緒二十九年鉛印本

寫趣軒吟稾八卷附贈行序一卷 第773冊
(清)譚國恩撰
清光緒新會譚氏遞刻本

東甫遺稿四卷 第773冊
(清)鄭杲撰
民國二十五年鉛印本

燕游集一卷留月軒文鈔一卷三冬消夜詩一卷 第773冊
(清)朱國華撰
清光緒二十八年木活字印本

朱衎廬先生遺稿八卷補編一卷附朱衎廬舊藏鈔本書目一卷 第773冊
(清)朱昌燕撰
民國十八年至十九年鉛印本

朱衎廬先生遺稿續編二卷補遺一卷附拜竹龕楹聯偶存一卷 第773冊
(清)朱昌燕撰
民國二十三年鉛印本

味菜堂詩集四卷 第773冊
(清)汪淵撰
清光緒二十三年刻本

瑶天笙鶴詞二卷 第773冊
(清)汪淵撰
民國四年鉛印本

古今體詩十卷文集二卷附三經合説一卷奏章一卷尺牘一卷 第774冊
(清)方鑄撰
民國十一年桐城翰寶齋木活字排印華胥赤子遺集本

向湖邨舍詩初集十二卷 第774冊
(清)趙藩撰
清光緒十四年長沙刻本

讀書堂集十三卷附注三卷首一卷 第774冊
(清)簡朝亮撰
民國十九年鉛印本

蕉雨山房詩鈔八卷附蕉雨山房集唐酌存五卷附編一卷 第774冊
(清)丁堯臣撰
清光緒七年刻本

蜕存詩草四卷 第774冊
(清)熊傑勛撰
清宣統三年安徽官紙印刷局鉛印本

木石菴詩選二卷復選木石菴詩鈔二卷 第774冊
(清)曹潤堂撰
民國十年并門刻本

八指頭陀詩集十卷八指頭陀詩續集八卷八指頭陀雜文一卷 第775冊
(清)釋敬安撰
民國八年北京法源寺刻本

花磚日影集十卷 第775冊
(清)徐琪撰
清光緒三十三年刻本

程伯翰先生遺集十卷末一卷 第775冊
(清)程頌藩撰
民國十七年海上汐廬鉛印本

桂之華軒遺集十五卷 第775冊
(清)朱銘盤撰
民國二十三年泰興鄭餘慶堂鉛印本

歸瓻齋詩詞鈔不分卷 第775冊
(清)楊保彝撰
民國九年海源閣刻本

蜕齋詩稿二卷末一卷 第775冊
(清)鮑心增撰
民國三十八年油印本

畏廬文集一卷畏廬續集一卷畏廬三集一卷畏廬詩存二卷 第775冊
(清)林紓撰
民國上海商務印書館鉛印本

畏廬論文一卷 第775冊
(清)林紓撰
民國十五年上海商務印書館鉛印本

木屑集二十六卷 第776冊
(清)伍兆鼇撰
清光緒二十四年至三十四年遞刻本

夷牢溪廬詩鈔八卷 第776冊
(清)黎汝謙撰
清光緒二十五年五羊城刻本

夷牢溪廬文鈔六卷 第776冊
(清)黎汝謙撰
清光緒二十七年刻本

曼陀羅花室文三卷曼陀羅花室詩三卷曼陀羅花室詞一卷 第776冊

清光緒二十二年至民國四年刻蘇州交通圖書館彙印大鶴山房全書本
結一宧駢體文二卷結一宧詩略三卷 第782冊
(清)屠寄撰
清光緒十六年廣州刻本
石陶黎煙室遺稿不分卷 第782冊
(清)黄人撰
抄本
爾爾集二卷 第782冊
(清)黄人撰
稿本
楊叔嶠先生文集一卷楊叔嶠先生詩集二卷 第783冊
(清)楊鋭撰
民國三年成都昌福公司鉛印本
夢影盦遺藁六卷 第783冊
(清)嚴以盛撰
民國二年吴興嚴氏隨分讀書齋刻本
金粟齋遺集八卷首一卷 第783冊
(清)蒯光典撰
民國十八年江寧刻本
隨扈紀行詩存二卷麻鞋紀行詩存一卷 第783冊
(清)蔣廷黻撰
清刻本
讀左雜詠一卷 第783冊
(清)蔣廷黻撰
清刻本
盥廬詞一卷看鏡詞一卷 第783冊
(清)蔣廷黻撰
清刻本
弢樓遺集三卷 第783冊
(清)張士珩撰
民國十一年合肥張繼京師刻本
徐悔齋集十八卷 第783冊
(清)徐繼孺撰
民國二十四年大梁刻本
壽櫟廬文集一卷壽櫟廬詩集一卷 第783冊
(清)吴之英撰
民國九年名山吴氏刻壽櫟廬叢書本
彊邨語業三卷彊邨棄稿一卷彊邨詞賸稿二卷彊邨集外詞一卷附世系行狀墓誌銘一卷彊邨校詞圖題詠一卷 第783冊
(清)朱祖謀撰
民國間遞刻彊邨遺書本
涉江先生文鈔一卷海上嘉月廔詩稿一卷 第784冊
(清)唐晏撰
民國十年豐潤張志沂鉛印本
甒菴集十八卷甒菴續集八卷附録遺二卷 第784冊
(清)曾廉撰
清宣統三年曾氏會輔堂刻民國十三年續刻本
潛園正集三十卷附魏慎餘撰中憲詩鈔一卷潛園續鈔十四卷 第784冊
(清)魏元曠撰
民國二十二年魏氏全書本
世澤堂試帖遺稿一卷世澤堂古近體詩遺稿一卷世澤堂古文遺稿一卷 第785冊
(清)愛新覺羅載瀓撰
清光緒十五年刻本
補園賸藁二卷 第785冊
(清)包履吉撰
清光緒三十一年刻本
濤園詩集四卷 第785冊
(清)沈瑜慶撰
民國九年鉛印本
琴志樓集七十五卷 第785冊
(清)易順鼎撰
清光緒至民國刻本及鉛印本
哭庵賞菊詩一卷附録一卷 第785冊
(清)易順鼎撰
民國二十三年鉛印清代燕都梨園史料本
茹荼軒文集十一卷 第786冊
(清)張錫恭撰
民國十二年華亭封氏簣進齋刻本
茹荼軒續集六卷 第786冊
(清)張錫恭撰
民國三十八年鉛印雲間兩徵君集本
康南海先生詩集十五卷 第786冊
(清)康有爲撰
民國二十六年上海商務印書館鉛印本
康南海文集不分卷 第786冊
(清)康有爲撰
民國三年上海共和編譯局石印康南海梁任公文集合刻本
節庵先生遺詩六卷 第787冊
(清)梁鼎芬撰
民國十二年沔陽盧氏慎始基齋武昌刻本
匏廬詩存九卷匏廬賸草一卷再愧軒詩草一卷 第787冊
(清)郭曾炘撰
民國間福建郭氏刻本
東海吟一卷拾遺一卷 第787冊
(清)升允撰
日本昭和十年東京名古屋鉛印本
欠泉庵文集二卷 第787冊
(清)周煥樞撰
民國刻本
陸湖遺集三卷 第787冊
(清)沈成章撰
民國九年無錫錫成印刷公司鉛印本
衷聖齋文集一卷衷聖齋詩集二卷 第787冊
(清)劉光第撰
民國三年成都昌福公司鉛印劉楊合刊本
平龕遺稿四卷 第787冊
(清)陶大均撰
民國九年石印本
蕙風詞二卷 第787冊
(清)況周頤撰
民國刻惜陰堂叢集本
航泊軒吟草删存二卷附詩餘一卷 第787冊
(清)王小航撰
民國二十年刻水東集上編本
三草删存合編三卷(雪泥一印草删存一卷照膽臺吟草删存一卷下里吟草删存一卷) 第787冊
(清)王小航撰
民國十四年刻水東集上編本
方家園雜詠紀事一卷附雜記一卷 第787冊
(清)王小航撰
民國十七年刻水東集上編本
小航文存四卷 第787冊
(清)王小航撰
民國十九年刻水東集上編本
犬羊集一卷續編一卷 第787冊
(清)瑞洵撰
日本昭和九年鈴木氏餐菊軒鉛印本
汪穰卿遺箸八卷 第787冊
(清)汪康年撰

民國九年錢塘汪詒年鉛印本
觚庵詩存四卷 第788冊
(清)俞明震撰
民國九年上海聚珍仿宋印書局鉛印本
沈觀齋詩二卷 第788冊
(清)周樹模撰
清宣統二年龍江節署石印本
丁秉衡先生遺文一卷 第788冊
(清)丁國鈞撰
民國二十八年抄丁秉衡遺著本
占齋詩文集八卷附詩餘一卷 第788冊
(清)饒芝祥撰
民國鉛印本
雲林書屋詩集八卷 第788冊
(清)愛新覺羅載瀅撰
清刻本
餘樂園詩鈔一卷 第788冊
(清)劉名譽撰
清宣統元年三淮郡廨刻本
竹雨齋詩鈔一卷 第788冊
(清)劉名譽撰
清宣統元年淮安府署餘樂園刻本
紀游間草一卷 第788冊
(清)劉名譽撰
清宣統元年淮城刻本
澹園文集二卷澹園詩集二卷附録一卷 第788冊
(清)虞景璜撰
清宣統三年至民國四年鎮海虞氏刻本
蘭福堂詩集一卷 第788冊
(清)胡延撰
清光緒二十七年刻本
苾芻館詞集六卷 第788冊
(清)胡延撰
清光緒二十九年金陵糧儲道廨刻本
長安宮詞一卷 第788冊
(清)胡延撰
清光緒二十八年刻本
愧廬文鈔二卷愧廬詩鈔一卷附聯稿一卷 第788冊
(清)胡道南撰
民國三年鉛印本
泗州楊尚書遺詩一卷附詞一卷 第788冊
(清)楊士琦撰
民國三十一年鉛印本
養氣齋詩集五卷 第788冊
(清)陳文新撰
清光緒三十一年刻本
涪雅堂詩草二卷 第788冊
(清)吳朝品撰
清光緒二十七年刻本
知非齋駢文録一卷知非齋古文録一卷 第788冊
(清)沈湛鈞撰
清光緒三十一年活字本
崌谷山房遺集二卷崌谷山房外集一卷 第789冊
(清)薛瀾撰
民國八年鉛印本
涵齋遺稿一卷附遺文一卷 第789冊
(清)徐仁鑄撰
民國八年上海聚珍仿宋印書局鉛印本
澄齋詩鈔四卷 第789冊
(清)惲毓鼎撰
一九六三年油印本
賞心山房詩草十一卷賞心山房詩餘二卷賞心山房雜著二卷賞心山房存聯一卷附年譜一卷 第789冊
(清)王陳常撰
民國十二年美華印書局石印賞心山房全稿本
冬心居士吟草不分卷 第789冊
(清)黄春齡撰
清光緒二十年刻本
李襲侯遺集八卷 第789冊
(清)李經述撰
清光緒三十年合肥李氏刻合肥李氏三世遺集本
雁影齋詩存一卷 第789冊
(清)李希聖撰
清光緒三十一年京師刻本
嶺雲海日樓詩鈔十三卷附選外集一卷 第789冊
(清)丘逢甲撰
民國鉛印本
餘癡生詩集三卷 第789冊
(清)愛新覺羅毓朗撰
民國十一年宗人府第一工廠石印本
觀古堂詩集十三卷崑崙皕詠集二卷郎園山居文録二卷觀古堂文外集一卷觀古堂駢儷文一卷 第789冊
(清)葉德輝撰
清光緒至民國遞刻民國二十四年長沙中國古書刊印社郎園先生全書本
平養堂文編十卷 第790冊
(清)王龍文撰
清宣統三年思賢書局刻本
平養堂疏稿一卷平養文待十六卷平養詩存二卷平養聯存一卷附録一卷 第790冊
(清)王龍文撰
民國九年刻本
寥天一閣文二卷莽蒼蒼齋詩二卷補遺一卷遠遺堂集外文二卷 第790冊
(清)譚嗣同撰
民國六年上海商務印書館鉛印戊戌六君子遺集本
箋經室遺集二十卷 第790冊
(清)曹元忠撰
民國三十年吳縣王氏學禮齋鉛印本
清漪樓詩存四卷附雜著一卷首一卷 第790冊
(清)駱成驤撰
民國三十七年鉛印本
重思齋遺箸二卷 第790冊
(清)王家枚撰
清宣統元年天全堂活字印本
在山草堂燼餘詩十四卷 第791冊
(清)黄紹憲撰
清宣統三年南海黄氏鉛印本
黛韻樓遺集八卷年譜一卷附陳芸撰陳孝女遺集二卷小黛軒論詩詩二卷 第791冊
(清)薛紹徽撰
民國三年刻本
慎宜軒詩八卷 第791冊
(清)姚永概撰
民國八年鉛印本
慎宜軒文十二卷 第791冊
(清)姚永概撰
民國刻本
瓢滄先生詩稿四卷瓢滄先生詩稿續集四卷瓢滄先生文稿二卷 第791冊
(清)趙金鑑撰
民國十八年鉛印瓢滄先生遺著本
環天室古近體詩類選五卷環天室古近體詩後集一卷 第791冊
(清)曾廣鈞撰
清宣統二年刻本
環天室詩外集一卷環天室詩支集一卷

第 791 冊
(清)曾廣鈞撰
民國初年環天室鉛印本
康幼博茂才遺稿一卷 第 791 冊
(清)康廣仁撰
民國六年上海商務印書館鉛印戊戌六君子遺集本
覺顛冥齋内言四卷 第 791 冊
(清)唐才常撰
清光緒二十四年長沙刻本
清道人遺集二卷附佚稿一卷攟遺一卷附録一卷 第 791 冊
(清)李瑞清撰
民國二十八年鉛印本
蠻巢詩詞稿三卷 第 791 冊
(清)張鴻撰
民國二十八年鉛印本
李舍人遺集二卷 第 792 冊
(清)李結撰
清光緒二十二年宗鄴堂刻本
泣血緝存四卷 第 792 冊
(清)羅長撰
民國三年京華印書局鉛印本
漁盦詩集二卷 第 792 冊
(清)周延俊撰
清光緒二十六年刻本
烹茶吟館詩草十卷 第 792 冊
(清)魏仲青撰
清光緒三十三年木活字印本
鄦樓燼餘稿不分卷 第 792 冊
(清)蔣元慶撰
抄本
御製詩一卷御製文一卷 第 792 冊
(清)愛新覺羅載湉撰
清内府抄本
公言集三卷公言集續編一卷刻鵠集三卷秘書集十卷 第 792 冊
(清)沈同芳撰
清宣統三年中國圖書公司鉛印萬物炊累室類稿本
可園詩鈔七卷 第 792 冊
(清)三多撰
清光緒石印本
可園詩鈔外四卷 第 792 冊
(清)三多撰
清光緒刻本
李剛己先生遺集五卷附録一卷 第 792 冊
(清)李剛己撰
民國六年刻本
薑廬詩鈔十六卷 第 793 冊
(清)曾炎權撰
民國元年刻本
巢雲山房詩存二卷 第 793 冊
(清)徐錫麟撰
清光緒十年刻本
靈芝僊館詩鈔十二卷捲秋亭詞鈔二卷問湘樓駢文初稿六卷 第 793 冊
(清)胡念修撰
清光緒二十四年至二十七年刻鵠齋刻壺盦類稿本
晚翠軒集一卷 第 793 冊
(清)林旭撰
稿本
秋女士遺稿不分卷 第 793 冊
(清)秋瑾撰
民國元年鉛印本
蜕盦詩一卷蜕庵詞一卷 第 793 冊
(清)麥孟華撰
民國十年刻粤兩生集本
猥盦詩艸十卷猥盦文艸十卷 第 793 冊
(清)陳繼訓撰
民國鉛印本
代農堂文藁八卷 第 793 冊
(清)陳繼訓撰
清宣統元年鉛印本
天韻閣詩存一卷 第 793 冊
(清)黄箴撰
清光緒三十一年上海文明書局鉛印本
宋教仁先生文集不分卷 第 793 冊
(清)宋教仁撰
民國二年政新書局石印本
乙丑重編飲冰室文集八十卷 第 794－796 冊
(清)梁啓超撰
民國十五年上海中華書局鉛印本
念蘐池館文存四卷小辟疆園詩存一卷勤補拙齋漫録一卷蝸巢聯語一卷 第 796 冊
(清)顧鳴鳳撰
清宣統三年無錫文苑閣活字印訥盦叢稿本
龐檗子遺集二卷(玉琤瑽館詞一卷龍禪室詩一卷) 第 797 冊
(清)龐樹柏撰
民國五年鉛印本
左盦集八卷 第 797 冊
(清)劉師培撰
民國二十五年寧武南氏鉛印本
左盦外集二十卷左盦詩録四卷左盦詞録一卷 第 797 冊
(清)劉師培撰
民國二十五年寧武南氏鉛印本
紫芝軒逸稿一卷 第 798 冊
(清)祁班孫撰
清刻本
高陽山人文集十二卷補遺一卷 第 798 冊
(清)劉青藜撰
清康熙四十九年襄城傳經堂刻本
南中集一卷採蓴集一卷紅豆齋時術録一卷 第 798 冊
(清)惠士奇撰
清乾隆惠氏紅豆齋刻半農先生集本
盟鷗草一卷繪心集二卷炊香詞三卷 第 798 冊
(清)孔傳鐸撰
清康熙刻本
安懷堂文集二卷申椒二集一卷紅萼詞二集一卷 第 798 冊
(清)孔傳鐸撰
清孔氏紅萼書屋抄本
赤城詩鈔二卷 第 798 冊
(清)童華撰
清乾隆刻童氏雜著本
墨香閣文集十三卷首一卷末一卷 第 798 冊
(清)彭維新撰
清道光二年茶陵彭氏刻本
麻山先生遺詩三卷 第 798 冊
(清)孫學顔撰
民國十八年東方印書館鉛印本
林下堂詩二十卷 第 798 冊
(清)程鍌撰
清乾隆刻本
澹吟樓詩鈔十六卷 第 799 冊
(清)張梁撰
清乾隆二十二年刻本
道腴堂雜編八卷俊逸亭新編一卷小簇園新編一卷小簇園續編二卷道腴堂

(題)壽菴居士撰
民國間稿本
大越史略三卷 第39册
佚名撰
清抄本
濰縣金石志八卷遺文錄一卷 第40册
(清)郭麐撰
稿本
象緯占候三卷 第41册
佚名撰
明抄本
畫史通考六卷 第42册
(清)蔡裔周輯
清抄本
十研山房筆記三卷教子弟式一卷年譜一卷 第42册
(清)薛元敏撰
清抄本
鐵若筆談四卷 第42－43册
(清)雙保撰
清抄本
厚菴存稿十一卷 第43册
(清)王凝鼎撰
清抄本
二硯窩集 第44册
(清)鄭勛撰
稿本
鐫于少保萃忠傳十卷七十回 第44－45册
(清)孫高亮撰 (清)沈國元評
清抄本
懷岷精舍詩文集八卷 第46册
(清)李宗蓮著
稿本
海角遺篇三十回 第46册
佚名撰
清抄本

叢書集成初編
中華書局編輯部
二〇一一年北京中華書局影印本
八〇〇册
叢書集成初編總目索引 第1册

總類

書目

前漢書藝文志一卷 第2册
(漢)班固撰 (唐)顔師古注
據八史經籍志本排印
補續漢書藝文志一卷 第2册
(清)錢大昭撰
據史學叢書本排印
補後漢書藝文志四卷 第2册
(清)侯康撰
據嶺南遺書本排印
補三國藝文志四卷 第2册
(清)侯康撰
據史學叢書本排印
補晉書藝文志四卷補遺一卷附錄一卷附補晉書藝文志刊誤一卷 第2册
(現)丁國鈞撰 丁辰述錄
據史學叢書本排印
隋書經籍志四卷 第3册
(唐)長孫無忌等撰
據八史經籍志本排印
舊唐書經籍志二卷 第3册
(五代)劉昫等修
據八史經籍志本排印
唐書藝文志四卷 第3册
(宋)歐陽修等撰
據八史經籍志本排印
補五代史藝文志一卷 第3册
(清)顧懷三撰
據史學叢書本排印
宋史藝文志八卷 第3册
(元)脱脱等修
據八史經籍志本排印
宋史藝文志補一卷 第3册
(清)倪燦撰 (清)盧文弨訂正
據史學叢書本排印
補遼金元藝文志一卷 第4册
(清)倪燦撰 (清)盧文弨訂正
據史學叢書本排印
補三史藝文史一卷 第4册
(清)金門詔撰
據史學叢書本排印
補元史藝文志四卷 第4册
(清)錢大昕撰
據史學叢書本排印
明史藝文志四卷 第4册
(清)張廷玉等修
據八史經籍志本排印
揅經室外集五卷 第4册
(清)阮元等撰
據文選樓叢書本排印
日本國見在書目錄 第4册
(日本)藤原左世撰
影古逸叢書本
經義攷補正十二卷 第5册
(清)翁方綱撰
據粤雅堂叢書本排印
通志堂經解目錄一卷 第5册
(清)翁方綱訂
據粤雅堂叢書本排印
讀易别錄三卷 第5册
(清)全祖望撰
據知不足齋叢書本排印
史略六卷 第5册
(宋)高似孫輯
據百川學海本排印
子略四卷目一卷 第5册
(宋)高似孫撰
據學津討原本排印
勿菴曆算書目一卷 第5册
(清)梅文鼎撰
據知不足齋叢書本排印
崇文總目五卷補遺一卷附錄一卷 第6册
(宋)王堯臣等編次 (清)錢東垣等輯釋 (清)錢侗輯附錄
據粤雅堂叢書本排印
國史經籍志五卷附錄一卷 第7册
(明)焦竑輯
據粤雅堂叢書本排印
文淵閣書目二十卷 第7册
(明)楊士奇等編
據讀畫齋叢書本排印
尊經閣藏書目一卷 第7册
(清)王呈祥輯
據漸西村舍叢刊本排印
遂初堂書目一卷 第8册
(宋)尤袤撰
據海山仙館叢書本排印
菉竹堂書目六卷 第8册
(明)葉盛撰
據粤雅堂叢書本排印
世善堂藏書目錄二卷 第8册
(明)陳第撰
據知不足齋叢書本排印
汲古閣珍藏祕本書目一卷 第8册
(清)毛扆撰
據士禮居叢書本排印
絳雲樓書目四卷 第8册

（清）錢謙益撰（清）陳景雲注
據粤雅堂叢書本排印
述古堂藏書目四卷附宋版書目一卷 第8冊
（清）錢曾撰
據粤雅堂叢書本排印
季滄葦藏書目 第9冊
（清）季振宜撰
據粤雅堂叢書本排印
文瑞樓藏書目録十二卷 第9冊
（清）金星軺撰
據讀畫齋叢書本排印
稽瑞樓書目四卷 第9冊
（清）陳揆撰
據滂喜齋叢書本排印
孫氏祠堂書目四卷 第10冊
（清）孫星衍撰
據岱南閣叢書本排印
百宋一廛賦一卷 第10冊
（清）顧廣圻撰（清）黄丕烈注
據士禮居叢書本排印
藝芸書舍宋元本書目二卷 第10冊
（清）汪士鐘編
據滂喜齋叢書本排印
袁氏藝文金石録一卷附録一卷 第10冊
（清）袁渭漁等輯
據漸西村舍叢刊本排印
全燬抽燬書目一卷 第10冊
（清）英廉等編
據咫進齋叢書本排印
禁書總目一卷 第10冊
（清）軍機處編
據咫進齋叢書本排印
違礙書目一卷 第10冊
（清）榮柱刊
據咫進齋叢書本排印

經籍題跋

宛丘題跋一卷 第10冊
（宋）張耒撰
據津逮祕書本排印
容齋題跋二卷 第10冊
（宋）洪邁撰
據津逮祕書本排印
直齋書録解題二十二卷 第11冊
（宋）陳振孫撰
據聚珍版叢書本排印
讀書敏求記四卷附刊誤 第12冊
（清）錢曾撰 沈炎校
據海山仙館叢書本排印
知聖道齋讀書跋二卷 第12冊
（清）彭元瑞撰
據式訓堂叢書本排印
經籍跋文一卷 第12冊
（清）陳鱣撰
據涉聞梓舊本排印
平津館鑒藏記三卷附補遺一卷續編一卷 第12冊
（清）孫星衍撰
據式訓堂叢書本排印
廉石居藏書記二卷內外編 第12冊
（清）孫星衍撰 陳宗彝編
據式訓堂叢書本排印
半氈齋題跋二卷 第12冊
（清）江藩著
據功順堂叢書本排印
士禮居藏書題跋記續二卷 第12冊
（清）黄丕烈撰
據靈鶼閣叢書本排印
拜經樓藏書題跋記五卷附録一卷 第13冊
（清）吴壽暘撰
據別下齋叢書本排印

版本

刊正九經三傳沿革例一卷 第13冊
（宋）岳珂撰
據粤雅堂叢書本排印
竹汀先生日記鈔三卷 第13冊
（清）錢大昕著（清）何元錫編
據式訓堂叢書本排印
曝書雜記三卷 第13冊
（清）錢泰吉著
據式訓堂叢書本排印
非石日記鈔一卷附遺文 第13冊
（清）鈕樹玉著
據滂喜齋叢書本排印

書圖處理分類

宋元本行格表二卷 第13冊
（清）江標撰
影靈鶼閣叢書本
澹生堂藏書約一卷 第13冊
（清）祁承㸁著
據知不足齋叢書本排印
流通古書約一卷 第13冊
（清）曹溶撰
影榆園叢刻本 知不足齋叢書本
藏書記要一卷 第13冊
（清）孫從添著
影士禮居叢書本 榆園叢刻本
四庫全書總目提要四部類敘一卷 第13冊
（清）江標輯
影靈鶼閣叢書本

讀書指南

程氏家塾讀書分年日程三卷綱領一卷附録一卷 第14冊
（元）程端禮述
據正誼堂全書本排印
青巖叢録一卷 第14冊
（明）王禕撰
影百陵學山本等
九經誤字一卷 第14冊
（清）顧炎武著
影澤古齋重鈔本 指海本 借月山房匯鈔本
羣書拾補三十七卷 第14－15冊
（清）盧文弨撰
據抱經堂叢書本排印
先正讀書訣一卷 第16冊
（清）周永年輯
據靈鶼閣叢書本排印
校讎通義三卷 第16冊
（清）章學誠撰
據粤雅堂叢書本排印
四庫全書考證一百卷 第16－23冊
（清）王太岳等纂輯
據聚珍版叢書本排印
斠補隅録 第24冊
（清）蔣光煦著
影涉聞梓舊本
古今僞書考一卷 第24冊
姚際恒著
據知不足齋叢書本排印
經籍舉要一卷附録一卷 第24冊
（清）龍啟瑞編（清）袁昶增訂
據漸西村舍叢刊本排印
七經孟子考文二百卷補遺 第25－27冊
（日本）山井鼎輯（日本）物觀等補遺
據文選樓叢書本排印
易古文二卷 第27冊
（清）李調元撰
影函海本

類書

各科叢著

羣經總義 經學源流

(宋)真德秀撰
據學海類編本排印
禮經奧旨一卷 第54冊
(宋)鄭樵著
據學海類編本排印
鶴山渠陽讀書雜鈔二卷 第54冊
(宋)魏了翁著
據寶顏堂秘笈本排印
四書箋義十二卷補遺一卷續補一卷 第55冊
(宋)趙悳撰
影守山閣叢書
讀四書叢說八卷 第56冊
(元)許謙撰
據經苑本排印
羣英書義二卷 第56冊
(明)張泰編輯 (明)劉錦文編選
據粵雅堂叢書本排印
石渠意見四卷附拾遺二卷附補缺一卷 第56冊
(明)王恕撰
據惜陰軒叢書本排印
升庵經說十四卷 第57冊
(明)楊慎撰
據函海本排印
四書索解四卷 第57冊
(清)毛奇齡說 (清)王錫纂
據藝海珠塵叢書本排印
三禮指要一卷 第57冊
(清)陳廷敬著
據學海類編本排印
讀禮志疑十二卷附一卷 第57冊
(清)陸隴其撰
據學海類編本排印
九經古義十六卷 第57冊
(清)惠棟學
據貸園叢書本排印
質疑(二種)一卷 第58冊
(清)任泰學
據讀畫齋叢書本排印
質疑一卷 第58冊
(清)杭世駿著
據讀畫齋叢書本排印
說學齋經說一卷 第58冊
(清)葉鳳毛纂
影藝海珠塵本
五經贊一卷 第58冊
(清)陸榮秬纂 (清)徐堂注
影藝海珠塵本
溉亭述古錄一卷 第58冊
(清)錢塘著
影式訓堂叢書本 文選樓叢書本
四書逸箋六卷 第58冊
(清)程大中撰
據湖北叢書本排印
經義知新記一卷 第58冊
(清)汪中撰
據藝海珠塵叢書本排印
健餘先生讀書筆記六卷 第58冊
(清)尹會一撰 (清)苑綰輯錄
據畿輔叢書本排印
六藝論一卷 第58冊
(漢)鄭玄撰 (清)陳鱣輯
據涉聞舊本排印
隸經文四卷 第58冊
(清)江藩撰
據粵雅堂叢書本排印
九經學 第58冊
(清)王聘珍著
據仰視千七百二十九鶴齋叢書本排印
詩書古訓六卷 第59冊
(清)阮元錄
據粵雅堂叢書本排印
介庵經說十卷附補二卷 第60冊
(清)雷學淇述
據畿輔叢書本排印
劉貴陽說經殘稿一卷附經說一卷 第60冊
(清)劉書年撰
據滂喜齋叢書本排印
鳳氏經說三卷 第60冊
(清)鳳韶著
據粵雅堂叢書本排印
羣經互解一卷 第61冊
(清)馮經撰
據嶺南遺書本排印
敬堂文稿一卷 第61冊
(清)辛紹業著
影豫章叢書本
周人經說四卷 第61冊
(清)王紹蘭纂
據功順堂叢書本排印
王氏經說六卷 第61冊
(清)王紹蘭撰
據功順堂叢書本排印
授經圖二十卷 第61冊
(明)朱睦㮮撰
據惜陰軒叢書本排印
儒林譜一卷 第62冊
(清)焦袁熹撰
據藝海珠塵本排印
傳經表一卷附通經表一卷 第62冊
(清)畢沅撰
據式訓堂叢書本影印
國朝經師經義目錄一卷 第62冊
(清)江藩纂
據粵雅堂叢書本排印

諸子叢鈔

意林五卷 第62冊
(唐)馬總撰
影聚珍版叢書本 學津討原本
續談助五卷 第62冊
(宋)晁載之著
據十萬卷樓叢書本排印
古雋八卷 第62冊
(明)楊慎輯
據函海本排印

考據

風俗通義二卷 第63冊
(漢)應劭著
據兩京遺編本影印
古今注三卷 第63冊
(晉)崔豹撰
據顧氏文房本排印
封氏聞見記十卷 第63冊
(唐)封演撰
據雅雨堂叢書本影印
酉陽雜俎二十卷附續集十卷 第64冊
(唐)段成式撰
據學津討原本排印
資暇集三卷 第64冊
(唐)李匡乂編
據顧氏文房本排印
蘇氏演義二卷 第64冊
(唐)蘇鶚纂
據藝海珠塵本排印
中華古今注三卷 第64冊
(後唐)馬縞集
據百川學海本排印
兼明書五卷 第64冊
(唐)丘光庭撰

據寶顏堂秘笈本排印
宋景文公筆記三卷 第64冊
（宋）宋祁撰
據百川學海本排印
東原錄一卷 第64冊
（宋）龔鼎臣撰
據藝海珠塵本排印
夢溪筆談二十六卷 第65冊
（宋）沈括撰
據津逮祕書本排印
夢溪補筆談二卷 第65冊
（宋）沈括撰
據學津討原本排印
夢溪續筆談一卷 第65冊
（宋）沈括撰
據學津討原本排印
珩璜新論四卷 第65冊
（宋）孔平仲撰
據學海類編本排印
猗覺寮雜記二卷 第65冊
（宋）朱翌撰
據知不足齋叢書本排印
嬾真子五卷 第65冊
（宋）馬永卿撰
據儒學警悟本排印
肯綮錄一卷 第65冊
（宋）趙叔向撰
據學海類編本排印
甕牖閒評八卷 第65冊
（宋）袁文撰
據聚珍版叢書本排印
西溪叢語二卷 第66冊
（宋）姚寬輯
據學津討原本排印
辨誤錄三卷 第66冊
（宋）吳曾纂
據學海類編本排印
能改齋漫錄十八卷拾遺一卷 第66冊
（宋）吳曾撰
據聚珍版叢書本排印
考古編十卷 第67冊
（宋）程大昌撰
影函海本
演繁露二十二卷 第67冊
（宋）程大昌撰
影學津討原本 儒學警悟本
演繁露續集 第67冊
（宋）程大昌撰
影學津討原本 儒學警悟本
宜齋野乘一卷 第67冊
（宋）吳枋撰
據顧氏文房本排印
五總志一卷 第67冊
（宋）吳坰纂
據知不足齋叢書本排印
石林燕語辨十卷 第67冊
（宋）葉夢得撰 汪應辰辨
據儒學警悟本排印
寓簡十卷附錄一卷 第68冊
（宋）沈作喆撰
據知不足齋叢書本排印
雲麓漫鈔十五卷 第68冊
（宋）趙彥衛撰
據涉聞梓舊本影印
靖康緗素雜記十卷 第68冊
（宋）黃朝英撰
據墨海金壺本排印
學林十卷 第69冊
（宋）王觀國撰
據湖海樓叢書本排印
野客叢書三十卷附錄一卷 第69冊
（宋）王楙撰
據稗海本排印
辯言一卷 第70冊
（宋）員興宗纂
據藝海珠塵本排印
常談一卷 第70冊
（宋）吳箕撰
據函海本排印
緯略十二卷附錄一卷 第70冊
（宋）高似孫撰
據守山閣叢書本排印
捫蝨新話四卷下集四卷 第70冊
（宋）陳善著
據儒學警悟本排印
鶴山渠陽經外雜抄二卷 第70冊
（宋）魏了翁輯著
據寶顏堂秘笈本排印
芥隱筆記一卷 第70冊
（宋）龔頤正撰
據顧氏文房本排印
學齋佔畢四卷 第70冊
（宋）史繩祖撰
據百川學海本排印
賓退錄十卷 第71冊
（宋）趙與時著
據學海類編本排印
蘆浦筆記十卷 第71冊
（宋）劉昌詩撰
據知不足齋叢書本排印
雲谷雜紀六卷 第71冊
（宋）張淏撰
考古質疑六卷 第71冊
（宋）葉大慶撰
木筆雜鈔二卷 第71冊
（宋）撰人不詳
鼠璞一卷 第71冊
（宋）戴埴著
據百川學海本排印
坦齋通編一卷 第71冊
（宋）邢凱撰
據守山閣叢書本排印
臆乘一卷 第71冊
（宋）楊伯喦撰
據龍威祕書本排印
羅氏識遺十卷 第72冊
（宋）羅壁著
席上腐談二卷 第72冊
（宋）俞琰撰
據寶顏堂秘笈本排印
潁川語小二卷 第72冊
（宋）陳叔方撰
據守山閣叢書本排印
佩韋齋輯聞四卷 第72冊
（宋）俞德鄰撰
據讀畫齋叢書本 學海類編本排印
東齋記事 第72冊
（宋）許觀撰
據龍威祕書本排印
釋常談三卷 第72冊
（宋）撰人不詳
影百川學海本 唐宋叢書本
續釋常談一卷 第72冊
（宋）龔熙正著
據唐宋叢書本排印
林下偶談四卷 第72冊
（宋）吳氏撰
據寶顏堂秘笈本排印
愛日齋叢鈔五卷 第72冊
（宋）撰人不詳
據守山閣叢書本影印

玉堂嘉話八卷 第73册
(元)王惲撰
據墨海金壺本排印
湛淵靜語二卷 第73册
(元)白珽撰
據知不足齋叢書本排印
庶齋老學叢談三卷 第73册
(元)盛如梓撰
據知不足齋叢書本排印
日聞錄一卷 第73册
(元)李翀撰
據守山閣叢書本排印
霏雪錄一卷 第73册
(明)鎦績撰
據古今說海本排印
菽園雜記十五卷 第73册
(明)陸容撰
據墨海金壺本排印
井觀瑣言三卷 第73册
(明)鄭瑗著
據寶顏堂秘笈本排印
兩山墨談十八卷 第74册
(明)陳霆著
據惜陰軒叢書本排印
傳疑錄一卷 第74册
(明)陸深著
據寶顏堂秘笈本排印
儼山纂錄一卷 第74册
(明)陸深撰
據百陵學山本排印
讀書劄記八卷 第74册
(明)徐問志著
據得月簃叢書本排印
譚苑醍醐八卷 第74册
(明)楊慎撰
據函海本排印
秇林伐山二十卷 第74册
(明)楊慎撰
據函海本排印
丹鉛雜錄十卷 第75册
(明)楊慎撰
據函海本排印
丹鉛續錄八卷 第75册
(明)楊慎撰
據寶顏堂秘笈本排印
俗言一卷 第75册
(明)楊慎撰
據函海本排印
餘冬序錄摘抄內外篇六卷 第75册
(明)何孟春撰
影紀錄彙編本
真珠船八卷 第75册
(明)胡侍著
據寶顏堂秘笈本排印
簣齋雜錄一卷 第75册
(明)陸埏撰
據學海類編本排印
古言類編二卷 第76册
(明)鄭曉撰
影鹽邑志林本
羣碎錄一卷 第76册
(明)陳繼儒撰
據寶顏堂秘笈本排印
枕譚一卷 第76册
(明)陳繼儒撰
據寶顏堂秘笈本排印
疑耀七卷 第76册
(明)張萱撰
據嶺南遺書本排印
槎上老舌一卷 第76册
(明)陳衎撰
據硯雲甲乙編本排印
餘菴雜錄三卷 第76册
(明)陳恂著
據學海類編本排印
巵林十卷補遺一卷 第77册
(明)周嬰撰
據湖海樓叢書本排印
呂錫侯筆記一卷 第77册
(明)呂兆禧撰
據鹽邑志林本排印
遯翁隨筆二卷 第77册
(清)祁駿佳著
據仰視千七百二十九鶴齋叢書本排印
蒿庵閒話二卷 第77册
(清)張爾岐撰
影粵雅堂叢書本 貸園叢書本
譎觚一卷 第77册
(清)顧炎武撰
據借月山房匯鈔本排印
菰中隨筆一卷 第77册
(清)顧炎武撰
據海山仙館叢書本排印
朩廬札記一卷 第77册
(清)丁泰著
據仰視千七百二十九鶴齋叢書本排印
義府二卷 第78册
(清)黃生撰
據指海本排印
訂譌雜錄十卷 第78册
(清)胡鳴玉述
據湖海樓叢書本排印
學福齋雜著一卷 第78册
(清)沈大成撰
據藝海珠塵本排印
樵香小記二卷 第78册
(清)何琇撰
據守山閣叢書本排印
龍城札記三卷 第78册
(清)盧文弨撰
據抱經堂叢書本排印
鍾山札記四卷 第78册
(清)盧文弨撰
據抱經堂叢書本排印
魯齋述得一卷 第78册
(清)丁傳撰
據藝海珠塵本排印
炳燭偶鈔一卷 第78册
(清)陸錫熊撰
據藝海珠塵本排印
卍齋瓆錄十卷 第78册
(清)李調元撰
據函海本排印
勦說四卷 第79册
(清)李調元撰
據函海本排印
識小編二卷 第79册
(清)董豐垣撰
據指海本排印
炳燭篇四卷 第79册
(清)李賡芸撰
據滂喜齋叢書本排印
銅熨斗齋隨筆八卷 第79册
(清)沈濤撰
影式訓堂叢書本
大雲山房雜記二卷 第79册
(清)惲敬著
影咫進齋叢書本
讀書瑣記一卷 第79册
(清)鳳應韶纂
據藝海珠塵本排印

鄭堂札記五卷 第79册
（清）周中孚撰
據仰視千七百二十九鶴齋叢書本排印
讀書叢錄七卷 第79册
（清）洪頤煊撰
據史學叢書本排印
癸巳存稿十五卷 第80册
（清）俞正燮撰
據連筠簃叢書本排印
蓑友肊說一卷附錄一卷 第80册
（清）王筠撰
據靈鶼閣叢書本排印
武陵山人雜著一卷 第80册
（清）顧觀光撰
據小萬卷樓叢書本排印
聚星札記一卷 第81册
（清）尚鎔著
影豫章叢書本
說叩一卷 第81册
（清）葉抱崧纂
據藝海珠塵叢書本排印
需次燕語一卷 第81册
（清）王朝渠著
影豫章叢書本
洨民遺文一卷 第81册
（清）孫傳鳳撰
影靈鶼閣叢書本
寒秀草堂筆記四卷 第81册
（清）姚衡著
據咫進齋叢書本排印
握蘭軒隨筆二卷 第81册
（清）卜陳彝著
據學海類編本排印
劉氏遺著三卷 第81册
（清）劉禧延撰
據滂喜齋叢書本排印
養龢軒隨筆一卷 第81册
（清）陳作霖著
據金陵叢刻本排印
困學紀聞參注一卷 第81册
（清）趙敬襄著
據豫章叢書本排印

名言

鹿門子一卷 第81册
（唐）皮日休撰
據子彙本排印
省心錄一卷 第81册
（宋）林逋著
據寶顏堂秘笈本排印
晁氏客語一卷 第81册
（宋）晁說之著
據百川學海本排印
欒城先生遺言一卷 第81册
（宋）蘇籀記
據百川學海本排印
西疇老人常言一卷 第81册
（宋）何坦著
據百川學海本排印
樵談一卷 第81册
（宋）許棐撰
據鹽邑志林本排印
東谷所見一卷 第81册
（宋）李之彥撰
據百川學海本排印
讀書錄存遺一卷 第81册
（宋）潘音著
據百川學海本排印
理學簡言一卷 第81册
（宋）區仕衡撰
據嶺南遺書本排印
省心雜言一卷 第81册
（宋）李邦獻撰
影函海本
田間書一卷 第81册
（宋）林芳撰
據龍威祕書本排印
積善錄一卷續積善錄一卷 第81册
（宋）撰人不詳
據稗乘本排印
勤有堂隨錄一卷 第81册
（元）陳櫟著
據學海類編本排印
學易居筆錄一卷 第81册
（元）俞鎮著
據學海類編本排印
筆疇二卷 第81册
（明）王達著
據寶顏堂秘笈本排印
巵辭一卷 第81册
（明）王褘著
據學海類編本排印
密箴一卷 第81册
（明）蔡清撰
據百陵學山本排印
讀書筆記一卷 第82册
（明）祝允明著
據寶顏堂秘笈本排印
蜩笑偶言一卷 第82册
（明）鄭瑗著
據寶顏堂秘笈本排印
松窗寤言一卷 第82册
（明）崔銑撰
據借月山房匯鈔本排印
經世要談一卷 第82册
（明）鄭善夫撰
據百陵學山本排印
錢公良測語二卷 第82册
（明）錢琦撰
影鹽邑志林本
錢子語測二卷 第82册
（明）錢琦撰
影百陵學山本
四箴雜言一卷 第82册
（明）何大復撰
影百陵學山本
慎言集訓二卷 第82册
（明）敖英纂集
影顏堂秘笈本
玉笑零音一卷 第82册
（明）田藝蘅撰
影寶顏堂秘笈本
薛方山紀述一卷 第82册
（明）薛應旂著
據寶顏堂秘笈本排印
歸有園塵談一卷 第82册
（明）徐學謨撰
據寶顏堂秘笈本排印
古今藥石二卷 第82册
（明）宋纁輯
據得月簃叢書本排印
呻吟語選二卷 第82册
（明）呂坤著（清）阮元選
據文選樓叢書本排印
安得長者言一卷 第82册
（明）陳繼儒著
據寶顏堂秘笈本排印
鄭敬中摘語一卷 第82册
（明）鄭心材撰
據鹽邑志林本排印
仰子遺語一卷 第82册
（明）胡憲仲撰

(宋)蔡淵纂
據聚珍版叢書本排印
泰軒易傳六卷 第91冊
(宋)李中正撰
據佚存叢書本排印
讀易私言一卷 第91冊
(元)許衡著
據學海類編本排印
易學濫觴一卷 第91冊
(元)黃澤撰
據聚珍版叢書本排印
周易集傳八卷 第91冊
(元)龍仁夫學
據別下齋叢書本排印
玩易意見二卷 第91冊
(明)王恕著
據惜陰軒叢書本排印
涇野先生周易說翼三卷 第92冊
(明)呂柟著
據惜陰軒叢書本排印
周易議卦二卷 第92冊
(明)王崇慶著
據學海類編本排印
學易記五卷 第92冊
(明)金賁亨撰
據惜陰軒叢書本排印
易圖一卷 第92冊
(明)田藝蘅撰
影百陵學山本
易象鈎解四卷 第92冊
(明)陳士元撰
據守山閣叢書本排印
易領四卷 第92冊
(明)郝敬著
據湖北叢書本排印
兒易內儀以六卷 第92冊
(明)倪元璐著
據粵雅堂叢書本排印
兒易外儀十五卷 第93冊
(明)倪元璐著
據粵雅堂叢書本排印
易經增註十卷附易考一卷 第93冊
(明)張鏡心撰
據畿輔叢書本排印
周易爻物當名二卷 第93冊
(明)黎遂球撰
據嶺南遺書本排印
易經通注四卷 第94冊
(清)傅以漸 曹本榮撰
據湖北叢書本排印
周易本義爻徵二卷 第94冊
(清)吳曰慎著
據惜陰軒叢書本排印
推易始末四卷 第94冊
(清)毛奇齡稿
據龍威祕書本排印
易學管窺一卷 第94冊
(清)章芝撰
據涇川叢書本排印
易圖明辨十卷 第94冊
(清)胡渭輯著
據守山閣叢書本排印
周易本義注六卷 第95冊
(清)胡方撰
據嶺南遺書本排印
讀易經一卷 第95冊
(清)趙良霨著
據涇川叢書本排印
周易集解十卷 第96-97冊
(清)孫星衍撰
據岱南閣叢書本排印
虞氏易事二卷 第97冊
(清)張惠言學
據仰視千七百二十九鶴齋叢書本排印
李氏易解賸義三卷 第97冊
(清)李富孫輯
據讀畫齋叢書本排印
易漢學八卷 第98冊
(清)惠棟學
據經訓堂叢書本排印
易例二卷 第98冊
(清)惠棟撰
據貸園叢書本排印
虞氏易消息圖說初稿一卷 第98冊
(清)胡祥麟撰
據滂喜齋叢書本排印
封本圖考一卷 第98冊
(清)胡秉虔學
據藝海珠塵本排印
易象通義六卷 第98冊
(清)秦篤輝撰
據湖北叢書本排印
周易集解纂疏十卷 第99-100冊
(清)李道平撰
據湖北叢書本排印
周易略解八卷 第100冊
(清)馮經撰
據嶺南遺書本排印
易圖存是二卷 第101冊
(清)辛紹業撰
影豫章叢書本
周易本義考一卷 第101冊
撰人不詳
據金華叢書本排印
儒家哲學
禮記通註一卷 第101冊
(明)朱元弼撰
影鹽邑志林本
大學古本二卷附旁釋及問 第101冊
(周)曾參述
影百陵學山本
大學石經古本附旁釋二卷及申釋 第101冊
(周)曾參述 (明)王文祿申釋
影百陵學山本
大學疏義一卷 第101冊
(宋)金履祥撰
據金華叢書本排印
大學發微一卷 第101冊
(宋)黎立武著
據學海類編本排印
大學本旨一卷 第101冊
(宋)黎立武著
據學海類編本排印
大學古本旁注一卷 第101冊
(明)王守仁注
據函海本排印
大學證文一卷 第101冊
(清)毛奇齡稿
據龍威祕書本排印
大學辨業四卷 第101冊
(清)李塨稿
據畿輔叢書本排印
古本大學輯解二卷 第101冊
(清)楊亶驊述
據畿輔叢書本排印
中庸古本三卷 第102冊
(周)孔伋著
影百陵學山本
中庸傳一卷 第102冊
(宋)晁説之著

墨家哲學

名家哲學

雜家哲學

影學海類編本排印 百陵學山本
龍門子凝道記三卷 第128冊
(明)宋濂撰
據金華叢書本排印
郁離子一卷 第128冊
(明)劉基撰
影百陵學山本 學海類編本 學津討原本
草木子一卷 第128冊
(明)葉子奇撰
影百陵學山本
海涵萬象錄一卷 第128冊
(明)黄潤玉著
據百陵學山本 學海類編本排印
未齋雜言一卷 第128冊
(明)黎久之著
影今獻匯言本
黎子雜釋一卷 第128冊
(明)黎久之著
據百陵學山本 學海類編本排印
南山素言一卷 第128冊
(明)潘府著
影今獻匯言本
思玄庸言一卷 第129冊
(明)桑悦撰
據百陵學山本 學海類編本排印
凝齋筆語一卷 第129冊
(明)王鴻儒撰
據百陵學山本 學海類編本排印
空同子纂一卷 第129冊
(明)李夢陽撰
據百陵學山本 學海類編本排印
羅山雜言一卷 第129冊
(明)宋濂著
影今獻匯言本
后渠庸書一卷 第129冊
(明)崔銑著
據百陵學山本 學海類編本排印
約言一卷 第129冊
(明)薛蕙撰
影百陵學山本
拘虛晤言一卷 第129冊
(明)陳沂著
影今獻匯言本
豢龍子一卷 第129冊
(明)董穀撰
影百陵學山本
冥影契一卷 第129冊
(明)董穀撰
影百陵學山本
海石子内外篇二卷 第129冊
(明)錢薇撰
影鹽邑志林本 百陵學山本
海樵子一卷 第129冊
(明)王崇慶著
據百陵學山本 學海類編本排印
汲古叢語一卷 第129冊
(明)陸樹聲著
據寶顔堂秘笈本排印
本語六卷 第129冊
(明)高拱撰
據指海本排印
三事遡真一卷 第129冊
(明)李豫亨著
據寶顔堂秘笈本排印
觀微子一卷 第129冊
(明)朱袞撰
據百陵學山本排印
渾然子一卷 第129冊
(明)張翀著
據寶顔堂秘笈本排印
海沂子五卷 第129冊
(明)王文禄著
據百陵學山本排印
竹下寤言二卷 第129冊
(明)王文禄撰
影百陵學山本
廉矩一卷 第129冊
(明)王文禄著
影百陵學山本
補衍二卷 第129冊
(明)王文禄撰
影百陵學山本
雜問錄一卷 第130冊
(明)唐樞著
據寶顔堂秘笈本排印
支談一卷 第130冊
(明)焦竑著
據寶顔堂秘笈本排印
擬詩外傳一卷 第130冊
(明)黄省曾著
據百陵學山本 學海類編本排印
客問一卷 第130冊
(明)黄省曾著
據百陵學山本 學海類編本排印
叔苴子内編六卷外編二卷 第130冊
(明)莊元臣撰
據粤雅堂叢書本排印
長松茹退二卷 第130冊
(明)釋真可著
據寶顔堂秘笈本排印
聖學範圍圖記一卷 第130冊
(明)岳元聲著
據寶顔堂秘笈本排印
黄帝祠額解一卷 第130冊
(明)李維楨撰
據寶顔堂秘笈本排印
祝子小言一卷 第130冊
(明)祝世禄著
據寶顔堂秘笈本排印
澹齋内言一卷 第130冊
(明)楊繼益著
據學海類編本排印
澹齋外言一卷 第130冊
(明)楊繼益著
據學海類編本排印
與古人書二卷 第130冊
(明)張自烈著
據學海類編本排印
東溟蠡測 第130冊
(明)李儒烈撰
影百陵學山本
觀心約一卷 第130冊
(明)鄒森著
據畿輔叢書本排印
閒說一卷 第130冊
(明)趙明倫撰
影百陵學山本
廓然子五述一卷 第130冊
(明)撰人不詳
影百陵學山本
蒙泉雜言一卷 第130冊
(明)撰人不詳
影今獻匯言本

理學

宋四子抄釋二十一卷 第131冊
(明)吕柟撰
據惜陰軒叢書本排印
濂洛關閩書十九卷 第132冊
(清)張伯行集解
據正誼堂全書本排印

汶濱語錄二十卷 第140冊
(明)蔡霦著 (清)魏裔介參
據畿輔叢書本排印
禮元剩語一卷 第140冊
(明)唐樞撰
據百陵學山本排印
梅峰語錄二卷 第141冊
(明)趙仲全著
據涇川叢書本排印
居業錄八卷 第141冊
(明)胡居仁撰
據正誼堂全書本排印
拙齋學測一卷 第141冊
(明)蕭良榦著
據涇川叢書本排印
赤山會語一卷 第141冊
(明)蕭雍著
據涇川叢書本排印
讀書些子會心一卷 第141冊
(明)朱苞著
據涇川叢書本排印
答問二卷 第141冊
(清)孫奇逢撰
據畿輔叢書本排印
語錄二卷 第141冊
(清)孫奇逢撰
據畿輔叢書本排印
潛室劄記二卷 第141冊
(清)刁包著
據畿輔叢書本排印
繹志十九卷附劄記一卷 第142冊
(清)胡承諾撰
據湖北叢書本排印
讀書說四卷附年譜一卷 第142冊
(清)胡承諾著
據湖北叢書本排印
常語筆存一卷 第142冊
(清)湯斌著
據學海類編本排印
陸桴亭思辨錄輯要二十二卷 第143冊
(清)陸世儀撰
據正誼堂全書本排印
學術辨一卷 第143冊
(清)陸隴其撰
據學海類編本排印
問學錄四卷 第143冊
(清)陸隴其撰
據正誼堂全書本排印
松陽鈔存一卷 第143冊
(清)陸隴其撰
據正誼堂全書本排印
存學編四卷 第143冊
(清)顏元著
據畿輔叢書本排印
存性編二卷 第143冊
(清)顏元著
據畿輔叢書本排印
顏習齋先生言行錄二卷 第143冊
(清)鍾陵纂
據畿輔叢書本排印
質孔說二卷 第143冊
(清)周夢顏輯
據琳琅秘室叢書本排印
困學錄集粹八卷 第144冊
(清)張伯行撰
據正誼堂全書本排印
學規類編二十七卷 第144冊
(清)張伯行纂
據正誼堂全書本排印
聖經學規纂二卷 第145冊
(清)李塨撰
據畿輔叢書本排印
論學二卷 第145冊
(清)李塨稿
據畿輔叢書本排印
健餘劄記四卷 第145冊
(清)尹會一撰
據畿輔叢書本排印
緒言三卷 第145冊
(清)戴震撰
據粵雅堂叢書本排印
星閣正論一卷 第145冊
(清)趙青藜著
據涇川叢書本排印
子貫附言一卷 第145冊
(清)胡元暉著
據涇川叢書本排印
業儒臆說一卷 第145冊
(清)陶圻著
據學海類編本排印
郝雪海先生筆記三卷 第145冊
(清)郝浴撰
據畿輔叢書本排印
論學俚言一卷 第145冊
(清)蕭繼炳著
據涇川叢書本排印
王學質疑五卷附錄 第145冊
(清)張烈撰
據正誼堂全書本排印

修養

東宮備覽六卷 第145冊
(宋)陳模撰
據學海類編本排印
吾師錄一卷 第145冊
(明)黃淳耀纂
據藝海珠塵本排印
宦遊日記一卷 第145冊
(明)徐榜著
據涇川叢書本排印
南嶽遇師本末一卷 第146冊
(宋)夏元鼎編
據寶顏堂秘笈本排印
胎息經一卷 第146冊
幻真先生注
據夷門廣牘本排印
胎息經疏略一卷 第146冊
(明)王文祿撰
據百陵學山本排印
脈望八卷 第146冊
(明)趙台鼎著
據寶顏堂秘笈本排印
赤鳳髓三卷 第146冊
(明)周履靖編輯
影夷門廣牘本
逍遙子導引訣一卷 第146冊
(明)逍遙子著
影夷門廣牘本

調攝

保生要錄一卷 第146冊
(宋)蒲處厚撰
據稗乘本
修齡要旨一卷 第146冊
(明)冷謙著
據學海類編本排印
唐宋衛生歌一卷 第146冊
(明)周履靖編次
影夷門廣牘本
益齡單一卷 第146冊
(明)周履靖編次
影夷門廣牘本
養生膚語一卷 第146冊

無名氏撰
據藝海珠塵本排印
黄帝金匱玉衡經一卷 第 152 冊
(清)孫星衍校
據平津館叢書本影印
黄帝龍首經一卷 第 152 冊
(清)孫星衍校
據平津館叢書本影印
探春歷記一卷 第 152 冊
(漢)東方朔撰
據夷門廣牘本排印
乙巳占十卷 第 152 冊
(唐)李淳風撰
據十萬卷樓叢書本排印
相雨書一卷 第 153 冊
(唐)黄子發撰
據漸西村舍叢刊本排印
天文占驗一卷 第 153 冊
(明)周履靖校梓
影夷門廣牘本
占驗録一卷 第 153 冊
(明)周履靖輯
影夷門廣牘本
土牛經一卷 第 153 冊
(明)周履靖校梓
影夷門廣牘本
雲氣占候篇二卷 第 153 冊
(清)韜廬子撰
據漸西村舍叢刊本排印
通占大象曆星經二卷 第 153 冊
撰人不詳
影津逮祕書本
四字經一卷 第 153 冊
(唐)德行禪師著
影夷門廣牘本
李虚中命書三卷 第 153 冊
(唐)李虚中註
據墨海金壺本排印
珞琭子三命消息賦注二卷 第 153 冊
(宋)徐子平撰
據墨海金壺本排印
珞琭子賦註二卷 第 153 冊
(宋)釋曇瑩撰
據墨海金壺本排印
三命指迷賦一卷 第 153 冊
(宋)珞琭子撰 岳珂補注
據讀畫齋叢書本排印
乾元秘旨一卷 第 153 冊
(清)舒繼英著
據讀畫齋叢書本排印
天步真原三卷 第 153 冊
(泰西)穆尼閣撰
影守山閣叢書本
相法十六篇一卷 第 154 冊
(漢)許負著
據夷門廣牘本排印
月波洞中記一卷 第 154 冊
(三國吳)張仲遠傳本
據函海本排印
玉管照神局三卷 第 154 冊
(唐)宋齊丘撰
據十萬卷樓叢書本排印
太清神鑑六卷 第 154 冊
(後周)王朴撰
據墨海金壺本排印
人倫大統賦二卷 第 155 冊
(金)張行簡撰 (元)薛延年注
據十萬卷樓叢書本排印
字觸六卷 第 155 冊
(清)周亮工輯
據粤雅堂叢書本排印
黄帝宅經二卷 第 155 冊
(明)周履靖校正
影夷門廣牘本 津逮祕書本 學津討原本
青烏先生葬經一卷 第 155 冊
(漢)青烏先生撰 (金)兀欽仄注
據夷門廣牘本排印
葬經箋註二卷 第 155 冊
(晉)郭璞著 (清)吴元音註
據澤古齋重鈔本等排印
劉江東家藏善本葬書三卷 第 155 冊
(元)吴澂刪定 (明)鄭謐註釋
影琳琅秘室叢書本 十萬卷樓叢書本
葬圖一卷 第 156 冊
撰人不詳
影學津討原本 津逮祕書本
葬經翼 第 156 冊
(明)繆希雍著
影學津討原本 津逮祕書本
青烏緒言一卷 第 156 冊
(明)李豫亨譔
據學海類編本排印
山水忠肝集摘要一卷 第 156 冊
(明)蕭克著
據續知不足齋叢書本排印
難解二十四篇一卷 第 156 冊
(明)撰人不詳
影學津討原本 津逮祕書本
祕傳水龍經五卷 第 156 冊
(清)蔣平階輯訂
影借月山房匯鈔本
陽宅撮要二卷 第 156 冊
(清)吳鼒撰
影澤古齋重鈔本 借月山房匯鈔本
翻卦挨醒圖訣考著一卷 第 156 冊
(清)戴鴻纂
據藝海珠塵本排印
地理古鏡歌一卷 第 156 冊
(清)蔣大鴻纂
據藝海珠塵本排印
夢占逸旨八卷 第 156 冊
(明)陳士元撰
據藝海珠塵本排印

倫理

古文孝經二卷 第 157 冊
(漢)孔安國傳
影知不足齋叢書 佚存叢書本
唐開元御注孝經一卷 第 157 冊
唐玄宗注
影古逸叢書本
孝經刊誤一卷 第 157 冊
(宋)朱熹撰
據經苑本排印
孝經述註一卷 第 157 冊
(明)項霦撰
影澤古齋重鈔本 借月山房匯鈔本
孝經引證一卷 第 157 冊
(明)楊起元著
據寶顔堂秘笈本排印
虞子集靈節略一卷 第 157 冊
(明)虞淳熙輯
據寶顔堂秘笈本 學海類編本排印
孝經疑問一卷 第 157 冊
(明)姚舜牧著
據咫進齋叢書本排印
孝經或問三卷 第 157 冊
(明)呂維祺撰
據經苑本排印
孝經本義二卷 第 157 冊
(明)呂維祺撰

據經苑本排印
孝經翼一卷 第157冊
(明)呂維祺撰
據經苑本排印
孝經宗旨一卷 第157冊
(清)羅汝芳撰
據寶顏堂秘笈本排印
中文孝經一卷 第157冊
(清)周春纂
據藝海珠塵本排印
孝經外傳一卷 第157冊
(清)周春纂
據藝海珠塵本排
孝經鄭注一卷 第157冊
(清)陳鱣撰集
據涉聞梓舊本排印
孝經鄭注一卷 第157冊
(清)嚴可均輯
據咫進齋叢書本排印
孝經鄭注補證一卷 第157冊
(清)洪頤煊補
據知不足齋叢書本排印
孝經鄭氏解輯本一卷 第157冊
(漢)鄭玄撰 (清)臧鏞堂述
據知不足齋叢書本排印
孝經義疏補九卷首一卷 第157冊
(清)阮福撰
據文選樓叢書本排印
孝經鄭注一卷 第157冊
(日本)岡田挺之補輯
據知不足齋叢書本排印
集事詩鑑一卷 第157冊
(宋)方昕著
據知不足齋叢書本排印
證人社約一卷 第157冊
(明)劉宗周著
據學海類編本排印
楚中會條一卷 第157冊
(明)查鐸著
據涇川叢書本排印
水西會條一卷 第157冊
(明)查鐸著
據涇川叢書本排印
稽山會約一卷 第157冊
(明)蕭良榦著
據涇川叢書本排印
赤山會約一卷 第157冊
(明)蕭雍著
據涇川叢書本排印
友論一卷 第157冊
(泰西)利瑪竇集
據寶顏堂秘笈本排印

宗教類

宗教論文

三教平心論二卷 第158冊
(宋)劉謐撰
據琳琅秘室叢書本排印

佛教

佛說四十二章經一卷 第158冊
(後漢)迦葉摩騰 竺法蘭同譯 (後漢)沙門守遂注
據津逮祕書本 漸西村舍叢刊本排印
摩訶般若波羅密多心經一卷 第158冊
(唐)釋玄奘譯 (明)林兆恩釋
影稗乘本
心要經一卷 第158冊
(唐)釋道叚譯
據函海本排印
牟子一卷 第158冊
(漢)牟融撰
據平津館叢書本影印
寶藏論一卷 第158冊
(唐)釋僧肇著
據函海本排印
象教皮編六卷 第158冊
(明)陳士元輯
據學津討原本排印
西齋淨土詩三卷附校勘記一卷附校訛一卷附續校一卷 第158冊
(明)釋梵琦撰
影琳琅秘室叢書本
宗禪辯一卷 第158冊
(宋)張商英撰
影稗乘本
一切經音義二十五卷 第159－160冊
(唐)釋元應撰 (清)莊炘等校
影海山仙館叢書本
止觀輔行傳宏決一卷 第161冊
(唐)釋湛然述 (清)胡澍錄
影滂喜齋叢書本
大方廣佛華岩經音義四卷 第161冊
(唐)釋慧苑撰
影守山閣叢書 粵雅堂叢書本

道教

靈寶真靈位業圖一卷 第161冊
(梁)陶弘景纂
影祕冊匯函本 津逮祕書本
太上感應篇注二卷 第161冊
(清)惠棟撰
影粵雅堂叢書本
常清淨經釋略一卷 第161冊
(明)林兆恩釋
影稗乘本
金丹詩訣一卷 第161冊
(唐)呂巖撰 (宋)夏元鼎編
影寶顏堂秘笈本
金丹四百字解一卷 第161冊
(宋)張伯端著
影寶顏堂秘笈本
爐火鑑戒錄一卷 第161冊
(宋)俞炎著
據學海類編本排印
黃白鏡一卷 第161冊
(明)李文燭著
影寶顏堂秘笈本
續黃白鏡一卷 第161冊
(明)李文燭著
影寶顏堂秘笈本
天僊真訣一卷 第161冊
撰人不詳
影百陵學山本
玉函秘典一卷 第161冊
撰人不詳
影夷門廣牘本
金笥玄玄一卷 第161冊
撰人不詳
影夷門廣牘本
煉形內旨一卷 第161冊
撰人不詳
影夷門廣牘本
靈笈寶章一卷 第162冊
(漢)虛靖天師著
影夷門廣牘本
祿嗣奇談二卷附一卷 第162冊
冲一真君撰
影夷門廣牘本
禱雨雜紀一卷 第162冊
(明)錢琦錄
影百陵學山本排印
求雨篇一卷 第162冊

影滂喜齋叢書本

法律

唐律疏議三十卷 第 169－170 冊
(唐)長孫無忌等撰
據岱南閣叢書本排印
補宋書刑法志一卷 第 170 冊
(清)郝懿行撰
據史學叢書本排印
讀律心得三卷 第 170 冊
(清)劉衡纂輯
據天壤閣叢書本排印
爽鳩要錄二卷 第 170 冊
(清)蔣超伯輯
據天壤閣叢書本排印
刑書釋名一卷 第 171 冊
(宋)王鍵輯
據學海類編本排印
刑法敘略一卷 第 171 冊
(宋)劉筠編
據學海類編本排印
續刑法敘略一卷 第 171 冊
(清)譚瑄著
據學海類編本排印
棠陰比事原編一卷 第 171 冊
(宋)桂萬榮輯 (明)吳訥刪正
據學海類編本排印
棠陰比事續編一卷補編一卷 第 171 冊
(明)吳訥輯
據學海類編本排印
折獄龜鑑八卷 第 171 冊
(宋)鄭克撰
據墨海金壺本排印
折獄巵言一卷 第 171 冊
(清)陳士鑛著
據學海類編本排印
東坡烏臺詩案一卷 第 171 冊
(宋)朋九萬撰
據函海本排印
詩讞一卷 第 171 冊
(宋)周紫芝錄
據學海類編本排印
龍筋鳳髓判四卷 第 171 冊
(唐)張鷟撰 (明)劉允鵬原注 (清)陳春補正
據湖海樓叢書本排印

制度 管制 官規 官箴

七國攷十四卷 第 172 冊
(明)董說撰
影守山閣叢書本
西漢會要七十卷 第 173－174 冊
(宋)徐天麟撰
據聚珍版叢書本排印
東漢會要四十卷 第 174－175 冊
(宋)徐天麟撰
據聚珍版叢書本排印
漢禮器制度一卷 第 175 冊
(漢)叔孫通撰
據平津館叢書本排印
漢官舊儀二卷補遺一卷 第 175 冊
(漢)衛宏撰
據聚珍版叢書本排印
漢舊儀二卷附補遺二卷 第 175 冊
(漢)衛宏撰 (清)孫星衍校
據平津館叢書本排印
伏侯古今注三卷附補遺一卷 第 175 冊
(漢)伏無忌撰 (清)茆泮林輯
據十種古逸書本排印
獨斷二卷 第 175 冊
(漢)蔡邕著
影抱經堂叢書本等
漢儀一卷 第 175 冊
(吳)丁孚撰
據平津館叢書本排印
漢制考四卷 第 175 冊
(宋)王應麟著
影學津討原本 津逮祕書本
李涪勘誤二卷 第 175 冊
(唐)李涪撰
影百川學海本 學津討原本
唐會要一百卷 第 176－178 冊
(宋)王溥撰
據聚珍版叢書本排印
五代會要三十卷 第 179 冊
(宋)王溥撰
據聚珍版叢書本排印
宋朝事實二十卷 第 180 冊
(宋)李攸撰
據聚珍版叢書本排印
建炎以來朝野雜記甲四十卷 第 181－182 冊
(宋)李心傳撰
據聚珍版叢書本排印
愧郯錄十七卷 第 182 冊
(宋)岳珂撰
據學海類編本 知不足齋叢書本排印
朝野類要五卷 第 182 冊
(宋)趙升撰
據聚珍版叢書本排印
明內廷規制考三卷 第 182 冊
撰人不詳
據借月山房匯鈔本排印
歷代銓政要略一卷 第 182 冊
(宋)楊億著
據學海類編本排印
歷代銓選志一卷 第 182 冊
(清)袁定遠訂編
據學海類編本排印
歷代職官表七十二卷 第 183－186 冊
(清)永瑢等奉敕修纂
據史學叢書本排印
周禮鄭氏注十二卷附札記一卷 第 187 冊
(漢)鄭玄注 (清)黃丕烈撰劄記
據士禮居叢書本排印
周官新義十六卷附考工記解二卷 第 187 冊
(宋)王安石撰
據經苑本排印
太平經國之書十二卷 第 188 冊
(宋)鄭伯謙撰
據學津討原本排印
周禮五官考一卷 第 188 冊
(明)陳仁錫述
據學海類編本排印
周禮疑義舉要七卷 第 188 冊
(清)江永撰
據守山閣叢書本排印
周禮序官考一卷 第 188 冊
(清)陳大庚著
影借月山房匯鈔本 澤古齋重鈔本
春秋職官考略一卷 第 188 冊
(清)程廷祚撰次
影金陵叢刻本 藝海珠塵本
左傳職官一卷 第 188 冊
(清)沈淑著
據藝海珠塵本排印
左傳官名考二卷 第 188 冊
(清)李調元撰
據函海本排印
漢官解詁一卷 第 188 冊
(漢)王隆撰 (漢)胡廣注

考試 謚法 詔令 奏議

(宋)包拯撰
影粵雅堂叢書本
盡言集十三卷 第194冊
(宋)劉安世撰
據畿輔叢書本排印
許國公奏議四卷 第195冊
(宋)吳潛著
據十萬卷樓叢書本排印
五城奏疏一卷 第195冊
(明)董傑著
據涇川叢書本排印
訥谿奏疏一卷 第195冊
(明)周怡撰
據指海本排印
諭對錄一卷 第195冊
(明)張孚敬撰
影紀錄彙編本
毅齋奏疏一卷 第195冊
(明)查鐸撰
據涇川叢書本排印
郭給諫疏稿二卷 第195冊
(明)郭尚賓撰
據嶺南遺書本排印
泰熙錄一卷 第195冊
(明)王文祿撰
據百陵學山本排印
蘭臺奏疏三卷 第195冊
(明)馬從聘撰
據畿輔叢書本排印
制府疏草二卷 第195冊
(明)蕭彥撰
據涇川叢書本排印
三垣疏稿三卷 第195冊
(明)許譽卿撰
據藝海珠塵本排印
王少司馬奏疏二卷 第195冊
(明)王家楨撰
據畿輔叢書本排印
玉城奏疏一卷 第195冊
(明)葉永盛撰
據涇川叢書本排印
兩垣奏議一卷 第195冊
(明)逯中立撰
據借月山房匯鈔本排印
西臺摘疏一卷 第195冊
(明)吳尚默撰
據涇川叢書本排印
伯仲諫臺疏草二卷 第195冊
(明)鄭欽 鄭鋭撰
據涇川叢書本排印
敬修堂釣業一卷 第195冊
(明)撰人不詳
影仰視千七百二十九鶴齋叢書本
明臣奏議四十卷 第196－197冊
清高宗敕編
據聚珍版叢書本排印
魏文毅公奏議三卷 第197冊
(清)魏裔介撰
據畿輔叢書本排印
條奏疏稿一卷附疏稿續刊一卷 第197冊
(清)蔣伊撰
據指海本排印
尹少宰奏議十卷 第197冊
(清)尹會一撰 張受長編
據畿輔叢書本排印

經國方略

帝範四卷 第198冊
唐太宗撰
據聚珍版叢書本排印
帝王經世圖譜十六卷附錄一卷 第198冊
(宋)唐仲友撰
據金華叢書本排印
中興備覽三卷 第199冊
(宋)張浚撰
據涉聞梓舊本排印
世緯二卷附錄一卷 第199冊
(明)袁袠撰
據知不足齋叢書本排印
州縣提綱四卷 第199冊
(宋)陳襄撰
據函海本排印
晝簾緒論一卷 第199冊
(宋)胡太初撰
據百川學海本排印
陽明先生保甲法一卷 第199冊
(明)王守仁撰 (明)陳龍正錄
據學海類編本排印
健餘先生撫豫條教四卷 第199冊
(清)尹會一撰
據畿輔叢書本排印
公門不費錢功德錄一卷 第199冊
(清)撰人不詳
據天壤閣叢書本排印
陽明先生鄉約法一卷 第199冊
(明)陳龍正錄
據學海類編本排印

軍事

六韜七卷 第199冊
(周)呂望撰
影武經七書本等
太公兵法逸文一卷 第199冊
(清)汪宗沂輯
據漸西村舍叢刊本排印
握奇經解一卷 第199冊
(漢)公孫弘解
據唐宋叢書本等排印
司馬法三卷 第199冊
(周)司馬穰苴撰 錢熙祚輯
影武經七書本
孫子三卷 第200冊
(周)孫武著 (三國)魏武帝註
據平津館叢書本排印
孫子十家注十三卷 第200冊
(清)孫星衍 吳人驥校
影岱南閣叢書本
孫子敘錄一卷 第200冊
(清)畢以珣撰
據岱南閣叢書本排印
孫子遺說一卷 第200冊
(宋)鄭友賢撰
據岱南閣叢書本排印
吳子二卷 第200冊
(周)吳起著
據武經七書本排印
尉繚子五卷 第200冊
(周)尉繚撰
影武經七書本
素書一卷 第201冊
(漢)黃石公著
據漢魏叢書本排印
黃石公三略三卷 第201冊
(漢)黃石公著
據武經七書本排印
新書一卷 第201冊
(漢)諸葛亮撰
據學海類編本排印
武侯八陳共法輯略一卷附用陳雜錄一卷 第201冊
(清)汪宗沂輯 (清)韜廬子述

據漸西村舍叢刊本排印
衛公兵法輯本三卷附舊唐書李靖傳考證一卷 第201冊
(唐)李靖撰 (清)汪宗沂輯
據漸西村舍叢刊本排印
唐太宗李衛公問對三卷 第201冊
撰人不詳
據武經七書本排印
神機制敵太白陰經十卷 第201冊
(唐)李筌撰 (清)錢熙祚校
影守山閣叢書本
虎鈐經二十卷 第202冊
(宋)許洞撰
據粤雅堂叢書本排印
何博士備論一卷 第202冊
(宋)何去非撰
據指海本排印
九賢祕典一卷校訛一卷補校一卷 第202冊
(宋)撰人不詳
據琳琅秘室叢書本排印
練兵實紀九卷附雜集六卷 第202冊
(明)戚繼光撰
據墨海金壺本排印
救命書二卷 第202冊
(明)呂坤撰
據借月山房匯鈔本排印
草廬經略十二卷 第203冊
(明)撰人不詳
據粤雅堂叢書本排印
乾坤大略十卷附補遺一卷 第203冊
(清)王餘佑撰
據畿輔叢書本排印
歷代兵制八卷 第203冊
(宋)陳傅良撰
影守山閣叢書本等
旗軍志一卷 第203冊
(清)金德純著
據學海類編本排印
補漢兵志一卷 第203冊
(宋)錢文子撰
據知不足齋叢書本排印
莅戎要略一卷 第203冊
(明)戚繼光撰
據學海類編本排印
補晉兵志一卷 第203冊
(清)錢儀吉撰
據史學叢書本排印
守城錄四卷 第203冊
(宋)陳規 湯璹撰
據墨海金壺本排印
八陣圖合變說一卷 第203冊
(明)龍正撰
據學津討原本排印
紀效新書十九卷 第204－205冊
(明)戚繼光撰
據學津討原本排印
陣紀四卷 第205冊
(明)何良臣撰
據惜陰軒叢書本排印
慎守要錄九卷 第205冊
(明)韓霖著
影海山仙館叢書本
車營百八叩 第205冊
(明)孫承宗著
據畿輔叢書本排印
歷代車戰敘略一卷 第205冊
(清)張泰交編
據學海類編本排印
歷代馬政志 第205冊
(清)蔡方炳述
據學海類編本排印

賑濟

救荒活民書三卷附拾遺一卷 第206冊
(宋)董煟撰
據墨海金壺本排印
救荒全書一卷 第206冊
(宋)董煟撰
影墨海金壺本 守山閣叢書
拯荒事略一卷 第206冊
(元)歐陽玄著
據學海類編本排印
救荒事宜一卷 第206冊
(明)張陛著
據學海類編本排印
荒箸略一卷 第206冊
(明)劉世教撰
影鹽邑志林本 墨海金壺本 守山閣叢書
煮粥條議一卷 第206冊
(明)陳繼儒著
據學海類編本排印
荒政叢言一卷 第206冊
(明)林希元撰
影墨海金壺本 守山閣叢書
荒政考一卷 第206冊
(明)屠隆撰
影墨海金壺本 守山閣叢書
荒政議一卷 第206冊
(明)周孔教撰 陳龍正纂
影墨海金壺本 守山閣叢書
賑豫紀略一卷 第206冊
(明)鍾化民撰
據墨海金壺本排印
救荒策一卷 第206冊
(清)魏禧撰
據墨海金壺本排印
鄖襄賑濟事宜一卷 第206冊
(清)俞森撰
據墨海金壺本排印

倉儲

常平倉考一卷 第206冊
(清)俞森撰
據墨海金壺本排印
義倉考一卷 第206冊
(清)俞森撰
據墨海金壺本排印
社倉考一卷 第206冊
(清)俞森撰
據墨海金壺本排印
救荒備覽四卷附錄二卷 第206冊
(清)勞潼撰
據嶺南遺書本排印

家訓

顏氏家訓十一卷附傳補遺補正 第207冊
(北齊)顏之推撰 (清)趙曦明注 (清)盧文弨補注並重校 (清)錢大昕撰注補正
據抱經堂叢書本排印
黑心符一卷 第207冊
(唐)于義方撰
據龍威祕書本排印
家訓筆錄一卷 第207冊
(宋)趙鼎撰
影函海本
放翁家訓一卷 第207冊
(宋)陸游撰
據知不足齋叢書本排印
袁氏世範三卷 第207冊
(宋)袁采撰

據知不足齋叢書本排印
鄭氏規範一卷　第207冊
(元)鄭太和著
據學海類編本排印
庭幃雜錄二卷　第207冊
(明)袁衷 袁襄錄 (明)錢曉訂
據學海類編本排印
許雲邨貽謀一卷　第207冊
(明)許相卿撰
影鹽邑志林本
楊忠愍公遺筆一卷　第208冊
(明)楊繼盛撰
據學海類編本排印
家誡要言一卷　第208冊
(明)吳麟徵著
據學海類編本排印
訓子言一卷　第208冊
(明)袁黃撰
影稗乘本
龐氏家訓一卷　第208冊
(明)龐尚鵬撰
據嶺南遺書本排印
藥言一卷　第208冊
(明)姚舜牧撰
據咫進齋叢書本排印
溫氏母訓一卷　第208冊
(明)溫以介述
據學海類編本排印
孝友堂家規一卷　第208冊
(清)孫奇逢撰
據畿輔叢書本排印
孝友堂家訓一卷　第208冊
(清)孫奇逢撰
據畿輔叢書本排印
蔣氏家訓一卷　第208冊
(清)蔣伊撰
據借月山房匯鈔本排印
恒產瑣言一卷　第208冊
(清)張英撰
據藝海珠塵本排印
聰訓齋語二卷　第208冊
(清)張英纂
據藝海珠塵叢書本排印
德星堂家訂一卷　第208冊
(清)許汝霖訂
據別下齋叢書本排印

兒童教育

蒙求集注二卷　第208冊
(晉)李翰撰 (宋)徐子光補注
影學津討原本 畿輔叢書本 佚存叢書本
左氏蒙求注　第208冊
(宋)吳化龍纂 (清)許乃濟 王慶麟注
影藝海珠塵本 佚存叢書本
敘古千文一卷　第208冊
(宋)胡寅撰 黃灝注
影粵雅堂叢書本
廣易千文一卷　第208冊
(明)周履靖著
影夷門廣牘本
小學古訓一卷　第208冊
(明)黃佐撰
據嶺南遺書本排印
小兒語一卷　第209冊
(明)呂得勝撰
據藝海珠塵叢書本排印
續小兒語一卷　第209冊
(明)呂坤纂
據藝海珠塵叢書本排印
養正類編十三卷　第209冊
(清)張伯行撰
據正誼堂全書本排印
小學集解六卷　第209冊
(清)張伯行纂輯
據正誼堂全書本排印
小學稽業五卷　第209冊
(清)李塨纂
據畿輔叢書本排印
教童子法一卷　第209冊
(清)王筠撰
據靈鶼閣叢書本排印
弟子職正音一卷　第209冊
(清)王筠撰
影天壤閣叢書本
弟子職集解　第209冊
(清)莊述祖撰
影式訓堂叢書本
弟子職注一卷　第209冊
(清)孫同元撰
據仰視千七百二十九鶴齋叢書本排印

社會教育

諭俗文一卷　第210冊
(宋)真德秀述
據學海類編本排印
袪疑說一卷　第210冊
(宋)儲泳撰
據百川學海本排印
辨惑編四卷　第210冊
(元)謝應芳撰
據守山閣叢書本排印
存人編四卷　第210冊
(清)顏元撰
據畿輔叢書本排印
顏習齋先生闢異錄二卷　第210冊
(清)鍾錂纂
據畿輔叢書本排印
陽宅闢謬一卷　第210冊
(清)梅漪老人撰
據咫進齋叢書本排印

婦女教育

女孝經一卷　第210冊
(唐)陳邈妻鄭氏撰
據津逮祕書本排印
內訓一卷　第210冊
(明)仁孝文皇后撰
影墨海金壺本 珠叢別錄本
婦學　第210冊
(清)章學誠撰
據藝海珠塵本排印

德育體育

少儀外傳二卷　第210冊
(宋)呂祖謙撰
據墨海金壺本排印
厚德錄四卷　第210冊
(宋)李元綱撰
據百川學海本排印
自警篇一卷　第210冊
(宋)趙善璙撰
影歷代小史本
畜德錄一卷　第211冊
(明)陳沂撰
影紀錄彙編本
內功圖說一卷　第211冊
(清)潘霨撰
影天壤閣叢書本

學制 學規 遊學

學校問一卷　第211冊
(清)毛奇齡撰
據藝海珠塵本排印

白鹿書院教規一卷 第211冊
(宋)朱熹撰
據學海類編本排印
程董二先生學則一卷 第211冊
(宋)饒魯編
據學海類編本排印
初學備忘二卷 第211冊
(清)張履祥撰
據學海類編本排印
讀書十六觀補一卷 第211冊
(明)吳愷撰
據涇川叢書本排印
教習堂條約一卷 第211冊
(清)徐乾學撰
據學海類編本排印
勸學篇二卷 第211冊
(清)張之洞著
據漸西村舍叢刊本排印
家塾課程一卷 第211冊
(清)龍啟瑞撰
據漸西村舍叢刊本排印
日本華族女學校規則一卷 第211冊
撰人不詳
影靈鶼閣叢書本
紀琉球入太學始末一卷 第211冊
(清)王士禎紀
據學海類編本排印

運輸

元海運志一卷 第211冊
(元)危素撰
據學海類編本排印
海運編二卷 第211冊
(明)崔旦撰
據借月山房匯鈔本排印
明漕運志一卷 第211冊
(清)曹溶撰
據學海類編本排印

古禮儀

儀禮十七卷附校錄一卷附續校一卷 第212冊
(漢)鄭玄注 (清)黃丕烈校
據士禮居叢書本排印
儀禮集釋三十卷 第212－213冊
(宋)李如圭撰
據聚珍版叢書本排印
儀禮逸經傳二卷 第213冊
(元)吳澄學
據學津討原本排印
儀禮釋例一卷 第213冊
(清)江永撰
據文選樓叢書本排印
儀禮管見三卷 第214冊
(清)褚寅亮撰
據粵雅堂叢書本排印
儀禮注疏詳校十七卷 第214冊
(清)盧文弨撰
據抱經堂叢書本排印
禮經釋例十三卷首一卷 第215冊
(清)淩廷堪著
據文選樓叢書本排印
禮記集說辨疑一卷 第216冊
(明)戴冠撰
據涉聞梓舊本排印
禮記偶箋三卷 第216冊
(清)萬斯大學
據得月簃叢書本排印
禮記訓義擇言八卷 第216冊
(清)江永撰
據墨海金壺本排印
禮記附記六卷 第216冊
(清)翁方綱撰
據畿輔叢書本排印
禮記補注四卷 第216冊
(清)李調元撰
據函海本排印
讀禮記十二卷 第217冊
(清)趙良霔撰
據涇川叢書本排印
大戴禮記十三卷 第217冊
(漢)戴德撰 (西魏)盧辯注
據聚珍版叢書本排印
大戴禮記補注十三卷 第217冊
(北周)盧辯注 (清)孔廣森補
據畿輔叢書本排印
校正孔氏大戴禮記補注十三卷 第218冊
王樹枏撰
據畿輔叢書本排印
檀弓批點二卷 第218冊
(宋)謝枋得批點 (明)楊慎附注
影三代遺書本
檀弓叢訓二卷 第218冊
(明)楊慎撰
據函海本排印
檀弓訂誤一卷 第218冊
(清)毛奇齡撰
據學海類編本排印
考定檀弓二卷 第218冊
(清)程穆衡撰
據借月山房匯鈔本排印
明堂大道錄八卷 第219冊
(清)惠棟學
影經訓堂叢書本
涇野先生禮問二卷 第219冊
(明)呂柟撰
據惜陰軒叢書本排印
學禮五卷 第219冊
(清)李塨稿
據畿輔叢書本排印
饗禮補亡一卷 第219冊
(清)諸錦撰
據藝海珠塵本排印
求古錄禮說補遺一卷續一卷 第219冊
(清)金鶚撰
據滂喜齋叢書本排印
公羊逸禮考徵一卷 第219冊
(清)陳奐學
據滂喜齋叢書本排印
司馬氏書儀十卷 第220冊
(宋)司馬光撰
據學津討原本排印
大小宗通繹一卷 第220冊
(清)毛奇齡纂
據藝海珠塵本排印
辨定嘉靖大禮議二卷 第220冊
(清)毛奇齡纂
據藝海珠塵本排印
昏禮辨正一卷 第220冊
(清)毛奇齡纂
據藝海珠塵本排印
滇黔土司婚禮記一卷 第220冊
(清)陳鼎撰
據知不足齋叢書本排印
御製孝慈錄序一卷 第220冊
明太祖撰
影紀錄彙編本
五服異同彙考三卷 第220冊
(清)崔述著
據畿輔叢書本排印
喪禮經傳約 第220冊
(清)吳卓信學

影滂喜齋叢書本
葬度一卷　第220册
(明)王文禄撰
影百陵學山本
歷代山陵考二卷　第220册
(明)王在晉編
影澤古齋重鈔本 借月山房匯鈔本
太常因革禮一百卷　第221册
(宋)歐陽修等奉敕編
據史學叢書本排印
太常因革禮校識二卷　第221册
(清)廖廷相撰
據史學叢書本排印
大金集禮四十卷附識語一卷附校勘記一卷　第222册
(金)張瑋等撰 (清)廖廷相撰識語 (民國)繆荃孫撰校勘記
據史學叢書本排印
紹熙州縣釋奠儀圖一卷　第222册
(宋)朱熹撰
據指海本排印
先聖廟林記一卷　第222册
(清)屈大均撰
據學海類編本排印
文廟從祀先賢先儒考一卷　第222册
(清)郎廷極撰
據學海類編本排印
郊社禘祫問一卷　第222册
(清)毛奇齡纂
據藝海珠塵本排印
北郊配位尊西嚮議一卷　第222册
(清)毛奇齡纂
據藝海珠塵本排印
禘說二卷　第222册
(清)惠棟學
據經訓堂叢書本排印
禘祫答問一卷　第222册
(清)胡培翬撰
據藝海珠塵本排印
歷代郊祀志一卷　第222册
(清)撰人不詳
據學海類編本排印

語文學類

文字

倉頡篇三卷　第223册
(清)孫星衍學
據岱南閣叢書本排印
急就篇五卷　第223册
(漢)史游撰 (唐)顏師古注 (宋)王應麟補注
影天壤閣叢書本
校定皇象本急就章一卷附考證一卷坿音略一卷附音略考證一卷　第224册
(漢)史游纂 (清)鈕樹玉校定
影功順堂叢書本
急就章攷異一卷　第224册
(漢)史游撰 (清)孫星衍校
影岱南閣叢書本
玉篇零卷四卷　第224册
(梁)顧野王撰
影古逸叢書本
大廣益會玉篇三十卷　第225册
(梁)顧野王撰 (唐)孫强增訂
影小學匯函本
玉篇直音二卷　第226册
(梁)顧野王撰
影鹽邑志林本
干祿字書一卷　第226册
(唐)顏元孫撰
影夷門廣牘本
五經文字三卷　第226册
(唐)張參撰
影後知不足齋叢書本
新加九經字樣一卷　第226册
(唐)唐玄度撰
影後知不足齋叢書本
佩觿三卷　第226册
(宋)郭忠恕記
影鐵華館叢書本
班馬字類五卷附補遺　第227册
(宋)婁機撰 (宋)李曾伯補
據涉聞梓舊本影印
字通一卷　第227册
(宋)李從周撰
影知不足齋叢書本
龍龕手鑑四卷　第228册
(遼)釋行均著
影函海本
字鑑五卷　第229册
(元)李文仲撰
影鐵華館叢書本
問奇集一卷　第229册
(明)張位輯
影寶顏堂秘笈本
字詁一卷　第229册
(清)黄生撰
據指海本排印
經典文字辨證書五卷　第229册
(清)畢沅撰
影經訓堂叢書本
音同義異辨一卷　第229册
(清)畢沅撰
影經訓堂叢書本
六書分毫三卷　第229册
(清)李調元撰
影函海本
說文解字十五卷　第230册
(漢)許慎撰
影平津館叢書本
惠氏讀說文記十五卷　第231册
(清)惠棟撰 (清)江聲參補
影借月山房匯鈔本
席氏讀說文記十五卷　第232册
(清)席世昌撰
據借月山房匯鈔本排印
說文正字二卷　第233册
(清)王石華等撰
影問經堂叢書本
說文校定本二卷　第233册
(清)朱士端學
影咫進齋叢書本
唐寫本說文解字木部箋異一卷　第233册
(清)莫友芝撰
影許學叢書本
說文補例一卷　第233册
(清)張度學
據靈鶼閣叢書本排印
說文解字繫傳四十卷附錄一卷校勘記三卷　第234－235册
(南唐)徐鍇傳釋 朱翺反切
影小學匯函本
說文解字繫傳校勘記三卷　第235册
(清)苗夔等校定
影小學匯函本
說文新附考六卷續考一卷札記一卷　第236册
(清)鈕樹玉撰
影許學叢書本
說文新附考六卷　第236册
(清)鄭珍記

影咫進齋叢書本
說文逸字二卷附錄一卷 第237冊
（清）鄭珍記
影天壤閣叢書本
六書說一卷附校訛一卷附續校一卷 第237冊
（清）江聲撰
據琳琅秘室叢書本排印
說文解字索隱一卷 第237冊
（清）張度學
據靈鶼閣叢書本排印
諧聲補逸十四卷附札記一卷 第237冊
（清）宋保學
影許學叢書本
轉注古義考一卷 第238冊
（清）曹仁虎纂
影許學叢書本
六書轉注錄十卷 第238冊
（清）洪亮吉撰
影粵雅堂叢書本
說文解字篆韻譜五卷 第239冊
（南唐）徐鉉撰
影小學匯函本
說文解字舊音一卷 第239冊
（清）畢沅撰集
影經訓堂叢書本
說文聲系十四卷 第239－240冊
（清）姚文田述
影粵雅堂叢書本
說文聲訂二卷附札記一卷 第240冊
（清）苗夔撰
影許學叢書本
說文審音十六卷 第241冊
（清）張行孚撰
影漸西村舍叢刊本
說文聲讀表七卷 第242冊
（清）苗夔纂
影天壤閣叢書本
說文字原韻表二卷 第242冊
（清）胡重編
影許學叢書本
說文解字雙聲疊韻譜一卷 第243冊
（清）鄧廷楨撰
影後知不足齋叢書本
說文引經考二卷補遺一卷 第243冊
（清）吳玉搢撰
影咫進齋叢書本
說文答問疏證六卷附墓誌 第243冊
（清）薛傳均撰
影咫進齋叢書本
說文古籀疏證六卷 第244冊
（清）莊述祖撰
影功順堂叢書本
說文部首歌一卷 第244冊
（清）馮桂芬撰
影許學叢書本
說文辨疑一卷 第244冊
（清）顧廣圻撰
影許學叢書本
讀說文雜識一卷 第244冊
（清）許棫撰
影許學叢書本
說文疑疑二卷增附昭孔謂三十四則 第244冊
（清）孔廣居稿
影許學叢書本
說文管見三卷 第245冊
（清）胡秉虔撰
影滂喜齋叢書本
許印林遺著一卷 第245冊
（清）許瀚撰
據滂喜齋叢書本影印
段氏說文注訂八卷附札記一卷 第245冊
（清）鈕樹玉撰
影許學叢書本
說文段注撰要九卷 第246－247冊
（清）馬壽齡述
影許學叢書本

訓詁

爾雅二卷 第247冊
（晉）郭璞注
影五雅全書本
爾雅漢注三卷 第247冊
（清）臧鏞堂撰 孫馮翼校訂
影問經堂叢書本
爾雅鄭注三卷 第247冊
（宋）鄭樵注
影學津討原本 津逮祕書本
爾雅新義二十卷附敘錄一卷 第248冊
（宋）陸佃撰
影粵雅堂叢書本
爾雅翼三十二卷 第249冊
（宋）羅願撰（元）洪焱祖釋
據學津討原本排印
爾雅補郭二卷 第249冊
（清）翟灝撰
影咫進齋叢書本
爾雅補注殘本一卷 第249冊
（清）劉玉麐撰
影功順堂叢書本
爾雅直音二卷 第249冊
（清）撰人不詳
影天壤閣叢書本
小爾雅一卷 第250冊
（漢）孔鮒撰（宋）宋咸注
據顧氏文房本排印
小爾雅疏證五卷附逸文疏證 第250冊
（清）葛其仁學
據咫進齋叢書本排印
釋名八卷 第250冊
（漢）劉熙撰
影小學匯函本
釋名疏證八卷續釋名一卷釋名補遺一卷 第250冊
（清）畢元疏證
影經訓堂叢書本
篆字釋名疏證八卷附續釋名一卷釋名補遺一卷 第251冊
（清）畢元疏證
影經訓堂叢書本
廣釋名二卷 第251冊
（清）張金吾學
影知不足齋叢書本
廣雅十卷 第251冊
（魏）張揖撰
影小學匯函本
廣雅疏證十卷 第252－254冊
（清）王念孫疏證
影畿輔叢書本
博雅音十卷 第254冊
（隋）曹憲撰
影畿輔叢書本
匡謬正俗八卷 第254冊
（唐）顏師古撰
影小學匯函本
埤雅二十卷 第255冊
（宋）陸佃撰
影五雅全書本
駢雅七卷 第256冊
（明）朱謀㙔撰

影借月山房匯鈔本
駢字分箋二卷 第256冊
(清)程際盛纂
據藝海珠塵本排印
別雅訂五卷 第256冊
(清)吳玉搢輯 許瀚校勘
據滂喜齋叢書本排印
課業餘談三卷 第256冊
(清)陶煒述
據學海類編本排印
比雅十九卷 第256冊
(清)洪亮吉撰
據粵雅堂叢書本排印
通詁二卷 第256冊
(清)李調元撰
據函海本排印

方言

方言十三卷 第257冊
(漢)揚雄記 (晉)郭璞注
影古今逸史本
輶軒使者絕代語釋別國方言十三卷 第257冊
(漢)揚雄記 (晉)郭璞注
影聚珍版叢書本
重校方言十三卷附校正補遺一卷 第258冊
(清)丁杰 盧文弨校訂
影抱經堂叢書本 小學匯函本
方言據二卷 第258冊
(明)岳元聲輯
據學海類編本排印
續方言二卷 第258冊
(清)杭世駿纂
據藝海珠塵本排印
續方言補正二卷 第258冊
(清)程際盛纂
據藝海珠塵本排印
方言藻二卷 第258冊
(清)李調元撰
據函海本排印
蜀語一卷 第258冊
(明)李實撰
據函海本排印

辭書

經典釋文三十卷 第259－261冊
(唐)陸德明撰
影抱經堂叢書本
經典釋文考證三十卷 第262冊
(清)盧文弨綴輯
據抱經堂叢書本影印
陸氏經典異文輯六卷 第263冊
(清)沈淑撰
影後知不足齋叢書本
陸氏經典異文補六卷 第263冊
(清)沈淑撰
影後知不足齋叢書本
事原一卷 第263冊
(宋)劉孝孫著
據學海類編本排印
孟子音義二卷 第263冊
(宋)孫奭撰
影粵雅堂叢書本
古易音訓二卷 第263冊
(宋)宋咸熙輯 (清)臧鏞堂 徐鯤校
影式訓堂叢書本 仰視千七百二十九鶴齋叢書本
群經音辨七卷 第264冊
(宋)賈昌朝撰
影畿輔叢書本
事物紀原十卷 第264冊
(宋)高承撰 (明)李果訂
據惜陰軒叢書本排印
明本排字九經直音二卷補遺一卷 第265冊
(宋)撰人不詳
影十萬卷樓叢書本
五色線二卷 第265冊
(宋)撰人不詳
津逮祕書本 龍威祕書本
古音駢字五卷 第265冊
(明)楊慎撰
據函海本排印
古音複字五卷 第265冊
(明)楊慎撰
據函海本排印
屈宋古音義三卷 第266冊
(明)陳第撰
影學清討原本
古今事物考八卷 第266冊
(明)王三聘輯
據知不足齋叢書本排印
詢蒭錄一卷 第266冊
(明)撰人不詳
據今獻匯言本排印
十三經注疏錦字四卷 第266冊
(清)李調元輯
據函海本排印
恒言錄六卷 第267冊
(清)錢大昕纂
據文選樓叢書本排印
晏子春秋音義二卷 第267冊
(清)孫星衍撰
據經訓堂叢書本排印
通俗編二十五卷 第267冊
(清)翟灝撰
據函海本排印

音韻

覆宋本重修廣韻五卷 第268冊
(隋)陸法言撰本 (宋)陳彭年等重修
影古逸叢書本
宋本廣韻校札一卷 第268冊
(清)黎庶昌撰
影古逸叢書本
覆元泰定本廣韻五卷 第269冊
(宋)撰人不詳
古逸叢書本印
切韻指掌圖二卷 第269冊
(宋)司馬光撰
影墨海金壺本
切韻指掌圖檢例一卷 第269冊
(明)邵光祖撰
影墨海金壺本
韻補五卷附錄一卷 第270冊
(宋)吳棫撰
據連筠簃叢書本排印
韻補正一卷附謝啟昆小學韻補攷一卷 第270冊
(清)顧炎武撰
據連筠簃叢書本排印
詩經協韻考異一卷 第270冊
(宋)輔廣學
影學海類編本
九經補韻一卷附錄一卷 第270冊
(宋)楊伯喦撰 (清)錢侗考證
影汗筠齋叢書本
韻鏡一卷 第271冊
(宋)張麟之撰
影古逸叢書本
詞林韻釋二卷 第271冊
(宋)撰人不詳
影粵雅堂叢書本

文法 外來語

自然科學類

算學

影知不足齋叢書本
數書九章十八卷 第282冊
(宋)秦九韶撰
據宜稼堂叢書本排印
數書九章札記四卷 第283冊
(清)宋景昌撰
據宜稼堂叢書本排印
田畝比類乘除捷法二卷 第283冊
(宋)楊輝集
據宜稼堂叢書本排印
續古摘奇算法一卷 第283冊
(宋)楊輝集
據宜稼堂叢書本排印
測圓海鏡細草十二卷 第283冊
(元)李冶撰
據知不足齋叢書本排印
益古演段三卷 第283冊
(元)李冶撰
據知不足齋叢書本排印
丁巨算法一卷 第284冊
(元)丁巨撰
據知不足齋叢書本排印
同文算指前編二卷 第284冊
(泰西)利瑪竇授 (明)李之藻演
影海山仙館叢書本
同文算指通編八卷 第284－285冊
(泰西)利瑪竇授 (明)李之藻演
影海山仙館叢書本
弧矢算術細草一卷 第285冊
(清)李鋭學
據知不足齋叢書本排印
句股截積和較算術二卷 第285冊
(清)羅士琳撰
據連筠簃叢書本排印
算迪八卷 第286冊
(清)何夢瑤撰
據嶺南遺書本排印
算略一卷 第287冊
(清)馮經撰
據嶺南遺書本排印
楊輝算法札記一卷 第287冊
(清)宋景昌撰
據宜稼堂叢書本排印
務民義齋算學十一卷 第287冊
(清)徐有壬學
據咫進齋叢書本排印

算術 對數表

算法通變本末一卷 第287冊
(宋)楊輝編輯
據宜稼堂叢書本排印
乘除通變算寶一卷 第287冊
(宋)楊輝編輯
據宜稼堂叢書本排印
法算取用本末一卷 第287冊
(宋)楊輝 史仲榮撰
據宜稼堂叢書本排印
透簾細草一卷 第287冊
撰人不詳
據知不足齋叢書本排印
對數簡法二卷 第287冊
(清)戴煦撰
據粵雅堂叢書本排印
續對數簡法一卷 第287冊
(清)戴煦撰
據粵雅堂叢書本排印
假數測圓二卷 第287冊
(清)戴煦撰
據粵雅堂叢書本排印

幾何

幾何原本六卷 第288冊
(泰西)利瑪竇口譯 (明)徐光啟筆受
影海山仙館叢書本
圜容較義一卷 第288冊
(泰西)利瑪竇授 (明)李之藻譯
影海山仙館叢書本
橢圜術一卷 第288冊
(清)項名達學
據連筠簃叢書本排印
方圓闡幽 第288冊
(清)李善蘭撰
據藝海珠塵本排印

三角

測天約術一卷 第288冊
(清)陳昌齊撰
據嶺南遺書本排印
弧矢啟秘二卷 第288冊
(清)李善蘭撰
據藝海珠塵本排印
外切密率四卷 第288冊
(清)戴煦撰
影粵雅堂叢書本

算學辭書 算器

周髀算經音義一卷 第289冊
(唐)李籍撰
影學津討原本等
九章算術音義一卷 第289冊
(唐)李籍撰
據聚珍版叢書本排印
古算器考一卷 第289冊
(清)梅文鼎纂
據藝海珠塵本排印

測量術 測量儀器

海島算經一卷 第289冊
(晉)劉徽撰 (唐)李淳風注
據聚珍版叢書本排印
測量法義一卷 第289冊
(泰西)利瑪竇口授 (明)徐光啟筆受
據指海本排印
測量異同一卷 第289冊
(明)徐光啟撰
據指海本排印
句股義一卷 第289冊
(明)徐光啟撰
據指海本排印
王制里畝算法解一卷 第289冊
(清)談泰撰
據金陵叢刻本排印
王制井田算法解一卷 第289冊
(清)談泰撰
據金陵叢刻本排印
禮記義疏算法解一卷 第289冊
(清)談泰撰
據金陵叢刻本排印
新儀象法要三卷 第289冊
(宋)蘇頌撰
影守山閣叢書本
渾蓋通憲圖說三卷 第289冊
(明)李之藻撰
影守山閣叢書本
簡平儀說一卷 第289冊
(泰西)熊三拔撰
影守山閣叢書本

天文學 曆法

六經天文編二卷 第290冊
(宋)王應麟撰
據學津討原本排印
天問略一卷 第290冊
(泰西)陽瑪諾答
影藝海珠塵本
淮南天文訓補注二卷 第290冊

（清）錢塘撰
據指海本排印
中星表一卷 第290冊
（清）徐朝俊纂
影藝海珠塵本
遠鏡說一卷 第291冊
（泰西）湯若望纂
影藝海珠塵本
星經二卷 第291冊
（漢）石申撰
影漢魏叢書本
星象考一卷 第291冊
（宋）鄒淮撰
據學海類編本影印
經天該一卷 第291冊
（泰西）利瑪竇纂
影藝海珠塵本
中西經星同異考一卷 第291冊
（清）梅文鼏撰
據指海本排印
史記天官書補目一卷 第291冊
（清）孫星衍撰
據史學叢書本排印
交食經二卷附日食一貫歌一卷月食一貫歌一卷 第291冊
（清）張家臣指授（清）歐陽斌元著法
影豫章叢書本
春秋日食質疑一卷 第291冊
（清）吳守一考
據學海類編本排印
正朔考一卷 第291冊
（宋）魏了翁撰
據寶顏堂秘笈本排印
戊申立春考證一卷 第291冊
（明）邢雲路訂
據寶顏堂秘笈本排印
古今律歷考七十二卷 第292－293冊
（明）邢雲路輯
據畿輔叢書本排印
春秋春王正月考一卷 第293冊
（明）張以寧撰
據藝海珠塵本排印
春秋春王正月考辨疑一卷 第293冊
（明）張以寧撰
據藝海珠塵本排印
曉庵新法六卷 第294冊
（清）王錫闡撰
據守山閣叢書本排印
五星行度解一卷 第294冊
（清）王錫闡撰
據守山閣叢書本排印
歷學答問一卷 第294冊
（清）梅文鼎纂
據藝海珠塵本排印
歷學疑問補二卷 第294冊
（清）梅文鼎纂
據藝海珠塵本排印
二儀銘補注一卷 第294冊
（清）梅文鼎纂
據藝海珠塵本排印
天步真原一卷 第294冊
（清）薛鳳祚撰
據指海本排印
春秋夏正二卷 第294冊
（清）胡天游學
據式訓堂叢書本排印
推步法解五卷 第294冊
（清）江永撰
據守山閣叢書本排印
數學八卷續數學一卷 第295冊
（清）江永撰
據守山閣叢書本影印
宋遼金元四史朔閏考二卷 第295冊
（清）錢大昕撰
影史學叢書本 粵雅堂叢書本
春秋朔閏異同二卷 第296冊
（清）羅士琳譔
影仰視千七百二十九鶴齋叢書本
春秋或辯一卷 第296冊
（清）許之獬纂
據藝海珠塵本排印
禮記天算釋一卷 第296冊
（清）孔廣牧撰
據咫進齋叢書本排印
虞書命羲和章解一卷 第296冊
（清）曾釗撰
據嶺南遺書本排印
太歲超辰表三卷 第296冊
（清）汪曰楨學
影式訓堂叢書本
地文 地球
海潮說三卷 第296冊
（清）周春纂
據藝海珠塵本排印
海潮輯說二卷 第296冊
（清）俞思謙纂
據藝海珠塵本排印
地球圖說一卷 第296冊
（泰西）蔣友仁譯（清）錢大昕等修改
據文選樓叢書本
地球圖說補圖一卷 第296冊
（清）阮元撰
據文選樓叢書本
時令
夏小正箋一卷 第297冊
（漢）戴德傳（清）李調元注
據函海本排印
夏小正戴氏傳四卷附校錄一卷 第297冊
（宋）傅崧卿注（清）黃丕烈撰校錄
據士禮居叢書本排印
夏小正考注一卷 第297冊
（清）畢沅撰
影經訓堂叢書本
夏小正傳二卷 第297冊
（清）孫星衍校
據岱南閣叢書本排印
夏小正正義一卷 第297冊
（清）王筠撰
據天壤閣叢書本排印
夏小正經傳集解四卷 第297冊
（清）顧鳳藻輯
據士禮居叢書本排印
夏小正解一卷附徐本夏小正舉異一卷 第297冊
（清）徐世溥撰
據豫章叢書本排印
唐月令注一卷補遺一卷附考一卷 第297冊
唐玄宗敕撰（清）茆泮林輯
據十種古逸書本排印
月令七十二候集解一卷 第297冊
（元）吳澄撰
據學海類編本排印
月令氣侯圖說一卷 第297冊
（清）李調元撰
據函海本排印
玉燭寶典十二卷 第297冊
（隋）杜臺卿撰
影古逸叢書本
賞心樂事一卷 第297冊

(明)黃省曾著
據夷門廣牘本排印
相貝經一卷 第303冊
(漢)朱仲著
影唐宋叢書本 漢魏叢書本
促織經二卷 第303冊
(宋)賈似道編輯
據夷門廣牘本排印
師曠禽經一卷 第303冊
(周)師曠撰 (晉)張華註
據百川學海本等排印
相鶴經一卷 第303冊
(明)周履靖校梓
據夷門廣牘本排印
續詩傳鳥名三卷 第303冊
(清)毛奇齡稿
據龍威祕書本排印
獸經一卷 第303冊
(明)黃省曾撰
據夷門廣牘本排印
蠙衣生馬記一卷 第303冊
(明)郭子章輯
據寶顏堂秘笈本排印
虎薈六卷 第303冊
(明)陳繼儒集
據寶顏堂秘笈本排印

應用科學類

補注黃帝内經素問二十四卷 第304－305冊
撰人不詳
據古今醫統正脈全書本排印
黃帝内經靈樞十二卷 第306冊
撰人不詳
據古今醫統正脈全書本排印
黃帝内經太素三十二卷附遺文一卷 第307冊
(隋)楊上善撰注
據漸西村舍叢刊本排印
新編金匱要略方論三卷 第308冊
(漢)張仲景述 (晉)王叔和集
據古今醫統正脈全書本排印
華氏中藏經三卷 第308冊
(漢)華佗撰 (明)鮑士奇校
據平津館叢書本排印
類證活人書二十二卷附釋音一卷附辨誤一卷附傷寒藥性一卷 第308冊
(宋)朱肱撰
據古今醫統正脈全書本排印
宋徽宗聖濟經十卷 第309冊
(宋)吳禔註
據十萬卷樓叢書本排印
醫經正本書一卷附札記一卷 第309冊
(宋)程迥撰
據小萬卷樓叢書本排印
學醫隨筆一卷 第309冊
(宋)魏了翁述
據學海類編本排印
内外傷辨三卷 第309冊
(金)李杲撰
據古今醫統正脈全書本排印
此事難知集二卷 第309冊
(金)李杲著
影濟生拔萃本 古今醫統正脈全書本
潔古家珍一卷 第309冊
(金)李杲著
影濟生拔萃本
儒門事親十五卷 第310－311冊
(金)張從正撰
據古今醫統正脈全書本排印
張子和心鏡別集一卷 第311冊
(金)張從正著
據古今醫統正脈全書本排印
丹溪先生心法五卷附錄一卷 第312冊
(元)朱震亨撰
據古今醫統正脈全書本排印
格致餘論一卷 第312冊
(元)朱震亨撰
據古今醫統正脈全書本排印
雲岐子保命集論類要二卷 第313冊
(元)撰人不詳
影濟生拔萃本
祕傳證治要訣十二卷 第313冊
(明)戴元禮述
據古今醫統正脈全書本排印
丹溪先生金匱鈎玄三卷 第313冊
(明)戴元禮錄
據古今醫統正脈全書本排印
上池雜說一卷 第313冊
(明)馮時可著
影學海類編本
醫經溯洄集一卷 第313冊
(明)王履撰
據古今醫統正脈全書本排印
醫先一卷 第313冊
(明)王文祿撰
影百陵學山本
慎疾芻言一卷 第313冊
(清)徐靈胎撰
據忎進齋叢書本排印

診斷學

難經集注五卷 第314冊
(明)王九思等註解
影守山閣叢書 佚存叢書本
難經本義二卷 第314冊
(元)滑壽著
據古今醫統正脈全書本排印
脈經十卷 第314－315冊
(晉)王叔和撰 (宋)林億等類次
影守山閣叢書 古今醫統正脈全書本
脈訣一卷 第315冊
(宋)崔真人撰
據古今醫統正脈全書本排印
脈訣刊誤二卷附錄一卷 第315冊
(元)戴啟宗撰
據指海本排印
脈訣指掌病式圖說一卷 第316冊
(元)朱震亨著
據古今醫統正脈全書本排印
雲岐子七表八裏九道脈訣論並治法一卷 第316冊
(元)撰人不詳
影濟生拔萃本

内科

傷寒論十卷 第316冊
(漢)張仲景著 (晉)王叔和撰次 (宋)成無已注解
據古今醫統正脈全書本排印
傷寒總病論六卷附札記一卷 第317冊
(宋)龐安時撰
據士禮居叢書本排印
傷寒微旨論二卷 第317冊
(宋)韓祗和撰
據墨海金壺本排印
傷寒九十論一卷附校訛一卷附續校一卷 第317冊
(宋)許叔微述
據琳琅秘室叢書本排印
新編張仲景註解傷寒發微論二卷 第317冊
(宋)許叔微述
據十萬卷樓叢書本排印

新編張仲景註解傷寒百證歌五卷 第317冊
(宋)許叔微述
據十萬卷樓叢書本排印
傷寒明理論四卷 第317冊
(宋)成無已撰
據古今醫統正脈全書本排印
傷寒標本心法類萃二卷 第317冊
(金)劉守真編
據古今醫統正脈全書本排印
傷寒直格論三卷 第318冊
(金)劉守真著 (金)葛雍編
據古今醫統正脈全書本排印
劉河間傷寒醫鑒一卷 第318冊
(元)馬宗素撰
據古今醫統正脈全書本排印
傷寒心要一卷 第318冊
(元)鎦洪編
據古今醫統正脈全書本排印
傷寒證脈藥截江網一卷 第318冊
(明)陶華述
據古今醫統正脈全書本排印
傷寒一提金一卷 第318冊
(明)陶華述
據古今醫統正脈全書本排印
傷寒瑣言一卷 第318冊
(明)陶華述
據古今醫統正脈全書本排印
傷寒家祕的本一卷 第318冊
(明)陶華述
據古今醫統正脈全書本排印
傷寒明理續論一卷 第318冊
(明)陶華述
據古今醫統正脈全書本排印
殺車槌法一卷 第318冊
(明)陶華述
據古今醫統正脈全書本排印
傷寒論翼二卷 第318冊
(清)柯琴纂
據藝海珠塵本排印
素問玄機原病式一卷 第318冊
(金)劉完素述
據古今醫統正脈全書本排印
素問病機氣宜保命集三卷 第319冊
(金)劉完素述
據古今醫統正脈全書本排印
脾胃論三卷 第319冊
(金)李杲著
據古今醫統正脈全書本排印
陰症略例一卷 第319冊
(元)王好古撰
據十萬卷樓叢書本排印

外科

外科精義二卷 第319冊
(元)齊德之纂集
影古今醫統正脈全書本
竇太師流注指要賦一卷 第319冊
(元)撰人不詳
影濟生拔萃本

眼科 喉科

一草亭目科全書一卷 第320冊
(清)鄧苑纂
據藝海珠塵本排印
尤氏喉科祕本二卷 第320冊
(清)錫山尤氏著
影借月山房匯鈔本 澤古齋重鈔本
咽喉脈證通論一卷 第320冊
(宋)撰人不詳
據咫進齋叢書本排印

婦科 幼科 種痘

產育寶慶集二卷 第320冊
(宋)郭稽中纂
據函海本排印
衛生家寶產科備要八卷 第320冊
(宋)朱端章編
據十萬卷樓叢書本排印
女科二卷 第320冊
(清)傅山撰
據海山仙館叢書本排印
產後編二卷 第320冊
(清)傅山撰
據海山仙館叢書本排印
小兒藥證真訣三卷 第321冊
(宋)錢乙撰
據聚珍版叢書本排印
顱顖經一卷 第321冊
(宋)撰人不詳
據函海本排印
海藏瘢論萃英一卷 第321冊
(元)王好古撰
影濟生拔萃本
田氏保嬰集一卷 第321冊
(元)撰人不詳
影濟生拔萃本
種痘心法一卷 第321冊
(清)朱奕梁撰
影借月山房匯鈔本
種痘指掌一卷 第321冊
(清)撰人不詳
影借月山房匯鈔本 澤古齋重鈔本

藥物學

神農本草經三卷 第321冊
(魏)吴普等述 (清)孫星衍 孫馮翼輯
影問經堂叢書本
石藥爾雅二卷 第321冊
(唐)梅彪集
據別下齋叢書本排印
本草衍義二十卷 第321冊
(宋)寇宗奭編撰
據十萬卷樓叢書本排印
潔古老人珍珠囊一卷 第322冊
(金)李杲著
影濟生拔萃本
湯液本草三卷 第322冊
(元)王好古集
影古今醫統正脈全書本
參譜一卷 第322冊
(清)黃叔燦輯
影借月山房匯鈔本 澤古齋重鈔本
人參考一卷 第322冊
(清)唐秉鈞纂
影靈鶼閣叢書本

醫方

劉涓子鬼遺方五卷 第322冊
(南北朝)龔慶宣撰
據讀畫齋叢書本排印
秘制大黃清寧丸方一卷 第322冊
(唐)孫思邈撰
據平津館叢書本排印
千金寶要六卷 第322冊
(唐)孫思邈集 (宋)陳恩節輯
據平津館叢書本排印
蘇沈良方八卷拾遺二卷 第323冊
(宋)蘇軾 沈括撰
影藝海珠塵本
旅舍備要方一卷 第323冊
(宋)董汲撰
據墨海金壺本排印
增廣太平惠民和劑局方十卷附用藥總論三卷 第323冊
(宋)陳師文等編

據學津討原本排印
全生指迷方四卷 第324冊
（宋）王貺撰
據墨海金壺本排印
洪氏集驗方五卷 第324冊
（宋）洪遵輯
據士禮居叢書本排印
博濟方五卷 第324冊
（宋）王袞撰
影墨海金壺本 珠叢別錄本
史載之方二卷 第324冊
（宋）史堪撰
據十萬卷樓叢書本排印
蘭室秘藏三卷 第325冊
（金）李杲撰
據古今醫統正脈全書本排印
黃帝素問宣明論方十五卷 第325冊
（金）劉守真撰
據古今醫統正脈全書本排印
醫壘元戎一卷 第325冊
（元）王好古著
影濟生拔萃本 古今醫統正脈全書本
衛生寶鑑二十五卷 第326－327冊
（元）羅天益著
影濟生拔萃本 惜陰軒叢書本
活法機要一卷 第327冊
（元）朱震亨撰
影濟生拔萃本
怪痾單一卷 第327冊
（元）朱震亨撰
影夷門廣牘本
醫學發明一卷 第328冊
（元）朱震亨撰
影濟生拔萃本 古今醫統正脈全書本
局方發揮一卷 第328冊
（元）朱震亨撰
據古今醫統正脈全書本排印
雜類名方一卷 第328冊
（元）撰人不詳
影濟生拔萃本
證治要訣類方四卷 第328冊
（明）戴元禮輯
據古今醫統正脈全書本排印
服鹽藥方一卷 第328冊
（清）孫星衍撰
據岱南閣叢書本排印
治蠱新方一卷 第328冊
（清）路順德撰 （清）繆福照重訂
據藝海珠塵本排印
素女方一卷 第328冊
撰人不詳
據平津館叢書本排印

針灸

針灸甲乙經十二卷 第328冊
（晉）皇甫謐撰
據古今醫統正脈全書本排印
雲岐子論經絡迎隨補瀉法一卷 第329冊
（明）張璧撰
影濟生拔萃本
針經摘英集一卷 第329冊
（元）撰人不詳
影濟生拔萃本
針經節要一卷 第329冊
（元）撰人不詳
影濟生拔萃本

法醫學 生理學 衛生

宋提刑洗冤集錄五卷 第329冊
（宋）宋慈編 （清）孫星衍校刊
據岱南閣叢書本排印
全體新論十卷 第329冊
（泰西）合信著
影海山仙館叢書本
延壽第一紳言一卷 第329冊
（宋）愚谷老人編
據學海類編本排印
攝生消息論一卷 第329冊
（元）丘處機撰
據學海類編本排印
食色紳言二卷 第329冊
（明）龍遵敘撰
影寶顏堂秘笈本

農業 園藝

齊民要術十卷附雜說一卷 第330冊
（後魏）賈思勰撰
據漸西村舍叢刊本排印
農書三卷 第330冊
（宋）陳敷撰
據知不足齋叢書本排印
耕織圖詩一卷附錄一卷 第330冊
（宋）樓璹撰
據知不足齋叢書本排印
農桑輯要七卷 第330冊
（元）司農司撰
據聚珍版叢書本排印
農桑衣食撮要二卷 第330冊
（元）魯明善撰
據墨海金壺本排印
農書二十二卷 第331冊
（元）王禎撰
影聚珍版叢書本
農說一卷 第332冊
（明）馬一龍輯
據寶顏堂秘笈本排印
沈氏農書一卷 第332冊
（清）錢爾復訂正
據學海類編本排印
耒耜經一卷 第332冊
（唐）陸龜蒙撰
據夷門廣牘本排印
理生玉鏡稻品一卷 第332冊
（明）黃省曾撰
影百陵學山本
種芋法一卷 第332冊
（明）黃省曾撰
影百陵學山本
木綿譜一卷 第332冊
（清）褚華纂
據藝海珠塵本排印
種樹書二卷附農桑撮要一卷 第332冊
（唐）郭橐駝撰
據夷門廣牘本影印
種樹書一卷 第332冊
（元）俞宗本撰
據漸西村舍叢刊本排印
荔枝譜一卷 第332冊
（宋）蔡襄述
據百川學海本排印
嶺南荔枝譜六卷 第332冊
（清）吳應逵撰
據嶺南遺書本排印
橘錄三卷 第332冊
（宋）韓彥直撰
據百川學海本排印
梅品一卷 第332冊
（宋）張功甫撰
影夷門廣牘本
老圃良言一卷 第332冊
（明）巢鳴盛述
據學海類編本排印
菊譜二卷 第332冊

(明)黃省曾撰
影夷門廣牘本
蘭譜奧法一卷 第332冊
(明)周履靖校正
影夷門廣牘本
農桑 養魚
蠶書一卷 第332冊
(宋)秦觀撰
據知不足齋叢書本排印
蠶經一卷 第332冊
(明)黃省曾撰
影百陵學山本
廣蠶桑說輯補二卷 第332冊
(清)沈公練撰 (清)仲昂庭輯補
據漸西村舍叢刊本排印
蠶桑說一卷 第332冊
(清)趙敬如撰
據漸西村舍叢刊本排印
蠶事要略一卷 第332冊
(清)張行孚綴
據漸西村舍叢刊本排印
養魚經一卷 第332冊
(明)黃省曾撰
影百陵學山本
害蟲驅除
捕蝗考一卷 第332冊
(清)陳芳生纂
影借月山房匯鈔本 藝海珠塵本 學海類編本
捕蝗集要一卷 第332冊
(清)俞森集
影墨海金壺本 守山閣叢書
伐蛟說一卷 第332冊
(清)魏廷珍撰
影借月山房匯鈔本
飲食
本心齋蔬食譜一卷 第333冊
(宋)陳達叟編
據百川學海本排印
山家清供二卷 第333冊
(宋)林洪著
影夷門廣牘本
飲食須知八卷 第333冊
(元)賈銘撰
影學海類編本
易牙遺意二卷 第333冊
(明)韓奕編次
影夷門廣牘本
醒園錄一卷 第333冊
(清)李化楠手抄
影函海本
養小錄三卷 第333冊
(清)顧仲撰
據學海類編本排印
饌史一卷 第333冊
(元)撰人不詳
據學海類編本排印
煎茶水記一卷 第333冊
(唐)張又新撰
據百川學海本排印
水品全秩二卷 第333冊
(明)徐獻忠著
影夷門廣牘本
湯品一卷 第333冊
(明)周履靖梓
影夷門廣牘本
煮泉小品一卷 第333冊
(明)田藝蘅撰
據寶顔堂秘笈本排印
酒經三卷 第333冊
(宋)朱翼中著
據知不足齋叢書 夷門廣牘本
酒譜一卷 第333冊
(宋)竇苹撰
據唐宋叢書本 百川學海本
酒顛補三卷 第333冊
(明)陳繼儒采輯
據海山仙館叢書本排印
酒史二卷 第334冊
(明)馮時化编
據寶顔堂秘笈本排印
糖霜譜一卷 第334冊
(宋)王灼撰
據學津討原本排印
茶經三卷 第334冊
(唐)陸羽著
影學津討原本 百川學海本 唐宋叢書本排印
宣和北苑貢茶錄一卷 第334冊
(宋)熊蕃撰
據讀畫齋叢書本排印
茶品要錄一卷 第334冊
(宋)黃儒著
影夷門廣牘本
茶錄一卷 第334冊
(宋)蔡襄撰
據百川學海本排印
東溪試茶錄一卷 第334冊
(宋)宋子安集
據百川學海本排印
北苑別錄一卷 第334冊
(宋)趙汝礪撰
據讀畫齋叢書本排印
茶疏一卷 第334冊
(明)許次紓撰
據寶顔堂秘笈本排印
茶寮記一卷附錄一卷 第334冊
(明)陸樹聲撰
影夷門廣牘本
茶董補二卷 第334冊
(明)陳繼儒采輯
據海山仙館叢書本排印
香 鼻煙
香譜二卷 第334冊
(宋)洪芻撰
據學津討原本排印
勇盧閒詰一卷 第334冊
(清)趙之謙撰
據仰視千七百二十九鶴齋叢書本排印
織物 衣服
蜀錦譜一卷 第334冊
(元)費著撰
影墨海金壺本 寶顔堂秘笈本
野服考一卷 第334冊
(宋)方鳳纂
據學海類編本排印
深衣考一卷 第334冊
(清)黃宗羲撰
影澤古齋重鈔本 借月山房匯鈔本
深衣考誤一卷 第334冊
(清)江永撰
據藝海珠塵本排印
大雲山房十二章圖說二卷 第334冊
(清)惲敬著
據咫進齋叢書本排印
古經服緯三卷 第335冊
(清)雷鐏述 (清)雷學淇釋
據畿輔叢書本排印
機械
遠西奇器圖說三卷 第335冊
(泰西)鄧玉函口授 (明)王徵譯繪

影守山閣叢書本
新制諸器圖說一卷　第335冊
(明)王徵撰
影守山閣叢書本
河海工程
河防記一卷　第336冊
(元)歐陽元撰
據學海類編本排印
河防通義二卷　第336冊
(元)沙克什撰
據守山閣叢書本排印
治河圖略一卷　第336冊
(元)王喜撰
影墨海金壺本
居濟一得八卷　第336冊
(清)張伯行撰
據正誼堂全書本排印
工藝
批點考工記二卷　第336冊
(漢)鄭玄訓註 (元)吴澄考註 (明)周夢暘批評
影三代遺書本 琳琅秘室叢書本
軍器
古今刀劍録一卷　第336冊
(梁)陶弘景撰
影龍威祕書本 百川學海本 漢魏叢書本
銅劍讃一卷　第336冊
(梁)江淹撰
影祕冊匯函本
車銃圖一卷　第336冊
(明)趙士楨纂
據藝海珠塵本排印
蠙衣生劍記一卷　第336冊
(明)郭子章輯
影寶顔堂秘笈本
火攻挈要三卷附火攻諸器圖一卷　第336冊
(泰西)湯若望授 (清)焦勖述
據海山仙館叢書本排印
印刷 文具
武英殿聚珍版程式一卷　第337冊
(清)金簡撰
影聚珍版叢書本
文房職方圖贊一卷　第337冊
(宋)林洪撰
影欣賞編本
續文房職方圖贊　第337冊
(宋)羅先登撰
影欣賞編本
文房四譜五卷　第337冊
(宋)蘇易簡輯
據學海類編本排印
文具雅編一卷　第337冊
(明)屠龍撰
據學海類編本排印
筆史一卷　第337冊
(清)梁同書撰
據榆園叢刻本排印
墨記一卷　第337冊
(宋)何薳撰
影學海類編本
墨經一卷　第337冊
(宋)晁貫之撰
影津逮祕書本等
墨史三卷　第337冊
(元)陸友撰
影知不足齋叢書本
墨法集要一卷　第337冊
(明)沈繼孫撰
據聚珍版叢書本排印
墨志一卷　第337冊
(明)麻三衡纂
據涉聞梓舊本排印
漫堂墨品一卷　第337冊
(清)宋犖撰
據榆園叢刻本排印
雪堂墨品一卷　第337冊
(清)張仁熙撰
據榆園叢刻本排印
牋紙譜一卷　第337冊
(元)費著撰
據寶顔堂秘笈本排印
金粟箋說一卷　第337冊
(清)張燕昌撰
據榆園叢刻本排印
硯史一卷　第338冊
(宋)米芾撰
影學津討原本 百川學海本
歙州硯譜一卷　第338冊
(宋)唐積撰
影學津討原本 百川學海本
端溪硯譜一卷　第338冊
(宋)葉樾傳
據百川學海本排印
歙硯說一卷　第338冊
(宋)洪适輯
影學津討原本 百川學海本
辨歙石說一卷　第338冊
(宋)洪适輯
據百川學海本排印
硯譜一卷　第338冊
(宋)撰人不詳
據百川學海本排印
硯譜圖一卷　第338冊
(明)沈士撰
影欣賞編本
說硯一卷　第338冊
(清)朱彝尊著
據學海類編本等排印
硯録一卷　第338冊
(清)曹溶著
據學海類編本等排印
端溪硯史三卷　第338冊
(清)吴蘭修編
影嶺南遺書本 榆園叢刻本
紅朮軒紫泥法一卷　第338冊
(清)汪鎬京著
影借月山房匯鈔本 澤古齋重鈔本
建築
儀禮釋宮一卷　第338冊
(宋)李如圭撰
據聚珍版叢書本排印
儀禮釋宮增註一卷　第338冊
(清)江永撰
據指海本排印
兩宮鼎建記三卷　第338冊
(明)賀仲軾録
據學海類編本排印
冬官記事一卷　第338冊
(明)項夢原撰
據寶顔堂秘笈本排印
明堂問一卷　第338冊
(清)毛奇齡稿
據龍威祕書本排印
明堂考三卷　第338冊
撰人不詳
據問經堂叢書本排印
傢俱 器物 陶瓷 玉石
燕几圖一卷　第339冊
(宋)黄長睿撰
影欣賞編本

茶具圖贊一卷 第 339 冊
(明)茅一相撰
影欣賞編本
紀聽松菴竹鑪始末一卷 第 339 冊
(清)鄒炳泰撰
影藝海珠塵本
左傳器物宫室一卷 第 339 冊
(清)沈淑撰
影藝海珠塵本
遊具雅編一卷 第 339 冊
(明)屠隆撰
影學海類編本
天水冰山錄五卷附錄一卷 第 339 冊
(明)撰人不詳
據知不足齋叢書本排印
浮梁陶政志一卷 第 339 冊
(清)吴允嘉述
據學海類編本排印
陶説六卷 第 340 冊
(清)朱琰述
據龍威祕書本排印
陽羨名陶録三卷附續錄 第 340 冊
(清)吴騫編
影榆園叢刻本 拜經樓叢書本
古玉圖二卷 第 340 冊
(元)朱德潤輯
據得月簃叢書本 欣賞編本排印
玉名詁一卷 第 340 冊
(明)楊慎撰
影函海本
雲林石譜三卷 第 340 冊
(宋)杜綰撰
據知不足齋叢書本排印
石譜一卷 第 340 冊
(清)諸九鼎撰
據借月山房匯鈔本排印
觀石録一卷 第 340 冊
(清)高兆撰
據借月山房匯鈔本排印

藝術類

欣賞品 園林

長物志十二卷 第 340 冊
(明)文震亨撰
據硯雲甲乙編本排印
洛陽名園記一卷 第 340 冊
(宋)李廌撰
影古今逸史本
艮嶽記一卷 第 340 冊
(宋)張淏撰
據古今説海本排印

金石 甎 篆刻 印譜

六一題跋十一卷 第 341 冊
(宋)歐陽修撰
影津逮祕書本
廣川書跋十卷 第 342 冊
(宋)董逌撰
影津逮祕書本
籀史二卷 第 342 冊
(宋)翟耆年撰
據守山閣叢書本排印
寶刻類編八卷 第 342 冊
(宋)撰人不詳
據粤雅堂叢書本排印
周秦刻石釋音一卷 第 342 冊
(元)吾丘衍撰
據十萬卷樓叢書本排印
石鼓文音釋三卷 第 342 冊
(明)楊慎輯
影函海本
金石古文十四卷 第 343 冊
(明)楊慎撰
影函海本
金石文字記六卷 第 343 冊
(清)顧炎武輯
影指海本等
金石史二卷 第 343 冊
(清)郭宗昌著
據知不足齋叢書本排印
金石錄補二十七卷 第 344 冊
(清)葉奕苞撰
據涉聞梓舊本排印
金石錄補續跋七卷 第 344 冊
(清)葉奕苞撰
據涉聞梓舊本排印
中州金石記五卷 第 344 冊
(清)畢沅撰
據經訓堂叢書本排印
關中金石記八卷 第 345 冊
(清)畢沅撰
據經訓堂叢書本排印
雍州金石記十卷附記餘一卷 第 345 冊
(清)朱楓撰
據惜陰軒叢書本排印
京畿金石考二卷 第 345 冊
(清)孫星衍撰
據滂喜齋叢書本排印
江寧金石待訪目二卷 第 346 冊
(清)嚴觀編
據靈鶼閣叢書本排印
湖北金石詩一卷 第 346 冊
(清)嚴觀撰
據連筠簃叢書本排印
涇川金石記一卷 第 346 冊
(清)趙紹祖輯
據涇川叢書本排印
南漢金石志二卷 第 346 冊
(清)吴蘭修撰
據嶺南遺書本排印
寶鐵齋金石文跋尾三卷 第 346 冊
(清)韓崇撰
據滂喜齋叢書本排印
鮑臆園手札一卷 第 346 冊
(清)鮑康撰
據滂喜齋叢書本排印
陳簠齋筆記一卷附手札一卷 第 346 冊
(清)陳介祺撰
據滂喜齋叢書本排印
滇南古金石錄一卷 第 346 冊
(清)沅福撰
影文選樓叢書本
吴郡金石目一卷 第 346 冊
(清)程祖慶編
據滂喜齋叢書本排印
金石存十五卷 第 347 冊
(清)趙揺編
影函海本
中州金石目四卷附補遺一卷 第 348 冊
(清)姚晏記
據咫進齋叢書本排印
日本金石年表一卷 第 348 冊
(日本)西田直養輯
據滂喜齋叢書本排印
百磚考一卷 第 348 冊
(清)吕佺孫撰
據滂喜齋叢書本排印
學古編二卷附錄一卷 第 348 冊
(元)吴丘衍撰
影夷門廣牘本
續三十五舉一卷 第 348 冊
(清)桂馥撰
據咫進齋叢書本排印

再續三十五舉一卷 第348冊
(清)姚晏撰
據咫進齋叢書本排印
古今印史一卷 第348冊
(明)徐官撰
據寶顔堂秘笈本排印
印章集說一卷 第348冊
(明)文彭述
據學海類編本排印
秦璽始末一卷 第348冊
(明)沈德符撰
據學海類編本排印
篆學指南一卷 第348冊
(明)趙宧光述
據學海類編本排印
印章圖譜一卷 第349冊
(宋)王厚之考
影欣賞編本

彝器 摹拓

鼎錄一卷 第349冊
(梁)虞荔纂
影顧氏文房本
紹興内府古器評二卷 第349冊
(宋)張掄撰
影津逮祕書本
考古圖釋文一卷 第349冊
(宋)趙九成撰
影十萬卷樓叢書本
續考古圖五卷 第349冊
(宋)撰人不詳
影十萬卷樓叢書本
宣德鼎彝譜八卷 第349冊
(明)呂震等撰
據墨海金壺本排印
稽古齋鐘鼎彝器款識十卷 第350冊
(清)阮元編
影文選樓叢書本
稽古齋藏器目一卷 第351冊
(清)阮元編
影靈鶼閣叢書本
清儀閣藏器目一卷 第351冊
(清)張廷濟編
影靈鶼閣叢書本
從古堂款識學一卷 第351冊
(清)徐同柏考釋
影仰視千七百二十九鶴齋叢書本
周無專鼎銘攷一卷 第351冊
(清)羅士林考演
影文選樓叢書本
兩罍軒藏器目一卷 第351冊
(清)吳雲編
影靈鶼閣叢書本
簠齋藏器目一卷 第351冊
(清)陳介祺編
影靈鶼閣叢書本
簠齋藏器目第二本一卷 第351冊
(清)陳介祺編
影靈鶼閣叢書本
嘉應簃藏器目一卷 第351冊
(清)劉喜海編
影靈鶼閣叢書本
石泉書屋藏器目一卷 第351冊
(清)李佐賢編
影靈鶼閣叢書本
愛吾鼎齋藏器目一卷 第351冊
(清)李璋煜編
影靈鶼閣叢書本
雙虞壺齋藏器目一卷 第351冊
(清)吳式芬編
影靈鶼閣叢書本
選青閣藏器目一卷 第351冊
(清)王錫棨編
影靈鶼閣叢書本
愙齋藏器目一卷 第351冊
(清)吳大澂編
影靈鶼閣叢書本
懷米山房藏器目一卷 第351冊
(清)曹載奎編
影靈鶼閣叢書本
木庵藏器目一卷 第351冊
(清)程振甲編
影靈鶼閣叢書本
平安館藏器目一卷 第351冊
(清)葉志銑編
影靈鶼閣叢書本
梅花草盦藏器目一卷 第351冊
(清)丁彥臣編
影靈鶼閣叢書本
簠齋傳古別錄一卷 第351冊
(清)陳介祺撰
影滂喜齋叢書本

賞鑒 裝潢 書畫目 書畫考識

負喧野錄二卷 第351冊
(宋)陳槱撰
據知不足齋叢書本排印
洞天清祿集一卷 第351冊
(宋)趙希鵠撰
據讀畫齋叢書本排印
雲煙過眼錄二卷 第351冊
(宋)周密撰
據十萬卷樓叢書本排印
雲煙過眼錄續集一卷 第351冊
(元)湯允謨撰
影奇晉齋叢書本 寶顔堂秘笈本 十萬卷樓叢書本
新增格古要論十三卷 第352冊
(明)曹昭撰 舒敏編 王佐增
影惜陰軒叢書本 夷門廣牘本
古奇器錄一卷 第352冊
(明)陸深撰
據寶顔堂秘笈本排印
蕉窗九錄九卷 第352冊
(明)項元汴撰
據學海類編本排印
筠軒清閟錄三卷 第352冊
(明)董其昌撰
據學海類編本排印
妮古錄四卷 第352冊
(明)陳繼儒撰
據寶顔堂秘笈本排印
考槃餘事四卷 第353冊
(明)屠隆撰
據龍威祕書本排印
瓶史二卷 第353冊
(明)袁宏道撰
影寶顔堂秘笈本 澤古齋重鈔本 借月山房匯鈔本
缾花譜一卷 第353冊
(明)張謙德撰
據寶顔堂秘笈本排印
飛鳧語略一卷 第353冊
(明)沈德符撰
據學海類編本排印
博物要覽十二卷 第353冊
(清)谷應泰撰
據函海本排印
韻石齋筆談二卷 第353冊
(清)姜紹書撰
據知不足齋叢書本排印
天壤閣雜記一卷 第353冊
(清)王懿榮撰

據靈鶼閣叢書本排印
前塵夢影錄二卷 第353冊
(清)徐康撰
據靈鶼閣叢書本排印
裝潢志一卷 第353冊
(清)周嘉胄撰
據學海類編本排印
賞延素心錄一卷 第353冊
(清)周二學撰
據榆園叢刻本排印
名畫神品目一卷 第353冊
(明)楊慎撰
據函海本排印
諸家藏書簿十卷 第353冊
(清)李調元輯
據函海本排印
魏公題跋一卷 第354冊
(宋)蘇頌撰
影津逮祕書本
山谷題跋九卷 第354冊
(宋)黄庭堅撰
影津逮祕書本
无咎題跋一卷 第354冊
(宋)晁補之撰
影津逮祕書本
晦菴題跋三卷 第354冊
(宋)朱熹撰
影津逮祕書本
益公題跋十二卷 第354冊
(宋)周必大撰
影津逮祕書本
止齋題跋二卷 第354冊
(宋)陳傅良撰
影津逮祕書本
水心題跋一卷 第354冊
(宋)葉適撰
影津逮祕書本
西山題跋三卷 第354冊
(宋)真德秀撰
影津逮祕書本
後村題跋四卷 第355冊
(宋)劉克莊撰
影津逮祕書本
文山題跋一卷 第355冊
(宋)文天祥撰
影奇晉齋叢書本
石門題跋二卷 第355冊
(宋)釋德洪撰
影津逮祕書本
遺山題跋一卷 第355冊
(金)元好問撰
影奇晉齋叢書本
文待詔題跋二卷 第355冊
(明)文徵明撰
據學海類編本排印
寓意編一卷 第355冊
(明)都穆撰
據學海類編本排印
書畫史一卷 第355冊
(明)陳繼儒撰
據寶顏堂秘笈本排印
鈐山堂書畫記一卷 第355冊
(明)文嘉撰
據知不足齋叢書本排印
七頌堂識小錄一卷 第355冊
(清)劉體仁撰
據知不足齋叢書本排印
好古堂家藏書畫記二卷附續記一卷 第356冊
(清)姚際恒撰
據讀畫齋叢書本排印
石渠隨筆八卷 第356冊
(清)阮元記
影粵雅堂叢書本 文選樓叢書本
張憶娘簪花圖卷題咏一卷 第356冊
(清)江標輯
據靈鶼閣叢書本排印
董華亭書畫錄一卷 第356冊
(清)青浮山人編輯
據靈鶼閣叢書本排印
墨緣彙觀錄四卷 第356冊
(清)撰人不詳
據粵雅堂叢書本排印
書畫說鈴一卷 第356冊
(清)陸時化撰
據榆園叢刻本排印

碑 碑帖考識

輿地碑記目四卷 第357冊
(宋)王象之撰
據粵雅堂叢書本排印
蜀碑記補十卷附辨譌攷異二卷 第357冊
(宋)王象之撰 (清)李調元補編
(清)胡鳳丹考校
據函海本排印
古刻叢鈔二卷 第357冊
(明)陶宗儀編
影知不足齋叢書本
古刻叢鈔一卷 第357冊
(清)孫星衍重編
影平津館叢書本
寰宇訪碑錄十二卷 第358冊
(清)孫星衍 邢澍撰
據平津館叢書本排印
葉氏菉竹堂碑目六卷 第359冊
(明)葉盛撰
據粵雅堂叢書本排印
山左南北朝石刻存目一卷 第359冊
(清)尹彭壽編
據靈鶼閣叢書本排印
和林金石錄一卷 第359冊
撰人不詳
據靈鶼閣叢書本排印
元豐題跋一卷 第359冊
(宋)曾鞏撰
影津逮祕書本
東坡題跋六卷 第359冊
(宋)蘇軾撰
影津逮祕書本
淮海題跋一卷 第359冊
(宋)秦觀撰
影津逮祕書本
法帖通解一卷 第359冊
(宋)秦觀撰
影百陵學山本
海岳題跋一卷附寶章待訪錄 第359冊
(宋)米芾撰
影津逮祕書本
書史一卷 第359冊
(宋)米芾撰
據百川學海本排印
姑溪題跋二卷 第359冊
(宋)李之儀撰
影津逮祕書本
東觀餘論附錄三卷 第360冊
(宋)黄伯思撰
影津逮祕書本 學津討原本
放翁題跋六卷 第360冊
(宋)陸游撰
影津逮祕書本
鶴山題跋七卷 第360冊
(宋)魏了翁撰

影津逮祕書本
蘭亭考十二卷 第360冊
(宋)桑世昌集
據知不足齋叢書本排印
蘭亭續考二卷 第360冊
(宋)俞松撰
據知不足齋叢書本排印
絳帖平六卷 第360冊
(宋)姜夔撰
據聚珍版叢書本排印
法帖譜系二卷 第360冊
(宋)曹士冕撰
據百川學海本排印
石刻鋪敘二卷 第360冊
(宋)曾宏父纂述
據知不足齋叢書本排印
鳳墅殘帖釋文二卷 第360冊
(宋)曾宏父撰
據賃園叢書本排印
寶刻叢編二十卷 第361冊
(宋)陳思纂次
據十萬卷樓叢書本排印
法帖釋文十卷 第362冊
(宋)劉次莊撰
影百川學海本
彙堂摘奇一卷 第362冊
(明)王佐撰
影百陵學山本
法帖神品目一卷 第362冊
(明)楊慎撰
影函海本
石墨鐫華八卷 第362冊
(明)趙崡撰
據知不足齋叢書本排印
寒山堂金石林時地考二卷 第362冊
(明)趙均撰
據粵雅堂叢書本排印
閒者軒帖考一卷 第362冊
(清)孫承澤述
據知不足齋叢書本排印
湛園題跋一卷 第362冊
(清)姜宸英撰
據涉聞梓舊本排印
唐昭陵石蹟考略五卷附謁唐昭陵記 第362冊
(清)林侗撰
據粵雅堂叢書本排印
隱綠軒題識一卷 第362冊
(清)陳奕禧撰
據涉聞梓舊本排印
鐵函齋書跋六卷 第362冊
(清)楊賓撰
據涉聞梓舊本排印
砥齋題跋一卷 第363冊
(清)王宏撰
據涉聞梓舊本排印
瘞鶴銘考一卷 第363冊
(清)汪士鋐編
影咫進齋叢書本 粵雅堂叢書本
瘞鶴銘考一卷 第363冊
(清)吳東發撰
據涉聞梓舊本排印
義門題跋 第363冊
(清)何焯撰
據涉聞梓舊本排印
庚子銷夏記校文一卷 第363冊
(清)何焯撰
據涉聞梓舊本排印
竹雲題跋四卷 第363冊
(清)王澍著 錢人龍訂
影海山仙館叢書本
蘇齋唐碑選一卷 第363冊
(清)翁方綱撰
據咫進齋叢書本排印
蘇齋題跋二卷 第363冊
(清)翁方綱撰
據涉聞梓舊本排印
蘇米齋蘭亭攷八卷 第363冊
(清)翁方綱撰
據粵雅堂叢書本排印
國山碑攷一卷 第363冊
(清)吳騫編
據拜經樓叢書本排印
嵩洛訪碑日記一卷 第363冊
(清)黃易撰
據粵雅堂叢書本排印
漢延熹西嶽華山碑攷四卷 第364冊
(清)阮元編
據文選樓叢書本排印
古墨齋金石跋六卷 第364冊
(清)趙紹祖輯
影涇川叢書本
元魏熒陽鄭文公摩崖碑跋一卷 第364冊
(清)諸可寶撰
據式訓堂叢書本排印
石門碑醳一卷 第364冊
(清)王森文撰
影涉聞梓舊本
漢射陽石門畫象彙攷一卷 第364冊
(清)張寶德輯
據金陵叢刻本排印
淳化閣帖釋文十卷 第364冊
(清)撰人不詳
據聚珍版叢書本排印
墨藪一卷 第365冊
(唐)韋續纂
據十萬卷樓叢書本排印

書法 書論 書傳

書譜一卷 第365冊
(唐)孫過庭撰
據百川學海本排印
續書譜一卷 第365冊
(宋)姜夔撰
據百川學海本排印
法書通釋二卷 第365冊
(明)張紳編
影夷門廣牘本
春雨雜述一卷 第365冊
(明)解縉輯
據寶顏堂秘笈本排印
書法離鉤十卷 第365冊
(明)潘之淙撰
據惜陰軒叢書本排印
書法雅言一卷 第365冊
(明)項穆纂
據藝海珠塵本排印
書法粹言一卷 第365冊
(明)汪挺錄
據學海類編本排印
頻羅庵論書一卷 第365冊
(清)梁同書撰
據榆園叢刻本排印
安吳論書一卷 第365冊
(清)包世臣撰
據咫進齋叢書本排印
書學捷要二卷 第365冊
(清)朱履貞纂述
據知不足齋叢書本排印
法書要錄十卷 第365冊
(唐)張彥遠集

影津逮祕書本
海岳名言一卷 第366冊
(宋)米芾撰
據百川學海本排印
翰墨志一卷 第366冊
(宋)高宗撰
據百川學海本排印
寶真齋法書贊二十八卷 第366冊
(宋)岳珂撰
據聚珍版叢書本排印
衍極五卷 第366冊
(元)鄭杓述 劉有定釋
影寶顏堂秘笈本 十萬卷樓叢書本
書品一卷 第366冊
(明)楊慎撰
影函海本
墨池瑣錄二卷 第366冊
(明)楊慎撰
影函海本
初月樓論書隨筆一卷 第366冊
(清)吳德旋著
影別下齋叢書本
皇宋書錄三卷 第366冊
(宋)董史撰
據知不足齋叢書本排印
宣和書譜二十卷 第367冊
(宋)撰人不詳
影津逮祕書本

畫譜 畫考識

梅花喜神譜二卷 第367冊
(宋)宋伯仁編
影知不足齋叢書本
竹譜詳錄七卷 第368冊
(元)李衎述
影知不足齋叢書本
天形道貌一卷 第368冊
(明)周履靖撰
影夷門廣牘本
淇園肖影二卷 第368冊
(明)周履靖撰
影夷門廣牘本
羅浮幻質一卷 第368冊
(明)周履靖編輯
影夷門廣牘本
春谷嚶翔一卷 第368冊
(明)周履靖編次
影夷門廣牘本
九畹遺容一卷 第368冊
(明)周履靖編次
影夷門廣牘本
德隅齋畫品一卷 第368冊
(宋)李廌撰
據顧氏文房本排印
廣川畫跋六卷 第368冊
(宋)董逌撰
據十萬卷樓叢書本排印
繪林題識一卷 第368冊
(明)汪顯節編次
影夷門廣牘本
畫跋一卷 第368冊
(清)惲格撰
據借月山房匯鈔本排印
題畫詩一卷 第369冊
(清)惲格撰
據借月山房匯鈔本排印
天慵庵筆記二卷 第369冊
(清)方士庶撰
據仰視千七百二十九鶴齋叢書本排印
畫梅題記一卷 第369冊
(清)朱方藹撰
據知不足齋叢書本排印
松壺畫贅二卷 第369冊
(清)錢杜撰
據榆園叢刻本排印

畫法 畫論 畫傳

韓氏山水純全集一卷 第369冊
(宋)韓拙撰
據函海本排印
六如畫譜三卷 第369冊
(明)唐寅輯
據惜陰軒叢書本排印
畫評會海二卷 第369冊
(明)周履靖著
影夷門廣牘本
畫訣一卷 第369冊
(明)龔賢撰
據知不足齋叢書本排印
畫筌一卷 第369冊
(清)笪重光著
據知不足齋叢書本排印
苦瓜和尚畫語錄一卷 第369冊
(清)釋道濟撰
據知不足齋叢書本排印
傳神祕要一卷 第369冊
(清)蔣驥撰
影澤古齋重鈔本 借月山房匯鈔本
小山畫譜二卷 第369冊
(清)鄒一桂撰
據借月山房匯鈔本排印
山靜居畫論二卷 第369冊
(清)方薰撰
據知不足齋叢書本排印
松壺畫憶二卷 第369冊
(清)錢杜撰
據榆園叢刻本排印
古畫品錄一卷 第369冊
(南齊)謝赫撰
影津逮祕書本
續畫品一卷 第369冊
(陳)姚最撰
影津逮祕書本
後畫錄一卷 第369冊
(唐)釋彥悰撰
影津逮祕書本
續畫品錄一卷 第369冊
(唐)李嗣真撰
影津逮祕書本
歷代名畫記十卷 第370冊
(唐)張彥遠撰
影津逮祕書本
畫史一卷 第370冊
(宋)米芾撰
影津逮祕書本
圖畫見聞誌六卷 第371冊
(宋)郭若虛撰
影津逮祕書本
畫論一卷 第371冊
(宋)郭思撰
據唐宋叢書本排印
古今畫鑒一卷 第371冊
(元)湯垕撰
據學海類編本排印
畫品一卷 第371冊
(明)楊慎撰
據函海本排印
中麓畫品一卷 第371冊
(明)李開先撰
據函海本排印
畫說一卷 第371冊
(明)莫是龍撰
據寶顏堂秘笈本排印

雜評一卷 第371冊
(明)撰人不詳
據天都閣蔵書本排印
益州名畫錄三卷 第371冊
(宋)黄休復纂
據唐宋叢書本 函海本
畫繼十卷 第371冊
(宋)鄧椿撰
津逮祕書本 學津討原本
宣和畫譜二十卷 第372冊
(宋)撰人不詳
影津逮祕書本
圖繪寶鑑六卷補遺一卷 第373冊
(元)夏文彦纂
影津逮祕書本
文湖州竹派一卷 第373冊
(元)吳鎮撰
據學海類編本排印
海嶽志林一卷 第373冊
(明)毛鳳苞輯
據得月簃叢書本排印
丹青志一卷 第373冊
(明)王穉登撰
據寶顔堂秘笈本排印
畫禪一卷 第373冊
(明)釋蓮儒纂
據寶顔堂秘笈本排印
繪妙一卷 第373冊
(明)茅一相編
據欣賞編本
讀畫錄四卷 第373冊
(清)周亮工撰
據讀畫齋叢書本排印
明畫錄八卷 第373冊
(清)徐沁撰
據讀畫齋叢書本排印
墨梅人名錄一卷 第373冊
(清)童翼駒編
據得月簃叢書本排印
畫友詩一卷 第373冊
(清)趙彦修撰
據靈鶼閣叢書本排印

音樂

樂府雜錄一卷 第374冊
(唐)段安節撰
影守山閣叢書本
羯鼓錄一卷 第374冊
(唐)南卓撰
影守山閣叢書本
樂書要錄三卷 第374冊
(唐)撰人不詳
據佚存叢書本
韶舞九成樂補一卷 第374冊
(元)余載撰
影墨海金壺本
律呂成書二卷 第374冊
(元)劉瑾撰
影墨海金壺本
琴言十則一卷附指法譜一卷 第374冊
(元)吳澄撰
影學海類編本
樂律舉要一卷 第374冊
(明)韓邦奇輯
影學海類編本
竟山樂錄四卷 第374冊
(清)毛奇齡稿
據龍威祕書本排印
李氏學樂錄二卷 第375冊
(清)李塨撰
據龍威祕書本排印
律呂新論二卷 第375冊
(清)江永撰
影守山閣叢書本
賡和錄二卷 第375冊
(清)何夢瑶撰
據嶺南遺書本排印
燕樂攷原六卷 第376冊
(清)凌廷勘撰
據粤雅堂叢書本排印
樂縣攷二卷 第376冊
(清)江藩
據粤雅堂叢書本排印
律呂元音一卷 第376冊
(清)畢華珍述
據小萬卷樓叢書本排印
樂經律呂通解五卷 第376冊
(清)汪烜輯
據粤雅堂叢書本排印
皇祐新樂圖記三卷 第377冊
(宋)阮逸 胡瑗撰
影學津討原本
琴操二卷 第377冊
(漢)蔡邕撰
據讀畫齋叢書本 平津館叢書本影印
漢鐃歌十八曲集解一卷 第377冊
(清)譚儀纂
據靈鶼閣叢書本排印
香研居詞塵五卷 第377冊
(清)方成培述
據讀畫齋叢書本排印
碣石調幽蘭一卷 第377冊
(陳)邱公撰
影古逸叢書本
瑟譜六卷 第377冊
(元)熊朋來撰
影指海本
綠綺新聲二卷 第377冊
(明)徐時琪撰
影夷門廣牘本
詩經樂譜三十卷附樂律正俗一卷
第378－382冊
(清)高宗敕撰
影聚珍版叢書本

雜技 雜藝

嘯旨一卷 第383冊
(唐)撰人不詳
據顧氏文房本排印
角力記一卷 第383冊
(宋)撰人不詳
據琳琅秘室叢書本排印
學射錄二卷 第383冊
(清)李塨稿
據畿輔叢書本排印
手臂錄四卷附峨眉槍法一卷夢錄堂槍法一卷 第383冊
(清)吳殳撰
據指海本排印
投壺儀節一卷 第383冊
(明)汪禔編輯
影夷門廣牘本
丸經二卷 第383冊
(明)周履靖校
影津逮祕書本
棋訣一卷 第383冊
(宋)劉仲甫撰
影珠叢別錄本 墨海金壺本
棊經一卷 第383冊
(宋)晏天章撰
影守山閣叢書 墨海金壺本
弈史一卷 第383冊
(明)王穉登著

文學類

詩總集

據學海類編本排印
毛詩原解三十六卷　第395冊
（明）郝敬著
影湖北叢書本
詩問略一卷　第395冊
（明）陳子龍說
據學海類編本排印
白鷺洲主客說詩一卷　第395冊
（清）毛奇齡稿
據龍威祕書本排印
詩說三卷　第396冊
（清）惠周惕撰
據借月山房匯鈔本排印
詩說一卷　第396冊
（清）陶正靖撰
據借月山房匯鈔本排印
張氏詩說一卷　第396冊
（清）張汝霖撰
影豫章叢書本
杲溪詩經補注二卷　第396冊
（清）戴震纂
據藝海珠塵本排印
詩譜補亡後訂一卷　第396冊
（清）吳騫學
影拜經樓叢書本
詩附記四卷　第396冊
（清）翁方綱撰
據畿輔叢書本排印
春秋詩話五卷　第396冊
（清）勞孝輿撰
據嶺南遺書本排印
三家詩拾遺十卷　第396冊
（清）范家相撰 錢熙祚校
據嶺南遺書本排印
韓詩遺說二卷附訂譌一卷　第397冊
（清）臧庸述
據靈鶼閣叢書本排印
讀詩經四卷　第397冊
（清）趙良霨撰
據涇川叢書本排印
讀風偶識四卷　第397冊
（清）崔述撰
據畿輔叢書本排印
毛詩識小三十卷　第397冊
（清）林伯桐撰
據嶺南遺書本排印
毛詩通考三十卷　第397冊
（清）林伯桐撰
據嶺南遺書本排印
詩倫二卷　第397冊
（清）汪薇輯
據聚珍版叢書本排印
玉臺新詠考異十卷　第398冊
（清）紀容舒撰
據畿輔叢書本排印
五柳賡歌四卷　第398冊
（晉）陶潛撰（明）周履靖和韻
影夷門廣牘本
青蓮觴咏二卷　第398冊
（唐）李白撰（明）周履靖和
影夷門廣牘本
選詩句圖一卷　第399冊
（宋）高似孫集
據百川學海本排印
洞霄詩集十四卷　第399冊
（元）孟宗寶編
據知不足齋叢書本排印
香山酒頌二卷　第399冊
（唐）白居易撰（明）周履靖和
影夷門廣牘本
三家宮詞一卷　第399冊
（明）毛晉輯
影詩詞雜俎本
千片雪二卷　第399冊
（元）馮海粟詠（明）周履靖和
影夷門廣牘本
群仙降乩語一卷　第399冊
（明）周履靖輯
影夷門廣牘本
風雅逸篇十卷　第400冊
（明）楊慎輯
據函海本排印
小石帆亭五言詩續鈔八卷　第400冊
（清）翁方綱撰
據粵雅堂叢書本排印
粵詩蒐逸四卷　第400冊
（清）黄子高撰
據嶺南遺書本排印
古詩十九首解一卷　第400冊
（清）張庚纂
據藝海珠塵本排印
眾妙集一卷　第400冊
（宋）趙師秀編
影詩詞雜俎本
全唐詩逸三卷　第400冊
（日本）河世寧纂輯
據知不足齋叢書本排印
全五代詩一百卷補遺一卷　第401－403冊
（清）李調元編
據函海本排印
西崑酬唱集二卷　第404冊
（宋）楊億等撰
據粵雅堂叢書本排印
濂洛風雅六卷首一卷　第404冊
（宋）金履祥選
據金華叢書本排印
濂洛風雅九卷　第404冊
（清）張伯行編
據正誼堂全書本排印
天地間集一卷　第404冊
（宋）謝翱編
據知不足齋叢書本排印
月泉吟社詩一卷　第404冊
（宋）吳渭編
影詩詞雜俎本
詩苑眾芳一卷　第405冊
（宋）劉瑄編
據十萬卷樓叢書本排印
宋舊宮人詩詞一卷　第405冊
（宋）汪元量編
據知不足齋叢書本排印
二家宮詞一卷　第405冊
（明）毛晉輯
影詩詞雜俎本
谷音二卷　第405冊
（元）杜本輯
影詩詞雜俎本
圭塘欸乃集一卷　第405冊
（元）許有壬等纂
影藝海珠塵本
河汾諸老詩集八卷　第405冊
（元）房祺編
影詩詞雜俎本
靜安八詠集一卷　第405冊
（元）釋壽寧纂
據藝海珠塵本排印
毛公壇倡和詩一卷　第405冊
（明）周履靖撰
影夷門廣牘本
鴛湖唱和稿一卷　第405冊

(明)周履靖撰
影夷門廣牘本
清平閣倡和詩一卷 第405冊
(明)宋登春等撰
影畿輔叢書本
懷舊集二卷 第406冊
(清)馮舒編
據滂喜齋叢書本排印
焦山紀遊集一卷 第406冊
(清)馬曰琯等編
據粵雅堂叢書本排印
林屋唱酬錄一卷附錄一卷 第406冊
(清)馬曰琯等編
據粵雅堂叢書本排印
刻燭集一卷 第406冊
(清)曹仁虎纂
據藝海珠塵本排印
蜀雅二十卷 第406冊
(清)李調元選
據函海本排印
沛上停雲集一卷 第406冊
(清)孫星衍編
據岱南閣叢書本排印
同人唱和詩集三卷 第406冊
(清)黃丕烈編
據士禮居叢書本影印
八甎吟館刻燭集三卷 第406冊
(清)阮元輯
據文選樓叢書本排印
淮海英靈集二十四卷 第406－407冊
(清)阮元輯
據文選樓叢書本排印
四家選集二十九卷 第408－409冊
(清)張懷溎選
影函海本
癸酉消夏詩一卷 第409冊
(清)潘祖蔭等撰
據滂喜齋叢書本排印
壬申消夏詩一卷 第409冊
(清)潘祖蔭等撰
據滂喜齋叢書本排印
南苑唱和詩一卷 第409冊
(清)潘祖蔭等撰
據滂喜齋叢書本排印
于湖小集八卷 第409冊
(清)袁昶撰
據漸西村舍叢刊本排印
桐溪耆隱集一卷附補錄一卷 第409冊
(清)袁炯集
據漸西村舍叢刊本排印

文總集

楚辭十七卷 第410冊
(漢)劉向編輯 (漢)王逸章句
據湖北叢書本排印
楚辭補注十七卷 第410冊
(宋)洪興祖註
據惜陰軒叢書本排印
楚辭集注十六卷辨證後語 第411冊
(宋)朱熹撰
影古逸叢書本
離騷集傳一卷 第411冊
(宋)錢杲之集傳
影龍威祕書本 知不足齋叢書本排印
千字文萃 第411冊
(清)張海鵬輯
影澤古齋重鈔本 借月山房匯鈔本
古文關鍵二卷 第411冊
(宋)呂祖謙編
據金華叢書本排印
古文韻語一卷 第411冊
(明)楊慎撰
據函海本排印
評乙古文一卷 第411冊
(清)李塨稿
據畿輔叢書本排印
唐宋八大家文鈔十九卷 第412冊
(清)張伯行重訂
據正誼堂全書本排印
南北朝文鈔二卷 第412冊
(清)彭兆蓀採輯
據粵雅堂叢書本排印
二程文集十二卷 第413冊
(宋)程顥 程頤撰
據正誼堂全書本排印
詁經精舍文集十四卷 第413冊
(清)阮元訂
據文選樓叢書本排印
麗體金膏八卷 第414冊
(清)馬俊良輯
據龍威祕書本排印
東古文存一卷 第414冊
(朝鮮)金正喜輯
影天壤閣叢書本

詩文別集

陸士衡集十卷附札記一卷 第414冊
(晉)陸機撰
據小萬卷樓叢書本排印
高令公集一卷 第414冊
(北魏)高允著
據畿輔叢書本排印
王無功集三卷補遺二卷 第414冊
(唐)王勣撰
影岱南閣叢書本
魏鄭公集四卷 第415冊
(唐)魏徵撰
據畿輔叢書本排印
盧昇之集七卷 第415冊
(唐)盧照鄰撰
據畿輔叢書本排印
駱丞集四卷附辨譌考異二卷 第415冊
(唐)駱賓王撰
據金華叢書本排印
張燕公集二十五卷 第415冊
(唐)張說撰
據聚珍版叢書本排印
文忠集十六卷拾遺四卷 第416冊
(唐)顏真卿撰
據聚珍版叢書本排印
劉賓客文集三十卷附補遺一卷 第416冊
(唐)劉禹錫撰
據畿輔叢書本排印
呂衡州集十卷附考證一卷 第417冊
(唐)呂溫撰
據粵雅堂叢書本排印
李元賓文集六卷 第417冊
(唐)李觀撰
據畿輔叢書本排印
李衛公會昌一品集二十卷別集十卷外集四卷補遺一卷 第417冊
(唐)李德裕撰
據畿輔叢書本排印
麟角集一卷附錄一卷 第418冊
(唐)王棨撰
據天壤閣叢書本排印
莆陽黃御史集二卷別錄一卷附錄一卷 第418冊
(唐)黃滔撰
影天壤閣叢書本
桂苑筆耕集二十卷 第419冊
(唐)崔致遠撰

（清）劉逢源撰
據畿輔叢書本排印
沙河逸老小稿六卷 第489冊
（清）馬曰琯撰
據粵雅堂叢書本排印
南齋集六卷 第489冊
（清）馬曰璐撰
據粵雅堂叢書本排印
月山詩集四卷 第489冊
（清）恒仁纂
據藝海珠塵本排印
王義士輞川詩鈔六卷 第489冊
（清）王澐纂
據藝海珠塵本排印
缾水齋詩集十七卷 第490冊
（清）舒位撰
據畿輔叢書本排印
缾水齋詩別集二卷 第490冊
（清）舒位撰
據畿輔叢書本排印
烏魯木齋雜詩一卷 第490冊
（清）紀昀撰
據借月山房匯鈔本排印
玉井搴蓮集一卷 第490冊
（清）嚴長明撰
據金陵叢刻本排印
金闕攀松集一卷 第490冊
（清）嚴長明撰
據金陵叢刻本排印
萬善堂集十卷 第490冊
（清）李化楠著
據函海本排印
童山詩集四十二卷 第491冊
（清）李調元撰
據函海本排印
粵東皇華集四卷 第492冊
（清）李調元撰
據函海本排印
萬壽衢歌樂章六卷 第492冊
（清）彭元瑞撰
據聚珍版叢書本排印
月滿樓詩別集八卷 第492冊
（清）顧宗泰著
據讀畫齋叢書本排印
鱸塘漁乃一卷 第492冊
（清）吳騫述
據拜經樓叢書本排印
拜經樓集外詩一卷附珠樓遺稿一卷 第492冊
（清）吳騫 徐貞撰
據拜經樓叢書本排印
芳茂山人詩錄十卷 第492冊
（清）孫星衍撰
據平津館叢書本排印
長離閣集一卷 第493冊
（清）王采薇撰
據平津館叢書本排印
煙霞萬古樓詩選二卷 第493冊
（清）王曇撰
據粵雅堂叢書本排印
仲瞿詩錄一卷 第493冊
（清）王曇撰（清）徐渭仁輯
據粵雅堂叢書本排印
玉山草堂續集六卷 第493冊
（清）錢林撰
據粵雅堂叢書本排印
紅蕙山房吟稿二卷 第493冊
（清）袁廷檮撰
據知不足齋叢書本排印
船山詩草選六卷 第493冊
（清）張問陶撰（清）石韞玉錄
據士禮居叢書本排印
揅經室詩錄五卷 第493冊
（清）阮元撰
據文選樓叢書本排印
宮詞小纂三卷 第493冊
（清）張海鵬輯
影借月山房匯鈔本
冬青館古宮詞三卷 第493冊
（清）張鑑撰
據功順堂叢書本排印
纂喜堂詩稿一卷 第494冊
（清）陳壽祺撰
據滂喜齋叢書本排印
蜜梅花館詩錄一卷 第494冊
（清）焦廷琥撰
據文選樓叢書本排印
碧城仙館詩鈔八卷 第494冊
（清）陳文述撰
據靈鶼閣叢書本排印
粵臺徵雅錄一卷 第494冊
（清）羅元煥撰（清）陳仲鴻注
據嶺南遺書本排印
匪石山人詩一卷 第494冊
（清）鈕樹玉撰
據靈鶼閣叢書本排印
沈四山人詩錄六卷附錄一卷 第494冊
（清）沈謹學撰
據滂喜齋叢書本排印
西鼠殘草一卷附詞 第494冊
（清）王星諴撰
據滂喜齋叢書本排印
愚溪詩稿一卷 第494冊
（清）張肇烇撰
據文選樓叢書本排印
位西先生遺稿一卷 第494冊
（清）邵懿辰撰
據滂喜齋叢書本排印
張文節公遺集二卷 第494冊
（清）張洵撰
據滂喜齋叢書本排印
有聲畫一卷 第494冊
（清）許光治撰
據別下齋叢書本排印
楙花盦詩二卷附錄一卷外集一卷 第494冊
（清）葉廷琯撰
據滂喜齋叢書本排印
小蓬海遺詩一卷 第495冊
（清）翁雒撰
據別下齋叢書本排印
屑屑集一卷 第495冊
（清）翁雒撰
據別下齋叢書本排印
萬卷書屋詩存一卷 第495冊
（清）朱棆撰
據滂喜齋叢書本排印
廣雅碎金四卷附錄一卷 第495冊
（清）張之洞撰
據漸西村舍叢刊本排印
榆園雜興詩一卷 第495冊
（清）袁振業撰
據漸西村舍叢刊本排印
漸西邨人初集十三卷附錄一卷 第495冊
（清）袁昶撰
據漸西村舍叢刊本排印
安般簃詩續鈔十卷 第496冊
（清）袁昶撰
據漸西村舍叢刊本排印
春闈雜詠一卷 第496冊
（清）袁昶撰

據漸西村舍叢刊本排印
聽雨樓詩一卷 第496冊
(清)石嘉吉撰
據滂喜齋叢書本排印
葵青居詩錄一卷 第496冊
(清)石渠撰
據滂喜齋叢書本排印
亢藝堂集三卷 第496冊
(清)孫廷璋撰
據滂喜齋叢書本排印
小草庵詩鈔一卷 第496冊
(清)屠蘇撰
據滂喜齋叢書本排印
一椶居詩稿二卷 第497冊
(清)馮柷纂
據藝海珠塵本排印
天馬山房詩別錄一卷 第497冊
(清)汪巽東撰
據滂喜齋叢書本排印
四繪軒詩鈔一卷 第497冊
(清)徐振纂
據藝海珠塵本排印
清聞齋詩存三卷 第497冊
(清)周鼎樞著
據咫進齋叢書本排印
春草堂遺稿一卷 第497冊
(清)姚陽元著
據咫進齋叢書本排印
玉暉堂詩集五卷 第497冊
(清)趙湛撰
據畿輔叢書本排印
二十一都懷古詩一卷 第497冊
(朝鮮)柳得恭撰
據仰視千七百二十九鶴齋叢書本排印

文別集

皇甫司農集一卷 第497冊
(漢)皇甫規撰
影二酉堂叢書本
鄭司農集一卷 第497冊
(漢)鄭玄撰
據雅雨堂叢書本影印
蔡中郎文集十一卷附蔡中郎外傳 第497冊
(漢)蔡邕撰
據十萬卷樓叢書本排印
張太常集二卷附錄 第497冊
(漢)張奐撰
影二酉堂叢書本
段太尉集一卷 第497冊
(漢)段熲撰
影二酉堂叢書本
諸葛武侯文集四卷 第497冊
(蜀漢)諸葛亮撰
據正誼堂全書本排印
尢射一卷 第498冊
(魏)繆襲著
影漢魏叢書本 唐宋叢書本排印
籟紀三卷 第498冊
(陳)王叔齋撰
據知不足齋叢書 唐宋叢書本 夷門廣牘本
陸宣公文集四卷首一卷 第498冊
(唐)陸贄撰
據正誼堂全書本排印
劉希仁文集一卷 第498冊
(唐)劉軻撰
據嶺南遺書本排印
文泉子集六卷 第498冊
(唐)劉軻撰
據別下齋叢書本排印
范文正公文集九卷 第498冊
(宋)范仲淹撰
據正誼堂全書本排印
石徂徠集二卷 第498冊
(宋)石介撰
據正誼堂全書本排印
韓魏公集二十卷 第499冊
(宋)韓琦撰
據正誼堂全書本排印
楊龜山集六卷 第499冊
(宋)楊時撰
據正誼堂全書本排印
尹和靖集一卷 第499冊
(宋)尹焞撰
據正誼堂全書本排印
李忠愍公集一卷 第499冊
(宋)李若水撰
據畿輔叢書本排印
張横渠集十二卷 第499冊
(宋)張載撰
據正誼堂全書本排印
朱子文集十八卷 第500－501冊
(宋)朱熹撰
據正誼堂全書本排印
張南軒先生文集七卷 第501冊
(宋)張栻撰
據正誼堂全書本排印
羅豫章集十卷 第501冊
(宋)羅從彥撰
據正誼堂全書本排印
呂東萊先生文集二十卷 第502冊
(宋)呂祖謙撰
據金華叢書本排印
龍川文集三十卷首一卷末一卷附辨譌考異二卷 第503冊
(宋)陳亮撰
據金華叢書本排印
真西山先生集八卷 第504冊
(宋)真德秀撰
據正誼堂全書本排印
魯齋集十卷附錄補遺一卷 第504冊
(宋)王柏撰
據金華叢書本排印
謝疊山集二卷 第504冊
(宋)陳枋得撰
據正誼堂全書本排印
獻醜集一卷 第504冊
(宋)許棐集
據百川學海本排印
騷略三卷 第504冊
(清)高似孫撰
據百川學海本排印
所南文集一卷附錄一卷補遺一卷 第504冊
(宋)鄭思肖撰
據知不足齋叢書本排印
熊勿軒先生文集六卷 第505冊
(宋)熊禾撰
據正誼堂全書本排印
黃勉齋先生文集六卷 第505冊
(宋)黃幹撰
據正誼堂全書本排印
永嘉先生八面鋒十三卷 第505冊
(宋)撰人不詳
影湖海樓叢書本
閑閑老人滏水文集二十卷補遺一卷 第506冊
(金)趙秉文撰
據畿輔叢書本排印
許魯齋集六卷 第506冊
(元)許衡撰

詩文評詩學

詩話

珊瑚鉤詩話三卷 第525冊
(宋)張表臣編
據百川學海本排印
石林詩話三卷 第525冊
(宋)葉夢得撰
據百川學海本 津逮祕書本
歲寒堂詩話二卷 第525冊
(宋)張戒撰
據聚珍版叢書本排印
庚溪詩話二卷 第525冊
(宋)陳巖肖撰
據百川學海本排印
韻語陽秋二十卷 第525冊
(宋)葛立方撰
據學海類編本排印
容齋詩話六卷 第526冊
(宋)洪邁撰
據學海類編本排印
全唐詩話六卷 第526冊
(宋)尤袤撰
影津逮祕書本
風月堂詩話二卷 第526冊
(宋)朱弁撰
影寶顏堂秘笈本
藏海詩話一卷 第526冊
(宋)吳可撰
影函海本 知不足齋叢書本排印
碧溪詩話十卷 第526冊
(宋)黄徹撰
影知不足齋叢書 學海類編本 聚珍版叢書本
觀林詩話一卷 第526冊
(宋)吳聿撰
據守山閣叢書本排印
二老堂詩話一卷 第526冊
(宋)周必大撰
影津逮祕書本
艇齋詩話一卷附校訛一卷附續校一卷 第526冊
(宋)曾季狸撰
據琳琅秘室叢書本排印
竹坡詩話一卷 第526冊
(宋)周紫芝撰
影百川學海本
苕溪漁隱叢話前集六十卷後集四十卷 第527－528冊
(宋)胡仔纂集
據海山仙館叢書本排印
娱書堂詩話二卷 第528冊
(宋)趙與虤撰
據讀畫齋叢書本排印
姜氏詩說一卷 第528冊
(宋)姜夔錄傳
據學海類編本排印
江西詩派小序一卷 第528冊
(宋)劉克莊撰
據知不足齋叢書本排印
滄浪詩話一卷 第528冊
(宋)嚴羽撰
影津逮祕書本
深雪偶談一卷 第528冊
(宋)方岳撰
據顧氏文房本排印
詩評一卷 第528冊
(宋)敖陶孫撰 (明)程兆胤錄
據天都閣藏書本排印
吳氏詩話二卷 第528冊
(宋)吳子良撰
據學海類編本排印
梅磵詩話三卷 第528冊
(宋)韋居安撰
據讀畫齋叢書本排印
對牀夜語五卷 第528冊
(宋)范晞文撰
據知不足齋叢書本排印
滹南詩話三卷 第528冊
(金)王若虛撰
據知不足齋叢書本排印
吳禮部詩話一卷 第528冊
(元)吳師道撰
據知不足齋叢書本排印
東坡詩話錄三卷 第528冊
(元)陳秀明編
據學海類編本排印
蓮堂詩話二卷附校譌一卷附續校一卷 第528冊
(元)祝誠輯
據琳琅秘室叢書本排印
麓堂詩話一卷 第529冊
(明)李東陽撰
據知不足齋叢書本排印
歸田詩話三卷 第529冊
(明)瞿佑撰
據知不足齋叢書本排印
南濠詩話一卷 第529冊
(明)都穆撰
據知不足齋叢書本排印
談藝錄一卷 第529冊
(明)徐禎卿撰
影夷門廣牘本 學海類編本排印
夢蕉詩話一卷 第529冊
(明)游潛撰
據學海類編本排印
詩談一卷 第529冊
(明)徐泰著
影鹽邑志林本 百陵學山本 學海類編本
升庵詩話十二卷補遺二卷 第529冊
(明)楊慎撰
據函海本排印
餘冬詩話二卷 第529冊
(明)何孟春撰
據學海類編本排印
四溟詩話四卷 第529冊
(明)謝榛撰
據海山仙館叢書本排印
揮麈詩話一卷 第530冊
(明)王兆雲撰
據硯雲甲乙編本
夷白齋詩話一卷 第530冊
(明)顧元慶撰
影學海類編本
存餘堂詩話一卷 第530冊
(明)朱承爵撰
影學海類編本
詩的一卷 第530冊
(明)王文祿撰
影百陵學山本
國朝詩評一卷 第530冊
(明)王世貞撰
影天都閣藏書本
明詩評四卷 第530冊
(明)王世貞撰
影紀錄彙編本
全唐詩說一卷 第530冊
(明)王世貞撰
據學海類編本排印
藝圃擷餘一卷 第530冊
(明)王世懋撰
據寶顏堂秘笈本排印
佘山詩話三卷 第530冊

作詩法

文話

文體

(明)陳懋仁撰
據學海類編本排印
金石要例一卷 第537冊
(清)黄宗羲撰
據借月山房匯鈔本排印
金石例補二卷 第537冊
(清)郭麐撰
據式訓堂叢書本排印
金石訂例四卷 第537冊
(清)鮑振方學
據後知不足齋叢書本排印
漢石例六卷 第537冊
(清)劉寶楠錄
據連筠簃叢書本排印
誌銘廣例二卷 第537冊
(清)梁玉繩撰
據式訓堂叢書本排印
漢魏六朝墓銘纂例四卷 第537冊
(清)李富孫學
據別下齋叢書本排印
漢魏六朝唐代志墓金石例四卷 第537冊
(清)吳鎬撰
據後知不足齋叢書本排印
文則二卷 第537冊
(宋)陳騤撰
據寶顔堂秘笈本排印

作文法

作義要訣一卷 第537冊
(元)倪士毅撰
據十萬卷樓叢書本排印
文原一卷 第537冊
(明)宋濂撰
據學海類編本排印
四六金針一卷 第537冊
(清)陳維崧撰
撰據學海類編本排印
初月樓古文緒論一卷 第537冊
(清)呂璜纂
據別下齋叢書本排印

詞總集

樂府雅詞六卷拾遺二卷 第538冊
(宋)曾慥編
據粤雅堂叢書本排印
陽春白雪九卷附外集 第538冊
(宋)趙聞禮選
據粤雅堂叢書本排印
樂府補題一卷 第539冊
(元)撰人不詳
據知不足齋叢書本排印
名儒草堂詩餘三卷 第539冊
(元)鳳林書院輯
據讀畫齋叢書本排印
唐宋元明酒詞二卷 第539冊
(明)周履靖和韻
影夷門廣牘本
宋四家詞選一卷 第539冊
(清)周濟輯
影滂喜齋叢書本

詞別集

張子野詞二卷補遺二卷 第539冊
(宋)張先撰
據知不足齋叢書本排印
漱玉詞一卷 第539冊
(宋)李清照撰
影詩詞雜俎本
得全居士詞一卷 第539冊
(宋)趙鼎撰
據別下齋叢書本排印
陽春集一卷 第539冊
(宋)米友仁撰
據知不足齋叢書本排印
澹菴長短句一卷 第539冊
(宋)胡銓撰
據別下齋叢書本排印
石湖詞一卷補遺一卷 第539冊
(宋)范成大撰
據知不足齋叢書本排印
斷腸詞一卷 第539冊
(宋)朱淑真撰
影詩詞雜俎本
和石湖詞一卷 第539冊
(宋)陳三聘撰
據知不足齋叢書本排印
白石道人歌曲四卷別集一卷 第540冊
(宋)姜夔撰
據榆園叢刻本排印
草窗詞二卷補二卷 第540冊
(宋)周密撰
據知不足齋叢書本排印
蘋州漁笛譜二卷 第540冊
(宋)周密撰
據知不足齋叢書本排印
山中白雲詞十卷附錄逸事 第540冊
(宋)張炎著
據榆園叢刻本排印
花外集一卷 第540冊
(宋)王沂孫撰
據知不足齋叢書本排印
日湖漁唱一卷補遺一卷續補遺一卷 第541冊
(宋)陳允平撰
據粤雅堂叢書本排印
燕喜詞一卷 第541冊
(宋)曹冠撰
據別下齋叢書本排印
鳴鶴餘音一卷 第541冊
(元)虞集撰
據函海本排印
蛻巖詞二卷 第541冊
(元)張翥撰
據知不足齋叢書本排印
貞居詞一卷 第541冊
(元)張天雨撰
據知不足齋叢書本排印
茗齋詩餘二卷 第541冊
(明)彭孫貽撰
據別下齋叢書本排印
阮亭詩餘一卷 第541冊
(清)王士禎撰
影仰視千七百二十九鶴齋叢書本
衍波詞二卷附錄一卷 第541冊
(清)王士禎撰
據榆園叢刻本排印
納蘭詞一卷補遺一卷 第541冊
(清)納蘭性德撰
據榆園叢刻本排印
嶰谷詞一卷 第542冊
(清)馬曰琯撰
據粤雅堂叢書本排印
南齋詞二卷 第542冊
(清)馬曰璐撰
據粤雅堂叢書本排印
蠢翁詞二卷 第542冊
(清)李調元撰
據函海本排印
梅邊吹笛譜二卷補錄一卷 第542冊
(清)凌廷堪撰
據粤雅堂叢書本排印
二𦶜室詩餘別集一卷 第542冊
(清)陳壽祺撰
據滂喜齋叢書本排印

謝小娥傳一卷 第546冊
（唐）李公佐撰
據龍威祕書本排印
摭青雜說一卷 第546冊
（宋）王明清撰
據龍威祕書本排印
黄孝子紀程四卷 第546冊
（明）黄向堅識
據知不足齋叢書本排印
王烈婦一卷 第546冊
撰人不詳
據龍威祕書本排印
餘姚兩孝子萬里尋親記一卷 第546冊
（清）翁廣平纂
據知不足齋叢書本排印
樂善錄二卷 第546冊
（宋）李昌齡撰
影稗海本 稗乘本
見聞紀訓一卷 第546冊
（明）陳良謨撰
影紀錄彙編本
二十二史感應錄二卷 第546冊
（清）彭希涑輯
據海山仙館叢書本排印
劍俠傳四卷 第546冊
（唐）段成式撰
影古今逸史本
馮燕傳一卷 第547冊
（唐）沈亞之撰
據龍威祕書本排印
劉無雙傳一卷 第547冊
（唐）薛調撰
據龍威祕書本排印
吴保安傳一卷 第547冊
撰人不詳
據古今說海本排印
章臺柳傳一卷 第547冊
（唐）許堯佐撰
據龍威祕書本排印
燕丹子傳三卷 第547冊
（清）孫星衍校
據平津館叢書本排印
烏將軍記一卷 第547冊
撰人不詳
據古今說海本排印
韋自東傳一卷 第547冊
撰人不詳
據古今說海本排印
搜神記二十卷 第547冊
（晉）干寶撰
據祕冊匯函本排印
搜神後記十卷 第547冊
（晉）陶潛撰
影祕冊匯函本
虯髯客傳一卷 第547冊
（唐）張說撰
影顧氏文房本 龍威祕書本
紅線傳一卷 第547冊
（唐）楊巨源撰
據龍威祕書本排印
崑崙奴傳一卷 第547冊
撰人不詳
據古今說海本排印
虎口餘生記 第547冊
（明）邊大授輯
影龍威祕書本 知不足齋叢書本排印
餘生錄一卷 第547冊
（清）張茂滋述
影仰視千七百二十九鶴齋叢書本
漢武帝別國洞冥記四卷 第547冊
（漢）郭憲撰
影龍威祕書本等
甄異記一卷 第547冊
（南北朝）戴祚撰
據龍威祕書本排印
幽明錄二卷附校譌 第547冊
（南北朝）劉義慶撰
影琳琅秘室叢書本
雷民傳一卷 第548冊
（唐）沈既濟撰
據龍威祕書本排印
牛應貞傳一卷 第548冊
（唐）宋若昭撰
據龍威祕書本排印
三夢記一卷 第548冊
（唐）白行簡撰
據龍威祕書本排印
幻戲志一卷 第548冊
（唐）蔣防撰
據龍威祕書本排印
妙女傳一卷 第548冊
（唐）顧非熊撰
據龍威祕書本排印
柳毅傳一卷 第548冊
（唐）李朝威撰
據龍威祕書本排印
博異志一卷 第548冊
（唐）鄭還古撰
據顧氏文房本排印
集異記二卷 第548冊
（唐）薛用弱撰
據顧氏文房本排印
甘澤謠一卷附錄一卷 第548冊
（唐）袁郊撰
據學津討原本排印
再生記一卷 第548冊
（唐）閻選撰
據龍威祕書本排印
玄怪記一卷 第548冊
（唐）徐炫撰
據龍威祕書本排印
續玄怪錄一卷 第548冊
撰人不詳
據龍威祕書本排印
靈鬼志一卷 第548冊
（唐）常沂撰
據龍威祕書本排印
集異志四卷 第548冊
（唐）陸勳集
據寶顔堂秘笈本排印
幻異志一卷 第548冊
（唐）孫頠撰
據龍威祕書本排印
神女傳一卷 第548冊
（唐）孫頠撰
據龍威祕書本排印
宣室志十卷補遺一卷 第548冊
（唐）張讀撰
影稗海本排印
前訂錄一卷附錄一卷 第548冊
（唐）鍾輅纂
據百川學海本 唐宋叢書本 學津討原本
諸皐記一卷 第548冊
（唐）段成式撰
據龍威祕書本排印
蔣子文傳一卷 第548冊
（唐）羅鄴撰
影古今說海本 龍威祕書本
袁氏傳一卷 第548冊
（唐）顧夐撰
影龍威祕書本 古今說海本

（元）黄雪蓑輯
據古今説海本排印
麗情集一卷附續集　第554冊
（明）楊慎撰
據函海本排印
遼陽海神傳一卷　第554冊
（明）蔡羽述
據古今説海本排印
板橋雜記三卷　第554冊
（清）余懷撰
據金陵叢刻本排印
拊掌錄一卷　第554冊
（元）宋元懷撰
據古今説海本排印
李娃傳　第554冊
（唐）白行簡撰
據龍威祕書本排印
會真記一卷　第554冊
（唐）元稹撰
據龍威祕書本排印
長恨歌傳一卷　第554冊
（唐）白居易撰歌
據龍威祕書本排印
楊娼傳一卷　第554冊
（唐）房千里撰
據龍威祕書本排印
梅妃傳一卷　第554冊
（唐）曹鄴撰
影龍威祕書本 顧氏文房本
李師師傳二卷　第554冊
撰人不詳
影琳瑯秘室叢書本
綠珠傳一卷　第554冊
撰人不詳
影琳瑯秘室叢書本
潤玉傳一卷　第554冊
撰人不詳
據古今説海本排印
少室仙姝傳一卷　第554冊
撰人不詳
據古今説海本排印
霍小玉傳一卷　第554冊
（唐）蔣防撰
據龍威祕書本排印
趙氏二美遺踪一卷　第554冊
（宋）秦醇撰
影稗乘本 龍威祕書本

故事

世説新語三卷　第555冊
（南朝宋）劉義慶撰（梁）劉孝標註
影惜陰軒叢書本 歷代小史本
大業雜記一卷　第555冊
（唐）杜寶撰
據唐宋叢書本 歷代小史本 指海本
尚書故實一卷　第555冊
（唐）李綽編
據寶顔堂秘笈本排印
唐摭言十五卷　第555冊
（唐）王定保撰
據學津討原本排印
大唐新語十三卷　第555冊
（唐）劉肅撰
據稗海本排印
松牕雜錄一卷　第556冊
（唐）李濬撰
影奇晉齋叢書本 歷代小史本 顧氏文房本
隋唐嘉話三卷　第556冊
（唐）劉餗撰
影歷代小史本 顧氏文房本
唐國史補三卷　第556冊
（唐）李肇撰
據得月簃叢書本等排印
丁晉公談錄一卷　第556冊
（宋）丁謂編
影歷代小史本 百川學海本
歸田錄二卷　第556冊
（宋）歐陽修撰
影稗海本 學津討原本
東齋記事五卷補遺一卷　第556冊
（宋）范鎮撰
據守山閣叢書本排印
國老談苑二卷　第556冊
（宋）王君玉編
據百川學海本排印
涑水記聞十六卷補遺一卷　第556冊
（宋）司馬光撰
據聚珍版叢書本排印
湘山野錄三卷　第557冊
（宋）僧文瑩著
津逮祕書本 學海類編本 學津討原本
玉壺清話十卷　第557冊
（宋）釋文瑩撰
據知不足齋叢書 墨海金壺本 守山閣叢書
近事會元六卷附校勘記　第557冊
（宋）李上交撰
影畿輔叢書本 守山閣叢書
河南邵氏聞見前錄二十卷　第557冊
（宋）邵伯溫撰
據學津討原本排印
河南邵氏聞見後錄三十卷　第557冊
（宋）邵博撰
據津逮祕書本排印
春明退朝錄三卷　第558冊
（宋）宋敏求撰
據百川學海本排印
萍州可談三卷　第558冊
（宋）朱彧撰
據守山閣叢書本排印
石林燕語十卷　第558冊
（宋）葉夢得撰
據稗海本排印
唐語林八卷附校勘記一卷　第558冊
（宋）王讜撰
據守山閣叢書本排印
東軒筆錄十五卷　第559冊
（宋）魏泰撰
據稗海本排印
珍席放談二卷　第559冊
（宋）高晦叟撰
據函海本排印
桐蔭舊話一卷　第559冊
（宋）韓元吉撰
據古今説海本排印
孫公談圃三卷　第559冊
（宋）孫升撰
影學津討原本等
鐵圍山叢談六卷　第559冊
（宋）蔡絛撰
據知不足齋叢書本等排印
避戎嘉話一卷　第559冊
（宋）石茂良撰
據歷代小史本排印
四朝聞見錄五卷附錄一卷　第559冊
（宋）葉紹翁撰
據知不足齋叢書本排印
老學庵筆記十卷　第559冊
（宋）陸游撰
影津逮祕書本
二老堂雜志五卷　第560冊

濟南先生師友談記一卷 第576冊
(宋)李廌撰
據百川學海本排印
青箱雜記十卷 第576冊
(宋)吳處厚撰
影稗海本 唐宋叢書本
後山談叢四卷 第576冊
(宋)陳師道撰
據寶顏堂秘笈本排印
高齋漫錄一卷 第576冊
(宋)曾慥撰
據守山閣叢書本排印
墨客揮犀十卷 第576冊
(宋)彭乘撰
影稗海本 古今說海本
談淵一卷 第576冊
(宋)王陶撰
據歷代小史本排印
楊公筆錄一卷 第576冊
(宋)楊彥齡著
據學海類編本排印
蒙齋筆談二卷 第576冊
(宋)鄭景望撰
影學海類編本 古今說海本 稗海本
泊宅編十三卷 第577冊
(宋)方勺撰
影金華叢書本 讀畫齋叢書本 稗海本
呂氏雜記二卷 第577冊
(宋)呂希哲撰
據指海本排印
畫墁錄一卷 第577冊
(宋)張舜民撰
影稗海本 唐宋叢書本
侯鯖錄八卷 第577冊
(宋)趙令畤撰
據知不足齋叢書本排印
過庭錄一卷 第577冊
(宋)范公偁撰
據稗海本排印
明道雜志一卷 第577冊
(宋)張耒撰
據顧氏文房本排印
孔氏談苑五卷 第577冊
(宋)孔平仲纂
據藝海珠塵本排印
步里客談二卷 第577冊
(宋)陳長方撰
影守山閣叢書 墨海金壺本
雲齋廣錄一卷 第577冊
(宋)李獻民撰
據龍威祕書本排印
昨夢露一卷 第577冊
(宋)康與之撰
影古今說海本 學海類編本排印
松窗百說一卷 第577冊
(宋)李季可撰
據知不足齋叢書本排印
避暑漫抄一卷 第578冊
(宋)陸游纂
據古今說海本排印
家世舊聞一卷 第578冊
(宋)陸遊撰
影稗乘本
螢雪叢說二卷 第578冊
(宋)俞成撰
據儒學警悟本排印
墨莊漫錄十卷 第578冊
(宋)張邦基撰
據稗海本排印
雞肋編三卷附校勘記一卷校譌一卷續校一卷 第578冊
(宋)莊季裕撰
據琳琅秘室叢書本排印
蓼花洲閒錄一卷 第578冊
(宋)高文虎撰
據古今說海本排印
陶朱新錄一卷 第578冊
(宋)馬純撰
影珠叢別錄本 墨海金壺本
話腴一卷 第578冊
(宋)陳郁撰
據學海類編本 古今說海本
塑起雜事一卷 第578冊
(宋)劉泌記
據稗海本排印
鶴山筆錄一卷 第578冊
(宋)魏了翁撰
影函海本 奇晉齋叢書本 學海類編本排印
行營雜錄一卷 第578冊
(宋)趙葵錄
影古今說海本 歷代小史本
桯史十六卷 第578冊
(宋)岳珂撰
影津逮祕書本等
遊宦紀聞十卷 第579冊
(宋)張世南撰
據知不足齋叢書本排印
密齋筆記五卷續記一卷 第579冊
(宋)謝采伯撰
據琳琅秘室叢書本排印
鶴林玉露十六卷補遺一卷 第579冊
(宋)羅大經撰
據稗海本排印
諧史一卷 第579冊
(宋)沈俶撰
影古今說海本 學海類編本
虛谷閒抄一卷 第579冊
(宋)方回錄
據古今說海本排印
志雅堂雜鈔十卷 第579冊
(宋)周密著
影學海類編本 得月簃叢書本 粵雅堂叢書本
吹劍錄二卷附外集 第579冊
(宋)俞文豹著
據讀畫齋叢書本 知不足齋叢書本排印
清夜錄一卷 第580冊
(宋)俞文豹撰
據歷代小史本排印
脚氣集二卷 第580冊
(宋)車若水著
影寶顏堂秘笈本
養痾漫筆一卷 第580冊
(宋)趙溍錄
影古今說海本 學海類編本
隨隱漫錄五卷 第580冊
(宋)陳世崇撰
影稗海本 稗乘本
西畬瑣錄一卷 第580冊
(宋)孫宗鑑撰
據學海類編本排印
北牕炙輠二卷 第580冊
(宋)施彥執撰
據學海類編本 奇晉齋叢書本 讀畫齋叢書本
白獺髓一卷 第580冊
(宋)張仲文撰
據歷代小史本排印
江行雜錄一卷 第580冊
(宋)廖瑩中撰

據寶顔堂秘笈本排印
銷夏部四卷 第588冊
(明)陳繼儒撰
據寶顔堂秘笈本排印
偃曝談餘二卷 第588冊
(明)陳繼儒撰
據寶顔堂秘笈本排印
珍珠船四卷 第588冊
(明)陳繼儒纂
據寶顔堂秘笈本排印
讀書鏡十卷 第588冊
(明)陳繼儒撰 沈德先校
據寶顔堂秘笈本排印
雨航雜錄二卷 第588冊
(明)馮時可撰
據寶顔堂秘笈本排印
客坐贅語十卷 第588冊
(明)顧起元輯
據金陵叢刻本排印
賢弈編四卷 第589冊
(明)劉元卿編纂
據寶顔堂秘笈本排印
拙齋筆記一卷 第589冊
(明)蕭良榦著
影涇川叢書本
瓶花齋雜錄一卷 第589冊
(明)袁宏道輯
據學海類編本排印
秋涇筆乘一卷 第589冊
(明)宋鳳翔著
據學海類編本排印
甲乙剩言一卷 第589冊
(明)胡應麟著
據寶顔堂秘笈本排印
田居乙記四卷 第589冊
(明)方大鎮著
據寶顔堂秘笈本排印
敝帚軒剩語三卷補遺一卷 第589冊
(明)沈德符撰
據學海類編本排印
棗林藝簣一卷 第589冊
(明)談遷著
據學海類編本排印
呵凍漫筆二卷 第589冊
(明)談修纂
據藝海珠塵本排印
意見一卷 第589冊
(明)陳于陛撰
據寶顔堂秘笈本排印
秋園雜佩一卷 第589冊
(明)陳貞慧撰
據粵雅堂叢書本排印
戲瑕三卷 第589冊
(明)錢希言撰
據借月山房匯鈔本排印
耳新八卷 第590冊
(明)鄭仲夔撰
據硯雲甲乙編本排印
冷賞八卷 第590冊
(明)鄭仲夔撰
據硯雲甲乙編本排印
萬松閣記客言一卷 第590冊
(明)陳吳才著
影稗乘本
奇子雜言一卷 第590冊
(明)楊春芳撰
影百陵學山本
玉堂薈記二卷 第590冊
(明)楊士聰撰
據硯雲甲乙編本排印
陶庵夢憶八卷 第590冊
(明)張岱撰
據粵雅堂叢書本排印
洗硯新錄一卷 第590冊
(明)姜南纂
據藝海珠塵本排印
瓠里子筆談一卷 第590冊
(明)姜南纂
據藝海珠塵本排印
蓉堂記聞一卷 第590冊
(明)姜南纂
據藝海珠塵本排印
投甕隨筆一卷 第590冊
(明)姜南纂
據藝海珠塵本排印
抱璞簡記一卷 第590冊
(明)姜南纂
據藝海珠塵本排印
墨畬錢鎛一卷 第590冊
(明)姜南纂
據藝海珠塵本排印
叩弦憑軾錄一卷 第590冊
(明)姜南纂
據藝海珠塵本排印
學圃餘力一卷 第590冊
(明)姜南纂
據藝海珠塵本排印
風月堂雜識一卷 第590冊
(明)姜南纂
據藝海珠塵本排印
半村野人閒談一卷 第590冊
(明)姜南撰
據藝海珠塵本排印
百可漫志一卷 第590冊
(明)陳鼒撰
影紀錄彙編本
雲蕉館紀談一卷 第590冊
(明)孔邇述
影稗乘本
寒夜錄三卷 第591冊
(明)陳宏緒撰
據學海類編本排印
濟南紀政一卷 第591冊
(明)徐榜撰
據涇川叢書本排印
涇林續記二卷 第591冊
(明)周元暐撰
據功順堂叢書本排印
花裏活三卷 第591冊
(明)陳詩教編
據學海類編本排印
猶及編一卷 第591冊
(明)朱元弼撰
影鹽邑志林本
鳳凰臺記事一卷 第591冊
(明)馬生龍撰
影稗乘本
崔鳴吾紀事一卷 第591冊
(明)崔嘉祥撰
影鹽邑志林本
桑榆漫志一卷 第591冊
(明)陶輔撰
影今獻匯言本
讀書偶見一卷 第591冊
(清)吳騏纂
影藝海珠塵本
西軒客談一卷 第591冊
(明)撰人不詳
影今獻匯言本
廣客談一卷 第591冊
(明)撰人不詳

影歷代小史本

廣陽雜記五卷 第591冊

（清）劉獻廷撰

據功順堂叢書本排印

鮓話一卷 第591冊

（清）佟世思撰

據仰視千七百二十九鶴齋叢書本排印

柳南隨筆六卷續筆四卷 第592冊

（清）王應奎撰

據借月山房匯鈔本排印

東皐雜鈔三卷 第592冊

（清）董潮纂

據藝海珠塵本排印

五山志林八卷 第592冊

（清）羅天尺撰

據嶺南遺書本排印

西清筆記二卷 第592冊

（清）沈初撰

據功順堂叢書本排印

憶書六卷 第592冊

（清）焦循撰

據仰視千七百二十九鶴齋叢書本排印

橋西雜記一卷 第592冊

（清）葉名澧撰

據滂喜齋叢書本排印

玉井山館筆記一卷舊遊日記一卷 第592冊

（清）許宗衡撰

據滂喜齋叢書本排印

無事為福齋隨筆二卷 第593冊

（清）韓泰華撰

據功順堂叢書本排印

雙廛譚二卷續二卷 第593冊

（清）胡承譜撰

據涇川叢書本排印

倘陽雜錄一卷 第593冊

（清）章大來撰

據仰視千七百二十九鶴齋叢書本排印

滇南憶舊錄一卷 第593冊

（清）張泓纂

據藝海珠塵本排印

湫華隨筆四卷 第593冊

（清）嚴有禧撰

據借月山房匯鈔本排印

書牘尺牘辭書

錦帶書一卷 第593冊

（梁）蕭統撰

據津逮祕書本排印

盧忠肅公書牘一卷 第593冊

（明）盧象昇撰

據借月山房匯鈔本排印

健餘先生尺牘四卷 第593冊

（清）尹會一撰

據畿輔叢書本排印

顏氏家藏尺牘四卷附姓氏考一卷 第593冊

（清）顏光敏輯

據海山仙館叢書本排印

尺牘新鈔十二卷 第594冊

（清）周亮工輯

據海山仙館叢書本排印

書敘指南二十卷 第594冊

（宋）任廣撰

據墨海金壺本排印

壽文

香嚴尚書壽言一卷 第595冊

（清）袁昶撰

據漸西村舍叢刊本排印

合肥相國壽言一卷 第595冊

（清）袁昶撰

據漸西村舍叢刊本排印

日記

御試備官日記一卷 第595冊

（宋）趙抃誌

據學海類編本排印

宜州乙酉家乘一卷 第595冊

（宋）黃庭堅撰

據知不足齋叢書本排印

澗泉日記三卷 第595冊

（宋）韓淲撰

據聚珍版叢書本排印

客杭日記一卷 第595冊

（元）郭畀撰

據知不足齋叢書本排印

三魚堂日記二卷 第595冊

（清）陸隴其撰

據指海本排印

勸世文

士大夫食時五觀一卷 第595冊

（宋）黃庭堅撰

影夷門廣牘本

善誘文一卷 第595冊

（宋）陳錄編

據百川學海本排印

祈嗣真詮一卷 第595冊

（明）袁黃編

據寶顏堂秘笈本排印

娑羅館清言二卷續一卷 第595冊

（明）屠隆撰

據寶顏堂秘笈本排印

偶譚一卷 第595冊

（明）李鼎撰

據寶顏堂秘笈本排印

耐俗軒新樂府一卷 第595冊

（清）申頲撰

據畿輔叢書本排印

游戲文

雜纂三卷 第595冊

（唐）李義山撰（宋）王君玉 蘇子瞻續

據古今說海本排印

艾子雜說一卷 第595冊

（宋）蘇軾撰

據顧氏文房本排印

問答錄一卷 第595冊

（宋）蘇軾撰

據寶顏堂秘笈本排印

耕祿藁一卷 第595冊

（宋）胡錡撰

據百川學海本排印

文房四友除授集一卷 第595冊

（宋）鄭清之撰

據百川學海本排印

冥寥子游二卷 第595冊

（明）屠隆撰

據寶顏堂秘笈本排印

會仙女誌一卷 第595冊

（明）酈琥撰

據寶顏堂秘笈本排印

漢林四傳一卷 第595冊

（清）鄭相如撰

據涇川叢書本排印

謠諺

古今風謠一卷 第595冊

（明）楊慎撰

據藝海珠塵本排印

古今諺一卷 第595冊

（明）楊慎撰

據藝海珠塵本排印

粵風四卷 第595冊

（清）李調元輯

影函海本

史地類

山川

水利航路

(清)孫星衍輯
據岱南閣叢書本排印
太平寰宇記六卷 第619冊
(宋)樂史撰
影古逸叢書本排印
元豐九域志十卷 第620冊
(宋)王存等撰
據聚珍版叢書本排印
輿地廣記三十八卷附札記二卷 第621冊
(宋)歐陽忞撰
據士禮居叢書本排印
攬轡錄一卷 第622冊
(宋)范成大撰
據知不足齋叢書本排印
江漢叢談二卷 第622冊
(明)陳士元纂
據湖北叢書本排印
北道刊誤志一卷 第622冊
(宋)王瓘撰
影守山閣叢書本
乘軺錄一卷 第622冊
(宋)路振撰
據指海本排印
北轅錄一卷 第622冊
(宋)周煇撰
影古今說海本 歷代小史本
北行日錄二卷 第622冊
(宋)樓鑰撰
據知不足齋叢書本排印
北邊備對一卷 第622冊
(宋)程大昌著
影古今說海本 歷代小史本 古今逸史本
河朔訪古記三卷 第622冊
(元)納新撰
影守山閣叢書 粵雅堂叢書本
冀越通一卷 第622冊
(明)唐樞撰
影百陵學山本
興復哈密記一卷 第622冊
(明)馬文升撰
影紀錄彙編本等
遊歷記存一卷 第622冊
(清)朱書撰
據問影樓輿地叢書本排印
雲中紀程二卷 第622冊
(清)高懋功撰
據粵雅堂叢書本排印

驂鸞錄一卷 第622冊
(宋)范成大撰
據知不足齋叢書本排印
南中紀聞一卷 第622冊
(明)包汝楫撰
據硯雲甲乙編本排印
三省山内風土雜識一卷 第622冊
(清)嚴如熤撰
據問影樓輿地叢書本排印
柳邊紀略五卷 第622冊
(清)楊賓撰
據仰視千七百二十九鶴齋叢書本排印
萬里行程記一卷 第623冊
(清)祁韻士撰
據問影樓輿地叢書本排印
隴蜀餘聞一卷 第623冊
(清)王士正撰
據龍威祕書本排印
滇行紀程一卷 第623冊
(清)許纘曾撰
據龍威祕書本排印
東還紀程一卷 第623冊
(清)許纘曾撰
據龍威祕書本排印
蠻書一卷附校譌一卷續校一卷 第623冊
(唐)樊綽撰
據琳琅秘室叢書本排印
桂林風土記一卷 第623冊
(唐)莫休符撰
據學海類編本排印
嶺外代答十卷 第623冊
(宋)周去非撰
據知不足齋叢書本排印
君子堂日詢手鏡一卷 第623冊
(明)王濟撰
影紀錄彙編本
峤南瑣記二卷 第623冊
(明)魏濬撰
影硯雲甲乙編本
赤雅三卷 第623冊
(明)鄺露撰
據知不足齋叢書本排印
粵述一卷 第623冊
(清)閔敘輯
據龍威祕書本排印
粵西偶記一卷 第623冊
(清)陸祚蕃撰

據龍威祕書本排印
嶺表錄異三卷 第623冊
(唐)劉恂撰
據聚珍版叢書本排印
始興記一卷 第623冊
(宋)王韶之撰
據嶺南遺書本排印
南海百詠一卷附校譌一卷續校一卷 第623冊
(宋)方信孺撰
據琳琅秘室叢書本排印
嶺海輿圖一卷 第624冊
(明)姚虞撰
據守山閣叢書本排印
廣州遊覽小志一卷 第624冊
(清)王士禎撰
據學海類編本排印
南越筆記十六卷 第624冊
(清)李調元撰
據函海本排印
南漢地理志一卷 第624冊
(清)吳蘭修撰
據嶺南遺書本排印
瓊州雜事詩一卷 第624冊
(清)程秉釗撰
據靈鶼閣叢書本排印
嶺南雜記一卷 第624冊
(清)吳震方撰
據龍威祕書本排印
西陲要略四卷 第624冊
(清)祁韻士輯
據粵雅堂叢書本排印
聽園西疆雜述詩四卷 第624冊
(清)蕭雄撰
據靈鶼閣叢書本排印
西藏記二卷 第625冊
(清)撰人不詳
據龍威祕書本排印
衛藏通志十六卷首一卷附校字記一卷 第625冊
撰人不詳
據漸西村舍叢刊本排印
西藏考一卷 第625冊
(清)撰人不詳
據仰視千七百二十九鶴齋叢書
大理行記一卷 第626冊
(元)郭松年撰

西湖手鏡一卷 第630册
(清)季嬰輯補
影澤古齋重鈔本 借月山房匯鈔本
石柱記箋釋五卷 第630册
(清)鄭元慶箋釋
據粤雅堂叢書本排印
湖壖雜記一卷 第630册
(清)陸次雲撰
據龍威祕書本排印
峽石山水志一卷 第630册
(清)蔣宏任撰
據別下齋叢書本排印
西湖紀遊一卷 第630册
(清)張仁美撰
據借月山房匯鈔本排印
清波小志二卷 第630册
(清)徐逢吉輯
據讀畫齋叢書本排印
清波小志補一卷 第630册
(清)陳景鐘輯
據讀畫齋叢書本排印
會稽三賦 第630册
(宋)王十朋撰 周世則注 史鑄增注
影湖海樓叢書本
會稽三賦註五卷附傳略 第630册
(宋)王十朋撰 (明)南逢吉註 尹壇補註
據惜陰軒叢書本排印
樂郊私語一卷 第630册
(元)姚桐壽撰
影鹽邑志林本 寶顏堂秘笈本 學海類編本
甌江逸志一卷 第630册
(清)勞大與著
據龍威祕書本排印
東城雜記二卷 第631册
(清)厲鶚撰
據粤雅堂叢書本排印
渚宫舊事五卷補遺一卷 第631册
(唐)余知古撰 (清)孫星衍校並增輯
據平津館叢書本排印
岳陽風土記一卷 第631册
(宋)范致明撰
影古今逸史本
楚書一卷 第631册
(明)陶晉英著
據學海類編本排印
楚南小記一卷 第631册
(清)吳省蘭纂
據藝海珠塵本排印
黑韃事略一卷附校勘記一卷 第631册
(宋)彭大雅撰 (宋)徐霆疏證
據問影樓輿地叢書本排印
西北域記一卷 第631册
(清)撰人不詳
據龍威祕書本排印
譯語一卷 第631册
(明)岷峨山人撰
影紀錄彙編本
和林考一卷 第631册
(清)黄楙裁撰
據靈鶼閣叢書本排印
和林詩一卷 第631册
(清)李文田撰
據靈鶼閣叢書本排印
寧古塔記略一卷 第631册
(清)吳振臣撰
據漸西村舍叢刊本排印
吉林外記十卷 第631册
(清)薩英額記
據漸西村舍叢刊本排印
灤京雜詠二卷 第632册
(元)黄允孚撰
據知不足齋叢書本排印
出口程記一卷 第632册
(清)李調元撰
據函海本排印
西陲聞見錄一卷 第632册
(清)黎士宏撰
據學海類編本排印
西河記一卷 第632册
(晉)喻歸纂
影二酉堂叢書本
涼州記一卷 第632册
(北涼)段龜龍纂
影二酉堂叢書本
沙州記一卷附錄一卷 第632册
(宋)段國纂
影二酉堂叢書本
西河舊事一卷 第632册
(清)張澍編輯
影二酉堂叢書本
塞外雜識一卷 第632册
(清)馮一鵬撰
據借月山房匯鈔本排印
黔志一卷 第632册
(明)王士性撰
據學海類編本排印
黔書四卷 第632册
(清)田雯編
據粤雅堂叢書本排印
續黔書八卷 第632册
(清)張澍撰
據粤雅堂叢書本排印
黔遊記一卷 第632册
(清)陳鼎撰
據學海類編本排印
黔記四卷 第632册
(清)李宗昉撰
據問影樓輿地叢書本排印
龍沙紀略二卷 第632册
(清)方式濟撰
影借月山房匯鈔本 澤古齋重鈔本
東三省輿圖說一卷 第632册
(清)曹廷杰撰
據問影樓輿地叢書本排印
建州女真考一卷 第632册
(明)撰人不詳
據寶顏堂秘笈本排印
華陽國志十二卷 第632册
(晉)常璩撰
據函海本排印
入蜀記六卷 第633册
(宋)陸游撰
據知不足齋叢書本排印
蜀都雜抄一卷 第633册
(明)陸深撰
據寶顏堂秘笈本排印
益部談資三卷 第633册
(明)何宇度撰
據學海類編本排印
蜀中名勝記三十卷 第633册
(明)曹學佺撰
據粤雅堂叢書本排印
羅江縣志十卷 第634册
(清)李調元撰
據函海本排印
蜀鑑十卷 第634册
(宋)郭允蹈撰
據守山閣叢書本排印
金川瑣記六卷 第634册

(清)福慶纂
據藝海珠塵本排印
海錄一卷 第647冊
(清)楊炳南撰
據海山仙館叢書本排印
新嘉坡風土記一卷 第647冊
(清)李鍾珏撰
據靈鶼閣叢書本排印
日本考略一卷 第647冊
(明)薛俊輯
據得月簃叢書本排印
西方要紀一卷 第647冊
(泰西)利類思等撰
據學海類編本排印
異域錄二卷 第647冊
(清)圖理琛撰
據借月山房匯鈔本排印
朔方備乘札記一卷 第647冊
(清)李文田撰
據靈鶼閣叢書本排印
使德日記一卷 第647冊
(清)李鳳苞撰
據靈鶼閣叢書本排印
英軺私記一卷 第647冊
(清)劉錫鴻撰
據靈鶼閣叢書本排印
澳太利亞洲新志一卷 第647冊
(清)吳宗濂 趙元益譯
據靈鶼閣叢書本排印

氏族姓名

詩氏族考六卷 第647冊
(清)李超孫輯
據別下齋叢書本排印
風俗通姓氏篇二卷 第648冊
(漢)應劭纂 (清)張澍編輯補注
影二酉堂叢書本
姓氏考略一卷 第648冊
(清)陳廷煒撰
據學海類編本排印
魏氏補證六卷 第648冊
(清)萬光泰撰
據藝海珠塵本排印
古今同姓名錄二卷 第648冊
梁元帝撰 (唐)陸善經續 (元)葉森補
據函海本排印
九史同姓名略七十二卷補遺四卷 第648－650冊
(清)汪輝祖撰
據史學叢書本排印
三史同名錄四十卷 第651冊
(清)汪輝祖輯
據史學叢書本排印
姓解三卷 第651冊
(宋)邵思纂
據古逸叢書本排印
古今姓氏書辯證四十卷附校勘記三卷 第652－653冊
(宋)鄧名世撰
據守山閣叢書本排印
希姓錄五卷 第653冊
(明)楊慎撰
據函海本排印
姓觽十卷附錄一卷劄記一卷 第653冊
(明)陳士元撰
影湖北叢書本
姓觽刊誤一卷劄記一卷 第653冊
(清)易本烺撰
影湖北叢書本
自號錄一卷 第654冊
(宋)徐光溥編
據十萬卷樓叢書本排印
名疑集五卷附札記 第654冊
(明)陳士元著
影湖北叢書本 澤古齋重鈔本 借月山房匯鈔本
男子雙名記一卷 第654冊
(明)陶涵中錄
據學海類編本排印
婦女雙名記一卷 第654冊
(明)李肇亨纂
據學海類編本排印
歷代諱名考一卷 第654冊
(清)劉錫信撰
據畿輔叢書本排印
左傳人名辯異三卷 第654冊
(清)程廷祚輯
影金陵叢刻本 藝海珠塵本
周秦名字解故附錄二卷 第654冊
(清)王萱齡學
據畿輔叢書本排印
小名錄二卷 第654冊
(唐)陸龜蒙撰
據稗海本排印
侍兒小名錄拾遺一卷 第654冊
(宋)張邦畿撰
據稗海本排印
補侍兒小名錄一卷 第654冊
(宋)王銍撰
據稗海本排印
續補侍兒小名錄一卷 第654冊
(宋)溫豫撰
據稗海本排印
樂府侍兒小名二卷 第654冊
(清)李調元撰
據函海本排印
奇字名十二卷 第654冊
(清)李調元撰
影函海本

世系

東家雜記二卷首一卷附校譌一卷附續校一卷附補校一卷 第655冊
(宋)孔傳撰
據琳琅秘室叢書本排印
孔氏祖庭廣記十二卷附校譌一卷續補校一卷 第655冊
(金)孔元措撰
據琳琅秘室叢書本排印
聖門志五卷 第655冊
(明)呂元善纂輯
據鹽邑志林本排印

聖賢總傳

孔子門人考一卷 第656冊
(清)朱彝尊撰
據學海類編本排印
孔子弟子考一卷 第656冊
(清)朱彝尊撰
據學海類編本排印
孟子弟子考一卷 第656冊
(清)朱彝尊撰
據學海類編本排印

學術家總傳

正學續四卷 第656冊
(清)陳遇夫撰
據嶺南遺書本排印
漢西京博士考二卷 第656冊
(清)胡秉虔纂
據藝海珠塵本排印
漢學師承記八卷 第656冊
(清)江藩纂
據粵雅堂叢書本排印
學統五十三卷 第656－957冊

（清）熊賜履撰
據湖北叢書本排印
哲學家總傳
道統錄二卷附錄一卷 第658冊
（清）張伯行撰
據正誼堂全書本排印
伊洛淵源錄十四卷 第658冊
（宋）朱熹撰
據正誼堂全書本排印
道命錄十卷 第658冊
（宋）李心傳編
據知不足齋叢書本排印
道南源委六卷 第658冊
（明）朱衡撰
據正誼堂全書本排印
宋學淵源記二卷附記一卷 第658冊
（清）江藩輯
據粵雅堂叢書本排印
釋道總傳
禪玄顯教編一卷 第659冊
（明）楊溥撰
影稗乘本
列仙傳二卷附校譌一卷附補校一卷 第659冊
（漢）劉向撰
影琳琅秘室叢書本
神仙傳十卷 第659冊
（晉）葛洪撰
影龍威祕書本 夷門廣牘本 漢魏叢書本
仙吏傳一卷 第659冊
（唐）太上隱者輯
據龍威祕書本排印
續神仙傳三卷 第659冊
（南唐）沈汾撰
據夷門廣牘本排印
疑仙傳三卷附補校一卷 第659冊
（宋）隱夫玉簡撰
據琳琅秘室叢書本排印
鍾呂二仙傳一卷 第659冊
（明）黃魯曾撰
據寶顏堂秘笈本排印
香案牘一卷 第659冊
（明）陳繼儒撰
據寶顏堂秘笈本排印
海陵三仙傳一卷 第659冊
撰人不詳
據古今說海本排印
蓮社高賢傳一卷 第659冊
（晉）撰人不詳
據唐宋叢書本 漢魏叢書本
高僧傳十三卷 第659冊
（梁）釋慧皎撰
影海山仙館叢書本
羅湖野錄四卷 第660冊
（宋）釋曉瑩撰
據寶顏堂秘笈本排印
孝子忠義總傳
孝傳一卷 第660冊
（晉）陶潛撰
據漢魏叢書本排印
古孝子傳一卷 第660冊
（清）茆泮林輯
據十種古逸書本排印
昭忠錄一卷 第660冊
（元）撰人不詳
據守山閣叢書本排印
備遺錄一卷 第660冊
（明）張芹編
據古今說海本排印
殉身錄一卷 第660冊
（明）裘玉撰
影稗乘本
名臣官吏軍人總傳
羣輔錄一卷 第660冊
（晉）陶潛著
影漢魏叢書本 龍威祕書本
英雄記鈔一卷 第660冊
（魏）王粲撰
據漢魏叢書本排印
英雄傳一卷 第660冊
（唐）雍陶撰
據龍威祕書本排印
元朝名臣事略十五卷附校勘記一卷 第660冊
（元）蘇天爵撰
據聚珍版叢書本排印
靖難功臣錄一卷 第661冊
（明）朱當㴐編
影紀錄彙編本 古今說海本 歷代小史本
造邦賢勳錄略一卷 第661冊
（明）王褘集
影稗乘本
名卿績紀一卷 第661冊
（明）王士貞撰
影紀錄彙編本
明良錄略一卷 第661冊
（明）沈士謙著
影稗乘本
嘉靖以來內閣首輔傳八卷 第661冊
（明）王士貞撰
影澤古齋重鈔本 借月山房匯鈔本
御史臺精舍碑題名一卷 第661冊
（清）趙魏錄
據讀畫齋叢書本排印
廣名將傳二十卷 第661－662冊
（明）黃道周註斷
據海山仙館叢書本排印
河州景忠錄三卷 第662冊
（清）胡秉虔纂
據藝海珠塵本排印
陳張事略一卷 第662冊
（明）吳國倫編
影澤古齋重鈔本 借月山房匯鈔本 學海類編本
疇人傳四十六卷 第662－663冊
（清）阮元撰
據文選樓叢書本排印
算學家總傳
續疇人傳六卷 第663冊
（清）羅士琳續補
據文選樓叢書本排印
文學家總傳
唐才子傳十卷 第664冊
（元）辛文房撰
佚存叢書本 指海本 粵雅堂叢書本
新倩籍一卷 第664冊
（明）徐禎卿撰
影紀錄彙編本
吳郡二科志一卷 第664冊
（明）閻秀卿撰
影紀錄彙編本
江西詩社宗派圖錄一卷 第664冊
（清）張泰來述
據知不足齋叢書本排印
名家詩鈔小傳四卷 第664冊
（清）鄭方坤撰
據龍威祕書本排印
名人總傳
三輔決錄二卷 第665冊
（漢）趙岐纂
影十種古逸書本 二酉堂叢書本

尹健餘先生(會一)年譜三卷附錄一卷 第675冊
(清)呂熾編
據畿輔叢書本排印

釋道別傳

廣黄帝本行記一卷 第675冊
(唐)王瓘述
據平津館叢書本排印
軒轅黄帝傳一卷 第675冊
撰人不詳
據平津館叢書本排印
韓仙傳一卷 第675冊
(唐)韓若雲自撰
據寶顏堂秘笈本排印
御制周顛僊人傳一卷 第675冊
明太祖撰
影紀錄彙編本
李清傳一卷 第675冊
撰人不詳
據古今説海本排印
南岳魏夫人傳一卷 第675冊
撰人不詳
影顧氏文房本
紀夢編年一卷附續編 第675冊
(清)釋成鷲撰
據嶺南遺書本排印

帝王 名臣 軍人別傳

穆天子傳六卷 第675冊
(晉)郭璞注 (清)洪頤煊校
據平津館叢書本排印
漢武帝内傳一卷附錄一卷校勘記一卷 第675冊
(漢)班固撰 (清)錢熙祚校
據守山閣叢書本排印
漢丞相諸葛忠武侯傳一卷 第675冊
(宋)張栻撰
影十萬卷樓叢書本
鄴侯外傳一卷 第675冊
(唐)李蘩撰
影龍威祕書本 古今説海本 歷代小史本
萊公遺事一卷 第675冊
撰人不詳
據歷代小史本排印
王文正公遺事一卷 第675冊
(宋)王素撰
影歷代小史本 百川學海本
韓忠獻公遺事一卷 第676冊
(宋)强至編
據百川學海本排印
豐清敏公遺事二卷附錄一卷 第676冊
(宋)李朴撰
據小萬卷樓叢書本排印
崔清獻公言行錄三卷 第676冊
(宋)李肖龍撰
據嶺南遺書本排印
象臺首末五卷附錄一卷 第676冊
(宋)胡知柔編
據指海本排印
北行日譜一卷 第676冊
(明)朱祖文撰
據知不足齋叢書本排印
楊公政績紀一卷附楊公本傳 第676冊
(清)黄家遴編
據學海類編本排印
鹿忠節公(善繼)年譜二卷 第676冊
(明)陳鋐編
據畿輔叢書本排印
張忠烈公(煌言)年譜一卷 第676冊
(明)張之謙纂輯
據仰視千七百二十九鶴齋叢書本排印
袁督師事蹟一卷 第676冊
(清)撰人不詳
據嶺南遺書本排印
維揚殉節記略一卷 第676冊
(明)史德威誌
影借月山房匯鈔本 澤古齋重鈔本
端巖公年譜一卷 第676冊
(明)張文麟自敘
影借月山房匯鈔本
魏敏果公年譜一卷 第676冊
(清)魏象樞授
據畿輔叢書本排印
倪文正公(元璐)年譜四卷 第677冊
(清)倪會鼎述
據粤雅堂叢書本排印
翁鐵菴年譜一卷 第677冊
(清)翁叔元撰
影借月山房匯鈔本 澤古齋重鈔本
于公德政記一卷 第677冊
(清)戴兆祚編輯
影借月山房匯鈔本 澤古齋重鈔本 指海本
安祿山事蹟三卷 第677冊
(唐)姚汝能纂
據學海類編本排印
寧海將軍固山貝子功績錄一卷 第677冊
(清)撰人不詳
影借月山房匯鈔本 澤古齋重鈔本 指海本
明氏實錄一卷 第677冊
(明)楊學可編
據學海類編本 仰視千七百二十九鶴齋叢書本
許君年表三卷附錄附年表考 第677冊
(清)陶方綺纂
影許學叢書本

語文學家 藝術家 文學家別傳

米海岳年譜一卷 第677冊
(清)翁方綱編
據粤雅堂叢書本排印
雲林遺事一卷 第677冊
(明)顧元慶編
影借月山房匯鈔本 澤古齋重鈔本
杜工部草堂詩年譜三卷 第677冊
(宋)趙子櫟撰
影古逸叢書本
韓柳年譜八卷 第677冊
(宋)呂大防 文安禮等撰
據粤雅堂叢書本排印
白石道人逸事二卷 第678冊
(輕)許增輯
影榆園叢刻本
元遺山先生年譜五卷附錄墓圖 第678冊
(清)翁方綱編
影粤雅堂叢書本
升菴先生年譜一卷 第678冊
(清)李調元校
影函海本
鵝池生傳 第678冊
(明)徐學謨撰
據畿輔叢書本排印

其他別傳

徐海本末一卷 第678冊
(明)茅坤撰
影澤古齋重鈔本 借月山房匯鈔本
汪直傳一卷 第678冊
撰人不詳
影澤古齋重鈔本 借月山房匯鈔本
張邦昌事略一卷 第678冊
(宋)王偁撰
據學海類編本排印

劉預事蹟 第678冊
撰人不詳
據學海類編本 借月山房匯鈔本 澤古齋重鈔本

吳少君遺事一卷 第678冊
(明)姚士林撰
影鹽邑志林本

螺冠子自敘一卷附傳贊 第678冊
(明)周履靖撰
影夷門廣牘本

梅墟先生別錄二卷 第678冊
(明)李日華 鄭琰著
影夷門廣牘本

申凫盟先生年譜一卷附傳 第678冊
(清)申涵煜 申涵盼輯
據畿輔叢書本排印

同昌公主外傳一卷 第678冊
(唐)撰人不詳
據古今說海本排印

金姬傳二卷附別記 第678冊
(明)楊儀撰
影澤古齋重鈔本 借月山房匯鈔本

袁天綱外傳一卷 第678冊
撰人不詳
據古今說海本排印

黃蕘圃先生年譜二卷 第678冊
(清)江標輯
影靈鶼閣叢書本

年代學 年表 年號

歷代甲子考一卷 第679冊
(清)黃宗羲撰
據學海類編本排印

改元考同一卷 第679冊
(清)吳肅公撰
據學海類編本排印

疑年表一卷 第679冊
(清)汪曰楨撰
影式訓堂叢書本

三國紀年表一卷 第679冊
(清)周嘉猷撰
據史學叢書本排印

五代紀年表一卷 第679冊
(清)周嘉猷撰
據史學叢書本排印

重訂帝王紀年纂要一卷 第679冊
(元)蔡罕編 (明)黃諫重訂
影借月山房匯鈔本

歷代建元考十卷 第679冊
(清)鍾淵映撰
據守山閣叢書本排印

紀元要略二卷 第679冊
(清)陳景雲纂
影藝海珠塵本

紀年要略補一卷 第679冊
(清)陳黃中纂
影藝海珠塵本

譜牒 歷代編年

紀元編三卷 第680冊
(清)李兆洛撰
據粵雅堂叢書本排印

二十一史四譜五十四卷 第680－684冊
(清)沈炳震撰
影史學叢書本

春秋國都爵姓考二卷 第685冊
(清)陳鵬著
據粵雅堂叢書本排印

元史氏族表三卷 第685冊
(清)錢大昕撰
影史學叢書本

元經薛氏傳十卷 第685冊
(隋)王通撰
影漢魏叢書本

資治通鑑釋文三十卷 第685－686冊
(宋)史炤撰
據十萬卷樓叢書本排印

大事記二十七卷附通釋解題 第686－687冊
(宋)呂祖謙撰
影金華叢書本

歷代帝王年表不分卷 第688冊
(清)齊召南編 (清)阮亨校
影文選樓叢書本

古史輯要六卷首一卷 第689冊
(清)撰人不詳
據海山仙館叢書本排印

歷代稗史 史補

馭交記十二卷 第689冊
(清)張鏡心撰 (清)冒起宗訂
據粵雅堂叢書本排印

歷代史表五十九卷 第690－691冊
(清)萬斯同撰
影史學叢書本

歷代史考

稽古錄二十卷 第692冊
(宋)司馬光編
影學津討原本

漢唐事箋前後集二十卷 第692冊
(元)朱禮著
影粵雅堂叢書本

讀史舉正八卷 第692冊
(清)張熷著
據仰視千七百二十九鶴齋叢書本排印

十七史商榷一百卷 第693－694冊
(清)王鳴盛撰
據史學叢書本排印

廿二史考異一百卷 第695－697冊
(清)錢大昕撰
據史學叢書本排印

廿二史劄記三十六卷補遺一卷 第698－699冊
(清)趙翼撰
據史學叢書本排印

諸史考異十八卷 第699冊
(清)洪頤煊撰
據史學叢書本排印

歷代史評

通鑑問疑一卷 第699冊
(宋)劉儀仲撰
津逮祕書本 學津討原本

史糾六卷 第699冊
(明)朱明鎬撰
據指海本排印

史見二卷 第700冊
(清)陳遇夫撰
據嶺南遺書本排印

閱史郄視四卷續一卷 第700冊
(清)李塨撰
據畿輔叢書本排印

歷代史論

涉史隨筆一卷 第700冊
(宋)葛洪撰
據知不足齋叢書 金華叢書本 得月簃叢書本排印

通史它石三卷 第700冊
(明)仇俊卿撰
影鹽邑志林本

史懷二十卷 第700冊
(明)鍾惺述
影湖北叢書本

責備餘談二卷 第701冊
(明)方鵬撰

春秋釋例十五卷附校勘記二卷 第714－715冊
(晉)杜預撰
影聚珍版叢書本 古經解匯函本 岱南閣叢書本
春秋微旨三卷 第715冊
(唐)陸淳纂
影學海類編本 學津討原本 古經解匯函本 經苑本
春秋集傳辯疑十卷 第715冊
(唐)陸淳纂
影古經解匯函本
春秋啖趙集傳纂例十卷 第716冊
(唐)陸淳纂
影古經解匯函本 經苑本
春秋傳說例一卷 第716冊
(宋)劉敞撰
影藝海珠塵本 聚珍版叢書本
春秋集解十二卷 第716冊
(宋)蘇轍撰
據經苑本排印
春秋辨疑四卷附校勘記一卷 第717冊
(宋)蕭楚撰
影聚珍版叢書本
春秋經解十五卷 第717冊
(宋)孫覺撰
影聚珍版叢書本
春秋通訊六卷 第718冊
(宋)張大亨撰
影墨海金壺本
春秋五禮例宗十卷 第718冊
(宋)張大亨集
影粵雅堂叢書本
春秋集注四十卷 第718－719冊
(宋)高閌撰
影聚珍版叢書本
春秋通義一卷 第719冊
(宋)撰人不詳
據小萬卷樓叢書本排印
春秋金鎖匙三卷 第719冊
(元)趙汸著
影學津討原本 學海類編本排印
春秋說志五卷 第720冊
(明)呂柟撰
據惜陰軒叢書本排印
春秋胡氏傳辯疑二卷 第720冊
(明)陸粲撰
據指海本排印
春秋胡傳考誤一卷 第720冊
(明)袁仁著
影學津討原本 學海類編本
春秋非左二卷 第720冊
(明)郝敬撰
影湖北叢書本
春秋正旨一卷 第720冊
(明)高拱撰
影守山閣叢書 墨海金壺本
春秋別典十五卷 第720冊
(明)薛虞畿撰
影守山閣叢書 墨海金壺本 嶺南遺書本
春秋屬辭比事記四卷 第721冊
(清)毛奇齡稿
影龍威祕書本
小國春秋一卷 第721冊
(清)焦袁熙纂
影藝海珠塵本
春秋說一卷 第721冊
(清)陶正靖撰
影借月山房匯鈔本 指海本 澤古齋重鈔本
春秋三傳比二卷 第721冊
(清)李調元輯
影函海本
春秋三傳異文釋十二卷 第721冊
(清)李富孫學
影別下齋叢書本
春秋四傳異同辨一卷 第721冊
(清)黃永年撰
影豫章叢書本
春秋古經說二卷 第722冊
(清)侯康撰
據嶺南遺書本排印
讀春秋二卷 第722冊
(清)趙良霨撰
影涇川叢書本
左氏傳說二十卷 第722冊
(宋)呂祖謙撰
影金華叢書本
讀左漫筆一卷 第722冊
(明)陳懿典撰
據學海類編本排印
左傳杜解補正三卷 第722冊
(清)顧炎武著
影澤古齋重鈔本 借月山房匯鈔本 指海本
左傳事緯四卷 第722冊
(清)馬驌撰
影函海本
左傳補注六卷 第723冊
(清)惠棟著
影守山閣叢書 貸園叢書本 墨海金壺本
左傳評三卷 第723冊
(清)李文淵撰
影貸園叢書本
春秋左氏傳補注十二卷 第723冊
(清)沈欽韓注
據功順堂叢書本排印
春秋左氏古義六卷 第724冊
(清)臧壽恭述
影滂喜齋叢書本
公羊問答二卷 第724冊
(清)凌曙著
影咫進齋叢書本
春秋公羊禮疏十一卷 第724冊
(清)凌曙學
影咫進齋叢書本
春秋穀梁傳十二卷附札記一卷 第725冊
(晉)范甯集解
影古逸叢書本
春秋穀梁傳時月日書法釋例一卷 第725冊
(清)許桂林學
影粵雅堂叢書本
穀梁禮證二卷 第725冊
(清)侯康撰
據嶺南遺書本排印
竹書紀年二卷 第726冊
(梁)沈約注 洪頤煊校
據范氏二十一種奇書本等排印

先秦史 別史 稗史

國語二十一卷附校刊札記一卷 第726冊
(三國)韋昭注
據士禮居叢書本影印
國語翼解六卷 第726冊
(清)陳瑑撰
影史學叢書本
戰國策三十三卷附重刻札記三卷 第727冊
(漢)高誘注
影畿輔叢書本 雅雨堂叢書本 士禮居

後漢書注又補一卷 第747冊
(清)沈銘彝撰
影史學叢書本
後漢書補表九卷附條例 第747冊
(清)錢大昭撰
影史學叢書本 汗筠齋叢書本 粵雅堂叢書本
後漢三公年表一卷 第748冊
(清)華湛恩撰
影史學叢書本
漢皇德傳一卷 第748冊
(漢)侯瑾纂 (清)張澍鈔輯
影二酉堂叢書本

漢史考 史論 史抄

兩漢勘誤補遺十卷 第748冊
(宋)吳仁傑撰
影聚珍版叢書本 知不足齋叢書本排印
前後漢書注考證二卷 第748冊
(清)何若瑤撰
影史學叢書本
後漢郡國令長考一卷 第748冊
(清)錢大昭撰
影史學叢書本
兩漢解疑二卷 第748冊
(明)唐順之撰
據學海類編本 借月山房匯鈔本
兩漢博聞十二卷 第749冊
(宋)楊侃編
影粵雅堂叢書本

三國史補 史考 史論

三國志補注六卷 第749冊
(清)杭世駿撰
影粵雅堂叢書本
三國志補注續一卷 第749冊
(清)侯康撰
影史學叢書本
三國志考證八卷 第750冊
(清)潘眉撰
影史學叢書本
三國志旁證三十卷 第750－751冊
(清)梁章鉅撰
影史學叢書本
三國志注證遺四卷補四卷 第751冊
(清)周壽昌撰
影史學叢書本
三國志辨誤三卷 第751冊
撰人不詳
影聚珍版叢書本 守山閣叢書 墨海金壺本
三國雜事二卷 第751冊
(宋)唐庚撰
據學海類編本 函海本
三國紀年一卷 第751冊
(宋)陳亮撰
影函海本

晉南北朝別史 史補

鄴中記一卷 第751冊
(晉)陸翽撰
影聚珍版叢書本
晉紀輯本七卷 第751冊
(清)湯球輯
影史學叢書本
晉陽秋輯本五卷 第751冊
(清)湯球輯
影史學叢書本
九家舊晉書輯本四十二卷 第752冊
(清)湯球輯
影史學叢書本
西魏書二十五卷 第753冊
(清)謝啟昆撰
影史學叢書本
十六國春秋十六卷 第754冊
(魏)崔鴻撰
影漢魏叢書本
十六國春秋輯補一百卷年表一卷 第754－755冊
(清)湯球撰
影史學叢書本
十六國春秋纂錄校本十卷附校勘記一卷 第755冊
(清)湯球輯
影史學叢書本
三十國春秋輯本十八卷 第756冊
(清)湯球輯
影史學叢書本
南北史表七卷 第756－757冊
(清)周嘉猷撰
影史學叢書本

晉南北朝史評 史抄

兩晉解疑 第757冊
(明)唐順之撰
據學海類編本 借月山房匯鈔本
隋史斷一卷 第757冊
(宋)南宮靖一著
據學海類編本排印
晉宋書故一卷 第757冊
(清)郝懿行撰
影粵雅堂叢書本 史學叢書本
南北朝雜記一卷 第757冊
(宋)劉敞著
據學海類編本排印

唐編年 實錄 稗史 史考 史論

大唐創業起居注三卷 第758冊
(唐)溫大雅撰
影學津討原本等
唐鑑二十四卷附考異一卷 第758冊
(宋)范祖禹撰 (宋)呂祖謙音注
影金華叢書本
順宗實錄五卷 第758冊
(唐)韓愈撰
影海山仙館叢書本
卓異記一卷 第758冊
(唐)李翱述
影寶顏堂秘笈本 歷代小史本 顧氏文房本
明皇雜錄四卷 第758冊
(唐)鄭處誨撰
影守山閣叢書 墨海金壺本
次柳氏舊聞一卷 第758冊
(唐)李德裕編
影稗乘本等
開天傳信記一卷 第758冊
(唐)鄭棨撰
據百川學海本 歷代小史本 學津討原本
開元天寶遺事二卷 第758冊
(五代)王仁裕纂
影顧氏文房本 歷代小史本
東觀奏記三卷 第758冊
(唐)裴庭裕撰
影唐宋叢書本 稗海本 粵雅堂叢書本
寶應錄一卷 第758冊
撰人不詳
據古今說海本排印
奉天錄四卷 第759冊
(唐)趙元一撰
影指海本 粵雅堂叢書本
平巢事蹟考一卷 第759冊
(宋)撰人不詳
影奇晉齋叢書本 學海類編本排印
唐書直筆四卷 第759冊
(宋)呂夏卿撰

影小萬卷樓叢書本 聚珍版叢書本
讀舊唐書隨筆一卷 第 759 冊
(清)蔡世鈸撰
影豫章叢書本
新唐書糾謬二十卷附錢校補遺一卷附錄一卷修唐書史臣表 第 759 冊
(宋)吳縝纂
據唐宋叢書本 知不足齋叢書本排印
新舊唐書互證二十卷 第 760 冊
(清)趙紹祖撰
影史學叢書本
唐史論斷三卷附錄一卷 第 760 冊
(宋)孫甫撰
影藝海珠塵本等
新舊唐書雜論一卷 第 760 冊
(明)李東陽撰
影借月山房匯鈔本 學海類編本排印

五代編年 別史

五代春秋二卷 第 760 冊
(宋)尹洙編
據學海類編本 讀畫齋叢書本
九國志十二卷附拾遺一卷 第 761 冊
(宋)路振撰
影守山閣叢書 海山仙館叢書本 粵雅堂叢書本
三楚新錄三卷 第 761 冊
(宋)周羽翀撰
據學海類編本等排印
五國故事二卷 第 761 冊
(宋)撰人不詳
據知不足齋叢書 本等排印
吳越備史五卷附補遺世系圖州考 第 761 冊
(吳越)范坰 林禹撰
影學津討原本
續唐書七十卷 第 762 冊
(清)陳鱣撰
影史學叢書本
江表志三卷 第 763 冊
(宋)鄭文寶撰
據學海類編本 墨海金壺本 藝海珠塵本
江南別錄一卷 第 763 冊
(宋)陳彭年撰
影歷代小史本等
南唐書三十卷 第 763 冊
(宋)馬令撰
影墨海金壺本
南唐書十八卷附音釋一卷 第 763－764 冊
(宋)陸游撰
影祕冊匯函本
南唐拾遺記一卷 第 764 冊
(清)毛先舒纂
據學海類編本排印
錦里耆舊傳八卷 第 764 冊
(宋)勾延慶纂
據讀畫齋叢書本排印
蜀檮杌二卷 第 764 冊
(宋)張唐英撰
據學海類編本等排印
南漢紀五卷 第 764 冊
(清)吳蘭修撰
據嶺南遺書本排印
釣磯立談一卷附錄一卷 第 764 冊
(南唐)史虛白撰
據知不足齋叢書本排印
南唐近事一卷 第 764 冊
(宋)鄭文寶編
影寶顏堂秘笈本 唐宋叢書本
江南餘載二卷 第 764 冊
(宋)鄭文寶撰
影函海本 知不足齋叢書 龍威祕書本
五代史纂誤三卷 第 764 冊
(宋)吳縝撰
據知不足齋叢書本排印
五代史記纂誤補四卷 第 764 冊
(清)吳蘭庭撰
據知不足齋叢書本排印
中興小紀四十卷 第 765 冊
(宋)熊克撰
影史學叢書本
建炎以來繫年要錄二百卷 第 766－771 冊
(宋)李心傳撰
影史學叢書本
續宋編年資治通鑑十五卷 第 772 冊
(宋)劉時舉撰
影學津討原本
宋季三朝政要五卷附錄一卷 第 772 冊
撰人不詳
影守山閣叢書 粵雅堂叢書本 影學津討原本
靖康要錄十六卷 第 772 冊
(宋)撰人不詳
影十萬卷樓叢書本
西夏事略一卷 第 772 冊
(宋)王偁撰
據學海類編本排印
龍川略志十卷 第 773 冊
(宋)蘇轍撰
據百川學海本排印
龍川別志二卷 第 773 冊
(宋)蘇轍撰
據稗海本排印
宋朝燕翼詒謀錄五卷 第 773 冊
(宋)王栐撰
據唐宋叢書本等排印
宣和遺事前集一卷後集一卷 第 773 冊
(宋)撰人不詳
據士禮居叢書本影印
南渡録大略一卷 第 773 冊
(宋)撰人不詳
據學海類編本排印
靖康朝野僉言一卷 第 773 冊
(宋)撰人不詳
影古今說海本 歷代小史本
建炎維揚遺錄一卷 第 773 冊
(宋)撰人不詳
影學津討原本
建炎復辟記一卷 第 773 冊
(宋)撰人不詳
影學津討原本
建炎筆錄三卷 第 773 冊
(宋)趙鼎撰
影函海本
默記一卷 第 773 冊
(宋)王銍撰
據知不足齋叢書本等排印
王文正公筆錄一卷 第 773 冊
(宋)王曾撰
影學津討原本 歷代小史本 百川學海本
錢氏私誌一卷 第 773 冊
(宋)錢世昭撰
影歷代小史本 古今說海本 學海類編本排印
辯誣筆錄三卷 第 773 冊
(宋)趙鼎撰
影函海本
經筵玉音問答一卷 第 773 冊
(宋)胡銓撰
據知不足齋叢書本排印

梁谿漫志十卷 第773冊
(宋)費袞著
據學海類編本 知不足齋叢書本排印
甲申雜記一卷 第774冊
(宋)王鞏著
據學海類編本 知不足齋叢書本排印
聞見近錄一卷 第774冊
(宋)王鞏著
據知不足齋叢書本等排印
隨手雜錄一卷 第774冊
(宋)王鞏著
據學海類編本 知不足齋叢書本排印
清虛雜著補闕一卷 第774冊
(宋)王從謹補錄
據知不足齋叢書本排印
咸淳遺事二卷 第774冊
(宋)撰人不詳
影墨海金壺本 守山閣叢書 粵雅堂叢書本
三朝野史一卷 第774冊
(宋)撰人不詳
影古今說海本 學海類編本排印
征南錄一卷 第774冊
(宋)滕甫纂
影墨海金壺本 藝海珠塵本
青溪寇軌一卷 第774冊
(宋)方勺著
影學海類編本 古今說海本 金華叢書本
青溪弄兵錄一卷 第774冊
(宋)王彌大撰
影函海本
北狩見聞錄一卷 第774冊
(宋)曹勳編次
影學津討原本 學海類編本排印
北狩行錄一卷 第774冊
(宋)蔡鞗撰
據學海類編本排印
靖康傳信錄三卷 第774冊
(宋)李綱撰
影函海本 海山仙館叢書本
靖康紀聞一卷拾遺一卷 第774冊
(宋)丁特起編集
影學津討原本 學海類編本排印
采石瓜洲斃亮記一卷 第774冊
(宋)蹇駒撰
影函海本 奇晉齋叢書本
襄陽守城錄一卷 第774冊
(宋)趙萬年編
影粵雅堂叢書本 指海本
辛巳泣蘄錄一卷 第774冊
(宋)趙與褰編
據指海本排印
中興禦侮錄二卷 第774冊
(宋)撰人不詳
影粵雅堂叢書本
舊聞證誤四卷 第774冊
(宋)李心傳撰
影函海本

遼別史 史補

遼志一卷 第775冊
(元)葉隆禮撰
影歷代小史本 古今逸史本 古今說海本
遼史拾遺二十四卷 第775冊
(清)厲鶚撰
影史學叢書本
遼史拾遺補五卷 第775冊
(清)楊復吉輯
影史學叢書本

金別史 稗史 史考

金志一卷 第776冊
(宋)宇文懋昭撰
影古今逸史本 歷代小史本 古今說海本
松漠記聞二卷附補遺 第776冊
(宋)洪皓纂
影學津討原本等
南遷錄一卷 第776冊
(宋)張師顏錄
據學海類編本排印
大金弔伐録四卷 第776冊
(金)撰人不詳
影守山閣叢書 墨海金壺本
汝南遺事四卷 第776冊
(元)王鶚撰
影指海本 畿輔叢書本排印
金源劄記二卷 第777冊
(清)施國祁學
影仰視千七百二十九鶴齋叢書本

元紀事本末 別史 稗史 史補

保越錄一卷 第777冊
(元)徐勉之撰
影學海類編本 十萬卷樓叢書本 藝海珠塵本
蒙韃備錄一卷 第777冊
(宋)孟珙撰
影古今說海本 歷代小史本
元朝秘史十五卷 第777冊
(元)撰人不詳
據漸西村舍叢刊 連筠簃叢書本排印
校正元親征錄一卷 第778冊
(清)何秋濤校正
據漸西村舍叢刊本排印
平宋錄三卷 第778冊
(元)劉敏中撰
影守山閣叢書 墨海金壺本
西使記一卷 第778冊
(元)劉郁撰
影學津討原本等
庚申外史二卷 第778冊
(明)權衡編
影海山仙館叢書本 寶顏堂秘笈本
招捕總錄一卷 第778冊
(元)撰人不詳
影守山閣叢書本
元朝征緬錄一卷 第778冊
(元)撰人不詳
影守山閣叢書本
元史譯文證補三十卷 第778－779冊
(清)洪鈞撰
影史學叢書本

明紀事本末

鴻猷錄十六卷 第779冊
(明)高岱撰
影紀錄彙編本
明史紀事本末八十卷 第780－781冊
(清)谷應泰編
據畿輔叢書本排印

明別史稗史

天潢玉牒一卷 第781冊
(明)撰人不詳
影紀錄彙編本
皇朝本紀一卷 第781冊
(明)撰人不詳
影紀錄彙編本
明書一百七十一卷 第782－789冊
(清)傅維鱗纂
據畿輔叢書本排印
江上孤忠錄一卷 第789冊
(清)黄明曦撰
影藝海珠塵本
洪武聖政記二卷 第789冊
(明)宋濂撰

(清)撰人不詳
據功順堂叢書本排印
從征緬甸日記一卷 第800册
(清)周裕撰
影澤古齋重鈔本 借月山房匯鈔本
原國立北平圖書館甲庫善本叢書附索引
中國國家圖書館編
二〇一三年北京國家圖書館出版社
一〇〇一册
經部
周易兼義九卷 第1册
(唐)孔穎達撰
明永樂二年刻本
釋文一卷 第1册
(唐)陸德明撰
略例一卷 第1册
(晉)王弼撰
周易義海撮要十二卷 第1册
(宋)李衡撰
舊抄本
楊氏易傳二十卷 第1册
(宋)楊簡撰
明抄本
周易玩辭十六卷 第2册
(宋)項安世撰
宋江陰項氏建安書院刻本
誠齋先生易傳二十卷 第2册
(宋)楊萬里撰
明嘉靖二十一年尹耕刻本
大易緝說十卷 第2册
(元)王申子撰
舊抄本
周易經傳集程朱解附錄纂注十四卷朱子易圖附錄纂注一卷朱子啓蒙五贊附錄纂注一卷朱子筮儀附錄纂注一卷 第3册
(元)董真卿撰
明洪武二十一年建安務本堂重刻本
周易參義十二卷 第3册
(元)梁寅撰
元刻本
周易傳義大全二十四卷 第3册
(明)胡廣等撰
明烏絲欄抄本
讀易餘言五卷 第4册
(明)崔銑撰
明嘉靖相臺崔氏家塾刻本
涇野先生周易說翼三卷 第4册
(明)吕柟撰
舊抄本
大象觀二卷 第4册
(明)劉元卿撰
明萬曆安福楊時祥刻本
周易像象述六卷 第4册
(明)吴桂森撰
明崇禎刻本
兒易内儀以六卷 第4册
(明)倪元璐撰
清抄本
兒易外儀十五卷 第4册
(明)倪元璐撰
明崇禎十四年刻本
書集傳六卷尚書纂圖一卷綱領一卷 第5册
(宋)蔡沈撰 (元)鄒季友音釋
明初刻本
書集傳六卷尚書纂圖一卷綱領一卷 第5册
(宋)蔡沈撰 (元)鄒季友音釋
明初刻本
書傳會選六卷 第5册
(明)劉三吾撰
明刻本
書傳會選六卷 第5册
(明)劉三吾撰
明趙府味經堂刻本
尚書旁訓二卷 第5册
(明)朱升撰
明刻本
書傳大全通釋十卷 第6册
(明)彭勖撰
明宣德十年守中書堂刻本
尚書日記十六卷 第6册
(明)王樵撰
明萬曆十年金壇于明照刻本
書義矜式六卷 第7册
(元)王充耘撰
元刻本
詩集傳二十卷 第7册
(宋)朱熹撰
宋刻明印本
詩緝三十六卷 第7册
(宋)嚴粲撰
元刻本
詩童子問二十卷 第7册
(宋)輔廣撰
元至正四年崇化余志安勤有堂刻本
詩說十二卷 第7册
(宋)劉克撰
舊抄本
詩說十二卷 第8册
(宋)劉克撰
清抄本
明經題斷詩義矜式十卷 第8册
(元)林泉生撰
元刻本
詩經解頤四卷 第8册
(明)朱善撰
明洪武刻本
詩說解頤四十卷 第8册
(明)季本撰
明嘉靖三十九年新安胡宗憲刻本
魯詩世學三十二卷 第9册
(宋)豐稷正音 (明)豐慶續音 豐耘補音 豐熙正說 豐坊考補
明越勤軒抄本
新刊詩經集成圖說十卷 第10册
(明)胡明昴撰
清抄本
詩意一卷 第10册
(明)劉敬純撰
明抄本
韓詩外傳十卷 第10册
(漢)韓嬰撰
明嘉靖十八年薛來芙蓉泉書屋刻本
韓詩外傳十卷 第10册
(漢)韓嬰撰
明萬曆新安程榮刻漢魏叢書本
周禮十二卷 第10－11册
(漢)鄭玄注
明嘉靖東吳徐氏刻三禮本
周官講義□□卷 第11册
(宋)史浩撰
宋刻本
太平經國之書十一卷 第11册
(宋)鄭伯謙撰
明嘉靖十五年山西高叔嗣刻本
周禮傳 十卷翼傳二卷圖說二卷 第11册
(明)王應電撰
明嘉靖四十二年永豐知縣吳鳳瑞刻本
讀禮疑圖六卷 第12册

四書管窺五卷 第27冊
(元)史伯璿撰
明洪武刻本
四書管窺五卷 第27冊
(元)史伯璿撰
明刻本
四書擬題經疑主意□卷 第27冊
(元)涂溍生撰
明初刻本
四書章圖檃括總要四卷 第27冊
(元)程復心撰
明刻本
四書經疑問對八卷 第27冊
(元)董彝撰
明初刻本
四書集成□□卷 第27冊
元刻本
四書集成□□卷 第27冊
元刻本
四書集說啓蒙□□卷 第28冊
(元)景星撰
明刻本
四書解義二十卷 第28冊
(明)張洪撰
明初刻本
大學古本一卷 大學述一卷 大學述答問一卷 第28冊
(明)許孚遠撰
明萬曆刻本
增訂論語外篇四卷 第28冊
(明)梁子璠輯
明天啓五年刻本
大學舊本私記一卷 第28冊
(清)李光地撰
舊抄本
經典釋文三十卷 第28－29冊
(唐)陸德明撰
影宋抄本
經典釋文三十卷 第29冊
(唐)陸德明撰
清康熙刻通志堂經解本
九經直音十二卷 第30冊
題(宋)孫奕詳定
元刻本
六經圖不分卷 第30冊
(宋)楊甲撰
宋刻巾箱本
對制談經十五卷 第30冊
(宋)葉時撰 (明)杜涇注
舊抄本
莆陽二鄭先生六經雅言圖辨八卷 第30冊
舊抄本
九經考異十一卷 九經逸語一卷 第30冊
(明)周應賓撰
明萬曆刻本
七經孟子考文補遺二百卷 第31冊
(日本)山井鼎撰 物觀訂補
舊抄本
樂府雜錄一卷 第32冊
(唐)段安節撰
舊抄本
樂書二百卷 第32冊
(宋)陳暘撰
元至正七年福州路儒學刻本
樂書二百卷 第32冊
(宋)陳暘撰
元至正七年福州路儒學刻本
樂書二百卷 第32冊
(宋)陳暘撰
元至正七年福州路儒學刻明代修補本
雅樂發微八卷雅義一卷 附錄一卷 第32冊
(明)張敔撰
明嘉靖十七年丹陽孫沐刻本
大樂律呂元聲六卷大樂律呂考注四卷 第32冊
(明)李文利撰 李元校補
明嘉靖十四年浙江布政司刻本
詩樂圖譜十八卷 第33冊
(明)呂柟撰
明嘉靖十五年國子監生周大有等集貲刻本
樂經元義八卷 第33冊
(明)劉濂撰
明嘉靖刻本
太常李樓雲樂書二十卷 第33－34冊
(明)李文察撰
明嘉靖二十五年刻本
律呂正聲六十卷 第34冊
(明)王邦直撰
明萬曆十四年刻本
爾雅三卷 第34冊
(晉)郭璞注
明景泰刻本
爾雅注疏十一卷 第35冊
(晉)郭璞注 (宋)邢昺疏
元刻明修本
爾雅新義二十卷 第35冊
(宋)陸佃撰
清嘉慶海鹽錢氏衎石齋抄本
博雅十卷 第35冊
(魏)張揖撰 (隋)曹憲音注
明正德十五年吳郡皇甫錄世業堂本
埤雅二十卷 第35冊
(宋)陸佃撰
明嘉靖元年贛州府清獻堂刻本
增修埤雅廣要四十二卷 第36冊
(宋)陸佃撰 (明)牛衷增修
明萬曆三十八年鵝湖孫弘範刻本
爾雅翼三十二卷 第36冊
(宋)羅願撰
明正德十四年羅文殊刻本
重校爾雅翼三十二卷 第36－37冊
(宋)羅願撰 (明)姚大受校補
明萬曆姚大受刻本
急就篇四卷 第37冊
(唐)顏師古注 (宋)王應麟補注
元後至元六年慶元路儒學刻《玉海》本
千字文一卷 第37冊
(梁)周興嗣撰
明刻本
增修復古編二卷 第37冊
(宋)張有撰 (元)吳均增補
舊抄本
漢隸字源 五卷 第37冊
(宋)婁機撰
宋刻本
龍龕手鑑四卷 第37冊
(遼)釋行均撰
舊抄本
六書故三十三卷 第38冊
(元)戴侗撰
元刻本
六書正譌五卷 第38冊
(元)周伯琦撰
元至正十五年高德基等刻本
六書總要五卷 諧聲指南一卷 第38冊
(明)吳元滿撰
明萬曆刻本

（宋）朱熹撰
明内府朱絲欄抄本
資治通鑑綱目五十九卷 第142册
（宋）朱熹撰
明内府朱絲欄本
資治通鑑綱目書法五十九卷 第142册
（宋）劉友益撰
元刻明印本
資治通鑑綱目書法五十九卷 第143册
（宋）劉友益撰
元刻明印本
資治通鑑綱目發明五十九卷 第143册
（宋）尹起莘撰
明洪武二十一年建安書市刻本
資治通鑑綱目集覽五十九卷 第143册
（元）王幼學撰
元刻本
資治通鑑綱目集覽五十九卷 第143－144册
（元）王幼學撰
明洪武二十一年梅溪書院刻本
資治通鑑綱目集覽五十九卷 第144册
（元）王幼學撰
明洪武二十一年梅溪書院刻本
資治通鑑綱目五十九卷 第144－145册
（宋）朱熹撰（元）王幼學集覽 汪克寬考異
明景泰元年魏氏仁實書堂刻本
資治通鑑綱目五十九卷 第146册
（宋）朱熹撰 尹起莘發明 劉友益書法（元）汪克寬考異 徐昭文考證 王幼學集覽（明）陳濟正誤
明弘治九年江西黄仲昭等刻本
大事記十二卷通釋三卷解題十二卷 第146册
（宋）吕祖謙撰
宋嘉定五年吴郡學舍刻本
通鑑前編十八卷舉要二卷 第146册
（宋）金履祥撰
元刻本
資治通鑑綱目前編十八卷外紀一卷 第147册
（宋）金履祥撰前編（元）陈桱撰外紀（明）劉弘毅音釋
明藍格抄本
通鑑續編二十四卷 第147－148册
（元）陳桱撰
元刻本
增修附注資治通鑑節要續編三十卷 第148册
（明）劉剡輯 張光啓訂正
明景泰三年善敬書堂刻巾箱本
漢唐祕史二卷 第148册
（明）朱權撰
明建文四年寧藩刻本
續資治通鑑六十四卷 第149－150册
（明）王宗沐撰
明隆慶五年山東左布政使王宗沐自刻本
續資治通鑑長編一百八卷 第150－151册
（宋）李燾撰
舊抄本
皇朝編年備要三十卷 第152－153册
（宋）陳均撰
清清白草廬烏絲欄抄本
皇朝編年備要三十卷 第153册
（宋）陳均撰
清抄本
中興兩朝編年綱目十八卷 第154册
（宋）陳均撰
舊抄本
宋史全文續資治通鑑三十六卷宋朝事實二卷 第154册
明初刻本
元史續編十六卷 第154册
（明）胡粹中撰
明永樂刻本
大明太祖高皇帝實錄不分卷 第155－156册
（明）胡廣等纂修
明藍格抄本
大明太祖高皇帝實錄二百五十七卷 第156－157册
（明）胡廣等纂修
明朱格抄本
大明太宗文皇帝實錄二百七十四卷 第158－159册
（明）張輔等纂修
明朱格抄本
大明仁宗昭皇帝實錄十卷 第159册
（明）張輔等纂修
民國十九年國立北平圖書館抄本
大明宣宗章皇帝實錄一百十五卷 第159－160册
（明）楊士奇等纂修
明藍格抄本
大明宣宗章皇帝實錄一百十五卷 第161册
（明）楊士奇等纂修
明朱格抄本
大明英宗睿皇帝實錄三百六十一卷 第162－164册
（明）孫繼宗 陳文等纂修
明朱格抄本
大明英宗睿皇帝實錄不分卷 第165－166册
（明）孫繼宗 陳文等纂修
明抄本
大明憲宗純皇帝實錄二百九十三卷 第166－168册
（明）劉吉等纂修
明朱格抄本
大明孝宗敬皇帝實錄二百二十四卷 第169－170册
（明）李東陽等纂修
明朱格抄本（卷一百七十八至二百二抄配）
大明武宗毅皇帝實錄一百九十七卷 第171－172册
（明）費宏等纂修
明朱格抄本
大明世宗肅皇帝實錄五百六十六卷 第172－175册
（明）張溶 徐階等纂修
明朱格抄本
大明穆宗莊皇帝實錄七十卷 第176册
（明）張溶 張居正等纂修
明朱格抄本（卷八至十五、六十五至七十抄配）
大明神宗顯皇帝實錄五百九十六卷 第176－181册
（明）顧秉謙等纂修
明朱格抄本
大明光宗貞皇帝實錄八卷 第182册
（明）葉向高等纂修
明朱格抄本
大明熹宗哲皇帝實錄八十七卷 第182－183册

(明)沈德符撰
舊抄本
玉鏡新譚十卷 第198册
(明)朱長祚撰
明崇禎刻本
孤兒籲天錄十六卷末一卷 第198册
(清)楊山松撰
清康熙十九年武陽楊氏刻本
遺事瑣談六卷附記一卷 第198册
(清)沈頤仙撰
舊抄本
唐大詔令集一百三十卷 第199册
(宋)宋敏求輯
舊抄本
皇明詔令二十一卷 第199－200册
(明)傅鳳翱輯
明嘉靖刻本
賜諸番詔敕一卷 第200册
明太祖朱元璋撰
明洪武内府刻本
孝陵詔敕一卷 第200册
明太祖朱元璋撰
明抄本
長陵詔敕一卷 第200册
明成祖朱棣撰
燕王令旨一卷 第200册
明成祖朱棣撰
明朱絲欄抄本
宸翰錄四卷 第200册
(明)楊一清輯
明嘉靖六年刻本
國朝諸臣奏議一百五十卷 第201－202册
(宋)趙汝愚輯
宋淳祐十年史季溫福州刻本
歷代名臣奏議三百五十卷 第203－210册
(明)楊士奇等編
明永樂内府刻本
皇明嘉隆疏抄二十二卷附嘉隆新例六卷 第211－212册
(明)張鹵編
明萬曆刻本
神廟留中奏疏彙要四十卷 第213－214册
(明)董其昌輯
明朱絲欄抄本
頌天臚筆二十四卷 第215册
(明)金日升輯
明崇禎刻本
唐陸宣公集二十二卷 第216册
(唐)陸贄撰
明宣德三年浙江都御史胡概刻本
唐丞相陸宣公奏議纂注十二卷 第216册
(元)潘仁撰
元後至元六年湖南僉憲赫國寶刻本
疊山批點陸宣公奏議十五卷 第216册
(唐)陸贄撰
明嘉靖刻本
田表聖先生奏議集一卷 第216册
(宋)田錫撰 (明)安磐輯
明朱絲欄抄本
孝肅包公奏議集十卷 第216册
(宋)包拯撰
明正統刻本
禮科給事中李實題本不分卷 第217册
(明)李實撰
明抄本
葉文莊公奏疏稿四十卷 第217册
(明)葉盛撰
明崇禎五年崑山葉重華刻本
太師王端毅公奏議十五卷 第217册
(明)王恕撰
明正德十六年王成章刻本
澄江別集三卷 第218册
(明)尹直撰
明弘治十七年尹氏自刻本
戶部奏議二卷 第218册
(明)王瓊撰
明正德刻本
吏部獻納稿一卷 第218册
(明)楊一清撰
明嘉靖刻本
關中奏題稿十卷 第218册
(明)楊一清撰
明嘉靖刻本
密諭錄七卷閣諭錄四卷 第218册
(明)楊一清撰
明藍格抄本
嘉靖奏對錄十三卷 第219册
(明)嚴嵩撰
明嘉靖刻本
南宮疏略八卷 第219册
(明)嚴嵩撰
明嘉靖二十六年刻本
漸齋奏疏四卷 第219册
(明)趙漢撰
明萬曆二十四年刻本
奏謝錄三卷 第219册
(明)夏言撰
明嘉靖刻本
鄭端簡公奏議十四卷 第219册
(明)鄭曉撰
明隆慶四年項氏萬卷堂刻本
穀原巡按疏議一卷巡按畿内疏議四卷督府疏議七卷 第220册
(明)蘇祐撰
明嘉靖三十七年李汝寬刻本
曾襄愍公復套議一卷 第220册
(明)曾銑撰
明萬曆曾氏家刻本
高文端公奏議十卷 第220－221册
(明)高儀撰
明萬曆二十九年高氏家刻本
御史大夫思質王公奏議二十六卷 第221册
(明)王忬撰
明隆慶刻本
譚襄敏公奏議十卷 第221册
(明)譚綸撰
明萬曆二十八年顧所有刻本
督撫江西奏議四卷 第222册
(明)徐栻撰
明萬曆元年江西按察副使邵夢麟刻本
督撫江西奏疏四卷 第222册
(明)潘季馴撰
明萬曆六年刻本
兵部奏疏二卷刑部奏疏二卷 第222册
(明)潘季馴撰
明刻本
粵西疏稿三卷 第222册
(明)吳文華撰
明萬曆刻本
少保李公奏議四卷 第222册
(明)李世達撰
明萬曆刻本
閱視三鎮奏議□卷 第223册
(明)吳兑撰
明刻本
總督宣大山西軍門奏議十四卷 第223册

明萬曆八年家刻本
恩榮曹氏錄一卷 第233册
明萬曆曹氏家刻本
畢氏恩綸錄一卷 第233册
明萬曆畢氏刻藍印本
孫繼臯諭祭葬錄一卷 第233册
明萬曆刻本
浦江鄭氏旌義編三卷 第233册
(明)鄭濤輯
明洪武十一年鄭氏家刻三十年增補本
金陵陳氏世德錄一卷 第233册
(明)陳恭輯
明景泰陳氏家刻本
毓慶勳懿集八卷 第234册
(明)郭良輯
明正德十一年郭勛刻本
新安吳氏傳桂集五卷續集一卷 第234册
(明)吳廷端輯
明弘治十四年吳氏刻嘉靖十五年遞修本
貞懿錄十六卷 第234册
(明)楊應震輯
明天啓楊氏自刻本
畢公生祠記一卷 第234册
(明)張廷玉撰
明天啓刻本
三蘭倪公崇祀名宦鄉賢錄一卷 第234册
(明)倪會吉輯
明崇禎刻本
歷代帝王曆祚考八卷明代紹統年表一卷音釋一卷明代曆祚考一卷 第234－235册
(明)吳繼安撰
明萬曆二十九年吳氏商山義塾刻清初遞修本
帝鑑圖說不分卷 第235册
(明)張居正等撰
明萬曆刻本
昭鑒錄簡略二卷 第235册
(明)文原吉等輯
明朱絲欄抄本
諸王會要一卷 第235册
明初抄本
臣戒錄十卷 第235册
明太祖朱元璋撰
明洪武内府刻本
相鑑賢臣傳十六卷姦臣傳四卷 第235册
明太祖朱元璋撰
明洪武十三年内府刻本
歷代臣鑒三十七卷 第236册
明宣宗朱瞻基撰
明宣德元年内府刻本
歷代相業考一卷皇明相業考一卷皇明軍功考一卷 第236册
(明)沈夢熊撰
明天啓三年費邦教等刻本
義命彙編十二卷 第236册
(明)李仲僎編
明嘉靖三十四年李氏刻本
三傳八卷 第236册
(明)吳蕃撰
明嘉靖刻本
古今義烈傳八卷 第237册
(明)張岱撰
明崇禎張氏鷗虎軒刻本
古今列女傳三卷 第237册
(明)解縉等撰
明南京國子監刻本
閨範六卷 第237册
(明)黄希周等撰
明刻朱墨套印本
亙史内紀十二卷内篇二十三卷外紀四十五卷外篇二卷雜紀五卷雜篇六卷 第237－238册
(明)潘之恒撰
明天啓潘氏家刻本
關王事迹五卷 第238册
(元)胡琦撰
明成化七年張寧刻本
新刊名臣碑傳琬琰之集上集二十七卷中集五十五卷下集二十五卷 第238册
(宋)杜大珪編
宋刻本
道命錄十卷 第239册
(宋)李心傳撰
明弘治九年新安衛千戶于明刻本
伊洛淵源錄十四卷 第239册
(宋)朱熹撰
元刻本
伊洛淵源錄十四卷 第239册
(宋)朱熹撰
明刻本
伊洛淵源錄十四卷 第239册
(宋)朱熹撰
明崇禎二年楊墀刻本
重刊宋朝南渡十將傳十卷 第239册
(宋)章頴撰
明抄本
昭忠錄一卷 第239册
清彭氏知聖道齋抄本
宋遺民錄十五卷 第239册
(明)程敏政輯
明嘉靖二年至四年程威、程曾等刻本
宋遺民錄十五卷 第239册
(明)程敏政輯
清抄本
宋四大家外紀四種四十九卷 第240册
(明)陳之伸編
明崇禎刻本
元朝名臣事略十五卷 第240册
(元)蘇天爵撰
清乾隆武英殿活字印聚珍版書本
皇明開國功臣錄三十一卷續編一卷 第240－241册
(明)黄金撰
明弘治正德間馬金刻本
皇明名臣琬琰錄二十四卷後集二十二卷 第241册
(明)徐紘輯
明弘治刻本
皇明名臣言行錄十四卷 第242册
(明)楊廉撰 徐咸續 王宗沐補編
明廣西臬臺刻嘉靖三十二年刻本
國朝名臣言行略四卷 第242册
(明)劉廷元撰
明萬曆刻本
皇明應謚名臣備考錄十卷 第242册
(明)林之盛撰
明萬曆四十三年林氏刻本
今獻備遺四十二卷 第243册
(明)項篤壽撰
明萬曆十一年項氏萬卷堂刻本
焦太史編輯國朝獻徵錄一百二十卷 第243－251册
(明)焦竑輯
明萬曆四十四年徐象樗刻本
國朝名世類苑四十六卷 第252－253册
(明)淩迪知輯
明萬曆刻本
寶善編選刻二卷甲集一卷乙集一卷 第253册

嘉靖三十一年福建武舉鄉錄一卷 第263册
明嘉靖刻本
程氏貽範集甲集七卷 乙集二十卷 丙集一卷 丁集一卷 戊集一卷 第264册
(明)程敏政撰
抄本
休寧縣市吳氏本宗譜十卷 第264册
(明)吳津撰
明嘉靖七年吳氏刻本
休寧范氏族譜九卷 第264－265册
(明)范涞撰
明萬曆刻本
程氏家乘不分卷 第265册
(明)程大藩撰
明萬曆二十八年刻本
武峰吳氏家譜不分卷 第265册
(明)吳嘉譽撰
明崇禎七年刻本
休寧茗洲吳氏家記十二卷 第265册
(明)吳子玉撰
抄本
新安名族志前集一卷 後集一卷 第265册
(明)程尚寬等撰
明嘉靖刻本(卷上影抄配)
家規輯略一卷 第266册
明正德元年石祿刻本
余氏宗祠約一卷 第266册
(明)余懋衡撰
明天啓四年余氏自刻本
真率先生學譜不分卷 第266册
(明)徐日久撰
明崇禎徐氏家刻本
汴遊錄一卷 深牧庵日涉錄一卷 南歸日錄一卷 第266册
(明)蕭士瑋撰
明崇禎毛氏汲古閣刻本
合刻晉楚二史二卷 第266册
(元)吾衍撰 (明)周應選 金階升評註
明末來行學刻本
楚史檮杌一卷 第266册
(元)吾衍撰
明刻本
越絕書十五卷 第266册
(漢)袁康撰
明嘉靖二十四年孔天胤刻本

越絕書十五卷 第266册
(漢)袁康撰
明嘉靖二十六年陳塏刻本
華陽國志十二卷 第266册
(晉)常璩撰
明萬曆吳琯刻古今逸史本
九國志十二卷 第266册
(宋)路振撰
清敦詩書閣藍格抄本
江表志三卷 第266册
(宋)鄭文寶撰
舊抄本
南唐拾遺記一卷 第266册
(明)毛先舒撰
新舊唐書雜論一卷 第266册
(明)李東陽撰
江南野史十卷 第267册
(宋)龍衮撰
舊抄本
南唐書三十卷 第267册
(宋)馬令撰
明嘉靖二十九年顧汝達刻本
唐餘紀傳十八卷 第267册
(明)陳霆撰
明嘉靖二十三年馮煥刻本
錦里耆舊傳八卷 第267册
(宋)勾延慶撰
舊抄本
吳越備史五卷 第267册
(宋)范坰 林禹撰
舊抄本
補遺一卷 第267册
(明)錢德洪撰
雜考一卷 第267册
(明)錢受徵輯
元和郡縣圖志四十卷目錄二卷 第267册
(唐)李吉甫纂修
明抄本
元和郡縣圖志四十卷目錄二卷 第267－268册
(唐)李吉甫纂修
清抄本
元和郡縣圖志四十卷目錄二卷 第268册
(唐)李吉甫纂修
清抄本
太平寰宇記二百卷目錄二卷 第269－270册

(宋)樂史撰
清抄本
[元豐]新定九域志十卷 第271册
(宋)王存等纂修
明秦氏雁里草堂烏絲欄抄本
輿地紀勝二百卷 第271－273册
(宋)王象之撰
清抄本
[乾道]四明圖經十二卷 第273册
(宋)張津等纂修
舊抄本
[淳熙]新安志十卷附錄一卷 第274册
(宋)羅願纂 趙不悔修
清嘉慶十七年刻本
[嘉泰]會稽志二十卷 第274册
(宋)沈作賓 施宿纂修
明正德五年石存禮刻本(卷一至四、七、十一、十三至十四抄配)
[嘉定]赤城志四十卷 第275册
(宋)陳耆卿纂修
明弘治十年謝鐸刻萬曆天啓遞修本
[紹定]吳郡志五十卷 第275册
(宋)范成大纂修 汪泰亨等續修
明毛氏汲古閣刻本
[淳祐]嚴州圖經□卷 第275册
(宋)劉文富纂修
清抄本
[淳祐]玉峰志三卷 第276册
(宋)淩萬頃 邊實纂修
清吳翌鳳手抄本
[咸淳]玉峰續志一卷 第276册
(宋)邊實纂修
[咸淳]臨安志一百卷 第276－277册
(宋)潛說友纂修
清里溪書屋烏絲欄抄本
[咸淳]臨安志一百卷 第277－278册
(宋)潛說友纂修
舊抄本
大元一統志一千卷 第278册
(元)孛蘭肹 岳鉉等纂修
元刻本
大元一統志一千卷 第278册
(元)孛蘭肹 岳鉉等纂修
清瞿氏鐵琴銅劍樓烏絲欄抄本
[至正]金陵新志十五卷 第279册
(元)張鉉纂修
元至正四年集慶路儒學溧陽州學溧

水州學刻明正德十五年南京國子監重修本
[至正]金陵新志十五卷　第279册
(元)張鉉纂修
元至正四年集慶路儒學溧陽州學溧水州學刻明正德十五年南京國子監重修本
[至正]崑山郡志六卷　第279册
(元)楊譓纂修
抄本
元河南志不分卷　第279册
抄本
寰宇通志一百十九卷　第279－281册
(明)陳循等纂修
明景泰內府刻本
大明一統名勝志二百八卷　第281－285册
(明)曹學佺撰
明崇禎三年自刻本
職方考鏡六卷　第285册
(明)盧傳印撰　盧奇刪補
明萬曆二十二年盧奇刻本
皇明職方兩京十三省地圖表三卷　第286册
(明)陳組綬撰
明崇禎九年刻本
順天府志不分卷　第286册
抄本
[萬曆]順天府志六卷　第286册
(明)沈應文　張元芳纂修
明萬曆刻本
[嘉靖]固安縣志九卷　第286册
(明)蘇志皋纂修
明嘉靖四十四年刻本
[崇禎]固安縣志九卷　第287册
(明)秦士奇纂修
明崇禎五年刻本
[萬曆]香河縣志十一卷　第287册
(明)沈惟炳纂修
明萬曆四十八年刻本
[崇禎]文安縣志八卷　第287册
(明)唐紹堯　紀大綱纂修
明崇禎刻本
[嘉靖]涿州志十二卷　第287册
(明)史直臣纂修
明嘉靖刻本
[萬曆]懷柔縣志四卷　第287册
(明)周仲士纂修
明萬曆三十二年刻本
[嘉靖]薊州志十八卷　第288册
(明)熊相纂修
明嘉靖三年刻本
[隆慶]豐潤縣志十三卷　第288册
(明)王納言　石邦政等纂修
明隆慶四年刻本
[萬曆]保定府志四十卷　第288－289册
(明)王國楨　王政熙等纂修
明萬曆三十五年刻本
[萬曆]雄乘二卷　第289册
(明)康功纂修
明萬曆十四年刻本
[萬曆]河間府志十五卷　第289－290册
(明)杜應芳　陳士彥等纂修
明萬曆四十三年刻本
[萬曆]河間乘史四卷附錄一卷　第290册
(明)趙完璧纂修
明萬曆刻本
[萬曆]任丘縣志八卷　第290册
(明)顧問纂修
明萬曆六年刻本
[萬曆]交河縣志七卷　第290册
(明)馬中良　蔣守倫纂修
明萬曆十六年刻本
[萬曆]寧津縣志八卷　第290册
(明)王良貴撰　張一通補訂
明萬曆十六年刻本
[隆慶]景州志六卷　第291册
(明)羅許　徐大佑纂修
明隆慶刻萬曆遞修本
[萬曆]故城縣志五卷　第291册
(明)周世選　夏維藩纂修　沈元昌等續修
明萬曆二十二年刻四十二年遞修本
[萬曆]滄州志八卷　第291册
(明)李夢熊　顧震宇等纂修
明萬曆三十一年刻本
[萬曆]慶雲縣志十卷　第291册
(明)楊州鶴　柯一泉纂修
明萬曆六年刻本
[嘉靖]真定府志三十三卷　第291－292册
(明)唐臣　雷禮等纂修
明嘉靖二十八年刻本
[萬曆]真定縣志八卷　第292册
(明)周應中　楊芳纂修
明萬曆五年刻本
[嘉靖]藁城縣志十卷　第292册
(明)李正儒纂修
明嘉靖十三年刻本
[嘉靖]南宮縣志五卷　第292册
(明)葉恒嵩　劉汀纂修
明嘉靖三十八年刻本
[嘉靖]新河縣志六卷　第293册
(明)蔡懋昭　徐應解纂修
明嘉靖四十三年刻本
[崇禎]隆平縣志九卷　第293册
(明)陳所學纂修
明崇禎二年刻本
[成化]順德府志十卷　第293册
明刻本
[隆慶]任縣志八卷　第293册
(明)衛鈞　楊來游纂修
明隆慶刻本
[崇禎]內邱縣志八卷　第293册
(明)高翔漢　喬中和纂修
明崇禎十五年刻本
[萬曆]廣宗縣志八卷　第293册
(明)馬協纂修
明萬曆二十六年刻本
[萬曆]廣平縣志五卷　第293册
(明)陳鑾纂修
明萬曆三十六年刻本
[萬曆]威縣志八卷　第293册
(明)張蒙正　姜允清纂修
明萬曆四十八年刻本
[萬曆]邯鄲縣志八卷　第293册
(明)張成教纂修
明萬曆元年刻清順治三年遞修本
[嘉靖]清河縣志四卷　第294册
(明)吳宗吉等纂修
明嘉靖四十四年刻本
[嘉靖]新修清豐縣志十六卷　第294册
(明)李汝寬　晁瑮纂修
明嘉靖三十七年刻本
[嘉靖]內黃志九卷　第294册
(明)張鵬　董弦等纂修
明嘉靖十六年刻本
[嘉靖]開州志十卷　第294册
(明)王崇慶纂修
明嘉靖十三年刻本

［嘉靖］長垣縣志九卷 第294册
（明）劉芳等纂修
明嘉靖二十年刻三十四年遞修本
［嘉靖］灤州志五卷 第294册
（明）陳士元纂修
明嘉靖二十七年刻本
［萬曆］永寧縣志六卷 第294册
（明）李體嚴等纂修
明萬曆三十年刻本
［萬曆］上元縣志十二卷 第295册
（明）程三省 李登纂修
明萬曆刻本
［萬曆］江寧縣志十卷 第295册
（明）石允珍 盛敏畊等纂修
明萬曆二十六年刻本
［弘治］溧陽縣志五卷 第295册
（明）符觀 汪淮等纂修
明弘治十一年刻本
［萬曆］溧水縣志八卷 第295册
（明）吳仕詮 黄汝金等纂修
明萬曆七年刻本
［崇禎］江浦縣志十二卷 第296册
（明）李維樾 沈孚中纂修
明崇禎十四年刻本
［嘉靖］六合縣志八卷 第296册
（明）董邦政 黄紹文纂修
明嘉靖刻本
［萬曆］六合縣志八卷 第296册
（明）李箴 黄驊纂修 張啓宗 施所學增補
明萬曆二年刻四十三年遞修本
［弘治］中都志十卷 第296－297册
（明）柳瑛纂修
明弘治元年刻隆慶萬曆遞修本
［天啓］鳳書八卷 第297册
（明）袁文新 柯仲烱纂修
明天啓元年刻本
帝鄉紀略十一卷 第298册
明萬曆二十七年刻本
［萬曆］鳳陽縣志六卷 第298册
（明）張雲翔 趙學之纂修
明萬曆六年刻本
［嘉靖］懷遠縣志二卷 第298册
（明）楊瞻纂修 孫維禮重修
明嘉靖十八年刻三十六年遞修本
［萬曆］懷遠縣志十二卷 第298册
（明）王存敬 孫秉陽纂修
明萬曆三十三年刻本
［嘉靖］壽州志八卷 第299册
（明）栗永祿纂修
明嘉靖二十九年刻本
［萬曆］霍丘縣志十卷 第299册
（明）楊其善纂修
明萬曆二十四年刻本
［嘉靖］皇明天長志七卷 第299册
（明）邵時敏 王心纂修
明嘉靖二十九年刻本
［弘治］直隸鳳陽府宿州志二卷 第299册
（明）曾顯纂修
明弘治十二年刻遞修本
［萬曆］宿州志二十六卷 第299册
（明）崔維嶽 汪文奎纂修
明萬曆二十四年刻本
［嘉靖］潁州志二卷 第300册
（明）李宜春纂修
明嘉靖二十六年刻本
［萬曆］太和縣志七卷 第300册
（明）劉岭 陳琯纂修
明萬曆二年刻本
［嘉靖］亳州志四卷 第300册
（明）李先芳纂修
明嘉靖四十三年刻本
［正德］淮安府志十六卷 第300册
（明）薛鍪 陳艮山纂修
明正德十三年刻本
［天啓］淮安府志二十四卷 第301册
（明）宋祖舜 方尚祖纂修
明天啓刻本
淮安府實錄備草二十二卷 第301册
（清）牟廷選 吳懷忠等纂修
藍格抄本
淮安府實錄備草二十二卷 第301册
（清）牟廷選 吳懷忠等纂修
藍格抄本
［嘉靖］清河縣志四卷續錄一卷 第301册
（明）孟仲遴纂修
明嘉靖三十年刻本
［萬曆］鹽城縣志十卷 第302册
（明）楊瑞雲 夏應星纂修
明萬曆十一年刻清順治十四年遞修本
［嘉靖］重修邳州志十卷 第302册
（明）楊輔 秦文淵纂修
明嘉靖十六年刻藍印本
［嘉靖］惟揚志三十八卷 第302册
（明）朱懷幹 盛儀纂修
清光緒二十一年影明抄本
［萬曆］揚州府志二十七卷首一卷 第302－303册
（明）楊洵纂修
明萬曆刻本
［隆慶］儀真縣志十四卷 第303册
（明）申嘉瑞纂修
清光緒十八年范若霖抄本
［萬曆］泰興縣志四卷 第304册
（明）陳繼疇 王稺登纂修
明萬曆刻本
［隆慶］高郵州志十二卷 第304册
（明）范惟恭 王應元纂修
明隆慶六年刻本
［嘉靖］興化縣志四卷 第304册
（明）胡順華纂修
明嘉靖刻本
［萬曆］興化縣志十卷 第304册
（明）歐陽東鳳 嚴錡纂修
明萬曆十九年刻本
［崇禎］泰州志十卷 第305册
（明）李自滋 劉萬春纂修
明崇禎六年刻本
［萬曆］如皋縣志十卷 第305册
（明）吕克孝等纂修
明萬曆四十六年刻本
［嘉靖］通州志六卷 第305册
（明）顧磐 林潁纂修
明嘉靖九年刻本
［萬曆］通州志八卷 第306册
（明）林雲程 沈明臣等纂修
明萬曆五年刻本
［嘉靖］海門縣志集六卷 第306册
（明）吳宗元 崔桐纂修
明嘉靖十六年刻本
［洪武］蘇州府志五十卷 第306－307册
（明）盧熊纂修
明洪武刻本
［正德］姑蘇志六十卷 第307－308册
（明）林世遠 王鏊纂修
明正德元年刻本
［崇禎］吳縣志五十四卷 第309－310册
（明）牛若麟 王煥如纂修
明崇禎十五年刻本

[隆慶]長洲縣志十四卷 第310册
(明)張德夫 皇甫汸纂修
明萬曆刻本(卷九至十四影抄配)
[隆慶]長洲藝文志十卷 第310册
張鳳翼等輯
[弘治]吴江志二十二卷 第311册
(明)莫旦纂修
明弘治元年刻本
[嘉靖]吴江縣志二十八卷 第311册
(明)曹一麟等纂修
明嘉靖四十年刻本
[嘉靖]常熟縣志十三卷 第311-312册
(明)馮汝弼 鄧韍纂修
明嘉靖十八年刻本(卷六至七配影抄本)
[萬曆]嘉定縣志二十二卷 第312册
(明)韓浚 張應武等纂修
明萬曆三十三年刻本
[崇禎]太倉州志十五卷 第313册
(明)錢肅樂 張采纂修
明崇禎十五年刻清康熙十七年遞修本
[正德]崇明縣重修志十卷 第313册
(明)陳文 黄章纂修
明正德刻本
[萬曆]新修崇明縣志十卷 第313册
(明)張世臣 陳宇俊纂修
明萬曆三十二年刻本
[正德]松江府志三十二卷 第314册
(明)陳威 顧清纂修
明正德七年刻本
[正德]華亭縣志十六卷 第314册
(明)聶豹 沈錫纂修
明正德十六年刻本
[萬曆]上海縣志十卷 第314册
(明)顔洪範 張之象纂修
明萬曆十六年刻本
[萬曆]青浦縣志八卷 第314册
(明)李官 王圻纂修
明萬曆刻本
[萬曆]重修常州府志二十卷 第315-316册
(明)劉廣生 唐鶴徵纂修
明萬曆四十六年刻本
[萬曆]武進縣志八卷 第316-317册
(明)晏文輝 唐鶴徵纂修
明萬曆三十三年刻本
[萬曆]無錫縣志二十四卷 第317册
(明)周邦傑 秦梁纂修
明萬曆二年刻本
[萬曆]宜興縣志十卷 第317册
(明)陳遴瑋 王升等纂修
明萬曆十八年刻本
荆溪外紀二十五卷 第318册
(明)沈敕撰
明嘉靖二十四年刻本
[嘉靖]江陰縣志二十一卷 第318册
(明)趙錦 張衮等纂修
明嘉靖二十六年刻萬曆遞修本
[萬曆]重修鎮江府志三十六卷 第318-319册
(明)王應麟 王樵纂修
明萬曆二十五年刻本
[正德]丹徒縣志四卷 第319册
(明)李東 楊琬等纂修
明正德十六年刻本
[隆慶]丹陽縣志十二卷 第319册
(明)馬豸 丁華陽等纂修
明隆慶三年刻本
鎮江府金壇縣采訪册不分卷 第320册
藍格抄本
[萬曆]廬州府志十三卷 第320册
(明)吴道明 杜璁等纂修
明萬曆三年刻本
[萬曆]合肥縣志二卷 第320册
(明)胡時化 魏豫之等纂修
明萬曆元年刻本
[萬曆]舒城縣志十卷 第320册
(明)陳魁士 劉大烈等纂修
明萬曆八年刻本
[嘉靖]無爲州志十卷 第320册
(明)吴臻 洪晅纂修
明正德十五年刻嘉靖遞修本
[隆慶]巢縣志七卷 第321册
(明)柳應候 陳九春纂修
明隆慶六年刻本
[嘉靖]六安州志三卷 第321册
(明)邵德久等纂修
明嘉靖三十四年刻本
[弘治]桐城縣志二卷 第321册
(明)陳勉 許浩纂修
明弘治三年刻本
[弘治]太平府志二十卷 第321册
(明)鍾珹纂修
明弘治刻本
[正德]池州府志十二卷 第321册
(明)何紹正 孫溥纂修
明正德十三年刻本
[萬曆]池州府志十卷 第321-322册
(明)李思恭 丁紹軾纂修
明萬曆四十年刻本
[萬曆]青陽縣志六卷 第322册
(明)蔡立身纂修
明萬曆二十二年刻本
[萬曆]銅陵縣志十卷 第322册
(明)熊藎臣 葛之穎纂修
明萬曆十五年刻本
[嘉靖]石埭縣志八卷 第323册
(明)黄鎣 馮光浙纂修
明嘉靖三十五年刻本
[萬曆]東流縣志十二卷 第323册
(明)汪文纂修
明萬曆二年刻本
[弘治]徽州府志十二卷 第323册
(明)彭澤 汪舜民纂修
明弘治十五年刻本
[嘉靖]徽州府志二十二卷 第324册
(明)何東序 汪尚寧纂修
明嘉靖四十五年刻本
新安志補八卷 第324册
(明)方信撰
明嘉靖四十一年刻本
[萬曆]祁門縣志四卷 第324册
(明)余士奇 謝存仁纂修
明萬曆二十七年刻本
[萬曆]祁門縣志四卷 第324册
(明)余士奇 謝存仁纂修
明萬曆二十七年刻清順治十年遞修本
[萬曆]績溪縣志十二卷 第324册
(明)陳嘉策 何棠纂修
明萬曆九年刻本
[正統]彭城志十九卷 第325册
(明)宋驥纂修
明烏絲欄抄本
[弘治]重修徐州志十卷 第325册
(明)馬暾纂修
明弘治七年刻本
[隆慶]豐縣志二卷 第325册
(明)尹梓 劉存義纂修
明隆慶三年刻萬曆遞修本
[萬曆]滁陽志十四卷 第325册
(明)戴瑞卿 李之茂纂修

明萬曆四十二年刻本
[萬曆]新修來安縣志十卷 第326册
(明)周之冕纂修
明天啓刻本
[正統]和州志五卷 第326册
(明)朱沅 陳鈞纂修
明正統六年刻本
[嘉靖]和州志八卷 第326册
(明)康誥 齊柯纂修
明萬曆三年刻本
[嘉靖]含山邑乘三卷 第326册
(明)牟蓁 蔣椿纂修
明嘉靖三十四年刻本
[嘉靖]廣德州志十卷 第327册
(明)朱麟 黄紹文纂修
明嘉靖十六年刻本
[嘉靖]建平縣志九卷 第327册
(明)連鑛 姚文燁纂修
明嘉靖十年刻本
[嘉靖]山東通志四十卷 第327－328册
(明)陸釴纂修
明嘉靖十二年刻本
[萬曆]章丘縣志三十四卷 第328册
(明)董復亨纂修
明萬曆二十四年刻本
[萬曆]淄川縣志三十七卷 第329册
(明)朱萬春 王教纂修
明萬曆刻本
[萬曆]齊東縣志二十九卷 第329册
(明)劉希夔纂修
明萬曆四十五年刻本
[萬曆]青城縣志二卷 第329册
(明)王儀 楊夢衮纂修
明萬曆刻本
[弘治]泰安州志十卷 第329册
(明)胡瑄 李錦纂修
明弘治元年刻本
[萬曆]德州志十二卷 第329册
(明)唐文華 李棆纂修
明萬曆刻天啓遞修本
[萬曆]平原縣志二卷 第329册
(明)劉思誠 高知止纂修
明萬曆十八年刻本
[萬曆]武定州志十五卷 第329册
(明)桑東陽 邢侗纂修
明萬曆十六年刻本
[萬曆]商河縣志十卷 第329册
(明)曾一侗纂修
明萬曆刻崇禎十年遞修本
[萬曆]濱州志四卷 第330册
(明)艾梅 毛似徐纂修
明萬曆十一年刻本
[萬曆]新修霑化縣志七卷 第330册
(明)段展 丁懋遜纂修
明萬曆四十七年刻本
[萬曆]蒲臺志十二卷 第330册
(明)王爾彦纂修
明萬曆十九年刻本
[嘉靖]鄒縣地理志四卷 第330册
(明)謝秉秀纂修
明嘉靖四年刻本
[萬曆]汶上縣志八卷 第330册
(明)栗可仕纂修
明萬曆三十六年刻本
[萬曆]沂州志十卷 第330－331册
(明)徐汝冀纂修
明萬曆三十六年刻本
[萬曆]東昌府志二十二卷 第331册
(明)王命爵 王汝訓纂修
明萬曆二十八年刻本
[萬曆]冠縣志六卷 第331册
(明)談自省 杜華先纂修
明萬曆三十七年刻本
[萬曆]丘縣志二卷 第332册
(明)侯國安 楊時中纂修
明萬曆四年刻本
[嘉靖]高唐州志七卷 第332册
(明)金江纂修
明嘉靖三十二年刻本
[萬曆]恩縣志六卷 第332册
(明)孫居相纂修
明萬曆二十六年刻本
[嘉靖]青州府志十八卷 第332册
(明)杜思 馮惟訥纂修
明嘉靖四十四年刻本
[萬曆]青州府志二十卷 第333册
(明)王家賓 鍾羽正纂修
明萬曆四十三年刻清康熙十二年遞修本
[萬曆]諸城縣志十二卷 第334册
(明)陳燁纂修
明萬曆刻本
[萬曆]萊州府志八卷 第334册
(明)龍文明 趙燿纂修
明萬曆三十二年刻本
[萬曆]濰縣志十卷 第334册
(明)劉廷錫纂修
明萬曆刻本
[萬曆]即墨志十卷 第335册
(明)許鋌 杜爲棟纂修
明萬曆七年刻本
[嘉靖]全遼志六卷 第335册
(明)李輔纂修
明嘉靖四十五年刻本
[成化]山西通志十七卷 第335－336册
(明)胡謐纂修
明成化十年刻本
[嘉靖]山西通志三十二卷 第337册
(明)楊宗氣 周斯盛纂修
明嘉靖四十三年刻本
[萬曆]太原府志二十六卷 第337－338册
(明)關廷訪纂修
明萬曆四十年刻本
[萬曆]榆次縣志十卷 第338册
(明)張鶴騰 褚鈇纂修
明萬曆三十七年刻本
[萬曆]忻州志四卷 第338册
(明)楊維嶽纂修
明萬曆刻本
[萬曆]代州志書二卷 第338册
(明)周弘禴纂修
明萬曆十四年刻本
[嘉靖]崞縣志八卷 第338册
(明)尹際可纂修
明嘉靖四十五年刻本
[萬曆]興縣志二卷 第338册
(明)朱學介 縱純纂修
明萬曆五年刻本
[萬曆]平陽府志十卷 第339册
(明)傅淑訓 曹樹聲纂修
明萬曆四十三年刻清順治二年遞修本
[萬曆]臨汾縣志九卷 第339册
(明)邢雲路纂修
明萬曆十九年刻本
[隆慶]襄陵縣志十二卷 第340册
(明)呂調元纂修
明隆慶二年刻本
[萬曆]靈石縣志四卷 第340册
(明)路一麟纂修
明萬曆二十九年刻本

[嘉靖]蒲州志三卷 第340册
(明)邊像纂修
明嘉靖三十八年刻本
[萬曆]汾州府志十六卷 第340册
(明)王道一纂修
明萬曆三十七年刻本
[弘治]潞州志十二卷 第340－341册
(明)馬暾纂修
明弘治八年刻本
[正德]長子縣志□卷 第341册
(明)王希賢纂修
明正德八年刻本
[萬曆]懷仁縣志二卷 第341册
(明)楊守介纂修
明萬曆二十九年刻本
[萬曆]渾源州志□卷 第341册
(明)趙之韓 王濬初纂修
明萬曆三十九年刻本
[萬曆]應州志六卷 第341册
(明)田蕙纂修
明萬曆二十七年刻本
[萬曆]馬邑縣志二卷 第341册
(明)宋子質纂修
明萬曆三十六年刻本
[萬曆]澤州志十八卷 第342册
(明)傅淑訓纂修
明萬曆刻本
[成化]河南總志十九卷 第342－343册
(明)胡謐纂修
明成化二十年刻本
[嘉靖]河南通志四十五卷
第344－345册
(明)李濂纂修
明嘉靖三十五年刻本
[萬曆]開封府志三十四卷 第345册
(明)朱睦㮮纂修
明萬曆十三年刻本
[嘉靖]尉氏縣志五卷 第345册
(明)汪心纂修
明嘉靖二十七年刻本
[正德]中牟縣志七卷 第345册
(明)韓思忠纂修
明正德十年刻本
[天啓]中牟縣志五卷 第345册
(明)段耀然纂修
明天啓六年刻本
[萬曆]陽武縣志八卷 第345册
(明)王東魯纂修
明萬曆十九年刻本
[萬曆]原武縣志二卷 第346册
(明)張祥 閻邦寧纂修
明萬曆二十二年刻本
[萬曆]項城縣志十卷 第346册
(明)王欽誥纂修
明萬曆刻本
[永樂]潁川郡志十七卷 第346册
(明)陳璉纂修
明永樂十一年刻本
[嘉靖]臨潁志八卷 第346册
(明)杜柟纂修
明嘉靖刻本
[嘉靖]滎陽縣志二卷 第346册
明藍格抄本
[嘉靖]汜水縣志六卷 第346册
(明)蕭珮纂修
明藍格抄本
[隆慶]登封縣志十卷 第346册
(明)李明通纂修
明隆慶三年刻本
[嘉靖]歸德府志八卷 第346册
(明)李嵩纂修
明嘉靖刻本
[嘉靖]夏邑縣志八卷 第347册
(明)鄭相 黄虎臣纂修
明嘉靖二十七年刻本
[弘治]睢州志九卷 第347册
(明)李孟暘纂修
明藍格抄本
[嘉靖]柘城縣志十卷 第347册
(明)壽濂纂修
明藍格抄本
[萬曆]新蔡縣志八卷 第347册
(明)劉大恩纂修
明萬曆刻本
[正統]南陽府志十二卷 第347册
(明)康孔高 金福纂修
明正統元年刻本
[萬曆]南陽府志十八卷 第347册
(明)李廷龍纂修
明萬曆五年刻本
[成化]内鄉縣志六卷 第347册
(明)胡臣纂修
明成化二十一年刻本
[嘉靖]裕州志六卷 第348册
(明)牛孟耕纂修
明嘉靖刻本
[嘉靖]葉縣志四卷 第348册
(明)邵苾 牛鳳纂修
明嘉靖二十一年刻本
[嘉靖]懷慶府志十三卷 第348册
(明)孟重 劉涇纂修
明嘉靖四十五年刻本
[萬曆]武陟志七卷 第348册
(明)秦之英 趙五臣纂修
明萬曆十九年刻本
[萬曆]溫縣志二卷 第348册
(明)張第纂修
明萬曆五年刻本
[萬曆]胙城縣志八卷 第348册
(明)楊嘉言纂修
明萬曆九年刻本
[萬曆]獲嘉縣志十卷續貂剩技一卷
第348册
(明)張蘊道 陳禹謨纂修
明萬曆刻本
[嘉靖]淇縣志十卷 第348册
(明)劉鉅纂修 劉伯璋重訂
明嘉靖十年刻二十四年遞修本
[萬曆]林縣志八卷 第349册
(明)郝持纂修
明萬曆刻本
[嘉靖]陝西通志四十卷 第349－350册
(明)趙廷瑞 馬理纂修
明嘉靖二十一年刻本
雍勝略二十四卷 第350册
(明)李應祥纂修
明萬曆二十五年西安刻本
[嘉靖]涇陽縣志十二卷 第351册
(明)李錦纂修
明嘉靖二十六年刻本
[隆慶]藍田縣志二卷 第351册
(明)李東 李進思纂修
明隆慶五年刻本
[嘉靖]高陵縣志七卷 第351册
(明)吕柟纂修
明嘉靖二十年刻本
[萬曆]富平縣志十卷 第351册
(明)孫丕揚纂修
明萬曆十二年刻本
[成化]重修三原志十六卷 第351册
(明)朱昱纂修 林洪博重訂

明成化刻遞修本
[嘉靖]重修三原志十六卷 第352册
(明)朱昱纂修 (明)張信續纂
明嘉靖十四年刻本
[嘉靖]醴泉縣志四卷 第352册
(明)夾璋纂修
明嘉靖十四年刻本
[隆慶]華州志二十四卷 第352册
(明)李可久 張光孝纂修
明隆慶六年刻本
[萬曆]華陰縣志九卷 第352册
(明)王九疇 張毓翰纂修
明萬曆四十二年刻本
[嘉靖]商略商南縣集八卷 第352册
(明)任慶雲纂修
明嘉靖三十一年刻本
[天啓]同州志十八卷 第353册
(明)馬朴纂修
明天啓五年刻本
[萬曆]續朝邑縣志八卷 第353册
(明)王學謨纂修
明萬曆十二年刻本
[嘉靖]郃陽縣志二卷 第353册
(明)藺世賢纂修
明嘉靖二十年刻本
[萬曆]韓城縣志八卷 第353册
(明)張士佩纂修
明萬曆三十五年刻本
[萬曆]白水縣志六卷 第353册
(明)劉夢陽纂修
明萬曆三十七年刻本
[嘉靖]耀州志十一卷五臺山志一卷
第353册
(明)喬世寧纂修
明嘉靖三十六年刻本
[萬曆]同官縣志十卷 第353册
(明)劉澤遠 寇慎纂修
明萬曆四十六年刻崇禎十三年遞修本
[崇禎]乾州志二卷 第354册
(明)楊殿元纂修
明崇禎六年刻本
[隆慶]淳化志八卷 第354册
(明)羅廷繡纂修
明隆慶四年刻本
[嘉靖]漢中府志十卷 第354册
(明)張良知纂修
明嘉靖二十三年刻本

[弘治]延安府志八卷 第354册
(明)楊懷纂修
明弘治十七年刻本
[萬曆]新修安定縣志七卷 第354册
(明)惲應翼纂修
明萬曆二十五年刻本
[嘉靖]平涼府志十三卷 第354－355册
(明)趙時春纂修
明嘉靖三十九年刻本
[嘉靖]明固原州志二卷 第355册
(明)楊經纂修
明嘉靖十一年刻本
[萬曆]固原州志二卷 第355册
(明)劉敏寬纂修
明萬曆四十四年刻本
[萬曆]重修漢陰縣志六卷 第355册
(明)張啓蒙 柏可用等纂修
明萬曆四十六年刻本
[萬曆]朔方新志五卷 第355册
(明)楊壽纂修
明萬曆四十五年刻本
[萬曆]四川總志二十七卷
第356－357册
(明)吴之皞 杜應芳纂修
明萬曆四十七年刻本
[嘉靖]保寧府志十四卷 第357册
(明)楊思震纂修
明嘉靖二十二年刻本
[嘉靖]江西通志三十七卷
第357－358册
(明)林廷 周廣纂修
明嘉靖刻本
[嘉靖]江西省大志七卷 第358册
(明)王宗沐纂修
明嘉靖刻本
[嘉靖]進賢縣志八卷 第358册
(明)汪集 萬浩纂修
明嘉靖四十二年刻本
[嘉靖]靖安縣志六卷 第358册
(明)趙公輔 吳錩纂修
明嘉靖四十四年刻本
[崇禎]瑞州府志二十四卷 第359册
(明)陶履中纂修
明崇禎元年刻本
[嘉靖]上高縣志二卷 第359册
(明)陳廷舉 鄭廷俊纂修
明嘉靖三十三年刻本

[萬曆]彭澤縣志九卷 第359册
(明)葉朝榮 戴振亨纂修
明萬曆十年刻本
[萬曆]建昌縣志十卷 第360册
(明)蒲秉權 徐中素纂修
明萬曆四十六年刻本
[萬曆]泰和志十卷 第360册
(明)唐伯元 梁庚纂修
明萬曆六年刻本
[嘉靖]臨江府志九卷 第360册
(明)徐顥 陳德文纂修
明嘉靖十五年刻本
[崇禎]清江縣志八卷 第360册
(明)秦鏞纂修
明崇禎十五年刻本
[萬曆]寧都縣志八卷 第361册
(明)莫應奎 吳天德纂修
明萬曆二十年刻本
[萬曆]瑞金縣志十一卷 第361册
(明)堵奎臨 楊可依纂修
明萬曆三十一年刻本
[嘉靖]崇義縣志二卷 第361册
(明)王廷耀 鄭喬纂修
明嘉靖三十一年刻本
[正統]嘉魚縣志三卷 第361册
(明)莫震 孫允恭纂修
明正統十四年刻本
[嘉靖]興國州志七卷 第361册
(明)唐寧 林愛民纂修
明嘉靖三十三年刻藍印本
[萬曆]黄岡縣志十卷 第361册
(明)毛瑞徵 呂元音纂修
明萬曆三十六年刻本
[嘉靖]黄陂縣志三卷 第362册
(明)李河圖 俞貢纂修
明嘉靖三十五年刻本
[嘉靖]隨志二卷 第362册
(明)任德 顏木纂修
明嘉靖十八年刻本
[隆慶]岳州府志十八卷 第362册
(明)李元芳 鍾崇文纂修
明隆慶刻本
[嘉靖]荆州府志十二卷 第362册
(明)孫存纂修
明嘉靖十一年刻本
[成化]公安縣志二卷 第363册
(明)魏奇 梁善纂修

[弘治]長樂縣志八卷 第382册
(明)王渙 劉則和纂修
明弘治十六年刻本
[嘉靖]羅川志四卷 第382册
(明)高相纂修
明嘉靖二十四年刻本
[萬曆]羅源縣志八卷 第383册
(明)陳良諫纂修
明萬曆刻本
[萬曆]古田縣志十四卷 第383册
(明)劉曰暘 陳薦夫纂修 (明)王繼祀增修
明萬曆三十四年刻本
[弘治]建寧府志六十卷 第383册
(明)劉璵 賈暹纂修
明弘治六年刻本
[萬曆]政和縣志八卷 第384册
(明)車鳴時纂修
明萬曆三十七年刻本
[萬曆]將樂縣志十二卷首一卷 第384册
(明)黄仕禎 黄元美纂修
明萬曆十三年刻本
[嘉靖]尤溪縣志七卷 第384册
(明)李文兗 田頊纂修
明嘉靖六年刻本
[弘治]汀州府志十八卷附録一卷 第384册
(明)吳文度 杜觀光纂修
明弘治十年刻本
[正德]歸化縣志書十卷 第384册
(明)楊縉纂修
明正德刻本
[萬曆]邵武府志六十四卷 第385-386册
(明)韓國藩 侯衮纂修
明萬曆四十七年刻本
[嘉靖]惠安縣志十三卷 第386册
(明)莫尚簡 張岳纂修
明嘉靖九年刻本
[正德]永春縣志九卷 第386册
(明)林希元纂修
抄本
[嘉靖]德化縣志十卷 第386册
(明)劉晃 蔣孔煬纂修
明嘉靖十年刻本
[嘉靖]龍巖縣志二卷 第386册
(明)湯相 莫亢纂修
明嘉靖三十七年刻本
[萬曆]南靖縣志十卷 第386册
(明)陳宗愈 王人聘纂修
明萬曆二十六年刻本
[萬曆]福寧州志十六卷 第387册
(明)殷之輅 朱梅纂修
明萬曆刻本
[嘉靖]寧德縣志四卷 第387册
(明)閔文振纂修
明嘉靖十七年刻本
[萬曆]寧德縣志八卷 第387册
(明)舒應元 陳琯纂修
明萬曆十九年刻本
[萬曆]南海縣志十三卷 第387-388册
(明)劉廷元 王學曾纂修
明萬曆三十七年刻本
[萬曆]順德縣志十卷 第388册
(明)葉春及纂修
明萬曆十三年刻本
[天順]盧中丞東莞舊志十二卷 第388册
(明)盧祥纂修
明刻本
[萬曆]新會縣志七卷 第388册
(明)王命璿 黄淳纂修
明萬曆三十七年刻本
[嘉靖]韶州府志十卷 第389册
(明)符錫纂修
明嘉靖二十一年刻本
[隆慶]潮陽縣志十五卷 第389册
(明)黄士龍 林大春纂修
明隆慶六年刻本
[萬曆]普寧縣志略十卷 第389册
(明)黄秉中 阮以臨纂修
藍格舊抄本
[萬曆]西寧縣志十卷 第389册
(明)林致禮 朱潤纂修
明萬曆二十年刻本
[嘉靖]大理府志十卷 第389册
(明)李元陽纂修
明嘉靖四十二年刻本
[崇禎]重修鄧川州志十五卷 第389册
(明)敖浤貞 艾自修纂修
南明隆武二年刻本
宣府鎮志四十二卷 第389-390册
(明)孫世芳纂修
明嘉靖四十年刻本
肅鎮華夷志四卷 第390册
(明)李應魁纂修
明萬曆刻本
西關志三十二卷 第390册
(明)王士翹撰
明嘉靖二十七年刻本
皇明九邊考十卷 第391册
(明)魏煥撰
明嘉靖二十一年刻本
籌邊纂議八卷 第391册
(明)鄭文彬撰
明萬曆十九年刻本
全邊略記十二卷 第391-392册
(明)方孔炤撰
明崇禎元年刻本
修攘通考六卷 第392册
(明)何鏜撰
明萬曆六年刻本
四川土夷考四卷 第392册
(明)蘇希撰
明萬曆刻本
溫處海防圖略二卷 第392册
(明)蔡逢時撰
明萬曆二十四年刻本
海防纂要十三卷 第393册
(明)王在晉撰
明萬曆四十一年刻本
龍虎山志三卷續编一卷 第393册
(元)元明善撰 (元)周召撰續編
元刻本
茅山志十五卷 第393册
(元)劉大彬撰
明永樂刻本
京口三山志十卷鹿泉寺志一卷鶴林寺志一卷 第394册
(明)張莱 (明)高一福撰
明正德七年刻萬曆遞修本
金山集三卷附録二卷 第394册
(明)釋圓濟編
明嘉靖刻本
牛首山志二卷 第394册
(明)盛時泰撰
明萬曆七年刻本
獻花巖志一卷附詩一卷 第394册
(明)陳沂撰 (明)歐陽廞輯
明萬曆三十一年刻本

明嘉靖三十八年刻本
關中書院志九卷 第408册
(明)何載圖等撰
明萬曆刻本
湯陰精忠廟志十卷 第408册
(明)張應登撰
明萬曆十五年刻本
宋康惠公祠志二卷 第408册
(明)吳思學撰
明萬曆二十三年刻本
鶴林寺志一卷 第408册
(明)釋明賢撰
明萬曆四十二年刻本
常熟縣破山興福寺志五卷 第408册
(明)程嘉燧撰
明崇禎十五年刻本
東西洋考十二卷 第408册
(明)張燮撰
明萬曆四十六年王起宗刻本
西事珥六卷嶠南瑣記二卷 第409册
(明)魏濬撰
明萬曆四十年刻本
西事珥八卷 第409册
(明)魏濬撰
清樸學齋烏絲欄抄本
越嶠書二十卷 第409册
(明)李文鳳撰
舊抄本
大唐六典三十卷 第410－411册
唐玄宗李隆基撰 (唐)李林甫等注
明正德十年席書、李承勛刻本
中興館閣録十卷 第411册
(宋)陳騤撰
清袁氏貞節堂藍格抄本
祕書監志十一卷 第411册
(元)王士點 商企翁撰
藍格抄本
諸司職掌十卷 第411册
明太祖朱元璋撰
明洪武二十六年内府刻本
諸司職掌十卷 第411册
明太祖朱元璋撰
明初刻本
諸司職掌十卷 第411册
明太祖朱元璋撰
明刻本

大明一統文武諸司衙門官制十六卷 第412册
明嘉靖二十年焦璉、祝詠刻本
太常總覽六卷 第412册
(明)倪嵩撰
明朱絲欄抄本
南雍志二十四卷 第412册
(明)黄佐撰
朱絲欄抄本
續南雍志十八卷 第413册
(明)黄儒炳撰
明天啓六年南京國子監刻本
皇明太學志十二卷 第413－414册
(明)王材 郭鎜等撰
明嘉靖三十六年刻隆慶萬曆遞修本
品級考二卷 第414册
(明)劉元霖等撰
舊抄本
官爵志三卷 第414册
(明)徐石麒撰
抄本
三事忠告三卷 第414册
(元)張養浩撰
明洪武二十七年黄褧刻本
御世仁風四卷 第414册
(明)金忠輯
明萬曆四十八年刻本
牧津四十四卷 第414－415册
(明)祁承㸁撰
明天啓四年刻本
通典二百卷 第416册
(唐)杜佑撰
宋刻元元統三年江浙等處儒學重修本
通典二百卷 第416－418册
(唐)杜佑撰
明抄本
增入諸儒議論杜氏通典詳節四十二卷 第418册
元刻本
文獻通考三百四十八卷 第419－420册
(元)馬端臨撰
元泰定元年西湖書院刻本
唐會要一百卷 第420－421册
(宋)王溥撰
清康熙抄本
五代會要三十卷 第422册
(宋)王溥撰

舊抄本
建炎以來朝野雜記甲集二十卷 第422册
(宋)李心傳撰
清乾隆三十一年鮑廷博抄本
建炎以來朝野雜記乙集二十卷 第422册
(宋)李心傳撰
清乾隆四十年至四十四年吳翌鳳抄本
建炎以來朝野雜記甲集二十卷乙集二十卷 第423册
(宋)李心傳撰
清嘉慶六年錢氏萃古齋烏絲欄抄本
國朝冊府畫一元龜甲集□□卷乙集七十四卷 第423－424册
明烏絲欄抄本
皇明祖訓一卷 第424册
明太祖朱元璋撰
明洪武禮部刻本
皇明祖訓錄一卷 第424册
明太祖朱元璋撰
明抄本
存心錄□□卷 第424册
(明)劉三吾等撰
明洪武刻本
嘉靖敕議一卷 第424册
明抄本
明倫大典二十四卷 第424册
(明)楊一清 熊浹等纂修
明嘉靖八年刻本
三朝要典二十四卷原始一卷 第425册
(明)顧秉謙 徐紹言等纂修
明天啓刻本
三朝要典二十四卷原始一卷 第425－426册
(明)顧秉謙 徐紹言等纂修
明刻本
大明會典二百二十八卷 第426－430册
(明)申時行 趙用賢等纂修
明内府朱絲欄抄本
皇明藩府政令六卷 第431册
(明)皇甫録輯
明朱絲欄抄本
國朝典彙二百卷 第431－434册
(明)徐學聚撰
明天啓四年徐與參刻本
皇明經世實用編二十八卷首一卷 第435册
(明)馮應京撰

史談補五卷　第465册
(明)楊一奇撰 陳簡增補
明萬曆二十五年陳氏刻本
讀史商語四卷　第465册
(明)王志堅撰
明萬曆四十七年刻本
秋士史疑四卷　第466册
(明)宋孝標撰
明崇禎二年宋氏君子堂刻本
六月譚□卷　第466册
(明)茅元儀撰
明崇禎刻本
漢雋十卷　第466册
(宋)林鉞撰
明萬曆十二年呂元刻本
漢雋十卷　第466册
(宋)林鉞撰
明萬曆二十六年孫平仲刻本
東萊呂氏東漢精華十四卷　第466册
(宋)呂祖謙輯
明嘉靖二十六年唐藩朱彌鍉刻本
元史略四卷　第466册
(明)梁寅撰
明洪武刻本
元史節要二卷釋文一卷　第467册
(明)張美和輯
明洪武三十年建安書堂刻本
元史節要二卷釋文一卷　第467册
(明)張美和輯
明洪武三十年建安書堂刻本
通鑑總類二十卷　第467－468册
(宋)沈樞輯
元至正二十三年吳郡庠刻本
古今紀要十九卷　第468册
(宋)黃震撰
明初刻本
歷代十八史略十卷　第468册
(元)曾先之撰
元至正二年四明郡齋刻本
立齋先生標題解注釋文十八史略□卷　第469册
(元)曾先之撰 (明)陳殷注
明刻本
天運紹統一卷　第469册
(明)朱權撰
明永樂四年刻本
古史談苑三十六卷　第469册
(明)錢世揚撰
明萬曆四十三年張旉孟刻本
史裁二十六卷　第470册
(明)吳士奇輯
明萬曆三十年吳勉學刻本
史觿十七卷　第470册
(明)謝肇淛撰
明崇禎三年黃氏景晉齋刻本
讀史蒙拾一卷　第470册
(清)王士祿輯
舊抄本

子部

孔子家語十卷　第471册
題(魏)王肅注
日本寬永十五年風月宗智刻本
孔聖家語圖十一卷　第471册
(明)吳嘉謨輯
明萬曆十七年自刻本
賈長沙集十卷　第471册
(漢)賈誼撰
明成化十九年喬縉刻本
鹽鐵論十卷　第471册
(漢)桓寬撰
清黃氏士禮居抄本
劉向新序十卷　第471册
(漢)劉向撰
明刻本
說苑二十卷　第471－472册
(漢)劉向撰
宋咸淳元年鎮江府學刻元明遞修本
劉向說苑二十卷　第472册
(漢)劉向撰
明初刻本
劉向說苑二十卷　第472册
(漢)劉向撰
明刻本
劉向說苑二十卷　第472册
(漢)劉向撰
明刻本
忠經一卷　第472册
題(漢)馬融撰
明嘉靖三十四年益藩舒城王府刻本
河南程氏遺書二十五卷附錄一卷　第472册
(宋)朱熹輯
宋刻元修本
晁氏儒言一卷　第472册
(宋)晁說之撰
明嘉靖三十三年晁瑮寶文堂刻本
童蒙訓三卷　第472册
(宋)呂本中撰
宋紹定二年李埴刻本
新刊分類近思錄十四卷　第473册
(宋)朱熹 呂祖謙撰 葉采集解 周公恕類編
明刻本
近思錄十四卷　第473册
(宋)朱熹 呂祖謙撰 葉采集解
明正統元年朝鮮活字本
文公小學六卷　第473册
(宋)朱熹撰
明刻本
晦庵先生朱文公語錄四十三卷　第473册
(宋)李道傳編
宋刻本
晦庵先生朱文公語錄四十三卷　第473册
(宋)李道傳編
明抄本
朱子成書十卷　第474册
(元)黃瑞節輯
元至正元年日新書堂刻本
朱子成書十卷　第474册
(元)黃瑞節輯
明景泰元年善敬書堂刻本
類編標注文公先生經濟文衡前集二十五卷後集二十五卷續集二十二卷　第474册
(宋)滕珙編
元刻本
潛室陳先生木鐘集十一卷　第474册
(宋)陳埴撰
明劉氏慎獨齋刻本
潛室陳先生木鐘集十一卷　第474册
(宋)陳埴撰
抄本
西山讀書記乙集上大學衍義四十三卷　第475册
(宋)真德秀撰
宋刻元修本
大學衍義四十三卷　第475册
(宋)真德秀撰
元刻本
西山先生真文忠公讀書記□□卷　第475册

明崇禎七年刻本
養民月宜一卷 第489册
明刻本
救荒本草二卷 第489册
（明）朱橚撰
明萬曆十四年刻本
王西樓先生野菜譜一卷 第489册
（明）王磐撰
明萬曆十四年張氏谿雲閣刻本
野菜博錄三卷 第489册
（明）鮑山撰
明天啓二年鮑氏刻本
重廣補注黄帝内經素問二十四卷 第490册
（唐）王冰注（宋）林億等校正 孫兆改誤
明嘉靖二十九年顧從德覆宋刻本
補註釋文黄帝内經素問十二卷遺篇一卷 第490册
（唐）王冰注（宋）林億等校正 孙兆改誤
明趙府居敬堂刻本
仲景全書二十六卷 第491册
（漢）張機撰
明萬曆二十七年趙開美刻本
葛仙翁肘後備急方八卷 第491册
題（晉）葛洪撰（梁）陶弘景增補
明刻本
千金翼方三十卷 第491－492册
（唐）孫思邈撰
明萬曆三十三年王肯堂刻本
大德重校聖濟總錄二百卷 第492册
明烏絲欄抄本
重修政和經史證類備用本草三十卷 第493册
（宋）唐慎微撰 寇宗奭衍義
蒙古定宗四年張存惠晦明軒刻本
類症普濟本事方十卷 第493册
（宋）許叔微撰
清王陳梁刻本
幼幼新書四十卷拾遺方一卷 第493－494册
（宋）劉昉撰
明萬曆十四年陳履端刻本
新刊婦人良方補遺大全二十四卷 第495册
（宋）陳自明撰（明）熊宗立補遺
明天順八年熊氏種德堂刻本
女科萬金方不分卷 第495册
（宋）薛古愚撰
明崇禎二年抄本
壽親養老書一卷 第495册
（宋）陳直撰
清經鉏堂藍格抄本
蘭室祕藏三卷 第495册
（金）李杲撰
元刻本
永類鈐方二十二卷 第495册
（元）李仲南撰
元刻本
新刊仁齋直指方論二十六卷 第495册
（宋）楊士瀛撰
元環溪書院刻本
玉機微義五十卷 第495册
（明）徐彦純輯 劉純續
明初刻本
玉機微義五十卷 第495－496册
（明）徐彦純輯 劉純續
明正統四年陳有戒刻本
心印紺珠經二卷 第496册
（明）李湯卿撰
明嘉靖二十六年趙瀛刻本
袖珍方四卷 第496－497册
（明）李恒撰
明正德四年廖氏刻本
魁本袖珍方大全四卷 第497册
（明）李恒撰
明刻本
衛生易簡方十二卷附錄一卷 第497册
（明）胡濙撰
明嘉靖四十一年刻本
太醫院經驗奇效良方大全六十九卷 第498册
（明）方賢撰
明朱絲欄抄本
全幼心鑑四卷 第498册
（明）寇平撰
明成化四年寇氏寶幼堂刻本
元敖氏傷寒金鏡錄一卷 第499册
題（元）杜本撰
明嘉靖三十八年馬崇儒刻本
醫學綱目四十卷運氣占候一卷 第499－500册
（明）樓英撰
明嘉靖四十四年曹灼刻本
本草綱目五十二卷附圖二卷瀕湖脉學一卷脉訣考證一卷奇經八脉考一卷 第501－503册
（明）李時珍撰
明萬曆三十一年張鼎思刻本
仁術便覽四卷 第504册
（明）張浩撰
明萬曆十三年刻本
本草原始十二卷 第504册
（明）李中立撰
明萬曆四十年刻本
醫家二要三卷 第504册
（明）嚴治撰
明崇禎刻本
痘疹世醫心法十二卷痘疹格致要論十一卷痘疹碎金賦二卷 第504－505册
（明）萬全撰
明萬曆二十九年秦大夔刻本
痘疹格致要論十一卷 第505册
（明）萬全撰
明刻本
祕傳經驗痘疹不分卷 第505册
明刻本
經絡箋注二卷 第505册
（明）韋編撰
明抄本
食物輯要八卷 第505册
（明）穆世錫撰
明萬曆四十二年自刻本
孫真人海上仙方一卷 第505册
清經鉏堂藍格抄本
溫隱居海上仙方一卷 第505册
（宋）溫大明撰
清經鉏堂藍格抄本
新刻養生導引法一卷 第505册
清經鉏堂藍格抄本
新刻保生心鑑一卷 第505册
清經鉏堂藍格抄本
蕃牧纂驗方□卷 第505册
（宋）王愈撰
元刻本
新刊監本安驥藥方□卷 第505册
元刻本
大宋寶祐四年丙辰歲會天萬年具注曆一卷 第505册
（宋）荆執禮等編

清抄本

大統曆註不分卷 第 506 册
清抄本

重刊革象新書二卷 第 506 册
（元）趙友欽撰 （明）王禕刪定
明正德十五年宣威公署刻本

西域曆法通徑□□卷 第 506 册
（明）劉信撰
明烏絲欄抄本

會同寶章一卷 第 506 册
明烏絲欄抄本

大統日出分不分卷 第 506 册
明烏絲欄抄本

古今律曆考七十二卷 第 506 - 507 册
（明）邢雲路撰
明萬曆二十八年徐安刻本

測圓海鏡分類釋術十卷 第 507 册
（元）李冶撰 （明）顧應祥釋術
清抄本

太玄經十卷說玄一卷釋文一卷 第 508 册
（漢）揚雄撰 （晉）范望解贊 （唐）王涯撰釋文
明楊爾賢玉鏡堂刻本

天原發微□卷 第 508 册
（宋）鮑雲龍撰
元刻本

天原發微五卷圖一卷篇目名義一卷附問答節要一卷 第 508 册
（宋）鮑雲龍撰 （明）鮑寧辨正
明天順五年鮑氏耕讀書堂刻本

天原發微五卷圖一卷篇目名義一卷附問答節要一卷 第 508 册
（宋）鮑雲龍撰 （明）鮑寧辨正
明嘉靖二十九年秦藩刻本

天原發微□□卷 第 509 册
（宋）鮑雲龍撰
明抄本

靈臺祕苑十五卷 第 509 册
（宋）王安禮 歐陽發等看詳
抄本

玉曆通政經不分卷 第 509 册
題（唐）李淳風撰
明藍格抄本

觀象玩占五十卷 第 509 册
題（唐）李淳風撰
明初刻本

觀象玩占四十八卷拾遺一卷 第 509 - 510 册
題（唐）李淳風撰
明藍格抄本（卷六至十以舊抄配）

聖宋景祐乾象新書三十卷拾遺不分卷 第 510 册
題（宋）楊惟德等撰
明藍格抄本

大明清類天文分野之書二十四卷 第 511 册
（明）劉基等纂修
明洪武刻本

大統通占□□卷 第 511 - 512 册
（明）劉哲撰
明抄彩繪本

太乙集成不分卷 第 512 册
明内府抄彩繪本

戎事類占二十一卷 第 512 册
（元）李克家撰
明萬曆刻本

易林四卷 第 512 册
題（漢）焦延壽撰 （明）鍾惺評
明末刻本

黃帝周書祕奧八卷 第 512 册
元刻本

記師口訣節文一卷 第 513 册
明正德七年刻本

地理囊金集注一卷 第 513 册
（明）謝昌撰
清初毛氏汲古閣影明抄本

堪輿倒杖訣一卷 第 513 册
（唐）謝和卿撰 （明）高懋解
清初毛氏汲古閣影明抄本

堪輿說原一卷 第 513 册
（明）方□撰
清初毛氏汲古閣抄本

地理正宗集要八卷 第 513 册
（明）馬森撰
明萬曆二年刻本

祝氏天機人倫選擇一卷 第 513 册
清經鉏堂藍格抄本

五行精記三十四卷 第 513 册
（宋）廖中撰
清張氏小琅嬛福地抄本

刻京臺增補淵海子平大全六卷 第 513 册
（明）李欽輯
明萬曆二十八年劉龍田喬山堂刻本

鍥王氏祕傳知人風鑑源理相法全書十卷 第 513 - 514 册
（明）王文潔撰
明萬曆二十七年劉朝琯安正堂刻本

景祐太一福應集要十卷 第 514 册
（宋）楊惟德等撰
明烏絲欄抄本

統曆彙集元龜□□卷 第 514 - 515 册
明抄本

胡先生陰陽備用□□卷 第 515 册
元刻本

太乙統宗寶鑑二十卷 第 515 册
（元）曉山老人撰
清抄本

臞仙肘後經二卷 第 515 册
（明）朱權撰
明初刻本

五行類事占徵驗六卷 第 516 册
明藍格抄本

諏擇祕典二卷諏擇曆眼十二卷 第 516 册
（明）黃汝和撰
明天啓三年黃氏刻本

遁甲日用涓吉奇門五總龜二卷 第 517 册
明刻本

重訂萬化仙禽不分卷 第 517 册
明萬曆元年何承勛刻本

七元甲子七卷 第 517 册
抄本

夢林玄解三十四卷首一卷 第 517 - 518 册
題（宋）邵雍纂輯 （明）陳士元增刪 何棟如重輯
明崇禎九年何氏刻本

法書要錄十卷 第 518 册
（唐）張彥遠輯
明刻本

宣和書譜二十卷宣和畫譜二十卷 第 519 册
明嘉靖刻本

書學會編四卷 第 519 册
（明）黃瑜編
明天順元年黃氏刻本

珊瑚木難八卷 第 519 册
（明）朱存理輯
清抄本

墨池瑣錄三卷 第 519 册
（明）楊慎撰

花田紀事六卷花田續紀二十四卷 第537册
(明)李茂春撰
明萬曆刻本
鬱岡齋筆塵四卷 第538册
(明)王肯堂撰
明萬曆三十年王懋錕刻本
李竹嬾先生說部全書二十五卷 第538－539册
(明)李日華撰
明末刻清康熙遞修本
五雜組十六卷 第539册
(明)謝肇淛撰
明刻本
綠滋館考信編二卷徵信編五卷 第539册
(明)吳士奇撰
明萬曆刻清康熙遞修本
樣菴小乘四十一卷 第539－540册
(明)來斯行撰
明崇禎四年刻本
正楊四卷 第540册
(明)陳耀文撰
明隆慶三年刻本
學林就正四卷 第541册
(明)陳耀文撰
明萬曆刻本
益智編四十一卷 第541册
(明)孫能傳撰
明萬曆四十一年孫能正刻本
剡溪漫筆六卷 第541册
(明)孫能傳撰
明萬曆四十一年孫能正刻本
群談採餘十卷 第541－542册
(明)倪綰撰
明萬曆二十年倪思益刻本
清賞錄十二卷 第542册
(明)包衡撰
明萬曆刻本
歐餘漫錄十卷附錄一卷 第542册
(明)閔元衢撰
明萬曆刻本
天都載六卷 第543册
(明)馬大壯撰
明萬曆三十八年刻本
對問編八卷 第543册
(明)江應曉撰
明萬曆刻本
戲瑕三卷 第543册
(明)錢希言撰
明萬曆四十一年馬之駿刻本
雪菴清史五卷 第543册
(明)樂純撰
明萬曆刻本
沈氏弋說六卷 第543－544册
(明)沈長卿撰 黃可師等評
明萬曆刻本
憨尊觀一卷茗盌談一卷 第544册
(明)屠本畯撰
明萬曆刻本
萸亭紀事四卷 第544册
(明)張光孝撰
明萬曆四十六年張惟任刻本
說儲八卷二集八卷 第544册
(明)陳禹謨撰
明刻本
大雅堂訂正枕中十書十卷 第544册
(明)李贄撰
明大雅堂刻本
醉古堂劍掃十二卷 第545册
(明)陸紹珩輯
明天啓四年刻朱墨套印本
冰蓮集四卷 第545册
(明)夏樹芳撰
明萬曆夏氏清遠樓刻本
玉麒麟二卷 第545册
(明)夏樹芳撰
明刻本
梅花草堂集十四卷 第545册
(明)張大復撰
明崇禎張氏刻清順治十二年張安淳重修本
十可篇十卷 第545－546册
(明)馬嘉松撰
明崇禎刻本
徐氏筆精八卷 第546册
(明)徐𤊹撰
明崇禎五年邵捷春刻本
梅花渡異林十卷 第546册
(明)支允堅撰
明崇禎刻本
蘧園蝢仲銜錄四十卷 第547册
(明)王建極撰
明崇禎悠然堂刻本
擣堅錄二十四卷 第547－548册
(明)朱廷旦撰
明崇禎硯北堂刻本
管窺小識四卷 第548册
明祁氏淡生堂藍格抄本
三教正宗統論一百七卷 第548－549册
(明)林兆恩撰
明萬曆刻本
重刻畸人十篇二卷 第550册
(意大利)利瑪竇撰
明萬曆天啓刻天學初函本
世說新語八卷 第550册
(劉宋)劉義慶撰 (梁)劉孝標注 (宋)劉辰翁 (明)王世懋評
明萬曆淩瀛初刻四色套印本
南北史續世說十卷 第550册
(唐)李垕撰
明萬曆安茂卿刻三十七年俞安期翏翏閣重修本
唐世說新語十三卷 第550册
(唐)劉肅撰
明萬曆三十七年俞安期刻本
雲溪友議十二卷 第550册
(唐)范攄撰
清烏絲欄抄本
唐摭言十五卷 第551册
(五代)王定保撰
清抄本
重彫足本鑒誡錄十卷 第551册
(后蜀)何光遠撰
清彭氏抄本
北夢瑣言二十卷 第551册
(宋)孫光憲撰
明刻本
春明退朝錄三卷 第551册
(宋)宋敏求撰
清抄本
涑水記聞二卷 第551册
(宋)司馬光撰
清抄本
青箱雜記十卷 第551册
(宋)吳處厚撰
清抄本
石林燕語十卷 第551册
(宋)葉夢得撰
明正德元年楊武刻本
石林燕語十卷 第551册
(宋)葉夢得撰

明正德元年楊武刻遞修本
河南邵氏聞見錄二十卷 第552册
(宋)邵伯溫撰
明抄本
河南邵氏聞見後錄三十卷 第552册
(宋)邵博撰
明抄本
河南邵氏聞見錄前錄二十卷 第552册
(宋)邵伯溫撰
明崇禎毛氏汲古閣刻津逮祕書本
揮麈前錄四卷後錄十一卷第三錄三卷 第552册
(宋)王明清撰
明抄本
歸潛志八卷 第552册
(元)劉祁撰
抄本
歸潛志十四卷 第552册
(元)劉祁撰
清抄本
歸潛志十四卷 第553册
(元)劉祁撰
抄本
水東日記四十卷 第553册
(明)葉盛撰
明刻本
謇齋瑣綴錄八卷 第553册
(明)尹直撰
明嘉靖七年尹氏家刻本
雙槐歲抄十卷 第553册
(明)黃瑜撰
明嘉靖三十八年陸延枝刻本
震澤紀聞二卷 第553册
(明)王鏊撰
明嘉靖刻本
蓬軒吳記二卷別記一卷 第553册
(明)黃暐撰
抄本
野記四卷 第553册
(明)祝允明撰
明毛文燁刻本
孤樹裒談十卷 第554册
(明)李默撰
明刻本
覽勝紀談十卷 第554册
(明)陸采撰
明刻本
皇明寶善類編二卷 第554册
(明)蘇茂相撰
明萬曆四十一年刻本
皇明世說新語八卷 第554册
(明)李紹文撰
明萬曆刻本
自敘宦夢錄四卷 第554册
(明)黃景昉撰
抄本
玉堂薈記二卷 第555册
(清)楊士聰撰
清抄本
博物志十卷續博物志十卷 第555册
題(晉)張華撰 (宋)周日用等注志
題(宋)李石撰續
明弘治十八年賀泰刻本
群書治要五十卷 第555-556册
(唐)魏徵等輯
日本銅活字印本
意林五卷 第556册
(唐)馬總輯
明萬曆十六年徐元太刻本
意林語要五卷 第556册
(唐)馬總輯
明嘉靖八年刻本
清異錄二卷 第556册
(宋)陶穀撰
明隆慶六年葉氏菉竹堂刻本
新雕皇朝類苑七十八卷 第556-557册
(宋)江少虞輯
日本元和七年活字本
皇朝類苑六十三卷 第557-558册
(宋)江少虞輯
明抄本
自警編五卷 第558册
(宋)趙善璙輯
宋端平元年九江郡齋刻本
自警編九卷 第558册
(宋)趙善璙輯
明萬曆刻本
居家必用事類全集十卷 第559册
明司禮監刻本
爲善陰騭十卷 第559册
明成祖朱棣撰
明永樂十七年内府刻本
孝順事實十卷 第560册
明成祖朱棣撰
明劉以節刻本
大明仁孝皇后勸善書二十卷 第560册
明仁孝皇后徐氏撰
明永樂五年内府刻本
大明仁孝皇后勸善書二十卷 第561册
明仁孝皇后徐氏撰
明烏絲欄抄本
續自警編十六卷 第561册
(明)黃希憲撰
明萬曆五年刻本
新刊嫖賭機關二卷 第561册
(明)沈弘宇撰
明德聚堂刻本
華夷花木鳥獸珍玩考十二卷 第562册
(明)慎懋官撰
明萬曆九年慎氏刻本
國朝典故□□種□□卷 第562-563册
(明)朱當㴐編
明藍格抄本
金聲玉振集五十一種六十卷 第564册
(明)袁褧編
明嘉靖二十九年至三十年袁褧嘉趣堂刻本
由醇錄十二種三十二卷 第565册
(明)沈節甫編
明萬曆二十四年忠恕堂刻本
欣賞編十種十四卷 第565册
(明)沈津編
明正德六年沈氏刻本
括蒼二子二種六卷 第565册
(明)楊瑞編
明萬曆楊瑞刻本
六子書六十二卷 第566册
(明)許宗魯編
明嘉靖芸窗書院刻本
六子書六十卷 第566-567册
(明)顧春編
明嘉靖九年顧春世德堂刻本
五子書八卷 第567册
(明)歐陽清編
明嘉靖二十三年歐陽清刻本
小十三經十六卷 第567册
(明)顧起經編
明嘉靖四十一年祇洹館刻本
天一閣奇書□□種□□卷 第568册
(明)范欽編
明范氏天一閣刻本

庶物異名疏三十卷 第632－633册
(明)陳懋仁撰
明崇禎刻本
元和姓纂十卷 第633册
(唐)林寶撰
清抄本
新編排韻增廣事類氏族大全十卷 第633册
元刻本
新編排韻增廣事類氏族大全十卷 第633册
元刻本
新編排韻增廣事類氏族大全□□卷 第633册
元刻本
姓觿十卷附錄一卷 第634册
(明)陳士元撰
清抄本
東嘉姓譜四卷 第634册
題(明)鹿田子撰
清抄本
山海經十八卷 第634册
(晉)郭璞傳
明嘉靖黃省曾山海經水經合刻本
山海經圖讚十三卷 第634册
(晉)郭璞撰
舊抄本
穆天子傳六卷 第634册
(晉)郭璞注
明萬曆十年李宗城青蓮閣刻本
新刻夷堅志十卷 第634册
(宋)洪邁撰
明萬曆刻本
青瑣高議二十卷 第635册
(宋)劉斧撰
明萬曆二十三年張夢錫刻本
湖海新聞夷堅續志前集十卷 第635册
明烏絲欄抄本
古今說海一百三十五種一百四十二卷 第635－636册
(明)陸楫等編
明嘉靖二十三年陸楫儼山書院刻本
埭川識往一卷 第636册
(明)時傳撰
明綠筠堂抄本
新刻耳談五卷 第636册
(明)王同軌撰
明萬曆金陵世德堂刻本
耳談類增五十四卷 第636－637册
(明)王同軌撰
明萬曆三十一年唐晟、唐世德堂刻本
新刻王氏青箱餘十卷 第637册
(明)王兆雲撰
明萬曆四十五年書林李少泉聚奎樓刻本
香臺集三卷 第637册
(明)瞿佑撰
明藍格抄本
豔異編四十五卷 第637－638册
明刻本
新鐫仙媛紀事九卷補遺一卷 第638册
(明)楊爾曾撰
明萬曆三十年楊氏草玄居刻本
才鬼記十六卷 第639册
(明)梅鼎祚撰
明萬曆三十三年蟫隱居刻本
繡谷春容十二卷 第639册
題(明)起北赤心子撰
明世德堂刻本
七種爭奇二十卷 第639－640册
(明)鄧志謨輯
明春語堂刻本
新刊校正古本大字音釋三國志通俗演義十二卷 第640－641册
(明)羅本撰
明萬曆十九年周曰校刻本
新刻京本補遺通俗演義三國全傳二十卷 第641册
(明)羅本撰
明萬曆二十四年熊清波誠德堂刻本
新刻續編三國志後傳十卷一百三十九回 第642册
(明)酉陽野史撰
明萬曆三十七年刻本
新鐫陳眉公先生批評春秋列國志傳十二卷 第642－643册
(明)余邵魚撰 陳繼儒評
明萬曆四十三年龔紹山刻本
鐫李卓吾批點殘唐五代史演義傳八卷六十回 第643册
(明)羅本撰 李贄評
明刻本
鐫出像楊家府世代忠勇演義志傳八卷 第644册
(明)紀振倫校 題烟波釣叟參訂
明萬曆三十四年天德堂刻本
玉茗堂批點皇明開運輯略武功名世英烈傳六卷首一卷 第644册
明崇禎元年刻本
京本雲合奇蹤二十卷 第644－645册
題(明)徐渭撰 湯顯祖評點
明萬曆刻本
鼎鍥全相唐三藏西遊傳十卷 第645册
題(明)朱鼎臣撰
明萬曆書林劉蓮台刻本
新刻出像官板大字西遊記二十卷一百回 第645－646册
(明)吳承恩撰
明萬曆二十年金陵世德堂刻本
新編東度記二十卷一百回 第646－647册
題(明)清溪道人撰
明崇禎刻清初遞修本
新鐫批評繡像祕本定情人十六回 第647册
清初刻本
新編繡像畫圖緣小傳十六回 第647册
清初刻本
新鍥晉代許旌陽得道擒蛟鐵樹記二卷十五回 第647册
(明)鄧志謨撰
明萬曆三十二年余泗泉萃慶堂刻本
醉醒石十五回 第647册
題(明)東魯古狂生撰
清初刻本
新刻全像海剛峰先生居官公案四卷 第648册
(明)李春芳撰
明萬曆三十四年金陵萬卷樓刻本
安吉州思溪法寶資福禪寺大藏經目錄二卷 第648册
宋刻本
釋氏稽古略四卷 第648册
(元)釋覺岸撰
元刻本
新刊足本類編全相啓聖實錄前集一卷後集一卷續集一卷別集一卷 第648册
明永樂刻本
許旌陽事蹟圖一卷 第648册
明刻本
觀化集一卷 第648册

(明)約佶撰
明嘉靖謝應奎刻本
緣遇編三卷 第648册
(明)李隱之撰
明藍格抄巾箱本
集部
董仲舒集一卷 第649册
(漢)董仲舒撰
明刻本
漢蔡中郎集六卷 第649册
(漢)蔡邕撰
明嘉靖二十七年楊賢刻本
嵇康集十卷 第649册
(魏)嵇康撰
明吴氏叢書堂抄本
阮嗣宗詩一卷 第649册
(魏)阮籍撰
明刻本
阮嗣宗集二卷 第649册
(魏)阮籍撰
明嘉靖二十二年范欽、陳德文刻本
陶靖節集十卷總論一卷 第649册
(晉)陶潛撰(宋)湯漢等箋注
明嘉靖二十七年九江郡齋張存誠刻本
陶靖節集十卷總論一卷 第649册
(晉)陶潛撰(宋)湯漢等箋注
明刻本
陶淵明集十卷附錄一卷 第649册
(晉)陶潛撰(宋)湯漢等箋注
明彈琴室刻本
支遁集二卷 第649册
(晉)釋支遁撰
明末馮氏抄本
謝宣城集五卷首一卷 第649册
(南齊)謝朓撰
明萬曆七年史元熙覽翠亭刻本
梁昭明太子文集五卷 第649册
(梁)蕭統撰
朝鮮刻本
何水部詩集一卷 第649册
(梁)何遜撰
明正德十二年張紘等刻本
梁陶貞白先生文集二卷 第649册
(梁)陶弘景撰(明)黄省曾輯
明嘉靖三十一年蕭斯馨古翰樓刻本
貞白先生陶隱居文集二卷 第650册
(梁)陶弘景撰
明末馮氏抄本
許敬宗集一卷 第650册
(唐)許敬宗撰
明活字印本
虞世南集一卷 第650册
(唐)虞世南撰
明活字印本
王無功集三卷補遺一卷 第650册
(唐)王績撰
舊抄本
寒山詩集一卷豐干拾得詩一卷 第650册
(唐)釋寒山子 釋豐干 釋拾得撰
明嘉靖四年天台國清寺募刻本
盧照鄰集二卷 第650册
(唐)盧照鄰撰
明活字印本
楊炯集二卷 第650册
(唐)楊炯撰
明活字印本
宋之問集二卷 第650册
(唐)宋之問撰
明嘉靖崦西精舍刻本
王勃集二卷 第650册
(唐)王勃撰
明活字印本
李嶠集三卷 第650册
(唐)李嶠撰
明活字印本
杜審言集二卷 第650册
(唐)杜審言撰
明活字印本
杜審言詩集三卷 第650册
(唐)杜審言撰
明嘉靖七年任慶雲刻本
蘇廷碩集二卷 第650册
(唐)蘇頲撰
明活字印本
駱賓王集二卷 第650册
(唐)駱賓王撰
明活字印本
陳子昂集二卷 第650册
(唐)陳子昂撰
明活字印本
類箋唐王右丞詩集十卷外編一卷 第650册
(唐)王維撰(明)顧起經注
明嘉靖三十五年顧氏奇字齋刻本
年譜一卷 第650册
(明)顧起經撰
唐諸家贈題集一卷 第650册
(明)顧起經輯
同詠集一卷 第650册
(明)顧起經輯
唐宋諸家評王右丞詩畫抄一卷 第650册
(明)顧起經輯
崔顥詩集一卷 第650册
(唐)崔顥撰
明正德十年田瀾工字軒刻本
祖詠集一卷 第650册
(唐)祖詠撰
明活字印本
李頎集三卷 第650册
(唐)李頎撰
明活字印本
常建集二卷 第650册
(唐)常建撰
明活字印本
劉隨州集十卷 第651册
(唐)劉長卿撰
明活字印本
劉隨州文集十一卷外集一卷 第651册
(唐)劉長卿撰
明抄本
包佶集一卷 第651册
(唐)包佶撰
明活字印本
李嘉祐集二卷 第651册
(唐)李嘉祐撰
明活字印本
包何集一卷 第651册
(唐)包何撰
明活字印本
杜工部詩千家注六卷 第651册
(唐)杜甫撰(宋)黄鶴補注(元)范梈批選
明刻本
韓君平集三卷 第651册
(唐)韓翃撰
明活字印本
毘陵集二十卷 第651册
(唐)獨孤及撰
清抄本
郎士元集二卷 第651册

伊川擊壤集二十卷 第659册
(宋)邵雍撰
明刻本
歐陽文忠公集五十卷 第659册
(宋)歐陽修撰 (明)曾魯考異
明初刻本
歐陽文忠公集五十卷 第660册
(宋)歐陽修撰
明烏絲欄抄本
歐陽先生文粹二十卷遺粹十卷 第660册
(宋)歐陽修撰 陳亮輯
明嘉靖二十六年郭雲鵬寶善堂刻本
欒全先生文集四十卷附録一卷
第660-661册
(宋)張方平撰
清抄本(四庫底本)
蘇老泉嘉祐集十四卷 第661册
(宋)蘇洵撰
明刻巾箱本
廣陵先生文集二十卷拾遺一卷 第661册
(宋)王令撰
烏絲欄抄本
東坡先生和陶淵明詩四卷 第662册
(宋)蘇軾撰
宋刻本
東坡續集十二卷 第662册
(宋)蘇軾撰
明嘉靖十三年江西布政司刻蘇文忠公全集本
蘇文忠公集一百十二卷年譜一卷
第662-663册
(宋)蘇軾 王宗稷撰
明刻本
蘇文忠公集一百十二卷年譜一卷
第664册
(宋)蘇軾 王宗稷撰
明刻本
蘇文定公文集五十卷後集二十四卷三集十卷應詔集十二卷 第664-665册
(宋)蘇轍撰
宋刻本
黄詩内篇十四卷 第665册
(宋)黄庭堅撰
明嘉靖十二年蔣芝刻本
黄太史精華録八卷 第665册
(宋)黄庭堅撰 任淵選
清小雲社烏絲欄抄本

后山詩注十二卷 第665册
(宋)陳師道撰 任淵注
清烏絲欄抄本
張文潛文集十三卷 第665册
(宋)張耒撰
明嘉靖三年郝梁刻本
宛丘先生文集七十六卷目録二卷
第665-666册
(宋)張耒撰
明謝氏小草齋烏絲欄抄本
張右史文集六十卷 第666-667册
(宋)張耒撰
清抄本
淮海集四十卷後集六卷 第667册
(宋)秦觀撰
明刻本
寶晉英光集六卷 第667册
(宋)米芾撰
清抄本
寶晉英光集六卷 第667册
(宋)米芾撰
清吴翌鳳抄本
西塘先生文集十卷附録一卷 第667册
(宋)鄭俠撰
明萬曆三十七年葉向高刻本
具茨晁先生詩集一卷 第668册
(宋)晁冲之撰
明嘉靖三十三年晁氏寶文堂刻本
姑溪居士文集五十卷後集二十卷
第668册
(宋)李之儀撰
明烏絲欄抄本
道鄉先生鄒忠公文集四十卷
第668-669册
(宋)鄒浩撰
明成化六年鄒量刻本
慶湖遺老詩集九卷拾遺一卷後集補遺一卷 第669册
(宋)賀鑄撰
清烏絲欄抄本
唐先生集七卷 第669册
(宋)唐庚撰
明嘉靖三年任佃刻本
唐先生文集二十卷 第669册
(宋)唐庚撰
清抄本
傅忠肅公文集三卷 第669册

(宋)傅察撰
明抄本
浮溪文粹十五卷附録一卷 第669册
(宋)汪藻撰
明嘉靖九年汪栻刻本
石林居士建康集八卷 第669册
(宋)葉夢得撰
清烏絲欄抄本
北山小集四十卷 第669-670册
(宋)程俱撰
影宋抄本
沈忠敏公龜谿集十二卷 第670册
(宋)沈與求撰
清查氏抄本
韋齋集十二卷玉瀾集一卷 第670册
(宋)朱松 朱槔撰
明弘治十六年鄺璠刻本
陵陽先生詩四卷 第671册
(宋)韓駒撰
清順治六年馬士弘抄本
陵陽先生詩四卷 第671册
(宋)韓駒撰
清抄本
南蘭陵孫尚書大全文集七十卷
第671-672册
(宋)孫覿撰
舊抄本
孫尚書内簡尺牘編注十卷 第672册
(宋)孫覿撰 李祖堯注
明嘉靖三十六年顧名儒刻本
歐陽修撰集八卷 第672册
(宋)歐陽澈撰
明永樂歐陽氏刻本
岳武穆集六卷 第672册
(宋)岳飛等撰
明萬曆二十年李楨刻本
東萊先生詩集二十卷 第672册
(宋)呂本中撰
清朱格抄本
莆陽知稼翁集二卷 第672册
(宋)黄公度撰
明天啓五年黄崇翰等刻本
拙齋文集二十卷拾遺一卷 第673册
(宋)林之奇撰
清抄本
晦庵先生文集一百卷目録二卷
第673-675册

清抄本
羽庭集六卷 第 688 册
(元)劉仁本撰
清乾隆四庫館初寫本(四庫底本)
不繫舟漁集十六卷 第 689 册
(元)陳高撰
清抄本
鹿皮子陳先生文集四卷 第 689 册
(元)陳樵撰
影明抄本
韓氏遺書二卷 第 689 册
(元)韓信同撰
清抄本
溧陽路總管水鏡元公詩集一卷 第 689 册
(元)元淮撰
清抄本
黄楊集六卷 第 689 册
(元)華幼武撰
明祁氏淡生堂抄本
師山先生文集八卷 遺文文集五卷附録一卷濟美録四卷 第 689 册
(元)鄭玉撰
明嘉靖十四年鄭氏家塾刻清遞修本
師山先生文集八卷遺文五卷附録一卷 第 689 册
(元)鄭玉撰
明嘉靖十四年鄭氏家塾刻本
玉笥集十卷 第 690 册
(元)張憲撰
舊抄本
丁鶴年詩集四卷附録一卷詩續一卷詩補一卷集外詩一卷 第 690 册
(元)丁鶴年撰
清鮑氏知不足齋抄本
梧溪集七卷 第 690 册
(元)王逢撰
清抄本
靜思先生詩集二卷 第 690 册
(元)郭鈺撰
舊抄本
南湖集六卷 第 690 册
(元)貢性之撰
清抄本
玉山璞稿二卷逸稿四卷附録一卷 第 690 册
(元)顧瑛撰 (清)鮑廷博輯
清嘉慶鮑氏知不足齋抄本
花溪集不分卷 第 690 册
(元)沈夢麟撰
舊抄本
楊維禎詩集一卷 第 691 册
(元)楊維禎撰
明抄本
楊鐵崖先生文集十一卷 第 691 册
(元)楊維禎撰
明萬曆四十三年陳善學刻本
夷白齋稿三十五卷外集一卷 第 691 册
(元)陳基撰
明抄本
韓山人詩集七卷 第 691 册
(元)韓奕撰
舊抄本
知常先生雲山集五卷 第 691 册
(元)姬志真撰
明烏絲欄抄本
知常先生雲山集五卷 第 691 册
(元)姬志真撰
明烏絲欄抄本
大明太祖皇帝御製集二十一卷 第 692 册
明太祖朱元璋撰
明内府朱絲欄抄本
高皇帝御製文集二十卷 第 692 册
明太祖朱元璋撰
明嘉靖十四年徐九皋、王惟賢刻本
御製詩集二卷 第 693 册
明仁宗朱高熾撰
明洪熙元年内府刻本
大明宣宗皇帝御製集四十四卷 第 693 册
明宣宗朱瞻基撰
明内府朱絲欄抄本
恩紀詩集七卷 第 693 册
(明)朱祐杬撰
明内府朱絲欄抄本
長春競辰稿十三卷 第 693 册
(明)朱讓栩撰
明嘉靖二十八年蜀藩朱承爚刻本
謙光堂詩集八卷 第 693 册
(明)朱彌鉗撰
明嘉靖二十年唐藩刻本
種蓮歲稿六卷文略二卷 第 693 册
(明)朱憲撰
明嘉靖三十五年遼藩刻本
瑞鶴堂近稿一卷 第 694 册
(明)朱拱樋撰
明嘉靖四十四年刻本
朱宗良集八卷 第 694 册
(明)朱多煃撰
明萬曆二十五年游及遠等刻本
綠筠軒唫帙□卷 第 694 册
(明)朱恬烄撰
明萬曆元年瀋藩刻本
瀋國勉學書院集十二卷 第 694 册
(明)朱珵堯輯
明崇禎元年瀋藩勉學書院刻本
潛溪集八卷 第 694 册
(明)宋濂撰
明嘉靖十五年徐嵩、溫秀刻本
覆瓿集二十四卷 第 694 册
(明)劉基撰
明初刻本
太師誠意伯劉文成公集十八卷 第 694－695 册
(明)劉基撰
明嘉靖三十五年樊獻科、于德昌刻本
鳳池吟稿十卷 第 695 册
(明)汪廣洋撰
明萬曆四十五年王百祥刻本
陶學士先生文集二十卷事蹟一卷 第 695 册
(明)陶安撰
明弘治十三年項經刻本
西隱文稿十卷附錄二卷 第 696 册
(明)宋訥撰
明萬曆六年劉師魯刻本
王忠文公文集二十四卷 第 696 册
(明)王褘撰
明嘉靖元年張齊刻萬曆七年金華府遞修本
翠屏詩集二卷 第 696 册
(明)張以寧撰
清抄本
坦齋先生文集三卷 第 697 册
(明)劉三吾撰
明成化十三年俞藎刻本
坦齋劉先生文集二卷附録一卷 第 697 册
(明)劉三吾撰
明萬曆六年賈緣刻天啓遞修本
說學齋稿不分卷 第 697 册
(明)危素撰
明抄本
槎翁文集十八卷 第 697 册

（明）劉崧撰
明嘉靖元年徐冠刻本
蘇平仲文集十六卷 第697册
（明）蘇伯衡撰
明正統七年黎諒刻本
密庵先生詩稿五卷文稿五卷 第697－698册
（明）謝肅撰
明天啓五年謝偉刻本
白雲稿十一卷 第698册
（明）朱右撰
明烏絲欄抄本
清江貝先生集三卷續集一卷 第698册
（明）貝瓊撰
明萬曆三年李詩刻本
清江貝先生文集三十卷詩集十卷 第698册
（明）貝瓊撰
抄本
登州林先生續集五卷 第699册
（明）林弼撰
明初刻本
趙考古先生文集二卷 第699册
（明）趙謙撰
清烏絲欄抄本
高太史全集十八卷 第699册
（明）高啓撰
明刻本
缶鳴集十二卷 第699册
（明）高啓撰
明刻本
西菴集十卷 第699册
（明）孫蕡撰
明弘治十六年金蘭館活字印本
鳴盛集二卷 第699册
（明）林鴻撰
抄本
藍山詩集六卷 第700册
（明）藍仁撰
明嘉靖五年藍鈕刻本
藍澗詩集六卷 第700册
（明）藍智撰
明嘉靖五年藍鈕刻本
甘白先生文集六卷 第700册
（明）張適撰
舊抄本
李草閣詩集六卷拾遺一卷文集一卷筠谷詩集一卷 第700册
（明）李曄 李轅撰
舊抄本
西郊笑端集一卷 第700册
（明）董紀撰
明成化十年周庠刻本
觀樂生詩集五卷附錄一卷 第700册
（明）許繼撰
明王頤、王暕刻本
海叟集四卷 第700册
（明）袁凱撰
清汪氏裘抒樓抄本
拙庵集十卷 第700册
（明）杜斆撰
明成化刻嘉靖四年遞修本
梁園寓稿詩集九卷 第700册
（明）王翰撰
明正德十三年高天錫刻本
永嘉先生集十二卷 第701册
（明）張著撰
舊抄本
自怡集一卷 第701册
（明）劉璉撰
明初刻本
柳莊先生詩集一卷 第701册
（明）袁珙撰
抄本
青金集八卷 第701册
（明）史遷撰
舊抄本
吳狀元榮進集三卷 第701册
（明）吳伯宗撰
明萬曆周文華刻本
黄忠宣公文集十三卷别集六卷 第701册
（明）黄福撰
明嘉靖馮時雍刻本
狀元任先生遺稿二卷 第701册
（明）任亨泰撰
明正德十年顧英刻本
皇明大學士解春雨先生詩集不分卷 第701册
（明）解縉撰
明刻本
解學士文集十卷 第702册
（明）解縉撰
明嘉靖四十一年刻本
胡祭酒文集三十卷 第702册
（明）胡儼撰
明刻本
唐愚士詩不分卷 第702册
（明）唐之淳撰
明藍格抄本
張鶚菴先生集二卷 第702册
（明）張紞撰
明嘉靖七年王道刻本
重刻巽隱先生集四卷 第702册
（明）程本立撰
明萬曆元年濮陽棐刻本
素履先生文集十卷 第703册
（明）朱維嘉撰
明日新館烏絲欄抄本
古崖先生詩集八卷 第703册
（明）吳溥撰
明刻本
巢睫集四卷 第703册
（明）曾棨撰
明藍格抄本
巢睫集四卷 第703册
（明）曾棨撰
舊抄本
抑菴文集十三卷 第703册
（明）王直撰
明景泰五年陳宜刻本
運甓漫稿七卷 第703册
（明）李昌祺撰
明正統張瑄刻本
古廉李先生詩集十一卷 第704册
（明）李時勉撰
明景泰七年姚堂刻本
澹然居士文集十卷 第704册
（明）陳敬宗撰
明嘉靖十四年陳文譽、來汝賢刻本
東岡集十卷 第704册
（明）柯暹撰
明天順三年劉泰、俞端刻本
補拙集六卷 第704册
（明）楊應春撰
明正統六年楊氏家刻本
續刻蔀齋公文集十五卷 第704册
（明）林誌撰
明萬曆林氏活字印本
芳洲文集十卷詩集四卷 續編六卷 第704－705册
（明）陳循撰

篁墩程先生文集九十三卷拾遺一卷 第718－719册
(明)程敏政撰
明正德二年何歆刻本
龍皐文稿十九卷 第720册
(明)陸簡撰
明嘉靖元年楊鑨刻本
醫閭先生集九卷附録一卷 第720册
(明)賀欽撰
明嘉靖九年成文刻本
式齋先生文集三十七卷 第720册
(明)陸容撰
明弘治十四年陸氏家刻本
式齋先生文集三十七卷菽園雜記十五卷附録四卷 第720－721册
(明)陸容撰
清雍正四年謝氏抄本
未軒公文集十二卷附録一卷 第721册
(明)黄仲昭撰
明嘉靖三十四年黄希白刻本
未軒集□卷 第721册
(明)黄仲昭撰
明藍格抄本
定山先生集十卷 第722册
(明)莊㫤撰
明嘉靖十四年劉縉刻本
屠康僖公文集六卷附録一卷 第722册
(明)屠勳撰
明萬曆四十三年刻《屠氏家藏二集》清康熙遞修本
邵半江詩五卷附録一卷 第722册
(明)邵珪撰
明正德十年邵天和刻本
石淙詩稿十九卷 第722册
(明)楊一清撰
明嘉靖刻本
梅巖小稿三十卷 第723册
(明)張旭撰
明弘治張氏自刻本
鴈蕩山樵詩集十五卷 第723册
(明)吳玄應撰
明嘉靖三十五年吳朝鳳刻本
菊菴集十二卷 第723册
(明)毛超撰
明嘉靖十四年毛伯温刻本
碧川文選四卷 第723册
(明)楊守阯撰
明嘉靖四年陸釴刻本
秋泉先生遺稿一卷 第723册
(明)楊鑾撰
抄本
見素詩集十四卷 第724册
(明)林俊撰
明嘉靖元年林有年刻本
少傅野亭劉公遺稿八卷 第724册
(明)劉忠撰
明嘉靖刻本
半江趙先生文集十五卷附録一卷 第724册
(明)趙寬撰
明嘉靖四十年趙禴刻本
柴墟文集十五卷 第724－725册
(明)儲巏撰
明嘉靖四年儲洵沔陽郡齋刻天啓三年儲元基遞修本
容春堂前集二十卷後集十四卷續集十八卷别集九卷 第725－726册
(明)邵寶撰
明正德刻本
雪洲集十二卷續集二卷 第726册
(明)黄瓚撰
明嘉靖九年黄長壽刻本
竹盧詩集一卷 第726册
(明)吳璉撰
明嘉靖九年吳允禄刻本
明太保費文憲公詩集十五卷 第726－727册
(明)費宏撰
明嘉靖黄中刻本
北潭傅文毅公集八卷 第727册
(明)傅珪撰
明嘉靖四十五年傅氏家刻本
堇山文集十五卷附録一卷 第727册
(明)李堂撰
明嘉靖刻本
赤城夏先生集七卷補遺一卷附録一卷 第727册
(明)夏鍭撰
明嘉靖二十一年王廷幹刻本
傳響集十二卷附録一卷 第727册
(明)崔澂撰
明嘉靖刻本
碧溪詩集四卷 第727册
(明)張鈇撰
明正德刻本
碧溪詩集六卷附鐃歌鼓吹曲一卷 第728册
(明)張鈇撰
明嘉靖張氏家刻本
雲松詩略八卷 第728册
(明)魏偁撰
明弘治七年石城縣儒學集貲刻本
聯錦詩集三卷 第728册
(明)夏宏撰
明景泰刻天順遞修本
顧滄江詩集五卷 第728册
(明)顧文淵撰
明嘉靖三十五年顧言刻本
逸窩詩集二卷 第728册
(明)彭孔堅撰
明弘治十年彭氏自刻本
石谷達意稿三十四卷 第728册
(明)吳伯通撰
明正德十一年汪城刻本
戒菴文集二十卷 第728册
(明)靳貴撰
明嘉靖十九年刻本
祝氏集略三十卷 第729册
(明)祝允明撰
明嘉靖三十七年張景賢刻本
整菴先生存稿二十卷 第729册
(明)羅欽順撰
明嘉靖三十一年羅氏家刻本
東江家藏集四十二卷附録一卷 第730册
(明)顧清撰
明嘉靖顧應陽刻本
山齋吟稿三卷 第730册
(明)鄭岳撰
明嘉靖十七年刻本
嘉靖集一卷 第730册
(明)李夢陽撰
明嘉靖刻本
空同精華集三卷 第730册
(明)李夢陽撰
明嘉靖四十四年屠本畯刻本
崆峒集二十一卷 第730册
(明)李夢陽撰
明刻本
空同集六十三卷 第731册
(明)李夢陽撰
明萬曆刻本

西玄詩集不分卷 第751册
(明)馬汝驥撰
明嘉靖十七年胡纘宗刻本
筆峰文集不分卷 第751册
(明)王鳳靈撰
明烏絲欄抄本
雲邨先生文集十四卷 第752册
(明)許相卿撰
明許聞造明德堂刻本
黄門集十二卷附録一卷 第752册
(明)許相卿撰
明萬曆二十六年刻本
半洲詩集七卷 第752册
(明)蔡經撰
明嘉靖二十一年刻本
桂洲奏議十二卷奏議外集二卷桂洲集四卷 第752－753册
(明)夏言撰
明嘉靖刻本
介立詩集六卷 第753册
(明)林時撰
明刻本
雙江聶先生文集十四卷 第753册
(明)聶豹撰
明嘉靖四十三年吴鳳瑞刻本
林次崖先生集十八卷 第754册
(明)林希元撰
明萬曆四十年李春開刻本
王襄毅公集二十卷附録一卷 第754册
(明)王邦瑞撰
明隆慶五年溫如春刻本
少華山人文集十五卷前集十三卷後集九卷 第754－755册
(明)許宗魯撰
明嘉靖二十六年刻本
少華山人文集十五卷前集十三卷後集九卷續集十五卷 第755－756册
(明)許宗魯撰
明嘉靖刻本
少石集十三卷 第756册
(明)陸釴撰
明萬曆八年陸氏家刻本
泰泉集十卷 第756册
(明)黄佐撰
明嘉靖二十一年李時行刻本
允菴先生詩集六卷 第756册
(明)張逵撰
明嘉靖四十三年張翊元刻本
蘇原先生詩集二卷 第756册
(明)吴廷翰撰
明萬曆吴國寅刻本
龍湖先生文集十四卷 第756－757册
(明)張治撰
明嘉靖三十三年彭宣刻藍印本
張水南文集十一卷 第757册
(明)張衮撰
明隆慶元年刻本
太師張文忠公集十九卷 第757册
(明)張孚敬撰
明萬曆張氏貞義書院刻本
兵部集一卷 第757册
(明)吴檄撰
明嘉靖刻藍印本
群玉樓稿七卷困亨别稿一卷附録一卷 第757－758册
(明)李默撰
明萬曆元年李培刻本
楊司空文集二卷外集二卷 第758册
(明)楊麒撰
明嘉靖刻本
謝子象詩集十五卷附録一卷 第758册
(明)謝承舉撰
明嘉靖二十一年謝少南刻本
雅宜山人集十卷 第758册
(明)王寵撰
明嘉靖十六年董宜陽、朱浚明刻隆慶六年遞修本
徙倚軒詩集一卷 第758册
(明)金鑾撰
明任近臣刻本
崑崙山人集八卷 第758册
(明)張詩撰
明嘉靖二十年方九敘等刻本
淳朴園稿三卷外集一卷外集補一卷 第758册
(明)沈袥撰
明崇禎七年沈氏家刻遞修本
玩鹿亭稿二卷 第759册
(明)萬表撰
明刻本
玩鹿亭稿八卷附録一卷 第759册
(明)萬表撰
明萬曆萬邦孚刻本
振衣亭稿四卷 第759册
(明)王孜撰
明嘉靖刻本
重刊瀼東漫稿四卷 第759册
(明)諶道行撰
明嘉靖三十四年諶廷詔家刻本
太乙山人遊蜀詩十卷 第759册
(明)張光宇撰
明嘉靖刻本
轂音集四卷 第759册
(明)王良樞撰
明嘉靖三十年王氏刻本
遷江集二卷 第759册
(明)余佑撰
明嘉靖四十年余紹芳刻本
適志集十卷 第759册
(明)黄鑰撰
明嘉靖刻本
復初山人和陶集五卷 第759册
(明)謝承祐撰
明嘉靖二十二年錢良佐刻本
雪舟詩集六卷 第759册
(明)賈雪舟撰
明嘉靖刻本
寓岱稿不分卷 第759册
(明)仲言永撰
明嘉靖刻本
中川遺稿三十三卷 第760册
(明)王教撰
明嘉靖三十九年王氏清白堂家刻本
世經堂集二十六卷 第760－761册
(明)徐階撰
明萬曆徐氏刻本
少湖先生文集七卷 第761册
(明)徐階撰
明嘉靖三十六年宿應麟刻本
玄覽堂詩鈔四卷 第761册
(明)潘恩撰
明活字印本
潘笠江先生集十二卷近稿十二卷附集一卷 第761－762册
(明)潘恩撰
明嘉靖刻本
端簡鄭公文集十二卷 第762册
(明)鄭曉撰
明萬曆二十八年鄭心材家刻本
天馬山房遺稿八卷 第763册
(明)朱淛撰

(明)楊巍撰
明萬曆三十年楊岑刻本
鳴玉堂稿十二卷　第789－790册
(明)張天復撰
明萬曆八年陳文燭刻本
濠梁集一卷　第790册
(明)李先芳撰
明萬曆五年劉長欽刻本
東岱山房詩錄□卷　第790册
(明)李先芳撰
明嘉靖刻本
東岱山房詩錄□卷　第790册
(明)李先芳撰
明嘉靖刻本
鈍菴先生文集十八卷附錄一卷　第790册
(明)劉錫撰
明萬曆四十三年康應乾刻本
宗子相集八卷　第790册
(明)宗臣撰
明嘉靖三十九年林朝聘、黄中等刻本
宗子相集十五卷　第790－791册
(明)宗臣撰
明萬曆刻本
歸有園稿詩編七卷文編二十二卷　第791册
(明)徐學謨撰
明萬曆二十一年張汝濟刻本
蘭汀存稿八卷附錄一卷　第791册
(明)梁有譽撰
明嘉靖刻萬曆遞修本
西曹詩集九卷　第791册
(明)高岱撰
明嘉靖刻本
青蘿館詩六卷　第791册
(明)徐中行撰
明隆慶五年汪時元刻本
天目先生集二十一卷　第792册
(明)徐中行撰
明萬曆十二年張佳胤刻本
采薇集四卷邕歈稿六卷幽貞集三卷奇遊漫紀八卷董宗伯奏疏輯略一卷　第792册
(明)董傳策撰
明刻本
東巡雜詠一卷　第792册
(明)張佳胤撰
明活字印本
甀甄洞稿五十四卷目錄二卷　第792－793册
(明)吳國倫撰
明萬曆十二年刻本
甀甄洞續稿詩部十二卷文部十五卷目錄二卷　第793－794册
(明)吳國倫撰
明萬曆三十一年吳士良刻本
玉芝樓稿九卷附錄贈言一卷　第794册
(明)曹大同撰
明刻本
曹太史含齋先生文集十五卷　第794册
(明)曹大章撰
明萬曆二十八年曹祖鶴刻本
九愚山房詩集十三卷　第794册
(明)何東序撰
明萬曆刻清乾隆遞修本
孫山甫督學詩集四卷　第795册
(明)孫應鰲撰
明刻本
條麓堂集三十四卷　第795册
(明)張四維撰
明萬曆二十三年張泰徵刻本
李子田詩集四卷一悅園稿一卷　第795－796册
(明)李蓘撰
明刻本
吳悟齋先生摘稿十四卷　第796册
(明)吳時來撰
明刻本
近溪子集六卷　第796册
(明)羅汝芳撰
明萬曆十六年季膺刻本
濟美堂集四卷　第796册
(明)吳文華撰
明萬曆耿定力刻清修本
白賁堂詩草十四卷　第796册
(明)鄭洛撰
明萬曆二十七年刻本
金臺乙丑稿一卷　第797册
(明)方新撰
明定溪書屋刻本
逋客集四卷　第797册
(明)袁表撰
明萬曆十九年趙世芳刻本
華陽洞稿二十二卷附錄一卷　第797册
(明)張祥鳶撰
明萬曆十七年張氏家刻本
符臺集一卷　第797册
(明)王世懋撰
明萬曆五年史繼書刻本
王奉常集詩十五卷目錄三卷文五十四卷目錄二卷　第797－798册
(明)王世懋撰
明萬曆十七年吳郡王氏家刻本
越吟一卷　第798册
(明)包大炣撰
明萬曆元年玉樹齋活字藍印本
賜閒堂集四十卷　第798－799册
(明)申時行撰
明萬曆四十四年申用懋等刻本
王文肅公文集五十五卷　第800－801册
(明)王錫爵撰
明唐氏廣慶堂刻本
青藜閣初稿三卷　第801册
(明)戚元佐撰
明萬曆元年胡日新刻本
陳恭介公文集十二卷　第801－802册
(明)陳有年撰
明萬曆陳啓孫刻本
衛陽先生集十四卷　第802册
(明)周世選撰
明崇禎五年刻本
逍遙園集十卷　第802册
(明)穆文熙撰
明萬曆十五年劉懷恕刻本
京寓稿一卷　第803册
(明)倪珣撰
明萬曆七年刻本
處實堂集八卷　第803册
(明)張鳳翼撰
明萬曆刻本
袁魯望集十二卷　第803册
(明)袁尊尼撰
明萬曆十二年袁年刻本
亦玉堂稿十卷續稿八卷　第803册
(明)沈鯉撰
明萬曆王象乾刻本
二酉園文集十四卷詩集十二卷　第803－804册
(明)陳文燭撰
明萬曆蒹葭館刻本
王侍御類稿十六卷　第804册
(明)王圻撰

明萬曆二十三年季東魯、湯沐刻本
孟雲浦先生集八卷附錄一卷　第 845 册
（明）孟化鯉撰
明萬曆二十五年刻本
魏仲子集八卷　第 845 册
（明）魏允中撰
明萬曆刻本
澤宇先生詩集十卷　第 846 册
（明）邢雲路撰
明萬曆十八年楊起元刻本
新刻湫六齋全集四十八卷　第 846－847 册
（明）何三畏撰
明萬曆陳錫恩刻本
鐫蒼霞草十二卷　第 847 册
（明）葉向高撰
明萬曆三十四年刻本
鐫蒼霞草十二卷　第 848 册
（明）葉向高撰
明萬曆三十四年刻遞修本
蒼霞草二十卷蒼霞草詩八卷蒼霞餘草十四卷蒼霞續草二十二卷綸扉奏草三十卷續綸扉奏草十四卷後綸扉尺牘十卷　第 848－852 册
（明）葉向高撰
明萬曆天啓遞刻本
虞德園先生集二十五卷又八卷　第 852－853 册
（明）虞淳熙撰
明天啓三年虞氏墐務山館刻本
弗告堂集二十六卷　第 853 册
（明）于若瀛撰
明萬曆自刻本
四留堂稿三十卷　第 853 册
（明）盧龍雲撰
明萬曆刻本
湯臨川問棘堂郵草十卷　第 854 册
（明）湯顯祖撰
明萬曆六年謝廷諒刻本
焦氏澹園集四十九卷　第 854 册
（明）焦竑撰
明萬曆三十四年黃雲蛟刻本
歇菴集十六卷　第 855 册
（明）陶望齡撰
明萬曆三十九年真如齋刻本
歇菴集十六卷　第 856 册
（明）陶望齡撰
明萬曆刻遞修本
容臺文集九卷詩集四卷別集四卷　第 856－857 册
（明）董其昌撰
明崇禎三年董庭刻本
容臺文集十卷詩集四卷別集六卷　第 857－858 册
（明）董其昌撰
明末葉有聲刻本
適適草四卷　第 858 册
（明）蘇光泰撰
明萬曆二十八年刻本
鄭侯升集四十卷　第 858－859 册
（明）鄭明選撰
清初抄本
區太史詩集二十七卷　第 859 册
（明）區大相撰
明崇禎十六年刻本
高子遺書十二卷　第 859－860 册
（明）高攀龍撰
明崇禎五年錢士升、陳龍正等刻本
高子未刻稿六卷　第 860 册
（明）高攀龍撰
清抄本
顧太史文集八卷　第 861 册
（明）顧天埈撰
明崇禎顧循、顧舒刻本
陳學士先生初集三十六卷　第 861－862 册
（明）陳懿典撰
明萬曆四十八年曹憲來刻本
西樓全集十八卷　第 862 册
（明）鄧原岳撰
明萬曆三十九年鄧慶寀刻本
西樓全集十八卷詩選二卷　第 863 册
（明）鄧原岳撰
明崇禎刻本
李太僕恬致堂集四十卷　第 863－864 册
（明）李日華撰
明崇禎刻本
錦帆集四卷去吳七牘一卷解脱集四卷瓶花齋集十卷瓶史一卷瀟碧堂集二十卷　第 864－865 册
（明）袁宏道撰
明萬曆袁氏書種堂刻本
珂雪齋集選二十四卷　第 865－866 册
（明）袁中道撰
明天啓二年汪惟修等刻本
餐微子集三十卷　第 866 册
（明）岳和聲撰
明天啓刻本
灌蔬園詩集七卷文集三卷　第 867 册
（明）李本緯撰
明萬曆卜有徵刻本
水明樓集十四卷　第 867 册
（明）陳薦夫撰
明萬曆刻本
玄晏齋詩選五卷奏議三卷困思抄三卷中庸慎獨義一卷　第 867 册
（明）孫慎行撰
明末刻本
輪廖館集八卷　第 867－868 册
（明）范允臨撰
清順治范氏家刻乾隆十九年遞修本
絡緯吟十二卷　第 868 册
（明）徐媛撰
明萬曆四十一年范允臨刻本
遯菴詩集十卷駢語五卷續駢語二卷　第 868 册
（明）蔡復一撰
明末林文昌刻本
王季重集八卷　第 869 册
（明）王思任撰
明刻本
王季重集十四卷　第 869－870 册
（明）王思任撰
明刻本
麗崎軒詩集四卷詩餘一卷　第 870 册
（明）查應光撰
明崇禎十二年歐陽鉉刻本
岪山集十二卷　第 870 册
（明）趙秉忠撰
明刻本
何長人集九卷　第 870 册
（明）何慶元撰
明萬曆刻本
陳氏荷華山房詩稿二十六卷目錄二卷　第 871 册
（明）陳邦瞻撰
明萬曆四十六年牛維赤刻本
寓林集三十二卷詩六卷　第 871－872 册
（明）黃汝亨撰
明天啓四年吳敬、吳芝等刻本
崇相集十八卷　第 872－874 册

(明)董應舉撰
明崇禎刻本
泠然草詩編二卷 第874册
(明)王嗣奭撰
明天啓五年刻本
白社稿十四卷 第874册
(明)董暹撰
明末李學元刻本
秋水閣墨副九卷 第874册
(明)董光宏撰
明刻藍印本
檀燕山藏稿十九卷 第875册
(明)徐如翰撰
明刻本
寧澹齋全集十卷 第875册
(明)楊守勤撰
明天啓二年楊一琛、楊一瑜刻本
吳文端公澳亭存稿二十八卷 第875－876册
(明)吳宗達撰
明崇禎吳職思刻本
賜閑堂集四卷 第876册
(明)王象晉撰
清順治九年王與敕等刻本
澹生堂集二十一卷 第876－877册
(明)祁承㸁撰
明崇禎刻本
市南子二十二卷又六卷 第877－878册
(明)李光元撰
明崇禎李汝至刻本
韓文恪公文集二十一卷卷首二卷卷末一卷詩集九卷 第878－879册
(明)韓日纘撰
明崇禎刻本
隱秀軒集三十三卷 第879册
(明)鍾惺撰
明天啓二年沈春澤刻本
翠娛閣評選鍾伯敬先生合集十六卷附錄一卷 第880册
(明)鍾惺撰 陸雲龍評
明崇禎九年陸雲龍刻本
皇極篇二十七卷南極篇二十二卷東極篇四卷 第880－881册
(明)文翔鳳撰
明萬曆四十七年刻本
泊水齋詩集六卷 第881册
(明)張愼言撰
明崇禎十四年張履旋刻本
學餘園初集五卷 第882册
(明)丘兆麟撰
明萬曆刻本
銅馬編二卷 第882册
(明)楊德周撰
明崇禎刻本
句注山房集稿十八卷 第882册
(明)張鳳翼撰
明孫傳庭刻本
讀書堂稿十二卷 第882册
(明)葉燦撰
明末刻本
鹿伯順十五種認真草三十六卷 第882－883册
(明)鹿善繼撰
明崇禎刻本
在魯齋文集五卷 第883册
(明)孔貞時撰
明崇禎四年孔尚豫刻本
自娱集十卷詩餘一卷 第883册
(明)俞琬綸撰
明萬曆四十六年刻本
碩邁園集十卷 第884册
(明)蒲秉權撰
明末刻本
古閣睡餘集四卷墓誌銘一卷 第884册
(明)馬鳴霆撰
明趙志美等刻本
欒在軒文集十五卷欒在軒稿二卷十笏齋稿五卷和論一卷語頌一卷廣論語頌二卷吳越集二卷庚申篇一卷邊事詩一卷南越集一卷羅浮集一卷 第884－885册
(明)徐應亨撰
明刻本
來陽伯集二十卷 第885册
(明)來復撰
明天啓刻本
簡齋詩抄十卷 第885册
(明)劉榮嗣撰
明崇禎刻本
詠懷堂詩集四卷 第886册
(明)阮大鋮撰
明崇禎八年刻本
落落齋遺集十卷 第886册
(明)李應昇撰
明崇禎十七年李遜之刻本
方孟旋先生合集二十卷 第886－887册
(明)方應祥撰
清順治九年李際期刻本
幔亭集二十卷 第887册
(明)徐熥撰
明萬曆二十九年徐𤍠刻本
陳靖質居士文集六卷 第887册
(明)陳山毓撰
明天啓陳舒等刻本
循滄集二卷風唫集三卷迦陵集四卷棘門集八卷 第887－888册
(明)姚希孟撰
明末刻本
文遠集二十八卷補遺一卷 第888册
(明)姚希孟撰
明末大隱堂刻本
墻東集二十二卷 第889册
(明)王澹撰
明泰昌元年刻本
西林全集二十卷目錄二卷附錄一卷 第889册
(明)安紹芳撰
明萬曆四十七年刻清康熙十一年遞修本
竹浪齋集八卷附吳游記一卷 第889册
(明)李佺撰
明萬曆刻本
李山人詩二卷 第889册
(明)李生寅撰
明萬曆刻本
貝葉齋稿四卷游西山記一卷戊寅山行記一卷 第889册
(明)李言恭撰
明萬曆八年朱宗吉刻本
十賚堂丙集十二卷 第890册
(明)茅維撰
明末十賚堂刻本
淵潁集四卷 第890册
(明)高鑴撰
明刻本
徐筆峒先生文集十二卷 第890册
(明)徐奮鵬撰
明王鳳翔光啓堂刻本
消暍集二十卷 第890－892册
(明)夏樹芳撰
明崇禎元年刻本

文苑英華一千卷 第 932－938 册
(宋)李昉等輯
明抄本
會通館印正文苑英華纂要八十四卷辨證十卷 第 938 册
(宋)高似孫輯纂要 (宋)彭叔夏撰辨證
明刻本
聲畫集八卷 第 938 册
(宋)孫紹遠輯
清抄本
鳴鶴餘音九卷 第 939 册
(元)彭致中輯
明藍格抄本
文章類選四十卷 第 939－940 册
(明)朱㮵輯
明初刻本
廣文選八十二卷目錄二卷 第 940－941 册
(明)劉節輯
明嘉靖十二年侯秩刻本
風雅逸篇六卷 第 941 册
(明)楊慎輯
明正德刻本
五言律祖前集四卷後集六卷 第 941 册
(明)楊慎輯
明嘉靖二十一年吳道子等刻本
絕句辯體八卷附録一卷 第 941 册
(明)楊慎輯
明嘉靖三十二年喻柯刻本
九代樂章二十三卷 第 941 册
(明)劉濂輯
明嘉靖二十九年刻本
風雅廣逸十卷附録一卷 第 941 册
(明)馮惟訥輯
明嘉靖三十年喬啓仁刻本
花鏡雋聲十六卷附韻語一卷 第 941 册
(明)馬嘉松輯
明天啓四年刻本
金陵新刻彤管遺編二十卷 第 942 册
(明)酈琥輯
明嘉靖四十三年刻本
詩女史十四卷 第 942 册
(明)田藝蘅輯
明嘉靖三十六年刻本
閒情女肆四卷 第 942 册
(明)張夢徵輯 李萬化重訂
明崇禎六年刻本
皇霸文紀十三卷 第 942 册
(明)梅鼎祚輯
明崇禎六年梅氏家刻本
西漢文鑑二十一卷東漢文鑑二十卷 第 943 册
(宋)陳鑑輯
明刻本
晉文紀二十卷 第 943－944 册
(明)梅鼎祚輯
明崇禎刻本
宋文紀十八卷 第 944 册
(明)梅鼎祚輯
明崇禎十年周維新刻本
南齊文紀十卷 第 944 册
(明)梅鼎祚輯
明崇禎刻本
唐文粹一百卷 第 945－946 册
(宋)姚鉉輯
明嘉靖八年晉藩養德書院刻本
重校正唐文粹一百卷 第 946－947 册
(宋)姚鉉輯
明嘉靖三年徐焴刻本
唐僧弘秀集十卷 第 947 册
(宋)李龏輯
明萬曆四十七年沈春澤刻本
唐律多師集十二卷 第 947 册
清抄本
新雕宋朝文鑑一百五十卷目録三卷 第 947－949 册
(宋)吕祖謙輯
明天順八年嚴州府刻弘治十七年胡韶遞修本
中州集十卷樂府集一卷 第 949 册
(金)元好問輯
舊抄本
河汾諸老詩集八卷 第 949 册
(元)房祺輯
明弘治十一年李瀚刻本
皇元風雅前集六卷後集六卷 第 949 册
(元)傅習 孫存吾輯前集 (元)孫存吾輯後集
清勞氏丹鉛精舍抄本
元詩體要十四卷 第 950 册
(明)宋公傳輯
明正德十四年遼藩朱寵㳎刻本
皇明文範六十八卷目錄二卷 第 950－952 册
(明)張時徹輯
明隆慶三年刻本
今文選十二卷 第 952 册
(明)孫鑛輯
明萬曆三十一年董遇泰刻本
明文翼運六十卷 第 953－957 册
(明)沈猶龍輯
明崇禎十年沈猶龍刻本
明文霱二十卷 第 957 册
(明)劉士鏻輯
明崇禎刻本
明文案二百十六卷 第 958－961 册
(明)黃宗羲輯
舊抄本
新刻乙未科翰林館課東觀弘文十卷 第 961 册
(明)劉元震 劉楚先輯
明萬曆二十五年嘉賓堂刻本
盛明風雅二十卷 第 961 册
(明)江昌輯
明嘉靖魯藩朱健杬刻本
國雅二十卷續國雅四卷國雅品一卷 雜附一卷 第 962 册
(明)顧起綸輯并撰
明萬曆元年顧氏奇字齋刻本
皇明詩統四十二卷 第 962－964 册
(明)李騰鵬輯
明萬曆刻本
啓禎遺詩選十卷 第 965 册
(明)陳濟生輯
南明永曆刻本
松陵集十卷 第 965－966 册
(唐)皮日休 陸龜蒙撰
明末毛氏汲古閣刻本
圭塘欸乃一卷 第 966 册
(元)許有孚等撰
舊抄本
圭塘欸乃一卷 第 966 册
(元)許有孚等撰
清乾隆鮑氏抄本
南北二鳴編二卷 第 966 册
(明)李攀龍 王世貞撰
明張獻翼刻本
盍簪什三卷 第 966 册
(明)李埈輯

叢書

天津圖書館購藏影印本古籍書目

中

天津圖書館 編

天津社會科學院出版社

天津圖書館[illegible]

天津圖書館 編

天津社會科學院出版社

天津圖書館購藏影印本古籍書目:中

清代詩文集珍本叢刊
陳紅彦 謝冬榮 薩仁高娃主編
二〇一七年北京國家圖書館出版社
六〇〇冊
歷代詩文集彙刊
范勳卿詩集二十一卷 第1-2冊
(清)范鳳翼撰
明崇禎刻本
范璽卿詩集一卷補遺一卷 第2冊
(清)范鳳翼撰
清咸豐十一年(1861)姜渭鈔本
王無瑕先生詩集五卷文集三卷 第3冊
(清)王琢璞撰
清刻本
牧齋有學集補遺附有學外集 第3冊
(清)錢謙益撰
清鈔本
牧齋詩集九卷 第3-4冊
(清)錢謙益撰
清鈔本
牧齋詩鈔不分卷 第4-5冊
(清)錢謙益撰
清沈東甫鈔本
野汀詩稿二卷 第5-6冊
(清)錢謙益撰
清劉履芬鈔本
顧麟士詩一卷 第6冊
(清)顧夢麟撰
清刻本
寄巢詩二卷 第6冊
(清)釋道源撰
清順治十八年(1661)毛表、陸貽典刻清本
玉蟬庵散編六卷 第6冊
(清)鄭邦祥撰
清鈔本
平山堂詩集四卷 第7-8冊
(清)劉應賓撰
清順治刻本
知還堂集四卷 第8冊
(清)李芳蕰撰 (清)徐雪航輯
清康熙三十一年(1692)李湘刻本
六草一卷 第8冊
(清)陳昌言撰
清鈔高都陳氏詩鈔本
李潛夫先生遺文一卷 第8冊
(清)李確撰
清四古堂鈔本
金文通公集二十卷 第8-10冊
(清)金之俊撰
清康熙二十五年(1686)金祖彭重刻本
息齋集四卷外集一卷 第11-12冊
(清)金之俊撰 (清)陳名夏評
清順治六年(1649)自刻本
未學庵詩集十卷耐翁先生集外詩一卷 第12冊
(清)錢謙貞撰
清順治汲古閣刻本
一笑堂詩集四卷 第12-13冊
(清)謝三賓撰
清康熙十六年(1677)刻本
容庵存稿三卷附録二卷 第13冊
(清)許令瑜撰
鈔本
逋齋詩四卷 第13-14冊
(清)劉正宗撰
清刻本
壑專堂集十四卷 第14-16冊
(清)錢繼登撰
清康熙六年(1667)自刻本
棗林詩集不分卷 第16冊
(清)談遷撰
清鈔本
棗林集五卷 第16-17冊
(清)談遷撰
清宣統元年(1909)張錞鈔本
東池詩集五卷 第17冊
(清)張雋撰 (清)陳忱撰
清鈔本
恥廬近集二卷 第17冊
(清)熊文舉撰
清順治十八年(1661)李仲章刻本
豁堂老人同凡草九卷 第18冊
(清)釋正喦撰
清刻本
槐川堂留稿六卷 第18-19冊
(清)王夢鼎撰
清鈔本
知畏堂文存十二卷詩集四卷 第19-20冊
(清)張采撰
清康熙十二年(1673)刻本
琅嬛文集二卷 第21冊
(清)張岱撰 (清)王雨謙評
清鈔本
張子文粃十八卷詩粃五卷 第21-22冊
(清)張岱撰
鈔稿本
斗齋詩選二卷 第22冊
(清)張文光撰
清乾隆二十七年(1762)刻本
熊魚山先生文集二卷首一卷末一卷 第23冊
(清)熊開元撰 (清)黄秩柄編
清光緒二十一年(1895)刻本
蓑居詩集一卷 第23冊
(清)張縉彦撰
清刻本
保閑堂續集四集 第23冊
(清)趙士春撰
稿本
敬修堂詩不分卷 第23冊
(清)查繼佐撰
清鈔本
息齋遺稿不分卷 第24冊
(清)華曠度撰
清鈔本
抱真堂詩稿八卷 第24冊
(清)宋徵璧撰
清順治九年(1652)刻本
李映碧公餘録二卷 第25冊
(清)李清撰
明崇禎刻本
二槐草存一卷 第25冊
(清)王翃撰
清康熙十一年(1672)王庭刻本

嘯閣集古五卷 第25冊
(清)施端教撰
清順治刻本
古古詩三卷 第26冊
(清)閻爾梅撰 (清)汪觀選
清康熙五十二年(1713)靜遠堂刻本
任川獨學甲午雜詠不分卷 第26-27冊
(清)金侃撰
稿本
晚聞集六卷補遺一卷 第27冊
(清)沈卓撰
清乾隆九年(1744)蔣侯鈔本
倘湖遺稿 第28-29冊
(清)來集之撰
清鈔本
倘湖詩二卷 第29冊
(清)來集之撰
清康熙十四年(1675)倘湖小築刻本
南行載筆六卷 第29冊
(清)來集之撰 (清)來道程評
清來氏倘湖小築刻本
瞻六堂集二卷 第30冊
(清)羅萬傑撰
清乾隆三十年(1765)羅正佐刻本
異香集二卷 第30冊
(清)王巖撰
清康熙二十二年(1683)孫祖庚映雪齋刻本
浮雲集十二卷 第30-31冊
(清)陳之遴撰
清鈔本
水田居文集五卷存詩三卷 第31-33冊
(清)賀貽孫撰
清敕書樓刻本
匡鼇草二卷 第33冊
(清)喬缽撰
清順治刻本
沈憲吉稿一卷 第33冊
(清)沈受祺撰
清鈔本
晚香堂詩不分卷 第33-34冊
(清)魏栩撰
稿本
念園存稿四卷 第34冊
(清)白胤謙撰
清康熙刻本
秋閑詩草四卷 第35冊
(清)王庭撰
清刻本
釋柯集一卷近草一卷釋柯餘集一卷附南山集一卷 第35-36冊
(清)蕭中素撰
清康熙刻本
瀨園遺集十二卷文集二十卷 第36-38冊
(清)嚴首昇撰
清康熙靜業齋刻本
匪棘堂集十二卷 第38-39冊
(清)范士楫撰
清順治九年(1652)刻本
蘆中全集 第39冊
(清)余颺撰
清余氏文來閣鈔本
惹香居合稿不分卷 第39-40冊
(清)梁清標 梁清寬 梁清遠撰
清順治刻本
禹峰先生文集二十四卷 第40-42冊
(清)彭而述撰
清順治十六年(1659)張芳刻本
顧西巘先生合稿十卷 第42冊
(清)顧如華撰
清康熙二年(1663)刻本
吳梅村歌詩一卷附録一卷 第43冊
(清)吳偉業撰 (清)管庭芬編
稿本
吳梅村先生詩集十二卷附録一卷 第43-44冊
(清)吳偉業撰 (清)程穆衡箋 (清)楊學沆補注
清嘉慶十六年(1811)黃氏士禮居鈔本
真冷堂詩稿一卷 第44冊
(清)紀映鍾撰
清順治刻本
放下吟稿一卷 第45冊
(清)陳絅撰
鈔本
斜陽集一卷 第45冊
(清)顧苓撰
稿本
塔影園集不分卷 第45-46冊
(清)顧苓撰
清鈔本
塔影園文集三卷詩集一卷 第46冊
(清)顧苓撰
清鈔本
十詠堂稿八卷 第47冊
(清)林九棘撰
清康熙刻本
顧雲馭詩集八卷 第48-49冊
(清)顧人龍撰
清康熙四十八年(1709)顧涵刻本
桂林破愁集四卷 第50冊
(清)胡文華撰 (清)黃中通評 (清)彭而述評
清康熙刻本
偶存草二卷 第50冊
(清)彭賓撰
清刻本
方密之詩鈔三卷 第50冊
(清)方以智撰
清鈔本
蘭雪堂詩稿二卷 第51冊
(清)王廣心撰
清道光十五年(1835)刻本
變雅堂文集一卷推枕吟一卷杜陵七歌一卷 第51-52冊
(清)杜濬撰
清康熙刻本
樸巢詩選不分卷文選五卷 第53冊
(清)冒襄撰 (清)張明弼 杜濬評輯
清刻本
傳心録一卷艾陵詩鈔二卷艾陵文鈔十六卷補遺一卷 第53-54冊
(清)雷士俊撰
清康熙莘樂草堂刻本
遯山堂詩一卷 第54冊
(清)李含章撰 (清)李克若編
清三十六硯居鈔《李詩集遺》本
載石堂詩稿二卷年譜一卷 第55冊
(清)宋之繩撰
清康熙十八年(1679)刻本
通慵集一卷 第55冊
(清)周亮工撰
清鈔本
藏山閣詩存十四卷文存六卷田間尺牘四卷 第55-56冊
(清)錢澄之撰
清鈔本
調運齋集八卷 第56-59冊
(清)錢陸燦撰
清鈔本

寤硯齋學詩不分卷 第191册
(清)戴晟撰
清乾隆刻本
樂志堂文鈔四卷 第191册
(清)姜承烈撰
清康熙二十八年(1689)自刻本
梧岡餘稿四卷文鈔一卷 第192册
(清)金集撰
清康熙五十九年(1720)半亭書屋刻本
浮雲草一卷 第192册
(清)釋行珠撰
清康熙五十九年(1720)劉旗錫、王思訓刻本
東甌紀遊一卷 第192册
(清)周彝撰
清康熙刻本
華鄂堂詩稿二卷研山十詠一卷 第192册
(清)周彝撰
清康熙刻本
尤徵君遺集三卷 第193册
(清)尤瑋撰
清鈔本
焦氏文集 第193－194册
(清)焦袁熹撰
鈔本
愧齋文集略一卷詩集略一卷 第194册
(清)連青撰
清康熙刻本
硯溪先生遺稿二卷 第195册
(清)惠周惕撰
清惠氏紅豆齋鈔本
伊想集一卷 第195册
(清)陶爾燧撰
清康熙刻本
丙寅集一卷 第195册
(清)陶爾燧撰
清康熙刻本
西齋集十卷 第195册
(清)吳暻撰
清康熙刻本
西齋集十二卷 第195－196册
(清)吳暻撰
稿本
廻青山房詩二卷桐埜山人集一卷稼雨軒近詩一卷桐埜詩一卷 第196册
(清)周起渭撰
清鈔本
改庵偶集三卷 第197册
(清)仲弘道撰
稿本
廿六草二卷續一卷 第197册
(清)趙祺映撰
清康熙刻本
陳恪勤公集不分卷 第198－199册
(清)陳鵬年撰
稿本
詹鐵牛文集十五卷詩集十五卷 第199－200册
(清)詹賢撰
清康熙刻本
倚雲樓文選四卷尺牘選一卷詞選一卷 第200册
(清)江蘭撰
清康熙刻本
步陵詩鈔九卷 第201册
(清)沈堡撰
清康熙刻本
嘉會堂集三卷 第201册
(清)沈堡撰
清康熙刻本
水香園遺詩不分卷 第201册
(清)汪沅撰
清康熙刻本
豁翁詩草二卷 第202册
(清)宋永清撰
清康熙刻本
依歸草十八卷存十七卷自長吟十二卷 第202－204册
(清)張符驤撰
清刻本
方日斯先生詩稿不分卷 第204册
(清)方邁撰
稿本
方日斯先生文稿二卷 第205册
(清)方邁撰
稿本
紀遊詩草八卷文集存三卷 第206册
(清)林毓俊撰
清康熙刻本
蓑笠軒僅存稿十卷 第207册
(清)樓儼撰
清康熙刻本
晚笑堂竹莊詩集一卷 第207册
(清)上官周撰
清乾隆刻本
栩莊詩集六卷 第208册
(清)洪鉽撰
清康熙刻本
柳洲詩存一卷 第208册
(清)柯煜撰
清康熙刻本
春暉樓四六八卷 第208－209册
(清)汪方藻撰
清雍正七年(1729)刻本
春暉樓駢體一卷 第209册
(清)汪方藻撰
清鈔本
寒中詩四卷 第209册
(清)馬思贊撰
清康熙刻本
伴鐸吟一卷 第209册
(清)李晉撰
清鈔本
皆山堂詩一卷 第210册
(清)馬思贊撰
清康熙刻本
竹園詩選 第210册
(清)張廷弼撰
清刻本
鶴溇詩選 第210册
(清)萬夔輔撰
清康熙刻本
兗東集二卷小紅詞集一卷 第210册
(清)朱經撰
清康熙刻本
燕堂詩鈔 第211册
(清)朱經撰
清鈔本
梅溪譚士遠掘得書二卷 第211册
(清)譚文昭撰 (清)戎式弘評
清康熙刻本
螻堂稿二卷 第211册
(清)劉家珍撰
清康熙刻本
浮園詩集附菊山詞 第211册
(清)朱慎撰
清鈔本
動忍齋詩稿二卷米山堂詩稿一卷 第211册
(清)馬元錫撰
清刻本

饑鳳集十六卷　第 212 冊
（清）蘇春撰
清康熙五十二年（1713）刻本
德園游草一卷　第 213 冊
（清）馮俞昌撰
清康熙刻本
凉踽堂二集　第 213 冊
（清）何槜撰
清雍正刻本
拾遺編一卷　第 213 冊
（清）釋圓微撰
清康熙五十七年（1718）刻本
洞庭湖櫂歌一卷續一卷　第 213 冊
（清）朱丕戭撰
清刻本
大野詩刪六卷　第 213 冊
（清）畢榮佐撰
清雍正刻本
狷亭詩稿　第 213－214 冊
（清）陳沂震撰
清鈔本
希雅文集　第 214 冊
（清）郭人麟撰
清鈔本
乙未亭詩集六卷畏壘山人詩集四卷筆記四卷文集四卷　第 214－215 冊
（清）徐昂發撰
清康熙刻本
拙齋集五卷　第 215－216 冊
（清）朱奇齡撰
清康熙刻本
證園文鈔不分卷　第 216－217 冊
（清）儲遜撰
舊鈔本
問津集一卷　第 217 冊
（清）陳賁懿撰
清鈔本
樸軒詩一卷　第 217 冊
（清）陳崇儉撰
清鈔本
蘭皋詩一卷　第 217 冊
（清）陳傅始撰
清鈔本
仰山詩一卷　第 217 冊
（清）陳景行撰
清鈔本
改庵詩集一卷　第 217 冊
（清）陳名儉撰
清鈔本
愈愚集一卷　第 217 冊
（清）陳沛霖撰
清鈔本
玉照堂集句不分卷　第 217 冊
（清）莊賁孫撰
清康熙刻本
讀書堂詩稿二卷　第 218 冊
（清）汪日祺撰
清雍正刻本
延祿閣集十二卷　第 218－219 冊
（清）華希閔撰
鈔本
西庵草一卷　第 220 冊
（清）釋律然撰
稿本
澄懷園詩選十二卷　第 220 冊
（清）張廷玉撰
清乾隆刻本
盛虎文詩稿一卷　第 220 冊
（清）盛文炳撰
稿本
許屏山集九卷　第 221 冊
（清）許田撰
稿本
露香閣二刻一卷摘稿五卷　第 221 冊
（清）楊錫震撰
清康熙刻本
雲溪草堂詩三卷　第 222 冊
（清）徐永宣撰
清康熙三十七年（1698）刻本
澂志樓詩稿不分卷　第 222 冊
（清）侯方曾撰
清鈔本
小山詩初稿二卷續稿四卷　第 222－223 冊
（清）王時翔撰
清乾隆十一年（1746）刻本
樂靜堂集二卷雞肋集一卷　第 223 冊
（清）納蘭揆敘撰
清鈔本
柘湖小稿一卷　第 223 冊
（清）鄭鉽撰
清康熙刻本
進呈詩不分卷　第 223 冊
（清）馮敦忠撰
清康熙四十四年（1705）刻本
魚睨集一卷　第 223 冊
（清）吳焯撰
清鈔本
益翁文稿一卷　第 223 冊
（清）錢元昌撰
清鈔本
退庵文集二十一卷存七卷　第 223 冊
（清）李敬撰
清刻本
玉禾山人詩集十卷　第 224 冊
（清）田實發撰
清刻本
玉巢詩草四卷　第 224 冊
（清）徐紫芝撰
清雍正刻本
鴻雪齋詩鈔一卷　第 224 冊
（清）臧琮撰
清乾隆刻本
日堂文鈔一卷　第 224 冊
（清）盧軒撰
清刻本
雲在詩鈔九卷　第 224－225 冊
（清）查祥撰
清刻本
在亭詩稿一卷　第 225 冊
（清）李果撰
清康熙刻本
北游草一卷附偶游日紀一卷　第 225 冊
（清）梁機撰
清康熙三十五年（1696）刻本
思儼齋詩鈔五卷　第 225 冊
（清）陳廷採撰
清乾隆二十六年（1761）刻本
清霽樓詩集一卷　第 225 冊
（清）陶祉撰
清雍正刻本
貞奩閣集二卷　第 226 冊
（清）竇氏撰
清康熙五十六年（1717）刻本
蠶桑樂府一卷　第 226 冊
（清）沈炳震撰
清鈔本
敬軒集四卷其恕堂稿六卷三津新草不分卷　第 226 冊
（清）楊宗禮撰
清鈔本

四中閣詩鈔二卷　第306冊
（清）黄立世撰
清嘉慶八年（1803）刻本
潛索録四卷　第306冊
（清）范宏禧撰
清乾隆刻本
延芬室集殘稿　第307－309冊
（清）永忠撰
稿本
隱硯樓詩合刊二卷　第309冊
（清）溫慕貞撰
清乾隆三十三年（1768）刻本
經進文稿一卷駢體文鈔二卷　第309冊
（清）沈叔埏撰
清道光二十九年（1849）刻本
掃垢山房詩鈔十二卷　第309－310冊
（清）黄文暘撰
清嘉慶七年（1802）刻本
鄰壁齋集八卷　第311冊
（清）陳奎撰
清刻本
吉雲草堂集十卷附詞二卷　第311－312冊
（清）徐志鼎撰
清乾隆五十三年（1788）刻本
沉香閣存草一卷　第312冊
（清）項蕙卿撰
清嘉慶二年（1797）刻本
烟波閣詩一卷　第312冊
（清）王復撰
清鈔本
章氏遺著不分卷　第312－314冊
（清）章學誠撰
清鈔本
庚辛之間亡友列傳　第314冊
（清）章學誠撰
清鈔本
湘南集二卷邕管集一卷　第314冊
（清）劉玉麟撰
稿本
浣青詩草二卷詞草一卷　第314冊
（清）錢孟鈿撰
清鈔本
白華堂集　第314－315冊
（清）王焯撰
清嘉慶十四年（1809）刻本
炊菰亭詩一卷　第315冊
（清）李衍孫撰
清鈔本
就昀詩稿　第315－316冊
（清）邊響禧撰
清鈔本
夢溪詩鈔一卷越吟草二卷　第316冊
（清）魏晉錫撰
清道光二十七年（1847）刻本
自怡集十二卷嶺南詩鈔二卷　第316－317冊
（清）吳錫麟撰
清嘉慶十二年（1807）刻本
錢南園先生遺集五卷　第318冊
（清）錢灃撰
清同治十一年（1872）刻本
西溪詩草四卷　第318－319冊
（清）丁珠撰
清嘉慶十八年（1813）刻本
思亭文鈔二卷　第319冊
（清）顧堃撰
清刻本
刻楮吟一卷陟岵草一卷字字珠一卷夢餘草一卷　第319冊
（清）周文鼎撰
稿本
補亭詩鈔五卷　第319冊
（清）馮念祖撰
清鈔本
東游草　第320冊
（清）馮念祖撰
清刻本
吴會吟一卷瀕海集一卷　第320冊
（清）馮念祖撰
清鈔本
輯園偶吟草　第320冊
（清）楊瑞華撰
民國三十年（1941）鈔本
漁山詩稿十卷首一卷　第320冊
（清）朱天衣撰
清嘉慶二十年（1815）刻本
秋心集　第321冊
（清）沃林撰
清乾隆刻本
種李園稿　第321冊
（清）顏崇槼撰
清道光二十九年（1849）刻本
摩墨亭稿　第321冊
（清）顏崇槼撰
清道光二十九年（1849）刻本
辦差日記一卷清河詩草一卷歸田偶興一卷　第321冊
（清）張錦撰
清乾隆刻本
澹如軒詩鈔五卷　第321冊
（清）章銓撰
清鈔本
染翰堂詩集不分卷　第321－324冊
（清）章銓撰
鈔本
功餘草一卷　第324冊
（清）榮玉潔撰
稿本
溪西集一卷集句叢鈔四卷　第324冊
（清）戚學標撰（清）林茂堃注
清嘉慶十五年（1810）刻本
香雲草屋詩稿一卷　第324冊
（清）傅汝懷撰
民國二十六年（1937）鈔本
西樵山房文集四卷　第324－325冊
（清）猶法賢撰
清道光十五年（1835）木活字本
一園文集十二卷附補遺　第325－326冊
（清）俞廷舉撰
清嘉慶十七年（1812）刻本
一園時文　第326－327冊
（清）俞廷舉撰
清嘉慶十七年（1812）刻本
一園詩集十四卷　第327－328冊
（清）俞廷舉撰
清嘉慶十七年（1812）刻本
摘錄班斧集一卷　第328冊
（清）莊一夔撰
清嘉慶刻本
鐵硯山房稿一卷　第328冊
（清）鄧石如撰
清木活字本
牧石居詩集二卷　第328冊
（清）釋默可撰
清嘉慶十六年（1811）刻本
緑烟鎖窗集　第328冊
（清）明義撰
清鈔本
粤游詩草二卷　第329冊
（清）沈峻撰

清乾隆五十六年(1791)刻本
鴛鴦社草 第329冊
(清)王璐卿撰
清鈔本
淨香居詩草一卷題畫詩一卷 第329冊
(清)金夢蘭撰
清刻本
汪容甫先生詩集六卷附錄一卷 第329冊
(清)汪中撰
清光绪二十六年(1900)刻本
審巖詩集一卷 第329冊
(清)楊于果撰
清刻本
邀月樓古今體詩 第329冊
(清)陳有懿撰
清道光二十七年(1847)刻本
密娛齋詩稿一卷 第330冊
(清)鄧汝功撰
清乾隆刻本
拄笏軒存草 第330冊
(清)琨玉撰
清乾隆三十九年(1774)刻本
息存室吟稿續集一卷 第330冊
(清)杭其玉撰
清嘉慶二十二年(1817)刻本
花逸居詩稿三卷 第330冊
(清)計士增撰
清嘉慶刻本
禮耕堂詩集三卷外集一卷 第330冊
(清)施國祁撰
清鈔本
虛白齋詩草三卷 第331冊
(清)霍維瓚撰
清乾隆五十年(1785)刻本
嘉樹堂稿十卷 第331冊
(清)陳守謙撰
清刻本
嘉蔭軒詩集二卷 第331冊
(清)伊湯安撰
清刻本
薈庵先生詩鈔 第332冊
(清)楊光祖撰
清鈔本
楊書巖先生古文鈔二卷 第332冊
(清)楊峒撰
清鈔本
逃虛閣詩集六卷 第332－333冊
(清)張錦芳撰
清嘉慶刻本
問樵詩續鈔五卷補遺一卷 第333冊
(清)史有光撰
清道光二十六年(1846)刻本
適園詩録不分卷 第333冊
(清)阿林保撰
清嘉慶十一年(1806)刻本
楓樹山房詩一卷 第333冊
(清)惠兆壬撰
清鈔本
桂亭公餘小草一卷 第334冊
(清)廣玉撰
清嘉慶刻本
蓮城詩草不分卷 第334冊
(清)張駿撰
清鈔本
荔枝百吟一卷 第334冊
(清)廖炳撰
清鈔本
荔枝雜著一卷 第334冊
(清)廖炳撰
清鈔本
二餘堂詩稿二卷 第334冊
(清)師範撰
民國十年(1921)鉛印本
紫華舫詩初集四卷竹滬漁唱一卷 第335冊
(清)屈為章撰
清嘉慶刻本
梅花書屋近體詩鈔四卷 第335冊
(清)葉廷勛撰
清嘉慶十六年(1811)刻本
巢雲閣詩續鈔一卷附集陶律 第335冊
(清)何綸錦撰
清刻本
訥庵詩稿六卷 第335－336冊
(清)毛孝光撰
清刻本
怡雲山館詩鈔八卷 第336－337冊
(清)陳榕撰
清道光十二年(1832)刻本
玉門詩鈔二卷 第337冊
(清)鐵保撰
清嘉慶刻本
淮西小草 第337冊
(清)鐵保撰
清嘉慶七年(1802)刻本
謙山遺稿 第337冊
(清)朱鍾撰
清同治九年(1870)鈔本
小樓吟稿 第337冊
(清)謝方端撰
清光緒二十六年(1900)刻本
囈語亭詩集三卷尾聲集一卷反童吟一卷孺過草一卷 第337－338冊
(清)呂又新撰
清刻本
新阪土風 第338冊
(清)陳鱣撰
清鈔本
芙蓉山館詞鈔 第338冊
(清)楊芳燦撰
清鈔本
景廉堂年譜一卷偶一草拾遺二卷 第339冊
(清)劉廷楠撰
民國二十七年(1938)鈔本
駕千遺墨不分卷 第339－340冊
(清)陳兆駷撰
鈔本
小莊先生詩鈔七卷 第340冊
(清)萬法周撰
清道光八年(1828)刻本
歲寒小草 第340冊
(清)謝寶樹撰
清嘉慶十七年(1812)刻本
水墨齋詩集二卷 第340冊
(清)黃湘撰
清道光五年(1825)刻本
妨帽軒吟稿二卷 第341冊
(清)黃湘撰
清道光五年(1825)刻本
松溪詩草 第341冊
(清)吳台撰
清嘉慶二十四年(1819)刻本
紅杏山房詩集 第341－342冊
(清)宋湘撰
清嘉慶刻本
劉氏三種 第342－343冊
(清)劉士璋撰
清道光十九年(1839)刻本
清芬精舍小集三卷 第343冊
(清)王嶽蓮撰

稿本
天香別墅學吟　第422冊
(清)王振綱撰
清鈔本
心筠堂詩鈔五卷詞鈔一卷　第422冊
(清)汪鈞撰
清道光六年(1826)刻本
縐雲樓詩鈔一卷　第423冊
(清)李寶湘撰
清咸豐刻本
真一酒一卷首一卷　第423冊
(清)張紹先撰
清刻本
却掃齋學草　第423冊
(清)楊潾撰
清同治四年(1865)刻本
慎其餘齋詩集六卷　第423冊
(清)王贈芳撰
清木活字本
耕道獵德齋詠史樂府二卷補遺一卷
第424冊
(清)周懷綬撰
清光緒七年(1881)刻本
金粟書屋詩稿不分卷二知堂試帖偶存一卷　第424冊
(清)平浩撰
稿本
挂月山莊詩鈔二卷　第425冊
(清)觀榮撰
清道光鈔本
嘯崖山人爐餘詩稿附常惺惺子自娛詩草　第425冊
(清)金諤撰
清鈔本
花洋山館文鈔四卷詩鈔十二卷試帖二卷　第425－426冊
(清)張熙宇撰
清光緒七年(1881)刻本
夢香居詩鈔八卷　第426冊
(清)陳在謙撰
清嘉慶道光刻本
石經閣文稿一卷竹邊詞一卷　第427冊
(清)馮登府撰
稿本
衎石齋詩集　第427－428冊
(清)錢儀吉撰
清咸豐七年(1857)潘貽谷鈔本
衎石齋集　第428－429冊
(清)錢儀吉撰
清鈔本
衎石先生致弟書存稿　第429冊
(清)錢儀吉撰
清鈔本
颿山樓初集六卷　第429冊
(清)錢儀吉撰
稿本
閩游集二卷　第430冊
(清)錢儀吉撰
清宣統刻本
秋鶚遺稿二卷　第430冊
(清)徐濬撰
清嘉慶二十二年(1817)刻本
鸝韻軒吟草一卷　第430冊
(清)戴鑒撰
清鈔《名家詩詞叢鈔》本
知德軒遺稿　第430冊
(清)汪錚撰
清咸豐七年(1857)刻本
雨窗文存一卷　第430冊
(清)周敘撰
清道光刻本
雨窗文存續　第431冊
(清)周敘撰
清道光刻本
雨窗遺文一卷　第431冊
(清)周敘撰
清咸豐二年(1852)刻本
感遇堂詩集八卷外集四卷
第431－432冊
(清)陳曇撰
清咸豐二年(1852)刻本
路太史文集不分卷　第432－433冊
(清)路德撰
清鈔本
燕晉紀游草一卷　第433冊
(清)凝齋撰
清鈔本
見星廬詩稿八卷　第433－434冊
(清)林家桂撰
清嘉慶十九年(1814)刻本
稚園詩鈔四卷　第434冊
(清)齊康撰
清道光刻本
秋舫古近體詩存　第434冊
(清)齊康撰
清道光刻本
證諦山人詩稿十八卷詩餘一卷
第435－436冊
(清)葉騰驤撰
清鈔本
證諦山人詩稿十卷　第436冊
(清)葉騰驤撰
清道光木活字本
吟秋百詠　第437冊
(清)鄭均福撰
清道光二十四年(1844)芝蘭書屋刻本
壯游吟草初集一卷二集一卷　第437冊
(清)鄭小康撰
清道光二十年(1840)刻本
南北游稿　第437冊
(清)蘇於沛撰
清道光鈔本
西亭小稿　第437冊
(清)蘇於沛撰
清道光鈔本
賜綺堂詩稿　第437冊
(清)蘇於沛撰
清道光鈔本
賜綺堂詩稿摘存二卷　第437冊
(清)蘇於沛撰
清道光鈔本
林文忠公書札詩稿　第437冊
(清)林則徐撰
稿本
畿輔輶軒集　第437冊
(清)張祥河撰
稿本
陳蓮汀詩稿　第437冊
(清)陳銑撰
清嘉慶稿本
懷人詩一卷　第437冊
(清)伊湄撰
清道光二十五年(1845)刻本
柏梘山房文集十六卷駢文一卷
第438－439冊
(清)梅曾亮撰
稿本
紅藕花山房詩鈔二卷首一卷　第440冊
(清)鄭漱香撰
清道光二十一年(1841)刻本
涵碧樓詩稿初刻　第440冊

不薄今齋時文 第548冊
(清)戴錫鈞撰 (清)裴章輯
清光緒六年(1880)刻本
分釵集 第549冊
(清)聯輝撰
稿本
舟枕山人乙卯自述詩 第549冊
(清)王毓岱撰
民國石印本
未味齋詩集五卷 第549冊
(清)英瑞撰
清鈔本
揖坡詩稿二卷 第549冊
(清)龔乃保撰
民國鉛印本
希愚山人遺稿四卷 第550冊
(清)黃鐗勳撰
民國鉛印本
夕陽紅好廬剩 第550冊
(清)徐琢成撰
民國石印本
五十麝齋制藝 第550冊
(清)樊增祥撰
稿本
為一齋文鈔一卷 第550冊
(清)陳嘉謨撰
民國二十年(1931)鉛印本
小竹園詩鈔二卷 第550冊
(清)程開鎮撰
清光緒三十二年(1906)刻本
竹園文集四卷 第550冊
(清)賀淇撰
清木活字本
星辛盦賦四卷 第551冊
(清)楊鳳藻撰
光緒二十三年(1897)天津萬寶書局刻本
鴟鳴集 第551冊
(清)楊亦溥撰
清刻本
平蠻草一卷 第551冊
(清)饒敦秩撰
清光緒二十六年(1900)饒氏成都鉛印本
塵定軒吟稿 第552冊
(清)繼昌撰
清鈔本
瞻閟集虛一卷 第552冊
(清)胡元儀撰
清光緒十八年(1892)刻本
澹香吟館詩摘鈔 第552冊
(清)嚴頌萱撰
鈔本
四無妄齋吟稿二卷 第552冊
(清)張培蘭撰
民國三十四年(1945)年鉛印本
花磚日影集七卷 第552冊
(清)徐琪撰
清光緒刻本
漱石軒詩鈔 第552冊
(清)王傑撰
光緒二十三年(1897)木活字本
誦芬書屋文集六卷 第553冊
(清)鍾顯震撰
清宣統元年(1909)刻本
蓼園詩鈔五卷續鈔二卷 第553冊
(清)柯紹忞撰 (清)廉泉編
民國刻本
意盦吟草一卷 第553冊
(清)沈曾植撰
民國五年(1916)鉛印本
味古齋詩存六卷 第554冊
(清)史一經撰
清鈔本
醉經齋詞鈔一卷 第554冊
(清)張兆蘭撰
清光緒鉛印本
衎廬雜稿 第554-555冊
(清)朱昌燕撰
稿本
青海奉使集二卷 第555冊
(清)闊普通武撰
清光緒鉛印本
南皮紀游草 第555冊
(清)闊普通武撰
民國鉛印本
來薰堂文鈔 第555冊
(清)陳炳撰
民國鉛印本
宰溪生詩二卷 第555冊
(清)黎汝謙撰
稿本
高太史論鈔四卷 第556冊
(清)高熙喆撰
清光緒三十三年(1907)刻本
求實學齋文集八卷 第556-557冊
(清)余愔撰
清木活字本
寤歌室詩集 第557冊
(清)彭季親撰
清鈔本
夏伯定集二卷 第557冊
(清)夏震川撰
清光緒刻本
意園詩存 第557冊
(清)羅度撰
鈔本
雪岑殘稿 第557冊
(清)俞燿撰
民國鉛印本
映紅樓初存集選鈔六卷 第557冊
(清)王定祥撰
鈔本
蕭閑堂詩三百韻 第557冊
(清)蕭道管撰 (清)陳衍輯
清光緒刻本
蕭閑堂遺詩一卷戴花平安室遺詞一卷 第557冊
(清)蕭道管撰
清光緒刻本
酒堂遺集不分卷附詩餘 第558冊
(清)完顏衡平撰
清光緒二十年(1894)家刻本
江陽山人詩草 第558冊
(清)高樹撰
民國石印本
式洪室詩文遺稿 第558冊
(清)梁慶桂撰
民國鉛印本
乙巳東行集 第558冊
(清)黃嗣艾撰
清刻本
蠡管集十二卷 第558-559冊
(清)耿潤撰
民國二十一年(1932)石印本
四餘剩稿 第559冊
(清)張夢巖撰 (清)胡敬修評
民國九年(1920)鉛印本
養松堂遺詩 第559冊
(清)陳孝恪撰
民國二十二年(1933)鉛印本

香雪堂詩稿二卷 第576冊
(清)徐鑄撰
鈔本
思兄樓文稿 第576冊
(清)羅長椅撰
清光緒鈔本
蝸廬寄吟草 第577冊
(清)蝸隱山人撰
鈔本
拜鵑樓詩集二卷 第577冊
(清)雷鳳鼎撰
民國刻本
今吾廬詩集四卷存二卷 第577冊
(清)王金綬撰
鈔本
閑忙詩草四卷補遺一卷 第577-578冊
(清)黄炳樞撰
民國鉛印本
快雪堂集二卷 第578冊
(清)陳庚撰
民國十年(1921)鉛印本
筌蹄詩草六卷 第578冊
(清)張梨雲撰
民國二十一年(1932)香港鉛印本
姚叔節先生文存一卷 第578冊
(清)姚永概撰 (清)馬其昶評
鈔本
晚紅軒詩存 第579冊
(清)周學淵撰
民國鉛印本
遺園詩集十二卷 第579冊
(清)徐樾撰
民國刻本
海圓詩殘一卷 第579冊
(清)曹佑熙撰
清光緒二十五年(1899)刻本
劉毓盤文卷三篇 第579冊
(清)劉毓盤撰
清宣統元年(1909)刻本
寶琴閣詩鈔一卷 第579冊
(清)沈文莊撰
清刻本
柴扉詩草二卷 第580冊
(清)杜關撰 (清)袁筆春等編
民國鉛印本
若園詩文續集五卷附聯語拾遺一卷 第580冊
(清)張學智撰
民國三十四年(1945)鉛印本
曲波簃文集一卷詩集一卷餘集一卷 第580-581冊
(清)蔡如梁撰
傳鈔本
丙申以來詩詞草 第581冊
(清)常堉璋撰
鈔本
更生齋全集 第581-582冊
(清)周祥駿撰
民國三十三年(1944)古邳新華印刷所石印本
棣華館文集一卷筆記一卷燼餘詩存一卷 第582冊
(清)陳斐然撰
民國石印本
吟香室詩稿 第582冊
(清)張式尊撰
民國二十七年(1938)張氏刻本
公言集三卷 第583冊
(清)沈同芳撰
清光緒二十四年(1898)鉛印本
剛齋吟草漫録 第583冊
(清)王樹榮撰
民國石印本
玉峰遺稿 第583冊
(清)于璠撰
清光緒刻本
古風詩詞叢鈔 第583冊
(清)姚鵬圖撰
鈔本
瘦竹山房詩畫合編六卷 第583-584冊
(清)許其郁撰
民國二十六年(1937)上海石印本
艾齡集 第584冊
(清)袁德宣撰
民國鉛印本
石城山人文集 第584-585冊
(清)涂鳳書撰
稿本
瓠廬詩鈔二卷 第585冊
(清)張龍雲撰
民國二十四年(1935)鉛印本
無離龕詩拾 第586冊
(清)王鴻औ撰
民國二十九年(1940)鉛印本
分緑亭詩存一卷文存一卷 第586冊
(清)周安康撰
鈔本
後燕塵録一卷 第586冊
(清)石廣權撰
民國六年(1917)鉛印本
勁草 第586冊
(清)聶守仁撰
稿本
丙子勁草 第586冊
(清)景陽撰
民國二十五年(1936)張慎微鈔本
旅雁聲草一卷勁草一卷 第587冊
(清)聶守仁撰
稿本
軍餘詩存 第587冊
(清)馬驥撰
民國十七年(1928)石印本
友石山房吟草 第587冊
(清)吳葆森撰
鈔本
丙辰燕游草 第587冊
(清)高旭撰
民國鉛印本
青島紀游詩 第587冊
(清)袁勵准撰
民國刻本
求謙齋文集六卷 第587-588冊
(清)黄榮康撰
民國二十三年(1934)鉛印本
張篁溪稿 第588冊
(清)張伯楨撰
稿本
丁丑雜詠原稿 第588冊
(清)張伯楨撰
稿本
丁丑雜詠三卷 第588冊
(清)張伯楨撰
稿本
壬子記游草 第588冊
(清)金梁撰
民國元年(1912)鉛印本
北江詩草五卷 第588-589冊
(清)吳闓生撰
民國十二年(1923)桐城吳氏稿本
庚甲雜集四卷 第589-590冊
(清)陳啓彤撰

卷滄州明詩鈔一卷 第18冊
(清)王國均輯
清咸豐八年(1858)刻本
永平詩存二十四卷 第19－20冊
(清)史夢蘭輯
清同治十年(1871)刻本
遵化詩存十卷補遺一卷 第21冊
(清)孫贊元編
清光緒十三年(1887)刻本
晉國垂棘一卷 第22冊
(明)范弘嗣輯
清刻本
國朝山右詩存二十四卷附集八卷 第22－26冊
(清)李錫麟等輯
清嘉慶刻本
潞安詩鈔前編四卷後編十二卷 第26－28冊
(清)程之玿 (清)常煜輯
清道光十九年(1839)寡過未能齋刻本
蒲溪吟社三家詩鈔四卷 第28冊
(清)顧貽禄編
清平嵐書屋鈔本
白水紀勝二卷首一卷 第29冊
(清)李樸安輯
清光緒十七年(1891)刻本
遼東三家詩鈔 第29－30冊
劉承幹輯
民國吳興劉氏嘉業堂刻本
白山詞介五卷 第30冊
(清)楊鍾羲輯
清宣統二年(1910)長洲刻朱印本
海藻二十八卷補遺一卷 第31－32冊
嚴昌堉編
民國三十二年(1943)鉛印本
明練音續集十卷首一卷末一卷 第33冊
(清)王輔銘輯
清雍正爾雅堂刻本
國朝練音初集十卷首一卷末一卷 第34冊
(清)王輔銘輯
清乾隆八年(1743)飛霞閣刻本
松風餘韻五十卷末一卷 第35－38冊
(清)姚弘緒編
清乾隆八年(1743)刻本
青浦詩傳三十四卷 第38－40冊
(清)王昶輯
清乾隆五十九年(1794)經訓堂刻本
海曲詩鈔十六卷補編一卷 第40－41冊
(清)馮金伯輯
清嘉慶十二年(1807)刻本
泖東近課五卷 第41冊
(清)王芑孫輯
清嘉慶十九年(1814)刻本
江蘇詩徵一百八十三卷 第42－53冊
(清)王豫輯
清道光元年(1821)焦山海西庵詩徵閣刻本
江左三大家詩鈔 第54冊
(清)顧有孝 趙雲編
清康熙六年(1667)桐葉山房刻本
江左十五子詩選十五卷 第55冊
(清)宋犖輯
清上海掃葉山房石印本
群雅集四卷 第56－57冊
李振裕輯
康熙二十四年(1685)刻本
吳都文粹十卷 第57－59冊
(宋)鄭虎臣輯
清康熙乾隆間活字本
吳風二卷 第59冊
(清)宋犖輯
清康熙三十三年(1694)刻本
毗陵六逸詩鈔二十四卷 第59－61冊
(清)孫讜編
清康熙五十六年(1717)孫讜刻壽南堂印本
毗陵文録八卷 第61冊
趙震輯
民國二十年(1931)鉛印本
南邦黎獻集十六卷 第62－64冊
(清)鄂爾泰輯
清雍正刻本
七十二峰足徵集八十八卷 第64－71冊
(清)吳定璋輯
清乾隆十年(1745)依緑園刻本
甓湖聯吟集 第72冊
(清)李光國輯
清乾隆十九年(1754)刻本
國朝松陵詩徵二十卷 第73－74冊
(清)袁景輅輯
清乾隆三十二年(1767)刻本
松陵文録二十四卷 第75－77冊
(清)凌淦編
清同治十三年(1874)刻本
海虞詩苑十八卷 第77－78冊
(清)王應奎編 (清)顧士榮校訂
清乾隆刻本
海虞文徵三十卷 第79－84冊
(清)邵松年輯
清光緒三十一年(1905)石印本
梁溪詩鈔五十八卷 第84－93冊
(清)顧光旭輯
清嘉慶元年(1796)雙橋草堂刻本
淮海英靈集十集 第93－95冊
(清)阮元輯
清嘉慶三年(1798)儀徵阮氏小琅嬛僊館刻本
東臯詩存四十八卷詩餘四卷 第95－101冊
(清)汪之珩輯
清嘉慶八年(1803)金陵汪氏文園刻本
婁東詩派二十八卷 第101－104冊
(清)汪學金輯
清嘉慶九年(1804)詩志齋刻本
五山耆舊今集初刊八卷 第105－106冊
(清)楊廷撰輯
清道光刻本
錫山文集二十卷姓名總目一卷 第106－108冊
(清)王史直 (清)王史鑑編
清道光二十年(1840)華湛恩刻本
錫山攬袂集二卷首一卷 第109冊
(清)邵吟泉輯
清同治十二年(1873)活字本
海州文獻録十六卷 第109冊
(清)許喬林輯
清道光二十五年(1845)刻本
苕岑集初刊十八卷 第110冊
(清)蔣榮渭輯 (清)勞格批校
清道光三十年(1850)蔣氏味清堂刻本
國朝崑山詩存三十二卷 第111－116冊
(清)張潛之輯
清咸豐元年(1851)讀易樓刻本
崇川詩鈔彙存一百二十三卷目録一卷 第116－122冊
(清)王藻編
清咸豐七年(1857)刻本
昭陽述舊編三卷 第123－124冊
(清)李福祚輯
清咸豐七年(1857)刻本

越詠二卷 第 212 冊
（清）周調梅編
清咸豐四年(1854)刻本
桐溪耆隱集一卷補錄一卷 第 213 冊
（清）袁炯羲輯
清同治七年(1868)春藻堂刻本
西泠五布衣遺著三十一卷 第 213－215 冊
（清）丁丙輯
清同治光緒間錢塘丁氏當歸草堂刻本
青山詩選六卷 第 215 冊
（清）桂超萬輯
清光緒元年(1875)皖城刻本
黄巖集三十二卷 第 216－220 冊
（清）王棻等輯
清光緒三年(1877)刻本
湖陰詩徵三卷 第 221 冊
（清）徐有珂編
清光緒六至七年(1880－1881)刻本
當湖文繫初編二十八卷 第 221－225 冊
（清）朱壬林編
清光緒十五年(1889)刻本
琴臺合刻一卷 第 225 冊
（清）汪守正輯
清光緒十五年(1889)天津郡署刻本
諸暨詩存十六卷 第 226－227 冊
（清）酈滋德編
清光緒十七年(1891)刻本
諸暨詩存續編四卷 第 227 冊
（清）郭肇編
清光绪十七年(1891)刻本
硤川詩鈔二十卷詞鈔一卷續鈔十六卷詞續鈔一卷 第 228－230 冊
（清）曹宗載等輯
清光緒十八至二十一年(1892－1895)雙山講舍刻本
樂成詩録四卷 第 231 冊
（清）鄭一龍輯
清光緒十九年(1893)刻本
竹里詩萃十六卷 第 231－232 冊
（清）李道悠編
清光緒二十一年(1895)刻本
魏塘南浦吟一卷 第 232 冊
（清）江峰青輯
清光緒二十六年(1900)刻本
魏塘詩陳八卷 第 232－233 冊
（清）錢佳 （清）丁廷烺編
清刻本
評訂浙西六家詩鈔六卷 第 233 冊
（清）吳應和編
清光緒二十九年(1903)嵩山堂鉛印本
國朝天台詩存十四卷補遺一卷 第 234 冊
（清）金文田輯
清光緒三十四年(1908)活字印本
天台三高士遺集六卷 第 235 冊
（清）齊召南輯
清宣統三年(1911)活字本
國朝嚴州詩録八卷 第 235 冊
（清）宗源瀚輯
清光緒刻本
湖州詞徵二十四卷 第 236－237 冊
（清）朱祖謀輯
清宣統三年(1911)刻本
甬東正氣集四卷 第 237 冊
（清）董琅編
清刻本
國朝峽山寺留題詩續刻一卷 第 237 冊
（清）程可則等撰
清刻本
山陰道上集不分卷 第 238－243 冊
（清）沈復燦輯
清鈔本
蛟川詩徵鈔不分卷 第 244 冊
佚名輯
清鈔本
雁山鴻爪三卷 第 244 冊
周起渭輯
民國二十三年(1934)樂清天一書局鉛印本
皖江同聲集十卷 第 245 冊
（清）李文森等撰
清同治八年(1869)退補齋刻本
新安二布衣詩八卷 第 245 冊
（明）吳兆 程嘉燧撰 （清）王士禎選
清康熙四十三年(1704)新安汪洪度刻本
吳會英才集十七種二十四卷 第 246－247 冊
（清）方正澍等撰 （清）畢沅輯
清道光刻本
居鄴詩徵十卷 第 247－249 冊
（清）劉原道編
清咸豐十一年(1861)劉氏藝園活字本
貴池二妙集五十一卷 第 250－253 冊
（清）劉世珩輯
清光緒二十五年(1899)刻本
貴池唐人集十六卷伍喬詩一卷 第 254 冊
（清）劉世珩輯
清光緒三十一年(1905)刻本
國朝全閩詩録初集二十一卷續十一卷 第 254－256 冊
（清）鄭杰輯
清光緒八年(1882)刻本
閩詩録甲集六卷乙集四卷丙集二十三卷丁集一卷戊集七卷 第 257－259 冊
（清）鄭杰輯 （清）陳衍補訂
清宣統三年(1911)刻本
隴西二家詩鈔二卷 第 259 冊
（清）李俊輯
清乾隆二十三年(1758)刻本
莆風清籟集六十卷 第 259－263 冊
（清）鄭王臣輯
清乾隆刻本
建陽詩鈔二卷 第 263 冊
（清）江遠涵輯
清道光十年(1830)留有餘齋刻本
建溪集前編四卷後編二卷 第 264 冊
（清）戴聰編
清道光十三年(1833)九靈山房刻本
濂洛風雅九卷 第 264－265 冊
（清）張伯行輯
清同治五年(1866)刻本
汀南廑存集四卷 第 265 冊
（清）楊瀾編
清同治十一年(1872)刻本
温陵詩紀十二卷 第 266 冊
（清）陳棨仁 （清）龔顯曾輯
清光緒元年(1875)誦芬堂活字本
樵川二家詩六卷 第 267 冊
（清）徐幹輯
清光緒七年(1881)刻本
莆陽文輯五卷 第 267－269 冊
（清）涂慶瀾編
清光绪二十五年(1899)刻本
國朝莆陽詩輯四卷 第 269 冊
（清）涂慶瀾編
清光绪二十七年(1901)刻本
榕南夢影録二卷 第 269 冊
何振岱 陳紫瀾輯
民國十六年(1927)鉛印本
江西詩徵九十四卷附刻一卷補遺一卷

稿本
張叔未日記(清嘉慶三至七年) 第4冊
(清)張廷濟撰
稿本
張叔未日記雜稿(清嘉慶十五至二十年) 第4-6冊
(清)張廷濟撰
稿本
海漚日記(清嘉慶十九年) 第6冊
(清)倪稻孫撰
稿本
梁章鉅日記不分卷 第6冊
(清)梁章鉅撰
鈔本
何汝霖日記(清道光二十七至二十九年) 第6-7冊
(清)何汝霖撰
稿本
何道州日記(清道光三十年至咸豐元年) 第7冊
(清)何紹基撰
稿本
蝯翁日記(清道光十五年六至十一月) 第8冊
(清)何紹基撰
稿本
何蝯叟日記(清道光十五年、道光二十一至二十五年、道光三十年至咸豐八年) 第8冊
(清)何紹基撰
鈔本
小鷗波館日記(清道光十九至光緒四年) 第9-12冊
(清)潘曾瑩撰
稿本
何兆瀛日記(清同治三至四年、光緒元年、光緒三至六年、光緒八至十四年) 第13-18冊
(清)何兆瀛撰
稿本
何兆瀛日記附瀏闈紀言(清光緒十五至十六年、同治六年) 第19冊
(清)何兆瀛撰
稿本
陔蘭書屋日記(清道光二十七年至咸豐元年) 第20冊
(清)潘曾綬撰
稿本
紱庭日記(清咸豐十至十一年) 第20冊
(清)潘曾綬撰
稿本
郘亭日記(清咸豐十一年) 第20冊
(清)莫友芝撰
鈔本
寄鶴館日記(清光緒七至九年) 第20冊
(清)任道鎔撰
稿本
遜敏齋日記(清同治二至四年) 第21冊
(清)楊泰亨撰
稿本
春明日記(清道光五至七年、道光十年) 第21-22冊
(清)許庚身撰
稿本
陳培之先生日記(清同治十三年至光緒元年) 第22冊
(清)陳倬撰
稿本
隱蛛盦日記(清光緒六至七年) 第22冊
(清)陳倬撰
祁子和先生日記(清光緒七至十年) 第23冊
(清)祁世長撰
稿本
忍默恕退之齋日記附滬行日記(清咸豐五至六年、同治四年) 第23冊
(清)沈寶禾撰
稿本
蘅花館日記(清咸豐八年) 第23冊
(清)王韜撰
稿本
蘅花館日記悔餘山漫録(清咸豐八年至十年、同治元年) 第24冊
(清)魏錫曾撰
稿本
魏稼孫日記殘稿(清同治六年、同治八年) 第24冊
(清)魏錫曾撰
稿本
日損齋日記(清同治七至九年) 第25冊
(清)徐敦仁撰
稿本
縵雅堂日記(清同治十一至十二年、光緒元年至四年) 第26冊
(清)王詒壽撰
稿本
安宜日記(清光緒十年、十二年) 第27-28冊
(清)方濬師撰
稿本
潘文勤日記(清光緒十四年) 第28冊
(清)潘祖蔭撰
稿本
蘇鄰日記(清同治十三年至光緒元年) 第28冊
(清)李鴻裔撰
稿本
韮蒼閣日記(清光緒六至八年) 第29冊
(清)李鴻裔撰
稿本
白下從戎日記(清同治二至三年) 第29冊
(清)趙烈文撰
鈔本
敬浮日記(清咸豐十年至光緒二十七年、光緒二十九至三十年) 第29-39冊
(清)蕭穆撰
稿本
辛酉日記(清咸豐十一年) 第39冊
(清)吳大澂撰
稿本
北征日記(清光緒八至九年) 第39冊
(清)吳大澄撰
稿本
錢國祥日記(清咸豐三至四年、咸豐七年、清咸豐十至十一年、光緒十五年、光緒二十二至二十三年) 第40-41冊
(清)錢國祥撰
稿本
適秦日記(清同治九年) 第42冊
(清)錢國祥撰
稿本
閩遊日記(清光緒八至十年) 第42冊
(清)錢國祥撰
稿本
東遊日記(清光緒十一至十二年) 第42冊
(清)錢國祥撰
稿本
後東遊日記(清光緒十一至十四年) 第42-43冊

(清)錢國祥撰
稿本
郋亭日記(清同治十年) 第43冊
(清)汪鳴鑾撰
稿本
抑抑齋日記(清光緒二十四至二十七年) 第43冊
(清)廖壽恒撰
稿本
邵友濂日記(清光緒四至七年) 第43冊
(清)邵友濂撰
鈔本
粟香室日記(清同治元年、同治三至民國八年) 第44-52冊
(清)金武祥撰
稿本
吉林日記(清光緒六至十一年) 第53冊
(清)顧肇熙撰
稿本
伯絅己卯北行日記(清光緒五年) 第54冊
(清)龐鴻文撰
稿本
桂軺日記(清光緒八年) 第54冊
(清)龐鴻文撰
稿本
鄂軺日記(清光緒二十年、光緒二十三年) 第54冊
(清)龐鴻文撰
稿本
稷山讀書樓日記(清同治十二至十三年) 第54冊
(清)陶濬宣撰
稿本
稷山日記(清光緒元年) 第54冊
(清)陶濬宣撰
稿本
省盦養痾日記(清光緒六年) 第54冊
(清)陶濬宣撰
夢海華館日記(清光緒三至十六年) 第55-59冊
(清)孫點撰
稿本
俞鴻籌日記(一九四九至一九五五年) 第59-60冊
(清)俞鴻籌撰
稿本

攬洲日記(清嘉慶二年) 第60冊
(清)陳佐堯撰
稿本
介夫日記(清咸豐九至十一年、同治七年至光緒十七年) 第61-69冊
(清)何承禧撰
稿本
王海客日記(清咸豐九至十年、同治元年至二年) 第69冊
(清)王海客撰
稿本
庚申禊湖被難日記(清咸豐十年) 第69冊
(清)范其駿撰
稿本
杏花春雨館日記(清同治九至光緒十九年) 第70-72冊
(清)費德麐撰
稿本
鉏月館日記(清光緒三年、光緒五至十七年、光緒二十三至三十四年、宣統二年至民國元年) 第73-85冊
(清)何蔭枏撰
稿本
姚之烜日記(清光緒六至八年) 第85冊
(清)姚之烜撰
稿本
百研齋日記(清光緒二十三至二十四年) 第85冊
(清)沈曾桐撰
稿本
祥麟日記(清光緒二十四年) 第86冊
(清)祥麟撰
稿本
存我廬日記(民國十六至十七年) 第86冊
稿本
國家圖書館藏抄稿本日記選編
國家圖書館編
二〇一五年北京國家圖書館出版社
六十冊
郭天錫日記一卷 第1冊
(元)郭畀撰
清嘉慶四年(1799)趙之玉抄本
顏修來日記不分卷 第1冊
(清)顏光敏撰
稿本

痛思堂南行日記略不分卷 第1冊
(清)黃鉞撰
稿本
兔床日記不分卷 第1冊
(清)吴騫撰
稿本
常惺惺齋日記不分卷 第2-3冊
(清)謝蘭生撰
稿本
注易日記三卷 第4冊
(清)焦循撰
稿本
觀妙居日記不分卷 第4冊
(清)李鋭撰
稿本
張叔未日記不分卷 第4-5冊
(清)張廷濟撰
稿本
奉使陝甘日記一卷 第5冊
(清)英和撰
稿本
知止齋日記不分卷 第5-12冊
(清)翁心存撰
稿本
周爾墉日記不分卷 第13冊
(清)周爾墉撰
稿本
觀我齋日記不分卷 第13冊
(清)祁寯藻撰
稿本
王慶雲日記不分卷 第13-19冊
(清)王慶雲撰
稿本
東洲草堂日記不分卷 第20冊
(清)何紹基撰
稿本
郘亭日記一卷 第20冊
(清)莫友芝撰
稿本
郘亭日記不分卷 第20冊
(清)莫友芝撰
稿本
星烈日記□□卷 第21-26冊
(清)方玉潤撰
稿本
心烈日記二十四卷 第26-27冊
(清)方玉潤撰

稿本
舊山樓日記一卷 第27冊
(清)趙宗建撰
清光緒三十一年(1905)趙仲舉抄本
非昔居士日記不分卷 第28冊
(清)趙宗建撰
稿本
庚子非昔日記一卷補錄書目一卷 第28冊
(清)趙宗建撰
稿本
黄陶樓日記不分卷雜抄不分卷 第28－34冊
(清)黄彭年撰
稿本
弢園日記不分卷 第35冊
王韜撰
稿本
楝山日記不分卷 第35－39冊
(清)平步青撰
稿本
海珊日記不分卷 第39－41冊
(清)翁曾翰撰
稿本
壺中日記不分卷 第41冊
(清)葉鈞撰
稿本
笘誃日記不分卷 第41－45冊
(清)江標撰
稿本
王子獻先生日記不分卷 第45－60冊
(清)王繼香撰
稿本
明代名人年譜續編
國家圖書館出版社輯
二〇一二年北京國家圖書館出版社
十六冊
環谷先生年譜 第1冊
(明)吳國英編
清康熙間刻本
貞素先生舒公年譜 第1冊
(清)舒正儀編
清道光間刻本
明翰林學士當塗陶主敬先生年譜 第1冊
(清)夏炘編
清同治六年(1867)刻本
戴九靈先生年譜 第1冊
(清)戴殿江 戴殿泗編
清乾隆三十六年(1771)刻本
方國珍寇溫始末 第1冊
(清)葉嘉棆編 劉紹寬增訂
民國二十三年(1634)鉛印本
朝貴府君年譜 第1冊
(清)黄培芳編
清光緒三十一年(1905)刻本
致身錄 第1冊
(明)史仲彬編 焦竑 錢士升訂 史冊釋
清康熙八年(1669)刻本
蔡氏文溥公自敘年譜 第1冊
(明)蔡溥編
民國八年(1919)木活字本
龔安節先生年譜 第1冊
(明)龔紱編
民國九年(1920)刻本
芳洲先生年譜 第1冊
(明)王翔編
清同治光緒間刻本
杜東原先生年譜 第2冊
(明)沈周編
清光緒間刻本
呆齋公年譜 第2冊
(清)劉作梁編
清刻本
章恭毅公年譜 第2冊
(明)章玄應編
民國間鉛印本
段容思先生年譜紀略 第2冊
(明)彭澤編
清道光三年(1823)刻本
雲東逸史年譜 第2冊
(清)沈銘彝編
民國間影印本
雙槐公年譜 第2冊
(清)黄佛頤編
清光緒二十九年(1849)刻本
秦襄毅公自訂年譜 第2冊
(明)秦紘編
明嘉靖十七年(1538)刻本
楓山章文懿公年譜 第2冊
(明)阮鶚編
清光緒二十六年(1900)烏絲欄抄本
李文正公年譜 第2冊
(清)朱景英編
清嘉慶八年(1803)刻本
先自如府君年譜 第3冊
(清)顧易編
清初刻本
明南京工部尚書進階榮祿大夫簡菴陳公年譜 第3冊
(明)陳塏編 陳文匡等輯
明萬曆間刻本
邵文莊公年譜 第3冊
(明)邵竟 吳道成編
民國間朱絲欄抄本
粵洲公年譜 第3冊
(清)黄佛頤編
清光緒二十九年(1903)刻本
王陽明先生年譜 第3冊
(清)張問達輯
清康熙間刻本
明王文成公年譜節抄 第3冊
(明)錢德洪原本 (清)楊希閔節抄
清光緒四年刻本
陽明先生年譜 第4冊
(清)劉原道編
清光緒三十二年(1906)鉛印本
王陽明年譜節錄 第4冊
陳築山編
民國二十二年(1933)鉛印本
王文成公年譜節略 第4冊
(明)錢德洪原本(日本)三輪希賢節略
民國間抄本
桂古山先生年譜 第4冊
(明)桂萼編
清乾隆間刻本
陳紫峰先生年譜 第4冊
(明)陳敦履 陳敦豫編
清乾隆二十二年(1757)刻本
吉水毛襄懋先生年譜 第4冊
(明)毛棟編
民國間朱絲欄抄本
端巖公年譜 第4冊
(明)張文麟編
民國九年(1920)影印本
蓉川公年譜 第4冊
(明)齊祖名編
清光緒二十三年(1906)刻本
文裕公年譜 第4冊
(清)黄佛頤編

清光緒二十九年(1903)刻本
烏拉哈噠貝勒斡達善年譜 第4冊
(清)穆精額編
清道光間朱格稿本
龍峰先生年譜 第4冊
(清)徐堂編
民國間朱絲欄抄本
王父雲塘先生年譜 第5冊
(明)郭子章編
明萬曆間刻本
松谿程先生年譜 第5冊
(明)姜寶編
清咸豐間刻本
唐一庵先生年譜 第5冊
(明)李樂編 (清)王表正重編 許正綬三編
清咸豐六年(1856)重刻本
吳太宰公年譜 第5冊
(明)吳惟貞編
明萬曆間刻本
太常公年譜 第6冊
(清)錢泰吉編
清光緒三十年(1904)刻本
吳疎山先生年譜 第6冊
(清)吳尚志 吳梅編
清刻本
王一庵先生年譜紀略 第6冊
袁承業輯
民國元年(1912)鉛印本
譚次川自訂年譜 第6冊
(明)譚大初編
明萬曆間刻本
太師楊襄毅公年譜十卷 第7冊
(明)項德楨編
明刻本
嚴文靖公年譜 第7冊
(清)嚴炳 嚴燮編 嚴士美重訂
清光緒九年(1883)木活字本
幻跡自警 第8冊
(明)殷邁編
民國間烏絲欄抄本
陳士元先生年譜 第8冊
胡鳴盛編
民國十八年(1929)鉛印本
三一教主夏午尼林子本行實錄 第8冊
(明)盧文輝存稿 (清)陳衷瑜編
民國二十八年(1939)鉛印本
哈達色勒貝勒年譜 第8冊
(清)穆精額編
清道光間朱格稿本
太史來瞿唐先生年譜 第8冊
(明)古之賢等編
清道光十一年(1831)刻本
王師竹先生年譜 第8冊
劉海涵編
民國間刻本
顧襄敏公年譜 第8冊
(清)楊廷撰編
清道光間刻本
景素公自敘年譜 第9冊
(明)于孔兼編
清抄本
何伯子自注年譜 第9冊
(明)何出圖編
清乾隆十八年(1753)刻本
一齋公年譜 第9冊
(清)陳斗初編
清道光二十九年(1849)刻本
資德大夫兵部尚書郭公青螺年譜 第9冊
(明)郭孔延編
民國間朱絲欄抄本
憨山老人年譜自敘實錄 第9冊
(明)釋德清編 (清)釋福善記錄 釋福征述疏
清順治間刻本
哈噠貝勒法克產年譜 第9冊
(清)穆精額編
清道光間朱格稿本
鶴坡公年譜 第9冊
(明)莊起元編
民國二十五年(1936)鉛印本
先考通議大夫全楚大方伯年譜略 第9冊
(清)莊鼎鉉編
民國二十五年(1936)鉛印本
哈噠貝勒順克夷巴克什蘇三音年譜 第9冊
(清)穆精額編
清道光間朱格稿本
高陽太傅孫文正公年譜 第10冊
(明)孫銓編 (清)孫奇逢訂正
清乾隆六年(1741)刻本
安我素先生年譜 第10冊
(清)安紹傑編
清乾隆五十九年(1794)刻本
天童密雲禪師年譜 第10冊
(清)釋道忞編
清順治十七年(1660)刻本
淄川畢少保公年譜 第11冊
(清)畢□□編
清初抄本
畢司徒東郊先生年譜 第11冊
(明)胡博文編
清初抄本
鹿忠節公年譜 第11冊
(明)陳鋐編
清道光間刻本
王季重先生自敘年譜 第12冊
(明)王思任編 (清)王鼎起 王霞起訂
清初刻本
真隱先生年譜 第12冊
(明)張有譽編 (清)劉之勃注
民國三十三年(1944)抄本
劉職方公年譜 第12冊
(清)劉穎編
民國間朱絲欄抄本
春溥先生年譜 第12冊
(清)黃駒編
民國間影印本
達爾漢貝勒巴彥攝津年譜 第12冊
(清)穆精額編
清道光間朱格稿本
劉子年譜 第12冊
(清)劉汋編 董瑒輯
清道光四至十五年(1824－1835)刻本
天傭子年譜 第13冊
(清)張符驤編 艾舟補編
清康熙間刻本
方孩未年譜 第13冊
(明)方震儒編
清同治七年(1868)刻本
呂明德先生年譜 第13冊
(清)施化遠等編
清康熙二年(1663)刻本
奉直大夫吏部員外郎豫如府君年譜 第14冊
(清)華衷黃述略 張夏參訂 華王澄補編
清道光二十八年(1848)刻本
葉天寥自撰年譜 第14冊
(明)葉紹袁編
民國間刻本

侯忠節公年譜　第14冊
(清)侯元瀞編
民國二十二年(1933)鉛印本
補輯李忠毅公年譜　第14冊
繆荃孫編
民國間南陵徐氏刻本
先忠節公年譜略　第15冊
(清)吳蕃昌編
清初刻本
天山自敘年譜　第15冊
(明)鄭鄤編
清宣統二年(1910)刻本
陳忠潔公年譜　第15冊
(清)陳才偉編
清嘉慶二十四年(1819)刻本
吳先生年譜・貴池高田吳氏世表　第15冊
劉世珩編
清光緒民國間刻本
金正希先生年譜　第15冊
(清)劉洪烈注
清光緒二十三年(1897)木活字本
金正希先生年譜　第15冊
(清)程錫類編
民國十七年(1918)刻本
金正希先生年譜　第15冊
(清)李宗焻編
清末抄本
貝子銜按班章京牛錄額鎮拜音岱年譜　第15冊
(清)穆精額編
清道光間朱格稿本
莊介吳公葦菴先生年譜　第16冊
(清)漆嘉祉編
清咸豐七年(1857)刻本
明大司馬盧公年譜　第16冊
(清)盧安節編
清光緒元年(1875)重刻本
蘿石先生年譜　第16冊
(清)左輝春編
民國間朱絲欄抄本
申端愍公年譜　第16冊
(清)申涵光等編
清光緒五年(1879)刻本
葛中翰年譜　第16冊
(清)葛暾 葛暐編
清光緒十六年(1890)刻本
陶菴先生年譜　第16冊
(清)陳樹悳編 宋道南重訂
清光緒五年(1879)刻本
錢忠介公年譜　第16冊
馮貞群編
民國間四明張氏刻本
姜貞毅先生自著年譜　第16冊
(明)姜埰編 (清)姜安節續編 姜實節訂
清光緒十五年(1889)刻本
金忠潔年譜　第16冊
(清)金鏡編 金鑨訂
清光緒五年(1879)刻本
蔡忠烈公年譜　第16冊
(清)鄒漢勛編 黄本驥重訂
清光緒七年(1881)刻本
武舟公年譜　第16冊
(清)李慶來編
清道光間刻本
頭等侍衛莫爾歡年譜　第16冊
(清)穆精額編
清道光間朱格稿本
海粟樓叢稿
王賽撰
二〇一六年北京國家圖書館出版社
十二冊
群書箋識
先秦漢魏兩晉南北朝群書校釋發凡　第1冊
王賽撰
稿本
山海經箋疏箋記十八卷附圖讚一卷訂譌一卷　第1冊
(晉)郭璞傳 (清)郝懿行箋疏 王賽箋記
《四部備要》本
山海經圖讚箋記一卷　第2冊
(晉)郭璞傳 王賽箋記
清乾隆四十九年至嘉慶元年(1784—1796)盧氏抱經堂刻本
穆天子傳箋記六卷　第2冊
(晉)郭璞注 (清)洪頤煊校 王賽箋記
民國潮陽鄭氏刊本
覆校穆天子傳箋記六卷附補遺　第2冊
(晉)郭璞注 (清)翟雲升校 王賽箋記
清道光十二年(1832)刻本
列仙傳箋記二卷　第2冊
(漢)劉向撰 (清)王照圓校 王賽箋記
民國潮陽鄭氏刊本
蔣禮鴻淮南子校記箋記　第3冊
蔣禮鴻撰 王賽箋記
油印本
韓詩外傳十家校注補疏十卷　第3冊
(漢)韓嬰撰 王賽箋記
民國二十年(1931)秦更年刻本
鹽鐵論校釋十卷　第3－4冊
(漢)桓寬撰 王賽校釋
《四部備要》本
鹽鐵論校釋札記　第4冊
王賽撰
稿本
鹽鐵論校録後案　第4冊
王賽撰
稿本
獨斷箋記　第4冊
(漢)蔡邕撰 (清)盧文弨校 王賽箋記
清乾隆五十五(1790)抱經堂刻本
獨斷校釋札記　第4冊
王賽撰
稿本
徐幹中論札記録要　第5冊
王賽撰
稿本
洛陽伽藍記校記五卷　第5冊
(北魏)楊衒之撰 周延年注 王賽校
民國二十六年(1937)石印本
齊民要術校釋疏證札記十卷　第5－6冊
(北魏)賈思勰撰 王賽校釋
鈔本
南方草木狀箋記三卷　第6冊
(晉)嵇含撰 王賽箋記
吳江沈氏怡園刊本
金樓子箋記六卷　第6冊
(南朝梁)蕭繹撰 王賽批點
清光緒元年(1875)湖北崇文書局刻本
顏氏家訓校記七卷附考證一卷　第7冊
(北齊)顏之推撰 王賽校
《知不足齋叢書》本
顏氏家訓校釋七卷　第7－8冊
(北齊)顏之推撰 (清)趙曦明注 (清)盧文弨補注 王賽校釋
民國十七年(1928)渭南嚴氏孝義家塾本
吳音奇字箋記　第8冊

方錫庚
易畫軒詩錄　第 93 冊
王學浩
青李閣詩鈔　第 94 冊
郭琦
菊夢廬詩鈔　第 95 冊
張善恒
心不競齋詩　第 95 冊
程慶齡
朱飲山千金譜　第 96 – 99 冊
朱燮著 楊廷茲編輯
朱飲山三韻易知　第 99 冊
朱燮著 楊廷茲重纂
春帖子詞　第 100 冊
朱珪輯

第四輯

經部

經傳同文彙編　第 1 – 9 冊
徐懷瀚編
易經知一訓　第 10 冊
邵元龍
周易審義　第 11 冊
張惠言
鈔本周易　第 12 – 13 冊
阮元
書經旁訓合璧　第 14 冊
李繩
禹貢約注　第 14 冊
佚名
周官經疏備要　第 15 冊
顧大治編
周禮彙鈔刊本註疏增刪　第 15 冊
俞曾模集註
春秋比事參義　第 16 – 19 冊
桂含章輯
四子考音正字便讀　第 20 – 23 冊
史燊節錄
佩文韻纂　第 24 冊
張家慶集
音學全書　第 25 – 26 冊
王起鵬

史部

兩河奏疏　第 27 – 30 冊
嚴烺
左策史漢約選　第 31 – 32 冊
洪德常輯
讀史隨錄　第 32 冊
沈廷芳
人壽金鑑　第 33 – 34 冊
程得齡輯
史學雜鈔　第 35 冊
佚名輯
方輿類纂　第 36 – 43 冊
溫汝能編
學案初模　第 44 – 47 冊
伊里布編
道光丁酉科湖南選拔同門齒譜　第 47 冊
佚名
歷代男齒譜　第 48 – 51 冊
易宗涒輯

子部

朱子不廢古訓說並注　第 52 – 53 冊
李中培
朱注引用文獻考略　第 54 冊
李中培
白沙要語補　第 54 冊
衛金章輯
秀才約語　第 54 冊
吳毓珍訂
腐譚集　第 54 冊
陋巷居士編輯
紫陽書院題解　第 55 冊
廖鴻章評
先儒粹言　第 55 冊
馬鼇纂輯
堪輿珠璣　第 56 – 57 冊
姜齊輯著
命度盤說　第 57 冊
陶淑宇
壬占彙選　第 58 – 59 冊
佚名輯
奇門統宗大全　第 60 – 62 冊
醉鶴老人輯
六壬彙覽　第 63 – 65 冊
佚名
造端品　第 66 冊
玉虛真人輯
新刻記史通鑑　第 67 – 75 冊
陳宏謀輯評

集部

皇朝文典　第 76 – 81 冊
李兆洛輯
綺雲春閣詩鈔　第 82 冊
方芬
碩園編年詩選　第 82 冊
王昊
樹萱軒詩稿　第 82 冊
吳為龍
己晚亭詩鈔　第 82 冊
吳朝銓
王麓台司農詩集　第 82 冊
王原祁
芳蓀書屋存稿　第 83 冊
吳瑛
陶處士集　第 83 冊
陶澄
石鍾山人遺稿　第 84 冊
吳聲之
藝芸詩稿　第 84 冊
王世錦
疎影軒遺草　第 84 冊
何玉瑛
南野堂筆記　第 85 – 86 冊
吳文溥
南野堂詩集　第 86 冊
吳文溥
素脩堂遺文　第 87 冊
吳蔚光
塞上吟　第 87 冊
方聯甲
桐谿草堂詩文　第 88 – 89 冊
孫貫中
秋水亭詩鈔　第 89 冊
伍宇澄
琴語樓詩鈔　第 89 冊
孫鑑
湘筠館集　第 89 冊
孫雲鳳
蘀亭詩草　第 90 – 91 冊
商嘉言
卻掃庵存稿　第 91 冊
謝宗素
簪花閣詩集　第 91 冊
郭潤玉
簪花閣遺稿　第 91 冊
郭潤玉
紅薇吟館遺草　第 91 冊
郭秉慧
臺山詩文集　第 92 – 94 冊
何人鶴

張道緒評
雙壽詩 第 79 冊
楊天輯
唐詩善鳴集 第 80 冊
陸次雲選
宋詩善鳴集 第 81 冊
陸次雲選
明詩善鳴集 第 82 冊
陸次雲選
湘漓合稿 第 83 – 84 冊
陸炳輯
國朝七排詩鈔 第 84 冊
顧元愷編
懷仁堂遺稿徵存 第 85 冊
許三禮
瓊臺詩集 第 85 冊
齊召南
秀野山房集 第 86 冊
張世煒
雪船吟 第 86 冊
謝秀嵐
陳星齋文稿 第 87 冊
陳兆崙
春草堂文約 第 88 冊
謝為雯
岷南詩草 第 88 冊
許儒龍
蘧里詩鈔 第 88 冊
盧大榕
借庵詩 第 89 冊
童鈺
秋蟲吟 第 89 冊
童鈺
柳洲遺稿 第 89 冊
魏之琇
雪泉詩存 第 89 冊
張楷
車村遺稿 第 90 冊
酆嵩壽
問亭文鈔 第 90 冊
張鵠
樂素堂詩鈔 第 90 冊
張曾詒
光霽閣詩草 第 91 冊
郭猶農
涵碧軒詩稿 第 91 冊
項本立
茶瓜軒詩 第 91 冊
周夢台
增訂寄嶽雲齋試體詩選 第 92 冊
聶銑敏
學讀書齋詩 第 92 冊
喬載繇
蕉影齋詩集 第 93 冊
謝照
唐體膚銓 第 94 冊
毛張健編
杜詩譜釋 第 94 冊
毛張健編
學詩津逮 第 95 冊
朱琰輯
梅村筆記 第 95 冊
明理
塾課集益 第 96 冊
于光華編
南澗詞選 第 97 冊
何采
辛丑詞稿 第 97 冊
邵西樵等
香雪廬詞 第 98 冊
吳藻
梁谿詞選 第 98 冊
侯晰輯
布衣詞合稿 第 99 冊
方成培 周暟
蘭思詞鈔 第 100 冊
沈豐垣
支機集 第 100 冊
蔣平階等
柯亭詞 第 100 冊
姜垚
玉山詞 第 100 冊
陸次雲

第八輯

經部

諸經學旨 第 1 冊
朱澤澐
經義質疑 第 1 冊
陳梓
九經通借字考 第 2 冊
錢坫
漱藝潤室經解 第 2 冊
佚名
讀書求甚解 第 3 冊
朱棟
葩經一得 第 3 冊
張夢瀛
象數述 第 4 冊
方本恭
周易觀象 第 4 – 5 冊
蔣紹宗
周易鄭氏注 第 6 冊
張惠言
論易閒筆講義 第 6 冊
鄧逢光
周易後傳 第 7 冊
朱兆熊
易互卦圖 第 7 冊
朱兆熊
書經精華 第 8 冊
薛嘉穎輯
毛詩序說 第 9 – 10 冊
龔鑑
讀禮偶編 第 11 冊
孔廣仁
春秋周魯纂論 第 12 – 13 冊
張孝齡
春秋雜案 第 14 冊
趙佑
四書貫珠講義 第 15 – 17 冊
林文竹輯
四書圖考 第 18 – 20 冊
杜炳輯
孝經傳說圖解 第 21 冊
金汝幹 金汝楫輯
課子二千字 第 22 冊
碩果山房主人
說文引經考 第 22 冊
程琰
說文解字重文 第 22 冊
馮登府錄
說文段注分部韻譜 第 22 冊
佚名
欽定春秋 第 23 冊
樹桂手批
爾雅初學讀本 第 23 冊
萬廷蘭校刊
座右箴 第 23 冊
佚名
射聲小譜 第 23 冊
程定謨審編

天台紀遊　第42冊
汪鴻烈
家禮帖式集成　第43冊
陳鳴盛輯
名法瑣言　第43冊
佚名
倫風　第44冊
向廷賡
理堂日記　第45冊
焦循
朱菽堂日記　第45冊
朱為弼
南垞公手錄日記　第45冊
徐南垞
陸清獻先生年譜原本　第45冊
楊開基訂
還讀齋日記　第45冊
韓崶
孔子世家考　第46冊
鄭環
弟子列傳考　第46冊
鄭環
歷代典禮考　第46冊
鄭環

子部

時務策題治平略　第47－48冊
蔡方炳纂輯
志學編　第49冊
余寅止
陽明輯朱子晚年定論辨　第49冊
朱澤澐輯
省身錄　第49冊
彭兆蓀
二曲集鈔　第49冊
李顒撰 王心敬輯
可約錄　第49冊
張敦讓編輯
測字秘牒　第50冊
程省
地理青囊經　第50冊
杜銓釋
地理真機全書　第51冊
黎雲
仰山子新輯地理條貫　第52－53冊
陸文明
六壬精蘊　第54－56冊
錢耘畸彙錄
火珠林卦爻精究集　第57冊
佚名輯
先天六十四卦　第57冊
佚名輯
集補地理索隱　第58冊
佚名輯
管氏神書雜占　第58冊
佚名輯
課理精詳　第58冊
佚名錄
奇門輯刊　第59冊
黃夢斗
奇門遁甲數　第59冊
趙應科輯錄
讀書證疑　第60冊
陳詩庭
及將子　第60冊
許雨田
筦測　第60冊
李學璜
介亭筆記　第61冊
江濬源
漢上叢談　第61冊
劉士璋
墨池殘瀋　第61冊
王甗
無所用心齋瑣語　第62冊
金學詩
嚴齋筆談　第62冊
蕭芝
如是想　第62冊
胡廷獻輯
奄摩勒樹寄庵隨筆　第62冊
戚勵臣
柳下咫聞　第62冊
獨學老人
古學捷錄　第63冊
陳應廖纂
懷亭瑣記　第64冊
馬庶
海南日抄　第64－65冊
張眉大
退齋日錄　第66冊
彭希韓
論語講義邇征錄　第66冊
彭希韓
養真餘話　第66冊
彭希韓
聽松隨札　第66冊
何彤文
辨物志　第67－68冊
湯調鼎
諸子粹白　第68冊
何文明輯
青在堂梅蘭竹菊畫譜　第69冊
王概等編繪
書法集要　第69冊
皇甫鯤 金大鍾輯
家藏書畫記　第70冊
謝原坦
書學南針　第70冊
錢湘編
急救須知　第71冊
朱本中
小蓬萊山館方鈔　第71冊
馬二泉輯
百效方鈔本　第72冊
佚名輯
外科靈方　第72冊
佚名
南津草閣臨診案　第72冊
佚名
彙集經驗方　第73冊
五世同堂老人錄
沈氏臨證指南　第73冊
沈子威輯
軍中醫方備要　第73冊
佚名輯

集部

客滬集　第74冊
鄒弘選
五茸贈言　第74冊
衛自浚輯
考卷金針　第74冊
趙繼序評
容齋偶錄　第75冊
周南宮輯
槐軒名家詩選箋註　第75冊
夏世欽訂
絜吳羹詩選　第76冊
茅應奎撰集
精選歷朝自知詩集　第77－79冊
柴友誠選
桐華書屋遺稿　第80冊

李墀編輯
今埜詩鈔 第80冊
夏履枋
曙彩樓詩詞鈔 第80冊
顧成順
莫愁湖風雅集 第80冊
釋恒峯輯
嶺南即事雜詠 第81冊
何惠群輯
寶印集 第81冊
王之佐輯
萍居漫鈔 第82冊
續丁卯齋輯
本朝六經和聲集 第83冊
吳爾雲編輯
幽光初集 第83冊
釋性恬選輯
朱竹垞詩選 第84冊
朱彝尊
孫致彌遺詩 第84冊
孫致彌
牟山詩略 第84冊
孫鳳儀
白坡詩選 第85冊
章琦
東溪詩草 第85冊
朱琪
是政堂文鈔 第85冊
孫濩孫
香雪堂詩 第86冊
吳學濂
句無幽芳集 第86冊
章陶
一齋詩集 第86冊
倪之鐠
默軒詩鈔 第86冊
朱紹周
井還文集 第87冊
吳直
唐石嶺集 第88冊
唐煥
鵝溪草堂存稿 第88冊
王元鑑
蘭堂賸稿 第88冊
王錦
碧山棲詩稿 第88冊
孫傳曾
煨芋巖居詩集 第89冊
王善寶
心吾子詩鈔 第90冊
程尚濂
白華堂集 第91冊
王焯
貽軒集 第91冊
仇夢巖
墨樵詩鈔 第92冊
孫良貴
可齋經進文存 第92冊
朱文翰
篁邨詩集 第93冊
吳曜
靖山詩集 第93冊
丁泗吉
畫莊類稿 第94冊
朱雲駿
蕉雪山房遺稿 第95冊
王愷
辛卯生詩 第95冊
吳衡照
憺園草 第95冊
王錚
白醉題襟集 第95冊
王相輯
無補集 第96冊
何文煥
辛齋詩稿 第96冊
朱衣
擬古草堂詩鈔 第96冊
王佑
雙魚偶存 第97冊
朱穎
巖客詩鈔 第97冊
朱桂
集益軒詩草 第98冊
朱休承
經注經齋詩集 第98冊
朱為弼
知退齋詩 第98冊
譚光祥
寒蛩吟 第98冊
崔汝瑚
山礬書屋詩初集 第99冊
郭鳳
山礬書屋詩二集 第99冊
郭鳳
竹韻樓詩鈔 第100冊
王淑
止巢詩詞 第100冊
喬載繇
靜香樓詩草 第100冊
吳蕙

第十輯

經部

易經發蒙 第1-2冊
王二峯編輯
周易實義 第3-4冊
唐棿
讀易瑣記 第4冊
吳邦選
易經精義旁訓 第5冊
佚名輯
易卦變圖說 第5冊
佚名
新訂孔塘周易 第5冊
李習三校
周易意 第6-7冊
陳晝
周易釋 第7冊
鍾晉
儀禮摘讀 第8冊
齊召南
夏小正輯註 第8冊
范家相輯
夏小正註 第8冊
李聿求纂
夏時考 第8冊
安吉
十四經通考禮記類 第8冊
式楹
周禮精華 第9-10冊
陳龍標編輯
禮記說 第10冊
楊秉杷
春秋義略 第11冊
張遠覽
春秋族系表 第11冊
徐世鐸
春秋氏族圖 第12冊
張道緒
春秋日月時例 第12冊
吳善繼

明·嘉靖《德州志》:校點本
德州市地方史志辦公室編
二〇一四年北京中國文史出版社
二冊

明·萬曆 天啓《德州志》:校點本
德州市地方史志辦公室編
二〇一四年北京中國文史出版社
四冊

名家書札墨迹
俞冰編
二〇〇六年北京線裝書局
二十四冊

題江寧研石山樵訂正 鴛湖廢閑主人校閱
清刻本
重刻繡像說唐演義全傳六十八回後傳五十五回 第 13－16 册
不著撰人
清崇德書院刻本
繡像京本雲合奇踪全傳十卷八十回 第 17 册
(明)徐渭撰
清刻本
繡像封神演義一百回 第 18－19 册
(明)許仲琳撰
清光緒十五年上海廣百宋齋鉛印本
繪圖增像西游記一百回 第 20－22 册
清光緒十五年上海廣百宋齋鉛印本
新鐫批評後西游記四十回 第 22－24 册
不著撰人
清刻本
繡像全圖小五義一百二十四回 第 25 册
佚名撰
清光緒十六年上海文海堂鉛印本
繡像續小五義一百二十四回 第 26 册
佚名撰
清光緒十八年珍藝書局鉛印本
繡像西漢演義八卷一百回繡像東漢演義十卷一百二十六回 第 27 册
不著撰人
清光緒十八年上海廣百宋齋鉛印本
新刊繡像全圖施公案後傳二十五卷一百回 第 28 册
佚名撰
清光緒十九年上海書局石印本
新刊繡像彭公案二十三卷一百回 第 29－30 册
貪夢道人撰
清光緒二十年民安堂刻本
評注圖像水滸傳七十五卷七十回 第 31－32 册
(元)施耐庵撰
清光緒三十三年石印本
繡像結水滸全傳八卷七十回附結子一卷 第 33－34 册
(清)俞萬春著 范辛來 邵祖恩參評
清光緒二十二年煥文書局石印本
繡像永慶昇平十二卷九十七回 第 35 册
不提撰人
清光緒二十九年上海簡青齋石印本
繡像永慶昇平後傳二十三卷一百回 第 35－37 册
題貪夢道人著
清光緒二十九年勝芳德林堂刻本
新鋟異說奇聞繡像群英傑全傳六卷三十四回 第 38 册
不著撰人
清佛山玉經樓刻本
繡像仙俠五花劍六卷三十回 第 38 册
題海上劍痴撰
清光緒三十年上海書局石印本
繡像忠烈全傳六十卷六十回 第 39－40 册
不著撰人
清末刻本

清實錄

中華書局影印
二〇〇八年北京中華書局再版
六十册

李朝實錄

國家圖書館出版社輯
二〇一一年北京國家圖書館出版社
五十册

廣州大典

陳建華 曹淳亮主編
二〇〇八至二〇一五年廣州廣州出版社影印本
五二〇册

第一輯

廣雅叢書
徐紹棨輯
清光緒間廣雅書局刻 民國九年徐紹棨彙編重印本
周易解故一卷 第 1 册
(清)丁晏撰
易釋四卷 第 1 册
(清)黄式三撰
易緯略義三卷 第 1 册
(清)張惠言撰
象數論六卷 第 1 册
(清)黄宗羲撰
易林釋文二卷 第 1 册
(清)丁晏撰
尚書伸孔篇一卷 第 1 册
(清)焦廷琥撰
禹貢班義述三卷附漢糜水入尚龍谿考一卷 第 1 册
(清)成蓉鏡撰
書蔡傳坿釋一卷 第 1 册
(清)丁晏撰
詩集傳坿釋一卷 第 1 册
(清)丁晏撰
毛詩傳箋通釋三十二卷 第 1 册
(清)馬瑞辰撰
毛詩後箋三十卷 第 2 册
(清)胡承珙撰 (清)陳奐補
毛詩天文考一卷 第 2 册
(清)洪亮吉撰
禮書綱目八十五卷卷首三卷 第 3 册
(清)江永撰
儀禮古今文異同疏證五卷 第 4 册
(清)徐養原撰
儀禮私箋八卷 第 4 册
(清)鄭珍撰
輪輿私箋二卷附圖一卷 第 4 册
(清)鄭珍撰 (清)鄭知同繪圖
大戴禮記解詁十三卷 第 4 册
(清)王聘珍撰
禮記天算釋一卷 第 4 册
(清)孔廣牧撰
春秋規過考信三卷 第 4 册
(清)陳熙晉撰
春秋述義拾遺八卷首一卷附河間劉氏書目考一卷 第 4 册
(清)陳熙晉撰
春秋公羊注疏質疑二卷 第 4 册
(清)何若瑤撰
孟子趙注補正六卷 第 4 册
(清)宋翔鳳撰
孟子劉注一卷 第 4 册
(漢)劉熙撰 (清)宋翔鳳輯
爾雅匡名二十卷 第 4 册
(清)嚴元照撰
爾雅補注殘本一卷 第 4 册
(清)劉玉麐撰
爾雅注疏本正誤五卷 第 4 册
(清)張宗泰撰
說文引經證例二十四卷 第 5 册
(清)承培元撰
淺學堂說文答問疏證六卷 第 5 册
(清)薛傳均撰
廣淺研堂說文答問疏證八卷 第 5 册

第二輯

晁具茨先生詩集十五卷 第34冊
（宋）晁冲之撰（明）□□註
揭曼碩詩三卷 第34冊
（元）揭傒斯撰（明）毛晉訂
青藤書屋文集三十卷 第34冊
（明）徐渭撰（明）袁宏道編
婦人集一卷婦人集補一卷 第34冊
（清）陳維崧撰（清）冒褒註（清）冒丹書補撰
漁隱叢話前集六十卷後集四十卷 第35冊
（宋）胡仔撰
四溟詩話四卷 第36冊
（明）謝榛撰
宋四六話十二卷 第36冊
（清）彭元瑞撰
詞苑叢談十二卷 第36冊
（清）徐釚撰
竹雲題跋四卷 第36冊
（清）王澍撰（清）錢人龍訂
讀畫錄四卷 第36冊
（清）周亮工撰
續三十五舉一卷 第36冊
（清）桂馥撰
茶董補二卷 第36冊
（明）陳繼儒輯
酒顛補三卷 第36冊
（明）陳繼儒輯
尺牘新鈔十二卷 第37冊
（清）周亮工輯
顏氏家藏尺牘四卷姓氏考一卷 第37冊
（清）顏光敏輯
幾何原本六卷 第37冊
（希臘）歐幾里德撰（意大利）利瑪竇口譯（明）徐光啓筆授
同文算指前編二卷同文算指通編八卷 第37冊
（意大利）利瑪竇授（明）李之藻演
圜容校義一卷 第37冊
（意大利）利瑪竇授（明）李之藻演
測量法義一卷 第37冊
（意大利）利瑪竇口譯（明）徐光啓筆授
測量異同一卷 第37冊
（明）徐光啓撰
勾股義一卷 第37冊
（明）徐光啓撰
翼梅八卷 第38冊
（清）江永撰
女科二卷産後編二卷 第38冊
（清）傅山撰
海錄一卷 第38冊
（清）楊炳南撰
新釋地理備考全書十卷 第38冊
（葡萄牙）瑪吉士撰
全體新論十卷 第38冊
（英國）合信（清）陳脩堂撰

第三輯

粵雅堂叢書
（清）伍崇曜輯
清道光光緒間南海伍氏粵雅堂刻本
南部新書十卷 第39冊
（宋）錢易撰
中吳紀聞六卷 第39冊
（宋）龔明之撰
志雅堂雜鈔二卷 第39冊
（宋）周密撰
焦氏筆乘六卷續八卷 第39冊
（明）焦竑撰
東城雜記二卷 第39冊
（清）厲鶚撰
奉天錄四卷 第39冊
（唐）趙元一撰
咸淳遺事二卷 第39冊
（宋）□□撰
昭忠錄一卷 第39冊
（宋）□□撰
月泉吟社一卷 第39冊
（宋）吳渭輯
谷音二卷 第39冊
（元）杜本輯
河汾諸老詩集八卷 第39冊
（元）房祺輯
揭文安公文粹二卷 第39冊
（元）揭傒斯撰
玉笥集十卷 第39冊
（元）張憲撰
潞水客談一卷附錄一卷 第39冊
（明）徐貞明撰
陶庵夢憶八卷 第39冊
（清）張岱撰
天香閣隨筆二卷集一卷 第39冊
（清）李介撰
芻蕘奧論二卷 第40冊
（宋）張方平撰
唐史論斷三卷 第40冊
（宋）孫甫撰
叔苴子内篇六卷外篇二卷 第40冊
（明）莊元臣撰
西洋朝貢典錄三卷 第40冊
（明）黃省曾撰
五代詩話十卷 第40冊
（清）王士禛輯（清）鄭方坤刪補
易圖明辨十卷 第40冊
（清）胡渭撰
四書逸箋六卷 第40冊
（清）程大中撰
古韻標準四卷詩韻舉例逸箋 第40冊
（清）江永撰（清）戴震參定
四聲切韻表逸箋凡例一卷 第40冊
（清）江永撰
緒言三卷 第40冊
（清）戴震撰
聲類四卷 第40冊
（清）錢大昕撰
宋遼金元四史朔閏攷二卷 第40冊
（清）錢大昕撰（清）錢侗等增補
國史經籍志五卷附錄一卷 第41冊
（明）焦竑撰
文史通義八卷 第41冊
（清）章學誠撰
校讎通義三卷 第41冊
（清）章學誠撰
經義攷補正十二卷 第41冊
（清）翁方綱撰
小石帆亭五言詩續鈔八卷首一卷 第41冊
（清）翁方綱輯
蘇詩補注八卷附志道集一卷 第41冊
（清）翁方綱撰（宋）顧禧撰附
石洲詩話八卷 第41冊
（清）翁方綱撰
北江詩話六卷 第41冊
（清）洪亮吉撰
玉山草堂續集六卷 第41冊
（清）錢林撰
虎鈐經二十卷 第42冊
（宋）許洞撰
打馬圖經一卷 第42冊
（宋）李清照撰
敘古千文一卷 第42冊

(宋)胡寅撰 (宋)黃灝註
草廬經略十二卷 第42冊
(明)□□撰
字觸六卷 第42冊
(清)周亮工撰
今世說八卷 第42冊
(清)王晫撰
飲水詩集一卷詞集一卷 第42冊
(清)性德撰
雙溪集十五卷附遺言一卷 第42冊
(宋)蘇籀撰
日湖漁唱一卷補遺一卷續補遺一卷
第42冊
(宋)陳允平撰
瑟譜六卷 第42冊
(元)熊朋來撰
秋茄集八卷附錄一卷 第42冊
(清)吳兆騫撰
燕樂考原六卷 第42冊
(清)凌廷堪撰
絳雲樓書目四卷 第43冊
(清)錢謙益撰 (清)陳景雲註
述古堂藏書目四卷宋板書目一卷
第43冊
(清)錢曾撰
石柱記五卷 第43冊
(清)鄭元慶箋釋
林屋唱酬錄一卷 第43冊
(清)馬曰琯等輯
焦山紀遊集一卷 第43冊
(清)馬曰琯等輯
沙河逸老小稿六卷嶰谷詞一卷 第43冊
(清)馬曰琯撰
南齋集六卷詞二卷 第43冊
(清)馬曰璐撰
九國志十二卷 第43冊
(宋)路振撰 (宋)張唐英補
胡子知言六卷疑義一卷附錄一卷
第43冊
(宋)胡宏撰
蒿庵閒話二卷 第43冊
(清)張爾岐撰
後漢書補注二十四卷 第43冊
(清)惠棟撰
後漢書補表八卷 第43冊
(清)錢大昕撰
詩書古訓六卷 第44冊
(清)阮元撰
十三經音略十三卷附錄一卷 第44冊
(清)周春撰
說文聲系十四卷 第44冊
(清)姚文田撰
鄭志三卷附錄一卷 第44冊
(漢)鄭玄撰 (魏)鄭小同編 (清)錢東垣等堪訂
文館詞林□□卷 第44冊
(唐)許敬宗等輯
兩京新記□□卷 第44冊
(唐)韋述撰
新譯大方廣佛華嚴經音義四卷 第44冊
(唐)釋慧苑撰
道德真經註四卷 第44冊
(元)吳澄撰
太上感應篇注二卷 第44冊
(清)惠棟撰
歷代帝王年表三卷 第44冊
(清)齊召南撰 (清)阮福續
紀元編三卷末一卷 第44冊
(清)李兆洛撰 (清)六承如錄
中興禦侮錄二卷 第45冊
(宋)□□撰
襄陽守城錄一卷 第45冊
(宋)趙萬年撰
宋季三朝政要五卷附錄一卷 第45冊
(宋)□□撰 (宋)陳仲微撰附錄
詞源二卷 第45冊
(宋)張炎撰
精選名儒草堂詩餘三卷 第45冊
(元)鳳林書院輯
樓山堂集二十七卷 第45冊
(明)吳應箕撰
朱子年譜四卷考異四卷附朱子論學切要語二卷 第45冊
(清)王懋竑撰
韓柳年譜八卷 第45冊
(清)馬曰璐輯
韓文類譜七卷 第45冊
(宋)魏仲舉輯
柳先生年譜一卷 第45冊
(宋)文安禮撰
疑年錄四卷續疑年錄四卷 第45冊
(清)錢大昕撰 (清)吳修撰續
米海岳年譜一卷 第45冊
(清)翁方綱撰
元遺山先生年譜三卷附墓圖記略一卷
第45冊
(清)翁方綱撰
崇文總目五卷補遺一卷附錄一卷
第46冊
(宋)王堯臣等撰 (清)錢東垣等輯釋 (清)錢侗輯補遺附錄
菉竹堂書目六卷 第46冊
(明)葉盛撰
菉竹堂碑目六卷 第46冊
(明)葉盛撰
寒山堂金石林時地攷二卷 第46冊
(明)趙均撰
勝飲編十八卷 第46冊
(清)郎廷極撰
採硫日記三卷 第46冊
(清)郁永河撰
嵩洛訪碑記一卷 第46冊
(清)黃易撰
通志堂經解目錄一卷 第46冊
(清)翁方綱撰
蘇米齋蘭亭考八卷 第46冊
(清)翁方綱撰
石渠隨筆八卷 第46冊
(清)阮元撰
周官新義十六卷附考工記解二卷
第47冊
(宋)王安石撰
爾雅新義二十卷附敘錄一卷 第47冊
(宋)陸佃撰 (清)宋大樽校并輯敘錄
孫氏周易集解十卷 第47冊
(清)孫星衍撰
春秋穀梁傳時月日書法釋例一卷
第47冊
(清)許桂林撰
羣經音辨七卷 第47冊
(宋)賈昌朝撰
相臺書塾刊正九經三傳沿革例一卷
第47冊
(宋)岳珂撰
九經補韻一卷附錄一卷 第47冊
(宋)楊伯嵒撰 (清)錢侗考證
詞林韻釋二卷 第47冊
(宋)□□撰
漢書地理志稽疑六卷 第47冊
(清)全祖望撰
國策地名考二十卷首一卷 第47冊

羣書治要五十卷 第55冊
(唐)魏徵等輯
四聲等子一卷 第56冊
周易新講義十卷 第56冊
(宋)龔原撰
泰軒易傳六卷 第56冊
(宋)李中正撰
崔舍人玉堂類藁二十卷西垣類藁二卷附錄一卷 第56冊
(宋)崔敦詩撰
唐才子傳 第57冊
(元)辛文房撰
樂經律呂通解五卷 第57冊
(清)汪烜撰
六書轉注錄十卷 第57冊
(清)洪亮吉撰
延令宋板書目一卷 第57冊
(清)季振宜撰
墨緣彙觀錄四卷 第57冊
(朝鮮)安岐撰
兒易内儀以六卷 第57冊
(明)倪元璐撰
蜀中名勝記三十卷 第58冊
(明)曹學佺撰
晉宋書故一卷 第58冊
(清)郝懿行撰
補宋書刑法志一卷 第58冊
(清)郝懿行撰
補宋書食貨志一卷 第58冊
(清)郝懿行撰
故溪居士文集五十卷後集二十卷 第58冊
(宋)李之儀撰
授堂文鈔八卷 第58冊
(清)武億撰
南北朝文鈔二卷 第58冊
(清)彭兆蓀輯

第四輯

嶺南遺書
(清)伍崇曜輯
清道光同治間南海伍氏粵雅堂文字歡娛室刻本
雙槐歲鈔十卷 第59冊
(明)黃瑜撰
廣州人物傳二十四卷 第59冊
(明)黃佐撰
翰林記二十卷 第59冊
(明)黃佐撰
革除遺事節本六卷 第59冊
(明)黃佐撰
春秋別典十五卷 第59冊
(明)薛虞畿撰
百越先賢志四卷 第59冊
(明)歐大任撰
劉希仁文集一卷 第60冊
(唐)劉軻撰
理學簡言一卷 第60冊
(宋)區仕衡撰
平定交南錄一卷 第60冊
(明)丘濬撰
白沙語要一卷 第60冊
(明)陳獻章撰
甘泉新論一卷 第60冊
(明)湛若水撰
元祐黨籍碑考一卷附慶元僞學逆黨籍一卷 第60冊
(明)海瑞撰
疑耀七卷 第60冊
(明)張萱撰
海語三卷 第60冊
(明)黃衷撰
郭給諫疏稿二卷 第60冊
(明)郭尚賓撰
算迪八卷 第60冊
(清)何夢瑤撰
春秋詩話五卷 第60冊
(清)勞孝輿撰
崔清獻公集五卷 第61冊
(宋)崔與之撰
崔清獻公言行錄三卷 第61冊
(宋)李肖龍撰
羅浮志十卷 第61冊
(明)陳槤撰
小學古訓一卷 第61冊
(明)黃佐撰
龐氏家訓一卷 第61冊
(明)龐尚鵬撰
昭代經濟言十四卷 第61冊
(明)陳子莊撰
周易爻物當名二卷 第61冊
(明)黎遂球撰
鄭學續四卷 第61冊
(清)陳遇夫撰
史見二卷 第61冊
(清)陳遇夫撰
迂言百則一卷 第61冊
(清)陳遇夫撰
周易本義註六卷 第62冊
(清)胡方撰
賡和錄二卷 第62冊
(清)何夢瑤撰
救荒備覽四卷附錄一卷 第62冊
(清)勞潼撰
周易略解八卷附群經互解一卷算略一卷 第62冊
(清)馮經撰
周髀算經述一卷 第62冊
(清)馮經撰
粵臺徵雅錄一卷 第62冊
(清)羅元煥撰 (清)陳仲鴻註
重訂三家詩拾遺十卷 第62冊
(清)范家相撰 (清)葉鈞重訂
楊議郎著書一卷 第63冊
(漢)楊孚撰 (清)曾釗輯
異物志一卷 第63冊
(漢)楊孚撰 (清)曾釗輯
交州記二卷 第63冊
(晉)劉欣期撰 (清)曾釗輯
始興記一卷 第63冊
(劉宋)王韶之撰 (清)曾釗輯
潛虛述義四卷附考異一卷 第63冊
(清)蘇天木撰
五山志林八卷 第63冊
(清)羅天尺撰
測天約術一卷 第63冊
(清)陳昌齊撰
呂氏春秋正誤一卷 第63冊
(清)陳昌齊撰
楚詞辨韻一卷 第63冊
(清)陳昌齊撰
袁督師事蹟一卷 第63冊
(清)□□撰
嶺南荔支譜六卷 第63冊
(清)吳應逵撰
南漢紀五卷 第63冊
(清)吳蘭修撰
南漢地理志一卷 第63冊
(清)吳蘭修撰
南漢金石志二卷 第63冊
(清)吳蘭修撰
端溪硯史三卷 第63冊

朝野類要五卷　第67冊
（宋）趙升撰
澄懷錄二卷　第67冊
（宋）周密輯
離騷經註一卷九歌註一卷　第67冊
（清）李光地撰
離騷草木疏四卷　第67冊
（宋）吳仁傑撰
樂府古題要解二卷　第67冊
（唐）吳兢撰
主客圖一卷　第67冊
（唐）張為撰

第六輯

如不及齋會鈔
（清）陳坤輯
清同治光緒間錢塘陳氏廣州刻本
為政忠告四卷　第68冊
（元）張養浩撰
牧民忠告二卷　第68冊
風憲忠告一卷　第68冊
廟堂忠告一卷　第68冊
日省錄三卷　第68冊
（清）梁文科輯
大學日程一卷　第68冊
（明）陳瑚撰
幼訓一卷　第68冊
（清）崔學古撰
虛字考一卷　第68冊
（清）張文炳撰
鱷渚迴瀾記八卷　第68冊
（清）陳坤撰
治潮芻言一卷　第68冊
（清）陳坤撰
粵東剿匪紀略五卷　第68冊
（清）陳坤編次（清）鄭洪湝輯錄
如不及齋詩鈔一卷　第68冊
（清）陳坤撰
如不及齋詠史詩存一卷　第68冊
（清）陳坤撰
寒碧軒詩存一卷　第68冊
（清）陳鉦撰
古井遺忠集一卷　第68冊
（清）陳坤撰
嶺南雜事詩鈔八卷　第68冊
（清）陳坤撰
從政緒餘錄七卷　第68冊
（清）陳坤撰
有眞意齋詩鈔五卷　第68冊
（清）陶文鼎撰
晉石厂叢書十種
（清）姚慰祖輯
清光緒間歸安姚氏粵東藩署刻 民國二十三年海虞瞿氏鐵琴銅劍樓重修印本
七錄序目一卷　第68冊
（梁）阮孝緒撰
九經誤字一卷　第68冊
（清）顧炎武撰
鄭學書目一卷　第68冊
（清）鄭珍撰
古今偽書考一卷　第68冊
（清）姚際恆撰
吳興藏書錄一卷　第68冊
（清）鄭元慶撰（清）范鍇輯
讀書叢錄節鈔一卷　第68冊
（清）洪頤煊撰
南江文鈔一卷　第68冊
（清）邵晉涵撰
經籍跋文一卷　第68冊
（清）陳鱣撰
竹汀先生日記鈔一卷　第68冊
（清）錢大昕撰（清）何元錫輯
非石日記鈔一卷　第68冊
（清）鈕樹玉撰（清）王頌蔚輯

第七輯

咫進齋叢書
（清）姚覲元輯
清同治光緒間歸安姚氏川東 粵東刻本
春秋公羊禮疏十一卷　第69冊
（清）淩曙撰
公羊問答二卷　第69冊
（清）淩曙撰
孝經疑問一卷　第69冊
（明）姚舜牧撰
說文荅問疏證六卷　第69冊
（清）薛傳均撰
瘞鶴銘圖考一卷　第69冊
（清）汪士鋐撰
蘇齋唐碑選一卷　第69冊
（清）翁方綱撰
藥言一卷　第69冊
（明）姚舜牧撰
咽喉脈證通論一卷　第69冊
務民義齋算學十一卷　第69冊
（清）徐有壬撰
測圜密率三卷　第69冊
橢圜正術一卷　第69冊
截球解義一卷　第69冊
弧三角拾遺一卷　第69冊
朔食九服里差三卷　第69冊
用表推日食三差一卷　第69冊
造各表簡法一卷　第69冊
大雲山房十二章圖說二卷　第69冊
（清）惲敬撰
大雲山房雜記二卷　第69冊
（清）惲敬撰
棠湖詩稿一卷　第69冊
（宋）岳珂撰
春艸堂遺稾一卷　第69冊
（清）姚陽元撰
小爾雅疏證五卷　第69冊
（清）葛其仁撰
說文引經攷二卷補遺一卷　第69冊
（清）吳玉搢撰
說文檢字二卷補遺一卷　第69冊
（清）毛謨輯（清）姚覲元輯補遺
古今韻攷四卷附記一卷　第69冊
（清）李因篤撰（清）楊傳第撰附記
前徽錄一卷　第69冊
（清）姚世錫撰
中州金石目四卷補遺一卷　第69冊
（清）姚晏撰
三十五舉一卷附校勘記一卷續一卷再續一卷　第69冊
（元）吾丘衍撰（清）姚覲元撰校勘記
安吳論書一卷　第69冊
（清）包世臣撰
寒秀草堂筆記四卷　第69冊
（清）姚衡撰
禮記天算釋一卷　第69冊
（清）孔廣牧撰
孝經鄭注一卷　第69冊
（漢）鄭玄撰（清）嚴可均輯
爾雅補郭二卷　第69冊
（清）翟灝撰
說文新附攷六卷　第69冊
（清）鄭珍撰
汲古閣說文訂一卷　第69冊
（清）段玉裁撰
說文校定本二卷　第69冊
（清）朱士端撰

說文管見三卷 第81冊
(清)胡秉虔撰
說文辨疑一卷條記一卷 第81冊
(清)顧廣圻撰
說文釋例二卷 第81冊
(清)江沅撰
周櫟園印人傳三卷 第81冊
(清)周亮工撰
丹溪朱氏脈因證治二卷 第81冊
(元)朱震亨撰
惲南田畫跋四卷 第81冊
(清)惲格撰
雨窓漫筆一卷 第81冊
(清)王原祁撰
東莊論畫一卷 第81冊
(清)王昱撰
二十四畫品一卷 第81冊
(清)黃鉞撰
浦山論畫一卷 第81冊
(清)張庚撰
繪事津梁一卷 第81冊
(清)秦祖永撰
摹印傳燈二卷 第81冊
(清)葉爾寬撰
詩氏族考六卷 第81冊
(清)李超孫撰
兩漢刊誤補遺十卷 第81冊
(宋)吳仁傑撰
曉菴新法六卷 第81冊
(清)王錫闡撰
脈藥聯珠四卷 第81冊
(清)龍柏撰
脈藥聯珠古方考四卷 第81冊
(清)龍柏撰
雪堂墨品一卷 第81冊
(清)張仁熙撰
畫訣一卷 第81冊
(清)龔賢撰
板橋題畫一卷 第81冊
(清)鄭燮撰
山南論畫一卷 第81冊
(清)王學浩撰
畫訣一卷 第81冊
(清)孔衍栻撰
寫竹雜記一卷 第81冊
(清)蔣和撰
薛濤詩一卷 第81冊
(唐)薛濤

第十二輯

知服齋叢書
(清)龍鳳鑣輯
清光緒間順德龍氏知服齋刻本
逸周書十卷 第82冊
(晉)孔晁註
漢禮器制度一卷 第82冊
(漢)孫叔通撰 (清)孫星衍輯
漢官一卷 第82冊
(漢)□□撰 (清)孫星衍輯
漢官解詁一卷 第82冊
(漢)王隆撰 (漢)胡廣註 (清)孫星衍輯
漢舊儀二卷補遺二卷 第82冊
(漢)衛宏撰 (清)孫星衍校並輯補遺
漢官儀二卷 第82冊
(漢)應劭撰 (清)孫星衍輯
漢官典職儀式選用一卷 第82冊
(漢)蔡質撰 (清)孫星衍輯
漢儀一卷 第82冊
(吳)丁孚撰 (清)孫星衍輯
風俗通姓氏篇二卷 第82冊
(漢)應劭撰 (清)張澍輯補註
十三州志一卷 第82冊
(後魏)闞駰撰 (清)張澍輯
三秦記一卷 第82冊
□辛□撰 (清)張澍輯
三輔決錄二卷 第82冊
(漢)趙岐撰 (晉)摯虞註 (清)張澍輯
南嶽小錄一卷 第82冊
(唐)李沖昭撰
金華赤松山志一卷 第82冊
(宋)倪守約撰
島夷誌略一卷 第82冊
(元)汪大淵撰
寧古塔紀略一卷 第82冊
(清)吳桭臣撰
元儒攷略四卷 第82冊
(明)馮從吾撰
少陽集十卷 第82冊
(宋)陳東撰
雙溪醉隱集六卷 第82冊
(元)耶律鑄撰 (清)李文田箋
楊忠愍公集五卷首一卷末一卷 第82冊
(明)楊繼盛撰
元親征錄一卷 第82冊
(元)□□撰 (清)何秋濤校正 (清)李文田 沈曾植校註
朱子讀書法四卷 第82冊
(宋)張洪 (宋)齊熙編
陶菴集二十二卷首一卷附谷簾學吟一卷 第82冊
(明)黃淳耀撰
崇禎五十宰相傳一卷 第82冊
(清)曹溶撰
崇禎內閣行略一卷閣臣年表一卷 第82冊
(明)陳盟撰
撼龍經一卷 第82冊
(唐)楊筠松撰 (清)李文田註

第十三輯

螺樹山房叢書
(清)龍裕光輯
清光緒間順德龍氏刻本
錢仲文集十卷 第83冊
(唐)錢起撰
宮教集十二卷 第83冊
(宋)崔敦禮撰
元朝典故編年攷十卷 第83冊
(清)孫承澤撰
靜學文集三卷首一卷末一卷 第83冊
(明)王叔英撰
嘉靖以來首輔傳八卷 第83冊
(明)王世貞撰

自著叢書

第十四輯

甘泉全集
(明)湛若水撰
清同治五年資政堂刻本
春秋正傳三十七卷末一卷 第84－85冊
聖學格物通一百卷 第85－86冊
湛甘泉先生文集三十二卷 第87冊
歐虞部集
(明)歐大任撰
明萬曆刻 清印本
百越先賢志四卷 第88冊
思玄堂集八卷 第88冊
旋燕集四卷 第88冊
浮淮集七卷 第88冊
軺中稿一卷 第88冊
廣陵十先生傳一卷 第88冊
游梁集七卷 第88冊
南翥集一卷 第88冊

(清)黄培芳撰
何宫贊遺書
(清)何若瑶撰
清光緒八年何雲旭刻本
春秋公羊注疏質疑二卷 第97冊
前漢書注考證一卷 第97冊
後漢書注考證一卷 第97冊
海陀華館文集一卷詩集三卷 第97冊
隙亭臆草一卷襍言一卷 第97冊
(清)何森撰
先世事略一卷 第97冊
番禺陳氏東塾叢書
(清)陳澧撰
清末廣州富文齋刻本
漢儒通義七卷 第97冊
聲律通考十卷 第97冊
切韻考六卷外篇三卷 第97冊
漢書地理志水道圖説七卷 第97冊
考正德清胡氏禹貢圖一卷 第97冊
(清)陳宗誼撰
陳氏三種
(清)陳澧撰
清光緒二十六年廣州新寧明善社刻本
字體辨誤一卷 第97冊
引書法一卷 第97冊
肇慶府修志章程一卷 第97冊
南海桂子白先生遺稿
(清)桂文燦撰
稿本
經學博采録十一卷 第98冊
孝經集證四卷 第98冊
海防事宜一卷 第98冊
易大義補一卷 第98冊
孟子趙注考證一卷 第98冊
發墨守評一卷 第98冊
箴膏肓評一卷 第98冊
説文部首句讀一卷 第98冊
周禮通釋四卷 第98冊
條陳一卷 第99冊
四書集註箋不分卷 第99冊
周禮今釋六卷 第99冊
先子皓庭府君行述一卷 第99冊
桂壇等撰
桂文燦叢稿
(清)桂文燦撰 桂坫輯
稿本
牧令芻言一卷 第99冊
海防事宜一卷 第99冊
桂皓庭集一卷 第99冊
孝經集證□卷 第99冊
群經補證□□卷 第99冊
周禮今釋五卷 第99冊
毛詩釋地六卷 第99冊
隨山館全集
(清)汪瑔撰
清光緒間番禺江氏刻本
隨山館猥稾十卷續稾二卷 第100冊
隨山館叢稾四卷 第100冊
隨山館詞稾一卷續稾一卷 第100冊
無聞子一卷 第100冊
松煙小録六卷 第100冊
旅譚五卷 第100冊
隨山館尺牘二卷 第100冊
霄鵬先生遺著
(清)黄保康撰
清宣統三年南海黄氏刻本
醫學三書 第100冊
醫林獵要一卷 第100冊
吴鞠通方歌一卷首一卷 第100冊
陳修園方歌一卷首一卷 第100冊
貽令堂雜俎一卷首一卷 第100冊
興壻遺言一卷 第100冊
拙盦叢稿
(清)朱一新撰
清光緒二十二年順德龍氏葆真堂刻本
無邪堂答問五卷 第101冊
京師坊巷志稿二卷 第101冊
漢書管見四卷 第101冊
佩弦齋文存二卷首一卷 第101冊
佩弦齋駢文存一卷 第101冊
佩弦齋詩存一卷 第101冊
佩弦齋試帖存一卷 第101冊
佩弦齋律賦存一卷 第101冊
佩弦齋雜存二卷附録一卷 第101冊
朐録莽叢稿
(清)林國賡撰
稿本
日記一卷 第101冊
朐録莽集一卷 第101冊
韓詩外傳引文考一卷 第101冊
朐録莽讀書偶記一卷 第101冊
古音通假一卷 第101冊
元史地理今釋稿一卷 第101冊
朐録庵遺稿七卷 第101冊
廣雅星嚴課藝一卷 第101冊
聯文一卷 第101冊
説劍堂集
潘飛聲撰
清光緒間仙城藥洲刻本
老劍文稿一卷 第102冊
西海紀行卷一卷 第102冊
天外歸槎録一卷 第102冊
香海集一卷 第102冊
游樵漫草一卷 第102冊
悼亡百韻詩一卷 第102冊
論嶺南詞絶句一卷 第102冊
柏林竹枝詞一卷 第102冊
海上秋吟一卷 第102冊
游薩克遜日記一卷 第102冊
海山詞一卷 第102冊
花語詞一卷 第102冊
珠江低唱一卷 第102冊
長相思詞一卷 第102冊
求慊齋叢稿
黄榮康撰
清光緒間稿本
求慊齋文集八卷 第102冊
求慊齋駢文一卷 第102冊
求慊齋詩集十四卷 第102冊
擊劍詞一卷 第102冊
求慊齋尺牘六卷 第102冊
蘭言搜玉集四卷 第102冊
茶鐺畔語二卷續二卷 第102冊
曝背餘談一卷 第102冊
黄花晚節圖題詞一卷續輯一卷
第102冊

經部總類

第十五輯

五經旁訓二十二卷 第103冊
(明)王安舜撰
明天啓元年刻本
易經旁訓四卷 第103冊
書經旁訓四卷 第103冊
詩經旁訓四卷 第103冊
禮記旁訓六卷 第103冊
春秋旁訓四卷 第103冊
皇清經解一四〇八卷卷首一卷
第104冊
(清)阮元輯
清道光九年廣東學海堂刻 咸豐十年補刻本

左傳杜解補正三卷 第104册
(清)顧炎武撰
音論一卷 第104册
(清)顧炎武撰
易音三卷 第104册
(清)顧炎武撰
詩本音十卷 第104册
(清)顧炎武撰
日知録二卷 第104册
(清)顧炎武撰
四書釋地一卷續一卷又續一卷三續一卷 第104册
(清)閻若璩撰
孟子生卒年月考一卷 第104册
(清)閻若璩撰
潛邱劄記二卷 第104册
(清)閻若璩撰
禹貢錐指二十卷例略圖一卷 第104册
(清)胡渭撰
學禮質疑二卷 第104册
(清)萬斯大撰
學春秋隨筆十卷 第104册
(清)萬斯大撰
毛詩稽古編三十卷 第105册
(清)陳啓源撰
仲氏易三十卷 第105册
(清)毛奇齡撰
春秋毛氏傳三十六卷 第105册
(清)毛奇齡撰
春秋簡書刊誤二卷 第106册
(清)毛奇齡撰
春秋屬辭比事記四卷 第106册
(清)毛奇齡撰
經問十四卷補一卷 第106册
(清)毛奇齡撰
論語稽求篇七卷 第106册
(清)毛奇齡撰
四書賸言四卷補二卷 第106册
(清)毛奇齡撰
詩說三卷附録一卷 第106册
(清)惠周惕撰
湛園札記一卷 第106册
(清)姜宸英撰
經義雜記十卷 第106册
(清)臧琳撰
解舂集二卷 第106册
(清)馮景撰
尚書地理今釋一卷 第106册
(清)蔣廷錫撰
易說六卷 第106册
(清)惠士奇撰
禮說十四卷 第106册
(清)惠士奇撰
春秋說十五卷 第107册
(明)吴士奇撰
白田草堂存稿一卷 第107册
(清)王懋竑撰
周禮疑義舉要七卷 第107册
(清)江永撰
深衣考誤一卷 第107册
(清)江永撰
春秋地理考實四卷 第107册
(清)江永撰
群經補義五卷 第107册
(清)江永撰
鄉黨圖考十卷 第107册
(清)江永撰
儀禮章句十七卷 第107册
(清)吴廷華撰
觀象授時十四卷 第108册
(清)秦蕙田撰
經史問答七卷 第108册
(清)全祖望撰
質疑一卷 第108册
(清)杭世駿撰
注疏考證六卷 第108册
(清)齊召南撰
周官禄田考三卷 第108册
(清)沈彤撰
尚書小疏一卷 第108册
(清)沈彤撰
儀禮小疏八卷 第108册
(清)沈彤撰
春秋左傳小疏一卷 第108册
(清)沈彤撰
果堂集一卷 第108册
(清)沈彤撰
周易述二十一卷 第108册
(清)惠棟撰
古文尚書考二卷 第109册
(清)惠棟撰
春秋左傳補註六卷 第109册
(清)惠棟撰
九經古義十六卷 第109册
(清)惠棟撰
春秋正辭十一卷春秋舉例一卷春秋要指一卷 第109册
(清)莊存與撰
鍾山札記一卷 第109册
(清)盧文弨撰
龍城札記一卷 第109册
(清)盧文弨撰
尚書集注音疏十三卷尚書經師系表一卷 第109册
(清)江聲撰
尚書後案三十一卷 第110册
(清)王鳴盛撰
周禮軍賦說四卷 第110册
(清)王鳴盛撰
十駕齋養新録三卷餘録一卷 第110册
(清)錢大昕撰
潛研堂文集六卷 第110册
(清)錢大昕撰
四書考異三十六卷 第111册
(清)翟灝撰
尚書釋天六卷 第111册
(清)盛百二撰
讀書脞録二卷續編二卷 第111册
(清)孫志祖撰
弁服釋例八卷 第111册
(清)任大椿撰
釋繒一卷 第111册
(清)任大椿撰
爾雅正義二十卷 第111册
(清)邵晉涵撰
宗法小記一卷 第112册
(清)程瑶田撰
儀禮喪服文足徵記十卷 第112册
(清)程瑶田撰
釋宫小記一卷 第112册
(清)程瑶田撰
考工創物小記四卷 第112册
(清)程瑶田撰
磬折古義一卷 第112册
(清)程瑶田撰
溝洫疆理小記一卷 第112册
(清)程瑶田撰
禹貢三江考三卷 第112册
(清)程瑶田撰

（南唐）徐鍇撰校勘記（清）祁寯藻撰
說文解字篆韻譜五卷附録一卷 第127册
（南唐）徐鍇撰
大廣益會玉篇三十卷 第128册
（宋）陳彭年等重修
干禄字書一卷 第128册
（唐）顔元孫撰
五經文字三卷 第128册
（唐）張參撰
新加九經字樣一卷 第128册
（唐）唐玄度撰
大宋重修廣韻五卷 第128册
（宋）陳彭年等重修
廣韻五卷 第128册
（宋）陳彭年等重修
面城樓叢刊 第129册
（清）曾釗撰
清嘉慶道光間南海曾氏面城樓刻本
字林七卷首一卷 第129册
（晉）呂忱撰（清）任大椿考逸 任兆麟補正（清）曾釗校增
周易虞氏義箋九卷 第129册
詩毛鄭異同辨二卷 第129册
經學叢書 第129册
（清）桂文燦撰
清咸豐光緒間刻本
易大義補一卷 第129册
禹貢川澤考二卷 第129册
毛詩釋地六卷 第129册
鄭氏詩箋禮注異義考一卷 第129册
周禮今釋六卷 第129册
孝經集解一卷 第129册
孟子趙注考證一卷 第129册
弟子職解詁一卷 第129册
先考皓庭府君事略一卷 第129册
（清）桂壇等撰
潛心堂集一卷 第129册
馬氏經學叢刊 第130册
（清）馬貞榆撰
清刻朱印本
今古文尚書授受源流一卷 第130册
尚書要旨一卷 第130册
尚書課程二卷 第130册
春秋經傳日月考一卷 第130册
（清）鄒伯奇撰
讀左傳法五卷 第130册
左傳口義三卷 第130册
經學文鈔一卷 第130册
地理學課程三卷 第130册
五經味根録三十八卷 第131册
（清）闞掞生輯
清光緒十八年凌雲閣石印本
周易四卷首一卷 第131册
書經六卷首一卷 第131册
詩經四卷首一卷 第131册
春秋十四卷首一卷 第131册
禮記十卷首一卷 第131册

經部易類

第十六輯

周易黄氏注一卷 第132册
（晉）黄穎撰
清光緒十年楚南湘遠堂刻玉函山房輯佚書本
古文周易傳義約說十二卷 第132册
（明）方獻夫撰
明嘉靖二十年刻本
讀易記三卷 第132册
（明）王漸逵撰
明刻本
鄭氏易譜十二卷 第132册
（明）鄭旒撰
清乾隆間刻本
周易爻物當名二卷 第132册
（明）黎遂球撰
明崇禎八年刻本
翁山易外七十一卷 第133册
（清）屈大均撰
清康熙間刻本
周易本義闡旨八卷 第133册
（清）胡方撰
清嘉慶十七年刻本
大易附廚鏡不分卷 第134册
（清）奇諧陸八臚子輯
清鈔本
讀易口義四卷 第134册
（清）楊一夔撰
清咸豐二年南雪山房刻本
周易略解八卷附群經互解一卷算略一卷 第134册
（清）馮經撰
清嘉慶十八年刻本
周易述翼五卷 第134册
（清）黄應麒撰
清光緒間懺花盦叢書本
讀易述訓四卷 第135册
（清）蔡顯原撰
清同治六年蔡敦睦堂刻本
周易觀象一卷 第135册
（清）吳應期撰
清咸豐六年啟文堂刻本
易學理數纂要四卷附一卷 第135册
（清）吳昭良撰
清光緒三年刻本
易學史鏡八卷 第135册
（清）曹為霖撰
清同治十二年木筆花館刻本
周易象義備考五卷 第135册
（清）劉壽康輯
清鈔本
邵村易說一卷 第135册
張其淦撰
鈔本

經部詩類

第十七輯

禹貢水道論圖說一卷 第136册
（清）關遠光撰
清道光八年粵東雙門底九經閣刻本
尚書集注述疏三十二卷首一卷末二卷 第136册
簡朝亮撰
清光緒三十三年順德簡氏讀書堂刻本
附讀書堂答問一卷 第136册
張子沂編

經部書類

第十八輯

詩經通解二十五卷 第137册
（明）黄佐撰
明嘉靖四十年刻本
詩經正訛八卷 第138册
（清）王隼撰
清康熙二十三年大樗堂刻本
詩經庭訓便覽五卷 第138册
（清）潘炳綱輯
清乾隆五十九年養正家塾刻本
詩緒餘録八卷 第138册
（清）黄位清輯
清道光十九年南海葉氏佇月樓刻本
詩異文録三卷 第138册
（清）黄位清輯

清道光二十四年松風閣刻本

詩經串義五卷 第138冊

(清)康國熺撰

清光緒十七年粵東學院前文經堂刻本

詩經繹參四卷 第138冊

(清)鄧翔撰

清同治六年南海孔氏朱墨套印本

詩經注二卷 第138冊

陳善百撰

清鈔本

經部禮類

第十九輯

周禮提綱輯註一卷 第139冊

(清)林組撰

清乾隆四十三年刻本

儀禮喪服鄭註易明録二卷 第139冊

(清)高枚撰

清宣統元年刻本

禮記庭訓十二卷 第139冊

(清)潘炳綱輯

清乾隆五十六年刻本

南海先生禮運註稿一卷 第139冊

康有為撰

稿本

二禮經傳測六十八卷纂議一卷 第139冊

(明)湛若水撰

明嘉靖四年刻本

泰泉鄉禮七卷首一卷 第139冊

(明)黄佐撰

清道光二十三年芸香堂刻本

喪制便覽一卷 第140冊

(清)張大翎撰

清鈔本

四禮從宜六卷 第140冊

(清)林荃撰

清光緒十九年虎門寨聽松書屋刻本

經部樂類

第二十輯

古樂經傳全書二卷 第140冊

(明)湛若水 呂懷撰

明嘉靖三十四年祝廷滂刻本

樂典三十六卷 第140冊

(明)黄佐撰

清康熙二十一年黄逵卿刻本

律呂解註二卷 第140冊

(明)鄧文憲撰

明嘉靖二年詹瓛 丘璦等刻本

敦和録二卷 第140冊

(清)何夢瑤撰

清刻本

述樂一卷 第140冊

(清)陳澧撰

稿本

聲律通考十卷 第140冊

(清)陳澧撰

清咸豐十年番禺刻本

樂律考二卷 第140冊

(清)徐灝撰

清咸豐光緒間學壽堂叢書本

經部春秋類

第二十一輯

春秋左傳綜覽三十卷 第141冊

(清)陳廷瑛撰

清光緒二十六年粵東同德堂刻本

東萊左氏博議輯註六卷 第141冊

(清)駱根深撰

清光緒二十九年東莞天香吟館刻本

春秋董氏學八卷附一卷 第141冊

康有為撰

清光緒二十三年上海大同譯書局刻本

穀梁禮證一卷 第141冊

(清)侯康撰

稿本

春秋正傳三十七卷末一卷 第142冊

(明)湛若水撰

清乾隆六十年紅荔山房刻本

春秋古經說二卷 第142冊

(清)侯康撰

清光緒十四年南菁書院刻 皇清經解續編本

春秋筆削大義微言考十一卷 第142冊

康有為撰

稿本

讀春秋界說一卷 第142冊

梁啓超撰

清光緒二十四年琳琅山館刻本

春秋中國夷狄辨三卷 第142冊

徐勤撰

清光緒間上海大同譯書局石印本

春秋鑰四卷 第142冊

劉翰棻撰

清光緒三十二年刻花雨樓叢書本

經部孝經類

第二十二輯

孝經鄭氏解一卷 第142冊

(清)臧庸輯 (清)桂文燦校 (清)陳澧删次

稿本

孝經約解二卷附刻五種 第142冊

(清)溫汝能纂輯

清聽松閣刻本

孝經質疑一卷 第142冊

(清)徐紹楨撰

清光緒十年梧州刻 學壽堂叢書本

孝經實踐録一卷 第142冊

馮愿撰

清學古堂鈔本

經部四書類

第二十三輯

四書解二十卷 第143冊

(清)蘇珥撰

清嘉慶十九年種德堂刻本

論語述義四卷 第143冊

(清)樊封纂輯

清鈔本

論語鄉黨篇訂疑四卷 第143冊

(清)霍禮運輯

清道光二十一年刻本

鄉黨全解不分卷 第143冊

(清)何聘珍著

清光緒元年羊城學院前文經堂刻本

論語皇疏考證二卷 第143冊

(清)桂文燦撰

稿本

論語詩稿四卷 第143冊

(清)孔繼宣撰

清咸豐十年知守齋刻本

朱子論語集注訓詁考二卷 第143冊

(清)潘衍桐輯

清光緒十七年浙江書局刻本

讀論語日記一卷 第143冊

(清)陳宗誼撰

清刻本

南海先生論語注稿不分卷 第143冊

康有為撰

稿本

論語公羊相通説一卷 第143冊

梁啓超撰

清光緒二十三年刻本

增補蘇批孟子二卷 第144冊

通鑑紀事本末二三九卷 第166－169冊
(宋)袁樞等編
通鑑長編紀事本末一五〇卷 第169－171冊
(宋)楊仲良撰
左傳紀事本末五十三卷 第171－172冊
(清)高士奇編纂
宋史紀事本末一〇九卷 第173冊
(明)馮琦編
遼史紀事本末四十卷首一卷 第174冊
(清)李有棠撰
金史紀事本末五十二卷首一卷 第174冊
(清)李有棠編纂
元史紀事本末二十七卷 第174冊
(明)陳邦瞻編
明史紀事本末八十卷 第175冊
(清)谷應泰編

史部雜史類

第二十九輯

勝朝遺事初編六卷二編八卷 第176－177冊
(清)吳彌光輯
清光緒九年懺花盦刻本
洪武聖政記 第176冊
(明)宋濂撰
明初禮賢録 第176冊
(明)□□撰
天潢玉牒 第176冊
(明)解縉撰
龍興慈記 第176冊
(明)王文禄撰
翦勝野聞 第176冊
(明)徐禎卿撰
平漢録 第176冊
(明)宋濂撰
平吴録 第176冊
(明)吴寬撰
北平録 第176冊
(明)□□撰
平夏録 第176冊
(明)黄標撰
平胡録 第176冊
(明)陸深撰
靖難功臣録 第176冊
(明)朱當撰
備遺録 第176冊
(明)張芹撰
平定交南録 第176冊
(明)邱濬撰
北征録 第176冊
(明)金幼孜撰
北征後録 第176冊
(明)金幼孜撰
北征記 第176冊
(明)楊榮撰
宣爐注 第176冊
(明)冒襄撰
否泰録 第176冊
(明)劉定之撰
正統北狩事蹟 第176冊
(明)□□撰
北使録 第176冊
(明)李實撰
天順日録 第176冊
(明)李賢撰
聖駕臨雍録 第176冊
(明)周洪謨撰
武宗外紀 第176冊
(清)毛奇齡撰
大禮議辨 第176冊
(清)毛奇齡撰
論對錄 第176冊
(明)張孚敬撰
倭變事略 第176冊
(明)采九德撰
靖海紀略 第176冊
(明)鄭茂撰
病榻遺言 第176冊
(明)高拱撰
星變志 第176冊
(明)□□撰
鈐山堂書畫記 第176冊
(明)文嘉撰
碧血録 第176冊
(明)黄煜撰
甲申傳信録 第176冊
(明)錢軹撰
三朝聖諭録 第176冊
(明)楊士奇撰
瀛涯勝覽 第176冊
(明)馬歡撰
彭文憲公筆記 第176冊
(明)彭時撰
閒中今古録 第176冊
(明)黄溥撰
病逸漫記 第176冊
(明)陸釴撰
琅琊漫鈔 第176冊
(明)文林撰
水東日記 第176冊
(明)葉盛撰
近峰記略 第176冊
(明)□□撰
留青日札 第176冊
(明)田藝蘅撰
今言類編二卷 第176冊
(明)鄭曉撰
錦衣志 第176冊
(明)王世貞撰
觚不觚録 第176冊
(明)王世貞撰
鳳洲筆記 第176冊
(明)王世貞撰
奇聞類紀 第176冊
(明)施顯卿撰
幸存録 第176冊
(明)夏允彝撰
復社紀事 第177冊
(清)吴偉業撰
彤史拾遺記 第177冊
(清)毛奇齡撰
後鑒録一卷 第177冊
(清)毛奇齡撰
南越叢録二卷 第177冊
(清)梁廷枏撰
清道光十三年刻南越叢書本
元朝秘史十五卷 第177冊
(清)李文田注
清光緒二十二年通隱堂刻本
明良集六種九卷 第177冊
(明)霍韜輯
明嘉靖十二年刻本
革除遺事六卷 第177冊
(明)黄佐撰
明鈔本
平粵録一卷 第177冊
(明)談愷撰
明嘉靖三十六年刻本

刼灰録六卷 第177冊
(清)珠江寓舫撰
清鈔本
刼灰録不分卷 第177冊
(清)珠江寓舫撰
清光緒三十二年上海國學保存會鉛印國粹叢書本
順德馬齊陳氏被害録一卷 第177冊
(清)□□撰
清同治十一年陳國棣鈔本
梁天來案考證一卷 第177冊
(清)□□撰
清鈔本
劉華東鄉賢案稿一卷 第177冊
(清)□□撰
稿本
夷氛紀略一卷 第177冊
(清)□□撰
清道光間鈔本
道光時夷務雜鈔不分卷 第177冊
(清)翁心存輯
稿本
英夷犯都事一卷 附葉制軍遺詩 廣東辦理夷務情形不分卷 第177冊
(清)僧格林沁等撰
清鈔本
夷氛聞記五卷 第178冊
(清)梁廷枏撰
清刻本
鴉片紀略不分卷 第178冊
(清)姚錫光撰
清鈔本
鴉片事略二卷 第178冊
(清)李圭撰
稿本
鴉片事略二卷 第178冊
(清)李圭撰
清光緒二十一年海寧州署刻本
煙海庚辛録不分卷 第178冊
(清)無㝵老人輯
清鈔本
煙海紀聞不分卷 第178冊
(清)□□輯
清鈔本
英人強賣鴉片記八卷附録一卷 第178冊
(清)湯叡譯
清光緒二十四年上海大同譯書局石印本
撫夷紀略一卷 第178冊
(清)黄恩彤撰
清鈔本
夷艘入寇記二卷 第179冊
(清)□□撰
清楊氏吉祥止止室鈔本
廣東夷務事宜一卷 第179冊
(清)□□撰
清鈔本
英吉利廣東入城始末一卷 第179冊
(清)七紘河上釣叟撰
清鈔本
觸藩始末三卷 第179冊
(清)琴閣主人撰
清同治光緒間刻本
羊城西關紀功録二卷 第179冊
(清)黄賢彪編
清咸豐四年粵東西湖街楊正文堂刻本
紅巾軍新會圍城記不分卷 第179冊
(清)趙沅英撰
稿本
岡城枕戈記二卷 第179冊
(清)陳殿蘭輯
清咸豐五年新會陳氏刻本
瑞城泉相國治粵事實一卷 第179冊
(清)□□編
清鈔本
粵匪始末紀略二卷 第179冊
(清)杏花樵子編
清鈔本
粵氛紀事不分卷 第179冊
(清)夏燮輯
稿本
粵氛紀事十三卷 第179冊
(清)夏燮輯
清同治八年刻本
粵匪南北滋擾紀略一卷 第180冊
(清)姚滁山撰
清鈔本
洪秀全結拜全書一卷 第180冊
(清)□□輯
清光緒間鈔本
福星輪船被澳順輪船撞沉全案二卷 第180冊
(清)唐廷樞編
清光緒元年刻本
中日戰輯六卷 第180冊
(清)王炳耀輯
清光緒二十一年香江文裕堂鉛印本
戊戌政變記九卷 第180冊
梁啓超撰
清光緒間鉛印本
近世中國秘史 第180冊
(清)韓文舉編
清光緒三十年鉛印本
粵東軍變記不分卷 第180冊
(清)李介孺撰
稿本
康梁徐謀財害命鐵證書一卷 第180冊
(清)劉作楫編
清宣統二年石印本
全粵社會實録初編不分卷 第180冊
(清)鄧雨生編
清宣統二年調查全粵社會處鉛印本
興漢紀念廣東獨立全案 第180冊
(清)大漢熱心人輯
清宣統三年鉛印本
辛亥粵亂彙編 第180冊
(清)嶺南半翁編
清宣統三年鉛印本

史部詔令奏議類

第三十輯

四家奏議合鈔 第181冊
(清)汪瑔輯
清光緒九年隨山館刻本
林文忠公政書二卷首一卷 第181冊
(清)林則徐撰
駱文忠公奏議二卷首一卷 第181冊
(清)駱秉章撰
胡文忠公遺集二卷首一卷 第181冊
(清)胡林翼撰
曾文正公奏議二卷首一卷 第181冊
(清)曾國藩撰
皇明誥勅不分卷 第181冊
(明)梁儲輯
明鈔本
聖諭廣訓疏義十六卷 第182冊
(清)兩粵廣仁善堂編
清光緒十六年刻本
西臺疏草一卷北畿疏草一卷東粵疏草五卷南國疏草一卷 第182冊
(明)王以寧撰

明萬曆間刻本
廣東司度支奏議一卷 第182冊
(明)畢自嚴撰
明崇禎間刻度支奏議本
葉文莊公兩廣奏草十六卷 第182冊
(明)葉盛撰
明崇禎四年葉氏賜書樓刻葉文莊公奏疏本
渭崖疏要二卷 第182冊
(明)霍韜撰
明隆慶間刻本
甘泉獻納編三卷 第182冊
(明)湛若水撰
明嘉靖十三年史際刻本
治安要議六卷 第183冊
(明)陳建撰
清鈔本
疏草二卷 第183冊
(明)李覺斯撰
清初刻本
禮部存稿八卷 第183冊
(明)陳子壯撰
明崇禎間刻本
撫粵條奏一卷 第183冊
(清)王來任撰
清康熙三十九年刻本
清忠堂撫粵奏疏不分卷清忠堂署理總督奏疏一卷 第183冊
(清)朱弘祚撰
清康熙間刻本
東粵疏抄一卷 第183冊
(清)彭鵬撰
清康熙間刻彭氏遺著本
廣州都統任內漢奏摺冊一卷廣州將軍任內漢奏摺底冊一卷 第183冊
(清)□□撰
清道光間鈔本
兩廣夷務奏稿一卷 第183冊
(清)耆英撰
清鈔本
欽差大臣伊耆在廣東奏辦夷務通商事宜一卷 第183冊
(清)伊里布等撰
清鈔本
會辦廣東軍務摺檔十卷 第184冊
(清)奕山等撰
清鈔本
使粵奏稿八卷兩廣奏稿四卷 第184冊
(清)林則徐撰
清光緒間三山林氏刻林文忠公遺集本
駱文忠公奏議湘中稿十六卷續刻四川奏議十一卷附録一卷 第184-185冊
(清)駱秉章撰
清光緒四年刻十五年增刻本
廣東學政徐琪奏稿一卷 第186冊
(清)徐琪撰
清光緒間石印本
詒蔭堂奏議一卷 第186冊
(清)黎攀鏐撰
清光緒十八年玉楮堂郭迪吉刻本
粵海關奏稿一卷 第186冊
(清)□□撰
清光緒間鈔本
鄧和簡公奏稿不分卷 第186冊
(清)鄧華熙撰
稿本
創辦銀行奏摺一卷 第186冊
(清)容閎撰
稿本
清兩湖總督兩廣總督奏議不分卷 第186冊
(清)李瀚章撰
清鈔本
潘衍桐奏稿不分卷 第186冊
(清)潘衍桐等撰
稿本
公車上書記一卷 第186冊
康有為撰
清光緒二十一年香港石印書局石印本
康工部奏稿一卷 第186冊
康有為撰
清光緒二十一年刻本
康工部四上書記一卷 第186冊
康有為撰
清光緒二十二年文陞書局刻本
南海先生五上書記一卷 第186冊
康有為撰
清光緒二十三年上海大同譯書局石印本
南海先生六上書記一卷附俄彼得變政記一卷 第186冊
康有為撰
清光緒二十四年刻本
甲午疏稿一卷 第186冊
康有為撰
清鈔本
傑士上書彙録不分卷 第186冊
康有為撰
清光緒二十四年內府鈔本
戊戌奏稿一卷 第186冊
康有為撰
清宣統三年鉛印本
奏議及條陳摘鈔一卷 第186冊
康有為等撰
清末鈔本
粵督奏稿一卷 第186冊
(清)陶模等撰
清光緒末嶺海報館鉛印本
廣東闔省京外各官暨會試舉人等奏稿不分卷 第186冊
(清)劉士驥撰
清光緒二十九年惠愛四約文茂印務局鉛印本
收回粵漢鐵路奏摺不分卷 第186冊
(清)張之洞等撰
清光緒三十二年鉛印本
考察各國政治條陳摺稿不分卷 第186冊
(清)戴鴻慈等撰
清光緒間鉛印本
署兩廣總督部堂袁奏請定獄官看守所各員品級摺一卷 第186冊
(清)袁樹勳撰
清宣統二年廣東法政學堂鉛印本
學壽堂奏議一卷 第186冊
(清)徐紹楨撰
清宣統三年南洋印刷官廠鉛印本

史部傳記類

第三十一輯

中國名相傳二卷 第187冊
(清)潘博編
清光緒三十四年上海廣智書局鉛印本
文廟從祀録三卷 第187冊
(清)譚錫朋纂輯
清同治二年稽古齋刻本
文廟新輯二卷 第187冊
(清)劉壽康輯
清光緒九年刻本
南越五主傳三卷 第187冊
(清)梁廷枏撰
清道光十三年刻南越叢書本
百越先賢志四卷 第187冊

(明)歐大任撰
清康熙間刻本
廣州先賢傳一卷　第187冊
(魏晋)鄒閎甫撰
清順治三年宛委山堂刻説郛本
嶺南道學録一卷　第187冊
(清)楊世勳輯
清道光間刻本
濂洛關閩六先生傳一卷　第187冊
(清)羅惇衍撰
清道光二十七年刻本
女官傳一卷　第187冊
(清)屈大均撰
清宣統間上海國學扶輪社鉛印香艷叢書本
江南春詞補傳一卷　第187冊
(清)梁廷枏輯
清道光十八年刻本
白沙門人考不分卷　第187冊
(清)阮榕齡編
清咸豐元年新會阮氏夢菊堂刻本
經辦祀典事蹟冊一卷明朝列大夫陝西布政司參議森瑯公年譜一卷　第187冊
(清)梁廷枏撰
清道光二十二年刻本
盜柄東林夥一卷　第187冊
(清)李文田注
稿本
東林籍貫一卷　第187冊
(清)李文田注
稿本
天鑒録一卷　第187冊
(清)李文田注
稿本
皇明四朝成仁録不分卷　第187冊
(清)屈大均撰
清鈔本
皇明四朝增補成仁録餘編四卷　第187冊
(清)屈大均撰
清黄梅花屋校鈔本
明季南都殉難記不分卷　第187冊
(清)屈大均撰
清鈔本
本朝從祀三先生傳一卷　第187冊
(清)羅惇衍撰
清鈔本
廣州鄉賢傳四卷首一卷續二卷　第188冊
(清)潘楳元纂輯 (清)譚瑩續輯
清同治間刻光緒間增刻本
粤東名儒言行録二十四卷　第188冊
(清)鄧淳編
清道光十一年省城西湖街汗青齋刻本
史傳事略一卷　第188冊
(清)宋湘等撰
清嘉慶二十年羊城富文齋刻本
文瀾書院紳士科名録一卷　第188冊
(清)呂鑑煌輯
清光緒十八年文瀾書院刻本
蘭閨福履一卷　第188冊
(清)賴振寰撰
清光緒二十二年刻本
廣雅書院同舍録不分卷　第188冊
(清)廣雅書院編
清光緒二十三年刻本
蓮峰書院景賢堂二十先生列傳彙鈔一卷　第188冊
(清)蔡尚鋆輯
清光緒二十六年蓮峰書院刻本
名宦傳二卷　第188冊
(清)黄恩彤輯
清同治三年刻本
禮部郎中貴州學政馮潛齋先生文林郎國子監學正勞我野先生師弟鄉賢録一卷　第188冊
(清)李貽光等輯
清粤省西湖街聚珍堂刻本
廣州節孝録一卷　第188冊
(清)□□撰
清刻本
嶺學祠諸先生事蹟學術考一卷　第188冊
(清)祁永膺撰
清光緒三十二年襄武拄笏軒刻本
廣東陸軍速成學堂步科第一區隊學生同學録　第188冊
(清)陸軍速成學堂編
清光緒三十三年廣東省城惠愛五約文茂印務局鉛印本
廣東陸軍速成學堂步砲工輜科畢業生等第姓名履歷表　第188冊
(清)陸軍速成學堂編
清光緒三十三年油印本
陸軍速成學堂官長簡明履歷表　第188冊
(清)陸軍速成學堂編
清宣統元年油印本
廣東虎門陸軍速成學堂職員學生姓名表　第188冊
(清)虎門陸軍速成學堂編
清光緒三十四年鉛印本
兩廣師範館練習所同人紀念表　第188冊
(清)兩廣速成師範館練習所編
清光緒三十年鉛印本
軍醫學堂同學録　第188冊
(清)廣東軍醫學堂編
清末鉛印本
兩廣同學姓名册　第188冊
(清)兩廣同鄉會編
清光緒三十年鉛印本
兩廣初級師範簡易科館同學録　第188冊
(清)兩廣初級師範簡易科館編
清光緒三十二年大馬站裕和堂鉛印本
教忠初級師範學堂第一次畢業同年録　第188冊
(清)廣東公立教忠初級師範學堂編
清宣統元年鉛印本
廣東公立教忠初級師範學堂第四次畢業同年録　第188冊
(清)廣東公立教忠初級師範學堂編
清宣統三年鉛印本
日本七十三義俠傳三卷　第188冊
(清)韓曇首撰
清光緒二十四年鉛印神户東亞書局叢書本
泰西政治學者列傳　第188冊
(日本)杉山藤次郎編纂 (清)廣東青年述譯
清光緒二十八年上海廣智書局鉛印傳記小叢書本
東坡事類二十二卷　第189冊
(清)梁廷枏纂
清道光十年刻本
宋丞相崔清獻公全録十卷　第189冊
(宋)崔與之撰 (明)崔子璲輯 (明)崔晓增輯
明嘉靖十三年唐胄 邵煉刻本
宋丞相崔清獻公言行録内集二卷外集三卷　第189冊
(明)崔子璲輯 (明)崔爌增輯
明崇禎十三年刻本
陸右丞蹈海録一卷　第189冊
(明)丁元吉撰
清康熙間龔氏玉玲瓏閣鈔本

白沙叢考一卷 第189冊
(清)阮榕齡編
清咸豐元年新會阮氏夢菊堂刻本
袁督師傳一卷 第189冊
(清)□□撰
清刻本
忠定公履歷一卷 第189冊
(清)□□撰
清鈔本
新寧縣斗洞大巷宏道伍公崇祀鄉賢録一卷附養拙菴録一卷 第189冊
(清)伍步瀛等纂修
清同治間刻本
平南王元功垂範二卷續一卷 第189冊
(清)釋今釋撰續(清)張允格撰
清康熙間刻乾隆間續刻本
明經二樵黎君行狀一卷 第189冊
(清)黄丹書撰
清嘉慶十七年嚴邦英鈔本
皇清敕授文林郎翰林院庶吉士加一級顯考澧浦謝公府君行述一卷 第189冊
(清)謝念功等撰
清末鈔本
皇清敕授文林郎丁丑科進士截取知縣前任韶州府學教授加一級顯考雲門府君行述一卷 第189冊
(清)梁汝琛 梁汝琨撰
清道光間刻本
先考陳公府君行述一卷 第190冊
(清)陳泰初撰
清道光間刻本
欽家員外郎銜兵部主事何樸園先生崇祀鄉賢録一卷 第190冊
(清)何增慶編
清光緒間刻本
先考心臺府君行述一卷 第190冊
(清)招成材撰
清同治間刻本
皇清誥授資政大夫浙江按察使愛廬黄公行狀一卷 第190冊
(清)羅惇衍撰
清光緒六年刻本
誥授朝議大夫同知銜樂昌縣知縣隨帶加一級吳縣吳公傳一卷 第190冊
(清)羅惇衍撰
清鈔本
皇清誥授建威將軍贈太子少保記名提督廣西右江鎮總兵勇烈張公墓表一卷 第190冊
(清)陳澧撰
清宣統二年湖北官書處石印本
同知銜孝廉方正大挑直隸試用知縣舉人林若谷先生鄉賢録一卷 第190冊
(清)□□編
清光緒二年粵東省城學院前聚賢堂刻本
徐子遠先生傳略一卷 第190冊
黄質撰
清末石印本
朱次琦先生事實考一卷 第190冊
(清)□□撰
清光緒間鈔本
陳蘭甫先生履歷及著述一卷 第190冊
(清)□□撰
稿本
誥授榮禄大夫廣西布政使護理巡撫康公事狀一卷 第190冊
(清)康祖詒撰
清光緒間刻本
皇清賜進士出身誥授榮禄大夫振威將軍晉授光禄大夫兵部尚書都察院右都御史閩浙總督翰林院編修先考何公行狀一卷 第190冊
(清)何燿章等撰
清光緒間刻本
誥封夫人旌獎建坊羅母黄太夫人傳一卷輓辭録三卷 第190冊
(清)羅度撰
清光緒間刻本
詒煇集五卷侍香集一卷 第190冊
(清)許振褘輯
清光緒二十三年廣州節署刻本
南海李應鴻先生行述一卷 第190冊
(清)李宗顥撰
稿本
馬丕瑤列傳一卷 第190冊
(清)馬吉樟撰
清光緒間石印本
皇清誥授光禄大夫頭品頂戴兵部侍郎兼都察院右副都御史廣東巡撫馬公神道碑銘一卷 第190冊
(清)李秉衡撰
清光緒間石印本
皇清誥封資政大夫陳府君墓表一卷 第190冊
(清)吳道鎔撰
清宣統三年石印本
皇清誥封夫人陳母姚夫人墓表一卷 第190冊
(清)吳道鎔撰
清宣統三年石印本
故光禄大夫尚書銜戶部左侍郎南海張公事狀一卷 第190冊
(清)蔡乃煌撰
清光緒間石印本
李鴻章 第190冊
梁啓超撰
清光緒二十七年鉛印本
康南海傳 第190冊
梁啓超撰
清光緒三十四年鉛印本
皇清誥封夫人先妣梁夫人事略一卷 第190冊
(清)楊履瑞撰
清光緒間刻本
南海羅徵君清史列傳一卷墓表一卷意園詩存一卷 第190冊
(清)□□輯
清末鈔本
袁世凱 第190冊
(清)梁紀佩撰
清宣統元年芙蓉赤岡獨立草堂鉛印本
革黨趙聲歷史 第190冊
(清)梁紀佩撰
清宣統三年鉛印本
華盛頓傳八卷 第190冊
(清)黎汝謙 蔡國昭譯
清光緒十二年鉛印本
歷代名人年譜不分卷 第190冊
(清)吳榮光撰
稿本
歷代名人年譜十卷附存疑及生卒年月無考一卷 第191冊
(清)吳榮光撰(清)李宗顥補遺
清光緒二年京都實經書坊刻本
廣元遺山年譜二卷 第191冊
(清)李光廷編
清同治五年刻本
倪高士年譜一卷 第191冊
(清)沈世良編

清宣統元年刻本
編次陳白沙先生年譜二卷 第191冊
(清)阮榕齡編
清咸豐元年新會阮氏夢菊堂刻本
先三鄉賢年譜 第191冊
(清)黄佛頤撰
清光緒二十九年香山黄氏純淵堂刻本
雙槐公年譜一卷 第191冊
粵洲公年譜一卷 第191冊
文裕公年譜一卷 第191冊
陳子壯年譜一卷 第191冊
(清)陳上圖撰
清鈔本
馮潛齋先生年譜一卷 第191冊
(清)勞潼編 (清)馮愿輯
清宣統三年學古堂刻本
吴荷屋自訂年譜一卷 第191冊
(清)吴榮光撰
清道光間刻本
張南山先生年譜撮略一卷 第191冊
(清)金菁茅編
清咸豐間刻本
羅文恪公年譜一卷 第191冊
(清)羅椝等撰
清光緒間羊城西湖街富文齋刻本
駱文忠公年譜二卷 第191冊
(清)駱秉章撰
清光緒二十一年都門刻本
駱文忠公年譜不分卷 第191冊
(清)駱秉章撰
稿本
康南海自編年譜不分卷 第191冊
康有為撰
稿本
恩平程記一卷 第192冊
(清)李文藻撰
稿本
北行日記一卷 第192冊
(清)黄培芳撰
稿本
常惺惺齋日記不分卷 第192冊
(清)謝蘭生撰
稿本
使粵日記二卷 第192冊
(清)李鈞撰
清道光十四年刻本
東行日記一卷 第192冊
(清)梁廷枏撰
清道光間刻本
鄧和簡公日記十卷 第192冊
(清)鄧華熙撰
稿本
庚生日記一卷 第192冊
(清)梁超撰
稿本
望凫行館宦粵日記不分卷 第193－200冊
(清)杜鳳治撰
稿本
鴻爪前遊日記六卷 第201冊
(清)孔廣陶撰
清光緒十八年三十有三萬卷堂刻本
西行日記一卷 第201冊
(清)馮焌光撰
清光緒七年上海刻本
于滇日記不分卷旋粵日記一卷 第201冊
(清)譚宗浚撰
清鈔本
三洲日記八卷 第201冊
(清)張蔭桓撰
清光緒二十二年京都刻本
奉使日記十六卷 第201－202冊
(清)張蔭桓撰
稿本
甲午日記一卷 第202冊
(清)張蔭桓撰
稿本
戊戌日記不分卷 第202冊
(清)張蔭桓撰
稿本
馬肇梅日記不分卷 第202冊
(清)馬肇梅撰
稿本
粵學日記四卷 第202冊
(清)徐琪撰
稿本
雙松館日記不分卷 第202冊
(清)王為楨撰
稿本
戊戌日記一卷 第202冊
(清)□□撰
稿本
劉問芻日記一卷 第202冊
(清)劉學詢撰
稿本
遊歷日本考查商務日記二卷 第202冊
(清)劉學詢撰
清光緒二十五年香山劉氏石印本
遊歷東洋考查商務日記一卷附條陳商務公牘一卷 第202冊
(清)劉學詢撰
稿本
入秦紀程一卷 第202冊
(清)李宗顥撰
稿本
李宗顥書畫日記一卷 第202冊
(清)李宗顥撰
稿本
清代粵吏日鈔一卷 第202冊
(清)□□撰
稿本
遊羅浮日記不分卷 第202冊
(清)潘飛聲撰
清光緒二十八年香港聚珍書樓鉛印本
遊歷日本考查農務日記一卷 第202冊
(清)黄璟撰
稿本
遊歷日本考查農務日記一卷 第202冊
(清)黄璟撰
清光緒二十八年鉛印本
附考查北海道農務日記一卷 第202冊
(清)王瑚撰
甲辰考察日本商務日記一卷 第203冊
(清)許炳榛撰
清光緒三十年鉛印本
乙巳考察日本礦務日記一卷 第203冊
(清)許炳榛撰
清光緒三十一年鉛印本
出使九國日記十二卷 第203冊
(清)戴鴻慈撰
清光緒三十二年鉛印本
藏語 第203冊
(清)何藻翔撰
清宣統二年上海廣智書局鉛印本
何氏傳贊不分卷 第203冊
(宋)崔與之等撰
清鈔本
廬江郡何氏家記不分卷 第203冊
(明)何崇撰
明鈔本

永思録一卷 第 203 冊
(清)黄培芳撰
清鈔本
陶氏世烈録六卷 第 203 冊
(清)陶若齡編
清嘉慶十六年刻本
誥授通奉大夫貴州布政使贈内閣學士銜沈君家傳一卷 第 203 冊
(清)郭嵩燾撰 (清)沈金潤補輯
清光緒十五年刻本
朱氏墓表一卷 第 203 冊
(清)朱汝珍輯
清光緒三十一年刻本
誦芬録一卷 第 203 冊
(清)汪兆鏞輯
清光緒三十四年番禺汪氏刻本
劉氏家傳一卷 第 203 冊
(清)劉釗撰
清宣統元年羊城西湖街超華齋刻本
阮氏尋復二世祖考妣墳墓紀一卷 第 203 冊
(清)阮燿垣撰
清光緒間阮燿常鈔本
馮夏威義士哀榮集一卷 第 203 冊
(清)廣東拒約總公所輯
清光緒三十二年廣東省城西關興隆北約敬文堂鉛印本
追悼張文達公祭文挽詞彙志一卷 第 203 冊
(清)許炳榛輯
清光緒三十三年廣東學務公所印刷處鉛印本
劉士驥先生哀啓一卷附先府君往美招股日記及拒絕惡賊康有為梁啓超徐勤等攘奪振華公司款項來往函電一卷 第 203 冊
(清)劉作楫等撰
清宣統間鉛印本
關彩衢先生壽言二卷 第 203 冊
(清)關壽崧編
清道光二十三年關氏梅雪齋刻本
南海詹京卿五十壽言一卷 第 203 冊
(清)徐榮書輯
清宣統二年鉛印本
邱母吳太孺人節孝徵詩一卷 第 203 冊
(清)邱子銘編
清光緒二十一年刻本

成化四年廣東鄉試録一卷 第 204 冊
明成化間刻本
成化七年廣東鄉試録一卷 第 204 冊
明成化間刻本
成化十年廣東鄉試録一卷 第 204 冊
明成化間刻本
成化二十二年廣東鄉試録一卷 第 204 冊
明成化間刻本
弘治二年廣東鄉試録一卷 第 204 冊
明弘治間刻本
弘治八年廣東鄉試録一卷 第 204 冊
明弘治間刻本
正德二年廣東鄉試録一卷 第 204 冊
明正德間刻本
正德五年廣東鄉試録一卷 第 204 冊
明正德間刻本
正德十四年廣東鄉試録一卷 第 204 冊
明正德間刻本
嘉靖十三年廣東鄉試録一卷 第 204 冊
明嘉靖間刻本
嘉靖十六年廣東鄉試録一卷 第 204 冊
明嘉靖間刻本
嘉靖十九年廣東鄉試録一卷 第 204 冊
明嘉靖間刻本
嘉靖二十二年廣東鄉試録一卷 第 204 冊
明嘉靖間刻本
嘉靖二十五年廣東鄉試録一卷 第 204 冊
明嘉靖間刻本
嘉靖二十八年廣東鄉試録一卷 第 204 冊
明嘉靖間刻本
嘉靖三十一年廣東鄉試録一卷 第 204 冊
明嘉靖間刻本
嘉靖四十年廣東鄉試録一卷 第 204 冊
明嘉靖間刻本
嘉靖四十三年廣東鄉試録一卷 第 204 冊
明嘉靖間刻本
隆慶四年廣東鄉試録一卷 第 205 冊
明隆慶間刻本
萬曆元年廣東鄉試録一卷 第 205 冊
明萬曆間刻本
萬曆四年廣東鄉試録一卷 第 205 冊
明萬曆間刻本
萬曆七年廣東鄉試録一卷 第 205 冊
明萬曆間刻本
萬曆十年廣東鄉試録一卷 第 205 冊
明萬曆間刻本

順治十一年廣東鄉試録一卷 第 205 冊
清順治間刻本
乾隆三十三年廣東鄉試武舉録一卷 第 205 冊
清乾隆間刻本
道光八年戊子科廣東鄉試録一卷 第 205 冊
清道光間刻本
道光十五年乙未恩科廣東鄉試録一卷 第 205 冊
清道光間鈔本
道光二十四年甲辰恩科廣東鄉試録一卷 第 205 冊
清道光間鈔本
咸豐二年壬子科廣東鄉試録一卷 第 205 冊
清咸豐間刻本
咸豐十一年辛酉科並補行戊午科廣東鄉試録一卷 第 205 冊
清咸豐間刻本
同治元年壬戌恩科並補行咸豐九年己未恩科廣東鄉試録一卷 第 205 冊
清同治間刻本
同治三年甲子科廣東鄉試録一卷 第 205 冊
清同治間鈔本
同治六年丁卯科廣東鄉試録一卷 第 205 冊
清同治間鈔本
同治九年庚午科廣東鄉試録一卷 第 205 冊
清同治間刻本
光緒元年乙亥恩科廣東鄉試録一卷 第 205 冊
清光緒間刻本
光緒二年丙子科廣東鄉試録一卷 第 205 冊
清光緒間刻本
光緒二年丙子科廣東鄉試武舉録一卷 第 205 冊
清光緒間刻本
光緒五年己卯科廣東鄉試録一卷 第 205 冊
清光緒間刻本
光緒八年壬午科廣東鄉試録一卷 第 205 冊
清光緒間刻本

光緒十四年戊子科廣東鄉試録一卷 第205冊
清光緒間刻本
光緒十五年己丑恩科廣東鄉試録一卷 第205冊
清光緒間刻本
光緒十七年辛卯科廣東鄉試録一卷 第206冊
清光緒間刻本
光緒十九年癸巳恩科廣東鄉試録一卷 第206冊
清光緒間刻本
光緒二十年甲午科廣東鄉試録一卷 第206冊
清光緒間刻本
光緒二十三年丁酉科廣東鄉試録一卷 第206冊
清光緒間刻本
光緒二十七年舉行庚子恩正兩科廣東鄉試録一卷 第206冊
清光緒間刻本
光緒二十九年舉行癸卯恩科廣東鄉試録一卷 第206冊
清光緒間刻本
廣東鄉試録前後序一卷 第206冊
(清)□□編
清鈔本
明清廣東歷科文進士録一卷 第206冊
(清)張氏輯
清末民初鈔本
廣東全省歷科文進士録一卷 第206冊
清光緒間粤東第八甫藏經閣刻本
大清國朝歷科廣東鄉試文解元題名録一卷 第206冊
清光緒間西湖黃文英刻本
廣東全省歷科解元題名録一卷 第206冊
清光緒間省城第八甫載經堂等刻本
光緒二十九年廣東新舊舉人上京會試録一卷 第206冊
清光緒二十九年粤東第八甫藏經閣刻本
廣東全省歷科文舉人録一卷 第206冊
清光緒間省城西湖街黃文英聯桂堂刻本
光緒十九年癸巳恩科廣東全省十三房薦卷録一卷 第206冊
清光緒十九年第八甫藏經閣刻本
廣東鄉試十三房薦卷一卷 第206冊
清光緒間粤東西湖黃文英聯桂堂刻本
歷科備中薦卷雜姓録一卷 第206冊
清光緒十九年省城藏經閣刻本
十三房薦卷雜姓録一卷 第206冊
清光緒間西湖黃文英刻本
全省歷科應編官生題名録一卷 第206冊
清光緒十九年粤東省第八甫藏經閣刻本
全省歷科官生題名録一卷 第206冊
清光緒間省城第八甫藏經閣刻本
全省應編官生入科題名録一卷 第206冊
清光緒間省城西湖街黃文英聯桂堂刻本
同治癸酉科廣東拔貢優貢齒録一卷 第206冊
清同治間羊城西湖街富文齋刻本
廣東全省歷科拔貢題名録一卷 第206冊
清同治至光緒間省城第八甫藏經閣刻本
廣東全省歷科拔貢題名録一卷 第206冊
清光緒間粤東藏經閣刻本
廣東光緒丁酉科拔貢同年録一卷 第206冊
清光緒二十三年刻本
廣東全省歷科優貢題名録一卷 第206冊
清光緒間粤東藏經閣刻本
全省歷科優貢題名録一卷 第206冊
清光緒間省城第八甫藏經閣刻本
歷案決科優貢題名録一卷 第206冊
清光緒間粤東西湖黃文英聯桂堂刻本
道光己酉科廣東鄉試同年齒録一卷 第206冊
清道光間刻本
咸豐丙辰年歲考同案録一卷 第206冊
清咸豐六年合成齋刻本
光緒二十年甲午科廣東鄉試同年齒録一卷 第206冊
清光緒間刻本
光緒戊戌科廣東省大挑一等齒録不分卷 第206冊
清光緒間刻本
光緒癸卯恩科廣東鄉試同年齒録不分卷 第207冊
清光緒間刻本
大清國朝歷科廣東鄉試武解元題名録一卷 第207冊
清光緒十九年粤東羊城第八甫經緯堂刻本
咸豐十一年辛酉科並補行乙卯戊午科廣東武鄉試同年録不分卷 第207冊
清咸豐間刻本
六年箭册一卷 第207冊
清同治六年第八甫載經堂刻本
光緒十五年新舊武舉人上京會試題名録一卷 第207冊
清光緒十五年省城七甫水脚連元閣刻本
光緒十五年己丑科武舉人會試録一卷 第207冊
清光緒十五年第八甫載經堂刻本
歷科武會試備中小榜録一卷 第207冊
清光緒間第八甫載經堂刻本
全省正案一卷 第207冊
清光緒二十年粤東第八甫藏經閣刻本
全省文正案録一卷 第207冊
清光緒二十九年省城西湖街黃文英黎聯記刻本
全省生員經古一卷 第207冊
清光緒二十九年粤東西湖黃文英聯桂堂刻本
經古英華一卷 第207冊
清光緒間省城載經堂刻本
廣府屬歷案生員壹等一卷 第207冊
清光緒間粤東省第八甫藏經閣 省城七甫水脚連元閣刻本
廣東全省文黌宫一卷 第207冊
清光緒二十九年省城西湖街黃文英聯桂堂刻本
廣府屬歷案文黌宫録一卷 第207冊
清光緒間粤東省第八甫藏經閣刻本
光緒十五年學院考取各府屬生員準入科不用考遺才録一卷 第207冊
清光緒十五年粤東七甫水脚連元閣刻本
光緒十五年學院考取全省文遺才録一卷 第207冊
清光緒十五年省城七甫水脚連元閣刻本
全省遺才一卷 第207冊
清光緒十五年第八甫載經堂刻本
九大書院各課録一卷 第207冊
清光緒二十年第八甫藏經閣刻本
六大書院題名録一卷 第207冊

清光緒二十九年西湖黄文英聯桂堂刻本
撫院大人考取全省决科録一卷　第207冊
清光緒間省城第八甫藏經閣刻本
應元書院决科録一卷　第207冊
清光緒間第八甫藏經閣刻本
光緒府考院考試録一卷附光緒三十年南番順三縣黌宫　第207冊
清光緒間第八甫載經堂等刻本
光緒十八年學院招覆番禺文童録一卷附八年武遺才一卷　第207冊
清光緒間第八甫藏經閣 七甫水脚三元閣刻本
番禺同案録一卷　第207冊
清光緒二十年西湖街聚珍堂刻本
光緒二十四年戊戌歲試考取番禺縣學同案録一卷　第207冊
清光緒二十四年西湖街瑞元堂刻本
同治十三年甲戌歲考順德新進黌宫同案録一卷　第207冊
清同治間刻本
縣考順德全場録一卷　第207冊
清光緒十二年粤東第八甫藏經閣刻本
順德名利新編一卷　第207冊
清光緒十二年粤東第八甫藏經閣刻本
光緒丁亥科考順德同案録一卷　第207冊
清光緒間刻本
順德同案録一卷　第207冊
清光緒間刻本
國朝東莞題名録九卷　第207冊
（清）蘇澤東輯
清光緒十九年祖坡吟館刻本
勝朝東莞題名録提要附編一卷　第207冊
（清）蘇澤東輯
清光緒十八年祖坡吟館刻本
光緒乙未歲考東莞縣同案録一卷　第207冊
清光緒二十一年省城西湖街藏珍閣刻本
東莞庠士録四卷　第207冊
（清）張瓚輯
稿本
廣東貢士録三卷　第208冊
（清）張瓚輯
稿本
粤東校士録不分卷　第208冊
（清）翁心存輯
稿本
學海堂丁亥課士録不分卷　第208冊
（清）翁心存輯
稿本
光緒辛丑壬寅恩正併科會試闈墨不分卷　第208冊
（清）周蘊良等撰
清光緒間廣州學院前麟書閣刻本
商衍瀛商衍鎏同懷兄弟會試墨卷一卷　第208冊
（清）商衍瀛 商衍鎏撰
清末刻本
冼倬邦會試硃卷一卷　第208冊
（清）冼倬邦撰
清道光二十一年刻本
潘斯濂會試硃卷一卷　第208冊
（清）潘斯濂撰
清道光二十七年刻本
劉廷鑑會試硃卷一卷　第208冊
（清）劉廷鑑撰
清道光二十七年刻本
許其光會試硃卷一卷　第208冊
（清）許其光撰
清道光三十年刻本
葉衍蘭會試硃卷一卷　第208冊
（清）葉衍蘭撰
清咸豐六年刻本
林彭年會試硃卷一卷　第208冊
（清）林彭年撰
清咸豐十年刻本
張清華會試硃卷一卷　第208冊
（清）張清華撰
清同治四年刻本
曹秉哲會試硃卷一卷　第208冊
（清）曹秉哲撰
清同治四年刻本
李應鴻會試鄉試硃卷一卷　第208冊
（清）李應鴻撰
清同治七年省城西湖街酌雅齋刻本
潘衍桐會試硃卷一卷　第208冊
（清）潘衍桐撰
清同治七年刻本
梁肇晉會試硃卷一卷　第208冊
（清）梁肇晉撰
清同治十三年刻本
姚禮泰會試硃卷一卷　第208冊
（清）姚禮泰撰
清同治十三年刻本
譚宗浚會試硃卷一卷　第208冊
（清）譚宗浚撰
清同治十三年刻本
梁鼎芬會試硃卷一卷　第208冊
（清）梁鼎芬撰
清光緒六年刻本
陳景鎏會試硃卷一卷　第208冊
（清）陳景鎏撰
清光緒六年粤東省城西湖街翰藻齋盧文祥刻本
崔登瀛會試硃卷一卷　第208冊
（清）崔登瀛撰
清光緒二十一年刻本
廣東鄉試同門録一卷　第208冊
（清）□□輯
清同治間羊城西湖街酌雅齋 省城西湖街正文堂刻本
同治壬戌恩科並補行己未恩科廣東鄉試硃卷一卷　第208冊
（清）馮肇元等撰
清同治間羊城西湖街酌雅齋 省城西湖街正文堂刻本
癸卯恩科廣東全省闈墨一卷　第208冊
（清）李應庚等撰
清光緒二十九年廣州通藝局石印本
鄧華熙鄉試硃卷一卷　第208冊
（清）鄧華熙撰
清咸豐元年龍山螺墟英文堂刻本
何慶修鄉試硃卷一卷　第208冊
（清）何慶修撰
清同治元年羊城西湖街酌雅齋刻本
黎際春鄉試硃卷一卷　第208冊
（清）黎際春撰
清同治十二年省城西湖街口聚文堂刻本
梁慶桂鄉試硃卷一卷　第208冊
（清）梁慶桂撰
清同治十二年省城西湖街口聚文堂刻本
尹恩灝鄉試硃卷一卷　第208冊
（清）尹恩灝撰
清光緒十五年粤東省城西湖街陳紹經堂刻本
沈寶樞鄉試硃卷一卷　第208冊
（清）沈寶樞撰
清光緒十七年粤東羊城西湖街翰藻

齋盧文祥刻本
王栢鄉試硃卷一卷 第 208 册
(清)王栢撰
清光緒二十六年刻本
陳崇熙鄉試硃卷一卷 第 208 册
(清)陳崇熙撰
清光緒二十七年粤東省城西湖街留香齋刻本
桂廷鑾鄉試硃卷一卷 第 208 册
(清)桂廷鑾撰
清光緒二十七年粤東省西湖街留香齋刻本
胡靖鄉試墨卷一卷 第 208 册
(清)胡靖撰
清光緒二十九年省城西湖街留香齋刻本
胡鋆蓤鄉試墨卷一卷 第 208 册
(清)胡鋆蓤撰
清光緒二十九年省城西湖街留香齋刻本
尹晸舉鄉試闈卷一卷 第 208 册
(清)尹晸舉撰
清光緒二十九年省城西湖街寶珍樓刻本
盧堯選拔貢卷一卷 第 208 册
(清)盧堯撰
清宣統元年省城西湖街盧文祥刻本
粤東同官録不分卷 第 209 册
(清)□□編
清道光二十年刻本
廣東同鄉同官録一卷 第 209 册
(清)□□録
清鈔本
廣東同官録不分卷 第 209 册
(清)王藻章撰
清光緒間刻本
廣東文武官員各省縉紳録不分卷 第 209 册
(清)□□編
清光緒二十一年省城第八甫經緯堂鉛印本
廣東同官録一卷 第 209 册
(清)□□編
清光緒三十四年省城西湖街瑞元堂刻本
光緒廣東官秩升降人名册不分卷 第 209 册
(清)□□編
清光緒間鈔本

史部史鈔類

第三十二輯

順德李文誠公雜鈔五種不分卷 第 209 册
(清)李文田輯
稿本

史部時令類

第三十三輯

廣東月令一卷 第 209 册
(清)鈕琇撰
清康熙三十四年新安張氏霞舉堂刻檀幾叢書本

史部地理類

第三十四輯

歷代地理志彙編
(清)羅汝楠輯
清光緒二十四年廣東集古書屋刻本

甲編

漢書地理志二卷附考證 第 210 册
(漢)班固撰 (唐)顔師古注
漢書地理志稽疑六卷 第 210 册
(清)全祖望撰
十七史商榷八卷 第 210 册
(清)王鳴盛撰
廿二史考異一卷 第 210 册
(清)錢大昕撰
漢書辨疑二卷 第 210 册
(清)錢大昭撰
新斠注地里志十六卷 第 210 册
(清)錢坫撰 (清)徐松集釋
漢志水道疏證四卷 第 210 册
(清)洪頤煊撰
漢書地理志校本二卷 第 210 册
(清)汪遠孫撰
漢書地理志水道圖説七卷 第 210 册
(清)陳澧撰
漢書注校補二卷 第 210 册
(清)周壽昌撰

乙編

後漢書郡國志五卷附考證 第 211 册
(晋)司馬彪撰 (梁)劉昭注
續漢志補注二卷 第 211 册
(清)惠棟撰
十七史商榷二卷 第 211 册
(清)王鳴盛撰
廿二史考異一卷 第 211 册
(清)錢大昕撰
續漢書辨疑五卷 第 211 册
(清)錢大昭撰

丙編

補三國疆域志二卷 第 211 册
(清)洪亮吉撰

丁編

晉書地理志二卷附考證 第 211 册
唐太宗撰
十七史商榷一卷 第 211 册
(清)王鳴盛撰
廿二史考異一卷 第 211 册
(清)錢大昕撰
晉書地理志新補正五卷 第 211 册
(清)畢沅撰
東晉疆域志四卷 第 211 册
(清)洪亮吉撰
晉書校勘記一卷 第 211 册
(清)勞格撰
新校晉書地理志一卷 第 211 册
(清)方愷撰

戊編

宋書州郡志四卷附考證 第 211 册
(梁)沈約撰
十七史商榷一卷 第 211 册
(清)王鳴盛撰
廿二史考異一卷 第 211 册
(清)錢大昕撰
宋州郡志校勘記一卷 第 211 册
(清)成孺撰

己編

南齋書州郡志二卷附考證 第 211 册
(梁)蕭子顯撰
十七史商榷一卷 第 211 册
(清)王鳴盛撰
廿二史考異一卷 第 211 册
(清)錢大昕撰

庚編

補梁疆域志四卷 第 211 册
(清)洪齮孫撰

辛編

魏書地形志三卷附考證 第 211 册
(北齊)魏收撰
十七史商榷一卷 第 211 册
(清)王鳴盛撰
廿二史考異一卷 第 211 册
(清)錢大昕撰

亞剌伯沿革考一卷 第213冊
(清)李光廷撰
俾路芝沿革考一卷 第213冊
(清)李光廷撰
小方壺齋輿地叢鈔再補編(廣州府)
(清)王錫祺輯
清光緒二十三年上海著易堂鉛印本
廣東地略一卷 第213冊
(清)馬冠群撰
防邊危言一卷 第213冊
(清)鄭觀應撰
度嶺日記一卷 第213冊
(清)任棟撰
兩粵猺俗記一卷 第213冊
(清)魏祝亭撰
防海危言一卷 第213冊
(清)鄭觀應撰
粵東市舶論一卷 第213冊
(清)蕭令裕撰
歐羅巴各國總敘一卷 第213冊
(葡萄牙)瑪吉士撰
華事夷言一卷 第213冊
(清)林則徐譯
西海紀行卷一卷 第213冊
(清)潘飛聲撰
天外歸槎録一卷 第213冊
(清)潘飛聲撰
海防餘論一卷 第213冊
(清)顏斯綜撰
四洲志一卷 第213冊
(清)林則徐譯
方輿類纂二十八卷首一卷
第213－214冊
(清)溫汝能編
清嘉慶十三年文畬堂刻本
歷代州域形勢一卷 第214冊
(清)顧祖禹撰 (清)趙齊嬰注補
稿本
歷代州域形勢一卷 第214冊
(清)顧祖禹撰 (清)趙齊嬰節録
清咸豐十年羊城西湖街富文齋刻本
皇朝輿地略不分卷附韻編一卷 第214冊
(清)六承如輯 (清)馮竣光增補
清光緒五年羊城王氏聽春雨樓刻本
皇朝直省地名韻語一卷 第214冊
(清)陳樹鏞纂 (清)韓銘基補
清光緒十九年刻本
中國地名韻語新讀本一卷 第214冊
(清)陳樹鏞纂 (清)韓銘基補
清光緒二十八年上海廣智書局鉛印本
南越志一卷 第214冊
(南朝宋)沈懷遠撰
清順治三年宛委山堂刻説郛本
投荒雜録一卷 第214冊
(唐)房千里撰
清順治三年宛委山堂刻説郛本
來南録一卷 第214冊
(唐)李翱撰
清順治三年宛委山堂刻説郛本
嶺表録異三卷 第214冊
(唐)劉恂撰
清刻本
北戶録三卷 第214冊
(唐)段公路纂 (唐)崔龜圖註
清光緒六年吳興陸氏刻十萬卷樓叢書本
嶺外代答十卷 第214冊
(宋)周去非撰
清乾隆道光間長塘鮑氏刻知不足齋叢書本
炎徼瑣言二卷 第214冊
(明)郭棐編
清光緒十九年上海錦章圖書局石印本
嶺南雜記二卷 第214冊
(清)吳震方撰
清康熙間刻説鈴本
嶺南叢述六十卷 第215冊
(清)鄧淳編
清道光十年刻本
嶺南實事記二十卷首一卷 第215冊
(清)徐琪輯
清光緒二十二年刻香海盦叢書本
粵大記三十卷 第216冊
(明)郭棐纂
明萬曆間刻本
粵劍編四卷 第217冊
(明)王臨亨撰
明刻本
粵閩巡視紀略五卷附紀彭湖臺灣一卷
第217冊
(清)杜臻撰
清康熙間刻本
粵中見聞三十五卷附紀一卷 第217冊
(清)范端昂纂輯
清嘉慶六年五典齋刻本
粵東管見一卷 第217冊
(清)華仲起撰
稿本
南越筆記十六卷 第217冊
(清)李調元輯
清刻本
廣東新語二十八卷 第218冊
(清)屈大均撰
清康熙三十九年木天閣刻本
廣東便覽一卷 第218冊
(清)李應玨撰
清鈔本
廣東各府州所屬相距里數冊二卷
第218冊
(清)廣東等處承宣布政使司編
清刻本
廣東驛道里數二卷 第218冊
(清)廣東糧驛道編
清刻本
嶺海菁華記四卷 第218冊
(清)鍾聲和撰
清同治三年刻本
廣州記一卷 第219冊
(晋)顧微撰
清順治三年宛委山堂刻説郛本
交州記一卷 第219冊
(晋)劉欣期撰
清順治三年宛委山堂刻説郛本
番禺雜記一卷 第219冊
(唐)鄭熊撰
清順治三年宛委山堂刻説郛本
羊城古鈔八卷首一卷 第219冊
(清)仇池石輯
清嘉慶十一年文畬堂刻本
南海鄉土志□□卷 第219冊
(清)□□纂
清光緒三十四年鈔本
南海九江鄉志五卷 第219冊
(清)黎春曦纂輯
清同治十三年儒林書院刻本
九江儒林鄉志二十一卷 第219冊
(清)朱次琦等修 (清)馮栻宗等纂
清光緒九年粵東省城學院前翰元樓刻本
佛山忠義鄉志十一卷首一卷 第220冊
(清)毛維錡 趙廷賓修 (清)陳炎宗

等纂
清乾隆十九年刻本
佛山忠義鄉志十四卷 第220册
(清)吳榮光纂修
清道光十年刻本
佛山街略一卷 第220册
(清)□□纂
清道光十年禪山怡文堂刻本
龍山鄉志十四卷首一卷 第220册
(清)溫汝能纂修
清嘉慶十年順德金紫閣刻本
龍山鄉志稿□□卷 第220册
(清)溫肅纂修
稿本
龍江志略四卷 第220册
(清)龍江儒林書院纂
稿本
龍江志略不分卷 第221册
(清)□□纂
清鈔本
鳳城識小録二卷末一卷 第221册
(清)龍葆諴纂輯
清光緒三十一年順德龍氏似園刻本
新會鄉土志十五卷 第221册
(清)蔡垚爔修 (清)譚鑣等纂
清光緒三十四年粵東編譯公司鉛印本
海隅紀略一卷 第221册
(清)陳碧池輯
清光緒三十二年西湖街敬元堂刻本
香港雜記一卷 第221册
(清)陳鏸勳撰
清光緒二十年香港中華印務總局鉛印本
澳門記略二卷首一卷末一卷 第221册
(清)印光任 張汝霖纂
清乾隆間刻本
赤溪雜志二卷 第221册
(清)金武祥撰
清光緒二十年刻粟香堂叢書本
魯蜀文獻二卷 第221册
(清)陳蘭芝輯
清乾隆五十年自刻本
西湖雜記一卷 第221册
(明)黎遂球撰
清光緒十一年錢塘丁氏嘉惠堂刻武林掌故叢編本
西陽正俎十卷 第221册
(明)郭棐撰
明萬曆十七年自刻本
赤雅三卷 第221册
(明)鄺露撰
清道光五年刻本
北海雜録一卷 第221册
(清)梁鴻勳撰
清光緒三十一年香港中華印務有限公司鉛印本
宦滇紀略一卷附滇南唱和詩一卷 第221册
(清)伍蘭徵撰
清光緒十三年刻本
柳邊紀略四卷塞外草一卷附一卷 第221册
(清)楊賓撰 (清)李文田批校
清筠石山房鈔本
富文書舍東游紀略一卷附詩聯一卷 第221册
(清)李鳳翎撰
清光緒十一年刻本
說山一卷 第222册
(清)陳澧撰
稿本
白雲越秀二山合志四十九卷 第222册
(清)崔弼編 (清)陳際清輯
清道光二十九年樓西別墅刻本
西樵志六卷 第222册
(清)羅國器 馬符録撰
清馬符録刻本
白雲洞志五卷 第222册
(清)黄亨纂輯
清道光二十七年刻本
附白雲洞倡和詩册一卷白雲洞遊覽詩一卷白雲洞詩合編一卷 第222册
(清)冼文煥輯
蘿峰紀略一卷附遊覽各詩一卷 第222册
(清)鍾鳳輯
清光緒末年刻本
匡山志五卷 第223册
(明)黄淳纂修
明萬曆三十九年刻 清修補本
禺峽山志四卷 第223册
(清)孫繩祖纂修
清同治元年刻本
羅浮山志十四卷 第223册
(明)王希文纂修
明嘉靖三十七年刻本
浮山小志二卷 第223册
(清)黄培芳撰
清鈔本
浮山新志三卷 第223册
(清)賴洪禧輯
清道光二十五年酥醪觀刻本
浮山志五卷 第223册
(清)陳銘珪輯
清光緒七年荔莊刻本
衡岳志八卷續刻附録一卷 第224册
(明)鄧雲霄 曾鳳儀撰
明萬曆四十年刻本
廬秀録四卷 第224册
(清)張維屏編
清道光十六年刻本
峨眉山行紀一卷 第224册
(清)江錫齡撰
清同治十年成都刻本
廣東水道通考一卷 第224册
(清)汪日暐撰
清乾隆四十七年刻本
桑園圍總志十四卷 第224册
(清)明之綱纂修
清同治九年刻本
重輯桑園圍志十七卷 第225册
(清)何如銓纂修
清光緒十五年粵東省城學院前翰元樓刻本
六脈渠圖說一卷 第225册
(清)陳坤撰
清光緒十四年刻本
李文田石角堤書札一卷 第225册
(清)李文田撰
清光緒三十一年石印本
水經注拾唾一卷 第225册
(清)李宗顥輯
稿本
揚子江流域現勢論 第225册
(日本)林繁撰 (清)汪國屏譯
清光緒二十七年上海廣智書局鉛印本
三江水利紀略四卷 第225册
(清)莊有恭等纂
清乾隆間刻本
溝洫水利輯說八卷 第225册
(清)陳仲良輯
稿本

嶺海名勝記二十卷　第226冊
(明)郭棐編
明萬曆二十四年刻本
嶺海名勝記十六卷　第227－228冊
(明)郭棐編 (清)陳蘭芝增輯
清乾隆五十五年羊城西湖街六書齋刻本
廣東名勝志四卷　第228冊
(明)曹學佺撰
明刻本
嶺南勝概六卷　第228冊
(清)賴國慶輯
清道光十四年刻本
粵東葺勝記八卷　第228冊
(清)徐琪輯
清光緒二十五年刻本
南海山水人物古蹟記一卷　第228冊
(元)吳萊撰
清康熙間顧氏秀野草堂刻閭邱辯囿本
海珠小志五卷　第229冊
(明)李韡編 (清)李文熠重輯
清康熙三十六年刻本
海珠志十一卷　第229冊
(明)李韡編 (清)李文熠重輯 (清)李琯朗增補
清乾隆間刻本(卷一至卷四鈔配)
光孝寺志十二卷首一卷　第229冊
(清)顧光修 (清)何淙纂
清鈔本
華峰山志五卷　第229冊
(清)釋鑑傳編
清光緒二十六年粵東增城海門禪院刻本
鼎湖山志八卷首一卷　第229冊
(清)丁易修 (清)釋成鷲纂
清康熙間刻本
先聖廟林記一卷　第229冊
(清)屈大均撰
清道光十一年六安晁氏刻學海類編本
波羅外紀八卷附一卷　第230冊
(清)崔弼輯
清嘉慶九年刻光緒八年博陵崔氏補刻本
汪王廟志略一卷　第230冊
(清)汪文炳輯
清光緒三十一年刻本
瀝滘衛氏仗義建祠備録一卷附修祠千子會備録一卷　第230冊
(清)衛家棨編
清光緒三十四年刻本
靈應祠田鋪圖形一卷　第230冊
(清)梁世澂輯
清光緒二十四年佛山靈應祠大魁堂刻本
悦城龍母廟志二卷首一卷末一卷附刻一卷　第230冊
(清)黃應奎纂
清咸豐元年省城藝芳齋刻光緒二年補刻本
越華紀略四卷　第230冊
(清)梁廷枏撰
清道光二十三年刻本
粵秀書院志十六卷　第230冊
(清)梁廷枏撰
清咸豐二年刻本
學海堂志一卷　第230冊
(清)林伯桐編 (清)陳澧等續補
清道光十八年刻同治光緒間續刻本
應元書院志略一卷　第230冊
(清)王凱泰纂
清同治九年羊城西湖街聚珍堂刻本
雙桂書院志略四卷附雙桂東齋志略一卷　第230冊
(清)林忠孝堂纂修
清光緒九年忠孝堂刻本
西樵遊覽記十四卷　第231冊
(清)刘子秀撰
清道光十三年南畲草堂刻本
紀游西樵山記不分卷　第231冊
(清)梁念祖撰
清光緒十九年大良正文堂刻本
羅浮紀遊一卷　第231冊
(清)吳彌光撰
清道光二十七年刻本
羅浮游記一卷　第231冊
(清)馬駿聲撰
清宣統元年奇雅印務局鉛印本
羅浮紀游一卷　第231冊
(清)潘飛聲撰
清宣統二年鉛印晨風閣叢書豐源印書局本
嵩山紀遊一卷　第231冊
(清)何文明撰
清嘉慶二十一年刻本
粵行三志　第231冊
(清)王士禛撰
清刻王漁洋遺書本
南來志一卷　第231冊
北歸志一卷　第231冊
廣州遊覽小志一卷　第231冊
粵游見聞一卷　第231冊
(清)屈大均撰
清鈔本
粵行叢録四卷　第231冊
(清)俞思穆撰
清鈔本
粵遊小志八卷　第231冊
(清)張心泰撰
清光緒十年鉛印本
五嶽遊草一卷　第231冊
(清)陳體元撰
清道光十年馬岡馮世開刻本
壯游圖記不分卷　第231冊
(清)黃璟撰
清光緒二十二年點石齋石印本
甘泉先生岳遊紀行録一卷　第231冊
(明)湛若水撰 (明)周榮朱記
明嘉靖二十四年羅朝嶽一泉書堂刻本
重遊南嶽紀行録一卷　第231冊
(明)湛若水撰 (明)周榮朱記
明嘉靖三十五年刻本
西遊録一卷　第231冊
(元)耶律楚材撰 (清)李文田注 (清)李宗顥補注
稿本
西遊録注一卷和林金石考一卷朔方備乘札記一卷　第231冊
(清)李文田撰
清光緒二十一年刻本
秦邊紀略四卷　第231冊
(清)梁份撰
清鈔本
塞北路程考不分卷　第232冊
(清)李文田撰
清鈔本
東還紀略一卷　第232冊
(清)史善長撰
清嘉慶二十四年刻本
河海崑崙録四卷　第232冊
(清)裴景福撰
清宣統元年上海文明書局石印本

西使記一卷 第232册
(元)劉郁撰(清)李宗顥注
稿本
海語三卷 第232册
(明)黄衷撰
清道光間浦江周心如刻紛欣閣叢書本
海國四說 第232册
(明)梁廷枏撰
清道光二十六年刻本
耶穌教難入中國說一卷 第232册
合省國說三卷 第232册
蘭崙偶說四卷 第232册
粵道貢國說六卷 第232册
漢西域圖考七卷首一卷 第232册
(清)李光廷撰
清同治九年粵東省城西湖街富文齋刻本
國地異名録一卷 第232册
(清)林謙纂
清同治十年刻本
俄土戰紀六卷附一卷 第232册
(清)湯叡譯
清光緒二十三年上海大同譯書局石印本
普法戰紀二十卷 第233册
(清)張宗良譯(清)王韜撰輯
清光緒十二年弢園王氏木活字本
歐洲十九世紀史 第233册
(美國)軒利普格質頓撰(清)麥鼎華譯
清光緒二十八年上海廣智書局鉛印本
今世歐洲外交史二卷 第233册
(法國)德比縐兒撰(清)麥鼎華譯
清光緒三十一年上海廣智書局鉛印本
世界近世史二卷 第233册
(日本)松平康國編著 梁啓勳譯述 梁啓超按語
清光緒二十九年上海廣智書局鉛印本
瀛海論箋正九卷首一卷末一卷 第233册
(清)張自牧撰(清)凌鶴書箋
清光緒二十七年十八甫文寶石印本
萬國淺史 第233册
(清)黄用端撰
清光緒三十年嶺南日新書樓刻本
萬國地理志 第233册
(日本)中村五六編(清)周起鳳譯
清光緒二十八年上海廣智書局鉛印本

新地理 第234册
梁啓超撰
清末日本横濱新民社鉛印本
世界諸國名義考 第234册
(日本)秋鹿見二撰(清)沈誦清譯
清光緒二十九年上海廣智書局鉛印本
泰西風土記 第234册
(英國)立温斯敦撰(清)史錦鏞譯
清光緒間上海時務書局鉛印本
歐美政治要義 第234册
(清)戴鴻慈 端方編
清光緒三十三年石印本
意大利游記 第234册
康有為撰
清宣統元年上海廣智書局鉛印歐洲十一國游記本
法蘭西游記 第234册
康有為撰
清宣統元年上海廣智書局鉛印歐洲十一國游記本
瑞士遊記 德國遊記 第234册
康有為撰
清光緒三十四年舊金山世界日報鉛印本
倭都景物志一卷 第234册
(清)譚祖綸撰
清光緒二十四年刻本
日本變政考十三卷 第234册
康有為纂
稿本
日本變法由游俠義憤考一卷 第234册
康同薇纂
清光緒二十四年上海大同譯書局石印本
明治政黨小史 第234册
(日本)日日新聞社纂(清)陳超譯
清光緒二十八年上海廣智書局鉛印本上海廣智書局鉛印本
日本維新史附三十年間國勢進步表 第235册
日本東京博文館編(清)羅孝高譯
清光緒二十八年鉛印本
檀香山採風記八卷 第235册
(清)元章譯(清)梁聯芳編
清光緒二十九年鉛印本
俄羅斯史 第235册
(日本)山本利喜雄撰(清)麥鼎華譯

清光緒二十九年上海廣智書局鉛印本
英國憲法史 第235册
(日本)松平康國撰(清)麥孟華譯
清光緒二十九年上海廣智書局鉛印本
埃及近世史 第235册
(日本)柴四郎撰(清)麥鼎華譯
清光緒二十八年上海廣智書局鉛印本
廣東輿圖十二卷 第235册
(清)蔣伊 韓作棟編(清)盧士 劉任繪圖
清康熙二十四年刻本
廣東圖志九十二卷首一卷 第236册
(清)毛鴻賓 瑞麟修(清)桂文燦纂(清)陳澧等繪圖
清同治間省城龍藏街萃文堂刻本
廣東圖二十三卷 第237册
(清)□□繪
清同治五年刻本
廣東輿地全圖不分卷 第237册
(清)張人駿 廖廷相編
清光緒二十三年廣州石經堂石印本
廣東圖說十四卷首一卷 第237册
(清)李瀚章修(清)廖廷相 楊士驤纂(清)羅照滄等繪圖
清宣統元年廣東參謀處鉛印本
廣東輿地全圖不分卷 第237册
(清)廣東參謀處測繪科製圖股編繪
清宣統元年廣東參謀處測繪科製圖股石印本
廣東全省總圖不分卷 第238册
(清)李夢松編繪
清鈔本
廣東全省輿圖局飭發繪圖章程一卷 第238册
(清)廣東省輿圖局編
清末刻本
廣東全省海圖總說不分卷 第238册
(清)□□撰
清鈔本
廣東全省經緯地輿圖不分卷 第238册
(清)□□編繪
清彩繪本
廣東海圖說一卷 第238册
(清)張之洞撰
清光緒十五年廣雅書局刻本
萬國輿圖說 第238册
(清)王貫三繪(清)陳兆桐譯

史部方志類

第三十五輯

清雍正十年刻本
[嘉慶]東莞縣志四十六卷 第286册
(清)彭人傑 范文安修 黄時沛纂
清嘉慶三年刻本
[嘉慶]東莞縣續志二卷 第286册
(清)范文安修 黄時沛纂
清嘉慶四年刻本
[民國]東莞縣志一〇二卷首一卷
第286-287册
陳伯陶纂修
民國十六年廣東省東莞縣養和印務局鉛印本
[康熙]從化縣志十二卷 第288册
(清)孫繩修 李光昇等纂
清康熙元年刻本
[雍正]從化縣新志五卷(雍正八年刻本) 第288册
(清)郭遇熙纂修 梁長吉增補 蔡廷鑣增修 張經倫增纂
清康熙三十年修 四十九年增補 雍正八年刻本
[雍正]從化縣新志五卷(民國十九年鉛印本) 第288册
(清)郭遇熙纂修 梁長吉增補 蔡廷鑣增修 張經倫增纂
清康熙三十年修 四十九年增補 雍正八年增修 民國十九年廣州源源印務局鉛印本
[康熙]龍門縣志十二卷 第289册
(清)楊燀修 向古纂
清康熙六年刻本
[康熙]龍門縣志十二卷 第289册
(清)成王左纂修
清康熙二十六年刻四十三年增補本
[道光]龍門縣志十六卷首一卷末一卷
第289册
(清)毓雯 張經贊修 張維屏纂
清道光二十九年修 咸豐元年刻本
[民國]龍門縣志二十卷首一卷 第289册
招念慈修 鄔慶時纂
民國二十五年廣州南關增沙街漢元樓鉛印本
[嘉靖]增城縣志十九卷 第290册
(明)文章修 張文海纂
明嘉靖十七年刻本
[康熙]增城縣志十四卷 第290册
(清)徐鳳來修 許代岳增修 盧弼纂
清康熙十二年刻本
[康熙]增城縣志十四卷首一卷 第290册
(清)蔡淑修 陳輝璧纂
清康熙二十五年刻本
[乾隆]增城縣志二十卷首一卷 第291册
(清)管一清修 湯億等纂
清乾隆十九年刻本
[嘉慶]增城縣志二十卷首一卷末一卷
第291册
(清)趙俊等修 李寶中等纂 張慶鏾增補
清嘉慶二十五年刻 同治十一年省城龍藏街萃文堂刻本
[民國]增城縣志三十卷首一卷 第292册
王思章修 賴際熙等纂
民國十年刻本
[萬曆]新會縣志七卷 第293册
(明)王命璿修 黄淳 李以龍纂
明萬曆三十七年刻 清順治間補版印本
[康熙]新會縣志十八卷首一卷 第293册
(清)賈雒英修 薛起蛟 湯晉纂
清康熙二十九年刻本
[乾隆]新會縣志十三卷首一卷 第294册
(清)王植纂修
清乾隆六年刻本
[道光]新會縣志十四卷首一卷 第294册
(清)林星章修 黄培芳 曾釗纂
清道光二十一年刻本
[同治]新會縣志續十卷首一卷 第295册
(清)彭君穀修 鍾應元等纂
清同治九年緯經樓刻本
[嘉靖]香山縣志八卷 第295册
(明)鄧遷修 黄佐纂
明嘉靖二十七年刻本
[康熙]香山縣志十卷 第295册
(清)申良翰修 歐陽羽文等纂
清康熙十二年刻本
[乾隆]香山縣志八卷首一卷 第296册
(清)暴煜修 李卓揆 陳書纂
清乾隆十五年刻本
[道光]香山縣志八卷首一卷附録一卷
第296册
(清)祝淮修 黄培芳纂
清道光八年廣州西湖街富文齋刻本
[光緒]香山縣志二十二卷 第297册
(清)田明曜等修 陳澧纂
清光緒五年刻本
[民國]香山縣志續編十六卷首一卷
第297册
厲式金修 汪文炳 張丕基纂
民國十二年廣州西湖街墨寶樓刻本
[康熙]三水縣志十五卷首一卷 第298册
(清)蘇嵋修 梁紹光纂
清康熙十二年刻本
[康熙]三水縣志十五卷首一卷 第298册
(清)鄭玫纂修
清康熙四十九年刻本
[嘉慶]三水縣志十六卷首一卷 第298册
(清)李友榕等修 鄧雲龍等纂
清嘉慶二十四年省城心簡齋刻 民國十二年影印本
[嘉靖]新寧縣志十卷 第299册
(明)王臣修 陳元珂纂
明嘉靖二十四年刻本
[康熙]新寧縣志十卷 第299册
(清)甯林修 麥汝梓等纂
清康熙十一年刻本
[康熙]新寧縣志十卷 第299册
(清)張殿珠修 曾灝等纂
清康熙二十五年刻本
[乾隆]新寧縣志四卷 第299册
(清)王暠修 陳份纂
清乾隆三年刻嘉慶九年補刻本
[道光]新寧縣志十卷捐册一卷 第300册
(清)張深修 曾釗 溫訓纂
清道光十九年刻本
[光緒]新寧縣志二十六卷首一卷附捐册一卷 第300册
(清)何福海 鄭守昌修 林國賡 黄榮熙纂
清光緒十九年刻本
[民國]赤溪縣志八卷首一卷 第300册
王大魯修 賴際熙纂
民國十五年刻本
[康熙]新安縣志十三卷 第301册
(清)靳文謨修 黄袞裳等纂
清康熙二十七年刻本
[嘉慶]新安縣志二十四卷首一卷
第301册
(清)舒懋官修 王崇熙纂
清嘉慶二十四年刻本
[康熙]清遠縣志十一卷 第301册
(清)陳丹蓋修 黄許嶸纂 馮皋疆增補

（清）兩廣鹽運使署編
清刻本
嘉慶十六年緝私章程一卷　第 329 册
（清）兩廣鹽運使署編
清刻本
道光六年十一月奏准詳定緝私章程七款一卷　第 329 册
（清）兩廣鹽運使署編
清刻本
道光十二年緝私章程一卷　第 329 册
（清）兩廣鹽運使署編
清西湖街富文齋刻本
道光十三年緝私章程一卷　第 329 册
（清）兩廣鹽運使署編
清西湖街富文齋刻本
咸豐三年詳准添議緝私章程一卷　第 329 册
（清）兩廣鹽運使署編
清刻本
咸豐九年詳准復辦緝私章程一卷　第 329 册
（清）兩廣鹽運使署編
清刻本
廣東鹽務議略一卷　第 329 册
（清）□□撰
鈔本
粵東鹽政襍録一卷　第 329 册
（清）□□撰
鈔本
兩廣鹽務研究所課存四卷　第 329 册
（清）王錫輝編
清宣統二年油印本
救饑舉略一卷　第 329 册
（清）龍孝善輯
清同治七年順德龍孝善刻本
軍政事宜一卷　第 329 册
（明）龐尚鵬撰
明萬曆五年刻本
守城事宜一卷　第 329 册
（明）龐尚鵬撰
明刻本
廣東駐防旗營事宜不分卷　第 329 册
（清）廣東駐防旗營編
清鈔本
廣東駐防事宜一卷　第 329 册
（清）慶保輯
清鈔本
廣東駐防事宜續編不分卷　第 330 册
（清）□□輯
清鈔本
駐粵八旗志二十四卷首一卷　第 330 册
（清）長善等纂
清光緒五年刻本
籌海初集四卷　第 330 册
（清）關天培撰
清道光十六年刻本
平海心籌二卷　第 330 册
（清）林福祥撰
清咸豐四年刻本
廣東海防彙覽四十二卷　第 331 册
（清）盧坤等修（清）陳鴻墀等纂
清刻本
�軒抗議二卷首一卷　第 331 册
（清）余乾耀撰
清光緒二十年郭博古齋刻本
防海紀略二卷　第 331 册
（清）芍唐居士編
清光緒六年上洋文藝齋刻本
廣東海防各台各營操防章程一卷　第 331 册
（清）總理廣東全省營務處等編
清光緒十年刻本
限制稽查各項船隻配置軍火試辦章程一卷　第 331 册
（清）總辦關務處廣東布政司等編
清光緒三十四年鉛印本
廣東全省水師軍門統領靖勇等營章程一卷　第 331 册
（清）□□編
清刻本
廣東水師國防要塞圖說一卷　第 331 册
（清）李準撰
清宣統二年鉛印本
粵省海防圖說不分卷　第 332 册
（清）□□編
清鈔本
勘建三水縣琴沙砲台文牘不分卷　第 332 册
（清）顧炳章輯
稿本
廣州永康等砲台工程不分卷　第 332 册
（清）顧炳章等輯
稿本
修建東莞砲台文牘一卷　第 332 册
（清）顧炳章輯
稿本
勘建虎門砲台並解運廣西砲公牘不分卷　第 332 册
（清）顧炳章等輯
稿本
勘建九龍城砲台全案文牘不分卷　第 332 册
（清）顧炳章等輯
稿本
龍江聯防義會章程一卷　第 332 册
（清）□□編
清光緒二十五年刻本
武匡軍營制　第 332 册
（清）□□編
清末惠愛四約文茂印務局鉛印本
改定廣東陸軍暫行編制給與令　第 332 册
（清）廣東參謀部編
清末雙門底上街開敏公司鉛印本
廣東陸軍緝逃暫行簡章　第 332 册
（清）□□編
清末清風橋文茂印局鉛印本
廣東陸軍速成學堂步砲工輜各科學生年終試驗成績表　第 332 册
（清）廣東陸軍速成學堂編
清光緒三十三年油印本
廣東陸軍速成學堂步砲工輜各科學生第三期年終試驗成績表　第 332 册
（清）廣東陸軍速成學堂編
清光緒三十四年油印本
廣東陸軍速成學堂第二班步礮工輜各科學生畢業試驗分數及年籍三代表　第 332 册
（清）廣東陸軍速成學堂編
清宣統元年石印本
廣東水師學堂釐定章程　第 332 册
（清）廣東水師學堂編
清宣統元年廣東學務公所印刷處鉛印本
廣東陸軍講武堂章程　第 332 册
（清）廣東陸軍講武堂編
清宣統間鉛印本
廣東武備學堂試辦簡要章程　第 332 册
（清）廣東武備學堂編
清刻本
廣東武備學堂章程外論一卷　第 332 册
（清）□□編

盟水齋存牘一刻十二卷二刻九卷 第340冊
(明)顔俊彦撰
明崇禎五年刻本
估修粤東省垣文牘不分卷 第340冊
(清)顧炳章輯
稿本
岡州公牘不分卷再牘四卷 第341冊
(清)聶爾康撰
清同治六年粤東高涼官廨刻光緒五年補刻本
古岡初政録一卷 第341冊
(清)顧嗣協撰
清道光二十八年潯州郡署刻玉臺集本
張文襄公電稿不分卷 第341－343冊
(清)張之洞撰
清鈔本
張文襄公督粤收接電稿不分卷 第344冊
(清)張之洞撰
稿本
鄧和簡公書牘存稿八卷 第345冊
(清)鄧華熙撰
稿本
中國天津鐵路公司公牘章程一卷附開平鐵路帳略一卷 第345冊
(清)伍廷芳等撰
清光緒十四年天津石印本
教士上書一卷 第345冊
(清)王炳耀撰
清光緒二十六年刻本
梁誠書啓簿及函電文牘不分卷 第345冊
(清)梁誠撰
清光緒間鈔本
廣東調查局公牘録要初編 第345冊
(清)廣東調查局編
清宣統元年鉛印本
澳門公牘録存一卷 第345冊
(清)蔡國楨撰
清宣統三年鉛印振綺堂叢書本
廣東提學使辦理留洋學生公牘一卷 第345冊
(清)廣東提學使司撰
稿本
林五桂堂析産部一卷 第345冊
(清)林國賡等撰
稿本

廣東布政使司武職各官罰俸册一卷 第346冊
(清)丁體常編
清光緒二十八年鈔本
廣東清代檔案録不分卷 第346冊
(清)□□編
清鈔本
刑部廣東司情實重囚招册不分卷 第346冊
(清)□□編
清嘉慶間刻本
廣東刑事題奏存案不分卷 第346冊
(清)□□編
清鈔本
乾隆盜案稟詳一卷 第347冊
(清)□□編
清鈔本
廣東海防兼善後總局檔不分卷 第347冊
(清)□□編
清鈔本
倫敦鐵路公司章程 第347冊
(清)鄧廷鏗譯（清)楊葆寅纂輯
清光緒間石印本
粤漢鐵路交涉秘密檔案 第347冊
(清)上海時報館編
清光緒三十年上海時報館鉛印本
粤漢鐵路全案不分卷 第347冊
(清)梁慶桂等撰
清末鈔本
商辦廣東全省粤漢鐵路有限公司章程 第347冊
(清)鄭官應等撰
清光緒三十二年十八甫維新印務局鉛印本
粤漢鐵路往來電文全録不分卷 第347冊
(清)□□編
清鈔本
粤漢鐵路借款合同草約附合同專條 第347冊
(清)□□編
清鈔本
粤路工程辯誣不分卷 第347冊
(清)鄺孫謀輯
清宣統元年省城十八甫文寶閣鉛印本
鐵路經營訪問録 第347冊
(清)唐寶鍔（日本)雨宮敬次郎撰
清宣統二年油印本

南海縣監獄改良試辦簡章 第347冊
(清)虞汝鈞撰
清光緒三十三年廣東學務公所印刷處鉛印本
廣行善堂章程 第347冊
(清)廣行善堂編
清光緒間中西報鉛印本
開辦船牌章程二十四則 第347冊
(清)□□編
清光緒間刻本
廣東諮議局籌辦處第一次報告書 第347冊
(清)廣東諮議局籌辦處編
清宣統元年鉛印本
廣東諮議局籌辦處第二次報告書 第347冊
(清)廣東諮議局籌辦處編
清宣統元年鉛印本
廣東諮議局選舉議長副議長常駐議員細則 第347冊
(清)廣東諮議局編
清末粤東編譯公司鉛印本
廣東諮議局開局日禮式并互選議長副議長及常駐議員次序方法 第347冊
(清)廣東諮議局編
清末粤東編譯公司鉛印本
廣東諮議局宣統元年九十十一十二月分經費决算總表 第347冊
(清)廣東諮議局編
清宣統元年鉛印本
廣東諮議局宣統弍年經費决算總表 第347冊
(清)廣東諮議局編
清宣統二年鉛印本
廣東諮議局第一次會議報告書 第347冊
(清)廣東諮議局編
清宣統元年粤東編譯公司鉛印本
廣東諮議局第一期會議速記録 第347冊
(清)廣東諮議局編
清宣統二年廣東法政學堂鉛印本
廣東諮議局第二次常年會議報告書 第347冊
(清)廣東諮議局編
清宣統二年鉛印本
廣東諮議局協會決議辦理事類報告書 第347冊
(清)廣東諮議局編

清宣統二年油印本
廣東諮議局第一次臨時會報告書 第347冊
(清)廣東諮議局編
清宣統二年粵東編譯公司鉛印本
廣東諮議局議案 第348冊
(清)廣東諮議局編
清宣統三年鉛印本
宣統二年弍月編查録二卷 第348冊
(清)廣東諮議局編
清宣統二年廣東諮議局鉛印本
宣統二年五月編查録□卷 第348冊
(清)廣東諮議局編
清宣統二年廣東諮議局鉛印本
廣東諮議局議事細則 第348冊
(清)廣東諮議局編
清末粵東編譯公司鉛印本
廣東憲政籌備處報告書第三期 第348冊
(清)廣東憲政籌備處編
清宣統二年雙門底開敏公司鉛印本
廣東地方自治籌辦處第二次報告書 第348冊
(清)廣東地方自治籌辦處編
清宣統二年鉛印本
廣東會議廳公決交諮議局提議草案 第348冊
(清)廣東會議廳編
清末廣東法政學堂鉛印本
新會江門自治研究社章程 第348冊
(清)新會江門自治研究社編
清末十八甫維新印務局鉛印本
廣東官紙印刷局廠公文紀略附試辦章程 第348冊
(清)沈曾桐等編
清宣統二年廣東官紙印刷局鉛印本
廣東士敏士廠章程 第348冊
(清)沈曾桐 劉麟瑞輯
清宣統元年廣東官紙印刷局鉛印本
廣東農事試驗場第一年報告書 第348冊
(清)區柏年等編
清宣統二年羊城十七甫澄天閣石印本
廣東全省農林試驗場第二報告書 第348冊
(清)陳望曾 唐有恒編
清宣統三年廣州十七甫澄天閣石印本
廣東游民習藝所試辦章程 第348冊
(清)廣東巡警道編
清宣統二年廣東學務公所印刷處鉛印本
廣東警務公所分科辦事細則 第348冊
(清)廣東全省警務公所編
清宣統元年廣東全省警務公所鉛印本
廣東警務公所更訂分科辦事細則 第348冊
(清)廣東巡警道編
清宣統二年鉛印本
廣東全省廳州縣巡警試辦通則 第348冊
(清)廣東全省警務公所編
清宣統元年廣東全省警務公所鉛印本
廣東馬巡隊試辦專章附廣東省城東郊馬巡辦法 第348冊
(清)廣東巡警道編
清宣統元年廣東學務公所印刷處鉛印本
廣東警務公所附設預審處警捐所消防所專章 第348冊
(清)廣東巡警道編
清宣統元年廣東學務公所印刷處鉛印本
調查户口白話演講文 第348冊
(清)廣東巡警道編
清末清風橋文茂印局鉛印本
廣東巡警道稟准取締軍人持鎗并查禁民間私挾私藏鎗支章程附廣東軍械局稟准鑿刻民間自置鎗支專章 第348冊
(清)廣東巡警道編
清宣統三年鉛印本
廣東巡警留醫院章程 第349冊
(清)廣東巡警道編
清光緒三十四年廣東學務公所印刷處鉛印本
廣東巡警總局章程 第349冊
(清)廣東巡警總局編
清光緒三十四年廣東學務公所印刷處鉛印本
廣東調查局第三民科之行政 第349冊
(清)□□編
清末鉛印本
廣東省屬各廳州縣巡警教練所通行章程 第349冊
(清)□□編
清宣統二年鉛印本
廣東省城巡警分區試辦章程 第349冊
(清)廣東巡警總局編
清宣統二年鉛印本
馬巡及陸軍軍隊陸軍警察應共遵守之規則 第349冊
(清)廣東巡警總局編
清宣統二年廣東廣雅書局印刷處鉛印本
廣東馬巡隊暫行章程 第349冊
(清)廣東巡警總局編
清宣統三年清風橋文茂印務局鉛印本
戊己廣東警務公牘録存 第349冊
(清)廣東巡警道編
清宣統元年鉛印本
廣東巡警總局分科治事章程附文書課細則會計課細則禮式違警罪目 第349冊
(清)廣東巡警總局制
清末鉛印本
廣東警務公所第一次統計書 第349冊
(清)廣東警務公所編
清末鉛印本
宣統元年廣東警務公所第二次統計書 第349冊
(清)李實祥 周萬里編
清宣統二年粵東編譯公司鉛印本
中韓香港基督教青年合會典章 第349冊
(清)中韓香港基督教青年合會定
清光緒二十八年上海總委辦處鉛印本
策時末議二卷 第349冊
(清)蔡乃煌撰
清光緒二十四年番禺蔡氏家刻本
政治維新要言二卷 第349冊
(清)吳沃堯撰
清光緒二十八年上海書局石印本
中國魂二卷 第349冊
梁啓超撰
清光緒二十九年上海廣智書局鉛印本
中國鐵路指南 第349冊
(清)胡棟朝撰
清光緒三十一年上海廣智書局鉛印本
粵漢鐵路廢約議 第349冊
(清)梁紀佩輯
清宣統元年香港悟群著書社鉛印本
公覆省垣三山長論清丈沙田書一卷 第349冊
(清)□□撰
清鈔本

史部目錄類

第三十八輯

靈隱書藏紀事一卷　第350冊
(清)潘衍桐輯
清光緒十八年錢塘丁氏嘉惠堂刻武林掌故叢編本

廣雅書院藏書目録七卷　第350冊
(清)廖廷相編
清光緒二十七年廣雅書局刻本

廣雅書局史學叢書目録一卷　第350冊
(清)吳翊寅編
清光緒間廣雅書局刻本

廣雅書局書目一卷　第350冊
(清)廣雅書局編
清光緒間廣雅書局刻本

廣雅書局書目一卷　第350冊
(清)廣雅書局編
清光緒間廣雅書局刻本

曾詁訓堂藏書總目一卷　第350冊
(清)曾釗編
清末廣雅書局校鈔本

嶽雪樓藏書目初稿一卷　第350冊
(清)□□編
稿本

三十有三萬卷堂書目略四卷　第350冊
(清)孔廣陶編
清鈔本

碧琳瑯館珍藏書目四卷　第350冊
(清)方功惠編
清湘鄉陳氏闕慎室鈔本

碧琳瑯館書目四卷　第350冊
(清)方功惠編
清鈔本

碧琳瑯館金石碑版目録不分卷　第350冊
(清)方功惠編
稿本

鎔經鑄史齋印行書目一卷　第350冊
(清)鎔經鑄史齋編
清光緒十七年廣州鎔經鑄史齋刻本

各省咨查禁燬書籍目録不分卷　第350冊
(清)李文田校
稿本

軍機處奏准全燬書目一卷抽燬書目一卷　第350冊
(清)李文田校
稿本

禁燬書目韻編五卷附録一卷　第350冊
(清)李宗顥編
稿本

日本書目志十五卷　第350冊
康有為輯
清光緒間上海大同譯書局石印本

西學書目表三卷附一卷　第350冊
梁啓超編
清光緒二十二年時務報館石印本

史部金石類

第三十九輯

粵東金石略九卷首一卷附二卷　第351冊
(清)翁方綱撰
清乾隆三十六年石洲草堂刻本

粵東金石略目一卷　第351冊
(清)翁方綱撰
清咸豐五年陸增祥鈔本

金石稱例四卷續一卷碑文摘寄一卷　第351冊
(清)梁廷枏纂
清嘉慶二十四年刻本

和林金石録一卷　第351冊
(清)李文田撰
稿本

金石篆隸薈萃十二卷　第351冊
(清)葉應銓縮摹
清光緒九年葉氏足吾好齋稿本

嶺南金石拓本初集二集　第351冊
(清)寶漢劍齋主人拓輯
清宣統二年廣州競美美術會拓本

筠清館金石文字五卷　第351冊
(清)吳榮光撰
清道光二十二年吳氏筠清館刻本

筠清館金石記目二卷　第351冊
(清)陸增祥輯
稿本

筠清館金石文輯存不分卷　第351－352冊
(清)吳榮光撰
清吳氏宜銘金室鈔本

南海李氏賓召齋吉金目録一卷　第352冊
(清)李宗岱撰
清鈔本

南海李氏賓彝堂家藏金石文字一卷　第352冊
(清)□□編
清拓本

腴道堂金石絛記一卷　第352冊
(清)李文田撰
稿本

頑夫碑録一卷　第352冊
(清)歐家廉撰
稿本

順德李氏所藏碑刻一卷　第352冊
(清)□□輯
清鈔本

景教碑文紀事考正三卷　第352冊
(清)楊榮鋕撰
清光緒二十一年楊大本堂刻本

西安府學碑林石刻録目一卷　第352冊
(清)李宗顥撰
稿本

蕭蒡讀碑校勘記二卷　第352冊
(清)李宗顥撰
稿本

看篆樓印譜不分卷　第352冊
(清)潘有為輯
清鈐印本

聽颿樓古銅印彙不分卷　第352冊
(清)潘正煒輯
清道光十二年鈐印本

吉金齋古銅印譜六卷　第353冊
(清)潘有為輯 (清)何昆玉續輯
清鈐印本

漢銅印原十六卷　第353冊
(清)李陽輯
清道光十九年鈐印本

秦漢三十體印證二卷　第353冊
(清)李陽輯
清道光二十年實籀齋刻本

風滿樓古銅印譜不分卷　第353冊
(清)葉夢龍輯
清鈐印本

寶琴齋古銅印彙不分卷　第353冊
(清)潘仕成輯
清道光二十年鈐印本

選集漢印分韻二卷　第353冊
(清)謝景卿摹録
清嘉慶八年漱藝堂刻本

續集漢印分韻二卷　第353冊
(清)謝景卿摹録
清嘉慶八年漱藝堂刻本

添茅小屋古銅印譜不分卷　第353冊
(清)楊永衍輯
清同治十一年楊永衍添茅小屋鈐印本

秋曉盦古銅印譜不分卷 第353冊
(清)潘儀增輯
清光緒二十年鈐印本

史部史評類

第四十輯

史剌二卷 第354冊
(明)黎遂球撰
清末鈔本

擬古樂府二卷 第354冊
(明)李東陽撰 (明)陳建通考
清康熙五十七年留芳堂刻本

兀涯西漢書議十二卷 第354冊
(明)霍韜撰 (明)張邦奇增補
明鈔本

讀史管見三卷 第354冊
(清)李晚芳撰
安政三年日本浪華書林群玉堂刻本

鑒史提綱四卷 第354冊
(清)盧文錦輯註
清同治四年刻本

朱九江先生論史口說二卷 第354冊
(清)朱次琦撰 (清)邱煒萲校
清光緒二十六年粵東學院前寶經閣刻本

擬明史樂府一卷 第354冊
(清)尤侗撰 (清)葉官桃註
清末王道平鈔本

二十四史論贊七十八卷 第354–355冊
(清)陳闌編
清光緒二十年長生書室刻本

史論初階一卷 第355冊
(清)李枚撰
清光緒二十四年羊城明道堂刻本

歷代政事要論四卷 第355冊
(清)范公謌纂
清光緒二十四年廣東實學書齋刻本

輯註初學史論十五法 第355冊
(清)葉毓崙輯註
清光緒三十二年鉛印本

新政真詮 第355冊
(清)何啓 胡禮垣撰
清光緒二十七年上海格致新報館鉛印本

子部儒家類

第四十一輯

白沙先生至言十卷 第356冊
(明)陳獻章撰
明嘉靖二十六年刻本

白沙陳子語録二卷 第356冊
(明)陳獻章撰 (明)楊起元 周汝登輯 (清)陳遇夫訂
清康熙五十三年亦若堂刻本

白沙陳子傳白沙陳子年譜一卷白沙陳子門人一卷 第356冊
(清)陳遇夫纂輯
清康熙五十三年亦若堂刻本

白沙語要一卷 第356冊
(明)陳獻章撰
清道光十一年六安晁氏木活字印學海類編本

白沙要語補一卷 第356冊
(清)衛金章輯
清康熙四十七年刻本

古文小學九卷 第356冊
(明)湛若水撰
明嘉靖間刻本

揚子折衷六卷 第356冊
(明)湛若水撰
明嘉靖間刻本

甘泉新論一卷 第356冊
(明)湛若水撰
清道光十一年六安晁氏木活字印學海類編本

庸言十二卷 第356冊
(明)黃佐撰
明嘉靖三十一年孫學古等刻本

家訓一卷 第356冊
(明)霍韜撰
清初毛氏汲古閣影明鈔本

學蔀通辯前編三卷後編三卷續編三卷終編三卷 第356冊
(明)陳建撰
明萬曆三十三年黃吉士 吳中立刻本

獻子講存二卷 第356冊
(明)盧寧撰 (明)陳人第輯
明嘉靖三十九年張詡刻本

增訂論語外篇四卷 第356冊
(明)梁子璠輯
明天啓五年刻本

新刻註釋孔子家語憲四卷 第356冊
(明)陳際泰釋
明末清初金閶書業堂刻本

環書一卷 第357冊
(清)方殿元撰
清末辛夷花館鈔本

二十四孝圖贊一卷 第357冊
(清)鄭亭撰
清鄭錦達刻本

家範輯要二十卷 第357冊
(清)鄧淳編
清末水雲山房刻本

乙丑學規一卷 第357冊
(清)黃培芳撰
稿本

朱柏廬治家格言詩箋一卷 第357冊
(清)李綸恩撰 (清)李錦如箋注
清鈔本

朱子襄先生講義一卷 第357冊
(清)朱次琦述
清光緒十年劉燻芬校鈔本

朱九江先生講學記一卷 第357冊
簡朝亮纂
清光緒二十三年讀書草堂刻本

朱子語類日鈔五卷 第357冊
(清)陳澧編
清咸豐間番禺陳氏刻鍾山別業叢書本

理學庸言二卷 第357冊
(清)金錫齡撰
清光緒二十一年刻本

盛世危言十四卷 第357冊
(清)鄭觀應撰
清光緒二十一年鉛印本

桂學答問一卷 第357冊
康有為撰
清末刻本

南海先生大同書不分卷 第357冊
康有為撰
稿本

勸學篇書後一卷 第357冊
(清)何啓 胡禮垣撰
清光緒二十五年聚珍書樓鉛印本

馥蔭館筆記一卷 第357冊
(清)陳兆蘭撰
清光緒三十三年羊城内西湖街超華齋刻本

明珠一卷 第357冊
(清)鄔寶珍輯
清宣統二年刻 民國九年印本

子部兵家類

第四十二輯

演礮圖說輯要四卷 第358冊
(清)丁拱辰撰

清末鈔本
演礮圖說後編二卷 第358冊
(清)丁拱辰撰
清咸豐元年桂林王輔坪街楊鴻文堂刻本
水雷圖說一卷 第358冊
(清)潘仕成撰
清道光二十三年海山仙館刻本
火器略說一卷 第358冊
(清)黃達權譯 (清)王韜撰
清光緒間鉛印本
水雷撮要一卷 第358冊
(清)陸汝成輯
清鈔本
練軍紀略二卷 第358冊
(清)陸汝成輯
清光緒十六年刻本
魚雷圖說問答不分卷 第358冊
(清)黎晉賢繪纂
清光緒十六年天津石印本
製火藥法三卷 第358冊
(英國)利稼孫 華得斯輯 (英國)傅蘭雅譯 (清)丁樹棠述
清末江南製造總局刻本
宣統二年改訂戰術學筆記三卷 第358冊
(清)廣東陸軍速成學校編
清宣統二年廣東陸軍速成學校鉛印本
孫子白話演義一卷 第358冊
(清)廣東將弁學堂編
清末十七甫翰章鉛印本

子部農家類

第四十三輯

實業叢書
江俠庵編
清宣統二年廣東農工商報鉛印本
種冬菇新法 第359冊
(美國)威連讀荷爾康撰
山東試種洋棉簡法 第359冊
(英國)伸均安撰
植美棉簡法 第359冊
(清)直隸臬署譯 羅振玉編
通屬種棉述略 第359冊
朱祖榮撰
除蟲菊栽培法 第359冊
(日本)小野寺撰 (清)張尚志編譯
果樹豐收法 第359冊
草木移種新法 第359冊
(日本)吉田健作撰
肥料製造法 第359冊
種桑問答 第359冊
朱祖榮編
煙草精製法 第359冊
(日本)奧村順四郎撰
沙糖精製法 第359冊
(清)農工商報社譯
棉布染色法 第359冊
江俠庵編譯
養蠶答問 第359冊
朱祖榮編
哺春蠶法 第359冊
哺夏蠶法 第359冊
繅絲諸法 第359冊
收蠶種法 第359冊
養蠶給桑法 第359冊
(日本)志岐湖月編 江俠庵譯
養豬新法 第359冊
(清)農工商報社編
牧羊指引 第359冊
養鷄採蛋法 第359冊
養蜜蜂新法 第359冊
(清)農工商報社員編
畜疫治法 第359冊
(美國)夫敦氏撰
家禽治病法 第359冊
農薈
(清)香山縣黃旗都市農會編輯處編
清末香山縣黃旗都市農會刻本
農學入門三卷 第359冊
(日本)稻垣乙丙撰 (日本)古城貞吉 山本正義譯
農學初級一卷 第359冊
(英國)旦爾恒理撰 (英國)秀耀春譯 范熙庸編
日本農業書二卷 第359冊
(日本)森要太郎撰 樊炳清譯
斐利迭禮璽大王農政要略一卷 第359冊
(德國)師他代爾曼撰 (日本)和田維四郎譯 樊炳清重譯
農雅六卷 第359冊
(清)倪倬輯
農業經濟篇二卷 第359冊
(日本)今關常次郎撰 (日本)吉田森太郎譯
農事會要一卷 第359冊
(日本)池田日升三撰 王國維譯
農書三卷 第359冊
(南宋)陳旉撰
農學論一卷 第359冊
張壽浯撰
農業保險論一卷 第359冊
(日本)吉井東一撰 (日本)山本憲譯
農業三事一卷 第359冊
(日本)津田仙撰 沈紘譯
耕作篇一卷 第359冊
(日本)中村鼎撰 (日本)川瀨儀太郎譯
農務土質論三卷 第359冊
(美國)金福蘭格令希蘭撰 (美國)衛理譯 范熙庸編
土壤學一卷 第359冊
(日本)池田政吉撰 (日本)山本憲譯
耕土試驗成蹟一卷 第359冊
(日本)農事試驗場編 沈紘譯
氣候論一卷 第359冊
(日本)井上甚太郎撰
肥料篇一卷 第359冊
(日本)原熙撰
肥料效用篇一卷 第359冊
(日本)梅原寬重撰 (日本)伊東貞元譯
啤嚕國雀糞論一卷 第359冊
□□譯
農務化學問答二卷 第359冊
(英國)仲斯敦撰 (英國)秀耀春譯 范熙庸編
東國鑿井法一卷 第359冊
(清)胡璋撰
代耕架圖說一卷 第359冊
(明)王徵撰
奇埃疊哀安摩太風車圖說一卷 第359冊
(美國)風車公司編 胡濬康譯
水機圖說一卷 第359冊
(清)陳忠倚撰
泰西農具及獸醫治療器械圖說一卷 第359冊
(日本)駒場農學校編 (日本)藤田豐八譯
種植學二卷 第360冊
(英國)傅蘭雅譯 徐華封述
植學啓原三卷 第360冊
(日本)宇田川榕撰
森林保護學一卷 第360冊

（日本）鈴木審三撰 沈紘譯
林業篇一卷　第360冊
（日本）鈴木審三撰 沈紘譯
種樹書一卷　第360冊
（元）俞宗本撰
接木法一卷　第360冊
（日本）竹澤章撰 羅振常譯
草木移植心得一卷　第360冊
薩端譯
森林學一卷　第360冊
（日本）奥田貞衛撰 樊炳清譯
造林學各論二卷　第360冊
（日本）本多靜六撰（清）林壬譯
農用種子學二卷　第360冊
（日本）横井時敬編（日本）河瀨儀太郎譯
植物選種新說一卷　第360冊
（日本）梅原寬重撰
植物近利志一卷　第360冊
（清）孫福保撰
植物人工交種法一卷　第360冊
（日本）玉利喜造撰（日本）吉田森太郎譯
果樹栽培總論一卷　第360冊
（日本）福羽逸人撰 沈紘譯
橘録一卷　第360冊
（南宋）韓彦直撰
水蜜桃譜一卷　第360冊
（清）褚華撰
檇李譜一卷　第360冊
（清）王逢辰撰
果樹栽培全書三卷　第360冊
（日本）福羽逸人撰 沈紘譯
整飭皖茶文牘一卷　第360冊
（清）程雨亭撰
茶事試驗報告二卷　第360冊
（日本）農商務省農務局編 樊炳清 藤田豐八譯
日本製茶書一卷　第360冊
（日本）□□撰
木棉考一卷　第360冊
陳壽彭譯輯
木棉譜一卷　第360冊
（清）褚華撰
美國植棉書一卷　第360冊
（美國）徐瑟甫來曼撰（日本）藥品檜太郎譯（日本）川瀨儀太郎重譯
美國種棉述要一卷　第360冊
（清）直隸臬署譯 羅振玉編
種棉實驗說一卷　第360冊
（清）黄宗堅撰
植美棉簡法一卷　第360冊
（清）直隸臬署譯 羅振玉編
通屬種棉述略一卷　第360冊
朱祖榮撰
勸種洋棉說一卷　第360冊
朱祖榮撰
山東試種洋棉簡法一卷　第360冊
（英國）杜均安撰
瀏陽麻利述一卷　第360冊
（清）邱惟毅 周泰韻撰（清）譚嗣同編
麻栽製法一卷　第360冊
（日本）高橋重郎撰（日本）藤田豐八譯
種拉美草法一卷　第360冊
（日本）古城貞吉譯
吳苑栽桑記一卷　第360冊
孫福保撰
麥作全書一卷　第360冊
（日本）杉田文三撰 羅振常譯
種印度粟法一卷　第360冊
（清）直隸臬署譯 羅振玉編
陸稻栽培法一卷　第360冊
（日本）高橋久四郎撰 沈紘譯
植稻改良法一卷　第360冊
（日本）峰幾太郎撰（日本）川瀨儀太郎譯
蔬菜栽培法一卷　第360冊
（日本）福羽逸人撰（清）林壬譯
圃鑑四卷　第360冊
（日本）山田幸太郎撰
甜菜培養法一卷　第360冊
（清）朱緯軍譯
家菌長養法一卷　第360冊
（美國）威廉母和爾康尼撰 陳壽彭譯
蕈種栽培法一卷　第360冊
（日本）木間小左工門撰（清）林壬譯
植楮法一卷　第360冊
（日本）初瀨川健增撰
種木番藷法一卷　第360冊
（清）梁廷楝撰
甘藷試驗成蹟一卷　第360冊
（日本）農事試驗場編 沈紘譯
薔薇栽培法二卷　第360冊
（日本）安井真八郎撰（清）林壬譯
缸荷譜一卷　第360冊
（清）楊鍾寶撰
檇李屠氏藝菊法一卷　第360冊
（清）相國治撰
藝菊法一卷　第360冊
（清）慕陶居士撰
月季花譜一卷　第360冊
□□撰 羅振玉編
牡丹八書一卷　第360冊
（明）薛鳳翔撰
除蟲菊栽培製造法一卷　第360冊
（日本）牧野萬之照撰 沈紘譯
農用動物學一卷　第360冊
（日本）石川千代松 外山龜太郎述
養畜篇三卷　第360冊
（日本）原熙撰（日本）吉田森太郎譯
畜疫治法一卷　第360冊
（美國）夫敦氏林達配司託撰（日本）宗我彦麿譯 薩端重譯
荷蘭牧牛篇一卷　第360冊
佛里寺省牧牛公司編 鴛湖漁隱譯
牛乳新書二卷　第360冊
（日本）河相大三撰 沈紘譯
牧羊指引一卷　第360冊
（日本）後藤達三編
山羊全書一卷　第360冊
（日本）內藤菊造撰
牧豬法一卷　第360冊
（清）陳梅坡譯
家禽飼養法一卷　第360冊
□□撰
烘雞鴨法一卷　第360冊
□□撰
臺灣人工孵化鴨卵法一卷　第360冊
薩端譯
人工孵卵法一卷　第360冊
（清）楊屾撰
馬糞孵卵法一卷　第360冊
（美國）胡兒別土撰（日本）大寄保之助譯（日本）山本正義重譯
家禽疾病篇一卷　第360冊
屈克氏撰（日本）赤松如一譯（日本）山本正義重譯
殖雞祕法一卷　第360冊
（日本）中川一德撰（日本）佐野謙之助譯

第四十三輯

清光緒間江南總農會石印農學叢書本
棉業叢書彙譯新編六卷 第361冊
(清)張振勳編 (清)趙志松譯
清宣統元年閩廣農工路礦總公司鉛印本
山東農業實用改良法一卷 第361冊
(清)唐賓鍔輯
清鈔本

子部醫家類

第四十四輯

三科輯要 第362冊
(清)何夢瑤輯
清光緒二十一年廣州雙門底拾芥園刻本
嬰科輯要一卷 第362冊
痘科輯要一卷 第362冊
婦科輯要一卷 第362冊
諸方三卷 第362冊
昌邑黃先生醫書八種 第362冊
(清)黃元御撰 (清)李文田批校
清咸豐十年長沙徐氏燮龢精舍刻本
四聖心源十卷 第362冊
素靈微蘊四卷 第362冊
四聖懸樞五卷 第362冊
傷寒懸解十四卷首一卷末一卷 第362冊
傷寒說意十卷首一卷 第362冊
金匱懸解二十二卷 第362冊
長沙藥解四卷 第362冊
玉楸藥解八卷 第362冊
頤身集
(清)葉志詵編
清咸豐二年廣東撫署刻本
攝生消息論一卷 第362冊
(元)邱處機撰
修齡要指一卷 第362冊
(明)冷謙撰
勿藥元詮一卷 第362冊
(清)汪昂輯
壽人經一卷 第362冊
(清)汪晸輯
延年九轉法一卷 第362冊
(清)方開輯
觀身集
(清)葉志詵編
清咸豐三年兩廣督署刻本
全體百穴歌一卷 第362冊
(明)陳會撰
十二經脈絡一卷 第362冊
(清)沈紱撰
脈象統類一卷 第362冊
(清)沈金鰲撰
釋骨一卷 第362冊
(清)沈彤撰
潘刻醫書四種
(清)潘仕成輯
清光緒九年山西濬文書局刻本
咽喉祕集二卷 第362冊
痧症全書三卷 第362冊
(明)林森撰 (清)王凱輯
異授眼科一卷 第362冊
王洪緒先生外科證治全生不分卷 第362冊
(清)王維德撰
醫學十書
(清)陳璞編
清光緒七年羊城雲林閣刻本
脉訣一卷 第363冊
(宋)崔嘉彥撰
內外傷辨惑論三卷 第363冊
(金)李杲撰
脾胃論三卷 第363冊
(金)李杲撰
蘭室秘藏三卷 第363冊
(金)李杲撰
東垣先生此事難知集二卷 第363冊
(元)王好古撰
湯液本草三卷 第363冊
(元)王好古輯
格致餘論一卷 第363冊
(元)朱震亨撰
局方發揮一卷 第363冊
(元)朱震亨撰
外科精義二卷 第363冊
(元)齊德之纂
醫經溯洄集一卷 第363冊
(元)王履撰
醫壘元戎一卷 第363冊
(元)王好古撰
海藏瘢論萃英一卷 第363冊
(元)王好古撰
采艾編翼三卷 第363冊
(清)葉茶山輯
清嘉慶十年六藝堂刻本
醫綱總樞五卷 第363冊
(清)陳寶光撰
清光緒十八年醉經樓刻本
增補食物本草備考二卷 第363冊
(清)何其言輯
清末省城第八甫麟玉樓刻本
本草求原二十七卷附奇病症治一卷 第364冊
(清)趙其光撰
清遠安堂刻本
神農本艸經贊三卷 第364冊
(魏)吳普等述 (清)葉志詵撰
清道光三十年粵東撫署刻本
增補藥性雷公炮製八卷藥性賦二卷 第364冊
(清)張光斗增補
清同治四年連元閣刻本
生草藥性備要二卷 第364冊
(清)何其言撰
清末省城五桂堂刻本
鄭福蘭堂丸藥彙集一卷 第364冊
(清)鄭德軒輯
清光緒四年鄭福蘭堂刻本
同春堂藥丸彙集一卷 第364冊
(清)趙宗濟輯
清光緒十三年刻本
粵東鹿芝館藥丸總彙集一卷 第364冊
(清)鹿芝館輯
清光緒二十七年刻本
廣東人和堂膏丹丸散總彙一卷 第364冊
(清)人和堂輯
清光緒二十九年石印本
醫碥七卷 第365冊
(清)何夢瑤輯
清同文堂刻本
樂只堂人子須知韻語四卷 第365冊
(清)何夢瑤輯
清同治十一年刻本
居由居虛痨立卓七卷首一卷 第365冊
(清)鄧友鳳撰
清道光三十年刻本
脈如二卷 第365冊
(清)郭治撰 (清)郭麐標編
清道光七年刻本
評琴書屋醫略三卷詩草二卷 第365冊
(清)潘名熊撰
清同治七年刻本

醫餘偶録二卷續編一卷 第366冊
(清)李能善輯
清光緒元年同文堂刻本
虚痨辨證二卷 第366冊
(清)歐陽杏農撰
清光緒間刻本
臨症外辨一卷 第366冊
(清)曾覺軒撰
清光緒十八年廣州十八甫石經堂石印本
南醫辨論二卷 第366冊
(清)陳耀辰撰
清光緒十八年佛山翰寶樓刻本
醫學捷徑一卷 第366冊
(清)陳可端輯
稿本
六州鐵鑄齋醫帚稿一卷 第366冊
(清)鄧二呆撰
清光緒二十一年稿本
臨證類編三卷 第366冊
(清)羅崧駿撰
清光緒二十二年刻民國間廣州市九曜坊守經堂書局印本
醫粹精言四卷 第366冊
(清)徐延祚撰
清光緒二十二年鐵如意軒刻本
醫醫瑣言二卷續一卷 第366冊
(清)徐延祚撰
清光緒二十三年鐵如意軒刻本
時症彙編二卷 第366冊
(清)符麗生輯
清光緒二十七年順德龍裕光刻本
辨證求真一卷 第366冊
(清)梁龍章撰
清光緒三十一年十八甫維新印務局鉛印本
時疫辨四卷 第366冊
(清)林慶銓撰(清)區德森箋
清光緒三十一年茂名楊侍郎第刻本
赤十字會初級急救要法 第366冊
(清)何高俊撰
清光緒三十四年香港聚珍書樓鉛印本
鼠疫非疫六經條辨一卷 第366冊
(清)黄仲賢撰
清宣統元年羊城黄致和堂刻本
經驗醫案一卷 第366冊
(清)蔣希曾撰
清末省城西湖街瑞元堂刻本
傷寒論近言七卷 第366冊
(清)何夢瑶輯
清乾隆二十四年樂只堂刻本
傷寒論一卷 第366冊
(清)郭治撰
清刻本
仲景歸真七卷 第367冊
(清)陳焕堂纂
清道光二十九年光華堂刻本
傷寒法眼二卷 第367冊
(清)麥乃求撰
清光緒元年陶廣榮廣州刻 民國二十五年廣州登雲閣印本
寒溫條辨治疫彙編一卷 第367冊
(清)楊璿撰(清)李朝棟輯
清光緒二十年粤東潤身社刻本
葛仙翁肘後備急方八卷 第367冊
(晋)葛洪撰(南朝)陶弘景增補
清光緒十一年湖州王文光齋刻本
太平聖惠方一百卷 第367-369冊
(宋)陳昭遇等撰
日本鈔本
校刻嶺南衛生方三卷 第370冊
(宋)李璆 張志遠輯(元)釋繼洪纂修
日本天保十二年平安學古館刻本
募原偶記一卷 第370冊
(日本)山田簡撰
日本天保十二年平安學古館刻本
新刊澹寮集驗秘方十五卷 第370冊
(元)釋繼洪編
日本藍川慎鈔本
經驗良方一卷 第370冊
(清)周其芬輯
清刻本
濟世良方六卷首一卷補遺四卷 第370冊
(清)周其芬輯(清)瑩軒氏增輯
清同治七年湖北省衡善堂刻本
群方便覽續編一卷 第370冊
(清)周□□輯
清道光二十一年粤東順德龍山周維新堂刻本
醫方易簡新編六卷 第370冊
(清)龔自璋 黄統輯
清咸豐七年刻本
便世方一卷 第370冊
(清)禺山月道人編
清咸豐十年刻本
評琴書屋葉案括要八卷 第371冊
(清)潘名熊纂
清同治十三年刻本
東塾藥方一卷 第371冊
(清)陳澧撰
稿本
提攜便覽一卷附應驗良方一卷 第371冊
(清)陳義撰(清)黄瀛洲輯附
清光緒間石叻永成書莊鉛印本
條安集新編四卷 第371冊
(清)馮元英輯
清光緒八年羊城西湖街酌雅齋刻本
奇方備檢一卷 第371冊
(清)梁元輝輯
清光緒十年梁愛寧堂刻十六年續刻本
奇疾方一卷 第371冊
(宋)夏德撰(清)許漢身輯
稿本
集驗救急良方二卷 第371冊
(清)冼瑞圃輯
清光緒十七年佛山鎮十七間同文堂刻本
驗方新編十八卷 第371冊
(清)□□輯
清光緒十八年日本横濱中華會館鉛印本
各家醫方歌附時方一卷 第371冊
(清)林樹紅撰
清光緒二十一年學院前守經堂刻本
陳氏秘方一卷 第371冊
(清)陳珍閣撰
清光緒二十一年寧邑新昌惠安醫院刻本
驗方備用一卷 第371冊
(清)黄德仁輯
清光緒二十八年廣州河南鰲洲中和堂刻本
活人鑑一卷 第371冊
(清)謝德仁輯
清光緒二十八年粤東廣濟醫院刻本
符樂善堂經驗良方六卷 第372冊
(清)符霽光輯(清)符伯庸增訂
清光緒三十年南海蔡忠善堂刻本
濟衆録 第372冊
(清)勞守慎輯
清光緒二十九年至三十二年南海勞

禮安堂刻本
羅芝園應驗惡核良方一卷　第372冊
紀慎齋易學求雨圖說一卷　第372冊
附蠱脹脚氣兩症經驗良方一卷　第372冊
萬應經驗良方一卷　第372冊
(清)呂獻堂選
清宣統三年南邑王忠恕堂鉛印本
經驗良方一卷　第372冊
(清)李宗顥輯
稿本
小兒産婦跌打雜症内外科藥方一卷　第372冊
(清)□□輯
清大良心簡齋潘翥雲刻本
順邑鰲山楊藉福堂傳家至寶書不分卷　第372冊
(清)楊隱山輯
清末楊藉福堂刻紅印本
跌打全書一卷　第372冊
(清)黄德先訂
清道光二十五年隴西關荆山鈔本
喉牙口舌各科秘旨一卷　第372冊
(清)□□輯
清光緒五年廣東藩署西齋刻本
治脚氣方一卷　第372冊
(清)美愚子輯
清光緒十二年香港中華印務總局活字本
脚氣芻言一卷　第372冊
(清)曾超然撰
清光緒十三年羊城西湖街聚珍堂刻本
跌打新書一卷　第372冊
(清)邵勤俊輯
清光緒十六年刻本
跌打青囊撮要三集　第372冊
(清)彭耀光選 (清)林毓芝編 (清)林瑞麒歌括
清光緒二十年鈔本
眼科啓明二卷　第372冊
(清)鄧雄勳撰
清鈔本
異授眼科一卷　第372冊
(清)江灝勤等校
清光緒二十七年會稽徐守廉刻本
理産至寶一卷　第373冊
(清)朱澤揚撰
清咸豐八年刻本
廣嗣金丹四卷　第373冊
(清)何守愚輯
清光緒二十二年刻本
引痘略一卷　第373冊
(清)邱熺輯
清道光二十八年客花草堂刻本
引種牛痘紀要一卷　第373冊
(清)邱熺輯 (清)熊乙燃增
清光緒三十年山東廣仁局刻本
南海邱熺浩川先生引痘略録要一卷　第373冊
(清)邱熺撰
清鈔本
幼科撮要一卷　第373冊
(清)陳方濟撰
清同治元年漢口至公巷廣生堂石印本
醫林枕秘保赤存真十卷　第373冊
(清)余含棻輯
清光緒二年婺源余氏慎德堂刻本
脈理存真三卷　第373冊
(元)滑壽 (清)余含輝 余顯廷撰
清光緒二年婺源余氏慎德堂刻本
痘證備方二卷　第373冊
(清)任壽昌編
清光緒五年廣東藩署西齋刻本
痘疹心法歌訣一卷　第373冊
(清)必良齋主人撰
清光緒五年順邑潭村松竹梅軒刻本
保赤新編二卷補遺一卷　第373冊
(清)任贊纂
清光緒二十七年刻本
牛痘新編不分卷　第373冊
(清)胡仕樑 伍學乾輯
清光緒十六年新會伍氏安懷堂刻本
小兒科家傳秘録一卷　第373冊
(清)程康圃輯
清光緒十九年羊城學院前寶經閣刻本
保赤慢驚條辨一卷　第373冊
(清)黄仲賢撰
清光緒三十三年九曜坊麟書閣刻本
治痘歌訣一卷　第373冊
(清)關履端輯
清光緒三十四年順邑容奇鄉東里坊關自省堂刻本
小兒疳眼黄膜論一卷　第373冊
(清)張思濟撰
清羊城西湖街富文齋刻本
養生食鑑二卷　第374冊
(清)何其言編
清光緒間石印本
醫學求益社課卷一卷　第374冊
(清)醫學求益社編
清宣統元年十七甫懷遠驛關東雅石印本
奉天萬國鼠疫研究會始末不分卷　第374冊
陳垣纂
清宣統三年廣州光華醫社鉛印本
體質窮源不分卷　第374冊
(清)孔慶高譯
清光緒九年粤東省城博濟醫局刻本
體用十章四卷　第374冊
(英國)哈士烈撰 (清)孔慶高譯
清光緒十年羊城博濟醫局刻本
醫理略述二卷　第374冊
(清)尹端模譯
清光緒十八年羊城博濟醫局刻本
病理撮要一卷　第374冊
(清)尹端模譯
清光緒十八年羊城博濟醫局刻本
華洋臟象約纂三卷首一卷　第374冊
(清)朱沛文編
清光緒十九年佛山刻本
西醫内科全書十六卷　第375冊
(清)孔慶高譯
清光緒八年博濟醫局刻本
内科闡微一卷　第375冊
(美國)嘉約翰譯 (清)林湘東編
清光緒十五年羊城博濟醫局刻本
内科學四卷　第375冊
(美國)嘉約翰撰 (清)孔慶高譯 (清)潘江增纂
清光緒三十四年博醫會鉛印本
奇症略述一卷　第375冊
(美國)嘉約翰撰
清光緒十二年博濟醫局刻本
裹紮新法一卷　第375冊
(美國)嘉約翰譯 (清)林湘東編
清光緒元年羊城博濟醫局刻本
增訂花柳指迷一卷　第375冊
(美國)嘉約翰輯譯 (清)林應祥編
清光緒十五年羊城博濟醫局刻本
皮膚新編一卷　第375冊

(美國)嘉約翰譯 (清)林湘東編
清光緒十四年羊城博濟醫局刻本
割症全書七卷 第375冊
(美國)嘉約翰譯
清光緒十六年羊城博濟醫局刻本
西醫眼科撮要一卷 第375冊
(清)□□編
清光緒六年羊城博濟醫局刻本
婦科精蘊五卷 第376冊
(美國)妥瑪氏撰 (清)孔慶高譯
清光緒十五年羊城博濟醫局刻本
西醫胎產舉要二卷 第376冊
(美國)阿庶頓輯 (清)尹端模譯
清光緒十九年羊城博濟醫局刻本
兒科撮要二卷 第376冊
(清)尹端模譯
清光緒十八年羊城博濟醫局刻本
西藥略釋四卷總論一卷 第376冊
(清)孔繼良譯
清光緒十二年羊城博濟醫局刻本
衛生要旨一卷 第376冊
(美國)嘉約翰譯
清光緒九年益智書會刻本
中外衛生要旨五卷 第376冊
(清)鄭觀應編
清光緒二十一年鉛印本
衛生指南 第376冊
(清)江英華撰
清光緒三十年香港中華印務有限公司鉛印本
衛生至寶圖說一卷 第376冊
(清)卓鳳翔編
清光緒三十二年中華印務有限公司鉛印本
學校衛生學 第376冊
(日本)三島通良撰 (清)周起鳳譯
清光緒二十九年上海廣智書局鉛印本
醫書百種録序例目録一卷 第376冊
(清)許漢身撰
稿本

子部天文算法類

第四十五輯

李氏遺書 第377冊
(清)李鋭撰
清道光三年阮元廣州刻本
召誥日名考一卷 第377冊
漢三統術三卷 第377冊
漢四分術三卷 第377冊
漢乾象術二卷 第377冊
補修宋奉元術一卷 第377冊
補修宋占天術一卷 第377冊
日法朔餘強弱考一卷 第377冊
方程新術草一卷 第377冊
勾股算術細草一卷 第377冊
弧矢算術細草一卷 第377冊
開方說三卷 第377冊
鄒徵君遺書 第377冊
(清)鄒伯奇撰
清同治十三年粵東省城雙門底拾芥園刻本
學計一得二卷 第377冊
補小爾雅釋度量衡一卷 第377冊
格術補一卷 第377冊
對數尺記一卷 第377冊
乘方捷術三卷 第377冊
鄒徵君存稿一卷 第377冊
夏氏算學四種 第377冊
(清)夏鸞翔撰
徐氏算學三種 第377冊
(清)徐有壬撰
百硯齋算稿 第377冊
(清)凌步芳撰
清光緒二十八年粵東番禺靈山凌百硯齋刻本
杜德美割圜捷術通義二卷 第377冊
衍粟布衍草一卷 第377冊
算學答問一卷 第377冊
圜天圖說三卷 第377冊
(清)李明徹撰
清嘉慶二十四年松梅軒刻本
圜天圖說續編二卷 第377冊
(清)李明徹撰
清道光元年松梅軒刻本
廣州府太陽高弧表一卷 第377冊
(清)左蘭舫編
清光緒四年刻本
星學初階一卷 第377冊
(清)鍾瑞彪編
清光緒十八年刻本
弧角七政圖算一卷 第377冊
(清)蔡綬綵撰
清光緒二十一年順邑龍江真步堂刻本
春秋天文考一卷 第377冊
(清)蔡綬綵撰
清光緒間羊城龍藏街多文堂刻本
中西四千年紀歷一卷 第378冊
孔昭焱編
清光緒二十三年萬木草堂刻本
清道光乙巳年通書一卷 第378冊
(清)丹桂堂編
清道光間省城蘇家丹桂堂刻本
清咸豐癸丑年通書一卷 第378冊
(清)丹桂堂編
清咸豐三年省城蘇家丹桂堂刻本
清咸豐甲寅年通書一卷 第378冊
(清)丹桂堂編
清咸豐四年粵東省城丹柱堂刻本
清光緒丙戌年通書一卷 第378冊
(清)丹桂堂編
清光緒十二年省城蘇家丹桂堂刻本
陳啓沅算學十三卷首一卷 第378冊
(清)陳啓沅撰
清光緒十五年惜陰草堂刻本
陳寶興算法三卷 第378冊
(清)陳寶興撰
稿本
句股通義三卷 第379冊
(清)徐紹楨撰
清光緒間番禺徐氏刻學壽堂叢書本
學一齋算課草四卷 第379冊
(清)徐紹楨輯
清光緒間番禺徐氏刻學壽堂叢書本
學一齋句股代數草二卷 第379冊
(清)嚴杏林等撰
清光緒間番禺徐氏刻學壽堂叢書本
學一齋算學問答一卷 第379冊
(清)徐紹楨輯
清光緒間番禺徐氏刻學壽堂叢書本
算學報三卷 第379冊
(清)朱憲章等撰
清光緒間番禺徐氏刻學壽堂叢書本
經算褋說一卷 第379冊
(清)潘應祺撰
清光緒二十四年粵省西湖街成文堂刻本
算學褋識十卷 第379冊
(清)曹汝英撰
清光緒二十四年粵省西湖街成文堂刻本
幾何贅說六卷 第379冊
(清)潘應祺撰

清光緒三十二年番禺潘氏扈蘺館刻本
算術駕說十一卷　第379冊
（清）潘應祺撰
清光緒三十三年番禺潘氏扈蘺館刻本
數學上編十三卷答數一卷　第380冊
（清）曹汝英撰
清光緒二十九年羊城刻本
增修歐氏幾何二卷　第380冊
（清）曹汝英撰
清光緒三十二年廣東數學研究社刻本
經心書院算學課程一卷　第380冊
（清）曹汝川撰
清末刻本
幾何舉隅五卷補譯幾何原本一卷　第380冊
（英國）託咸都輯（清）鄭毓英譯
（清）湯金鑄校繪
清光緒二十四年江夏董氏刻本
三角公式輯要一卷　第380冊
（清）湯金鑄輯
清光緒二十六年兩湖書院刻本
兩湖書院算學課程二卷附卷一卷附表一卷　第380冊
（清）湯金鑄等撰
清光緒二十四年湖北兩湖書院刻二十八年上海埽葉山房石印本
幾何畫法一卷　第380冊
（英國）費士特撰（清）黄桂芬譯
清光緒三十二年浮鷗館刻本
代數通藝録十六卷　第380冊
（清）方愷撰
清光緒十六年西湖街成文堂刻本
化學初階四卷　第380冊
（美國）嘉約翰譯（清）何瞭然編
清同治九年羊城博濟醫局刻本

子部術數類

第四十六輯

皇極經世書傳八卷　第381冊
（明）黄畿撰
明嘉靖三十三年黄佐刻本
皇極經世緒言九卷首一卷　第381冊
（宋）邵雍撰（明）黄畿註（清）劉斯組輯（清）包燿圖註
清嘉慶四年錢塘徐樹堂刻本
皇極經世易知八卷首一卷　第381冊
（清）何夢瑤輯釋
清道光十三年孔繼驤滚雪樓刻咸豐九年孔廣鏞孔廣陶重修本
易象元機二卷　第382冊
（清）鄧接成撰
清道光二十年裕新堂刻本
易象占驗□卷　第382冊
（清）鄧接成撰
清道光二十年裕新堂刻本
天星選擇撮要附立命真度表擇吉要法一卷　第382冊
（清）左敬元撰
清同治十三年順邑龍山崇日堂刻本
星學精華□卷　第382冊
（清）梁鳳儔撰
清鈔本
地理挨星學一卷　第382冊
（清）王佐韶輯
清鈔本
闢徑集二卷　第382冊
（明）李秩撰
清道光十四年刻本
堪輿秘訣不分卷　第382冊
（明）李秩撰
清同治元年鈔本
地理秘傳二卷　第382冊
（明）李秩撰
清鈔本
香山小欖李默齋家藏山法撮要秘書一卷　第382冊
（□）□□撰
清鈔本
地理知本金鎖秘二卷　第382冊
（清）鄧恭撰
清嘉慶間抗仙山館刻本
地理尋源正編一卷附編一卷　第382冊
（清）勞潼撰
清嘉慶十八年粤東學院前心簡齋刻本
陰隲文儒宗一卷　第382冊
（清）□□輯
清東莞鄧容 鄧崇勲刻本
安宅規模不分卷　第382冊
（清）林伯桐撰
稿本
地理務本二卷　第382冊
（清）周天琛撰
清咸豐元年雙門底儒雅堂刻本
六友堂羅經活圖解二卷　第382冊
（清）李國龍輯
清光緒十一年聯興堂馮烘記刻本
新增重刻大五行辨正圖訣一卷　第382冊
（清）戴禮臺撰（清）戴洪潤直解
（清）陳良謨輯補（清）陳炳文增
清光緒十七年陳讀易草堂刻本
增訂陽宅井明四卷　第382冊
（清）鄧遂識撰
清刻本
新刻訂正原板劉氏家藏二十四山造全書不分卷　第383冊
（明）劉春沂撰
清康熙二十三年書林黄雲從刻本
新鐫陳子性藏書十二卷首一卷　第383冊
（清）陳應選撰
清佛鎮文華閣刻本
理氣溯源初集六卷　第383冊
（清）陳啓沅撰
清光緒十年惜陰草堂刻本

子部藝術類

第四十七輯

常惺惺齋書畫題跋二卷遊羅浮日記一卷　第384冊
（清）謝蘭生撰
清鈔本
辛丑銷夏記五卷　第384冊
（清）吳榮光撰
清道光間刻本
香石題畫繪事隨筆一卷　第384冊
（清）黄培芳撰（清）黄崇奎輯
稿本
聽颿樓書畫記五卷　第384冊
（清）潘正煒撰
清道光二十三年刻本
聽颿樓續刻書畫集二卷　第384冊
（清）潘正煒撰
清道光二十九年刻本
李躍門百蝶圖四卷　第384冊
（清）李國龍繪
清道光間刻本
二十四孝圖序一卷　第384冊
（清）蔣蓮繪（清）熊景星書
清拓本
懷古田舍梅統十三卷　第384冊
（清）徐榮輯
清咸豐五年木活字印本
夢幻居畫學簡明五卷續五卷又一卷夢香園題詠一卷夢幻居題畫詩稿一卷

清光緒間鈐印本
梓庵印存一卷 第389冊
(清)周鈞輯
清光緒間鈐印本
緑杉軒集印不分卷 第389冊
伍德彝輯
清光緒間鈐印本
蓼懷堂琴譜不分卷 第389冊
(清)雲志高撰
清康熙間蓼懷堂刻本
悟雪山房琴譜四卷 第390冊
(清)黄景星輯
清道光二十二年順邑胡鏡涵刻本
琴律譜一卷 第390冊
(清)陳澧撰
清末鈔本
琴瑟合譜二卷 第390冊
(清)慶瑞撰
清同治九年刻本
琴律一得二卷 第390冊
(清)劉沃森撰
清光緒二十三年刻本
楹帖採腴二卷 第390冊
(清)羅昌基輯
清同治五年翰寶樓刻本
欖鄉菊會全譜一卷附種菊諸法一卷 第390冊
(清)□□輯
清同治十三年小欖布行藝文堂刻本
椶石書屋楹帖二卷 第390冊
(清)吴炳南輯
清光緒七年刻本
楹聯述録十二卷 第390冊
(清)林慶銓輯
清光緒七年廣州刻本
鶯花聯句三卷 第390冊
(清)龍邦儼輯
清光緒九年天平街維經堂刻本
文選類聯二卷 第390冊
(清)馮培光輯
清光緒四年粤東順邑龍山進文堂刻本
時聯選箋初集一卷二集一卷三集一卷 第390冊
(清)吟香社主人輯
清光緒二十三年至二十五年羊城五鳳吟館等刻本
絜園詩鍾一卷 第390冊
(清)蔡乃煌等輯
清鈔本
桐堦副墨一卷 第390冊
(明)黎遂球撰
清康熙三十六年新安霞舉堂刻檀几叢書本
賞卷一卷約卷一卷盟卷一卷賧卷一卷 第390冊
(清)□□輯
清光緒間澳門兆昌石印本

子部譜録類

第四十八輯

硯林小品不分卷 第391冊
(清)張崇鈞編
清乾隆四十年留春堂刻本
端溪硯史三卷 第391冊
(清)吴蘭修編
清道光十四年鄭氏淳一堂刻本
藤花亭鏡譜八卷 第391冊
(清)梁廷枏撰
清道光二十五年刻本
潘氏泉譜不分卷 第391冊
(清)□□輯
稿本
磊園語泉一卷 第391冊
(清)李宗顥撰
稿本
嶺海蘭言二卷 第391冊
(清)區金策撰
清鈔本
言禽録一卷 第391冊
(清)梁松年撰
稿本
貓苑二卷 第391冊
(清)丁杰訂 (清)黄漢輯
清咸豐二年甕雲草堂刻本
美味求真不分卷 第391冊
(清)□□撰
清光緒十四年甘安仁堂刻本

子部雜家類

第四十九輯

中西學門徑書七種 第392冊
梁啓超輯
清光緒間石印本
長興學記一卷 第392冊
康有為撰
輶軒今語一卷 第392冊
徐仁鑄撰
時務學堂學約附讀書分月課程表一卷 第392冊
梁啓超撰
讀春秋界説一卷 第392冊
梁啓超撰
讀孟子界説一卷 第392冊
梁啓超撰
幼學通議一卷 第392冊
梁啓超撰
讀西學書法一卷西學書目表三卷 第392冊
梁啓超撰
廣志一卷 第392冊
(晋)郭義恭撰
清順治三年宛委山堂刻説郛本
供冀小言一卷 第392冊
(清)林伯桐撰
清道光間刻本
主一齋隨筆十二卷 第392冊
(清)鄧淳撰
清道光二十八年水雲山房刻本
三教擇録不分卷 第392冊
(清)陸逢泰輯
清嘉慶十一年粤東省城九曜坊合璧齋刻本
讀子先河一卷 第392冊
(清)劉翰棻輯
清光緒二十四年庚南刻本
海天琴思録八卷 第392冊
(清)林昌彝輯
清同治三年刻本
海天琴思續録八卷 第392冊
(清)林昌彝輯
清同治八年粤東省城西湖街富文齋刻本
梨園娱老集 第392冊
(清)胡禮垣撰
清光緒三十四年廣藝印書局鉛印本
讀書分月課程一卷 第392冊
康有為撰 梁啓超輯
清末刻本
周末諸子學説二卷 第392冊
康有為撰
稿本
南海康先生口説二卷 第392冊
康有為述 黎祖健記

邱園隨筆一卷 第398冊
(清)邱諧桐撰
清光緒二十年刻本
嶺海叢譚一卷 第398冊
(清)□□撰
清光緒二十一年省城學院前翰文堂刻本
達庵隨筆一卷 第398冊
(清)鄔寶理撰
清光緒三十四年刻 民國九年印本
吉祥録一卷 第398冊
(清)鄔寶珍撰
清宣統元年刻 民國九年印本
自警編十一卷 第399冊
(宋)趙善璙輯
明刻本
願體集四卷 第399冊
(清)李仲麟輯 (清)陳蘭芝增訂
清光緒十九年上海同文書局石印本
安舟襍鈔三十六卷 第399冊
(清)蘇珥輯
清嘉慶十九年種德堂刻本
心遠論餘十二卷 第400冊
(清)梁松年撰
稿本
李樹煌雜稿十卷 第400冊
(清)李樹煌輯
稿本
十國摭言十二卷 第400冊
(清)譚錫朋輯
清道光十二年六橋書屋刻本
正心格言一卷 第400冊
(清)關壽崧輯
清道光二十六年關氏梅雪齋刻本
學思録不分卷 第400冊
(清)陳澧撰
稿本
鄧和簡公雜鈔八卷 第400冊
(清)鄧華熙輯
清光緒間鈔本
懺盦隨筆八卷 第400冊
(清)沈澤棠撰
清宣統三年刻本

子部小說類

第五十輯

香豔小品 第401冊
(清)沈宗畸輯
清宣統元年番禺沈氏石印本
板橋襍記一卷附録一卷 第401冊
(清)余懷撰
影梅庵憶語一卷附録一卷 第401冊
(清)冒襄撰
海鷗小譜一卷附録一卷 第401冊
(清)趙執信撰
欠愁集一卷 第401冊
(清)史震林撰
冒氏小品四種 第401冊
(清)冒襄輯
西京雜記六卷 第401冊
(晉)葛洪撰
明萬曆二十年程榮刻漢魏叢書本
唐摭言十五卷 第401冊
(五代)王定保撰
明鈔本
雙槐歲抄十卷 第401冊
(明)黃瑜撰
明嘉靖三十八年陸延枝刻本
胭脂紀事一卷 第401冊
(明)伍瑞隆撰
清道光間吳江沈氏世楷堂刻昭代叢書本
花底拾遺一卷 第401冊
(明)黎遂球撰
清道光間吳江沈氏世楷堂刻昭代叢書本
皇華紀聞四卷 第401冊
(清)王士禛撰
清康熙間刻王漁洋遺書本
五山志林八卷 第401冊
(清)羅天尺撰
清乾隆二十六年刻本
蜃樓志八卷二十四回 第401冊
(清)庾嶺勞人撰 (清)禺山老子編
清嘉慶十二年刻本
咫聞録十二卷 第402冊
(清)慵訥居士撰
清道光九年知不足齋刻本
廣東火劫記一卷 第402冊
(清)梁恭辰撰
清宣統間上海國學扶輪社鉛印香艷叢書本
黃竹子傳一卷 第402冊
(清)吳蘭修撰
清宣統間上海國學扶輪社鉛印香艷叢書本
大明正德皇遊江南傳七卷四十五回 第402冊
(清)何夢梅撰
清道光二十二年拾芥園刻本
科場異聞録二十二卷附録一卷 第402冊
(清)呂相燮輯
清光緒二十四年順成書局石印本
富貴叢譚四卷 第402冊
(清)邵彬儒輯
清同治十一年鉛印本
俗話傾談二卷二集二卷 第402冊
(清)邵彬儒輯
清光緒二十二年番邑黃從善堂刻本
吉祥花六卷 第402冊
(清)邵彬儒輯
清光緒二十八年羊城學院前合璧齋刻本
諫果回甘一卷 第403冊
(清)邵彬儒輯
清末羊城潤經堂刻本
新刻三集俗語爽心四卷 第403冊
(清)邵彬儒輯
清末省城舊學院前守經堂刻本
劍俠傳四卷續四卷附图一卷 第403冊
(清)鄭觀應輯
清光緒五年刻本
糊塗世界十二卷 第403冊
(清)吳趼人撰
清光緒三十二年上海世界繁華報館鉛印本
中國偵探案 第403冊
(清)吳趼人撰
清光緒三十二年上海廣智書局鉛印本
恨海十回 第403冊
(清)吳趼人撰
清光緒三十二年上海廣智書局鉛印本
二十年目睹之怪現狀八卷一百八回 第403冊
(清)吳趼人撰
清光緒三十三年上海廣智書局鉛印本
瞎騙奇聞八回 第403冊
(清)吳趼人撰
清光緒間中國商務印書館鉛印本
趼廛筆記 第404冊
(清)吳趼人撰
清宣統二年上海廣智書局鉛印本

情變二卷八回 第404冊
(清)吳趼人撰
清宣統間興論時事報館剪報本
活地獄八卷四十三回 第404冊
(清)李寶嘉 吳趼人撰 (清)願雨樓評
清末商務印書館鉛印本
空即色不分卷 第404冊
(清)歐博明撰
清光緒三十一年刻本
繪圖粵東繁華夢二卷四十回 第404冊
(清)黄小配撰
清宣統元年上海書局石印本
繡像洪秀全演義四集八卷五十四回 第404冊
(清)黄小配撰
清末石印本
四川鵑聲記盛宣懷 第404冊
(清)梁紀佩撰
清宣統三年羊城嶺南小說社鉛印本
羊石園演義七回 第404冊
(清)笑翁撰
清光緒二十五年廣東十八甫東華報館鉛印本
楊貴妃三卷二十三回 第404冊
(日本)宮崎繁吉撰 (清)詹憲慈譯
清光緒三十年文藝書局石印本
拈花微笑續編六卷 第404冊
(清)碧琳瑯館編
清光緒三十三年廣州總商會報鉛印本
新刻大唐平貴全傳四卷十六回 第404冊
(清)馬學愚編
清末佛山文光樓刻本
煲老鴨一卷 第404冊
(清)□□撰
清光緒二十年羊城第七甫五桂堂刻本
繡像捉拿康梁二逆演義四卷四十回 第404冊
(清)□□撰
清光緒間石印本
子部類書類
第五十一輯
新鐫陳太史子史經濟言十二卷 第405冊
(明)陳子壯纂
明天啓五年刻本
新刻陳太史經制考略八卷 第405冊
(明)陳子壯輯
明末刻本
四六鴛鴦譜十二卷新集十二卷 第405冊
(明)陰化陽 蘇太初輯
明崇禎間書林呂太如刻本
續李氏蒙求註四卷 第405冊
(清)何仁鏡撰 (清)何太青纂註
清道光間刻本
北堂書鈔一百六十卷首一卷 第406冊
(唐)虞世南輯 (清)孔廣陶校註
清光緒十四年南海孔氏三十有三萬卷堂刻本
北堂書鈔續校記不分卷 第406冊
(清)林國賡撰
稿本
策府統宗六十五卷 第407冊
(清)劉昌齡輯
清光緒十四年同文書局石印本
廿二子彙雋二卷 第408冊
(清)李宗顥輯
稿本
金石擒藻二卷 第408冊
(清)李宗顥輯
稿本
選詩均編五卷 第408冊
(清)李宗顥輯
稿本
子部釋家類
第五十二輯
壇經一卷 第409冊
(唐)釋惠能撰
唐敦煌寫本
六祖大師法寶壇經一卷 第409冊
(唐)釋惠能撰 (元)釋宗寶編
明成化四年刻本
六祖大師法寶壇經一卷 第409冊
(唐)釋法海等輯
明萬曆三十六年上虞鍾延英刻本
機緣一卷 第409冊
(元)釋宗寶編
明萬曆三十六年上虞鍾延英刻本
三無性論二卷 第409冊
(陳)釋真諦譯
明永樂十年至十五年南京禮部祠祭清吏司刻大明重刊永樂南藏本
大佛頂如來密因修證了義諸菩薩萬行首楞嚴經宗通十卷 第409冊
(明)曾鳳儀撰
清道光十年浙甯太白山天童寺刻本
妙法蓮華經擊節一卷 第409冊
(明)釋德清撰
明萬曆二十六年釋法濟等刻本
大佛頂如來密因修證了義諸菩薩萬行首楞嚴經通議十卷補遺一卷懸鏡一卷略科一卷 第410冊
(明)釋德清撰
清光緒二十年金陵刻經處刻本
大方廣圓覺脩多羅了義經直解二卷 第410冊
(明)釋德清撰
清同治五年刻本
長慶宗寶獨禪師語録六卷首一卷 第410冊
(清)釋道獨撰 (清)釋今釋編
清乾隆間刻本
華嚴寶鏡一卷 第410冊
(清)釋道獨撰
清道光六年海幢寺刻本
天然和尚同住訓略一卷 第410冊
(清)釋函昰撰 (清)釋今應編
清刻本
四分戒本如釋十二卷 第410冊
(清)釋弘贊撰
清康熙五十二年刻本
歸戒要集三卷 第410冊
(清)釋弘贊輯
清康熙二年刻本
觀音慈林集三卷 第410冊
(清)釋弘贊編
清康熙七年刻本
沙彌學戒儀軌頌註一卷 第410冊
(清)釋弘贊撰
清康熙五年刻本
禮佛儀式一卷 第410冊
(清)釋弘贊編
清康熙九年刻本
供諸天科儀一卷 第411冊
(清)釋弘贊編
清初刻本
禮舍利塔儀式一卷 第411冊
(清)釋弘贊編
清康熙九年刻本
溈山警策句釋記二卷 第411冊
(清)釋弘贊註
清康熙九年刻本
兜率龜鏡集三卷 第411冊

（清）釋弘贊輯
清康熙十年刻本
沙門日用二卷 第411冊
（清）釋弘贊編
清康熙十年刻本
比丘受戒録一卷 第411冊
（清）釋弘贊撰
清初刻本
式叉摩那尼戒本一卷 第411冊
（清）釋弘贊輯
清康熙十年刻本
比丘尼受戒録一卷 第411冊
（清）釋弘贊撰
清初刻本
七俱胝佛母所說準提陀羅尼經會釋三卷 第411冊
（唐）釋廣智譯（清）釋弘贊會釋
清康熙十年刻本
佛說梵網經菩薩心地品下略疏八卷 第411冊
（後秦）釋鳩摩羅什譯（清）釋弘贊撰
清康熙十四年刻五十二年印本
六道集五卷 第411冊
（清）釋弘贊輯
清康熙二十一年刻本
沙彌律儀要略增註二卷 第411冊
（明）釋袾宏輯（清）釋弘贊註
清乾隆二十七年海幢經坊刻本
海幢阿字無禪師語録二卷 第411冊
（清）釋今無撰（清）釋今辯編
清康熙間刻本
經懺直音增補切釋一卷反切字韻法一卷 第411冊
（清）釋一鷲輯
清康熙二十九年鼎湖山經房刻本
大佛頂如來密因脩證了義諸菩薩萬行首楞嚴經集註十卷 第411冊
（清）釋傅晟輯
清道光二十年海幢寺刻本
金剛經解義二卷心經解義一卷 第411冊
（清）徐槐廷輯
清咸豐八年省城西湖街正文堂刻本

子部道家類

第五十三輯

新鍥抱朴子内篇四卷外篇四卷 第412冊
（晋）葛洪撰
明三衢舒石泉刻本
金木萬靈論一卷 第412冊
（晋）葛洪撰
明正統十年張宇初等刻道藏本
登涉符籙一卷 第412冊
（晋）葛洪撰
清順治三年宛委山堂刻說郛本
麻姑傳一卷 第412冊
（晋）葛洪撰
清順治三年宛委山堂刻說郛本
枕中書一卷 第412冊
（晋）葛洪撰
清順治三年宛委山堂刻說郛本
金碧浮黎鼻祖金藥篇秘旨不分卷 第412冊
（晋）葛洪注釋（宋）王道釋注
清鈔本
神仙傳十卷 第412冊
（晋）葛洪撰
清刻本
老子道德經解二卷首一卷觀老莊影響論一卷 第412冊
（明）釋德清撰
清光緒十二年金陵刻經處刻本
莊子辯正六卷 第412冊
（清）胡方撰
清嘉慶十九年鴻桷堂刻本
莊子故三卷 第412冊
（清）何夢瑤撰
清刻本
莊子未定稿四卷 第412冊
（清）何如漋注
清道光六年東閣刻本
太上黄庭經註三卷陰符經註一卷 第413冊
（清）石和陽撰（清）李明徹評
清乾隆五十八年李明徹廣州刻道經五種本
黄帝陰符經直解一卷老子道德經直解二卷 第413冊
（清）丁杰撰
清同治十一年刻本
清醮登壇總目一卷 第413冊
（清）□□撰
清同治八年鈔本
靈寶文檢開度章牋表詞式一卷 第413冊
（清）梁達卿輯
清同治五年鈔本
轉經行儀總目一卷 第413冊
（清）梁達卿輯
清同治十一年鈔本
黄醮法册一卷 第413冊
（清）梁達卿輯
清同治十一年鈔本
黄醮諸真懺文一卷 第413冊
（清）梁達卿輯
清同治十三年鈔本
黄醮符誥文檢一卷 第413冊
（清）梁達卿輯
清同治間鈔本
清醮符誥文檢欵式一卷 第413冊
（清）梁達卿輯
清同治間鈔本
清黄牒疏一卷 第413冊
（清）梁達卿輯
清同治間鈔本
修身玉髓一卷 第413冊
（清）勞寶勝撰
清同治光緒間羊城龍藏街萃經堂刻本
羅浮待鶴山房談玄詩草一卷 第413冊
（清）鄭觀應撰
清光緒二十四年刻本
修真四要一卷 第413冊
（清）鄭觀應輯
清光緒二十四年刻本
成仙捷徑四卷 第413冊
（清）鄭觀應輯
清光緒三十四年省城十七甫穗雅鉛印本
省躬録初集二卷 第413冊
（清）省躬草堂編
清光緒二十九年廣州十八甫英華書局石印本
經驗雜方一卷 第413冊
（清）勞守慎輯
惡核良方釋疑一卷 第413冊
（清）黎佩蘭編（清）勞守慎輯

子部諸教類

第五十四輯

雲泉仙館規條一卷 第413冊
（清）西樵雲泉仙館編
清光緒三十年羊城西湖街超華齋刻本
十六條規註解一卷 第413冊
（清）慈義山人撰
清光緒三十年正源氏刻本

馬可講義 第413冊
(德國)花之安撰
清光緒元年刻本
路加福音衍義 第414冊
(德國)花之安撰
清光緒二十年羊城真寶堂書局刻本
聖道東來考 第414冊
(清)王元深編
清光緒三十二年香港鉛印本
清真指南十卷 第414冊
(清)馬注撰
清同治九年粵東省城濠畔街清真寺刻本
子部蒙學類
第五十五輯
分韻四言對偶啓蒙不分卷 第415冊
(宋)真德秀編 (明)蒙賢補韻 (明)史垂教刪補
明萬曆三十四年端州六委齋刻本
四書字音録一卷附新訂切字捷法一卷 第415冊
(清)鍾上選輯
清乾隆四十七年監茲堂刻本
新增詳註韻對屑玉二卷 第415冊
(清)歐達徹輯 (清)鍾映雪等註
清末省城學院前聚賢堂刻本
韻府萃音十二卷 第415冊
(清)龍柏纂
清嘉慶十五年粵東學院前心簡齋刻本
正音撮要四卷 第415冊
(清)高靜亭撰
清光緒三十一年麟書閣刻本
正音咀華三卷附儀略一卷 第415冊
(清)莎彝尊撰
清咸豐三年雙門底聚文堂刻本
類字訓蒙二卷 第415冊
(清)林謙撰
清同治四年翼賢堂刻本
龍文鞭影二卷 第416冊
(明)蕭良有撰 (清)楊臣諍增訂
清同治七年刻本
龍文鞭影二集二卷 第416冊
(清)李暉吉 徐瓚輯
清同治七年刻本
初學字辨一卷 第416冊
(清)邵彬儒輯
清同治九年刻本
對類引端二卷 第416冊
(清)黄堃編
清光緒六年粵東城西十七甫澄天閣刻本
千字文說文解字附録別解一卷 第416冊
(清)林荃纂
清光緒十三年虎門城南聽松書屋刻本
字音通曉一卷 第416冊
(清)羅崧駿撰
清光緒二十二年粵東省城歸德門內魁巷羅思范軒刻本
大同天籟一卷 第416冊
(清)王恩榮等撰
清光緒二十三年刻本
幼雅九卷 第416冊
(清)陳榮衮撰
清光緒二十三年羊城崇蘭仙館刻本
婦孺淺解一卷 第416冊
(清)陳榮衮編
清光緒二十四年雙門上街經史閣刻本
婦孺須知一卷 第416冊
(清)陳榮衮編
清光緒二十六年粵東省城雙門底古經閣刻本
繪圖婦孺三四五字書四卷 第416冊
(清)陳榮衮編
清光緒二十九年羊城學院前守經堂石印本
再次改良婦孺新讀本一卷 第416冊
(清)陳榮衮撰
清光緒二十九年明經閣刻本
增改婦孺須知□卷 第416冊
(清)陳榮衮撰
清光緒三十三年刻本
三次改良婦孺論說兩種 第416冊
(清)蒙學書塾編
清光緒二十八年鉛印本
初次編輯婦孺釋詞一卷 第416冊
(清)蒙學書塾編
清光緒二十八年刻本
婦孺譯文書一卷 第416冊
(清)蒙學書塾編
清光緒二十八年刻本
婦孺信札材料一卷 第416冊
(清)蒙學書塾編
清光緒二十九年鉛印本
俗音字辨幼學信札二卷 第416冊
(清)譚元標 李春山輯
清末雙門底古經閣刻本
拼音分韻一卷 第416冊
(清)王炳耀撰
清光緒二十五年粵東省城雙門底聖教書樓刻本
新字啓智篇一卷 第416冊
(清)王炳耀撰
清光緒二十六年粵東省城雙門底聖教書樓刻本
拼音字譜一卷 第416冊
(清)王炳耀撰
清光緒二十七年粵東省城雙門底聖教書樓刻本
四書義啓蒙一卷 第416冊
(清)李枚撰
清光緒二十七年刻本
科學韻語□卷 第416冊
(清)桂坫撰
清宣統元年廣州蒙學書局石印本
粵音指南□卷 第416冊
(清)□□撰
清宣統二年香港别發印字館鉛印本
南海麥仕治先生廣州俗話書經解義五卷 第417冊
麥仕治撰
清末羊城十八甫文寶閣鉛印本
華英通語一卷 第417冊
(清)子卿編 (清)子芳重訂
清咸豐十年西營盤恒茂刻本
英語集全六卷 第417冊
(清)唐廷樞撰
清同治元年緯經堂刻本
英語會話初編 第417冊
(清)鄧廷鏗撰
清末粵東雙門底開新公司鉛印本
馬拉語粵音譯義四卷 第417冊
(清)馮兆年輯
清光緒十六年羊城明經閣書局石印本
博物新編圖說一卷 第417冊
(清)陳修堂撰
清光緒二十四年藏經史館石印本
集部別集類
第五十六輯
南海百咏一卷 第418冊
(宋)方信孺撰
清光緒八年學海堂刻本

李忠簡公文溪集二十卷首一卷末一卷　第418冊
(宋)李昴英撰
清乾隆三十八年久遠堂重刻本
九峰先生集三卷首一卷附理學簡言一卷　第418冊
(宋)區仕衡撰
清鈔本
見面亭遺集一卷　第418冊
(宋)張鎮孫撰
清道光二十五年刻本
秋曉趙先生覆瓿集六卷　第418冊
(宋)趙必𤩪撰
清鈔本
琴軒集三十卷首一卷　第418冊
(明)陳璉撰
清康熙間刻本
西菴集十卷　第419冊
(明)孫蕡撰
明弘治十六年金蘭館銅活字本
秫坡黎先生集八卷首一卷末一卷　第419冊
(明)黎貞撰
清嘉慶二十二年都會書屋刻本
覺非集十卷　第419冊
(明)羅亨信撰
清康熙間羅哲刻本
退菴先生遺稿五卷　第419冊
(明)鄧林撰
清咸豐九年刻本
南海新聲五卷　第419冊
(明)歐著撰
清荔枝莊刻本
巽川祁先生文集十六卷附録二卷　第419冊
(明)祁順撰
清康熙二年在茲堂刻本
白沙先生全集二十卷　第420冊
(明)陳獻章撰
明刻本
白沙先生詩教解十卷　第420冊
(明)陳獻章撰 (明)湛若水輯解
明隆慶元年李荷刻本
閒居百詠一卷李抱真先生詩録一卷　第420冊
(明)李孔修撰 (清)李長榮輯
清省城龍藏街萃文堂刻本
南川冰蘗全集十二卷首一卷末一卷　第420冊
(明)林光撰
清咸豐元年刻本
竹廬詩集不分卷　第420冊
(明)吳璉撰
明嘉靖九年刻本
桂軒藁十卷　第421冊
(明)江源撰
明弘治四年刻本
桂軒續稿六卷　第421冊
(明)江源撰
明弘治間刻本
香山主人遺草一卷　第421冊
(明)黃鑰撰
清咸豐二年執敬堂刻本
吹劍集十二卷　第421冊
(明)蘇葵撰
清光緒六年蘇種德堂刻本
鬱洲遺稿十卷　第421冊
(明)梁儲撰
明嘉靖四十五年刻本
東所先生文集十三卷　第421冊
(明)張詡撰
明嘉靖三十年張希舉刻本
南海雜詠十卷　第421冊
(明)張詡撰
明弘治十八年袁賓刻本
甘泉先生兩都風詠四卷　第421冊
(明)湛若水撰
明嘉靖十四年朱敬之刻本
甘泉湛子古詩選五卷　第421冊
(明)湛若水撰
明嘉靖三十一年自刻本
樵風十卷　第421冊
(明)湛若水撰
明刻本
湛甘泉先生文集三十五卷　第422冊
(明)湛若水撰
明萬曆七年吳淪刻本
梧山王先生集二十卷　第423冊
(明)王縝撰
清乾隆二十九年刻本
古愚集四卷　第423冊
(明)蘇仲撰
清光緒七年蘇種德堂刻本
鄉賢區西屏集十卷　第423冊
(明)區越撰
明萬曆間刻本
區奉政遺稿十卷　第423冊
(明)區元晉撰
明萬曆間刻本
矩洲詩集十卷附楞亭集一卷　第423冊
(明)黃衷撰 黃嬖撰附
明嘉靖間刻本
西樵遺稿八卷　第423冊
(明)方獻夫撰
清康熙三十五年方林鶴刻本
泰泉集六十卷　第424冊
(明)黃佐撰
清康熙二十一年黃逵卿刻本
霍文敏公全集十卷　第425冊
(明)霍韜撰
清同治元年南海石頭書院刻本
石頭録八卷首一卷　第425冊
(明)霍與瑕等編
清同治元年南海石頭書院刻本
王青蘿先生詩集一卷文集一卷　第425冊
(明)王漸逵撰
清鈔本
五嶺文集二卷附録一卷　第426冊
(明)鄺元樂撰
清道光十二年鄺氏明德堂刻本
篁莊遺稿二卷　第426冊
(明)歐陽建撰
清咸豐三年刻本
龐弼唐先生遺言四卷首一卷　第426冊
(明)龐嵩撰
清光緒十八年刻本
羅司勳文集八卷外集一卷　第426冊
(明)羅虞臣撰
清康熙間刻本
梁中舍集一卷　第426冊
(明)梁孜撰
明嘉靖隆慶間刻盛明百家詩本
天山草堂存稿六卷　第426冊
(明)何維柏撰
清沙滘何氏鈔本
李駕部集前集二卷續編詩集一卷續編文集一卷青霞漫藁一卷　第426冊
(明)李時行撰
清乾隆二十八年李氏刻本
蘭汀存藁八卷附録一卷　第426冊
(明)梁有譽撰

明末刻本
瑤石山人詩稿十六卷 第427冊
(明)黎民表撰
明萬曆十六年黎君華刻本
黎瑤石集一卷 第427冊
(明)黎民表撰
明嘉靖隆慶間刻盛明百家詩本
百可亭摘稿七卷詩集摘稿二卷 第427冊
(明)龐尚鵬撰
明萬曆二十七年龐英山刻本
懸榻齋集八卷文集四卷 第427冊
(明)陳履撰
明萬曆間刻本
勾漏集五卷詠史詩一卷 第427冊
(明)鄭學醇撰
清康熙六十一年鄭時達刻本
霍勉齋集二十二卷 第428冊
(明)霍與瑕撰
清道光三年刻咸豐七年補刻本
謝山存稿十卷 第428冊
(明)陳吾德撰
清乾隆五十四年忠直堂刻本
緑墅堂遺集二卷 第428冊
(明)吳譽聞撰
清乾隆九年順德吳氏刻本
兩粵遊草一卷 第428冊
(明)陳第撰
明萬曆間會山樓刻一齋集本
清暉館稿不分卷 第428冊
(明)朱完撰
明刻本
抱膝居存稿二卷 第428冊
(明)謝與思撰
清乾隆三十五年刻本
黎縝之遊稿一卷 第428冊
(明)黎密撰
明天啓五年自刻本
椒花初頌贈言一卷 第428冊
(明)何吾騶撰
明天啓五年自刻本
百花洲集二卷京華元夕詩一卷 第428冊
(明)鄧雲霄撰
明萬曆三十六年衛拱宸刻本
鄧虛舟詩選十卷 第429冊
(明)鄧雲霄撰
清刻本
漱玉齋類詩三卷初吟草一卷解弢集一卷 第429冊
(明)鄧雲霄撰
明刻本
燃桂稿二卷越鳥吟一卷秋興集一卷 第429冊
(明)鄧雲霄撰
明萬曆間刻本
漱玉齋文集□卷 第429冊
(明)鄧雲霄撰
明崇禎間刻本
蘧廬稿選十三卷 第429冊
(明)韓上桂撰
明天啓間刻本
韓節愍公遺稿十二卷首一卷末一卷 第429冊
(明)韓上桂撰
清嘉慶二十一年粵省九曜坊尚古齋刻本
四留堂稿三十卷 第430冊
(明)盧龍雲撰
明萬曆間刻本
北燕巖集四卷 第430冊
(明)黄公輔撰
清咸豐八年杜阮萬卷樓刻本
讀易堂遺稿二卷 第430冊
(明)蘇昇撰
清光緒七年蘇種德堂刻本
鶴汀詩集十卷 第430冊
(明)李之世撰
清乾隆間涉園刻本
建霞樓詩集二十二卷文集七卷 第431冊
(明)李孫宸撰
清刻本
琭玉齋稿十四卷羅浮稿一卷溪上草一卷勾漏草一卷 第431冊
(明)歐必元撰
清刻本
知鴻堂文集二卷 第431冊
(明)陳詩撰
清道光三十年刻本
進講録二卷秋痕二卷 第431冊
(明)陳子壯撰
明崇禎十一年刻本
元氣堂詩集三卷 第431冊
(明)何吾騶撰
清嘉慶二十四年粵東省城學院前聚英堂刻本
珠樹堂集一卷 第432冊
(明)何士域撰
清順治十七年刻九諧堂詩選元氣集本
澤月齋集一卷 第432冊
(明)何士壎撰
清順治十七年刻九諧堂詩選元氣集本
嘯樓遺稿一卷 第432冊
(明)李雲龍撰
清鈔本
嗀音集一卷 第432冊
(明)何其偉撰
明天啓間刻本
蓮鬚閣集二十六卷 第432冊
(明)黎遂球撰
清康熙間黎延祖刻本
蓮鬚閣文鈔十八卷 第432冊
(明)黎遂球撰
清鈔本
迦陵集不分卷 第432冊
(明)黎遂球撰
明崇禎十七年四知堂居士鈔本
嶠雅二卷 第432冊
(明)鄺露撰
清海雪堂刻本
鄺海雪集箋十二卷 第432冊
(明)鄺露撰 (清)鄺廷瑤箋
清咸豐元年綺錯樓刻本
張文烈公軍中遺稿一卷 第433冊
(明)張家玉撰
清鈔本
喻園集四卷 第433冊
(明)梁朝鍾撰
清順治間刻重修本
蓮香集四卷續編一卷 第433冊
(明)張喬撰
清乾隆三十年刻本
千山詩集二十卷首一卷補遺一卷 第433冊
(明)釋函可撰
清道光間刻本
二丸居集選九卷續集一卷外集一卷 第433冊
(清)黎景義撰
清光緒元年順德黎氏光澤堂刻本
綺園蕉筒三卷 第433冊
(清)梁祐逵撰
清康熙間刻本

粵東懷古二卷 第446冊
(清)吳騫撰
清雍正間懷野亭刻本
碧霞書屋詩鈔二卷 第446冊
(清)梁昌聖撰
清嘉慶十三年雲日軒刻本
櫪鳴草一卷 第446冊
(清)凌驥撰
清咸豐六年刻本
萬石堂詩文稿四卷 第446冊
(清)羅元煥撰
清鈔本
粵臺徵雅録一卷 第446冊
(清)羅元煥撰
清乾隆六十年刻本
荷經堂詩抄二卷 第446冊
(清)勞潼撰
清道光間刻本
荷經堂文鈔三卷 第446冊
(清)勞潼撰
清道光十七年刻本
學吟集十卷 第446冊
(清)任兆麓撰
清乾隆四十八年寄螺齋刻本
清溪吟草二卷首一卷 第446冊
(清)陳汪撰
清道光十年真率閣刻本
勞儒門詩鈔二卷續刻一卷 第446冊
(清)勞重勳撰
清刻本
弢亭遺文四卷 第446冊
(清)梁泉撰
清道光八年刻本
重遊粵東雜詩稿不分卷 第447冊
(清)李夢松撰
清嘉慶間刻本
瘦林詩鈔五卷 第447冊
(清)黎瘦林撰
清道光二十七年刻本
九畹堂詩鈔不分卷 第447冊
(清)潘蘭皋撰
清嘉慶元年刻本
攖寧山房遺稿一卷 第447冊
(清)王亮撰
清道光間刻本
傳經堂詩鈔四卷 第447冊
(清)馮城撰
清嘉慶六年省城西湖街汗青齋刻本
靜齋小稿一卷 第447冊
(清)陳廣遜撰
清乾隆四十一年刻本
賜書樓詩草初集一卷續集一卷附録一卷 第447冊
(清)胡亦常撰
清嘉慶間五山胡崇本堂刻本
蓮塘詩鈔四卷 第447冊
(清)陳世熙撰
清刻本
遲删集八卷附文一卷 第447冊
(清)呂堅撰
清刻本
南雪巢詩鈔二卷 第447冊
(清)潘有為撰
清鈔本
逃虛閣詩集六卷 第447冊
(清)張錦芳撰
清嘉慶六年刻本
春暉堂稿一卷 第447冊
(清)謝聖輈撰
清鷗波草堂刻本
謙山文鈔二卷 第447冊
(清)溫汝能撰
清嘉慶九年刻本
敬學軒文集十二卷 第447冊
(清)龍廷槐撰
清道光二十二年刻本
五百四峰堂詩鈔二十五卷 第448冊
(清)黎簡撰
清光緒六年順德黎教忠堂刻本
游吳集三卷 第448冊
(清)胡夢齡撰
清道光二十四年刻本
少游艸一卷 第448冊
(清)張錦麟撰
清刻本
攜雪齋文鈔三卷詩鈔六卷首三卷詩續一卷 第448冊
(清)溫汝适撰
清道光三年刻光緒二十一年補刻本
留春草堂詩鈔七卷 第448冊
(清)伊秉綬撰
清嘉慶十九年廣州刻本
印可齋詩鈔二卷 第448冊
(清)溫汝造撰
清嘉慶二十四年刻本
粵遊草一卷 第448冊
(清)陸敦倫撰
清光緒八年刻本
芙蓉書屋近體詩鈔四卷 第448冊
(清)葉廷樞撰
清適安草堂刻本
梅花書屋近體詩鈔四卷 第448冊
(清)葉廷勳撰
清刻本
竹堂詩鈔二卷 第448冊
(清)溫汝遵撰
清嘉慶二十三年刻本
漸齋詩鈔一卷 第449冊
(清)桂鴻撰
清咸豐七年刻本
聞香館學吟四卷續吟三卷 第449冊
(清)伍有庸撰
清道光間羊城藝芳齋刻本
風佩軒遺草一卷 第449冊
(清)方天根撰
清道光二十九年刻本
二思齋詩鈔六卷文存六卷 第449冊
(清)何文明撰
清光緒七年閩南節署刻本
清芬閣詩集四卷 第449冊
(清)張青選撰
清刻本
靈淵詩鈔二卷 第449冊
(清)溫汝驥撰
清嘉慶二十三年刻本
南垞詩鈔四卷 第449冊
(清)溫汝驥撰
清嘉慶二十年刻本
竹香樓詩草一卷 第449冊
(清)韓懋林撰
清道光間刻本
常惺惺齋詩二卷 第449冊
(清)謝蘭生撰
稿本
常惺惺齋文集一卷 第449冊
(清)謝蘭生撰
清鈔本
嶺南集七卷 第449冊
(清)羅含章撰
清道光間刻本
寸岳樓吟草一卷 第449冊

(清)謝光國撰
清道光間刻本
花隱詩集八卷 第449冊
(清)胡方城撰
清嘉慶十五年馬岡梁體元刻本
淵雲墨妙山房詩鈔二卷 第450冊
(清)伍秉鏞撰
清道光五年刻本
百尺樓吟草一卷 第450冊
(清)陳廷選撰
清道光十三年百尺樓刻本
春雨樓稿四卷 第450冊
(清)李鳴盛饌
清嘉慶二十二年九曜坊信古齋刻本
濂渚詩鈔二卷 第450冊
(清)溫丕謨撰
清嘉慶二十二年刻本
鋤月軒詩鈔四卷 第450冊
(清)李實撰
清道光十九年刻本
雁山文集四卷 第450冊
(清)吳應逵撰
清道光十年粵東省城西湖街汗青齋刻本
謝庭詩草一卷 第450冊
(清)麥又桂撰
清道光七年留香堂刻本
芸香閣詩草一卷 第450冊
(清)麥英桂撰
潘資政公遺藁一卷 第450冊
(清)潘進撰
清光緒六年潘氏家藏刻本
粵遊草一卷 第450冊
(清)劉秉彝撰
清道光間刻本
勺園詩鈔三卷續鈔一卷 第450冊
(清)李遐齡撰
清嘉慶十九年刻光緒三十四年補刻本
松溪遺草一卷 第450冊
(清)李藹元撰
十國褉事詩一卷五代褉詩一卷 第450冊
(清)李遐齡撰
清咸豐五年刻本
倚嘯閣詩鈔二卷 第450冊
(清)李鱗撰
清道光間刻本
無怠懈齋詩稿一卷 第450冊
(清)梁藹如撰
清道光間刻本
聽鍾樓詩鈔四卷 第450冊
(清)鍾啓韶撰
清道光十年刻本
橘天園詩鈔四卷 第450冊
(清)招茂章撰
清道光間刻本
五雲詩鈔不分卷 第450冊
(清)尤步星撰
清道光二十九年刻本
珍帚編詩集十卷 第450冊
(清)崔弼撰
清嘉慶十五年刻光緒八年補刻本
粵歸草二卷 第451冊
(清)沈用霖撰
清光緒十五年羊城刻本
玉峰詩鈔十八卷 第451冊
(清)張琳撰
清嘉慶二十三年馬江馮配珍刻本
慎誠堂集不分卷 第451冊
(清)鄧士憲撰
清鈔本
左右脩竹軒吟本二卷 第451冊
(清)丁晸撰
清嘉慶間刻本
不忮求齋詩草一卷 第451冊
(清)丁杲撰
馮孟文二卷 第451冊
(清)馮龍官撰
清道光十三年綠壄刻本
知不足齋詩草十卷 第451冊
(清)鄧翔撰
清咸豐十年省城西湖街富文齋刻本
毋自欺齋詩略一卷 第451冊
(清)梁元撰
清同治七年刻本
茗香室詩略一卷 第451冊
(清)李如蕙撰
清同治七年刻本
茗香室詩略一卷 第451冊
(清)李如蕙撰
清道光十五年刻本
侶石山房詩草四卷 第451冊
(清)蘇鴻撰
清道光二十八年羊城藝芳齋刻本
華平山人詩鈔一卷 第451冊
(清)李可蕃撰
清鈔本
漁石初稿二卷 第451冊
(清)張璐撰
清道光間刻本
湛華堂佚藁四卷 第451冊
(清)廖赤麟撰
清同治九年順邑黃連松石山房刻本
臨谿文集四卷首一卷 第451冊
(清)黃大斡撰
清道光間刻本
松風閣詩鈔□□卷 第451冊
(清)黃位清撰
清道光間刻本
古人今我齋詩八卷附晦亭先生論詩各札一卷 第451冊
(清)吳維彰撰
清嘉慶二十五年刻本
吟秋館詩草一卷 第451冊
(清)張思齋撰
清鈔本
荔生詩一卷 第451冊
(清)張思植撰
清鈔本
石雲山人詩集二十三卷文集五卷奏議六卷詞選一卷分體詩選六卷 第452冊
(清)吳榮光撰
清道光間南海吳氏筠清館刻本
石雲山人自書詩藁二卷 第452冊
(清)吳榮光撰
稿本
竹潭詩鈔四卷 第452冊
(清)阮榕齡撰
清同治四年刻本
聽春樓詩鈔四卷 第452冊
(清)劉嘉謨撰
清道光二十九年刻本
安心竟齋詩鈔四卷 第452冊
(清)黃玉衡撰
清道光五年安心竟齋刻本
春華集二卷 第453冊
(清)龍元任撰
清光緒十九年刻本
瑞谷詩鈔一卷文鈔一卷 第453冊
(清)黃芝撰
清同治十一年刻本
嶺海樓詩鈔十一卷 第453冊

（清）黄培芳撰
清道光二十一年羊城富文齋刻本
北行小草一卷 第453冊
（清）黄培芳撰
稿本
守經堂集一卷 第453冊
（清）吳蘭修撰
清咸豐四年刻本
飲虹閣詩鈔二卷 第453冊
（清）何惠群撰
清道光二十年飲虹閣刻本
螺涌竹窗藁一卷歸吾廬吟草一卷 第453冊
（清）梁信芳撰
清道光二十九年桐花書屋刻本
桐花館詩鈔十卷 第453冊
（清）梁信芳撰
清咸豐元年詒經堂刻本
北遊草五卷桐花館詞鈔一卷 第453冊
（清）梁信芳撰
清咸豐元年刻本
古嘯齋駢體文鈔二卷 第453冊
（清）李兆槐撰
清刻本
蘭石山房賦鈔一卷 第453冊
（清）李兆槐撰
清刻本
青梅巢詩鈔五卷 第453冊
（清）李士楨撰
清嘉慶十八年刻本
嘯葉軒文鈔二卷 第453冊
（清）何朝昌撰
清同治十二年皆藻堂刻本
詅癡子集十卷 第453冊
（清）凌湘蘅撰
清咸豐六年刻本
津寄齋詩鈔四卷 第453冊
（清）溫汝進撰
清嘉慶二十四年刻本
慧海小草一卷 第453冊
（清）釋契生撰
清道光八年海幢經坊刻本
古風今雨樓詩鈔四卷 第453冊
（清）談子粲撰
清道光二十一年刻本
自怡堂小草三卷 第453冊
（清）招健升撰
清嘉慶二十二年刻本
自怡堂小草續集三卷 第453冊
（清）招健升撰
清道光二十二年刻本
棗香書屋詩鈔一卷 第454冊
（清）黄樂之撰
清咸豐六年棗香書屋刻本
蟬吟小草七卷 第454冊
（清）岑宗遠撰
清道光二十三年刻本
挹甕齋詩草三卷 第454冊
（清）蔡蕙清撰
清咸豐元年刻本
梅花書屋詩鈔一卷 第454冊
（清）周序鸞撰
清光緒三十一年刻本
海騷十二卷 第454冊
（清）陳曇撰
清嘉慶十六年鄺齋刻本
感遇堂外集四卷 第454冊
（清）陳曇撰
清咸豐二年鄺齋刻本
惜陰軒吟草二卷續集一卷 第454冊
（清）黄廷彪撰
清道光二十一年紅棉書屋刻本
枕上吟草一卷 第454冊
（清）汪雲撰
清宣統二年汪兆鏞刻本
仿舫詩鈔八卷 第454冊
（清）劉熊撰
清道光元年刻本
石泉小草一卷 第454冊
（清）莫兆瓊撰
清道光十五年刻本
遊瓊草一卷 第454冊
（清）吳家樹撰
清道光間刻本
瑞桂堂詩一卷 第454冊
（清）黄祖謙撰
清光緒四年刻本
今雨軒詩一卷 第454冊
（清）黄虎拜撰
紫藤花館詩一卷 第454冊
（清）黄璇撰
蓮溪詩鈔六卷 第454冊
（清）宋廷選撰
清道光間刻本
榕坡存稿一卷 第454冊
（清）勞光泰撰
清刻本
鄂城表忠詩一卷 第454冊
（清）勞光泰撰
清咸豐三年錦城刻本
聽秋草堂詩鈔一卷 第454冊
（清）顏斯總撰
清道光九年刻本
晚香吟館詩鈔一卷 第454冊
（清）廖甡撰
清同治二年刻本
拙園詩選一卷 第454冊
（清）馮賡颺撰
清同治元年南海馮氏刻本
眠琴館詩鈔四卷 第455冊
（清）胡斯錞撰
清道光十四年刻本
海桐吟館詩集二卷 第455冊
（清）龐霖撰
清道光間刻本
北溪吟草二卷 第455冊
（清）釋展宏撰
清道光三十年慧雲寺刻本
紅樹山莊詩草二卷 第455冊
（清）李景元撰
清咸豐十年刻本
維心亨室文集一卷 第455冊
（清）陸殿邦撰
清光緒十四年刻本
蟫紅集二卷 第455冊
（清）樊封撰
清汪瑔鈔本
南海百詠續編四卷 第455冊
（清）樊封撰
清道光二十九年刻本
攬翠山房詩草六卷 第455冊
（清）何玉成撰
清咸豐八年攬翠山房刻本
欣所遇齋詩存九卷 第455冊
（清）吳家懋撰
清道光二十九年刻本
綠蘿書屋遺集四卷附録一卷 第455冊
（清）羅文俊撰
清光緒二十三年穗城刻本
羅蘿邨文稿一卷附行述一卷 第455冊
（清）羅文俊撰（清）羅崇禧編

清鈔本
飲蘭露館詩鈔六卷詞鈔一卷試帖一卷 第455冊
(清)吳林光撰
清道光間南海吳氏飲蘭露館刻本
枕葄樓各體文存稿四卷詩存稿一卷 第455冊
(清)陳際清撰
清道光三十年樓西別墅刻本
樵湖詩鈔一卷 第455冊
(清)陳瑩達撰
清道光二十五年刻本
安所遇軒僑西稿四卷 第455冊
(清)何世文撰
清道光十八年刻本
安所遇軒西游草三卷首一卷 第455冊
(清)何世文撰
清同治三年萃古精舍刻本
敝帚齋詩鈔四卷文鈔二卷 第456冊
(清)廖卓然撰
清咸豐五年敝帚齋刻本
吉羊溪館詩鈔三卷 第456冊
(清)熊景星撰
清同治五年省城龍藏街萃文堂刻本
心遠小榭文集三卷詩集二卷 第456冊
(清)梁松年撰
清光緒十一年鳳浦梁氏刻本
守甈堂詩文稿八卷 第456冊
(清)孔繼宣撰
清咸豐元年知守齋刻本
子良詩存二十二卷 第456冊
(清)馮詢撰
清同治十年刻本
嶽雪樓詩存四卷 第456冊
(清)孔繼勳撰
清咸豐十年刻本
篦簩山人詩集十卷 第457冊
(清)岑澂撰
清咸豐七年梁氏十二石山齋刻本
片雲行草一卷 第457冊
(清)釋純謙撰
清道光二十七年刻本
師竹山房詩鈔四卷續集一卷 第457冊
(清)陳紀撰
清同治四年刻本
師竹山房試帖二卷賦鈔一卷 第457冊
(清)陳紀撰
清同治八年刻本
三樵山房詩鈔五卷 第457冊
(清)周瑞生撰
清同治七年刻本
懷古田舍詩節鈔六卷 第457冊
(清)徐榮撰
清同治三年刻本
洛如花廨詩册八册 第457冊
(清)何仁鏡撰
清同治元年刻本
識桐軒詩鈔四卷 第457冊
(清)蔡鍔錟撰
清同治六年順邑龍江少有山房刻本
仙航山館詩稿一卷續草一卷 第457冊
(清)何世麟撰
清宣統二年羊城西湖街翰藻齋刻本
典三賸稿二卷詩存一卷雜箸一卷 第458冊
(清)周寅清撰
清同治十年省城龍藏街萃文堂刻本
色香俱古之室詩鈔七卷 第458冊
(清)賴瀛撰
清光緒七年刻本
餘甘軒詩鈔十二卷詩餘一卷首一卷 第458冊
(清)何曰愈撰
清光緒七年閩南節署刻本
存誠齋文集十四卷 第458冊
(清)何曰愈撰
清同治五年皖江藩署刻本
張如農稿不分卷 第458冊
(清)張惟勤撰
稿本
知稼軒詩鈔九卷 第458冊
(清)黄子高撰
清道光二十八年省城西湖街博文齋刻本
洛川詩略二卷 第458冊
(清)杜游撰
清鈔本
味辛堂詩存四卷 第458冊
(清)倪濟遠撰
清道光五年刻本
習靜山房詩鈔一卷 第458冊
(清)鍾逢慶撰
清光緒十年刻本
藤花亭詩集四卷 第458冊
(清)梁廷枏撰
清刻本
藤花亭散體文初集十卷 第458冊
(清)梁廷枏撰
清刻本
秘圖山館詩鈔六卷 第459冊
(清)伍觀瀾撰
清道光二十四年羊城刻本
陳禮部詩稿十六卷月波樓琴言三卷 第459冊
(清)陳其錕撰
清咸豐二年刻本
劍光樓詩鈔四卷詞一卷附文鈔一卷 第459冊
(清)儀克中撰
清學海堂刻本
泛香齋詩鈔四卷 第459冊
(清)溫承悌撰
清光緒三年刻本
觀自養齋詩鈔八卷 第459冊
(清)黄承謙撰
清咸豐二年翠筠別墅刻本
仰山樓詩草六卷 第459冊
(清)黄承謙撰
清刻本
寶硯樓文鈔四卷 第459冊
(清)黄承謙撰
清咸豐七年刻本
覺不覺軒詩鈔十二卷 第459冊
(清)簡鈞培撰
清道光十八年刻本
味鐙閣詠史詩一卷 第459冊
(清)羅珊撰
清咸豐八年粵東省城學院前書芳街聚陞堂刻本
味鐙閣懷人詩一卷 第459冊
(清)羅珊撰
清同治二年刻本
味鐙閣詩鈔二卷 第459冊
(清)羅珊撰
清同治十年刻本
羅浮游草一卷 第459冊
(清)鮑俊撰
清道光間刻本
榕塘吟館詩鈔一卷 第459冊
(清)鮑俊撰
清咸豐二年刻本

蒲桔山房詩集一卷鼎湖羅浮遊草一卷　第459冊
(清)黃國培撰
清咸豐十年刻本
有不為齋詩存四卷　第459冊
(清)招廣濤撰
清咸豐九年粵省西湖街正文堂刻本
知非堂未定稿不分卷　第459冊
(清)招廣濤撰
稿本
倚松閣詩鈔十五卷　第459冊
(清)馮錫鏞撰
清同治九年刻本
淩虛閣詩草一卷試帖一卷　第460冊
(清)馮熾宗撰
止齋文鈔二卷　第460冊
(清)馬福安撰
清同治間刻本
選樓集句二卷首一卷　第460冊
(清)許祥光撰
清道光二十年刻本
愛吾廬詩鈔六卷　第460冊
(清)蔡兆華撰
清道光十二年刻本
綴玉集四卷　第460冊
(清)蔡兆華撰
清同治十一年刻本
細字吟六卷　第460冊
(清)蔡兆華撰
清刻本
樂志堂詩集十二卷文集十八卷文續集二卷　第460冊
(清)譚瑩撰
清咸豐間吏隱園刻本
訪粵集一卷　第460冊
(清)戴熙撰
清道光二十年粵省西湖街正文堂刻本
補學軒詩集十二卷　第461冊
(清)鄭獻甫撰
清光緒五年黔南節署刻本
寸莛齋散體文六卷駢體文三卷　第461冊
(清)陳勤勝撰
清咸豐八年刻本
仰高軒詩草五卷首一卷　第461冊
(清)黃亨撰
清咸豐五年刻本
海鶴巢詩草五卷　第461冊
(清)歐陽溟撰
清咸豐十一年歐陽尚友堂刻本
花南溪館詩鈔四卷　第461冊
(清)黎應祺撰
清道光二十九年茹香書屋刻本
冬榮館遺藁六卷　第461冊
(清)許玉彬撰
清咸豐十一年刻本
銘心書屋詩鈔四卷　第461冊
(清)蔡顯原撰
清同治二年銘心書屋刻本
衣讔山房詩集八卷　第461冊
(清)林昌彝撰
清同治間廣州刻本
世貽堂詩鈔不分卷　第461冊
(清)何瑞齡撰
清鈔本
詩跡小鈔二卷　第461冊
(清)馮日初撰
清同治七年省城西湖街富文齋刻本
磨甋齋文存一卷　第461冊
(清)張杓撰
清光緒十年刻本
紅棉館詩鈔四卷　第461冊
(清)賴洪禧撰
清道光四年刻本
紅棉館詩鈔賸二卷　第461冊
(清)賴洪禧撰
清咸豐十年莞城自得樓刻本
怡雲山舘賦藁一卷　第462冊
(清)梁紹獻撰
清同治十一年瀾石梁氏翰林家廟刻本
黃蓉石先生詩集三卷　第462冊
(清)黃玉階撰
清光緒三十三年刻本
巢蚊睫齋詩稿二卷　第462冊
(清)陳謙撰
清同治六年鶴塘書屋刻本
夢鯉山房詩鈔七卷　第462冊
(清)李有祺撰
清同治元年二厓書屋刻本
心字香館詩鈔十卷文鈔甲集二卷　第462冊
(清)黃仲畬撰
清同治六年涑陽署齋刻本
月波樓詩鈔四卷　第462冊
(清)伍元葵撰
清同治八年刻本
芝亭詩草一卷　第462冊
(清)阮紹南撰
清阮寬然鈔本
小泉詩草四卷　第462冊
(清)單子廉撰
清同治九年刻本
五嶽遊草一卷　第462冊
(清)陳體元撰
清道光十年馬岡馮世開刻本
西神山人詩鈔一卷　第462冊
(清)丁玉藻撰
清同治五年刻本
小金華山房詩鈔四卷　第462冊
(清)黃柏馨撰
清道光十年羊城西湖街汗青齋刻本
朱九江先生集十卷首一卷　第462冊
(清)朱次琦撰
清光緒二十三年刻本
朱次琦文一卷　第462冊
(清)朱次琦撰
清鈔本
評琴書屋詩草二卷　第462冊
(清)潘名熊撰
清同治間刻本
蘭樵遺集不分卷　第462冊
(清)陳湘撰
清道光二十五年粵東省學院前藝芳齋刻本
月巖詩鈔二卷　第462冊
(清)吳昭良撰
清光緒十一年刻本
綠珊軒詩草二卷　第463冊
(清)劉士忠撰
清咸豐九年刻本
嘯碧池館詩草六卷文稿一卷　第463冊
(清)翁清撰
清咸豐七年刻本
化柔堂集二十六卷　第463冊
(清)陳淦撰
清同治六年化柔堂刻本
雲根老屋詩鈔十二卷　第463冊
(清)羅嘉蓉撰
清光緒十四年寶安刻本
六太居士集五卷　第463冊
(清)康國熺撰
清光緒十一年學院前心簡齋刻本

六太居士遺稿一卷 第463冊
(清)康國熺撰
清同治六年雙門底尚文齋刻本
東岸草堂文鈔一卷 第463冊
(清)廖亮祖撰
清光緒三年東岸草堂刻本
睫巢吟草一卷 第463冊
(清)廖松撰 清張維屏批校
稿本
淡香吟館詩鈔四卷 第463冊
(清)楊康撰
清光緒間刻本
入夢紀詩集四卷 第463冊
(清)勞仰之撰
清刻本
富文書舍宦遊草一卷附新舊詩草餘稿一卷 第463冊
(清)李鳳翎撰
清光緒間富文書舍刻本
委懷書舫遺草二卷 第463冊
(清)李保孺撰
清同治九年刻本
香夢春寒館詩鈔五卷 第463冊
(清)陳春榮撰
清咸豐間刻本
東塾集六卷附申范一卷 第463冊
(清)陳澧撰
清光緒十八年菊坡精舍刻本
舊時文不分卷 第464冊
(清)陳澧撰
稿本
雙桐圃詩鈔四卷 第464冊
(清)潘恕撰
清同治三年刻本
梅花集古詩二卷 第464冊
(清)潘恕撰
清光緒七年刻本
靈洲山人詩録六卷 第464冊
(清)徐灝撰
清同治三年粤東省城龍藏街萃文堂刻本
紅荔山房吟稿二卷 第464冊
(清)唐金華撰
清咸豐十年江門臨江閣刻本
誦芬堂詩草不分卷 第464冊
(清)羅廷琛撰
清光緒二十三年穗城刻本
半村草堂文鈔一卷 第464冊
(清)黎如瑋撰
清鈔本
劬書室遺集十六卷 第464冊
(清)金錫齡撰
清光緒二十一年刻本
今夕盦詩鈔一卷題畫詩一卷 第464冊
(清)居巢撰
清光緒二十六年刻本
三十六村草堂詩鈔三卷 第464冊
(清)潘定桂撰
清道光間刻本
睫巢文薈一卷 第464冊
(清)潘定桂撰
稿本
緑篠山房詩二卷 第464冊
(清)胡斯球撰
清道光間刻本
鉛刀集四卷首一卷 第464冊
(清)徐台英撰
清光緒九年刻本
足吾好齋詩鈔六卷凝香集一卷 第464冊
(清)葉應銓撰
清咸豐六年足吾好齋刻本
養和堂詩鈔一卷 第465冊
(清)蔡球撰
清刻本
海陀華館詩偶存不分卷 第465冊
(清)何若瑤撰
稿本
南遊賸稿一卷 第465冊
(清)張槐撰
清光緒二十八年龍江張氏刻本
宛湄書屋遺詩前集二卷後集二卷附録一卷續録一卷 第465冊
(清)李光廷撰
清光緒八年刻本
宛湄書屋文鈔十一卷 第465冊
(清)李光廷撰
清光緒四年端溪書院刻本
目耕軒詩存一卷 第465冊
(清)李采中撰
清咸豐三年刻本
梅窩詩鈔三卷 第465冊
(清)陳良玉撰
清光緒元年刻本
芙蓉館遺稿一卷 第465冊
(清)史印玉撰
清同治光緒间刻本
仰蘧書屋詩稿一卷 第465冊
(清)岑灼文撰
清同治八年羊城富文齋刻本
用晦草堂詩不分卷 第465冊
(清)李樹恭撰
清鈔本
用晦草堂駢文不分卷 第465冊
(清)李樹恭撰
清鈔本
小南海集詩鈔二卷 第465冊
(清)徐同善撰
清同治五年刻本
小南海遺文一卷附抗月吟社詩鈔一卷 第465冊
(清)徐同善撰
清光緒間刻本
譚風月軒詩鈔一卷 第465冊
(清)徐同善撰
稿本
談風月軒詩鈔一卷 第465冊
(清)徐同善撰
稿本
連居閣吟草四卷 第465冊
(清)黃禧撰
清光緒間刻本
安事一室吟草四卷 第465冊
(清)譚瑀撰
清咸豐十一年省城西湖街富文齋刻本
集義軒詠史詩鈔六十卷 第466冊
(清)羅惇衍撰
清光緒元年刻本
羅文恪公遺集一卷試律一卷 第466冊
(清)羅惇衍撰
清刻本
退思軒詩存十卷 第466冊
(清)史澄撰
清鈔本
退思軒詩存一卷附椒花第頌一卷 第466冊
(清)史澄撰
清光緒九年刻本
紫藤館詩鈔一卷 第467冊
(清)梁九圖撰
清道光間刻本
庚園詩草二卷 第467冊

清光緒間羊城西關補過書屋刻本
匏庵存稿四卷 第475冊
(清)陳書撰
清同治八年刻本
味靈華館詩六卷 第475冊
(清)商廷煥撰
清宣統二年刻本
不慊齋漫存七卷 第475冊
(清)徐賡陛撰
清光緒八年南海官署刻本
渭南紅杏軒駢體序一卷 第476冊
(清)呂元勳撰
清光緒二年省城西湖街裕文堂刻本
課花吟館遺草一卷 第476冊
(清)劉沅芳撰
清同治十一年刻本
逢吉堂焚餘稿一卷 第476冊
(清)黄錫深撰
清光緒二十八年刻本
晦木軒稿一卷 第476冊
(清)桂壇撰
清光緒二十三年刻本
菊潭驪唱二卷 第476冊
(清)史悠履撰
清光緒二十八年刻本
紫荊吟館詩集四卷 第476冊
(清)曹秉哲撰
清光緒間刻本
紫荊吟館賦略一卷 第476冊
(清)曹秉哲撰
清光緒二十四年刻本
紫荊吟館試帖二卷 第476冊
(清)曹秉哲撰
清光緒十五年刻本
羅浮待鶴山人詩草二卷 第476冊
(清)鄭觀應撰
清光緒二十四年鉛印本
椒生詩草六卷續草三卷 第476冊
(清)王之春撰
清光緒十年刻本
清芬集二卷 第476冊
(清)潘譽徵撰
清宣統三年廣州刻本
佛岡宦輶詩一卷 第476冊
(清)朱寯瀛撰
清光緒三十年刻本
秋曉盦詩稿一卷 第476冊
(清)潘儀增撰
清鈔本
踽莽試帖六卷律賦二卷 第476冊
(清)潘衍桐撰
清光緒十五年刻本
霂盦遺稿一卷 第476冊
(清)潘衍鋆撰
清光緒十五年刻本
栘華書塾試帖二卷 第476冊
(清)潘元復 潘元瀚撰
清光緒十五年刻本
抱珍子道行原始詩集一卷 第476冊
(清)陳秀瓊撰
清光緒十三年刻本
嗣農遺詩一卷 第476冊
(清)何如銓撰
清鈔本
懺盦詩鈔二卷詞鈔一卷 第476冊
(清)沈澤棠撰
清光緒二十九年刻本
梅雪軒全集四卷 第476冊
(清)張寶雲撰
清光緒三十四年鉛印本
荔村草堂詩鈔十卷 第477冊
(清)譚宗浚撰
清光緒十八年羊城刻本
荔村草堂詩續鈔一卷 第477冊
(清)譚宗浚撰
清宣統二年京師刻本
希古堂文甲集二卷乙集六卷 第477冊
(清)譚宗浚撰
清光緒十六年羊城刻本
雲潔齋賦艸四卷試帖四卷 第477冊
(清)譚宗浚撰
清光緒二十一年羊城刻本
養騷蘭館詩存不分卷 第477冊
(清)邱長浚撰
清鈔本
求實用齋詩存一卷 第477冊
(清)勞伯言撰
清光緒二十七年刻本
小蘇齋詩鈔十二卷 第477冊
(清)劉燸芬撰
清光緒十九年刻本
粵軺集四卷 第477冊
(清)徐琪撰
清光緒二十年刻本
碧蘿仙館文編二卷 第477冊
(清)何祖濂撰
清鈔本
崔翰林遺集二卷 第477冊
(清)崔舜球撰
清光緒十四年刻本
張工部遺文不分卷 第477冊
(清)張嘉謝撰
清光緒十二年修梅書屋刻本
叢桂山房集二卷附録一卷 第478冊
(清)楊增暉撰 (清)楊秉 楊繡珍撰
附錄
清刻本
眺松閣詩鈔一卷 第478冊
(清)蔡愷撰
清光緒十九年刻本
務滋書室遺稿一卷 第478冊
(清)陳琪撰
暖姝軒詩選四卷 第478冊
(清)溫子顥撰
清刻本
綠綺閣詩鈔一卷 第478冊
(清)李佩珍撰
清光緒二十六年甘泉北軒刻本
惠盦詩稿一卷 第478冊
(清)潘敬撰
清宣統三年鉛印本
遺園詩集十六卷 第478冊
(清)徐樾撰
清光緒間成都閑存齋刻本
棣坨集四卷首一卷外集三卷 第478冊
(清)朱啓連撰
清光緒二十六年刻本
飯顆山房文鈔□□卷 第478冊
(清)郭紹康撰
清鈔本
且食蛤利齋詩稿十五卷 第478冊
(清)沈福田撰
清宣統元年鉛印本
葵誠草一卷 第478冊
(清)陳伯陶撰
稿本
素心蘭室詩鈔四卷外集三卷 第478冊
(清)陸應暄撰
清光緒二十六年刻本
悟徹草堂文鈔一卷 第478冊
(清)莫迺縉撰

清光緒二十五年刻本
寫趣軒近稿二卷舊稿三卷集陸别編一卷 第478册
(清)譚國恩撰
清光緒十九年鉛印本
寫趣軒續稿二卷附録一卷 第478册
(清)譚國恩撰
清光緒二十六年刻本
夢痕仙館詩鈔十卷 第478册
(清)張其淦撰
清光緒三十二年刻本
亦隱齋漫存一卷 第478册
(清)鍾青華撰
稿本
蕭齋餘事約刊□□卷 第478册
(清)蕭踆常撰
稿本
文壽閣詩鈔一卷 第478册
(清)羅慧卿撰
清宣統元年刻本
龍佩荃詩集一卷 第478册
(清)龍祝齡撰
稿本
康工部文不分卷 第478册
康有為撰
清鈔本
伯芷遺詩二卷 第478册
(清)梁朝澧撰
清光緒元年刻本
陳磬笙先生文稿四卷 第479册
(清)陳樹鏞撰
清鈔本
鄔道源先生遺書四卷 第479册
(清)鄔實珍撰
清宣統間刻本
在山草堂燼餘詩十四卷 第479册
(清)黄紹憲撰
清宣統三年鉛印本
鳴泉集二卷 第479册
(清)伍會同撰
清光緒十六年羊城西湖街富文齋刻本
香雪堂詩稿不分卷 第479册
(清)徐鑄撰
清鈔本
頤巢類藁詩三卷文一卷 第479册
(清)陶邵學撰
清宣統三年刻 民國八年粵東省城學院前翰元樓補刻本
鄴崖詩稿三卷 第479册
(清)何藻翔撰
稿本
晉專宋瓦室類稿五卷 第479册
(清)桂坫撰
清光緒二十四年刻本
五山艸堂初編二卷 第479册
(清)龍令憲撰
清光緒三十四年刻本
閟翠山房吟草不分卷 第479册
(清)邱誥桐撰
稿本
倚劍樓詩草七卷 第479册
(清)黄景棠撰
清光緒間刻本
樵山集一卷 第479册
(清)潘譽恩撰
清光緒十九年瓶守堂刻本
瓶守堂詩鈔二卷 第479册
(清)潘譽恩撰
清光緒三十四年刻本
東游詩記一卷 第479册
(清)金保權撰
清光緒三十一年刻本
小雅樓詩集八卷遺文二卷首一卷 第479册
(清)鄧方撰
清光緒二十六年廣州刻本
蘊香山房詩鈔一卷 第479册
(清)梁綺石撰
清光緒六年刻本
梅花館吟卷不分卷 第479册
(清)林象鑾撰
清鈔本
港澳旅遊艸一卷 第479册
(清)梁喬漢撰
清光緒二十六年省城藏珍閣刻本
倚雲樓詩鈔一卷 第479册
(清)劉月娟撰
清鈔本

集部總集類

第五十七輯

雅音會編十二卷 第480册
(明)康麟輯
明嘉靖二十四年瀋藩勉學書院刻本
六藝流别二十卷 第480册
(明)黄佐輯
明嘉靖四十一年寶書樓刻本
唐音類選二十四卷拾遺一卷 第480册
(明)潘光統輯
明嘉靖四十三年刻本
古今律吕考一卷詩人名氏一卷 第481册
(明)黄佐撰
明音類選十二卷 第481册
(明)黄佐 黎民表輯
明嘉靖三十七年潘光統刻本
五律英華八卷 第481册
(清)王隼編
清康熙間刻本
文苑綜雅十八卷 第481册
(清)王隼輯
清康熙間刻本
古詩雪一卷 第481册
(清)鍾啓韶輯
清嘉慶十六年刻本
文行集六卷補一卷 第482－483册
(清)衛廷珙輯
清映雪軒刻本
唐人賦鈔六卷 第483册
(清)邱先德輯
清同治七年粵東翰寶樓刻本
玉尺樓賦選五卷 第483册
(清)趙鳳儀輯
清嘉慶七年玉尺樓刻本
廣三百首詩選二卷 第483册
(清)黄培芳輯
清黄氏嶺海樓鈔本
律詩鈔十二卷 第483册
(清)黄培芳輯
清鈔本
唐賢三昧集箋註三卷 第484册
(清)王士禛選 (清)黄培芳評
清光緒九年翰墨園朱墨套印本
師友集七十四卷 第484册
(清)陳曇編
清鈔本
文選拾遺八卷 第484册
(清)朱銘輯
清光緒十八年刻本
正雅集摘鈔一卷 第484册
(清)陳澧 胡斯鎛輯
清咸豐九年省城西湖街富文齋刻本

巽蘭詩鈔一卷 第484冊
(清)郭鳳堯編
清道光十七年刻本
古賦首選一卷 第484冊
(清)梁夔謨輯
清同治八年梁鏡古堂刻本
蘇文忠公詩集擇粹十八卷 第484冊
(清)紀曉嵐批 (清)趙古農輯
清嘉慶二十二年刻本
古詩流選三卷補編一卷 第484冊
(清)趙古農輯
清道光間文畬堂刻本
香雪齋帖體詩注八卷 第485冊
(清)陳元驥輯
清光緒七年刻本
試帖繪聲一卷 第485冊
(清)漆葆熙輯
清鈔本
貽令堂分體詩鈔二十六卷 第485冊
(清)劉燫芬編
稿本
桐城三家文鈔八卷 第485冊
(清)劉燫芬編
清光緒四年鈔本
樸學齋文鈔四卷 第485冊
(清)沈宗畸輯
清光緒三十四年鉛印晨風閣叢書本
戒纏足文鈔三卷 第485冊
(清)賴振寰輯
清光緒二十八年順德古榕書屋刻本
散文鈔一卷 第485冊
(清)□□輯
清鈔本
文章雜鈔一卷 第485冊
(清)□□輯
清鈔本
駢林摘豔五十卷 第486冊
(清)胡又安輯
清光緒十八年廣州石經堂石印本
皇朝經世文新編二十一卷 第486冊
(清)麥仲華輯
清光緒二十四年上海書局石印本
詩料類編二十八卷 第486－487冊
(清)張保年輯
清鈔本
嶺南文獻三十二卷 第487－489冊
(明)張邦翼輯
明萬曆四十三年至四十四年刻本
嶺南文獻軌範補遺六卷 第489冊
(明)楊瞿崍輯
明刻本
廣東文集□□卷 第489冊
(清)屈大均輯
清康熙間刻本
廣東文選四十卷 第489－490冊
(清)屈大均輯
清康熙二十六年三閭書院刻本
廣東文獻初集十八卷二集九卷三集十七卷四集二十六卷 第490－492冊
(清)羅學鵬輯
清嘉慶間順德春暉堂刻本
嶺南五朝詩選三十七卷 第492冊
(清)黃登輯
清康熙三十九年刻本
廣東詩粹十二卷補編一卷 第493冊
(清)梁善長輯
清乾隆十二年達朝堂刻本
嶺南風雅三卷 第493冊
(清)陳蘭芝輯
清乾隆間刻本
粵東詩海一百卷補遺六卷 第494－495冊
(清)溫汝能輯
清嘉慶十八年文畬堂刻本
粵東觀海集六卷 第496冊
(清)李調元編
清刻本
粵風四卷 第496冊
(清)李調元輯
清刻本
嶺南群雅初集三卷二集三卷 第496冊
(清)劉彬華輯
清嘉慶十八年玉壺山房刻本
嶺南鼓吹八卷 第496冊
(清)曾文錦 陳觀光編
清嘉慶二十年晚香圃刻本
粵東黎獻集一卷 第496冊
(清)楊永斌輯
清刻本
嶺南倡和詩一卷 第496冊
(清)楊懋建輯
清同治三年刻本
珠江酬唱集一卷 第496冊
(清)赤竹村人編
清光緒二十五年羊城寶珍樓刻本
楚庭耆舊遺詩前集二十一卷後集二十一卷續集三十二卷 第497冊
(清)伍崇曜輯
清道光二十三年至三十年南海伍氏刻本
嶺表詩傳十六卷 第497冊
(清)梁九圖 吳炳南輯
清道光間順德梁氏紫藤館刻本
粵東文海六十六卷 第498－500冊
(清)溫汝能輯
清嘉慶十八年文畬堂刻本
國朝嶺南文鈔十八卷 第500冊
(清)陳在謙評輯
清道光間學海堂刻本
嶺南文存一卷 第500冊
清刻本
廣中五先生詩集二卷附刻五卷 第500冊
(明)談愷輯
明嘉靖三十六年刻本
廣州四先生詩集四卷 第500冊
清鈔本
南園前五先生詩五卷後五先生詩二十五卷 第501冊
(清)陳璞編
清同治九年南海陳氏樵山草堂刻本
南園花信詩一卷 第501冊
(明)黎遂球撰
嶺南三大家詩選二十四卷 第501冊
(清)王隼輯
清康熙間滌廬刻本
嶺南四家詩鈔四卷 第501冊
(清)劉彬華輯
清嘉慶十八年刻本
粵東七子詩六卷 第501冊
(清)盛大士輯
清道光二年刻本
粵十三家集一百九十一卷 第501－503冊
(清)伍崇曜輯
清道光二十年南海伍氏詩雪軒刻本
粵東三子詩鈔十四卷 第503冊
(清)黃玉階編
清道光二十二年廣州刻本
南園寄社詩草二卷 第504冊
(清)許應銑輯
清同治八年刻本
寄南園二子詩鈔四卷 第504冊
(清)許應鑅編

清同治十三年刻本
清泉精舍小志一卷 第504冊
(明)黎民表輯
明隆慶三年刻本
春秋佳日詩鈔一卷 第504冊
(清)劉嘉謨輯
清道光二十五年蘭言書室刻本
越臺輿頌一卷 第504冊
清刻本
兩廣總督耆英回京送行詩册一卷 第504冊
清鈔本
羊城竹枝詞二卷紅樓夢竹枝詞一卷 第504冊
(清)吟香閣主人編
清光緒三年吟香閣刻本
西關集不分卷 第504冊
清鈔本
嶺南即事十集 第504冊
清光緒二十八年粤東學院前麟書閣刻本
嶺南即事雜詠六集 第504冊
清粤東學院前守經堂刻本
珠江送别詩一卷 第504冊
(清)馮兆年輯
清光緒間刻本
杏莊題詠初集四卷二集二卷三集六卷四集五卷五集一卷杏林莊修禊集三卷杏林莊杏花詩四卷 第504冊
(清)鄧大林輯
清羊城學院前藝芳齋刻本
粤臺秋唱一卷 第504冊
清光緒三十二年鉛印本
後南園詩課一卷 第504冊
(清)黄映奎等輯
清宣統三年羊城内西湖街墨寶樓朱印本
黄花晚節圖題詞一卷續一卷 第504冊
(清)黄榮康輯
清光緒二十八年黄雲礽堂刻 民國十一年補刻本
因竹齋合集二卷 第504冊
(清)黄呈蘭 陳應淮編
清刻本
方氏一家言不分卷 第504冊
(清)方秋白編
清乾隆十二年刻本

友聲集一卷 第504冊
(清)葉應銓編
清咸豐間刻本
同門四家詩鈔四卷 第505冊
(清)張燮輯
清道光十六年刻本
白雲洞詩卷一卷 第505冊
清刻本
朱氏傳芳集八卷首一卷 第505冊
(清)朱次琦輯
清咸豐十一年刻本
雙節堂詩存四卷首一卷 第505冊
(清)陳霖澤 陳華澤編
清道光十七年刻本
梅關步武圖詠不分卷 第505冊
(清)伍長青輯
清道光十八年刻本
崇祀節孝詩二卷 第505冊
(清)横沙招留香堂輯
清咸豐三年羊城學院前傅經堂刻本
芸香草堂雅集唱和詩一卷 第505冊
(清)馮樹勳編
清咸豐九年南海馮氏芸香草堂刻本
庚申修禊集不分卷 第505冊
(清)李長榮 譚壽衢輯
清咸豐十年省城龍藏街萃文堂刻本
柳堂師友詩録不分卷 第505－506冊
(清)李長榮輯
清同治二年羊城西湖街富文齋刻本
壽蘇集初編一卷 第506冊
(清)李長榮輯
清光緒元年羊城西湖街富文齋刻本
枕泉仙館賦鈔一卷詩鈔一卷 第506冊
(清)葉藹生輯 (清)楊榮緒評
清咸豐四年刻本
步蘇唱和集一卷 第506冊
(清)勞實勝等輯
清光緒二十二年刻本
蓮峰賦鈔二卷首一卷 第506冊
(清)霍履初編
清同治三年刻本
聊閑緣軒詩鈔一卷 第506冊
(清)簡熊飛輯
清同治十年刻本
聊閑緣軒詩一卷樵山銀兒墓志一卷 第507冊
(清)簡熊飛編

清刻本
蔬筍廬詩略一卷韶石詩存一卷 第507冊
(清)潘飛聲 邱誥桐編
清光緒二十六年邱園刻本
紀風七絕二十一卷 第507冊
(清)梁九圖輯
清光緒十九年刻本
番禺屈氏家集十三卷 第507冊
清鈔本
番禺黎氏存詩彙選二十一卷 第507冊
(清)陳恭尹輯
清康熙三十三年黎延祖刻本
黄牡丹狀元故事四卷 第507冊
(清)亦吾廬輯
清同治二年拜鵑草堂影鈔本
鵬摶家塾並蒂白蓮詩一卷 第507冊
(清)陳汝楨輯
清光緒十三年香港中華印務總局鉛印本
常蔭軒詩社萃雅一卷 第507冊
(清)潘正衡輯
清嘉慶間古藤書屋刻本
沙溪洞八景詩一卷王樂寺八景詩一卷 第507冊
(清)張維屏輯
清咸豐八年王樂寺刻本
小山園題詠一卷 第507冊
(清)梁綸恩輯
清咸豐間刻本
馮氏清芬集三卷 第507冊
(清)馮詢輯
清光緒元年上海権署刻本
浴日亭次韻詩一卷續編一卷再續編一卷補編一卷 第507冊
(清)金菁茅輯
清道光十八年刻本
得壽圖題詠一卷嘯月琴館壽言一卷 第507冊
(清)劉侗壽等編
清光緒十五年刻本
瑶溪二十四景詩二卷 第507冊
(清)楊永衍編
清光緒間刻本
草色聯吟二卷 第507冊
(清)楊永衍輯
清光緒十三年廣州楊氏古雪樓刻本
石樓八景詩一卷 第507冊

(清)陳龍韜等輯
清道光二十一年刻本
露波樓詩鈔一卷附倚雲山館詩一卷 第508冊
(清)張耀杓編
清光緒二十年刻本
薪荷集七卷 第508冊
(清)謝家杰輯
清道光咸豐間刻本
清華唱和集一卷 第508冊
(清)許應鑅編
清光緒間刻本
壽人雅韻一卷 第508冊
(清)鍾德祥編
清光緒三十一年馮氏先春池館刻本
蘿峰紀略一卷 第508冊
(清)鍾鳳編
清光緒間刻本
馮氏家集詩四卷 第508冊
清咸豐十年馮光裕堂刻本
舊雨聯吟一卷 第508冊
(清)葉衍蘭編
清光緒十四年秋夢盦刻本
番禺潘氏詩略不分卷 第508冊
(清)潘儀增編
清光緒二十年刻本
鴻雪留題集一卷 第508冊
(清)劉釗等編
清光緒三十四年羊城西湖街超華齋刻本
椒花繼頌詩鈔二卷 第508冊
(清)史久鑑編
清光緒三十四年刻本
柳塘詩鈔前集四卷後集二十六卷 第508冊
(清)溫汝适等編
清嘉慶間刻本
見山堂全集□□卷 第509冊
(清)溫子顥等編
清同治光緒間順德龍山溫氏刻本
聽潮吟館唱和詩録初刻一卷二刻一卷 第509冊
(清)張青選編
清嘉慶間刻本
詠梅集古三十首一卷 第509冊
(清)劉杰輯
清嘉慶道光間省城西湖街效文堂刻本
榕陰唱和集一卷閩中賦別詩一卷 第509冊
(清)梁植榮輯
清咸豐十年刻本
靈巖八詠一卷 第509冊
(清)胡斯錞編
清道光十四年問春亭刻本
攬芳園詩鈔二卷 第509冊
(清)譚楷輯
清道光二十八年順德龍江成章堂刻本
吳氏家集三十卷 第509冊
(清)吳梯編
清道光二十九年刻本
哀蟬集四卷 第509冊
(清)譚甡等編
清咸豐十一年養晦齋刻本
江村題襟集三卷 第510冊
(清)蘇時學選
清同治四年刻本
蓺黍堂唱和詩鈔四卷首一卷 第510冊
(清)黃文之編
清光緒七年大良耕畬堂刻本
黃岡留別唱酬詩一卷 第510冊
(清)朱瑞祺編
清光緒十三年粵東省城西湖街富文齋刻本
遂初樓同人集□□卷 第510冊
(清)梁進祥輯
清刻本
容山鵬賢詩社彙草一卷 第510冊
(清)陳壽清輯
清光緒二十七年廣東省城十七甫翰章印務局鉛印本
邱園八詠一卷 第510冊
(清)邱誥桐輯
清光緒十九年邱園刻本
竹灣題贈録二卷 第510冊
(清)甯淇瀾輯
清道光七年東莞萬竹山房刻本
義馬唱和詩一卷義馬詩一卷 第510冊
(清)張璐編
清刻本
寶安詩正續集十二卷 第510冊
(清)羅嘉蓉輯
清鈔本
君去有家歸詩冊一卷 第510冊
(清)黎廷輔輯
清光緒三十三年鉛印本
東莞三逸合稿三卷 第510冊
(清)黃佛頤編
清宣統三年粵東編譯公司鉛印本
夢醒芙蓉集三卷 第510冊
(清)蘇澤東輯
清光緒二十五年東莞蘇氏祖坡吟館刻本
詠張貞女詩集一卷詠關貞女詩集一卷 第510冊
(清)蕭錦洲輯
清光緒二十八年刻本
瑤谿事文紀略二卷瑤谿古賴詩鈔二卷瑤谿古賴社詩一卷 第510冊
(清)吳瑞輯
清道光六年雅洲草堂刻本
流光別墅聯吟詩集三卷流光別墅聯吟一卷 第510冊
(清)黃鍾和 黃位中輯
清光緒十五年省城西湖街成文堂刻本
肄城輿頌一卷增江輿頌一卷 第510冊
(清)龍泉等輯
清光緒間粵東省垣森寶閣鉛印本
岡州遺稿六卷 第510冊
(清)顧嗣協編
清道光二十三年松溪精舍刻本
續岡州遺稿八卷增岡州遺稿一卷 第511冊
(清)言良鈺編
清道光二十二年松溪精舍刻本
鄧氏納楹書屋存稿二十二卷 第511冊
鄧又同輯
稿本
欖山花谿詩鈔初集不分卷 第512冊
(清)何大猷等輯
清道光十二年刻本
欖溪何氏詩徵九卷 第512冊
(清)何天衢編
清道光十一年大小山房刻本
續刻欖溪何氏詩徵三卷 第512冊
(清)何天衢編
清道光二十三年大小山房刻本
蔄溪羅竹坡先生遊草一卷 第512冊
(清)李兆田等編
清光緒間省城學院前九曜坊文經堂刻本
待鶴山人七秩唱和詩集一卷 第512冊

(清)何卓勳編
清宣統二年上海著易堂鉛印本
香山欖溪菊會詩集一卷 第 512 册
(清)香山欖溪菊會編
清西湖街藏珍閣刻本
陔蘭乞言集一卷 第 512 册
(清)李翰芬輯
清光緒二十五年刻本
甯陽詩存六卷外編一卷 第 512 册
(清)趙天錫輯
清光緒二十一年明善社刻本
甯陽學存一卷雜存二卷 第 512 册
(清)趙天錫輯
清光緒二十六年廣州明善社刻本
學海堂初集十六卷 第 512 册
(清)阮元編
清道光五年啓秀山房刻本
學海堂二集二十二卷 第 512－513 册
(清)吴蘭修編
清道光十八年啓秀山房刻本
學海堂三集二十四卷 第 513 册
(清)張維屏編
清咸豐九年啓秀山房刻本
學海堂四集二十八卷 第 513－514 册
(清)陳澧 金錫齡編
清光緒十二年啓秀山房刻本
菊坡精舍集二十卷 第 514 册
(清)陳澧編
清光緒二十三年羊城西湖街富文齋刻本
粵閫唱和集一卷 第 515 册
(清)劉湝年編
清同治十二年羊城西湖街富文齋刻本
粵閨詩彙六卷 第 515 册
(清)潘飛聲等編
清同治至民國元年刻本
法性禪院倡和詩六卷續集六卷 第 515 册
(清)周大樽編
清康熙間蒼蔔樓刻本
海雲禪藻集四卷 第 515 册
(清)徐作霖等編
清道光十年粵省西湖街博文齋刻本
春鴻集一卷 第 515 册
清鈔本
粵閫唱和集不分卷 第 515 册
(清)丁秉賢編
清道光二十四年西湖街效文堂刻本
粵闈餘事一卷 第 515 册
(清)孫福清輯
清同治九年廣州寶翰樓刻本
粵闈餘事二編一卷 第 515 册
(清)孫福清輯
清同治十三年望雲仙館刻本
批註分法試帖指南四卷 第 515 册
(清)鄧汝康編
清光緒十三年粵東翰文堂刻本
約選墨中四卷 第 515 册
(清)梁夔譜編
清同治間雙門底聚文堂刻本
康熙三十五年丙子科廣東鄉試墨卷一卷 第 515 册
清康熙間刻本
同治癸酉科擬墨一卷廣東闈墨一卷 第 515 册
清同治十二年聚奎堂刻本
廣東鄉試硃卷不分卷 第 516 册
清光緒間刻本
廣東鄉試硃卷不分卷 第 516 册
清刻本
光緒己丑恩科廣東闈墨一卷 第 516 册
清光緒十五年聚奎堂刻本
光緒辛卯科廣東闈墨一卷 第 516 册
清光緒十七年聚奎堂刻本
光緒擬墨一卷廣東闈墨一卷 第 516 册
清光緒間刻本
光緒丁酉科廣東闈墨一卷 第 516 册
清光緒二十三年聚奎堂刻本
兩廣鄉試硃卷不分卷 第 516 册
清刻本
光緒癸巳恩科廣東五魁文章一卷 第 516 册
清光緒十九年聚奎堂刻本
新藝發硎十二卷 第 516 册
(清)經史閣編
清光緒二十九年廣州雙門底上街經史閣刻本

集部詩文類評類

第五十八輯

詩藪續編二卷 第 517 册
(明)胡應麟撰 (清)李文田批注
明萬曆四十六年江湛然刻少室山房四集本
冷邸小言一卷 第 517 册
(明)鄧雲霄撰
清道光二十七年東莞鄧氏刻本
春秋詩話五卷首一卷 第 517 册
(清)勞孝輿撰
清乾隆間張汝霖刻本
東坡和陶合箋四卷陶詩彙評四卷 第 517 册
(清)温汝能纂訂
清嘉慶十一年刻本
小匡說詩八卷 第 517 册
(清)梁邦俊撰
清道光間刻本
讀杜姑妄三十六卷 第 517－518 册
(清)吳梯撰
清咸豐四年刻本
香石詩話四卷 第 518 册
(清)黄培芳撰
清嘉慶十五年嶺海樓刻本
詩法舉要不分卷文附一卷 第 518 册
(清)黄培芳撰 (清)黄應奎輯
清咸豐四年刻本
粵嶽草堂詩話二卷 第 518 册
(清)黄培芳撰
清宣統二年鉛印繡詩樓叢書本
橡坪詩話十二卷 第 518 册
(清)方恒泰撰
清道光間刻本
陶詩編年一卷 第 518 册
(清)陳澧撰
清鈔本
退菴詩話十二卷 第 519 册
(清)何日愈撰
清光緒九年刻本
雪廬詩話一卷 第 519 册
(清)賴學海撰
清光緒十八年邱園刻本
詩學要言三卷耕雲別墅詩話一卷 第 519 册
(清)鄔啓祚撰
清宣統間刻本
立德堂詩話一卷 第 519 册
(清)鄔以謙撰
清宣統間刻本
緝雅堂詩話二卷 第 519 册
(清)潘衍桐撰
清光緒十七年杭州刻本
射鷹樓詩話二十四卷 第 519 册
(清)林昌彝撰

清咸豐元年刻本
十二石山齋詩話十卷 第519冊
(清)梁九圖撰
清道光二十六年梁氏十二石山齋刻本
詩話新編四卷 第519冊
(清)倪鴻輯
清光緒十四年東塾草堂刻本
詩學講習所講義録 第519冊
黃節輯
清宣統二年粵東編譯公司鉛印本
集部詞類
第五十九輯
文溪詞一卷 第520冊
(宋)李昴英撰
清光緒十四年錢塘汪氏刻宋名家詞本
覆瓿詞一卷 第520冊
(宋)趙必瑑撰
清光緒間臨桂王氏四印齋刻本
聽松廬詞鈔四卷 第520冊
(清)張維屏撰
清刻本
桐花閣詞一卷首一卷補遺一卷 第520冊
(清)吳蘭修撰
清宣統至民國間刻番禺汪氏微尙齋本
劍光樓詞一卷 第520冊
(清)儀克中撰
清咸豐十年半畊草堂刻本
月波樓琴言三卷 第520冊
(清)陳其錕撰
清咸豐六年刻本
花影吹笙詞鈔二卷小遊仙詞一卷 第520冊
(清)葉英華撰
清光緒三年羊城刻本
憶江南館詞一卷 第520冊
(清)陳澧撰
清宣統至民國間刻番禺汪氏微尙齋本
攓雲閣詞一卷 第520冊
(清)徐灝撰
清宣統三年南京刻本
今夕菴烟語詞一卷 第520冊
(清)居巢撰
清咸豐四年刻本
看山樓詞二卷 第520冊
(清)馮永年撰
清光緒六年刻本
席月山房詞一卷 第520冊
(清)桂文燿撰 (清)陳澧批校
清鈔本
秋夢盦詞鈔二卷詞續一卷再續一卷 第520冊
(清)葉衍蘭撰
清光緒間羊城刻本
楞華室詞鈔二卷 第520冊
(清)沈世良撰
清咸豐四年刻本
倚銅琶館詞鈔一卷 第520冊
(清)溫子顥撰
稿本
荔灣漁笛不分卷 第520冊
(清)黃炳堃撰
稿本
飲瓊漿館詞一卷 第520冊
(清)潘飛聲撰
清光緒三十四年至宣統三年鉛印晨風閣叢書本
花笑樓詞四卷 第520冊
(清)楊其光撰
清宣統元年刻繡詩樓叢書本
碧琳腴館詞鈔一卷 第520冊
(清)鄭權撰
清光緒二十六年刻本
粵東詞鈔不分卷 第520冊
(清)許玉彬 沈世良輯
清道光二十九年羊城學院前藝芳齋刻本
粵東詞鈔二編一卷 第520冊
(清)楊永衍輯
清光緒十九年刻本
粵東詞鈔三編一卷 第520冊
(清)潘飛聲輯
清光緒十九年刻本
粵東三家詞鈔三卷 第520冊
(清)葉衍蘭輯
清光緒二十二年刻本
今詞綜四卷 第520冊
(清)沈宗畸輯
清光緒三十四年至宣統三年鉛印晨風閣叢書本
白香詞譜箋四卷 第520冊
(清)舒夢蘭輯 (清)謝朝徵箋
清光緒十一年刻本
懺盦詞話一卷 第520冊
(清)沈澤棠撰
清宣統三年刻本
隋唐五代墓誌匯編
吳樹平 吳寧歐編
一九九一至一九九二年天津古籍出版社
三十冊
洛陽卷
洛陽古代藝術館編 陳長安主編
河南卷
郝本性主編
陝西卷
王仁波主編
北京卷附遼寧卷
吳樹平 趙超 傅洋 張寧主編
北京大學卷
胡海帆 孫蘭風主編
河北卷
河北省文物研究所墓誌編輯組編 孟繁峰 劉超英主編
山西卷
張希舜主編
江蘇山東卷
蕭夢龍等主編
新疆卷
王炳華 穆舜英主編
中國西南地區歷代石刻匯編
重慶市博物館編
一九九八年天津古籍出版社
二十冊
書目答問補正(批注本)
(清)張之洞著 范希曾補正 王伯祥批注
二〇〇八年國家圖書館出版社
一冊
中華文化遺産研究院藏西域文獻遺珍
赫俊紅主編 中華文化遺産研究院編
二〇一一年北京中華書局
一冊
關沮秦漢墓簡牘
湖北省荊州市周梁玉橋遺址博物館編
二〇〇一年北京中華書局
一冊
二十世紀出土璽印集成
周曉陸主編
二〇一〇年北京中華書局
三冊
中國石窟圖文志
敦煌研究院編 盧秀文編著
二〇〇二年敦煌文藝出版社

三冊
龔望臨封龍山碑 臨石門頌碑
龔望
綫裝書局
三冊一函
近出殷周金文集錄
劉雨 盧岩編著
二〇〇二年中華書局
四冊
近出殷周金文集錄二編
劉雨 嚴志斌編著
二〇一〇年中華書局
四冊
秦晉豫新出墓誌蒐佚
趙君平 趙文成編
二〇一二年北京國家圖書館出版社
四冊
龍門區系石刻文萃
張乃翥輯
二〇一一年北京國家圖書館出版社
一冊
錢鏡塘藏明代名人尺牘
錢鏡塘輯
二〇〇二年上海古籍出版社
六冊
東漢刑徒磚攟存
王木鐸 王沛著
二〇一一年北京國家圖書館出版社
一冊
遼陵石刻集錄
一九九二年北京全國圖書館文獻縮微複製中心
一冊
中國文獻珍本叢書
武威漢簡
甘肅省圖書館 中國科學院考古研究所編
二〇〇五年北京中華書局
一冊
考古學專刊 乙種第十二號
崇陵病案
(清)力鈞
一九九八年北京學苑出版社
二冊一函
張政烺批注西周金文辭大系考釋
張政烺著 朱鳳瀚等整理
二〇一一年北京中華書局
三冊一函
上海圖書館藏明清名家手稿
上海圖書館編
二〇〇六年上海古籍出版社
二冊一函
田藏契約文書粹編
田濤 (美)宋格文 鄭秦主編
二〇〇一年北京中華書局
三冊三匣
甘肅出土魏晉唐墓壁畫
俄軍 鄭炳林 高國祥主編 甘肅省古籍文獻整理編譯中心等編
二〇〇九年蘭州甘肅大學出版社
三冊兩匣
樓蘭漢文簡紙文書集成
侯燦 楊代欣編著
一九九九年成都天地出版社
三冊一匣
居延新簡
甘肅省文物考古研究所 甘肅省博物館 中國文物研究所 中國社會科學院歷史研究所編
一九九四年北京中華書局
二冊一匣
中國藏西夏文獻
史金波 陳育寧等編
二〇〇五年蘭州敦煌文藝出版社
二十冊二十匣
西夏方塔出土文獻
羅丰主編
二〇〇六年蘭州敦煌文藝出版社
二冊二匣
殷墟甲骨刻辭類纂
姚孝遂主編
一九八九年北京中華書局出版二〇一一年重印本
全三冊
殷墟甲骨刻辭摹釋總集
姚孝遂主編
一九八八年北京中華書局出版二〇一一年重印本
全二冊
二十世紀中國古舊書業資料叢刊
上海圖書公司編
二〇〇八年揚州廣陵書社
全十二冊
古舊書訊(1979－1989年) 第1－3冊
上海古籍書店古籍標價目錄(編號7922－8912) 第3冊
上海古籍書店古籍標價目錄(編號0010－1060) 第4冊
上海古籍書店古籍標價目錄(編號4000－4995) 第4冊
上海古籍書店古籍標價目錄(編號2998－3010) 第5冊
上海古籍書店古籍標價目錄(編號5000－6000) 第5冊
上海古籍書店古籍標價目錄(編號1060－2998) 第5冊
上海古籍書店古籍標價目錄(編號4040－9990) 第6冊
上海古籍書店古籍標價目錄(編號7010－8050) 第6冊
古籍刻印業務資料(1964年) 第6冊
上海書業同業公會歷屆組織章程(1874－1935年) 第6冊
上海書店卡片目錄(第一部分) 第7冊
上海書店卡片目錄(第二部分) 第8冊
上海書店卡片目錄(第三部分) 第9冊
抗戰時期出版圖書書目(1937－1945年)(第一輯) 第10冊
抗戰時期出版圖書書目(1937－1945年)(第二輯) 第10冊
中國書店三十年所收善本書目 第11冊
中國書店三十年所收善本書目補編 第11冊
北京市中國書店善本書目 第11冊
北京市處理反動、淫穢、荒誕圖書第一批書目(草案)甲、文字圖書 第11冊
北京市處理反動、淫穢、荒誕圖書第三批書目(草案)甲、文字圖書 第11冊
北京市處理反動、淫穢、荒誕圖書第三批書目(草案)乙、連環畫 第11冊
古舊書刊介紹 第11－12冊
金陵刻經處流通經典目錄 第12冊
解放後圖書收集價格目錄 第12冊
上海古籍書店編印古籍報價單(1965年1月) 第12冊
泰州市古舊書店圖書目錄(1964年3月) 第12冊
泰州市古舊書店圖書目錄(1963年12月) 第12冊
合肥古舊書店古籍書目(1964年7月) 第12冊
合肥古舊書店舊書、雜誌、畫冊、報紙簡

姚鵬圖撰
稿本
清華瑞安日記 第18冊
(清)華學瀾撰
稿本
南游雜誌 第19冊
楊治馨撰
稿本
六部纂修條例 第19冊
(明)佚名撰
明(1368－1644)鈔本
王公治績紀略一卷 第19冊
(清)樊澤達等撰
清康熙(1662－1722)刻本
太常寺續紀二十二卷 第20冊
(明)李日宣撰
明崇禎九年(1636)刻本
親政綸音 第20冊
(清)福臨撰
清(1644－1911)鈔本
德楞泰奏稿不分卷 第20冊
(清)德楞泰撰
清嘉慶(1796－1820)鈔本
未焚草二卷 第20冊
(明)王元翰撰
明萬曆三十九年(1611)刻本
少司空主一徐公奏議九卷 第20冊
(明)徐恪撰 邵寶編校
明嘉靖(1522－1566)刻本
桂州奏議八卷 第21冊
(明)夏言撰
明嘉靖二十五年(1546)刻本
濟勝一覽 第21冊
(明)侯應琛撰
明萬曆四十六年(1618)刻本
欽定方輿路程考略 第21－22冊
(清)汪士鋐等撰
清康熙(1662－1722)内府刻本
[雍正]南陵縣志十六卷首一卷 第22冊
(清)汪越等纂 宋廷佐等修
清雍正(1723－1735)刻本
[乾隆]續編路南州志四卷 第23冊
(清)史進爵修 郭廷選纂
清乾隆二十二年(1757)刻本
[萬曆]重修鎮江府志三十六卷圖一卷 第23冊
(明)王樵等纂修
明萬曆(1573－1620)刻本
[咸豐]重修滄州志稿 第24冊
(清)沈如潮等修 車友筠 葉圭綬等纂
稿本
三吳水利圖考四卷蘇松常鎮水利圖一卷 第24冊
(明)呂光海撰
明嘉靖四十年(1561)刻本
新編海内奇觀十卷 第24冊
(明)楊爾增輯
明萬曆三十七年(1609)夷白堂刻本
滿文熱河三十六景圖 第24冊
(清)沈崳繪
清(1644－1911)刻本
陽山志三卷 第24冊
(明)岳岱撰
明嘉靖九年(1530)顧元慶刻本
金山集二卷 第24冊
(明)釋圓濟編
明嘉靖至萬曆(1522－1620)刻本
遊西湖小紀一卷 第24冊
(明)浦祊撰
清乾隆五十八年(1793)張時沅鈔本
遊城南記一卷 第24冊
(宋)張禮撰
清康熙(1662－1722)鈔本
度隴記四卷 第24冊
(清)董醇撰
清咸豐元年(1851)稿本
渡海輿記一卷附裒海編一卷 第24冊
(清)佚名撰
清乾隆(1736－1795)鈔本
遊歷東洋逐日實記一卷 第25冊
劉書雲撰
稿本
金石著錄考一卷 第25冊
(清)翁大年撰
稿本
楊澥藏漢綏和鼎圖說一卷 第25冊
(清)楊澥撰
清道光十三年(1833)稿本
毛公鼎集釋 第25冊
(清)高鴻裁編
清宣統(1909－1911)稿本
清儀閣題跋 第25冊
(清)張廷濟撰
清道光(1821－1850)稿本
名蹟錄六卷附錄一卷 第25冊
(明)朱珪輯
清(1644－1911)鈔本
漢碑奇字考略 第26冊
(清)汪鋆編
清咸豐十年(1860)稿本
蜀中著作記十卷 第26冊
(明)曹學佺撰
明(1368－1644)刻本
海岱人文冊目一卷 第26冊
(清)王懿榮編
清光緒十七年(1891)稿本
聖諭講解錄 第26冊
(明)張福臻撰
明天啟二年(1622)刻藍印本
大學衍義節略十卷補略二十一卷 第26冊
(明)楊廉撰 王諍考註
明嘉靖四十一年(1562)刻本
大學衍義補集要 第26－29冊
(清)鄂珂輯
稿本
士翼四卷 第29冊
(明)崔銑撰 許槤校
明嘉靖(1522－1566)刻本
皇明三儒言行要錄十四卷 第29冊
(明)郜永春等輯
明隆慶二年(1568)刻本
疑獄集三卷 第29冊
(五代)和凝撰
清(1644－1911)鈔本
廣輯田家五行五卷 第29冊
佚名輯
半樵老人鈔本
便農占鏡三卷 第30冊
(清)蘇毓輝纂輯
清乾隆十八年(1753)稿本
玉機微義五十卷 第31冊
(明)徐用誠撰 劉純續增
明正統四年(1439)刻本
雲邁勝墨一卷 第31冊
楊壽枏撰
稿本
聽硯香館隨錄二卷 第31冊
(清)竹居氏輯
稿本
孟筱帆先生手稿 第32－34冊

(清)孟繼坤撰
稿本
藤花樓偶記八卷 第35冊
(清)朱樣編
謄清稿本
爲善陰騭十卷 第35冊
(明)朱棣撰
明(1368－1644)刻本
經書後語三卷 第35冊
(明)任瀛撰
明嘉靖二十九年(1550)刻本
晉陽隨筆八卷 第35冊
(清)金象豫撰
稿本
燕超堂隨筆八卷 第36冊
(清)吳孔貞輯
稿本
陳圖南先生河洛真數起例三卷易卦釋義二卷詩斷秘訣二卷 第36－37冊
(宋)陳摶 邵雍撰
明萬曆二十年(1592)刻本
卜法詳考四卷 第37冊
(清)胡煦輯
清乾隆(1736－1795)葆璞堂刻本
玄鈔類摘六卷 第37冊
(明)徐渭輯 陳汝元補註
清(1644－1911)鈔本
新編歷代草書韻海十卷 第37冊
(明)陳鼎新編 茅齊泰考補
明崇禎三年(1630)刻本
一家翰墨不分卷 第37冊
(清)李瀚章 李鴻章書
稿本
各家詩稿 第37冊
(清)朱琦等撰
稿本
蕭培元等詩稿不分卷 第37冊
(清)蕭培元等撰
稿本
易順鼎書札 第38冊
(清)易順鼎撰
稿本
賴古堂別集印人傳三卷 第38冊
(清)周亮工撰
清康熙十二年(1673)刻本
學古編一卷閒居錄一卷 第38冊
(元)吾邱衍撰
清乾隆四十二年(1777)竹素山房刻本
青州百問一卷通玄百問一卷 第38冊
(宋)釋辯 釋圓通問 釋覺 釋萬松答 林泉老人頌
明嘉靖三十六年(1557)刻本
佛果圜悟禪師擊節雪竇顯和尚拈古語要二卷 第38冊
(元)釋行秀校正
明景泰三年(1452)刻本
大藏一覽集十卷 第38冊
(明)陳實編
明永樂十七年(1419)刻宣德五年(1430)遞修本
顏魯公集輯覽不分卷 第39冊
(清)沈叔埏輯
稿本
杜律二註四卷 第39冊
(明)章美中輯
明嘉靖二十六年(1547)刻本
桃溪淨稿文集三十九卷 第39冊
(明)謝鐸撰
明嘉靖(1522－1566)刻本
桃溪淨稿詩集四十五卷 第40冊
(明)謝鐸撰
明嘉靖(1522－1566)刻本
康齋先生文集十二卷附錄一卷 第40冊
(明)吳與弼撰
明正德十年(1515)刻本
蔛堂摘稿十六卷 第40冊
(明)許應元撰
明嘉靖(1522－1566)刻本
白沙先生詩教解十五卷 第40冊
(明)陳獻章撰 湛若水注
明嘉靖(1522－1566)刻本
燕市集二卷 第40冊
(明)王穉登撰
明隆慶四年(1570)刻本
觀光詩集二卷助教侯先生詩集二卷文集四卷 第40冊
(明)侯復撰
清康熙(1662－1722)鈔本
虛齋蔡先生文集五卷 第41冊
(明)蔡清撰
明正德十六年(1521)刻本
太白山人詩五卷 第41冊
(明)孫一元撰
明嘉靖(1522－1566)刻本
北游漫稿文三卷 第41冊
(明)鄭若庸撰 汪良迪輯
明隆慶三年(1569)刻本
陽明先生文粹十一卷 第41冊
(明)王守仁撰
明嘉靖三十六年(1557)刻本
鄒東廓先生文選四卷 第41冊
(明)鄒善編 宋儀望校
明隆慶六年(1572)刻本
二谷山人集十卷 第41冊
(明)侯一元撰
明嘉靖(1522－1566)刻本
徐文靖公謙齋文錄四卷 第42冊
(明)徐溥撰
明(1368－1644)刻本
類博稿十卷附錄二卷 第42冊
(明)岳正撰
明嘉靖八年(1529)刻本
淨信堂初集八卷 第42冊
(明)釋智旭撰
明崇禎十五年(1642)刻本
歐陽恭簡公遺集二十二卷 第42冊
(明)歐陽鐸撰
明嘉靖(1522－1566)刻本
康泰乙詩稿不分卷 第42冊
(清)康乃心撰
稿本
然然居士詩稿 第42冊
(清)邊作桂撰
稿本
蘊山詩稿 第43冊
(清)永福撰
稿本
王文敏公經進稿不分卷 第43冊
(清)王懿榮撰
稿本
餘詩偶存 第43冊
(清)趙新撰
稿本
思貽令名齋詩稿不分卷 第43冊
(清)李士棻撰
稿本
德宗御製文稿一卷 第43冊
(清)愛新覺羅・載湉撰
稿本
三月柳二卷 第43冊
(清)周梓撰

清康熙二十七年汪氏喻義堂刻本
半研居題詠一卷 第107冊
(清)王宗鏐輯
清雍正七年楝花書屋刻本
曹李尺牘合選二卷 第107冊
(清)曹溶 李良年撰 茅複輯
清世德堂刻本
五言排律依永集八卷 第108冊
(清)張九鉞箋釋
清乾隆間刻本
海虞詩苑十八卷 第109－110冊
(清)王應奎輯
清乾隆二十四年刻本
白沙風雅八卷 第111冊
(清)張達輯
清雍正十年刻本
鐫太倉王氏音釋駱丞集十卷
第111－112冊
(唐)駱賓王撰 (明)王世貞注
明末書林詹聖謨刻本
重訂駱丞集六卷 第112冊
(唐)駱賓王撰 (明)黄蘭芳評
明萬曆三十年刻本
曾文定公全集二十卷首一卷末一卷
第113－117冊
(宋)曾鞏撰 (清)彭期編訂
清康熙三十二年彭期刻三十六年補刻本
浮溪遺集十五卷附錄一卷 第118冊
(宋)汪藻撰
清康熙七年汪士漢居仁堂刻本
止齋先生奥論七卷 第118－119冊
(宋)陳傅良撰 (明)帥機評
明崇禎八年刻本
遺山先生文集四十卷新樂府四卷補遺一卷附錄二卷 第120冊
(金)元好問撰
清康熙間無錫華希閔劍光閣刻本
巴西文集不分卷 第120冊
(元)鄧文原撰
清鈔本
北征詩集一卷北征錄三卷
第120－121冊
(明)金幼孜著 金應時編修
清光緒七年木活字本
兩谿文集二十四卷 第121冊
(明)劉球撰
清宣統二年守政書局木活字印本
何文肅公文集三十四卷外集一卷
第122－126冊
(明)何喬新撰
清咸豐間木活字印本
熊峰先生詩集七卷文集三卷 第127冊
(明)石珤撰
清康熙九年孫光曷刻本
陽明先生文錄三卷 第128冊
(明)王守仁撰
明刻本
袁永之集二十卷附一卷 第129－130冊
(明)袁袠撰
明嘉靖間刻本
宋布衣文集一卷詩集二卷清平閣倡和詩一卷 第131冊
(明)宋登春撰
清乾隆二十一年誠意堂刻本
明夏赤城先生文集二十三卷卷首一卷
第131－133冊
(明)夏鍭撰 趙方厓定 (清)夏鴻藻校
清光緒十九年夏氏木活字印本
蓬徑集一卷 第134冊
(清)蔣夢蘭撰
清康熙間刻本
雲起堂集十六卷 第134－135冊
(清)吳希哲撰
清順治間刻本
蓬亭偶存詩草十五卷餘草一卷 第136冊
(清)陳王猷撰
清康熙至雍正間刻道光二十六年補刻本
陳檢討集十二卷詩鈔十卷詞鈔十二卷
第137－139冊
(清)陳維崧撰 蔣景祁等選編
清康熙間天藜閣刻本
蕉畦存稿不分卷 第140冊
(清)王敔撰
清刻本
今有堂詩集四卷 第141冊
(清)程夢星撰
清雍正間刻本
綠筠軒詩集十二卷 第141冊
(清)王震龍撰 鄭恂等評
清康熙間稿本
孫芷鄰集十一卷首一卷 第142冊
(清)孫秉恩撰 譚定元評點
清嘉慶元年刻本
西巖詩集一卷附琴譜一卷 第143冊
(清)賈克明撰
清康熙四十七年刻本
醉白堂文集不分卷 第143－145冊
(清)謝良琦撰
清康熙間刻本 清廖鼎聲等題跋
篠飲齋稿不分卷 第146冊
(清)陸飛撰
清乾隆三十年刻本
盤山盤古寺拙庵朴禪師尺牘一卷
第146冊
(清)釋志樸撰
清康熙間刻本
思無邪齋集二十卷 第146－147冊
(清)何夢篆撰
清刻本
知稼軒詩不分卷 第148－149冊
(清)王泰甡撰
清乾隆間刻本
晚香堂詩六卷 第149冊
(清)徐廷棟撰
清乾隆間刻本
綠雲堂詩集五卷塞外封藩草一卷
第149冊
(清)賽爾登撰
清乾隆間刻本
漱芳居詩鈔三十二卷歙遊草一卷黄遊草一卷白遊草一卷 第150－153冊
(清)趙青藜撰
清乾隆間自刻本
寶綸堂古錄十二卷 第153冊
(清)齊召南撰 齊川渭輯
清光緒十四年活字印本
抱經堂詩鈔七卷 第154－156冊
(清)盧文弨撰
清道光十七年李兆洛刻本
鏡古堂文鈔不分卷 第156冊
(清)李符清撰
清嘉慶間刻本
蓮峰文選二卷詩選二卷 第157冊
(清)閻廷玠撰
清乾隆四十年刻本
隨園詩集四十二卷 第157－159冊
(清)邊連寶撰
清乾隆間手稿本
知足知止之齋詩四卷 第160冊

杜詩正宗 第28冊
舊抄本
九靈山房集三十卷補編二卷 第29－31冊
（元）戴良撰
清乾隆三十七年戴氏傳經書屋刻本
草屋雜談二卷 第32冊
（明）楊劻肖撰
明嘉靖三十二年停雲館刻本
梨雲館合刻屠緯真尺牘 第32冊
（明）屠隆撰
明末刻本
陶氏世吟草七卷 第32冊
（明）陶銓等撰
明隆慶四年孫科刻本
懷亭咏集 第32冊
（明）閻孝季撰
明隆慶萬曆間刻本
通爈一卷 第32冊
（清）周亮工撰
清鈔本
霜紅龕集十二卷附一卷我詩集六卷 第33－34冊
（明末清初）傅山 傅眉撰
清乾隆十二年生生堂刻本
生香書屋詩集六卷附恩光集 第34冊
（清）陳浩撰
清刻本
老樹村集 第35冊
（清）李焕章著
清初抄本
只拙齋詩鈔七卷 第35冊
（清）程鑾撰
清康熙間刻本
西河合集 第36－37冊
（清）毛奇齡撰
清康熙書留草堂刻本
雲逗樓集二卷 第37冊
（清）楊度汪撰
清乾隆三十二年容與堂刻本
前川樓文集二卷詩一卷 第38冊
（清）張沐撰
清康熙刻本
集杜詩三卷鐵網集一卷 第39冊
（清）沈善世撰
清康熙間沈氏刻本

王文簡公五七言詩鈔三十二卷 第39－41冊
（清）王士禎輯
清嘉慶十年蘇齋本
姜西溟先生文鈔四卷 第42冊
（清）姜宸英撰
清乾隆四年南蘭匪懈堂趙氏精刻本
清籟閣詩草不分卷 第42冊
（清）德敏撰
清嘉慶九年刻本
道腴堂詩編三十卷 第43－45冊
（清）鮑鉁撰
清乾隆五年道腴堂集本
隱拙齋文鈔六卷 第45－46冊
（清）沈廷芳撰
清乾隆十九年刻本
繩庵内集十六卷外集八卷 第47－49冊
（清）劉綸撰
清乾隆用拙堂刻本
新鍥鄭孩如先生精選先秦兩漢旁訓便讀六卷 第49－50冊
（明）鄭維嶽輯
明楊九經本
絳雲樓叢稿 第51冊
醒初氏抄本
大宋文鑑一百五十卷 第51－59冊
（宋）吕祖謙輯
明正德十三年建陽劉氏慎獨齋書坊刻本
軼詩二卷 第59冊
（明）袁彭年著
明刻本
歷朝名媛詩詞十二卷 第60－61冊
（清）陸録編
清乾隆紅樹樓刻本
晋國垂棘一卷垂棘續編六卷二集十卷 第61－63冊
（清）范蕓茂編
清康熙五經堂精刻本
歷朝詩岑 第64－65冊
（清）楊西亭 蕭開伯輯
清乾隆間積風樓刻本
山左明詩鈔三十五卷 第65－68冊
（清）宋弼輯
清乾隆三十六年李文藻刻本
三國兩晋南北朝文選十二卷附輯一卷 第69－74冊

（明）錢士馨 陸上瀾選
明來復堂刻本
趙氏淵源集十卷 第75冊
（清）趙紹祖輯
清嘉慶間古墨齋精刻本
秋燈叢話十八卷 第76－77冊
（清）王棫撰
清嘉慶十七年刻本
劍堂詩法名言四卷 第78冊
（清）沙臨撰
清乾隆繹山房藏板
古愚叢書十七種 第78－80冊
（清）汪汲撰
清乾嘉古愚山房刻本
詞名集解六卷續編二卷
宋樂類編一卷
南北詞名宫調匯錄一卷
院本名目一卷
雜劇待考一卷
琴曲萃覽一卷
樂府標源二卷
樂府遺聲一卷
杭大宗七種叢書 第80－81冊
（清）杭世駿撰
清乾隆中杭賓仁羊城刊沐
石經考異二卷
晋書補傳贊一卷
漢書蒙拾三卷
後漢書蒙拾二卷
續方言二卷
文選課虚四卷
諸史然疑一卷
榕城詩話三卷
耿中丞楊太史批点近溪子全集二十四卷 第82－85冊
（明）羅汝芳撰
明萬曆間刻本
中國古籍珍本叢刊·廣東省立中山圖書館卷
廣東省立中山圖書館編
二〇一五年北京國家圖書館出版社
六十二冊
中國古籍珍本叢刊
周易注十卷 第1冊
（魏）王弼（晉）韓康伯注（唐）陸德明釋文（唐）邢璹注
明味經堂刻本

周易程朱傳義二十四卷 第1-2册
(宋)程頤 (宋)朱熹撰 (清)陸隴其批點
明刻本
周易玩辭十六卷 第2册
(宋)項安世撰
清鈔本
圖書質疑一卷 第2册
(明)薛侃撰
明萬曆四十五年(1617)薛茂杞刻本
翁山易外七十一卷 第3册
(清)屈大均撰
清康熙刻本
詩經集注二十卷 第3册
(宋)朱熹撰
明嘉靖三十五年(1556)崇正堂刻本
太平經國之書十一卷 第3册
(宋)鄭伯謙撰
明樊川別業鈔本
樂典三十六卷 第4册
(明)黄佐撰
清康熙二十一年(1682)黄逵卿刻本
春秋地理志十六卷 第4册
(清)吴偉業撰
清鈔本
春秋筆削大義微言考十一卷 第5册
(清)康有為撰
稿本
孝經鄭氏解一卷 第5册
(漢)鄭玄撰 (清)臧庸輯 (清)陳澧批校
清鈔本
四書集注十九卷 第5册
(宋)朱熹撰
明吴勉學刻本
四書七十二朝人物考四十卷 第5-6册
(明)薛應旂撰
明刻本
新訂四書直解正字全編二十六卷 第6册
(明)張居正撰
明崇禎七年(1634)方奇峋刻本
章子留書六卷 第7册
(明)章世純撰
明末富西齋刻本
四書闡注十九卷 第7-8册
(清)浦泰撰 (清)黄培芳批校
清嘉慶十六年(1811)修文堂刻本

相臺書塾刊正九經三傳沿革例一卷 第8册
(清)孔繼涵校
清乾隆四十年(1775)鈔本
學思稿不分卷 第8-9册
(清)陳澧撰
稿本
爾雅音釋二卷 第9册
(晉)郭璞注
明刻本
說文韻譜校五卷 第9-10册
(清)王筠撰
稿本
說文聲類譜十七卷 第10册
(清)陳澧撰
稿本
六書故三十三卷六書通釋一卷 第11册
(元)戴侗撰
明萬曆三十六年(1608)清真館刻本
切韻考外編三卷 第12册
(清)陳澧撰
稿本
韻譜五卷 第12册
(明)朱睦撰
明嘉靖二十四年(1545)白濬刻本
三國志六十五卷 第12-14册
(晉)陳壽撰 南朝(宋)裴松之注 (清)何焯批校
明崇禎十七年(1644)毛氏汲古閣刻本
六朝實訓政事紀年不分卷 第15册
佚名撰
清初鈔本
皇明通紀二十七卷 第16册
(明)陳建撰
明天德堂刻本
吴越史不分卷附越絕書十五卷 第16册
(漢)司馬遷等撰
明天啓刻本
國語髓析二十一卷 第17册
(明)公鼐 (明)吕邦燿撰
明唐暉刻本
唐大詔令集一百三十卷 第17-18册
(宋)宋敏求輯
明鈔本
九國志十二卷 第18册
(宋)路振撰 (清)曾釗批校
清曾氏面城樓鈔本

元主始末志不分卷 第18册
(明)王世貞撰
清鈔本
東明聞見録一卷 第18册
(明)瞿共美撰
清初刻本
欽定英傑歸真一卷 第18册
(清)洪仁玕撰
清鈔本
紅巾軍新會圍城記一卷 第18册
(清)趙沅英撰
稿本
清臣奏疏不分卷 第18册
(清)福隆安等撰
清鈔本
平海奏疏總録不分卷 第19册
(清)施琅撰 (清)施世驃輯
清鈔本
刻生民未有編四卷孔門遺像一卷 第19册
(明)李珏輯
明萬曆二十六年(1598)刻本
守令寶鑒録四卷 第19册
(明)馬子驥等編
明鈔本
伊洛淵源録十四卷 第19册
(宋)朱熹撰
元刻本
忠定公履歷不分卷 第19册
佚名撰
清鈔本
陳氏家乘舊譜序跋一卷 第19册
(清)陳澧輯
稿本
參附群書三劉互注西漢詳節三十卷 第19册
(宋)吕祖謙輯
元刻明遞修《十七史詳節》本
北齊書獵俎三卷 第19册
(明)徐孚遠輯
清鈔本
嶺海名勝記二十卷 第20册
(明)郭棐輯
明萬曆二十四年(1596)自刻本
澎湖紀略十二卷 第21册
(清)胡建偉撰
清乾隆刻本

類編名公四六啓劄雲錦續集五卷 第34冊
佚名撰
明鈔本
增廣事聯詩學大全三十卷 第34冊
（元）林禎編
明刻重修本
廣志一百十卷 第34－35冊
佚名輯
清鈔本
首楞嚴經義海三十卷 第35冊
（宋）釋咸輝撰
明鈔本
楞嚴正脉十卷 第36冊
（明）釋真鑑撰
明崇禎六年（1633）刻本
禪宗永嘉集一卷附證道歌 第36冊
（唐）釋玄覺撰（宋）釋彥琪注
明萬曆二十一年（1593）陸基志刻本
宗門玄鑑圖一卷 第36冊
（明）釋虚一撰
明萬曆刻本
佛果圜悟禪師碧巖集十卷 第36冊
（宋）釋克勤撰
明刻本
清庵先生中和集前集三卷後集三卷 第36冊
（元）李道純撰（元）蔡志頤輯
明刻本
道經摘要内集二十卷 第37冊
（明）黄省曾輯
明鈔本
陶靖節先生集八卷附録一卷 第37冊
（晋）陶潛撰
明萬曆三十一年（1603）吴汝紀刻本
陶詩編年一卷 第37冊
（清）陳澧撰
清鈔本
唐丞相曲江張先生文集十二卷 第37冊
（唐）張九齡撰
明崇禎十一年（1638）張起龍刻本
昌黎先生集四十卷 第37－39冊
（唐）韓愈撰（宋）廖瑩中校（清）陳慶桂評點
清光緒十五年（1889）廣州萃文堂刻本
司空表聖文集十卷 第39冊
（唐）司空圖撰
清初影宋鈔本
唐秘書省正字先輩徐公鈞磯文集十卷 第39冊
（唐）徐夤撰（清）熙元校
清鈔本
莆陽黄御史集二卷 第39冊
（唐）黄滔撰
明正德八年（1513）刻本
鉅鹿東觀集十卷補遺一卷 第39冊
（宋）魏野撰
清鈔本
安陸集一卷補遺一卷附録一卷 第39冊
（宋）張先撰（清）汪潮生輯
清黄錫慶刻本
鄖溪集二十八卷 第40冊
（宋）鄭獬撰
清鈔本
無為集十五卷 第40冊
（宋）楊傑撰 佚名批校
明末刻本
蘇長公合作不分卷 第40冊
（宋）蘇軾撰（明）鄭圭輯
明末刻本
具茨晁先生詩集一卷 第41冊
（宋）晁冲之撰
清鈔本
道鄉先生鄒忠公文集四十卷外紀一卷 第41冊
（宋）鄒浩撰
明萬曆四十六年（1618）鄒忠胤刻本
西渡詩集一卷 第41冊
（宋）洪炎撰
清鈔本
石林居士建康集八卷 第41冊
（宋）葉夢得撰
清陸香圃三間草堂鈔本
豫章羅先生文集十七卷年譜一卷 第41冊
（宋）羅從彥（元）曹道振撰
明元季恭刻本
高東溪先生文集一卷附録一卷 第41冊
（宋）高登撰（清）查慎行校
清鈔本
羅鄂州小集五卷附録一卷 第41冊
（宋）羅願撰
清汪氏裘杼樓鈔本
朱子文集目録不分卷 第41冊
（清）陳澧批校
清鈔本
盤洲文集八十卷 第42冊
（宋）洪適撰
清嘉慶十九年（1814）洪振安影宋鈔本
石屏詩集十卷 第42冊
（宋）戴復古撰
清初鈔本
文山先生集杜詩二卷 第43冊
（宋）文天祥撰
明成化二十年（1484）劉遜刻本
柳塘外集二卷 第43冊
（宋）釋道璨撰（清）鮑廷博批校
清初鈔本
熊勿軒先生文集八卷附録一卷 第43冊
（宋）熊禾撰
清初鈔本
滏水文集二十卷附録一卷 第43冊
（金）趙秉文撰
清鈔本
張淮陽詩集一卷 第43冊
（元）張弘範撰（明）周越校
清鈔本
張文忠公文集二十八卷附録一卷 第43冊
（元）張養浩撰
清乾隆四十一年（1776）邵晉涵鈔本
魯齋遺書十四卷 第43冊
（元）許衡撰
清初鈔本
默庵安先生文集五卷附録一卷 第44冊
（元）安熙撰
清鈔本
安雅堂集十三卷 第44冊
（元）陳旅撰
清康熙鈔本
滋溪文稿三十卷 第44冊
（元）蘇天爵撰
清鈔本
居竹軒集四卷 第44冊
（元）成廷珪撰
清鈔本
友石山人遺稿一卷附録一卷 第44冊
（元）王翰（元）吳海撰
清鮑氏知不足齋鈔本
青村遺稿一卷 第44冊
（元）金涓撰

清康熙四十一年(1702)黄𪾢刻本
采飲集十卷 第53册
(清)藍漣撰
清康熙五十二年(1713)趙光榮等刻本
章江集二卷 第53册
(清)朱載震撰
清康熙刻本
蔣廷錫詩集五種十二卷 第54册
(清)蔣廷錫撰
清康熙刻本
三農外集詩草四卷 第54册
(清)朱雝模撰
清乾隆元年(1736)刻本
陶雲詩鈔十二卷 第54册
(清)張大緒撰
清康熙刻本
恒齋詩集十六卷 第54册
(清)周龍藻撰
清刻本
字香亭梅花百詠不分卷 第54册
(清)吳立撰 (清)吳本涵 (清)吳本厚注
清康熙字香亭自刻本
白坡詩選四卷 第54册
(清)章琦撰
清康熙刻本
醉耕軒詩鈔不分卷 第54册
(清)雷鐄撰
清乾隆十四年(1749)孫塄刻本
鶴關詩集四卷二集一卷黄山紀日一卷 第54册
(清)吳邦治撰
清康熙刻乾隆遞修本
𦋺嘯詩二集十卷 第55册
(清)張叔珽撰
清雍正刻本
渚陸鴻飛集一卷 第55册
(清)吳焯撰 (清)徐衡批校
清鈔本
海珊詩鈔十一卷補遺二卷 第55册
(清)嚴遂成撰
清乾隆刻本
匊芳園詩鈔八卷 第55册
(清)何夢瑤撰
清乾隆崔錕士等刻本
藥房詩稿七卷 第55册
(清)梁麟生撰
清雍正式穀堂刻本
浩氣集十二卷 第55册
(清)王濤撰
清乾隆十年(1745)寫刻本
宮巖詩集四卷 第55册
(清)李予望撰
清乾隆寶樹堂刻本
蝸廬詩 第55册
(清)翁志琦撰
清乾隆三年(1738)刻本
掬芷園集不分卷 第55册
(清)王隨悅撰
清乾隆九年(1744)刻本
萃芳集不分卷 第56册
(清)鄒儒撰
清鈔本
欠山集不分卷 第56册
(清)趙侗斆撰
清乾隆刻本
御制盛京賦一卷 第56册
(清)愛新覺羅弘曆撰
清乾隆汪由敦寫本
紀行詩十卷 第56册
(清)熊為霖撰
清乾隆熊氏心松書屋刻本
江上怡雲集八卷 第56册
(清)丁廷彥撰
清乾隆江上草堂刻本
雪船吟初稿四卷補編一卷 第56册
(清)謝秀嵐撰 (清)陳左民批註
清乾隆刻本
長吟閣詩集十卷 第56册
(清)黄子雲撰
清乾隆十八年(1753)刻本
蘆溪詩鈔三卷 第57册
(清)楊震青撰
清乾隆三十七年(1772)抱璞堂刻本
靜齋小稿一卷 第57册
(清)陳廣遜撰
清乾隆刻本
廣輿吟稿六卷附編一卷 第57册
(清)宋思仁撰
清乾隆四十一年(1776)刻五十年(1785)、五十七年(1792)遞修本
小書巢詩課偶存注略四卷 第57册
(清)陸以莊撰 (清)楊筠注
清玉笥山房鈔本
嶺海樓詩鈔六卷 第57册
(清)黄培芳撰
清孔繼昌鈔本
韓齋稿四卷 第57–58册
(清)孔憲彝撰
稿本
敦夙好齋詩集四卷 第58册
(清)葉名澧撰 (清)孔繼鑅批
稿本
泥版試印初編不分卷 第58册
(清)翟金生撰
清道光二十四年(1844)翟氏泥活字印本
凝雅軒詩稿四卷 第58册
(清)錢照撰
稿本
巴里客餘生詩草六卷 第58册
(清)延清撰
稿本
晉二俊文集二十卷 第59册
(晉)陸機 (晉)陸雲撰 (宋)徐民瞻輯
明刻本
廣三百首詩選一卷 第59册
(清)黄培芳輯
稿本
群英珠玉五卷 第59册
(明)范士衡輯
明鈔本
春花集十二卷 第59册
(明)釋行岡輯
清順治刻本
文轍二卷 第59册
(清)程巖輯評 (清)黄培芳批校
清存真堂刻本
蓮香集五卷 第59册
(明)張喬撰 (明)彭日貞輯
清乾隆三十年(1765)西域草堂刻本
恕銘朱先生彙選當代名公四六新函十二卷 第60册
(明)朱錦輯 (明)徐榛等注
明萬曆四十二年(1614)金陵王氏車書樓刻本
覲華集詩不分卷 第60册
(清)王隨悅輯
清乾隆十五年(1750)刻本
西城別墅唱和集不分卷 第60册
(清)王啓涑等撰

清康熙刻本
法性禪院唱和詩六卷續集六卷 第 60 册
(清)周瓠輯
清康熙蒼蔔樓刻本
衛藏和聲集一卷 第 60 册
(清)和琳 (清)和瑛撰
清鈔本
雲巖詩集六卷 第 60 册
(明)朱素和輯
明正德九年(1514)刻本
晉詩選雅九卷附録一卷 第 60 册
(明)呂陽輯
明萬曆八年(1580)刻本
閩中十子詩十種三十卷 第 60 册
(明)袁表 (明)馬熒編
明萬曆刻本
吳都文粹十卷 第 61 册
(宋)鄭虎臣輯
清鈔本
嶺南風雅三卷 第 61 册
(清)陳蘭芝輯
清乾隆五十年(1785)自刻本
岡州遺稿六卷 第 62 册
(清)顧嗣協編
清康熙四十九年(1710)緑屏書屋刻本
魯蜀文獻二卷 第 62 册
(清)陳蘭芝撰
清乾隆五十年(1785)自刻本
文則十卷 第 62 册
(宋)陳騤撰
明焦竑刻本
冰川詩式十卷 第 62 册
(明)梁橋撰
明萬曆刻本
詩法舉要不分卷 第 62 册
(清)黄培芳撰 佚名批註
稿本
詞選不分卷 第 62 册
(清)徐榮輯
清徐氏懷古山舍鈔本
炳燭齋雜著四種七卷 第 62 册
(清)江藩撰
清鈔本
中國古籍珍本叢刊·西南大學圖書館卷
西南大學圖書館編
二〇一五年北京國家圖書館出版社
五十册

中國古籍珍本叢刊
毛詩古音考四卷附讀詩拙言一卷 第 1 册
(明)陳第撰
明萬曆三十四年(1606)刻本
周禮節訓六卷 第 1－2 册
(清)黄叔琳輯
清雍正十年(1732)黄氏古音堂刻本
儀禮彙説十七卷 第 2 册
(清)焦以恕撰
清乾隆三十七年(1772)刻本
寄傲山房塾課纂輯禮記全文備旨十一卷 第 3－4 册
(清)鄒聖脉纂輯 (清)鄒廷猷編次
清乾隆四十三年(1778)刻本
許氏説文解字六書論正二十四卷首一卷 第 4－5 册
(清)王育撰
清康熙稿本
説文考異一卷 第 5 册
(清)盧之貴編
清蔭玉堂鈔本
重排説文便覽十二集 第 6 册
佚名撰
鈔本
繆篆集略分韻不分卷 第 7－8 册
(清)桂馥編
清光緒二十一年(1895)鈔本
史記一百三十卷 第 8－9 册
(漢)司馬遷撰 (明)陳仁錫評
明崇禎十四年(1641)毛氏汲古閣刻十七史本
前漢書一百二十卷 第 10－11 册
(漢)班固撰 (唐)顔師古注 (清)沈欽韓批校
明崇禎十五年(1642)毛氏汲古閣刻十七史本
史記刪二卷 第 12 册
(清)蘇真符輯注
清嘉慶鈔本
操演九進十連環鳥鎗大陣圖説 第 12 册
(清)佚名
清彩繪本
漢書故實録五卷 第 13 册
(清)南溪撰
清鈔本
歷代紀年十卷 第 14 册
(宋)晁公邁撰

清鈔本
兩漢三國人表不分卷附子史格言一卷 第 14 册
佚名撰
鈔本
契丹蒙古遼金元紀年不分卷 第 14 册
佚名撰
海日樓鈔本
晴雪齋漫録十四卷 第 14 册
(清)笨老人輯
清康熙鈔本
鰲頭舊事記十卷 第 14－15 册
[日本]蘇我等撰
日本延寶六年(1678)翻刻本
天啓逸史五卷 第 15 册
佚名撰
清鈔本
省城紀事一卷附奏稿 第 16 册
(清)佚名撰
清末民初鈔本
古人生歿月日考三卷 第 16 册
佚名撰
鈔本
李文田日記 第 16 册
(清)李文田撰
清光緒十五年(1889)稿本
江都汪氏家傳不分卷 第 16 册
(清)汪保和等撰
鈔本
水經四十卷 第 17 册
(漢)桑欽撰 (北魏)酈道元注 (清)何焯等批校
清康熙五十三年至五十四年(1714—1715)項絪群玉書堂刻本
湖北郡邑鄉里圖不分卷 第 17 册
(清)石禮嘉輯
清乾隆二十九年(1764)刻本
廣西輿圖並郡邑鄉里圖不分卷 第 18 册
(清)朱椿纂修
清乾隆刻本
黑龍江察邊考一卷 第 18 册
(清)曹廷杰撰
清鈔本
巫山縣鄉土志三卷 第 18 册
(清)周憲斌纂修
清光緒三十二年(1906)稿鈔本
蘇松田賦備考五卷 第 18 册

徐乃昌撰
稿本
挹翠軒詩集四卷 第43册
胡友蘭撰
稿本
庾開府哀江南賦注一卷 第43册
(北周)庾信撰 (清)徐樹穀 (清)徐炯輯
清康熙刻本
文選學講義二卷 第43册
周貞亮纂述
朱欄稿本
青藜書屋曲譜不分卷 第44册
(清)佚名撰
紅花欄鈔本
較準總綱曲譜七十二册 第44-48册
(清)佚名輯
清道光晚香書屋鈔本
伏虎韜傳奇二十九齣 第48册
(清)沈起鳳撰
鈔本
補天石傳奇八卷 第49册
(清)煉情子撰 (清)吹鐵簫人正譜
清道光十年(1830)静遠草堂刻本
鳳飛樓傳奇二卷 第50册
(清)李文瀚撰
清道光二十七年(1847)刻本
唐誌十卷 第50册
(清)佚名撰
鈔本
新編玉鴛鴦全傳三卷 第50册
(清)佚名撰
清晚期鈔本
中國古籍珍本叢刊·保定市圖書館卷
保定市圖書館編
二〇一七年北京國家圖書館出版社
四十册
中國古籍珍本叢刊
入告初編一卷二編一卷遺編一卷 第1册
(清)張惟赤撰
清順治刻康熙補刻本
總河疏稿四卷 第2册
(明)李化龍撰
明刻本
直隸全省名宦鄉賢册不分卷 第3-5册
(清)佚名撰
清鈔本
直隸節烈貞孝册不分卷 第5-10册
(清)佚名撰
清鈔本
軍流成案四卷 第10册
(清)梅梁撰
清鈔本
穴法分受二卷 第10册
(清)黄越撰
清雍正三年(1725)光裕堂刻本
纂修醫學入門六卷 第11册
(清)系屯子撰
清乾隆三十九年(1774)潄古軒刻本
對山印稿不分卷 第12-13册
(清)楊孌篆 (清)楊森編輯
清道光六年(1826)鈐印本
史學璧珠十八卷 第13册
(明)錢應充撰
明萬曆二十五年(1597)刻本
容春堂續集十八卷别集九卷 第14-15册
(明)邵寶撰
明正德刻本
何文簡公文集十八卷 第16-17册
(明)何孟春撰 (明)郭崇嗣編
明萬曆二年(1574)刻本
東洲初稿十四卷 第18-19册
(明)夏良勝撰
明正德嘉靖間危德 朱揮等刻本
藏甲巘稿六卷 第20册
(明)吴國倫撰
明萬曆二年(1574)唐汝禮刻本
蒲石山房集五卷 第20册
(明)李愈撰
明萬曆三十八年(1610)李棨刻本
岱宗藏稿五十卷 第21-24册
(明)楊夢衮撰
明天啓秣陵廣慶堂刻本
近光集二十八卷 第25-26册
(清)汪士鋐輯
清康熙刻本
昭明文選六臣彙注疏解十九卷 第27-29册
(清)顧施禎輯
清康熙刻本
畿輔七名家詩鈔四十六卷 第30-32册
(清)王企埥輯
清康熙六十年(1721)敬事堂刻本
歷代名媛雜詠三卷 第33册
(清)邵颿撰
清乾隆五十七年(1792)刻本
唐試帖箋林八卷 第34册
(清)秦錫淳選評
清乾隆二十三年(1758)經笥堂刻本
排律試帖詩合編 第35-36册
(清)邊繼祖編
清乾隆三十七年(1772)刻本
詞觀續編二十二卷 第36-39册
(清)傅燮詷輯
清康熙三十一年(1692)稿本
翠娛閣評選諸名家小品二卷 第39册
(明)陳繼儒撰 (明)陸雲龍評
明崇禎峥霄館刻本
校梓注釋圈證蔡伯喈大全三卷雜卷一卷 第39-40册
(元)高明撰 (元)劉弘毅注
明萬曆五年(1577)金陵富春堂刻本
納書楹紫釵記全譜二卷 第40册
(明)湯顯祖撰 (清)葉堂訂譜
清乾隆五十七年(1792)納書楹刻本
中國古籍珍本叢刊·東北師範大學圖書館卷
東北師範大學圖書館編
二〇一七年北京國家圖書館出版社
九十册
中國古籍珍本叢刊
新刊周易纂言集注四卷首一卷 第1册
(元)吴澄撰
明嘉靖元年(1522)宗文書堂刻本
象考疣言不分卷 第2册
(明)王思宗撰
明刻本
丘方二太史硃訂秘笥易經主意綱目集注四卷 第2册
(明)李光祚輯
明天啓五年(1625)書林周鳴岐啓新齋刻三色套印本
易史八卷首一卷 第3-4册
(清)胡世安撰
清順治十八年(1661)刻本
易經通論不分卷 第4册
(清)徐開任輯
清鈔本
詩測定本 第5-6册
(明)萬尚烈撰

明刻本
詩經百方家問答不分卷 第6冊
(明)徐奮鵬撰
明建業書林李潮刻本
新刻王鳳洲先生課兒左傳文髓二卷 第7冊
(明)王世貞輯
明刻本
左傳童觿二卷 第7冊
(清)邵堇撰
稿本
春秋四家十二卷 第8-9冊
(明)宋存標評輯
明君子堂刻本
四書人物考一卷 第10冊
(明)張位輯 (明)陶翰注
明萬曆周氏大業堂刻本
區子四書翼六卷 第10-11冊
(明)區大倫撰
明崇禎四年(1631)刻本
皇明百方家問答十五卷 第11-13冊
(明)郭偉撰
明萬曆李潮刻本
四書翼箋九卷 第14-16冊
(明)洪啓初撰
明萬曆四十五年(1617)自刻本
四書真解二十七卷 第16-19冊
(清)黄之弟纂輯
清康熙三十四年(1695)刻本
隸字通考不分卷 第20-28冊
(清)問梅居士輯
清稿本
類聚音韻三十卷 第28-29冊
佚名撰
明嘉靖十三年(1534)宗文堂刻本
辨音纂要二十二卷 第29-30冊
佚名撰
明天啓鈔本
詩韻釋略五卷 第30-31冊
(明)梁應圻撰
清康熙十七年(1678)李希禹刻本
後漢光武皇帝紀疏五卷 第32-33冊
清鈔本
新刊憲臺考正綱目批點音釋資治通鑑大成二十一卷 第33-36冊
(明)張謙刪定 (明)蔡亨嘉校
明嘉靖二十八年(1549)書林余允錫自新齋刻本
新刊通鑑集要歷代帝王二十八卷 第36-37冊
(明)諸燮輯
明刻本
新刊通鑑標題採要二十八卷首一卷 第38-40冊
(明)王錫爵輯
明刻本
雲南戎事志不分卷 第40-41冊
清鈔本
撫治奏疏 第41冊
明刻本
乾隆治黄奏疏不分卷 第42-43冊
(清)薩載等撰
清鈔本
平定林清教案奏議一卷 第43冊
(清)音德和等撰
清鈔本
敷奏以言一卷 第44冊
(清)袁甲三等撰
清桐華仙館鈔本
奏檔簿不分卷 第44冊
(清)耆英等撰
清光緒三十三年(1907)司務廳正稿股鈔本
新吾奏疏二卷 第44冊
(明)吕坤撰
明萬曆三十二年(1604)刻本
浙撫雅爾哈善奏稿一卷 第45冊
(清)雅爾哈善撰
清乾隆十六年(1751)鈔本
訓士彙編不分卷 第45冊
(清)陳世倌撰
清康熙六十年(1721)刻本
袁甲三列傳一卷 第45冊
清内府鈔本
劉銘傳列傳一卷 第45冊
(清)程先甲撰
清光緒三山齋鈔本
歷代史正二卷 第45-46冊
(明)饒汝梧撰
清樂山堂鈔本
鼎鐫金陵三元合選評注史記狐白六卷 第46-47冊
(明)湯賓尹輯 (明)朱之蕃注 (明)龔三益評
明萬曆二十八年(1600)書林余氏自新齋刻本
江西度支摘要不分卷 第47-48冊
(清)朱伯庸鈔
清鈔本
射陽漢鑑圖釋不分卷 第48冊
(清)朱百度撰
清鈔本
秋好軒石刻目存不分卷 第48冊
(清)岳琪輯
清光緒手稿本
大學衍義補編述二卷 第49冊
(明)臧繼華撰
明大雅堂刻本
白猿奇書兵法雜占彖詞不分卷九星考史記天官書一卷 第49冊
題唐李靖撰
明鈔本
吕叔簡無如編四卷 第49冊
(明)吕坤輯
明萬曆刻本
新刻京臺公餘勝覽國色天香十卷 第50-51冊
(明)吳敬所輯
清光霽堂刻本
佛説金輪佛頂大威德熾盛光如來陀羅尼經一卷 第51冊
明萬曆三十八年(1610)内府刻本
金剛經証誤一卷續集一卷 第51冊
(清)衍潢撰
清乾隆二十五年(1760)刻本
閱藏隨録不分卷 第52冊
(明)王芥庵傳
明崇禎五年(1632)刻本
茅鹿門選蘇長公集拾遺四集 第52-54冊
(宋)蘇軾撰 (明)茅坤輯
清鈔本
宋宗忠簡公集八卷 第54冊
(宋)宗澤撰
清康熙三十年(1691)刻本
唐襄文公文定四卷 第55冊
(明)唐順之撰 (清)崔徵麟輯並評
清刻本
青霞沈公遺集十六卷 第55-56冊
(明)沈鍊撰
清乾隆十九年(1754)沈振家刻本

二〇一五年北京國家圖書館出版社
十二冊
中國古籍珍本叢刊
新編纂注資治通鑑外紀增義五卷資治通鑑釋例一卷 第1冊
(宋)劉恕撰 (宋)史炤音釋 (明)王逢輯義 (明)劉剡增校 (明)劉弘毅補注
明弘治正德間(1488－1521)劉氏慎獨齋刻本
［宣統］番禺縣續志四十四卷首一卷 第1冊
(清)梁鼎芬修 (清)丁仁長等纂
清宣統三年(1911)刻本
金石萃編一百六十卷 第2－6冊
(清)王昶撰 (清)翁方綱 (清)吳榮光等批校
清嘉慶十年(1805)刻本
說苑二十卷 第7冊
(漢)劉向撰 (清)江德量 過錄何焯批校
明萬曆(1573－1620)程榮刻《漢魏叢書》本
北夢瑣言二十卷 第7冊
(宋)孫光憲撰 (清)李文田批校
明萬曆(1573－1620)商濬刻《稗海》本
咸平集三十卷 第8－9冊
(宋)田錫撰
清鈔本
武溪集二十卷首一卷 第9－10冊
(宋)余靖撰 黃佛頤批校
清嘉慶十八年(1813)文林堂重刻本
宗忠簡公文集二卷 第11冊
(宋)宗澤撰 (明)張維樞選 (清)戈宙襄校跋
明萬曆三十三年(1605)宗煥刻本
白石道人四種八卷 第11冊
(宋)姜夔撰 (清)黃紹昌批校並過錄 陳澧批語
清同治十年(1871)野水閒鷗館刻本
區太史文集十二卷 第12冊
(明)區大相撰
清雍正(1723－1735)刻本
耳鳴集不分卷 第12冊
(明)王邦畿撰
鈔本
四百三十二峰草堂詩鈔二十二卷 第12冊
(清)趙希璜撰
清乾隆五十八年至嘉慶五年(1793－1800)安陽縣署初刻本
竹眠詞鈔不分卷 第12冊
(清)黃景仁撰
清吳蘭修校鈔本
中國古籍珍本叢刊・復旦大學圖書館卷
復旦大學圖書館編
二〇一八年北京國家圖書館出版社
五十二冊
晦庵先生校正伊川易傳八卷 第1冊
(宋)程頤傳 (宋)朱熹校正
元刻本
安定先生周易繫辭二卷 第1冊
(宋)胡瑗撰
明祁氏澹生堂抄本
周易觀象補義略不分卷 第2－3冊
(清)諸錦撰 (清)范成編
稿本
書集傳六卷尚書纂圖一卷朱子說書綱領一卷 第4冊
(宋)蔡沈集傳 (宋)朱熹訂定
元刻本
三家詩遺說翼證不分卷 第4冊
(清)馮登府撰
清道光間馮氏稿本
儀禮義疏稿不分卷 第4－5冊
(清)諸錦纂
稿本
逸論語二十卷附録三卷 第6冊
(清)姚椿輯
稿本
十三經諸家引經異字同聲考十三卷補遺十三卷 第6－8冊
(清)丁顯撰
稿本
十三經諸家引經異字同聲考十三卷補遺十三卷 第9冊
(清)丁顯撰
稿本
東萊校正晉書詳節三十卷 第10冊
(宋)呂祖謙輯
元刻本
東萊先生校正隋書詳節二十卷 第11冊
(宋)呂祖謙輯
元刻本
契丹國史二十七卷 第11－12冊
(宋)葉隆禮輯
明數卷齋抄本
增修附注資治通鑒節要續編二十六卷 第13－14冊
(明)劉剡輯 (明)張光啓訂正
明宣德九年(1434)朱氏尊德書堂刻本
皇朝編年備要三十卷 第15－19冊
(宋)陳均編
清乾隆錢氏萃古齋抄本
帝鑑直解二卷 第19冊
(明)張居正撰
明紅格抄本
星軺日記一卷 第20冊
(清)沈炳垣撰
清咸豐二年(1852)沈氏手稿本
聖朝混一方輿勝覽三卷 第20冊
(元)劉應李編
明初刻本
大清一統志不分卷 第21冊
(清)徐乾學等纂修
清抄本
文獻通考詳節二十四卷 第22－23冊
(清)嚴虞惇撰
稿本
續纂河東鹽法備覽十二卷 第24－25冊
(清)蔣兆奎輯
清乾隆稿本
新廠錢法易知全冊不分卷 第26冊
(明)魏良佐撰
明抄本
隋經籍志考證十三卷 第26冊
(清)章宗源撰
清嘉慶間抄本
傳是樓書目不分卷 第27－28冊
(清)徐乾學藏並編
清抄本
琴清閣書目不分卷 第29冊
(清)周錫瓚藏並撰
清乾隆周氏香岩書屋稿本
初學記三十卷 第29－31冊
(唐)徐堅等奉敕撰
明九洲書屋刻本
群仙要語纂集一卷 第32冊
(元)董漢醇校正編集
明成化二十年(1484)刻本

清咸豐五年(1855)稿本
槐市聯吟集　第84册
(清)陸潤庠(清)翁同龢選定
清光緒十年(1884)刻本
雲莊唱和錄　第85册
(清)阮充編集
清咸豐三年(1853)刻本
蜀秀集　第85-87册
(清)譚宗浚編
清光緒五年(1879)刻本
官梅集　第88册
(清)鄧漢儀撰
清鈔本
慎墨堂詩拾　第88册
(清)鄧漢儀撰
清鈔本
慎墨堂筆記　第88册
(清)鄧漢儀撰(清)夏荃輯
清鈔本
春暉草堂詩存　第88册
(清)費履堅撰
清同治三年(1864)刻本
硯林詩集　第89册
(清)丁敬撰
清嘉慶十一年(1806)杭州愛日軒陸貞一校刻本
錫山書屋詩鈔　第89册
(清)談恩誥編著(清)徐兆英選訂
清光緒十七年(1891)刻本
羣玉山房詩鈔　第89册
(清)李光炘撰
清鈔本
異域風格　第89册
(清)侯紹瀛撰
清刻本
勒方錡劄稿　第90册
(清)勒方錡撰
清稿本
病維摩室詩集　第90册
(清)顔僩撰
墨寫稿本
伏鸞堂詩賸　第91册
(清)秦雲撰
清光緒四年(1878)刻本
莪園詩稿二卷芸臺戒詞芸臺戒詞補編　第91册
(清)張金錄著(清)張肇熙著
清光緒二十年(1894)刻本
斅園詩談　第91册
(清)許丙椿撰
清同治五年(1866)刻本
清綺軒詞選　第92-93册
(清)夏秉衡輯選
清乾隆十六年(1751)刻本
伯山全集九種　第94-97册
(清)康發祥著
清道光二十九年(1849)至同治元年(1862)刻本
蟫函拾玉九種　第97册
(清)符葆森輯錄
清鈔本
石研齋未刊遺稿四種　第97-98册
(清)秦贇(清)秦恩復(清)秦巘撰
清鈔本
靜一書屋叢書九種　第98-99册
(清)佚名輯
舊鈔本
十萬琳瑯閣文賦詩詞刪存　第99-100册
(清)方燕昭著
清同治光緒刻本

中國科學院文獻情報中心藏古籍珍本叢書
中國科學院文獻情報中心編
二〇一七年北京學苑出版社
五十册

第一輯

鈔稿本部份

皕宋樓藏書志校註四卷　第1册
(清)李盛鐸撰
稿本
鐵琴銅劍樓藏書目錄校註四卷　第1册
(清)李盛鐸撰
稿本
翁宜泉比部手稿一卷　第1册
(清)翁樹培撰
稿本
瑕玉山房初稿不分卷　第1册
(清)李璋煜撰
稿本
右文說在訓詁學上之沿革及其推闡八卷　第2册
(民國)沈兼士撰
稿本
說文解字段氏註摘例不分卷　第2册
(民國)沈兼士撰
稿本
漢字義讀法之一例一卷　第2册
(民國)沈兼士撰
稿本
經籍舊音辨證發墨一卷　第2册
(民國)沈兼士撰
稿本
蕉林文稿一卷　第2册
(清)梁清標撰
稿本
陶廬未刊稿不分卷　第3册
(清)王樹枏撰
稿本
榮祿公詩賦稿不分卷　第3册
(清)王兆琛撰
稿本
東武劉氏嘉蔭簃蒐藏泉幣目錄不分卷　第4册
(清)劉喜海撰
稿本
陳鱣年譜一卷　第4册
題(清)奚疑軒主撰
稿本
芳草堂遺稿二卷　第4册
(清)龔維琳撰 龔顯曾輯
稿本
孟子外書四卷　第4册
(宋)劉攽注(清)高驤雲重校
稿本
蒿盦詩稿一卷　第4册
(清)馮煦撰
稿本
環滌軒詩草五卷　第5册
(清)范家相撰
稿本
歷代後妃紀不分卷　第5册
(清)洪飴孫撰
稿本
萬斯備詩稿不分卷　第5册
(清)萬斯備撰
稿本
劉廷琛文稿不分卷　第5册
(清)劉廷琛撰
稿本
春星草堂集十二卷　第6册
(清)沈丙瑩撰
稿本

義門讀書記五十八卷 第9冊
何焯撰
此木軒雜著八卷 第10冊
焦袁熹撰
管城碩記三十卷 第10冊
徐文靖撰
讀經一卷 第11冊
方苞撰
讀子史一卷 第11冊
方苞撰
白田草堂存稿十卷 第11冊
王懋竑撰
讀書記疑十六卷 第11冊
王懋竑撰
群經補義五卷 第11冊
江永撰
訂訛雜錄十卷 第12冊
胡鳴玉撰
四史剩说十六卷 第12冊
史珥撰
諸史然疑一卷 第13冊
杭世駿撰
訂訛類編六卷續編二卷 第13冊
杭世駿撰
質疑二卷 第13冊
杭世駿撰
松崖筆記三卷 第13冊
惠棟撰
九曜齋筆記三卷 第13冊
惠棟撰
九經古義十六卷 第13冊
惠棟撰
西圃叢辨三十二卷 第13冊
田同之撰
援鶉堂筆記五十卷 第14冊
姚範撰
全謝山先生經史問答十卷 第15冊
全祖望撰
讀史舉正八卷 第15冊
張熷撰
韓門綴學五卷續編一卷 第15冊
汪師韓撰
讀書錄不分卷 第15冊
汪師韓撰
學海蠡測一卷 第15冊
沈謙撰
雜詩一卷 第15冊
楊名寧撰
識小編二卷 第15冊
董豐垣撰
修潔齋閒筆八卷 第15冊
劉堅撰
三冬識餘二卷 第16冊
劉希向撰
柚堂筆談四卷續筆談三卷 第16冊
盛百二撰
十三經劄記二十二卷 第16冊
朱亦棟撰
群書劄記十六卷 第16冊
朱亦棟撰
瞥記七卷 第17冊
梁玉繩撰
庭立記聞四卷 第17冊
梁玉繩撰
焠掌錄二卷 第17冊
汪啟淑撰
經史質疑錄一卷 第17冊
張聰咸撰
隨園隨筆二十八卷 第17冊
袁枚撰
群書拾補三十七卷補遺三卷 第18冊
盧文弨撰
鍾山劄記四卷 第19冊
盧文弨撰
龍城劄記三卷 第19冊
盧文弨撰
讀史劄記一卷附論學劄說十則 第19冊
盧文弨撰
蛾術編八十二卷 第19－20冊
王鳴盛撰
經考五卷附錄七卷校記一卷 第21冊
戴震撰
困勉齋私記四卷 第21冊
閻循觀撰
卞廬劄記一卷 第21冊
丁泰撰
庸言四卷 第21冊
余元遴撰
綠溪語二卷 第21冊
靳榮藩撰
樵香小記二卷 第21冊
何琇撰
陔余叢考四十三卷 第22冊
趙翼撰
廿二史劄記三十六卷補遺一卷 第23冊
趙翼撰
十駕齋養新錄二十卷餘錄三卷 第24冊
錢大昕撰
潛研堂答問十二卷 第24冊
錢大昕撰
三史拾遺五卷 第25冊
錢大昕撰
諸史拾遺五卷 第25冊
錢大昕撰
竹汀先生日記鈔三卷 第25冊
錢大昕撰
恒言錄六卷 第25冊
錢大昕撰
二初齋讀書記十卷 第25冊
倪思寬撰
惜抱軒筆記八卷 第25冊
姚鼐撰
劄樸十卷 第26冊
桂馥撰
尖陽叢筆十卷 第26冊
吳騫撰
卍齋瓆錄十卷 第26冊
李調元撰
剿說四卷 第26冊
李調元撰
唾餘新拾十卷續拾六卷補拾二卷 第26冊
李調元撰
群經識小八卷 第27冊
李惇撰
讀書脞錄七卷續編四卷 第27冊
孫志祖撰
濼源問答十二卷 第27冊
沈可培撰
秋槎雜記一卷 第28冊
劉履恂撰
乙卯劄記一卷 第28冊
章學誠撰
丙辰劄記一卷 第28冊
章學誠撰
知非日劄一卷 第28冊
章學誠撰
信摭一卷 第28冊
章學誠撰
覺非庵筆記八卷 第28冊
顧堃撰

經史雜記八卷 第45冊
王玉樹撰
吹網錄六卷 第45冊
葉廷琯撰
鷗陂漁話六卷 第45冊
葉廷琯撰
愈愚錄六卷 第45冊
劉寶楠撰
曝書雜記三卷 第45冊
錢泰吉撰
老學庵讀書記四卷 第45冊
彭蘊章撰
目耕帖三十一卷 第46－47冊
馬國翰撰
讀經說一卷 第48冊
丁晏撰
丁戊筆記二卷 第48冊
陳宗起撰
日知錄集釋三十二卷刊誤二卷續刊誤二卷 第48－49冊
顧炎武 黃汝成撰
音匏隨筆一卷 第50冊
曹楙堅撰
愚一錄十二卷 第50冊
鄭獻甫撰
悔翁筆記六卷 第50冊
汪士鐸撰
硯桂緒錄十六卷 第50冊
林昌彝撰
癡學八卷 第51冊
黃本驥撰
懷小編二十卷 第51冊
沈濂撰
質疑二卷 第51冊
任泰撰
遯翁隨筆二卷 第51冊
祁駿佳撰
雞窗叢話一卷 第51冊
蔡澄撰
讀有用書齋雜著二卷 第51冊
韓應陛撰
橫陽劄記十卷 第52冊
吳承志撰
讀書偶識十卷附一卷 第52冊
鄒漢勳撰
舒藝室隨筆六卷續筆一卷餘筆三卷 第52冊
張文虎撰
句溪雜著四卷 第52冊
陳立撰
東塾讀書記十五卷 第53冊
陳澧撰
嘐嘐言六卷 第53冊
郭柏蔭撰
讀書雜釋十四卷 第53冊
徐鼒撰
橋西雜記一卷 第53冊
葉名澧撰
求闕齋讀書錄十卷 第53冊
曾國藩撰
東湖叢記六卷 第54冊
蔣光煦撰
古桐書屋劄記一卷 第54冊
劉熙載撰
煙嶼樓讀書志十六卷 第54冊
徐時棟撰
煙嶼樓筆記八卷 第54冊
徐時棟撰
思益堂日劄十卷 第54冊
周壽昌撰
睡餘偶筆二卷 第55冊
雷浚撰
十二硯齋隨筆錄四卷 第55冊
汪鋆撰
俟命錄十卷 第55冊
方宗誠撰
讀書雜識十二卷 第55冊
勞格撰
洨民叢稿一卷 第55冊
孫傳鳳撰
南潯楛語八卷 第55冊
蔣超伯撰
茶香室叢鈔二十三卷 第56冊
俞樾撰
茶香室續鈔二十五卷 第56冊
俞樾撰
茶香室三鈔二十九卷 第57冊
俞樾撰
茶香室四鈔二十九卷 第57冊
俞樾撰
讀書餘錄二卷 第57冊
俞樾撰
群經平議三十五卷 第58冊
俞樾撰
諸子平議三十五卷 第59冊
俞樾撰
儉德堂讀書隨筆二卷 第59冊
劉庠撰
松煙小錄四卷 第59冊
汪琭撰
越縵堂讀史劄記三十卷 第60冊
李慈銘撰
蘇溪漁隱讀書譜四卷 第60冊
耿文光撰
讀經拾瀋一卷 第60冊
平步青撰
讀史拾瀋二卷 第60冊
平步青撰
複堂日記八卷 第60冊
譚獻撰
群書校補一百卷 第61－62冊
陸心源撰
讀經劄記二卷 第63冊
張之洞撰
桐城吳先生日記十六卷 第64冊
吳汝綸撰
桐城吳先生漢書點勘二卷 第64冊
吳汝綸撰
桐城吳先生諸史點勘八卷 第64冊
吳汝綸撰
日南隨筆八卷 第64冊
沈家本撰
諸史瑣言十六卷 第64冊
沈家本撰
群書拾補識語一卷 第64冊
徐友蘭撰
無邪堂答問五卷 第64冊
朱一新撰
劄迻十二卷 第65冊
孫詒讓撰
籀廎述林十卷 第65冊
孫詒讓撰
師伏堂筆記三卷 第65冊
皮錫瑞撰
困學紀聞補注二十卷 第65冊
張嘉祿撰
香草校書六十卷 第66冊
于鬯撰
純常子枝語四十卷 第67冊
文廷式撰
阮庵筆記五種 第68冊

清代私家藏書目錄題跋叢刊
李萬建 鄧詠秋編
二〇一〇年北京國家圖書館出版社
十八冊

子部

續博物志疏證十卷續博物志補遺一卷 第31冊
(清)陳逢衡撰
九章蠡測十卷首一卷 第32－33冊
(清)毛宗旦撰
丁氏叢稿十卷 第34冊
(清)丁壽昌撰
畫話初稿八卷畫話八卷補遺不分卷 第35－40冊
(清)翁楚撰

集部

李義山文集箋注六卷 第41冊
(唐)李商隱撰(清)吳兆宜箋注
紅雨樓集不分卷鼇峰文集不分卷 第42－45冊
(明)徐𤊹著
匪石堂詩三十二卷 第46－47冊
(明)王亹撰
龔半千詩稿不分卷尺牘不分卷 第47冊
(清)龔賢撰
萬卷樓賸稿不分卷 第48冊
(清)顧棟高撰
蕙孫堂集一卷 第48冊
(清)昭槤撰
恩福堂詩鈔十二卷步魁集不分卷恩福堂詩鈔不分卷植杖集二卷 第49－50冊
(清)英和撰
愛日精廬文稿六卷 第50冊
(清)張金吾撰
聽鍾山房集二十卷 第51－52冊
(清)謝墉撰
九峰草堂詩附學夫集 第53－54冊
(清)潘佳晴撰
曼真詩略七卷 第55冊
(清)沈樹本撰
梵麓山房叢稿不分卷續稿不分卷再續稿不分卷 第55冊
(清)王汝玉撰
全宋詩話十二卷 第56－57冊
(清)孫濤撰
道家詩紀四十卷 第58－60冊
(清)張謙撰

欽定武英殿聚珍版叢書
故宮博物院編
二〇一二年北京故宮出版社
五十冊

三希堂藏書書系
易緯八種十二卷 第1冊
(漢)鄭康成注
漢官舊儀二卷補遺一卷 第1冊
(漢)衛宏撰
魏鄭公諫續錄二卷 第1冊
(元)翟思忠撰
帝範四卷 第1冊
(唐太宗文皇帝撰)
周易口訣義六卷 第1冊
(唐)史徵撰
易說六卷 第1冊
(宋)司馬光撰
易原八卷 第1冊
(宋)程大昌撰
吳園周易解九卷 第1冊
(宋)張根撰
郭氏傳家易說十一卷 第2冊
(宋)郭雍著
誠齋易傳二十卷 第2冊
(宋)楊萬里撰
易象意言一卷 第2冊
(宋)蔡淵撰
易學濫觴一卷 第2冊
(元)黃澤撰
尚書詳解二十六卷 第3冊
(宋)夏僎撰
尚書詳解五十卷 第4冊
(宋)陳經撰
融堂書解二十卷 第4冊
(宋)錢時撰
禹貢指南四卷 第5冊
(宋)毛晃撰
禹貢說斷四卷 第5冊
(宋)傅寅撰
詩總聞二十卷 第5冊
(宋)王質撰
續呂氏家塾讀詩記三卷 第5冊
(宋)戴溪撰
絜齋毛詩經筵講義四卷 第5冊
(宋)袁燮撰
欽定詩經樂譜全書三十卷 第6冊
(清)永瑢等編
儀禮集釋三十卷 第7冊
(宋)李如圭撰
儀禮釋宮一卷 第7冊
(宋)李如圭撰
儀禮識誤三卷 第7冊
(宋)張淳撰
大戴禮記十二卷 第8冊
(漢)戴讓(周)盧辯注
春秋釋例十五卷 第8冊
(晉)杜預撰
春秋傳說例一卷 第8冊
(宋)劉敞撰
春秋經解十五卷 第9冊
(宋)孫覺撰
春秋集注四十卷 第9冊
(宋)高閌撰
春秋考十六卷 第10冊
(宋)葉夢得撰
春秋辨疑四卷 第10冊
(宋)蕭楚撰
春秋繁露十七卷 第10冊
(漢)董仲舒撰
鄭志三卷 第10冊
(魏)鄭小同撰
論語意原四卷 第10冊
(宋)鄭汝諧撰
輶軒使者絕代語釋別國方言十三卷 第11冊
(漢)揚雄撰(晉)郭璞注
兩漢刊誤補遺十卷 第11冊
(宋)吳仁傑撰
三國志辨誤三卷 第11冊
五代史纂誤三卷 第11冊
(宋)吳縝撰
東觀漢記二十四卷 第11冊
御選明臣奏議四十卷 第12冊
元朝名臣事略十五卷 第13冊
(元)蘇天爵撰
鄴中記一卷 第13冊
(晉)陸翽撰
蠻書十卷 第13冊
(唐)樊綽撰
水經注四十卷 第13冊
(後魏)酈道元撰
元和郡縣志四十卷 第14冊
(唐)李吉甫撰
元豐九域志十卷 第15冊
(宋)王存等撰
輿地廣記三十八卷 第15冊
(宋)歐陽忞撰
嶺表錄異三卷 第16冊

趙同福修 楊逢時纂
稿本
[乾隆]千山志十六卷 第30冊
(清)周厚地纂
清抄本
西岑鄉土志不分卷 第30冊
唐寶淦原編 葛冲續編
清光緒三十三年(1907)編民國七年(1918)續編抄本
[正德]練川圖記二卷 第30冊
(明)陳淵修 (明)都穆纂
明正德四年(1509)修清吳縣張伯倫抄本
[正德]金山衛志六卷 第30冊
(明)張奎修 (明)夏有文等纂
清乾隆嘉慶間抄本
[咸豐]金山縣志稿 第31冊
(清)錢熙泰纂
清咸豐五年(1855)纂初稿本
江東志十二卷 第32冊
(清)佚名纂
抄本
奉賢鄉土地理不分卷 第32冊
裴晃編 朱昂若鑒定
清宣統元年(1909)肇文學校刻本
崇明鄉土志略不分卷 第32冊
昝元愷編
民國十三年(1924)石印本
[雍正]江浦縣志八卷 第33－34冊
(清)項維正纂修
清雍正四年(1726)刻本
[乾隆]六合縣志六卷 第34－35冊
(清)廖掄升修 (清)戴祖啓纂
清乾隆五十年(1785)刻本
[嘉靖]徐州志十二卷 第35－37冊
(明)梅守德修 (明)任子龍纂
抄本
[康熙]徐州志三十六卷 第37－40冊
(清)姜焯纂修
清康熙六十一年(1722)刻本
[康熙]宿遷縣志十二卷 第41－42冊
(清)張尚元纂 (清)蔡日勁編
清康熙四十六年(1707)修抄本
[嘉慶]宿遷縣志六卷 第42－43冊
(清)丁堂修 (清)臧魯高纂
清嘉慶十八年(1813)刻本
[民國]高郵志餘 高郵志餘補不分卷 第44－45冊
宣哲輯
稿本
[洪武]常州府志十九卷 第46－49冊
(明)張度修 (明)謝應芳纂
明洪武十年(1377)修清嘉慶間抄本
[乾隆]溧陽縣志十二卷首一卷 第49－51冊
(清)吳學濂纂修
清乾隆八年(1743)刻本
[乾隆]武進縣志十四卷首一卷 第52冊
(清)王祖肅 (清)楊宜崙修 (清)虞鳴球 (清)董潮纂
清乾隆三十年(1765)刻本
[乾隆]武進縣志十四卷首一卷 第52－55冊
(清)王祖肅 (清)楊宜崙修 (清)虞鳴球 (清)董潮纂
抄本
[民國]續纂泰州志十八卷 第55冊
佚名纂
稿本
[民國]海門縣圖志十五卷附續海門廳圖志 第56冊
劉偉纂
民國間稿本
瞻橋小志四卷 第56冊
(清)王鑑纂
抄本
[正德]江陰縣志十四卷末一卷 第57－58冊
(明)黃傅纂修
影抄明正德十五年(1520)刻本
[乾隆]江陰縣志二十四卷首一卷 第59－63冊
(清)蔡澍纂修
清乾隆九年(1744)刻本
滸墅關志十八卷 第63冊
(明)張裕纂
民國影抄明嘉靖十六年(1537)刻本
[雍正]平望鎮志四卷首一卷 第63冊
原題里人公輯
清西郊草堂抄本
[弘治]吳江志二十二卷 第64－65冊
(明)莫旦纂
清然松書屋抄本
[弘治]吳江志二十二卷 第65－66冊
(明)莫旦纂
民國十一年(1922)薛氏邃漢齋抄本
[順治]續吳江縣志不分卷 第67冊
(清)董爾基纂修
民國十年薛氏邃漢齋抄本
[道光]吳江縣志續編十二卷 第67冊
(清)佚名纂
清嘉慶道光間修民國九年(1920)吳江柳氏傳抄本
[民國]震澤縣志續不分卷 第67冊
佚名纂
民國九年(1920)吳江柳氏抄本
[康熙]崑山縣志二十卷 第68－69冊
(清)杭允佳纂修
清康熙二十二年(1863)修抄本
劉河鎮記略十四卷 第70冊
(清)金端表纂
稿本
[道光]桂村小志不分卷 第71冊
(清)吳卓信纂
抄本
梅李文獻小志稿不分卷附新續梅李小志 第71冊
(清)黃炳宸纂 (清)黃岡纂
抄本
梅李補志一卷附梅李文獻三志稿一卷 第71冊
(清)黃宗城纂 (清)黃岡纂附
清咸豐修抄本
[光緒]浙江省志輯要不分卷 第72冊
佚名纂
稿本
[光緒]丙申修志錄存 第72冊
(清)鄒存淦輯
稿本
[民國]續修浙江通志海塘長編不分卷附[民國]續修浙江通志海塘初稿不分卷 第72－74冊
唐詠裳輯 闞豫輯初稿
稿本
[民國]浙江通志補編經籍志不分卷 第75－76冊
孫德謙輯
抄本
[光緒]杭州府志二百二十卷 第77－78冊

(清)丁丙修 (清)王棻纂 (清)羅榘等校定
稿本
[民國]新纂杭州府志稿二百卷 第78册
屈映光修 陸懋勳纂
民國五年(1916)稿本
[康熙]餘杭縣新志八卷 第79册
(清)龔嶸修 (清)孫應龍等纂
清康熙二十四年(1685)刻本
[同治]富陽志備采三十二卷 第79册
(清)佚名纂
稿本
[康熙]昌化縣志十卷 第80册
(清)周頌孫修 (清)陳秉謙等纂
清康熙十二年(1673)刻本
[弘治]嚴州府志二十二卷 第81－83册
(明)李德恢纂修
明弘治六年(1493)刻嘉靖增補刻本
[康熙]新修壽昌縣志十二卷 第84册
(清)曾華蓋修 (清)張可元等纂
清康熙二十二年(1683)刻本
[嘉靖]桐廬縣志八卷 第85册
(明)屠繼祖修 (明)濮漑纂
明嘉靖五年(1526)刻本
[康熙]桐廬縣志四卷 第85册
(清)馬象麟修 (清)柴文卿 (清)楊汝挺纂 (清)王俊增補
清康熙十二年(1673)刻二十年(1681)增刻本
[順治]新修淳安縣志六卷 第86－87册
(清)張一魁修 (清)謝鼎元等纂
清順治十五年(1658)刻本
[康熙]遂安縣志十卷 第87册
(清)陳學孔修 (清)章振萼纂
清康熙五十四年(1715)刻本
[成化]湖州府志二十二卷 第88册
(明)勞鉞修 (明)張淵等纂
清歸安姚氏咫進齋抄本
[嘉靖]湖州府志十六卷 第89册
(明)張鐸修 (明)浦南金纂
明嘉靖二十一年(1542)刻本
[乾隆]東西林彙考八卷 第89册
(清)茅應奎纂
清乾隆三十一年(1766)稿本
[萬曆]重修烏青鎮志五卷 第89－90册
(明)李樂纂
明萬曆二十九年(1601)刻本
[順治]長興縣志十卷補遺一卷 第90－93册
(清)張愼爲修 (清)金鏡纂
清順治六年(1649)馴雉堂刻本
[嘉靖]德清縣志十卷 第93册
(明)郝成性修 (明)陳霆纂
明嘉靖四年(1525)刻十六年(1537)增刻本
[嘉靖]安吉州志十六卷 第93册
(明)伍餘福纂修
明嘉靖十三年(1534)刻本
[弘治]嘉興府志三十二卷 第94－95册
(明)柳琰修 (明)林光校正
明弘治五年(1492)刻本
[康熙]平湖縣志十卷 第96－97册
(清)朱維雄修 (清)陸棻纂
清康熙二十八年(1689)刻本
[嘉慶]平湖縣續志十卷附舊志補遺四卷 第98册
(清)路錞修 (清)張躍鱗纂
清嘉慶十一年(1806)刻本
[道光]平湖縣志金石略一卷 第98册
(清)佚名纂
清嘉慶道光間稿本
[道光]平湖縣志建置一卷 第98册
(清)顧潤纂
清道光咸豐間抄本
[道光]乍浦續志六卷 第99册
(清)許河纂修
清道光二十三年(1843)刻本
[正德]桐鄉縣志十卷 第99册
(明)任洛纂修
清初影抄明正德九年(1514)修嘉靖間增修刻本
[萬曆]重修嘉善縣志十二卷首一卷 第100－101册
(明)章士雅修 (明)盛唐纂
明萬曆二十四年(1596)刻本
[康熙]續修嘉善縣志八卷 第101册
(清)崔维华修 沈辰垣纂
傳抄清康熙二十三年(1684)刻本
[嘉靖]海鹽縣志五卷 第101册
(明)夏浚修 (明)徐泰纂
明嘉靖十一年(1532)修清抄本
[光緒]餘姚縣志四十卷 第102－103册
(清)佚名纂
稿本
[嘉靖]奉化縣圖志十二卷 第103－104册
(明)錢璠修 (明)倪復纂
明嘉靖十四年(1535)刻本
[道光]南田志稿不分卷 第104册
(清)馮登府纂
稿本
[民國]紹興府修志資料 第105册
浙江通志館輯
民國十二年(1923)稿本
[咸豐]上虞縣志刊誤五卷 第105册
(清)王振綱輯
清咸豐三年(1853)王氏天香樓刻本
[嘉靖]山陰縣志十二卷 第105－106册
(明)許東望修 (明)張天復 (明)柳文纂
明嘉靖二十二年(1543)修三十年(1551)刻本
[民國]曹娥鄉土志一卷 第106册
徐繩宗纂 朱遂翔增補
民國三十六年(1947)油印本
[成化]新昌縣志十六卷 第106册
(明)李楫修 (明)莫旦纂
明成化十三年(1477)修正德十六年(1521)刻本
[康熙]江山縣志十卷 第107册
(清)朱彩修 (清)朱長吟纂
清康熙四十年(1701)刻本
[成化]金華府志二十卷 第108－109册
(明)周宗智纂修
明成化十六年(1480)刻本
[萬曆]湯溪縣志八卷 第110册
(明)汪文璧修 (明)羅元齡等纂
明萬曆三十二年(1604)刻本
[康熙]湯溪縣志不分卷 第110册
(清)譚國樞等纂修
清康熙二十二年(1683)刻本
[民國]永康鄉土志四卷 第111册
佚名编
民國傳抄本
[民國]義烏縣志採訪錄不分卷 第111册
王鋆 駱蕙春纂
民國初稿本
[隆慶]東陽縣志十七卷 第111册
(明)鄭準纂修
明隆慶六年(1572)修萬曆間貢修齡補刻本

[萬曆]栝蒼彙紀十五卷 第112-113册
(明)熊子臣修 (明)何鏜纂
明萬曆七年(1579)刻本
[民國]續修浙江通志徵訪册稿(麗水縣)不分卷 第113册
佚名輯
抄本
[道光]宣平縣志十八卷首一卷 第114-115册
(清)湯金策修 (清)俞宗煥纂
清道光二十年(1840)刻本
[雍正]青田縣志十二卷 第116册
(清)張皇輔原本 (清)萬里續修
清雍正六年(1728)增刻康熙本
[康熙]縉雲縣志十卷 第117册
(清)曹懋極纂修
清康熙十年(1671)修抄本
[崇禎]慶元縣志 第117册
(明)沈維龍纂修 (明)汪獻忠增補 (明)楊芝瑞再增補
明萬曆五年(1577)刻四十六年(1618)增刻崇禎十五年(1642)再增刻本
[嘉慶]慶元縣志十二卷 第118册
(清)關學優修 (清)吳元楝纂
清嘉慶六年(1801)刻本
[光緒]合肥縣志不分卷 第119册
(清)佚名纂
清光緒抄本
[康熙]蕪湖縣志十四卷補遺一卷 第119-120册
(清)馬汝驍修 (清)葛天策等纂
抄本
[康熙]繁昌縣志十八卷 第120-121册
(清)梁延年修 (清)閔燮纂
清康熙十七年(1678)刻本
[康熙]太湖縣志二十四卷 第122册
(清)王庭等修 (清)畢琪光等纂
清康熙二十七年(1688)刻本
[萬曆]歙志三十卷 第123-125册
(明)張濤修
明萬曆三十七年(1609)刻本
[道光]霍邱縣志十二卷 第126-127册
(清)張家榯 (清)朱炳南修 (清)李寶琮等纂
清道光五年(1825)刻本
[順治]含山縣志四卷 第128册
(清)朱長泰修 (清)淩家瑞等纂
清順治八年(1651)刻本
永泰鄉土志不分卷 第129册
永福兩等學堂編
民國油印本
[康熙]德化縣志十六卷 第129册
(清)范正輅修 (清)方祚隆等纂
清康熙二十六年(1687)刻本
[民國]惠安鄉土記不分卷 第130册
趙可村纂
民國初稿本
[民國]福鼎縣志 第130册
佚名纂
民國鉛印本
[康熙]都昌縣志十卷首一卷 第130-131册
(清)曾王孫修 (清)徐孟深等纂
清康熙二十五年(1686)刻三十三年(1694)補刻本
[道光]安仁縣志十卷首一卷 第131-133册
(清)陳天爵修 (清)趙玉蟾等纂
清道光四年(1824)刻本
[順治]定南縣志略六卷 第133册
(清)祝添壽纂修
清順治九年(1652)抄本
[光緒]長寧縣志十六卷首一卷 第133-135册
(清)金福保 (清)梅奇尊修 (清)鍾材權等纂
清光緒二十五年(1899)刻本
[康熙]廣信府志二十卷 第135-138册
(清)孫世昌纂修
清康熙二十二年(1683)刻本
[康熙]廣信府志四十卷末一卷 第138-140册
(清)周鍏元修 (清)馬道畊纂
清康熙五十二年(1713)刻本
[乾隆]廣豐縣志十六卷首一卷 第140册
(清)游法珠修 (清)張彌等纂
清乾隆二十年(1755)刻本
[嘉慶]番郡瓅録四卷 第141册
(清)王朝渠纂
清嘉慶七年(1802)纂同治九年(1870)木活字本
[康熙]婺源縣志十二卷 第141-143册
(清)劉光宿修 (清)詹養沉纂
清康熙八年(1669)刻本
[嘉靖]撫州府志十六卷 第144-145册
(明)黄顯修 (明)陳九川 (明)徐良傅纂
明嘉靖三十三年(1554)刻本
[道光]新城縣志十四卷首一卷 第146-149册
(清)徐江纂修
清道光六年(1826)刻本
[嘉靖]袁州府志二十卷 第149-150册
(明)嚴嵩纂修
明嘉靖二十五年(1546)刻本
[康熙]奉新縣志十四卷 第150-151册
(清)黄虞再修 (清)閔鉞等纂
清康熙元年(1662)刻本
[嘉靖]吉安府志十九卷 第151册
(明)王昂纂修
明嘉靖間刻本
[乾隆]西昌志四十卷首一卷 第152-153册
(清)楊國瓚修 (清)郭經等纂
清乾隆十五年(1750)刻本
平陰縣鄉土志不分卷 第154册
(清)黄篤瓚修 (清)朱焯纂
清光緒三十三年(1907)鉛印本
[嘉靖]恩縣志九卷 第154册
(明)杜永昌修 (明)張季霖纂
明嘉靖十七年(1538)刻本
[萬曆]諸城縣志十二卷 第154册
(明)王之臣修 (明)陳燁纂
抄本
安邱縣鄉土志十六卷 第154-155册
(清)馬思齊修 (清)馬步元纂
清光緒末年抄本
[民國]壽光縣志二十三卷 第155-157册
崔亦文等纂
民國十七年(1928)稿本
[萬曆]福山縣志八卷 第157册
(明)宋大奎修 (明)郭如泰纂
抄本
[民國]金鄉縣志二十卷 第157-158册
佚名纂
民國二十五年(1936)稿本
金鄉縣鄉土志四卷 第158册
(清)邊度春修 (清)孫越纂
清光緒三十四年(1908)稿本

清道光十五年(1835)刻本
[乾隆]琅鹽井志四卷首一卷 第100册
(清)孫元湘修 (清)趙淳纂
浙江圖書館藏稀見方志叢刊
朱海閔 徐曉軍 沙文婷 張群主編
二〇一一年北京圖書館出版社 影印本
六十二册
鄞陰志略一卷 第1册
(清)管庭芬纂
清道光十一年(1831)管嗣許抄本
[同治]續天津縣志二十卷首一卷 第1-2册
(清)吳惠元修 蔣玉虹 俞樾纂
清同治九年(1870)刻本
[康熙]平陸縣志 第3册
(清)柴應辰纂修 潘鋮增纂
清康熙十八年(1679)刻五十二年(1713)增刻本
綏遠通志採訪要點 第4册
綏遠省通志館編
民國二十年(1931)鉛印本
[嘉慶]上海縣志二十卷首一卷 第4-8册
(清)王大同修 李林松纂
嘉慶十九年(1814)刻本
[嘉慶]海門廳志四卷 第8册
(清)章廷楓 董曰申纂修
清抄本
吳郡通典備稿十卷 第9册
吳昌綬撰
民國十七年(1928)雲在山房鉛印本
[道光]淮城信今錄十卷 第9册
(清)曹鑣撰
清道光十一年(1831)木活字本
[康熙]重修宜興縣志十卷圖考一卷 第10-12册
(清)李先榮 徐喈鳳纂修
清康熙二十五年(1686)刻本
[康熙]杭州府志四十卷圖一卷 第12-19册
(清)馬如龍 楊鼐等纂修 李鐸等增修
清康熙二十五年(1686)刻三十三年(1694)李鐸增刻本
於潛鄉土地理大綱初稿 第19册
余烈編
民國二十三年(1934)鉛印本
[康熙]遂安縣志十卷 第19-20册
(清)劉從龍 方象瑛 方象瑛纂修 劉閎儒 毛升芳等續修
清康熙十二年(1673)刻二十四年(1685)增修本
[民國]蕭山縣志稿十四卷 第21-23册
來裕恂纂輯
稿本
[民國]重修秀水縣志不分卷 第24-29册
金蓉鏡等纂修
稿本(謄清稿)
[嘉慶]德清縣續志十卷 第29册
(清)周紹濂修 徐養原 許宗彥纂
清嘉慶十三年(1808)刻本
[康熙]定海縣志口口卷 第30-31册
(清)王元士纂修 郝良桐續修
清康熙間抄本
[康熙]續定海縣志不分卷 第31册
清康熙間抄本
鎮海縣志備修不分卷 第32-34册
(清)陳景沛纂
稿本
南田山雜志一卷 第34册
陳漢章纂
民國初年石印本
[光緒]餘姚鄉土地理歷史合編 第34册
(清)謝葆濂纂修
清光緒三十二年(1906)誠意學堂石印本
[咸豐]上虞志備稿不分卷 第34-37册
(清)王振綱纂
稿本
臨海縣補志料不分卷 第38册
(清)宋世犖纂
清末民初抄本
邑乘管窺二卷 第38册
(清)管世駿撰
手稿本
續修浙江通志採訪稿 金華縣 第39册
佚名纂
民國五年(1916)鉛印本
[弘治]蘭谿縣志五卷 第39册
(明)王倬 章懋 鄭錡纂修 許完續修
明正德刻本
[隆慶]東陽縣志十七卷 第39册
(明)鄭準纂修 貢修齡補輯
明隆慶六年(1752)刻萬曆 天啟增修本
東陽記拾遺 第39册
(南朝宋)鄭緝之撰 (清)胡宗楙輯
民國二十一年(1932)永康胡氏夢選樓刻本
[萬曆]龍游縣志十卷首一卷 第40册
(明)萬廷謙纂修 鍾相業校 曹聞禮訂
明萬曆刻本
《[萬曆]龍游縣志》輯佚一卷 第40册
余紹宋輯註
手稿本
平陽縣志人物稾不分卷 第41册
抄本
慶元縣志採訪錄二卷 第41册
史澄章編輯
民國間抄本
[康熙]巢縣志二十卷 第42-43册
(清)于覺世 陸龍騰等纂修
清康熙十二年(1673)刻康熙增刻本
[康熙]太平府志四十卷 第43-47册
(清)黃桂 宋驤等纂修 李敏虵 曹守謙增修
清康熙十二年(1673)刻康熙四十六年(1707)增刻本
[乾隆]龍南縣志二十六卷 第47-48册
(清)永祿 廖運芳等纂修
清乾隆十七年(1752)刻本
[咸豐]弋陽縣志十四卷首一卷 第49-51册
(清)陳喬樅等纂修
清咸豐元年(1851)刻本
[同治]鄢陵文獻志四十卷補遺一卷 第52-56册
(清)蘇源生纂
清同治二年(1863)刻本
[乾隆]湖北下荊南道志二十八卷 第56-60册
(清)魯之裕修 靖道謨纂
清乾隆五年(1740)刻本
[康熙]西寧縣志十卷 第61册
(清)趙震陽 鍾光斗等纂修
清康熙六年(1667)刻本
[民國]天河縣志九編 第61册
潘伍光纂修
民國三十一年(1942)石印本
[光緒]寧州舊志稿三卷 第61册
佚名纂
清抄本

雲南楚雄縣地誌資料 第62册
民國間抄本
祿勸縣鄉土志合編三卷 第62册
(清)魯大宗編輯
清光緒三十四年(1908)鉛印本
[乾隆]扶風縣志十八卷首一卷 第62册
(清)熊家振修 張塤纂
清乾隆四十六年(1781)刻本

F5459(1-10)

中國西北稀見方志續集
邵國秀編
一九九七年北京中華全國圖書館文獻縮微複製中心影印本
十册
中國公共圖書館古籍文獻珍本匯刊.史部
陝西通志四十卷 F5459/第1册
(明)趙廷瑞修 (明)馬理纂
景明嘉靖二十一年(1542)刊本
同官縣志十卷 F5459/第1册
(明)劉澤遠修 (明)寇慎纂 (明)孔尚標增修
景明萬曆四十六年(1618)刊明崇禎十三年(1640)增補本
耀州志十卷 F5459/第2册
(明)陳仕林纂修
景清嘉慶七年(1802)刊本
岦陽述古編二卷 F5459/第2册
(清)李嘉績纂輯
景清光緒十五年(1889)刊本
榆林縣鄉土志一卷 F5459/第3册
佚名編
景民國六年(1917)編鈔本
米脂縣志八卷 F5459/第3册
(清)寧養氣纂修
景清康熙二十年(1681)刊本
米脂縣志十卷 F5459/第3册
嚴建章 高仲謙修 高照初纂
景民國三十三年(1944)榆林松濤齋排印本
安塞縣志十二卷首一卷 F5459/第4册
安慶豐修 郭永清纂
景民國三年(1914)排印本
陝西延川縣新志不分卷 F5459/第4册
佚名修
景民國十六年(1927)修鈔本
陝西延長縣志書十卷 F5459/第4册
延長縣公署纂
景民國二年(1913)修稿本
陝西延安府保安縣鄉土志不分卷 F5459/第4册
佚名編
景民國初年編鈔本
韓城縣志八卷 F5459/第5册
(明)蘇進修 (明)張士佩纂
景明萬曆三十五年(1607)刊本
富平縣志十卷 F5459/第5册
(明)劉兌修 (明)孫丕揚纂
景明萬曆十二年(1584)原刊清乾隆四十三年(1778)吳六鰲重刊本
重修鎮安縣志十卷 F5459/第5册
滕仲黃纂修
景民國十八年(1929)石印本
洵陽縣志六卷 F5459/第5册
(清)葉時汭纂修
景清雍正九年(1731)修鈔本
洵陽縣鄉土志四卷 F5459/第6册
(清)羅澤南纂修
景清光緒中修稿本
洋縣鄉土志一卷 F5459/第6册
佚名編
景民國初年修鈔本
西鄉縣鄉土志不分卷 F5459/第6册
閻佐堯等
景民國中鈔本
蘭州志四卷 F5459/第6册
(清)劉斗修 (清)陳如稷纂
景清康熙二十五年(1686)原刊清康熙五十四年(1715)補刊本
永昌縣志十卷 F5459/第6册
(清)李登瀛修 (清)南齊漢纂
景清乾隆五十年(1785)刊本
金縣志十三卷首一卷 F5459/第7册
(清)恩福修 (清)冒蕖纂
景清道光二十四年(1844)鈔本
秦安縣志十四卷 F5459/第7册
(清)嚴長宦修 (清)劉德熙纂
景清道光十八年(1838)刊本
校補平涼府志十三卷 F5459/第8册
(明)趙時春撰 (民國)張維校補
景明嘉靖三十九年(1560)原刊民國中校補鈔本
華亭縣志七卷 F5459/第8册
(清)趙先甲纂
景清嘉慶元年(1796)鈔本
涇州采訪新志不分卷 F5459/第8册
(清)楊丙榮纂
景清宣統元年(1909)修鈔本
崇信縣采訪鄉土志一卷 F5459/第8册
(清)佚名編
景清光緒三十四年(1908)編鈔本
徽縣志八卷首一卷附一卷(徽縣新志) F5459/第8册
董杏林修 趙鍾靈纂
景民國十三年(1924)石印本
寧夏新志八卷 F5459/第9册
(明)王珣修 (明)胡汝礪纂
景明弘治十四年(1501)刊本
隆德縣志二卷 F5459/第9册
(清)常星景纂輯 (清)張煒編次
景清康熙二年(1663)鈔本
青藏界圖說一卷(青海圖說) F5459/第9册
章光庭纂
景民國石印本
西域考古錄十八卷 F5459/第10册
(清)俞浩撰
景清道光二十七年(1847)刊本
新疆大記六卷首一卷 F5459/第10册
(清)闞鳳樓撰
景清光緒三十三年(1907)武昌存古學堂排印本
新疆大記補編九卷 F5459/第10册
(民國)吳廷燮撰
景民國二十三年(1935)排印本
喀什噶爾英吉沙爾一卷 F5459/第10册
(清)永保修 (清)范建中纂
景清乾隆五十九年(1794)修鈔本
莎車府志一卷 F5459/第10册
(清)佚名纂
景清宣統元年(1909)鈔本
續修烏蘇縣志二卷 F5459/第10册
鄧纘先編輯
景民國七年(1918)修民國十年(1921)石印本

F5666(1-72)

天一閣藏明代方志選刊續編
丘時庸修
一九九〇年上海書店影印本
七十二册
[嘉靖]清苑縣志 F5666/第1册
(明)李廷寶纂修

明嘉靖刻本
[嘉靖]蠡縣志　F5666/第1冊
(明)李復初纂修
明嘉靖刻本
[嘉靖]獲鹿縣志　F5666/第1冊
(明)趙惟勤纂修
明嘉靖刻本
[正德]趙州志　F5666/第2冊
(明)程遵纂修 陳紀編集
明正德刻本
[嘉靖]威縣志　F5666/第2冊
(明)胡榮修
明嘉靖刻本
[弘治]永平府志　F5666/第3冊
(明)吳杰修 (明)張廷綱 吳祺纂
明弘治刻本
[正德]臨漳縣志　F5666/第3冊
(明)景芳纂修
明正德刻本
[嘉靖]磁州志　F5666/第3冊
(明)周文龍修 (明)孫紹等纂
明嘉靖刻本
[嘉靖]武安縣志　F5666/第4冊
(明)唐交修 陳瑋纂
明嘉靖刻本
[嘉靖]涉縣志　F5666/第4冊
佚名纂
明藍絲欄鈔本
[嘉靖]曲沃縣志　F5666/第4冊
(明)劉魯生修 李廷賓纂
明嘉靖刻本
[嘉靖]翼城縣志　F5666/第4冊
(明)鄢桂枝修 楊汝江纂
明嘉靖刻本
[正德]松江府志　F5666/第5-6冊
(明)陳威喻時修 (明)顧清纂
明正德刻本
[弘治]上海志　F5666/第7冊
(明)唐錦編纂 朱曜校正
明弘治刻本
[萬曆]江浦縣志　F5666/第7冊
(明)張夢柏等
明萬曆刻本
[嘉靖]六合縣志　F5666/第7冊
(明)黄紹文纂修
明嘉靖刻本
[萬曆]淮安府志　F5666/第8冊
(明)郭大綸修 (明)陳文燭纂
明萬曆刻本
[萬曆]宿遷縣志　F5666/第8冊
(明)喻文偉修 (明)劉籌何儀纂
明萬曆刻本
[嘉靖]沛縣志　F5666/第9冊
(明)王治修 (明)馬偉纂
明嘉靖刻本
[隆慶]寶應縣志　F5666/第9冊
(明)湯一賢纂修
明隆慶刻本
[嘉靖]重修如臯縣志　F5666/第10冊
(明)謝紹祖修輯
明嘉靖刻本
[嘉靖]通州志　F5666/第10冊
(明)顧□編考 (明)林穎重修
明嘉靖刻本
[嘉靖]吳邑志　F5666/第10冊
(明)曹自守撰
明嘉靖刻本
[正德]姑蘇志　F5666/第11-14冊
(明)王鏊等
明正德刻本
[崇禎]吳縣志　F5666/第15-19冊
(明)牛若麟修
崇禎刻本
[嘉靖]太倉州志　F5666/第20冊
(明)周士佐修 張寅纂
崇禎二年劉彥心重刻本
[正德]常州府志續集　F5666/第21冊
(明)張愷纂
明正德刻本
[成化]重修毗陵志　F5666/第21-22冊
(明)卓天錫 (明)孫任增修 (明)朱昱纂
成化刻本
[隆慶]長州縣志　F5666/第23冊
(明)張德夫修 (明)皇甫汸等纂
隆慶刻本
[萬曆]丹徒縣志　F5666/第23冊
(明)何世學纂修
萬曆刻本
[嘉靖]浙江通志　F5666/第24-26冊
(明)胡宗憲修 (明)薛應旗等纂
嘉靖刻本
[天啓]平湖縣志　F5666/第27冊
(明)程楷修
天啓刻本
[萬曆]會稽縣志　F5666/第28冊
(明)楊維新修
萬曆刻本影印
[嘉靖]安吉州志　F5666/第28冊
(明)江一麟修
嘉靖刻本
[嘉靖]蕭山縣志　F5666/第29冊
(明)林策修 (明)魏堂增修
萬曆刻本
[嘉靖]定海縣志　F5666/第29冊
(明)何愈修
嘉靖刻本
[嘉靖]象山縣志　F5666/第30冊
(明)毛德京修
嘉靖刻本
[正德]永康縣志　F5666/第30冊
(明)吳宣濟 (明)胡楷修
嘉靖刻本
[弘治]衢州府志　F5666/第31冊
(明)沈杰等修
弘治刻本
[弘治]溫州府志　F5666/第32冊
(明)鄧淮修
弘治刻本
[成化]中都志　F5666/第33-34冊
(明)柳瑛纂
隆慶刻本
[嘉靖]懷遠縣志　F5666/第35冊
(明)孫維禮 (明)楊鈞纂修
嘉靖刻本影印
[弘治]直隸鳳陽府宿州志　F5666/第35冊
(明)曾顯纂修
弘治增補刻本
[嘉靖]潁州志　F5666/第35冊
(明)呂景蒙修 (明)胡袞纂
嘉靖刻本
[嘉靖]涇縣志　F5666/第36冊
(明)丘時庸修
嘉靖刻本
[嘉靖]寧國縣志　F5666/第36冊
(明)范鎬纂修
嘉靖刻本
[弘治]將樂縣志　F5666/第37冊
(明)李敏纂修
弘治刻本

［正德］順昌邑志 F5666/第 37 册
（明）馬性魯纂修
正德刻本
［嘉靖］清流縣志 F5666/第 38 册
（明）陳桂芳纂修
嘉靖刻本
［嘉靖］建寧縣志 F5666/第 38 册
（明）何孟倫纂修
嘉靖刻本
［嘉靖］長泰縣志 F5666/第 38 册
（明）蕭廷宣纂修
明藍絲欄抄本
［嘉靖］漳平縣志 F5666/第 38 册
（明）曾汝檀（明）朱召修
嘉靖刻本
［嘉靖］汀州府志 F5666/第 39－40 册
（明）邵有道纂修
嘉靖刻本
［嘉靖］福寧州志 F5666/第 41 册
（明）陳應賓（明）閔文振纂修
嘉靖刻本
［嘉靖］寧德縣志 F5666/第 41 册
（明）閔文振纂修
嘉靖刻本
［嘉靖］豐乘 F5666/第 42 册
（明）李貴纂修
嘉靖刻本
［嘉靖］武寧縣志 F5666/第 42 册
（明）徐麟纂修
嘉靖刻本
［正德］瑞州府志 F5666/第 42 册
（明）熊相纂修
正德刻本
［嘉靖］寧州志 F5666/第 43 册
（明）龔暹纂修
嘉靖刻本
［正德］饒州府志 F5666/第 44 册
（明）陳策纂修
正德刻本
［嘉靖］南康縣志 F5666/第 44 册
（明）劉昭文纂修
嘉靖刻本
［嘉靖］廣信府志 F5666/第 45 册
（明）張士鎬修
嘉靖刻本
［嘉靖］鉛山縣志 F5666/第 46 册
（明）費寀纂修
嘉靖刻本
［正德］新城縣志 F5666/第 46 册
（明）黄文鷟纂修
正德刻本
［弘治］撫州府志 F5666/第 47－48 册
（明）吕杰纂修
弘治刻本
［嘉靖］臨江府志 F5666/第 49 册
（明）徐顥等撰
嘉靖刻本
［嘉靖］袁州府志 F5666/第 49 册
（明）陳德文纂修
嘉靖刻本
［嘉靖］南安府志 F5666/第 50 册
（明）劉節纂修
嘉靖刻本
［嘉靖］山東通志 F5666/第 51－52 册
（明）陸釴等纂修
嘉靖刻本
［萬曆］兖州府志 F5666/第 53－56 册
（明）朱泰（明）游季勳修（明）包大爟纂修
萬曆刻本
［嘉靖］章丘縣志 F5666/第 57 册
（明）楊循吉纂修
嘉靖修補藍印本
［嘉靖］德州志 F5666/第 57 册
（明）鄭瀛修
嘉靖修補藍印本
［嘉靖］昌樂縣志 F5666/第 57 册
（明）朱木修
嘉靖修補藍印本
［嘉靖］寧海州志 F5666/第 57 册
（明）李光先修
嘉靖修補藍印本
［嘉靖］通許縣志 F5666/第 58 册
（明）韓玉纂修
嘉靖刻本
［嘉靖］太康縣志 F5666/第 58 册
（明）安都纂修
嘉靖刻本
［嘉靖］陽武縣志 F5666/第 58 册
（明）吕椅纂修
嘉靖刻本
［嘉靖］沈丘縣志 F5666/第 58 册
（明）李宗元纂修
嘉靖刻本
［嘉靖］儀封縣志 F5666/第 59 册
（明）佚名纂
明蘭絲瀾抄本
［嘉靖］鄢城縣志 F5666/第 59 册
（明）楊邦梁修（明）趙應式纂
嘉靖刻本
［嘉靖］鞏縣志 F5666/第 59 册
（明）周泗修（明）康紹第纂
嘉靖刻本
［嘉靖］歸德志 F5666/第 60 册
（明）李嵩纂修
嘉靖刻本
［嘉靖］永城縣志 F5666/第 60 册
（明）鄭禮纂修
嘉靖刻本
［嘉靖］真陽縣志 F5666/第 60 册
（明）何麟纂修
嘉靖刻本
［嘉靖］商城縣志 F5666/第 60 册
（明）萬炯修
嘉靖刻本
［嘉靖］輝縣志 F5666/第 61 册
（明）張天真纂修
嘉靖刻本
［嘉靖］濮州志 F5666/第 61 册
（明）鄧領纂修
［嘉靖］范縣志 F5666/第 61 册
（明）束時泰纂修
［嘉靖］羅田縣志 F5666/第 62 册
（明）祝瀏等纂修
嘉靖刻本
［弘治］夷陵州志 F5666/第 62 册
（明）劉允修
弘治刻本
［嘉靖］歸州全志 F5666/第 62 册
（明）張時纂修
嘉靖刻本
［嘉靖］歸州志 F5666/第 62 册
（明）鄭喬纂修
嘉靖刻本
［嘉靖］巴東縣志 F5666/第 62 册
（明）楊培之纂修
嘉靖刻本
［弘治］岳州府志 F5666/第 63 册
（明）劉璣纂修
弘治刻本
［嘉靖］茶陵州志 F5666/第 63 册

（明）張治纂修
嘉靖刻本
［弘治］永州府志　F5666/第64册
（明）姚昺重修
明弘治刻本
［嘉靖］增城縣志　F5666/第65册
（明）文章修
嘉靖刻本
［嘉靖］德慶州志　F5666/第65册
（明）陸舜臣纂修
嘉靖刻本
［嘉靖］南雄府志　F5666/第66册
（明）胡大成修（明）譚大初纂
嘉靖刻本
［嘉靖］始興縣志　F5666/第66册
（明）汪慶舟修
嘉靖刻本
［嘉靖］惠大紀　F5666/第66册
（明）佚名纂修
嘉靖刻本
［嘉靖］興寧縣志　F5666/第66册
（明）黄國奎修
嘉靖刻本
［嘉靖］南寧府志　F5666/第67册
（明）郭楠纂修
嘉靖刻本
［萬曆］營山縣志　F5666/第67册
（明）王廷稷纂修
萬曆刻本
［正德］蓬州志　F5666/第67册
（明）吳德器修（明）徐泰纂
正德刻本
［嘉靖］貴州通志　F5666/第68－69册
（明）謝東山修
嘉靖刻本
［正德］雲南志　F5666/第70－71册
（明）周季鳳纂修
正德刻本
［嘉靖］耀州志　F5666/第72册
（明）陳維修（明）張璉纂
嘉靖刻本
［弘治］寧夏新志　F5666/第72册
（明）王徛修
弘治刻本

F6050(1－12)
明代孤本方志選
馬小林 孟繁裕主編 國家圖書館地方志和家譜文獻中心編
二〇〇〇年北京中華全國圖書館文獻縮微複製中心影印本
十二册
［崇禎］湯陰縣志　F6050/第1册
（明）沙蘊金修 蘇育纂
明崇禎十年(1637)刻本
［崇禎］禮泉縣志　F6050/第1册
（明）茍好善纂修
明崇禎十一年(1638)刻 清初重修
［萬曆］重修壽昌縣志　F6050/第2册
（明）李思悅修 洪一鰲纂修 易文續纂
明萬曆十四年(1568)刻 清順治七年(1650)補刻本
［崇禎］碭山縣志　F6050/第2册
（明）劉芳修 汪用霖纂
明崇禎十二年(1639)刻本
［嘉靖］浮山縣志　F6050/第3册
（明）許安纂修
明嘉靖三十七年(1558)刻本
［萬曆］忻州志　F6050/第3册
（明）楊維嶽纂修
明萬曆三十六年(1608)刻本
［萬曆］定襄縣志　F6050/第3册
（明）安嘉士修 劉紹先纂修 劉國治續纂
明萬曆四十四年(1616)刻本
［崇禎］武定州志　F6050/第4册
（明）王永積修 劉嘉禎纂
明崇禎十二年(1639)刻本
［萬曆］欒安縣志　F6050/第5册
（明）孟楠修 蔣奇鏄纂
明萬曆三十一年(1603)刻 清康熙六年(1661)重修本
［萬曆］鉅野縣志　F6050/第5册
（明）吕鵬雲修 吕封齊等纂
明天啓三年(1632)新安方時化刻 崇禎間增刻本
［崇禎］鄆城縣志　F6050/第6册
（明）米嘉穗修 孫鯨等纂
明崇禎七年(1634)刻本
［崇禎］永年縣志　F6050/第7册
（明）宋祖乙修 申佳胤等纂
明崇禎十四年(1641)刻本
［天啟］東安縣志　F6050/第8册
（明）鄭之城修 邊侖等纂
明天啓五年(1625)刻本
［崇禎］元氏縣志　F6050/第8册
（明）張慎學修 智鋋纂
明崇禎十五年(1642)刻本
［萬曆］安平縣志　F6050/第9册
（明）王訢修 王三餘纂
明萬曆十七年(1589)刻本
［萬曆］棗強縣志　F6050/第9册
（明）王鶴齡修 陶萬象纂修 江澄 單惺等續纂
明萬曆四十四年(1616)刻 清康熙間增修本
［萬曆］廣宗縣志　F6050/第10册
（明）馬協纂修
明萬曆二十六年(1598)刻 清康熙間增刻本
［萬曆］成安邑乘　F6050/第10册
（明）賈三策修 王孫昌纂
明萬曆間刻 明崇禎清順治間增刻本
［萬曆］饒陽縣志　F6050/第11册
（明）翟耀修 石徑世纂 秦繼宗續纂
明萬曆二十九年(1601)刻 三十七年(1609)增刻本
［崇禎］大成縣志　F6050/第11册
（明）狄同奎修 張弘文纂
明萬曆崇禎間刻本
［萬曆］清河縣志　F6050/第12册
（明）向日紅纂修
明萬曆九年(1581)刻 清順治間增刻本
［天啟］武安縣志　F6050/第12册
（明）李椿茂纂修
明天啓間刻崇禎增刻本
［崇禎］廣昌縣志　F6050/第12册
（明）劉世治修 趙文耀纂
明崇禎五年(1632)刻本

F6304(1－30)
清代孤本方志選第一輯
國家圖書館分館編
二〇〇一年北京綫裝書局影印本
三十册
［康熙］遵化州志十二卷　F6304/第1册
（清）郑僑生修 葉向升等纂
清康熙間刻本
［康熙］博野縣志四卷　F6304/第1册
（清）王國泰修 劉聲等纂
清康熙十五年刻本
［康熙］涉縣志十二卷　F6304/第2册
（清）黄泽修 竇彝常纂

清康熙五十三年刻本
[康熙]行唐縣新志五卷 F6304/第2冊
(清)王鶴修 薛璘等纂
清康熙間刻本
[康熙]肅寧縣志一卷 F6304/第2冊
(清)王宏翼纂修
清康熙十一年刻本
[康熙]章丘縣志十二卷卷首一卷 F6304/第3冊
(清)鍾運泰修 高崇嚴纂
清康熙三十年刻本
[康熙]栖霞縣志八卷 F6304/第4冊
(清)鄭占春續纂
清康熙十一年刻 四十六年增修本
[順治]鄒平縣志八卷 F6304/第5冊
(清)徐政修 馬驌纂
清順治十七年刻本
[康熙]青州府博興縣志八卷 F6304/第5冊
(清)萬雲修 遲龍賓纂
清康熙十二年刻本
[順治]武城縣志四卷 F6304/第6冊
(清)房萬達修 王惟明纂
清順治七年刻本
[康熙]纂修即墨縣志二卷 F6304/第6冊
(清)佚名纂修
明刻清康熙十六年增刻本
[康熙]慶雲縣志十二卷 F6304/第6冊
(清)李居一修 崔允貞纂修
清康熙十九年刻本
[順治]彰德府續志八卷 F6304/第7冊
(清)宋可發修 吳之鏌纂
清順治間刻本
[康熙]襄城縣志十卷 F6304/第8冊
(清)佟昌年原修 陳治安增修
清順治八年刻 康熙間增刻本
[順治]高平縣志十卷 F6304/第9冊
(清)范繩祖修 龐太樸纂
清順治十五年刻本 清康熙四十九年刻本
[康熙]壽陽縣志八卷 F6304/第10冊
(清)吳祚昌纂修 李敦續修
清康熙十一年刻五十六年續修補刻本
[康熙]臨汾縣志九卷 F6304/第10冊
(清)邢雲路纂修 林弘化續修
明萬歷十九年刻清康熙三十五補刻
[順治]邠州志四卷 F6304/第11冊
(明)姚本修 閻奉恩纂修
清順治七年刻康熙間增刻本
[康熙]長武縣志二卷 F6304/第11冊
(清)張純儒修 莫琛纂
清康熙十六年刻本
[康熙]盩厔縣志十卷 F6304/第11冊
(清)章泰纂修
清康熙二十年刻本
[康熙]廣德州志二十六卷 F6304/第12冊
(清)高拱乾修 戈標等纂
清康熙十二年刻二十二年增刻本
[康熙]池州府志二十二卷 F6304/第13冊
(清)朴懷玉等纂修
清康熙十二年刻本
[康熙]定遠縣志五卷 F6304/第13冊
(清)曲震修 王溥等纂
清康熙二十八年刻本
[康熙]安義縣志十卷 F6304/第14冊
(清)陳瑋修 周曰泗纂
清康熙十二年刻本
[康熙]南康府志十二卷 F6304/第15冊
(清)廖文英修 熊维典纂
清康熙十二年刻六十年增刻本
[康熙]鄱陽縣志十六卷 F6304/第16-17冊
(清)王克生修 王用佐等纂
清康熙二十二年刻本
[雍正]增修崇仁縣志四卷 F6304/第18冊
(清)谢胤璜修 劉壽祺纂修
清順治間刻雍正十二年增刻本
[康熙]信豐縣志十二卷首一卷 F6304/第19冊
(清)張瀚修 黃彬等纂
清康熙五十八年刻本
[康熙]南安府志二十一卷 F6304/第20-21冊
(清)陳奕禧修 劉文叐纂
清康熙四十九年刻本
[康熙]峽江縣志九卷 F6304/第22冊
(清)佟國才修 谢錫藩等纂
清康熙八年刻本
[康熙]吉安府龍泉縣重修縣志十卷 F6304/第22冊
(清)張揚彩修 李士璜纂
清康熙二十二年刻本
[康熙]武昌縣志八卷 F6304/第23冊
(清)熊登修 孟振祖纂
清康熙十三年刻
[康熙]蘄州志十二卷 F6304/第24冊
(清)王宗堯修 盧紘纂
清康熙三年刻本
[康熙]歸化縣志十卷 F6304/第25冊
(清)湯傅榘等纂修
清康熙三十七年刻本
[康熙]僊游縣志四十卷 F6304/第26冊
(清)盧學傀修 郭彦俊纂
清康熙十九年刻本
[康熙]永春縣志十卷 F6304/第27冊
(清)鄭功勳修 宋祖墀纂
清康熙二十三年刻本
[康熙]長泰縣志十卷 F6304/第28冊
(清)王珏修 葉先登等纂
清康熙二十六年刻本
[康熙]光澤縣志八卷附一卷 F6304/第29冊
(清)金鳴凰 張彭修 陳南賢纂
清康熙四十七年刻乾隆十五年蔣廷芳重修本
[康熙]續纂光澤縣志九卷 F6304/第29冊
(清)馬瑍修 龔駿聲纂
清康熙四十七年刻乾隆十五年蔣廷芳重修本
[康熙]上杭縣志十二卷 F6304/第30冊
(清)蔣廷銓纂修
清康熙二十六年刻

F6304
清代孤本方志選第二輯
國家圖書館分館編
二〇〇一年北京綫裝書局據國家圖書館藏書影印本
三十冊
[康熙]續灤志補·灤志補 F6304/第1冊
(清)侯紹岐 馬如龍修 高士麟纂
清康熙間刻本
[康熙]定州志輯要七卷 F6304/第1冊
(清)佚名纂修
清抄本
[雍正]丘縣志八卷 F6304/第1冊
(清)王輅修 韓思聖纂

清雍正八年刻本
[康熙]高唐州志十二卷 F6304/第2冊
(清)劉佑纂修
清康熙十二年刻本
[康熙]陽信縣志十卷 F6304/第3冊
(清)周虔森修 張璥纂
清康熙二十一年刻本
[康熙]黃縣志八卷 F6304/第4冊
(清)李蕃修 范廷鳳纂
清康熙十二年刻本
[康熙]重修清平縣志二卷 F6304/第4冊
(清)王佐纂修
清康熙五十六年刻本
[康熙]滑縣志十卷 F6304/第5-6冊
(清)姚德聞修 呂夾鍾纂
清康熙二十五年增刻本
[順治]溫縣志二卷 F6304/第7冊
(清)李若廙修 吳國用纂
清順治十五年補修本
[康熙]新修南樂縣志二卷 F6304/第7冊
(清)方元啓纂修
清康熙十年刻本
[順治]鄉寧縣志六卷 F6304/第8冊
(明)焦守己纂修 (清)侯世爵續纂修
明萬曆二十年刻清順治七年增刻本
[康熙]蒲縣新志八卷 F6304/第8冊
(清)胡必藩修 曹丕振 賀友范纂
清康熙十二年刻本
[乾隆]崞縣志續編二卷 F6304/第8冊
(清)顧弼纂修
清乾隆二十二年刻本
[順治]綏德州志八卷 F6304/第9冊
(清)王元士 郝鴻圖纂修
清順治十八年刻本
[順治]清澗縣志四卷 F6304/第9冊
(清)廖元發修 白乃建纂
清順治十八年刻本
[康熙]西鄉縣志十卷 F6304/第9冊
(清)史佐修 陳鵬程等纂
清康熙二十二年刻本
[順治]寧國縣志六卷 F6304/第10冊
(清)楊名遠等修 黃可縉等纂
清順治四年刻本
[康熙]霍丘縣志十卷 F6304/第10冊
(清)姬之篁修 李瑾纂
清康熙九年刻本
[雍正]六安州志 F6304/第11冊
(清)李懋仁纂修
清雍正七年刻本
[康熙]廣永豐縣志二十四卷 F6304/第12冊
(清)夏顯煜修 李煜等纂
清康熙十年刻四十一年增刻本
[康熙]袁州府志二十卷首一卷 F6304/第13-14冊
(清)李芳春修 袁繼梓纂
清康熙九年刻本
[康熙]撫州府志三十五卷首一卷 F6304/第15-17冊
(清)劉玉瓚修 饒昌胤等纂
清康熙四年刻本
[康熙]南城縣志十二卷 F6304/第18-19冊
(清)曹養恒修 肖韻纂 羅秉義增补
清康熙十二年刻本五十五年增刻本
[康熙]贛縣志十六卷首一卷 F6304/第20冊
(清)劉瀚芳修 孫麟貴纂
清康熙二十三年刻本
[順治]吉安府永豐縣志六卷 F6304/第21冊
(明)吳期炤原本 (清)鄭秉恒增修 涂拔尤等增纂
清康熙元年刻本
[順治]贛石城縣志十卷 F6304/第21冊
(清)郭堯京修 鄭斗光纂
清順治十七年刻本
[康熙]雲夢縣志十二卷 F6304/第22冊
(清)陳夢舟修 張奎華纂
清康熙七年刻本
[康熙]通山縣志八卷 F6304/第23冊
(清)任鍾麟修 余廷志等纂
清康熙四年刻本
[康熙]孝感縣志十六卷 F6304/第23冊
(清)胡國佐纂修
清康熙十二年刻本
[康熙]彬州總志十二卷 F6304/第24冊
(清)陳邦器修 范廷謀續纂
清康熙二十四年刻五十八年增刻本
[康熙]福清縣志十二卷 F6304/第25-26冊
(清)李傳甲修 郭文祥等纂
清康熙十一年刻本
[康熙]清流縣志十卷首一卷 F6304/第27冊
(清)王士俊修 王霖纂
清康熙四十一年刻本
[康熙]尤溪縣志十卷 F6304/第28冊
(清)劉宗樞修 劉鴻略纂
清康熙五十年刻本
[康熙]建寧縣志十四卷 F6304/第29冊
(清)周憬 陳于逵修 陳恂纂
清康熙十一年刻本
[康熙]續纂建寧縣志 F6304/第29冊
(清)甘國埍等修 陳銑 吳秉芳纂
清康熙四十五年刻本
[康熙]大田縣志十卷首一卷 F6304/第30冊
(清)葉振甲纂修 周世卜續修
清康熙三十二年刻本

F6439(1-26)
孤本舊方志選編
郝瑞平主編 國家圖書館地方志家譜文獻中心編
二〇〇四年北京綫裝書局據國家圖書館藏書影印本
二十六冊
[乾隆]獲鹿縣志九卷首一卷 F6439/第1冊
(清)周棨纂修
清乾隆四十六年(1781)稿本
[萬曆]欒亭縣志十二卷 F6439/第1-2冊
(明)潘敦復纂修 (明)劉松續修
明萬曆二十一年(1593)刻 天啟二年(1623)增補 清康熙間再增補刻本
[順治]威縣續志 F6439/第2冊
(清)袁天秩修 (清)張璞纂
清順治三年(1646)刻本
[道光]新城縣志十八卷首一卷 F6439/第2冊
(清)李廷棨修 (清)王振鍾纂
清道光間稿本
清苑縣志料 F6439/第2冊
不著纂修人
民國間抄本
[天啟]高陽縣志十四卷 F6439/第3冊
(明)孫承宗纂修
民國間抄本
懷安縣志材料 F6439/第4-5冊

不著纂修人
民國間抄本
[順治]新泰縣志六卷 F6439/第5冊
(清)楊繼芳修 (清)牟適纂修
清順治十六年(1659)刻 康熙二十二年(1683)增刻本
[康熙]長清縣志十四卷 F6439/第6冊
(清)岳之嶺修 (清)徐繼曾纂
清康熙十一年(1672)刻本
[康熙]嶧縣志五卷 F6439/第6-7冊
(清)劉允恭修 (清)褚光鎮等纂
清康熙二十四年(1685)刻本
[順治]樂陵縣志八卷 F6439/第7冊
(清)郝獻明修 (清)胡岳立纂
清順治十七年(1660)刻本
[萬曆]鉅野縣志十卷 F6439/第8冊
(明)呂鵬雲修 (明)呂封齊纂修
清抄本
[同治]信邑志稿八卷 F6439/第8-9冊
(清)竣皆氏纂
清抄本
[順治]沈丘縣志十四卷 F6439/第10冊
(清)李芳春修 (清)李鼎玉纂
清順治十五年(1658)刻本
[光緒]靈石縣志二卷 F6439/第10冊
(清)趙冠卿修 (清)何慶瀾纂
清抄本
[順治]衛輝府志十九卷 F6439/第10-11冊
(清)程啓朱修 (清)蘇文樞纂
清順治十六年(1659)刻本
[乾隆]陵川縣志二十八卷 F6439/第12冊
(清)雷正修 (清)景象元纂
清乾隆五年(1740)刻本
[順治]扶風縣志四卷 F6439/第13冊
(清)劉瀚芳修 (清)陳允錫 (清)馮文可纂
沭陽縣志料 F6439/第13冊
佚名纂修
[康熙]含山縣志三十卷 F6439/第14冊
(清)趙燦修 (清)唐廷伯纂
[乾隆]永順縣志四卷 F6439/第15冊
(清)李瑾纂修 (清)王伯麟續修
清乾隆十年(1745)刻本
[嘉慶]九姓志略二卷 F6439/第15冊
(清)佚名纂修
清嘉慶二十五年(1820)刻本
[萬曆]新修崇明縣志十卷 F6439/第16冊
(明)張世臣修 (明)陳宇俊纂
明萬曆三十二年(1604)刻本
[乾隆]房縣志鈔三十三類 F6439/第16冊
(清)張敔修 (清)汪魁儒纂
清抄本
[康熙]當塗縣志二十八卷 F6439/第17-18冊
(清)王斗樞修 (清)張畢宿纂
清抄本
[康熙]當塗縣志補遺 F6439/第18冊
(清)佚名纂修
清抄本
[同治]天長縣志纂輯志稿 F6439/第19-20冊
(清)江景桂纂修
清同治八年(1869)稿本
[康熙]安福縣志八卷 F6439/第21-23冊
(清)黃寬 (清)劉學愉修 (清)王謙言纂
清康熙五十二年(1713)刻本
[乾隆]奉化縣輯略二卷 F6439/第23冊
(清)戴熙芝輯
清光緒十三年(1887)戴氏稿本
[康熙]蓬溪縣志二卷 F6439/第23冊
(清)潘之彪纂修
清康熙五十二年(1713)徐纘功刻本
[康熙]建平縣志二十四卷 F6439/第24冊
(清)茅成鳳修 (清)劉震纂
清康熙三十八年(1699)刻本
[道光]南溪縣新志十卷 F6439/第25冊
(清)翁紹海纂修
清道光二十年(1840)刻本
[雍正]順寧府志十卷首一卷 F6439/第26冊
(清)范溥纂修
清雍正四年(1726)刻本

F6440(1-20)
華東師範大學圖書館藏稀見方志叢刊
黃秀文 吳平主編
二〇〇五年北京圖書館出版社
二十冊

[嘉靖]陝西通志四十卷 F6440/第1-5冊
(明)趙廷瑞纂修
明嘉靖二十一年(1542)刊本
[嘉靖]新寧縣志十卷 F6440/第5冊
(明)王臣修 陳元珂纂
明嘉靖二十四年(1545)刊本
橫溪錄八卷 F6440/第6-9冊
(明)徐鳴時纂
明抄本
[淳熙]三山志四十二卷 F6440/第9冊
(宋)梁克家撰輯 (明)林材訂正
明崇禎十一年(1638)刻本
[萬曆]開原圖說二卷 F6440/第9冊
(明)馮瑗纂
抄本
[康熙]江都縣志十六卷 F6440/第10-11冊
(清)李蘇纂修
清康熙五十六年(1717)刊本
[乾隆]乾州志四卷 F6440/第12-13冊
(清)王瑋纂修
清乾隆四年(1739)刊本
[乾隆]廣西府志二十卷 F6440/第13冊
(清)周采修 李綬等纂
清乾隆四年(1739)刊本
襄城文獻錄十二卷 F6440/第13冊
(清)劉宗泗輯
清乾隆四年(1739)刊本
[乾隆]閩清縣志十卷 F6440/第14冊
(清)姚循義纂修
清乾隆七年(1742)抄本
[乾隆]宜良縣志四卷 F6440/第15冊
(清)李淳纂修
清乾隆五十一年(1786)刊本
[乾隆]當陽縣志九卷首一卷 F6440/第16冊
(清)黃仁修 童鑾纂
清乾隆五十九年(1794)刊本
[道光]威遠廳志八卷 F6440/第17冊
(清)謝體仁纂修
清道光十七年(1837)刊本
[乾隆]通州志十卷首一卷末一卷 F6440/第18-19冊
(清)高天鳳修 金梅纂
清乾隆四十八年(1783)刊本清道光十八年(1838)修訂

[光緒]朝城縣志略一卷 F6440/第19册
(清)李煜纂修
清光緒間抄本
崖州直隸州鄉土志二卷 F6440/第19册
(清)湯寶芬修
抄本
[宣統]昭覺縣志稿四卷 F6440/第19册
(清)徐懷璋纂修
清宣統三年(1911)稿本
[宣統]恩安縣志六卷 F6440/第20册
(清)汪炳謙纂修
清宣統三年(1911)抄本
[民國]同正縣志不分卷 F6440/第20册
錢承聰纂
民國間抄本
南潯鎮志稿四卷 F6440/第20册
周子美纂修
稿本
南京圖書館藏稀見方志叢刊
南京圖書館編
二〇一二年北京國家圖書館出版社
一七〇册
著名圖書館藏稀見方志叢刊
[正德]華亭縣志十六卷 第1册
(明)聶豹修 (明)沈錫等纂
明正德十六年(1521)刻本
[民國]川沙鄉土志七十六課 第2册
陸培亮編
民國七年(1918)鉛印本
奉賢鄉土歷史二編 第2册
裴晃編
清宣統二年(1910)刻本
奉賢縣鄉土志三編 第2册
胡家驤 朱醒華編
民國十四年(1925)奉賢縣教育會鉛印本
[嘉靖]嘉定縣志十二卷 第2册
(明)楊旦修 (明)浦南金等纂
明嘉靖三十六年(1557)刻本
[萬曆]四鎮三關志十卷 第3-5册
(明)楊兆等修 (明)劉效祖纂
明萬曆四年(1576)刻 六年(1578)增修本(卷一至七、十配抄本)
[同治]直隸趙州志二十一卷首一卷 第6册
(清)孟傳鑄纂修
稿本
[萬曆]新樂縣志二十卷 第7册
(明)張正蒙修 (明)陳實等纂 (清)林華皖增修 (清)郝應第增纂
明萬曆刻 清乾隆二十二年(1757)遞修本
[正德]宣府鎮志十卷 第8册
(明)王崇獻纂修
明正德刻 嘉靖增修本
宣化縣鄉土志八卷 第9册
(清)謝愷撰
抄本
保安州鄉土志九卷 第9册
(清)佚名編
抄本
[同治]霸州志八卷圖一卷 第9-10册
(清)周乃大 宋文纂修
稿本
[光緒]固安縣志不分卷 第10-11册
(清)劉峙 魏連芳纂修
抄本
[康熙]南皮縣志八卷首一卷 第11册
(清)馬士瓊修 (清)吳維哲纂
清康熙十二年(1673)刻本
[萬曆]代州志二卷 第12册
(明)周弘禴纂修
明萬曆刻本
吉州全志八卷 第12-13册
(清)甘士瑛纂修
清乾隆元年(1736)刻本
[乾隆]河津縣志十二卷圖一卷 第13-14册
(清)張其昺等修 (清)吳端彝等纂
清乾隆四十八年(1783)刻本
[民國]包頭志稿不分卷 第14册
佚名纂修
稿本
[光緒]臨潼縣續志四卷 第14-15册
(清)安守和修 (清)楊彥修纂 (清)施劭增修 (清)譚麐增纂
清光緒二十一年(1895)刻本
[民國]洛川縣志續編二卷 第15册
任化均修 姜獻琛纂
抄本
[乾隆]平涼府志四十七卷(實為三十六卷) 第15-16册
(清)佚名纂修
清抄本
天水小志一卷 第16册
戰區中小學教師甘肅服務團教材編輯組編纂
民國二十七年(1938)油印本
銀川小志不分卷 第16册
(清)汪繹辰撰
稿本
遐域瑣談四卷 第16册
(清)七十一撰
清澹寧堂抄本
新疆通志口口卷 第17册
佚名纂修
清末抄本
[光緒]溫宿府志一卷 第17册
佚名纂修
抄本
[康熙]嶧縣志五卷 第17-18册
(清)田顯吉修 (清)褚光鎮等纂
清康熙十二年(1673)刻本
[萬曆]商河縣志十卷 第18册
(明)曾一侗纂修 (明)賈前席增纂修
明萬曆十五年(1587)刻 崇禎十一年(1638)增修本
[康熙]膠州志八卷 第18册
(清)孫蘊韜修 (清)高國楹纂
清康熙十二年(1673)刻本
[康熙]莘縣志八卷 第19册
(清)劉藎纂修
抄本
[光緒]冠縣志十卷 第19-20册
(清)韓光鼎修 (清)陳卿雲等纂
清抄本
洪武京城圖志一卷 第21册
(清)丁丙跋 柳詒徵跋
明弘治五年(1492)朱宗刻本
[萬曆]上元縣志十二卷 第21-22册
(明)程三省修 (明)李登等纂
抄本
[康熙]重修江浦縣新志八卷 第22册
(清)郎廷泰纂修
抄本
[康熙]六合縣志十二卷 第23-24册
(清)洪煒修 (清)汪鉉纂
抄本
[雍正]六合縣志十卷首一卷 第24-25册
(清)蘇作睿修 (清)徐重齡纂

[同治]宿松縣志二十六卷 第96－98冊
(清)黄傳燾等修 (清)趙世暹纂
池泰生抄本
[乾隆]霍山縣志四卷 第98－99冊
(清)吳學山修 (清)胡元發等纂
清乾隆十七年(1752)刻本
[嘉靖]定遠縣志十卷 第99冊
(明)高鶴纂修
明嘉靖三十八年(1559)刻 萬曆增修本
[民國]改修定遠縣志初稿二卷 第99冊
楊炳坤撰
民國二十一年(1932)石印本
[康熙]建平縣志二十四卷 第100冊
(清)茅成鳳纂修
清康熙三十九年(1700)刻本
[萬曆]旌德縣志十卷 第101冊
(明)蘇宇庶纂修
明萬曆二十七年(1599)刻本
[順治]黟縣志八卷 第101－102冊
(清)竇士範纂修
清順治十二年(1655)刻本
[道光]貴池縣志四十四卷首一卷
第102－105冊
(清)漆日榛修 (清)桂超萬等纂
清道光八年(1828)刻本
[乾隆]太平縣志十二卷首一卷 第106冊
(清)李峯等修 (清)魏子嵩纂
清乾隆二十一年(1756)刻本
青陽縣志刊誤補遺一卷 第107冊
(清)周贇撰
清光緒十七年(1891)活字印本
[萬曆]江西省大志八卷 第107－108冊
(明)王宗沐纂修 (明)陸萬垓增纂修
明萬曆二十五年(1597)刻本
[康熙]寧州志八卷 第109－110冊
(清)班衣錦修 (清)戴雲章纂
清康熙十九年(1680)刻本
[乾隆]武寧縣志三十卷首一卷
第111－112冊
(清)鄒應元修 (清)盛大謨纂
清乾隆二十一年(1756)刻本
[乾隆]弋陽縣志十三卷首一卷 第113冊
(清)左方海纂修
清乾隆四十九年(1784)刻本
[順治]樂平縣志十四卷首一卷
第114－115冊
(清)王德明等修 (清)程紹明等纂
清順治十一年(1654)刻本
[康熙]撫州府志三十五卷首一卷
第115－119冊
(清)張四教修 (清)曾大昇纂
清康熙二十七年(1688)刻本
[同治]永新縣志稿十卷 第120－121冊
(清)尹繼隆撰
清光緒七年(1881)刻本
[乾隆]安遠縣志八卷 第121－122冊
(清)董正修 (清)劉定京等纂
清乾隆十六年(1751)刻增修本
[咸豐]長寧縣志四卷首一卷末一卷
第122－123冊
(清)蘇霈芬等修 (清)曾撰等纂
清咸豐六年(1856)刻增修本
[萬曆]福州府志三十六卷圖一卷
第124－125冊
(明)潘頤龍等修 (明)林燫等纂
明萬曆刻本
[康熙]南平縣志二十五卷
第126－127冊
(清)朱夔等修 (清)鄒廷機等纂
抄本
[崇禎]玉田識略八卷 第127－128冊
(明)楊德周纂修
明崇禎七年(1634)刻本
惠安縣鄉土志三十六課 第128冊
杜唐編
民國二十三年(1934)鉛印本
[乾隆]德化縣續志稿一卷 第128冊
(清)楊奇膺等修 (清)江雲霆等纂
清乾隆五十七年(1792)刻本
[道光]噶瑪蘭志略十四卷圖一卷
第129冊
(清)柯培元纂修
稿本
[光緒]恒春縣志二十二卷首一卷末一卷 第130冊
(清)陳文緯修 (清)屠繼善纂
清修史廬抄本
[嘉靖]登封新志六卷 第131冊
(明)侯泰修 王玉鉉等纂
明嘉靖八年(1529)刻增修本
[萬曆]滑乘補不分卷 第131－132冊
(明)王廷諫修 (明)胡權纂
稿本
清豐縣鄉土志二卷 第133冊
(清)吳鴻祺修 (清)劉允俊等纂
清光緒抄本
[康熙]葉縣志八卷首一卷
第133－134冊
(清)呂柳文纂修 (清)崔赫增纂修
清康熙三十年(1691)刻 五十八年(1719)增修本
[乾隆]重修寶豐縣志五卷
第134－135冊
(清)馬格修 (清)李宏志纂
清乾隆八年(1743)刻本
[康熙]新蔡縣志八卷 第135－136冊
(清)呂民服纂修 (清)靳榮藩增纂修
清康熙三十年(1691)刻 乾隆增修本
[康熙]息縣續志八卷 第136－137冊
(清)鄭振藻等修 (清)何朝宗等纂
清康熙三十二年(1693)刻本
[嘉慶]孟津縣志十二卷首一卷圖一卷
第137－138冊
(清)趙擢彤修 (清)宋縉纂
清嘉慶二十一年(1816)刻本
[康熙]永寧縣志七卷首一卷 第139冊
(清)佟賦偉纂修
清康熙三十八年(1699)刻本
[康熙]黄州府志九卷 第139－141冊
(清)蘇良嗣修 (清)奚祿詒等纂
清康熙二十四年(1685)刻本
[乾隆]蘄水縣志二十卷首一卷末一卷
第141－143冊
(清)高舉等修 (清)徐養忠纂
清乾隆五十九年(1794)刻本
[乾隆]重修嘉魚縣志八卷續增一卷
第144－145冊
(清)張其維修 (清)李懋泗等纂
清乾隆二年(1737)刻增修本
[民國]鄖西縣志十四卷首一卷
第145－146冊
郭治平等修 陳文善等纂
民國二十五年(1936)石印本
[康熙]長沙縣志十卷 第147－148冊
(清)王克莊纂修
清康熙四十二年(1703)刻本
[道光]靖州直隸州志十二卷首一卷
第149－152冊
(清)隆恩等修 (清)汪尚友纂
清道光十七年(1837)刻本
[道光]靖州直隸州志十二卷首一卷

(靖州重建學宮制) 第153冊
(清)宋宴春修 (清)張嶽等纂
清道光十七年(1837)刻本
[乾隆]永綏廳志四卷 第154冊
(清)段汝霖纂修
清抄本
[康熙]樂昌縣志十卷首一卷 第154－155冊
(清)程黻修 (清)張日星纂 (清)任衡增纂修
清康熙二十六年(1687)刻 乾隆遞修本
[民國]翁源縣志稿十六卷首一卷末一卷 第155冊
殷恭壬纂修
稿本
[康熙]新寧縣志十卷附衛所志一卷 第156冊
(清)張殿珠纂修
清康熙二十五年(1686)刻本
[康熙]吳川縣志四卷 第156－157冊
(清)李球隨纂修
清康熙二十六年(1687)刻本
[乾隆]武緣縣志十六卷 第157－158冊
(清)耿昭需修 (清)劉新翰等纂
清乾隆六年(1741)刻本
萬承縣縣志簡單記載不分卷 第158冊
纂修者不詳
抄本
[乾隆]全州志十二卷首一卷末一卷 第158－160冊
(清)黃德星修 (清)謝庭瑜等纂 (清)李宏湑增纂修
清乾隆二十二年(1757)刻 三十年(1765)增修本
[民國]恭城縣志二卷 第160冊
蔣毅夫修 駱少鶴等纂
民國二十六年(1937)鉛印本
[嘉慶]藤縣志十九卷首一卷 第161－163冊
(清)高攀桂修 (清)陳錀纂
清嘉慶二十一年(1816)刻本
[乾隆]榮縣志四卷 第163冊
(清)黃大本纂修
清乾隆二十一年(1756)刻 二十八年(1763)增修本
[同治]榮昌縣志二十二卷 第164－166冊
(清)文康修 (清)廖朝翼纂
清同治五年(1866)刻本
[光緒]定瞻廳志略不分卷 第166冊
(清)張繼撰
清抄本
[嘉慶]景東直隸廳志二十八卷首一卷 第166－168冊
(清)羅含章纂修
清嘉慶二十五年(1820)刻本
緬甯廳鄉土志二卷 第168冊
佚名撰
抄本
[民國]富州縣志不分卷 第168冊
陳肇基纂修
抄本
[康熙]蒙自縣志四卷 第169冊
(清)韓三異修 (清)張殿桂纂
清康熙五十一年(1712)刻本
[嘉慶]阿迷州志十三卷 第169－170冊
(清)張大鼎修 (清)趙焞纂
藍曬本
[康熙]廣通縣志九卷首一卷 第170冊
(清)李銓纂修
民國三十二年(1943)石印本
[民國]瀘水志不分卷 第170冊
段承鈞纂修
民國二十一年(1932)石印本
藏事紀要六章 第170冊
石青陽撰
民國二十二年(1933)油印本
遼寧省圖書館藏稀見方志叢刊
遼寧省圖書館編
二〇一二年北京國家圖書館出版社
十八冊
[民國]薩拉齊縣志十六卷 第1冊
韓紹祖 望月稔修 張樹培纂
民國三十二年(1943)厚和[呼和浩特]小大鉛印局鉛印本
[民國]赤峰縣志略不分卷 第1冊
孫廷弼纂
民國二十二年(1933)赤峰榮興魁石印局石印本
[民國]西科後旗旗志不分卷 第2冊
巴彥那木爾修 盧伯航纂
民國三十年(194)偽滿新京[長春]印刷所鉛印本
[同治]陪都誌略二卷 第2冊
(清)劉世英撰
清同治十二年(1873)活字印本
[宣統]奉天郡邑志五卷 第2－3冊
吳廷燮纂
清抄本
[光緒]新民府鄉土志不分卷 第3冊
(清)佚名纂
抄本
[光緒]遼中縣鄉土志不分卷 第3冊
(清)馬星衡修 (清)李植嘉等纂
民國抄本
[光緒]法庫廳鄉土志不分卷 第3冊
(清)劉鳴復撰
清抄本
[光緒]復縣鄉土志不分卷 第3冊
(清)佚名纂
民國抄本
[光緒]海城縣鄉土志不分卷 第4冊
(清)管鳳龢修 王壬林 趙中鵠 張文藻纂
抄本
[宣統]奉天岫巖州鄉土志不分卷 第4冊
(清)賀簡纂
抄本
[民國]奉天省岫巖縣鄉土志不分卷 第4冊
佚名編
民國抄本
[光緒]安東縣志摘要一卷 第4冊
(清)吳光國修
抄本
[宣統]奉天鳳凰直隸廳寬甸縣分志一卷 第4冊
(清)金萃康纂修
抄本
[光緒]錦州府鄉土志一卷 第4冊
(清)朱孝威編
清光緒抄本
[民國]錦縣志拾遺十二卷 第5冊
王鶴齡纂
民國二十八年(1939)稿本
[民國]彰武縣鄉土志不分卷 第5冊
佚名纂
民國鉛印本
[民國]續修昌圖縣志八卷 第6冊
康濟修 韓宗承纂
民國二十四年(1935)昌圖縣貧民救

濟院鉛印本
[宣統]奉天西豐縣鄉土志一卷 第6冊
佚名纂
民國抄本
[光緒]綏中縣鄉土志不分卷 第7冊
佚名纂
清光緒抄本
[光緒]甯遠州志不分卷 第7冊
佚名纂
清末抄本
[民國]凌源縣志三十四卷 第7-9冊
周憲章修 宮葆廉纂
民國二十年(1931)稿本
[民國]長春縣鄉土志不分卷 第9冊
(偽)長春縣公署編
民國二十六年(1937)打字油印本
[光緒]農安鄉土志不分卷 第9冊
佚名纂
清末呈送本 抄本
[民國]九臺縣鄉土志資料 第9冊
(偽)九臺縣公署輯
民國二十五年(1936)油印本
[民國]榆樹縣鄉土志資料不分卷 第9冊
(偽)榆樹縣公署總務科文書股編
民國二十六年(1937)鉛印本
[光緒]打牲烏拉地方鄉土志不分卷 第9冊
(清)全明修 (清)雲生纂
清抄本
[民國]磐石縣鄉土志一卷 第10冊
黃守愚修 韓紹琦纂
民國四年(1915)石印本
[民國]樺甸縣志十卷首一卷末一卷 第10冊
胡聯恩 姜恩之修 陳鐵梅纂
民國二十年(1931)誊清稿本
[民國]柳河縣志 第11冊
(偽)柳河縣公署編
民國二十二年(1933)複寫本
[民國]柳河縣政況概要不分卷 第11冊
(偽)柳河縣公署編
民國二十四年(1935)油印本
[民國]梨樹縣鄉土志一卷 第11冊
佚名纂
民國抄本
[民國]長白縣一般狀況不分卷 第11冊
(偽)長白縣公署編
民國二十七年(1938)油印本
[光緒]琿春地理志不分卷 第11冊
佚名纂
清光緒抄本
[民國]扶餘縣鄉土志資料不分卷 第12冊
(偽)扶餘縣公署編
民國二十六年(1937)打字本
[民國]吉林省雙城廳鄉土志一卷 第12冊
佚名纂
抄本
[民國]延壽縣志不分卷 第12-13冊
周萬選修 楊光溥纂
民國三十二年(1943)鉛印本
[光緒]三姓鄉土志二十八卷 第13冊
(清)佚名纂
清光緒十六年(1890)修 清抄本
[民國]依蘭紀略一卷 第14冊
劉緒宗纂
民國二十四年(1935)鉛印本
[民國]綏濱縣志不分卷 第14冊
(偽)綏濱縣公署編
民國二十三年(1934)鉛印本
[民國]牡丹江風土志不分卷 第14冊
顏公權著
民國三十二年(1943)奉天啓文印書局鉛印本
[光緒]寧古塔地方鄉土志不分卷 第14冊
(清)佚名纂
清光緒十七年(1891)抄本
[民國]肇東縣政概況不分卷 第14冊
(偽)肇東縣公署編
民國二十三年(1934)偽肇東縣公署油印本
[順治]安慶府濳山縣志十卷首一卷 第14-16冊
(清)鄭逦玄等修 陳衷赤等纂
清順治十一年(1654)刻本
[乾隆]繁昌縣志三十卷 第16-18冊
(清)王熊飛纂修
清乾隆十六年(1751)刻本
[嘉靖]延津縣志一卷 第18冊
(明)黃鏜修 (明)張宗仁校正
民國抄本
[乾隆]漢川縣志五卷首一卷 第18冊
(清)魏金榜纂
胡向暄抄本
廣東省立中山圖書館藏稀見方志叢刊
倪俊明主編
二〇一一年北京國家圖書館出版社
四十六冊
[民國]續廣東通志未成稿不分卷 第1-5冊
朱慶瀾修 梁鼎芬纂
民國五年(1916)修 廣東通志局稿本
[民國]廣東通志未成稿不分卷 第6-20冊
鄒魯修 溫廷敬等纂
民國二十四年(1935)修 廣東通志館稿本
[光緒]仁化鄉土志 第21冊
(清)佚名纂
清光緒三十四年(1908)稿本
[光緒]連山鄉土志 第21冊
(清)盧澤潤撰
清光緒年間抄本
[民國]連縣志七卷 第21-22冊
韓建勳 伍岳嵩修 何詩迪纂
民國三十八年(1949)油印本
[民國]南澳縣志未成稿 第22冊
章濳龍修 楊世澤纂
民國三十六年(1947)稿本
[光緒]南海鄉土志 第23冊
(清)佚名纂
清光緒三十四年(1908)鈔本
[道光]龍江志略四卷 第23冊
(清)儒林書院纂
道光十三年(1833)鈔本
[清末]龍江志略四卷 第23冊
(清)儒林書院纂
清末抄本
[民国]龍江志略四卷 第23冊
(清)儒林書院纂
民国抄本
[民國]鶴山縣志未成稿十八篇 第24-27冊
宋森纂修
民國三十三年(1944)稿本
[宣統]新寧鄉土地理二卷 第27冊
(清)雷澤普撰
清宣統元年(1909)刻本

[光緒]梅菉賦志不分卷 第27冊
(清)黃爐修纂
清光緒二十二年(1896)稿本
[光緒]梅菉志稿八卷 第28冊
(清)梁兆砮撰
光緒二十八年(1902)稿本
[民國]電白縣新志稿十卷 第29冊
邵桐孫等修纂
民國三十五年(1946)油印本
[乾隆]和平縣志八卷 第30冊
(清)曹鵬翊 徐廷芳修
清乾隆二十八年(1763)刻本
[民國]惠陽縣志 第31冊
張友仁纂修
民國三十七年(1948)鉛印本
[民國]和平縣志二十卷首一卷末一卷附文徵二卷 第31－32冊
曾樞修 淩開蔚纂
民國三十二年(1943)鉛印本
[康熙]永安縣次志十七卷 第33冊
(清)張進菉纂修
清康熙二十六年(1687)刻本
[民國]陸豐縣鄉土志 第33冊
黃墨園編
民國二十年(1931)鉛印本
[民國]西陽鄉志二十二卷 第33冊
梅州西陽修志局修纂
民國三十五年(1946)油印本
[乾隆]嘉應州志十二卷 第34－36冊
(清)王之正纂修
清乾隆十五年(1750)刻本
[道光]鎮平縣志九卷 第36冊
(清)黃釗撰
光緒六年(1880)刊本
[嘉慶]大埔縣志十八卷首一卷 第37－38冊
(清)洪先燾纂修
清嘉慶九年(1804)刻本
[康熙]]長樂縣志八卷 第39冊
(清)孫蕙修 孔元祚纂
清康熙二十六年(1687)刻本
興寧縣鄉土志 第40冊
羅獻修纂修
清鈔本
[光緒]廣寧縣鄉土志 第40冊
(清)伍梅 龔炳章纂
清光緒年間刻本
[道光]開建縣志十二卷首一卷末一卷 第40冊
(清)余瀚修 余楷纂
清同治元年(1862)鈔本
[民國]延川縣新志不分卷 第41冊
佚名撰
民國鈔本
[民國]陝西栒邑縣行政公署民國十七年造呈新志材料不分卷 第41冊
民國栒邑縣行政公署撰
民國十七年(1928)修 抄本
[乾隆]衡山縣志十四卷 第41－43冊
(清)德貴纂修 鍾光序續修
清乾隆十年(1745)修 三十九年(1774)續修刻本
[民國]西林縣志不分卷 第43冊
佚名撰
民國鈔本
[民國]通河縣全縣鄉土略志 第43冊
通河縣政府編 民國十八(1929)年修
民國鈔本
[道光]芷江縣志六十四卷首一卷 第43－46冊
清胡禮箴修 黃凱纂
清道光十九年(1839)刻本
首都圖書館藏稀見方志叢刊
首都圖書館編
二〇一一年北京國家圖書館出版社
三十冊
[雍正]通州新志九卷 第1－2冊
(清)黃成章纂
清雍正二年(1724)刻本
[光緒]南宮縣鄉土志不分卷 第2冊
(清)佚名編
清光緒末年鈔本
[雍正]朔州志十二卷 第2－4冊
(清)汪嗣聖修 (清)王霷纂
民國二十五年(1936)補版重印本
[同治]和林格爾廳志略不分卷 第5冊
(清)陳寶晉纂
鈔本
[宣統]奉天備志・職官表五卷 第5冊
吳廷燮纂
清宣統稿本
[民國]東寧縣志略不分卷 第6冊
田徵明纂修
民國九年(1920)鉛印本
[順治]海州志十卷 第6冊
(清)劉兆龍修 (清)趙昌祚等纂 (清)畢秀增修
清順治十七年(1660)刻 康熙九年(1670)補刻
[康熙]臨安縣志十卷 第7冊
(清)陸文煥纂修
民國鈔本
[康熙]山陰縣志三十八卷 第8－9冊
(清)高登先修 沈麟趾 單國驥等纂
民國鈔本
[雍正]廬江縣志十二卷 第10－11冊
(清)陳慶門修 孔傳詩 包彬纂
清雍正十年(1732)刻本
[民國]高安縣鄉土志不分卷 第12冊
涂峻編
民國稿本
[民國]洛陽縣志略不分卷 第12冊
蘇從武纂修
民國九年(1920)石印本
[同治]恩施縣志十二卷首一卷 第12－13冊
(清)多壽修 (清)羅淩漢纂
清同治七年(1868)朱三恪校訂刻本
[民國]湘潭縣地理圖說 第14冊
張先民編
民國湘潭群守益圖書印刷社鉛印本
[民國]零陵縣鄉土志 第14冊
蔣元龍編
民國七年(1918)稿本
[宣統]嘉應州鄉土志 第14冊
(清)張芝田編
清宣統元年(1909)奇珍閣石印本
[民國]北流縣鄉土志不分卷 第14冊
梁士棫編
民國稿本
[光緒]滎經縣鄉土志不分卷 第14冊
(清)朱啟宇編
清末鈔本
[乾隆]元謀縣志十四卷 第14冊
(清)檀萃纂
民國周肇祥鈔本
[康熙]陝西通志三十二卷卷首一卷圖一卷 第15－27冊
(清)賈漢復修 王功成等續纂 韓奕續修
清康熙五十年(1711)刻本

[康熙]鄠縣志十二卷圖一卷 第28－29冊
(清)康如璉修 康弘祥纂
民國鈔本
[乾隆]塔爾巴哈台事宜四卷 第29冊
(清)永保纂
民國三十一年(1942)鈔本
[光緒]新疆吐魯番廳鄉土志不分卷 第30冊
(清)曾炳熿修
清光緒鈔本
[光緒]蒲犁廳鄉土志不分卷 第30冊
(清)江文波編
清光緒三十三年(1907)紅格稿本
[光緒]英吉沙爾廳鄉土志不分卷 第30冊
(清)黎丙元編輯
清光緒三十三年(1907)紅格稿本
[光緒]創修鎮西鄉土志四卷 第30冊
(清)閻緒昌修 高耀南纂
清光緒三十四年(1908)鈔本
[光緒]昌吉縣鄉土圖志不分卷 第30冊
(清)佚名編
清光緒三十四年(1908)鈔本
[光緒]奇臺縣鄉土志不分卷 第30冊
(清)楊方熾編纂
清光緒三十四年(1908)鈔本
[光緒]拜城縣鄉土志不分卷 第30冊
(清)佚名修
清光緒三十四年(1908)紅格稿本
[光緒]鄯善縣鄉土志不分卷 第30冊
(清)陳光煒修
清光緒三十四年(1908)紅格稿本
[光緒]焉耆府鄉土志不分卷 第30冊
(清)張銑修
清光緒三十四年(1908)紅格稿本
[光緒]和闐直隸州鄉土志不分卷 第30冊
(清)謝維興編
清光緒三十四年(1908)紅格稿本
[光緒]庫車直隸州鄉土志不分卷 第30冊
(清)佚名編
清光緒三十四年(1908)紅格稿本
[宣統]莎車府志不分卷 第30冊
(清)佚名纂
清宣統元年(1909)紅格鈔本
[宣統]婼羌縣鄉土志不分卷 第30冊
(清)瑞山修
清宣統元年(1909)鈔本
[宣統]哈密直隸廳鄉土志不分卷 第30冊
(清)劉潤通編
清宣統元年(1909)紅格稿本

河北大學圖書館藏稀見方志叢刊
河北大學圖書館編
二〇一一年北京國家圖書館出版社
二十冊
[康熙]寶坻縣志八卷 第1冊
(清)牛一象修 (清)苑育蕃纂
清康熙刻本
[乾隆]寶坻縣志十八卷 第2－4冊
(清)洪肇楙修 (清)蔡寅斗纂
清鈔本
[康熙]盤山志十卷首一卷補遺四卷 第5冊
(清)智樸纂 王士禎 朱彝尊校訂
清刻本
[乾隆]盤山志十六卷首五卷 第6－7冊
(清)蔣溥等纂修
清武英殿刻本
[乾隆]獻縣志不分卷 第8冊
不著姓名
鈔本
[嘉靖]興濟縣志書二卷 第8冊
(明)蕭蕃修 (明)鄭孝纂
清鈔本
[康熙]廣昌縣志八卷首一卷 第8冊
(清)杜登春重修
清鈔本
[嘉慶]雲間志三卷 第9冊
(宋)楊潛等撰
清嘉慶十九年(1814)古倪園沈氏刻本
[民國]淮陰志徵訪稿八卷 第9－10冊
(民國)徐鍾令纂修
鈔本
[雍正]高郵州志十二卷 第11－13冊
(清)張德盛等修 (清)王曾祿等纂
鈔本
[嘉靖]石湖志略一卷文略一卷 第14冊
(明)盧襄撰
明嘉靖八年(1529)刻本
[民國]萬柳池志十一卷 第14冊
(民國)丁蓮編輯
鈔本
[康熙]金華邑志十卷 第15冊
(清)趙泰甡修
清刻本
[萬曆]武夷志略四卷 第16冊
(明)徐表然撰
明刻本
[光緒]山東省沿革表四卷首一卷 第17冊
(清)張昭潛著 郭恩孚校刊
清刻本
[嘉慶]平陰縣志二十九卷 第17－19冊
(清)喻春林撰 朱續孜編纂
清刻本
[道光]朝邑縣志一卷 第20冊
(明)韓邦靖撰
鈔本
[嘉慶]西域總志四卷 第20冊
(清)椿園七十一著 (清)周宅仁編輯
清嘉慶八年(1803)刻本
[嘉慶]玉門縣志一卷 第20冊
(清)佚名纂
清鈔本
[嘉靖]龍門志三卷 第20冊
(明)樊得仁等修纂
明刻本

北京師範大學圖書館藏稀見方志叢刊
北京師範大學圖書館編
二〇〇七年北京圖書館出版社
二十二冊
[民國]古北口志不分卷 第1冊
吳英華
民國二十四年(1935)日偽熱河省公署古北口辦事處油印本
[康熙]河間縣志十二卷 第1冊
(清)袁元修 (清)楊九有纂
清康熙十三年(1674)刻本
[光緒]武清縣志十卷首一卷末一卷 第2冊
(清)蔡壽臻 錢錫寀纂修
稿本
[順治]蔚州志二卷 第2冊
(清)李英纂修
清順治十六年(1659)刻本
[雍正]鳳翔縣志十卷 第3冊
(清)韓鏞修纂
清雍正十一年(1733)刻本

[嘉靖]河州志四卷　第4册
(明)吳禎編 (明)劉卓校刊
明嘉靖四十二年(1563)仕優堂刻本
[乾隆]玉門縣志一卷　第4册
(清)佚名撰
清道光六年(1826)趙麟趾抄本
[康熙]碾伯所志一卷　第4册
(清)梁景岱鑑定 (清)李天祥纂
稿本
[民國]綏蒙輯要十卷　第5册
(民國)陳玉甲編
民國間鉛印本
[民國]興化縣小通志不分卷　第5册
(民國)阮性傳纂
民國間抄本
[光緒]泰安縣鄉土志不分卷　第5册
(清)楊承澤編
光緒三十三年(1907)鉛印本
[萬曆]皇明常熟文獻志十八卷
第6-7册
(明)管一德纂
明萬曆三十三年(1605)刻本
[光緒]無錫斗門小志不分卷　第8册
(清)佚名纂
稿本
[康熙]象山縣志十六卷　第8册
(清)胡祚遠修 (清)姚廷傑纂
清康熙三十七年(1698)刻本
[乾隆]廬州衛志六卷首一卷　第9册
(清)尹煥纂
乾隆十二年(1747)刻本
[民國]杏花村續志三卷首一卷末一卷
第9册
(民國)胡子正編纂
稿本
[康熙]彭澤縣志十四卷首一卷　第10册
(清)王廷藩修 (清)潘瀚等纂
清康熙二十二年(1683)刻本
[乾隆]寧州志十卷　第11-12册
(清)張耀曾修 (清)陳昌言纂
清乾隆二年(1737)刻本
[道光]吉水縣志三十二卷首一卷
第13-17册
(清)周樹槐修纂
清道光五年(1825)刻本
[康熙]建寧縣志十四卷　第18册
(清)周熼等修 (清)陳恂纂
清康熙十一年(1672)刻本
[咸豐]崇義縣續志二卷　第19册
(清)汪報閏修 (清)陳世瑋纂
清咸豐六年(1856)刻本
[嘉慶]蛤仔難紀略一卷　第19册
(清)謝金鑾撰
清嘉慶十四年(1809)纂 道光十四年(1834)刻本
[乾隆]郏縣續志一卷　第19册
(清)張楣修 (清)聶憲纂
清乾隆七年(1742)修 乾隆八年(1743)刻本
[民國]葉縣鄉土志不分卷　第19册
(民國)郭登峰編
民國十三年(1924)石印本
[康熙]長葛縣志八卷　第20册
(清)何鼎纂修
清康熙三十年(1691)刻本
[康熙]鄢署雜抄十二卷首一卷末一卷
第21册
(清)汪爲熹纂
清康熙五十八年(1719)綸暇堂刻本
[雍正]巫山縣志不分卷　第21册
(清)佚名纂修
中國書店一九六三年抄本
[順治]閿鄉縣志六卷　第22册
(清)張三省 楊遵修 (清)杜允中等纂
清順治十一年(1654)刻 順治十六年(1659) 康熙五年(1666)增刻本
北京師範大學圖書館藏稀見方志叢刊續編
李永明主編
二〇〇九年北京學苑出版社
二十六册
[嘉慶]熱河志略二卷　第1册
(清)和瑛纂修
清鈔本
[民國]熱河地方志　第1册
王文江 宣本榮編
稿本
[光緒]採訪盧龍縣志存稿　第1册
(清)茂堂記
光緒二年(1876)稿本
[光緒]邯鄲縣志八卷卷首一卷
第1-2册
(清)英棨 周錫璋纂修
清光緒元年(1875)稿本
[咸豐]荔波志稿不分卷　第2册
(清)鄭珍纂修
抄本
[民國]昌都調查報告　第2册
蒙藏委員會調查室編印
民國三十一年(1942)鉛印本
[道光]河曲縣志採遺四卷　第3册
(清)黄宅中纂
清道光二十三年(1843)刻本
[民國]伊盟右翼四旗調查報告書
第3册
蒙藏委員會調查室修纂
民國二十八年(1939)鉛印本
[民國]拜泉縣志四卷　第3-4册
張霖如 胡乃新等纂
民國八年(1919)春記山坊石印本
菱湖志三卷　第4册
(清)姚彦渠纂
稿本
漁閒小志　第4册
編纂者不詳
抄本
[民國]渭源縣風土調查錄　第5册
文廷美纂 高光壽編
民國十六年(1927)鉛印本
[萬曆]東昌府志二十二卷　第5-6册
(明)王命爵 李士登修 王汝訓纂
明代萬曆二十八年(1600)刻本
[道光]山陽志遺四卷　第7册
(清)吳玉搢纂 丁壽徵 李錫恩批校
抄本
[民國]常熟新莊鄉小志六卷　第7册
陸晶生手編
抄本
[宣統]丹徒縣志續志十卷　第7册
(清)陳祺壽纂
清宣統間鈔本
[民國]重修興化縣志 河渠志纂稿
第8册
佚名纂
民國間稿本
[雍正]懷遠縣志八卷　第8-9册
(清)唐暄纂輯
清雍正二年(1724)刻本
[康熙]滁州志三十卷　第9-11册
(清)余國楷修 潘運皞纂
清康熙十二年(1673)刻本

［乾隆］湖口縣志十八卷卷首一卷　第12－13册
(清)郭承縉修 曹河昆等纂
清乾隆二十一年(1756)刻本
萬載鄉土志　第13册
龍賡言編
民國二十六年(1937)活字本
［康熙］弋陽縣志八卷　第14－15册
(清)譚瑄纂修
民國七年(1918)譚新嘉抄本
［嘉慶］東鄉縣志二十一卷卷首一卷末一卷　第15－17册
(清)周軾 周鍾泰修 吳嵩梁等纂
清嘉慶十年(1805)刻本
［乾隆］崇義縣志十四卷卷首一卷　第17－18册
(清)羅洪鈺創輯
清咸丰六年(1856)刻本
［宣統］清泉縣鄉土志　第19册
(清)廖世英 朱其元 魯藩修 謝階人 楊維嶽纂
清宣統元年(1909)活字本
［民國］清流縣志二十七卷首一卷　第19－20册
林善慶修 王瓊等編纂
民國三十六年(1947)鉛印本
［民国］松滋縣志十卷　第20－22册
楊傳松修 楊洪纂 熊世玉閱
民國二十六年(1937)鉛印本
［光緒］重修公安縣志十卷附一卷　第22册
佚名纂修
抄本
［康熙］宜城縣志四卷　第23册
(清)胡允慶修 關甯 尚其志纂
清康熙二十二年(1683)刻本
［民國］和平縣志二十卷首一卷末一卷　第23－25册
曾樞修 淩開蔚纂
民國三十二年(1943)鉛印本
［宣統］石硅廳鄉土志　第25册
(清)楊應璣 譚永泰 劉青雲編纂
清宣統元年(1909)刻本
［嘉慶］樂山縣志十六卷卷首一卷　第25－26册
(清)龔傳黻修 凃崧等纂
清光緒十三年(1887)余元熠補刻本

保定市圖書館藏稀見方志叢刊
保定市圖書館編
二〇一二年北京國家圖書館出版社
六册
［民国］密雲縣志十三章　第1－4册
王縉等纂修
民國二十七年(1938)日偽密雲縣公署鉛印本
［民国］直隸通志初稿水道篇不分卷　第5册
賈恩紱纂修
民國間油印本
［民國］河北通志縣沿革表不分卷　第6册
王樹枏等纂修
民國二十一年(1932)河北省通志館鉛印本
［民國］清苑縣第三區志不分卷　第6册
清苑縣修志局編
稿本
［同治］續修河間縣志稿四卷　第6册
(清)游杏邨纂修
稿本
［民國］儋縣志初集不分卷　第6册
(清)王雲清纂修
民國十七年(1928)石印本

復旦大學圖書館藏稀見方志叢刊
復旦大學圖書館編
二〇一〇年北京國家圖書館出版社
五十六册
［乾隆］房山縣志一卷　第1册
(清)張世法纂修
清乾隆四十一年(1776)刻本
［民國］熱河新志不分卷　第1册
武尚權纂
民國三十二年(1943)重慶中國文化服务社鉛印木
［民國］内蒙古地理不分卷　第1册
許崇灝編
民國二十六年(1937)鉛印本
［雍正］雲間志略不分卷　第1册
(清)閔世倩纂
清抄本
［康熙］上元縣志二十四卷　第2－4册
(清)唐開陶纂修
清康熙六十年(1721)刻本
［民國］吳地記佚文一卷　第4册
曹元忠輯
稿本
［雍正］安東縣志十七卷　第5－6册
(清)余光祖修 (清)孫超宗纂
清抄稿本
［嘉慶］儀徵縣續志十卷　第7册
(清)顔希源 (清)邵光鈐纂修
清稿本
［咸豐］靖江縣志稿十六卷　第7－9册
(清)于作新修 (清)潘泉纂
清咸豐七年(1857)木活字本
［萬曆］新城縣志四卷　第9－10册
(明)溫朝祚修 (明)方廉纂
清抄本
［民國］平湖縣續志十二卷　第10－11册
季新益 柯培鼎纂
平湖葛氏傳樸堂抄本
［雍正］前朱里紀略不分卷　第11册
(清)盛熿纂
清抄本
清湖小志八卷首一卷　第11册
(清)張宗祿纂 (清)張統鎬續纂
稿本
［道光］滸山志八卷　第11－12册
(清)高杲 (清)沈煜纂
清道光十一年(1831)木活字本
［康熙］浦江縣志十二卷首一卷　第12－14册
(清)毛文埜修 (清)張一煒纂
清康熙十二年(1673)刻本
［康熙］義乌縣志二十卷　第14－17册
(清)王廷曾纂修
二〇〇五年影印清康熙三十一年(1692)刻本
［康熙］西安縣志十二卷首一卷　第18－20册
(清)陳鵬年修 (清)徐之凱等纂
清康熙三十八年(1699)刻本
［康熙］處州府志十二卷　第20－21册
(清)劉廷璣纂修
清康熙二十九年(1690)刻本
［乾隆］亳州志十六卷　第21－22册
(清)華度修 (清)蔡必達纂
清乾隆五年(1740)刻本
［光緒］來安縣鄉土志一卷　第22册
(清)萬琅修 (清)余培森纂
清光緒間修抄本
［康熙］臨淮縣志八卷　第23册

(清)魏宗衡修 (清)邢仕誠等纂
清康熙十一年(1672)刻本
[順治]潁州志二十卷 第24冊
(清)王天民等修 (清)張文峙 朱應升等纂
清順治十一年(1654)刻本
[道光]壽州志三十六卷首一卷末一卷 第25－27冊
(清)朱士達修 (清)喬載繇 (清)湯若荀纂
清道光九年(1829)刻本
[康熙]魚臺縣志十八卷 第28－29冊
(清)馬得禎纂修
清康熙三十年(1691)刻本
[順治]臨邑縣志十六卷 第30冊
(清)陳起鳳修 (清)邢琮纂
清順治九年(1652)刻本
[康熙]寧陽縣志八卷首一卷 第30－31冊
(清)李溫皋纂修
清康熙四十一年(1702)刻本
[順治]定陶縣志八卷首一卷末一卷 第32冊
(清)趙國琳修 (清)張彥士纂
清順治十二年(1655)刻本
[乾隆]高安縣志十二卷首一卷 第32－35冊
(清)聶元善纂修
清乾隆十九年(1754)刻本
[道光]瀘谿縣志十二卷首一卷 第36冊
(清)張澍纂修
清道光九年(1829)刻本
[乾隆]光州志十二卷 第37冊
(清)李訒纂修
清乾隆二十七年(1762)刻本
[康熙]漢陽府志十六卷首一卷 第38－42冊
(清)陳國儒修 (清)李寧仲纂
清康熙八年(1669)刻本
[順治]襄陽府志三十四卷 第42－44冊
(清)趙兆麟纂修
清順治九年(1652)刻本
[嘉慶]臨武縣志四十七卷首一卷 第44－46冊
(清)鄒景文修 (清)曹家玉纂
清嘉慶二十二年(1817)刻本
[嘉慶]和平縣志八卷首一卷 第46－47冊
(清)羅天桂修 (清)徐延翰纂
清嘉慶二十四年(1819)刻本
[萬曆]新會縣志七卷 第48－49冊
(明)王命璿修 (明)黃淳纂
明萬曆三十七年(1609)刻清順治間修補本
[嘉慶]内江縣志五十四卷 第50－51冊
(清)顧文曜修 (清)羅文黻纂
清嘉慶間稿本
[乾隆]永昌府志二十六卷首一卷 第52－53冊
(清)宣世濤纂修
清乾隆五十年(1785)刻本
[乾隆]滇黔志略三十卷 第53－56冊
(清)謝聖綸纂
清乾隆二十八年(1763)刻本
[乾隆]太平府志稿六卷 第56冊
(清)李聖年纂修
抄本
伊江匯覽 第56冊
(清)格琫額纂
抄本
[咸豐]保安縣志八卷 第56冊
(清)彭瑞麟修 (清)武東旭纂
抄本
中國人民大學圖書館藏稀見方志叢刊
中國人民大學圖書館編
二〇一一年北京國家圖書館出版社
三十八冊
[民國]津門精華實錄 第1冊
□□昂纂修 中華輿圖學社編輯
民國七年(1918)中華輿圖學社鉛印本
[民國]容城縣志八卷 第1－2冊
王蓮堂主修 白葆端纂
民國九年(1920)刻本
[嘉靖]新河縣志六卷 第3冊
(明)蔡懋昭 徐應解纂修
明嘉靖四十三年(1564)刻 隆慶元年(1567)增補本 民國二十三年(1934)新河傅振倫據此重鈔本
[康熙]新河縣志十卷 第3冊
(清)王汝翰纂修
清康熙十八年(1679)修 民國二十三年(1934)傅振倫據康熙刻本重鈔本
[萬曆]榆次縣志十卷 第4冊
(明)張鶴騰主修 (明)褚鈇纂 (明)史記事 王應楫續修 (明)胡權增修
明萬曆三十七年(1609)刻 天啟五年(1625)增修 一九四九年後北京中國書店據此本重鈔本
[民國]綏遠 第4冊
傅煥光纂
民國十五年(1926)綏遠墾務局鉛印本
[民國]凌源縣志三卷 第4冊
張丹墀修 宮葆廉纂 王瑞岐續修 朱作霖續纂
民國三十三年(1944)油印本
[民國]鄘縣志續編 第4冊
黃照臨修
民國十八年(1929)石印本
[民國]牟平縣志 第4－5冊
宋憲章 周義章 王昭旭督修 于清泮總纂
民國二十三年(1934)稿本
[民國]牟平縣志十卷首一卷 第5－7冊
宋憲章 周義章 王昭旭督修 于清泮總纂
民國二十五年(1936)濟南山東印刷局鉛印清樣本
[民國]江寧縣鄉土志略 第7冊
佚名纂
民國間石印本
[道光]光福志十二卷首一卷 第7－8冊
(清)徐傅纂 (清)王鏞等補輯
清道光二十四年(1844)修 光緒二十三年(1897)補輯 清末藍格抄本
[康熙]鎮江府志五十四卷首一卷 第8－15冊
(清)高德貴修 (清)高龍光增修 (清)張九徵纂
清康熙二十四年(1685)刻本
[宣統]丹徒縣志續志十卷 第15冊
(清)陳祺壽纂修
鈔本
[崇禎]泰州志十卷圖一卷 第15－16冊
(明)李自滋修 (明)劉萬春纂
明崇禎六年(1649)修 清康熙五十八年(1719)魏錫祚增修本
[光緒]唐棲志略稿 第17－18冊
(清)王同纂
清光緒十四年(1888)至十五年(1889)稿本

雙林記增纂十三卷 第18－19冊
(清)蔡蓉升原纂 佚名增刪
民國間重訂鈔本
[同治]鄞縣志七十五卷 第20－26冊
(清)戴枚修 (清)徐時棟 張恕 董沛等纂
清同治十三年(1874)修 稿本
[嘉靖]象山縣志十五卷 第26－27冊
(明)毛德京 王廂主修 (明)楊民彝 周茂伯等纂輯
鈔本 有民國二十六年(1937)馮貞羣朱筆校正並題記 民國三十五年(1946)林集虛墨筆補校並校記
[民國]寧海續記二卷 第27冊
干人俊著
民國間石印本
[康熙]潁上風物紀三卷 第27冊
(清)高澤生著
清道光六年(1826)劉燿椿 陳烱刻本
[民國]大田縣志稿 第27－28冊
陳朝宗 梁伯蔭監修 王光張總纂 林韶光 田鶴等編纂
民國間稿本
[同治]�陽志八卷首一卷 第28－30冊
(清)吳葆儀主修 (清)王嚴恭纂修
清同治九年(1870)修 光緒三年(1877)增刻本
[民國]穀城縣志稿十二卷首一卷 第31－32冊
劉德全總纂
民國十五年(1926)修 石印本
[嘉慶]桂東縣志二十卷首一卷 第32－34冊
(清)朱偓監修 (清)林鳳儀倡修 (清)曾鈺纂修
清嘉慶二十二年(1817)刻本
[道光]長壽縣志五卷 第34冊
(清)張如海主修 (清)李彬然 李思白總纂
清道光間年(1843—1850)修 清鈔本
[民國]忠縣鄉土志 第35冊
陳德甫採編
民國三十八年(1949)墨稼軒石印本
[乾隆]筠連縣志 第35冊
(清)王凱亭 張文倫纂修
清乾隆三十年(1765)修 清末至民國初鈔本
[光緒]增修眉州屬志不分卷 第35冊
(清)佚名增修 (清)佚名增纂
清光緒間增修刻本
[民國]犍為縣志八卷 第35－38冊
陳世虞修 羅綬香 印煥門等纂
民國二十三年(1934)稿本
貴陽府鄉土地理志 第38冊
(清)佚名纂
清末鉛印本
湖南圖書館藏稀見方志叢刊
湖南圖書館編
二〇一四年北京國家圖書館出版社
六十八冊
著名圖書館藏稀見方志叢刊
[崇禎]長沙府志十卷 第1－3冊
(明)雷起龍修 (明)吳道行纂
明崇禎十二年(1639)刻本
[康熙]長沙府志二十卷 第3－8冊
(清)蘇佳嗣修 (清)譚紹琬等纂
清康熙二十四年(1685)刻本
[乾隆]長沙縣續志十二卷 第9冊
(清)李大本修 (清)周宣武等纂
清乾隆十四年(1749)刻本
[民國]長沙縣志稿十一篇 第10－14冊
長沙縣文獻委員會編
民國三十七年(1948)稿本
[康熙]鼎修湘陰縣志四卷 第15－16冊
(清)唐懋淳修 (清)譚紹琬纂
抄本
[康熙]湘潭縣志七卷 第16－17冊
(清)鄭有成修 (清)郭金臺纂 (清)姜修仁續修 (清)唐世起等續纂
清康熙二十四年(1685)增刻本
[嘉慶]攸縣志五十五卷 第17－21冊
(清)趙勷 萬在衡纂修
清嘉慶二十三年(1818)刻本
[康熙]茶陵州志二十三卷首一卷 第21－22冊
(清)趙國宣修 (清)彭康纂
清康熙三十四年(1695)刻本
[民國]湘鄉鄉土地理志 第23冊
成希蕃纂修
民國九年(1920)抄本
[嘉慶]永興縣志五十五卷首一卷 第23－24冊
(清)劉統修 (清)曹流湛等纂
清嘉慶二十三年(1818)刻本
[乾隆]宜章縣志十三卷 第25－26冊
(清)楊文植 姜順修 (清)楊河 儲早纂
清乾隆二十一年(1756)刻本
[雍正]衡陽縣志二十四卷 第27－28冊
(清)楊純修 (清)徐璣纂
清雍正十二年(1734)刻本
[道光]衡山縣志五十五卷首一卷 第29－34冊
(清)侯鈐等修 (清)蕭鳳翥等纂
清道光三年(1823)刻本
[嘉慶]零志補零三卷 第35冊
(清)宗霈纂修
抄本
[乾隆]邵陽縣志四十二卷首一卷 第35－38冊
(清)蕭聚崑修 (清)鄺永錯纂
清乾隆二十九年(1764)刻本
[嘉慶]邵陽縣志四十九卷首一卷 第39－44冊
(清)柳邁祖 唐鳳德修 (清)黃崇光纂
清嘉慶二十五年(1820)刻本
[民國]城步縣志稿不分卷 第45冊
湖南省文獻委員會編
民國三十六年(1947)稿本
[光緒]城步縣鄉土志五卷 第45冊
(清)程起鳳修 (清)張漢渠纂
藍格抄本
[光緒]辰州府鄉土志十二章 第45冊
(清)覺羅清泰編
藍格抄本
[民國]沅陵縣志三十五卷首一卷末一卷 第46－47冊
許顯鋹 修承浩纂修
民國二十年(1931)稿本
[嘉慶]會同縣志十二卷首一卷 第47－49冊
(清)朱澍 陳心炳修 (清)夏昌言 羅琳之纂
清嘉慶二十四年(1819)刻本
[民國]安鄉縣志初稿二十六卷末一卷 第50冊
王熛纂修
民國二十五年(1936)石印本
[康熙]桃源縣志四卷 第51冊
(清)陳洪範 羅人琮纂修
清康熙四年(1665)刻本
[民國]石門縣鄉土志 第52冊

江陰藝文志四卷 第45冊
(清)何震彝撰
稿本
江蘇通志局興化徵訪稿二卷 第45冊
顧碩纂
稿本
續纂泰州志三十四卷 第46-47冊
佚名纂
稿本
續修江蘇通志泰縣徵訪冊 第48冊
朱學曾 胡維藩纂修
稿本
泰興縣志續十二卷首一卷 第48-49冊
金蘅意纂修
稿本
泰興縣志補八卷泰興縣志校六卷 第49-50冊
佚名纂
稿本
南通州人物志不分卷 第50冊
佚名纂
稿本
南通人物志採訪稿 第50冊
佚名纂
稿本
[道光]江南直隸通州志 第50-52冊
(清)顧鴻修 李琪 楊廷撰纂
清道光刻本
直隸通州志續編不分卷 第52冊
(清)佚名纂
稿本
江蘇通州志稿十卷附録一卷 第52-54冊
金鉽纂修
稿本
南通縣圖志二十六卷 第55冊
范鎧纂修
抄稿本
南通縣圖志二十六卷 第56-57冊
張謇等纂修
稿本
南通縣金沙市自治史草編 第58冊
吳璜纂修
稿本
[順治]海門縣志八卷 第59冊
(清)莊泰弘修 李兆星纂
清順治十三年(1656)刻本
[萬曆]如皋縣志八卷 第59-60冊
(明)李廷材等修 呂克孝等纂
明萬曆刻清順治增補本
海州文獻録十六卷 第61冊
(清)許喬林纂
清道光二十五年(1845)刻本
湖州志書稿人物傳不分卷 第62冊
佚名纂
稿本
孝豐縣志十卷首一卷 第62冊
(清)劉濬纂修
稿本
忠義鄉志稿 第62-63冊
(清)吳文江等纂修
稿本
永康藝文志書目提要一卷 第64冊
(清)佚名撰
稿本
含山縣鄉土志不分卷 第64冊
(清)任壽彭纂修
稿本
[康熙]蕭縣志十二卷 第64-65冊
(清)閻允吉等修
清康熙二十二年(1683)刻本
黟縣鄉土志 第66冊
佚名編
抄本
德化備志不分卷 第66冊
李盛鐸纂修
稿本
[康熙]樂平縣志十六卷首一卷 第66-68冊
(清)宋良翰 楊光祚等纂修
康熙二十年(1681)刻本
[乾隆]靖安縣志十卷首一卷 第68-69冊
(清)朱堂纂修
清乾隆二十八年(1763)李紀增刻本
[道光]會昌縣志三十二卷 第70-72冊
(清)蔣啓敭纂修
清道光六年(1826)刻本
長樂六里志十二卷 第72冊
李永選纂
稿本
[萬曆]彰德府續志三卷 第73冊
(明)常存仁修 郭樸纂
明萬曆九年(1581)刻本
[康熙]扶溝縣志四卷 第74-75冊
(清)趙如恒修
清康熙三十八年(1699)刻本
[順治]蘄水縣志二十六卷 第76-77冊
(清)劉佑修
清順治十四年(1657)刻本
[康熙]蘄水縣續志四卷 第78冊
(清)李振宗纂修
清康熙二十三年(1684)刻本
花縣鄉土志不分卷 第78冊
(清)利璋編
抄本
曲江鄉土志 第79冊
(清)梁朝俊等編輯
抄本
連平州鄉土志一卷 第79冊
(清)謝錫善編
抄本
和平縣鄉土志一卷 第79冊
(清)佚名編
抄本
惠來縣鄉土志 第79冊
(清)吳蘭編
抄本
香山縣鄉土志十五卷 第80冊
佚名編
抄本
開平縣鄉土志 第81冊
(清)張啓琛編
抄本
瓊山鄉土志三卷 第81冊
(清)張廷標編
抄本
陽江鄉土志不分卷 第82冊
(清)佚名編
稿本
電白縣鄉土志四卷 第82冊
佚名編
抄本
高要縣鄉土志 第82冊
潘文錦編
抄本
新興縣鄉土志 第83冊
(清)顧雲龍編
抄本
四川各縣水利志長編不分卷 第83-84冊

馮雄輯
稿本
四川各縣藝文志長編不分卷　第84－85冊
馮雄纂修
稿本
都江堰志不分卷　第85冊
馮雄編
稿本
［乾隆］九姓司志二卷　第87冊
（清）任啓烈纂修
清乾隆刻本
［嘉慶］青神縣志五十四卷　第87－88冊
（清）顔譓修
清嘉慶二十年（1815）刻本
續遵義府志三十五卷　第88－96冊
周恭壽修 楊恩元 趙愷纂
稿本
［乾隆］易門縣志十二卷　第97冊
（清）素爾方阿修 董良材纂
乾隆四十二年（1777）刻本
中國地方志不分卷　第98－100冊
李九華纂修
稿本

清華大學圖書館藏稀見方志叢刊
清華大學圖書館編
二〇一五年北京國家圖書館出版社
三十六冊
著名圖書館藏稀見方志叢刊
［民國］平谷縣志料六卷附大事記　第1冊
王兆元纂
民國二十年（1931）抄本
［民國］正定縣志四卷　第1－2冊
張文林等纂修
民國二十一年（1932）抄本
［民國］遵化縣志料不分卷　第2－5冊
民國抄本
［民國］撫寧縣志料六卷首一卷　第5冊
民國二十一年（1932）抄本
［民國］新鎮縣志料不分卷　第6冊
盧啟賢總修 馮英鋭等纂修
民國二十年（1931）抄本
［民國］定興縣新徵志料不分卷　第6冊
民國二十年（1931）抄本
［民國］吳橋志料十七卷　第7冊
紀振鏞纂
民國二十年（1931）抄本
［民國］交河縣志料八卷　第7－8冊
朱之照 劉養巖總裁 蘇莘總纂
民國二十年（1931）抄本
［民國］永年縣志料不分卷　第9冊
民國二十年（1931）抄本
［乾隆］邱縣志八卷　第9－10冊
（清）黃景曾修（清）靳淵然 刑淵纂輯
抄本
［咸豐］歸綏識略三十六卷　第10－11冊
（清）張曾纂
清抄本
［民國］永吉縣志五十卷　第12－17冊
徐鼐霖修 章華纂
民國二十年（1931）稿本
［光緒］陝西西安府興平縣鄉土志六卷　第17－18冊
（清）張元際纂
清光緒末年抄本
［光緒］東平州鄉土志二卷　第19冊
（清）王鴻瑞修
清光緒三十三年（1907）石印本
［乾隆］東昌府志五十卷首一卷　第19－24冊
（清）胡德琳等修（清）周永年（清）盛百二纂
清乾隆四十二年（1777）刻本
［正統］重修富春志七卷　第25冊
（明）吳堂纂修
抄本
［萬曆］嘉興府志三十二卷　第25－28冊
（明）劉應鈳修（明）沈堯中纂
明萬曆二十八年（1600）刻本
［康熙］紹興府志五十八卷　第28－34冊
（清）張三異修（清）王嗣皋纂
清康熙十二年（1673）刻本
［民國］寧陵縣志十二卷卷首卷終各一卷　第35冊
孟廣贊纂修
民國三十年（1941）鉛印本
［光緒］安鄉縣鄉土志三卷　第36冊
清光緒末年稿本

安慶市圖書館藏稀見方志叢刊
安慶市圖書館編
二〇一四年北京國家圖書館出版社
六冊
著名圖書館藏稀見方志叢刊
［康熙］安慶府懷寧縣志三十六卷　第1冊
（清）段鼎臣修（清）方都泰纂
清康熙刻本
［民國］懷寧縣志補一卷校勘記一卷　第1冊
舒景蘅纂
民國七年（1918）鉛印本
［乾隆］霍邱縣志十二卷首一卷　第2－3冊
（清）張海等修（清）薛觀光等纂
清乾隆十九年（1754）刻本
［康熙］潁上風物紀三卷　第3冊
（清）高澤生纂修
民國十二年（1923）活字本
［康熙］泗州志十八卷　第4冊
（清）莫之翰纂修
民國抄本
［嘉慶］懷遠縣志二十八卷　第4－6冊
（清）孫讓等修
民國二十六年（1937）鉛印本

哈佛燕京圖書館藏稀見方志叢刊
劉波主編
二〇一五年北京國家圖書館出版社
四十冊
哈佛燕京圖書館文獻叢刊
［嘉靖］宣府鎮志四十二卷　第1－3冊
（明）孫世芳纂（明）欒尚約纂
明嘉靖四十一年（1562）刻隆慶間增補清初剜修本
［康熙］鹽山縣志十二卷　第4冊
（清）朱鸞鷟修（清）錢國壽等纂
清康熙十年（1671）刻本
［康熙］廣平府志二十卷　第4－5冊
（清）沈奕琛修（清）申涵盼纂
清康熙十五年（1676）刻本
［乾隆］太谷縣志八卷　第6冊
（清）王廷贊原修（清）武一韓纂（清）王澤沛增修
清雍正七年（1729）修乾隆四年（1739）增修本
［康熙］平順縣志十卷　第7冊
（清）杜之昂修（清）路躋垣 申昌先纂
清康熙三十二年（1693）刻本
［康熙］翼乘十二卷　第7－8冊
（清）陳應富修（清）溫旌光等纂
清康熙十二年（1673）刻康熙間增修本

[康熙]絳州志四卷 第9冊
(清)劉顯第修 (清)陶用曙纂
清康熙九年(1670)刻本
[康熙]河津縣志八卷 第10冊
(清)馬光遠修 (清)劉梁嵩纂
清康熙十一年(1672)刻本
[嘉慶]稷山縣志十卷 第11－12冊
(清)張應辰修 (清)王墀等纂
清嘉慶二十一年(1816)刻本
[光緒]鎮安縣志一卷 第12冊
(清)譚光藜纂修
清光緒十一年(1885)稿本
[乾隆]重修肅州新志三十冊 第13－14冊
(清)黃文煒 (清)沈青崖纂修
清乾隆二年(1737)刻乾隆二十七年(1762)增刻本
[崇禎]曆城縣志十六卷 第15－16冊
(明)宋祖法修 (明)葉承宗纂
明崇禎十三年(1640)友聲堂刻本
[康熙]德州志十卷 第17冊
(清)金祖彭修 (清)程先貞纂
清康熙十二年(1673)刻本
[康熙]陵縣志六卷首一卷 第18冊
(清)史颺廷纂修
清康熙十二年(1673)刻本
[嘉慶]邳州志十八卷首一卷 第18－19冊
(清)丁觀堂修 (清)陳煐等纂
清嘉慶十七年(1812)刻本
[崇禎]寧志備考十二卷 第20－21冊
(清)趙維寰纂修
明崇禎三年(1630)修 清抄本
[乾隆]皖典類編八卷 第21冊
(清)潘才纂
清乾隆三十八年(1773)刻本
[乾隆]宣城縣志三十二卷首一卷 第22－24冊
(清)吳飛九修 (清)楊廷楝等纂
清乾隆四年(1739)刻本
[嘉慶]臨川縣續志十二卷 第24冊
(清)秦沆纂修
清嘉慶二十一年(1816)修 嘉慶二十四年刻本
[道光]重纂福建通志政事略十五卷 第25－26冊
(清)劉建韶 (清)陳池養纂
稿本
[康熙]松溪縣志十卷首一卷末一卷 第27－28冊
(清)潘拱辰纂修 (清)黃鑒等補遺
康熙三十九年(1700)刻本
[順治]息縣志十卷 第29－30冊
(清)邵光胤修 (清)宣洪猷纂
清順治十五年(1658)刻本
[康熙]光州志十五卷 第31－32冊
(清)繆發修 (清)龔質生纂
清康熙三十一年(1692)刻本
[順治]睢州志七卷首一卷 第33冊
(清)戴斌修 (清)湯斌等纂
清順治十五年(1658)刻本
[康熙]嵩縣志十卷首一卷 第34冊
(清)盧志遜修 (清)李滋纂
清康熙三十二年(1693)刻本
[康熙]隨州志四卷 第34－35冊
(清)劉霖修 (清)何藩等纂
清康熙六年(1667)刻本
[康熙]麻陽縣志十卷 第36－37冊
(清)陳輝璧修 (清)田長盛等纂
清康熙三十三年(1694)刻 乾隆十二年(1747)印本
[乾隆]續麻陽縣志二卷 第37冊
(清)趙弘儀纂修 (清)秦周增修 (清)施敬修增纂
清乾隆十二年(1747)刻本
[乾隆]南寧府志五十六卷 第37－40冊
(清)蘇士俊等纂修
清乾隆八年(1743)刻本
[康熙]雲龍州志十二卷首一卷 第40冊
(清)王溈等纂修
清康熙五十五年(1716)刻本

武漢大學圖書館藏稀見方志叢刊
武漢大學圖書館編
二〇一六年北京國家圖書館出版社
十八冊
[康熙]永年縣志十九卷首一卷 第1－3冊
(清)朱世緯纂修 (清)侯可大增補 (清)王玲再增補
清康熙十一年(1672)刻清雍正十一年(1733)增補清乾隆十年(1745)再增補本
[乾隆]平定州志八卷 第3－4冊
(清)王祖庚纂修
清乾隆十四年(1749)榆關官署刻本
[景定]嚴州續志十卷 第4冊
(宋)錢可則修 (宋)鄭瑶 (宋)方仁榮等纂
清傳抄《四庫全書》本
[嘉泰]會稽志二十卷 第4－7冊
(宋)沈作賓等修 (宋)施宿等撰
清傳抄明正德五年(1510)本
[嘉慶]萍鄉縣志二十卷 第7－9冊
(清)周繼圻 (清)張彭齡等修 (清)陳建勳 (清)劉一珠等纂
清嘉慶十六年(1811)刻本
[嘉慶]鄢陵縣志十二卷首一卷 第10－12冊
(清)吴堂纂修
清嘉慶十三年(1808)刻本
[嘉慶]應城縣志十二卷首一卷 第12－14冊
(清)奚大壯 (清)姚觀等纂修 (清)吕庭栩 (清)熊汝弼等補纂
清咸豐三年(1853)稿本
[至元]嘉禾縣志三十二卷 第14－15冊
(元)單慶修 (元)徐碩纂
清抄本
[康熙]通道縣志不分卷 第15冊
(清)殷道正纂修 (清)張嘉麟重修
清康熙二十三年(1684)刻本 康熙四十九年(1710)重修補刻本
[康熙]鼎修常德府志十卷 第15－18冊
(清)胡向華 (清)賀奇等修
(清)李際隆等增刻清康熙九年(1670)刻本 清乾隆十七年(1752)增刻本

河南大學圖書館藏稀見方志叢刊
李景文 郭鴻昌主編
二〇一六年北京國家圖書館出版社
三十二冊
著名圖書館藏稀見方志叢刊
[成化]河南總志十九卷圖一卷 第1－7冊
(明)胡謐纂修
民國二十一年(1932)影抄明成化二十二年(1486)刻本
[嘉靖]河南通志四十五卷 第8－13冊
(明)鄒守愚修 (明)李濂纂
明嘉靖三十四年(1555)刻本
梁園志餘□□卷 第13－14冊
(清)宋繼郊輯

清道光二十年(1840)稿本
東京志略十八帙 第14－24冊
(清)宋繼郊輯
清咸豐同治間(1851—1874)稿本
相國寺志略不分卷 第24冊
(清)宋繼郊輯
清咸豐間(1851—1861)稿本
[同治]重修祥符縣志稿不分卷 第24冊
(清)宋繼郊輯
清同治間(1862—1874)稿本
祥符縣採訪初稿不分卷 第25冊
(清)宋繼郊輯
清同治間(1862—1874)稿本
邑乘備采不分卷 第25冊
(清)宋繼郊輯
清同治間(1862—1874)稿本
志略備選不分卷 第25冊
(清)宋繼郊輯
清同治間(1862—1874)稿本
大梁古跡考不分卷 第25冊
(清)宋繼郊輯 佚名增補
民國抄本
[民國]重修上蔡縣志十二卷附上蔡文徵六卷 第25－27冊
翟受之纂修
民國三十三年(1944)石印本
上蔡文徵六卷 第28冊
翟受之輯
民國三十三年(1944)石印本
息縣鄉土志不分卷 第28冊
(清)佚名編
清光緒間(1875—1908)抄本
[乾隆]偃師縣志三十卷首一卷 第28－31冊
(清)湯毓倬修 (清)孫星衍纂
民國二十八年(1939)補刻本
[康熙]韓城縣續志八卷 第32冊
(清)康行僴修 (清)康乃心纂
清康熙四十二年(1703)刻本
北京大學圖書館藏稀見方志叢刊
北京大學圖書館編
二〇一三年北京國家圖書館出版社
三三〇冊
[永樂]順天府志二十卷 第1冊
(明)佚名編
清光緒十二年(1886)江陰繆氏藝風堂抄本
[光緒]昌平志外志稿不分卷 第1冊
(清)麻兆慶纂修
清光緒稿本
[光緒]昌平外志六卷 第2冊
(清)麻兆慶纂修
清光緒稿本
[乾隆]延慶衛志略 第2冊
(清)李士宣修 (清)周碩勳纂
清抄本
[康熙]順義縣志五卷 第3冊
(清)黄成章修 (清)張大酉纂
清宣統二年(1910)樂善山房抄本
[康熙]良鄉縣志八卷 第3－4冊
(清)楊嗣奇修 (清)李維翰 見聖等纂
清康熙三十九年(1700)刻本
[紹熙]雲間志三卷 第4冊
(宋)楊潛纂修
明抄本
[天啓]雲間志略二十四卷 第5－7冊
(明)何三畏纂修
明天啓四年(1624)刻本
[康熙]寶坻縣志八卷 第8冊
(清)牛一象修 (清)范育蕃纂
清康熙十二年(1673)刻本
[民國]直隸通志初稿 第8冊
賈恩紱纂修
民國稿本
[萬曆]四鎮三關志十卷 第9－11冊
(明)劉應節 楊兆修 (明)劉效祖纂
清李文田抄本
[康熙]趙州志十卷 第12冊
(清)祝萬祉修 (清)閻永齡 (清)王懿纂
清抄本
[康熙]永平府志二十四卷首一卷 第13－16冊
(清)宋琬纂修 (清)張朝琮增修 (清)胡仁濟增纂
清康熙五十年(1711)刻本
[萬曆]盧龍塞略二十卷首一卷 第17冊
(明)郭造卿 (明)郭應寵纂修
明萬曆三十八年(1610)刻本
[萬曆]灤志六卷 第18冊
(明)陳士元纂修 (明)周宇增修
明萬曆四十六年(1618)刻本
[康熙]續灤志補不分卷 第18冊
(清)侯紹岐修 (清)高士麟纂
清康熙八年(1669)刻本
[康熙]灤志補不分卷 第18冊
(清)馬如龍修 (清)高士麟纂
清康熙十八年(1679)刻本
[民國]文安縣志料四卷 第19冊
文安縣政府編
民國抄本
[道光]安州志十九卷 第19－21冊
(清)彭定澤修 (清)俞湘纂
清道光稿本
[民國]阜平縣志料不分卷 第21冊
李蔭棠纂修
民國二十一年(1932)阜平縣政府謄清稿本
[民國]完縣新志九卷附文徵二卷 第21－23冊
彭作楨纂修
民國稿本
[萬曆]滄州志八卷 第23－24冊
(明)李夢熊修 (明)顧震宇等纂
抄本
[康熙]吳橋縣志十卷 第24冊
(清)任先覺修 (清)楊萃纂
清康熙十二年(1673)刻本
[康熙]重修任丘縣志四卷 第25冊
(清)劉日光修 (清)姚原溈纂
清康熙十九年(1680)刻本
[民國]獻縣志二十卷首一卷獻縣詩文要錄三卷 第26－28冊
薛鳳鳴 李玉珍修 張鼎彝纂
民國稿本
[康熙]景州志四卷 第29冊
(清)張一魁纂修
清抄本
[民國]武邑縣志料不分卷 第30冊
佚名編
民國抄本
[康熙]邯鄲縣志十二卷 第30－31冊
(清)張慎發纂修 (清)汪會垣增補
清康熙十二年(1673)刻三十三年(1694)補刻本
[民國]曲周縣縣志料不分卷 第31冊
佚名編
民國抄本
[萬曆]順德府志四卷 第32－33冊
(明)王守誠修 (明)張延庭續修
明萬曆刻清順治八年(1651)李盛枝

(清)佚名編
清光緒中部縣膳清稿本
[光緒]城固縣鄉土志一卷 第75册
(清)佚名編
清光緒城固縣膳清稿本
[萬曆]重修寧羌州志八卷 第76册
(明)盧大謨等纂修
清抄本
[光緒]寧羌州鄉土志一卷 第76册
(清)陳芑芬等輯
清光緒寧羌州膳清稿本
[光緒]紫陽縣鄉土志一卷 第76册
(清)佚名編
清光緒紫陽縣膳清稿本
[民國]玉樹縣志稿十卷附錄不分卷 第76册
周希武纂修
民國抄本
烏魯木齊事宜不分卷 第77册
(清)永保修 (清)達林 龍鐸纂
清抄《新疆事宜》本
伊犁事宜不分卷 第77册
(清)永保纂修
清抄《新疆事宜》本
伊犁事略一卷 第78册
(清)佚名編
紅格抄本
伊江集載不分卷 第78册
(清)佚名編
清咸豐抄本
[乾隆]塔爾巴哈台事宜不分卷 第78册
(清)永保纂修
清抄《新疆事宜》本
[乾隆]塔爾巴哈台事宜四卷 第78册
(清)永保纂修 (清)興肇增補
清抄本
[道光]塔爾巴哈台事宜四卷 第79册
(清)永保原修 (清)興肇增補 (清)顏札氏彥續補
清末抄本
喀什噶爾事宜不分卷 第79册
(清)佚名編
清抄本
[嘉慶]科布多政務總册不分卷 第79册
(清)富俊纂修
清抄《新疆事宜》本
[崇禎]歷城縣志十六卷 第80－81册
(明)宋祖法等修 (明)葉承宗等纂
民國二十九年(1940)傅壽崑等抄本
[乾隆]博山志稿不分卷 第81册
(清)洪鑾纂修
民國二十九年(1940)高位民抄本
州乘餘聞一卷 第81册
(清)宋弼纂
清光緒十四年(1888)養知堂刻本
[康熙]齊河縣志八卷首一卷 第82册
(清)藍奮興修 (清)王道光纂
清康熙十二年(1673)刻本
[康熙]禹城縣志八卷 第82－83册
(清)王表纂修
清康熙十二年(1673)刻本
[宣統]海豐縣鄉土志不分卷 第83册
(清)佚名編
清宣統二年(1910)抄本
[光緒]即墨縣鄉土志二卷 第83册
(清)周銘祺纂修
清光緒三十四年(1908)即墨縣膳清稿本
[嘉靖]寧海州志二卷 第84册
(明)李光先修
清抄本
[萬曆]章丘縣志三十四卷 第84－85册
(明)董復亨纂修
明萬曆二十四年(1596)刻本
[乾隆]寧陽縣志八卷 第86册
(清)李夢雷修 (清)劉應薦纂
清乾隆八年(1743)刻本
[光緒]平陰縣鄉土志不分卷 第87册
(清)黄篤瓚修 (清)朱焯纂
清光緒三十三年(1907)鉛印本
[萬曆]泗水縣志十二卷 第87册
(明)尤應魯修 (明)喬允修纂 (清)劉桓等續修
明萬曆刻本
[光緒]泗水縣鄉土志不分卷 第87册
(清)佚名編
清光緒二十八年(1902)石印本
[乾隆]嘉祥縣志四卷首一卷 第88册
(清)倭什布纂修
清乾隆四十三年(1778)刻本
[乾隆]金鄉縣志二十卷 第89－90册
(清)王天秀修 (清)孫巽纂 (清)周士拔續補
清乾隆四十六年(1781)補刻本
[康熙]單縣志十二卷首一卷 第90－92册
(清)王鏞修 (清)秦寅纂
清康熙五十六年(1717)刻本
[康熙]東明縣志八卷 第92－94册
(清)楊日升纂修
清康熙十二年(1673)刻本
[民國]東明縣志料不分卷 第94册
佚名編
民國抄本
[光緒]東阿縣鄉土志八卷 第94册
(清)姜漢章纂修
清光緒三十二年(1906)鉛印本
[康熙]張秋志十二卷 第95册
(清)林芃修 (清)馬之驦纂
清乾隆三十二年(1767)壽東廳補刻本
[至正]金陵新志十五卷 第96－99册
(元)張鉉纂修
元至正四年(1344)集慶路儒學刻明正德十五年(1520)補刻本
[嘉靖]南畿志六十四卷 第100－104册
(明)聞人詮修 (明)陳沂纂
民國二十九年(1940)燕京大學圖書館抄本
[正德]江寧縣志十卷 第104册
(明)王誥修 (明)劉雨纂
民國長春室抄本
[萬曆]江寧縣志十卷 第105册
(明)周詩等修 (明)李登等纂
民國長春室抄本
崑新兩縣志補遺訂訛不分卷 第105册
(清)潘道根纂修
清光緒稿本
[萬曆]常熟縣私志十四卷 第106－107册
(明)姚宗儀纂修
民國曬印本
[至正]無錫志四卷 第108册
(元)佚名編
明刻本
[民國]丹徒縣徵訪册 第108册
李丙榮纂修
民國丹徒縣徵訪處膳清稿本
[康熙]金壇縣志十六卷 第109－110册
(清)郭毓秀纂修
清康熙二十二年(1683)刻本

[康熙]武進縣志四十四卷　第111－115册
(清)陳玉璂纂修
清康熙二十三年(1684)刻本
[嘉慶]揚州府圖經八卷　第116册
(清)阮元修 (清)江藩 (清)焦循纂
清嘉慶十一年806)刻本
[萬曆]興化縣志十卷　第117－118册
(明)歐陽東鳳修 (明)嚴錡纂
民國二十九年(1940)傅壽崑等影抄本
[咸豐]重修寶應縣志辨不分卷　第118册
(清)劉寶勳纂修
清咸豐元年(1851)醉經閣刻本
[乾隆]豐縣志十六卷首一卷　第118－119册
(清)盧世昌纂修
清道光三年(1823)德豐補刻本
[淳佑]臨安志不分卷　第120册
(宋)施諤纂修
清繆荃孫抄校本
[康熙]於潛縣志八卷　第121册
(清)趙之珩修 (清)章國佐 何爾彬纂
清乾隆三十一年(1766)刻本
[道光]昌化縣志二十卷　第122－123册
(清)于尚齡修 (清)王兆杏纂
清道光三年(1823)刻本
[萬曆]遂安縣志四卷　第124册
(明)韓晟纂修
民國抄本
[紹定]澉水志八卷　第124册
(宋)羅叔韶修 (宋)常棠纂
明嘉靖三十六年(1557)刻本
[嘉泰]吳興志不分卷　第124－125册
(宋)談鑰纂修
清抄本
[天啓]吳興備志三十二卷　第126－127册
(明)董斯張纂修
清康熙四十八年(1709)董朝柱抄本
[順治]湖州府志十二卷　第127－128册
(清)程量纂修
清順治六年(1649)湖州府署刻本
[延祐]四明志二十卷　第129－131册
(元)馬澤修 (元)袁桷纂
清抄本
[成化]寧波府簡要志五卷　第131册
(明)黄潤玉纂修
清抄本
象山縣志志文存疑四卷　第131册
樊家楨纂
民國三十六年(1947)鉛印本
[寶慶]昌國縣志二卷　第131册
(宋)佚名編
清抄本
[寶慶]會稽續志八卷　第132册
(宋)張淏纂修
清抄本
[同治]仙居縣志稿不分卷　第132－135册
(清)余麗元修 (清)楊晉藩纂
清同治稿本
[康熙]湯溪縣志十卷　第136－137册
(清)宋紹業修 (清)張祖年纂
清康熙五十九年(1720)刻本
[康熙]新修武義縣志十二卷　第137－138册
(清)江留篇纂修
清康熙三十七年(1698)刻本
[正德]永康縣志八卷　第139册
(明)胡楷等修 (明)陳泗等纂
民國北平燕京大學圖書館抄本
[雍正]義烏縣志二十卷首一卷　第139－143册
(清)韓慧基修 (清)沈裕等纂
清雍正五年(1727)刻本
[天啓]衢州府志十六卷　第143－145册
(明)林應翔修 (明)葉秉敬纂
明天啓二年(1622)刻本
衢州鄉土卮言二卷　第146册
(清)不其編
清光緒三十二年(1906)刻本
[崇禎]泰順縣志八卷　第146册
(明)涂鼎甭修 (明)包大方等纂
抄本
[康熙]縉雲縣志四卷　第146册
(清)霍維騰纂修
清康熙二十三年(1684)刻本
縉雲志餘一卷附永嘉雜錄一卷　第147册
(清)佚名編
清古藤書屋稿本
[順治]龍泉縣志十卷　第147册
(清)徐可先修 (清)胡世定 傅夢籲纂
清順治十二年(1655)刻本
皖志列傳稿九卷　第148册
金天翮撰
民國二十五年(1936)鉛印本
[康熙]安慶府望江縣志四卷　第149－150册
(清)馬駿修 (清)沈鎬纂
清康熙五十四年(1715)刻本
[康熙]舒城縣志二十卷　第150－151册
(清)沈以栻修 (清)褚磐纂
清康熙三十九年(1700)刻本
[民國]亳縣志略不分卷　第152册
劉治堂纂修
民國二十五年(1936)鉛印本
泗州新舊志不分卷　第152册
(清)佚名編
清抄本
[康熙]太平府志四十卷　第152－155册
(清)黄桂修 (清)宋驤纂
清康熙十二年(1673)刻本
[雍正]建平縣志二十二卷首一卷　第156册
(清)衛廷璞纂修
清雍正九年(1731)刻本
[萬曆]廣德州志十卷　第157册
(明)李得中等纂修
清順治三年(1646)增刻本
[乾隆]績溪縣志十卷　第158－159册
(清)較陳錫修 (清)趙繼序纂
抄本
[民國]杏花村續志三卷首一卷末一卷　第160册
胡子正纂
抄本
[乾隆]建德縣志八卷首一卷　第160－161册
(清)許起鳳等纂修
清乾隆四十三年(1778)刻本
[乾隆]瑞昌縣志二十二卷　第162－163册
(清)蔣有道修 (清)聶師煥纂
清乾隆二十年(1755)刻本
[道光]都昌縣志三十二卷首一卷　第163－164册
(清)曹人傑纂修
清道光三年(1832)刻本
[嘉慶]建昌縣志十卷首一卷　第164－166册
(清)馬旋圖修 (清)郭祚熾纂

[民國]清豐縣志十卷 第245册
龐仲濤纂修
民國三十一年(1942)鉛印本
[康熙]鹿邑縣志十卷 第246册
(清)呂士鵕纂修
清康熙三十一年(1692)刻本
[乾隆]陳州府志三十卷 第247－251册
(清)崔應階纂修
清光緒十九年(1893)增刻本
[乾隆]郾城縣志十卷 第252册
(清)趙作霖等纂修
清乾隆十年(1745)刻本
[順治]南陽府志十三卷 第253册
(清)王維新 涂騰茂纂修
清順治十六年(1659)刻本
[康熙]新野縣志八卷首一卷 第254册
(清)武國樞纂修
清康熙五十一年(1712)刻本
[順治]洛陽縣志十二卷首一卷 第254－255册
(清)武攀龍等纂修
清順治十五年(1658)刻本
[民國]洛陽縣志略十八章 第256册
蘇從武編
民國九年(1920)石印本
[嘉靖]大冶縣志七卷 第256册
(明)趙鼒修 (明)冷儒宗纂
清活字本
[康熙]孝感縣志二十四卷 第256－258册
(清)梁鳳翔纂修 (清)李湘 程維祉纂
清嘉慶十六年(1811)增刻本
[同治]漢陽縣志校一卷附漢陽縣志沿革表疑一卷 第258册
(清)許盛春 (清)張行簡撰
清光緒十年(1884)刻本
[道光]安陸縣志四十卷首一卷 第259－261册
(清)蔣炯等纂修 (清)李廷錫增纂
清咸豐三年(1853)刻本
[民國]黄岡鄉土志不分卷 第262册
胡鑄鼎纂
民國稿本
[道光]黄安縣志十卷首一卷 第262－264册
(清)林縉光纂修
清道光二年(1822)刻本

[康熙]麻城縣志十卷 第265册
(清)屈振奇纂修
清抄本
[民國]通山縣鄉土志不分卷 第266册
余六鳌纂修
民國七年(1918)稿本
[民國]月山鄉土志不分卷 第266册
楊廷芳編
民國謄清稿本
[宣統]江陵鄉土志三卷 第266册
(清)孚保修 (清)鄧宗禹纂
民國謄清稿本
[乾隆]石首縣志八卷首一卷末一卷 第266－268册
(清)王維屏修 (清)徐祐彥等纂
清乾隆六十年(1795)刻本
[民國]乾鎮驛鄉土志不分卷 第268册
周慶璋編
民國七年(1918)稿本
[咸豐]遠安縣志八卷 第268－269册
(清)趙廣恩 朱錫綬修 (清)劉子垣纂
清咸豐八年(1858)重刻本
[同治]長樂縣志十六卷首一卷末一卷 第270－271册
(清)李焕春修 (清)龍兆霖補修
清同治九年(1870)補刻本
[道光]竹谿縣志十二卷首一卷 第272册
(清)李錦源纂修 (清)顧渭纂
清道光八年(1828)刻本
[民國]棗陽縣鄉土志不分卷 第272册
馬伯援編
民國二十一年(1932)鉛印本
[乾隆]岳州府志二十四卷 第273－274册
(清)李遇時修 (清)李壽瀚續修 (清)楊柱朝纂 (清)黄秀續纂
清乾隆元年(1736)刻本
[光緒]永興鄉土志二卷 第275册
(清)劉朝焜修 (清)劉允嘉 李仙培纂
清光緒三十二年(1906)刻本
[嘉慶]桂陽縣志十卷 第275－277册
(清)常慶纂修
清嘉慶二十二年(1817)刻本
[雍正]江華縣志十一卷 第278－279册
(清)鄭鼎勳纂修
清雍正七年(1729)刻本

[乾隆]續編辰州府志八卷 第279册
(清)韓永泰纂修
清乾隆五年(1740)刻本
[同治]保靖志稿輯要四卷 第280册
(清)羅經畬纂修
清同治六年(1867)活字本
[同治]龍山縣志略不分卷 第280册
(清)朱克敬纂修
清同治八年(1869)刻本
[乾隆]寧鄉縣志十卷首一卷 第281－282册
(清)李傑超 郭定修 (清)王文清纂
清乾隆十三年(1748)刻本
[萬曆]重修曹溪通志三卷 第283册
(明)釋德清重修
明萬曆刻本
[嘉慶]始興縣志十六卷 第283－285册
(清)胡勳裕修 (清)鄧粹纂
清道光十二年(1832)增補刻本
[崇禎]博羅縣志七卷 第285－287册
(明)蘇元起修 (明)韓日纘纂
民國三十年(1941)燕京大學圖書館抄本
[雍正]澄海縣志二十四卷首一卷 第287－288册
(清)甯時文纂修
清雍正九年(1731)刻本
[康熙]樂會縣志四卷首一卷 第289册
(清)程秉慥纂修
清抄本
[嘉慶]澄邁縣志十卷 第289－290册
(清)謝濟韶修 (清)李光先纂
清嘉慶二十五年(1820)刻本
[康熙]雷州府志十卷 第291－292册
(清)吳盛藻修 (清)洪泮洙纂
清康熙十一年(1672)刻乾隆間補刻本
[康熙]新興縣志二十卷 第293－294册
(清)徐煌 康善述纂修
清康熙二十六年(1687)刻本
[嘉慶]上林志稿十二卷 第295册
(清)黄金聲纂修
清嘉慶二十五年(1820)刻本
[乾隆]慶遠府志十卷 第296－297册
(清)李文琰修 (清)何天祥等纂
民國二十四年(1935)廣西省立第二圖書館抄本
[道光]修仁縣志十卷 第298册

清康熙五十七年(1718)刻本
[康熙]金縣志二卷　第11冊
(清)耿喻 郭殿邦纂修
清康熙二十六年(1687)刻本
[康熙]渭源縣志不分卷　第11冊
(清)張弘斌 張淑孔纂修
清康熙二十七年(1608)刻本
[嘉慶]華亭縣志七卷　第11冊
(清)趙先甲纂修
清嘉慶元年(1796)刻本
陵縣鄉土志不分卷　第11冊
(清)錢應顯 邢寶英纂修
清光緒三十三年(1907)刻本
[康熙]觀城縣志　第11-12冊
(清)沈璣 張洞宸纂修
清康熙十一年(1672)刻本
[乾隆]江寧縣新志　第12-14冊
(清)袁枚纂修
清乾隆十三年(1748)刻本
[乾隆]句容縣志　第15冊
(清)曹襲先等纂修
清乾隆十五年(1750)刻本
浙志便覽十卷　第17冊
(清)李應珏等纂修
清光緒十七年(1891)刻本
[雍正]開化縣志　第18-20冊
(清)孫錦 方嚴翼纂修
清雍正七年(1729)刻本
[康熙]和州志三十卷　第20冊
(清)夏瑋 楊九思纂修
清康熙十二年(1673)刻二十三年(1684)增刻本
[乾隆]霍山縣志卷　第21-22冊
(清)甘山等纂修
清乾隆四十一年(1776)刻本
[雍正]來安縣志十二卷　第22-24冊
(清)伍斯瓌 項世榮纂修
清雍正十三年(1735)刻本
[乾隆]蕪湖縣志　第24-26冊
(清)劉瓚 陸綸纂修
清乾隆十九年(1754)刻本
[乾隆]廣德直隸州志　第27-29冊
(清)李國相纂修
清乾隆四年(1739)刻本
[乾隆]寧國府志三十四卷　第30冊
(清)宋敳 錢人麟纂修
清乾隆十八年(1753)刻本
[嘉慶]南陵縣志　第31-33冊
(清)徐心田纂修
清嘉慶十三年(1808)刻本
[乾隆]青陽縣志　第33-35冊
(清)段中律纂修
清乾隆四十七年(1782)刻本
[康熙]都昌縣志　第36-37冊
(清)曾王孫 徐孟深纂修
清康熙二十五年(1686)刻三十三年(1694)補刻本
[嘉慶]上高縣志　第37-39冊
(清)劉丙 晏善澄纂修
清嘉慶十六年(1811)刻本
[乾隆]新喻縣志　第39-40冊
(清)暨用其纂修
清乾隆十五年(1750)刻本
[乾隆]南豐縣志　第40-42冊
(清)盧崧 陸嘉穎纂修
清乾隆三十年(1765)刻本
[康熙]進賢縣志　第43-45冊
(清)聶當世 陳時懋纂修
清康熙十二年(1673)刻本
[乾隆]泰和縣志　第45-48冊
(清)冉裳 沈瀾纂修
清乾隆十八年(1753)刻本
[乾隆]峽江縣志　第49-50冊
(清)張九鉞 王金英纂修
清乾隆三十二年(1767)刻本
[乾隆]雩都縣志　第50-52冊
(清)高澤敘 段彩等纂修
清乾隆二十二年(1757)刻本
[乾隆]龍南縣志　第53-54冊
(清)蔣大綸 王霆纂修
清乾隆五十年(1785)刻本
[乾隆]同安縣志　第55-58冊
(清)吳鏞 陶元藻纂修
清乾隆三十三年(1768)刻本
政和縣鄉土歷史地理教科書　第59冊
(清)龍山長者撰
清光緒三十三年(1907)修民國三年(1914)抄本
[光緒]屏南縣志四卷　第59冊
(清)江若干 黃學波纂修
清光緒三十四年修(1908)宣統年增修抄本
[乾隆]晉江縣志　第59-61冊
(清)方鼎 朱升元纂修
清乾隆三十年(1765)刻本
[乾隆]長汀縣志　第61-64冊
(清)陳朝羲纂修
清乾隆四十七年(1782)刻本
[乾隆]永定縣志　第65-66冊
(清)伍炜 王見川纂修
清乾隆二十二年(1757)刻本
泰寧鄉土志不分卷　第67冊
不著纂修人
抄本
[乾隆]洧川縣志八卷　第67冊
(清)孫和相 何之琪等纂修
清乾隆二十年(1755)刻本
[康熙]鼎修德安府志二十四卷　第68冊
(清)傅鶴祥 李士竑纂修
清康熙二十四年(1685)刻本
[乾隆]麻城縣志　第69-72冊
(清)黃書紳 章學誠纂修
清乾隆六十年(1795)刻本
[乾隆]蘄水縣志　第72-75冊
(清)高舉 徐養忠纂修
清乾隆五十九年(1794)刻本
[乾隆]廣濟縣志　第76-77冊
(清)黃愷等纂修
清乾隆五十八年(1793)刻本
[康熙]監利縣志　第78-79冊
(清)郭徽祚等纂修
清康熙四十一年(1702)修抄本
[乾隆]當陽縣志　第80-81冊
(清)黃仁 童鑾纂修
清乾隆五十九年(1794)刻本
[乾隆]長陽縣志　第81冊
(清)李拔纂修
清乾隆十九年(1754)修抄本
[乾隆]長陽縣志藝文志一卷　第82冊
(清)李拔纂修
清乾隆十九年(1754)修抄本
[乾隆]歸州志不分卷　第82冊
(清)曹熙衡 曾維道纂修
抄本
[嘉慶]恩施縣志四卷　第82冊
(清)張家鼎修 朱寅贊纂
清嘉慶十三年(1808)刻本
[嘉慶]建始縣志二卷　第83冊
(清)羅洪鑄纂修
清嘉慶十五年(1810)修抄本
[乾隆]來鳳縣志十二卷　第83冊

清乾隆五十一年(1786)刻本
[乾隆]資陽縣志 第141－143冊
(清)張德源纂修
清乾隆三十年(1765)刻本
[乾隆]富順縣志 第143－145冊
(清)熊蔡向 周士誠纂修
清乾隆二十五年(1760)刻本
[乾隆]合江縣志 第145－146冊
(清)葉體仁 朱維辟纂修
清乾隆二十七年(1762)刻本
[乾隆]高縣志十卷 第147冊
(清)李鴻楷纂修
清乾隆二十七年(1762)刻本
[康熙]四川敘州府慶符縣志二卷 第148冊
(清)丁林聲 王之熊纂修
清乾隆五十六年(1791)抄本
[乾隆]青神縣志十一卷 第148冊
(清)王承爔纂修
清乾隆二十九年(1764)刻本
[乾隆]彭山縣志 第148－149冊
(清)張鳳翥纂修
清乾隆二十二年(1757)刻本
[康熙]南充縣志不分卷 第149冊
(清)湯裔振纂修
抄本
[乾隆]廣安州志十三卷 第150冊
(清)陸良瑜 鄧時敏纂修
清乾隆三十四年(1769)刻本
[乾隆]鄰水縣志四卷 第151冊
(清)陳觀光 楊爾式纂修
清乾隆二十二年(1757)刻本
[乾隆]四川保寧府南江縣備造新編志書清冊 第151冊
(清)不著纂修人
抄本
[乾隆]普安州志二十六卷 第152冊
(清)王粵麟修 曹維祺 曹達纂
清乾隆二十三年(1758)刻本
[乾隆]畢節縣志八卷 第153冊
(清)董朱英修 路元升纂
清乾隆二十三年(1758)刻本
[乾隆]開泰縣志四卷 第154冊
(清)郝大成修 王師泰纂
清乾隆十七年(1752)三陽堂刻本
[乾隆]獨山縣志 第155－156冊
(清)劉岱修 艾茂 謝庭薰纂
清乾隆三十四年(1769)刻本
[乾隆]鎮雄州志 第157－158冊
(清)屠述謙纂修
清乾隆五十年(1785)刻本
[康熙]尋甸州志 第158－159冊
(清)李月枝纂修
清康熙五十九年(1720)刻本
[乾隆]開化府志 第159－160冊
(清)湯大賓 趙震纂修
清乾隆二十四年(1759)刻本
[乾隆]華竹新編十四卷 第160冊
(清)檀萃纂修
清乾隆四十六年(1781)刻本
湖北省圖書館藏稀見方志叢刊
湖北省圖書館編
二〇一八年北京國家圖書館出版社
一〇〇冊
[民國]河北通志稿不分卷 第1－15冊
河北省通志館修 王樹楠 張國淦等纂
民國稿本
[同治]赤城縣志不分卷 第16冊
(清)林牟貽纂修
清同治十一年修稿本
[光緒]保定府志稿二十卷 第16－20冊
(清)鄭士蕙纂修
光緒五年稿本
[萬曆]大名府志二十九卷 第20冊
(明)潘仲驂 趙慎修纂修
嘉靖三十七年刻萬曆十一年增刻本
[嘉靖]大名府志二十九卷 第21冊
(明)潘仲驂 趙慎修纂修
嘉靖三十七年刻萬曆十一年增刻本
[順治]涉縣志八卷 第21冊
(清)劉濬修 (清)李若軺纂
抄本
武安風土記不分卷 第21冊
(清)錢祥保編
清光緒三十二刻本
[康熙]南宮縣志十二卷 第21－23冊
(清)胡胤銓重輯
清康熙十二年刻本
[萬曆]徐溝縣志二卷 第23冊
(明)楊國楨纂修 (明)王敷學續修
抄本
[康熙]岢嵐州志四卷 第23冊
(清)何顯祖修 (清)袁鏗珩纂
康熙十一年刻本
[康熙]新修盂縣志八卷 第23－24冊
(清)蔡璜纂修
康熙四十一年刻本
[嘉靖]浮山縣志八卷 第24－25冊
(明)許安纂修
抄本
[民國]盤山縣志略不分卷 第25冊
馬俊顯修 孫名耀等纂
抄本
蒙旗志稿二卷 第25冊
佚名纂
抄本
[雍正]渭南縣志十五卷 第26－27冊
(清)岳冠華纂修
清雍正十一年刻本
新疆撮要錄四卷 第27冊
(清)七十一(椿園)纂 周有才輯
清光緒十六年弋陽周氏愛蓮堂刻本
昌吉縣呼圖壁鄉土志 第28冊
(清)佚名編
清光緒三十四年稿本
阜康縣鄉土志 第28冊
(清)佚名編
抄本
孚遠縣鄉土志 第28冊
(清)佚名編
清光緒三十三年稿本
哈密直隸廳鄉土志 第28冊
(清)劉潤道編
清宣統元年稿本
精河廳鄉土志 第28冊
(清)曹凌漢編
清光緒三十四年抄本
伊犁府鄉土志 第28冊
(清)許國楨編
清光緒三十四年稿本
寧遠縣鄉土志 第28冊
(清)李方學編
清光緒三十四年稿本
綏定縣鄉土志二卷 第28冊
(清)蕭然奎編
抄本
輪臺縣鄉土志 第28冊
(清)顧桂芳編
清光緒三十四年稿本
婼羌縣鄉土志 第28冊
(清)瑞山編

清宣統元年稿本
婼羌縣鄉土志 第 28 冊
(清)唐光焯編
清宣統二年抄本
溫宿府鄉土志 第 28 冊
(清)佚名編
清光緒三十三年抄本
溫宿縣鄉土志 第 28 冊
(清)潘宗岳編
清光緒三十三年抄本
溫宿縣分防柯坪鄉土志 第 28 冊
(清)潘宗岳編
清光緒三十四年抄本
沙雅縣鄉土志 第 28 冊
(清)張紹伯編
清光緒三十四年抄本
烏什直隸廳鄉土志 第 28 冊
佚名編
清光緒三十四年稿本
喀什噶爾略節事宜 第 28－29 冊
(清)珠克登纂
抄本
疏勒府鄉土志 第 29 冊
(清)蔣光升編
清光緒三十四年抄本
伽師縣鄉土志 第 29 冊
(清)高生嶽編
清光緒三十四年稿本
巴楚州鄉土志 第 29 冊
(清)張璪光編
清光緒三十四年稿本
和闐直隸州鄉土志 第 29 冊
易榮鼎纂
宣統元年稿本
洛浦縣鄉土志 第 29 冊
(清)楊丕灼編
清光緒三十四年稿本
皮山縣鄉土志 第 29 冊
佚名編
清光緒三十四年稿本
[康熙]曹縣志十八卷 第 29－31 冊
(清)朱琦修 藍庚生纂
清康熙二十四年刻本
揚州風土小記二卷 第 32 冊
徐謙芳輯述
民國抄本

[光緒]太倉直隸州志不分卷 第 32－33 冊
(清)王祖畬纂
清光緒稿本
[嘉慶]江蘇海門廳志四卷 第 33－34 冊
(清)章廷楓修 (清)董日申纂
嘉慶十二年抄本
[康熙]重修贛榆縣志四卷 第 34－35 冊
(清)俞廷瑞修 (清)倪長犀纂
影抄康熙十二年刻本
嘉興府典故纂要八卷 第 35 冊
(清)王惟梅輯
清乾隆五十四年刻本
[康熙]長興縣志八卷 第 35－37 冊
(清)韓應恒修 (清)金鏡 (清)朱升編
康熙十二年刻本
[康熙]武康縣志八卷 第 37－38 冊
(清)馮圣澤修 (清)駱惟恭纂
抄本
[同治]蒙城縣志十卷 第 38 冊
(清)李炳濤 (清)石廷樞修 (清)吳保甲纂
抄本
[順治]涇縣志十二卷補遺一卷 第 38 冊
(清)習全史等修 (清)王雲龍等纂
清順治十三年刻本
[嘉慶]太平縣志考證八卷 第 39 冊
(清)孫璧文編
抄本
[乾隆]臨川縣志四十九卷 第 39－41 冊
(清)李廷友修 (清)李紱纂
清乾隆五年刻本
閩省通志五代、宋、元、明、清列傳 第 41 冊
佚名纂
抄本
[道光]長汀縣志三十三卷首一卷 第 42－45 冊
(清)王壘 (清)喬有豫修 (清)楊瀾等纂 (清)廷棟續修 (清)曾炳文續纂
清咸豐四年續刻本
[康熙]葉縣志八卷 第 45－46 冊
(清)呂柳文修
清康熙三十年刻五十八年增刻本
湖北通志志餘 第 46－48 冊
(清)洪良品纂輯

清光緒稿本
湖北通志稿 第 49 冊
(清)楊守敬纂
清光緒稿本
武昌縣志稿不分卷 第 50 冊
佚名纂
清光緒抄本
[嘉慶]孝感縣續志六卷 第 51 冊
(清)王進祖纂修
清嘉慶十六年增刻本
漢川縣擊馬區鄉土地方志六章 第 51 冊
涂筠編
抄本
續修漢陽縣志列傳存稿三卷 第 51 冊
傅彥明纂修
民國三十七年稿本
[萬曆]黃安初乘二卷 第 52 冊
(清)耿定向纂修
抄本
[道光]黃安縣志十卷首一卷 第 53－55 冊
(清)林縉光纂修
清道光二年刻本
黃安鄉土志二卷 第 56 冊
(清)陳諱
清宣統元年鉛印本
[康熙]羅田縣志八卷首末各一卷 第 56－57 冊
(清)姜廷銘纂修 (清)李一鴻 (清)秦杏林分輯
清活字印本
[嘉靖]興國州志七卷 第 58 冊
(明)唐寧修 (明)林愛民纂
抄本
[光緒]通山縣志三卷 第 58－59 冊
(清)高振鑠修 (清)樂振玉纂
清光緒二十三年活字本
嘉魚縣鄉土志 第 59 冊
佚名編
清末抄本
嘉魚隄志四卷 第 59－60 冊
(清)方瀚修 (清)馬芶臣等纂
光緒十一年刻本
武昌要覽 第 60 冊
文士員編
民國十四年鉛印本
[康熙]武昌縣志八卷 第 60－61 冊

(清)熊登修 (清)孟振祖等纂
康熙十三年刻本
鍾祥沿革考不分卷 第61冊
盧業編
民國二十二年鉛印本
[光緒]荊州府志稿 第61-62冊
(清)楊守敬纂
清光緒間稿本
[萬曆]荊門州志十四卷 第63-64冊
(清)徐天祐纂修
抄本
[嘉靖]興都志二十四卷 第64-65冊
(明)吳惺修 (明)方遠宜纂
民國二十六年鍾祥縣志局石印本
[乾隆]石首縣志七卷 第65-67冊
(清)張坦修 (清)成師呂等纂
清乾隆元年刻本
[道光]長陽縣志七卷 第67-69冊
(清)朱庭棻修 (清)彭世德 彭人檀纂
清道光二年刻本
[萬曆]巴東縣志四卷 第69冊
(明)李光前纂修
鈔本
[民國]咸豐縣志十二卷末一卷
第69-70冊
徐大煜纂修
民國三年陳侃刻本
房縣志鈔不分卷 第70冊
(清)王魁儒纂修
清乾隆五十三年抄本
[萬曆]襄陽縣志 第70冊
(明)李思啓 (明)王業浩纂修 (明)馮舜臣補輯
萬曆四十五年刻本
[嘉靖]隨志二卷 第71冊
(明)汪德修 (明)顏木纂
抄本
[光緒]兩廣便覽二卷 第71-72冊
(清)李應鈺
光緒三十年刻本
[民國]廣西灌陽縣志二十四卷首一卷
第72-74冊
林芾楨修 蔣良術纂
民國三年刻本
[康熙]荔浦縣志四卷 第75冊
(清)許之豫纂修
抄本
[康熙]上思州志四卷 第75-76冊
(清)戴夢熊修 (清)唐靈緒纂
抄本
[嘉慶]內江縣志十五卷首一卷
第76-78冊
(清)張搢修 (清)劉一衡纂
咸豐八年續刻本
[光緒]內江縣志十六卷 第78-82冊
(清)彭泰士修 (清)曾慶昌等纂
民國三年增刻本
[民國]酆都縣省志採訪冊四卷
第82-83冊
佚名輯
抄本
會理州鄉土志稿 第83冊
佚名纂
抄本
[民國]嘉陵江志二編 第83-84冊
馬以愚編
民國三十五年鉛印本
[康熙]貴州通志三十三卷 第84-87冊
(清)曹申吉修 (清)潘訓等纂
曬印本
[隆慶]雲南通志十七卷 第87-91冊
(明)鄒應龍修 (明)李元陽纂
曬印本
[天啓]滇志三十三卷 第92-99冊
(明)劉文徵纂
曬印本
雲南通志考證建置志四卷 第99-100冊
(清)阮元 (清)伊里布等修 (清)王崧 (清)李誠纂
抄本
[雍正]馬龍州志十卷首一卷 第100冊
(清)許日藻修 (清)杜詮纂
抄本
國家圖書館藏地方志珍本叢刊
傅璇琮 陳紅彥 徐蜀等編
二〇一六年天津古籍出版社
八〇〇冊
北京
[隆慶]昌平州志八卷 第2冊
(明)崔學履纂修
明隆慶元年至二年(1567-1568)刻萬曆增修本
[康熙]密雲縣志十八卷 第2-3冊
(清)趙弘化纂修
清康熙十二年(1673)刻本
[康熙]順義縣志二卷 第3冊
(清)韓淑文纂修
清康熙刻本
[康熙]平谷縣志三卷 第3冊
(清)任在陛修 李柱明纂
清康熙六年(1667)刻本
[雍正]平谷縣志三卷 第3-4冊
(清)任在陛修 李柱明纂 項景倩續修
清康熙六年(1667)刻雍正六年(1728)增刻本
[康熙]良鄉縣志八卷 第4冊
(清)李慶祖修 張璟纂
清康熙抄本
天津
[康熙]薊州志八卷 第4-5冊
(清)董廷恩纂修 路湛續修
清抄本
[康熙]武清縣志十卷 第5冊
(清)鄧欽楨修 耿錫胤纂
清康熙十四年(1675)刻本
[光緒]武清志括六卷 第5冊
(清)蔡壽臻修
清抄本
上海
[同治]南匯縣新志稿 第6-8冊
(清)佚名纂
清抄本
河北
[民國]直隸省通志稿 第9-12冊
賈恩紱纂修
民國抄本
[乾隆]行唐縣新志十二卷 第12-13冊
(清)張振義修 王正固等纂
清乾隆九年(1744)刻本
[同治]續修行唐縣新志八卷首一卷末一卷 第13-14冊
(清)崔苓瑞纂修
清同治抄本
[康熙]晉州志十卷 第14-15冊
(清)郭建章修 闞永清纂
清康熙十四年(1675)抄本
[萬曆]新樂縣志二十卷 第15-16冊
(明)張正蒙修 陳實纂 (清)林華皖續修 郝應第續纂
清康熙續刻本
[康熙]重修無極志二卷 第16冊

陝西

清康熙二年(1663)刻本
[嘉慶]山陽縣志十二卷 第135－136冊
(清)何樹滋纂修 (清)黄輝續纂修
民國清史館抄本
[康熙]重修鳳翔府志五卷附錄一卷
第136－138冊
(清)朱琦纂修
清康熙四十九年(1710)刻本
[順治]寶雞縣志三卷 第138冊
(清)周愷纂修
清順治十四年(1657)刻本
[萬曆]重修岐山縣志六卷
第138－139冊
(明)于邦棟 南宮纂修
明萬曆十九年(1591)刻本
[萬曆]郿志八卷 第139冊
(明)劉九經纂修 (清)陳超祚續修
明萬曆刻清順治康熙遞修本
[康熙]武功縣續志 第139－140冊
(清)李紹韓修 (清)張文熙纂
清康熙元年(1662)刻本
[萬曆]延綏鎮志八卷 第140－142冊
(明)鄭汝璧修 (明)劉餘澤纂 (明)金鍔 謝天眷增修
明萬曆三十五年(1607)刻本
[康熙]靖邊縣志 第142冊
(清)佚名纂修
清乾隆抄本
吳堡縣鄉土志一卷 第143冊
(清)佚名纂
清光緒抄本
[雍正]安定縣志 第143冊
(清)吳瑛修 (清)王鴻薦纂
清雍正抄本
[順治]保安縣志七卷 第143冊
(清)張嗣賢修 王政新纂
清順治抄本
[順治]延川縣志一卷 第143冊
(清)劉轂纂修
清順治十八年(1661)刻本
洛川縣鄉土志一卷 第144冊
(清)姜瑞庭編
清光緒三十三年(1907)抄本
[順治]宜君縣志一卷 第144冊
(清)佚名纂修
清順治抄本
[順治]漢中府志六卷 第144－145冊
(清)馮達道纂修
清順治刻本
[嘉靖]城固縣志六卷 第145冊
(明)楊守正修 (明)胡璉纂
明嘉靖四十五年(1566)刻本
[民國]洋縣縣志備考二卷 第146冊
劉元吉纂修
民國二十年(1931)石印本
[康熙]西鄉縣志十卷 第146冊
(清)史左修 (清)陳鵬程纂
清康熙刻本
[康熙]興安州志四卷 第146－147冊
(清)王希舜修 (清)劉應秋纂
清康熙三十四年(1695)刻本
[康熙]石泉縣志一卷 第147冊
(清)潘瑞奇修 (清)張峻迹纂
清康熙抄本

甘肅

[康熙]隴西縣志一卷 第148冊
(清)周繼述纂修
清康熙抄本
[康熙]狄道縣志一卷 第148冊
(清)李觀我纂修
清抄本
[順治]崇信縣志二卷 第148冊
(清)于元煜修 (清)劉顯世纂
清順治十七年(1660)刻本
[順治]慶陽府志十四卷 第148－149冊
(清)楊藻鳳纂修
清順治抄本
[康熙]秦州志 第149－150冊
(清)趙世德纂修
清康熙抄本
[康熙]清水縣志十二卷 第150冊
(清)劉俊聲修 (清)張桂芳 雍山鳴纂
清康熙抄本
[康熙]禮縣新志 第150冊
(清)王揄善纂修
清康熙抄本
[雍正]禮縣志一卷 第150冊
(清)董興國纂修
清雍正抄本
[康熙]兩當縣志一卷 第150冊
(清)武國棟纂修
清抄本
[康熙]伏羌縣志一卷 第150冊
(清)汪文煜纂修
清抄本
[康熙]西和縣志一卷 第151冊
(清)王殿元纂修
清抄本
[康熙]徽州志二卷 第151冊
(清)鄧天棟纂修
清康熙抄本
[乾隆]徽縣志 第151冊
(清)佚名纂修
民國二十二年(1933)國立北平圖書館抄本
[萬曆]階州志 第151冊
(明)余新民 蹇逢泰纂修
明萬曆四十四年(1616)刻本
[康熙]階州志一卷 第151冊
(清)祖肇慶纂修
清康熙抄本
[民國]文縣要覽八卷 第152冊
李秉璋 韓建篤纂
民國三十六年(1947)石印本
[康熙]成縣志一卷 第152冊
(清)楊注纂修
清康熙抄本
[康熙]岷州衛志一卷 第152冊
(清)胡可禎纂修
清康熙抄本
[康熙]河州志口口卷 第152冊
(清)張瓚纂修
清抄本
[康熙]洮州衛志 第152冊
(清)吳垚纂修
清抄本
[乾隆]洮州衛志一卷 第152冊
(清)佚名纂修
清抄本

山東

[崇禎]歷城縣志十六卷 第153－155冊
(明)宋祖法修 (明)葉承宗纂
清康熙六十一年(1722)李師白增補刻本
[萬曆]德州志十二卷 第155－156冊
(明)唐文華修 (明)李楡纂
明萬曆刻天啓重修本
[康熙]德州志十卷 第156－157冊
(清)金祖彭修 (清)程先貞纂
清康熙十二年(1673)刻本
[光緒]德州志略 第157冊

江蘇

（清）于成龍纂修
清康熙二十二年（1683）抄本
［萬曆］江浦縣志十二卷 第205冊
（明）余樞修（明）熊師望纂
明萬曆四十六年（1618）刻本
［康熙］重修江浦縣新志八卷 第205－206冊
（清）郎廷泰纂修
清康熙二十四年（1685）刻本
［嘉靖］滸墅關志十八卷 第206冊
（明）張裕撰
明嘉靖刻本
［弘治］崑山縣志十四卷 第206－207冊
（明）吳祺修（明）顧潛纂
清桂雲堂抄本
［康熙］崑山縣志二十卷 第208－210冊
（清）杭允佳纂修
清康熙抄本
［順治］續吳江縣志 第211冊
（清）董爾基纂修
清康熙刻本
［光緒］太倉直隸州志四十卷 第211－214冊
（清）佚名纂修
清光緒藍格稿本
［民國］錫金志補 第214冊
（清）佚名纂修
民國藍絲欄抄本
［正德］江陰縣志十四卷 第214－216冊
（明）黄傅纂修
明正德十五年（1520）刻本
［康熙］溧水縣志十一卷首一卷 第216－218冊
（清）劉登科修（清）謝文運 王芝藻等纂
清康熙十五年（1676）刻本
［順治］高淳縣志十八卷 第218－220冊
（清）紀聖訓修（清）林古度纂（清）劉澤嗣續修
清順治十三年（1656）刻康熙增修本
［順治］重修句容縣志十卷 第220－221冊
（清）葛翊宸 蕢大為修（清）胡岳等纂
清順治十四年（1657）刻本
［萬曆］宜興縣志十卷 第221－223冊
（明）陳遴瑋修（明）王升纂
明萬曆十八年（1590）刻本
［康熙］儀真縣志十二卷 第223冊
（清）胡崇倫修（清）陳邦楨等纂
清康熙七年（1668）刻本
［隆慶］高郵州志十二卷 第224冊
（明）范惟恭修（明）王應元纂
明隆慶六年（1572）刻本
［康熙］高郵州志十卷 第225－226冊
（清）孫宗彝纂修（清）李培茂增修（清）余恭增纂
清康熙十一年（1672）刻二十三年增刻本
［道光］寶應圖經六卷首二卷 第227－228冊
（清）劉寶楠纂
清稿本
［崇禎］靖江縣志十七卷 第228－229冊
（明）陳函輝修（明）徐遵湯等纂
清初刻本
［康熙］如皋縣志十六卷 第230－231冊
（清）盧綖修（清）許納陛等纂
清康熙二十二年（1683）刻本
［康熙］清河縣志四卷 第231冊
（清）鄒興相修（清）汪之藻纂
清康熙刻本
［康熙］桃源縣志四卷 第232冊
（清）蕭文蔚纂修
清康熙二十六年（1687）刻本
［正德］盱眙縣志二卷 第232冊
（明）李天界 陳惟淵纂修
明正德十三年（1518）刻本
［康熙］盱眙縣志三十二卷 第233冊
（清）朱弘祚修（清）葛懋康纂
清康熙十一年（1672）刻本
［康熙］續徐州志八卷 第233冊
（清）臧興祖修（清）吳之元等纂
清康熙二十二年（1683）抄本
［順治］新修豐縣志十卷 第233－234冊
（清）閻玿修（清）張逢宸等纂
清順治十三年（1656）刻本

浙江

［康熙］餘杭縣新志十卷 第235－236冊
（清）宋士吉纂修
清康熙四年（1665）刻本
［康熙］富陽縣志十二卷 第237－239冊
（清）牛奐纂修
清康熙十二年（1673）刻本
［景定］景定嚴州續志十卷 第239冊
（宋）錢可則修（宋）鄭瑤 方仁榮纂
清抄本
［康熙］遂安縣志十卷 第240冊
（清）劉從龍 方象瑛纂修
清康熙十三年（1674）刻本
［萬曆］蕭山縣志六卷 第241冊
（明）劉會修（明）戴文明等纂
明萬曆十七年（1589）刻本
［至元］嘉禾志三十二卷 第242－243冊
（元）單慶 徐碩纂修
清小雲谷抄本
［康熙］續修嘉善縣志八卷 第243冊
（清）崔維華修（清）沈辰垣纂
清康熙二十三年（1684）刻本
［嘉靖］海寧縣志九卷附錄一卷 第243－244冊
（明）蔡完修（明）董穀纂
明光緒二十四年（1898）刻本
［崇禎］寧志備考十二卷 第244－245冊
（明）趙維寰纂修
民國抄本
［乾隆］寧志餘聞八卷 第245－246冊
（清）周廣業纂修
清乾隆稿本
海昌叢載二十卷續載七卷首一卷 第247－251冊
（清）管庭芬輯
清稿本
修川小志二卷 第251冊
（清）鄒存淦撰
清光緒五年（1879）鄒氏師竹友蘭室抄本
［嘉泰］吳興志十五卷 第251－253冊
（宋）談鑰纂
清宣統沈氏枕碧樓抄本
［順治］湖州府志前編十二卷 第253－255冊
（明）栗祁 唐樞纂修（清）程量重編
清順治六年（1649）刻本
［康熙］烏程縣志十二卷 第255－257冊
（清）高必騰修（清）沈從龍 羅開驊纂
清康熙二十年（1681）刻本
［光緒］烏程縣志三十六卷 第257－261冊
（清）潘玉璿 馮健修（清）周學濬 汪曰楨纂
清光緒稿本

江西

清康熙抄本
[康熙]定南縣志十卷　第459－460冊
(清)林訥孕修(清)顧用楫纂
清康熙刻本
[康熙]上猶縣志　第460冊
(清)陳延縉纂修
清康熙抄本
[康熙]崇義縣志　第460冊
(清)王璧纂修
清康熙抄本
福建
[萬曆]浦城縣志十六卷　第461－462冊
(明)黎民範修(清)陳玄藻纂
明萬曆三十七年(1609)刻本
[康熙]順昌縣志六卷　第462－463冊
(清)郭鍈修(清)黄宣纂
清康熙四十八年(1709)刻本
[弘治]邵武府志二十五卷
第463－464冊
(明)夏英 陸勉修(明)黄仲昭纂
明弘治刻本
[康熙]福安縣志九卷首一卷
第464－465冊
(明)巫三祝修(明)陳曉梧等纂
(清)宋嗣炎增修(清)李襄猷增纂
明崇禎十一年(1638)刻清康熙十九年(1680)增刻本
[乾隆]連江縣志十三卷首一卷
第465－467冊
(清)戚瑴言修(清)孫發曾纂
清乾隆五年(1740)刻本
[萬曆]興化府志五十九卷
第467－471冊
(明)馬夢吉修(明)林堯俞纂
明萬曆四十一年(1613)刻本
[康熙]興化府莆田縣志三十六卷首一卷　第471－475冊
(清)金皐謝修(清)林麟焻纂(清)王裕璸增修
清康熙四十四年(1705)刻乾隆十二年(1747)增刻本
[弘治]仙溪志十六卷　第476冊
(明)陳遷纂修
明弘治四年(1491)刻本
[乾隆]僊遊縣志三十六卷首一卷
第477－480冊
(清)陳興祚修 莊大椿等纂
清乾隆十四年(1749)刻本
[萬曆]永春縣志十二卷　第480－481冊
(明)許兼善修(明)朱安期纂
明萬曆四年(1576)刻本
[康熙]安溪縣志十二卷　第481－482冊
(清)謝宸荃修(清)洪龍見纂
清康熙十二年(1673)刻本
[康熙]龍溪縣志十二卷　第483－485冊
(清)江國棟修(清)陳元麟纂
清康熙五十六年(1717)刻本
[康熙]海澄縣志二十卷　第485－486冊
(清)胡鼎修(清)陳寅亮等纂
清康熙三十二年(1693)刻本
[康熙]平和縣志九卷首一卷　第487冊
(清)金鏞修(清)游瀛洲纂
清康熙抄本
[康熙]龍巖縣志十卷　第487－488冊
(清)江藻修(清)鄭愫纂
清康熙二十八年(1689)刻本
[康熙]寧洋縣志十卷　第489冊
(清)沈荃修(清)楊新日 鄧世蜓纂
清康熙三十一年(1692)刻本
[康熙]連城縣志十卷首一卷末一卷
第490冊
(清)杜士晉修(清)謝家寶纂
清康熙五年(1666)刻本
[康熙]長汀縣志　第490冊
(清)潘世嘉纂修
清康熙抄本
[乾隆]上杭縣志六卷首一卷末一卷
第491－493冊
(清)趙成修(清)趙寧靜纂
清乾隆十八年(1753)刻本
[康熙]延平府志二十二卷
第493－495冊
(清)蕭來鸞修(清)金章等纂
清康熙十一年(1672)刻本
[崇禎]寧化縣志十卷　第495冊
(明)張士俊修(明)陰維標纂
明崇禎刻清順治增修本
[康熙]沙縣志十二卷　第496－498冊
(清)林采修(清)樂成等纂
清康熙四十年(1701)刻本
[萬曆]將樂縣志十二卷首一卷
第498－499冊
(明)黄仕禎修(明)黄元美等纂
明萬曆十三年(1585)刻本
[康熙]泰寧縣志十卷　第499－500冊
(清)洪濟修(清)江應昌等纂
清康熙十一年(1672)問心堂刻本
河南
[康熙十七年]滎陽縣志八卷　第501冊
(清)顧天挺纂修
清康熙十七年(1678)刻本
[康熙三十四]滎澤縣志八卷
第501－502冊
(清)王畹修(清)賀元士纂
清康熙三十四年(1695)刻本
[康熙]汜水縣志八卷　第502－503冊
(清)吳與儔修(清)賈攀鱗纂
清順治十六年(1659)刻本
[順治]開封府志三十五卷
第504－507冊
(清)錢綸 盛朝組纂修
清順治十六年(1659)刻本
[萬曆]杞乘四十八卷　第507－508冊
(明)馬應龍纂修
明萬曆二十七年(1599)刻本
[順治]登封縣志七卷首一卷　第509冊
(清)張朝瑞修(清)焦復亨纂
清順治九年(1652)刻本
[乾隆]登封縣志十卷　第506－511冊
(清)施奕簪續修(清)焦如蘅續纂
清乾隆九年(1744)刻本
[萬曆]儀封縣志四卷　第511冊
(明)張鹵纂修
明萬曆三年(1575)刻本
[順治]儀封縣志八卷　第511－512冊
(清)崔維雅纂修
清順治十六年(1659)刻本
[順治]中牟縣志十卷　第512－513冊
(清)吳彥芳修(清)徐延壽纂
清順治十六年(1659)刻康熙乾隆遞修本
[康熙]中牟縣志十五卷首一卷
第513－514冊
(清)吳彥芳修(清)徐延壽纂(清)韓藎光續修(清)冉覲祖續纂
清順治十六年(1659)刻康熙十四年(1675)補刻本
[順治]密縣志八卷　第515冊
(清)李芝蘭修(清)韓繼文纂
清順治九年(1652)刻本
[順治]密縣志四卷　第515－516冊

(清)李鵬鳴修 (清)韓繼文纂
清順治十六年(1659)刻本
[康熙]衛輝府志十九卷 第516-518冊
(清)胡蔚先修 (清)李芳辰纂
清康熙三十四年(1695)刻本
[康熙]新鄉縣續志十卷 第519-520冊
(清)周毓麟 李登瀛修 (清)任昌期纂
清康熙三十二年(1693)刻本
[康熙]汲縣志十二卷 第520-522冊
(清)吳干將修 (清)李中節纂
清康熙刻本
[天啓]輝縣志八卷 第522冊
(明)王廷諫纂修
明天啓刻本
[康熙]輝縣志十八卷 第522-523冊
(清)滑彬 冀應熊纂修
清康熙二十九年(1690)刻本
[嘉靖]延津志 第524冊
(明)張宗仁纂修
明藍絲欄鈔本
[萬曆]延津縣志四卷 第524冊
(明)劉元會修 (明)李戴纂
明萬曆二十六年(1598)刻本
[萬曆]胙城縣志八卷 第524冊
(明)霍炳修 (明)楊嘉言纂
明萬曆九年(1581)刻本
[順治]原武縣志二卷 第524冊
(清)寧弘舒修 (清)裴之亮 孟文升纂
清順治十八年(1661)刻本
[康熙]原武縣志六卷首一卷末一卷 第525冊
(清)詹槐芬修 (清)戚一變纂
清康熙二十九年(1690)刻本
[順治]懷慶府志十四卷 第525-527冊
(清)彭清典修 (清)蕭家芝纂
清順治十七年(1660)刻本
[萬曆]河內縣志四卷 第527-528冊
(明)侯加采 盧夢麟修 (明)王所用纂
明萬曆二十五年(1597)刻本
[康熙]修武縣志四卷 第528-529冊
(清)邊憬修 (清)范琥纂
清康熙三十四年(1695)刻本
[乾隆]彰德府志二十二卷首一卷 第529-532冊
(清)劉謙 陳錫輅修 (清)夏兆豐纂
清乾隆五年(1740)刻本
[萬曆]濮州志六卷 第532-534冊
(明)李先芳 祝堯煥纂修
明萬曆刻本
[康熙]范縣志三卷 第534-535冊
(清)霍之琯修 (清)李簡身纂
清康熙十一年(1672)刻本
[萬曆]內黄縣志二十六卷 第535-536冊
(明)王廷諫修 黄復亨纂修
明萬曆刻本
[康熙]開州志十卷首一卷 第536-537冊
(清)孫棨纂修
清康熙刻本
[順治]林縣志十二卷 第537-538冊
(清)王玉麟纂修
清順治十七年(1660)邇復軒刻本
[康熙]林縣志十二卷 第538-540冊
(清)徐岱 熊遠寄修 (清)萬兆龍纂
清康熙三十三年(1694)刻本
[咸豐]續林縣志四卷首一卷 第540冊
(清)康仲方修 (清)衛濟世纂
清咸豐元年(1851)刻本
[順治]歸德府志十卷 第540-543冊
(清)宋國榮修 (清)羊琦纂
清順治十七年(1660)刻本
[康熙]夏邑縣志十卷首一卷 第544-545冊
(清)尚崇震修 (清)關鱗如纂
清康熙三十六年(1697)刻本
[康熙]柘城縣志四卷 第545-546冊
(清)史鑑纂修
清康熙三十九年(1700)刻本
[弘治]睢州志九卷 第546-547冊
(明)李孟暘纂修
明抄本
[順治]虞城縣志八卷 第547-548冊
(清)史鵬修 (清)胡國器纂
清順治十五年(1658)刻本
[康熙]扶溝縣志四卷 第548-550冊
(清)趙如桓修 (清)杜之昂纂
清康熙三十八年(1699)刻本
[順治]陳州志十二卷 第551-552冊
(清)王士麟修 (清)何潤纂
清順治十七年(1660)刻本
[順治]西華縣志八卷 第552-553冊
(清)左國楨修 (清)王鼎鎮 吳中奇纂
清順治十六年(1659)刻康熙重印本
[康熙]西華縣補志二卷 第553冊
(清)徐樹庸纂修
清康熙刻本
[康熙]太康縣志十卷 第553-554冊
(清)章履成 朴懷寶修 (清)李濤纂
清康熙三十六年(1697)刻本
[順治]項城縣志八卷首一卷 第555冊
(清)李芳春 黄陛修 (清)束存敬 趙頫纂
清順治十六年(1659)刻本
[康熙]項城縣志八卷首一卷 第555-556冊
(清)顧芳宗修 (清)王耿言纂
清康熙二十九年(1690)刻本
[康熙]許州志十五卷首一卷 第556-558冊
(清)胡良弼修 (清)焦奎儒 寇哲纂
清康熙五年(1666)刻本
[順治五年]鄢陵縣志十卷 第558-559冊
(清)孫丕承修 (清)梁之鯤纂
清順治五年(1648)刻本
[順治十六年]鄢陵縣志十卷 第560-561冊
(清)經起鵬修 (清)劉漢黎纂
清順治十六年(1659)刻康熙二年(1663)重印本
[萬曆]襄城縣志八卷 第561-562冊
(明)譚性教 張寧纂修
明萬曆四十六年(1618)刻本
[順治]郟縣志八卷 第562冊
(清)張篤行纂修
清順治五年(1648)刻本
[順治]舞陽縣志十四卷 第562冊
(清)張藎修 (清)陳法禹纂
清順治十五年(1658)刻本
[康熙]禹州志十卷 第563-564冊
(清)劉國儒修 (清)劉湛纂
清康熙三十二年(1693)刻本
[民國]西平縣權寨鎮風土志 第564冊
陳銘鑑纂
民國四年(1915)鉛印本
[康熙]汝寧府志十六卷首一卷 第565-569冊
(清)金鎮修 (清)孔暹纂
清康熙元年(1662)刻本
[順治]遂平縣志十五卷 第570冊

（清）張鼎新修（清）趙之珩纂
清順治十六年(1659)刻本
[康熙]真陽縣志八卷 第570－571冊
（清）安圻修（清）晏允恭纂
清康熙三十五年(1696)刻本
[順治]重修信陽州志八卷
第571－572冊
（清）賈待旌修（清）劉搽芳纂
清順治十七年(1660)刻本
[順治]息縣志十卷 第572－574冊
（清）邵光胤修（清）宣洪猷纂
清順治十五年(1658)刻本
[乾隆]固始縣續志十二卷
第574－575冊
（清）包桂纂修
清乾隆十年(1745)刻本
[康熙]光州志十五卷 第576－578冊
（清）繆發修（清）龔質生纂
清康熙三十一年(1692)刻本
[康熙]光山縣志十卷 第578－579冊
（清）楊之徐修（清）張文炳 甘琮纂
清康熙三十五年(1696)刻本
[康熙]續修桐柏縣志四卷 第579冊
（清）高士鐸修（清）樊翰纂
清康熙三十三年(1694)刻本
[弘治]河南郡志四十二卷
第580－582冊
（明）陳宣修（明）喬縉纂
明弘治十二年(1499)刻本
[康熙]汝州全志十二卷 第582－584冊
（清）金先聲纂修
清康熙二年(1663)刻本
[康熙]嵩縣志十卷 第585冊
（清）盧志遜修（清）李滋纂
清康熙刻本
[康熙]伊陽縣志三卷 第585－586冊
（清）宋炑 謝夢弼修（清）杜李纂
清康熙刻本
[順治]靈寶縣志五卷 第586冊
（清）梁儒修（清）李林茂纂（清）騰鯉續修
清順治十四年(1657)刻十七年增刻本
[康熙]靈寶縣志四卷 第587冊
（清）霍濬遠纂修（清）卯顯極纂
清康熙三十年(1691)刻本
[順治]偃師縣志四卷 第588冊
（清）艾元復修（清）藺楠然纂
清順治刻康熙增修本
[康熙]偃師縣志四卷 第589冊
（清）王澤長修（清）姬之簋纂
清康熙三十七年(1698)刻本
[康熙]宜陽縣志四卷 第589－590冊
（清）申明倫纂修
清康熙三十年(1691)刻本
[乾隆]永寧縣志八卷首一卷
第590－591冊
（清）單履咸纂修
清乾隆十二年(1747)刻本
[萬曆]陝州志八卷 第591冊
（明）王承蕙纂修
明萬曆十年(1582)刻
[順治]重修陝州志八卷 第591－592冊
（清）吳世英修（清）王用肅等纂
清順治刻本
[康熙]新安縣志十七卷 第592冊
（清）韓佑唐修 李瓚纂
清康熙三十三年(1694)刻本

湖北

[康熙]武昌府志十六卷 第593－597冊
（清）杜毓秀纂修
清康熙抄本
[康熙]大冶縣志九卷 第598冊
（清）謝鏷修（清）胡繩祖纂
清康熙抄本
[順治]孝感縣志二十二卷
第598－600冊
（清）張擢士修（清）沈宜纂
清順治十八年(1661)刻本
[康熙]應城縣志八卷 第600－601冊
（清）樊司鐸修（清）吳元馨纂
清康熙十年(1671)刻本
[康熙]鼎修德安府全志二十四卷
第602－605冊
（清）傅鶴祥修（清）萬年觀等纂
清康熙二十四年(1685)刻本
[康熙]黄岡縣志六卷 第606－607冊
（清）董元俊修（清）孫錫番纂
清康熙抄本
[萬曆]黄安初乘二卷 第607－608冊
（明）耿定向纂修（清）耿汝忞增修
清康熙四年(1665)刻本
[康熙]羅田縣志八卷 第608冊
（清）蔡容遠纂修
清康熙抄本
[康熙]羅田縣志八卷 第609－611冊
（清）張琳修（清）劉青震纂
清康熙刻本
[順治]蕲水縣志二十六卷首一卷
第611－612冊
（清）劉佑修（清）楊繼經纂
清順治十四年(1657)刻本
[康熙]續修蕲水縣志四卷
第612－613冊
（清）李振宗纂修
清康熙二十三年(1684)刻本
[康熙]蕲州志十二卷 第613－615冊
（清）王宗堯修（清）盧紘纂
清康熙三年(1664)刻本
[順治]黄梅縣志九卷 第615－616冊
（清）徐昱修（清）蕭蘊樞纂
清順治十七年(1660)刻本
[康熙]英山縣通志十三卷 第616冊
（清）劉五瓏纂修
清康熙抄本
[康熙]英山縣志二卷 第616冊
（清）劉五瓏纂修
清康熙二十三年(1684)刻本
[康熙]興國州志二卷 第616－617冊
（清）楊遵修（清）馮之圖纂（清）王之賓增補
清康熙四年(1665)刻十四年增刻本
[康熙]嘉魚縣志三卷 第617冊
（清）李元震纂修
清康熙十年(1671)刻本
[康熙]江夏縣志四卷 第617－618冊
（清）馬仲駿纂修
清康熙抄本
[康熙]江夏縣志二十二卷
第618－619冊
（清）潘宲鼎修（清）劉宗賢纂
清康熙六十一年(1722)刻本
[康熙]崇陽縣志十卷 第619冊
（清）高景之修（清）汪際炱纂
清康熙九年(1670)刻本
[乾隆]崇陽縣志十卷 第620－621冊
（清）黄袞修 郭彦博纂
清乾隆六年(1741)刻本
[康熙]蒲圻縣志十五卷 第621－623冊
（清）張圻隆修（清）龔逢烈纂
清康熙十二年(1673)刻本
[乾隆]蒲圻縣志十五卷 第623－625冊

湖南

[康熙]桂東縣志六卷　第663冊
(清)田國輔修 (清)周一寬纂
清康熙十一年(1672)刻本
[康熙]桂陽縣志六卷　第663冊
(清)盛民譽修 (清)周一錦纂
清康熙十二年(1673)刻本
[康熙]桂陽縣續志一卷　第664冊
(清)沈玘修 (清)鄧嗣禹纂
清康熙二十年(1681)刻本
[康熙]宜章縣志十卷　第664冊
(清)鹿廷瑛修 (清)錢奇才纂
清康熙二十四年(1685)刻本
[康熙]臨武縣志一卷　第665冊
(清)張聲遠修 (清)鄒章周纂
清康熙抄本
[康熙]桂陽州志十四卷　第665-666冊
(清)董之輔修 (清)吳為相纂
清康熙二十二年(1683)刻本
[雍正]桂陽州志十四卷　第666-667冊
(清)張明敘修 (清)李人龍等纂
清雍正七年(1729)刻本
[康熙]衡山縣志二十九卷　第668-669冊
(清)王家賢修 (清)蕭士熙纂
清康熙十年(1671)刻本
[康熙]常寧縣志十三卷　第669冊
(清)張問明修 (清)殷銘纂
清康熙十二年(1673)刻本
[康熙]祁陽縣志十卷首一卷　第670-671冊
(清)王頤纂修 (清)王靄增修
清康熙八年(1669)刻十九年增刻本
零志補零三卷　第672冊
(清)宗霈纂修
清嘉慶二十二年(1817)刻本
[康熙]新田縣志四卷　第672冊
(清)鍾運泰修 (清)沈惟彰纂
清康熙九年(1670)刻本
[萬曆]江華縣志九卷　第673冊
(明)杜漸修 (明)費栢纂
明萬曆刻藍印本
[康熙]永明縣志十三卷　第673-674冊
(清)譚惟一修 (清)蔣士昌纂
清康熙刻本
[萬曆]道州志□□卷　第674冊
(明)佚名纂
明萬曆刻本
[康熙]道州新志十五卷　第674-676冊
(清)張大成修 (清)魏希范等纂
清康熙六年(1667)刻本
[康熙]寶慶府志三十八卷首一卷　第676-682冊
(清)梁碧海修 (清)劉應祁纂
清康熙二十三年(1684)刻五十四年重修本
[康熙]綏寧縣志五卷　第682-683冊
(清)楊九鼎修 (清)周文濂纂 (清)范成龍續修
清康熙十一年(1672)刻二十四年補修本
[康熙]新化縣志十二卷首一卷　第683-684冊
(清)于肖龍修 (清)陽文燭纂
清康熙七年(1668)刻本
[萬曆]辰州府志八卷　第684-685冊
(明)馬協修 (明)吳瑞登纂
明萬曆刻本
[康熙]辰州府志八卷　第685-686冊
(清)鄢翼明纂修
清康熙刻本
[康熙]黔陽縣志十卷　第686-687冊
(清)張扶翼纂修
清康熙五年(1666)刻本
[康熙二十四年]辰溪縣志一卷　第687冊
(清)朱兆梓纂修
清康熙抄本
[康熙]辰溪縣志一卷　第687冊
(清)朱兆梓纂修
清康熙二十四年(1685)刻本
[雍正]辰溪縣志八卷　第687冊
(清)陳承虞修 (清)劉亮纂
清雍正九年(1731)刻本
[康熙]沅陵縣志一卷　第688冊
(清)傅以新纂修
清康熙二十四年(1685)刻本
[康熙]漵浦縣志　第688冊
(清)荊柯纂修
清康熙刻本
[康熙]會同縣志八卷　第688冊
(清)曹興隆修 (清)唐文絢纂
清康熙十二年(1673)刻本
[康熙]沅州志八卷　第688-689冊
(清)楊希震修 (清)孟長醇纂
清康熙二十四年(1685)刻本
[康熙]麻陽縣志十卷　第689冊
(清)陳五典纂修
清康熙九年(1670)刻本
[康熙]錦江志略一卷　第689冊
(清)陳五典纂修
清康熙十一年(1672)刻本
[乾隆]續麻陽縣志二卷　第689-690冊
(清)趙弘儀纂修 (清)秦周增修 (清)施敬修增纂
清乾隆十二年(1747)刻本
[清]永順宣慰司志□□卷　第690冊
佚名纂
清初抄本
[康熙]九溪衛志三卷　第690冊
(清)袁翾修 (清)董儒修纂
清康熙二十四年(1685)刻本
[康熙]瀘溪縣志八卷　第690冊
(清)邵時英修 (清)余廷蘭纂
清康熙六年(1667)刻本
[康熙]鼎修常德府志十卷　第690-693冊
(清)胡向華修 (清)賀奇纂
清康熙九年(1670)刻本
[康熙]續修澧志一卷　第693冊
(清)朱士華修 (清)龔遇暹纂
清康熙二十三年(1684)刻本
[康熙]安鄉縣志□□卷　第694冊
(清)王之佐修 (清)樊尚煥纂
清康熙五年(1666)刻本
[康熙]岳州府慈利縣志四卷　第694冊
(清)胡公威修 (清)葉瓊纂
清康熙二十四年(1685)刻本
[康熙]沅江縣志十卷　第694-695冊
(清)顧智纂修
清康熙抄本
[康熙]安化縣志八卷　第695冊
(清)王丕振修 周啟部纂
清康熙六年(1667)刻本

廣東

[康熙]新修廣州府志五十四卷　第696-705冊
(清)汪永瑞纂修
清康熙抄本
[康熙]增城縣志十四卷　第706-707冊
(清)許代岳修 (清)盧弼纂
清康熙十二年(1673)刻本
[崇禎]從化縣志十二卷　第707冊

廣西

(清)劉祖曾纂修
清抄本
[道光]融縣志十二卷首一卷 第751－753冊
(清)劉斯譽修 (清)路順德 吳建勛纂
民國抄本
[嘉慶]武宣縣志十六卷首一卷 第753冊
(清)高攀桂修 (清)梁士彥纂
清抄本
[宣德]桂林郡志三十二卷 第753－754冊
(明)陳璉纂修
明景泰元年(1450)吳惠增補重刻本
[康熙]桂林府志 第755－756冊
(清)程可則纂修
清康熙抄本
[康熙]灌陽縣志十卷 第756－757冊
(清)單此藩修 (清)蔣學元 陳廷藩纂
民國十九年(1930)國立北平圖書館抄本
[康熙]陽朔縣志四卷 第757冊
(清)陳洪疇修 (清)權汝駿 徐元達纂
民國抄本
[崇禎]梧州府志二十卷 第758－760冊
(明)謝君惠 王尚賢纂修
清抄本
[道光]桂平縣志十六卷 第760－761冊
(清)袁湛業修 (清)黃體正 王維新纂
清道光二十三年(1843)刻本
[康熙]欽州志十四卷 第761冊
(清)馬世祿修 謝蓬升纂
清抄本
[康熙]靈山縣志四卷 第761－762冊
(清)林長存修 (清)王啟輔纂
清康熙十一年(1672)修 清康熙抄本
[康熙]合浦縣志十四卷 第762冊
(清)張輔纂修
清抄本

四川

[成化]重慶府志□卷 第763冊
(明)江朝宗纂修
明萬曆刻本
[康熙]邛州志十三卷 第763－764冊
(清)戚延裔修 (清)王前驅等纂
清康熙三十四年(1695)刻本
[康熙]崇慶州志 第764冊
(清)吳昌蔭纂修 (清)田廷錫增修
清康熙二十五年(1686)刻雍正十年(1729)增刻本
[康熙]龍安府志一卷 第764冊
(清)佚名纂
民國二十一年(1932)國立北平圖書館抄本
[嘉靖]潼川志十卷 第764－765冊
(明)陳講等纂修
民國抄本
[乾隆]鹽亭縣志書 第765冊
(清)胡華訓纂修
清乾隆十七年(1752)抄本
[乾隆]鹽亭縣志書 第765冊
(清)胡華訓纂修
清乾隆十七年(1752)抄本
[康熙]遂寧縣志四卷 第765－766冊
(清)張鵬翮纂修
清康熙二十九年(1690)刻本
[乾隆]遂寧縣志八卷首一卷 第766－767冊
(清)田朝鼎修 (清)周彭年纂
清乾隆十二年(1747)刻本
[康熙]中江縣志五卷 第768－769冊
(清)李維翰等修 (清)王一貞纂
清康熙五十四年(1715)刻本
[乾隆]續德陽縣志二十卷首一卷 第769冊
(清)周際虞纂修
清乾隆二十七年(1762)刻本
[康熙]四川敘州府志宜賓縣六卷 第769冊
(清)平廷鼎修 (清)樊星煒纂
清康熙刻本
[同治]隆昌縣志四十二卷首一卷 第770－772冊
(清)魏元燮 花映均修 (清)耿光祜纂
清同治元年(1862)刻本
[道光]南溪縣新志十卷 第772－773冊
(清)翁少海纂修
清道光二十年(1840)刻本
[乾隆]江安縣志二卷 第773冊
(清)雷伊纂修
民國十九年(1930)國立北平圖書館抄本
[康熙]瀘志十二卷 第773－774冊
(清)王帝臣纂修
清抄本
[康熙]瀘州志四卷 第774－775冊
(清)張士浩修 (清)董新策等纂
清康熙四十八年(1709)刻本
[乾隆]九姓司志二卷 第775冊
(清)任啓烈等纂修 (清)任履肅續纂
民國十九年(1930)國立北平圖書館抄本
[康熙]嘉定州志五卷 第775－776冊
(清)張能鱗修 (清)彭欽纂
民國二十一年(1932)國立北平圖書館抄本
[康熙]夾江縣志六卷 第776冊
(清)李大成修 (清)田樟等纂
民國二十一年(1932)國立北平圖書館抄本
[乾隆]纂集仁壽全志二卷 第776冊
(清)佚名纂
民國二十一年(1932)國立北平圖書館抄本
[康熙]峨眉縣志八卷 第777冊
(清)房星著修 (清)楊維孝纂
清康熙刻本
[乾隆]永川縣志九卷 第777冊
(清)王誥修 (清)黃鈞纂
清乾隆刻本
[康熙]豐都縣志八卷補遺一卷 第778冊
(清)王廷獻修 (清)朱象鼎增修 (清)林堅本纂
清康熙四十九年(1710)刻本
[同治]豐都縣新志 第778冊
(清)馬佩玖纂修
清同治十二年(1873)刻本
[康熙]夔州府志十卷 第779－782冊
(清)吳美秀修 (清)程溥等纂
清康熙二十五年(1686)刻本
[乾隆]雲陽縣志四卷 第782冊
(清)劉士縉 曹源邦修 (清)嵇坊 陳嘉瑯纂
民國二十三年(1934)雲陽涂鳳書厚盦抄本
[乾隆]忠州志十四卷 第782－783冊
(清)佚名纂
民國二十一年(1932)國立北平圖書館抄本
[康熙]蒼溪縣志十一卷 第783冊
(清)陶淑禮修 (清)陶其性纂

清抄本
[雍正]廣安州志書八卷 第783－784册
(清)曹藴錦修 (清)李源長等纂
清雍正十一年(1733)刻本
[乾隆]東鄉縣志二卷 第784册
(清)孫鑛纂修
民國二十一年(1932)國立北平圖書館抄本
[乾隆]新寧縣志四卷 第784册
(清)竇谷邃修 (清)吴師瑗纂
清乾隆二年(1737)刻本
[康熙]鄰水縣志 第785册
(清)徐枝芳修 (清)馮志章等纂
清康熙刻本
[乾隆]渠縣志四卷 第785册
(清)李雲驌修 (清)李蘇纂
清乾隆五年(1740)刻本
[乾隆]南江縣志 第785册
(清)佚名纂
民國二十二年(1933)國立北平圖書館抄本
[康熙]保寧府通江縣志 第785册
(清)佚名纂
清抄本
[乾隆]會理州志四卷 第785册
(清)佚名纂修
民國二十一年(1932)國立北平圖書館抄本

貴州

[民國]安南縣志 第786册
周敘彝纂修
民國五年(1916)抄本

雲南

[嘉慶]滇雲紀略二卷 第786－787册
(清)張若驌纂
清嘉慶十三年(1808)刻本
[康熙]富民縣志一卷 第787册
(清)彭兆逵修 (清)楊撝秀纂
清康熙刻本
[康熙]呈貢縣志二卷 第787册
(清)夏瓆纂修
清抄本
[康熙]安寧州志六卷 第788册
(清)高鈖修 (清)段拱新纂
清康熙四十九年(1710)刻本
[康熙]昆陽州志十二卷首一卷 第788－789册
(清)王克剛修 (清)王枚等纂
清抄本
[雍正]東川府志二卷 第789册
(清)崔乃鏞纂修
清雍正刻本
古越州志十卷首一卷 第789－790册
(清)何暄纂修 (清)何杓朗增訂 (清)李家珍重訂
民國抄本
[康熙]師宗州志二卷 第790册
(清)管棆纂修 (清)夏治源增修
清康熙五十七年(1718)刻雍正增刻本
[康熙]路南州志四卷 第790册
(清)金廷獻修 (清)李汝相纂
清康熙刻本
[康熙]羅平州志 第791册
(清)楊于鼎修 (清)張端纂
清抄本
[康熙]馬龍州志書 第791册
(清)佚名纂
清抄本
[康熙]澂江府附郭河陽縣志二十卷 第791－792册
(清)李丕垣修 (清)李弘勲 李應綬纂
清抄本
[康熙]寧州郡志二卷 第793册
(清)馬世俊纂修
清抄本
[康熙]元江府志二卷 第793册
(清)章履成修 (清)張鳳鳴纂
清康熙刻本
[雍正]景東府志五卷首一卷 第793－794册
(清)徐樹閎修 (清)李馥仲纂
清抄本
[康熙]順寧府志三卷 第794－795册
(清)董永艾纂修
清抄本
[康熙]雲州志五卷首一卷 第795册
(清)蔣煐修 (清)王錩纂
清康熙抄本
[康熙]纂修廣西府志十三卷 第795－796册
(清)趙弘任纂修
清抄本
[康熙]彌勒州志十二卷 第796册
(清)吴永緒纂修
清抄本
[康熙]石屏州志十三卷附續志五卷 第797－798册
(清)程封纂修
清康熙十二年(1673)刻本
[康熙]禄勸州志二卷 第798－799册
(清)李廷宰修 (清)高攀雲纂
清康熙五十八年(1719)刻本
[康熙]劍川州志二十卷 第799册
(清)王世貴修 (清)張倫 何基盛纂
清康熙五十二年(1713)刻本
[康熙]續修浪穹縣志八卷附錄一卷 第800册
(清)趙珙纂修
清康熙刻本
[康熙]定邊縣志 第800册
(清)楊書纂修
清抄本
[康熙]雲南縣志 第800册
(清)伍青蓮纂
清抄本

天一閣藏歷代方志彙刊
天一閣博物館編
二〇一七年北京國家圖書館出版社
八五〇册

北京市

[嘉靖]隆慶志十卷附錄一卷 第1册
(明)謝庭桂編次 (明)蘇乾續編
明嘉靖二十八年(1549)刻本
[隆慶]昌平州志八卷 第1－2册
(明)崔學履纂修
明隆慶元年(1567)刻本
[乾隆]延慶州志十卷首一卷 第2－3册
(清)李鍾俾修 (清)穆元肇 方世熙纂
清乾隆七年(1742)刻本

天津市

[嘉靖]薊州志十八卷 第3册
(明)熊相編次
明嘉靖三年(1524)刻本

河北省

兩鎮三關通志□□卷 第3－5册
(明)尹耕纂修
明刻本
[嘉靖]獲鹿縣志十二卷 第6册
(明)趙惟勤纂修
明嘉靖三十五年(1556)刻本
[正德]趙州志八卷 第6－7册

(明)程遵纂修
明正德十年(1515)刻本
[隆慶]趙州志十卷 第7冊
(明)蔡懋昭纂修
明隆慶元年(1567)刻本
[康熙]靈壽縣志十卷末一卷 第7-8冊
(清)陸隴其修 (清)傅維橒纂
清康熙二十五年(1686)刻本
[嘉靖]平山縣續錄志□卷 第8冊
(明)李從今修 (明)仇天民纂
明嘉靖刻本
[嘉靖]灤志□□卷 第8冊
(明)陳士元輯 (明)陳嘉謨校
明嘉靖二十七年(1548)刻本
[弘治]永平府志十卷 第9冊
(明)吳傑 張廷綱纂修
明弘治刻本
[正德]大名府志十卷 第9-11冊
(明)唐錦編纂 (明)石祿修
明正德刻本
[咸豐]大名府志二十二卷首一卷續志六卷末一卷 第11-17冊
(清)朱煐等纂修 (清)武蔚文續修 (清)郭程先續纂 (清)高繼珩增補
清咸豐三年(1853)刻本
[嘉靖]廣平府志十六卷 第18冊
(明)陳棐 翁相修
明嘉靖二十九年(1550)刻藍印本
[正德]臨漳縣志十卷 第19冊
(明)景芳編
明正德刻本
[康熙]元城縣志六卷首一卷 第19-20冊
(清)陳偉編纂
清康熙十五年(1676)刻本
[同治]續修元城縣志六卷首一卷 第20-21冊
(清)吳大鏞編纂
清同治十一年(1872)刻本
[嘉靖]彰德府磁州涉縣志一卷 第21冊
佚名纂修
明抄本
[嘉靖]磁州志四卷 第21冊
(明)周文龍重刊 (明)孫紹 郝騰霄等編次
明嘉靖刻本
[嘉靖]武安縣志四卷 第22冊
(明)唐交 陳瑋纂修
明嘉靖刻本
[嘉靖]順德志三十五卷 第22-23冊
(明)孫錦修 (明)高濬纂
明嘉靖刻本
[嘉靖]威縣志八卷 第23冊
(明)胡容纂修
明嘉靖王組刻本
[成化]重修保定志二十五卷 第24-25冊
(明)章律 張才纂修 (明)徐珪重編
明弘治八年(1495)刻本
[嘉靖]清苑縣志六卷 第25-26冊
(明)李廷寶纂修
明嘉靖刻本
[弘治]易州志二十卷 第26冊
(明)戴敏修 (明)戴銑纂
明弘治十五年(1502)刻本
[嘉靖]蠡縣志五卷 第27冊
(明)李復初纂修
明嘉靖十三年(1534)刻本
[嘉靖]雄乘二卷 第27冊
(明)王齊撰
明嘉靖刻本
[正德]涿州志十二卷 第27冊
(明)劉坦 鄭恢纂修
明正德刻嘉靖增修本
[嘉靖]定州志四卷 第28冊
(明)倪璣 劉堪纂修
明嘉靖刻本
[道光]直隸定州志二十二卷首一卷 第28-31冊
(清)寶琳 勞沅恩修
清道光三十年(1850)刻本
[嘉靖]河間府志二十八卷 第31-33冊
(明)郜相 樊深撰
明嘉靖刻本
[乾隆]永清縣志不分卷 第34冊
(清)周震榮修(清)章學誠纂
抄本
[康熙]文安縣志八卷 第34-35冊
(清)楊朝麟修 (清)胡湧等纂
清康熙四十二年(1703)刻本
[嘉靖]霸州志九卷 第35冊
(明)唐交 高浚等纂修
明嘉靖刻本
[同治]深州風土記二十二卷附國朝貞節表五卷 第36-38冊
(清)吳汝綸纂
清光緒二十六年(1900)文瑞書院刻本

山西省

[嘉靖]太原縣志六卷 第39冊
(明)高汝行纂修
明嘉靖刻本
[正德]大同府志十八卷 第39-40冊
(明)張欽編次
明正德刻本
[弘治]渾源州志五卷 第40冊
(明)董錫編
明弘治刻本
[同治]榆次縣志十六卷 第41-42冊
(清)俞世銓 陶良駿修 (清)王平格 王序賓纂
清同治二年(1863)鳳鳴書院刻本
[光緒]壽陽縣志十三卷首一卷 第42-43冊
(清)馬家鼎 白昶修 (清)張嘉言 祁世長纂
清光緒十六年(1890)陳守中校補刻本
[嘉慶]介休縣志十四卷 第44-45冊
(清)徐品山 陸元鏸修 (清)熊兆占等纂
清嘉慶二十四年(1819)刻本
[光緒]絳縣志二十一卷 第46冊
(清)胡延纂修
清光緒二十五年(1899)刻本
[嘉靖]曲沃縣志五卷 第46冊
(明)劉魯生 李廷寶纂修
明嘉靖刻本
[嘉靖]翼城縣志六卷 第47冊
(明)鄢桂枝 楊汝澤纂修
明嘉靖刻本

吉林省

[光緒]奉化縣志十四卷末一卷 第48冊
(清)錢開震修 (清)陳文焯纂
清光緒十一年(1885)刻本

上海市

[正德]松江府志三十二卷 第49-51冊
(明)陳威 喻時修 顧清纂
明正德七年(1512)刻本
[弘治]上海志八卷 第51冊
(明)郭經修 (明)唐錦編纂
明弘治刻本
[同治]上海縣志三十二卷首一卷末一

卷 第 52－55 冊
(清)應寶時等修 (清)俞樾 方宗誠纂
清同治十年(1871)吳門臬署刻本
[萬曆]嘉定縣志二十二卷 第 56 冊
(明)韓浚 張應武撰
明萬曆刻本
[光緒]嘉定縣志三十二卷首一卷附一卷 第 56－59 冊
(清)程其玨輯 (清)楊震福等纂
清光緒八年(1882)刻本
[嘉靖]南畿志六十四卷 第 60 冊
(明)聞人詮 陳沂撰
明嘉靖刻本
[康熙]江寧府志三十四卷 第 61－62 冊
(清)陳開虞纂修
清康熙七年(1668)刻本
[萬曆]江浦縣志十二卷 第 63 冊
(明)沈孟化 張夢柏等纂修
明萬曆刻本
[同治]上江兩縣志二十九卷首一卷 第 63－67 冊
(清)莫祥芝 甘紹盤纂 (清)汪士鐸等修
清同治十三年(1874)刻本
[嘉靖]六合縣志八卷 第 67－68 冊
(明)董邦政修 黃紹文纂
明嘉靖刻本
[嘉靖]高淳縣志四卷 第 68 冊
(明)劉啟東 賈宗魯等纂修
明嘉靖刻本
[萬曆]無錫縣志二十四卷圖一卷 第 69 冊
(明)周邦傑 秦梁纂修
明萬曆刻本
[光緒]無錫金匱縣志四十卷首一卷附編六卷 第 69－73 冊
(清)裴大中 倪咸生修 (清)秦緗業等纂
清光緒七年(1881)刻本
[嘉靖]江陰縣志二十一卷 第 74－75 冊
(明)趙錦修 張袞等纂
明嘉靖刻本
重刊荊溪縣志四卷首一卷 第 75 冊
(清)唐仲冕等修 (清)寧楷等纂
清光緒八年(1882)刻《宜興荊溪舊志五種》本
[民國]梅里備志八卷首一卷 第 76 冊
余霖纂
民國十一年(1922)閱滄樓刻本
[乾隆]梅里志十六卷 第 76－77 冊
(清)楊謙纂 (清)李富孫補
清道光五年(1825)補刻本
[乾隆]銅山縣志十二卷首一卷 第 77－79 冊
(清)張宏運修
清乾隆十年(1745)刻本
[嘉靖]沛縣志十卷 第 79 冊
(明)王治修 (明)馬偉纂
明嘉靖刻本
[嘉靖]重修邳州志十卷 第 80 冊
(明)楊輔等纂修
明嘉靖刻本
[嘉慶]邳州志十八卷首一卷 第 80－81 冊
(清)丁觀堂修 (清)陳燮纂
清嘉慶十七年(1812)刻本
[咸豐]邳州志二十卷首一卷 第 82 冊
(清)魯一同撰
清咸豐元年(1851)刻光緒二十一年(1895)印本
[成化]重修毗陵志四十卷 第 83－85 冊
(明)孫仁 朱昱纂修
明成化刻本
[正德]常州府志續集八卷 第 85 冊
(明)張愷纂修
明正德刻本
[康熙]武進縣志四十四卷 第 86－90 冊
(清)陳玉璂纂修
清康熙刻本
[康熙]金壇縣志十六卷 第 91－92 冊
(明)郭毓秀纂修
清康熙刻本
[元豐]吳郡圖經續記三卷 第 93 冊
(宋)朱長文撰
明萬曆二年(1574)龍宗武刻本
[正德]姑蘇志六十卷 第 93－98 冊
(明)林世遠修 (明)王鏊等纂
明正德刻嘉靖增修本
[乾隆]蘇州府志八十卷首一卷 第 99－107 冊
(清)雅爾哈善 傅椿提調 (清)習寯纂修
清乾隆十三年(1748)刻本
[同治]蘇州府志一百五十卷首三卷 第 108－128 冊
(清)李銘皖 譚鈞培修 (清)馮桂芬纂
清光緒八年(1882)江蘇書局刻本
[嘉慶]吳門補乘九卷首一卷續編一卷 第 129－130 冊
(清)錢思元纂 (清)錢士錡補輯
清嘉慶八年(1803)纂二十五年(1820)補輯吳門錢氏刻本
[嘉靖]吳邑志十六卷圖說一卷 第 130 冊
(明)蘇佑 楊循吉纂修
明嘉靖刻本
[崇禎]吳縣志五十四卷首一卷 第 130 冊
(明)牛若麟 王煥如纂修
明崇禎刻本
[隆慶]長洲縣志十四卷 第 131－136 冊
(明)張德夫 皇甫汸纂修
明隆慶刻本
[雍正]昭文縣志十卷首一卷 第 137－138 冊
(清)勞必達修 (清)陳祖範纂
清雍正九年(1731)刻本
[至正]昆山郡志六卷 第 138 冊
(元)楊譓纂
清影元抄本
[嘉靖]昆山縣志十六卷 第 138－140 冊
(明)楊逢春 方鵬纂修
明嘉靖刻本
[嘉靖]太倉州志十卷 第 140－141 冊
(明)周士佐 張寅纂修
明崇禎二年(1629)劉彥心刻本
[民國]太倉州志二十八卷首一卷末一卷 第 141－143 冊
王祖畬纂修
民國八年(1919)刻本
[嘉靖]通州志六卷 第 143 冊
(明)鍾汪修 (明)林穎纂
明嘉靖刻本
[萬曆]通州志八卷 第 144－145 冊
(明)沈明臣纂修 (明)林雲程訂正
明萬曆刻本
[嘉靖]重修如皋縣志十卷 第 145 冊
(明)謝紹祖修輯
明嘉靖刻本
[嘉靖]海門縣志集六卷 第 146 冊
(明)崔桐輯 (明)吳宗元校
明嘉靖刻萬曆增補本

[隆慶]海州志十卷 第146－147冊
(明)張峰纂修 (明)裴天佑校正
明隆慶刻本
[萬曆]贛榆縣志□□卷 第147冊
(明)樊兆程 唐時熙等纂修
明萬曆刻本
[光緒]贛榆縣志十八卷 第147－148冊
(清)王豫熙修 (清)張謇纂
清光緒十四年(1888)刻本
[萬曆]淮安府志二十卷 第148－149冊
(明)陳文燭修 (明)郭大綸纂
明萬曆刻本
[光緒]鹽城縣志十七卷首一卷
第149－151冊
(清)劉崇照修 (清)龍繼棟 陳玉樹纂
清光緒二十一年(1895)刻本
[嘉靖]惟揚志三十八卷 第151－152冊
(明)盛儀等纂修
明嘉靖刻本
[嘉慶]重修揚州府志七十二卷首一卷
第153－161冊
(清)阿克當阿監修 (清)姚文田 江藩等纂
清嘉慶十五年(1810)刻本
[同治]續纂揚州府志二十四卷
第161－163冊
(清)方濬頤修 (清)晏端書等纂
清同治十三年(1874)刻本
[嘉靖]寶應縣志略四卷 第164冊
(明)宋佐 聞人詮纂修
明嘉靖十七年(1538)刻本
[隆慶]寶應縣志十卷 第164冊
(明)湯一賢校輯 (明)吳鐸 仲承嘉 吳敏道修
明隆慶三年(1569)刻本
[隆慶]儀真縣志十四卷 第165冊
(明)申嘉瑞 李文等纂修
明隆慶刻本
[乾隆]高郵州志十二卷首一卷末一卷
第166－168冊
(清)楊宜崙修 (清)夏之蓉 沈之本纂
清乾隆四十八年(1783)刻本
[萬曆]丹徒縣志四卷 第168冊
(明)何世學續增
明萬曆刻本
[弘治]句容縣志十二卷 第169－170冊
(明)程文纂輯 (明)王韶校正
明弘治刻本
[萬曆]宿遷縣志八卷 第170冊
(明)喻文偉纂輯 (明)何儀 劉筭纂修
明萬曆刻本
[嘉靖]浙江通志七十二卷
第171－175冊
(明)胡宗憲 薛應旂纂修
明嘉靖刻本
[雍正]敕修浙江通志二百八十卷首三卷 第176－203冊
(清)李衛 嵇曾筠等修 (清)沈翼機 傅王露等纂
清光緒二十五年(1899)浙江書局刻本
浙志便覽七卷 第204冊
(清)李應玨撰
清光緒十七年(1891)杭城吏隱齋刻本
[民國]重修浙江通志初稿不分卷
第205冊
浙江通志館修 余紹宋 孫延釗等纂
民國三十七年(1948)鉛印本
[淳祐]臨安志不分卷 第205－206冊
(宋)趙與篙修 (宋)陳仁玉纂
清抄本
[咸淳]臨安志一百卷 第206－209冊
(宋)潛說友纂修
清抄本
[萬曆]嚴州府志二十五卷
第210－211冊
(明)楊守仁修 (明)徐楚纂
明萬曆刻本
[乾隆]嚴州府志三十五卷首一卷
第211－214冊
(清)吳士進修 (清)胡書源等纂
清乾隆二十一年(1756)刻本
[嘉靖]蕭山縣志六卷 第215冊
(明)林策修 (明)張燭纂 (明)魏堂續增
明嘉靖刻萬曆增修本
[嘉靖]蕭山縣志六卷 第215－216冊
(明)林策修 (明)張燭纂 (明)魏堂續增
民國抄本
[萬曆]蕭山縣志六卷 第216冊
(明)劉會修 (明)戴文明等纂
明萬曆十七年(1589)刻本
[乾隆]蕭山縣志四十卷 第216－219冊
(清)黃鈺纂修
清乾隆十六年(1749)刻本
[民國]蕭山縣志稿三十三卷首一卷末一卷 第219－223冊
彭延慶修 姚瑩俊纂 張宗海續修 楊士龍續纂
民國二十四年(1935)鉛印本
[嘉慶]餘杭縣志四十卷 第223－226冊
(清)張吉安修 (清)朱文藻纂
清嘉慶十三年(1808)刻本
[嘉靖]淳安縣志十七卷 第227－228冊
(明)姚鳴鸞修 (明)余坤等纂
明嘉靖三年(1524)刻本
[光緒]建德縣志二十一卷首一卷
第228－231冊
(清)謝仁澍 吳俊修 (清)俞觀旭 孫詒謀纂
清光緒十八年(1892)刻本
宋元四明六志 第231－238冊
清咸豐四年(1854)甬上徐氏煙嶼樓刻本
[乾道]四明圖經十二卷
第231－238冊
(宋)張津等纂
[寶慶]四明志二十一卷
第231－238冊
(宋)胡榘修 (宋)方萬里 羅浚纂
[開慶]四明續志十二卷
第231－238冊
(宋)吳潛修 (宋)梅應發 羅錫纂
[大德]昌國州圖志七卷
第231－238冊
(元)郭薦 馮福京纂修
[延祐]四明志二十卷 第231－238冊
(元)馬澤修 (元)袁桷纂
[至正]四明續志十二卷
第231－238冊
(元)王元恭修 (元)王厚孫 徐亮纂
四明它山水利備覽二卷
第231－238冊
(宋)魏峴撰
宋元四明六志校勘記九卷
第231－238冊
(清)徐時棟纂 (清)陳子湘補纂
[延祐]四明志二十卷 第239－240冊
(元)馬澤修 (元)袁桷纂
清抄本
[嘉靖]寧波府志四十二卷
第240－244冊

[光緒]忠義鄉志二十卷首一卷 第347－348冊
(清)吴文江纂
清光緒二十七年(1901)刻本
[弘治]溫州府志二十二卷 第348－350冊
(明)鄧淮修 (明)王瓚 蔡芳纂
明弘治十六年(1503)刻本
[弘治]溫州府志二十二卷 第350－352冊
(明)鄧淮修 (明)王瓚 蔡芳纂
民國朱氏別宥齋抄本
[嘉靖]溫州府志八卷 第352－353冊
(明)張孚敬纂修
明嘉靖刻本
[雍正]泰順縣志十卷首一卷 第353－354冊
(清)朱國源修 (清)朱廷琦等纂
清雍正七年(1729)刻本
[乾隆]瑞安縣志十卷 第354－355冊
(清)陳永清修 (清)章昱 吴慶雲纂
清乾隆十四年(1749)刻本
[永樂]溫州府樂清縣志八卷 第356冊
佚名纂修
明永樂刻本
[康熙]嘉興府志十八卷首一卷 第356－362冊
(清)袁國梓等纂修
清康熙二十一年(1682)刻本
[光緒]嘉興府志八十八卷首二卷 第362－378冊
(清)許瑤光修 (清)吴仰賢等纂
清光緒三至四年(1877－1878)嘉興鴛湖書院刻本
[康熙]嘉興縣志九卷 第379－382冊
(清)何鋕修 (清)王庭 徐發纂
清康熙二十四年(1685)刻本
[康熙]秀水縣志十卷 第382－384冊
(清)任之鼎修 (清)范正輅纂
清康熙二十四年(1685)刻本
[嘉慶]重修嘉善縣志二十卷首一卷 第384－387冊
(清)萬相賓纂修
清嘉慶五年(1800)刻本
[光緒]海鹽縣志二十二卷首一卷末一卷 第387－391冊
(清)王彬修 (清)徐用儀纂
清光緒二至三年(1876－1877)蔚文書院刻本
[天啟]平湖縣志十九卷圖一卷 第392－393冊
(明)程楷修 (明)楊儁卿纂
明天啟七年(1627)刻本
[乾隆]平湖縣志十卷 第393－395冊
(清)高國楹修 (清)倪藻垣等纂
清乾隆十一年(1746)刻本
[乾隆]平湖縣志十卷首一卷末一卷 第395－398冊
(清)王恒修 (清)張誠等纂
清乾隆五十五年(1790)刻本
[光緒]平湖縣志二十五卷首一卷末一卷 第399－402冊
(清)彭潤章 姚光宇等修 (清)葉廉鍔等纂
清光緒十二年(1886)刻本
[康熙]桐鄉縣志五卷 第403－404冊
(清)徐秉元修 (清)仲弘道纂
清康熙十七年(1678)刻本
[康熙]石門縣志十二卷 第404－406冊
(清)杜森修 (清)祝文彥等纂
清康熙十二年(1673)修十六年續修刻本
烏青文獻十二卷 第406－408冊
(清)張園真纂
清康熙二十七年(1688)春草堂刻本
[嘉靖]武康縣志八卷 第408－409冊
(明)程嗣功 駱文盛修 (明)魏實 李森同纂
明嘉靖二十九年(1550)刻本
[康熙]武康縣志八卷 第409冊
(清)馮聖澤 駱維恭纂
民國抄本
[嘉靖]安吉州志十六卷 第409－410冊
(明)伍餘福纂
明嘉靖刻本
[嘉靖]安吉州志八卷 第410冊
(明)江一麟 陳敬則纂
明嘉靖三十六年(1557)刻本
[嘉泰]會稽志二十卷 第411冊
(宋)沈作賓修 (宋)施宿等纂
明抄本
[嘉泰]會稽志二十卷 第411冊
(宋)沈作賓修 (宋)施宿等纂
明正德五年(1510)刻本
[萬曆]紹興府志五十卷 第411－415冊
(明)蕭良幹修 (明)張元忭 孫鑛纂
明萬曆十五年(1587)刻本
[康熙]紹興府志六十卷 第415－418冊
(清)俞卿修 (清)周徐彩纂
清康熙五十八年(1719)刻本
[乾隆]紹興府志八十卷首一卷 第418－430冊
(清)李亨特等修 (清)平恕 徐嵩纂
清乾隆五十七年(1792)刻本
[乾隆]紹興府志校記不分卷 第430冊
(清)李慈銘撰
民國十八年(1929)鉛印本
[萬曆]會稽縣志十六卷 第430－431冊
(明)楊維新修 (明)張元忭 徐渭纂
明萬曆三年(1575)刻本
新修會稽縣志不分卷 第431冊
(清)佚名撰
清抄本
[康熙]山陰縣志三十八卷 第431－434冊
(清)高登先修 (清)沈麟趾 單國驥等纂
清康熙十年(1671)刻二十二年增刻康熙四十年、雍正二年(1724)遞修本
[光緒]上虞縣志校續五十卷首一卷末一卷 第434－440冊
(清)儲家藻修 (清)徐致靖纂
清光緒二十四至二十五年(1898－1899)刻本
[萬曆]新昌縣志十三卷首一卷 第440－441冊
(明)田琯修 (明)呂光洵纂
明萬曆七年(1579)刻本
[康熙]新昌縣志十八卷 第441－442冊
(清)劉作梁修 (清)呂曾枏纂
清康熙十年(1671)刻本
[民國]新昌縣志二十卷沃洲詩存一卷文存一卷 第443－445冊
金城修 陳畬纂
民國八年(1919)鉛印本
剡錄十卷 第445－446冊
(宋)史安之修 (宋)高似孫纂
清同治九年(1870)刻本
剡錄十卷 第446冊
(宋)史安之修 (宋)高似孫纂
清蔡聖涯抄本
[成化]嵊志十卷 第447冊
(明)許岳英修 (明)錢悌纂
明抄本

安徽省

明嘉靖刻本
[光緒]壽州志三十六卷首一卷末一卷 第522－525冊
(清)曾道唯等修 (清)葛蔭南等纂
清光緒十六年(1890)木活字印本
[嘉靖]和州志十七卷 第525冊
(明)易鸞纂修
明嘉靖刻藍印本
[嘉靖]銅陵縣志八卷 第526冊
(明)李士元修 (明)沈梅纂
明嘉靖四十二年(1563)刻本
[正德]安慶府志三十一卷 第526－528冊
(明)胡纘宗纂修
明嘉靖刻本
[嘉靖]安慶府志三十一卷 第528－530冊
(明)李遜等纂修
明嘉靖三十二年(1553)刻本
[弘治]徽州府志十二卷 第530－532冊
(明)彭澤 汪舜民纂修
明弘治刻本
[萬曆]太平縣志十卷 第533冊
(明)張廷榜修 (明)龔秉忠纂
明萬曆八年(1580)刻本
[民國]歙縣志十六卷 第533－537冊
石國柱 樓文釗修 許承堯總纂
民國二十六年(1937)歙縣旅滬同鄉會鉛印本
[弘治]中都縣志十卷 第537－539冊
(明)柳瑛纂
明天順二年至成化二十三年(1458－1487)修弘治元年(1488)刻 隆慶、萬曆遞修本
[嘉靖]皇明天長志七卷 第540冊
(明)王心纂 (明)邵時敏修
明嘉靖二十九年(1550)刻本
[正德]潁州志六卷 第540－541冊
(明)劉節纂修 (明)儲珊校正
明正德六年(1511)刻本
[嘉靖]潁州志二十卷 第541－542冊
(明)呂景蒙修 (明)胡袞纂
明嘉靖刻本
[弘治]直隸鳳陽府宿州志二卷 第542冊
(明)曾顯纂修
明弘治十二年(1499)刻本
[嘉靖]宿州志八卷 第542冊
(明)余鍧纂修
明嘉靖十六年(1537)刻本
[順治]蒙城縣志十二卷首一卷 第543冊
(清)田本沛纂修
清順治刻本
[嘉靖]池州府志九卷 第543－544冊
(明)王崇纂修
明嘉靖二十四年(1545)刻本
[萬曆]東流縣志十二卷 第544－545冊
(明)陳春修 (明)汪文纂
明萬曆刻本
[康熙]杏花邨志十二卷首一卷末一卷 第545－546冊
(清)郎遂纂
清康熙聚星樓刻本
[嘉靖]寧國府志十卷 第546冊
(明)黎晨 李默等纂修
明嘉靖十五年(1536)刻本
[嘉靖]建平縣志九卷 第547冊
(明)連鑛 姚文爗等纂
明嘉靖十年(1531)刻本
[嘉靖]涇縣志十一卷 第547冊
(明)丘時庸修 (明)王廷幹纂
明嘉靖三十一年(1552)刻本
[嘉靖]涇縣志十二卷 第547－548冊
(明)丘時庸修 (明)趙恩 鄭文瑞增補
明嘉靖四十一年(1562)刻本
[嘉靖]寧國縣志四卷 第548－549冊
(明)范鎬纂修
明嘉靖二十八年(1549)刻本

福建省

[弘治]八閩通志八十七卷 第549－554冊
(明)陳道 黃仲昭纂修
明弘治刻本
[淳熙]三山志四十二卷 第555－557冊
(宋)梁克家纂修
民國抄本
[乾隆]馬巷廳志十八卷首一卷附錄三卷 第557－559冊
(清)萬友正纂修
清光緒九年(1883)丁惠深刻十九年黃家鼎修補本
[弘治]大明興化府志五十四卷 第560－564冊
(明)黃仲昭 周瑛 陳效纂
明弘治刻本
[嘉靖]清流縣志五卷 第564冊
(明)陳桂芳纂修
明嘉靖刻本
[嘉靖]尤溪縣志七卷 第565冊
(明)李文兗修 (明)田頊纂
明嘉靖刻本
[嘉靖]沙縣志十卷 第565冊
(明)葉聯芳纂修
明嘉靖刻本
[弘治]將樂縣志十四卷 第565－566冊
(明)李敏纂修
明弘治刻本
[嘉靖]建寧縣志七卷附錄一卷 第566－567冊
(明)何孟倫纂修
明嘉靖刻本
[嘉靖]惠安縣志十三卷 第567冊
(明)張岳纂 (明)莫尚簡修
明嘉靖九年(1530)刻本
[嘉靖]安溪縣志八卷 第568冊
(明)汪瑀 林有年纂修
明嘉靖刻本
[康熙]德化縣志十六卷 第568－569冊
(清)范正輅纂修
清康熙刻本
[嘉靖]長泰縣志六卷 第569冊
佚名纂
明抄本
[嘉靖]長泰縣志二卷 第570冊
(明)蕭廷宣纂修
明嘉靖刻本
[嘉靖]龍溪縣志八卷 第570冊
(明)劉天授等纂修 (明)林魁 李愷等纂
明嘉靖刻本
[嘉靖]延平府志二十三卷 第571－572冊
(明)陳能修 (明)鄭慶雲 辛紹佐纂
明嘉靖刻本
[萬曆]延平府志三十四卷 第573冊
(明)易可久等修 (明)吳必學 林瑄等纂
明萬曆刻本
[嘉靖]建寧府志二十一卷 第574－576冊
(明)夏玉麟 郝維嶽等修 (明)汪佃等纂

明嘉靖刻本

[嘉靖]邵武府志十五卷　第576－578冊
(明)邢址 陳讓纂修
明嘉靖刻本

[嘉靖]邵武志敘論一卷　第578冊
(明)陳讓纂
明嘉靖刻本

[嘉靖]南平縣志十七卷　第578－579冊
(明)劉繼善纂修
明嘉靖刻本

[景泰]建陽縣志四卷雜誌三卷續集一卷　第579－580冊
(明)黃璿纂修 (明)袁銛續纂
明弘治刻本

[嘉靖]建陽縣志十六卷首一卷　第580－581冊
(明)馮繼科等纂修
明嘉靖刻本

[正德]順昌邑志十卷　第581－582冊
(明)馬性魯纂修
明正德刻藍印本

[嘉靖]松溪縣志十四卷　第582冊
(明)黃金 廖芝等纂修
明嘉靖刻本

[嘉靖]汀州府志十九卷　第582－584冊
(明)邵有道纂修
明嘉靖六年(1527)刻本

[嘉靖]武平志六卷　第584冊
(明)徐甫宰纂修
明嘉靖刻本

[嘉靖]漳平縣志十卷　第585冊
(明)朱召修 (明)曾汝檀纂
明嘉靖刻本

[嘉靖]福寧州志十二卷　第585－586冊
(明)陳應賓 閔文振纂修
明嘉靖刻本

[嘉靖]寧德縣志四卷　第586冊
(明)閔文振纂修
明嘉靖刻本

江西省

[嘉靖]江西省大志七卷　第587冊
(明)王宗沐纂修
明嘉靖刻本

[雍正]江西通志一百六十二卷首三卷　第587－605冊
(清)謝旻等修 (清)陶成 惲鶴生纂
清雍正十年(1732)刻本

[嘉靖]九江府志十六卷　第605－607冊
(明)馮曾修 (明)李汛纂
明嘉靖刻本

[正德]南康府志十卷　第607－608冊
(明)陳霖纂修
明正德刻本

[嘉靖]武寧縣志六卷　第608冊
(明)徐麟纂修
明嘉靖刻本

[嘉靖]寧州志十八卷　第608－609冊
(明)龔暹纂修
明嘉靖刻本

[隆慶]瑞昌縣志八卷　第609－610冊
(明)劉儲修 (明)謝顧纂
明隆慶刻本

[嘉靖]贛州府志十二卷　第610－611冊
(明)康河修 (明)董天錫纂
明嘉靖十五年(1536)刻本

[嘉靖]南安府志三十五卷　第611－612冊
(明)劉節纂修
明嘉靖十五年(1536)刻本

[乾隆]南安府志二十二卷　第613－616冊
(清)蔣有道 朱文佩修 (清)史珥等纂
清道光十七年(1837)刻本

[嘉靖]南康縣志十三卷　第616冊
(明)劉昭文纂修
明嘉靖三十四年(1555)刻本

[康熙]瀲水志林二十六卷　第617－619冊
(清)張尚瑗纂修
清同治木活字本

[道光]興國縣志四十六卷首一卷　第618－621冊
(清)蔣敘倫修 (清)蕭朗峰纂
清道光四年(1824)刻本

[嘉靖]瑞金縣志八卷　第621冊
(明)趙勳修 (明)林有年纂
明嘉靖二十二年(1543)刻本

[嘉靖]永豐縣志四卷　第622冊
(明)管景纂修
明嘉靖二十三年(1544)刻本

[同治]永新縣志二十六卷首一卷　第622－624冊
(清)蕭玉春 陳恩浩修 (清)李煒 段夢龍纂
清同治十三年(1874)刻本

[正德]袁州府志十四卷　第624－625冊
(明)嚴嵩纂修
明正德刻本

[嘉靖]袁州府志十卷　第626冊
(明)陳德文纂修
明嘉靖刻本

[嘉靖]袁州府志二十卷　第627冊
(明)嚴嵩纂修
明嘉靖二十五年(1546)刻本

[嘉靖]臨江府志九卷　第627－628冊
(明)徐顥修 (明)楊鈞 陳德文纂
明嘉靖刻本

[隆慶]臨江府志十四卷　第628－630冊
(明)管大勳修 (明)劉松纂
明隆慶刻本

[正德]瑞州府志十四卷　第630－631冊
(明)熊相纂修
明正德刻本

[嘉靖]豐乘十卷　第631－632冊
(明)李貴纂修
明嘉靖四十二年(1563)刻本

[道光]萬載縣志三十卷首一卷　第632－635冊
(清)衛鵷鳴修 (清)郭大經纂
清道光十二年(1832)刻本

[弘治]撫州府志二十八卷　第635－638冊
(明)楊淵纂修
明弘治十六年(1503)刻本

[正德]建昌府志十九卷　第638－639冊
(明)夏良勝纂修
明正德十二年(1517)刻藍印本

[正德]新城縣志十三卷　第640－641冊
(明)黃文鸑纂修
明正德十一年(1516)刻本

[嘉靖]宜黃縣志考訂十四卷　第641冊
(明)黃漳纂
明嘉靖刻本

[嘉靖]金谿縣志九卷　第641－642冊
(明)王冀纂修
明嘉靖六年(1527)修二十四年刻本

[嘉靖]東鄉縣志二卷　第642冊
(明)秦鎰修 (明)饒文璧纂
明嘉靖三年(1524)刻十五年補刻本

[嘉靖]廣信府志二十卷　第642－644冊
(明)張士鎬修 (明)江汝璧纂

山東省

河南省

(清)徐岱 熊遠寄修 (清)萬兆龍纂
清康熙三十三年(1694)刻本
[正德]新鄉縣志六卷 第701冊
(明)儲珊修 (明)李錦纂
明抄本
[嘉靖]陽武縣志三卷 第701冊
(明)呂柟纂修
明嘉靖刻本
[正德]長垣縣志九卷 第701－702冊
(明)杜緯修 (明)劉芳纂
明嘉靖刻本
[嘉靖]輝縣志十卷 第702冊
(明)張天真等纂修
明嘉靖刻本
[康熙]孟縣志十二卷 第702－704冊
(清)劉凡 張之紀修 (清)喬滕鳳 毛鵑纂
清康熙三十四年(1695)刻本
[嘉靖]濮州志十卷 第704冊
(明)鄧戴纂修
明嘉靖六年(1527)刻本
[嘉靖]開州志十卷 第705冊
(明)孫巨鯨修 (明)王崇慶纂
明嘉靖刻本
[嘉靖]范縣志八卷 第705－706冊
(明)東時泰纂修
明嘉靖十四年(1535)刻本
[弘治]許州志二十卷 第706冊
(明)邵寶纂修
明弘治六年(1493)刻本
[嘉靖]許州志八卷 第706－707冊
(明)張良知纂修
明嘉靖十九年(1540)刻本
[嘉靖]鄢陵志八卷 第707冊
(明)劉訒纂修
明嘉靖十六年(1537)刻本
[嘉靖]襄城縣志八卷 第708冊
(明)林鸞纂修
明嘉靖三十年(1551)刻本
[嘉靖]鈞州志八卷 第708冊
(明)謝瀧等纂修
明抄本
[嘉靖]郾城縣志十二卷 第708－709冊
(明)楊邦梁 趙應式纂修
明嘉靖三十三年(1554)刻本
[嘉靖]舞陽志要十二卷外傳一卷 第709冊
(明)張穎纂修
明嘉靖十五年(1536)刻本
[嘉靖]靈寶縣志二卷 第709冊
(明)苟汝安纂修
明嘉靖十五年(1536)刻本
[嘉靖]鄧州志十六卷 第709－710冊
(明)潘庭楠纂修
明嘉靖四十三年(1564)刻本
[嘉靖]歸德志八卷 第710冊
(明)李嵩纂修
明嘉靖刻本
[嘉靖]夏邑縣志八卷 第711冊
(明)鄭相修 (明)黄虎臣纂
明嘉靖三十年(1551)刻本
[嘉靖]永城縣志六卷 第711冊
(明)鄭禮纂修
明嘉靖二十三年(1544)刻本
[嘉靖]沈丘縣志五卷 第712冊
(明)李宗元纂修
明嘉靖九年(1530)刻本
[嘉靖]太康縣志增定十卷文集十卷 第712－713冊
(明)安都纂修
明嘉靖三年(1524)刻本
[嘉靖]光山縣志九卷 第713冊
(明)沈紹慶修 (明)王家士纂
明嘉靖三十五年(1556)刻本
[嘉靖]商城縣志八卷 第713－714冊
(明)萬炯修 (明)張應辰纂
明嘉靖三十年(1551)刻本
[嘉靖]固始縣志十卷 第714冊
(明)張梯修 (明)葛臣纂
明嘉靖二十一年(1542)南垌草堂補刻本
[嘉靖]息縣志八卷 第714－715冊
(明)邵鳴岐纂修
明嘉靖刻本
[康熙]汝寧府志十六卷首一卷 第715－717冊
(清)金鎮修 (清)孔暹纂
清康熙元年(1662)刻本
[嘉靖]真陽縣志十卷補遺一卷 第717冊
(明)何麟纂修
明嘉靖三十三年(1554)刻本
[嘉靖]確山縣志二卷 第717冊
(明)陳耀文纂修
明嘉靖三十六年(1557)刻本

湖北省

[正德]湖廣圖經志書二十卷 第718冊
(明)薛綱纂修 (明)吳廷舉續修
明嘉靖元年(1522)刻本
[嘉靖]漢陽府志十卷 第718－719冊
(明)劉汝松 賈應春修 (明)朱衣纂
明嘉靖二十五年(1546)刻本
[弘治]夷陵州志十卷拾遺一卷 第719冊
(明)劉允修 (明)沈寬纂
明弘治九年(1496)刻本
[嘉靖]歸州全志二卷 第719－720冊
(明)張時纂修
明嘉靖刻藍印本
[嘉靖]歸州志五卷 第720冊
(明)鄭喬纂修
明嘉靖四十三年(1564)刻本
[光緒]歸州志十卷首一卷 第721－722冊
(清)沈雲駿修 (清)劉玉森纂
清光緒八年(1882)刻本
[正德]光化縣志六卷 第722冊
(明)曹璘纂修
明正德刻本
[嘉靖]荊州府志十二卷 第722－724冊
(明)孫存修 (明)王寵懷纂
明嘉靖刻本
[嘉靖]沔陽志十八卷 第724－725冊
(明)曾儲修 (明)童承敘纂
明嘉靖十年(1531)刻本
[正德]德安府志十二卷 第725－726冊
(明)馬龠纂修
明正德刻本
[弘治]黄州府志十卷 第726冊
(明)盧希哲纂修
明弘治刻本
[嘉靖]羅田縣志八卷 第726冊
(明)祝珝修 (明)楊鸞 蔡元偉等纂
明嘉靖刻本
[嘉靖]蘄州志九卷 第727冊
(明)甘澤纂修
明嘉靖九年(1530)修十五年補刻本
[嘉靖]應山縣志三卷 第728冊
(明)顏木纂修
明嘉靖刻本
[嘉靖]巴東縣志三卷 第728冊
(明)楊培之纂修
明嘉靖刻本

湖南省

[嘉靖]茶陵州志二卷 第728冊
(明)張治 夏良勝纂修
明嘉靖刻本
[嘉靖]衡州府志九卷 第729冊
(明)楊佩纂修
明嘉靖刻藍印本
[隆慶]寶慶府志五卷 第729－730冊
(明)陸柬纂修
明隆慶元年(1567)刻本
[弘治]湖廣岳州府志十卷
第730－731冊
(明)劉璣纂修
明弘治刻本
[隆慶]岳州府志十八卷 第731－733冊
(明)鍾崇文纂修
明隆慶刻本
[嘉靖]常德府志二十卷 第733－735冊
(明)陳洪謨纂修
明嘉靖十四年(1535)刻本
[嘉靖]澧州志六卷 第735－736冊
(明)水之文修 (明)李獻陽纂
明嘉靖四十一年(1562)刻本
[萬曆]慈利縣志十八卷 第736冊
(明)陳光前纂修
明萬曆元年(1573)刻本
[萬曆]郴州志二十卷 第737－738冊
(明)胡漢纂修
明萬曆刻本
[弘治]永州府志十卷 第738－739冊
(明)姚昺纂修
明弘治刻本

廣東省

[嘉靖]廣東通志七十卷 第704－744冊
(明)黄佐纂修
明嘉靖刻本
[嘉靖]廣州志七十卷 第744－746冊
(明)黄佐纂修
明嘉靖六年(1527)刻本
[嘉靖]增城縣志十九卷 第746－747冊
(明)文章修 (明)張文海纂
明嘉靖十七年(1538)刻本
[嘉靖]始興縣志二卷 第747冊
(明)汪慶舟修 (明)袁宗與等纂
明嘉靖十五年(1536)刻藍印本
[嘉靖]仁化縣志五卷 第747冊
(明)胡居安等纂修
明抄本
[嘉靖]廣東韶州府翁源縣志不分卷
第747冊
(明)李孔明等纂
明抄本
[嘉靖]南雄府志二卷 第748冊
(明)譚大初纂修
明嘉靖二十一年(1542)刻藍印本
[隆慶]潮陽縣志十五卷附錄一卷
第748－749冊
(明)黄一龍修 (明)林大春纂
明隆慶刻本
[康熙]石城縣志十一卷 第749－750冊
(清)周宗臣 韓鏐纂修
清康熙刻本
[康熙]電白縣志八卷 第750－751冊
(清)郭指南纂修
清康熙二十五年(1686)強兆統增刻本
[康熙]化州志十二卷 第751冊
(清)楊于宸纂修
清康熙刻本
[嘉靖]德慶志十六卷 第752冊
(明)陸舜臣纂修
明嘉靖刻本
[嘉靖]惠大記六卷 第752－753冊
(明)鄭維新纂修
明嘉靖七年(1528)刻本
[嘉靖]惠州府志十六卷 第753－754冊
(明)姚良弼 楊載鳴修 (明)楊宗甫纂
明嘉靖三十五年(1556)藍印本
[嘉靖]惠志略不分卷 第755冊
(明)楊載鳴纂
明嘉靖三十九年(1560)刻藍印本
[嘉靖]興寧縣志四卷 第755冊
(明)黄國奎訂正 (明)盛繼纂修
明嘉靖刻藍印本
[咸豐]興寧縣志十二卷首一卷
第755－757冊
(清)仲振履纂修 (清)張鶴齡增修
(清)曾士梅增纂
清咸豐六年(1856)增補嘉慶本
[嘉靖]海豐縣志二卷 第757冊
(明)羅洪先纂修
明嘉靖刻本

廣西省

[嘉靖]南寧府志十卷 第758冊
(明)郭楠纂修
明嘉靖十七年(1538)刻本
[咸豐]南寧縣志十卷首一卷
第758－759冊
(清)毛玉成等纂修
抄本
[嘉靖]欽州志九卷拾遺一卷
第759－760冊
(明)林希元纂修
明嘉靖刻本
[乾隆]潯州府志五十卷首一卷
第760－763冊
(清)胡南藩修 (清)歐陽達纂
清乾隆二十一年(1756)刻本

海南省

[正德]瓊臺志四十四卷 第763－766冊
(明)唐胄纂
明正德十六年(1521)刻本
[道光]瓊州府志四十四卷首一卷
第766－771冊
(清)明誼修 (清)張岳崧纂
清光緒十六年(1890)補刻本

重慶市

[正德]夔州府志十二卷首一卷 第772冊
(明)吳潛修 (明)傅汝舟纂
明正德八年(1513)刻本
[道光]重慶府志九卷 第773－775冊
(清)王夢庚修 (清)寇宗纂
清道光二十三年(1843)刻本
[同治]增修萬縣志三十六卷首一卷
第775－777冊
(清)王玉鯨 張琴等修 (清)范泰衡等纂
清同治五年(1866)刻本
[嘉靖]雲陽縣志二卷 第777冊
(明)楊鸞修 (明)秦覺纂
明嘉靖二十年(1541)刻藍印本

四川省

蜀典十二卷 第777－778冊
(清)張澍纂
清光緒二年(1876)尊經書院刻本
[道光]德陽縣新志十二卷首一卷末一卷 第778－779冊
(清)裴顯忠修 (清)劉碩輔纂
清道光十七年(1837)刻本
[嘉慶]羅江縣志十卷 第779－780冊
(清)李調元纂修
清嘉慶七年(1802)刻本

[萬曆]重修營山縣志八卷 第780冊
(明)王廷稷修 (明)李彭年等纂
明萬曆四年(1576)刻本
[正德]蓬州志十卷 第780－781冊
(明)吳德器修 (明)徐泰纂
明正德十三年(1518)刻本
[嘉靖]洪雅縣志五卷 第781冊
(明)束載修 (明)張可述纂
明嘉靖四十一年(1562)刻本
[嘉靖]青神縣志七卷 第781冊
(明)余承勳纂修
明嘉靖三十年(1551)刻本
[嘉靖]馬湖府志七卷 第781－782冊
(明)余承勳纂修
明嘉靖三十四年(1555)刻本
[民國]西昌縣志十二卷首一卷 第782－783冊
鄭少成等修 楊肇基等纂
民國三十一年(1942)鉛印本

貴州省

[嘉靖]貴州通志十二卷 第748－786冊
(明)謝東山修 (明)張道等纂
明嘉靖三十二年(1553)刻本
[乾隆]貴州通志四十六卷首一卷 第787－792冊
(清)鄂爾泰 張廣泗修 (清)靖道謨 杜詮纂
清乾隆六年(1741)刻本
[嘉慶]黔西州志八卷首一卷 第792－793冊
(清)劉永安等修 (清)徐文璧等纂
清嘉慶八年(1803)刻本
[光緒]黔西州續志六卷 第793－794冊
(清)白建鋆修 (清)諶焕模等纂
清光緒十年(1884)重印本
[嘉靖]思南府志八卷 第794冊
(明)鍾添 田秋纂修
明嘉靖十五年(1536)刻本
[嘉靖]普安州志十卷 第794冊
(明)高廷愉纂修
明嘉靖二十八年(1549)刻本

雲南省

[正德]雲南志四十四卷 第795－798冊
(明)周季鳳纂修
明正德刻本
[嘉靖]尋甸府志二卷 第798冊
(明)王尚用修 (明)陳梓 張騰纂
明嘉靖刻本
[康熙]平彝縣志十卷 第798－799冊
(清)任中宜纂修
清抄本
[康熙]大理府志三十卷首一卷 第799－801冊
(清)傅天祥 李斯佺修 (清)黃元治 等纂
清康熙三十三年(1694)刻本

陝西省

[熙寧]長安志二十卷圖三卷 第802－803冊
(宋)宋敏求纂 (元)李好文繪圖
明嘉靖十年(1531)李經刻本
[熙寧]長安志二十卷圖三卷 第803－804冊
(宋)宋敏求纂 (元)李好文繪圖
清乾隆刻本
[嘉慶]長安縣志三十六卷 第804－805冊
(清)張聰賢修 (清)董曾臣纂
清嘉慶二十年(1815)刻本
[民國]盩厔縣志八卷 第805－806冊
龐文中修 任肇新 路孝愉纂
民國十四年(1925)西安藝林印書社 鉛印本
[康熙]鄠縣志十二卷圖一卷 第806－807冊
(清)康如璉修 (清)康弘祥纂
清康熙二十一年(1682)刻本
[嘉靖]耀州志二卷 第807冊
(明)張璉纂修
明嘉靖刻本
[正德]鳳翔府志八卷 第808冊
(明)王江 王正纂修
明正德刻本
[光緒]岐山縣志八卷 第808－809冊
(清)胡升猷修 (清)張殿元纂
清光緒十年(1884)刻本
[正德]武功縣志三卷首一卷 第809冊
(明)康海纂 (清)孫景烈評注
清乾隆二十六年(1761)瑪星阿刻本
[正德]朝邑縣志二卷 第809冊
(明)王道修 (明)韓邦靖纂
清康熙五十一年(1712)王兆鼇刻本
[康熙]朝邑縣後志八卷 第809－810冊
(清)王兆鼇修 (清)王鵬翼纂
清康熙五十一年(1712)刻本
[光緒]富平縣志稿十卷首一卷 第810－812冊
(清)樊增祥 劉錕修 (清)譚麐纂
清光緒十七年(1891)刻本
[萬曆]華陰縣志九卷 第812冊
(明)王九疇修 (明)張毓翰纂
明萬曆刻本
[嘉靖]略陽縣志六卷 第813冊
(明)李遇春纂修 (明)李東甲 賈言 校補
明嘉靖三十一年(1552)刻本
[道光]重修略陽縣志四卷 第813冊
(清)譚瑀修 (清)黎成德等輯
清光緒三十年(1904)刻本
[光緒]新續略陽縣志一卷 第814冊
(清)桂超修 (清)侯龍光纂
清光緒三十年(1904)刻本
[道光]紫陽縣志八卷首一卷 第814冊
(清)陳僅 吳純修 (清)楊家坤 曹學 易纂
清道光二十三年(1843)刻本

甘肅省

[道光]蘭州府志十二卷首一卷 第815－816冊
(清)陳士楨修 (清)涂鴻儀纂
清道光十三年(1833)刻本
[乾隆]平番縣志一卷 第816冊
(清)張玿美修 (清)曾鈞纂
清乾隆十四年(1749)刻《五涼考治 六德集全志》本
[乾隆]皋蘭縣志二十卷 第816－818冊
(清)吳鼎新修 (清)黃建中纂
清乾隆四十三年(1778)刻本
[乾隆]永昌縣志一卷 第818冊
(清)張玿美修 (清)沈紹祖 謝謹纂
清乾隆十四年(1749)刻《五涼考治 六德集全志》本
[光緒]重纂秦州直隸州新志二十四卷 首一卷 第818－822冊
(清)余澤春修 (清)王權 任其昌纂
清光緒十五年(1889)隴南書院刻本
[乾隆]清水縣志十六卷 第822－823冊
(清)朱超纂修
清乾隆六十年(1795)刻本
[道光]秦安縣志十四卷 第823冊
(清)嚴長宦修 (清)劉德熙纂

清道光十八年(1838)刻本

[乾隆]伏羌縣志十四卷　第824冊

(清)周銑修 (清)葉芝纂

清乾隆三十五年(1770)刻本

[同治]續伏羌縣志六卷　第824－825冊

(清)侯新嚴修 (清)方承宣纂

清同治十一年(1872)刻本

[康熙]寧遠縣志六卷　第825冊

(清)馮同憲修 (清)李樟纂

清康熙四十八年(1709)刻本

[乾隆]寧遠縣志續略八卷附補志一卷　第825冊

(清)胡莫域修 (清)于纘周纂

清道光十五年(1835)增刻本

[乾隆]武威縣志一卷　第825冊

(清)張玿美修 (清)曾鈞 蘇暻纂

清乾隆十四年(1749)刻《五凉考治六德集全志》本

[乾隆]鎮番縣志一卷　第826冊

(清)張玿美修 (清)曾鈞 魏奎光纂

清乾隆十四年(1749)刻《五凉考治六德集全志》本

[乾隆]古浪縣志一卷　第826冊

(清)張玿美修 (清)趙璘 郭建文纂

清乾隆十四年(1749)刻《五凉考治六德集全志》本

[乾隆]甘州府志十六卷首一卷　第826－829冊

(清)鍾賡起纂修

清乾隆四十四年(1779)刻本

[乾隆]涇州志二卷　第829冊

(清)張延福修 (清)李瑾纂

清乾隆十九年(1754)刻本

[乾隆]靜寧州志八卷首一卷　第829－830冊

(清)王烜纂修

清乾隆十一年(1746)刻本

[光緒]階州直隸州續志三十三卷首一卷[存卷一至三十一]　第830－832冊

(清)葉恩沛修 (清)吕震南纂

清光緒十二年(1886)階州官署刻本

[乾隆]成縣新志四卷　第833冊

(清)黃泳修 (清)汪于雍等纂

清乾隆六年(1741)修十七年刻本

[光緒]文縣志八卷首一卷末一卷　第833－834冊

(清)長贇修 (清)劉健纂

清光緒二年(1876)刻本

[光緒]重纂禮縣新志四卷首一卷　第835冊

(清)雷文淵修 (清)王思溫纂

清光緒十六年(1890)刻本

[嘉慶]徽縣志八卷　第835－836冊

(清)張伯魁纂修

清嘉慶十四年(1809)刻本

青海省

[乾隆]西寧府新志四十卷　第837－839冊

(清)楊應琚纂修

清乾隆十二年(1747)刻本

寧夏回族自治區

[弘治]寧夏新志八卷　第839－840冊

(明)王珣修 (明)胡汝礪纂

明弘治十四年(1501)刻本

[嘉靖]寧夏新志八卷　第840－841冊

(明)楊守禮修 (明)管律纂

明嘉靖十九年(1540)刻本

[萬曆]固原州志二卷　第841－842冊

(明)劉敏寬 董國光纂修

明萬曆李永芳 劉汝桂刻本

新疆維吾爾自治區

[乾隆]欽定新疆識略十二卷首一卷　第842－843冊

(清)徐松原著 (清)松筠纂

清道光元年(1821)武英殿修書處刻本

臺灣省

[乾隆]續修臺灣府志二十六卷首一卷　第844－846冊

(清)余文儀修 (清)黃佾纂

清乾隆三十九年(1774)刻同治光緒補刻本

[咸豐]臺灣府噶瑪蘭廳志八卷　第846－848冊

(清)薩廉修 (清)陳淑均纂 (清)董正官續修 (清)李祺生續纂

清道光二十年(1840)修咸豐二年(1852)續修刻本

[道光]彰化縣志十二卷首一卷　第848－850冊

(清)李廷璧修 (清)周璽纂

清道光十四年(1834)刻本

四川歷代方志集成·第三輯

四川省地方志編纂委員會輯

二〇一六年北京國家圖書館出版社

三十冊

[萬曆]嘉定州志八卷　第1冊

(明)李采修 (明)范醇敬纂

抄本

[康熙]嘉定州志五卷　第1冊

(清)張能鱗修 (清)彭欽纂 (清)承勳續纂

清乾隆四十一年(1776)抄本

[同治]嘉定府志四十八卷首一卷　第1冊

(清)文良等修 (清)陳堯采等纂

清同治三年(1864)刻本

[嘉慶]樂山縣志十六卷首一卷　第2冊

(清)龔傳黻纂

清嘉慶十七年(1812)刻本

[民國]樂山縣志十二卷　第2冊

唐受潘修 黃鎔 謝世瑄等纂 王畏巖補正

民國二十三年(1934)鉛印本

[民國]峨邊縣志四卷首一卷　第2冊

李宗鍠等修 李仙根等纂

民國四年(1915)鉛印本

[康熙]夾江縣志六卷　第3冊

(清)李大成修 (清)田樟等纂

抄本

[嘉慶]夾江縣志十二卷首一卷　第3冊

(清)王佐纂

清嘉慶十八年(1813)刻本

[民國]夾江縣續志不分卷　第3冊

劉作銘等纂修

民國十八年(1929)石印本

[民國]夾江縣志十二卷　第3冊

羅國鈞修 劉作銘 薛志清纂

民國二十四年(1935)鉛印本

[嘉靖]馬邊廳志略六卷首一卷　第3冊

(清)周斯才纂修

清嘉慶十二年(1807)刻本

[嘉慶]犍爲縣志十卷　第4冊

(清)王夢庚等纂修

清嘉慶十九年(1814)刻本

[民國]犍爲縣志十四卷首一卷　第4冊

陳世虞修 羅綬香 印煥門等纂

民國二十六年(1937)鉛印本

[嘉慶]峨嵋縣志十卷首一卷　第4冊

(清)王燮修 張希縉 張希珝纂

清嘉慶十八年(1813)刻本

[宣統]峨眉縣續志十卷圖一卷　第4冊

(清)李錦成修 (清)朱榮邦等纂 趙

明松重輯
民國二十四年(1935)刻本
[嘉慶]井研縣志十卷 第5冊
(清)張寧陽等修 (清)陳獻瑞 (清)胡元善纂
清嘉慶元年(1796)刻本
[光緒]井研志四十二卷首一卷 第5冊
(清)高承瀛等修 (清)吳嘉謨 (清)龔煦春纂
清光緒二十六年(1900)刻本
[道光]保寧府志六十二卷附補遺一卷 第6冊
(清)黎學錦 (清)徐雙桂修 (清)史觀等纂
清道光二十三年(1843)補刻本
[康熙]順慶府志十卷續一卷 第7冊
(清)李成林修 (清)羅承順等纂 (清)袁定遠 (清)黄銑續纂
清嘉慶十二年(1807)黄銑補刻本
[嘉慶]南充縣志八卷首一卷 第7冊
(清)袁鳳孫修 (清)陳榕等纂
清咸豐七年(1857)洪璋增刻本
[咸豐]閬中縣志八卷 第8冊
(清)徐繼鏞修 (清)李惺等纂
清咸豐元年(1851)刻本
[民國]閬中縣志三十卷 第8冊
岳永武 余仲鈞修 鄭鍾靈等纂
民國十五年(1926)石印本
[同治]儀隴縣志六卷 第8冊
(清)曹紹樾 (清)胡晉熙修 (清)胡輯瑞等纂
清光緒三十三年(1907)刻本
[光緒]蓬州志十五卷 第8冊
(清)方旭修 (清)張禮傑等纂
清光緒二十三年(1897)刻本
[光緒]蓬安縣志十五卷 第8冊
(清)方旭修 (清)張禮傑等纂
民國二十四年(1935)石印本
[光緒]西充縣志十四卷圖一卷 第9冊
(清)高培穀修 (清)劉藻纂
清光緒二年(1876)刻本
[同治]營山縣志三十卷 第9冊
(清)王樹漢 (清)翁道均修 (清)熊毓藩纂
清同治九年(1870)刻本
[道光]南部縣志三十卷首一卷 第9冊
(清)王瑞慶等修 (清)徐暢達等纂
清道光二十九年(1849)刻本
[光緒]資州直隸州志三十卷首四卷 第10冊
(清)劉炯纂修 (清)羅廷權續修 (清)何衮等續纂
清光緒二年(1876)增刻本
[民國]資中縣續修資州志十卷首一卷附實録一卷 第11冊
吳鴻仁等修 黄清亮等纂
民國十八年(1929)鉛印本
[同治]隆昌縣志四十二卷首一卷 第11冊
(清)花映均 (清)魏元燮修 (清)耿光祜等纂
清同治元年(1862)刻本
[乾隆]威遠縣志八卷首一卷 第11冊
(清)李南暉修 (清)張翼儒纂
清光緒三年(1877)刻本
[嘉慶]威遠縣志六卷 第11冊
(清)陳汝秋纂修
清嘉慶十八年(1813)刻本
[同治]内江縣志十五卷首一卷 第12冊
(清)張搢等纂修 (清)張兆蘭等續修 (清)黄覺續纂
清同治十年(1871)刻本
[光緒]内江縣志十五卷首一卷 第12冊
(清)陸爲棻等修 (清)熊玉華等纂
清光緒九年(1883)刻本
[光緒]内江縣志十六卷 第13冊
(清)彭泰士修 (清)曾慶昌 (清)朱襄虞等纂
清光緒三十一年(1905)刻本
[民國]内江縣志十二卷 第13冊
曾慶昌纂修
民國十四年(1925)刻本
[康熙]蓬溪縣志二卷 第14冊
(清)潘之彪纂修
清康熙五十二年(1713)刻本
[道光]蓬溪縣志十六卷 第14冊
(清)吳章祁等修 (清)顧士英等纂
清道光二十五年(1845)刻本
[光緒]蓬溪縣續志十四卷首一卷 第14冊
(清)周學銘修 (清)熊祥謙等纂
清光緒二十五年(1899)刻本
[民國]蓬溪近志十四卷首一卷 第14冊
伍彝章等修 曾世禮等纂
民國二十四年(1935)刻本
[嘉慶]射洪縣志十八卷首一卷 第15冊
(清)陳廷鈺等修 (清)趙燮元等纂
清嘉慶二十五年(1820)刻本
[光緒]射洪縣志十八卷 第15冊
(清)黄允欽等修 (清)羅錦城等纂
清光緒十年(1884)刻本
[乾隆]遂寧縣志八卷首一卷 第16冊
(清)田朝鼎修 (清)周彭年纂
清乾隆十二年(1747)刻本
[乾隆]遂寧縣志十二卷 第16冊
(清)張松孫 (清)李培峘修 (清)寇賚言纂
清乾隆五十二年(1787)刻本
[光緒]遂寧縣志六卷 第16冊
(清)孫海等修 (清)李星根等纂
清光緒五年(1879)刻本
[民國]遂寧縣志八卷 第16冊
甘燾等修 王懋昭等纂
民國十八年(1929)刻本
[乾隆]雅州府志十六卷 第17冊
(清)曹掄彬修 (清)曹掄翰纂
清光緒十三年(1887)刻本
[民國]雅安縣志六卷 第17冊
余良選等纂修
民國十七年(1928)石印本
[康熙]蘆山縣志二卷 第17冊
(清)楊廷琚 (清)劉時遠修 (清)竹全仁等纂
抄本
[民國]蘆山縣志十卷首一卷 第17冊
宋琅 張宗翩修 劉天倪等纂
民國三十二年(1943)鉛印本
[嘉慶]清溪縣志四卷 第18冊
(清)劉傳經修 (清)陳一沺纂
清嘉慶五年(1800)刻本
[光緒]名山縣志十五卷 第18冊
(清)趙懿纂修
清光緒二十二年(1896)校刻本
[民國]名山縣新志十六卷首一卷末一卷 第18冊
胡存琮等纂修
民國十九年(1930)刻本
[咸豐]天全州志八卷 第18冊
(清)陳松齡等纂修
清咸豐八年(1858)刻本
[民國]漢源縣志四卷 第18冊

劉裕常修 王琢等纂
民國三十年(1941)鉛印本
[光緒]敘州府志四十三卷首一卷末一卷 第19-20冊
(清)王麟祥修 邱晉成等纂
清光緒二十二年(1896)刻本
[康熙]南溪縣志二卷 第21冊
(清)王大騏纂修
清抄本
[嘉慶]南溪縣志十卷首一卷 第21冊
(清)胡之富修 (清)包字 (清)韓國琳纂
清嘉慶十七年(1812)刻本
[道光]南溪縣新志十卷 第21冊
(清)呈麟 (清)翁紹海纂修
清道光二十年(1840)刻本
[同治]南溪縣志八卷 第21冊
(清)福倫修 (清)胡元翔 (清)唐毓彤纂
清同治十三年(1874)刻本
[民國]南溪縣志六卷 第21冊
李凌霄等修 鍾朝煦纂
民國二十六年(1937)鉛印本
[乾隆]江安縣志二卷 第22冊
(清)雷伊纂修
抄本
[嘉慶]江安縣志六卷 第22冊
(清)趙模修 (清)鄭存仁纂
清嘉慶十七年(1812)刻本
[道光]江安縣志二卷首一卷 第22冊
(清)高學濂纂修
清道光九年(1829)刻本
[民國]江安縣志四卷附文徵二卷 第22冊
嚴希慎修 陳天錫纂
民國十二年(1923)鉛印本
[乾隆]九姓司志二卷 第22冊
(清)任啟烈等纂修 (清)任履肅續纂
抄本
[嘉慶]宜賓縣志五十四卷首一卷 第22冊
(清)劉元熙修 (清)李世芳纂
清道光二十三年(1843)增刻本
[嘉慶]長寧縣志十二卷補遺一卷 第23冊
(清)曹秉讓修 (清)楊庚等纂 (清)劉春生補遺
清嘉慶十三年(1808)刻本
[嘉靖]馬湖府志二卷首一卷 第23冊
(明)余承勳纂修
明刻本
[乾隆]興文縣志不分卷 第23冊
(清)佚名纂
抄本
[光緒]興文縣志六卷首一卷 第23冊
(清)江亦顯等修 (清)黄相堯等纂
清光緒十三年(1887)刻本
[民國]興文縣志三十九卷首一卷 第23冊
李仲陽等修 何鴻亮纂
民國三十二年(1943)鉛印本
[同治]高縣志五十四卷首一卷 第24冊
(清)敖立榜修 (清)曾毓佐纂
清同治五年(1866)刻本
[乾隆]屏山縣志八卷首一卷 第24冊
(清)張曾敏修 (清)陳琦纂
民國二十年[1931]鉛印本
[光緒]屏山縣續志二卷首一卷 第24冊
(清)張九章修 (清)陳藩垣等纂
民國二十年(1931)鉛印本
[光緒]慶符縣志五十五卷 第24冊
(清)孫定揚修 (清)胡錫祜等纂
清光緒二年[1876]刻本
[咸豐]資陽縣志四十八卷首一卷 第25冊
(清)范涞清修 (清)何華元等纂
清同治元年(1862)刻本
[咸豐]簡州志十四卷 第25冊
(清)濮瑗修 (清)黄樸等纂
清咸豐三年(1853)刻本
[光緒]簡州續志十四卷 第25冊
(清)易家霖修 (清)傅爲霖纂
清光緒二十三年(1897)刻本
[民國]簡陽縣續志十卷首一卷末一卷附簡陽詩文存又續二卷 第25冊
李青廷等修 汪金相 胡忠閥等纂
民國二十年(1931)鉛印本
[民國]簡陽縣續志二十四卷首一卷末一卷附簡陽縣詩文存八卷詩補遺一卷文補遺一卷詩文存續二卷 第26冊
林志茂等修 汪金相 胡忠閥纂
民國十六年(1927)鉛印本
[乾隆]樂至縣志八卷首一卷 第27冊
(清)張松孫修 (清)雷懋德等纂
清乾隆五十年(1785)刻本
[道光]樂至縣志十六卷首一卷 第27冊
(清)裴顯忠修 (清)劉碩輔纂
清道光二十年(1840)刻本
[道光]安岳縣志十六卷首一卷 第27冊
(清)濮瑗修 (清)周國頤纂
清道光十六年(1836)刻本
[光緒]續修安岳縣志四卷 第27冊
(清)陳其寬修 (清)鄒宗垣等纂
清光緒二十三年(1897)刻本
[道光]榮縣志三十八卷首一卷 第28冊
(清)王培荀等纂修
清光緒四年(1878)刻本
[民國]榮縣志十七篇 第28冊
廖世英等修 趙熙等纂
民國十八年(1929)刻本
[乾隆]富順縣志五卷首一卷 第29冊
(清)段玉裁 (清)李芝纂修
清光緒八年(1882)重刻乾隆四十二年(1777)本
[同治]富順縣志三十八卷 第29冊
(清)羅延權等修 (清)吕上珍等纂
清同治十一年(1872)刻本
[民國]富順縣志十七卷首一卷 第30冊
彭文治 李永成修 盧慶家 高光照纂
民國二十年(1931)刻本

中國地方志集成北京府縣志輯
上海書店出版社
二〇〇二年上海書店出版社
七冊
[光緒]順天府志 第1-3冊
(清)萬青黎 周家楣修 張之洞 繆荃孫纂
清光緒十二年(1886)刻本
[康熙]昌平州志 第4冊
(清)吳都梁修 潘問奇等纂
清康熙十二年(1673)澹然堂刻本
[光緒]昌平州志 第4冊
(清)吳履福等修 繆荃孫等纂
清光緒十二年(1886)刻本
[光緒]昌平外志 第4冊
(清)麻兆慶纂
清光緒十八年(1892)刻本
[康熙]宛平縣志 第5冊
(清)王養濂修 李開泰 張采纂
清康熙二十三年(1684)刻本傳抄本

[康熙]延慶州志 第5冊
(清)遲日豫修 程光祖纂
清順治十年(1653)刻 康熙十九年(1680)增刻本
[光緒]延慶州志 第5冊
(清)何道增等修 張惇德纂
清光緒七年(1881)刻本
[康熙]懷柔縣新志 第5冊
(清)吴景果纂修
清康熙六十年(1721)刻本
[民國]密雲縣志 第6冊
臧理臣等修 宗慶煦纂
民國三年(1914)京華印書局鉛印本
[民國]順義縣志 第6冊
禮闊泉等修 楊德馨等纂
民國二十二年(1933)鉛印本
[康熙]通州志 第6冊
(清)吴存禮修 陸茂騰纂
清康熙三十六年(1697)刻本
[民國]通縣志要 第6冊
金士堅修 徐白纂
民國三十年(1941)鉛印本
[民國]平谷縣志 第7冊
李興焯修 王兆元纂
民國二十三年(1934)天津文竹齋鉛印本
[康熙]大興縣志 第7冊
(清)張茂節修 李開泰等纂
清康熙二十四年(1685)刻本傳抄本
[乾隆]房山縣志 第7冊
(清)張世法纂修
清乾隆四十一年(1776)刻本傳抄本
[民國]房山縣志 第7冊
廖飛鵬 馬慶瀾修 高書官等纂
民國十七年(1928)鉛印本
[民國]良鄉縣志 第7冊
周志忠修 吕植 見之深纂
民國十三年(1924)鉛印本
中國地方志集成上海府縣志輯
上海書店出版社
二〇一〇年上海書店出版社
十冊
[嘉慶]松江府志 第1-2冊
(清)宋如林修 (清)孫星衍 莫晉纂
清嘉慶年間松江府學明倫堂刻本
[光緒]松江府續志 第3冊
(清)博潤修 姚光發等纂
清光緒十年(1884)刻本
[民國]上海縣志 第4冊
吴馨 江家嵋修 姚文枏纂
民國二十五年(1936)鉛印本
[光緒]重修華亭縣志 第4冊
(清)楊開第修 姚光發等纂
光緒五年(1879)刻本
重修華亭縣志拾補校訛 第4冊
閔萃祥撰
民國鉛印本
[乾隆]婁縣志 第5冊
(清)謝庭薰修 陸錫熊纂
清乾隆五十三年(1788)刻本
[光緒]婁縣續志 第5冊
(清)汪坤厚 程其鈺修 (清)張雲望纂
清光緒五年(1879)刻本
[光緒]南匯縣志 第5冊
(清)金福曾 顧思賢修 (清)張文虎等纂
清光緒五年(1879)刻本
[民國]南匯縣續志 第5冊
嚴偉 劉芷芬修 秦錫田纂
民國十八年(1929)刻本
[光緒]青浦縣志 第6冊
(清)汪祖綬等修 (清)熊其英 邱式金纂
清光緒五年(1879)尊經閣刻本
[民國]青浦縣續志 第6冊
于定等修 金詠榴等纂
民國二十三年(1934)刻本
[民國]川沙縣志 第7冊
方鴻鎧 陸炳麟修 黄炎培纂
民國二十六年(1937)上海國光書局鉛印本
[康熙]嘉定縣志 第7冊
(清)趙昕修 蘇淵纂
清康熙十二年(1673)刻本
[康熙]嘉定縣續志 第7冊
(清)聞在上修 許自俊等纂
清康熙二十三年(1684)刻本
[光緒]嘉定縣志 第8冊
(清)程其鈺修 楊震福等纂
清光緒八年(1882)刻本
[民國]嘉定縣續志 第8冊
范鍾湘 陳傳德修 金念祖 黄世祚纂
民國十九年(1930)鉛印本
[光緒]寶山縣志 第9冊
(清)梁蒲貴 吴康壽修 (清)朱延射 潘履祥纂
清光緒八年(1882)學海書院刻本
[民國]寶山縣續志 第9冊
張允高等修 錢淦 袁希濤纂
民國十年(1921)鉛印本
[民國]寶山縣再續志 第9冊
吴葭修 王鍾琦纂
民國二十年(1931)鉛印本
[光緒]重修奉賢縣志 第9冊
(清)韓佩金修 張文虎等纂
清光緒四年(1878)刻本
[光緒]金山縣志 第10冊
(清)龔寶琦 崔廷鏞修 (清)黄厚本等纂
清光緒四年(1878)刻本
[康熙]崇明縣志 第10冊
(清)朱衣點修 黄國彝纂
清康熙二十年(1681)刻本
[民國]崇明縣志 第10冊
曹炳麟纂修
民國十九年(1930)刻本
中國地方志集成天津府縣志輯
上海書店出版社
二〇〇四年上海書店出版社
六冊
[光緒]重修天津府志 第1-2冊
(清)沈家本 榮銓修 徐宗亮 蔡啓盛纂
光緒二十一年(1895)修 二十五年(1899)刻本
[民國]天津縣新志 第3冊
王守恂 高凌雯纂修
現據民國二十年(1931)和二十七年(1938)金鉞刻本
[民國]薊縣志 第4冊
徐葆瑩修 仇錫廷纂
民國三十三年(1944)鉛印本影印
[乾隆]寶坻縣志 第4冊
(清)洪肇楙修 蔡寅斗纂
民國六年(1917)查美咸石印本影印
[康熙]靜海縣志 第5冊
(清)閻甲胤修 馬方伸纂
據天津圖書館藏清康熙十二年(1673)刻本
[民國]靜海縣志 第5冊
白鳳文修 高毓浵纂
民國十八年(1929)修 二十三年

(1934)鉛印本
[光緒]武清縣志 第6冊
(清)蔡壽臻修 錢錫案纂
清光緒七年(1881)修 據國家圖書館藏抄本影印
[光緒]寧河縣志 第6冊
(清)丁符九修 談松林纂
清光緒六年(1880)刻本

中國地方志集成河南府縣志輯
上海書店出版社
二〇一三年上海書店出版社
七十冊
[民國]鄭縣志 第1冊
周秉彝修 劉瑞璘纂
民國五年(1916)刻本影印
[乾隆]滎陽縣志 第1冊
(清)李煦修 (清)李清等纂
乾隆十二年(1747)刻本影印
[民國]續滎陽縣志 第1冊
張向農修 李炘 盧以治纂
民國十三年(1924)仁興石印局石印本影印
[順治]滎澤縣志 第2冊
(清)段補聖 每可薦修 (清)李招 沈士秀纂
順治十六年(1659)刻本影印
[乾隆]滎澤縣志 第2冊
(清)崔淇修 (清)王博 李維嶠纂
乾隆十三年(1748)刻本影印
[民國]河陰縣志 第2冊
高廷璋 胡荃修 蔣藩纂
民國七年(1918)刻本影印
[民國]汜水縣志 第2冊
田金祺修 趙東階 張登雲纂
民國十七年(1928)上海世界書局鉛印本影印
[康熙]開封縣志 第3冊
(清)管竭忠修 (清)張沐等纂
康熙三十四年(1695)刻同治二年(1863)補刻本影印
[光緒]祥符縣志 第4冊
(清)沈博義 俞紀瑞修 (清)黃舒昺纂
光緒二十四年(1898)刻本影印
[順治]陳留縣志 第5冊
(清)張重潤修 (清)黃正色纂
順治十六年(1659)刻本影印
[康熙]陳留縣志 第5冊
(清)鍾定纂修
康熙三十年(1691)刻本影印
[乾隆]杞縣志 第5冊
(清)周璣修 (清)朱璿纂
乾隆五十三年(1768)刻本影印
[道光]尉氏縣志 第6冊
(清)劉厚滋 沈修淮 (清)王觀潮等纂
道光十一年(1831)刻本影印
[乾隆]登封縣志 第6冊
(清)劉繼蕚修 (清)洪亮吉纂
乾隆五十二年(1787)刻本影印
[嘉慶]洧川縣志 第7冊
(清)何文明修 (清)李紳纂
嘉慶二十三年(1818)刻本影印
[民國]考城縣志 第7冊
趙華亭修 李盛謨纂
民國三十年(1941)鉛印本影印
[乾隆]通許縣志 第7冊
(清)阮龍光 (清)邵自祐纂
乾隆三十五年(1770)刻本影印
[民國]通許縣新志 第7冊
張士傑 侯崑禾纂修
民國二十三年(1934)鉛印本影印
[乾隆]中牟縣志 第8冊
(清)孫和相修 (清)王廷宣纂
乾隆十九年(1754)刻本影印
[民國]中牟縣志 第8冊
蕭德馨修 熊紹龍纂
民國二十五年(1936)中牟明德堂石印本影印
[康熙]蘭陽縣志 第9冊
(清)高士琦修 (清)王旦 傅上襄纂
民國二十四年(1935)鉛印本影印
[乾隆]蘭陽縣續志 第9冊
涂光範修 王壬纂
民國二十四年(1935)鉛印本影印
[康熙]密縣志 第9冊
(清)袁良怡修 (清)李士玿纂
康熙三十四年(1695)刻本影印
[民國]密縣志 第9冊
汪忠修 呂林鍾 閻鳳舞纂
民國十二年(1923)鉛印本影印
[民國]鞏縣志 第10冊
楊保東 王國璋修 劉蓮青 張仲友纂
民國二十六年(1937)涇川圖書館刻本影印
[乾隆]衛輝府志 第11冊
(清)德昌修 (清)徐朗齋等纂
乾隆五十三年(1768)刻本影印
[乾隆]新鄉縣志 第12冊
(清)趙開元修 (清)暢俊纂
乾隆十二年(1747)刻本影印
[民國]新鄉縣續志 第12冊
韓邦孚 蔣濬川修 田芸生纂
民國十二年(1923)鉛印本影印
[乾隆]汲縣志 第13冊
(清)徐汝瓚修 (清)杜崐纂
乾隆二十年(1755)刻本影印
[民國]汲縣今志 第13冊
魏青鋩纂
民國二十四年(1935)南京鉛印本影印
[道光]河內縣志 第13冊
(清)袁通修 (清)方履籛 吳育纂
道光五年(1825)刻本影印
[順治]封邱縣志 第14冊
(清)余縉修 (清)李嵩陽纂
順治十六年(1659)刻本影印
[康熙]封邱縣續志 第14冊
(清)王賜魁修 (清)李會生 宋作賓纂
康熙十九年(1680)刻本影印
[康熙]封邱縣續志 第14冊
(清)孟鏐 耿紘祚修 (清)李承紱纂
康熙三十六年(1697)刻本影印
[民國]封邱縣續志 第14冊
姚家望修 黃陰柟纂
民國二十六年(1937)鉛印本影印
[民國]獲嘉縣志 第15冊
鄒古愚修 鄒鵠纂
民國二十三年(1934)鉛印本影印
[乾隆]溫縣志 第15冊
(清)王其華修 (清)苗於京纂
乾隆二十四年(1759)刻本影印
[乾隆]濟源縣志 第15冊
(清)蕭應植纂修
乾隆二十六年(1767)刻本影印
[嘉慶]續濟源縣志 第15冊
(清)何荇芳修 (清)劉大觀纂
嘉慶十八年(1813)刻本影印
[康熙]延津縣志 第16冊
(清)余心孺纂修
康熙四十一年(1702)刻本影印
[民國]孟縣志 第16冊
阮藩儕修 宋立梧 楊培熙纂

[乾隆]沈邱縣志 第35冊
(清)何源洙修 魯之璠纂
乾隆十一年(1746)刻本影印
[光緒]鹿邑縣志 第36冊
(清)于滄瀾 馬家彥修 (清)蔣師轍纂
光緒二十二年(1896)刻本影印
[乾隆]陳州府志 第36冊
(清)崔應階修 (清)姚之琅纂
乾隆十一年(1746)刻本影印
[乾隆]西華縣志 第37冊
(清)宋恂修 (清)于大猷纂
乾隆十九年(1754)刻本影印
[民國]西華縣續志 第37冊
淩甲烺 呂應南修 張嘉謀纂
民國二十七年(1938)鉛印本影印
[民國]太康縣志 第37冊
郭成章修 謝延祉纂
民國三十一年(1942)鉛印本影印
[乾隆]項城縣志 第38冊
(清)韓儀修 (清)張延福纂
乾隆十一年(1746)刻本影印
[民國]項城縣志 第38冊
張鎮芳修 施景舜纂
民國三年(1914)石印本影印
[民國]許昌縣志 第39冊
王秀文修 張庭馥纂
民國十二年(1923)石印本影印
[嘉慶]魯山縣志 第39冊
(清)董作棟修 (清)武億纂
嘉慶元年(1796)刻本影印
[乾隆]鄢陵縣志 第40冊
(清)施誠纂
乾隆三十七年(1772)刻本影印
[民國]鄢陵縣志 第40冊
靳蓉境修 王介纂
民國二十五年(1936)鉛印本影印
[民國]郾城縣記 第41冊
周世臣纂修
民國二十三年(1934)刻本影印
[道光]舞陽縣志 第41冊
(清)王德瑛纂修
道光十五年(1835)刻本影印
[民國]重修襄城縣志 第42冊
李峰修 胡元學 劉文林纂
民國二十五年(1936)襄城縣修志館第五次改定稿本影印
[民國]長葛縣志 第42冊
陳鴻疇修 劉盼遂 張蔚蘭纂
民國二十年(1931)鉛印本影印
[同治]郟縣志 第43冊
(清)姜篪修 (清)張熙瑞續修 (清)郭景泰纂
咸豐九年(1859)修同治四年(1865)續修刻本影印
[民國]重修臨穎縣志 第43冊
陳垣修 管大同纂
民國五年(1916)鉛印本影印
[同治]葉縣志 第44冊
(清)歐陽霖 張佩訓修 (清)倉景恬 胡廷楨纂
同治十一年(1872)刻本影印
[道光]寶豐縣志 第44冊
(清)李彷梧修 (清)耿興宗 鮑桂徵纂
道光十七年(1837)刻本影印
[道光]禹州志 第44冊
(清)朱煒 姚椿修 (清)洪符孫纂
道光十五年(1835)刻本影印
[民國]禹縣志 第45冊
車雲修 王棽林纂
民國二十六年(1937)刻本影印
[民國]確山縣志 第46冊
張縉璜纂
民國二十年(1931)鉛印本影印
[民國]西平縣志 第46冊
李毓藻修 陳銘鑑纂
民國二十三年(1934)北平文華齋刻本影印
[道光]泌陽縣志 第47冊
(清)倪明進修 (清)粟郢纂
道光八年(1828)刻本影印
[民國]汝南縣志 第47冊
陳伯嘉修 李成均纂
民國二十七年(1938)石印本影印
[嘉慶]汝寧府志 第48冊
(清)德昌修 (清)王增纂
嘉慶元年(1796)刻本影印
[康熙]汝陽縣志 第49冊
(清)邱天英修 (清)李根茂纂
康熙二十九年(1690)刻本影印
[乾隆]新蔡縣志 第49冊
(清)莫璽章修 (清)王增纂
乾隆六十年(1795)刻本影印
[乾隆]遂平縣志 第49冊
(清)金忠濟修 (清)祝暘 魏弘謨纂
乾隆二十四年(1759)刻本影印
[民國]重修上蔡縣志 第50冊
翟愛之纂修
民國三十三年(1944)石印本影印
[民國]重修正陽縣志 第50冊
劉月泉 劉炎光修 陳全三 魏松聲纂
民國二十五年(1936)鉛印本影印
[民國]重修信陽縣志 第51冊
方廷漢 謝隨安修 陳善同纂
民國二十五年(1936)鉛印本影印
[乾隆]羅山縣志 第51冊
(清)葛荃修 (清)李之杜 謝寶樹纂
乾隆十一年(1746)刻本影印
[嘉慶]商城縣志 第52冊
(清)武開吉修 (清)周之驦纂
嘉慶八年(1803)刻本影印
[乾隆]重修固始縣志 第52冊
(清)謝聘修 (清)洪亮吉纂
乾隆五十一年(1786)刻本影印
[光緒]光州志 第53冊
(清)楊修田修 (清)馬佩玖纂
光緒十二年(1886)刻本影印
[乾隆]光山縣志 第54冊
(清)楊殿梓修 (清)錢時雍纂
乾隆五十一年(1786)刻本影印
[民國]光山縣志約稿 第55冊
許希之修 宴兆平纂
民國二十五年(1936)鉛印本影印
[嘉慶]息縣志 第55冊
(清)劉光輝修 (清)任鎮及纂
嘉慶四年(1799)刻本影印
[光緒]續修息縣志 第55冊
(清)趙輝棣修 (清)夏縉卿纂
光緒六年(1880)刻本影印
[嘉慶]南陽府志 第56冊
(清)孔傳金纂修
嘉慶十二年(1807)刻本影印
[光緒]南陽縣志 第57冊
(清)潘守廉修 (清)張嘉謀 張鳳岡纂
光緒三十年(1904)刻本影印
[光緒]鎮平縣志 第57冊
(清)吳聯元修 (清)王詡運纂
光緒二年(1876)刻本影印
[乾隆]唐縣志 第58冊
(清)黃文蓮修 (清)吳泰來纂
乾隆五十二年(1787)刻本影印
[民國]新野縣志 第58冊

趙蓮溪纂
民國七年(1918)稿本影印
[乾隆]鄧州志　第58冊
(清)蔣光祖修 (清)姚之琅纂
乾隆二十年(1755)刻本影印
[康熙]淅川縣志　第59冊
(清)郭治纂修
康熙二十九年(1690)刻咸豐八年(1858)修補印本影印
[咸豐]淅川廳志　第59冊
(清)徐光第纂修
咸豐十一年(1861)刻本影印
[乾隆]南召縣志　第59冊
(清)陳之熉修 (清)張睿 曹鵬翊纂
乾隆十一年(1746)刻本影印
[乾隆]桐柏縣志　第59冊
(清)鞏敬緒修 (清)李南暉纂
乾隆十八年(1753)刻本影印
[民國]方城縣志　第60冊
杜緒贊修 張嘉謀纂
民國三十一年(1942)鉛印本影印
[民國]內鄉縣志　第60冊
王鐸纂修
民國二十一年(1932)石印本影印
[乾隆]河南府志　第61-62冊
(清)施誠修 (清)童鈺 裴希純纂
乾隆四十四年(1779)刻同治六年(1867)陳肇鏞重校補刻本影印
[嘉慶]洛陽縣志　第63冊
(清)魏襄修 (清)陸繼輅纂
民國五年(1916)石印本影印
[道光]汝州全志　第64冊
(清)白明義修 (清)趙林成纂
道光二十年(1840)刻本影印
[乾隆]嵩縣志　第64冊
(清)康基淵修纂
乾隆三十二年(1767)刻本影印
[道光]重修伊陽縣志　第64冊
(清)張道超修 (清)馬九功纂
道光十八年(1838)刻本影印
[嘉慶]孟津縣志　第65冊
(清)趙擢彤修 (清)宋縉纂
嘉慶二十年(1815)刻本影印
[乾隆]重修靈寶縣志　第65冊
(清)周慶增修 (清)敖啟潛 許宰纂
乾隆十二年(1747)刻本影印
[民國]靈寶縣志　第65冊
孫椿榮修 張象明纂
民國二十四年(1935)鉛印本影印
[光緒]閿鄉縣志　第66冊
(清)劉思恕 汪鼎臣修 (清)王維國 王守恭纂
光緒二十年(1894)刻本影印
[民國]新修閿鄉縣志　第66冊
黃覺修 韓嘉會纂
民國二十一年(1932)鉛印本影印
[民國]繩池縣志　第66冊
陸紹治修 李鳳翔 上官駿謨纂
民國十七年(1928)石印本影印
[乾隆]偃師縣志　第67冊
(清)湯敏倬修 (清)孫星衍 武億纂
乾隆五十四年(1789)刻本影印
[民國]宜陽縣志　第67冊
張浩源 林裕燾修 王鳳翔纂
民國七年(1918)鉛印本影印
[康熙]永寧縣志　第68冊
(清)佟賦偉纂修
一九五九年轉抄康熙三十一年(1692)刻本影印
[民國]洛寧縣志　第68冊
賈毓鶚修 王鳳翔纂
民國六年(1917)鉛印本影印
[光緒]重修盧氏縣志　第68冊
(清)郭光澍修 (清)李旭春纂
光緒十八年(1892)刻本影印
[乾隆]重修直隸陝州志　第69冊
(清)龔崧林修 (清)楊建章纂
乾隆十二年(1747)刻本影印
[民國]陝縣志　第69冊
歐陽珍修 韓嘉會纂
民國二十五年(1936)鉛印本影印
[乾隆]新安縣志　第70冊
(清)邱莪修 (清)呂宣曾纂
民國三年(1914)曾炳章石印本影印
[民國]新安縣志　第70冊
李庚白修 李希白纂
民國二十八年(1939)石印本影印
中國地方志集成陝西府縣志輯
鳳凰出版社編選
二〇〇七年南京鳳凰出版社
五十七冊
[乾隆]西安府志　第1-2冊
(清)舒其紳修 (清)嚴長明纂
清乾隆四十四年(1779)刻本
熙寧長安縣志　第2冊
(宋)宋敏求纂 (元)李好文繪 (清)畢沅校
宋熙寧九年(1076)修 據民國二十年(1931)長安縣志局鉛印本影印
[嘉慶]長安縣志　第2冊
(清)張聰賢修 (清)董曾臣纂
清嘉慶二十年(1815)修並刻 據民國二十五年(1936)鉛印本影印
[嘉慶]鹹寧縣志　第3冊
(清)高廷法 沈琮修 (清)陸耀遹 董祐誠纂
清嘉慶二十四年(1819)刻 據民國二十五年(1936)鉛印本影印
[民國]鹹甯長安兩縣續志　第3冊
翁檉修 宋聯奎纂
民國二十五年(1936)鉛印本
[乾隆]鄠縣新志　第4冊
(清)汪以誠修 (清)孫景烈纂
清乾隆四十二年(1777)刻本
[民國]重修鄠縣志　第4冊
強雲程 趙葆真修 吳繼祖纂
民國二十二年(1933)西安西山書局鉛印本
[乾隆]咸陽縣志　第4冊
(清)臧應桐纂修
清乾隆十六年(1751)刻本
[道光]續修咸陽縣志　第4冊
(清)陳堯書纂修
清道光十六年(1836)刻本
[民國]重修咸陽縣志　第5冊
劉安國修 吳廷錫 馮光裕纂
民國二十一年(1932)鉛印本
[乾隆]興平縣志　第6冊
(清)顧聲雷修 (清)張塤纂
清光緒二年(1876)刻本
[民國]重纂興平縣志　第6冊
王廷珪修 張元際 馮光裕纂
民國十二年(1923)西安藝林印書局鉛印本
[嘉靖]高陵縣志　第6冊
(明)呂柟纂修
明嘉靖二十年(1541)刻 據清光緒十年(1884)刻本影印
[光緒]高陵縣續志　第6冊
(清)程維雍修 (清)白遇道纂
清光緒七年(1881)修 據光緒十年

(1884)刻本影印
[乾隆]涇陽縣志 第7冊
(清)葛晨纂修
清乾隆四十三年(1778)刻本
[道光]重修涇陽縣志 第7冊
(清)胡元煐修 (清)蔣湘南纂
清道光二十二年(1842)刻本
[宣統]重修涇陽縣志 第7冊
(清)劉懋官修 (清)宋伯魯 周斯億纂
清宣統三年(1910)天津華新印刷局鉛印本
[嘉靖]重修三原志 第8冊
(明)張信纂修
據鈔本影印
[乾隆]三原縣志 第8冊
(清)劉紹攽纂修
清乾隆四十八年(1783)刻本
[光緒]三原縣志 第8冊
(清)焦雲龍修 (清)賀瑞麟纂
清光緒六年(1880)刻本
[乾隆]盩厔縣志 第9冊
(清)楊儀修 (清)王開沃纂
清乾隆五十八年(1793)補刻本
[民國]盩厔縣志 第9冊
龐文中修 任肇新 路孝愉纂
民國十四年(1925)西安藝林印書社鉛印本
隆慶淳化志 第9冊
(明)羅廷繡纂修
明隆慶四年(1570)童恩善刻 據傳抄明隆慶本影印
[乾隆]淳化縣志 第9冊
(清)萬廷樹修 (清)洪亮吉纂
清乾隆四十九年(1784)刻本
[乾隆]醴泉縣志 第10冊
(清)蔣騏昌修 (清)孫星衍纂
清乾隆四十九年(1784)刻本
[民國]續修醴泉縣志稿 第10冊
張道芷 胡銘荃修 曹驥觀纂
民國二十四年(1935)鉛印本
[民國]邠州縣新志稿 第10冊
劉必達修 史秉貞等纂
民國十八年(1929)鉛印本之鈔本
[乾隆]三水縣志 第10冊
(清)朱廷模 葛德新修 (清)孫星衍纂
清乾隆五十年(1785)刻本之鈔本
[同治]三水縣志 第10冊
(清)姜桐岡修 (清)郭四維纂
清同治十一年(1812)刻本
[宣統]長武縣志 第11冊
(清)沈錫榮修 (清)王錫璋纂
清宣統二年(1910)鉛印本
[光緒]永壽縣志 第11冊
(清)鄭德樞修 (清)趙奇齡纂
清光緒十四年(1888)刻本
[光緒]乾州志稿 第11冊
(清)周銘旂纂修
據清光緒十年(1884)乾陽書院刻本影印
[光緒]乾州志稿補正 第11冊
(清)周銘旂纂修
清光緒十七年(1891)刻本
[民國]乾縣新志 第11－12冊
續儉 田屏軒修 范凝績纂
據民國三十年(1941)鉛印本影印
[嘉靖]渭南縣志 第13冊
(明)南大吉纂修
明嘉靖二十年(1541)刻 據鈔本影印
[道光]重輯渭南縣志 第13冊
(清)何耿繩修 (清)姚景衡纂
清道光九年(1829)刻本
[光緒]新續渭南縣志 第13冊
(清)嚴書麟修 (清)焦聯甲纂
清光緒十八年(1892)刻本
[乾隆]富平縣志 第14冊
(清)吳六鰲修 (清)胡文銓纂
清乾隆四十三年(1778)刻本
[光緒]富平縣志稿 第14冊
(清)樊增祥 劉錕修 (清)田兆岐纂
清光緒十七年(1891)刻本
[乾隆]臨潼縣志 第15冊
(清)史傳遠纂修
清乾隆四十一年(1776)刻本
[光緒]臨潼縣續志 第15冊
(清)安守和修 (清)楊彥修纂
清光緒十六年(1890)刻本
[民國]臨潼縣志 第15冊
鄧長耀纂修
民國十一年(1922)西安含章書局鉛印本
[雍正]藍田縣志 第16冊
(清)郭顯賢原本 (清)李元昇增修 (清)李大捷增纂
清雍正八年(1730)增刻順治本之鈔本
[光緒]藍田縣志 第16冊
(清)呂懋勳修 (清)袁廷俊纂
據清光緒元年(1875)刻本影印
[民國]續修藍田縣志 第16－17冊
郝兆先修 牛兆濂纂
民國二十四年(1935)修 據民國三十年(1941)餐雪齋鉛印本影印
[咸豐]同州府志 第18－19冊
(清)李恩繼 文廉修 (清)蔣湘南纂
清咸豐二年(1852)刻本
[光緒]同州府續志 第19冊
(清)饒應祺修 (清)馬先登 王守恭纂
清光緒七年(1881)刻本
[道光]大荔縣志 第20冊
(清)熊兆麟纂修
清道光三十年(1850)刻本
[光緒]大荔縣續志 第20冊
(清)周銘旂修 (清)李志復纂
清光緒五年(1879)修 據清光緒十一年(1885)馮翊書院刻本影印
[民國]續修大荔縣舊志存稿 第20冊
陳少岩 聶雨潤修 張樹澐 李泰纂
民國二十五年(1936)鉛印本
[民國]大荔縣新志存稿 第20冊
聶雨潤修 李泰纂
民國二十六年(1937)陝西省印刷局鉛印本
[正德]朝邑縣志 第21冊
(明)王道修 (明)韓邦靖纂
清康熙五十一年(1712)王兆鰲刻本
[萬曆]續朝邑縣志 第21冊
(明)郭實修 (明)王學謨纂
清康熙五十一年(1712)王兆鰲刻本
[康熙]朝邑縣後志 第21冊
(清)王兆鰲修 (清)王鵬翼纂
清康熙五十一年(1712)刻本
[乾隆]朝邑縣志 第21冊
(清)金嘉琰 朱廷模修 (清)錢坫纂
清乾隆四十五年(1780)刻本
[咸豐]初朝邑縣志 第21冊
(清)李元春纂
據清咸豐元年(1851)華原書院刻本影印
[民國]平民縣志 第21冊
楊瑞霆修 霍光縉纂
民國二十一年(1932)鉛印本之鈔本
[乾隆]郃陽縣志 第22冊

(清)席奉乾修 (清)孫景烈纂
清乾隆三十四年(1769)刻本
[乾隆]澄城縣志 第22冊
(清)戴治修 (清)洪亮吉 孫星衍纂
清乾隆四十九年(1784)刻本
[民國]澄城縣志附志 第22冊
王懷斌修 趙邦楹纂
民國十五年(1926)鉛印本
隆慶華州志 第23冊
(明)李可久修 (明)張光孝纂
清光緒八年(1882)合刻華州志本
[康熙]續華州志 第23冊
(清)馮昌奕修 (清)劉遇奇等纂
清光緒八年(1882)合刻華州志本
[乾隆]再續華州志 第23冊
(清)汪以誠修 (清)史蓴纂
清乾隆五十四年(1789)刻本
[光緒]三續華州志 第23冊
(清)吳炳南修 (清)劉域纂
清光緒八年(1882)合刻華州志本
[乾隆]華陰縣志 第24冊
(清)陸維垣 許光基修 (清)李天秀等纂
清乾隆五十三年(1787)修 據民國十七年(1928)西安藝林印書社鉛印本影印
[民國]華陰縣續志 第25冊
米登嶽修 張崇善 王之彥纂
民國二十一年(1932)鉛印本
[康熙]蒲城縣志 第26冊
(清)鄧永芳修 (清)李馥蒸纂
清康熙五年(1666)刻 據鈔本影印。
[乾隆]蒲城縣志 第26冊
(清)張心鏡修 (清)吳泰來纂
清乾隆四十七年(1782)刻本
[光緒]蒲城縣新志 第26冊
(清)李體仁修 (清)王學禮纂
清光緒三十一年(1905)刻本
[乾隆]白水縣志 第26冊
(清)梁善長纂修
清乾隆十九年(1754)刻 據民國十四年(1925)鉛印本影印
[乾隆]韓城縣志 第27冊
(清)傅應奎修 (清)錢坫等纂
清乾隆四十九年(1784)刻本
[嘉慶]韓城縣續志 第27冊
(清)冀蘭泰修 (清)陸耀通纂
清嘉慶二十三年(1818)刻本
[民國]韓城縣續志 第27冊
趙本蔭修 程仲昭纂
民國十四年(1925)韓城縣德興石印館石印本
[嘉靖]耀州志 第27冊
(明)李廷寶修 (明)喬世寧纂
據清乾隆二十七年(1762)汪灝刻本影印
[乾隆]續耀州志 第27冊
(清)汪灝修 (清)鍾麟書纂
清乾隆二十七年(1762)刻本
[乾隆]同官縣志 第27冊
(清)袁文觀纂修
清乾隆三十年(1765)刻 據鈔本影印
[民國]同官縣志 第28冊
余正東修 黎錦熙纂
民國三十三年(1944)鉛印本
[康熙]潼關衛志 第29冊
(清)唐咨伯修 (清)楊端本纂
清康熙二十四年(1685)刻本
[嘉慶]續修潼關廳志 第29冊
(清)向淮修 (清)王森文纂
清嘉慶二十二年(1817)刻本
[民國]潼關縣新志 第29冊
羅傳甲修 趙鵬超纂
民國二十年(1931)鉛印本
[乾隆]商南縣志 第29冊
(清)羅文思纂修
清乾隆十三年(1748)刻本
[乾隆]鳳翔縣志 第29冊
(清)羅鰲修 (清)周方炯 劉震纂
清乾隆三十二年(1767)刻本
[乾隆]直隸商州志 第30冊
(清)王如玖纂修
清乾隆九年(1744)刻本
[乾隆]續商州志 第30冊
(清)羅文思纂修
清乾隆二十三年(1758)刻本
[乾隆]鎮安縣志 第30冊
(清)聶燾纂修
清乾隆二十年(1755)刻 據鈔本影印
[乾隆]雒南縣志 第30冊
(清)范啓源纂修 (清)薛韞訂正
清乾隆十一年(1746)刻本
[乾隆]鳳翔府志 第31冊
(清)達靈阿修 (清)周方炯 高登科纂
清乾隆三十一年(1766)刻本
[光緒]孝義廳志 第32冊
(清)常毓坤修 (清)李開甲等纂
清光緒九年(1883)刻本之鈔本
[乾隆]寶雞縣志 第32冊
(清)許起鳳修 (清)高登科纂
乾隆二十九年(1764)刻本
[民國]寶雞縣志 第32冊
(清)鄧夢琴原本 (清)曹驥觀續修 (清)強振志續纂
民國十一年(1922)陝西印刷局鉛印本
[光緒]岐山縣志 第33冊
(清)胡昇猷修 (清)張殿元纂
清光緒十年(1884)刻本
[民國]岐山縣志 第33冊
田惟均修 白岫雲纂
民國二十四年(1935)西安西山書局鉛印本
[嘉慶]扶風縣志 第34冊
(清)宋世犖 吳鵬翱 王樹棠纂
清嘉慶二十四年(1819)刻本
[康熙]麟遊縣志 第34冊
(清)吳汝為修 (清)劉元泰纂
清康熙四十七年(1708)增刻本
[光緒]麟遊縣新志草 第34冊
(清)彭洵纂修
清光緒九年(1883)刻本
[道光]重修汧陽縣志 第34冊
(清)羅曰璧纂修
清道光二十一年(1841)刻本
[光緒]增續汧陽縣志 第34冊
(清)焦思善修 (清)張元璧 王潤纂
據光緒十三年(1887)刻本影印
[宣統]郿縣志 第35冊
(清)李帶雙原本 (清)沈錫榮增補
清宣統元年(1909)增補乾隆本 據宣統二年(1910)陝西圖書館鉛印本影印
[正德]武功縣志 第36冊
(明)康海纂 (清)孫景烈評注
清乾隆二十六年(1761)瑪星阿刻本
[雍正]武功縣後志 第36冊
(清)沈華修 (清)崔昭等纂
清雍正十二年(1734)刻本
[嘉慶]續武功縣志 第36冊
(清)張樹勳修 (清)王森文纂
清嘉慶二十一年(1816)緑野書院刻本

[民國]續修南鄭縣志　第51冊
郭鳳洲 柴守愚修 劉定鐸等纂
民國十年(1921)刻本
[道光]褒城縣志　第51冊
(清)光朝魁纂修
清道光十一年(1831)刻 據鈔本影印
[康熙]城固縣志　第51冊
(清)王穆纂修
清康熙五十六年(1717)刻本
[道光]續修寧羌州志　第52冊
(清)張廷槐纂修
清道光十二年(1832)刻本
[光緒]寧羌州志　第52冊
(清)馬毓華修 (清)鄭書香 曹良楷纂
清光緒十四年(1888)刻本
[康熙]沔縣志　第52冊
(清)錢兆沆纂修
清康熙四十九年(1710)刻 據鈔本影印
[光緒]沔縣新志　第52冊
(清)孫銘鍾 羅桂銘修 (清)彭齡纂
清光緒九年(1883)刻本
[道光]重修略陽縣志　第52冊
(清)譚瑀修 (清)黎成德等纂
清光緒三十年(1904)刻本
[光緒]新續略陽縣志　第52冊
(清)桂超修 (清)侯龍光纂
清光緒三十年(1904)刻本
[道光]留壩廳志　第52冊
(清)賀仲瑊修 (清)蔣湘南纂
清道光二十二年(1842)漢中友義齋刻本
[光緒]定遠廳志　第53冊
(清)余修鳳纂修
清光緒五年(1879)刻本
[光緒]佛坪縣志　第53冊
(清)劉瑛纂修
光緒九年(1883)刻本
[民國]佛坪縣志　第53冊
張機高纂修
民國十八年(1929)鈔本
[嘉慶]安康縣志　第53冊
(清)鄭謙修 (清)王森文纂
清咸豐三年(1853)刻本
[乾隆]平利縣志　第53冊
(清)黃寬纂修
清乾隆二十一年(1756)刻本
[光緒]續修平利縣志　第53冊
(清)楊孝寬修 (清)李聯芳等纂
光緒二十三年(1897)刻本
[乾隆]興安府志　第54冊
(清)李國麒纂修
清乾隆五十三年(1788)刻 據清道光二十八年(1848)刻本影印
[嘉慶]續興安府志　第54冊
(清)葉世倬纂修
清嘉慶十七年(1812)刻本
[康熙]漢陰縣志　第54冊
(清)趙世震修 (清)汪澤延纂
清康熙二十六年(1687)刻 據鈔本影印
[嘉慶]漢陰廳志　第54冊
(清)錢鶴年修 (清)董詔纂
清嘉慶二十三年(1818)刻本
[乾隆]洵陽縣志　第55冊
(清)鄧夢琴纂修
清同治九年(1870)增刻本
[光緒]洵陽縣志　第55冊
(清)劉德全修 (清)郭焱昌 姜善繼纂
清光緒二十八年(1902)刻本
[嘉慶]白河縣志　第55冊
(清)嚴一青纂修
清嘉慶六年(1801)挹漢亭刻本
[光緒]白河縣志　第55冊
(清)顧騄修 (清)王賢輔 李宗麟纂
清光緒十九年(1893)刻本
[道光]石泉縣志　第56冊
(清)舒鈞纂修
清道光二十九年(1849)刻本
[道光]寧陝廳志　第56冊
(清)林一銘修 (清)焦世官 胡官清
清道光九年(1829)刻本
[道光]紫陽縣志　第56冊
(清)陳僅 吳純修 (清)施鳴鑾 張濂纂
清光緒八年(1882)吳世澤補刻本
[民國]重修紫陽縣志　第56-57冊
楊家駒修 陳振紀 陳如墉纂
民國十四年(1925)石印本
[民國]磚坪縣志　第57冊
佚名纂
民國六年(1917)鉛印本
中國地方志集成甘肅府縣志輯
鳳凰出版社編選
二〇〇八年南京鳳凰出版社
四十九冊
[康熙]蘭州志　第1冊
(清)劉斗修 陳如稷纂
清康熙二十五年(1686)刊刻 現據鈔本影印
[道光]蘭州府志　第1冊
(清)陳士楨修 涂鴻儀纂
清道光十三年(1833)刻本
[康熙]臨洮府志　第2冊
(清)高錫爵修 郭巍纂
清康熙二十六年(1687)刻本
[康熙]鞏昌府志　第2冊
(明)楊恩原本 (清)紀元續修
清康熙二十七年(1688)刻本
[乾隆]皋蘭縣志　第3冊
(清)吳鼎新修 黃建中纂
清乾隆四十三年(1778)刻本
[光緒]重修皋蘭縣志　第3-5冊
(清)張國常纂修
清光緒十八年(1892)修 據民國六年(1917)隴右樂善書局甘肅政報局石印本影印
平番縣志　第5冊
(清)張玿美修 曾鈞纂
清乾隆十四年(1749)刻《五涼考治六德集全志》本
[康熙]金縣志　第6冊
(清)耿喻修 郭殿邦等纂
清康熙二十六年(1687)刊刻 現據鈔本影印
[道光]金縣志　第6冊
(清)恩福修 冒蕖纂
清道光二十四年(1844)刊刻 現據鈔本影印
[萬曆]莊浪彙記　第6冊
(明)王之采纂
明萬曆四十四年(1616)刊刻 現據鈔本影印
[乾隆]隴西縣志　第7冊
(清)魯廷琰修 田呂葉纂
清乾隆元年(1736)刻本
[光緒]隴西縣志　第7冊
(清)馬如鑑 劉文炳纂修
鈔本
[康熙]安定縣志　第7冊
(清)張爾介纂修
清康熙十九年(1680)刊刻 現據鈔本影印
[道光]會寧縣志　第8冊

（清）畢光堯纂修
清光緒末年官報書局鉛印本
［道光］續修會寧縣志 第8冊
（清）徐敬修 周西範纂
清道光二十年（1840）刻本
［光緒］會寧縣鄉土志 第8冊
（清）佚名編
據稿本影印
［光緒］隴西分縣武陽志 第8冊
（清）周裕杬修 楊學震纂
清光緒三十四年（1908）修 現據鈔本影印
［乾隆］通渭縣志 第9冊
（清）何大璋修 張志達纂
清乾隆二十六年（1761）修 據鈔本影印
［光緒］重修通渭縣新志 第9冊
（清）高蔚霞修 （清）苟廷誠纂
清光緒十九年（1893）刻本
［乾隆］正寧縣志 第9冊
（清）折遇蘭纂修
據清乾隆二十八年（1763）刻本影印 間以鈔本補配
［乾隆］直隸階州志 第9冊
（清）林忠纂 毛琪麟補輯 葛時政重訂
據清乾隆元年（1736）刻本影印 間以鈔本補配
［嘉慶］武階備志 第10冊
（清）吳鵬翱纂修
清嘉慶十三年（1808）修 據同治十二年（1873）洪惟善刻本影印
［光緒］階州直隸州續志 第10冊
（清）葉恩沛修 呂鎮南纂
據清光緒十二年（1886）刻本影印
［乾隆］狄道州志 第11－12冊
（清）呼延華國修 （清）吳鎮纂
清乾隆二十八年（1763）刻 據光緒間官報書局鉛印本影印
［宣統］狄道州續志 第12冊
（清）聯瑛修 李鏡清纂
清宣統元年（1909）刻本
［嘉靖］平涼府志 第13冊
（明）趙時春纂修
明嘉靖三十九年（1560）刊刻 現據鈔本影印
［民國］平涼縣志 第13冊
劉興沛修 鄭濬 朱離明纂
民國三十三年（1944）隴東日報社鉛印本
［康熙］渭源縣志 第13冊
（清）張弘斌 張淑孔纂修
清康熙二十七年（1688）刊刻 現據鈔本影印
［民國］創修渭源縣志 第14冊
陳鴻寶纂修
民國十五年（1926）平涼新隴書社石印本
［乾隆］環縣志 第15冊
（清）高觀鯉纂修
據清乾隆十九年（1754）刻本影印 間以鈔本補配
［康熙］重纂靖遠衛志 第15冊
（清）馬文麟等修 李一鵬等纂
清康熙四十八年（1709）刻本之鈔本
［乾隆］續增靖遠縣志 第15冊
（清）那禮善修 李林等纂
清乾隆四十年（1775）刻本
［道光］靖遠縣志 第15－16冊
（清）陳之驥修 尹世阿纂
清道光十三年（1833）刻 現據民國十四年（1925）鉛印本影印
［光緒］打拉池縣丞志 第16冊
（清）廖丙文修 陳希魁等纂
清光緒三十四年（1908）修 據鈔本影印
［乾隆］靜寧州志 第17冊
（清）王烜纂修
清乾隆十一年（1746）刊刻 現據民國間蘭州俊華印書館鉛印本影印
［康熙］莊浪縣志 第18冊
（清）王鍾鳴修 盧必培纂
清康熙六年（1667）刊刻 現據鈔本影印
［乾隆］莊浪縣志略 第18冊
（清）邵陸原本 耿光文增補
清乾隆五十五年（1790）增刻 現據鈔本影印
［民國］重修靈臺縣志 第19－20冊
高維岳 張東野修 王朝俊等纂
民國二十四年（1935）南京京華印書館鉛印本
［乾隆］涇州志 第20冊
（清）張延福修 （清）李瑾纂
清乾隆十九年（1754）刊刻 現據鈔本影印
［宣統］涇州採訪新志 第20冊
（清）楊丙榮纂
清宣統元年（1909）修 現據鈔本影印
［光緒］涇州鄉土志 第20冊
（清）張元淼編
清光緒三十三年（1907）稿本 現據鈔本影印
［民國］重修崇信縣志 第21冊
張明道等修 任瀛翰纂
有民國十七年（1928）石印本 現據鈔本影印
［民國］永登縣志 第21冊
周樹清纂修
民國間稿本之鈔本
［乾隆］禮縣志 第22冊
（清）方嘉發纂修 唐正邦補輯
清乾隆十七年（1752）修 據清乾隆二十一年（1756）刻本影印
［光緒］重纂禮縣新志 第22冊
（清）雷文淵修 王思溫纂
光緒十六年（1890）刻本
［乾隆］新修慶陽府志 第22冊
（清）趙本植纂修
清乾隆二十六年（1761）刻本
［乾隆］合水縣志 第23冊
（清）陶奕曾纂修
清乾隆二十六年（1761）刊刻 現據鈔本影印
［光緒］合水縣志 第23冊
（清）佚名纂
清光緒三十四年（1908）修 據民國三十六年（1947）鈔本影印
［乾隆］兩當縣志 第23冊
（清）秦武域纂修
清乾隆三十二年（1767）刊刻 現據鈔本影印
［道光］兩當縣新志 第23冊
（清）德俊修 韓塘纂
清道光二十二年（1842）刊刻 現據鈔本影印
［道光］秦安縣志 第24冊
（清）嚴長宦修 劉德熙纂
清道光十八年（1883）刻本影印
［康熙］寧州志 第24冊
（清）晉顯卿修 王星麟纂
清康熙二十六年（1687）刻本之鈔本
［道光］鎮原縣志 第25冊
（清）李從圖纂修
清道光二十七年（1847）刻本

［民國］重修鎮原縣志　第 25－28 冊
錢史彤 鄒介民修 焦國理 慕壽祺纂
民國二十四年（1935）蘭州俊華印書館鉛印本
［乾隆］直隸秦州新志　第 29 冊
（清）費廷珍修（清）胡釴纂
清乾隆二十九年（1764）刻本
［光緒］重纂秦州直隸州新志　第 30 冊
（清）余澤春修（清）王權 任其昌纂
清光緒十五年（1889）隴南書院刻本
［民國］秦州直隸州新志續編　第 31 冊
姚展等修 任承允纂
民國二十八年（1939）鉛印本
［民國］天水縣志　第 32 冊
莊以綏修 賈纘緒纂
民國二十八年（1939）鉛印本
［康熙］清水縣志　第 33 冊
（清）劉俊聲重修 張桂芳重纂
清康熙二十六年（1687）刻本
［乾隆］清水縣志　第 33 冊
（清）朱超纂修
清乾隆六十年（1795）刊刻 現據鈔本影印
［康熙］寧遠縣志　第 34 冊
（清）馮同憲修 李樟纂
清康熙四十八年（1709）刻本
［乾隆］寧遠縣志續略　第 34 冊
（清）胡奠域修 于纘周纂
清道光十五年（1835）增刻本
［乾隆］西和縣志　第 34 冊
（清）邱大英纂修
清乾隆三十九年（1774）刊刻 現據鈔本影印
［乾隆］伏羌縣志　第 35 冊
（清）周銑修 葉芝纂
清乾隆三十五年（1775）刻本
［同治］續伏羌縣志　第 35 冊
（清）侯新嚴修 方承宣纂
清同治十一年（1872）刻本
［順治］華亭縣志　第 35 冊
（清）武全文 佟希堯修（清）馬魁選纂
清順治十六年（1659）修 未刊刻 現據鈔本影印
［嘉慶］華亭縣志　第 35 冊
（清）趙先甲纂修
清嘉慶元年（1796）刻本之鈔本
［民國］漳縣志　第 35 冊
張鄂原本 韓世英增輯
民國二十三年（1934）鉛印本
［嘉靖］徽郡志　第 36 冊
（明）孟鵬年修（明）郭從道纂
明嘉靖四十二年（1563）刊刻 現據鈔本影印
［乾隆］徽縣志　第 36 冊
（清）佚名纂修
清乾隆年間修 未刊行 現據鈔本影印
［嘉慶］徽縣志　第 36 冊
（清）張伯魁纂修
清嘉慶十四年（1809）刻本
［民國］徽縣新志　第 36－37 冊
董杏林修 趙鍾靈纂
民國十三年（1924）石印本
［乾隆］續修文縣志　第 38 冊
（清）孫巘修 何渾纂
清乾隆二十七年（1688）刻本
［光緒］文縣志　第 38 冊
（清）長贇修 劉健纂
清光緒二年（1876）刻本
［乾隆］成縣新志　第 38 冊
（清）黃泳修（清）汪於雍纂
清乾隆六年（1741）修 據乾隆十七年（1752）刻本影印
［乾隆］古浪縣志　第 38 冊
（清）蔡青錢修（清）張玿美 趙璘纂
清乾隆十四年（1749）刻《五涼考治六德集全志》本
［乾隆］永昌縣志　第 38 冊
（清）李炳文修（清）張玿美 沈紹祖纂
清乾隆十四年（1749）刻《五涼考治六德集全志》本
［康熙］岷州志　第 39 冊
（清）汪元絅修 田而穟纂
清康熙四十一年（1702）刻本 間以鈔本補配
［光緒］岷州鄉土志　第 39 冊
（清）佚名編
書中有增刪塗改處 當為謄清稿本 現據以影印
［乾隆］武威縣志　第 39 冊
（清）張玿美修（清）曾鈞 蘇暻纂
清乾隆十四年（1749）刻《五涼考治六德全志》本
［嘉靖］河州志　第 40 冊
（明）吳禎纂修 劉卓增訂
明嘉靖二十五年（1546）修 現據嘉靖四十二年（1563）劉氏仕優堂重刻本影印
［康熙］河州志　第 40 冊
（清）王全臣纂修
清康熙四十六年（1707）刻本
［民國］和政縣志　第 40 冊
馬凱祥修 王詔纂
民國十九年（1930）修 未刊行 現據鈔本影印
［光緒］洮州廳志　第 41－42 冊
（清）張彥篤修（清）包永昌等纂
清光緒三十三年（1907）刊刻 現據鈔本影印
［民國］夏河縣志稿　第 42 冊
張其昀纂
民國二十四年（1935）修 據鈔本影印
［乾隆］鎮番縣志　第 43 冊
（清）張玿美修（清）曾鈞 魏奎光纂
清乾隆十四年（1749）刻《五涼考治六德集全志》本
［道光］重修鎮番縣志　第 43 冊
（清）許協修（清）謝集成纂
清道光五年（1825）刻本
［光緒］鎮番縣鄉土志　第 43 冊
（清）劉春堂 聶守仁編
清光緒年間修 據鈔本影印
［萬曆］甘鎮志　第 44 冊
（明）佚名纂
現據清順治十四年（1657）楊春茂重刻本之鈔本影印
［乾隆］甘州府志　第 44 冊
（清）鍾賡起纂修
清乾隆四十四年（1779）刻本
［民國］東樂縣志　第 45 冊
徐傳鈞修 張著常纂
民國十二年（1923）競業石印館石印本
［民國］新修張掖縣志　第 45 冊
白冊候原纂 余炳元續纂
本書民國三十八年（1949）修 稿本 現據民國油印本影印
［道光］續修山丹縣志　第 46 冊
（清）黨行義原本 黃璟續修 朱遜志續纂
清道光十五年（1835）刊刻 現據鈔本影印
［民國］高臺縣志　第 47 冊

徐家瑞纂修
民國十四年(1925)鉛印本
[光緒]安西採訪底本 第47冊
(清)佚名纂修
清鈔本
[嘉慶]玉門縣志 第47冊
(清)佚名纂
清乾隆間修 嘉慶間增補 據鈔本影印
居延海 第47冊
董正鈞著
據一九五〇年中華書局鉛印本影印
肅鎮華夷志 第48冊
(明)李德魁纂
明萬曆四十四年(1616)刊刻 現據鈔本影印
重修肅州新志 第48冊
(清)黄文煒 沈青崖纂修
清乾隆二年(1737)刻本
肅州新志 第48冊
(清)吴人壽 何衍慶纂修
清光緒二十三年(1897)修 未刊行 現據鈔本影印
敦煌縣志 第49冊
(清)佚名纂
清乾隆年間鈔本 未刊行現據鈔本影印
敦煌縣志 第49冊
(清)蘇履吉修 曾誠纂
清道光十一年(1831)刻本
[民國]民勤縣志 第49冊
馬福祥修 王之臣等纂
民國年間纂修 未刊行 現據鈔本影印
沙州都督府圖經 第49冊
(唐)佚名纂
唐開元間修 據羅振玉寫本影印
中國地方志集成青海府縣志輯
鳳凰出版社編選
二〇〇八年南京鳳凰出版社
五冊
[順治]西鎮志 第1冊
(清)蘇銑纂修
清順治十四年(1657)刻 現據鈔本影印
[乾隆]西寧府新志 第1冊
(清)楊應琚纂修
據清乾隆十二年(1747)刻本影印 間以鈔本配補
[民國]西寧府續志 第2冊
(清)鄧承偉原本 (清)基生蘭續纂
現據民國二十七年(1938)鉛印本影印
[民國]玉樹縣志稿 第3冊
周希武纂
民國間鈔本
[民國]玉樹調查記 第3冊
周希武纂
民國間鈔本
[民國]大通縣志 第4冊
劉運新修 廖傒蘇纂
民國八年(1919)鉛印本
[民國]互助縣風土調查記 第4冊
佚名編
民國二十一年(1932)編 據鈔本影印
[民國]樂都縣風土概況調查録大綱 第4冊
佚名編
民國二十一年(1932)編 據鈔本影印
[民國]貴德縣風土調查大綱 第4冊
張祐周編
民國二十一年(1932)編 據鈔本影印
[民國]貴德縣志稿 第4冊
姚鈞修 趙萬卿纂
民國二十九年(1940)修 據鉛排本影印
[康熙]碾伯所志 第5冊
(清)李天祥纂
清康熙間修 據鈔本影印
[乾隆]循化廳志稿 第5冊
(清)龔景瀚纂修
清乾隆五十七年(1792)修 據鈔本影印
[民國]民和縣風土調查記 第5冊
佚名編
民國二十一年(1932)編 據鈔本影印
[光緒]丹噶爾廳志 第5冊
(清)張庭武修 (清)楊景昇纂
清宣統二年(1910)甘肅官報書局鉛印 據鈔本影印
[民國]亹源縣風土調查記 第5冊
佚名編
民國二十一年(1932)編 據鈔本影印
[民國]共和縣風土調查記 第5冊
佚名編
民國二十一年(1932)編 據鈔本影印
中國地方志集成寧夏府縣志輯
鳳凰出版社編選
二〇〇八年南京鳳凰出版社
九冊
[乾隆]寧夏府志 第1冊
(清)張金城修 (清)楊浣雨纂
清乾隆四十五年(1780)刻本
[民國]朔方道志 第2–4冊
馬福祥 陳必淮修 王之臣纂
民國十六年(1927)天津華泰書局鉛印本
[乾隆]中衛縣志 第5冊
(清)黄恩錫纂修
清乾隆二十六年(1761)刻本
[道光]續修中衛縣志 第5冊
(清)鄭元吉修 (清)余懋官纂
清道光二十一年(1841)刻本
[民國]豫旺縣志 第5冊
朱恩昭纂
民國十四年(1925)修 據鈔本影印
[嘉慶]靈州誌蹟 第6冊
(清)楊芳燦修 (清)郭楷纂
清嘉慶三年(1798)刊刻 現據鈔本影印
[光緒]平遠縣志 第6冊
(清)陳日新纂修
清光緒五年(1879)刊刻 現據鈔本影印
[光緒]海城縣志 第7冊
(清)楊金庚修 (清)陳廷珍纂
清光緒三十四年(1908)鉛印 現據鈔本影印
[康熙]隆德縣志 第7冊
(清)常星景修 (清)張煒纂
清康熙二年(1663)刊刻 現據鈔本影印
[光緒]花馬池誌蹟 第7冊
(清)佚名纂
清光緒三十三年(1907)修 據鈔本影印
[乾隆]銀川小志 第7冊
(清)汪繹辰纂
清乾隆二十年(1755)修 據鈔本影印
[宣統]新修固原直隸州志 第8–9冊
(清)王學伊修 (清)錫麟纂
清宣統元年(1909)官報書局鉛印本
[宣統]硝河城志 第9冊
中國地方志集成新疆府縣志輯
鳳凰出版社編選
二〇一二年南京鳳凰出版社
十二冊
[道光]欽定新疆識略 第1冊
(清)松筠修纂 (清)徐松原輯
清道光元年(1821)武英殿修書處刻本
[民國]新疆志略 第1冊
許崇灝纂

民國三十四年(1945)南京正中書局鉛印本
[嘉慶]西陲總統事略　第2－3冊
(清)松筠纂定 (清)汪廷楷原輯 (清)祁韻士增纂
清嘉慶十四年(1809)程振甲刻本
[乾隆]回疆志　第3冊
(清)蘇爾德纂
鈔本
[乾隆]西域總志　第3冊
(清)七十一纂 (清)周宅仁編輯
清嘉慶二十三年(1818)強恕堂刻本
[嘉慶]回疆通志　第4冊
(清)和寧纂
清嘉慶九年(1804)修 現據民國十四年(1925)外交部鉛印本
[嘉慶]西陲要略　第4冊
(清)祁韻士纂
清嘉慶十二年(1807)纂 現據道光十七年(1837)筠淥山房刻本
[光緒]西陲事略　第4冊
(清)李雲麟纂
鈔本
[嘉慶]三州輯略　第5－6冊
(清)和寧纂
清嘉慶十年(1805)和氏刊刻 現據鈔本影印
[光緒]新疆大記　第7冊
(清)闞鳳樓纂
清光緒三十三年(1907)武昌存古學堂鉛印本
[民國]新疆大記補編　第7冊
(清)闞鳳樓原本 吴廷燮補編
民國二十四年(1935)鉛印本
[光緒]新疆四道志　第8冊
(清)佚名纂
鈔本
[乾隆]烏魯木齊事宜　第8冊
(清)永保修 (清)達林 龍鐸纂
一九五〇年油印《邊疆叢書續編》本
[光緒]迪化縣鄉土志　第8冊
(清)佚名編
鈔本
[光緒]奇臺縣鄉土志　第8冊
(清)楊方熾編
清光緒三十四年(1908)修 現據鈔本之整理本影印
[光緒]綏來縣鄉土志　第8冊
(清)楊存蔚編纂 嚴國楨葺校
鈔本之整理本
[光緒]新疆志　第9冊
(清)佚名纂
清光緒三十二年(1906)鈔本
[乾隆]伊犁事宜　第9冊
(清)永保纂
鈔本之整理本
伊犁略志　第9冊
(清)佚名纂
鈔本之整理本
伊犁考　第9冊
(清)佚名纂
鈔本
[乾隆]伊江匯覽　第9冊
(清)格琫額纂
鈔本之整理本
[咸豐]伊江集載　第9冊
(清)佚名纂
鈔本之整理本
[乾隆]喀什噶爾事宜　第10冊
(清)永保修 (清)范建中纂
鈔本
[道光]喀什噶爾略節事宜　第10冊
(清)珠克登纂
鈔本
[嘉慶]喀什噶爾　第10冊
(清)和寧纂
據鈔本影印
[光緒]新疆吐魯番廳鄉土志　第11冊
(清)曾炳熿編
鈔本
[道光]哈密志　第11冊
(清)鍾方纂
民國二十六年(1937)鉛印《邊疆叢書甲集》本
[光緒]鎮西廳鄉土志　第11冊
(清)閻緒昌修 (清)高耀南 孫光祖纂
現據整理本影印
[光緒]綏定縣鄉土志　第11冊
(清)蕭然奎編
鈔本
[乾隆]塔爾巴哈臺事宜　第11冊
(清)永保纂 (清)興肇增補
一九五〇年油印《邊疆叢書續編》本
[咸豐]孚化志略　第11冊
(清)佚名編
清咸豐七年(1857)鈔本
新疆鄉土志稿二十九種　第12冊
(清)許國楨等編修
一九五五年打印本
[光緒]昌吉縣鄉土圖志　第12冊
(清)佚名編
清光緒三十四年(1908)修 據鈔本之整理本影印
[民國]烏蘇縣志　第12冊
鄧纘先纂修
民國七年(1918)修 據鈔本影印
[光緒]新平縣鄉土志　第12冊
(清)周芳煦編
鈔本之整理本
[光緒]溫宿府鄉土志　第12冊
(清)佚名纂
鈔本
[光緒]葉城縣鄉土志　第12冊
(清)佚名纂
清光緒間修 現據鈔本之整理本影印
[宣統]和闐直隸州鄉土志　第12冊
(清)易榮鼎編
鈔本之整理本
[光緒]于闐縣志　第12冊
(清)賀家棟纂修
鈔本
[光緒]塔城直隸廳鄉土志　第12冊
(清)佚名編
鈔本
中國地方志集成山西府縣志輯
鳳凰出版社編選
二〇〇五年南京鳳凰出版社
七十冊
[乾隆]太原府志　第1－2冊
(清)費淳 沈樹聲纂修
清乾隆四十八年(1783)刻本
[道光]陽曲縣志　第2冊
(清)戴夢熊修 (清)李方蓁 李方芃纂
清道光二十三年(1843)修 據民國二十一年(1932)鉛印本影印
[道光]太原縣志　第2冊
(清)員佩蘭修 (清)楊國泰纂
清道光六年(1826)刻本
[光緒]續太原縣志　第3冊
(清)薛元釗修 (清)王效尊纂
清光緒八年(1882)刻本

[康熙]徐溝縣志 第3冊
(清)王嘉謨纂修
清康熙五十一年(1712)刻本
[光緒]補修徐溝縣志 第3冊
(清)王勳祥修 (清)秦憲纂
清光緒七年(1881)刻本
[光緒]清源鄉志 第3冊
(清)王勳祥修 (清)王效尊纂
清光緒八年(1882)梗陽書院刻本
[乾隆]大同府志 第4冊
(清)吳輔宏修 (清)王飛藻 文光校訂
清乾隆四十一年(1776)修 四十七年(1782)重校刻本
[道光]大同縣志 第5冊
(清)黎中輔纂修
清道光十年(1830)刻本
[光緒]天鎮縣志 第5冊
(清)洪汝霖 魯彥光修 (清)楊篤纂
民國二十四年(1935)鉛印本
[崇禎]山陰縣志 第6冊
(明)劉以守纂修
明崇禎二年(1629)刻 現據鈔本影印
[康熙]靈邱縣志 第6冊
(清)宋起鳳原本 (清)岳宏譽增訂
清宋起鳳順治十七年(1660)修 據岳宏譽康熙二十三年(1684)刻本影印
[光緒]靈邱縣補志 第6冊
(清)雷棣榮 嚴潤林修 (清)陸泰元纂
清光緒七年(1881)京都吉潤齋刻本
[光緒]懷仁縣新志 第6冊
(清)李長華修 (清)姜利仁纂 (清)汪大浣續修 (清)馬蕃續纂
清光緒三十一年(1905)增補續刻本
[光緒]沁水縣志 第6冊
(清)秦丙煃修 (清)李疇纂
清光緒七年(1881)刻本
[雍正]陽高縣志 第7冊
(清)房裔蘭修 (清)蘇之芬纂
清雍正七年(1729)刻 現據民國鉛印本影印
[順治]渾源州志 第7冊
(清)張崇德纂修
清順治十八年(1661)刻本
[乾隆]渾源州志 第7冊
(清)桂敬順纂修
清乾隆二十八年(1763)刻本
[光緒]渾源州續志 第7冊
(清)賀澍恩修 (清)程續纂
清光緒七年(1881)刻本
[乾隆]廣靈縣志 第8冊
(清)郭磊纂修
清乾隆十九年(1754)刻本
[光緒]廣靈縣補志 第8冊
(清)楊亦銘纂修
清光緒七年(1881)刻本
[光緒]長子縣志 第8冊
(清)豫謙修 (清)楊篤纂
清光緒八年(1882)刻本
[民國]新修岳陽縣志 第8冊
李鍾珩修 王之哲纂
民國四年(1915)石印本
[雍正]朔平府志 第9冊
(清)劉士銘修 (清)王霷纂
清雍正十三年(1735)刻本
[雍正]朔州志 第10冊
(清)汪嗣聖修 (清)王霷纂
清雍正十三年(1735)刻本
[民國]馬邑縣志 第10冊
陳廷章修 霍殿鼇纂
民國七年(1918)鉛印本
[光緒]左雲縣志 第10冊
(清)李翼聖原本 (清)余卜頤增修 (清)蘭炳章增纂
清光緒七年(1881)增修嘉慶本 據民國間石印本影印
[乾隆]甯武府志 第11冊
(清)魏元樞 周景桂纂修
清乾隆十五年(1750)刻本
[咸豐]續甯武府志 第11冊
(清)常文遴 阿克達春纂修
咸豐七年(1857)刻本
[光緒]代州志 第11冊
(清)俞廉三修 (清)楊篤纂
清光緒八年(1882)代山書院刻本
[乾隆]忻州志 第12冊
(清)周人龍原本 (清)竇穀邃增訂
清乾隆十二年(1747)刻本
[光緒]忻州志 第12冊
(清)方戊昌修 (清)方淵如纂
清光緒六年(1880)刻本
[雍正]定襄縣志 第13冊
(清)王時炯原本 (清)王會隆續纂修
清雍正五年(1727)增補王時炯康熙五十一年(1712)刻本
[光緒]定襄縣補志 第13冊
(清)鄭繼修等修 (清)邢澍田纂
清光緒六年(1880)刻本
[光緒]五臺新志 第14冊
(清)徐繼畬纂修 (清)孫汝明 王步墀續修 (清)楊篤續纂
清同治四年(1865)修 據清光緒九年(1883)續修刻本影印
[乾隆]崞縣志 第14冊
(清)邵豐鍭 顧弼修 (清)賈瀛纂
乾隆二十二年(1757)刻本
[光緒]續修崞縣志 第14冊
(清)趙冠卿 龍朝言修 (清)潘肯堂纂
清光緒八年(1882)刻本
[道光]繁峙縣志 第15冊
(清)吳其均纂修
清道光十六年(1836)刻本
[光緒]繁峙縣志 第15冊
(清)何才價修 (清)楊篤纂
清光緒七年(1881)刻本
[乾隆]保德州志 第15冊
(清)王克昌原本 (清)王秉韜續纂修
王克昌康熙四十九年(1710)刻本 據清乾隆五十年(1785)增刻康熙本影印
[同治]河曲縣志 第16冊
(清)金福增修 (清)張兆魁 金鍾彥纂
清同治十一年(1872)刻本
[同治]榆次縣志 第16冊
(清)俞世銓 陶良駿修 (清)王平格 王序賓纂
清同治二年(1863)鳳鳴書院刻本
[光緒]榆次縣續志 第16冊
(清)吳師祁 張承熊修 (清)黃汝梅 王儆纂
清光緒十一年(1885)刻本
[光緒]平遙縣志 第17冊
(清)恩端修 (清)武達材 王舒萼纂
清光緒八年(1882)刻本
[光緒]神池縣志 第17冊
(清)崔長清修 (清)穀如墉纂
清光緒六年(1880)修 據鈔本影印
[康熙]岢嵐州志 第17冊
(清)何顯祖修 (清)袁鏘珩纂
清康熙十一年(1672)刻 現據鈔本影印
[光緒]岢嵐州志 第17冊
(清)吳光熊修 (清)史文炳纂

清光緒十年(1884)刻本
[民國]昔陽縣志 第18冊
皇甫振清修 李光宇纂
民國四年(1915)出版石印本 現據鈔本影印
[雍正]遼州志 第18冊
(清)徐三俊修 (清)劉澐纂
清雍正十一年(1733)刻本
[民國]重修和順縣志 第18冊
張夔典修 王玉汝纂
民國三年(1914)石印本
[光緒]榆社縣志 第18冊
(清)王家坊修 (清)葛士達纂
清光緒七年(1881)刻本
[乾隆]太穀縣志 第19冊
(清)郭晉修 (清)管粵秀纂
清乾隆六十年(1795)刻本
[民國]太穀縣志 第19冊
安恭己等修 胡萬凝纂
民國二十年(1931)鉛印本
[嘉慶]靈石縣志 第20冊
(清)王志瀜修 (清)王憲臣纂
清嘉慶二十二年(1817)刻本
[民國]靈石縣志 第20冊
李凱明修 耿步蟾纂
民國二十三年(1934)鉛印本
[光緒]平定州志 第21冊
(清)賴昌期 張彬等纂修
清光緒八年(1882)刻本
[光緒]平定州志補 第21冊
(清)葛士達編
清光緒十八年(1892)刻本
[光緒]盂縣志 第22冊
(清)張嵐奇 劉鴻逵等修 (清)武纘緒 劉懋功纂
清光緒七年(1881)刻本
[光緒]壽陽縣志 第22冊
(清)馬家鼎 白昶修 (清)張嘉言 祁世辰纂
清光緒八年(1882)刻本
[乾隆]興縣志 第23冊
(清)程雲原本 (清)藍山增修
清雍正八年(1730)修 據乾隆二十八年(1763)增修刻本影印
[光緒]興縣續志 第23冊
(清)張啓蘊修 (清)孫福昌 溫亮珠纂
清光緒六年(1880)刻本

[光緒]祁縣志 第23冊
(清)劉發岏修 (清)李芬纂
係乾隆四十五年(1780)刻本的增修本 據清光緒八年(1882)刻本影印
[乾隆]介休縣志 第24冊
(清)王謀文纂修
清乾隆三十五年(1770)刻本
[嘉慶]介休縣志 第24冊
(清)徐品山 陸元鏸修 (清)熊兆占等纂
清嘉慶二十四年(1819)刻本
[康熙]永寧州志 第25冊
(清)謝汝霖纂修
清康熙四十一年(1702)刻 現據清嘉慶 同治間增補重印本影印
[光緒]交城縣志 第25冊
(清)夏肇庸修 (清)許惺南纂
清光緒八年(1882)刻本
[乾隆]孝義縣志 第25冊
(清)鄧必安修 (清)鄧常纂
清乾隆三十五年(1770)刻本
[光緒]汾陽縣志 第26冊
(清)方家駒 慶文修 (清)王文員纂
據清光緒十年(1884)刻本影印
[雍正]石樓縣志 第26冊
(清)袁學謨修 (清)秦燮纂
清雍正十年(1732)刻 現據鈔本影印
[乾隆]汾州府志 第27冊
(清)孫和相修 (清)戴震纂
清乾隆三十六年(1771)刻本
[康熙]文水縣志 第28冊
(清)傅星修 (清)鄭立功纂
清康熙十二年(1673)刻本
[光緒]文水縣志 第28冊
(清)范啓堃 王煒修 (清)陰步霞纂
清光緒九年(1883)刻本
[乾隆]長治縣志 第28冊
(清)吳九齡修 (清)蔡履豫纂
清乾隆二十八年(1763)榮暉堂刻本
[光緒]長治縣志 第29冊
(清)李楨 馬鑑修 (清)楊篤纂
清光緒二十年(1894)刻本
[乾隆]應州續志 第29冊
(清)吳炳纂修
清乾隆三十四年(1769)刻本
[乾隆]潞安府志 第30－31冊
(清)張淑渠 姚學瑛等修 (清)姚學甲等纂
清乾隆三十五年(1770)刻本
[康熙]寧鄉縣志 第31冊
(清)呂履恒纂修
清康熙四十一年(1702)刻本
[民國]臨縣志 第31冊
胡宗虞修 吳命新纂
民國六年(1917)鉛印本
[雍正]澤州府志 第32－33冊
(清)朱樟修 (清)田嘉穀纂
清雍正十三年(1735)刻本
[康熙]隰州志 第33冊
(清)錢以塏纂修
清康熙四十九年(1710)刻本
[光緒]續修隰州志 第33冊
(清)崔澄寰修 (清)王嘉會纂
清光緒二十四年(1898)刻本
[乾隆]重修襄垣縣志 第33冊
(清)李廷芳修 (清)徐玨 陳於廷纂
清乾隆四十七年(1782)刻本
[民國]襄垣縣志 第34冊
嚴用琛 魯宗藩修 王維新 連篤敬等纂
民國十七年(1928)鉛印本
[道光]壺關縣志 第35冊
(清)茹金 申瑤纂修
清道光十四年(1834)刻本
[康熙]黎城縣志 第35冊
(清)程大夏修 (清)李御 李吉纂
清康熙二十一年(1682)刻本
[光緒]黎城縣續志 第35冊
(清)鄭灝修 (清)楊恩樹纂
清光緒九年(1883)刻本
[乾隆]高平縣志 第36冊
(清)傅德宜修 (清)戴純纂
清乾隆三十九年(1774)刻本
[同治]高平縣志 第36冊
(清)龍汝霖纂修
清同治六年(1867)刻本
[光緒]續高平縣志 第36冊
(清)陳學富 慶鍾修 (清)李廷一
清光緒六年(1880)刻本
[乾隆]鳳臺縣志 第37冊
(清)林荔修 (清)姚學甲纂
清乾隆四十九年(1784)刻本
[光緒]鳳臺縣續志 第37冊
(清)張貽琯修 (清)郭維垣等纂
清光緒八年(1882)刻本

［乾隆］陽城縣志 第38冊
（清）楊善慶修（清）田懋纂
清乾隆二十年（1755）刻本
［同治］陽城縣志 第38冊
（清）賴昌期修（清）譚澐 盧廷棻纂
清同治十三年（1874）刻本
［光緒］續陽城縣志 第38冊
（清）郭學謙纂修
清光緒三十四年（1908）修 現據鈔本影印
［乾隆］沁州志 第39冊
（清）葉士寬原本 姚學瑛續修（清）姚學甲續纂
清乾隆三十六年（1771）增補 清雍正九年（1731）刻本
［光緒］沁州復續志 第39冊
（清）吳承恩續修
清光緒六年（1880）刻本
［雍正］沁源縣志 第40冊
（清）韓瑛纂修（清）王廷掄續纂修
清康熙五十二年（1713）修 據清雍正八年（1730）續修刻本影印
［光緒］沁源縣續志 第40冊
（清）董餘三纂修
清光緒七年（1881）刻本
［民國］沁源縣志 第40冊
孔兆熊 郭藍田修 陰國垣纂
民國二十二年（1933）鉛印本
［乾隆］武鄉縣志 第41冊
（清）白鶴修（清）史傳遠纂
清乾隆五十五年（1716）刻 現據民國十八年（1929）鉛印本影印
［民國］武鄉新志 第41冊
張揚祚修 郝世楨纂
民國十八年（1929）鉛印本
［光緒］潞城縣志 第41冊
（清）崔曉然 曾雲章修（清）楊篤纂
清光緒十年（1884）刻本
［民國］平順縣志 第42冊
石璜纂修
民國間修 稿本 現據整理鉛印本影印
［乾隆］陵川縣志 第42冊
（清）程德炯纂修
清乾隆四十四年（1779）刻本
［民國］重修安澤縣志 第43冊
楊士瑛 史標青修 王錫禎纂
民國二十一年（1932）鉛印本

［光緒］屯留縣志 第43冊
（清）劉鍾麟 何金聲修（清）楊篤 任來樸纂
清光緒十一年（1885）刻本
［光緒］汾西縣志 第44冊
（清）曹憲修（清）周鳳翽纂
清光緒七年（1881）刻本
［雍正］平陽府志 第44－45冊
（清）章廷珪修（清）范安治纂
清雍正十三年（1735）修 據清乾隆元年（1736）刻本影印
［光緒］吉州全志 第45冊
（清）吳葵之修（清）裴國苞纂
民國間鉛印本
［乾隆］臨汾縣志 第46冊
（清）高嵣 吳士淳修（清）吕淙 吳克元纂
清乾隆四十四年（1779）刻本
［民國］臨汾縣志 第46冊
劉玉璣 關世熙修 張其昌等纂
民國二十二年（1933）鉛印本
［民國］永和縣志 第47冊
閻佩禮修 段金成纂
民國十九年（1930）出版鉛印本 現據鈔本影印
［光緒］翼城縣志 第47冊
（清）王耀章 龔履坦修（清）閻奮鵬等纂
據清光緒七年（1881）刻本影印
［乾隆］新修曲沃縣志 第48冊
（清）張坊修（清）胡元琢 徐儲纂
清乾隆二十三年（1758）敦好堂全書本
［乾隆］續修曲沃縣志 第48冊
（清）侯辰熺修（清）王安恭纂
據清嘉慶二年（1797）刻本影印
［光緒］續修曲沃縣志 第49冊
（清）張鴻逵 茅丕熙修（清）韓子泰纂
清光緒六年（1880）刻本
［民國］新修曲沃縣志 第49冊
鄔漢章修 仇汝功纂
民國十七年（1928）鉛印本
［民國］襄陵縣新志 第50冊
李世祐修 劉師亮纂
民國十二年（1923）刻本
［乾隆］蒲縣志 第50冊
（清）巫慧修（清）王居正纂
據清光緒六年（1880）刻本影印

［光緒］蒲縣續志 第50冊
（清）托克托歡修（清）曹和鈞 羅良柱纂
據清光緒六年（1880）刻本影印
［民國］洪洞縣志 第51冊
孫奂崙 賀椿壽修 韓坰纂
民國五年（1916）鉛印本
［民國］洪洞縣水利志補 第51冊
孫奂崙撰
民國六年（1917）鉛印本
［道光］趙城縣志 第52冊
（清）楊延亮纂修
清道光七年（1827）刻本
［道光］太平縣志 第52－53冊
（清）李炳彦修（清）梁棲鸞纂
清道光五年（1825）刻本
［光緒］太平縣志 第53冊
（清）勞文慶 朱光綬修（清）婁道南纂
清光緒八年（1882）刻本
［道光］直隸霍州志 第54冊
（清）崔允昭修（清）李培謙纂
清道光六年（1826）刻本
［光緒］續刻直隸霍州志 第54冊
（清）楊立旭修（清）白天章纂
清光緒六年（1880）刻本
［同治］浮山縣志 第55冊
（清）慶鍾纂修
據清同治十三年（1874）刻本影印
［光緒］浮山縣志 第55冊
（清）鹿學典等修（清）武克明等纂
據清光緒六年（1880）刻本影印
［民國］浮山縣志 第56冊
（清）任耀先修（清）喬本情 張桂書等纂
民國二十四年（1935）鉛印本
［光緒］解州志 第56冊
（清）馬丕瑤 魏象乾修（清）張承熊纂
係乾隆二十九年（1764）言如泗本的增修本 據清光緒七年（1881）刻本影印
［乾隆］鄉寧縣志 第57冊
（清）葛清纂修
清乾隆四十九年（1784）刻本
［光緒］續修鄉寧縣志 第57冊
（清）馮安瀾修（清）崔鍾淦纂
清光緒七年（1881）刻本
［民國］鄉寧縣志 第57冊

趙祖抃修 吳庚 趙意空纂
民國六年(1917)刻本

[光緒]大寧縣志 第57冊
(清)崔同紱修 (清)李華棠纂
清光緒九年(1883)刻本

[道光]偏關志 第57冊
(明)盧承業原本 (清)馮振文增修
明萬曆三十一年(1603)修 清道光二十六年(1846)增修 據民國四年(1915)王有宗重訂鉛印本影印

[民國]解縣志 第58冊
徐嘉清修 曲迺銳纂
民國九年(1920)石印本

[乾隆]解州安邑縣志 第58冊
(清)言如泗修 (清)呂瀶 鄭必陽纂
清乾隆二十九年(1764)刻《解州全志》本

[光緒]安邑縣續志 第58冊
(清)趙輔堂修 (清)張承熊纂
清光緒六年(1880)刻本

[乾隆]解州安邑縣運城志 第58冊
(清)言如泗修 (清)熊名相 呂瀶纂
清乾隆二十九年(1764)刻《解州全志》本

[光緒]直隸絳州志 第59冊
(清)李煥揚修 (清)張於鑄纂
係清乾隆三十年(1765)張成德本的增修本 據清光緒五年(1879)刻本影印

[民國]新絳縣志 第59冊
徐昭儉修 楊兆泰纂
民國十八年(1929)鉛印本

[乾隆]聞喜縣志 第60冊
(清)李遵唐纂修
清乾隆三十一年(1766)刻本

[光緒]聞喜縣志斠 第60冊
(清)陳作哲修 (清)楊深秀纂
清光緒六年(1880)刻本

[光緒]聞喜縣志補 第60冊
(清)陳作哲修 (清)楊深秀纂
清光緒六年(1880)刻本

[光緒]聞喜縣志續 第60冊
(清)陳作哲修 (清)楊深秀纂
清光緒六年(1880)刻本

[民國]聞喜縣志 第60冊
余寶滋修 楊韍田纂
民國七年(1918)石印本

[光緒]垣曲縣志 第61冊
(清)薛元釗修 (清)張於鑄纂
清光緒五年(1879)刻本

[乾隆]絳縣志 第61冊
(清)拉昌阿修 (清)王本智纂
清乾隆三十年(1765)刻本

[光緒]絳縣志 第61冊
(清)胡延纂修
清光緒二十五年(1899)刻本

[光緒]河津縣志 第62冊
(清)茅丕熙 楊漢章修 (清)程象濂 韓秉鈞纂
清光緒六年(1880)刻本

[同治]稷山縣志 第62冊
(清)沈鳳翔修 (清)鄧嘉紳纂
清同治四年(1865)刻本

[光緒]續修稷山縣志 第63冊
(清)馬家鼎纂修
清光緒十一年(1885)刻本

[康熙]夏縣志 第63冊
(清)蔣起龍纂修
清康熙四十七年(1708)刻 現據鈔本影印

[乾隆]解州夏縣志 第63冊
(清)言如泗修 (清)李遵唐纂
清乾隆二十九年(1764)刻《解州全志》本

[乾隆]解州芮城縣志 第63冊
(清)言如泗修 (清)莫溥纂
清乾隆二十九年(1764)刻《解州全志》本

[民國]芮城縣志 第64冊
牛照藻修 蕭光漢纂
民國十二年(1923)鉛印本

[乾隆]解州平陸縣志 第64冊
(清)言如泗 韓夔典修 (清)杜若拙 荊如棠纂
清乾隆二十九年(1764)《解州全志》刻本

[光緒]平陸縣續志 第64冊
(清)劉鴻逵修 (清)沈承恩纂
清光緒六年(1880)刻本

[光緒]夏縣志 第65冊
(清)黃縉榮 萬啓鈞修 (清)張承熊纂
清光緒六年(1880)刻本

[乾隆]臨晉縣志 第65冊
(清)王正茂纂修
清乾隆三十八年(1773)刻本

[光緒]續修臨晉縣志 第65冊
(清)艾紹濂 吳曾榮修 (清)姚東濟纂
清光緒六年(1880)刻本

[民國]臨晉縣志 第65冊
俞家驥 許鑑觀修 趙意空 于廷梁纂
民國十二年(1923)鉛印本

[乾隆]蒲州府志 第66冊
(清)周景柱纂修
清乾隆十九年(1754)刻本

[光緒]永濟縣志 第67冊
(清)李榮和 劉鍾麟修 (清)張元懋
清光緒十二年(1886)刻本

[光緒]虞鄉縣志 第68冊
(清)崔鑄善修 (清)陳鼎隆 全謀愷纂
係乾隆五十四年(1789)周大儒本的增修本 據清光緒十二年(1886)刻本影印

[民國]虞鄉縣新志 第68冊
徐貫之 周振聲修 李無逸等纂
民國九年(1920)石印本

[乾隆]榮河縣志 第69冊
(清)楊令琢纂修
清乾隆三十四年(1769)刻 現據鈔本影印

[民國]榮河縣志 第69冊
張柳星 范茂松修 郭廷瑞纂
民國二十五年(1936)鉛印本

[民國]萬泉縣志 第70冊
何桑 程瑤階修 馮文瑞 王景命纂
民國七年(1918)石印本

[雍正]猗氏縣志 第70冊
(清)潘鉞修 (清)吳啓元 高紹烈纂 (清)宋之樹續修 (清)何世勳 陳倜儀續纂
清康熙五十六年(1717)修 據清雍正七年(1729)續修刻本影印

[同治]續猗氏縣志 第70冊
(清)周之楨修 (清)崔曾頤纂
清同治六年(1867)刻本

[光緒]續猗氏縣志 第70冊
(清)徐浩修 (清)潘夢龍纂
清光緒六年(1880)刻本

中國地方志集成內蒙古府縣志輯
鳳凰出版社編選
二〇一二年南京鳳凰出版社
十七冊

[光緒]蒙古志 第 1 冊
(清)姚明輝纂
清光緒三十三年(1907)上海中國圖書公司鉛印本
[乾隆]河套志 第 1 冊
(清)陳履中纂
清乾隆七年(1742)刻本
[民國]河套圖志 第 1 冊
張鵬一纂
民國六年(1917)在山草堂鉛印本
[民國]河套新編 第 2 冊
金天翮 馮際隆纂
民國十年(1921)纂 現據鈔本影印
[光緒]綏遠志 第 3 冊
(清)貽穀修 (清)高賡恩纂
清光緒三十四年(1908)刻本
[光緒]土默特旗志 第 3 冊
(清)貽穀修 (清)高賡恩纂
清光緒三十四年(1908)刻本
[光緒]歸化城廳志 第 3–4 冊
(清)劉鴻逵 徐樹璟修 (清)沈濬纂
清光緒年間修 現據鈔本影印。
[民國]綏乘 第 5 冊
張鼎彝纂
民國十年(1921)上海泰東圖書局鉛印本
[民國]綏遠志略 第 5 冊
廖兆駿纂
民國二十六年(1937)南京正中書局鉛印本
[咸豐]古豐識略 第 6 冊
(清)鍾秀 張曾纂
清咸豐十年(1860)纂 現據鈔本影印
[光緒]歸綏廳志草稿 第 7 冊
(清)佚名纂
清光緒年間修 現據稿本影印
[光緒]歸綏道志 第 8–9 冊
(清)高賡恩纂
光緒三十四年(1908)修 現據民國鈔本影印
[民國]集寧縣志 第 10 冊
楊葆初纂修
民國十三年(1924)修 現據鈔本影印
[光緒]歸綏識略 第 10 冊
(清)張曾纂
光緒間刻本 現據民國鈔本影印
[光緒]新修清水河廳志 第 11 冊
(清)文秀修 (清)盧夢蘭編纂
光緒九年(1883)刊刻 現據鈔本影印
[民國]歸綏縣志 第 11 冊
鄭植昌 鄭裕孚纂
民國二十三年(1934)鉛印本
[民國]薩拉齊縣志 第 12 冊
韓紹祖 望月稔修 張樹培纂
民國三十年(1941)鉛印本
[光緒]豐鎮廳志 第 12 冊
(清)德溥修 麻麗五等纂
光緒七年(1881)刊刻 現據民國五年(1916)鉛印本影印
[民國]武川縣志略 第 13 冊
閻毅先修 文炳勳纂
本書分為十四部分 據民國二十九年(1940)鉛印本影印
[宣統]西北墾務調查匯冊 第 13 冊
西北墾務調查局編
清宣統二年(1910)石印本
[咸豐]和林格爾廳志 第 14 冊
(清)杔明總纂 (清)顧魁編修
清咸豐二年(1852)活字本
[同治]和林格爾廳志略 第 14 冊
(清)陳寶晉纂
清同治十年(1871)修 現據民國油印本影印
[民國]和林格爾縣志草 第 14 冊
劉漢鼎纂
民國二十三年(1934)修 現據鈔本影印
[民國]伊克昭盟概況 第 15 冊
曾慶錫編
民國三十五年(1946)鉛印本
[民國]伊盟左翼三旗調查報告 第 15 冊
蒙藏委員會編
民國三十年(1941)鉛印本
[民國]伊盟右翼四旗調查報告 第 15 冊
蒙藏委員會編
民國二十八年(1939)鉛印本
[民國]臨河縣志 第 15 冊
呂咸 白保莊修 王文墀編纂
民國二十年(1931)鉛印本
[光緒]五原廳志略 第 15 冊
(清)姚學鏡修 全家驥纂
清光緒三十四年(1908)修 現據民國鈔本影印
[民國]呼倫貝爾志略 第 16 冊
程廷恒鑑定 張家璠編纂
民國十二年(1923)鉛印本
[民國]呼倫縣志略 第 16 冊
佚名纂
民國十九年(1930)修 現據鈔本影印
[光緒]呼倫貝爾志書稿 第 16 冊
(清)佚名纂
鈔本
[光緒]庫倫志 第 17 冊
(清)吳廷燮纂 吳豐培整理
清光緒間稿本
[宣統]哲里木盟十旗調查報告 第 17 冊
東三省蒙務局編纂
鈔本

中國地方志集成江蘇府縣志輯
鳳凰出版社編選
二〇〇八年南京鳳凰出版社
六十八冊
[嘉慶]新修江寧府志 第 1 冊
(清)呂燕昭修 (清)姚鼐纂
光緒六年(1880)刻本
[同治]續纂江寧府志 第 2 冊
(清)蔣啓勳 趙佑宸修 (清)汪士鐸等纂
光緒七年(1881)刻本
[道光]上元縣志 第 3 冊
(清)武念祖修 (清)陳栻纂
道光四年(1824)刻本
[同治]上江兩縣志 第 4 冊
(清)莫祥芝 甘紹盤修 (清)汪士鐸等纂
同治十三年(1874)刻本
[光緒]江浦埤乘 第 5 冊
(清)侯宗海 夏錫寶纂
光緒十七年(1891)刻本
[光緒]靖江縣志 第 5 冊
(清)葉滋森修 (清)褚翔等纂
光緒五年(1879)刻本
[光緒]六合縣志 第 6 冊
(清)謝延庚 呂憲秋修 (清)賀廷壽 唐毓和纂
光緒十年(1884)刻本
[民國]六合縣續志稿 第 6 冊
鄭耀烈修 汪昇遠 王桂馨纂
民國九年(1920)石印本
[民國]棠志拾遺 第 6 冊
張官倬纂
民國三十六年(1947)石印本

[同治]蘇州府志 第7－10冊
(清)李銘皖 譚鈞培修 (清)馮桂芬纂
光緒八年(1882)江蘇書局刻本
[民國]吳縣志 第11－12冊
曹允源 李根源纂
民國二十二年(1933)蘇州文新公司鉛印本
[民國]續吳縣志稿 第12冊
佚名纂
民國間底稿本
[乾隆]長洲縣志 第13冊
(清)李光祚修 (清)顧詒祿等纂
乾隆十八年(1753)刻本
[乾隆]元和縣志 第14冊
(清)許治修 (清)沈德潛 顧詒祿纂
乾隆二十六年(1761)刻本
[道光]崑新兩縣志 第15冊
(清)張鴻 來汝緣修 (清)王學浩等纂
道光六年(1826)刻本
[光緒]崑新兩縣續修合志 第16－17冊
(清)金吳瀾 李福沂修 (清)汪堃 朱成熙纂
光緒七年(1881)刻本
[民國]崑新兩縣續補合志 第17冊
連德英修 李傳元纂
民國十二年(1923)刻本
[宣統]太倉州鎮洋縣志 第18冊
王祖畬纂修
民國八年(1919)刻本
[民國]鎮洋縣志 第19冊
王祖畬纂
民國七年(1918)刻本
[雍正]昭文縣志 第19冊
(清)勞必達修 (清)陳祖範等纂
雍正九年(1731)刻本
[乾隆]吳江縣志 第19－20冊
(清)陳莫纕 丁元正修 (清)倪師孟 沈彤纂
民國石印本
[光緒]吳江縣續志 第20冊
(清)金福曾等修 (清)熊其英等纂
光緒五年(1879)刻本
[康熙]常熟縣志 第21冊
(清)高士鸃 楊振藻修 (清)錢陸燦等纂
[光緒]常昭合志稿 第22冊
(清)鄭鍾祥 張瀛修 (清)龐鴻文等纂
光緒三十年(1904)活字本
[乾隆]震澤縣志 第23冊
(清)陳和志修 (清)倪師孟 沈彤纂
光緒十九年(1893)吳郡徐元圃刻本
[民國]震澤縣志續 第23冊
(清)佚名纂
民國九年(1920)吳江柳氏抄本
[民國]垂虹識小錄 第23冊
費善慶纂
纂成於清末明初據抄本影印
[光緒]無錫金匱縣志 第24冊
(清)裴大中 倪咸生修 (清)秦湘業等纂
光緒七年(1881)刻本
[光緒]江陰縣志 第25冊
(清)盧思誠 馮壽鏡修 (清)季念貽 夏煒如纂
光緒四年(1878)刻本
[民國]江陰縣續志 第26冊
陳思修 繆荃孫纂
民國十年(1921)刻本
[乾隆]鎮江府志 第27－28冊
(清)高得貴修 (清)張九徵等纂 (清)朱霖等增纂
乾隆十五年(1750)增刻本
[光緒]丹徒縣志 第29－30冊
(清)何紹章 馮壽鏡修 (清)呂耀斗等纂
光緒五年(1879)刻本
[民國]續丹徒縣志 第30冊
張玉藻 翁有成修 高覲昌等纂
民國十四年(1925)刻本
[光緒]丹陽縣志 第31冊
(清)劉誥 淩焯等修 (清)徐錫麟 姜璘纂
光緒十一年(1885)鳴鳳書院刻本影印
[民國]丹陽縣續志 第31冊
胡為和修 孫國鈞纂
民國十六年(1927)刻本
[民國]丹陽縣志補遺 第31冊
孫國鈞 周桂榮等纂
民國十六年(1927)刻本
[嘉慶]溧陽縣志 第32冊
(清)李景鐸 陳鴻壽修 (清)史炳 史津纂
嘉慶十八年(1813)刻本
[光緒]溧陽縣續志 第32冊
(清)朱畯等修 (清)馮煦等纂
光緒二十五年(1899)活字本
[民國]重修金壇縣志 第33冊
馮煦等纂
民國十五年(1926)上海商務印書局鉛印本
[光緒]溧水縣志 第33冊
(清)傅觀光等修 丁維誠纂
光緒十五年(1889)刻本
[民國]高淳縣志 第34冊
劉春堂修 吳壽寬纂
民國七年(1918)刻本
[乾隆]句容縣志 第34冊
(清)曹襲光纂修
光緒二十六年(1900)刻本
[光緒]續纂句容縣志 第35冊
(清)張紹棠修 (清)蕭穆等纂
光緒三十年(1904)刻本
[康熙]常州府志 第36冊
(清)于琨修 (清)陳玉璂纂
康熙三十四年(1695)刻本
[光緒]武進陽湖縣志 第37冊
(清)王其淦 吳康壽修 (清)湯成烈等纂
光緒五年(1879)刻本
[光緒]武陽志餘 第38冊
(清)莊毓鋐 (清)陸鼎翰纂修
光緒十四年(1888)活字本
[嘉慶]增修宜興縣舊志 第39冊
(清)李先榮原本 (清)阮升基增修 (清)寧楷等增纂
嘉慶二年(1797)刻本
[光緒]宜興荊溪縣新志 第40冊
(清)施惠 錢志澄修 (清)吳景牆等纂
光緒八年(1882)刻本
[民國]光宣宜荊續志 第40冊
陳善謨 祖福廣修 周志靖纂
民國十年(1921)刻本
[嘉慶]重修揚州府志 第41－42冊
(清)阿克當阿修 (清)姚文田 江藩等纂
嘉慶十五年(1810)刻本
[同治]續纂揚州府志 第42冊
(清)方濬頤修 (清)晏端書 錢振倫等纂
同治十三年(1874)刻本
[光緒]增修甘泉縣志 第43－44冊

(清)徐成敟等修 (清)陳浩恩等纂
光緒十二年(1885)刻本
[民國]甘泉縣續志 第44冊
錢祥保修 桂邦傑纂
民國十年(1921)刻本
[道光]重修儀徵縣志 第45冊
(清)王檢心修 (清)劉文淇 張安保纂
光緒十六年(1890)刻本
[嘉慶]高郵州志 第46冊
(清)楊宜侖修 (清)夏之蓉 沈之本纂
道光二十五年(1845)刻本
[道光]續增高郵州志 第46冊
(清)左輝春等纂修
道光二十三年(1843)刻本
[光緒]再續高郵州志 第47冊
(清)金元烺 龔定瀛修 (清)夏子鐊纂
光緒九年(1883)刻本
[民國]三續高郵州志 第47冊
胡為和 盧鴻鈞修 高樹敏纂
民國十一年(1922)刻本
[民國]高郵志餘 第47冊
宣哲輯
民國間稿本影印
[民國]高郵志餘補 第47冊
宣哲輯
民國間稿本影印
[咸豐]重修興化縣志 第48冊
(清)梁園棣修 (清)鄭之僑 趙彥俞纂
咸豐二年(1852)刻本影印
[民國]續修興化縣志 第48冊
李恭簡修 魏儁 任乃賡纂
民國三十三年(1944)鉛印本
[民國]寶應縣志 第49冊
戴邦楨 趙世榮修 馮煦 朱萇生纂
民國二十一年(1932)鉛印本
[道光]泰州志 第50冊
(清)王有慶等修 (清)陳世鎔等纂
光緒三十四年(1908)補刻本影印
[道光]泰州新志刊謬 第50冊
(清)任鈺 宮錫祚等纂輯
道光十年(1830)刻本
[民國]續纂泰州志 第50冊
鄭輔東修 王貽牟纂
民國十三年(1924)修 現據鈔本影印
[光緒]泰興縣志 第51冊
(清)楊激雲修 (清)顧曾烜纂
光緒十二年(1885)刻本
[宣統]泰興縣志續 第51冊
王元章修 金鉽纂
民國二十二年(1933)刻本
[光緒]通州直隸州志 第52冊
(清)梁悅馨 莫祥芝修 (清)季念詒 沈鍠纂
光緒元年(1875)刻本
[民國]南通縣圖志 第53冊
(清)范鎧纂 (清)張謇續纂
民國十四年(1925)孟森校訂鉛印本
[光緒]海門廳圖志 第53冊
(清)劉文徵等修 (清)周家祿等纂
光緒二十六年(1900)刻本
[民國]續海門廳圖志 第53冊
劉偉纂
民國間稿本影印
[民國]海門縣圖志 第53冊
劉偉纂
民國抄稿本影印
[民國]如皋縣志 第53冊
(清)劉煥 黃錫田修 (清)沙元炳 金鉽纂
民國二十八年(1939)鉛印
[咸豐]古海陵縣志 第53冊
(清)王葉衢纂
咸豐五年(1855)纂 現據抄本影印
[光緒]淮安府志 第54冊
(清)孫雲錦修 (清)吳昆田 高延第纂
光緒十年(1884)刻本
[同治]重修山陽縣志 第55冊
(清)張兆棟 孫雲修 (清)何紹基 丁晏等纂
同治十二年(1873)刻本
[民國]續纂山陽縣志 第55冊
邱沅 王元章修 段朝端等纂
民國十年(1921)刻本
[光緒]丙子清河縣志 第55冊
(清)胡裕燕修 (清)吳昆田 魯蕡纂
光緒五年(1879)刻本
[民國]續纂清河縣志 第55冊
劉槽壽等修 范冕纂
民國十七年(1928)刻本
[光緒]安東縣志 第56冊
(清)金元烺修 (清)吳昆田 魯蕡纂
光緒元年(1875)刻本
[民國]泗陽縣志 第56冊
李佩恩修 張相文 王聿望纂
民國十五年(1926)鉛印本
[民國]重修沭陽縣志 第57冊
戴仁修 錢宗威纂
民國七年(1918)修 民國十五年(1926)纂成 據民國間抄本影印
[乾隆]重修桃源縣志 第57冊
(清)眭文煥纂修
民國六年(1917)汪保誠鉛印本影印
[民國]淮陰志征訪稿 第57冊
徐鍾令纂
民國初年纂 據抄本影印
[民國]宿遷縣志 第58冊
嚴型修 馮煦纂
民國二十四年(1935)鉛印本
[光緒]盱眙縣志稿 第58冊
(清)王錫元修 (清)高延第等纂
光緒十七年(1891)刻本
[光緒]鹽城縣志 第59冊
(清)劉崇照修 (清)陳玉樹 龍繼棟纂
光緒二十一年(1895)刻本
[民國]續修鹽城縣志稿 第59冊
林懿均 李直夫修 胡應庚 陳鍾凡纂
民國二十五年(1936)鉛印本
[民國]鹽城續志校補 第59冊
胡應庚纂
據一九五一年鉛印本影印
[民國]阜寧縣新志 第60冊
焦忠祖 龐友蘭纂
民國二十三年(1934)鉛印本
[嘉慶]東臺縣志 第60冊
(清)周右修 (清)蔡復午等纂
嘉慶二十二年(1817)刻本
[同治]徐州府志 第61冊
(清)吳世熊 朱忻修 (清)劉庠 方駿謨纂
同治十三年(1874)刻本
[民國]銅山縣志 第61冊
余家謨 章世嘉 王嘉詵 王開孚纂
民國十五年(1926)刻本
[民國]沛縣志 第63冊
于書雲修 趙錫蕃纂
民國九年(1920)上海商務印書館鉛印本
[咸豐]邳州志 第63冊
(清)董用威 馬軼羣修 (清)魯一同纂
咸豐元年(1851)刻本
[民國]邳志補 第63冊

竇鴻年纂
民國十二年(1923)刻本
[嘉慶]海州直隸州志　第64冊
(清)唐仲冕修 (清)汪梅鼎等纂
嘉慶十六年(1811)刻本
[道光]雲臺新志　第64冊
(清)謝元淮修 (清)許喬林纂
道光十六年(1836)郁洲書院刻本
[光緒]豐縣志　第65冊
(清)姚鴻傑等纂修
光緒二十年(1894)刻本
[光緒]睢寧縣志稿　第65冊
(清)侯紹瀛修 丁顯纂
光緒十二年(1885)刻本
[光緒]贛榆縣志　第65冊
(清)王豫熙修 (清)張謇纂
光緒十四年(1888)刻本
[民國]贛榆縣續志　第65冊
王佐良修 王思衍纂
民國十三年(1924)鉛印本
[乾隆]江都縣志　第66冊
(清)五格 黄湘纂修
光緒七年(1881)劉汝賢重刻本
[嘉慶]江都縣續志　第66冊
(清)王逢源修 (清)李保泰纂
光緒七年(1881)劉汝賢重刻本
[光緒]江都縣志　第67冊
(清)謝延庚修 (清)劉壽曾纂
光緒十年(1884)刻本
[民國]江都縣續志　第67冊
錢祥保修 桂邦傑等纂
民國十五年(1926)刻本
[民國]江都縣新志　第67冊
陳肇燊修 陳懋森纂
民國二十六年(1937)刻本
[民國]泰縣志稿　第68冊
單毓元等纂修
民國二十年(1931)修 現據抄本影印

中國地方志集成山東府縣志輯
鳳凰出版社編選
二〇〇四年南京鳳凰出版社
九十五冊
[道光]濟南府志　第1－3冊
(清)王贈芳 王鎮修 (清)成瓘 冷烜纂
道光二十年(1840)刻本
[乾隆]曆城縣志　第4冊
(清)胡德琳修 (清)李文藻等纂
乾隆三十八年(1773)刻本
[民國]續修曆城縣志　第5冊
毛承霖纂修
民國十五年(1926)歷城縣志局鉛印本
[乾隆]淄川縣志　第6冊
(清)張鳴鐸修 (清)張廷寀等纂
民國九年(1920)石印本
[宣統]三續淄川縣志　第6冊
(清)方作霖修 (清)王敬鑄纂
宣統三年(1911)修 據民國九年(1920)石印本影印
[乾隆]博山縣志　第7冊
(清)富申修 (清)田士麟纂
乾隆十八年(1753)刻本
[民國]續修博山縣志　第7冊
王蔭桂修 張新曾纂
民國二十六年(1937)鉛印本
[民國]臨淄縣志　第8冊
舒孝先修 崔象穀纂
民國九年(1920)石印本
[光緒]德平縣志　第8冊
(清)凌錫祺修 (清)李敬熙纂
民國二十五年(1936)鉛印本
[民國]德平縣續志　第8冊
呂學元修 嚴綏之纂
民國二十五年(1936)鉛印本
[光緒]嶧縣志　第9冊
(清)王振錄 周鳳鳴修 (清)王寶田纂
光緒三十年(1904)刻本
[乾隆]德州志　第10冊
(清)王道亨修 (清)張慶源纂
乾隆五十三年(1788)刻本
[嘉慶]禹城縣志　第10冊
(清)董鵬翱修 (清)牟應震纂
嘉慶十三年(1808)刻本
[光緒]陵縣志　第11冊
(清)沈淮修 (清)李圖纂 (清)戴傑續纂
民國二十五年(1936)鉛印本
[民國]陵縣續志　第11冊
苗恩波修 劉蔭岐纂
民國二十四年(1935)鉛印本
[民國]德縣志　第12冊
李樹德修 董瑤林纂
民國二十四年(1935)鉛印本
[民國]齊河縣志　第13冊
楊豫修等修 郝金章 孫秀堃纂
民國二十二年(1933)鉛印本
[民國]濟陽縣志　第14冊
盧永祥等修 王嗣鋆纂
民國二十三年(1934)鉛印本
[同治]臨邑縣志　第15冊
(清)陳鴻翩續修 (清)翟振慶續纂
同治十三年(1874)續補刻本
[民國]續修臨邑縣志　第15冊
崔公甫修 王樹枏 王孟戌纂
民國二十五年(1936)鉛印本
[乾隆]平原縣志　第16冊
(清)黄懷祖修 (清)黄兆熊纂
民國二十五年(1936)鉛印本
[民國]續修平原縣志　第16冊
曹夢九修 趙祥俊 張元鈞纂
民國二十五年(1936)鉛印本
[乾隆]樂陵縣志　第16冊
(清)王謙益修 (清)鄭成中纂
乾隆二十七年(1762)刻本
[民國]商河縣志　第17冊
石毓嵩修 馬忠藩 路程誨纂
民國二十五年(1936)鉛印本
[宣統]重修恩縣志　第18冊
(清)汪鴻孫修 (清)劉儒臣 王金階纂
宣統元年(1909)刻本
[乾隆]武城縣志　第18冊
(清)駱大俊纂修
乾隆十五年(1750)刻本
[道光]武城縣志續編　第18冊
(清)厲秀芳纂修
道光二十一年(1841)刻本
[民國]增訂武城縣志續編　第18冊
王延綸修 王醽銘纂
民國元年(1912)刻本
[乾隆]夏津縣志　第19冊
(清)方學成修 (清)梁大鯤纂
乾隆六年(1741)刻本
[民國]夏津縣志續編　第19冊
謝錫文修 許宗海纂
民國二十三年(1934)鉛印本
[光緒]寧津縣志　第20冊
(清)祝嘉庸修 (清)吳潯源纂
光緒二十六年(1900)刻本
[咸豐]慶雲縣志　第20冊
(清)戴絅孫 崔光笏纂修
咸豐四年(1854)刻本
[民國]慶雲縣志　第20冊

(清)王兆鵬增訂
民國十八年(1929)鉛印本
[道光]冠縣志 第45冊
(清)梁永康修 (清)趙錫書纂
民國二十二年(1933)鉛印本
[乾隆]掖縣志 第45冊
(清)張思勉修 (清)于始瞻纂
光緒十九年(1893)刻《掖縣全志》本
[嘉慶]續掖縣志 第45冊
(清)張彤修 (清)張翊纂
光緒十九年(1893)刻《掖縣全志》本
[道光]再續掖縣志 第46冊
(清)揚祖縣修 (清)侯登岸纂
光緒十九年(1893)刻《掖縣全志》本
[光緒]三續掖縣志 第46冊
(清)魏起鵬修 (清)王續藩纂
光緒十九年(1893)刻《掖縣全志》本
[民國]四續掖縣志 第46冊
劉國斌修 劉錦堂纂
民國二十四年(1935)鉛印本
[同治]即墨縣志 第47冊
(清)林溥修 (清)周翕鐄纂
同治十二年(1873)刻本
[順治]招遠縣志 第47冊
(清)張作礪修 (清)張鳳羽纂
道光二十六年(1846)刻本
[道光]招遠縣續志 第47冊
(清)陳國器 邊象曾修 (清)李蔭 路藻纂
道光二十六年(1846)刻本
[光緒]增修登州府志 第48－49冊
(清)方汝翼 賈瑚修 (清)周悅讓 慕榮榦纂
光緒七年(1881)刻本
[同治]黃縣志 第49冊
(清)尹繼美纂修
同治十年(1871)刻本
[道光]重修蓬萊縣志 第50冊
(清)王文燾修 (清)張本 葛元昶纂
道光十九年(1839)刻本
[光緒]蓬萊縣續志 第50冊
(清)鄭錫鴻 江瑞采修 (清)王爾植等纂
光緒八年(1882)刻本
[乾隆]棲霞縣志 第51冊
(清)衛萇纂修
光緒五年(1879)刻本
[光緒]棲霞續志 第51冊
(清)黃麗中修 (清)于如川纂
光緒五年(1879)刻本
[乾隆]福山縣志 第51冊
(清)何樂善修 (清)蕭劼 王積熙纂
乾隆二十八年(1763)刻本
[民國]福山縣志稿 第52冊
王陵基修 于宗潼纂
民國二十年(1931)鉛印本
[康熙]萊陽縣志 第53冊
(清)萬邦維修 (清)衛元爵 張重潤纂
康熙十七年(1687)刻本
[民國]萊陽縣志 第53冊
梁秉錕修 王丕煦纂
民國二十四年(1935)鉛印本
[光緒]文登縣志 第54冊
(清)李祖年修 (清)于霖逢纂
民國二十二年(1933)鉛印本
[同治]重修寧海州志 第54冊
(清)舒孔安修 (清)王厚階纂
同治三年(1864)刻本
[民國]牟平縣志 第55冊
宋憲章修 于清泮纂
民國二十五年(1936)石印本
[乾隆]海陽縣志 第56冊
(清)包桂纂修
乾隆七年(1742)刻本
[光緒]海陽縣續志 第56冊
(清)王敬勳修 (清)李爾梅 王兆騰纂
光緒六年(1880)刻本
[道光]榮成縣志 第56冊
(清)李天鷺修 (清)岳賡廷纂
道光二十年(1840)刻本
[光緒]費縣志 第57冊
(清)李敬修纂修
光緒二十二年(1896)刻本
[宣統]蒙陰縣志 第57冊
(清)沈藪清修 (清)陳尚仁纂
民國間抄本
[民國]臨沂縣志 第58冊
陳景星 沈兆禕修 王景祜纂
民國二十五年(1936)鉛印本
[民國]續修臨沂縣志 第58冊
范築先修 李宗仁纂
民國二十四年(1935)鉛印本
[光緒]日照縣志 第58冊
(清)陳懋修 (清)張庭詩 李堉纂
光緒十二年(1886)刻本
[乾隆]郯城縣志 第59冊
(清)王植纂修 (清)張金城續修 (清)王恒續纂
民國十七年(1928)鉛印本
[嘉慶]續修郯城縣志 第59冊
(清)吳堦修 (清)陸繼輅纂
民國十七年(1928)鉛印本
[道光]長清縣志 第59冊
(清)舒化民等修 (清)徐德城等纂
道光十五年(1835)刻本
[民國]長清縣志 第60冊
李起元修 王連儒纂
民國二十四年(1935)鉛印本
[乾隆]沂州府志 第61冊
(清)李希賢修 (清)潘遇莘 丁愷曾纂
乾隆二十五年(1760)刻本
[嘉慶]莒州志 第61冊
(清)許紹錦纂修
嘉慶元年(1796)刻本
[民國]重修莒志 第62冊
盧少泉等修 莊陔蘭等纂
民國二十五年(1936)鉛印本
[康熙]泰安州志 第63冊
(明)任弘烈原本 (清)鄒文郁增修 (清)朱衣點增纂
民國二十五年(1936)鉛印本
[乾隆]泰安府志 第63－64冊
(清)顏希深修 (清)成城等纂
乾隆二十五年(1760)刻本
[民國]重修泰安縣志 第64冊
葛延瑛 吳元祿修 孟昭章等纂
民國十八年(1929)泰安縣志局鉛印本
[光緒]肥城縣志 第65冊
(清)凌紱曾 (清)邵承照纂
光緒十七年(1891)刻本
[嘉慶]平陰縣志 第65冊
(清)喻春林修 (清)朱續孜纂
嘉慶十三年(1808)刻本
[光緒]平陰縣志 第65冊
(清)李敬修纂修
光緒二十一年(1895)刻本
[民國]東平縣志 第66冊
張志熙修 劉靖宇纂
民國二十五年(1936)鉛印本
[乾隆]新泰縣志 第66冊
(清)江乾達修 (清)牛士瞻等纂

乾隆四十九年(1784)刻本
[民國]萊蕪縣志 第 67 冊
張梅亭 王希曾纂修
民國十一年(1922)鉛印本
[民國]續修萊蕪縣志 第 67 冊
李鍾豫修 亓因培等纂
民國二十四年(1935)鉛印本
[道光]章邱縣志 第 68 冊
(清)吳璋修 (清)曹楙堅纂
道光十三年(1833)刻本
[光緒]甯陽縣志 第 69 冊
(清)高陛榮修 (清)黃恩彤纂
光緒五年(1879)刻本
[光緒]東平州志 第 70 冊
(清)左宜似等修 (清)盧崟等纂
光緒七年(1881)刻本
[乾隆]兗州府志 第 71 冊
(清)覺羅普爾泰修 陳顧㶆纂
乾隆二十五年(1760)刻本
[光緒]滋陽縣志 第 72 冊
(清)莫熾修 (清)黃恩彤纂 (清)李兆霖等續修 (清)黃師誾等續纂
光緒十四年(1888)刻本
[康熙]鄒縣志 第 72 冊
(清)婁一均修 (清)周翼纂
康熙五十五年(1716)刻本
[光緒]鄒縣志 第 72 冊
(清)吳若灝修 (清)錢柏纂
光緒十八年(1892)刻本
[乾隆]曲阜縣志 第 73 冊
(清)潘相等纂修
乾隆三十九年(1774)刻本
[民國]續修曲阜縣志 第 74 冊
孫永漢修 李經野 孔昭曾纂
民國二十三年(1934)鉛印本
[光緒]泗水縣志 第 74 冊
(清)趙英祚修 (清)黃承艧纂
光緒十八年(1892)刻本
[道光]滕縣志 第 75 冊
(清)王政修 (清)王庸立 黃來麟纂
道光二十六年(1846)刻本
[宣統]滕縣續志 第 75 冊
生克中纂
宣統三年(1911)鉛印本
[民國]續滕縣志 第 75 冊
崔公甫等修 高熙喆等纂 生克中 高延柳等續纂
民國三十年(1941)刻本
[道光]濟寧直隸州志 第 76－77 冊
(清)徐宗乾修 (清)許瀚纂
咸豐九年(1859)盧朝安刻本
[咸豐]濟甯直隸州續志 第 77 冊
(清)盧朝安纂修
咸豐九年(1859)刻本
[民國]濟甯直隸州續志 第 77 冊
潘守廉修 袁紹昂 唐烜纂
民國十六年(1927)鉛印本
[民國]濟寧縣志 第 78 冊
潘守廉修 袁紹昂纂
民國十六年(1927)鉛印本
[萬曆]汶上縣志 第 78 冊
(明)栗可仕修 (明)王命新纂
康熙五十六年(1717)補刻本
[康熙]續修汶上縣志 第 78 冊
(清)聞元炅纂修
康熙五十六年(1717)刻本
[光緒]新修菏澤縣志 第 78 冊
(清)淩壽柏修 (清)葉道源纂
光緒十一年(1885)刻本
[咸豐]金鄉縣志 第 79 冊
(清)李壘纂修
同治元年(1862)刻本
[光緒]嘉祥縣志 第 79 冊
(清)章文華 官擢午纂修
光緒三十四年(1908)刻本
[光緒]魚臺縣志 第 79 冊
(清)馮振鴻纂修
光緒十五年(1889)刻本
[乾隆]曹州府志 第 80 冊
(清)周尚質修 (清)李登明 謝冠纂
乾隆二十一年(1756)刻本
[民國]單縣志 第 81 冊
項葆禎修 李經野纂
民國十八年(1929)石印本
[宣統]聊城縣志 第 82 冊
(清)陳慶蕃修 (清)葉錫麟 靳維熙纂
宣統二年(1910)刻本
[道光]城武縣志 第 82 冊
(清)袁章華修 (清)劉士瀛纂
道光十年(1830)刻本
[道光]鉅野縣志 第 83 冊
(清)黃維翰纂修 (清)袁傳裘續纂修
道光二十六年(1846)續修刻本
[民國]續修鉅野縣志 第 83 冊
郁濬生修 畢鴻賓纂
民國十年(1921)刻本
[光緒]曹縣志 第 84 冊
(清)陳嗣良修 (清)孟廣來 賈迺延纂
光緒十年(1884)刻本
[光緒]鄆城縣志 第 85 冊
(清)畢炳炎 胡建樞修 (清)趙翰鑾 李承先纂
光緒十九年(1893)刻本
[民國]定陶縣志 第 85 冊
馮麟溎修 曹垣纂
民國五年(1916)刻本
[乾隆]東明縣志 第 85 冊
(清)儲元升纂修
民國十三年(1924)鉛印本
[民國]東明縣新志 第 86 冊
任傳藻修 穆祥仲纂
民國二十二年(1933)鉛印本
[道光]博平縣志 第 86 冊
(清)楊祖憲修 (清)烏竹芳纂
道光十一年(1831)刻本
[光緒]博平縣續志 第 86 冊
(清)李維誠纂修 (清)王用霖 彭寶銘續纂修
光緒二十六年(1900)刻本
[嘉慶]東昌府志 第 87－88 冊
(清)嵩山修 (清)謝香開 張熙先纂
嘉慶十三年(1808)刻本
[光緒]高唐州志 第 88 冊
(清)周家齊修 (清)鞠建章纂
光緒三十三年(1907)刻本
[康熙]堂邑縣志 第 89 冊
(清)盧承琰修 (清)劉淇纂
光緒十八年(1892)重刻本
[民國]清平縣志 第 89 冊
梁鍾亭 路大遵修 張樹梅纂
民國二十五年(1936)鉛印本
[民國]茌平縣志 第 90 冊
牛占誠修 周之楨纂
民國二十四年(1935)鉛印本
[道光]觀城縣志 第 91 冊
(清)孫觀纂修
光緒十八年(1892)刻本
[民國]冠縣志 第 91 冊
侯光陸修 陳熙雍纂
民國二十三年(1934)刻本
[道光]東阿縣志 第 92 冊

（清）李賢書修（清）吳怡等纂
民國二十三年（1934）鉛印本
［民國］續東阿縣志 第92册
周竹生修 靳維熙纂
民國二十三年（1934）鉛印本
［民國］東阿縣志 第92册
周竹生修 靳維熙纂
民國二十三年（1934）鉛印本
［康熙］陽穀縣志 第93册
（清）王時來修（清）杭雲龍纂
抄本影印
［光緒］陽穀縣志 第93册
（清）董政華修（清）孔廣海纂
民國三十一年（1942）鉛印本
［光緒］壽張縣志 第93册
（清）劉文煃修（清）王守謙纂
光緒二十六年（1900）刻本
［康熙］朝城縣志 第94册
（清）祖植桐修（清）趙昶纂
民國九年（1920）刻本
［光緒］朝城縣志略 第94册
（清）李煜纂修
鈔本
［民國］朝城縣續志 第94册
杜子棌修 賈銘恩纂
民國九年（1920）刻本
［乾隆］臨清直隸州志 第94册
（清）張度 鄧希曾修（清）朱鍾纂
乾隆五十年（1785）刻本
［民國］臨清縣志 第95册
張自清修 張樹梅 王貴笙纂
民國二十三年（1934）鉛印本
［光緒］莘縣志 第95册
（清）張朝瑋修（清）孔廣海纂
光緒十三年（1887）刻本

中國地方志集成江西府縣志輯
鳳凰出版社編選
二〇一三年南京鳳凰出版社
八十七册
［同治］南昌府志 第1－3册
（清）許應鑅 王之藩修（清）曾作周 杜防纂
清同治十二年（1873）刻本
［光緒］南昌縣志 第4册
（清）江召棠修（清）魏元曠等纂
一九六〇年江西省圖書館鉛印本
［同治］新建縣志 第5－6册
（清）承霈修（清）杜友棠 楊兆崧纂
清同治十年（1871）刻本
［道光］浮梁縣志 第7册
（清）喬溎修（清）賀熙齡纂（清）遊際盛增補
清道光三年（1823）刻 據清道光十二年（1832）增補刻本影印
［民國］昭萍志略 第8册
劉洪闢纂修
民國二十四年（1935）活字本
［同治］九江府志 第9－10册
（清）達春布修（清）黄鳳樓 歐陽燾纂
清同治十三年（1874）刻本
［同治］德化縣志 第11册
（清）陳鼒修（清）吳彬等纂
清同治十一年（1872）刻本
［同治］德安縣志 第12册
（清）沈建勳修（清）程景周等纂
清同治十年（1871）刻本
［同治］瑞昌縣志 第12册
（清）姚暹修（清）馮士傑等纂
清同治十年（1871）瀼溪書院刻本
［同治］湖口縣志 第13册
（清）殷禮 張興言修（清）周謨等纂
清同治九年（1874）刻本
［同治］彭澤縣志 第14册
（清）趙宗耀 陳文慶修（清）歐陽壽等纂
清同治十二年（1873）刻本
［光緒］彭澤縣志補遺 第14册
（清）陳友善修（清）張經畬纂
清光緒二年（1876）刻本
［同治］義寧州志 第15册
（清）王維新等修（清）涂家傑等纂
清同治十二年（1873）刻本
［同治］武寧縣志 第16册
（清）何慶朝纂修
清同治九年（1870）刻本
［同治］南康府志 第17册
（清）盛元等纂修
清同治十一年（1872）刻本
［同治］星子縣志 第18册
（清）藍煦 徐鳴皋修（清）曹徵甲等纂
清同治十年（1871）刻本
［同治］都昌縣志 第19册
（清）狄學耕修（清）劉庭輝 黄昌藩纂
清同治十一年（1872）刻本
［同治］建昌縣志 第19册
（清）陳惟清修（清）閔芳言 王士彬纂
清同治十年（1871）刻本
［同治］廣信府志 第20－21册
（清）蔣繼洙纂修
清同治十二年（1873）刻本
［同治］上饒縣志 第22册
（清）王恩溥 邢德裕修（清）李樹藩等纂
清同治十一年（1872）刻本
［同治］玉山縣志 第23册
（清）黄壽祺修（清）吳華辰 任廷槐纂
清同治十二年（1873）刻本
［同治］弋陽縣志 第23册
（清）俞致中修（清）汪炳熊等纂
清同治十年（1871）刻本
［同治］貴溪縣志 第24册
（清）楊長傑修 黄聯珏等纂
清同治十年（1871）刻本
［同治］鉛山縣志 第25册
（清）張廷珩修（清）華祝三纂
清同治十二年（1873）刻本
［同治］廣豐縣志 第26册
（清）雙全 王麟書修（清）顧蘭生 林廷傑纂
清同治十一年（1872）刻本
［同治］興安縣志 第26册
（清）李賓暘修（清）趙桂林纂
清同治十年（1871）刻本
［民國］重修婺源縣志 第27－28册
葛韻芬等修 江峰青纂
民國十四年（1925）刻本
［同治］饒州府志 第29册
（清）錫德修（清）石景芬等纂
清同治十一年（1872）刻本
［同治］鄱陽縣志 第30册
（清）陳志培修（清）王廷鑑等纂
清同治十年（1871）刻本
［同治］餘幹縣志 第30册
（清）區作霖 馮蘭森修（清）曾福善等纂
清同治十一年（1872）東山書院刻本
［同治］樂平縣志 第31册
（清）董鄂榮 梅毓翰修（清）汪元祥 陳謨纂
清同治九年（1870）翥山書院刻本
［民國］德興縣志 第32册

沈良弼修 董鳳笙纂
民國八年(1919)刻本
[同治]安仁縣志 第32冊
(清)朱潼修 (清)徐彦楠 劉兆傑纂
清同治十一年(1872)刻本
[同治]萬年縣志 第33冊
(清)項珂修 (清)劉馥桂等纂
清同治十年(1871)刻本
[咸豐]袁州府志 第34冊
(清)陳喬樅纂修
清咸豐十年(1860)刻本
[民國]宜春縣志 第34冊
謝祖安修 蘇玉賢纂
民國二十九年(1940)石印本
[同治]分宜縣志 第35冊
(清)李寅清 夏琮鼎修 (清)嚴升偉等纂
清同治十年(1871)刻本
[民國]萬載縣志 第36冊
張葇甫修 龍賡言纂
民國二十九年(1940)鉛印本
[同治]瑞州府志 第37冊
(清)黄廷金修 (清)蕭浚蘭 熊松之等纂
清同治十二年(1873)刻本
[同治]高安縣志 第38冊
(清)孫家鐸修 (清)熊松之纂
清同治十年(1871)刻本
[同治]重修上高縣志 第39冊
(清)馮蘭森修 (清)陳卿雲等纂
清同治九年(1870)刻本
[同治]新昌縣志 第40冊
(清)朱慶萼等纂修
清同治十一年(1872)活字本
[同治]臨江府志 第41冊
(清)德馨 鮑孝光修 (清)朱孫詒 陳錫麟纂
清同治十年(1871)刻本
[同治]清江縣志 第41冊
(清)潘懿 胡湛修 (清)朱孫詒等纂
清同治九年(1870)刻本
[同治]新喻縣志 第42冊
(清)文聚奎 祥安修 吳增逵纂
清同治十二年(1873)刻本
[同治]安義縣志 第43冊
(清)杜林修 (清)彭斗山 熊寶善纂
清同治十年(1871)活字本
[同治]奉新縣志 第43冊
(清)呂懋先修 (清)帥方蔚纂
清同治十年(1871)刻本
[同治]豐城縣志 第44冊
(清)王家傑修 (清)周文鳳 李庚纂
清同治十二年(1873)刻本
[光緒]撫州府志 第45–46冊
(清)許應鑅 朱澄瀾修 (清)謝煌等纂
清光緒二年(1876)刻本
[同治]靖安縣志 第47冊
(清)徐家瀛修 (清)舒孔恂纂
清同治九年(1870)活字本
[同治]臨川縣志 第48冊
(清)童範儼修 (清)陳慶齡等纂
清同治九年(1870)刻本
[同治]崇仁縣志 第49冊
(清)盛銓等修 (清)黄炳奎纂
清同治十二年(1873)刻本
[同治]金谿縣志 第5冊
(清)程芳修 (清)鄭浴脩等纂
清同治九年(1870)刻本
[同治]宜黄縣志 第51冊
(清)張興言等修 (清)謝煌等纂
清同治十年(1871)刻本
[同治]樂安縣志 第52冊
(清)朱奎章修 (清)胡芳杏纂
清同治十年(1871)刻本
[同治]東鄉縣志 第52冊
(清)李士棻 王維新修 (清)胡業恒纂
清同治八年(1869)刻本
[同治]建昌府志 第53–54冊
(清)邵子彝修 (清)魯琪光纂
清同治十一年(1872)刻本
[同治]南城縣志 第55–56冊
(清)李人鏡修 (清)梅體萱纂
清同治十二年(1873)刻本
[同治]江西新城縣志 第57冊
(清)劉昌嶽修 (清)鄧家祺纂
清同治十年(1871)刻本
[民國]南豐縣志 第58冊
包發鸞修 趙惟仁等纂
民國十年(1921)修 據民國十三年(1924)鉛印本影印
[同治]瀘溪縣志 第59冊
(清)楊松兆 孫毓秀修 (清)彭鍾華等纂
清同治九年(1870)刻本
[同治]進賢縣志 第59冊
(清)江壁等修 (清)胡景辰等纂
清同治十年(1871)刻本
[光緒]吉安府志 第60–61冊
(清)定祥 特克紳布修 (清)劉繹 周立瀛纂
清光緒二年(1876)刻本
[民國]廬陵縣志 第62冊
王補 曾燦材纂
民國九年(1920)刻本
[民國]吉安縣志 第63冊
李正誼等修 鄒鵠纂
民國三十年(1941)鉛印本
[同治]泰和縣志 第64冊
(清)宋瑛等修 (清)彭啓瑞等纂
清同治十一年(1872)修 據清光緒四年(1878)周之鏞續修刻本影印
[光緒]吉水縣志 第65冊
(清)彭際盛等修 (清)胡宗元等纂
清光緒元年(1875)刻本
[同治]永豐縣志 第66冊
(清)雙貴 王建中修 (清)劉繹等纂
清同治十三年(1874)刻本
[同治]安福縣志 第67冊
(清)姚濬昌修 (清)周立瀛 趙廷愷等纂
清同治十一年(1872)刻本
[同治]峽江縣志 第67冊
(清)暴大儒修 (清)廖其觀等纂
清同治十年(1871)刻本
[同治]龍泉縣志 第68冊
(清)王肇渭等修 (清)郭崇輝纂
清同治十二年(1873)刻本
[同治]萬安縣志 第68冊
(清)歐陽駿修 (清)周之鏞纂
清同治十二年(1873)刻本
[同治]永寧縣志 第69冊
(清)楊輔宜修 (清)蕭應乾纂
清同治十三年(1874)刻本
[乾隆]蓮花廳志 第69冊
(清)李其昌纂修
清乾隆二十五年(1760)刻本
[民國]寧岡縣志後志 第70冊
鄧南驤修 鄒代藩纂 丁國屏續修 陳家駿續纂
民國二十六年(1937)鉛印本
[同治]永新縣志 第71冊

(清)蕭玉春 陳恩浩修 (清)李煒 段夢龍纂
清同治十三年(1874)刻本
[同治]新淦縣志 第72冊
(清)王肇賜修 (清)陳錫麟纂
清同治十二年(1873)活字本
[同治]贛州府志 第73-74冊
(清)魏瀛修 (清)魯琪光 鍾音鴻纂
清同治十二年(1873)刻本
[同治]贛縣志 第75冊
(清)黃德溥 崔國榜修 (清)褚景昕纂
清同治十一年(1872)刻本
[同治]雩都縣志 第76冊
(清)顏壽芝 王穎修 (清)何戴仁 洪霖纂
清同治十三年(1874)刻本
[乾隆]信豐縣志 第77冊
(清)遊法珠修 (清)楊廷為等纂
據清同治六年(1867)周之鏞補刻本影印
[道光]信豐縣志續編 第77冊
(清)許夔修 (清)謝肇漣 張伊纂
據清同治六年(1867)周之鏞補刻本影印
[同治]信豐縣志續編 第77冊
(清)李大觀修 (清)劉傑光等纂
清同治九年(1870)刻本
[同治]安遠縣志 第77冊
(清)黃瑞圖修 (清)歐陽鐸纂
清同治十一年(1872)刻本
[同治]興國縣志 第78冊
(清)崔國榜修 (清)金益謙 藍拔奇纂
清同治十一年(1872)刻本
[同治]會昌縣志 第79冊
(清)劉長景修 (清)陳良棟 王驥纂
清同治十一年(1872)刻本
[光緒]長寧縣志 第79冊
(清)沈鎔經 黃光祥修 (清)劉德姚 劉丕誠纂
清光緒二年(1876)刻本
[道光]寧都直隸州志 第80冊
(清)黃永綸修 楊錫齡等纂
清道光四年(1824)刻本
[道光]瑞金縣志 第81冊
(清)蔣方增纂修
清道光二年(1822)刻本
[光緒]龍南縣志 第82冊
(清)孫瑞徵 胡鴻澤修 (清)鍾益馭纂
清光緒二年(1876)刻本
[同治]定南廳志 第82冊
(清)王大枚 楊邦棟修 (清)黃正琅等纂
清同治十一年(1872)刻本
[乾隆]石城縣志 第83冊
(清)楊柏年修 (清)黃鶴雯纂
清乾隆四十六年(1781)刻本之鈔本
[同治]廣昌縣志 第83冊
(清)章毓璋纂修
清同治六年(1867)刻本
[同治]南安府志 第84-85冊
(清)黃鳴珂修 (清)石景芬 徐福炘纂
清同治七年(1868)刻本
[光緒]南安府志補正 第85冊
(清)楊錞纂修
清光緒元年(1875)刻本
[民國]大庾縣志 第86冊
吳寶炬修 劉人俊等纂
民國八年(1919)刻本
[同治]南康縣志 第86冊
(清)沈恩華修 (清)盧鼎峋纂
清同治十一年(1872)刻本
[光緒]上猶縣志 第87冊
(清)葉滋瀾修 (清)李臨馴纂
清光緒十九年(1893)校補刻本
[光緒]崇義縣志 第87冊
(清)廖鼎璋纂修
清光緒二十一年(1895)刻本
中國地方志集成廣西府縣志輯
鳳凰出版社編選
二〇一四年南京鳳凰出版社
七十九冊
[道光]南寧府志 第1冊
(清)蘇士俊纂修 何鯤增修
清道光二十七年(1847)增修乾隆本 此據清宣統元年(1909)羊城澄天閣石印道光本影印
[民國]邕寧縣志 第2-4冊
謝祖莘修 莫炳奎纂
民國二十六年(1937)鉛印本
[民國]田西縣志 第4冊
葉鳴平 羅建邦修 岑啓沃纂
民國二十七年(1938)鉛印本
[嘉慶]上林志稿 第4冊
(清)黃金聲纂修
清嘉慶二十五年(1820)刻本
[道光]武緣縣志 第5冊
(清)世綸 余思詔修 (清)詹作述
清道光二十四年(1844)刊刻 此據鈔本影印
[光緒]武緣縣圖經 第6冊
(清)黃君鉅等纂修
清光緒十三年(1887)刊刻 現據清宣統三年(1911)鉛印增補光緒本影印
[民國]鎮邊縣志 第6冊
(清)程恩沛修 (清)楊象震纂 許克襄續修 張志遠續纂
清光緒三十四年(1908)修 民國二十年(1931)續修 現據鈔本影印
[民國]武鳴縣志 第7-9冊
溫德溥修 曾唯儒纂
民國四年(1915)鉛印本
[道光]白山司志 第9冊
(清)王言紀修 (清)朱錦纂
清道光十年(1830)刊刻 此據鈔本影印
[民國]上林縣志 第10-11冊
楊盟 李毓傑修 黃誠沅纂
民國二十三年(1934)廣西上林縣圖書館鉛印本影印
[萬曆]賓州志 第11冊
(明)郭棐纂修
明萬曆十五年(1587)刻本
[光緒]賓州志 第11冊
(清)耿省修修 (清)張鵬展纂 (清)楊椿增修 (清)陸生蘭增纂
清光緒十二年(1886)刻本
[民國]賓陽縣志 第12冊
賓陽縣文獻委員會纂修
本志民國三十七年(1948)修成 稿本據一九六一年廣西壯族自治區檔案館鉛印本影印
[民國]同正縣志 第13冊
曾瓶山 楊北岑等纂修
民國二十二年(1933)鉛印本
[乾隆]橫州志 第13冊
(清)謝鍾齡等修 (清)陸生階等纂
清乾隆十一年(1746)刊刻 現據清光緒二十五年(1899)重刻本
[民國]永淳縣志 第14冊
黃天錫修 陳爾訓 蘇錫盛纂
本志民國十三年(1924)修 現據鈔本影印

[光緒]新寧州志 第14冊
(清)戴煥南修 張燦奎纂
清光緒五年(1879)刻本
[民國]同正縣志 第14冊
錢恩聰纂修
鈔本
[雍正]太平府志 第15冊
(清)甘汝來纂修
清雍正四年(1726)刻本影印
[乾隆]太平府志稿 第15冊
(清)李聖年纂修
清乾隆十六年(1751)修 現據民國張國淦鈔本影印
[乾隆]柳州府馬平縣志 第15冊
(清)舒啓修 吳光昇纂
清乾隆二十九年(1764)刻本
[康熙]左州志 第16冊
(清)李銓纂修
清康熙四十九年(1710)刊刻 現據鈔本影印
[民國]崇善縣志 第16冊
吳龍輝 張景星等纂修
民國二十六年(1937)鈔本 現據一九六二年廣西壯族自治區檔案館鉛印本影印
[光緒]寧明州志 第16冊
(清)王鍁紳修 (清)黎申產纂
清光緒八年(1882)修 現據民國三年(1914)鉛印本影印
[光緒]歸順直隸州志 第16冊
(清)顏嗣徽纂修
清光緒二十五年(1899)刻本
[嘉慶]龍州紀略 第17冊
(清)黄譽纂修
清嘉慶八年(1803)刻本 現據鈔本影印
[民國]龍州縣志 第17冊
區震漢 莫庭光修 葉茂莖等纂
民國十六年(1927)修 現據一九五七年廣西壯族自治區博物館油印本影印
[民國]龍津縣志 第18冊
李文雄修 陳必明纂
民國三十五年(1946)修 現據一九六〇年廣西壯族自治區檔案館鉛印本影印
[民國]隆安縣志 第18冊
陽壽祺修 黄誠沅纂
民國二年(1913)玫瑰印書局鉛印本
[民國]隆安縣志 第19冊
劉振西等纂修
民國二十三年(1934)鉛印本
[道光]羅城縣志 第19冊
(清)萬文芳 阮正惠修 (清)李化人 朱家修纂
清道光二十四年(1844)刊刻 現據光緒間柳州覺非印書社石印本影印
[民國]昭平縣志 第20冊
李樹柟修 吳壽崧 梁材鴻纂
民國十七年(1928)修 現據民國二十三年(1934)鉛印本影印
[民國]榴江縣志 第20冊
吳國經 蕭殿元等修 唐本心等纂
民國二十六年(1937)鉛印本
[民國]羅城縣志 第20冊
江碧秋修 潘寶籙纂
民國二十四年(1935)鉛印本
[乾隆]慶遠府志 第21冊
(清)李文琰修 何天祥纂
清乾隆十九年(1754)刻本
[道光]慶遠府志 第21冊
(清)英秀 恒梧修 (清)唐仁等纂
清道光九年(1829)刻本
[民國]思恩縣志 第22冊
梁杓修 吳瑜纂
民國二十四年(1935)鉛印本
[民國]宜北縣志 第22冊
李志修 覃玉成纂
民國二十六年(1937)鉛印本
[道光]天河縣志 第22冊
(清)林光棣纂修
清道光六年(1826)修 現據鈔本影印
[民國]天河縣鄉土志 第22冊
(清)楊家珍編
記事至光緒三十二年(1906) 據民國鈔本影印
[乾隆]柳州府志 第23冊
(清)王錦修 (清)吳光昇纂
據清乾隆二十九年(1764)刻本影印
[民國]西林縣志 第23冊
(清)西林縣團務總局編
民國二十年(1931)編 現據廣西統計局圖書館鈔本影印
[康熙]西隆州志 第23冊
(清)王譽命纂修
清康熙十二年(1673)修 現據傳鈔嘉慶間增補康熙本影印
[民國]融縣志 第24冊
黄志勳修 龍泰任纂
民國二十五年(1936)鉛印本
[民國]雒容縣志 第24冊
藏進巧修 唐本心纂
民國二十三年(1934)鉛印本
[民國]柳城縣志 第24冊
何其英修 謝嗣農纂
據民國二十九年(1940)鉛印本影印
[嘉慶]武宣縣志 第25冊
(清)高攀桂修 (清)梁士彥纂
據清嘉慶十三年(1808)刻本影印
[民國]武宣縣志 第25冊
唐朝繩修 覃先澄纂
民國三年(1914)梧州商業日報鉛印本
[民國]武宣縣志 第26－27冊
朱昌奎修 龐賡辛纂
民國三年(1914)梧州商業日報鉛印本
[光緒]遷江縣志 第27冊
(清)顏嗣徽纂修
清光緒十七年(1891)桂林書局刻本
[民國]遷江縣志 第27冊
黎祥品 韋可德修 劉宗堯纂
民國二十四年(1935)鉛印本
[道光]義寧縣志 第28冊
(清)謝澐 朱象斑纂修
據傳鈔清道光元年(1821)本影印
[嘉慶]臨桂縣志 第28冊
(清)蔡呈韶 金毓奇修 (清)胡虔 朱依真纂
清光緒六年(1880)補刻本
[光緒]臨桂縣志 第29－30冊
(清)吳徵鼇修 (清)黄泌 曹馴纂
清光緒三十一年(1905)刊刻 此據一九六三年桂林市檔案館石印本影印
[民國]靈川縣志 第31－32冊
陳美文修 李繁滋纂
據民國十八年(1929)石印本影印
[同治]象州志 第32冊
(清)李世椿修 (清)鄭獻甫纂
清同治九年(1870)桂林鴻文堂刻本
[宣統]明江廳鄉土志 第32冊
佚名編
清宣統間編 現據鈔本影印
[民國]明江縣志 第32冊

明江縣政府
民國二十一年(1932)修 現據鈔本影印
[道光]興安縣志 第33冊
(清)張運昭修 蔣方正纂
清道光十四年(1834)刊刻 此據民國間石印本影印
[道光]西延軼志 第34冊
(清)程慶齡修 (清)蔣崧 唐元等纂
清道光二十年(1840)刊刻 據清光緒二十六年(1900)西延理苗州署刻本影印
[民國]灌陽縣志 第34冊
林芾楨修 蔣良術纂
民國三年(1914)刻本
[光緒]恭城縣志 第34冊
(清)陶壿修 (清)陸履中 常靜仁纂
清光緒十五年(1889)鳳岩書院刻本
[康熙]全州志 第35冊
(清)黃志璋纂修
清康熙二十八年(1689)刻本
[嘉慶]全州志 第35冊
(清)湓之誠修 曹文深等纂
嘉慶四年(1799)刻本
[民國]全縣志 第36冊
黃崑山 虞世熙修 唐載生 廖藻纂
民國二十四年(1935)鉛印本
[康熙]灌陽縣志 第36冊
(清)單此藩修 (清)蔣學元 陳廷藩纂
清康熙四十七年(1708)刻本
[雍正]平樂府志 第37冊
(清)胡醇仁纂修
據清雍正四年(1726)刻本影印
[嘉慶]平樂府志 第37－38冊
(清)清柱等纂修
清嘉慶十年(1805)刻本
[康熙]平樂縣志 第38冊
(清)黃大成纂修
據清康熙五十六年(1717)刻本影印
[光緒]平樂縣志 第39冊
(清)全文炳修 (清)伍嘉猷 羅正宗纂
清光緒十年(1884)刻本
[民國]平樂縣志 第39冊
蔣更蕃 郭春田修 張智林纂
民國二十六年(1927)修 現據民國二十九年(1940)鉛印本影印
[康熙]陽朔縣志 第40冊
(清)陳洪疇修 (清)權汝駿 徐元達纂
清康熙十二年(1673)修 現據鈔本影印
[民國]陽朔縣志 第40－41冊
呂知機纂修
民國二十五年(1936)石印本
[康熙]荔浦縣志 第41冊
(清)許之豫纂修
清康熙四十八年(1709)修 現據鈔本影印
[民國]荔浦縣志 第41冊
顧英明修 曹駿纂
民國三年(1914)刻本
[道光]修仁縣志 第42冊
(清)林光棣纂修
清道光十年(1830)修 現據鈔本影印
[道光]永寧州志 第42冊
(清)高日華 聯豐修 (清)劉漢鎮纂
清光緒十一年(1885)刻本影印
[民國]永福縣志 第42冊
(清)林光棣原本 劉興增修 李驥年增纂
民國六年(1917)刻本
[道光]龍勝廳志 第42冊
(清)周誠之纂
清道光二十六年(1846)好古堂刊刻 現據民國二十五年(1936)餐秀簃影印本影印
[乾隆]梧州府志 第43冊
(清)吳九齡修 (清)史明皋等纂
據清乾隆三十五年(1770)刻本影印
[嘉慶]永安州志 第43冊
(清)李炘纂修
清嘉慶十八年(1813)刻本
[光緒]永安州志 第43冊
(清)李常霔 鄧文淵修 (清)吳纘周等纂
清光緒二十年(1894)刊刻 現據清光緒二十四年(1898)增刻本影印
[乾隆]昭平縣志 第44冊
(清)陸焞纂修
清乾隆二十五年(1760)刊刻 同治八年(1869)補刻 光緒十七年(1891)再補刻 現據清鈔本影印
[乾隆]富川縣志 第45冊
(清)葉承立纂修
清乾隆二十二年(1757)刻本
[光緒]富川縣志 第45冊
(清)顧國誥 柴照 左秉壎纂修
清光緒十六年(1890)刻本
[民國]鍾山縣志 第45冊
潘寶疆 盧世標等纂修
民國二十二年(1933)鉛印本影印
[光緒]賀縣志 第46冊
(清)全文炳修 (清)蘇煜坡 李熙駿纂
清光緒十六年(1890)刻本
[民國]賀縣志 第46冊
章冠英修 梁培煐 龍先鈺纂
民國二十三年(1934)鉛印本
[民國]信都縣志 第47－48冊
羅春芳修 玉崑山纂
民國二十五年(1936)鉛印本
[乾隆]岑溪縣志 第48冊
(清)何夢瑤纂修 (清)劉廷棟續纂
清乾隆九年(1744)刊刻 現據民國二十三年(1934)鉛印本影印
[同治]藤縣志 第48－49冊
(清)邊其晉修 (清)胡毓璠纂
清同治六年(1867)刊刻 現據清光緒三十四年(1908)鉛印本影印
[乾隆]鬱林州志 第50冊
(清)邱桂山修 (清)劉玉麟 秦兆鯨纂
清乾隆五十七年(1792)刻本
[光緒]鬱林州志 第50冊
(清)馮德材 全文炳修 (清)文德馨 牟懋圻纂
清光緒二十年(1894)刻本
[乾隆]興業縣志 第50冊
(清)王巡泰纂修
清乾隆四十六年(1781)刻本
[嘉慶]續修興業縣志 第50冊
(清)蘇勒通阿修 (清)彭焜基 周錫綸纂
清嘉慶十九年(1814)刊刻 現據鈔本影印
[光緒]容縣志 第51－52冊
(清)易紹德 王永貞修 (清)封祝唐 黃玉年纂
清光緒二十三年(1897)刊刻 現據民國鉛印本影印
[道光]潯州府志 第52冊
(清)孫世昌修 (清)光昭纂
清道光六年(1826)刻本
[同治]潯州府志 第53冊
(清)魏篤修 (清)王俊臣纂
清同治十三年(1874)刻本

[乾隆]桂平縣志 第54冊
(清)吳志綰修 (清)黃國顯纂
清乾隆三十三年(1786)刻本
[道光]桂平縣志 第54-55冊
(清)袁湛業修 (清)黃體正 王維新纂
道光二十三年(1843)刊刻 現據鈔本影印
[民國]桂平縣志 第55-58冊
黃占梅等修 程大璋等纂
民國九年(1920)粵東編譯公司鉛印本
[道光]平南縣志 第59冊
(清)張顯相修 (清)黎士華纂
清道光十五年(1835)刻本
[光緒]平南縣志 第59冊
(清)裘彬 江有燦修 (清)周壽祺纂
清光緒十年(1884)刻本
[民國]平南縣鑒 第59冊
鄭湘疇纂修
民國二十九年(1940)鉛印本
[道光]博白縣志 第60冊
(清)任士謙等修 (清)朱德華等纂
清道光十二年(1832)刻本
[乾隆]北流縣志 第60冊
(清)張允觀纂修
清乾隆十三年(1748)刻本
[光緒]北流縣志 第60冊
(清)徐作梅等修 (清)李士琨等纂
清光緒六年(1880)刻本
[民國]北流縣志 第61冊
關錫琨修 李仲郭纂
民國二十六年(1937)鉛印本
[乾隆]陸川縣志 第62冊
(清)石崇先纂修
據傳鈔光緒間增訂乾隆二十一年(1756)刻本影印
[民國]陸川縣志 第62冊
古濟勛修 呂濬堃 范晉藩纂
民國十三年(1924)刻本
[民國]貴縣志 第63-64冊
歐仰義等修 梁崇鼎等纂
民國二十四年(1935)鉛印本
[雍正]欽州志 第65冊
(清)董紹美修 (清)梁士鵬 吳邦瑗纂
據清雍正元年(1723)刻本影印
[道光]欽州志 第65冊
(清)朱椿年等修 (清)杜以寬 葉輪纂
清道光十四年(1834)刻本
[民國]欽縣縣志 第65-66冊
陳公佩修 陳德周等纂
民國三十五(1946)年修 現據民國三十六年(1947)石印本影印
[康熙]靈山縣志 第67冊
(清)林長存修 (清)王啓輔纂
清康熙十一年(1672)修 現據鈔本影印
[乾隆]靈山縣志 第67冊
(清)黃元基纂修
清乾隆二十九年(1764)刻本
[嘉慶]靈山縣志 第67冊
(清)張孝詩修 (清)梁炅纂
清嘉慶二十五年(1820)刻本
[民國]靈山縣志 第68冊
劉運熙纂修
民國三年(1914)鉛印本
[崇禎]廉州府志 第69冊
(明)張國經修 鄭抱素纂
明崇禎十年(1637)刻本
[康熙]廉州府志 第69冊
(清)徐成棟纂修
清康熙六十一年(1722)刻本
[乾隆]廉州府志 第70冊
(清)周碩勳修 (清)王家憲纂
據清乾隆二十一年(1756)梅蒼書屋刻本影印
[道光]廉州府志 第70-71冊
(清)張堉春修 (清)陳治昌等纂
清道光十三年(1833)刻本
[康熙]合浦縣志 第71冊
(清)張輔修 (清)林如堯纂
康熙二十五年(1686)鈔本
[民國]合浦縣志 第72冊
廖國器修 劉潤綱 許瑞棠纂
民國二十一年(1932)修 現據三十一年(1942)鉛印本影印
[光緒]防城縣小志 第73冊
李燕伯纂修
現據鈔本影印
[民國]防城縣志初稿 第73-74冊
黃知元等纂修
民國三十四年(1945)稿本 現據鈔本影印
[康熙]上思州志 第75冊
(清)戴夢熊修 (清)唐炅緒纂
清康熙二十三年(1684)修 刊刻 現據鈔本影印
[道光]上思州志 第75冊
(清)陳蘭滋纂修
清道光十四年(1834)刻本
[民國]上思縣志 第75-76冊
黃大受修 黃步青纂
民國四年(1915)鉛印本
[乾隆]鎮安府志 第76冊
(清)沈世楓原纂 傅埾續纂
乾隆二十一年(1756)刻本
[光緒]鎮安府志 第76冊
(清)羊復禮纂修
清光緒十八年(1892)刻本
[同治]蒼梧縣志 第77冊
(清)蒯光煥 李百齡原修 (清)羅勛嚴寅恭原纂 (清)黃玉柱續修 王棟續纂
清咸豐元年(1851)修 現據同治十三年(1874)續修刻本影印
[民國]淩雲縣志 第77-78冊
蒙啓光 何景熙修 林其椿 羅增麒纂
民國三十一年(1942)石印 現據鈔本影印
[光緒]百色廳志 第78冊
(清)陳如金等修 (清)華本松等纂
清光緒八年(1882)刊刻 現據清光緒十七年(1891)增刻本影印
[民國]來賓縣志 第79冊
翟富文纂修
民國二十六年(1937)鉛印本
中國地方志集成湖南府縣志輯
鳳凰出版社編選
二〇〇二年南京鳳凰出版社
八十六冊
[乾隆]長沙府志 第1-2冊
(清)呂肅高修 (清)張雄圖 王文清纂
清乾隆十二年(1747)刻本
[同治]長沙縣志 第3-4冊
(清)劉采邦等修 (清)張延珂 袁繼翰纂
清同治十年(1871)刻本
[同治]臨湘縣志 第4冊
(清)盛慶黻 恩榮修 (清)熊興傑 歐陽恩霖纂
清光緒十八年(1892)刻本
[光緒]善化縣志 第5冊
(清)吳兆熙 冒沅修 (清)張先掄 翰炳章纂

清光緒三年(1877)刻本
[乾隆]岳州府志 第6冊
(清)黄凝道修 (清)謝仲坃纂
清乾隆十一年(1746)刻本
[光緒]巴陵縣志 第6-7冊
(清)姚詩德 鄭桂星修 (清)杜貴墀等纂
清光緒十七年(1891)嶽州府四縣志本
[乾隆]平江縣志 第8冊
(清)謝仲坃纂修 (清)石文成增修
清乾隆八年(1743)修 據清乾隆二十年(1755)增修刻本影印
[同治]平江縣志 第8-9冊
(清)張培仁 麻維緒修 (清)李元度等纂
清同治十三年(1874)刻本
[光緒]湘陰縣圖志 第10冊
(清)郭嵩燾等纂修
清光緒六年(1880)縣志局刻本
[乾隆]華容縣志 第11冊
(清)狄蘭標修 (清)羅時暄纂
清乾隆二十五年(1760)刻本
[光緒]華容縣志 第11冊
(清)孫炳煜 龍起濤修 (清)熊紹庚 劉乙燃纂
清光緒八年(1882)刻本
[乾隆]湘潭縣志 第12冊
(清)吕正音修 (清)歐陽正煥纂
清乾隆二十一年(1756)刻本
[光緒]湘潭縣志 第12-13冊
(清)陳嘉榆等修 (清)王闓運等纂
清光緒十五年(1889)刻本
[同治]瀏陽縣志 第13冊
(清)王汝惺等修 (清)鄒焌傑等纂
清同治十二年(1873)刻本
[民國]醴陵縣志 第14-16冊
陳鯤修 劉謙纂
民國三十七年(1948)醴陵縣文獻委員會鉛印本
[同治]攸縣志 第17冊
(清)趙勷 萬在衡修 (清)陳之驥纂 (清)王元凱續修 (清)嚴鳴琦續纂
清同治十年(1871)刻本
[同治]茶陵州志 第18冊
(清)福昌修 (清)譚鍾麟纂
清同治十年(1871)刻本
[同治]酃縣志 第18冊
(清)唐榮邦等修 周作翰等纂
清同治十二年(1873)刻本
[康熙]湘鄉縣志 第19冊
(清)劉履泰修 (清)劉象賢纂
清康熙十二年(1673)刻本
[同治]湘鄉縣志 第19-20冊
(清)齊德五 王述恩修 (清)黄楷盛纂
清同治十三年(1874)刻本
[康熙]郴州總志 第21冊
(清)陳邦器修 (清)李嗣泌 劉帶蕙纂
清康熙二十四年(1685)刻本
[嘉慶]郴州總志 第21-22冊
(清)朱偓修 (清)陳昭謀纂
清嘉慶二十五年(1820)刻本
[嘉慶]安仁縣志 第23冊
(清)侯鈐修 (清)歐陽厚均纂
清嘉慶二十四年(1817)刻本
[同治]安仁縣志 第23-24冊
(清)張景垣修 (清)張鵬 侯材驥纂
清同治八年(1869)刻本
[同治]嘉禾縣志 第24冊
(清)高大成修 (清)李光甲纂 (清)陳國仲增修 (清)吳紱榮增纂
清同治二年(1863)刻本
[乾隆]永興縣志 第25冊
(清)沈維基修 (清)楚大德纂
清乾隆二十七年(1762)刻本
[光緒]永興縣志 第25冊
(清)吕鳳藻修 (清)李獻君纂
清光緒九年(1883)刻本
[光緒]興寧縣志 第26冊
(清)郭樹馨 劉錫九修 (清)黄榜元 許萬松纂
清光緒元年(1875)刻本
[嘉慶]桂東縣志 第27冊
(清)林鳳儀 曾鈺修 (清)黄性時 李克鈿纂
據清咸豐九年(1859)章濂增刻本影印
[同治]桂東縣志 第27冊
(清)劉華邦修 (清)郭岐勳纂
清同治五年(1866)刻本
[乾隆]桂陽縣志 第28冊
(清)凌魚 黄文理修 (清)朱有斐 李宗纂
據清嘉慶七年(1802)吳乘時增刻本影印
[同治]桂陽縣志 第28-29冊
(清)錢紹文 孫光燮修 (清)朱炳元 何俊纂
清同治六年(1867)刻本
[民國]汝城縣志 第30冊
陳必聞修 盧純道等纂
民國二十一年(1932)鉛印本
[同治]臨武縣志 第31冊
(清)鄒景文原本 (清)吳洪恩續修 (清)陳佑啟 章俊純續纂
系在嘉慶二十二年(1817)刻本上增補而成 現據同治六年(1867)增刻本影印
[同治]桂陽直隸州志 第32冊
(清)汪斆灝修 (清)王闓運纂
清同治七年(1867)刻本
[康熙]耒陽縣志 第33冊
(清)張應呈纂修
據清康熙五十五年(1716)刻本影印
[光緒]耒陽縣志 第33冊
(清)李師濂 于學琴修 (清)宋世煦纂
清光緒十一年(1885)刻本
[乾隆]衡州府志 第34-35冊
(清)饒佺修 (清)曠敏本纂
清乾隆二十八年(1763)刊刻 現據清光緒元年(1875)補刻本
[同治]常甯縣志 第35冊
(清)玉山修 (清)李孝經 毛詩纂
清同治九年(1870)右文書局刻本
[乾隆]衡陽縣志 第36冊
(清)陶易修 (清)李德等纂
清乾隆二十六年(1761)刻本
[同治]衡陽縣志 第36冊
(清)王開運修 (清)張修府纂
清同治八年(1869)刻本
[乾隆]清泉縣志 第37冊
(清)江恂修 (清)江昱纂
清乾隆二十八年(1763)刻本
[同治]清泉縣志 第37冊
(清)王開運修 (清)張修府纂
清同治八年(1869)刻本
[宣統]清泉縣鄉土志 第37冊
(清)廖世英編
清宣統元年(1909)活字本
[弘治]衡山縣志 第38冊
(明)劉熙修 (明)何紀纂
明弘治元年(1488)刊 現據民國十三年(1924)衡山康和聲鉛印周鏜續

修本影印
［光緒］衡山縣志 第38－39冊
（清）李惟丙 勞銘勳修（清）文嶽英 胡伯第纂
清光緒元年（1875）刻本
［乾隆］祁陽縣志 第40冊
（清）李蒔修（清）曠敏本纂
清乾隆三十年（1765）刻本
［民國］祁陽縣志 第40冊
李馥纂修
民國二十年（1931）刻本
［嘉慶］新田縣志 第41冊
（清）張厚郿等修（清）樂明紹等纂
清嘉慶十七年（1812）刻本
［光緒］新寧縣志 第41冊
（清）張葆連修（清）劉長佑 劉坤一纂
清光緒十九年（1893）刻本
［乾隆］浯溪縣志 第41冊
（清）宋溶纂修
乾隆三十五年（1770）刻本
［康熙］永州府志 第42冊
（清）姜承基修（清）常在等纂
清康熙三十三年（1694）刻本
［道光］永州府志 第43－44冊
（清）呂恩湛修（清）宗績辰纂
清道光八年（1828）刻本
［康熙］零陵縣志 第45冊
（清）王元弼修（清）黃佳色等纂
清康熙二十三年（1684）刻本
［光緒］零陵縣志 第45冊
（清）稽有慶 徐保齡修（清）劉沛纂
清光緒二年（1876）刻本
［光緒］乾州廳志 第46冊
（清）蔣琦溥纂修（清）林書勳續修（清）張先達續纂
清同治十一年修 據清光緒三年（1877）續修刻本影印
［光緒］寧遠縣志 第46冊
（清）張大煦修（清）歐陽澤闓纂
清光緒二年（1876）崇正書院刻本
［民國］藍山縣圖志 第47冊
鄧以權 黎澤泰修 雷飛鵬纂
民國二十一年（1932）刻本
［光緒］道州志 第48冊
（清）李鏡蓉 盛賡修（清）許清源 洪廷揆纂
清光緒四年（1878）刻本
［同治］江華縣志 第48冊
（清）劉華邦修（清）唐為煌等纂
清同治九年（1870）刻本
［康熙］永明縣志 第49冊
（清）周鶴修（清）王纘纂
清康熙四十八年（1709）刻本
［光緒］永明縣志 第49冊
（清）萬發元修（清）周詵詒纂
清光緒三十三年（1901）刻本
［光緒］東安縣志 第50冊
（清）黃心菊修（清）席寶田 謝蘭階纂
清光緒元年（1875）刻本
［光緒］邵陽縣志 第50冊
（清）諸垣修（清）黃文琛纂
清光緒二年（1876）刊刻 現據民國十八年（1929）鉛印本影印
［道光］寶慶府志 第51－53冊
（清）黃宅中等修（清）鄭顯鶴等纂
清道光二十九年（1849）刻本
［康熙］武岡州志 第54冊
（清）吳從謙修（清）潘應斗 潘應星纂
清康熙二年（1663）刻本
［同治］武岡州志 第54－55冊
（清）黃維瓚 潘清修（清）鄧繹纂
清同治十二年（1873）刻本
［同治］城步縣志 第56冊
（清）盛鎰源修（清）戴聯璧 陳志升纂
民國十九年（1930）活字本
［同治］綏寧縣志 第56冊
（清）方傳質修（清）龍鳳翥纂
清同治六年（1867）刻本
［道光］新化縣志 第57冊
（清）林聯桂纂修
清道光十二年（1832）刻本
［同治］新化縣志 第58冊
（清）甘啓運 關培鈞修（清）劉洪澤等纂
清同治十一年（1872）刻本
［乾隆］辰州府志 第59－60冊
（清）席紹葆等修（清）謝鳴謙 謝鳴盛纂
據清乾隆三十年（1765）刻本影印
［道光］辰谿縣志 第60冊
（清）徐會雲等修（清）劉家傳等纂
清道光元年（1821）刻本
［雍正］黔陽縣志 第61冊
（清）張扶翼纂修（清）王光電續纂修
雍正十一年（1733）增刻康熙本影印
［同治］黔陽縣志 第61冊
（清）陳鴻作等修（清）楊大誦 易變堯纂
清同治十三年（1874）刻本
［嘉慶］通道縣志 第62冊
（清）蔡象衡 羅臨遠修（清）李逢生纂
民國二十年（1931）石印本
［同治］沅陵縣志 第62冊
（清）守忠等修（清）許光曙等纂
清光緒二十八年（1902）補版重印本
［民國］溆浦縣志 第63冊
吳劍佩 陳整修 舒立淇纂
民國十年（1921）活字本
［光緒］會同縣志 第64冊
（清）孫炳煜等修（清）黃世昌等纂
清光緒二年（1876）刻本
［康熙］靖州志 第64冊
（清）祝鍾賢修（清）李大翥纂
清康熙二十三年（1684）刻本
［光緒］靖州直隸州志 第64冊
（清）吳起鳳 勞銘勳修（清）唐際虞 李廷森纂
清光緒五年（1879）刻本
［道光］晃州廳志 第65冊
（清）俞克振修（清）梅嶧纂
清道光五年（1825）刻本
［同治］新修麻陽縣志 第65冊
（清）姜鍾琇等修（清）劉士先 王振玉纂
清同治十三年（1874）刻本
［同治］沅州府志 第66冊
（清）張官五等纂修（清）吳嗣仲續修
清同治十二年（1873）增刻乾隆本
［同治］芷江縣志 第67冊
（清）盛慶黻 吳秉慈修（清）盛一棵纂
清同治九年（1870）刻本
［同治］永順府志 第68冊
（清）張天如等纂修（清）魏式曾增修（清）郭鑑襄增纂
清同治十二年（1873）增刻乾隆本
［乾隆］永順縣志 第69冊
（清）黃德基修（清）關天申纂
清乾隆五十八年（1793）刻本
［民國］永順縣志 第69冊
胡履新等修 魯隆盎 張孔修纂
民國十九年（1930）鉛印本

[同治]桑植縣志 第70冊
(清)周來賓修 (清)盧元勳纂
清同治十一年(1872)刻本
[光緒]古文坪廳志 第70冊
(清)董鴻勳纂修
清光緒三十三年(1907)鉛印本
[嘉慶]永定縣志 第71冊
(清)趙亨鈐修 (清)熊國夏 王師麟纂
道光三年(1823)刻本
[同治]續修永定縣志 第71冊
(清)萬修廉修 (清)張序枝纂
清同治八年(1869)刻本
[道光]鳳凰廳志 第72冊
(清)黃應培修 (清)孫均銓 黃元復纂
清道光四年(1824)刻本
[同治]鳳凰廳續志 第72冊
(清)侯晟 耿維中修 (清)黃河清纂
光緒十八年(1892)刻本
[宣統]永綏廳志 第73冊
(清)董鴻勳纂修
清宣統元年(1909)鉛印本
[同治]保靖縣志 第74冊
(清)林繼欽 龔南金修 (清)袁祖綬纂
清同治十年(1871)刻本
[乾隆]安鄉縣志 第74冊
(清)張綽修 (清)曾之亨纂
清光緒六年(1880)盛賡補刻本
[光緒]龍山縣志 第75冊
(清)符為霖修 (清)吕懋恒纂 (清)謝寶文續修 (清)劉沛續纂
光緒四年(1878)續修刻本
[同治]武陵縣志 第75冊
(清)惲世臨 孫翹澤修 (清)陳啟邁纂
清同治二年(1863)刻本
[嘉慶]常德府志 第76冊
(清)應先烈修 (清)陳楷禮纂
清嘉慶十八年(1813)刻本
[光緒]龍陽縣志 第77冊
(清)黃教鎔 黃文桐修 (清)陳保真 彭日曉纂
清光緒元年(1875)刻本
[同治]直隸澧州志 第78冊
(清)何玉棻修 (清)魏式曾纂
清同治八年(1869)刻本
[同治]安福縣志 第79冊
(清)姜大定修 (清)尹襲澍纂
清同治八年(1869)刻本
[光緒]桃源縣志 第80冊
(清)余良楝修 (清)劉鳳苞纂
清光緒十八年(1892)刻本
[民國]慈利縣志 第81冊
田興奎等修 吳恭亨纂
民國十二年(1923)鉛印本
[嘉慶]沅江縣志 第82冊
(清)唐古特修 (清)駱孔僎 陶澍修
清嘉慶十五年(1810)刻本
[嘉慶]石門縣志 第82冊
(清)蘇益馨修 (清)梅嶧纂
清嘉慶二十三年(1818)刻本
[光緒]石門縣志 第82冊
(清)閻鎮行纂修
清光緒十五年(1889)刻本
[同治]益陽縣志 第83冊
(清)姚念楊等修 (清)趙裴哲纂
清同治十三年(1874)刻本
[民國]寧鄉縣志 第84－85冊
周震麟修 劉宗向纂
民國三十年(1941)活字本
[同治]安化縣志 第86冊
(清)邱育泉修 (清)何才煥纂
清同治十年(1871)刻本

中國地方志集成雲南府縣志輯
鳳凰出版社編選
二〇〇九年南京鳳凰出版社
八十三冊

[康熙]雲南府志 第1冊
(清)張毓碧修 (清)謝儼等纂
清康熙三十五年(1696)刻本
[道光]昆明縣志 第2冊
(清)戴絅孫纂修
清道光二十一年(1841)修 據清光緒二十七年(1901)刻本影印
[民國]昆明市志 第2冊
張維翰修 童振藻纂
民國十三年(1924)昆明市政公所總務科鉛印本
[光緒]呈貢縣志 第3冊
(清)朱若功原本 (清)李明續修 (清)李蔚文等續纂
係清光緒十一年(1885)增刻 現據光緒刻本影印
[道光]昆陽州志 第3冊
(清)朱慶椿纂修
清道光十九年(1839)刻本
[雍正]安寧州志 第3冊
(清)楊若椿修 (清)段昕纂
清雍正九年(1731)修 據乾隆四年(1739)刻本影印
[光緒]安寧州續志 第3冊
(清)郭時郁 孫鳳芝修 (清)郎榮纂
光緒年間刻本
[民國]昭通縣志稿 第4冊
盧金錫修 楊履乾 包鳴泉纂
民國二十七年(1938)鉛印本
[宣統]恩安縣志 第5冊
(清)汪炳謙纂修
清宣統三年(1910)鈔本
[康熙]富民縣志 第5冊
(清)彭兆逵修 (清)楊撝秀纂
清康熙五十一年(1712)刊刻 現據鈔本影印
[康熙]晉寧州志 第6冊
(清)杜紹先纂修
本書五卷 未刊行 據清康熙五十五年(1716)鈔本影印
[道光]晉寧州志 第6－7冊
(清)朱慶椿修 陳金堂纂
清道光二十三年(1843)刊刻 現據民國十五年(1926)鉛印本影印
[光緒]鎮雄州志 第8冊
(清)吳光漢修 (清)宋成基纂
清光緒十三年(1887)刻本
[民國]巧家縣志稿 第8－9冊
陸崇仁修 湯祚纂
民國三十一年(1942)雲南印刷局鉛印本
[乾隆]東川府志 第10冊
(清)方桂修 (清)胡蔚纂
清乾隆二十六年(1761)刻本
[康熙]平彝縣志 第10冊
(清)任中宜纂修
清康熙四十四年(1705)刊刻 現據鈔本影印
[咸豐]南寧縣志 第11冊
(清)毛玉成修 (清)張翊辰 喻懷信纂
清咸豐二年(1852)刊刻 現據鈔本影印
[道光]宣威州志 第12冊
(清)劉沛霖修 (清)朱光鼎等纂
道光二十四年(1844)刻本
[民國]宣威縣志稿 第12－13冊
王鈞圖 陳其楝修 繆果章纂

民國二十三年(1934)雲南開智印刷公司鉛印本
[民國]路南縣志 第14册
馬標修 楊中潤纂
民國六年(1917)出版鉛印本 現據鈔本影印
[雍正]阿迷州志 第14册
(清)張大鼎纂修
嘉慶元年(1796)刻本
[光緒]續修嵩明州志 第15册
(清)薛渭川纂修
光緒十五年(1889)修 鈔本
[民國]嵩明縣志 第15－16册
陳詒孫等修 楊思誠纂
民國三十四年(1945)鉛印本
[乾隆]霑益州志 第17册
(清)王秉韜纂修
清乾隆三十五年(1770)刻本
[光緒]霑益州志 第17－18册
(清)陳燕 韓寶琛修 (清)李景賢纂
清光緒十一年(1885)刊刻 現據鈔本影印
[雍正]師宗州志 第18册
(清)管棆原本 (清)夏治源增修
現據鈔本影印
[康熙]羅平州志 第19册
(清)黄德巽修 (清)胡承灝 周啓先等纂
清康熙五十七年(1718)刊刻 現據鈔本影印
[民國]羅平縣志 第19－20册
朱緯修 羅鳳章纂
民國二十二年(1933)石印本
[民國]陸良縣志稿 第21－22册
劉潤疇修 俞賡唐纂
民國四年(1915)石印本
[乾隆]新修宜良縣志 第22册
(清)王誦芬纂修
乾隆三十二年(1767)刻本
[民國]宜良縣志 第23－24册
王槐榮等修 許實纂
民國十年(1921)鉛印本
[民國]續修馬龍縣志 第25册
王懋昭纂修
民國六年(1917)鉛印本出版 現據鈔本影印
[嘉慶]永善縣志略 第25册
(清)查樞纂修 (清)鄒勗旃增校
嘉慶八年(1803)修 未刊刻 鈔本
[道光]澂江府志 第26册
(清)李熙齡纂修
清道光二十七年(1847)刻本之鈔本影印
[乾隆]新興州志 第26册
(清)任中宜原本 (清)徐正恩續纂
清乾隆十五年(1750)增刻康熙五十四年(1715)刻本
[康熙]通海縣志 第27册
(清)魏藎臣修 (清)闞禎兆纂
清康熙三十年(1691)刻本
[道光]通海縣志 第27册
(清)趙自中纂修
清道光六年(1826)刻 現據民國九年(1920)石印本影印
[光緒]通海縣續志 第27册
(清)魏藎臣修 闞禎兆纂
清康熙三十年(1691)刻本
[民國]元江志稿 第28－29册
黄元直修 劉達武纂
民國十一年(1922)鉛印本
[道光]新平縣志 第30册
(清)李誠修 (清)羅宗璉纂
清道光七年(1827)刊刻 現據鈔本影印
[民國]續修新平縣志 第30－31册
吴永立 王志高修 馬太元纂
民國二十三年(1934)石印本
[宣統]寧州志 第32册
(清)佚名纂修
民國五年(1916)劉啓藩鉛印本
[康熙]嶍峨縣志 第32册
(清)彭學曾原纂 (清)薛祖順增纂
清康熙五十六年(1717)增纂康熙三十七年(1698)刻本之鈔本
[民國]景東縣志稿 第32－34册
周汝釗修 侯應中纂
民國十二年(1923)石印本
[道光]威遠廳志 第35册
(清)謝體仁纂修
清道光十七年(1837)刻本
[光緒]續順寧府志稿 第35册
(清)黨蒙等修 (清)周宗洛等纂
清光緒三十一年(1905)務本堂刻本
[光緒]騰越鄉土志 第35册
(清)寸開泰編
清光緒間稿本
[民國]順寧縣志初稿 第36－37册
張問德修 楊香池纂
民國三十六年(1947)石印本之鈔本
[光緒]永昌府志 第38册
(清)劉毓珂等纂修
清光緒十一年(1885)刻本
[乾隆]雲南騰越州志 第39册
(清)屠述濂纂修
光緒二十五年(1899)刻本
[光緒]騰越廳志稿 第39册
(清)陳宗海修 (清)趙端禮纂
清光緒十三年(1887)刻本
[民國]龍陵縣志 第40册
張鑑安 修名傳修 寸開泰纂
民國三年(1914)修 據民國六年(1917)石印本影印
[乾隆]麗江府志略 第41册
(清)管學宣修 萬咸燕纂
清乾隆八年(1743)刻本之鈔本
[民國]麗江縣志書 第41册
佚名纂修
民國間鈔本
[乾隆]永北府志 第42册
(清)陳奇典修 劉慥纂
清乾隆三十年(1765)刻本
[光緒]續修永北直隸廳志 第42册
(清)葉如桐 秦定基修 (清)劉必蘇等纂
清光緒三十年(1904)刻本
[光緒]蒙化縣鄉土志 第42册
(清)梁友檍纂
鈔本
[道光]廣南府志 第43册
(清)李熙齡纂修
清道光二十八年(1848)刊刻 現據鈔本影印
[民國]廣南縣志 第44册
佚名纂
民國二十三年(1934)稿本 現據鈔本影印
[民國]馬關縣志 第45－46册
張自明修 王富臣等纂
民國二十一年(1932)石印本
[嘉慶]臨安府志 第47册
(清)江濬源修 (清)羅惠恩等纂
清嘉慶四年(1799)刻本

［乾隆］廣西府志 第 47 冊
（清）周埰修（清）李綬等纂
清乾隆四年（1793）刊刻 現據光緒三十一年（1905）補刻本影印
［道光］定遠縣志 第 47 冊
（清）李德生等修（清）李慶元等纂
清道光十五年（1835）刻本
［乾隆］蒙自縣志 第 48 冊
（清）李焜纂修
清乾隆五十六年（1791）刊刻 現據鈔本影印
［宣統］續蒙自縣志 第 49－50 冊
佚名纂
清宣統年間纂修稿本
［乾隆］石屏州志 第 51 冊
（清）管學宣纂修
清乾隆二十四年（1759）刻本
［乾隆］石屏州序志 第 51 冊
（清）管學宣纂修
清乾隆二十四年（1759）刻本
［民國］石屏縣志 第 51－53 冊
袁嘉穀纂修
民國二十七年（1938）鉛印本
［雍正］建水州志 第 54－55 冊
（清）祝宏修（清）趙節等纂
清雍正九年（1793）刊刻 現據民國二十二年（1933）鉛印本影印
［民國］續修建水縣志稿 第 56－57 冊
丁國樑修 梁家榮纂
據民國九年（1920）鉛印本影印 間以民國二十二年（1933）漢口道新印書館鉛印本換配。
［乾隆］彌勒州志 第 58 冊
（清）秦仁 王緯修 伍士玠纂 傅騰蛟等增訂
清乾隆四年（1739）刻本之鈔本
［民國］新編麻栗坡特別區地志資料 第 58 冊
陳鍾書等修 鄧昌麒纂
民國三十六年（1947）稿本之鈔本
［民國］鎮康縣志初稿 第 58 冊
納汝珍修 蔣世芳纂
稿本之鈔本
［康熙］楚雄府志 第 58 冊
（清）張嘉穎修（清）劉聯聲等纂
清康熙五十五年（1716）刻本
［嘉慶］楚雄縣志 第 59 冊
（清）蘇鳴鶴修（清）陳璜纂
清嘉慶二十三年（1818）刻本
［宣統］楚雄縣志 第 59－60 冊
（清）崇謙修（清）沈宗舜纂
清宣統二年（1910）稿本之鈔本
［康熙］元謀縣志 第 61 冊
（清）莫舜鼐修（清）彭學曾纂（清）王弘任增修
清康熙三十五年（1696）刊刻 康熙五十一年（1712）增刻 現據鈔本影印
［光緒］武定直隸州志 第 62 冊
（清）郭懷禮修（清）孫澤春纂（清）孟丕榮箋注
清光緒九年（1883）刊刻 現據油印本影印
［光緒］羅次縣志 第 62 冊
（清）胡毓麒修（清）楊鍾壁等纂
清光緒十三年（1887）刻本
［光緒］鎮南州志略 第 62 冊
（清）李毓蘭修（清）甘孟賢纂
清光緒十八年（1892）刻本
［光緒］姚州志 第 63 冊
（清）陸宗鄭修（清）甘雨纂
清光緒十一年（1885）刻本
［道光］大姚縣志 第 63－64 冊
（清）黎恂修（清）劉榮黼纂
清道光二十五年（1845）刊刻 現據鈔本影印
［民國］姚安縣志 第 65－66 冊
霍士廉等修 由雲龍等纂
民國三十七年（1948）鉛印本
［雍正］白鹽井志 第 67 冊
（清）劉邦瑞纂修
雍正八年（1730）刻本
［乾隆］白鹽井志 第 67 冊
（清）郭存莊纂修
清乾隆二十三年（1758）刻本
［康熙］琅鹽井志 第 67 冊
（清）沈鼐纂修
清康熙五十一年（1712）修 現據鈔本影印
［康熙］黑鹽井志 第 67－68 冊
（清）沈懋价修 楊璿纂
鈔本
［民國］鹽豐縣志 第 69－70 冊
郭燮熙纂修
民國十三年（1924）鉛印本
［乾隆］大理府志 第 71－72 冊
（清）傅天祥 李斯佺修（清）黃元治 張泰交纂
民國二十九年（1940）大理嚴氏鉛印本
［民國］大理縣志稿 第 72－75 冊
張培爵等修 周宗麟等纂 周宗洛校訂
民國六年（1917）鉛印本
［光緒］浪穹縣志略 第 76 冊
（清）周沆纂修
清光緒二十九年（1903）刻本
［咸豐］鄧川州志 第 76 冊
（清）鈕方圖修（清）侯允欽纂
清咸豐三年（1853）楊炳鋥刻本
［雍正］賓川縣志 第 76 冊
（清）周鉞纂修
雍正五年（1727）刊刻 鈔本
［乾隆］趙州志 第 77 冊
（清）程近仁修 趙淳等纂
清乾隆元年（1736）刻本
［道光］趙州志 第 77－78 冊
（清）趙釗鏜修（清）李其馨等纂
清道光十九年（1839）刊刻 現據鈔本影印
［康熙］蒙化府志 第 79 冊
（清）蔣旭修 陳金珏纂
清康熙三十七年（1698）刻本
［乾隆］續修蒙化直隸廳志 第 79 冊
（清）劉塏 席慶年修（清）吳蒲等纂
清乾隆五十五年（1790）刻本
［民國］蒙化志稿 第 79－80 冊
李春曦修 梁友檍纂
民國九年（1920）雲南崇文書館鉛印本
［光緒］鶴慶州志 第 80 冊
（清）王寶儀修（清）楊金和 楊金鎧纂
清光緒二十年（1894）刻本
［乾隆］雲南縣志 第 80 冊
（清）李世保修（清）張聖功 王在璋纂
清乾隆三十二年（1767）刻本
［光緒］雲南縣志 第 81 冊
（清）項聯晉修（清）黃炳堃纂
清光緒十六年（1890）刊刻 現據鈔本影印
［雍正］雲龍州志 第 82 冊
（清）陳希芳修（清）胡禹謨纂
清雍正六年（1728）刊刻 現據鈔本影印
［光緒］新修中甸廳志書 第 82 冊
（清）吳自修修（清）張翼夔纂

清光緒十年(1884)稿本之鈔本
[民國]中甸縣志稿 第83册
段綬滋纂修
民國二十八年(1939)稿本之鈔本
[民國]維西縣志 第83册
李炳臣修 李翰湘纂
民國二十一年(1932)修 現據鈔本影印

中國地方志集成鄉鎮志專輯
上海書店出版社
二〇一三年上海書店出版社
四十册
法華鄉志 第1册
(清)王鍾纂 胡人鳳續纂
民國十一年(1922)鉛印本
塘灣鄉九十一圖里志 第1册
道光十四年(1834)纂 據上海圖書館藏抄本影印
紫堤村志 第1册
(清)汪用安原纂 侯承慶續纂 沈葵增補
清康熙十七年(1687)修 咸豐六年(1856)增修 據上海圖書館藏傳抄本影印
七寶鎮小志 第1册
(清)顧傳金纂
上海圖書館藏傳抄本
寒圩小志 第1册
(清)楊學淵纂
上海圖書館藏稿本
張澤志稿 第1册
清同治年抄本
張澤志 第1册
松江博物館藏抄本
幹山志 第1册
(清)周厚地纂
松江博物館藏抄本
江東志 第2册
上海圖書館藏抄本
南匯二區舊五團鄉志 第2册
儲學洙纂
民國二十五年(1936)鉛印本
幹巷志 第2册
民國二十二年(1933)重印嘉慶本
朱涇志 第2册
民國五年(1916)鉛印本
重輯楓涇小志 第2册
(清)曹相駿纂 許光墉增纂
清光緒十七年(1891)鉛印本
續修楓涇小志 第2册
(清)程兼善纂
清宣統二年(1910)鉛印本
重輯張堰志 第3册
姚裕廉 范炳垣纂修
民國九年(1920)金山姚氏松韻草堂鉛印本
金澤小志 第3册
(清)周鳳池纂 蔡自申續纂
上海圖書館藏抄本
珠里小志 第3册
(清)周郁濱纂
清嘉慶二十年(1815)刻本
盤龍鎮志 第3册
(清)金惟鼇纂
上海圖書館藏抄本
蒸里志略 第3册
(清)葉世熊纂
清宣統二年(1910)青浦葉桐叔鉛印本
章練小志 第3册
(清)高如圭原纂 萬以增續纂
民國七年(1918)鉛印本
外岡志 第3册
(明)殷聘尹纂
一九六一年鉛印《上海史料叢編》本
續外岡志 第3册
(清)錢肇然纂
一九六一年鉛印《上海史料叢編》本
真如里志 第4册
(清)陸立纂
上海圖書館藏傳抄清乾隆三十七年(1772)刻本
真如里志 第4册
洪複章纂
上海圖書館藏稿本
真如志 第4册
王德乾纂
上海圖書館藏一九五九年傳抄民國二十四年(1935)稿本
安亭志 第4册
(清)陳樹德 孫岱纂
民國二十六年(1927)安定吳廷銓鉛印本
婁塘鎮志 第4册
(清)陳曦纂
民國二十五年(1936)婁塘梅祖德鉛印清光緒十七年(1891)修補嘉慶十年(1805)本
南翔鎮志 第4册
(清)張承先纂 程攸熙訂正
民國十三年(1924)南翔鳳翥樓鉛印本
石岡廣福合志 第4册
(清)蕭魚會 趙稷思纂
清嘉慶八年(1803)刻本
方泰志 第4册
(清)王初桐纂
上海圖書館藏傳抄本
馬陸里志 第4册
(清)封導源纂
上海圖書館藏清嘉慶年間傳抄本
黃渡鎮志 第5册
(清)章樹福纂
民國十二年(1923)章欽亮重校鉛印本
黃渡續志 第5册
(民國)章圭瑑纂
民國十二年(1923)章氏勤生堂鉛印本
望仙橋鄉志稿 第5册
(清)張啓泰輯 陸世益編
上海博物館藏清光緒間稿本
續望仙橋鄉志稿 第5册
(民國)楊大璋纂
上海博物館藏民國十六年(1917)稿本
錢門塘鄉志 第5册
童世高纂
南京大學圖書館藏抄本
嘉定疁東志 第5册
呂舜祥修 武嘏純纂
一九四八年雲盧油印本
楊行志 第5册
(清)黃程雲纂
南京圖書館藏抄本
羅店鎮志 第5册
(清)王樹棻修 潘履祥纂
清光緒十五年(1889)鉛印本
月浦志 第6册
(清)張人鏡纂
上海博物館藏稿本
月浦里志 第6册
陳應康纂
民國二十三年(1934)鉛印本
盛橋里志 第6册
趙同福修 楊逢時纂
上海圖書館藏稿本

江灣里志 第6冊
錢淦纂
民國十三年(1924)活字本
淞南志 第6冊
(清)秦立纂
清嘉慶十年(1805)秦鑑刻本
淞南志 第6冊
(清)陳元模纂
清嘉慶十八年(1813)活字本
淞南續志 第6冊
(清)陳雲煌纂
清嘉慶十八年(1813)活字本
二續淞南志 第6冊
(清)陳至言纂
清嘉慶十八年(1813)活字本
竹鎮紀略 第7冊
(清)李敬纂
抄本影印
棲霞新志 第7冊
陳邦賢編
民國二十三年(1934)鉛印本
滸墅關志 第7冊
(清)淩壽祺纂
清道光七年(1827)刻本
横谿錄 第7冊
(明)徐鳴時纂
抄本影印
吳郡甫里志 第7冊
(清)陳維中纂修
抄本
吳郡甫里志 第8冊
(清)彭方周纂修
清乾隆三十年(1765)刻本
甫里志稿 第8冊
(清)佚名纂
抄本
陳基鎮志 第8冊
(清)陳尚隆原纂 陳樹穀續纂
抄本
貞豐擬乘 第8冊
(清)章騰龍原本 陳勰增輯
清嘉慶十五年(1810)聚星堂刻本
周莊鎮志 第8冊
(清)陶煦纂
清光緒八年(1882)元和陶氏儀一堂刻本
光福志 第9冊
(清)徐傅編 王鏞等補輯
民國十八年(1929)蘇城毛上珍鉛印本
元和唯亭志 第9冊
(清)沈藻采纂
民國二十三年(1934)元和沈三益堂鉛印本
横金志 第9冊
(清)柳商賢纂 (民國)孔陟岵續補
蘇州博物館藏抄本
香山小志 第9冊
徐翥先纂
抄本
木瀆小志 第9冊
張郁文纂
民國十年(1921)蘇州華興印書局鉛印本
黄埭志 第9冊
朱福熙等修 程錦熙纂
民國十一年(1922)蘇州振新書社石印本
齊谿小志 第10冊
李楚石纂
民國十五年齊谿朱氏士食舊德之盧鉛印本
相城小志 第10冊
陶惟坻修 施兆麟纂
民國十九年(1930)上藝齋活字本
鄉志類稿 第10冊
葉承慶纂
民國二十三年(1934)洞庭東山旅滬同鄉會刻本
菉溪志 第10冊
(清)諸世器纂
民國二十八年(1939)朱啓甲蔣正逵鉛印本
信義志 第10冊
(清)陳至言纂 于炳炎重訂
清光緒三十三年(1907)吉暉堂抄本
信義志稿 第10冊
(清)趙詒翼纂
抄本
巴溪志 第10冊
朱保熙纂修
民國二十四年(1935)鉛印本
沙頭里志 第10冊
(清)曹焯纂 陸松齡增訂
抄本
茜涇記略 第10冊
(清)倪大臨纂 陶炳曾補輯
抄本
雙鳳里志 第11冊
(清)時寶臣纂修
清道光六年(1826)活字本《婁水藝文匯抄》本
雙鳳鄉 第11冊
(清)佚名輯
抄本
璜涇志稿 第11冊
(清)施若霖纂
民國二十九年(1940)活字本
璜涇志略 第11冊
趙曜纂
稿本
劉河鎮記略 第11冊
(清)金端表纂
稿本
增修鶴市志略 第11冊
林晃纂 周倆等增纂
民國三十六年(1947)鉛印本
唐市志 第11冊
(清)倪賜纂 蘇雙翔補纂
抄本
唐市補志 第11冊
(清)龍文洵再補輯
抄本
東唐市鄉志 第11冊
佚名纂
南京圖書館藏稿本
支溪小志 第12冊
顧鎮編輯 周昂增訂
抄本
穿山小識 第12冊
(清)邵廷烈輯
道光二十一年(1841)刻本
穿山志 第12冊
狄辰纂
抄本
釣渚小志 第12冊
(清)單學傅纂
抄本
梅李文獻小志 第12冊
(清)潘鎬纂
民國間抄本
梅李文獻小志稿 第12冊

東西林匯考 第28冊
(清)茅應奎纂
上海圖書館藏稿本
雙林鎮志 第28冊
(清)蔡蓉升原纂 蔡蒙續纂
民國六年(1917)上海商務印書館鉛印本
雙林鎮志新補 第28冊
蔡松纂
嘉興市圖書館藏民國四年(1915)稿本
定鄉小識 第28冊
(清)張道纂
清光緒間錢塘丁氏嘉惠堂刻《武林掌故叢編》第八集本
重修烏青鎮志 第28冊
(明)李樂纂
明萬曆二十九年(1601)刻本
烏青鎮志 第29冊
(清)董世寧纂
民國七年(1918)鉛印本
烏青鎮志 第29冊
盧學溥修 朱辛彝 張惟驤等纂
民國二十五年(1936)刻藍印本
新市鎮志 第30冊
(清)陳霆纂
上海圖書館藏清抄本
仙潭後志 第30冊
胡道傳 沈戢谷纂修
浙江圖書館藏清光緒二年抄本
新市鎮續志 第30冊
(清)沈亦然纂
清嘉慶十七年(1812)刻本
桃源鄉志 第30冊
(清)臧麟炳纂
南京圖書館藏清抄本
剡源鄉志 第30冊
(清)趙霈濤纂
民國五年(1916)鉛印本
忠義鄉志 第30冊
(清)吳文江纂
清光緒二十七年(1901)刻本
菱湖志 第31冊
(清)姚彥渠纂
北京師範大學圖書館藏稿本
菱湖鎮志 第31冊
(清)孫志熊纂
清光緒十九年(1893)臨安孫氏刻本
晟舍鎮志 第31冊
(清)閔寶梁纂
浙江省圖書館藏抄本
清湖小志 第31冊
(清)張宗祿纂 張統鎬續纂
復旦大學圖書館藏舊稿本
石步志 第31冊
(清)葉維新纂
寧波文管會天一閣藏抄本
金鄉鎮志 第31冊
佚名纂
溫州市圖書館藏民國十八年(1929)抄本
滸山志 第31冊
(清)高杲 沈煜纂
清道光十一年(1831)活字本
餘姚六倉志 第32冊
楊積芳纂
民國九年(1920)鉛印本
岱山鎮志 第32冊
湯濬纂
民國十六年(1927)定海湯氏一某軒木活字本
嶀陽志 第32冊
張拯滋纂
民國九年(1920)活字本
天樂志 第32冊
湯敘纂
民國二十七年(1938)鉛印《紹興縣志資料》第一輯本
曹娥鄉志稿 第32冊
徐繩宗纂
民國二十七年(1938)鉛印《紹興縣志資料》第一輯本
瀝海所志稿 第32冊
楊肇春纂
民國二十七年(1938)鉛印《紹興縣志資料》第一輯本
三江所志 第32冊
(清)陳宗洛纂 傅月樵補纂 何留學增訂
民國二十七年(1938)鉛印《紹興縣志資料》第一輯本
松夏志 第32冊
連光樞纂 何鳴宣參訂
民國二十年(1931)枕湖樓鉛印本
蒲岐所志 第32冊
倪啓辰纂
南京大學圖書館藏抄本
藤山志 第33冊
蔡人奇纂
民國三十七年(1948)鉛印本
洪塘小志 第33冊
佚名編
民國十六年(1927)楊遂重編石印本
閩江金山志 第33冊
林其蓉纂
民國二十六年(1927)遠東書局鉛印本
螺洲志 第33冊
(明)陳潤纂
福建省圖書館藏抄本
五夫子里志稿 第33冊
詹繼良纂
福建省圖書館藏民國二十年稿本
海口特志 第33冊
(清)林以采纂
福建省圖書館藏抄本
海口續志 第33冊
林宜恒纂
福建省圖書館藏抄本
梅花志 第33冊
(清)佚名纂
廈門大學圖書館藏抄本
長樂六里志 第33冊
李永選纂
一九六四年油印本
琴江志 第33冊
黃曾成纂
民國十一年(1922)鉛印本
安海志 第33冊
(清)佚名纂
福建省圖書館藏抄本
重修安平志 第33冊
(清)柯琮璜纂修
福建省圖書館藏抄本
崇武所城志 第33冊
(明)朱彤纂 陳敬法增補
福建省圖書館藏抄本
石碼鎮志 第34冊
林鳳聲編
福建省圖書館藏抄本
周墩區志 第34冊
鄭讜光 陳贊勛纂
民國二十七年(1938)鉛印本

南日島志　第34冊
薩福榛纂
民國二十六年(1937)鉛印本
樹杞林志　第34冊
(清)林百川 林學源纂
《臺灣文獻叢刊》本
苑里志　第34冊
(清)蔡振豐編
《臺灣文獻叢刊》本
豐南志　第34冊
吳吉祜纂
安徽省圖書館一九八一年抄稿本
沙溪集略　第34冊
(清)凌應秋輯
抄本
西幹志　第35冊
許承堯纂
稿本
岩鎮志草　第35冊
(清)佘華瑞纂
抄本
休寧孚潭志　第35冊
(清)許顯祖纂
抄本
善和鄉志　第35冊
(清)程文翰編
清光緒七年(1881)抄本
杏花村志　第35冊
(清)郎遂纂
民國九年(1920)《貴池先哲遺書》本
杏花村續志　第35冊
胡子正纂
民國四年(1915)鉛印本
橙楊散志　第35冊
(清)江登雲纂
清乾隆四十年(1775)刻本
天津楊柳青小志　第36冊
張江裁纂
民國二十七年(1938)《京津風土叢書》本
翟城村　第36冊
米迪剛 尹仲材編
民國十四年(1925)鉛印本
涇楊魯橋鎮志　第36冊
(清)王介纂
清道光元年(1821)刻本
續修涇楊魯橋鎮城鄉志　第36冊
馮庚修 郭思鋭纂
民國十二年(1923)西安精益印書館鉛印本
吉安縣河西坊廊鄉志　第36冊
蕭賡韶纂
民國二十六年(1927)鉛印本
高嶢志　第36冊
由龍雲纂
民國二十八年(1939)鉛印本
張秋志　第37冊
(清)林芃修 馬之驦纂
清康熙斌業齋抄本
顏神鎮志　第37冊
(清)葉先登修 馮文顯纂
清康熙九年(1670)刻本
達縣磐石鄉志　第37冊
張子履編
民國三十二年(1934)鉛印本
平順鄉志　第37冊
佚名纂
抄本
清源鄉志　第37冊
(清)王勳祥修 王效尊纂
清光緒八年(1882)梗陽書院刻本
思南縣允文鄉允訪錄　第37冊
吳協昌纂
抄本
成府村志　第37冊
佚名纂
稿本
佛山忠義鄉志　第38冊
(清)吳榮光纂
清道光十一年(1831)刻本
佛山忠義鄉志　第38冊
汪宗準修 冼寶幹纂
民國十五年(1926)刻本
順德龍江鄉志　第39冊
(清)佚名纂
民國十五年(1926)龍江雙井街明新印務局鉛印本
龍山鄉志　第39冊
(清)溫汝能纂
清嘉慶十年(1805)金紫閣刻本
南海九江鄉志　第39冊
(清)黎春曦纂
抄本
九江儒林鄉志　第39冊
(清)馮栻宗纂
清光緒九年(1883)刻本
潮連鄉志　第40冊
盧子駿纂
民國三十五年(1946)香港林瑞英印預務局鉛印本
茶山鄉志　第40冊
袁應淦編 劉文亮補編
民國二十四年(1935)鉛印本
番禺縣古壩鄉志　第40冊
韓鋒纂
民國二十六年(1927)鉛印本
番禺河南小志　第40冊
黃任恒編
民國三十四年(1945)傳抄稿本
湘陰縣高明鄉志　第40冊
黃紹瓊編
民國二十七年(1938)稿本
中國地方志集成廣東府縣志輯
上海書店出版社
二〇一三年上海書店出版社
五十一冊
[光緒]廣州府志　第1－3冊
(清)戴肇辰 蘇佩訓修 史澄 李光廷纂
清光緒五年(1879)刻本
[民國]花縣志　第4冊
孔昭度 符矩存修 利璋纂
民國十三年(1924)鉛印本
[道光]長寧縣志　第4冊
(清)高炳文修 馮蘭纂
廣東省中山圖書館藏抄本
[雍正]從化縣新志　第4冊
(清)郭遇熙纂修 蔡廷鏕續修 張經綸續纂
雍正八年(1730)續修刻本
[民國]龍門縣志　第4冊
招念慈修 鄔慶時纂
民國二十五年(1936)廣州漢元樓鉛印本
[康熙]增城縣志　第5冊
(清)蔡淑修 陳輝璧纂
上海辭書出版社藏清康熙二十五年(1686)刻本
[民國]增城縣志　第5冊
王思章修 賴際熙纂
民國十年(1921)刻本
[同治]番禺縣志　第6冊
(清)李福泰修 史澄 何若瑤纂
清同治十年(1871)刻本

［宣統］番禺縣續志 第7冊
（清）梁鼎芬修 丁仁辰 吳道鎔等纂
民國二十年（1931）重印本
［民國］續番禺縣志 第7冊
凌鶴書纂
上海圖書館藏抄本
［同治］韶州府志 第8冊
（清）額哲克等修 單興詩纂
清同治十三年（1874）刻本
［光緒］曲江縣志 第9冊
（清）張希京修 歐樾華 馮翼之纂
清光緒元年（1875）刻本
［民國］樂昌縣志 第9冊
劉運鋒修 陳宗瀛纂
民國二十年（1931）鉛印本
［民國］仁化縣志 第9冊
何炅璋修 譚鳳儀纂
民國二十三年（1934）鉛印本
［道光］直隸南雄州志 第10冊
（清）余保純等修 黃其勤纂 戴錫綸續纂修
清道光四年（1824）續修刻本
［乾隆］保昌縣志 第10冊
（清）陳志儀纂修
故宮博物院藏清乾隆十八年（1753）刻本
［民國］始興縣志 第11冊
陳賡虞等修 陳及時纂
民國十五年（1926）石印本
［嘉慶］翁源縣新志 第11冊
（清）謝崇俊等修 顏爾樞纂
清嘉慶二十五年（1820）刻本
［康熙］乳源縣志 第11冊
（清）張洗易纂修
廣東省中山圖書館藏清康熙二十六年（1687）刻本（照相本）
［道光］佛岡縣直隸軍民廳志 第12冊
（清）龔耿光纂修
咸豐元年（1851）刻本
［道光］英德縣志 第12冊
（清）黃培燦 劉濟寬修 陸殿邦纂
清道光二十三年（1843）刻本
［民國］英德縣續志 第12冊
鄧士芬修 黃佛頤 凌鶴書等纂
民國二十年（1931）鉛印本
［民國］清遠縣志 第13冊
吳鳳聲 余棨謀修 朱汝珍纂
民國二十六年（1927）鉛印本
［順治］陽山縣志 第14冊
（清）熊兆師纂修
北京師範大學圖書館藏清順治十五年（1658）刻本
［民國］陽山縣志 第14冊
黃瓚等修 朱汝珍纂
廣東省中山圖書館藏民國二十七年（1938）鉛印本
［民國］連山縣志 第14冊
何一鸞修 臧承宣纂 凌錫華增修
民國十七年（1928）增修鉛印本
［道光］連山綏傜廳志 第14冊
（清）姚柬之纂
清光緒三年（1877）刻本
［同治］連州志 第14冊
（清）袁泳錫 覺羅祥瑞修 單興詩纂
清同治九年（1870）刻本
［光緒］惠州府志 第15冊
（清）劉溎年 張聯桂修 鄧掄斌 陳新銓纂
清光緒七年（1881）刻本
［雍正］歸善縣志 第16冊
（清）孫能寬等修 葉適等纂
上海圖書館藏傳抄清雍正二年（1724）刻本
［乾隆］博羅縣志 第16冊
（清）陳裔虞纂修
清乾隆二十八年（1763）刻本
［康熙］河源縣志 第17冊
（清）王騚纂修
廣東中山圖書館藏清康熙二十八年（1689）刻本（照相本）
［同治］河源縣志 第17冊
（清）彭君穀修 賴以平等纂
清同治十三年（1874）刻本
［雍正］連平州志 第17冊
（清）盧廷俊修 顏希聖 何深纂
清雍正八年（1730）刻本
［民國］和平縣志 第18冊
曾樞修 凌開蔚纂
廣東省中山圖書館藏民國三十二年（1943）鉛印本
［嘉慶］龍川縣志 第18冊
（清）胡瑃修 勒殷山纂
清嘉慶二十三年（1818）刻本
［道光］永安縣三志 第18冊
（清）宋如楠 葉廷芳修 賴朝侶纂
清道光二年（1822）刻本
［嘉慶］新安縣志 第18冊
（清）舒懋官修 王崇熙纂
清嘉慶二十四年（1819）刻本
［民國］東莞縣志 第19冊
陳伯陶等纂修
民國十六年（1927）鉛印本
［光緒］嘉應州志 第20冊
（清）吳宗焯 李慶榮修 溫仲和纂
清光緒二十七年（1901）刻本
［嘉慶］平遠縣志 第21冊
（清）盧兆鰲修 余鵬舉等纂
民國二十四年（1935）鉛印本
［光緒］鎮平縣志 第21冊
（清）黃釗纂
民國三十二年（1934）鉛印本
［康熙］埔陽志 第21冊
（清）宋嗣京修 藍應裕等纂
清康熙二十五年（1686）刻本
［民國］新修豐順縣志 第21冊
劉禹輪修 李唐纂
民國三十二年（1934）鉛印本
［民國］新修大埔縣志 第22冊
劉織超修 溫廷敬等纂
民國三十二年（1934）鉛印本
［康熙］長樂縣志 第23冊
（清）孫胤光修 李逢祥纂
浙江省圖書館藏清康熙二年（1663）刻本
［道光］長樂縣志 第23冊
（清）侯坤元修 溫訓等纂
民國鉛印本
［咸豐］興寧縣志 第23冊
（清）仲振履原本 張鶴齡增修 曾士梅增纂
民國十八年（1929）鉛印本
［乾隆］潮州府志 第24冊
（清）周碩勳纂修
清光緒十九年（1893）重刻乾隆四十年本
［民國］潮州府志略 第25冊
潘載和纂修
民國二十二年（1933）鉛印本
［民國］潮州志 第25冊
饒宗頤纂修
民國三十八年（1949）鉛印本

[嘉慶]澄海縣志 第26冊
(清)李書吉等纂修
清嘉慶二十年(1815)刻本
[光緒]海陽縣志 第26冊
(清)盧蔚猷修 吳道鎔纂
清光緒二十六年(1900)刻本
[光緒]饒平縣志 第27冊
(清)劉抃原本 惠登甲增修 黃德容 翁荃增纂
清光緒九年(1883)增刻本
[乾隆]南澳志 第27冊
(清)齊翀纂修
清乾隆四十八年(1783)刻本
[民國]南澳縣志未成稿 第27冊
章灊龍修 楊世澤纂
廣東省中山圖書館藏民國三十六年(1947)稿本
[雍正]惠來縣志 第27冊
(清)張玿美纂修
民國十九年(1930)鉛印清雍正本
[光緒]潮陽縣志 第28冊
(清)周恒重修 張其翻纂
清光緒十年(1884)刻本
[乾隆]海豐縣志 第28冊
(清)于卜熊修 史本纂
清乾隆十五年(1750)刻本
[同治]海豐縣志續編 第28冊
(清)蔡逢恩修 林光斐纂
民國二十年(1931)鉛印本
[乾隆]陸豐縣志 第29冊
(清)王之政等修 沈展才等纂
清乾隆十年(1745)刻本
[光緒]普寧縣志稿 第29冊
(清)盧師識修 賴煥辰纂
廣東省中山圖書館藏複寫本
[乾隆]揭陽縣志 第29冊
(清)劉業勤修 凌魚纂
民國二十六年(1927)鉛印本
[光緒]揭陽縣續志 第29冊
(清)王崧修 李星煇纂
民國二十六年(1927)鉛印本
[宣統]南海縣志 第30冊
(清)張鳳喈第修 桂坫等纂
清宣統三年(1910)刻本
[嘉慶]三水縣志 第30冊
(清)李友榕 汪云任等修 鄧雲龍 董思誠纂
清嘉慶二十四年(1819)刻本
[康熙]順德縣志 第31冊
(清)黃培彝修 嚴而舒纂
北京圖書館藏清康熙十三年(1674)刻本
[民國]順德縣志附郭志刊誤 第31冊
周之貞 馮葆熙修 周朝槐纂
民國十八年(1929)刻本
[光緒]香山縣志 第32冊
(清)田明曜修 陳澧纂
清光緒五年(1879)刻本
[民國]香山縣志續編 第32冊
厲式金修 汪文炳 張丕基纂
民國十二年(1923)刻本
[乾隆]澳門紀略 第33冊
(清)印光任 張汝霖纂
清嘉慶五年(1800)刻本
[道光]新會縣志 第33冊
(清)林星章修 黃培芳 曾釗纂
清道光二十一年(1841)刻本
[同治]新會縣續志 第33冊
(清)彭君穀修 鍾應元 李星煇纂
清同治九年(1870)刻本
[乾隆]鶴山縣志 第33冊
(清)劉繼纂修
中國科學院南京地理研究所圖書館藏清乾隆十九年(1754)刻本
[光緒]高明縣志 第34冊
(清)鄒兆麟 蔡逢恩修 梁廷棟 區為樑纂
清光緒二十年(1894)刻本
[民國]開平縣志 第34冊
余棨謀修 張啓煌纂
民國二十二年(1933)香港民聲印書局鉛印本
[民國]赤溪縣志 第35冊
王大魯修 賴際熙等纂
民國十五年(1926)刻本
[光緒]新寧縣志 第35冊
(清)何福海 鄭守昌修 林國賡 黃榮熙纂
清光緒十九年(1893)刻本
[民國]恩平縣志 第35冊
余丕承修 桂坫纂
民國二十年(1931)鉛印本
[光緒]高州府志 第36冊
(清)楊霽修 陳蘭彬等纂
清光緒十六年(1890)刻本
[光緒]茂名縣志 第37冊
(清)鄭業崇修 許汝韶纂
清光緒十四年(1888)刻本
[民國]石城縣志 第37冊
鍾喜焯等修 江珣等纂
民國二十年(1931)鉛印本
[光緒]化州志 第38冊
(清)彭貽蓀 章毓佳修 彭步瀛等纂
清光緒十六年(1890)刻本
[光緒]信宜縣志 第38冊
(清)敖式槱修 梁安甸纂
光緒十七年(1891)刻本
[康熙]陽春縣志 第39冊
(清)康善述纂修
清康熙二十六年(1687)刻本
[民國]陽春縣志 第39冊
藍榮熙等修 吳英華纂
民國三十八年(1949)鉛印本
[道光]遂溪縣志 第39冊
喻炳榮修 朱德華 楊翊纂
清光緒二十一年(1895)補刻本
[康熙]陽江縣志 第40冊
(清)范士瑾纂修
上海圖書館藏清康熙二十七年(1688)刻本
[民國]陽江縣志 第40冊
張以誠修 梁觀喜纂
民國十四年(1925)刻本
[光緒]重修電白縣志 第41冊
(清)孫鑄修 邵祥齡纂
清光緒十八年(1892)刻本
[民國]電白縣新志稿 第41冊
邵桐孫等纂
中國科學院圖書館藏民國三十五年(1946)油印本
[光緒]吳川縣志 第42冊
(清)毛昌善修 陳蘭彬纂
清光緒十八年啟壽刻本
[宣統]徐聞縣志 第42冊
(清)王輔之修 駱克良等纂
清宣統三年(1910)刻本
[嘉慶]雷州府志 第43冊
(清)雷學海修 陳昌齊等纂
清嘉慶十六年(1811)刻本
[嘉慶]海康縣志 第44冊
(清)劉邦柄修 陳昌齊纂

清嘉慶十七年(1812)刻本
[民國]海康縣續志 第44-45冊
梁成久纂修 陳景棻續修
民國二十七年(1938)鉛印本
[道光]肇慶府志 第46冊
(清)屠英等修 江藩等纂
清光緒二年(1876)刻本
[宣統]高要縣志 第47冊
馬呈圖等纂修
民國二十七年(1938)鉛印本
[民國]懷集縣志 第47冊
周贊元等纂修
民國五年(1916)鉛印本
[道光]廣寧縣志 第48冊
(清)黃思藻等纂修
清道光四年(1824)刻本
[乾隆]新興縣志 第48冊
(清)劉芳纂修
民國二十三年(1934)鉛印本
[道光]東安縣志 第48冊
汪兆柯纂修
民國二十五年(1936)鉛印本
[光緒]四會縣志 第49冊
(清)陳志喆 劉德恒修 吳大猷纂
清光緒二十二年(1896)刻本
[康熙]羅定直隸州志 第50冊
(清)劉元祿纂修
廣東省中山圖書館藏清康熙二十六年(1687)刻本(照相本)
[民國]羅定志 第50冊
周學仕修 馬呈圖纂 陳樹勳續修
民國二十四年(1935)鉛印本
[道光]封川縣志 第50冊
(清)溫恭修 吳蘭修纂
民國二十四年(1935)鉛印本
[道光]開建縣志 第50冊
(清)余瀚修 余楷纂
上海圖書館藏抄本
[民國]西寧縣志 第51冊
何天瑞修 桂坫纂
民國二十六年(1927)鉛印本
[光緒]德慶州志 第51冊
(清)楊文駿修 朱一新 黎佩蘭纂
清光緒二十五年(1899)刻本
中國地方志集成臺灣府縣志輯
上海書店出版社
一九九九年上海書店出版社
五冊
[光緒]臺灣通志 第1冊
(清)唐景崧修 蔣師轍 薛紹元纂
一九六八年《臺灣叢書》點校本
[民國]臺灣新志 第1冊
鄭伯彬編
民國三十六年(1947)中華書局鉛印本
臺灣郡縣建置志 第1冊
周蔭棠編
民國三十年(1941)湖南大學油印本
[康熙]諸羅縣志 第1冊
(清)周鍾瑄修 陳夢林 李欽文纂
清康熙五十六年(1717)刻本
[咸豐]臺灣府噶瑪蘭廳志 第2冊
(清)薩廉修 陳淑均纂 董正官續修 李祺生續纂
清咸豐二年(1852)續修刻本
[同治]淡水廳志 第2冊
(清)陳培桂等纂修
清同治十年(1871)刻本
[光緒]新竹縣志初稿 第2冊
(清)鄭鵬雲 曾逢辰纂
清光緒十九年(1893)纂 據一九六八年《臺灣叢書》點校本影印
[乾隆]重修臺灣縣志 第3冊
(清)魯鼎梅修 王必昌纂
清乾隆十七年(1752)刻本
[嘉慶]續修臺灣縣志 第3冊
(清)薛志亮修 謝金鑾 鄭兼才纂
清嘉慶十二年(1807)刻本
[光緒]苗栗縣志 第4冊
(清)沈茂蔭纂修
清光緒十七年(1891)修 據華東師範大學圖書館藏抄本影印
[道光]彰化縣志 第4冊
(清)李廷璧修 周璽纂
清道光十四年(1834)刻本
雲林縣采訪冊 第4冊
(清)倪贊元纂
清光緒二十年(1894)纂 一九六八年點校本
[乾隆]重修鳳山縣志 第5冊
(清)王瑛曾纂修
一九六八年《臺灣叢書》點校本
[光緒]恒春縣志 第5冊
(清)陳文緯修 屠繼善纂
一九六八年《臺灣叢書》點校本
臺東州采訪冊 第5冊
(清)胡傳纂
一九六八年《臺灣叢書》點校本
安平縣雜記 第5冊
(清)佚名纂
一九六八年《臺灣叢書》點校本
[光緒]甲午新修臺灣澎湖志 第5冊
(清)蔡麟祥 陳步梯修 林豪纂
清光緒二十年(1894)刻本
中國地方志集成浙江府縣志輯
上海書店出版社
二〇一一年上海書店出版社
六十八冊
[民國]杭州府志 第1-3冊
(清)陳璚修 王棻纂 屈映光續修 陸懋勳續纂 齊耀珊重修 吳慶坻重纂
民國十一年(1922)鉛印本
[康熙]錢塘縣志 第4冊
(清)魏𡼖修 裘璉等纂
清康熙五十七年(1718)刻本
[嘉慶]錢塘縣志補 第4冊
(清)吳允嘉纂
南京圖書館藏清抄本
[康熙]仁和縣志 第5冊
(清)趙世安修 顧豹文 邵遠平纂
清康熙二十六年(1687)刻本
[嘉慶]餘杭縣志 第5冊
(清)張吉安修 朱文藻纂 崔應榴 董作棟續纂
清嘉慶十三年(1808)刻本
[光緒]餘杭縣志稿 第5冊
(清)褚成博纂
清光緒三十二年(1906)刻本
[光緒]富陽縣志 第6冊
(清)汪文炳修 蔣敬時 何鎔纂
清光緒三十二年(1906)刻本
富陽縣新舊志校記 第6冊
(清)朱壽保纂
清光緒三十三年(1907)石印本
富陽縣新志補正 第6冊
(清)朱壽保纂
南京圖書館藏抄本
[民國]昌化縣志 第6冊
陳培珽 曾國霖等修 許昌言等纂
民國十三年(1924)鉛印本
[宣統]臨安縣志 第7冊
(清)彭循堯修 董運昌 周鼎纂

清宣統二年(1910)活字本
臨安縣志補 第7冊
姚祖義纂
浙江省圖書館藏稿本
[光緒]嚴州府志 第8冊
(清)吳士進原本 吳世榮續修 鄒柏森 馬斯臧等續纂
清光緒九年(1883)增刻本
[民國]建德縣志 第9冊
夏日璈 張良楷等修 王韧等纂
民國八年(1919)金華集成堂鉛印本
[民國]壽昌縣志 第9冊
[光緒]於潛縣志 第10冊
(清)程兼善纂修
民國二年(1913)謝青翰石印本
[光緒]淯安縣志 第10冊
(清)劉世寧原本 李詩續修 陳中元 竺士彥續纂
清光緒十年(1884)刻本
[民國]遂安縣志 第10冊
羅柏麓 周樹美修 姚桓 洪夢雲等纂
民國十九年(1930)鉛印本
[康熙]蕭山縣志 第11冊
(清)劉儼修 張遠纂
清康熙三十二年(1693)刻本
[民國]蕭山縣志稿 第11冊
彭延慶修 姚瑩俊纂 張宗海續修 楊士龍續纂
民國二十四年(1935)鉛印本
[光緒]嘉興府志 第12-14冊
(清)許瑤光修 吳仰賢等纂
民國二十四年(1935)鉛印本
[光緒]嘉興縣志 第15冊
(清)趙惟崳修 石中玉 吳受福纂
清光緒三十四年(1908)刻本
[民國]鄞縣通志 第16-18冊
張傳保修 陳訓正 馬瀛纂
一九三五年至一九五一年鉛印本
[康熙]鄞縣志 第18冊
(清)汪源澤修 聞性道纂
清康熙二十五年(1686)刻本
[乾隆]桐廬縣志 第19冊
(清)嚴正身 王德讓修 金嘉琰等纂
南京圖書館藏抄本
[光緒]重修嘉善縣志 第19冊
(清)江峰青修 顧福仁纂
民國七年(1918)重印本

校勘[光緒]嘉善縣志劄記 第19冊
孫傳樞 唐步雲纂
民國八年(1919)鉛印本
[光緒]平湖縣志 第20冊
(清)彭潤章等修 葉廉鍔等纂
清光緒十二年(1886)刻本
[民國]平湖縣續志 第20冊
季新益 柯培鼎纂
上海圖書館藏抄本
[康熙]海鹽縣志 第21冊
(清)彭孫貽 童申祉纂
南京圖書館藏稿本
海鹽縣志補遺 第21冊
(清)張素仁修 彭孫貽 童申祉纂
浙江省圖書館藏清康熙十二年(1673)抄本
[光緒]海鹽縣志 第21冊
(清)王彬修 徐用儀纂
清光緒三年(1877)蔚文書院刻本
[民國]海寧州志稿 第22冊
(清)李圭修 許傳霈纂 劉蔚仁續修 朱錫恩續纂
民國十一年(1922)續修鉛印本
[光緒]桐鄉縣志 第23冊
(清)嚴長纂
清光緒十三年(1887)刻本
[同治]湖州府志 第24-25冊
(清)宗源瀚 郭式昌修 周學濬 陸心源纂
清同治十三年(1874)愛山書院刻本
[光緒]石門縣志 第26冊
(清)余麗元等纂修
清光緒五年(1879)刻本
[光緒]烏程縣志 第26冊
(清)潘玉璿 馮健修 周學濬 汪日楨纂
清光緒七年(1881)刻本
[光緒]分水縣志 第27冊
(清)陳常鏵 馮圻修 臧承宣纂
清光緒三十二年(1906)刻本
[民國]續修分水縣志 第27冊
鍾詩傑修 臧承宣纂
民國三十一年(1942)鉛印本
[光緒]歸安縣志 第27冊
(清)李昱修 陸心源纂
清光緒八年(1882)刻本
[同治]長興縣志 第28冊
(清)趙定邦修 周學濬 丁寶書纂

清光緒十八年(1892)邵同珩 孫德祖增補重校刻本
長興志拾遺 第28冊
(清)朱鎮纂
清光緒二十三年(1897)刻本
[民國]德清縣新志 第28冊
吳翯皋 王任化修 程森纂
民國二十一年(1932)鉛印本
[同治]安吉縣志 第29冊
(清)汪榮 劉蘭敏修 張行孚 丁寶書纂
清同治十三年(1874)刻本
[道光]武康縣志 第29冊
(清)疏筤修 陳殿階 吳敬羲纂
清道光九年(1829)刻本
[同治]孝豐縣志 第30冊
(清)劉濬修 潘宅仁等纂
清光緒五年(1879)刻本
[雍正]寧波府志 第30冊
(清)曹秉仁等修 萬經等纂
清道光二十六年(1846)刻本
[光緒]奉化縣志 第31冊
(清)李前泮修 張美翊等纂
清光緒三十四年(1908)刻本
[民國]奉化新志 第31冊
奉化縣政法纂修
中國第一歷史檔案館藏民國二十八年(1939)鉛印本
[萬曆]秀水縣志 第31冊
(明)李培修 黃洪憲等纂
民國十四年(1925)金蓉鏡校補鉛印本
[康熙]秀水縣志 第31冊
(清)任之鼎修 范正輅纂
清康熙二十四年(1685)刻本
[民國]天臺縣志稿 第32冊
李光益 金城修 褚傳誥纂
民國四年(1915)油印本
[民國]象山縣志 第33冊
羅士筠修 陳漢章等纂
民國十六年(1927)寧波天勝印刷公司鉛印本
象山縣志文存疑 第33冊
樊家楨纂
民國三十六年(1947)鉛印本
[民國]南田縣志 第34冊
呂耀鈐 厲家楨修 呂芝延 施仁緯纂
民國十九年(1930)鉛印本
[民國]鎮海縣志 第34冊

洪錫範 盛鴻燾修 王榮商 楊敏曾纂
民國二十年(1931)上海蔚文印刷局鉛印本
鎮海縣新志備稿 第34册
董祖羲纂
民國二十年(1931)上海蔚文印刷局鉛印本
[光緒]慈溪縣志 第35－36册
(清)楊泰亨 馮可鏞纂
清光緒二十五年(1899)劉一柱校補德潤書院刻本
[光緒]餘姚縣志 第36册
(清)周炳麟修 邵友濂 孫德祖纂
清光緒二十五年(1899)刻本
[光緒]寧海縣志 第37册
(清)王瑞成 程雲驤修 張濬等纂
清光緒二十八年(1902)刻本
[嘉慶]山陰縣志 第37册
(清)徐元梅修 朱文翰等纂
清嘉慶八年(1803)刻本
山陰縣志校記 第37册
(清)李慈銘纂
民國十九年(1930)鉛印本
[光緒]定海廳志 第38册
(清)史致馴修 陳重威 黄以周纂
清光緒十一年(1885)黄樹潘刻本
[民國]定海縣志 第38册
陳訓正 馬瀛纂修
民國十三年(1924)旅滬同鄉會鉛印本
[民國]新昌縣志 第38册
金城修 陳畬等纂
民國八年(1919)鉛印本
[乾隆]紹興府志 第39－40册
(清)李亨特修 平恕 徐嵩纂
清乾隆五十七年(1792)刻本
[乾隆]紹興府志校記 第40册
(清)李慈銘撰
民國十八年(1929)鉛印本
[道光]會稽縣志稿 第41册
(清)王蓉坡 沈墨莊纂
民國二十五年(1936)紹興縣修志委員會鉛印本
[光緒]諸暨縣志 第41册
(清)陳遹聲修 蔣鴻藻纂
宣統二年(1910)刻本
[光緒]上虞縣志校續 第42册
(清)儲家藻修 徐致靖纂
清光緒二十五年(1899)刻本
[康熙]嵊縣志 第43册
(清)張逢歡修 袁尚衷纂
清康熙十年(1671)本
[民國]嵊縣志 第43册
牛蔭麐 羅毅修 丁謙 余重耀纂
民國二十四年(1935)鉛印本
[民國]臺州府志 第44－45册
喻長霖 柯驊威等纂修
民國二十五年(1936)鉛印本
[民國]臨海縣志稿 第46册
孫熙鼎 張寅修 何奏簧纂
民國二十四年(1935)鉛印本
[光緒]玉環廳志 第46册
(清)杜冠英 胥壽榮修 吕鴻燾纂
清光緒六年(1880)刻本
[民國]新登縣志 第47册
徐士瀛修 張子榮 史錫永纂
民國十一年(1922)鉛印本
[光緒]永康縣志 第47册
(清)李汝為 郭文翹修 潘樹棠等纂
清光緒十八年(1892)刻本
[光緒]仙居志 第48册
(清)王壽頤 潘紀恩修 王棻 李仲昭纂
清光緒二十年(1894)活字本
[光緒]金華縣志 第48册
(清)鄧鍾玉等纂
民國二十三年(1934)鉛印本
[康熙]金華府志 第49册
(清)張藎修 沈麟趾等纂
清宣統元年(1909)嵩連石印本
[道光]婺志粹 第49册
(清)盧標纂
清道光十九年(1839)映臺樓刻本
[嘉慶]太平縣志 第50册
(清)慶霖修 戚學標等纂
清嘉慶十六年(1811)刻本
[光緒]太平續志 第50册
(清)陳汝霖修 王棻等纂
清光緒二十二年(1896)刻本
[光緒]黄巖縣志 第51册
(清)陳寶善 孫憙修 王棻纂 陳鍾英 鄭錫滜續修 王詠霓續纂
清光緒三年(1877)刻本
[嘉慶]武義縣志 第51册
(清)張營堠修 周家駒等纂
清宣統二年(1910)石印本
[康熙]湯溪縣志 第52册
(清)譚國樞等纂修
上海圖書館藏清康熙二十二年(1683)刻本
[民國]湯溪縣志 第52册
丁燮 薛達修 戴鴻熙纂
民國二十年(1931)金震東石印局鉛印本
[光緒]蘭溪縣志 第52册
(清)秦簧 邵秉經修 唐壬森纂
清光緒十五年(1889)刻本
[道光]東陽縣志 第53册
(清)黨金衡原本 王恩注重定
民國三年(1914)東陽商務石印公司石印本
[嘉慶]義烏縣志 第53册
(清)諸自穀修 程瑜 李錫齡纂
民國十八年(1929)灌聰圖書館石印本
[光緒]浦江縣志 第54册
(清)善廣修 張景青纂
民國五年(1916)黄志璠再增補鉛印本
[光緒]開化縣志 第54册
(清)徐名立 潘紹詮修 潘樹棠纂
清光緒二十四年(1898)刻本
[康熙]衢州府志 第55册
(清)楊廷望纂修
清光緒八年(1882)劉國光刻本
[民國]衢縣志 第55－56册
鄭永禧纂
民國二十六年(1927)鉛印本
[光緒]常山縣志 第56册
(清)李瑞鍾修 朱昌泰等纂
清光緒十二年(1886)刻本
[民國]龍遊縣志 第57册
余紹宋纂
民國十四年(1925)鉛印本
[同治]泰順分疆錄 第57册
(清)林鶚纂 林用霖續纂
清光緒五年(1879)林氏望山堂刻本
[乾隆]溫州府志 第58册
(清)李琬修 齊召南 汪沆纂
乾隆二十七年(1762)刻本
甌乘補 第58册
(清)黄漢纂
溫州市圖書館藏敬鄉樓抄本
甌乘拾遺 第58册
(清)洪守一纂

清道光二十九年(1849)愛吾堂刻本
[康熙]江山縣志　第59冊
(清)朱彩修 朱長吟纂
清康熙四十七年(1708)刻本
[同治]江山縣志　第59冊
(清)王彬 孫晉梓修 朱寶慈等纂
清同治十二年(1873)文溪書院刻本
[康熙]永嘉縣志　第59冊
(清)王國泰 鄭廷俊修 林占春 周天錫纂
清康熙二十一年(1682)刻本
[光緒]永嘉縣志　第60冊
(清)張寶琳修 王棻 孫詒讓纂
清光緒八年(1882)溫州維新書局刻本
[光緒]樂清縣志　第61冊
(清)李登雲 錢寶鎔修 陳珅等纂
民國元年(1912)高誼校印本
[民國]麗水縣志　第61冊
李鍾嶽 李郁芬修 孫壽芝纂
民國十五年(1926)啟明印刷所鉛印本
[民國]平陽縣志　第62冊
王理孚修 劉紹寬纂
民國十五年(1926)刻本
[光緒]處州府志　第63冊
(清)潘紹詒修 周榮椿等纂
清光緒三年(1877)刻本
[乾隆]瑞安縣志　第64冊
(清)陳永清修 章昱 吳慶雲纂
清乾隆十四年(1749)刻本
[同治]景寧縣志　第64冊
(清)周杰修 嚴用光 葉篤貞纂
清同治十二年(1873)刻本
[民國]景寧縣續志　第64冊
吳呂熙修 柳景元纂
民國二十二年(1933)刻本
[民國]宣平縣志　第65冊
何横 張高修 鄒家箴等纂
民國二十三年(1934)鉛印本
[康熙]青田縣志　第65冊
(清)張皇輔修 錢喜選纂
清康熙二十五年(1686)刻本
[光緒]青田縣志　第65冊
(清)雷銑修 王棻纂
清光緒二年(1876)刻本
[康熙]縉雲縣志　第66冊
(清)曹懋極纂修
上海圖書館藏抄本
[光緒]縉雲縣志　第66冊
(清)何乃容 葛華修 潘樹棠纂
清光緒七年(1881)刻本
[光緒]慶元縣志　第66冊
(清)林步瀛 史恩緯修 史恩緒纂
清光緒三年(1877)刻本
[順治]松陽縣志　第67冊
(清)佟慶年修 胡世定纂
南京圖書館藏清順治十一年(1654)刻本
[民國]松陽縣志　第67冊
呂耀鈐修 高焕然纂
民國十五年(1926)活字本
[光緒]龍泉縣志　第67冊
(清)顧國詔修 張世埼纂
清光緒四年(1878)刻本
[康熙]遂昌縣志　第68冊
(清)繆之弼修 程定纂
南京大學圖書館藏清康熙五十一年(1712)刻本
[光緒]遂昌縣志　第68冊
(清)胡壽海 史恩緯修 褚成允纂
清光緒二十二年(1896)尊經閣刻本
[同治]雲和縣志　第68冊
(清)伍承吉修 涂冠續修 王士鈖纂
同治三年(1864)續修刻本

中國地方志集成安徽府縣志輯
鳳凰出版社編選
二〇一〇年南京鳳凰出版社
六十三冊
[嘉慶]廬州府志　第1冊
(清)張祥雲修 (清)孫星衍等纂
清嘉慶八年(1803)刻本
[光緒]續修廬州府志　第2－4冊
(清)黃雲修 (清)林之望 汪宗沂纂
清光緒十一年(1885)刻本
[嘉慶]合肥縣志　第5冊
(清)左輔修
清嘉慶九年(1804)刊 據民國九年(1920)王氏今傳是樓影印本
[康熙]含山縣志　第6冊
(清)趙燦修 (清)唐庭伯等纂
清康熙二十三年(1684)刻本之抄本
[道光]巢縣志　第6冊
(清)舒夢齡纂修
清道光八年(1828)刻本
[光緒]直棣和州志　第7冊
(清)朱大紳修 (清)高照纂
清光緒二十七年(1901)活字本
[嘉慶]無為州志　第8冊
(清)顧浩修 (清)吳元慶等纂
清嘉慶八年(1803)刻本
[民國]無為縣小志　第8冊
(清)佚名纂
民國二十年(1931)稿本 據一九六〇年石印本
[光緒]廬江縣志　第9冊
(清)錢鑅修 (清)俞燮奎 盧鈺纂
清光緒十一年(1885)刻本
[康熙]安慶府志　第10冊
(清)張楷纂修
清康熙六十年(1721)刻 據一九六一年石印本
[民國]懷寧縣志　第11冊
朱之英修 舒景蘅等纂
民國七年(1918)鉛印本
[民國]懷寧縣志補　第11冊
舒景蘅纂
民國七年(1918)鉛印本
[康熙]桐城縣志　第12冊
(清)胡必選原本 (清)王凝命增修
清康熙二十二年(1683)增刻本之抄本
[道光]續修桐城縣志　第12冊
(清)廖大聞等修 (清)金鼎壽纂
清道光十四年(1834)刻本
[光緒]霍山縣志　第13冊
(清)秦達章修 (清)何國佑 程秉祺纂
清光緒三十一年(1905)活字本
[乾隆]望江縣志　第13冊
(清)鄭交泰等修 (清)曹京等纂
清乾隆三十三年(1768)刻本
[民國]宿松縣志　第14－15冊
俞慶瀾 劉昂修 張燦奎等纂
民國十年(1921)活字本
[民國]太湖縣志　第16冊
高壽恒修 李英纂
民國十一年(1922)活字本
[民國]潛山縣志　第17冊
吳蘭生 王用霖修 劉廷鳳纂
民國九年(1920)鉛印本
[同治]六安州志　第18－19冊
(清)李蔚 王峻修 (清)吳康霖纂
清同治十一年(1872)刻 據清光緒三十年(1904)重印本

[同治]霍邱縣志 第20冊
(清)陸鼎斅 王寅清纂修
清同治九年(1870)活字本
[光緒]壽州志 第21冊
(清)曾道唯等修 (清)葛蔭南等纂
清光緒十六年(1890)活字本
[嘉慶]舒城縣志 第22冊
(清)熊載陞 杜茂才修 (清)孔繼序纂
清嘉慶十二年(1807)抄本
[光緒]續修舒城縣志 第22冊
(清)呂林鍾等修 (清)趙鳳詔等纂
清光緒三十三年(1907)活字本
[道光]阜陽縣志 第23冊
(清)劉虎文 周天爵修 (清)李複慶等纂
民國三十六年(1947)石印本
[民國]阜陽縣志續編 第23冊
南嶽峻 郭堅修 李蔭南纂
民國三十六年(1947)石印本
[乾隆]潁州府志 第24冊
(清)王斂福纂修
清乾隆十七年(1752)刻本
[光緒]亳州志 第25冊
(清)鍾泰 宗能徵纂修
清光緒二十年(1894)活字本
[民國]亳縣志略 第25冊
劉治堂纂修
民國二十五年(1936)鉛印本
[光緒]鳳臺縣志 第26冊
(清)李師沆 石成之修 (清)葛蔭南 周爾儀纂
清光緒十八年(1892)活字本
[民國]渦陽風土記 第26冊
黃佩蘭修 王佩箴等纂
民國十三年(1924)活字本
[民國]重修蒙城縣志 第26冊
汪篪修 于振江 黃與綬纂
民國四年(1915)鉛印本
[同治]潁上縣志 第27冊
(清)都寵錫等修 (清)李道章 鄭以莊纂
清光緒四年(1878)補刻本
[民國]潁上縣志校補 第27冊
余炳成纂
民國十九年(1930)鉛印本
[民國]臨泉縣志略 第27冊
劉焕東纂修
民國二十五年(1936)石印本
[民國]太和縣志 第27冊
丁炳烺修 吳承志纂
民國十四年(1925)上海中華書局鉛印本
[光緒]宿州志 第28冊
(清)何慶釗修 (清)丁遜之等纂
清光緒十五年(1889)刻本
[乾隆]碭山縣志 第29冊
(清)劉王瑗纂修
清乾隆三十二年(1767)刻本
[嘉慶]蕭縣志 第29冊
(清)潘鎔修 (清)沈學淵 顧翰纂
清嘉慶二十年(1815)刻本
[同治]續蕭縣志 第29冊
(清)顧景濂 段廣瀛纂修
清同治十三年(1874)修 據清光緒元年(1875)刻本
[乾隆]靈璧縣志略 第30冊
(清)貢震纂修
據清乾隆二十六年(1761)刻本影印
[乾隆]泗州志 第30冊
(清)葉蘭纂修
清乾隆五十三年(1788)抄本
[光緒]泗虹合志 第30冊
(清)方瑞蘭修 (清)江殿颺 許湘甲纂
清光緒十四年(1888)刻本
[嘉慶]懷遠縣志 第31冊
(清)孫讓修 (清)李兆洛纂
清嘉慶二十四年(1819)活字本
[光緒]重修五河縣志 第31冊
(清)賴同晏 孫玉銘修 (清)俞宗誠等纂
清光緒二十年(1894)刻本
[光緒]鳳陽府志 第32–33冊
(清)馮煦修 (清)魏家驊等纂 (清)張德霈續纂
清光緒三十四年(1908)活字本
[嘉慶]備修天長縣志稿 第34冊
(清)張宗泰纂
清嘉慶二十四年(1819)刊 據民國二十三年(1934)劉增齡補輯鉛印本
[光緒]滁州志 第34冊
(清)熊祖詒纂修
清光緒二十二年(1896)活字本
[道光]來安縣志 第35冊
(清)符鴻 劉廷槐修 (清)歐陽泉 戴宗炬纂
清道光十年(1830)刻本
[民國]全椒縣志 第35冊
張其濬修 江克讓 汪文鼎纂
民國九年(1920)活字本
[光緒]定遠縣志 第36冊
(清)楊慧修 (清)孔傳慶 朱崑玉纂
清道光六年(1826)修 光緒十三年(1887)增補抄本 據民國趙燕翔抄本
[光緒]鳳陽縣志 第36冊
(清)于萬培纂修 (清)謝永泰續修 (清)王汝琛續纂
清光緒十三年(1887)刻本
[乾隆]太平府志 第37冊
(清)朱肇基修 (清)陸綸纂
清乾隆二十二年(1757)刻本
[民國]蕪湖縣志 第38冊
余誼密修 鮑寔纂
民國八年(1919)石印本
[雍正]建平縣志 第38冊
(清)衛廷璞纂修
清雍正九年(1731)刻本
[民國]當塗縣志 第39–40冊
魯式穀等編
民國二十五年(1936)據抄本影印
[道光]繁昌縣志 第41冊
(清)曹德贊原本 (清)張星焕增修
清道光六年(1826)刊 據民國二十六年(1937)鉛印本
[乾隆]銅陵縣志 第41冊
(清)朱成阿等修 (清)史應貴等纂
民國十九年(1930)鉛印本
[光緒]廣德州志 第42冊
(清)胡有誠修 (清)丁寶書等纂
清光緒七年(1881)刻本
[民國]廣德縣志稿 第42冊
錢文選纂
民國三十七年(1948)鉛印本
[嘉慶]甯國府志 第43–44冊
(清)魯銓 鍾英修 (清)洪亮吉 施晉纂
清嘉慶二十年(1815)刻 據民國八年(1919)涇縣翟氏寧郡清華齋影印本
[光緒]宣城縣志 第45冊
(清)李應泰等修 (清)章綬纂
清光緒十四年(1888)活字本
[嘉慶]涇縣志 第46冊

(清)李德淦 (清)周鶴立修 (清)洪亮吉纂
清嘉慶十一年(1806)刻本
[道光]涇縣續志 第46冊
(清)阮文藻修 (清)趙懋曜等纂
清道光五年(1825)刻本
[民國]南陵縣志 第47冊
余誼密修 徐乃昌纂
民國十三年(1924)鉛印本
[道光]徽州府志 第48-50冊
(清)馬步蟾纂修
清道光七年(1827)刻本
[嘉慶]徽志補正 第50冊
(清)邵棠纂
清嘉慶十年(1805)刻本
[同治]徽州府志辨證 第50冊
(清)黃崇惺纂
清同治間活字本之抄本
[民國]歙縣志 第51冊
石國柱 樓文釗修 許承堯纂
民國二十六年(1937)鉛印本
[道光]休寧縣志 第52冊
(清)何應松修 (清)方崇鼎纂
清道光三年(1823)刻本
[嘉慶]旌德縣志 第53冊
(清)陳炳德修 (清)趙良□纂
清嘉慶十三年(1808)刻 據民國十四年(1925)旌德呂氏石印本
[道光]旌德縣續志 第53冊
(清)王椿林修 (清)胡承珙纂
清道光六年(1826)刻 據民國十四年(1925)旌德呂氏石印本
[民國]甯國縣志 第54冊
王式典修 李丙麐纂
民國二十五年(1936)鉛印本
[嘉慶]績溪縣志 第54冊
(清)清愷修 (清)席存泰纂
清嘉慶十五年(1810)刻本之抄本
[同治]祁門縣志 第55冊
(清)周溶修 (清)王韻珊纂
清同治十二年(1873)刻本
[光緒]祁門縣志補 第55冊
(清)倪望重纂
清光緒間稿本
[嘉慶]黟縣志 第56冊
(清)吳甸華修 (清)程汝翼 俞正燮纂
據清道光五年(1825)刻本
[道光]黟縣續志 第56冊
(清)呂子玨修 (清)詹錫齡纂
據清道光五年(1825)刻本
[同治]黟縣三志 第57冊
(清)謝永泰修 (清)程鴻詔等纂
清同治十年(1871)刻本
[民國]黟縣四志 第58冊
吳克俊 許複修 程壽保 舒斯笏纂
民國十二年(1923)黟縣藜照堂刻本
[乾隆]池州府志 第59冊
(清)張士範纂修
清乾隆四十四年(1779)刻本
[光緒]青陽縣志 第60冊
(清)華椿等修 (清)周贇纂
清光緒十七年(1891)活字本
[光緒]青陽縣志刊誤補遺 第60冊
(清)周贇纂
清光緒二年(1876)刻本之鈔本
[光緒]貴池縣志 第61冊
(清)陸延齡修 (清)桂迓衡等纂
清光緒九年(1883)活字本
[嘉慶]太平縣志 第62冊
(清)曹夢鶴等修 (清)孔傳薪 (清)陸仁虎纂
清光緒三十四年(1908)真筆版重印本
[嘉慶]東流縣志 第62冊
(清)吳篪修 (清)李兆洛等纂
清嘉慶二十三年(1818)刻本
石埭備志彙編 第63冊
陳惟壬等纂
民國三十年(1941)鉛印本
建德縣志 第63冊
(清)張贊巽 張翊六修 (清)周學銘等纂
清宣統二年(1910)鉛印本
中國地方志集成福建府縣志輯
上海書店出版社
二〇一二年上海書店出版社
四十冊
[乾隆]福州府志 第1-2冊
(清)徐景熹修 (清)魯曾煜 (清)施廷樞等纂
清乾隆十九年(1754)刻本
[民國]厦門市志 第3冊
厦門市修志局纂修
福建省圖書館藏抄本
[民國]同安縣志 第4冊
林學增修 吳錫璜纂
民國十八年(1929)鉛印本
[乾隆]馬巷廳志 第4冊
(清)萬友正纂修
清光緒十九年(1893)黃家鼎校補刻本
[康熙]建寧府志 第5冊
(清)張琦修 (清)鄒山 蔡登龍纂
清康熙三十二年(1693)刻本
[民國]建陽縣志 第6冊
姚有則 萬文衡等修 羅應辰纂
民國十八年(1929)新明印刷所鉛印本
[民國]建甌縣志 第6冊
詹宣猷修 蔡振堅等纂
民國十八年(1929)芝新印刷所鉛印本
[光緒]續修浦縣志 第7冊
(清)翁天祜 (清)呂渭英修 (清)翁昭泰纂
清光緒二十六年(1900)南浦書院刻本
[民國]崇安縣新志 第8冊
劉超然等修 鄭豐稔等纂
民國三十一年(1942)崇安縣志委員會鉛印本
[康熙]松溪縣志 第8冊
(清)潘拱辰纂修 (清)黃鑒補遺
民國十七年(1928)施樹模活字本
[民國]政和縣志 第8冊
錢鴻文 黃體震修 李熙等纂
民國八年(1919)鉛印本
[康熙]南平縣志 第9冊
(清)朱夔 (清)文國繡修 (清)鄒廷機 (清)翁兆行纂
清康熙五十八年(1719)刻本
[民國]南平縣志 第9冊
吳栻等修 蔡建賢纂
民國十七年(1928)鉛印本
[光緒]重纂邵武府志 第10冊
(清)王琛 (清)徐兆豐修 (清)張景祁 (清)張元奇等纂
清光緒二十四年(1898)刻本
[民國]重修邵武縣志 第10冊
秦振夫等修 朱書田等纂
民國二十六年(1927)永生堂鉛印本
[民國]順昌縣志 第11冊
高登艇 潘先龍修 劉敬等纂
民國二十五年(1936)鉛印本
[道光]重纂光澤縣志 第11冊
(清)盛朝輔等修 (清)高澎然等纂

清同治九年(1870)補版重印本
[乾隆]寧德縣志　第11冊
(清)盧建其修 (清)張君賓 (清)胡家琪纂
清乾隆四十六年(1781)刻本
[乾隆]福寧府志　第12冊
(清)李拔等纂修
清光緒六年(1880)張其曜刻本
[民國]霞浦縣志　第13冊
劉以臧修 徐友梧等纂
民國十八年(1929)鉛印本
[康熙]壽寧縣志　第13冊
(清)趙廷璣修 (清)王錫鹵等纂
清康熙二十五年(1686)刻本
[光緒]福安縣志　第13冊
(清)張景祁修 (清)黃錦燦等纂
清光緒十年(1884)刻本
[嘉慶]福鼎縣志　第14冊
(清)譚掄修 (清)王錫齡 (清)高昊纂
福建省圖書館藏抄本
[康熙]羅源縣志　第14冊
(清)王楠修 (清)林喬蕃 (清)王世臣纂
南京大學圖書館藏清康熙六十一年(1722)刻本
[道光]新修羅源縣志　第14冊
(清)盧鳳棽修 (清)林春溥纂
清道光十一年(1831)刻本
[民國]屏南縣志　第14冊
何樹德修 黃恩波 張宗銘纂 陸章銓續纂
福建省圖書館藏抄本
[民國]連江縣志　第15冊
曹剛等修 邱景雍等纂
民國二十二年(1933)鉛印本
[民國]古田縣志　第15冊
黃澄淵修 余鍾英等纂
民國三十一年(1942)古田縣修志委員會鉛印本
[民國]莆田縣志　第16－17冊
石有紀修 張琴纂
福建省圖書館藏抄本
[乾隆]仙遊縣志　第18冊
(清)胡啟植 (清)王椿修 (清)葉和侃等纂
清同治十二年(1873)吳森刻本
[民國]永泰縣志　第19冊
金章 董秉清修 王紹沂等纂
民國十一年(1922)鉛印本
[民國]閩清縣志　第19冊
楊宗彩修 劉訓瑺纂
民國十年(1921)鉛印本
[乾隆]福清縣志　第20冊
饒安鼎修 林昂 李修卿纂
清光緒二十四年(1898)劉玉璋刻本
[民國]平潭縣志　第20冊
黃履思等纂修
民國十二年(1923)葉于飛鉛印本
[民國]長樂縣志　第21冊
孟昭涵修 李駒等纂
民國六年(1917)福建印刷所鉛印本
[乾隆]泉州府志　第22－24冊
(清)懷蔭布修 (清)黃任 (清)郭賡武纂
清光緒八年(1882)補刻本
[道光]晉江縣志　第25冊
吳之鋘修 周學曾 尤遜恭等纂
福建省圖書館藏抄本
[嘉慶]惠安縣志　第26冊
(清)吳裕仁纂修
民國二十五年(1936)林鴻輝鉛印本
[道光]惠安縣續志　第26冊
(清)婁雲纂修
民國二十五年(1936)林鴻輝鉛印本
[乾隆]永春州志　第26冊
(清)杜昌丁修 (清)黃任 (清)黃惠纂
福建省圖書館藏抄本
[民國]永春縣志　第26冊
鄭翹松等纂
民國十九年(1930)中華書局鉛印本
[康熙]德化縣志　第27冊
(清)范正輅纂修
上海圖書館藏清康熙二十六年(1687)刻本
[民國]德化縣志　第27冊
方清芳修 王光張纂
民國二十九年(1940)朱朝亨鉛印本
[乾隆]安溪縣志　第27冊
(清)莊成修 (清)沈鍾 (清)李疇纂
清乾隆二十二年(1757)刻本
[民國]南安縣志　第28冊
蘇鏡潭纂修
厦門大學圖書館藏民國間泉州泉山書社鉛印本
[民國]金門縣志　第28冊
左樹夔修 劉敬纂
上海圖書館藏抄本
[光緒]漳州府志　第29冊
(清)李維鈺 (清)沈定均續修 (清)吳聯薰增纂
清光緒三年(1877)芝山書院刻本
[乾隆]龍溪縣志　第30冊
(清)吳宜燮修 (清)黃惠 (清)李疇纂
清乾隆二十七年(1688)刻本
[乾隆]海澄縣志　第30冊
(清)陳锳 (清)王作霖修 (清)葉廷推 (清)鄧來祚
清乾隆二十七年(1688)刻本
[民國]雲霄縣志　第30冊
徐炳文修 鄭豐稔纂
民國三十六年(1947)鉛印本
[光緒]漳浦縣志　第31冊
(清)陳汝咸原本 (清)施錫衛再續纂修
民國二十五年(1936)朱熙鉛印本
[乾隆]銅山志　第31冊
(清)陳振藻纂
上海圖書館藏抄本
[康熙]詔安縣志　第31冊
(清)秦炯纂修
清同治十三年(1874)刻本
[民國]詔安縣志　第31冊
陳蔭祖修 吳名世纂
民國三十一年(1942)詔安青年印務公司鉛印本
[康熙]平和縣志　第32冊
(清)王相修 (清)昌天錦 (清)藍三祝 (清)遊宗亨纂
清光緒十五年(1889)楊卓廉刻本
[乾隆]南靖縣志　第32冊
(清)姚循義修 (清)李正曜等纂
清乾隆八年(1743)刻本
[民國]長泰縣新志　第32冊
鄭豐稔纂
民國三十六年(1947)鉛印本
[乾隆]汀州府志　第33冊
(清)曾日瑛等修 (清)李紱等纂
清同治六年(1867)延楷刻本
[民國]龍岩縣志　第34冊
馬龢鳴 陳丕顯修 杜翰生等纂
民國九年(1920)上海商務印書館鉛

張霖如修 胡乃新等纂
民國八年(1919)石印本
[民國]林甸縣志略 第9冊
伊雙慶纂修
鈔本
[民國]依安縣志 第9冊
梁岩修 何士舉纂
一九六〇年黑龍江省圖書館油印本
[民國]訥河縣志 第9冊
崔福坤修 叢紹卿纂
一九六〇年黑龍江省圖書館油印本
[民國]璦琿縣志 第10冊
孫蓉圖修 徐希廉纂
民國九年(1920)鉛印本
[民國]黑龍江通北設治局通志 第10冊
熊良弼纂修
鈔本
[民國]嫩江縣志 第10冊
趙富安纂修
鈔本
[民國]布特哈志略 第10冊
孟定恭纂
民國二十三年(1934)鉛印《遼海叢書》本
[民國]景星縣狀況 第10冊
佚名編
一九六〇年黑龍江省圖書館油印本

中國地方志集成遼寧府縣志輯
鳳凰出版社編選
二〇〇六年南京鳳凰出版社
二十三冊
[宣統]承德志書 第1冊
(清)都林布修 (清)李巨源 徐守常纂 (清)金正元增修 (清)張子瀛 聞鵬齡增纂
石印本
[民國]瀋陽縣志 第1冊
趙恭寅修 曾有翼等纂
民國六年(1917)鉛印本
[宣統]新民府志 第1冊
(清)管鳳龢纂修
清宣統元年(1909)鉛印本
[民國]新民府志 第1冊
王寶善修 張博惠纂
民國十五年(1926)石印本
[民國]遼中縣志 第1冊
徐維淮修 李植嘉等纂
民國十九年(1930)鉛印本
[康熙]遼陽州志 第2冊
(清)楊鑣修 (清)施鴻纂
民國二十三年(1934)鉛印《遼海叢書》本
[民國]遼陽縣志 第2-4冊
裴煥星 王煜斌修 白永貞等纂
民國十七年(1928)鉛印本
[光緒]遼陽鄉土志 第4冊
(清)洪汝沖修 (清)白永貞編
清光緒三十四年(1908)鉛印本
[光緒]海城縣志 第5冊
(清)管鳳龢 陳藝等修
清宣統元年(1909)鈔本
[民國]海城縣志 第5-6冊
廷瑞 孫紹宗修 張輔相纂
民國十三年(1924)鉛印本
[民國]撫順縣志 第7冊
張克湘修 周之楨纂
鈔本
[民國]海城縣志 第7-8冊
陳蔭翹 常守陳修 戚星嚴纂
民國二十六年(1937)鉛印本
[宣統]懷仁縣志 第9冊
(清)馬俊顯修 (清)劉熙春等纂
鈔本
[民國]桓仁縣志 第9冊
侯錫爵修 羅明述纂
民國十九年(1930)石印本
[民國]續修桓仁縣志 第9冊
常荷祿修 趙國棟纂
民國二十六年(1937)鉛印本
[宣統]撫順縣志略 第10冊
(清)趙宇航 程廷恒修 (清)黎鏡蓉等纂
清宣統三年(1911)石印本
[民國]興京縣志 第10冊
沈國冕 蘇顯揚修 蘇民等纂
民國十四年(1925)鉛印本
[宣統]昌圖府志 第10冊
(清)洪汝沖纂修
清宣統二年(1910)鉛印本
[民國]昌圖縣志 第10冊
程道元修 續文金纂
民國五年(1916)鉛印本
[宣統]康平縣鄉土志 第10冊
(清)李紹鋼等編
一九六二年遼寧省圖書館油印本
[康熙]鐵嶺縣志 第10冊
(清)賈弘文修 (清)董國祥纂 (清)李廷榮補輯
民國二十三年(1934)鉛印《遼海叢書》本
[民國]鐵嶺縣志 第11冊
陳藝修 蔣齡益 鄭沛綸纂
民國六年(1917)鉛印本
[民國]鐵嶺縣志 第11冊
黃世芳 俞榮慶修 陳德懿等纂
民國二十二年(1933)鉛印本
[民國]鐵嶺縣續志 第11冊
楊宇齊修 張嗣良纂
民國二十二年(1933)鉛印本
[萬曆]開原圖說 第12冊
(明)馮瑗纂
鈔本
[康熙]開原縣志 第12冊
(清)劉起凡修 (清)周志煥纂
民國二十三年(1934)鉛印《遼海叢書》本
[民國]開原縣志 第12冊
李毅修 王毓琪纂
民國十八年(1929)鉛印本
[民國]西豐縣志 第12冊
蕭德潤修 張思書纂 曹肇元補修 希廉等補纂
民國二十七年(1938)鉛印本
[康熙]蓋平縣志 第13冊
(清)駱雲纂修
民國二十三年(1934)鉛印《遼海叢書》本
[民國]蓋平縣志 第13冊
石秀峰 辛廣瑞修 王郁雲纂
民國十九年(1930)鉛印本
[光緒]蓋平縣鄉土志 第13冊
(清)張國珍編
鈔本
[民國]蓋平縣鄉土志 第13冊
章運熺修 崔正峰 郭春藻纂
民國九年(1920)石印本
[光緒]盤山廳鄉土志 第13冊
(清)柴撲編
鈔本
[民國]復縣志略 第13冊
程廷恒修 張素纂

民國九年(1920)石印本
[民國]鳳城縣志 第14册
馬龍潭 沈國冕等修 蔣齡益纂
民國十年(1921)石印本
[民國]莊河縣志 第14册
廖彭 李紹陽修 宋掄元等纂
民國十年(1921)石印本
[咸豐]岫巖志略 第15册
(清)臺隆阿修 (清)李翰穎纂
民國二十三年(1934)鉛印《遼海叢書》本
[民國]岫巖縣志 第15册
劉景文 高乃濟修 郝玉璞纂
民國十七年(1928)鉛印本
[民國]寬甸縣志略 第15册
程廷恒修 陶牧纂
民國四年(1915)石印本
[宣統]彰武縣志 第15册
(清)趙炳燊纂修
鈔本
[民國]安東縣志 第16册
關定保等修 于雲峰等纂
民國二十年(1931)鉛印本
[康熙]錦州府志 第16册
(清)劉源溥 孫成修 (清)范勳纂
民國二十三年(1934)鉛印《遼海叢書》本
[康熙]錦縣志 第16册
(清)王奕曾修 (清)范勳等纂
民國二十三年(1934)鉛印《遼海叢書》本
[民國]錦縣志略 第16册
王文藻修 陳善格 朱顯廷纂
民國九年(1920)鉛印本
[民國]義縣志 第17-21册
趙興德等修 薛俊升 王鶴齡等纂
民國二十年(1931)鉛印本
[康熙]廣寧縣志 第21册
(清)項蕙修 (清)范勳纂
民國二十三年(1934)鉛印《遼海叢書》本
[光緒]廣寧縣鄉土志 第21册
(清)蕭雨春編
鈔本
[康熙]寧遠州志 第21册
(清)馮昌奕等修 (清)范勳纂
民國二十三年(1934)鉛印《遼海叢書》本
[民國]興城縣志 第21册
恩麟 王恩士修 楊蔭芳等纂
民國十六年(1927)鉛印本
[民國]北鎮縣志 第22册
王文璞等修 吕中清纂 楊焕文續修 劉振翮續纂
民國二十二年(1933)鉛印本
[民國]建平縣志 第22册
田萬生修 張滋大纂
民國二十年(1931)稿本
[民國]錦西縣志 第22册
張鑑唐 劉焕文修 郭逵等纂
民國十八年(1929)鉛印本
[民國]綏中縣志 第23册
文鎰修 范炳勳等纂
民國十八年(1929)鉛印本
[民國]朝陽縣志 第23册
周鐵錚修 沈鳴詩等纂
民國十九年(1930)鉛印本
[乾隆]塔子溝紀略 第23册
(清)哈達清格纂
民國二十三年(1934)鉛印《遼海叢書》本

中國地方志集成吉林府縣志輯
鳳凰出版社編選
二〇〇六年南京鳳凰出版社
十册
[民國]長春縣志 第1册
張書翰 馬仲援修 趙述雲 金毓紱纂
一九六〇年吉林省圖書館油印本
[民國]德惠縣鄉土志 第1册
石紹廉編
一九六〇年吉林省圖書館油印本
[民國]雙陽縣鄉土志 第1册
吉人修 吳榮桂 陳永奉纂
油印本
[光緒]打牲烏拉鄉土志 第1册
(清)打牲烏拉總管衙門纂修
一九六〇年旅大圖書館油印本
[民國]農安縣志 第2册
鄭士純修 朱衣點纂
民國十六年(1927)鉛印本
[民國]延吉縣志 第2册
吳録貞修 周維楨纂
一九六〇年吉林省圖書館油印本
[民國]磐石縣鄉土志 第3册
姚祖訓修 毛祝民纂
一九六〇年吉林省圖書館油印本
[民國]琿春縣鄉土志 第3册
林珪修 徐宗偉纂
一九六〇年旅大圖書館油印本
[宣統]輝南廳志 第3册
(清)薛德履修 (清)張見田 于龍辰纂
鈔本
[民國]輝南縣志 第3册
白純義修 于鳳桐等纂
民國十六年(1927)鉛印本
[民國]輝南風土調查錄 第4册
王瑞之編
油印本
[民國]安圖縣志 第4册
馬空群 陳國鈞等修 孔廣泉 臧文源纂
一九六〇年吉林省圖書館油印本
[光緒]柳河縣鄉土志 第4册
(清)鄒銘勳 奎斌編
一九六〇年吉林省圖書館油印本
[民國]通化縣志 第4册
李春雨 李鎮華修 邵芳齡等纂
民國十六年(1927)鉛印本
[光緒]通化縣鄉土志 第5册
(清)佚名編
油印本
[民國]臨江縣志 第5册
劉維清 張之言修 羅寶書 邱在官纂
民國二十四年(1935)鉛印本
[民國]臨江縣鄉土志 第5册
俞榮慶編
一九六〇年吉林省圖書館油印本
[民國]撫松縣志 第5册
張元俊修 車焕文纂
民國十九年(1930)鉛印本
[宣統]西安縣志略 第5册
(清)雷飛鵬等修 (清)段盛梓等纂
宣統三年(1911)石印本
[光緒]西安縣鄉土志 第5册
(清)孟憲彝 (清)金正元編
油印本
[光緒]海龍府鄉土志 第6册
(清)海龍府勸學所編
鈔本
[民國]海龍縣志 第6册
白永貞纂修
一九六〇年吉林省圖書館油印本

[民國]海龍縣志 第6冊
王永恩修 王春鵬纂
民國二十六年(1927)鉛印本
[民國]輯安縣志 第7冊
劉天成 蘇顯揚修 張拱垣 于雲峰纂
一九六〇年吉林省圖書館油印本
[光緒]輯安縣鄉土志 第7冊
(清)吳光國修 (清)于會清纂
民國四年(1915)鉛印本
[民國]雙山縣志 第7冊
李筠生修 李安仁纂
油印本
[民國]雙山縣鄉土志 第7冊
牛爾裕編
民國十三年(1924)重字本
[光緒]東平縣鄉土志 第7冊
(清)趙國熙編
鈔本
[宣統]奉天省靖安縣志 第7冊
(清)朱佩蘭纂修
一九六〇年吉林省圖書館油印本
[光緒]靖安縣鄉土志 第7冊
(清)趙炳南編
鈔本
[光緒]奉化縣志 第8冊
(清)錢開震修 (清)陳文焯纂
一九六〇年吉林省圖書館油印本
[光緒]奉化縣鄉土志 第8冊
(清)陳嘉言編
一九六〇年吉林省圖書館油印本
[民國]梨樹縣志 第8冊
佚名纂
鈔本
[民國]梨樹縣志 第8冊
包文俊修 李溶纂 曲廉本續修 范大全續纂
民國二十三年(1934)續修鉛印本
[民國]奉天省洮安縣志略 第8冊
蔣國銓纂修
油印本
[光緒]開通縣鄉土志 第8冊
(清)忠林編
鈔本
[宣統]長白匯征錄 第9冊
(清)張鳳臺等修 (清)劉龍光 王大經纂
清宣統二年(1910)鉛印本

[民國]懷德縣志 第9冊
趙亨萃 李宴春等修 趙晉臣 孫雲章等纂
民國十八年(1929)鉛印本
[光緒]懷德縣鄉土志 第9冊
(清)孫雲章編
一九六〇年吉林省圖書館油印本
[光緒]懷德縣鄉土志續補 第9冊
(清)孫雲章編
一九六〇年吉林省圖書館油印本
[宣統]遼源州志書 第9冊
(清)佚名纂
一九六〇年吉林省圖書館油印本
[民國]遼源縣鄉土志 第9冊
佚名編
一九六〇年吉林省圖書館油印本
[民國]東豐縣志 第10冊
邢麟章 王瀛傑修 李耦纂
民國二十年(1931)鉛印本
[光緒]洮南府鄉土志 第10冊
(清)孫寶瑨編
一九六〇年吉林省圖書館油印本
[宣統]安廣縣鄉土志 第10冊
(清)佚名編
油印本
[民國]大齎縣志 第10冊
于英蕤纂修
鈔本
[民國]鎮東縣志 第10冊
陳占甲修 周渭賢纂
民國十六年(1927)鉛印本
[光緒]伯都訥鄉土志 第10冊
(清)伯英纂修
一九六〇年吉林省圖書館油印本
[民國]扶餘縣志 第10冊
張其軍纂修
一九六〇年吉林省圖書館油印本
中國地方志集成善本方志輯·第一編
鳳凰出版社編選
二〇一四年南京鳳凰出版社
七十八冊
[乾隆]上海縣志 第1冊
(清)李文耀修 (清)談起行 葉承纂
清乾隆十五年(1750)刻本
[乾隆]金山縣志 第2冊
(清)常琬修 焦以敬等纂
清乾隆十七年(1752)刻本

[正德]松江府志 第2冊
(明)陳威 喻時修(明)顧清纂
明正德七年(1512)刻本
[萬曆]嘉定縣志 第3冊
(明)韓浚修 張應武纂
明萬曆三十三年(1605)刻本
[乾隆]華亭縣志 第3冊
(清)馮鼎高修 王顯曾等纂
清乾隆五十六年(1791)刊刻本
[乾隆]雞澤縣志 第4冊
(清)王光燮纂修 王錦林增輯
清乾隆三十一年(1766)增訂刻本
[乾隆]定興縣志 第4冊
(清)王錫璁纂修
清乾隆四十四年(1779)刻本
[乾隆]南和縣志 第5冊
(清)周章煥纂修
鈔本
[康熙]慶都縣志 第6冊
(清)李天燨 秦毓琦纂修
清康熙十七年(1687)刻本
[乾隆]元氏縣志 第6冊
(清)王人雄纂修
清乾隆二十三年(1758)刻本
[萬曆]任丘縣志 第7冊
(明)顧問纂修
鈔本
[乾隆]蔚縣志 第7冊
(清)王育榞修 李舜臣等纂
清乾隆四年(1793)刻本
[康熙]唐縣志 第7冊
(清)張珽 陳瑺纂修
清康熙十二年(1673)刻本
[雍正]續唐縣志略 第8冊
(清)王恪纂修
鈔本
[萬曆]肅寧縣志 第8冊
(明)成性纂修
鈔本
[康熙]廣宗縣志 第8冊
(清)吳存禮纂修
清康熙三十二年(1693)刻本
[乾隆]高邑縣志 第8冊
(清)江啓澄 林鴻瑛纂修
鈔本
[乾隆]宣化府志 第9-10冊
(清)王者輔原本 (清)張志奇續修

(清)黃可潤續纂
清乾隆二十二年(1757)增刻本
[康熙]大城縣志　第10冊
(清)劉楗等纂修
清康熙十二年(1673)刻本
[乾隆]阜平縣志　第10冊
(清)鄒尚易纂修
清乾隆三十年(1765)刻本
[乾隆]口北三廳志　第10冊
(清)黃可潤纂修
清乾隆二十三年(1758)刻本
[康熙]唐山縣志　第11冊
(清)孫纘修 張鵬翎纂
鈔本
[乾隆]棗強縣志　第11冊
(清)單作哲纂修
清乾隆十七年(1752)刻本
[康熙]河間縣志　第11冊
(清)袁元修 楊九有纂
清康熙十三年(1674)刻本
[乾隆]延慶衛志略　第12冊
(清)李士宣修 周碩勳纂
鈔本
[康熙]永平府志　第12冊
(清)宋琬纂修 (清)張朝琮增修 (清)徐香 胡仁濟增纂
清康熙五十年(1711)刻本
[康熙]龍門縣志　第13冊
(清)章焞纂修
清康熙五十年(1711)刻本
[乾隆]邱縣志　第13冊
(清)黃景曾修 靳淵然等纂
鈔本
[康熙]岢嵐州志　第14冊
(清)何顯祖修 袁鏘珩纂
鈔本
[康熙]長治縣志　第14－15冊
(清)姜愃修 于公胤纂
鈔本
[乾隆]臨晉縣志　第15冊
(清)王正茂纂修
清乾隆三十八年(1773)刻本
[乾隆]天鎮縣志　第15冊
(清)胡元朗纂修
清乾隆四年(1793)刻本
[康熙]重修襄垣縣志　第16－17冊
(清)袁良修 (清)楊彬 劉瀇纂
鈔本
[嘉靖]盂縣志　第18冊
(明)萬鑑修 張淑譽纂
鈔本
[乾隆]崞縣志續編　第18冊
(清)顧弼纂修
鈔本
[天啟]潞城縣志　第18冊
(明)馮維賢修 王溥增修
鈔本
[天啟]太原縣志　第19冊
(明)高汝行原本 (明)屈鍾嶽增修 (明)石鼎亨增纂
鈔本
[雍正]臨汾縣志　第19冊
(清)徐三俊修 陳獻可纂
清雍正八年(1730)刻本
[康熙]絳州志　第20冊
(清)劉顯第輯 陶用曙纂
鈔本
[康熙]汾西縣志　第20冊
(清)蔣鳴龍修 傅南宮纂
清康熙十三年(1674)刻本
[順治]洪洞縣續志　第21冊
(清)趙三長修 晉承柱纂
鈔本
[乾隆]趙城縣志　第21冊
(清)李升階纂修
清乾隆二十五年(1760)刻本
[康熙]隰州志　第21冊
(清)錢以塏纂修
清康熙四十九年(1710)刻本
[萬曆]代州志書　第22冊
(清)周弘禴纂修
鈔本
[乾隆]長子縣志　第22冊
(清)紀在譜修 黃立世纂
清乾隆四十三年(1778)刻本
[康熙]五臺縣志　第22冊
(清)周三進纂修
清康熙二十六年(1687)刻本
[萬曆]稷山縣志　第23冊
(明)張思恭修 鄭寅纂
鈔本
[乾隆]太谷縣志　第23冊
(清)高繼允修 (清)姚孔碩 涂逢豫纂
清乾隆三十年(1765)刻本
[康熙]鼎修霍州志　第23冊
(清)黃復生修 黃翊聖纂
清康熙十二年(1673)刻本
[康熙]鄜州志　第24冊
(清)顧耿臣修 任于嶠纂
清康熙五年(1666)刻本
[康熙]三水縣志　第24冊
(清)林逢泰修 文倬天纂
清康熙十六年(1677)刻本
[康熙]延長縣志　第24冊
(清)孫芳馨纂修
鈔本
[乾隆]漢陰縣志　第24冊
(清)郝敬修纂修
清乾隆四十年(1775)刻本
[順治]安塞縣志　第24冊
(清)李暲修 郭指南纂
清乾隆九年(1744)倪嘉謙鈔本
[康熙]鄠縣志　第25冊
(清)康如璉纂修
清康熙二十一年(1682)刻本
[雍正]重續鄠縣志　第25冊
(清)魯一佐纂修
清雍正十年(1732)刻本
[康熙]石泉縣志　第25冊
(清)潘瑞奇修 張峻蹟纂
清康熙二十六年(1687)鈔本
[萬曆]咸陽縣新志　第25冊
(明)張應詔纂修
鈔本
[雍正]涇陽縣志　第25冊
(清)熊鉞 劉方楙等纂修
清雍正十年(1732)刻本
[萬曆]重修寧羌州志　第25冊
(明)盧大謨修 (明)楊堂 范啓東纂
鈔本
[康熙]淳化縣志　第26冊
(清)張如錦纂修
清康熙四十年(1701)刻本
[乾隆]寶雞縣志　第26冊
(清)許起鳳修 高登科纂
清乾隆二十九年(1764)刻本
[雍正]安定縣志　第26冊
(清)吳瑛修 王鴻薦纂
清雍正八年(1730)鈔本
[康熙]山陽縣初志　第26冊
(清)秦凝奎修 李日棟纂

清康熙三十三年(1694)刻本
[康熙]樂安縣續志　第27冊
(清)歐陽焯修 李含章纂
鈔本
[康熙]寧海州志　第27冊
(清)楊引祚等纂修
鈔本
[康熙]臨清州志　第27冊
(清)于睿明修 胡悉寧纂
清康熙十二年(1673)刻本
[康熙]高密縣志　第28冊
(清)張浩修 (清)張寅威 李世淡纂
鈔本
[康熙]緇川縣志　第29冊
(清)張嵋修 唐夢賚纂
鈔本
[萬曆]濟陽縣志　第30冊
(明)侯加乘修 邢其諫纂
鈔本
[順治]濟陽續志　第30冊
(清)解元才纂修
鈔本
[康熙]利津縣新志　第30冊
(清)韓文焜纂修
清康熙十二年(1673)刻本
[乾隆]利津縣志續編　第30冊
(清)劉文確 孔毓炳修 (清)劉永祚 李儼纂
清乾隆二十三年(1758)刻本
[乾隆]利津縣志補　第30冊
(清)程士範纂修
清乾隆三十五年(1770)刻本
[萬曆]鄒志　第30冊
(明)胡繼先纂修
明萬曆三十九年(1611)刻本
[康熙]陵縣志　第31冊
(清)史颺廷纂修
鈔本
[萬曆]安丘縣志　第31冊
(明)熊元修 馬文煒纂
明萬曆十七年(1589)刻本
[康熙]續安丘縣志　第31冊
(清)任周鼎修 王訓纂
康熙十五年(1676)補刻本
[康熙]寧陽縣志　第32冊
(清)劉興漢修 程待聘纂
鈔本
[正德]姑蘇志　第33－34冊
(明)吳寬 王鏊等纂
明正德元年(1506)刻本
[嘉靖]吳邑志　第34冊
(明)楊循吉 蘇祐纂 (明)曹自守撰圖說
明嘉靖八年(1529)刻本
[崇禎]吳縣志　第34－35冊
(明)牛若麟纂修
明崇禎十五年(1642)刻本
[乾隆]吳縣志　第36－37冊
(清)姜順蛟 葉長揚修 (清)施謙纂
清乾隆十年(1745)刻本
[萬曆]崑山縣志　第37冊
(明)周世昌纂修
明萬曆四年(1576)申恩科刻本
[弘治]常熟縣志　第38冊
(明)楊子器修 桑瑜纂
明弘治十六年(1503)刻本
[嘉靖]常熟縣志　第38冊
(明)馮汝弼修 鄧韍等纂
明嘉靖十八年(1539)刻本
[康熙]宿遷縣志　第38冊
(清)胡宗鼎纂修
清康熙二十二年(1683)增補本
[正德]江陰縣志　第39－40冊
(明)黃傅纂修
影鈔本
[乾隆]盱眙縣志　第40冊
(清)郭起元纂修
清乾隆十二年(1747)刻本
[弘治]重修無錫縣志　第41冊
(明)吳鳳翔修 李舜明纂
明弘治七年(1494)刻本
[康熙]無錫縣志　第41冊
(清)徐永言修 (清)嚴繩孫 秦松齡纂
清康熙二十九年(1690)刻本
[嘉靖]吳江縣志　第42冊
(明)曹一麟修 徐師曾等纂
明嘉靖四十年(1561)刻本
[雍正]安東縣志　第42－43冊
(清)余光祖修 孫超宗纂
鈔本
[乾隆]金匱縣志　第44冊
(清)王允謙修 華希閔纂
清乾隆七年(1742)刻本
[康熙]江陰縣志　第44冊
(清)沈清世修 陳寅亮纂
清康熙二十二年(1683)刻本
[成化]重修毗陵志　第45冊
(明)卓天錫修 (明)孫仁增修 (明)朱昱纂
增修刻本
[正德]常州府志續集　第45冊
(明)張愷纂
明正德八年(1513)刻本
[乾隆]武進縣志　第45－46冊
(清)王祖肅等修 虞鳴球纂
清乾隆三十年(1765)刻本
[乾隆]高淳縣志　第46冊
(清)朱紹文纂修
清乾隆十六年(1751)刻本
[乾隆]溧水縣志　第46－47冊
(清)凌世御 賈文興纂修
清乾隆四十二年(1777)刻本
[康熙]泰興縣志　第47冊
(清)錢見龍 吳樸纂修
清康熙二十七年(1688)刻本
[萬曆]揚州府志　第47冊
(明)楊洵 孫溫如等纂修
明萬曆三十三年(1605)刻本
[康熙]揚州府志　第48冊
(清)雷應元纂修
清康熙三年(1664)刻本
[正德]江寧縣志　第48冊
(明)王誥修 劉雨纂
明正德十四年(1519)刻本
[康熙]江都縣志　第49冊
(清)李蘇纂修
清康熙五十六年(1717)刻本
[康熙]靖江縣志　第49冊
(清)鄭重修 (清)袁元 朱鳳臺纂
清康熙八年(1669)刻本
[天啟]淮安府志　第50冊
(清)宋祖舜 許令典等纂修
清順治六年(1649)修鋟本
[乾隆]淮安府志　第50－51冊
(清)葉長揚 顧棟高等纂修
清乾隆十三年(1748)刻本
[萬曆]徐州志　第51冊
(明)姚應龍 嚴淮等纂修
明萬曆五年(1577)刻本
[嘉靖]徐州志　第52冊
(明)梅守德修 任子龍纂

(清)甘國埍 梁夢劍修 (清)陳銑 吳秉芳纂
清康熙四十五年(1706)刻本
[康熙]同安縣志　第 23－24 冊
(清)朱奇珍修 (清)葉心朝 張金友纂
鈔本
[康熙]大田縣志　第 24 冊
(清)葉振甲纂修 周卜世增修
增刻本
[康熙]福清縣志　第 25 冊
(明)葉向高原本 (清)李傳甲修 郭文祥纂
清康熙十一年(1672)刻本
[康熙]建陽縣志　第 25－26 冊
(清)柳正芳修 (清)王維文 朱炳詔等纂
鈔本
[乾隆]上杭縣志　第 27 冊
(清)顧人驥 潘廷儀等修 (清)沈成國纂
清乾隆二十五年(1760)刻本
[乾隆]光澤縣志　第 27－29 冊
(清)段夢日修 魏洪纂
鈔本
[乾隆]長汀縣志　第 30 冊
(清)陳朝羲纂修
清乾隆四十七年(1782)刻本
[乾隆]古田縣志　第 30 冊
(清)辛竟可修 (清)林咸吉 藍孫璿等纂
清乾隆十六年(1751)刻本
[康熙]長沙縣志　第 31 冊
(清)蘇佳嗣修 (清)譚紹琬 張應詔纂
清康熙二十四年(1685)刻本
[乾隆]郴州總志　第 32 冊
(清)謝仲坃 楊桑阿修 (清)何全吉纂
清乾隆三十五年(1770)刻本
[乾隆]湘陰縣志　第 33 冊
(清)陳鍾理修 楊茂論纂
鈔本
[乾隆]桑植縣志　第 33 冊
(清)顧奎光纂修
鈔本
[乾隆]興寧縣志　第 34 冊
(清)羅紳纂修
清乾隆二十三年(1758)刻本
[乾隆]溆浦縣志　第 34 冊
(清)楊鴻觀纂修
清乾隆二十七年(1688)刻本
[乾隆]乾州志　第 34 冊
(清)王瑋纂修
清乾隆四年(1793)刻本
[康熙]新寧縣志　第 35 冊
(清)牟國鎮修 朱宏緒纂
鈔本
[康熙]黔陽縣志　第 35 冊
(清)張扶翼纂修
清康熙二十六年(1687)于棟如增刻本
[乾隆]寧遠縣志　第 35 冊
(清)鍾人文纂修
清乾隆十九年(1754)刻本
[乾隆]武岡州志　第 36 冊
(清)席芬修 周思仁纂
清乾隆二十一年(1756)刻本
[康熙]沅陵縣志　第 36 冊
(清)郎廷槤修 張佳晟纂
清康熙四十四年(1705)刻本
[乾隆]新化縣志　第 36 冊
(清)梁棟修 楊振鐸纂
清乾隆二十四年(1759)刻本
[雍正]瀏陽縣志　第 37 冊
(清)陳夢文修 方暨謨纂
鈔本
[康熙]麻陽縣志　第 37 冊
(清)黃志璋纂修
清康熙二十四年(1685)刻本
[乾隆]東安縣志　第 37 冊
(清)吳德潤修 毛世卿等纂
清乾隆十七年(1752)刻本
[康熙]黃安縣志　第 38 冊
(清)劉承啓纂修
清康熙三十六年(1697)刻本
[乾隆]長陽縣志　第 38 冊
(清)李拔纂修
鈔本
[乾隆]黃岡縣志　第 39 冊
(清)陳文樞等修 胡邵鼎等纂 王正常續修
清乾隆五十四年(1789)刻本
[乾隆]枝江縣志　第 39 冊
(清)王世爵修 鍾彝纂
清乾隆五年(1740)刻本
[成化]重刊公安縣志　第 40 冊
(明)梁善纂修
鄒氏家藏舊鈔本
[乾隆]廣濟縣志　第 40 冊
(清)虞學灝纂修
清乾隆十七年(1752)刻本
[康熙]監利縣志　第 41 冊
(清)郭徽祚纂修
鈔本
[乾隆]嘉魚縣志　第 41 冊
(清)汪雲銘修 (清)方承保 張宗軾纂
清乾隆五十五年(1790)刻本
[乾隆]竹山縣志　第 41 冊
(清)常丹葵修 (清)鄧光仁 王瑞纂
清乾隆五十年(1785)刻本
[康熙]均州志　第 42 冊
(清)党居易纂修
鈔本
[乾隆]當陽縣志　第 42 冊
(清)童鑾 郝遴等纂修
清乾隆五十九年(1794)刻本
[康熙]隨州志　第 43 冊
(清)李可汧修 何藩等纂
鈔本
[乾隆]重修蒲圻縣志　第 44－45 冊
(清)王雲翔修 李日瑚等纂
蒲圻張氏無倦齋寫本
[康熙]花縣志　第 46 冊
(清)王永名修 黃士龍等纂
清康熙二十六年(1687)刻本
[乾隆]增城縣志　第 46 冊
(清)管一清纂修
清乾隆十九年(1754)刻本
[萬曆]永安縣志　第 46 冊
(明)郭之藩修 葉春及纂
鈔本
[乾隆]番禺縣志　第 47 冊
(清)任果等修 (清)檀萃 凌魚纂
清乾隆三十九年(1774)刻本
[康熙]樂昌縣志　第 47 冊
(清)李成棟修 張日星等纂
清康熙五年(1666)刻本
[康熙]韶州府志　第 48 冊
(清)唐宗堯修 秦嗣美等纂
清康熙二十六年(1687)刻本
[康熙]和平縣志　第 48 冊
(清)唐開先纂修 韓師愈續修 龔以時續纂
清康熙鈔本

[康熙]海康縣志 第49冊
(清)鄭俊等修 宋紹啓等纂
鈔本
[乾隆]英德縣志 第49冊
(清)陳志儀修 張宋良纂
鈔本
[乾隆]南雄府志 第50冊
(清)梁宏勳等修 胡定纂
清乾隆十八年(1753)刻本
[乾隆]清遠縣志 第50冊
(清)陳哲纂修
清乾隆三年(1738)刻本
[康熙]始興縣志 第51冊
(清)李璪纂修
鈔本
[順治]潮州府志 第52冊
(清)吳穎纂修
清順治十八年(1661)刻本
[崇禎]東莞縣志 第52冊
(清)張二果修 曾起莘纂
鈔本
[康熙]東莞縣志 第53冊
(清)郭文炳修 文超靈等纂
清康熙二十八年(1689)刻本
[雍正]東莞縣志 第53冊
(清)周天成修 鄧廷喆等纂
清雍正十年(1732)刻本
[乾隆]重修鎮平縣志 第54冊
(清)潘承焯 吳作哲修 (清)王應亨纂
清乾隆四十八年(1783)刻本
[康熙]保昌縣志 第54冊
(清)張進賢纂修
鈔本
[康熙]茂名縣志 第54冊
(清)周振聲纂修
鈔本
[康熙]饒平縣志 第55冊
(清)劉抃纂修
清康熙二十六年(1687)刻本
[乾隆]歸善縣志 第55冊
(清)章壽彭纂修
清乾隆四十八年(1783)刻本
[康熙]三水縣志 第55冊
(清)鄭玫纂修
清康熙四十九年(1710)刻本
[康熙]順德縣志 第56冊
(清)孔學禮纂修
清康熙十三年(1674)刻本
[乾隆]順德縣志 第56－57冊
(清)陳志儀修 胡定纂
清乾隆十五年(1750)刻本
[乾隆]嘉應州志 第57冊
(清)王之正等修 葉承立等纂
清乾隆十五年(1750)刻本
[乾隆]陽山縣志 第57冊
(清)萬光謙纂修
清乾隆十二年(1747)刻本
[康熙]香山縣志 第58冊
(清)申良翰纂修
鈔本
[乾隆]香山縣志 第59冊
(清)暴煜修 李卓揆等纂
清乾隆十五年(1750)刻本
[康熙]新會縣志 第60冊
(清)賈雒英修 薛起蛟等纂
清康熙二十九年(1690)刻本
[嘉靖]新寧縣志 第60冊
(清)王臣修 陳元珂纂
明嘉靖二十四年(1545)刻本
[康熙]新寧縣志 第60冊
(清)寧林修 麥汝梓纂
清康熙十一年(1672)刻本
[乾隆]新寧縣志 第60冊
(清)王暠修 陳份纂
清乾隆三年(1738)刻本
[乾隆]東安縣志 第60冊
(清)莊大中纂修
鈔本
[乾隆]高州府志 第61冊
(清)王槩修 李東紹等纂
清乾隆二十四年(1759)刻本
[乾隆]德慶州志 第61冊
(清)宋錦 李麟州纂修
清乾隆十八年(1753)刻本
[康熙]吳川縣志 第62冊
(清)李球隨纂修
鈔本
[乾隆]會同縣志 第62冊
(清)于煌纂修
清乾隆三十九年(1774)刻本
[雍正]平遠縣志 第63冊
(清)劉駿名原本 黃大鵬增修
鈔本
[乾隆]南海縣志 第64冊
(清)魏綰修 陳張翼纂
清乾隆六年(1741)刻本
[康熙]雷州府志 第64冊
(清)吳盛藻 沈鈖生等纂修
清康熙十一年(1672)刻本
[乾隆]崖州志 第65冊
(清)李如柏修 黃德厚纂
民國十九年(1930)北圖鈔本
[康熙]臨高縣志 第66冊
(清)樊庶纂修
鈔本
[康熙]陵水縣志 第66冊
(清)高首標纂修
民國二十二年(1933)刻本
[康熙]昌化縣志 第66冊
(清)方岱 璩之璨纂修
鈔本
[乾隆]巴縣志 第67冊
(清)王爾鑑纂修
清乾隆二十六年(1761)刻本
[康熙]敘水廳志 第67冊
(清)宋敏學修 袁思恭等纂
清康熙二十五年(1686)刻本
[乾隆]滎昌縣志 第67冊
(清)許元基纂修
清乾隆十一年(1746)刻本
[乾隆]安岳縣志 第68冊
(清)張松孫修 (清)雷懋德 朱紉蘭纂
清乾隆五十一年(1786)刻本
[乾隆]涪州志 第68冊
(清)多澤厚修 王正策纂
清乾隆五十年(1785)刻本
[乾隆]纂集仁壽縣通志 第68冊
(清)佚名纂
鈔本
[乾隆]龍安府志 第69冊
(清)佚名纂
鈔本
[乾隆]郫縣志 第69冊
(清)李馨纂修
補刻本
[嘉靖]潼川志 第69冊
(明)陳講等纂修
鈔本
[乾隆]鹽亭縣志 第70冊
(清)董夢曾纂修
清乾隆二十八年(1763)刻本

中國地方志集成省志輯・陝西
鳳凰出版社編選

清光緒乙未天津義合堂刻本
查氏一門烈女編　第21冊
查禮編
清光緒二十五年江西廣信攻惡訟過之堂鉛印本
東觀室詩遺稿　第21冊
華光鼐撰
清稿本
弆角編十八藝　第21冊
楊一崑撰
清嘉慶五年序刻本
居易堂稿　第21冊
周人龍撰
清乾隆辛巳居易堂刻本
詩禮堂全集　第22－29冊
王又樸撰
清光緒天津輔仁書院補刻本
癯鷗戲墨　第29冊
徐士鑾撰
清光緒乙酉天津蝶園刻本
小航文存　第30冊
王照撰
民國庚午水東草堂刻本
讀左隨筆　第30冊
王照撰
民國庚午水東草堂重刻本
增訂三體石經時代辨誤　第31冊
王照撰
民國庚午水東草堂增補重刻本
表彰先正正論　第31冊
王照撰
民國戊辰水東草堂刻本
近野軒詩存　第31冊
曹傳撰
清乾隆十五年序刻本
近野曹公墓誌銘　第31冊
陳士倌撰
曹秉璋抄本
先八世祖近野公史料集存　第31冊
曹潔如輯
油印本
周慤慎公全集　第32－40冊
周馥撰
民國十一年秋浦周氏刻本
蓬山詩存　第40冊
鄭熊佳撰
清咸豐元年金陵顧晴崖家刻本
止庵詩存　第41冊
周學熙撰
民國三十七年至德周氏鉛印本
止庵詩外集　第41冊
周學熙撰
民國三十七年至德周氏鉛印本
嚴範孫先生古近體詩存稿　第41冊
嚴修撰
民國癸酉天津協成印刷局鉛印本
朗山詩草　第41冊
姚承恩撰
民國上海中華書局鉛印本
津門紀略　第42冊
羊城舊客撰
清光緒戊戌年石印本
敬鄉筆述　第42冊
徐士鑾撰
民國壬申天津徐氏濠園刻本
冷籬漫錄　第42冊
劉拱極撰
民國鉛印本
抑齋讀畫記　第43冊
王錫彤撰
民國鉛印本
遊蒙日記　第43冊
李廷玉撰
民國二年北京財政部印刷局鉛印本
琅邪制藝　第43冊
高喆撰
清同治十三年刻本
存社徵文選卷匯存第一集　第44冊
章鈺評選
民國天津存社鉛印本
存社徵文選卷匯存第二集　第44冊
章鈺評選
民國天津存社鉛印本
王湘岑將軍遺稿　第44冊
王燮撰
清光緒鉛印本
秋吟集　第45冊
李雲楣 梅成棟輯
清道光刻本
古燕詩紀　第45冊
馬鍾琇編
民國味古堂鉛印本
碧琅軒館詩鈔　第46冊
楊光儀撰
清光緒乙亥武林任有容齋刻本
碧琅軒館詩續鈔　第46冊
楊光儀撰
清光緒癸未武林任有容齋刻本
和樂堂詩鈔　第46冊
殷希文撰
清嘉慶丙子天津和樂堂刻本
南有吟亭詩草　第46冊
于士祜撰
清光緒刻本
華氏家集　第47冊
華鐸孫輯
清光緒天津華氏刻本
金氏家集　第47冊
金恭壽輯
民國戊午天津金氏致遠堂刻本
金氏家集　第47冊
金鉞輯
民國天津金氏刻本
戊午吟草　第47冊
金鉞撰
民國庚申天津金氏京師刻本
城南詩社集　第48冊
王守恂編
民國十三年天津公園教育印書處鉛印本
乙亥重陽雅集詩錄　第48冊
李金藻編
民國丙子鉛印本
戊寅重九分韻詩存　第48冊
趙元禮編
民國己卯鉛印本
過江集　第48冊
高凌雯撰
民國壬戌刻本
紫簫笙館詩存　第48冊
馮文洵撰
民國二十三年鉛印本
丙寅天津竹枝詞　第48冊
馮文洵撰
民國二十三年鉛印本
嗎于館詩草　第48冊
言敦源撰
清光緒三十四年言氏家集鉛印本
退思齋詩存　第48冊
陳寶泉撰
民國丙寅中華書局鉛印本

（清）楊廷琚修（清）竹全仁纂
民国抄本
［乾隆］新野縣志九卷 第 91 冊
（清）徐金位纂修
清乾隆十九年刻本
施州考古録二卷 第 92 冊
（民國）鄭永禧撰
民國七年鉛印本
麟臺故事五卷 第 92 冊
（宋）程俱撰
清武英殿刻本
麟臺故事三卷 第 92 冊
（宋）程俱撰
明影宋抄本
太平策二卷 第 92 冊
（元）鄭介夫撰
明永樂刻本
明謚考三十八卷 第 92 冊
（明）葉秉敬撰
舊抄本
五邊典則二十四卷 第 93－97 冊
（明）徐日久撰
明刻本
騭言十八卷 第 98 冊
（明）徐日久撰
明崇禎刻本
捕蝗事宜二卷 第 99 冊
（清）徐金位撰
清乾隆刻本
滇南礦廠圖畧二卷 第 99 冊
（清）吴其濬撰 徐金生繪輯
清道光刻本
井田圖解不分卷 第 99 冊
（清）徐興霖撰
清道光九年活字本印本
岳州救生局志八卷 第 100 冊
（清）張德容撰
清光緒元年刻本
鳳梧書院藏書目一卷 第 100 冊
（清）張炤編
清光緒二十五年刻本
紅梅閣書目一卷 第 100 冊
（清）劉履芬撰
清稿本
二銘草堂金石聚十六卷 第 101－104 冊
（清）張德容撰
清同治十二年刻本

子部

袁氏世範三卷附录一卷 第 105 冊
（宋）袁采撰
宋刻本
雙橋隨筆十二卷 第 105 冊
（清）周召撰
清抄本
藝菊簡易一卷 第 106 冊
（清）徐京撰
清嘉慶四年刻本
農林蠶説不分卷 第 106 冊
（清）葉向榮撰
清宣統三年石印本
合刻劉全備先生病機藥性賦 第 106 冊
（明）劉全備撰
明末建陽書林余應虬近聖居刻本
袖珍小兒方十卷 第 106－107 冊
（明）徐用宣撰
明刻本
秘傳音制本草大成藥性賦五卷 第 107 冊
（明）徐鳳石撰
明萬曆刻本
鍼灸大成十卷 第 107－109 冊
（明）楊繼洲撰
明萬曆二十九年刻本
心醫集六卷 第 110－111 冊
（清）祝登元撰
清順治七年刻本
祝茹穹先生醫印三卷附醫驗一卷 第 111 冊
（清）祝登元撰
清順治十三年刻本
症治實録不分卷 第 112 冊
（清）項文燦撰
民國抄本
逸仙醫案二卷 第 112 冊
（清）雷逸仙撰
民國十五年鉛印本
方案遺稿不分卷 第 112 冊
（清）雷逸仙撰
舊抄本
時病論八卷 第 113 冊
（清）雷豐撰
清光緒十年慎修堂刻本
方藥玄機一卷 第 114 冊
（清）雷豐撰
民國十五年鉛印本
灸法秘傳一卷 第 114 冊
（清）雷豐改訂
清稿本
醫家四要四卷 第 114 冊
（清）雷大震撰
清光緒十二年養鶴山房刻本
寶顏堂訂正丙丁龜鑑五卷續録二卷 第 114 冊
（宋）柴望撰
清南昌彭氏知聖道齋抄本
賴公衢州府記一卷 第 115 冊
撰者佚名
舊抄本
賴太素龍游縣圖記一卷 第 115 冊
撰者佚名
舊抄本
陳眉公重訂學古編 第 115 冊
（元）吾丘衍撰
明萬曆三十四年刻本
事實類苑六十三卷 第 115－118 冊
（宋）江少虞撰
清抄本
新雕皇朝類苑七十八卷 第 118－121 冊
（宋）江少虞撰
日本元和七年活字本
皇朝類苑五十五卷 第 121－123 冊
（宋）江少虞撰
明抄本
閑居録一卷 第 123 冊
（元）吾丘衍撰
元至正十八年抄本
閒中漫編二卷 第 123 冊
（元）吾丘衍撰
明萬曆二十一年刻本
芙蓉鏡寓言四集 第 124 冊
（明）江東偉撰
明末刻本
理論二卷 第 125 冊
（明）葉秉敬撰
明刻本
十二論一卷 第 125 冊
（明）葉秉敬撰
明刻本
荊關叢語六卷 第 125－126 冊
（明）葉秉敬撰
明刻本
類次書肆説鈴二卷附遒徇編 第 126 冊

(明)葉秉敬撰
明萬曆刻本
玉芝堂談薈三十六卷 第 127－131 冊
(明)徐應秋撰
清抄本
興朝應試必讀書八卷 第 132 冊
(清)詹熙評注 濮陽增選刊
清光緒二十四年石印本
隱林四卷 第 132－133 冊
(清)鄭永禧輯
清光緒十七年刻本
竹隱廬隨筆四卷 第 133－134 冊
(清)鄭永禧撰
民國木活字本
玩聱思存二卷 第 134 冊
(清)郑永禧撰
民國抄本
春秋類對賦一卷 第 134 冊
(宋)徐晉卿撰
清康熙十九年《通志堂經解》本
班左誨蒙三卷 第 134 冊
(宋)程俱撰
清抄本
唐宋白孔六帖一百卷附孔氏六帖三十卷 第 134－143 冊
(唐)白居易 (宋)孔傳撰
明嘉靖刻本(附宋刻本)
教兒識數不分卷 第 144－147 冊
(明)葉秉敬撰
明萬曆三十八年刻本
駢字馮霄二十四卷 第 148－150 冊
(明)徐應秋輯
明末刻本
新刊古今類書纂要 第 150－151 冊
(明)璩崑玉編
日本寬文九年刻本
花柳深情傳四卷 第 152 冊
(清)詹熙撰
清光緒二十七年上海書局石印本
海上百花傳四卷 第 152 冊
(清)詹塏撰
清光緒二十九年上海書局石印本
柔鄉韻史三卷 第 152 冊
(清)詹塏撰
民國六年上海文藝消遣所石印本
花史五卷附花史續編八卷 第 152－153 冊
(清)詹塏撰
清光緒三十三年商務印書館石印本
碧海珠不分卷 第 153 冊
(清)詹塏撰
清光緒三十三年京師書業公司石印本
中國新女豪不分卷 第 153 冊
(清)詹塏撰
清光緒三十三年上海集成圖書公司石印本
女子權不分卷 第 153 冊
(清)詹塏撰
清光緒三十三年作新社石印本
廣列仙傳七卷 第 153－154 冊
(明)張文介輯
明萬曆十年刻本
莊子膏肓四卷 第 1154－155 冊
(明)葉秉敬撰
明萬曆刻本
大佛頂首楞嚴經玄義四卷 第 155 冊
(明)釋傳燈述
明《徑山藏》本
楞嚴圓通疏前茅二卷 第 156 冊
(明)釋傳燈述
日本《卍續藏經》本
大佛頂首楞嚴經圓通疏十卷 第 156－159 冊
(元)惟則會解 (明)釋傳燈疏
清光緒三年刻本
妙法蓮華經玄義輯略一卷 第 159 冊
(明)釋傳燈録
日本《卍續藏經》本
維摩詰所説經無我疏十二卷 第 159－161 冊
(明)釋傳燈著
日本《卍續藏經》本
彌陀略解圓中抄二卷 第 161 冊
(明)釋大佑解 (明)釋傳燈抄
日本《卍續藏經》本
永嘉禪宗集注二卷 第 161－162 冊
(明)釋傳燈重編並注
清光緒二十二年李培楨刊本
天台傳佛心印記注二卷 第 162 冊
(明)釋傳燈注
日本《卍續藏經》本
淨土生無生論一卷 第 162 冊
(明)釋傳燈撰
清乾隆四十九年衍法寺刻本
性善惡論六卷 第 162 冊
(明)釋傳燈撰
日本《卍續藏經》本
禮吳中石佛起止儀式一卷 第 162 冊
(明)釋傳燈集
明版《嘉興大藏經》本
幽溪無盡大師淨土法語一卷 第 162 冊
(明)釋傳燈述
清乾隆四十九年衍法寺刻本
觀經連環圖 第 162 冊
(明)釋傳燈繪圖並攝頌
一九五五年上海大雄書局影印本

集部

屈騷心印五卷 第 163 冊
(清)夏大霖撰
清乾隆三十九年一本堂刻本
楊盈川集十卷附録一卷 第 163 冊
(唐)楊炯撰
明萬曆三年刻本
徐侍郎集二卷附録一卷 第 163 冊
(唐)徐安貞撰
明抄本
音注韓文公文集四十卷外集十二卷 第 164－165 冊
(宋)祝充等注
宋刻本
南陽集六卷 第 165 冊
(宋)趙湘撰
清道光二年武英殿刻本
趙清獻公文集十六卷 第 166 冊
(宋)趙抃撰
元明遞修本
東堂集十卷 第 167 冊
(宋)毛滂撰
清顧氏藝海樓抄本
東堂詞一卷 第 167 冊
(宋)毛滂撰
明崇禎毛氏汲古閣刻本
宮詞一卷 第 167 冊
(宋)周彥質撰
宋刻《四家宮調》本
和清真詞一卷 第 168 冊
(宋)方千里撰
明末毛氏汲古閣刻本
北山小集四十卷 第 168－170 冊
(宋)程俱撰
據傅氏影宋寫本

單縣時氏音學遺著二十三種三十九卷附十五種二十三卷 第5－8冊
(清)時庸勱撰 (清)時庸勱輯並評附
山東省博物館藏稿本暨刻本
聲譜二卷 第5冊
清光緒十八年河南星使行臺刻廳古廬聲學十書本
增補說文分部諧聲譜二卷 第5冊
稿本
聲說二卷 第5冊
清光緒十八年河南星使行臺刻廳古廬聲學十書本
陽類九部聲說稿二卷 第5冊
稿本
陽類九部聲說二卷 第5冊
稿本
陰類十一部聲說稿三卷 第5冊
稿本
陰類十一部聲說稿三卷 第6冊
清光緒十六年至十七年陽穀徐肇銘鈔本時庸勱批校
毛詩吻串三卷 第6冊
稿本
毛詩古均貫四卷 第6冊
稿本
聲疑一卷 第6冊
稿本
同聲相應一卷 第6冊
稿本
經韻一卷 第6冊
稿本
古今均析一卷 第7冊
稿本
聲衷枚數一卷 第7冊
稿本
字母一卷 第7冊
稿本
增補說文廿一部聲讀檃式一卷 第7冊
稿本
說文解字聲切正謬一卷 第7冊
清光緒十八年陽穀徐肇銘輯鈔本時庸勱批校
說文韻孳二卷首一卷 第7冊
稿本
古韻二卷 第7冊
稿本
丙丁抄一卷 第7冊
稿本
己丑雜鈔一卷 第7冊
稿本
丁亥抄一卷 第8冊
稿本
雜鈔七種一卷 第8冊
稿本
韓詩故二卷 第8冊
(漢)韓嬰傳 (清)時庸勱輯
稿本
說文疏證一卷 第8冊
(清)錢大昕撰 (清)薛傳均疏證 (清)時庸勱摘鈔
稿本
苗氏毛詩吻訂摘異一卷苗氏声訂摘異一卷 第8冊
(清)苗夔撰 (清)時庸勱輯並評
稿本
唐均正摘鈔一卷 第8冊
(清)顧炎武撰 (清)時庸勱輯並評
稿本
江氏均學一卷 第8冊
(清)江永撰 (清)時庸勱摘鈔並評
稿本
戴氏均學二卷 第8冊
(清)戴震撰 (清)時庸勱摘鈔並評
稿本
音均表摘鈔一卷 第8冊
(清)段玉裁 王念孫撰 (清)時庸勱輯並評
稿本
十三家古音異同表一卷五家古均陰陽同入異同表一卷 第8冊
(清)時庸勱撰
稿本
段王合鈔四卷 第8冊
(清)段玉裁 王念孫 (清)王筠等撰 (清)時庸勱輯並評
稿本
毛詩聲類一卷詩聲分例一卷 第8冊
(清)孔廣森撰 時庸勱批並跋
清光緒十七年陽穀徐肇銘鈔本
苗氏聲讀表一卷 第8冊
(清)苗夔撰 (清)時庸勱摘鈔並評
稿本
說文荅問一卷 第8冊
(清)錢大昕撰 (清)薛傳均疏證 (清)時庸勱摘鈔
稿本
攀古小廬經均一卷 第8冊
(清)許瀚撰 (清)時庸勱輯並評
稿本
攀古小廬校勘記一卷 第8冊
(清)時庸勱撰
稿本
積古齋釋文正誤一卷 第8冊
(清)許瀚撰 (清)時庸勱輯
稿本
單縣時氏遺箸審查意見附重編時氏書目一卷 第8冊
王獻唐撰
稿本
海岱史略一百四十卷附錄十一卷 第9冊
(清)王馭超撰
山東省圖書館藏清光緒二十三年安丘王氏家刻本
淄博平亂記一卷 第10冊
(清)不題撰人 鑾調甫跋
山東省博物館藏鈔本
東平教案記二卷 第10冊
(清)柳堂 (清)傅曉麓纂輯
山東省圖書館藏清光緒三十一年筆諫堂刻本
闕里文獻考一百卷首一卷末一卷 第10冊
(清)孔繼汾撰
清乾隆二十七年曲阜孔氏刻本
列仙傳校正本二卷列仙傳讚一卷附夢書一卷 第10冊
(清)王照圓校正 (清)王照圓輯附
山東省圖書館藏清道光間雙蓮書屋刻本
山東武義士興學始末記一卷 第10冊
(清)山東提學司輯
山東省圖書館藏清宣統元年山東提學司石印本
東阿于文定公年譜二卷 第10冊
(明)邢侗 (明)阮自華撰
山東省圖書館藏明末鈔本
漁洋山人自撰年譜二卷 第10冊
(清)王士禛撰 (清)惠棟註補
山東省圖書館藏清乾隆惠氏紅豆齋刻本
孔子世家譜一百八卷 第11－16冊

第二輯

鈔本
說文解字句讀三十卷句讀補正三十卷 第11册
(清)王筠撰
滕州杜澤遜藏清咸豐二年刻九年補刻本
說文釋例二十卷釋例補正二十卷 第12册
(清)王筠撰
清道光二十八年王氏自刻咸豐二年補刻本
說文繫傳校錄三十卷 第12册
(清)王筠撰
山東大學圖書館藏清咸豐七年王彥侗刻本
古韻發明不分卷切字肆考不分卷 第12册
(清)張耕撰
山東省博物館藏清道光滕縣張氏芸心堂刻本
校正汲周書札記一卷 第13册
(清)馬星翼撰
山東省圖書館藏民國山東省立圖書館鈔本
國策補遺不分卷 第13册
(清)馬星翼撰
山東省圖書館藏舊鈔本
圍城日錄二卷 第13册
(明)徐從治撰
山東省博物館藏清鈔本
東事紀略一卷歸圍日記一卷 第13册
(明)補過居士編紀略 (明)張忻撰日記
山東省博物館藏清鈔本
蒙難偶記不分卷 第13册
(清)鄭與僑撰
山東省圖書館藏民國山東省立圖書館鈔本
全濰紀略一卷 第13册
(清)周亮工撰
山東省圖書館藏清鈔本
東牟守城紀略一卷 第13册
(清)戴燮元撰
山東省博物館藏清同治八年戴氏羊城刻本
毅軍紀略一卷 第13册
(清)宋慶撰
山東省圖書館藏清鈔本
黄培文字獄案一卷 第13册
(清)不著撰者
山東省圖書館藏清鈔本
山東教案二編一卷 第13册
(清)祝鋆撰
山東省圖書館藏清光緒二十八年排印本
古懽錄八卷 第13册
(清)王士禛撰
山東師範大學圖書館藏清康熙朱從延快宜堂刻本
兩漢高士贊一卷 第13册
(清)張篤慶撰
山東省博物館藏清淡志軒鈔本
歷代畫像傳四卷 第13册
(清)丁善長編繪
山東省博物館藏清光緒二十二年至二十三年濰縣丁氏刻本
畫林雁塔不分卷 第13册
山東省博物館藏清初鈔本
鄉賢遺事三卷附岱粹抄存續編一卷泰安趙仁圃相國苔岑錄一卷 第13册
山東省博物館藏稿本
鄉賢年譜考略一卷 第13册
王亨豫撰
山東省博物館藏稿本
冉氏譜系一卷 第13册
(清)馮雲鵷撰
山東省博物館藏稿本
荀卿年譜一卷 第13册
(清)王壽撰
山東省博物館藏舊鈔本
顧亭林年譜校錄一卷 第13册
(清)王筠撰
山東省博物館藏稿本
新城王氏世譜八卷世系一卷 第14册
(清)王兆弘等纂修
山東省圖書館藏清乾隆二十五年新城王氏家刻本
馬氏家譜十五卷首一卷 第14册
馬篤恒等纂修
淄博市張店區馬以林藏民國二十年馬氏周村石印本
西征記一卷 第15册
(清)張寅撰
山東省圖書館藏稿本
般陽高中謀先生日志不分卷 第15册
(清)高中謀撰
山東省圖書館藏稿本
宦游雜記不分卷 第15册
(清)馬秀儒撰
山東省圖書館藏稿本
彭雪嵋先生日記一卷 第15册
(清)彭以竺撰
山東省博物館藏稿本
還讀盦丁丑日記一卷 第15册
丁菊甦撰
山東省博物館藏稿本
度支輯要不分卷度支總歌一卷 第16册
(清)不著撰者
山東省圖書館藏清鈔本
山左度支備覽不分卷 第16册
山東省圖書館藏稿本
畢伯陽奏稿殘本一卷 第16册
(明)畢自嚴撰
山東省博物館藏明鈔本
毛尚書奏稿十六卷首一卷 第16－17册
(清)毛鴻賓撰
山東省圖書館藏清宣統元至二年歷城毛承霖刻本
方輿叢錄不分卷 第17－18册
(清)許鴻磐撰
山東省博物館藏稿本
北虜風俗一卷北虜世系記一卷 第18册
(明)蕭大亨撰
山東省博物館藏民國三十年江安傅氏藏園鈔本
顏山雜記四卷 第18册
(清)孫廷銓撰
山東師範大學圖書館藏清康熙五年刻本
山東黄河南岸十三州縣遷民圖說一卷 第19册
(清)黄璣撰
山東師範大學圖書館藏清光緒二十二年點石齋石印本
齊乘六卷附釋音一卷考證六卷 第19册
(元)于欽撰 (元)于潛釋音 (清)周嘉猷考證
臨沂徐泳藏清乾隆四十六年胡德琳周嘉猷刻本
掖乘十六卷 第19册
(清)侯登岸撰

山東省圖書館藏稿本
萊陽竹枝詞一卷 第19册
(清)浦曰楷撰
山東省博物館藏清鈔本
續滕縣志稿四卷 第19册
生克中撰
滕州杜澤遜藏民國排印本
先秦宫殿考一卷 第19册
(清)牟庭撰
山東省博物館藏稿本
岱史十八卷 第19册
(明)查志隆撰
山東省博物館藏明萬曆十五年戴相堯刻本
岱覽三十二卷首編七卷附録一卷 第20册
(清)唐仲冕撰
山東省圖書館山東師範大學圖書館藏清嘉慶十二年果克山房刻本
嶗山紀略一卷附遊嶗山記一卷 第20册
(清)紀潤撰
山東省博物館藏民國十八年濰縣丁錫田鈔本
五蓮山志五卷 第20册
(清)釋海霆撰
山東大學圖書館藏清康熙萬松禪林刻乾隆增刻本
秉蘭録一卷 第20册
(清)安篔撰
山東省博物館藏清光緒三十一年李玉亭鈔本
海源閣普通本書目不分卷 第21册
山東省圖書館編
山東省圖書館藏稿本
還讀盦讀書題記一卷 第21册
丁菊甦撰
山東省博物館藏稿本
擬史籍考校例一卷 第21册
(清)許瀚撰
山東省圖書館藏清道光二十六年手稿本
曲阜清儒著述記二卷 第21册
孔祥霖撰
山東省圖書館藏民國四年排印本
王氏合集書目考略一卷 第21册
(清)王允灌編
山東省圖書館藏稿本
雪泥屋遺書目録一卷補遺一卷 第21册
(清)牟庭撰 (清)牟房編
山東省博物館藏民國瑞安陳氏褎殷堂排印本
山東省立圖書館善本書目甲編五卷 第21册
屈萬里 隋少亭 劉錫增編
山東省圖書館藏民國二十六年稿本
周虢季子白盤釋文一卷 第22册
(清)王筠撰
山東省博物館藏民國間濰縣丁錫田鈔本
寶簠齋集各家彝器釋文不分卷 第22册
(清)陳介祺釋文
山東省博物館藏民國黄縣丁菊甦鈔本
封泥考略十卷 第22册
(清)吳式芬 陳介祺撰
山東省博物館藏清光緒三十年上海石印本
天史十二卷問天亭放言一卷 第22册
(清)丁耀亢撰
山東省博物館藏清康熙四十五年鈔本
曆學會通六十五卷首一卷 第23册
(清)薛鳳祚撰
北京大學圖書館藏清康熙刻本
桑梓之遺書畫册目録三卷附文鈔一卷 第24册
(清)陳介錫撰
山東省博物館藏稿本
桑梓之遺書畫册人物考略十卷 第24册
(清)陳介錫撰
山東省博物館藏稿本
古詩十九首書帖一卷 第25册
(清)劉淇書
山東省圖書館藏清劉淇寫本
覆瓿社燈謎一卷 第25册
(清)王筠撰
山東省圖書館藏稿本
清詒堂燈謎一卷 第25册
(清)王筠撰
山東省圖書館藏稿本
勺亭識小録八卷外集一卷 第25册
(清)毛贄撰
山東省圖書館藏民國十三年掖縣王桂堂曝經草堂鈔本
古歡堂筆記一卷 第25册
(清)田同之撰
山東省博物館藏稿本
十二筆舫雜録十二卷 第25册
(清)李兆元撰
山東大學圖書館藏清道光二年桂林朱鳳森開封刻本
箬園日札十卷 第26册
(清)成瓘撰
山東省圖書館藏稿本
箬園日札續六卷附一卷箬園餘札一卷 第26册
(清)成瓘撰
山東省圖書館藏稿本
藜青室札記一卷 第26册
丁菊甦撰
山東省博物館藏稿本
寄庵札記一卷 第26册
丁菊甦撰
山東省博物館藏稿本
悔庵叢纂二卷 第26册
丁菊甦撰
山東省博物館藏稿本
諺語類鈔四卷附一卷 第26册
(清)閻湘蕙輯
山東省圖書館藏民國二十六年山東省立圖書館鈔本
山海經箋釋一卷 第26册
(明)楊慎補注 (明)李蕃箋釋
山東省圖書館藏民國山東省立圖書館鈔本
拗人傳一卷 第26册
(清)劉家龍撰
山東省圖書館藏清鈔本
鄭司農集一卷 第27册
(漢)鄭玄撰
山東大學圖書館藏清乾隆間德州盧氏刻雅雨堂叢書本
杜詩七律四卷 第27册
(清)張篤行註
山東省圖書館藏清鈔本
顔魯公文集十五卷補遺一卷附録一卷 第27册
(唐)顔真卿撰
山東省圖書館藏清嘉慶七年曲阜顔崇槼刻本
海廟集四卷 第27册
(明)毛紀撰
山東省博物館藏清康熙六十年毛霦

鈔本
南遊錄三卷 第27册
(明)王悅撰
山東省圖書館藏舊鈔本
邊華泉集八卷邊華泉集稿六卷 第27册
(明)邊貢撰
山東省博物館藏清康熙四十四年歷城張溎刻本
藍侍御集二卷 第27册
(明)藍田撰
山東省博物館藏稿本
交綉閣詩草四卷 第27册
(明)張夢鯉撰
山東省圖書館藏清乾隆六十年鈔本
黃髮翁全集四卷黃髮翁戲筆一卷 第27册
(明)畢木撰
山東大學圖書館藏清鈔本
畢自嚴遺稿一卷 第27册
(明)畢自嚴撰
山東省圖書館藏明末鈔本
白陽畢公自嚴遺蹟一卷 第27册
(明)畢自嚴撰
山東省圖書館藏稿本
石隱園詩草一卷附石隱園題詠一卷石隱園禊詠一卷 第27册
(明)畢自嚴撰
山東省圖書館藏民國十四年畢柱承鈔本
燕喜堂集十五卷 第28册
(明)劉一相撰
山東省圖書館藏清初鈔本
長馨軒集一卷 第28册
(明)王雅量撰
山東省圖書館藏舊鈔本
問山亭詩十八卷 第28册
(明)王象春撰
山東省圖書館藏清康熙樹音堂鈔本
問山亭詩拾遺一卷 第28册
(明)王象春撰 (清)王祖昌輯
山東省圖書館藏清鈔本
小築邇言八卷徐公經濟錄一卷 第29册
(明)徐標撰
山東省博物館藏清鈔本
匪石齋詩草二卷 第29册
(清)李復泰撰
山東省博物館藏清雍正十二年田嵋鈔本
清止閣集九卷 第29册
(清)趙進美撰
山東省圖書館藏清初鈔本
楚村詩集四卷文集六卷 第30册
(清)丘石常撰
山東大學圖書館藏清康熙五年諸城丘元武刻本
琅邪放鶴村詩集一卷續集一卷 第30册
(清)張侗撰
山東省圖書館藏清鈔本
濼函十卷 第30册
(清)葉承宗撰
山東省圖書館藏清友聲堂鈔本
伍硯堂集六卷 第30册
(清)傅扆撰
山東省圖書館藏清鈔本
轅轍吟一卷 第30册
(清)傅扆撰
山東省圖書館藏清鈔本
話雨山房詩草二卷 第30册
(清)傅扆撰
山東省圖書館藏稿本
敦好堂詩集四卷詩餘一卷 第30册
(清)袁藩撰
山東省圖書館藏清三十六硯居鈔本
夕霏亭詩二卷 第30册
(清)黃垍撰
山東省圖書館藏清鈔本
萬行草一卷 第30册
(清)吳自肅撰 (清)田雯等選
山東省圖書館藏清澹寧軒鈔本
聊齋詩集二卷詞集一卷 第31册
(清)蒲松齡撰
山東省博物館藏清淄川王滄佩鈔本
聊齋四六文集八卷 第31册
(清)蒲松齡撰
山東省博物館藏清鈔本
崑崙山房郢中集三卷崑崙山房詩集十三卷 第31册
(清)張篤慶撰
山東省圖書館藏清鈔本
崐崘山房詩稿一卷 第31册
(清)張篤慶撰
山東省博物館藏清鈔本
秋谷先生遺文一卷 第31册
(清)趙執信撰
山東省圖書館藏清乾隆十六年益都趙氏因園刻本
飴山詩集二十卷 第31册
(清)趙執信撰
山東省圖書館藏清乾隆十七年益都趙氏因園刻本
飴山文集十二卷附錄一卷 第31册
(清)趙執信撰
山東省圖書館藏清乾隆三十九年益都趙氏因園刻本
麗則集一卷 第32册
(清)孔毓埏撰
山東省博物館藏稿本
澗堂詩草一卷 第32册
(清)畢海珖撰
山東省博物館藏稿本
澗堂草不分卷 第32册
(清)畢海珖撰
山東省圖書館藏清鈔本
雪巖五種八卷 第32册
(清)成芸撰
山東省圖書館藏清鈔本
雪巖翁集一卷 第32册
閒居筆塵三卷 第32册
珠船錄二卷 第32册
四六餘話補一卷 第32册
雪巖雜錄一卷 第32册
雲月硯軒古體詩稿一卷 第32册
(清)趙國麟撰
山東省博物館藏清雍正刻本
調皖紀行草一卷 第32册
(清)趙國麟撰
山東省博物館藏清雍正刻本
拙菴近稿一卷 第32册
(清)趙國麟撰
山東省博物館藏清乾隆十一年李棟武昌刻本
塞外吟一卷附錄信稿一卷 第32册
(清)趙國麟撰
山東省博物館藏民國十四年泰安王价藩鈔本
泰山吟八卷附一卷 第32册
(清)趙國麟撰
山東省博物館藏舊鈔本
鑄雪齋集十四卷練塘年譜一卷 第32册
(清)張希傑撰
山東省圖書館藏清張氏峼湖鑄雪齋

稿本
東谷文集不分卷 第33册
(清)蒲立德撰
山東省博物館藏清鈔本
蠡勺詩删一卷 第33册
(清)畢霽撰
山東省圖書館藏清鈔本
自怡集二卷詩餘一卷 第33册
(清)李文騊撰
山東大學圖書館藏清嘉慶二十五年諸城李氏易安園鈔本
綠筠軒詩四卷 第33册
(清)張元撰
山東省圖書館藏清鈔本
聽雨樓詩二卷 第33册
(清)張作哲撰
山東省博物館藏稿本
顔清谷四編詩四卷 第33册
(清)顔懋倫撰
山東大學圖書館藏清乾隆間曲阜顔氏稿本
質菴文集五卷 第33册
(清)李澄撰
山東省圖書館藏清鈔本
悦軒文稿不分卷 第33册
(清)鞠濂撰
山東大學圖書館藏清乾隆間海陽鞠氏清稿本
堯封賸稿一卷 第33册
(清)陳岠撰
山東省圖書館藏清惜陰堂鈔本
吟風弄月詩稿四卷 第34册
(清)畢宿燾撰
山東省圖書館藏稿本
迂齋學古編四卷 第34册
(清)法坤宏撰
山東省圖書館藏清乾隆三十九年膠州法氏海上廬刻本
遂初稿二卷遂初驛程記二卷 第34册
(清)張啓愚撰
山東省圖書館藏稿本
松露書屋詩稿八卷水竹居詩集二卷 第34册
(清)郝允秀撰
山東省博物館藏稿本
藤梧館詩草一卷 第34册
(清)孔廣栻撰
山東省圖書館藏稿本
香雪園重訂詩十一卷 第35册
(清)張廷叙撰
山東省圖書館藏稿本
無夢軒詩一卷 第35册
(清)于桂秀撰
山東省圖書館藏清淄川王佳賓鈔本
蒼雪齋稿一卷 第35册
(清)王佳賓撰
山東省圖書館藏稿本
述耐堂詩集八卷 第35册
(清)孔繼熥撰
山東省圖書館藏清稿本
秋水亭詩四卷補一卷 第35册
(清)王祖昌撰
山東省圖書館藏清嘉慶七年丘縣劉大觀刻本
秋水亭詩續集三卷秋水亭詩補編一卷 第35册
(清)王祖昌撰
山東省圖書館藏清嘉慶十四年丘縣劉大觀刻本
秋水亭集拾遺一卷王秋水自撰年譜一卷 第35册
(清)王祖昌撰
山東省博物館藏稿本
許雲嶠先生手書詩文稿一卷 第36册
(清)許鴻磐撰
山東省博物館藏稿本
純甫文稿不分卷 第36册
(清)朱曾喆撰
山東省圖書館藏稿本
李湘浦先生詩稿不分卷 第36册
(清)李廷芳撰
山東省博物館藏稿本
碧梧紅豆草堂詩不分卷 第36册
(清)李廷芳撰
山東省圖書館藏稿本
碧梧紅豆草堂詩一卷安蔬草堂五言排律一卷 第36册
(清)李廷芳撰
山東省圖書館藏稿本
袁江于役草一卷 第36册
(清)李廷芳撰
山東省圖書館藏稿本
紅蕉館詩稿一卷 第36册
(清)朱畹撰
濟南市圖書館藏稿本
求是齋文集一卷 第37册
(清)劉輝撰
山東省圖書館藏清鈔本
天籟集一卷 第37册
(清)鄧廷法撰
山東省圖書館藏稿本
冷淘軒詩集七卷附一卷 第37册
(清)戴鑑撰
山東省圖書館藏清鈔本
潑墨軒詩草三卷潑墨軒詞三卷 第37册
(清)戴鑑撰
山東省圖書館藏清道光二十三年刻本
鏡虹書屋吟草一卷 第37册
(清)孔昭虔撰
山東省博物館藏清鈔本
鏡虹吟室詩集四卷經進稿一卷詞集二卷 第37册
(清)孔昭虔撰
山東省圖書館藏清道光十六至十七年曲阜孔憲恭孔慶頤刻本
意園詩鈔不分卷 第37册
(清)楊潾撰
山東省圖書館藏清鈔本
次白文稿一卷 第37册
(清)劉鴻翱撰
山東省圖書館藏稿本
靜吾齋詩鈔一卷文鈔一卷 第37册
(清)陳述經撰
山東省圖書館藏清鈔本
鬒金山館咏人集不分卷 第37册
(清)牟房撰
山東省博物館藏稿本
觀城張湘畹先生遺集一卷 第37册
(清)張夢蘭撰
山東省博物館藏清鈔本
王焯詩稿一卷 第37册
(清)王焯撰
山東省博物館藏稿本
春鷗集五卷 第37册
(清)王焯撰
山東省博物館藏稿本
許印林手稿一卷 第38册
(清)許瀚撰
山東省博物館藏稿本
餘霞集三卷 第38册
(清)黄恩彤撰

鄭氏禮記箋四十九卷　第 47 册
(清)郝懿行撰
清光緒八年郝聯薇東路廳署刻本
竹書紀年校正十四卷通考一卷　第 47 册
(清)郝懿行撰
清光緒五年郝聯薇東路廳署刻本
晋宋書故一卷　第 47 册
(清)郝懿行撰
清嘉慶二十一年郝氏自刻本
補宋書刑法志一卷　第 47 册
(清)郝懿行撰
清嘉慶郝氏自刻本
補宋書食貨志一卷　第 47 册
(清)郝懿行撰
清嘉慶郝氏自刻本
宋瑣語不分卷　第 48 册
(清)郝懿行撰
清嘉慶郝氏自刻本
荀子補注二卷　第 48 册
(清)郝懿行撰
清刻本
寶訓八卷　第 48 册
(清)郝懿行撰
清光緒五年郝聯薇東路廳署刻本
燕子春秋一卷　第 48 册
(清)郝懿行撰
清光緒五年郝聯薇東路廳署刻本
蜂衙小記一卷　第 48 册
(清)郝懿行撰
清光緒五年郝聯薇東路廳署刻本
記海錯一卷　第 48 册
(清)郝懿行撰
清光緒五年郝聯薇東路廳署刻本
證俗文十九卷　第 48 册
(清)郝懿行撰
清光緒十年郝聯薇東路廳署刻本
曬書堂文集十二卷外集二卷别集一卷　第 48 册
(清)郝懿行撰
清光緒十年郝聯薇東路廳署刻本
曬書堂閨中文存一卷　第 48 册
(清)王照圓撰
清光緒十年郝聯薇東路廳署刻本
曬書堂筆記二卷　第 48 册
(清)郝懿行撰
清光緒十年郝聯薇東路廳署刻本
曬書堂時文一卷　第 48 册
(清)郝懿行撰
清光緒十年郝聯薇東路廳署刻本
曬書堂筆錄六卷　第 48 册
(清)郝懿行撰
清光緒十年郝聯薇東路廳署刻本
曬書堂詩鈔二卷　第 49 册
(清)郝懿行撰
清光緒十年郝聯薇東路廳署刻本
曬書堂試帖一卷　第 49 册
(清)郝懿行撰
清光緒十年郝聯薇東路廳署刻本
曬書堂詩餘一卷　第 49 册
(清)郝懿行撰
清光緒十年郝聯薇東路廳署刻本
和鳴集一卷　第 49 册
(清)郝懿行 王照圓撰
清光緒十年郝聯薇東路廳署刻本
梅叟閑評四卷　第 49 册
(清)郝培元撰 (清)郝懿行注
清光緒十年郝聯薇東路廳署刻本
魚臺馬氏叢書三十四種九十八卷　第 49－50 册
(清)馬邦玉 馬邦舉 馬星翼撰
山東省圖書館藏民國間山東省立圖書館鈔本
懷續堂文集一卷　第 49 册
(清)馬邦玉撰
懷續堂詩集一卷　第 49 册
(清)馬邦玉撰
書傳略考一卷　第 49 册
(清)馬邦舉撰
經典釋文尚書略考一卷　第 49 册
(清)馬邦舉撰
書正義略考二卷　第 49 册
(清)馬邦舉撰
書序略考二卷　第 49 册
(清)馬邦舉撰
湯誓略考一卷　第 49 册
(清)馬邦舉撰
泰誓略考一卷　第 49 册
(清)馬邦舉撰
帝典蘼字略考一卷　第 49 册
(清)馬邦舉撰
虞書朋字略考一卷　第 49 册
(清)馬邦舉撰
洪範睿字略考一卷　第 49 册
(清)馬邦舉撰
洪範陂字略考一卷　第 49 册
(清)馬邦舉撰
書古文略考一卷　第 49 册
(清)馬邦舉撰
檀弓母字略考一卷　第 49 册
(清)馬邦舉撰
春秋左傳略考六卷　第 49 册
(清)馬邦舉撰
春秋穀梁傳略考三卷　第 49 册
(清)馬邦舉撰
楚辭字聲略考一卷　第 49 册
(清)馬邦舉撰
漢聲略考四卷　第 49 册
(清)馬邦舉撰
晉聲略考一卷　第 49 册
(清)馬邦舉撰
古聲略考雜記二卷　第 49 册
(清)馬邦舉撰
古史略考三十卷　第 49 册
(清)馬邦舉撰
竹書紀年略考六卷　第 49 册
(清)馬邦舉撰
陝志陵墓略考一卷　第 49 册
(清)馬邦舉撰
子夏易傳遺文一卷　第 50 册
(清)馬星翼輯
論語魯詁遺文一卷　第 50 册
(清)馬星翼輯
尚書廣義三卷　第 50 册
(清)馬星翼撰
群經注疏中俗語類記一卷　第 50 册
(清)馬星翼輯
説文俗語類記一卷　第 50 册
(清)馬星翼輯
漢人著書目錄一卷　第 50 册
(清)馬星翼撰
意林諸子約錄一卷　第 50 册
(清)馬星翼輯
漢碑總目二卷　第 50 册
(清)馬星翼撰
繹陽隨筆八卷　第 50 册
(清)馬星翼撰
東泉文集二卷　第 50 册
(清)馬星翼撰
東泉詩話續册七卷　第 50 册
(清)馬星翼撰

夏小正正義一卷　第9冊
弟子職正音一卷　第9冊
毛詩重言一卷　第9冊
毛詩雙聲迭韵說一卷　第9冊
屺瞻草堂經說三種七卷　第9冊
(清)李景星撰
山東省圖書館藏民國十六年山東官印刷局排印本
易經札記一卷　第9冊
書經管窺二卷　第9冊
詩經條貫四卷　第9冊
養靜齋札記六卷　第9冊
(清)王漸鴻撰
山東省博物館藏清光緒二十二年黄縣趙蔚坊鈔本
諸經札記一卷　第9冊
(清)鄭杲撰
山東省圖書館藏稿本
爾雅直音二卷　第10冊
(清)孫侃撰 (清)王祖源校正
山東省圖書館藏清光緒六年福山王氏刻天壤閣叢書本
別雅訂五卷　第10冊
(清)吴玉搢撰 (清)許瀚訂
清光緒三年吴縣潘氏八囍齋刻本
助字辨略五卷　第10冊
(清)劉淇撰
清康熙五十年海城盧承琰刻本
說文解字均隸十二卷　第10冊
(清)丁楙五撰
山東省博物館藏稿本
釋人疏證一卷　第10冊
(清)孫星衍撰 (清)淳于鴻恩疏證
山東省圖書館藏民國山東省立圖書館鈔本
詩本韵考二卷　第10冊
(清)趙瀚撰
山東省博物館藏稿本
增訂詩韵便覽五卷　第10冊
(清)王星奎撰
濟南市圖書館藏清同治十三年濟寧王氏家刻本
詩古音三卷　第10冊
(清)楊峒撰
山東省博物館藏民國間濰縣丁錫田家鈔本
四書音韵四卷　第10冊
(清)劉柏撰
山東省博物館藏清光緒八年東昌鮑乾元刻本
五經音韵五卷　第10冊
(清)劉柏撰
齊河周洪才藏民國二十六年泰和堂鈔本
孟志編略六卷　第11冊
(清)孫葆田撰
山東省博物館藏清光緒十六年刻本
王氏水源錄二卷　第11冊
(清)王守訓撰
山東省圖書館藏民國四年王常師排印本
日照丁氏家乘九十三卷　第11－12冊
丁惟鎮纂
日照丁原基藏一九八三年影印民國十五年日照丁氏上海排印本
李石桐先生赴岑溪日記不分卷　第12冊
(清)李懷民撰
山東省博物館藏稿本
李少鶴日記不分卷　第12冊
(清)李憲喬撰
山東省博物館藏稿本
栘林日記一卷　第12冊
丁麟年撰
山東省博物館藏清光緒三十一年稿本
聖門禮志一卷　第13冊
(清)孔尚忻撰
濟南市圖書館藏清光緒十三年曲阜孔氏硯寬亭刻本
聖門樂志一卷　第13冊
(清)孔尚忻撰
濟南市圖書館藏清光緒十三年曲阜孔氏硯寬亭刻本
費縣憲綱册一卷　第13冊
(清)李敬修撰
濟南市圖書館藏稿本
山東濟南市圖書館府章丘縣現行簡明賦役全書(光緒貳拾貳年分)一卷　第13冊
(清)不著撰者
山東省圖書館藏清光緒刻本
山東濟南市圖書館府淄川縣現行簡明賦役全書(光緒拾貳年分)一卷　第13冊
(清)不著撰者
山東省圖書館藏清光緒刻本
山東濟南市圖書館府禹城縣現行簡明賦役全書(光緒拾貳年分)一卷　第13冊
(清)不著撰者
濟南市圖書館藏清光緒刻本
山東濟南市圖書館府臨邑縣現行簡明賦役全書(光緒三拾貳年分)一卷　第13冊
(清)不著撰者
山東省圖書館藏清光緒刻本
山東濟南市圖書館府長清縣現行簡明賦役全書(光緒貳拾貳年分)一卷　第13冊
(清)不著撰者
山東省圖書館藏清光緒刻本
山東泰安府東平州現行簡明賦役全書(光緒貳拾貳年分)一卷　第13冊
(清)不著撰者
山東省圖書館藏清光緒刻本
山東泰安府新泰縣現行簡明賦役全書(光緒貳年分)一卷　第13冊
(清)不著撰者
山東省圖書館藏清光緒刻本
山東泰安府東阿縣現行簡明賦役全書(光緒貳拾貳年分)一卷　第13冊
(清)不著撰者
山東省圖書館藏清光緒刻本
山東泰安府平陰縣現行簡明賦役全書(光緒貳拾貳年分)一卷　第13冊
(清)不著撰者
山東省圖書館藏清光緒刻本
山東泰安府肥城縣現行簡明賦役全書(光緒貳拾壹年分)一卷　第13冊
(清)不著撰者
山東省圖書館藏清光緒刻本
山東武定府惠民縣現行簡明賦役全書(光緒貳年分)一卷　第13冊
(清)不著撰者
山東省圖書館藏清光緒刻本
山東武定府濱州簡明賦役全書(光緒拾貳年分)一卷　第13冊
(清)不著撰者
山東省圖書館藏清光緒刻本
山東武定府海豐縣現行簡明賦役全書(咸豐陸年分)一卷　第13冊
(清)不著撰者

山東省圖書館藏清咸豐刻本
山東武定府利津縣現行簡明賦役全書(光緒拾貳年分)一卷 第13冊
(清)不著撰者
山東省圖書館藏清光緒刻本
山東武定府蒲台縣現行簡明賦役全書(光緒貳拾貳年分)一卷 第13冊
(清)不著撰者
山東省圖書館藏清光緒刻本
山東武定府商河縣現行簡明賦役全書(光緒貳拾貳年分)一卷 第13冊
(清)不著撰者
山東省圖書館藏清光緒刻本
山東兖州府寧陽縣現行簡明賦役全書(光緒貳拾貳年分)一卷 第13冊
(清)不著撰者
山東省圖書館藏清光緒刻本
山東兖州府嶧縣現行簡明賦役全書(光緒拾貳年分)一卷 第13冊
(清)不著撰者
山東省圖書館藏清光緒刻本
山東兖州府汶上縣現行簡明賦役全書(光緒貳拾貳年分)一卷 第13冊
(清)不著撰者
山東省圖書館藏清光緒刻本
山東沂州府蘭山縣賦役全書(光緒拾貳年分)一卷 第13冊
(清)不著撰者
山東省圖書館藏清光緒刻本
山東沂州府費縣現行簡明賦役全書(光緒拾貳年分)一卷 第13冊
(清)不著撰者
濟南市圖書館藏清光緒刻本
山東沂州府沂水縣現行簡明賦役全書(光緒貳拾貳年分)一卷 第13冊
(清)不著撰者
山東省圖書館藏清光緒刻本
山東沂州府蒙陰縣現行簡明賦役全書(光緒貳拾貳年分)一卷 第13冊
(清)不著撰者
山東省圖書館藏清光緒刻本
山東曹州府巨野縣現行簡明賦役全書(光緒貳拾貳年分)一卷 第13冊
(清)不著撰者
山東省圖書館藏清光緒刻本
山東曹州府鄆城縣現行簡明賦役全書一卷 第13冊
(清)不著撰者
山東省圖書館藏清光緒刻本
山東曹州府單縣現行簡明賦役全書(光緒貳拾貳年分)一卷 第13冊
(清)不著撰者
山東省圖書館藏清光緒刻本
山東東昌府聊城縣現行簡明賦役全書(道光拾陸年分)一卷 第13冊
(清)不著撰者
山東省圖書館藏清道光刻本
山東東昌府高唐州賦役全書(光緒三拾貳年分)一卷 第13冊
(清)不著撰者
山東省圖書館藏清光緒刻本
山東東昌府堂邑縣現行簡明賦役全書(光緒貳拾貳年分)一卷 第13冊
(清)不著撰者
山東省圖書館藏清光緒刻本
山東東昌府博平縣現行簡明賦役全書(光緒貳拾貳年分)一卷 第13冊
(清)不著撰者
山東省圖書館藏清光緒刻本
山東東昌府恩縣現行簡明賦役全書(光緒貳拾貳年分)一卷 第13冊
(清)不著撰者
山東省圖書館藏清光緒刻本
山東青州府博山縣現行簡明賦役全書(光緒貳拾貳年分)一卷 第13冊
(清)不著撰者
山東省圖書館藏清光緒刻本
山東青州府高苑縣賦役全書(光緒貳拾貳年分)一卷 第13冊
(清)不著撰者
山東省圖書館藏清光緒刻本
山東青州府壽光縣現行簡明賦役全書(嘉慶貳拾壹年分)一卷 第13冊
(清)不著撰者
山東省圖書館藏清嘉慶刻本
山東青州府昌樂縣現行簡明賦役全書(光緒三拾貳年分)一卷 第13冊
(清)不著撰者
山東省圖書館藏清光緒刻本
山東登州府萊陽縣現行簡明賦役全書(光緒三拾貳年分)一卷 第13冊
(清)不著撰者
山東省圖書館藏清光緒刻本
山東登州府萊陽縣收并各所現行簡明賦役全書(光緒三拾貳年分)一卷 第13冊
(清)不著撰者
山東省圖書館藏清光緒刻本
山東登州府文登縣現行簡明賦役全書一卷 第13冊
(清)不著撰者
山東省圖書館藏清刻本
山東登州府文登縣收并威成靖三衛現行簡明賦役全書一卷 第13冊
(清)不著撰者
山東省圖書館藏清刻本
山東萊州府昌邑縣現行簡明賦役全書(同治伍年分)一卷 第13冊
(清)不著撰者
山東省圖書館藏清同治刻本
山東濟寧直隸州現行賦役全書(光緒拾貳年分)一卷 第13冊
(清)不著撰者
濟南市圖書館藏清光緒刻本
山東臨清直隸州武城縣現行簡明賦役全書(光緒貳拾貳年分)一卷 第13冊
(清)不著撰者
山東省圖書館藏清光緒刻本
山東臨清直隸州夏津縣現行簡明賦役全書一卷 第13冊
(清)不著撰者
山東省圖書館藏清刻本
山東鹽法志二十二卷附援證十卷 第14冊
(清)吉綸等修 (清)宋湘等纂
山東省圖書館藏清嘉慶十三年刻光緒宣統補刻本
山東鹽法續增備考六卷 第14-15冊
(清)恩錫等輯
山東省圖書館藏清同治三年劉清泰等刻本
[山東陵縣]保甲章程一卷 第15冊
(清)陵縣官定
中共山東省委黨校圖書館藏清光緒十五年山陰陳季華鈔本
[山東]驛站章程一卷 第15冊
(清)佚名輯
中共山東省委黨校圖書館藏清光緒二十八年佐青氏鈔本
守岐公牘匯存一卷 第15冊
(清)張兆棟撰

山東省博物館藏清光緒四年刻本
呂海寰雜抄奏稿不分卷　第15－17冊
(清)呂海寰撰輯
北京大學圖書館藏稿本
宣統二年山東諮議局議覆暨自行提議各案八卷　第17冊
(清)不著輯者
山東省博物館藏清宣統二年排印本
金鄉紀事四卷首一卷　第17冊
(清)吳階撰
山東省博物館中科院藏清刻本
曹南文獻錄八十二卷附錄六卷　第17－18冊
(清)徐繼儒輯
山東省圖書館藏民國六年曹縣徐氏刻本
東原考古錄一卷　第18冊
(清)蔣作錦撰
中共山東省委黨校圖書館藏清光緒十八年濟寧孫聚奎堂刻本
般上舊聞六卷　第19冊
(清)葛周玉撰
山東省博物館藏清嘉慶間稿本
嶗山志八卷　第19冊
(明)黃宗昌撰 (清)黃坦續
濟南市圖書館藏民國五年排印本
嶗山藝文志二十四卷　第19冊
(清)黃肇顎撰
山東大學圖書館藏民國間國立山東大學圖書館鈔本
刻鵠軒集古錄一卷　第19冊
(清)王筠撰
山東省博物館藏稿本
清愛堂家藏鍾鼎彝器款識法帖一卷　第19冊
(清)劉喜海輯
山東省博物館藏清道光十八年原石拓印本
青箱古集續編不分卷　第19冊
(清)陳介祺藏器 (清)王蒼編
山東大學圖書館藏拓本
簠齋尺牘不分卷　第20－21冊
(清)陳介祺撰
民國八年上海涵芬樓影印本
秦漢瓦當文字不分卷　第21冊
(清)陳介祺輯
山東省圖書館藏拓本
秦漢印章拾遺一卷　第21冊
(清)高慶齡藏并輯
山東大學圖書館藏濰縣高氏家藏鈐印本
齊魯封泥考存不分卷　第21冊
(清)郭聞庭輯
山東大學圖書館藏原拓本
殷虛書契補釋一卷　第21冊
柯昌濟撰
山東省圖書館藏民國鈔本
文貞子遺書一卷　第21冊
(明)王曦如撰
山東大學圖書館藏清末即墨王氏四勿堂刻本
五子近思錄隨筆十四卷　第21冊
(清)李元紳撰
諸城劉洪金藏民國十一年章丘孟雒川綠野堂刻本
菊譜一卷　第21冊
(清)丁善長繪
山東藝術學院圖書館藏民國十年石印本
池北偶談二十六卷　第22冊
(清)王士禛撰
山東省圖書館藏清康熙三十九年王廷掄汀州府署刻本
居易錄三十四卷　第22冊
(清)王士禛撰
山東大學圖書館藏清康熙刻雍正印本
香祖筆記十二卷　第22冊
(清)王士禛撰
山東大學圖書館藏清康熙刻本
古夫于亭雜錄六卷　第22冊
(清)王士禛撰
中共山東省委黨校圖書館藏清康熙如皋範邃廣陵刻本
分甘餘話四卷　第23冊
(清)王士禛撰
滕州杜澤遜藏清康熙王兆棅寫刻本
宋晉之遺稿不分卷　第23冊
(清)宋書升撰
山東省博物館藏稿本
論說新編二卷　第23冊
(清)艾紫東撰
山東省博物館藏誠正堂艾氏叢書稿本
一枝集四卷　第23冊
(清)邵大緯撰
山東省博物館藏稿本
海上隨筆不分卷　第23冊
(清)劉翼明撰
青島市圖書館藏稿本
竹如意二卷　第23冊
(清)馬國翰撰
中國國家圖書館藏清道光咸豐間曆城馬氏自刻光緒十五年章丘李氏印本
離騷分段約說一卷　第23冊
(清)黃恩彤撰
齊河周洪才藏清刻本
東岡小稿五卷　第23冊
(明)李昆撰
山東省博物館藏明嘉靖二年杭州刻本
鰲峰類稿二十六卷　第23冊
(明)毛紀撰
山東省博物館藏清嘉靖刻本
秋澄詩集一卷　第24冊
(明)王教撰
山東省博物館藏明鈔本
李中麓閑居集十二卷　第24冊
(明)李開先撰
影印明嘉靖至隆慶刻本
賜閑堂集四卷　第24冊
(明)王象晉撰
山東省圖書館藏清順治十年王與敕等刻本
來禽館集二十八卷　第25冊
(明)邢侗撰
山東大學圖書館藏明崇禎十年版築居刻本
穀城山館詩集二十卷　第25冊
(明)于慎行撰
山東省圖書館藏明萬曆三十二年于緯刻本
穀城山館文集四十二卷　第25－26冊
(明)于慎行撰
明萬曆于緯刻本
松濤詩稿四卷　第26冊
(明)周若水撰
山東省圖書館藏稿本
左忠貞公剩稿四卷　第26冊
(明)左懋撰
中共山東省委黨校圖書館藏清乾隆四十八年左彤九刻本
蘿石山房文鈔四卷　第27冊

西安郡齋刻本
少鶴先生詩草墨迹二卷 第32冊
(清)李憲喬撰
山東省博物館藏稿本
少鶴先生詩鈔十三卷 第32冊
(清)李憲喬撰
山東省圖書館藏清光緒十二年李楹西安郡齋刻本
定性齋集一卷蓮塘遺集一卷 第32冊
(清)李憲皓撰
山東省圖書館藏清光緒十二年李楹西安郡齋刻本
直庵詩稿二卷 第32冊
(清)王寧焯撰
青島市圖書館藏清刻本
課心齋稿四卷 第33冊
(清)單可垂撰
青島市圖書館藏清道光九年高密單氏耐寒軒刻本
挹翠堂詩稿二卷 第33冊
(清)畢所鐳撰
山東省圖書館藏稿本
六觀樓文存一卷詩存一卷 第33冊
(清)許鴻盤撰
青島市圖書館藏民國十三年排印本
六觀樓文集拾遺一卷 第33冊
(清)許鴻盤撰 (清)李福泰輯
青島市圖書館藏清同治九年李福泰粵東節署刻本
六觀樓文集未刻稿一卷 第33冊
(清)許鴻盤撰
中共山東省委黨校圖書館藏清鈔本
林于未定稿不分卷 第33－34冊
(清)彭雲鶴撰
山東省圖書館藏稿本
石菌山齋詩稿二卷 第34冊
(清)龍嶺撰
山東省博物館藏稿本
賁山堂詩鈔二十一卷 第34冊
(清)王賡言撰
山東省圖書館藏清道光刻本
半山園詩草二十卷後集五卷 第34冊
(清)劉芳曙撰
山東省圖書館藏稿本
柳園吟草二卷 第35冊
(清)蔣大慶撰
山東省博物館藏民國七年泰安王價藩知退軒鈔本
念堂詩草五卷 第35冊
(清)崔旭撰
中共山東省委黨校圖書館藏清道光九年自刻本
聽雪軒古文稿一卷 第35冊
(清)丘錫珖撰 (清)張象 單爲鏓選
中共山東省委黨校圖書館藏清道光諸城丘氏家刻本
帶經舫詩鈔一卷 第35冊
(清)張岫撰
中共山東省委黨校圖書館藏清光緒十四年江西書局重刻本
周文忠公尺牘二卷附雜文一卷 第35冊
(清)周天爵撰
中共山東省委黨校圖書館藏清同治七年蘇松太道署刻本
蕉窗囈語一卷 第35冊
(清)汪荊川撰
中共山東省委黨校圖書館藏清道光二十四年汪氏汲古堂刻本
秋門詩鈔一卷 第35冊
(清)余正酉撰
中共山東省委黨校圖書館藏清道光刻本
二南吟草不分卷 第35冊
(清)周樂撰
山東省圖書館藏稿本
二南詩鈔二卷 第35冊
(清)周樂撰 (清)余正酉選
山東省圖書館藏清道光九年紉香齋刻本
二南文集二卷 第35冊
(清)周樂撰
山東省圖書館藏清道光二十二年枕湖書屋刻本
柿園詩稿二卷 第35冊
(清)李鄴撰
中共山東省委黨校圖書館藏清道光春草亭刻本
秋橋詩選四卷 第35冊
(清)王德容撰
山東省圖書館藏清道光二十二年刻本
秋橋詩續選四卷 第35冊
(清)王德容撰
中國國家圖書館藏清道光三十年刻本
玉函山房文集五卷 第35冊
(清)馬國翰撰
中國國家圖書館藏清道光咸豐間曆城馬氏刻光緒十五年章丘李氏印本
玉函山房文集一卷 第35冊
(清)馬國翰撰
中國國家圖書館藏清鈔本
文選擬題詩一卷 第35冊
(清)馬國翰撰
青島市圖書館藏清道光間曆城馬氏刻光緒十年章丘李氏補刻本
五峰山館詩課二卷 第35冊
(清)馬國翰撰
青島市圖書館藏清咸豐間曆城馬氏刻光緒十五年章丘李氏印本
玉函山房試帖續一卷 第35冊
(清)馬國翰撰
青島市圖書館藏清道光間曆城馬氏刻本
夏小正詩十二卷 第36冊
(清)馬國翰撰
中國國家圖書館藏清道光二十二年曆城馬氏刻本
夏小正詩一卷 第36冊
(清)李廷棨撰
濟南市圖書館藏清道光十一年章丘李氏刻本
王文直公遺集六卷首一卷 第36冊
(清)王東槐撰
山東省圖書館藏清光緒七年王宜勛刻本
靜遠堂詩存一卷 第36冊
(清)孟繼垚撰
青島市圖書館藏民國六年諸城孟昭澐石印本
朐陽吟草一卷 第36冊
(清)李垣撰
青島市圖書館藏鈔本
鳳翔記事詩存一卷 第36冊
(清)張兆棟撰
山東省博物館藏清光緒四年粵東省城學院前翰元樓刻本
東泉詩鈔二卷詩餘一卷 第36冊
(清)孫錫嘏撰
山東省圖書館藏清鈔本
就正詩草續刻一卷 第36冊
(清)鄭曉如撰
山東省博物館藏清光緒十九年南昌

民國六年民國抄本

漕運關志類

大元海運記　第68册
(元)趙世延 揭傒斯
清抄本

漕運通志　第68册
(明)楊宏 謝純撰
明嘉靖刻本

漕船志　第68册
(明)席書編
民國《玄覽堂叢書》所收本

南船紀　第68册
(明)沈啓撰
清乾隆六年沈守義刻本

龍江船廠志　第69册
(明)李昭祥
明嘉靖刊本

[嘉靖]滸墅關志十八卷　第69册
(明)張裕編纂
明嘉靖刻本

船政新書　第69册
(明)倪涷
明萬曆刻本

太倉考　第69册
(明)劉斯潔
明萬曆刻本

通糧廳志　第70册
(明)周之翰
明刻本

通漕類編　第70册
(明)王在晉
明萬曆刻本

漕行日記　第70册
(清)李紱
清道光十一年刻《穆堂別稿》所收本

督漕疏草　第71－72册
(清)董訥
清康熙刻本

[乾隆]滸墅關志二十卷　第72册
(清)孫珮
清康熙刻本

漕運則例纂　第73册
(清)楊錫紱編纂
清乾隆刻本

北新關志　第74册
(清)許夢閎
清雍正九年刻本

續纂淮關統志　第74册
(明)馬麟修 (清)杜琳等重修 李如枚等續修
清乾隆刻嘉慶光緒間遞修本

[道光]滸墅關志十八卷　第75册
(清)凌壽祺纂修
清道光刻本

轉漕日記　第75册
(清)李鈞
清道光十七年刻本

江北運程　第75－78册
(清)董恂輯
清咸豐刻本

欽定戶部漕運全書　第78册
(清)載齡等纂修
清光緒刻本

杭嘉湖三府減漕記略　第80册
(清)戴槃
清同治七年刻本

杭嘉湖三府減漕奏稿　第80册
(清)戴槃
清同治七年刻本

漕運　第80册
(清)倪在田
民國二十四年鉛印本

丹徒漕賦說明書　第80册
(清)陳鳳章
民國間稿本

清代稿鈔本
廣東省立中山圖書館 中山大學圖書館編
二〇〇七－二〇一四年廣東人民出版社
三〇〇册

第一輯

還京日記　第1册
吳錫麒撰
稿本
還京日記三卷　第1册
澄懷園日記一卷　第1册
南歸記二卷　第1册

北行日記　第1册
香山黃培芳撰
手稿本

雪鴻山館紀年　第1册
震澤趙守純撰
稿本

同治元年歲次　第1册
佚名撰
鈔本

庚生日記　第1册
南海梁起撰
鈔本

滇遊日記　第1册
包鴻卿家吉氏
鈔本

袁太史日記　第1册
袁圖撰
稿本

鄧和簡公日記　第2册
順德鄧華熙撰
稿本

瞻岱軒日記　第3－8册
范道生撰
稿本

北上日記　第9册
夢蘭撰
稿本

公事日記　第9册
佚名
稿本

雙松館日記　第9册
畊伯氏訂
稿本

光緒丙申年日記　第9册
佚名
稿本

光緒丙午年日記　第9册
佚名
稿本

從公筆記　第9册
趙承炳撰
稿本
昌江學治筆記　第9册
瓊郡從公筆記　第9册
臨江籌防筆記　第9册
臨高辦匪稟稿　第9册
瓊海重游筆記　第9册
九龍承乏筆記　第9册
環珠辦團筆記　第9册
康州署篆筆記　第9册
圭山從事筆記　第9册
粵垣聽鼓筆記　第9册

蠻愛會案國防日記　第9册
楝水由人龍手編
稿本

望凫行館宦粵日記　第10冊
　山陰杜鳳治撰
　稿本
　望凫行館宦粵日記　第10冊
　綏江日記　第10冊
　綏江日記　第10冊
　寧陽日記　第10冊
　調署四會日記　第10冊
　綏江日記　第11冊
　綏江日記　第11冊
　綏江日記　第11冊
　綏江日記　第11冊
　綏江官舍日記附省寮日記　第11冊
　羊城寄廡日記潮陽差次附記　第12冊
　棉陽差次日記　第12冊
　棉江差次日記附奉調鄉試簾差回省日記　第12冊
　鄉試奉調入闈日記　第12冊
　廣寧回任日記　第12冊
　廣寧官廨日記　第13冊
　廣寧日記　第13冊
　調補南海日記　第13冊
　粵東首邑官廨日記　第13冊
　胥江官廨日記　第14冊
　南海縣衙日記　第14冊
　特調南海縣正堂日記　第14冊
　特調南海縣正堂日記　第14冊
　南海官廨日記　第14冊
　南武衙署日記　第15冊
　南海公廨日記　第15冊
　由南海調署羅定州日記　第15冊
　署羅定直隸州正堂日記　第16冊
　羅定州廨日記　第16冊
　三羅州廨日記　第16冊
　三羅州廨日記　第17冊
　羅定州署日記　第17冊
　権羅定州事日記　第17冊
　南海回任日記　第18冊
　重莅首邑日記　第18冊
　南武日記　第18冊
　歸田日記　第19冊
　閒居隨筆日記　第19冊
　有餘不盡室日記　第19冊
　閒居日記　第19冊
居遊日記
　業梅岑撰
　稿本
　居遊日記四集　第20冊
　居遊日記六集　第20冊
　居遊日記七集　第20冊
惠行日記　第20冊
　佚名
　稿本
民初日記　第20冊
　佚名
　稿本
赴厦日記　第20冊
　瀋陽黄誥宣廷著
　稿本
黄沅日記　第21冊
　樂琴書室沅浦錄
　稿本
浮槎文集四卷　第24冊
　楚湘潭王岱山長著
　鈔本
蓼莪唵馆诗集　第24冊
　吴江馮源心泉
　稿本
十一草不分卷玉沙集二卷素聲集二卷　第24冊
　吴東周同谷鶴臞父著
　王德森鈔本
　十一草　第24冊
　玉沙集　第24冊
　素聲集　第24冊
越巢詩集不分卷　第24冊
　香山何鞏道皇圖氏著
　鈔本
石嶽文寄不分卷石嶽詩寄不分卷
　羅浮林鳳崗著
　鈔本
　石嶽文寄　第24冊
　石嶽詩寄　第24冊
蕉鹿草堂遺稿一卷　第24冊
　東莞尹廷煦
　鈔本
勺湖亭稿不分卷　第24冊
　番禺方朝
　鈔本
粵遊偶咏一卷　第24冊
　會稽魯傳德中立氏著
　鈔本
道盥齋詩稿十四卷　第24冊
　錢唐孫灝虛船
　鈔本
吴六奇書札一卷　第24冊
　豐順吴六奇撰
　鈔本
方綱致秋盦殘箋不分卷　第24冊
　翁方綱撰
　稿本
寅吉存草不分卷　第25冊
　寅吉撰
　稿本
東谿詩選不分卷　第25冊
　嶺南香山劉世重仰山著
　鈔本
花韻軒詠物詩存一卷　第25冊
　鮑廷博撰
　鈔本
玉輝堂詩草二卷　第25冊
　封川竹村孔昭爌著
　鈔本
玉岑詩稿不分卷　第26冊
　玉岑戴繼麒履端
　稿本
續刻心喜集三卷　第26冊
　番禺衛藹倫儕香著
　鈔本
四益堂文稿詩草各一卷　第26冊
　連平葉樹蕃椒田學
　鈔本
聽雪集四卷　第26冊
　任邱舒其紹味禪
　鈔本
南雪巢詩鈔二卷　第26冊
　番禺潘有為毅堂
　稿本
西齋集二卷　第26冊
　當塗黄鉞左田
　鈔本
吴學士集四卷　第26冊
　吴鼒撰
　稿本
復齋詩鈔不分卷　第26冊
　順德陳華封
　鈔本
竹堂文類不分卷　第26冊
　石韞玉撰
　鈔本
黄葉樓詩鈔四卷　第26冊

堅定祁縣喬煌西邨著
鈔本
陳曼先生生簡札不分卷 第26冊
陳鴻壽撰
稿本
雲海集不分卷 第27冊
山陰邵鳳輯
鈔本
醉易齋文稿八卷 第27冊
吳縣顧承醉經
鈔本
心亭亭居文存不分卷 第27冊
吳川林召堂芾南
鈔本
心亭亭居詩草雜存 第27冊
吳川林召堂芾南
鈔本
求真是齋詩鈔不分卷詩餘不分卷
連平顏伯燾著
鈔本
求真是齋詩鈔 第27冊
求真是齋詩餘 第27冊
石雲山人集詩集不分卷
南海吳榮光伯榮
鈔本
石雲山人集 第28冊
石雲山人詩集 第28冊
靜遠草堂初稿不分卷 第28冊
海昌周樂清文泉
稿本
露香閣詩集十卷 第28冊
震澤吳樹珠薏庭
稿本
實事求是齋文鈔一卷留香小閣詩詞鈔一卷實事求是齋襍存一卷
嘉應楊懋建掌生
稿本
實事求是齋文鈔 第28冊
留香小閣詩詞鈔 第28冊
實事求是齋襍存 第28冊
留香小閣詩詞各一卷文不分卷
楊懋建撰
鈔本
留香小閣詩 第28冊
留香小閣詞 第28冊
留香小閣文 第28冊
懷古田舍詩鈔一卷 第29冊
嶺南徐榮鐵孫
稿本
經義堂存稿不分卷 第29冊
何蘭馥撰
鈔本
吟秋館詩草不分卷 第29冊
順德張思齊無山
鈔本
可齋詩鈔二十卷 第29冊
錢塘施鴻保榕甫
稿本
羅蘿邨文稿一卷 第30冊
南海羅文俊撰
稿本
寄鷗館詩集十二卷 第30冊
江都符葆森南樵著
稿本
足吾好齋六如瑣記 第30冊
南海葉應銓穎鋒述
鈔本
海陀華館詩草不分卷 第30冊
何若瑤撰
稿本
楊黼香先生遺藁一卷 第30冊
楊榮緒撰
鈔本
楊黼香先生遺藁補編一卷 第30冊
吳道鎔補輯
鈔本
半村草堂文鈔一卷 第30冊
順德黎如瑋方流著
鈔本
譚風月軒詩鈔不分卷 第30冊
嶺南漢軍徐同善公可
稿本
退思軒詩 第30冊
番禺史澄穆堂
鈔本
芝房詩存 第31冊
電白邵詠子言
鈔本
邵子京詩 第31冊
電白邵子京
鈔本
思益堂詩集三卷 第31冊
長沙周壽昌撰
稿本
吳城竹枝詞不分卷 第31冊
順德賴學海虛舟著
稿本
越賢赤櫝存真不分卷 第31冊
魯燮光手輯
稿本
梯雲館詩鈔不分卷 第31冊
東莞張端介愚者
鈔本
荔莊書屋詩鈔四卷 第31冊
東莞陳銘珪友珊
稿本
靜香閣詩存一卷 第31冊
黎春熙撰
稿本
紅蝠山房二編詩補鈔不分卷 第31冊
任和王乃斌吉甫
稿本
慎誠堂集不分卷 第31冊
南海鄧士憲鑒堂甫著
稿本
覺庵雜記稿本不分卷 第31冊
西甯建城何庚生
稿本
舟車隨筆 第31冊
南海顏葆濂手記
稿本
鄧氏納楹書屋存稿二十二卷 第31冊
順德鄧林 鄧昂 鄧華熙 鄧本達撰
稿本
用甫公卷 第32冊
鶴儔公卷 第32冊
鶴儔公卷 第32冊
鶴儔公卷 第32冊
文瑩公卷 第32冊
鶴儔公卷 第32冊
鶴儔公卷 第32冊
鶴儔公卷 第32冊
鶴儔公卷 第32冊
殿微公卷 第32冊
鶴儔公卷 第32冊
鶴儔公卷 第33冊
鶴儔公卷 第33冊
鶴儔公卷 第33冊
用甫公卷 第33冊
和簡公卷 第33冊
和簡公卷 第33冊

和簡公卷 第33冊
和簡公卷 第33冊
和簡公卷 第33冊
和簡公卷 第33冊
和簡公卷 第33冊
鄧和簡公墨寶六卷 第34冊
順德鄧華熙撰
稿本
鄧和簡公書牘存稿八卷 第34冊
順德鄧華熙撰
稿本
清人書札不分卷 第34冊
番禺陳景鎏等撰
稿本
寄寰宇齋吟草一卷 第34冊
順德張炳垣堯山氏著
鈔本
壬英閒吟六卷 第35冊
會稽范寅嘯風甫
稿本
竢實齋文集三卷外集二卷 第35冊
鄧博安撰
鈔本
竢實齋文集 第35冊
竢實齋外集 第35冊
丙戌餘錄四種 第35冊
朱啓連
稿本
葵誠草一卷 第35冊
梅花邨農
稿本
東籬詞稿不分卷 第35冊
連平顏琬字廷玉號東籬者
鈔本
希古堂稿八卷 第36冊
新會黃炳堃笛樓譔
稿本
希古堂詩存九卷 第36冊
新會黃炳堃笛樓譔
稿本
巴里客餘生詩草六卷 第36冊
蒙古延清子澄撰
鈔本
肆雅堂詩鈔四卷 第36冊
葉雲葆手輯
稿本
紅藕花館詩集 第36冊
賁禺徐維森立夫甫著
鈔本
韓齋稾四卷 第37冊
曲阜孔憲彝繡山撰
稿本
夢軒筆談二十卷 第37冊
番禺梁松年夢軒
稿本
心遠論餘十二卷 第37冊
番禺梁松年夢軒
稿本
浣雪山房詩鈔一卷 第37冊
瓊山陳之脩汝梅氏著
稿本
舫樓詩草一卷四卷 第37冊
南海唐大經西樵著
稿本
香山黃氏詩略十二卷 第38冊
黃映奎編
稿本
南海康先生口說二卷 第38冊
康有為述黎祖健記
稿本
香雪堂詩稿不分卷 第38冊
番禺徐巨卿鑄撰
鈔本
養真齋詩集八卷 第38冊
嘉應張其　瘦梅氏著
鈔本
養真齋詩集四卷 第38冊
嘉應張其　瘦梅氏著
稿本
閟翠山房吟草不分卷 第38冊
順德邱誥桐仲遲著
稿本
猥齋叢鈔四卷 第39冊
南海馮愿撰
稿本
書虎集書虎續編虎尾吟各一卷 第39冊
長白文輅子乘著
稿本
書虎集 第39冊
書虎續編 第39冊
虎尾吟 第39冊
瀛海珊瑚六卷 第39冊
渤海王鐵泉選輯
稿本
懺花盦文存六卷 第39冊
山陰宋澤元瀛士著
稿本
龍佩荃詩集不分卷 第39冊
龍佩荃著
稿本
四素餘珍不分卷 第40冊
四素老人撰
稿本
孏餘文鈔二卷時文三篇 第40冊
楚澧周傳德宣三
鈔本
孏餘文鈔 第40冊
時文 第40冊
求慊齋叢稿四十二卷 第40冊
三水黃榮康祝蕖
稿本
求慊齋文集 第40冊
求慊齋駢文 第40冊
擊劍詞 第40冊
求慊齋尺牘 第40冊
孏言搜玉集 第40冊
茶鐺畔語 第40冊
續茶鐺畔語 第40冊
曝背餘談 第40冊
黃花晚節圖題詞 第40冊
黃花晚節圖題詞續輯 第40冊
秋曉盦詩稿一卷 第40冊
賁禺潘儀增伯澄甫著
鈔本
用晦草堂駢文二卷 第41冊
南海李樹恭伯璇著
鈔本
用晦草堂詩不分卷 第41冊
南海李樹恭伯璇著
鈔本
聞妙軒詩存十八卷 第41冊
吳縣王汝玉潤甫
鈔本
芙蓉館隨筆六卷 第41冊
善化張紹齡伯輿
鈔本
芙蓉館詩鈔四卷 第41冊
善化張紹齡伯輿
鈔本
芙蓉館文鈔四卷 第41冊
善化張紹齡伯輿

鈔本
芙蓉館文鈔三卷 第41冊
善化張紹齡伯輿
鈔本
梅廬吟卷一卷 第41冊
香山黃鯨文世功譔
鈔本
瀘雲齋詩存二卷 第41冊
海康李晋熙春卿著
鈔本
香草齋文鈔甲集 第42冊
番禺李邁甫旌渠
鈔本
杜詩分纂 第42冊
玉壺書屋存稿二卷 第42冊
鶴山宋大鵬鯤化
鈔本
知非堂未定稿二卷 第42冊
南海招廣濤撰
稿本
守恕堂詩鈔不分卷 第42冊
鶴山易其涀撰
稿本
頤養軒管見錄不分卷 第43冊
香山劉燸芬重編
鈔本
養騷蘭館詩存不分卷 第43冊
南海邱長浚子銘
鈔本
寄巢遊草五卷 第43冊
無錫華本松著
鈔本
吳陽女士詩一卷 第43冊
華州茂才陳玉山公之德配李氏作
鈔本
李樹煌雜稿 第44冊
李樹煌撰
稿本
李樹煌文論 第45冊
李樹煌撰
稿本
李樹煌文稿 第45冊
李樹煌撰
稿本
鴻跡猿聲 第45冊
澄海曾華蓋著
鈔本

飯顆山房文鈔 第45冊
番禺問著郭紹康甫稿
鈔本
鑄强齋稿不分卷 第46冊
鶴山襄武呂冠雄撰擬
稿本
半湖山館集 第46冊
馮儒重撰
稿本
石門詩存五卷 第46冊
石門修志局輯
稿本
梅江草一卷 第46冊
嘉應徐友白又白
鈔本
東江草一卷 第46冊
嘉應徐友白又白
鈔本
龍田集稿一卷 第46冊
南海張惟勤
稿本
李夢醒遺著不分卷 第46冊
李夢醒撰
稿本
蕭齋餘事約刊 第46冊
南海蕭頚常伯瑤著
稿本
劍嘯艸堂詩一卷 第46冊
高要梁鍔式鳴稿
鈔本
黼堂塗鴉藁一卷 第46冊
黃黼堂撰
稿本
西湖近稿不分卷 第47冊
古香居士
稿本
思敬室藁本偶存一卷 第47冊
烏程徐鳳銜篆香
稿本
問桃花館詩鈔不分卷 第47冊
武林鄒在衡蓉閣
稿本
素馨田華農吟草一卷 第47冊
南海蘇耀慈撰
鈔本
一壺吟稿一卷 第48冊
大埔何文涵撰

鈔本
張珠垣詩文集殘稿二卷 第48冊
張桂星撰
稿本
壯遊集二卷 第48冊
三友亭長
鈔本
岳麓堂詠史 第48冊
嘉應季常黃昌麟著
鈔本
伴梅詩選四卷 第48冊
大興徐思謙梅卿甫著
鈔本
覆瓿詩鈔三卷 第48冊
山陰徐秉鈐蘭壹遺著
鈔本
石屋磨芡稿九卷 第48冊
陳宜振載詵
鈔本
小芝閣詩集四卷 第48冊
山陰陳樹棠又亭
鈔本
黃葉山房詩稾一卷天覺詞鈔一卷
第48冊
濰縣郭為贤星基著
鈔本
黃葉山房詩稾 第48冊
天覺詞鈔 第48冊
方德驥遺文不分卷 第48冊
方德驥撰
稿本
夢餘吟草一卷 第48冊
容縣陸更存
鈔本
開辦船牌章程二十四則 第49冊
光緒刻本
廣行善堂章程 第49冊
羊城廣行善堂編
光緒鉛印本
廣東提學使辦理劉揚學生公牘一卷
第49冊
廣東提學使司
稿本
廣東諮議局籌辦處第一次報告書不分卷 第49冊
廣東諮議局籌辦處編
宣統元年(1909)鉛印本

蒨士賦稿不分卷 第62冊
葉官桃撰
鈔本
蒨士詩稿不分卷 第62冊
葉官桃撰
鈔本
蒨士駢文不分卷 第62冊
葉官桃撰
鈔本
蒨士文稿不分卷 第62冊
葉官桃撰
鈔本
擬明史樂府全卷一卷 第63冊
尤侗撰 葉官桃注
鈔本
碧樹山房集不分卷 第63冊
葉官桃等撰
鈔本
紫璲山房遺集 第63冊
陳子瑞撰
稿本
懷清閣詩鈔二卷 第63冊
陳如龍撰
稿本
嶽麓草堂詩集二卷 第63冊
陳如龍撰
稿本
東谿羅浮集一卷 第64冊
劉世重撰
鈔本
常惺惺齋書畫題跋二卷附遊羅浮日記一卷 第64冊
謝蘭生撰
鈔本
常惺惺齋文集不分卷 第64冊
謝蘭生撰
鈔本
言禽錄一卷 第64冊
梁松年撰
稿本
律賦精選一卷 第64冊
朱次琦等撰
鈔本
朱子襄先生講義一卷 第64冊
朱次琦述 劉爊芬校錄
清光緒十一年(1885)鈔本
永思錄一卷 第64冊
黃培芳撰
鈔本
粵嶽山人集一卷 第64冊
黃培芳撰
鈔本
詩鈔十二卷 第64冊
黃培芳撰
鈔本
見聞雜記一卷 第64冊
呂冠雄撰
稿本
讀書隨筆一卷 第64冊
呂冠雄撰
稿本
鑄强學塾同學錄不分卷 第64冊
鑄强學塾編
鈔本
靈寶文檢開度章殘表詞一卷 第65冊
梁達卿輯
清同治五年(1866)鈔本
轉經行儀總目一卷 第65冊
梁達卿輯
清同治十一年(1872)鈔本
黃醮法冊一卷 第65冊
梁達卿輯
清同治十一年(1872)鈔本
黃醮諸真懺文一卷 第65冊
梁達卿輯
清同治十三年(1874)鈔本
黃醮符誥文檢一卷 第65冊
梁達卿輯
清同治間鈔本
清醮符誥文檢款式一卷 第65冊
梁達卿輯
清同治間鈔本
清黃牒疏一卷 第65冊
梁達卿輯
清同治間鈔本
邵村史論不分卷 第65冊
張其淦撰
稿本
邵村易說一卷 第65冊
張其淦撰
稿本
張氏家傳不分卷 第65冊
張其淦等撰
稿本
張其淦詩稿一卷 第65冊
張其淦撰
稿本
公事留底一卷 第66冊
佚名撰
鈔本
京官簡放外任往來公文稿一卷 第66冊
佚名撰
鈔本
貴州文案一卷 第66冊
劉保厚撰
鈔本
貴州巡撫任奏稿存簿一卷 第66冊
崧蕃撰
鈔本
貴藩雜記一卷 第66冊
崧蕃等撰
鈔本
貴州通省營制二卷 第66冊
佚名輯
鈔本
鄧和簡公雜鈔不分卷 第67冊
鄧華熙撰
稿本
鄧和簡公蘇藩任條陳政事書一卷 第67冊
鄧華熙撰
鈔本
鄧和簡公御史漕督奏議一卷 第67冊
鄧華熙撰
鈔本
鄧和簡公詳議變法事宜奏稿不分卷 第67冊
鄧華熙撰
鈔本
東塾遺稿不分卷 第68冊
陳澧撰
鈔本
晋書 第68冊
宋書 第68冊
南史 第68冊
南齊書 第68冊
梁書 第68冊
北魏齊周隋書 第68冊
小學爾雅 第68冊
世說新語 第68冊
孔門儒家 第69冊

宋史 第88冊
廣東財政說明書 第89冊
廣東清理財政局編
清宣統二年(1910)鉛印本
廣東財政部自舊曆九月十九日起至十月二十九日止收入報告冊 第89冊
廣東省財政部編
民國元年(1912)鉛印本
廣東財政部自舊曆九月十九日起至十月二十九日止支出報告冊 第89冊
廣東省財政部編
民國元年(1912)鉛印本
廣東清理財政局呈送匯編廣東瓊州附屬各州縣宣統二年夏季分肆柱總冊 第89冊
清宣統二年(1910)鈔本
浙江諮議局議決案 第89冊
浙江諮議局編
鉛印本
廣西全省財政說明書 第90-92冊
經濟學會鉛印本
山東全省財政說明書 第93冊
經濟學會鉛印本
雲南全省財政說明書 第94冊
經濟學會鉛印本
安徽全省財政說明書 第95冊
經濟學會鉛印本
江西全省財政說明書 第95冊
經濟學會鉛印本
甘肅全省財政說明書 第96冊
經濟學會鉛印本
河南全省財政說明書 第97冊
經濟學會鉛印本
山西全省財政說明書 第97-98冊
經濟學會鉛印本
江蘇寧屬財政說明書 第99冊
經濟學會鉛印本
四川全省財政說明書 第100冊
經濟學會鉛印本
貴州全省財政說明書 第100冊
經濟學會鉛印本
新疆全省財政說明書 第100冊
經濟學會鉛印本

三編

山翁忞禪師隨年自譜一卷 第101冊
釋道忞撰
鈔本
何氏傳贊一卷 第101冊
謝禹翱輯
鈔本
朱氏傳芳集八卷 第101冊
朱次琦編
咸豐十一年(1861)刻本
朱次琦先生事實考一卷 第101冊
佚名撰
鈔本
誥授榮禄大夫廣西布政使護理巡撫康公事狀一卷 第101冊
康祖詒撰
鈔本
廣州府人物志寓賢列女傳稿一卷 第101冊
桂坫輯
稿本
屈翁山先生年譜一卷 第101冊
黃節撰
稿本
德宗實録不分卷 第101冊
溫肅撰
稿本
阮氏尋復二世祖考妣墳墓紀序一卷 第101冊
阮耀垣撰
光緒八年(1882)鈔本
明經二樵黎君行狀一卷 第101冊
黃丹書撰
鈔本
東塾雜俎不分卷 第102-103冊
陳澧撰
稿本
東塾雜俎十四卷 第104-105冊
陳澧撰
鈔本
陳澧遺稿不分卷 第106冊
陳澧撰
同治稿本
陳蘭甫先生遺稿古音考證一卷 第106冊
陳澧撰
鈔本
陳澧陳璞等手札不分卷 第106冊
陳澧等撰
稿本
舊時文不分卷 第106冊
陳澧撰
鈔本
番禺陳氏東塾叢書四種附一種三十四卷
陳澧撰
咸豐光緒刻本
漢儒通義 第107冊
聲律通考 第107冊
切韻考 第107冊
漢書地理志水道圖說附考正德清胡氏禹貢圖 第107冊
東塾讀書記十五卷 第107冊
陳澧撰
光緒刻本
東塾集六卷附申範一卷 第107冊
陳澧撰
光緒十八年(1892)刻本
陳蘭甫先生陶詩編年一卷 第108冊
陳澧撰
稿本
陳東塾先生遺詩一卷 第108冊
陳澧撰 汪兆鏞輯
民國二十年(1931)刻本
憶江南館詞一卷 第108冊
陳澧撰
民國三年(1914)刻本
東塾先生詩鈔別本一卷 第108冊
陳澧撰 朱子範鈔
民國二十三年(1934)鉛印本
東塾遺書四種九卷 第108冊
陳澧撰
光緒刻本
朱子語類日鈔五卷 第108冊
陳澧撰
咸豐十一年(1861)刻本
摹印述一卷 第108冊
陳澧撰
光緒七年(1881)鈔本
公孫龍子注一卷 第108冊
陳澧撰
民國十四年(1925年)稿本
說文聲表標目一卷 第108冊
陳澧撰
鈔本
琴律譜一卷 第108冊
陳澧撰
稿本
象形字誤附引書法一卷 第108冊
陳澧撰

稿本
大易附厨鏡不分卷 第128冊
陸八臚子輯
鈔本
朱子周易本義補闕存一卷附占驗一卷 第128冊
廖煥光撰
鈔本
星學精華一卷 第128冊
梁鳳儔撰
鈔本
家用收支簿不分卷 第129冊
佚名撰
稿本
進支銀簿一卷 第129冊
佚名輯
稿本
戊戌年娶媳婦支用簿一卷 第129冊
佚名輯
稿本
癸卯年娶媳婦支用簿一卷 第129冊
佚名輯
稿本
物意管窺不分卷 第129冊
佚名輯
鈔本
買物歸來價值記一卷 第129冊
佚名撰
稿本
張文襄公電稿不分卷 第130－137冊
張之洞撰
鈔本
張文襄公督粵收接電稿不分卷 第138－139冊
唐瑩等撰
鈔本
稟帖選鈔不分卷 第140冊
佚名輯
鈔本
粵漢鐵路全案一卷 第140冊
佚名輯
鈔本
英吉利廣東入城始末一卷 第140冊
七絃河上釣叟撰
鈔本
光宣政書雜鈔不分卷 第141－142冊
佚名輯
鈔本
光緒廣東官秩升降人名冊不分卷 第143－144冊
佚名輯
鈔本
粵鹺輯要不分卷 第145冊
兩廣鹽運使公署編
鈔本
使鹺批牘不分卷 第146冊
兩廣鹽運使公署輯
鈔本
瑞澄泉相國治粵事實一卷 第146冊
佚名輯
鈔本
治粵奏疏一卷 第146冊
瑞麟撰
鈔本
廣東便覽一卷 第146冊
李應珏撰
鈔本
粵東例案一卷 第146冊
佚名輯
鈔本
廣東駐防旗營事宜一卷 第147冊
廣東駐防旗營編
鈔本
廣州駐防旗務公文二卷 第147冊
佚名撰
鈔本
廣東錢糧情形不分卷 第147冊
廣東布政使司輯
鈔本
廣東省出品協會出品說明書六卷 第148冊
廣州總商會編
宣統二年(1910)廣州總商會報鉛印本
務農圍己酉庚戌辛亥三年穀結進支總算簿一卷 第148冊
佚名輯
稿本
廣東清理財政局彙編宣統二年秋季分廣東司道局等庫報告總冊 第148冊
廣東清理財政局編
鈔本
廣東清理財政局彙編宣統二年冬季分廣東司道局等庫報告總冊 第148冊
廣東清理財政局編
鈔本
廣東海防善後總局月支各款簡明手冊 第148冊
鈔本
各省應解京洋賠各款剔除由鹽關項下撥解數目應解總數表暨分省清單 第148冊
財政部編
財政部印刷局鉛印本
廣東全省商務總局試辦章程 第149冊
廣東全省商務總局輯
光緒三十年(1904)刻本
城鎮鄉地方自治宣講書 第149冊
孟昭常撰
宣統元年(1909)鉛印本
廣西諮議局第一次報告書 第149冊
廣西諮議局編
宣統元年(1909)鉛印本
廣西諮議局第二次報告書 第149冊
廣西諮議局編
宣統二年(1910)鉛印本
江西諮議局第二次常年會呈報議決案 第149冊
江西諮議局編
宣統二年(1910)鉛印本
江西督練公所征兵章程 第149冊
江西督練公所編
光緒三十三年(1907)刻本
湖南議案研究會調查子目 第149冊
湖南議案研究會編
鉛印本
湖南警務文件雜存 第149冊
張鴻年編
宣統二年(1910)鉛印本
廣東警務公所第一次統計書 第149冊
廣東警務公所編
宣統元年(1909)廣東警務公所鉛印本
廣東警務公所第二次統計書 第150冊
李寶祥 周萬里編
宣統二年(1910)廣東警務公所鉛印本

四編

咸豐三年避寇日記二卷 第151冊
符葆森撰
鈔本
十八國游記不分卷 第151冊
金紹城撰
稿本

劉忠誠公小傳不分卷 第 151 冊
劉能紀等撰
鈔本

陳子壯年譜不分卷 第 151 冊
陳上圖撰
鈔本

馬齊陳氏被害錄不分卷 第 151 冊
陳學峰輯
鈔本

嘉慶二十二年奏摺不分卷 第 152 冊
佚名輯
鈔本

奏摺錄存六卷 第 152－153 冊
瑞麟等輯
鈔本

陸建瀛奏稿不分卷 第 154 冊
陸建瀛撰
鈔本

中俄邊防奏疏一卷 第 154 冊
希元撰
鈔本

張之洞書札手蹟不分卷 第 154 冊
鄒道沂擬 張之洞撰
稿本

秋末錄不分卷 第 154 冊
佚名撰
稿本

劍俠不分卷 第 154 冊
胡汝才輯
鈔本

讀史偶錄內集六卷 第 155 冊
張夢鏞輯
稿本

讀史偶錄外集四卷 第 156 冊
張夢鏞輯
稿本

洪範經傳章句釋通不分卷 第 156 冊
朱元淳撰
鈔本

尚書補傳不分卷 第 156 冊
佚名撰
鈔本

春秋題解不分卷 第 156 冊
佚名撰
鈔本

春秋傳說薈要十二卷 第 157 冊
佚名撰
鈔本

論語述義四卷 第 158 冊
樊封撰
鈔本

孝經實踐錄一卷 第 158 冊
馮愿撰
稿本

禮經先路十七卷 第 158 冊
馬駉撰
鈔本

儀禮商二卷 第 159 冊
萬斯大撰
鈔本

禮記或問四卷 第 159 冊
汪紱輯
稿本

張南山雜著不分卷 第 159 冊
張維屏等撰
鈔本

金石摛藻二卷 第 160 冊
李宗顥撰
稿本

漢碑异文攷不分卷 第 160 冊
李宗顥撰
稿本

半畝山房詩存不分卷 第 161 冊
樊雄楚撰
稿本

世貽堂詩鈔不分卷 第 161 冊
何瑞齡撰
鈔本

紅薇館學吟稿不分卷 第 161 冊
何珮玉撰
鈔本

兩乙山房詩藁不分卷 第 162 冊
姚斌敏撰
稿本

紅樹書堂詩鈔三卷 第 162 冊
姚斌敏撰
稿本

木癭盦詩存二卷 第 162 冊
姚斌敏撰
稿本

天風海濤庵詩錄一卷 第 162 冊
姚斌敏撰
稿本

津門詩鈔二卷 第 162 冊
梅成棟輯
稿本

鐵樹堂詩鈔不分卷 第 162 冊
李光昭撰
稿本

湘蘅詩草十四卷 第 163 冊
張湘蘅撰
稿本

唾餘別集不分卷 第 164 冊
車家錦撰
稿本

唾餘越吟不分卷 第 164 冊
車家錦撰
稿本

唾餘詩集不分卷 第 164 冊
車家錦撰
稿本

唾餘燕秦合草不分卷 第 164 冊
車家錦撰
稿本

唾餘近鄉草不分卷 第 164 冊
車家錦撰
稿本

風硯齋詩藁不分卷 第 164 冊
佚名撰
稿本

九十九峯草堂試吟不分卷 第 165 冊
邱晉昕撰
稿本

寄雲遊草二卷 第 165 冊
方鍾撰
稿本

何丹溪真蹟詩草不分卷 第 165 冊
何丹溪撰
稿本

太菴詩集詩草不分卷 第 165 冊
佚名撰
鈔本

凝雅軒詩稿四卷 第 166 冊
錢照撰
稿本

壺園文稿不分卷 第 166 冊
胡曦撰
稿本

番禺屈氏家集四種十三卷 第 166 冊
屈泰士等撰
鈔本

南巡盛典不分卷 第167冊
高晉等輯
鈔本
補讀書齋詩鈔不分卷 第167冊
劉慎之撰
鈔本
黃氏家鑑不分卷 第167冊
黃福綸撰
稿本
抱膝廬筆乘不分卷 第168冊
朱康壽撰
稿本
庸言三卷 第168冊
余元遴撰
稿本
想當然耳八卷 第169冊
鄒鍾撰
稿本
說文解字商義十四卷附說文譌字一卷 第170冊
鄭知同撰
鈔本
說文解字攷異十五卷 第171－172冊
姚文田輯
鈔本
說文偏旁字源五百四十部不分卷 第172冊
佚名輯
鈔本
虛字註釋備考六卷 第172冊
張文炳撰
稿本
說文韻譜校五卷 第173冊
王筠撰
稿本
草書備考四卷 第173冊
秦彬撰
稿本
韻玉函書不分卷 第174冊
胡煦撰
稿本
清文典要大全不分卷 第174冊
佚名撰
鈔本
象形文釋一卷 第174冊
徐灝撰
稿本
毛傳說文異同攷不分卷 第175冊
陳宗侃撰
稿本
樂經或問三卷附大成樂舞譜 第175冊
汪紱撰
鈔本
兩漢紀字句異同攷一卷 第175冊
蔣國祚撰
鈔本
漢石存不分卷 第176冊
王懿榮撰
稿本
嘉祥漢石書記疏證不分卷 第176冊
吉城撰
稿本
九章算術補草不分卷 第176冊
蕭允文撰
稿本
擬作高勉之督學觀風經解題不分卷 第176冊
佚名撰
稿本
周易卦義消息圖象不分卷 第176冊
張惠言撰
稿本
讀易管窺不分卷 第177冊
李標撰
稿本
讀易傳心十二卷圖說三卷 第178－179冊
韓怡撰
稿本
讀易管窺離句串義不分卷 第179冊
李標撰
鈔本
周易淺解不分卷 第180冊
佚名撰
鈔本
周易蓍詩一卷 第180冊
鍾煜撰
鈔本
天元歌不分卷 第180冊
蔣大鴻撰
鈔本
周易圖說三卷 第181冊
佚名撰
鈔本
測天賦不分卷 第181冊
蔡應琳撰
稿本
大地總論不分卷 第181冊
何炳撰
稿本
禹貢註節讀一卷禹貢圖一卷 第181冊
馬俊良撰
鈔本
連南瑤族文書不分卷
佚名撰
鈔本
收花經 第182冊
收善經 第182冊
造橋經 第182冊
架橋經 第182冊
靈橋 第182冊
清雲橋 第182冊
造船經 第182冊
會兵經 第182冊
兵床經 第182冊
將軍經 第182冊
湯衫而經 第182冊
起頭安公經 第182冊
破關經 第182冊
歌堂安龍經 第182冊
大傳罡經 第182冊
大傳經書 第183冊
大傳經 第184冊
開光三傳經 第184冊
安墓經 第184冊
十二本經 第184冊
看擇日三十鎖匙經 第184冊
擇日經 第185冊
合龍經 第186冊
依救命經 第186冊
閻羅王經 第187冊
假給經 第187冊
打齋 第187冊
打齋開天門經 第187冊
唐雙十貫書卷 第187冊
傷科彙纂十二卷 第188－189冊
胡廷光纂輯
稿本
內經素問存真不分卷 第189冊
張與權纂
稿本

稿本
修粤省垣文牘二卷 第 209 冊
顧炳章輯
稿本
東莞砲台 第 210 冊
顧炳章輯
稿本
勘建虎門砲台 第 210 冊
顧炳章輯
稿本
廣州永康砲台工程 第 210 冊
顧炳章輯
稿本
奏議彙編不分卷 第 210 冊
佚名輯
鈔本
福建浙江奏疏不分卷 第 210 冊
曾韞撰
鈔本
清末報紙摘鈔不分卷 第 211－213 冊
佚名輯
鈔本
皖江塘記不分卷 第 213 冊
佚名輯
鈔本
鹽牘摘要不分卷 第 213 冊
佚名撰
鈔本
丁禹生政書三十五卷 第 214－217 冊
丁日昌撰
稿本
秋錄小看不分卷 第 218 冊
佚名輯
鈔本
近年秋審比較彙案十六卷 第 219－221 冊
佚名輯
鈔本
祭振翁于先生文一卷 第 222 冊
彭鵬輯
鈔本
江西大臣傳不分卷附循吏傳忠義傳一卷 第 222 冊
佚名撰
稿本
嘉禾徵獻錄三十卷外紀六卷 第 223－224 冊
盛楓輯
鈔本
東山外紀二卷 第 224 冊
周驤 劉振麟輯
鈔本
錫山遊庠錄二卷 第 224 冊
邵涵初輯
鈔本
東莞庠士錄四卷 第 225 冊
張小迁輯
稿本
廣東貢士錄三卷 第 225 冊
張小迁輯
稿本
奇零草不分卷 第 226 冊
張煌言撰
鈔本
流覽堂詩稿殘編八卷 第 226 冊
姜垓撰
鈔本
孫奇逢讀書札記不分卷 第 226 冊
孫奇逢撰
鈔本
陋軒詩三卷 第 226 冊
吳嘉紀撰
鈔本
陶陶軒詩集二卷 第 227 冊
史榮撰
稿本
讀書隨筆十二卷 第 227 冊
江永撰
鈔本
張如農稿一卷 第 228 冊
張惟勤撰
稿本
湘煙小錄不分卷 第 228 冊
陳裴之輯
鈔本
敦夙好齋詩集四卷 第 228 冊
葉名澧撰
稿本
十六國宮詞不分卷 第 228 冊
蔣如洵輯
稿本
王夢樓詩不分卷 第 229 冊
王文治撰
鈔本
墨莊詩鈔四卷 第 229 冊
周義撰
鈔本
庵摩遺詩一卷 第 229 冊
朱瑞增撰
鈔本
寸知室文稿不分卷 第 229 冊
黎維樅撰
稿本
汪悔庵先生詩文集不分卷 第 230 冊
汪士鐸撰
鈔本
意園文存不分卷 第 230 冊
董對廷撰
鈔本
蟲吟詩草不分卷 第 231 冊
覺庵撰
鈔本
一心草堂吟稿一卷 第 231 冊
徐慮善撰
鈔本
清聞堂集十一卷 第 231 冊
俞思穆撰
稿本
東洋事物記詞不分卷 第 231 冊
息景主人撰
稿本
江抱冬初存詩稾十二卷 第 232 冊
江儀吉撰
稿本
魯庵詩草不分卷 第 232 冊
張魯庵撰
稿本
魯軒詩稾不分卷 第 233 冊
佚名撰
鈔本
論詩七絕不分卷 第 233 冊
小湖漁者撰
鈔本
秋室吟社詩錄一卷 第 233 冊
佚名撰
鈔本
西使記注一卷 第 233 冊
李宗顥撰
稿本
蕭弇讀碑校勘記二卷 第 233 冊
李宗顥撰

六編

曾國藩
射藝津梁　第 84 冊
史攀龍
劉大將軍平倭百戰百勝圖說　第 84 冊
藜牀舊主
軍事初階　第 85 冊
賀忠良
中國兵要地理　第 85 冊
佚名
陸師水師操法入門要訣　第 86 冊
卞長勝註
魚雷圖說問答　第 86 冊
黎晉賢
野外要務令　第 87 冊
盧永銘譯述
讀管子寄言　第 88 冊
宋松存
問心一隅　第 88 冊
胡秋潮
蔡子洪範皇極名數　第 89 – 91 冊
張兆鹿註釋

集部

卞徵君集　第 92 冊
卞萃文
思詒堂詩文稿　第 92 – 93 冊
金衍宗
八百軒近體詩稿　第 94 冊
唐籛
儀衛軒詩集　第 94 冊
方東樹
紅豆樹館詩稿　第 94 – 95 冊
陶樑
蘅圃詩草　第 96 – 97 冊
陶譽相
百一山房集　第 98 冊
應時良
印雪軒詩抄　第 99 冊
俞鴻漸
衎石齋詩　第 100 冊
錢儀吉
壯學齋文集　第 101 冊
周樹槐
伯山詩文全集　第 102 – 104 冊
康發祥
笠東草堂遺稿　第 105 冊
俞岳
豸華堂文抄　第 105 冊
金應麟
夢硯齋遺稿　第 106 冊
唐樹義
勺水集　第 107 冊
周坤
完璞齋吟草　第 107 冊
章綬
讀書延年堂詩文抄　第 108 – 112 冊
熊少牧
存吾春齋文抄　第 113 – 114 冊
劉繹
存吾春齋詩抄　第 115 冊
劉繹
養淵堂文集　第 116 冊
高繼珩
怡青堂文集　第 116 – 117 冊
王錫綸
怡青堂詩集　第 118 – 119 冊
王錫綸
蓬萊閣詩錄　第 119 冊
陳克家
適園叢稿　第 120 冊
袁學瀾
尊小學齋詩文集　第 120 冊
余治

第二編

經部

七經異文考　第 1 – 3 冊
程履豐
周易通解　第 4 冊
楊以迥
周易問津　第 5 – 6 冊
羅歸德
周易從周　第 7 – 8 冊
郭籛齡
周易本解　第 8 冊
張道義釋
漢宋易學解　第 9 冊
王希尹
尚書句解考證　第 10 – 11 冊
徐天璋
禹貢　第 11 冊
錢應桂校
學詩堂經解　第 12 – 13 冊
李宗棠
春秋律身錄　第 14 – 15 冊
楊長年
春秋左傳文法讀本　第 16 – 17 冊
方宗誠
左傳文法讀本　第 18 冊
劉培極 吳闓生
春秋說　第 19 – 20 冊
許揚祖
四書翼注論文　第 20 – 24 冊
鄭獻甫
四書合講　第 25 – 26 冊
佚名
經史子集題解韻府標韻　第 27 – 29 冊
徐時棟
蒙學求通虛字實在易　第 30 冊
施崇恩

史部

湖北節義類纂　第 31 – 33 冊
黃昌輔
江人事　第 34 冊
宋佚編 吳啟楠補
庚申忠義錄　第 35 冊
湯成烈輯
正氣集　第 36 冊
王式
七家詩輯註彙鈔　第 37 – 38 冊
張熙宇
浙江試牘　第 39 冊
徐致祥輯
湖北試牘　第 40 – 41 冊
趙尚輔
評選直省闈藝大全　第 42 冊
久敬齋主人
甲辰癸卯恩科直省闈墨大全　第 43 冊
佚名
歷代名家評註史記集說　第 44 – 47 冊
程餘慶
續十八史略讀本　第 48 – 49 冊
宮協通赫
元明清史略　第 49 – 50 冊
石村貞一
歷史史略　第 51 – 52 冊
柳詒徵
支那通史續支那通史　第 53 – 55 冊
那珂通世
新編中國歷史全書　第 56 – 60 冊
張運禮

子部

婺學治事文編　第 61 冊

繼良輯
治事文编 第61冊
湯壽潛輯
危言 第62冊
湯震
時賢閎議 第62－68冊
瑞洵等
中外經世緒言 第69冊
汪紫卿輯
中外經世緒言續编 第70冊
汪紫卿輯
星平大成 第71冊
沈義方輯
造命挈要 第72冊
祝疇輯
乾坤指掌圖 第73冊
李肇桂 李鏐
地理求真 第74冊
晏聯奎
地學揭要 第74冊
周安仁刪定
地理指南 第75冊
周春藻輯
地理八竅追尋古跡心法捷訣 第75冊
朱冠臣輯
約書 第76冊
謝階樹
餐芍華館隨筆 第77冊
周騰虎
負暄閒語 第77冊
周馥
張廉卿先生論學手札 第78冊
張裕釗
徹香堂經史論 第78冊
鄒福保
求己錄 第78冊
廬涇遯士
經史論存 第79－80冊
關義臣
歷代人物論海 第81－87冊
蔡和鏗輯
歷代政治論海 第88－89冊
蔡和鏗輯
中外掌故論海 第90冊
蔡和鏗輯
歷代時勢論海 第91冊
蔡和鏗輯
劑變篇 第91冊
尹彥鉌

集部

齊莊中正堂制義 第92－93冊
殷兆鏞
齊莊中正堂律賦 第93冊
殷兆鏞
齊莊中正堂試帖 第94冊
殷兆鏞
齊莊中正堂詩抄 第95－96冊
殷兆鏞
天開圖畫樓詩文稿 第97－98冊
郭柏蔭
漱六山房全集 第99－100冊
吳昆田
謝家山人集 第100冊
唐瑩
夢甦齋詩賦集 第101冊
江國霖
劬書室遺集 第102－103冊
金錫齡
雙梧山館文鈔 第104－105冊
鄧瑤
示樸齋制義 第106冊
錢振倫
怡雲草堂詩詞存 第107冊
蔣大鏞
暖春書屋詩刪 第107冊
方俊
柯亭子詩集 第107－108冊
周沐潤
讀秋水齋詩 第109冊
陸巘恩
亦耕軒遺稿 第110冊
童謙恩
續東軒遺集 第110冊
高均儒
紫雪山房遺稿 第111冊
高金鼇
綠雲山房詩草 第111冊
勞蓉君
餐芍華館詩集 第112冊
周騰虎
十華小築詩鈔 第112冊
余本愚
隨安廬詩集 第113冊
亢樹滋
偷閒小草 第113冊
亢樹枬
小石詩鈔 第114冊
曾諧
鍼鸝山館詩草 第114冊
曾諧
望雲館文詩稿 第114冊
章鋆
范湖草堂遺稿 第115冊
周閑
味蓼軒詩鈔 第115冊
高宅暘
水竹主人詩鈔 第116－117冊
周之楷
虹橋老屋遺稿 第118冊
秦緗業
漁隱小舍文稿 第119冊
方釗
貽硯堂詩集 第119冊
高光煦
晚香堂古近體詩 第119冊
劉鳳苞
晚香堂賦集 第120冊
劉鳳苞

第三編

經部

柏堂經說 第1冊
方宗誠
小嬰蘭堂經說 第1冊
錢人龍
經學文鈔 第2－11冊
梁鼎芬 曹元弼
周易象義辨例 第12－15冊
鄒師謙
尚書鎖記 第16冊
尹恭保
尚詩徵名 第16冊
王蔭祜
禹貢便讀 第16冊
顧觀光輯註
讀書商齋讀詩商 第17－19冊
陳保真
春秋左傳精義旁訓 第20－22冊
佚名
春秋公法比義發微 第23冊
藍光策
四書便蒙添注 第24冊
王株樵
四書蠡言 第26冊

楊恩壽
坦園詩錄　第 107－108 冊
楊恩壽
坦園詞錄　第 108 冊
楊恩壽
坦園詩餘　第 108 冊
楊恩壽
坦園賦錄　第 108 冊
楊恩壽
鎮亭山房文集　第 109－110 冊
陸廷黻
鎮亭山房詩集　第 110－111 冊
陸廷黻
鷗洞詩鈔　第 112－113 冊
劉人駿
養真堂詩文鈔　第 113 冊
秦榮光
味靈華館詩　第 114 冊
商廷煥
珠泉草廬詩鈔　第 114 冊
廖樹蘅
大篪吟草　第 114 冊
陳昌沂
澡雪堂詩文鈔　第 115－116 冊
鍾體志
寄漚文鈔　第 117 冊
劉繼增
寄漚詩鈔　第 117 冊
劉繼增
蘭薰館遺稿　第 117 冊
陶玉珂
璞齋集　第 118 冊
諸可寶
清足居集　第 118 冊
鄧瑜
振振堂聯稿　第 119 冊
鍾祖棻
振振堂詩文稿　第 120 冊
鍾祖棻

第四編

經部

七經講義　第 1－2 冊
潘任
朋壽室經說　第 2 冊
鄒壽祺
五經旁訓增訂精義　第 3－6 冊
竺靜甫
易解經傳證　第 7 冊
張步騫
易經全解　第 8－9 冊
藍煦
周易象義合參補略全書　第 10－12 冊
王紹奎
古本易鏡　第 13－14 冊
何毓福
易學源流　第 14 冊
鄒師謙
枕葄齋詩經問答　第 15 冊
胡嗣運
毛詩均譜　第 15－16 冊
郭汝特
春暉樓讀左日記　第 17 冊
張鼎
左傳便讀　第 17－18 冊
魏承樾
春秋測義　第 19－20 冊
張汝詢
四書疑言　第 21－23 冊
王廷植
四書題解撮要　第 23 冊
佚名
四書達　第 24－26 冊
楊祖漣
澄衷蒙學堂字課圖說　第 27－28 冊
劉樹屏
正音咀華　第 28 冊
莎彝尊
韻詁　第 29－31 冊
方濬頤

史部

四季條例　第 32－37 冊
佚名
史略提綱　第 38 冊
羅錦堂
史學提要　第 39－41 冊
朱紹禧
讀史探驪錄　第 42 冊
姚芝生
嘉慶一統志表　第 43－46 冊
穆彰阿
史餘　第 47 冊
陳堯松撰 陳慶颺註
讀史日記　第 48 冊
沈惟賢
內閣撰擬文字　第 48－49 冊
鮑康
內閣漢票簽中書舍人題名　第 50 冊
鮑康
東周列國考略　第 50 冊
朱元炅
讀史劄記　第 51 冊
王承陵
明史論略　第 51 冊
彭焯南
讀史摭餘　第 52 冊
郭玉珍
評選船山史論　第 52 冊
林紓
歷代史事政治論　第 53－58 冊
席裕福
最新史事論　第 59 冊
雷瑨
史論正鵠　第 60－62 冊
王樹敏

子部

奉聖回劫錄　第 63 冊
鄧厚庵等
鄉約要談　第 63 冊
奉贊堯
女學　第 64 冊
楊澂清
筆諫　第 65－66 冊
馬萬選
中西時務精華　第 67 冊
殷兆鏞等
典林瑯環　第 68－71 冊
江氏輯
策府統宗　第 72－77 冊
劉昌齡
信徵隨筆　第 78－82 冊
段永源
陰陽鏡　第 83－88 冊
湯承萁
異聞益智叢錄　第 89－90 冊
種蕉藝蘭生
南朝煙花瑣記金粉錄　第 90 冊
燕山逸叟

集部

抱劍山房詩文稿　第 91－92 冊
尹恭保
抱劍山房近體詩稿　第 92 冊

尹恭保

江東詞稿 第 92 冊

尹恭保

奏綠山房詩稿 第 93 冊

唐斯盛

後樂堂詩文鈔 第 94－95 冊

陳玉樹

欠泉庵文集 第 96 冊

周煥樞

頤巢類稿 第 96 冊

陶邵學

求放心齋文集 第 97 冊

劉孚京

含青閣詩草 第 97 冊

屈蕙纕

亭秋館詩文鈔 第 98 冊

許禧身

吉雨山房文集 第 99 冊

郭籛齡

吉雨山房詩集 第 99 冊

郭籛齡

嘯劍山房詩鈔 第 100 冊

文星瑞

暉吉堂集 第 100－101 冊

林溥

夢琴山館尺牘 第 102 冊

鍾步崧

夢琴山館詩鈔 第 102 冊

鍾步崧

杉蔭橋邊舊草堂詩鈔 第 102 冊

翁惠君

斜月杏花屋詩鈔 第 103 冊

葉英華

瓊華詩集 第 103 冊

俞廷瑛

斗垣詩集 第 104 冊

文漢光

求是齋拙存詩詞稿 第 104 冊

金其相

虛白室文鈔 第 105 冊

方昌翰

虛白室詩鈔 第 105 冊

方昌翰

湘真閣詩集 第 106 冊

史紹聞

中隱堂雜著 第 106－107 冊

方炳奎

逸子詩集 第 108 冊

唐員

紅樹山莊詩草 第 108 冊

劉家逵

篤舊集 第 109－111 冊

劉存仁

虛靜齋賦草 第 111 冊

高紫峰

伊園文鈔 第 112 冊

王景賢

伊園詩鈔 第 112 冊

王景賢

康解元遺集 第 112 冊

康永祥

懷白軒初稿 第 113 冊

陸初望

石龕詩卷 第 114 冊

劉楚英

鐵華僊館集 第 115 冊

秦賡彤

釀春閣詩草 第 115－116 冊

張柱

水流雲在館詩鈔 第 117 冊

周天麟

水流雲在館詞鈔 第 118 冊

周天麟

水流雲在館試帖 第 118 冊

周天麟

倚雲樓古今體詩 第 118 冊

金其恕

蕉雨山房詩鈔 第 119－120 冊

丁堯臣

第五編

經部

經文戛造 第 1－6 冊

藜光閣主人輯

五經類典囊括 第 7－10 冊

吟香主人輯

易說 第 11 冊

周韶音

讀易備忘 第 11－12 冊

王滌心

玩易四道 第 13－15 冊

黃寅階

周易人事疏證 第 15－17 冊

章世臣

禹貢新圖說 第 18 冊

楊懋建

增訂夏書禹貢註讀 第 18 冊

徐鹿苹輯

禹貢圖註彙纂 第 18 冊

鄭言紹輯

儀禮先易 第 19 冊

呂仁杰

周禮通纂會韻 第 19 冊

周繪藻

周禮古學考 第 20 冊

李滋然

春秋左傳音訓 第 21－23 冊

楊國楨

春秋穀梁傳音訓 第 24 冊

楊國楨

四書訓解參證 第 25 冊

張定鋆

四書訓解參證補遺 第 26 冊

張定鋆

四書訓解參證續補編 第 26 冊

張定鋆

四書虛字講義 第 26 冊

丁守存

四書通疑似 第 26 冊

胡垣

四書通敘次 第 26 冊

胡垣

說文字辨 第 27 冊

林慶炳

說文證異 第 27－28 冊

張式曾

說文古音原切 第 29 冊

倪康壽

文字存真 第 30 冊

饒炯

史部

便蒙叢書 第 31－32 冊

張一鵬編

正本學社講學類鈔 第 33 冊

宋育仁等

京師大學堂講義 第 34－35 冊

京師大學堂輯

江蘇法政學堂講義 第 36－47 冊

江蘇法政學堂輯

小學讀本史 第 48－49 冊

佚名輯

新輯刑案彙編 第 50－51 冊

周守赤輯
中外約章纂新 第52－53冊
時中書局輯
西江政要 第54－56冊
佚名輯
西政叢書 第57－62冊
求自強齋主人輯

子部

進修譜未能錄合刻 第63冊
方東樹
西銘講義 第63冊
羅澤南
信好錄 第63冊
賀瑞麟輯
志學續錄 第63冊
方宗誠
雲山讀書記 第64冊
鄧繹
讀書隨筆 第65冊
費熙
下學指南 第65冊
周思誠
自勉編 第65冊
秦篤新
慎餘錄 第66冊
鄭言紹輯
求艾錄 第66冊
楊以貞
我箴釋證 第67－68冊
李庚乾
理數合解 第68冊
竹坡居士輯
靈檀碎金 第69－70冊
郎玉銘
三才分類粹言 第71－72冊
匡良杞
縮本增選多寶船 第73－75冊
點石齋輯
典匯 第76－77冊
藜青閣輯
重訂三才揭要 第78－79冊
佚名
憶菱小補 第79冊
郭世汾輯
偶菱閑話 第79冊
郭世汾輯
高太史論鈔 第80冊
高熙喆
止止樓隨筆 第81冊
許煥
夢園叢說 第81－82冊
方濬頤
靜軒筆記 第83冊
劉秉璋
潛皖偶錄 第84冊
錢麟書
居易山房隨筆 第85－86冊
佚名
冶官記異 第87冊
王侃
快心醒睡錄 第88冊
毛祥麟
曼陀羅華閣瑣記 第88冊
杜文瀾
繪圖後聊齋志異 第89冊
王韜
無聊齋雜記 第90冊
張鳴珂輯
繪圖希奇古怪 第90冊
李慶辰

集部

儀衛軒文集 第91冊
方東樹
筠齋詩錄 第92冊
吳振勃
聽雨山房文鈔 第92冊
鄧耘渠
弇榆山房詩略 第93冊
許喬林
龔文恭公經進詩 第93－94冊
龔守正
願學堂詩鈔 第95－96冊
王宗燿
鐵山園詩錄 第96冊
孔慶鎔
鶴天鯨海焚餘稿 第97冊
朱昌頤
金粟山房詩草 第97冊
張培仁
西神山人詩鈔 第98冊
丁玉藻
小蝸廬詩文鈔 第98冊
吳其泰
小石城山房文集 第99冊
邵淵耀
古杼秋館遺稿 第99冊
侯楨
妙香居小草 第99冊
孫顯
澹園古文選 第100冊
于祉
澹園詩選 第100冊
于祉
且甌集 第101冊
項霽
輟耕吟稿 第101冊
倪偉人
儀宋堂集 第102－103冊
吳嘉洤
菘耘文鈔 第104冊
季錫疇
花宜館文略 第104冊
吳振棫
南蘭文集 第104冊
張恕
長春花館詩集 第105冊
張恕
信天閣詩草 第105冊
夏塏
畫詩樓稿 第106冊
朱玉僊
真意齋詩存 第106冊
許棡
綠槐書屋詩稿 第106冊
張綸英
選樓集句 第106冊
許祥光
雲樵詩賸 第107冊
施峻
雲溪詩草 第107冊
孫晉墀
蘇庵詩餘 第107冊
唐壎
傳硯堂詩錄 第107冊
張鴻基
又其次齋詩集 第108冊
吳世涵
介軒詩文鈔 第109－110冊
張振夔
餐楓館文集 第111冊
張紈英

來鶴山房文鈔 第111冊
朱琦
靜山先生集 第111冊
張其仁
葵青居試律 第111冊
石渠
醉墨軒遺稿 第112冊
張步瀛
校經齋試帖 第112冊
丁培
自怡悅齋詩存 第112冊
王映薇
友石齋詩集 第113冊
高錫恩
無垢淨室時藝 第114－115冊
張啟鵬
梅墅詩鈔 第115冊
張啟鵬
謹言慎好之居詩 第116冊
張曜孫
味諫果齋集 第117－118冊
王汝金
始有廬詩稿 第118冊
孫瀜
潛莊文鈔 第119冊
卜起元
寓意於物齋文編 第119冊
毛鳳枝
寓意於物齋詩存 第119冊
毛鳳枝
徒洲文集 第119冊
王鑾
湘東草堂詩集 第120冊
王晉
蘭茗館詩鈔 第120冊
許奉恩

第六編

經部

經講類典合編 第1－4冊
奎璧齋主人編
讀易通解 第5－6冊
丁敘忠
讀易易知 第7冊
黃寅階
周易指事 第7冊
彭焯南
求自得之室周易說 第8－9冊
吳嘉賓
易象致用說 第9冊
秦東來
易經卦名試帖選本 第9冊
戴棨
周易研幾 第9冊
豫師
易經解注傳義辯正 第10－15冊
彭申甫輯
易經圖說辯正 第15冊
彭申甫輯
夏時考訓蒙 第16冊
鄭曉如
弟子職正音 第16冊
王筠
夏小正箋疏 第16冊
馬徵麟
夏小正傳箋 第16冊
沈秉成
春秋緯史集傳 第17－18冊
陳省欽
春秋讀本 第19冊
袁焉
增補四書典腋 第20－21冊
松軒主人
四書正蒙三辨 第21－22冊
佚名
四書疑字辨 第23－24冊
佚名
六書原始 第25－27冊
賀崧齡
六書糠粃 第27冊
沈道寬
塚緶 第27－28冊
杜大恒輯
字泭 第29冊
錢國祥
字系 第29－30冊
夏日瑔

史部

江蘇省賦役全書 第31－40冊
佚名輯
萬國政治叢考 第41－46冊
朱大文 凌賡颺輯
萬國藝學叢考 第47－53冊
朱大文 凌賡揚輯
萬國政治藝學最新文編 第54冊
朱大文 凌賡揚輯
隱求堂日記節要 第55－56冊
潘道根
吳寶謙日記 第57－58冊
吳寶謙
金泩生日記 第59－60冊
金武祥

子部

躬恥齋經世十八篇 第61冊
宗稷辰
盛世危言外篇 第61冊
馮桂芬 李提摩
借箸錄 第61冊
龔禮
刖足集 第62冊
鍾天緯
邵氏危言 第62冊
邵作舟
杞憂芻言 第62冊
陳嘉言
變法平議 第62冊
張謇
覆瓿贅談 第63冊
邁達
庸書 第63冊
陳次亮
續富國策 第64冊
陳次亮
校邠廬抗議別論 第64冊
陳鼎
七政策要 第65冊
孫不器
變法平議酌 第65冊
李應玨
禁吸煙片煙芻議 第65冊
蔣履曾
除弊論 第65冊
俞兆慶
國文古微存 第65冊
汪紹志
歷代名人經濟論 第66冊
簡燊 陳崇哲編
中外政治策論彙編 第67－71冊
何翁淵輯
天瘦閣叢鈔 第72－86冊
李士棻輯
青樓寶鑑 第87－88冊

雙璞裔主人輯
易緯 第13冊
臧紆青
槎溪學易 第14冊
陳甭
學易淺說代問錄 第15－17冊
黃雲鵠
詩經集說 第18冊
佚名
詩句今韻譜 第18冊
張守誠
春秋希通 第19冊
程庭桂
春秋貫解 第19冊
王尚概
春秋屬比考例 第19冊
王銘西
春秋五行災異卦炁屬比考 第20冊
王銘西
春秋分合纂 第20冊
張行簡
春秋集義 第21冊
周榦輯註
四書一得錄 第22冊
胡澤順
四害體味錄殘稿 第22冊
宗稷辰
四書考摘要 第22冊
袁蘭
論語講義 第23冊
王熙章
論語參注 第24－25冊
崔暕參注
論語摘講 第25冊
徐庶
說文蒙求 第26冊
劉庠
說文古語考補正 第26冊
程炎撰 傅雲龍補正
小學啟蒙 第27冊
侯靖
文字發凡 第27冊
龍伯純輯
詩韻海 第28－30冊
文匯館主人輯

史部

詒蔭堂奏議 第31冊
黎攀鏐
奏議彙存 第31冊
涂宗瀛
臬實子存稿 第31冊
崔國因
進修堂奏稿 第31冊
白恩佑
堅正堂摺稿 第31冊
褚成博
祝大宗伯公疏稿 第31冊
祝慶蕃
孫文定公奏議 第33冊
孫瑞珍
林文忠公禁煙奏稿 第33冊
林則徐 李元度
蔣條陳十二策 第33冊
蔣琦齡
譚中丞奏稿 第34－36冊
譚鈞培
奏疏便覽 第37冊
佚名
奏咨案摺 第38－39冊
佚名
讀史拾瀋 第40冊
平步青
史論 第40冊
阮交
萬國史論 第41－42冊
謝衛樓
國朝史論萃編 第42冊
徐兆瑋
五洲各國政治考 第43－44冊
錢恂輯
中外大略 第44－49冊
羅傳瑞等
齊豫晉直賑捐徵信緣 第50－52冊
佚名
牧令須知 第53冊
潘蔚輯
牧令書節要 第53冊
陳士杰輯
萬國官制志 第54冊
馮斯欒編
預備立憲京內官制全案 第54冊
佚名
編定京官官制清單 第54冊
佚名輯
釐訂官制參考摺件彙存 第55冊
憲政編查館
國朝六科漢給事中題名錄 第55冊
劉恩溥輯
政治新書 第56冊
魏述祖 李樹仁編
熙朝人鑒 第57冊
張之萬
松郡宦浙同官錄 第58冊
楊葆光等
國朝三邑諸生譜 第58冊
錢國祥等輯
重建昭忠祠爵秩姓名錄 第59－60冊
鹿傳霖

子部

闡性述筆初編 第61冊
鄧厚庵
省身錄 第62冊
蘇源生
仁書 第63冊
易佩紳
明夷待訪錄糾謬 第63冊
李滋然
先儒語綠節要 第63冊
隆屏山輯
朱子議政錄 第63冊
邢廷莢
盛世危言續編 第63冊
杞夏生
潘文恭公遺訓 第64冊
潘世恩
家言類纂 第64冊
牛作麟
課蒙易曉 第64冊
張官德
維摩室遺訓 第64冊
莊衛生
訓蒙詩選 第65冊
賈履上詮次
福永堂彙鈔 第65冊
約盦居士編
家塾條規 第65冊
約盦居士
有山誡子錄 第66冊
桂士杞
彭氏誼莊規條 第66冊
彭慰高 彭祖賢

鄉塾正誤　第 66 冊
　李江
勸學淺語　第 66 冊
　沈源深
尊宗贅議　第 66 冊
　江鍾秀
兵鑑全集　第 67 冊
　徐宗幹輯
臨陣心法　第 67 冊
　劉連捷
步隊毛瑟槍說　第 67 冊
　李鴻章
礮法舉隅　第 68 冊
　丁乃文
礮法圖解　第 68 冊
　丁乃文
子藥準則　第 68 冊
　丁乃文
馬兵暫行操法　第 68 冊
　兩江練兵處軍學司
湖北武學　第 69－71 冊
　張鑒輯 周家祿校訂
步操釋義　第 71 冊
　史龍雲
半壁山水戰圖　第 71 冊
　俞富基輯
六壬靈鏡　第 72 冊
　達齋
鬼撮腳射覆　第 72 冊
　佚名
三才演禽　第 73 冊
　佚名
陶甔語錄　第 74 冊
　稚信南
夢園子　第 74 冊
　方濬頤
未信餘編　第 74 冊
　駝浦迂民
谷盈子　第 74 冊
　龔易圖
鐵鞭　第 75 冊
　岡本監輔
粹論　第 75 冊
　陳黼宸等
定武學記　第 75 冊
　賈恩紱
寤言　第 76 冊
　陳澹然
塾言　第 76 冊
　陳澹然
理化示教　第 76 冊
　杜亞泉
惲子　第 76 冊
　惲福成
時務新書人民論　第 76 冊
　貫公編
呰窳子　第 77 冊
　江順詒著 佚名集證
移民論　第 77 冊
　齊樹楷
續旁觀論　第 77 冊
　樂彬
鄭齋芻論　第 77 冊
　孫雄
劍華堂續罪言　第 78 冊
　吳廣霈
說教　第 78 冊
　彭光譽
明辨錄　第 78 冊
　羅紹元 汪祖翼輯
缺一不可　第 78 冊
　高葆真
下學齋二十議　第 78 冊
　嚴覺
浙江風俗改良淺說　第 79 冊
　浙江官報局編
剪髮百談　第 79 冊
　春申日報社編
女命論　第 79 冊
　佚名
齊家的法術　第 80 冊
　太虛子
實用雄辯術　第 80 冊
　王立才
一仁廬蕘議　第 80 冊
　姑幕又葛氏
四益因緣　第 80 冊
　僵蠶子
曼衍心漏　第 80 冊
　僵蠶子
淮南子校勘記　第 80 冊
　汪文臺
東聽雨堂刊　第 81－82 冊
　張承燮
性安廬畫稿　第 83 冊
　姚叔平
師二雲居畫贅　第 83 冊
　顧森書
左庵一得錄　第 84 冊
　李佳繼昌
左庵瑣語　第 84 冊
　李佳繼昌
鐵如意室題畫雜綴　第 84 冊
　郭容光
四銅鼓齋論畫集刻　第 85 冊
　張祥河編訂
漢畫獨稽古　第 86 冊
　矢野晉六輯
濟上鴻泥國題冊　第 87 冊
　冶山居士
海棠秋館題畫　第 87 冊
　裘廷楨
古今名人畫稿　第 87 冊
　陳伯子輯
三續聊齋志異　第 88 冊
　王韜
仙踪記略　第 88－89 冊
　張鶴輯
改良新聊齋　第 90 冊
　佚名
改良繪圖四續今古奇觀　第 90 冊
　佚名
天風閣薈譚　第 90 冊
　風生輯

集部

也居山房文集　第 91 冊
　魏承柷
也居山房詩集　第 92 冊
　魏承柷
吟香閣詩鈔　第 92 冊
　殷月樓
暝菴詩錄　第 92 冊
　朱克敬
餘甘軒詩鈔　第 93 冊
　何曰愈
天韻堂賦鈔　第 93 冊
　徐維城
悔餘菴賦稿　第 93 冊
　何栻
江風集　第 94 冊
　何栻

列國政要 第45－50冊
戴鴻慈 端方輯
中外新舊條約彙刻 第51－54冊
劉樹屏編
秋審實緩比較成案 第55－59冊
林恩綬輯
滄城殉難錄 第60冊
葉圭綬修 王佀樵輯
浙江留京同學錄 第61冊
徐定超等編
右史新編 第61冊
趙曾望
辛卯科河南鄉試錄 第61冊
吳同甲輯

子部

讀書鐙 第62冊
鄒福保
聶氏重編家政學 第62冊
曾紀芬編
初學源例編 第62冊
劉名譽
振新集要 第63冊
徐國楨 蔡廷梅輯
時敏學堂修身科講義 第63冊
龍志澤
得頤堂範言 第63冊
鄒湘倜
賠穀堂家訓 第63冊
王子堅
儒門慎言錄 第63冊
汪正
處世心箴 第64冊
黃昌麟
讀書做人譜 第64冊
龍炳垣輯
家塾準繩 第64冊
莊毓鋐輯
初學文引 第65冊
葉廉鍔選註
增訂傳家格言 第65冊
馮芳緝重編
傳家寶筏 第65冊
胥江輯
閨訓圖說 第66冊
俞增光編繪
增訂蒙學三字經 第66冊
趙保靜輯
勸孝編 第66冊
郭子欽編
勸學白話演說 第66冊
江西學務公所編
鐵珊齋學筌 第67冊
楊承注輯
聖學階梯 第67冊
林佀梅 蕭焱翹輯
六壬捷步 第68冊
知空子
學君平卜易存驗 第68冊
華日新
星卜雜錄 第68冊
佚名輯
地理秘珍 第69冊
錫九
永慕堂葬法 第69冊
袁遂
理氣溯源 第70－71冊
陳啟沅
資孝葬書述要 第72冊
養拙山人輯
資孝葬書集要 第72冊
日了思子輯
陽宅指掌 第72冊
黃海山人
堪輿正傳晰義 第73冊
楊旦輯註
地理精微集 第74冊
盛廷謨著 陳景新重編
兵占秘要 第74冊
徐霞翁
有不為齋隨筆 第75冊
光聰諧
沮江隨筆 第75冊
朱錫綬
尊聞錄初稿 第75冊
王應昌
晚讀瑣綴 第76冊
陳國翰
蓺苑零珠 第76－77冊
李象梓
葆真齋遵言 第78冊
王遠焌
中西聞見叢鈔 第79－80冊
種蕉藝蘭生輯
松竹齋雜錄 第80冊
松竹齋主人輯
瓊林霏屑 第81冊
望海樓主人
萬卷讀餘 第82冊
王爵棠編
新天花亂墜 第83冊
硯雲居士
零金碎玉 第83冊
鄭錫祺
南窗雜志 第84－85冊
香雪道人隱華氏
十姐妹閨房趣史 第85冊
陸雪蘭
夢遊上海名妓爭風傳 第86冊
佚名
新撰圖像五劍十八義 第86冊
佚名
浙闈科名果報錄 第86冊
海天逸叟輯
泰西寓言 第86冊
張學海
紅蕉仙館聞見瑣志 第87冊
松榮
笑林擇雅 第87冊
漚醒道人輯
潛庵漫筆 第88冊
程蘭畦
繪圖異想天開 第88冊
飲霞居士輯
繡像十才子駐春園 第88冊
佚名
自由鏡 第89冊
蔣景緘
謀殺寡婦案 第89冊
佚名
槐窗雜錄 第90冊
王榮商
五更鍾 第90冊
陳春生編
說冷話 第90冊
褦襶道人輯
剪錦初集 第90冊
藜牀舊主輯

集部

柳汁吟舫詩草 第91冊
何盛斯
石莊詩集 第92冊

張開霽
荃石居類鈔 第93冊
吳頡鴻
吹月詞 第93冊
陳元鼎
閬苕草堂遺草 第94冊
王柘
崇質堂詩 第94－95冊
傅燮鼎
侶樊草堂詩鈔 第96冊
黎原超
虛白山房詩草 第96冊
朱鳳毛
枕經堂詩文鈔 第97冊
方朔
靈樵仙館詩草 第97冊
何乃瑩
指所齋文集 第98冊
高錫基
十三樓吹笛譜 第98冊
丁至和
暫留軒詩妙 第99冊
尹繼隆
寶帚詩略 第99冊
周惺然
琳齋詩稿 第100－101冊
王景彝
竹岑詩稿 第101冊
佚名
維周詩鈔 第102冊
程之楨
知止齋遺編 第103冊
任重光
學古堂文選日記 第103冊
陳秉哲
望雲倦館遺稿 第104冊
孫福清
知不足齋詩草 第104冊
鄧翔
榆蔭山房吟草 第105冊
朱丙壽
草草草堂詩草 第105冊
何仁山著 何壽泉箋註
菊隱翁詩集 第106冊
臧穀
彝經堂集 第106冊
王維翰
午陰清舍詩草 第107冊
何福堃
午陰清舍試帖 第108冊
何福堃
十萬琳瑯閣詩存 第108冊
方燕昭
枕雲山齋詩稿 第108冊
方熀
雙冷齋文集 第109冊
張九章
師鄭堂集 第110冊
孫同康
師鄭堂駢文 第110冊
孫同康
及時山房文草 第111冊
王熙章
及時山房詩草 第112冊
王熙章
墨稼廬詩 第112冊
章鍾亮
西江文稿 第113－114冊
王家振
西江詩稿 第115－116冊
王家振
吟秋館詩稿 第117冊
朱葆元
退盦詩集 第117冊
何福海
楓谿櫂歌 第117冊
程兼善
金蛾山館文集 第118冊
郭傳璞
惜分陰齋詩文集 第119－120冊
白蓉

第九編

經部

經藝新畬 第1－2冊
沈定年輯
經義懸解 第2冊
徐壽基
十三經舊學加商 第2冊
吳修祜
批選五經新義 第2冊
張謇
五經補綱 第3冊
伊樂堯輯
答問解經 第3冊
張培蘭
偽經考答問 第3冊
譚濟騫輯
六經約旨 第3冊
佚名輯
十三經集字音釋 第4－5冊
黃蕙田
群經音辨 第5冊
林慶炳輯
五經新義 第5冊
湘南校經堂輯
增廣四書五經典林 第6－7冊
求是齋主人編
易例大全 第8冊
榕園書屋主人輯
省吾齋學易外編 第8冊
陳鼐輯
易大義補 第8冊
桂文燦
篤志齋周易解 第8冊
張應譽
周易或問 第9冊
文天駿
書序答問 第10冊
王詠霓
詩義精華 第10冊
嘉玉振
詩玉尺 第10冊
林昌彝
誦詩通政錄 第10冊
張明良
四禮纂說 第11－12冊
李義原輯
四禮從宜 第12冊
蘇惇元
婚喪二禮 第12冊
補遲散人輯
夏小正小箋 第12冊
王貞
周禮醫官詳說 第12冊
顧成章
四書故 第13冊
陸殿邦
四書題鏡味根錄合編 第14冊
金澂輯
四書指韻 第14冊
楊得春

四書註解撮要　第 14 冊
林慶炳輯

四書新義　第 15 冊
湘南校經堂輯

四書論義統编　第 15 冊
三魚書屋輯

四害論義統编　第 16 冊
修竹主人輯

學庸補釋　第 16－17 冊
張承華

論孟書法　第 18 冊
張瑛

論孟述　第 18 冊
陸殿邦

孟子劄記　第 18 冊
翟師彝

石經彙函　第 19－21 冊
王秉恩輯

三千字文音釋　第 22 冊
潘純甫註

諧聲述略　第 23 冊
關耀南

增註字類標韻　第 23 冊
范多玨重訂

漢字母音釋　第 23 冊
楊敦頤

亦受吾廬正音　第 23 冊
顧鳴盛

東文動詞匯　第 23 冊
佚名

蕭選韻系　第 24 冊
李麟閣輯

翻切簡可篇　第 24 冊
張燮承

音韻指迷　第 24 冊
丁顯

切音蒙引　第 24 冊
陳錦

養墨山房詩韻　第 25 冊
謝元淮輯

韻辨附文　第 25－26 冊
沈兆霖

詩韻釋音　第 27 冊
陳錦輯

漢音拘沈　第 27 冊
胡元玉輯

鄭許字義異同評　第 27 冊
胡元玉

韻學辨中備　第 28 冊
張亨釪

考正增廣詩韻合璧　第 29－30 冊
著易堂主人輯

正音新纂　第 30 冊
馬鳴鶴

史部

臺垣疏稿　第 31 冊
丁壽昌

吳平贅言　第 31 冊
董沛

治平六策　第 31 冊
薛福辰

諭折選鈔　第 32－33 冊
佚名輯

袁太常戊戌條陳　第 33 冊
袁昶

奏辦廣東士敏土廠試辦章程　第 33 冊
沈曾桐 劉麟瑞

壽萱室條議存稿　第 33 冊
吳宗濂

自彊芻議　第 33 冊
佚名

二十四史論新編　第 34－35 冊
朱約輯

輿地八種　第 35 冊
王錫祺等輯

皇朝掌故讀本　第 35 冊
竇士鏞

長元吳豐備義倉全案續編　第 36－37 冊
潘祖謙輯

長元吳豐備義倉全案三續編　第 38－40 冊
潘祖謙輯

李勤恪公政書　第 41－42 冊
李瀚章

學廬自鏡語　第 42 冊
陳錦

谿州官牘　第 43 冊
張修府

稿本總理衙門檔案　第 44－60 冊
佚名輯

鼎甲策　第 61 冊
陳冕等

子部

慈陵子天人通　第 62 冊
曾純陽

教士邇言　第 62 冊
胡培系

論學述聞　第 62 冊
朱福詵

裕昆要錄　第 62 冊
陳延益輯

簡易修身課本　第 62 冊
楊天驥輯

先府君家言　第 62 冊
方賓穆輯

蒙筏　第 62 冊
三素居士

聖諭便講附律　第 62 冊
李應珏編

鄉董箴言　第 63 冊
李應珏

童歌養正　第 63 冊
彭繼先

虛受齋日錄　第 63 冊
蔡鶴君

蒙師箴言　第 63 冊
方瀏生

式古編　第 63 冊
莊瑤輯

朱子家訓說略　第 64 冊
金恭溥

李州侯家訓　第 64 冊
李受彤

三字鑑解註　第 64 冊
張宜明纂輯

齋心錄　第 64 冊
齋心龕主人輯

龍章疊錫　第 64 冊
林式恭輯

防禦纂要　第 65 冊
游閎輯

左史兵法正宗　第 65 冊
郭鴻熙

鄉守摘要　第 65 冊
佚名輯

諸葛武侯兵略　第 65 冊
林松唐輯

兵學新法　第 65 冊
沈桐生

見聞輯要　第 66 冊
剛毅

集部

第十編

經部

胡先鉅錄

六十卦用事之月 第 7 冊
佚名

陔南悟逡談 第 7 冊
佚名

春秋題解類編 第 8 冊
周宗坊輯

春秋例表 第 8 冊
王代豐

篤志齋春秋解 第 9 冊
張應譽

春秋内外傳箋辭考證 第 9 冊
章耒

春秋三傳存略異同考 第 9 冊
郭福衡

穀梁起廢疾補箋 第 9 冊
張佩綸

左傳類鈔 第 10 冊
車五山

讀左隨筆 第 10 冊
王元穉

魯史榷 第 10 冊
楊兆鋆

讀左傳法 第 10 冊
馬貞榆

四書合纂大成 第 11－14 冊
沈祖燕輯

秘解學庸全旨 第 15 冊
蕭輝錄

輯宋四書五經義式 第 15 冊
蘇兆奎

學庸古本釋 第 15 冊
郭階

學庸理鏡 第 16 冊
梁有成輯

大學古本薈參 第 16 冊
胡泉輯

讀大學記 第 16 冊
董鴻勳

大學參證 第 17 冊
沈輝宗

中庸參證 第 17 冊
沈輝宗

大學順義解 第 17 冊
劉殿虎

論語發疑 第 17 冊
顧成章

說文佚字輯說 第 18 冊
王廷鼎

說文廣義校訂 第 18 冊
吳善述

說文金石過秦考 第 19 冊
丁辛北輯

蒙學準繩五千字課圖說 第 20 冊
養正主人

隸有 第 21 冊
趙曈

類字蒙求 第 21 冊
師竹齋主人重訂

肄雅釋詞 第 22 冊
楊瓊

音通 第 22 冊
陳宗彝

對音輯字 第 22 冊
志寬等

東語入門 第 23 冊
陳天麒編

華夷通語 第 23 冊
林衡南

增訂金壺字考 第 23 冊
郝在田

瀛寰譯音異名記 第 24－25 冊
杜宗預編

增補註解詩韻含英 第 26 冊
劉文蔚輯 谷喬增補

清濁聲類 第 27 冊
曾昆泉

切音新字 第 27 冊
沈學

初學審音 第 27 冊
葉庭鑾輯

詩韻合璧 第 28 冊
許時庚輯

詩韻辨字增註 第 29 冊
張澐卿增註

詩韻全璧 第 29－30 冊
佚名

史部

通鑑摘錄 第 31－32 冊
春帆彙輯

北洋紀事 第 33－34 冊
佚名輯

秦隴回務紀略 第 34 冊
余澍疇

歷代統系歌 第 35 冊
張緝光

五千年大事一覽表 第 35－38 冊
佚名

江甯府重修普育四堂志 第 39－40 冊
涂宗瀛原輯 孫雲錦重纂

節本原富 第 40 冊
張鵬一

高淳普濟堂志 第 41－42 冊
戴鳳笏等纂修

程安德三縣賦考 第 42 冊
凌介禧輯

皇清政治學問答 第 42 冊
文明書局輯

淮鹺駁案類編 第 43－44 冊
陳方坦輯

江西賦役經制全書 第 45－54 冊
佚名

學治錄存 第 55－56 冊
佚名

姓氏辯誤 第 57 冊
張澍纂

強恕軒日記 第 58 冊
申祜

淑紀軒日記 第 59 冊
意琴氏

入都日記 第 60 冊
李圭

丁未年浙江警察日記 第 60 冊
王豐鎬

寓廬日記 第 60 冊
張景燾

子部

身心日用錄 第 61－63 冊
李瑤選錄

葉氏族譜摘錄宗範條規 第 63 冊
葉傳植輯

學堂講語 第 63 冊
晦齋學人輯

雍熙堂家規條目 第 63 冊
徐濱

奇門大全 第 64－68 冊
佚名

奇門秘旨 第 69 冊
豫師

奕序新書 第 69 冊
李香山 李琅卿編

圭復齋詩集 第120冊
王啟原
呆翁和尚詩集 第120冊
釋行悅
清代家集叢刊
徐雁平 張劍主編
二〇一五年北京國家圖書館出版社
二〇一冊
二謝集四卷附錄一卷 第1冊
(清)王世琳編
清道光刻本
石倉世纂 第1-2冊
(清)曹錫黼編
清乾隆十四年(1749)五畝園刻本
道腴堂詩集 第1-2冊
曹煜曾撰
放言居詩集 第1-2冊
曹炳曾撰
長嘯軒詩集 第1-2冊
曹煐曾撰
四焉齋詩集 第1-2冊
曹一士撰
四焉齋文集 第1-2冊
曹一士撰
嘉定錢氏藝文志略 第3冊
(清)錢師璟輯
清道光二十三年(1843)刻本
青箱集 第3冊
王德鍾編 陳去病校
民國四年(1915)上海國光書局鉛印本
梅溪張氏詩録 第3冊
張煥斗輯
民國八年(1919)上海張氏鉛印本
先澤殘存 第3-4冊
王元增輯
民國十五年(1926)鉛印本
先澤殘存續編 第4冊
王元增輯
民國十五年(1926)鉛印本
雲間王氏詩選二卷 第4冊
王毅存輯 王紀源校閲
民國印本
郁氏三世吟稿 第4冊
郁屏翰等撰
民國十七年(1928)上海郁氏鉛印本
上海李氏易園三代清芬集 第5冊
李味青輯
民國二十九年(1940)鉛印本
華氏家集不分卷 第5冊
(清)華蘭等撰
清光緒九年(1883)刻本
天津徐氏歷科硃卷 第5冊
徐世昌輯
民國十年(1921)刻本
天津金氏家集 第6冊
金鉞輯
民國二十一至二十三年(1932—1934)天津金氏刊本
賈氏叢書 第7-9冊
(清)賈臻編
清道咸間躬自厚齋刻本
故城賈氏手澤彙編 第7-9冊
賈臻編
孟門草 第7-9冊
賈汝愚撰
椿莊文輯 第7-9冊
賈汝愚撰
璧雲軒賸稿 第7-9冊
碧筠女史盧氏撰
如京集 第7-9冊
賈臻撰
蘊聲詩略 第7-9冊
賈臻撰
如京續集 第7-9冊
賈臻撰
洛中吟 第7-9冊
賈臻撰
洛言 第7-9冊
賈臻撰
退厓日劄 第7-9冊
賈臻撰
叩槃集 第7-9冊
賈臻撰
接護越南貢使日記 第7-9冊
賈臻撰
郡齋筆乘 第7-9冊
賈臻撰
退厓公牘文字 第7-9冊
賈臻撰
張氏詩集合編九卷 第10冊
(清)張昀編
清咸豐十年(1860)中立堂刻本
磁州張氏文徵二卷 第10冊
(清)張榕端等撰
清光緒十五年(1889)刻本
正定王氏四種十四卷 第11冊
(清)王定柱等撰
清光緒刻本
椒園居士集 第11冊
王定柱撰
懷隱盦賸稿 第11冊
王世耀等撰
覺花龕詩存 第11冊
王蔭祜
正定王氏家傳 第11冊
吾邱邊氏文集四卷 第12冊
邊恩穎輯存 楊福培選輯
民國七年(1918)鉛印本
退思閣詩集二卷附農遊雜詠一卷鳳儒詩草一卷 第12冊
(清)史汝箴等撰
民國十二年(1923)鉛印本
洪洞劉氏詩文合刻 第13冊
(清)劉樹棻輯
清道光刻本
春雲集六卷 第13冊
(清)嵩禄等撰
清咸豐刻本
馬佳氏詩存三種四卷 第14冊
清咸豐光緒刻本
晉齋詩存 第14冊
(清)昇寅撰
知足知不足齋詩草 第14冊
(清)寶琳撰
味經書屋詩存 第14冊
(清)寶珣撰
貴和堂三代詩存 第14冊
熊飛輯
民國鉛印本
石園全集三十卷 第14-15冊
(清)李元鼎 朱中楣撰
清康熙刊本
西園瓣香集三卷 第16冊
(清)王元常等撰
清嘉慶十四年(1809)刻本
來紫堂合集三卷 第16-17冊
(清)李祖望輯錄 李德等參訂
清咸豐二年(1852)刻本
關西馬氏叢書 第17-24冊
(清)馬先登編
清同治刻本

馬敦若先生譚誤四卷
馬朴撰
四六雕蟲十卷
馬朴撰
燼餘志過錄二卷續刻二卷
馬先登輯
馬文莊公文集選
馬自強撰
安攘石畫集
馬怡撰
肖德堂文集選
馬慥撰
閬風館文集選
馬朴撰
群玉閣文集選
馬桐煜撰
歈霞館詩選
馬材撰
群玉閣詩選
馬嗣煜撰
卷石齋詩選
馬棫土撰
南苑一知集論詩三卷叢談二卷
馬魯撰
卷石齋語錄二卷
馬棫土撰
南華瀝摘萃一卷
馬魯編
山對齋文詩存稿二卷
馬魯撰
崇祀鄉賢祠錄一卷
馬騰蛟撰
小坡識小錄四卷
馬騰蛟撰
勿待軒文集存稿
馬先登撰
護送越南貢使日記一卷
馬先登編次
再送越南貢使日記一卷
馬先登編次
釋命一卷
馬先登撰
誥封夫人馬母董夫人淑行詩
汴垣覈學府試類編不分卷
馬先登編
歸田聯詠隨筆一卷
馬先登編
鍾情志痛編一卷
馬先登撰
勿待軒文集存稿十卷
馬先登撰
馬氏歷科硃卷
馬先登編
王氏仁蔭堂全集 第25－26册
(清)王汝梅等撰
清光緒石印本
德州田氏叢書 第26－32册
(清)田肇麗等撰
清康熙乾隆間刻本
海豐吳氏硃卷四卷海豐吳氏硃卷續刻 第33册
(清)吳重熹輯錄
清光緒七年(1881)陳州府署刻本
海豐吳氏詩存四卷 第34册
(清)吳重憙輯
清光緒十年(1884)刻本
海豐吳氏文存四卷 第35册
(清)吳重憙輯
清宣統二年(1910)刻本
闕里孔氏詩鈔十四卷 第36册
(清)盛大士選訂 (清)孔憲彝纂輯
首都圖書館藏稿本
闕里孔氏詞鈔五卷 第37册
(清)陶樑鑒定 沈宗約參校 (清)孔昭薰編錄
清道光十八年(1838)玉虹樓刻本
茌平王氏家集 第37册
(清)王曰高等撰
清刻本
德州北李家集 第38册
(明)李誠明等撰
清刻本
單縣周氏家集 第38册
周自齊輯
民國十年(1921)上海聚珍仿宋印書局鉛印本
東武劉氏詩萃八卷 第38－39册
劉紹庭輯
民國十二年(1923)劉氏愛聞簃石印本
東萊趙氏楹書叢刊 第40－42册
趙琪編
民國二十四年(1935)東萊趙氏永厚堂鉛印本
世美堂詩鈔
趙琪編
世美堂文鈔
趙琪編
皇綱錄
趙士喆撰
建文年譜
趙士喆撰
逸史三傳趙士站撰
趙士喆撰
萊史五卷
趙士喆撰
石室談詩二卷
趙士喆撰
後漢書劄記
清趙濤撰
建譜誌餘
趙宿膺撰
歷代綸音
趙琪編
先世酬唱集
趙琪編
先世學行記
趙琪編
高陽四種集 第43册
(清)許承家等撰 (清)趙飲谷校
清康熙刻本
江都許氏家集 第44册
(清)許迎年等撰
清乾隆刻本
興化顧氏家集 第45册
(清)顧于觀等撰
清乾隆六年至嘉慶八年(1741—1803)刻本
長嘯齋詩集三卷 第46册
(清)孫穀等撰
清乾隆刻本
毗陵伍氏合集 第46册
(清)伍宇昭輯 (清)伍璜補輯
清嘉慶六年(1801)陽湖伍氏餐英書屋刊本
秋水池堂集 第47册
(清)袁棠等撰
清嘉慶二十年(1815)刻本
祝氏花萼集 第48册
(清)祝登墀輯
清道光十年(1830)刻本
凝香閣合集二卷 第48册

(清)張誠等撰
清光緒元年(1874)刻本
沈氏三代家言 第99－100册
(清)沈申祐編
清光緒刻本
剡西長樂錢氏詩存七卷 第101册
(宋)錢氏編
清光緒十年(1884)慶系堂活字印本
黄氏三世詩 第102册
(清)黄炳垕輯
清光緒留書種閣刻本
二談女史詩詞合刊 第102册
(清)孫錫祉輯
清光緒十六年(1890)歸安孫氏刻本
菱湖孫氏詩録四卷 第102册
(清)孫志熊輯
清光緒十八年(1892)孫氏家廟刊本
水澄劉氏遺詩一卷 第102册
(清)劉瀚輯
清光緒二十六年(1900)刻本
同根草 第103册
(清)屈茝纕 (清)屈蕙纕撰
浙江省圖書館藏鈔本
織雲樓詩合刻 第103册
(清)葉紹楏輯
上海圖書館藏清鈔本
鄞西范氏攟殘内外集 第104－105册
(清)范邦瑗輯
上海圖書館藏稿本
竹洲秀衍集三種 第106册
(清)吳鉁孫彙編
清嘉慶庚午年晚翠亭刻本
海鹽張氏涉園叢刻 第106册
張元濟輯
清宣統三年(1911)上海商務印書館鉛印本
入告編 第106册
張惟赤撰
退思軒詩集 第106册
張惟赤撰
賦閒樓詩集 第106册
張皓撰
篔谷詩選 第106册
張芳湄撰
捫腹齋詩鈔 第106册
張宗松撰
帶經堂詩話 第106册
張宗柟輯
詞林紀事 第106册
張宗橚輯
藕村詞存 第106册
張宗橚撰
初白庵詩評 第106册
張載華輯
涉園題詠 第106册
張鶴徵輯
竺喦詩存 第106册
張賜采撰
海鹽張氏涉園叢刻續編 第107－108册
張元濟編
民國十七年(1928)四月上海商務印書館活字鉛印本
李氏詩詞四種 第108册
李道河等輯
民國四年(1915)嘉興李氏自刻本
秋棠山館詩鈔 第108册
李鏞撰
晚香樓集 第108册
湯淑清撰
意眉閣集 第108册
濮賢娜撰
霞綺樓僅存稿 第108册
李道漪撰
西橋王氏家集十卷 第109－110册
王舟瑶編
民國六年(1917)活字本
袁氏閨鈔 第110册
袁之球編
民國七年(1918)排印本
浙西張氏合集十卷 第110册
張宗儒編
民國十年(1921)鉛印本
小桃源詩集 第110册
秦鈺輯
民國十三年(1924)烏程秦氏刻本
畢燕衎堂四世詩存四卷 第111册
畢治金編
民國二十二年(1933)上海石印本
飲源集三卷 第112册
(清)袁行泰等撰
民國二十二年(1933)鉛印本
嘉興譚氏遺書 第112－114册
譚新嘉編
民國二十四年(1935)嘉興譚氏承啓堂刻本
語溪徐氏三世遺詩 第114册
徐益藩輯
民國二十九年(1940)上海鉛印本
溆浦吳氏遺著存略不分卷 第115册
吳俠虎輯
民國三十年(1941)鉛印本
武林丁氏家集 第115－117册
(清)丁立誠 丁立中撰
民國錢塘丁氏嘉惠堂鉛印本
述本堂詩集 續集二十五卷 第118－119册
(清)方觀承輯
清乾隆二十年(1755)桐城方氏刊本 嘉慶十四年(1809)刊本
桐城方氏詩輯六十七卷 第120－125册
(清)方于穀輯
清道光元年(1821)飼經堂刻本
桐城方氏時文全稿 第126－127册
(清)方舟等撰
清光緒十四年(1888)湖南會友書局刻本
桐城方氏七代遺書 第127－129册
(清)方昌翰等輯
清光緒十四年(1888)刻本
陳氏聯珠集 第130册
(清)王肇奎輯
清嘉慶七年(1802)華南書屋刻本
賜墨堂家集合編 第131－132册
(清)熊寶泰編
清嘉慶熊氏性餘堂刻本
鐵硯山房稿鄧氏詩略 第132册
鄧世霖等撰
清刻本
澄響堂五世詩鈔六卷 第132－133册
(清)劉萃和輯
清道光五年(1825)刻本
涇川王氏詩輯八卷 第133册
(清)王鋆輯
清道光十四年(1834)一本堂刻本
梅氏詩略前集十卷續集十卷 第134册
(清)梅清輯
清道光五年(1825)敦睦堂刻本
桐城馬氏詩鈔 第135－137册
(清)馬樹華編
清道光十六年(1836)可久處齋自刻本
薛氏五種 第138－139册

（清）薛時雨輯
清同治七年（1868）全椒薛氏藤香館刊本
念鞠齋時文賸稿　第138－139册
薛鑫撰
未經得雋齋律賦　第138－139册
薛春黎撰
藤香館詩鈔　第138－139册
薛時雨撰
藤香館詩續鈔　第138－139册
薛時雨撰
藤香館詞　第138－139册
薛時雨撰
紫陽家塾詩鈔二十四卷　第140－141册
（清）朱琦編 朱玠書參訂
清光緒十八年（1892）秋樹山房重刻本
朱氏家集　第142册
（清）朱琦 朱仲林等撰
清光緒十年（1884）刻本
趙氏淵源集十卷　第143册
（清）趙紹祖編（清）趙國楨校
清光緒十三年（1887）刻本
二許先生集　第144册
（清）許鑾輯
光緒十四年刊本
桐城許氏一家集　第145－146册
（清）許新堂等撰
清刻本
周氏清芬文集十四卷詩集二十四卷　第147－149册
（清）周琴風等輯
清光緒十九年（1893）桐城周氏殖學堂木活字本
合肥王氏家集　第150－151册
（清）王世溥輯
清光緒二十三年（1897）廬州王氏刻本
屏山詩乘二集　第151册
（清）朱鏡蓉編輯
清刻本
合肥李氏三世遺集　第152－154册
李國杰編輯
清光緒三十一年（1905）合肥李氏刻本
合肥蒯氏家集　第155册
蒯壽樞輯
民國十八年（1929）刻本
過日集三十六卷　第156－161册
（清）曾燦等撰
清康熙寧都曾氏六松草堂刻本
寶研堂遺稿八卷　第162册
（清）濳霽東輯
清嘉慶刻本
奉新宋氏家集　第162－163册
（清）宋鳴珂輯
清嘉慶世恩堂刻本
三盛詩鈔四卷　第163册
（清）盛研家輯
清同治五年（1866）磊思集刻本
江田梁氏詩存九卷　第164册
（清）梁章鉅編
清道光刻本
文藻遺芬集　第164册
林黼楨編
民國二十六年（1937）鉛印本
商丘宋氏三世遺集　第165册
（清）宋犖輯
清康熙六年（1667）刻本
宋氏家集不分卷　第165－169册
（清）宋至等撰
鈔本
大梁侯氏詩集四卷　第170册
侯資燦編
清嘉慶二十四年（1819）刻本
五周先生集　第171册
冒廣生輯
清光緒刻本
洛陽曹氏叢書十四卷　第171－172册
（清）曹曾矩編
清同治光緒間刻本
春秋集解
曹逢庚撰
芝亭舊稿
曹敏撰
信口吟草
曹肅孫撰
洛學拾遺補編
曹肅孫撰
遲悔齋文集
曹肅孫撰
交遊錄
曹肅孫輯
繡林劉氏合刻詩選　第172－173册
（清）王章編
清康熙刻本
姜氏詩文摘録二卷　第174册
（清）姜應南輯
清同治刻本
武昌范氏伯侄父子兄弟鄉會選拔試卷　第174册
（清）范開誠等撰
清光緒刻本
胡氏遺書　第175－176册
萬宗林輯
民國十年（1921）鉛印本
廣濟楊氏一家詩二卷　第176册
楊材達輯
民國五年（1916）木活字本
增訂桃潭合鈔正集十二卷續集四卷　第177册
汪桑編輯
民國二十一年（1932）黄岡汪氏付漢口利華印務局印 約於次年刊印
湘潭郭氏閨秀集　第178册
（清）郭潤玉輯
清道光十七年（1837）刻本
慈雲閣詩鈔十二卷　第178册
（清）左孝威編
清同治十二年（1873）刻本
貳友山房詩賸　第178册
（清）李璨華（清）黄婉琳撰
清光緒十七年（1891）長沙刻本
渌江廖氏三代文鈔四卷　第179册
（清）廖登宸等撰
清光緒十九年（1893）刻本
長沙瞿氏叢刊　第179－180册
瞿宣穎輯
民國二十四年（1935）鉛印本
欖溪何氏詩徵九卷　第181册
（清）何天衢輯
清道光十一年（1837）大小山房刊本
馮氏清芬集　第182册
（清）馮詢輯
清光緒元年（1875）上海榷署重刻本
番禺潘氏詩略　第182册
（清）潘儀增編 潘飛聲校
清光緒二十年（1894）刻本
春藻遺芳　第183册
鄔慶時編
清宣統刻民國二十年（1931）鄔氏刻本
經德堂全集　第183－185册
（清）龍繼棟輯
清光緒四年（1878）京師刻本

守經堂詩彙鈔四卷 第185册
(清)劉名譽編
清光緒二十一年(1895)桂林刻本
横山陳氏硃卷 第186－187册
(清)陳鍾琛等輯
清刻本
桂林周氏家集 第187－188册
周家彦輯
民國二十三年(1934)鉛印本
費氏詩鈔四卷 第188册
(清)釋含澈輯
清咸豐四年(1854)刻本
曾太僕左夫人詩稿合刻 第189册
(清)曾詠 (清)左錫嘉撰
清光緒十七年(1891)定襄官署刻本
蕉雨桐雲館遺稿 第189－190册
陳忠鏡輯
民國遊悔廬校刊本
家蔭堂存稿 第191－192册
(清)周際華輯
清道光十九年(1839)家蔭堂重刻本
棗香山房詩集二卷 第193册
(清)許秀貞等撰
清道光二十六年(1846)刻本
蒲編堂詩存四卷 第193册
(清)路璜輯
清咸豐六年(1856)刻本
澹勤室全集 第194－195册
(清)傅潢 傅壽彤撰
清光緒三年(1877)武昌刻本
黎氏家集 第196－198册
(清)黎庶昌輯
清光緒十四年(1888)日本使署刻本
艾氏家集二卷 第199册
艾瀛春 艾紹儒編
民國六年(1917)仲夏貴陽文通書局鉛印本
姜氏家集 第199册
(清)姜慶成輯
清道光二十五年(1845)天雄姜氏采鹿堂刻本
文氏三遺集合鈔十卷 第200册
文祖堯等撰
民國三年(1914)雲南圖書館刻本
大理張氏詩文存遺四卷 第200册
張耀曾輯存
民國二十四年(1935)鉛印本

海外中醫珍善本古籍叢刊
鄭金生主編
二〇一六年北京中華書局
四〇三册

醫經醫理類

黄帝内經素問遺篇一卷 第1册
不著撰人
元刊本
讀素問鈔十二卷 第1册
(元)滑壽撰
明正德刊本
華佗内照圖一卷 第2册
(明)胡文焕校正
明萬曆間刊本
諸病源候論五十卷 第2－3册
(隋)巢元方奉敕撰
日本多紀氏天保四年影宋抄本
素問入式運氣論奥三卷 第4册
(宋)劉温舒撰
日本慶長十六年木活字印本
伊尹湯液仲景廣爲大法四卷 第4册
(元)王好古纂
明嘉靖十三年跋刊本
小易賦一卷 第4册
(元)王履著
日本寬保二年刻本
醫論問答一卷醫論一卷 第4册
(明)王綸著
日本江户時期抄本
儒醫精要一卷 第5册
(明)趙繼宗著述
日本慶安元年刻本
醫學管見一卷 第5册
(明)何瑭著
日本文政四年福井榕亭抄本
醫宗三法五策 第5册
(明)馮愈纂
日本江户時期抄本
醫學便覽四卷 第5－6册
(明)解楨著
日本江户時期抄本(底本爲明萬曆間胡文焕校本)
病機賦一卷 第6册
(明)葉文齡撰
日本享保元年刻本(底本爲雍州書鋪含翠亭刻本)
臟腑證治圖説人鏡經八卷 第6册
(明)錢雷撰錢選 錢世忠輯校
明萬曆四十年序刊本
痰火顓門四卷 第7册
(明)梁學孟著
明萬曆三十八年余泗泉萃慶堂刻本
國醫宗旨四卷 第7－8册
(明)梁學孟著
明萬曆末至天啓間刻本
新刻景岳先生質疑録二卷 第8册
(明)張景岳撰
日本寬政七年抄本(底本爲清康熙二十七年頤志堂刻本)
軒岐救正論六卷 第8－9册
(明)蕭京著
清順治四年刻本
醫學原始九卷 第9－11册
(清)王宏翰著輯
日本江户時期抄本(底本爲清康熙三十一年序體仁堂藏板)
胃氣論一卷附餘一卷 第11册
(清)張錫駒著
日本寬政九年刻本

傷寒温病輪

傷寒總病論六卷 第11册
(宋)龐安時撰
日本江户時期多紀氏校勘抄本
傷寒百問經絡圖九卷 第12册
(宋)朱肱撰
元活濟堂刊本
新鐫類證增注傷寒百問歌四卷 第12册
(宋)錢聞禮注
明萬曆四十年劉龍田喬山堂刻本
傷寒明理論四卷 第12－13册
(金)成無己撰
元刊本 有抄補
傷寒治例一卷 第13册
(明)劉純編集
日本江户時期抄本
金鏡内臺方議十二卷 第13册
(明)許弘集
明崇禎間刻本
傷寒六書九卷 第14册
(明)陶華撰
明溥濟堂刻本
新編傷寒論類證便覽十一卷卷首一卷 第15册
(明)陸彦功編集 張政鴻補遺

明弘治十二年陸彦功保和堂刻本
重編傷寒必用運氣全書十卷 第16冊
題(宋)劉温舒圖論 (明)熊宗立重編
明正德八年熊氏厚德堂刻本
傷寒藴要全書四卷 第16-17冊
(明)吴綬編輯
日本江户初期抄本
傷寒選録八卷 第17-19冊
(明)汪機立稿 陳桷編輯
明萬曆三年敬賢堂刻本
王氏家寶傷寒証治明條九卷
第19-20冊
(明)王震編集
明嘉靖四十年雙泉書齋刻本
新刊傷寒撮要六卷 第20-21冊
(明)繆存濟編著
日本江户時期抄本
甦生的鏡十卷補遺一卷 第21-22冊
(明)蔡正言集著
明天啓三年序 達生堂藏板
傷暑全書二卷 第22冊
(明)張鶴騰撰 趙廷璽編次
明天啓三年古臨劉帥之校梓本
窺垣秘術二卷 第23冊
(明)陳長卿著
日本江户時期抄本(底本爲明崇禎五年序刊本)
傷寒闡要編七卷 第24冊
(明)閔芝慶注
明刊本(配補抄本)
傷寒意珠篇二卷 第24冊
(明)韓藉琬論著
清康熙二十二年序 書錦堂本
傷寒述微三卷 第25冊
(清)李栻撰
清康熙初期南益堂刊本
傷寒論宗印八卷 第25-26冊
(清)張志聰注
清康熙二年序刊本
會講温證語録一卷答杭州程雲來傷寒十六問一卷 第27冊
(明末清初)喻昌撰
日本文化八年抄本
傷寒正宗八卷 第27冊
(清)史以甲輯注
日本江户時期抄本(底本爲清康熙十七年序 美延堂藏板)
治痧要略二卷 第28冊
(清)李菩編輯
日本江户時期抄本
新纂傷寒溯源六卷 第28-29冊
(清)顧憲章輯
清抄本(据康熙十七年序刊本抄)
傷寒三書合璧六卷 第30冊
(清)顧滄籌編校
清乾隆五十二年吴門樂真堂刻本
松峰説疫六卷 第31冊
(清)劉奎著輯 劉秉錦纂述
清乾隆五十四年序刊本
醫師秘笈二卷濕熱條辨一卷 第32冊
(清)隱君子傳 (清)薛雪撰
清嘉慶十七年刻璜川吴氏藏板
家本傷寒熱病論方一卷 第32冊
(清)佚名氏撰
二十世紀三四十年代抄本

診法類

脉經十卷 第32-33冊
(晋)王叔和撰 (宋)林億等編
明刊覆宋(紹聖三年)本
診脉要捷一卷 第33冊
(宋)蕭世基撰
日本天保十三年抄本
新刊通真子補注王叔和脉訣三卷新刊補注通真子脉要秘括二卷 第33冊
題(晋)王叔和撰 (宋)劉元賓注 (宋)劉元賓撰祕括二卷
明成化五年翠巖精舍刊本
脉訣理玄秘要一卷 第33冊
(宋)劉開撰
朝鮮明嘉靖二十六年跋刊本
察病指南三卷 第34冊
(宋)施發撰
日本慶長 元和間古活字本
決脉精要一卷 第34冊
(宋)黎民壽撰
日本天正二年王月軒抄本
新刊廣成先生玉函經解二卷 第34冊
題(五代)杜光庭撰 (宋)黎民壽注
日本寬政六年抄本
新編潔古老人注王叔和脉訣十卷
第34冊
(金)張元素注 (元)張璧述
元至元十九年序刊本
紫虚崔真人脉訣秘旨一卷 第34冊
題(宋)崔嘉彦撰
日本寬政三年抄本
脉學心法一卷 第35冊
(元明間)佚名氏輯
清抄本
新刊校正王叔和脉訣四卷 第35冊
題(晋)王叔和撰著 (明)周一朋編録
明萬曆六年富春堂刊本
新編王叔和脉訣圖要俗解大全六卷
第35冊
題(晋)王叔和撰 (明)熊宗立俗解
明正德四年新安陳氏存德堂刊本
脉證傳授心法一卷 第36冊
(明)吴景隆撰
日本江户初期抄本
新編診脉須知五卷新刊診脉要訣三卷
第36冊
(明)佚名氏輯 (宋)施發撰要訣
日本江户時期抄本
脉經直指七卷 第37冊
(明)方穀著
明萬曆二年李芳刻本(有抄補)
脉鏡二卷 第37冊
(明)許兆禎編著
日本江户時期抄本
太初脉辯二卷 第37冊
(明)孫光裕集著
明崇禎九年序 醉古居藏板
脉便二卷 第38冊
(明)李時珍撰 張懋辰訂
明刊本
纂圖方論脉訣集成四卷 第38冊
(朝鮮)許浚輯
朝鮮銅活字本
脉法正宗三卷 第39冊
(明)劉會纂輯
日本江户時期抄本
醫家二要三卷 第39冊
(明)嚴治編輯
明崇禎十三年序刊本
望色啓微三卷醫意商一卷傷寒翼一卷
第39-40冊
(清)蔣示吉述
清清康熙十一年序刊本
脉理正宗一卷 第40冊
(清)郎毓純參輯
清光緒二十四年據乾隆四十年刻本

清稿本

醫方類

葛仙翁肘後備急方八卷　第 75－76 冊
(晋)葛洪撰 (梁)陶弘景補
明萬曆二年李栻序刊本
千金翼方三十卷　第 76－78 冊
(唐)孫思邈撰 (宋)林億等校
元大德十一年梅溪書院刻本(有抄補)
外臺秘要方四十卷附録一卷　第 79－84 冊
(唐)王燾撰
日本影宋精抄本
太平聖惠方一百卷　第 84－85 冊
(宋)王懷隱等撰
南宋紹興十七年福建路轉運司刻本
太平聖惠方一百卷　第 85－97 冊
(宋)王懷隱等撰
日本寬政六年多紀氏影宋(南宋紹興十七年福建路轉運司刻本)抄校本
類證普濟本事方十卷　第 98 冊
(宋)許叔微述
南宋寳祐元年余氏明經堂刊本
類證普濟本事方後集十卷　第 98 冊
(宋)許叔微述
南宋寳祐間建安余唐卿宅刻本
楊氏家藏方二十卷　第 98－99 冊
(宋)楊倓編次
南宋淳熙十二年閩中憲司刻本
葉氏録驗方三卷　第 100 冊
(宋)葉大廉類編
日本江户初期據南宋嘉泰本抄本
衛生家寳方六卷衛生家寳方藥件修製總例一卷衛生家寳湯方三卷　第 101－102 冊
(宋)徐安國編類
日本江户初期影宋抄本
備全古今十便良方四十卷　第 102－103 冊
(宋)郭坦集編
日本江户初期影宋抄本
方氏編類家藏集要方二卷　第 104 冊
(宋)方導編類
日本天保間小島學古影抄南宋慶元三年自序本
太平惠民和劑局方十卷　第 104－105 冊
(宋)陳師文等撰
日本室町末據宋本抄
增廣校正和劑局方五卷　第 105 冊
(宋)陳師文等撰 吴斑增廣
宋刊本
增廣太平惠民和劑局方十卷附和劑局方圖經本草一卷諸品藥石炮製總論一卷指南總論三卷　第 105－106 冊
(宋)陳師文等撰
元廬陵古林書堂刻本
增注太平惠民和劑局方十卷附指南總論三卷　第 107－108 冊
(宋)陳師文等撰 許洪注
朝鮮活字覆刊元大德八年余志安勤有堂本
太平惠民和劑局方十卷附指南總論三卷圖經本草藥性總論一卷　第 109－110 冊
(宋)陳師文等撰
明正統九年葉三峰廣勤堂重刊元清江書堂本
太平惠民和劑局方十卷　第 110－111 冊
(宋)陳師文等撰
明成化二年熊氏種德堂刊本
温氏隱居助道方服藥須知一卷　第 111 冊
(宋)温大明撰集
朝鮮覆刻杭州德夫本
活人事證方二十卷活人事證方後集二十卷　第 111－112 冊
(宋)劉信甫編
日本享和二年影宋抄本
大德重校聖濟總録二百卷　第 113－118 冊
(宋)趙佶敕撰
元大德重校本
魏氏家藏方十卷　第 118－119 冊
(宋)魏峴撰集
日本江户時期抄本
芝田余居士證論選奇方後集十卷　第 119 冊
(宋)余綱撰
日本江户時期抄本
續易簡方論六卷　第 120 冊
(宋)施發撰
日本天明三年抄本(多紀元簡手校)
續易簡方論後集五卷　第 120 冊
(宋)盧祖常纂次
日本江户時期抄本
續易簡方脉論一卷　第 120 冊
(宋)王暐撰
日本嘉永六年多紀元堅據影宋本重抄
嚴氏濟生方十卷嚴氏濟生續方十卷　第 121 冊
(宋)嚴用和撰
日本室町初期抄本
黎居士簡易方論十一卷　第 121－122 冊
(宋)黎民壽撰
日本江户時期抄本
黎居士簡易方論十一卷　第 122 冊
(宋)黎民壽撰
元刊本
新刊仁齋直指方論二十六卷　第 122－123 冊
(宋)楊士瀛編撰
朝鮮古活字本(翻印環溪書院本)
類編朱氏集驗醫方十五卷　第 124 冊
(宋)朱佐集
宋咸淳元年序刊本
癸巳新刊御藥院方十一卷　第 125－126 冊
(元)許國禎編
朝鮮古活字本
新編南北經驗醫方大成十卷　第 126－127 冊
(元)孫允賢類編 熊彦明增補
元刻本
瑞竹堂經驗方十五卷　第 127 冊
(元)沙圖穆蘇撰
明高濂校刻本
永類鈐方二十二卷　第 128－130 冊
(元)李仲南集成
朝鮮正統三年刻本
仁存孫氏治病活法秘方十卷　第 130－131 冊
(元)孫仁存撰
日本文化二年抄本
新刻官板秘傳加減十三方一卷新刻官板秘傳外科經驗良方一卷　第 132 冊
(元)徐用和撰 (明)吴球校
日本江户時期抄明萬曆新歲鄭繼華本
五臟方一卷　第 132 冊
(元)滑壽撰
日本寳曆七年皇都書鋪刻本
槐陰精選單方四卷　第 132 冊
(明)王廷璲撰
日本江户時期抄本

明刊本
武彝山應道人秘傳諸病藥方一卷 第 170 冊
(清)黄瓊編
日本文政三年抄本
方以類聚五十卷 第 171－181 冊
(清)張勇(飛熊)撰
日本享和三年抄本
萬全備急方一卷萬全備急續方一卷 第 182 冊
(清)王翊編輯
清康熙二十二年序刊本
溥仁堂校正神驗單方全集二卷 第 182 冊
(清)陳謨輯
日本文化十一年抄本
辨症集十二卷 第 183－184 冊
(清)佚名氏編
舊抄本
奇疾方一卷 第 185 冊
(清)王遠抄輯
日本江户時期抄本
醫方治驗一卷 第 185 冊
(明)佚名氏編
日本江户時期抄本
易簡良方一卷 第 185 冊
(清)張甄陶撰 (日)多紀元胤摘抄
日本江户時期抄本
普濟方一卷 第 185－186 冊
(清)孫君摘編
清嘉慶十四年刻本

臨證綜合類

世醫得效方二十卷 第 186－189 冊
(元)危亦林撰
明正德元年魏氏仁實書堂重刊本
世醫得效方二十卷 第 189－192 冊
(元)危亦林撰
朝鮮洪熙元年春川府覆元刊本
世醫得效方二十卷 第 192 冊
(元)危亦林撰
朝鮮古活字印本
丹溪朱氏脉因證治二卷 第 193 冊
題(元)朱震亨著
明刊本
玉機微義五十卷 第 193－196 冊
(明)徐用誠撰 劉純補
明嘉靖十八年葉秀校 作德堂刊本
玉機微義五十卷 第 196－200 冊
(明)徐用誠撰 劉純補
明萬曆浙江布政司刊本(有抄補)
乾坤生意二卷乾坤生意密韞一卷 第 201－202 冊
(明)朱權編
明成化十四年序刊本
醫林類證集要十卷 第 202－208 冊
(明)王璽集
朝鮮古活字印本(覆明成化十八年春德堂十卷本)
醫林類證集要二十卷 第 209－213 冊
(明)王璽集
明嘉靖八年書林日新劉氏刻二十卷本
醫學碎金四卷 第 214 冊
(明)周禮編述
日本江户時期抄本(底本爲明萬曆間胡文焕校本)
丹溪秘傳方訣十卷 第 214 冊
(元)朱丹溪撰 (明)佚名氏傳
日本江户初期抄本
新鋟丹溪先生醫書纂要心法六卷 第 214－215 冊
(元)朱丹溪著 (明)盧和纂注
明萬曆二十九年劉龍田喬山堂刊本
明醫雜著六卷 第 215 冊
(明)王綸集 薛己注
日本江户時期刊本
韓氏醫通二卷 第 216 冊
(明)韓悉撰
明嘉靖元年序刊本
醫學正傳八卷 第 216－217 冊
(明)虞摶編集
朝鮮古活字甲辰印本
新編醫經正宗八卷 第 218－219 冊
(明)虞摶編集
明嘉靖十八年廣勤書堂刊本
保生餘録二卷 第 220 冊
(明)張介庵集刻
明嘉靖十五年跋刊本
新刊東溪節略醫林正宗八卷 第 220－221 冊
(明)饒鵬撰
明嘉靖七年序刊本
藎齋醫要十五卷 第 221 冊
(明)陳諫類集
明嘉靖七年序刊本
程齋醫抄撮要五卷 第 222 冊
(明)盛端明纂輯
明嘉靖十二年序刊本
醫學統旨八卷 第 222－224 冊
(明)葉文齡編集
明隆慶六年序刊本 玉夏齋藏板
新鍥太醫院鰲頭諸症辨疑六卷 第 224－225 冊
(明)吴球著撰
明書林余秀峰刻本
活人心統四卷 第 225 冊
(明)吴球撰
日本江户初期抄本
新刻汪先生家藏醫學原理十三卷 第 226－227 冊
(明)汪機編輯
明金陵吴繼武廣仁堂刻本
醫家必用一卷 第 228 冊
(明)孫應奎纂集
明嘉靖後期朝鮮古活字本
新刊醫家必用類選四卷 第 228 冊
(明)孫應奎纂集
日本江户時期抄本
萬氏家傳保命歌括三十五卷 第 229－230 冊
(明)萬全著
明萬曆二十四年邵武郡閣刊本
新刻萬氏家傳保命歌括十卷 第 231－232 冊
(明)萬全著
明萬曆二十五年余秀峰怡慶堂刊本
醫學集要五卷卷首一卷 第 233－234 冊
(明)閔道揚編集
日本江户時期抄本
百病回春要緊真方七卷 第 234－235 冊
(明)王大德集著 王紹南參閱
明萬曆間福建進賢堂刊本
重校醫便初集二卷續集四卷附録一卷 第 235 冊
(明)王君賞編 吴秀重訂續編
明崇禎九年序刊本
醫便五卷醫便二集六卷 第 236－237 冊
(明)張受孔 姚學顔重訂
明刻本
丹溪要删八卷 第 237－238 冊
題(明)適適道人輯
明刊本

舊抄本

醫宗釋疑十二卷　第303－304册

（清）高奉先著

清光緒二十二年序刊本

臨證各科類

内科

雜病治例一卷　第304册

（明）劉純編輯

日本江户初期抄本

新刻痰火點雪四卷　第304－305册

（明）龔居中著

明末劉大易喬山堂刻本

血症全集一卷　第305册

（明）孫光裕集著

日本江户時期抄本

馮氏錦囊痧瘵秘録二卷馮氏錦囊諸血秘録一卷　第305册

（清）馮兆張原纂（日）長岡丹堂摘録

日本享保十五年刊本

雜證要略四卷　第306册

（清）李菩纂輯

日本江户時期抄本

婦科

新編婦人大全良方二十四卷　第306－307册

（宋）陳自明編注

朝鮮古活字本

胎産救急方一卷　第307册

（元）李辰拱撰

日本江户時期抄本

便産須知二卷　第307册

（明）佚名氏撰

明嘉靖十七年跋刊本

便産須知二卷　第307册

（明）佚名氏撰

日本江户時期抄本

廣嗣要語一卷廣嗣附方一卷　第308册

（明）俞橋撰集（明）鹿園居士輯

明嘉靖十五年跋刊本

新刻萬氏家傳廣嗣紀要五卷　第308册

（明）萬全著

明萬曆間余秀峰怡慶堂刻本

新刻廣嗣須知一卷　第308册

（明）蔡龍陽集 胡文焕校刻

明萬曆二十一年胡文焕文會堂刻本

保産萬全書一卷　第308册

（明）陳治道編輯

日本江户時期抄本

朱丹溪先生産寶一卷　第308册

題（元）朱丹溪撰（明）單養賢增補

日本江户時期抄本

産鑑二卷　第309册

（明）王化貞集刻

明萬曆四十六年序刊本

女科百病問答四卷補遺一卷　第309册

（明）錢國賓著

明崇禎六年序刊本

内府秘傳經驗女科一卷女科方脉主意一卷雜録秘傳女科妙方一卷　第310册

（清）龔定國撰

日本元禄二年刊本

保産心法一卷全嬰心法一卷　第310册

（清）石成金撰集

清刻本

兒科

錢氏小兒藥證直訣三卷附録一卷　第310册

（宋）錢乙傳 閻孝忠集

宋刊本（配補雙芙閣影抄及仿宋刊本）

幼幼新書四十卷　第311－321册

（宋）劉昉編録

日本寬政三年抄本

幼幼新書四十卷　第321册

（宋）劉昉編録

宋刊本

全嬰方論二十三卷　第322册

（宋）鄭端友著

日本文政二年抄本

編集諸家嬰兒病證幼幼方論十卷　第323册

（宋）鄭惠卿撰

日本天保十五年抄本

程氏經驗痘疹理法一卷附録一卷　第323册

（明）程鋭纂次

明抄本

保童水鑑一卷　第323册

（元明間）佚名氏撰

日本江户時期抄本

痘疹神應心書二卷　第324册

（明）邱可封裁定

日本江户初期抄本

李氏嬰兒得效方三卷　第324册

（明）李景芳撰

日本江户時期抄本

急救小兒良方直旨二卷　第325册

（明）太醫院校

明建邑書林熊心舜刻本

類證注釋錢氏小兒方訣十卷　第325册

（宋）閻孝忠集（明）熊宗立注

明萬曆間吴勉學校刻本

袖珍小兒方十卷　第325－326册

（明）徐用宣編集

明嘉靖十一年贛州府刻本（配補抄本）

秘傳小兒痘疹經驗良方一卷　第326册

（明）胡璟輯

日本室町時代抄本

活幼便覽二卷　第326册

（明）劉錫編集

明正德五年序 歙西仇以才刻本

原幼心法三卷　第327册

（明）彭用光撰集

明刻本

蔡氏小兒痘疹袖金方論一卷　第328册

（明）蔡維藩著

日本文政四年據明萬曆二年跋刊本抄

陳蔡二先生合併痘疹方及論三卷　第328册

（宋）陳文中（明）蔡維藩著 吴勉學校

明刊本

幼科小兒方二十八卷　第328－329册

（明）王鑾撰

日本文政六年抄本

錢氏小兒直訣四卷　第329册

（宋）閻孝忠集 題（明）薛鎧校注

日本江户時期刊本

保嬰全書二十卷　第330－334册

（明）薛鎧編集 薛己治驗

明萬曆十二年跋刊本

保嬰粹要一卷　第334册

（明）薛己著

日本承應三年刊本

痘疹正宗四卷　第334－335册

（明）高武輯著

日本江户時期抄嘉靖間四明墨川子王臨刻本

痘疹格致要論十一卷痘疹世醫心法十二卷　第335－336册

（明）萬全著輯

明天啓三年序刊本

保嗣痘疹靈應仙書二卷　第336册

(明)蔡繼周著
明刊本
痘疹備用藥方一卷續編小兒痘疹切要經驗方一卷 第336冊
(明)劉初泉刻 (明)李倬編述
明嘉靖三十七年跋刊藍印本
全嬰要覽二卷 第337冊
(明)閔道揚編輯
明隆慶六年序刊本
秘傳經驗痘疹治法四卷 第337冊
(明)黄廉述
明萬曆元年序刊本
痘疹方一卷 第337冊
(明)匡鐸輯
明萬曆二年序刊本
支氏痘疹玄機四卷附録一卷 第338冊
(明)支秉中著
明萬曆二年序刊本
痘疹經驗要方二卷 第338冊
(明)徐璘校
日本享保十三年重刻明萃慶堂本
新刻太醫院校授丹溪秘藏幼科捷徑全書四卷 第339冊
題(元)丹溪朱震亨秘藏 (明)傅紹章精校
明金陵唐富春刻本
新刊保産育嬰養生録三卷 第339冊
(明)復古齋著
明刊本
新刊痘疹證治要訣五卷 第340冊
(明)盧銑著
明萬曆七年序 余完初怡慶堂刻本
治痘精詳大全十六卷 第340－342冊
(明)何佖輯
明萬曆二十二年序刊本
幼科輯粹大成十卷 第343冊
(明)馮其盛纂輯
明萬曆二十三年刊本
袁氏痘疹叢書五卷 第343－344冊
(明)袁黄述
明萬曆雙峰堂刻本
新鐫鄭先生痘經會成保嬰慈録九卷卷首一卷 第344－345冊
(明)鄭大忠撰
明萬曆二十七年清漳劉祖有刻本
保嬰痘證百問歌九卷 第346冊
(明)張宇傑撰
明萬曆三十年兩甌張黄儁刊本
新刊太乙秘傳急救小兒推拿法二卷 第346冊
(明)姚國禎述輯
明萬曆書林劉龍田喬山刻本
新鋟兒科選粹太乙仙傳活嬰秘旨推拿方脉三卷 第347冊
題(明)龔廷賢撰 姚國禎補輯 胡連璧校正
明萬曆三十二年序 余明臺刻本
新鍥御院秘傳補遺痘疹辨疑全幼録四卷 第347冊
(明)龔廷賢撰 胡廷訓補遺
明萬曆三十六年朱仁齋刻本
痘疹發微一卷 第347冊
(明)何洛英著
日本江户時期抄明梁溪陳幼學刻本
育嬰至寶二卷 第348冊
(明)趙本善輯刻
日本天保十五年抄本
小兒痘疹二症全書四卷 第348冊
(明)吴子揚著 部永春補編
明萬曆三十九年序 秣陵書坊徐可久刊本
秘傳推拿妙訣一卷 第349冊
(明)周于蕃撰
清末抄本
痘疹慈幼津筏二卷附録一卷 第349冊
(明)王仲威發梓
日本享保四年刻本
增補麻疹心法一卷後編一卷 第349冊
(明)翁仲仁輯著 陸道元補遺
日本江户時期抄本
新刻小兒雜症秘傳便蒙捷法一卷 第349冊
(明)陸道元補遺
日本文政六年據舒其才刻本重抄本
痘瘀心法二卷 第349冊
(明)王大綸著
明天啓五年序刊本
治痘大成集四卷 第350冊
(明)朱一麟訂記
明天啓元年序刊本
汪氏痘疹大成一卷 第350冊
(明)汪若源撰
日本江户時期抄本
痘疹秘要一卷 第351冊
(明)不著撰人
明天啓五年陳楚瑜序刻本
痘疹一覽五卷 第351冊
(明)陰有瀾纂
明末刊本
新鍥鰲頭活幼諸症小兒痘疹全書五卷 第351－352冊
(明)徐君盛著輯
明刊本
新刊太醫院校正小兒痘疹醫鏡二卷 第352冊
(明)龔居中輯著 吴文炳參補
明建邑蕭騰鴻刻本 陳含初重印
痘經三卷 第352－353冊
(明)江旭奇編
明崇禎五年跋刊本
慈幼秘訣一卷 第354冊
(明)佚名氏抄輯
明刊本
幼科折衷二卷 第354冊
(明)秦昌遇編集
日本享保十一年跋刊本
保嬰録一卷山谷便方一卷 第355冊
(明)歐士海述
明福唐壽世堂刻本
兒科方要一卷 第355冊
(明)吴志中著 吴元溟輯
明崇禎十一年序刊本
痘疹保嬰彙粹鑒衡集三卷 第355冊
(明)吴國翰校集
日本江户時期抄本
增補醫貫奇方一卷 第355冊
(明)陰有瀾編著
明書林張起鵬校刻本
幼科百效全書三卷 第356冊
(明)龔居中編著
明劉大易喬山堂刊 清印本
痘科鍵二卷 第356冊
(明)朱巽著 (清)朱鳳台訂
清康熙間刻本
毓麟芝室痘科秘傳四卷附録一卷 第357冊
(清)朱之黯參訂彙録
清初刻本
痘辨一卷 第358冊
(清)管玉衡著輯
日本弘化三年抄本

全幼對症録三卷 第358冊
(明)劉漢儒傳
明隆慶六年序刊本
痘疹直指方一卷 第358冊
(清)佚名氏編
日本江户時期抄本
痘疹要略四卷 第359冊
(清)李菩編輯
日本江户時期抄本
痘疹書一卷 第359冊
(清)佚名氏編
清末民初抄本
推拿總論一卷 第360冊
(清)佚名氏編
清光緒八年抄本
徐謙光推拿全集一卷 第360冊
(清)徐謙光撰
近代抄本

外科

癰疽辨疑論二卷 第360冊
(宋)李世英編
日本江户時期抄本
外科精要三卷 第360冊
(宋)陳自明編
朝鮮古活字本
外科精要三卷 第361冊
(宋)陳自明編集 (明)熊宗立補遺
日本寬政四年據永正十七年抄本抄
外科樞要四卷 第361冊
(明)薛己著
明隆慶五年序 吴勉學校録刊本
大河外科二卷 第362冊
(明)王拳著
明萬曆三十八年重刻本
新刊軍門秘傳・太醫院纂急救仙方四卷 第362冊
(明)吴文炳輯
明萬曆閩建書林熊成冶刻本
新刊太醫院校正外科集要三卷 第362冊
(明)張國泰選輯
明萬曆四十七年余雲坡西園堂刊本
醫説佛乘一卷 第362冊
(明)盧萬鍾撰
明天啓六年序刊本
外科纂要經驗良方三卷 第363冊
(明)王大綸集
日本江户時期抄本
明醫諸風癘瘍全書指掌六卷附刻二卷 第363－364冊
(清)釋傳傑纂
清康熙十四年刊本
秘傳外科或問一卷 第365冊
(清)佚名氏纂 傅岫雲增補評注
近代抄本
陳文華外科秘方一卷 第365冊
(清)陳彬纂
日本文化五年抄本
外科圖形法治一卷 第365冊
(清)佚名氏纂
清後期抄本

眼目咽喉

秘傳眼科龍木總論十卷卷首一卷 第365－366冊
(宋元間)佚名氏編
明萬曆三年廣東刊本
太醫院秘傳明目直指三卷 第366冊
(明)榮陽改誤
日本江户時期抄本
新刊明目神驗方一卷 第367冊
(明)不著撰人
明弘治十三年重刊本
崑山顧公醫眼論並方一卷 第367冊
(明)顧鼎臣述
明嘉靖十九年朝鮮刊本
新編鴻飛集論眼科一卷 第367冊
(明)胡廷用編集
明嘉靖三十五年劉氏日新堂刻本
新鍥鰲頭復明眼方外科神驗全書六卷 第367冊
題(明)龔廷賢編輯
明萬曆十九年王祐三槐堂刊本
新刊明目良方二卷卷首一卷 第368冊
(明)佚名氏撰
明萬曆二十八年序 樹德堂刊本
新刻秘傳眼科七十二症全書六卷 第368冊
(明)袁學淵輯著
明萬曆三十二年楊春榮同仁齋刊本
眼科全書三卷 第369冊
(清)王協抄刻
日本江户時期抄本
青囊完璧七卷 第369－370冊
(清)王協刻印
日本文政七年抄本
眼科秘方一卷 第370冊
(清)佚名氏纂
清末抄本
秘傳喉科一卷 第370冊
(清)西園鄭家祖傳
近代汪成恒抄本

養生類

養生類纂二十二卷 第370－371冊
(宋)周守忠纂集
日本江户時期據明成化刊本重抄
三元參贊延壽書五卷 第371冊
(元)李鵬飛編
明建文元年劉淵然重刊本
三元參贊延壽書五卷 第371冊
(元)李鵬飛編
日本江户時期據朝鮮正統三年全州府刊本重抄本
壽親養老新書四卷 第372冊
(元)鄒鉉編次
朝鮮李朝中期刊本
神隱二卷 第373冊
(明)朱權製
明刊本(卷下後半部抄補)
達生録二卷 第373冊
(明)堵胤昌輯
明萬曆三十二年序 日本慶安二年重刊本
大丹直指一卷 第373冊
(元)丘處機編
明天啓七年跋刊本
易筋經一卷附録一卷 第374冊
題達摩傳
日本江户時期抄本(底本爲海岱游人序 沈玉田校定本)

叢書合刊書類

醫學集覽 第374－377冊
(明)祝大年等校修
明萬曆三十一年序刊本
難經本義
(元)滑壽
脉訣刊誤
(元)戴起宗
十四經絡發揮
(元)滑壽
敖氏傷寒金鏡錄
(元)敖氏
傷寒鈐法

(元)馬宗素
原機啓微
(明)倪維德
原機啓微附錄
(明)薛己
外科發揮
(明)薛己
外科心法
(明)薛己
外科經驗方
(明)薛己
癰疽神秘驗方
(明)陶華
癰疽神秘灸經
(元)胡元慶
新刊三丰張真人神速萬應方 第 377－378 册
(明)孫天仁集
日本江户時期抄本
醫學統宗
(明)何柬選校補撰
明隆慶三年刊本
難經本義補遺
治病針法
滑氏診家樞要
醫書大略統體
滑氏伯仁巵言
雜錄
試論
新刻明醫參補三合王叔和脉訣合編四卷新刻明醫考證八十一難經合編四卷 第 379 册
(明)吴文炳編
明萬曆四十五年序刊本
醫學指南捷徑六書 第 380 册
(明)徐春甫著
明萬曆二十五年劉雙松重刻
内經正脉
雷公四要綱領發微
病機藥性歌賦
諸證要方歌括
二十四方
評秘濟世三十六方
必用醫學須知 第 381－382 册
(明)余象斗校正
明萬曆間書林余文台梓行
叔和脉訣
藥性賦
諸症辨疑
醫方捷徑
醫學綱目 第 382－385 册
(明)王執中選次
明末刊本
正脉指南
素問
傷寒論
此事難知
傷寒六書
活人大全方
拾遺
醫種子 第 386－387 册
(明)盧復編纂
明天啓四年序刻本
神農本經
難經
仲景傷寒論
金匱要略論
仲景脉法
仲景傷寒方
仲景金匱要略方
薛立齋醫按方
敖氏傷寒金鏡錄
扁鵲倉公傳
薛立齋醫按内科摘要
易思蘭先生醫按
芷園臆草
芷園覆餘
芷園日記
讀藥性題後
芷園臆草勘方
芷園臆草存案
傷暑全書二卷醫學研悦 第 387－388 册
(明)張鶴騰撰 (明)李盛春彙集
明天啓六年序刊本
脉學原始全書研悦
胤嗣全書研悦
病機要旨
治傷寒全書研悦
治雜症驗方研悦
小兒形症研悦
小兒研悦方
小兒推拿
内外科正宗 第 389－394 册
(明)王象晋合刻
明崇禎二年序 李光焕刊本
内科正宗
外科正宗
醫學四要 第 394 册
(明)張文介 張尚玄輯
日本江户時期抄本
醫書要字音釋
製藥秘傳
金閨秘方
救急秘傳新方
五福全書 第 394－395 册
(明)龔居中纂著
明崇禎三年序刊本
修真要圖
修真至說
修真秘訣
修真金丹
修真種玉
食物宜忌
壽世仙丹 第 396－397 册
(明)龔居中纂輯
明刊本
内科經驗良方壽世仙丹
女科經驗良方壽世仙丹
外科經驗良方壽世仙丹
幼科經驗良方壽世仙丹
靈蘭初集 第 397－398 册
(明)施沛纂輯
明崇禎間嗇齋藏板
素問逸篇
臟腑指掌圖書
經穴指掌圖書
脉微
醫醫
說療
靈蘭二集 第 398－400 册
(明)施沛纂輯
明崇禎間施衙藏板
宋徽宗圣濟經
產經
痘疹折衷
祖劑
雲起堂診籍
李瀕湖抄醫書 第 401 册
題(明)李時珍抄
清抄本
瀕湖脉學

百病論
病機賦
雜病賦
湯頭
病機抄略
珍珠囊藥性賦
藥性賦
衛生要訣一卷富貴延齡種子妙訣一卷異傳稀痘經驗良方一卷 第401册
(清)吴建鈕編
日本江户時期抄本
其他類
薛立齋先生内科醫按摘要一卷 第402册
(明)應麐删校
明萬曆四十八年序刊本
新刻香奩潤色一卷 第402册
(明)胡文焕編輯
日本江户時期抄本
答朝鮮醫問一卷 第402册
(明)王應遴擬答
明刊本
醫學三書論一卷 第402册
(清)沈棣懷纂輯
清雍正二年刻本
南極天華寶錄一卷 第402册
題神功妙劑真君述
清抄本
台灣文獻匯刊
陳支平主編
二〇〇四年厦門厦門大學出版社北京九州出版社
一〇〇册
第一輯
鄭氏家族與清初南明相關史料專輯
隆武紀略 第1册
佚名
重麟玉冊 第1册
沈冰壺
鄭氏紀略 第1册
星槎野叟
延平始末 第1册
馮甦
逆臣傳·鄭芝龍傳附福建新通志·鄭芝龍傳 第1册
佚名
臺灣外志 第1册
佚名
鄭成功傳 第2-3册
鄭亦鄒
鄭延平事略
澤瀉東正純
臺灣開創鄭成功
丸山正彦
鄭延平年譜
鄭浩基
白麓文鈔附明季遂志錄傳論 第3册
鄭亦鄒
海上見聞錄(定本) 第4册
阮旻錫
重編燼餘集 第4册
李魯
及春堂集 第4册
鄭鴻逵
路文貞公集 第4册
路振飛
惠安王忠孝公全集 第5册
王忠孝
鄭氏族譜 第5册
鄭芝龍
清初鄭成功家族滿文檔案譯編 第6-8册
第一歷檔案館編譯
鄭氏宗譜 第9册
鄭玉海
鄭氏家譜 第9册
佚名
梁宫保壯猷紀 第9册
吳偉業
東村紀事 第9册
宋征輿
順治鎮江防禦海寇記 第9册
陳慶年
尊攘略 第9册
錢肅圖
夕陽寮詩稿 第9册
阮旻錫
夕陽寮存稿 第9册
阮旻錫
第二輯
康熙統一臺灣史料專輯
閩頌彙編 第1-7册
憂畏軒奏疏
姚啟聖
憂畏軒文告
姚啟聖
憂畏軒遺稿 第8册
姚啟聖
太子少保姚公傳
野史氏
碑傳集 諸書有關姚啓聖 施琅 萬正色等平臺功臣傳記 第8册
錢儀吉纂錄
海濱外史 第8册
林義儒
甲寅實記 第8册
馬平霞店林氏本房族譜 第9册
林夢賚續修
道光二十年霞殿分支田頭本房族譜
林賢 林達傳記
潯海施氏族譜(節選) 第10-11册
施琅 施世騋等修
南堂詩鈔 第12册
施世綸
師中記續附師中小札 第13册
王得一
按閩奏議 第13册
朱克簡
寇變紀寇變後紀 第14册
李世熊
莆變紀事 第14册
余颺
榕城記聞 第14册
海外散人
國朝莆變小乘 第14册
陳鴻
莆靖小記 第14册
陳鴻
畫壁遺稿 第14册
范承謨
第三輯
閩台民間關係族譜專輯
鰲江范氏家譜 第1-2册
秀篆游氏族譜 第2册
穎川陳氏族譜集成 第3册
溪南陳氏族譜 第4册
漳州呂氏族譜二種 第4册
漳州吳氏族譜三種 第5-6册
施洋蕭氏族譜 第6-7册
南靖盧氏族譜 第8册
龜洋莊氏族譜 第9-10册
昇平郭氏族譜 第11-12册

第四輯

臺灣相關詩文集

第五輯

臺灣輿地資料專輯

第六輯

臺灣事件史料專輯

第七輯

臺灣文獻匯刊續編
方寶川 謝必震主編
二〇一五年北京九州出版社
一〇〇册

詩文别集

第 38－39 册
臺灣旅行社股份有限公司
時政新聞類
臺灣警察第一卷第一期至第四卷第十一期(1946—1949) 第 39－42 册
中華警察學術研究社臺灣分社
臺灣月刊第一期至第七期(1946—1947) 第 42－43 册
臺灣月刊社
民權通訊第十五期至第一二一期(1946—1949) 第 43－45 册
民權通訊社
警風旬刊第一卷第二期至第四卷第三期(1947—1948) 第 45 册
臺灣省警風出版社
建國月刊(原為建國週刊)第一卷第一期至第二卷第五期(1947—1948) 第 46 册
建國月刊社
臺灣新社會第一卷第一期至第一卷第八期(1948) 第 46－47 册
臺灣新社會月刊社
時文精華第六期(1949 年 7 月 17 日)、第七期(1949 年 8 月 5 日)、第十四期(1949 年 11 月 8 日) 第 47 册
時文精華雜誌社
今日臺灣第一輯至第七輯(1949) 第 47－48 册
民權通訊社
臺灣省地方行政幹部訓練團團刊 臺灣省訓練團團刊 臺灣訓練半月刊 道南月刊)第一卷第一期至第六卷第十二期(1946—1948) 第 48－51 册
臺灣省地方行政幹部訓練團
政府公報類
臺南縣統計月報第一期至第二十九期(1946－1948) 第 51－53 册
臺灣省臺南縣政府總務科統計股
善後救濟總署臺灣分署月報第一期至第十六期(1946－1947) 第 53－54 册
善後救濟總署臺灣分署
臺灣省行政長官公署施政報告(1946 年 5 月、12 月兩期) 第 54－55 册
臺灣省行政長官公署
臺灣省統計要覽第一期至第五期(1946－1947 年) 第 55－57 册
臺灣省行政長官公署統計室
臺東縣政府公報第二期至第四期(1948) 第 57 册
臺東縣政府秘書室
經濟史料類
臺灣物價統計月報第一期至第三十九期(1946－1949) 第 57－58 册
臺灣省行政長官公署統計室
工聲第四期至第六期(1947) 第 59 册
臺灣紙業有限公司臺中廠員工勵進會
農報(月刊)第一卷第一期至第二卷第十二期(1947－1948) 第 59－61 册
臺灣省農業試驗所農報編輯委員會
臺電勵進月刊第一卷第一期至第二卷第十二期(1947—1949) 第 61－62 册
臺灣電力公司員工勵進會
臺林第一期(1947) 第 62－63 册
臺灣省行政長官公署農林處林務局
臺灣省農業試驗所報告第二期至第十七期(1947) 第 63 册
臺灣省農業試驗所
臺灣農林月刊 臺灣農林月刊・臺灣農情月報合刊第一卷第一期至第三卷第二期(1947－1949) 第 64－65 册
臺灣省農林月刊编輯委員會
臺灣農業推廣通訊第一卷第一期至第四期(1947) 第 66 册
臺灣省農林處農業推廣委員會
臺糖通訊(旬刊)第一卷第一期至第四卷第十一期(1947－1949) 第 66－73 册
臺灣糖業公司經濟研究室
臺灣糖業第一卷第一期至第二卷第二期(1947－1949) 第 73－76 册
臺灣糖業公司
臺灣糖業統計第一期、第二期(1947－1948) 第 76－77 册
臺灣省行政長官公署農業處農業推廣委員會特産組
臺紙通訊第一卷第一期至第二卷第十二期(1947－1949) 第 77－81 册
臺灣紙業有限公司
林產通訊第一卷第一期至第四卷第八期(1947－1948) 第 81－83 册
臺灣省政府農林處林產管理局秘書室
新工程第一卷第一期至第一卷第十二期(1947－1948) 第 83－84 册
新工程出版社
臺灣經濟月刊第一卷第一期至第二卷第一期(1948)第二十四卷第一期至第二十六卷第二期(1961－1962) 第 84－86 册
臺灣經濟月刊社編輯部
臺灣農業年報一九四八年年刊本 第 86 册
臺灣省政府農林處
教育類
圖書月刊第一卷第一期至第二卷第十二期(1946－1947) 第 86－87 册
臺灣省圖書館
國民教育指導月刊第一卷第一期至第二卷第三期(1946－1947) 第 87－88 册
教育部國民教育司 臺灣省行政長官公署教育處
國民教育輔導月刊第一卷第一期至第四卷第四期(1947－1949) 第 88－89 册
臺灣省政府教育廳
國立臺灣大學校刊第一期至第十六期(1947－1948) 第 89 册
國立臺灣大學出版組
臺灣教育第一卷第一期至第二卷第八期(1948) 第 89－90 册
臺灣省教育會
文化藝術類
臺灣文藝叢志第一年(1919)第一號至第九號、十一號、十二號 第二年(19320)第一號至第八號 第三年(1921)第一號至第三號、第五號、第六號、第九號 第四年(1922)第三號 第五年(1923)第一號至第七號 第六年(1924)第一號至第九號 第 90－96 册
臺灣文社
臺灣詩報一九二四年創刊號至一九二五年四月號 第 96－98 册
臺北星社
南音創刊號(1932) 第 98 册
南音雜誌社
心聲創刊號至第六號(1946－1947) 第 98 册
臺灣心聲報社
臺灣文化第一卷第一期至第六卷第三、四合期(1946－1951) 第 98－100 册
臺灣文化協進會
常州勝西卞氏族譜
卞有成主修
二〇一一年清硯譜社

二十四册

天津圖書館藏家譜叢書

天津圖書館編

二〇一一年天津古籍出版社

五〇〇册

(浙江寧波)四明朱氏支譜内外編二十六卷 第1册

一九三六年慎德堂木活字本

(浙江紹興)湖南金氏族譜不分卷 第2册

清道光間藍格抄本

(浙江烏程)陸氏世系譜一卷先德錄一卷 第2册

清抄本

(安徽績溪)荊川明經胡氏五義堂宗譜十六卷卷首一卷卷末一卷 第3-5册

清光緒十年木活字本

(河北南皮)潘氏族譜稿不分卷 第6册

清同治七年稿本

(江蘇常熟)嚴氏家譜不分卷 第6册

清乾隆初稿本

(遼寧興城)王氏家譜一卷 第6册

一九四三年石印本

(全國)項氏源流攷一卷 第6册

清末民初油印本

(山東福山)王氏支譜一卷 第6册

清末民初稿本

(天津)天津華氏南支宗譜不分卷 第6册

清道光二十六年刻本

(浙江東陽)紫溪邵氏房譜不分卷 第6册

一九三二年木活字本

(天津)武進卞氏北遷族譜不分卷 第6册

一九三〇年鉛印本

(福建閩侯)西清王氏族譜不分卷 第7册

一九三四年鉛印本

(廣東廣州)南海學正黃氏家譜不分卷 第7册

清宣統三年保粹堂刻本

(湖南安化)莫氏三修族譜七卷 第8-9册

清宣統三年木活字本

(湖南長沙)長邑卯田楊氏族譜十二卷 第10-12册

一九三一年四知堂木活字本

(湖南寧鄉)麻山湯氏六修族譜七卷 第13-16册

清咸豐九年雙桂堂木活字本

(湖南寧鄉)寧鄉雙觀黃氏五修族譜十二卷卷末一卷 第17-19册

一九二一年敦倫堂木活字本

(湖南益陽)曾氏貴房五修族譜四十卷 第20-29册

一九二九年木活字本

(江西萬載)潭溪林氏族譜不分卷 第30-36册

一九四二年忠孝堂木活字本

(江西萬載)萬載辛氏六房譜四卷首一卷 第37-38册

一九三六年木活字本

(江西萬載)萬載源頭劉氏九修族譜四十六卷首一卷末一卷 第39-43册

一九四八年袁山氏木活字本

(遼寧瀋陽)孟子世家流寓奉天府岫巖城岔溝支譜二卷首一卷 第44册

清同治五年刻本

(山東)白梅安梁四氏合譜四卷 第44册

一九三六年鉛印本

(山東曲阜)至聖先師世系考 第44册

清宣統元年石印本

(天津)李氏族譜不分卷 第44册

一九一四年石印本

(天津武清)杜氏家譜不分卷 第44册

一九四三年鉛印本

(浙江紹興)史氏譜錄合編八卷 第45-47册

清康熙間八行堂刻本

(浙江錢塘)錢塘沈氏家乘十卷 第48册

一九一九年西泠印社木活字本

(浙江黃岩)南隅花廳王氏宗譜十卷 第49-51册

清光緒十六年木活字本

(安徽績溪)汪氏宗譜六卷 第52-53册

一九二四年永恩堂木活字本

(湖北宜昌)義門陳氏大同宗譜十六卷彝陵分譜十二卷 第54册

一九四〇年鉛印本

(江蘇常熟)臨海屈氏世譜十九卷 第55-56册

清光緒九年忠義祠堂刻本

(安徽績溪)汪氏宗譜四卷 第57册

清光緒二十二年木活字本

(江蘇昆山)趙氏家乘十六卷 第58-59册

一九一八年刻本

(山東寧津)牛氏族譜不分卷 第60册

清光緒二十八年刻本

(廣西粵西)武緣起鳳黃氏家乘不分卷 第60册

一九三四年南寧大成印書館鉛印本

(山東德州)田氏家譜不分卷 第60册

清乾隆初刻道咸間增補刻本

(湖南沅江)沅江熊氏族譜三十五卷 第61-71册

一九四六年江陵堂木活字本

關西馬氏世行錄十四卷 第72册

清同治七年敦倫堂刻本

(湖南邵陽)昭陵趙氏五修族譜十六卷首八卷 第73-84册

一九一九年琴鶴堂活字本

(湖南瀏陽)陳氏宗譜一百三十九卷附陳氏新特牌志一卷 第85-98册

一九三九年耀祖祠木活字本

(江西)邱氏族譜二十三卷 第99-108册

一九三九年河南堂木活字本

(江西安化)何氏三修族譜八卷 第109-111册

一九三〇年石印本

(湖南長沙)長沙坑口吳氏四修族譜四卷首四卷 第112-113册

一九二六年延陵堂木活字本

(湖南瀏東)余氏族譜七卷首一卷 第114-115册

清光緒二十九年新安堂木活字本

(湖南湘鄉)劉氏續修族譜十四卷首二卷 第116-122册

清光緒九年三治堂木活字本

(江西萬載)司馬氏族譜十卷 第123-125册

一九一三年河内堂木活字本

(江西萬載)葉氏族譜四卷首三卷 第126-127册

清光緒二十九年南陽堂木活字本

(湖南瀏陽)橫溪蕭氏族譜二十五卷 第128-133册

一九三五年河南堂木活字本

(江蘇吳縣)六修江蘇洞庭安仁里嚴氏族譜十二卷首一卷 第134-135册

一九三三年中華書局鉛印本
(江西萬載)倉下余氏族譜六卷首一卷 第136－137册
清光緒十六年新安堂木活字本
(江西萬載)蒼氏族譜九卷 第138－139册
一九一三年太原堂木活字本
(江西萬載)袁郡張氏族譜十六卷 第140－143册
一九四〇年清河堂木活字本
(安徽石棣)長林陳氏宗譜二十四卷 第144－148册
一九一五年刻本
(浙江天台)天台妙山陳氏宗譜六十九卷 第149－167册
一九二九年鉛印本
(湖南益陽)楚南何氏六修族譜二十六卷首七卷 第168－175册
一九四二年廬江堂木活字本
(湖南益陽)陳氏續修支譜七卷 第176册
清咸豐十年三省堂活字本
(湖南寧鄉)楚溈王氏八修族譜十二卷首二卷 第177－179册
一九四三年太原堂木活字本
(湖南瀏陽)張氏族譜七十一卷首一卷 第180－207册
一九三七年孝友堂木活字本
(湖南衡陽)茶梓山周氏五修族譜十七卷首一卷末三卷 第208－212册
一九四三年長沙茶梓山宗裕堂活字本
(湖南安化)義門陳氏五修族譜二十卷 第213－217册
一九二九年木活字本
(浙江嘉興)譚氏家譜十卷首一卷 第218－219册
清光緒三十一年慎遠義莊刻本
(山東福山)王氏家乘備錄不分卷 第220册
清末抄本
(湖南醴陵)醴陵屈塘門村謝氏八修族譜二十卷首三卷 第221－228册
一九三八年寶樹堂鉛活字本
(湖南瀏陽)瀏陽楊氏族譜十五卷首二卷末一卷 第229－233册
一九三八年宏農堂活字本
(湖南寧鄉)寧鄉道林蔣氏十修譜十七卷首一卷 第234－238册
一九二二年忠雅堂木活字本
(江西萍鄉)萍西潘氏四修族譜五卷首一卷末一卷 第239册
一九二一年滎陽堂木活字本
(湖南益陽)莫氏續修族譜十四卷首二卷末三卷 第240－244册
一九一四年蓮坪鉅鹿堂木活字本
(湖南瀏陽)瀏邑東鄉珠琳村羅氏五修族譜八卷首一卷 第245－246册
一九四二年崇本祠木活字本
(湖南常豐)十甲李氏五修族譜三十七卷首一卷 第247－254册
一九四四年李氏山房活字本
(湖南萬邑)株鎮賴祠族譜一卷 第255册
一九二四年株鎮大祠穎川堂活字本
(江西宜春)袁郡衛前劉祠主譜不分卷 第255册
清光緒十一年木活字本
(江西萬載)潭溪李氏孝睦堂册一卷 第255册
一九四三年德昌祠木活字本
(江西宜春)袁郡李氏牌位册一卷首一卷 第256册
一九四三年篤慶祠木活字本
(江西萬載)大橋藍祠主譜不分卷 第256册
一九一九年興仁堂木活字本
(江西萬載)萬邑大橋劉漢昌祠主譜不分卷 第257册
一九二四年木活字本
(江西萬載)彭國華清明會册不分卷 第257册
清光緒三十三年隴西堂活字本
(江西萬載)彭復興堂會册不分卷 第257册
清光緒三十三年隴西堂活字本
(江西宜春)袁郡衛前劉氏主譜一卷 第257册
清光緒二十五年彭城堂木活字本
(江西萬載)潭溪李氏餘慶堂册一卷 第257册
一九四三年德昌祠木活字本
鄭氏族譜不分卷 第258册
通德堂活字本
潭溪黎祠主譜不分卷 第258册
一九一八年善後堂木活字本
景賢堂册一卷 第258册
一九二五年活字本
(江西萬載)東洲賓興堂册二卷 第258册
清道光七年木活字本
伯誠公祠不分卷 第259册
清宣統間木活字本
東洲敬教堂册不分卷 第259册
一九四二年木活字本
(江西萬載)東洲登瀛堂册一卷 第259册
一九四三年木活字本
(江西萬載)萬載昌田鍾氏族譜一卷 第259册
清嘉慶十二年穎川堂木活字本
(湖南長沙)田心劉氏源安支四修譜二十一卷首二卷 第260－267册
一九三七年尚義堂木活字本
(湖南沅江)王氏五修支譜二十一卷首一卷末一卷 第268－280册
一九四八年太原堂木活字本
(湖南沅江)王氏四修族譜三十七卷首三卷 第281－292册
一九四七年太原堂活字本
(江西宜春)袁良公祠崇孝册二卷 第293册
一九二一年活字本
(湖南)周氏族譜三十卷 第294－300册
清光緒七年拱福堂活字本
(湖南沅江)楊氏族譜十二卷首二卷 第301－303册
一九三〇年弘農堂活字本
(湖南益陽)資陽唐氏支譜七卷首一卷末一卷 第304册
一九二二年晉陽堂鉛印本
(湖南安化)青茅岡王氏復修族譜不分卷 第304册
清乾隆五十五年木活字本
(湖南益陽)蔡氏西宗六修族譜三十五卷首一卷 第305－310册
一九二一年厚光堂活字本
(湖南邵陵)彭氏五修族譜三十一卷首三卷 第311－319册
一九三八年新澤堂木活字本
(湖南寧鄉)溈寧楓林顏氏二修支譜九卷 第320－322册
一九四八年克復堂木活字本
(湖南寧鄉)靳江楊氏八修族譜十四卷首一卷 第323－326册

一九四五年白雲祠活字本
(湖南瀏陽)鍾氏族譜四十六卷首二卷 第 327 - 342 冊
一九一五年穎川堂活字本
(湖南醴城)醴城鄧祠合修族譜十四卷首四卷 第 343 - 348 冊
一九三三年敦本堂木活字本
(湖南郴州)周氏族譜九卷首二卷 第 349 - 350 冊
一九四五年汝南堂活字本
(安徽休寧)休寧戴氏族譜十五卷 第 351 - 353 冊
明崇禎五年刻本
(湖南安化)賀氏族譜三十八卷首六卷 第 354 - 367 冊
一九三八年鑑湖堂木活字本
(湖南長沙)長沙水磯口楊氏家譜前三卷後六卷首一卷末二卷 第 368 - 371 冊
一九四七年宏農堂活字本
(湖南長沙)譚氏續修族譜二十卷 第 372 - 377 冊
一九一七年宏農堂活字本
(湖南益陽)蔡氏西宗七修族譜三十五卷首一卷 第 378 - 384 冊
一九四八年仁讓堂木活字本
(湖南益陽)張氏慶雲公房支譜三十六卷墓圖六卷 第 385 - 397 冊
一九四九年木活字本
(江蘇常州)勝西卞氏續修族譜十六卷 第 398 - 402 冊
一九四〇年忠孝堂排印本
(全國)章氏會譜德慶初編三十卷 第 403 - 405 冊
一九一九年鉛印本
(全國)章氏會譜德慶二編四卷 第 406 冊
一九一九年鉛印本
(全國)章氏會譜德慶三編十六卷 第 407 冊
一九一九年鉛印本
(全國)章氏會譜德慶四編十卷 第 407 冊
一九一九年鉛印本
(山西曲沃)大槐王氏家譜語略不分卷 第 408 冊
一九一六年石印本
(天津)續修徐氏家譜不分卷 第 408 冊
一九一八年壽豈堂鉛印本
(安徽休寧)休邑黃氏思本圖不分卷 第 408 冊
明洪武二十二年刻本
(湖南良源)良源張氏十一修族譜十二卷 第 409 - 411 冊
清光緒二十七年孝友堂活字本
(湖南長沙)四甲陳氏六修族譜二十八卷 第 412 - 420 冊
一九四一年德星堂活字本
(安徽廣德)錢氏家乘不分卷 第 421 冊
一九二四年鉛印本
(安徽合肥)郭氏宗譜九卷 第 422 - 423 冊
清光緒十年敬睦堂活字本
(河北滄縣)劉氏族譜六卷 第 424 冊
一九二三年天津東海石印局石印本
(天津靜海)姜氏宗譜不分卷 第 425 冊
一九三六年瀚海堂鉛印本
(天津)延古堂李氏族譜不分卷 第 425 冊
一九三五年天津延古堂鉛印本
(河北滄州)慶雲蔣氏族譜不分卷 第 426 冊
一九三四年鉛印本
(河北交河)張氏族譜不分卷 第 426 冊
清光緒三十二年紹德堂刻本
(河北滄州)續刻滄州戴氏族譜不分卷 第 427 冊
清光緒三十四年賜仙堂刻本
(河南開封)大梁王氏世系編一卷 第 427 冊
一九一六年石印本
(河北交河)王氏宗譜不分卷 第 428 冊
一九二三年石印本
(河北滄州)滄州戴氏族譜不分卷 第 428 冊
清咸豐二年賜仙堂刻本
(河北文安)文安王氏宗譜不分卷 第 428 冊
一九三六年鉛印本
(湖南湘潭)泉沖王氏五修族譜一卷 第 429 冊
一九三四年槐蔭堂木活字本
(江蘇無錫)許氏譜述三卷 第 429 冊
一九二〇年石印本
(江蘇吳縣)莫釐王氏家譜二十四卷 第 430 - 434 冊
一九三七年石印本
(天津)趙氏族譜部不分卷 第 435 冊
一九一八年鉛印本
(江蘇無錫)遷錫許氏宗譜八卷 第 435 冊
一九二〇年石印本
(山東濟寧)徐氏家譜不分卷 第 436 - 438 冊
一九二四年石印本
(山東濟寧)東原陳氏族譜十二卷首一卷 第 439 - 442 冊
一九五二年正己堂石印本
(江西萬載)萬載鏡山陳氏重修族譜十三卷首二卷 第 443 - 448 冊
一九三七年德星堂木活本
(浙江上虞)續輯上虞通明錢氏衍慶譜八卷首一卷 第 449 - 450 冊
清宣統元年木活字本
(江西宜陽)宜陽槎溪永山洞口易氏支譜二卷 第 451 - 452 冊
清光緒二十九年重桂堂活字印本
(湖南長沙)滎陽鄭氏宗譜十卷首二卷 第 453 - 456 冊
清光緒三十四年通德堂木活字印本
(湖南瀏邑)凰岡羅氏族譜五卷首三卷 第 457 - 459 冊
一九四一年瀏東文化刻刷處木活字本
(湖南邵陵)邵陵李氏三修族譜十卷首一卷卷末一卷 第 460 - 461 冊
清光緒三十一年聯輝堂木活字印本
(湖南湘陰)田心劉氏三房譜三十六卷首二卷 第 462 - 473 冊
一九四八年寶藜堂活字印本
(湖南益陽)曹氏六修支譜十九卷首一卷 第 474 - 478 冊
一九四三年木活字印本
(湖南益陽)王氏六修族譜二十三卷 第 479 - 484 冊
一九四三年太原堂活字印本
(湖南益陽)劉氏五修族譜六卷首三卷末三卷 第 485 - 487 冊
一九三四年活字印本
(湖南沅江)鄧氏四修族譜十六卷末一卷 第 488 - 493 冊
一九三五年南陽堂木活字印本
(湖南沅江)蕭氏族譜二十三卷首一卷

第494－496冊
一九二九年河南堂石印本
（湖南瀏東）羅氏宗義祠志不分卷 第497冊
一九二三年鉛印本
（山東福山）古現王氏世譜不分卷 第497冊
清光緒間稿本
（江西萬載）郭氏續修族譜九卷首一卷 第498－500冊
一九三八年太原堂活字印本
稀見姓氏家譜 第一輯
常建華 王强主編
二〇一三年南京鳳凰出版社
四十六冊
中國珍稀家譜叢刊
習氏六修族譜 第1－7冊
習名質等纂修
民國三十七年
滕縣生氏族譜 第8冊
生克昭纂修
民國二十五年
繆氏宗譜 第9冊
繆成樂主修
乾隆五十年
公冶族譜 第9冊
公冶憲纂修
民國十七年
陰氏全譜 第10－11冊
民國
宛氏宗譜 第12冊
宛德輝等纂修
光緒十二年
敖氏族譜 第13冊
敖大章督修
道光二十九年
區姓族譜 第13冊
區炳良纂修
民國十三年
光氏族譜 第14－16冊
光循陔等纂修
同治十三年
鄭隘穆氏後穆宗譜 第16冊
穆子湘等纂修
民國三十六年
展氏族譜 第17－18冊
展慶選等纂修
民國五年
逄氏宗譜 第18冊
逄寶琛纂修
民國七年
宣城鄺氏宗譜 第19冊
鄺化龍纂修
光緒二十四年
扶氏七修族譜 第20冊
扶人龍等纂修
清中期
羊氏魁公房譜 第21－22冊
羊克念主修
民國三十三年
利氏宗譜 第23冊
利方亮等纂修
同治十二年
明小二公大成宗譜 第24冊
明謐之等督修 明安瑞等纂修
民國三十三年
上黨尚氏宗譜 第24冊
尚錫朋等纂修
民國三十三年
簡氏五修家乘 第25－28冊
簡長焜主修
民國二十五年
藍氏族譜 第29冊
藍義寬纂修
民國十七年
古氏宗譜 第30－33冊
古光潘主修
民國三十五年
藺氏族譜 第34－40冊
藺傳珊纂修
民國三十二年
封氏重修宗譜 第41冊
封豫等纂修
民國九年
桑氏族譜 第41－42冊
桑勛岐 桑岐岩總理
民國三十八年
晏氏宗譜 第43－46冊
晏若衡編纂
民國十九年
國家圖書館藏稿鈔本年譜彙刊
陳紅彥主編
二〇一七年北京國家圖書館出版社
三冊
許君疑年錄一卷 上冊
（清）諸可寶編
清光緒二十年（1894）章鈺綠格鈔本
蔡中郎年譜時事表一卷 上冊
佚名編
民國烏絲欄稿本
曹子建年譜一卷 上冊
（清）朱緒曾輯
清鈔本
潘岳年譜一卷陸機年譜一卷江文通年譜一卷 上冊
佚名編
民國朱絲欄稿本
杜工部詩年譜一卷 上冊
（宋）魯訔撰
清鈔本
杜工部年譜一卷 上冊
（宋）趙子櫟撰
清鈔本
杜工部年譜一卷 上冊
（清）周篆撰
清鈔本
李清照年譜不分卷 上冊
魏堯西編
民國三十六年（1947）成都朱格稿本
先三鄉賢年譜三種 中冊
（清）黃佛頤輯
民國朱絲欄鈔本
楊忠愍公自著年譜一卷 中冊
（明）楊繼盛撰
清光緒十一年（1885）童斐鈔本
王煙客年譜一卷 中冊
（清）王寶仁編（清）顧文彬節鈔
民國二十三年（1934）共讀樓烏絲欄鈔本
堵文襄公年譜一卷 中冊
（明）堵胤錫編（清）吳騫續編
清光緒十一年（1885）童斐鈔本
張溥年譜 中冊
蔣逸雪編
民國朱絲欄稿本
合肥龔端毅公年譜稿 中冊
董遷編
民國二十九年（1940）朱絲欄稿本
沈端恪公年譜四卷 中冊
（清）沈曰富編
清鈔本

丁儉卿年譜一卷 下冊
(清)丁壽恒等撰
清鈔本
時晴齋主人年譜一卷 下冊
(清)詹嗣賢撰
稿本
滌浮居士塵游錄一卷 下冊
(清)劉長華編
清光緒朱格稿本
寄鷗自定年譜一卷 下冊
(清)任道鎔撰
稿本
偶齋先生年譜一卷 下冊
(清)壽富等編
清鈔本
重修江蘇武進北遷天津卞氏族譜精裝補充本
天津卞氏第五屆修譜委員會 1999－2005重修 精裝補充本 2010 年補充重印
二〇一〇年哈爾濱
一冊
溫嶺水洋雲浦金氏宗譜前謝俊宗派小塢根新屋支房譜
金宗炳
二〇一六年浙江
一冊
溫嶺水洋雲浦金氏宗譜長洋房箬橫五都尤橋上尤金支房譜
金宗炳
二〇一六年浙江
一冊
周叔弢批校古籍選刊
天津圖書館編
二〇一三年北京國家圖書館出版社
十二冊
爾雅三卷音釋三卷 第 1 冊
(晉)郭璞注
明景泰七年(1456)刻本
孟子注疏十四卷附校勘記 第 2－3 冊
(漢)趙岐注 (宋)孫奭疏
清嘉庆二十年(1815)阮元江西南昌府学十三經注疏本
匡謬正俗八卷 第 3 冊
(唐)顏師古撰
清乾隆二十一年(1756)德州盧氏雅雨堂刻本
字鑑五卷 第 3 冊
(元)李文仲編
清康熙張氏澤存堂刻本
黃蕘圃先生年譜二卷 第 3 冊
(清)江標輯
清光緒二十三年(1897)长沙使院刻本
汲古閣珍藏秘本書目一卷 第 3 冊
(清)毛扆撰
民國九年(1920)高氏蒼茫齋抄本
鐵華館藏集部善本書目一卷 第 4 冊
(清)蔣鳳藻撰
民國十九年(1930)瑞安陳氏湫漻齋刻本
海源閣宋元秘本書目四卷 第 4 冊
(清)楊保彝編
民國二十年(1931)《山東省立圖書館叢刊》本
列子八卷附盧注考證一卷 第 4 冊
(唐)盧重元注
清嘉慶八年(1803)江都秦恩復刻本
簠齋藏古玉印譜不分卷 第 4 冊
(清)陳介祺輯
民國十九年(1930)神州國光社石印本
雙虞壺齋印存不分卷 第 4－5 冊
清道光二十年(1840)鈐印本
封氏聞見記十卷 第 5 冊
(唐)封演撰
清乾隆二十一年(1756)德州盧氏雅雨堂刻本
陶靖節先生詩四卷補注一卷 第 5 冊
(晉)陶淵明撰
清嘉慶元年(1796)刻《拜經樓叢書》本
謝宣城詩集南朝齊謝朓撰 第 6 冊
清嘉慶元年(1796)刻《拜經樓叢書》本
寒山子詩一卷附拾得詩一卷 第 6 冊
(唐)釋寒山 釋拾得撰
民國十三年(1924)建德周氏影宋刻藍印本
杜審言詩一卷 第 6 冊
(唐)杜審言撰
清康熙四十六年(1707)揚州詩局刻《全唐詩》本
孟浩然集四卷 第 6 冊
(唐)孟浩然撰
清光緒十年(1884)上海同文書局石印《四唐人集》本
常建詩集唐常建撰 第 6 冊
民國十五年(1926)上海涵芬樓影印《唐六名家集》本
皇甫冉詩二卷 第 6 冊
(唐)皇甫冉撰
清康熙四十六年(1707)揚州詩局刻《全唐詩》本
竇氏聯珠集一卷 第 6 冊
(唐)竇常 竇牟等撰
清光緒十年(1884)上海同文書局石印《四唐人集》本
岑嘉州集八卷 第 6－7 冊
(唐)岑參撰
清光緒十年(1884)上海同文書局石印《四唐人集》本
孟東野詩集十卷 第 7 冊
(唐)孟郊撰
民國十一年(1922)上海涵芬樓《四部叢刊》影印本
元氏長慶集六十卷集外文章一卷 第 7－8 冊
(唐)元稹撰
民國十一年(1922)上海涵芬樓《四部叢刊》影印本
賈浪仙長江集十卷 第 8 冊
(唐)賈島撰
民國十一年(1922)上海涵芬樓《四部叢刊》影印本
李賀歌詩編四卷集外詩一卷 第 8 冊
民國十五年(1926)上海涵芬樓影印《唐六名家集》本
唐張處士詩集五卷 第 9 冊
(唐)張祜撰
清光緒三十年(1904)劉氏唐石簃刻《貴池唐人集》本
張喬詩二卷 第 9 冊
(唐)張喬撰
清光緒三十一年(1905)劉氏唐石簃刻《貴池唐人集》本
唐風集三卷 第 9 冊
(唐)杜荀鶴撰
清光緒三十一年(1905)劉氏唐石簃刻《貴池唐人集》本
丁卯集二卷 第 9 冊
(唐)許渾撰
民國十五年(1926)上海涵芬樓影印《唐人八家詩》本
李義山集三卷 第 9 冊
(唐)李商隱撰

民國十五年(1926)上海涵芬樓影印《唐人八家詩》本
韓内翰別集一卷附補遺一卷 第10冊
(唐)韓偓撰
民國十五年(1926)上海涵芬樓影印《唐六名家集》本
香籢集不分卷 第10冊
(唐)韓偓撰
民國十五年(1926)上海涵芬樓影印《五唐人詩集》本
唐風集三卷 第10冊
(唐)杜荀鶴撰
民國十五年(1926)上海涵芬樓影印《唐四名家集》本
唐英歌詩三卷 第10冊
(唐)吴融撰
民國十五年(1926)上海涵芬樓影印《唐四名家集》本
九僧詩一卷 第10冊
(宋)希晝等撰
清道光十五年(1835)刻本
梣梣山人詩集三卷 第10冊
(元)岑安卿撰
清乾隆四十七年(1782)寶墨齋刻本
危太僕雲林集二卷補一卷 第11冊
(明)危素撰
民國建德周氏孝經一卷人家抄本
中興間氣集二卷附校文一卷 第11冊
(唐)高仲武輯
民國十一年(1922)上海涵芬樓《四部叢刊》影印本
樂章集三卷續添曲子一卷附校記二卷 第11冊
(宋)柳永撰
民國間歸安朱氏刊《彊邨叢書》本
樂章集三卷續添曲子一卷附校記二卷 第11冊
(宋)柳永撰
民國間歸安朱氏刊《彊邨叢書》本
淮海居士長短句三卷 第11冊
(宋)秦觀撰
民國間刻本
片玉詞二卷 第11冊
(宋)周邦彥撰
清光緒十一年(1885)刻本
白石道人歌曲四卷別集一卷 第12冊
(宋)姜夔撰
清光緒十年(1884)娱園刻本
山中白雲詞八卷 第12冊
(南宋)張炎撰
清光緒八年(1882)娱園刻本
天籟集二卷 第12冊
(元)白朴撰
清光緒十八年(1892)四印齋刻本
花間集十卷 第12冊
(後蜀)趙崇祚輯
清光緒十九年(1893)四印齋影宋淳熙刻本
周亮工全集
(清)周亮工著 朱天曙編校整理
二〇〇八年南京鳳凰出版社
十八冊
國家圖書館藏石鼓文研究資料彙編
陳紅彥 于春媚輯
二〇一四年北京國家圖書館出版社
八冊
周秦刻石釋音・石鼓文 第1冊
(元)吾丘衍輯
清光緒間刻本
周石鼓文音訓 第1冊
(元)潘迪撰
民國影印本
金薤琳琅・周石鼓文 第1冊
(明)都穆輯
清刻本
石鼓文四卷 第1冊
(明)陶滋撰
民國攝影本
石鼓文音釋三卷附錄一卷 第1冊
(明)楊慎撰
清刻本
石鼓文考一卷 第1冊
(明)李中馥撰
民國刻本
金石文字記・石鼓文 第1冊
(清)顧炎武撰
清刻本
欽定日下舊聞考・石鼓文三卷 第1冊
(清)朱彝尊撰
清刻本
石鼓考三卷 第2冊
(清)朱彝尊等撰
清抄本
周宣王石鼓文定本二卷 第2冊
(清)劉凝撰
清刻本
石鼓文鈔二卷 第3冊
(清)許容撰
清刻本
庚子銷夏記・周宣王石鼓文 第3冊
(清)何焯撰
清石印本
石鼓文釋存一卷補注二卷 第3冊
(清)張燕昌撰
清抄本
金石三跋・周石鼓文 第3冊
(清)武億撰
清刻本
石鼓讀七卷 第3冊
(清)吳東發撰
民國影印本
石鼓然疑一卷 第3冊
(清)莊述祖撰
清刻本
石鼓考八卷 第4冊
(清)翁方綱撰
稿本
汲古閣石鼓纂注一卷 第4冊
(清)鞠衣野人注
清精抄本
石鼓文集釋一卷 第5冊
(清)任兆麟撰
清刻本
石鼓文音訓考證一卷 第5冊
(清)馮承輝考證
清刻本
傳經室文集・石鼓考 第5冊
(清)朱駿聲撰
清刻本
隨軒金石文字・周石鼓文 第5冊
(清)徐渭仁撰
清刻本
石鼓文纂釋一卷 第5冊
(清)趙烈文撰
清刻本
石鼓文彙一卷 第5冊
(清)尹彭壽撰
清刻本
吳昌碩石鼓本一卷 第5冊
(清)吳昌碩
民國影印本

石鼓文考證一卷 第5冊
(清)吳廣霈撰
民國刻本
石鼓文定本十卷石鼓文地名考一卷 第6冊
(清)沈梧撰
清刻本
奇觚室樂石文述・石鼓文 第6冊
(清)劉心源撰
清寫刻本
石鼓全文箋一卷 第7冊
(清)陳矩撰
民國石印本
惜味道齋集・石鼓文足徵記 第7冊
(清)姚大榮撰
清刻本
石鼓紀實二卷 第7冊
(清)李棠輯
清刻本
校補石鼓文音訓一卷 第7冊
(清)周養田撰
民國影印本
重編石鼓文一卷 第7冊
強運開撰
民國石印本
石鼓文考釋三卷 第7冊
羅振玉撰
民國影印本
覃孯齋石鼓十種考釋一卷 第7冊
趙椿年撰
民國鉛印本
石鼓文彙考二卷 第8冊
由雲龍輯
民國刻本
石鼓為秦刻石考一卷 第8冊
馬衡撰
民國石印本
石鼓文疏記一卷 第8冊
馬敘倫撰
民國石印本
石鼓文不二字一卷石鼓文句釋一卷 第8冊
顧言行編 湯臨澤撰
民國石印本
石鼓文集釋一卷 第8冊
周伯翔輯
民國抄本
石鼓文音釋一卷 第8冊
徐昂撰
民國鉛印本
石鼓考綴一卷 第8冊
許莊撰
民國石印本
周宣王石鼓文一卷 第8冊
(日)辻本勝巳編
民國影印本
後知不足齋叢書
(清)鮑廷爵輯
二〇一〇年南京鳳凰出版社
八冊
駁五經異義 第1冊
駁五經異義補遺 第1冊
箴膏肓 第1冊
起發疾 第1冊
發墨守 第1冊
鄭志 第1冊
沈氏經學六種 第1冊
沈氏經學六種總目 第1冊
陸氏經典異文輯 第1冊
陸氏經典異文補 第1-2冊
十三經注疏鎖語 第2冊
春秋左傳分國土地名 第2冊
左傳列國職官 第2冊
左傳器物宮室 第2冊
五經文字 第3冊
九經字樣 第3冊
漢石經殘字 第3冊
幹錄字書 第3冊
班馬字類 第4冊
九經補韻 第4冊
說文雙聲疊韻譜 第4冊
積古齋鍾鼎彝器款識 第4-5冊
兩漢五經博士考 第6冊
漢魏六朝唐代金石例 第6冊
金石訂例 第6冊
稽瑞 第6冊
崇文總目 第6-7冊
第六弦溪文鈔 第8冊
文學山房叢書
江杏溪輯
二〇一〇成都巴蜀書社
十五冊
初集
唐才子書 第1冊
古今偽書考 第1冊
思適齋集 第1-3冊
藝雲書舍宋元本書目 第3冊
歷朝印識 第3冊
別下齋書畫錄 第3-4冊
墨緣小錄 第4冊
持靜齋藏書記要 第4冊
第二集
南濠居士金石文跋 第4冊
鐵函齋書跋 第4-5冊
拜經樓藏書題跋記 第5-6冊
小鷗波館畫識 第6冊
遲鴻軒所見書畫錄 第6-7冊
國朝書畫家筆錄 第7冊
第三集
程氏考古編 第8冊
歷代壽考名臣錄 第8冊
雕菰樓集 第8-10冊
知聖道齋讀書跋 第11冊
經傳釋詞 第11冊
古書疑義舉例 第12冊
第四集
經讀攷異 第12-13冊
群經義證 第13冊
讀書脞錄 第13-14冊
家語證偽 第14冊
聲類 第15冊
書林揚觶 第15冊
西圃題畫詩 第15冊
中國古代會要合輯
姜亞沙等主編
二〇一四年北京全國圖書館文獻縮微復制中心
八十冊
中國文獻珍本叢書
西漢會要七十卷 第1-3冊
(宋)徐天麟撰
清乾隆武英殿活字印聚珍版叢書本
東漢會要四十卷 第4-5冊
(宋)徐天麟撰
清抄本
唐會要一百卷 第6-14冊
清乾隆武英殿活字聚珍版叢書本
五代會要三十卷 第15-16冊
(北宋)王溥撰
清信芳閣活字印本
宋會要不分卷 第17-73冊
(清)徐松輯

山西民政刊要　第108－109冊
（民國）山西省民政廳編
晉北游遊擊戰爭紀實　第110冊
林彪等著 劉雯編
晉察冀土地問題資料　第110冊
晉察冀邊區印象記　第110冊
周立波著
晉察冀軍區反掃蕩戰役總結　第110冊
晉北大戰與第八路軍　第110冊
（民國）華之國編輯
晉綏紀行　第110冊
石璋如著
晉察冀行　第110冊
周而復著
蒙古通鑑長編　第111冊
（清）王先謙撰
金文靖公北征録　第111冊
（明）金幼孜撰
綏寇紀畧　第112冊
（清）吳偉業撰
續編綏寇紀畧　第112冊
（清）葉夢珠輯
北狩行録　第112冊
（宋）蔡鞗撰
黑韃事畧　第112冊
（宋）彭大雅撰（宋）徐霆疏證
科布多事宜　第112冊
（清）富俊等輯
蒙韃備録校注　第112冊
（清）曹元忠撰
墾務奏議　第113冊
（清）貽穀著
綏遠奏議　第114冊
（清）貽穀撰
邊堠紀行　第114冊
（元）張耀卿撰
土默特志　第114冊
（清）不著撰者
内蒙古紀要　第114冊
（清）花楞撰
内蒙紀行　第114冊
陸邦彥撰
内蒙古地理　第115冊
（民國）許崇灝撰
蒙古律例　第115冊
（清）佚名撰
蒙墾續供　第115冊
（清）貽穀撰
察哈爾全區墾政輯覽　第116－117冊
察哈爾全區墾務總局編
察哈爾經濟調查録　第116－117冊
（民國）李延墀 楊實編輯
俄蒙回憶録　第118冊
（民國）毛以亨著
今日之内蒙　第118冊
黎聖倫著
抗戰中的蒙古　第118冊
徐詠平編著
抗日的蒙古　第118冊
德恒山著
明季北畧　第119－120冊
（清）計六奇撰
義和拳教門源流考　第119－120冊
（清）勞乃宣撰
義和團運動史　第119－120冊
陳捷撰
辛亥革命北方實録　第119－120冊
（民國）胡鄂公著
一九四七年華北區農村經濟調查　第119－120冊
華北人民政府財政部編

第四輯 華北民俗文獻

譯語　第121－122冊
（明）尹耕撰（明）沈節甫輯
春明夢餘録　第121－122冊
（清）孫承澤撰
京塵雜録　第123冊
（清）楊懋建著
都門懷舊記　第123冊
（清）魏元曠撰
都門瑣記　第123冊
（清）魏元曠撰
妙峯山瑣記　第123冊
奉寬撰
妙峯山　第123冊
顧頡剛編著
北平歌謠　第124冊
（民國）張則之編譯
北平俗曲畧　第124冊
李家瑞撰
北平郊外之鄉村家庭　第125冊
李景漢著
北平廟會調查報告(經濟)　第125冊
（民國）王宜昌撰
北平歲時志　第125冊
（民國）張次溪編纂
天橋一覽　第126冊
（民國）張次溪編纂
北平歌謠集　第126冊
（民國）李薩雪如編
妙峯山指南　第126冊
（民國）金禪雨編輯
北平東嶽廟調查　第126冊
葉郭立誠撰
妙峯山志　第127冊
（民國）金勛著
津門雜記　第127冊
（清）張燾撰
深州風土記　第128冊
（清）吳汝綸撰
定縣社會概況調查　第129－130冊
李景漢著
河北省歌謠集摘要　第129－130冊
（民國）鄭德琪 趙棠合輯
定縣秧歌選　第131－132冊
李景漢 張世文合編
三雲籌俎考　第133冊
（明）王士琦撰
清凉山志　第134冊
（明）釋鎮澄原纂（民國）釋印光重修
三晉見聞錄　第134冊
（清）齊翀撰
保德風土記　第134冊
（清）路耀著（清）王錫祺輯
山西地方制度調查書　第135－136冊
（清）郭葆琳編輯
山西調查記　第135－136冊
（民國）陳希周編
山西考察報告書　第135－136冊
（民國）全國經濟委員會編輯
灤京雜詠　第137－139冊
（元）楊允孚撰（清）鮑廷博輯
北虜風俗　第137－139冊
（明）蕭大亨撰
蒙古遊牧記　第137－139冊
（清）張穆撰
蒙古吉林土風記　第137－139冊
（清）阮葵生修（清）王錫祺輯
蒙古鑑　第137－139冊
（清）卓宏謀撰
蒙古調查記　第137－139冊

第七輯 華北考古文獻

二〇〇四年蘭州蘭州大學出版社
二〇一冊

第一輯 西南稀見方志文獻

四川通志 第1－8冊
(清)常明 楊芳燦等修纂
夔州府志 第9冊
(明)吴潜修輯
華陽國志 第10冊
(晉)常璩撰 (清)李調元校定
雲陽縣志 第10冊
(明)楊鸞等修 (明)施繼宗 (明)唐相 翁鎧等纂
峨眉縣志 第11冊
(清)王燮 張希縉等纂
漢州志 第11冊
(清)劉長庚等修 (清)侯肇元等纂
直隸敘永廳志 第12冊
(清)周偉業纂修
成都縣志 第12冊
(清)衷以壎等纂修
新都縣志 第13冊
(清)張奉書修 (清)張懷泗纂
樂至縣志 第14冊
(清)裴顯忠修 (清)劉孟興纂
梓潼縣志 第14冊
(清)張香梅等修 (清)楊曦等纂
高縣志 第14冊
(清)敖立榜 曾毓佐等纂修
會理州志 第15冊
(清)楊昶等修 (清)王繼會等纂
富順縣志 第15冊
(清)李芝 段玉裁等纂
慶符縣志 第16冊
纂修人不詳
羅江縣志 第16冊
(清)李調元撰
巴塘志略 第16冊
(清)錢召棠纂輯
重慶府志 第17冊
(清)有慶 王夢庚等修纂
合州志 第18冊
(明)劉芳聲修 (明)田九垓纂
開縣志 第18冊
(清)李肇奎等修 (清)牟泰豐等纂
萬縣志 第19冊
(清)張琴修 (清)范泰衡纂
雲南圖經志 第20冊
(明)鄭顒修 (明)陳文纂
雲南通志 第21冊
(明)李中溪纂修
雲南地志 第21冊
(清)劉盛堂編
尋甸府志 第22冊
(明)王尚用修輯 (明)張滕編次 (明)祝誠校訂
通海縣志 第22冊
(清)魏藎臣 (清)闞禎兆纂修
晉寧州志 第22冊
(清)杜紹先纂修
雲南府志 第23冊
(清)范承勛 張毓碧修 (清)謝儼纂
嶍峨縣志 第24冊
(清)陸紹閎修 (清)彭學會纂
平彝縣志 第24冊
(清)任中宜纂輯
師宗州志 第24冊
(清)管掄原纂 (清)夏治源增輯
白鹽井志 第24冊
(清)劉邦瑞纂修
安寧州志 第24冊
(清)朗一桀等纂修
彌勒州志 第24冊
(清)傅騰蛟等修 (清)秦仁等纂
廣西府志 第24冊
(清)周采修 (清)李綬等纂
麗江府志 第25冊
(清)管學宣 萬咸燕纂修
石屏州志 第25冊
(清)管學宣纂修
東川府志 第26冊
(清)方桂修 (清)胡蔚纂
蒙自縣志 第26冊
(清)李焜纂修
黎縣舊志 第26冊
纂修人不詳
重修澂江府志 第27冊
(清)李星沅等修 (清)李熙齡等纂
南寧縣志 第28冊
(清)毛玉成修 (清)張翊辰等纂
鎮南州志略 第28冊
(清)李毓蘭修 (清)甘孟賢纂
武定直隸州志 第28冊
(清)郭懷禮修纂
霑益州志 第29冊
(清)陳燕 韓寶琛等纂
呈貢縣志 第29冊
(清)李明□纂修
永昌府志 第30冊
(清)劉毓珂等纂修
思茅廳志 第31冊
(清)李熙齡原撰 (清)魏錫經輯次
嵩明州志 第31冊
(清)薛渭川纂修
昆明縣志 第31冊
(清)戴炯孫輯
浪穹縣志略 第32冊
(清)羅瀛美修 (清)周沆纂
楚雄縣志 第32冊
(清)崇廉等纂修
廣南府志 第33冊
(清)林則徐等修 (清)李熙齡纂
鎮康縣志初稿 第33冊
(民國)納汝珍修 (民國)蔣世芳纂
高嶢志 第33冊
(民國)由雲龍撰
大理縣志 第34冊
(民國)張培爵等修 (民國)周宗麟等纂
新編麻栗坡地志資料 第34冊
(民國)陳鍾書修 (民國)鄧昌麒纂
騰衝縣志稿 第35冊
(民國)李印泉修 (民國)劉楚湘纂
姚安縣志 第36－37冊
(民國)盧漢等修 (民國)由雲龍等纂
貴州圖經新志 第38冊
(明)沈庠修 (明)趙瓚纂
貴州通志 第39冊
(清)衛既齊修 (清)薛載德等纂
思南府志 第40冊
(明)鍾添纂次 (明)田秋删定 (明)洪價校正
普安州志 第40冊
(清)沉勖等纂修
思州府志 第41冊
(清)蔣深修纂
天注縣志 第41冊
(清)王復宗纂輯
平溪衛志書 第42冊
(清)鄭逢元纂
開泰縣志 第42冊
(清)郝大成修 (清)王師泰纂

蜂形虎態的馴氏神仙的傳説 第 136 冊
紅嘴山鴨叼箭之密部 第 136 冊
兄妹分財與新郎新娘寄托給神靈的儀式 第 136 冊
弟吴宗教源流附勘校表 第 137 冊
弟吴著
象雄秘授部大圓滿 第 138 冊
著者不詳
醫藥甘露工巧明鏡·華麗眼飾 第 139 冊
降白多吉著
漢與嶺 第 140 冊
編者不詳

彝族文字文獻

勸善經 第 141 冊
勸善經 第 141 冊
校勘臨摹本
神威祭祀經 益博安尉經 第 141 冊
神威祭祀經 益博安尉經 第 141 冊
校勘臨摹本
摩史用書 第 141 冊
益博六祖史 第 142 冊
益博六祖史 第 142 冊
校抄本
彝漢教典 第 142 冊
彝漢教典 第 142 冊
校抄本
北方尼氏族史 第 142 冊
北方尼氏族史 第 142 冊
校抄本
德勒氏族史 第 142 冊
德勒氏族史 第 142 冊
校抄本
祭奠經 第 143 冊
祭祖經 第 143 冊
祭獻山神經 第 143 冊
見怪吉凶全書 第 143 冊

傣族文字文獻

甘麻湯竜 第 144 冊
剎巴基滴維乃竜 第 145 冊
烏沙巴羅 第 146 冊

納西族文字文獻

祭天·遠祖回歸記 第 147 冊
祭祖·迎接回歸享祭的祖先 第 147 冊
大祭素神·獻牲 第 147 冊
祭素神·與素神拴結·娶女托付給素神 第 147 冊
迎素神·辦喜事説吉利話 第 147 冊
祭村寨神儀式·迎請村寨神 第 147 冊
祭星儀式·祭星 第 147 冊
祭勝利神儀式·燒天香 第 147 冊
祭署儀式·儀式概説 第 147 冊
祭署儀式·署的來歷 第 147 冊
祭署儀式·開壇經 第 147 冊
祭署儀式·神鵬與署争斗的故事 第 147 冊
祭署儀式·崇仁利恩的故事 第 147 冊
祭署儀式·崇仁利恩 紅眼仄若的故事 第 147 冊
祭署儀式·給署供品·給署獻活鷄 放五彩鷄 第 147 冊
祭署儀式·不争斗又和好 第 147 冊
祭署儀式·木牌的出處與崇仁潘迪找藥的故事 第 147 冊
除穢和祭署儀式規程 第 147 冊
延壽儀式·迎净水 第 147 冊
延壽儀式·壓冷凑鬼·迎請祖先 第 147 冊
神為窮家招富強 第 147 冊
延壽儀式·獻牲·獻聖靈藥·求福澤 第 147 冊
延壽儀式·大祭署·建署的白塔 第 147 冊
延壽儀式·尋找散失的戰神·迎請優麻神摧毁九個仇寨 第 147 冊
延壽儀式·供養優麻戰神 第 147 冊
延壽儀式·居那若羅神山與恒依巴達神樹的出處來歷 第 147 冊
延壽儀式·東巴弟子求威靈·上卷 第 147 冊
延壽儀式·架銀橋和金橋·開松石路和墨玉路 第 147 冊
延壽儀式·招生兒育女的素神·請玖補神鎖倉門 第 147 冊
延壽儀式·送祖先戰神到上方 第 147 冊
延壽儀式·求大神威 第 147 冊
延壽儀式·儀式規程·是盧神所説的 第 147 冊
小祭風儀式·小祭風 第 147 冊
小祭風儀式·開壇經 第 147 冊
祭風·迎請剎依威德神鎮壓鬼 第 147 冊
祈求福澤·祭祀呆鬼和仄鬼 第 147 冊
迎請優麻戰神·優麻的出處來歷 第 147 冊
祭風·除九種灾禍 第 147 冊
祭毒鬼和仄鬼·分割村寨和山嶺 第 147 冊
祭風·招回凶死者的魂魄 第 147 冊
頂灾經 第 147 冊
祭風·木牌畫稿·儀式規程 第 147 冊
禳垛鬼大儀式·禳垛鬼祭儀概述經 第 147 冊
禳垛鬼儀式·舉行祭儀陳述因由經 第 147 冊
禳垛鬼儀式·白蝙蝠求取祭祀占卜經 第 147 冊
禳垛鬼大儀式·用十二種牲畜祭祀的來歷 第 147 冊
禳垛鬼儀式·董術戰争 第 147 冊
禳垛鬼大儀式·哈桑戰争 第 147 冊
禳垛鬼儀式·壽首阿姆與牟壽牟姆鬼 崇忍利恩與丹美久保的故事 第 147 冊
禳垛鬼儀式·鎮壓屬相相克的灾禍鬼 第 147 冊
禳垛鬼儀式·敘述灾禍的出處來歷經上卷 第 147 冊
禳垛鬼大儀式·向東巴什羅尋求鎮壓鬼的本領 第 147 冊
禳垛鬼儀式·鎧甲的出處來歷 第 147 冊
禳垛鬼儀式·崩俄崇忍的故事 第 147 冊
禳垛鬼儀式·考補余登吐口水 償還垛蘇摳古麻鬼的債 第 147 冊
禳垛鬼儀式·祭莎勞古補·解生死結 第 147 冊
禳垛鬼儀式·招魂經 第 147 冊
禳垛鬼儀式·烏格神與烏麻鬼斗争 送烏格大神 第 147 冊
河谷地區祭鬼儀式·開天辟地的經書 第 148 冊
禳垛鬼儀式·解結繩·丟弃朵馬 第 148 冊
禳垛鬼儀式·招祖先靈魂·招活人的靈魂 第 148 冊
禳垛鬼儀式·送走楚西金命 第 148 冊
禳垛鬼儀式·迎請優麻神 精如神 第 148 冊
禳垛鬼儀式·召唤呆鬼 第 148 冊
麗江縣大東鄉禳垛鬼大儀式規程 第 148 冊
退送是非灾禍·灾禍的產生與傳播·景鬼與瓦鬼的出處及祭送 第 148 冊

退送是非灾禍・求福澤　第148冊
退送是非灾禍・當尤争斗　第148冊
退送是非灾禍・鎮壓毒藥與禍端・請日月・引水　第148冊
退送是非灾禍・求水經　第148冊
退送是非灾禍・祈求福澤經　第148冊
退送是非灾禍・迎請什羅大祭司　第148冊
退送是非灾禍・迎請莫畢精如大神　第148冊
除穢・穢的來歷　第148冊
除穢・除穢的來歷　第148冊
除穢・系寶物利箭的來歷　第148冊
除穢・分開穢門和神門　第148冊
除穢・為崇忍利恩除穢　第148冊
為東巴什羅除穢　第148冊
除穢・都沙敖吐的故事　第148冊
除穢・為天神九兄弟 地神七兄弟除穢　第148冊
除穢・用益世丁子净水壺的净水洗穢　第148冊
除穢・頂灾　第148冊
占卜・用巴格占卜・占夢卦辭　第148冊
除穢・償還穢債・清除穢鬼・後接請除穢鬼之規程　第148冊
壓呆鬼・開壇經　第148冊
壓呆鬼・請神　第148冊
壓呆鬼・請朗久敬久神・下卷　第148冊
驅呆鬼・捉拿肯孜呆尤鬼　第148冊
祭端鬼・神賜威力　第148冊
攆端鬼・啓出處　第148冊
攆端鬼・請東巴什羅　第148冊
祭端鬼儀式規程　第148冊
摳古鬼的出處　第148冊
抛面偶・祭摳古鬼　第148冊
祭摳古鬼・燒上天香・請本丹神下來　第148冊
祭猛鬼和恩鬼・驅趕丹鬼・上卷　第148冊
祭固鬼魯鬼猛鬼恩鬼儀式・高勒趣招父魂　第148冊
送蛇鬼　第148冊
關死門儀式・規程及畫稿　第148冊
關死門儀式・開壇經　第148冊
關死門儀式・超度穿戴麻布衣的亡木身　第148冊
關死門儀式・給美利董主 崇忍利恩解生死結　第148冊
驅妥羅能特鬼儀式・搭神壇・堅神石　第148冊
超度死者儀式・年輕死者之挽歌　第148冊
超度死者儀式・安慰死者之歌　第148冊
超度死者儀式・遺留福澤　第148冊
超度死者儀式・送死者的挽歌　第148冊
超度死者儀式・收種莊稼 給死者獻飯　第148冊
開喪儀式・隆重地舉行獻冥馬儀式　第148冊
超度死者儀式・驅趕死禍　第148冊
開神路儀式・上卷　第148冊
超度死者儀式・生離死別・送死者　第148冊
超度死者儀式・趕不詳的厄運　第148冊
超度死者儀式・喚醒死者　第148冊
超度死者儀式・用九種樹枝除穢 報恩　第148冊
超度夫和妻儀式・放陪伴鷄　第148冊
超度死者儀式・先輩超度後輩　第148冊
超度死者儀式・講述死者的業績　第148冊
超度死者儀式・俄佑俄都命殺猛鬼的故事・上卷　第148冊
超度能者儀式・喚醒能者　第148冊
超度能者儀式・武器的來歷　第148冊
超度男能者儀式・馬的來歷　第148冊
超度男能者儀式・虎的來歷 分虎皮　第148冊
超度能者儀式・儀式規程 送神　第148冊
超度長壽者儀式・超度美利董主和茨爪金姆　第148冊
超度長壽者儀式・火化男尸體　第148冊
超度牧者儀式・超度放牧牦牛 馬和綿羊的人 招魂　第148冊
超度牧者儀式・美利董主 崇忍利恩 高勒高趣的傳略　第148冊
開神路儀式・金坤坷路的來歷　第148冊
開神路儀式・把死者領到有依多寶物的地方　第149冊
超度勝利者儀式　第149冊
超度死者儀式・規程　第149冊
超度什羅儀式・鋪設神座　第149冊
超度什羅儀式・點燈火　第149冊
超度什羅儀式・在居那若羅山四面招魂　第149冊
超度什羅儀式・送固松瑪　第149冊
超度什羅儀式・刀子的出處來歷　第149冊
超度什羅儀式・開辟神路・灑瀝血水　第149冊
超度什羅儀式・求威力・賜福澤　第149冊
超度什羅儀式・開神路　第149冊
超度什羅儀式・燒靈塔　第149冊
超度什羅儀式・什羅改名十二次　第149冊
超度什羅儀式・規程　第149冊
超度拉姆儀式・什羅配偶茨拉金姆傳略　第149冊
超度拉姆儀式・用猪給毒鬼還債　第149冊
超度拉姆儀式・超度女能人・破除地獄血海　第149冊
超度拉姆儀式・規程　第149冊
祭絕後鬼・絕後鬼的出處來歷　第149冊
祭絕後鬼・結尾經　第149冊
祭祀雲鬼風鬼毒鬼仄鬼・設置神座撒神糧　第149冊
大祭風・迎請盧神　第149冊
大祭風・尋找祭祀吊死者和情死者的辦法　第149冊
大祭風・迎請卡冉紐究神　第149冊
大祭風・十二種犧牲的出處來歷　第149冊
大祭風・用鷄給凶死者接氣　第149冊
大祭風・迎接祖先　第149冊
大祭風・超度吊死和情死的男女 給他們雙雙獻牲　第149冊
大祭風儀式・魯般魯饒　第149冊
大祭風・禳除年厄　第149冊
大祭風・馱呆鬼的達耿金布馬・卷首　第149冊
喚醒神靈・撒神糧　第149冊
大祭風・為祭木取名　第149冊
大祭風・祭吊死鬼 情死鬼 雲鬼 風鬼・施食　第149冊
大祭風・分開吊死者與活人　第149冊
大祭風・細説死事　第149冊
大祭風・迎請優麻神砍倒壬鬼樹・焚燒壬鬼巢　第149冊

第七輯 西南考古文獻

第八輯 西南石窟文獻

中國西南文獻叢書・二編
甘肅省古籍文獻整理編譯中心編
二〇〇九年北京學苑出版社
五十一冊

第一輯 西南稀見方志文獻

羌戎考察記　第38册
（民國）莊學本著
西康夷族調查報告　第38册
（民國）莊學本著
貴州苗夷歌謡　第39册
（民國）陳國鈞撰
雲南邊民録　第39册
（民國）龔家驊著
凉山夷家　第39册
（民國）林耀華著
貴州邊胞風習寫真　第39册
（民國）楊森著
與西藏人同居記　第40册
（美）芮哈特著 王綏譯
重慶什譚　第40册
（美）巴齊爾著

第五輯 西南文學文獻

净德集　第41－42册
（宋）吕陶撰
眉山唐先生文集　第43册
（宋）唐庚著
陵陽集　第43册
（宋）韓駒撰
蓮峰集　第44册
（宋）史堯弼撰
頤堂先生文集　第45册
（宋）王灼撰
張魏公集　第45册
（宋）張浚撰
巴西文集　第45册
（宋）鄧文原撰

第六輯 西南考古文獻

潼川金石志　第46册
（清）王龍勛等原纂 羅二虎選輯
保寧古跡金石志　第46册
（清）史觀等原撰 羅二虎選輯
叙州古跡金石志　第46册
（清）邱晋成等原纂 羅二虎選輯
夔州古跡金石志　第47册
（清）恩成原修（清）劉德銓原纂 羅二虎選輯
西川青羊宫碑銘　第47册
（唐）樂朋龜撰
涪州石魚文字所見録　第47册
（清）姚覲元撰
涪州石魚題名記　第47册
（清）錢保塘編
龍脊石題刻　第47册
（清）况周儀輯
萬邑西南山石刻記　第47册
（清）况周儀撰録
峡江圖考　第48册
（清）江國璋繪撰
西藏碑文　第48册
（清）孟保等輯
西藏聖跡考　第48册
（民國）張伯楨著
蜀石經毛詩考異　第48册
（清）吴騫撰
蜀石經校記　第48册
（民國）繆荃孫撰
金石古文　第49册
（明）楊慎輯
鼎堂金石録　第49册
（清）吴樹聲撰
金石存　第49册
（清）趙搢撰
鳧氏爲鍾圖説補義　第49册
（清）陳矩撰
商周彝器釋銘　第50册
（清）吕調陽輯

中國華東文獻叢書·正編
《中國華東文獻叢書》編委會
二〇一〇年北京學苑出版社
二〇一册

第一輯 華東稀見方志文獻

雲間志畧　第1册
（天啓）何三畏撰
松江府志　第2－4册
（崇禎）方岳貢修 陳繼儒纂
川沙縣志　第4册
（民國）方鴻鎧 陸炳麟修 黄炎培纂
吴郡圖經續記　第5册
朱長文纂修
鎮江志　第5册
脱因修 俞希魯纂
姑蘇志　第5－6册
（正德）林世遠 王鏊等纂修
南畿志　第7册
（嘉靖）聞人詮 陳沂纂修
崑山縣志　第8册
（嘉靖）方鵬纂
惟揚志　第8册
（嘉靖）盛儀輯
江都縣志　第9册
（萬曆）張寧 陸君弼纂修
皇明常熟文獻志　第9册
（萬曆）管一德編次
常熟縣私志　第10－11册
（萬曆）姚崇義輯
泰州志　第11册
（崇禎）劉萬春纂
無錫斗門小志　第11册
（清）佚名纂修
興化縣小通志　第11册
（民國）阮性傳纂
泗陽縣志　第12册
（民國）張相文總纂
四明圖經　第13册
（乾道）張津等纂
寧波郡志　第13册
（成化）楊寔纂修 張瓚 方逵校正
杭州府志　第13－14册
（成化）陳讓 夏時正纂修
湖州府志　第15册
（成化）陳欣景編輯 勞鉞增修 張淵 汪翁儀等增纂
嘉興府志　第15册
（弘治）柳琰纂修 林光校正
永康縣志　第16册
（嘉靖）胡楷修 陳泗纂
金華府志　第16册
（萬曆）王懋德 陸鳳儀纂修
嚴州府志　第17册
（萬曆）楊守仁修 徐楚纂
續修嚴州府志　第18册
（萬曆）吕昌期續修 唐仲賢纂
舟山志　第19册
（天啓）何如賓彙輯 邵輔忠訂正
烏程縣志　第19册
（崇禎）徐守綱編輯 潘士遴彙次 徐樸校閲
蘭谿縣志　第20册
（嘉慶）張許修 陳鳳舉纂
龍游縣志　第20－21册
（民國）余紹宋纂
江西通志　第21－24册
（嘉靖）林庭㭿 周廣等纂修
南昌府志　第25册
（萬曆）范淶修 章潢纂
南安府志　第26册

第二輯 華東稀見叢書文獻

第三輯 華東史地文獻

（民國）余槐青著

瀛壖雜志 第73冊

（清）王韜纂

淞南夢影錄 第73冊

（清）黄協塤著

上海繁昌記 第73冊

（清）葛元煦纂

上海洋場 第73冊

（清）燃藜老人等撰

滬濱紀事 第73冊

（清）耐盦撰

松軍進攻滬製造局記 第74冊

（民國）王戈撰

上海商務總會歷次奏案稟定詳細章程 第74冊

（清）严廷楨編次

徐愚齋自敘年譜 第74冊

（清）徐潤纂

藕初五十自述 第74冊

（民國）穆湘玥著

疇隱居士七十自敘 第75冊

（民國）丁福保著

我佛山人筆記 第75冊

（清）吳趼人纂

滬軍都督陳公英士行狀 第75冊

（民國）邵元冲纂

最新上海縣租界圖 第75冊

（民國）上海四馬路惠福里科學儀器館鐫

上海鄉土志 第75冊

（清）李維清編

上海小志 第75冊

（民國）胡奇凡輯

滬城備考 第75冊

（清）褚華纂

上海洋涇濱北首租界章程 第75冊

不著撰人

上海市商會各項章則匯編 第76冊

（民國）上海市商會商務科擬定

老上海 第76冊

（民國）陳榮廣輯

上海掌故 第76冊

（民國）禮威輯

上海風土雜記 第76冊

（民國）上海信托股份有限公司採編

上海之錢莊 第76冊

（民國）李權時 趙渭人合著

上海通商史 第76冊

（民國）裘昔司著 程灝譯

上海之工商業 第76冊

（民國）中外出版社輯

上海租界畧史 第77冊

（民國）岑德章編譯

上海工商人物志 第77冊

（民國）中國經濟資料社採編

上海工人運動史 第77冊

（民國）中央民眾指導委員會輯

上海之工業 第78冊

（民國）上海特別市社會局編

上海的日報 第78冊

（民國）胡道靜纂

上海的定期刊物 第78冊

（民國）胡道靜纂

上海的學藝團體 第78冊

（民國）胡懷琛纂

上海的銀行 第79冊

（民國）郭孝先纂

上海研究資料 第79冊

（民國）上海通社編

上海研究資料續集 第79冊

（民國）上海通社編

上海市地理及社會概況 第80冊

（民國）楊贊廷纂述

上海七百個乞丐的社會調查 第80冊

（民國）吳元淑 蔣思壹合著

上海鱗爪 第80冊

（民國）郁慕俠著

上海閒話 第80冊

（民國）姚公鶴著

金陵通傳 第81冊

（清）陳作霖纂述

金陵通紀 第81冊

（清）陳作霖編輯

淮鹺備要 第82冊

（清）李澄輯

松陵見聞錄 第82冊

（清）王鯤纂

海州文獻錄 第82冊

（清）許喬林輯

六合紀事 第82冊

（清）周長森撰

隨園瑣記 第82冊

（清）袁祖志撰

太湖備考續編 第82冊

（清）鄭言紹纂輯

江蘇兵事紀畧 第83冊

（清）陳作霖纂

思忠錄 第83冊

（清）金武祥輯

思痛記 第83冊

（清）李圭撰

金陵兵事彙畧 第83冊

（清）李圭撰

京口僨城錄 第83冊

（清）法芝瑞撰

清嘉錄 第83冊

（清）顧禄纂

丹徒旱災徵信錄 第83冊

（清）鎮江籌賑局編

海虞藝文志 第83冊

（清）姚福均輯

揚州禦寇錄 第83冊

（清）荒江釣者著

梓里舊聞 第83冊

（清）夏荃輯

吳郡通典備稿 第83冊

（民國）吳昌綬撰

江蘇同官錄 第84冊

（清）劉坤一輯

金陵先正言行錄 第84冊

（清）陳作霖述

兩江師範學堂開辦優級現行章程 第84冊

（民國）兩江師範學堂編

陽羨風土記 第84冊

（晉）周處撰 王謨輯

狼五山志 第84冊

（明）王揚德輯

太倉州名考 第84冊

（清）程穆衡纂

太倉風俗記 第84冊

（清）程穆衡纂

揚州水道記 第84冊

（清）劉文淇撰

下河水利新編 第84冊

（清）孫應科撰

揚州歷代疆域沿革圖說 第84冊

（清）徐庭曾 汪桂森輯

江寧府七縣地形考畧 第84冊

（清）黄起鳳等校

江蘇沿海圖說 第84冊

（清）朱正元纂

靈谷禪林志　第85冊
（清）謝元福增補

金山志　第85冊
（清）盧見曾纂

寒山寺志　第85冊
（清）葉昌熾纂

茅山志　第85冊
（清）笪蟾光輯

招隱山志　第86冊
（清）昌廣生等修 繆潜纂輯

京口山水志　第86冊
（清）楊棨纂

練湖志　第86冊
（清）黎世序纂

莫愁湖志　第86冊
（清）馬士圖輯

後湖志　第86冊
（清）王作棫初纂 錢福臻增輯

鍾南淮北區域志　第86冊
（清）陳作霖鑒定 陳詒紱輯

浦口湯泉小志　第86冊
（民國）龔心銘編

慧山記　第87冊
（明）圓顯輯

慧山記續編　第87冊
（清）邵涵初輯

秣陵集　第87冊
（清）陳文述撰

揚州名勝圖　第87冊
（清）佚名編繪

金陵覽古　第87冊
（清）余賓碩著

秦淮畫舫錄　第87冊
（清）捧花生輯

秦淮廣記　第87冊
（清）繆荃孫編

明孝陵志　第87冊
（民國）王焕鑣著

金陵文徵小傳彙刊　第87冊
（清）張熙亭纂 張沂元續纂

吳越備史　第88冊
（宋）范坰 林禹撰

辛巳泣蘄錄　第88冊
（宋）趙與褣撰

江南野史　第88冊
（宋）龍袞撰

江表志　第88冊
（宋）鄭文寶著

南渡錄　第88冊
（宋）辛棄疾著

兩浙海防類考續編　第88冊
（明）范淶撰

兩浙名賢錄　第89－91冊
（明）徐象梅撰

杭州上天竺講寺志　第92冊
（明）釋廣賓撰

書湖州莊氏史獄　第92冊
（清）翁廣平撰

見聞隨筆　第92冊
（清）馮甦撰

金華徵獻畧　第92冊
（清）王崇炳撰

中興禦侮錄　第92冊
不著撰者

績溪金紫胡氏所著書目　第93冊
（清）胡培系編 胡廷楨校

留都見聞錄　第93冊
（明）吳應箕撰

兩淮戡亂記　第93冊
（清）張華墀纂

皖江大通義渡錄　第93冊
（清）方昌翰輯

轉徙餘生記　第93冊
（清）許奉恩述 方濬頤記

安徽清釐田賦條議酌存　第93冊
（清）于蔭霖編

江表忠畧　第93冊
（清）陳澹然撰

天啓黃山大獄記　第93冊
（民國）程演生述

黃山圖經　第93冊
（宋）佚名撰文

南陵縣建置沿革表　第93冊
（清）徐乃昌纂

江南安徽全圖　第93冊
（清）福潤等修 劉籌等纂 方賓穆等繪圖

安徽輿圖表說　第94冊
（清）佚名修纂

貴池縣沿革表　第94冊
（清）劉世珩撰

九華山志　第94冊
（清）謝維喈修 周贇撰

大觀亭志　第94冊
（清）李國模纂輯 李炳榮編訂

秀山志　第94冊
（清）陳竑原纂

黃山志　第95冊
（清）閔麟嗣纂次

黃山志續集　第96冊
（清）汪士鋐等纂次

皖北治水弭災條議　第96冊
（清）吳學廉撰

涇川文載小傳　第96冊
（清）鄭相如編

皖志列傳稿　第96冊
（民國）金天翮撰

齊山巖洞志　第97冊
（清）陳蔚纂輯

梭山農譜　第97冊
（清）劉應棠撰

皖北水利測量圖說　第97冊
（民國）宗嘉禄輯

廬山記　第98冊
（宋）陳舜俞 釋惠遠撰

巡按江西監察御史王萬象題本　第98冊
（明）王萬象撰

廬山紀事　第98冊
（明）桑喬撰 范礽補訂

饒南九三府圖說　第98冊
（明）王世懋撰

西山日記　第99冊
（明）丁元薦撰

江西輿地圖說　第99冊
（明）趙秉忠撰

江變紀畧　第99冊
（明）徐世溥撰

武夷志畧　第99冊
（明）徐表然纂輯

閣皁山志　第99冊
（明）俞策撰

康熙弋陽縣志節本　第99冊
（清）譚瑄撰 譚新嘉節錄

江西考古錄　第100冊
（清）王謨撰

武夷九曲志　第100冊
（清）王復禮輯

西山志　第100冊
（清）歐陽桂撰

江西詩社宗派圖錄　第100冊

第四輯 華東民俗文獻

第五輯 華東少數民族文獻

第六輯 華東文學文獻

（清）黃璟 秦維嶽原纂 陸芝田 張廷選續纂
金縣新志 第 34 冊
（清）耿喻修 郭殿邦纂
靖遠縣志 第 35 冊
（清）李一鵬等纂
打拉池縣丞志 第 36 冊
（清）廖丙文修 陳希魁等纂（民國）張維補輯
會寧縣志 第 36 冊
（清）畢光堯纂修
寧遠縣志 第 37 冊
（清）馮同憲修 李樟纂
寧遠縣志續略 第 37 冊
（清）纘周撰
清水縣志 第 37 冊
（清）劉俊聲修 張桂芳纂
續伏羌縣志 第 38 冊
（清）嚴澤生纂
秦安志 第 38 冊
（清）胡纘宗纂
安定縣新志 第 39 冊
（明）惲應翼修 張嘉孚纂
岷州志 第 39 冊
（清）郭京範 田而穟纂
隴西志 第 39 冊
（清）魯廷琰修 田呂葉纂
重修通渭縣志 第 39 冊
（明）劉世綸修 白我心纂
渭源縣志 第 39 冊
（清）張弘斌修 張淑孔纂
重脩漳縣志 第 40 冊
（民國）韓世英修
隴西分縣武陽志 第 40 冊
（清）周裕杭修 楊學震纂
狄道州志 第 41 冊
（清）呼延華國修 吴鎮纂
平涼府志 第 41 冊
（明）趙時春纂
靈臺志 第 42 冊
（清）黃居中修 楊淳纂
涇州志 第 42 冊
（清）張延福修 李瑾纂
莊浪縣志 第 43 冊
（清）王鍾鳴修 盧必培纂
平涼縣志 第 43 冊
（清）鄭濬 王安民纂
合水縣志 第 44 冊
（清）陶奕曾纂修
寧州志 第 44 冊
（清）晋顯卿修 王星麟纂
環縣志 第 45 冊
（清）高觀鯉纂修
正寧縣志 第 45 冊
（清）折遇蘭纂修
階州直隸州續志 第 46 冊
（清）葉恩沛修 吕震南纂
文縣志 第 46 冊
（清）江景瑞纂修
兩當縣志 第 47 冊
（清）秦武域纂修
西和縣新志 第 47 冊
（清）邱大英纂修
鎮番縣志 第 48 冊
（清）許協修 謝集成纂
古浪縣志 第 48 冊
（民國）李培清修 唐海雲纂
重刊甘鎮志 第 48 冊
（明）佚名
東樂縣志 第 48 冊
（清）徐傳鈞修 張著常纂
山丹縣志 第 48 冊
（清）黃景續撰
玉門縣志 第 48 冊
（清）佚名
敦煌縣志 第 48 冊
（清）佚名
鼎新縣志 第 48 冊
（民國）張應麒修 蔡廷孝撰
肅州新志 第 49 冊
（清）吴人壽 何衍慶纂修
洮州廳志 第 49 冊
（清）張彦篤修 包永昌纂
河州志 第 49 冊
（明）吴禎纂修
和政縣志 第 49 冊
（清）王詔纂
朔方新志 第 50 冊
（明）楊壽纂修
寧夏府志 第 50 冊
（清）張金城撰
銀川小志 第 51 冊
（清）汪繹辰纂
平羅記略 第 51 冊
（清）徐保字纂
續增平羅記略 第 51 冊
（清）楊梯纂
平遠縣志 第 52 冊
（清）陳日新纂修
花馬池志 第 52 冊
（清）佚名
靈州志 第 52 冊
（清）楊方燦修 郭楷纂
中衛縣志 第 53 冊
（清）程德潤撰
鹽茶廳志備遺 第 54 冊
（清）朱亨衍修 劉統纂
隆德縣志 第 54 冊
（清）常星景撰
化平縣志 第 54 冊
（民國）蓋世儒修 張逢泰纂
重刊西寧志 第 55 冊
（清）蘇銑纂
青海記 第 55 冊
（清）康敷鎔纂
西寧府新志 第 55 冊
（清）楊應琚纂
西寧府續志 第 55 冊
（清）鄭承偉撰 基生蘭續纂
大通縣志 第 55 冊
（民國）劉運新修 廖傒蘇纂
丹噶爾廳志 第 55 冊
（清）張廷武修 楊景昇纂
循化廳志 第 56 冊
（清）龔景瀚纂修
碾伯所志 第 57 冊
（清）李天祥纂
貴德縣志 第 57 冊
（民國）趙萬卿纂
欽定皇輿西域圖志 第 58 冊
（清）傅恒等脩 褚廷璋等纂 英廉等增纂
回疆通志 第 59 冊
（清）和寧纂
西域總志 第 60 冊
（清）七十一纂
新疆四道志 第 60 冊
（清）佚名纂
新疆鄉土志稿二十九種 第 61 冊
伊利府鄉土志 第 61 冊
（清）許國楨撰

焉耆府鄉土志 第61冊
佚名
温宿府鄉土志 第61冊
佚名
疏勒府鄉土志 第61冊
（清）蔣國陛撰
莎車府鄉土志 第61冊
（清）甘曜湘撰
昌吉縣呼圖壁鄉土志 第61冊
佚名
阜康縣鄉土志 第61冊
佚名
孚遠縣鄉土志 第61冊
佚名
鄯善縣鄉土志 第61冊
（清）陳光煒撰
寧遠縣鄉土志 第61冊
（清）李方學撰
綏定縣鄉土志 第61冊
（清）蕭然奎撰
精河廳鄉土志 第61冊
（清）曹凌漢撰
哈密直隸廳鄉土志 第61冊
（清）劉潤道撰
婼羌縣鄉土志圖 第61冊
（清）瑞山撰
婼羌縣鄉土志 第61冊
（清）唐光禕撰
輪臺縣鄉土志 第61冊
（清）顧桂芬撰
和闐直隸州鄉土志 第61冊
（清）謝維興撰
皮山縣鄉土志 第61冊
佚名
洛浦縣鄉土志 第61冊
（清）楊丕灼撰
伽師縣鄉土志 第61冊
（清）高生嶽撰
巴楚州鄉土志 第61冊
（清）張璪光撰
英吉沙爾廳鄉土志 第61冊
（清）黎炳元撰
蒲犁廳鄉土志 第61冊
（清）江文波撰
温宿縣鄉土志 第61冊
佚名
拜城縣鄉土志 第61冊
佚名
庫車直隸州鄉土志 第61冊
佚名
沙雅縣鄉土志 第61冊
（清）張紹伯撰
温宿分防柯坪縣土志 第61冊
（清）潘宗嶽撰
烏什直隸廳鄉土志 第61冊
佚名
鎮西廳鄉土志 第61冊
（清）閆緒昌脩 高耀南纂
和闐直隸州鄉土志 第61冊
佚名
葉城縣鄉土志 第61冊
佚名
新平縣鄉土志 第61冊
佚名
華嶽志 第62冊
（清）李榕蔭纂輯
崆峒山志 第63冊
（清）張伯魁纂修
首陽山志 第63冊
（民國）張穎軒纂
麥積山石窟志 第63冊
（民國）馮國瑞撰

第二輯 西北稀見叢書文獻

二西堂叢書 第64－65冊
（清）張澍輯
司馬法 第64冊
子夏易傳 第64冊
世本 第64冊
趙岐三輔決録 第64冊
皇甫司農集 第64冊
張奂太常卿集 第64冊
段熲太尉集 第64冊
周生烈子 第65冊
矦瑾漢皇德傳 第65冊
應劭風俗通姓氏篇 第65冊
辛氏三秦記 第65冊
三輔舊事 第65冊
三輔故事 第65冊
劉昞十三州誌 第65冊
段龜龍涼州記 第65冊
涼州異物誌 第65冊
西河舊事 第65冊
論歸西河記 第65冊
段國沙州記 第65冊
陰鏗詩集 第65冊
李益詩集 第65冊
小方壺齋輿地叢鈔 第66－67冊
（清）王錫祺輯
輿地略 第66冊
府州廳縣異名録 第66冊
中國方域考 第66冊
中國形勢考略 第66冊
輿覽 第66冊
方輿紀要簡覽 第66冊
陝西考略 第66冊
甘肅考略 第66冊
綏服厄魯特蒙古記 第66冊
青海考略 第66冊
青海事宜論 第66冊
征準噶爾記 第66冊
西征紀略 第66冊
兩征厄魯特記 第66冊
蕩平準部記 第66冊
戡定回疆記 第66冊
新疆後事記 第66冊
新疆紀略 第66冊
回疆風土記 第66冊
回疆雜記 第66冊
西域釋地 第66冊
西陲要略 第66冊
天山南北路考略 第66冊
喀什噶爾略論 第66冊
軍臺道里表 第66冊
西域置行省議 第66冊
新疆設行省議 第66冊
西域設行省議 第66冊
烏魯木齊雜記 第66冊
伊犁日記 第66冊
天山客話 第66冊
東歸日記 第66冊
荷戈紀程 第66冊
莎車行紀 第66冊
寧藏七十九族番民考 第66冊
哈薩克述略 第66冊
外藩疆理考 第66冊
西北邊域考 第66冊
綏服西屬國記 第66冊
外藩列傳 第66冊
北徼形勢考 第66冊
登華記 第66冊
華山經 第66冊

第三輯 西北史地文獻

筠瀧山房道光十六年(1890)序版
漢西域圖考 第102冊
(清)李光廷撰
陽湖趙氏壽諼草堂同治庚午年(1870)序版
西域輿地三種匯刻 第103冊
(清)徐崇立校刊
光緒壬寅年(1902)序版
撫新紀程 第103冊
(清)袁大化記
宣統三年(1911)新疆官報書局版
褚司農文集 第103冊
(明)褚鈇撰
平露堂皇明經世文編
馮元成文集 第103冊
(明)馮時可撰
平露堂皇明經世文編
北虜事蹟 第103冊
(明)王瓊撰
明刊本
王太僕集 第103冊
(明)王任重撰
平露堂皇明經世文編
鄭經略奏疏 第103冊
(明)鄭洛撰
平露堂皇明經世文編
馬端肅公奏疏 第103冊
(明)馬文昇撰
平露堂皇明經世文編
王莊簡奏疏 第103冊
(明)王複撰
平露堂皇明經世文編
張襄敏奏疏 第103冊
(明)張珩撰
平露堂皇明經世文編
陝甘奏稿 第103冊
(清)林則徐撰
清刊本
陶勤肅公奏議遺稿 第103冊
(清)陶模撰
民國十三年(1924)蘭州將軍公署版
左文襄公奏疏續編 第104冊
(清)左宗棠撰
光緒庚寅歲(1890)中冬上海圖書集成局印本
大唐西域記 第105冊
(唐釋)玄奘譯 (唐釋)辯機撰
般若堂刊本
法顯傳 第106冊
(東晉)釋法顯撰
古刻版
使西域記 第106冊
(北魏)宋雲撰
悟空入竺記 第106冊
(唐)圓照撰
經行記 第106冊
(唐)杜環撰
往五天竺國傳 第106冊
(唐)慧超撰
使于記 第106冊
(後晋)高居誨撰
使高昌記 第106冊
(宋)王延德撰
西天路竟 第106冊
佚名
西遊錄 第106冊
(元)耶律楚材撰
長春真人西遊記 第106冊
(元)李志常撰
北使記 第106冊
(金)劉祁撰
西使記 第106冊
(金)劉郁撰
西域行程記 第106冊
(明)陳誠 李暹撰
使西日記 第107冊
(明)都穆撰
明刻本
湟中行紀 第107冊
闞普通武撰
豹隱山房叢書光緒壬寅年序版
玉樹近事記 第107冊
邊事月刊社編
西北考察日記 第107冊
顧頡剛著
抄本
吐魯番考古記 第108冊
黃文弼著
羅布淖爾考古記 第108冊
黃文弼著
河海昆侖錄 第109冊
裴景福撰
西行記 第110冊
顧執中著
民國二十一年(1932)自序版
新疆紀遊 第110冊
吳藹宸著
民國二十四年(1935)序版
我的探險生涯 第111冊
(瑞典)斯文・赫定(HedinsvenAnders)著
一九三三年序版
斯坦因西域考古記 第112冊
(英)斯坦因(SteinAurel)著 向達譯
一九三二年序版
西北古地研究 第113冊
(日)藤天豐八等著 楊鍊譯
民初鉛印本
張騫西征考 第113冊
(日)桑原騭藏著 楊鍊譯
民初鉛印本
長安史跡考 第113冊
(日)足立喜六著 楊鍊譯
商務印書館發行本
西域南海史地考證譯叢 第114–116冊
(法)伯希和(PelliotPaul)撰 馮承鈞譯
民國二十一年(1932)譯序版

第四輯 西北民俗文獻

西域番國志 第117冊
(明)陳誠 (明)李暹撰
明鈔本
新疆輿圖風土考 第117冊
(清)椿園氏[撰]
點石齋乾隆四十二年(1777)序版
西域聞見錄 第117冊
(清)椿園氏[撰]
點石齋乾隆四十二年(1777)序版
新疆回部志 第118冊
(清)吳豐培[撰]
邊疆叢書續編乾隆三十七敘本
卓尼記 第118冊
(清)俞文綬[撰]
道光丙申年(1836)養和堂版
紅山碎葉 第118冊
(清)黃濬[撰]
光緒二十七年(1901)序本
新疆紀略 第118冊
(清)珠克登[撰]
抄本
鄉飲習 第118冊
(清)張世英[撰]

第七輯 西北考古文獻

第八輯 敦煌學文獻

中國西北文獻叢書・二編
苗普生主編
二〇〇六年北京線裝書局
五十一冊

第一輯 西北稀見方志文獻

汲縣今志	第 6 冊
[順治]封邱縣志	第 6 冊
[康熙]封邱縣續志	第 6 冊
[康熙]封邱縣續志	第 6 冊
封邱縣續志	第 6 冊
[乾隆]獲嘉縣志	第 6 冊
獲嘉縣志	第 7 冊
[乾隆]孟縣志	第 7 冊
孟縣志	第 7 冊
[正德]新鄉縣志	第 7 冊
[乾隆]新鄉縣志	第 7 冊
新鄉縣續志	第 8 冊
[順治]溫縣志	第 8 冊
[乾隆]溫縣志	第 8 冊
[乾隆]濟源縣志	第 8 冊
[嘉慶]續濟源縣志	第 8 冊
[嘉靖]輝縣志	第 8 冊
[道光]輝縣志	第 8 冊
[順治]胙城縣志	第 8 冊
[乾隆]原武縣志	第 8 冊
[康熙]陽武縣志	第 8 冊
[乾隆]陽武縣志	第 8 冊
陽武縣志	第 8 冊
[道光]武陟縣志	第 8 冊
續武陟縣志	第 8 冊
[順治]懷慶府志	第 8 冊
[乾隆]新修懷慶府志	第 8 冊
[康熙]河内縣志	第 8 冊
[道光]河内縣志	第 8 冊
[乾隆]修武縣志	第 8 冊
[道光]修武縣志	第 8 冊
修武縣志	第 9 冊
[順治]商水縣志	第 9 冊
[乾隆]商水縣志	第 9 冊
商水縣志	第 9 冊
[道光]扶溝縣志	第 9 冊
[光緒]扶溝縣志	第 9 冊
[康熙]鹿邑縣志	第 9 冊
[乾隆]鹿邑縣志	第 9 冊
[光緒]鹿邑縣志	第 9 冊
[康熙]續修陳州志	第 9 冊
[乾隆]陳州府志	第 9 冊
[道光]淮寧縣志	第 9 冊
淮陽縣志	第 9 冊
[嘉靖]沈邱縣志	第 10 冊
[乾隆]沈邱縣志	第 10 冊
[順治]西華縣志	第 10 冊
[乾隆]西華縣志	第 10 冊
西華縣續志	第 10 冊
[乾隆]太康縣志	第 10 冊
太康縣志	第 10 冊
[乾隆]項城縣志	第 10 冊
項城縣志	第 10 冊
[嘉靖]許州志	第 10 冊
[康熙]許州志	第 10 冊
[乾隆]許州志	第 10 冊
[道光]許州志	第 10 冊
許昌縣志	第 10 冊
[嘉靖]鄢陵志	第 10 冊
[順治]鄢陵縣志	第 10 冊
[道光]道光鄢陵縣志	第 10 冊
鄢陵縣志	第 10 冊
[嘉靖]郾城縣志	第 10 冊
[崇禎]郾城縣志	第 10 冊
[順治]郾城縣志	第 10 冊
[乾隆]郾城縣志	第 10 冊
[康熙]郏縣志	第 10 冊
[乾隆]郏縣續志	第 11 冊
[咸豐]郏縣志	第 11 冊
[同治]郏縣志	第 11 冊
[嘉靖]襄城縣志	第 11 冊
[康熙]襄城縣志	第 11 冊
[乾隆]襄城縣志	第 11 冊
重修襄城縣志	第 11 冊
襄城文獻錄	第 11 冊
[乾隆]古汜城志	第 11 冊
[嘉靖]魯山縣志	第 11 冊
[嘉慶]魯山縣志	第 11 冊
[康熙]長葛縣志	第 11 冊
[乾隆]長葛縣志	第 11 冊
長葛縣志	第 11 冊
[順治]臨潁縣志	第 11 冊
[乾隆]臨潁縣續志	第 11 冊
重修臨潁縣志	第 11 冊
[乾隆]舞陽縣志	第 12 冊
[同治]葉縣志	第 12 冊
葉縣鄉土志	第 12 冊
[嘉慶]寶豐縣志	第 12 冊
[道光]寶豐縣志	第 12 冊
[乾隆]禹州志	第 12 冊
[道光]禹州志	第 12 冊
禹縣志	第 12 冊
[乾隆]確山縣志	第 12 冊
確山縣志	第 12 冊
[康熙]西平縣志	第 12 冊
西平縣志	第 12 冊
[康熙]汝寧府志	第 13 冊
[嘉慶]汝寧府志	第 13 冊
[康熙]汝陽縣志	第 13 冊
重修汝南縣志	第 13 冊
[乾隆]新蔡縣志	第 13 冊
[道光]泌陽縣志	第 13 冊
[順治]遂平縣志	第 13 冊
[乾隆]遂平縣志	第 13 冊
[康熙]上蔡縣志	第 13 冊
[嘉慶]正陽縣志	第 13 冊
重修正陽縣志	第 13 冊
元河南志	第 13 冊
[乾隆]河南府志	第 13－15 冊
[乾隆]重修洛陽縣志	第 15 冊
[嘉慶]洛陽縣志	第 15 冊
[康熙]孟津縣志	第 15 冊
[嘉慶]孟津縣志	第 15 冊
[正德]汝州志	第 15 冊
[萬曆]汝州志	第 15 冊
[道光]汝州全志	第 16 冊
[乾隆]嵩縣志	第 16 冊
[乾隆]重修伊陽縣志	第 16 冊
[道光]重修伊陽縣志	第 16 冊
[康熙]靈寶縣志	第 16 冊
[光緒]重修靈寶縣志	第 16 冊
靈寶縣志	第 16 冊
[順治]閿鄉縣志	第 16 冊
[乾隆]閿鄉縣志	第 16 冊
[光緒]閿鄉縣志	第 16 冊
新修閿鄉縣志	第 16 冊
[嘉慶]澠池縣志	第 16 冊
澠池縣志	第 16 冊
[康熙]宜陽縣志	第 16 冊
[乾隆]宜陽縣志	第 16 冊
[光緒]宜陽縣志	第 16 冊
宜陽縣志	第 17 冊
[弘治]偃師縣志	第 17 冊
[乾隆]偃師縣志	第 17 冊
偃師縣風土志略	第 17 冊
[乾隆]永寧縣志	第 17 冊
洛寧縣志	第 17 冊
[光緒]重修盧氏縣志	第 17 冊
[乾隆]重修直隸陝州志	第 17 冊
[光緒]陝州直隸州志	第 17 冊
[光緒]陝州直隸州續志	第 17 冊

陝縣志	第 17 冊
[乾隆]新安縣志	第 17 冊
新安縣志	第 17 冊
[乾隆]信陽州志	第 18 冊
重修信陽縣志	第 18 冊
[嘉靖]固始縣志	第 18 冊
[順治]固始縣志	第 18 冊
[康熙]固始縣志	第 18 冊
[乾隆]固始縣續志	第 18 冊
[乾隆]重修固始縣志	第 18 冊
[順治]息縣志	第 18 冊
[嘉慶]息縣志	第 18 冊
[順治]光州志	第 18 冊
[乾隆]光州志	第 18 冊
[光緒]光州志	第 18 冊
光州鄉土志	第 18 冊
[萬曆]羅山縣志	第 18 冊
[乾隆]羅山縣志	第 18 冊
[嘉靖]商城縣志	第 18 冊
[康熙]商城縣志	第 18 冊
[嘉慶]商城縣志	第 18 冊
[嘉靖]光山縣志	第 18 冊
[乾隆]光山縣志	第 18 冊
光山縣志約稿	第 18 冊
[康熙]南陽府志	第 18 冊
[康熙]南陽縣志	第 18 冊
[光緒]南陽縣志	第 18 冊
[康熙]唐縣志	第 18 冊
[乾隆]唐縣志	第 18 冊
[乾隆]新野縣志	第 19 冊
[嘉靖]鄧州志	第 19 冊
[順治]鄧州志	第 19 冊
[乾隆]鄧州志	第 19 冊
[咸豐]淅川廳志	第 19 冊
[乾隆]南召縣志	第 19 冊
[乾隆]桐柏縣志	第 19 冊
[光緒]鎮平縣志	第 19 冊
[康熙]內鄉縣志	第 19 冊

湖北省

[乾隆]湖北下荆南道志	第 19 冊
夏口縣志	第 19 冊
漢口小志	第 19 冊
[嘉靖]大冶縣志	第 19 冊
[同治]大冶縣志	第 19 冊
[光緒]大冶縣志續編	第 19 冊
[光緒]續輯咸甯縣志	第 19 冊
[光緒]興國州志	第 19 冊
[光緒]續補興國州志	第 19 冊
[康熙]通山縣志	第 19 冊
[同治]通山縣志	第 19 冊
[康熙]通城縣志	第 19 冊
[同治]通城縣志	第 19 冊
[同治]重修嘉魚縣志	第 20 冊
[乾隆]江夏縣志	第 20 冊
[同治]江夏縣志	第 20 冊
[寶祐]壽昌乘	第 20 冊
[乾隆]武昌縣志	第 20 冊
[光緒]武昌縣志	第 20 冊
[同治]崇陽縣志	第 20 冊
[乾隆]蒲圻縣志	第 20 冊
[同治]蒲圻縣志	第 20 冊
[光緒]孝感縣志	第 20 冊
[乾隆]漢陽縣志	第 20 冊
[同治]續輯漢陽縣志	第 20 冊
[光緒]漢陽縣識	第 20 冊
[同治]黄陂縣志	第 21 冊
[同治]漢川縣志	第 21 冊
[康熙]雲夢縣志	第 21 冊
[道光]雲夢縣志略	第 21 冊
[同治]應山縣志	第 21 冊
[雍正]應城縣志	第 21 冊
[光緒]光緒應城志	第 21 冊
[光緒]德安府志	第 21 冊
[康熙]德安安陸郡縣志	第 21 冊
[道光]安陸縣志	第 21 冊
[咸豐]安陸縣志補正	第 22 冊
[光緒]黄岡縣志	第 22 冊
[康熙]黄安縣志	第 22 冊
[同治]黄安縣志	第 22 冊
[康熙]麻城縣志	第 22 冊
[光緒]麻城縣志	第 22 冊
[光緒]麻城縣志	第 22 冊
麻城縣志前編	第 22 冊
麻城縣志續編	第 22 冊
[嘉靖]羅田縣志	第 22 冊
[光緒]羅田縣志	第 22 冊
[嘉靖]蘄水縣志	第 22 冊
[光緒]蘄水縣志	第 22 冊
[嘉靖]蘄州志	第 22 冊
[康熙]蘄州志	第 23 冊
[乾隆]蘄州志	第 23 冊
[光緒]蘄州志	第 23 冊
[乾隆]黄梅縣志	第 23 冊
[光緒]黄梅縣志	第 23 冊
[康熙]廣濟縣志	第 23 冊
[乾隆]廣濟縣志	第 23 冊
[同治]廣濟縣志	第 23 冊
[乾隆]英山縣志	第 23 冊
英山縣志	第 23 冊
[順治]江陵志餘	第 23 冊
[乾隆]江陵縣志	第 23 冊
[光緒]江陵縣志	第 23 冊
[乾隆]荆門州志	第 24 冊
[同治]荆門直隸州志	第 24 冊
[乾隆]鍾祥縣志	第 24 冊
[同治]鍾祥縣志	第 24 冊
鍾祥縣志	第 24 冊
[康熙]京山縣志	第 24 冊
[光緒]京山縣志	第 24 冊
[康熙]景陵縣志	第 24 冊
[康熙]監利縣志	第 25 冊
[同治]監利縣志	第 25 冊
[同治]石首縣志	第 25 冊
[道光]天門縣志	第 25 冊
[康熙]潛江縣志	第 25 冊
[光緒]潛江縣志續	第 25 冊
[光緒]沔陽州志	第 25 冊
[同治]公安縣志	第 25 冊
[同治]松滋縣志	第 25 冊
松滋縣志	第 25 冊
[弘治]夷陵州志	第 25 冊
[同治]宜昌府志	第 25 冊
[乾隆]東湖縣志	第 25 冊
[同治]遠安縣志	第 25 冊
[乾隆]當陽縣志	第 26 冊
[同治]當陽縣志	第 26 冊
[光緒]當陽縣補續志	第 26 冊
[康熙]宜都縣志	第 26 冊
[同治]宜都縣志	第 26 冊
[同治]枝江縣志	第 26 冊
[光緒]長樂縣志	第 26 冊
[乾隆]長陽縣志	第 26 冊
[同治]長陽縣志	第 26 冊
[光緒]歸州志	第 26 冊
[同治]興山縣志	第 26 冊
[嘉慶]恩施縣志	第 26 冊
[同治]恩施縣志	第 26 冊
[道光]建始縣志	第 26 冊
[同治]建始縣志	第 26 冊
[嘉靖]巴東縣志	第 26 冊
[同治]巴東縣志	第 26 冊

[同治]定南廳志　第 42 冊
大庾縣志　第 42 冊
[光緒]上猶縣志　第 42 冊
[光緒]崇義縣志　第 42 冊
[同治]廣昌縣志　第 42 冊
[康熙]廬陵縣志　第 42 冊
[同治]廬陵縣志　第 42 冊
吉安縣志　第 42 冊
吉安縣河西坊廓鄉志　第 42 冊
[同治]泰和縣志　第 43 冊
[光緒]吉水縣志　第 43 冊
[同治]永豐縣志　第 43 冊
[康熙]安福縣志　第 43 冊
[同治]安福縣志　第 43 冊
[康熙]吉安府龍泉縣重修縣志　第 43 冊
[乾隆]龍泉縣志　第 43 冊
[同治]龍泉縣志　第 43 冊
[康熙]萬安縣志　第 43 冊
[同治]萬安縣志　第 43 冊
[同治]永寧縣志　第 43 冊
[乾隆]永新縣志　第 43 冊
[同治]永新縣志　第 43 冊
[同治]蓮花廳志　第 43 冊
[同治]新淦縣志　第 43－44 冊
[同治]峽江縣志　第 44 冊

福建省

[萬曆]福州府志　第 44 冊
[乾隆]福州府志　第 44 冊
閩侯縣志　第 44 冊
螺江志　第 44 冊
[康熙]建寧府志　第 44 冊
[嘉靖]建陽縣志　第 44 冊
[康熙]建陽縣志　第 45 冊
[道光]建陽縣志　第 45 冊
建陽縣志　第 45 冊
[康熙]建安縣志　第 45 冊
[康熙]甌寧縣志　第 45 冊
建甌縣志　第 45 冊
[康熙]崇安縣志　第 45 冊
重修崇安縣志　第 45 冊
[順治]浦城縣志　第 45 冊
[光緒]續修浦城縣志　第 45 冊
[康熙]松溪縣志　第 46 冊
[永樂]政和縣志　第 46 冊
[乾隆]政和縣志　第 46 冊
[道光]政和縣志　第 46 冊
政和縣志　第 46 冊
[康熙]南平縣志　第 46 冊
[嘉慶]南平縣志　第 46 冊
南平縣志　第 46 冊
[正德]順昌邑志　第 46 冊
[康熙]順昌縣志　第 46 冊
[道光]順昌縣志　第 46 冊
順昌縣志　第 46 冊
重修邵武縣志　第 46 冊
[康熙]光澤縣志　第 46 冊
[乾隆]光澤縣志　第 46 冊
[道光]重纂光澤縣志　第 46 冊
[道光]厦門志　第 46 冊
厦門市志　第 46 冊
[嘉慶]同安縣志　第 46 冊
同安縣志　第 46 冊
[乾隆]馬巷廳志　第 46 冊
[萬曆]福寧州志　第 46 冊
[嘉靖]寧德縣志　第 46 冊
[乾隆]寧德縣志　第 46 冊
[嘉慶]福鼎縣志　第 46 冊
霞浦縣志　第 47 冊
[康熙]壽寧縣志　第 47 冊
[崇禎]福安縣志　第 47 冊
[光緒]福安縣志　第 47 冊
周墩區志　第 47 冊
[康熙]羅源縣志　第 47 冊
[道光]新修羅源縣志　第 47 冊
[嘉慶]連江縣志　第 47 冊
連江縣志　第 47 冊
[乾隆]古田縣志　第 47 冊
古田縣志　第 47 冊
[乾隆]屏南縣志　第 47 冊
屏南縣志　第 47 冊
[正統]福建興化縣志　第 47 冊
[乾隆]興化府莆田縣志　第 47 冊
[道光]莆田縣志稿　第 47 冊
莆田縣志　第 48 冊
[寶祐]仙溪志　第 48 冊
[乾隆]僊遊縣志　第 48 冊
[乾隆]永福縣志　第 48 冊
永泰縣志　第 48 冊
[乾隆]閩清縣志　第 48 冊
閩清縣志　第 48 冊
[乾隆]福清縣志　第 48 冊
海口特志　第 48 冊
海口續志　第 48 冊
[崇禎]長樂縣志　第 48 冊
[同治]長樂縣志　第 48 冊
長樂縣志　第 48 冊
長樂梅花志　第 49 冊
長樂六里志　第 49 冊
平潭縣志　第 49 冊
[道光]晉江縣志　第 49 冊
晉江鄉土志　第 49 冊
安海志　第 49 冊
[嘉慶]惠安縣志　第 49 冊
[道光]惠安縣續志　第 49 冊
[康熙]永春縣志　第 49 冊
永春縣志　第 49 冊
[康熙]德化縣志　第 49 冊
[乾隆]德化縣志　第 49 冊
[乾隆]德化縣續志稿　第 49 冊
德化縣志　第 49 冊
[嘉靖]安溪縣志　第 49 冊
[乾隆]安溪縣志　第 49 冊
[同治]金門志　第 49 冊
金門縣志　第 49 冊
[光緒]漳州府志　第 50 冊
[嘉靖]龍溪縣志　第 50 冊
[乾隆]龍溪縣志　第 50 冊
石碼鎮志　第 50 冊
[乾隆]海澄縣志　第 50 冊
[光緒]漳浦縣志　第 50 冊
[嘉慶]雲霄廳志　第 50 冊
雲霄縣志　第 50 冊
[乾隆]銅山志　第 50 冊
[康熙]詔安縣志　第 50 冊
詔安縣志　第 50 冊
[康熙]平和縣志　第 50 冊
[乾隆]南靖縣志　第 50 冊
[同治]南靖縣志　第 50 冊
[乾隆]長泰縣志　第 50 冊
長泰縣新志　第 50 冊
[道光]龍巖州志　第 50 冊
龍巖縣志　第 50 冊
[道光]漳平縣志　第 51 冊
[康熙]寧洋縣志　第 51 冊
[同治]寧洋縣志　第 51 冊
[康熙]連城縣志　第 51 冊
連城縣志　第 51 冊
[光緒]長汀縣志　第 51 冊
長汀縣志　第 51 冊
[康熙]武平縣志　第 51 冊
[乾隆]上杭縣志　第 51 冊

上杭縣志 第 51 冊
[康熙]永定縣志 第 51 冊
永定縣志 第 51 冊
[萬曆]歸化縣志 第 51 冊
[康熙]歸化縣志 第 51 冊
明溪縣志 第 51 冊
[康熙]清流縣志 第 52 冊
[道光]清流縣志 第 52 冊
清流縣志 第 52 冊
[康熙]寧化縣志 第 52 冊
寧化縣志 第 52 冊
[道光]沙縣志 第 52 冊
沙縣志 第 52 冊
[順治]永安縣志 第 52 冊
[雍正]永安縣志 第 52 冊
[道光]永安縣續志 第 52 冊
[萬曆]將樂縣志 第 52 冊
[乾隆]將樂縣志 第 52 冊
[康熙]尤溪縣志 第 52 冊
尤溪縣志 第 52 冊
大田縣志 第 52 冊
[康熙]建寧縣志 第 52 冊
[康熙]續纂建寧縣志 第 52 冊
[乾隆]建寧縣志 第 52 冊
建寧縣志 第 52 冊
泰寧縣志 第 52 冊

廣東省

花縣志 第 53 冊
[雍正]長寧縣志 第 53 冊
[道光]長寧縣志 第 53 冊
增城縣志 第 53 冊
[雍正]從化縣新志 第 53 冊
[宣統]番禺縣續志 第 53 冊
續番禺縣志 第 53 冊
[同治]樂昌縣志 第 53 冊
樂昌縣志 第 53 冊
[嘉靖]仁化縣志 第 53 冊
[同治]仁化縣志 第 53 冊
[嘉靖]南雄府志 第 53 冊
[道光]直隸南雄州志 第 53 冊
[乾隆]保昌縣志 第 53 冊
[乾隆]始興縣志 第 53 冊
始興縣志 第 53 冊
[嘉靖]廣東韶州府翁源縣志 第 53 冊
[嘉慶]翁源縣新志 第 53 冊
[道光]佛岡直隸軍民廳志 第 53 冊
[道光]英德縣志 第 54 冊
英德縣續志 第 54 冊
[乾隆]清遠縣志 第 54 冊
清遠縣志 第 54 冊
[順治]陽山縣志 第 54 冊
[乾隆]陽山縣志 第 54 冊
陽山縣志 第 54 冊
連山縣志 第 54 冊
[乾隆]連州志 第 54 冊
[康熙]乳源縣志 第 54 冊
佛山忠義鄉志 第 54 冊
佛山忠義鄉志 第 54 冊
[光緒]惠州府志 第 54 冊
[乾隆]歸善縣志 第 55 冊
[乾隆]博羅縣志 第 55 冊
[同治]河源縣志 第 55 冊
[雍正]連平州志 第 55 冊
和平縣志 第 55 冊
[嘉慶]龍川縣志 第 55 冊
[道光]永安縣三志 第 55 冊
[康熙]新安縣志 第 55 冊
[嘉慶]新安縣志 第 55 冊
[宣統]東莞縣志 第 55 冊
茶山鄉志 第 55 冊
[康熙]曲江縣志 第 55 冊
[光緒]曲江縣志 第 55 冊
[康熙]程鄉縣志 第 55 冊
[光緒]嘉應州志 第 55 冊
[嘉慶]平遠縣志 第 55 冊
[乾隆]重修鎮平縣志 第 55 冊
[同治]大埔縣志 第 55 冊
民國新修大埔縣志 第 55 冊
[光緒]豐順縣志 第 56 冊
民國新修豐順縣志 第 56 冊
[康熙]長樂縣志 第 56 冊
[道光]長樂縣志 第 56 冊
[正德]正德興寧志 第 56 冊
[康熙]興寧縣志 第 56 冊
[咸豐]興寧縣志 第 56 冊
[嘉慶]澄海縣志 第 56 冊
[光緒]海陽縣志 第 56 冊
海陽縣鄉土志 第 56 冊
[光緒]饒平縣志 第 56 冊
[乾隆]南澳志 第 56 冊
[光緒]潮陽縣志 第 56 冊
[乾隆]海豐縣志 第 56 冊
[同治]海豐縣志續編 第 56 冊
[乾隆]陸豐縣志 第 56 冊
[乾隆]普寧縣志 第 56 冊
[雍正]揭陽縣志 第 56 冊
[乾隆]揭陽縣志 第 56 冊
[康熙]南海縣志 第 56 冊
[道光]南海縣志 第 56 冊
[宣統]南海縣志 第 57 冊
南海九江鄉志 第 57 冊
九江儒林鄉志 第 57 冊
[康熙]三水縣志 第 57 冊
[嘉慶]三水縣志 第 57 冊
[乾隆]順德縣志 第 57 冊
[咸豐]順德縣志 第 57 冊
順德縣志 第 57 冊
龍山鄉志 第 57 冊
順德龍江鄉志 第 57 冊
[康熙]香山縣志 第 57 冊
[乾隆]香山縣志 第 57 冊
[道光]香山縣志 第 57 冊
香山縣志 第 57 冊
[萬曆]新會縣志 第 57 冊
[道光]新會縣志 第 57 冊
新會縣續志 第 57 冊
[道光]高明縣志 第 57 冊
[乾隆]鶴山縣志 第 57 冊
[道光]鶴山縣志 第 57 冊
開平縣志 第 57 冊
赤溪縣志 第 57 冊
[乾隆]新寧縣志 第 57 冊
[光緒]新寧縣志 第 57 冊
新寧鄉土地理 第 58 冊
[乾隆]恩平縣志 第 58 冊
恩平縣志補遺 第 58 冊
恩平縣志 第 58 冊
[嘉慶]茂名縣志 第 58 冊
[光緒]茂名縣志 第 58 冊
石城縣志 第 58 冊
[光緒]化州志 第 58 冊
[光緒]信宜縣志 第 58 冊
[康熙]陽春縣志 第 58 冊
陽春縣志 第 58 冊
[康熙]陽江縣志 第 58 冊
[道光]陽江縣志 第 58 冊
陽江志 第 58 冊
[光緒]重修電白縣志 第 58 冊
電白縣新志稿 第 58 冊
[道光]吳川縣志 第 58 冊
[光緒]吳川縣志 第 59 冊

[乾隆]贊皇縣志 第4册
[光緒]續修贊皇縣志 第4册
[崇禎]元氏縣志 第4册
[光緒]元氏縣志 第4册
元氏縣志 第4册
[康熙]欒城縣志 第4册
[道光]欒城縣志 第4册
[同治]欒城縣志 第4册
[康熙]平山縣志 第4册
[咸豐]平山縣志 第4册
[光緒]續修平山縣志 第4册
[光緒]平山縣續志 第4册
平山縣志料集 第5册
[弘治]永平府志 第5册
[康熙]永平府志 第5册
[乾隆]永平府志 第5册
[光緒]永平府志 第5册
[同治]遷安縣志 第5册
遷安縣志 第5册
[同治]昌黎縣志 第5册
昌黎縣志 第5册
[順治]盧龍縣志 第6册
[康熙]增補盧龍縣志 第6册
盧龍縣志 第6册
[乾隆]玉田縣志 第6册
[光緒]玉田縣志 第6册
[光緒]臨榆縣志 第6册
臨榆縣志 第6册
[光緒]遵化通志 第6册
[乾隆]直隸遵化州志 第7册
[乾隆]直隸遵化州志 第7册
[康熙]撫寧縣志 第7册
[光緒]撫寧縣志 第7册
[天啟]樂亭志 第7册
[乾隆]樂亭縣志 第7册
[光緒]樂亭縣志 第7册
[萬曆]灤志 第7册
[光緒]灤州志 第7册
灤縣志 第7册
[康熙]豐潤縣志 第7册
[光緒]豐潤縣志 第7册
察哈爾省通志 第7册
[乾隆]口北三廳志 第7册
[乾隆]宣化府志 第8册
[康熙]宣化縣志 第8册
宣化縣新志 第8册
宣化縣鄉土志 第8册
[乾隆]赤城縣志 第8册
[同治]赤城縣續志 第8册
[康熙]龍門縣志 第8册
龍關縣新志 第8册
[康熙]懷來縣志 第8册
[光緒]懷來縣志 第8册
[順治]蔚州志 第8册
[乾隆]蔚州志補 第8册
[光緒]蔚州志 第8册
[乾隆]蔚縣志 第8册
張北縣志 第8册
[道光]保安州志 第8册
[光緒]保安州續志 第8册
保安州鄉土志 第8册
[同治]西甯新志 第8册
陽原縣志 第8册
[乾隆]懷安縣志 第8册
懷安縣志 第8册
萬泉縣志 第8册
[嘉靖]河間府志 第8册
[萬曆]河間府志 第9册
[康熙]河間府志 第9册
[乾隆]河間府新志 第9册
[康熙]河間縣志 第9册
[乾隆]河間縣志 第9册
[乾隆]滄州志 第9册
滄縣志 第9册
[康熙]吳橋縣志 第9册
[光緒]吳橋縣志 第9册
[康熙]鹽山縣志 第9册
[同治]鹽山縣志 第9册
鹽山新志 第9册
[康熙]東光縣志 第9册
[光緒]東光縣志 第9册
[乾隆]肅寧縣志 第9册
[康熙]交河縣志 第9册
交河縣志 第9册
[康熙]青縣志 第10册
[嘉慶]青縣志 第10册
青縣志 第10册
[嘉靖]興濟縣志 第10册
[光緒]南皮縣志 第10册
南皮縣志 第10册
[乾隆]任邱縣志 第10册
[道光]任邱縣志續編 第10册
[乾隆]獻縣志 第10册
獻縣志 第10册
[康熙]東安縣志 第10册
[乾隆]東安縣志 第10册
安次縣志 第10册
東安鄉土地理教科書 第10册
[康熙]三河縣志 第10册
[乾隆]三河縣志 第10册
三河縣新志 第10册
[康熙]香河縣志 第10册
香河縣志 第10册
[嘉靖]霸州志 第10册
[康熙]霸州志 第10册
霸縣新志 第10册
[康熙]保定縣志 第10册
[康熙]固安縣志 第10册
[咸豐]固安縣志 第10册
固安縣志 第10册
[光緒]大城縣志 第10册
[康熙]永清縣志 第10册
[乾隆]永清縣志 第10册
[康熙]文安縣志 第10册
[康熙]文安縣志 第11册
文安縣志 第11册
[弘治]重修保定志 第11册
[萬曆]保定府志 第11册
[康熙]保定府志 第11册
[光緒]保定府志 第11册
[嘉靖]清苑縣志 第11册
[同治]清苑縣志 第11册
清苑縣志 第11册
清苑縣志料 第11册
[光緒]淶水縣志 第11册
[康熙]涿州志 第12册
[乾隆]涿州志 第12册
涿縣志 第12册
[康熙]定興縣志 第12册
[乾隆]定興縣志 第12册
[光緒]定興縣志 第12册
[光緒]容城縣志 第12册
[道光]安州志 第12册
[乾隆]新安縣志 第12册
河北省安新縣地方實際情況調查報告 第12册
[順治]蠡縣志 第12册
[光緒]蠡縣志 第12册
[康熙]博野縣志 第12册
[乾隆]博野縣志 第12册
[雍正]直隸定州志 第12册

山西省

[光緒]山西通志	第19－21册
[萬曆]太原府志	第21册
[乾隆]太原府志	第21册
[嘉靖]太原縣志	第21册
[雍正]重修太原縣志	第21册
[道光]太原縣志	第21册
[道光]陽曲縣志	第21册
[康熙]徐溝縣志	第21册
清源鄉志	第21册
[乾隆]大同府志	第21册
[順治]雲中郡志	第21册
[道光]大同縣志	第21册
[乾隆]天鎮縣志	第22册
[光緒]天鎮縣志	第22册
[康熙]靈丘縣志	第22册
[光緒]靈邱縣補志	第22册
[萬曆]懷仁縣志	第22册
[光緒]懷仁縣新志	第22册
[崇禎]山陰縣志	第22册
[雍正]陽高縣志	第22册
[乾隆]廣靈縣志	第22册
[順治]渾源州志	第22册
[乾隆]渾源州志	第22册
[光緒]渾源州續志	第22册
[乾隆]應州續志	第22册
[雍正]朔平府志	第22册
[雍正]朔州志	第22册
[萬曆]馬邑縣志	第22册
馬邑縣志	第22册
[光緒]左雲縣志	第22册
[康熙]永寧州志	第22册
[光緒]永寧州志	第22册
[乾隆]汾州府志	第22册
[順治]汾陽縣志	第22册
[康熙]汾陽縣志	第22册
[光緒]汾陽縣志	第22册
[雍正]興縣志	第22册
[雍正]重修嵐縣志	第22册
[光緒]交城縣志	第22册
[康熙]文水縣志	第22册
[光緒]文水縣志	第22册
[雍正]孝義縣志	第23册
[乾隆]孝義縣志	第23册
[光緒]孝義縣續志	第23册
[雍正]石樓縣志	第23册
[康熙]寧鄉縣志	第23册
[康熙]臨縣志	第23册
臨縣志	第23册
[乾隆]寧武府志	第23册
[萬曆]忻州志	第23册
[乾隆]忻州志	第23册
[光緒]忻州志	第23册
[雍正]定襄縣志	第23册
[光緒]定襄縣補志	第23册
[康熙]靜樂縣志	第23册
[乾隆]直隸代州志	第23册
[光緒]代州志	第23册
[康熙]五臺縣志	第23册
[乾隆]五臺縣志	第23册
[乾隆]崞縣志	第23册
[光緒]續修崞縣志	第23册
[道光]繁峙縣志	第23册
[光緒]繁峙縣志	第23册
[康熙]保德州志	第23册
[同治]河曲縣志	第23册
[光緒]神池縣志	第23册
[光緒]岢嵐州志	第23册
[道光]偏關志	第24册
[康熙]榆次縣續志	第24册
[乾隆]榆次縣志	第24册
[同治]榆次縣志	第24册
榆次縣志	第24册
[乾隆]樂平縣志	第24册
昔陽縣志	第24册
[雍正]遼州志	第24册
[光緒]遼州志	第24册
重修和順縣志	第24册
[乾隆]榆社縣志	第24册
[光緒]榆社縣志	第24册
[萬曆]太谷縣志	第24册
[乾隆]太谷縣志	第24册
[乾隆]太谷縣志	第24册
[光緒]太谷縣志	第24册
太谷縣志	第24册
[康熙]重修平遙縣志	第24册
[光緒]平遙縣志	第24册
[康熙]靈石縣志	第25册
[嘉慶]靈石縣志	第25册
[乾隆]平定州志	第25册
[光緒]平定州志	第25册
[乾隆]盂縣志	第25册
[光緒]盂縣志	第25册
[康熙]壽陽縣志	第25册
[光緒]壽陽縣志	第25册
[光緒]祁縣志	第25册
[康熙]介休縣志	第25册
[乾隆]介休縣志	第25册
[嘉慶]介休縣志	第25册
介休縣志	第25册
[康熙]平阳府志	第25册
[雍正]平陽府志	第25册
[康熙]臨汾縣志	第25册
[雍正]臨汾縣志	第25册
[乾隆]臨汾縣志	第26册
[光緒]臨汾縣志續編	第26册
臨汾縣志	第26册
[光緒]汾西縣志	第26册
[雍正]岳陽縣志	第26册
重修安澤縣縣志	第26册
[光緒]吉州全志	第26册
吉州鄉土志	第26册
[康熙]隰州志	第26册
[光緒]續修隰州志	第26册
[康熙]永和縣志	第26册
永和縣志	第26册
[嘉靖]翼城縣志	第26册
[光緒]翼城縣志	第26册
翼城縣志	第26册
[嘉靖]曲沃縣志	第26册
[康熙]曲沃縣志	第26册
[乾隆]新修曲沃縣志	第26册
[乾隆]續修曲沃縣志	第26册
[光緒]續修曲沃縣志	第26册
新修曲沃縣志	第26册
[雍正]大寧縣志	第27册
[乾隆]蒲縣志	第27册
[雍正]洪洞縣志	第27册
洪洞縣志	第27册
[順治]趙城縣志	第27册
[乾隆]趙城縣志	第27册
[道光]趙城縣志	第27册
[康熙]鼎修霍州志	第27册
[道光]直隸霍州志	第27册
[同治]浮山縣志	第27册
[光緒]浮山縣志	第27册
浮山縣志	第27册
[雍正]太平縣志	第27册
[乾隆]太平縣志	第27册
[道光]太平縣志	第27册
[光緒]襄陵縣志	第27册
襄陵縣志	第27册

[順治]鄉寧縣志 第27册
[乾隆]鄉寧縣志 第27册
鄉寧縣志 第27册
[光緒]解州志 第28册
解縣志 第28册
[康熙]安邑縣志 第28册
[乾隆]解州安邑縣志 第28册
[光緒]安邑縣續志 第28册
[乾隆]解州安邑縣運城志 第28册
[康熙]絳州志 第28册
[光緒]直隸絳州志 第28册
新絳縣志 第28册
[乾隆]聞喜縣志 第28册
聞喜縣志 第28册
[光緒]垣曲縣志 第28册
[順治]絳縣志 第28册
[光緒]絳縣志 第28册
[光緒]絳縣志 第28册
[嘉慶]河津縣志 第28册
[同治]稷山縣志 第28册
[乾隆]解州芮城縣志 第28册
萬泉縣志 第28册
芮城縣志 第29册
[乾隆]解州夏志 第29册
[光緒]夏縣志 第29册
[乾隆]平陸縣志 第29册
[光緒]平陸縣續志 第29册
[乾隆]蒲州府志 第29册
[光緒]永濟縣志 第29册
[光緒]虞鄉縣志 第29册
虞鄉縣新志 第29册
[嘉靖]榮河縣志 第29册
[光緒]榮河縣志 第29册
榮河縣志 第29册
[康熙]臨晋縣志 第29册
[乾隆]臨晋縣志 第29册
[光緒]續修臨晋縣志 第29册
臨晋縣志 第29册
[雍正]猗氏縣志 第29册
[乾隆]潞安府志 第30册
[康熙]長治縣志 第30册
[乾隆]長治縣志 第30册
[光緒]長治縣志 第30册
[乾隆]重修襄垣縣志 第30册
[光緒]襄垣縣續志 第30册
襄垣縣志 第30册
[康熙]黎城縣志 第30册

[光緒]黎城縣續志 第30册
[乾隆]壺關縣志 第30册
[光緒]壺關縣續志 第30册
[康熙]澤州志 第30册
[雍正]澤州府志 第30册
[順治]高平縣志 第30册
[乾隆]高平縣志 第30册
[乾隆]鳳臺縣志 第30册
[光緒]鳳臺縣續志 第30册
[乾隆]陽城縣志 第30册
[同治]陽城縣志 第31册
[康熙]長子縣志 第31册
[嘉慶]長子縣志 第31册
[光緒]長子縣志 第31册
[乾隆]沁州志 第31册
[光緒]沁州復續志 第31册
[萬曆]沁源縣志 第31册
[雍正]沁源縣志 第31册
沁源縣志 第31册
[康熙]武鄉縣志 第31册
[乾隆]武鄉縣志 第31册
[光緒]武鄉縣續志 第31册
武鄉新志 第31册
[天啟]潞城縣志 第31册
[康熙]潞城縣志 第31册
[康熙]平順縣志 第31册
平順縣志 第31册
[乾隆]陵川縣志 第31册
[光緒]陵川縣志 第31册
陵川縣志 第31册
[康熙]沁水縣志 第31册
[光緒]沁水縣志 第31册
[光緒]屯留縣志 第31册

山東省

[至元]齊乘 第31－32册
[雍正]山東通志 第32册
[宣統]山東通志 第32册
[康熙]濟南府志 第33册
[道光]濟南府志 第33册
[崇禎]歷乘 第33册
[崇禎]歷城縣志 第33册
[乾隆]歷城縣志 第33－34册
續修歷城縣志 第34册
歷下志遊 第35册
[乾隆]淄川縣志 第35册
[宣統]三續淄川縣志 第35册
續修博山縣志 第35册

顏神鎮志 第35册
[康熙]臨淄縣志 第35册
臨淄縣志 第35册
[嘉靖]德州志 第35册
[康熙]德州志 第35册
[乾隆]德州志 第35册
[康熙]陵縣志 第35册
[光緒]陵縣志 第35册
陵縣續志 第35册
德縣志 第35册
[康熙]長河志籍考 第35册
[康熙]德平縣志 第35册
[乾隆]德平縣志 第35册
[光緒]德平縣志 第35册
德平縣續志 第35册
[康熙]齊河縣志 第35册
齊河縣志 第35册
[萬曆]濟陽縣志 第35册
[乾隆]濟陽縣志 第35册
濟陽縣志 第35册
[康熙]禹城縣志 第35册
[嘉慶]禹城縣志 第36册
禹城縣鄉土志 第36册
[順治]臨邑縣志 第36册
[同治]臨邑縣志 第36册
續修臨邑縣志 第36册
[乾隆]平原縣志 第36册
續修平原縣志 第36册
[順治]樂陵縣志 第36册
[乾隆]樂陵縣志 第36册
商河縣志 第36册
[嘉靖]武城縣志 第36册
[順治]武城縣志 第36册
[乾隆]武城縣志 第36册
增訂武城縣志續編 第36册
武城縣鄉土志略 第36册
[嘉靖]夏津縣志 第36册
[乾隆]夏津縣志 第36册
夏津縣志續編 第36册
[雍正]恩縣續志 第36册
[宣統]重修恩縣志 第36册
[康熙]寧津縣志稿 第36册
[光緒]寧津縣志 第36册
[康熙]慶雲縣志 第36册
[嘉慶]慶雲縣志 第36册
[咸豐]慶雲縣志 第36册
慶雲縣志 第36册

[嘉靖]寧海州志 第44册
[同治]寧海州志 第44册
[康熙]萊陽縣志 第44册
萊陽縣志 第44册
牟平縣志 第44册
[雍正]文登縣志 第44册
[道光]文登縣志 第44册
[光緒]文登縣志 第44册
[乾隆]威海衛志 第44册
[乾隆]海陽縣志 第44册
[光緒]海陽縣續志 第44册
[道光]榮成縣志 第44册
[康熙]沂州志 第44册
[乾隆]沂州府志 第44册
臨沂縣志 第44册
續修臨沂縣志 第44册
[康熙]費縣志 第44册
[光緒]費縣志 第44册
[康熙]郯城縣志 第45册
[乾隆]郯城縣志 第45册
[康熙]蒙陰縣志 第45册
[宣統]蒙陰縣志 第45册
[嘉慶]莒州志 第45册
重修莒志 第45册
[道光]沂水縣志 第45册
[康熙]日照縣志 第45册
[光緒]日照縣志 第45册
[萬曆]泰安州志 第45册
[康熙]泰安州志 第45册
[乾隆]泰安府志 第45册
[道光]泰安縣志 第45册
重修泰安縣志 第45册
[康熙]肥城縣志書 第45册
[光緒]肥城縣志 第45册
肥城縣鄉土志 第45册
[嘉靖]萊蕪縣志 第45册
[康熙]新修萊蕪縣志 第45册
萊蕪縣志 第45册
續修萊蕪縣志 第46册
萊蕪縣鄉土志 第46册
[康熙]長清縣志 第46册
[道光]長清縣志 第46册
長清縣志 第46册
[順治]新泰縣志 第46册
[乾隆]新泰縣志 第46册
[嘉靖]章丘縣志 第46册
[康熙]章丘縣志 第46册

[乾隆]章邱縣志 第46册
[道光]章邱縣志 第46册
章邱縣鄉土志 第46册
高唐齊音 第46册
[康熙]寧陽縣志 第46册
[乾隆]寧陽縣志 第46册
[光緒]寧陽縣志 第46册
[康熙]東平州志 第46册
[乾隆]東平州志 第46册
[道光]東平州志 第46册
[光緒]東平州志 第47册
東平州鄉土志 第47册
東平縣志 第47册
[順治]平陰縣志 第47册
[嘉慶]平陰縣志 第47册
平陰縣鄉土志 第47册
[萬曆]兗州府志 第47册
[康熙]兗州府志 第47册
[乾隆]兗州府志 第47册
[康熙]曲阜縣志 第47册
[乾隆]曲阜縣志 第47册
續修曲阜縣志 第47册
曲阜遊覽指南 第47册
[康熙]滋陽縣志 第48册
[光緒]滋陽縣志 第48册
[萬曆]鄒志 第48册
[康熙]鄒縣志 第48册
[光緒]鄒縣續志 第48册
[順治]泗水縣志 第48册
[光緒]泗水縣志 第48册
[道光]滕縣志 第48册
[宣統]滕縣續志稿 第48册
滕縣鄉土志 第48册
[康熙]金鄉縣志 第48册
[咸豐]金鄉縣志略 第48册
夏鎮漕渠志略 第48册
[光緒]嘉祥縣志 第48册
[康熙]魚臺縣志 第48册
[乾隆]魚臺縣志 第48册
[光緒]魚臺縣志 第48册
[萬曆]汶上縣志 第48册
[康熙]續修汶上縣志 第48册
[康熙]濟寧州志 第48册
[乾隆]濟寧直隸州志 第48－49册
[道光]濟寧直隸州志 第49册
濟寧直隸州續志 第50册
濟寧縣志 第50册

[康熙]曹州志 第50册
[乾隆]曹州府志 第50册
[光緒]曹州府曹縣志 第50册
[光緒]菏澤縣志 第50册
[光緒]菏澤縣志 第50册
[康熙]單縣志 第50册
[乾隆]單縣志 第50册
單縣志 第50册
[康熙]城武縣志 第50册
[道光]城武縣志 第50册
[萬曆]鉅野縣志 第50册
[道光]鉅野縣志 第50册
[康熙]鄆城縣志 第50册
[光緒]鄆城縣志 第50册
[順治]定陶縣志 第50册
定陶縣志 第50册
[乾隆]東明縣志 第50册
[宣統]東明縣續志 第50册
東明縣新志 第50册

地方文獻古蹟志專輯·華東卷
來新夏 黄燕生 張澤林主編
二〇一二年北京學苑出版社
七十册

江苏省

[景定]景定建康志 第1册
[至正]金陵新志 第1册
棲霞新志 第1册
[萬曆]應天府志 第1册
[嘉慶]新修江寧府志 第2册
[光緒]續纂江寧府志 第2册
[正德]江寧縣志 第2册
[萬曆]江寧縣志 第2册
[康熙]江寧縣志 第2册
[乾隆]江寧縣新志 第2册
江寧鄉土志 第2册
[萬曆]江浦縣志 第2册
[雍正]江浦縣志 第2册
[光緒]江浦稗乘 第3册
[康熙]上元縣志 第3册
[乾隆]上元縣志 第3册
[道光]上元縣志 第3册
[同治]同治上江兩縣志 第3册
[順治]六合縣志 第3册
[光緒]六合縣志 第3册
吴郡圖經續記 第3册
[紹定]吴郡志 第3册
[洪武]蘇州府志 第4册

宿遷縣志 第19冊
[乾隆]盱眙縣志 第19冊
[同治]盱眙縣志 第19冊
[光緒]盱眙縣志稿 第19冊
[乾隆]鹽城縣志 第19冊
[光緒]鹽城縣志 第19冊
續修鹽城縣志 第19冊
[乾隆]阜寧縣志 第19冊
[光緒]阜寧縣志 第19冊
阜寧縣新志 第19冊
[嘉慶]東臺縣志 第19冊
東台縣志稿 第19冊
東台縣栟茶市鄉土志 第19冊
時村志 第19冊
[嘉靖]通州志 第19冊
[萬曆]通州志 第20冊
[順治]州乘資 第20冊
[康熙]通州志 第20冊
[乾隆]直隸通州志 第20冊
[光緒]通州直隸州志 第20冊
呂四場志 第20冊
兩淮通州金沙場志 第20冊
[嘉靖]重修如皋縣志 第20冊
[乾隆]如皋縣志 第20冊
[嘉慶]如皋縣志 第20冊
[道光]如皋縣續志 第20冊
[同治]如皋縣續志 第20冊
[道光]白蒲鎮志 第20冊
[嘉靖]海門縣志集 第21冊
[道光]海門縣志 第21冊
[萬曆]徐州志 第21冊
[順治]徐州志 第21冊
[康熙]徐州志 第21冊
[乾隆]徐州府志 第21冊
[同治]徐州府志 第21冊
[道光]銅山縣志 第21冊
銅山縣志 第22冊
[光緒]豐縣志 第22冊
[嘉靖]沛縣志 第22冊
[萬曆]沛志 第22冊
[乾隆]沛縣志 第22冊
沛縣志 第22冊
[隆慶]海州志 第22冊
[嘉慶]海州直隸州志 第22冊
[道光]雲臺新志 第22冊
[嘉慶]增修贛榆縣志 第22冊
[光緒]光緒贛榆縣志 第22冊
[康熙]邳州志 第22冊
[乾隆]邳州志 第22冊
[咸豐]邳州志 第22冊
邳志補 第22冊
[康熙]睢寧縣舊志 第22冊
[康熙]睢寧縣志 第23冊
[光緒]光緒睢寧縣志稿 第23冊
[康熙]揚州府志 第23冊
[雍正]揚州府志 第23冊
[嘉慶]重修揚州府志 第23－24冊
[同治]續纂揚州府志 第24冊
[雍正]江都縣志 第24冊
[乾隆]江都縣志 第24冊
[嘉慶]江都縣續志 第24冊
[光緒]江都縣續志 第24冊
江都縣續志 第24冊
[隆慶]儀真縣志 第24冊
[康熙]儀真志 第25冊
[嘉慶]儀徵縣續志 第25冊
[道光]重修儀徵縣志 第25冊
北湖續志 第25冊
北湖續志補遺 第25冊
瓜洲續志 第25冊
[嘉慶]高郵州志 第25冊
[道光]續增高郵州志 第25冊
[光緒]再續高郵州志 第25冊
三續高郵州志 第25冊
[咸豐]重修興化縣志 第25冊
續修興化縣志 第26冊
[嘉靖]寶應縣志略 第26冊
[萬曆]寶應縣志 第26冊
[道光]重修寶應縣志 第26冊
寶應縣志 第26冊
崔堡小志 第26冊
曹甸鎮志 第26冊
[嘉靖]新修靖江縣志 第26冊
[咸豐]靖江縣志稿 第26冊
[乾隆]甘泉縣志 第26冊
[嘉慶]甘泉縣續志 第26冊
[光緒]增修甘泉縣志 第26冊
甘泉縣續志 第26冊
[雍正]泰州志 第26冊
[道光]泰州志 第26冊
續纂泰州志 第27冊
民國泰縣志稿 第27冊
[康熙]泰興縣志 第27冊
[嘉慶]重修泰興縣志 第27冊
[光緒]泰興縣志 第27冊
泰興縣志續 第27冊

安徽省

[光緒]重修安徽通志 第27－28冊
[嘉慶]廬州府志 第28冊
[光緒]續修廬州府志 第28冊
[雍正]合肥縣志 第28冊
[嘉慶]合肥縣志 第28冊
[嘉靖]銅陵縣志 第28冊
[乾隆]銅陵縣志 第28冊
[康熙]巢縣志 第29冊
[道光]巢縣志 第29冊
[康熙]含山縣志 第29冊
[乾隆]含山縣志 第29冊
[嘉靖]和州志 第29冊
[光緒]直隸和州志 第29冊
[乾隆]歷陽典錄 第29冊
[道光]歷陽典錄補編 第29冊
[乾隆]無為州志 第29冊
[嘉慶]無為州志 第29冊
無為縣小志 第29冊
[康熙]廬江縣志 第29冊
[嘉慶]廬江縣志 第30冊
[光緒]廬江縣志 第30冊
[康熙]安慶府志 第30冊
[康熙]安慶府志 第30冊
懷寧縣志 第30冊
[道光]桐城續修縣志 第30冊
[同治]桐城縣志 第30冊
桐城志略 第30冊
[萬曆]望江縣志 第30冊
[順治]新修望江縣志 第30冊
[康熙]望江縣志 第30冊
[道光]宿松縣志 第30冊
宿松縣志 第30冊
[道光]太湖縣志 第30冊
太湖縣志 第30冊
[康熙]安慶府潛山縣志 第30冊
[乾隆]潛山縣志 第30冊
[萬曆]六安州志 第30冊
[同治]六安州志 第30冊
[同治]霍邱縣志 第30冊
[嘉靖]壽州志 第30冊
[乾隆]壽州志 第30冊
[光緒]壽州志 第30冊
[雍正]舒城縣志 第31冊
[光緒]續修舒城縣志 第31冊

［乾隆］霍山縣志 第 31 冊
［光緒］霍山縣志 第 31 冊
［正德］潁州志 第 31 冊
［康熙］重修潁州志 第 31 冊
［乾隆］潁州府志 第 31 冊
［乾隆］阜陽縣志 第 31 冊
［道光］阜陽縣志 第 31 冊
［嘉靖］亳州志 第 31 冊
［乾隆］亳州志 第 31 冊
［光緒］亳州志 第 31 冊
［同治］渦陽縣志 第 31 冊
渦陽縣志 第 31 冊
重修蒙城縣志 第 31 冊
［嘉慶］鳳臺縣志 第 31 冊
［光緒］鳳臺縣志 第 31 冊
［順治］潁上縣志 第 31 冊
［乾隆］潁上縣志 第 31 冊
［道光］潁上縣志 第 31 冊
［同治］潁上縣志 第 31 冊
［乾隆］太和縣志 第 31 冊
太和縣志 第 31 冊
［弘治］直隸鳳陽府宿州志 第 31 冊
［嘉靖］宿州志 第 32 冊
［康熙］宿州志 第 32 冊
［光緒］宿州志 第 32 冊
［崇禎］碭山縣志 第 32 冊
［乾隆］碭山縣志 第 32 冊
［嘉慶］蕭縣志 第 32 冊
［同治］續蕭縣志 第 32 冊
［康熙］虹縣志 第 32 冊
［光緒］泗虹合志 第 32 冊
［光緒］重修五河縣志 第 32 冊
［雍正］懷遠縣志 第 32 冊
［嘉慶］懷遠縣志 第 32 冊
［光緒］鳳陽府志 第 32 冊
［萬曆］滁陽志 第 32 冊
［康熙］滁州志 第 32 冊
［康熙］滁州續志 第 32 冊
［光緒］滁州志 第 32 冊
滁縣鄉土志 第 33 冊
［康熙］天長縣志 第 33 冊
天長縣志纂輯志稿 第 33 冊
［天啟］新修來安縣志 第 33 冊
［雍正］來安縣志 第 33 冊
［道光］來安縣志 第 33 冊
來安縣鄉土志 第 33 冊
［泰昌］全椒縣志 第 33 冊
全倣縣志 第 33 冊
［康熙］定遠縣志 第 33 冊
［康熙］臨淮縣志 第 33 冊
［乾隆］鳳陽縣志 第 33 冊
［淳熙］新安志 第 33 冊
［弘治］徽州府志 第 33 冊
［嘉靖］新安志補 第 33 冊
［康熙］徽州府志 第 33 冊
［道光］徽州府志 第 33 冊
［乾隆］歙縣志 第 33 冊
［道光］歙縣志 第 33 冊
歙縣志 第 34 冊
沙溪集略 第 34 冊
豐南志 第 34 冊
巖鎮志草 第 34 冊
［弘治］休寧志 第 34 冊
［康熙］休寧縣志 第 34 冊
橙陽散志 第 34 冊
孚潭志 第 34 冊
［乾隆］旌德縣志 第 34 冊
［嘉慶］旌德縣志 第 34 冊
［道光］旌德縣續志 第 34 冊
［嘉靖］寧國縣志 第 34 冊
［順治］寧國縣志 第 34 冊
［同治］寧國縣通志 第 34 冊
寧國縣志 第 34 冊
［乾隆］績溪縣志 第 34 冊
［萬曆］祁門縣志 第 34 冊
［同治］祁門縣志 第 34 冊
祁門縣鄉土地理志稿本 第 34 冊
［嘉慶］黟縣志 第 34 冊
［同治］黟縣三志 第 34 冊
黟縣四志 第 34 冊
［嘉靖］重修太平府志 第 34 冊
［康熙］太平府志 第 34 冊
［乾隆］太平府志 第 34 冊
［嘉慶］蕪湖縣志 第 34 冊
蕪湖縣志 第 34 冊
［康熙］當塗縣志 第 35 冊
［乾隆］當塗縣志 第 35 冊
當塗縣志 第 35 冊
［嘉靖］建平縣志 第 35 冊
［康熙］繁昌縣志 第 35 冊
［道光］繁昌縣志 第 35 冊
［乾隆］廣德州志 第 35 冊
［乾隆］廣德州志 第 35 冊
［道光］增補廣德州志 第 35 冊
［光緒］廣德州志 第 35 冊
廣德縣志稿 第 35 冊
［嘉慶］寧國府志 第 35 冊
［嘉慶］宣城縣志 第 36 冊
［光緒］宣城縣志 第 36 冊
［嘉靖］涇縣志 第 36 冊
涇縣志 第 36 冊
［嘉慶］涇縣志 第 36 冊
［道光］涇縣續志 第 36 冊
［光緒］南陵小志 第 36 冊
南陵縣志 第 36 冊
［嘉靖］池州府志 第 36 冊
［康熙］貴池縣志畧 第 36 冊
［乾隆］貴池縣志續編 第 36 冊
［光緒］貴池縣志 第 36 冊
杏花邨志 第 36 冊
杏花村續志 第 36 冊
［光緒］青陽縣志 第 36 冊
［嘉慶］太平縣志 第 36 冊
［康熙］石埭縣志 第 36 冊
［乾隆］續石埭縣志 第 36 冊
［康熙］建德縣志 第 37 冊
［宣統］建德縣志 第 37 冊
［乾隆］東流縣志 第 37 冊
［嘉慶］東流縣志 第 37 冊

上海市

［紹熙］紹熙雲間志 第 37 冊
［崇禎］松江府志 第 37 冊
［雍正］雲間志略 第 37 冊
［嘉慶］松江府志 第 38 冊
［光緒］松江府續志 第 38 冊
［弘治］上海志 第 39 冊
［嘉靖］上海縣志 第 39 冊
［乾隆］上海縣志 第 39 冊
［嘉慶］上海縣志 第 39 冊
［同治］同治上海縣志 第 39 冊
上海縣續志 第 39 冊
民國上海縣志 第 39 冊
法華鄉志 第 39 冊
七寶鎮小志 第 39 冊
紫堤村志 第 39 冊
［乾隆］華亭縣志 第 39 冊
［光結］重修華亭縣志 第 40 冊
［乾隆］婁縣志 第 40 冊
［光緒］婁縣續志 第 40 冊
寒圩小志 第 40 冊
張澤志稿 第 40 冊

張澤志 第 40 册
[乾隆]南匯縣新志 第 40 册
[同治]南匯縣新志稿 第 40 册
[光緒]光緒南匯縣志 第 40 册
南匯縣續志 第 40 册
南匯二区旧五团鄉志 第 40 册
[道光]川沙撫民廳志 第 40 册
[光緒]川沙廳志 第 41 册
川沙縣志 第 41 册
江東志 第 41 册
[光绪]重修奉賢縣志 第 41 册
[正德]金山衛志 第 41 册
[乾隆]金山縣志 第 41 册
[光緒]金山縣志 第 41 册
幹巷志 第 41 册
朱涇志 第 41 册
重輯楓涇小志 第 41 册
續修楓涇小志 第 41 册
重輯張堰志 第 41 册
[康熙]嘉定縣志 第 41 册
[康熙]嘉定縣續志 第 41 册
[乾隆]嘉定縣志 第 41 册
[光緒]嘉定縣志 第 41 册
嘉定縣續志 第 41 册
外岡志 第 41 册
續外岡志 第 41 册
眞如里志 第 42 册
眞如志 第 42 册
安亭志 第 42 册
婁塘志 第 42 册
南翔鎮志 第 42 册
石岡廣福合志 第 42 册
方泰志 第 42 册
馬陸志 第 42 册
黄渡鎮志 第 42 册
黄渡續志 第 42 册
望仙橋鄉志續稿 第 42 册
錢門塘鄉志 第 42 册
[嘉定]嘉定疁東志 第 42 册
[萬曆]青浦縣志 第 42 册
[乾隆]青浦縣志 第 42 册
[光緒]青浦縣志 第 42 册
青浦縣續志 第 43 册
金澤小志 第 43 册
珠里小志 第 43 册
蒸里志略 第 43 册
章練小志 第 43 册
[乾隆]寶山縣志 第 43 册
[光緒]寶山縣志 第 43 册
寶山縣續志 第 43 册
寶山縣新志備稿 第 43 册
寶山縣再續志 第 43 册
[光緒]羅店鎮志 第 43 册
淞南志 第 43 册
淞南志 第 43 册
二續淞南志 第 43 册
月浦志 第 43 册
月浦里志 第 43 册
盛橋里志 第 43 册
江灣里志 第 43 册
[萬曆]新修崇明縣志 第 43 册
[康熙]重修崇明縣志 第 43 册
[雍正]崇明縣志 第 43 册
[光緒]崇明縣志 第 43 册
崇明縣志 第 43 册

浙江省

[淳祐]臨安志 第 43 册
[咸淳]臨安志 第 43 册
[康熙]杭州府志 第 44 册
民國杭州市新志稾 第 44 册
杭州府志 第 44－45 册
杭防營志 第 45 册
[萬曆]錢塘縣志 第 45 册
[康熙]錢塘縣志 第 45 册
定鄉小識 第 45 册
[康熙]臨安縣志 第 45 册
[宣統]臨安縣志 第 45 册
臨安縣志補 第 45 册
[嘉靖]仁和縣志 第 45 册
[康熙]仁和縣志 第 46 册
唐棲志 第 46 册
[嘉慶]餘杭縣志 第 46 册
杭縣志稿 第 46 册
[康熙]富陽縣志 第 46 册
[光緒]富陽縣志 第 46 册
富陽縣新舊志校記 第 46 册
[光緒]於潛縣志 第 47 册
[道光]昌化縣志 第 47 册
昌化縣志 第 47 册
[乾隆]建德縣志 第 47 册
[光緒]建德縣志 第 47 册
建德縣志 第 47 册
[康熙]新修壽昌縣志 第 47 册
壽昌縣志 第 47 册
[嘉靖]淳安縣志 第 47 册
[光緒]淳安縣志 第 47 册
遂安縣志 第 47 册
[乾隆]桐廬縣志 第 47 册
[康熙]分水縣志 第 47 册
[光緒]分水縣志 第 47 册
續修分水縣志 第 47 册
[萬曆]新城縣志 第 47 册
[康熙]新城縣志 第 47 册
新登縣志 第 48 册
[嘉靖]蕭山縣志 第 48 册
[康熙]蕭山縣志 第 48 册
蕭山縣志稿 第 48 册
蕭山鄉土志 第 48 册
[崇禎]嘉興縣志 第 48 册
[康熙]嘉興縣志 第 48 册
[光緒]嘉興縣志 第 49 册
民國嘉興縣新志稾 第 49 册
[康熙]秀水縣志 第 49 册
新塍鎮志 第 49 册
梅里志 第 49 册
梅里備志 第 49 册
竹林八圩志 第 49 册
新豐鎮志略初稿 第 49 册
漁閒小志 第 49 册
聞川志稿 第 49 册
[天啟]平湖縣志 第 49 册
[乾隆]平湖縣志 第 49 册
[乾隆]平湖縣志 第 49 册
[光緒]平湖縣志 第 50 册
平湖縣續志 第 50 册
乍浦備志 第 50 册
[康熙]重修嘉善縣志 第 50 册
[雍正]續修嘉善縣志 第 50 册
[光緒]重修嘉善縣志 第 50 册
校勘光緒嘉善縣志劄記 第 50 册
[康熙]海鹽縣志 第 50 册
[乾隆]海鹽縣續圖經 第 50 册
[光緒]海鹽縣志 第 50 册
澉水志 第 50 册
[嘉靖]续澉水志 第 50 册
[道光]澉水新志 第 50 册
澉志補錄 第 50 册
[康熙]桐鄉縣志 第 50 册
[嘉慶]桐鄉縣志 第 50 册
[光緒]桐鄉縣志 第 51 册
[嘉慶]石門縣志 第 51 册

[光緒]石門縣志	第 51 冊
重刊嘉靖海寧縣志	第 51 冊
[崇偵]寧志備考	第 51 冊
[順治]海昌外志	第 51 冊
[康熙]海寧縣志	第 51 冊
[乾隆]海寧縣志	第 51 冊
[乾隆]海寧州志	第 51 冊
海昌勝覽	第 52 冊
寧志余聞	第 52 冊
海寧州志稿	第 52 冊
修川小志	第 52 冊
修川志餘	第 52 冊
硤川志	第 52 冊
硤川續志	第 52 冊
濮川志略	第 52 冊
濮院瑣志	第 52 冊
濮川所聞記	第 52 冊
濮院志	第 53 冊
[嘉泰]嘉泰吳興志	第 53 冊
[成化]湖州府志	第 53 冊
[萬曆]湖州府志	第 53 冊
[乾隆]湖州府志	第 53 冊
[同治]湖州府志	第 53－54 冊
[康熙]歸安縣志	第 54 冊
[光緒]歸安縣志	第 54 冊
菱湖志	第 54 冊
菱湖鎮志	第 54 冊
晟舍鎮志	第 54 冊
雙林鎮志	第 54 冊
東西林彙考	第 54 冊
竇前兩溪志略	第 54 冊
烏青鎮志	第 54 冊
重修烏青鎮志	第 54 冊
[崇禎]烏程縣志	第 54 冊
[乾隆]烏程縣志	第 55 冊
[光緒]烏程縣志	第 55 冊
南潯鎮志	第 55 冊
南潯志	第 55 冊
南潯鎮志	第 56 冊
南潯鎮志稿	第 56 冊
[乾隆]長興縣志	第 56 冊
[同治]長興縣志	第 56 冊
長興志拾遺	第 56 冊
[嘉靖]安吉州志	第 56 冊
[同治]安吉縣志	第 56 冊
[康熙]孝豐縣志	第 56 冊
[同治]孝豐縣志	第 56 冊
[康熙]德清縣志	第 56 冊
[嘉慶]德清縣續志	第 56 冊
德清縣新志	第 56 冊
僊潭志	第 56 冊
僊潭後志	第 56 冊
新市鎮續志	第 56 冊
[嘉靖]武康縣志	第 56 冊
[乾隆]武康縣志	第 56 冊
[道光]武康縣志	第 56 冊
[光緒]定海廳志	第 56 冊
定海縣志	第 56 冊
岱山鎮志	第 56 冊
[乾道]乾道四明圖經	第 56 冊
[寶慶]寶慶四明志	第 56 冊
[延祐]延祐四明志	第 56 冊
[至正]至正四明續志	第 57 冊
[嘉靖]寧波府志	第 57 冊
[雍正]寧波府志	第 57 冊
[康熙]鄞縣志	第 57 冊
[乾隆]鄞縣志	第 57 冊
鄞縣通志	第 57－58 冊
桃源鄉志	第 58 冊
[乾隆]奉化縣志	第 58 冊
[光緒]奉化縣志	第 58 冊
剡源鄉志	第 58 冊
[光緒]忠義鄉志	第 58 冊
南田縣志	第 58 冊
清湖小志	第 58 冊
[天啓]慈谿縣志	第 58 冊
[雍正]慈谿縣志	第 58 冊
[光緒]慈谿縣志	第 59 冊
[萬曆]新修餘姚縣志	第 59 冊
[乾隆]餘姚志	第 59 冊
[光緒]餘姚縣志	第 59 冊
餘姚六倉志	第 59 冊
臨山衛志	第 59 冊
[嘉靖]象山縣志	第 59 冊
[康熙]象山縣志	第 59 冊
[道光]象山縣志	第 59 冊
象山縣志	第 60 冊
[嘉靖]定海縣志	第 60 冊
[乾隆]鎮海縣志	第 60 冊
鎮海衛志	第 60 冊
[光緒]鎮海縣志	第 60 冊
鎮海縣志	第 60 冊
鎮海縣新志備稿	第 60 冊
[道光]滸山志	第 60 冊
[康熙]寧海縣志	第 60 冊
[光緒]光緒甯海縣志	第 60 冊
民國寧海縣續志稿	第 60 冊
新甯區志	第 61 冊
[嘉泰]嘉泰會稽志	第 61 冊
[寶慶]會稽續志	第 61 冊
[康熙]紹興府志	第 61 冊
[乾隆]紹興府志	第 61－62 冊
[嘉靖]山陰縣志	第 62 冊
[康熙]山陰縣志	第 62 冊
[康熙]山陰縣志	第 62 冊
[嘉慶]山陰縣志	第 62 冊
[萬曆]會稽縣志	第 62 冊
[康熙]會稽縣志	第 62 冊
[道光]道光會稽縣志稿	第 62 冊
螭陽志	第 63 冊
天樂志	第 63 冊
瀝海所志稿	第 63 冊
[乾隆]諸暨縣志	第 63 冊
[光緒]諸暨縣志	第 63 冊
[康熙]上虞縣志	第 63 冊
[光緒]上虞縣志	第 63 冊
[光緒]上虞縣志校續	第 63 冊
松夏志	第 63 冊
[嘉定]剡錄	第 63 冊
[康熙]嵊縣志	第 64 冊
[乾隆]嵊縣志	第 64 冊
[道光]嵊縣志	第 64 冊
[同治]嵊縣志	第 64 冊
[萬曆]新昌縣志	第 64 冊
新昌縣志	第 64 冊
[嘉定]赤城志	第 64 冊
[弘治]赤城新志	第 64 冊
[康熙]仙居縣志	第 64 冊
[光緒]光緒仙居志	第 64 冊
民國仙居縣新志稾	第 65 冊
[康熙]臨海縣志	第 65 冊
臨海要覧	第 65 冊
臨海縣志稿	第 65 冊
[嘉靖]太平縣志	第 65 冊
[康熙]太平縣志	第 65 冊
[嘉慶]嘉慶太平縣志	第 65 冊
[光緒]光緒太平續志	第 65 冊
[康熙]天台縣志	第 65 冊
天台縣志稿	第 66 冊
[萬曆]黃巖縣志	第 66 冊
[光緒]黃巖縣志	第 66 冊

[光緒]玉環廳志 第66冊
[萬曆]金華府志 第66冊
[康熙]金華府志 第66冊
[康熙]金華縣志 第66冊
[道光]道光金華縣志 第66冊
[光緒]光緒金華縣志 第66冊
[正德]永康縣志 第66冊
[康熙]永康縣志 第66冊
[康熙]永康縣志 第66冊
[光緒]永康縣志 第66冊
湯溪縣志 第66冊
[萬曆]蘭谿縣志 第66冊
[嘉慶]蘭谿縣志 第66冊
[光緒]蘭谿縣志 第67冊
[嘉靖]武義縣志 第67冊
[嘉慶]武義縣志 第67冊
[光緒]武川備考 第67冊
[道光]道光東陽縣志 第67冊
[崇禎]義烏縣志 第67冊
[康熙]義烏縣志 第67冊
[嘉慶]義烏縣志 第67冊
[嘉靖]浦江志略 第67冊
[光緒]浦江縣志 第67冊
[萬曆]龍遊縣志 第67冊
[康熙]龍遊縣志 第67冊
龍遊縣志 第67冊
[康熙]西安縣志 第68冊
[嘉慶]西安縣志 第68冊
衢縣志 第68冊
[崇禎]開化縣志 第68冊
[雍正]開化縣志 第68冊
[乾隆]開化縣志 第68冊
[光緒]開化縣志 第68冊
[康熙]常山縣志 第68冊
[嘉慶]常山縣志 第68冊
[光緒]常山縣志 第68冊
[康熙]江山縣志 第68冊
[乾隆]江山縣志 第68冊
[同治]江山縣志 第68冊
[嘉靖]永嘉縣志 第68冊
[乾隆]永嘉縣志 第68冊
[光緒]永嘉縣志 第69冊
[永樂]溫州府樂清縣志 第69冊
[隆慶]樂清縣志 第69冊
[光緒]樂清縣志 第69冊
民國樂清縣新志稿 第69冊
樂清縣鄉土志稿 第69冊
蒲岐所志 第69冊
[嘉靖]瑞安縣志 第69冊
[隆慶]平陽縣志 第69冊
[乾隆]平陽縣志 第69冊
平陽縣志 第69冊
[雍正]泰順縣志 第69冊
[同治]泰順分疆錄 第69冊
[康熙]處州府志 第70冊
[光緒]處州府志 第70冊
麗水縣志 第70冊
[同治]景寧縣志 第70冊
景寧縣續志 第70冊
[順治]宣平縣志 第70冊
[光緒]宣平縣志 第70冊
宣平縣志 第70冊
[雍正]青田縣志 第70冊
[光緒]青田縣志 第70冊
[光緒]結雲縣志 第70冊
民國縉雲縣新志稿 第70冊
[順治]松陽縣志 第70冊
松陽縣志 第70冊
[康熙]遂昌縣志 第70冊
[道光]遂昌縣志 第70冊
[光緒]遂昌縣志 第70冊
[同治]雲和縣志 第70冊
[光緒]龍泉縣志 第70冊
[康熙]慶元縣志 第70冊
[光緒]慶元縣志 第70冊

地方文獻古蹟志專輯·邊疆及民族地區卷
來新夏 黄燕生 張澤林主編
二〇一二年北京學苑出版社
四十五冊

黑龍江省

黑龍江通志綱要 第1冊
[宣統]呼蘭府志 第1冊
巴彥縣志 第1冊
雙城縣志 第1冊
賓縣縣志 第1冊
吉林方正縣志 第1冊
綏化縣志 第1冊
海倫縣志 第1冊
望奎縣志 第1冊
青岡縣志 第1冊
安達縣志 第1冊
寧安縣志 第1冊
東寧縣志略 第1冊
吉林依蘭縣志 第1冊
樺川縣志 第1冊
寶清縣志 第1冊
依安縣志 第1冊
拜泉縣志 第1冊
訥河縣志 第1冊
璦琿縣志 第1冊
黑龙江通北設治局通志 第1冊
嫩江縣志 第1冊
布特哈志略 第1冊

吉林省

[道光]吉林外記 第1冊
滿洲地理參考吉林新志 第1冊
長春縣志 第1冊
農安縣志 第1冊
德惠縣鄉土志 第1冊
雙陽縣鄉土志 第1冊
[光緒]打牲烏拉地方鄉土志 第1冊
磐石縣鄉土志 第1冊
樺甸縣志 第1冊
延吉縣志 第1冊
琿春縣志 第1冊
安圖縣志 第1冊
輝南縣志 第1冊
輝南風土調查錄 第1冊
海龍縣志 第1冊
海龍縣志 第1冊
增修通化縣志 第1冊
臨江縣志 第1冊
輯安縣志 第1冊
[宣統]長白彙徵錄 第1冊
撫松縣志 第1冊
梨樹縣志 第1冊
懷德縣志 第1冊
續修懷德縣志 第2冊
[光緒]奉化縣志 第2冊
東豐縣志 第2冊
奉天省洮安縣志略 第2冊
大賚縣志 第2冊
扶餘縣志 第2冊

遼寧省

[嘉靖]遼東志 第2冊
[乾隆]欽定盛京通志 第2冊
奉天通志 第2冊
[宣統]承德縣志書 第3冊
瀋陽縣志 第3冊
新民縣志 第3冊
遼中縣志 第3冊

内蒙古自治區

陝西省

平民縣志 第11冊
[順治]重修郃陽縣志 第11冊
郃陽縣新志材料 第11冊
[嘉靖]澄城縣志 第11冊
[順治]澄城縣志 第11冊
[乾隆]澄城縣志 第11冊
[咸豐]澄城縣志 第11冊
澄城縣附志 第11冊
[萬曆]韓城縣志 第11冊
[乾隆]韓城縣志 第11冊
[嘉慶]韓城縣續志 第11冊
韓城縣續志 第11冊
[隆慶]華州志 第11冊
[康熙]續華州志 第11冊
[乾隆]再續華州志 第11冊
[光緒]三續華州志 第11冊
華州鄉土志 第11冊
[萬曆]華陰縣志 第11冊
[乾隆]華陰縣志 第11冊
華陰縣續志 第11冊
[康熙]蒲城志 第11冊
[康熙]蒲城縣續志 第11冊
[乾隆]蒲城縣志 第11冊
[光緒]蒲城縣新志 第11冊
耀州志 第11冊
[乾隆]續耀州志 第11冊
[嘉靖]耀州志 第11冊
[崇禎]同官縣志 第11冊
[乾隆]同官縣志 第11冊
同官縣志 第11冊
[順治]白水縣志 第12冊
[乾隆]白水縣志 第12冊
[康熙]潼關縣志 第12冊
[嘉慶]續潼關廳志 第12冊
潼關縣新志 第12冊
[康熙]續修商志 第12冊
[乾隆]直隸商州志 第12冊
[乾隆]續商州志 第12冊
陝西商州直隸州鄉土志 第12冊
[雍正]鎮安縣志 第12冊
[乾隆]鎮安縣志 第12冊
鎮安縣鄉土志 第12冊
[乾隆]雒南縣志 第12冊
商南縣志 第12冊
[光緒]孝義廳志 第12冊
[康熙]重修鳳翔府志 第12冊
[乾隆]鳳翔府志 第12冊
[雍正]鳳翔縣志 第12冊
[乾隆]鳳翔縣志 第12冊
[乾隆]寶雞縣志 第12冊
[乾隆]寶雞縣志 第12冊
寶雞縣志 第12冊
[乾隆]岐山縣志 第13冊
[光緒]岐山縣志 第13冊
岐山縣志 第13冊
岐山縣鄉土志 第13冊
[順治]扶風縣志 第13冊
[乾隆]扶風縣志 第13冊
[嘉慶]扶風縣志 第13冊
扶風縣鄉土志 第13冊
[乾隆]郿縣志 第13冊
[康熙]麟遊縣志 第13冊
[道光]重修汧陽縣志 第13冊
[光緒]增續汧陽縣志 第13冊
[康熙]隴州志 第13冊
[乾隆]隴州續志 第13冊
[道光]鳳縣志 第13冊
[光緒]鳳縣志 第13冊
[道光]榆林府志 第13冊
[道光]增修懷遠縣志 第13冊
橫山縣志 第13冊
[光緒]靖邊志稿 第13冊
[嘉慶]定邊縣志 第13冊
[嘉慶]葭州志 第13冊
葭州鄉土志 第13冊
葭縣志 第13冊
[道光]神木縣志 第13冊
神木縣志 第13冊
神木鄉土志 第13冊
[乾隆]府谷縣志 第13冊
府谷縣鄉土志 第13冊
[顺治]綏德州志 第13冊
[乾隆]綏德洲直隸州志 第13冊
[光緒]綏德直隸州志 第13冊
[康熙]米脂縣志 第13冊
[光緒]米脂縣志 第13冊
米脂縣志 第13冊
[順治]清澗縣志 第13冊
[乾隆]清澗縣續志 第13冊
[道光]清澗縣志 第13冊
[道光]吳堡縣志 第13冊
[弘治]延安府志 第13冊
[嘉慶]重修延安府志 第14冊
[順治]安塞縣志 第14冊
安塞縣志 第14冊
[道光]安定縣志 第14冊
[咸豐]保安縣志 第14冊
[乾隆]宜川縣志 第14冊
宜川縣志 第14冊
[順治]延川縣志 第14冊
[道光]重修延川縣志 第14冊
延川縣新志 第14冊
[康熙]延長縣志 第14冊
[乾隆]延長縣志 第14冊
[康熙]鄜州志 第14冊
[道光]鄜州志 第14冊
[顺治]洛川志 第14冊
[嘉慶]洛川志 第14冊
洛川縣志 第14冊
[嘉慶]中部縣志 第14冊
中部縣志 第14冊
[雍正]宜君縣志 第14冊
漢南續修郡志 第14冊
[乾隆]南鄭縣志 第14冊
續修南鄭縣志 第14冊
南鄭鄉土志 第14冊
[康熙]城固縣志 第14冊
[康熙]洋縣志 第14冊
[光緒]洋縣志 第14冊
洋縣縣志備考 第14冊
[康熙]西鄉縣志 第14冊
[道光]西鄉縣志 第14冊
西鄉縣志 第14冊
[萬曆]重修寧羌州志 第14冊
[道光]續修寧羌州志 第14冊
[康熙]沔縣志 第14冊
[光緒]沔縣新志 第14冊
[嘉靖]略陽縣志 第14冊
[雍正]略陽縣志 第14冊
[道光]重修略陽縣志 第14冊
畧陽縣鄉土志 第14冊
[光緒]定遠廳志 第14冊
[道光]留壩廳志 第14冊
[康熙]興安州志 第14冊
[乾隆]興安府志 第14冊
安康縣鄉土志 第15冊
[乾隆]漢陰縣志 第15冊
[乾隆]平利縣志 第15冊
[光緒]續修平利縣志 第15冊
[乾隆]洵陽縣志 第15冊
[嘉慶]白河縣志 第15冊

甘肅省

青海省

[康熙]蘆山縣志 第 35 冊
蘆山縣志 第 35 冊
滎經縣志 第 35 冊
漢源縣志 第 35 冊
[咸豐]天全州志 第 35 冊
[道光]西昌縣志 第 35 冊
西昌縣志 第 35 冊
[乾隆]會理州志 第 35 冊
[同治]會理州志 第 35 冊
[咸豐]冕寧縣志 第 35 冊
[乾隆]打箭爐志略 第 35 冊
康定縣圖志 第 35 冊
爐霍縣圖志 第 35 冊
甘孜縣圖志 第 35 冊
德格縣圖志 第 35 冊
瞻化縣圖志 第 35 冊
白玉縣志 第 35 冊
鄧科縣圖志 第 35 冊
石渠縣圖志 第 35 冊
瀘定縣圖志 第 35 冊
丹巴縣圖志 第 35 冊
九龍縣圖志 第 35 冊
雅江縣圖志 第 35 冊
理化縣圖志 第 35 冊
義敦縣志 第 35 冊
定鄉縣志 第 35 冊
稻城縣圖志 第 35 冊
巴安縣圖志 第 35 冊
得榮縣志 第 35 冊
[宣統]昭覺縣志稿 第 35 冊
峨邊縣志 第 35 冊
[嘉慶]馬邊廳志略 第 35 冊
[光緒]雷波廳志 第 35 冊
越雋廳全志 第 35 冊

貴州省

[道光]遵義府志 第 36 冊
續遵義府志 第 36 冊
[乾隆]綏陽志 第 36 冊
綏陽縣志 第 36 冊
[康熙]龍泉縣志 第 36 冊
[康熙]餘慶縣志 第 36 冊
餘慶縣志 第 36 冊
桐梓縣志 第 37 冊
[嘉慶]正安州志 第 37 冊
[光緒]續修正安州志 第 37 冊
[光緒]湄潭縣志 第 37 冊
[光緒]增修仁懷廳志 第 37 冊
[道光]銅仁府志 第 37 冊
[萬曆]銅仁府志 第 37 冊
[康熙]思州府志 第 37 冊
[乾隆]玉屏縣志 第 37 冊
[嘉靖]思南府志 第 37 冊
[道光]思南府續志 第 37 冊
思南縣志稿 第 37 冊
[道光]松桃廳志 第 37 冊
[同治]石阡府志 第 37 冊
沿河縣志 第 37 冊
南籠續志 第 37 冊
[咸豐]興義府志 第 37 冊
興義府志續編 第 37 冊
[嘉靖]普安州志 第 37 冊
[乾隆]普安州志 第 37 冊
[光緒]普安直隸廳志 第 37 冊
興仁縣志 第 37 冊
[雍正]安南縣志 第 37 冊
安南縣志 第 37 冊
[咸豐]安順府志 第 37 冊
鎮寧縣志 第 37 冊
開陽縣志稿 第 37 冊
[道光]安平縣志 第 37 冊
平壩縣志 第 37 冊
[道光]大定府志 第 38 冊
大定縣志 第 38 冊
[乾隆]畢節縣志 第 38 冊
[光緒]畢節縣志 第 38 冊
[道光]黔西州志 第 38 冊
[道光]平遠州志 第 38 冊
施秉縣志 第 38 冊
[康熙]天柱縣志 第 38 冊
劍河縣志 第 38 冊
[光緒]黎平府志 第 38 冊
黃平縣志 第 38 冊
[乾隆]開泰縣志 第 38 冊
[光緒]古州廳志 第 38 冊
榕江鄉土教材 第 38 冊
八寨縣志稿 第 38 冊
甕安縣志 第 38 冊
定番州志 第 38 冊
定番縣鄉土教材調查報告 第 38 冊
三合縣志略 第 38 冊
[咸豐]荔波縣志稿 第 38 冊
[光緒]荔波縣志 第 38 冊
[乾隆]獨山州志 第 39 冊
獨山縣志 第 39 冊
水城廳採訪冊 第 39 冊

雲南省

[乾隆]滇黔志略 第 39 冊
[嘉慶]滇雲紀略 第 39 冊
[康熙]雲南府志 第 39 冊
昆明市志 第 39 冊
[道光]昆明縣志 第 39 冊
高嶢志 第 39 冊
[乾隆]晉寧州志 第 39 冊
[道光]晉寧州志 第 39 冊
[雍正]呈貢縣志 第 39 冊
[雍正]安寧州志 第 39 冊
[宣統]恩安縣志 第 39 冊
昭通志稿 第 39 冊
昭通縣志稿 第 39 冊
[光緒]鎮雄州志 第 39 冊
[乾隆]東川府志 第 39 冊
[光緒]東川府續志 第 39 冊
[光緒]古越州志 第 39 冊
[咸豐]南寧縣志 第 39 冊
[道光]宣威州志 第 39 冊
宣威縣志稿 第 39 冊
[康熙]平彝縣志 第 39 冊
[光緒]平彝縣志 第 39 冊
[康熙]師宗州志 第 39 冊
[乾隆]路南州志 第 39 冊
路南縣志 第 39 冊
[光緒]續修嵩明州志 第 39 冊
嵩明縣志 第 39 冊
[嘉靖]尋甸府志 第 39 冊
[康熙]尋甸州志 第 39 冊
[道光]尋甸州志 第 39 冊
[光緒]霑益州志 第 39 冊
[康熙]羅平州志 第 39 冊
羅平州鄉土志 第 39 冊
[乾隆]陸涼州志 第 40 冊
陸良縣志稿 第 40 冊
宜良縣志 第 40 冊
[雍正]馬龍州志 第 40 冊
續修馬龍縣志 第 40 冊
[乾隆]新興州志 第 40 冊
澂江縣鄉土資料 第 40 冊
[康熙]寧州志 第 40 冊
[光緒]黎縣志 第 40 冊
[康熙]通海縣志 第 40 冊
[道光]續修通海縣志 第 40 冊
[乾隆]續修河西縣志 第 40 冊

元江志稿	第 40 冊
[道光]新平縣志	第 40 冊
新平縣志	第 40 冊
[嘉慶]江川縣志	第 40 冊
[康熙]嶍峨縣志	第 40 冊
[康熙]雲南嶍峨縣志	第 40 冊
[康熙]易門縣志	第 40 冊
[道光]普洱府志	第 40 冊
景東縣志稿	第 40 冊
[道光]威遠廳志	第 40 冊
[雍正]順寧府志	第 40 冊
[光緒]續修順甯府志	第 40 冊
[康熙]雲州志	第 40 冊
鎮康縣志初稿	第 40 冊
[光緒]永昌府志	第 40 冊
[乾隆]雲南騰越州志	第 40 冊
[光緒]騰越廳志稿	第 40 冊
[乾隆]麗江府志略	第 40 冊
[光緒]麗江府志	第 40 冊
[乾隆]永北府志	第 40 冊
[道光]開化府志	第 40 冊
[道光]廣南府志	第 40 冊
新編麻栗坡特別區地志資料	第 40 冊
馬關縣志	第 40 冊
邱北縣志	第 40 冊
[乾隆]廣西府志	第 40 冊
[乾隆]彌勒州志	第 40 冊
[雍正]阿迷州志	第 40 冊
[嘉慶]阿迷州志	第 40 冊
[宣統]續蒙自縣志	第 41 冊
[乾隆]石屏州志	第 41 冊
石屏縣志	第 41 冊
[雍正]建水州志	第 41 冊
鎮越縣志	第 41 冊
[隆慶]楚雄府志	第 41 冊
[宣統]楚雄縣志	第 41 冊
[光緒]武定直隸州志	第 41 冊
[光緒]羅次縣志	第 41 冊
[光緒]鎮南州志略	第 41 冊
[光緒]姚州志	第 41 冊
姚安縣志	第 41 冊
[道光]大姚縣志	第 41 冊
[乾隆]白鹽井志	第 41 冊
[光緒]續修白鹽井志	第 41 冊
鹽豐縣志	第 41 冊
祿勸縣志	第 41 冊
[道光]定遠縣志	第 41 冊
[乾隆]琅鹽井志	第 41 冊
[康熙]南安州志	第 41 冊
[乾隆]大理府志	第 41 冊
大理縣志稿	第 41 冊
[康熙]劍川州志	第 41 冊
[康熙]續修浪穹縣志	第 41 冊
[光緒]浪穹縣志略	第 41 冊
[咸豐]鄧川州志	第 41 冊
[雍正]賓川州志	第 41 冊
[道光]趙州志	第 41 冊
[康熙]蒙化府志	第 41 冊
[乾隆]續修蒙化直隸廳志	第 41 冊
[光緒]雲南縣志	第 41 冊
[雍正]雲龍州志	第 41 冊
[光緒]鶴慶州志	第 41 冊
鶴慶縣志	第 42 冊

廣西壯族自治區

[嘉靖]南寧府志	第 42 冊
邕寧縣志	第 42 冊
[光緒]武緣縣圖經	第 42 冊
武鳴縣志	第 42 冊
[道光]白山司志	第 42 冊
[光緒]上林縣志	第 42 冊
上林縣志	第 42 冊
[光緒]賓州志	第 42 冊
賓陽縣志	第 42 冊
[乾隆]橫州志	第 42 冊
[光緒]新甯州志	第 42 冊
同正縣志	第 42 冊
同正縣志	第 42 冊
[萬曆]太平府志	第 42 冊
[康熙]左州志	第 42 冊
崇善縣志	第 42 冊
[光緒]寧明州志	第 42 冊
龍津縣志	第 42 冊
雷平縣志	第 42 冊
隆安縣志	第 42 冊
[道光]慶遠府志	第 42 冊
[光緒]慶遠府河池州志書	第 42 冊
思恩縣志	第 42 冊
天河縣鄉土志	第 42 冊
羅城縣志	第 42 冊
柳城縣志	第 43 冊
融縣志	第 43 冊
三江縣志	第 43 冊
雒容縣志	第 43 冊
[乾隆]象州志	第 43 冊
武宣縣志	第 43 冊
武宣縣志	第 43 冊
[乾隆]馬平縣志	第 43 冊
來賓縣志	第 43 冊
[光緒]遷江縣志	第 43 冊
遷江縣志	第 43 冊
[嘉慶]臨桂縣志	第 43 冊
[光緒]臨桂縣志	第 43 冊
[道光]義寧縣志	第 43 冊
靈川縣志	第 43 冊
靈川縣志	第 43 冊
[嘉慶]全州志	第 44 冊
灌陽縣志	第 44 冊
[光緒]恭城縣志	第 44 冊
[康熙]平樂縣志	第 44 冊
[光緒]平樂縣志	第 44 冊
平樂縣志	第 44 冊
陽朔縣志	第 44 冊
[康熙]荔浦縣志	第 44 冊
[道光]永寧州志	第 44 冊
[道光]永福縣志	第 44 冊
[同治]蒼梧縣志	第 44 冊
鍾山縣志	第 44 冊
[光緒]富川縣志	第 44 冊
賀縣志	第 44 冊
信都縣志	第 44 冊
[乾隆]岑溪縣志	第 44 冊
[同治]藤縣志	第 44 冊
[嘉慶]永安州志	第 44 冊
[光緒]永安州志	第 44 冊
昭平縣志	第 44 冊
[光緒]鬱林州志	第 45 冊
[嘉慶]興業縣志	第 45 冊
桂平縣志	第 45 冊
[道光]平南縣志	第 45 冊
[光緒]平南縣志	第 45 冊
[光緒]容縣志	第 45 冊
[乾隆]重修北流縣志	第 45 冊
[光緒]北流縣志	第 45 冊
陸川縣志	第 45 冊
[道光]博白縣志	第 45 冊
貴縣志	第 45 冊
[道光]欽州志	第 45 冊
[乾隆]靈山縣志	第 45 冊
防城縣小志	第 45 冊
[道光]上思州志	第 45 冊
上思縣志	第 45 冊

宋元明清書目題跋叢刊
中華書局編輯部編
二〇〇六年北京中華書局
十九冊

宋代卷

叢刊一

叢刊二

元代卷

叢刊三

明代卷

叢刊四

叢刊五

叢刊六

（明）佚名撰
道藏闕經目錄二卷 第3冊
（明）佚名撰
道藏目錄詳注四卷附續道藏目錄 第3冊
（明）白雲霽撰 李杰注
清代卷
叢刊七至八
皕宋樓藏書志 第1－2冊
（清）陸心源撰
叢刊九
儀顧堂題跋十六卷 第3冊
（清）陸心源撰
儀顧堂續跋十六卷 第3冊
（清）陸心源撰
善本書室藏書志四十卷 第3冊
（清）丁丙撰
叢刊十
鐵琴銅劍樓藏書目錄二十四卷 第4冊
（清）瞿鏞撰
楹書隅錄初編五卷續編四卷 第4冊
（清）楊紹和撰
滂喜齋藏書記三卷 第4冊
（清）潘祖蔭撰
叢刊十一
錢遵王讀書敏求記校證四卷 第5冊
（清）錢曾撰（清）管庭芬 章鈺校證
愛日精廬藏書志三十六卷續志四卷 第5冊
（清）張金吾撰
叢刊十二
抱經樓藏書志六十四卷 第6冊
（清）沈德壽撰
叢刊十三
黃丕烈書目題跋七種 第7冊
（清）黃丕烈撰
蕘圃藏書題識十卷附補遺 第7冊
蕘圃刻書題識一卷附補遺 第7冊
蕘圃藏書題識續錄四卷雜著一卷 第7冊
蕘圃藏書題識再續錄三卷 第7冊
士禮居藏書題跋補錄 第7冊
百宋一廛賦註 第7冊
百宋一廛書錄一卷 第7冊
顧廣圻書目題跋三種 第7冊
（清）顧廣圻撰
思適齋集十八卷 第7冊
思適齋書跋四卷附補遺 第7冊
思適齋集補遺二卷 第7冊
叢刊十四
開有益齋讀書志六卷附金石文字記一卷續志一卷 第8冊
（清）朱緒曾撰
藝風藏書記八卷續記八卷再續記一卷 第8冊
（清）繆荃孫撰
叢刊十五
鄭堂讀書記七十一卷 第9冊
（清）周中孚撰
鄭堂讀書記補逸三十卷 第9冊
（清）周中孚撰
叢刊十六
萬卷精華樓藏書記一百四十六卷 第10冊
（清）耿文光撰
叢刊十七
天祿琳琅書目十卷 第11冊
（清）于敏中等撰
天祿琳琅書目後編二十卷 第11冊
（清）彭元瑞等撰
絳雲樓題跋一卷 第11冊
（清）錢謙益撰
繡谷亭熏習錄三卷 第11冊
（清）吳焯撰
拜經樓藏書題跋記五卷 第11冊
（清）吳壽暘纂
叢刊十八
玉函山房藏書簿錄二十五卷 第12冊
（清）馬國翰撰
叢刊十九
日本訪書志十六卷 第13冊
（清）楊守敬撰
日本訪書志補一卷 第13冊
（清）楊守敬撰 王重民輯
經籍訪古志六卷補遺一卷 第13冊
（日）澀江全善（日）森立之撰
古文舊書考四卷附訪餘錄一卷 第13冊
（日）島田翰撰
藏修堂叢書
（清）劉晚榮編
二〇一〇年成都巴蜀書社
十五冊
李氏易解賸義 第1集
尚書蔡注考誤 第1集
詩經葉音辨譌 第1集
春秋金鎖匙 第1集
春秋胡傳考誤 第1集
春秋左傳服注存 第1集
論語異文考證 第1集
通鑒綱目釋地糾繆 第2集
通鑒綱目釋地補注 第2集
馬氏南唐書 第2集
陸氏南唐書附音釋 第2集
書苑菁華 第3集
昭代名人尺牘小傳 第3集
清秘藏 第3集
玉臺書史 第3集
藏書紀要 第4集
裝潢志 第4集
畫筌析覽 第4集
廣川畫跋 第4集
廣川畫跋校勘記 第4集
金石文字跋尾 第4集
芳堅館題跋 第4集
無聲詩史 第4集
玉臺畫史別錄 第4集
張氏四種 第4集
法書名畫見聞表 第4集
南陽法書表 第4集
南陽名畫表 第4集
清河秘篋書畫表 第4集
墨表 第4集
傷寒百證歌 第5集
壽親養老新書 第5集
藥症忌宜 第5集
經絡歌訣 第5集
六經定法 第5集
靈棋經 第5集
月波洞中記 第5集
少廣正負術 第5集
詒晉齋集 第6集
賓綸堂文鈔 第6集
遼詩話 第6集
中國稀見地方史料集成
董光和 齐希編
二〇一〇年北京學苑出版社
六十五冊
天府廣紀三十二卷 第1－3冊
（清）孫承澤撰
清抄本
北平市自治區坊所屬街巷郇里名稱録 第4冊

朱清華編
民國二十一年鉛印本
北京城區舊有地名檢查材料存稿 第4－5冊
曹正常
民國間稿本
通縣編纂省志材料 第5－6冊
何紹曾修 劉鵰書纂
民國二十一年油印本
武清志括六卷 第6冊
(清)蔡壽臻纂修
清抄本
武清縣城鄉總冊 第7冊
(清)蔡壽臻纂修
清光緒七年稿本
直隸省通志稿 第7－8冊
賈恩紱纂修
民國間抄本
河北省行政區劃沿革新考 第8冊
陳鐵卿撰
民國二十四年鉛印本
河北省各縣沿革志略 第8冊
佚名纂修
民國間油印本
熱河內屬中國及行宮駐防始末記 第8冊
(清)曼殊逸叟撰 王松闕譯
民國间石印本 漢滿對照
塞外見聞録 第8冊
(清)佚名撰
抄本
雞澤縣志料門類 第8冊
雞澤縣政府纂修
民國二十年抄本
懷安縣志材料 第9－10冊
景佐綱修 張鏡淵纂
民國間抄本
東安鄉土地理教科書 第10冊
(清)馬鍾琇纂修
清光緒三十三年鉛印本
河北省衡水縣地方實際情況調查報告 第10冊
冀察政務委員會秘書處第三組編
民國二十五年油印本
高唐齊音二卷 第10－11冊
(清)吳連鞠撰
清道光二十一年刻本
青島指南六卷 第11冊
佚名編
民國二十年鉛印本
榮成紀略 第11冊
(清)劉應忠撰
清光緒三十三年刻本
曲阜游覽指南 第11冊
袁書鼎編
民國間刻本
東原攷古録一卷 第11冊
(清)蔣作錦撰
清光緒十八年刻本
河北采風録四卷 第11－12冊
(清)王鳳生撰
清道光六年刻本
方岳采風録二卷 第12冊
(清)卞寶第撰
清光緒間刻本
河南全省地理擇要四卷 第13冊
(清)留香書屋主人撰
清光緒三十二年刻本
汴京遺蹟志二十四卷 第13－14冊
(明)李濂撰
民國十一年刻本
洛陽都會變遷攷 第14冊
蘇莘撰
民國間石印本
三晉見聞録 第15冊
(清)齊翀撰
清光緒六年刻本
山西歷代名賢概略 第15冊
山西省文化委員會纂修
民國三十年鉛印本
山西省道縣歷代沿革表 第15冊
王堉昌編
民國二十三年石印本
釋徐溝 第15冊
劉文炳撰
民國十七年鉛印本
大中華山西省大同縣地理志 第15冊
厲時中編
民國九年石印本
平陸縣圖志歌略一卷 第15冊
王從龍撰
民國十九年鉛印本
陝省安徽會館録五卷 第16冊
(清)胡肇智編
清同治六年刻本
華州兵事志 第16冊
劉東野編
清宣統三年石印本
甘肅省統部沿革表 第16冊
張維等纂
民國間抄本
甘肅通志稿・族姓志 第16冊
鄧隆纂
民國間稿本
甘肅通志稿・移徙志 第16冊
鄧隆纂
民國間稿本
甘肅通志稿・文化志 第16－17冊
鄧隆纂
民國間稿本
甘肅通志稿・邊防志 第17冊
聶守仁纂
民國間稿本
上海地名表 第17冊
商務印書館編譯所編
清宣統二年鉛印本
繪圖上海雜記十卷 第17－18冊
(清)藜床臥讀生輯
清光緒三十一年石印本
新輯上海彝場景致四卷 第18冊
(清)藜床舊主編
清光緒二十年石印本
淞南夢影録四卷 第18冊
(清)黃式權撰
清光緒間鉛印本
廿年一瞥 第18冊
平書撰
民國十四年鉛印本
重修京口八旗志六卷 第18－19冊
愛仁纂修
民國十六年抄本
西石城風俗志 第19冊
(清)陳慶年撰
清光緒三十四年鉛印本
營建輿地全圖 第19冊
(清)佚名編
清光緒間刻本
武陽官書録二卷 第20冊
(清)武陽志書局輯
清光緒六年刻本
梓閭漫拾三卷補遺一卷 第20冊
謝鼎鎔輯

民國間抄本

滇事拾遺八卷　第58－59冊

何小泉輯

復寫本

雲南藝術輯略　第59冊

何小泉撰

稿本

元江鄉土韻言　第59冊

彭松森纂修

民國九年刻本

古州雜紀　第59冊

（清）林溥撰

清嘉慶間刻本

都勻府親轄村寨道里冊　第59冊

（清）佚名編

清抄本

平越府屬地名録　第59冊

（清）佚名編

清抄本

東三省地圖說録　第59冊

（清）曹廷傑撰

民國間抄本

奉天全省地輿圖說圖表　第59－60冊

（清）王志修編

清光緒二十年刻本

奉天地理　第60冊

湯允中撰

清宣統二年鉛印本

遼寧隨筆　第60冊

朱乃一撰

民國十八年鉛印本

黑龍江全省四至地圖全集　第60－61冊

（清）佚名編繪

清末抄本

黑龍江輿圖說　第61冊

（清）屠寄撰

民國間鉛印本

渤海疆域攷二卷　第61冊

徐相雨撰

民國間刻本

富錦縣史録　第61冊

宋雲桐 曹霈恩纂修

民國間鉛印本

新疆概述及建議芻言　第61冊

白旭初撰

民國間鉛印本

輪臺雜記二卷　第61－62冊

（清）史善長撰

清光緒間刻本

粗擬伊犁辦法　第62冊

（清）佚名纂

清末抄本

伊犁考　第62冊

（清）佚名撰

清抄本

西藏圖攷八卷卷首一卷　第62－63冊

（清）黃沛翹纂修

清光緒十二年刻本

西藏全圖附說　第63冊

（清）嵇志文撰

清末抄本

西藏志攷　第63冊

（清）佚名撰

清抄本

西藏通覧　第63－64冊

（日本）山縣初男撰 四川西藏研究會編譯

清宣統元年鉛印本

籌藏芻言　第64冊

蔡匯東撰

清宣統元年鉛印本

西藏雜俎　第65冊

（清）蚪一輯

清宣統間抄本

藏事紀要初稿　第65冊

石青陽撰

民國二十二年油印本

中國稀見地方史料集成第二集

董光和 齐希主編

二〇一一年北京學苑出版社

八十冊

天津指南八卷　第1冊

石小川編

清宣統三年鉛印本

敬鄉筆述八卷　第2冊

徐士鑾輯

民國二十一年刻本

河北省良鄉縣地方實際情況調查報告書　第2冊

冀察政務委員會秘書處第三調查組編

民國二十五年鈔本

河北省磁縣地方實際情況調查報告書　第2冊

冀察政務委員會秘書處第三組編

民國間鈔本

河北省廣平縣地方實際情況調查報告書　第3冊

冀察政務委員會秘書處第三組編

民國二十五年鈔本

河北省廣宗縣地方實際情況調查報告書　第3冊

冀察政務委員會秘書處第三調查組編

民國二十五年鈔本

河北省安新縣地方實際情況調查報告冀　第3冊

察政務委員會秘書處第三調查組編

民國間鈔本

河北省高陽縣地方實際情況調查報告書　第3冊

冀察政務委員會秘書處第三調查組編

民國二十五年鈔本

河北省安平縣地方實際情況調查報告書　第3冊

冀察政務委員會秘書處第三調查組編

民國二十六年鈔本

直隸山東風土記　第3冊

（清）佚名輯

清末鈔本

河北省縣名考原　第3冊

陳鐵卿撰

民國間鉛印本

燕楚游驂錄甲編二十卷　第3－4冊

京漢鐵路管理局編輯

民國間鉛印本

燕楚游驂錄甲編二十卷　第5－6冊

京漢鐵路管理局編輯

民國間鉛印本

臨漳縣志略備考四卷　第6－7冊

（清）駱文光纂

清同治十三年刻本

定州志輯要七卷　第7冊

（清）佚名纂修

清鈔本

山東形勝志　第7冊

佚名撰

民國間鈔本

般上舊聞六卷　第7冊

（清）葛周玉撰

清嘉慶七年刻本

歷下志遊四卷外編四卷　第7－8冊

（清）孫點撰

清光緒間鉛印本
陝甘輿地紀略 第8冊
(清)張天羽編校
清鈔本
豫乘識小錄二卷 第8冊
(清)朱雲錦撰
清同治十二年刻本
河北省濮陽縣地方實際情況調查報告書 第8冊
冀察政務委員會秘書處第三組編
民國二十五年鈔本
陝州直隸州憲綱冊 第8冊
(清)丁作霖撰
清道光二十八年鈔本
汝州憲綱清冊 第9冊
(清)夏壽嵩撰
清光緒十九年烏絲欄鈔本
黎陽雜記 第9冊
(清)黃璟撰
清光緒十年刻本
上海地名表 第9冊
商務印書館編譯所編
清宣統二年鉛印本
瀛壖雜志六卷 第9冊
(清)王韜著
清光緒元年刻本
雲間雜識二卷 第9冊
(明)李紹文撰
民國二十五年鉛印本
五茸志餘 第9冊
(清)唐之屏輯
清鈔本
滬游雜記四卷 第10冊
(清)葛元煦撰
清光緒二年刻本
章練小志八卷 第10－11冊
(清)高如圭纂修 萬以增續纂修
民國七年鉛印本
續梓閒漫拾 第11冊
謝鼎鎔輯
民國間稿本
江蘇全省輿圖 第11－12冊
(清)鄧華熙修 (清)諸可寶纂
清光緒二十一年刻本
江甯府七縣地形考略 第12冊
(清)黃起鳳等編
清光緒間刻本
江甯輿圖說 第13冊
(清)李宗羲纂修
清同治間刻本
金陵待徵錄十卷 第13冊
(清)金鰲輯
清光緒二年刻本
石埭會館錄四卷續錄一卷 第13－14冊
徐志焯編
清宣統二年鉛印本
金陵通紀十卷 第14－15冊
(清)陳作霖撰
清光緒三十三年刻本
國朝金陵通紀四卷 第15冊
(清)陳作霖撰
清光緒三十四年刻本
鍾南淮北區域志三卷 第15冊
陈詒绂撰
民國六年石印本
金陵旌德會館志 第15冊
任治沅辑
民固十七年鉛印木
金陵歲時記 第15冊
潘宗鼎撰
民國十八年鉛印本
清河縣疆域沿革表 第15冊
(清)蕭令裕編
清道光十一年刻本
古朐考略十二卷卷末一卷 第16冊
(清)喬紹傅輯
鈔本
蘇州府屬九縣一廳圖說 第16冊
(清)佚名編
清稿本
吳郡通典備槀十卷 第17冊
吳昌綬撰
民國十七年鉛印本
吳郡通典五卷 第17－18冊
(清)許克勤撰
清光緒十六年稿本
三吳舊語 第18冊
(清)顧苓撰
民國四年影印本
石亭記事一卷續編一卷 第18冊
(清)丁晏撰
清咸豐五年刻本
京口八旗志二卷 第18冊
(清)鍾瑞等修 (清)春元纂
清光緒五年刻本
松陵見聞錄十卷卷首一卷 第19－20冊
(清)王鯤輯
清道光九年刻本
安徽輿圖表說十卷 第20冊
(清)佚名纂修
清光緒二十二年石印本
皖志議略二卷 第20冊
陳澹然纂修
民國間鉛印本
安徽省通志凡例目錄 第20冊
安徽通志館編
民國間鉛印本
皖志便覽六卷 第21冊
(清)李應玨纂修
清光緒二十四年刻本
徽志補遺 第21冊
(清)邵棠撰
清嘉慶十九年刻本
江南安徽全圖 第21冊
(清)劉籌纂修
清光緒二十二年石印本
新安景物約編 第22冊
(清)江忠儔 (清)江正心輯
清同治四年刻本
潁上風物紀三卷 第22冊
(清)高澤生撰
清道光六年刻本
浙志便覽十卷 第22－23冊
(清)李應玨纂修
清光緒二十二年刻本
民國浙江諸市縣新志稿 第23－29冊
干人俊纂修
民國間稿本
神州古史考 第29冊
(清)倪璠撰
清光緒十五年刻本
杭州府志風俗物產單行本八卷 第29－30冊
民國十三年鉛印本
杭防營志四卷卷首一卷 第30冊
(清)王廷鼎纂修
清光緒十六年稿本
艮山雜志二卷附錄一卷 第31冊
(清)翟灝輯
清光緒二十二年刻本
北隅掌錄二卷 第31－32冊

待餘生撰
清宣統元年鉛印本

新北京　第1－3冊
邱鍾麟編
民國三年鉛印本

故都變遷記略十卷附錄一卷　第3冊
余棨昌編
民國三十年鉛印本

舊京考古錄　第4冊
佚名纂
民國間稿本

閩中會館志　第4－5冊
李景銘編
民國三十二年鉛印本

都市叢談　第5冊
逆旅過客編
民國二十九年影印本

舊京瑣記十卷　第5冊
枝巢子撰
民國刻本

大中華直隸省地理志　第6冊
林傳甲纂
民國九年鉛印本

山東各縣鄉土調查錄　第6－7冊
林修竹編
民國八至九年鉛印本

河南通省程途里數　第8冊
（清）佚名撰
清抄本

河南第六行政區疆域沿革考　第8冊
張中孚撰
民國二十七年鉛印本

中州雜俎二十一卷　第8－9冊
（清）汪價撰
民國十年鉛印本

大中華河南省地理志　第9－10冊
林傳甲纂修
民國九年鉛印本

豫省擬定成規二卷　第10冊
（清）工部編
清刻本

甘肅地略六卷　第11冊
（清）佚名撰
清抄本

甘肅七區紀要　第11冊
甘肅省第七區行政督察專員兼保安司令公署編
民國三十五年油印本

甘省便覽　第11冊
（清）佚名撰
清抄本

蘭州古今注　第12冊
張維撰
民國三十二年鉛印本

河州採訪事蹟八卷　第12冊
張庭武修 楊清等纂
清抄本

白下瑣言十卷　第12冊
（清）甘熙撰
清光緒十六年刻本

州乘一覽八卷　第12冊
（清）汪棨纂
民國二十九年鉛印本

陽羨風土記一卷　第12冊
（晉）周處撰（清）王謨輯
清光緒二十年刻本

紅蘭逸乘　第12冊
（清）張紫琳撰
民國二十九年抄本

廣陵事略七卷　第13冊
（清）姚文田纂
清嘉慶十七年刻本

崇川咫聞錄十二卷　第14－16冊
（清）徐縉（清）楊廷撰編
清道光十年刻本

錫金志補　第16冊
（清）佚名纂修
民國抄本

錫金志外五卷　第17冊
（清）華湛恩纂修
清道光二十三年刻本

錫金續識小錄六卷　第17－18冊
竇鎮纂修
民國十四年活字本

吳門表隱二十卷附集一卷詩一卷　第18冊
（清）顧震濤輯
清道光間刻本

吳郡歲華紀麗十二卷　第19－20冊
（清）袁景瀾輯
抄本

海州文獻錄十六卷　第20－21冊
（清）許喬林輯
清道光二十五年刻本

民國第一次修泗陽縣誌二十五卷卷首一卷　第22－24冊
李佩恩修 張相文 王聿望纂
民國十五年鉛印本

山陽志遺四卷　第25冊
（清）吳玉搢撰
民國十一年刻本

清波小志二卷補一卷　第25冊
（清）徐逢吉纂（清）陳景鐘補
清光緒二年刻本

清波三志三卷　第26冊
（清）陳景鐘纂（清）吳栻續訂
清光緒二十一年刻本

新門散記　第26冊
（清）羅以智纂
清光緒七年刻本

南漳子二卷　第27冊
（清）孫之騄纂
清光緒七年刻本

東城雜記二卷　第27冊
（清）厲鶚纂
清嘉慶二十五年刻本

東城記餘二卷　第27冊
（清）楊文傑纂
清光緒二十六年刻本

嚴陵紀略　第28冊
（清）戴槃纂
清同治九年刻本

甌隱芻言二卷　第28冊
（清）金衍宗纂
清刻本

定鄉小識十六卷　第28－29冊
（清）張道纂修
清光绪八年刻本

小溪志八卷　第29－30冊
（清）柴望纂修
民國間抄本

東甌記略　第30冊
（清）戴槃撰
清同治七年刻本

甌江小記　第30冊
（清）郭鍾岳纂修
清光緒四年刻本

句章摭逸十卷附一卷　第31冊
（清）鄭辰纂
民國間抄本

永嘉縣誌摘抄　第32冊

(清)王景澄纂修
清抄本
永嘉聞見錄二卷 第32冊
(清)孫同元纂
清光緒十四年刻本
嘉府典故纂要八卷 第32－33冊
(清)王惟梅纂
清乾隆五十四年刻本
嘉府水陸道里記 第33冊
(清)褚光斗纂
清光緒三十三年刻本
定海廳洋面島嶼表 第33冊
(清)錢增勳編
清光緒三十三年鉛印暨石印本
續修台州府志芻議 第33冊
(清)考盦纂
民國十四年刻本
臨海要覽 第33冊
項元勳纂修
民國五年鉛印本
濮鎮紀聞四卷卷首一卷卷末一卷 第33－34冊
(清)胡琢纂修
民國間抄本
路橋志略六卷 第34－35冊
楊晨纂修 楊紹翰增訂
民國二十四年鉛印本
都昌縣續纂志書三卷 第35冊
(清)佚名纂修
清抄本
龍洲志二卷卷首一卷 第36冊
(清)毛鳳鏘纂修 胡漢章等續纂修
清光緒十年活字本
湖北通志稿 第36－41冊
佚名纂修
清末稿本朱格
湖北郡邑道里圖 第42冊
(清)石禮嘉撰 (清)朱椿訂補
清乾隆三十年刻本
湖北輿地圖 第42冊
(清)佚名編繪
清石印本
湖北輿地記二十四卷 第43－46冊
(清)湖北輿圖局編
清光緒二十年刻本
江漢叢談二卷 第46冊
(明)陳士元撰
清光緒八年刻本
湖南輿圖說六卷 第46冊
(清)彭清璋 (清)左學呂撰
清光緒二十三年刻本
湖南全省輿地圖表 第47－49冊
(清)佚名編繪
清光緒二十二年石印本
茶陵州呈報諮詢事宜清冊 第49冊
(清)沈金潤編
清光緒十六年抄本
湖南全省掌故備考三十五卷 第50－52冊
(清)王先謙輯
清光緒十四年刻本
湖南各縣調查筆記五類 第53冊
曾繼梧編
民國二十年鉛印本
湘潭縣地理圖說 第53冊
張先民編
民國間鉛印本
衡陽縣奉諮詢各項事宜清冊 第54冊
(清)樊森編
清光緒十六年抄本
華容縣諮詢各項事宜清冊 第54冊
(清)佚名編
清抄本
湘城訪古錄十七卷首一卷 第54－56冊
(清)陳運溶纂
清光緒十四年刻本
澧志舉要三卷 第56冊
(清)潘相纂修
清嘉慶二年刻本
中華民國四川地理學 第56冊
黃尚毅纂
民國元年鉛印本
錦里新編十六卷卷首一卷 第57－58冊
(清)張邦伸纂
民國二年刻本
成都省城形勢脈絡說明書 第59冊
鍾朝鏞纂
民國十一年石印本
成都散記 第59冊
舒君實纂
稿本
合川縣文獻特刊 第59冊
胡南先等纂
民國二十六年鉛印本
四川省彰明縣概況 第59冊
彰明縣政府纂修
民國三十年石印本
漢潺亭考 第60冊
蒙文通撰
民國三十八年鉛印本
松潘縣視察述要 第60冊
馮克書纂
油印本
茂縣概況資料輯要 第60冊
佚名纂修
民國間鉛印本
喀木康全部圖說 第60冊
蔡廉洲編
民國十年石印本
越嶲縣概況資料輯要 第60冊
佚名纂修
民國間鉛印本
七閩考 第60冊
佚名撰
民國間抄本
福建十年三編 第60－61冊
福建省銀行經濟研究室編
民國三十四年鉛印本
厦門述略 第61冊
陳秉璋撰
民國十三年鉛印本
芝城紀略 第61冊
(清)劉世英撰
清光緒間抄本
鶴場漫志二卷 第62冊
(清)劉家謀撰
清道光二十八年刻本
臨汀匯考四卷 第62冊
(清)楊瀾撰
清光緒四年刻本
東槎紀略五卷 第63冊
(清)姚瑩撰
清道光九年刻本
東瀛識略八卷 第63冊
(清)丁紹儀撰
清同治十二年刻本
臺灣雜記 第64冊
(清)黃逢昶輯
清光緒十一年刻本
臺灣考察報告 第64冊
李時霖等輯

民國二十六年鉛印本

嶺南隨筆三卷 第 64 冊
(清)馬光啟撰
清刻本

嶺海叢譚 第 64 冊
(清)佚名撰
清光緒二十一年刻本

南越筆記十六卷 第 65 冊
(清)李調元撰
清乾隆間刻本

粵小記四卷粵謳一卷 第 65 冊
(清)黄芝撰
油印本

羊城古鈔八卷卷首一卷 第 66－67 冊
(清)仇池石輯
清嘉慶十一年刻本

澄海縣鄉土韻言 第 67 冊
(清)陳澎撰
民國三年鉛印本

榕園瑣錄十卷續錄四卷 第 67 冊
楊徽五撰
民國三十三年鉛印本

肇慶府署基圍圖 第 68 冊
(清)羅照滄等纂
清光緒二十九年刻本

廣西全省地輿圖說 第 68 冊
(清)蘇鳳文編
清同治五年刻本

滇疆紀略二卷 第 68 冊
(清)汪濬撰
清宣統三年鉛印本

滇中瑣記 第 69 冊
(清)楊瓊撰
民國元年鉛印本

滇繹四卷 第 69 冊
袁嘉谷纂修
民國十二年鉛印本

大理府建置沿革考 第 70 冊
(清)佚名輯
民國間抄本

黔遺彙編四卷 第 70 冊
楊述震纂修
民國間抄本

貴陽府屬地名錄 第 70 冊
(清)佚名編
清抄本

貴州全省地輿圖說三卷卷首一卷 第 71 冊
(清)貴州調查局編
清宣統元年石印本

安順府輿圖 第 72 冊
(清)鄒漢勳等編
清咸豐元年刻本

黎平府屬地名錄 第 72 冊
(清)佚名編
清抄本

東三省沿革表六卷 第 72－73 冊
吳廷燮纂修
清宣統元年刻本

遼東文獻征略八卷 第 73－74 冊
金毓黻撰
民國十六年鉛印本

陪都景略 第 74 冊
(清)邸文裕編
清同治十二年刻本

寬城隨筆 第 74 冊
吳樵撰
民國六年鉛印本

吉林省全圖 第 75 冊
戴修鵬繪 繆學賢編
民國元年石印本

吉林地志 第 75 冊
魏聲龢纂修
民國二年鉛印本

增訂吉林地理紀要二卷 第 75 冊
魏聲龢編
民國二十年鉛印本

鄂多理城考 第 76 冊
佚名
清末抄本

建州私志三卷 第 76 冊
(清)海濱野史撰
民國間抄本

調查松花江上流森林報告 第 76 冊
余樹桓等撰
清末民初抄本

黑龍江省實業檔案 第 76－80 冊
(清)佚名輯
清末抄暨油印本

吉林政見書 第 80 冊
(清)□屼山莊主撰
清抄本

蒙古之部二卷 第 81 冊
楊守敬摘譯
民國抄本

呼倫貝爾邊務調察報告書 第 81 冊
宋小濂撰
清宣統元年鉛印本

西域補志 第 82 冊
黄楙材撰
民國抄本

西域輿地三種匯刻 第 82 冊
(清)徐崇立輯
清光緒三十二年刻本

新疆道里表 第 82 冊
(清)佚名編
清光緒十六年刻本

新疆地理植物考 第 82 冊
李文如編
清末抄本

新疆政見 第 82 冊
羅迪楚撰
民國間抄本

歷代定域撮要十八卷卷首二卷 第 83－93 冊
(清)張印西撰
清同治間抄本

九州圖說 第 94 冊
(清)佚名撰
清抄本

古今輿地異同考證錄 第 94 冊
(清)佚名撰
清抄本

廣輿古今鈔二卷 第 94－95 冊
(清)程晴川輯
清乾隆間刻本

帝輿合覽二卷 第 95－96 冊
(清)何炳撰
清刻本

中華二十二省地理志要四卷 第 97 冊
(清)張依渠撰
民國間石印本

各省地域沿革山川關阨事宜四卷 第 97－100 冊
(清)佚名撰
清抄本

天下輿地便覽 第 100 冊
(清)佚名撰
清抄本

改定各省重複縣名理由清單 第 100 冊

熊希齡 朱啟鈐編
民國鉛印本
全國道縣一覽表 第100冊
佚名編
民國抄本
全國行政區域表 第100冊
內政部編
民國二十年油印本
台灣文獻史料叢刊
周憲文等編
二〇〇八年北京人民日報出版社
一九〇冊
第一輯
臺灣文獻史料叢刊309種提要 第1冊
臺灣府志 第2冊
(清)高拱乾纂
康熙三十三年
臺灣府賦役冊六種 第2冊
道光二年刊
台灣府總 第2冊
台灣縣 第2冊
鳳山縣 第2冊
嘉義縣 第2冊
彭化縣 第2冊
淡防廳 第2冊
重修臺灣府志 第3冊
(清)周元文纂
康熙五十一年
續修臺灣府志 第4-6冊
(清)余文儀纂
乾隆二十九年
新竹縣志初稿 第7冊
(清)鄭鵬雲 曾逢辰纂輯
光緒二十三年
樹杞林志 第7冊
(清)林百川 林學源合輯
光緒二十四年
恒春縣志 第8冊
(清)屠繼善纂輯
光緒二十年
臺東州採訪冊附臺東志 第8冊
(清)胡傳 陳英纂輯
光緒二十年
小琉球漫誌 第8冊
(清)朱仕玠撰
乾隆二十八年
臺灣通紀 第9冊
(清)陳衍纂輯
民國十一年刊
泉州府志選錄 第9冊
(清)郭賡武等重修
同治九年補刊
漳州府志選錄 第9冊
(清)沈定均等纂
光緒四年增刊
臺灣通志 第10-11冊
(清)薛紹元纂
光緒二十年
諸羅縣志 第12冊
(清)周鍾瑄纂修
康熙五十六年
澎湖紀略 第12冊
(清)胡建偉纂輯
乾隆三十一年
重修鳳山縣志 第13冊
(清)王瑛曾纂修
乾隆二十九年
苗栗縣志 第14冊
(清)沈茂蔭纂修
光緒二十年
苑裡志 第14冊
(清)蔡振豐纂輯
光緒二十三年
澎湖廳志 第15冊
(清)林豪纂輯
光緒十九年
彰化縣志 第16冊
(清)周璽纂輯
道光十年
彰化節孝冊附台灣孝節錄 第16冊
(民國)吳德功纂輯
民國八年
噶瑪蘭廳志 第17冊
(清)陳淑均纂輯
咸豐二年刊
淡水廳志附淡水廳志訂謬 第18冊
(清)陳培桂纂修
同治十年刊
臺灣通史 第19-20冊
(民國)連橫撰
民國十年初刊本
第二辑
台海使槎錄 第21冊
(清)黃叔璥撰
康熙雍正年間
清一統志臺灣府附天下郡國利病書摘錄四則 第21冊
(明)顧炎武撰附
據清嘉慶重修本選輯
臺灣輿地匯鈔 第21冊
(清)季麒光等著
台湾雜記
(清)季麒光著
台灣隨筆
(清)徐懷祖著
台灣始末偶記
(清)魯之裕著
閩遊偶記
(清)吳桭辰著
閩中摭聞
(清)陳雲程著
台灣番社考
(清)鄺其照著
臺灣府圖志
(清)洪亮吉著
臺灣府方輿考證
(清)許鴻磐著
閩雜記十八則
(清)施鴻保著
全臺圖說
(清)周懋琦著
閩嶠輶軒錄
(清)卞寶第著
台灣小志
(清)龔柴著
臺遊筆記
(清)不著撰人
台灣地略
(清)馬冠羣著
臺灣省輿地考台灣職官考
(清)劉錦藻著
茅港尾紀略
(民)黃清淵著
番社采風圖考 第21冊
(清)六十七纂輯
六十七兩采風圖合卷
臺番圖說
台灣內山番地風俗圖
台灣番社圖
(清)黃叔璥撰
臺灣志略 第22冊

第四輯

第五輯

（清）邵廷采撰
康熙二十八年
東南紀事十二卷 第97冊
（清）邵廷采撰
康熙三十六年
研堂見聞雜記不分卷 第98冊
原題婁東無名氏撰
莊氏史案 第98冊
不著撰人
玉堂薈記二卷 第98冊
（明）楊士聰撰
崇禎十五年
兩粵夢遊記一卷 第98冊
（明）馬光撰
江變紀略二卷 第98冊
徐世溥撰
行在陽秋二卷 第98冊
不著撰人
偏安排日事蹟十四卷 第99冊
不著撰人
思文大紀八卷 第99冊
不著撰人
嶺海焚餘三卷 第99冊
（明）金堡撰
石匱書後集 第100冊
（明）張岱撰
順治、康熙年間
第六輯
爝火錄三十二卷 附記一卷
第101－103冊
（清）李天根輯
乾隆十三年
平定三逆方略六十卷 第104冊
清康熙二十一年廷臣奉敕撰
南天痕二十六卷 第105冊
題四明西亭淩雪撰
魯春秋一卷 第106冊
（明）查繼佐撰
康熙年間
北征紀略 第106冊
（明）張煌言
使臣碧血 第106冊
不著撰人
皇明監國魯王壙誌 第106冊
浙東紀略不分卷 第106冊
（清）徐芳烈撰
寧海將軍固山貝子功績錄 第106冊
揚州變略 第106冊
京口變略 第106冊
淮城紀事 第106冊
海東逸史十八卷 第106冊
題翁洲老民手稿
海外慟哭記一卷 第106冊
（明）黃宗羲撰
思舊錄 第106冊
贛州失事紀 第106冊
紹武爭立紀 第106冊
舟山興廢 第106冊
日本乞師紀 第106冊
四明山寨紀 第106冊
沙定洲之亂 第106冊
張元箸先生事略等十一篇 第106冊
黃梨洲先生年譜六篇 第106冊
（清）萬斯大 全祖望等撰
甲申傳信錄十卷 第107冊
（明）錢䎘撰
遇變紀略不分卷 第107冊
（明）聾道人撰
甲申紀變錄 第107冊
錢邦芑
甲申忠佞紀事 第107冊
錢邦芑
滄洲紀事 第107冊
程正揆
北使紀略 第107冊
陳洪範
袁督師斬毛文龍始末 第107冊
李清
甲乙日曆二卷 第107冊
（明）祁彪佳撰
崇禎、弘光年間
祁忠敏公年譜一卷 第107冊
（明）王思任撰
閩事紀略二種附二種 第107冊
閩游月記二卷 第107冊
（明）華廷獻撰
閩事紀略一卷 第107冊
（明）華廷獻撰
粵遊見聞一卷 第107冊
（明）瞿其美撰
倣指南錄一卷 第107冊
（明）范康生撰
閩中紀略不分卷 第107冊
（清）許旭撰
康熙十二年
閩難記 第107冊
洪若皋
海寇記 第107冊
洪若皋
國變難臣鈔 第107冊
蜀碧四卷 第108冊
（清）彭遵泗撰
乾隆年間
客滇述不分卷 第108冊
（明）顯山貞撰
蜀記 第108冊
不著撰人
庭聞錄六卷 第108冊
（清）劉健撰
康熙五十八年序
明季荷蘭人侵據彭湖殘檔十八件
第108冊
（民國）夏德儀輯
和蘭傳 第108冊
紅毛夷 第108冊
稅璫考摘錄 第108冊
青燐屑二卷 第109冊
（明）應喜臣撰
燕都日記 第109冊
（清）馮夢龍撰 莫釐山人增補
所知錄三卷 第109冊
（明）錢澄之撰
隆武年間
東明聞見錄五種 第109冊
輯自「明季稗史彙編」「紀錄彙編」
東明聞見錄 第109冊
不著撰人
求野錄 第109冊
題客溪樵隱編
也是錄 第109冊
題自非逸史編
兩廣紀略 第109冊
華復蠡
安龍紀事 第109冊
江之春
風倒梧桐記二卷 第109冊
（明）何是非撰
永曆五、六年間
庚寅十一月初五始安事略一卷
第109冊
（清）瞿元錫撰

清耆獻類徵選編十二卷附一卷 第184－186冊
(清)李桓輯
同治年間
福建通志列傳選六卷 第187冊
(民國)陳衍輯
民國十一年刊
陳清端公年譜不分卷 第188冊
(清)丁宗洛編
道光六年刊
小酉腴山館主人自著年譜二卷附文四篇詩十首 第188冊
(清)吳大廷撰
臺灣霧峯林氏族譜不分卷 第188冊
(民國)林獻堂等編
民國二十四年
重修臺郡各建築圖說附萬壽宮圖碑等拓本六幅 第189冊
(清)蔣元樞彩繪
乾隆年間進呈
清代臺灣職官印錄一百六十三顆四類 第190冊
臺灣關係文獻集零十九種 第190冊
閩省海賊 第190冊
孫承澤「春明夢餘錄」
浮海記 第190冊
張麟白
皇明口口樂齋公暨 第190冊
妣郭氏誌銘 第190冊
鄭經
皇明石井鄭氏祖墳誌銘 第190冊
鄭經
鄭氏葬祖父誌銘 第190冊
鄭克爽
閩中即事 第190冊
葉舒潁
清三藩史料選錄 第190冊
永憲錄選錄 第190冊
蕭奭
雍正八年上諭檔選錄 第190冊
培遠堂偶存稿選錄 第190冊
陳宏謀
柚村文選錄 第190冊
湯彝
綠野齋集選錄 第190冊
劉鴻翱
臺灣之獄 第190冊
夏燮
「中西紀事」
鴉片戰爭閩省 第190冊
軍需請銷案 第190冊
送黎召民觀察臺灣序 第190冊
陳璞
岑勤襄公奏稿選錄 第190冊
岑毓英
石遺室集選錄 第190冊
陳衍
臺陽集 第190冊
唐贊袞
書臺嶠紳民電稟後 第190冊
不著撰人
澎湖文獻鈔存 第190冊
數典不忘 第190冊
遼寧省圖書館孤本善本叢刊(第一輯)
王榮國
二〇〇三年北京線裝書局
四十四冊九函
春秋集注十二卷 5冊1函
(宋)張洽撰
宋德佑元年華亭義塾刻本宋刻本
荒史六卷 2冊1函
(明)陳士元撰
萬曆二年德安府刻本明刻本
祝子志怪錄五卷 2冊1函
(明)祝允明
明刻本
不如婦寺鈔 6冊1函
署不如子輯
明萬曆刻本
獨庵外集續稿五卷 6冊1函
日本應永年間(明永樂後期)刻本
漫堂劉先生文集二十卷 6冊1函
(宋)劉宰撰
明刻本
古今韻史十二卷 6冊1函
署陳繼儒 和詮同纂
明崇禎刻本
書畫萃苑八卷 8冊1函
明抄本崇禎十年抄本
泰天遺事三卷 3冊1函
(明)李遜之
清初抄本
天津圖書館古籍普查登記目錄
天津圖書館編
二〇一四年北京國家圖書館出版社
三冊
天津圖書館古籍善本圖錄
天津圖書館編
二〇〇九年天津古籍出版社
二冊
西泠印社百年藏印精選
西泠印社
二〇〇三年杭州西泠印社
六冊一函
四大古典插圖集
華寶齋富翰文化有限公司
二〇〇五年北京中華書局
八冊一函
鐵琴銅劍樓題咏
常熟圖書館
二〇〇八年北京中華書局
一冊一函
類經(攝生陰陽臟象)
(明)張景岳
二冊一函
越醫文化初集
《越醫文化》編委會
二冊一函
清代北京皇城寫真帖
(日)小川一真
二〇〇〇年北京學苑出版社
散頁套裝一函
庚子事變攝影圖集
(日)小川一真
二〇〇〇年北京學苑出版社
散頁盒裝一函
紅樓夢煙標精華
杜春耕
二〇〇二年北京圖書館出版社
一冊
金玉緣圖畫集
李菊儕 李翰園等繪 覺僧評
二〇〇二年北京圖書館出版社
一冊一函
銅版《御製避暑山莊三十六景詩圖》
清聖祖玄燁(詩) 清沈崳(繪) 王曾期(書)
二〇〇二年北京學苑出版社
經折裝一函
雪域寶典—西藏自治區入選第一、二、三批國家珍貴古籍名錄古籍圖錄

西藏自治區文化廳 國家古籍保護中心
二〇一一年北京國家圖書館出版社
一冊一函
京劇臉譜
一冊一函
芥子園畫傳
(清)諸升 王質 王概等編繪
一九九八年杭州浙江文藝出版社
四冊一函
中國歷代璽印集萃
戴山青
一九九七年北京綫裝書局
十六冊一函
李明仲營造法式
(宋)李誡
二〇一三年北京國家圖書館出版社
八冊一函
第四批國家珍貴古籍名錄圖録
中國國家圖書館 中國國家古籍保護中心
二〇一四年北京國家圖書館出版社
六冊
徽派版畫菁華
安徽省圖書館
二〇〇九年北京中華書局
二冊一函
全明分省分縣刻書考
杜信孚 杜同書
二〇〇一年北京綫裝書局
十冊一函
經策通纂
(清)吳煩炎
一九九九年天津古籍出版社
八十冊九函
懷素自敘帖三種
唐釋 懷素書
一九九九年北京學苑出版社
三冊一函
莊子顯靈記
范曾
二〇〇二年北京綫裝書局
二冊一函
甲骨文研究資料匯編
甲骨文研究資料編委會
二〇〇〇年北京圖書館出版社
九十三冊
簠室殷契征文附考釋 4冊1函
王襄
殷代貞史詩征録簠室殷契序 1冊1函
王襄
殷契粹編附考釋 5冊1函
郭沫若
卜辭通纂附考釋 4冊1函
郭沫若
甲骨學商史論叢初集 4冊1函
胡厚宣
甲骨學商史論叢二集 4冊1函
胡厚宣
甲骨六録 1冊1函
胡厚宣
元嘉造像室藏甲骨文字頌齋藏甲骨文字 1冊1函
胡厚宣
戰後京津新獲甲骨集 4冊1函
胡厚宣
龜甲獸骨文字敘圃甲骨釋略 1冊1函
林泰輔 何遂
戰後寧滬新獲甲骨集 2冊1函
胡厚宣
戰後南北所見甲骨錄 3冊1函
胡厚宣
殷契鈎沉說契研契枝譚鐵雲藏龜拾遺附考釋 1冊1函
葉玉森
殷契卜辭附釋文及文編 3冊1函
容庚
卜辭研究 2冊
容庚
甲骨地名通檢 1冊1函
曾毅公
殷虛書契續編校記 1冊
曾毅公
甲骨綴存 1冊
曾毅公
甲骨綴合編 2冊
曾毅公
甲骨文字研究 2冊1函
商承祚
殷虛文字詩問編 1冊
商承祚
福氏所藏甲骨文字 1冊
商承祚
殷契佚存 2冊
商承祚
殷虛書契前編集釋 8冊1函
葉玉森
殷虛書契考釋殷商貞卜文字考殷虛書契菁華 1冊1函
羅振玉
殷虛文字類編 3冊1函
商承祚
天壤閣甲骨文存幷考釋 1冊1函
唐蘭
殷虛薶契考殷契辨疑殷契瑣言 1冊1函
陳邦福
柏根氏舊藏甲骨文字 1冊1函
明義士編
庫方二氏藏甲骨卜辭 1冊1函
庫全英等藏
中央大學史學系藏甲骨文字題記 1冊1函
殷契通釋 6冊1函
徐協貞
契文舉例 1冊1函
孫詒讓
甲骨文字研究 3冊1函
郭沫若
龜甲文字概論 1冊1函
陳晉
殷虛書契續編 6冊1函
羅振玉
殷虛書契前編 4冊1函
羅振玉
鐵雲藏龜附鐵雲藏龜之餘 4冊1函
劉鶚藏 鮑鼎釋
大連圖書館藏孤稀本明清小說叢刊
孫福泰 張本義主編
二〇〇〇年大連出版社
二九〇冊六十七函
叢刊之一
金瓶梅一百回 36冊6函
叢刊之二
浪史四十回 2冊1函
叢刊之三
警世陰陽夢十卷四十回 6冊1函
叢刊之四
隋煬帝豔史八卷四十回 12冊1函
叢刊之五
鼓掌絕塵四集四十回 11冊2函
叢刊之六
貪歡報六卷二十四回 6冊1函

叢刊之七
石點頭十四卷　8冊1函
叢刊之八
後水滸傳四十五回　12冊2函
叢刊之九
鴛鴦鍼一卷四回　2冊1函
叢刊之十
一枕奇二卷八回　2冊1函
叢刊之十一
雙劍雪二卷八回　3冊1函
叢刊之十二
金雲翹二十回　5冊1函
叢刊之十三
覺世名言十二卷三十八回　6冊1函
叢刊之十四
連城璧十二集　6冊1函
叢刊之十五
連城璧外四卷十六回　2冊1函
叢刊之十六
女才子十二卷首一卷　4冊1函
叢刊之十七
平山冷燕二十回　4冊1函
叢刊之十八
玉嬌梨二十回　5冊1函
叢刊之十九
照世杯四卷　2冊1函
叢刊之二十
醒名花十六回　4冊1函
叢刊之二十一
賽花鈴十六回　4冊1函
叢刊之二十二
情夢柝四卷二十回　2冊1函
叢刊之二十三
春柳鶯十回　4冊1函
叢刊之二十四
梧桐影十二回　2冊1函
叢刊之二十五
歸連夢十二回　2冊1函
叢刊之二十六
錦香亭四卷十六回　2冊1函
叢刊之二十七
和浦珠四卷十六回　4冊1函
叢刊之二十八
生綃剪十九回　10冊2函
叢刊之二十九
珍珠舶六卷十八回　4冊1函
叢刊之三十
醒風流二十回　4冊1函
叢刊之三十一
飛花咏十六回　4冊1函
叢刊之三十二
麟兒報十六回　4冊1函
叢刊之三十三
世無匹四卷十六回　4冊1函
叢刊之三十四
炎涼岸八回　4冊1函
叢刊之三十五
賽紅絲十六回　3冊1函
叢刊之三十六
玉支磯四卷二十回　2冊1函
叢刊之三十七
畫圖緣四卷十六回　2冊1函
叢刊之三十八
兩交婚傳十八回　4冊1函
叢刊之三十九
定情人十六回　5冊1函
叢刊之四十
好逑傳四卷十八回　2冊1函
叢刊之四十一
雲仙嘯五回　2冊1函
叢刊之四十二
驚夢啼六回　2冊1函
叢刊之四十三
後西遊記四十回　12冊1函
叢刊之四十四
快心編初集五卷十回二集五卷十回三集六卷十二回　16冊3函
叢刊之四十五
鳳凰池十六回　4冊1函
叢刊之四十六
醒世姻緣一百回　20冊2函
叢刊之四十七
駐春園小史六卷二十四回　4冊1函
叢刊之四十八
五鳳吟二十四回首一卷　4冊1函
叢刊之四十九
引鳳簫四卷十六回　2冊1函
叢刊之五十
女開科傳十二回　4冊1函
叢刊之五十一
飛花豔想十八回　2冊1函
叢刊之五十二
五色石八卷　4冊1函
叢刊之五十三
徧地金四卷　2冊1函
叢刊之五十四
八洞天八卷　1冊1函
叢刊之五十五
金蘭筏四卷二十回　2冊1函

毛澤東評點二十四史
中央檔案館整理
一九九六年線裝書局據清乾隆武英殿本影印
八五〇冊八十函
史記一百三十卷
前漢書一百卷
後漢書一百二十卷
三國志六十五卷
晉書一百三十卷附音義三卷
宋書一百卷
南齊書五十九卷
梁書五十六卷
陳書三十六卷
魏書一百十四卷
北齊書五十卷
周書五十卷
隋書八十五卷
南史八十卷
北史一百卷
舊唐書二百卷
新唐書二百二十五卷附釋音二十五卷
舊五代史一百五十卷
新五代史七十四卷
宋史四百九十六卷
遼史一百十五卷附語解十卷
金史一百三十五卷附語解十二卷
元史二百一十卷附語解二十四卷
明史三百三十二卷

中醫古籍孤本大全
薛清錄 劉國正選編
北京中醫古籍出版社
一三〇冊四十六函
丹溪摘玄二十卷　10冊2函
佚名著
二〇〇五年據明萬曆抄本影印
尊生圖要不分卷　2冊1函
原題(明)文徵明撰
二〇〇九年據明彩繪本影印
魯峰醫案三卷　2冊1函
(清)魯峰撰
二〇〇八年據清抄本影印

瘟疫發源不分卷　2冊1函
(清)馬印麟纂
二〇〇五年據清雍正三年刻本影印
王氏醫宗家學淵源四卷　3冊1函
(清)作德主人撰
二〇〇八年據清抄本影印
醫略正誤概論二卷　1冊1函
(明)李象撰
二〇〇五年據明嘉靖刻本影印
醫方小品二卷　2冊1函
(清)宋良弼檢訂
二〇〇五年據清初刻本影印
東皋草堂醫案　3冊1函
(清)王式鈺撰
二〇〇七年據清康熙刻本影印
冰壑老人醫案
(明)吴天泰等輯録
二〇〇七年據明崇禎刻本影印
女醫雜言一卷　3冊1函
(明)楊談允賢
二〇〇七年據明萬曆十三年談氏純敬堂刻本影印
婦科約囊萬金方二卷
(宋)鄭春敷原撰 (清)任樹仁重訂
二〇〇七年據清求志堂抄本影印
延壽神方四卷　4冊1函
(明)朱權撰
二〇〇七年據明崇禎青陽閣刻本影印
士林餘業醫學全書六卷　6冊1函
(明)葉雲龍撰
二〇〇七年據明萬曆二十七年刻本影印
指南後論二卷　2冊1函
佚名撰
二〇〇五年據清乾隆二十九年抄本影印
女科心法不分卷　1冊1函
(清)鄭欽諭撰
二〇〇五年據清康熙三十六年嘉慶堂抄本影印
婺源余先生醫案　1冊1函
(清)余國佩編著
二〇〇五年據劉祉純抄本影印
方脉舉要三卷　2冊1函
(宋)劉開撰
二〇〇五年據明嘉靖三十三年蘇州黄魯曾刻本影印

祝茹穹先生醫印　2冊1函
(清)趙嶷編注
二〇〇八年據清順治十三年刻本影印
傳悟靈濟錄二卷　2冊1函
(清)張衍恩編撰
二〇〇五年據清同治八年稿本影印
太醫院手授經驗 百效内科全書八卷　4冊1函
(明)龔居中撰 (清)劉孔敦校
二〇〇五年據明藜光堂刻本影印
百病問對辨疑五卷　2冊1函
(明)張昶編
二〇〇五年據明萬曆間張學詩刻本影印
傷寒論参注　5冊1函
(清)王更生撰
二〇〇七年據清乾隆四十一年稿本影印
新刊雷公炮製遍覽五卷　3冊1函
(明)俞汝溪編
二〇〇八年據明刻本影印
要藥分劑補正十卷　5冊1函
(清)沈金鰲原輯 (清)劉鶚補正
二〇〇七年據清光緒三十一年稿本影印
方症會要四卷　4冊1函
(清)吴邁撰
二〇〇五年據清乾隆二十一年刻本影印
慈幼玄機二卷　1冊1函
(明)李景芳撰
二〇〇八年據明萬曆三十八年刻本影印
玉笥龍瑞方　1冊1函
(明)黄建中彙
二〇〇五年據明萬曆四十七年稿本影印
傷寒論綱目九卷　12冊2函
(清)張志聰撰
二〇〇七年據清康熙十二年刻本影印
吴氏家抄濟世良方七卷　3冊1函
(明)吴惟貞集 (明)周紹濂編
二〇〇七年據明萬曆二十五年刻本影印
瞑眩瘳　2冊1函
佚名
二〇〇七年據清抄本影印

望色啓微三卷　3冊1函
(清)蔣士吉撰
二〇〇八年據清康熙十一年刻本影印
保赤心筌八卷　8冊2函
(清)胡蕓谷撰
二〇〇七年據清抄本影印
衛生編三卷　2冊1函
(清)石文撰
二〇〇五年據清乾隆二年刻書底稿影印
薛立齋先生内科醫案摘要　1冊1函
(明)应麐删校
二〇〇五年據明泰昌元年刻本影印
聖散子方一卷　1冊1函
(宋)蘇軾撰
二〇〇五年據述古堂舊藏宋刻本影印
慈惠小編　2冊1函
(清)錢守和 吴焕撰
二〇〇五年據清乾隆刻本影印
亟齋急應奇方二卷　2冊1函
(清)亟齋居士編
二〇〇五年據清稿本影印
新編備急管見大全良方十卷　1冊1函
(宋)陳自明撰
二〇〇五年據清抄本影印
外科經驗精要方不分卷　1冊1函
(明)張翼校正
二〇〇五年據明隆慶六年建邑書林屏山堂刻本影印
白駒谷羅貞喉科　3冊1函
(清)羅貞撰
二〇〇八年據清抄本影印
紫珍集濟世良方　3冊1函
著者佚名
二〇〇八年據清抄本影印
醫學集要九卷　4冊1函
(清)朱鳳臺撰
二〇〇五年據清康熙七年刻本影印
醫林正宗八卷　3冊1函
(明)饒鵬纂
二〇〇五年據明嘉靖七年刻本影印
醫聖階梯十卷　4冊1函
(明)周禮輯著
二〇〇五年據明萬曆元年三衢吴興童子山刻本影印
傷寒紀玄妙用集十卷　2冊1函
(元)尚从善編撰

二〇〇八年據清抄本影印
中醫古籍孤本大全經絡圖說
(明)張明 繪圖集說
一九九三年杭州中醫古籍出版社
一冊一函
中醫古籍孤本大全延齡纂要
(清)羅福至
一九九三年杭州中醫古籍出版社
二冊一函
中醫古籍孤本大全眼科六要
(清)陳國篤
一九九三年杭州中醫古籍出版社
一冊一函
中醫古籍孤本大全神效集
(清)著者佚名
一九九三年杭州中醫古籍出版社
一冊一函
導引圖
(清)敬慎山房主人
二〇〇七年北京中醫古籍出版社
一冊一函
大河外科
(明)王拳
二〇〇八年北京中醫古籍出版社
一冊一函
滇南本草圖說
(明)蘭茂
二〇〇七年北京中醫古籍出版社
二冊一函
唇舌癥候圖
(清)力鈞
二〇〇七年北京中醫古籍出版社
一冊一函
銀海精微補
(清)趙雙壁
二〇〇五年北京中醫古籍出版社
二冊一函
徹賸八編・內鏡
(清)劉思敬
二〇〇五年北京中醫古籍出版社
二冊一函
中醫珍本叢書壽世秘典
(清)丁其譽
一九九一年北京中醫古籍出版社
八冊一函
乾隆璽印譜
乾隆璽印編委會
二〇〇三年北京線裝書局
六冊一函
魯迅手稿全集
魯迅手稿全集編委會編
北京圖書館出版社
六十冊二箱
少林武功醫宗秘笈十卷
釋永信主編
一九九年北京中華書局
十冊一箱
補遺雪公炮製遍覽十四卷
二〇〇五年上海辭書社據原藏影印
十四冊四函一箱
二十四史
楊鍾賢主編
一九九年天津古籍出版社
十四冊二函一箱
龍之吟—中國歷代帝王詩詞
天津古籍出版社
六十六冊十六函二箱
通鑑綱目
一二六冊二十函
白眉綱鑑二十一卷
二十二冊二函
韜養齋日記
九十九冊十函
錫山周氏世譜
中國國家圖書館
八冊二函
善和程氏支譜
中國國家圖書館
一冊一函
陳氏宗譜
四冊一函
全球漢詩三百家
林岫
二〇〇八年北京綫裝書局
三冊一函
野叟曝言二十卷一百五十回
(清)夏敬渠
二〇〇二年天津古籍出版社
二十冊四函
吳興劉氏嘉業堂善本書景
天津圖書館
六冊一函
包山鄭氏族譜
中國國家圖書館
四冊一函
皖懷梅沖吳氏編修宗譜
中國國家圖書館
八冊二函
文安陳氏家族史略
陳嘉儒
一冊一函
八旗滿洲氏族通譜
天津圖書館
二十冊四函
蕭山湘南韓氏家譜
中國國家圖書館
三十二冊八函
江西袁郡六縣鍾祠世譜
鍾傳生
二〇〇四年江西分宜紅日譜局
三冊
中湘韶山毛氏四修族譜
三十二冊五函
紫江朱氏家乘
六冊一函
于氏族譜
會川于氏珍藏
十五冊一函
中華安氏宗譜譜序彙編
安氏
二〇〇九年
一冊
日本宮內廳書陵部藏宋元版漢籍影印叢書 第一輯
全國高校古籍整理研究工作委員會編
二〇〇一年北京線裝書局
一百十八冊二十七函
呂氏家塾讀詩記三十三卷 8冊2函
(宋)呂祖謙
詩童子問二十卷 6冊1函
(宋)輔廣
集韻十卷 9冊1函
(宋)丁度
史記正義一百三十卷 30冊6函
(唐)張守節
論語註疏十卷 4冊1函
(魏)何晏集
方輿勝覽二十卷附附錄 12冊3函
(宋)祝穆
全芳備祖三十卷 7冊2函
(宋)陳景沂

初學記三十卷 7冊1函
(唐)徐堅等
氏族大全十卷 5冊1函
佚名
禪宗頌古聯珠通集十卷 7冊2函
(南宋)法應
正法眼藏三卷 3冊1函
(明)佘翹
中州集十卷 4冊1函
(金)元好問
寒山詩集一卷 1冊1函
(唐)釋寒山
東坡集 15冊4函
(宋)蘇軾
日本宮内廳書陵部藏宋元版漢籍影印叢書 第二輯
全國高校古籍整理研究工作委員會編
二〇〇三年北京線裝書局
七十三冊十五函
詩緝三十六卷 12冊3函
(宋)嚴粲
春秋胡氏傳纂疏三十卷 18冊3函
(宋)汪克寬
重廣分門三蘇先生文粹百卷 18冊4函
(宋)蘇洵 蘇軾 蘇轍
崔舍人玉堂類稿二十卷 6冊1函
(宋)崔敦詩
村西集十六卷 4冊1函
(宋)譚景星
聯燈會要 15冊3函
(元)悟明
西翁近稿十一卷
(宋)譚景星
二〇〇三年北京綫裝書局
二冊一函
宋本大學章句
(宋)朱熹注釋
二〇一〇年北京國家圖書館出版社
一冊一函
新安蘇氏族譜
中國國家圖書館
一冊一函
百將圖傳
(清)丁日昌
二〇〇〇年北京學苑出版社
二冊一函
墨史
二冊一函

新刻鸁虫録
(明)胡文煥等
二〇〇一年北京學苑出版社
三冊一函
南明石氏宗譜
中國國家圖書館
十二冊三函
古歙杲溪劉氏家譜
中國國家圖書館
一冊一函
華氏通八支宗譜
中國國家圖書館
一冊一函
顏氏族譜
中國國家圖書館
四冊一函
東蔡宗譜
中國國家圖書館
二冊一函
埠川余氏新纂家乘
中國國家圖書館
二冊一函
淄川縣豊泉鄉王氏世譜
中國國家圖書館
二冊一函
宜黃棠陰羅氏尚義門房譜
中國國家圖書館
二冊一函
吳中紀革葉氏世譜
中國國家圖書館
一冊一函
侯氏家乘
中國國家圖書館
三冊一函
徐氏宗譜
中國國家圖書館
四冊一函
梁氏族譜
中國國家圖書館
四冊一函
首都圖書館藏中國古版畫珍賞
倪曉建
二〇〇三年北京學苑出版社
二冊一函
徐氏族譜
中國國家圖書館
十冊二函

香湖丁氏家乘
中國國家圖書館
三冊一函
汪氏乘言
中國國家圖書館
二冊一函
吳江徐氏宗譜
中國國家圖書館
八冊二函
新紫山倪氏七甲支譜
中國國家圖書館
八冊二函
三田李氏重修宗譜
中國國家圖書館
五十冊十二函
尤氏閩浙蘇常鎮宗譜
中國國家圖書館
十二冊三函
上虞桂林朱氏族譜
中國國家圖書館
四冊一函
官源洪氏總譜
中國國家圖書館
二十二冊五函
許氏族譜
中國國家圖書館
四冊一函
姜氏孝子大民公派宗譜
中國國家圖書館
四冊一函
段氏宗譜
中國國家圖書館
五冊一函
李氏近房宗譜
中國國家圖書館
一冊一函
圻村王氏族譜
中國國家圖書館
四冊一函
寧鄉澗西周氏族譜
中國國家圖書館
三冊一函
汪氏世守譜
中國國家圖書館
四冊一函
橘社金氏家譜
中國國家圖書館

二册一函
稽山董氏宗譜
中國國家圖書館
四册一函
淳源饒氏重修族譜
中國國家圖書館
十二册三函
重修晉陵金台沈氏族譜
中國國家圖書館
八册二函
薛氏江陰宗譜
中國國家圖書館
六册二函
重修汪氏家乘
中國國家圖書館
四册一函
重修湯溪章氏宗譜
中國國家圖書館
一册一函
星源銀川鄭氏宗譜
中國國家圖書館
四册一函
裘氏重修家譜
中國國家圖書館
二册一函
吳越錢氏宗譜全乘
中國國家圖書館
一册一函
朱氏宗譜
中國國家圖書館
一册一函
濟陽江氏分修族譜
中國國家圖書館
一册一函
新安休寧山斗程氏本支續譜
中國國家圖書館
一册一函
錢氏世譜
中國國家圖書館
二册一函
臧氏族譜
中國國家圖書館
八册二函
金華天鍾湖葉氏宗譜
中國國家圖書館
十五册三函
耿氏家譜
中國國家圖書館
一册一函
桂林夏氏家乘
中國國家圖書館
五册一函
馮氏家譜
中國國家圖書館
一册一函
華氏宗譜
中國國家圖書館
二册一函
張氏家乘
中國國家圖書館
二册一函
左田黄氏宗派圖
中國國家圖書館
一册一函
恆陽王氏家乘
中國國家圖書館
一册一函
吳氏家傳
中國國家圖書館
二册一函
羅雪堂合集
羅振玉 張本義
二〇〇五年杭州西泠印社出版社
一八八册三十九函
趙氏家譜
中國國家圖書館
一册一函
南張世譜
中國國家圖書館
四册一函
吳氏秉良公房譜
中國國家圖書館
四册一函
甲椿李氏世系家譜
中國國家圖書館
三册一函
宋本中庸章句
(宋)朱熹 註釋
二〇一二年北京國家圖書館出版社
一册一函
中國國家圖書館藏早期稀見家譜叢刊總目
國家圖書館分館
二〇〇二年北京綫裝書局
一册一函
吳氏伯武公房譜
中國國家圖書館
二册一函
繆氏宗譜
中國國家圖書館
八册二函
新安廬源詹氏合修宗譜
中國國家圖書館
二十册五函
盛明雜劇初編二編三編
(明)沈泰 鄒式金
二〇一一年北京中國書店
三十册三函
李卓吾先生批評西遊記
明刊袁幔亭序
一九八三年河南中州書畫社
十六册二函
回回藥方
佚名
一九九八年北京學苑出版社
五册一函
[康熙]山海關志
四册一函
[光緒]靈丘縣補志
四册一函
[康熙]豐潤縣志
四册一函
[光緒]武功縣續志
二册一函
[康熙]壺關縣志
二册一函
[乾隆]河套志
四册一函
[雍正]肥鄉縣志
八册一函
[雍正]鳳翔縣志
十册一函
[乾隆]直隸商州志
八册一函
[乾隆]行唐縣新志
十六册二函
[乾隆]商南縣志
四册一函
[道光]清澗縣志
四册一函
[康熙]薊州志
十册一函

［民國］邠縣新志稿
二冊一函
［嘉慶］定邊縣志
四冊一函
［同治］三水縣志
四冊一函
［咸豐］和林格爾城志
三冊一函
［同治］重續靜樂縣志
二冊一函
［康熙］靈丘縣志
四冊一函
［道光］神木縣志
四冊一函
［道光］重輯渭南縣志
六冊一函
［道光］涇陽縣志
十冊一函
［光緒］孝義廳志
四冊一函
［光緒］藍田縣志
六冊一函
循化志
龔景瀚編 李本源校
一九八一年西寧青海人民出版社
一冊
［民國］重修和順縣志
八冊一函
［光緒］重修天津府志
三十四冊四函
［乾隆］天津縣志
八冊二函
天津衛屯墾條款
一冊一函
天津政俗沿革記
八冊二函
［乾隆］府穀縣志
四冊一函
［乾隆］永壽縣新志
四冊一函
［民國］天津志略
二冊一函
［道光］津門保甲圖說
十二冊一函
［民國］隆化縣志
六冊一函
天津衛考初稾
一冊一函
天津楊柳青小誌
一冊一函
［乾隆］華陰縣志
十八冊三函
［民國］橫山縣志
四冊一函
［康熙］靜樂縣志
四冊一函
［康熙］晉州志
五冊一函
［康熙］深州志
六冊一函
［同治］續天津縣志
八冊一函
徐州志
天津古籍出版社
十冊
祥符縣志
天津古籍出版社
九冊一函
滿城縣志略
二〇〇九年天津攜成印刷局
六冊一函
［嘉慶］續武功縣志
四冊一函
恩平縣志（貞、利、亨、元）
四冊一函
［乾隆］武清縣志
八冊一函
［康熙］靜海縣志
四冊一函
［民國］靜海縣志
五冊一函
［同治］靜海縣志
五冊一函
明代孤本方志專輯
宮愛東
二〇〇三年北京線裝書局
七十三冊十一函
仁化縣志
三冊一函
惠萊縣志
六冊一函
路南州志
六冊一函
黃安縣志
十八冊二函
萊州府志
二十八冊四函
大埔縣志
一九八八年天津古籍出版社
十二冊一函
靜江縣志稿
一九九〇年天津古籍出版社
十六冊二函
嘉靖彰德府志
安陽金橋文化傳媒有限公司
二〇〇八年
四冊一函
天一閣藏明代方志選刊
［道光］薊州志
十冊二函
［康熙］寶坻縣志
八冊一函
寶坻政書
四冊一函
［乾隆］寶坻縣志
十二冊二函
道州新志
八冊一函
高明縣志
十冊二函
永順府志
八冊一函
增修雞澤縣志（民國三十一年）
雞澤縣檔案局
二〇一四年
四冊一函
康有為手稿
王劉純 李培 劉洪輝
二〇一四年鄭州大象出版社
八冊一函
中國藏黑水城漢文文獻
塔拉 杜建錄 高國祥
二〇〇八年北京國家圖書館出版社
十冊
龔望臨封龍山碑臨石門頌碑
龔望
二〇〇八年北京綫裝書局
三冊一函
天津直指庵小學校第一次同學錄
一冊
唐詩三百首六卷

衡塘退士
一冊
李丞相詩集
一冊
嘉定徐壽祺堂家譜 1580—2001
嘉定徐壽祺堂家譜整理小組
二〇〇一年
一冊
樂善堂帖
(元)趙孟頫
一九九八年北京圖書館出版社
一冊
法蘭西學院漢學研究所藏清代殿試卷
法蘭西漢學研究所
二〇一四年北京中華書局
三十四冊
中國碑拓鑒別圖典
仲威
二〇一〇年北京文物出版社
一冊
中國古籍版刻詞典(增訂本)
瞿冕良
二〇〇九年蘇州蘇州大學出版社
一冊
舊京書影－1933年北平圖書館善本書目
(日)倉石武次郎
二〇一一年北京人民文學出版社
一冊
鸚鵡洲
(明)陳與郊
二〇〇五年南京大學出版社
二冊一函
南京大學古籍珍本叢刊
曲阜－鄒城石刻孔孟聖跡圖
孫雲波
二〇〇五年北京線裝書局
一冊一函
袁寒雲日記(影印本)
一九九八年揚州江蘇廣陵古籍刻印社
一冊一函
歷代文總集－宋文鑑
(宋)呂祖謙
二〇一五年北京社會科學文獻出版社
四十冊四函
歷代文總集－明文衡
(明)程敏政
二〇一五年北京社會科學文獻出版社
二十冊二函
歷代文總集－元文類
(元)蘇天爵
二〇一五年北京社會科學文獻出版社
二十冊二函
歷代文總集－唐文粹
(宋)姚鉉
二〇一五年北京社會科學文獻出版社
二十冊二函
漢魏南北朝墓誌集釋
趙萬裡
二〇〇八年桂林廣西師範大學出版社
六冊一函
近代四大書畫收藏家著錄彙刊
吳榮光
二〇〇七年杭州西泠印社
三十九冊八函
滄州朱氏續修族譜(複印本)
二〇〇八年
一冊
河北玉田江氏家譜(複印本)
二冊
甲申詩集
四冊
顧華陽集
顧新福
二〇〇八年杭州中國書畫出版社
二冊一函
前塵夢影新錄(手稿本)
黃裳
二〇〇八年桂林廣西師範大學出版社
四冊一函
敬所小稿(複印本)
一九九九年遼寧省圖書館據該館所藏清抄本為天津圖書館影印
一冊
師尚齋詩集(複印本)
一九九九年遼寧省圖書館據該館所藏清抄本為天津圖書館影印
三冊
義寧陳氏家族世系
一冊
粵西武緣起鳳黃氏家乘
一冊
明湖載酒二集
齊魯書社周晶先生舊藏
一冊
五代史纂誤
二〇〇四年全國圖書館文獻縮微複製中心
一冊一函
費曉樓百美畫譜
(清)費曉樓
二〇〇〇年北京學苑出版社
二冊一函
魯迅藏漢碑影
強英良
二〇〇七年北京學苑出版社
一冊一函
三續金瓶梅
一九八八年北京大學出版社
八冊二函
聖賢像贊
(明)呂維祺
二〇〇〇年北京學苑出版社
四冊一函
秦淮八豔圖詠
(清)張景祁
一九九七年北京學苑出版社
二冊一函
二零一二年重修天津黑氏家譜
二〇一三年天津
一冊
人間詞話
王國維
二〇〇八年北京中國檔案出版社
一冊一函
鄒誌
一九九〇年天津古籍出版社
四冊一函
金文世族譜
吳其昌
傷害商務印書館
二冊
列寧格勒原藏抄本石頭記
(清)曹雪芹
二〇〇六年北京中國檔案出版社
十冊二函
春來閣詞
一冊
螻廬詩詞合存
一九九〇年
一冊
於越先賢像傳贊

任渭長
一九九五年北京文物出版社
二冊一函
會試闈墨
一冊一函
火戲畧
二冊
繡像濟公前傳
三冊一函
繡像濟公後傳
四冊一函
御製奇門大全
張明鋭
二〇一一年北京國家圖書館出版社
六十四冊八函
水滸全圖
(清)劉晚榮
二〇〇四年北京學苑出版社
二冊一函
平定兩金川大功告成頌恭紀
全國圖書館文獻縮微複製中心
二〇〇四年北京新華書店
一冊一函
傳書堂善本書志
王國維
二〇一〇年北京國家圖書館出版社
九冊一函
關中秦漢陶錄
陳直
一九九四年天津古籍出版社
八冊二函
繡像紅樓夢
(清)曹雪芹
二〇一四年北京國家圖書館出版社
三十六冊六函
安南紀略
清方略館 吳豐培
一九八六年北京書目文獻出版社
二十冊四函
中國文獻珍本叢書
二穀山人集
四冊一函
二谷山人詩文集
十六冊二函
書目答問箋補
四冊一函
晃巘集
十六冊二函
神奇秘譜
二〇〇一年北京中國書店
三冊一函
承華事略補圖
(元)王惲(清)徐郙
二〇〇〇年北京學苑出版社
二冊一函
古本小說版畫圖録
首都圖書館
一九九六年北京線裝書局
十六冊二函
爾雅音圖
(晉)郭璞 郭強
二〇〇〇年北京學苑出版社
三冊一函
津門硃卷集萃
十冊二函
河紀
天津圖書館古籍修復處
天津
一冊
皇清宗室譜系四種
(清)吳昌綬
二〇〇七年北京學苑出版社
八冊二函
頤志齋詩鈔
一冊
陳學士墨寶
二冊一函
歷代畫像傳
(清)丁善長
二〇〇〇年北京學苑出版社
四冊一函
泥活字印刷樣本
一冊
李孝美墨譜
(宋)李孝美
一九九七年北京學苑出版社
二冊一函
宋拓王獻之法帖硃釋本
二〇〇〇年北京全國圖書館文獻縮微複製中心
一冊
水滸傳圖紅樓夢圖
天津
二冊一函
聞一多書信手跡全編
聞立鵬等
二〇一〇年北京國家圖書館出版社
二冊一函
鴻雪因緣圖記
(清)麟慶 (清)汪春泉
二〇一一年北京國家圖書館出版社
三冊一函
紹興余氏家譜
一冊
胡氏族譜
一冊
雲南中庸便童錄
一冊
海嶽風華集
毛谷風 熊盛元
一九九六年富陽浙江文藝出版社
一冊
自怡齋詩
一冊
古貨奇備兩存(抄本)
唐石父
一冊
輯姓錄
一冊
任秉鑑印選
一冊
邢府君墓誌
田國福
二〇〇〇年石家莊河北美術出版社
一冊一函
天津市人民圖書館藏活字本書目
一九八一年
一冊
天津圖書館活字本書目
天津圖書館編
二〇〇八年北京國家圖書館出版社
一冊
販書偶記附續編
孫殿起撰
一九九九年上海古籍出版社
一冊
明清進士題名碑錄索引
朱保炯 謝沛霖
一九七九年上海古籍出版社
三冊
中國古籍善本書目

中國古籍善本書目編輯委員會编
一九九八年上海古籍出版社
四册
中國通俗小說總目提要
江蘇省社會科學院明清小說研究中心文學研究所編
一九九〇年北京中國文聯出版公司
一册
中國叢書綜録續编
施廷鏞編撰
二〇〇三年北京國家圖書館出版社
一册
中國地方志聯合目録
中國科學院北京天文臺主编
一九八五年北京中華書局出版
一册
中國人名大辭典
方賓觀等編纂
民國二十三年上海商務印書館
一册
北京天津地方志人物傳記索引
高秀芳等编
一九八七年北京大學出版社
一册
金雲翹
四册
南忠記
錢肅潤
天津圖書館館藏抄本
一册
中國書畫典庫
童志雄 盧建成
二〇〇一年北京綫裝書局
一〇六册十八函
水竹村人年譜稿本二種
章梫
二〇〇七年北京學苑出版社
十七册四函
東坡禪喜録
(宋)蘇軾
二〇〇四年南京大學出版社
四册一函
南京大學藏古籍珍本叢刊
百家詞
明紅絲欄鈔本
四十册四函
新刻繡像批評金瓶梅
一九八八年北京大學出版社
三十六册四函
列仙酒牌
任渭長
一九九五年北京文物出版社
一册一函
梅節手抄四朝絕句
香港香港夢梅館
一册
春來閣題畫絕句
一册
金冬心先生手書墨志
一册一函
清高宗南潯名勝圖
(清)佚名
二〇〇一年北京學苑出版社
一册一函
善齋吉金綠
劉體智
上海圖書館
二十九册四函
嚴修手稿
天津圖書館
二〇一二年天津古籍出版社
二十三册
嚴修日記
嚴修
二〇〇一年天津南開大學出版社
四册
中國叢書廣録
陽海清
一九九九年武漢湖北人民出版社
二册
天津圖書館古籍善本書目
天津圖書館编
二〇〇八年北京國家圖書館出版社
三册
清代内府刻書圖録
翁連溪
二〇〇四年北京出版社
一册
香港所藏古籍書目
賈晋華
二〇〇三年上海古籍出版社
一册
清代縉紳録集成
清華大學圖書館
二〇〇八年鄭州大象出版社
九十五册
國家清史稿編纂委員會・文獻叢刊
萬斯同全集
萬斯同 方祖猷
二〇一三年寧波寧波出版社
八册
國家清史稿編纂委員會・文獻叢刊
大連圖書館藏清代内務府檔案
大連圖書館
二〇一〇年北京國家圖書館出版社
二十二册
國家清史稿編纂委員會・檔案叢刊
清文海
南開大學古籍與文化研究所
二〇一〇年北京國家圖書館出版社
一〇六册
明代名人尺牘選萃
宋志英
二〇〇八年北京國家圖書館出版社
十二册
北京皇城建築裝飾
(日)奥山恒五郎
二〇〇七年北京學苑出版社
一册
上海博物館藏戰國楚竹書
馬承源
二〇〇一年上海古籍出版社
九册
故宫藏歷代畫像圖鑒
二〇〇五年北京古籍出版社
二册
法藏敦煌書苑精華
饒宗頤编
一九九三年廣東人民出版社
八册
法藏敦煌西域文獻
法國國家圖書館
二〇〇五年上海古籍出版社
二十七册
俄藏敦煌文獻
俄羅斯科學院東方研究所聖彼德堡分所
一九九六年上海古籍出版社
十七册
英藏敦煌文獻(漢文佛經以外部分)
一九九〇年成都四川人民出版社
十五册

北京大學藏敦煌文獻
北京大學圖書館
一九九五年上海古籍出版社
二冊
上海圖書館藏敦煌吐魯番文獻
上海圖書館 上海古籍出版社
一九九九年上海古籍出版社
四冊
上海博物館藏敦煌吐魯番文獻
上海博物館
一九九三年上海古籍出版社
二冊
天津市藝術博物館藏敦煌文獻
天津市藝術博物館
二〇一〇年上海古籍出版社
七冊
浙藏敦煌文獻
二〇〇〇年杭州浙江教育出版社
一冊
甘肅藏敦煌文獻
段文傑
一九九九年蘭州甘肅人民出版社
六冊
中國國家圖書館藏敦煌遺書
中國國家圖書館
二〇〇〇年南京江蘇古籍出版社
七冊
國家圖書館藏敦煌遺書
中國國家圖書館編 任繼愈主編
二〇〇五年北京圖書館
一四六冊
敦煌壁畫摹本珍藏本
一九九三年南京江蘇古籍出版社
一冊
王重民向達所攝敦煌西域文獻照片合集
李德範
二〇〇八年北京圖書館出版社
三十冊
大美敦煌—敦煌石窟藝術聚珍集
秦增果
二〇〇九年北京文物出版社
三冊
敦煌莫高窟百年圖錄
蘭州大學敦煌學研究所 甘肅省古籍文獻整理編譯中心
二〇〇八年蘭州甘肅人民出版社
二冊
俄藏黑水城文獻
俄羅斯科學院東方所 中國社科院
二〇〇七年上海古籍出版社
十三冊
中國漢文大藏經補編
《中國漢文大藏經補編》編輯委員會
二〇一三年北京文物出版社
一〇〇冊
紅樓夢
(清)曹雪芹 (清)高鶚著 王瀣批註
二〇〇三年揚州廣陵書社
二十四冊四函
冬飲叢書第一輯
王伯沆匯編圈點
一九九七年揚州王伯沆周法高紀念館
八冊六函
樊文彙録
長離閣詩
清詞四家錄
倪文貞詩集
孫可之文集
阮集之所著詩
王伯沆先生批點杜甫詩
(唐)杜甫著 王伯沆批點
二〇〇六年揚州廣陵書社
四冊一函
淮南子
(西漢)劉安等編著 (漢)高誘注 (清)莊逵吉校 王瀣批註
二〇〇四年揚州廣陵書社
六冊一函
四書集注
王伯沆批校
二〇〇四年揚州廣陵書社
六冊一函
荀子:王伯沆先生批注本
(戰國)荀況著
二〇〇八年揚州廣陵書社
六冊一函
樊川文集
(唐)杜牧撰
二〇一五年北京國家圖書館出版社
八冊二函
芷蘭齋藏稿鈔校本叢刊之三
雲根山館詩集
(清)左墉撰
二〇一五年北京國家圖書館出版社
一冊一函
芷蘭齋藏稿鈔校本叢刊之五
藏書紀事詩
(清)葉昌熾撰
二〇一五年北京國家圖書館出版社
八冊一函
芷蘭齋藏稿鈔校本叢刊之六
國家圖書館藏樣式雷圖檔·頤和園卷
國家圖書館編
二〇一八年北京國家圖書館出版社
十四函
樂安孫氏大成譜
孫家達主編
二〇一四年香港名人出版社
二十五冊一箱
中國百報千年典藏
一箱
西麓堂琴統
中國書店
八冊一函
二香琴譜
中國書店
四冊一函
與古齋琴譜
中國書店
五冊一函
立雪齋琴譜
中國書店
二冊一函
上海圖書館善本碑帖綜錄
上海書畫
三冊
梧岡琴譜
中國書店
二冊一函
重修琴學門徑
中國書店
一冊
百瓶齋琴譜
中國書店
二冊一函
琴譜正傳
中國書店
六冊一函
枯木禪琴譜
中國書店
四冊一函

琴書大全
中國書店
十六册二函
德音堂琴譜
中國書店
四册一函
蕉庵琴譜
中國書店
四册一函
研路樓琴譜
中國書店
四册一函
藏春塢琴譜
中國書店
六册一函
廣陵琴派經典名曲彙編
中國書店
四册一函
太音大全集
中國書店
二册一函
四庫全書本:琴史
中國書店
三册一函
四庫全書本:松風閣琴譜
中國書店
一册一函
四庫全書本:松弦館琴譜
中國書店
二册一函
四庫全書本:琴譜合璧
中國書店
九册一函
自遠堂琴譜
中國書店
十册一函
沙堰琴編
中國書店
二册一函
誠一堂琴譜
中國書店
四册一函
十一弦館琴譜
中國書店
一册一函
徽言秘旨訂
中國書店
七册一函
蓼懷堂琴譜
中國書店
四册一函
神奇秘譜
中國書店
三册一函
風宣玄品
中國書店
六册一函
一經廬琴學
中國書店
二册一函
琴學練要
中國書店
四册一函
重修真傳琴譜
中國書店
十册一函
五知齋琴譜
中國書店
六册一函
劉少椿琴譜墨蹟選
中國書店
五册一函
澄鑒堂琴譜
中國書店
五册一函
琴譜合璧
中國書店
五册一函
臥雲樓琴譜
中國書店
五册一函
中國古籍修復紙譜
國家圖書館出版社
二册一函
古本戲曲叢刊五集
鄭振擇
一九八五年上海古籍出版社
一二〇册十二函
古本戲曲叢刊六集
國家圖書館出版社
一百八十册十七函
畿輔通志
國家圖書館出版社
八十七册九函
雄安新區舊志集成・保定舊志集成
國家圖書館出版社
三五一册八十函
[弘治]重修保定志二十五卷 7册1函
(明)章律修 (明)張才纂 (明)徐珪重編
明弘治七年(1494)刻本
[萬曆]保定府志四十卷 20册2函
(明)馮惟敏等纂修 (明)王國楨續修 (明)王政熙續纂
明萬曆三十五年(1607)續修刻本
[康熙]保定府志二十九卷 12册2函
(清)紀弘謨等修 (清)郭棻纂
清康熙十九年(1680)刻本
[嘉靖]清苑縣志六卷 2册1函
(明)李廷寶纂修
明嘉靖十七年(1538)刻本
[康熙]清苑縣志十二卷首一卷 3册1函
(清)時來敏修 (清)郭棻等纂
清康熙十六年(1677)刻本
[同治]清苑縣志十八卷首一卷 7册1函
(清)李逢源修 (清)諸崇儉纂
清同治十二年(1873)刻本
[民國]清苑縣志六卷 7册1函
金良驥 劉雲亭修 姚壽昌纂
民國二十三年(1934)鉛印本
[民國]重訂清苑新志十卷 6册1函
賈恩紱纂
鈔本
[民國]重訂清苑新志六卷 6册1函
佚名纂
稿本
[民國]清苑縣志料不分卷 3册1函
佚名纂
民國二十五年(1936)鈔本
清苑縣第三區志不分卷 1册1函
清苑縣修志局編
鈔本
[康熙]淶水縣志十卷首一卷 3册1函
(清)陸宬箴纂修
清康熙十六年(1677)刻本
[乾隆]淶水縣志十二卷首一卷 3册1函
(清)王治纂修
清乾隆八年(1743)刻本
[乾隆]淶水縣志八卷首一卷末一卷 4册1函
(清)方立經纂修

清乾隆二十七年(1762)刻本
[光緒]淶水縣志八卷首一卷末一卷 6冊1函
(清)陳杰等纂修
清光緒二十一年(1895)刻本
[嘉靖]涿州志十二卷 2冊1函
(明)史直臣纂修
明嘉靖刻本
[康熙]涿州志十二卷 7冊1函
(清)劉德弘修 (清)楊如樟纂
清康熙十六年(1677)刻本
[乾隆]涿州志二十二卷首一卷 9冊1函
(清)吳山鳳纂修
清乾隆三十年(1765)刻本
[同治]涿州續志十八卷 3冊1函
(清)石衡修 (清)盧端衡纂
清光緒元年(1875)刻本
[民國]涿縣志十八卷 5冊1函
宋大章 馮舜生修 周存培 張星樓纂
民國二十五年(1936)鉛印本
[康熙]定興縣志十卷 5冊1函
(清)張其珍修 (清)尚新民纂
清康熙十二年(1673)刻本
[乾隆]定興縣志十二卷 4冊1函
(清)王錫璁纂修
清乾隆四十四年(1779)刻本
[光緒]定興縣志二十六卷首一卷 12冊2函
(清)張主敬等修 (清)楊晨纂
清光緒十六年(1890)刻本
定興縣新徵志料不分卷 2冊1函
佚名輯
民國二十年(1931)鈔本
[嘉靖]蠡縣志五卷 2冊1函
(明)李復初纂修
明嘉靖十三年(1534)刻本
[順治]蠡縣志十卷續志四卷 4冊1函
(明)錢天錫纂修 (清)祖建明續修
清順治八年(1651)增刻本
[康熙]蠡縣續志不分卷 1冊1函
(清)耿文岱纂修
清康熙十九年(1680)刻本
[光緒]蠡縣志十卷 5冊1函
(清)韓志超 (清)何雲誥修 (清)張瑠 (清)王其衡等纂
清光緒二年(1876)刻本
[康熙]博野縣志四卷 2冊1函
(清)王國泰修 (清)劉聲纂
清康熙十五年(1676)刻本
[乾隆]博野縣志八卷首一卷末一卷 5冊1函
(清)吳鏊修 (清)朱基 (清)尹啓銓纂
清乾隆三十一年(1766)刻本
[乾隆]阜平縣志四卷首一卷 2冊1函
(清)鄒尚易纂修
清乾隆三十年(1765)刻本
[同治]阜平縣志四卷首一卷 3冊1函
(清)勞輔芝修 (清)張錫三纂
清同治十三年(1874)刻本
阜平縣志料不分卷 1冊1函
李蔭堂纂修
稿本
[康熙]唐縣新志十八卷 3冊1函
(清)王政修 (清)张珽纂
清康熙十一年(1672)刻本
[雍正]唐縣志略十類 2冊1函
(清)王恪纂修
清雍正十二年(1734)刻本
[光緒]唐縣志十二卷首一卷 6冊1函
(清)陈詠修 (清)张惇德纂
清光绪四年(1878)刻本
[崇禎]廣昌縣志不分卷 1冊1函
(明)劉世治修 (明)趙文耀纂
明崇禎五年(1632)刻本
[康熙]廣昌縣志八卷首一卷 3冊1函
(清)杜登春修 (清)李我郊纂
鈔本
[乾隆]廣昌縣志八卷首一卷 4冊1函
(清)趙由仁纂修
清乾隆二十五年(1760)刻本
[光緒]廣昌縣志十四卷首一卷末一卷 5冊1函
(清)劉榮纂修
清光緒元年(1875)刻本
[弘治]易州志二十卷 4冊1函
(明)戴敏修 (明)戴銑纂
明弘治十五年(1502)刻本
[順治]易水志三卷 3冊1函
(清)藺民孚 (清)朱懋文等纂修
清順治二年(1645)刻本
[康熙]易水續志一卷 1冊1函
(清)韓文煜纂修
清康熙十九年(1680)刻本
[乾隆]直隸易州志十八卷首一卷 9冊1函
(清)楊芊纂修 (清)張登高續纂修
清乾隆十二年(1747)刻本
[康熙]新城縣志八卷首一卷 3冊1函
(清)高基重修 (清)馬之驦纂
清康熙十四年(1675)刻本
[道光]新城縣志十八卷首一卷 8冊1函
(清)李廷棨修 (清)王振鍾等纂
清道光十八年(1838)刻本
[光緒]續修新城縣志十卷 4冊1函
(清)張丙嘉修 (清)王鍔纂
清光緒二十一年(1895)紫泉書院刻本
[民國]新城縣新志十八卷 7冊1函
劉崇本纂
稿本
[民國]新城縣志二十四卷 7冊1函
張雨蒼等修 王樹枏等纂
民國二十四年(1935)鉛印本
[康熙]安肅縣志四卷 4冊1函
(清)梁舟修 (清)陳公定纂
清康熙十三年(1674)刻本
[乾隆]安肅縣志十六卷 8冊1函
(清)張鈍修 (清)史元善等纂
清嘉慶十三年(1808)補刻本
[民國]徐水縣新志十二卷末一卷 6冊1函
劉延昌修 劉鴻書纂
民國二十一年(1932)鉛印本
[天啓]高陽縣志十四卷 5冊1函
(明)孫承宗纂修
鈔本
[雍正]高陽縣志六卷 6冊1函
(清)嚴宗嘉修 (清)李其旋纂
清雍正八年(1730)刻本
[民國]高陽縣志十卷 6冊1函
李大本修 李曉冷等纂
民國二十二年(1933)鉛印本
高陽縣鄉土志不分卷 1冊1函
王逢吉編
鈔本
[康熙]祁州志十卷 3冊1函
(明)郭應響纂修 (清)梅朗中增修
清康熙十九年(1680)增刻本
[乾隆]祁州志八卷 4冊1函
(清)羅以桂 (清)王楷修 (清)張萬全 (清)刁錦纂

一九三五年上海商務印書館
一冊
十通索引四角號碼索引分類索引
商務印書館
一九三七年上海商務印書館
一冊
續通典
清高宗
一九三五年上海商務印書館
一冊
清朝通典
清高宗
一九三五年上海商務印書館
一冊
通志
鄭樵
一九三五年上海商務印書館
三冊
續通志
清高宗
一九三五年上海商務印書館
二冊
清朝通志
清高宗
一九三五年上海商務印書館
一冊
文獻通考
馬端臨
一九三六年上海商務印書館
二冊
續文獻通考
清高宗
一九三六年上海商務印書館
二冊
清朝文獻通考
清高宗
一九三六年上海商務印書館
二冊
清朝續文獻通考
劉錦藻
一九三六年上海商務印書館
四冊
清代報刊圖畫集成
姜亞沙
二〇〇一年北京全國圖書館文獻縮微複製中心
十三冊
孫氏族譜喬莊、大齊周務、黄屯、軍糧城、新四村、唐山祖源精編
孫澤正 孫建軍搜集整理 孫玉坤編纂
一冊
孫氏族源中都孫氏孫乙立姓歷史資料
孫澤正 孫建軍搜集整理 孫玉坤編纂
一冊
孫氏族譜喬莊、大齊周務、黄屯、軍糧城、新四村、唐山支譜一卷季房
孫玉坤編纂
一冊
暖紅室匯刻南柯記
(明)湯顯祖著 劉世珩輯刻
二〇一六年揚州廣陵書社
四冊一函
中國雕版精品叢書
暖紅室匯刻紫釵記
(明)湯顯祖著 劉世珩輯刻
二〇一六年揚州廣陵書社
四冊一函
中國雕版精品叢書
暖紅室匯刻邯鄲記
(明)湯顯祖著 劉世珩輯刻
二〇一六年揚州廣陵書社
四冊一函
中國雕版精品叢書
中國古代版印圖録
李致忠編撰
二〇一六年北京國家圖書館出版社
六冊
本書獲國家社會科學基金資助
中國地方志歷史文獻專輯・金石志
來新夏 趙波
二〇〇一年北京學苑出版社
六十一冊
中國地方志文獻・學校考
來新夏 黄燕生
二〇一二年北京學苑出版社
八十一冊
中國地方志歷史文獻專輯・災異志
來新夏
二〇一〇年北京學苑出版社
九十一冊
中國地方志民俗資料彙編
丁世良 趙放
二〇一四年北京國家圖書館出版社
十冊
雲南氣候與災異資料輯錄
李德龍
二〇一一年北京學苑出版社
三冊
宋元方志人物傳記資料叢刊
宋志英
二〇一一年北京國家圖書館出版社
十冊
地方志災異資料叢刊
賈貴榮 駢宇騫
二〇一〇年北京國家圖書館出版社
十二冊
地方金石志彙編
殷夢霞 張愛芳 南江濤
二〇一一年北京國家圖書館出版社
八十冊
黄丕烈藏書題跋集
(清)黄丕烈 余鳴鴻 占旭東點校
二〇一五年上海古籍出版社
二冊
新疆巡撫饒應琪稿本文獻集成
李德龍
二〇〇八年北京學苑出版社
三十八冊
綸扉奏議二種
姜亞沙 經莉 陳湛綺
二〇〇九年北京全國圖書館文獻縮微複製中心
二冊
司銓奏章
姜亞沙 經莉 陳湛綺
二〇〇九年北京全國圖書館文獻縮微複製中心
二冊
譚襄敏公奏議
姜亞沙 經莉 陳湛綺
二〇〇九年北京全國圖書館文獻縮微複製中心
二冊
師伏堂日記
(清)皮錫瑞
二〇〇九年北京國家圖書館出版社
六冊
清末民國古書書目題跋七種
程仁桃
二〇〇九年北京國家圖書館出版社
八冊

(元)黄公紹 熊忠撰 甯忌浮整理
二〇〇〇年北京中華書局
一冊
保定市圖書館古籍善本書目
保定市圖書館
二〇一一年北京國家圖書館出版社
一冊
廣雅疏證(附索引)
(清)王念孫撰 鍾宇訊點校
二〇〇八年北京中華書局
一冊
小爾雅集釋
遲鐸集釋
二〇〇八年北京中華書局
一冊
甲骨文編
中國社會科學院考古研究所
二〇一〇年北京中華書局
一冊
宋代官制辭典
龔延明
二〇〇七年北京中華書局
一冊
廣西石刻總集輯校
杜海軍
二〇一四年北京社會科學文獻出版社
三冊
經典釋文索引
黄焯 鄭仁甲
一九九七年北京中華書局
一冊
高山鼓乘集王輝學術文存貳
王輝
二〇〇八年北京中華書局
一冊
漢語方言詞彙調查手冊
Richard VanNess Simmons 顧黔 石汝杰
二〇〇七年北京中華書局
一冊
天台方言研究
戴昭銘
二〇〇六年北京中華書局
一冊
甲骨文字學綱要
趙誠
二〇〇九年北京中華書局
一冊
版本目錄學研究第一輯
沈乃文
二〇〇九年北京國家圖書館出版社
一冊
材不材齋史學叢稿
祝總斌
二〇〇九年北京中華書局
一冊
兵以詐立—我讀《孫子》(增訂典藏本)
李零
二〇一二年北京中華書局
一冊
十堰市古籍聯合書目
康安宇 孫代峰
二〇一一年北京國家圖書館出版社
一冊
方言校箋附索引
周祖謨 校箋
二〇一一年北京中華書局
一冊
北京師範大學圖書館藏古籍珍品鑒賞·定級圖錄
北京師範大學圖書館
二〇一一年北京國家圖書館出版社
一冊
書香人淡自莊嚴——周叔弢自莊嚴堪善本古籍展圖録
國家圖書館 國家古籍保護中心
二〇一二年北京國家圖書館出版社
一冊
劉鰓志
《山東省志·諸子名家系列叢書》編纂委員會
二〇一〇年濟南山東人民出版社
一冊
宋人著錄金文叢刊初編
中華書局
二〇〇五年北京中華書局
一冊
可居室藏清代民國名人信札
王貴忱 王大文
二〇一二年北京國家圖書館出版社
一冊
李新魁教授紀念文集
《李新魁教授紀念文集》編輯委員會
一九九八年北京中華書局
一冊
尹灣漢墓簡牘
連雲港市博物館 東海縣博物館 中國社會科學院簡帛研究中心 中國文物研究所
一九九七年北京中華書局
一冊
書林掇英—魏隱儒古籍版本知見録
魏隱儒
二〇一〇年北京國家圖書館出版社
一冊
李鴻章年(日)譜
竇宗儀
二〇一一年北京國家圖書館出版社
一冊
弘法大師著述輯要
(日)空海 徐文蔚
二〇一一年北京國家圖書館出版社
一冊
謝辰生先生往來書札
李經國
二〇一〇年北京國家圖書館出版社
二冊
西諦藏珍本小說插圖
姜亞沙
二〇〇二年北京全國圖書館文獻縮微複製中心
十冊
諸葛亮傳記集
陳翔華
一九九八年北京全國圖書館文獻縮微複製中心
一冊
功順堂叢書
(清)潘祖蔭輯
二〇一〇年南京鳳凰出版社
八冊
美國哈佛大學和哈佛燕京圖書館藏中文善本書志
沈津
二〇一一年桂林廣西師範大學出版社
六冊
向達先生敦煌遺墨
榮新江
二〇一〇年北京中華書局
一冊
日本藏夏振宇刊本三國志傳通俗演義
陳翔華

二〇一〇年北京國家圖書館出版社
三冊
關帝文化集成
張羽新 張雙志
二〇〇九年北京綫裝書局
四十三冊
書目答問匯補
來新夏 韋力 李國慶 匯補
二〇一一年北京中華書局
二冊
商周金文總著錄表
劉雨 沈丁 盧巖 王文亮
二〇〇八年北京中華書局
一冊
小學考
(清)謝啓昆
二〇一一年北京國家圖書館出版社
五冊
不愧堂刻奏疏
姜亞沙 經莉 陳湛綺
二〇〇九年北京全國圖書館文獻縮微複製中心
三冊
朱文懿公奏疏
姜亞沙 經莉 陳湛綺
二〇〇九年北京全國圖書館文獻縮微複製中心
三冊
毅庵總督陝西奏議
姜亞沙 經莉 陳湛綺
二〇〇九年北京全國圖書館文獻縮微複製中心
三冊
明代奏議十種
姜亞沙 經莉 陳湛綺
二〇一〇年北京全國圖書館文獻縮微複製中心
五冊
內閣大庫奏檔
姜亞沙 經莉 陳湛綺
二〇一〇年北京全國圖書館文獻縮微複製中心
四冊
甲骨文字詁林
于省吾
一九九九年北京中華書局
四冊
中國書畫篆刻品鑒
陳振濂
一九九七年北京中華書局
一冊
北京藏湯賓伊校本通俗三國志傳:合編本
陳翔華
二〇一〇年北京國家圖書館出版社
二冊
船政奏議全編
沈巖 方寶川
二〇一一年北京國家圖書館出版社
五冊
國家圖書館藏滿文文獻圖錄
黃潤華
二〇一〇年北京國家圖書館出版社
一冊
小屯南地甲骨考釋
姚孝遂 肖丁
二〇〇四年北京中華書局
一冊
國家圖書館藏彝文典籍目錄(附圖録)
楊懷珍 國家圖書館古籍館
二〇一〇年北京中華書局
一冊
大儒大奏議
姜亞沙 經莉 陳湛綺
二〇〇九年北京全國圖書館文獻縮微複製中心
一冊
趙佑奏稿
姜亞沙 經莉 陳湛綺
二〇〇九年北京全國圖書館文獻縮微複製中心
一冊
萬培因奏稿
姜亞沙 經莉 陳湛綺
二〇〇九年北京全國圖書館文獻縮微複製中心
一冊
陳輝祖奏稿
姜亞沙 經莉 陳湛綺
二〇〇九年北京全國圖書館文獻縮微複製中心
一冊
內閣奏題稿
姜亞沙 經莉 陳湛綺
二〇〇九年北京全國圖書館文獻縮微複製中心
一冊
河瀆奏疏
姜亞沙 經莉 陳湛綺
二〇〇九年北京全國圖書館文獻縮微複製中心
一冊
稼門奏稿
姜亞沙 經莉 陳湛綺
二〇〇九年北京全國圖書館文獻縮微複製中心
一冊
鄭端簡公奏議
姜亞沙 經莉 陳湛綺
二〇〇九年北京全國圖書館文獻縮微複製中心
二冊
谷原奏議
姜亞沙 經莉 陳湛綺
二〇〇九年北京全國圖書館文獻縮微複製中心
一冊
狄雲行館奏議
姜亞沙 經莉 陳湛綺
二〇〇九年北京全國圖書館文獻縮微複製中心
一冊
周忠毅公奏議
姜亞沙 經莉 陳湛綺
二〇〇九年北京全國圖書館文獻縮微複製中心
一冊
南庚奏議
姜亞沙 經莉 陳湛綺
二〇〇九年北京全國圖書館文獻縮微複製中心
二冊
鄒忠介公奏議
姜亞沙 經莉 陳湛綺
二〇〇九年北京全國圖書館文獻縮微複製中心
一冊
少保胡端敏公奏議
姜亞沙 經莉 陳湛綺
二〇〇九年北京全國圖書館文獻縮微複製中心
一冊

南宫奏議三種
姜亞沙 經莉 陳湛綺
二〇一〇年北京全國圖書館文獻縮微複製中心
四册
清順治朝奏疏揭帖
陳湛綺
二〇一〇年北京全國圖書館文獻縮微複製中心
一册
中日甲午戰爭奏稿
陳湛綺
二〇一〇年北京全國圖書館文獻縮微複製中心
一册
後金汗國(皇太極)天聰朝稿簿奏疏
陳湛綺
二〇一〇年北京全國圖書館文獻縮微複製中心
一册
光緒中法戰爭奏稿函電
陳湛綺
二〇一〇年北京全國圖書館文獻縮微複製中心
一册
清臺灣奏稿三種
陳湛綺
二〇一〇年北京全國圖書館文獻縮微複製中心
一册
清蒙古事宜折奏文書
陳湛綺
二〇一〇年北京全國圖書館文獻縮微複製中心
一册
西諦藏書善本圖録附西諦書目
國家圖書館古籍館
二〇〇八年北京中華書局
一册
《册府元龜》唐史資料輯録
周紹良輯録 周啟瑜整理
二〇一一年北京國家圖書館出版社
十八册
黄侃手批説文解字
黄侃批校
二〇〇六年北京中華書局
一册
黄侃手批爾雅義疏
黄侃批校
二〇〇六年北京中華書局
二册
黄侃手批廣韻
黄侃批校
二〇〇六年北京中華書局
一册
中國古代籍帳研究
(日)池田溫 龔澤銑譯
二〇〇七年北京中華書局
一册
古幣文編
張頷
二〇一〇年北京中華書局
一册
朱峙三日記
朱峙三
二〇一一年北京國家圖書館出版社
十八册
册府元龜
(北宋)王欽若等
二〇一〇年北京中華書局
十二册
中國古代闈墨卷彙編
姜亞沙 經莉 陳湛綺
二〇〇九年北京全國圖書館文獻縮微複製中心
十六册
全唐文(附索引)
(清)董誥等
二〇〇九年北京中華書局
十二册
太平御覽
(宋)李昉等
二〇一一年北京中華書局
四册
民國期刊資料分類匯編·善本書題記
賈貴榮 耿素麗
二〇一〇年北京國家圖書館出版社
一册
疑難字續考
楊寶忠
二〇一一年北京中華書局
一册
莊學本全集
李媚 王璜生 莊文駿
二〇〇九年北京中華書局
二册
明清内閣大庫史料合編
古籍影印室輯
二〇〇九年北京國家圖書館出版社
八册
魯學齋日記(外二種)
吉城
二〇一〇年北京國家圖書館出版社
五册
儒家、儒學與儒教
初小榮
二〇一一年北京國家圖書館出版社
二册
敦煌書目題跋輯刊
李萬健 羅瑛輯
二〇一〇年北京國家圖書館出版社
三册
經典釋文彙校
(唐)陸德明撰 黄焯彙校 黄延祖重輯
二〇一一年北京中華書局
一册
古陶文彙編
高明
二〇一〇年北京中華書局
一册
容庚學術著作全集
容庚撰 莞城圖書館
二〇一一年北京中華書局
二十二册
古本《西廂記》彙集·初集
國家圖書館古籍館
二〇一一年北京國家圖書館出版社
九册
皇明寶訓
姜亞沙 經莉 陳湛綺
二〇一〇年北京全國圖書館文獻縮微複製中心
六册
琴曲集成
中國藝術研究院音樂研究所 北京古琴研究會
二〇一二年北京中華書局
三十册
中國古代儀禮文獻彙編
姜亞沙 經莉 陳湛綺
二〇一〇年北京全國圖書館文獻縮微

複製中心
十六冊
九店楚簡
湖北省文物考古研究所 北京大學中文系
二〇〇〇年北京中華書局
一冊
金文編
容庚撰 張振林 馬國權摹補
二〇一一年北京中華書局
一冊
全唐文補編
陳尚君輯校
二〇〇五年北京中華書局
三冊
清代職官年表
錢實甫
二〇〇五年北京中華書局
四冊
敦煌經部文獻合集
張涌泉主編
二〇〇八年北京中華書局
十一冊
經學輯佚文獻匯編
古風
二〇一〇年北京國家圖書館出版社
二十二冊
三代吉金文存
羅振玉
二〇一〇年北京中華書局
三冊
中國古籍文獻拍賣圖録年鑒(2004年卷)
姜尋
二〇〇五年北京中華書局
三冊
曾文正公手書日記
(清)曾國藩
二〇一〇年南京鳳凰出版社
十二冊
殷墟書契考釋三種
羅振玉
二〇〇六年北京中華書局
二冊
關中秦漢陶録
陳直撰輯
二〇〇六年北京中華書局
二冊
清代版刻牌記圖録
國家圖書館古籍館
二〇〇七年北京學苑出版社
十四冊
清代奏議十種
姜亞沙 經莉 陳湛綺
二〇一〇年北京全國圖書館文獻縮微複製中心
四冊
國朝奏疏
姜亞沙 經莉 陳湛綺
二〇一〇年北京全國圖書館文獻縮微複製中心
八冊
漢語古文字字形表
徐中舒
二〇一〇年北京中華書局
一冊
甲骨文簡明詞典—卜辭分類讀本
趙誠
二〇一一年北京中華書局
一冊
戰國古文字典—戰國文字聲系
何琳儀
二〇〇七年北京中華書局
二冊
石刻篆文編
商承祚
一九九六年北京中華書局
一冊
宋明狀元圖考録集
姜亞沙 經莉 陳湛綺
二〇〇九年北京全國圖書館文獻縮微複製中心
四冊
民國期刊資料分類彙編·四庫全書研究
孫彥 王姿怡 李曉明
二〇一〇年北京國家圖書館出版社
二冊
增評補像全圖金玉緣
(清)曹雪芹 高鶚撰 (清)王希廉 張新之 姚燮評
二〇〇二年北京圖書館出版社
三冊
妙復軒評石頭記
(清)曹雪芹 高鶚撰 (清)張新之評
二〇〇二年北京圖書館出版社
四冊
新增批評繡像紅樓夢
(清)曹雪芹 高鶚撰 (清)東觀主人評
二〇〇四年北京圖書館出版社
四冊
增評繪圖大觀瑣録
(清)曹雪芹 高鶚撰 (清)王希廉 姚燮評
二〇〇二年北京圖書館出版社
四冊
清代大學士部院大臣總督巡撫全録
朱彭壽撰 朱鰲 宋苓珠改編整理
二〇一〇年北京國家圖書館出版社
一冊
稿本有泰文集
俞冰 楊光輝
二〇〇五年北京全國圖書館文獻縮微複製中心
十冊
新編全本季木藏陶
周進集藏 周紹良整理 李零分類考釋
一九九八年北京中華書局
一冊
遼寧省圖書館藏陶湘舊藏閔淩刻本集成
遼寧省圖書館
二〇一五年北京中華書局
一三〇冊
上海圖書館善本題跋真蹟
上海圖書館
二〇一三年上海辭書出版社
十七冊
歷代管子版本叢刊
齊魯書社
二〇一四年濟南齊魯書社
四冊
程甲本紅樓夢
(清)曹雪芹 高鶚
二〇〇一年北京圖書館出版社
四冊
紅樓夢(程乙本)—桐花鳳閣批簡校本
(清)曹雪芹撰 陳其泰批校
二〇〇一年北京圖書館出版社
五冊
論衡索引
程湘清 楊克定 馮春田 張鴻魁 張普 楊健霔 盧元孝
一九九四年北京中華書局
一冊

明別集版本志
崔建英輯訂 賈衛民 李曉亞參訂
二〇〇六年北京中華書局
一冊
北京內城寺廟碑刻志
董曉萍 呂敏
二〇一一年北京國家圖書館出版社
二冊
金文人名彙編(修訂本)
吳鎮烽
二〇〇六年北京中華書局
一冊
自莊嚴堪善本書影
周一良主編 周景良 程有慶副主編
二〇一〇年北京國家圖書館出版社
七冊
天水麥積山石窟研究文集
鄭炳林 魏文斌
二〇〇八年蘭州甘肅文化出版社
二冊
地方志書目文獻叢刊・書名索引
駢宇騫
北京圖書館出版社
一冊
地方志・書目文獻叢刊
孫學雷
二〇〇四年北京圖書館出版社
四十冊
歷代地理志彙編
(清)羅汝楠輯
二〇一一年北京國家圖書館出版社
十六冊
元代地理方志
元代史料叢刊編委會主編
二〇一二年合肥黃山書社
三十九冊
元代史料叢刊初編
香港中文大學中國文化研究所先秦兩漢古籍逐字索引叢刊
劉殿爵 陳方正主編
一九九五年香港商務印書館(香港)有限公司
二十一冊
敦煌社會經濟文獻真跡釋錄
唐庚耦 陸宏基編
一九九〇年北京全國圖書館文獻縮微複製中心
五冊
北京歷史輿圖集
李誠主編
二〇〇五年北京外文出版社
四冊一函
滇省夷人圖說 滇省輿地圖說
揣振宇主編
二〇〇九年北京中國社會科學出版社
二冊
清代地圖集彙編
古道編委會編制
二〇〇五年西安地圖出版社
十二冊
湖北輿地圖
山東全省考古輿圖 江南安徽全圖 全臺輿圖
廣西輿地圖說 廣西輿地全圖
江西全省輿圖
江蘇全省地圖
廣東圖說
奉天全省地輿圖説
浙江全省輿圖
湖南輿地圖說
清代地圖集彙編
二〇〇六年北京全國圖書館文獻縮微複製中心
六冊
山西省疆域沿革圖譜
黑龍江輿地圖 新疆全省輿地圖
陝西全省輿地圖
畿輔輿地圖
福建全省輿圖
民國地方志集成・河南卷
周光培
二〇一三年南京鳳凰出版社
六十六冊
子海珍本編・大陸卷・第一輯
劉心明
二〇一四年南京鳳凰出版社
一二〇冊
平津館叢書
(清)孫星衍
二〇一〇年南京鳳凰出版社
十五冊
箋素珍賞—國家圖書館藏近現代百位名人手札
國家圖書館出版社
二〇一一年北京國家圖書館出版社
一冊
胡適王重民先生往來書信集
北京大學信息管理系 台北胡適紀念館
二〇〇九年北京國家圖書館出版社
一冊
中國舊海關與近代社會圖史
中國第二歷史檔案館 中國海關總署辦公廳
二〇〇六年北京中國海關出版社
十冊
清末民初名流書札
李慧 張澤林
二〇〇九年北京綫裝書局
五冊
北京商業契書集(清代—民國)
劉小萌
二〇一一年北京國家圖書館出版社
二冊
禹貢(半月刊)
顧頡剛等
二〇一〇年北京中華書局
十一冊
中華大典
《中華大典》工作委員會《中華大典》編纂委員會
一九九九至二〇一一年南京鳳凰等出版社
五十四冊
晚清洋務運動事類匯鈔
全國公共圖書館古籍文獻編委會
一九九九年北京中華全國圖書館文獻縮微複製中心
三冊
中國古代吏治文化文獻集成
張羽新 張雙智主編
二〇一二年北京燕山出版社
一一〇冊
中國古代吏治文化文獻集成續
張羽新 張雙智主編
二〇一七年北京燕山出版社
一五八冊
丁亥觀書雜記—回憶我的父親周叔弢
周景良
二〇一二年北京國家圖書館出版社
一冊
國家圖書館藏清代檔案文獻彙編 第一輯

桑兵主编
二〇一二年北京國家圖書館出版社
一〇〇冊
國家圖書館藏清代檔案文獻彙編 第二輯
桑兵主编
二〇一七年北京國家圖書館出版社
一〇〇冊
書目題跋叢書
二〇〇八至二〇〇九年北京中華書局
十冊
儀顧堂書目題跋彙編
(清)陸心源撰 馮惠民
藏園群書經眼錄
傅增湘
藏園訂補郘亭知見傳本書目
(清)莫友芝撰 傅增湘
宋元舊本書經眼錄·郘亭書畫經眼錄
(清)莫友芝
南京圖書館藏朱希祖文稿
南京圖書館
二〇一〇年南京鳳凰出版社
七冊
《左傳》研究文獻輯刊
宋志英
二〇一二年北京國家圖書館出版社
二十二冊
稀見明清經濟史料叢刊第一輯
于浩
二〇〇九年北京國家圖書館出版社
四十六冊
明清賦役全書第一編
國家圖書館
二〇一〇年北京
六十冊
明代傳記資料叢刊第一輯
北京圖書館出版社古籍影音室
二〇〇八年北京圖書館出版社
四十六冊
中國文學家大辭典·先秦漢魏晉南北朝卷
曹道衡 沈玉成
一九九六年北京中華書局
一冊
中國文學家大辭典·唐五代卷
周祖譔
一九九二年北京中華書局
一冊
中國文學家大辭典·宋卷
曾棗莊
二〇〇四年北京中華書局
一冊
中國文學家大辭典·清代卷
錢仲聯
一九九六年北京中華書局
一冊
中國文學家大辭典·近代卷
梁淑安
一九九七年北京中華書局
一冊
宋代傳記資料叢刊
北京圖書館出版社古籍影音室
二〇〇六年北京圖書館出版社
四十九冊
全清詞·順康卷
南京大學中國語言文學系《全清詞》編纂研究室
二〇〇二年北京中華書局
二十冊
說文解字研究資料彙編
耿素麗
二〇一〇年北京國家圖書館出版社
十一冊
南京圖書館藏戚蓼生序本石頭記
(清)曹雪芹 郭又陵
二〇一一年北京國家圖書館出版社
五冊
叢書人物傳記資料類編·仕宦卷
國家圖書館出版社影印室
二〇一〇年北京國家圖書館出版社
四冊
《竹書紀年》研究文獻輯刊
宋志英
二〇一〇年北京國家圖書館出版社
十冊
明詩綜
(清)朱彝尊
二〇〇七年北京中華書局
八冊
先秦經籍考
(日)内藤虎次郎等 江俠庵編譯
二〇一〇年北京國家圖書館出版社
二冊
詞話叢編續編
朱崇才
二〇一〇年北京人民文學出版社
五冊
國朝閨秀詩柳絮集校補
(清)黃秩模
二〇一一年北京人民文學出版社
四冊
王鍾翰清史論集
王鍾翰
二〇〇四年北京中華書局
四冊
音韻學叢書
嚴式誨
二〇一一年北京國家圖書館出版社
十二冊
全唐詩(增訂本)
中華書局編輯部
二〇一一年北京中華書局
十五冊
戚蓼生序本石頭記
(清)曹雪芹
二〇〇六年北京人民文學出版社
四冊
經典釋文序錄疏證
(唐)陸德明撰 張力偉
二〇〇八年北京中華書局
一冊
吳江藝文志
董振聲 潘麗敏
二〇一一年北京國家圖書館出版社
二冊
皇朝瑣屑錄，憑花館瑣箋
(清)鍾琦
二〇一一年北京國家圖書館出版社
四冊
清儒學案
徐世昌
二〇〇八年北京中華書局
八冊
宋元學案補遺
(清)王梓材
二〇一二年北京中華書局
十冊
宋元學案
(清)黃宗羲
二〇一一年北京中華書局
四冊
明儒學案(修訂本)
(清)黃宗羲

二〇〇八年北京中華書局
二冊
國故學討論集
許嘯天
二〇一〇年北京國家圖書館出版社
三冊
增訂叢書舉要
楊守敬
二〇一〇年北京國家圖書館出版社
七冊
周叔迦佛學論著全集
周叔迦
二〇〇六年北京中華書局
七冊
脂硯齋重評石頭記：己卯本
（清）曹雪芹
二〇一〇年北京人民文學出版社
三冊
戚蓼生序本石頭記：南圖本
（清）曹雪芹
二〇一一年北京人民文學出版社
五冊
歷代戲曲目録叢刊
吳平 回達強
二〇〇九年揚州廣陵書社
十冊
諸子集成
國學整理社
二〇〇六年北京中華書局
八冊
各國立約始末記
（清）陸元鼎
二〇一一年北京國家圖書館出版社
五冊
中華國學文庫
二〇一一至二〇一二年北京中華書局
十五冊
老子道德經注
（魏）王弼撰 樓宇烈
四書章句集注
（宋）朱熹
世說新語箋疏
（南朝宋）劉義慶（南朝梁）劉孝標
李太白全集
（清）王琦
飲水詞箋校
（清）納蘭性德撰 趙秀亭 馮統一
三國志
（晉）陳壽（宋）裴松之
莊子註疏
（晉）郭象（唐）成玄英
詩集傳
（宋）朱熹撰 趙長征
史記
司馬遷
陶淵明集箋注
袁行霈
南明史
錢海嶽
二〇〇六年北京中華書局
十四冊
古書虚詞通解
解惠全 等
二〇〇八年北京中華書局
一冊
文心雕龍詞典
周振甫
二〇〇九年北京中華書局
一冊
漢語語法散論及其他
洪成玉
二〇〇九年北京中華書局
一冊
基礎漢字形義釋源：《說文》部首今讀本義（修訂本）
鄒曉麗
二〇一一年北京中華書局
一冊
許進雄古文字論集
許進雄
二〇一〇年北京中華書局
一冊
吳簡研究（第三輯）
長沙簡牘博物館
二〇一一年北京中華書局
一冊
冀淑英古籍善本十五講
冀淑英
二〇〇九年北京國家圖書館出版社
一冊
清稗類鈔
徐珂
二〇一二年北京中華書局
十三冊
樂府詩集
郭茂倩
二〇一〇年北京人民文學出版社
四冊
歷代文集西南邊疆篇目分類索引（初編）
朱瑞強 許新民
二〇一四年北京社會科學文獻出版社
一冊
滇省夷人圖說滇省輿地圖說
揣振宇
二〇〇九年北京中國社會科學出版社
一冊
歷代漢文大藏經目錄新考
何梅
二〇一四年北京社會科學文獻出版社
二冊
淮海戰役史料彙編
淮海戰役紀念館
二〇一三年北京國家圖書館出版社
九冊
清宫內務府奏銷檔
故宫博物院
二〇一四年北京故宫出版社
三〇〇冊
中研院歷史語言研究所集刊論文類編
中華書局編輯部
二〇〇九年北京中華書局
四十六冊
國家圖書館藏鈔稿本乾嘉名人別集叢刊
國家圖書館
二〇一〇年北京國家圖書館出版社
三十八冊
中國歷史名人別傳錄
俞冰 馬春梅
二〇〇七年北京學苑出版社
二十九冊
文白對照全譯《太平廣記》
一九九四年天津古籍出版社
五冊
中國長蘆鹽務檔案精選
河北師範大學歷史學院
二〇一一年北京國家圖書館出版社
十冊
北京歷史輿圖集
李誠
二〇〇五年北京外文出版社
四冊

中國古地圖輯錄·康雍乾盛世圖
二〇〇二年北京星球地圖出版社
三冊
中國古地圖輯錄·河南省輯
二〇〇五年北京星球地圖出版社
二冊
中國古地圖輯錄·浙江省輯
二〇〇五年北京星球地圖出版社
二冊
中國古地圖輯錄·湖北省輯
二〇〇五年北京星球地圖出版社
二冊
中國古代地圖集:城市地圖
鄭錫煌
二〇〇五年西安西安地圖出版社
一冊
二十四史
一九九七年北京中華書局
二十冊
冊府元龜
(北宋)王欽若
一九九四年北京中華書局
十二冊
文苑英華
(宋)李昉
一九九五年北京中華書局
六冊
佩文韻府
一九九七年上海書店
四冊
太平御覽
(宋)李昉
一九九五年北京中華書局
四冊
安邦要略
姚志強
二〇一〇年天津社會科學院出版社
一冊
佟飛詩集
佟飛
二〇一一年天津社會科學院出版社
五冊
中國和歐洲印刷術與書籍史
(義大利)米蓋拉撰 韓琦
二〇〇八年北京商務印書館
一冊
晦庵書話
唐弢
二〇〇七年北京三聯書店
一冊
明代書坊與小說研究
程國賦
二〇〇八年北京中華書局
一冊
黃永年古籍序跋述論集
黃永年
二〇〇七年北京中華書局
一冊
清末民國財政史料輯刊補編
中央財經大學圖書館
二〇〇八年北京國家圖書館出版社
十冊
中國舊海關史料
二〇〇一年北京京華出版社
一七〇冊
晚清珍稀期刊彙編
二〇〇九年北京中華全國圖書館文獻縮微複製中心
四十冊
清末民初報刊圖畫集成彙編
二〇〇三年北京中華全國圖書館文獻縮微複製中心
二十冊
中國叢書題識
施廷鏞
二〇〇四年北京圖書館出版社
二冊
湖北省國家珍貴古籍名錄圖錄
湖北省圖書館
二〇一二年北京國家圖書館出版社
一冊
北京師範大學圖書館藏古籍珍品鑒賞·定級圖錄
北京師範大學圖書館編 楊健主編
二〇一一年北京國家圖書館出版社
一冊
首都圖書館藏國家珍貴古籍圖錄
首都圖書館
二〇一三年北京國家圖書館出版社
一冊
周叔弢批注楹書隅録
(清)楊紹和編撰 周叔弢批注
二〇〇九年北京國家圖書館出版社
三冊
周叔弢古書經眼録
周叔弢
二〇〇九年北京國家圖書館出版社
二冊
吉林省檔案館藏清代檔案史料選編
吉林省檔案館
二〇一二年北京國家圖書館出版社
六十八冊
故宮博物院藏清宮陳設檔案
故宮博物院
二〇一三年北京故宮出版社
四十五冊
明汲古閣本十三經注疏
(漢)鄭玄
二〇一五年北京文物出版社
四十冊
中國古代地方人物傳記匯編附人名索引
國家圖書館古籍館
二〇〇八年北京燕山出版社
一一八冊
中國歷代人名匯典
全國圖書館文獻縮微複製中心
二〇〇六年北京全國圖書館文獻縮微複製中心
十五冊
清代秘密結社檔案輯印
黎青
一九九九年北京中國言實出版社
十冊
近代史所藏清代名人稿本抄本(第一輯)
虞和平
二〇一一年鄭州大象出版社
一四五冊
國家清史稿編纂委員會·文獻叢刊
近代史所藏清代名人稿本抄本(第二輯)
中國社科院近代史研究所
二〇一四年鄭州大象出版社
一七二冊
國家清史稿編纂委員會·文獻叢刊
五里山房珍本叢書
周晶
二〇一五年濟南齊魯書社
十冊
中國歷代方志土司資料輯錄
李德龍 黃金東主編
二〇一六年北京學苑出版社
三十八冊

中央民族大學中國民族史重點學科建設項目
四部叢刊四編
張元濟選目 李致忠主編
二〇一六年北京中國書店
一八六冊
明別集叢刊第一輯
沈乃文主編
二〇一三年合肥黃山書社
一〇〇冊
新疆圖志(附索引)
(清)王樹枏等纂修 朱玉麒等整理
二〇一七年上海古籍出版社
五冊
西域文庫.典籍編
焦循文集
(清)焦循著
二〇一六年北京九州出版社
十八冊
清宫辛亥革命檔案彙編
中國第一歷史檔案館 海峽兩岸出版交流中心
北京九州出版社
八十冊
館藏民國台灣檔案彙編
陳雲林
二〇〇七年北京九州出版社
三〇〇冊
台灣文獻史料出版工程
民間遺存台灣文獻選編
厦門大學 海峽兩岸出版交流中心編
二〇一一年北京九州出版社
二十五冊
中國地方志薈萃·華北卷 第一輯
《中國地方志薈萃》編委會編
二〇一七年北京九州出版社
十二冊
中國地方志薈萃·中南卷 第一輯
《中國地方志薈萃》編委會編
二〇一七年北京九州出版社
十二冊
中國地方志薈萃·中南卷 第二輯
《中國地方志薈萃》編委會編
二〇一七年北京九州出版社
十二冊
中國地方志薈萃·中南卷 第三輯
《中國地方志薈萃》編委會編
二〇一七年北京九州出版社
十二冊
中國地方志薈萃·西南卷 第一輯
《中國地方志薈萃》編委會編
二〇一六年北京九州出版社
十冊
中國地方志薈萃·西南卷 第二輯
《中國地方志薈萃》編委會編
二〇一六年北京九州出版社
十冊
中國地方志薈萃·西南卷 第三輯
《中國地方志薈萃》編委會編
二〇一六年北京九州出版社
十冊
中國地方志薈萃·西南卷 第四輯
《中國地方志薈萃》編委會編
二〇一六年北京九州出版社
十冊
中國地方志薈萃·西南卷 第五輯
《中國地方志薈萃》編委會編
二〇一六年北京九州出版社
十冊
中國地方志薈萃·西南卷 第六輯
《中國地方志薈萃》編委會編
二〇一六年北京九州出版社
十冊
中國地方志薈萃·西南卷 第七輯
《中國地方志薈萃》編委會編
二〇一六年北京九州出版社
十一冊
中國地方志薈萃·華東卷 第一輯
《中國地方志薈萃》編委會編
二〇一七年北京九州出版社
十二冊
中國地方志薈萃·華東卷 第二輯
《中國地方志薈萃》編委會編
二〇一七年北京九州出版社
十二冊
中國地方志薈萃·華東卷 第三輯
《中國地方志薈萃》編委會編
二〇一七年北京九州出版社
十二冊
中國地方志薈萃·華東卷 第四輯
《中國地方志薈萃》編委會編
二〇一七年北京九州出版社
十二冊
中國地方志薈萃·華東卷 第五輯
《中國地方志薈萃》編委會編
二〇一七年北京九州出版社
十二冊
中國地方藝文薈萃·華東卷 第一輯
薛飛等主編
二〇一七年北京學苑出版社
十冊
中國地方藝文薈萃·華東卷 第二輯
薛飛等主編
二〇一七年北京學苑出版社
十冊
中國地方藝文薈萃·華東卷 第三輯
薛飛等主編
二〇一七年北京學苑出版社
十冊
中國地方藝文薈萃·華東卷 第四輯
薛飛等主編
二〇一七年北京學苑出版社
十冊
中國地方藝文薈萃·華東卷 第五輯
薛飛等主編
二〇一七年北京學苑出版社
十冊
中國地方藝文薈萃·華東卷 第六輯
薛飛等主編
二〇一七年北京學苑出版社
十冊
中國地方藝文薈萃·華東卷 第七輯
薛飛等主編
二〇一七年北京學苑出版社
十冊
中國地方藝文薈萃·西南卷 第一輯
薛飛等主編
二〇一七年北京學苑出版社
十冊
中國地方藝文薈萃·中南卷 第一輯
薛飛等主編
二〇一七年北京學苑出版社
十冊
甘雨亭叢書
(日)板倉勝明輯
二〇一七年揚州廣陵書社
七冊
域外漢籍叢刊
上海古籍保護十年
上海市古籍保護中心編
二〇一七年上海世紀出版股份有限公

司 上海古籍出版社
一冊
八閩通志
(明)黄仲昭纂
二〇一七年福州福建人民出版社
二冊
會試錄:點校本
龔延明主編 閆真真點校
二〇一六年寧波出版社
二冊
天一閣藏明代科舉錄選刊
登科錄:點校本
龔延明主編 方芳點校
二〇一六年寧波出版社
三冊
天一閣藏明代科舉錄選刊
榕村全書
(清)李光地撰
二〇一三年福州福建人民出版社
十冊
浙江大學圖書館古籍善本書目
楊國富主編
二〇一六年北京國家圖書館出版社
一冊
上海古籍出版社六十年圖書總目
上海古籍出版社編
二〇一六年上海古籍出版社
一冊
元明漢語文獻目錄
(日)竹越孝 遠藤光曉主編
二〇一六年上海中西書局
一冊
福建省圖書館藏稀見書目書志叢刊
福建省圖書館編
二〇一六年北京國家圖書館出版社
六冊
著名圖書館藏稀見書目書志叢刊
福建鼇峰書院藏書目錄四卷補遺一卷 第1冊
(清)汪志伊編
清嘉慶六至七年(1801－1802)刻本
鼇峰書院藏書目錄一卷 第1冊
(清)林祚曾編
清同治十三年(1874)刻本
陳樸園藏書目錄一卷 第1冊
(清)陳壽祺 (清)陳橋樅藏 (清)陳橋樅編
(清)陳橋樅清稿本
注韓居書目四卷 第1－2冊
(清)鄭杰藏並編
民國十年(1921)林家溱鈔本
林少穆先生雲左山房書目一卷 第2冊
(清)林則徐藏 (清)林汝舟編修
清光緒林汝舟稿本
賭棋山莊藏書一卷校點書一卷藏手抄本一卷 第2冊
(清)謝章鋌藏並編
清謝氏稿本
冠悔堂書目四卷 第3冊
(清)楊浚藏並編
清光緒侯官楊氏稿本
紅蘭館藏書目一卷 第4冊
蘇大山藏並編
一九七九年鈔本
閩縣螺洲陳氏賜書樓書目一卷 第4冊
陳寶琛藏
民國三十六年(1947)鈔本
補拙齋藏書目一卷 第4冊
(清)葉大焯藏並編
民國七年(1918)福建修志局鈔本
大通樓藏書目錄五卷 第4－5冊
(清)龔易圖藏 龔綸校並編
民國龔綸鈔本
篋書賸影錄二卷總目一卷 第5－6冊
林鈞藏並編
一九六二年閩侯林鈞寶岱閣油印本
福州藏書樓書目初編六卷 第6冊
福州藏書樓藏並編
民國元年(1912)鉛印本
大江草堂題跋一卷 第6冊
(明)陳衎撰 沈祖牟校
民國沈氏嵩齋鈔本
冠悔堂金石題跋一卷 第6冊
(清)楊浚撰
民國福州林石盧鈔本
樂此不疲隨筆一卷 第6冊
(清)謝章鋌撰
清謝氏稿本
帶經堂筆記一卷 第6冊
(清)陳徵芝撰
民國林宗澤平冶樓鈔本
冠悔堂訪碑記一卷 第6冊
(清)楊浚撰
清光緒楊氏稿本
唐叢碑目稿本一卷 第6冊
(清)楊浚藏並撰
清末楊氏稿本
葳齋金石目一卷 第6冊
(清)龔顯曾藏並編
清光緒晉江龔氏稿本
國家圖書館藏稀見書目書志叢刊
陳紅彥主編
二〇一八年北京國家圖書館出版社
二十八冊
著名圖書館藏稀見書目書志叢刊
聚樂堂藝文目錄十七卷 第1冊
(明)朱睦㮮藏
清道光六年(1826)東武劉氏味經書屋鈔本
皇明聖制策要一卷 第1冊
(明)梁橋撰
明隆慶四年(1570)梁夢龍刻本
金風亭長書目五種五卷 第1冊
(清)朱彝尊撰
清劉履芬鈔本
明詩綜采摭書目一卷 第2冊
(清)朱彝尊撰
清鈔本
三魚堂書目一卷 第2冊
(清)陸隴其藏並撰
清鈔本
商丘宋氏西陂藏書目一卷 第2冊
(清)宋犖藏
清劉氏味經書屋鈔本
春暉堂書目一卷 第2冊
(清)陳邦彥藏
清道光十一年(1831)劉氏味經書屋劉如海鈔本
裘杼樓藏書目四卷 第2冊
(清)汪森藏並撰
清道光十年(1830)劉氏味經書屋劉如海鈔本
養素堂藏書目錄一卷續目一卷 第2冊
(清)黄叔琳藏
清道光六年(1826)劉氏味經書屋鈔本
謙牧堂藏書總目二卷 第3冊
(清)納蘭揆敘藏
清道光十年(1830)東武劉氏味經書屋鈔本
訪求中州先賢詩文集目一卷 第3冊
(清)周在浚撰

清光緒十年(1884)鈔本
廉讓閒居書錄四卷附錄一卷 第26册
(清)范迪襄撰
清光緒十五年(1889)范迪襄朱絲欄稿本
古今算學叢書編目 第26册
(清)劉鐸編
清劉鐸若水齋朱絲欄稿本
滿漢書籍簿不分卷 第26册
清光緒二十九年至宣統元年(1903-1909)鈔本
癸丑七節還京書目 第26-27册
朱希祖藏並編
民國二年(1913)朱氏鈔本
隴右方志數目表 第27册
張維輯
民國二十年(1931)朱絲欄稿本
隴右方志錄 第27册
張維纂
民國朱絲欄稿本
清閨秀藝文略五卷 第27-28册
單士釐編訂
民國鈔本
存寸堂書目不分卷 第28册
清嘉慶二十年(1815)黃氏士禮居鈔本
潯陽書目一卷 第28册
(清)陶無垢藏
清鈔本
禁毀書目略一卷 第28册
清鈔本
南京圖書館藏稀見書目書志叢刊
南京圖書館編
二〇一七年北京國家圖書館出版社
六十八册
著名圖書館藏稀見書目書志叢刊
秘書省續編到四庫闕書目二卷 第1册
(宋)秘書省編
元鈔本
直齋書録解題二十二卷 第1-3册
(宋)陳振孫撰 佚名批校
清乾隆浙江刻武英殿聚珍版叢書本
萬卷堂家藏藝文目不分卷 第4册
(明)朱睦㮮藏 佚名編
清鈔本
聚樂堂藝文目録不分卷 第4-5册
(明)朱睦㮮撰
稿本
彙鈔祁氏藏書筆記六則 第5册
(明)祁承㸁撰
遺一經齋鈔本
百甓齋金石文字目録六卷 第5册
(清)陳璜藏並撰
清鈔本
述古堂錢氏藏書目十卷 第6册
(清)錢曾藏並撰
清讀史精舍鈔本
絳雲樓書目一卷附静惕堂藏宋元人集目 第6-7册
(清)錢謙益藏 (清)曹溶編
清鈔本
曝書亭藏書集目偶存一卷 第7册
(清)朱彝尊編
清末民國天尺樓鈔本
孝慈堂書目不分卷 第7册
(清)王聞遠撰
清鈔本
不負堂書目不分卷 第8册
(清)謝廷弼編
鈔本
選明代山左詩鈔採訪書目 第8册
(清)盧見曾撰
清刻本
耳食録八卷 第8册
(清)莫瀧山撰
清鈔本
乾隆浙江呈進書目不分卷 第9册
(清)佚名編
清末正文齋鈔本
太倉縣官庫書目一卷 第9册
(清)佚名編
鈔本
蘇齋纂校四庫全書事略不分卷 第9册
(清)翁方綱撰
稿本
壽松堂藏書目一卷 第10册
(清)孫仰曾編
清末民國鈔本
壽松堂進呈書目一卷 第10册
(清)孫仰曾編
清末民國鈔本
抱經樓藏書目録十二卷 第10-11册
(清)盧址藏並編
稿本
練川錢氏書目一卷 第11册
(清)錢大昕撰
稿本
竹汀題跋一卷 第11册
(清)錢大昕撰
清鈔本
塾南書庫目録八卷 第11册
(清)王昶編
清刻本
奏燬書目一卷 第12册
(清)英廉等編
清乾隆刻本
四庫全書醫家類書目提要不分卷 第12册
(清)紀昀等撰
清小檀欒書屋鈔本
柘柳草堂藏書目不分卷 第12册
(清)沈氏撰
鈔本
古香閣藏書志 第12-16册
(清)李筠嘉藏並撰
稿本
藝芸書舍宋元本書目一卷 第17册
(清)汪士鐘編
清末民國鈔本
藝芸書舍宋元書目詳注不分卷 第17册
(清)汪士鍾撰
稿本
寶閒齋藏書目四卷 第17册
(清)張仁美藏並撰
清張元齡鈔本
古韻閣書目四卷 第18册
(清)許槤撰
鈔本
臨海洪氏所著書目不分卷 第18册
(清)洪頤煊撰
清末民國鈔本
清儀閣藏碑目一卷附古磚瓦當目一卷 第18册
(清)張廷濟撰
稿本
文村題跋一卷 第19册
(清)王振聲撰
稿本
古里瞿氏藏邑人著述目不分卷 第19册
(清)瞿啓甲撰
鈔本
榆樓題跋不分卷 第19册

(清)奚疑撰
稿本
舊山樓書目不分卷　第19册
(清)趙宗建藏並撰
稿本
恬裕齋藏書記四卷　第19-20册
(清)瞿鏞撰
清鈔本
癖好堂收藏金石書目一卷　第21册
(清)凌瑕撰
稿本
癖好堂收藏小學書目一卷　第21册
(清)凌瑕編
清末鈔本
摩兜堅室藏書目録不分卷　第21册
(清)章綬銜撰
鈔本
小津逮樓碑目一卷　第21册
(清)甘炳撰
稿本
書目偶鈔二十卷　第21-23册
(清)蔣光煦撰
清末緑格鈔本
邵亭知見傳本書目十六卷　第23-24册
(清)莫友芝撰 鄧邦述批注
清宣統元年(1909)鉛印本
武林藏書録不分卷　第25册
(清)丁申撰
稿本
清宫影堂陳設書目録不分卷
第25-26册
(清)佚名撰
清内府鈔本
績語堂碑録不分卷　第26册
(清)魏錫曾撰
清光緒刻本
金石刻墨所見目録不分卷　第27册
(清)龔橙撰
稿本
寶漢樓碑刻目録不分卷　第27册
(清)孫禄增藏並撰
稿本
藏書書目一卷　第28册
(清)徐繼畬撰
清末民國松龕鈔本
桐西書屋書目不分卷　第28册
(清)潘介繁撰
清笏盦鈔本
嘯園書目一卷　第28册
(清)袁祖志編
清末仁和葛元煦刻本
欽定四庫全書恭收存目不分卷　第28册
(清)佚名編
清鈔本
萬卷樓棱伽山民甲子以後所收書記目一卷棱伽山民所有碑帖文玩雜記一卷
第28册
(清)顧大昌藏並撰
稿本
烏石山房書目不分卷　第29册
(清)龔易圖撰
紅格鈔本
師石山房書目三十卷　第29-39册
(清)姚振宗撰
稿本
陸心源歸公書籍目録不分卷
第39-41册
(清)陸心源藏 佚名編
清末民國緑鈔本
皕宋樓所藏金石目三卷　第41册
(清)陸心源編
鈔本
孫氏祠堂書目内編四卷外編三卷
第42册
(清)孫星衍編
清光緒十年(1885)刻本
樂善堂書目不分卷　第42册
上海樂善堂編
民國鉛印本
同文書局書目不分卷　第42册
上海同文書局編
民國鉛印本
廣百宋齋書目不分卷　第42册
廣百宋齋編
民國鉛印本
紉佩仙館書目不分卷　第42册
(清)趙瀛編
鈔本
八千卷樓藏書目不分卷　第43册
(清)丁丙藏並撰
稿本
虎阜石刻僅存録一卷　第43册
(清)潘鍾瑞撰
稿本
柏堂書目十四卷　第43册
(清)方宗誠藏 方守彝編
清末民國鈔本
結一廬書目四卷　第44册
(清)朱瀓藏並撰
清鈔本
舊書所見録不分卷　第44册
(清)蕭穆撰
稿本
松江韓氏藏書目不分卷　第44册
(清)韓應陛撰
鈔本
五錫福壽堂收藏存記不分卷　第44册
吕海寰撰
稿本
杭州許氏書目不分卷　第44册
許增撰
稿本
退補齋書目四卷　第44册
吳乃應編
清末民國鈔本
式古堂目録十七卷　第45册
(清)尤瑩編
清光緒十九年(1893)石印本
儀徵吳氏有福讀書堂藏書目録十卷
第45-47册
(清)吳次山編
清末民國鈔本
復初講院藏書目録不分卷　第47册
(清)袁昶編
鈔本
永慕堂藏書目録六卷附碑目一卷
第47-48册
(清)袁昶藏 汪寶翰編
稿本
安越堂藏書目一卷　第48册
(清)平步青撰
稿本
棟山所著書目不分卷　第49册
(清)平步青 (清)楊越補撰
黑格鈔本
古今人著述合刻叢書目不分卷　第49册
汪鶯翔撰
清末緑格鈔本
書庫彙編不分卷　第50册
(清)佚名編
鈔本

傭盦所藏詞曲總録一卷 第50册
(清)翁傭盦撰
稿本
四庫備採金石提要録二卷 第50册
顧薰撰
稿本
秋試三場隨帶書目一卷 第50册
(清)佚名編
清末朱鈔本
廣雅堂金石文目録四卷 第51册
許同莘編
油印本
五百經幢館碑目不分卷 第51－52册
葉昌熾撰
稿本
鐵華館家藏書目不分卷 第52册
蔣鳳藻撰
清末民國鈔本
蔣香生家藏書目一卷 第52册
蔣鳳藻撰
鈔本
印譜目一卷 第52册
葉銘編
《葉氏存古叢書》本
存旅書目不分卷 第53册
佚名編
清末民國鈔本
滄菊書屋主人藏書目録一卷 第53册
佚名編
清末民國鈔本
古籍書目不分卷 第53册
佚名撰
稿本
雙宋書齋善本書目不分卷 第54册
佚名編
清末民國朱鈔本
金氏面城樓善本書目附補編不分卷 第54册
金廣泳編
寫本
吳江文獻保存會書目四卷 第54册
柳棄疾 薛鳳昌編
民國吳江文獻保存會油印本
同里麗則圖書館書目録不分卷 第55册
麗則圖書館編
民國油印本
滙古齋書目一卷碑帖古畫一卷 第55册
杭州匯古齋金石書畫莊編
稿本
碧玲瓏館書目一卷 第55册
歸曾福撰
稿本
宋氏宜秋館書目不分卷 第55册
佚名編
國學圖書館傳鈔本
觀海堂殘餘目録不分卷 第55册
楊守敬藏 朱師轍編
鈔本
晨風廬書目不分卷 第56册
周慶雲藏 周延年編
鉛印本
鄧氏所藏善本書目不分卷 第56册
鄧邦述編
鈔本
群碧樓書目不分卷 第56册
鄧邦述編
國立中央圖書館複寫本
小脈望館書目不分卷 第57册
趙寬撰
稿本
地理類書目不分卷 第57册
佚名撰
稿本
古籍書目三卷 第58册
佚名撰
稿本
海鹽尚胥派朱氏藝文略一卷 第59册
朱希祖編
民國鈔本
四庫正目核對書目不分卷 第59册
王保譿撰
稿本
書目底本一卷 第59册
王保譿撰
稿本
溪山草堂書目三卷 第59册
王保譿撰
清末民國鈔本
誦芬室藏目不分卷 第59册
董康編
鈔本
無錫丁氏珍藏善本書目一卷 第59册
丁福保編
鈔本
希任齋沈氏書目不分卷 第60册
沈養孫編
鈔本
江蘇省立鎮江民衆教育館革命文庫書目不分卷普通圖書書目不分卷 第61册
史公載編
油印本
憨園藏書不分卷 第62册
佚名編
稿本
漢賦考目録不分卷 第62册
汪吟龍撰
石印本
醉經閣書目不分卷 第62册
馮雲濠編
民國鈔本
貞松堂校刊書目解題不分卷 第62册
墨緣堂編
謄寫本
平妖堂藏書目不分卷 第62册
馬廉撰
複寫本
存素堂入藏圖書河渠之部目録不分卷 第63册
朱啓鈐藏 茅乃文編
民國二十五年(1936)鉛印本
書目不分卷 第63册
佚名撰
稿本
圜鐵盦鄉賢文物過眼録不分卷 第63册
顧景炎撰
鉛印本
百匱樓書目不分卷 第63册
龐元澂撰
清末民國榮寶齋藍格鈔本
郿亭藏書題跋記三卷 第64册
朱希祖撰
紅格鈔本
印譜知見傳本書目不分卷 第64册
王敦化編
民國二十九年(1930)鉛印本
宗氏金石書目不分卷 第64册
宗舜年 宗惟恭撰
複寫本
費氏書目不分卷 第64册
佚名編
寫本

中國音樂書舉要一卷　第64册
佚名撰
稿本
五十歲以前所未見四庫書録不分卷　第64册
陳群撰
稿本
墨花樓藏書目不分卷　第65册
佚名編
鈔本
古銅印譜書目不分卷　第65册
王敦化編
民國二十九年(1940)濟南沂風堂鉛印本
邊疆問題圖籍録不分卷　第65册
國立中央圖書館編
民國油印本
宋經樓新收善本臨時書目一卷　第65册
宋經樓編
油印本
天津鹽業銀行存庫海源閣書目一卷　第65册
(清)楊紹和藏
清末民國鈔本
效賢閣書目第四期不分卷續編不分卷　第65册
裴孝先編
油印本
遠碧樓鈔本書目一卷　第65册
劉體智編
清末民國朱鈔本
文學山房明刻集錦不分卷　第66册
江静瀾編
彙訂明刻本
傳書堂善本書目補遺四卷　第66册
蔣汝藻編
鈔本
揚州文獻書目不分卷　第67册
揚州市圖書館編
油印本
扬州古舊書店書目第一期一卷　第67册
揚州古舊書店編
油印本
鎮江市文物管理委員會鎮江博物館藏書目録　第67－68册
鎮江市文物管理委員會鎮江博物館編
複寫本
中國書店清代人詩文集目録不分卷　第68册
中國書店編
油印本
石氏捐贈書目一卷　第68册
石雲孫編
清末民國鈔本
哈佛燕京圖書館藏齊如山小說戲曲文獻彙刊
哈佛燕京圖書館 國家圖書館出版社編
二〇一一年北京國家出版社影印本
五十一册
人中畫十六回　第1册
(清)佚名撰
清初寫刻本
五鳳吟四卷二十回　第1册
(清)嗢嗢道人撰
清鳳吟樓刻本
世無匹十六回　第1－2册
(清)娥川主人撰
清刻本
吕祖全傳一卷　第1－2册
(清)汪象旭撰
清康熙汪氏蜩寄刻本
拍案驚奇三十六卷　第2－4册
(明)凌濛初撰
清消閒居刻本
飛武全傳三卷三十二回　第5册
(清)鄒必顯撰
清嘉慶二十三年一笑軒刻本
草閒堂新編小史警寐鍾四卷十六回　第5册
(清)嗢嗢道人撰
清草閒堂刻本
晚翠堂批點玉樓春二十四回　第6册
(清)白雲道人撰
清刻本
婆羅岸二十回　第7册
(清)佚名撰
清嘉慶九年刻本
新世鴻勳四卷二十二回　第8册
(清)蓬蒿子撰
清姑蘇稼史軒刻本
新刻三妙傳六卷　第8册
(明)養純子 吳敬所編
清刻本
新刻大漢三合明珠寶劍全傳四十二回　第8册
佚名撰
清刻本
新刻音釋旁訓評林寅義三國志史傳二十卷　第9－10册
(明)羅本撰
明建邑刻王泗源得板重印本
新刻章臺柳四卷十六回　第11册
佚名撰
清醉月樓刻本
新刻群佳樂六卷十二回　第11册
(清)主善道人撰
清刻本
新刻鴛鴦四卷十二回　第11册
(清)煙水散人撰
清刻本
新刻鍾伯敬先生批評封神演義十卷一百回　第12－14册
(明)陸西星撰 (明)鍾惺評
清康熙金陵德聚堂刻本
新刻豔芳配十二回　第15册
(清)佚名撰
清刻本
新訂晉代許旌陽得道擒蛟鐵樹記二卷十五回　第15册
(清)鄧志謨撰
清書林雲谿正聲堂刻本
新採奇聞小說全編萬斛泉十二回　第15－16册
左臣編
清初刻本
新說生花夢奇傳四卷十二回　第16－17册
(清)娥川主人撰
清康熙刻本
新編春燈迷史十回　第16－17册
青陽野人撰
清刻本
新編繡像簇新小說麟兒報十六回　第18册
(清)佚名撰
清寶文堂刻本
剿闖小說十回　第18册
(清)西吳懶道人撰
清初刻本
新鐫全像武穆精忠傳八卷　第19－20册
(明)佚名撰

清初刻本
新鐫批評繡像人間樂十八回　第21冊
天花藏主人撰
清刻本
新鐫批評繡像巧聯珠小說十五回
第21－22冊
（清）煙霞逸士撰
清雍正可語堂刻本
新鐫劉生覓蓮記六卷十六回　第22冊
（明）養純子 吳敬所編
清刻本
新鐫濃情快史六卷三十回
（清）餐花主人編
清嘉慶醉月軒刻本
新鐫繡像小說夢花想十八回　第23冊
（清）樵雲山人撰
清刻本
臺灣外記三十卷　第23－24冊
（清）江日昇撰
清木活字印本
蝴蝶媒四卷十六回　第25－26冊
南嶽道人撰
清刻本
墨憨齋新編繡像醒名花十六回　第26冊
佚名撰
清刻本
錦香亭四卷十六回　第27冊
（清）佚名撰
清刻本
醒夢駢言十二回　第27－28冊
（清）佚名撰
清刻本
雙奇夢傳二十回　第28冊
（清）佚名撰
清談惜軒刻本
繡像三國志全傳二十卷　第29－30冊
（明）羅貫中撰
清嘉慶七年覆刻本
績四才子二十卷　第30冊
（清）天花藏主人撰
清光绪十四年姑蘇紅葉山房刻本
杏花天四卷十四回　第30冊
天放道人撰
清刻本
杏花天六卷十四回　第30冊
天放道人撰
清拂雲閣刻本
新抄濃情秘史二卷十一回　第30冊
（清）佚名撰
清抄本
新刻全像浪史四卷四十回　第30冊
（明）佚名撰
清嘯風軒刻本
新刻鍾情記六卷六回　第30冊
佚名撰
清初刻本
新編兩肉緣四卷十二回　第30冊
（清）佚名撰
清刻本
新鐫批評繡像玉嬌梨小傳二十回
第30冊
（清）荑秋散人撰
清初刻本
新鐫桃花影四卷十二回　第30冊
（清）煙水散人撰
清畹香齋刻本
山水鄰新鐫出像四大癡傳奇四卷
第31冊
（明）李逢時 徐復祚 孟舜舉等撰
明末山水鄰刻本
四元記二卷　第31冊
（清）范希哲撰
清初刻本
西湖扇傳奇二卷　第32冊
（清）丁耀亢撰
清初刻本
投桃記二卷　第32冊
（明）汪廷訥撰
民國王立承抄本
邯鄲記二卷　第32冊
（明）湯顯祖撰
明萬曆吳郡業堂刻本
長命縷二卷　第33冊
（明）梅鼎祚撰
明末刻本
怡雲閣金印記二卷　第33冊
（明）蘇復之撰
明讀書坊刻本
昭代蕭韶十本二十卷　第33－39冊
（清）王廷章 范聞賢等撰
清嘉慶十八年內府刻朱墨套印本
秣陵春傳奇二卷附通天臺一卷臨春閣一卷　第39－40冊
（清）吳偉業撰
清初刻本
偷甲記二卷　第40冊
（清）范希哲撰
清初刻本
盛明雜劇三十卷　第41－42冊
（明）沈泰編
明崇禎刻本
揚州夢傳奇二卷　第43冊
（清）岳端撰
清康熙四十年啟賢堂自刻本
新刊重訂出像附釋標註音釋趙氏孤兒記二卷　第43冊
佚名撰
明唐氏世德堂刻本
新刻全像漢劉秀雲臺記二卷　第43冊
（明）蒲俊卿撰
明全陵唐氏刻本
新刻全像點板張子房赤松記二卷
第44冊
（明）佚名撰
明全陵唐氏刻本
新刻袁中郎先生批評紅梅記二卷
第44冊
（明）周朝俊撰（明）袁宏道評
明崇禎陳長卿刻本
新編西川圖二卷　第44冊
（清）佚名撰
清咸豐九年抄本
新鐫出像點板怡春錦曲六卷幽期寫照禮集南音獨步樂集新詞清賞書集弋陽雅調數集　第44－46冊
（明）沖和居士輯
明崇禎刻本
醉怡情雜劇八卷占花魁節孝記焚香記孽海記　第46－47冊
（明）青溪菰蘆釣叟編
清致和堂刻本
雜劇新編三十三卷附陌花軒雜劇
第47－49冊
（清）鄒式金編
清康熙刻本
譚友夏鍾伯敬先生批評綰春園傳奇
第50冊
（明）沈嵊撰
民國王立承抄本
懷遠堂批點燕子箋二卷　第50冊
（明）阮大鋮撰

清初刻本
桃花影傳奇　第50冊
(清)范鶴年撰
清刻本
度曲須知二卷附絃索辯訛三卷　第51冊
(明)沈寵綏撰
綏中吴氏藏抄本稿本戲曲叢刊
吴書蔭主編
二〇〇四年北京學苑出版社
四十八冊
元代雜劇
朱景昭批評西廂記十六套　第1冊
(元)王實甫撰 關漢卿續 朱璐批評
舊抄本
清代雜劇
萬壽無疆昇平樂府十二齣　第1冊
(清)裘璉撰
舊抄本
鞭督郵一齣　第1冊
(清)邊汝元撰 題桂巖嘯客編
舊抄本
傲妻兒一齣　第1冊
(清)邊汝元撰 題桂巖嘯客編
舊抄本
三幻集　第1冊
(清)范希哲撰
舊抄本
豆棚閑戲六齣 萬古情六齣 萬家春一齣　第1冊
後四聲猿　第1冊
(清)桂馥撰 老茗填詞
怡蘭堂精抄本
放楊枝北調一套 題園壁南調一套 謁帥府北調一套 投圂中南調一套　第1冊
臨春閣八齣　第2冊
(清)吴偉業撰 原題紅豆村樵
吴曉鈴抄本
孔荃溪二種曲　第2冊
(清)孔昭虔撰
舊抄本
蕩婦思秋 葬花　第2冊
南華夢雜劇四折　第2冊
題半粟填詞
舊抄本(帶工尺)
環影(佚齣)　第2冊
不著撰人
舊抄本(孤本)
恒娘雜劇八齣　第2冊
不著撰人
舊抄本
民國雜劇
扶鸞戲存一齣　第2冊
民國林芝雲譜
舊抄本
明代傳奇
雙忠記傳奇二卷三十齣　第2冊
(明)姚茂良撰
飲流齋抄本
祝發記二卷二十八折　第2冊
(明)張鳳翼撰
飲流齋抄本
胭脂記傳奇二卷二十八齣　第3冊
(明)無名氏撰 飲流齋訂正
飲流齋抄本
鸚鵡洲傳奇二卷三十二齣　第3冊
(明)陳與郊撰
飲流齋抄本
靈寶刀傳奇二卷三十五齣　第3冊
(明)陳與郊撰
飲流齋抄本
紫釵記傳奇二卷三十六齣　第3－4冊
(明)湯若士撰 (明)臧晉叔改訂
飲流齋抄本
改本邯鄲夢傳奇二卷二十八齣　第4冊
(明)湯若士撰 (明)臧晉叔改訂
飲流齋抄本
重校雙魚記二卷三十折　第4冊
(明)沈璟撰
飲流齋抄本
一種情傳奇二卷三十一齣　第4冊
(明)沈璟撰
飲流齋抄本
桃符記傳奇二卷二十七折　第5冊
(明)沈璟撰
古吴蓮勺廬抄本
旗亭記傳奇二卷四十齣　第5冊
(明)鄭之文撰
飲流齋抄本
雙金榜傳奇二卷四十六齣　第5冊
(明)阮大鋮撰
飲流齋抄本
新鍥徽本圖像音釋崔探花合襟桃花記二卷　第5冊
金懷玉撰
綏中吴氏綠雲山館抄本
花筵賺傳奇二卷二十六齣　第6冊
(明)范文若撰 題吴儂荀鴨填詞 西湖一葦訂正
飲流齋抄本
雲臺記傳奇二卷四十四齣　第6冊
(明)薄俊卿撰
飲流齋抄本
元宵鬧傳奇二卷二十七齣　第6冊
(明)李素甫撰
飲流齋抄本
鳳求凰傳奇二卷三十齣　第6－7冊
(明)陳玉蟾撰 原題澹慧居士
飲流齋抄本
想當然傳奇二卷三十八齣　第7冊
(明)王光魯撰 原題明盧柟
飲流齋抄本
投筆記傳奇二卷三十六齣　第7冊
(明)華山居士撰
飲流齋抄本
八義記二卷四十一齣　第7冊
不著撰人
藝人抄本
釵釧記傳奇二卷三十一折　第8冊
(明)月榭主人撰
古吴蓮勺廬抄本
金貂記傳奇二卷三十四齣　第8冊
不著撰人
飲流齋抄本
金花記傳奇二卷二十九折　第8冊
不著撰人
古吴蓮勺廬抄本
南樓記　第8冊
不著撰人
鋼筆抄本
倒浣紗傳奇二卷二十八齣　第9冊
不著撰人
飲流齋抄本
清代傳奇
一笠庵新編一捧雪傳奇二卷三十折　第9冊
(清)李玉撰 題蘇門嘯侶筆
王孝慈據許守白所藏墨憨齋改本抄錄
墨憨齋訂定人獸關傳奇二卷三十三折　第9冊
(清)李玉撰 題蘇門一笠庵新編
王孝慈據許守白所藏墨憨齋改本抄錄

占花魁傳奇二十八齣 第9－10冊
(清)李玉撰
飲流齋抄本
麒麟閣傳奇二卷二十八齣 第10冊
(清)李玉撰
飲流齋抄本
太平錢傳奇二卷二十九齣 第10冊
(清)李玉撰
飲流齋抄本
眉山秀二卷二十四齣 第10－11冊
(清)李玉撰
怡慶堂抄本
赤松游傳奇三卷四十六齣 第11冊
(清)丁耀亢撰
舊抄本
蜃中樓前附題綱三十齣 第11冊
(清)李漁撰
舊抄本
艷雲亭(飲流齋改本)二卷三十齣
第11冊
(清)朱佐朝撰
舊抄本
快活三二卷二十九折 第11－12冊
(清)張儀宣撰
古吳蓮勺廬抄本
朝陽鳳傳奇二卷二十八齣 第12冊
(清)朱皜撰
飲流齋抄本
未央天傳奇二卷二十八齣 第12冊
(清)朱皜撰
飲流齋抄本
聚寶盆傳奇二卷三十齣 第12冊
(清)朱皜撰
飲流齋抄本
人中龍傳奇二卷二十八折 第13冊
(清)盛際時撰
古吳蓮勺廬抄本
揚州夢傳奇二卷二十四齣 第13冊
(清)岳瑞撰
許飲流據武英殿刻本抄
陰陽判傳奇二卷二十八齣 第13冊
(清)朱彝尊述 查慎行撰
飲流齋抄本
千里駒 第14冊
(清)張瀾撰
舊抄本
虎口餘生傳奇四卷四十四齣 第14冊
不著撰人
舊抄本(帶工尺譜)
十媚圖全本二卷二十八齣 第14冊
(清)佚名撰
清乾隆間刊《續科場條例》紙背面抄本
兩種情傳奇二卷三十二齣 第14冊
(清)許廷錄撰 題虞山許逸適齋撰
昇平寶筏十本二十四出(殘本)
第14冊
(清)張照撰
舊抄本
鏡光緣傳奇二卷十六齣 第15冊
(清)徐爔撰 題楓江徐榆村填詞
舊抄本
錫六環傳奇二卷二十六折 第15冊
(清)孫埏撰
清光緒四年(1878)孫學蘇抄本
花間樂傳奇二十齣 第15冊
(清)司馬章撰 題秣陵龐淦虹溪評
白門司馬章石圃編
據種石山房藏板影抄本
雙星會傳奇十二齣 第15冊
(清)司馬章撰 題江甯司馬章實甫填
詞 舒城任康二田評點
舊抄本
玉臺秋二卷十六齣(擬目十八齣)
第16冊
(清)黃燮清撰
綏中吳氏綠雲山館據光緒七年(1881)
刊本抄
天上有傳奇二卷三十六齣 第16冊
(清)黃璞原本
據道光十五年(1835)萃古堂刻本影抄
敬壽碑十二齣 第16冊
羅梅江撰
吳曉鈴抄本
逍遙亭傳奇十八齣 第16冊
羅梅江撰
吳曉鈴抄本
玉梅亭傳奇二卷三十五齣 第16冊
臥月樓主人撰 飲流齋重訂
民國十二年飲流齋抄本
如夢緣傳奇二卷三十齣 第17冊
(清)陸和鈞撰
清抄本
如意緣傳奇二卷二十齣 第17冊
題信天齋癯道人編次
清乾隆四十七年(1782)抄本
雙鴛祠傳奇八齣 第17冊
題泰州群玉山農(仲振履)填詞
舊抄本
六喻箴傳奇二卷十五齣 第17冊
(清)四中山客撰
近代鋼筆抄本
譜定紅香傳 第17冊
(清)雲臥(臥雲)山人著
舊抄本
青樓烈傳奇二卷十二駒 第18冊
題勺園(金授熙)填詞
清宣統二年(1910)勺園稿本
禪仙逸史二十齣 第18冊
不著撰人
舊抄本
百子圖傳奇三十齣 第18冊
不著撰人
抄本
本草記四齣 第18冊
不著撰人
吳曉鈴抄本
三笑姻緣三卷四十齣 第18冊
不著撰人
舊抄本
雙義緣六十三齣 第19－20冊
不著撰人
舊抄本
海仙緣二十四齣 第20冊
不著撰人
舊抄本
玉獅記串關八齣 第20冊
不著撰人
舊抄本
鴛鴦樓總綱十齣 第20冊
不著撰人
清道光二十年(1840)謄錄本
平蠻圖八本一百二十八齣 第21冊
不著撰人
舊抄本
黃金綬十一齣 第21冊
不著撰人
舊抄本
三俠劍 第21冊
不著撰人
舊抄本
萬國嵩聲八齣 第21冊

不著撰人
舊抄本
河清海晏鼓板八齣 第21冊
(清)張照等撰
舊抄本
行圍得瑞 獻舞稱觴一齣 第21冊
(清)張照等撰
舊抄本
洞僊慶賀鼓板八齣 第21冊
(清)張照等撰
舊抄本
上元後承應海不揚波 太平王會鼓板二齣 第21冊
(清)張照等撰
舊抄本
上元後承應海不揚波 太平王會串關二燕九承應聖母巡行 群仙赴會鼓板二齣 第21冊
(清)張照等撰
舊抄本
春臺葉慶鼓板四齣 第21冊
(清)張照等撰
舊抄本
春臺葉慶曲譜四齣 第22冊
(清)張照等撰
舊抄本
花朝承應千春燕喜 百花獻壽鼓板二齣 第22冊
(清)張照等撰
舊抄本
浴佛承應鹿苑結緣 龍華法會二齣 第22冊
(清)張照等撰
舊抄本
七夕承應七襄報章 仕女乞巧二齣 第22冊
(清)張照等撰
舊抄本
七夕承應七襄報章 仕女乞巧題綱二齣 第22冊
(清)張照等撰
舊抄本
七夕承應七襄報章 仕女乞巧總本二齣 第22冊
(清)張照等撰
舊抄本
佛旨度魔 魔王答佛鼓板二齣 第22冊
(清)張照等撰
舊抄本
迓福迎祥鼓板一齣 第22冊
(清)張照等撰
舊抄本
祥芝應瑞串頭四齣 第22冊
不著撰人
舊抄本
祀灶承應太和報最 司命錫禧鼓板二齣 第22冊
不著撰人
舊抄本
除夕承應藏鈎家慶 瑞應三星二齣 第22冊
(清)張照等撰
舊抄本
除夕承應昇平除歲 彩炬祈年鼓板二齣 第22冊
(清)張照等撰
舊抄本
鼎峙春秋五本十卷 第23冊
(清)周祥鈺 鄒金生等撰
舊抄本
除夕承應如愿迎新鼓板一齣 第23冊
(清)張照等撰
舊抄本
羅漢渡海一齣 第23冊
(清)張照等撰
舊抄本
萬壽午宴承應青牛獨駕 環中九九總本二齣 第23冊
(清)張照等撰
舊抄本
萬壽午宴承應青牛獨駕 環中九九鼓板二齣 第23冊
(清)張照等撰
舊抄本
羅漢渡海 寶塔淩空 地湧金蓮 福祿天長題綱四齣 第23冊
清張照等撰
舊抄本
萬壽祥開十二齣 第23冊
(清)張照等撰
舊抄本
萬壽祥開題綱十二齣 第23冊
(清)張照等撰
舊抄本
螽斯衍慶鼓板一齣 第23冊
(清)張照等撰
舊抄本
寶塔淩空一齣 第23冊
(清)張照等撰
舊抄本
午宴承應慈容衍慶 蝠獻瓶開鼓板二齣 第23冊
(清)張照等撰
舊抄本
三元百福鼓板一齣 第23冊
不著撰人
舊抄本
太極祥開一齣 第24冊
(清)張照等撰
舊抄本
金庭奏事錫福通明鼓板二齣 第24冊
不著撰人
舊抄本
虞庭集福串頭八齣 第24冊
不著撰人
舊抄本
虞庭集福題綱十齣 第24冊
不著撰人
舊抄本
虞庭集福二卷二十九齣 第24冊
不著撰人
舊抄本
皇子彌月山川鍾秀 福壽呈祥曲譜二齣 第24冊
(清)張照等撰
舊抄本
宴戲承應萬花向榮 御苑獻瑞總本二齣 第24冊
(清)張照等撰
舊抄本
萬花向榮 御苑獻瑞鼓板二齣 第24冊
(清)張照等撰
舊抄本
五福五代總本一齣 第24冊
(清)張照撰
舊抄本
五福五代總本一齣 第24冊
(清)張照撰
舊抄本(帶工尺譜)
萬福移徙 群星拱護鼓板二齣 第24冊
(清)張照等撰

舊抄本

洞仙慶賀總本八齣 第24冊
(清)張照等撰
舊抄本

洞仙慶賀題綱八齣 第24冊
(清)張照等撰
舊抄本

福壽延年鼓板五、六齣 第24冊
不著撰人
舊抄本

皇太后五旬萬壽承應日月迎祥 人天普慶鼓板二齣 第24冊
(清)張照等撰
舊抄本

萬壽長生鼓板四齣 第24冊
(清)張照等撰
舊抄本

清平見喜 和合呈祥二齣 第24冊
不著撰人
舊抄本

地湧金蓮鼓板本一齣 第24冊
(清)張照等撰
舊抄本

祝長清平安如意串關一齣 第24冊
(清)張照等撰
舊抄本

壽祝萬年一齣 第24冊
(清)張照等撰
舊抄本

福壽延年鼓板三、四齣 第25冊
不著撰人
舊抄本

四海昇平一齣 第25冊
(清)張照等撰
舊抄本

洞仙慶賀鼓板八齣 第25冊
(清)張照等撰
舊抄本

福祿天長一齣 第25冊
(清)張照等撰
舊抄本

萬壽祥開排場 第25冊
(清)張照等撰
舊抄本

搖林香世界一齣 第25冊
(清)張照等撰
舊抄本(帶工尺譜)

花甲天開 鴻禧日永鼓板二齣 第25冊
(清)張照等撰
舊抄本

花甲天開鴻禧日永題綱二齣 第25冊
(清)張照等撰
舊抄本

長至承應太僕陳儀 金吾勘箭鼓板二齣 第25冊
(清)張照等撰
舊抄本

重陽承應登高覽勝 題糕閣筆串關二齣 第25冊
(清)張照等撰
舊抄本

九華品菊 眾美飛霞鼓板二齣 第25冊
(清)張照等撰
舊抄本

佚名串頭八齣 第25冊
不著撰人
舊抄本

天香慶節十六齣 第25冊
不著撰人
舊抄本

丹桂飄香 霓裳獻舞二齣 第25冊
(清)張照等撰
舊抄本

昇平雅頌鼓板八齣 第25冊
不著撰人
舊抄本

平安如意一齣 第25冊
不著撰人
舊抄本

慶昌期吉曜承歡鼓板一齣 第25冊
(清)張照等撰
舊抄本

皇子誕生承應慈雲錫類 吉曜充庭總本二齣 第25冊
(清)張照等撰
舊抄本

誕生承應慈雲錫類 吉曜充庭鼓板二齣 第26冊
(清)張照等撰
舊抄本

皇孫誕生慈雲錫類 吉曜充庭串關二齣 第26冊
(清)張照等撰
舊抄本

洗三承應大士顯靈 群仙呈技串關二齣 第26冊
(清)張照等撰
舊抄本

皇子洗三承應大士顯靈 群仙呈技總本二齣 第26冊
(清)張照等撰
舊抄本

洗三承應大士顯靈 群仙呈技鼓板二齣 第26冊
(清)張照等撰
舊抄本

皇子彌月承應山川鍾秀 福壽呈祥總本二齣 第26冊
(清)張照等撰
舊抄本

皇子彌月承應山川鍾秀 福壽呈祥鼓板二齣 第26冊
(清)張照等撰
舊抄本

五福五代一齣 第26冊
不著撰人
舊抄本

膺受多福 萬福攸同鼓板二齣 第26冊
(清)張照等撰
舊抄本

福壽雙喜鼓板一齣 第26冊
(清)張照等撰
舊抄本

北闕光明 河清海宴總本二齣 第26冊
(清)張照等撰
舊抄本(帶尺譜)

天官賜桶全串一齣 第26冊
(清)張照等撰
舊抄本

寒食承應追敘綿山 高懷沂水二齣 第26冊
(清)張照等撰
舊抄本

星雲景慶鼓板一齣 第26冊
不著撰人
舊抄本

添籌稱慶鼓板一齣 第26冊
不著撰人
舊抄本

福壽延年鼓板二齣 第26冊
不著撰人

喜朝五位 歲發四時鼓板二齣 第27冊
不著撰人
舊抄本
昇平集慶鼓板一齣 第27冊
不著撰人
舊抄本
萬花獻瑞鼓板一齣 第27冊
不著撰人
舊抄本
萬年長春富貴燈一齣 第27冊
不著撰人
舊抄本
萬年如思燈鼓板一齣 第27冊
不著撰人
舊抄本
日月合璧鼓板一齣 第27冊
不著撰人
舊抄本
日月合璧總本 曲譜一齣 第27冊
不著撰人
舊抄本(帶工尺譜)
一門五福鼓板一齣 第27冊
不著撰人
舊抄本
虞庭集福鼓板十齣 第27冊
不著撰人
舊抄本
天官賜福一齣 第27冊
(清)張照等撰
舊抄本
萬年甲子鼓板一齣 第27冊
不著撰人
舊抄本
祝福呈祥一齣 第27冊
不著撰人
舊抄本
百福駢臻總本一齣 第27冊
不著撰人
舊抄本
除夕承應如愿迎新串關一齣 第27冊
(清)張照等撰
舊抄本
萬年如意燈曲譜一齣 第27冊
不著撰人
舊抄本
膺受多福曲譜一齣 第27冊
(清)張照等撰
舊抄本
佛爺入宴承應慈容衍慶 蝠獻瓶開總本二齣 第27冊
(清)張照等撰
舊抄本
祀灶承應太和報最 司命錫禧二齣 第27冊
不著撰人
舊抄本
四海升平題綱 第27冊
(清)張照等撰
舊抄本
清平見喜 和合呈祥二齣 第27冊
不著撰人
舊抄本
上元前承應景星協慶 燈月交輝串關二齣 第27冊
不著撰人
舊抄本
萬壽唱福祿壽燈一齣 第27冊
不著撰人
舊抄本
祀灶承應太和報最 司命錫禧總本二齣 第27冊
不著撰人
舊抄本
御苑獻瑞一齣 第27冊
(清)張照等撰
舊抄本(帶工尺譜)
司命錫禧一齣 第27冊
不著撰人
舊抄本
萬年如意燈 地湧金蓮二齣 第27冊
(清)張照等撰
舊抄本
萬花向榮一齣 第27冊
不著撰人
舊抄本(帶工尺譜)
太和報最一齣 第27冊
不著撰人
舊抄本
除夕承應德門歡讌一齣 第27冊
不著撰人
舊抄本
立春承應早春朝賀 對雪題詩總本二齣 第27冊
不著撰人
舊抄本
中元承應佛旨度魔一齣 第27冊
(清)張照等撰
舊抄本
中元承應佛旨度魔 魔王佛串關二齣 第27冊
(清)張照等撰
舊抄本
花朝承應千春燕喜 百花獻壽串關二齣 第27冊
(清)張照等撰
舊抄本
除夕詠古賈島祭詩一齣 第27冊
不著撰人
舊抄本
名人墨寶承應戲二齣 第27冊
不著撰人
清康熙御抄本
慶綿延螽斯麟趾一齣 第27冊
(清)張照等撰
舊抄本
羅漢渡海一齣 第27冊
(清)張照等撰
舊抄本
承乾介壽六齣 第27冊
(清)張照等撰
舊抄本
頭本天香慶節(金烏)一齣 第27冊
不著撰人
舊抄本
天香慶節四卷 第28冊
不著撰人
舊抄本
妙華葉算殘本 第28冊
不著撰人
舊抄本
箕籌五福十二齣 第28冊
不著撰人
舊抄本

戲曲散齣

曲詞十九種附曲目 第29冊
舊抄本
洛神單本 第29冊
不著撰人
綴玉軒抄本
游湖借傘總本一齣 第29冊
不著撰人

舊抄本(帶工尺譜)

舊外二三學

末段犀鏡圓八齣 第29冊
不著撰人
舊外二學抄本

鬧花燈總本八齣 第29冊
不著撰人
舊外二學抄本

四段下南唐八齣 第30冊
不著撰人
舊外二學抄本

盤龍嶺總本四齣 第30冊
不著撰人
舊外三學抄本

玉鴛鴦三卷三十二齣 第30冊
(清)周杲撰
舊外二學抄本

玉鴛鴦三卷三十二齣 第30冊
(清)周杲撰
舊外二學抄本

金貂記八齣 第30冊
不著撰人
舊外二學抄本

通天犀總本四齣 第30冊
不著撰人
舊外三學抄本

通仙枕十段八齣 第30冊
不著撰人
舊外二學抄本

通仙枕十一段八齣 第31冊
不著撰人
舊外二學抄本

雙飛燕附鍾心招親 陳玉英崆峒 山女寇作亂等三種各八齣 第31冊
不著撰人
舊外二學抄本

佚名戲曲(演明傳光祖叛亂事)八冊六十六齣 第32–33冊
不著撰人
舊外二學抄本

舊大班

無暇璧三段串關 第33冊
夏綸撰
舊大班抄本

無暇璧五段題綱 第33冊
夏綸撰
舊大班抄本

平齡傳三段八齣 第33冊
不著撰人
舊大班抄本

平齡傳末段八齣 第33冊
不著撰人
舊大班抄本

皮簧和傳統劇目

施公案新傳總本十二卷 第34冊
清吟香館主人史松泉撰
清抄本

兩世因全串貫十八齣 第34冊
洗心道人(王氏)撰
清光緒二年(1876)抄本

俠烈奇緣、社會鏡、列婦奇觀

尤庚娘 第34冊
題山陰醉佛編
舊抄本

桃花劫

薄命花 第34冊
題山陰醉佛編
舊抄本

謔語奇緣全串貫二本 第35冊
不著撰人
舊抄本

義和團皮簧 第35冊
不著撰人
舊抄本

血手印 第35冊
不著撰人
舊抄本

普天樂 第35冊
不著撰人
(清)光緒十三年(1833)吳山人 守道人抄本

別窯總講 第35冊
不著撰人
郭菊簃抄本

樊江關 第35冊
不著撰人
舊抄本

謗可笑附曲目 第35冊
不著撰人
舊抄本(有吳曉鈴題記及買書目錄)

皮簧戲七種 第35冊
舊抄本

皮簧總本八種 第35冊
舊抄本

佚名曲本 第35冊
不著撰人
舊抄本

舊抄皮簧總本九種 第36冊
舊抄本

帶工尺樂調本

送客 趕車大字工尺譜 第36冊
(清)蔣士銓填詞
舊抄本

瑤臺總本 第36冊
不著撰人
舊抄本(帶工尺)

青塚記 大紅袍 了夢 香園工尺字韻譜 第36冊
舊抄本

渡江 第36冊
不著撰人
舊抄本(帶工尺)

哭長城大字工尺譜 第36冊
不著撰人
舊抄本

慶昇平 第36冊
不著撰人
舊抄本(工尺譜)

鐵龍山 第36冊
不著撰人
舊抄本(帶工尺)

鍾馗嫁妹不分卷 第36冊
不著撰人
舊抄本(帶工尺)

唱段集成不分卷 第36冊
不著撰人
舊抄本(帶工尺)

軍樂稿 第36冊
不著撰人
舊抄本(帶工尺)

戲曲十六種不分卷 第37冊
不著撰人
舊抄本(帶工尺)

影戲

鎮冤塔七本 第37–38冊
不著撰人
(清)道光十二年至二十七年(1832–1847)瑞祥堂吳記抄本

五虎傳十二卷附灤州影戲總講 第39–41冊
不著撰人

（清）同治十三年（1874）志成堂抄本
小英杰六本　第42册
不著撰人
舊抄本
散曲
林石逸興十卷　第43册
（明）薛論道撰
綏中吴氏綠雲山館據明萬曆刊本抄藏
雙溪樂府二卷　第44册
（明）張鍊撰
明抄本
樓居樂府二卷　第44册
（明）常倫著
據明嘉靖間章畝人刊本影抄本
丁綵小令　第44册
（明）丁綵撰 張維楊校
據明丘岘刊本影抄本
新編寡婦烈女詩曲 新編太平時賽賽駐雲飛 新編題西廂記詠十二月賽駐雲飛　第44册
不著撰人
據明成化七年（1472）金臺魯化刊本影抄
北徵集散曲抄　第44册
不著撰人
吴曉鈴抄本
詠畫炎涼圖便面不分卷　第44册
（清）沈逢吉 何承燕等作
舊抄本
小羅浮館雜曲　第44册
（清）趙對澂撰
吴曉鈴抄本
懷白軒南北曲一卷　第44册
（清）陸初望撰
吴曉鈴抄本
曲譜
仙音宗旨不分卷　第44册
不著撰人
清乾隆三十年（1765）載甯堂張永昶抄本
響遏行雲曲譜不分卷　第45册
不著撰人
民國十四年（1925）抄本
霓裳羽衣不分卷　第45册
不著撰人
清同治三年（1864）抄本
曲譜不分卷　第45册
不著撰人
舊抄本
自怡曲譜　第45册
（明）王鏊填詞 （清）王季烈作曲
精抄本
雜牌子名　第45册
舊抄本
松竹梅　第45册
不著撰人
清光緒二年（1876）胡仰橋抄本
潯陽譜不分卷　第45册
不著撰人
清光緒十三年（1887）戚學禮抄本
曲譜（工尺）不分卷　第45册
不著撰人
舊抄本
樂章（工尺字）不分卷　第46册
不著撰人
馬遠俊抄本
老板（即本調）不分卷　第46册
不著撰人
舊抄本
南府昆劇吹打譜不分卷　第46册
不著撰人
舊抄本
燕樂研究所樂譜不分卷　第46册
不著撰人
民國初年馬貴懋抄本
隨音雅韻十番鑼鼓譜　第46册
舊抄本
大十番星湯譜不分卷　第46册
不著撰人
清光緒元年（1875）胡仰橋抄本
大十番笛譜　第46册
張采田作
清光緒六年（1880）稿本
吹彈笛樂詞譜　第46册
題谷香手訂
舊抄本
簫曲　第46册
民國初年冠敬泉抄本
德音堂琴譜約選　第46册
題識字耕夫選
舊抄本
二簧月琴隨唱托板不分卷　第47册
不著撰人
別埜堂抄本
胡月琴工尺字代雜牌子不分卷　第47册
不著撰人
舊抄本
太平元夜鑼鼓譜不分卷　第47册
不著撰人
舊抄本
萬花燈鑼鼓譜　第47册
笑山氏著
清道光二十一年（1841）胡輔周抄本
一串珠鼓譜 一串珠星湯譜不分卷　第47册
不著撰人
舊抄本
雅俗共賞二章附《鎖南枝》采調板　第47册
題北平寔菴趙曾垚手著
舊抄本
乞盦集曲（丙辰抄）　第47册
胡席菴輯
民國五年（1916）舊抄本
乞盦集曲（戊午抄）　第47册
胡席菴輯
民國七年（1918）舊抄本
乞盦集曲（庚申抄）　第47册
胡席菴輯
民國九年（1920）舊抄本
曲譜雜錄不分卷　第47册
不著撰人
舊抄本
水門鑼鼓秘譜不分卷　第47册
胡席菴撰
宣統二年（1910）尚勛抄本
朱奴犯銀燈等工尺不分卷　第47册
不著撰人
舊抄本
游戲譜不分卷　第47册
不著撰人
舊抄本
逃亡不分卷　第47册
顧珠填詞
一九五一年吴曉鈴抄本
舒元炳紅樓夢題詞　第47册
許寶馴曲 俞平伯潤詞並注
北京昆曲研習社寫印本
止酒停雲室曲錄不分卷　第48册
署蜀莊手訂

伍倫全備忠孝記四卷　第14冊
(明)邱濬撰
明世德堂刊本
魏仲雪批評投筆記二卷　第14冊
(明)邱濬撰
明存誠堂刊本
舉鼎記二卷　第14冊
(明)邱濬撰
鈔本
重校五倫傳香囊記二卷　第15冊
(明)邵璨撰
明繼志齋刊本
薛平遼金貂記四卷　第15冊
(明)佚名撰
明富春堂刊本
韓朋十義記二卷　第15冊
(明)佚名撰
明富春堂刊本
劉漢卿白蛇記二卷　第16冊
(明)鄭國軒編集
明富春堂刊本
何文秀玉釵記四卷　第16冊
(明)心一山人編次
明富春堂刊本
蘇英皇后鸚鵡記二卷　第16冊
(明)佚名撰
明富春堂刊本
薛仁貴跨海征東白袍記二卷　第17冊
(明)佚名撰
明富春堂刊本
韓湘子九度文公昇仙記二卷　第17冊
(明)佚名撰
明富春堂刊本
玉茗堂批評續西廂昇仙記二卷　第17冊
(明)佚名撰
明刊本
臙脂記二卷　第17冊
(明)佚名撰
明文林閣刊本
浣紗記二卷　第18冊
(明)梁辰魚撰
明刊本
王商忠節癸靈廟玉玦記四卷　第18冊
(明)鄭若庸撰
明富春堂刊本
林冲寶劍記二卷　第19冊
(明)李開先撰
明嘉靖刊本
繡襦記四卷　第19冊
(明)薛近兗撰
明朱墨刊本
連環記二卷　第20冊
(明)王濟撰
鈔本
玉茗堂批評焚香記二卷　第20冊
(明)王玉峰撰
明刊本
陸天池西廂記二卷　第20冊
(明)陸采撰
明周居易刊本
明珠記二卷　第21冊
(明)陸采撰
汲古閣刊本
懷香記二卷　第21－22冊
(明)陸采撰
汲古閣刊本
鳴鳳記二卷　第22冊
(明)王世貞撰
汲古閣刊本
紅拂記四卷　第23冊
(明)張鳳翼撰
明朱墨刊本
徐孝克孝義祝髮記二卷　第23冊
(明)張鳳翼撰
明富春堂刊本
灌園記二卷　第24冊
(明)張鳳翼撰
明富春堂刊本
虎符記二卷　第24冊
(明)張鳳翼撰
明富春堂刊本
吕真人黄粱夢境記二卷　第24冊
(明)蘇漢英撰
明繼志齋刊本
四聲猿四卷　第24冊
(明)徐渭撰
明刊本
譚友夏批點想當然傳奇二卷　第25冊
(明)盧柟撰
明刊本
目連救母勸善戲文三卷　第25－26冊
(明)鄭之珍撰
明刊本
管鮑分金記四卷　第26冊
(明)葉良表撰
明富春堂刊本
李卓吾批評玉合記二卷　第27冊
(明)梅鼎祚撰
明容與堂刊本
長命縷二卷　第27冊
(明)梅鼎祚撰
明末刊本
綵毫記二卷　第28冊
(明)屠隆撰
汲古閣刊本
曇花記二卷　第28冊
(明)屠隆撰
明天繪樓刊本
修文記二卷　第29冊
(明)屠隆撰
明刊本
牡丹亭四卷　第29－30冊
(明)湯顯祖撰
明朱墨刊本
墨憨齋重定三會親風流夢二卷　第30冊
(明)湯顯祖撰
明墨憨齋刊本
李十郎紫簫記四卷　第31冊
(明)湯顯祖撰
明富春堂刊本
紫釵記二卷　第31冊
(明)湯顯祖撰
明柳浪館刊本
邯鄲夢記三卷　第32冊
(明)湯顯祖撰
明朱墨刊本
南柯夢二卷　第32冊
(明)湯顯祖撰
明刊本
義俠記二卷　第33冊
(明)沈璟撰
明繼志齋刊本
桃符記一卷　第33冊
(明)沈璟撰
鈔本
埋劍記二卷　第33冊
(明)沈璟撰
明繼志齋刊本
雙魚記二卷　第34冊
(明)沈璟撰
明繼志齋刊本

博笑記二卷 第 34 冊
（明）沈璟撰
明刊本
一種情二卷 第 34 冊
（明）沈璟撰
舊鈔本
藍橋玉杵記二卷 第 35 冊
（明）楊之炯撰
明萬曆刊本
玉簪記二卷 第 35 冊
（明）高濂撰
明繼志齋刊本
節孝記二卷 第 35 冊
（明）高濂撰
明世德堂刊本
紅梅記二卷 第 36 冊
（明）周朝俊撰
明刊本
雙珠記二卷 第 36－37 冊
（明）沈鯨撰
汲古閣刊本
鮫綃記二卷 第 37 冊
（明）沈鯨撰
舊鈔本
易鞋記二卷 第 37 冊
（明）沈鯨撰
明文林閣刊本
水滸記二卷 第 38 冊
（明）許自昌撰
汲古閣刊本
橘浦記二卷 第 38 冊
（明）許自昌撰
日本影印明刊本
節俠記二卷 第 38 冊
（明）許自昌改訂
明刊本
宵光記二卷 第 39 冊
（明）徐復祚撰
明刊本配鈔本
紅梨記四卷 第 39 冊
（明）徐復祚撰
明朱墨刊本
紅梨花記二卷 第 40 冊
（明）佚名撰
明刊本
丹桂記二卷 第 40 冊
（明）佚名撰
明刊本
奇遇玉丸記二卷 第 40 冊
（明）朱期撰
明刊本

古本戲曲叢刊二集
《古本戲曲叢刊》編輯委員會編
二〇一六年北京國家圖書館出版社
全三十九冊

張子房赤松記二卷 第 1 冊
（明）佚名撰
明文林閣刊本
高文舉珍珠記二卷 第 1 冊
（明）佚名撰
明文林閣刊本
觀世音修行香山記二卷 第 1 冊
（明）佚名撰
明富春堂刊本
觀音魚籃記二卷 第 1 冊
（明）佚名撰
明文林閣刊本
袁文正還魂記一卷 第 1 冊
（明）佚名撰
明文林閣刊本
劉秀雲臺記二卷 第 2 冊
（明）佚名撰
明文林閣刊本
王昭君出塞和戎記二卷 第 2 冊
（明）佚名撰
明富春堂刊本
范睢綈袍記四卷本 第 2 冊
（明）佚名撰
明富春堂刊本
青袍記二卷 第 3 冊
（明）佚名撰
明文林閣刊本
綵樓記一卷 第 3 冊
（明）佚名撰
舊鈔本
櫻桃夢二卷 第 3 冊
（明）陳與郊撰
明刊本
鸚鵡洲二卷 第 4 冊
（明）陳與郊撰
明刊本
麒麟罽二卷 第 4 冊
（明）陳與郊撰
明刊本
靈寶刀二卷 第 4 冊
（明）陳與郊撰
明刊本
獅吼記二卷 第 5 冊
（明）汪廷訥撰
汲古閣刊本
玉茗堂批評種玉記二卷 第 5 冊
（明）汪廷訥撰
明刊本
環翠堂樂府重訂天書記二卷 第 5 冊
（明）汪廷訥撰
明刊本
環翠堂樂府三祝記二卷 第 6 冊
（明）汪廷訥撰
明刊本
環翠堂樂府投桃記二卷 第 6 冊
（明）汪廷訥撰
明刊本
環翠堂樂府彩舟記二卷 第 7 冊
（明）汪廷訥撰
明刊本
環翠堂樂府義烈記二卷 第 7 冊
（明）汪廷訥撰
明刊本
八義記二卷 第 8 冊
（明）徐元撰
汲古閣刊本
五鬧蕉帕記二卷 第 8 冊
（明）單本撰
明文林閣刊本
青衫記二卷 第 8 冊
（明）顧大典撰
汲古閣刊本
錦箋記二卷 第 9 冊
（明）周履靖撰
明繼志齋刊本
鸞篦記二卷 第 9 冊
（明）葉憲祖撰
汲古閣刊本
四豔記四卷 第 9 冊
（明）葉憲祖撰
明刊本
竇禹鈞全德記二卷 第 10 冊
（明）王穉登撰
明廣慶堂刊本
驚鴻記二卷 第 10 冊
（明）吳世美撰

明世德堂刊本
旗亭記二卷　第10冊
(明)鄭之文撰
明繼志齋刊本
玉鏡臺記二卷　第11冊
(明)朱鼎撰
汲古閣刊本
櫻桃記二卷　第11冊
(明)史磐撰
明墨憨齋刊本
墨憨齋重定夢磊傳奇二卷　第11冊
(明)史盤撰 (明)馮夢龍校
長樂鄭氏藏墨憨齋刊本
狄梁公返周望雲忠孝記二卷　第12冊
(明)金懷玉撰
明文林閣刊本
雙鳳齊鳴記二卷　第12冊
(明)陸華甫撰
明世德堂刊本
春蕪記二卷　第12冊
(明)王錂撰
汲古閣刊本
四喜記二卷　第13冊
(明)謝讜撰
汲古閣刊本
金蓮記二卷　第13冊
(明)陳汝元撰
汲古閣刊本
龍膏記二卷　第14冊
(明)楊珽撰
汲古閣刊本
韓夫人題紅記二卷　第14冊
(明)王驥德撰
明繼志齋刊本
量江記二卷　第14冊
(明)佘翹撰
明繼志齋刊本
東方朔偷桃記二卷　第15冊
(明)吳德修撰
明廣慶堂刊本
武侯七勝記二卷　第15冊
(明)紀振倫撰
明唐振吾刊本
雙烈記二卷　第15冊
(明)張四維撰
汲古閣刊本
遍地錦二卷　第16冊
(明)姚子翼撰
舊鈔本
上林春二卷　第16冊
(明)姚子翼撰
舊鈔本
玉茗堂批評異夢記二卷　第16冊
(明)佚名撰
明刊本
粧樓記二卷　第17冊
(明)玩花主人撰
明刊本
釵釧記二卷　第17冊
(明)月榭主人撰
舊鈔本
冬青記二卷　第17冊
(明)卜大荒撰
明刊本
琴心記二卷　第18冊
(明)孫柚撰
汲古閣刊本
劍俠傳雙紅記二卷　第18冊
(明)佚名撰
明文林閣刊本
四美記二卷　第19冊
(明)佚名撰
明文林閣刊本
八義雙杯記二卷　第19冊
(明)佚名撰
明廣慶堂刊本
三桂聯芳記二卷　第19冊
(明)佚名撰
明德壽堂刊本
續精忠記二卷　第19冊
(明)湯子垂撰
舊鈔本
西湖記二卷　第20冊
(明)佚名撰
明唐振吾刊本
唐韋狀元自製箜篌記二卷　第20冊
(明)佚名撰
明刊本
孔夫子周遊列國大成麒麟記二卷
第20冊
(明)佚名撰
明刊本
墨憨齋詳定酒家傭傳奇二卷　第21冊
(明)陸無從等撰
明墨憨齋刊本
墨憨齋新定灑雪堂傳奇二卷　第21冊
(明)梅孝巳撰
明墨憨齋刊本
墨憨齋新訂精忠旗傳奇二卷　第22冊
(明)李梅實撰
明墨憨齋刊本
譚友夏鍾伯敬先生批評綰春園傳奇二卷
第22冊
(明)沈孚中撰
明末刊本
節義鴛鴦塚嬌紅記二卷　第23冊
(明)孟稱舜撰
明末刊本
張玉娘閨房三清鸚鵡墓貞文記二卷
第24冊
(明)孟稱舜撰
明末刊本
小青娘風流院傳奇二卷　第24－25冊
(明)朱宗藩撰
明德聚堂刊本
青虹嘯傳奇二卷　第25冊
(明)鄒玉卿撰
鈔本
匡山烈傳奇不分卷　第25冊
(明)朱九經撰
舊鈔本
望湖亭記二卷　第25冊
(明)沈自晉撰
明末刊本
翠屏山二卷　第26冊
(明)沈自晉撰
舊鈔本
千祥記二卷　第26冊
(明)無心子撰
舊鈔本
荷花蕩二卷　第26冊
(明)馬佶人撰
明末刊本
十錦塘不分卷　第26冊
(明)馬佶人撰
舊鈔本
東郭記二卷　第27冊
(明)孫仁儒撰
明末刊本
醉鄉記二卷　第27冊
(明)孫仁儒撰

明末刊本
墨憨齋重定雙雄傳奇二卷 第28冊
(明)馮夢龍撰
墨憨齋刊本
墨憨齋訂定萬事足傳奇二卷 第28冊
(明)馮夢龍撰
墨憨齋刊本
鳳求凰二卷 第29冊
(明)澹慧居士撰
明末刊本
喜逢春二卷 第29冊
(明)清嘯生撰
明末刊本
鴛鴦縧傳奇二卷 第29-30冊
(明)梅來道人撰
明末刊本
泊庵芙蓉影二卷 第30冊
(明)西泠長撰
明末刊本
花筵賺二卷 第30冊
(明)范文若撰
明末刊本
鴛鴦棒二卷 第31冊
(明)范文若撰
明末刊本
夢花酣二卷 第31冊
(明)范文若撰
明末刊本
懷遠堂批點燕子箋二卷 第32冊
(明)阮大鋮撰
明末刊本
詠懷堂新編十錯認春燈謎記二卷 第32-33冊
(明)阮大鋮撰
明末刊本
詠懷堂新編勘蝴蝶雙金榜記二卷 第33冊
(明)阮大鋮撰
明末刊本
遙集堂新編馬郎俠牟尼合記二卷 第34冊
(明)阮大鋮撰
明末刊本
劍嘯閣自訂西樓夢傳奇二卷 第34冊
(清)袁于令撰
明劍嘯閣刊本
劍嘯閣鷫鸘裘記二卷 第35冊
(清)袁于令撰
明末刊本
明月環傳奇二卷 第35冊
(明)西湖居士撰
明末刊本
詩賦盟傳奇二卷 第36冊
(明)西湖居士撰
明末刊本
靈犀錦傳奇二卷 第36冊
(明)西湖居士撰
明末刊本
鬱輪袍傳奇二卷 第37冊
(明)西湖居士撰
明末刊本
金鈿盒傳奇二卷 第37冊
(明)西湖居士撰
明末刊本
桃林賺傳奇二卷 第38冊
(明)佚名撰
舊鈔本
元宵鬧傳奇二卷 第38冊
(明)李素甫撰
鈔本
魏監磨忠記二卷 第38冊
(明)□闇甫撰
明末刊本
滑稽館新編三報恩傳奇二卷 第39冊
(明)畢魏撰
明末刊本
竹葉舟傳奇二卷 第39冊
(明)畢魏撰
鈔本
古本戲曲叢刊三集
《古本戲曲叢刊》編輯委員會編
二〇一六年北京國家圖書館出版社
全四十冊
五福記二卷 第1冊
(明)鄭若庸撰
舊鈔本
竊符記二卷 第1冊
(明)張鳳翼撰
舊鈔本
重校十無端巧合紅蕖記二卷 第1冊
(明)沈璟撰
明刊本
金鎖記二卷 第2冊
(明)葉憲祖撰
舊鈔本
投梭記二卷 第2冊
(明)徐復祚撰
汲古閣刊本
靈犀佩傳奇二卷 第3冊
(明)許自昌撰
鈔本
新刻宋璟鶼釵記二卷 第3冊
(明)史磐撰
明刊本
二胥記二卷 第3冊
(明)孟稱舜撰
鈔本
雙螭璧二卷 第4冊
(明)鄒玉卿撰
舊鈔本
筆耒齋訂定二奇緣傳奇二卷 第4冊
(明)許恒撰
明末刊本
弄珠樓二卷 第5冊
(明)王异撰
明末刊本
識閒堂第一種韈西廂二卷 第5冊
(明)周公魯撰
明末刊本
蝴蝶夢二卷 第6冊
(明)謝國撰
明末刊本
緑牡丹傳奇二卷 第6冊
(明)吳炳撰
明末刊本
療妒羹記二卷 第7冊
(明)吳炳撰
明末刊本
西園記二卷 第7冊
(明)吳炳撰
明末刊本
畫中人傳奇二卷 第8冊
(明)吳炳撰
明末刊本
情郵傳奇二卷 第8-9冊
(明)吳炳撰
明末刊本
紅情言二卷 第9冊
(明)王翊撰
清初刊本
景園記傳奇二卷 第10冊

龍燈賺二卷 第27冊
(清)朱雲從撰
舊鈔本
御袍恩二卷 第27冊
(清)邱園撰
舊鈔本
黨人碑一卷 第28冊
(清)邱園撰
舊鈔本
幻緣箱傳奇一卷 第28冊
(清)邱園撰
舊鈔本
天馬媒二卷 第29冊
(清)劉方撰
暖紅室刊本
倒鴛鴦傳奇二卷 第29冊
(清)朱英撰
清順治刊本
玉鴛鴦三卷 第30冊
(清)周坦綸撰
舊鈔本
醉菩提傳奇二卷 第30冊
(清)張大復撰
鈔本
重重喜傳奇二卷 第31冊
(清)張大復撰
鈔本
雙福壽二卷 第31冊
(清)張大復撰
舊鈔本
吉祥兆二卷 第31冊
(清)張大復撰
舊鈔本
金剛鳳傳奇二卷 第31-32冊
(清)張大復撰
稿本
快活三二卷 第32冊
(清)張大復撰
舊鈔本
紫瓊瑤二卷 第32冊
(清)張大復撰
舊鈔本
釣魚船二卷 第32冊
(清)張大復撰
舊鈔本
如是觀二卷 第33冊
(清)張大復撰
舊鈔本
海潮音二卷 第33冊
(清)張大復撰
舊鈔本
讀書聲二卷 第33冊
(清)張大復撰
舊鈔本
人中龍傳奇二卷 第33冊
(清)盛際時撰
鈔本
新編臙脂雪傳奇二卷 第34冊
(清)盛際時撰
舊鈔本
雙冠誥二卷 第34冊
(清)陳二白撰
舊鈔本
稱人心二卷 第34冊
(清)陳二白撰
舊鈔本
長生樂二卷 第34冊
(清)張勻撰
舊鈔本
金瓶梅二卷 第35冊
(清)鄭小白撰
舊鈔本
非非想二卷 第35冊
(清)王續古撰
舊鈔本
秋虎丘二卷 第36冊
(清)王鑨撰
清初刊本
雙蝶夢二卷 第37冊
(清)王鑨撰
清初刊本
紅羅鏡一卷 第37冊
(清)傅山撰
鉛印本
新編磨塵鑑二卷 第37冊
(清)鈕格撰
鈔本
繡幃燈傳奇二卷 第38冊
(清)孫郁撰
稿本
新編雙魚珮傳奇二卷 第38冊
(清)孫郁撰
稿本
天寶曲史二卷 第39冊
(清)孫郁撰
稿本
夏爲堂人天樂傳奇二卷 第39-40冊
(清)黄周星撰
清初刊本
鴛鴦夢傳奇二卷 第40冊
(清)採芝客撰
清初刊本

古本戲曲叢刊四集
《古本戲曲叢刊》編輯委員會編
二〇一六年北京國家圖書館出版社
全四十冊
元刊雜劇三十種 第1冊
(元)佚名輯
元刊本
大都新編關張雙赴西蜀夢 第1冊
(元)關漢卿撰
新刊關目閨怨佳人拜月亭 第1冊
(元)關漢卿撰
古杭新刊的本關大王單刀會 第1冊
(元)關漢卿撰
新刊關目詐妮子調風月 第1冊
(元)關漢卿撰
新刊關目好酒趙元遇上皇 第1冊
(元)高文秀撰
大都新編楚昭王疏者下船 第1冊
(元)鄭廷玉撰
新刊關目看錢奴買冤家債主 第1冊
(元)鄭廷玉撰
新刊的本泰華山陳摶高臥 第1冊
(元)馬致遠撰
新刊關目馬丹陽三度任風子 第1冊
(元)馬致遠撰
新刊的本散家財天賜老生兒 第1冊
(元)武漢臣撰
古杭新刊的本尉遲恭三奪槊 第1冊
(元)尚仲賢撰
新刊關目漢高皇濯足氣英布 第1冊
(元)尚仲賢撰
趙氏孤兒 第1冊
(元)紀君祥撰
古杭新刊的本關目風月紫雲庭 第1冊
(元)石君寶撰
大都新編關目公孫汗衫記 第1冊
(元)張國賓撰
新刊的本薛仁貴衣錦還鄉 第1冊

(元)張國賓撰
新刊關目張鼎智勘魔合羅　第1册
(元)孟漢卿撰
古杭新刊關目的本李太白貶夜郎　第1册
(元)王伯成撰
新編岳孔目借鐵拐李還魂　第1册
(元)岳伯川撰
新編關目晉文公火燒介子推　第1册
(元)狄君厚撰
大都新刊關目的本東窗事犯　第1册
(元)金仁傑撰
古杭新刊關目霍光鬼諫　第1册
(元)楊梓撰
新刊死生交范張雞黍　第1册
(元)宮天挺撰
新刊關目嚴子陵垂釣七裡灘　第1册
(元)宮天挺撰
古杭新刊關目輔成王周公攝政　第1册
(元)鄭光祖撰
新刊關目蕭何月夜追韓信　第1册
(元)金仁傑撰
新刊關目陳季卿悟道竹葉舟　第1册
(元)范康撰
新刊關目諸葛亮博望燒屯　第1册
(元)佚名撰
新編足本關目張千替殺妻　第1册
(元)佚名撰
古杭新刊小張屠焚兒救母　第1册
(元)佚名撰
古雜劇　第2册
(明)王驥德編
明萬曆顧曲齋刊本
望江亭中秋切鱠旦　第2册
(元)關漢卿撰
溫太真玉鏡臺　第2册
(元)關漢卿撰
白敏中㑇梅香　第2册
(元)鄭德輝撰
錢大尹智勘緋衣夢　第2册
(元)關漢卿撰
玉簫女兩世姻緣　第2册
(元)喬夢符撰
江州司馬青衫淚　第2册
(元)馬致遠撰
洞庭湖柳毅傳書　第2册
(元)尚仲賢撰
李太白匹配金錢記　第2册
(元)喬夢符撰
李亞仙花酒麴江池　第2册
(元)石君寶撰
蕭淑蘭情寄菩薩蠻　第2册
(元)賈仲名撰
迷青瑣倩女離魂　第2册
(元)鄭德輝撰
杜蕊娘智賞金線池　第2册
(元)關漢卿撰
臨江驛瀟湘夜雨　第3册
(元)楊顯之撰
荊楚臣重對玉梳　第3册
(元)賈仲名撰
李雲英風送梧桐葉　第3册
(元)喬夢符撰
漢元帝孤雁漢宮秋　第3册
(元)馬致遠撰
唐明皇秋夜梧桐雨　第3册
(元)白仁甫撰
秦修然竹塢聽琴　第3册
(元)石子章撰
宋太祖龍虎風雲會　第3册
(元)羅貫中撰
謝金蓮詩酒紅梨花　第3册
(元)張壽卿撰
脈望館鈔校本古今雜劇　第3册
(明)趙琦美鈔校
明鈔本
破幽夢孤雁漢宮秋　第3册
(元)馬致遠撰
古名家本
馬丹陽三度任風子　第4册
(元)馬致遠撰
鈔本
呂洞賓三醉嶽陽樓　第4册
(元)馬致遠撰
古名家本
江州司馬青衫淚　第4册
(元)馬致遠撰
古名家本
半夜雷轟薦福碑　第4册
(元)馬致遠撰
古名家本
西華山陳摶高臥　第4册
(元)馬致遠撰
古名家本
孟浩然踏雪尋梅　第4册
(元)馬致遠撰
息機子本
開壇闡教黃粱夢　第4册
(元)馬致遠撰
古名家本
蘇子瞻風雪貶黃州　第4册
(元)費唐臣撰
鈔本
四丞相歌舞麗春堂　第4册
(元)王實甫撰
古名家本
呂蒙正風雪破窯記　第4册
(元)王實甫撰
鈔本
死生交范張雞黍　第5册
(元)宮大用撰
息機子本
杜蘂娘智賞金線池　第5册
(元)關漢卿撰
古名家本
劉夫人慶賞五侯宴　第5册
(元)關漢卿撰
鈔本
關大王獨赴單刀會　第5册
(元)關漢卿撰
鈔本
趙盼兒風月救風塵　第5册
(元)關漢卿撰
古名家本
溫太真玉鏡臺　第5册
(元)關漢卿撰
古名家本
望江亭中秋切鱠旦　第5册
(元)關漢卿撰
息機子本
錢大尹智寵謝天香　第5册
(元)關漢卿撰
古名家本
鄧夫人苦痛哭存孝　第5册
(元)關漢卿撰
鈔本
錢大尹智勘緋衣夢　第5册
(元)關漢卿撰
古名家本
包待制三勘蝴蝶夢　第5册

(元)關漢卿撰
古名家本
感天動地竇娥冤 第6冊
(元)關漢卿撰
古名家本
山神廟裴度還帶 第6冊
(元)關漢卿撰
鈔本
尉遲恭單鞭奪槊 第6冊
(元)關漢卿撰
鈔本
狀元堂陳母教子 第6冊
(元)關漢卿撰
鈔本
唐明皇秋夜梧桐雨 第6冊
(元)白仁甫撰
古名家本
董秀英花月東牆記 第6冊
(元)白仁甫撰
鈔本
裴少俊牆頭馬上 第6冊
(元)白仁甫撰
古名家本
保成公徑赴澠池會 第6冊
(元)高文秀撰
鈔本
好酒趙元遇上皇 第7冊
(元)高文秀撰
劉玄德獨赴襄陽會 第7冊
(元)高文秀撰
立成湯伊尹耕莘 第7冊
(元)鄭德輝撰
鍾離春智勇定齊 第7冊
(元)鄭德輝撰
㑳梅香騙翰林風月 第7冊
(元)鄭德輝撰
息機子本
醉思鄉王粲登樓 第7冊
(元)鄭德輝撰
古名家本
迷青瑣倩女離魂 第7冊
(元)鄭德輝撰
古名家本
虎牢關三戰呂布 第8冊
(元)鄭德輝撰
張子房圯橋進履 第8冊
(元)李文蔚撰

同樂院燕青博魚 第8冊
(元)李文蔚撰
破苻堅蔣神靈應 第8冊
(元)李文蔚撰
鈔本
老莊週一枕蝴蝶夢 第8冊
(元)史九敬先撰
鈔本
張孔目智勘魔合羅 第8冊
(元)孟漢卿撰
古名家本
陶學士醉寫風光好 第9冊
(元)戴善夫撰
古名家本
東堂老勸破家子弟 第9冊
(元)秦簡夫撰
息機子本
孝義士趙禮讓肥 第9冊
(元)秦簡夫撰
息機子本
陶母剪髮待賓 第9冊
(元)秦簡夫撰
鈔本
宋上皇御斷金鳳釵 第9冊
(元)鄭廷玉撰
鈔本
布袋和尚忍字記 第9冊
(元)鄭廷玉撰
息機子本
楚昭公疏者下船 第9冊
(元)鄭廷玉撰
鈔本
看財奴買冤家債主 第10冊
(元)鄭廷玉撰
息機子本
包龍圖智勘後庭花 第10冊
(元)鄭廷玉撰
古名家本
斷冤家債主 第10冊
(元)鄭廷玉撰
鈔本
宋太祖龍虎風雲會 第10冊
(元)羅貫中撰
古名家本
諸葛亮博望燒屯 第10冊
(元)佚名撰
鈔本

龐涓夜走馬陵道 第10冊
(元)佚名撰
鈔本
忠義士豫讓吞炭 第10冊
(元)佚名撰
古名家本
錦雲堂美女連環計 第10冊
(元)佚名撰
息機子本
蘇子瞻醉寫赤壁賦 第10冊
(元)佚名撰
古名家本
鄭月蓮秋夜雲窗夢 第11冊
(元)佚名撰
鈔本
王月英元夜留鞋記 第11冊
(元)佚名撰
息機子本
河南府張鼎勘頭巾 第11冊
(元)孫仲章撰
古名家本
硃砂擔滴水浮漚記 第11冊
(元)佚名撰
貨郎旦 第11冊
(元)佚名撰
敬德不伏老 第11冊
(元)佚名撰
施仁義劉弘嫁婢 第11冊
(元)佚名撰
劉千病打獨角牛 第11冊
(元)佚名撰
殺狗勸夫 第12冊
(元)佚名撰
大婦小妻還牢末 第12冊
(元)佚名撰
講陰陽八卦桃花女 第12冊
(元)佚名撰
玎玎璫璫盆兒鬼 第12冊
(元)佚名撰
鈔本
劉玄德醉走黃鶴樓 第12冊
(元)佚名撰
鈔本
玉清庵錯送鴛鴦被 第12冊
(元)佚名撰
古名家本
關雲長千里獨行 第12冊

(元)佚名撰
鈔本
孟光女舉案齊眉 第12冊
(元)佚名撰
鈔本
雁門關存孝打虎 第13冊
(元)佚名撰
狄青復奪衣襖車 第13冊
(元)佚名撰
摩利支飛刀對箭 第13冊
(元)佚名撰
降桑椹蔡順奉母 第13冊
(元)佚名撰
羅李郎大鬧相國寺 第13冊
(元)佚名撰
古名家本
馬丹陽度脱劉行首 第13冊
(元)佚名撰
古名家本
閥閱舞射柳蕤丸記 第13冊
(元)佚名撰
鈔本
逞風流王煥百花亭 第13冊
(元)佚名撰
鈔本
龍濟山野猿聽經 第14冊
(元)佚名撰
古名家本
二郎神醉射鎖魔鏡 第14冊
(元)佚名撰
古名家本
漢鍾離度脱藍彩和 第14冊
(元)佚名撰
古名家本
李雲英風送梧桐葉 第14冊
(元)佚名撰
古名家本
趙匡義智娶符金錠 第14冊
(元)佚名撰
息機子本
包待制智賺生金閣 第14冊
(元)佚名撰
息機子本
包待制智斬魯齋郎 第14冊
(元)關漢卿撰
古名家本
張公藝九世同居 第14冊
(元)佚名撰
息機子本
月明和尚度柳翠 第14冊
(元)佚名撰
古名家本
沖漠子獨步大羅天 第14冊
(明)丹邱先生撰
鈔本
卓文君私奔相如 第14冊
(明)丹邱先生撰
鈔本
劉晨阮肇誤入天臺 第14冊
(明)王子一撰
息機子本
黄廷道夜走流星馬 第14冊
(明)黄元吉撰
鈔本
呂洞賓三度城南柳 第15冊
(明)谷子敬撰
古名家本
鐵拐李度金童玉女 第15冊
(明)賈仲名撰
古名家本
呂洞賓桃柳昇仙夢 第15冊
(明)賈仲名撰
古名家本
蕭淑蘭情寄菩薩蠻 第15冊
(明)賈仲名撰
古名家本
荊楚臣重對玉梳 第15冊
(明)賈仲名撰
古名家本
翠紅鄉兒女兩團圓 第15冊
(明)楊文奎撰
息機子本
宴清都作洞天玄記 第15冊
(明)楊慎撰
古名家本
獨樂園司馬入相 第15冊
(明)桑紹良撰
鈔本
灌將軍使酒罵座記 第15冊
(明)佚名撰
古名家本
金翠寒衣記 第15冊
(明)佚名撰
古名家本
漁陽三弄 第15冊
(明)佚名撰
古名家本
玉通和尚罵紅蓮 第15冊
(明)佚名撰
古名家本
木蘭女 第15冊
(明)佚名撰
古名家本
黄崇嘏女狀元 第15冊
(明)佚名撰
古名家本
僧尼共犯 第16冊
(明)佚名撰
鈔本
東華仙三度十長生 第16冊
(明)朱有燉撰
古名家本
群仙慶壽蟠桃會 第16冊
(明)朱有燉撰
古名家本
呂洞賓花月神仙會 第16冊
(明)朱有燉撰
古名家本
惠禪師三度小桃紅 第16冊
(明)朱有燉撰
古名家本
張天師明斷辰鉤月 第16冊
(明)朱有燉撰
鈔本
洛陽風月牡丹仙 第16冊
(明)朱有燉撰
鈔本
清河縣繼母大賢 第16冊
(明)朱有燉撰
古名家本
趙貞姬身後團圓夢 第16冊
(明)朱有燉撰
古名家本
劉盼春守志香囊怨 第16冊
(明)朱有燉撰
古名家本
李亞仙花酒麴江池 第16冊
(明)朱有燉撰
古名家本
紫陽仙三度常椿壽 第16冊
(明)朱有燉撰

古名家本
福祿壽仙官慶會 第 16 册
(明)朱有燉撰
鈔本
十美人慶賞牡丹園 第 17 册
(明)朱有燉撰
鈔本
善知識苦海回頭 第 17 册
(明)朱有燉撰
古名家本
瑤池會八仙慶壽 第 17 册
(明)朱有燉撰
鈔本
黑旋風仗義疏財 第 17 册
(明)朱有燉撰
鈔本
伍子胥鞭伏柳盜蹠(春秋故事) 第 17 册
佚名撰
十八國臨潼鬥寶(春秋故事) 第 17 册
佚名撰
田穰苴伐晉興齊(春秋故事) 第 17 册
佚名撰
後七國樂毅圖齊(春秋故事) 第 17 册
佚名撰
吴起敵秦掛帥印(春秋故事) 第 17 册
佚名撰
守貞節孟母三移(春秋故事) 第 18 册
佚名撰
漢公卿衣錦還鄉(西漢故事) 第 18 册
佚名撰
運機謀隨何騙英布(西漢故事) 第 18 册
佚名撰
隨何賺風魔蒯徹(西漢故事) 第 18 册
佚名撰
韓元帥暗度陳倉(西漢故事) 第 18 册
佚名撰
司馬相如題橋記(西漢故事) 第 18 册
佚名撰
馬援撾打聚獸牌(東漢故事) 第 19 册
佚名撰
雲臺門聚二十八將(東漢故事) 第 19 册
佚名撰
漢姚期大戰邳仝(東漢故事) 第 19 册
佚名撰
孝義士趙禮讓肥(東漢故事) 第 19 册
佚名撰
寇子翼定時捉將(東漢故事) 第 19 册
佚名撰
鄧禹定計捉彭寵(東漢故事) 第 19 册
佚名撰
十樣錦諸葛論功(三國故事) 第 19 册
佚名撰
曹操夜走陳倉路(三國故事) 第 19 册
佚名撰
陽平關五馬破曹(三國故事) 第 20 册
佚名撰
走鳳雛龐統掠四郡(三國故事) 第 20 册
佚名撰
周公瑾得志娶小喬(三國故事) 第 20 册
佚名撰
張翼德單戰吕布(三國故事) 第 20 册
佚名撰
莽張飛大鬧石榴園(三國故事) 第 20 册
佚名撰
關雲長單刀劈四寇(三國故事) 第 20 册
佚名撰
壽亭侯怒斬關平(三國故事) 第 21 册
佚名撰
關雲長大破蚩尤(三國故事) 第 21 册
佚名撰
劉關張桃園三結義(三國故事) 第 21 册
佚名撰
張翼德三出小沛(三國故事) 第 21 册
佚名撰
張翼德大破杏林莊(三國故事) 第 21 册
佚名撰
陶淵明東籬賞菊(六朝故事) 第 21 册
佚名撰
長安城四馬投唐(唐代故事) 第 21 册
佚名撰
立功勳慶賞端陽(唐代故事) 第 21 册
佚名撰
賢達婦龍門隱秀(唐代故事) 第 22 册
佚名撰
招涼亭賈島破風詩(唐代故事) 第 22 册
佚名撰
衆僚友喜賞浣花溪(唐代故事) 第 22 册
佚名撰
魏徵改詔風雲會(唐代故事) 第 22 册
佚名撰
程咬金斧劈老君堂(唐代故事) 第 22 册
佚名撰
徐茂公智降秦叔寶(唐代故事) 第 22 册
佚名撰
小尉遲將鬥將將鞭認父(唐代故事) 第 22 册
佚名撰
尉遲恭鞭打單雄信(唐代故事) 第 23 册
佚名撰
十八學士登瀛洲(唐代故事) 第 23 册
佚名撰
唐李靖陰山破虜(唐代故事) 第 23 册
佚名撰
李嗣源復奪紫泥宣(五代故事) 第 23 册
佚名撰
飛虎峪存孝打虎(五代故事) 第 23 册
佚名撰
壓關樓疊掛午時牌(五代故事) 第 23 册
佚名撰
存仁心曹彬下江南(宋代故事) 第 23 册
佚名撰
八大王開詔救忠臣(宋代故事) 第 23 册
佚名撰
楊六郎調兵破天陣(宋代故事) 第 24 册
佚名撰
焦光贊活拿蕭天佑(宋代故事) 第 24 册
佚名撰
宋大將岳飛精忠(宋代故事) 第 24 册
佚名撰

清刻本
四友記二卷 第22册
(清)永恩撰
清抄本
吐絨記不分卷 第23册
(明)佚名撰
清抄本
笠翁傳奇十種二十卷 第23－28册
(清)李漁撰
清翼聖堂刻本
意中緣傳奇二卷 第29册
(清)李漁撰
清順治刻本
五鹿塊傳奇二卷 第29册
(清)許廷録撰
清抄本
擁雙豔三種六卷 第30－31册
(清)萬樹撰
清康熙萬氏粲花别墅刻本
後一捧雪二卷 第32册
(清)胡雲壑撰
清康熙天樞閣寫刻本
忠孝福二卷 第32册
(清)黄之雋撰
清刻本
御爐香二卷 第33册
(清)李漫翁撰
稿本
錦香亭三卷 第33册
(清)石琰撰
清乾隆清素堂刻本
太平樂府玉勾十三種 第34－37册
(清)吴震生撰
清乾隆武林田翠舍刻本
沈賓漁四種曲八卷 第38－39册
(清)沈起鳳撰
清嘉慶古香林刻本
鸜鵒夢記 第40册
(清)趙開夏撰
清初刻本
新西廂二卷 第40册
(清)張錦菊撰
清乾隆刻本
慶安瀾傳奇二卷 第40册
(清)佚名撰
清抄本
兩度梅三卷 第40册
(清)石琰撰
清抄本
蘭桂仙傳奇二卷蘭桂仙曲譜二卷 第41册
(清)左潢撰
清嘉慶七年至八年(1802－1803)藤花書舫刻本
桂花塔傳奇二卷 第42册
(清)左潢撰
清嘉慶十七年(1812)天香館刻本
紫霞巾傳奇二卷 第42册
(清)榕西逸客編
清嘉慶六年(1801)刻本
遊仙夢不分卷 第42册
(清)佚名撰
清嘉慶敦美堂刻本
三星圓四集八卷 第43－44册
(清)王懋昭撰
清嘉慶十五年(1810)尺木堂刻本
春草堂黄河遠二卷 第45册
(清)謝堃撰
清道光十年(1830)春草堂刻本
合浦珠傳奇二卷 第45册
(清)經濟撰
清道光十六年(1836)刻本
芙蓉碣傳奇二卷 第45册
(清)張雲驤撰
清光緒九年(1883)張雲驤刻本
青溪笑二卷 第46册
(清)蓉鷗漫叟撰
清嘉慶刻本
冬至承應玉女獻盆一卷 第46册
佚名撰
清昇平署抄本
摘星樓傳奇二卷 第46册
(清)劉百章撰
清抄本
警黄鍾傳奇十齣附録二齣 第46册
洪炳文撰
清光緒三十二年(1906)新小説社鉛印本
天妃廟傳奇 第46册
林紓撰
民國六年(1917)商務印書館鉛印本
合浦珠傳奇 第46册
林紓撰
民國六年(1917)商務印書館鉛印本

散曲類

樂府群珠不分卷 第47－48册
(明)佚名選輯
抄本
吴騷集四卷存二卷 第48册
(明)王穉登選
明萬曆刻本
彩筆情辭十二卷 第48－50册
(明)張栩輯
明天啓四年(1624)刻本
樂府餘音一卷 第50册
(明)楊廷和撰
明嘉靖刻本
陶情樂府四卷續集一卷拾遺一卷 第51册
(明)楊慎撰
明嘉靖三十年(1551)簡紹芳刻本
明農軒樂府一卷 第51册
(明)殷士儋撰
明萬曆六年(1578)刻本
秋水庵花影集五卷 第51－53册
(清)施子野撰
清乾隆十七年(1752)博古堂刻本
鵲亭樂府四卷 第53册
(清)陸楙撰
清康熙三十一年(1692)南田草堂刻本
流楚集不分卷 第53册
(清)沈非病撰
清初何處樓刻本

曲選類

詞林摘豔十卷 第54－57册
(明)張禄編
明萬曆二十五年(1597)内府刻本
選古今南北劇十卷 第58册
(明)徐渭輯
明清遠齋刻本
新刻出像點板增訂樂府珊珊集四卷 第58册
(明)周之標輯
明崇禎刻本

曲譜曲律類

太和正音譜二卷 第59册
(明)朱權撰
明抄本
北詞譜十四卷臆論一卷附一卷 第59－60册
(明)徐慶卿編

歐陽德第四本 第24－25冊
鈔本
歐陽德智破紫金山 第25冊
鈔本
擒方臘 第25冊
鈔本
蝴蝶杯 第25冊
鈔本
罵王朗 第26冊
鈔本
德政芳 第26冊
鈔本
慶元宵七星鬧花燈 第26冊
鈔本
潯陽樓 第27冊
鈔本
選元戎 第27冊
鈔本
擋亮 第27冊
鈔本
戰合肥 第27冊
鈔本
戰渭南 第27冊
鈔本
戰濮州 第27冊
鈔本
戰濮陽 第27冊
鈔本
冀州 第27冊
鈔本
穆天王 第27冊
鈔本
錘換帶 第27冊
鈔本
獬豸洞 第27冊
鈔本
鴛鴦淚 第27冊
鈔本
龍喜鎮 第27冊
鈔本
激周瑜 第27冊
鈔本
藏珍樓 第28冊
鈔本
韓信 第28冊
鈔本
戲鳳姐 第28冊
鈔本
賺歷城 第28冊
鈔本
黛玉葬花 第28冊
鈔本
鴻門宴 第28冊
鈔本
鵲橋 第29冊
鈔本
雙合印 第29冊
鈔本
雙牡丹 第29冊
鈔本
雙鈴記 第29冊
鈔本
鎮潭州 第29冊
鈔本
闖山 第29冊
鈔本
勸農 第29冊
鈔本
孽海計 第29冊
鈔本
贈綈袍 第29冊
鈔本
羅成 第29冊
鈔本
廬州城 第29冊
鈔本
辭朝 第29冊
鈔本
蘭娘 第29－30冊
鈔本
獻成都 第30冊
鈔本
霸王別姬 第30冊
鈔本
鐵籠山 第30冊
鈔本
竊兵符 第30冊
鈔本
顯魂 第30冊
鈔本
讓徐州 第30冊
鈔本
麟骨床 第30冊
鈔本
豔陽樓 第30冊
鈔本
不知名劇一種 第30冊
鈔本

鄭振鐸藏古吳蓮勺廬抄本戲曲百種
殷夢霞
二〇〇九年北京國家圖書館出版社
二十五冊

國家圖書館藏《牡丹亭》珍本叢刊
國家圖書館出版社編
二〇一八年北京國家圖書館出版社
十六冊
牡丹亭還魂記二卷 第1冊
（明）湯顯祖撰
明萬曆刻本
新刻牡丹亭還魂記四卷 第1冊
（明）湯顯祖撰
明萬曆金陵文林閣刻本
牡丹亭還魂記二卷 第2冊
（明）湯顯祖撰
明刻本
玉茗堂丹青記二卷 第3冊
（明）湯顯祖撰（明）陳繼儒評
明刻本
牡丹亭四卷 第3－4冊
（明）湯顯祖撰（明）茅暎 臧懋循評
明泰昌元年(1620)吳興閔氏朱墨套印本
清暉閣批點玉茗堂還魂記二卷 第5冊
（明）湯顯祖撰（明）張弘毅訂正
明天啓三年(1623)著壇刻本
牡丹亭還魂記四卷 第5－6冊
（明）湯顯祖撰
明天啓五年(1625)梁臺卿刻《詞壇雙艷》本
湯義仍先生牡丹亭記二卷 第6冊
（明）湯顯祖撰
明天啓刻本
還魂記二卷 第7冊
（明）湯顯祖撰
明崇禎虞山毛氏汲古閣刻本
牡丹亭還魂記二卷 第8冊
（明）湯顯祖撰
明崇禎刻本
牡丹亭還魂記二卷 第8－9冊
（明）湯顯祖撰（明）朱元鎮校
明末朱元鎮校刻本

還魂記二卷 第 9 冊
(明)湯顯祖撰 (明)徐日喜曦刪定
明末刻本
墨憨齋重訂三會親風流夢二卷 第 9 冊
(明)湯顯祖撰 (明)馮夢龍更定
明末刻本
還魂記定本二卷 第 10 冊
(明)湯顯祖撰 (明)半園刪定
清初刻本
鈕少雅格正牡丹亭二卷 第 10 冊
(明)湯顯祖撰
清康熙三十三年(1694)胡介祉谷園刻本
吳吳山三婦合評牡丹亭還魂記二卷 第 11 冊
(明)湯顯祖撰 (清)陳同等評點
清康熙三十三年(1694)夢園刻本
牡丹亭還魂記八卷 第 12 冊
(明)湯顯祖撰
清乾隆怡府刻本
才子牡丹亭不分卷 第 13 冊
(明)湯顯祖撰 (清)笠閣漁翁評
清嘉慶十三年(1808)小倉山房刻本
吳吳山三婦合評牡丹亭還魂記二卷 第 14 冊
(明)湯顯祖撰 (清)陳同等評點
清同治九年(1870)刻本
新選牡丹亭還魂記全本 第 15 冊
(清)程秋泉輯
清刻本
牡丹亭還魂記八卷 第 15－16 冊
(明)湯顯祖撰
清刻袖珍本

齊如山百舍齋藏善本知見錄
俞冰編著
二〇一七年北京國家圖書館出版社
二冊

美國漢廳頓圖書館藏《永樂大典》
國家圖書館出版社
一冊

大英圖書館藏《永樂大典》
國家圖書館出版社
二十四冊

英國阿伯丁大學圖書館藏《永樂大典》
國家圖書館出版社
一冊

英國劍橋大學圖書館藏《永樂大典》
國家圖書館出版社
二冊

德國柏林民族學博物館藏《永樂大典》
國家圖書館出版社
四冊

清代名人尺牘選粹
國家圖書館出版社
三十四冊

二、四庫全書系列

SK(1－1500)

四庫全書附索引
一九八七年上海古籍出版社影印本
一五〇一冊
欽定四庫全書總目二百卷卷首四卷 SK/第 1－5 冊
(清)永瑢撰 (清)紀昀等撰
四庫抽燬書提要書名及著者姓名索引(欽定四庫全書總目附) SK/第 5 冊
欽定四庫全書簡明目錄二十卷書名及著者姓名索引附補遺一卷 SK/第 6 冊
(清)永瑢 (清)紀昀等撰

經部

子夏易傳十一卷 SK/第 7 冊
(周)卜子夏撰
周易鄭康成註一卷 SK/第 7 冊
(漢)鄭玄撰 (宋)王應麟編
增補鄭氏周易三卷 SK/第 7 冊
(漢)鄭玄撰 (宋)王應麟輯 (清)惠棟考補
陸氏易解一卷 SK/第 7 冊
(吳)陸績撰 (明)姚士粦輯
周易註十卷 SK/第 7 冊
(魏)王弼撰 (晉)韓康伯撰
周易註疏十三卷附周易略例一卷附考證一卷 SK/第 7 冊
(魏)王弼 (晉)韓康伯注 (唐)陸德明音義 (唐)孔穎達疏
周易集解十七卷 SK/第 7 冊
(唐)李鼎祚撰
周易口訣義六卷 SK/第 8 冊
(唐)史徵撰
周易舉正三卷 SK/第 8 冊
(唐)郭京撰
易數鉤隱圖三卷附遺論九事 SK/第 8 冊
(宋)劉牧撰
周易口義十卷繫辭二卷卷末說卦序卦雜卦一卷 SK/第 8 冊
(宋)胡瑗撰 (宋)倪天隱述
溫公易說六卷 SK/第 8 冊
(宋)司馬光撰
橫渠易說三卷附橫渠先生行狀一卷 SK/第 8 冊
(宋)張載撰 (宋)呂大臨撰附
東坡易傳九卷 SK/第 9 冊
(宋)蘇軾撰
伊川易傳四卷 SK/第 9 冊
(宋)程頤撰
易學辨惑一卷 SK/第 9 冊
(宋)邵伯溫撰
了齋易說一卷 SK/第 9 冊
(宋)陳瓘撰
吳園周易解九卷附錄一卷 SK/第 9 冊
(宋)張根撰
周易新講義六卷 SK/第 9 冊
(宋)耿南仲撰
紫巖易傳十卷 SK/第 10 冊
(宋)張浚撰
讀易詳說十卷 SK/第 10 冊
(宋)李光撰
易小傳六卷 SK/第 10 冊
(宋)沈該撰
漢上易傳十一卷卦圖三卷叢說一卷 SK/第 11 冊
(宋)朱震撰
周易窺餘十五卷 SK/第 11 冊
(宋)鄭剛中撰
易璇璣三卷 SK/第 11 冊
(宋)吳沆撰
易變體義十二卷 SK/第 11 冊
(宋)都絜撰
周易經傳集解三十六卷 SK/第 12 冊
(宋)林栗撰
易原八卷 SK/第 12 冊
(宋)程大昌撰
周易古占法一卷周易章句外編一卷 SK/第 12 冊
(宋)程迥撰
原本周易本義十二卷卷末二卷 SK/第 12 冊
(宋)朱熹撰
別本周易本義四卷 SK/第 12 冊
(宋)朱熹撰 (明)成矩編
郭氏傳家易說十一卷 SK/第 13 冊
(宋)郭雍撰

周易義海撮要十二卷 SK/第13冊
(宋)李衡撰
南軒易說三卷 SK/第13冊
(宋)張栻撰
復齋易說六卷 SK/第13冊
(宋)趙彥肅撰
楊氏易傳二十卷 SK/第14冊
(宋)楊簡撰
周易玩辭十六卷 SK/第14冊
(宋)項安世述
趙氏易說四卷 SK/第14冊
(宋)趙善譽撰
誠齋易傳二十卷 SK/第14冊
(宋)楊萬里撰
大易粹言七十三卷卷首一卷 SK/第15冊
(宋)方聞一編
易圖說三卷 SK/第15冊
(宋)吳仁傑撰
古周易一卷 SK/第15冊
(宋)呂祖謙編
易傳燈四卷 SK/第15冊
舊題(宋)徐總幹撰
易裨傳二卷外篇一卷 SK/第15冊
(宋)林至撰
厚齋易學五十卷 SK/第16冊
(宋)馮椅撰
童溪易傳三十卷 SK/第17冊
(宋)王宗傳撰
周易總義二十卷 SK/第17冊
(宋)易祓撰
西谿易說十二卷 SK/第17冊
(宋)李過撰
丙子學易編一卷 SK/第17冊
(宋)李心傳撰
易通六卷 SK/第17冊
(宋)趙以夫撰
周易卦爻經傳訓解二卷 SK/第18冊
(宋)蔡淵撰
易象意言一卷 SK/第18冊
(宋)蔡淵撰
周易要義十卷 SK/第18冊
(宋)魏了翁輯
易翼傳二卷 SK/第18冊
(宋)鄭汝諧撰
文公易說二十三卷 SK/第18冊
(宋)朱鑑編

易學啟蒙小傳一卷附易學啟蒙古經傳一卷 SK/第19冊
(宋)稅與權撰
周易輯聞六卷附易雅一卷筮宗一卷 SK/第19冊
(宋)趙汝楳撰
用易詳解十六卷 SK/第19冊
(宋)李杞撰
淙山讀周易二十一卷 SK/第19冊
(宋)方實孫撰
周易傳義附錄十四卷綱領一卷圖說一卷 SK/第20冊
(宋)董楷撰
易學啟蒙通釋二卷 SK/第20冊
(宋)胡方平撰 朱士立補
三易備遺十卷 SK/第20冊
(宋)朱元昇撰
周易集說四十卷 SK/第21冊
(宋)俞琰撰
讀易舉要四卷 SK/第21冊
(宋)俞琰撰
易象義十六卷卷首易統論一卷 SK/第21冊
(宋)丁易東撰
易圖通變五卷 SK/第21冊
(宋)雷思齊撰
易筮通變三卷 SK/第21冊
讀易私言一卷 SK/第22冊
(元)許衡撰
易附錄纂注十五卷 SK/第22冊
(元)胡一桂撰
周易啟蒙翼傳四卷 SK/第22冊
(元)胡一桂撰
易纂言十二卷卷首一卷 SK/第22冊
(元)吳澄撰
易纂言外翼八卷 SK/第22冊
(元)吳澄撰
易源奧義一卷 SK/第22冊
(元)保巴撰
周易原旨八卷 SK/第22冊
周易程朱傳義折衷三十三卷 SK/第23冊
(元)趙采撰
周易衍義十六卷 SK/第23冊
(元)胡震撰 (元)胡光大續
易學濫觴一卷 SK/第24冊
(元)黃澤撰

大易緝說十卷附續刊大易緝說始末一卷 SK/第24冊
(元)王申子撰 (元)田澤撰附
周易本義通釋十二卷 SK/第24冊
(元)胡炳文撰
周易本義集成十二卷 SK/第24冊
(元)熊良輔撰
大易象數鉤深圖三卷 SK/第24冊
(元)張理撰
學易記九卷卷首一卷 SK/第25冊
(元)李簡撰
周易集傳八卷 SK/第25冊
(元)龍仁夫撰
讀易考原一卷 SK/第25冊
(元)蕭漢中撰
易精蘊大義十二卷 SK/第25冊
(元)解蒙撰
易學變通六卷 SK/第26冊
(元)曾貫撰
周易會通十四卷卷首二卷附錄二卷 SK/第26冊
(元)董真卿撰
周易圖說二卷 SK/第26冊
(元)錢義方撰
周易爻變易緼八卷 SK/第27冊
(元)陳應潤撰
周易參義十二卷 SK/第27冊
(元)梁寅撰
周易文詮四卷 SK/第27冊
(元)趙汸撰
周易傳義大全二十四卷 SK/第28冊
(明)胡廣等奉敕撰
易經蒙引十二卷 SK/第29冊
(明)蔡清撰
讀易餘言五卷 SK/第30冊
(明)崔銑撰
啟蒙意見四卷 SK/第30冊
(明)韓邦奇撰
易經存疑十二卷 SK/第30冊
(明)林希元撰
周易辯錄四卷 SK/第31冊
(明)楊爵撰
易像鈔十八卷 SK/第31冊
(明)胡居仁撰
周易象旨決錄七卷 SK/第31冊
(明)熊過撰
易象鉤解四卷 SK/第31冊

詩序補義二十四卷卷首綱領一卷 SK/第89冊
(清)姜炳璋撰
虞東學詩十二卷詩說一卷 SK/第89冊
(清)顧鎮撰
韓詩外傳十卷 SK/第89冊
(漢)韓嬰撰
周禮注疏四十二卷附考證一卷 SK/第90冊
(漢)鄭玄注(唐)賈公彥疏(唐)陸德明音義(清)吳紱考證
周官新義十六卷附考工記解二卷 SK/第91冊
(宋)王安石撰(宋)鄭宗顏輯附
周禮詳解四十卷 SK/第91冊
(宋)王昭禹撰
周禮復古編一卷 SK/第91冊
(宋)俞庭椿撰
禮經會元四卷 SK/第92冊
(宋)葉時撰
太平經國書十一卷 SK/第92冊
(宋)鄭伯謙撰
周官總義三十卷 SK/第92冊
(宋)易祓撰
周禮訂義八十卷 SK/第93-94冊
(宋)王與之撰
鬳齋考工記解二卷 SK/第95冊
(宋)林希逸撰
周禮句解十二卷 SK/第95冊
(宋)朱申撰
周禮集說十卷卷首二卷 SK/第95冊
(宋)不著撰人(宋)陳友仁增修
周官集傳十六卷 SK/第95冊
(元)毛應龍撰
周禮傳十卷周禮圖說二卷周禮翼傳二卷 SK/第96冊
(明)王應電撰
周禮全經釋原十三卷卷首一卷附錄周禮通今續論一卷 SK/第96冊
(明)柯尚遷撰
周禮注疏刪翼三十卷 SK/第97冊
(明)王志長撰
欽定周官義疏四十八卷卷首一卷 SK/第98-99冊
(清)弘曆撰
周禮述註二十四卷 SK/第100冊
(清)李光坡撰
周禮纂訓二十一卷 SK/第100冊
(清)李鍾倫撰
周官集注十二卷 SK/第101冊
(清)方苞撰
禮說十四卷 SK/第101冊
(清)惠士奇撰
周官祿田考三卷 SK/第101冊
(清)沈彤撰
周禮疑義舉要七卷 SK/第101冊
(清)江永撰
儀禮注疏十七卷原目一卷附考證 SK/第102冊
(漢)鄭玄注(唐)賈公彥疏(唐)陸德明音義(清)周學健(清)李清植考證
儀禮識誤三卷 SK/第103冊
(宋)張淳撰
儀禮集釋三十卷 SK/第103冊
(宋)李如圭撰
儀禮釋宮一卷 SK/第103冊
(宋)李如圭撰
儀禮圖十七卷儀禮旁通圖一卷 SK/第104冊
(宋)楊復撰
儀禮要義五十卷 SK/第104冊
(宋)魏了翁撰
儀禮逸經二卷 SK/第105冊
(元)吳澄撰
儀禮集說十七卷 SK/第105冊
(元)敖繼公撰
經禮補逸九卷附錄一卷 SK/第105冊
(元)汪克寬撰
欽定儀禮義疏四十八卷卷首二卷 SK/第106-107冊
(清)弘曆撰
儀禮鄭註句讀十七卷附儀禮監本正誤一卷儀禮石本誤字一卷 SK/第108冊
(清)張爾岐撰
儀禮商二卷附錄一卷 SK/第108冊
(清)萬斯大撰
儀禮述註十七卷 SK/第108冊
(清)李光坡撰
儀禮析疑十七卷 SK/第109冊
(清)方苞撰
儀禮章句十七卷 SK/第109冊
(清)吳廷華撰
補饗禮一卷 SK/第109冊
(清)諸錦輯
禮經本義十七卷 SK/第109冊
(清)蔡德晉撰
宮室考二卷 SK/第109冊
(清)任啟運撰
天子肆獻祼饋食禮三卷 SK/第109冊
(清)任啟運撰
儀禮釋宮增注一卷 SK/第109冊
(清)江永撰
儀禮小疏七卷 SK/第109冊
(清)沈彤撰
儀禮集編四十卷卷首二卷 SK/第110-111冊
(清)盛世佐撰
內外服制通釋七卷 SK/第111冊
(宋)車垓撰
讀禮通考一百二十卷引用書目一卷目錄一卷 SK/第112-114冊
(清)徐乾學撰
禮記註疏六十三卷附考證一卷 SK/第115-116冊
(漢)鄭玄注(唐)孔穎達疏(唐)陸德明音義(清)齊召南等考證
月令解十二卷 SK/第116冊
(宋)張虙撰
禮記集說一百六十卷 SK/第117-120冊
(宋)衛湜撰
禮記纂言三十六卷 SK/第121冊
(元)吳澄撰
陳氏禮記集說十卷 SK/第121冊
(元)陳澔撰
禮記大全三十卷 SK/第122冊
(明)胡廣等奉敕撰
月令明義四卷卷首一卷 SK/第122冊
(明)黃道周撰
表記集傳二卷附春秋表記問業一卷 SK/第122冊
(明)黃道周撰
坊記集傳二卷附坊記春秋問業一卷 SK/第122冊
(明)黃道周撰
緇衣集傳四卷 SK/第122冊
(明)黃道周撰
儒行集傳二卷 SK/第122冊
(明)黃道周撰
日講禮記解義六十四卷 SK/第123冊
(清)張廷玉(清)鄂爾泰(清)汪由

左氏傳續說十二卷綱領一卷 SK/第152冊
(宋)吕祖謙撰
左氏博議二十五卷 SK/第152冊
(宋)吕祖謙撰
春秋比事二十卷 SK/第153冊
舊題(宋)沈棐撰
春秋左傳要義三十一卷 SK/第153冊
(宋)魏了翁撰
春秋分記九十卷卷首春秋分記例要一卷 SK/第154冊
(宋)程公說撰
春秋講義四卷 SK/第155冊
(宋)戴溪撰
春秋集義五十卷諸家姓氏事略一卷綱領三卷 SK/第155冊
(宋)李明復撰
張氏春秋集注十一卷綱領一卷 SK/第156冊
(宋)張洽撰
春秋王霸列國世紀編三卷 SK/第156冊
(宋)李琪撰
春秋通說十三卷 SK/第156冊
(宋)黄仲炎撰
洪氏春秋說三十卷 SK/第156冊
(宋)洪咨夔撰
春秋經筌十六卷 SK/第157冊
(宋)趙鵬飛撰
吕氏春秋或問二十卷附春秋五論一卷 SK/第157冊
(宋)吕大圭撰
春秋集傳詳說三十卷綱領一卷 SK/第158冊
(宋)家鉉翁撰
讀春秋編十二卷 SK/第158冊
(宋)陳深撰
春秋集傳釋義大成十二卷綱領一卷諸家傳序一卷春秋世次圖說一卷 SK/第159冊
(宋)俞皋撰
春秋纂言十九卷 SK/第159冊
(元)吴澄撰
春秋纂言十二卷 SK 第159冊
春秋提綱十卷 SK/第159冊
舊題(元)陳則通撰
春秋諸國統紀六卷目錄一卷 SK/第159冊
(元)齊履謙撰
春秋本義三十卷春秋傳人名氏一卷春秋綱領一卷春秋本義通論一卷春秋本義問答一卷 SK/第160冊
(元)程端學撰
程氏春秋或問十卷 SK/第160冊
(元)程端學撰
三傳辨疑二十卷 SK/第161冊
(元)程端學撰
春秋讞義九卷 SK/第162冊
(元)王元杰撰
春秋會通二十四卷春秋諸傳序一卷讀春秋綱領一卷 SK/第162冊
(元)李廉撰
春秋闕疑四十五卷 SK/第163冊
(元)鄭玉撰
春秋集傳十五卷 SK/第164冊
(元)趙汸撰
春秋師說三卷附錄二卷 SK/第164冊
(元)趙汸撰
春秋左氏傳補註十卷 SK/第164冊
(元)趙汸撰
春秋金鎖匙一卷 SK/第164冊
(元)趙汸撰
春秋屬辭十五卷目錄一卷 SK/第164冊
(元)趙汸撰
春秋胡傳附錄纂疏三十卷卷首二卷 SK/第165冊
(元)汪克寬撰
春秋春王正月考一卷辨疑一卷 SK/第165冊
(明)張以寧撰
春秋書法鉤元四卷 SK/第165冊
(明)石光霽撰
春秋大全三十七卷序論一卷附諸國興廢說一卷列國圖說一卷二十國年表一卷 SK/第166冊
(明)胡廣撰
春秋經傳辨疑二卷 SK/第167冊
(明)童品撰
春秋正傳三十七卷附錄二卷 SK/第167冊
(明)湛若水撰
左傳附注五卷後錄一卷 SK/第167冊
(明)陸粲撰
春秋胡氏傳辨疑二卷 SK/第167冊
(明)陸粲撰
春秋明志錄十二卷 SK/第168冊
(明)熊過撰
春秋正旨一卷 SK/第168冊
(明)高拱撰
春秋輯傳十三卷宗旨一卷春秋凡例二卷 SK/第168冊
(明)王樵輯
春秋億六卷 SK/第169冊
(明)徐學謨撰
春秋事義全考十六卷 SK/第169冊
(明)姜寶撰
春秋左傳屬事二十卷 SK/第169冊
(明)傅遜撰
春秋胡傳考誤一卷 SK/第169冊
(明)袁仁撰
左氏釋二卷 SK/第169冊
(明)馮時可撰
春秋質疑十二卷 SK/第169冊
(明)楊于庭撰
春秋孔義十二卷 SK/第170冊
(明)高攀龍撰
春秋辯義三十卷卷首八卷 SK/第170冊
(明)卓爾康撰
讀春秋略記十二卷卷首總論一卷 SK/第171冊
(明)朱朝瑛撰
春秋四傳質二卷 SK/第171冊
(明)王介之撰
左傳杜林合注五十卷附春秋提要一卷 SK/第171冊
(晉)杜預(宋)林堯叟注(明)王道焜(明)趙如源編
日講春秋解義六十四卷總說一卷 SK/第172冊
(清)庫勒納(清)李光地等奉敕撰
欽定春秋傳說彙纂三十八卷卷首二卷 SK/第173冊
(清)王掞(清)張廷玉等奉敕撰
御纂春秋直解十二卷 SK/第174冊
(清)傅恒等奉敕撰
左傳杜解補正三卷 SK/第174冊
(清)顧炎武撰
春秋稗疏二卷 SK/第174冊
(清)王夫之撰
春秋四傳糾正一卷 SK/第174冊
(清)俞汝言撰
春秋平義十二卷 SK/第174冊

（清）俞汝言撰
讀左日鈔十二卷讀左日鈔補二卷 SK/第 175 冊
（清）朱鶴齡撰
左傳事緯十二卷附左傳事緯前集八卷 SK/第 175 冊
（清）馬驌撰
春秋毛氏傳三十六卷 SK/第 176 冊
（清）毛奇齡撰
春秋簡書刊誤二卷 SK/第 176 冊
（清）毛奇齡撰
春秋屬辭比事記四卷 SK/第 176 冊
（清）毛奇齡撰
春秋地名考略十四卷 SK/第 176 冊
（清）高士奇撰
春秋管窺十二卷 SK/第 176 冊
（清）徐庭垣撰
三傳折諸四十四卷 SK/第 177 冊
（清）張尚瑗撰
左傳折諸二十八卷卷首二卷 SK/第 177 冊
公羊折諸六卷卷首一卷 SK/第 177 冊
穀梁折諸六卷卷首一卷 SK/第 177 冊
春秋闕如編八卷 SK/第 177 冊
（清）焦袁熹撰
春秋宗朱辨義十二卷卷首總論一卷 SK/第 178 冊
（清）張自超撰
春秋通論四卷 SK/第 178 冊
（清）方苞撰
春秋世族譜二卷 SK/第 178 冊
（清）陳厚耀撰
春秋長曆十卷 SK/第 178 冊
（清）陳厚耀撰
惠氏春秋說十五卷 SK/第 178 冊
（清）惠士奇撰
春秋大事表五十卷附錄一卷讀春秋偶筆一卷輿圖一卷 SK/第 179－180 冊
（清）顧棟高撰
春秋識小錄九卷 SK/第 181 冊
（清）程廷祚撰
惠氏春秋左傳補註六卷 SK/第 181 冊
（清）惠棟撰
春秋左傳小疏一卷 SK/第 181 冊
（清）沈彤撰
春秋地理考實四卷 SK/第 181 冊
（清）江永撰
三正考二卷 SK/第 181 冊
（清）吳鼐撰
春秋究遺十六卷春秋總說一卷春秋比例一卷 SK/第 181 冊
（清）葉酉撰
春秋隨筆二卷 SK/第 181 冊
（清）顧奎光撰
春秋繁露十七卷 SK/第 181 冊
（漢）董仲舒撰
古文孝經孔氏傳一卷附宋本古文孝經一卷 SK/第 182 冊
（漢）孔安國傳（日本）太宰純音
孝經注疏九卷附考證一卷 SK/第 182 冊
（唐）李隆基注（唐）陸德明音義（宋）邢昺疏（清）李清植等考證
孝經指解一卷 SK/第 182 冊
（唐）李隆基注（宋）司馬光指解（宋）范祖禹說
孝經刊誤一卷 SK/第 182 冊
（宋）朱熹撰
孝經大義一卷 SK/第 182 冊
（宋）董鼎撰
孝經定本一卷 SK/第 182 冊
（元）吳澄撰
孝經述註一卷 SK/第 182 冊
（明）項霦撰
孝經集傳四卷 SK/第 182 冊
（明）黃道周撰
御定孝經注一卷 SK/第 182 冊
（清）福臨定（清）蔣赫德纂
御纂孝經集註一卷 SK/第 182 冊
（清）胤禛定
孝經問一卷 SK/第 182 冊
（清）毛奇齡撰
駁五經異義一卷補遺一卷 SK/第 182 冊
（漢）許慎異義（漢）鄭玄駁
鄭志三卷 SK/第 182 冊
（魏）鄭小同撰
經典釋文三十卷 SK/第 182 冊
（唐）陸德明撰
公是七經小傳三卷 SK/第 183 冊
（宋）劉敞撰
程氏經說七卷 SK/第 183 冊
（宋）程頤撰
六經圖十卷 SK/第 183 冊
（宋）楊甲撰（宋）毛邦翰補
六經正誤六卷 SK/第 183 冊
（宋）毛居正撰
九經三傳沿革例一卷 SK/第 183 冊
（宋）岳珂撰
融堂四書管見十三卷 SK/第 183 冊
（宋）錢時撰
四如講稿六卷 SK/第 183 冊
（宋）黃仲元撰
六經奥論六卷總文一卷 SK/第 184 冊
（宋）鄭樵撰
明本排字九經直音二卷 SK/第 184 冊
（宋）不著撰人
五經說七卷 SK/第 184 冊
（元）熊朋來撰
十一經問對五卷 SK/第 184 冊
（元）何異孫撰
五經蠡測六卷 SK/第 184 冊
（明）蔣悌生撰
簡端錄十二卷 SK/第 184 冊
（明）邵寶撰
五經稽疑八卷 SK/第 184 冊
（明）朱睦㮮撰
經典稽疑二卷 SK/第 184 冊
（明）陳耀文撰
欽定繙譯五經四書一百三十一卷 SK/第 185－189 冊
（清）弘曆欽定
御製繙譯易經四卷 SK/第 185 冊
御製繙譯書經六卷 SK/第 185 冊
御製繙譯詩經八卷 SK/第 185 冊
御製繙譯禮經三十卷 SK/第 186 冊
御製繙譯春秋六十四卷 SK/第 187－189 冊
御製繙譯四書十九卷 SK/第 189 冊
七經孟子考文補遺二百卷 SK/第 190 冊
（日本）山井鼎撰（日本）物觀補遺
九經誤字一卷 SK/第 191 冊
（清）顧炎武撰
經問十八卷經問補三卷 SK/第 191 冊
（清）毛奇齡撰（清）毛遠宗輯
十三經義疑十二卷 SK/第 191 冊
（清）吳浩撰
九經古義十六卷 SK/第 191 冊
（清）惠棟撰
經稗十二卷 SK/第 191 冊
（清）鄭方坤撰
十三經注疏正字八十一卷 SK/第 192 冊
（清）沈廷芳撰

朱子五經語類八十卷 SK/第193冊
(清)程川編
羣經補義五卷 SK/第194冊
(清)江永撰
經咫一卷 SK/第194冊
(清)陳祖范撰
九經辨字瀆蒙十二卷 SK/第194冊
(清)沈炳震撰
古經解鉤沉三十卷 SK/第194冊
(清)余蕭客撰
古微書三十六卷 SK/第194冊
(明)孫瑴編
孟子注疏十四卷附考證一卷
SK/第195冊
(漢)趙岐注 (宋)孫奭疏暨音義 (清)陸宗楷等考證
論語集解義疏十卷 SK/第195冊
(魏)何晏集解 (梁)皇侃義疏
論語注疏二十卷附考證一卷
SK/第195冊
(魏)何晏集解 (唐)陸德明音義 (宋)邢昺疏 (清)陸宗楷 (清)呂熾等考證
論語筆解二卷 SK/第196冊
舊題(唐)韓愈 (唐)李翺撰
孟子音義二卷 SK/第196冊
(宋)孫奭撰
論語拾遺一卷 SK/第196冊
(宋)蘇轍撰
孟子解一卷 SK/第196冊
(宋)蘇轍撰
論語全解十卷 SK/第196冊
(宋)陳祥道撰
孟子傳二十九卷 SK/第196冊
(宋)張九成撰
尊孟辨三卷尊孟續辨二卷尊孟辨別錄一卷 SK/第196冊
(宋)余允文撰
四書章句集注十九卷 SK/第197冊
(宋)朱熹撰
大學章句一卷 SK/第197冊
論語集注十卷 SK/第197冊
孟子集注七卷 SK/第197冊
中庸章句一卷 SK/第197冊
四書或問三十九卷 SK/第197冊
(宋)朱熹撰

論孟精義三十四卷綱領一卷
SK/第198冊
(宋)朱熹撰
論語精義二十卷 SK/第198冊
孟子精義十四卷 SK/第198冊
中庸輯略二卷 SK/第198冊
(宋)石𡼖編 (宋)朱熹刪定
石鼓論語答問三卷 SK/第199冊
(宋)戴溪撰
論語意原四卷 SK/第199冊
(宋)鄭汝諧撰
癸巳論語解十卷 SK/第199冊
(宋)張栻撰
癸巳孟子說七卷 SK/第199冊
(宋)張栻著
蒙齋中庸講義四卷 SK/第199冊
(宋)袁甫撰
四書集編二十九卷 SK/第200冊
(宋)真德秀撰 (宋)劉承輯
大學集編二卷 SK/第200冊
中庸集編三卷 SK/第200冊
論語集編十卷 SK/第200冊
孟子集編十四卷 SK/第200冊
孟子集疏十四卷 SK/第200冊
(宋)蔡模撰
論語集說十卷 SK/第200冊
(宋)蔡節編
中庸指歸一卷 SK/第200冊
(宋)黎立武撰
中庸分章一卷 SK/第200冊
大學發微一卷 SK/第200冊
大學本旨一卷 SK/第200冊
四書纂疏二十八卷 SK/第201冊
(宋)趙順孫撰
大學纂疏一卷 SK/第201冊
中庸纂疏三卷 SK/第201冊
論語纂疏十卷 SK/第201冊
孟子纂疏十四卷 SK/第201冊
大學疏義一卷 SK/第202冊
(宋)金履祥撰
論孟集註考證十七卷 SK/第202冊
(宋)金履祥撰
論語集注考證十卷 SK/第202冊
孟子集注考證七卷 SK/第202冊
四書集義精要二十八卷 SK/第202冊
(元)劉因撰
四書辨疑十五卷目錄一卷 SK/第202冊

(元)陳天祥撰
讀四書叢說四卷 SK/第202冊
(元)許謙撰
四書通二十八卷 SK/第203冊
(元)胡炳文撰
大學通一卷 SK/第203冊
中庸通三卷 SK/第203冊
論語通十卷 SK/第203冊
孟子通十四卷 SK/第203冊
四書通證六卷 SK/第203冊
(元)張存中撰
大學章句或問通證一卷 SK/第203冊
論語集註通證二卷 SK/第203冊
孟子集註通證二卷 SK/第203冊
中庸章句或問通證一卷 SK/第203冊
四書疑節十二卷 SK/第203冊
(元)袁俊翁撰
四書經疑貫通八卷 SK/第203冊
(元)王充耘撰
四書纂箋二十八卷 SK/第204冊
(元)詹道傳撰
大學纂箋二卷 SK/第204冊
論語纂箋十卷 SK/第204冊
中庸纂箋二卷 SK/第204冊
孟子纂箋十四卷 SK/第204冊
四書通旨六卷 SK/第204冊
(元)朱公遷撰
四書管窺八卷 SK/第204冊
(元)史伯璿撰
大學中庸集說啟蒙三卷 SK/第204冊
(元)景星撰
大學集說啟蒙一卷 SK/第204冊
中庸集說啟蒙二卷 SK/第204冊
四書大全四十卷 SK/第205冊
(明)胡廣等奉敕撰
大學章句大全一卷 SK/第205冊
大學或問一卷 SK/第205冊
論語集註大全二十卷 SK/第205冊
孟子集註大全十四卷 SK/第205冊
中庸章句大全二卷 SK/第205冊
中庸或問二卷 SK/第205冊
四書蒙引十五卷四書蒙引別錄一卷
SK/第206冊
(明)蔡清撰 (明)莊煦編附
四書因問六卷 SK/第206冊
(明)呂柟撰
問辨錄十卷 SK/第207冊

(明)高拱撰
論語類考二十卷 SK/第207冊
(明)陳士元撰
孟子雜記四卷 SK/第207冊
(明)陳士元撰
學庸正說三卷 SK/第207冊
(明)趙南星撰
論語商二卷 SK/第207冊
(明)周宗建撰
論語學案十卷 SK/第207冊
(明)劉宗周撰
四書留書六卷 SK/第207冊
(明)章世純撰
日講四書解義二十六卷 SK/第208冊
(清)喇沙里(清)陳廷敬等奉敕編
四書近指二十卷 SK/第208冊
(清)孫奇逢撰
孟子師說二卷 SK/第208冊
(清)黃宗羲撰
大學翼真七卷 SK/第208冊
(清)胡渭撰
四書講義困勉錄三十七卷 SK/第209冊
(清)陸隴其撰
松陽講義十二卷 SK/第209冊
(清)陸隴其撰
榕村四書說七卷 SK/第210冊
(清)李光地撰
大學古本說一卷 SK/第210冊
中庸章段一卷 SK/第210冊
中庸餘論一卷 SK/第210冊
讀論語劄記二卷 SK/第210冊
讀孟子劄記二卷 SK/第210冊
論語稽求篇七卷 SK/第210冊
(清)毛奇齡撰
四書賸言四卷補二卷 SK/第210冊
(清)毛奇齡撰(清)毛遠宗編
大學證文四卷 SK/第210冊
(清)毛奇齡撰
四書釋地一卷續一卷又續二卷三續三卷 SK/第210冊
(清)閻若璩撰
四書劄記四卷 SK/第210冊
(清)楊名時撰
此木軒四書說九卷 SK/第210冊
(清)焦袁熹撰
四書逸箋六卷 SK/第210冊
(清)程大中撰

鄉黨圖考十卷 SK/第210冊
(清)江永撰
皇祐新樂圖記三卷 SK/第211冊
(宋)阮逸(宋)胡瑗等奉敕撰
樂書二百卷 SK/第211冊
(宋)陳暘撰
律呂新書二卷 SK/第212冊
(宋)蔡元定撰
瑟譜六卷 SK/第212冊
(元)熊朋來撰
韶舞九成樂補一卷 SK/第212冊
(元)余載撰
律呂成書二卷 SK/第212冊
(元)劉瑾撰
苑洛志樂二十卷 SK/第212冊
(明)韓邦奇撰
鐘律通考六卷 SK/第212冊
(明)倪復撰
樂律全書四十二卷 SK/第213－214冊
(明)朱載堉撰
御制律呂正義五卷 SK/第215冊
(清)玄燁定
正律審音二卷 SK/第215冊
和聲定樂二卷 SK/第215冊
協均度曲一卷 SK/第215冊
御制律呂正義後編一百二十八卷卷首二卷 SK/第215－218冊
(清)允祿(清)張照等奉敕纂
欽定詩經樂譜全書三十卷卷首一卷附欽定樂律正俗一卷 SK/第219冊
(清)永瑢(清)鄒奕孝等奉敕纂
古樂經傳五卷 SK/第220冊
(清)李光地撰
古樂書二卷 SK/第220冊
(清)應撝謙撰
聖諭樂本解說二卷 SK/第220冊
(清)毛奇齡撰
皇言定聲錄八卷 SK/第220冊
(清)毛奇齡撰
竟山樂錄四卷 SK/第220冊
(清)毛奇齡撰
李氏學樂錄二卷 SK/第220冊
(清)李塨撰
樂律表微八卷 SK/第220冊
(清)胡彥昇撰
律呂新論二卷 SK/第220冊
(清)江永撰

律呂闡微十卷卷首皇言定聲一卷 SK/第220冊
(清)江永撰
琴旨二卷卷首御制文一卷 SK/第220冊
(清)王坦撰
爾雅注疏十一卷附考證一卷 SK/第221冊
(晉)郭璞注(唐)陸德明音義(宋)邢昺疏(清)張照等考證
爾雅註三卷 SK/第221冊
(宋)鄭樵撰
輶軒使者絕代語釋別國方言十三卷 SK/第221冊
舊題(漢)揚雄撰(晉)郭璞注
釋名八卷 SK/第221冊
(漢)劉熙撰
廣雅十卷 SK/第221冊
(魏)張揖撰
匡謬正俗八卷 SK/第221冊
(唐)顏師古撰
羣經音辨七卷 SK/第222冊
(宋)賈昌朝撰
埤雅二十卷附音釋一卷 SK/第222冊
(宋)陸佃撰
爾雅翼三十二卷 SK/第222冊
(宋)羅願撰(元)洪焱祖音釋
駢雅七卷 SK/第222冊
(明)朱謀㙔撰
字詁一卷 SK/第222冊
(清)黃生撰
續方言二卷 SK/第222冊
(清)杭世駿撰
別雅五卷 SK/第222冊
(清)吳玉搢撰
急就篇四卷 SK/第223冊
(漢)史游撰(唐)顏師古注(宋)王應麟補注
說文解字三十卷 SK/第223冊
(漢)許慎撰(宋)徐鉉增釋
說文繫傳四十卷 SK/第223冊
(南唐)徐鍇撰(南唐)朱翺*反切
說文繫傳考異四卷附錄一卷 SK/第223冊
(清)汪憲撰
說文解字篆韻譜五卷 SK/第223冊
(南唐)徐鍇撰
重修玉篇三十卷附玉篇反紐圖一卷玉

篇分毫字樣一卷 SK/第 224 冊
(梁)顧野王撰 (唐)孫強增補 (宋)陳彭年 (宋)丘雍等重修 (唐)釋神珙撰附
干祿字書一卷 SK/第 224 冊
(唐)顏元孫撰
五經文字三卷 SK/第 224 冊
(唐)張參撰
九經字樣一卷 SK/第 224 冊
(唐)唐玄度撰
汗簡三卷目錄敘略一卷 SK/第 224 冊
(宋)郭忠恕撰
佩觿三卷 SK/第 224 冊
(宋)郭忠恕撰
古文四聲韻五卷 SK/第 224 冊
(宋)夏竦集
類篇四十五卷 SK/第 225 冊
舊題(宋)司馬光撰
歷代鐘鼎彝器款識法帖二十卷 SK/第 225 冊
(宋)薛尚功撰
復古編十一卷 SK/第 225 冊
(宋)張有撰
班馬字類五卷 SK/第 225 冊
(宋)婁機撰
漢隸字源六卷 SK/第 225 冊
(宋)婁機撰
六書故三十三卷卷首六書通釋一卷 SK/第 226 冊
(宋)戴侗撰
字通二卷 SK/第 226 冊
(宋)李從周撰
龍龕手鑑四卷 SK/第 226 冊
(遼)釋行均撰
六書統二十卷 SK/第 227 冊
(元)楊桓撰
周秦刻石釋音一卷 SK/第 228 冊
(元)吾丘衍撰
字鑑五卷 SK/第 228 冊
(元)李文仲撰
說文字原一卷 SK/第 228 冊
(元)周伯琦撰
六書正譌五卷 SK/第 228 冊
(元)周伯琦撰
漢隸分韻七卷 SK/第 228 冊
不著撰人
六書本義十二卷綱領一卷圖考一卷 SK/第 228 冊
(明)趙撝謙撰
奇字韻五卷 SK/第 228 冊
(明)楊慎撰
古音駢字二卷古音駢字續編五卷 SK/第 228 冊
(明)楊慎撰 (清)莊履豐 (清)莊鼎鉉同撰
俗書刊誤十二卷 SK/第 228 冊
(明)焦竑撰
字彙二卷 SK/第 228 冊
(明)葉秉敬撰
御定康熙字典三十六卷總目一卷檢字一卷辨似一卷等韻一卷補遺一卷備考一卷 SK/第 229－231 冊
(清)張玉書 (清)陳廷敬等奉敕纂
御制增訂清文鑑三十二卷補編四卷總綱八卷補編總綱一卷 SK/第 232－233 冊
(清)傅恒撰
御制滿珠蒙古漢字三合切音清文鑑三十一卷 SK/第 234 冊
(清)阿桂等奉敕撰
欽定西域同文志二十四卷 SK/第 235 冊
(清)傅恒等奉敕撰
隸辨八卷 SK/第 235 冊
(清)顧藹吉撰
篆隸考異四卷 SK/第 235 冊
(清)周靖撰 (清)文含校
原本廣韻五卷 SK/第 236 冊
(口)不著撰人
重修廣韻五卷 SK/第 236 冊
(宋)陳彭年 (宋)丘雍等奉敕撰
集韻十卷 SK/第 236 冊
(宋)丁度 (宋)司馬光等奉敕撰
切韻指掌圖三卷附檢圖之例一卷 SK/第 237 冊
(宋)司馬光撰 (明)邵光祖檢例
韻補五卷 SK/第 237 冊
(宋)吳棫撰
釋文互註禮部韻略五卷附貢舉條式一卷 SK/第 237 冊
(宋)丁度撰 (宋)郭守正重修
增修互註禮部韻略五卷 SK /第 237 冊
(宋)毛晃增註 (宋)毛居正重增
增修校正押韻釋疑五卷卷首校正條例一卷 SK/第 237 冊
(宋)歐陽德隆撰 (宋)郭守正增修
九經補韻一卷 SK/第 237 冊
(宋)楊伯嵒撰
五音集韻十五卷 SK/第 238 冊
(金)韓道昭撰
古今韻會舉要三十卷韻母一卷 SK/第 238 冊
(元)黃公紹原編 (元)熊忠舉要
四聲全形等子一卷 SK/第 238 冊
(口)不著撰人
經史正音切韻指南一卷 SK/第 238 冊
(元)劉鑑撰
洪武正韻十六卷 SK/第 239 冊
(明)樂韶鳳 (明)宋濂等奉敕撰
古音叢目五卷古音獵要五卷古音餘五卷古音附錄一卷 SK/第 239 冊
(明)楊慎撰
古音略例一卷 SK/第 239 冊
(明)楊慎撰
轉注古音略五卷 SK/第 239 冊
(明)楊慎撰
毛詩古音考四卷 SK/第 239 冊
(明)陳第撰
屈宋古音義三卷 SK/第 239 冊
(明)陳第撰
御定音韻闡微十八卷卷首韻譜一卷 SK/第 240 冊
(清)李光地等奉敕撰
欽定同文韻統六卷 SK/第 240 冊
(清)允祿 (清)傅恒等奉敕撰
欽定叶韻彙輯五十八卷 SK/第 240 冊
(清)梁詩正 (清)蔣溥等奉敕撰
欽定音韻述微三十卷 SK/第 241 冊
(清)梁國治等奉敕撰
音論三卷 SK/第 241 冊
(清)顧炎武撰
詩本音十卷 SK/第 241 冊
(清)顧炎武撰
易音三卷 SK/第 241 冊
(清)顧炎武撰
唐韻正二十卷 SK/第 241 冊
(清)顧炎武撰
古音表二卷 SK/第 241 冊
(清)顧炎武撰
韻補正一卷 SK/第 241 冊
(清)顧炎武撰

(漢)荀悅撰
後漢紀三十卷 SK/第303冊
(晉)袁宏撰
元經十卷 SK/第303冊
舊題(隋)王通撰 (唐)薛收續並傳 (宋)阮逸注
唐創業起居注三卷 SK/第303冊
(唐)溫大雅撰
資治通鑑二百九十四卷 SK/第304-310冊
(宋)司馬光撰 (元)胡三省音註
資治通鑑考異三十卷 SK/第311冊
(宋)司馬光撰
資治通鑑釋例一卷附通鑑考異冊後一卷 SK/第311冊
(宋)司馬光撰
資治通鑑目錄三十卷 SK/第311冊
(宋)司馬光撰
通鑑地理通釋十四卷 SK/第312冊
(宋)王應麟撰
通鑑釋文辨誤十二卷 SK/第312冊
(元)胡三省撰
通鑑胡注舉正一卷 SK/第312冊
(清)陳景雲撰
稽古錄二十卷 SK/第312冊
(宋)司馬光撰
資治通鑑外紀十卷資治通鑑外紀目錄五卷 SK/第312冊
(宋)劉恕撰
皇王大紀八十卷 SK/第313冊
(宋)胡宏撰
中興小紀四十卷 SK/第313冊
(宋)熊克撰
續資治通鑑長編五百二十卷目錄二卷 SK/第314-322冊
(宋)李燾撰
綱目續麟二十卷綱目續麟凡例一卷綱目續麟附錄一卷綱目續麟彙覽三卷 SK/第323冊
(明)張自勳撰
綱目分註拾遺四卷 SK/第323冊
(清)芮長恤撰
綱目訂誤四卷 SK/第323冊
(清)陳景雲撰
大事記十二卷大事記通釋三卷大事記解題十二卷 SK/第324冊
(宋)呂祖謙撰
建炎以來繫年要錄二百卷目錄一卷 SK/第325-327冊
(宋)李心傳撰
九朝編年備要三十卷 SK/第328冊
(宋)陳均撰
續宋編年資治通鑑十五卷 SK/第328冊
(宋)劉時舉撰
西漢年紀三十卷 SK/第329冊
(宋)王益之撰
靖康要錄十二卷 SK/第329冊
(宋)不著撰人
兩朝綱目備要十六卷 SK/第329冊
(口)不著撰人
宋季三朝政要六卷 SK/第329冊
(元)不著撰人
宋史全文三十六卷 SK/第330-331冊
(元)不著撰人
資治通鑑前編十八卷資治通鑑前編舉要三卷 SK/第332冊
(宋)金履祥撰
通鑑續編二十四卷 SK/第332冊
(元)陳桱撰
大事記續編七十七卷 SK/第333-33冊
(明)王禕撰
元史續編十六卷 SK/第334冊
(明)胡粹中撰
御批歷代通鑑輯覽一百十六卷附明唐桂二王本末四卷 SK/第335-339冊
(清)弘曆批 (清)傅恒等奉敕撰
御定資治通鑑綱目三編四十卷 SK/第340冊
(清)張廷玉等奉敕撰
皇清開國方略三十二卷御制開國方略聯句一卷卷首發祥世紀一卷 SK/第341冊
(清)阿桂 (清)梁國治等奉敕撰
資治通鑑後編一百八十四卷 SK/第342-345冊
(清)徐乾學撰
通鑑紀事本末四十二卷 SK/第346-349冊
(宋)袁樞撰
春秋左氏傳事類始末五卷目錄一卷附錄一卷 SK/第349冊
(宋)章沖撰
三朝北盟會編二百五十卷 SK/第350-352冊
(宋)徐夢莘撰
蜀鑑十卷 SK/第352冊
(宋)郭允蹈撰
炎徼紀聞四卷 SK/第352冊
(明)田汝成撰
宋史紀事本末二十八卷 SK/第353冊
(明)馮琦原編 (明)陳邦瞻增輯
元史紀事本末四卷 SK/第353冊
(明)陳邦瞻撰
平定三逆方略六十卷 SK/第354冊
(清)勒德洪等奉敕撰
聖祖仁皇帝親征平定朔漠方略四十八卷卷首聖祖仁皇帝御制親征朔漠紀略一卷 SK/第354-355冊
(清)溫達等奉敕撰
欽定平定金川方略三十二卷 SK/第257-259冊
(清)來保等奉敕撰
平定準噶爾方略一百七十三卷二卷 SK/第257-259冊
(清)傅恒等奉敕撰
平定兩金川方略一百三十六卷卷首天章八卷藝文八卷 SK/第360-361冊
(清)阿桂等奉敕撰
欽定剿捕臨清逆匪紀略十六卷 SK/第362冊
(清)舒赫德 (清)于敏中等奉敕撰
欽定蘭州紀略二十卷卷首天章一卷 SK/第362冊
(清)阿桂等奉敕撰
欽定石峯堡紀略二十卷卷首天章一卷 SK/第362冊
(清)弘曆撰
欽定臺灣紀略六十五卷卷首五卷 SK/第363冊
(清)弘曆撰
綏寇紀略十二卷 SK/第363冊
(清)吳偉業撰
滇考二卷 SK/第364冊
(清)馮甦撰
明史紀事本末八十卷 SK/第364冊
(清)谷應泰撰
繹史一百六十卷目錄一卷世系圖一卷年表一卷 SK/第365-368冊
(清)馬驌撰
左傳紀事本末五十三卷 SK/第369冊
(清)高士奇撰

平臺紀略一卷附東征集六卷 SK/第369冊
(清)藍鼎元撰
逸周書十卷 SK/第370冊
(晉)孔晁注
東觀漢記二十四卷 SK/第370冊
(漢)劉珍等撰
建康實錄二十卷 SK/第370冊
(唐)許嵩撰
隆平集二十卷 SK/第371冊
(宋)曾鞏撰
古史六十卷 SK/第371冊
(宋)蘇轍撰
通志二百卷 SK/第372－381冊
(宋)鄭樵撰
東都事略一百三十卷 SK/第382冊
(宋)王稱撰
路史四十七卷 SK/第383冊
(宋)羅泌撰
欽定重訂契丹國志二十八卷卷首一卷 SK/第383冊
(宋)葉隆禮撰
欽定重訂大金國志四十一卷卷首一卷 SK/第383冊
(宋)宇文懋昭撰
古今紀要十九卷 SK/第384冊
(宋)黄震撰
蕭氏續後漢書四十四卷義例一卷附續後漢書音義四卷 SK/第384冊
(宋)蕭常撰
郝氏續後漢書九十卷 SK/第385－386冊
(元)郝經撰 (元)苟宗道注
春秋別典十五卷 SK/第386冊
(明)薛虞畿撰
御定歷代紀事年表一百卷三元甲子編年一卷目錄一卷 SK/第387－391冊
(清)王之樞 (清)周清原等奉敕撰
欽定續通志六百四十卷 SK/第392－401冊
(清)嵇璜 (清)曹仁虎等奉敕撰
補歷代史表五十三卷 SK/第402冊
(清)萬斯同撰
後漢書補逸二十一卷 SK/第402冊
(清)姚之駰撰
春秋戰國異辭五十四卷春秋戰國通表二卷摭遺一卷 SK/第403冊
(清)陳厚耀撰
尚史一百七卷 SK/第404－405冊
(清)李鍇撰
國語二十一卷 SK/第406冊
(吳)韋昭注
國語補音三卷 SK/第406冊
(宋)宋庠補葺
戰國策三十三卷 SK/第406冊
(漢)高誘注 (漢)姚宏續注
鮑氏戰國策注十卷 SK/第406冊
(宋)鮑彪撰
戰國策校注十卷卷首一卷 SK/第407冊
(元)吳師道撰
貞觀政要十卷 SK/第407冊
(唐)吳兢撰 (元)戈直集論
渚宮舊事五卷補遺一卷 SK/第407冊
(唐)余知古撰
東觀奏記三卷 SK/第407冊
(唐)裴庭裕撰
五代史闕文一卷 SK/第407冊
(宋)王禹偁撰
五代史補五卷 SK/第407冊
(宋)陶岳撰
北狩見聞錄一卷 SK/第407冊
(宋)曹勛撰
松漠紀聞一卷松漠紀聞續一卷 SK/第407冊
(宋)洪皓撰
燕翼詒謀錄五卷 SK/第407冊
(宋)王林撰
太平治迹統類三十卷 SK/第408冊
(宋)彭百川撰
咸淳遺事二卷 SK/第408冊
(宋)不著撰人
大金弔伐錄四卷 SK/第408冊
(金)不著撰人
汝南遺事四卷 SK/第408冊
(元)王鶚撰
錢塘遺事十卷 SK/第408冊
(元)劉一清撰
平宋錄三卷 SK/第408冊
(元)劉敏中撰
弇山堂別集一百卷 SK/第409－410冊
(明)王世貞撰
革除逸史二卷 SK/第410冊
(明)朱睦㮮撰
欽定蒙古源流八卷 SK/第410冊
(清)薩囊徹辰撰
太祖高皇帝聖訓四卷 SK/第411冊
(清)玄燁編
太宗文皇帝聖訓六卷 SK/第411冊
(清)福臨編 (清)玄燁續編
世祖章皇帝聖訓六卷 SK/第411冊
(清)玄燁編
聖祖仁皇帝聖訓六十卷 SK/第411冊
(清)胤禛編
世宗憲皇帝聖訓三十六卷 SK/第412冊
(清)弘曆編
世宗憲皇帝上諭八旗十三卷 SK/第413冊
(清)允祿等奉敕編
上諭旗務議覆十二卷 SK/第413冊
諭行旗務奏議十三卷 SK/第413冊
世宗憲皇帝上諭內閣一百五十九卷卷首一卷 SK/第414－415冊
(清)允祿等奉敕編 (清)弘晝等續編
世宗憲皇帝硃批諭旨三百六十卷 SK/第416－425冊
(清)胤禛編
唐大詔令集一百三十卷 SK/第426冊
(宋)宋敏求編
兩漢詔令二十三卷 SK/第426冊
(宋)林虙編 (宋)樓昉續編
西漢詔令十二卷 SK/第426冊
東漢詔令十一卷 SK/第426冊
范文正奏議二卷 SK/第427冊
(宋)范仲淹撰
包孝肅奏議集十卷 SK/第427冊
(宋)包拯撰 (宋)張田編
盡言集十三卷 SK/第427冊
(宋)劉安世撰
讜論集五卷 SK/第427冊
(宋)陳次升撰
左史諫草一卷附左史呂公家傳一卷監簿呂公家傳一卷 SK/第427冊
(宋)呂午撰 (宋)方回撰附
商文毅疏稿一卷 SK/第427冊
(明)商輅撰
王端毅奏議十五卷 SK/第427冊
(明)王恕撰
馬端肅奏議十二卷 SK/第427冊
(明)馬文升撰
關中奏議十八卷 SK/第428冊
(明)楊一清撰
胡端敏奏議十卷 SK/第428冊

(明)胡世寧撰
楊文忠三錄八卷 SK/第428冊
(明)楊廷和撰
何文簡疏議十卷 SK/第429冊
(明)何孟春撰
垂光集一卷 SK/第429冊
(明)周璽撰
孫毅菴奏議二卷 SK/第429冊
(明)孫懋撰
玉坡奏議五卷 SK/第429冊
(明)張原撰
南宮奏稿五卷 SK/第429冊
(明)夏言撰
訥谿奏疏一卷 SK/第429冊
(明)周怡撰
譚襄敏奏議十卷 SK/第429冊
(明)譚綸撰
潘司空奏疏七卷 SK/第430冊
(明)潘季馴撰
兩河經略四卷卷首一卷 SK/第430冊
(明)潘季馴撰
兩垣奏議一卷 SK/第430冊
(明)逯中立撰
周忠愍奏疏二卷 SK/第430冊
(明)周起元撰
張襄壯奏疏六卷 SK/第430冊
(清)張勇撰
靳文襄奏疏八卷治河題藁一卷附撫皖題藁一卷 SK/第430冊
(清)靳輔撰
華野疏稿五卷 SK/第430冊
(清)郭琇撰
宋名臣奏議一百五十卷 SK/第431－432冊
(宋)趙汝愚編
歷代名臣奏議三百五十卷 SK/第433－442冊
(明)楊士奇 (明)黃淮等奉敕編
名臣經濟錄五十三卷 SK/第443－444冊
(明)黃訓編
御選明臣奏議四十卷 SK/第445冊
(清)弘曆編
孔子編年五卷 SK/第446冊
(宋)胡仔撰
東家雜記二卷 SK/第446冊
(宋)孔傳撰
晏子春秋八卷 SK/第446冊
(周)晏嬰撰
魏鄭公諫錄五卷 SK/第446冊
(唐)王方慶撰
李相國論事集六卷 SK/第446冊
(唐)李絳撰 (唐)蔣偕編
杜工部年譜一卷 SK/第446冊
(宋)趙子櫟撰
杜工部詩年譜一卷 SK/第446冊
(宋)魯訔撰
紹陶錄二卷 SK/第446冊
(宋)王質撰
金佗稡編二十八卷金佗卷續編三十卷 SK/第446冊
(宋)岳珂撰
象臺首末五卷附錄一卷 SK/第447冊
(宋)胡知柔編
魏鄭公諫續錄二卷 SK/第447冊
(元)翟思忠撰
忠貞錄三卷附錄一卷 SK/第447冊
(明)李維樾 (明)林增志同編
諸葛忠武書十卷 SK/第447冊
(明)楊時偉編
寧海將軍固山貝子功績錄一卷 SK/第447冊
(清)不著編人
朱子年譜四卷朱子 SK/第447冊
(清)王懋竑撰
年譜考異四卷 SK/第447冊
朱子論學切要語二卷 SK/第447冊
古列女傳七卷續古列女傳一卷 SK/第448冊
(漢)劉向撰
高士傳三卷 SK/第448冊
(晉)皇甫謐撰
卓異記一卷 SK/第448冊
舊題(唐)李翱撰
春秋臣傳三十卷 SK/第448冊
(宋)王當撰
廉吏傳二卷 SK/第448冊
(宋)費樞撰
紹興十八年同年小錄一卷 SK/第448冊
(宋)不著編人
伊洛淵源錄十四卷 SK/第448冊
(宋)朱熹撰
宋名臣言行錄前集十卷後集十四卷宋名臣言行錄續集八卷別集二十六卷外集十七卷 SK/第449冊
(宋)朱熹纂集 (宋)李幼武纂續集
名臣碑傳琬琰之集存一百六卷 SK/第450冊
(宋)杜大珪編
錢塘先賢傳贊一卷 SK/第451冊
(宋)袁韶撰
慶元黨禁一卷 SK/第451冊
(宋)滄州樵叟撰
宋寶祐四年登科錄四卷 SK/第451冊
(宋)不著編人
京口耆舊傳九卷 SK/第451冊
(宋)不著撰人
昭忠錄一卷 SK/第451冊
(元)不著撰人
敬鄉錄十四卷 SK/第451冊
(元)吳師道輯
唐才子傳八卷 SK/第451冊
(元)辛文房撰
元朝名臣事略十五卷 SK/第451冊
(元)蘇天爵撰
浦陽人物記二卷 SK/第452冊
(明)宋濂撰
古今列女傳三卷 SK/第452冊
(明)解縉等奉敕編
殿閣詞林記二十二卷 SK/第452冊
(明)黃佐 (明)廖道南撰
嘉靖以來首輔傳八卷 SK/第452冊
(明)王世貞撰
明名臣琬琰錄二十四卷明名臣琬琰續錄二十二卷 SK/第453冊
(明)徐紘編
今獻備遺四十二卷 SK/第453冊
(明)項篤壽撰
百越先賢志四卷 SK/第453冊
(明)歐大任撰
元儒考略四卷 SK/第453冊
(明)馮從吾撰
欽定宗室王公功績表傳十二卷卷首一卷 SK/第454冊
(清)弘曆撰
欽定外藩蒙古回部王公表傳一百二十卷卷首一卷目錄一卷 SK/第454冊
(清)弘曆撰
欽定八旗滿洲氏族通譜八十卷目錄二卷 SK/第455－456冊
(清)弘曆撰

居濟一得八卷　SK/第579冊
（清）張伯行撰
治河奏續書四卷附河防述言一卷　SK/第579冊
（清）靳輔撰 陳潢原論附 張靄生編述
直隸河渠志一卷　SK/第579冊
（清）陳儀撰
行水金鑑一百七十五卷　SK/第580－582冊
（清）傅澤洪撰
水道提綱二十八卷　SK/第583冊
（清）齊召南撰
海塘錄二十六卷首二卷　SK/第583冊
（清）翟均廉撰
籌海圖編十三卷　SK/第584冊
（明）胡宗憲撰
鄭開陽雜著十一卷　SK/第584冊
（明）鄭若曾撰
南嶽小錄一卷　SK/第585冊
（唐）李沖昭撰
廬山記三卷附廬山略記一卷　SK/第585冊
（宋）陳舜俞撰（南朝）釋惠遠撰附
赤松山志一卷　SK/第585冊
（宋）倪守約撰
西湖遊覽志二十四卷西湖遊覽志餘二十六卷　SK/第585冊
（明）田汝成撰
桂勝四卷附桂故八卷　SK/第585冊
（明）張鳴鳳撰
欽定盤山志十六卷卷首五卷　SK/第586冊
（清）蔣溥（清）汪由敦（清）董邦達等奉敕撰
西湖志纂十二卷卷首一卷　SK/第586冊
（清）梁詩正（清）沈德潛（清）傅王露撰
洛陽伽藍記五卷　SK/第587冊
（後魏）楊衒之撰
吳地記一卷吳地記後集一卷　SK/第587冊
舊題（唐）陸廣微撰
長安志二十卷　SK/第587冊
（宋）宋敏求撰
洛陽名園記一卷　SK/第587冊
（宋）李格非撰
雍錄十卷　SK/第587冊
（宋）程大昌撰
洞霄圖志六卷　SK/第587冊
（宋）鄧牧撰
長安志圖三卷　SK/第587冊
（元）李好文撰
汴京遺蹟志二十四卷　SK/第587冊
（明）李濂撰
武林梵志十二卷　SK/第588冊
（明）吳之鯨撰
江城名蹟四卷　SK/第588冊
（清）陳弘緒撰
營平二州地名記一卷　SK/第588冊
（清）顧炎武撰
金鼇退食筆記二卷　SK/第588冊
（清）高士奇撰
石柱記箋釋五卷　SK/第588冊
（清）鄭元慶撰
關中勝蹟圖志三十二卷　SK/第588冊
（清）畢沅撰
南方草木狀三卷　SK/第589冊
（晉）嵇含撰
荊楚歲時記一卷　SK/第589冊
（梁）宗懍撰
北戶錄三卷　SK/第589冊
（唐）段公路撰（唐）龜圖注
桂林風土記一卷　SK/第589冊
（唐）莫休符撰
嶺表錄異三卷　SK/第589冊
舊題（唐）劉恂撰
益部方物略記一卷　SK/第589冊
（宋）宋祁撰
岳陽風土記一卷　SK/第589冊
（宋）范致明撰
東京夢華錄十卷　SK/第589冊
（宋）孟元老撰
六朝事迹編類二卷　SK/第589冊
（宋）張敦頤撰
會稽三賦三卷　SK/第589冊
（宋）王十朋撰（宋）周世則（宋）史鑄增注
中吳紀聞六卷　SK/第589冊
（宋）龔明之撰
桂海虞衡志一卷　SK/第589冊
（宋）范成大撰
嶺外代答十卷　SK/第589冊
（宋）周去非撰
都城紀勝一卷　SK/第590冊
（宋）耐得翁撰
夢粱錄二十卷　SK/第590冊
（宋）吳自牧撰
武林舊事十卷　SK/第590冊
（宋）周密撰
增補武林舊事八卷　SK/第590冊
（宋）周密撰（明）朱廷煥補
歲華紀麗譜一卷附牋紙譜一卷蜀錦譜一卷　SK/第590冊
（元）費著撰
吳中舊事一卷　SK/第590冊
（元）陸友仁撰
平江記事一卷　SK/第590冊
（元）高德基撰
江漢叢談二卷　SK/第590冊
（明）陳士元撰
閩中海錯疏三卷　SK/第590冊
（明）屠本畯撰
蜀中廣記一百八卷　SK/第591－592冊
（明）曹學佺撰
益部談資三卷　SK/第592冊
（明）何宇度撰
顏山雜記四卷　SK/第592冊
（清）孫廷銓撰
嶺南風物記一卷　SK/第592冊
（清）吳綺撰（清）宋俊增補（清）江闓刪訂
龍沙紀略一卷　SK/第592冊
（清）方式濟撰
臺海使槎錄八卷　SK/第592冊
（清）黃叔璥撰
東城雜記二卷　SK/第592冊
（清）厲鶚撰
遊城南記一卷　SK/第593冊
（宋）張禮撰
河朔訪古記三卷　SK/第593冊
（元）納新撰
徐霞客遊記十二卷　SK/第593冊
（明）徐宏祖撰
佛國記一卷　SK/第593冊
（南朝宋）釋法顯撰
大唐西域記十二卷　SK/第593冊
（唐）釋玄奘譯（唐）釋辯機撰
宣和奉使高麗圖經四十卷附宋故尚書刑部員外郎徐公行狀一卷　SK/第593冊
（宋）徐兢撰（宋）張孝伯撰附

諸蕃志二卷 SK/第594冊
(宋)趙汝适撰
溪蠻叢笑一卷 SK/第594冊
(宋)朱輔撰
真臘風土記一卷 SK/第594冊
(元)周達觀撰
島夷志略一卷 SK/第594冊
(元)汪大淵撰
朝鮮賦一卷 SK/第594冊
(明)董越撰
海語三卷 SK/第594冊
(明)黄衷撰 (明)黄學準增注
東西洋考十二卷 SK/第594冊
(明)張燮撰
職方外紀五卷卷首一卷 SK/第594冊
(明)西洋艾儒略撰
赤雅三卷 SK/第594冊
(明)鄺露撰
朝鮮志二卷 SK/第594冊
(明)不著撰人
皇清職貢圖九卷 SK/第594冊
(清)傅恒等奉敕撰
坤輿圖說二卷 SK/第594冊
(清)西洋南懷仁撰
異域錄二卷 SK/第594冊
(清)覺羅圖理琛撰
海國聞見錄二卷 SK/第594冊
(清)陳倫炯撰
唐六典三十卷 SK/第595冊
(唐)張九齡等撰 (唐)李林甫等注
翰林志一卷 SK/第595冊
(唐)李肇撰
麟臺故事五卷 SK/第595冊
(宋)程俱撰
翰苑羣書十二卷 SK/第595冊
(宋)洪遵編
南宋館閣錄十卷續錄十卷 SK/第595冊
(宋)陳騤撰
玉堂雜記三卷 SK/第595冊
(宋)周必大撰
宋宰輔編年錄二十卷 SK/第596冊
(宋)徐自明撰
秘書監志十一卷 SK/第596冊
(元)王士點 (元)商企翁撰
翰林記二十卷 SK/第596冊
(明)黄佐撰
禮部志稿一百卷 SK/第597-598冊
(明)林堯俞等纂修 (明)俞汝楫等編撰
太常續考八卷 SK/第599冊
(明)不著撰人
土官底簿二卷 SK/第599冊
(明)不著撰人
詞林典故八卷 SK/第599冊
(清)鄂爾泰 (清)張廷玉等奉敕撰
欽定國子監志六十二卷 SK/第600冊
(清)梁國治等奉敕撰
欽定歷代職官表七十二卷 SK/第601-602冊
(清)永瑢 (清)紀昀等奉敕撰
州縣提綱四卷 SK/第602冊
(宋)不著撰人
官箴一卷 SK/第602冊
(宋)呂本中撰
百官箴六卷 SK/第602冊
(宋)許月卿撰
晝簾緒論一卷 SK/第602冊
(宋)胡太初撰
三事忠告四卷 SK/第602冊
(元)張養浩撰
御定人臣儆心錄一卷 SK/第602冊
(清)福臨撰 (清)王永吉奉敕纂
通典二百卷 SK/第603-605冊
(唐)杜佑撰
唐會要一百卷 SK/第606-607冊
(宋)王溥撰
五代會要三十卷 SK/第607冊
(宋)王溥撰
宋朝事實二十卷 SK/第608冊
(宋)李攸撰
建炎以來朝野雜記四十卷 SK/第608冊
(宋)李心傳撰
西漢會要七十卷 SK/第609冊
(宋)徐天麟撰
東漢會要四十卷 SK/第609冊
(宋)徐天麟撰
漢制考四卷 SK/第609冊
(宋)王應麟撰
文獻通考三百四十八卷自序一卷總目錄一卷 SK/第610-616冊
(元)馬端臨撰
明會典一百八十卷 SK/第617-618冊
(明)徐溥等奉敕撰 (明)李東陽等重修
七國考十四卷 SK/第618冊
(明)董說撰
欽定大清會典一百卷 SK/第619冊
(清)允祹等奉敕撰
欽定大清會典則例一百八十卷目錄一卷 SK/第620-625冊
(清)弘曆撰
欽定續文獻通考二百五十卷 SK/第626-631冊
(清)嵇璜 (清)曹仁虎等奉敕撰
欽定皇朝文獻通考三百卷 SK/第632-638冊
(清)弘曆撰
欽定續通典一百五十卷 SK/第639-641冊
(清)嵇璜 (清)曹仁虎等奉敕撰
欽定皇朝通典一百卷 SK/第642-643冊
(清)弘曆撰
欽定皇朝通志一百二十六卷 SK/第644-645冊
(清)弘曆撰
元朝典故編年考十卷 SK/第645冊
(清)孫承澤撰
漢官舊儀二卷補遺一卷 SK/第646冊
(漢)衛宏撰
大唐開元禮一百五十卷目錄一卷 SK/第646冊
(唐)蕭嵩等奉敕撰
謚法四卷 SK/第646冊
(宋)蘇洵撰
政和五禮新儀二百二十卷卷首一卷政和御制冠禮十卷政和五禮新儀目錄六卷 SK/第647冊
(宋)鄭居中等奉敕撰
紹熙州縣釋奠儀圖一卷 SK/第648冊
(宋)朱熹撰
大金集禮四十卷 SK/第648冊
(金)不著撰人
大金德運圖說一卷 SK/第648冊
(金)不著撰人
廟學典禮六卷 SK/第648冊
(元)不著撰人
明集禮五十三卷目錄二卷 SK/第649-650冊
(明)徐一夔等奉敕撰
頖宮禮樂疏十卷 SK/第651冊

(明)趙崡撰
金石史二卷 SK/第683冊
(明)郭宗昌撰
欽定重刻淳化閣帖釋文十卷
SK/第683冊
(清)于敏中 (清)王際華纂 (清)裘日修等奉敕校正
求古錄一卷 SK/第683冊
(清)顧炎武撰
金石文字記六卷 SK/第683冊
(清)顧炎武撰
石經考一卷 SK/第683冊
(清)顧炎武撰
萬氏石經考二卷 SK/第683冊
(清)萬斯同撰
來齋金石刻考略三卷 SK/第684冊
(清)林侗撰
嵩陽石刻集記二卷附紀遺一卷
SK/第684冊
(清)葉封撰
金石文考略十六卷 SK/第684冊
(清)李光暎撰
分隸偶存二卷 SK/第684冊
(清)萬經撰
淳化秘閣法帖考正十二卷 SK/第684冊
(清)王澍撰
竹雲題跋四卷 SK/第684冊
(清)王澍撰
金石經眼錄一卷 SK/第684冊
(清)褚峻摹圖 (清)牛運震補說
石經考異二卷 SK/第684冊
(清)杭世駿撰
史通二十卷 SK/第685冊
(唐)劉知幾撰
史通通釋二十卷附新唐書劉知幾本傳一卷 SK/第685冊
(清)浦起龍撰
唐鑑二十四卷 SK/第685冊
(宋)范祖禹撰 (宋)呂祖謙注
唐史論斷三卷附錄一卷 SK/第685冊
(宋)孫甫撰
唐書直筆四卷 SK/第685冊
(宋)呂夏卿撰
通鑑問疑一卷 SK/第686冊
(宋)劉羲仲撰
三國雜事二卷 SK/第686冊
(宋)唐庚撰
經幄管見四卷 SK/第686冊
(宋)曹彥約撰
涉史隨筆一卷 SK/第686冊
(宋)葛洪撰
六朝通鑑博議十卷 SK/第686冊
(宋)李燾撰
宋大事記講義二十三卷 SK/第686冊
(宋)呂中撰
兩漢筆記十二卷 SK/第686冊
(宋)錢時撰
舊聞證誤四卷 SK/第686冊
(宋)李心傳撰
通鑑答問五卷 SK/第686冊
(宋)王應麟撰
歷代名賢確論一百卷 SK/第687冊
(宋)不著撰人
歷代通略四卷附歷代通略蒙求一卷
SK/第688冊
(元)陳櫟撰
十七史纂古今通要十七卷 SK/第688冊
(元)胡一桂撰
學史十三卷 SK/第688冊
(明)邵寶撰
史糾六卷 SK/第688冊
(明)朱明鎬撰
御批資治通鑑綱目五十九卷卷首二卷
SK/第689－691冊
(宋)朱熹撰 (清)玄燁批
御批資治通鑑綱目前編十八卷卷首外紀一卷舉要三卷 SK/第692冊
(宋)金履祥撰 (清)玄燁批
御批續資治通鑑綱目二十七卷
SK/第693－694冊
(明)商輅等撰 (明)周禮發明 (明)張時泰廣義 (清)玄燁批
評鑑闡要十二卷 SK/第694冊
(清)弘曆撰 (清)劉統勳等編
欽定古今儲貳金鑑六卷 SK/第694冊
(清)弘曆撰

子部

孔子家語十卷 SK/第695冊
(魏)王肅注
荀子二十卷 SK/第695冊
(周)荀況撰 (唐)楊倞注
孔叢子三卷附連叢子一卷 SK/第695冊
(漢)孔鮒撰 (漢)孔臧撰附
新語二卷 SK/第695冊
(漢)陸賈撰
新書十卷 SK/第695冊
(漢)賈誼撰
鹽鐵論十二卷 SK/第695冊
(漢)桓寬撰 (明)張之象註
說苑二十卷 SK/第696冊
(漢)劉向撰
新序十卷 SK/第696冊
(漢)劉向撰
揚子法言十卷 SK/第696冊
舊題(漢)揚雄 (晉)李軌 (唐)柳宗元注 (宋)宋咸 (宋)吳秘 (宋)司馬光重添注
潛夫論十卷附後漢書王符傳一卷
SK/第696冊
(漢)王符撰
申鑒五卷 SK/第696冊
(漢)荀悅撰 (明)黃省曾註
中論二卷 SK/第696冊
(漢)徐幹撰
傅子一卷 SK/第696冊
(晉)傅玄撰
中說十卷 SK/第696冊
舊題(隋)王通撰 (宋)阮逸注
帝範四卷 SK/第696冊
(唐)李世民撰
續孟子二卷 SK/第696冊
(唐)林慎思撰
伸蒙子二卷 SK/第696冊
(唐)林慎思撰
素履子三卷 SK/第696冊
(唐)張弧撰
家範十卷 SK/第696冊
(宋)司馬光撰
帝學八卷 SK/第696冊
(宋)范祖禹撰
儒志編一卷附錄一卷 SK/第696冊
(宋)王開祖撰
太極圖說述解一卷 SK/第697冊
(明)曹端撰
西銘述解一卷 SK/第697冊
(明)曹端撰
通書述解二卷 SK/第697冊
(明)曹端撰
張子全書十四卷附錄一卷 SK/第697冊
(宋)張載撰
注解正蒙二卷 SK/第697冊

（清）李光地撰
正蒙初義十七卷 SK/第 697 冊
（清）王植撰
二程遺書二十五卷附錄一卷 SK/第 698 冊
（宋）程顥（宋）程頤撰（宋）朱熹編
二程外書十二卷 SK/第 698 冊
（宋）程顥（宋）程頤撰（宋）朱熹編
二程粹言二卷 SK/第 698 冊
（宋）楊時編
公是弟子記四卷 SK/第 698 冊
（宋）劉敞撰
節孝語錄一卷 SK/第 698 冊
（宋）徐積撰（宋）江端禮編
儒言一卷 SK/第 698 冊
（宋）晁說之撰
童蒙訓三卷 SK/第 698 冊
（宋）呂本中撰
省心雜言一卷 SK/第 698 冊
（宋）李邦獻撰
上蔡語錄三卷 SK/第 698 冊
（宋）謝良佐撰（宋）曾恬（宋）胡安國錄（宋）朱熹刪定
袁氏世範三卷 SK/第 698 冊
（宋）袁采撰
延平答問一卷附錄一卷 SK/第 698 冊
（宋）朱熹撰
近思錄十四卷 SK/第 699 冊
（宋）朱熹（宋）呂祖謙編（宋）葉采集解
近思錄集註十四卷附說一卷 SK/第 699 冊
（清）茅星來撰
近思錄集註十四卷 SK/第 699 冊
（清）江永撰
雜學辨一卷附記疑一卷 SK/第 699 冊
（宋）朱熹撰
御定小學集註六卷 SK/第 699 冊
（宋）朱熹撰（明）陳選集注
朱子語類一百四十卷 SK/第 700－702 冊
（宋）黎靖德編
戒子通錄八卷 SK/第 703 冊
（宋）劉清之撰
知言六卷附錄一卷 SK/第 703 冊
（宋）胡宏撰
明本釋三卷 SK/第 703 冊
（宋）劉荀撰

少儀外傳二卷 SK/第 703 冊
（宋）呂祖謙撰
麗澤論說集錄十卷 SK/第 703 冊
（宋）呂祖謙撰（宋）呂祖儉蒐錄（宋）呂喬年編
曾子全書一卷 SK/第 703 冊
（宋）汪晫編
子思子全書一卷 SK/第 703 冊
（宋）汪晫編
邇言十二卷 SK/第 703 冊
（宋）劉炎撰
木鍾集十一卷 SK/第 703 冊
（宋）陳埴撰
經濟文衡七十二卷 SK/第 704 冊
（宋）朱熹撰 舊題（宋）滕珙編
大學衍義四十三卷 SK/第 704 冊
（宋）真德秀撰
西山讀書記四十卷 SK/第 705－706 冊
（宋）真德秀撰
心經一卷 SK/第 706 冊
（宋）真德秀撰
政經一卷 SK/第 706 冊
（宋）真德秀撰
項氏家說十卷附錄二卷 SK/第 706 冊
（宋）項安世撰
先聖大訓六卷 SK/第 706 冊
（宋）楊簡撰
黃氏日抄九十七卷 SK/第 707－708 冊
（宋）黃震撰
北溪字義二卷附嚴陵講義一卷 SK/第 709 冊
（宋）陳淳撰（宋）王雋錄
準齋雜說二卷 SK/第 709 冊
（宋）吳如愚撰
性理羣書句解二十三卷 SK/第 709 冊
（宋）熊節編（宋）熊剛大註
東宮備覽六卷 SK/第 709 冊
（宋）陳模撰
孔子集語二卷 SK/第 709 冊
（宋）薛據輯
朱子讀書法四卷 SK/第 709 冊
（宋）張洪（宋）齊𤋮編
家山圖書一卷 SK/第 709 冊
（囗）不著撰人
讀書分年日程三卷卷首一卷 SK/第 709 冊
（元）程端禮撰

辨惑編四卷附錄一卷 SK/第 709 冊
（元）謝應芳撰
治世龜鑑一卷 SK/第 709 冊
（元）蘇天爵撰
管窺外篇二卷 SK/第 709 冊
（元）史伯璿撰
內訓一卷 SK/第 709 冊
（明）仁孝文皇后徐氏撰
理學類編八卷 SK/第 709 冊
（明）張九韶撰
性理大全書七十卷 SK/第 710－711 冊
（明）胡廣等奉敕撰
讀書錄十一卷續錄十二卷 SK/第 711 冊
（明）薛瑄撰
大學衍義補一百六十卷卷首一卷 SK/第 712－713 冊
（明）丘濬撰
居業錄八卷 SK/第 714 冊
（明）胡居仁撰
楓山語錄一卷附行實一卷 SK/第 714 冊
（明）章懋撰
東溪日談錄十八卷 SK/第 714 冊
（明）周琦撰
困知記二卷續錄二卷附錄一卷 SK/第 714 冊
（明）羅欽順撰
讀書劄記八卷 SK/第 714 冊
（明）徐問撰
士翼三卷 SK/第 714 冊
（明）崔銑撰
涇野子內篇二十七卷 SK/第 714 冊
（明）呂柟撰
周子抄釋二卷附錄一卷 SK/第 715 冊
（明）呂柟撰
張子抄釋六卷 SK/第 715 冊
（明）呂柟撰
二程子抄釋十卷 SK/第 715 冊
（明）呂柟撰
朱子抄釋二卷 SK/第 715 冊
（明）呂柟撰
中庸衍義十七卷 SK/第 715 冊
（明）夏良勝撰
格物通一百卷卷首一卷 SK/第 716 冊
（明）湛若水撰
世緯二卷 SK/第 717 冊
（明）袁袠撰
呻吟語摘二卷 SK/第 717 冊

(唐)王冰次注 (宋)林億等校正
靈樞經十二卷 SK/第733冊
(唐)王冰注 (宋)史崧校正音釋
難經本義二卷附彙考一卷闕誤總類一卷圖說一卷 SK/第733冊
(周)秦越人撰 (周)滑壽注
鍼灸甲乙經十二卷 SK/第733冊
(晉)皇甫謐撰 (宋)高保衡 (宋)林億校正
金匱要略論註二十四卷 SK/第734冊
(漢)張機撰 (清)徐彬註
傷寒論注釋十卷附傷寒明理論三卷傷寒論方一卷 SK/第734冊
(漢)張機撰 (晉)王叔和編 (金)成無己注
肘後備急方八卷 SK/第734冊
(晉)葛洪撰 (梁)陶弘景 (金)楊用道補
褚氏遺書一卷 SK/第734冊
舊題(南齊)褚澄撰
巢氏諸病源候總論五十卷 SK/第734冊
(隋)巢元方等奉敕撰
備急千金要方九十三卷 SK/第735冊
(唐)孫思邈撰 (宋)高保衡 (宋)林億校正
銀海精微二卷 SK/第735冊
(唐)孫思邈撰
外臺秘要方四十卷目錄二卷 SK/第736－737冊
(唐)王燾撰 (宋)林億 (宋)孫兆校正
顱顖經二卷 SK/第738冊
(宋)不著撰人
銅人鍼灸經七卷 SK/第738冊
(宋)不著撰人
明堂灸經八卷 SK/第738冊
舊題(囗)西方子撰
博濟方五卷 SK/第738冊
(宋)王袞編
蘇沈良方八卷 SK/第738冊
(宋)蘇軾 (宋)沈括撰
壽親養老新書四卷 SK/第738冊
(宋)陳直撰 (元)鄒鉉續編
脚氣治法總要二卷 SK/第738冊
(宋)董汲撰
旅舍備要方一卷 SK/第738冊
(宋)董汲撰

素問入式運氣論奧三卷附黄帝内經素問遺篇一卷 SK/第738冊
(宋)劉溫舒撰
傷寒微旨論二卷 SK/第738冊
(宋)韓祇和撰
傷寒總病論六卷附傷寒論音訓一卷修治藥法一卷 SK/第738冊
(宋)龐安時撰 (宋)董炳編
聖濟總錄纂要二十六卷 SK/第739冊
(宋)趙佶編 (清)程林刪定
證類本草三十卷 SK/第740冊
(宋)唐慎微撰 (宋)曹孝忠校 (宋)寇宗奭衍義
全生指迷方四卷 SK/第741冊
(宋)王貺撰
小兒衛生總微論方二十卷 SK/第741冊
(囗)不著撰人 (宋)何大任校訂
類證普濟本事方十卷 SK/第741冊
(宋)許叔微撰
太平惠民和劑局方十卷指南總論三卷 SK/第741冊
(宋)陳師文等奉敕撰
傳信適用方二卷 SK/第741冊
(宋)吳彥夔撰
衛濟寶書二卷 SK/第741冊
舊題(宋)東軒居士撰
醫說十卷目錄一卷 SK/第742冊
(宋)張杲撰
鍼灸資生經七卷 SK/第742冊
(宋)王執中撰
婦人大全良方二十四卷目錄二卷辨識修製藥物法度一卷 SK/第742冊
(宋)陳自明撰
太醫局諸科程文格九卷 SK/第743冊
(宋)何大任編
產育寶慶集二卷 SK/第743冊
(宋)陳師聖 (宋)郭稽中編
三因極一病證方論十八卷 SK/第743冊
(宋)陳言撰
集驗背疽方一卷 SK/第743冊
(宋)李迅撰
濟生方八卷 SK/第743冊
(宋)嚴用和撰
產寶諸方一卷 SK/第743冊
(宋)不著撰人
仁齋直指二十六卷附仁齋傷寒類書七卷 SK/第744冊

(宋)楊士瀛撰 (明)朱崇正附遺
急救仙方六卷 SK/第744冊
(囗)不著撰人
素問玄機原病式一卷 SK/第744冊
(金)劉完素撰
宣明方論十五卷 SK/第744冊
(金)劉完素撰
傷寒直格方三卷傷寒標本心法類萃二卷 SK/第744冊
(金)劉完素撰
病機氣宜保命集三卷 SK/第745冊
(金)張元素撰
儒門事親十五卷 SK/第745冊
(金)張從正撰
内外傷辯惑論三卷 SK/第745冊
(元)李杲撰
脾胃論三卷 SK/第745冊
(元)李杲撰
蘭室秘藏三卷 SK/第745冊
(元)李杲撰
此事難知二卷 SK/第745冊
(元)王好古撰
醫壘元戎十二卷 SK/第745冊
(元)王好古撰
湯液本草三卷 SK/第745冊
(元)王好古撰
瑞竹堂經驗方五卷 SK/第746冊
(元)沙圖穆蘇編
世醫得效方二十卷 SK/第746冊
(元)危亦林撰
格致餘論一卷 SK/第746冊
(元)朱震亨撰
局方發揮一卷 SK/第746冊
(元)朱震亨撰
金匱鉤玄三卷 SK/第746冊
(元)朱震亨撰 (明)戴原禮校補
扁鵲神應鍼灸玉龍經一卷 SK/第746冊
(元)王國瑞撰
外科精義二卷 SK/第746冊
(元)齊德之撰
脈訣刊誤二卷脈書要語一卷矯世惑脈論一卷 SK/第746冊
(元)戴啟宗撰 (明)汪機輯
醫經溯洄集二卷 SK/第746冊
(元)王履撰
普濟方四百二十六卷直音畧一卷 SK/第747－761冊

（明）朱橚撰
玉機微義五十卷 SK/第762冊
（明）徐用誠原輯（明）劉純續增
仁端錄十六卷 SK/第762冊
（明）徐謙撰（明）陳葵刪定
薛氏醫案七十七卷 SK/第763－764冊
（明）薛己撰
推求師意二卷 SK/第765冊
（明）戴原禮撰（明）汪機校錄
鍼灸問對三卷 SK/第765冊
（明）汪機撰
外科理例七卷附方一卷 SK/第765冊
（明）汪機撰
石山醫案三卷附錄一卷 SK/第765冊
（明）陳桷編
名醫類案十二卷 SK/第765冊
（明）江瓘編（明）江應宿增補（清）魏之琇考證
赤水玄珠三十卷 SK/第766冊
（明）孫一奎撰
醫旨緒餘二卷 SK/第766冊
（明）孫一奎撰
證治準繩一百二十卷 SK/第767－771冊
（明）王肯堂撰
本草綱目五十二卷附圖九卷 SK/第772－774冊
（明）李時珍撰
奇經八脈考一卷 SK/第774冊
（明）李時珍撰
瀕湖脈學一卷 SK/第774冊
（明）李時珍撰
傷寒論條辨八卷附本草鈔一卷或問一卷痙書一卷 SK/第775冊
（明）方有執撰
先醒齋廣筆記四卷 SK/第775冊
（明）繆希雍撰
神農本草經疏三十卷 SK/第775冊
（明）繆希雍撰
類經三十二卷附類經圖翼十一卷類經附翼四卷 SK/第776冊
（明）張介賓撰
景岳全書六十四卷 SK/第777－778冊
（明）張介賓撰
瘟疫論二卷補遺一卷 SK/第779冊
（明）吳有性撰
痎瘧論疏一卷 SK/第779冊
（明）盧之頤撰
本草乘雅半偈十卷 SK/第779冊
（明）盧之頤撰
御纂醫宗金鑑九十卷首卷一卷 SK/第780－782冊
（清）吳謙纂（清）劉裕鐸等奉敕纂
尚論篇四卷卷首一卷後篇四卷 SK/第783冊
（清）喻昌撰
醫門法律十二卷附寓意草四卷 SK/第783冊
（清）喻昌撰
傷寒舌鑑一卷 SK/第783冊
（清）張登撰
傷寒兼證析義一卷 SK/第783冊
（清）張倬撰
絳雪園古方選註十六卷附得宜本草一卷 SK/第783冊
（清）王子接撰
續名醫類案六十卷 SK/第754－785冊
（清）魏之琇撰
蘭臺軌範八卷 SK/第785冊
（清）徐大椿撰
神農本草經百種錄一卷 SK/第785冊
（清）徐大椿撰
傷寒類方二卷 SK/第785冊
（清）徐大椿撰
醫學源流論二卷 SK/第785冊
（清）徐大椿撰
周髀算經二卷音義一卷 SK/第786冊
舊題（漢）趙君卿注（北周）甄鸞重述（唐）李淳風注釋（唐）李籍撰音義
新儀象法要三卷 SK/第786冊
（宋）蘇頌撰
六經天文編二卷 SK/第786冊
（宋）王應麟撰
原本革象新書五卷 SK/第786冊
（元）趙友欽撰
重修革象新書二卷 SK/第786冊
（元）趙友欽撰（明）王禕刊訂
七政推步七卷 SK/第786冊
（明）貝琳修輯
聖壽萬年歷五卷卷首一卷附錄一卷附律歷融通四卷音義一卷 SK/第786冊
（明）朱載堉撰
古今律歷考七十二卷 SK/第787冊
（明）邢雲路撰
乾坤體義三卷 SK/第787冊
（明）西洋利瑪竇撰
表度說一卷 SK/第787冊
（明）西洋熊三拔口譯（明）周子愚筆錄
簡平儀說一卷 SK/第787冊
（明）西洋熊三拔撰
天問略一卷 SK/第787冊
（明）西洋陽瑪諾撰
新法算書一百卷 SK/第788－789冊
（明）徐光啟等撰
測量法義一卷測量異同一卷句股義一卷 SK/第789冊
（明）徐光啟撰
渾蓋通憲圖說二卷 SK/第789冊
（明）李之藻撰
圜容較義一卷 SK/第789冊
（明）李之藻撰
歷體略三卷圖一卷 SK/第789冊
（明）王英明撰
御制歷象考成四十二卷 SK/第790－791冊
（清）允祿撰（清）何國宗等奉敕撰
御制歷象考成後編十卷 SK/第792冊
（清）允祿等奉敕撰
欽定儀象考成三十卷奏議一卷卷首二卷 SK/第793冊
（清）允祿撰（清）戴進賢等奉敕撰
曉菴新法六卷 SK/第793冊
（清）王錫闡撰
中星譜一卷 SK/第793冊
（清）胡亶撰
天經或問前集四卷 SK/第793冊
（清）游藝撰
天步真原一卷 SK/第793冊
（清西洋）穆尼閣撰（清）薛鳳祚譯
天學會通一卷 SK/第793冊
（清）薛鳳祚撰
歷算全書六十卷 SK/第794－795冊
（清）梅文鼎撰
大統歷志八卷 SK/第795冊
（清）梅文鼎撰
勿菴歷算書記一卷 SK/第795冊
（清）梅文鼎撰
中西經星同異考二卷 SK/第795冊
（清）梅文鼎撰

全史日至源流三十卷卷首二卷 SK/第796冊
(清)許伯政撰
數學八卷續數學一卷 SK/第796冊
(清)江永撰
九章算術九卷音義一卷 SK/第797冊
(晉)劉徽注 (唐)李淳風注釋 (唐)李籍撰
孫子算經三卷 SK/第797冊
(口)不著撰人
數術記遺一卷 SK/第797冊
(漢)徐岳 (北周)甄鸞撰
海島算經一卷 SK/第797冊
(晉)劉徽撰 (唐)李淳風等奉敕注
五曹算經五卷 SK/第797冊
(口)不著撰人
五經算術二卷 SK/第797冊
(北周)甄鸞撰 (唐)李淳風注
夏侯陽算經三卷 SK/第797冊
(口)夏侯陽撰 (北周)甄鸞注
張邱建算經三卷 SK/第797冊
(口)張邱建撰 (北周)甄鸞注 (唐)李淳風注釋 (唐)劉孝孫撰細草
緝古算經一卷 SK/第797冊
(唐)王孝通撰
數學九章十八卷 SK/第797冊
(宋)秦九韶撰
測圓海鏡十二卷 SK/第798冊
(元)李治撰
測圓海鏡分類釋術十卷 SK/第798冊
(明)李治撰 (唐)顧應祥釋術
益古演段三卷 SK/第798冊
(元)李治撰
弧矢算術一卷 SK/第798冊
(明)顧應祥撰
同文算指十卷 SK/第798冊
(明)李之藻撰
幾何原本六卷 SK/第798冊
(西洋)歐几里得撰 (明)西洋利瑪竇譯 (明)徐光啟錄
御制數理精蘊五十三卷 SK/第799－801冊
(清)玄燁撰
幾何論約六卷卷末一卷 SK/第802冊
(清)杜知耕撰
數學鑰六卷 SK/第802冊
(清)杜知耕撰

數度衍二十三卷卷首二卷附幾何約一卷 SK/第802冊
(清)方中通撰
句股引蒙五卷 SK/第802冊
(清)陳訏撰
句股矩測解原二卷 SK/第802冊
(清)黄百家撰
少廣補遺一卷 SK/第802冊
(清)陳世仁撰
莊氏算學八卷 SK/第802冊
(清)莊亨陽撰
九章錄要十二卷 SK/第802冊
(清)屠文漪撰
太玄經十卷卷首一卷釋音一卷 SK/第803冊
(漢)揚雄撰 (晉)范望注
太玄本旨九卷卷首一卷 SK/第803冊
(明)葉子奇撰
元包經傳五卷附元包數總義二卷 SK/第803冊
(北周)衛元嵩撰 (唐)蘇源明傳 (唐)李江注 (宋)韋漢卿釋音
潛虛一卷附潛虛發微論一卷 SK/第803冊
(宋)司馬光撰 (宋)張敦實撰附
皇極經世書十四卷 SK/第803冊
(宋)邵雍撰
皇極經世索隱二卷 SK/第804冊
(宋)張行成撰
皇極經世觀物外篇衍義九卷 SK/第804冊
(宋)張行成撰
易通變四十卷 SK/第804冊
(宋)張行成撰
觀物篇解五卷附皇極經世解起數訣三卷 SK/第805冊
(宋)祝泌撰
皇極經世書解十四卷卷首二卷 SK/第805冊
(清)王植撰
易學一卷 SK/第805冊
(宋)王湜撰
洪範皇極內篇五卷 SK/第805冊
(宋)蔡沈撰
天原發微五卷附各類圖一卷問答節要一卷 SK/第806冊
(宋)鮑雲龍撰 (明)鮑寧辨正

大衍索隱三卷 SK/第806冊
(宋)丁易東撰
易象圖說六卷 SK/第806冊
(元)張理撰
三易洞璣十六卷略例一卷 SK/第806冊
(明)黄道周撰
靈臺秘苑十五卷 SK/第807冊
(北周)庾季才原撰 (宋)王安禮等重修
唐開元占經一百二十卷 SK/第807冊
(唐)瞿曇悉達撰
宅經二卷 SK/第808冊
舊體 黄帝撰
葬書一卷 SK/第808冊
舊題(晉)郭璞撰 (元)吳澄刪定
撼龍經一卷疑龍經一卷葬法倒杖一卷 SK/第808冊
舊題(唐)楊筠松撰
青囊序一卷 SK/第808冊
舊題(唐)曾文辿撰
青囊奧語一卷 SK/第808冊
舊題(唐)楊筠松撰
天玉經四卷 SK/第808冊
舊題(唐)楊筠松撰
靈城精義二卷 SK/第808冊
舊題(南朝)何溥撰
催官篇二卷 SK/第808冊
(宋)賴文俊撰
發微論一卷 SK/第808冊
(宋)蔡元定撰
靈棋經二卷卷首一卷 SK/第808冊
舊題(漢)東方朔撰 (明)劉基等注
焦氏易林四卷 SK/第808冊
(漢)焦贛撰
京氏易傳三卷 SK/第808冊
(漢)京房撰 (吳)陸績注
六壬大全十二卷 SK/第808冊
(口)不著撰人
卜法詳考八卷 SK/第808冊
(清)胡煦撰
李虛中命書三卷 SK/第809冊
(周)鬼谷子撰 (唐)李虛中注
玉照定真經一卷 SK/第809冊
舊題(晉)郭璞撰 (晉)張顒注
星命溯源五卷 SK/第809冊
(口)不著撰人
珞琭子賦注二卷 SK/第809冊

（宋）釋曇瑩撰
珞琭子三命消息賦注二卷 SK/第809冊
（宋）徐子平撰
三命指迷賦一卷 SK/第809冊
舊題（宋）岳珂補注
星命總括三卷 SK/第809冊
舊題（遼）耶律純撰
演禽通纂二卷 SK/第809冊
（口）不著撰人
星學大成三十卷 SK/第809冊
（明）萬民英撰
三命通會十二卷 SK/第810冊
（明）萬民英撰
月波洞中記二卷 SK/第810冊
（口）不著撰人
玉管照神局三卷 SK/第810冊
舊題（南唐）宋齊丘撰
太清神鑑六卷 SK/第810冊
舊題（後周）王朴撰
人倫大統賦二卷 SK/第810冊
（金）張行簡撰（元）薛延年注
太乙金鏡式經十卷 SK/第810冊
（唐）王希明撰
遁甲演義四卷 SK/第810冊
（明）程道生撰
禽星易見一卷 SK/第810冊
（明）池本理撰
御定星歷考原六卷 SK/第811冊
（清）李光地等奉敕編
欽定協紀辨方書三十六卷奏議一卷 SK/第811冊
（清）允祿 梅瑴成 何國宗等奉敕撰
古畫品錄一卷 SK/第812冊
（南齊）謝赫撰
書品一卷 SK/第812冊
（梁）庾肩吾撰
續畫品一卷 SK/第812冊
舊題（陳）姚最撰
貞觀公私畫史一卷 SK/第812冊
（唐）裴孝源撰
書譜一卷 SK/第812冊
（唐）孫過庭撰
書斷三卷 SK/第812冊
（唐）張懷瓘撰
述書賦二卷 SK/第812冊
（唐）竇臮撰（唐）竇蒙註
法書要錄十卷 SK/第812冊
（唐）張彥遠撰
歷代名畫記十卷 SK/第812冊
（唐）張彥遠撰
唐朝名畫錄一卷 SK/第812冊
（唐）朱景玄撰
墨藪二卷附法帖音釋刊誤一卷 SK/第812冊
（唐）韋續（宋）陳與義撰
畫山水賦一卷附筆法記一卷 SK/第812冊
舊題（唐）荊浩撰
思陵翰墨志一卷 SK/第812冊
（宋）高宗撰
五代名畫補遺一卷 SK/第812冊
（宋）劉道醇撰
宋朝名畫評三卷 SK/第812冊
（宋）劉道醇撰
益州名畫錄三卷 SK/第812冊
（宋）黃休復撰
圖畫見聞誌六卷 SK/第812冊
（宋）郭若虛撰
林泉高致集一卷附錄一卷 SK/第812冊
（宋）郭熙撰（宋）郭思編
墨池編六卷 SK/第812冊
（宋）朱長文撰
德隅齋畫品一卷 SK/第812冊
（宋）李廌撰
畫史一卷 SK/第813冊
（宋）米芾撰
書史一卷 SK/第813冊
（宋）米芾撰
寶章待訪錄一卷 SK/第813冊
（宋）米芾撰
海嶽名言一卷 SK/第813冊
（宋）米芾撰
宣和畫譜二十卷 SK/第813冊
（宋）不著撰人
宣和書譜二十卷 SK/第813冊
（宋）不著撰人
山水純全集一卷 SK/第813冊
（宋）韓拙撰
廣川書跋十卷 SK/第813冊
（宋）董逌撰
廣川畫跋六卷 SK/第813冊
（宋）董逌撰
畫繼十卷 SK/第813冊
（宋）鄧椿撰
續書譜一卷 SK/第813冊
（宋）姜夔撰
寶真齋法書贊二十八卷 SK/第813冊
（宋）岳珂撰
書苑菁華二十卷 SK/第814冊
（宋）陳思撰
書小史十卷 SK/第814冊
（宋）陳思撰
書錄三卷外篇一卷 SK/第814冊
（宋）董更撰
竹譜十卷 SK/第814冊
（元）李衎撰
畫鑒一卷 SK/第814冊
（元）湯垕撰
衍極二卷附圖 SK/第814冊
（元）鄭杓撰（元）劉有定註
法書考八卷 SK/第814冊
（元）盛熙明撰
圖繪寶鑑五卷續編一卷 SK/第814冊
（元）夏文彥撰（明）韓昂撰續編
寓意編一卷 SK/第814冊
（明）都穆撰
書史會要九卷補遺一卷續書史會要一卷 SK/第814冊
（明）陶宗儀撰（明）朱謀垔撰續
珊瑚木難八卷 SK/第815冊
（明）朱存理編
趙氏鐵網珊瑚十六卷 SK/第815冊
舊題（明）朱存理撰（明）趙琦美編
墨池瑣錄四卷 SK/第816冊
（明）楊慎撰
書畫跋跋三卷續三卷 SK/第816冊
（明）孫鑛撰
書訣一卷 SK/第816冊
（明）豐坊撰
繪事微言二卷 SK/第816冊
（明）唐志契撰
書法雅言一卷 SK/第816冊
（明）項穆撰
寒山帚談二卷附拾遺一卷寒山金石林甲乙表一卷金石林緒論一卷 SK/第816冊
（明）趙宧光撰
書法離鉤十卷 SK/第816冊
（明）潘之淙撰
畫史會要五卷 SK/第816冊
（明）朱謀垔撰

揚州芍藥譜一卷 SK/第 845 冊
(宋)王觀撰
劉氏菊譜一卷 SK/第 845 冊
(宋)劉蒙撰
史氏菊譜一卷 SK/第 845 冊
(宋)史正志撰
范村梅譜一卷 SK/第 845 冊
(宋)范成大撰
范村菊譜一卷 SK/第 845 冊
(宋)范成大撰
百菊集譜六卷卷首諸菊品目一卷補遺一卷 SK/第 845 冊
(宋)史鑄撰
金漳蘭譜三卷 SK/第 845 冊
(宋)趙時庚撰
海棠譜三卷 SK/第 845 冊
(宋)陳思撰
荔枝譜一卷 SK/第 845 冊
(宋)蔡襄撰
橘錄三卷 SK/第 845 冊
(宋)韓彦直撰
竹譜一卷 SK/第 845 冊
舊題(晉)戴凱之撰
筍譜一卷 SK/第 845 冊
(宋)釋贊寧撰
菌譜一卷 SK/第 845 冊
(宋)陳仁玉撰
御定佩文齋廣群芳譜一百卷目錄二卷 SK/第 845－847 冊
(清)汪灝撰(清)張逸少等奉敕撰
禽經一卷 SK/第 847 冊
舊題(周)師曠撰(晉)張華注
蟹譜二卷 SK/第 847 冊
(宋)傅肱撰
蟹略四卷 SK/第 847 冊
(宋)高似孫撰
異魚圖贊四卷 SK/第 847 冊
(明)楊慎撰
異魚圖贊箋四卷目錄一卷 SK/第 847 冊
(明)楊慎原本(清)胡世安箋
異魚圖贊補三卷閏集一卷 SK/第 847 冊
(清)胡世安撰
鬻子一卷 SK/第 848 冊
舊題(周)鬻熊撰(唐)逄行珪注
墨子十五卷 SK/第 848 冊
舊題(周)墨翟撰
子華子二卷 SK/第 848 冊
舊題(周)程本撰
尹文子一卷 SK/第 848 冊
(周)尹文撰(魏)仲長統校定
慎子一卷 SK/第 848 冊
(周)慎到撰
鶡冠子三卷 SK/第 848 冊
(周)不著撰人(宋)陸佃解
公孫龍子一卷 SK/第 848 冊
(周)公孫龍撰(宋)謝希深注
鬼谷子一卷 SK/第 848 冊
舊題(周)鬼谷子撰
呂氏春秋二十六卷 SK/第 848 冊
舊題(秦)呂不韋撰(漢)高誘註
淮南鴻烈解二十一卷 SK/第 848 冊
(漢)劉安撰(漢)高誘注
人物志三卷 SK/第 848 冊
(魏)劉卲撰(北魏)劉昞註
金樓子六卷 SK/第 848 冊
(梁)孝元帝撰
劉子十卷 SK/第 848 冊
(北齊)劉晝撰(唐)袁孝政註
顏氏家訓二卷 SK/第 848 冊
(隋)顏之推撰
長短經九卷 SK/第 849 冊
(唐)趙蕤撰
兩同書二卷 SK/第 849 冊
(唐)羅隱撰
化書六卷 SK/第 849 冊
(南唐)譚峭撰
昭德新編二卷 SK/第 849 冊
(宋)晁迥撰
芻言三卷 SK/第 849 冊
(宋)崔敦禮撰
樂菴語錄五卷附宋史李衡傳一卷 SK/第 849 冊
(宋)李衡撰(宋)龔昱編
習學記言五十卷 SK/第 849 冊
(宋)葉適撰
本語六卷 SK/第 849 冊
(明)高拱撰
白虎通義二卷 SK/第 850 冊
(漢)班固撰
獨斷二卷 SK/第 850 冊
(漢)蔡邕撰
古今注三卷附中華古今注三卷 SK/第 850 冊
(晉)崔豹(五代)馬縞撰
資暇集三卷 SK/第 850 冊
(唐)李匡乂撰
刊誤二卷 SK/第 850 冊
(唐)李涪撰
蘇氏演義二卷 SK/第 850 冊
(唐)蘇鶚撰
兼明書五卷 SK/第 850 冊
(唐)丘光庭撰
近事會元五卷 SK/第 850 冊
(宋)李上交撰
東觀餘論二卷 SK/第 850 冊
(宋)黄伯思撰(宋)黄訒編
靖康緗素雜記十卷 SK/第 850 冊
(宋)黄朝英撰
猗覺寮雜記二卷 SK/第 850 冊
(宋)朱翌撰
能改齋漫錄十八卷 SK/第 850 冊
(宋)吳曾撰
雲谷雜記四卷卷首書帖識語一卷卷末奏狀題跋一卷 SK/第 850 冊
(宋)張淏撰
西溪叢語二卷 SK/第 850 冊
(宋)姚寬撰
學林十卷 SK/第 851 冊
(宋)王觀國撰
容齋隨筆十六卷續筆十六卷三筆十六卷四筆十六卷五筆十卷 SK/第 851 冊
(宋)洪邁撰
考古編十卷 SK/第 852 冊
(宋)程大昌撰
演繁露十六卷續集六卷 SK/第 852 冊
(宋)程大昌撰
緯略十二卷 SK/第 852 冊
(宋)高似孫撰
甕牖閒評八卷 SK/第 852 冊
(宋)袁文撰
芥隱筆記一卷 SK/第 852 冊
(宋)龔頤正撰
蘆浦筆記十卷 SK/第 852 冊
(宋)劉昌詩撰
野客叢書三十卷附野老紀聞一卷 SK/第 852 冊
(宋)王楙撰
坦齋通編一卷 SK/第 853 冊
(宋)邢凱撰
考古質疑六卷 SK/第 853 冊
(宋)葉大慶撰

經外雜鈔二卷 SK/第853冊
(宋)魏了翁撰
古今考一卷續古今考三十七卷
SK/第853冊
(宋)魏了翁撰(元)方回續
潁川語小二卷 SK/第853冊
(宋)陳叔方撰
賓退錄十卷 SK/第853冊
(宋)趙與旹撰
學齋佔畢四卷 SK/第854冊
(宋)史繩祖撰
鼠璞二卷 SK/第854冊
(宋)戴埴撰
朝野類要五卷 SK/第854冊
(宋)趙昇撰
困學紀聞二十卷 SK/第854冊
(宋)王應麟撰(清)閻若璩 何焯評註
識遺十卷 SK/第854冊
(宋)羅璧撰
愛日齋叢鈔五卷 SK/第854冊
(宋)葉□撰
日損齋筆記一卷附錄一卷 SK/第854冊
(元)黃溍撰
丹鉛餘錄十七卷續錄十二卷摘錄十三卷總錄二十七卷 SK/第855冊
(明)楊慎撰(明)梁佐編
譚菀醍醐九卷 SK/第855冊
(明)楊慎撰
藝彀三卷補一卷 SK/第856冊
(明)鄧伯羔撰
正楊四卷 SK/第856冊
(明)陳耀文撰
疑耀七卷目錄一卷 SK/第856冊
(明)張萱撰
名義考十二卷 SK/第856冊
(明)周祈撰
徐氏筆精八卷 SK/第856冊
(明)徐𤊹撰
通雅五十二卷卷首三卷 SK/第857冊
(明)方以智撰
卮林十卷補遺一卷 SK/第858冊
(明)周嬰撰
拾遺錄一卷 SK/第858冊
(明)胡爌撰
義府二卷 SK/第858冊
(清)黃生撰
日知錄三十二卷目錄一卷 SK/第858冊
(清)顧炎武撰
藝林彙考四十卷 SK/第859冊
(清)沈自南撰
棟宇篇十卷 SK/第859冊
服飾篇十卷 SK/第859冊
飲食篇七卷 SK/第859冊
稱號篇十二卷 SK/第859冊
植物篇一卷 SK/第859冊
潛邱劄記六卷 SK/第859冊
(清)閻若璩撰(清)吳玉搢編
湛園札記四卷 SK/第859冊
(清)姜宸英撰
白田雜著八卷 SK/第859冊
(清)王懋竑撰
樵香小記二卷 SK/第859冊
(清)何琇撰
義門讀書記五十八卷 SK/第860冊
(清)何焯撰(清)蔣維鈞編
管城碩記三十卷 SK/第861冊
(清)徐文靖撰
訂譌雜錄十卷 SK/第861冊
(清)胡鳴玉撰
識小編二卷 SK/第861冊
(清)董豐垣撰
論衡三十卷 SK/第862冊
(漢)王充撰
風俗通義十卷 SK/第862冊
(漢)應劭撰
封氏聞見記十卷 SK/第862冊
(唐)封演撰
尚書故實一卷 SK/第862冊
(唐)李綽撰
灌畦暇語一卷 SK/第862冊
(唐)不著撰人
春明退朝錄三卷 SK/第862冊
(宋)宋敏求撰
宋景文筆記三卷 SK/第862冊
(宋)宋祁撰
東原錄一卷 SK/第862冊
(宋)龔鼎臣撰
王氏談錄一卷 SK/第862冊
(宋)王欽臣撰
麈史三卷 SK/第862冊
(宋)王得臣撰
文昌雜錄六卷補遺一卷 SK/第862冊
(宋)龐元英撰
夢溪筆談二十六卷補筆談二卷
SK/第862冊
(宋)沈括撰
仇池筆記二卷 SK/第863冊
舊題(宋)蘇軾撰
東坡志林十二卷 SK/第863冊
(宋)蘇軾撰
珩璜新論一卷 SK/第863冊
(宋)孔平仲撰
晁氏客語一卷 SK/第863冊
(宋)晁說之撰
師友談記一卷 SK/第863冊
(宋)李廌撰
楊公筆錄一卷 SK/第863冊
(宋)楊彥齡撰
呂氏雜記二卷 SK/第863冊
(宋)呂希哲撰
冷齋夜話十卷 SK/第863冊
(宋)釋惠洪撰
曲洧舊聞十卷 SK/第863冊
(宋)朱弁撰
元城語錄解三卷附行錄一卷
SK/第863冊
(宋)馬永卿編(明)王崇慶解(明)崔銑編(明)于文熙補附
嬾真子五卷 SK/第863冊
(宋)馬永卿撰
春渚紀聞十卷 SK/第863冊
(宋)何薳撰
石林燕語十卷附考異 SK/第863冊
(宋)葉夢得撰(宋)宇文紹奕考異
避暑錄話二卷 SK/第863冊
(宋)葉夢得撰
巖下放言三卷 SK/第863冊
(宋)葉夢得撰
卻掃編三卷 SK/第863冊
(宋)徐度撰
五總志一卷 SK/第863冊
(宋)吳坰撰
紫微雜說一卷 SK/第863冊
(宋)呂本中撰
辯言一卷 SK/第863冊
(宋)員興宗撰
墨莊漫錄十卷 SK/第864冊
(宋)張邦基撰
寓簡十卷 SK/第864冊
(宋)沈作喆撰

（明）萬尚烈撰
駢志二十卷 SK/第973冊
（明）陳禹謨撰
山堂肆考二百二十八卷補遺十二卷 SK/第974－978冊
（明）彭大翼撰（明）張幼學增定
古儷府十二卷 SK/第979冊
（明）王志慶編
廣博物志五十卷 SK/第980－981冊
（明）董斯張撰
御定淵鑑類函四百五十卷目錄四卷 SK/第982－993冊
（清）張英纂（清）王士禛等奉敕纂
御定駢字類編二百四十卷目錄一卷 SK/第994－1004冊
（清）吳士玉撰（清）沈宗敬等奉敕撰
御定分類字錦六十四卷目錄一卷 SK/第1005－1007冊
（清）何焯撰（清）陳鵬年等奉敕撰
御定子史精華一百六十卷目錄一卷 SK/第1008－1010冊
（清）吳士玉撰（清）吳襄等奉敕撰
御定佩文韻府四百四十四卷 SK/第1011－1028冊
（清）張玉書撰（清）陳廷敬等奉敕撰
御定韻府拾遺一百十二卷 SK/第1029－1030冊
（清）康熙五十五年御定玄燁定
格致鏡原一百卷 SK/第1031－1032冊
（清）陳元龍撰
讀書紀數略五十四卷 SK/第1033冊
（清）宮夢仁撰
花木鳥獸集類三卷 SK/第1034冊
（清）吳寶芝撰
別號錄九卷 SK/第1034冊
（清）葛萬里撰
宋稗類鈔三十六卷 SK/第1034冊
（清）潘永因編
西京雜記六卷 SK/第1035冊
（漢）劉歆撰（晉）葛洪輯
世說新語三卷 SK/第1035冊
（南朝宋）劉義慶撰（梁）劉孝標注
朝野僉載六卷 SK/第1035冊
（唐）張鷟撰
唐新語十三卷 SK/第1035冊
（唐）劉肅撰
次柳氏舊聞一卷 SK/第1035冊
（唐）李德裕撰
唐國史補三卷目錄一卷 SK/第1035冊
（唐）李肇撰
劉賓客嘉話錄一卷 SK/第1035冊
（唐）韋絢撰
因話錄六卷 SK/第1035冊
（唐）趙璘撰
明皇雜錄二卷補遺一卷 SK/第1035冊
（唐）鄭處誨撰
大唐傳載一卷 SK/第1035冊
（唐）不著撰人
教坊記一卷 SK/第1035冊
（唐）崔令欽撰
幽閒鼓吹一卷 SK/第1035冊
（唐）張固撰
松窗雜錄一卷 SK/第1035冊
（唐）李濬撰
雲谿友議三卷 SK/第1035冊
（唐）范攄撰
玉泉子一卷 SK/第1035冊
（□）不著撰人
雲仙雜記十卷 SK/第1035冊
（唐）馮贄撰
唐摭言十五卷 SK/第1035冊
（五代）王定保撰
中朝故事二卷 SK/第1035冊
（南唐）尉遲偓撰
金華子雜編二卷 SK/第1035冊
（南唐）劉崇遠撰
開元天寶遺事四卷 SK/第1035冊
（五代）王仁裕撰
鑑誡錄十卷 SK/第1035冊
（後蜀）何光遠撰
南唐近事二卷附鄭仲賢遺集一卷 SK/第1035冊
（宋）鄭文寶撰
北夢瑣言二十卷 SK/第1036冊
（宋）孫光憲撰
賈氏譚錄一卷 SK/第1036冊
（宋）張洎撰
洛陽搢紳舊聞記五卷 SK/第1036冊
（宋）張齊賢撰
南部新書十卷 SK/第1036冊
（宋）錢易撰
王文正筆錄一卷 SK/第1036冊
（宋）王曾撰
儒林公議一卷 SK/第1036冊
（宋）田況撰
涑水記聞十六卷 SK/第1036冊
（宋）司馬光撰
澠水燕談錄十卷 SK/第1036冊
（宋）王闢之撰
歸田錄二卷 SK/第1036冊
（宋）歐陽修撰
嘉祐雜誌一卷 SK/第1036冊
（宋）江休復撰
東齋記事六卷 SK/第1036冊
（宋）范鎮撰
青箱雜記十卷 SK/第1036冊
（宋）吳處厚撰
錢氏私志一卷 SK/第1036冊
（宋）錢世昭撰
龍川略志十卷別志二卷 SK/第1037冊
（宋）蘇轍撰
後山談叢四卷 SK/第1037冊
（宋）陳師道撰
孫公談圃三卷 SK/第1037冊
（宋）孫升語（宋）劉延世編
談苑四卷 SK/第1037冊
（宋）孔平仲撰
畫墁錄一卷 SK/第1037冊
（宋）張舜民撰
甲申雜記一卷 SK/第1037冊
（宋）王鞏撰
聞見近錄一卷 SK/第1037冊
（宋）王鞏撰
隨手雜錄一卷附甲申聞見二錄補遺一卷 SK/第1037冊
（宋）王鞏撰
湘山野錄三卷續錄一卷 SK/第1037冊
（宋）釋文瑩撰
玉壺野史十卷 SK/第1037冊
（宋）釋文瑩撰
侯鯖錄八卷 SK/第1037冊
（宋）趙令時撰
東軒筆錄十五卷 SK/第1037冊
（宋）魏泰撰
泊宅編三卷 SK/第1037冊
（宋）方勺撰
珍席放談二卷 SK/第1037冊
（宋）高晦叟撰
鐵圍山叢談六卷 SK/第1037冊
（宋）蔡絛撰
國老談苑二卷 SK/第1037冊

舊題(宋)王君玉撰
道山清話一卷 SK/第1037冊
(宋)王暐撰
墨客揮犀十卷 SK/第1037冊
(宋)彭乘撰
唐語林八卷 SK/第1038冊
(宋)王讜撰
楓窻小牘二卷 SK/第1038冊
(宋)袁□撰
南窻記談一卷 SK/第1038冊
(宋)不著撰人
過庭錄一卷 SK/第1038冊
(宋)范公偁撰
萍洲可談三卷 SK/第1038冊
(宋)朱彧撰
高齋漫錄一卷 SK/第1038冊
(宋)曾慥撰
默記三卷 SK/第1038冊
(宋)王銍撰
揮麈錄二十卷 SK/第1038冊
(宋)王明清撰
玉照新志六卷 SK/第1038冊
(宋)王明清撰
投轄錄一卷 SK/第1038冊
(宋)王明清撰
張氏可書一卷 SK/第1038冊
(宋)張知甫撰
聞見錄二十卷 SK/第1038冊
(宋)邵伯溫撰
清波雜誌十二卷別志三卷 SK/第1039冊
(宋)周煇撰
雞肋編三卷 SK/第1039冊
(宋)莊綽撰
聞見後錄三十卷 SK/第1039冊
(宋)邵博撰
北窗炙輠錄二卷 SK/第1039冊
(宋)施德操撰
步里客談二卷 SK/第1039冊
(宋)陳長方撰
桯史十五卷 SK/第1039冊
(宋)岳珂撰
獨醒雜志十卷 SK/第1039冊
(宋)曾敏行撰
耆舊續聞十卷 SK/第1039冊
(宋)陳鵠撰
四朝聞見錄五卷目錄一卷 SK/第1039冊
(宋)葉紹翁撰
癸辛雜識六卷 SK/第1040冊
(宋)周密撰
隨隱漫錄五卷 SK/第1040冊
(宋)陳世崇撰
東南紀聞三卷 SK/第1040冊
(元)不著撰人
歸潛志十四卷 SK/第1040冊
(元)劉祁撰
山房隨筆一卷 SK/第1040冊
(元)蔣正子撰
山居新話四卷 SK/第1040冊
(元)楊瑀撰
遂昌雜錄一卷 SK/第1040冊
(元)鄭元祐撰
樂郊私語一卷 SK/第1040冊
(元)姚桐壽撰
輟耕錄三十卷 SK/第1040冊
(明)陶宗儀撰
水東日記三十八卷 SK/第1041冊
(明)葉盛撰
菽園雜記十五卷 SK/第1041冊
(明)陸容撰
先進遺風二卷 SK/第1041冊
(明)耿定向撰 (明)毛在增補
觚不觚錄一卷 SK/第1041冊
(明)王世貞撰
何氏語林三十卷 SK/第1041冊
(明)何良俊撰
山海經十八卷 SK/第1042冊
(晉)郭璞注
山海經廣注十八卷 SK/第1042冊
(清)吳任臣注
穆天子傳六卷 SK/第1042冊
(晉)郭璞注
神異經一卷 SK/第1042冊
舊題(漢)東方朔撰 (晉)張華注
海內十洲記一卷 SK/第1042冊
舊題(漢)東方朔撰
漢武故事一卷 SK/第1042冊
舊題(漢)班固撰
漢武帝內傳一卷 SK/第1042冊
舊題(漢)班固撰
洞冥記四卷 SK/第1042冊
舊題(漢)郭憲撰
拾遺記十卷 SK/第1042冊
(前秦)王嘉撰 (梁)蕭綺輯編
搜神記二十卷 SK/第1042冊
舊題(晉)干寶撰
搜神後記十卷 SK/第1042冊
舊題(晉)陶潛撰
異苑十卷 SK/第1042冊
(南朝宋)劉敬叔撰
續齊諧記一卷 SK/第1042冊
(梁)吳均撰
還寃志一卷 SK/第1042冊
(隋)顏之推撰
集異記一卷 SK/第1042冊
(唐)薛用弱撰
博異記一卷 SK/第1042冊
舊題(唐)谷神子撰
杜陽雜編三卷 SK/第1042冊
(唐)蘇鶚撰
前定錄一卷續錄一卷 SK/第1042冊
(唐)鍾輅撰
桂苑叢談一卷 SK/第1042冊
舊題(唐)馮翊子撰
劇談錄二卷 SK/第1042冊
(唐)康駢撰
宣室志十卷補遺一卷 SK/第1042冊
(唐)張讀撰
唐闕史二卷 SK/第1042冊
(唐)高彥休撰
甘澤謠一卷附東坡刪改圓澤傳一卷 SK/第1042冊
(唐)袁郊撰
開天傳信記一卷 SK/第1042冊
(唐)鄭綮撰
稽神錄六卷 SK/第1042冊
(宋)徐鉉撰
江淮異人錄二卷 SK/第1042冊
(宋)吳淑撰
茅亭客話十卷 SK/第1042冊
(宋)黃休復撰
太平廣記五百卷 SK/第1043-1046冊
(宋)李昉等奉敕撰
分門古今類事二十卷 SK/第1047冊
(宋)不著撰人
陶朱新錄一卷 SK/第1047冊
(宋)馬純撰
睽車志六卷 SK/第1047冊
(宋)郭彖撰

(明)白雲霽撰

集部

楚辭章句十七卷 SK/第 1062 冊
(漢)王逸撰
楚詞補注十七卷 SK/第 1062 冊
(宋)洪興祖撰
楚辭集注八卷 SK/第 1062 冊
(宋)朱熹撰
離騷草木疏四卷 SK/第 1062 冊
(宋)吳仁傑撰
欽定補繪蕭雲從離騷全圖三卷 SK/第 1062 冊
(清)蕭雲從原圖並注 乾隆四十七年敕補繪
山帶閣註楚辭六卷卷首一卷楚辭餘論二卷楚辭說韻一卷 SK/第 1062 冊
(清)蔣驥撰
揚子雲集六卷 SK/第 1063 冊
(漢)揚雄撰（明)鄭樸編
蔡中郎集六卷 SK/第 1063 冊
(漢)蔡邕撰
孔北海集一卷附錄一卷 SK/第 1063 冊
(漢)孔融撰
曹子建集十卷附疑字音釋一卷 SK/第 1063 冊
(魏)曹植撰
嵇中散集十卷 SK/第 1063 冊
(魏)嵇康撰
陸士龍集十卷附晉書本傳一卷 SK/第 1063 冊
(晉)陸雲撰
陶淵明集八卷總論一卷 SK/第 1063 冊
(晉)陶潛撰
璇璣圖詩讀法二卷 SK/第 1063 冊
(明)康萬民撰
鮑明遠集十卷 SK/第 1063 冊
(南朝宋)鮑照撰
謝宣城集五卷 SK/第 1063 冊
(齊)謝朓撰
昭明太子集六卷 SK/第 1063 冊
(梁)蕭統撰
何水部集一卷 SK/第 1063 冊
(梁)何遜撰
江文通集四卷 SK/第 1063 冊
(梁)江淹撰（清)梁賓編
庾開府集箋註十卷 SK/第 1064 冊
(北周)庾信撰（清)吳兆宜註
庾子山集十六卷卷首二卷 SK/第 1064 冊
(北周)庾信撰（清)倪璠纂註
徐孝穆集箋注六卷附陳書本傳一卷徐孝穆集箋注卷六備考一卷 SK/第 1064 冊
(陳)徐陵撰（清)吳兆宜注（唐)姚思廉撰附（清)徐文炳撰備考
東皐子集三卷附東皐子集傳一卷附錄一卷 SK/第 1065 冊
(唐)王績撰
寒山詩集一卷附豐干拾得詩一卷 SK/第 1065 冊
(唐)釋寒山（唐)釋豐干撰（唐)釋拾得撰附
王子安集十六卷附錄一卷 SK/第 1065 冊
(唐)王勃撰（明)張燮輯編
盈川集十卷附錄一卷 SK/第 1065 冊
(唐)楊炯撰（明)童佩輯編
盧昇之集七卷 SK/第 1065 冊
(唐)盧照鄰撰
駱丞集四卷附錄一卷 SK/第 1065 冊
(唐)駱賓王撰（明)顏文選註
陳拾遺集十卷附錄一卷 SK/第 1065 冊
(唐)陳子昂撰
張燕公集二十五卷 SK/第 1065 冊
(唐)張說撰
李北海集六卷附錄一卷 SK/第 1066 冊
(唐)李邕撰
曲江集二十卷 SK/第 1066 冊
(唐)張九齡撰
李太白文集三十卷 SK/第 1066 冊
(唐)李白撰
李太白集分類補註三十卷 SK/第 1066 冊
(唐)李白撰（宋)楊齊賢集註（元)蕭士贇刪補
李太白集注三十六卷 SK/第 1067 冊
(唐)李白撰（清)王琦注
九家集注杜詩三十六卷 SK/第 1068 冊
(唐)杜甫撰（宋)郭知達集注
補注杜詩三十六卷傳序碑銘一卷年譜辨疑一卷集注杜詩姓氏一卷 SK/第 1069 冊
(唐)杜甫撰（宋)黃希原注 黃鶴補注
集千家註杜工部詩集二十卷 SK/第 1069 冊
(唐)杜甫撰（元)高楚芳編
杜詩攟四卷 SK/第 1070 冊
(明)唐元竑撰
杜詩詳註二十五卷附補註二卷 SK/第 1070 冊
(清)仇兆鼇撰
王右丞集箋注二十八卷卷首一卷附錄一卷 SK/第 1071 冊
(唐)王維撰（清)趙殿成箋注
高常侍集十卷 SK/第 1071 冊
(唐)高適撰
常建詩三卷附錄一卷 SK/第 1071 冊
(唐)常建撰
孟浩然集四卷 SK/第 1071 冊
(唐)孟浩然撰
儲光羲詩集五卷 SK/第 1071 冊
(唐)儲光羲撰
次山集十二卷 SK/第 1071 冊
(唐)元結撰
顏魯公集十五卷補遺一卷年譜一卷行狀一卷神道碑一卷 SK/第 1071 冊
(唐)顏真卿撰（宋)宋敏求編（宋)劉元剛編年譜（唐)因亮撰行狀（唐)令狐峘撰神道碑
宗玄集三卷附玄綱論一卷南統大君內丹九章經一卷吳尊師傳一卷 SK/第 1071 冊
(唐)吳筠撰（唐)權德輿撰吳尊師傳
杼山集十卷 SK/第 1071 冊
(唐)釋皎然撰
劉隨州集十一卷 SK/第 1072 冊
(唐)劉長卿撰
韋蘇州集十卷 SK/第 1072 冊
(唐)韋應物撰
毘陵集二十卷附獨孤公神道銘一卷 SK/第 1072 冊
(唐)獨孤及撰（唐)梁肅編（唐)崔祐甫撰附
蕭茂挺文集一卷 SK/第 1072 冊
(唐)蕭穎士撰
李遐叔文集四卷 SK/第 1072 冊
(唐)李華撰
錢仲文集十卷 SK/第 1072 冊
(唐)錢起撰
華陽集三卷目錄一卷附顧非熊詩一卷

SK/第 1072 冊
(唐)顧況撰 (明)顧名端輯 (唐)顧非熊撰附
翰苑集二十二卷目錄一卷 SK/第 1072 冊
(唐)陸贄撰
權文公集十卷 SK/第 1072 冊
(唐)權德輿撰
韓集舉正十卷外集舉正一卷韓集舉正敘錄一卷 SK/第 1073 冊
(宋)方崧卿撰
原本韓集考異十卷 SK/第 1073 冊
(宋)朱熹撰 (宋)張洽校補
別本韓文考異四十卷補遺一卷外集十卷附錄一卷 SK/第 1073 冊
(唐)韓愈撰 (宋)朱熹考異 王伯大重編
五百家注昌黎文集四十卷評論詁訓音釋諸儒名氏一卷 SK/第 1074 冊
(唐)韓愈撰 (宋)魏仲舉編
東雅堂昌黎集註四十卷遺文一卷朱子校昌黎集傳一卷外集註十卷 SK/第 1075 冊
(唐)韓愈撰 (唐)李漢編 (宋)廖瑩中集註
韓集點勘四卷附文道先生墓誌銘一卷文道先生傳一卷 SK/第 1075 冊
(清)陳景雲撰 (清)王峻撰附 (清)沈廷芳撰先生傳
柳河東集四十五卷外集二卷新編外集一卷 SK/第 1076 冊
(唐)柳宗元撰 (宋)韓醇詁訓
柳河東集注四十三卷別集注二卷外集注二卷柳河東集注附錄一卷 SK/第 1076 冊
(唐)柳宗元撰 (宋)童宗說注釋 張敦頤音辯 潘緯音譯
五百家注柳先生集二十一卷看柳文綱目一卷柳先生年譜一卷評論詁訓諸儒名氏一卷新編外集三卷龍城錄二卷附錄四卷 SK/第 1077 冊
(唐)柳宗元撰 (宋)魏仲舉編 (宋)文安禮撰
劉賓客文集三十卷外集十卷 SK/第 1077 冊
(唐)劉禹錫撰 (宋)宋敏求輯補
呂衡州集十卷 SK/第 1077 冊
(唐)呂溫撰
張司業集八卷 SK/第 1078 冊
(唐)張籍撰
皇甫持正集六卷 SK/第 1078 冊
(唐)皇甫湜撰
李文公集十八卷 SK/第 1078 冊
(唐)李翱撰
歐陽行周文集十卷附錄一卷 SK/第 1078 冊
(唐)歐陽詹撰
李元賓文編三卷外編二卷 SK/第 1078 冊
(唐)李觀撰 (唐)陸希聲編
孟東野詩集十卷 SK/第 1078 冊
(唐)孟郊撰 (宋)宋敏求編
長江集十卷 SK/第 1078 冊
(唐)賈島撰 (唐)李商隱撰附
箋注評點李長吉歌詩四卷外集一卷 SK/第 1078 冊
(唐)李賀撰 (宋)吳正子箋註 劉辰翁評點
絳守居園池記一卷補注一卷附錄一卷 SK/第 1078 冊
(唐)樊宗師撰 (元)趙仁舉注 (元)吳師道 許謙補正
王司馬集八卷 SK/第 1078 冊
(唐)王建撰
沈下賢集十二卷 SK/第 1079 冊
(唐)沈亞之撰
追昔遊集三卷 SK/第 1079 冊
(唐)李紳撰
會昌一品集二十卷李衛公別集十卷李衛公外集四卷附李衛公本傳一卷 SK/第 1079 冊
(唐)李德裕撰
元氏長慶集六十卷補遺六卷附錄一卷 SK/第 1080 冊
(唐)元稹撰
白氏長慶集七十一卷 SK/第 1080 冊
(唐)白居易撰
白香山詩集四十卷附舊唐書白居易本傳一卷白香山年譜一卷舊本白文公年譜一卷 SK/第 1081 冊
(唐)白居易撰 (清)汪立名編注 (宋)陳振孫撰附
鮑溶詩集六卷集外詩一卷 SK/第 1081 冊
(唐)鮑溶撰
樊川文集十七卷 SK/第 1081 冊
(唐)杜牧撰
姚少監詩集十卷 SK/第 1081 冊
(唐)姚合撰
李義山詩集三卷 SK/第 1082 冊
(唐)李商隱撰
李義山詩集注三卷附錄一卷李義山詩譜一卷 SK/第 1082 冊
(唐)李商隱撰 (清)朱鶴齡注
李義山文集箋注十卷 SK/第 1082 冊
(唐)李商隱撰 (清)徐樹穀箋 (清)徐炯註
溫飛卿詩集箋注九卷 SK/第 1082 冊
(唐)溫庭筠撰 (明)曾益注 (清)顧予咸補注 顧嗣立重訂
丁卯詩集二卷補遺一卷 SK/第 1082 冊
(唐)許渾撰
文泉子集六卷 SK/第 1082 冊
(唐)劉蛻撰
李羣玉詩集三卷後集五卷 SK/第 1083 冊
(唐)李羣玉撰
黎嶽集一卷 SK/第 1083 冊
(唐)李頻撰
孫可之集十卷 SK/第 1083 冊
(唐)孫樵撰
麟角集一卷附省題詩一卷 SK/第 1083 冊
(唐)王棨撰 (宋)王蘋輯錄
曹祠部集二卷附曹唐詩一卷 SK/第 1083 冊
(唐)曹鄴撰 (明)蔣冕輯 (唐)曹唐撰附
文藪十卷 SK/第 1083 冊
(唐)皮日休撰
笠澤藂書四卷補遺一卷 SK/第 1083 冊
(唐)陸龜蒙撰
甫里集十九卷附錄一卷 SK/第 1083 冊
(唐)陸龜蒙撰
咏史詩二卷 SK/第 1083 冊
(唐)胡曾撰
雲臺編三卷 SK/第 1083 冊
(唐)鄭谷撰
司空表聖文集十卷 SK/第 1083 冊
(唐)司空圖撰

韓內翰別集一卷附新唐書本傳一卷 SK/第1083冊
（唐）韓偓撰
唐風集三卷 SK/第1083冊
（唐）杜荀鶴撰
唐英歌詩三卷 SK/第1084冊
（唐）吳融撰
玄英集八卷附錄一卷 SK/第1084冊
（唐）方干撰
黃御史集八卷附錄一卷 SK/第1084冊
（唐）黃滔撰
羅昭諫集八卷 SK/第1084冊
（唐）羅隱撰
徐正字詩賦二卷 SK/第1084冊
（唐）徐寅撰
白蓮集十卷 SK/第1084冊
（唐）釋齊己撰
禪月集二十五卷補遺一卷 SK/第1084冊
（唐）釋貫休撰
浣花集十卷目錄一卷補遺一卷 SK/第1084冊
（唐）韋莊撰（唐）韋藹編
廣成集十二卷 SK/第1084冊
（蜀）杜光庭撰
騎省集三十卷 SK/第1085冊
（宋）徐鉉撰（宋）吳淑編
河東集十五卷附行狀一卷 SK/第1085冊
（宋）柳開撰（宋）張景編
咸平集三十卷附田司徒墓誌銘一卷田司徒神道碑陰一卷 SK/第1085冊
（宋）田錫撰（宋）范仲淹撰墓誌銘（宋）司馬光撰神道碑陰
逍遙集一卷 SK/第1085冊
（宋）潘閬撰
乖崖集十二卷附錄一卷 SK/第1085冊
（宋）張詠撰
忠愍集三卷 SK/第1085冊
（宋）寇準撰（宋）范雍編
小畜集三十卷 SK/第1086冊
（宋）王禹偁撰
南陽集五卷 SK/第1086冊
（宋）趙湘撰
武夷新集二十卷 SK/第1086冊
（宋）楊億撰
林和靖集四卷 SK/第1086冊
（宋）林逋撰
穆參軍集三卷附錄遺事一卷 SK/第1087冊
（宋）穆修撰
元獻遺文一卷 SK/第1087冊
（宋）晏殊撰（清）胡亦堂輯
文莊集三十六卷 SK/第1087冊
（宋）夏竦撰
春卿遺稿一卷附傳 SK/第1087冊
（宋）蔣堂撰（明）蔣鐄輯
東觀集十卷 SK/第1087冊
（宋）魏野撰
元憲集三十六卷 SK/第1087冊
（宋）宋庠撰
景文集六十二卷 SK/第1088冊
（宋）宋祁撰
文恭集四十卷 SK/第1088冊
（宋）胡宿撰
武溪集二十卷 SK/第1089冊
（宋）余靖撰（宋）余仲荀編
安陽集五十卷 SK/第1089冊
（宋）韓琦撰
范文正集二十卷別集四卷補編五卷 SK/第1089冊
（宋）范仲淹撰（宋）綦煥輯別集（清）范能濬輯補編
河南集二十七卷附錄一卷 SK/第1090冊
（宋）尹洙撰
孫明復小集一卷 SK/第1090冊
（宋）孫復撰
徂徠集二十卷附錄一卷 SK/第1090冊
（宋）石介撰
端明集四十卷 SK/第1090冊
（宋）蔡襄撰
祠部集三十五卷 SK/第1091冊
（宋）強至撰
鐔津集二十二卷 SK/第1091冊
（宋）釋契嵩撰
祖英集二卷 SK/第1091冊
（宋）釋重顯撰
蘇學士集十六卷 SK/第1092冊
（宋）蘇舜欽撰
蘇魏公文集七十二卷 SK/第1092冊
（宋）蘇頌撰（宋）蘇攜編
伐檀集二卷 SK/第1092冊
（宋）黃庶撰
華陽集六十卷附錄十卷 SK/第1093冊
（宋）王珪撰
古靈集二十五卷附錄一卷 SK/第1093冊
（宋）陳襄撰（宋）陳紹夫編
傳家集八十卷 SK/第1094冊
（宋）司馬光撰
清獻集十卷 SK/第1094冊
（宋）趙抃撰
盱江集三十七卷李直講年譜一卷外集三卷 SK/第1095冊
（宋）李覯撰（明）左贊編（宋）魏峙撰年譜
金氏文集二卷 SK/第1095冊
（宋）金君卿撰
公是集五十四卷 SK/第1095冊
（宋）劉敞撰
彭城集四十卷 SK/第1096冊
（宋）劉攽撰
邕州小集一卷 SK/第1096冊
（宋）陶弼撰
都官集十四卷 SK/第1096冊
（宋）陳舜俞撰
丹淵集四十卷拾遺二卷 SK/第1096冊
（宋）文同撰（宋）家誠之編
西溪集十卷 SK/第1097冊
（宋）沈遘撰
鄖溪集二十八卷 SK/第1097冊
（宋）鄭獬撰
錢塘集十二卷 SK/第1097冊
（宋）韋驤撰
淨德集三十八卷 SK/第1098冊
（宋）呂陶撰
安岳集十二卷 SK/第1098冊
（宋）馮山撰
元豐類藁五十卷附錄一卷 SK/第1098冊
（宋）曾鞏撰
龍學文集十六卷附源流始末一卷 SK/第1098冊
（宋）祖無擇撰（宋）祖行編
宛陵集六十卷附錄一卷拾遺一卷 SK/第1099冊
（宋）梅堯臣撰
忠肅集二十卷 SK/第1099冊
（宋）劉摯撰
無為集十五卷 SK/第1099冊

(宋)楊傑撰 (宋)趙士㣧編
王魏公集七卷 SK/第1100冊
(宋)王安禮撰
范太史集五十五卷 SK/第1100冊
(宋)范祖禹撰
潞公文集四十卷 SK/第1100冊
(宋)文彦博撰
擊壤集二十卷 SK/第1101冊
(宋)邵雍撰
鄱陽集十二卷 SK/第1101冊
(宋)彭汝礪撰
曲阜集四卷 SK/第1101冊
(宋)曾肇撰 (清)曾㒞編
周元公集八卷 SK/第1101冊
(宋)周惇頤撰 (清)周沈珂編
南陽集三十卷附錄一卷行狀一卷 SK/第1101冊
(宋)韓維撰
節孝集三十二卷 SK/第1101冊
(宋)徐積撰
文忠集一百五十三卷四朝國史本傳一卷年譜一卷附錄一卷 SK/第1102-1103冊
(宋)歐陽修撰 (宋)周必大編
歐陽文粹二十卷目錄一卷 SK/第1103冊
(宋)歐陽修撰 (宋)陳亮編
欒全集四十卷附錄一卷 SK/第1104冊
(宋)張方平撰
范忠宣集十八卷奏議二卷遺文一卷附錄一卷補編一卷 SK/第1104冊
(宋)范純仁撰 (清)范能濬輯補
嘉祐集十六卷附錄二卷 SK/第1104冊
(宋)蘇洵撰 (宋)沈斐輯附錄
臨川文集一百卷 SK/第1105冊
(宋)王安石撰
王荊公詩注五十卷補遺一卷 SK/第1106冊
(宋)李壁撰
廣陵集三十卷附錄一卷 SK/第1106冊
(宋)王令撰
東坡全集一百十五卷附宋史本傳一卷東坡先生墓誌銘一卷東坡先生年譜一卷 SK/第1107-1108冊
(宋)蘇軾撰 (宋)蘇轍撰墓誌銘 (宋)王宗稷撰年譜
東坡詩集注三十二卷 SK/第1109冊
(宋)蘇軾撰 舊題(宋)王十朋註
施註蘇詩四十二卷總目二卷卷首注蘇例言一卷東坡先生年譜一卷蘇詩續補遺二卷 SK/第1110冊
(宋)蘇軾撰 (宋)施元之原註 (清)邵長蘅刪補
蘇詩補註五十卷年表一卷采輯書目一卷 SK/第1111冊
(宋)蘇軾撰 (清)查慎行補注
欒城集五十卷欒城後集二十四卷欒城第三集十卷欒城應詔集十二卷 SK/第1112冊
(宋)蘇轍撰
山谷集九十七卷 SK/第1113冊
(宋)黄庭堅撰 (宋)洪炎編内集 (宋)李彤編外集 (宋)黃䓯編別集
山谷内集詩注二十卷原目一卷 SK/第1114冊
(宋)黄庭堅撰 (宋)任淵注
山谷外集詩注十七卷 SK/第1114冊
(宋)史容注
山谷別集詩注二卷 SK/第1114冊
(宋)史季溫注
後山集二十四卷 SK/第1114冊
(宋)陳師道撰
後山詩注十二卷 SK/第1114冊
(宋)陳師道撰 (宋)任淵注
柯山集五十卷 SK/第1115冊
(宋)張耒撰
淮海集四十卷後集六卷長短句三卷 SK/第1115冊
(宋)秦觀撰
濟南集八卷 SK/第1115冊
(宋)李廌撰
參寥子詩集十二卷 SK/第1116冊
(宋)釋道潛撰
寶晉英光集八卷 SK/第1116冊
(宋)米芾撰
石門文字禪三十卷 SK/第1116冊
(宋)釋惠洪撰 (宋)釋覺慈編
青山集三十卷附錄一卷 SK/第1116冊
(宋)郭祥正撰
青山續集七卷 SK/第1116冊
(宋)郭祥正撰
晝墁集八卷 SK/第1117冊
(宋)張舜民撰
陶山集十六卷 SK/第1117冊
(宋)陸佃撰
倚松詩集二卷 SK/第1117冊
(宋)饒節撰
長興集十九卷 SK/第1117冊
(宋)沈括撰
西塘集九卷附錄一卷 SK/第1117冊
(宋)鄭俠撰
雲巢編十卷 SK/第1117冊
(宋)沈遼撰
景迂生集二十卷 SK/第1118冊
(宋)晁說之撰 (宋)晁子健編
雞肋集七十卷 SK/第1118冊
(宋)晁補之撰 (宋)晁謙之編
樂圃餘藁十卷附錄一卷補遺一卷 SK/第1119冊
(宋)朱長文撰 (宋)朱思輯
龍雲集三十二卷附錄一卷 SK/第1119冊
(宋)劉弇撰 (宋)羅良弼編
雲溪居士集三十卷 SK/第1119冊
(宋)華鎮撰
演山集六十卷目錄一卷 SK/第1120冊
(宋)黄裳撰 (宋)黄玠編
姑溪居士前集五十卷後集二十卷 SK/第1120冊
(宋)李之儀撰 (宋)吳芾編
潏水集十六卷 SK/第1121冊
(宋)李復撰
道鄉集四十卷 SK/第1121冊
(宋)鄒浩撰
學易集八卷 SK/第1121冊
(宋)劉跂撰
游廌山集四卷 SK/第1121冊
(宋)游酢撰
西臺集二十卷 SK/第1122冊
(宋)畢仲游撰
樂靜集三十卷 SK/第1122冊
(宋)李昭玘撰
北湖集五卷 SK/第1122冊
(宋)吳則禮撰
溪堂集十卷 SK/第1122冊
(宋)謝逸撰
竹友集十卷 SK/第1122冊
(宋)謝邁撰
日涉園集十卷 SK/第1122冊
(宋)李彭撰
灌園集二十卷 SK/第1123冊

SK/第 1136 冊
（宋）歐陽澈撰（宋）歐陽鈇輯附
東溪集二卷附録一卷 SK/第 1136 冊
（宋）高登撰（明）林希元編
岳武穆遺文一卷 SK/第 1136 冊
（宋）岳飛撰（明）徐階編
茶山集八卷 SK/第 1136 冊
（宋）曾幾撰
雪溪集五卷 SK/第 1136 冊
（宋）王銍撰
蘆川歸來集十卷附録一卷
SK/第 1136 冊
（宋）張元幹撰
東萊詩集二十卷 SK/第 1136 冊
（宋）呂本中撰
澹菴文集六卷附録一卷 SK/第 1137 冊
（宋）胡銓撰
五峰集五卷 SK/第 1137 冊
（宋）胡宏撰（宋）胡大時編
斐然集三十卷 SK/第 1137 冊
（宋）胡寅撰
大隱居士詩集二卷 SK/第 1137 冊
（宋）鄧深撰
浮山集十卷 SK/第 1137 冊
（宋）仲并撰
北山集三十卷 SK/第 1138 冊
（宋）鄭剛中撰（宋）鄭良嗣編
横浦集二十卷 SK/第 1138 冊
（宋）張九成撰（宋）郎曄編
湖山集十卷 SK/第 1138 冊
（宋）吳芾撰
文定集二十四卷 SK/第 1138 冊
（宋）汪應辰撰
縉雲文集四卷附録一卷 SK/第 1138 冊
（宋）馮時行撰（明）李壐編
嵩山集五十四卷 SK/第 1139 冊
（宋）晁公遡撰
默堂集二十二卷 SK/第 1139 冊
（宋）陳淵撰（宋）沈度編
知稼翁集二卷 SK/第 1139 冊
（宋）黄公度撰
唯室集四卷附録一卷 SK/第 1139 冊
（宋）陳長方撰
漢濱集十六卷 SK/第 1139 冊
（宋）王之望撰
香溪集二十二卷 SK/第 1140 冊
（宋）范浚撰

鄭忠肅奏議遺集二卷 SK/第 1140 冊
（宋）鄭興裔撰
雲莊集五卷 SK/第 1140 冊
（宋）曾協撰
竹軒雜著六卷 SK/第 1140 冊
（宋）林季仲撰
拙齋文集二十卷拾遺一卷附録一卷
SK/第 1140 冊
（宋）林之奇撰
于湖集四十卷附録一卷 SK/第 1140 冊
（宋）張孝祥撰
太倉稊米集七十卷 SK/第 1141 冊
（宋）周紫芝撰
夾漈遺稿三卷 SK/第 1141 冊
（宋）鄭樵撰
鄮峰真隱漫録五十卷 SK/第 1141 冊
（宋）史浩撰
海陵集二十三卷 SK/第 1142 冊
（宋）周麟之（宋）周凖撰
燕堂詩稿一卷 SK/第 1142 冊
（宋）趙公豫撰
竹洲集二十卷附棣華雜著一卷
SK/第 1142 冊
（宋）吳儆撰
高峯文集十二卷 SK/第 1142 冊
（宋）廖剛撰
羅鄂州小集六卷附録二卷
SK/第 1142 冊
（宋）羅願撰
艾軒集九卷附録一卷 SK/第 1142 冊
（宋）林光朝撰（明）鄭岳編
晦庵集一百卷目録一卷續集五卷别集七卷 SK/第 1143－1146 冊
（宋）朱熹撰
文忠集二百卷卷首一卷附録五卷
SK/第 1147－1149 冊
（宋）周必大撰（宋）周綸編
雪山集十六卷 SK/第 1149 冊
（宋）王質撰
梁谿遺稿二卷 SK/第 1149 冊
（宋）尤袤撰（清）尤侗輯
方舟集二十四卷 SK/第 1149 冊
（宋）李石撰
網山集八卷 SK/第 1149 冊
（宋）林亦之撰
東萊集十五卷别集十六卷外集六卷附録三卷 SK/第 1150 冊

（宋）呂祖謙撰（宋）呂祖儉（宋）呂喬年編
止齋集五十二卷附録一卷
SK/第 1150 冊
（宋）陳傅良撰（宋）曹叔遠編
格齋四六一卷 SK/第 1151 冊
（宋）王子俊撰
梅溪集五十四卷廷試策一卷奏議四卷梅溪前集二十卷後集二十九卷附有宋龍圖閣學士王公墓誌銘一卷
SK/第 1151 冊
（宋）王十朋撰（宋）王聞詩（宋）王聞禮編（宋）汪應辰撰附
香山集十六卷 SK/第 1151 冊
（宋）喻良能撰
蒙隱集二卷 SK/第 1151 冊
（宋）陳棣撰
宫教集十二卷 SK/第 1151 冊
（宋）崔敦禮撰
倪石陵書一卷 SK/第 1152 冊
（宋）倪朴撰（明）毛鳳韶輯
樂軒集八卷 SK/第 1152 冊
（宋）陳藻撰（宋）林希逸編
定庵類稿四卷 SK/第 1152 冊
（宋）衛博撰
澹軒集八卷 SK/第 1152 冊
（宋）李呂撰
攻媿集一百十二卷
SK/第 1152－1153 冊
（宋）樓鑰撰
尊白堂集六卷 SK/第 1154 冊
（宋）虞儔撰
東塘集二十卷 SK/第 1154 冊
（宋）袁說友撰
涉齋集十八卷 SK/第 1154 冊
原題(宋)許綸撰
義豐集一卷 SK/第 1154 冊
（宋）王阮撰
蠹齋鉛刀編三十二卷附拾遺詩一卷
SK/第 1154 冊
（宋）周孚撰
乾道稿二卷淳熙稿二十卷章泉稿五卷
SK/第 1155 冊
（宋）趙蕃撰
雙溪類稿二十七卷 SK/第 1155 冊
（宋）王炎撰
止堂集十八卷 SK/第 1155 冊

秋堂集二卷附錄一卷 SK/第1187冊
(宋)柴望撰
蛟峯文集七卷附山房遺文一卷蛟峯外集三卷山房外集一卷 SK/第1187冊
(宋)方逢辰撰(宋)方逢振撰附(明)方中續輯
秋聲集六卷 SK/第1187冊
(宋)衛宗武撰
牟氏陵陽集二十四卷 SK/第1188冊
(宋)牟巘撰
湖山類稿五卷水雲集一卷附錄二卷 SK/第1188冊
(宋)汪元量撰
晞發集十卷晞發遺集二卷遺集補一卷附天地間集一卷西臺慟哭記註一卷冬青樹引註一卷 SK/第1188冊
(宋)謝翱撰
潛齋集十一卷附家傳一卷鐵牛翁遺稿一卷 SK/第1188冊
(宋)何夢桂撰(元)何景福撰附
梅巖文集十卷 SK/第1188冊
(宋)胡次焱撰(明)胡璉編(明)潘滋輯編
四如集四卷拾遺一卷 SK/第1188冊
(宋)黃仲元撰
霽山文集五卷 SK/第1188冊
(宋)林景熙撰(元)章祖程註
勿軒集八卷 SK/第1188冊
(宋)熊禾撰(宋)熊孟秉編
古梅遺稿六卷 SK/第1188冊
(宋)吳龍翰撰
佩韋齋集二十卷 SK/第1189冊
(宋)俞德鄰撰
廬山集五卷英溪集一卷 SK/第1189冊
(宋)董嗣杲撰
西湖百詠二卷 SK/第1189冊
(宋)董嗣杲撰(明)陳贄和韻
則堂集六卷 SK/第1189冊
(宋)家鉉翁撰
富山遺稿十卷 SK/第1189冊
(宋)方夔撰
眞山民集一卷 SK/第1189冊
(宋)眞桂芳撰
百正集三卷 SK/第1189冊
(宋)連文鳳撰
月洞吟一卷 SK/第1189冊
(宋)王鎡撰
伯牙琴一卷補遺 SK/第1189冊
(宋)鄧牧撰
存雅堂遺稿五卷 SK/第1189冊
(宋)方鳳撰(清)張燧輯
吾汶藁十卷 SK/第1189冊
(宋)王炎午撰
在軒集一卷 SK/第1189冊
(宋)黃公紹撰
紫巖詩選三卷 SK/第1189冊
(宋)于石撰(元)吳師道編
九華詩集一卷附釋希坦詩一卷 SK/第1189冊
(宋)陳巖撰
寧極齋稿一卷附慎獨叟遺稿一卷 SK/第1189冊
(宋)陳深撰(元)陳植撰附
自堂存藁四卷 SK/第1189冊
(宋)陳杰撰
仁山文集四卷 SK/第1189冊
(宋)金履祥撰
心泉學詩稿六卷 SK/第1189冊
(宋)蒲壽宬撰
拙軒集六卷 SK/第1190冊
(金)王寂撰
滏水集二十卷目錄一卷 SK/第1190冊
(金)趙秉文撰
滹南集四十五卷續編詩一卷 SK/第1190冊
(金)王若虛撰
莊靖集十卷 SK/第1190冊
(金)李俊民撰
遺山集四十卷附錄一卷 SK/第1191冊
(金)元好問撰
湛然居士集十四卷 SK/第1191冊
(元)耶律楚材撰
藏春集五卷附錄一卷 SK/第1191冊
(元)劉秉忠撰(元)商挺編附錄
淮陽集一卷附錄詩餘一卷 SK/第1191冊
(元)張弘範撰
陵川集三十九卷 SK/第1192冊
(元)郝經撰
歸田類稿二十二卷 SK/第1192冊
(元)張養浩撰
白雲集三卷 SK/第1192冊
(元)釋英撰
稼村類藁三十卷 SK/第1193冊
(元)王義山撰
桐江續集三十六卷 SK/第1193冊
(元)方回撰
野趣有聲畫二卷 SK/第1193冊
(元)楊公遠撰
月屋漫稿一卷 SK/第1193冊
(元)黃庚撰
剡源文集三十卷 SK/第1194冊
(元)戴表元撰(明)周儀輯編
剩語二卷 SK/第1194冊
舊題(元)艾性夫撰
養蒙文集十卷 SK/第1194冊
(元)張伯淳撰
牆東類稿二十卷 SK/第1194冊
(元)陸文圭撰
青山集八卷 SK/第1195冊
(元)趙文撰
桂隱文集四卷附錄一卷桂隱詩集四卷 SK/第1195冊
(元)劉詵撰
水雲村藁十五卷 SK/第1195冊
(元)劉壎撰
巴西集二卷 SK/第1195冊
(元)鄧文原撰
屏巖小稿一卷 SK/第1195冊
(元)張觀光撰
玉斗山人集三卷 SK/第1195冊
(元)王奕撰
谷響集三卷 SK/第1195冊
(元)釋善住撰
竹素山房詩集三卷附錄一卷 SK/第1195冊
(元)吾丘衍撰
紫山大全集二十六卷 SK/第1196冊
(元)胡祗遹撰
松鄉集十卷 SK/第1196冊
(元)任士林撰
松雪齋集十卷外集一卷 SK/第1196冊
(元)趙孟頫撰
吳文正集一百卷附錄一卷 SK/第1197冊
(元)吳澄撰(元)吳當編
金淵集六卷 SK/第1198冊
(元)仇遠撰
山村遺集一卷 SK/第1198冊
(元)仇遠撰(清)項夢昶編
湛淵集一卷附元故湛淵先生白公墓銘

（元）黄鎮成撰
雁門集四卷 SK/第1212冊
（元）薩都拉撰
杏庭摘稾一卷 SK/第1212冊
（元）洪焱祖撰（元）洪在編
安雅堂集十三卷 SK/第1213冊
（元）陳旅撰（元）陳籲編
傅與礪詩文集二十卷詩集八卷文集十一卷附錄一卷 SK/第1213冊
（元）傅若金撰
瓢泉吟稿五卷 SK/第1213冊
（元）朱晞顔撰
筠軒集十三卷 SK/第1213冊
（元）唐元撰
俟菴集三十卷墓誌銘一卷附錄一卷 SK/第1213冊
（元）李存撰
滋溪文稿三十卷目錄一卷 SK/第1214冊
（元）蘇天爵撰
青陽集六卷 SK/第1214冊
（元）余闕撰
鯨背吟集一卷 SK/第1214冊
舊題（元）朱晞顔撰
經濟文集六卷 SK/第1214冊
（元）李士瞻撰（明）李伸編
近光集三卷扈從集一卷 SK/第1214冊
（元）周伯琦撰
純白齋類稿二十卷 SK/第1214冊
（元）胡助撰
圭峯集二卷附錄一卷 SK/第1214冊
（元）盧琦撰
蛻菴集五卷 SK/第1215冊
（元）張翥撰
五峰集十卷 SK/第1215冊
（元）李孝光撰
野處集四卷 SK/第1215冊
（元）邵亨貞撰
夢觀集五卷 SK/第1215冊
（元）釋大圭撰
金臺集二卷 SK/第1215冊
（元）納延撰
子淵詩集六卷 SK/第1215冊
（元）張仲深撰
午溪集十卷 SK/第1215冊
（元）陳鎰撰
藥房樵唱三卷附錄一卷 SK/第1215冊
（元）吴景奎撰
梣栳山人詩集三卷 SK/第1215冊
（元）岑安卿撰
梅花道人遺墨二卷 SK/第1215冊
（元）吴鎮撰（明）錢棻輯
玩齋集十卷拾遺一卷附錄一卷 SK/第1215冊
（元）貢師泰撰（明）沈性編
羽庭集六卷 SK/第1216冊
（元）劉仁本撰
不繫舟漁集十五卷附錄一卷 SK/第1216冊
（元）陳高撰
居竹軒詩集四卷 SK/第1216冊
（元）成廷珪撰
句曲外史集三卷附錄一卷補遺三卷附一卷 SK/第1216冊
（元）張雨撰
僑吴集十二卷附錄一卷 SK/第1216冊
（元）鄭元祐撰（明）張習重編
詠物詩一卷 SK/第1216冊
（元）謝宗可撰
鹿皮子集四卷目錄一卷 SK/第1216冊
（元）陳樵撰
林外野言二卷 SK/第1216冊
（元）郭翼撰
傲軒吟稿一卷 SK/第1216冊
（元）胡天游撰
師山集八卷師山遺文五卷附錄一卷 SK/第1217冊
（元）鄭玉撰
友石山人遺稿一卷 SK/第1217冊
（元）王翰撰（明）王偁編
聞過齋集八卷目錄 SK/第1217冊
（元）吴海撰（明）王偁編
學言稿六卷 SK/第1217冊
（元）吴當撰
北郭集六卷補遺一卷附述古齋集一卷 SK/第1217冊
（元）許恕撰（明）許節編
玉笥集十卷 SK/第1217冊
（元）張憲撰
青村遺稿一卷 SK/第1217冊
（元）金涓撰（明）金魁輯
鶴年詩集三卷附丁孝子傳一卷 SK/第1217冊
（元）丁鶴年撰
貞素齋集八卷附錄二卷 SK/第1217冊
（元）舒頔撰
一山文集九卷 SK/第1217冊
（元）李繼本撰（明）李伸編
江月松風集十二卷 SK/第1217冊
（元）錢惟善撰
龜巢稿十七卷 SK/第1218冊
（元）謝應芳撰
石初集十卷 SK/第1218冊
（元）周霆震撰
山窻餘稿一卷 SK/第1218冊
（元）甘復撰
梧溪集七卷 SK/第1218冊
（元）王逢撰
吾吾類稿三卷 SK/第1219冊
（元）吴臯撰
樵雲獨唱六卷 SK/第1219冊
（元）葉顒撰
桐山老農集四卷 SK/第1219冊
（元）魯貞撰
靜思集十卷 SK/第1219冊
（元）郭鈺撰
九靈山房集三十卷年譜一卷補編二卷 SK/第1219冊
（元）戴良撰
灤京雜咏一卷 SK/第1219冊
（元）楊允孚撰
雲陽集十卷 SK/第1219冊
（元）李祁撰
南湖集二卷 SK/第1220冊
（元）貢性之撰
佩玉齋類藁十卷 SK/第1220冊
（元）楊翮撰
玉山璞稿一卷 SK/第1220冊
（元）顧瑛撰
清閟閣全集十二卷 SK/第1220冊
（元）倪瓚撰（清）曹培廉編
麟原文集二十四卷 SK/第1220冊
（元）王禮撰
來鶴亭集八卷補遺一卷 SK/第1220冊
（元）吕誠撰
雲松巢集三卷 SK/第1220冊
（元）朱希晦撰
環谷集八卷 SK/第1220冊
（元）汪克寬撰
性情集六卷 SK/第1221冊
（元）周巽撰

花谿集三卷 SK/第1221冊
(元)沈夢麟撰 (明)沈清編
樗隱集六卷 SK/第1221冊
(元)胡行簡撰
東山存稿七卷附東山趙先生汸行狀一卷 SK/第1221冊
(元)趙汸撰 (元)詹烜撰附
東維子集三十卷卷首一卷附錄一卷 SK/第1221冊
(元)楊維楨撰
鐵崖古樂府十卷樂府補六卷 SK/第1222冊
(元)楊維楨撰 (元)吳復編
復古詩集六卷 SK/第1222冊
(元)楊維楨撰 (元)章琬編
麗則遺音四卷附錄一卷 SK/第1222冊
(元)楊維楨撰 (元)陳存禮編
夷白齋稾三十五卷外集二卷 SK/第1222冊
(元)陳基撰
庸菴集十四卷 SK/第1222冊
(元)宋禧撰
可閒老人集四卷 SK/第1222冊
(元)張昱撰
石門集七卷 SK/第1222冊
(元)梁寅撰
玉笥集九卷 SK/第1222冊
(元)鄧雅撰
明太祖文集二十卷 SK/第1223冊
(明)太祖撰 (明)姚士觀 (明)沈鈇編校
文憲集三十二卷 SK/第1223－1224冊
(明)宋濂撰
宋景濂未刻集二卷 SK/第1224冊
(明)宋濂撰 (清)蔣超編
誠意伯文集二十卷 SK/第1225冊
(明)劉基撰
鳳池吟稿十卷 SK/第1225冊
(明)汪廣洋撰
陶學士集二十卷 SK/第1225冊
(明)陶安撰
西隱集十卷附錄一卷 SK/第1225冊
(明)宋訥撰
王忠文集二十四卷 SK/第1226冊
(明)王禕撰 (明)劉傑 (明)劉同編
翠屏集四卷 SK/第1226冊
(明)張以寧撰
說學齋稿四卷 SK/第1226冊
(明)危素撰
雲林集二卷 SK/第1226冊
(明)危素撰
白雲集七卷 SK/第1226冊
(明)唐桂芳撰
林登州集二十三卷附錄一卷 SK/第1227冊
(明)林弼撰
槎翁詩集八卷 SK/第1227冊
(明)劉嵩撰
東皐錄三卷 SK/第1227冊
(明)釋妙聲撰
覆瓿集七卷附錄一卷 SK/第1227冊
(明)朱同撰
柘軒集五卷 SK/第1227冊
(明)凌雲翰撰
白雲稿五卷 SK/第1228冊
(明)朱右撰
密菴集八卷 SK/第1228冊
(明)謝肅撰
清江詩集十卷文集三十卷 SK/第1228冊
(明)貝瓊撰
蘇平仲文集十六卷目錄一卷 SK/第1228冊
(明)蘇伯衡撰
胡仲子集十卷 SK/第1229冊
(明)胡翰撰
始豐稿十四卷 SK/第1229冊
(明)徐一夔撰
王常宗集四卷補遺一卷續補遺一卷 SK/第1229冊
(明)王彝撰 (明)都穆編 (明)劉廷璋 (明)浦杲同編補遺
白石山房逸藁二卷附錄一卷 SK/第1229冊
(明)張丁撰
滄螺集六卷 SK/第1229冊
(明)孫作撰
臨安集六卷 SK/第1229冊
(明)錢宰撰
尚絅齋集五卷 SK/第1229冊
(明)童冀撰
趙考古文集二卷 SK/第1229冊
(明)趙撝謙撰
劉彥昺集九卷 SK/第1229冊
(明)劉炳撰 (明)楊維楨評
藍山集六卷 SK/第1229冊
(明)藍仁撰
藍澗集六卷 SK/第1229冊
(明)藍智撰
大全集十八卷 SK/第1230冊
(明)高啟撰
鳧藻集五卷 SK/第1230冊
(明)高啟撰
眉菴集十二卷補遺一卷 SK/第1230冊
(明)楊基撰
靜菴集四卷 SK/第1230冊
(明)張羽撰
北郭集六卷 SK/第1230冊
(明)徐賁撰
鳴盛集四卷附錄一卷 SK/第1231冊
(明)林鴻撰 (明)邵銅編
白雲樵唱集四卷附錄一卷 SK/第1231冊
(明)王恭撰
草澤狂歌五卷 SK/第1231冊
(明)王恭撰
半軒集十二卷半軒集補遺一卷方外補遺一卷附王半軒傳一卷 SK/第1231冊
(明)王行撰 (明)杜瓊撰附
西菴集九卷 SK/第1231冊
(明)孫蕡撰
南邨詩集四卷 SK/第1231冊
(明)陶宗儀撰
望雲集五卷 SK/第1231冊
(明)郭奎撰
蚓竅集十卷 SK/第1231冊
(明)管時敏撰
西郊笑端集二卷 SK/第1231冊
(明)董紀撰
草閣詩集六卷拾遺一卷文集一卷附筠谷詩集一卷 SK/第1232冊
(明)李曄撰 (明)李轅撰附
樗菴類藁二卷 SK/第1232冊
(明)鄭潛撰
春草齋集十卷 SK/第1232冊
(明)烏斯道撰
耕學齋詩集十二卷 SK/第1232冊
(明)袁華撰
可傳集一卷 SK/第1232冊
(明)袁華撰 (明)楊維楨刪定
強齋集十卷 SK/第1232冊

天馬山房遺稿八卷　SK/第 1273 冊
（明）朱浻撰
蘇門集八卷　SK/第 1273 冊
（明）高叔嗣撰
愚谷集十卷　SK/第 1273 冊
（明）李舜臣撰
遵巖集二十四卷　SK/第 1274 冊
（明）王慎中撰
陸子餘集八卷　SK/第 1274 冊
（明）陸粲撰
念菴文集二十二卷　SK/第 1275 冊
（明）羅洪先撰
皇甫司勳集六十卷　SK/第 1275 冊
（明）皇甫汸撰
楊忠介集十三卷附錄五卷
SK/第 1276 冊
（明）楊爵撰
荊川集十二卷　SK/第 1276 冊
（明）唐順之撰
皇甫少玄集二十六卷外集十卷
SK/第 1276 冊
（明）皇甫涍撰
瑤石山人稿十六卷　SK/第 1277 冊
（明）黎民表撰
止山集二十卷　SK/第 1277 冊
（明）丘雲霄撰
南行集四卷　SK/第 1277 冊
東遊集二卷　SK/第 1277 冊
北觀集四卷　SK/第 1277 冊
山中集十卷　SK/第 1277 冊
張莊僖文集五卷　SK/第 1277 冊
（明）張永明撰
洞麓堂集十卷　SK/第 1277 冊
（明）尹臺撰
具茨集十四卷　SK/第 1277 冊
（明）王立道撰
青霞集十一卷年譜一卷　SK/第 1278 冊
（明）沈鍊撰（明）王元敬編年譜
滄溟集三十卷附錄一卷　SK/第 1278 冊
（明）李攀龍撰
山海漫談三卷　SK/第 1278 冊
（明）任環撰
楊忠愍集三卷附錄一卷　SK/第 1278 冊
（明）楊繼盛撰
弇州四部稿一百七十四卷弇州續稿二百七卷　SK/第 1279 – 1281 冊
（明）王世貞撰
讀書後八卷　SK/第 1285 冊
（明）王世貞撰
方麓集十六卷　SK/第 1285 冊
（明）王樵撰
存家詩稿八卷　SK/第 1285 冊
（明）楊巍撰
海壑吟稿十一卷　SK/第 1285 冊
（明）趙完璧撰
伐檀齋集十二卷附諸名家贈答詩一卷
SK/第 1285 冊
（明）張元凱撰
備忘集十卷　SK/第 1286 冊
（明）海瑞撰（清）海廷芳編
石洞集十八卷　SK/第 1286 冊
（明）葉春及撰
宗子相集十五卷　SK/第 1287 冊
（明）宗臣撰
衡廬精舍藏稿三十卷衡廬續稿十一卷
SK/第 1287 冊
（明）胡直撰
薜荔園詩集四卷　SK/第 1288 冊
（明）佘翔撰
鯤溟詩集四卷　SK/第 1288 冊
（明）郭諫臣撰
亦玉堂稿十卷　SK/第 1288 冊
（明）沈鯉撰（清）劉榛輯
溫恭毅集三十卷目錄一卷
SK/第 1288 冊
（明）溫純撰
震川集三十卷別集十卷　SK/第 1289 冊
（明）歸有光撰（清）歸莊編
四溟集十卷　SK/第 1289 冊
（明）謝榛撰（明）盛以進訂補
蠛蠓集五卷　SK/第 1289 冊
（明）盧柟撰
少室山房集一百二十卷附石羊生傳一卷
SK/第 1290 冊
（明）胡應麟撰（明）江湛然輯
穀城山館詩集二十卷　SK/第 1291 冊
（明）于慎行撰
宗伯集十卷　SK/第 1291 冊
（明）孫繼臯撰
臨臯文集四卷　SK/第 1291 冊
（明）楊寅秋撰
淡然軒集八卷　SK/第 1291 冊
（明）余繼登撰（明）馮琦編
涇皋藏稿二十二卷　SK/第 1292 冊
（明）顧憲成撰
小辨齋偶存八卷　SK/第 1292 冊
（明）顧允成撰
高子遺書十二卷　SK/第 1292 冊
（明）高攀龍撰（明）陳龍正編
少墟集二十卷　SK/第 1293 冊
（明）馮從吾撰
石隱園藏稿八卷　SK/第 1293 冊
（明）畢自嚴撰
仰節堂集十四卷　SK/第 1293 冊
（明）曹于汴撰
願學集八卷　SK/第 1294 冊
（明）鄒元標撰
劉蕺山集十七卷　SK/第 1294 冊
（明）劉宗周撰
學古緒言二十五卷　SK/第 1295 冊
（明）婁堅撰
檀園集十二卷　SK/第 1295 冊
（明）李流芳撰
忠介燼餘集三卷　SK/第 1295 冊
（明）周順昌撰（清）周靖編
文忠集十二卷　SK/第 1295 冊
（明）范景文撰（清）范毓秀 王孫錫編
幔亭集十五卷　SK/第 1296 冊
（明）徐熥撰
白谷集五卷　SK/第 1296 冊
（明）孫傳庭撰
集玉山房稿十卷　SK/第 1296 冊
（明）葛昕撰
宋布衣集三卷　SK/第 1296 冊
（明）宋登春撰
忠肅集二卷　SK/第 1296 冊
（明）盧象昇撰
倪文貞集十七卷續編三卷奏疏十二卷講編四卷詩集二卷　SK/第 1297 冊
（明）倪元璐撰
凌忠介公集六卷　SK/第 1297 冊
（明）凌義渠撰
申忠愍詩集六卷　SK/第 1297 冊
（明）申佳胤撰
茅簷集八卷　SK/第 1297 冊
（明）魏學洢撰
陶菴全集二十二卷　SK/第 1297 冊
（明）黃淳耀撰
聖祖仁皇帝御製文集一百七十六卷初集四十卷總目五卷第二集五十卷總目六卷第三集五十卷總目六卷第四

集三十六卷總目四卷
SK/第 1298－1299 冊
（清）聖祖撰（清）張玉書等奉敕編
（清）允祿等奉敕編
世宗憲皇帝御製文集三十卷目錄四卷
SK/第 1300 冊
（清）世宗撰
御製樂善堂全集定本三十卷序一卷目錄一卷跋一卷 SK/第 1300 冊
（清）高宗撰（清）蔣溥等奉敕重編
御製文集九十二卷初集三十卷目錄二卷二集四十四卷目錄二卷三集十六卷目錄一卷餘集二卷目錄一卷
SK/第 1301 冊
（清）高宗撰（清）于敏中等奉敕編
（清）梁國治（清）董誥等奉敕編
御製詩集四百五十四卷初集四十四卷目錄四卷二集九十卷目錄十卷三集一百卷目錄十二卷四集一百卷目錄十二卷五集一百卷目錄十二卷餘集二十卷目錄三卷 SK/第 1302－1311 冊
（清）高宗撰（清）蔣溥等奉敕編
（清）于敏中等奉敕編（清）董誥等奉敕編（清）王杰等奉敕編
梅村集四十卷 SK/第 1312 冊
（清）吳偉業撰
湯子遺書十卷附錄一卷 SK/第 1312 冊
（清）湯斌撰（清）王廷燦編
兼濟堂文集二十卷 SK/第 1312 冊
（清）魏裔介撰
學餘堂文集二十八卷詩集五十卷外集二卷 SK/第 1313 冊
（清）施閏章撰
范忠貞集十卷 SK/第 1314 冊
（清）范承謨撰（清）劉可書編
林蕙堂全集二十六卷 SK/第 1314 冊
（清）吳綺撰
精華錄十卷 SK/第 1315 冊
（清）王士禎撰
堯峯文鈔五十卷 SK/第 1315 冊
（清）汪琬撰
午亭文編五十卷 SK/第 1316 冊
（清）陳廷敬撰
讀書齋偶存稿四卷 SK/第 1316 冊
（清）葉方藹撰
松桂堂全集三十七卷延露詞三卷南洼集 SK/第 1317 冊
（清）彭孫遹撰
曝書亭集八十卷附葉兒樂府一卷
SK/第 1317－1318 冊
（清）朱彝尊撰
于清端政書八卷 SK/第 1318 冊
（清）于成龍撰
愚菴小集十五卷附傳家質言一卷
SK/第 1319 冊
（清）朱鶴齡撰
抱犢山房集六卷附嵇留山先生傳一卷
SK/第 1319 冊
（清）嵇永仁撰（清）嵇曾筠編（清）姜垚撰附
文端集四十六卷 SK/第 1319 冊
（清）張英撰
西河集一百九十卷 SK/第 1320－1321 冊
（清）毛奇齡撰
陳檢討四六二十卷 SK/第 1322 冊
（清）陳維崧撰（清）程師恭注
蓮洋詩鈔十卷墓誌銘一卷附錄一卷
SK/第 1322 冊
（清）吳雯撰
張文貞集十二卷 SK/第 1322 冊
（清）張玉書撰
西陂類稿三十九卷 SK/第 1323 冊
（清）宋犖撰
鐵廬集三卷卷首一卷外集二卷
SK/第 1323 冊
（清）潘天成撰（清）許重炎編
湛園集八卷 SK/第 1323 冊
（清）姜宸英撰（清）黄叔琳編
古歡堂集三十七卷附黔書二卷長河志籍考十卷 SK/第 1324 冊
（清）田雯撰
榕村集四十卷 SK/第 1324 冊
（清）李光地撰
三魚堂文集十二卷外集六卷外集附錄一卷 SK/第 1325 冊
（清）陸隴其撰（清）侯銓編
因園集十三卷 SK/第 1325 冊
（清）趙執信撰
懷清堂集二十卷 SK/第 1325 冊
（清）湯右曾撰
二希堂文集十一卷卷首一卷
SK/第 1325 冊
（清）蔡世遠撰
敬業堂詩集五十卷 SK/第 1326 冊
（清）查慎行撰
望溪集八卷 SK/第 1326 冊
（清）方苞撰
存研樓文集十六卷 SK/第 1327 冊
（清）儲大文撰
香屑集十八卷卷末一卷 SK/第 1327 冊
（清）黃之雋撰
鹿洲初集二十卷 SK/第 1327 冊
（清）藍鼎元撰
樊榭山房集十卷續集十卷
SK/第 1328 冊
（清）厲鶚撰
果堂集十二卷 SK/第 1328 冊
（清）沈彤撰
松泉集四十六卷 SK/第 1328 冊
（清）汪由敦撰
文選註六十卷 SK/第 1329 冊
（梁）蕭統編（唐）李善註
六臣註文選六十卷 SK/第 1330－1331 冊
（梁）蕭統編（唐）李善（唐）呂延濟（唐）劉良等註
文選顏鮑謝詩評四卷 SK/第 1331 冊
（元）方回撰
玉臺新詠十卷 SK/第 1331 冊
（陳）徐陵編
玉臺新詠考異十卷 SK/第 1331 冊
（清）紀容舒撰
高氏三宴詩集三卷附香山九老詩一卷
SK/第 1332 冊
（唐）高正臣輯
篋中集一卷 SK/第 1332 冊
（唐）元結編
河嶽英靈集三卷 SK/第 1332 冊
（唐）殷璠編
國秀集三卷 SK/第 1332 冊
（唐）芮挺章編
御覽詩一卷 SK/第 1332 冊
（唐）令狐楚編
中興間氣集二卷 SK/第 1332 冊
（唐）高仲武編
極玄集二卷 SK/第 1332 冊
（唐）姚合編
松陵集十卷 SK/第 1332 冊
（唐）皮日休撰（唐）陸龜蒙等撰
二皇甫集八卷 SK/第 1332 冊
（唐）皇甫冉（唐）皇甫曾合撰（明）劉潤之編

唐四僧詩六卷　SK/第 1332 冊
（唐）釋靈澈等撰
薛濤李冶詩集二卷　SK/第 1332 冊
（唐）薛濤撰（唐）李冶撰
竇氏聯珠集五卷　SK/第 1332 冊
（唐）竇常等撰（唐）褚藏言編
才調集十卷　SK/第 1332 冊
（蜀）韋縠編
搜玉小集一卷　SK/第 1332 冊
（唐）不著撰人
古文苑二十一卷　SK/第 1332 冊
（宋）章樵註
文苑英華一千卷目錄四卷
SK/第 1333－1342 冊
（宋）李昉等奉敕編
文苑英華辨證十卷　SK/第 1342 冊
（宋）彭叔夏撰
唐文粹一百卷　SK/第 1343－1344 冊
（宋）姚鉉編
西崑訓唱集二卷　SK/第 1344 冊
（宋）楊億編
同文館唱和詩十卷　SK/第 1344 冊
（宋）鄧忠臣等撰
唐百家詩選二十卷　SK/第 1344 冊
（宋）王安石編
會稽掇英總集二十卷　SK/第 1345 冊
（宋）孔延之編
清江三孔集三十卷　SK/第 1345 冊
（宋）孔文仲等撰（宋）王蓮編
三劉家集一卷　SK/第 1345 冊
（宋）劉渙等撰（宋）劉元高編
二程文集十三卷附錄二卷
SK/第 1345 冊
（宋）程顥（宋）程頤撰（宋）胡安國原編（元）譚善心重編
宋文選三十二卷　SK/第 1346 冊
（宋）不著編人
坡門酬唱集二十三卷　SK/第 1346 冊
（宋）邵浩編
樂府詩集一百卷　SK/第 1347－1348 冊
（宋）郭茂倩輯
歲時雜詠四十六卷　SK/第 1348 冊
（宋）蒲積中編
嚴陵集九卷　SK/第 1348 冊
（宋）董弅編
南嶽倡酬集一卷附錄一卷附錄一卷
SK/第 1348 冊
（宋）朱熹（宋）張栻（宋）林用中撰
萬首唐人絕句一百卷　SK/第 1349 冊
（宋）洪邁編
聲畫集八卷　SK/第 1349 冊
（宋）孫紹遠編
宋文鑑一百五十卷　SK/第 1350－1351 冊
（宋）呂祖謙奉敕編
古文關鍵二卷　SK/第 1351 冊
（宋）呂祖謙編
回文類聚四卷補遺一卷　SK/第 1351 冊
（宋）桑世昌編（清）朱存孝輯補
五百家播芳大全文粹一百十卷姓氏一卷
SK/第 1352－1353 冊
（宋）魏齊賢（宋）葉棻同編
崇古文訣三十五卷　SK/第 1354 冊
（宋）樓昉編
成都文類五十卷　SK/第 1354 冊
（宋）扈仲榮（宋）程遇孫等編
文章正宗二十四卷綱目一卷
SK/第 1355 冊
（宋）真德秀編
續文章正宗二十卷　SK/第 1356 冊
（宋）真德秀原本（宋）倪澄重編（明）胡松增訂
天台前集三卷前集別編一卷續集三卷續集別編六卷　SK/第 1356 冊
（宋）李庚原本（宋）林師蒧（宋）林表民等增修
赤城集十八卷　SK/第 1356 冊
（宋）林表民編
妙絕古今四卷　SK/第 1356 冊
（宋）湯漢編
唐僧弘秀集十卷　SK/第 1356 冊
（宋）李龏編
眾妙集一卷　SK/第 1356 冊
（宋）趙師秀編
江湖小集九十五卷　SK/第 1357 冊
（宋）陳起編
江湖後集二十四卷　SK/第 1357 冊
（宋）陳起編
三體唐詩六卷　SK/第 1358 冊
（宋）周弼編（清）高士奇輯注
論學繩尺十卷論訣一卷　SK/第 1358 冊
（宋）魏天應編選（宋）林子長箋解
吳都文粹十卷目錄一卷　SK/第 1358 冊
（宋）鄭虎臣編
古文集成前集七十八卷　SK/第 1359 冊
（宋）王霆震編
文章軌範七卷　SK/第 1359 冊
（宋）謝枋得編
月泉吟社詩一卷　SK/第 1359 冊
（宋）吳渭編
文選補遺四十卷　SK/第 1360 冊
（宋）陳仁子編
蘇門六君子文粹七十卷　SK/第 1361 冊
（宋）張耒等撰
三國志文類六十卷　SK/第 1361 冊
（宋）不著編人
增注唐策十卷　SK/第 1361 冊
（宋）不著編人
詩家鼎臠二卷　SK/第 1362 冊
（宋）不著編人
十先生奧論註存四十卷　SK/第 1362 冊
（宋）不著編人
兩宋名賢小集三百八十卷總目一卷
SK/第 1362－1364 冊
舊題（宋）陳思編（元）陳世隆補
柴氏四隱集三卷　SK/第 1364 冊
（宋）柴望等撰（明）柴復貞輯
中州集十卷卷首一卷附中州樂府一卷
SK/第 1365 冊
（金）元好問編
唐詩鼓吹十卷　SK/第 1365 冊
（金）元好問編（元）郝天挺註
二妙集八卷　SK/第 1365 冊
（金）段克己（金）段成己撰
谷音二卷　SK/第 1365 冊
（元）杜本輯
河汾諸老詩集八卷　SK/第 1365 冊
（元）房祺編
瀛奎律髓四十九卷　SK/第 1366 冊
（元）方回編
梅花百詠一卷附錄一卷　SK/第 1366 冊
（元）馮子振（元）釋明本撰
天下同文集五十卷　SK/第 1366 冊
（元）周南瑞編
古賦辯體十卷　SK/第 1366 冊
（元）祝堯撰
圭塘欸乃集二卷　SK/第 1366 冊
（元）許有壬等撰
忠義集七卷　SK/第 1366 冊
（元）趙景良編
宛陵羣英集十二卷　SK/第 1366 冊
（元）汪澤民（元）張師愚同編

(清)玄燁選 (清)徐乾學編注
御定歷代賦彙一百八十四卷正集一百四十卷目錄二卷外集二十卷附逸句二卷補遺二十二卷 SK/第1419－1422冊
(清)陳元龍奉敕編
御定全唐詩九百卷總目十二卷 SK/第1423－1431冊
(清)康熙四十二年御定
御定佩文齋詠物詩選四百八十六卷總目一卷 SK/第1432－1434冊
(清)張玉書 (清)汪霦等奉敕編
御定歷代題畫詩類一百二十卷總目一卷 SK/第1435－1436冊
(清)陳邦彥等奉敕編
御選宋金元明四朝詩三百十七卷 SK/第1437－1444冊
(清)聖祖御定 (清)張豫章等奉敕編
御選宋詩七十八卷姓名爵里二卷 SK/第1437－1438冊
御選金詩二十五卷姓名爵里一卷 SK/第1439冊
御選元詩八十一卷姓名爵里二卷 SK/第1439－1441冊
御選明詩一百二十卷姓名爵里八卷 SK/第1442－1444冊
御訂全金詩增補中州集七十二卷目錄一卷卷首二卷 SK/第1445冊
(清)郭元釪編 康熙五十年敕補
御選唐詩三十二卷目錄三卷 SK/第1446冊
(清)聖祖御定 (清)陳廷敬等奉敕編注
御定千叟宴詩四卷 SK/第1447冊
(清)康熙六十一年敕編
御選唐宋文醇五十八卷目錄一卷 SK/第1447冊
(清)乾隆三年敕編
御選唐宋詩醇四十七卷目錄二卷 SK/第1448冊
(清)乾隆十五年敕編
皇清文穎一百卷目錄六卷卷首二十四卷 SK/第1449－1450冊
(清)陳廷敬等奉敕編 (清)張廷玉等奉敕續編
欽定四書文四十一卷 SK/第1451冊
(清)方苞奉敕編
化治四書文六卷 SK/第1451冊
正嘉四書文六卷 SK/第1451冊
隆萬四書文六卷 SK/第1451冊
啟禎四書文九卷 SK/第1451冊
本朝四書文十四卷 SK/第1451冊
欽定千叟宴詩三十四卷卷首二卷 SK/第1452冊
(清)乾隆五十年敕編
明文海四百八十卷 SK/第1453－1458冊
(清)黃宗羲編
唐賢三昧集三卷 SK/第1459冊
(清)王士禛編
二家詩選二卷 SK/第1459冊
(清)王士禛編
唐人萬首絕句選七卷 SK/第1459冊
(宋)洪邁元本 (清)王士禛編選
明詩綜一百卷 SK/第1459－1460冊
(清)朱彝尊編
宋詩鈔一百零六卷 SK/第1461－1462冊
(清)吳之振編
宋元詩會一百卷 SK/第1463－1464冊
(清)陳焯編
粵西詩載二十五卷 SK/第1465冊
(清)汪森編
粵西文載七十五卷 SK/第1465－1467冊
粵西叢載三十卷 SK/第1467冊
元詩選一百十一卷 SK/第1468－1471冊
(清)顧嗣立編
御定全唐詩錄一百卷總目一卷 SK/第1472－1473冊
(清)徐倬編
甬上耆舊詩三十卷 SK/第1474冊
(清)胡文學編
檇李詩繫四十二卷 SK/第1475冊
(清)沈季友編
古文雅正十四卷 SK/第1476冊
(清)蔡世遠編
鄱陽五家集十五卷 SK/第1476冊
(清)史簡編
南宋襍事詩七卷 SK/第1476冊
(清)沈嘉轍等撰
宋百家詩存四十卷 SK/第1477冊
(清)曹庭棟編
文心雕龍十卷 SK/第1478冊
(梁)劉勰撰
文心雕龍輯注十卷 SK/第1478冊
(清)黃叔琳撰
詩品三卷 SK/第1478冊
(梁)鍾嶸撰
文章緣起一卷 SK/第1478冊
舊題(梁)任昉撰 (明)陳懋仁註 (清)方熊補註
本事詩一卷 SK/第1478冊
(唐)孟棨撰
六一詩話一卷 SK/第1478冊
(宋)歐陽修撰
續詩話一卷 SK/第1478冊
(宋)司馬光撰
中山詩話一卷 SK/第1478冊
(宋)劉攽撰
後山詩話一卷 SK/第1478冊
舊題(宋)陳師道撰
臨漢隱居詩話一卷 SK/第1478冊
(宋)魏泰撰
優古堂詩話一卷 SK/第1478冊
(宋)吳幵撰
詩話總龜九十八卷 SK/第1478冊
(宋)阮閱撰
彥周詩話一卷 SK/第1478冊
(宋)許顗撰
紫薇詩話一卷 SK/第1478冊
(宋)呂本中撰
四六話二卷 SK/第1478冊
(宋)王銍撰
珊瑚鉤詩話三卷 SK/第1478冊
(宋)張表臣撰
石林詩話一卷 SK/第1478冊
(宋)葉夢得撰
藏海詩話一卷 SK/第1479冊
(宋)吳可撰
風月堂詩話二卷 SK/第1479冊
(宋)朱弁撰
歲寒堂詩話二卷 SK/第1479冊
(宋)張戒撰
庚溪詩話二卷 SK/第1479冊
(宋)陳巖肖撰
韻語陽秋二十卷 SK/第1479冊
(宋)葛立方撰
碧溪詩話十卷 SK/第1479冊
(宋)黃徹撰
唐詩紀事八十一卷目錄一卷 SK/第1479冊

(宋)計有功撰
觀林詩話一卷 SK/第1480冊
(宋)吳聿撰
四六談麈一卷 SK/第1480冊
(宋)謝伋撰
環溪詩話一卷 SK/第1480冊
(宋)不著撰人
漁隱叢話一百卷 SK/第1480冊
(宋)胡仔撰
竹坡詩話一卷 SK/第1480冊
(宋)周紫芝撰
文則二十卷 SK/第1480冊
(宋)陳騤撰
二老堂詩話一卷 SK/第1480冊
(宋)周必大撰
誠齋詩話一卷 SK/第1480冊
(宋)楊萬里撰
餘師錄四卷 SK/第1480冊
(宋)王正德撰
滄浪詩話一卷 SK/第1480冊
(宋)嚴羽撰
詩人玉屑二十卷目錄一卷 SK/第1481冊
(宋)魏慶之撰
後村詩話十四卷 SK/第1481冊
(宋)劉克莊撰
娛書堂詩話一卷 SK/第1481冊
(宋)趙與虤撰
荊溪林下偶談四卷 SK/第1481冊
(宋)吳子良撰
草堂詩話二卷 SK/第1481冊
(宋)蔡夢弼撰
竹莊詩話二十四卷 SK/第1481冊
(宋)何谿汶撰
文章精義一卷 SK/第1481冊
舊題(宋)李耆卿撰
浩然齋雅談三卷 SK/第1481冊
(宋)周密撰
對床夜語五卷 SK/第1481冊
(宋)范晞文撰
前集十卷後集十卷 SK/第1482冊
(宋)蔡正孫撰
文說一卷 SK/第1482冊
(元)陳繹曾撰
修辭鑑衡二卷 SK/第1482冊
(元)王構編
金石例十卷 SK/第1482冊
(元)潘昂霄撰
作義要訣一卷 SK/第1482冊
(元)倪士毅撰
墓銘舉例四卷 SK/第1482冊
(明)王行撰
懷麓堂詩話一卷 SK/第1482冊
(明)李東陽撰
頤山詩話一卷 SK/第1482冊
(明)安磐撰
詩話補遺三卷 SK/第1482冊
(明)楊慎撰
秋圃擷餘一卷 SK/第1482冊
(明)王世懋撰
唐音癸籤三十三卷 SK/第1482冊
(明)胡震亨撰
歷代詩話八十卷 SK/第1483冊
(清)吳景旭撰
金石要例一卷 SK/第1483冊
(清)黃宗羲撰
漁洋詩話三卷 SK/第1483冊
(清)王士禛撰
師友詩傳錄一卷師友詩傳續錄一卷 SK/第1483冊
(清)郎廷槐編 (清)劉大勤編
聲調譜三卷 SK/第1483冊
(清)趙執信撰
談龍錄一卷 SK/第1483冊
(清)趙執信撰
宋詩紀事一百卷總目一卷 SK/第1484－1485冊
(清)厲鶚撰
全閩詩話十二卷 SK/第1486冊
(清)鄭方坤撰
五代詩話十卷 SK/第1486冊
(清)鄭方坤撰
珠玉詞一卷 SK/第1487冊
(宋)晏殊撰
六一詞一卷 SK/第1487冊
(宋)歐陽修撰
樂章集一卷 SK/第1487冊
(宋)柳永撰
安陸集一卷 SK/第1487冊
(宋)張先撰
東坡詞一卷 SK/第1487冊
(宋)蘇軾撰
山谷詞一卷 SK/第1487冊
(宋)黃庭堅撰
淮海詞一卷 SK/第1487冊
(宋)秦觀撰
書舟詞一卷 SK/第1487冊
(宋)程垓撰
小山詞一卷 SK/第1487冊
(宋)晏幾道撰
晁無咎詞六卷 SK/第1487冊
(宋)晁補之撰
姑溪詞一卷 SK/第1487冊
(宋)李之儀撰
溪堂詞一卷 SK/第1487冊
(宋)謝逸撰
東堂詞一卷 SK/第1487冊
(宋)毛滂撰
片玉詞二卷補遺一卷 SK/第1487冊
(宋)周邦彥撰
初寮詞一卷 SK/第1487冊
(宋)王安中撰
聖求詞一卷 SK/第1487冊
(宋)呂濱老撰
友古詞一卷 SK/第1487冊
(宋)蔡伸撰
和清眞詞一卷 SK/第1487冊
(宋)方千里撰
石林詞一卷 SK/第1487冊
(宋)葉夢得撰
丹陽詞一卷 SK/第1487冊
(宋)葛勝仲撰
筠谿樂府一卷 SK/第1487冊
(宋)李彌遜撰
坦菴詞一卷 SK/第1487冊
(宋)趙師使撰
酒邊詞二卷 SK/第1487冊
(宋)向子諲撰
無住詞一卷 SK/第1487冊
(宋)陳與義撰
漱玉詞一卷 SK/第1487冊
(宋)李清照撰
竹坡詞三卷 SK/第1487冊
(宋)周紫芝撰
蘆川詞一卷 SK/第1487冊
(宋)張元幹撰
東浦詞一卷 SK/第1487冊
(金)韓玉撰
孏窟詞一卷 SK/第1487冊
(宋)侯寘撰
逃禪詞一卷 SK/第1487冊

XX（1－1800）

續修四庫全書附索引
續修四庫全書編纂委員會 復旦大學圖書館古籍部編
二〇〇三年上海古籍出版社影印本
一八〇一冊

經部

元遞修本
易經解不分卷 XX/第1冊
(宋)朱長文撰
影印湖北省圖書館藏明崇禎四年刻本
周易新講義十卷 XX/第1冊
(宋)龔原撰
影印復旦圖書館藏日本文化五年活字印佚存叢書本
晦庵先生校正周易系辭精義二卷 XX/第2冊
題(宋)呂祖謙編
影印清光緒十年黎庶昌日本東京使署刻古逸叢書本
古易音訓二卷 XX/第2冊
(宋)呂祖謙撰 (清)宋咸熙輯
影印復旦圖書館藏清嘉慶七年刻本
泰軒易傳六卷 XX/第2冊
(宋)李中正撰
影印復旦圖書館藏日本寬政十二年活字印佚存叢書本
易經訓解四卷 XX/第2冊
(宋)熊禾訓解
影印復旦圖書館藏明崇禎十六年刻本
勿軒易學啟蒙圖傳通義七卷 XX/第2冊
(宋)熊禾述
影印北圖藏清抄本
周易通義八卷發例二卷識蒙一卷或問三卷 XX/第2冊
(元)黃超然撰
影印上圖藏明抄本
太易鉤玄三卷 XX/第3冊
(元)鮑恂撰
影印北圖藏清抄本
周易訂疑十五卷首一卷 XX/第3冊
題(元)董養性撰
影印南圖藏清正誼堂刻本
周易經疑三卷 XX/第4冊
(元)涂溍生撰
影印清嘉慶宛委別藏寫本
周易四卷 XX/第4冊
(元)董中行撰
影印北圖分館藏清孔氏嶽雪樓抄本
周易旁註二卷卦傳十卷前圖二卷 XX/第4冊
(明)朱升撰
影印首都圖書館藏明刻本
易經旁訓三卷 XX/第5冊
(明)李恕撰
影印南通圖書館藏明萬曆二十四年陳大科刻本
八卦餘生十八卷 XX/第5冊
(明)鄧夢文撰
影印科圖藏清乾隆四十二年文會堂刻本
周易通略一卷 XX/第5冊
(明)黃俊撰
影印南圖藏明抄本
易學象數舉隅二卷 XX/第5冊
(明)汪敬撰
影印安徽省圖書館藏明嘉靖十八年汪奎刻本
易經圖釋十二卷 XX/第5冊
(明)劉定之撰
影印上圖藏清乾隆二十八年崇恩閣刻本
玩易意見二卷 XX/第5冊
(明)王恕撰
影印山東省圖書館藏明正德元年刻本
周易贊義十七卷 XX/第5冊
(明)馬理撰
影印北圖藏明嘉靖三十五年鄭絅刻本
涇野先生周易說翼三卷 XX/第5冊
(明)呂柟撰
影印北圖藏明嘉靖三十二年謝少南刻涇野先生五經說本
周易議卦二卷 XX/第6冊
(明)王崇慶撰
影印北圖藏清抄本
蓮谷先生讀易索隱六卷 XX/第6冊
(明)洪鼐撰
影印遼寧省圖書館藏明嘉靖二十六年順裕堂刻本
學易記五卷 XX/第6冊
(明)金賁亨撰
影印北圖藏明嘉靖刻本
易學四同八卷 XX/第6冊
(明)季本撰
影印北大圖書館藏明嘉靖刻本
易學四同別錄四卷 XX/第6冊
(明)季本撰
影印北師大圖書館藏明嘉靖刻本
讀易記三卷 XX/第6冊
(明)王漸逵撰
影印南圖藏明刻本
周易義叢十六卷首一卷 XX/第7冊
(明)葉良佩輯
影印北圖藏明嘉靖刻本
周易不我解六卷 XX/第7冊
(明)徐體乾撰
影印南圖藏明萬曆刻本
胡子易演十八卷 XX/第7冊
(明)胡經撰
影印天一閣藏明抄本
讀易纂五卷首一卷 XX/第8冊
(明)張元蒙撰
影印北大圖書館藏明萬曆王世貞刻本
易經正義六卷 XX/第8冊
(明)鄢懋卿撰
影印上圖藏明嘉靖四十年吳初泉刻本
周易傳義補疑十二卷 XX/第8冊
(明)姜寶撰
影印北圖藏明萬曆十四年古之賢新安郡齋刻本
易象彙解二卷 XX/第8冊
(明)陳士元撰
影印北圖藏明萬曆刻歸雲別集本
今文周易演義十二卷首一卷 XX/第9冊
(明)徐師曾撰
影印北圖藏明隆慶二年董漢策刻本
周易象義六卷讀易雜記四卷 XX/第9冊
(明)章潢撰
影印北圖藏明抄本
九正易因不分卷 XX/第9冊
(明)李贄撰
影印遼寧省圖書館藏清初毛氏汲古閣刻本
易原八卷 XX/第10冊
(明)陳錫撰
影印北師大圖書館藏明萬曆二十七年刻本
易學十二卷 XX/第10冊
(明)沈一貫撰
影印首都圖書館藏明萬曆刻本
易意參疑首編二卷外編十卷 XX/第10冊
(明)孫從龍撰
影印上圖藏明萬曆五年書林翁時化刻本
生生篇七卷 XX/第10冊
(明)蘇濬撰
影印浙江省圖書館藏明萬曆二十五

年刻本
易筌六卷附論一卷 XX/第 11 冊
(明)焦竑撰
影印科圖藏明萬曆四十年刻本
易象管窺十五卷 XX/第 11 冊
(明)黄正憲撰
影印復旦圖書館藏明刻本
新刻易測十卷 XX/第 11 冊
(明)曾朝節撰
影印南圖藏明萬曆刻本
周易正解二十卷讀易一卷 XX/第 11 冊
(明)郝敬撰
影印浙江省圖書館藏明萬曆郝千秋郝千石刻郝氏九經解本
石鏡山房周易說統十二卷 XX/第 12 冊
(明)張振淵撰
影印浙江省圖書館藏明萬曆四十三年石鏡山房刻本
周易古本全書彙編十七卷 XX/第 12 冊
(明)李本固輯
影印北大圖書館藏明萬曆刻本
周易象通八卷 XX/第 12 冊
(明)朱謀㙔撰
影印北圖藏明萬曆刻本
周易可說七卷 XX/第 13 冊
(明)曹學佺撰
影印甘肅省圖書館藏明崇禎刻本
周易揆十二卷 XX/第 13 冊
(明)錢士升撰
影印浙江省圖書館藏明末賜餘堂刻本
周易古文鈔四卷 XX/第 13 冊
(明)劉宗周撰
影印上海師大圖書館藏清初董希轍刻本
周易宗義十二卷 XX/第 14 冊
(明)程汝繼輯
影印北圖藏明萬曆三十七年自刻本
周易疏義四卷 XX/第 14 冊
(明)程汝繼撰
影印上海師大圖書館藏明崇禎八年姚學心等刻本
易經增註十卷易考一卷 XX/第 14 冊
(明)張鏡心撰
影印北圖分館藏清刻本
周易時論合編二十三卷 XX/第 15 冊
(明)方孔炤撰
影印北大圖書館藏清順治刻本
易說一卷 XX/第 15 冊
(明)王育撰
影印復旦圖書館藏清道光十三年刻婁東雜著本
周易禪解十卷 XX/第 15 冊
(明)釋智旭撰
影印上圖藏清初刻本及釋通瑞刻本
周易爻物當名二卷 XX/第 16 冊
(明)黎遂球撰
影印北大圖書館藏明崇禎刻本
九公山房易問二卷 XX/第 16 冊
(明)郝錦撰
影印科圖藏清初刻本
說易十二卷 XX/第 16 冊
(明)喬中和撰
影印復旦圖書館藏明崇禎十年喬鉢刻躋新堂集本
易經解醒四卷 XX/第 16 冊
(明)洪守美 (明)鄭林祥輯著
影印杭州大學圖書館藏明末東吳銘新齋刻本
大易則通十五卷閏一卷 XX/第 17 冊
(清)胡世安撰
影印山東省圖書館藏清順治十五年朱之俊刻本
易圖親見一卷 XX/第 17 冊
(清)來集之撰
影印清華大學圖書館藏清順治來氏倘湖小築刻本
卦義一得二卷 XX/第 17 冊
(清)來集之撰
影印清華大學圖書館藏清順治來氏倘湖小築刻本
讀易隅通二卷 XX/第 17 冊
(清)來集之撰
影印清華大學圖書館藏清順治黄正色刻本
周易本義爻徵二卷 XX/第 17 冊
(清)吳曰慎撰
影印復旦圖書館藏清道光二十年李錫齡刻惜陰軒叢書本
周易說略八卷 XX/第 17 冊
(清)張爾岐撰
影印北圖藏清康熙五十八年徐氏真合齋磁版印本
周易大象解一卷 XX/第 18 冊
(清)王夫之撰
影印復旦圖書館藏清同治四年湘鄉曾氏金陵節署刻船山遺書本
周易内傳六卷内傳發例一卷周易外傳七卷 XX/第 18 冊
(清)王夫之撰
影印復旦圖書館藏清同治四年湘鄉曾氏金陵節署刻船山遺書本
易内傳十二卷易傳外篇一卷 XX/第 18 冊
(清)金士升撰
影印北大圖書館藏清抄本
易觸七卷 XX/第 18 冊
(清)賀貽孫撰
影印上圖藏清咸豐二年刻水田居全集本
周易疏略四卷 XX/第 19 冊
(清)張沐撰
影印科圖藏清康熙十九年陳如升刻本
陸堂易學十卷首一卷 XX/第 19 冊
(清)陸奎勳撰
影印上圖藏清乾隆刻本
周易本義拾遺六卷周易序例一卷周易拾遺一卷 XX/第 19 冊
(清)李文炤撰
影印北京師大圖書館藏清四為堂刻李氏成書本
周易本義註六卷 XX/第 19 冊
(清)胡方撰
影印復旦圖書館藏清道光三十年南海伍氏粤雅堂刻嶺南遺書本
易經徵實解一卷 XX/第 19 冊
(清)胡翔瀛撰
影印首都圖書館藏民國五年鉛印胡嶧陽先生遺書本
易圖解一卷 XX/第 19 冊
(清)德沛撰
影印北圖藏清乾隆元年刻本
讀易便解二卷 XX/第 20 冊
(清)盧見曾撰
影印山東省圖書館藏清抄本
讀易管見一卷 XX/第 20 冊
(清)程廷祚撰
影印北圖藏清三近堂刻本
易通十四卷 XX/第 20 冊
(清)程廷祚撰
影印北大圖書館藏清乾隆十二年道寧堂刻本

易經如話十二卷首一卷 XX/第21冊
(清)汪紱撰
影印北圖分館藏清同治十二年活字印本
易互六卷 XX/第21冊
(清)楊陸榮撰
影印北圖藏清乾隆十三年刻楊潭西先生遺書本
周易本義辨證六卷 XX/第21冊
(清)惠棟撰
影印北大圖書館藏清惠氏紅豆齋抄本
易學圖說會通八卷續聞一卷 XX/第21冊
(清)楊方達撰
影印北圖藏清乾隆刻本
周易解九卷 XX/第21冊
(清)牛運震撰
影印復旦圖書館藏清嘉慶二十三年刻空山堂全集本
觀象居易傳箋十二卷 XX/第22冊
(清)汪師韓撰
影印上圖藏清刻本
周易詳說十八卷 XX/第22冊
(清)劉紹攽撰
影印北圖分館藏清乾隆劉氏傳經堂刻本
畏齋周易客難一卷 XX/第22冊
(清)龔元玠撰
影印北大圖書館藏清道光二十六年刻十三經客難本
古易匯詮四卷 XX/第22冊
(清)劉文龍撰
影印科圖藏民國九年鉛印本
彖傳論二卷 XX/第22冊
(清)莊存與撰
影印上圖藏清道光莊綬甲寶研堂刻味經齋遺書本
彖象論一卷 XX/第22冊
(清)莊存與撰
影印上圖藏清道光莊綬甲寶研堂刻味經齋遺書本
繫辭傳論二卷 XX/第22冊
(清)莊存與撰
影印上圖藏清道光莊綬甲寶研堂刻味經齋遺書本
八卦觀象解二卷卦氣解一卷 XX/第23冊
(清)莊存與撰
影印上圖藏清道光莊綬甲寶研堂刻味經齋遺書本
周易象考一卷周易辭考一卷周易占考一卷 XX/第23冊
(清)茹敦和撰
影印上圖藏清乾隆刻茹氏經學十二種本
周易證籤四卷 XX/第23冊
(清)茹敦和撰
影印上圖藏清乾隆刻茹氏經學十二種本
周易二閭記三卷 XX/第23冊
(清)茹敦和撰
影印上圖藏清乾隆刻茹氏經學十二種本
重訂周易小義二卷 XX/第23冊
(清)茹敦和撰 (清)李慈銘訂
影印復旦圖書館藏清光緒十四年徐氏鑄學齋刻紹興先正遺書本
易經揆一十四卷易學啟蒙補二卷 XX/第23冊
(清)梁錫璵撰
影印復旦圖書館藏清乾隆刻本
易守三十二卷易卦綜論一卷 XX/第24冊
(清)葉佩蓀撰
影印復旦圖書館藏清嘉慶十五年慎餘齋刻本
學易慎餘錄四卷 XX/第24冊
(清)葉佩蓀撰
影印南圖藏清抄本
周易篇第三卷首一卷 XX/第24冊
(清)李榮陛撰
影印北大圖書館藏清嘉慶二十年互古齋刻李厚岡集本
易考二卷易續考二卷 XX/第24冊
(清)李榮陛撰
影印北大圖書館藏清嘉慶二十年互古齋刻李厚岡集本
子夏易傳釋存二卷 XX/第24冊
(清)吳騫撰
影印北大圖書館藏稿本
退思易話八卷 XX/第24冊
(清)王玉樹撰
影印科圖藏清道光十年芳梫堂刻本
周易卦象彙參二卷 XX/第24冊
(清)譚秀撰
影印山東省圖書館藏清樂易堂抄本
易卦圖說一卷 XX/第24冊
(清)崔述撰
影印復旦圖書館藏清道光四年陳履和刻崔東壁遺書本
周易略解八卷 XX/第25冊
(清)馮經撰
影印科圖藏清道光三十年刻嶺南遺書本
孫氏周易集解十卷 XX/第25冊
(清)孫星衍撰
影印湖北省圖書館藏清咸豐五年南海伍崇曜刻粤雅堂叢書本
周易引經通釋十卷 XX/第25冊
(清)李鈞簡撰
影印上圖藏清嘉慶鶴陰書屋刻光緒七年王家璧補修本
周易恒解五卷首一卷 XX/第26冊
(清)劉沅撰
影印上圖藏清嘉慶刻本
周易述補五卷 XX/第26冊
(清)李林松撰
影印清光緒十四年南菁書院刻皇清經解續编本
易圖存是二卷 XX/第26冊
(清)辛紹業撰
影印北圖藏清嘉慶刻本
易說十二卷便錄一卷 XX/第26冊
(清)郝懿行撰
影印上圖藏清光緒八年東路廳署刻郝氏遺書本
周易虞氏義九卷 XX/第26冊
(清)張惠言撰
影印復旦圖書館藏清嘉慶八年阮氏琅嬛仙館刻本
周易虞氏消息二卷 XX/第26冊
(清)張惠言撰
影印復旦圖書館藏清嘉慶八年阮氏琅嬛仙館刻本
虞氏易言二卷 XX/第26冊
(清)張惠言撰
影印上圖藏清道光元年合河康氏刻本
虞氏易言補一卷 XX/第26冊
(清)劉逢祿撰
影印北大圖書館藏清抄本
虞氏易禮二卷 XX/第26冊

(清)張惠言撰
影印上圖藏清道光元年合河康氏刻本
虞氏易事二卷 XX/第26冊
(清)張惠言撰
影印上圖藏清光緒刻仰視千七百二十九鶴齋叢書本
虞氏易候一卷 XX/第26冊
(清)張惠言撰
影印上圖藏清道光元年合河康氏刻本
周易鄭荀義三卷 XX/第26冊
(清)張惠言撰
影印上圖藏清道光元年合河康氏刻本
易圖條辨一卷 XX/第26冊
(清)張惠言撰
影印上圖藏清道光元年合河康氏刻本
周易述補四卷 XX/第27冊
(清)江藩撰
影印上圖藏清嘉慶刻本
易章句十二卷 XX/第27冊
(清)焦循撰
影印上圖藏清江都焦氏刻雕菰樓易學本
易通釋二十卷 XX/第27冊
(清)焦循撰
影印上圖藏清江都焦氏刻雕菰樓易學本
易圖略八卷 XX/第27冊
(清)焦循撰
影印上圖藏清江都焦氏刻雕菰樓易學本
周易補疏二卷 XX/第27冊
(清)焦循撰
影印上圖藏清道光六年半九書塾刻六經補疏本
易話二卷 XX/第27冊
(清)焦循撰
影印上圖藏清道光六年半九書塾刻本
易廣記三卷 XX/第27冊
(清)焦循撰
影印上圖藏清道光六年半九書塾刻本
李氏易解賸義三卷 XX/第27冊
(清)李富孫輯
影印北圖分館藏清嘉慶種學齋刻本
易經異文釋六卷 XX/第27冊
(清)李富孫輯
影印清光緒十四年南菁書院刻皇清經解續編本
學易五種十四卷 XX/第28冊
(清)王甗撰
影印北大圖書館藏清道光二年鑪雪山房刻本
周易半古本義八卷 XX/第28冊
周易象纂一卷 XX/第28冊
周易圓剩二卷 XX/第28冊
周易辯占一卷 XX/第28冊
周易校字二卷 XX/第28冊
卦本圖考一卷 XX/第28冊
(清)胡秉虔撰
影印上圖藏清道光三十年增刻錢熙輔藝海珠塵本
干常侍易注疏證一卷集證一卷 XX/第28冊
(清)方成珪撰
影印北圖藏清抄本
虞氏易消息圖說一卷 XX/第28冊
(清)胡祥麟撰
影印清光緒十四年南菁書院刻皇清經解續編本
周易虞氏略例一卷 XX/第28冊
(清)李銳撰
影印復旦圖書館藏清光緒十九年刻聚學軒叢書本
周易擇言六卷 XX/第28冊
(清)鮑作雨撰
影印上圖藏清同治三年南堤項傳梅刻本
周易考異二卷 XX/第28冊
(清)宋翔鳳撰
影印清光緒十四年南菁書院刻皇清經解續編本
周易通解三卷釋義一卷 XX/第28冊
(清)卞斌撰
影印復旦圖書館藏民國十二年吳興劉氏嘉業堂刻吳興叢書本
易例輯略一卷 XX/第28冊
(清)龐大堃撰
影印上圖藏清光緒十四年江陰南菁書院刻南菁書院叢書本
六十四卦經解八卷 XX/第29冊
(清)朱駿聲撰
影印浙江圖書館藏稿本
易學管窺十五卷易文言傳一卷 XX/第29冊
(清)俞檀撰
影印上圖藏清抄本
易用五卷 XX/第29冊
(清)毛一豐輯
影印上圖藏稿本
方氏易學五書五卷 XX/第30冊
(清)方申撰
影印上圖藏清光緒十四年江陰南菁書院刻南菁書院叢書本
諸家易象別錄 XX/第30冊
虞氏易象彙編 XX/第30冊
周易卦象集證 XX/第30冊
周易互體詳述 XX/第30冊
周易卦變舉要 XX/第30冊
周易集解纂疏十卷 XX/第30冊
(清)李道平撰
影印清道光刻本
易釋四卷 XX/第30冊
(清)黃式三撰
影印上圖藏清光緒十四年定海黃氏家塾刻儆居遺書本
易古訓一卷 XX/第30冊
(清)劉寶楠撰
影印上圖藏稿本
周易姚氏學十六卷 XX/第30冊
(清)姚配中撰
影印上圖藏清道光二十五年汪守成等活字印一經廬叢書本
周易通論月令二卷 XX/第30冊
(清)姚配中撰
影印北圖分館藏清道光二十五年汪守成等活字印一經廬叢書本
姚氏易敦闡元一卷 XX/第31冊
(清)姚配中撰
影印復旦圖書館藏清光緒八年蛟川張氏刻花雨樓叢鈔本
周易漢學通義八卷略例一卷 XX/第31冊
(清)黃瓚撰
影印復旦圖書館藏清抄本
周易述翼五卷 XX/第31冊
(清)黃應麒撰
影印上圖藏清光緒山陰宋氏刻懺花盦叢書本
周易諸卦合象考一卷 XX/第31冊
(清)任雲倬撰
影印復旦圖書館藏清光緒二十六年南陵徐乃昌刻鄦齋叢書本

周易互體卦變考一卷 XX/第31冊
(清)任雲倬撰
影印復旦圖書館藏清光緒二十六年南陵徐乃昌刻鄦齋叢書本
周易述傳二卷續錄一卷 XX/第31冊
(清)丁晏撰
影印復旦圖書館藏清同治元年刻頤志齋叢書本
周易解故一卷 XX/第31冊
(清)丁晏撰
影印復旦圖書館藏清光緒十九年廣雅書局刻廣雅書局叢書本
易經象類一卷 XX/第31冊
(清)丁晏撰
影印復旦圖書館藏清光緒二十六年南陵徐乃昌刻鄦齋叢書本
周易推六卷 XX/第32冊
(清)狄子奇撰
影印湖北省圖書館藏稿本
周易屬辭十二卷通例五卷通說二卷 XX/第32冊
(清)蕭光遠撰
影印湖北省圖書館藏清咸豐三年刻遵義蕭氏遺書本
卦氣表一卷卦氣證一卷 XX/第32冊
(清)蔣湘南撰
影印湖北省圖書館藏清光緒十四年豫山湖南臬署刻本
周易虞氏義箋九卷 XX/第32冊
(清)曾釗撰
影印上圖藏清道光七年面城樓刻本
周易考異不分卷 XX/第33冊
(清)徐堂撰
影印北圖藏稿本
鄭氏爻辰補六卷 XX/第33冊
(清)戴棠撰
影印北圖分館藏清道光二十九年燕山書屋刻本
易象通義六卷 XX/第33冊
(清)秦篤輝撰
影印復旦圖書館藏清光緒十七年三餘草堂刻湖北叢書本
易經本意四卷首一卷末一卷 XX/第33冊
(清)何志高撰
影印遼寧省圖書館藏清道光十八年刻西夏經義本

周易倚數錄二卷附圖一卷 XX/第34冊
(清)楊履泰撰
影印復旦圖書館藏清光緒貴池劉氏刻聚學軒叢書本
陳氏易說四卷附錄二卷 XX/第34冊
(清)陳壽熊撰
影印上圖藏清光緒二十一年刻本
讀易漢學私記一卷 XX/第34冊
(清)陳壽熊撰
影印清光緒十四年南菁書院刻皇清經解續編本
周易釋爻例一卷 XX/第34冊
(清)成蓉鏡撰
影印清光緒十四年南菁書院刻皇清經解續編本
周易舊疏考正一卷 XX/第34冊
(清)劉毓崧撰
影印清光緒十四年南菁書院刻皇清經解續編本
易貫五卷 XX/第34冊
(清)俞樾撰
影印復旦圖書館藏清光緒二十五年刻春在堂全書第一樓叢書本
艮宧易說一卷 XX/第34冊
(清)俞樾撰
影印復旦圖書館藏清光緒二十五年刻春在堂全書俞樓襍纂本
周易互體徵一卷 XX/第34冊
(清)俞樾撰
影印復旦圖書館藏清光緒二十五年刻春在堂全書俞樓襍纂本
卦氣直日考一卷 XX/第34冊
(清)俞樾撰
影印復旦圖書館藏清光緒二十五年刻春在堂全書曲園襍纂本
周易爻辰申鄭義一卷 XX/第34冊
(清)何秋濤撰
影印湖北省圖書館藏清光緒五年淮南書局刻一鐙精舍甲部稿本
還硯齋周易述四卷 XX/第34冊
(清)趙新撰
影印上圖藏清光緒八年刻還硯齋全集本
還硯齋易漢學擬旨一卷 XX/第34冊
(清)趙新輯
影印上圖藏清光緒八年刻還硯齋全集本

周易本義辨證補訂四卷 XX/第34冊
(清)紀磊輯
影印復旦圖書館藏民國十二年吳興劉氏嘉業堂刻吳興叢書本
周易消息十五卷 XX/第34冊
(清)紀磊撰
影印復旦圖書館藏民國十二年吳興劉氏嘉業堂刻吳興叢書本
虞氏逸象考正一卷續纂一卷 XX/第35冊
(清)紀磊撰
影印復旦圖書館藏民國十二年吳興劉氏嘉業堂刻吳興叢書本
九家逸象辨證一卷 XX/第35冊
(清)紀磊撰
影印復旦圖書館藏民國十二年吳興劉氏嘉業堂刻吳興叢書本
虞氏易義補注一卷附錄一卷 XX/第35冊
(清)紀磊撰
影印復旦圖書館藏民國十二年吳興劉氏嘉業堂刻吳興叢書本
漢儒傳易源流一卷 XX/第35冊
(清)紀磊撰
影印復旦圖書館藏民國十二年吳興劉氏嘉業堂刻吳興叢書本
易象集解十卷 XX/第35冊
(清)黃守平輯
影印湖北省圖書館藏清同治十三年湫芳園刻本
需時眇言十卷 XX/第35冊
(清)沈善登撰
影印北圖分館藏清光緒沈氏豫恕堂刻沈穀成易學本
周易注疏賸本一卷 XX/第35冊
(清)黃以周撰
影印復旦圖書館藏民國十三年吳江施肇曾刻十三經讀本本
周易故訓訂一卷 XX/第35冊
(清)黃以周撰
影印復旦圖書館藏民國十三年吳江施肇曾刻十三經讀本本
十翼後錄二十四卷 XX/第36－37冊
(清)黃以周撰
影印北圖藏稿本
李氏易傳校一卷 XX/第38冊
(清)陸心源輯

影印復旦圖書館藏群書校補本
周易通義十六卷 XX/第38册
(清)莊忠棫撰
影印復旦圖書館藏清光緒六年冶城山館刻本
周易經典證略十卷末一卷 XX/第38册
(清)何其傑撰
影印湖北省圖書館藏清光緒十二年刻景袁齋叢書本
易學節解五卷 XX/第38册
(清)丁澤安撰
影印天津圖書館藏清光緒刻自得齋易學四種本
知非齋易注三卷首一卷末一卷 XX/第38册
(清)陳懋侯撰
影印湖北省圖書館藏清光緒十四年陳懋侯刻本
知非齋易釋三卷 XX/第38册
(清)陳懋侯撰
影印湖北省圖書館藏清光緒十四年陳懋侯刻本
易說二卷 XX/第38册
(清)吴汝綸撰
影印復旦圖書館藏清光緒三十年王恩紱等刻桐城吴先生全書本
鄭易小學一卷鄭易馬氏學一卷鄭易京氏學一卷 XX/第38册
(清)陶方琦撰
影印上圖藏清光緒徐氏鑄學齋抄本
周易易解十卷周易示兒錄三卷周易說餘一卷 XX/第38册
(清)沈紹勳撰
影印北圖分館藏民國二十年鉛印本
周易注二卷 XX/第39册
(清)李士鉁撰
影印上圖藏民國二十五年刻周氏師古堂所編書本
易漢學考二卷 XX/第39册
(清)吴翊寅撰
影印湖北省圖書館藏清光緒十九年廣雅書局刻本
易漢學師承表一卷 XX/第39册
(清)吴翊寅撰
影印湖北省圖書館藏清光緒十九年廣雅書局刻本
周易消息升降爻例一卷 XX/第39册
(清)吴翊寅撰
影印湖北省圖書館藏清光緒十九年廣雅書局刻本
周易集義八卷 XX/第39册
(清)強汝諤撰
影印復旦圖書館藏民國吴興劉氏刻求恕齋叢書本
周易漢讀考三卷 XX/第39册
(清)郭階撰
影印上圖藏清光緒十五年刻春暉雜稿本
周易述聞一卷 XX/第39册
(清)林慶炳撰
影印清光緒八年刻本
周易補註四十一卷周易例表十卷 XX/第39册
(清)段復昌撰
影印科圖藏清光緒十五年船山書院刻本
易漢學舉要一卷訂誤一卷 XX/第39册
(清)張鼎撰
影印上圖藏清蔣氏別下齋抄本
周易說十一卷 XX/第40册
王闓運撰
影印上圖藏清光緒三十二年刻湘綺樓全書本
周易釋貞二卷 XX/第40册
王樹柟撰
影印復旦圖書館藏民國十三年刻陶廬叢刻本
費氏古易訂文十二卷 XX/第40册
王樹柟撰
影印復旦圖書館藏清光緒十七年青神刻本
易經古本一卷 XX/第40册
廖平撰
影印復旦圖書館藏民國四年存古書局刻新訂六譯館叢書本
重定周易費氏學八卷首一卷敘錄一卷 XX/第40册
馬其昶撰
影印復旦圖書館藏民國七年抱潤軒刻本
河圖洛書原舛編一卷 XX/第40册
(清)毛奇齡撰
影印復旦圖書館藏清康熙李塨等刻西河合集本
易緯略義三卷 XX/第40册
(清)張惠言撰
影印科圖藏清道光元年合河康氏刻本
易緯通義八卷 XX/第40册
(清)莊忠棫撰
影印北圖藏稿本
周易繁露五卷 XX/第40册
(清)莊忠棫撰
影印北圖藏稿本
古三墳書三卷 XX/第40册
影印北圖藏宋紹興十七年沈斐婺州州學刻本
古文尚書十三卷 XX/第41册
題(漢)孔安國傳
影印復旦圖書館藏一九三九年日本京都東方文化研究所影印舊寫本
經典釋文尚書殘卷 XX/第41册
(唐)陸德明撰
影印法國國家圖書館藏敦煌西域文獻本
尚書正義二十卷 XX/第41册
(唐)孔穎達等撰
影印北圖藏宋兩浙東路茶鹽司刻本
書集傳十二卷或問二卷 XX/第42册
(宋)陳大猷撰
影印北圖藏元刻本
書古文訓十六卷 XX/第42册
(宋)薛季宣撰
影印復旦圖書館藏清康熙刻通志堂經解本
書疑九卷 XX/第42册
(宋)王柏撰
影印復旦圖書館藏清康熙刻通志堂經解本
書經注十二卷 XX/第42册
(元)金履祥撰
影印上海辭書藏清光緒五年陸心源刻十萬卷樓叢書本
尚書音釋一卷 XX/第43册
(元)鄒季友撰
影印北圖藏明刻本
涇野先生尚書說要五卷 XX/第43册
(明)吕柟撰
影印北圖藏明嘉靖三十二年謝少南刻涇野先生五經說本
尚書譜五卷 XX/第43册
(明)梅鷟撰

影印北圖藏清孔氏藤梧館抄本
尚書辨解十卷讀書一卷　XX/第43冊
(明)郝敬撰
影印湖北省圖書館藏明萬曆郝千秋郝千石刻九部經解本
書經要義六卷　XX/第43冊
(清)王建常撰
影印北圖分館藏清雍正崇陽公署刻本
尚書引義六卷　XX/第43冊
(清)王夫之撰
影印南圖藏清道光二十二年王氏守遺經書屋刻本
尚書蔡傳正訛六卷　XX/第43冊
(清)左眉撰
影印南圖藏清刻本
書經參義六卷　XX/第43冊
(清)姜兆錫撰
影印南圖藏清雍正十二年寅清樓刻九經補注本
尚書小疏一卷　XX/第43冊
(清)沈彤撰
影印華東師大圖書館藏清乾隆刻果堂全集本
晚書訂疑三卷　XX/第44冊
(清)程廷祚撰
影印北圖分館藏清乾隆刻本
古文尚書考二卷　XX/第44冊
(清)惠棟撰
影印北圖分館藏清乾隆五十七年宋廷弼刻本
尚書注疏考證一卷　XX/第44冊
(清)齊召南撰
影印上海辭書藏清道光九年廣東學海堂刻皇清經解本
畏齋書經客難三卷首一卷　XX/第44冊
(清)龔元玠撰
影印華東師大圖書館藏清道光二十六年刻十三經客難本
尚書考辨四卷　XX/第44冊
(清)宋鑒撰
影印湖北省圖書館藏清嘉慶四年刻本
尚書既見不分卷　XX/第44冊
(清)莊存與撰
影印北大圖書館藏清乾隆五十八年刻本
尚書釋天六卷　XX/第44冊
(清)盛百二撰
影印華東師大圖書館藏清乾隆十八年刻本
尚書集注音疏十二卷卷末一卷外編一卷　XX/第44冊
(清)江聲撰
影印湖北省圖書館藏清乾隆五十八年近市居刻本
尚書後案三十卷尚書後辨附一卷　XX/第45冊
(清)王鳴盛撰
影印華東師大圖書館藏清乾隆四十五年禮堂刻本
尚書義考二卷　XX/第45冊
(清)戴震撰
影印上海辭書藏清光緒貴池劉氏刻聚學軒叢書本
尚書協異二卷　XX/第45冊
(清)戴祖啟撰
影印南圖藏清嘉慶元年田畿刻本
尚書質疑二卷　XX/第45冊
(清)趙佑撰
影印華東師大圖書館藏清乾隆五十二年刻清獻堂全編本
古文尚書冤詞補正一卷　XX/第45冊
(清)周春撰
影印北圖分館藏清抄本
尚書考六卷　XX/第45冊
(清)李榮陛撰
影印北大圖書館藏清嘉慶二十年亙古齋刻李厚岡集本
古文尚書撰異三十二卷　XX/第46冊
(清)段玉裁撰
影印華東師大圖書館藏清乾隆道光間段氏刻經韻樓叢書本
古文尚書辨僞二卷　XX/第46冊
(清)崔述撰
影印北大圖書館藏清道光四年東陽縣署刻本
古文尚書條辨五卷　XX/第46冊
(清)梁上國撰
影印北圖分館藏清抄本
尚書今古文考證七卷　XX/第46冊
(清)莊述祖撰
影印上海辭書藏清道光十六年刻珍執宧遺書本
尚書今古文注疏三十卷　XX/第46冊
(清)孫星衍撰
影印華東師大圖書館藏清嘉慶二十年孫氏冶城山館刻平津館叢書本
同文尚書不分卷　XX/第47冊
(清)牟庭撰
影印山東省圖書館藏清抄本
尚書補疏二卷　XX/第48冊
(清)焦循撰
影印復旦圖書館藏清道光六年半九書塾刻焦氏叢書本
尚書序錄一卷　XX/第48冊
(清)胡秉虔撰
影印清同治十二年刻滂喜齋叢書本
尚書隸古定釋文八卷　XX/第48冊
(清)李遇孫撰
影印北圖藏清嘉慶九年寧儉堂刻本
尚書證義二十八卷　XX/第48冊
(清)周用錫撰
影印浙江省圖書館藏清嘉慶友伏齋刻本
尚書今古文集解三十卷　XX/第48冊
(清)劉逢祿撰
影印清光緒十四年南菁書院刻皇清經解續編本
書序述聞一卷　XX/第48冊
(清)劉逢祿撰
影印清光緒十四年南菁書院刻皇清經解續編本
尚書略說二卷　XX/第48冊
(清)宋翔鳳撰
影印清光緒十四年南菁書院刻皇清經解續編本
尚書譜一卷　XX/第48冊
(清)宋翔鳳撰
影印清光緒十四年南菁書院刻皇清經解續編本
尚書集解三十卷　XX/第48冊
(清)卞斌撰
影印上圖藏稿本
書古微十二卷首一卷　XX/第48冊
(清)魏源撰
影印北大圖書館藏清光緒四年刻本
尚書啟幪五卷　XX/第48冊
(清)黃式三撰
影印湖北省圖書館藏清光緒十四年黃氏家塾刻本
尚書餘論一卷　XX/第48冊
(清)丁晏撰

影印華東師大圖書館藏清咸豐七年刻本
今文尚書經說考三十二卷首一卷敘錄一卷 XX/第49冊
(清)陳喬樅撰
影印華東師大圖書館藏清刻左海續集本
尚書傳授同異考一卷 XX/第50冊
(清)邵懿辰撰
影印南圖藏民國十八年仁和邵氏刻半巖廬所著書本
書傳補商十七卷 XX/第50冊
(清)戴鈞衡撰
影印北大藏清刻本
尚書曆譜一卷 XX/第50冊
(清)成蓉鏡撰
影印上圖藏清光緒刻成氏遺書本
尚書舊疏考正一卷 XX/第50冊
(清)劉毓崧撰
影印清光緒十四年南菁書院刻皇清經解續編本
虞書命羲和章解一卷 XX/第50冊
(清)曾釗撰
影印華東師大圖書館藏清同治二年南海伍氏粤雅堂刻嶺南遺書本
達齋書說一卷 XX/第50冊
(清)俞樾撰
影印浙江省圖書館藏清光緒二十五年刻春在堂全書曲園雜纂本
龍岡山人古文尚書四種 XX/第50冊
(清)洪良品撰
影印北大圖書館藏清光緒十四年鉛印本
古文尚書辨惑十八卷 XX/第50冊
古文尚書釋難二卷 XX/第50冊
古文尚書析疑一卷 XX/第50冊
古文尚書商是一卷 XX/第50冊
尚書講義一卷 XX/第50冊
(清)黄以周撰
影印湖北省圖書館藏清光緒二十一年南菁講舍刻本
尚書故三卷 XX/第50冊
(清)吳汝綸撰
影印華東師大圖書館藏清光緒三十年王恩紱等刻桐城吳先生全書本
尚書微一卷 XX/第51冊
(清)劉光蕡撰
影印華東師大圖書館藏民國十二年刻煙霞草堂遺書續刻本
尚書駢枝一卷 XX/第51冊
(清)孫詒讓撰
影印華東師大藏民國十八年燕京大學鉛印本
尚書古文疏證辨正一卷 XX/第51冊
(清)皮錫瑞撰
影印湖北省圖書館藏清光緒二十三年思賢講舍刻本
今文尚書考證三十卷 XX/第51冊
(清)皮錫瑞撰
影印華東師大藏清光緒二十三年刻師伏堂叢書本
尚書箋三十卷 XX/第51冊
王闓運撰
影印復旦圖書館藏清光緒二十九年刻湘綺樓全書本
尚書孔傳參正三十六卷 XX/第51冊
王先謙撰
影印復旦圖書館藏清光緒三十年王氏虚受堂刻本
尚書集注述疏三十五卷附讀書堂答問一卷 XX/第52冊
(清)簡朝亮撰
影印復旦圖書館藏清光緒三十三年讀書堂刻本
尚書商誼三卷 XX/第53冊
王樹枏撰
影印湖北省圖書館藏清光緒十一年刻本
尚書誼詁八卷 XX/第53冊
馬其昶撰 陳漢章補注
影印科圖藏稿本
尚書誼略二十八卷敘錄一卷 XX/第53冊
姚永樸撰
影印上海辭書藏清光緒三十一年刻集虚草堂叢書甲集本
古文尚書鄭氏注箋釋四十卷 XX/第53-54冊
曹元弼撰
影印復旦圖書館藏稿本
禹貢圖說一卷 XX/第54冊
(明)鄭曉撰
影印上圖藏明刻項皋謨校本
禹貢要註一卷 XX/第54冊
(明)鄭曉撰
影印復旦圖書館藏清光緒十年朱氏刻朱墨套印本
禹貢匯疏十二卷圖經二卷神禹别錄一卷 XX/第54冊
(明)茅瑞徵撰
影印北大圖書館藏明崇禎刻本
禹貢古今合注五卷圖一卷 XX/第55冊
(明)夏允彝撰
影印北圖藏明末刻本
禹貢三江考三卷 XX/第55冊
(清)程瑤田撰
影印上海師大圖書館藏清嘉慶刻通藝錄本
禹貢鄭注釋二卷 XX/第55冊
(清)焦循撰
影印復旦圖書館藏清道光八年刻焦氏叢書本
禹貢說二卷 XX/第55冊
(清)魏源撰
影印湖北省圖書館藏清同治六年方氏碧玲瓏館刻本
禹貢集釋三卷附禹貢蔡傳正誤一卷禹貢錐指正誤一卷 XX/第55冊
(清)丁晏撰
影印華東師大圖書館藏清同治山陽丁氏六藝堂刻本
禹貢九州今地考二卷 XX/第55冊
(清)曾廉撰
影印湖北省圖書館藏清光緒三十二年刻本
禹貢班義述三卷附一卷 XX/第55冊
(清)成蓉鏡撰
影印湖北省圖書館藏清光緒十四年廣雅書局刻本
禹貢說一卷 XX/第55冊
(清)倪文蔚撰
影印清光緒十四年南菁書院刻皇清經解續編本
禹貢鄭氏略例一卷 XX/第55冊
(清)何秋濤撰
影印清光緒十四年南菁書院刻皇清經解續編本
禹貢易知編十二卷 XX/第55冊
(清)李慎儒撰
影印湖北省圖書館藏清光緒二十五年刻本

禹貢本義一卷 XX/第55冊
楊守敬撰
影印南圖藏清光緒三十二年刻本
尚書逸湯誓考六卷書後一卷 XX/第55冊
(清)徐時棟撰
影印南圖藏清同治十一年徐氏城西草堂刻本
定正洪範集說一卷首一卷 XX/第55冊
(元)胡一中撰
影印復旦圖書館藏清康熙刻通志堂經解本
召誥日名考一卷 XX/第55冊
(清)李銳撰
影印復旦圖書館藏清道光間刻思賢講舍本
尚書大傳疏證七卷 XX/第55冊
(清)皮錫瑞撰
影印復旦圖書館藏清光緒二十二年刻師伏堂叢書本
尚書大傳補注七卷 XX/第55冊
王闓運撰
影印復旦圖書館藏清光緒刻民國十二年彙印王湘綺先生全集本
尚書中候疏證一卷 XX/第55冊
(清)皮錫瑞撰
影印復旦圖書館藏清光緒二十五年刻師伏堂叢書本
毛詩(敦煌殘卷) XX/第56冊
影印法國國家圖書館藏敦煌西域文獻本
毛詩音(敦煌殘卷) XX/第56冊
(晉)徐邈撰
影印法國國家圖書館藏敦煌西域文獻本
詩集傳二十卷 XX/第56冊
(宋)蘇轍撰
影印北圖藏宋淳熙七年蘇詡筠州公使庫刻本
放齋詩說四卷首一卷 XX/第56冊
(宋)曹粹中撰 張壽鏞輯
影印復旦圖書館藏民國三十三年鉛印本
詩辨妄一卷附錄四種 XX/第56冊
(宋)鄭樵著 顧頡剛輯點
影印復旦圖書館藏民國二十二年樸社鉛印本
詩序辨說一卷 XX/第56冊
(宋)朱熹撰
影印復旦圖書館藏明崇禎毛氏汲古閣刻本
詩解鈔一卷 XX/第56冊
(宋)唐仲友撰
影印上海師大圖書館藏民國十三年胡氏夢選樓刻續金華叢書金華唐氏遺書本
毛詩要義二十卷譜序要義一卷 XX/第56冊
(宋)魏了翁撰
影印日本天理大學圖書館藏宋淳祐十二年徽州刻本
詩說十二卷總說一卷 XX/第57冊
(宋)劉克撰
影印北圖藏宋刻本
詩疑二卷 XX/第57冊
(宋)王柏撰
影印復旦圖書館藏清康熙刻通志堂經解本
詩傳注疏三卷 XX/第57冊
(宋)謝枋得撰 (清)吳長元重輯
影印清乾隆五十年鮑氏刻知不足齋叢書本
詩集傳附錄纂疏二十卷詩傳綱領附錄纂疏一卷詩序附錄纂疏一卷 XX/第57冊
(元)胡一桂撰
影印北圖藏元泰定四年翠巖精舍刻本
直音傍訓毛詩句解二十卷 XX/第57冊
(元)李公凱撰
影印北圖藏元刻本
詩集傳名物鈔音釋纂輯二十卷 XX/第57冊
(元)羅復撰
影印北圖藏元至正十一年雙桂書堂刻本
新編詩義集說四卷 XX/第58冊
(明)孫鼎撰
影印一九三五年商務印書館宛委別藏影鈔明刻本
讀風臆補十五卷 XX/第58冊
(明)戴君恩原本 (清)陳繼揆補輯
影印復旦圖書館藏清光緒六年拜經館刻本
毛詩原解三十六卷 XX/第58冊
(明)郝敬撰
影印湖北省圖書館藏明萬曆郝千秋郝千石刻九部經解本
毛詩序說八卷 XX/第58冊
(明)郝敬撰
影印北圖藏明萬曆崇禎間刻山草堂集內編本
詩經類考三十卷 XX/第59冊
(明)沈萬鈳撰
影印復旦圖書館藏明萬曆刻本
詩經剖疑二十四卷 XX/第60冊
(明)曹學佺撰
影印遼寧省圖書館藏明末刻本
詩經說約二十八卷 XX/第60冊
(明)顧夢麟撰
影印復旦圖書館藏明崇禎織簾居刻本
詩通四卷 XX/第61冊
(明)陸化熙撰
影印北圖藏明書林李少泉刻本
詩經偶箋十三卷 XX/第61冊
(明)萬時華撰
影印復旦圖書館藏明崇禎六年李泰刻本
詩廣傳五卷詩譯一卷 XX/第61冊
(清)王夫之撰
影印華東師大圖書館藏清同治四年湘鄉曾氏金陵節署刻本
白鷺洲主客說詩一卷 XX/第61冊
(清)毛奇齡撰
影印復旦圖書館藏清康熙李塨等刻西河合集本
毛詩日箋六卷 XX/第61冊
(清)秦松齡撰
影印復旦圖書館藏清康熙刻本
詩觸六卷 XX/第61冊
(清)賀貽孫撰
影印遼寧省圖書館藏清咸豐二年敕書樓刻本
詩經通論十八卷論旨一卷 XX/第62冊
(清)姚際恒撰
影印北大圖書館藏清道光十七年鐵琴山館刻本
陸堂詩學十二卷讀詩總論一卷 XX/第62冊
(清)陸奎勳撰
影印上海師大圖書館藏清康熙五十三年陸氏小瀛山閣刻本

朱子詩義補正八卷　XX/第62冊
(清)方苞撰 (清)單作哲編次
影印北大圖書館藏清乾隆三十二年刻本
風雅遺音二卷　XX/第62冊
(清)史榮撰
影印浙江省圖書館藏清乾隆十四年一灣齋刻本
毛詩名物圖說九卷　XX/第62冊
(清)徐鼎撰
影印湖北省圖書館藏清乾隆三十六年刻本
詩益二十卷　XX/第63冊
(清)劉始興撰
影印科圖藏清乾隆八年尚古齋刻本
毛鄭異同考十卷　XX/第63冊
(清)程晉芳撰
影印北圖分館清抄本
毛鄭詩考正四卷　XX/第63冊
(清)戴震撰
影印復旦圖書館藏清乾隆四十二年微波榭刻戴氏遺書本
詩學女為二十六卷　XX/第63冊
(清)汪梧鳳撰
影印復旦圖書館藏清乾隆不疏園刻本
草木疏校正二卷　XX/第64冊
(清)趙佑撰
影印復旦圖書館藏清乾隆白鷺州書院刻本
詩譜補亡後訂一卷拾遺一卷　XX/第64冊
(清)吴騫撰
影印清乾隆五十年拜經樓刻本
毛詩故訓傳定本三十卷　XX/第64冊
(清)段玉裁撰
影印浙江省圖書館藏清嘉慶二十一年段氏七葉衍祥堂刻本
詩經小學四卷　XX/第64冊
(清)段玉裁撰
影印復旦圖書館藏清嘉慶二年武進臧氏拜經堂刻本
讀風偶識四卷　XX/第64冊
(清)崔述撰
影印清道光四年陳履和刻崔東壁遺書本
毛詩證讀五卷讀詩或問一卷　XX/第64冊
(清)戚學標撰
影印南圖藏清嘉慶十年涉署刻本
毛詩說六卷詩蘊二卷　XX/第64冊
(清)莊有可撰
影印復旦圖書館藏民國二十四年商務印書館影抄本
詩疑筆記七卷後說一卷　XX/第64冊
(清)夏味堂撰
影印北圖分館藏清嘉慶十九年梅華書屋刻本
毛詩天文考一卷　XX/第65冊
(清)洪亮吉撰
影印湖北省圖書館藏清道光三十年張氏崇素堂刻本
毛詩名物考七卷　XX/第65冊
(清)牟應震撰
影印清華大學圖書館藏清嘉慶牟氏刻道光咸豐朱氏補修毛詩質疑本
詩問六卷　XX/第65冊
(清)牟應震撰
影印清華大學圖書館藏清嘉慶牟氏刻道光咸豐朱氏補修毛詩質疑本
詩問七卷　XX/第65冊
(清)郝懿行撰
影印清光緒八年東路廳署刻郝氏遺書本
毛詩補疏五卷　XX/第65冊
(清)焦循撰
影印上海辭書藏清嘉慶刻本
陸氏草木鳥獸蟲魚疏疏二卷　XX/第65冊
(清)焦循撰
影印復旦圖書館藏清光緒十四年刻南菁書院叢書本
毛詩草木鳥獸蟲魚釋十二卷　XX/第65-66冊
(清)焦循撰
影印上圖藏稿本
詩氏族考六卷　XX/第66冊
(清)李超孫撰
影印上海辭書藏清道光海昌蔣氏刻別下齋叢書本
詩小序翼二十七卷首一卷　XX/第66冊
(清)張澍撰
影印上圖藏稿本
毛詩後箋三十卷　XX/第67冊
(清)胡承珙撰
影印南圖藏清道光十七年求是堂刻本
毛詩紬義二十四卷　XX/第68冊
(清)李黼平撰
影印北圖分館藏清道光七年著花庵刻本
毛詩通考三十卷　XX/第68冊
(清)林伯桐撰
影印上海辭書藏清道光二十四年林世懋刻修本堂叢書本
毛詩傳箋通釋三十二卷　XX/第68冊
(清)馬瑞辰撰
影印清道光十五年馬氏學古堂刻本
毛詩吻訂十卷　XX/第69冊
(清)苗夔撰
影印南圖藏清咸豐元年漢專亭刻本
毛詩禮徵十卷　XX/第69冊
(清)包世榮撰
影印科圖藏清道光八年刻本
毛詩重言三卷　XX/第69冊
(清)王筠撰
影印科圖藏清咸豐二年賀蓉等刻本
毛詩雙聲疊韻說一卷　XX/第69冊
(清)王筠撰
影印科圖藏清咸豐二年賀蓉等刻本
詩經廣詁三十卷　XX/第69冊
(清)徐璈撰
影印湖北省圖書館藏清道光十年刻本
詩毛氏傳疏三十卷　XX/第70冊
(清)陳奐撰
影印華東師大圖書館藏清道光二十七年陳氏掃葉山莊刻本
釋毛詩音四卷　XX/第70冊
(清)陳奐撰
影印華東師大圖書館藏清咸豐元年陳氏掃葉山莊刻本
毛詩說一卷　XX/第70冊
(清)陳奐撰
影印華東師大圖書館藏清道光二十七年武林愛日軒刻本
毛詩傳義類一卷　XX/第70冊
(清)陳奐撰
影印華東師大圖書館藏清咸豐九年王載雲刻本
鄭氏箋考徵一卷　XX/第70冊
(清)陳奐撰
影印華東師大圖書館藏清咸豐八年許文一刻本

詩誦五卷 XX/第70冊
(清)陳僅撰
影印浙江省圖書館藏清光緒十一年四明文則樓木活字本
讀詩劄記八卷詩章句考一卷詩樂存亡譜一卷詩經集傳校勘記一卷 XX/第70冊
(清)夏炘撰
影印上海辭書藏清咸豐三年刻本
學詩毛鄭異同籤二十三卷 XX/第71冊
(清)張汝霖撰
影印北圖分館藏清道光木活字印本
詩緒餘錄八卷 XX/第71冊
(清)黃位清撰
影印科圖藏清道光十九年南海葉氏佇月樓刻本
毛鄭詩釋四卷 XX/第71冊
(清)丁晏撰
影印復旦圖書館藏清咸豐二年楊以增刻本
鄭氏詩譜考正一卷 XX/第71冊
(清)丁晏撰
影印清咸豐二年楊以增刻本
毛詩草木鳥獸蟲魚疏二卷 XX/第71冊
(清)丁晏校正
影印復旦圖書館藏清咸豐七年刻本
詩說考略十二卷 XX/第71冊
(清)成僎撰
影印湖北省圖書館藏清道光十年王氏信芳閣木活字印本
學詩詳說三十卷學詩正詁五卷 XX/第72冊
(清)顧廣譽撰
影印上海師大圖書館藏清光緒三年刻本
讀詩考字二卷補編一卷 XX/第72冊
(清)程大鏞撰
影印北大圖書館藏清道光二十五年叢桂軒刻光緒十三年程人鵠補修本
詩地理徵七卷 XX/第72冊
(清)朱右曾撰
影印清光緒十四年南菁書院刻皇清經解續編本
毛詩鄭箋改字說四卷 XX/第72冊
(清)陳喬樅撰
影印華東師大圖書館藏清刻左海續集本

毛詩多識十二卷 XX/第72冊
(清)多隆阿撰
影印民國遼海書社印遼海叢書十集本
詩經原始十八卷首二卷 XX/第73冊
(清)方玉潤撰
影印北大圖書館藏清同治十年隴東分署刻本
詩本誼一卷 XX/第73冊
(清)龔橙撰
影印上海辭書藏清光緒十五年刻本
毛詩傳箋異義解十六卷 XX/第73冊
(清)沈鎬撰
影印湖北省圖書館藏清咸豐棣鄂堂刻本
說詩章義三卷 XX/第73冊
(清)方宗誠撰
影印上海辭書藏清光緒八年刻本
詩毛鄭異同辨二卷 XX/第73冊
(清)曾釗撰
影印湖北省圖書館藏清嘉慶道光間曾氏刻面城樓叢刊本
達齋詩說一卷 XX/第73冊
(清)俞樾撰
影印復旦圖書館藏清光緒二十五年刻春在堂全書曲園雜纂本
毛詩釋地六卷 XX/第73冊
(清)桂文燦撰
影印北圖分館藏清光緒二十二年刻本
詩管見七卷首一卷 XX/第74冊
(清)尹繼美撰
影印科圖藏清咸豐十一年尹繼美鼎吉堂木活字本
詩地理考略二卷圖一卷 XX/第74冊
(清)尹繼美撰
影印復旦圖書館藏清同治三年鼎吉堂刻本
毛詩異文箋十卷 XX/第74冊
(清)陳玉樹撰
影印湖北省圖書館藏清光緒十四年刻南菁書院叢書本
詩毛氏學三十卷 XX/第74冊
馬其昶撰
影印復旦圖書館藏民國七年鉛印本
齊詩翼氏學四卷 XX/第75冊
(清)迮鶴壽撰
影印南圖藏清嘉慶十七年蓬萊山房刻本

齊詩翼氏學疏證二卷敘錄一卷 XX/第75冊
(清)陳喬樅撰
影印華東師大圖書館藏清刻左海續集本
韓詩內傳徵四卷補遺一卷疑義一卷敘錄二卷 XX/第75冊
(清)宋綿初撰
影印清乾隆六十年刻本
詩經異文釋十六卷 XX/第75冊
(清)李富孫撰
影印清光緒十四年南菁書院刻皇清經解續編本
詩考異字箋餘十四卷 XX/第75冊
(清)周邵蓮撰
影印復旦圖書館藏清嘉慶刻本
詩異文錄三卷 XX/第75冊
(清)黃位清撰
影印北圖藏清道光十九年刻本
詩經四家異文考五卷 XX/第75冊
(清)陳喬樅撰
影印湖北省圖書館藏清道光刻本
三家詩補遺三卷 XX/第76冊
(清)阮元撰
影印華東師大圖書館藏清儀徵李氏刻崇惠堂叢書本
三家詩遺說考 XX/第76冊
(清)陳壽祺撰 (清)陳喬樅敘錄
影印華東師大圖書館藏清刻左海續集本
魯詩遺說考六卷敘錄一卷 XX/第76冊
齊詩遺說考四卷敘錄一卷 XX/第76冊
韓詩遺說考五卷敘錄一卷附錄一卷補遺一卷 XX/第76冊
三家詩遺說八卷補一卷 XX/第76冊
(清)馮登府撰
影印天津圖書館藏清抄本
詩古微上編六卷首一卷中編十卷下編三卷 XX/第77冊
(清)魏源撰
影印北圖分館藏清道光刻本
詩三家義集疏二十八卷首一卷 XX/第77冊
(清)王先謙撰
影印民國四年虛受堂刻後印本

詩緯集證四卷附錄一卷 XX/第77冊
(清)陳喬樅撰
影印華東師大圖書館藏清道光二十六年小嫏嬛館刻本
宋黃宣獻公周禮說五卷首一卷末一卷 XX/第78冊
(宋)黃度撰 (清)陳金鑒輯
影印北圖分館藏清道光十年陳氏五馬山樓刻本
周禮因論一卷 XX/第78冊
(明)唐樞撰
影印科圖藏明隆慶刻本
周禮完解十二卷 XX/第78冊
(明)郝敬撰
影印南圖藏明萬曆郝千秋郝千石刻九部經解本
周禮問二卷 XX/第78冊
(清)毛奇齡撰
影印上海辭書藏清康熙李塨等刻西河合集本
周官辨非一卷 XX/第78冊
(清)萬斯大撰
影印南圖藏清乾隆二十六年萬福刻萬充宗先生經學五書本
周禮輯義十二卷 XX/第78冊
(清)姜兆錫撰
影印復旦圖書館藏清雍正九年寅清樓刻本
周官析疑三十六卷考工記析疑四卷 XX/第79冊
(清)方苞撰
影印華東師大圖書館藏清康熙六十年陳彭年雍正九年朱軾乾隆八年周力堂等遞修本
周官辨一卷 XX/第79冊
(清)方苞撰
影印華東師大圖書館藏清乾隆刻本
周禮質疑五卷 XX/第79冊
(清)劉青芝撰
影印清華大學圖書館藏清乾隆二十一年刻本
周禮古義一卷 XX/第79冊
(清)惠棟撰
影印清道光十三年沈氏世楷堂刻昭代叢書本
畏齋周禮客難八卷 XX/第79冊
(清)龔元玠撰
影印華東師大圖書館藏清道光二十六年刻十三經客難本
石溪讀周官六卷 XX/第79冊
(清)官獻瑤撰
影印科圖藏清道光二十五年刊本
周禮撮要三卷 XX/第80冊
(清)潘相撰
影印華東師大圖書館藏清乾隆汲古閣刻本
周官記五卷 XX/第80冊
(清)莊存與撰
影印浙江省圖書館藏清嘉慶八年味經齋刻道光七年彙印味經齋遺書本
周官說二卷補三卷 XX/第80冊
(清)莊存與撰
影印浙江省圖書館藏清嘉慶八年味經齋刻道光七年增修彙印味經齋遺書本
周禮軍賦說四卷 XX/第80冊
(清)王鳴盛撰
影印浙江省圖書館藏清乾隆刻本
溝洫疆理小記一卷 XX/第80冊
(清)程瑤田撰
影印上海辭書藏清嘉慶刻通藝錄本
周禮摘箋五卷 XX/第80冊
(清)李調元撰
影印浙江省圖書館藏清乾隆李氏萬卷樓刻函海本
周禮漢讀考六卷 XX/第80冊
(清)段玉裁撰
影印上海辭書藏清嘉慶刻本
周官肊測六卷敘錄一卷 XX/第80冊
(清)孔廣林撰
影印上海辭書藏清光緒十六年山東書局刻孔叢伯說經五稿本
周官心解二十八卷 XX/第80冊
(清)蔣載康撰
影印科圖藏清嘉慶十一年經笸堂刻本
周禮畿內授田考實一卷 XX/第81冊
(清)胡匡衷撰
影印復旦圖書館藏清光緒十一年吳氏刻蟄園叢書本
周禮序官考一卷 XX/第81冊
(清)陳大庚撰
影印上海辭書藏清嘉慶十四年刻借月山房匯抄本
周官指掌五卷 XX/第81冊
(清)莊有可撰
影印華東師大圖書館藏清道光刻本
周禮學二卷 XX/第81冊
(清)王聘珍撰
影印清光緒十四年南菁書院刻皇清經解續編本
周禮故書考一卷 XX/第81冊
(清)程際盛撰
影印湖北省圖書館藏清刻三禮鄭註考本
周官故書考四卷 XX/第81冊
(清)徐養原撰
影印復旦圖書館藏清光緒陸氏刻湖州叢書本
周禮故書疏證六卷 XX/第81冊
(清)宋世犖撰
影印華東師大圖書館藏清光緒六年徐士鑾補刻確山所著書本
周禮學一卷 XX/第81冊
(清)沈夢蘭撰
影印復旦圖書館藏清光緒十七年祁縣縣署刻所願學齋書鈔本
周官恒解六卷 XX/第81冊
(清)劉沅輯註
影印上圖藏清刻後印本
周禮補注六卷 XX/第81冊
(清)呂飛鵬撰
影印浙江省圖書館藏清道光二十九年呂氏立誠軒刻本
周禮釋注二卷 XX/第81冊
(清)丁晏撰
影印復旦圖書館藏清咸豐二年聊城海源閣刻六藝堂詩禮七編本
周禮注疏小箋五卷 XX/第81冊
(清)曾釗撰
影印遼寧省圖書館藏清同治十年刻本
周禮札記一卷 XX/第81冊
(清)潘任撰
影印復旦圖書館藏清光緒二十年木活字印希鄭堂叢書本
周禮正義八十六卷 XX/第82－84冊
(清)孫詒讓撰
影印清宣統楚學社民國二十年湖北篴湖精舍遞刻本
九旗古義述二卷 XX/第85冊
(清)孫詒讓撰
影印華東師大圖書館藏清光緒二十

八年瑞安孫氏刻本
讀周禮日記一卷　XX/第85冊
(清)于鬯撰
影印華東師大圖書館藏清光緒十六年刻學古堂日記本
冬官旁求二卷　XX/第85冊
(清)辛紹業撰
影印北圖分館藏清嘉慶二十一年經笥齋刻敬堂遺書本
考工記圖二卷　XX/第85冊
(清)戴震撰
影印北大圖書館藏清乾隆紀氏閱微草堂刻本
考工創物小記八卷　XX/第85冊
(清)程瑤田撰
影印上海辭書藏清嘉慶刻通藝錄本
考工記考辨八卷　XX/第85冊
(清)王宗涑撰
影印杭州大學圖書館藏清抄本
考工記考一卷圖一卷　XX/第85冊
(清)呂調陽撰
影印復旦圖書館藏清光緒十四年刻觀象廬叢書本
磬折古義一卷　XX/第85冊
(清)程瑤田撰
影印上海辭書藏清嘉度刻通藝錄本
車制考一卷　XX/第85冊
(清)錢坫撰
影印華東師大圖書館藏清乾隆四十二年篆秋草堂刻本
考工記車制圖解二卷　XX/第85冊
(清)阮元撰
影印湖北省圖書館藏清乾隆七錄書館刻本
考工記鳥獸蟲魚釋一卷　XX/第85冊
(清)陳宗起撰
影印上海辭書藏清光緒十一年養志居刻本
輪輿私箋二卷圖一卷　XX/第85冊
(清)鄭珍撰
影印上圖藏清同治七年莫氏金陵刻本
鳧氏為鍾圖說一卷　XX/第85冊
(清)鄭珍撰
影印天津圖書館藏清光緒二十年高氏刻本
儀禮(武威漢簡殘編)附釋文九篇　XX/第85冊
影印文物出版社藏一九六四年版武威漢簡
儀禮節解十七卷讀儀禮一卷　XX/第85冊
(明)郝敬撰
影印復旦圖書館藏明萬曆郝千秋郝千石刻九部經解本
儀禮通論十七卷　XX/第86-87冊
(清)姚際恒撰
影印北圖分館藏抄本
儀禮經傳內編二十三卷外編五卷首一卷　XX/第87冊
(清)姜兆錫注疏參議
影印北圖分館藏清乾隆元年寅清樓刻本
儀禮紃解十七卷　XX/第88冊
(清)王士讓撰
影印北圖分館藏清乾隆三十五年張源義刻本
儀禮釋例一卷　XX/第88冊
(清)江永撰
影印清道光二十四年刻錢氏守山閣叢書本
儀禮管見三卷附錄一卷　XX/第88冊
(清)褚寅亮撰
影印浙江省圖書館藏清乾隆刻本
儀禮注疏詳校十七卷　XX/第88冊
(清)盧文弨撰
影印浙江省圖書館藏清乾隆六十盧氏抱經堂刻本
儀禮彙說十七卷　XX/第89冊
(清)焦以恕撰
影印科圖藏清乾隆三十七年研雨齋刻本
儀禮古今考二卷　XX/第89冊
(清)李調元撰
影印浙江省圖書館藏清乾隆李氏萬卷樓刻函海本
儀禮肊測十七卷敘錄一卷　XX/第89冊
(清)孔廣林撰
影印上海辭書藏清光緒十六年山東書局刻孔叢伯說經五稿本
儀禮釋官九卷首一卷　XX/第89冊
(清)胡匡衷撰
影印浙江省圖書館藏清嘉慶二十一年研六閣刻本
儀禮經注疏正譌訛十七卷　XX/第89冊
(清)金日追撰
影印復旦圖書館藏清乾隆五十三年張式慎刻本
儀禮學一卷　XX/第89冊
(清)王聘珍撰
影印清光緒十四年南菁書院刻皇清經解續編本
儀禮蠡測十七卷　XX/第89冊
(清)韋協夢撰
影印復旦圖書館藏清道光二十五年帶草軒刻本
禮經釋例十三卷　XX/第90冊
(清)淩廷堪撰
影印北圖藏清嘉慶十四年阮氏文選樓刻本
儀禮古今文異同五卷　XX/第90冊
(清)徐養原撰
影印上海辭書藏清光緒陸氏刻湖州叢書本
儀禮精義不分卷補編一卷　XX/第90冊
(清)黃淦撰
影印華東師大圖書館藏清嘉慶十二年慈谿養正堂刻本
讀儀禮記二卷　XX/第90冊
(清)張惠言撰
影印北圖分館藏清刻本
儀禮圖六卷　XX/第90-91冊
(清)張惠言撰
影印上海辭書藏清嘉慶十年刻本
儀禮古今文疏證二卷　XX/第91冊
(清)宋世犖撰
影印華東師大圖書館藏清刻光緒六年徐士鑾補刻確山所著書本
儀禮恒解十六卷　XX/第91冊
(清)劉沅撰
影印上海辭書藏民國十五年致福樓重刻本
儀禮古今文疏義十七卷　XX/第91冊
(清)胡承珙撰
影印北圖分館藏清道光五年求是堂刻本
儀禮正義四十卷　XX/第91-92冊
(清)胡培翬撰 (清)楊大堉補
影印南圖藏清木犀香館刻本

禮記補疏三卷 XX/第105冊
(清)焦循撰
影印復旦圖書館藏清道光六年半九書塾刻六經補疏本
禮記恒解四十九卷 XX/第105冊
(清)劉沅輯注
影印湖北省圖書館藏清道光八年豫誠堂刻本
禮記訓纂四十九卷 XX/第105冊
(清)朱彬撰
影印上海辭書藏清咸豐宜祿堂刻本
禮記釋注四卷 XX/第106冊
(清)丁晏撰
影印復旦圖書館藏清咸豐二年聊城海源閣刻六藝堂詩禮七編本
禮記鄭讀考六卷 XX/第106冊
(清)陳壽祺撰 (清)陳喬樅述
影印上海辭書藏清刻左海續集本
禮記質疑四十九卷 XX/第106冊
(清)郭嵩燾撰
影印上海辭書藏清光緒十六年思賢講舍刻本
禮記鄭讀考一卷 XX/第106冊
(清)俞樾撰
影印清光緒二十五年刻春在堂全書俞樓雜纂本
讀小戴日記一卷 XX/第106冊
(清)于鬯撰
影印復旦圖書館藏清光緒十六年刻學古堂日記本
禮記識二卷 XX/第106冊
廖平撰
影印上海辭書藏民國十年四川存古書局刻新訂六譯館叢書本
檀弓辨誣三卷 XX/第107冊
(清)夏炘撰
影印科圖藏清咸豐刻本
王制箋一卷 XX/第107冊
(清)皮錫瑞撰
影印上海辭書藏清光緒三十四年思賢書局刻本
內則章句一卷 XX/第107冊
(清)顧陳垿撰
影印天津圖書館藏清味菜廬活字印本
學記箋證四卷 XX/第107冊
王樹枏撰
影印復旦圖書館藏民國三年王氏刻陶廬叢刻本
坊記新解不分卷 XX/第107冊
廖平撰
影印上海辭書藏民國十年四川存古書局刻新訂六譯館叢書本
深衣解一卷 XX/第107冊
(清)戴震撰
影印北圖藏清稿本
深衣釋例三卷 XX/第107冊
(清)任大椿撰
影印復旦圖書館藏清乾隆刻燕禧堂五種本
大戴禮記注補十三卷附錄一卷 XX/第107冊
(清)汪照撰
影印北大圖書館藏清嘉慶九年金元鈺等刻本
大戴禮記正誤一卷 XX/第107冊
(清)汪中撰
影印華東師大圖書館藏清道光九年廣東學海堂刻皇清經解本
大戴禮記解詁十三卷 XX/第107冊
(清)王聘珍撰
影印北圖分館藏清咸豐元年王氏刻本
大戴禮記補注十三卷序錄一卷 XX/第107冊
(清)孔廣森撰
影印上海辭書清嘉慶刻顨軒孔氏所著書本
大戴禮記斠補三卷 XX/第107冊
(清)孫詒讓撰
影印華東師大圖書館藏民國三年瑞安廣明印刷所石印本
校正孔氏大戴禮記補注十三卷 XX/第108冊
王樹枏撰
影印復旦圖書館藏清光緒九年王氏刻陶廬叢刻本
曾子問講錄四卷 XX/第108冊
(清)毛奇齡撰
影印上海辭書藏清康熙李塨等刻西河合集本
孔子三朝記七卷 XX/第108冊
(清)洪頤煊撰
影印北圖藏清刻本
夏小正詁一卷 XX/第108冊
(清)諸錦撰
影印北圖藏清乾隆十六年稿本
夏小正考注一卷 XX/第108冊
(清)畢沅撰
影印華東師大圖書館藏清乾隆四十八年畢氏經訓堂刻本
夏小正補注四卷 XX/第108冊
(清)任兆麟撰
影印上海辭書藏清乾隆五十一年任氏忠敏家塾刻本
夏小正疏義四卷釋音一卷異字記一卷附天象圖 XX/第108冊
(清)洪震煊撰
影印上圖藏清嘉慶二十五年刻本
夏小正釋義不分卷 XX/第108冊
(清)宋書升撰
影印復旦圖書館藏清末吳縣王氏學禮齋抄本
涇野先生禮問二卷 XX/第108冊
(明)呂柟撰
影印北圖藏明嘉靖三十二年謝少南刻呂涇野五經說本
四禮翼八卷 XX/第108冊
(明)呂坤撰
影印復旦圖書館藏明萬曆刻呂新吾全集本
宗法論一卷 XX/第108冊
(清)萬斯大撰
影印清道光沈氏世楷堂刻昭代叢書本
郊社考辨一卷 XX/第108冊
(清)李塨撰
影印北大圖書館藏稿本
學禮闕疑八卷 XX/第108冊
(清)劉青蓮撰 (清)劉青芝訂
影印北圖分館藏清乾隆刻劉氏傳家集本
禘說二卷 XX/第108冊
(清)惠棟撰
影印上海辭書藏清乾隆畢氏刻經訓堂叢書本
明堂大道錄八卷 XX/第108冊
(清)惠棟撰
影印上海辭書藏清乾隆畢氏刻經訓堂叢書本
宗法小記一卷 XX/第108冊
(清)程瑤田撰
影印上海辭書藏清嘉慶刻通藝錄本
釋服二卷 XX/第108冊

(清)宋綿初撰
影印南圖藏清嘉慶二十三年書種堂刻本
禮箋三卷 XX/第109冊
(清)金榜撰
影印華東師大圖書館藏清乾隆五十九年方起泰胡國輔刻後印本
弁服釋例八卷表一卷 XX/第109冊
(清)任大椿撰
影印華東師大圖書館藏清嘉慶元年王宗炎望賢家塾刻本
經傳禘祀通考一卷 XX/第109冊
(清)崔述撰
影印北大圖書館藏清嘉慶二年映薇堂刻本
冕服考四卷 XX/第109冊
(清)焦廷琥撰
影印上海辭書藏清光緒十六年刻本
三禮陳數求義三十卷 XX/第109冊
(清)林喬蔭撰
影印南圖藏清嘉慶八年刻本
三禮義證十二卷 XX/第110冊
(清)武億撰
影印上海辭書藏清道光二十三年刻本
禮學卮言六卷 XX/第110冊
(清)孔廣森撰
影印上海辭書藏清嘉慶刻顨軒孔氏所著書本
明堂考三卷 XX/第110冊
(清)孫星衍撰
影印上海辭書藏清嘉慶七年孫氏問經堂刻本
禮經宮室答問二卷 XX/第110冊
(清)洪頤煊撰
影印浙江省圖書館藏清嘉慶刻傳經堂叢書本
求古錄禮說十六卷補遺一卷校勘記三卷 XX/第110冊
(清)金鶚撰 (清)王士駿撰
影印華東師大圖書館藏清光緒二年孫熹刻本
禮說四卷 XX/第110冊
(清)凌曙撰
影印華東師大圖書館藏清道光九年廣東學海堂刻皇清經解本
燕寢考二卷首一卷 XX/第110冊
(清)胡培翬撰
影印上海辭書藏清道光二十五年錢氏刻指海本
禘祫問答一卷 XX/第110冊
(清)胡培翬撰
影印清光緒十四年南菁書院刻皇清經解續編本
親屬記二卷 XX/第110冊
(清)鄭珍撰 陳榘補
影印湖北省圖書館藏清光緒十二年貴陽陳氏刻本
佚禮扶微二卷附錄一卷 XX/第110冊
(清)丁晏撰
影印北圖藏清稿本
禮書通故五十卷校文一卷 XX/第111－112冊
(清)黃以周撰
影印華東師大圖書館藏清光緒十九年刻黃氏試館本
禮說六卷 XX/第112冊
(清)黃以周撰
影印上海辭書藏清光緒二十年南菁講舍刻儆季雜著本
魯禮禘祫義疏證一卷 XX/第112冊
(清)皮錫瑞撰
影印上海辭書藏清光緒二十五年刻本
樂書要錄十卷 XX/第113冊
題(唐)武曌撰
影印復旦圖書館藏日本寬政至文化間刻佚存叢書本
律呂新書箋義二卷附八音考略一卷 XX/第113冊
(宋)蔡元定撰 (清)羅登選箋義
影印音樂研究所藏清乾隆刻本
大樂律呂元聲六卷大樂律呂考注四卷 XX/第113冊
(明)李文利撰 (明)李元校補
影印浙江省圖書館藏明嘉靖十四年浙江布政司刻本
雅樂發微八卷 XX/第113冊
(明)張敔撰
影印北圖分館藏明嘉靖十七年孫沐刻本
樂律纂要一卷 XX/第113冊
(明)季本撰
影印浙江省圖書館藏明嘉靖十八年宋楫刻本
樂典三十六卷 XX/第113冊
(明)黃佐撰
影印南圖藏明嘉靖二十六年孫學古刻本
樂經元義八卷 XX/第113冊
(明)劉濂撰
影印浙江省圖書館藏明嘉靖刻本
李氏樂書六種 XX/第114冊
(明)李文察撰
影印福建省圖書館藏明嘉靖刻本
四聖圖解二卷 XX/第114冊
樂記補說二卷 XX/第114冊
律呂新書補注一卷 XX/第114冊
興樂要論三卷 XX/第114冊
古樂筌蹄九卷 XX/第114冊
皇明青宮樂調三卷 XX/第114冊
律呂正論四卷律呂質疑辨惑一卷 XX/第114冊
(明)朱載堉撰
影印音樂研究所藏明萬曆刻本
太律十二卷外篇三卷 XX/第114冊
(明)葛中選撰
影印音樂研究所藏明刻本
大成樂律全書一卷 XX/第114冊
(清)孔貞瑄撰
影印音樂研究所藏清康熙五十二年孔尚先刻本
律呂新義四卷附錄一卷 XX/第114冊
(清)江永撰
影印華東師大圖書館藏清光緒崇文書局刻正覺樓叢刻本
樂經或問三卷 XX/第114冊
(清)汪紱撰
影印音樂研究所藏清光緒二十二年刻本
樂經律呂通解五卷 XX/第115冊
(清)汪紱撰
影印音樂研究所藏清光緒九年婺源紫陽書院刻本
樂器三事能言一卷 XX/第115冊
(清)程瑤田撰
影印上海師大圖書館藏清嘉慶刻通藝錄本
律呂古誼六卷 XX/第115冊
(清)錢塘撰
影印浙江省圖書館藏清光緒十四年刻南菁書院叢書本
燕樂考原六卷 XX/第115冊

(清)凌廷堪撰
影印音樂研究所藏清嘉慶十六年張其錦刻本
晉泰始笛律匡謬一卷 XX/第115冊
(清)凌廷堪撰
影印音樂研究所藏清光緒十九年劉世珩刻聚學軒叢書本
樂律心得二卷 XX/第115冊
(清)安清翹撰
影印音樂研究所藏清嘉慶刻數學五書本
管色考一卷 XX/第115冊
(清)徐養原撰
影印華東師大圖書館藏清光緒崇文書局刻正覺樓叢刻本
荀勖笛律圖注一卷 XX/第115冊
(清)徐養原撰
影印華東師大圖書館藏清光緒崇文書局刻正覺樓叢刻本
律呂臆說一卷 XX/第115冊
(清)徐養原撰
影印華東師大圖書館藏清光緒崇文書局刻正覺樓叢刻本
古今樂律工尺圖 XX/第115冊
(清)陳懋齡撰
影印北圖分館藏清道光刻本
律話三卷 XX/第115冊
(清)戴長庚撰
影印音樂研究所藏清道光十三年吾愛書屋刻本
律呂賸言三卷 XX/第115冊
(清)蔣文勳撰
影印音樂研究所藏清道光十四年梅華庵刻本
古今聲律定宮十二卷 XX/第116冊
(清)葛銘撰
影印遼寧省圖書館藏清抄本
庚癸原音四種 XX/第116冊
(清)繆闐撰
影印音樂研究所藏清同治蕪湖繆氏刻本
律呂通今圖說一卷 XX/第116冊
律易一卷 XX/第116冊
音調定程一卷 XX/第116冊
弦徽宣秘一卷 XX/第116冊
音分古義二卷附一卷 XX/第116冊
(清)戴煦撰
影印音樂研究所藏清光緒十二年新陽趙氏刻本
聲律通考十卷 XX/第116冊
(清)陳澧撰
影印音樂研究所藏清咸豐十年殷保康廣州刻本
樂記異文考一卷 XX/第116冊
(清)俞樾撰
影印浙江省圖書館藏清光緒二十五年刻春在堂全書曲園襍纂本
律呂元音一卷附錄一卷 XX/第116冊
(清)畢華珍撰
影印上海辭書藏清咸豐四年錢培名刻小萬卷樓叢書本
樂律明真解義一卷 XX/第116冊
(清)載武撰
影印北圖分館藏抄本
樂律明真明算一卷 XX/第116冊
(清)載武撰
影印音樂研究所藏清抄本
樂律明真立表一卷 XX/第116冊
(清)載武撰
影印音樂研究所藏清抄本
樂律擬答一卷 XX/第116冊
(清)載武撰
影印音樂研究所藏清抄本
春秋傳服氏注十二卷 XX/第117冊
(漢)服虔撰 (清)袁鈞輯
影印上海辭書藏清光緒十四年浙江書局刻鄭氏佚書本
春秋左傳正義三十六卷
XX/第117–118冊
(唐)孔穎達等撰
影印北圖藏宋慶元六年紹興府刻宋元遞修本
左氏摘奇十二卷 XX/第118冊
(宋)胡元質撰
影印北圖藏清嘉慶影宋抄本
音注全文春秋括例始末左傳句讀直解七十卷 XX/第118冊
(宋)林堯叟注
影印北圖藏元刻明修本
春秋左傳類解二十卷 XX/第119冊
(明)劉績撰
影印浙江省圖書館藏明嘉靖七年刻本
左氏春秋鐫二卷 XX/第119冊
(明)陸粲撰
影印科圖藏明嘉靖四十二年陸延枝刻本
春秋左傳註解辯誤二卷補遺一卷
XX/第119冊
(明)傅遜撰
影印湖北省圖書館藏明萬曆十三年日殖齋刻本
春秋左傳典略十二卷 XX/第119冊
(明)陳許廷撰
影印上海辭書藏明崇禎刻本
左氏春秋集說十卷 XX/第120冊
(清)朱鶴齡輯
影印科圖藏清道光二十九年強恕堂刻本
春秋凡例二卷 XX/第120冊
(明)王樵輯 (清)朱鶴齡參
影印科圖藏清道光二十九年強恕齋刻本
左傳經世鈔二十三卷 XX/第120冊
(清)魏禧撰 (清)彭家屏參訂
影印上圖藏清乾隆刻本
左氏條貫十八卷 XX/第121冊
(清)曹基編
影印湖北省圖書館藏清康熙五十一年致和堂刻本
春秋左傳姓名同異考四卷 XX/第121冊
(清)高士奇撰
影印湖北省圖書館藏清康熙二十七年朗潤堂刻本
春秋左傳杜注三十卷首一卷
XX/第121冊
(清)姚培謙撰
影印復旦圖書館藏清乾隆十一年陸氏小鬱林刻本
春秋內傳古注輯存三卷 XX/第122冊
(清)嚴蔚撰
影印南圖藏清乾隆二酉齋刻本
讀左補義五十卷首二卷 XX/第122冊
(清)姜炳璋撰
影印科圖藏清乾隆三十八年刻本
春秋左傳會要四卷 XX/第123冊
(清)李調元撰
影印華東師大圖書館藏清光緒八年鍾登甲樂道齋刻函海本
左傳官名考二卷 XX/第123冊
(清)李調元撰
影印北大圖書館藏清乾隆李氏萬卷

樓刻函海本
左傳通釋十二卷 XX/第123冊
(清)李惇撰
影印復旦圖書館藏清道光九年李培紫刻本
春秋左氏古經十二卷附一卷 XX/第123冊
(清)段玉裁撰
影印復旦圖書館藏清道光元年經韻樓刻本
左通補釋三十二卷 XX/第123冊
(清)梁履繩撰
影印復旦圖書館藏清道光九年汪氏振綺堂刻光緒元年補修本
春秋左傳詁二十卷 XX/第124冊
(清)洪亮吉撰
影印上海辭書藏清光緒四年授經堂刻本
春秋世族輯略二卷春秋列國釋略一卷 XX/第124冊
(清)王文源撰
影印科圖藏清道光二十五年陳氏敏求軒刻本
春秋左傳補疏五卷 XX/第124冊
(清)焦循撰
影印上海辭書藏清道光六年半九書塾刻六經補疏本
春秋左傳釋人十二卷附錄一卷 XX/第124冊
(清)范照藜撰
影印華東師大圖書館藏清嘉慶如不及齋刻本
春秋左傳補注三卷 XX/第124冊
(清)馬宗璉著
影印北圖分館藏清刻本
春秋左氏傳補注十二卷 XX/第125冊
(清)沈欽韓撰
影印北圖藏稿本
春秋左氏傳地名補注十二卷 XX/第125冊
(清)沈欽韓撰
影印清光緒潘氏刻功順堂叢書本
左氏春秋考證二卷 XX/第125冊
(清)劉逢祿撰
影印復旦圖書館藏清咸豐十年廣東學海堂皇清經解補刻本
左傳釋地三卷 XX/第125冊
(清)范士齡撰
影印科圖藏清道光六年刻本
左傳杜注辨證六卷 XX/第125冊
(清)張聰咸著
影印上海辭書藏清光緒貴池劉世珩刻聚學軒叢書本
春秋左氏傳賈服注輯述二十卷 XX/第125冊
(清)李貽德撰
影印浙江省圖書館藏清同治五年朱蘭刻本
左氏古義六卷 XX/第125冊
(清)臧壽恭撰
影印北圖藏清勞氏丹鉛精舍抄本
春秋左傳識小錄二卷 XX/第125冊
(清)朱駿聲撰
影印北圖藏清光緒八年臨嘯閣刻朱氏群書本
春秋左氏傳舊注疏證不分卷 XX/第126－127冊
(清)劉文淇撰 (清)劉毓崧 (清)劉壽曾校補
影印上圖藏稿本
春秋傳禮徵十卷 XX/第128冊
(清)朱大韶撰
影印民國張氏刻適園叢書本
左傳杜解集正八卷 XX/第128冊
(清)丁晏撰
影印民國張氏刻適園叢書本
左傳札記七卷 XX/第128冊
(清)錢綺撰
影印科圖藏清咸豐八年錢氏鈍研廬刻本
春秋異地同名考一卷 XX/第128冊
(清)丁壽徵撰
影印上圖藏清光緒十三年南清河王氏鉛印小方壺齋叢書本
春秋名字解詁補義一卷 XX/第128冊
(清)俞樾撰
影印清光緒二十五年刻春在堂全書第一樓叢書本
春秋左傳杜注校勘記一卷 XX/第128冊
(清)黎庶昌撰
影印復旦圖書館藏清光緒二十年陳矩刻靈峰草堂叢書本
駁春秋名字解詁一卷 XX/第128冊
(清)胡元玉撰
影印清光緒十四年南菁書院刻皇清經解續編本
春秋左傳杜氏集解辨正二卷 XX/第128冊
廖平著
影印科圖藏清光緒三十三年四益館鉛印本
春秋左傳讀敘錄一卷鎦子政左氏說一卷 XX/第128冊
章炳麟撰
影印上海辭書藏民國浙江圖書館刻章氏叢書本
公羊墨史二卷 XX/第128冊
(清)周拱辰撰
影印上海辭書藏清道光二十六年刻光緒元年補修周孟侯先生全書本
公羊春秋經傳通義十一卷敘一卷 XX/第129冊
(清)孔廣森撰
影印上海辭書藏清嘉慶刻顨軒孔氏所著書本
公羊經傳異文集解二卷 XX/第129冊
(清)吳壽暘撰
影印北圖藏稿本
春秋公羊禮疏十一卷 XX/第129冊
(清)凌曙撰
影印北大圖書館藏清嘉慶二十四年蜚雲閣刻本
春秋公羊問答二卷 XX/第129冊
(清)凌曙撰
影印復旦圖書館藏清道光元年蜚雲閣刻本
春秋公羊經何氏釋例十卷後錄六卷 XX/第129冊
(清)劉逢祿撰
影印北圖分館藏清嘉慶養一齋刻本
公羊逸禮考徵一卷 XX/第129冊
(清)陳奐撰
影印清同治潘氏刻滂喜齋叢書本
春秋決事比一卷 XX/第129冊
(清)龔自珍撰
影印清光緒十四年南菁書院刻皇清經解續編本
春秋公羊注疏質疑二卷 XX/第129冊
(清)何若瑤著
影印復旦圖書館藏清光緒八年何雲旭刻何宮贊遺書本

公羊義疏七十六卷 XX/第130冊
(清)陳立撰
影印清光緒十四年南菁書院刻皇清經解續編本
春秋公羊傳曆譜十一卷 XX/第131冊
(清)包慎言撰
影印清光緒十四年南菁書院刻皇清經解續編本
春秋公羊傳箋十一卷 XX/第131冊
王闓運著
影印華東師大圖書館藏清光緒三十四年刻本
何氏公羊解詁三十論三卷附一卷 XX/第131冊
廖平撰
影印上海辭書藏清光緒十二年成都刻四益館經學叢書本
春秋復始三十八卷 XX/第131冊
崔適撰
影印上海辭書藏民國七年北京大學鉛印本
穀梁廢疾申何二卷 XX/第132冊
(清)劉逢祿撰
影印華東師大圖書館藏清道光九年廣東學海堂刻皇清經解本
穀梁大義述三十卷 XX/第132冊
(清)柳興恩撰
影印清光緒十四年南菁書院刻皇清經解續編本
穀梁禮證二卷 XX/第132冊
(清)侯康撰
影印上海辭書藏清道光三十年南海伍氏粵雅堂刻嶺南遺書本
春秋穀梁經傳補注二十四卷首一卷末一卷 XX/第132冊
(清)鍾文烝撰
影印華東師大圖書館藏清光緒二年鍾氏信美室刻本
穀梁申義一卷 XX/第133冊
王闓運撰
影印北圖分館藏清光緒十七年刻本
重訂穀梁春秋經傳古義疏十一卷釋范一卷起起穀梁廢疾一卷 XX/第133冊
廖平撰 廖宗澤補疏
影印浙江省圖書館藏民國二十年渭南嚴氏校刻渭南嚴氏孝義家塾叢書本
春秋集傳二十六卷 XX/第133冊
(宋)張洽撰
影印清宛委別藏本
涇野先生春秋說志五卷 XX/第133冊
(明)呂柟撰
影印北圖藏明嘉靖三十二年謝少南刻涇野先生五經說本
春秋私考三十六卷首一卷 XX/第134冊
(明)季本撰
影印天津圖書館藏明嘉靖刻本
春秋三傳通經合纂十二卷 XX/第134冊
(明)周統撰 (清)周夢齡 (清)周毓齡增輯
影印湖北省圖書館藏清刻本
春秋四傳私考二卷 XX/第135冊
(明)徐浦撰
影印上海辭書藏清嘉慶十六年祝氏留香室刻本
春秋翼附二十卷 XX/第135冊
(明)黃正憲撰
影印北大圖書館藏明刻本
春秋疑問十二卷 XX/第135冊
(明)姚舜牧撰
影印天津圖書館藏明萬曆刻本
春秋直解十五卷讀春秋一卷 XX/第136冊
(明)郝敬撰
影印復旦圖書館藏明萬曆郝千秋郝千石刻九部經解本
春秋歸義十二卷 XX/第136冊
(明)賀仲軾撰 (清)范驤刪定
影印湖北省圖書館藏清道光八年見山堂刻本
春秋三發三卷 XX/第136冊
(明)馮士驊輯
影印北大圖書館藏明崇禎八年葉昆池能遠居蘇州刻本
春秋傳注三十六卷提綱一卷 XX/第137-138冊
(清)嚴啟隆撰
影印北圖藏清康熙四十七年朱彝尊家抄本
春秋家說三卷 XX/第139冊
(清)王夫之撰
影印華東師大圖書館藏清同治四年湘鄉曾氏金陵節署刻船山遺書本
春秋條貫篇十一卷 XX/第139冊
(清)毛奇齡撰
影印上海辭書藏清康熙李塨等刻西河合集本
學春秋隨筆十卷 XX/第139冊
(清)萬斯大撰
影印上海辭書藏清乾隆二十六年萬福刻萬充宗先生經學五書本
春秋三傳異同考一卷 XX/第139冊
(清)吳陳琰撰
影印上海辭書藏清嘉慶吳氏刻藝海珠塵本
春秋通論十五卷論旨一卷春秋無例詳考一卷 XX/第139冊
(清)姚際恒撰
影印北圖藏清抄本
春秋傳注四卷 XX/第139冊
(清)李塨撰
影印科圖藏清同治八年李繼曾刻本
春秋義存錄十二卷首一卷 XX/第139冊
(清)陸奎勳撰
影印浙江省圖書館藏清康熙刻本
春秋直解十二卷 XX/第140冊
(清)方苞撰
影印上海辭書藏清乾隆刻本
春秋集傳十六卷首一卷末一卷 XX/第140冊
(清)汪紱撰
影印上海辭書藏清光緒二十一年刻本
春秋取義測十二卷 XX/第140冊
(清)法坤宏撰
影印北大圖書館藏清乾隆五十九年法氏迂齋刻本
春秋傳十二卷 XX/第140冊
(清)牛運震撰
影印復旦圖書館藏清嘉慶刻空山堂全集本
春秋正辭十一卷春秋舉例一卷春秋要指一卷 XX/第141冊
(清)莊存與撰
影印上海辭書藏清道光七年莊綬甲寶研堂刻味經齋遺書本
讀春秋管見十四卷 XX/第141冊
(清)羅典撰
影印科圖藏清刻本
讀春秋存稿四卷 XX/第141冊
(清)趙佑撰
影印華東師大圖書館藏清乾隆刻清

四年丁氏海隅山館刻本
孟子要略五卷卷首一卷 XX/第 157 冊
(宋)朱熹撰 (清)劉傳瑩輯 (清)曾國藩按
影印上海師大圖書館藏清道光二十九年漢陽劉氏刻本
標孟七卷 XX/第 157 冊
(清)汪有光撰
影印科圖藏清康熙刻本
孟子札記二卷 XX/第 158 冊
(清)范爾梅撰
影印北大圖書館藏清雍正七年敬恕堂刻讀書小記本
孟子字義疏證三卷 XX/第 158 冊
(清)戴震撰
影印上海辭書藏清乾隆孔氏刻微波榭叢書本
孟子四考四卷 XX/第 158 冊
(清)周廣業撰
影印復旦圖書館藏清乾隆六十年省吾廬刻本
逸孟子一卷 XX/第 158 冊
(清)李調元輯
影印北大圖書館藏清乾隆李氏萬卷樓刻函海本
孟子篇敘七卷年表一卷 XX/第 158 冊
(清)姜兆翀撰
影印北圖藏清嘉慶七年漱芳書塾刻本
孟子文說七卷 XX/第 158 冊
(清)康濬撰
影印華東師大圖書館藏清嘉慶九年刻本
孟子正義三十卷 XX/第 158 冊
(清)焦循撰
影印上海辭書藏清嘉慶道光間焦氏雕菰樓刻焦氏叢書本
孟子趙注補正六卷 XX/第 159 冊
(清)宋翔鳳撰
影印上海辭書藏清光緒十七年廣雅書局刻本
孟子趙注考證一卷 XX/第 159 冊
(清)桂文燦撰
影印上圖藏清光緒十九年刻南海桂氏經學叢書本
大學古本傍釋一卷古本問一卷 XX/第 159 冊
(明)王守仁撰
影印華東師大圖書館藏明萬曆刻百陵學山本
大學辨一卷 XX/第 159 冊
(清)陳確撰
影印北圖藏清抄本
大學知本圖說一卷 XX/第 159 冊
(清)毛奇齡撰
影印上海辭書藏清康熙李塨等刻西河合集本
大學疏略一卷 XX/第 159 冊
(清)張沐撰
影印科圖藏清康熙刻本
大學辨業四卷 XX/第 159 冊
(清)李塨撰
影印上海辭書藏清光緒五年王氏謙德堂刻畿輔叢書李恕穀遺書本
大學困學錄一卷 XX/第 159 冊
(清)王澍撰
影印湖北省圖書館藏清乾隆二年刻積書巖六種本
大學說一卷 XX/第 159 冊
(清)惠士奇撰
影印上圖藏稿本
大學偶言一卷 XX/第 159 冊
(清)張文檒撰
影印南圖藏清乾隆十七年刻本
大學古義說二卷 XX/第 159 冊
(清)宋翔鳳撰
影印湖北省圖書館藏清刻本
大學章句質疑一卷 XX/第 159 冊
(清)郭嵩燾撰
影印華東師大圖書館藏清光緒十六年思賢講舍刻本
大學古義一卷 XX/第 159 冊
(清)劉光蕡撰
影印上海辭書藏民國九年王典章思過齋刻煙霞草堂遺書本
讀中庸叢說二卷 XX/第 159 冊
(元)許謙撰
影印清嘉慶影元抄本
中庸說要一卷 XX/第 159 冊
(明)宋大勺撰
影印科圖藏明嘉靖三十九年刻本
中庸疏略一卷 XX/第 159 冊
(清)張沐撰
影印科圖藏清康熙刻本
中庸傳注一卷中庸傳注問一卷 XX/第 159 冊
(清)李塨撰
影印民國十二年四存學會鉛印顏李叢書本
恕谷中庸講語一卷 XX/第 159 冊
(清)李塨撰
影印民國十二年四存學會鉛印顏李叢書本
中庸困學錄一卷 XX/第 159 冊
(清)王澍撰
影印北圖藏清乾隆二年刻積書巖六種本
易大義一卷 XX/第 159 冊
(清)惠棟撰
影印湖北省圖書館藏清嘉慶刻本
中庸札記一卷 XX/第 159 冊
(清)范爾梅撰
影印北大圖書館藏清雍正七年敬恕堂刻讀書小記本
中庸補注一卷 XX/第 159 冊
(清)戴震撰
影印北圖藏清戴氏長留閣抄本
中庸章句質疑二卷 XX/第 159 冊
(清)郭嵩燾撰
影印華東師大圖書館藏清光緒十六年思賢講舍刻本
四書箋義纂要十二卷補遺一卷續遺一卷 XX/第 159 冊
(宋)趙悳撰
影印清道光二十四年錢氏刻守山閣叢書本
四書待問二十二卷 XX/第 159 冊
(元)蕭鎰撰
影印北圖藏清嘉慶影元抄本
四書輯釋四十三卷 XX/第 160 冊
(元)倪士毅輯釋 (元)程復心章圖 (元)王元善通考
影印北圖藏明初刻本
四書近語六卷 XX/第 160 冊
(明)孫應鰲撰
影印南圖藏清光緒六年莫氏刻孫文恭公遺書本
四書評十九卷 XX/第 161 冊
(明)李贄撰
影印華東師大圖書館藏明刻本
焦氏四書講錄十四卷 XX/第 162 冊

(明)焦竑撰
影印大連市圖書館藏明萬曆二十一年書林鄭望雲刻本
大學意一卷中庸意二卷大學說一卷中庸說一卷語孟說略二卷 XX/第162冊
(明)顧憲成撰
影印復旦圖書館藏清抄本
四書說約三十三卷 XX/第162冊
(明)鹿善繼撰
影印湖北省圖書館藏清道光二十四年刻本
四書湖南講十一卷 XX/第163冊
(明)葛寅亮撰
影印科圖藏明崇禎刻本
重訂四書說叢十七卷 XX/第163冊
(明)沈守正撰
影印南圖藏明刻本
四書約說六卷題說二卷 XX/第164冊
(明)孫肇興撰
影印科圖藏明崇禎刻朱墨套印本
四書箋解十一卷 XX/第164冊
(清)王夫之撰
影印湖北省圖書館藏清光緒二十年鄂藩官廨刻本
讀四書大全說十卷 XX/第164冊
(清)王夫之撰
影印華東師大圖書館藏清同治四年湘鄉曾氏金陵節署刻船山遺書本
四書稗疏二卷附考異一卷 XX/第164冊
(清)王夫之撰
影印湖北省圖書館藏清光緒十三年潞河啖柘山房刻本
四書改錯二十二卷 XX/第165冊
(清)毛奇齡撰
影印上海辭書藏清嘉慶十六年金孝柏學圃刻本
四書反身錄六卷續錄二卷 XX/第165冊
(清)李顒撰
影印天津圖書館藏清康熙思硯齋刻本
呂晚村先生四書講義四十三卷 XX/第165冊
(清)呂留良撰
影印湖北省圖書館藏清康熙天蓋樓刻本
顏習齋先生四書正誤六卷 XX/第166冊
(清)顏元撰
影印南開大學圖書館藏清嘉慶元年張與齡抄本
四書按稿三十卷 XX/第166冊
(清)江永撰
影印復旦圖書館藏清乾隆十五年抄本
四書古人典林十二卷 XX/第166冊
(清)江永撰
影印科圖藏清乾隆三十九年集道堂刻本
四書溫故錄十一卷 XX/第166冊
(清)趙佑撰
影印華東師大圖書館藏清乾隆刻清獻堂全編本
四書考異七十二卷 XX/第167冊
(清)翟灝撰
影印北圖藏清乾隆刻本
四書典故辨正二十卷附錄一卷 XX/第167冊
(清)周柄中撰
影印上海辭書藏清嘉慶刻本
四書典故辨正續五卷 XX/第167冊
(清)周柄中撰
影印上海辭書藏清嘉慶刻本
四書經注集證十九卷 XX/第168冊
(清)吳昌宗撰
影印上海辭書藏清嘉慶三年汪廷機刻本
四書偶談內編二卷外編一卷續編內編二卷外編一卷 XX/第168冊
(清)戚學標撰
影印科圖藏清乾隆五十四年景文堂刻本
四書續談內編二卷補一卷外編二卷補一卷 XX/第169冊
(清)戚學標撰
影印浙江省圖書館藏清嘉慶二十四年四明青照樓刻本
四書疏記四卷 XX/第169冊
(清)陳鱣撰
影印浙江省圖書館藏稿本
四書典故考辨一卷 XX/第169冊
(清)戴清撰
影印科圖藏清咸豐元年劉文淇等刻戴靜齋先生遺書本
駁四書改錯二十一卷 XX/第169冊
(清)戴大昌撰
影印科圖藏清道光二年刻本
補餘堂四書問答二十四卷附錄一卷 XX/第169冊
(清)戴大昌撰
影印南圖藏清嘉慶十五年刻本
四書典故覈八卷 XX/第169冊
(清)凌曙輯
影印上海辭書藏清嘉慶十三年刻本
四書釋地補一卷續補一卷又續補一卷三續補一卷 XX/第170冊
(清)樊廷枚撰
影印華東師大圖書館藏清嘉慶二十一年梅陽海涵堂刻本
四書解瑣言四卷補編一卷 XX/第170冊
(清)方祖範著
影印湖北省圖書館藏清道光元年刻本
四書地理考十五卷 XX/第170冊
(清)王鎏撰
影印浙江省圖書館藏清道光十五年壑舟園刻本
四書釋地辨證二卷 XX/第170冊
(清)宋翔鳳撰
影印上圖藏清嘉慶二十五年刻浮谿精舍叢書本
四書緯四卷 XX/第170冊
(清)常增撰
影印上圖藏清道光十六年刻本
四書說苑十一卷首一卷補遺一卷續遺一卷 XX/第170冊
(清)孫應科輯
影印上海辭書藏清道光刻本
四書辨疑辨一卷 XX/第170冊
(清)俞樾撰
影印清光緒二十五年刻春在堂全書俞樓襍纂本
五經異義疏證三卷 XX/第171冊
(清)陳壽祺撰
影印上海辭書藏清嘉慶十八年刻本
駁五經異義疏證二卷 XX/第171冊
(清)皮錫瑞撰
影印南圖藏民國二十三年河間李氏重刻本
六藝論疏證一卷 XX/第171冊
(清)皮錫瑞撰
影印上海辭書藏清光緒二十五年刻本
鄭志疏證八卷鄭記考證一卷答臨孝存周禮難一卷 XX/第171冊
(清)皮錫瑞撰

(清)張金吾撰
影印北圖藏清道光十五年刻本
經學歷史一卷 XX/第179冊
(清)皮錫瑞撰
影印清光緒三十二年思賢書局刻本
今古學考二卷 XX/第179冊
廖平撰
影印上海辭書藏清光緒十二年成都刻四益館經學叢書本
新學僞經考十四卷 XX/第179冊
康有為撰
影印上海辭書藏清光緒十七年康氏萬木草堂刻本
經學通論五卷 XX/第180冊
(清)皮錫瑞撰
影印清光緒三十三年思賢書局刻本
經典釋文考證三十卷 XX/第180冊
(清)盧文弨撰
影印復旦圖書館藏清乾隆常州龍城書院刻本
十三經注疏校勘記二百四十五卷 XX/第181－183冊
(清)阮元撰
影印南圖藏清嘉慶阮氏文選樓刻本
十三經注疏校勘記識語四卷 XX/第183冊
(清)汪文臺撰
影印南圖藏清嘉慶阮氏文選樓刻本
歷代石經略二卷 XX/第183冊
(清)桂馥撰
影印上海辭書藏清光緒九年吳重熹陳州郡齋刻本
石經補考十二卷 XX/第184冊
(清)馮登府撰
影印北圖藏清道光八年刻本
石經殘字考一卷 XX/第184冊
(清)翁方綱撰
影印北圖藏清刻本
漢魏石經考三卷 XX/第184冊
(清)劉傳瑩撰
影印華東師大圖書館藏清光緒十二年黃氏試館刻本
唐石經考異十三卷 XX/第184冊
(清)錢大昕撰
影印清袁廷檮抄本
唐開成石經考二卷 XX/第184冊
(清)吳騫撰
影印北圖藏稿本
唐石經校文十卷 XX/第184冊
(清)嚴可均撰
影印上海辭書藏清嘉慶刻四錄堂類集本
蜀石經殘字三種四卷 XX/第184冊
影印北圖藏清抄本
毛詩傳箋殘字二卷 XX/第184冊
(漢)毛萇 (漢)鄭玄撰
周禮夏官殘字校記一卷 XX/第184冊
(清)趙坦撰
蜀石經左傳殘字一卷 XX/第184冊
(晉)杜預撰
北宋汴學二體石經記一卷 XX/第184冊
(清)丁晏撰
影印上海辭書藏清咸豐七年刻本
緯擴十四卷 XX/第184冊
(清)喬松年撰
影印湖北省圖書館藏清光緒三年強恕堂刻本
緯學源流興廢考三卷 XX/第184冊
(清)蔣清翊撰
影印上海師大圖書館藏稿本
爾雅三卷 XX/第185冊
(晉)郭璞注
影印北圖藏宋刻本
爾雅音釋三卷 XX/第185冊
(唐)陸德明撰
影印北圖藏宋刻本
爾雅疏十卷 XX/第185冊
(宋)刑昺等撰
影印北圖藏宋刻宋元明初遞修公文紙印本
爾雅新義二十卷敘錄一卷 XX/第185冊
(宋)陸佃撰 (清)宋大樽撰
影印上海辭書藏清嘉慶十三年陸氏三間草堂刻本
爾雅注疏參議六卷 XX/第185冊
(清)姜兆錫撰
影印華東師大圖書館藏清雍正十年寅清樓刻九經補注本
爾雅補注四卷 XX/第185冊
(清)周春撰
影印上海辭書藏清光緒三十四葉氏刻本
爾雅補郭二卷 XX/第185冊
(清)翟灝撰
影印復旦圖書館藏清刻本
爾雅校議二卷 XX/第185冊
(清)劉玉麐撰
影印上海辭書藏民國十四年汪氏刻食舊堂叢書本
爾雅注疏箋補三卷 XX/第186冊
(清)任基振撰
影印上圖藏稿本
爾雅郭註補正九卷 XX/第186冊
(清)戴鎣撰
影印上圖藏清乾隆五十二年刻本
爾雅古義二卷 XX/第187冊
(清)錢坫撰
影印湖北省圖書館藏清抄本
爾雅釋地四篇注一卷 XX/第187冊
(清)錢坫撰
影印華東師大圖書館藏清嘉慶七年擁萬堂刻錢氏四種本
爾雅正義二十卷 XX/第187冊
(清)邵晉涵撰
影印南圖藏清乾隆五十三年邵氏面水層軒刻本
爾雅注疏本正誤五卷 XX/第187冊
(清)張宗泰撰
影印上海辭書藏清光緒刻積學齋叢書本
爾雅郭注義疏二十卷 XX/第187冊
(清)郝懿行撰
影印清同治五年郝氏家刻本
爾雅郝注刊誤一卷 XX/第188冊
(清)王念孫撰
影印上海辭書藏民國十七年東方學會石印殷禮在斯堂叢書本
爾雅小箋三卷 XX/第188冊
(清)江藩撰
影印上圖藏清抄本
爾雅一切註音十卷 XX/第188冊
(清)嚴可均輯
影印上圖藏稿本
爾雅匡名二十卷 XX/第188冊
(清)嚴元照撰
影印科圖藏清嘉慶二十五年刻本
爾雅古義二卷 XX/第188冊
(清)胡承珙撰
影印上海辭書藏清道光十七年求是堂刻本
尔疋舊注考證二卷 XX/第188冊

(清)李曾白撰 (清)李滋然補考
影印北圖分館藏清光緒三十四年刻本
爾雅古注斠三卷 XX/第188冊
(清)葉蕙心撰
影印北圖藏清光緒二年李氏半畝園刻本
爾雅經注集證三卷 XX/第188冊
(清)龍啟瑞撰
影印科圖藏清咸豐四年刻本
爾雅正郭三卷 XX/第188冊
(清)潘衍桐撰
影印上海辭書藏清光緒十七年自刻本
爾雅釋例五卷 XX/第188冊
(清)陳玉澍撰
影印復旦圖書館藏民國十年鉛印本
讀爾雅日記一卷補記一卷 XX/第188冊
(清)董瑞椿撰
影印復旦圖書館藏清光緒十六年刻學古堂日記本
爾雅稗疏四卷 XX/第189冊
(清)繆楷撰
影印上海辭書藏清光緒二十年江陰使署刻南菁劄記本
爾雅郭注佚存補訂二十卷 XX/第189冊
王樹枬撰
影印湖北省圖書館藏清光緒十八年資陽文莫室刻本
雅學攷一卷 XX/第189冊
(清)胡元玉撰
影印華東師大圖書館藏清光緒十七年益智書局鉛印本
小爾雅廣注四卷 XX/第189冊
(清)莫栻撰
影印北圖藏清高氏辨蟫居抄本
小爾雅疏八卷 XX/第189冊
(清)王煦撰
影印復旦圖書館藏清嘉慶五年鑿翠山莊刻本
小爾雅義證十三卷補遺一卷 XX/第189冊
(清)胡承珙撰
影印上海辭書藏清道光七年求是堂刻本
小爾雅訓纂六卷 XX/第189冊
(清)宋翔鳳撰
影印華東師大圖書館藏清嘉慶刻浮谿精舍叢書本
小爾雅約注一卷 XX/第189冊
(清)朱駿聲撰
影印上海辭書藏清光緒八年臨嘯閣刻朱氏群書本
小爾雅疏證五卷 XX/第189冊
(清)葛其仁撰
影印南圖藏清道光自刻本
釋名疏證八卷續釋名一卷釋名補遺一卷 XX/第189冊
(清)畢沅撰
影印北圖藏清乾隆五十四年畢氏靈巖山館刻經訓堂叢書本
廣釋名二卷 XX/第190冊
(清)張金吾撰
影印華東師大圖書館藏清嘉慶二十一年愛日精廬刻本
釋名疏證補八卷續釋名一卷釋名補遺一卷釋名疏證補附一卷 XX/第190冊
王先謙撰
影印華東師大圖書館藏清光緒二十二年思賢書局刻本
廣雅疏義二十卷 XX/第190冊
(清)錢大昭撰
影印上圖藏清愛古堂抄本
廣雅疏證十卷博雅音十卷 XX/第191冊
(清)王念孫 (清)王引之撰
影印上圖藏清嘉慶元年刻本
廣雅疏證補正一卷 XX/第191冊
(清)王念孫 (清)王引之撰
影印南圖藏清光緒二十六年黃氏借竹宧刻本
續廣雅二卷 XX/第191冊
(清)劉燦輯
影印華東師大圖書館藏清嘉慶二十四年刻本
釋蟲小記一卷 XX/第191冊
(清)程瑤田撰
影印清嘉慶八年刻通藝錄本
釋草小記二卷 XX/第191冊
(清)程瑤田撰
影印清嘉慶八年刻通藝錄本
果蠃轉語記一卷 XX/第191冊
(清)程瑤田撰
影印民國二十三年安徽叢書編審會影印傳抄本
奇字名十二卷 XX/第191冊
(清)李調元撰
影印北大圖書館藏清乾隆綿州李氏萬卷樓刻嘉慶十四年李鼎元重校函海本
釋大八卷 XX/第191冊
(清)王念孫撰
影印湖北省圖書館藏民國嚴氏賁園刻本
拾雅二十卷 XX/第192冊
(清)夏味堂撰
影印上海辭書藏清嘉慶二十四年遂園刻本
比雅十九卷 XX/第192冊
(清)洪亮吉撰
影印清咸豐七年伍氏刻粵雅堂叢書三編本
駢字分箋二卷 XX/第192冊
(清)程際盛撰
影印上海辭書藏清嘉慶吳氏聽彝堂刻藝海珠塵本
證俗文十九卷 XX/第192冊
(清)郝懿行撰
影印清光緒十年東路廳署刻本
駢雅訓纂十六卷卷首一卷 XX/第192冊
(明)朱謀㙔撰 (清)魏茂林訓纂
影印華東師大圖書館藏清道光十五年有不為齋刻本
支雅二卷 XX/第193冊
(清)劉燦撰
影印上海辭書藏清道光六年刻本
釋穀四卷 XX/第193冊
(清)劉寶楠撰
影印南圖藏清咸豐五年刻本
小學駢支八卷 XX/第193冊
(清)田寶臣撰
影印科圖藏清抄本
疊雅十三卷 XX/第193冊
(清)史夢蘭撰
影印復旦圖書館藏清同治四年刻止園叢書本
別雅訂五卷 XX/第193冊
(清)許瀚撰
影印清光緒三年潘氏八囍齋刻本
方言據二卷續錄一卷 XX/第193冊
(明)岳元聲撰
影印上海辭書藏清道光十一年晁氏木活字印學海類編本
方言疏證十三卷 XX/第193冊

(清)戴震撰
影印上海辭書藏清乾隆孔繼涵刻微波榭叢書本
續方言二卷 XX/第193冊
(清)戴震撰
影印上海辭書藏民國二十五年安徽叢書編印處刊本
輶軒使者絕代語釋別國方言疏證補一卷 XX/第193冊
(清)王念孫撰
影印湖北省圖書館藏民國二十七年嚴氏賁園刻本
輶軒使者絕代語釋別國方言箋疏十三卷 XX/第193冊
(清)錢繹撰
影印上海辭書藏清光緒十六年紅蝠山房刻民國十八年補刻本
續方言補正二卷 XX/第194冊
(清)程際盛撰
影印上海辭書藏清嘉慶吳氏聽彝堂刻藝海珠塵本
續方言疏證二卷 XX/第194冊
(清)沈齡撰
影印上海辭書藏清光緒十二年李氏刻木犀軒叢書本
廣續方言四卷拾遺一卷 XX/第194冊
(清)程先甲撰
影印遼寧省圖書館藏清宣統二年程氏刻千一齋全書本
續方言又補二卷 XX/第194冊
徐乃昌撰
影印清光緒二十六年徐氏刻鄦齋叢書本
越語肯綮錄一卷 XX/第194冊
(清)毛奇齡撰
影印復旦圖書館藏清康熙李塨等刻西河合集本
直語補證一卷日貫齋塗說一卷筆史一卷 XX/第194冊
(清)梁同書撰
影印湖北省圖書館藏清嘉慶二十二年刻頻羅庵遺集本
恒言錄六卷 XX/第194冊
(清)錢大昕撰
影印上海辭書藏清嘉慶十年刻文選樓叢書本
通俗編三十八卷 XX/第194冊
(清)翟灝撰
影印清乾隆十六年翟氏無不宜齋刻本
吳下方言考十二卷 XX/第195冊
(清)胡文英撰
影印清乾隆四十八年留芝堂刻本
方音一卷 XX/第195冊
(清)戚學標撰
影印北圖藏古語遺錄稿本
邇言六卷 XX/第195冊
(清)錢大昭撰
影印北圖分館藏清咸豐元年刻本
新方言十一卷 XX/第195冊
章炳麟撰
影印上海辭書藏民國浙江圖書館刻章氏叢書本
重訂冠解助語辭二卷 XX/第195冊
(元)盧以緯撰(日本)毛利貞齋編輯
影印復旦圖書館藏日本亨保二年神雒書林梅村玉池堂刻本
助字辨略五卷 XX/第195冊
(清)劉淇撰
影印北大圖書館藏清康熙五十年海城盧承琰刻本
虛字說一卷 XX/第195冊
(清)袁仁林撰
影印科圖藏清咸豐刻本
經傳釋詞十卷 XX/第195冊
(清)王引之撰
影印復旦圖書館藏清嘉慶二十四年刻本
文通十卷 XX/第196冊
(清)馬建忠撰
影印上圖藏清光緒二十八年紹興府學堂刻本
一切經音義一百卷 XX/第196－197冊
(唐)釋慧琳撰
影印日本元文三年至延亨三年獅穀蓮社刻本
續一切經音義十卷 XX/第197冊
(遼)釋希麟撰
影印日本元文三年至延亨三年獅穀蓮社刻本
一切經音義二十五卷 XX/第198冊
(唐)釋玄應撰
影印清道光二十五年海山仙館叢書本
經籍籑詁一百零六卷補遺一百六卷 XX/第198－201冊
(清)阮元撰
影印華東師大及上海辭書圖書館藏清嘉慶阮氏琅嬛仙館刻本
小學鉤沉十九卷 XX/第201冊
(清)任大椿輯
影印北圖藏清嘉慶二十二年汪廷珍刻本
小學鉤沉續編八卷 XX/第201冊
(清)顧震福輯
影印復旦圖書館藏清光緒十八年刻本
六書統溯原十三卷 XX/第202冊
(元)楊桓撰
影印北圖藏元至大元年江浙行省儒學刻元明遞修本
說文解字補義十二卷 XX/第202冊
(元)包希魯撰
影印北圖藏明刻本
六書精薀六卷 XX/第202冊
(明)魏校撰
影印北圖藏明嘉靖十九年魏希明刻本
音釋舉要一卷 XX/第202冊
(明)徐官撰
影印北圖藏明嘉靖十九年魏希明刻本
六書正義十二卷 XX/第203冊
(明)吳元滿撰
影印復旦圖書館藏明萬曆三十三年刻本
六書長箋七卷 XX/第203冊
(明)趙宧光撰
影印上圖藏明崇禎四年趙均小宛堂刻說文長箋本
惠氏讀說文記十五卷 XX/第203冊
(清)惠棟撰(清)江聲參補
影印上海辭書藏清嘉慶刻借月山房彙鈔本
說文引經考二卷補遺一卷 XX/第203冊
(清)吳玉搢撰
影印復旦圖書館藏清刻本
六書說一卷 XX/第203冊
(清)江聲撰
影印復旦圖書館藏清咸豐元年李氏半畝園刻本
說文解字理董十五卷 XX/第204冊
(清)吳穎芳撰
影印上圖藏繆氏藝風堂抄本
說文理董後編六卷 XX/第204冊
(清)吳穎芳撰

影印上海辭書藏民國十八年中社影印本
說文答問疏證六卷 XX/第204冊
(清)錢大昕撰 (清)薛傳均疏證
影印北圖藏清道光十七年史吉雲張瀛暹刻本
轉注古義考一卷 XX/第204冊
(清)曹仁虎撰
影印復旦圖書館藏清光緒四年宏達堂刻本
汲古閣說文訂一卷 XX/第204冊
(清)段玉裁撰
影印復旦圖書館藏清嘉慶二年五硯樓刻本
說文解字注三十卷 XX/第204-208冊
(清)段玉裁撰
影印北圖藏清嘉慶二十年經韻樓刻本
說文解字義證五十卷 XX/第209-210冊
(清)桂馥撰
影印清道光三十年至咸豐二年楊氏刻連筠簃叢書本
說文解字群經正字二十八卷 XX/第211冊
(清)邵瑛撰
影印華東師大圖書館藏民國六年邵啟賢影印清嘉慶二十一年桂隱書屋刻本
說文蠡箋十四卷 XX/第211冊
(清)潘奕雋撰
影印北圖藏清道光二十年潘氏三松堂刻本
說文解字斠詮十四卷 XX/第211冊
(清)錢坫撰
影印上海辭書藏清嘉慶十二年錢氏吉金樂石齋刻本
說文解字校勘記一卷 XX/第212冊
(清)王念孫撰
影印遼寧省圖書館藏清種松書屋抄本
說文引經考二十卷 XX/第212冊
(清)程際盛撰
影印北圖藏清嘉慶十年程世勳等刻本
說文古語考二卷 XX/第212冊
(清)程際盛撰
影印科圖藏清木活字印稻香樓雜著本
說文五翼八卷 XX/第212冊
(清)王煦撰
影印湖北省圖書館藏清嘉慶十三年芮鞠山莊刻本
說文解字校錄十五卷 XX/第212冊
(清)鈕樹玉撰
影印上海辭書藏清光緒十一年江蘇書局刻本
段氏說文注訂八卷 XX/第213冊
(清)鈕樹玉撰
影印北圖藏清道光三年鈕氏非石居刻本
說文新附考六卷續考一卷 XX/第213冊
(清)鈕樹玉撰
影印南圖藏清嘉慶六年非石居刻本
說文段注訂補十四卷 XX/第213冊
(清)王紹蘭撰
影印上海辭書藏清光緒十四年胡氏刻本
說文訂訂一卷 XX/第213冊
(清)嚴可均撰
影印上海辭書藏清光緒十三年許氏古均閣刻許學叢刻本
說文校議三十卷 XX/第213冊
(清)嚴可均 (清)姚文田撰
影印天津圖書館藏清嘉慶二十三年冶城山館刻四錄堂類集本
說文校議議三十卷 XX/第214冊
(清)嚴章福撰
影印復旦圖書館藏清豫恕堂抄本
說文校定本二卷 XX/第214冊
(清)朱士端撰
影印上海辭書藏清光緒九年姚氏刻咫進齋叢書本
說文解字注匡謬十五卷 XX/第214冊
(清)徐承慶撰
影印復旦圖書館藏清張氏寒松閣抄本
說文假借義證二十八卷卷首一卷 XX/第214-215冊
(清)朱珔撰
影印上圖藏清光緒二十一年嘉樹山房刻本
說文辨疑一卷 XX/第215冊
(清)顧廣圻撰
影印清光緒二十七年貴池劉氏刻聚學軒叢書本
說文繫傳校錄三十卷 XX/第215冊
(清)王筠撰
影印復旦圖書館藏清咸豐七年王彥侗刻本
說文釋例二十卷 XX/第215-216冊
(清)王筠撰
影印上海辭書藏清道光刻本
說文解字句讀三十卷句讀補正三十卷 XX/第216-219冊
(清)王筠撰
影印復旦圖書館藏清刻本
文字蒙求四卷 XX/第220冊
(清)王筠撰
影印華東師大圖書館藏清道光刻王氏四種本
說文引經異字三卷 XX/第220冊
(清)吳雲蒸撰
影印湖北省圖書館藏清道光六年刻本
說文通訓定聲十八卷分部東韻一卷說雅一卷古今韻準一卷補遺一卷 XX/第220-221冊
(清)朱駿聲撰
影印復旦圖書館藏清道光二十八年刻本
廣潛研堂說文答問疏證八卷 XX/第221冊
(清)承培元撰
影印上海辭書藏清光緒刻廣雅書局叢書本
說文引經證例二十四卷 XX/第222冊
(清)承培元撰
影印上海辭書藏清光緒二十一年刻廣雅書局叢書本
說文古本考十四卷 XX/第222冊
(清)沈濤撰
影印華東師大圖書館藏清光緒十三年潘氏滂喜齋刻本
說文經典異字釋一卷 XX/第222冊
(清)高翔麟撰
影印南圖藏清道光十五年吳青霞齋局刻本
說文字通十四卷 XX/第222冊
(清)高翔麟撰
影印南圖藏清道光十八年刻本
席氏讀說文記十五卷 XX/第223冊
(清)席世昌撰
影印科圖藏清嘉慶刻借月山房彙鈔本
說文引經考異十六卷 XX/第223冊
(清)柳榮宗撰
影印上圖藏清咸豐五年刻本

說文新附考六卷 XX/第 223 冊
(清)鄭珍撰
影印上海辭書藏清光緒五年姚氏刻咫進齋叢書本
說文逸字二卷附錄一卷 XX/第 223 冊
(清)鄭珍 (清)鄭知同撰
影印北圖藏清咸豐八年刻本
說文解字段注考正十五卷
XX/第 223－225 冊
(清)馮桂芬撰
影印上海辭書藏民國十七年影印清稿本
說文解字注箋十四卷
XX/第 225－227 冊
(清)徐灝撰
影印上海辭書藏清光緒二十年徐氏刻民國三年補刻本
說文檢字三卷說文重文檢字一卷說文疑難檢字一卷今文檢字一卷
XX/第 225－227 冊
(清)徐樾編
影印上海辭書藏清光緒二十年徐氏刻民國三年補刻本
唐寫本說文解字木部箋異一卷
XX/第 227 冊
(清)莫友芝撰
影印上海辭書藏清同治三年曾國藩刻本
說文引經例辨三卷 XX/第 227 冊
(清)雷浚撰
影印上海辭書藏清光緒八年刻本
說文外編十五卷補遺一卷 XX/第 227 冊
(清)雷浚撰
影印上海辭書藏清光緒二年刻本
說文經字考一卷 XX/第 227 冊
(清)陳壽祺撰
影印上海辭書藏清光緒十年金峨山館叢書本
第一樓叢書坿考一卷 XX/第 227 冊
(清)俞樾撰
影印上海辭書藏清光緒十年金峨山館叢書本
說文引經考證七卷說文引經互異說一卷
XX/第 227 冊
(清)陳瑑撰
影印杭大圖書館藏清同治十三年湖北崇文書局重刻本

說文佚字考四卷 XX/第 227 冊
(清)張鳴珂撰
影印南圖藏清光緒十三年刻本
說文淺說一卷 XX/第 227 冊
(清)鄭知同撰
影印湖北省圖書館藏清光緒七年萩林山房刻文選樓叢書本
說文發疑七卷 XX/第 227 冊
(清)張行孚撰
影印上海辭書藏清光緒十年後知不足齋叢書刻本
說文經斠十三卷補遺一卷 XX/第 228 冊
(清)楊廷瑞撰
影印華東師大圖書館藏清光緒十七年楊氏澂園刻本
說文正俗一卷 XX/第 228 冊
(清)楊廷瑞撰
影印華東師大圖書館藏清光緒十七年楊氏澂園刻本
說文經字正誼四卷 XX/第 228 冊
(清)郭慶藩撰
影印華東師大圖書館藏清光緒二十年湘鄉郭氏刻本
六書舊義 XX/第 228 冊
廖平撰
影印復旦圖書館藏清光緒十三年刻新訂六譯館叢書本
說文二徐箋異二十八卷 XX/第 228 冊
田吳照撰
影印上圖藏清宣統二年影印稿本
玉篇(殘卷) XX/第 228 冊
(梁)顧野王撰
影印科圖藏日本昭和八年京都東方文化學院編《東方文化叢書. 第六輯》本
新修絫音引證群籍玉篇三十卷
XX/第 229 冊
(金)邢準撰
影印北圖藏金刻本
成化丁亥重刊改併五音類聚四聲篇海十五卷 XX/第 229 冊
(金)韓孝彥撰 (金)韓道昭撰 (明)釋文儒等刪補
影印北大圖書館藏明成化三年至七年明釋文儒募刻本
番漢合時掌中珠不分卷 XX/第 229 冊
(西夏)骨勒撰

影印華東師大圖書館藏民國羅氏貽安堂影印本
篇海類編二十卷附錄一卷
XX/第 229－230 冊
題(明)宋濂撰 (明)屠隆訂正 (明)張嘉和輯
影印北圖藏明刻本
華夷譯語不分卷附高昌館來文一卷譯文備覽一卷 XX/第 230 冊
(明)火原潔撰
影印復旦圖書館藏明抄本
重訂直音篇七卷 XX/第 231 冊
(明)章黼撰 (明)吳道長重訂
影印北圖藏明萬曆三十四年明德書院刻本
新校經史海篇直音十卷 XX/第 231 冊
影印復旦圖書館藏明嘉靖二十三年金邑勉勤堂刻本
重刊詳校篇海五卷 XX/第 232 冊
(明)李登撰
影印北大圖書館藏明萬曆三十六年趙新盤刻本
字彙十二卷首一卷末一卷附韻法直圖一卷韻法橫圖一卷 XX/第 232－233 冊
(明)梅膺祚撰
影印華東師大圖書館藏明萬曆四十三年刻本
字彙補十二卷 XX/第 233 冊
(清)吳任臣輯
影印清康熙五年彙賢齋刻本
正字通十二卷附字彙舊本首卷一卷
XX/第 234－235 冊
(明)張自烈撰 (清)廖文英續
影印湖北省圖書館藏清康熙二十四年清畏堂刻本
字林考逸八卷附錄一卷補本一卷補附錄一卷 XX/第 236 冊
(清)任大椿撰 (清)陶方琦補 諸可寶補附
影印華東師大圖書館藏清光緒十六年江蘇書局刻本
古今文字通釋十四卷 XX/第 236 冊
(清)呂世宜撰
影印上海辭書藏民國十一年呂氏菽莊刻本
俗書證誤一卷 XX/第 236 冊
(隋)顏愍楚撰

影印上海辭書藏清道光十五年劉際清等刻青照堂叢書本
正名要錄附字樣(敦煌殘卷) XX/第 236 冊
(唐)郎知本撰
影印《英藏敦煌文獻》
字寶(敦煌殘卷) XX/第 236 冊
(唐)鄭氏撰
影印台灣新文豐出版公司藏印行《敦煌寶藏》
俗務要名林(敦煌殘卷) XX/第 236 冊
影印《英藏敦煌文獻》
集篆古文韻海五卷 XX/第 236 冊
(宋)杜從古撰
影印商務印書館藏清嘉慶寫宛委別藏本
隸韻十卷碑目一卷 XX/第 236 冊
(宋)劉球撰
影印上海辭書藏清嘉慶十五年秦恩復刻本
隸韻考證二卷碑目考證一卷 XX/第 236 冊
(清)翁方綱考證
影印上海辭書藏清嘉慶十五年秦恩復刻本
增廣鍾鼎篆韻七卷 XX/第 237 冊
(元)楊銁撰
影印上圖藏清抄本
續古篆韻六卷 XX/第 237 冊
(元)吾衍撰
影印復旦圖書館藏清道光六年陳宗彝獨抱盧刻本
續復古編四卷 XX/第 237 冊
(元)曹本撰
影印上海辭書藏清光緒十二年姚氏咫進齋刻皕宋樓景元抄本
古俗字略五卷漢碑用字一卷俗用雜字一卷 XX/第 238 冊
(明)陳士元撰
影印北大圖書館藏明萬曆刻歸雲別集本
問奇集二卷 XX/第 238 冊
(明)張位撰
影印福建省圖書館藏明萬曆刻本
字學指南十卷 XX/第 238 冊
(明)朱光家撰
影印上圖藏明萬曆二十九年刻本
隸書正譌二卷 XX/第 238 冊
(明)吳元滿撰
影印科圖藏明萬曆刻本
廣金石韻府五卷字略一卷 XX/第 238 冊
(明)朱雲原輯 (清)林尚葵廣輯 (清)李根校正
影印上海辭書藏清康熙九年周氏賴古堂刻本
榕村字畫辨訛一卷 XX/第 239 冊
(清)李光地撰
影印華東師大圖書館藏清道光九年李維迪刻榕村全書本
辨字通考四卷首一卷 XX/第 239 冊
(清)王在鎬撰
影印科圖藏清咸豐刻本
經典文字辨正不分卷 XX/第 239 冊
(清)錢大昕撰
影印浙江省圖書館藏清抄本
說文解字舊音一卷經典文字辨證書五卷音同義異辨一卷 XX/第 239 冊
(清)畢沅撰
影印上海辭書藏清乾隆刻經訓堂叢書本
四庫全書辨正通俗文字不分卷 XX/第 239 冊
(清)陸費墀撰 (清)王朝梧增補
影印科圖藏清乾隆重刻本
隸八分辨一卷 XX/第 239 冊
(清)方輔撰
影印南圖藏清乾隆五十四年刻本
金石文字辨異十二卷 XX/第 239－240 冊
(清)邢澍撰
影印華東師大圖書館藏清嘉慶十五年刻本
漢隸異同十二卷 XX/第 240 冊
(清)甘楊聲輯
影印湖北省圖書館藏清道光十一年勤約堂刻本
正字略定本一卷 XX/第 240 冊
(清)王筠撰
影印湖北省圖書館藏清道光二十六年大盛堂刻本
字辨證篆十七卷 XX/第 240 冊
(清)易本烺撰
影印湖北省圖書館藏清同治八年刻本
汗簡箋正七卷目錄一卷 XX/第 240 冊
(清)鄭珍撰
影印上海辭書藏清光緒十五年廣雅書局刻本
通俗字林辨證五卷 XX/第 241 冊
(清)唐壎輯
影印北大圖書館藏清咸豐六年刻本
隸通二卷 XX/第 241 冊
(清)錢慶曾撰
影印清光緒二十六年南陵徐氏刻鄦齋叢書本
楷法溯原十四卷古碑目錄一卷集帖目錄一卷 XX/第 241 冊
(清)潘存輯 楊守敬編
影印華東師大圖書館藏清光緒四年刻本
隸篇十五卷隸篇續十五卷隸篇再續十五卷 XX/第 241－242 冊
(清)翟雲升撰
影印上海辭書藏清道光翟氏五經歲遍齋刻本
隸樣八卷 XX/第 242 冊
(清)翟雲升撰
影印北圖藏稿本
六朝別字記不分卷 XX/第 242 冊
(清)趙之謙撰
影印北圖藏稿本
六書類篹八卷讀篆臆存雜說一卷字學尋源三卷 XX/第 242 冊
(清)吳錦章撰
影印華東師大圖書館藏清光緒二十三年崇雅精舍刻本
漢隸辨體四卷 XX/第 243 冊
(清)尹彭壽撰
影印上圖藏清光緒二十一年尚志堂刻本
彙鈔三館字例六卷 XX/第 243 冊
影印南圖藏清宣統刻本
碑別字五卷 XX/第 243 冊
(清)羅振鋆撰
影印湖北省圖書館藏清光緒二十年劉氏食舊堂刻本
說文古籀疏證六卷 XX/第 243 冊
(清)莊述祖撰
影印清光緒十一年刻本
說文古籀補十四卷補遺一卷附錄一卷 XX/第 243 冊
(清)吳大澂撰

影印上圖藏清光緒七年刻本
古籀餘論三卷 XX/第 243 冊
(清)孫詒讓撰
影印上海辭書藏清光緒二十九年籀經樓刻本
古籀拾遺三卷宋政和禮器文字攷一卷 XX/第 243 冊
(清)孫詒讓撰
影印上海辭書藏清光緒十四年自刻本
急就章考異一卷 XX/第 243 冊
(清)孫星衍校
影印南圖藏清嘉慶三年刻岱南閣叢書本
倉頡篇三卷輯本一卷 XX/第 243 冊
(清)孫星衍輯
影印北圖藏清光緒十六年江蘇書局刻本
倉頡篇續本一卷 XX/第 243 冊
(清)任大椿續輯
影印北圖藏清光緒十六年江蘇書局刻本
倉頡篇補本二卷 XX/第 243 冊
(清)陶方琦補輯
影印北圖藏清光緒十六年江蘇書局刻本
柴氏古韻通八卷首一卷正音切韻復古編一卷 XX/第 244 冊
(清)柴紹炳撰
影印科圖藏清康熙刻本
毛詩古音參義五卷首一卷 XX/第 244 冊
(清)潘相撰
影印復旦圖書館藏清嘉慶五年刻撝謙堂本
聲韻攷四卷聲類表九卷首一卷 XX/第 244 冊
(清)戴震撰
影印北圖藏清乾隆四十四年孔繼涵刻微波榭叢書本
六書音均表五卷 XX/第 244 冊
(清)段玉裁撰
影印南圖藏清乾隆四十一年富順官廨刻本
韻徵十六卷 XX/第 245 冊
(清)安吉撰
影印湖北省圖書館藏清道光十八年親仁堂刻本
漢學諧聲二十四卷說文補考一卷說文又考一卷 XX/第 245 冊
(清)戚學標撰
影印上圖藏清嘉慶九年涉縣官署刻本
詩音表一卷 XX/第 245 冊
(清)錢坫撰
影印民國二十年渭南嚴氏刻本
古韻譜二卷 XX/第 245 冊
(清)王念孫撰
影印民國二十二年渭南嚴氏刻本
漢魏音四卷 XX/第 245 冊
(清)洪亮吉撰
影印上海辭書藏清乾隆五十年刻本
音切譜二十卷 XX/第 246 冊
(清)李元撰
影印南圖藏清道光二十八年廣漢李印堂較正本
詩聲類十一卷詩聲分例一卷 XX/第 246 冊
(清)孔廣森撰
影印上海辭書藏清乾隆五十七年孔廣廉謙益堂刻本
說文聲系十四卷 XX/第 246 冊
(清)姚文田撰
影印上海辭書藏清嘉慶九年粵東使署刻光緒七年姚覲元補修重印本
古音諧八卷首一卷 XX/第 246 冊
(清)姚文田撰
影印華東師大圖書館藏清道光二十六年刻本
說文聲類二卷 XX/第 247 冊
(清)嚴可均撰
影印南圖藏清嘉慶九年四錄堂刻光緒中吳氏二百蘭亭齋印本
毛詩古韻雜論一卷 XX/第 247 冊
(清)牟應震撰
影印南圖藏清嘉慶刻道光二十九年至咸豐五年朱廷相朱畹重修毛詩質疑六種本
毛詩古韻五卷 XX/第 247 冊
(清)牟應震撰
影印南圖藏清嘉慶刻道光二十九年至咸豐五年朱廷相朱畹重修毛詩質疑六種本
毛詩奇句韻考四卷 XX/第 247 冊
(清)牟應震撰
影印南圖藏清嘉慶刻道光二十九年至咸豐五年朱廷相朱畹重修毛詩質疑六種本
韻譜一卷 XX/第 247 冊
(清)牟應震撰
影印南圖藏清嘉慶刻道光二十九年至咸豐五年朱廷相朱畹重修毛詩質疑六種本
諧聲補逸十四卷 XX/第 247 冊
(清)宋保撰
影印南圖藏稿本
說文解字音均表二卷 XX/第 247 冊
(清)江沅撰
影印上圖藏稿本
形聲類篇二卷餘論一卷校勘一卷 XX/第 247 冊
(清)丁履恒撰 (清)龐大堃撰
影印北圖分館藏清光緒二十二年伕漢齋叢書本
古韻發明不分卷 XX/第 247 冊
(清)張畊撰
影印上海辭書藏清道光芸心堂刻本
諧聲譜五十卷附錄二卷校記一卷 XX/第 247 冊
(清)張惠言撰 (清)張成孫編 戴姜福撰校記
影印華東師大圖書館藏民國二十三年葉景葵影印本
江氏音學十書十二卷 XX/第 248 冊
(清)江有誥撰
影印南圖藏清嘉慶道光間江氏刻本
詩經韵讀四卷 XX/第 248 冊
羣经韵讀一卷 XX/第 248 冊
楚辭韵讀一卷 XX/第 248 冊
宋賦韵讀一卷 XX/第 248 冊
先秦韵讀一卷 XX/第 248 冊
諧聲表一卷 XX/第 248 冊
入聲表一卷 XX/第 248 冊
等韵叢說一卷 XX/第 248 冊
唐韵四聲正一卷 XX/第 248 冊
詩古韻表廿二部集說二卷 XX/第 248 冊
(清)夏炘輯
影印科圖藏清道光十三年刻本
五韻論二卷 XX/第 248 冊
(清)鄒漢勛撰
影印科圖藏清光緒四年刻本
說文諧聲孳生述不分卷 XX/第 248 冊
(清)陳立撰
影印上海辭書藏清光緒二十六年徐

氏積學齋刻本
說文聲統十七卷首標目二卷 XX/第248冊
(清)陳澧撰
影印復旦圖書館藏王氏學禮齋抄本
古音類表九卷 XX/第248冊
(清)傅壽彤撰
影印北大圖書館藏清同治三年宛南郡署刻本
古韻通說二十卷 XX/第248冊
(清)龍啟瑞撰
影印上圖藏清同治六年刻本
述均十卷 XX/第249冊
(清)夏燮撰
影印上海辭書藏清咸豐五年番陽官廨刻本
聲譜二卷 XX/第249冊
(清)時庸勱撰
影印復旦圖書館藏清光緒十八年河南星使行臺刻聽古廬聲學十書本
聲說二卷 XX/第249冊
(清)時庸勱撰
影印復旦圖書館藏清光緒十八年河南星使行臺刻聽古廬聲學十書本
詩古音繹一卷 XX/第249冊
(清)胡錫燕撰
影印華東師大圖書館藏清同治長沙胡氏刻胡氏三種本
古音輯略二卷古音備考一卷 XX/第249冊
(清)龐大堃撰
影印上海辭書藏民國二十四年影印本
唐寫本切韻(殘卷) XX/第249冊
(隋)陸法言撰
影印上海辭書藏民國十年影印王國維寫本
唐寫本唐韻(殘卷) XX/第249冊
(唐)孫愐撰
影印復旦圖書館藏清光緒三十四年國粹學報館影印唐寫本
刊謬補缺切韻 XX/第249冊
(唐)王仁煦撰
影印敦煌掇瑣本
刊謬補缺切韻五卷 XX/第250冊
(唐)王仁煦撰 (唐)長孫訥言注
影印南圖藏民國十四年石印唐蘭摹本
刊謬補缺切韻五卷 XX/第250冊
(唐)王仁煦撰
影印北大圖書館藏民國三十六年故宮博物院影印唐寫本
新刊韻略五卷 XX/第250冊
(金)王文鬱撰
影印上圖藏清影金抄本
書學正韻三十六卷 XX/第250－251冊
(元)揚桓撰
影印南圖藏元刻明修本
交泰韻不分卷 XX/第251冊
(明)呂坤撰
影印南圖藏明末胡正言十竹齋刻本
書文音義便考私編五卷難字直音一卷 XX/第251冊
(明)李登撰
影印故宮博物院藏明萬曆十五年陳邦泰刻本
音韻日月燈六十四卷 XX/第252冊
(明)呂維祺撰 (明)呂維祜詮
影印天津圖書館藏明崇禎六年楊文驄刻本
韻母五卷 XX/第252冊
同文鐸三十卷首四卷 XX/第252冊
韻鑰二十五卷 XX/第252冊
詩詞通韻五卷首一卷反切定譜一卷 XX/第253冊
(清)樸隱子撰
影印浙江省圖書館藏清康熙二十四年刻本
音學辨微一卷 XX/第253冊
(清)江永撰
影印湖北省圖書館藏清乾隆二十四年刻本
四聲切韻表一卷凡例一卷 XX/第253冊
(清)江永撰
影印浙江省圖書館藏清乾隆三十六年恩平縣衙刻本
集韻考正十卷 XX/第253冊
(清)方成珪撰
影印上海辭書藏清光緒五年孫氏詒善祠塾刻本
切韻考六卷切韻考外篇三卷 XX/第253冊
(清)陳澧撰
影印上海辭書藏清光緒十年刻番禺陳氏東塾叢書本
切韻表五卷 XX/第253冊
(清)成蓉鏡撰
影印上圖藏稿本
四聲韻譜九卷首一卷 XX/第253冊
(清)梁僧寶撰
影印北圖分館藏清光緒十六年梁氏家塾刻本
切韻求蒙一卷 XX/第253冊
(清)梁僧寶撰
影印北圖分館藏清光緒十六年梁氏家塾刻本
圖音正考一卷 XX/第254冊
(清)存之堂輯
影印上圖藏清道光十年京都三槐堂刻本
集韻編雅十卷 XX/第254冊
(清)董文渙撰
影印湖北省圖書館藏清同治十二年刻本
唐律通韻舉例二卷 XX/第254冊
(清)程道存撰
影印復旦圖書館藏民國八年鉛印本
韻鏡一卷 XX/第254冊
佚名撰
影印清光緒十年黎庶昌日本東京使署刻古逸叢書本
皇極聲音文字通三十二卷 XX/第254冊
(明)趙撝謙撰
影印中山大學圖書館及北大圖書館藏明抄本
音聲紀元六卷 XX/第254冊
(明)吳繼仕撰
影印北圖藏明萬曆刻本
聲韻襍箸一卷文韻攷衷六聲會編十二卷 XX/第255冊
(明)桑紹良撰
影印北大圖書館藏明萬曆桑學夔刻本
五先堂字學元元十卷 XX/第255冊
(明)袁子讓撰
影印上圖藏明萬曆三十一年刻本
韻表三十表聲表三十表 XX/第255冊
(明)葉秉敬撰
影印北大圖書館藏明萬曆三十三年刻本
元韻譜五十四卷 XX/第256冊
(明)喬中和撰
影印北圖分館藏清康熙梅墅石渠閣刻本

韻通一卷 XX/第257冊
(清)蕭雲從撰
影印北圖藏清抄本
大藏字母九音等韻十二卷 XX/第257冊
(清)釋阿摩利諦譯
影印北大圖書館藏清康熙滄江愚叟抄本
諧聲韻學十六卷 XX/第257冊
(清)釋阿摩利諦撰
影印上圖藏稿本
善樂堂音韻清濁鑒三卷 XX/第257冊
(清)王祚禎撰
影印科圖藏清康熙六十年善樂堂刻本
拙庵韻悟一卷 XX/第257冊
(清)趙紹箕撰
影印北圖分館藏清康熙五十五年楊作棟抄本
馬氏等音一卷 XX/第257冊
(清)馬自援撰
影印科圖藏抄本
類音八卷 XX/第258冊
(清)潘耒撰
影印上海辭書藏清雍正潘氏遂初堂刻本
等切元聲十卷 XX/第258冊
(清)熊士伯撰
影印清華大學圖書館藏清康熙尚友堂刻本
詩韻析五卷首一卷末一卷校勘記一卷 XX/第258冊
(清)汪烜撰
影印湖北省圖書館藏清光緒九年紫陽書院刻本
五聲反切正均不分卷 XX/第258冊
(清)吳烺撰
影印華東師大圖書館藏民國二十一年安徽叢書編印處影印南陵徐氏藏杉亭集原刻本
等韻精要一卷 XX/第258冊
(清)賈存仁撰
影印北圖分館藏清乾隆四十年河東賈氏家塾刻本
切韻攷四卷 XX/第258冊
(清)李鄴撰
影印上圖藏清刻本
四聲均和表五卷示兒切語一卷 XX/第258冊
(清)洪榜撰
影印華東師大圖書館藏清道光梅華書院刻二洪遺稿本
音泭一卷 XX/第258冊
(清)徐鑑撰
影印科圖藏清嘉慶二十二年刻本
正音切韻指掌一卷 XX/第258冊
(清)莎彝尊撰
影印上圖藏清咸豐十年塵談軒刻本
音韻逢源四卷 XX/第258冊
(清)裕恩撰
影印北大圖書館藏清道光聚珍堂刻本
韻籟四卷 XX/第258冊
(清)華長忠撰
影印上圖藏清光緒十五年華氏松竹齋刻本
等韻學不分卷 XX/第258冊
(清)許惠撰
影印北圖分館藏清光緒八年刻擇雅堂初集本
蒙古字韻二卷 XX/第259冊
(元)朱宗文撰
影印大英博物館藏舊抄本
韻畧易通二卷 XX/第259冊
(明)蘭廷秀撰
影印華東師大圖書館藏明嘉靖三十二年高岐刻本
併音連聲字學集要四卷 XX/第259冊
(明)陶承學 (明)毛曾輯
影印浙江省圖書館藏明萬曆二年周恪刻本
音韻正訛四卷 XX/第259冊
(明)孫耀撰
影印北大圖書館藏清乾隆五十四年書業堂刻本
西儒耳目資不分卷 XX/第259冊
(法)金尼閣撰
影印北大圖書館藏明天啟六年王徵張問達刻本
五方元音二卷 XX/第260冊
(清)樊騰鳳撰
影印清文秀堂刻本
新鐫彙音妙悟全集不分卷 XX/第260冊
(清)黃謙輯
影印北圖分館藏清光緒三十一年萃英大一統書局石印本
彙集雅俗通十五音八卷 XX/第260冊
(清)謝秀嵐撰
影印北大圖書館藏清嘉慶二十三年文林堂刻朱墨套印本
李氏音鑑六卷 XX/第260冊
(清)李汝珍撰
影印華東師大圖書館藏清嘉慶十五年寶善堂刻本
同音字辨四卷 XX/第260冊
(清)劉維坊撰
影印科圖藏清道光二十九年刻本

史部

史紀一百三十卷 XX/第261－262冊
(漢)司馬遷撰 (南朝宋)裴駰集解 (唐)司馬貞索隱 (唐)張守節正義
影印元至元二十五年彭寅翁崇道精舍刻本
史記志疑三十六卷 XX/第262－263冊
(清)梁玉繩撰
影印科圖藏清乾隆刻本
史記考證七卷 XX/第263冊
(清)杭世駿撰
影印上圖藏清乾隆五十三年補史亭刻道古堂外集本
史記疏證六十卷 XX/第264冊
佚名撰
影印北圖藏清鈔本
史記探源八卷 XX/第264冊
崔適撰
影印復旦圖書館藏清宣統二年崔氏觶廬刻本
漢書考正不分卷後漢書考正不分卷 XX/第265冊
佚名撰
影印南圖藏清影鈔元至元三年餘氏勤有堂刻本
漢書疏證二十七卷 XX/第265冊
佚名撰
影印北圖藏清鈔本
漢書疏證三十六卷 XX/第266－267冊
(清)沈欽韓撰
影印清光緒二十六年浙江官書局刻本
漢書辨疑二十二卷 XX/第267冊
(清)錢大昭撰
影印復旦圖書館藏清槜李沈氏刻銅熨斗齋叢書本
漢書注校補五十六卷 XX/第267冊
(清)周壽昌撰

影印上海辭書藏清光緒十年長沙周氏思益堂刻本
漢書補注一百卷首一卷 XX/第268－270冊
王先謙撰
影印上海辭書藏清光緒二十六年王氏虛受堂刻本
漢書西域傳補注二卷 XX/第270冊
（清）徐松撰
影印復旦圖書館藏清道光九年張琦刻本
後漢書補注二十四卷 XX/第270冊
（清）惠棟撰
影印上圖藏清嘉慶九年馮集梧刻本
後漢書疏證三十卷 XX/第271冊
（清）沈欽韓撰
影印清光緒二十六年浙江官書局刻本
後漢書辨疑十一卷 XX/第272冊
（清）錢大昭撰
影印復旦圖書館藏清檇李沈氏銅熨斗齋刻兩漢書辨疑本
續漢書辨疑九卷 XX/第272冊
（清）錢大昭撰
影印復旦圖書館藏清檇李沈氏銅熨斗齋刻兩漢書辨疑本
後漢書注補正八卷 XX/第272冊
（清）周壽昌撰
影印上海辭書藏清光緒十年長沙周氏思益堂刻本
後漢書集解九十卷卷首一卷續漢志集解三十卷 XX/第272－273冊
王先謙撰 黄山等校補
影印上海辭書藏民國王氏虛受堂刻本
三國志注補六十五卷補遺一卷 XX/第274冊
（清）趙一清撰 陶元珍補遺
影印遼寧省圖書館藏民國二十四年北京大學影印廣雅書局刻本
三國志辨疑三卷 XX/第274冊
（清）錢大昭撰
影印上圖藏清道光二十四年錢氏得自怡齋刻本
三國志考證八卷 XX/第274冊
（清）潘眉撰
影印科圖藏清嘉慶十五年潘氏小遂初堂刻本
三國志旁證三十卷 XX/第274冊
（清）梁章鉅撰
影印上圖藏清道光三十年刻本
晉書校勘記五卷 XX/第274冊
（清）周家祿撰
影印遼寧省圖書館藏清光緒十四年廣雅書局刻十六年補修本
晉書斠注一百三十卷 XX/第275－277冊
吳士鑑 劉承幹注
影印上海辭書藏民國十七年劉氏嘉業堂刻本
晉書地理志新補正五卷 XX/第277冊
（清）畢沅撰
影印上海辭書藏清乾隆四十八年畢氏經訓堂刻本
南北史合注一百九十一卷 XX/第278－282冊
（清）李清撰
影印北大圖書館藏清四庫全書撤出本
南北史表七卷 XX/第283冊
（清）周嘉猷撰
影印科圖藏清乾隆四十八年周閒刻本
隋書地理志考證九卷補遺一卷 XX/第283冊
楊守敬撰
影印上海辭書藏清光緒二十七年刻第三次校改本
舊唐書校勘記六十六卷 XX/第283－284冊
（清）羅士琳（清）劉文淇（清）劉毓崧（清）陳立撰
影印湖北省圖書館藏清道光二十六年揚州岑氏懼盈齋刻本
舊唐書逸文十二卷 XX/第285冊
（清）岑建功輯
影印南圖藏清道光二十八年揚州岑氏懼盈齋刻本
唐書合鈔二百六十卷首一卷 XX/第286－289冊
（清）沈炳震撰
影印科圖藏清嘉慶十八年海寧查世倓刻本
唐書宰相世系表訂譌十二卷 XX/第286－289冊
（清）沈炳震撰
影印科圖藏清嘉慶十八年海寧查世倓刻本
唐書合鈔補正六卷 XX/第286－289冊
（清）丁子復撰
影印清嘉慶十八年海寧查世倓刻本
舊五代史考異五卷 XX/第290冊
（清）邵晉涵撰
影印北圖藏清面水層軒抄本
五代史記注七十四卷 XX/第290－292冊
（清）彭元瑞（清）劉鳳誥注
影印上海辭書藏清道光八年刻本
五代史記纂誤補四卷附錄一卷 XX/第292冊
（清）吳蘭庭撰
影印浙江省圖書館藏清嘉慶八年刻本
五代史記纂誤補續一卷 XX/第292冊
（清）周壽昌撰
影印科圖藏清光緒八年長沙周氏思益堂重刻本
五代史紀纂誤續補六卷 XX/第292冊
（清）吳光耀撰
影印復旦圖書館藏清光緒十四年江夏吳氏刻本
遼史拾遺補五卷 XX/第292冊
（清）楊復吉撰
影印上圖藏清道光五年汪氏振綺堂刻本
金史詳校十卷首一卷末一卷 XX/第293冊
（清）施國祁撰
影印上圖藏清光緒六年會稽章氏式訓堂刻本
元史氏族表三卷 XX/第293冊
（清）錢大昕撰
影印上海辭書藏嘉慶十一年黃鍾刻本
元史本證五十卷 XX/第293冊
（清）江輝祖撰（清）江繼培補
影印上圖藏清光緒十七年徐氏鑄學齋重刻本
元史譯文證補三十卷 XX/第293冊
（清）洪鈞撰
影印復旦圖書館藏清光緒二十三年陸潤庠刻本
元史地名考不分卷 XX/第294冊
（清）李文田撰
影印復旦圖書館藏清光緒二十四年胡玉縉抄本
明史考證攟逸四十二卷附錄一卷補遺

一卷 XX/第 294 册
(清)王頌蔚 王季烈撰
影印民國劉氏刻嘉業堂叢書本
歷代地理志韻編今釋二十卷皇朝輿地韻編二卷 XX/第 294 册
(清)李兆洛撰
影印復旦圖書館藏清同治九年李氏重刻本
清史稿五百三十六卷 XX/第 295－300 册
趙爾巽等撰
影印上海辭書藏民國十七年清史館鉛印本(關内本)
帝王世紀十卷附録一卷補遺一卷 XX/第 301 册
(晉)皇甫謐撰 (清)宋翔鳳集校
影印上圖藏清光緒貴築楊氏刻訓纂堂叢書本
帝王世紀續補一卷帝王世紀考異一卷 XX/第 301 册
(清)錢保塘輯並撰
影印上圖藏清光緒貴築楊氏刻訓纂堂叢書本
世本五卷 XX/第 301 册
(漢)宋衷注 (清)張澍輯並補注
影印清道光元年張氏二酉堂刻二酉堂叢書本
周書集訓校釋十卷逸文一卷 XX/第 301 册
(清)朱右曾撰
影印復旦圖書館藏清光緒三年湖北崇文書局刻本
周書斠補四卷 XX/第 301 册
(清)孫詒讓撰
影印清光緒刻本
王會篇箋釋三卷 XX/第 301 册
(清)何秋濤撰
影印復旦圖書館藏清光緒十七年江蘇書局刻本
藏書六十卷 XX/第 301－302 册
(明)李贄撰
影印復旦圖書館藏明萬曆二十七年焦竑刻本
續藏書二十七卷 XX/第 303 册
(明)李贄撰
影印上圖藏明萬曆三十九年王惟儼刻本

西魏書二十四卷 XX/第 304 册
(清)謝啟昆撰
影印上圖藏清乾隆六十年樹經堂刻本
弘簡録二百五十四卷 XX/第 304－308 册
(明)邵經邦撰
影印復旦圖書館藏清康熙二十七年邵遠平刻本
宋史新編二百卷 XX/第 308－311 册
(明)柯維騏撰
影印上圖藏明嘉靖四十三年杜晴江刻本
宋史翼四十卷 XX/第 311 册
(清)陸心源輯
影印清光緒刻潛園總集本
元朝秘史十卷續集二卷 XX/第 312 册
影印民國二十五年四部叢刊三編影印元抄本
元祕史注十五卷 XX/第 312 册
(清)李文田注
影印北圖藏清光緒二十二年漸西村舍刻本
元祕史李注補正十五卷 XX/第 312 册
(清)高寶銓撰
影印清光緒二十八年刻本
元祕史注補正續編一卷 XX/第 312 册
(清)高寶銓撰
影印復旦圖書館藏稿本
元祕史山川地名考十二卷 XX/第 312 册
(清)施世杰撰
影印復旦圖書館藏清光緒二十三年施氏刻無鄭學廬地理叢刊本
續弘簡録元史類編四十二卷 XX/第 313 册
(清)邵遠平撰
影印復旦圖書館藏清康熙三十八年刻本
元史新編九十五卷 XX/第 314－315 册
(清)魏源撰
影印清光緒三十一年邵陽魏氏慎微堂刻本
皇明書四十五卷 XX/第 315－316 册
(明)鄧元錫撰
影印明萬曆三十四年刻本
皇明史竊一百五卷 XX/第 316－317 册
(明)尹守衡撰
影印科圖藏明崇禎刻本

石匱書二百二十一卷 XX/第 318－320 册
(清)張岱撰
影印南圖藏稿本
石匱書後集六十三卷 XX/第 320 册
(清)張岱撰
影印南圖藏稿本
罪惟錄九十卷 XX/第 321－323 册
(清)查繼佐撰
影印民國二十五年四部叢刊三編影印稿本
明史鈔略七卷 XX/第 323 册
(清)莊廷鑨撰
影印北圖藏清呂葆中家抄本
明史四百十六卷目録三卷 XX/第 324－331 册
(清)萬斯同撰
影印北圖藏清抄本
東南紀事十二卷 XX/第 332 册
(清)邵廷采撰
影印上海古籍出版社藏清光緒十年徐幹刻本
西南紀事十二卷 XX/第 332 册
(清)邵廷采撰
影印上海古籍出版社藏清光緒十年徐幹刻本
南疆逸史五十六卷跋一卷 XX/第 332 册
(清)溫睿臨 (清)楊鳳苞撰
影印北圖藏清傅氏長恩閣鈔本
小腆紀傳六十五卷補遺六卷 XX/第 332－333 册
(清)徐鼒 (清)徐承禮撰
影印上海古籍出版社藏清光緒十三年金陵刻本
九國志十二卷拾遺一卷 XX/第 333 册
(宋)路振撰 (清)錢熙祚輯
影印上海古籍出版社藏清道光二十四年金山錢氏刻守山閣叢書本
南唐書注十八卷附録一卷 XX/第 333 册
(清)周在浚撰
影印上海古籍出版社藏民國四年劉氏嘉業堂刻本
唐余紀傳十八卷 XX/第 333 册
(明)陳霆撰
影印上圖藏明嘉靖二十三年馮煥刻本
南漢書十八卷考異十八卷南漢叢錄二卷南漢文字略四卷 XX/第 334 册

（清）梁廷枏撰
影印復旦圖書館藏清道光十二年刻藤花亭十五種本
南漢紀五卷 XX/第 334 冊
（清）吴蘭修撰
影印上圖藏清道光十四年鄭氏淳一堂刻本
西夏書事四十二卷 XX/第 334 冊
（清）吴廣成撰
影印上海古籍出版社藏清道光五年小峴山房刻本
西夏書 XX/第 334 冊
（清）周春撰
影印北圖藏清抄本
竹書紀年集證五十卷集説一卷敘略一卷 XX/第 335 冊
（清）陳逢衡撰
影印上海辭書藏清嘉慶十八年裒露軒刻本
汲塚紀年存真二卷周年表一卷 XX/第 336 冊
（清）朱右曾撰
影印上海辭書藏清歸硯齋刻本
通紀二十卷 XX/第 336 冊
（唐）馬總撰（宋）孫光憲續
影印宛委别藏清抄本
編年通載十卷 XX/第 336 冊
（宋）章衡撰
影印宛委别藏影宋抄本
古史紀年十四卷 XX/第 336 冊
（清）林春溥撰
影印上海辭書藏清道光十七年竹柏山房刻本
古史考年異同表二卷後説一卷 XX/第 336 冊
（清）林春溥撰
影印上海辭書藏清道光十八年竹柏山房刻本
資治通鑑補二百九十四卷 XX/第 336－341 冊
（明）嚴衍撰
影印上海辭書藏清光緒二年盛氏思補樓活字印本
通鑑注辨正二卷 XX/第 342 冊
（清）錢大昕撰
影印上海辭書藏清乾隆五十七年戈宙襄刻本
通鑑注商十八卷 XX/第 342 冊
（清）趙紹祖撰
影印上圖藏清嘉慶二十四年趙氏古墨齋刻本
胡刻通鑑正文校宋記三十卷附録三卷 XX/第 342 冊
章鈺撰
影印上海辭書藏民國二十年長洲章氏刻本
資治通鑑地理今釋十六卷 XX/第 342 冊
（清）吴熙載撰
影印上海辭書藏清光緒八年江蘇書局刻本
讀通鑑綱目條記二十卷首一卷 XX/第 342 冊
（清）李述來撰
影印上圖藏清嘉慶七年刻本
續資治通鑑二百二十卷 XX/第 343－346 冊
（清）畢沅撰
影印清嘉慶六年馮集梧等遞刻本
周季編略九卷 XX/第 347 冊
（清）黄式三撰
影印上海辭書藏清同治十二年浙江書局刻儆居遺書本
戰國紀年六卷地輿一卷年表一卷 XX/第 347 冊
（清）林春溥撰
影印上海辭書藏清道光十八年竹柏山房刻本
皇宋十朝綱要二十五卷 XX/第 347 冊
（宋）李㙷撰
影印天津圖書館藏清抄本
太宗皇帝實録八十卷 XX/第 348 冊
（宋）錢若水等撰
影印上海古籍出版社藏民國二十五年四部叢刊三編影印宋館閣寫本舊抄本
增入名儒講義皇宋中興兩朝聖政六十四卷分類事目一卷 XX/第 348 冊
（宋）留正等撰
影印上海古籍出版社藏宛委别藏影宋抄本
續資治通鑑長編拾補六十卷 XX/第 349 冊
（清）秦緗業（清）黄以周等輯
影印復旦圖書館藏清光緒九年浙江書局刻本
蒙古通鑑長編八卷附編一卷 XX/第 350 冊
王先謙撰
影印湖南省圖書館藏稿本
明氏實録一卷 XX/第 350 冊
（明）楊學可撰（清）徐松校補
影印復旦圖書館藏清光緒會稽趙氏刻仰視千七百二十九鶴齋叢書本
昭代典則二十八卷 XX/第 351 冊
（明）黄光昇撰
影印上圖藏明萬曆二十八年周曰校萬卷樓刻本
憲章録四十七卷 XX/第 352 冊
（明）薛應旂撰
影印上海古籍出版社藏明萬曆二年陸光宅刻本
兩朝憲章録二十卷 XX/第 352 冊
（明）吴瑞登撰
影印上圖藏明萬曆刻本
憲章外史續編十四卷 XX/第 353 冊
（清）許重熙撰
影印北圖藏明崇禎刻本
皇明大政紀二十五卷 XX/第 353－354 冊
（明）雷禮撰（明）范守己（明）譚希思輯
影印北大圖書館藏明萬曆三十年博古堂刻本
皇明從信録四十卷 XX/第 355 冊
（明）陳建撰（明）沈國元訂補
影印華東師大圖書館藏明末刻本
兩朝從信録三十五卷 XX/第 356 冊
（明）沈國元撰
影印上圖藏明崇禎刻本
皇明通紀法傳全録二十八卷 XX/第 357 冊
（明）陳建撰（明）高汝栻訂（明）吴楨增刪
影印浙江省圖書館藏明崇禎九年刻本
皇明法傳録嘉隆紀六卷皇明續紀三朝法傳全録十六卷 XX/第 357 冊
（明）高汝栻輯
影印浙江省圖書館藏明崇禎九年刻本
國榷不分卷 XX/第 358－363 冊
（清）談遷撰
影印北圖藏清抄本

明通鑑九十卷首一卷目錄二十卷前編四卷附編六卷 XX/第364－366冊
(清)夏燮撰
影印上圖藏清同治十二年宜黃官廨刻本
山書 XX/第367冊
(清)孫承澤撰
影印浙江省圖書館藏清抄本
弘光實錄鈔四卷附弘光大臣月表一卷 XX/第367冊
(清)黃宗羲撰
影印浙江省圖書館藏清光緒三年傅氏長恩閣鈔本
小腆紀年附考二十卷 XX/第367－368冊
(清)徐鼒撰
影印上海古籍出版社藏清咸豐十一年刻本
大清太祖承天廣運聖德神功肇紀立極仁孝武皇帝實錄四卷 XX/第368冊
影印復旦圖書館藏民國二十一年北平故宮博物院鉛印本
東華錄三十二卷 XX/第368冊
(清)蔣良騏撰
影印上海古籍出版社藏清乾隆刻本
東華錄一百九十四卷東華續錄二百三十卷 XX/第369－375冊
王先謙撰
影印上海古籍出版社藏清光緒十年長沙王氏刻本
東華續錄(咸豐朝)一百卷 XX/第376－378冊
王先謙撰
影印復旦圖書館藏清光緒十六年陶氏籀三倉室刻本
東華續綠(同治朝)一百卷 XX/第379－382冊
王先謙撰
影印上圖藏清刻本
東華續錄(光緒朝)二百二十卷 XX/第383－385冊
(清)朱壽朋撰
影印復旦圖書館藏清宣統元年上海集成圖書公司鉛印本
皇宋通鑑長編紀事本末一百五十卷 XX/第386－387冊
(宋)楊仲良撰
影印宛委別藏清抄本
西夏紀事本末三十六卷卷首二卷 XX/第387冊
(清)張鑑撰
影印復旦圖書館藏清光緒十一年刻半廠叢書初編本
西遼立國本末攷一卷西遼疆域攷一卷西遼都城考一卷 XX/第387冊
丁謙撰
影印復旦圖書館藏民國元年上海國粹學報社鉛印古學匯刊第一集本
遼史紀事本末四十卷首一卷末一卷 XX/第388冊
(清)李有棠撰
影印華東師大圖書館藏清光緒二十九年李栘鄂樓刻本
金史紀事本末五十二卷首一卷末一卷 XX/第388－389冊
(清)李有棠撰
影印華東師大圖書館藏清光緒二十九年李栘鄂樓刻本
元史紀事本末二十七卷 XX/第389冊
(明)陳邦瞻撰 (明)臧懋循補 (明)張溥論正
影印復旦圖書館藏明末張溥刻本
鴻猷錄十六卷 XX/第389冊
(明)高岱撰
影印上海辭書藏明嘉靖四十四年高思誠刻本
昭代武功編十卷 XX/第389冊
(明)范景文撰
影印上圖藏明崇禎刻本
明史紀事本末補遺六卷 XX/第390冊
(清)谷應泰撰
影印浙江省圖書館藏清光緒三年傅氏長恩閣鈔本
虞淵沉不分卷 XX/第390冊
(清)吳偉業撰
影印北圖藏清抄本
續編綏寇紀略五卷 XX/第390冊
(清)葉夢珠輯
影印上海辭書藏清末鉛印申報館叢書餘集本
清史紀事本末八十卷 XX/第390冊
黃鴻壽撰
影印民國三年石印本
國朝大事記十二卷 XX/第390冊
(清)金象豫撰
影印北圖藏清抄本
平定羅刹方略四卷 XX/第390冊
(清)佚名撰
影印上海古籍出版社藏清光緒潘氏刻功順堂叢書本
臺灣鄭氏始末六卷 XX/第390冊
(清)沉雲撰 (清)沉垚注
影印復旦圖書館藏民國八年劉氏刻吳興叢書本
靖海志四卷 XX/第390冊
(清)彭孫貽撰 (清)李延罡補
影印清抄本
靖海紀事二卷 XX/第390冊
(清)施琅撰
影印復旦圖書館藏清康熙刻本
欽定剿平三省邪匪方畧正編三百五十二卷續編三十六卷附編十二卷首九卷表文一卷 XX/第391－400冊
(清)慶桂等撰
影印上海古籍出版社藏清嘉慶十五年武英殿刻本
欽定平定教匪紀略四十二卷首一卷 XX/第401－402冊
(清)托津等撰
影印上圖藏清嘉慶武英殿刻本
聖武記十四卷 XX/第402冊
(清)魏源撰
影印清道光刻本
中西紀事二十四卷首一卷 XX/第402冊
(清)夏燮(原題:江上蹇叟)撰
影印復旦圖書館藏清同治刻本
欽定剿平粵匪方略四百二十卷首一卷表文一卷 XX/第403－412冊
(清)奕訢等撰
影印清光緒內府鉛活字本
平定粵匪紀略十八卷附記四卷 XX/第413冊
(清)杜文瀾撰
影印上圖藏清同治八年群玉齋活字印本
淮軍平捻記十二卷 XX/第413冊
(清)周世澄撰
影印復旦圖書館藏清同治刻本
湘軍志十六卷 XX/第413冊
王闓運撰
影印上海歷史文獻館藏清光緒十二

年成都墨香書屋刻本
湘軍記二十卷 XX/第413冊
(清)王定安撰
影印上圖藏清光緒十五年江南書局刻本
籌辦夷務始末二百六十卷 XX/第414－421冊
(清)文慶(清)賈楨(清)寶鋆等纂輯
影印復旦圖書館藏民國十九年故宫博物院影印清内府抄本
國語正義二十一卷 XX/第422冊
(清)董增齡撰
影印上圖藏清光緒六年章氏式訓堂刻本
國語翼解六卷 XX/第422冊
(清)陳瑑撰
影印上海辭書藏清光緒廣雅書局刻本
國策編年一卷 XX/第422冊
(清)顧觀光撰
影印復旦圖書館藏民國四年續刻武陵山人遺書本
戰國策補釋六卷 XX/第422冊
全正煒撰
影印復旦圖書館藏民國金氏十梅館刻本
國策地名考二十卷首一卷 XX/第422－423冊
(清)程恩澤撰(清)狄子奇箋
影印科圖藏清道光二十年安雅齋刻本
奉天錄四卷 XX/第423冊
(唐)趙元一撰
影印上圖藏清道光十年秦氏享帚精舍刻本
宋西事案二卷 XX/第423冊
(明)祁承㸁撰
影印南圖藏明天啟刻本
青溪寇軌一卷 XX/第423冊
(宋)方勺撰
影印上海辭書藏清道光十一年晁氏活字印學海類編本
避戎夜話一卷 XX/第423冊
(宋)石茂良撰
影印北大圖書館藏明嘉靖十八至二十年顧氏大石山房刻顧氏明朝四十家小說本
靖康紀聞一卷拾遺一卷 XX/第423冊
(宋)丁特起撰
影印上海古籍出版社藏學津討原本
北狩行錄一卷 XX/第423冊
(宋)蔡鞗撰
影印北圖藏清乾隆三十九年盧文弨家抄本
靖炎兩朝見聞錄二卷 XX/第423冊
(宋)陳東撰
影印北圖藏清抄本
建炎筆錄三卷 XX/第423冊
(宋)趙鼎撰
影印上圖藏清乾隆李氏萬卷樓刻函海本
辯誣筆錄一卷 XX/第423冊
(宋)趙鼎撰
影印上圖藏清乾隆李氏萬卷樓刻函海本
煬王江上錄一卷 XX/第423冊
影印上圖藏清抄雜史五種本
采石瓜洲斃亮記一卷附錄一卷 XX/第423冊
(宋)蹇駒撰
影印清乾隆三十四年陸氏奇晉齋刻奇晉齋叢書本
開禧德安守城錄一卷 XX/第423冊
(宋)王致遠撰
影印上海辭書藏清同治十一年孫氏詒善祠塾刻本
使金錄一卷 XX/第423冊
(宋)程卓撰
影印上圖藏清乾隆四十二年李鶴儔抄本
辛巳泣蘄錄一卷 XX/第423冊
(宋)趙與褣撰
影印復旦圖書館藏清抄本
焚椒錄一卷 XX/第423冊
(遼)王鼎撰
影印南圖藏清抄本
蒙韃備錄校注一卷 XX/第423冊
(宋)孟珙撰(清)曹元忠校注
影印上圖藏清光緒二十七年刻箋經室叢書本
黑韃事畧一卷 XX/第423冊
(宋)彭大雅撰(宋)徐霆疏證
影印北圖藏明嘉靖二十一年抄本
校正元聖武親徵錄一卷 XX/第423冊
(清)何秋濤校正 王國維校注
影印北圖藏清光緒小漚巢刻本
庚申外史二卷 XX/第423冊
(明)權衡撰
影印南圖藏清雍正六年魚元傅抄本
北巡私記一卷 XX/第424冊
(元)劉佶撰
影印上海辭書藏民國三年上虞羅氏東山僑舍影印咸豐九年莫友芝抄本(雲窗叢刻)
皇明政要二十卷 XX/第424冊
(明)婁性撰
影印南圖藏明嘉靖五年戴金刻本
吾學編六十九卷 XX/第424－425冊
(明)鄭曉撰
影印北圖藏明隆慶元年鄭履淳刻本
吾學編餘不分卷 XX/第425冊
(明)鄭曉撰
影印南圖藏明抄本
今言四卷 XX/第425冊
(明)鄭曉撰
影印上圖藏明嘉靖四十五年項篤壽刻本
名山藏一百零九卷 XX/第425－427冊
(明)何喬遠撰
影印山西祁縣圖書館藏明崇禎刻本
皇明典故紀聞十八卷 XX/第428冊
(明)余繼登輯
影印明萬曆王象乾刻本
皇明馭倭錄九卷附畧二卷寄語畧一卷 XX/第428冊
(明)王士騏撰輯
影印北圖藏明萬曆刻本
皇明史概一百二十一卷 XX/第428－431冊
(明)朱國禎輯
影印明崇禎刻本
皇明大政記三十六卷 XX/第428－431冊
皇明大訓記十六卷 XX/第428－431冊
皇明大事記五十卷 XX/第428－431冊
皇明開國臣傳十三卷 XX/第428－431冊
皇明遜國臣傳五卷首一卷 XX/第428－431冊
國史唯疑十二卷 XX/第432冊
(明)黃景昉撰

影印上圖藏清康熙三十年徐抄本
後鑒錄七卷 XX/第432冊
(清)毛奇齡撰
影印復旦圖書館藏清康熙刻西河合集本
聖典二十四卷 XX/第432冊
(明)朱睦㮮輯
影印杭州市圖書館藏明萬曆四十一年朱勤美刻本
平漢錄一卷 XX/第432冊
(明)童承敘撰
影印復旦圖書館藏明嘉靖袁氏嘉趣堂刻金聲玉振集本
皇明平吳錄一卷 XX/第432冊
(明)吳寬撰
影印上圖藏明嘉靖袁氏嘉趣堂刻金聲玉振集本
平蜀記一卷 XX/第432冊
(明)佚名撰
影印上圖藏明嘉靖袁氏嘉趣堂刻金聲玉振集本
平夏錄一卷 XX/第432冊
(明)黃標撰
影印上圖藏涵芬樓影印明萬曆刻今獻彙言本
姜氏秘史一卷 XX/第432冊
(明)姜清撰
影印北圖藏清抄本
革除遺事六卷 XX/第432冊
(明)黃佐撰
影印北圖藏明抄本
建文書法儗前編一卷正編二卷附編二卷 XX/第433冊
(明)朱鷺撰
影印上圖藏明萬曆刻本
金文靖公前北征錄一卷後北徵錄一卷 XX/第433冊
(明)金幼孜撰
影印上圖藏明嘉靖十二年刻明良集本
北征記一卷 XX/第433冊
(明)楊榮撰
影印上圖藏明嘉靖十二年刻明良集本
正統臨戎錄一卷 XX/第433冊
(明)楊銘撰
影印復旦圖書館藏明萬曆四十五年陳於廷刻紀錄彙編本
北征事蹟一卷 XX/第433冊
(明)袁彬撰
影印上圖藏明嘉靖袁氏嘉趣堂刻金聲玉振集本
虛庵李公奉使錄一卷附錄一卷 XX/第433冊
(明)李實撰
影印北大圖書館藏明嘉靖刻本
復辟錄一卷 XX/第433冊
(明)楊瑄撰
影印浙江省圖書館藏明刻廣百川學海本
天順日錄一卷 XX/第433冊
(明)李賢撰
影印上圖藏明嘉靖十二年刻明良集本
西征石城記一卷 XX/第433冊
(明)馬文昇撰
影印上圖藏明嘉靖袁氏嘉趣堂刻金聲玉振集本
撫安東夷記一卷 XX/第433冊
(明)馬文昇撰
影印上圖藏明嘉靖袁氏嘉趣堂刻金聲玉振集本
興復哈密記一卷 XX/第433冊
(明)馬文昇撰
影印上圖藏明嘉靖袁氏嘉趣堂刻金聲玉振集本
平番始末一卷 XX/第433冊
(明)許進撰
影印上圖藏明嘉靖繼美堂刻本
治世餘聞錄八卷 XX/第433冊
(明)陳洪謨撰
影印上圖藏明萬曆四十五年陳於廷刻紀錄彙編本
繼世紀聞六卷 XX/第433冊
(明)陳洪謨撰
影印上圖藏明萬曆四十五年陳於廷刻紀錄彙編本
燕對錄一卷 XX/第433冊
(明)李東陽撰
影印上圖藏明嘉靖十二年刻明良集本
安楚錄十卷 XX/第433冊
(明)秦金撰
影印上圖藏明刻本
平濠記一卷 XX/第433冊
(明)錢德洪撰
影印北大圖書館藏清抄本
聖駕南巡日錄一卷大駕北還錄一卷 XX/第433冊
(明)陸深撰
影印上圖藏明萬曆四十五年陳於廷刻紀錄彙編本
世廟識餘錄二十六卷 XX/第433冊
(明)徐學謨撰
影印明徐兆稷活字印本
嘉靖大政類編不分卷 XX/第433冊
(明)黃鳳翔撰
影印南圖藏明萬曆刻本
嘉靖倭亂備鈔不分卷 XX/第434冊
影印鎮江博物館藏清抄本
召對錄一卷 XX/第434冊
(明)申時行撰
影印上圖藏明萬曆刻本
兩朝平攘錄五卷 XX/第434冊
(明)諸葛元聲撰
影印北大及中央民族大學圖書館藏明萬曆三十四年商濬刻本
平播全書十五卷 XX/第434冊
(明)李化龍撰
影印上海辭書藏清光緒五年王氏謙德堂刻畿輔叢書本
萬曆辛亥京察記事始末八卷 XX/第435冊
(明)周念祖輯
影印南圖藏明刻本
萬曆三大征考三卷東夷考畧一卷東事答問一卷 XX/第436冊
(明)茅瑞徵撰
影印上圖藏明天啟刻本
萬曆武功錄十四卷 XX/第436冊
(明)瞿九思撰
影印天津圖書館藏明萬曆刻本
三朝遼事實錄十七卷總畧一卷 XX/第437冊
(明)王在晉撰
影印上圖藏明崇禎刻本
酌中志二十四卷 XX/第437冊
(明)劉若愚撰
影印上海古籍出版社藏清道光二十五年潘氏刻海山仙館叢書本
先撥志始二卷 XX/第437冊
(清)文秉撰
影印上圖藏清寫刻本
三朝野紀七卷 XX/第438冊

（清）李遜之撰
影印南圖藏清道光四年李兆洛活字印本
甲乙記政錄一卷續丙記政錄一卷續丁記政錄一卷新政一卷 XX/第 438 冊
（明）徐肇台撰
影印北圖藏明崇禎刻本
東林事畧三卷 XX/第 438 冊
（明）吳應箕撰
影印北圖藏清抄本
啟禎兩朝剝復錄十卷 XX/第 438 冊
（明）吳應箕撰
影印北圖藏清初吳氏樓山堂刻本
復社紀畧四卷 XX/第 438 冊
（清）陸世儀撰
影印湖南省圖書館藏清抄本
聖朝新政要略十卷訪單一卷附錄一卷 XX/第 438 冊
題外史氏輯
影印北大圖書館藏抄本
烈皇小識六卷 XX/第 439 冊
（清）文秉撰
影印北圖藏清抄明季野史彙編前編本
頌天臚筆二十四卷 XX/第 439 冊
（明）金日升輯
影印華東師大圖書館藏明崇禎刻本
明季北略二十四卷 XX/第 440 冊
（清）計六奇撰
影印上海辭書藏清都城琉璃廠半松居士活字印本
甲申傳信錄十卷 XX/第 440 冊
（明）錢𫛸撰
影印天津圖書館藏清抄本
幸存錄三卷 XX/第 440 冊
（明）夏允彝撰
影印復旦圖書館藏清抄本
續幸存錄二卷 XX/第 440 冊
（明）夏完淳撰
影印復旦圖書館藏清抄本
三垣筆記三卷補遺三卷附識三卷附識補遺一卷 XX/第 440 冊
（清）李清撰
影印上海古籍出版社藏民國六年劉氏刻嘉業堂叢書本
明季甲乙兩年彙略三卷 XX/第 441 冊
（清）許重熙撰
影印北圖藏清初刻本
懷陵流寇始終錄十八卷附錄二卷 XX/第 441－442 冊
（清）戴笠（清）吳殳撰
影印南圖藏清初錢氏述古堂抄本
流寇志十四卷 XX/第 442 冊
（清）彭孫貽撰
影印浙江省圖書館藏清抄本
蜀碧四卷 XX/第 442 冊
（清）彭遵泗撰
影印上圖藏清刻本
談往錄三卷 XX/第 442 冊
（清）題花村看行侍者撰
影印科圖藏清抄本
行朝錄十二卷 XX/第 442 冊
（清）黄宗羲撰
影印復旦圖書館藏清抄本
明季遺聞四卷 XX/第 442 冊
（清）鄒漪撰
影印北圖藏清順治刻本
明季南略十八卷 XX/第 443 冊
（清）計六奇撰
影印科圖藏清抄本
聖安記事二卷 XX/第 443 冊
（清）顧炎武撰
影印上圖藏清初抄本
甲乙事案二卷 XX/第 443 冊
（清）文秉撰
影印台灣歷史語言研究所藏清抄本
南渡錄五卷 XX/第 443 冊
（清）李清撰
影印浙江省圖書館藏清抄本
思文大紀八卷 XX/第 444 冊
（明）陳燕翼撰
影印南圖藏清抄本
天南逸史四卷 XX/第 444 冊
（明）瞿共美撰
影印北大圖書館藏清抄本
所知錄六卷 XX/第 444 冊
（清）錢澄之撰
影印南開大學圖書館藏清抄本
永曆實錄二十六卷 XX/第 444 冊
（清）王夫之撰
影印上海辭書藏清同治四年湘鄉曾氏金陵節署刻船山遺書本
皇明末造錄二卷 XX/第 444 冊
（清）金鍾撰
影印科圖藏清抄本
行在陽秋二卷 XX/第 444 冊
（明）劉湘客撰
影印上圖藏清刻本
海東逸史十八卷 XX/第 444 冊
題翁洲老民撰
影印復旦圖書館藏民國二十三年張氏約園刻四明叢書第二集本
魯之春秋二十四卷校勘記二卷 XX/第 444 冊
（清）李聿求撰 朱希祖 徐益之撰校勘記
影印浙江省圖書館藏清咸豐刻本
延平王戶官楊英從征實錄一卷 XX/第 444 冊
（明）楊英撰
影印華東師大圖書館藏民國二十年中央研究院歷史語言研究所影印本
閩海紀畧二卷 XX/第 445 冊
影印南圖藏清抄本
海上見聞錄定本二卷 XX/第 445 冊
（清）阮旻錫撰
影印北圖藏清抄本
盾墨四卷 XX/第 445 冊
（清）湯彝撰
影印科圖藏清道光刻本
夷氛聞記五卷 XX/第 445 冊
（清）梁廷枏撰
影印北圖藏清刻本
夷艘入寇記二卷 XX/第 445 冊
（清）佚名撰
影印北大圖書館藏清抄本
防海紀略二卷 XX/第 445 冊
（清）王之春撰
影印復旦圖書館藏清光緒六年上洋文藝齋刻本
鴉片事畧二卷 XX/第 445 冊
（清）李圭撰
影印遼寧省圖書館藏清光緒二十一年海寧州署刻本
太平天日一卷 XX/第 445 冊
（太平天國）洪仁玕撰
影印上海辭書藏民國三十七年商務印書館影印太平天國官書十種本
李秀成自述原稿一卷 XX/第 445 冊
（太平天國）李秀成撰
影印復旦圖書館藏一九六二年臺灣世界書局影印本

賊情彙纂 XX/第445冊
(清)張德堅等輯
影印北大圖書館藏清抄本
粵匪紀略不分卷 XX/第446冊
(清)蕭盛遠撰
影印羅爾綱藏本
武昌紀事二卷附錄一卷 XX/第446冊
(清)陳徽言撰
影印上圖藏清咸豐七年吳昌言刻同治四年補修本
金陵癸甲紀事略一卷 XX/第446冊
(清)謝介鶴撰
影印科圖藏清咸豐七年刻本
蘇台麋鹿記二卷 XX/第446冊
(清)潘鍾瑞撰
影印華東師大圖書館藏清光緒潘氏刻香禪精舍集本
東方兵事紀略五卷 XX/第446冊
(清)姚錫光撰
影印上海辭書藏清光緒二十三年刻本
戊戌政變記九卷 XX/第446冊
梁啟超撰
影印復旦圖書館藏清鉛印本
戊戌履霜錄四卷 XX/第446冊
胡思敬撰
影印華東師大圖書館藏民國二年南昌退廬刻本
崇陵傳信錄一卷 XX/第446冊
(清)惲毓鼎撰
影印上圖藏稿本
拳匪聞見錄一卷 XX/第446冊
(清)管鶴撰
影印上海辭書藏清宣統三年汪康年鉛印振綺堂叢書初集本
庚子國變紀一卷 XX/第446冊
(清)李希聖撰
影印上圖藏民國十二年抱冰堂刻本
庚子海外紀事四卷 XX/第446冊
呂海寰撰
影印復旦圖書館藏清光緒鉛印本
西巡大事記十一卷首一卷 XX/第446冊
(清)王彥威撰
影印上海辭書藏民國二十二年鉛印清季外交史料附刊本
史通評釋二十卷 XX/第447冊
(明)郭孔延撰
影印北圖藏明萬曆三十二年郭孔陵刻本
史通訓故二十卷 XX/第447冊
(明)王惟儉撰
影印上圖藏明萬曆三十九年序刻本
史通訓故補二十卷 XX/第447冊
(清)黄叔琳撰
影印上圖藏清乾隆十二年黄氏養素堂刻本
史通削繁四卷 XX/第448冊
(清)紀昀撰
影印復旦圖書館藏清道光十三年兩廣節署刻本
文史通義九卷 XX/第448冊
(清)章學誠撰
影印民國十一年劉氏嘉業堂刻章氏遺書本
宋忠肅陳了齋四明尊堯集十一卷 XX/第448冊
(宋)陳瓘撰
影印北圖藏清光緒章景祥翠竹室刻本
致堂讀史管見三十卷 XX/第448－449冊
(宋)胡寅撰
影印宛委別藏宋寶祐二年宛陵郡齋刻本
史鉞二十卷 XX/第449冊
(明)晏璧撰
影印上圖藏明景泰七年劉氏翠巖精舍刻本
讀史商語四卷 XX/第449冊
(明)王志堅撰
影印上圖藏明萬曆四十七年刻本
讀通鑑論三十卷末一卷 XX/第449－450冊
(清)王夫之撰
影印上海辭書藏清同治四年湘鄉曾氏金陵節署刻船山遺書本
宋論十五卷 XX/第450冊
(清)王夫之撰
影印南圖藏清道光二十七年聽雨軒刻木
茗香堂史論四卷 XX/第450冊
(清)彭孫貽撰
影印上海辭書藏清光緒十年巴陵方氏刻碧琳琅館叢書本
閱史郄視四卷續一卷 XX/第450冊
(清)李塨撰
影印上海辭書藏清光緒五年王氏謙德堂刻畿輔叢書本
明史十二論一卷 XX/第450冊
(清)段玉裁撰
影印清道光刻昭代叢書本
讀史糾謬十五卷 XX/第451冊
(清)牛運震撰
影印上圖藏清嘉慶二十三年刻空山堂全集本
史林測義三十八卷 XX/第451冊
(清)計大受撰
影印湖北省圖書館藏清嘉慶十九年楓溪別墅刻本
味雋齋史義二卷 XX/第451冊
(清)周濟撰
影印上海辭書藏清光緒刻求志堂存稿彙編本
讀宋鑑論三卷 XX/第451冊
(清)方宗誠撰
影印上海辭書藏清光緒三年刻柏堂遺書本
志遠齋史話六卷 XX/第451冊
(清)楊以貞撰
影印上海辭書藏清光緒二十年始豐張氏刻暢園叢書本
諸史瑣言十六卷 XX/第451冊
沈家本撰
影印上海辭書藏民國刻沈寄簃先生遺書本
國史考異六卷 XX/第452冊
(清)潘檉章撰
影印北圖藏清初刻本
讀史札記一卷坿論說劄說十則一卷 XX/第452冊
(清)盧文弨撰
影印清光緒劉氏刻聚學軒叢書本
十七史商榷一百卷 XX/第452－453冊
(清)王鳴盛撰
影印復旦圖書館藏清乾隆五十二年洞涇草堂刻本
廿二史劄記三十六卷補遺一卷 XX/第453冊
(清)趙翼撰
影印復旦圖書館藏清嘉慶五年湛貽堂刻本
廿二史考異一百卷 XX/第454冊
(清)錢大昕撰

影印復旦圖書館藏清乾隆四十五年刻本
三史拾遺五卷 XX/第454冊
(清)錢大昕撰
影印復旦圖書館藏清嘉慶十二年李賡芸稻香吟館刻本
諸史拾遺五卷 XX/第455冊
(清)錢大昕撰
影印上海辭書藏清嘉慶十二年李賡芸稻香吟館刻本
讀史舉正八卷 XX/第455冊
(清)張熷撰
影印清光緒七年趙氏刻仰視千七百二十九鶴齋叢書本
諸史考異十八卷 XX/第455冊
(清)洪頤煊撰
影印上海辭書藏清光緒十五年廣雅書局刻本
考信錄三十六卷 XX/第455冊
(清)崔述撰
影印清嘉慶二十二年道光二年四年陳履和遞刻本
宋朝大詔令集二百四十卷 XX/第456冊
(宋)佚名編
影印北圖藏清抄本
新編詔誥章表機要四卷 XX/第457冊
(金)郭明如編
影印南圖藏金刻本
皇明詔令二十一卷 XX/第457冊
影印華東師大圖書館藏明嘉靖十八年傅鳳翔刻二十七年浙江布政司增修本
皇明詔制十卷 XX/第457－458冊
(明)孔貞運輯
影印南圖藏明崇禎七年刻本
大清詔令八卷 XX/第458冊
影印北圖藏清抄本
天命詔旨書一卷 XX/第458冊
影印復旦圖書館藏民國十五年北京大學出版部影印太平天國史料第一集本
頒行詔書一卷 XX/第458冊
影印復旦圖書館藏民國十五年北京大學出版部影印太平天國史料第一集本
太平詔書一卷 XX/第458冊
影印民國二十四年國立編譯館影印太平天國叢書第一集本
荊川先生右編四十卷
XX/第459－460冊
(明)唐順之編纂 劉曰寧補遺
影印復旦圖書館藏明萬曆三十三年南京國子監刻本
右編補十卷 XX/第460－461冊
(明)姚文蔚編
影印上圖藏明萬曆三十九年劉伸等刻本
古奏議不分卷 XX/第461冊
(明)黄汝亨輯
影印北大圖書館藏明萬曆二十九年吴德聚刻本
歷代名臣奏疏六卷 XX/第461冊
(明)王錫爵輯
影印吉林大學圖書館藏明萬曆刻本
歷朝茶馬奏議不分卷 XX/第461冊
(清)廖攀龍等輯
影印北大圖書館藏清初刻本
秦漢書疏十八卷 XX/第462冊
(明)吴國倫校
影印上圖藏明嘉靖三十七年吴國倫刻本
兩漢書疏十六卷 XX/第462冊
(明)周璀輯
影印北圖藏明弘治八年林俊刻本
皇明疏議輯略三十七卷
XX/第462－463冊
(明)張瀚輯
影印南圖藏明嘉靖三十年大名府刻本
皇明疏鈔七十卷 XX/第463－464冊
(明)孫甸輯
影印上圖藏明萬曆十二年自刻本
皇明兩朝疏抄十二卷 XX/第465冊
(明)賈三近輯
影印北大圖書館藏明萬曆十四年蔣科等刻本
皇明嘉隆疏抄二十二卷嘉隆新例附萬曆六卷 XX/第466－467冊
(明)張鹵輯
影印上圖藏明萬曆刻本
皇明留台奏議二十卷 XX/第467冊
(明)朱吾弼輯 (明)李雲鵠等輯
影印南圖藏明萬曆三十三年刻本
萬曆疏鈔五十卷 XX/第468－469冊
(明)吴亮輯
影印上圖藏明萬曆三十七年刻本
神廟留中奏疏彙要四十卷
XX/第470－471冊
(明)董其昌輯
影印北大圖書館藏清抄本
國朝奏疏四十八卷 XX/第471－472冊
(清)朱櫄輯
影印北圖藏清抄本
皇清奏議六十八卷續編四卷
XX/第473冊
影印民國影印本
註陸宣公奏議十五卷 XX/第474冊
(唐)陸贄撰 (宋)郎曄注
影印北圖藏元至正十四年劉氏翠巖精舍刻本
石林奏議十五卷 XX/第474冊
(宋)葉夢得撰
影印復旦圖書館藏清光緒十一年陸心源皕宋樓影宋刻本
宋丞相李忠定公奏議六十九卷附錄九卷 XX/第474－475冊
(宋)李綱撰
影印上圖藏明正德十一年胡文靜蕭泮刻本
宋特進左丞相許國公奏議四卷
XX/第475冊
(宋)吳潛撰
影印南圖藏清抄本
太平金鏡策八卷 XX/第475冊
(元)趙天麟撰
影印北圖藏元刻本
葉文莊公奏議四十卷 XX/第475冊
(明)葉盛撰
影印北圖藏明崇禎四年葉氏賜書樓刻本
晉溪本兵敷奏十四卷
XX/第475－476冊
(明)王瓊撰
影印北圖藏明嘉靖二十三年廖希顔刻本
密勿稿三卷 XX/第476冊
(明)毛紀撰
影印天津圖書館藏明嘉靖十六年刻本
南宮奏議三十卷 XX/第476冊
(明)嚴嵩撰
影印北圖藏明嘉靖二十四年嚴氏鈐山堂刻本

鄭端簡公奏議十四卷
XX/第 476－477 冊
(明)鄭曉撰
影印上圖藏明隆慶項氏萬卷堂刻本
楊襄毅公本兵疏議二十四卷
XX/第 477 冊
(明)楊博撰
影印浙江省圖書館藏明萬曆十四年師貞堂刻本
臺省疏稿八卷 XX/第 478 冊
(明)張瀚撰
影印北大圖書館藏明萬曆二年吳道明刻本
冲庵顧先生撫遼奏議二十卷
XX/第 478 冊
(明)顧養謙撰
影印上圖藏明萬曆刻本
小司馬奏草六卷 XX/第 478 冊
(明)項篤壽撰
影印北大圖書館藏明刻本
內閣奏題稿十卷首一卷 XX/第 479 冊
(明)趙志皋撰
影印南圖藏清順治七年趙世溥刻本
敬事草十九卷 XX/第 479－480 冊
(明)沈一貫撰
影印北大圖書館藏明刻本
司農奏議十四卷 XX/第 480 冊
(明)趙世卿撰
影印北圖藏明崇禎七年趙濬初刻本
海防奏疏二卷撫畿奏疏十卷計部奏疏四卷 XX/第 480 冊
(明)汪應蛟撰
影印北圖藏明刻本
鄒忠介公奏疏五卷 XX/第 481 冊
(明)鄒元標撰
影印上圖藏明崇禎十四年林銓刻本
周中丞疏稿十六卷救荒事宜一卷勸施迂談一卷 XX/第 481 冊
(明)周孔教撰
影印吉林大學圖書館藏明萬曆刻本
綸扉奏草三十卷 XX/第 481－482 冊
(明)葉向高撰
影印科圖藏明刻本
續綸扉奏草十四卷 XX/第 482 冊
(明)葉向高撰
影印科圖藏明福唐葉文忠公全集本
楊全甫諫草四卷 XX/第 482 冊
(明)楊天民撰
影印天津圖書館藏明天啟刻本
度支奏議一百十九卷
XX/第 483－490 冊
(明)畢自嚴撰
影印北圖藏明崇禎刻本
少師朱襄毅公督蜀疏草十二卷
XX/第 491 冊
(明)朱爕元撰
影印科圖藏清康熙五十九年朱人龍刻本
按遼疏稿六卷 XX/第 491 冊
(明)熊廷弼撰
影印天津圖書館藏明刻本
周忠毅公奏議四卷附一卷 XX/第 492 冊
(明)周宗建撰 (明)周廷祚編撰附
影印復旦圖書館藏明崇禎刻本
宜焚全稿十八卷 XX/第 492 冊
(明)祁彪佳撰
影印北圖藏明末抄本
奏牘八卷 XX/第 493 冊
(明)凌義渠撰
影印北圖藏明崇禎刻本
李文襄公奏議二卷奏疏十卷年譜一卷首一卷別錄六卷 XX/第 493 冊
(清)李之芳撰 (清)李鍾麟編次
影印復旦圖書館藏清康熙刻本
河防疏略二十卷 XX/第 493 冊
(清)朱之錫撰
影印復旦圖書館藏清康熙七年寒香館刻本
防河奏議十卷 XX/第 494 冊
(清)嵇曾筠撰
影印科圖藏清雍正刻本
鄂爾泰奏稿不分卷 XX/第 494 冊
(清)鄂爾泰撰
影印上圖藏清抄本
諸城劉氏三世奏稿一卷 XX/第 494 冊
(清)劉統勳 (清)劉墉 (清)劉鐶之撰
影印山東省圖書館藏清稿本
福康安奏疏 XX/第 494 冊
(清)福康安撰
影印南圖藏清抄本
那文毅公奏議八十卷
XX/第 495－497 冊
(清)那彥成撰
影印上圖藏清道光十四年刻本
韓大中丞奏議十二卷 XX/第 498 冊
(清)韓文綺撰
影印北圖藏清道光刻本
陶雲汀先生奏疏五十二卷
XX/第 498－499 冊
(清)陶澍撰
影印科圖藏清道光八年刻本
林文忠公政書三集三十七卷蒐遺一卷
XX/第 500 冊
(清)林則徐撰
影印復旦圖書館藏清光緒三山林氏刻林文忠公遺集本
王侍郎奏議十一卷 XX/第 500 冊
(清)王茂蔭撰
影印上圖藏清光緒十三年刻本
曾文正公奏稿三十六卷
XX/第 500－501 冊
(清)曾國藩撰
影印上海古籍出版社藏清光緒二年傳忠書局刻本
左恪靖侯奏稿初編三十八卷續編七十六卷三編六卷 XX/第 502－504 冊
(清)左宗棠撰
影印北圖藏清刻本
胡林翼奏議五十一卷 XX/第 505 冊
(清)胡林翼撰
影印民國二十五年大東書局鉛印胡林翼全集本
李文忠公奏稿八十卷
XX/第 505－508 冊
(清)李鴻章撰 (清)吳汝綸編
影印民國十年上海商務印書館影印金陵原刊本
僧王奏稿一卷 XX/第 508 冊
(清)僧格林沁撰
影印上圖藏清咸豐十一年刻本
丁文誠公奏稿二十六卷首一卷
XX/第 509 冊
(清)丁寶楨撰
影印復旦圖書館藏清光緒十九年刻二十五年補刻本
曾惠敏公奏疏六卷 XX/第 510 冊
(清)曾紀澤撰
影印復旦圖書館藏清光緒十九年江南製造總局鉛印本
張文襄公奏議七十二卷電奏十三卷
XX/第 510－511 冊

（明）李楨撰
影印福建省圖書館藏明萬曆二十一年刻本
豐清敏公遺事一卷附錄一卷 XX/第550冊
（宋）李朴撰（明）豐慶輯
影印北圖藏明刻本
劉豫事迹一卷 XX/第550冊
（清）曹溶輯
影印上圖藏清抄本
忠文王紀事實錄五卷 XX/第550冊
（宋）謝起巖撰
影印北圖藏宋咸淳七年吳安朝等刻明洪武公文紙印本
朱子實紀十二卷 XX/第550冊
（明）戴銑輯
影印北大圖書館藏明正德八年鮑雄刻本
宋丞相崔清獻公全錄十卷 XX/第550冊
（宋）崔與之撰（明）崔子璲（明）崔曉增輯
影印北大圖書館藏明嘉靖十三年唐冑邵煉刻本
陸右丞蹈海錄一卷 XX/第550冊
（明）丁元吉輯
影印上圖藏清康熙十二年王乃昭抄本
運使復齋郭公言行錄一卷 XX/第550冊
（元）徐東撰
影印北圖藏元至順刻本
編類運使復齋郭公敏行錄一卷 XX/第550冊
（元）鄧文原選
影印北圖藏元至順刻本
薛文清公行實錄五卷 XX/第551冊
（明）王鴻輯
影印揚州市圖書館藏明刻本
商文毅公遺行集一卷 XX/第551冊
（明）商汝頤撰
影印天一閣藏明正德十六年刻本
王文成傳本二卷 XX/第551冊
（清）毛奇齡撰
影印清刻西河合集本
求闕齋弟子記三十二卷 XX/第551冊
（清）王定安撰
影印湖北省圖書館藏清光緒二年都門刻本
玉池老人自叙一卷首一卷 XX/第552冊
（清）郭嵩燾撰
影印上海古籍出版社藏清光緒十九年養知書屋刻本
韓文類譜七卷 XX/第552冊
（宋）魏仲舉輯
影印上海古籍出版社藏清雍正七年馬氏小玲瓏山館依宋本韓柳二先生年譜刻本
范文正公年譜一卷 XX/第552冊
（宋）樓鑰撰
影印福建省圖書館藏明正德十二年葉士美歐陽席刻本
司馬大師溫國文正公年譜八卷後一卷遺事一卷 XX/第552冊
（清）顧棟高撰
影印上海古籍出版社藏民國吳興劉氏刻求恕齋叢書本
王荊公年譜考略二十五卷首三卷雜錄二卷附錄一卷 XX/第552冊
（清）蔡上翔撰
影印南圖藏清嘉慶九年刻本
廣元遺山年譜二卷 XX/第552冊
（清）李光廷撰
影印湖北省圖書館藏清同治刻本
倪高士年譜二卷 XX/第552冊
（清）沈世良輯
影印上海古籍出版社藏清宣統元年刻本
明李文正公年譜七卷 XX/第553冊
（清）法式善輯
影印科圖藏清嘉慶九年刻本
弇州山人年譜一卷 XX/第553冊
（清）錢大昕撰
影印復旦圖書館藏清潛研堂全書本
戚少保年譜耆編十二卷首一卷 XX/第553冊
（明）戚祚國等撰
影印南圖藏清道光二十七年仙遊崇勳祠刻本
顧端文公年譜二卷譜首一卷末一卷 XX/第553冊
（明）顧與沐記略（清）顧樞編（清）顧貞觀訂補
影印上圖藏清康熙何碩卿刻本
黄子年譜一卷 XX/第553冊
（清）洪思撰
影印科圖藏清道光二十四年曾省林廣邁刻本
忠節吳次尾先生年譜一卷附錄樓山遺事一卷 XX/第553冊
（清）夏燮撰
影印科圖藏清刻本
查東山年譜一卷附一卷 XX/第553冊
（清）沈起撰（清）張濤（清）查穀注
影印上海古籍出版社藏民國五年劉氏刻嘉業堂刻叢書本
顧亭林先生年譜一卷 XX/第553冊
（清）張穆撰
影印北圖藏清道光二十四年刻本
黄梨洲先生年譜三卷 XX/第553冊
（清）黄炳垕撰
影印清同治十二年刻本
船山公年譜二卷 XX/第553冊
（清）王之春撰
影印上海古籍出版社藏清光緒十八年鄂藩使署刻本
李文襄公年譜一卷 XX/第554冊
（清）程光裪撰
影印遼寧省圖書館藏清康熙刻本
陸稼書先生年譜定本二卷附錄一卷 XX/第554冊
（清）吳光酉撰
影印上圖藏清雍正三年清風堂刻乾隆六年增刻本
漁洋山人自撰年譜註補二卷 XX/第554冊
（清）惠棟撰
影印遼寧省圖書館藏清惠氏紅豆齋刻本
漫堂年譜四卷 XX/第554冊
（清）宋犖撰
影印北圖藏清宋氏漫堂抄本
顔習齋先生年譜二卷 XX/第554冊
（清）李塨撰
影印上海古籍出版社藏清光緒五年王氏謙德堂刻畿輔叢書本
閻潛丘先生年譜一卷 XX/第554冊
（清）張穆撰
影印上海古籍出版社藏清道光二十七年壽陽祁氏刻本
張清恪公年譜二卷 XX/第554冊
（清）張師栻（清）張師載撰
影印上海古籍出版社藏清乾隆四年正誼堂刻本

李恕谷先生年譜五卷 XX/第554冊
(清)馮辰撰
影印南圖藏清道光十六年刻本
襄勤伯鄂文端公年譜一卷 XX/第554冊
(清)鄂容安等撰
影印北圖藏清抄本
阿文成公年譜三十四卷
XX/第554－555冊
(清)那彥成撰
影印北大圖書館藏清嘉慶十八年刻本
病榻夢痕錄二卷夢痕餘錄一卷
XX/第555冊
(清)汪輝祖撰
影印南圖藏清道光三十年龔裕刻本
德壯果公年譜三十二卷 XX/第556冊
(清)花沙納撰
影印北大圖書館藏清咸豐七年志遠堂刻本
長文襄公自定年譜四卷 XX/第557冊
(清)長齡撰
影印復旦圖書館藏清道光二十一年桂叢堂刻本
忠武公年譜一卷 XX/第557冊
(清)楊國楨撰
影印遼寧省圖書館藏清道光刻本
黃蕘圃先生年譜二卷 XX/第557冊
(清)江標撰
影印清光緒二十三年長沙使院刻本
雷塘庵主弟子記八卷 XX/第557冊
(清)張鑑等撰
影印上海古籍出版社藏清道光琅嬛仙館刻本
文忠公年譜草稿一卷 XX/第557冊
(清)林聰彝撰
影印南開大學圖書館藏抄本
定盦先生年譜一卷 XX/第557冊
(清)吳昌綬撰
影印民國四年國學扶輪社鉛印龔定盦全集本
曾文正公年譜十二卷 XX/第557冊
(清)黎庶昌撰
影印上海古籍出版社藏清光緒二年傳忠書局刻本
左文襄公年譜十卷 XX/第557冊
(清)羅正鈞撰
影印上海古籍出版社藏清光緒二十三年湘陰左氏刻本
岑襄勤公年譜十卷 XX/第558冊
(清)趙藩撰
影印遼寧省圖書館藏清光緒二十五年岑春榮刻本
徐愚齋自叙年譜一卷 XX/第558冊
(清)徐潤撰
影印天津圖書館藏民國十六年香山徐氏鉛印本
康南海自編年譜不分卷 XX/第558冊
康有為撰
影印人民大學圖書館藏抄本
御試備官日記一卷 XX/第558冊
(宋)趙抃撰
影印清道光十一年晁氏活字印學海類編本
雲山日記二卷 XX/第558冊
(元)郭畀撰
影印復旦圖書館藏清宣統三年橫山草堂刻本
味水軒日紀八卷 XX/第558冊
(明)李日華撰
影印民國十二年劉氏刻嘉業堂叢書本
孫徵君日譜錄存三十六卷
XX/第558－559冊
(清)孫奇逢撰
影印湖北省圖書館藏清光緒十一年刻本
三魚堂日記十卷 XX/第559冊
(清)陸隴其撰
影印科圖藏清同治九年浙江書局刻本
采硫日記三卷 XX/第559冊
(清)郁永河撰
影印上海古籍出版社藏清咸豐三年南海伍氏刻粵雅堂叢書本
迎鑾日記三卷 XX/第559冊
(清)宋犖撰
影印北圖藏稿本
西藏日記不分卷 XX/第559冊
(清)允禮撰
影印北圖藏稿本
詷垣日記一卷 XX/第559冊
(清)帥方蔚撰
影印上海古籍出版社藏清光緒十年帥氏綠窗刻本
轉漕日記四卷 XX/第559冊
(清)李鈞撰
影印天津圖書館藏清道光十七年河南糧鹽道署刻本
求闕齋日記類鈔二卷 XX/第559冊
(清)曾國藩撰 (清)王啟原輯
影印上海古籍出版社藏清光緒二年傳忠書局刻本
能靜居日記不分卷 XX/第560－564冊
(清)趙烈文撰
影印一九六四年臺灣學生書局影印稿本
翁文恭公日記不分卷
XX/第565－575冊
(清)翁同龢撰
影印上海古籍出版社藏民國十四年涵芬樓影印稿本
蘅華館日記不分卷 XX/第576冊
(清)王韜撰
影印上圖藏稿本
三述奇八卷 XX/第576冊
(清)張德彝撰
影印北圖分館藏清同治十二年稿本
緣督廬日記抄十六卷 XX/第576冊
葉昌熾撰
影印上海古籍出版社藏民國二十二年上海蟫隱廬石印本
使西紀程二卷 XX/第577冊
(清)郭嵩燾撰
影印湖北省圖書館藏清光緒刻鐵香室叢刻本
曾惠敏公使西日記二卷 XX/第577冊
(清)曾紀澤撰
影印浙江省圖書館藏清光緒十九年江南製造總局刻曾惠敏公遺集本
請纓日記十卷 XX/第577冊
(清)唐景崧撰
影印清光緒十九年臺灣布政使署刻本
三洲日記八卷 XX/第577冊
(清)張蔭桓撰
影印上海古籍出版社藏清光緒二十二年刻本
出使美日秘國日記十六卷 XX/第578冊
(清)崔國因撰
影印上海古籍出版社藏清光緒二十年鉛印本
出使英法義比四國日記六卷
XX/第578冊
(清)薛福成撰
影印清光緒十八年刻本

出使日記續刻十卷 XX/第 578 - 579 冊
(清)薛福成撰
影印清光緒二十四年刻本
忘山廬日記不分卷 XX/第 579 - 582 冊
孫寶瑄撰
影印上圖藏抄本
蟫香館使黔日記九卷
XX/第 582 - 583 冊
(清)嚴修撰
影印民國二十四年影印稿本
辛丑日記不分卷 XX/第 583 冊
(清)華學瀾撰
影印民國二十五年商務印書館鉛印本
英軺日記十二卷 XX/第 583 冊
(清)載振撰
影印天津圖書館藏清光緒二十九年上海文明書局鉛印本
輿地紀勝二百卷 XX/第 584 - 585 冊
(宋)王象之撰
影印北圖藏清影宋抄本(清抄本配補)
歷代地理指掌圖一卷 XX/第 585 冊
(宋)稅安禮撰
影印宋刻本
太平寰宇記補闕六卷 XX/第 585 冊
(宋)樂史撰
影印上海古籍出版社藏清黎氏影刻古逸叢書本
大明清類天文分野之書二十四卷
XX/第 585 - 586 冊
題(明)劉基等撰
影印南圖藏明刻本
寰宇通衢不分卷 XX/第 586 冊
(明)佚名撰
影印北圖藏明初刻本
廣輿圖 XX/第 586 冊
(元)朱思本撰 (明)羅洪先補 (明)胡松增補
影印北圖藏明嘉靖刻本
肇域志(存江南十一卷、浙江二卷、山東八卷、山西五卷、河南四卷、湖廣三卷、陝西十卷、雲南二卷、貴州一卷、廣東二卷、福建二卷) XX/第 586 - 595 冊
(清)顧炎武撰
影印上圖藏清抄本
天下郡國利病書不分卷
XX/第 595 - 597 冊
(清)顧炎武撰
影印四部叢刊影印稿本
讀史方輿紀要一百三十卷
XX/第 598 - 612 冊
(清)顧祖禹撰
影印上圖藏稿本
大清一統志五百六十卷
XX/第 613 - 624 冊
(清)穆彰阿 (清)潘錫恩等纂修
影印四部叢刊續編本
乾隆府廳州縣圖志五十卷
XX/第 625 - 627 冊
(清)洪亮吉撰
影印復旦圖書館藏清嘉慶八年刻本
[光緒]畿輔通志三百卷首一卷
XX/第 628 - 640 冊
(清)李鴻章等修 (清)黃彭年等纂
影印一九三四年商務印書館影印清光緒十年刻本
[光緒]山西通志一百八十四卷首一卷
XX/第 641 - 646 冊
(清)曾國荃 (清)張煦等修 (清)王軒 (清)楊篤等纂
影印上海古籍出版社藏清光緒十八年刻本
東三省輿地圖說不分卷 XX/第 646 冊
(清)曹廷杰撰
影印湖北省圖書館藏清光緒著易堂鉛印本
[嘉靖]遼東志九卷 XX/第 646 冊
(明)畢恭等修 (明)任洛等重修
影印天津圖書館藏明嘉靖刻本
[光緒]吉林通志一百二十二卷圖一卷
XX/第 647 - 648 冊
(清)長順等修 (清)李桂林 (清)顧雲纂
影印清光緒十七年刻本
青海誌四卷 XX/第 649 冊
(清)康敷鎔纂修
影印湖北省圖書館藏抄本
[嘉靖]寧夏新志八卷 XX/第 649 冊
(明)楊守禮修 (明)管律等纂
影印上海古籍出版社藏明嘉靖十九年刻本
[宣統]新疆圖志一百十六卷
XX/第 649 - 650 冊
袁大化修 王樹柟 王學曾纂
影印一九二三年東方學會鉛印本
[光緒]重修安徽通志三百五十卷補遺十卷 XX/第 651 - 655 冊
(清)吳坤修等修 (清)何紹基 (清)楊沂孫等纂
影印上海古籍出版社藏清光緒四年刻本
[光緒]江西通志一百八十卷首五卷
XX/第 656 - 660 冊
(清)曾國藩 (清)劉坤一等修 (清)劉鐸 (清)趙之謙等纂
影印上海古籍出版社藏清光緒七年刻本
[寶祐]仙溪志四卷 XX/第 660 冊
(宋)趙與泌 (宋)黃巖孫纂修
影印北大圖書館藏清抄本
[嘉慶]湖北通志檢存稿四卷未成稿一卷 XX/第 660 冊
(清)章學誠纂
影印民國十一年劉氏嘉業堂刻章氏遺書本
[光緒]湖南通志二百八十八卷首八卷末十九卷 XX/第 661 - 668 冊
(清)卞寶第 (清)李瀚章等修 (清)曾國荃 (清)郭嵩燾等纂
影印商務印書館一九三四年影印清光緒十一年刻本
[道光]廣東通志三百三十四卷首一卷
XX/第 669 - 675 冊
(清)阮元修 (清)陳昌齊等纂
影印一九三四年商務印書館影印清道光二年刻本
[乾隆]瓊州府志十卷 XX/第 676 冊
(清)蕭應植 (清)陳景塤纂修
影印科圖藏清乾隆刻本
澳門紀略二卷 XX/第 676 冊
(清)印光任撰 (清)張汝霖纂
影印清乾隆西阪草堂刻本
[嘉慶]廣西通志二百七十九卷首一卷
XX/第 677 - 680 冊
(清)謝啟昆 (清)胡虔纂
影印華東師大圖書館藏清嘉慶六年刻本
[景泰]雲南圖經志書十卷 XX/第 681 冊
(明)陳文纂修
影印北圖藏明景泰刻本
[天啟]滇志三十三卷
XX/第 681 - 682 冊

三年刻本
[光緒]鎮海縣志四十卷 XX/第707冊
(清)于萬川修(清)俞樾纂
影印上海古籍出版社藏清光緒五年刻本
[光緒]永嘉縣志三十八卷首一卷 XX/第708-709冊
(清)張寶琳修(清)王棻(清)孫詒讓纂
影印華東師大圖書館藏清光緒八年刻本
[嘉慶]廬州府志五十四卷圖一卷 XX/第709-710冊
(清)張祥雲修(清)孫星衍等纂
影印浙江省圖書館藏清嘉慶八年刻本
[嘉慶]鳳台縣志十卷 XX/第710冊
(清)李兆洛纂修
影印浙江省圖書館藏清嘉慶十九年刻本
[嘉慶]甯國府志三十六卷首一卷末一卷 XX/第710-711冊
(清)魯銓(清)鍾英修(清)洪亮吉(清)施晉纂
影印上海古籍出版社藏民國八年影印清嘉慶二十年刻本
[嘉慶]東流縣志三十卷 XX/第712冊
(清)吳篪修(清)李兆洛等纂
影印復旦圖書館藏清嘉慶二十三年刻本
[康熙]臺灣府志十卷 XX/第712冊
(清)蔣毓英纂修
影印上圖藏清康熙刻本
[光緒]湘潭縣志十二卷 XX/第712冊
(清)陳嘉榆等修 王闓運等纂
影印華東師大圖書館藏清光緒十五年刻本
[大德]南海志二十卷 XX/第713冊
(元)陳大震纂修(元)呂桂孫纂修
影印北圖藏元大德刻本
[光緒]香山縣志二十二卷 XX/第713冊
(清)田明曜修(清)陳澧纂
影印上海古籍出版社藏清光緒刻本
[道光]肇慶府志二十二卷首一卷 XX/第713-714冊
(清)屠英等修(清)江藩等纂
影印清光緒二年重刻道光本
[康熙]武定府志四卷 XX/第715冊
(清)王清賢修(清)陳淳纂修
影印北大圖書館藏清康熙刻本
[道光]遵義府志四十八卷 XX/第715-716冊
(清)平翰等修(清)鄭珍(清)莫友芝纂
影印華東師大圖書館藏清道光二十一年刻本
甘棠小志四卷首一卷末一卷 XX/第716冊
(清)董醇撰
影印華東師大圖書館藏清咸豐五年甘棠董氏刻本
梅里志十八卷 XX/第716冊
(清)楊謙纂(清)李富孫補輯(清)余楙續補
影印華東師大圖書館藏清光緒三年刻本
周莊鎮志六卷首一卷 XX/第717冊
(清)陶煦纂
影印華東師大圖書館藏清光緒八年元和陶氏儀一堂刻本
南潯鎮志四十卷首一卷 XX/第717冊
(清)汪曰楨纂修
影印上海古籍出版社藏清同治二年刻本
杏花邨志十二卷首一卷末一卷 XX/第717冊
(清)郎遂纂
影印上圖藏清康熙二十四年刻本
山海關志八卷 XX/第718冊
(明)詹榮纂修
影印北圖藏明嘉靖十四年葛守禮刻本
延慶衛志略一卷 XX/第718冊
(清)李士宣修(清)周碩勳纂
影印北圖藏清乾隆抄本
歷代宮殿名一卷 XX/第718冊
(宋)李昉等撰
影印南圖藏清抄本
越中園亭記六卷 XX/第718冊
(明)祁彪佳撰
影印南圖藏清宣統三年紹興公報社鉛印越中文獻輯存書本
蘭亭志十一卷首一卷 XX/第718冊
(清)吳高增輯
影印上圖藏清乾隆十七年凝秀堂刻本
古清凉傳二卷廣清凉傳三卷續清凉傳二卷 XX/第718冊
(唐)釋慧祥(宋)釋延一(宋)張商英(宋)朱弁撰
影印宛委別藏明天順刻本
金陵梵剎志五十三卷 XX/第718-719冊
(明)葛寅亮撰
影印南圖藏民國二十五年金山江天寺影印明萬曆三十五年南京僧錄司刻天啟七年印本
金陵玄觀志十三卷 XX/第719冊
影印南圖藏明刻本
鄧尉聖恩寺志十八卷 XX/第719冊
(明)周永年撰
影印上海師大圖書館藏明崇禎十七年刻本
黃檗山寺志八卷 XX/第719冊
(明)釋隱元撰
影印南圖藏清順治刻本
南屏淨慈寺志十卷 XX/第719冊
(明)釋大壑撰
影印重慶圖書館藏明萬曆四十四年汪汝淳汪汝謙刻本
增修雲林寺志八卷 XX/第719冊
(清)厲鶚撰
影印清光緒十四年刻本
續修雲林寺志八卷 XX/第719冊
(清)沈鑅彪纂
影印清光緒十四年刻本
關中陵墓志一卷附錄一卷 XX/第720冊
(明)祁光宗撰
影印上圖藏清抄本
長沙府嶽麓誌八卷首一卷 XX/第720冊
(清)趙甯纂修
影印北大圖書館藏清康熙二十六年鏡水堂刻後印本
白鹿書院志十九卷 XX/第720冊
(清)毛德琦撰
影印復旦圖書館藏清康熙五十七年刻周兆蘭等補修本
石鼓書院志四卷 XX/第720冊
(明)李安仁修
影印北大圖書館藏明萬曆刻本
東林書院志二十二卷 XX/第721冊
(清)高廷等輯
影印上圖藏清雍正十一年刊本
新鐫海內奇觀十卷 XX/第721冊

(明)楊爾曾撰
影印明萬曆夷白堂刻本
湖山勝概一卷 XX/第721冊
影印北圖藏明刻彩色套印本
昌平山水記二卷 XX/第721冊
(清)顧炎武撰
影印上海辭書藏清吴江潘氏遂初堂刻本
六岳登臨志六卷 XX/第721冊
(明)龔黄撰
影印北圖藏明抄本
欽定清凉山志二十二卷 XX/第722冊
影印遼寧省圖書館藏清乾隆武英殿刻本
華嶽全集十三卷 XX/第722冊
(明)張維新纂
影印上圖藏明末刻本
岱史十八卷 XX/第722冊
(明)查志隆撰
影印北大圖書館藏明萬曆傅應星刻本
茅山志十五卷 XX/第723冊
(元)劉大彬撰
影印北圖藏元刻本配明刻本
四明山志九卷 XX/第723冊
(清)黄宗羲撰
影印北圖藏清康熙四十年黄炳刻本
普陀山志二十卷首一卷 XX/第723冊
(清)許琰撰
影印上海古籍出版社藏清乾隆刻本
天臺山全志十八卷 XX/第723冊
(明)張聯元輯
影印上圖藏清康熙刻本
仙都志二卷 XX/第723冊
(元)陳性定撰
影印北圖藏瞿氏鐵琴銅劍樓抄本
黄山志定本七卷首一卷 XX/第723－724冊
(清)閔麟嗣撰
影印湖北省圖書館藏清康熙刻本
洞山九潭誌四卷 XX/第724冊
(明)劉中藻撰
影印北圖藏清抄本
武夷山志二十四卷首一卷 XX/第724冊
(清)董天工撰
影印天津圖書館藏清乾隆刻本
嵩書二十二卷 XX/第725冊
(明)傅梅撰
影印上圖藏明萬曆刻本
南嶽總勝集三卷 XX/第725冊
(宋)陳田夫撰
影印宛委别藏明影宋抄本
羅浮山志會編二十二卷首一卷 XX/第725冊
(清)宋廣業撰
影印天津圖書館藏清康熙五十六年刻本
峨眉山志十八卷 XX/第726冊
(清)蔣超撰
影印北圖藏清康熙刻本
水經注疏四十卷 XX/第726－727冊
楊守敬 熊會貞撰
影印一九五七年科學出版社影印抄本
今水經一卷表一卷 XX/第727冊
(清)黄宗羲撰
影印清乾隆刻知不足齋叢書本
水地記三卷 XX/第728冊
(清)戴震撰
影印北圖藏清乾隆四十二年孔繼涵家抄本
西域水道記四卷 XX/第728冊
(清)徐松撰
影印北圖藏稿本
蜀水經十六卷 XX/第728冊
(清)李元撰
影印清嘉慶五年傳經堂刻本
河紀二卷 XX/第728冊
(清)孫承澤撰
影印北圖藏清康熙刻本
南河志十四卷 XX/第728冊
(明)朱國盛纂 (明)徐標續纂
影印浙江省圖書館藏明天啟刻崇禎增修本
南河全考二卷 XX/第729冊
(明)朱國盛纂 (明)徐標續纂
影印浙江省圖書館藏明天啟刻崇禎增修本
石湖志六卷 XX/第729冊
(明)莫震撰 (明)莫旦增補
影印北圖藏明刻本
西湖夢尋五卷 XX/第729冊
(清)張岱撰
影印北圖藏清康熙刻本
京師五城坊巷胡衕集一卷 XX/第729冊
(明)張爵撰
影印民國劉氏刻求恕齋叢書本
帝京景物略八卷 XX/第729冊
(明)劉侗等撰
影印湖北省圖書館藏明崇禎刻本
天府廣記四十四卷 XX/第729－730冊
(清)孫承澤撰
影印遼寧省圖書館藏清抄本
宸垣識略十六卷 XX/第730冊
(清)吴長元撰
影印浙江省圖書館藏清乾隆五十三年池北草堂刻本
天咫偶聞十卷 XX/第730冊
(清)震鈞撰
影印上海古籍出版社藏清光緒三十三年甘棠轉舍刻本
熱河志略不分卷 XX/第730冊
(清)和瑛撰
影印北京師大圖書館藏清抄本
淞故述一卷 XX/第730冊
(明)楊樞撰
影印湖北省圖書館藏清嘉慶吴氏聽彝堂刻藝海珠塵本
蒙古游牧記十六卷 XX/第731冊
(清)張穆撰 (清)何秋濤補
影印華東師大圖書館藏清同治六年祁氏刻本
遼東行部志一卷 XX/第731冊
(金)王寂撰
影印南圖藏清光緒丁氏竹書堂抄本
鴨江行部志一卷 XX/第731冊
(金)王寂撰
影印北圖藏清抄本
柳邊紀略四卷塞外草一卷 XX/第731冊
(清)楊賓撰
影印上圖藏清抄本
寧古塔山水記一卷 XX/第731冊
(清)張縉彦撰
影印上圖藏清康熙刻本
寧古塔紀略一卷 XX/第731冊
(清)吴振臣撰
影印北圖藏清抄本
吉林外記十卷 XX/第731冊
(清)薩英額撰
影印上海辭書藏清光緒二十一年漸西村舍刻本
黑龍江外記八卷 XX/第731冊
(清)西清撰

影印上海辭書藏清光緒二十六年廣雅書局刻本
黑龍江述略六卷 XX/第731冊
(清)徐宗亮撰
影印天津圖書館藏清光緒十七年徐氏觀自得齋刻本
類編長安志十卷 XX/第732冊
(元)駱天驤纂
影印南圖藏清抄本
兩京新記五卷 XX/第732冊
(唐)韋述撰
影印日本刻佚存叢書本
三省邊防備覽十四卷 XX/第732冊
(清)嚴如熤撰
影印天津圖書館藏清道光刻本
唐兩京城坊考五卷 XX/第732冊
(清)徐松撰 (清)張穆校補
影印天津圖書館藏清道光二十八年楊氏刻連筠簃叢書本
凉州異物志一卷 XX/第732冊
(清)張澍輯
影印清道光元年張氏刻二酉堂叢書本
沙州圖經 XX/第732冊
(唐)佚名撰
影印敦煌石室遺書殘本
新疆識略十二卷首一卷 XX/第732冊
(清)松筠纂修
影印上海辭書藏清道光元年武英殿刻本
山東考古錄一卷 XX/第732冊
(清)顧炎武撰
影印浙江省圖書館藏清光緒十一年吳縣孫谿槐廬家塾刻顧亭林先生遺書補遺本
續山東考古錄三十二卷首一卷 XX/第733冊
(清)葉圭綬撰
影印浙江省圖書館藏清咸豐元年葉氏蝸角尖廬刻本
板橋雜記三卷附錄一卷 XX/第733冊
(清)余懷撰
影印天津圖書館藏清瓣香閣抄本
百城烟水九卷 XX/第733冊
(清)徐崧 (清)張大純輯
影印上圖藏清康熙二十九年刻本
揚州畫舫錄十八卷 XX/第733冊
(清)李斗撰
影印上圖藏清乾隆六十年自然盦刻本
吳風錄一卷 XX/第733冊
(明)黄省曾撰
影印湖北省圖書館藏民國二十七年商務印書館影印明隆慶刻萬曆增修百陵學山本
西湖繁勝錄一卷 XX/第733冊
題西湖老人撰
影印明永樂大典本
台州札紀十二卷 XX/第734冊
(清)洪頤煊撰
影印浙江省圖書館藏清抄本
閩部疏一卷 XX/第734冊
(明)王世懋撰
影印科圖藏明萬曆四十五年陳於廷刻紀錄彙編本
閩小紀四卷 XX/第734冊
(清)周亮工撰
影印清康熙周氏賴古堂刻本
莆陽比事七卷 XX/第734冊
(宋)李俊甫撰
影印宛委别藏清影抄明萬曆三十三年刻本
臺灣隨筆一卷 XX/第734冊
(清)徐懷祖撰
影印清學海類編本
宋東京考二十卷 XX/第734冊
(清)周城撰
影印天津圖書館藏清乾隆刻本
廣東新語二十八卷 XX/第734冊
(清)屈大均撰
影印清康熙水天閣刻本
廣西名勝志十卷 XX/第735冊
(明)曹學佺撰
影印南圖藏明崇禎三年刻大明一統名勝志本
蜀都雜鈔一卷 XX/第735冊
(明)陸深撰
影印浙江省圖書館藏明刻廣百川學海本
蜀典十二卷 XX/第735冊
(清)張澍撰
影印浙江省圖書館藏清道光十四年張氏安懷堂刻本
續黔書八卷 XX/第735冊
(清)張澍撰
影印科圖藏清嘉慶刻本
蠻司合誌十五卷 XX/第735冊
(清)毛奇齡撰
影印清康熙刻西河合集本
殊域周咨錄二十四卷 XX/第735-736冊
(明)嚴從簡撰
影印北圖藏明萬曆刻本
咸賓錄八卷 XX/第736冊
(明)羅曰褧撰
影印北圖藏明萬曆十九年劉一焜刻本
西遊錄注一卷 XX/第736冊
(元)耶律楚材撰 (元)盛如梓刪略 (清)李文田注
影印清光緒二十三年江標刻本
長春真人游記二卷 XX/第736冊
(元)李志常撰
影印宛委别藏清抄本
古今游名山記十七卷總綠三卷 XX/第736冊
(明)何鏜輯
影印北大圖書館藏明嘉靖四十四年廬陵吳炳刻本
名山游記一卷 XX/第737冊
(明)王世懋撰
影印北圖藏明萬曆刻本
王太初先生五岳遊草十二卷 XX/第737冊
(明)王士性撰
影印科圖藏清康熙馮甦刻本
北游錄 XX/第737冊
(清)談遷撰
影印北圖分館藏抄本
進藏紀程一卷 XX/第737冊
(清)王世睿撰
影印上海古籍出版社藏清道光沈氏世楷堂刻昭代叢書本
辛卯侍行記六卷 XX/第737冊
(清)陶保廉撰
影印上海古籍出版社藏清光緒二十三年養樹山房刻本
環遊地球新錄四卷 XX/第737冊
(清)李圭撰
影印上海古籍出版社藏清光緒刻本
北邊備對一卷 XX/第737冊
(宋)程大昌撰
影印明刻歷代小史本
邊政考十二卷 XX/第738冊

季漢官爵考三卷 XX/第747冊
(清)周廣業撰
影印北圖藏清周氏種松書塾抄本
三國職官表三卷 XX/第747冊
(清)洪飴孫撰
影印南圖藏清道光二年李兆洛刻本
晉官五種 XX/第747冊
(清)黃奭輯
影印上海辭書藏漢學堂叢書本
晉官品令一卷 XX/第747冊
晉百官名一卷 XX/第747冊
晉公卿禮秩一卷 XX/第747冊
(晉)傅暢撰
晉故事一卷 XX/第747冊
(晉)傅暢撰
晉百官表注一卷 XX/第747冊
(晉)荀綽撰
唐尚書省郎官石柱題名考二十六卷卷首一卷附錄一卷 XX/第747冊
(清)勞格撰(清)趙鉞撰
影印浙江省圖書館藏清光緒十二年丁氏刻月河精舍叢抄本
唐御史臺精舍題名考三卷首一卷末一卷 XX/第748冊
(清)趙鉞(清)勞格撰
影印浙江省圖書館藏清光緒六年丁氏刻月河精舍叢抄本
唐折衝府考四卷 XX/第748冊
(清)勞經原撰(清)勞格校補
影印湖北省圖書館藏清道光二十一年勞氏丹鉛精舍刻本
續宋宰輔編年錄二十六卷 XX/第748冊
(明)呂邦耀撰
影印北大圖書館藏抄本
宋中興學士院題名一卷中興東宮官寮題名一卷中興行在雜買務雜賣場提轄官題名一卷 XX/第748冊
(宋)何異撰
影印上海辭書藏清光緒二十二年繆氏刻藕香零拾本
大元官制雜記一卷 XX/第748冊
(清)文廷式輯
影印上海辭書藏民國五年上海倉聖明智大學印廣倉學宭叢書甲類本
大明一統文武諸司衙門官制五卷 XX/第748冊
(明)陶承慶校正(明)葉時用增補
影印北圖藏明萬曆四十一年寶善堂刻本
諸司職掌十卷 XX/第748冊
影印北圖藏明刻本
銓曹儀注五卷 XX/第749冊
(明)唐伯元撰
影印南圖藏明萬曆刻本
官爵志三卷 XX/第749冊
(明)徐石麟撰
影印上圖藏清抄本
南廱志二十四卷 XX/第749冊
(明)黃佐撰
影印華東師大圖書館藏民國二十年江蘇省立國學圖書館影印明嘉靖二十三年刻增修本
四譯館增訂館則二十卷新增館則一卷 XX/第749冊
(明)呂維祺輯(清)曹溶增(清)錢綎補
影印華東師大圖書館藏民國三十七年玄覽堂叢書三集影印明崇禎刻清康熙十二年袁懋德補刻增修後印本
錦衣志一卷 XX/第749冊
(明)王世貞撰
影印復旦圖書館藏明萬曆四十五年陳於廷刻紀錄彙編本
欽定吏部銓選則例二十一卷 XX/第750冊
(清)錫珍等撰
影印遼寧省圖書館藏清光緒十二年刻本
樞垣紀略二十八卷 XX/第751冊
(清)梁章鉅撰(清)朱智等補
影印浙江省圖書館藏清光緒鉛印本
樞垣題名四卷 XX/第751冊
(清)吳孝銘輯
影印浙江省圖書館藏清道光十八年七峰別墅刻增修本
內閣志一卷 XX/第751冊
(清)席吳鏊撰
影印上海辭書藏民國九年影印清嘉慶張氏刻借月山房彙鈔本
內閣小志一卷內閣故事一卷 XX/第751冊
(清)葉鳳毛撰
影印上海辭書藏清道光十八年錢氏守山閣刻指海本
國朝御史題名不分卷國朝滿洲蒙古御史題名不分卷 XX/第751冊
(清)黃叔璥撰(清)戴璐等續補(清)蘇芳阿撰
影印山東省圖書館藏清光緒刻本
國子監志八十二卷首二卷 XX/第751–752冊
(清)文慶等撰
影印北圖藏清道光抄本
最新清國文武官制表二卷 XX/第753冊
影印南圖藏清末石印本
臣軌二卷 XX/第753冊
(唐)武曌撰
影印宛委別藏日本活字印佚存叢書本
作邑自箴十卷 XX/第753冊
(宋)李元弼撰
影印民國十七年四部叢刊續編影印影抄宋淳熙刻本
為政善報事類十卷 XX/第753冊
(元)葉留撰(元)陳相注
影印宛委別藏清抄本
實政錄九卷 XX/第753冊
(明)呂坤撰
影印北圖藏明萬曆二十六年趙文炳刻本
治譜十卷續集一卷附錄一卷 XX/第753冊
(明)佘自強(明)王肯堂撰
影印北圖藏明崇禎十二年胡璿刻本
牧鑑十卷 XX/第753冊
(明)楊昱撰
影印北圖藏明嘉靖三十四年李仲僎刻本
牧津四十四卷 XX/第754冊
(明)祁承㸁撰
影印湖北省圖書館藏明天啟四年刻本
百僚金鑑十二卷 XX/第755冊
(清)牛天宿撰
影印中央民族學院圖書館藏清忠愛堂刻本
政學錄五卷 XX/第755冊
(清)鄭端撰
影印上海辭書藏清光緒五年王氏謙德堂刻畿輔叢書本
佐治藥言一卷續一卷 XX/第755冊
(清)汪輝祖撰
影印上圖藏清乾隆五十四年雙節堂

刻本
學治臆說二卷續說一卷說贅一卷 XX/第 755 冊
(清)汪輝祖撰
影印南圖藏清同治元年吳氏望三益齋刻本
吏治輯要一卷 XX/第 755 冊
(清)倭仁撰
影印南圖藏清光緒元年升泰刻本
牧令書輯要十卷 XX/第 755 冊
(清)徐棟輯 (清)丁日昌選評
影印天津圖書館藏清同治七年江蘇書局刻本
古今治平畧三十三卷 XX/第 756－757 冊
(明)朱健撰
影印浙江省圖書館藏明崇禎鍾鉉刻本
六典通考二百卷 XX/第 758－761 冊
(清)閻鎮珩撰
影印湖北省圖書館藏清光緒二十九年北嶽山房刻本
古今法制表十六卷 XX/第 761 冊
(清)孫榮撰
影印湖北省圖書館藏清光緒三十二年刻本
續文獻通考二百五十四卷 XX/第 761－767 冊
(明)王圻撰
影印明萬曆三十年松江府刻本
三國會要二十二卷首一卷 XX/第 767 冊
(清)楊晨撰
影印復旦圖書館藏清光緒二十六年江蘇書局刻本
南朝宋會要不分卷 XX/第 767－769 冊
(清)朱銘盤撰
影印北圖藏稿本
齊會要不分卷 XX/第 770－771 冊
(清)朱銘盤撰
影印北圖藏稿本
梁會要不分卷 XX/第 772－773 冊
(清)朱銘盤撰
影印北圖藏稿本
陳會要不分卷 XX/第 774 冊
(清)朱銘盤撰
影印北圖藏稿本
南朝會要不分卷 XX/第 775 冊
(清)錢儀吉撰
影印稿本
宋會要不分卷校記不分卷 XX/第 775－786 冊
(清)徐松輯 葉渭清撰
影印北圖藏稿本
大元聖政國朝典章六十卷新集至治條例不分卷 XX/第 787 冊
影印南圖藏一九七二年臺灣故宮博物院影印元刻本
通制條格存二十二卷 XX/第 787 冊
(元)拜柱等纂修
影印天津圖書館藏民國十九年北平圖書館影印明鈔本
皇明制書二十卷 XX/第 788 冊
(明)張鹵輯
影印明萬曆七年張鹵刻本
大明會典二百二十八卷 XX/第 789－792 冊
(明)申時行等修 (明)趙用賢等纂
影印明萬曆內府刻本
明會要八十卷 XX/第 793 冊
(清)龍文彬撰
影印浙江省圖書館藏清光緒十三年永懷堂刻本
欽定大清會典一百卷 XX/第 794 冊
(清)崑岡等修 (清)吳樹梅等纂
影印清光緒石印本
欽定大清會典圖二百七十卷 XX/第 795－797 冊
(清)崑岡等修 (清)劉啟端等纂
影印清光緒石印本
欽定大清會典事例一千二百二十卷 XX/第 798－814 冊
(清)崑岡等修 (清)劉啟端等纂
影印清光緒石印本
吾學錄初編二十四卷 XX/第 815 冊
(清)吳榮光撰
影印科圖藏清道光十二年吳氏筠清館刻本
石渠餘紀六卷 XX/第 815 冊
(清)王慶雲撰
影印上海辭書藏清光緒十六年龍璋刻本
皇朝續文獻通考四百卷 XX/第 815－821 冊
劉錦藻撰
影印民國商務印書館影印十通本
大唐郊祀錄十卷 XX/第 821 冊
(唐)王涇撰
影印上海古籍出版社藏民國四年張氏刻適園叢書本
太常因革禮一百卷 XX/第 851 冊
(宋)歐陽修等撰
影印清宛委別藏本
中興禮書三百卷 XX/第 822－823 冊
(宋)禮部太常寺纂修 (清)徐松輯
影印北圖藏清蔣氏寶彝堂抄本
中興禮書續編八十卷 XX/第 823 冊
(宋)葉宗魯纂修 (清)徐松輯
影印北圖藏清蔣氏寶彝堂抄本
皇明典禮志二十卷 XX/第 824 冊
(明)郭正域撰
影印浙江省圖書館藏明萬曆四十一年劉汝康刻本
王國典禮八卷 XX/第 824 冊
(明)朱勤美撰
影印北圖藏明萬曆四十三年周府刻天啟增修本
孔廟禮樂考六卷 XX/第 824 冊
(明)瞿九思撰
影印華東師大圖書館藏明萬曆史學遷刻本
滿洲四禮集 XX/第 824 冊
(清)索寧安輯
影印清華大學圖書館藏清嘉慶六年省非堂刻本
國朝宮史續編一百卷 XX/第 824－825 冊
(清)慶桂等編
影印遼寧省圖書館藏清嘉慶十一年內府抄本
品官家儀考四卷士人家儀考四卷 XX/第 826 冊
(清)林伯桐撰
影印上海辭書藏清道光二十四年林世懋刻修本堂叢書本
歷代紀年十卷 XX/第 826 冊
(宋)晁公邁撰
影印北圖藏宋紹熙三年盱江郡齋刻本
歷代帝王曆祚考八卷音釋一卷歷代紹運國系之圖一卷歷代紹統年表一卷歷代年號考同一卷 XX/第 826 冊
(明)吳繼安撰
影印北圖藏明萬曆刻本

歷代紀元彙考五卷 XX/第826冊
(清)萬斯同撰
影印復旦圖書館藏清康熙四十二年刻本
紀元編三卷末一卷 XX/第826冊
(清)李兆洛撰
影印湖北省圖書館藏清道光十一年輩學齋刻本
謚法三卷 XX/第826冊
(漢)劉熙撰(晉)孔晁注(清)孫彤輯
影印湖北省圖書館藏清嘉慶孫氏刻問經堂叢書本
謚法通考十八卷 XX/第826－827冊
(明)王圻撰
影印大連圖書館藏明萬曆二十四年刻本
漢晉迄明謚彙考十卷皇朝謚彙考五卷 XX/第827冊
(清)劉長華撰
影印上海古籍出版社藏清光緒刻民國陳氏慎初堂印本
皇朝謚法考五卷續編五卷 XX/第827冊
(清)鮑康撰(清)王鵬運續撰
影印湖北省圖書館藏清同治三年增修本
經史避名彙考四十六卷 XX/第827冊
(清)周廣業撰
影印北圖藏清抄本
歷代諱名考一卷 XX/第828冊
(清)劉錫信撰
影印上海辭書藏清光緒五年王氏謙德堂刻畿輔叢書本
科場條貫一卷 XX/第828冊
(明)陸深撰
影印復旦圖書館藏明嘉靖二十四年陸楫刻儼山外集本
辟雍紀事十五卷辟雍考一卷辟雍紀事原始一卷辟雍軼事一卷附錄一卷 XX/第828冊
(明)盧上銘撰(明)馮士驊撰
影印南圖藏明崇禎刻本
皇明貢舉考九卷 XX/第828冊
(明)張朝瑞撰
影印北大圖書館藏明萬曆刻本
欽定學政全書八十卷 XX/第828冊
(清)素爾訥等撰
影印遼寧省圖書館藏清乾隆三十九年武英殿刻本
登科記考三十卷 XX/第829冊
(清)徐松撰
影印上海辭書藏清光緒十四年刻南菁書院叢書本
制義科瑣記四卷 XX/第829冊
(清)李調元撰
影印北大圖書館藏清乾隆李氏萬卷樓刻函海本
欽定科場條例六十卷首一卷 XX/第829－830冊
(清)杜受田等修(清)英匯等纂
影印南圖藏清咸豐二年刻本
增補貢舉考略五卷首一卷 XX/第830－831冊
(清)黃崇蘭撰(清)趙學曾續撰
影印北圖藏清道光雙桂齋刻本
改設學堂私議一卷勸設學綴言一卷 XX/第831冊
(清)劉光蕡撰
影印上海辭書藏民國九年思過齋刻煙霞草堂遺書本
京師大學堂章程 XX/第831冊
影印北大圖書館藏清光緒二十八年四川學務處刻本
萬曆會計錄四十三卷 XX/第831－833冊
(明)張學顏等撰
影印明萬曆九年刻本
重訂賦役成規不分卷 XX/第833冊
(明)熊尚文等撰
影印北大圖書館藏明萬曆四十三年刻本
蘇松歷代財賦考一卷請減蘇松浮糧疏稿一卷居官備覽一卷 XX/第833冊
影印北圖藏清康熙刻本
賦鏡錄四卷明賦考二卷 XX/第834冊
(清)施端教輯
影印人民大學圖書館藏清康熙嘯閣刻本
程賦統會十八卷首一卷 XX/第834冊
(清)劉斯樞輯
影印清華大學圖書館藏清康熙刻本
錢穀視成二卷 XX/第834冊
(清)謝鳴篁撰
影印湖北省圖書館藏清抄本
錢穀金針二卷 XX/第834冊
影印科圖藏清抄本
兩浙南關榷事書不分卷 XX/第834冊
(明)楊時喬撰
影印北圖藏明隆慶元年自刻本
榷政紀略四卷奏疏一卷莅政八箴一卷 XX/第834冊
(明)堵胤錫撰
影印北圖藏明崇禎刻本
常稅則例二卷 XX/第834冊
佚名撰
影印北大圖書館藏清雍正古香齋刻本
粵海關志三十卷 XX/第834－835冊
(清)梁廷枏撰
影印復旦圖書館藏清道光刻本
絲絹全書八卷 XX/第835冊
(明)程任卿輯
影印北圖藏明萬曆刻本
大元海運記二卷 XX/第835冊
(元)趙世延(元)揭傒斯等纂修(清)胡敬輯
影印南圖藏清抄本
漕河圖志八卷 XX/第835冊
(明)王瓊撰
影印南圖藏明弘治刻本
漕運通志十卷 XX/第836冊
(明)謝純撰
影印北圖藏明嘉靖七年楊宏刻本
欽定戶部漕運全書九十六卷 XX/第836－838冊
(清)載齡等修(清)福趾等纂
影印科圖藏清光緒二年刻本
海運續案六卷 XX/第838冊
影印北大圖書館藏清抄本
河漕備考四卷歷代黃河指掌圖說一卷 XX/第838冊
(清)朱鋐撰
影印北圖藏清抄本
寶泉新牘二卷 XX/第838冊
(明)陳于廷輯
影印北圖藏明天啟四年刻本
歷代錢法備考八卷 XX/第838冊
(清)沈學詩撰
影印復旦圖書館藏清抄本
錢幣芻言一卷續刻一卷再續一卷 XX/第838冊
(清)王鎏撰
影印復旦圖書館藏清道光刻本

鈔幣論一卷 XX/第 838 冊
(清)許梋撰
影印科圖藏清道光二十六年許氏古均閣刻本
古今鹺略九卷補九卷 XX/第 839 冊
(明)汪砢玉撰
影印北圖藏清抄本
鹽政志十卷 XX/第 839 冊
(明)朱廷立撰
影印浙江省圖書館藏明嘉靖刻本
鹺政全書二卷 XX/第 839 冊
(明)周昌晉撰
影印北圖藏明天啟七年活字印本
河東鹽政彙纂六卷 XX/第 839 冊
(清)蘇昌臣輯
影印復旦圖書館藏清康熙刻本
長蘆鹽法志二十卷援證十卷 XX/第 840 冊
(清)黃掌綸等纂修
影印天津圖書館藏清嘉慶十年刻本
欽定重修兩浙鹽法志三十卷首二卷 XX/第 840 – 841 冊
(清)延豐纂修
影印上海辭書藏清同治刻本
四川鹽法志四十卷首一卷 XX/第 842 冊
(清)丁寶禎等纂修
影印清光緒刻本
重修兩淮鹽法志一百六十卷首一卷 XX/第 842 – 845 冊
(清)王定安等纂修
影印科圖藏清光緒三十一年刻本
救荒活民類要不分卷 XX/第 846 冊
(元)張光大撰
影印北圖藏明刻本
荒政要覽十卷 XX/第 846 冊
(明)俞汝為輯
影印上圖藏明萬曆三十五年刻本
孚惠全書六十四卷 XX/第 846 冊
(清)彭元瑞等纂修
影印上海辭書藏民國羅振玉石印本
治河通考十卷 XX/第 847 冊
(明)劉隅撰
影印上圖藏明嘉靖十二年顧氏刻本
河防芻議六卷 XX/第 847 冊
(清)崔維雅撰
影印南圖藏清康熙刻本
天一遺書不分卷 XX/第 847 冊
(清)陳潢撰
影印北圖藏清咸豐四年楊象濟抄本
治河全書二十四卷 XX/第 847 冊
(清)張鵬翮撰
影印天津圖書館藏清抄本
三峽通志五卷 XX/第 848 冊
(明)吳守忠撰
影印上圖藏明萬曆十九年刻本
復淮故道圖說不分卷 XX/第 848 冊
(清)丁顯撰
影印南圖藏清同治八年集韻書屋刻本
畿輔安瀾志五十六卷 XX/第 849 冊
(清)王履泰撰
影印天津圖書館藏清武英殿聚珍版印本
永定河志十九卷首一卷 XX/第 850 冊
(清)陳琮撰
影印北大圖書館藏清乾隆內府抄本
通惠河志二卷 XX/第 850 冊
(明)吳仲撰
影印南圖藏明嘉靖刻隆慶增修本
水利集十卷 XX/第 851 冊
(元)任仁發撰
影印上海師大圖書館藏舊抄本
邦畿水利集說四卷九十九淀考一卷 XX/第 851 冊
(清)沈聯芳撰
影印上圖藏清抄本
畿輔水利議一卷 XX/第 851 冊
(清)林則徐撰
影印遼寧省圖書館藏清光緒二年林氏刻本
潞水客談一卷 XX/第 851 冊
(明)徐貞明撰
影印天一閣藏明萬曆刻本
淮南水利考二卷 XX/第 851 冊
影印南圖藏明刻本
山東水利管窺略四卷 XX/第 851 冊
(清)李方膺撰
影印南通市圖書館藏清抄本
敕修兩浙海塘通志二十卷首一卷 XX/第 851 冊
(清)方觀承等修 (清)查詳等纂
影印北大圖書館藏清乾隆刻本
軍政條例類考六卷 XX/第 852 冊
(明)霍翼輯
影印北圖藏明嘉靖三十一年刻本
軍政事宜一卷 XX/第 852 冊
(明)龐尚鵬撰
影印北圖藏明萬曆五年刻本
軍政備例不分卷 XX/第 852 冊
(明)趙堂撰
影印天津圖書館藏清抄本
禦倭軍事條款一卷 XX/第 852 冊
(明)李遂撰
影印北圖藏明嘉靖刻藍印本
地水師四卷 XX/第 852 冊
(明)潘鳳梧撰
影印大連圖書館藏明萬曆刻本
欽定中樞政考七十二卷 XX/第 853 – 855 冊
(清)明亮 (清)納蘇泰等纂修
影印遼寧省圖書館藏清道光五年兵部刻本
欽定兵部處分則例七十六卷欽定兵部續纂處分則例四卷 XX/第 856 冊
(清)伯麟 (清)長齡等纂修
影印上圖藏清道光兵部刻本
欽定中樞政考續纂四卷 XX/第 857 冊
(清)長齡等纂修
影印遼寧省圖書館藏清道光十二年刻本
欽定戶部軍需則例九卷續一卷欽定兵部軍需則例五卷欽定工部軍需則例一卷 XX/第 857 冊
(清)阿桂 (清)和珅等纂修
影印華東師大圖書館藏清乾隆五十年刻增修本
欽定軍器則例二十四卷 XX/第 857 冊
(清)董誥等纂修
影印浙江省圖書館藏清嘉慶二十一年兵部刻本
欽定福建省外海戰船則例二十三卷首一卷 XX/第 858 冊
影印南京大學圖書館藏清刻本
皇朝兵制考略六卷 XX/第 858 冊
(清)翁同爵撰
影印復旦圖書館藏清光緒元年武昌節署刻朱墨套印本
歷代武舉考一卷 XX/第 859 冊
(清)譚吉璁撰
影印上海辭書藏清道光十一年晁氏木活字印學海類編本
歷代馬政志一卷 XX/第 859 冊

(清)蔡方炳撰
影印上海辭書藏清道光十一年晁氏木活字印學海類編本
馬政志四卷 XX/第 859 冊
(明)陳講撰
影印天一閣藏明嘉靖三年刻本
保甲書四卷 XX/第 859 冊
(清)徐棟輯
影印遼寧省圖書館藏清道光二十八年李煒刻本
杭州八旗駐防營志略二十五卷 XX/第 859 冊
(清)張大昌輯
影印上海辭書藏清光緒浙江書局刻本
荊州駐防八旗志十六卷首一卷 XX/第 859 冊
(清)希元等纂修
影印湖北省圖書館藏清光緒五年荊州軍署刻本
駐粵八旗志二十四卷首一卷 XX/第 859 – 860 冊
(清)長善等修 (清)劉彥明纂
影印上海辭書藏清光緒五年廣州龍藏街韶元閣刻十年增修本
廣州駐防事宜二卷 XX/第 860 冊
(清)慶保輯
影印北圖分館藏清抄本
水師輯要不分卷 XX/第 860 冊
(清)陳良弼撰
影印中山圖書館藏清抄本
外海紀要不分卷 XX/第 860 冊
(清)李增階撰
影印福建省圖書館藏清道光刻本
廣州永康等炮臺工程不分卷 XX/第 860 冊
(清)顧炳章等輯
影印中山圖書館藏清稿本
江南製造局記十卷附一卷首一卷 XX/第 860 冊
(清)魏允恭等纂修
影印上海辭書藏清光緒三十一年上海文寶書局石印本
律十二卷律音義一卷 XX/第 861 冊
(宋)佚名輯 (宋)孫奭撰
影印北圖藏宋刻宋元遞修本
慶元條法事類八十卷開禧重修尚書吏部侍郎右選格二卷 XX/第 861 冊
(宋)謝深甫纂修
影印北圖藏清抄本
重詳定刑統三十卷附錄一卷校勘記一卷 XX/第 862 冊
(宋)竇儀撰 劉承幹撰
影印上海古籍出版社藏民國十年劉氏刻嘉業堂叢書本
御制大誥一卷 XX/第 862 冊
(明)朱元璋撰
影印清華大學圖書館藏明洪武內府刻本
御制大誥續編一卷 XX/第 862 冊
(明)朱元璋撰
影印清華大學圖書館藏明洪武內府刻本
御制大誥三編 XX/第 862 冊
(明)朱元璋撰
影印清華大學圖書館藏明洪武內府刻本
大誥武臣一卷 XX/第 862 冊
(明)朱元璋撰
影印清華大學圖書館藏明洪武內府刻本
大明律三十卷條例一卷 XX/第 862 冊
(明)劉惟謙等撰
影印北圖藏明嘉靖範永鑾刻本
大明律釋義三十卷 XX/第 863 冊
(明)應檟撰
影印上圖藏明嘉靖三十一年廣東布政使司刻本
大清律集解附例三十卷大清律續纂條例四卷大清律校正條款一卷 XX/第 863 冊
(清)沈之奇注 (清)洪弘緒訂
影印北大圖書館藏清乾隆刻本
欽定大清現行新律例四十五卷 XX/第 864 – 865 冊
(清)沈家本等編訂
影印天津圖書館藏清宣統元年法律館鉛印本
刑部比照加減成案三十二卷首一卷 XX/第 865 冊
(清)許槤等撰
影印天津圖書館藏清道光十四年刻本
刑部比照加減成案續編三十二卷 XX/第 866 冊
(清)許槤等撰
影印浙江省圖書館藏清道光二十三年刻本
欽定王公處分則例四卷 XX/第 866 – 867 冊
(清)宗人府纂修
影印科圖藏清咸豐刻本
三流道里表不分卷 XX/第 867 冊
(清)徐本 (清)唐紹祖等纂修
影印遼寧省圖書館藏清乾隆八年武英殿刻本
督捕則例二卷 XX/第 867 冊
(清)徐本等纂修
影印遼寧省圖書館藏清乾隆八年武英殿刻本
提牢備考四卷 XX/第 867 冊
(清)趙舒翹撰
影印上海辭書藏清光緒刻本
刑案匯覽六十卷首一卷末一卷拾遺備考一卷續增刑案匯覽十六卷 XX/第 867 – 872 冊
(清)祝慶祺撰
影印山東省圖書館藏清道光棠樾慎思堂刻本
新增刑案匯覽十六卷 XX/第 872 冊
(清)潘文舫撰
影印北大圖書館藏清光緒十六年紫英山房刻本
駁案彙編四十一卷 XX/第 873 – 874 冊
(清)朱梅臣輯
影印北大圖書館藏清光緒十年刻本
駁案新編三十二卷 XX/第 873 – 874 冊
(清)金士潮輯
駁案續編七卷 XX/第 873 – 874 冊
秋審實緩比較彙案二卷 XX/第 874 冊
(清)桑春榮等纂
約章成案匯覽五十二卷 XX/第 874 – 876 冊
(清)顏世清輯
影印上海辭書藏清光緒三十一年上海點石齋石印本
歷代刑法考七十八卷 XX/第 877 冊
(清)沈家本撰
影印上海辭書藏民國刻沈寄簃先生遺書本
船政不分卷 XX/第 878 冊

影印天一閣藏明嘉靖刻本
南船紀四卷 XX/第878冊
(明)沈啓撰
影印南圖藏清乾隆六年沈寧義刻本
船政新書四卷 XX/第878冊
(明)倪涷撰
影印上圖藏明萬曆刻本
龍江船廠志八卷 XX/第878冊
(明)李昭祥撰
影印上海辭書藏民國三十六年國立中央圖書館影印玄覽堂叢書續集本
繕部紀畧一卷 XX/第878冊
(明)郭尚友撰
影印北圖藏明萬曆四十二年任家相等刻本
工部廠庫須知十二卷 XX/第878冊
(明)何士晉纂輯
影印上海辭書藏明萬曆四十三年林如楚刻本
新編魯般營造正式六卷 XX/第879冊
影印天一閣藏明刻本
園冶三卷 XX/第879冊
(明)計成撰
影印天津圖書館藏民國二十一年中國營造學社鉛印本
新鐫工師雕斲正式魯班木經匠家鏡三卷 XX/第879冊
(明)午榮撰(明)章嚴撰
影印北大圖書館藏清乾隆間刻本
工程做法七十四卷 XX/第879－880冊
(清)允禮等撰
影印上圖藏清雍正十二年刻本
滇南礦廠圖畧二卷 XX/第880冊
(清)吳其濬撰(清)徐金生繪
影印科圖藏清刻本
銅政便覽八卷 XX/第880冊
影印雲南省圖書館藏清刻本
政問錄一卷 XX/第880冊
(明)唐樞撰
影印科圖藏清咸豐六年唐氏書院刻木鍾臺全集本
治鮮集三卷 XX/第880冊
(清)林華皖撰
影印科圖藏清順治十七年郝應第刻本
趙恭毅公自治官書類集二十四卷 XX/第880－881冊
(清)趙申喬撰
影印科圖藏清雍正五年何祖柱懷策堂刻本
巡臺錄二卷 XX/第881冊
(清)張嗣昌撰
影印科圖藏清雍正刻本
西江視臬紀事四卷續補一卷 XX/第882冊
(清)凌燽撰
影印科圖藏清乾隆八年劍山書屋刻本
治臺必告錄八卷 XX/第882冊
(清)丁曰健輯
影印上海辭書藏清同治六年知足知止園刻本
盛京典制備考十二卷 XX/第882冊
(清)崇厚輯
影印天津圖書館藏清光緒四年奉天督署刻本
晉政輯要四十卷 XX/第883－884冊
(清)剛毅修(清)安頤纂
影印湖北省圖書館藏清光緒刻本
宰惠紀略五卷 XX/第884冊
(清)柳堂撰
影印山東省圖書館藏清光緒二十七年筆諫堂刻本
玉燭寶典十二卷 XX/第885冊
(隋)杜臺卿撰(清)楊守敬校訂
影印上海古籍出版社藏清光緒十年黎庶昌日本東京使署刻古逸叢書本
唐月令注一卷補遺一卷唐月令考一卷 XX/第885冊
(唐)李林甫等撰(清)茆泮林輯
影印上海辭書藏清道光十四年梅瑞軒刻十種古逸書本
唐月令注續補遺一卷 XX/第885冊
(清)茆泮林輯(清)成蓉鏡增訂
影印上海辭書藏清光緒二十四年王氏刻鶴壽堂叢書本
唐月令續攷一卷 XX/第885冊
(清)茆泮林撰(清)成蓉鏡增訂
影印上海辭書藏清光緒二十四年王氏刻鶴壽堂叢書本
歲時廣記四十卷首一卷末一卷 XX/第885冊
(宋)陳元靚撰
影印復旦圖書館藏清光緒十萬卷樓叢書本
賞心樂事一卷 XX/第885冊
(宋)張鎡撰
影印北圖藏清水邊林下叢書本
月令纂言一卷 XX/第885冊
(元)吳澄撰
影印上圖藏清抄本
四時氣候集解四卷 XX/第885冊
(明)李泰撰
影印上圖藏明景泰六年胡廷璨刻本
熙朝樂事一卷 XX/第885冊
(明)田汝成撰
影印浙江省圖書館藏明刻廣百川學海本
帝京歲時紀勝一卷 XX/第885冊
(清)潘榮陛撰
影印清華大學圖書館藏清乾隆刻本
七十二候考一卷 XX/第885冊
(清)曹仁虎撰
影印上海辭書藏清嘉慶吳氏聽彝堂刻藝海珠塵本
月令粹編二十四卷 XX/第885冊
(清)秦嘉謨撰
影印清嘉慶十七年秦氏琳琅仙館刻本
節序日考四卷 XX/第885冊
(清)徐卓撰
影印北圖藏清嘉慶刻本
天下金石志十五卷附錄一卷 XX/第886冊
(明)于奕正編(清)孫國敉校補(清)翁方綱校並跋
影印北圖藏明崇禎刻本
金石萃編一百六十卷 XX/第886－891冊
(清)王昶撰
影印清嘉慶十年刻同治錢寶傳等補修本
金石萃編未刻稿三卷 XX/第891冊
(清)王昶撰
影印民國七年上虞羅振玉影印嘉草軒叢書本
讀金石萃編條記一卷 XX/第891冊
(清)沈欽韓撰
影印上海辭書藏民國九年江陰繆荃孫刻煙畫東堂小品本
金石萃編補略二卷 XX/第891冊
(清)王言撰
影印清光緒八年刻本
金石萃編補正四卷 XX/第891冊

（清）方履籛撰
影印清光緒二十年石印本
潛研堂金石文跋尾六卷續七卷又續六卷三續六卷 XX/第891冊
（清）錢大昕撰
影印上海辭書藏清嘉慶十年刻本
金石後録八卷 XX/第892冊
（清）錢大昕撰
影印北圖藏清袁氏貞節堂抄本
兩漢金石記二十二卷 XX/第892冊
（清）翁方綱撰
影印清乾隆五十四年北平翁方綱南昌使院刻本
金石三跋十卷授堂金石文字續跋十四卷 XX/第892冊
（清）武億撰
影印上海辭書藏清道光二十三年刻授堂遺書本
平津館金石萃編二十卷補編不分卷 XX/第893冊
（清）嚴可均輯
影印上圖藏清嘉業堂抄本
金石續編二十一卷首一卷 XX/第893冊
（清）陸耀遹撰
影印清同治十三年毗陵雙白燕堂刻本
金石學録四卷 XX/第894冊
（清）李遇孫撰
影印民國二十三年羅氏石印百爵齋叢刊本
金石索十二卷首一卷 XX/第894冊
（清）馮雲鵬（清）馮雲鵷輯
影印清道光滋陽縣署刻後印本
金石苑六卷 XX/第894－895冊
（清）劉喜海撰
影印清道光刻本
攈古録二十卷 XX/第895冊
（清）吳式芬撰
影印清末刻本
八瓊室金石補正一百三十卷目録三卷八瓊室金石札記四卷八瓊室金石祛偽一卷八瓊室元金石偶存一卷 XX/第896－899冊
（清）陸增祥撰
影印民國十四年劉氏希古樓刻本
八瓊室金石補正續編六十四卷 XX/第899－901冊
（清）陸繼煇撰
影印上圖藏稿本
金石録補二十七卷續跋七卷 XX/第901冊
（清）葉奕苞撰
影印清道光二十四年别下齋刻本
金石學録補四卷 XX/第901冊
（清）陸心源撰
影印上海辭書藏清光緒刻潛園總集本
獨笑齋金石攷略四卷首一卷 XX/第901冊
鄭業斅撰
影印科圖藏清光緒十三年刻本
鐘鼎款識一卷 XX/第901冊
（宋）王厚之輯
影印嘉慶七年積古齋影刻宋本
十六長樂堂古器款識攷四卷 XX/第901冊
（清）錢坫撰
影印南圖藏清嘉慶元年自刻本
積古齋鍾鼎彝器款識十卷 XX/第901冊
（清）阮元撰
影印華東師大圖書館藏清嘉慶九年刻本
筠清館金石文字五卷 XX/第902冊
（清）吳榮光撰
影印上海辭書藏清道光二十二年吳氏刻本
從古堂款識學十六卷 XX/第902冊
（清）徐同柏撰
影印上海辭書藏清光緒三十二年石印本
攈古録金文三卷 XX/第902冊
（清）吳式芬撰
影印上海辭書藏清光緒二十一年吳重熹刻本
攀古樓彝器款識二卷 XX/第903冊
（清）潘祖蔭撰
影印上海辭書藏清同治十一年滂喜齋刻本
窓齋集古録二十六卷釋文賸稿二卷 XX/第903冊
（清）吳大澂撰
影印上海辭書藏民國六年上海涵芬樓影印本
奇觚室吉金文述二十卷首一卷 XX/第903冊
（清）劉心源撰
影印上海辭書藏清光緒石印本
古籀拾遺三卷 XX/第904冊
（清）孫詒讓撰
影印上海辭書藏清光緒十六年刻本
古籀餘論三卷 XX/第904冊
（清）孫詒讓撰
影印民國十八年燕京大學刻本
陶齋吉金録八卷 XX/第904冊
（清）端方輯
影印清光緒三十四年石印本
陶齋吉金續録二卷補遺一卷 XX/第904冊
（清）端方輯
影印清宣統元年石印本
寰宇訪碑録十二卷 XX/第904冊
（清）孫星衍（清）邢澍撰
影印華東師大圖書館藏清嘉慶七年刻本
補寰宇訪碑録五卷失編一卷 XX/第904冊
（清）趙之謙撰
影印清同治三年刻本
平津讀碑記八卷續記一卷再續一卷三續二卷 XX/第905冊
（清）洪頤煊撰
影印浙江省圖書館藏清嘉慶二十一年刻本
語石十卷 XX/第905冊
（清）葉昌熾撰
影印清宣統元年刻本
陶齋臧石記四十四卷首一卷 XX/第905冊
（清）端方撰
影印清宣統元年石印本
鐵雲藏龜 XX/第906冊
（清）劉鶚撰
影印上海辭書藏清光緒三十年抱殘守缺齋石印本
契文舉例二卷 XX/第906冊
（清）孫詒讓撰
影印上海辭書藏民國六年吉石盦叢書影印稿本
京畿金石考二卷 XX/第906冊
（清）孫星衍撰
影印浙江省圖書館藏清光緒十年後知不足齋刻後印本
長安獲古編二卷補遺一卷 XX/第906冊

(清)劉喜海撰
影印上海辭書藏清同治劉氏刻光緒三十一年劉鶚印本
常山貞石志二十四卷 XX/第906冊
(清)沈濤撰
影印清道光二十二年刻本
山右石刻叢編四十卷目錄一卷 XX/第907-908冊
(清)胡聘之撰
影印清光緒二十七年刻本
關中金石記八卷 XX/第908冊
(清)畢沅撰
影印上海辭書藏清乾隆經訓堂刻本
雍州金石記十卷記餘一卷 XX/第908冊
(清)朱楓撰
影印華東師大圖書館藏清乾隆刻朱近漪所著書本
關中金石文字存逸考十二卷首一卷 XX/第908冊
(清)毛鳳枝撰
影印清光緒二十七年會稽顧家相刻本
關中石刻文字新編四卷 XX/第909冊
(清)毛鳳枝撰
影印民國二十四年會稽顧氏石印本
邠州石室錄三卷 XX/第909冊
(清)葉昌熾撰
影印民國刻嘉業堂金石叢書本
山左金石志二十四卷 XX/第909-910冊
(清)畢沅(清)阮元撰
影印清嘉慶二年阮氏小琅嬛僊館刻本
山左訪碑錄十三卷 XX/第910冊
(清)法偉堂撰
影印清宣統元年山東提學署石印本
江寧金石記八卷江寧金石待訪目二卷 XX/第910冊
(清)嚴觀撰
影印上海辭書藏清嘉慶九年刻本
武林金石記十卷附碑刻目 XX/第910冊
(清)丁敬撰
影印民國五年吳隱西泠印社活字印遯盦金石叢書本
兩浙金石志十八卷補遺一卷 XX/第910-911冊
(清)阮元編(清)阮福補遺
影印清道光四年李槖刻本
東甌金石志十二卷 XX/第911冊
(清)戴咸弼輯(清)孫詒讓校補
影印天津圖書館藏清光緒九年瑞安孫氏刻本
吳興金石記十六卷 XX/第911冊
(清)陸心源撰
影印清光緒刻潛園總集本
栝蒼金石志十二卷續栝蒼金石志四卷 XX/第911-912冊
(清)李遇孫輯(清)鄒柏森校補
影印清同治十三年處州府署刻光緒元年潘紹詒增修本
安徽金石畧十卷 XX/第912冊
(清)趙紹祖撰
影印南圖藏清道光十四年古墨齋刻本
閩中金石志十四卷 XX/第912冊
(清)馮登府撰
影印民國劉氏希古樓刻本
中州金石攷八卷 XX/第912冊
(清)黄叔璥撰
影印湖北省圖書館藏清乾隆刻本
中州金石記五卷 XX/第912冊
(清)畢沅撰
影印清乾隆刻經訓堂叢書本
安陽縣金石錄十二卷補遺一卷 XX/第913冊
(清)武億撰(清)趙希璜補遺
影印清嘉慶二十四年刻本
偃師金石遺文補錄十六卷 XX/第913冊
(清)武億撰(清)王復續補
影印南圖藏清嘉慶二年刻本
湖北金石志十四卷 XX/第913冊
楊守敬撰
影印上海辭書藏民國十年朱印本
粵東金石略九卷首一卷附九曜石考二卷 XX/第913冊
(清)翁方綱撰
影印清乾隆三十六年刻本
漢書藝文志條理六卷首一卷 XX/第914冊
(清)姚振宗撰
影印上海辭書藏民國浙江省立圖書館鉛印師石山房叢書本
漢書藝文志拾補六卷 XX/第914冊
(清)姚振宗撰
影印上海辭書藏民國浙江省立圖書館鉛印師石山房叢書本
後漢藝文志四卷 XX/第914冊
(清)姚振宗撰
影印民國五年張氏刻適園叢書本
三國藝文志四卷 XX/第914冊
(清)姚振宗撰
影印民國五年張氏刻適園叢書本
補晉書藝文志四卷附錄一卷補遺一卷刊誤一卷 XX/第914冊
(清)丁國鈞撰(清)丁辰注
影印上圖藏清光緒刻常熟丁氏叢書本
隋書經籍志考證五十二卷 XX/第915-916冊
(清)姚振宗撰
影印浙江省圖書館藏開明書局鉛印師石山房叢書本
補五代史藝文志一卷 XX/第916冊
(清)顧櫰三撰
影印上海辭書藏清光緒刻廣雅書局叢書本
宋史藝文志補一卷 XX/第916冊
(清)倪燦撰
影印上海辭書藏清光緒刻廣雅書局叢書本
補遼金元藝文志一卷 XX/第916冊
(清)倪燦撰
影印上海辭書藏清光緒刻廣雅書局叢書本
元史藝文志四卷 XX/第916冊
(清)錢大昕撰
影印上海辭書藏清潛研堂全書本
國史經籍志六卷 XX/第916冊
(明)焦竑撰
影印復旦圖書館藏明徐象橒刻本
七略別錄佚文一卷 XX/第916冊
(漢)劉向撰(清)姚振宗輯
影印復旦圖書館藏稿本
七略佚文七卷 XX/第916冊
(漢)劉歆撰(清)姚振宗輯
影印復旦圖書館藏稿本
崇文總目輯釋五卷附錄一卷 XX/第916冊
(宋)王堯臣等撰(清)錢東垣等輯釋(清)錢侗補遺
影印上海辭書藏清嘉慶刻汗筠齋叢書本
內閣藏書目錄八卷 XX/第917冊
(明)張萱(明)孫能傳等撰
影印北圖藏清遲雲樓抄本

欽定天祿琳琅書目後編二十卷 XX/第917冊
(清)彭元瑞等撰
影印上海古籍出版社藏清光緒十年長沙王氏刻本
常郡八邑藝文志十二卷 XX/第917冊
(清)盧文弨輯 (清)莊翊昆等校補
影印上海辭書藏清光緒十六年刻本
海寧經籍志備考不分卷 XX/第918冊
(清)吳騫撰
影印北圖藏稿本
溫州經籍志三十三卷首一卷外編二卷辨誤一卷 XX/第918冊
(清)孫詒讓撰
影印上海辭書藏民國十年浙江公立圖書館刻本
阮氏七錄一卷附考一卷 XX/第919冊
(梁)阮孝緒撰 (清)臧庸輯考
影印北圖分館藏清抄本
晁氏寶文堂書目三卷 XX/第919冊
(明)晁瑮撰
影印北圖藏明抄本
徐氏家藏書目七卷 XX/第919冊
(明)徐𤊹藏並撰
影印北圖藏清道光七年劉氏味經書屋抄本
百川書志二十卷 XX/第919冊
(明)高儒撰
影印上海辭書藏觀古堂書目叢刊本
萬卷堂書目四卷 XX/第919冊
(明)朱睦㮮撰
影印上海辭書藏觀古堂書目叢刊本
世善堂藏書目錄一卷 XX/第919冊
(明)陳第藏並撰
影印上海古籍出版社藏清乾隆六十年鮑氏刻知不足齋叢書本
澹生堂藏書目八卷藏書約一卷庚申整書小記一卷庚申整書例略一卷 XX/第919冊
(明)祁承㸁藏並撰
影印北圖藏清宋氏漫堂抄本
天一閣書目四卷天一閣碑目一卷 XX/第920冊
(明)范欽藏 (清)范邦甸 (清)范懋敏撰
影印浙江省圖書館藏清嘉慶十三年揚州阮氏元文選樓刻本
絳雲樓書目四卷補遺一卷 XX/第920冊
(清)錢謙益藏並撰
影印北圖藏清嘉慶二十五年劉氏味經書屋抄本
錢遵王述古堂藏書目錄十卷 XX/第920冊
(清)錢曾藏並撰
影印北圖藏清錢氏述古堂抄本
汲古閣珍藏秘本書目一卷 XX/第920冊
(清)毛扆藏並撰
影印北圖藏清嘉慶五年黃氏士禮居刻本
季滄葦藏書目一卷 XX/第920冊
(清)季振宜藏
影印北圖藏清嘉慶十年黃氏士禮居刻本
傳是樓書目六卷 XX/第920冊
(清)徐乾學藏
影印北圖藏清道光八年劉氏味經書屋抄本
四庫未收書提要五卷 XX/第921冊
(清)阮元撰 (清)阮福編
影印南圖藏清刻揅經室外集本
八千卷樓書目二十卷 XX/第921冊
(清)丁丙藏 (清)丁仁編
影印上海古籍出版社藏民國十二年鉛印本
清代禁毀書目四種 XX/第921冊
(清)姚覲元編
影印上海辭書藏清光緒十年刻咫進齋叢書第三集本
全毀書目一卷 XX/第921冊
抽毀書目一卷 XX/第921冊
禁書總目一卷 XX/第921冊
違碍書目一卷 XX/第921冊
禁毀書目不分卷 XX/第921冊
影印北圖分館藏抄本
書目答問四卷叢書目一卷別錄一卷國朝箸述諸家姓名略一卷 XX/第921冊
(清)張之洞撰
影印復旦圖書館藏清光緒刻本
小學考五十卷 XX/第922冊
(清)謝啟昆撰
影印浙江省圖書館藏清咸豐二年謝質卿刻本
南濠居士文跋四卷 XX/第922冊
(明)都穆撰
影印北圖藏明刻本
紅雨樓題跋二卷 XX/第923冊
(明)徐𤊹撰
影印北圖藏清嘉慶三年鄭傑刻本
讀書敏求記四卷 XX/第923冊
(清)錢曾撰
影印北圖藏清雍正六年濮梁延古堂刻本
經籍考不分卷 XX/第923冊
(清)盧文弨撰
影印北大圖書館藏清抄本
平津館鑒藏書籍記三卷補遺一卷續編一卷 XX/第923冊
(清)孫星衍撰
影印北圖藏清道光二十年陳宗彝獨抱廬刻本
經籍跋文不分卷 XX/第923冊
(清)陳鱣撰
影印湖北省圖書館藏清光緒四年成都葉氏龍眠山房刻本
百宋一廛書錄一卷 XX/第923冊
(清)黃丕烈撰
影印北圖藏清勞格抄本
士禮居藏書題跋記六卷 XX/第923冊
(清)黃丕烈撰
影印上海古籍出版社藏清光緒十年滂喜齋刻本
鄭堂讀書記七十一卷 XX/第924－925冊
(清)周中孚撰
影印上海辭書藏民國十年刻吳興叢書本
愛日精廬藏書志三十六卷續志四卷 XX/第925冊
(清)張金吾撰
影印華東師大圖書館藏清光緒十三年吳縣靈芬閣集字版校印本
曝書雜記三卷 XX/第926冊
(清)錢泰吉撰
影印華東師大圖書館藏清道光十九年別下齋叢書本
鐵琴銅劍樓藏書目錄二十四卷 XX/第926冊
(清)瞿鏞撰
影印清光緒常熟瞿氏家塾刻本
滂喜齋藏書記三卷 XX/第926冊
(清)潘祖蔭撰 葉昌熾編 潘承弼增補

影印潘景鄭藏清末刻民國十七年增修本
宋元舊本書經眼錄三卷附錄二卷 XX/第926冊
(清)莫友芝撰
影印上海古籍出版社藏清同治刻本
楹書隅錄五卷續編四卷 XX/第926－927冊
(清)楊紹和撰
影印上海辭書藏清光緒二十年聊城海源閣刻本
宋存書室宋元秘本書目四卷 XX/第927冊
(清)楊紹和藏並編
影印北圖藏清楊氏海源閣抄本
善本書室藏書志四十卷附錄一卷 XX/第927冊
(清)丁丙撰
影印清光緒二十七年錢塘丁氏刻本
皕宋樓藏書志一百二十卷續志四卷 XX/第928－929冊
(清)陸心源撰
影印清刻潛園總集本
儀顧堂題跋十六卷儀顧堂續跋十六卷 XX/第930冊
(清)陸心源撰
影印復旦圖書館藏清刻潛園總集本
拜經樓藏書題跋記五卷附錄一卷 XX/第930冊
(清)吳壽暘撰
影印上海古籍出版社藏清道光二十七年海昌蔣氏刻本
日本訪書志十七卷 XX/第930冊
楊守敬撰
影印清光緒鄰蘇園刻本
日本訪書志補一卷 XX/第930冊
楊守敬撰 王重民輯
影印華東師大圖書館藏一九三〇年中華圖書館協會叢書鉛印本
校讎通義四卷 XX/第930冊
(清)章學誠撰
影印民國刻章氏遺書本

子部

新編孔子家語句解十卷 XX/第931冊
影印北圖藏元至正二十七年清泉劉祥卿家刻本
孔子家語考次不分卷 XX/第931冊
(明)劉宗周撰
影印北圖藏明末正氣堂抄本
家語證僞十一卷 XX/第931冊
(清)范家相撰
影印浙江省圖書館藏清光緒十五年徐氏刻鑄學齋叢書本
家語疏證六卷 XX/第931冊
(清)孫志祖撰
影印天津圖書館藏清嘉慶刻本
孔子集語十七卷 XX/第931冊
(清)孫星衍輯
影印上海古籍出版社藏清嘉慶二十年冶城山館刻本
聖門十六子書不分卷 XX/第931冊
(清)馮雲鵷輯
影印華東師大圖書館藏清道光十二年昌平書院刻本
新編顔子五卷 XX/第932冊
(元)李純仁輯
影印河南省圖書館藏明萬曆二十五年沈一貫抄本
子思子七卷 XX/第932冊
(清)黄以周輯解
影印清末南菁書院刻本
禮記子思子言鄭注補正四卷 XX/第932冊
簡朝亮撰
影印上海古籍出版社藏清光緒至民國刻讀書堂叢刻本
曾子注釋四卷敘錄一卷 XX/第932冊
(清)阮元撰
影印天津圖書館藏清道光二十五年阮元揅經堂刻本
曾子家語六卷 XX/第932冊
(清)王定安輯
影印湖北省圖書館藏清光緒十六年金陵刻本
孟子外書四篇四卷 XX/第932冊
(宋)劉攽注
影印復旦圖書館藏清乾隆吳氏拜經樓刻本
荀子考異一卷 XX/第932冊
(宋)錢佃撰
影印上圖藏清光緒繆氏刻對雨樓叢書本
荀子評注三十二篇 XX/第932冊
(清)傅山撰
影印山西省博物館藏清霜紅龕稿本
荀子微言一卷 XX/第932冊
(清)惠棟撰
影印上圖藏稿本
荀子集解二十卷考證一卷 XX/第932冊
王先謙撰
影印上海古籍出版社藏清光緒十七年刻本
孔叢子七卷釋文一卷 XX/第932冊
題(漢)孔鮒撰 (宋)宋咸注
影印上圖藏宋刻本
賈子次詁十六卷敘錄一卷 XX/第933冊
(清)王耕心撰
影印復旦圖書館藏清光緒王氏龍樹精舍刻本
法言義疏二十卷 XX/第933冊
汪榮寶撰
影印浙江省圖書館藏民國二十二年鉛印本
潛夫論十卷 XX/第933冊
(清)汪繼培箋
影印復旦圖書館藏清嘉慶二十二年蕭山湖海樓陳氏刻本
忠經詳解一卷 XX/第933冊
題(漢)馬融撰 (漢)鄭玄注 (明)陶原良詳解
影印上圖藏明崇禎刻本
中說考七卷 XX/第933冊
(明)崔銑撰
影印南圖藏明河汾書院刻本
太極圖說論十四卷 XX/第933－934冊
(清)王嗣槐撰
影印北大圖書館藏清康熙三十五年刻本
周子通書訓義一卷 XX/第934冊
(元)保八撰
影印北圖藏元刻本
新刊正蒙解四卷 XX/第934冊
(明)劉儓撰
影印上圖藏明嘉靖刻本
呂氏鄉約一卷鄉儀一卷 XX/第934冊
(宋)呂大鈞撰
影印北圖藏宋嘉定五年李大有刻本
安正忘筌集二卷 XX/第934冊
(宋)潘植撰
影印明萬曆刻本
泳齋近思錄衍註十四卷 XX/第934冊

(宋)楊伯嵒撰
影印北大圖書館藏宋刻本
近思録集解十四卷 XX/第934册
(宋)葉采撰
影印北圖藏元刻明修本
近思録補注十四卷 XX/第934-935册
(清)陳沆撰
影印湖北省圖書館藏清稿本
陸氏家制一卷 XX/第935册
(宋)陸九韶撰
影印北圖藏清初刻本
資世通訓一卷 XX/第935册
(明)朱元璋撰
影印北圖藏明刻本
浦江鄭氏家範一卷 XX/第935册
(明)鄭濤撰
影印北圖藏清初毛氏汲古閣抄本
聖學心法四卷 XX/第935册
(明)朱棣撰
影印復旦圖書館藏明永樂七年内府刻本
薛文清公要言三卷 XX/第935册
(明)薛瑄撰 (明)谷中虚輯
影印北大圖書館藏明萬曆三十年吴獻台刻本
五倫書六十二卷 XX/第935-936册
(明)朱瞻基撰
影印首都圖書館藏明正統十二年内府刻本
白沙先生至言十卷 XX/第936册
(明)陳獻章撰
影印南圖藏明嘉靖二十六年陳大倫刻本
學的二卷 XX/第936册
(明)丘濬輯
影印明正德刻本
道一編六卷 XX/第936册
(明)程敏政輯
影印南圖藏明弘治三年李信刻本
艾庵密箴一卷河洛私見一卷太極圖説一卷 XX/第936册
(明)蔡清撰
影印清乾隆十年蔡廷魁刻本
歷代道學統宗淵源問對十二卷 XX/第936-937册
(明)黎溫撰
影印故宫博物院藏明成化刻本

契翁中説録二卷 XX/第937册
(明)于鎰撰
影印北圖藏明嘉靖十六年於湛刻藍印本
正蒙會稿四卷 XX/第937册
(明)劉璣撰
影印杭州大學圖書館藏明正德十五年祝壽武雷等刻後印本
帝祖萬年金鑑録三卷 XX/第937册
(明)汪循撰
影印浙江省圖書館藏清汪家相抄本
陽明先生則言二卷 XX/第937册
(明)王守仁撰
影印安徽省圖書館藏明嘉靖十六年薛侃刻本
陽明先生道學鈔八卷 XX/第937册
(明)王守仁撰
影印北大圖書館藏明萬曆三十七年武林繼錦堂刻本
東川羅先生潛心語録十卷羅東川公内稿一卷羅東川公外稿一卷 XX/第938册
(明)羅僑撰
影印北圖藏明萬曆三十六年羅文彬羅文機刻本
鳳川子克已示兒編一卷 XX/第938册
(明)劉良臣撰
影印北圖藏明嘉靖刻本
慎言十三卷 XX/第938册
(明)王廷相撰
影印明嘉靖刻本
雅述二卷 XX/第938册
(明)王廷相撰
影印復旦圖書館藏明嘉靖十七年謝鎰刻本
程志十卷 XX/第938册
(明)崔銑撰
影印天津圖書館藏明刻本
楊子折衷六卷 XX/第938册
(明)湛若水撰
影印浙江省圖書館藏明嘉靖葛澗刻本
重刻心齋王先生語録二卷 XX/第938册
(明)王艮撰
影印明刻本
莊渠先生門下質疑録二卷 XX/第938册
(明)魏校撰
影印南圖藏清潘道根抄本

願學編二卷 XX/第938册
(明)胡纘宗撰
影印北圖分館藏明嘉靖鳥鼠山房刻清修本
鄒氏學脉四卷 XX/第938册
(明)鄒守益撰
影印清華大學圖書館藏清初刻本
許氏貽謀四則四卷 XX/第938册
(明)許相卿撰
影印南圖藏明刻本
説理會編十六卷 XX/第938-939册
(明)季本撰
影印清華大學圖書館藏明刻本
雙江先生困辯録八卷 XX/第939册
(明)聶豹撰 (明)羅洪先批註
影印南京博物館藏明刻本
研幾録不分卷 XX/第939册
(明)薛侃撰 (明)鄭三極輯
影印中山圖書館藏明萬曆四十五年薛茂杞薛茂槮重刻本
文華大訓箴解六卷 XX/第939册
(明)廖道南撰
影印南圖藏明嘉靖刻本
庸言十二卷 XX/第939册
(明)黄佐撰
影印北圖藏明嘉靖三十一年刻本
胡子衡齊八卷 XX/第939册
(明)胡直撰
影印科圖藏明萬曆曾鳳儀刻本
柯子答問六卷 XX/第939册
(明)柯維騏撰 (明)吴大揚 (明)方文沂輯
影印安徽博物館藏明隆慶四年刻本
汶濱先生語録二十卷附録一卷 XX/第939册
(明)蔡靉撰
影印北圖藏明嘉靖刻本
學蔀通辨前編三卷後編三卷續編三卷終編三卷 XX/第939册
(明)陳建撰
影印北大圖書館藏明嘉靖二十七年刻本
薛子庸語十二卷 XX/第940册
(明)薛應旂撰 (明)向程音釋
影印明隆慶刻本
新刊鳳洲先生簽題性理精纂約義八卷首一卷 XX/第940册

(明)王世貞撰
影印重慶圖書館藏明萬曆三十四年潭邑詹霖宇刻本
紹聞編八卷 XX/第940冊
(明)王樵撰
影印重慶圖書館藏明萬曆二十四年賀知忍刻本
見羅先生書二十卷 XX/第941冊
(明)李材撰
影印明萬曆刻本
憲世前編一卷憲世編六卷 XX/第941冊
(明)唐鶴徵輯
影印明萬曆四十二年純白齋刻本
汪子中詮六卷 XX/第941冊
(明)汪應蛟撰
影印科圖藏明萬曆四十六年汪元照等刻本
哤言十卷 XX/第941冊
(明)范淶撰
影印明萬曆刻本
性理指歸二十八卷 XX/第942冊
(明)姚舜牧撰
影印湖北省圖書館藏明萬曆三十八年刻清順治十三年重修本
王門宗旨十四卷 XX/第942冊
(明)周汝登輯
影印明萬曆餘懋孳刻本
南皋鄒先生會語合編二卷講義合編二卷 XX/第942冊
(明)鄒元標撰
影印浙江省圖書館藏明萬曆四十七年龍遇奇刻本
信古餘論八卷 XX/第943冊
(明)徐三重撰
影印清抄本
顧端文公遺書三十七卷 XX/第943冊
(明)顧憲成撰
影印復旦圖書館藏清康熙刻本
養正圖解不分卷 XX/第943冊
(明)焦竑撰
影印湖北省圖書館藏清光緒二十一年武英殿刻本
卓吾先生批評龍谿王先生語錄鈔八卷 XX/第943冊
(明)王畿撰 (明)李贄評
影印湖北省圖書館藏明萬曆刻本
獨醒子二卷 XX/第943冊
(明)賈應壁撰
影印科圖藏明萬曆二十年刻本
焦書二卷 XX/第944冊
(明)紀許國撰
影印科圖藏明崇禎刻本
藤陰劄記不分卷 XX/第944冊
(清)孫承澤撰
影印天津圖書館藏清雍正十一年孫琰刻本
此庵講錄十卷 XX/第944冊
(清)胡統虞撰
影印科圖藏清順治八年刻本
儒宗理要二十九卷 XX/第944冊
(清)張能鱗輯
影印天津圖書館藏清順治刻本
答問三卷 XX/第945冊
(清)孫奇逢撰
影印湖北省圖書館藏清順治十三年張元樞刻本
繹志十九卷 XX/第945冊
(清)胡承諾撰
影印浙江省圖書館藏清道光十七年顧氏謏聞書屋刻本
潛室劄記二卷 XX/第945冊
(清)刁包撰
影印天津圖書館藏清雍正刻本
潛書二卷附西蜀唐圃亭先生行畧一卷 XX/第945冊
(清)唐甄撰 (清)王聞遠撰
影印湖北省圖書館藏清康熙王聞遠刻本
明夷待訪錄一卷 XX/第945冊
(清)黄宗羲撰
影印清道光刻本
破邪論一卷 XX/第945冊
(清)黄宗羲撰
影印清道光十三年沈氏世楷堂刻昭代叢書己集廣編本
噩夢一卷 XX/第945冊
(清)王夫之撰
影印南圖藏清光緒二十四年刻王船山先生四種本
黄書一卷 XX/第945冊
(清)王夫之撰
影印天津圖書館藏清同治四年曾氏金陵節署刻船山遺書本
思問錄内篇一卷外篇一卷 XX/第945冊
(清)王夫之撰
影印南圖藏清光緒二十四年刻王船山先生四種本
張子正蒙注九卷 XX/第945冊
(清)王夫之撰
影印天津圖書館藏清同治四年曾氏金陵節署刻船山遺書本
弘道書三卷 XX/第946冊
(清)費密撰
影印復旦圖書館藏民國九年大關唐氏怡蘭堂刻本
論學酬答四卷 XX/第946冊
(清)陸世儀撰
影印上海古籍出版社藏清同治十三年顧湘刻小石山房叢書本
靜怡齋約言錄二卷 XX/第946冊
(清)魏裔介撰
影印北圖分館藏清刻本
庸言一卷 XX/第946冊
(清)魏象樞撰
影印清康熙刻説鈴續集本
朱止泉先生朱子聖學考略十卷提要一卷附正訛一卷附錄一卷宗朱要法一卷校勘記一卷 XX/第946冊
(清)朱澤澐撰
影印遼寧省圖書館藏民國刻本
存性編二卷 XX/第946冊
(清)顔元撰
影印科圖藏清康熙刻本
存學編四卷 XX/第946冊
(清)顔元撰
影印科圖藏清光緒三十五年閻志康抄本
存治編一卷 XX/第947冊
(清)顔元撰
影印科圖藏清康熙刻本
存人編四卷 XX/第947冊
(清)顔元撰
影印科圖藏淸康熙刻本
平書訂一卷 XX/第947冊
(清)李塨撰
影印南圖藏清抄本
聖經學規纂二卷論學二卷 XX/第947冊
(清)李塨撰
影印上海古籍出版社藏清光緒五年王氏謙德堂刻畿輔叢書本
小學稽業五卷 XX/第947冊

(唐)陸希聲撰
影印宛委別藏清抄道藏本
道德真經取善集十二卷 XX/第954冊
(宋)李霖編
影印涵芬樓影印明正統道藏本
老子鬳齋口義二卷 XX/第954冊
(宋)林希逸撰
影印北圖藏元刻本
老子道德經古本集注二卷 XX/第954冊
(宋)范應元撰
影印北圖藏宋刻本
道德玄經原旨四卷玄經原旨發揮二卷 XX/第954冊
(元)杜道堅撰
影印涵芬樓影印明正統道藏本
老子集解二卷考異一卷 XX/第954冊
(明)薛蕙撰
影印上圖藏明嘉靖刻本
老子章義二卷 XX/第954冊
(清)姚鼐撰
影印南圖藏清同治九年桐城吳氏邗上刻本
老子本義二卷 XX/第954冊
(清)魏源撰
影印上海古籍出版社藏清光緒袁氏刻漸西村舍彙刊本
南華真經注疏三十五卷 XX/第955冊
(晉)郭象注 (唐)成玄英疏
影印涵芬樓影印明正統道藏本
莊子通義十卷 XX/第955－956冊
(明)朱得之撰
影印山東省圖書館藏明嘉靖四十四年浩然齋刻三子通義本
南華真經循本三十卷 XX/第956冊
(明)羅勉道撰
影印涵芬樓影印明正統道藏本
莊子通十卷 XX/第956冊
(明)沈一貫撰
影印東北師大圖書館藏明萬曆二十四年八閩書林鄭氏光裕堂刻本
南華真經旁注五卷 XX/第956冊
(明)方虛名撰
影印復旦圖書館藏明萬曆二十二年刻本
南華發覆八卷 XX/第957冊
(明)釋性涵撰
影印科圖藏明天啟刻本
藥地炮莊九卷總論三卷 XX/第957冊
(清)方以智撰
影印歷史所藏清康熙此藏軒刻本
南華經解三十三卷 XX/第957冊
(清)宣穎撰
影印華東師大圖書館藏清同治五年吳坤修皖城藩署刻本
莊子集釋十卷 XX/第957－958冊
(清)郭慶藩撰
影印上海古籍出版社藏清光緒思賢講舍刻本
莊子集解八卷 XX/第958冊
王先謙撰
影印湖北省圖書館藏清宣統元年思賢書局刻本
關尹子闡玄三卷 XX/第958冊
(宋)杜道堅撰
影印北圖藏清乾隆四年曹炎抄本
列子八卷 XX/第958冊
(唐)盧重元注
影印清嘉慶八年秦恩復石研齋刻本
列子盧注考證一卷 XX/第958冊
(清)汪孝嬰撰
影印清嘉慶八年秦恩復石研齋刻本
冲虛至德真經四解二十卷 XX/第958冊
(宋)高守元撰
影印涵芬樓影印明正統道藏本
列子鬳齋口義二卷 XX/第958冊
(宋)林希逸撰
影印北圖藏元刻本
文子十二卷 XX/第958冊
(唐)徐靈府 (宋)朱弁 (宋)杜道堅注 (明)孫鑛評
影印清華大學圖書館藏明天啟梁傑刻本
十一家注孫子三卷 XX/第959冊
(漢)曹操 (唐)杜牧等撰
影印上圖藏宋刻本
十家注孫子遺說一卷 XX/第959冊
(宋)鄭友賢撰
影印上圖藏宋刻本
孫臏兵法十六篇 XX/第959冊
(戰國)孫臏撰
影印一九八五年銀雀山漢墓竹簡整理小組重編本
司馬法集解三卷 XX/第959冊
(明)閻禹錫輯
影印北圖藏明弘治元年邢表刻本
諸葛武侯心書一卷 XX/第959冊
題(蜀)諸葛亮撰
影印北圖藏明黃邦彥刻本
八陣合變圖說一卷 XX/第959冊
(明)龍正撰
影印北圖藏明黃邦彥刻本
翠微先生北征錄十二卷 XX/第959冊
(宋)華岳撰
影印清光緒二十六年劉氏石䓢刻本
江東十鑑一卷 XX/第959冊
(宋)李舜臣撰
影印北圖藏清彭氏知聖道齋抄本
火龍神器陣法一卷 XX/第959冊
題(明)焦玉撰
影印北圖藏清道光二十年翁心存抄本
重刊續武經總要八卷 XX/第959冊
(明)趙本學 (明)俞大猷撰
影印北大圖書館藏明萬曆刻本
經武淵源十五卷 XX/第959冊
(明)李材撰 (明)左光斗訂正
影印北大圖書館藏明錢士晉等刻本
登壇必究四十卷 XX/第960－961冊
(明)王鳴鶴撰
影印北大圖書館藏清刻本
車營叩答合編四卷 XX/第962冊
(明)孫承宗等撰
影印北大圖書館藏清同治八年高陽孫氏師儉堂刻本
師律十六卷 XX/第962冊
(明)范景文撰
影印山東省圖書館藏明崇禎刻本
武備志二百四十卷 XX/第963－966冊
(明)茅元儀撰
影印明天啟刻本
兵鏡二十卷兵鏡吳子十三篇綱目一卷 XX/第966冊
(明)吳惟順編撰 (明)吳鳴球編撰
影印北大圖書館藏明刻本
火攻挈要三卷圖一卷 XX/第966冊
(西洋)湯若望授 (明)焦勗輯
影印上海古籍出版社藏清道光二十七年刻海山仙館叢書本
舟師繩墨一卷 XX/第967冊
(清)林君陞撰
影印北圖藏清乾隆三十七年陳奎刻本
洴澼百金方十四卷 XX/第967冊

（清）惠麓酒民編
影印河南省圖書館藏清抄本
治平勝算全書二十八卷 XX/第967冊
（清）年羹堯輯
影印天津圖書館藏清抄本
讀史兵略四十六卷 XX/第967－968冊
（清）胡林翼撰
影印天津圖書館藏清咸豐十一年武昌節署刻本
讀史兵略續編十卷 XX/第968－969冊
（清）胡林翼撰
影印清光緒二十六年上海圖書集成印書局鉛印本
海防要覽二卷 XX/第969冊
（清）丁日昌（清）李鴻章撰
影印湖北省圖書館藏清光緒十年敦懷書屋刻本
中西兵略指掌二十四卷首一卷 XX/第969冊
（清）陳龍昌輯
影印華東師大圖書館藏清光緒二十三年東山草堂石印本
兵學新書十六卷 XX/第969冊
（清）徐建寅輯
影印天津圖書館藏清光緒刻本
管子榷二十四卷 XX/第970冊
（明）朱長春撰
影印明萬曆四十年張維樞刻本
管子校正二十四卷 XX/第970冊
（清）戴望撰
影印湖北省圖書館藏清同治十一年刻本
管子義證八卷 XX/第970冊
（清）洪頤煊撰
影印湖北省圖書館藏清嘉慶二十四年刻本
管子地員篇注四卷 XX/第970冊
（清）王紹蘭撰
影印華東師大圖書館藏清光緒十七年刻本
管子集注二十四卷 XX/第971冊
（清）王仁俊撰
影印遼寧省圖書館藏稿本
鄧子一卷 XX/第971冊
（周）鄧析撰（明）楊慎評注
影印北圖藏明天啟五年武林張懋寀横秋閣刻本
鄧析子二卷通考一卷 XX/第971冊
（周）鄧析撰
影印北圖藏清同治十一年劉履芬刻本
商君書新校正五卷附攷一卷 XX/第971冊
（清）嚴萬里輯
影印北圖藏清嚴可均抄本
慎子一卷附逸文一卷 XX/第971冊
（周）慎到撰（清）錢熙祚輯校
影印清道光二十四年錢氏守山閣叢書本
韓非子集解二十卷卷首一卷 XX/第972冊
王先慎集解
影印上海古籍出版社藏清光緒二十二年刻本
刑統賦解二卷 XX/第972冊
（宋）傅霖撰（元）郄囗韻釋（元）王亮增注
影印北圖藏清道光二年黄氏士禮居抄本
刑統賦二卷 XX/第972冊
（宋）傅霖撰
影印北圖藏清道光二年黄氏士禮居抄本
宋提刑洗寃集録五卷 XX/第972冊
（宋）宋慈撰
影印元刻本
律例館校正洗寃録四卷 XX/第972冊
（清）律例館輯
影印上圖藏清乾隆刻本
洗寃録詳義四卷首一卷 XX/第972冊
（清）許槤撰
影印上海辭書藏清光緒三年湖北藩署刻本
洗寃録摭遺二卷補一卷 XX/第972冊
（清）葛元煦撰
影印上海辭書藏清光緒三年湖北藩署刻本
無寃録一卷 XX/第972冊
（元）王與撰
影印明金陵書坊王慎吾刻本
平寃録一卷 XX/第972冊
影印南圖藏明金陵書坊王慎吾刻本
折獄新語十卷 XX/第972冊
（清）李清撰
影印吉林大學藏明末刻本
折獄龜鑑補六卷 XX/第973冊
（清）胡文炳撰
影印天津圖書館藏清光緒四年蘭石齋刻本
吏學指南八卷 XX/第973冊
（元）徐元瑞撰
影印北圖藏元刻本
名公書判清明集十四卷 XX/第973冊
（明）張四維輯
影印上圖藏明隆慶三年盛時選刻本
仁獄類編三十卷 XX/第973冊
（明）余懋學纂
影印明萬曆三十六年直方堂刻本
慎刑録四卷 XX/第974冊
（明）王士翹輯
影印上圖藏明嘉靖二十九年刻本
敬由編十二卷 XX/第974冊
（明）竇子偁撰
影印浙江省圖書館藏明萬曆三十九年刻本
王恭毅公駁稿二卷 XX/第974冊
（明）王槩撰（明）高銓編
影印明弘治五年高銓刻本
覆甕集刑名十卷餘集一卷 XX/第974冊
（清）張我觀撰
影印北圖藏清雍正四年刻本
式敬編五卷 XX/第974冊
（清）楊景仁輯
影印科圖藏清道光二十五年刻本
疑獄箋四卷 XX/第974冊
（清）陳芳生撰
影印清康熙刻本
四時纂要五卷 XX/第975冊
（唐）韓鄂撰
影印明萬曆十八年朝鮮刻本
分門瑣碎録 XX/第975冊
（宋）溫革撰
影印上圖藏明抄本
農桑輯要七卷 XX/第975冊
（元）司農司撰
影印上圖藏元後至元五年刻明修本
勸農書一卷 XX/第975冊
（明）袁黄撰
影印北圖藏明萬曆三十三年建陽餘氏刻了凡雜著本
便民圖纂十五卷 XX/第975冊
題（明）鄺璠撰

影印明萬曆二十一年於永清刻本
田家五行三卷拾遺一卷東方朔探春曆記一卷紀曆撮要一卷 XX/第975冊
(明)婁元禮撰
影印北圖藏明刻遞修本
農書二卷 XX/第975冊
(明)沈□撰 (清)張履祥補撰
影印南圖藏清刻楊園先生全集本
築圍說一卷 XX/第975冊
(清)陳瑚撰
影印上海辭書藏清道光十三年太倉東陵氏刻棣香齋叢書本
御制耕織圖詩一卷 XX/第975冊
(清)玄燁撰 (清)焦秉貞繪
影印北大圖書館藏清康熙三十五年內府刻本
教稼書一卷 XX/第975冊
(清)孫宅揆撰
影印上海辭書藏清光緒四年蓮花池刻區種五種本
農桑易知錄三卷 XX/第975冊
(清)鄭之僑撰
影印華東師大圖書館藏清乾隆二十五年刻本
三農紀十卷 XX/第975冊
(清)張宗法撰
影印清乾隆刻本
西石梁農圃便覽不分卷 XX/第976冊
(清)丁宜曾撰
影印吉林大學圖書館藏清乾隆二十年丁氏強善齋刻本
寶訓八卷 XX/第976冊
(清)郝懿行撰
影印上海古籍出版社藏清郝氏遺書本
卜歲恒言四卷 XX/第976冊
(清)吳鵠撰
影印上圖藏清嘉慶八年刻本
浦泖農咨 XX/第976冊
(清)姜皋撰
影印上圖藏清道光十四年刻本
馬首農言一卷校勘記一卷 XX/第976冊
(清)祁寯藻 (清)王筠撰
影印天津圖書館藏清咸豐五年刻本
半半山莊農言著實一卷 XX/第976冊
(清)楊秀沅撰
影印上圖藏清光緒二十三年柏經正堂刻本

營田輯要內篇二卷外篇一卷首一卷 XX/第976冊
(清)黃輔辰撰
影印浙江省圖書館藏清同治三年刻本
救荒簡易書四卷 XX/第976冊
(清)郭雲升撰
影印山東省圖書館藏清光緒二十二年郭氏刻本
農候雜占四卷 XX/第976冊
(清)梁章鉅撰
影印上海辭書藏清梁恭辰刻二思堂叢書本
築圩圖說一卷 XX/第976冊
(清)孫峻撰
影印浙江省圖書館藏清刻本
田家占候集覽十卷 XX/第976冊
(清)鄒存淦撰
影印北圖藏稿本
國脈民天一卷 XX/第976冊
(明)耿蔭樓撰
影印復旦圖書館藏清光緒四年蓮花池刻區種五種本
農具記一卷 XX/第976冊
(清)陳玉璂撰
影印清康熙三十四年新安張氏霞舉堂刻檀幾叢書本
梭山農譜三卷 XX/第976冊
(清)劉應棠撰
影印山東省圖書館藏清同治刻半畝園叢書本
老圃良言一卷 XX/第976冊
(清)巢鳴盛撰
影印南圖藏清道光十一年六安晁氏木活字印學海類編本
農政發明一卷耕心農話一卷 XX/第976冊
(清)奚誠撰
影印南京農學院圖書館藏清抄本
江南催耕課稻編不分卷 XX/第977冊
(清)李彥章撰
影印天津圖書館藏清刻榕園全集本
金薯傳習錄二卷 XX/第977冊
(清)陳世元撰
影印福建省圖書館藏清乾隆三十三年刻本
欽定授衣廣訓二卷 XX/第977冊
(清)仁宗顒琰定 (清)董誥等撰

影印遼寧省圖書館藏清嘉慶武英殿刻本
木棉譜一卷 XX/第977冊
(清)褚華撰
影印天津圖書館藏清嘉慶問聽彝堂刻藝海珠塵本
棉書不分卷 XX/第977冊
佚名撰
影印農業博物館藏清同治五年福建藩署刻本
種棉實驗說 XX/第977冊
(清)黃宗堅撰
影印華南農大圖書館藏清光緒二十六年上海總農會石印本
通屬種棉述畧一卷 XX/第977冊
朱祖榮撰
影印華南農大圖書館藏清光緒間排印本
勸種洋棉說一卷 XX/第977冊
朱祖榮撰
影印華南農大圖書館藏清光緒間排印本
棉業圖說八卷 XX/第977冊
(清)農工商部輯
影印上海辭書藏清宣統三年農工商部鉛印本
栽苧麻法略一卷 XX/第977冊
(清)黃厚裕撰
影印中國農大圖書館藏清光緒二十七年刻本
瀏陽麻利述一卷 XX/第977冊
(清)邱惟毅等述 (清)譚嗣同筆記
影印華南農大圖書館藏清光緒排印本
藝麻輯要 XX/第977冊
(清)汪曾保等撰
影印農科院藏清宣統二年浙江勸業公所鉛印本
稼圃輯一卷 XX/第977冊
(明)王芷撰
影印上圖藏抄本
樹藝篇三十三卷 XX/第977冊
題(元)胡古愚撰
影印北圖藏明純白齋抄本
撫郡農產攷畧二卷 XX/第977冊
(清)何剛德撰
影印華東師大圖書館藏清光緒二十九年撫郡學堂活字印本

救荒野譜一卷 XX/第977冊
(明)姚可成撰
影印科圖藏清嘉慶虞山張氏刻借月山房匯抄本

野菜贊一卷 XX/第977冊
(清)顧景星撰
影印清道光世楷堂昭代叢書丁集本

豳風廣義三卷 XX/第978冊
(清)楊屾撰
影印復旦圖書館藏清乾隆五年寧一堂刻本

桑志十卷首一卷 XX/第978冊
(清)李聿求撰
影印上圖藏清虎溪山房刻本

西吳蠶略二卷 XX/第978冊
(清)程岱葊撰
影印湖北省圖書館藏清刻本

蠶桑輯要二卷 XX/第978冊
(清)高銓撰
影印北圖藏清道光十一年遵義王青蓮刻本

廣蠶桑說輯補二卷 XX/第978冊
(清)沈練撰（清)仲學輅輯補
影印天津圖書館藏清光緒三年宗源瀚嚴州府刻本

蠶桑輯要一卷 XX/第978冊
(清)沈秉成撰
影印浙江省圖書館藏清同治十年常鎮通海道署刻本

種桑說一卷養蠶說一卷 XX/第978冊
(清)吳烜撰
影印遼寧省圖書館藏清同治九年刻本

湖蠶述四卷 XX/第978冊
(清)汪曰楨撰
影印上圖藏清光緒六年吳興汪氏刻本

桑蠶提要二卷附桑蠶說一卷 XX/第978冊
(清)方大湜撰
影印科圖藏清光緒十八年瑞州府署刻本

蠶事要略一卷 XX/第978冊
(清)張行孚撰
影印上海辭書藏清光緒間桐廬袁氏刻漸西村舍彙刊本

粵中蠶桑芻言一卷 XX/第978冊
(清)盧燮宸撰
影印北大圖書館藏清光緒十九年番禺黃從善堂刻本

蠶桑備要四卷附醫蠶病方一卷 XX/第978冊
(清)劉清藜補輯
影印華東師大圖書館藏清光緒二十二年味經堂刊書處刻本

裨農最要三卷 XX/第978冊
(清)陳開沚撰
影印復旦圖書館藏清光緒二十三年潼川文明堂刻本

養蠶秘訣一卷 XX/第978冊
(清)張文藝撰
影印湖北省圖書館藏清光緒二十五年鉛印通學齋叢書本

蠶桑說一卷 XX/第978冊
(清)趙敬如撰
影印上海辭書藏清光緒桐廬袁氏漸西村舍彙刻本

蠶桑輯要不分卷 XX/第978冊
(清)鄭文同撰
影印北圖分館藏清光緒刻本

橡繭圖說二卷 XX/第978冊
(清)劉祖憲撰
影印南圖藏清道光七年自刻本

柞蠶雜誌一卷柞蠶問答一卷 XX/第978冊
(清)增韞撰
影印浙江省圖書館藏清光緒浙江官書局刻本

柞蠶彙誌一卷 XX/第978冊
董元亮撰
影印浙江省圖書館藏清宣統二年浙江官紙局刻本

樗繭譜一卷 XX/第978冊
(清)鄭珍撰（清)莫友芝注
影印上圖藏清道光十七年刻本

野蠶錄不分卷 XX/第978冊
(清)王元綎撰
影印遼寧省圖書館藏清光緒二十八年進呈寫本

柳蠶新編二卷 XX/第978冊
(清)許鵬翊撰
影印浙江省圖書館藏清宣統三年安徽勸業道署鉛印本

黃帝內經太素三十卷 XX/第979冊
(唐)楊上善注（清)蕭延平校正
影印首都圖書館藏民國十三年蘭陵堂刻本

黃帝內經素問注證發微九卷補遺一卷黃帝內經靈樞注證發微九卷 XX/第979－980冊
(明)馬蒔撰
影印明萬曆十四年王元敬刻本

黃帝內經素問二十四卷 XX/第980冊
(明)吳崑注
影印天津圖書館藏明萬曆三十七年刻本

黃帝內經素問九卷 XX/第980－981冊
(清)張志聰集注
影印湖北省圖書館藏清康熙九年刻本

靈樞經九卷 XX/第981冊
(清)張志聰集注
影印湖北省圖書館藏清康熙刻本

讀素問鈔九卷補遺一卷附錄一卷 XX/第981冊
(元)滑壽輯（明)汪機續注
影印明嘉靖刻本

黃帝素問直解九卷 XX/第982冊
(清)高世栻撰
影印上海辭書藏清光緒十三年浙江書局刻本

內經博議四卷 XX/第982冊
(清)羅美撰
影印南圖藏清抄本

醫經原旨六卷 XX/第982冊
(清)薛雪撰
影印湖北省圖書館藏清乾隆薛氏掃葉山房刻本

素靈微蘊四卷 XX/第982冊
(清)黃元御撰
影印清道光十年張氏宛鄰書屋刻本

中西匯通醫經精義二卷 XX/第982冊
(清)唐宗海撰
影印湖北省圖書館藏清光緒三十四年千頃堂書局石印中西匯通醫書五種本

運氣易覽三卷 XX/第983冊
(明)汪機撰
影印科圖藏明嘉靖十二年程鐈刻本

內經運氣病釋九卷附內經遺篇病釋一卷 XX/第983冊
(清)陸懋修撰
影印天津圖書館藏清光緒十年刻世補齋醫書本

新刊勿聽子俗解八十一難經六卷 XX/第983冊
(明)熊均撰
影印北大圖書館藏日本寬永四年(1627)刻本
金匱要略四卷 XX/第983冊
(漢)張機撰 (清)張志聰注
影印南圖藏清康熙二十二年文瑞堂刻本
圖注八十一難經辨真四卷 XX/第983冊
(明)張世賢撰
影印北大圖書館藏明刻本
王翰林集注黄帝八十一難經五卷 XX/第983冊
(明)王九思等撰
影印宛委別藏日本刻佚存叢書本
難經正義九卷圖不分卷 XX/第983冊
(明)馬蒔撰
影印科圖藏明萬曆寶命堂刻本
難經懸解二卷 XX/第983冊
(清)黄元御撰
影印上圖藏清同治十一年馮承熙刻本
難經經釋二卷 XX/第983冊
(清)徐大椿撰
影印清刻本
古本難經闡注四卷 XX/第984冊
(清)丁錦撰
影印南圖藏清乾隆刻本
金匱玉函經八卷 XX/第984冊
(漢)張機撰 (宋)林億等校正
影印中國醫學科學院圖書館藏清康熙五十五年陳世傑刻本
仲景傷寒補亡論二十卷 XX/第984冊
題(宋)郭雍撰
影印湖北省圖書館藏清道光元年心太平軒刻本
活人書二十卷 XX/第984冊
(宋)朱肱撰
影印科圖藏明萬曆四十四年張惟任等刻本
傷寒百問六卷 XX/第984冊
(宋)朱肱撰
影印中醫研究院圖書館藏日本寶曆三年(1753)書林澀川清右衛門刻本
新鐫注解張仲景傷寒發微論四卷 XX/第984冊
(宋)許叔微撰
影印上圖藏明萬曆三十九年喬山堂劉龍田刻本
張仲景注解傷寒百證歌五卷 XX/第984冊
(宋)許叔微撰
影印北圖藏元刻本
傷寒九十論一卷校訛一卷 XX/第984冊
(宋)許叔微撰 (清)胡珽撰
影印清咸豐三年木活字印琳琅祕室叢書本
陰證略例一卷 XX/第985冊
(元)王好古撰
影印上海辭書藏清光緒五年歸安陸心源刻十萬卷樓叢書本
傷寒六書六卷 XX/第985冊
(明)陶華撰
影印山東省圖書館藏明步月樓刻本
金鏡內臺方議十二卷 XX/第985冊
(明)許宏撰
影印上圖藏清乾隆五十九年程永培刻本
傷寒論七卷 XX/第985冊
(清)張遂辰撰
影印中醫研究院圖書館藏清刻本
傷寒論集注六卷 XX/第985冊
(清)張志聰撰
影印南圖藏清刻本
傷寒辯證四卷 XX/第985冊
(清)陳堯道撰
影印中國醫學科學院圖書館藏清嘉慶十一年勞樹棠刻本
傷寒來蘇全集八卷 XX/第986冊
(清)柯琴撰
影印湖北省圖書館藏清乾隆二十年馬中驊刻本
傷寒論後條辨十五卷 XX/第986冊
(清)程應旄撰
影印山東省圖書館藏清康熙十年式好堂刻本
重編張仲景傷寒論證治發明溯源集十卷 XX/第986－987冊
(清)錢潢撰
影印南圖藏清虛白室刻本
傷寒論直解六卷附傷寒附餘一卷 XX/第987冊
(清)張錫駒撰
影印上圖藏清康熙五十一年刻本
張仲景傷寒論貫珠集八卷 XX/第987冊
(清)尤怡撰
影印上圖藏清嘉慶十五年朱陶性木活字印本
傷寒論淺注補正七卷首一卷 XX/第987冊
(清)陳念祖注 (清)唐宗海補正
影印華東師大圖書館藏清末鉛印本
醫門棒喝二集傷寒論本旨九卷 XX/第987－988冊
(清)章楠撰
影印中國醫學科學院圖書館藏清道光刻倆山書屋印本
金匱懸解二十二卷 XX/第988冊
(清)黄元御撰
影印清同治七年成都刻黄氏醫書八種本
金匱要略直解三卷 XX/第988冊
(清)程林撰
影印上圖藏清康熙刻本
金匱要略編注二十四卷 XX/第988冊
(清)沈明宗撰
影印浙江省圖書館藏清康熙刻本
金匱要略廣注三卷 XX/第989冊
(清)李彣注
影印清康熙二十一年刻本
金匱玉函經二注二十二卷 XX/第989冊
(元)趙良仁衍義 (清)周揚俊補注
影印南圖藏清白鹿山房活字印本
金匱要略方論本義二十二卷 XX/第989冊
(清)魏荔彤撰
影印南圖藏清康熙五十九年兼濟堂刻本
金匱心典三卷 XX/第989冊
(清)尤怡撰
影印浙江省圖書館藏清雍正刻本
新修本草二十卷 XX/第989冊
(唐)蘇敬等撰
影印上海古籍出版社藏一九八一年影印後書鈔閣藏日本森氏舊藏本
本草衍義二十卷 XX/第990冊
(宋)寇宗奭撰
影印北圖藏宋淳熙十二年江西轉運司刻慶元元年重修本
履巉巖本草三卷 XX/第990冊
題(宋)王介撰

影印北圖藏明抄彩繪本
鐫補雷公炮製藥性解六卷 XX/第990冊
(明)李中梓編輯 (明)錢允治訂
影印浙江省圖書館藏明末唐鯉飛校刻本
藥品化義十三卷首一卷 XX/第990冊
(明)賈所學 (清)李延是撰
影印成都中醫藥大學圖書館藏清康熙刻本
本草集要八卷 XX/第990冊
(明)王綸輯
影印上圖藏明成化刻本
本草品彙精要四十二卷續集十卷脉訣二卷 XX/第990－991冊
(明)劉文泰等撰 (清)王道純等輯
影印故宮博物院藏清康熙四十年彩繪本
本草蒙筌十二卷 XX/第991冊
(明)陳嘉謨撰
影印上圖藏明萬曆元年周氏仁壽堂刻本
本草彙言二十卷 XX/第992冊
(明)倪朱謨撰
影印天津圖書館藏清順治二年大成齋刻本
本草原始十二卷 XX/第992－993冊
(明)李中立撰
影印浙江省圖書館藏明萬曆刻本
本草通玄二卷 XX/第993冊
(明)李中梓撰
影印中醫圖書館藏清康熙十七年昆明刻本
本經疏證十二卷本經續疏六卷本經序疏要八卷 XX/第993冊
(清)鄒澍撰
影印上海辭書藏清道光二十九年刻本
增定本草備要四卷 XX/第993冊
(清)汪昂撰
影印上圖藏清康熙三十三年還讀齋刻本
本經逢原四卷 XX/第994冊
(清)張璐撰
影印上海辭書藏清康熙長洲張氏刻本
本草從新十八卷 XX/第994冊
(清)吳儀洛撰
影印上圖藏清刻本
藥性通考六卷 XX/第994冊
(清)太醫院編
影印科圖藏清道光二十九年刻本
本草綱目拾遺十卷正誤一卷 XX/第994－995冊
(清)趙學敏撰
影印湖北省圖書館藏清同治十年吉心堂刻本
本草求真九卷 XX/第995冊
(清)黃宮繡撰
影印山東省圖書館藏清乾隆綠圃齋刻本
神農本草經讀四卷 XX/第995冊
(清)陳念祖撰
影印上圖藏清檀藹書屋刻本
本草經解要四卷附餘一卷 XX/第995冊
(清)姚球撰
影印浙江省圖書館藏清雍正二年王從龍刻本
銅人腧穴針灸圖經三卷附穴腧都數一卷修明堂訣式一卷避鍼灸訣一卷 XX/第995冊
(宋)王惟一撰
影印中醫圖書館藏明刻本
十四經發揮三卷 XX/第995冊
(元)滑壽撰
影印南圖藏明抄本
針灸大成十卷 XX/第996冊
(明)楊繼洲撰
影印明萬曆二十九年趙文炳刻本
針方六集六卷 XX/第996冊
(明)吳崑撰
影印北大圖書館藏明萬曆四十六年程標刻本
針灸聚英四卷 XX/第996冊
(明)高武撰
影印明嘉靖刻本
太乙神鍼心法二卷 XX/第996冊
(清)韓貽豐撰
影印科圖藏清康熙五十六年刻本
經脉圖考四卷 XX/第996冊
(清)陳惠疇撰
影印華東師大圖書館藏清光緒四年貴州黎培敬刻本
神灸經綸四卷 XX/第997冊
(清)吳亦鼎撰
影印上圖藏清咸豐三年刻本
傳悟靈濟錄二卷 XX/第997冊
(清)張衍恩撰
影印中醫圖書館藏稿本
灸法秘傳一卷首一卷 XX/第997冊
(清)雷豐撰
影印中醫圖書館藏清光緒九年劉氏樂善堂刻本
新刻小兒推拿方衇活嬰秘旨全書二卷 XX/第997冊
(明)龔廷賢撰 (清)姚國禎補輯
影印中醫大圖書館藏清康熙三十年文秀堂刻本
推拿廣意三卷 XX/第997冊
(清)熊應雄撰
影印山東省圖書館藏清江陰學古山房刻本
釐正按摩要術四卷 XX/第997冊
(清)張振鋆撰
影印科圖藏清光緒十五年張氏刻述古齋幼科新書本
理瀹駢文一卷略言一卷續增略言三卷附膏藥方一卷治心病方一卷 XX/第997冊
(清)吳師機撰
影印復旦圖書館藏清同治四年刻本
新刊王氏脉經十卷 XX/第997冊
(晉)王叔和撰
影印北圖藏元天曆三年廣勤書堂刻本
新刻校定脉訣指掌病式圖說一卷 XX/第998冊
題(元)朱震亨撰
影印科圖藏明萬曆二十九年吳勉學刻古今醫統正脈全書本
圖注脉訣辨真四卷脉訣附方一卷 XX/第998冊
(明)張世賢撰
影印上圖藏清善成堂刻本
察病指南三卷 XX/第998冊
(宋)施發撰
影印中國醫學科學院圖書館藏日本正保三年(1646)中野小左衛門刻本
元敖氏傷寒金鏡錄一卷 XX/第998冊
(元)杜本撰
影印上圖藏明嘉靖二十八年馬崇儒刻本
識病捷法十卷 XX/第998冊
(明)繆存濟撰

影印中醫圖書館藏明萬曆十一年刻本
醫燈續焰二十一卷　XX/第998冊
(清)潘楫撰 (清)王佑賢評
影印天津圖書館藏清順治潘氏陸地舟刻本
四診抉微八卷管窺附餘一卷　XX/第999冊
(清)林之翰撰
影印湖北省圖書館藏清雍正四年玉映堂刻本
四診脉鑑大全九卷　XX/第999冊
(清)王宏翰撰
影印中醫圖書館藏清康熙三十三年刻本
診家正眼二卷　XX/第999冊
(明)李中梓撰
影印中醫大圖書館藏清順治十七年秦卿胤等刻後印本
脉訣彙辨十卷　XX/第999冊
(清)李廷是撰
影印遼寧省圖書館藏清康熙五年刻本
望診遵經二卷　XX/第999冊
(清)汪宏撰
影印上圖藏清光緒元年求志堂刻本
舌鑑辨正二卷　XX/第999冊
(清)梁玉瑜撰
影印天津圖書館藏清光緒二十三年蘭州固本堂書局刻本
臨症辨似一卷附察舌辨症歌一卷　XX/第999冊
(清)淩旭 (清)吳堃安撰
影印中醫圖書館藏清光緒八年自刻本
史載之方二卷　XX/第999冊
(宋)史堪撰
影印宛委別藏清抄本
類證普濟本事方續集十卷　XX/第999冊
(宋)許叔微撰
影印南圖藏日本享保二十一年(1736)書林向井八三郎刻本
雞峯普濟方三十卷　XX/第1000冊
(宋)張鋭撰
影印上海辭書藏清道光八年汪士鍾藝芸書舍刻本
洪氏集驗方五卷　XX/第1000冊
(宋)洪遵輯
影印北圖藏宋乾道六年姑孰郡齋刻公文紙印本
魏氏家藏方十卷　XX/第1000冊
(宋)魏峴撰
影印北圖藏日本抄本
癸巳新刊御藥院方十一卷　XX/第1001冊
(元)許國禎撰
影印日本寬政十年(1798)精思堂活字印本
太醫院經驗奇效良方大全六十九卷　XX/第1001－1002冊
(明)方賢輯
影印北圖藏明正德刻本
胞與堂丸散譜不分卷　XX/第1002冊
(明)洪基輯
影印上圖藏明崇禎十一年刻套印本
名醫方論四卷　XX/第1002冊
(清)羅美輯並評
影印科圖藏清康熙十四年羅氏古懷堂刻本
醫方集解六卷　XX/第1002冊
(清)汪昂撰
影印科圖藏清康熙刻本
成方切用十二卷首一卷末一卷　XX/第1002－1003冊
(清)吳儀洛撰
影印上圖藏清乾隆二十六年硤川利濟堂刻本
串雅八卷　XX/第1003冊
(清)趙學敏撰
影印上圖藏清抄本
醫方論四卷　XX/第1003冊
(清)費伯雄撰
影印上圖藏清光緒十四年上海掃葉山房刻本
潛齋簡效方不分卷　XX/第1003冊
(清)王士雄撰
影印浙江省圖書館藏清咸豐三年刻本
瘴瘧指南二卷　XX/第1003冊
(明)鄭全望撰
影印醫科圖書館藏清同治元年汲古軒刻本
重刻張鳳逵傷暑全書二卷　XX/第1003冊
(明)張鶴騰撰 (明)彭期生輯
影印上圖藏明末黃昌刻本
瘟疫明辨四卷方一卷　XX/第1003冊
(清)鄭奠一撰
影印上圖藏清乾隆十六年刻本
廣瘟疫論四卷方一卷　XX/第1003冊
(清)戴天章撰
影印醫科圖書館藏清乾隆四十八年刻本
痧脹玉衡書三卷後一卷　XX/第1003冊
(清)郭志邃撰
影印上圖藏清康熙刻本
溫熱暑疫全書四卷　XX/第1004冊
(清)周揚俊撰
影印南圖藏清康熙十八年刻本
痢疾論四卷　XX/第1004冊
(清)孔毓禮撰
影印南京中醫藥大學圖書館藏清乾隆三十七年刻本
痢證匯參十卷　XX/第1004冊
(清)吳道源輯
影印上海辭書藏清乾隆刻本
傷寒溫疫條辯六卷　XX/第1004冊
(清)楊璿撰
影印醫科圖書館藏清乾隆五十年刻本
松峰說疫六卷　XX/第1004冊
(清)劉奎撰
影印上圖藏清乾隆刻本
疫診一得二卷　XX/第1004冊
(清)余霖撰
影印醫科圖書館藏清抄本
問心堂溫病條辨六卷卷首一卷　XX/第1004冊
(清)吳瑭撰
影印科圖藏清嘉慶十八年問心堂刻本
濕熱條辨一卷　XX/第1005冊
(清)薛雪撰
影印上圖藏清光緒七年浙寧簡香齋刻本
痧脹源流一卷　XX/第1005冊
(清)沈金鰲撰
影印陝西省圖書館藏清道光二十一年三省堂刻本
隨息居重訂霍亂論四卷　XX/第1005冊
(清)王士雄撰
影印上圖藏清同治二年上海崇本堂刻本
吊脚痧方論一卷　XX/第1005冊
(清)徐子默撰
影印上圖藏清咸豐十年嚴子合刻本
溫熱經緯五卷　XX/第1005冊

(清)王士雄撰
影印華東師大圖書館藏清刻本
時病論八卷　XX/第1005冊
(清)雷豐撰
影印上圖藏清光緒十年雷氏慎修堂刻本
鼠疫抉微四卷　XX/第1005冊
(清)余德壎撰
影印上圖藏清宣統二年鉛印本
南病別鑑不分卷附節錄辨證要略一卷　XX/第1005冊
(清)宋兆祺撰
影印上圖藏清光緒刻本
溫熱逢源三卷　XX/第1005冊
(清)柳寶詒撰
影印民國十三年鉛印三三醫書本
醫學發明一卷　XX/第1005冊
(金)李杲撰
影印故宫博物院藏明萬曆刻本
新刻痰火點雪四卷　XX/第1005冊
(明)龔居中撰
影印安徽省圖書館藏明書林劉大易刻本
慎柔五書五卷　XX/第1005冊
(明)胡慎柔撰
影印醫科圖書館藏清順治石震刻本
理虛元鑑二卷　XX/第1006冊
(明)汪綺石撰
影印浙江省圖書館藏清乾隆三十六年味研堂刻本
虛損啓微二卷　XX/第1006冊
(清)洪煒撰
影印上海辭書藏民國上海大東書局鉛印中國醫學大成第七集本
專治血症經驗良方論一卷　XX/第1006冊
(清)潘為縉撰
影印科圖藏清康熙五十一年麟振堂刻本
金匱翼八卷　XX/第1006冊
(清)尤怡撰
影印南圖藏清嘉慶十八年心太平軒刻本
中風論一卷　XX/第1006冊
(清)熊笏輯
影印醫科圖書館藏清光緒十年醉經閣刻本
醫醇賸義四卷　XX/第1006冊
(清)費伯雄撰
影印上圖藏清同治二年刻費氏全集本
血證論八卷醫學一見能一卷　XX/第1006冊
(清)唐宗海撰
影印復旦圖書館藏清光緒十六年唐氏刻本
歐蟲燃犀錄不分卷　XX/第1006冊
(清)燃犀道人撰
影印上圖藏清光緒十九年寶鏡山房刻本
經效產寶三卷續編一卷　XX/第1006冊
(唐)昝殷撰
影印上海辭書藏清光緒七年影宋刻本
衛生家寶產科備要八卷　XX/第1007冊
(宋)朱端章撰
影印北圖藏宋淳熙十一年南康郡齋刻本
女科百問二卷產寶雜錄一卷　XX/第1007冊
(宋)齊仲甫撰
影印科圖藏明崇禎刻本
丹溪先生胎產秘書三卷　XX/第1007冊
(元)朱震亨撰
影印上圖藏清道光二十五年刻本
萬氏女科一卷　XX/第1007冊
(明)萬全撰
影印上圖藏清乾隆刻女科備考本
胤產全書四卷　XX/第1007冊
(明)王肯堂撰
影印北圖藏明張受孔刻喬山堂刻本
傅青主女科二卷附產後編二卷　XX/第1007冊
(清)傅山撰
影印上圖藏清同治八年湖北崇文書局刻本
女科經綸八卷　XX/第1007冊
(清)蕭壎撰
影印南圖藏清乾隆四十六年湖郡有鴻齋刻本
女科輯要二卷　XX/第1007冊
(清)沈又彭撰
影印中醫圖書館藏清同治元年刻本
婦科玉尺六卷　XX/第1008冊
(清)沈金鰲撰
影印上圖藏清乾隆刻沈氏尊生書本
竹林寺女科秘傳一卷　XX/第1008冊
(清)竹林寺僧撰
影印科圖藏清咸豐二年刻本
達生編二卷　XX/第1008冊
(清)亟齋居士撰
影印上圖藏清乾隆三十九年敬義堂刻本
胎產心法三卷　XX/第1008冊
(清)閻純璽撰
影印科圖藏清雍正八年刻本
增廣大生要旨五卷　XX/第1008冊
(清)唐千頃撰(清)葉灝增訂
影印上圖藏清咸豐八年刻本
幼幼新書四十卷拾遺方一卷　XX/第1008-1009冊
(宋)劉昉等編
影印上圖藏明萬曆十四年陳履端刻本
新刊演山省翁活幼口議二十卷　XX/第1009冊
(元)曾世榮撰
影印中醫圖書館藏日本文政三年(1820)抄本
嬰童百問十卷　XX/第1009冊
(明)魯伯嗣撰
影印天津圖書館藏明末刻本
全幼心鑑四卷　XX/第1010冊
(明)寇平編
影印醫科圖書館藏明成化四年全幼堂刻本
新刊萬氏家傳幼科發揮二卷　XX/第1010冊
(明)萬全撰
影印上圖藏清乾隆六年敷文堂刻萬密齋書本
萬氏秘傳片玉心書五卷　XX/第1010冊
(明)萬全撰
影印上圖藏清順治十一年泰安李氏刻本
萬氏家傳育嬰四卷　XX/第1010冊
(明)萬全撰
影印湖北省圖書館藏清乾隆六年敷文堂刻萬密齋書本
幼科鐵鏡六卷　XX/第1010冊
(清)夏鼎撰
影印上圖藏清同治三年揚州文富堂刻本

鼎鍥幼幼集成六卷 XX/第 1010－1011 冊
(清)陳復正撰
影印首都圖書館藏清乾隆刻本
聞人氏痘疹論四卷 XX/第 1011 冊
(宋)聞人規撰
影印中醫圖書館藏明嘉靖二十一年刻本
痘疹世醫心法十二卷痘疹格致要論十一卷 XX/第 1011 冊
(明)萬全撰
影印上圖藏明萬曆十一年陳允升刻本
活幼心法九卷 XX/第 1011 冊
(明)聶尚恒撰
影印安徽省圖書館藏清抄本
救偏瑣言十卷備用良方一卷 XX/第 1011 冊
(清)費啟泰撰
影印山東省圖書館藏清順治惠迪堂刻嘉慶元年金閶惟善堂印本
痘疹定論四卷 XX/第 1012 冊
(清)朱純嘏編
影印中國醫科大圖書館藏清康熙五十二年刻本
種痘新書十二卷 XX/第 1012 冊
(清)張琰撰
影印中醫圖書館藏清乾隆刻本
麻科活人全書四卷 XX/第 1012 冊
(清)謝玉瓊撰
影印遼寧省圖書館藏清刻本
引痘略一卷 XX/第 1012 冊
(清)邱熺撰
影印山東省圖書館藏清道光七年奎光齋刻本
劉涓子鬼遺方五卷 XX/第 1012 冊
(南齊)龔慶宣撰
影印北圖藏宋刻本
重校宋竇太師瘡瘍經驗全書十二卷 XX/第 1012 冊
(宋)竇默撰 (明)竇夢麟增輯
影印浙江省圖書館藏明隆慶三年三衢大酉堂刻本
癰疽神秘灸經一卷 XX/第 1012 冊
(元)胡元慶撰 (明)薛己校補
影印醫科圖書館藏日本享保十四年(1729)鐵研齋刻本
新刊外科正宗四卷 XX/第 1013 冊
(明)陳實功撰
影印安徽省圖書館藏明萬曆四十五年刻本
新刊秘授外科百效全書六卷 XX/第 1013 冊
(明)龔居中撰
影印南圖藏清繡穀滸灣書林五鳳樓刻本
洞天奧旨十六卷圖一卷 XX/第 1013 冊
(清)陳士鐸撰
影印科圖藏清乾隆五十五年陳鳳輝大雅堂刻本
外科證治全生不分卷附金瘡鐵扇散方一卷 XX/第 1013 冊
(清)王維德撰
影印首都圖書館藏清姜成堂刻本
瘍醫大全四十卷 XX/第 1013－1016 冊
(清)顧世澄撰
影印上圖藏清乾隆二十五年刻顧氏秘書本
瘍科臨證心得集三卷方彙三卷方彙補遺一卷家用膏丹丸散方一卷景岳新方歌一卷 XX/第 1016 冊
(清)高秉鈞 (清)吴辰燦 (清)姚志仁撰
影印浙江省圖書館藏清嘉慶十四年盡心齋刻本
外科證治全書五卷卷末一卷 XX/第 1016 冊
(清)許克昌 (清)畢法輯
影印上圖藏清同治六年刻本
外證醫案彙編四卷 XX/第 1016 冊
(清)余景和編輯
影印上圖藏清光緒二十年蘇州綠蔭堂刻本
解圍元藪四卷 XX/第 1016 冊
(明)沈之問輯
影印南圖藏清嘉慶二十一年刻本
外科灰餘集二卷 XX/第 1016 冊
(清)程國彭撰
影印南京中醫圖書館藏清雍正十一年刻本
癧科全書一卷 XX/第 1016 冊
(清)梁希曾撰
影印民國十三年鉛印三三醫書本
損傷科一卷 XX/第 1016 冊
(清)霍孔昭撰
影印中醫圖書館藏清乾隆四十六年胡德昂抄本
傷科補要四卷 XX/第 1017 冊
(清)錢秀昌撰
影印上海辭書藏清嘉慶二十三年引溪志遠堂刻本
傷科彙纂十二卷圖注一卷 XX/第 1017 冊
(清)胡廷光輯
影印北大圖書館藏清抄本
傷科大成一卷 XX/第 1017 冊
(清)趙濂撰
影印醫科院圖書館藏清光緒十七年刻本
秘傳眼科龍木醫書總論十卷附葆光道人秘傳眼科一卷 XX/第 1017 冊
(明)葆光道人撰
影印遼寧省圖書館藏明萬曆三年刻本
傅氏眼科審視瑤函六卷首一卷醫案一卷 XX/第 1017 冊
(明)傅仁宇撰
影印湖南省圖書館藏明崇禎十七年刻本
一草亭目科全書一卷附錄一卷 XX/第 1018 冊
(明)鄧苑撰
影印上圖藏清康熙五十一年鹿氏刻本
秘傳眼科全書六卷 XX/第 1018 冊
(明)袁學淵撰
影印上圖藏日本寬政三年(1791)刻本
校刊目經大成三卷首一卷 XX/第 1018 冊
(清)黄庭鏡撰
影印山東省圖書館藏清嘉慶二十二年達道堂刻本
咽喉脈證通論一卷 XX/第 1018 冊
(清)佚名撰
影印南圖藏清道光二十一年刻本
喉科秘本一卷附方一卷 XX/第 1018 冊
(清)尤乘撰 (清)吴氏輯
影印科圖藏清嘉慶十三年刻本
喉科指掌六卷 XX/第 1018 冊
(清)張宗良撰
影印中醫大圖書館藏清乾隆二十二年刻本
重樓玉鑰二卷 XX/第 1018 冊
(清)鄭梅澗撰

影印遼寧省圖書館藏清道光十八年謙吉堂刻本
疫痧草三卷 XX/第1018冊
(清)陳耕道撰
影印吉林省圖書館藏清光緒十四年京都梓文齋刻本
時疫白喉捷要一卷 XX/第1018冊
(清)張紹修撰
影印南圖藏清光緒十一年聶緝槼刻本
疫喉淺論二卷補遺一卷 XX/第1018冊
(清)夏雲撰
影印山東省圖書館藏清光緒五年存吾春齋刻本
白喉治法忌表抉微一卷附錄一卷 XX/第1018冊
(清)耐修子撰
影印浙江省圖書館藏清光緒十八年湖北官書處刻本
白喉條辨一卷 XX/第1018冊
(清)陳葆善撰
影印上圖藏清光緒刻本
爛喉痧輯要一卷 XX/第1018冊
(清)金德鑑撰
影印上圖藏清光緒十八年海上陸氏刻本
痧喉正義一卷 XX/第1018冊
(清)張振鋆撰
影印天津圖書館藏清光緒十五年張氏刻述古齋幼科新書本
華氏中藏經三卷 XX/第1018冊
題(漢)華佗撰
影印宛委別藏清抄本
醫學啟源三卷 XX/第1019冊
(金)張元素撰
影印上圖藏明刻本
衛生寶鑑二十四卷補遺一卷 XX/第1019冊
(元)羅天益撰
影印北大圖書館藏明嘉靖十四年明德堂刻本
新編醫學正傳八卷 XX/第1019冊
(明)虞摶撰
影印醫科院圖書館藏明嘉靖刻本
醫貫六卷 XX/第1019冊
(明)趙獻可撰 (清)呂留良評
影印天津圖書館藏清康熙天蓋樓刻本
醫學綱目四十卷 XX/第1020－1021冊
(明)樓英撰
影印上圖藏明嘉靖四十四年曹灼刻本
新刊醫林狀元壽世保元十卷 XX/第1021冊
(明)龔廷賢撰
影印南圖藏日本正保二年(1645)風月宗知刻本
醫宗必讀十卷 XX/第1022冊
(明)李中梓撰
影印明崇禎十年刻本
張氏醫通十六卷 XX/第1022－1023冊
(清)張璐撰
影印遼寧省圖書館藏清康熙寶翰樓刻本
辯證錄十四卷洞垣全書脉訣闡微一卷 XX/第1023－1024冊
(清)陳士鐸撰
影印南圖藏清乾隆十二年黄晟槐蔭草堂刻本
醫學心悟五卷附華佗外科十法一卷 XX/第1024冊
(清)程國彭撰
影印上圖藏清雍正刻慎德堂印本
雜病源流犀燭三十卷 XX/第1024冊
(清)沈金鰲撰
影印上圖藏清同治十三年湖北崇文書局刻本
石室秘籙六卷 XX/第1025冊
(清)陳士鐸撰
影印上圖藏清康熙二十八年本澄堂刻本
醫碥七卷 XX/第1025冊
(清)何夢瑤撰
影印天津圖書館藏清乾隆刻本
四聖心源十卷 XX/第1025冊
(清)黄元御撰
影印天津醫科圖書館藏清刻本
筆花醫鏡四卷 XX/第1025冊
(清)江涵暾撰
影印上圖藏清道光四年刻本
類證治裁八卷 XX/第1026冊
(清)林佩琴撰
影印南圖藏清咸豐元年林氏研經堂刻本
醫林改錯二卷 XX/第1026冊
(清)王清任撰
影印遼寧省圖書館藏清道光十年三槐堂刻本
醫學三字經四卷 XX/第1026冊
(清)陳念祖撰
影印首圖藏清嘉慶九年南雅堂刻本
簡明中西匯參醫學圖說二卷 XX/第1026冊
(清)王有忠撰
影印南圖藏清光緒三十二年上海廣益書局石印本
醫案五卷 XX/第1026冊
(明)孫一奎撰
影印上圖藏明萬曆刻本
芷園臆草存案一卷 XX/第1027冊
(明)盧復撰
影印醫科圖書館藏清乾隆刻本
臨症指南醫案十卷 XX/第1027冊
(清)葉桂撰 (清)華岫雲輯
影印浙江省圖書館藏清乾隆三十三年衛生堂刻本
掃葉莊一瓢老人醫案四卷 XX/第1027冊
(清)薛雪撰
影印上海辭書藏清抄本
醫學讀書記三卷續記一卷附靜香樓醫案一卷 XX/第1027冊
(清)尤怡撰
影印北大圖書館藏清嘉慶十九年松風閣刻本
洄溪醫案一卷 XX/第1027冊
(清)徐大椿撰
影印南圖藏清咸豐七年海昌蔣氏衍芬草堂刻本
王氏醫案二卷續編八卷霍亂論二卷 XX/第1027冊
(清)王士雄撰
影印遼寧省圖書館藏清咸豐元年吟香書屋刻本
柳選四家醫案八卷 XX/第1028冊
(清)柳寶詒選評
影印湖北省圖書館藏清光緒三十年惜餘小舍刻本
醫經正本書一卷 XX/第1028冊
(宋)程迥撰
影印北圖藏明初刻本
折肱漫錄七卷 XX/第1028冊
(明)黄承昊撰
影印南圖藏清心導樓刻本

裴子言醫四卷 XX/第1028冊
(明)裴一中撰
影印中醫圖書館藏清初刻本
侶山堂類辯二卷 XX/第1028冊
(清)張志聰撰
影印天津圖書館藏清刻本
醫貫砭二卷 XX/第1028冊
(清)徐大椿撰
影印上海辭書藏清乾隆半松齋刻本
慎疾芻言一卷 XX/第1028冊
(清)徐大椿撰
影印上圖藏清道光二十八年長洲謝嘉孚刻本
吳醫彙講十一卷 XX/第1028冊
(清)唐大烈輯
影印山東省圖書館藏清乾隆五十九年唐氏問心草堂刻本
吳鞠通先生醫案五卷 XX/第1028冊
(清)吳瑭撰
影印吉林省圖書館藏民國裘氏刻醫藥叢書本
醫門棒喝四卷 XX/第1029冊
(清)章楠撰
影印科圖藏清道光九年刻本
客塵醫話三卷 XX/第1029冊
(清)計楠撰
影印南圖藏清嘉慶刻本
研經言四卷 XX/第1029冊
(清)莫文泉撰
影印上海辭書藏清光緒月河莫氏刻本
冷廬醫話五卷 XX/第1029冊
(清)陸以湉撰
影印上圖藏清光緒二十三年烏程龐元澂刻本
讀醫隨筆六卷 XX/第1029冊
(清)周學海撰
影印上海辭書藏清光緒二十四年周氏刻本
養生類纂二十二卷養生月覽二卷 XX/第1029冊
(宋)周守忠撰
影印上圖藏明成化十年謝潁刻本
泰定養生主論十六卷 XX/第1029冊
(元)王珪撰
影印北圖藏明正德六年冒鸞刻本
新刊萬氏家傳養生四要五卷 XX/第1030冊
(明)萬全撰
影印上圖藏清乾隆六年敷文堂刻萬密齋書本
壽世青編二卷 XX/第1030冊
(明)李中梓撰 (清)尤乘輯
影印上圖藏清刻化材三書本
勿藥玄詮一卷 XX/第1030冊
(清)汪昂編
影印遼寧省圖書館藏清刻本
新編壽世傳真八卷 XX/第1030冊
(清)徐文弼撰
影印科圖藏抄本
歷代名醫蒙求二卷釋音一卷 XX/第1030冊
(宋)周守忠撰
影印南圖藏民國二十年(1931)故宫博物院影印宋刻本
醫史十卷 XX/第1030冊
(明)李濂撰
影印上圖藏明刻本
太醫院志不分卷附同寅錄一卷 XX/第1030冊
(清)任錫庚撰
影印北師大圖書館藏民國十二年石印本
古今醫史七卷續增二卷附錄一卷 XX/第1030冊
(清)王宏翰撰
影印南圖藏清抄本
醫故二卷 XX/第1030冊
鄭文焯撰
影印遼寧省圖書館藏清光緒十七年梓文閣刻書帶草堂叢書本
司牧安驥集五卷 XX/第1030冊
影印南圖藏明弘治十七年楊一清刻本
新刊纂圖元亨療馬集六卷圖像水黃牛經合併大全二卷駝經一卷 XX/第1030冊
(明)喻仁 (明)喻傑撰
影印科圖藏清乾隆元年李玉書刻本
周髀算經二卷 XX/第1031冊
題(漢)趙君卿注 (北周)甄鸞重述 (唐)李淳風等注釋
影印上圖藏宋刻本
周髀算經音義一卷附周髀算經 XX/第1031冊
(宋)李籍撰
影印上圖藏宋刻本
古周髀算經一卷 XX/第1031冊
題(漢)趙君卿注 (明)朱載堉圖解
影印北師大圖書館藏明刻本
周髀算經校勘記一卷 XX/第1031冊
(清)顧觀光撰
影印上海辭書藏清光緒九年莫祥芝刻武陵山人遺書本
准齋心制幾漏圖式一卷 XX/第1031冊
(宋)孫逢吉撰
影印北圖藏清道光三年黃氏士禮居抄本
銅壺漏箭制度一卷 XX/第1031冊
影印北圖藏清道光三年黃氏士禮居抄本
天文精義賦五卷 XX/第1031冊
(元)岳熙載撰
影印上海辭書藏清光緒刻方氏碧琳琅館叢書本
天文畧一卷 XX/第1031冊
(明)蔡汝楠撰
影印北大圖書館藏明嘉靖白石精舍刻本
神道大編象宗華天五星九卷 XX/第1031冊
(明)周雲撰
影印南圖藏明抄本
天官圖不分卷附錄一卷 XX/第1031冊
(清)張汝璧撰
影印浙江省圖書館藏清咸豐三年來憲伊抄本
三垣七政二十八宿周天精鑑一卷 XX/第1031冊
(明)章士純撰
影印福建省圖書館藏明抄本
天象儀全圖一卷 XX/第1031冊
(明)徐敬儀輯
影印北大圖書館藏明末繪本
天文圖說不分卷 XX/第1031冊
(明)袁啟輯
影印浙江省圖書館藏明抄本
天文三十六全圖一卷 XX/第1031冊
(明)黃道時制
影印北大圖書館藏明崇禎十一年彩繪本
交食通軌一卷日食通軌一卷月食通軌

九章算術細草圖說九卷 XX/第1041冊
(清)李潢撰
影印上海辭書藏清嘉慶二十五年語鴻堂刻本
海島算經細草圖說一卷 XX/第1041冊
(清)李潢撰
影印復旦圖書館藏清嘉慶二十五年語鴻堂刻本
孫子算經三卷 XX/第1041冊
(唐)李淳風等注釋
影印宋刻本
五曹算經五卷 XX/第1041冊
(唐)李淳風等注釋
影印北大圖書館藏宋嘉定六年刻本
數術記遺一卷 XX/第1041冊
題(漢)徐岳撰(北周)甄鸞注
影印北大圖書館藏宋嘉定六年刻本
算學源流一卷 XX/第1041冊
影印北大圖書館藏宋嘉定六年刻本
夏侯陽算經三卷 XX/第1041冊
題夏侯陽撰
影印北圖藏清影宋抄本
緝古算經攷注二卷 XX/第1041冊
(唐)王孝通撰并注(清)李潢攷注
影印上師大圖書館藏清道光十二年刻本
楊輝算法六卷札記一卷 XX/第1042冊
(宋)楊輝(清)宋景昌撰
影印上海辭書藏清道光二十二年刻宜稼堂叢書本
詳解九章算法一卷纂類一卷札記一卷 XX/第1042冊
(宋)楊輝(清)宋景昌撰
影印上海辭書藏清道光二十二年刻宜稼堂叢書本
丁巨算法一卷 XX/第1042冊
(元)丁巨撰
影印復旦圖書館藏清鮑氏刻知不足齋叢書本
詳明算法二卷 XX/第1042冊
(元)安正齋撰
影印自然科學所藏抄本
益古演段三卷 XX/第1042冊
(元)李冶撰
影印清鮑氏刻知不足齋叢書本
測圓海鏡細草十二卷 XX/第1042冊
(元)李冶撰
影印清鮑氏刻知不足齋叢書本
新編四元玉鑑三卷 XX/第1042冊
(元)朱世傑撰
影印北圖藏清抄本
四元玉鑑細草不分卷 XX/第1043冊
(清)羅士琳撰
影印北圖藏清道光駱大熔等抄本
新編算學啟蒙三卷總括一卷 XX/第1043冊
(元)朱世傑撰(清)羅士琳附釋
影印北大圖書館藏清道光十九年刻本
算法二卷 XX/第1043冊
影印永樂大典本
算法全能集二卷 XX/第1043冊
(明)賈亨撰
影印南圖藏明初刻本
九章詳註比類算法大全十卷乘除開方起例一卷 XX/第1043冊
(明)吳敬撰
影印上圖藏明景泰元年王均刻弘治元年吳訥補修本
神道大編曆宗算會十五卷 XX/第1043冊
(明)周述學撰
影印南圖藏明抄本
勾股算術二卷 XX/第1044冊
(明)顧應祥撰
影印浙江省圖書館藏明嘉靖刻本
新編直指算法統宗十七卷首一卷 XX/第1044冊
(明)程大位撰
影印清康熙五十五年刻本
嘉量算經三卷問答一卷 XX/第1044冊
(明)朱載堉撰
影印北師大圖書館藏明刻本
度測三卷開平方說一卷開立方說一卷度算解一卷 XX/第1044冊
(明)陳藎謨撰
影印自然科學史所藏清抄本
算海詳說九卷 XX/第1044冊
(清)李長茂撰
影印山東省圖書館藏清順治十八年蕭維樞刻本
割圜密率捷法四卷 XX/第1045冊
(清)安圖撰(清)陳際新等續
影印浙江省圖書館藏清道光十九年石樑岑氏刻本
勾股割圜記三卷 XX/第1045冊
(清)戴震撰(清)吳思孝注
影印北圖藏清乾隆孔氏刻微波榭叢書本
準望簡法一卷割圜弧矢補論一卷勾股割圜全義圖一卷方圜比例數表一卷 XX/第1045冊
(清)戴震撰
影印中山大學圖書館藏抄本
同度記四卷 XX/第1045冊
(清)孔繼涵撰
影印北圖藏稿本
求一算術三卷 XX/第1045冊
(清)張敦仁撰
影印浙江省圖書館藏清道光十一年張氏刻本
里堂學算記五種十六卷 XX/第1045冊
(清)焦循撰
影印清嘉慶四年江都焦循雕菰樓刻本
加減乘除釋八卷 XX/第1045冊
天元一釋二卷 XX/第1045冊
釋弧三卷 XX/第1045冊
釋輪二卷 XX/第1045冊
釋橢一卷 XX/第1045冊
開方通釋一卷 XX/第1045冊
(清)焦循撰
影印上海辭書藏清光緒刻木犀軒叢書本
衡齋算學七卷 XX/第1045冊
(清)汪萊撰
影印北圖藏衡齋算學遺書合刻本
李氏遺書十一種十八卷 XX/第1045–1046冊
(清)李銳撰
影印上海辭書藏清道光三年阮氏刻本
召誥日名攷一卷 XX/第1045冊
漢三統術三卷 XX/第1045冊
漢四分術三卷 XX/第1045冊
漢乾象術二卷 XX/第1045冊
補修宋奉元術一卷 XX/第1045冊
補修宋占天術一卷 XX/第1045冊
日法朔餘彊弱攷一卷 XX/第1045冊
方程新術草一卷 XX/第1045冊
勾股算術細草一卷 XX/第1046冊
弧矢算術細草一卷 XX/第1046冊
開方說三卷 XX/第1046冊
如積引蒙十卷 XX/第1046冊

(清)汪曰楨撰
影印稿本
六九軒算書五種七卷附輯古算經補注一卷 XX/第1046冊
(清)劉衡撰
影印浙江省圖書館藏清道光三十年兩淮轉運署刻本
尺算日晷新義二卷 XX/第1046冊
勾股尺測量新法一卷 XX/第1046冊
籌表開諸乘方捷法二卷 XX/第1046冊
借根方法淺說一卷 XX/第1046冊
四率淺說一卷 XX/第1046冊
割圜連比例術圖解三卷 XX/第1047冊
(清)董祐誠撰
影印上海辭書藏清同治八年刻董方立遺書本
象數一原七卷 XX/第1047冊
(清)項名達撰 (清)戴煦校補
影印浙江省圖書館藏清光緒十四年刻本
下學葊算書三種 XX/第1047冊
(清)項名達撰
影印天津圖書館藏清同治七年羊城書院刻本
勾股六術一卷 XX/第1047冊
平三角和較術一卷 XX/第1047冊
弧三角和較術一卷 XX/第1047冊
求表捷術九卷 XX/第1047冊
(清)戴煦撰
影印清同治二年伍氏刻刻粵雅堂叢書本
筆算說畧一卷籌算說畧一卷 XX/第1047冊
(清)鄭復光撰
影印自然科學史所清抄本
測圜密率三卷 XX/第1047冊
(清)徐有壬撰
影印上海辭書藏清同治十一年長沙刻徐莊滑公算書本
致曲術一卷致曲圖解一卷 XX/第1047冊
(清)夏鸞翔撰
影印上圖藏稿本
則古昔齋算學十三種 XX/第1047冊
(清)李善蘭撰
影印上海辭書藏清同治六年金陵刻本
方圓闡幽一卷 XX/第1047冊
弧矢啟秘二卷 XX/第1047冊
對數探源二卷 XX/第1047冊
垛積比類四卷 XX/第1047冊
四元解二卷 XX/第1047冊
麟德術解三卷 XX/第1047冊
橢圓正術解二卷 XX/第1047冊
橢圓新術一卷 XX/第1047冊
橢圓拾遺三卷 XX/第1047冊
火器真訣一卷 XX/第1047冊
對數尖錐變法釋一卷 XX/第1047冊
級數回求一卷 XX/第1047冊
天算或問一卷 XX/第1047冊
求一術通解二卷 XX/第1047冊
(清)黄遵憲撰
影印華東師大圖書館藏清同治十三年荷池精舍刻本
集注太玄六卷 XX/第1048冊
(宋)司馬光撰
影印北圖藏明抄本
太玄解四卷 XX/第1048冊
(宋)許翰撰
影印北圖藏明抄本
翼玄十二卷 XX/第1048冊
(宋)張行成撰
影印上圖藏清乾隆李氏萬卷樓刻函海本
太玄闡秘十卷首一卷外編一卷附編一卷 XX/第1048冊
(清)陳本禮撰
影印清光緒貴池劉氏刻聚學軒叢書本
潛虛述義四卷附攷異一卷 XX/第1048冊
(清)蘇天木撰
影印復旦圖書館藏清道光三十年刻嶺南遺書本
皇極經世觀物外篇釋義四卷 XX/第1048冊
(明)余本撰
影印上圖藏明嘉靖青州府刻四十四年杜思補修本
古太極測一卷 XX/第1048冊
(明)徐爌撰
影印北圖藏明嘉靖四十三年都溫刻本
範衍十卷 XX/第1048冊
(明)錢一本撰
影印清華大學圖書館藏明萬曆刻本
馬王堆帛書五星占 XX/第1049冊
影印《中國天文史文集》本
馬王堆帛書天文氣象雜占 XX/第1049冊
影印《中國文物》本
乙巳占九卷 XX/第1049冊
題(唐)李淳風撰
影印天津圖書館藏清抄本
觀象玩占五十卷 XX/第1049冊
題(唐)李淳風撰
影印清華大學圖書館藏明抄本
譙子五行志五卷 XX/第1049冊
(唐)濮陽夏撰
影印北圖藏明抄本
素問六氣玄珠密語十七卷 XX/第1049冊
題(唐)王冰撰
影印明抄本
景祐乾象新書三十卷 XX/第1050冊
(宋)楊惟德等撰
影印北圖藏北宋元豐元年司天監抄本
乾象通鑑一百卷 XX/第1050－1051冊
題(宋)李季撰
影印北圖藏明抄本
戎事類占二十一卷 XX/第1051冊
(元)李克家撰
影印明萬曆二十五年厭原山館刻本
參籌秘書十卷 XX/第1051－1052冊
(明)汪三益輯注
影印明崇禎十二年楊廷樞刻本
風角書八卷 XX/第1052冊
(清)張爾岐撰
影印遼寧省圖書館藏清道光十四年刻本
雲氣占候二卷 XX/第1052冊
(清)汪宗沂撰
影印上海辭書藏清光緒袁氏漸西村舍彙刊本
管氏指蒙二卷 XX/第1052冊
題(魏)管輅撰 (宋)王伋注 (明)汪尚賡補注
影印浙江省圖書館藏明刻本
陽宅大全十一卷 XX/第1052冊
影印浙江省圖書館藏明萬曆吳勉學刻本
八宅四書四卷 XX/第1052冊
題(明)一壑居士撰

陽宅真訣三卷 XX/第 1052 冊
(明)周繼撰 (明)郭澹編 (明)吴勉學校補 (明)江湛若訂正
楊救貧先師宅寶經一卷
XX/第 1052 冊
陽宅神搜經心傳秘法一卷
XX/第 1052 冊
鑿井圖經一卷 XX/第 1052 冊
題(唐)李淳風撰
楊公來路玄空烟火活法一卷
XX/第 1052 冊
安居金鏡八卷 XX/第 1052 冊
(清)周南 (清)吕臨輯
影印中山圖書館藏清乾隆四十五年周氏壽南堂刻本
玉髓真經三十卷後卷二十一卷
XX/第 1053 冊
(宋)張洞玄撰 (宋)劉允中注釋 (宋)蔡元定發揮 (宋)房正等撰
影印天一閣藏明嘉靖二十九年福州府刻本
重校正地理新書十五卷 XX/第 1054 冊
影印北大圖書館藏金刻本
鐫地理參補評林圖訣全備平沙玉尺經二卷附録一卷 XX/第 1054 冊
題(元)劉秉忠撰 (明)劉基注 (明)賴從謙增釋 (明)徐之鏌參補
影印浙江省圖書館藏明建邑書林陳賢刻本
葬經箋註一卷圖説一卷 XX/第 1054 冊
(清)吴元音撰
影印科圖藏清嘉慶十一年刻借月山房彙抄本
風水怯惑一卷 XX/第 1054 冊
(清)丁芮樸撰
影印湖北省圖書館藏清光緒元年苕溪丁氏刻月河精舍叢抄本
黄帝龍首經二卷 XX/第 1054 冊
(清)孫星衍校
影印湖北省圖書館藏清嘉慶十二年孫星衍刻黄帝五書本
黄帝授三子玄女經一卷 XX/第 1054 冊
(清)孫星衍校
影印湖北省圖書館藏清嘉慶十二年孫星衍刻黄帝五書本
黄帝金匱玉衡經一卷 XX/第 1054 冊
(清)孫星衍校
影印湖北省圖書館藏清嘉慶十二年孫星衍刻黄帝五書本
易林註十六卷 XX/第 1054－1055 冊
影印北圖藏清初毛氏汲古閣影元抄本
焦氏易林校略十六卷 XX/第 1055 冊
(清)翟云升撰
影印華東師大圖書館藏清道光翟氏刻五經歲遍齋校書本
易林釋文二卷 XX/第 1055 冊
(清)丁晏撰
影印上海辭書藏清光緒十四年刻南菁書院叢書本
玉靈照膽經一卷心傳要訣一卷
XX/第 1055 冊
(宋)邵平軒撰
影印北圖藏明抄本
覆盆明鏡照占真經八卷 XX/第 1055 冊
(宋)趙天祐撰
影印北圖藏明抄本
增注周易神應六親百章海底眼前集一卷後集一卷 XX/第 1055 冊
(宋)王鼒撰 (宋)何侁重編
影印上圖藏元刻本
六壬軍帳神機四十八卷
XX/第 1055－1058 冊
影印北圖藏清抄本
卜筮全書十四卷 XX/第 1059 冊
(明)姚際隆刪補
影印科圖藏明崇禎翁少麓刻本
相法十六篇一卷 XX/第 1059 冊
(漢)許負撰
影印明萬曆二十五年金陵荊山書林刻夷門廣牘本
新雕注疏珞琭子三命消息賦三卷新雕李燕陰陽三命二卷 XX/第 1059 冊
(宋)李仝注 (宋)東方明疏
影印北圖藏金刻本
新刊範圍數二卷 XX/第 1059 冊
影印北圖藏元刻本
大定新編四卷 XX/第 1059 冊
(明)楊向春撰
影印北圖藏明刻本
新刊指南臺司袁天罡先生五星三命大全四卷 XX/第 1059 冊
影印北圖藏明書林種德堂熊沖宇刻本
回谷先生人倫廣鑑集説十卷
XX/第 1059 冊
影印北圖藏明吴緝刻本
造命宗鏡集十二卷
XX/第 1059－1060 冊
(明)吴國仕輯
影印上圖藏明崇禎三年吴氏搜玄齋刻本
五行大義五卷 XX/第 1060 冊
(隋)蕭吉撰
影印宛委別藏日本刻佚存叢書本
遁甲符應經三卷 XX/第 1060 冊
(宋)楊維德等撰
影印宛委別藏清抄本
洪範政鑒十二卷 XX/第 1060 冊
(宋)趙禎撰
影印宋淳熙十三年内府寫本
洪範淺解十一卷 XX/第 1060 冊
(明)程宗舜撰
影印遼寧省圖書館藏明嘉靖刻本
景祐太乙福應經十卷 XX/第 1061 冊
影印北圖藏明談劍山居抄本
三曆撮要一卷 XX/第 1061 冊
影印北圖藏宋刻本
河洛真數十卷 XX/第 1061 冊
題(宋)陳摶 邵雍撰
影印明萬曆二十年李學詩刻本
太乙統宗寶鑑二十卷 XX/第 1061 冊
題(元)曉山老人撰
影印明抄本
新刊陰陽寶鑑尅擇通書前集五卷後集五卷 XX/第 1061－1062 冊
影印北圖藏元刻本
類編曆法通書大全三十卷
XX/第 1062 冊
(元)宋魯珍通書 (元)何士泰曆法 (明)熊宗立類編
影印遼寧省圖書館藏明刻本
新刊理氣詳辯纂要三台便覽通書正宗二十卷首一卷 XX/第 1063 冊
(明)林紹周輯 (明)林維松重編
影印南圖藏明萬曆書林余象斗雙峰堂刻本
天文書四卷 XX/第 1063 冊
(明)海達兒等口授 (明)李翀 吴伯宗譯
影印北圖藏明洪武十六年内府刻本
夢林玄解三十四卷首一卷
XX/第 1063－1064 冊

題(宋)邵雍纂輯(明)陳士元增刪(明)何棟如重輯
影印上海辭書藏明崇禎刻本
夢占逸旨八卷 XX/第1064冊
(明)陳士元撰
影印華東師大圖書館藏清嘉慶吴氏聽彝堂刻藝海珠塵本
夢占類考十二卷 XX/第1064冊
(明)張鳳翼撰
影印明萬曆十三年信陽王氏刻本
新刻萬法歸宗五卷 XX/第1064冊
影印北圖藏明刻本
新鍥徽郡原板夢學全書三卷首一卷 XX/第1064冊
影印北圖藏明書林熊建山刻本
畫繼補遺二卷 XX/第1065冊
(元)莊肅撰
影印清乾隆五十四年黄氏醉經樓刻本
孫氏書畫鈔二卷 XX/第1065冊
(明)孫鳳撰
影印涵芬樓秘笈影印抄本
中麓畫品一卷 XX/第1065冊
(明)李開先撰
影印上圖藏明抄本
王奉常書畫題跋二卷 XX/第1065冊
(明)王時敏撰
影印復旦圖書館藏清宣統二年李氏甌缽羅室刻本
書法約言一卷 XX/第1065冊
(清)宋曹撰
影印北大圖書館藏清康熙三十六年刻昭代叢書甲集本
龔安節先生畫訣一卷 XX/第1065冊
(清)龔賢撰
影印清乾隆刻知不足齋叢書本
畫譜一卷 XX/第1065冊
(清)石濤撰
影印上海博物館藏清康熙大滌堂刻本
法書通釋二卷 XX/第1065冊
(明)張紳撰
影印明萬曆二十五年金陵荊山書林刻夷門廣牘本
大書長語二卷 XX/第1065冊
(明)費瀛撰
影印南圖藏明隆慶刻本
平生壯觀十卷 XX/第1065冊
(清)顧復撰
影印清抄本
無聲詩史七卷 XX/第1065冊
(清)姜紹書撰
影印天津圖書館藏清康熙五十九年李光暎觀妙齋刻本
讀畫錄四卷 XX/第1065冊
(清)周亮工撰
影印復旦圖書館藏清康熙十二年周氏煙雲過眼堂刻本
明畫錄八卷 XX/第1065冊
(清)徐沁撰
影印華東師大圖書館藏清嘉慶四年刻讀畫齋叢書本
書畫記六卷 XX/第1066冊
(清)吳其貞撰
影印清乾隆寫四庫全書本
畫筌一卷 XX/第1066冊
(清)笪重光撰(清)王翚(清)惲格評
影印清乾隆刻知不足齋叢書本
墨井畫跋一卷 XX/第1066冊
(清)吳歷撰
影印北大圖書館藏清康熙五十八年陸道淮飛霞閣刻本
雨窗漫筆一卷 XX/第1066冊
(清)王原祁撰
影印浙江省圖書館藏清光緒刻翠琅玕館叢書本
麓臺題畫稿一卷 XX/第1066冊
(清)王原祁撰
影印浙江省圖書館藏清道光二十四年刻昭代叢書本
大觀錄二十卷 XX/第1066冊
(清)吳升撰
影印華東師大圖書館藏民國九年武進李氏聖譯廔鉛印本
東莊論畫一卷 XX/第1067冊
(清)王昱撰
影印復旦圖書館藏清光緒刻翠琅玕館叢書本
繪事發微一卷 XX/第1067冊
(清)唐岱撰
影印南圖藏清乾隆刻本
視學不分卷 XX/第1067冊
(清)年希堯撰
影印清雍正刻本
國朝畫徵錄三卷國朝畫徵續錄二卷 XX/第1067冊
(清)張庚撰
影印清乾隆四年刻本
國朝畫徵補錄二卷 XX/第1067冊
(清)劉瑗撰
影印遼寧省圖書館藏清道光刻本
畫論一卷 XX/第1067冊
(清)張庚撰
影印清道光十三年刻昭代叢書本
墨緣彙觀錄四卷 XX/第1067冊
(清)安歧撰
影印清光緒元年刻粤雅堂叢書本
虚舟題跋十卷原三卷 XX/第1067冊
(清)王澍撰
影印清乾隆五十三年溫純刻本
漢溪書法通解八卷 XX/第1067冊
(清)戈守智撰
影印清乾隆霽雲閣刻本
指頭畫說一卷 XX/第1067冊
(清)高秉撰
影印北大圖書館藏清乾隆刻本
吳越所見書畫錄六卷書畫說鈴一卷 XX/第1068冊
(清)陸時化撰
影印復旦圖書館藏清乾隆懷煙閣刻本
閩中書畫錄十四卷 XX/第1068冊
(清)黃錫蕃撰
影印民國三十二年合眾圖書館叢書本
蔣氏游藝秘錄九種九卷 XX/第1068冊
(清)蔣和撰
影印復旦圖書館藏清乾隆五十九年刻本
書法論一卷 XX/第1068冊
(清)蔣衡撰
續書法論一卷 XX/第1068冊
(清)蔣驥撰
九宮新式一卷 XX/第1068冊
(清)蔣驥撰
讀畫紀聞一卷 XX/第1068冊
(清)蔣驥撰
傳神秘要一卷 XX/第1068冊
(清)蔣驥撰
說文字原表一卷 XX/第1068冊
(清)蔣和撰
漢碑隸體舉要一卷 XX/第1068冊
(清)蔣和撰
學書雜論一卷 XX/第1068冊
(清)蔣和撰

學畫雜論一卷 XX/第 1068 冊
(清)蔣和撰
芥舟學畫編四卷 XX/第 1068 冊
(清)沈宗騫撰
影印復旦圖書館藏清乾隆四十六年冰壺閣刻本
蘇齋題跋不分卷附銕函齋書跋補一卷 XX/第 1068 冊
(清)翁方鋼撰 (清)何溱輯
影印福建省圖書館藏清抄本
墨梅人名錄一卷 XX/第 1068 冊
(清)童翼駒輯
影印華東師大圖書館藏清道光十年刻得月簃叢書本
九勢碎事一卷 XX/第 1068 冊
(清)程瑤田撰
影印清嘉慶刻通藝錄本
繪事瑣言八卷 XX/第 1068 冊
(清)迮朗撰
影印北圖藏清嘉慶刻本
承晉齋積聞錄一卷 XX/第 1068 冊
(清)梁巘撰
影印上圖藏民國間國學圖書館抄本
山靜居畫論二卷 XX/第 1068 冊
(清)方薰撰
影印清嘉慶刻知不足齋叢書本
二十四畫品一卷 XX/第 1068 冊
(清)黃鉞撰
影印清光緒十年刻翠琅玕館叢書本
松壺畫憶二卷 XX/第 1068 冊
(清)錢杜撰
影印清光緒十四年刻榆園叢刻本
養素居畫學鉤深一卷 XX/第 1068 冊
(清)董棨撰
影印清光緒三年刻荔牆叢刻本
欽定祕殿珠林續編八卷欽定石渠寶笈續編八十八卷 XX/第 1069－1074 冊
(清)王杰等輯
影印清內府抄本
欽定秘殿珠林三編不分卷欽定石渠寶笈三編不分卷 XX/第 1075－1081 冊
(清)英和等輯
影印清嘉慶內府抄本
石渠隨筆八卷 XX/第 1081 冊
(清)阮元撰
影印南圖藏阮亨揚州珠湖草堂刻本
國朝畫識十七卷 XX/第 1081 冊
(清)馮金伯撰
影印上圖藏道光十一年刻本
胡氏書畫考三種八卷 XX/第 1082 冊
(清)胡敬撰
影印清嘉慶刻本
南薰殿圖像考二卷 XX/第 1082 冊
國朝院畫錄二卷 XX/第 1082 冊
西清劄記四卷 XX/第 1082 冊
谿山卧游錄四卷 XX/第 1082 冊
(清)盛大士撰
影印遼寧省圖書館藏清道光刻本
紅豆樹館書畫記八卷 XX/第 1082 冊
(清)陶樑撰
影印清光緒八年吳趨潘氏韡園刻本
辛丑銷夏記五卷 XX/第 1082 冊
(清)吳榮光撰
影印南圖藏清道光刻本
藝舟雙楫六卷附錄二卷 XX/第 1082 冊
(清)包世臣撰
影印上圖藏清道光二十六年白門倦遊閣木活字印安吳四種本
畫筌析覽二卷 XX/第 1083 冊
(清)湯貽汾撰
影印南圖藏清嘉慶十九年刻本
歷代畫史彙傳七十二卷首一卷附錄二卷 XX/第 1083－84 冊
(清)彭蘊璨撰
影印遼寧省圖書館藏清道光五年吳門尚志堂彭氏刻本
玉臺畫史五卷別錄一卷 XX/第 1084 冊
(清)湯漱玉輯 (清)汪遠孫輯
影印復旦圖書館藏清道光十七年汪氏振綺堂刻本
玉臺書史一卷 XX/第 1084 冊
(清)厲鶚撰
影印清道光十三年刻昭代叢書本
別下齋書畫錄七卷補闕一卷 XX/第 1084 冊
(清)蔣光煦撰
影印北圖藏清同治四年管庭芬抄本
習苦齋畫絮十卷 XX/第 1084 冊
(清)戴熙撰
影印清光緒十九年刻本
嶽雪樓書畫錄五卷 XX/第 1085 冊
(清)孔廣陶撰
影印南圖藏清咸豐十一年刻本
過雲樓書畫記十卷 XX/第 1085 冊
(清)顧文彬撰
影印清光緒刻本
桐陰論畫二卷首一卷附錄一卷桐陰畫訣一卷續桐陰論畫一卷 XX/第 1085 冊
(清)秦祖永撰
影印復旦圖書館藏清同治三年刻朱墨套印本
桐陰論畫二編二卷桐陰論畫三編二卷 XX/第 1085 冊
(清)秦祖永撰
影印復旦圖書館藏清光緒八年刻朱墨套印本
畫學心印八卷 XX/第 1085 冊
(清)秦祖永撰
影印清光緒四年刻朱墨套印本
書畫鑑影二十四卷 XX/第 1085－86 冊
(清)李佐賢撰
影印華東師大圖書館藏清同治十年利津李氏刻本
夢幻居畫學簡明五卷續五卷又一卷 XX/第 1086 冊
(清)鄭績撰
影印南圖藏清同治三年夢幻居刻本
夢園書畫錄二十五卷 XX/第 1086 冊
(清)方濬頤撰
影印復旦圖書館藏清光緒三年定遠方氏成都刻本
穰梨館過眼錄四十卷續錄十六卷 XX/第 1087 冊
(清)陸心源撰
影印清光緒十七年吳興陸氏家塾刻本
揚州畫苑錄四卷 XX/第 1087 冊
(清)汪鋆撰
影印南圖藏清光緒十一年刻本
頤園論畫不分卷 XX/第 1088 冊
(清)松年撰
影印上圖藏稿本
澄蘭室古緣萃錄十八卷 XX/第 1088 冊
(清)邵松年撰
影印清光緒三十年上海鴻文書局石印本
寒松閣談藝瑣錄六卷 XX/第 1088 冊
(清)張鳴珂撰
影印清宣統二年上海聚珍仿宋印書局鉛印本
愛日吟廬書畫錄四卷 XX/第 1088 冊
(清)葛金烺撰

影印清宣統二年葛氏刻本
愛日吟廬書畫補錄一卷愛日吟廬書畫續錄八卷愛日吟廬書畫別錄四卷 XX/第1088冊
(清)葛嗣浵撰
影印民國二年葛氏刻本
廣藝舟雙楫六卷 XX/第1089冊
康有為撰
影印科圖藏清光緒刻本
國朝書人輯略十一卷首一卷 XX/第1089冊
(清)震鈞輯
影印浙江省圖書館藏清光緒三十四年刻本
壬寅銷夏錄不分卷 XX/第1089-1090冊
(清)端方撰
影印中國文物研究所文物資料信息中心藏稿本
虛齋名畫錄十六卷虛齋名畫續錄四卷補遺一卷 XX/第1090-1091冊
龐元濟撰
影印清宣統元年及民國十三年烏程龐氏上海刻本
印存初集四卷 XX/第1091冊
(明)胡正言篆刻
影印清順治四年胡氏十竹齋鈐印本
印存玄覽四卷 XX/第1091冊
(明)胡正言篆刻
影印清順治十七年胡氏帯古堂刻後印本
篆鏤心得一卷 XX/第1091冊
(清)孔繼浩撰
影印北圖藏清抄本
篆刻鍼度八卷 XX/第1091冊
(清)陳克恕撰
影印遼寧省圖書館藏清乾隆五十一年刻本
篆學瑣著三十種四十卷 XX/第1091-1092冊
(清)顧湘輯
影印復旦圖書館藏清道光二十年海虞顧氏刻本
論篆一卷 XX/第1091冊
(唐)李陽冰撰
五十六種書法一卷 XX/第1091冊
(唐)韋續撰
學古編一卷 XX/第1091冊
(元)吾邱衍撰
古今印史一卷 XX/第1091冊
(明)徐官撰
篆學指南一卷 XX/第1091冊
(明)趙宧光撰
印章集說一卷 XX/第1091冊
(明)甘暘撰
續學古編二卷 XX/第1091冊
(元)吾邱衍述 (明)何震續
印旨一卷 XX/第1091冊
(清)程遠撰
印經一卷 XX/第1091冊
(清)朱簡撰
印章要論一卷 XX/第1091冊
(清)朱簡撰
篆刻十三略一卷 XX/第1091冊
(清)袁三俊撰
印章考一卷 XX/第1091冊
(清)方以智撰
敦好堂論印一卷 XX/第1091冊
(清)吳先聲撰
說篆一卷 XX/第1091冊
(清)許容撰
印辨一卷 XX/第1091冊
(清)高積厚撰
印述一卷 XX/第1091冊
(清)高積厚撰
印戔說一卷 XX/第1091冊
(清)徐堅撰
六書緣起一卷 XX/第1091冊
(清)孫光祖撰
古今印制一卷 XX/第1091冊
(清)孫光祖撰
篆印發微一卷 XX/第1091冊
(清)孫光祖撰
古印考略一卷 XX/第1091冊
(清)夏一駒撰
續三十五舉一卷再續三十五舉一卷重定續三十五舉一卷 XX/第1091冊
(清)桂馥撰
印說一卷 XX/第1092冊
(清)陳鍊撰
印言一卷 XX/第1092冊
(清)陳鍊撰
論印絕句一卷 XX/第1092冊
(清)沈心等撰
印學管見一卷 XX/第1092冊
(清)馮承輝撰
印人傳三卷 XX/第1092冊
(清)周亮工撰
續印人傳八卷 XX/第1092冊
(清)汪啟淑撰
沈筤邨選抄印學四種四卷 XX/第1092冊
(清)沈清佐輯
影印上圖藏稿本
印鐙賸一卷 XX/第1092冊
(清)尹樹民撰
古今印說補一卷 XX/第1092冊
印譜摘要一卷 XX/第1092冊
印說一卷 XX/第1092冊
紅朮軒紫泥法定本一卷 XX/第1092冊
(清)汪鎬京撰
影印華東師大圖書館藏清光緒刻翠琅玕館叢書本
琴操二卷補遺一卷 XX/第1092冊
(漢)蔡邕撰 (清)孫星衍校輯
影印華東師大圖書館藏清嘉慶十一年刻平津館叢書本
碣石調幽蘭一卷 XX/第1092冊
(南朝梁)丘明傳譜
影印清光緒日本東京使署古逸叢書影刻唐寫本
臞仙神奇秘譜三卷 XX/第1092冊
(明)朱權輯
影印明洪熙刻本
太音大全集五卷 XX/第1092冊
影印明刻本
重修正文對音捷要真傳琴譜大全十卷 XX/第1092冊
(明)楊表正輯
影印遼寧省圖書館藏明萬曆十三年唐富春刻積秀堂印本
琴書大全二十二卷 XX/第1092-1093冊
(明)蔣克謙輯
影印天津圖書館藏明萬曆十八年刻本
太古正音琴經十四卷太古正音琴譜四卷 XX/第1093冊
(明)張大命輯
影印中國藝術研究院音樂研究所及上圖藏明萬曆刻後印本
西麓堂琴統二十五卷 XX/第1094冊

(明)汪芝輯
影印華東師大圖書館藏抄本
萬峯閣指法閟箋不分卷 XX/第1094冊
(清)徐祺撰
影印上圖藏藏稿本
大還閣琴譜六卷溪山琴況一卷 XX/第1094冊
(清)徐祺撰
影印華東師大圖書館藏清康熙十二年蔡毓榮刻本
琴學心聲諧譜二卷 XX/第1094冊
(清)莊臻鳳撰
影印清康熙三年刻本
琴譜指法二卷 XX/第1094冊
(清)徐常遇輯
影印山東省圖書館藏清康熙五十七年希堯刻本
五知齋琴譜八卷 XX/第1094－1095冊
(清)徐祺輯
影印清雍正二年周魯封刻本
治心齋琴學練要五卷 XX/第1095冊
(清)王善撰
影印上圖藏清乾隆刻本
琴譜新聲六卷指法一卷琴說一卷鼓琴八則一卷 XX/第1095冊
(清)曹尚絅等輯
影印天津圖書館藏清乾隆九年刻本
琴學内篇一卷外篇一卷 XX/第1095冊
(清)曹庭棟撰
影印清乾隆刻本
琴律譜一卷 XX/第1095冊
(清)陳灃撰
影印湖北省圖書館藏清刻本
音調定程一卷絃徽宣祕一卷 XX/第1095冊
(清)廖閬編輯
影印浙江省圖書館藏清同治五年蕪湖繆氏刻本
與古齋琴譜四卷補義一卷 XX/第1095冊
(清)祝鳳喈撰
影印清咸豐五年浦城祝氏刻本
琴律指掌不分卷 XX/第1095冊
(清)婁啟衍撰
影印北大圖書館藏清光緒二十四年聽虛館刻本
敦煌曲子譜一卷 XX/第1096冊
影印法國國家圖書館藏唐五代寫本
敦煌舞譜二卷 XX/第1096冊
影印法國國家圖書館及英國國家圖書館藏唐五代寫本
魏氏樂譜一卷 XX/第1096冊
(日)魏皓編
影印中國藝術研究院音樂研究所藏日本明和五年(1768)書林芸香堂刻本
管色考一卷 XX/第1096冊
(清)徐養原撰
影印清光緒崇文書局刻正覺樓叢刻本
絃索備考六卷 XX/第1096冊
(清)為光等撰
影印中國藝術研究院音樂研究所藏清嘉慶十九年抄本
琵琶譜三卷 XX/第1096冊
(清)華文桂輯
影印湖北省圖書館藏清嘉慶刻本
借雲館曲譜二卷 XX/第1096冊
(清)華文彬輯
影印中國藝術研究院音樂研究所藏清嘉慶刻本
南北派十三套大曲琵琶新譜二卷附錄一卷 XX/第1096冊
(清)李祖棻輯
影印中國藝術研究院音樂研究所藏清光緒二十一年上海賜書堂石印本
泉南指譜重編六卷 XX/第1096冊
林鴻編
影印中國藝術研究院音樂研究所藏民國十年上海文瑞樓書莊石印本
碁經一卷(殘) XX/第1097冊
影印英國國家圖書館藏敦煌寫本
忘憂清樂集一卷附碁經一卷碁訣一卷 XX/第1097冊
(宋)李逸民 張擬 劉仲甫撰
影印宋刻本
適情錄二十卷 XX/第1097冊
(明)林應龍撰
影印陝西省圖書館藏明嘉靖四十年澄心堂刻本(其中卷八卷九卷十七據河南省圖書館藏明刻本補入)
秋仙遺譜前集八卷後集四卷附棋經一卷 XX/第1097冊
(明)褚克明撰 (宋)張擬撰附
影印北圖藏明嘉靖三十六年徐慰懷刻本
弈史一卷 XX/第1098冊
(明)王樨登撰
影印南圖藏清抄本
弈藪四卷棋經注一卷 XX/第1098冊
(明)蘇友軾撰
影印遼寧省圖書館藏明天啟二年刻三色套印本
仙機武庫八卷 XX/第1098－1099冊
(明)陸玄宇輯
影印天津圖書館藏明崇禎二年刻本
潞藩輯纂萬彙仙機碁譜十卷 XX/第1099－1100冊
(明)朱常淓輯
影印北大圖書館藏明崇禎刻本
不古編不分卷 XX/第1100冊
(清)吳貞吉輯
影印福建省圖書館藏清康熙刻本
兼山堂弈譜一卷 XX/第1100冊
(清)徐星友輯
影印北大圖書館藏清康熙刻本
官子譜三卷 XX/第1101冊
(清)陶式玉輯
影印清康熙刻本
官子譜不分卷 XX/第1101冊
(清)林則徐輯評
影印山東省圖書館藏本
弈妙一卷弈妙二編一卷 XX/第1101冊
(清)吳峻輯
影印復旦圖書館藏清乾隆二十九年崇雅堂刻本
桃花泉弈譜二卷 XX/第1101冊
(清)范世勳撰
影印清乾隆三十年刻本
弈理指歸圖三卷 XX/第1101－1102冊
(清)施襄夏輯 (清)錢長澤繪圖
影印復旦圖書館藏清乾隆三十六年笙雅堂刻本
弈理指歸續編一卷 XX/第1102冊
(清)施襄夏撰
影印上圖藏清光緒二十二年奕潛齋刻本
過伯齡四子譜二卷 XX/第1102冊
(清)過文年撰
影印清乾隆五十一年金閶書業堂刻本
弈程二卷 XX/第1102冊
(清)張雅博輯

影印上圖藏清嘉慶四年退一步山房刻本
餐菊齋棋評一卷 XX/第1102冊
(清)周鼎撰
影印浙江省圖書館藏清同治十一年管樂刻本
周懶予先生圍碁譜一卷 XX/第1103冊
(清)周嘉錫撰
影印南圖藏清同治十二年刻本
寄青霞館弈選八卷寄青霞館弈選續編八卷 XX/第1103-1104冊
(清)王存善輯
影印復旦圖書館藏清光緒二十一年刻二十三年增修本
潘景齋弈譜約選一卷 XX/第1105冊
(清)楚桐隱 章芝楣編
影印浙江省圖書館藏清刻本
橘中秘四卷 XX/第1105冊
(明)朱晉楨輯
影印吉林大學圖書館藏明崇禎五年刻本
適情雅趣十卷 XX/第1105冊
(清)徐芝輯
影印北大圖書館藏清刻敦化懷德堂印本
心武殘編四卷首一卷 XX/第1105冊
(清)薛丙輯
影印上圖藏抄本
竹香齋象戲譜三卷 XX/第1105-1106冊
(清)張喬棟輯
影印南圖藏清嘉慶二十二年增修本
漢官儀三卷 XX/第1106冊
(宋)劉攽撰
影印北圖藏宋紹興九年臨安府刻本
射書四卷首一卷 XX/第1106冊
(明)顧煜撰
影印明崇禎十年刻本
射學指南一卷 XX/第1106冊
(明)楊惟明輯
影印明崇禎十年刻本
壺史五卷 XX/第1106冊
(明)郭元鴻輯
影印明抄本
投壺考原一卷 XX/第1106冊
(清)丁晏撰
影印清光緒十四年刻南菁書院叢書本
蹴踘譜不分卷 XX/第1106冊
影印南圖藏清抄本
酒人觴政一卷 XX/第1106冊
(清)訥齋道人編
影印北圖藏清乾隆五十八年怡府刻本
六博譜一卷 XX/第1106冊
(明)潘之恒撰
影印上圖藏明刻重訂欣賞編本
六博碎金七卷 XX/第1106冊
影印北圖藏明雕蟲館刻本
宣和牌譜 XX/第1106冊
影印江安傅氏佩德齋藏明正統成化間彩繪本
弔譜集成六卷首一卷緒餘一卷 XX/第1106冊
(清)退庵居士輯
影印復旦圖書館藏清刻本
葉戲原起一卷 XX/第1106冊
(清)汪師韓撰
影印清光緒十二年刻叢睦汪氏遺書本
古玉圖考不分卷 XX/第1107冊
(清)吳大澂撰
影印華東師大圖書館藏清光緒十五年上海同文書局石印本
奕載堂古玉圖錄一卷 XX/第1107冊
(清)瞿中溶撰
影印復旦圖書館藏民國十九年陳準刻湫漻齋叢書本
寧壽鑑古十六卷 XX/第1107冊
(清)高宗弘曆敕撰
影印民國二年上海涵芬樓石印寧壽宮寫本
西清續鑑甲編二十卷附錄一卷 XX/第1107-1108冊
(清)王杰等輯
影印清宣統三年上海商務印書館石印寧壽宮寫本
西清續鑑乙編二十卷 XX/第1108-1109冊
(清)王杰等輯
影印復旦圖書館藏民國二十年北平文物陳列所石印寶蘊樓抄本
古金待問錄四卷餘一卷補遺一卷 XX/第1109冊
(清)朱楓輯
影印科圖藏清乾隆刻本
古金錄四卷 XX/第1109冊
(清)萬光煒輯
影印復旦圖書館藏清乾隆四十九年藝香齋刻本
集古官印考十七卷集古虎符魚符考一卷 XX/第1109冊
(清)瞿中溶撰
影印北大圖書館藏清同治十三年刻本
封泥考略十卷 XX/第1109-1110冊
(清)吳式芬 (清)陳介祺輯
影印復旦圖書館藏清光緒三十年石印本
劒莢二十七卷 XX/第1110冊
(明)錢希言撰
影印明陳訏謨翠幄草堂刻本
藤花亭鏡譜八卷 XX/第1111冊
(清)梁廷枏撰
影印科圖藏清道光刻本
晉義熙銅鼓考一卷 XX/第1111冊
(清)羅士琳撰
影印湖北省圖書館藏日照丁氏移林館叢書寫本
秦漢瓦圖記四卷補遺一卷 XX/第1111冊
(清)朱楓撰
影印復旦圖書館藏清乾隆刻朱近漪所著書本
漢甘泉宮瓦記一卷 XX/第1111冊
(清)林佶撰
影印清康熙三十九年刻昭代叢書乙集本
千甓亭磚錄四卷續錄四卷 XX/第1111冊
(清)陸心源撰
影印清光緒吳興陸氏十萬卷樓刻本
陶說六卷 XX/第1111冊
(清)朱琰撰
影印上圖藏清乾隆三十九年鮑廷博刻本
陽羨名陶錄二卷續錄一卷 XX/第1111冊
(清)吳騫撰
影印清乾隆海昌吳氏刻拜經樓叢書本
景德鎮陶錄十卷 XX/第1111冊
(清)藍浦撰 (清)鄭廷桂補輯
影印復旦圖書館藏清嘉慶翼經堂刻同治補修本
窰器說一卷 XX/第1111冊

(清)程哲撰
影印清道光十三年沈氏世楷堂刻昭代叢書辛集別編本
蝶几譜一卷 XX/第1111冊
(明)戈汕撰
影印北大圖書館藏明萬曆四十五年毛晉刻本
古今名扇錄不分卷 XX/第1111冊
(清)陸紹曾輯
影印北圖藏清抄本
羽扇譜一卷 XX/第1111冊
(清)張燕昌撰
影印清道光二十九年沈氏世楷堂刻昭代叢書別集本
看珠錄一卷 XX/第1112冊
影印上圖藏清抄本
素園石譜四卷 XX/第1112冊
(明)林有麟輯
影印明萬曆四十一年刻本
泉志十五卷 XX/第1112冊
(宋)洪遵撰
影印明萬曆刻秘冊匯函本
古泉匯六十四卷首一卷 XX/第1112冊
(清)李佐賢輯
影印清同治三年利津李氏石泉書屋刻本
續泉匯十四卷首集一卷補遺二卷 XX/第1113冊
(清)李佐賢 (清)鮑康撰
影印清光緒元年刻本
錢志新編二十卷 XX/第1113冊
(清)張崇懿撰
影印清道光十年尹氏酌春堂刻本
文房肆考圖說八卷 XX/第1113冊
(清)唐秉鈞撰
影印清乾隆四十一年刻本
歙硯輯考一卷 XX/第1113冊
(清)徐毅撰
影印上圖藏清乾隆刻本
端溪研志三卷首一卷 XX/第1113冊
(清)吳繩年撰
影印復旦圖書館藏清乾隆王永熙刻本
增訂端溪硯坑志六卷卷首一卷 XX/第1113冊
(清)朱玉振撰
影印科圖藏清嘉慶四年求己軒刻本
飛鴻堂硯譜三卷墨譜一卷瓶譜一卷鼎爐譜一卷 XX/第1113冊
(清)汪啟淑輯
影印南圖藏清乾隆摹繪本
程氏墨苑十四卷 XX/第1114冊
(明)程君房撰
影印明萬曆程氏滋蘭堂刻本
方氏墨譜六卷 XX/第1114冊
(明)方于魯撰
影印明萬曆方氏美蔭堂刻本
汪氏鑑古齋墨藪不分卷 XX/第1114冊
(清)汪近聖撰
影印北圖藏清嘉慶刻本
金粟箋說一卷 XX/第1115冊
(清)張燕昌撰
影印清道光二十四年沈氏世楷堂刻昭代叢書癸集萃編本
筆史一卷 XX/第1115冊
(清)梁同書撰
影印復旦圖書館藏清嘉慶二十二年仁和陸貞一刻頻羅庵遺集本
天工開物三卷 XX/第1115冊
(明)宋應星撰
影印明崇禎十一年刻本
浮梁陶政志一卷附景鎮舊事一卷 XX/第1115冊
(清)吳允嘉撰
影印華東師大圖書館藏清道光十一年六安晁氏木活字印學海類編本
南學製墨劄記一卷 XX/第1115冊
(清)謝崧岱撰
影印南圖藏清光緒十年謝氏研經榭刻本
裝潢志一卷 XX/第1115冊
(明)周嘉冑撰
影印清華大學圖書館藏清康熙三十六年刻昭代叢書甲集本
繡譜二卷 XX/第1115冊
(清)丁佩撰
影印上圖藏清道光十二梅花連理樓刻本
髹飾錄二卷 XX/第1115冊
(明)黃成撰 (明)楊明注
影印民國十六年朱啟鈐刻本
髹飾錄箋證一卷 XX/第1115冊
(日本)壽碌堂主人撰 闞鐸輯
影印民國十六年朱啟鈐刻本
茶譜一卷 XX/第1115冊
(明)顧元慶撰
影印南圖藏明刻本
茶乘六卷拾遺一卷 XX/第1115冊
(明)高元濬撰
影印南大圖書館藏明天啟刻本
茗史二卷 XX/第1115冊
(明)萬邦寧撰
影印清抄本
茶史二卷補一卷 XX/第1115冊
(清)劉源長撰 (清)余懷補
影印清康熙劉謙吉刻雍正六年劉乃大補修本
酒概四卷 XX/第1115冊
(明)沈沈撰
影印明刻本
六必酒經三卷 XX/第1115冊
(清)楊萬樹撰
影印北大圖書館藏清道光二年四知家塾刻本
粥譜一卷廣粥譜一卷 XX/第1115冊
(清)黃雲鵠撰
影印華東師大圖書館藏清光緒刻本
膳夫經手錄一卷 XX/第1115冊
(唐)楊曄撰
影印北圖藏清初毛氏汲古閣抄本
疏食譜一卷 XX/第1115冊
(宋)陳達叟撰
影印北大圖書館藏明萬曆間新安汪士賢刻山居雜志本
飲膳正要三卷 XX/第1115冊
(元)忽思慧撰
影印明景泰七年內府刻本
雲林堂飲食製度集一卷 XX/第1115冊
(元)倪瓚撰
影印北圖藏清初毛氏汲古閣抄本
易牙遺意二卷 XX/第1115冊
(明)韓奕撰
影印明萬曆刻夷門廣牘本
隨園食單四卷 XX/第1115冊
(清)袁枚撰
影印上圖藏清嘉慶元年小倉山房刻本
御膳單不分卷 XX/第1116冊
影印北圖藏清宣統二年抄本
閩中荔支通譜十六卷 XX/第1116冊
(明)鄧慶寀撰
影印明崇禎刻本
嶺南荔支譜六卷 XX/第1116冊

(清)吳應逵撰
影印清道光三十年南海伍氏粵雅堂刻嶺南遺書本
水蜜桃譜一卷 XX/第1116冊
(清)褚華撰
影印上圖藏清嘉慶刻本
橘譜一卷 XX/第1116冊
(清)諸匡鼎撰
影印北圖藏清康熙刻本
亳州牡丹史四卷 XX/第1116冊
(明)薛鳳翔撰
影印南圖藏明萬曆刻本
曹州牡丹譜一卷 XX/第1116冊
(清)余鵬年撰
影印上圖藏清乾隆五十八年刻本
菊譜一卷 XX/第1116冊
(明)周履靖撰
影印明萬曆刻夷門廣牘本
藝菊志八卷 XX/第1116冊
(清)陸廷燦撰
影印清康熙五十七年棣華書屋刻本
菊譜二卷 XX/第1116冊
(清)葉天培撰
影印北大圖書館藏清乾隆刻本
東籬中正一卷 XX/第1116冊
(清)許兆熊撰
影印上圖藏清光緒七年許玉瑑刻本
渡花居東籬集一卷 XX/第1116冊
(明)屠承爔撰
影印上圖藏清光緒七年許玉瑑刻本
蘭易二卷蘭史一卷 XX/第1116冊
(明)馮京第輯
影印清蔣氏別下齋抄本
茶花譜一卷總說一卷茶花詠一卷 XX/第1116冊
題(清)樸靜子撰
影印清康熙刻本
月季花譜一卷 XX/第1116冊
影印天津圖書館藏清光緒三十年羅振玉輯農學叢書本
高寄齋訂正缾花譜一卷 XX/第1116冊
(明)張謙德撰
影印明萬曆刻奕政堂鐫陳眉公家藏廣秘笈本
陳眉公重訂瓶史二卷 XX/第1116冊
(明)袁宏道撰
影印科圖藏明萬曆沈氏尚白齋刻本
花史四卷 XX/第1116冊
影印北圖藏明刻彩色套印本
花史左編二十七卷 XX/第1117冊
(明)王路撰
影印明萬曆刻本
秘傳花鏡六卷圖一卷 XX/第1117冊
(清)陳淏子輯
影印復旦圖書館藏清刻本
花木小志一卷 XX/第1117冊
(清)謝堃撰
影印上圖藏清道光二十年刻春草堂集本
竹譜一卷 XX/第1117冊
(清)陳鼎撰
影印清道光十三年沈氏世楷堂刻昭代叢書本
種芋法一卷 XX/第1117冊
(明)黃省曾撰
影印明萬曆刻百陵學山本
吳蕈譜一卷 XX/第1117冊
(清)吳林撰
影印清道光十三年沈氏世楷堂刻昭代叢書本
烟草譜八卷題詞一卷 XX/第1117冊
(清)陳琮撰
影印浙江省圖書館藏清嘉慶刻本
烟譜一卷 XX/第1117冊
(清)陸燿撰
影印清道光十三年沈氏世楷堂刻昭代叢書本
植物名實圖考三十八卷 XX/第1117－1118冊
(清)吳其濬撰
影印山東省圖書館藏清道光二十八年陸應穀刻本
汝南圃史十二卷 XX/第1119冊
(明)周文華撰
影印明萬曆書帶齋刻本
灌園草木識六卷 XX/第1119冊
(明)陳正學撰
影印上圖藏明崇禎刻本
北墅抱甕錄一卷 XX/第1119冊
(清)高士奇撰
影印清康熙刻本
倦圃蒔植記三卷總論二卷 XX/第1119冊
(清)曹溶撰
影印清抄本
花傭月令一卷 XX/第1119冊
(清)徐石麒撰
影印湖北省圖書館藏清光緒十一年儀徵吳氏刻傳硯齋叢書本
名馬記二卷續名馬記二卷 XX/第1119冊
(明)郭子章撰 (明)李承勛撰
影印天一閣藏明李承勛刻本
獸經一卷 XX/第1119冊
(清)張綱孫撰
影印清康熙三十四年張氏霞舉堂刻檀幾叢書本
虎苑二卷 XX/第1119冊
(明)王穉登撰
影印科圖藏明萬曆十二年吳氏蕭疏齋刻本
貓乘八卷 XX/第1119冊
(清)王初桐輯
影印上圖藏清嘉慶三年刻本
雞譜不分卷 XX/第1119冊
影印中科院自然科學史所藏清抄本
鵪鶉譜全集四卷 XX/第1119冊
(清)浣花逸士撰
影印北圖藏清道光五年和遜堂刻本
鴿經一卷 XX/第1119冊
(清)張萬鍾撰
影印清康熙三十四年新安張氏霞舉堂刻檀幾叢書本
欽定鳥譜十二卷 XX/第1119冊
影印北圖藏清抄本
畫眉筆談一卷 XX/第1120冊
(清)陳均撰
影印清道光二十九年沈氏世楷堂刻昭代叢書別集本
說蛇一卷 XX/第1120冊
(清)趙彪詔撰
影印清道光二十九年沈氏世楷堂刻昭代叢書別集本
蜂衙小記一卷 XX/第1120冊
(清)郝懿行撰
影印清光緒五年東路廳署刻郝氏遺書本
禽蟲述一卷 XX/第1120冊
(明)袁達撰
影印南圖藏明抄本
蟲薈五卷 XX/第1120冊

(清)方旭撰
影印華東師大圖書館藏清光緒十六年刻本
重刊訂正秋蟲譜二卷 XX/第1120冊
(宋)賈似道輯
影印天一閣藏明嘉靖二十五年刻本
鼎新圖像蟲經二卷 XX/第1120冊
(宋)賈似道輯
影印上圖藏明萬曆刻本
虰孫鑑三卷 XX/第1120冊
(清)朱從延輯
影印南大圖書館藏清乾隆刻四十一年林德垓補修本
功蟲錄二卷 XX/第1120冊
(清)秦偶僧撰
影印湖北省圖書館藏清光緒鉛印本
王孫經補遺一卷 XX/第1120冊
(清)秦偶僧撰
影印湖北省圖書館藏清光緒十八年聽秋室鉛印本
江南魚鮮品一卷 XX/第1120冊
(清)陳鑑撰
影印清康熙三十四年張氏霞舉堂刻檀幾叢書本
晴川蟹錄四卷後蟹錄四卷續蟹錄一卷 XX/第1120冊
(清)孫之騄輯
影印清刻晴川八識本
海錯百一錄五卷 XX/第1120冊
(清)郭柏蒼撰
影印浙江省圖書館藏清光緒刻本
朱魚譜一卷 XX/第1120冊
(清)蔣在雝撰
影印上圖藏清抄本
金魚圖譜一卷 XX/第1120冊
(清)句曲山農撰
影印北圖藏清道光刻彩色套印本
墨子閒詁十五卷附錄一卷後語二卷 XX/第1121冊
(清)孫詒讓撰
影印清光緒三十三年刻本
尸子二卷存疑一卷 XX/第1121冊
(清)汪繼培輯校
影印清嘉慶十七年刻屍子尹文子合刻本
古迂陳氏家塾尹文子二卷 XX/第1121冊
題(周)尹文子撰
影印北圖藏元陳仁子刻本
公孫龍子注一卷校勘記一卷篇目考一卷附錄一卷 XX/第1121冊
(清)陳灃撰
影印南圖藏民國十四年刻本
鬼穀子三卷篇目考一卷附錄一卷 XX/第1121冊
(梁)陶弘景注 (清)秦恩復校正 (清)秦恩復輯附錄
影印華東師大圖書館藏清乾隆五十四年秦氏石研齋刻本
淮南鴻烈閒詁二卷 XX/第1121冊
(漢)許慎撰 葉德輝輯
影印北圖藏清光緒二十一年長沙葉氏郎園刻本
淮南萬畢術一卷 XX/第1121冊
(清)丁晏輯
影印北圖藏稿本
淮南許注異同詁四卷補遺一卷續補一卷 XX/第1121冊
(清)陶方琦撰
影印北圖藏清光緒刻本
淮南天文訓補注二卷 XX/第1121冊
(清)錢塘撰
影印天津圖書館藏清道光八年刻本
風俗通義校正二卷補逸一卷 XX/第1121冊
(清)朱筠撰
影印北圖藏清抄本
顏氏家訓七卷 XX/第1121冊
(北齊)顏之推撰 (清)趙曦明注 (清)盧文弨補
影印科圖藏民國十七年渭南嚴氏孝義家塾刻本
顏氏家訓補校注一卷附錄一卷 XX/第1121冊
嚴式誨撰
影印科圖藏民國十七年渭南嚴氏孝義家塾刻本
續家訓八卷 XX/第1122冊
(宋)董正功撰
影印北圖藏宋刻本
讒書五卷附校一卷 XX/第1122冊
(唐)羅隱撰
影印復旦圖書館藏清嘉慶十二年刻本
松窗百說一卷 XX/第1122冊
(宋)李季可撰
影印《宛委別藏》清抄本
捫蝨新話十五卷 XX/第1122冊
(宋)陳善撰
影印北大圖書館藏明崇禎毛氏汲古閣刻津逮秘書本
經鉏堂雜誌八卷 XX/第1122冊
(宋)倪思撰
影印明萬曆潘大復刻本
東洲几上語一卷東洲枕上語一卷 XX/第1122冊
(宋)施清臣撰
影印民國十四年鉛印涵芬樓秘笈本
慮得集四卷附錄二卷 XX/第1122冊
(明)華悰韡撰
影印科圖藏明嘉靖十一年華從智刻本
閑中今古二卷 XX/第1122冊
(明)陳頎撰
影印北圖藏明抄本
龍江夢餘錄四卷 XX/第1122冊
(明)唐錦撰
影印上圖藏明弘治十七年郭經刻本
靜虛齋惜陰錄十二卷附錄一卷 XX/第1122冊
(明)顧應祥撰
影印明刻本
祝子罪知錄十卷 XX/第1122冊
(明)祝允明撰
影印科圖藏明刻本
七修類稿五十一卷 XX/第1123冊
(明)郎瑛撰
影印北圖藏明刻本
七修續稿七卷 XX/第1123冊
(明)郎瑛撰
影印揚州市圖書館藏明刻本
古言二卷 XX/第1123冊
(明)鄭曉撰
影印復旦圖書館藏明嘉靖四十四年項篤壽刻本
芝園外集二十四卷 XX/第1123冊
(明)張時徹撰
影印科圖藏明嘉靖刻本
稽古緒論二卷 XX/第1123冊
(明)趙時春撰
影印北師大圖書館藏明嘉靖刻本
畏齋薛先生緒言四卷 XX/第1124冊
(明)薛甲撰

影印福建省圖書館藏明隆慶刻本
覺山先生緒言二卷 XX/第 1124 冊
(明)洪垣撰
影印浙江省圖書館藏明萬曆刻本
涇林雜記二卷涇林續記二卷 XX/第 1124 冊
(明)周復俊撰 (明)周玄暐撰
影印上圖藏明刻本
虛舟集一卷 XX/第 1124 冊
(明)陳堯撰
影印北圖藏明嘉靖刻本
書永編二卷 XX/第 1124 冊
(明)宋岳撰
影印北圖藏明嘉靖四十三年閻永光刻本
金罍子四十四卷 XX/第 1124 冊
(明)陳絳撰
影印明萬曆三十四年陳昱刻本
蓬窗日錄八卷 XX/第 1125 冊
(明)陳全之撰
影印復旦圖書館藏明嘉靖四十四年刻本
輟耰述四卷 XX/第 1125 冊
(明)陳全之撰
影印上圖藏明萬曆十一年書林熊少泉刻本
海沂子五卷 XX/第 1125 冊
(明)王文祿撰
影印商務印書館藏民國二十七年影印明隆慶刻百陵學山本
掌中宇宙十四卷 XX/第 1125 冊
(明)盧翰撰
影印北大圖書館藏明萬曆三十三年歐陽東鳳刻本
四友齋叢說三十八卷 XX/第 1125 冊
(明)何良俊撰
影印明萬曆七年張仲頤刻本
篷底浮談十五卷附錄一卷 XX/第 1126 冊
(明)張元諭撰
影印北圖藏明隆慶四年董原道刻本
千一錄二十六卷 XX/第 1126 冊
(明)方弘靜撰
影印北大圖書館藏明萬曆刻本
近溪羅先生一貫編十一卷 XX/第 1126 冊
(明)羅汝芳撰 (明)熊儐輯
影印科圖藏明長松館刻本
近溪子明道錄八卷 XX/第 1127 冊
(明)羅汝芳撰
影印明萬曆十三年詹事講刻本
筠齋漫錄十卷續集二卷別集一卷 XX/第 1127 冊
(明)黃學海撰
影印上圖藏明萬曆三十年刻本
續羊棗集九卷附二卷 XX/第 1127 冊
(明)駱問禮撰
影印科圖藏清高承梃抄本
道古錄二卷 XX/第 1127 冊
(明)李贄 (明)劉東星撰
影印上圖藏明萬曆刻本
譚輅三卷 XX/第 1127 冊
(明)張鳳翼撰
影印遼寧省圖書館藏明萬曆刻本
閒適劇談五卷 XX/第 1127 冊
(明)鄧球撰
影印南圖藏明萬曆鄧雲臺刻本
重刻來瞿唐先生日錄內篇七卷外篇五卷 XX/第 1128 冊
(明)來知德撰
影印中國社會科學院考古研究所藏明萬曆刻本
推篷寤語九卷餘錄一卷 XX/第 1128 冊
(明)李豫亨撰
影印北大圖書館藏明隆慶五年李氏思敬堂刻本
寶顏堂訂正脉望八卷 XX/第 1128 冊
(明)趙台鼎撰
影印北大圖書館藏明萬曆沈氏尚白齋刻陳眉公家藏秘笈續函本
河上楮談三卷 XX/第 1128 冊
(明)朱孟震撰
影印明萬曆刻本
汾上續談一卷 XX/第 1128 冊
(明)朱孟震撰
影印明萬曆刻本
穀山筆塵十八卷 XX/第 1128 冊
(明)于慎行撰
影印科圖藏明萬曆於緯刻本
留青日札三十九卷 XX/第 1129 冊
(明)田藝衡撰
影印明萬曆三十七年刻本
太史楊復所先生證學編四卷首一卷證學論一卷策一卷 XX/第 1129 冊
(明)楊起元撰
影印南圖藏明萬曆四十五年佘永寧刻本
焦氏筆乘六卷續集八卷 XX/第 1129 冊
(明)焦竑撰
影印上師大圖書館藏明萬曆三十四年謝與棟刻本
鬱岡齋筆麈四卷 XX/第 1130 冊
(明)王肯堂撰
影印明萬曆三十年王懋錕刻本
麈餘四卷 XX/第 1130 冊
(明)謝肇淛撰
影印浙江省圖書館藏明萬曆刻本
文海披沙八卷 XX/第 1130 冊
(明)謝肇淛撰
影印明萬曆三十七年沈儆刻本
五雜組十六卷 XX/第 1130 冊
(明)謝肇淛撰
影印明萬曆四十四年潘膺祉如韋館刻本
珊瑚林二卷金屑編一卷 XX/第 1131 冊
(明)袁宏道撰
影印北圖藏明清響齋刻本
沈氏弋說六卷 XX/第 1131 冊
(明)沈長卿撰
影印上圖藏明萬曆刻本
沈氏日旦十二卷 XX/第 1131 冊
(明)沈長卿撰
影印北大圖書館藏明崇禎七年刻本
聞雁齋筆談六卷 XX/第 1131 冊
(明)張大復撰
影印上圖藏明萬曆三十三年顧孟兆等刻本
道聽錄五卷 XX/第 1132 冊
(明)李春熙撰
影印北圖藏清抄本
五先堂文市榷酤四卷 XX/第 1132 冊
(明)袁子讓撰
影印歷史所藏明萬曆刻本
密庵巵言六卷 XX/第 1132 冊
(明)樊良樞撰
影印中山大學圖書館藏明崇禎刻本
剩言十四卷 XX/第 1132 冊
(明)戴君恩撰
影印北圖藏明刻本
剡溪漫筆六卷 XX/第 1132 冊
(明)孫能傳撰

影印天一閣藏明萬曆四十一年孫能正刻本
讀書雜錄二卷 XX/第 1132 冊
(明)胡震亨撰
影印上圖藏清康熙刻本
息齋筆記二卷 XX/第 1132 冊
(明)吳桂森撰
影印北圖藏明崇禎刻本
露書十四卷 XX/第 1132 冊
(明)姚旅撰
影印華東師大圖書館藏明天啟刻本
炳燭齋隨筆一卷 XX/第 1133 冊
(明)顧大韶撰
影印上圖藏清初刻本
樗齋漫錄十二卷 XX/第 1133 冊
(明)許自昌撰
影印明萬曆刻本
菜根譚前集一卷後集一卷 XX/第 1133 冊
(明)洪自誠撰
影印上圖藏明刻本
幾亭外書九卷 XX/第 1133 冊
(明)陳龍正撰
影印北大圖書館藏明崇禎刻本
客問篇一卷 XX/第 1133 冊
(明)吳易撰
影印上圖藏清抄本
三戌叢譚十三卷 XX/第 1133 冊
(明)茅元儀撰
影印北圖藏明崇禎刻本
野航史話四卷 XX/第 1133 冊
(明)茅元儀撰
影印北圖藏明末刻本
暇老齋雜記三十二卷 XX/第 1133 冊
(明)茅元儀撰
影印北圖藏清光緒李文田家抄本
吹景集十四卷 XX/第 1134 冊
(明)董斯張撰
影印山東省圖書館藏明崇禎二年韓昌箕刻本
谷簾先生遺書八卷 XX/第 1134 冊
(明)黃淵耀撰
影印科圖藏清雍正刻本
政餘筆錄四卷 XX/第 1134 冊
(清)蔣鳴玉撰
影印清華大學圖書館藏清順治刻本
因樹屋書影十卷 XX/第 1134 冊
(清)周亮工撰
影印北大圖書館藏清康熙六年刻本
東西均一卷 XX/第 1134 冊
(清)方以智撰
影印安徽博物館藏清初抄本
寒夜錄二卷 XX/第 1134 冊
(清)陳弘緒撰
影印北大圖書館藏清抄本
棗林雜俎六卷 XX/第 1134－1135 冊
(清)談遷撰
影印上圖藏清抄本
棗林外索三卷 XX/第 1135 冊
(清)談遷撰
影印上圖藏清抄本
雕丘雜錄十八卷 XX/第 1135 冊
(清)梁清遠撰
影印科圖藏清康熙二十一年梁允桓刻本
讀書雜述十卷 XX/第 1135 冊
(清)李鎧撰
影印清康熙四十年恪素堂刻本
夜航船二十卷 XX/第 1135 冊
(清)張岱撰
影印天一閣藏清抄本
山志六卷 XX/第 1136 冊
(清)王弘撰撰
影印復旦圖書館藏清初刻本
蒿庵閒話二卷 XX/第 1136 冊
(清)張爾岐撰
影印北圖藏清康熙徐氏真合齋磁版印本
尚論持平二卷析疑待正二卷事文標異一卷 XX/第 1136 冊
(清)陸次雲撰
影印科圖藏清刻芙蓉城四種書本
艮齋雜說十卷 XX/第 1136 冊
(清)尤侗撰
影印復旦圖書館藏清康熙刻西堂全集本
此木軒雜著八卷 XX/第 1136 冊
(清)焦袁熹撰
影印清嘉慶九年刻本
妙貫堂餘譚六卷 XX/第 1136 冊
(清)裘君弘撰
影印清康熙刻本
在園雜志四卷 XX/第 1137 冊
(清)劉廷璣撰
影印清康熙五十四年刻本
南村隨筆六卷 XX/第 1137 冊
(清)陸廷燦撰
影印復旦圖書館藏清雍正十三年陸氏壽椿堂刻本
蓉槎蠡說十二卷 XX/第 1137 冊
(清)程哲撰
影印清康熙五十年程氏七略書堂刻本
謏崖脞說五卷 XX/第 1137 冊
(清)章楹撰
影印復旦圖書館藏清乾隆三十六年浣雪堂刻本
片刻餘閒集二卷 XX/第 1137 冊
(清)劉埥撰
影印清乾隆十九年刻本
書隱叢說十九卷 XX/第 1137 冊
(清)袁棟撰
影印上圖藏清乾隆刻本
瀟湘聽雨錄八卷 XX/第 1138 冊
(清)江昱撰
影印天津圖書館藏清乾隆二十八年春草軒刻本
茶餘客話二十二卷 XX/第 1138 冊
(清)阮葵生撰
影印復旦圖書館藏清光緒十四年鉛印本
水曹清暇錄十六卷 XX/第 1138 冊
(清)汪啟淑撰
影印南圖藏清乾隆五十七年汪氏飛鴻堂刻本
簷曝雜記六卷附錄一卷 XX/第 1138 冊
(清)趙翼撰
影印復旦圖書館藏清嘉慶湛貽堂刻本
黃嬭餘話八卷 XX/第 1138 冊
(清)陳錫路撰
影印北大圖書館藏清乾隆刻本
定香亭筆談四卷 XX/第 1138 冊
(清)阮元撰
影印清嘉慶五年揚州阮氏琅嬛僊館刻本
循陔纂聞五卷 XX/第 1138 冊
(清)周廣業撰
影印北圖藏清抄本
履園叢話二十四卷 XX/第 1139 冊
(清)錢泳撰
影印華東師大圖書館藏清道光十八年述德堂刻本

竹葉亭雜記八卷 XX/第1139冊
(清)姚元之撰
影印復旦圖書館藏清光緒十九年姚虞卿刻本
尖陽叢筆十卷續筆一卷 XX/第1139冊
(清)吴騫撰
影印北圖藏清抄本
桃溪客語五卷 XX/第1139冊
(清)吴騫撰
影印復旦圖書館藏清乾隆吴氏刻拜經樓叢書本
鐙窗叢錄五卷補遺一卷 XX/第1139冊
(清)吴翌鳳撰
影印民國十五年鉛印涵芬樓秘笈本
瑟榭叢談二卷 XX/第1139冊
(清)沈濤撰
影印南圖藏清道光刻本
醒世一斑錄五卷附編三卷雜述八卷 XX/第1139-1140冊
(清)鄭光祖撰
影印浙江省圖書館藏清道光二十五年刻咸豐二年增修本
費隱與知錄一卷 XX/第1140冊
(清)鄭復光撰
影印清道光活字印本
讀書小記一卷因柳閣讀書錄一卷 XX/第1140冊
(清)焦廷琥撰
影印北圖藏稿本
丱兮筆記二卷 XX/第1140冊
(清)管庭芬撰
影印北圖藏稿本
冷廬雜識八卷續編一卷 XX/第1140冊
(清)陸以湉撰
影印清咸豐六年刻本
春在堂隨筆十卷 XX/第1141冊
(清)俞樾撰
影印清光緒二十五年刻春在堂全書本
止園筆談八卷 XX/第1141冊
(清)史夢蘭撰
影印遼寧省圖書館藏清光緒四年刻本
蕉軒隨錄十二卷 XX/第1141冊
(清)方濬師撰
影印清同治十一年刻本
蕉軒續錄二卷 XX/第1141冊
(清)方濬師撰
影印清光緒刻本

章安雜說 XX/第1141冊
(清)趙之謙撰
影印北圖藏稿本
庸閒齋筆記十二卷 XX/第1142冊
(清)陳其元撰
影印華東師大圖書館藏清同治十三年刻本
白虎通疏證十二卷 XX/第1142冊
(清)陳立撰
影印清光緒元年淮南書局刻本
新刻釋常談三卷 XX/第1142冊
佚名撰
影印北圖藏明萬曆二十一年胡文煥刻本
困學紀聞注二十卷 XX/第1142-1143冊
(清)翁元圻撰
影印北圖藏清道光五年翁氏守福堂刻本
箐齋讀書錄二卷 XX/第1143冊
(明)周洪謨撰
影印北圖藏清抄本
兩山墨談十八卷 XX/第1143冊
(明)陳霆撰
影印天津圖書館藏明嘉靖十八年李檗刻本
秇林伐山二十卷 XX/第1143冊
(明)楊慎撰
影印華東師大圖書館藏明嘉靖三十五年王詢刻本
讀書囈語十卷 XX/第1143冊
(明)李元吉撰
影印科圖藏明崇禎十六年刻本
戲瑕三卷 XX/第1143冊
(明)錢希言撰
影印安徽省圖書館藏明刻本
玉唾壺二卷 XX/第1143冊
(明)王一槐撰
影印北圖藏明抄本
日知錄集釋三十二卷刊誤二卷續刊誤二卷 XX/第1143-1144冊
(清)黃汝成撰
影印清道光黃氏西谿草廬刻本
日知錄之餘四卷 XX/第1144冊
(清)顧炎武撰
影印清宣統二年吳中刻本
修潔齋閑筆八卷 XX/第1144冊

(清)劉堅撰
影印華東師大圖書館藏清乾隆六年刻增修本
古今釋疑十八卷 XX/第1145冊
(清)方中履撰
影印科圖藏清康熙十八年楊霖刻本
羣書疑辨十二卷 XX/第1145冊
(清)萬斯同撰
影印湖北省圖書館藏清嘉慶二十一年刻本
長壘筆記四卷 XX/第1145冊
(清)徐昂發撰
影印清康熙刻本
隙光亭雜識六卷 XX/第1146冊
(清)揆敘撰
影印科圖藏清康熙謙牧堂刻本
讀書記疑十六卷 XX/第1146冊
(清)王懋竑撰
影印復旦圖書館藏清同治十一年福建撫署刻本
燕在閣知新錄三十二卷 XX/第1146-47
(清)王棠撰
影印山東省圖書館藏清康熙刻本
柳南隨筆六卷續筆四卷 XX/第1147冊
(清)王應奎撰
影印科圖藏清嘉慶刻借月山房彙抄本
韓門綴學五卷續編一卷談書錄一卷 XX/第1147冊
(清)汪師韓撰
影印上圖藏清乾隆刻上湖遺集本
全謝山先生經史問答十卷 XX/第1147冊
(清)全祖望撰
影印清乾隆三十年刻本
訂訛類編六卷續補二卷 XX/第1148冊
(清)杭世駿撰
影印民國七年刻嘉業堂叢書本
隨園隨筆二十八卷 XX/第1148冊
(清)袁枚撰
影印華東師大圖書館藏清嘉慶十三年刻本
援鶉堂筆記五十卷 XX/第1148-1149冊
(清)姚範撰
影印清道光姚瑩刻本
羣書拾補不分卷 XX/第1149冊

（清）盧文弨撰
影印清抱經堂叢書本
鍾山札記四卷 XX/第 1149 冊
（清）盧文弨撰
影印復旦圖書館藏清抱經堂叢書本
龍城札記三卷 XX/第 1149 冊
（清）盧文弨撰
影印復旦圖書館藏清抱經堂叢書本
蛾術編八十二卷 XX/第 1150－1151 冊
（清）王鳴盛撰 迮鶴壽參校
影印清道光二十一年世楷堂刻本
十駕齋養新錄二十卷餘錄三卷 XX/第 1151 冊
（清）錢大昕撰
影印復旦圖書館藏清嘉慶刻本
陔餘叢考四十三卷 XX/第 1151－1152 冊
（清）趙翼撰
影印清乾隆五十五年湛貽堂刻本
惜抱軒筆記八卷 XX/第 1152 冊
（清）姚鼐撰
影印清同治五年省心閣刻惜抱軒全集本
讀書脞錄七卷續編四卷 XX/第 1152 冊
（清）孫志祖撰
影印北圖藏清嘉慶刻本
南江札記四卷 XX/第 1152 冊
（清）邵晉涵撰
影印清嘉慶八年面水層軒刻本
焠掌錄二卷 XX/第 1152 冊
（清）汪啟淑撰
影印北圖藏清汪氏開萬樓刻本
讀書雜志八十二卷餘編二卷 XX/第 1152－1153 冊
（清）王念孫撰
影印天津圖書館藏清道光十二年刻本
柚堂筆談四卷 XX/第 1154 冊
（清）盛百二撰
影印山東省圖書館藏清乾隆三十四年潘蓮庚刻本
覺非盦筆記八卷 XX/第 1154 冊
（清）顧堃撰
影印上海辭書藏清光緒八年刻本
過夏雜錄六卷過夏續錄一卷 XX/第 1154 冊
（清）周廣業撰
影印北圖藏清種松書塾抄本
羣書札記十六卷 XX/第 1155 冊
（清）朱亦棟撰
影印上海辭書藏清光緒四年武林竹簡齋刻本
蠡勺編四十卷 XX/第 1155 冊
（清）凌揚藻撰
影印華東師大圖書館藏清同治二年伍氏粵雅堂刻嶺南遺書本
曉讀書齋雜錄八卷 XX/第 1155 冊
（清）洪亮吉撰
影印科圖藏清道光二十二年刻本
炳燭編四卷 XX/第 1155 冊
（清）李賡芸撰
影印北圖藏清同治十一年刻滂喜齋叢書本
札樸十卷 XX/第 1156 冊
（清）桂馥撰
影印北圖藏清嘉慶十八年李宏信小李山房刻本
愈愚錄六卷 XX/第 1156 冊
（清）劉寶楠撰
影印上海辭書藏清光緒十五年廣雅書局刻本
經史雜記八卷 XX/第 1156 冊
（清）王玉樹撰
影印南圖藏清道光十年芳梫堂刻本
雪泥書屋雜誌四卷 XX/第 1156 冊
（清）牟庭相撰
影印上圖藏清咸豐安吉官署刻本
攷厓考古錄四卷校記一卷 XX/第 1156 冊
（清）鍾褭撰（清）鮑鼎撰校記
影印湖北省圖書館藏清嘉慶十三年阮元刻本
二初齋讀書記十卷卷首一卷 XX/第 1156 冊
（清）倪思寬撰
影印上海辭書藏清嘉慶八年涵和堂刻本
瞥記七卷 XX/第 1157 冊
（清）梁玉繩撰
影印清嘉慶刻清白士集本
庭立記聞四卷 XX/第 1157 冊
（清）梁學昌等輯
影印清嘉慶刻清白士集本
簡莊疏記十七卷 XX/第 1157 冊
（清）陳鱣撰
影印民國四年張氏刻適園叢書本
合肥學舍札記十二卷 XX/第 1157 冊
（清）陸繼輅撰
影印華東師大圖書館藏清光緒四年興國州署刻本
過庭錄十六卷 XX/第 1157 冊
（清）宋翔鳳撰
影印科圖藏清咸豐浮溪精舍刻本
讀書叢錄二十四卷 XX/第 1157 冊
（清）洪頤煊撰
影印北圖藏清道光二年富文齋刻本
鄭堂札記五卷 XX/第 1158 冊
（清）周中孚撰
影印清光緒趙氏刻仰視千七百二十九鶴齋叢書本
柿葉軒筆記一卷 XX/第 1158 冊
（清）胡虔撰
影印上海辭書藏民國五年趙氏刻峭帆樓叢書本
拜經日記十二卷 XX/第 1158 冊
（清）臧庸撰
影印北大圖書館藏清嘉慶二十四年武進臧氏拜經堂刻本
蕙櫋襍記一卷 XX/第 1158 冊
（清）嚴元照撰
影印北圖藏清勞權抄本
娛親雅言六卷 XX/第 1158 冊
（清）嚴元照撰
影印上海辭書藏清光緒湖城義塾刻湖州叢書本
養吉齋叢錄二十六卷餘錄十卷 XX/第 1158 冊
（清）吳振棫撰
影印上海辭書藏清光緒刻本
經史質疑錄不分卷 XX/第 1158 冊
（清）張聰咸撰
影印北圖藏清嘉慶刻本
交翠軒筆記四卷 XX/第 1158 冊
（清）沈濤撰
影印上海辭書藏清道光刻本
銅熨斗齋隨筆八卷 XX/第 1158 冊
（清）沈濤撰
影印天津圖書館藏清光緒會稽章氏刻本
經史答問四卷 XX/第 1159 冊
（清）朱駿聲撰
影印上海辭書藏清光緒二十年刻本

蘿藦亭札記八卷 XX/第1159冊
(清)喬松年撰
影印湖北省圖書館藏清同治刻本
管見舉隅一卷 XX/第1159冊
(清)王培荀撰
影印科圖藏清道光二十八年刻本
菉友蛾術編二卷 XX/第1159冊
(清)王筠撰
影印上海辭書藏清咸豐十年宋官疃刻本
癸巳類稿十五卷 XX/第1159冊
(清)俞正燮撰
影印北圖藏清道光十三年求日益齋刻本
癸巳存稿十五卷 XX/第1159－1160冊
(清)俞正燮撰
影印上海辭書藏清道光二十八年靈石楊氏刻連筠簃叢書本
癸巳賸稿一卷首一卷附錄一卷 XX/第1160冊
(清)俞正燮撰
影印北圖藏清道光十三年求日益齋刻本
彊識編四卷彊識編續一卷 XX/第1160冊
(清)朱士端撰
影印復旦圖書館藏清同治元年刻本
東塾讀書記二十五卷 XX/第1160冊
(清)陳澧撰
影印上海辭書藏清光緒刻本
攀古小廬雜著十二卷 XX/第1160冊
(清)許瀚撰
影印上圖藏清刻本
丁戊筆記二卷 XX/第1161冊
(清)陳宗起撰
影印上海辭書藏清光緒十一年陳氏刻養志居僅存稿本
讀書偶記八卷 XX/第1161冊
(清)趙紹祖撰
影印華東師大圖書館藏清道光四年古墨齋刻本
消暑錄一卷 XX/第1161冊
(清)趙紹祖撰
影印復旦圖書館藏清道光元年古墨齋刻本
求闕齋讀書錄十卷 XX/第1161冊
(清)曾國藩撰
影印清光緒二年傳忠書局刻本
南漘楛語八卷 XX/第1161冊
(清)蔣超伯撰
影印南圖藏清同治十年兩廬山房刻本
思益堂日札十卷 XX/第1161冊
(清)周壽昌撰
影印復旦圖書館藏清光緒十四年刻本
讀書雜釋十四卷 XX/第1161冊
(清)徐鼒撰
影印天津圖書館藏清咸豐十一年刻本
諸子平議三十五卷 XX/第1161－1162冊
(清)俞樾撰
影印清光緒二十五年刻春在堂全書本
古書疑義舉例七卷 XX/第1162冊
(清)俞樾撰
影印清光緒二十五年刻春在堂全書本
湖樓筆談七卷 XX/第1162冊
(清)俞樾撰
影印清光緒二十五年刻春在堂全書本
悔翁筆記六卷 XX/第1162冊
(清)汪士鐸撰
影印吉林大學圖書館藏清光緒張氏味古齋刻本
煙嶼樓讀書志十六卷筆記八卷 XX/第1162冊
(清)徐時棟撰
影印科圖藏民國十七年鉛印本
東湖叢記六卷 XX/第1162冊
(清)蔣光煦撰
影印華東師大圖書館藏清光緒九年繆氏刻雲自在龕叢書本
吹網錄六卷 XX/第1163冊
(清)葉廷琯撰
影印復旦圖書館藏清同治八年刻本
鷗陂漁話六卷 XX/第1163冊
(清)葉廷琯撰
影印上海辭書藏清同治九年刻本
讀書雜識十二卷 XX/第1163冊
(清)勞格撰
影印清光緒四年刻本
霞外攟屑十卷 XX/第1163冊
(清)平步青撰
影印上圖藏民國六年刻香雪崦叢書本
札迻十二卷 XX/第1164冊
(清)孫詒讓撰
影印華東師大圖書館藏清光緒二十年籀廎刻二十一年正修本
籀高述林十卷 XX/第1164冊
(清)孫詒讓撰
影印華東師大圖書館藏民國五年刻本
舒蓺室隨筆六卷 XX/第1164冊
(清)張文虎撰
影印復旦圖書館藏清同治十三年金陵冶城賓館刻本
舒蓺室續筆一卷 XX/第1164冊
(清)張文虎撰
影印華東師大圖書館藏清光緒五年刻本
舒蓺室餘筆三卷 XX/第1164冊
(清)張文虎撰
影印華東師大圖書館藏清光緒七年刻本
無邪堂答問五卷 XX/第1164冊
(清)朱一新撰
影印湖北省圖書館藏清光緒二十一年廣雅書局刻本
灤源問答十二卷 XX/第1164冊
(清)沈可培撰
影印華東師大圖書館藏清嘉慶二十年雪浪齋刻本
純常子枝語四十卷 XX/第1165冊
(清)文廷式撰
影印民國三十二年刻本
師伏堂筆記三卷 XX/第1165冊
(清)皮錫瑞撰
影印天津圖書館藏民國十九年楊氏積微居刻本
午窗隨筆四卷 XX/第1165冊
(清)郭夢星撰
影印南圖藏清光緒二十一年刻寶樹堂遺書本
愚慮錄五卷 XX/第1165冊
(清)陳偉撰
影印華東師大圖書館藏清光緒二十二年刻耐安類稿本
丁晉公談錄一卷 XX/第1166冊
(宋)丁謂撰
影印民國十六年陶氏影印宋咸淳刻百川學海本
續世說十二卷 XX/第1166冊
(宋)孔平仲撰
影印宛委別藏清抄本
續墨客揮犀十卷 XX/第1166冊

(宋)彭乘撰
影印宛委別藏清抄本
醉翁談錄五卷 XX/第1166册
(宋)金盈之撰
影印宛委別藏清抄本
靜齋至正直記四卷 XX/第1166册
(元)孔齊撰
影印北圖藏清毛氏抄本
冀越集記二卷 XX/第1166册
(元)熊太古撰
影印北圖藏清乾隆四十七年吳翌鳳抄本
東園客談一卷 XX/第1166册
(明)孫道易輯
影印科圖藏明抄說集本
可齋雜記一卷 XX/第1166册
(明)彭時撰
影印民國二十九年商務印書館景印元明善本叢書十種歷代小史本
雙槐歲抄十卷 XX/第1166册
(明)黄瑜撰
影印北圖藏明嘉靖三十八年陸延枝刻本
石田翁客座新聞十一卷 XX/第1167册
(明)沈周撰
影印北圖藏清抄本
震澤紀聞二卷 XX/第1167册
(明)王鏊撰
影印北圖藏明末刻本
續震澤紀聞一卷 XX/第1167册
(明)王禹聲撰
影印北圖藏明末刻本
立齋閑錄四卷 XX/第1167册
(明)宋端儀撰
影印遼寧省圖書館藏明抄本
青溪暇筆二卷 XX/第1167册
(明)姚福撰
影印北圖藏明邢氏來禽館抄本
皇明紀略一卷 XX/第1167册
(明)皇甫錄撰
影印民國二十九年商務印書館景印元明善本叢書十種歷代小史本
西園聞見錄一百七卷
XX/第1168－1170册
(明)張萱撰
影印上圖藏民國二十九年哈佛燕京學社印本
濯纓亭筆記十卷附禮記集說辯疑一卷
XX/第1170册
(明)戴冠撰
影印復旦圖書館藏明嘉靖二十六年華察刻本
寓圃雜記十卷 XX/第1170册
(明)王錡撰
影印南圖藏明抄本
復齋日記一卷 XX/第1170册
(明)許浩撰
影印民國二十九年商務印書館景印元明善本叢書十種本
磯園稗史三卷 XX/第1170册
(明)孫繼芳撰
影印民國十五年商務印書館涵芬樓秘笈影印抄本
病逸漫記不分卷 XX/第1170册
(明)陸釴撰
影印民國二十九年商務印書館景印元明善本叢書十種本
孤樹裒談十卷 XX/第1170册
(明)李默撰
影印北大圖書館藏明刻本
澹泉筆述十二卷 XX/第1171册
(明)鄭曉撰
影印北圖藏清抄本
張恭懿松窗夢語八卷 XX/第1171册
(明)張瀚撰
影印科圖藏清抄本
見聞雜紀十一卷 XX/第1171册
(明)李樂撰
影印明萬曆刻清補修本
西臺漫紀六卷 XX/第1172册
(明)蔣以化撰
影印明萬曆刻本
林居漫錄前集六卷別集九卷畸集五卷多集六卷 XX/第1172册
(明)伍袁萃撰
影印南圖藏明萬曆刻本
西山日記二卷 XX/第1172册
(明)丁元薦撰
影印南圖藏清康熙二十八年先醒齋刻本
玉堂叢語八卷 XX/第1172册
(明)焦竑撰
影印山東省圖書館藏明萬曆四十六年徐象橒曼山館刻本
湧幢小品三十二卷
XX/第1172－1173册
(明)朱國禎撰
影印復旦圖書館藏明天啟二年刻本
皇明世說新語八卷附釋名一卷
XX/第1173册
(明)李紹文撰
影印科圖藏明萬曆刻本
戎庵老人漫筆八卷 XX/第1173册
(明)李詡撰
影印上海辭書藏明萬曆刻本
焦氏說楛七卷 XX/第1174册
(明)焦周撰
影印北大圖書館藏明萬曆刻本
野獲編三十卷補遺四卷 XX/第1174册
(明)沈德符撰
影印清道光七年姚氏刻同治八年補修本
花當閣叢談八卷 XX/第1175册
(明)徐復祚撰
影印科圖藏清嘉慶刻借月山房彙抄本
玉堂薈記四卷 XX/第1175册
(清)楊士聰撰
影印嘉業堂叢書本
王劍尊聞十卷 XX/第1175册
(清)梁維樞撰
影印清順治梁清遠梁清傳刻本
客舍偶聞一卷 XX/第1175册
(清)彭孫貽撰
影印上圖藏清柘柳草堂抄本
天香閣隨筆二卷 XX/第1175册
(清)李介撰
影印清伍氏刻粵雅堂叢書本
今世說八卷 XX/第1175册
(清)王晫撰
影印華東師大圖書館藏清康熙二十二年霞舉堂刻本
明語林十四卷補遺一卷 XX/第1175册
(清)吳肅公撰
影印上海辭書藏清光緒方氏刻宣統元年印碧琳琅館叢書本
天史十二卷問天亭放言一卷
XX/第1176册
(清)丁耀亢撰
影印北大圖書館藏明崇禎刻本
邛竹杖七卷 XX/第1176册
(清)施男撰

影印復旦圖書館藏清初留髡堂刻本
二樓紀略四卷 XX/第1176冊
(清)佟賦偉撰
影印北圖藏清康熙刻本
劉繼莊先生廣陽雜記五卷
XX/第1176冊
(清)劉獻廷撰
影印南圖藏清同治四年周星詒家抄本
觚賸八卷觚賸續編四卷 XX/第1177冊
(清)鈕琇撰
影印天津圖書館藏清康熙臨野堂刻本
拾籜餘閒一卷 XX/第1177冊
(清)孔毓埏撰
影印北圖藏清康熙刻本
人海記二卷 XX/第1177冊
(清)查慎行撰
影印湖北省圖書館藏清咸豐元年小瑯嬛山館刻本
讀書堂西徵隨筆一卷 XX/第1177冊
(清)汪景祺撰
影印復旦圖書館藏民國鉛印本
巢林筆談六卷 XX/第1177冊
(清)龔煒撰
影印湖北省圖書館藏清乾隆三十年蓼懷閣刻本
巢林筆談續編二卷 XX/第1177冊
(清)龔煒撰
影印北大圖書館藏清乾隆三十四年刻本
藤陰雜記十二卷 XX/第1177冊
(清)戴璐撰
影印南圖藏清嘉慶五年石鼓齋刻本
伊江筆錄二卷 XX/第1177冊
(清)吳熊光撰
影印北大圖書館藏清廣雅書局刻本
春泉聞見錄四卷 XX/第1177冊
(清)劉壽眉撰
影印遼寧省圖書館藏清嘉慶刻本
陶廬雜錄六卷 XX/第1177冊
(清)法式善撰
影印北圖藏清嘉慶二十二年陳預刻本
清秘述聞十六卷 XX/第1178冊
(清)法式善撰
影印湖北省圖書館藏清嘉慶四年刻本
清秘述聞續十六卷 XX/第1178冊
(清)王家相 (清)魏茂林等撰
影印湖北省圖書館藏清光緒十四年刻本
清秘述聞補一卷 XX/第1178冊
(清)錢維福撰
影印湖北省圖書館藏清光緒十四年刻本
槐廳載筆二十卷 XX/第1178冊
(清)法式善撰
影印上海辭書藏清嘉慶刻本
恩福堂筆記二卷 XX/第1178冊
(清)英和撰
影印清道光十七年刻本
熙朝新語十六卷 XX/第1178冊
(清)余金輯
影印清嘉慶二十三年刻本
歸田瑣記八卷 XX/第1179冊
(清)梁章鉅撰
影印浙江省圖書館藏清道光二十五年刻本
浪跡叢談十一卷 XX/第1179冊
(清)梁章鉅撰
影印復旦圖書館藏清道光二十七年刻本
浪跡續談八卷 XX/第1179冊
(清)梁章鉅撰
影印復旦圖書館藏清道光二十八年刻本
浪跡三談六卷 XX/第1179冊
(清)梁章鉅撰
影印科圖藏清咸豐七年刻本
我暇編不分卷 XX/第1179冊
(清)王宗敬撰
影印科圖藏稿本
嘯亭雜錄十卷續錄三卷 XX/第1179冊
(清)昭槤撰
影印天津圖書館藏清抄本
樗園銷夏錄三卷 XX/第1179冊
(清)郭麐撰
影印上圖藏清嘉慶刻本
野語九卷 XX/第1180冊
(清)程岱葊撰
影印天津圖書館藏清道光十二年刻二十五年塵隱廬增修本
聽雨樓隨筆八卷 XX/第1180冊
(清)王培荀撰
影印科圖藏清道光二十五年刻本
鄉園憶舊錄六卷 XX/第1180冊
(清)王培荀撰
影印上圖藏清道光二十五年刻本
無事為福齋隨筆二卷 XX/第1181冊
(清)韓泰華撰
影印清光緒潘氏刻功順堂叢書本
橋西雜記一卷 XX/第1181冊
(清)葉名澧撰
影印清光緒十年滂喜齋刻本
侍衛瑣言一卷補一卷 XX/第1181冊
(清)奕賡撰
影印上海辭書藏民國二十四年燕京大學圖書館鉛印佳夢軒叢著本
管見所及一卷補遺一卷 XX/第1181冊
(清)奕賡撰
影印上海辭書藏民國二十四年燕京大學圖書館鉛印佳夢軒叢著本
寄楮備談一卷 XX/第1181冊
(清)奕賡撰
影印上海辭書藏民國二十四年燕京大學圖書館鉛印佳夢軒叢著本
煨柮閒談一卷 XX/第1181冊
(清)奕賡撰
影印上海辭書藏民國二十四年燕京大學圖書館鉛印佳夢軒叢著本
括談二卷 XX/第1181冊
(清)奕賡撰
影印上海辭書藏民國二十四年燕京大學圖書館鉛印佳夢軒叢著本
見聞隨筆二十六卷 XX/第1181冊
(清)齊學裘撰
影印華東師大圖書館藏清同治十年天空海闊之居刻本
見聞續筆二十四卷 XX/第1181冊
(清)齊學裘撰
影印華東師大圖書館藏清光緒二年天空海闊之居刻本
靜娛亭筆記十二卷
XX/第1181－1182冊
(清)張培仁撰
影印復旦圖書館藏清刻本
郎潛紀聞十四卷二筆十六卷三筆十二卷
XX/第1182冊
(清)陳康祺撰
影印清光緒刻本
庸盦筆記六卷 XX/第1182冊
(清)薛福成撰
影印天津圖書館藏清光緒二十三年遺經樓刻本

金壺七墨十八卷(浪墨八卷遯墨四卷逸墨二卷戲墨一卷醉墨一卷心影二卷叢墨未刻) XX/第 1183 冊
(清)黄均宰撰
影印吉林大學圖書館藏清同治十二年刻本
粟香隨筆八卷二筆八卷三筆八卷四筆八卷五筆八卷 XX/第 1183 – 1184 冊
金武祥撰
影印上海辭書藏清光緒刻本
居家必用事類全集十卷 XX/第 1184 冊
(元)佚名撰
影印南圖藏明隆慶二年飛來山人刻本
多能鄙事十二卷 XX/第 1185 冊
題(明)劉基撰
影印上圖藏明嘉靖四十二年范惟一刻本
新增格古要論十三卷 XX/第 1185 冊
(明)曹昭撰 (明)舒敏 (明)王佐增
影印遼寧省圖書館藏明刻本
蕉窗九錄九卷 XX/第 1185 冊
(明)項元汴撰
影印科圖藏清道光十一年晁氏活字印學海類編本
陳眉公考槃餘事四卷 XX/第 1185 冊
(明)屠隆撰
影印復旦圖書館藏明萬曆沈氏尚白齋刻陳眉公訂正秘笈本
華夷花木鳥獸珍玩考十二卷 XX/第 1185 冊
(明)慎懋官撰
影印科圖藏明萬曆九年刻本
群物奇制一卷 XX/第 1185 冊
(明)周履靖撰
影印明萬曆二十五年金陵荊山書林刻夷門廣牘本
博物要覽十六卷 XX/第 1186 冊
(明)谷泰輯
影印南圖藏清抄本
廣社不分卷 XX/第 1186 冊
(明)張雲龍撰
影印北大圖書館藏明崇禎刻本
燕閒四適二十卷 XX/第 1186 冊
(明)孫丕顯輯
影印上圖藏明萬曆刻本
閒情偶寄十六卷 XX/第 1186 冊
(清)李漁撰
影印吉林大學圖書館藏清康熙刻本
前塵夢影錄二卷 XX/第 1186 冊
(清)徐康撰
影印南圖藏清光緒二十三年江標刻本
羣書治要五十卷 XX/第 1187 冊
(唐)魏徵等撰
影印宛委別藏日本天明(1781 – 1788)刻本
意林五卷 XX/第 1188 冊
(唐)馬總輯
影印南圖藏清抄本
意林逸文一卷 XX/第 1188 冊
(清)周廣業輯
影印南圖藏清抄本
意林闕目一卷 XX/第 1188 冊
(清)嚴可均輯
影印南圖藏清抄本
意林補二卷 XX/第 1188 冊
(清)李遇孫輯
影印南圖藏清抄本
澄懷錄二卷 XX/第 1188 冊
(宋)周密輯
影印北圖藏明抄本
忍經一卷 XX/第 1188 冊
(元)吳亮輯
影印南圖藏明刻本
續觀感錄十二卷 XX/第 1188 冊
(明)方鵬輯
影印湖北省圖書館藏明刻本
灼艾集二卷續集二卷別集二卷餘集二卷新集二卷 XX/第 1188 冊
(明)萬表輯
影印北圖藏明萬曆二十九年萬邦孚刻本
困學纂言六卷 XX/第 1188 冊
(明)李栻輯
影印科圖藏明萬曆二年馬文煒刻本
初潭集三十卷 XX/第 1188 – 1189 冊
(明)李贄撰
影印北大圖書館藏明萬曆刻本
宋賢事彙二卷 XX/第 1189 冊
(明)李廷機輯
影印南圖藏明刻本
焦氏類林八卷 XX/第 1189 冊
(明)焦竑輯
影印北大圖書館藏明萬曆十五年王元貞刻本
說郛續四十六卷 XX/第 1189 – 1192 冊
(明)陶珽編
影印清順治三年宛委山堂刻本
雲薖淡墨八卷 XX/第 1192 冊
(明)木增輯
影印明崇禎木懿喬等刻本
昨非庵日纂二十卷二集二十卷三集二十卷 XX/第 1193 冊
(明)鄭瑄輯
影印明崇禎刻本
堯山堂外紀一百卷 XX/第 1194 – 1195 冊
(明)蔣一葵撰
影印明刻本
古今譚概三十六卷 XX/第 1195 冊
(明)馮夢龍輯
影印明刻本
倘湖樵書初編六卷二編六卷 XX/第 1195 – 1196 冊
(清)來集之撰
影印上圖藏清康熙倘湖小築刻本
寄園寄所寄十二卷 XX/第 1196 – 1197 冊
(清)趙吉士輯
影印清康熙三十五年刻本
退庵隨筆二十二卷 XX/第 1197 冊
(清)梁章鉅撰
影印山東省圖書館藏清道光刻本
篷窗隨錄十四卷附錄二卷續錄二卷 XX/第 1197 – 1198 冊
(清)沈兆澐輯
影印清咸豐刻本
茶香室叢鈔二十三卷續鈔二十五卷三鈔二十九卷四鈔二十九卷 XX/第 1198 – 1199 冊
(清)俞樾撰
影印清光緒二十五年刻春在堂全書本
漢魏遺書鈔一百十四卷 XX/第 1199 – 1200 冊
(清)王謨輯
影印復旦圖書館藏清嘉慶三年刻本
經典集林三十二卷 XX/第 1200 冊
(清)洪頤煊輯
影印上圖藏清嘉慶孫氏刻問經堂叢書本
玉函山房輯佚書七百三十九卷 XX/第 1200 – 1205 冊

(清)馬國翰輯
影印清光緒九年娜嬛館刻本
玉函山房輯佚書續編二百七十三卷 XX/第1206冊
(清)王仁俊輯
影印上圖藏稿本
玉函山房輯佚書補編一百三十九卷 XX/第1206冊
(清)王仁俊輯
影印上圖藏稿本
黄氏逸書考二百九十一卷附十一卷 XX/第1206－1211冊
(清)黄奭輯
影印清道光黄氏刻民國二十三年江都朱長圻補刊本
經籍佚文一百二十一卷 XX/第1211冊
(清)王仁俊輯
影印上圖藏稿本
皇覽一卷 XX/第1212冊
(清)孫馮翼輯
影印清嘉慶十三年瀋陽孫氏刻逸子書本
修文殿御覽一卷 XX/第1212冊
(北齊)祖珽等輯
影印法國國家圖書館藏敦煌唐寫本
琱玉集十五卷 XX/第1212冊
(唐)佚名輯
影印清光緒日本東京使署古逸叢書影刻日本舊鈔卷子本
北堂書鈔一百六十卷 XX/第1212－1213冊
(唐)虞世南輯
影印清光緒十四年孔氏三十三萬卷堂刻本
蒙求三卷 XX/第1213冊
(唐)李翰撰
影印山西應縣佛宫寺文物保管所藏遼刻本
姓解三卷 XX/第1213冊
(宋)邵思纂
影印古逸叢書影印北宋本
聖宋名賢四六叢珠一百卷 XX/第1213－1214冊
(宋)葉蕡輯
影印上圖藏明嘉靖十一年王寵王陽抄本
新刻呂涇野先生校正中秘元本二十卷 XX/第1214冊
(宋)任廣輯
影印科圖藏明王世茂車書樓刻本
太學新增合璧聯珠聲律萬卷菁華前集六十卷後集八十卷 XX/第1215－1216冊
(宋)李昭玘輯 (宋)李似之輯後集
影印山東省圖書館藏宋刻本(原書後集卷七十七據北圖藏宋刻本配補)
東萊先生分門詩律武庫十五卷後集十五卷 XX/第1216冊
題(宋)呂祖謙輯
影印北圖藏清影宋抄本
回溪先生史韻四十九卷 XX/第1216冊
(宋)錢諷輯
影印宛委别藏影宋抄本
錦繡萬花谷别集三十卷 XX/第1217冊
影印北大圖書館藏宋刻本
璧水羣英待問會元九十卷 XX/第1217－1218冊
(宋)劉達可輯
影印南圖藏明麗澤堂活字印本
新編纂圖增類羣書類要事林廣記四十二卷 XX/第1218冊
(宋)陳元靚等編
影印元至順建安椿莊書院刻本
自號錄一卷 XX/第1218冊
(宋)徐光溥撰
影印宛委别藏清抄本
歷代蒙求一卷 XX/第1218冊
(宋)王芮撰 (元)鄭鎮孫注
影印上圖藏清初毛氏汲古閣影元抄本
敏求機要十六卷 XX/第1218冊
(元)劉實撰 (元)劉茂實注
影印上圖藏清乾隆四十二年知不足齋抄本
重添校正蜀本書林事類韻會一百卷 XX/第1218－1219冊
影印北圖藏宋刻本
重刊增廣分門類林雜說十五卷 XX/第1219冊
(金)王朋壽撰
影印民國九年劉氏嘉業堂刻嘉業堂叢書本
新編事文類聚翰墨全書一百三十四卷 XX/第1219－1221冊
(元)劉應李輯
影印北圖藏明初刻本
新編事文類要啟劄青錢前集十卷後集十卷續集十卷别集十卷外集十一卷 XX/第1221冊
影印日本德山毛利氏藏元泰定元年建安劉氏日新書堂刻本
聯新事備詩學大成三十卷 XX/第1221冊
(元)林楨輯
影印南圖藏元至正九年建寧路書市劉衡甫刻本
新編類意集解諸子瓊林前集二十四卷後集十六卷 XX/第1221－1222冊
(元)蘇應龍輯
影印北大圖書館藏元刻本
詩學集成押韻淵海二十卷 XX/第1222－1224冊
(元)嚴毅輯
影印北圖藏元至元六年蔡氏梅軒刻本
羣書通要七十三卷 XX/第1224冊
影印宛委别藏影抄元至正本
羣書類編故事二十四卷 XX/第1224冊
(明)王罃輯
影印宛委别藏影抄元刻本
三才廣志一千一百七十九卷 XX/第1225－1231冊
(明)吴珫輯
影印南圖藏縮微膠卷
均藻四卷 XX/第1232冊
(明)楊慎輯
影印北大圖書館藏明刻本
事物考八卷 XX/第1232冊
(明)王三聘輯
影印清華大學圖書館藏明嘉靖四十二年何起鳴刻本
彊識畧四十卷 XX/第1232冊
(明)吴楚材撰
影印浙江省圖書館藏明萬曆十七年陽春園刻本
三才圖會一百六卷 XX/第1232－1236冊
(明)王圻 (明)王思義輯
影印上圖藏明萬曆三十五年刻本
類雋三十卷 XX/第1236－1237冊
(明)鄭若庸輯
影印明萬曆六年汪珙刻本
劉氏類山十卷 XX/第1237冊

（明）劉胤昌撰
影印復旦圖書館藏明萬曆三十三年刻本
蟫史集十一卷 XX/第1237冊
（明）穆希文撰
影印明萬曆十四年刻本
新鐫古今事物原始全書三十卷 XX/第1237－1238冊
（明）徐炬輯
影印北圖藏明萬曆刻本
劉氏鴻書一百八卷 XX/第1238－1239冊
（明）劉仲達輯
影印上師大圖書館藏明萬曆刻本
八編類纂二百八十五卷圖二卷六經圖六卷 XX/第1240－1246冊
（明）陳仁錫輯
影印北大圖書館藏明天啟刻本
博物典彙二十卷 XX/第1246冊
（明）黃道周輯
影印科圖藏明崇禎刻本
蘭雪堂古事苑定本十二卷 XX/第1247冊
（清）鄧志謨輯
影印科圖藏清康熙蘭雪堂刻本
三體摭韻不分卷 XX/第1247－1248冊
（清）朱昆田輯
影印上圖藏清抄本
廣事類賦四十卷 XX/第1248冊
（清）華希閔輯
影印天津圖書館藏清乾隆二十九年華希閔刻本
類腋五十五卷補遺三卷 XX/第1248－1249冊
（清）姚培謙（清）張卿雲（清）張隆孫輯
影印天津圖書館藏清嘉慶九年姑蘇博古堂刻本
類書纂要三十三卷 XX/第1250－1251冊
（清）周魯輯
影印遼寧省圖書館藏清康熙侯杲刻本
奩史一百卷拾遺一卷 XX/第1251－1252冊
（清）王初桐輯
影印清嘉慶二年伊江阿刻本
事物異名錄四十卷 XX/第1252－1253冊
（清）厲荃輯（清）關槐增輯
影印復旦圖書館藏清乾隆刻本
稱謂錄三十二卷 XX/第1253冊
（清）梁章鉅撰
影印清光緒十年梁恭辰刻本
楹聯叢話十二卷 XX/第1254
（清）梁章鉅撰
影印天津圖書館藏清道光二十年桂林署齋刻本
楹聯續話四卷 XX/第1254冊
（清）梁章鉅撰
影印天津圖書館藏清道光二十三年南浦寓齋刻本
巧對錄八卷 XX/第1254冊
（清）梁章鉅撰
影印天津圖書館藏清道光二十九年甌城文華堂刻本
時務通考三十一卷 XX/第1254－1259冊
（清）杞廬主人等撰
影印上海辭書藏清光緒二十三年點石齋石印本
燕丹子三卷 XX/第1260冊
（清）孫星衍輯
影印復旦圖書館藏清乾隆刻孫氏岱南閣叢書本
譚賓錄十卷 XX/第1260冊
（唐）胡璩撰
影印南圖藏清抄本
三水小牘二卷逸文一卷附錄一卷 XX/第1260冊
（唐）皇甫枚撰 繆荃孫校補
影印華東師大圖書館藏清光緒十七年繆氏雲自在龕刻本
友會談叢三卷 XX/第1260冊
（宋）上官融撰
影印復旦圖書館藏清光緒六年陸心源刻本
客座贅語十卷 XX/第1260冊
（明）顧起元撰
影印南圖藏明萬曆四十六年刻本
剪桐載筆一卷 XX/第1260冊
（明）王象晉撰
影印復旦圖書館藏明毛晉汲古閣刻王漁洋遺書本
陶菴夢憶八卷 XX/第1260冊
（清）張岱撰（清）王文誥評
影印北圖藏清乾隆五十九年王文誥刻本
堅瓠集四十卷堅瓠續集四卷堅瓠廣集六卷堅瓠補集六卷堅瓠秘集六卷堅瓠餘集四卷 XX/第1260－1262冊
（清）褚人獲撰
影印上圖藏清康熙刻本
不下帶編七卷 XX/第1262冊
（清）金埴撰
影印社科院歷史所藏稿本
重論文齋筆錄十二卷 XX/第1262冊
（清）王端履撰
影印華東師大圖書館藏清道光二十六年授宜堂刻本
清嘉錄十二卷 XX/第1262冊
（清）顧祿撰
影印華東師大圖書館藏清道光刻本
兩般秋雨盦隨筆八卷 XX/第1263冊
（清）梁紹壬撰
影印清道光十七年汪氏振綺堂刻本
客窗閒話八卷 XX/第1263冊
（清）吳熾昌撰
影印遼寧省圖書館藏清光緒元年味經堂刻本
甕牖餘談八卷 XX/第1263冊
（清）王韜撰
影印華東師大圖書館藏清光緒元年申報館鉛印本
珊瑚舌雕談初筆八卷 XX/第1263冊
（清）許起撰
影印復旦圖書館藏清光緒十一年木活字本
三借廬贅譚十二卷 XX/第1263冊
（清）鄒弢撰
影印南圖藏清光緒鉛印申報館叢書餘集本
蕉廊脞錄八卷 XX/第1264冊
吳慶坻撰
影印民國十七年劉氏求恕齋刻求恕齋叢書本
山海經箋疏十八卷圖贊一卷訂譌一卷敘錄一卷 XX/第1264冊
（清）郝懿行撰
影印清嘉慶十四年阮氏琅環仙館刻本（匯入郝氏遺書）

玄中記一卷補遺一卷 XX/第1264冊
(晉)郭璞撰(清)茆泮林輯
影印清道光梅瑞軒刻十種古逸書本
新刻出像增補搜神記六卷
XX/第1264冊
影印北圖藏明萬曆富春堂刻本
冥報記三卷 XX/第1264冊
(唐)唐臨撰
影印民國十三年上海商務印書館鉛印涵芬樓秘笈本
河東先生龍城錄二卷 XX/第1264冊
題(唐)柳宗元撰
影印明萬曆商濬刻稗海本
獨異志三卷 XX/第1264冊
(唐)李冗撰
影印明嘉靖三十七年抄本
錄異記八卷 XX/第1264冊
(五代)杜光庭撰
影印明崇禎毛氏刻津逮秘書第十一集本
括異志十卷 XX/第1264冊
(宋)張師正撰
影印民國二十三年上海商務印書館影印四部叢刊續編影宋抄本
雲齋廣錄八卷後集一卷 XX/第1264冊
(宋)李獻民撰
影印金刻本
搜神秘覽三卷 XX/第1264冊
(宋)章炳文撰
影印民國二十四年涵芬樓續古逸叢書影印宋刻本
閑窗括異志一卷 XX/第1264冊
(宋)魯應龍撰
影印明刻鹽邑志林本
夷堅志一百八十卷
XX/第1264－1266冊
(宋)洪邁撰
影印上圖藏清影宋抄本
湖海新聞夷堅續志前集十二卷後集六卷
XX/第1266冊
影印北圖藏元碧山精舍刻本(前集卷十二據日本抄本抄配 後集六卷據北京圖書館藏明抄本影印)
厚德錄四卷 XX/第1266冊
(宋)李元綱撰
影印北圖藏明萬曆商氏半埜堂刻稗海本

樂善錄十卷 XX/第1266冊
(宋)李昌齡編
影印民國二十四年涵芬樓續古逸叢書影印宋刻本
鬼董五卷 XX/第1266冊
影印北圖藏清乾隆五十一年鮑氏刻知不足齋叢書本
新編醉翁談錄十集二十卷
XX/第1266冊
(宋)羅燁撰
影印宋刻本
續夷堅志四卷附遺山年譜畧一卷
XX/第1266冊
(題金)元好問撰
影印湖北省圖書館藏清刻本
效顰集三卷 XX/第1266冊
(明)趙弼撰
影印南圖藏明宣德王靜刻本
見聞紀訓二卷 XX/第1266冊
(明)陳良謨撰
影印浙江省圖書館藏明萬曆七年徐琳刻本
祝子志怪錄五卷 XX/第1266冊
(明)祝允明撰
影印遼寧省圖書館藏明刻本
都公譚纂二卷 XX/第1266冊
(明)都穆撰(明)陸采輯
影印南圖藏清抄本
西樵野紀十卷 XX/第1266冊
(明)侯甸撰
影印北圖北大圖書館藏明抄本
玉茗堂摘評王弇州先生豔異編十二卷
XX/第1267冊
(題明)王世貞撰(明)湯顯祖評
影印明刻本
廣豔異編三十五卷 XX/第1267冊
(明)吳大震輯
影印明刻本
獪園十六卷 XX/第1267冊
(明)錢希言撰
影印清抄本
耳談類增五十四卷 XX/第1268冊
(明)王同軌撰
影印科圖藏明萬曆三十一年唐晟唐昶刻本
玉麈新譚三十四卷 XX/第1268冊
(明)鄭仲夔撰

影印上圖藏明刻本
見聞錄四卷 XX/第1268冊
(清)徐岳撰
影印北圖藏清刻本
山齋客譚八卷 XX/第1268冊
(清)景星杓撰
影印南圖藏清乾隆四十二年盧氏抱經堂抄本
閱微草堂筆記二十四卷 XX/第1269冊
(清)紀昀撰
影印北圖藏清嘉慶五年北平盛氏望益書屋刻本
秋燈叢話十八卷 XX/第1269冊
(清)王椷撰
影印科圖藏清乾隆刻本
夢厂雜著十卷 XX/第1269冊
(清)俞蛟撰
影印上圖藏清刻深柳讀書堂印本
妄妄錄十二卷 XX/第1270冊
(清)朱海撰
影印遼寧省圖書館藏清道光十年刻本
里乘十卷 XX/第1270冊
(清)許奉恩撰
影印復旦圖書館藏清光緒五年常熟抱芳閣刻蘭苕館外史本
右台仙館筆記八卷 XX/第1270冊
(清)俞樾撰
影印清光緒二十五年刻春在堂全書本
咫聞錄十二卷 XX/第1270冊
(清)慵訥居士撰
影印華東師大圖書館藏清道光二十三年刻本
埋憂集十卷續集二卷 XX/第1271冊
(清)朱翊清撰
影印遼寧省圖書館藏清同治十三年刻本
壺天錄三卷 XX/第1271冊
(清)百一居士撰
影印華東師大圖書館藏清光緒鉛印申報館叢書本
增修埤雅廣要四十二卷 XX/第1271冊
(宋)陸佃撰(明)牛衷增輯
影印北大圖書館藏明萬曆三十八年孫弘範刻本
蓬窗類紀五卷 XX/第1271冊
(明)黃暐撰
影印民國十三年上海商務印書館鉛

印涵芬樓秘笈本
青泥蓮花記十三卷 XX/第1271冊
(明)梅鼎祚撰
影印上圖藏明萬曆三十年鹿角山房刻本
板橋雜記三卷 XX/第1272冊
(清)余懷撰
影印上海辭書藏清康熙刻說鈴本
吳下諺聯四卷 XX/第1272冊
(清)王有光撰
影印南圖藏清嘉慶二十五年刻同治十二年民國二十四年補修本
鄉言解頤五卷 XX/第1272冊
(清)李光庭撰
影印上圖藏清道光刻本
影梅庵憶語一卷 XX/第1272冊
(清)冒襄撰
影印清道光世楷堂刻昭代叢書本
續廣博物志十六卷 XX/第1272冊
(清)徐壽基輯
影印上圖藏清光緒十二年刻志學齋集本
文酒清話 XX/第1272冊
(宋)佚名撰
影印俄羅斯聖彼得堡東方研究所分所藏金刻本
開顏集二卷 XX/第1272冊
(宋)周文玘輯
影印天一閣藏明刻本
解慍編十四卷 XX/第1272冊
(題明)樂天大笑生輯
影印上圖藏明逍遙道人刻本
雅笑三卷 XX/第1272冊
(明)李贄輯
影印北圖藏明刻本
山中一夕話上集七卷下集七卷 XX/第1272冊
(題明)李贄輯
影印明刻本
捧腹編十卷 XX/第1273冊
(明)許自昌輯
影印天津圖書館藏明萬曆刻本
詩笑二卷 XX/第1273冊
(題)池上餐華生輯
影印北圖藏明刻本
書笑不分卷 XX/第1273冊
影印北圖藏明刻本
遣愁集十四卷 XX/第1273冊
(清)張貴勝撰
影印上圖藏清康熙二十七年刻本
笑笑錄六卷 XX/第1273冊
(清)獨逸窩退士撰
影印復旦圖書館藏清光緒五年鉛印申報館叢書本
肇論中吳集解三卷 XX/第1274冊
(後秦)釋僧肇撰 (宋)釋淨源集解
影印遼寧省圖書館藏明刻本
中觀論疏二十六卷附中論科判一卷 XX/第1274冊
(隋)釋吉藏撰
影印天津圖書館藏民國四年金陵刻經處刻本
三論玄義二卷 XX/第1274冊
(隋)釋吉藏撰
影印華東師大圖書館藏清光緒二十五年金陵刻經處刻本
大乘百法明門論疏二卷 XX/第1274冊
(唐)釋普光撰
影印大正藏本
成唯識論述記六十卷 XX/第1274–1275冊
(唐)釋窺基撰
影印湖北省圖書館藏清光緒二十七年刻本
大方廣佛華嚴探玄記十卷 XX/第1276–1278
(唐)釋法藏撰
影印民國三十四年鉛印普惠大藏經本
大乘起信論義記七卷別記一卷 XX/第1279冊
(唐)釋法藏撰
影印中山圖書館藏清光緒二十四年金陵刻經處刻本
禪源諸詮集都序二卷 XX/第1279冊
(唐)釋宗密撰
影印上圖藏明萬曆三十五年寂照庵刻本
圓覺經略疏之鈔二十五卷 XX/第1279冊
(唐)釋宗密撰
影印中山圖書館藏清宣統三年揚州藏經院刻本
摩訶止觀十卷 XX/第1279冊
(隋)釋智顗撰
影印山東省圖書館藏明刻本
四教義六卷 XX/第1279冊
(隋)釋智顗撰
影印中山圖書館藏清刻本
大毗盧遮那成佛經疏二十卷 XX/第1280冊
(唐)釋一行撰
影印北圖分館藏日本慶安二年(1649)刻本
六祖壇經一卷 XX/第1281冊
(唐)釋惠能撰
影印英國國家圖書館藏敦煌寫本
楞伽師資記(殘) XX/第1281冊
(唐)釋淨覺撰
影印法國國家圖書館英國國家圖書館藏唐敦煌寫本
禪林寶訓二卷 XX/第1281冊
(宋)釋淨善輯
影印吉林大學圖書館藏明萬曆二十八年澄照寺刻本
敕修百丈清規二卷 XX/第1281冊
(元)釋德輝撰
影印北圖藏明刻本
高僧傳十三卷序錄一卷 XX/第1281冊
(南朝梁)釋慧皎撰
影印磧砂藏本
續高僧傳三十一卷 XX/第1281–1282冊
(唐)釋道宣撰
影印磧砂藏本
景德傳燈錄三十卷西來年表一卷 XX/第1282冊
(宋)釋道原撰
影印民國二十四年上海商務印書館四部叢刊三編影印宋刻本
補續高僧傳二十六卷 XX/第1283冊
(明)釋明河撰
影印卍字續藏本
宗鏡錄一百卷 XX/第1283–1285冊
(宋)釋延壽撰
影印高麗藏本
神僧傳九卷 XX/第1285冊
(明)朱棣撰
影印科圖藏明永樂十五年內府刻本
大明高僧傳八卷 XX/第1285冊
(明)釋如惺撰
影印明萬曆刻徑山藏本

祖堂集二十卷 XX/第1285册
(五代)釋靜 (五代)釋筠輯
影印高麗藏本
比丘尼傳四卷 XX/第1285册
(南朝梁)釋寶唱撰
影印天津圖書館藏清光緒十一年金陵刻經處刻本
隋天臺智者大師别傳一卷 XX/第1285册
(隋)釋灌頂撰
影印浙江省圖書館藏明刻北藏本
大唐大慈恩寺三藏法師傳十卷 XX/第1286册
(唐)釋慧立 (唐)釋彦悰撰
影印北圖分館藏清藏本
淨土聖賢録九卷續編四卷種蓮集一卷 XX/第1286册
(清)彭希涑撰 (清)蓮歸居士輯
影印北圖分館藏清刻本
居士傳五十六卷 XX/第1286册
(清)彭紹升撰
影印清乾隆四十年長洲彭氏刻本
南海寄歸内法傳四卷 XX/第1286册
(唐)釋義淨撰
影印浙江省圖書館藏明刻北藏本
大宋僧史略三卷 XX/第1286册
(宋)釋贊寧撰
影印北大圖書館藏日本延寶八年刻本
佛祖統記五十四卷 XX/第1287册
(宋)釋志磐撰
影印北大圖書館藏明刻本
釋鑑稽古略續集三卷 XX/第1288册
(明)釋大聞輯
影印山東省圖書館藏明崇禎十一年刻本
出三藏記集十五卷 XX/第1288册
(梁)釋僧佑撰
影印金刻趙城藏本
歷代三寶紀十五卷 XX/第1288册
(隋)費長房撰
影印金刻趙城藏本
大唐内典録十卷 XX/第1289册
(唐)釋道宣撰
影印華東師大圖書館藏清順治十八年嘉興楞嚴寺刻徑山藏本
續大唐内典録一卷 XX/第1289册
(唐)釋智昇撰
影印金刻趙城藏本
武周刊定眾經目録十四卷僞經目録一卷 XX/第1289册
(武周)釋明佺等撰
影印南圖藏清刻本
大元至元辨僞録五卷 XX/第1289册
(元)釋祥邁撰
影印北圖藏元刻本
至元法寶勘同總録十卷 XX/第1289册
(元)釋慶吉祥等編
影印浙江省圖書館藏明刻北藏本
閱藏知津四十四卷總目四卷 XX/第1290册
(明)釋智旭撰
影印華東師大圖書館藏清康熙三年夏之鼎刻四十八年朱岸登補修本
黄帝陰符經注一卷 XX/第1290册
(唐)張果撰
影印民國涵芬樓影印明正統道藏本
黄帝陰符經集解三卷 XX/第1290册
(宋)袁淑真撰
影印民國涵芬樓影印明正統道藏本
黄帝陰符經注一卷 XX/第1290册
(宋)俞琰撰
影印民國涵芬樓影印明正統道藏本
陰符經玄解正義一卷 XX/第1290册
(清)閔一得撰
影印華東師大圖書館藏清光緒三十年刻古書隱樓藏書本
老子想爾注二卷 XX/第1290册
(漢)張魯撰
影印英國國家圖書館藏敦煌寫本
道德真經廣聖義五十卷 XX/第1290－1291册
(前蜀)杜光庭撰
影印民國涵芬樓影印明正統道藏本
道德真經藏室纂微篇十卷 XX/第1291册
(宋)陳景元撰
影印民國涵芬樓影印明正統道藏本
南華真經副墨八卷讀南華經雜説一卷 XX/第1291册
(明)陸西星撰
影印華東師大圖書館藏明萬曆六年李齊芳刻本
關尹子文始真經九卷 XX/第1292册
(宋)陳顯微注
影印北圖藏明萬曆二十七年汪廷訥環翠堂刻本
周易参同契解箋三卷 XX/第1292册
(明)張文龍解 (明)朱長春箋
影印復旦圖書館藏明萬曆四十年刻本
古文周易参同契註八卷 XX/第1292册
(清)袁仁林撰
影印清光緒二十二年長沙刻惜陰軒叢書本
養性延命録二卷 XX/第1292册
(梁)陶弘景撰
影印民國涵芬樓影印明正統道藏本
無上祕要一百卷 XX/第1292－1293册
(北周)武帝宇文邕敕輯
影印民國涵芬樓影印明正統道藏本
道教義樞十卷 XX/第1293册
(唐)孟安排撰
影印民國涵芬樓影印明正統道藏本
道樞四十二卷 XX/第1293册
(宋)曾慥輯
影印民國涵芬樓影印明正統道藏本
玉音法事三卷 XX/第1293册
(宋)佚名撰
影印民國涵芬樓影印明正統道藏本
三洞珠囊十卷 XX/第1293册
(唐)王懸河輯
影印民國涵芬樓影印明正統道藏本
仙苑編珠三卷 XX/第1293册
(唐)王松年撰
影印民國涵芬樓影印明正統道藏本
三洞羣仙録二十卷 XX/第1294册
(宋)陳葆光撰
影印民國涵芬樓影印明正統道藏本
華陽陶隱居内傳三卷 XX/第1294册
(唐)賈嵩撰
影印民國涵芬樓影印明正統道藏本
歷世真仙體道通鑑五十三卷續篇五卷後集六卷 XX/第1294－1295册
(元)趙道一撰
影印民國涵芬樓影印明正統道藏本
金丹正理大全諸真玄奥集成九卷 XX/第1295册
涵蟾子輯
影印南圖藏明萬曆十九年金陵閻氏刻道書全集本
長春道教源流八卷 XX/第1295册
(清)陳銘珪撰

影印復旦圖書館藏民國東莞陳氏刻聚德堂叢書本
天方典禮擇要解二十卷後編一卷 XX/第1295冊
(清)劉智撰
影印山東省圖書館藏清乾隆五年京江童氏刻本
天方性理五卷首一卷 XX/第1296冊
(清)劉智撰
影印北大圖書館藏清乾隆二十四年考城金氏安愚堂刻本
天方至聖實錄二十卷首一卷 XX/第1296冊
(清)劉智撰
影印北圖分館藏清乾隆四十三年金陵啟承堂刻五十年袁國祥印本
天主實義二卷 XX/第1296冊
(意)利瑪竇撰
影印北圖藏明萬曆三十五年燕貽堂刻本
主制羣徵二卷 XX/第1296冊
(德)湯若望撰
影印華東師大圖書館藏民國四年天津大公報館鉛印本
教要序論一卷 XX/第1296冊
(比)南懷仁撰
影印南圖藏清同治六年慈母堂刻本
摩尼光佛教法儀略一卷(殘) XX/第1296冊
影印敦煌遺書本
大秦景教三威蒙度讚一卷 XX/第1296冊
(唐)釋景淨譯
影印法國圖書館藏敦煌遺書本
景教流行中國碑頌 XX/第1296冊
(唐)釋景淨撰
影印陝西省博物館藏拓本
天演論二卷 XX/第1297冊
(英)赫胥黎撰 嚴復譯
影印北大圖書館藏清光緒盧氏慎始基齋刻本
名學 XX/第1297冊
(英)穆勒撰 嚴復譯
影印清光緒三十一年金粟齋鉛印本
泰西新史攬要二十四卷 XX/第1297冊
(英)馬懇西著 (英)李提摩太譯 (清)蔡爾康述
影印北大圖書館藏清光緒二十二年上海廣學會鉛印本
列國變通與盛記四卷 XX/第1297冊
(英)李提摩太撰
影印復旦圖書館藏清光緒二十四年上海廣學會鉛印本
佐治芻言一卷 XX/第1297冊
(英)傅蘭雅譯 應祖錫述
影印華東師大圖書館藏清末江南製造總局刻本
原富五卷 XX/第1297冊
(英)斯密亞丹撰 嚴復譯
影印華東師大圖書館藏清光緒二十八年南洋公學譯書院鉛印本
羣學肄言二卷 XX/第1298冊
(英)斯賓塞爾撰 嚴復譯
影印清光緒二十九年石印嚴侯官先生全集本
羣己權界論二卷 XX/第1298冊
(英)穆勒撰 嚴復譯
影印清光緒三十九年石印嚴侯官先生全集本
法意二十九卷 XX/第1298－1299冊
(法)孟德斯鳩撰 嚴復譯
影印清宣統元年商務印書館鉛印本
萬國公法四卷 XX/第1299冊
(美)惠頓撰 (美)丁韙良譯
影印吉林大學圖書館藏清同治三年京都崇實館刻本
列國陸軍制不分卷 XX/第1299冊
(美)歐潑登撰 (美)林樂知 (清)瞿昂來同譯
影印華東師大圖書館藏清末江南製造總局刻本
西學考略二卷 XX/第1299冊
(美)丁韙良撰
影印復旦圖書館藏清光緒九年同文館鉛印本
社會通詮二卷 XX/第1300冊
(英)甄克思撰 嚴復譯
影印清光緒二十九年石印嚴侯官先生全集本
格致總學啟蒙三卷 XX/第1300冊
影印北大圖書館藏清光緒二十二年上海著易堂鉛印本
幾何原本十五卷 XX/第1300冊
(西洋)歐幾里得撰 (意)利瑪竇譯 (明)徐光啟筆受 (英)偉烈亞力續譯
影印復旦圖書館藏清同治四年金陵刻本
談天十卷卷首一卷附表一卷 XX/第1300冊
(英)侯失勒撰 (英)偉烈亞力譯 (清)李善蘭刪述 (清)徐建寅續述
影印華東師大圖書館藏清咸豐刻同治增修本
天文揭要二卷 XX/第1300冊
(美)赫士編譯 (清)周文源述
影印華東師大圖書館藏清光緒二十三年美華書館鉛印本
冶金錄三卷 XX/第1300冊
(美)阿發滿撰 (英)傅蘭雅譯 趙元益述
影印華東師大圖書館藏清末江南製造總局刻本

集部

離騷集傳一卷 XX/第1301冊
(宋)錢杲之撰
影印北圖藏宋刻本
楚辭集解十五卷大序一卷小序一卷蒙引二卷考異一卷 XX/第1301冊
(明)汪瑗撰
影印明萬曆刻本
楚辭疏十九卷讀楚辭語一卷屈原傳一卷楚辭雜論一卷 XX/第1301冊
(明)陸時雍撰
影印復旦圖書館藏明緝柳齋刻本
楚辭聽直八卷合論一卷 XX/第1301冊
(明)黃文煥撰
影印復旦圖書館藏明崇禎十六年刻清順治十四年增修本
楚辭箋註四卷 XX/第1302冊
(清)李陳玉箋注
影印復旦圖書館藏清康熙十一年魏學渠刻本
離騷草木史十卷 XX/第1302冊
(清)周拱辰撰
影印上圖藏清初聖雨齋刻嘉慶八年印本
楚辭通釋十四卷末一卷 XX/第1302冊
(清)王夫之撰
影印清同治四年湘鄉曾氏金陵節署刻船山遺書本

天問補註一卷 XX/第1302冊
(清)毛奇齡撰
影印清康熙刻西河合集本
楚辭新集註八卷附楚懷襄二王在位事蹟考一卷 XX/第1302冊
(清)屈復集注
影印上圖藏清乾隆三年居易堂刻本
屈原賦戴氏注七卷通釋二卷 XX/第1302冊
(清)戴震注
影印科圖藏清乾隆刻本
屈原賦戴氏注音義三卷 XX/第1302冊
(清)汪梧鳳撰
影印科圖藏清乾隆刻本
屈辭精義六卷 XX/第1302冊
(清)陳本禮撰
影印清嘉慶刻本
屈騷指掌四卷 XX/第1302冊
(清)胡文英撰
影印清乾隆五十一年刻本
楚詞釋十一卷 XX/第1302冊
王闓運撰
影印華東師大圖書館藏清光緒二十七年刻本
屈賦微二卷 XX/第1302冊
馬其昶撰
影印上圖藏清光緒三十二年集虛草堂刻本
枚叔集一卷 XX/第1303冊
(漢)枚乘撰 (清)丁晏輯
影印清宣統三年丁氏鉛印漢魏六朝名家集本
校蔡中郎集疏證十卷外集疏證一卷 XX/第1303冊
(漢)蔡邕撰 (清)吳志忠疏證
影印北圖藏稿本
蔡中郎文集補一卷 XX/第1303冊
(漢)蔡邕撰 (清)吳志忠輯
影印北圖藏稿本
蜀丞相諸葛亮文集六卷 XX/第1303冊
(三國蜀)諸葛亮撰
影印北大圖書館藏明正德十二年閻欽刻本
曹集考異十二卷 XX/第1303冊
(三國魏)曹植撰 (清)朱緒曾考異
影印民國三年蔣氏慎修書屋鉛印金陵叢書本
曹子建集十卷逸文一卷 XX/第1303冊
(三國魏)曹植撰 (清)丁晏詮評
影印清宣統三年丁氏鉛印漢魏六朝名家集初刻本
陸士衡文集十卷 XX/第1304冊
(晉)陸機撰
影印宛委別藏清本
支道林集一卷 XX/第1304冊
(晉)釋支遁撰 (明)皇甫涍輯
影印南圖藏明末吳家騆刻本
支道林外集一卷 XX/第1304冊
(晉)釋支遁撰 (明)史玄輯
影印南圖藏明末吳家騆刻本
陶淵明詩一卷雜文一卷 XX/第1304冊
(晉)陶潛撰 (宋)曾集輯
影印北圖藏宋紹熙三年刻本
陶靖節先生詩注四卷補注一卷 XX/第1304冊
(晉)陶潛撰 (宋)湯漢注
影印北圖藏宋淳祐元年刻本
箋註陶淵明集十卷總論一卷 XX/第1304冊
(晉)陶潛撰 (宋)湯漢等箋注 (元)李公焕輯
影印浙江圖書館藏元刻本
靖節先生集十卷首一卷諸本評陶彙集一卷年譜考異二卷 XX/第1304冊
(晉)陶潛撰 (清)陶澍集注
影印上圖藏清道光二十年周詒樸刻本
謝康樂集四卷 XX/第1304冊
(南朝宋)謝靈運撰 (明)沈啟原輯
影印復旦圖書館藏明萬曆十一年沈啓原刻本
梁江文通集十卷 XX/第1304冊
(南朝梁)江淹撰 (明)胡之驥注
影印南圖藏明萬曆二十六年刻本
哀江南賦注一卷 XX/第1304冊
(北周)庾信撰 王闓運注
影印南圖藏稿本
王無功文集五卷 XX/第1304冊
(唐)王績撰
影印上圖藏清抄本
駱臨海集十卷首一卷末一卷 XX/第1305冊
(唐)駱賓王撰 (清)陳熙晉箋注
影印清咸豐三年松林宗祠刻本
王子安集註二十卷首一卷末一卷 XX/第1305冊
(唐)王勃撰 (清)蔣清翊注
影印清光緒九年吳縣蔣氏雙唐碑館刻本
李嶠雜詠二卷 XX/第1305冊
(唐)李嶠撰
影印民國十三年上海商務印書館影印日本寬政至文化間本
李詩選註十三卷辯疑二卷 XX/第1305－1306冊
(唐)李白撰 (明)朱諫選注
影印南圖藏明隆慶六年刻本
分門集注杜工部詩二十五卷年譜一卷 XX/第1306冊
(唐)杜甫撰 (宋)王洙注 (宋)趙次公等注 (宋)呂大防撰
影印北圖藏宋刻本
杜工部草堂詩箋四十卷詩話二卷年譜二卷 XX/第1307冊
(唐)杜甫撰 (宋)蔡夢弼會箋 (宋)趙子櫟 (宋)魯訔撰年譜
影印清光緒黎庶昌刻古逸叢書本
黄氏集千家註杜工部詩史補遺十卷 XX/第1307冊
(宋)黄鶴集注
影印清光緒黎庶昌刻古逸叢書本
集註草堂杜工部詩外集一卷 XX/第1307冊
(宋)蔡夢弼會箋
影印清光緒黎庶昌刻古逸叢書
杜臆十卷附管天筆記外編一卷 XX/第1307冊
(明)王嗣奭撰
影印上圖藏稿本
杜工部集二十卷年譜一卷諸家詩話一卷唱酬題詠附錄一卷附錄一卷 XX/第1308冊
(唐)杜甫撰 (清)錢謙益箋注
影印清康熙六年季氏靜思堂刻本
杜詩闡三十三卷 XX/第1308冊
(清)盧元昌撰
影印清康熙二十一年刻本
岑嘉州詩八卷 XX/第1309冊
(唐)岑參撰
影印北圖藏明正德十五年謝元良嘉州郡齋刻本

新刊權載之文集五十卷補刻一卷 XX/第1309冊
(唐)權德輿撰
影印民國八年上海商務印書館四部叢刊影印清嘉慶十一年朱珪等刻本
新刊經進詳注昌黎先生文集四十卷外集十卷遺文三卷韓文公志三卷 XX/第1309－1310冊
(唐)韓愈撰 (宋)文讜注 王儔補注
影印北圖藏宋刻本
韓昌黎詩集編年箋注十二卷 XX/第1310冊
(清)方世舉撰
影印浙江省圖書館藏清乾隆二十三年盧見曾雅雨堂刻本
讀韓記疑十卷首一卷 XX/第1310冊
(清)王元啟撰
影印華東師大圖書館藏清嘉慶五年王尚玨刻本
韓集箋正五卷年譜一卷 XX/第1310冊
(清)方成珪撰
影印民國瑞安陳氏湫漻齋鉛印本
柳集點勘四卷 XX/第1311冊
(清)陳景雲撰
影印民國二十五年蟫隱廬石印本
玉川子詩集五卷 XX/第1311冊
(唐)盧仝撰 (清)孫之騄注
影印清刻晴川八識本
樊紹述集二卷 XX/第1311冊
(唐)樊宗師撰 (清)孫之騄輯
影印清刻晴川八識本
李長吉昌谷集句解定本四卷 XX/第1311冊
(唐)李賀撰 (清)姚佺箋 (清)丘象升等評 (清)丘象隨辯注
影印北大圖書館藏清初丘象隨西軒刻本
李長吉詩歌彙解四卷卷首一卷外集一卷 XX/第1311冊
(唐)李賀撰 (清)王琦彙解
影印清乾隆寶笏樓刻本
協律鉤玄四卷外集一卷 XX/第1311冊
(唐)李賀撰 (清)陳本禮箋注
影印浙江省圖書館藏清嘉慶陳氏裛露軒刻本
丁卯集箋注八卷 XX/第1311冊
(唐)許渾撰 (清)許培榮箋
影印清乾隆二十一年許鍾德等刻本
周賀詩集一卷 XX/第1311冊
(唐)周賀撰
影印北圖藏宋臨安府陳宅書籍鋪刻本
張承吉集十卷 XX/第1311冊
(唐)張祜撰
影印宋刻本
朱慶餘詩集一卷 XX/第1311冊
(唐)朱慶餘撰
影印北圖藏宋臨安府陳宅書籍鋪刻本
樊川文集夾註四卷外集一卷 XX/第1312冊
(唐)杜牧撰 佚名注
影印遼寧省圖書館藏明正統五年朝鮮全羅道錦山刻本
樊川詩集四卷別集一卷外集一卷補遺一卷 XX/第1312冊
(唐)杜牧撰 (清)馮集梧注
影印上圖藏清嘉慶德裕堂刻本
玉溪生詩詳注三卷卷首一卷 XX/第1312冊
(唐)李商隱撰 (清)馮浩編訂
影印南圖藏清乾隆四十五年德聚堂刻本
樊南文集詳注八卷 XX/第1312冊
(唐)李商隱撰 (清)馮浩編訂
影印南圖藏清乾隆四十五年德聚堂刻本
樊南文集補編十二卷附錄一卷 XX/第1312冊
(唐)李商隱撰 (清)錢振倫箋 (清)錢振常注
影印清同治五年望三益齋刻本
唐女郎魚玄機詩一卷 XX/第1313冊
(唐)魚玄機撰
影印北圖藏宋臨安府陳宅書籍鋪刻本
翰林集四卷附錄一卷 XX/第1313冊
(唐)韓偓撰
影印清嘉慶十五年王遐春麟後山房刻本
張象文詩集三卷 XX/第1313冊
(唐)張蠙撰
影印北大藏清抄本
唐秘書省正字先輩徐公釣磯文集十卷補一卷 XX/第1313冊
(唐)徐夤撰
影印民國二十五年上海商務印書館四部叢刊三編影印清錢曾述古堂抄本
唐求詩集一卷 XX/第1313冊
(唐)唐求撰
影印宋刻本
碧雲集三卷 XX/第1313冊
(唐)李中撰
影印北圖藏清黃丕烈士禮居影宋抄本
李丞相詩集二卷 XX/第1313冊
(南唐)李建勳撰
影印北圖藏宋臨安府陳宅書籍鋪刻本
范文正公文集二十卷 XX/第1313冊
(宋)范仲淹撰
影印古逸叢書三編影印北宋刻本
王荊公詩集注四卷文集注十四卷 XX/第1313－1314冊
(宋)王安石撰 (清)沉欽韓注
影印上圖藏稿本
經進東坡文集事略六十卷 XX/第1314－1315冊
(宋)蘇軾撰 (宋)郎曄注
影印民國八年上海商務印書館四部叢刊影印宋刻本
蘇文忠公詩編注集成四十六卷總案四十五卷諸家雜綴酌存一卷蘇海識餘四卷箋詩圖一卷 XX/第1315－1316冊
(清)王文誥輯注
影印浙江省圖書館藏清嘉慶二十四年武林韻山堂刻後印本
舒嬾堂詩文存三卷卷首一卷補遺一卷附錄一卷 XX/第1316冊
(宋)舒亶撰 張壽鏞輯 馮貞群輯補遺
影印民國三十七年張氏約園刻四明叢書第八集本
新註朱淑真斷腸詩集八卷後集八卷 XX/第1316冊
(宋)朱淑真撰 鄭元佐注
影印北圖藏明初刻遞修本
晁具茨先生詩集十五卷 XX/第1317冊
(宋)晁冲之撰
影印宛委別藏清抄本
頤堂先生文集五卷 XX/第1317冊
(宋)王灼撰
影印宋乾道八年王撫幹宅刻本
斜川集六卷附錄二卷訂誤一卷補遺二卷續鈔一卷附錄一卷 XX/第1317冊
(宋)蘇過撰

影印上圖藏清乾隆五十三年趙氏亦有生齋刻嘉慶十六年唐仲冕增修本
胡少師總集六卷卷首一卷附錄一卷 XX/第1317冊
(宋)胡舜陟撰
影印湖北省圖書館藏清道光十九年金紫家祠刻本
張魏公集一卷首一卷 XX/第1317冊
(宋)張浚撰
影印南大圖書館藏民國十九年刻本
陳文正公文集十三卷 XX/第1317冊
(宋)陳康伯撰
影印清刻本
增廣箋註簡齋詩集三十卷無住詞一卷胡學士續添簡齋詩箋正誤一卷簡齋先生年譜一卷 XX/第1317冊
(宋)陳與義撰 (宋)胡穉注
影印北圖藏元刻本
侍郎葛公歸愚集二十卷 XX/第1317冊
(宋)葛立方撰
影印上圖藏宋刻本
洪文安公遺集一卷 XX/第1317冊
(宋)洪遵撰 (清)勞格輯
影印南圖藏稿本
范石湖詩集注三卷 XX/第1318冊
(宋)范成大撰 (清)沈欽韓注
影印清光緒潘氏功順堂叢書本
橘州文集十卷 XX/第1318冊
(宋)釋寶曇撰
影印科圖藏禪門逸書初編本
克庵先生尊德性齋小集三卷補遺一卷 XX/第1318冊
(宋)程洵撰
影印清道光鮑氏刻知不足齋叢書第三十集本
悅齋文鈔十卷補一卷 XX/第1318冊
(宋)唐仲友撰
影印民國十三年胡氏夢選廔刻續金華叢書金華唐氏遺書本
雙峯先生存藁六卷 XX/第1318冊
(宋)舒邦佐撰 (明)舒日敬輯
影印明崇禎刻本
崔舍人玉堂類藁二十卷附錄一卷崔舍人西垣類藁二卷 XX/第1318冊
(宋)崔敦詩撰
影印民國十三年上海商務印書館影印日本刻佚存叢書本
定川遺書二卷附錄四卷 XX/第1318冊
(宋)沈煥撰 張壽鏞輯
影印民國二十五年張氏約園刻四明叢書第四集本
芸居乙藁一卷 XX/第1318冊
(宋)陳起撰
影印北圖藏清初毛氏汲古閣影宋抄本
平庵悔稿十四卷丙辰悔稿一卷悔稿後編六卷補遺一卷 XX/第1318－1319冊
(宋)項安世撰
影印北大圖書館藏清抄本
育德堂外制五卷 XX/第1319冊
(宋)蔡幼學撰
影印南圖藏影宋抄本
宋丞相崔清獻公全錄十卷 XX/第1319冊
(宋)崔與之撰
影印復旦圖書館藏明嘉靖十三年邵煉刻本
復齋先生龍圖陳公文集二十三卷拾遺一卷 XX/第1319冊
(宋)陳宓撰
影印南圖藏清抄本
武夷集八卷 XX/第1319冊
(宋)白玉蟾撰
影印民國上海涵芬樓影印道藏本
重編古筠洪城幸清節公松垣文集十一卷 XX/第1320冊
(宋)幸元龍撰
影印南圖藏清趙氏小山堂抄本
平塘陶先生詩三卷 XX/第1320冊
(宋)陶夢桂撰
影印復旦圖書館藏民國宜秋館刻本
何北山先生遺集三卷附錄一卷 XX/第1320冊
(宋)何基撰
影印民國補刻金華叢書本
三山鄭菊山先生清雋集一卷 XX/第1320冊
(宋)鄭震撰
影印北大圖書館藏清抄本
所南翁一百二十圖詩集一卷鄭所南先生文集一卷附錄一卷 XX/第1320冊
(宋)鄭思肖撰
影印北大圖書館藏清抄本
孫耕閑集一卷 XX/第1320冊
(宋)孫銳撰 (元)趙時遠編
影印北圖藏清抄本
何希之先生雞肋集二卷 XX/第1320冊
(宋)何希之撰
影印清刻本
竹坡類藁五卷附錄一卷 XX/第1320冊
(宋)呂午撰
影印北藏清抄本
牧萊脞語二十卷二藁八卷 XX/第1320冊
(宋)陳仁子撰
影印清初影元抄本
澗谷遺集四卷首一卷末一卷 XX/第1320冊
(宋)羅椅撰
影印上圖藏民國羅嘉瑞刻本
先天集十卷附錄二卷山屋許先生事錄一卷 XX/第1320冊
(宋)許月卿撰
影印明刻本
采芝集一卷續集一卷 XX/第1320冊
(宋)釋斯植撰
影印南圖藏清黃氏醉經樓抄本
九峰先生集三卷首一卷附錄一卷 XX/第1320冊
(宋)區仕衡撰
影印清道光二十年伍氏詩雪軒刻粵十三家集本
蕭冰崖詩集拾遺三卷 XX/第1321冊
(宋)蕭立之撰
影印明弘治十八年蕭敏刻本
巽齋先生四六一卷 XX/第1321冊
(宋)危昭德撰
影印清抄本
史詠集二卷 XX/第1321冊
(宋)徐鈞撰
影印宛委別藏清抄本
趙寶峰先生文集二卷 XX/第1321冊
(宋)趙偕撰
影印明嘉靖二十二年趙文華刻本
釣磯詩集五卷 XX/第1321冊
(宋)邱葵撰
影印南藏清道光二十六年汲古書室刻本
林屋山人漫稾一卷附錄一卷 XX/第1321冊
(宋)俞琰撰
影印清抄本

宋左丞相陸公全書八卷續編二卷 XX/第1321册
(宋)陸秀夫撰
影印上圖藏清道光十五年鹽瀆五柳堂刻本

石堂先生遺集二十二卷 XX/第1321册
(宋)陳普撰
影印明萬曆三年薛孔洵刻本

宋貞士羅滄洲先生集五卷 XX/第1321册
(宋)羅公升撰
影印清抄本

古逸民先生集二卷附録一卷 XX/第1321册
(宋)汪炎昶撰
影印宛委别藏清抄本

玉溪吟草一卷 XX/第1321册
(宋)林表民撰
影印上圖藏民國八年楊氏石印台州叢書己集本

剪綃集二卷 XX/第1321册
(宋)李龏撰
影印清毛氏汲古閣影宋抄本

水雲集三卷 XX/第1322册
(金)譚處端撰
影印明刻本

棲霞長春子丘神仙磻溪集三卷 XX/第1322册
(金)丘處機撰
影印北圖藏金刻本

元遺山詩集箋注十四卷首一卷末一卷 XX/第1322册
(清)施國祁撰
影印上圖藏清道光二年南潯瑞松堂蔣氏刻本

寓庵集八卷 XX/第1322册
(元)李庭撰
影印清宣統二年刻藕香零拾本

桐江集八卷 XX/第1322册
(元)方回撰
影印宛委别藏清抄本

剡源逸稿七卷 XX/第1322册
(元)戴表元撰
影印上圖藏繆氏藕香簃抄本

雙湖先生文集十卷 XX/第1322册
(元)胡一桂撰
影印上海師大圖書館藏清康熙四十二年刻本

山村遺稾四卷 XX/第1322册
(元)仇遠撰
影印北大圖書館藏清抄本

山村遺稾雜著一卷 XX/第1322册
(元)仇遠 (清)顧維嶽輯
影印北大圖書館藏清抄本

山村遺稾雜著補遺一卷 XX/第1322册
(元)仇遠撰 (清)鮑廷博輯
影印北大圖書館藏清抄本

山村遺稾附録二卷補遺一卷附録續一卷 XX/第1322册
(清)鮑廷博輯
影印北大圖書館藏清抄本

清河集七卷附録一卷 XX/第1323册
(元)元明善撰
影印清光緒刻藕香零拾本

元懶翁詩集二卷 XX/第1323册
(元)董壽民撰
影印北圖藏清嘉慶二十五年董占魁克念堂木活字印本

金華黄先生文集四十三卷 XX/第1323册
(元)黄溍撰
影印清景元抄本

秋聲集九卷 XX/第1323册
(元)黄鎮成撰
影印北圖藏明洪武十一年黄鈞刻本

貞一齋詩文稿二卷 XX/第1323册
(元)朱思本撰
影印宛委别藏清抄本

鴈門集十四卷附詩餘一卷倡和録一卷别録一卷 XX/第1324册
(元)薩都拉撰 (清)薩龍光編注
影印浙江省圖書館藏清嘉慶十二年刻本

木訥齋文集五卷附録一卷 XX/第1324册
(元)王毅撰
影印浙江省圖書館藏清乾隆二十八年蘇遇龍刻本

疇齋文稿不分卷 XX/第1324册
(元)張仲壽撰
影印北圖藏稿本

存復齋文集十卷附録一卷 XX/第1324册
(元)朱德潤撰
影印明刻本

存復齋續集一卷 XX/第1324册
(元)朱德潤撰
影印民國十四年上海商務印書館鉛印涵芬樓秘笈本

石屋禪師山居詩六卷 XX/第1324册
(元)釋清珙撰
影印復旦圖書館藏明萬曆刻宋元四十三家集本

丹邱生集五卷附録一卷 XX/第1324册
(元)柯九思撰
影印上圖藏清光緒三十四年柯逢時刻本

東皋先生詩集五卷附録一卷 XX/第1324册
(元)馬玉麟撰
影印宛委别藏清抄本

滄浪軒詩集六卷 XX/第1324册
(元)吕彦貞撰
影印南圖藏清抄本

書林外集七卷 XX/第1324册
(元)袁士元撰
影印明正統刻本

蟻術詩選八卷 XX/第1324册
(元)邵亨貞撰
影印北圖藏明好德軒刻本

栖碧先生黄楊集三卷補遺一卷附録一卷 XX/第1325册
(元)華幼武撰
影印明萬曆四十六年華五倫刻本

茶山老人遺集二卷附録一卷 XX/第1325册
(元)沈貞撰
影印清刻本

梅花百咏一卷 XX/第1325册
(元)韋珪撰
影印北圖藏元至正刻本

韓山人詩集九卷續集八卷 XX/第1325册
(元)韓奕撰
影印清抄本

後圃黄先生存集四卷附嚮明齋詩文一卷 XX/第1325册
(元)黄樞撰 (明)黄維天撰附
影印明嘉靖二十九年古林山房黄遙刻本

雪厓先生詩集五卷 XX/第1325册

(元)金守正撰
影印北大圖書館藏明永樂刻本
吳書山先生遺集二十卷首一卷末一卷 XX/第 1325 冊
(元)吳會撰
影印清乾隆三十四年刻本
得月藁七卷 XX/第 1325 冊
(元)呂不用撰
影印清抄本
鐵崖賦藁二卷 XX/第 1325 冊
(元)楊維楨撰
影印上圖藏清勞權家抄本
鐵崖樂府註十卷鐵崖咏史註八卷鐵崖逸編註八卷 XX/第 1325 冊
(元)楊維楨撰 (清)樓卜瀍注
影印清乾隆三十九年聯桂堂刻本
劉仲修先生詩文集八卷 XX/第 1326 冊
(明)劉永之撰
影印清抄本
劉尚賓文集五卷附錄一卷劉尚賓文續集四卷 XX/第 1326 冊
(明)劉夏撰
影印南圖藏明永樂劉拙刻成化劉衢增修本
丹崖集八卷附錄一卷 XX/第 1326 冊
(明)唐肅撰
影印上圖藏明末祁氏澹生堂鈔本
白雲稾十二卷 XX/第 1326 冊
(明)朱右撰
影印北圖藏明初刻本
三山王養靜先生集十卷 XX/第 1326 冊
(明)王褒撰
影印北圖藏明成化十年謝光刻本
易齋稾十卷附錄一卷 XX/第 1326 冊
(明)劉璟撰
影印科圖藏清抄本
楊文定公詩集七卷 XX/第 1326 冊
(明)楊溥撰
影印南圖藏明抄本
逃虛子詩集十卷續集一卷逃虛類稿五卷逃虛子道餘錄一卷逃虛子集補遺一卷虛卷子詩集補遺一卷 XX/第 1326 冊
(明)姚廣孝撰
影印清抄本
覺非齋文集二十八卷附錄一卷 XX/第 1327 冊
(明)金實撰
影印山東大學圖書館藏明成化元年唐瑜刻本
王文安公詩文集十一卷 XX/第 1327 冊
(明)王英撰 (明)王祐輯
影印南圖藏清樸學齋抄本
芳洲文集十卷附錄一卷芳洲詩集四卷 XX/第 1327 冊
(明)陳循撰
影印山東省圖書館藏明萬曆二十一年陳以躍刻後印本
芳洲文集續編六卷 XX/第 1328 冊
(明)陳循撰
影印南圖藏明萬曆四十六年陳以躍刻本
誠齋錄四卷誠齋新錄一卷誠齋牡丹百詠一卷誠齋梅花百詠一卷誠齋玉堂春百詠一卷 XX/第 1328 冊
(明)朱有燉撰
影印北圖藏明嘉靖十二年同藩刻本
涇東小藁九卷 XX/第 1329 冊
(明)葉盛撰
影印上圖藏明弘治刻本
素軒集十二卷 XX/第 1329 冊
(明)沐昂撰
影印南圖藏明刻本
竹巖集十八卷補遺一卷續補遺一卷附錄一卷 XX/第 1329 冊
(明)柯潛撰
影印東北師大圖書館藏清雍正十一年柯潮刻本
思軒文集二十三卷附錄一卷 XX/第 1329 冊
(明)王偀撰
影印北大圖書館藏明弘治刻本
黎文僖公集十七卷 XX/第 1330 冊
(明)黎淳撰
影印上圖藏明嘉靖三十五年陳甘雨刻本
五峯遺稿二十四卷 XX/第 1330 冊
(明)秦夔撰
影印上圖藏明嘉靖元年秦鋭等刻本
布衣陳先生存稿九卷 XX/第 1330 冊
(明)陳其晟撰
影印湖北省圖書館藏明萬曆李畿嗣刻本
桂軒藁十卷 XX/第 1330 冊
(明)江源撰
影印中山圖書館藏明弘治四年廬淵刻本
桂軒續稿六卷 XX/第 1330 冊
(明)江源撰
影印上圖藏明弘治刻本
少傅野亭劉公遺藁八卷 XX/第 1330 冊
(明)劉忠撰
影印北圖藏明嘉靖刻本
靜軒先生文集十五卷附錄一卷 XX/第 1331 冊
(明)汪舜民撰
影印上圖藏明正德六年張鵬刻本
博趣齋藁二十三卷 XX/第 1331 冊
(明)王雲鳳撰
影印北圖藏明刻本
太保費文憲公摘稿二十卷 XX/第 1331 冊
(明)費宏撰
影印南圖藏明嘉靖三十四年吳遵之刻本
東川劉文簡公集二十四卷 XX/第 1332 冊
(明)劉春撰
影印北圖藏明嘉靖三十三年劉起宗刻本
楊文恪公集六十二卷 XX/第 1332－1333 冊
(明)楊廉撰
影印山東省圖書館藏明刻本
石田稿不分卷 XX/第 1333 冊
(明)沈周撰
影印北圖藏稿本
渼陂集十六卷渼陂續集三卷 XX/第 1334 冊
(明)王九思撰
影印明嘉靖刻崇禎補修本
執齋先生文集二十卷 XX/第 1334 冊
(明)劉玉撰
影印上圖藏明嘉靖二十八年傅鎮濟南刻本
龍江集十四卷 XX/第 1334 冊
(明)唐錦撰
影印上圖藏明隆慶三年唐氏聽雨山房刻本
唐伯虎先生集二卷外編五卷附錄一卷續刻十二卷 XX/第 1334－1335 冊

(明)唐寅撰 (明)何大成輯
影印南圖藏明萬曆刻本
康對山先生集四十六卷 XX/第1335冊
(明)康海撰
影印華東師大圖書館藏明萬曆十年潘允哲刻本
內臺集七卷 XX/第1335冊
(明)王廷相撰
影印上圖藏明嘉靖十五年張鵬刻本
浚川內臺集三卷 XX/第1335冊
(明)王廷相撰
影印上圖藏明嘉靖十八年李復初刻本
鈐山堂集四十卷附錄一卷 XX/第1336冊
(明)嚴嵩撰
影印明嘉靖二十四年刻增修本
張文定公觀光樓集十卷紓玉樓集十卷靡悔軒集十二卷環碧堂集十八卷養心亭集八卷四友亭集二十卷 XX/第1336－1337冊
(明)張邦奇撰
影印科圖藏明刻本
涇野先生文集三十八卷 XX/第1337－1338冊
(明)呂柟撰
影印華東師大圖書館藏明萬曆二十年刻本
改亭存稿十卷續稿六卷 XX/第1338冊
(明)方鳳撰
影印社科院文學所藏明崇禎十七年方士驥刻本
愧瘖集二十一卷 XX/第1338－1339冊
(明)林大輅撰
影印北圖藏明嘉靖四十年林敦履刻本
桂洲詩集二十四卷 XX/第1339冊
(明)夏言撰
影印上圖藏明嘉靖二十五年曹忭、楊九澤刻本
範東文集十二卷 XX/第1339冊
(明)劉隅集
影印上圖藏明隆慶二年蘇佑刻劉氏家藏集本
西浙泉厓邵先生文集十卷詩集十卷 XX/第1339－1340冊
(明)邵經濟撰
影印北圖藏明嘉靖四十一年張景賢王詢等刻本
畏齋薛先生藝文類稿十四卷續集三卷 XX/第1340冊
(明)薛甲撰
影印明隆慶刻本
少室山人集二十五卷 XX/第1340冊
(明)楊本仁撰
影印北圖藏明嘉靖刻本
李中麓閒居集十二卷 XX/第1340－1341冊
(明)李開先撰
影印科圖藏明刻本
天一閣集三十二卷 XX/第1341冊
(明)范欽撰
影印天一閣藏明萬曆刻本
陭堂摘藁十六卷 XX/第1342冊
(明)許應元撰
影印北圖藏明嘉靖刻本
鐔墟堂摘稿二十卷 XX/第1342冊
(明)雷禮撰
影印湖南省圖書館藏明刻本
金栗齋先生文集十一卷 XX/第1342冊
(明)金瑤撰
影印上圖藏明萬曆四十一年瀛山書院刻本
方山薛先生全集六十八卷 XX/第1343冊
(明)薛應旂撰
影印上圖藏明嘉靖刻本
槐野先生存笥稿三十八卷附錄一卷 XX/第1344冊
(明)王維楨撰
影印復旦圖書館藏明萬曆三十四年黃陞 王九敘刻本
司成遺翰四卷 XX/第1344冊
(明)王維楨撰
影印科圖藏明萬曆三十八年王承之刻本
茅鹿門先生文集三十六卷 XX/第1344－1345冊
(明)茅坤撰
影印科圖藏明萬曆刻本
海浮山堂詩稿五卷文稿五卷 XX/第1345冊
(明)馮惟敏撰
影印北大圖書館藏明嘉靖四十五年刻本
白雪樓詩集十二卷 XX/第1345冊
(明)李攀龍撰
影印科圖藏明隆慶四年汪時元刻本
新刻張太岳先生文集四十七卷 XX/第1345－1346冊
(明)張居正撰
影印明萬曆四十年唐國達刻本
太函集一百二十卷 XX/第1346－1348冊
(明)汪道昆撰
影印明萬曆刻本
鳴玉堂稿十二卷 XX/第1348冊
(明)張天復撰
影印北大圖書館藏明萬曆八年陳文燭刻本
蘭汀存藁八卷附錄一卷 XX/第1348冊
(明)梁有譽撰
影印湖南省圖書館藏清康熙二十四年梁氏詒燕堂刻本
郭襄靖公遺集三十卷 XX/第1349冊
(明)郭應聘撰
影印上圖藏明萬曆郭良翰刻本
天目先生集二十一卷 XX/第1349冊
(明)徐中行撰
影印明刻本
甌甎洞藁五十四卷 XX/第1350冊
(明)吳國倫撰
影印明萬曆刻本
甌甎洞續稿詩部十二卷文部十五卷 XX/第1350－1351冊
(明)吳國倫撰
影印明萬曆三十一年吳士良馬攀龍刻本
湖上集十四卷 XX/第1351冊
(明)徐師曾撰
影印科圖藏明萬曆刻本
條麓堂集三十四卷 XX/第1351冊
(明)張四維撰
影印山西大學圖書館藏明萬曆二十三年張泰徵刻本
李溫陵集二十卷 XX/第1352冊
(明)李贄撰
影印明刻本
李氏續焚書五卷 XX/第1352冊
(明)李贄撰
影印南圖藏明刻本
余文敏公文集十二卷 XX/第1352冊
(明)余有丁撰

影印上圖藏明萬曆刻本
陳恭介公文集十二卷 XX/第1352－1353冊
(明)陳有年撰
影印天津圖書館藏明萬曆陳啓孫刻本
補刊震川先生集八卷 XX/第1353冊
(明)歸有光撰
影印湖北省圖書館藏清康熙四十三年王橒刻本
處實堂集八卷續集十卷後集六卷 XX/第1353冊
(明)張鳳翼撰
影印明萬曆刻本
天池山人小稿五種五卷 XX/第1354冊
(明)陸采撰
影印天一閣藏明刻本
太山藁一卷 XX/第1354冊
義興藁一卷 XX/第1354冊
壬辰藁一卷 XX/第1354冊
癸巳藁一卷 XX/第1354冊
甲午藁一卷 XX/第1354冊
香宇集三十四卷拾遺一卷 XX/第1354冊
(明)田藝蘅撰
影印北圖藏明嘉靖刻本
仲蔚先生集二十四卷附錄一卷 XX/第1354冊
(明)俞允文撰
影印明萬曆十年程善定刻本
蒹葭堂稿八卷 XX/第1354冊
(明)陸楫撰
影印清華大學圖書館藏明嘉靖四十五年陸郯刻本
徐文長文集三十卷 XX/第1354－1355冊
(明)徐渭撰 (明)袁宏道評點
影印明刻本
徐文長傳一卷 XX/第1354－1355冊
(明)陶望齡撰
影印明刻本
徐文長逸稿二十四卷畸譜一卷 XX/第1355冊
(明)徐渭撰
影印明天啓三年張維城刻本
徐文長佚草十卷 XX/第1355冊
(明)徐渭撰 (清)徐沁輯
影印天一閣藏清初息耕堂抄本
何心隱先生爨桐集四卷 XX/第1355冊
(明)梁汝元撰
影印北圖藏明天啓五年張宿何怙園刻本
田亭草二十卷 XX/第1356冊
(明)黃鳳翔撰
影印天津圖書館藏明萬曆四十年刻本
由庚堂集三十八卷 XX/第1356－1357冊
(明)鄭汝璧撰
影印吉林大學圖書館藏明萬曆刻本
喙鳴文集二十一卷詩集十八卷敬事草十九卷 XX/第1357－1358冊
(明)沈一貫撰
影印北圖藏明刻本
林初文詩文全集不分卷 XX/第1358冊
(明)林章撰
影印北大圖書館藏明天啓四年刻崇禎印本
薜荔山房藏稿十卷 XX/第1359冊
(明)敖文禎撰
影印科圖藏明萬曆牛應元刻本
白榆集二十八卷 XX/第1359冊
(明)屠隆撰
影印明萬曆龔堯惠刻本
由拳集二十三卷 XX/第1360冊
(明)屠隆撰
影印明萬曆刻本
栖真館集三十一卷 XX/第1360冊
(明)屠隆撰
影印湖北省圖書館藏明萬曆十八年呂氏棲真館刻本
負苞堂詩選五卷文選四卷 XX/第1361冊
(明)臧懋循撰
影印明天啓元年臧爾炳刻本
朱太復文集五十二卷朱太復乙集三十八卷 XX/第1361－1362冊
(明)朱長春撰
影印明萬曆刻本
玉茗堂全集四十六卷 XX/第1362－1363冊
(明)湯顯祖撰
影印明天啓刻本
湯海若問棘郵草二卷 XX/第1363冊
(明)湯顯祖撰 (明)徐渭評
影印上圖藏明刻本
白蘇齋類集二十二卷 XX/第1363冊
(明)袁宗道撰
影印明刻本
千頃齋初集二十六卷 XX/第1363冊
(明)黃居中撰
影印科圖藏明刻本
焦氏澹園集四十九卷 XX/第1364冊
(明)焦竑撰
影印明萬曆三十四年刻本
焦氏澹園續集二十七卷 XX/第1364－1365冊
(明)焦竑撰
影印科圖藏明萬曆三十九年朱汝鰲刻本
歇菴集二十卷 XX/第1365冊
(明)陶望齡撰
影印華東師大圖書館藏明萬曆喬時敏等刻本
歇菴集附錄三卷 XX/第1365冊
(明)陶奭齡等撰
影印華東師大圖書館藏明萬曆喬時敏等刻本
朱文肅公集不分卷 XX/第1366冊
(明)朱國楨撰
影印北大圖書館藏清抄本
朱文肅公詩集七卷 XX/第1366冊
(明)朱國楨撰
影印清初清美堂抄本
小草齋集三十卷 XX/第1366－1367冊
(明)謝肇淛撰
影印福建省圖書館藏明萬曆刻本
小草齋續集三卷 XX/第1366－1367冊
(明)謝肇淛撰
影印福建省圖書館藏明末刻本
瀟碧堂集二十卷 XX/第1367冊
(明)袁宏道撰
影印明萬曆三十六年袁叔度書種堂刻本
瓶花齋集十卷 XX/第1367冊
(明)袁宏道撰
影印復旦圖書館藏明萬曆三十七年袁叔度書種堂刻本
解脱集四卷 XX/第1367冊
(明)袁宏道撰
影印南圖藏明萬曆三十八年袁叔度書種堂刻本

錦帆集四卷去吳七牘一卷 XX/第1367冊
(明)袁宏道撰
影印上圖藏明萬曆三十七年袁叔度書種堂刻本
曹大理集八卷石倉文稿四卷 XX/第1367冊
(明)曹學佺撰
影印科圖藏明萬曆刻本
謔菴文飯小品五卷 XX/第1368冊
(明)王思任撰
影印北圖藏清順治十五年王鼎起刻本
陳氏荷華山房詩稿二十六卷 XX/第1368冊
(明)陳邦瞻撰
影印上圖藏明萬曆四十六年牛維赤刻本
寓林集三十二卷寓林集詩六卷 XX/第1368－1369冊
(明)黄汝亨撰
影印湖北省圖書館藏明天啓四年吳敬、吳芝等刻本
高陽集二十卷 XX/第1370冊
(明)孫承宗撰
影印清初刻嘉慶補修本
左忠毅公集五卷 XX/第1370冊
(明)左光斗撰
影印科圖藏清康熙刻本
楊忠烈公文集六卷 XX/第1371冊
(明)楊漣撰
影印復旦圖書館藏清順治十七年李贊元刻本
翠娱閣評選鍾伯敬先生合集十六卷 XX/第1371冊
(明)鍾惺撰 (明)陸雲龍評
影印科圖藏明崇禎九年陸雲龍刻本
楊文弱先生集五十七卷 XX/第1372－1373冊
(明)楊嗣昌撰
影印南圖藏清初刻本
鹿忠節公集二十一卷 XX/第1373冊
(明)鹿善繼撰
影印湖北省圖書館藏清刻本
從野堂存稿八卷 XX/第1373冊
(明)繆昌期撰
影印上圖藏明崇禎十年繆虛白刻本
九籥集四十七卷 XX/第1373－1374冊
(明)宋楙澄撰
影印明萬曆刻本
九籥別集四卷 XX/第1374冊
(明)宋楙澄撰
影印科圖藏清初刻本
詠懷堂詩集四卷外集二卷 XX/第1374冊
(明)阮大鋮撰
影印上圖藏明崇禎八年刻本
藏密齋集二十四卷 XX/第1374－1375冊
(明)魏大中撰
影印上圖藏明崇禎刻本
瞿忠宣公集十卷 XX/第1375冊
(明)瞿式耜撰
影印華東師大圖書館藏清道光十五年蔣因培許廷誥刻本
珂雪齋前集二十四卷外集十五卷 XX/第1375－1376冊
(明)袁中道撰
影印科圖藏明萬曆四十六年刻本
珂雪齋近集十一卷 XX/第1376冊
(明)袁中道撰
影印明書林唐國達刻本
清權堂集二十二卷 XX/第1377冊
(明)沈德符撰
影印湖南省圖書館藏明刻本
憨山老人夢遊集四十卷 XX/第1377－1378冊
(明)釋德清撰
影印常熟市圖書館藏清順治十七年毛褒等刻本
鹿裘石室集六十五卷 XX/第1378－1379冊
(明)梅鼎祚撰
影印山西大學圖書館藏明天啓三年玄白堂刻本
陳眉公集十七卷 XX/第1380冊
(明)陳繼儒撰
影印上圖藏明萬曆四十三年史兆鬥刻本
梅花草堂集十六卷 XX/第1380冊
(明)張大復撰
影印華東師大圖書館藏明崇禎刻本
鼇峰集二十八卷 XX/第1381冊
(明)徐𤊹撰
影印北大圖書館藏明天啓五年南居益刻本
靜嘯齋存草十二卷附錄一卷 XX/第1381冊
(明)董斯張撰
影印北圖藏明崇禎刻本
靜歗齋遺文四卷 XX/第1381冊
(明)董斯張撰
影印北圖藏清初刻本
陳太史無夢園初集三十四卷 XX/第1381－1383冊
(明)陳仁錫撰
影印明崇禎六年張一鳴刻本
無夢園遺集八卷 XX/第1383冊
(明)陳仁錫撰
影印安徽省圖書館藏明崇禎八年陳禮錫陳智錫等刻本
黄石齋先生文集十三卷 XX/第1384冊
(明)黄道周撰
影印天津圖書館藏清康熙五十三年鄭玫刻本
詠業近集四卷焦桐山詩集二卷焦桐山文集一卷明誠堂詩集二卷浩然堂詩集一卷 XX/第1384冊
(明)黄道周撰
影印北圖藏明末刻本
舜水先生文集二十八卷 XX/第1384－1385冊
(明)朱之瑜撰
影印上圖藏日本正德二年(1712)刻本
遠山堂詩集十卷 XX/第1385冊
(明)祁彪佳撰 (清)魏畊校定
影印北圖藏清初祁氏東書堂抄本
遠山堂文稿一卷 XX/第1385冊
(明)祁彪佳撰
影印北圖藏清初祁氏起元社抄本
新刻譚友夏合集二十三卷 XX/第1385冊
(明)譚元春撰 (明)徐汧評 (明)張澤評
影印明崇禎六年張澤刻本
松圓浪淘集十八卷松圓偈庵集二卷 XX/第1385冊
(明)程嘉燧撰
影印湖北省圖書館藏明崇禎刻本
耦耕堂集詩三卷文二卷 XX/第1386冊
(明)程嘉燧撰
影印湖北省圖書館藏清順治十三年

金獻士金望刻本
松圓詩老小傳一卷 XX/第 1386 冊
(明)錢謙益撰
影印湖北省圖書館藏清順治十三年金獻士金望刻本
石民四十集九十八卷 XX/第 1386 - 1387 冊
(明)茅元儀撰
影印北圖藏明崇禎刻本
史忠正公集四卷首一卷末一卷 XX/第 1387 冊
(明)史可法撰
影印復旦圖書館藏清乾隆四十九年史開純刻本
七錄齋詩文合集十六卷 XX/第 1387 冊
(明)張溥撰
影印明崇禎九年刻本
安雅堂稿十八卷 XX/第 1387 - 1388 冊
(明)陳子龍撰
影印明末刻本
湘真閣稿六卷 XX/第 1388 冊
(明)陳子龍撰
影印南圖藏明末刻本
張忠烈公集十二卷補遺一卷首一卷末一卷附錄二卷 XX/第 1388 冊
(明)張煌言撰
影印北圖藏清傅氏長恩閣抄本
樓山堂集二十七卷遺文六卷遺詩一卷 XX/第 1388 - 1389 冊
(明)吳應箕撰
影印北圖藏清刻本
翠娱閣近言四卷 XX/第 1389 冊
(明)陸雲龍撰
影印上圖藏明崇禎刻本
夏内史集九卷附錄一卷 XX/第 1389 冊
(明)夏完淳撰
影印清嘉慶吴氏聽彝堂刻藝海珠塵匏集本
牧齋初學集一百十卷 XX/第 1389 - 1390 冊
(清)錢謙益撰
影印民國涵芬樓影印明崇禎瞿式耜刻本
牧齋有學集五十卷附校勘記一卷補遺一卷 XX/第 1391 冊
(清)錢謙益撰
影印民國八年上海商務印書館四部叢刊本
投筆集箋註二卷 XX/第 1391 冊
(清)錢謙益撰 (清)錢曾箋注
影印科圖藏清宣統二年鄧氏風雨樓鉛印本
河東君尺牘一卷湖上草一卷我聞室賸稿二卷附錄二卷 XX/第 1391 冊
(清)柳是撰 (清)袁瑛輯
影印科圖藏清抄本
夏峯先生集十四卷首一卷補遺二卷 XX/第 1391 - 1392 冊
(清)孫奇逢撰
影印清道光二十五年大梁書院刻本
尊水園集畧十二卷補遺二卷 XX/第 1392 冊
(清)盧世㴶撰
影印復旦圖書館藏清順治刻十七年盧孝餘增修本
金文通公集二十卷奏疏六卷詩集六卷外集八卷 XX/第 1392 - 1393 冊
(清)金之俊撰
影印科圖藏清康熙二十五年懷天堂刻本
蒼雪和尚南來堂詩集四卷附錄一卷 XX/第 1393 冊
(清)釋讀徹撰
影印上海辭書出版社藏民國三年刻雲南叢書本
雪翁詩集十七卷 XX/第 1393 冊
(清)魏畊撰
影印上海辭書出版社藏民國二十三年張氏約園刻四明叢書第二集本
變雅堂遺集十八卷附錄二卷 XX/第 1394 冊
(清)杜濬撰
影印湖北省圖書館藏清光緒二十年黄岡沈氏刻本
隰西草堂詩集五卷文集三卷遯渚唱和集一卷隰西草堂集拾遺一卷 XX/第 1394 冊
(清)萬壽祺撰 (清)孫運錦輯 羅振玉錄
影印上海辭書出版社藏民國八年羅氏鉛印明季三孝廉集本
白耷山人詩集十卷文集二卷 XX/第 1394 冊
(清)閻爾梅撰
影印天津圖書館藏清康熙刻本
乾初先生遺集四十七卷首一卷外編一卷 XX/第 1394 - 1395 冊
(清)陳確撰
影印上圖藏清餐霞軒抄本
霜紅龕集四十卷附錄三卷年譜一卷 XX/第 1395 - 1396 冊
(清)傅山撰 (清)丁寶銓輯
影印清宣統三年丁氏刻本
梅村家藏藁五十八卷補遺一卷世系一卷年譜四卷 XX/第 1396 冊
(清)吳偉業撰
影印華東師大圖書館藏清宣統三年董氏誦芬室刻本
吳詩集覽二十卷 XX/第 1396 - 1397 冊
(清)吳偉業撰 (清)靳榮藩注
影印上海辭書出版社藏清乾隆四十年淩雲亭刻本
南雷文定二十二卷附錄一卷 XX/第 1397 冊
(清)黃宗羲撰
影印科圖藏清康熙二十七年靳治荊刻本
南雷文定五集四卷 XX/第 1397 冊
(清)黃宗羲撰
影印南圖藏清程志隆刻本
南雷詩曆五卷 XX/第 1397 冊
(清)黃宗羲撰 (清)全祖望輯
影印科圖藏清鄭大節刻本
南雷集外文一卷 XX/第 1397 冊
(清)黃宗羲撰
影印科圖藏清光緒十五年蕭穆抄本
千山詩集二十卷首一卷補遺一卷 XX/第 1398 冊
(清)釋函可撰
影印科圖藏清康熙四十二年刻本
浮山文集前編十卷浮山文集後編二卷浮山此藏軒別集二卷 XX/第 1398 冊
(清)方以智撰
影印湖北省圖書館藏清康熙此藏軒刻本
桴亭先生文集六卷補遺一卷桴亭先生詩集十卷 XX/第 1398 冊
(清)陸世儀撰
影印上海辭書出版社藏清光緒二十五年唐受祺刻陸桴亭先生遺書本
楊園先生詩文二十四卷 XX/第 1399 冊

(清)張履祥撰
影印上海辭書出版社藏清同治十年江蘇書局刻重訂楊園先生全集本
九煙先生遺集六卷 XX/第1399冊
(清)周星撰
影印科圖藏清道光二十九年左仁周詒樸刻本
巢民詩集六卷巢民文集七卷 XX/第1399冊
(清)冒襄撰
影印北圖藏清康熙刻本
畬山集十二卷續集四卷再續集五卷 XX/第1400冊
(清)方文撰
影印清康熙二十八年王概刻本
賴古堂集二十四卷附錄一卷 XX/第1400冊
(清)周亮工撰
影印清康熙十四年周在浚刻本
藏山閣集田間尺牘四卷 XX/第1400－1401冊
(清)錢澄之撰
影印上海辭書藏清光緒三十四年鉛印本
田間文集三十卷田間詩集二十八卷 XX/第1401冊
(清)錢澄之撰
影印清康熙刻本
山遊詩一卷恒軒詩一卷 XX/第1401冊
(清)歸莊撰
影印北圖藏清康熙刻本
歸玄恭遺著一卷詩鈔一卷 XX/第1401冊
(清)歸莊撰
影印上海辭書藏民國十二年上海中華書局鉛印本
亭林詩集五卷文集六卷 XX/第1402冊
(清)顧炎武撰
影印湖北省圖書館藏清刻本
顧亭林先生詩箋注十七卷校補一卷 XX/第1402冊
(清)顧炎武撰 (清)徐嘉輯 (清)李祥等撰校補
影印華東師大圖書館藏清光緒二十三年徐氏味靜齋刻本
定山堂詩集四十三卷詩餘四卷 XX/第1402－1403冊
(清)龔鼎孳撰
影印科圖藏清康熙十五年吳興祚刻本
定山堂古文小品二卷 XX/第1403冊
(清)龔鼎孳撰
影印科圖藏清康熙五十三年龔志說刻本
陋軒詩八卷 XX/第1403冊
(清)吳嘉紀撰
影印北圖藏清康熙元年賴古堂刻增修本
船山先生詩稿二卷 XX/第1403冊
(清)王夫之撰
影印上圖藏清康熙湘西草堂刻本
薑齋文集十卷補遺二卷 XX/第1403冊
(清)王夫之撰
影印上海辭書藏清同治四年曾國荃刻船山遺書本
豐草菴詩集十一卷文前集三卷後集三卷寶雲詩集七卷禪樂府一卷 XX/第1403－1404冊
(清)董說撰
影印上海辭書藏民國劉氏嘉業堂刻吳興叢書本
居易堂集二十卷 XX/第1404冊
(清)徐枋撰
影印湖北省圖書館藏清康熙刻本
砥齋集十二卷 XX/第1404冊
(清)王弘撰撰
影印南開大學圖書館藏清康熙十四年刻本
安雅堂詩不分卷 XX/第1404冊
(清)宋琬撰
影印上海辭書藏清順治十七年刻本
安雅堂文集二卷 XX/第1404冊
(清)宋琬撰
影印復旦圖書館藏清康熙五年刻本
安雅堂文集二卷 XX/第1405冊
(清)宋琬撰
影印復旦圖書館藏清康熙三十八年宋思勃刻本
安雅堂未刻稿八卷入蜀集二卷 XX/第1405冊
(清)宋琬撰
影印清乾隆三十一年刻本
鈍齋詩選二十二卷 XX/第1405冊
(清)方孝標撰
影印科圖藏抄本
光啟堂文集不分卷 XX/第1405冊
(清)方孝標撰
影印上圖藏清刻本
壯悔堂文集十卷遺稿一卷四憶堂詩集六卷遺稿一卷 XX/第1405－1406冊
(清)侯方域撰
影印科圖藏清順治刻增修本
西堂文集二十四卷詩集三十二卷樂府七卷 XX/第1406－1407冊
(清)尤侗撰
影印復旦圖書館藏清康熙刻本
溉堂詩集二十一卷文集五卷詩餘二卷 XX/第1407冊
(清)孫枝蔚撰
影印清康熙刻本
改亭詩集六卷文集十六卷 XX/第1408冊
(清)計東撰
影印科圖藏清乾隆十三年計瑸刻本
魏叔子文集外篇二十二卷日錄三卷詩集八卷 XX/第1408－1409冊
(清)魏禧撰
影印復旦圖書館藏清易堂刻寧都三魏全集本
賓綸堂稿十二卷 XX/第1409－1410冊
(清)許纘曾撰
影印南圖藏稿本
二曲集二十六卷 XX/第1410冊
(清)李顒撰
影印清康熙三十三年高爾公刻後印本
葉文敏公集十三卷 XX/第1410冊
(清)葉方藹撰
影印科圖藏抄本
呂晚村詩七卷研銘一卷 XX/第1411冊
(清)呂留良撰
影印上圖藏清鑅兒呂氏抄本
呂晚村先生文集八卷續集四卷附錄一卷 XX/第1411冊
(清)呂留良撰
影印復旦圖書館藏清雍正三年呂氏天蓋樓刻本
翁山詩外十八卷 XX/第1411冊
(清)屈大均撰
影印復旦圖書館藏清康熙刻淩鳳翔補修本
翁山文外十八卷 XX/第1412冊
(清)屈大均撰

影印上圖藏清康熙刻本
秋笳集八卷補遺一卷 XX/第 1412 冊
(清)吳兆騫撰
影印復旦圖書館藏清雍正四年吳振臣刻本
愴園文集三十六卷 XX/第 1412 冊
(清)徐幹學撰
影印上海辭書藏清康熙刻冠山堂印本
獨漉堂詩集十五卷文集十五卷續編一卷 XX/第 1413 冊
(清)陳恭尹撰
影印科圖藏清道光五年陳量平刻本
績學堂文鈔六卷首一卷詩抄四卷首一卷 XX/第 1413 冊
(清)梅文鼎撰
影印清乾隆梅成刻本
含經堂集三十卷別集二卷附錄二卷 XX/第 1413 冊
(清)徐元文撰
影印山東省圖書館藏清刻本
帶經堂詩集九十二卷 XX/第 1414 - 15 冊
(清)王士禛撰
影印清康熙五十年程哲七略書堂刻本
南州草堂集三十卷首一卷 XX/第 1415 冊
(清)徐釚撰
影印復旦圖書館藏清康熙三十四年刻本
石園文集八卷 XX/第 1415 冊
(清)萬斯同撰
影印民國二十五年張氏約園刻四明叢書第四集本
松鶴山房詩集九卷文集二十卷 XX/第 1415 - 1416 冊
(清)陳夢雷撰
影印北圖藏清康熙銅活字印本
聊齋文集四卷 XX/第 1416 冊
(清)蒲松齡撰
影印河南省圖書館藏清道光二十九年邢祖恪抄本
艸亭先生集七卷 XX/第 1416 冊
(清)周篆撰
影印科圖藏清嘉慶二十五年晚香亭刻本
草亭先生年譜一卷 XX/第 1416 冊
(清)周廉等撰
影印科圖藏清嘉慶二十五年晚香亭刻本
橫雲山人集三十二卷 XX/第 1416 - 1417 冊
(清)王鴻緒撰
影印復旦圖書館藏清康熙刻增修本
遂初堂詩集十六卷文集二十卷別集四卷 XX/第 1417 - 1418 冊
(清)潘耒撰
影印清康熙刻本
居業堂文集二十卷首一卷 XX/第 1418 冊
(清)王源撰
影印科圖藏清道光十一年讀雪山房刻本
敬一堂詩抄十六卷 XX/第 1418 冊
(清)顧八代撰
影印北大圖書館藏清乾隆十五年刻本
解舂集文鈔十二卷補遺二卷詩鈔三卷 XX/第 1418 冊
(清)馮景撰
影印清乾隆盧氏刻抱經堂叢書本
南山集偶鈔不分卷 XX/第 1418 冊
(清)戴名世撰
影印北圖藏清康熙四十年尤雲鶚寶翰樓刻本
南山集十四卷補遺三卷 XX/第 1419 冊
(清)戴名世撰
影印復旦圖書館藏清光緒二十六年刻本
通志堂集二十卷 XX/第 1419 冊
(清)納蘭性德撰
影印清康熙三十年徐乾學刻本
楝亭詩抄八卷詩別集四卷詞鈔一卷詞鈔別集一卷文鈔一卷 XX/第 1419 冊
(清)曹寅撰
影印清康熙刻本
恕谷後集十三卷 XX/第 1420 冊
(清)李塨撰
影印科圖藏清雍正刻增修本
義門先生集十二卷附錄二卷 XX/第 1420 冊
(清)何焯撰
影印北大圖書館藏清道光三十年姑蘇刻本
望溪先生文集十八卷集外文十卷集外文補遺二卷年譜二卷 XX/第 1420 - 1421 冊
(清)方苞撰
影印上圖藏清咸豐元年戴鈞衡刻本
硯溪先生集十一卷總目二卷 XX/第 1421 冊
(清)惠周惕撰
影印南圖藏清康熙惠氏紅豆齋刻本
秋影樓詩集九卷 XX/第 1421 冊
(清)汪繹撰
影印華中師院圖書館藏清康熙五十二年查慎行刻本
穆堂初稿五十卷別稿五十卷 XX/第 1421 - 1422 冊
(清)李紱撰
影印上圖藏清道光十一年奉國堂刻本
孟鄰堂文鈔十六卷 XX/第 1423 冊
(清)楊椿撰
影印華東師大圖書館藏清嘉慶二十四年楊魯生刻本
斫桂山房詩存六卷抱珠軒詩存六卷一瓢齋詩存六卷 XX/第 1423 冊
(清)薛雪撰
影印浙江省圖書館藏清乾隆掃葉村莊刻本
德蔭堂集十六卷年譜一卷 XX/第 1423 冊
(清)阿克敦撰
影印華東師大圖書館藏清嘉慶二十一年那彥成刻本
雅雨堂詩集二卷文集四卷雅雨山人出塞集一卷 XX/第 1423 冊
(清)盧見曾撰
影印清道光二十年盧樞清雅堂刻本
弱水集二十二卷 XX/第 1423 - 1424 冊
(清)屈復撰
影印吉林大學圖書館藏清乾隆七年賀克章刻本
清芬樓遺藁四卷 XX/第 1424 冊
(清)任敢運撰
影印上圖藏清嘉慶二十二年刻本
歸愚詩鈔二十卷 XX/第 1424 冊
(清)沈德潛撰
影印清刻本
歸愚詩鈔餘集十卷 XX/第 1424 冊
(清)沈德潛撰
影印清乾隆刻本

冬心先生集四卷 XX/第 1424 冊
(清)金農撰
影印清雍正十一年廣陵般若庵刻本
冬心先生續集二卷補遺一卷續補遺一卷三體詩一卷甲戌近詩一卷
XX/第 1424 冊
(清)金農撰
影印上圖藏清平江貝氏千墨庵抄本
健餘先生文集十卷 XX/第 1424 冊
(清)尹會一撰
影印清光緒五年王氏謙德堂刻畿輔叢書本
雙池文集十卷 XX/第 1425 冊
(清)汪紱撰
影印清道光十四年一經堂刻本
板橋集六卷 XX/第 1425 冊
(清)鄭燮撰
影印遼寧省圖書館藏清清暉書屋刻本
石笥山房集二十四卷 XX/第 1425 冊
(清)胡天游撰
影印清咸豐二年刻本
尹文端公詩集十卷 XX/第 1426 冊
(清)尹繼善撰
影印復旦圖書館藏清乾隆刻本
道古堂文集四十八卷詩集二十六卷集外文一卷集外詩一卷
XX/第 1426－1427 冊
(清)杭世駿撰
影印清乾隆四十一年刻光緒十四年汪曾唯增修本
松崖文鈔二卷 XX/第 1427 冊
(清)惠棟撰
影印清光緒劉氏刻聚學軒叢書本
海峰文集八卷詩集十一卷
XX/第 1427 冊
(清)劉大櫆撰
影印天津圖書館藏清刻本
學福齋集二十卷詩集三十七卷首一卷
XX/第 1428 冊
(清)沈大成撰
影印復旦圖書館藏清乾隆三十九年刻本
文木山房集四卷 XX/第 1428 冊
(清)吳敬梓撰
影印北大圖書館藏清乾隆刻本
實綸堂文鈔八卷詩鈔六卷
XX/第 1428 冊
(清)齊召南撰
影印遼寧省圖書館藏清嘉慶二年刻本
鮚埼亭集三十八卷年譜一卷
XX/第 1428－1429 冊
(清)全祖望撰 (清)史夢蛟校
影印清嘉慶九年史夢蛟刻本
鮚埼亭詩集十卷 XX/第 1429 冊
(清)全祖望撰
影印清抄本
鮚埼亭集外編五十卷
XX/第 1429－1430 冊
(清)全祖望撰
影印上圖藏清嘉慶十六年刻本
上湖紀歲詩編四卷續編一卷上湖分類文編十卷補鈔二卷 XX/第 1430 冊
(清)汪師韓撰
影印清光緒十二年汪氏刻叢睦汪氏遺書本
祇平居士集三十卷 XX/第 1430 冊
(清)王元啟撰
影印上海師大圖書館藏清嘉慶十七年王尚繩恭壽堂刻本
銅鼓書堂遺稾三十二卷 XX/第 1431 冊
(清)查禮撰
影印浙江省圖書館藏清乾隆查淳刻本
小倉山房詩集三十六卷補遺二卷文集三十五卷外集八卷
XX/第 1431－1432 冊
(清)袁枚撰
影印上圖藏清乾隆刻增修本
抱經堂文集三十四卷
XX/第 1432－1433 冊
(清)盧文弨撰
影印清乾隆六十年刻本
勉行堂詩集二十四卷首一卷
XX/第 1433 冊
(清)程晉芳撰
影印清嘉慶二十三年鄧廷楨等刻本
勉行堂文集六卷 XX/第 1433 冊
(清)程晉芳撰
影印華東師大圖書館藏清嘉慶二十五年冀蘭泰吳鳴捷刻本
百一山房詩集十二卷 XX/第 1433 冊
(清)孫士毅撰
影印天津圖書館藏清嘉慶二十一年孫均刻本
劉文清公遺集十七卷應制詩集三卷
XX/第 1433 冊
(清)劉墉撰
影印清道光六年劉氏味經書屋刻本
西莊始存稿三十九卷 XX/第 1434 冊
(清)王鳴盛撰
影印北圖藏清乾隆三十年刻本
戴東原集十二卷覆校札記一卷
XX/第 1434 冊
(清)戴震撰 (清)段玉裁撰劄記
影印上海辭書藏清乾隆五十七年段玉裁刻本
經韻樓集十二卷 XX/第 1434－1435 冊
(清)段玉裁撰
影印清嘉慶十九年刻本
紀文達公遺集三十二卷 XX/第 1435 冊
(清)紀昀撰
影印清嘉慶十七年紀樹馨刻本
娵隅集十卷 XX/第 1436 冊
(清)趙文哲撰
影印上海辭書藏清乾隆五十四年刻本
忠雅堂詩集不分卷附銅絃詞不分卷
XX/第 1436 冊
(清)蔣士銓撰
影印稿本
忠雅堂文集三十卷
XX/第 1436－1437 冊
(清)蔣士銓撰
影印山東省圖書館藏清嘉慶二十一年藏園刻本
汪子詩錄四卷 XX/第 1437 冊
(清)汪縉撰
影印復旦圖書館藏清嘉慶三年方昂刻本
汪子文錄十卷 XX/第 1437 冊
(清)汪縉撰
影印山東省圖書館藏清道光三年張杓江沅刻本
汪子二錄二卷錄後一卷附卷三錄三卷
XX/第 1437 冊
(清)汪縉撰
影印山東省圖書館藏清嘉慶十年王芑孫刻汪子遺書本
春融堂集六十八卷
XX/第 1437－1438 冊
(清)王昶撰
影印上海辭書藏清嘉慶十二年塾南

年燕京大學圖書館鉛印本
林汲山房遺文不分卷 XX/第1449冊
(清)周永年撰
影印北圖藏清抄本
靈巖山人詩集四十卷 XX/第1450冊
(清)畢沅撰
影印復旦圖書館藏清嘉慶四年畢氏經訓堂刻本
夢樓詩集二十四卷 XX/第1450冊
(清)王文治撰
影印華東師大圖書館藏清乾隆六十年食舊堂刻道光二十九年補修本
嚴東有詩集十卷 XX/第1450冊
(清)嚴長明撰
影印復旦圖書館藏民國元年郎園刻本
實奎堂集十二卷篁村集十二卷續編一卷 XX/第1451冊
(清)陸錫熊撰
影印華東師大圖書館藏清道光二十九年陸成沅刻本
響泉集十八卷 XX/第1451冊
(清)顧光旭撰
影印上圖藏清宣統二年顧氏刻本
香亭文稿十二卷 XX/第1451冊
(清)吳玉綸撰
影印清乾隆六十年滋德堂刻本
知足齋詩集二十卷續集四卷知足齋文集六卷進呈文稿二卷年譜三卷 XX/第1451－1452冊
(清)朱珪撰
影印上海辭書藏清嘉慶九年阮元刻增修本
小木子詩三刻七卷 XX/第1452冊
(清)朱休度撰
影印復旦圖書館藏清嘉慶刻匯印本
山木居士外集四卷附一卷 XX/第1452冊
(清)魯九皋撰
影印復旦圖書館藏清乾隆四十七年刻本
惜抱軒文集十六卷後集十卷惜抱軒詩集十卷後集一卷 XX/第1453冊
(清)姚鼐撰
影印山東省圖書館藏清嘉慶三年刻增修本
尊聞居士集八卷遺稿一卷 XX/第1453冊
(清)羅有高撰
影印上圖藏清光緒七年刻本
居易堂詩集五卷 XX/第1453冊
(清)王曾翼撰
影印復旦圖書館藏清乾隆王祖武刻本
香葉草堂詩存一卷 XX/第1453冊
(清)羅聘撰
影印華東師大圖書館藏清嘉慶刻道光十四年印本
介亭文集六卷介亭外集六卷介亭詩鈔一卷 XX/第1453冊
(清)江濬源撰
影印華東師大圖書館藏清同治十三年江潮刻介亭全集本
拜經樓詩集十二卷續編四卷再續編一卷 XX/第1454冊
(清)吳騫撰
影印清嘉慶八年刻增修本
愚谷文存十四卷 XX/第1454冊
(清)吳騫撰
影印上海辭書藏清嘉慶十二年刻本
愚谷文存續編二卷 XX/第1454冊
(清)吳騫撰
影印上海辭書藏清嘉慶十九年刻本
復初齋詩集七十卷 XX/第1454－1455冊
(清)翁方綱撰
影印清刻本
復初齋文集三十五卷 XX/第1455冊
(清)翁方綱撰
影印清李彥章校刻本
存吾文稿不分卷 XX/第1456冊
(清)余廷燦撰
影印上圖藏清咸豐五年雲香書屋刻本
童山詩集四十二卷附二卷童山文集二十卷補遺一卷 XX/第1456冊
(清)李調元撰
影印上海辭書藏清乾隆刻函海道光五年增修本
荷塘詩集十六卷 XX/第1457冊
(清)張五典撰
影印清乾隆刻本
容齋詩集二十八卷附古香詞一卷補遺一卷 XX/第1457冊
(清)茹綸常撰
影印天津圖書館藏清乾隆三十五年刻乾隆五十二年嘉慶四年十三年增修本
容齋文鈔十卷 XX/第1457冊
(清)茹綸常撰
影印科圖藏清嘉慶刻增修本
述職吟二卷 XX/第1457冊
(清)劉秉恬撰
影印清乾隆四十八年刻本
公餘集十卷 XX/第1457冊
(清)劉秉恬撰
影印清乾隆五十年刻本
竹軒詩稿四卷 XX/第1458冊
(清)劉秉恬撰
影印清乾隆五十一年刻本
樹經堂詩初集十五卷樹經堂詩續集八卷樹經堂文集四卷 XX/第1458冊
(清)謝啟昆撰
影印上海辭書及北京科圖藏清嘉慶刻本
頤綵堂文集十六卷劍舟律賦二卷 XX/第1458冊
(清)沈叔埏撰
影印天津圖書藏清嘉慶二十三年沈維鐈刻本
頤彩堂詩鈔十卷 XX/第1458冊
(清)沈叔埏撰
影印復旦大學圖書館藏清道光二十八年沈維鐈刻本
晚學集八卷未谷詩集四卷 XX/第1458冊
(清)桂馥撰
影印上圖藏清道光二十一年孔憲彝刻本
掃垢山房詩鈔十二卷 XX/第1459冊
(清)黄文暘撰
影印南圖藏清嘉慶七年孔憲曾刻本
月滿樓詩集四十卷别集五卷首二卷月滿樓文集十四卷首二卷 XX/第1459冊
(清)顧宗泰撰
影印上海辭書藏清嘉慶八年贍園刻本
竹初詩鈔十六卷竹初文鈔六卷 XX/第1460冊
(清)錢維喬撰
影印上海辭書藏清嘉慶刻本
秋室學古錄六卷梁園歸櫂錄一卷憶漫庵賸稿一卷 XX/第1460冊
(清)余集撰
影印浙江圖書館藏清道光刻本

(清)趙希璜撰
影印華東師大圖書館藏清乾隆五十八年安陽縣署刻增修本
研栰齋文集二卷 XX/第1472冊
(清)趙希璜撰
影印華東師大圖書館藏清嘉慶四年安陽縣署刻本
靜厓詩初稿十二卷靜厓詩後稿十二卷靜厓詩續稿六卷 XX/第1472冊
(清)汪學金撰
影印華東師大圖書館藏清乾隆刻嘉慶增修本
井福堂文稿十卷 XX/第1472冊
(清)汪學金撰
影印華東師大圖書館藏清嘉慶十年汪彥博刻本
秋水閣詩集八卷首一卷秋水閣雜著一卷 XX/第1472冊
(清)許兆椿撰
影印科圖藏清道光二十五年刻本
寄庵詩文鈔三十三卷 XX/第1473冊
(清)劉大紳撰
影印華東師大圖書館藏民國三年刻雲南叢書初編本
五百四峰堂詩鈔二十五卷 XX/第1473－1474冊
(清)黎簡撰
影印上海辭書藏清嘉慶元年刻本
守意龕詩集二十八卷附南陔遺草一卷 XX/第1474冊
(清)百齡撰 (清)扎拉芬撰附
影印天津圖書館藏清道光二十六年讀書樂室刻本
兩當軒全集二十卷附考異二卷附錄六卷 XX/第1474冊
(清)黃景仁撰 (清)黃志述撰考異附錄
影印上圖藏清咸豐八年黃氏家塾刻本
澹靜齋文鈔六卷外篇二卷澹靜齋詩鈔六卷 XX/第1474冊
(清)龔景瀚撰
影印遼寧省圖書館藏清道光二十年恩錫堂刻澹靜齋全集本
珍執宧文鈔七卷珍執宧詩鈔二卷 XX/第1475冊
(清)莊述祖撰
影印科圖藏清刻本
青芙蓉閣詩鈔六卷 XX/第1475冊
(清)陸元鋐撰
影印上圖藏清刻本
壹齋集四十卷 XX/第1475冊
(清)黃鉞撰
影印復旦圖書館藏清咸豐九年許文深刻本
師竹齋集十四卷 XX/第1475冊
(清)李鼎元撰
影印復旦圖書館藏清嘉慶刻本
敏齋詩草二卷巴塘詩鈔二卷 XX/第1475冊
(清)李苞撰
影印科圖藏清嘉慶二十二年刻本
留春草堂詩鈔七卷 XX/第1475冊
(清)伊秉綬撰
影印清嘉慶十九年秋水園刻本
秋室集十卷 XX/第1476冊
(清)楊鳳苞撰
影印清光緒十一年陸心源刻本
惟清齋全集十七卷年譜二卷 XX/第1476冊
(清)鐵保撰
影印遼寧省圖書館藏清道光二年石經堂刻本
駢儷文三卷 XX/第1476冊
(清)孔廣森撰
影印清嘉慶十七年孔昭虔刻顨軒孔氏所著書本
葆沖書屋集四卷葆沖書屋外集二卷 XX/第1476冊
(清)汪如洋撰
影印華東師大圖書館藏清刻本
存素堂詩初集錄存二十四卷 XX/第1476冊
(清)法式善撰
影印科圖藏清嘉慶十二年王墉刻本
存素堂文集四卷續集四卷 XX/第1476冊
(清)法式善撰
影印復旦圖書藏清嘉慶十二年程邦瑞揚州刻增修本
芙蓉山館全集二十卷附錄一卷 XX/第1477冊
(清)楊芳燦撰
影印華東師大圖書館藏清光緒十七年活字印本
稻香吟館詩藁七卷 XX/第1477冊
(清)李賡芸撰
影印上圖藏清道光刻本
孫淵如先生全集二十一卷 XX/第1477冊
(清)孫星衍撰
影印民國八年商務印書館四部叢刊影印清嘉慶刻本
陶山詩前錄二卷陶山詩錄二十八卷 XX/第1478冊
(清)唐仲冕撰
影印科圖藏清嘉慶十六年刻道光增修本
陶山文錄十卷 XX/第1478冊
(清)唐仲冕撰
影印浙江圖書館藏清道光二年刻本
揅經室集五十七卷 XX/第1478－1479冊
(清)阮元撰
影印上圖藏清道光阮氏文選樓刻本
校禮堂詩集十四卷 XX/第1480冊
(清)凌廷堪撰
影印復旦圖書館藏清道光六年張其錦刻本
校禮堂文集三十六卷 XX/第1480冊
(清)凌廷堪撰
影印復旦圖書館藏清嘉慶十八年張其錦刻本
淵雅堂全集五十六卷 XX/第1480－1481冊
(清)王芑孫撰
影印上海辭書藏清嘉慶刻本
曬書堂集十七卷 XX/第1481冊
(清)郝懿行撰
影印清光緒十年東路廳署刻本
連雲書屋存稿六卷 XX/第1482冊
(清)焦和生撰
影印遼寧省圖書館藏清嘉慶二十年刻本
大雲山房文稾十一卷 XX/第1482冊
(清)惲敬撰
影印民國八年上海商務印書館四部叢刊本
邃雅堂集十卷 XX/第1482冊
(清)姚文田撰
影印上海辭書藏清道光元年江陰學使署刻本

邃雅堂文集續編一卷 XX/第1482冊
(清)姚文田撰
影印上海辭書藏清道光八年刻本
白鶴山房詩鈔二十卷白鶴山房詞鈔二卷白鶴山房外集二卷 XX/第1483冊
(清)葉紹本撰
影印山東省圖書館藏清道光七年桂林使廨刻增修本
點蒼山人詩鈔八卷附錄一卷 XX/第1483冊
(清)沙琛撰
影印上海辭書藏民國三年刻雲南叢書初編本
綠天書舍存草六卷 XX/第1483冊
(清)錢楷撰
影印上圖藏清嘉慶二十三年阮元刻本
多歲堂詩集四卷載賡集二卷附試律詩集一卷賦集一卷 XX/第1483冊
(清)成書撰
影印復旦圖書館藏清道光十一年刻本
煙霞萬古樓文集六卷 XX/第1483冊
(清)王曇撰
影印上海辭書藏清嘉慶二十一年虎丘東山廟刻道光增修本
煙霞萬古樓詩選二卷仲瞿詩錄一卷 XX/第1483冊
(清)王曇撰 (清)徐渭仁輯
影印復旦圖書館藏清咸豐元年徐渭仁刻本
煙霞萬古樓詩殘藁一卷 XX/第1483冊
(清)王曇撰
影印南圖藏清光緒二十六年寒松閣刻本
賞雨茅屋詩集二十二卷賞雨茅屋外集一卷 XX/第1484冊
(清)曾燠撰
影印湖北省圖書館藏清嘉慶二十四年刻增修本
賜綺堂集二十八卷 XX/第1484冊
(清)詹應甲撰
影印山東省圖書館藏清道光止園刻本
石柏山房詩存八卷首一卷 XX/第1485冊
(清)趙文楷撰
影印復旦圖書館藏清咸豐七年趙畇惠潮嘉道署刻本
尚絅堂集五十六卷 XX/第1485冊
(清)劉嗣綰撰
影印天津圖書館藏清道光六年大樹園刻本
妙香齋詩集四卷 XX/第1485冊
(清)趙德懋撰
影印科圖藏清光緒十一年趙嘉肇三原縣署刻本
存悔齋集二十八卷存悔齋外集四卷 XX/第1485－1486冊
(清)劉鳳誥撰
影印華東師大圖書館藏清道光十七年刻本
宛鄰集六卷附蓬室偶吟一卷 XX/第1486冊
(清)張琦撰 (清)湯瑤卿撰附
影印科圖藏清光緒盛氏刻常州先哲遺書本
船山詩草二十卷船山詩草補遺六卷 XX/第1486冊
(清)張問陶撰
影印浙江圖書館藏清嘉慶二十年刻道光二十九年增修本
緋水齋詩集十七卷詩別集二卷詩話一卷附錄一卷 XX/第1486－1487冊
(清)舒位撰
影印復旦圖書館藏清光緒十二年邊保樞刻十七年增修本
詒晉齋集八卷後集一卷隨筆一卷 XX/第1487冊
(清)永瑆撰
影印湖北省圖書館藏清道光二十八年刻本
簡莊文鈔六卷續編二卷河莊詩鈔一卷 XX/第1487冊
(清)陳鱣撰
影印浙江圖書館藏清光緒十四年羊復禮刻本
吳學士詩集五卷吳學士文集四卷 XX/第1487冊
(清)吳鼒撰
影印上海辭書藏清光緒八年江寧藩署刻本
天真閣集五十四卷外集六卷 XX/第1487－1488冊
(清)孫原湘撰
影印華東師大圖書館藏清嘉慶五年刻增修本
茗柯文编五卷 XX/第1488冊
(清)張惠言撰
影印民國八年上海商務印書館四部叢刊影印清同治八年刻本
茗柯文補編二卷茗柯文外編二卷 XX/第1488冊
(清)張惠言撰
影印民國八年上海商務印書館四部叢刊影印清道光陳善刻本
鐵橋漫稿十三卷 XX/第1488－1489冊
(清)嚴可均撰
影印浙江圖書館藏清道光十八年四錄堂刻本
雕菰集二十四卷 XX/第1489冊
(清)焦循撰
影印科圖藏清道光四年阮福嶺南節署刻本
校經廎文稾十八卷 XX/第1489冊
(清)李富孫撰
影印華東師大圖書館藏清道光刻本
筠軒文鈔八卷 XX/第1489冊
(清)洪頤煊撰
影印上海辭書藏民國二十三年邃雅齋叢書本
香蘇山館詩集三十六卷 XX/第1489－1490冊
(清)吳嵩梁撰
影印華東師大圖書館藏清木犀軒刻本
王文簡公文集四卷附錄一卷 XX/第1490冊
(清)王引之撰
影印湖北省圖書館藏民國十四年羅氏鉛印高郵王氏遺書本
青芝山館集二十七卷 XX/第1490冊
(清)樂鈞撰
影印山東省圖書館藏清嘉慶二十二年刻後印本
思適齋集十八卷 XX/第1491冊
(清)顧廣圻撰
影印復旦圖書館藏清道光二十九年徐渭仁刻本
掃紅亭吟稿十四卷附題詞一卷 XX/第1491冊
(清)馮雲鵬撰
影印上海辭書藏清宣道光十年寫刻本
拜經堂文集五卷 XX/第1491冊
(清)臧庸撰

影印湖北省圖書館藏民國十九年宗氏石印本
桂馨堂集十三卷 XX/第 1491 冊
(清)張廷濟撰
影印上海辭書藏清道光刻本
冬青館甲集六卷冬青館乙集八卷 XX/第 1492 冊
(清)張鑑撰
影印上海辭書藏民國四年劉氏嘉業堂刻吳興叢書本
織簾書屋詩鈔十二卷 XX/第 1492 冊
(清)沉兆澐撰
影印上海辭書藏清咸豐二年刻本
鑑止水齋集二十卷 XX/第 1492 冊
(清)許宗彥撰
影印南圖藏清嘉慶二十四年德清許氏家刻本
小謨觴館詩文集十三卷小謨觴館續集五卷 XX/第 1492 冊
(清)彭兆蓀撰
影印科圖藏清嘉慶十一年刻二十二年增修本
太乙舟詩集十三卷 XX/第 1493 冊
(清)陳用光撰
影印湖北省圖書館藏清咸豐四年孝友堂刻本
太乙舟文集八卷 XX/第 1493 冊
(清)陳用光撰
影印浙江圖書館藏清道光二十三年孝友堂刻本
蘊愫閣詩集十二卷 XX/第 1493 冊
(清)盛大士撰
影印上圖藏清道光元年刻本
蘊愫閣詩續集二卷 XX/第 1493 冊
(清)盛大士撰
影印上圖藏清道光四年刻本
蘊愫閣別集四卷 XX/第 1493 冊
(清)盛大士撰
影印復旦圖書館藏清道光五年刻本
蘊愫閣文集八卷 XX/第 1494 冊
(清)盛大士撰
影印上圖藏清道光六年刻本
崇雅堂文鈔二卷崇雅堂詩鈔十卷崇雅堂駢體文鈔四卷崇雅堂應制存稿一卷崇雅堂刪餘詩一卷 XX/第 1494 冊
(清)胡敬撰
影印上圖藏清道光二十六年刻本
篔谷詩鈔二十卷篔谷文鈔十二卷 XX/第 1494 冊
(清)查揆撰
影印上海辭書藏清道光十五年菽原堂刻本
養一齋文集二十卷補遺一卷續編六卷養一齋詩集八卷 XX/第 1495 冊
(清)李兆洛撰
影印山東省圖書館藏清道光二十三年活字印二十四年增修本
泰雲堂集二十五卷 XX/第 1495 冊
(清)孫爾準撰
影印科圖藏清道光刻本
松心詩錄十卷 XX/第 1496 冊
(清)張維屏撰
影印科圖藏清咸豐四年趙惟濂羊城鉛印本
左海文集十卷乙編二卷絳跗草堂詩集六卷 XX/第 1496 冊
(清)陳壽祺撰
影印華東師大圖書館藏清刻本
崇百藥齋文集二十卷 XX/第 1496 – 1497 冊
(清)陸繼輅撰
影印湖北省圖書館藏清嘉慶二十五年合肥學舍刻本
崇百藥齋續集四卷 XX/第 1497 冊
(清)陸繼輅撰
影印湖北省圖書館藏清道光四年合肥學舍刻本
崇百藥齋三集十二卷 XX/第 1497 冊
(清)陸繼輅撰
影印復旦圖書館藏清道光八年安徽臬署刻本
攷槃集文錄十二卷 XX/第 1497 冊
(清)方東樹撰
影印華東師大圖書館藏清光緒二十年刻本
石雲山人詩集二十三卷石雲山人文集五卷 XX/第 1497 – 1498 冊
吳榮光撰
影印湖北省圖書館藏清道光二十一年吳氏筠清館刻本
今白華堂文集三十二卷 XX/第 1498 冊
(清)童槐撰
影印吉林大學圖書館藏清刻本
今白華堂詩錄八卷今白華堂詩集二卷 XX/第 1498 冊
(清)童槐撰
影印天津圖書館藏清同治八年童華刻本
今白華堂詩錄補八卷 XX/第 1498 冊
(清)童槐撰
影印復旦圖書館藏清光緒三年童華刻本
遂初草廬詩集十卷 XX/第 1498 冊
(清)杜堮撰
影印復旦圖書館藏清同治九年杜受廉刻本
幼學堂詩稿十七卷幼學堂文稿八卷 XX/第 1498 – 1499 冊
(清)沈欽韓撰
影印北大圖書館及上圖藏清嘉慶十八年刻道光八年增修本
雙硯齋詩鈔十六卷 XX/第 1499 冊
(清)鄧廷楨撰
影印科圖藏清末刻本
退庵詩存二十五卷 XX/第 1499 冊
(清)梁章鉅撰
影印復旦圖書館藏清道光刻本
求是堂詩集二十二卷 XX/第 1500 冊
(清)胡承珙撰
影印清道光十三年刻本
求是堂文集六卷首一卷駢體文二卷 XX/第 1500 冊
(清)胡承珙撰
影印清道光十七年刻本
小倦遊閣集二十七卷 XX/第 1500 冊
(清)包世臣撰
影印安徽省圖書館藏清包氏小倦遊閣抄本
劉禮部集十一卷附錄一卷 XX/第 1501 冊
(清)劉逢祿撰 (清)劉承寬等撰
影印浙江圖書館藏清道光十年思誤齋刻本
求聞過齋詩集六卷 XX/第 1501 冊
(清)朱方增撰
影印華東師大圖書館藏清光緒十九年朱丙壽刻本
求聞過齋文集四卷 XX/第 1501 冊
(清)朱方增撰
影印上圖藏清光緒二十年刻本
南村草堂文鈔二十卷 XX/第 1501 冊

(清)鄧顯鶴撰
影印天津圖書館藏清咸豐元年刻本
心知堂詩稿十八卷 XX/第1502册
(清)汪仲洋撰
影印天津圖書館藏清道光七年刻本
琴隱園詩集三十六卷 XX/第1502册
(清)湯貽芬撰
影印清同治十三年曹士虎刻本
陶文毅公全集六十四卷首一卷末一卷 XX/第1502-1504册
(清)陶澍撰
影印清道光二十年兩淮淮北士民刻本
憶山堂詩錄八卷 XX/第1504册
(清)宋翔鳳撰
影印湖北省圖書館藏清嘉慶二十三年刻道光五年增修本
朴學齋文錄四卷 XX/第1504册
(清)宋翔鳳撰
影印吉林大學圖書館藏清嘉慶二十五年刻浮谿精舍叢書本
因寄軒文初集十卷因寄軒文二集六卷因寄軒文集補遺一卷 XX/第1504册
(清)管同撰
影印天津圖書館藏清道光十三年管氏刻本
頤道堂詩選三十卷頤道堂詩外集十卷頤道堂文鈔十三卷附一卷 XX/第1504-1506册
(清)陳文述撰
影印科圖藏清嘉慶十二年刻道光增修本
養素堂詩集二十六卷 XX/第1506册
(清)張澍撰
影印湖北省圖書館藏清道光二十二年棗華書屋刻本
養素堂文集三十五卷 XX/第1506-1507册
(清)張澍撰
影印華東師大圖書館藏清道光十五年棗華書屋刻本
澄懷書屋詩鈔四卷 XX/第1507册
(清)穆彰阿撰
影印復旦圖書館藏清道光刻本
三十六灣草廬稿十卷 XX/第1507册
(清)黄本驥撰
影印清道光刻三長物齋叢書本
齊物論齋文集六卷 XX/第1507册
(清)董士錫撰
影印上圖藏清道光二十年江陰暨陽書院刻本
研六室文鈔十卷補遺一卷 XX/第1507册
(清)胡培翬撰
影印遼寧省圖書館藏清道光十七年涇川書院刻本
柯家山館遺詩六卷 XX/第1507册
(清)嚴元照撰
影印清光緒陸心源刻湖州叢書本
春草堂集六卷 XX/第1507册
(清)謝堃撰
影印清道光二十年曲邑奎文齋刻二十五年印春草堂叢書本
抱沖齋詩集三十六卷附眠琴僊館詞一卷 XX/第1508册
(清)斌良撰
影印華東師大圖書館藏清光緒五年崇福湖南刻本
衎石齋記事稾十卷衎石齋記事續稾十卷 XX/第1508-1509册
(清)錢儀吉撰
影印復旦圖書館藏清道光刻咸豐四年蔣光焴增修光緒六年錢彝甫印本
樫華館全集十二卷 XX/第1509册
(清)路德撰
影印復旦圖書館藏清光緒七年解梁刻本
養浩齋詩稿九卷養浩齋詩續稿五卷惇裕堂文集四卷 XX/第1510册
(清)桂超萬撰
影印南圖藏清同治五年刻惇欲堂全集本
劉孟塗集四十卷 XX/第1510册
(清)劉開撰
影印清道光六年姚氏檗山草堂刻本
郭大理遺稿八卷 XX/第1510册
(清)郭尚先撰
影印復旦圖書館藏清道光二十五年刻本
增默菴詩遺集二卷 XX/第1510册
(清)郭尚先撰
影印天津圖書館藏清光緒十六年刻吉雨山房全集本
養一齋集二十六卷首一卷附一卷 XX/第1510-1511册
(清)潘德輿撰
影印清道光二十九年刻本
程侍郎遺集十卷附錄一卷 XX/第1511册
(清)程恩澤撰
影印清咸豐五年伍氏刻粵雅堂叢書二編本
耐菴文存六卷首一卷耐菴詩存三卷 XX/第1511册
(清)賀長齡撰
影印清咸豐十年刻本
三長物齋詩略五卷附刻一卷三長物齋文略六卷 XX/第1511册
(清)黄本驥撰
影印清道光刻三長物齋叢書本
養默山房詩藁三十二卷 XX/第1511-1512册
(清)謝元淮撰
影印華東師大圖書館藏清光緒元年刻本
簡學齋詩存四卷簡學齋詩删四卷 XX/第1512册
(清)陳沆撰
影印湖北省圖書館藏清咸豐二年陳廷經刻本
雲左山房詩鈔八卷附三卷 XX/第1512册
(清)林則徐撰
影印浙江圖書館藏清光緒十二年刻本
東溟文集六卷外集四卷文後集十四卷文外集二卷後湘詩集九卷二集五卷續集七卷中復堂遺稿五卷續編二卷 XX/第1512-1513册
(清)姚瑩撰
影印湖北省圖書館藏清同治六年姚濬昌安福縣署刻中復堂全集本
瑞榴堂詩集四卷 XX/第1513册
(清)托渾布撰
影印遼寧省圖書館藏清道光刻本
小重山房詩詞全集三十二卷 XX/第1513册
(清)張祥河撰
影印上圖藏清道光刻光緒增修本
柏梘山房全集三十一卷 XX/第1513-1514册
(清)梅曾亮撰
影印清咸豐六年楊以增楊紹穀等刻

民國七年蔣國榜補修本
笏庵詩二十卷 XX/第 1514 冊
(清)吳清鵬撰
影印清咸豐五年刻吳氏一家稿本
曇雲閣集十一卷 XX/第 1514 冊
(清)曹楙堅撰
影印遼寧省圖書館藏清光緒三年曼陀羅館刻本
傳經室文集十卷 XX/第 1514 冊
(清)朱駿聲撰
影印民國劉氏刻求恕齋叢書本
邃懷堂全集三十八卷 XX/第 1515 冊
(清)袁翼撰
影印復旦圖書館藏清光緒十四年袁鎮嵩刻本
讀白華草堂詩初集九卷 XX/第 1516 冊
(清)黄釗撰
影印華東師大圖書館藏清道光刻本
讀白華草堂詩二集十二卷
XX/第 1516 冊
(清)黄釗撰
影印華東師大圖書館藏清道光十九年刻本
讀白華草堂詩苜蓿集八卷
XX/第 1516 冊
(清)黄釗撰
影印華東師大圖書館藏清道光二十七年潮州刻本
桂留山房詩集十二卷附桂留山房詞集一卷 XX/第 1516 冊
(清)沈學淵撰
影印科圖藏清道光二十四年郁松年刻本
萬善花室文藁七卷 XX/第 1516 冊
(清)方履籛撰
影印清光緒七年王氏刻畿輔叢書本
壺園詩鈔選十卷五代新樂府一卷
XX/第 1516 冊
(清)徐寶善撰
影印復旦圖書館藏清道光刻本
壺園賦鈔二卷 XX/第 1516 冊
(清)徐寶善撰
影印科圖藏清道光刻本
壺園詩外集六卷 XX/第 1516 冊
(清)徐寶善撰
影印復旦圖書館藏清道光二十三年徐志導等刻本

青溪舊屋文集十一卷 XX/第 1517 冊
(清)劉文淇撰
影印湖北省圖書館藏清光緒九年刻本
彝壽軒詩鈔十二卷煙波漁唱四卷
XX/第 1517 冊
(清)張應昌撰
影印科圖藏清同治二年西昌旅舍刻增修本
是程堂集十四卷 XX/第 1517 冊
(清)屠倬撰
影印清嘉慶十九年真州官舍刻本
是程堂二集四卷 XX/第 1517 冊
(清)屠倬撰
影印復旦圖書館藏清道光元年乾園刻本
意苕山館詩稿十六卷 XX/第 1517 冊
(清)陸嵩撰
影印湖北省圖書館藏清光緒九年刻本
丹魁堂詩集七卷 XX/第 1517 冊
(清)季芝昌撰
影印上圖藏清同治四年紫琅寓館刻本
董方立文甲集二卷董方立文乙集二卷
XX/第 1518 冊
(清)董祐誠撰
影印清同治八年刻董方立遺書本
懷古田舍詩節鈔六卷 XX/第 1518 冊
(清)徐榮撰
影印復旦圖書館藏清同治三年錦城刻本
松風閣詩鈔二十六卷歸樸龕叢稿十二卷續編四卷 XX/第 1518 冊
(清)彭蘊章撰
影印上海辭書及天津圖書館藏清同治刻彭文敬公全集本
知止齋詩集十六卷 XX/第 1519 冊
(清)翁心存撰
影印清光緒三年常熟毛文彬刻本
甘泉鄉人稿二十四卷餘稿二卷年譜一卷
XX/第 1519 冊
(清)錢泰吉撰 (清)錢應溥撰
影印華東師大圖書館藏清同治十一年刻光緒十一年增修本
楙花盦詩二卷附錄一卷外集一卷
XX/第 1519 冊
(清)葉廷琯撰
影印清光緒刻滂喜齋叢書本

借閒生詩三卷借閒生詞一卷
XX/第 1519 冊
(清)汪遠孫撰
影印華東師大圖書館藏清道光二十年錢塘汪氏振綺堂刻本
龔定盦全集二十卷 XX/第 1520 冊
(清)龔自珍撰
影印上圖藏清光緒二十三年萬本書堂刻本
吳文節公遺集八十卷 XX/第 1520 冊
(清)吳文鎔撰
影印復旦圖書館藏清咸豐七年吳養原刻本
花宜館詩鈔十六卷續存一卷無腔村笛二卷 XX/第 1521 冊
(清)吳振棫撰
影印華東師大圖書館藏清同治四年刻本
仙屏書屋初集十八卷 XX/第 1521 冊
(清)黄爵滋撰
影印復旦圖書館藏清道光二十六年翟金生泥活字印本
薛箖吟館鈔存八卷賦二卷
XX/第 1521 冊
(清)柏葰撰
影印遼寧省圖書館藏清同治三年鍾濂寫刻本
面城樓集鈔四卷 XX/第 1521 冊
(清)曾釗撰
影印復旦圖書館藏清光緒二年刻學海堂叢刻本
亭集三十二卷亭後集十二卷
XX/第 1521－1522 冊
(清)祁寯藻撰
影印南圖藏清咸豐刻本
古微堂詩集十卷 XX/第 1522 冊
(清)魏源撰
影印浙江圖書館藏清同治九年長沙寶慶郡館刻本
古微堂集十卷 XX/第 1522 冊
(清)魏源撰
影印科圖藏清宣統元年國學扶輪社鉛印本
籀經堂類藁二十四卷
XX/第 1522－1523 冊
(清)陳慶鏞撰
影印南圖藏清咸豐刻本

頤志齋文鈔一卷頤志齋感舊詩一卷 XX/第 1523 冊
（清）丁晏撰
影印上海辭書藏民國四年羅氏鉛印雪堂叢刻本
松龕先生文集四卷松龕先生詩集二卷 XX/第 1523 冊
（清）徐繼畬撰
影印天津圖書館藏民國四年鉛印松龕先生全集本
李文恭公遺集四十六卷行述一卷 XX/第 1523－1525 冊
（清）李星沅撰
影印上海辭書藏清同治五年李概等刻本
落帆樓文集二十四卷補遺一卷 XX/第 1525 冊
（清）沈垚撰
影印上海辭書藏民國七年嘉業堂刻吳興叢書本
子良詩存二十一卷 XX/第 1526 冊
（清）馮詢撰
影印上圖藏清刻本
寓蜀草四卷 XX/第 1526 冊
（清）王培荀撰
影印山東省圖書館藏清道光二十七年刻本
思伯子堂詩集三十二卷 XX/第 1526－1527 冊
（清）張際亮撰
影印上圖藏清刻本
百柱堂全集五十一卷首一卷附錄一卷 XX/第 1527－1528 冊
（清）王柏心撰（清）彭崧毓等撰
影印華東師大圖書館藏清光緒十九年刻本
樂志堂文集十八卷續集二卷 XX/第 1528 冊
（清）譚瑩撰
影印復旦圖書館藏清咸豐十年吏隱園刻本
樂志堂詩集十二卷 XX/第 1528 冊
（清）譚瑩撰
影印復旦圖書館藏清咸豐九年吏隱園刻本
東洲草堂詩鈔三十卷東洲草堂詩餘一卷 XX/第 1528－1529 冊
（清）何紹基撰
影印清同治六年長沙無園刻本
東洲草堂文鈔二十卷 XX/第 1529 冊
（清）何紹基撰
影印遼寧省圖書館藏清光緒刻本
天游閣集五卷詩補一卷附錄一卷 XX/第 1529 冊
（清）顧春撰
影印清宣統二年風雨樓鉛印本
海秋詩集二十六卷 XX/第 1529 冊
（清）湯鵬撰
影印華東師大圖書館藏清道光十八年刻本
習苦齋詩集八卷習苦齋古文四卷 XX/第 1530 冊
（清）戴熙撰
影印上海辭書藏清同治五年張曜刻本
怡志堂詩初編八卷 XX/第 1530 冊
（清）朱琦撰
影印華東師大圖書館藏清咸豐七年刻本
怡志堂文初編六卷 XX/第 1530 冊
（清）朱琦撰
影印華東師大圖書館藏清同治四年運甓軒刻本
衣讔山房詩集八卷 XX/第 1530 冊
（清）林昌彝撰
影印上圖藏清同治二年廣州刻本
小石渠閣文集六卷 XX/第 1530 冊
（清）林昌彝撰
影印福建省圖書館藏清光緒福州刻本
守柔齋詩鈔初集四卷續集四卷 XX/第 1530 冊
（清）蘇廷魁撰
影印上海辭書藏清同治三年都門刻後印本
守柔齋行河草二卷 XX/第 1530 冊
（清）蘇廷魁撰
影印上海辭書藏清光緒刻本
綠漪草堂文集三十卷首一卷外集二卷別集二卷綠漪草堂詩集二十卷研華館詞三卷 XX/第 1530－1531 冊
（清）羅汝懷撰
影印華東師大圖書館藏清光緒九年羅式常刻本
劫餘詩選二十三卷 XX/第 1531 冊
（清）齊學裘撰
影印科圖藏清同治八年天空海闊之居刻增修本
汪梅村先生集十二卷外集一卷 XX/第 1531 冊
（清）汪士鐸撰
影印上海辭書藏清光緒七年刻本
悔翁詩鈔十五卷補遺一卷 XX/第 1532 冊
（清）汪士鐸撰
影印湖北省圖書館藏清光緒張士珩味古齋刻本
抱真書屋詩鈔九卷 XX/第 1532 冊
（清）陸應穀撰
影印上海辭書藏民國三年刻雲南叢書本
海國勝遊草一卷天外歸帆草一卷 XX/第 1532 冊
（清）斌椿撰
影印上圖藏清同治刻本
月齋文集八卷月齋詩集四卷 XX/第 1532 冊
（清）張穆撰
影印浙江圖書館藏清咸豐八年祁寯藻刻本
通甫類藁四卷續編二卷通父詩存四卷詩存之餘二卷 XX/第 1532 冊
（清）魯一同撰
影印浙江省圖書館藏清咸豐九年刻本
復莊詩問三十四卷 XX/第 1532－1533 冊
（清）姚燮撰
影印上海辭書藏清道光姚氏刻大梅山館集本
復莊駢體文榷八卷二編八卷 XX/第 1533 冊
（清）姚燮撰
影印上海辭書藏清咸豐四年刻六年增修本
梅莊詩鈔十六卷 XX/第 1533 冊
（清）華長卿撰
影印遼寧省圖書館藏清同治九年華鼎元都門刻本
敦藝齋文存八卷敦藝齋詩存二卷 XX/第 1534 冊
（清）鄒漢勛撰
影印遼寧省圖書館藏清光緒八年刻鄒叔子遺書本

（清）汪曰楨撰
影印上海辭書藏民國十年劉氏嘉業堂刻吳興叢書本
濂亭文集八卷遺文五卷遺詩二卷 XX/第 1544 冊
（清）張裕釗撰
影印遼寧省圖書館藏清光緒八年查氏木漸齋蘇州刻本
遜學齋詩鈔十卷續鈔五卷 XX/第 1544 冊
（清）孫依言撰
影印上海辭書藏清同治三年刻增修本
遜學齋文鈔十二卷續鈔五卷首一卷末一卷 XX/第 1544 冊
（清）孫依言撰
影印上海辭書藏清同治十二年刻增修本
詒安堂詩初稿八卷詒安堂二集八卷詒安堂詩餘三卷詒安堂試貼詩鈔一卷 XX/第 1544 冊
（清）王慶勳撰
影印科圖藏清咸豐三年刻五年增修本
龍壁山房詩草十七卷 XX/第 1545 冊
（清）王拯撰
影印科圖藏清同治桂林楊博文堂刻本
龍壁山房文集八卷 XX/第 1545 冊
（清）王拯撰
影印華東師大圖書館藏清光緒七年陳寶箴刻本
賭棋山莊所著書二十五種 XX/第 1545 冊
（清）謝章鋌撰
影印上海辭書藏清光緒刻本
味經山館詩鈔六卷評語一卷 XX/第 1545 冊
（清）戴鈞衡撰
影印上圖藏清道光王祐蕃刻本
味經山館文鈔四卷 XX/第 1545 冊
（清）戴鈞衡撰
影印天津圖書館藏清咸豐三年刻本
帶耕堂遺詩五卷首一卷崇祀錄一卷吳中判牘一卷 XX/第 1545 冊
（清）蒯德模撰
影印華東師大圖書館藏民國十八年刻蒯氏家集本
雪門詩草十四卷 XX/第 1546 冊
（清）許瑤光撰
影印上海辭書藏清同治十三年刻本
通義堂文集十六卷 XX/第 1546 冊
（清）劉毓崧撰
影印民國劉氏刻求恕齋叢書本
養知書屋詩集十五卷養知書屋文集二十八卷 XX/第 1547 冊
（清）郭嵩燾撰
影印上海辭書藏清光緒十八年刻本
鄒徵君存稿一卷 XX/第 1547 冊
（清）鄒伯奇撰
影印復旦圖書館藏清同治十二年鄒達泉刻鄒徵君遺書本
尺岡草堂遺集十二卷 XX/第 1547 冊
（清）陳璞撰
影印復旦圖書館藏清光緒十五年刻本
小匏庵詩存六卷卷末附一卷 XX/第 1548 冊
（清）吳仰賢撰
影印復旦圖書館藏清光緒四年刻本
黃鵠山人詩初鈔十八卷 XX/第 1548 冊
（清）林壽圖撰
影印上海辭書藏清光緒六年刻本
補勤詩存二十四卷首一卷續編五卷 XX/第 1548 冊
（清）陳錦撰
影印華東師大圖書館藏清光緒三年橘蔭軒刻光緒十年增修本
勤餘文牘六卷首一卷續編二卷 XX/第 1548 冊
（清）陳錦撰
影印華東師大圖書館藏清光緒四年刻本
天岳山館文鈔四十卷 XX/第 1549 冊
（清）李元度撰
影印浙江圖書館藏清光緒六年刻本
賓萌集六卷外集四卷春在堂襍文二卷續編五卷三編四卷四編八卷五編八卷六編十卷補遺六卷春在堂詩編二十三卷 XX/第 1550－1551 冊
（清）俞樾撰
影印上海辭書藏清光緒二十五年刻春在堂全書本
雲卧山莊詩集八卷首一卷末一卷 XX/第 1552 冊
（清）郭昆燾撰
影印華東師大圖書館藏清光緒十一年郭氏岵瞻堂刻本
退補齋詩存十六卷首一卷退補齋文存十二卷首一卷 XX/第 1552 冊
（清）胡鳳丹撰
影印復旦圖書館藏清同治十二年退補齋鄂州刻本
退補齋詩存二編十卷退補齋文存二編五卷 XX/第 1552 冊
（清）胡鳳丹撰
影印上圖藏清光緒七年退補齋刻本
陶樓文鈔十四卷 XX/第 1552－1553 冊
（清）黃彭年撰
影印復旦圖書館藏民國十二年章鈺等刻本
微尚齋詩集初編四卷 XX/第 1553 冊
（清）馮志沂撰
影印遼寧省圖書館藏清同治三年廬州郡齋刻本
微尚齋詩續集二卷適適齋文集二卷 XX/第 1553 冊
（清）馮志沂撰
影印科圖藏清同治九年董文渙刻本
求益齋文集八卷 XX/第 1553 冊
（清）強汝詢撰
影印上海辭書藏清光緒二十四年江蘇書局刻求益齋全集本
李文忠公朋僚函稿二十四卷 XX/第 1553－1554 冊
（清）李鴻章撰
影印上圖藏清光緒二十八年蓮池書社鉛印本
退復軒詩四卷 XX/第 1554 冊
（清）錫縝撰
影印遼寧省圖書館藏清末刻本
一鐙精舍甲部藁五卷 XX/第 1554 冊
（清）何秋濤撰
影印華東師大圖書館藏清光緒五年淮南書局刻本
秋蟪吟館詩鈔七卷 XX/第 1554 冊
（清）金和撰
影印民國五年刻本
曾忠襄公文集二卷曾忠襄公批牘五卷曾忠襄公書札二十二卷 XX/第 1554－1555 冊
（清）曾國荃撰
影印上海辭書藏清光緒二十九年曾忠襄公全集本
二知軒詩鈔十四卷 XX/第 1555 冊

(清)方濬頤撰
影印華東師大圖書館藏清同治五年刻本
二知軒詩續鈔十六卷 XX/第 1556 冊
(清)方濬頤撰
影印華東師大圖書館藏清同治刻本
二知軒文存三十四卷
XX/第 1556–1557 冊
(清)方濬頤撰
影印復旦圖書館藏清光緒四年刻本
玉笙樓詩錄十二卷續錄一卷
XX/第 1557 冊
(清)沈壽榕撰
影印清光緒九年刻增修本
壯懷堂詩初稿十卷 XX/第 1557 冊
(清)林直撰
影印清咸豐六年福州刻本
壯懷堂詩二集四卷壯懷堂詩三集十四卷
XX/第 1557 冊
(清)林直撰
影印科圖藏清光緒三十一年羊城刻本
隨山館猥稾十卷續稾二卷雖山館叢稾四卷隨山館尺牘二卷
XX/第 1557–1558 冊
(清)汪瑔撰
影印科圖藏清光緒刻隨山館全集本
六一山房詩集十卷續集十卷
XX/第 1558 冊
(清)董沛撰
影印華東師大圖書館藏清同治十三年刻增修本
正誼堂文集二十四卷行狀一卷
XX/第 1558 冊
(清)董沛撰
影印華東師大圖書館藏清光緒刻本
蘅華館詩錄五卷附存一卷
XX/第 1558 冊
(清)王韜撰
影印上圖藏清光緒六年鉛印弢園叢書本
弢園文錄外編十二卷 XX/第 1558 冊
(清)王韜撰
影印天津圖書館藏清光緒九年鉛印本
白華絳柎閣詩集十卷 XX/第 1559 冊
(清)李慈銘撰
影印上圖藏清光緒十六年刻越縵堂集本
越縵堂詩續集十卷 XX/第 1559 冊
(清)李慈銘撰
影印民國二十四年上海商務印書館鉛印本
越縵堂文集十二卷 XX/第 1559 冊
(清)李慈銘撰
影印民國北平圖書館鉛印本
瓶廬詩稿八卷 XX/第 1559 冊
(清)翁同龢撰
影印浙江圖書館藏民國八年邵松年等刻本
松夢寮詩稿六卷 XX/第 1559 冊
(清)丁丙撰
影印清光緒二十五年丁立中刻本
峴嶕山房詩集十卷 XX/第 1559 冊
(清)董文渙撰
影印山東省圖書館藏清同治九年刻十年增修本
仿潛齋詩鈔十五卷
XX/第 1559–1560 冊
(清)李嘉樂撰
影印山東省圖書館藏清光緒十五年刻本
澤雅堂詩集六卷 XX/第 1560 冊
(清)施補華撰
影印清同治刻本
澤雅堂詩二集十八卷 XX/第 1560 冊
(清)施補華撰
影印科圖藏清光緒十六年兩研齋刻本
澤雅堂文集八卷 XX/第 1560 冊
(清)施補華撰
影印清光緒十九年陸心源刻本
儀顧堂集二十卷 XX/第 1560 冊
(清)陸心源撰
影印清光緒刻本
敬孚類藁十六卷 XX/第 1560–1561 冊
(清)蕭穆撰
影印清光緒三十三年刻本
謫麐堂遺集四卷補遺一卷
XX/第 1561 冊
(清)戴望撰
影印復旦圖書館藏清宣統三年鄧氏鉛印風雨樓叢書本
荔隱山房詩草六卷 XX/第 1561 冊
(清)涂慶瀾撰
影印清光緒三十一年刻本
荔隱山房文略一卷 XX/第 1561 冊
(清)涂慶瀾撰
影印清光緒三十二年刻本
拙尊園叢稿六卷 XX/第 1561 冊
(清)黎庶昌撰
影印浙江圖書館藏清光緒二十一年金陵狀元閣刻本
張文襄公古文二卷張文襄公書札八卷張文襄公駢文二卷張文襄公詩集四卷 XX/第 1561 冊
(清)張之洞撰
影印復旦圖書館藏民國十七年刻張文襄公全集本
庸庵文編四卷庸庵文續編二卷庸庵文外編四卷庸庵海外文編四卷
XX/第 1562 冊
(清)薛福成撰
影印上圖藏清光緒刻庸庵全集本
曾惠敏公文集五卷歸樸齋詩鈔四卷
XX/第 1562 冊
(清)曾紀澤撰
影印上圖藏清光緒十九年江南製造總局鉛印本
偶齋詩草三十六卷 XX/第 1562–1563 冊
(清)寶廷撰
影印科圖藏清光緒二十一年方家澍刻本
桐城吳先生文集四卷桐城吳先生詩集一卷 XX/第 1563 冊
(清)吳汝綸撰
影印上圖藏清光緒三十年王恩紱等刻桐城吳先生全書本
寄簃文存八卷枕碧樓偶存稿十二卷
XX/第 1563 冊
(清)沈家本撰
影印上圖藏民國刻沈寄簃先生遺書本
居易初集二卷 XX/第 1564 冊
(清)經元善撰
影印浙江圖書館藏清光緒二十七年澳門鉛印本
金粟山房詩鈔十卷 XX/第 1564 冊
(清)朱寯瀛撰
影印天津圖書館藏清光緒二十七年刻本
荔村草堂詩鈔十卷 XX/第 1564 冊
(清)譚宗浚撰
影印上圖藏清光緒十八年廖廷相羊城刻本

荔村草堂詩續鈔一卷　XX/第 1564 冊
(清)譚宗浚撰
影印復旦圖書館藏清宣統二年譚祖任京師刻本
希古堂集八卷　XX/第 1564 冊
(清)譚宗浚撰
影印復旦圖書館藏清光緒十六年羊城刻本
許文肅公遺稿十二卷　XX/第 1564 冊
(清)許景澄撰
影印復旦圖書館藏民國七年鉛印本
適可齋記言四卷適可齋記行六卷　XX/第 1565 冊
(清)馬建忠撰
影印清光緒二十二年刻本
王文敏公遺集八卷　XX/第 1565 冊
(清)王懿榮撰
影印民國劉氏刻求恕齋叢書本
佩弦齋文存二卷首一卷佩弦齋駢文存一卷佩弦齋詩存一卷　XX/第 1565 冊
(清)朱一新撰
影印湖北省圖書館藏清光緒二十二年龍氏葆真堂刻拙盦叢稿本
漸西村人初集十三卷　XX/第 1565 冊
(清)袁昶撰
影印清光緒刻本
安般簃詩續鈔十卷　XX/第 1565 冊
(清)袁昶撰
影印清光緒袁氏小漚巢刻本
于湖小集六卷金陵褉事詩一卷　XX/第 1565 冊
(清)袁昶撰
影印清光緒袁氏水明樓刻本
澗於集二十卷　XX/第 1566 冊
(清)張佩綸撰
影印天津圖書館藏民國十五年張氏澗於草堂刻本
人境廬詩草十一卷　XX/第 1566 冊
(清)黃遵憲撰
影印民國鉛印本
籀高遺文二卷　XX/第 1567 冊
(清)孫詒讓撰
影印上圖藏民國十五年石印本
雪虛聲堂詩鈔三卷　XX/第 1567 冊
(清)楊深秀撰
影印上圖藏民國六年上海商務印書館鉛印戊戌六君子遺集本
賀先生文集四卷　XX/第 1567 冊
(清)賀濤撰
影印民國三年徐世昌刻本
鬱華閣遺集四卷　XX/第 1567 冊
(清)盛昱撰
影印上圖藏清光緒三十四年刻本
意園文略二卷附意園事略一卷　XX/第 1567 冊
(清)盛昱撰 (清)楊鍾羲撰
影印復旦圖書館藏清宣統二年楊鍾羲金陵刻本
師伏堂駢文六卷　XX/第 1567 冊
(清)皮錫瑞撰
影印光緒二十一年師伏堂刻本
師伏堂詩草六卷　XX/第 1567 冊
(清)皮錫瑞撰
影印清光緒三十年師伏堂刻本
湘麋閣遺詩四卷　XX/第 1567 冊
(清)陶方琦撰
影印清光緒十六年鄂局刻本
漢孳室文鈔四卷補遺一卷　XX/第 1567 冊
(清)陶方琦撰
影印清光緒十八年徐氏鑄學齋刻本
夷牢溪廬文鈔六卷　XX/第 1567 冊
(清)黎汝謙撰
影印清光緒二十七年羊城刻本
夷牢溪廬詩鈔七卷　XX/第 1567 冊
(清)黎汝謙撰
影印北大圖書館藏清光緒二十五年羊城刻本
范伯子詩集十九卷　XX/第 1568 冊
(清)范當世撰
影印科圖藏清末鉛印本
文道希先生遺詩一卷　XX/第 1568 冊
(清)文廷式撰
影印上圖藏民國十八年葉恭綽鉛印本
衷聖齋文集一卷衷聖齋詩集二卷　XX/第 1568 冊
(清)劉光第撰
影印遼寧省圖書館藏民國三年成都昌福公司鉛印劉楊合刊本
楊叔嶠先生詩集二卷楊叔嶠先生文集一卷　XX/第 1568 冊
(清)楊銳撰
影印科圖藏民國三年成都昌福公司鉛印劉楊合刊本
寥天一閣文二卷莽蒼蒼齋詩二卷補遺一卷遠遺堂集外文二卷　XX/第 1568 冊
(清)譚嗣同撰
影印上圖藏民國六年上海商務印書館鉛印戊戌六君子遺集本
覺顛冥齋內言四卷　XX/第 1568 冊
(清)唐才常撰
影印浙江圖書館藏清光緒二十四年長沙刻本
晚翠軒集一卷補遺一卷外集一卷遺札一卷附錄一卷　XX/第 1568 冊
(清)林旭撰
影印復旦圖書館藏民國鉛印墨巢叢刻本
湘綺樓全集三十卷　XX/第 1568－1569 冊
王闓運撰
影印光緒三十三年墨莊劉氏長沙刻本
可園文存十六卷可園詩存二十八卷可園詞存四卷　XX/第 1569 冊
陳作霖撰
影印復旦圖書館藏清宣統元年刻增修本
石蓮闇詩六卷石蓮闇詞一卷石蓮菴樂府一卷　XX/第 1570 冊
吳重憙撰
影印天津圖書館藏民國五年刻本
晦明軒稿不分卷　XX/第 1570 冊
楊守敬撰
影印上圖藏清光緒二十七年鄰蘇園刻本
虛受堂詩存十六卷　XX/第 1570 冊
王先謙撰
影印上圖藏清光緒二十八年蘇氏刻增修本
虛受堂文集十六卷　XX/第 1570 冊
王先謙撰
影印上圖藏清光緒二十六年刻本
羅浮偫鶴山人詩草二卷外集一卷　XX/第 1570 冊
鄭官應撰
影印上圖藏清宣統元年著易堂鉛印本
缶廬詩四卷別存三卷　XX/第 1570 冊
吳昌碩撰
影印華東師大圖書館藏清光緒十九年刻本
愚齋存稾一百卷首一卷末一卷　XX/第 1571－1573 冊

盛宣懷撰
影印民國二十八年盛恩頤等刻本
藝風堂文集七卷外篇一卷 XX/第1574册
繆荃孫撰
影印科圖藏清光緒二十六年刻本
藝風堂文續集八卷外集一卷 XX/第1574册
繆荃孫撰
影印科圖藏清宣統二年刻民國二年印本
樊山集二十八卷 XX/第1574册
樊增祥撰
影印清光緒十九年渭南縣署刻本
樊山續集二十八卷 XX/第1574-1575册
樊增祥撰
影印清光緒二十八年西安臬署刻本
奇觚廎詩集三卷前集一卷補遺一卷 XX/第1575册
葉昌熾撰
影印上圖藏民國十五年刻本
奇觚廎文集三卷外集一卷 XX/第1575册
葉昌熾撰
影印遼寧省圖書館藏民國十年刻本
八指頭陀詩集十卷述一卷續集八卷八指頭陀襍文一卷 XX/第1575册
釋敬安撰
影印華東師大圖書館藏民國八年北京法源寺刻本
向湖邨舍詩初集十二卷 XX/第1575册
趙藩撰
影印華東師大圖書館藏清光緒十四年長沙刻本
張季子詩錄十卷 XX/第1575册
張謇撰
影印華東師大圖書館藏民國三年鉛印本
抱潤軒文集十卷 XX/第1575册
馬其昶撰
影印上圖藏清宣統元年安徽官紙印刷局石印本
散原精舍詩二卷 XX/第1576册
陳三立撰
影印天津圖書館藏清宣統上海商務印書館鉛印本
石遺室詩集六卷補遺一卷石遺室文集十二卷 XX/第1576册
陳衍撰
影印清刻本
丁戊之閒行卷十卷 XX/第1576册
易順鼎撰
影印上圖藏清光緒五年貴陽刻本
盾墨拾餘十四卷 XX/第1576册
易順鼎撰
影印上圖藏清光緒二十二年刻哭盦叢書本
青郊詩存六卷 XX/第1576册
梁煥奎撰
影印上圖藏民國元年梁煥均長沙刻本
嶺雲海日樓詩鈔十三卷選外集一卷 XX/第1576册
丘逢甲撰
影印復旦圖書館藏民國鉛印本
松壽堂詩鈔十卷 XX/第1577册
陳夔龍撰
影印清宣統三年京師刻本
楚望閣詩集十卷 XX/第1577册
程頌萬撰
影印復旦圖書館藏清光緒二十七年刻本
石巢詩集十二卷 XX/第1577册
程頌萬撰
影印民國十二年武昌刻十髮居士全集本
太炎文錄初編六卷補編一卷 XX/第1577册
章炳麟撰
影印民國浙江圖書館刻章氏叢書本
靜庵文集一卷詩稿一卷 XX/第1577册
王國維撰
影印清光緒三十一年鉛印本
唐寫本文選集注一百二十卷 XX/第1578-1580册
影印唐寫本
文選理學權輿八卷 XX/第1581册
(清)汪師韓撰
影印遼寧省圖書館藏清嘉慶四年刻讀畫齋叢書甲集本
文選理學權輿補一卷 XX/第1581册
(清)孫志祖撰
影印遼寧省圖書館藏清嘉慶四年刻讀畫齋叢書甲集本
文選考異四卷 XX/第1581册
(清)孫志祖撰
影印遼寧省圖書館藏清嘉慶四年讀畫齋叢書甲集本
文選旁證四十六卷 XX/第1581册
(清)梁章鉅撰
影印復旦圖書館藏清道光刻本
文選箋證三十二卷 XX/第1582册
(清)胡紹煐撰
影印清光緒劉世珩刻聚學軒叢書第五集本
文館詞林一千卷 XX/第1582册
(唐)許敬宗撰
影印民國三年張鈞衡刻適園叢書第三集本
文苑英華纂要八十四卷 XX/第1582册
(宋)高似孫輯
影印北圖藏宋刻元修本
七十二家集三百四十六卷附錄七十二卷 XX/第1583-1588册
(明)張燮輯
影印北圖藏明末刻本
玉臺新詠十卷 XX/第1588册
(南朝陳)徐陵輯 (清)吳兆宜注 (清)程際盛删補
影印清乾隆三十九年刻本
六朝詩集五十五卷 XX/第1589册
佚名編
影印明嘉靖刻本
古詩歸十五卷 XX/第1589册
(明)鍾惺 (明)譚元春輯
影印復旦圖書館藏明閔振業三色套印本
唐詩歸三十六卷 XX/第1589-1590册
(明)鍾惺 (明)譚元春輯
影印遼寧省圖書館藏明刻本
絕句衍義四卷絕句辨體八卷絕句附錄一卷唐絕增奇五卷唐絕搜奇一卷六言絕句一卷五言絕句一卷 XX/第1590册
(明)楊慎輯 (明)焦竑批點
影印北圖藏明曼山館刻本
樂府廣序三十卷詩集廣序十卷 XX/第1590册
(明)朱嘉徵撰
影印上海辭書及南圖藏清康熙清遠堂刻本
三十八卷采菽堂古詩選補遺四卷 XX/第1590-1591册

(清)陸心源輯
影印清光緒十四年陸心源刻潛園總集本
新刊國朝二百家名賢文粹三百卷 XX/第1652－1654冊
(宋)佚名輯
影印北圖藏宋慶元三年書隱齋刻本
金文最六十卷 XX/第1654冊
(清)張金吾輯
影印上海辭書藏清光緒二十一年江蘇書局重刻本
金文最拾遺一卷 XX/第1654冊
(清)葉廷琯輯
影印南圖藏稿本
皇明經世文編五百四卷補遺四卷 XX/第1655－1662冊
(明)陳子龍等輯
影印明崇禎平露堂刻本
皇清文穎續編一百八卷首五十六卷目錄十卷 XX/第1663－1667冊
(清)董誥等輯
影印清嘉慶武英殿刻本
國朝駢體正宗十二卷 XX/第1668冊
(清)曾燠輯
影印湖北省圖書館藏清嘉慶十一年賞雨茆屋刻本
國朝駢體正宗續編八卷 XX/第1668冊
(清)張鳴珂輯
影印湖北省圖書館藏清光緒十四年寒松閣刻本
湖海文傳七十五卷 XX/第1668－1669冊
(清)王昶輯
影印清道光十七年經訓堂刻本
國朝文錄八十二卷 XX/第1669－1670冊
(清)李祖陶輯
影印清道光十九年瑞州府鳳儀書院刻本
國朝文錄續編六十六卷附邁堂文畧四卷 XX/第1671－1672冊
(清)李祖陶輯
影印復旦圖書館藏清同治七年李氏刻本
國朝文匯甲前集二十卷甲集六十卷乙集七十卷丙集三十卷丁集二十卷姓氏目錄一卷 XX/第1672－1676冊
(清)沈粹芬(清)黃人等輯
影印清宣統元年上海國學扶輪社石印本
補續全蜀秇文志五十六卷 XX/第1677冊
(明)杜應芳(明)胡承詔輯
影印福建省圖書館藏明萬曆刻本
吳興藝文補七十卷 XX/第1678－1680冊
(明)董斯張輯
影印明崇禎六年刻本
梁園風雅二十七卷 XX/第1680冊
(明)趙彥復輯
影印清康熙四十三年陸廷燦刻本
國朝畿輔詩傳六十卷 XX/第1681冊
(清)陶樑輯
影印山東省圖書館藏清道光十九年紅豆樹館刻本
淮海英靈集二十二卷 XX/第1682冊
(清)阮元輯
影印清嘉慶三年小琅嬛僊館刻本
淮海英靈續集十二卷 XX/第1682冊
(清)王豫(清)阮亨輯
影印復旦圖書館藏清道光刻本
續會稽掇英集五卷 XX/第1682冊
(宋)黃康弼輯
影印浙江圖書館藏清抄本
續耆舊一百四十卷 XX/第1682－1683冊
(清)全祖望輯
影印北圖藏清槎湖草堂抄本
兩浙輶軒錄四十卷 XX/第1683－1684冊
(清)阮元輯
影印山東省圖書館藏清嘉慶仁和朱氏碧溪艸堂錢塘陳氏種榆僊館刻本
兩浙輶軒錄補遺十卷 XX/第1684冊
(清)阮元(清)楊秉初等輯
影印華東師大圖書館藏清嘉慶刻本
兩浙輶軒續錄五十四卷補遺六卷 XX/第1685－1687冊
(清)潘衍桐輯
影印清光緒十七年浙江書局刻本
閩詩錄甲集六卷乙集四卷丙集二十三卷丁集一卷戊集七卷 XX/第1687冊
(清)鄭杰輯 陳衍補訂
影印清宣統三年刻本
江西詩徵九十四卷附刻一卷補遺一卷 XX/第1688－1690冊
(清)曾燠輯
影印復旦圖書館藏清嘉慶九年賞雨茅屋刻本
沅湘耆舊集前編四十卷 XX/第1690冊
(清)鄧顯鶴輯
影印上圖藏清道光二十四年鄧氏小九華山樓刻本
沅湘耆舊集二百卷 XX/第1690－1693冊
(清)鄧顯鶴輯
影印上圖藏清道光二十三年鄧氏南邨艸堂刻本
嶺南羣雅初集三卷二集三卷初補二卷 XX/第1693冊
(清)劉彬華輯
影印浙江圖書館藏清嘉慶十八年玉壺山房刻本
國朝常州駢體文錄三十一卷附結一宧駢體文一卷 XX/第1693冊
屠寄輯
影印復旦圖書館藏清光緒十六年廣東刻本
主客圖一卷附圖考一卷 XX/第1694冊
(唐)張為撰(清)袁甯珍撰
影印浙江圖書館藏民國九年刻豫章叢書本
文鏡秘府論六卷 XX/第1694冊
(唐)日釋遍照金剛撰
影印日本東方文化叢書影印古抄本
陳學士吟窓雜錄五十卷 XX/第1694冊
(題宋)陳應行撰
影印北大圖書館藏明嘉靖二十七年崇文書堂刻本
梅磵詩話三卷 XX/第1694冊
(宋)韋居安撰
影印宛委別藏清抄本
艇齋詩話一卷校譌一卷續校一卷 XX/第1694冊
(宋)曾季貍撰(清)胡珽撰(清)董金鑑撰
影印清光緒十四年會稽董氏取斯堂木活字印琳琅祕室叢書本
深雪偶談一卷 XX/第1694冊
(宋)方嶽撰
影印北圖藏清曹琰抄本
詩法正宗一卷 XX/第1694冊
(元)揭傒斯撰
影印上圖藏清乾隆二十四年敦本堂刻詩學指南本
詩宗正法眼藏一卷 XX/第1694冊
(元)揭傒斯撰

影印上圖藏清乾隆二十四年敦本堂刻詩學指南本
吳禮部詩話一卷　XX/第1694冊
（元）吳師道撰
影印清嘉慶刻知不足齋叢書本
蓮堂詩話二卷校譌一卷續校一卷　XX/第1694冊
（元）祝誠撰（清）胡珽撰（清）董金鑑撰
影印清光緒十四年會稽董氏取斯堂木活字印琳琅祕室叢書本
歸田詩話三卷　XX/第1694冊
（明）瞿佑撰
影印明刻本
菊坡叢話二十六卷　XX/第1695冊
（明）單宇輯
影印明成化刻本
詩學體要類編三卷　XX/第1695冊
（明）宋孟清輯
影印北圖藏明弘治刻本
逸老堂詩話二卷　XX/第1695冊
（明）俞弁撰
影印北圖藏清抄本
詩家直說四卷　XX/第1695冊
（明）謝榛撰
影印北圖藏明萬曆三十九年李本緯刻本
詩法十卷　XX/第1695冊
（明）謝天瑞輯
影印北圖藏明復古齋刻本
新刻增補藝苑卮言十六卷　XX/第1695冊
（明）王世貞撰
影印上圖藏明萬曆十七年武林樵雲書舍刻本
蓉塘詩話二十卷　XX/第1695－1696冊
（明）姜南撰
影印天一閣藏明嘉靖二十二年張國鎮刻本
詩藪二十卷　XX/第1696冊
（明）胡應麟撰
影印明刻本
詩源辯體三十六卷附後集纂要二卷　XX/第1696冊
（明）許學夷撰
影印北圖藏明崇禎十五年陳所學刻本
詩譚十卷續錄一卷　XX/第1696冊
（明）葉廷秀輯評
影印明崇禎胡正言十竹齋刻本
雅倫二十六卷　XX/第1697冊
（清）費經虞撰（清）費密補
影印清康熙四十九年刻本
梅村詩話一卷　XX/第1697冊
（清）吳偉業撰
影印清道光十三年刻婁東雜著本
頑潭詩話二卷補遺一卷附錄一卷　XX/第1697冊
（清）陳瑚輯
影印民國六年崑山趙氏峭帆樓刻峭帆樓叢書本
圍爐詩話六卷　XX/第1697冊
（清）吳喬撰
影印清嘉慶十三年刻本
而菴詩話一卷　XX/第1698冊
（清）徐增撰
影印清道光十三年吳江沈氏世楷堂刻昭代叢書甲集本
薑齋詩話二卷　XX/第1698冊
（清）王夫之撰
影印民國十六年無錫丁氏鉛印清詩話本
原詩四卷　XX/第1698冊
（清）葉燮撰
影印上圖藏清康熙葉氏二棄草堂刻已畦集本
江西詩社宗派圖錄一卷　XX/第1698冊
（清）張泰來撰
影印清道光十三年吳江沈氏世楷堂刻昭代從書戊集續編本
靜志居詩話二十四卷　XX/第1698冊
（清）朱彝尊撰（清）姚祖恩輯
影印清嘉慶二十四年扶荔山房刻本
帶經堂詩話三十卷首一卷　XX/第1698－1699冊
（清）王士禛撰（清）張宗柟輯
影印科圖藏清乾隆二十七年刻本
本事詩十二卷　XX/第1699冊
（清）徐釚撰
影印清光緒十四年邵武徐氏刻本
西江詩話十二卷　XX/第1699冊
（清）裘君弘輯
影印復旦圖書館藏清康熙裘氏妙貫堂刻本
漫堂說詩一卷　XX/第1699冊
（清）宋犖撰
影印清道光十三年吳江沈氏世楷堂刻昭代叢書乙集本
覞齋詩談八卷　XX/第1699冊
（清）張謙宜撰
影印上圖藏清乾隆二十三年法輝祖刻家學堂遺書二種本
耄餘詩話十卷　XX/第1700冊
（清）周春撰
影印上圖藏清抄本
雪夜詩談三卷附明人詩話補一卷國朝詩話補一卷　XX/第1700冊
（清）彭端淑撰
影印北圖藏清乾隆四十二年刻本
柳亭詩話三十卷　XX/第1700冊
（清）宋長白撰
影印清康熙天茁園刻本
杜詩言志十六卷　XX/第1700冊
（清）佚名撰
影印揚州廣陵古籍刻印社校刻本
說詩晬語二卷　XX/第1701冊
（清）沈德潛撰
影印清乾隆刻沈歸愚詩文全集本
李義山詩解不分卷　XX/第1701冊
（清）陸崑曾撰
影印清雍正四年刻本
一瓢詩話一卷　XX/第1701冊
（清）薛雪撰
影印清道光二十四年吳江沈氏世楷堂刻昭代叢書癸集萃編本
蓮坡詩話三卷　XX/第1701冊
（清）查為仁撰
影印清乾隆刻蔗塘外集本
榕城詩話三卷　XX/第1701冊
（清）杭世駿撰
影印清乾隆四十年刻知不足齋叢書本
貞一齋詩說一卷　XX/第1701冊
（清）李重華撰
影印清道光二十四年吳江沈氏世楷堂刻昭代叢書壬集補編本
野鴻詩的一卷　XX/第1701冊
（清）黃子雲撰
影印清道光二十四年吳江沈氏世楷堂刻昭代叢書壬集補編本
劍谿說詩二卷又編一卷附錄一卷附詩一卷　XX/第1701冊
（清）喬億撰

影印科圖藏清乾隆刻本
隨園詩話十六卷補遺十卷 XX/第1701冊
(清)袁枚撰
影印上圖藏清乾隆十四年刻本
涇川詩話三卷 XX/第1701冊
(清)趙知希撰
影印上海辭書藏清道光十二年涇縣趙氏古墨齋刻涇川叢書本
春秋詩話五卷 XX/第1702冊
(清)勞孝輿撰
影印清道光二十五年南海伍氏粵雅堂刻嶺南遺書本
全閩詩話十二卷 XX/第1702冊
(清)鄭方坤編
影印清乾隆詩話軒刻本
詩法指南六卷 XX/第1702冊
(清)蔡鈞輯
影印清乾隆刻本
月山詩話一卷 XX/第1702冊
(清)恒仁撰
影印清嘉慶南匯吳氏聽彝堂刻藝海珠塵本
詩法易簡錄十四卷錄餘緒論一卷附律詩拗體四卷古韻圖說一卷 XX/第1702冊
(清)李鍈撰 (清)李兆元撰附
影印山東省圖書館藏清道光二年刻本
全浙詩話五十四卷 XX/第1703冊
(清)陶元藻輯
影印清嘉慶元年怡雲閣刻本
甌北詩話十二卷 XX/第1704冊
(清)趙翼撰
影印復旦圖書館藏清嘉慶湛貽堂刻本
拜經樓詩話四卷 XX/第1704冊
(清)吳騫撰
影印上圖藏清嘉慶刻愚穀叢書本
石洲詩話八卷 XX/第1704冊
(清)翁方綱撰
影印清嘉慶二十年蔣攸銛刻本
杜詩附記二十卷 XX/第1704冊
(清)翁方綱撰
影印清宣統元年夏勤邦抄本
北江詩話六卷 XX/第1705冊
(清)洪亮吉撰
影印清光緒三年授經堂刻洪北江全集本
梧門詩話十二卷附八旗詩話一卷 XX/第1705冊
(清)法式善撰
影印北圖藏稿本
重刻足本乾嘉詩壇點將錄一卷 XX/第1705冊
(清)舒位撰
影印清宣統三年刻本
吳興詩話十六卷首一卷 XX/第1705冊
(清)戴璐撰
影印民國五年劉氏嘉業堂刻吳興叢書本
快園詩話十六卷 XX/第1705冊
(清)凌霄撰
影印復旦圖書館藏清嘉慶二十五年刻本
靈芬館詩話十二卷續六卷 XX/第1705冊
(清)郭麐撰
影印浙江圖書館藏清嘉慶二十一年孫均刻二十三年增修本
昭昧詹言十卷續八卷續錄二卷 XX/第1705冊
(清)方東樹撰
影印清光緒十七年刻本
閩川閨秀詩話四卷 XX/第1705冊
(清)梁章鉅撰
影印復旦圖書館藏清道光二十九年刻本
海虞詩話十六卷 XX/第1706冊
(清)單學傅撰
影印天津圖書館藏民國四年銅華館鉛印本
香石詩話四卷 XX/第1706冊
(清)黄培芳撰
影印上圖藏清嘉慶十五年嶺海樓刻嘉慶十六年重校本
養一齋詩話十卷 XX/第1706冊
(清)潘德輿撰
影印浙江圖書館藏清道光十六年徐寶善刻本
射鷹樓詩話二十四卷 XX/第1706冊
(清)林昌彝撰
影印復旦圖書館藏清咸豐元年刻本
名媛詩話十二卷續集三卷 XX/第1706冊
(清)沈善寶撰
影印中山大學圖書館藏清光緒鴻雪樓刻本
小匏庵詩話十卷 XX/第1707冊
(清)吳仰賢撰
影印清光緒刻本
湖北詩徵傳略四十卷 XX/第1707冊
(清)丁宿章輯
影印清光緒七年孝感丁氏涇北草堂刻本
筱園詩話四卷 XX/第1708冊
(清)朱庭珍撰
影印浙江圖書館藏清光緒十年刻本
五百石洞天揮麈十二卷 XX/第1708冊
(清)邱煒萲撰
影印清光緒二十五年邱氏粵垣刻本
宋詩紀事補遺一百卷宋詩紀事小傳補正四卷 XX/第1708－1709冊
(清)陸心源撰
影印清光緒刻本
遼詩話二卷 XX/第1710冊
(清)周春撰
影印浙江圖書館藏清嘉慶藏修書屋刻本
元詩紀事二十四卷 XX/第1708冊
陳衍輯
影印浙江圖書館藏清光緒鉛印本
明詩紀事一百八十七卷 XX/第1710－1712冊
陳田輯
影印天津圖書館藏清貴陽陳氏聽詩齋刻本
國朝詩人徵略六十卷 XX/第1712－1713冊
(清)張維屏輯
影印清道光十年刻本
國朝詩人徵略二編六十四卷 XX/第1713冊
(清)張維屏輯
影印復旦圖書館藏清道光二十二年刻本
唐子西文錄一卷 XX/第1713冊
(宋)唐庚撰 (宋)強行父輯
影印上圖藏清乾隆刻歷代詩話本
文筌不分卷 XX/第1713冊
(元)陳繹曾撰
影印清李士棻家抄本
文式二卷古文矜式一卷 XX/第1713冊

(元)陳繹曾撰
影印北圖藏明刻本
文通三十卷閏一卷 XX/第1713－1714册
(明)朱荃宰撰
影印上圖藏明天啟刻本
鐵立文起二十二卷首一卷
XX/第1714册
(清)王之績撰
影印清康熙刻本
西圃文說三卷西圃詩說一卷
XX/第1714册
(清)田同之撰
影印復旦圖書館藏清乾隆刻本
覘齋論文六卷 XX/第1714册
(清)張謙宜撰
影印北圖藏清乾隆二十三年法輝祖刻家學堂遺書二種本
初月樓古文緒論一卷 XX/第1714册
(清)吳德旋撰 (清)呂璜輯
影印科圖藏清宣統武進盛氏刻常州先哲遺書後編本
藝槩六卷 XX/第1714册
(清)劉熙載撰
影印清同治刻古桐書屋六種本
雲莊四六餘話一卷 XX/第1714册
(宋)楊囦道撰
影印宛委別藏清抄本
木石居精校八朝偶雋七卷
XX/第1714册
(明)蔣一葵撰
影印北圖藏明木石居刻本
宋四六話十二卷 XX/第1715册
(清)彭元瑞輯
影印清道光二十六年番禺潘氏刻海山仙館叢書本
四六叢話三十三卷附選詩叢話一卷
XX/第1715册
(清)孫梅輯
影印天津圖書館藏清嘉慶三年吳興舊言堂刻本
賦話十卷 XX/第1715册
(清)李調元撰
影印浙江圖書館藏清乾隆綿州李氏萬卷樓刻嘉慶十四年李鼎元重校印函海本
歷代賦話十四卷續集十四卷附復小齋賦話二卷 XX/第1716册
(清)浦銑輯撰
影印湖北省圖書館藏清乾隆五十三年刻本
全唐文紀事一百二十二卷首一卷
XX/第1716－1717册
(清)陳鴻墀輯
影印天津圖書館藏清同治十二年方功惠廣州刻本
聲律關鍵八卷 XX/第1717册
(宋)鄭起潛撰
影印宛委別藏本
太學新編黼藻文章百段錦二卷
XX/第1717册
(宋)方頤孫輯
影印北圖藏明弘治刻本
游藝塾文規十卷 XX/第1718册
(明)袁黄撰
影印清華大學圖書館藏明萬曆三十年刻本
游藝塾續文規十八卷 XX/第1718册
(明)袁黄撰
影印清華大學圖書館藏明萬曆三十年刻本
應試詩法淺說六卷 XX/第1718册
(清)葉葆撰
影印復旦圖書館藏清乾隆五十四年悔讀齋刻本
制藝叢話二十四卷題名一卷
XX/第1718册
(清)梁章鉅撰
影印浙江圖書館藏清咸豐九年刻本
宋名家詞六十一種九十一卷
XX/第1719－1720册
(明)毛晉編
影印明崇禎毛氏汲古閣刻本
宋金元人詞十八種二十八卷
XX/第1721册
影印北圖藏清光緒三十四年繆荃孫藝風堂抄本
百名家詞鈔一百卷 XX/第1721－1722册
(清)聶先 (清)曾王孫編
影印上圖藏清康熙綠蔭堂刻本
船子和尚撥棹歌一卷 XX/第1722册
(唐)釋德誠撰
影印上圖藏元刻本
陽春集一卷 XX/第1722册
(南唐)馮延巳撰
影印清光緒王鵬運輯刻四印齋所刻詞本
南唐二主詞一卷 XX/第1722册
(南唐)李璟 (南唐)李煜撰
影印上圖藏明萬曆四十八年呂遠墨華齋刻本
樂章集三卷續添曲子一卷
XX/第1722册
(宋)柳永撰
影印北圖藏清勞權抄本
張子野詞二卷補遺二卷 XX/第1722册
(宋)張先撰
影印清乾隆鮑廷博刻知不足齋叢書本
醉翁琴趣外篇六卷 XX/第1722册
(宋)歐陽修撰
影印民國仁和吳氏雙照樓景刊宋金元明本
東山詞二卷 XX/第1722册
(宋)賀鑄撰
影印民國武進陶氏涉園續刊景刊宋金元明本詞四十種本
賀方回詞二卷 XX/第1722册
(宋)賀鑄撰
影印北圖藏民國吳氏雙照樓抄本
詳注周美成詞片玉集十卷
XX/第1722册
(宋)周邦彥撰 (宋)陳元龍注
影印北圖藏宋刻本
樵歌三卷 XX/第1722册
(宋)朱敦儒撰
影印宛委別藏清抄本
漱玉詞一卷補遺一卷附錄一卷
XX/第1722册
(宋)李清照撰
影印清光緒王鵬運輯刻四印齋所刻詞本
稼軒長短句十二卷 XX/第1723册
(宋)辛棄疾撰
影印一九五九年中華書局上海編輯所影印元大德三年廣信書院刻本
稼軒詞補遺一卷 XX/第1723册
(宋)辛棄疾撰
影印民國十一年朱祖謀輯刻彊村叢書本
後村長短句五卷 XX/第1723册
(宋)劉克莊撰
影印民國朱祖謀輯刻彊村叢書本

蘋洲漁笛譜二卷集外詞一卷 XX/第1723冊
(宋)周密撰 (清)江昱疏證
影印上師大圖書館藏清乾隆五十一年江恂刻本
花外集一卷 XX/第1723冊
(宋)王沂孫撰
影印清乾隆鮑廷博刻知不足齋叢書本
山中白雲詞疏證八卷 XX/第1723冊
(宋)張炎撰 (清)江昱疏證
影印民國十一年朱祖謀輯刻彊村叢書本
蕭閑老人明秀集注六卷 XX/第1723冊
(金)蔡松年撰 (金)魏道明注
影印北圖藏金刻本
遺山先生新樂府五卷 XX/第1723冊
(金)元好問撰
影印天津圖書館藏清抄本
無絃琴譜二卷 XX/第1723冊
(元)仇遠撰
影印南圖藏清道光九年孫爾準刻本
古山樂府二卷 XX/第1723冊
(元)張野撰
影印上圖藏清康熙二十八年侯氏亦園刻十名家詞集本
蟻術詞選四卷 XX/第1723冊
(元)邵亨貞撰
影印宛委別藏清抄本
貞居詞一卷 XX/第1723冊
(元)張雨撰
影印清乾隆鮑廷博輯知不足齋叢書本
樂府遺音一卷 XX/第1723冊
(明)瞿佑撰
影印北圖藏明抄本
碧山詩餘二卷 XX/第1723冊
(明)王九思撰
影印明嘉靖刻本
升菴長短句三卷升菴長短句續集三卷 XX/第1723冊
(明)楊慎撰
影印南圖藏明嘉靖刻本
坐隱先生精訂草堂餘意 XX/第1723冊
(明)陳大聲編
影印北圖藏明萬曆汪氏環翠堂刻坐隱先生精訂陳大聲樂府全集七種本
秋佳軒詩餘十二卷 XX/第1723冊
(明)易震吉撰
影印南圖藏明崇禎刻本
梅里詞三卷 XX/第1724冊
(明)朱一是撰
影印北圖藏清初清遠堂刻本
玉琴齋詞一卷 XX/第1724冊
(清)余懷撰
影印華東師大圖書館藏民國十七年南京國學圖書館影印稿本
百末詞六卷 XX/第1724冊
(清)尤侗撰
影印華東師大圖書館藏清康熙刻西堂全集本
鼓棹初集一卷鼓棹二集一卷瀟湘怨詞一卷 XX/第1724冊
(清)王夫之撰
影印上海辭書藏清同治四年曾國荃金陵節署刻船山遺書本
迦陵詞全集三十卷 XX/第1724冊
(清)陳維崧撰
影印清康熙二十八年陳宗石患立堂刻本
萬青閣詩餘三卷 XX/第1724冊
(清)趙吉士撰
影印北圖藏清康熙刻本
曝書亭集詞註七卷 XX/第1724冊
(清)朱彝尊撰 (清)李富孫注
影印清嘉慶十九年校經廎刻本
扶荔詞三卷 XX/第1724冊
(清)丁澎撰
影印福建省圖書館藏清康熙刻本
南耕詞六卷歲寒詞一卷 XX/第1725冊
(清)曹亮武撰
影印上圖藏清康熙刻本
彈指詞二卷 XX/第1725冊
(清)顧貞觀撰
影印上圖藏清乾隆四十九年積書巖刻本
蒼梧詞十二卷 XX/第1725冊
(清)董元愷撰
影印北圖藏清康熙刻本
錦瑟詞三卷 XX/第1725冊
(清)汪懋麟撰
影印科圖藏清康熙刻本
湘瑟詞四卷 XX/第1725冊
(清)錢芳標撰
影印南圖藏清康熙刻本
飴山詩餘一卷 XX/第1725冊
(清)趙執信撰
影印上圖藏清光緒吳氏石蓮庵刻山左人詞本
小山詩餘四卷 XX/第1725冊
(清)王時翔撰
影印北圖藏清乾隆刻本
秋林琴雅四卷 XX/第1725冊
(清)厲鶚撰
影印南圖藏清康熙六十一年刻本
更生齋詩餘二卷 XX/第1725冊
(清)洪亮吉撰
影印北京師大圖書館藏清嘉慶刻更生齋詩集本
有正味齋詞集八卷有正味齋詞續集二卷有正味齋外集二卷 XX/第1725冊
(清)吳錫麒撰
影印山東省圖書館藏清嘉慶刻有正味齋詩集本
茗柯詞一卷 XX/第1725冊
(清)張惠言撰
影印吉林大學圖書館藏清道光刻張臯文箋易詮全集本
靈芬館詞四種七卷 XX/第1725冊
(清)郭麐撰
影印上圖藏清光緒五年許增刻本
柯家山館詞三卷 XX/第1725冊
(清)嚴元照撰
影印復旦圖書館藏清光緒陸心源刻湖州叢書本
玉壺山房詞選二卷 XX/第1725冊
(清)改琦撰
影印上圖藏稿本
存審軒詞二卷 XX/第1726冊
(清)周濟撰
影印科圖藏清光緒十八年周恭壽刻求志堂存稿匯編本
齊物論齋詞一卷 XX/第1726冊
(清)董士錫撰
影印上師大圖書館藏清道光刻受經堂匯稿本
心日齋詞集六卷 XX/第1726冊
(清)周之琦撰
影印遼寧省圖書館藏清刻本
拜石山房詞鈔四卷 XX/第1726冊
(清)顧翰撰
影印上海辭書藏清光緒十五年許增榆園刻本

定盦詞五卷 XX/第1726冊
(清)龔自珍撰
影印北圖藏清抄本
清夢盦二白詞五卷 XX/第1726冊
(清)沈傳桂撰
影印上海辭書藏清道光二十五年刻本
真松閣詞六卷 XX/第1726冊
(清)楊夔生撰
影印吉林大學圖書館藏清道光十四年刻本
憶雲詞四卷刪存一卷 XX/第1726冊
(清)項廷紀撰
影印上海辭書藏清光緒十九年許增榆園刻本
東海漁歌六卷 XX/第1726冊
(清)顧春撰
影印日本内藤炳卿所藏鈔本
疎影樓詞五卷 XX/第1726冊
(清)姚燮撰
影印天一閣藏稿本
疏影樓詞續鈔一卷 XX/第1726冊
(清)姚燮撰
影印北圖藏稿本
倚晴樓詩餘四卷 XX/第1726冊
(清)黃燮清撰
影印復旦圖書館藏清同治六年刻本
芬陀利室詞集五卷 XX/第1726冊
(清)蔣敦復撰
影印上師大圖書館藏清光緒十一年王韜淞隱廬刻本
憶江南館詞一卷 XX/第1726冊
(清)陳澧撰
影印上圖藏民國三年汪氏微尚齋刻本
采香詞四卷 XX/第1727冊
(清)杜文瀾撰
影印上海辭書藏清咸豐曼陀羅華閣刻本
空青館詞稾三卷 XX/第1727冊
(清)邊浴禮撰
影印北大圖書館藏清刻本
藤香館詞一卷 XX/第1727冊
(清)蔣時雨撰
影印南圖藏清同治五年刻本
水雲樓詞二卷 XX/第1727冊
(清)蔣春霖撰
影印北大圖書館藏清咸豐曼陀羅華閣刻本
水雲樓詞續一卷 XX/第1727冊
(清)蔣春霖撰
影印復旦圖書館藏清同治十二年刻本
酒邊詞八卷 XX/第1727冊
(清)謝章鋌撰
影印吉林大學圖書館藏清光緒十五年刻賭棋山莊所著書本
秋夢盦詞鈔二卷續一卷再續一卷 XX/第1727冊
(清)葉衍蘭撰
影印遼寧省圖書館藏清光緒十六年羊城刻後印本
東鷗草堂詞二卷 XX/第1727冊
(清)周星譽撰
影印上圖藏清光緒十二年金武祥刻本
新蘅詞六卷外集一卷 XX/第1727冊
(清)張景祁撰
影印南圖藏清光緒九年百億梅花仙館刻本
寒松閣詞四卷 XX/第1727冊
(清)張鳴珂撰
影印上圖藏清光緒十年江西書局刻本
中白詞四卷 XX/第1727冊
(清)莊棫撰
影印南圖藏民國刻本
復堂詞三卷 XX/第1727冊
(清)譚獻撰
影印上海辭書藏清同治刻復堂類集本
半塘定稾二卷半塘賸稾一卷 XX/第1727冊
(清)王鵬運撰
影印上海辭書藏清光緒三十二年朱祖謀刻本
雲起軒詞鈔一卷 XX/第1727冊
(清)文廷式撰
影印華東師大圖書館藏清光緒三十三年徐乃昌刻本
樵風樂府九卷 XX/第1727冊
鄭文焯撰
影印上圖藏吳昌綬雙照樓刻本
蕙風詞二卷 XX/第1727冊
況周頤撰
影印遼寧省圖書館藏民國刻惜陰堂叢書本
彊邨語業三卷彊邨詞賸稿二卷彊邨集外詞一卷 XX/第1727冊
朱祖謀撰
影印民國刻彊村遺書本
金奩集一卷 XX/第1728冊
(題唐)溫庭筠撰
影印民國十一年朱祖謀輯刻彊村叢書本
雲謠集雜曲子一卷 XX/第1728冊
(唐)佚名輯
影印民國十一年朱祖謀輯刻彊村叢書本
增修箋注妙選羣英草堂詩餘前集二卷後集二卷 XX/第1728冊
(宋)何士信輯
影印上圖藏明洪武二十五年遵正書堂刻本
類選箋釋草堂詩餘六卷類選箋釋續選草堂詩餘二卷類編箋釋國朝詩餘五卷 XX/第1728冊
(明)顧從敬 (明)錢允治輯 (明)錢允治 (明)陳仁錫箋釋
影印上圖藏明萬曆四十二年刻本
陽春白雪八卷外集一卷 XX/第1728冊
(宋)趙聞禮輯
影印宛委別藏清抄本
精選名儒草堂詩餘三卷 XX/第1728冊
(元)鳳林書院輯
影印北圖藏元刻本
古今詞統十六卷雜説一卷附一卷 XX/第1728－1729冊
(明)卓人月 (明)徐士俊輯
影印上圖藏明崇禎刻本
倚聲初集二十卷前編四卷 XX/第1729冊
(清)鄒祇謨 (清)王士禛輯
影印南圖藏清順治十七年刻本
今詞初集二卷 XX/第1729冊
(清)顧貞觀 (清)納蘭性德輯
影印上圖藏清康熙刻本
林下詞選十四卷 XX/第1729冊
(清)周銘輯
影印湖南省圖書館藏清康熙十年刻本
瑤華集二十二卷附二卷 XX/第1730冊
(清)蔣景祁輯
影印清康熙二十五年刻本
詞綜補遺二十卷 XX/第1730冊
(清)陶樑輯
影印吉林大學圖書館藏清道光十四年陶氏紅豆樹館刻本

明詞綜十二卷 XX/第 1730 冊
(清)朱彝尊(清)王昶輯
影印上圖藏清嘉慶七年王氏三泖漁莊刻本
國朝詞綜四十八卷國朝詞綜二集八卷 XX/第 1731 冊
(清)王昶輯
影印上海辭書藏清嘉慶七年王氏三泖漁莊刻增修本
國朝詞綜續編二十四卷 XX/第 1731 冊
(清)黄燮清輯
影印南圖藏清同治十二年刻本
國朝詞綜補五十八卷 XX/第 1732 冊
(清)丁紹儀輯
影印南圖藏清光緒刻前五十八卷本
詞選二卷續詞選二卷 XX/第 1732 冊
(清)張惠言輯(清)董毅輯
影印上圖藏清道光十年宛鄰書屋刻本
詞辨二卷附介存齋論詞雜箸一卷 XX/第 1732 冊
(清)周濟撰
影印科圖藏清光緒四年刻本
宋四家詞選一卷 XX/第 1732 冊
(清)周濟輯
影印清同治十二年潘祖蔭刻滂喜齋叢書本
篋中詞六卷續四卷 XX/第 1732－1733 冊
(清)譚獻輯
影印清光緒八年刻本
詞源二卷 XX/第 1733 冊
(宋)張炎撰
影印上海辭書藏清道光八年秦恩復刻詞學叢書本
詞旨一卷 XX/第 1733 冊
(元)陸輔之撰(清)胡元儀釋(民國)陳去病補釋
影印遼寧省圖書館藏民國陳氏排印笠澤詞徵附印本
辭品六卷拾遺一卷 XX/第 1733 冊
(明)楊慎撰
影印北圖藏明刻本
七頌堂詞繹一卷 XX/第 1733 冊
(清)劉體仁撰
影印清道光蔣氏輯刻別下齋叢書本
花草蒙拾一卷 XX/第 1733 冊
(清)王士禛撰
影印清道光十四年沈氏世楷堂刻昭代叢書本
古今詞話八卷 XX/第 1733 冊
(清)沈雄撰
影印湖南省圖書館藏清康熙澄暉堂刻本
靈芬館詞話二卷 XX/第 1733 冊
(清)郭麐撰
影印上圖藏民國二十三年鉛印詞話叢編本
詞苑萃編二十四卷 XX/第 1733 冊
(清)馮金伯輯
影印清嘉慶刻本
蓮子居詞話四卷 XX/第 1734 冊
(清)吳衡照撰
影印浙江大學圖書館藏清嘉慶刻本
聽秋聲館詞話二十卷 XX/第 1734 冊
(清)丁紹儀撰
影印南圖藏清同治八年刻本
憩園詞話六卷 XX/第 1734 冊
(清)杜文瀾撰
影印福建師大圖書館藏清抄本
詞學集成八卷 XX/第 1735 冊
(清)江順詒輯
影印上海辭書藏清光緒刻本
賭棋山莊詞話十二卷續編五卷 XX/第 1735 冊
(清)謝章鋌撰
影印吉林大學圖書館藏清光緒十年陳寶琛南昌使廨刻賭棋山莊全集本
芬陀利室詞話三卷 XX/第 1735 冊
(清)蔣敦復撰
影印科圖藏清光緒刻本
白雨齋詞話八卷 XX/第 1735 冊
(清)陳廷焯撰
影印清光緒二十年刻本
人間詞話二卷 XX/第 1735 冊
王國維撰
影印上海辭書藏民國十六年羅振玉編印海寧王忠愨公遺書本
蕙風詞話五卷 XX/第 1735 冊
況周頤撰
影印上圖藏民國刻惜陰堂叢書本
詞學筌蹄八卷 XX/第 1735 冊
(明)周瑛撰
影印上圖藏清初抄本
詩餘圖譜六卷補遺六卷 XX/第 1735 冊
(明)張綖撰(明)謝天瑞撰
影印北圖藏明萬曆二十七年謝天瑞刻本
嘯餘譜十一卷 XX/第 1736 冊
(明)程明善撰
影印明萬曆刻本
詞律拾遺八卷 XX/第 1736 冊
(清)徐本立撰
影印遼寧省圖書館藏清同治十二年刻本
碎金詞譜十四卷碎金續譜六卷碎金詞韻四卷 XX/第 1737 冊
(清)謝元淮撰
影印湖北省圖書館藏清道光刻朱墨套印本
蕙風詞話　詞林韻釋一卷 XX/第 1737 冊
影印上圖藏清光緒二十九年徐乃昌影刻宋菉斐軒本
學宋齋詞韻一卷 XX/第 1737 冊
(清)吳烺(清)江昉等輯
影印南圖藏清乾隆刻本
榕園詞韻一卷 XX/第 1737 冊
(清)吳寧撰
影印科圖藏清乾隆刻本
詞林正韻三卷發凡一卷 XX/第 1737 冊
(清)戈載撰
影印北大圖書館藏清道光翠薇花館刻本
劉知遠諸宫調十二卷 XX/第 1738 冊
影印金刻本
古本董解元西厢記八卷 XX/第 1738 冊
(金)董解元撰
影印明嘉靖刻本
雲莊張文忠公休居自適小樂府一卷 XX/第 1738 冊
(元)張養浩撰
影印北大圖書館藏明成化十九年邊靖之刻本
喬夢符小令一卷 XX/第 1738 冊
(元)喬吉撰(明)李開先輯
影印中國藝術研究院戲曲研究所藏清抄本
新刊張小山北曲聯樂府三卷外集一卷補遺一卷 XX/第 1738 冊
(元)張可久撰(清)勞平甫校
影印南圖藏清勞平甫抄本
坐隱先生精訂梨雲寄傲二卷坐隱先生

精訂秋碧軒稿一卷坐隱先生精訂可雪齋稿一卷坐隱先生精訂月香亭稿一卷坐隱先生精訂滑稽餘韻一卷 XX/第 1738 冊
(明)陳鐸撰 (明)汪廷訥訂
影印北圖及中國藝術研究院戲曲研究所藏明萬曆三十九年環翠堂刻坐隱先生精訂陳大聲樂府全集本
碧山樂府四卷 XX/第 1738 冊
(明)王九思撰
影印明崇禎刻本
王西樓先生樂府一卷 XX/第 1738 冊
(明)王磐撰
影印南圖藏明嘉靖三十年張守中刻本
沜東樂府二卷 XX/第 1738 冊
(明)康海撰
影印北大圖書館藏明嘉靖三年康浩刻本
蕭爽齋樂府一卷 XX/第 1738 冊
(明)金鑾撰
影印民國二十三年飲虹簃刻本
海浮山堂詞稿四卷 XX/第 1738 冊
(明)馮惟敏撰
影印中國藝術研究院戲曲研究所藏明嘉靖四十五年刻本
江東白苧二卷續江東白苧二卷 XX/第 1739 冊
(明)梁辰魚撰
影印上海辭書藏明末刻本
良辰樂事不分卷 XX/第 1739 冊
(明)劉效祖撰
影印北圖藏清康熙二十九年劉芳永刻本
林石逸興十卷 XX/第 1739 冊
(明)薛論道撰
影印北圖藏明萬曆刻本
秋水庵花影集五卷 XX/第 1739 冊
(明)施紹莘撰
影印科圖藏明末刻本
鞠通樂府五卷 XX/第 1739 冊
(清)沈自晉撰
影印北圖藏吳梅抄本
坦庵樂府黍香集三卷 XX/第 1739 冊
(清)徐石麒撰
影印北圖藏清順治南湖香書堂刻坦庵詞曲本
冬心先生自度曲一卷 XX/第 1739 冊
(清)金農撰
影印北圖藏清乾隆刻本
樂府新編陽春白雪前集五卷後集五卷 XX/第 1739 冊
(元)楊朝英輯
影印北圖藏明刻本
朝野新聲太平樂府九卷 XX/第 1739 冊
(元)楊朝英輯
影印北圖藏明刻本
中州樂府音韻類編一卷 XX/第 1739 冊
(元)卓從之編
影印北圖藏明刻本
梨園按試樂府新聲三卷 XX/第 1739 冊
(元)佚名輯
影印民國二十五年上海商務印書館四部叢刊三編影印元刻本
詞林摘艷十卷 XX/第 1740 冊
(明)張祿輯
影印明嘉靖四年刻本
雍熙樂府二十卷 XX/第 1740－41 冊
(明)郭勛輯
影印民國上海商務印書館影印明嘉靖四十五年刻本
新鐫古今大雅北宮詞紀六卷新鐫古今大雅南宮詞紀六卷 XX/第 1741 冊
(明)陳所聞輯
影印中國藝術研究院戲曲研究所藏明萬曆刻本
南北詞廣韻選十九卷 XX/第 1742－1743 冊
(明)徐復祚輯
影印北圖藏清抄本
白雪齋選訂樂府吳騷合編四卷衡曲塵談一卷曲律一卷 XX/第 1743 冊
(明)張楚叔 (明)張旭初輯
影印民國二十三年上海商務印書館四部叢刊續編影印明崇禎十年張師齡刻本
太霞新奏十四卷 XX/第 1744 冊
(明)馮夢龍輯
影印明天啟刻本
南音三籟四卷 XX/第 1744 冊
(明)凌濛初輯
影印明刊本
山歌十卷 XX/第 1744 冊
(明)馮夢龍輯
影印明崇禎刻本
霓裳續譜八卷首一卷 XX/第 1744 冊
(清)王廷紹輯
影印中國藝術研究院戲曲研究所藏清乾隆集賢堂刻本
白雪遺音四卷 XX/第 1745 冊
(清)華廣生輯
影印北圖藏清道光八年玉慶堂刻本
明成化說唱詞話十六種十九卷傳奇一卷 XX/第 1745 冊
影印明成化永順書堂刻本
孝義真蹟珍珠塔六卷 XX/第 1745 冊
影印中國藝術研究院戲曲研究所藏清道光二十九年維揚三槐堂刻本
再生緣全傳二十卷 XX/第 1745－1747 冊
(清)陳端生撰
影印中國藝術研究院戲曲研究所藏清道光二年寶寧堂刻本
中州全韻十九卷 XX/第 1747 冊
(明)范善溱撰
影印首都圖書館藏清抄本
音韻須知二卷 XX/第 1747 冊
(清)李書雲輯 (清)朱素臣校
影印上海辭書藏清刻本
中州音韻輯要二十一卷 XX/第 1747 冊
(清)王鵕撰
影印上海辭書藏清乾隆四十九年崑山載德堂刻本
韻學驪珠二卷 XX/第 1747 冊
(清)沈乘麐撰
影印華東師大圖書館藏清嘉慶元年枕流居刻本
太和正音譜二卷 XX/第 1747 冊
(明)朱權撰
影印民國九年影抄明洪武本
廣輯詞隱先生增定南九宮詞譜二十六卷 XX/第 1747－1748 冊
(明)沈璟撰 (清)沈自晉重定
影印浙江圖書館藏清初刻本
一笠菴北詞廣正譜十八卷附南戲北詞正謬一卷 XX/第 1748 冊
(清)徐慶卿輯 (清)李玉更定
影印清青蓮書屋刻本
彙纂元譜南曲九宮正始不分卷 XX/第 1748－1750 冊
(清)徐慶卿輯 (清)鈕少雅訂
影印清抄本
寒山曲譜不分卷 XX/第 1750 冊

(清)張彝宣輯
影印北大圖書館藏抄本
寒山堂新定九宮十三攝南曲譜五卷 XX/第 1750 冊
(清)張彝宣輯
影印中國藝術研究院戲曲研究所藏抄本
新編南詞定律十三卷首一卷 XX/第 1751 – 1753 冊
(清)呂士雄等輯
影印中國藝術研究院戲曲研究所藏清康熙刻本
新定十二律京腔譜十六卷新定宗北歸音五卷新定考正音韻大全一卷新定重較問奇一覽二卷 XX/第 1753 冊
(清)王正祥撰
影印湖南省圖書館及中國藝術研究院戲曲研究所及南圖藏清康熙停雲室刻本
新定九宮大成南北詞宮譜八十一卷閏一卷目錄三卷 XX/第 1753 – 1756 冊
(清)周祥鈺 (清)鄒金生等輯
影印中國藝術研究院戲曲研究所藏民國十二年古書流通處影印清乾隆十一年刻本
納書楹曲譜正集四卷續集四卷外集二卷補遺四卷納書楹四夢全譜八卷 XX/第 1756 – 1757 冊
(清)葉堂撰
影印清乾隆納書楹刻本
遏雲閣曲譜不分卷 XX/第 1757 – 1758 冊
(清)王錫純輯 (清)李秀雲拍正
影印清刻本
曲品三卷附一卷 XX/第 1758 冊
(明)呂天成撰
影印清華大學圖書館藏清乾隆五十六年楊志鴻抄本
遠山堂劇品不分卷遠山堂曲品不分卷 XX/第 1758 冊
(明)祁彪佳撰
影印北圖藏明抄本
青樓集一卷 XX/第 1758 冊
(元)夏庭芝撰
影印科圖藏明鈔說集本
南詞敘錄一卷 XX/第 1758 冊
(明)徐渭撰
影印民國六年董氏刻讀曲叢刊本
曲律四卷 XX/第 1758 冊
(明)王驥德撰
影印北圖藏明天啟五年毛以燧刻本
樂府傳聲不分卷 XX/第 1758 冊
(清)徐大椿撰
影印湖北省圖書館藏清刻本
劇說六卷 XX/第 1758 – 1759 冊
(清)焦循撰
影印北圖藏稿本
花部農譚一卷 XX/第 1759 冊
(清)焦循撰
影印北圖藏稿本
顧誤錄一卷 XX/第 1759 冊
(清)王德暉 徐沅瀓撰
影印中國藝術研究院戲曲研究所藏清咸豐九年北京篆雲齋刻本
錄鬼簿二卷錄鬼簿續編一卷 XX/第 1759 冊
(元)鍾嗣成撰
影印天一閣舊藏抄本
今樂攷證十二卷 XX/第 1759 冊
(清)姚燮撰
影印一九三六年北大影印稿本
古今雜劇三十種 XX/第 1760 冊
影印日本大正三年(1914)京都帝國大學影元刻本
古杭新刊關目的本李太白貶夜郎 XX/第 1760 冊
新刊關目嚴子陵垂釣七里灘 XX/第 1760 冊
大都新編楚昭王疎者下船 XX/第 1760 冊
古杭新刊的本尉遲恭三奪搠 XX/第 1760 冊
古杭新刊的本關目風月紫雲庭 XX/第 1760 冊
大都新編關張雙赴西蜀夢 XX/第 1760 冊
新刊關目詐妮子調風月 XX/第 1760 冊
新刊的本泰華山陳摶高卧 XX/第 1760 冊
新刊關目全蕭何追韓信 XX/第 1760 冊
大都新編關目公孫汗衫記 XX/第 1760 冊
新刊關目看錢奴買冤家債主 XX/第 1760 冊
新刊關目漢高皇濯足氣英布 XX/第 1760 冊
新編足本關目張千替殺妻 XX/第 1760 冊
古杭新刊關目霍光鬼諫 XX/第 1760 冊
新刊關目張鼎智勘魔合羅 XX/第 1760 冊
古杭新刊的本關大王單刀會 XX/第 1760 冊
新編關目晉文公火燒介子推 XX/第 1760 冊
新刊關目閨怨佳人拜月亭 XX/第 1760 冊
新刊關目馬丹陽三度任風子 XX/第 1760 冊
趙氏孤兒 XX/第 1760 冊
新刊的本薛仁貴衣錦還鄉 XX/第 1760 冊
古杭新刊關目輔成王周公攝政 XX/第 1760 冊
新刊關目好酒趙元遇上皇 XX/第 1760 冊
新刊關目陳季卿悟道竹葉舟 XX/第 1760 冊
新刊關目諸葛亮博望燒屯 XX/第 1760 冊
大都新刊關目的本東窗事犯 XX/第 1760 冊
古杭新刊小張屠焚兒救母 XX/第 1760 冊
新刊的本散家財天賜老生兒 XX/第 1760 冊
新刊死生交范張雞黍 XX/第 1760 冊
新編岳孔目借鐵枴李還魂 XX/第 1760 冊
改定元賢傳奇十六卷 XX/第 1760 冊
(明)李開先輯
影印南圖藏明嘉靖刻本
江州司馬青衫淚 XX/第 1760 冊
(元)馬致遠撰
西華山陳摶高卧 XX/第 1760 冊
(元)馬致遠撰
杜牧之詩酒揚州夢 XX/第 1760 冊

（元）喬夢符撰
唐明皇秋夜梧桐雨 XX/第 1760 册
（元）白仁甫撰
玉簫女兩世姻緣 XX/第 1760 册
（元）喬夢符撰
劉晨阮肇悞入天台 XX/第 1760 册
（元）王子一撰
元曲選一百卷 XX/第 1760－1762 册
（明）臧懋循輯
影印浙江圖書館藏明萬曆刻本
破幽夢孤雁漢宫秋雜劇
XX/第 1760 册
（元）馬致遠撰
李太白匹配金錢記雜劇
XX/第 1760 册
（元）喬孟符撰
包待制陳州糶米雜劇 XX/第 1760 册
（元）佚名撰
玉清庵錯送鴛鴦被雜劇
XX/第 1760 册
（元）佚名撰
隨何賺風魔蒯通雜劇 XX/第 1760 册
（元）佚名撰
溫太真玉鏡臺雜劇 XX/第 1760 册
（元）關漢卿撰
楊氏女殺狗勸夫雜劇 XX/第 1760 册
（元）佚名撰
相國寺公孫合汗衫雜劇
XX/第 1760 册
（元）張國賓撰
錢大尹智寵謝天香雜劇
XX/第 1760 册
（元）關漢卿撰
爭報恩三虎下山雜劇 XX/第 1760 册
（元）佚名撰
張天師斷風花雪月雜劇
XX/第 1760 册
（元）吳昌齡撰
趙盼兒風月救風塵雜劇
XX/第 1760 册
（元）關漢卿撰
東堂老勸破家子弟雜劇
XX/第 1760 册
（元）秦簡夫撰
同樂院燕青博魚雜劇 XX/第 1760 册
（元）李文蔚撰

臨江驛瀟湘秋夜雨雜劇
XX/第 1760 册
（元）楊顯之撰
李亞鮮花酒曲江池雜劇
XX/第 1760 册
（元）石君寶撰
楚昭公疎者下船雜劇 XX/第 1760 册
（元）鄭廷玉撰
龐居士誤放來生債雜劇
XX/第 1760 册
（元）佚名撰
薛仁貴榮歸故里雜劇 XX/第 1760 册
（元）張國賓撰
裴少俊牆頭馬上雜劇 XX/第 1760 册
（元）白仁甫撰
唐明皇秋夜梧桐雨雜劇
XX/第 1760 册
（元）白仁甫撰
散家財天賜老生兒雜劇
XX/第 1760 册
（元）武漢臣撰
硃砂擔滴水浮漚記雜劇
XX/第 1760 册
（元）佚名撰
便宜行事虎頭牌雜劇 XX/第 1761 册
（元）李直夫撰
包龍圖智賺合同文字雜劇
XX/第 1761 册
（元）佚名撰
凍蘇秦衣錦還鄉雜劇 XX/第 1761 册
（元）佚名撰
翠紅鄉兒女兩團圓雜劇
XX/第 1761 册
（元）楊文奎撰
李素蘭風月玉壺春雜劇
XX/第 1761 册
（元）武漢臣撰
呂洞賓度鐵拐李岳雜劇
XX/第 1761 册
（元）岳伯川撰
小尉遲將鬬將認父歸朝雜劇
XX/第 1761 册
（元）佚名撰
陶學士醉寫風光好雜劇
XX/第 1761 册
（元）戴善夫撰
魯大夫秋胡戲妻雜劇 XX/第 1761 册

（元）石君實撰
神奴兒大鬧開封府雜劇
XX/第 1761 册
（元）佚名撰
半夜雷轟薦福碑雜劇 XX/第 1761 册
（元）馬致遠撰
謝金吾詐拆清風府雜劇
XX/第 1761 册
（元）佚名撰
呂洞賓三醉岳陽樓雜劇
XX/第 1761 册
（元）馬致遠撰
包待制三勘蝴蝶夢雜劇
XX/第 1761 册
（元）關漢卿撰
說鱄諸伍員吹簫雜劇 XX/第 1761 册
（元）李壽卿撰
河南府張鼎勘頭巾雜劇
XX/第 1761 册
（元）孫仲章撰
黑旋風雙獻功雜劇 XX/第 1761 册
（元）高文秀撰
迷青瑣倩女離魂雜劇 XX/第 1761 册
（元）鄭德輝撰
西華山陳摶高臥雜劇 XX/第 1761 册
（元）馬致遠撰
龐涓夜走馬陵道雜劇 XX/第 1761 册
（元）佚名撰
救孝子賢母不認屍雜劇
XX/第 1761 册
（元）王仲文撰
邯鄲道省悟黃粱夢雜劇
XX/第 1761 册
（元）馬致遠撰
杜牧之詩酒揚州夢雜劇
XX/第 1761 册
（元）喬孟符撰
最思鄉王粲登樓雜劇 XX/第 1761 册
（元）鄭德輝撰
昊天塔孟良盜骨雜劇 XX/第 1761 册
（元）佚名撰
包待制智斬魯齋郎雜劇
XX/第 1761 册
（元）關漢卿撰
朱太守風雪漁樵記雜劇
XX/第 1761 册
（元）佚名撰

真傀儡 XX/第1764冊
(明)佚名撰
鞭歌妓 XX/第1764冊
(明)沈自徵撰
鄭節度殘唐再創 XX/第1764冊
(明)孟稱舜撰
盛明雜劇初集三十卷 XX/第1764冊
(明)沈泰輯
影印民國七年誦芬室刻本
卷一高唐夢 XX/第1764冊
(明)汪道昆撰
卷二五湖遊 XX/第1764冊
(明)汪道昆撰
卷三遠山戲 XX/第1764冊
(明)汪道昆撰
卷四洛水悲 XX/第1764冊
(明)汪道昆撰
卷五漁陽三劃 XX/第1764冊
(明)徐渭撰
卷六翠鄉夢 XX/第1764冊
(明)徐渭撰
卷七雌木蘭 XX/第1764冊
(明)徐渭撰
卷八女狀元 XX/第1764冊
(明)徐渭撰
卷九昭君出塞 XX/第1764冊
(明)陳與郊撰
卷十文姬入塞 XX/第1764冊
(明)陳與郊撰
卷十一袁氏義父 XX/第1764冊
(明)陳與郊撰
卷十二霸廷秋 XX/第1764冊
(明)沈自徵撰
卷十三鞭歌妓 XX/第1764冊
(明)沈自徵撰
卷十四簪花髻 XX/第1764冊
(明)沈自徵撰
卷十五北邙說法 XX/第1764冊
(明)葉憲祖撰
卷十六團花鳳 XX/第1764冊
(明)葉憲祖撰
卷十七桃花人面 XX/第1764冊
(明)孟稱舜撰
卷十八死裏逃生 XX/第1764冊
(明)孟稱舜撰
卷十九中山狼 XX/第1764冊
(明)康海撰
卷二十鬱輪袍 XX/第1764冊
(明)王衡撰
卷二十一紅線女 XX/第1764冊
(明)梁辰魚撰
卷二十二崑崙奴 XX/第1764冊
(明)梅鼎祚撰
卷二十三花舫緣 XX/第1764冊
(明)孟稱舜撰
卷二十四春波影 XX/第1764冊
(明)徐翽撰
卷二十五廣陵月 XX/第1764冊
(明)汪廷訥撰
卷二十六真傀儡 XX/第1764冊
(明)無名氏撰
卷二十七男王后 XX/第1764冊
(明)秦漢外史撰
卷二十八再生緣 XX/第1764冊
(明)蘅蕪室撰
卷二十九一文錢 XX/第1764冊
(明)破慳道人撰
卷三十齊東絕倒 XX/第1764冊
(明)竹癡居士撰
盛明雜劇二集三十卷 XX/第1765冊
(明)沈泰輯
影印民國十四年董氏誦芬室刻本
卷一風月牡丹仙 XX/第1765冊
(明)周藩憲王撰
卷二香囊怨 XX/第1765冊
(明)周藩憲王撰
卷三武陵春 XX/第1765冊
(明)許潮撰
卷四蘭亭會 XX/第1765冊
(明)楊慎撰
卷五寫風情 XX/第1765冊
(明)許潮撰
卷六午日吟 XX/第1765冊
(明)許潮撰
卷七南樓月 XX/第1765冊
(明)許潮撰
卷八赤壁遊 XX/第1765冊
(明)許潮撰
卷九龍山宴 XX/第1765冊
(明)許潮撰
卷十同甲會 XX/第1765冊
(明)許潮撰
卷十一易水寒 XX/第1765冊
(明)葉憲祖撰
卷十二夭桃紈扇 XX/第1765冊
(明)葉憲祖撰
卷十三碧蓮繡符 XX/第1765冊
(明)葉憲祖撰
卷十四丹桂鈿合 XX/第1765冊
(明)葉憲祖撰
卷十五素梅玉蟾 XX/第1765冊
(明)葉憲祖撰
卷十六有情癡 XX/第1765冊
(明)徐陽輝撰
卷十七脫囊穎 XX/第1765冊
(明)徐陽輝撰
卷十八曲江春 XX/第1765冊
(明)王九思撰
卷十九魚兒佛 XX/第1765冊
(明)寓山居士撰
卷二十雙鶯傳 XX/第1765冊
(明)幔亭僊史撰
卷二十一不伏老 XX/第1765冊
(明)馮氏撰
卷二十二虬髯翁 XX/第1765冊
(明)凌濛初撰
卷二十三英雄成敗 XX/第1765冊
(明)孟稱舜撰
卷二十四紅蓮債 XX/第1765冊
(明)陳太乙撰
卷二十五洛水絲 XX/第1765冊
(明)徐翽撰
卷二十六錯轉輪 XX/第1765冊
(明)祁元孺撰
卷二十七焦鹿夢 XX/第1765冊
(明)蘧然子撰
卷二十八櫻桃園 XX/第1765冊
(明)王澹翁撰
卷二十九逍遙遊 XX/第1765冊
(明)王應遴撰
卷三十相思譜 XX/第1765冊
(明)吳中情奴撰
雜劇三集三十四卷 XX/第1765冊
(清)鄒式金輯
影印民國三十年董氏誦芬室刻本
卷一通天臺 XX/第1765冊
(清)灌隱主人撰
卷二臨春閣 XX/第1765冊
(清)吳偉業撰
卷三讀離騷 XX/第1765冊
(清)尤侗撰

卷四弔琵琶 XX/第 1765 冊
(清)尤侗撰
卷五空堂話 XX/第 1765 冊
(清)鄒兑金撰
卷六蘇園翁 XX/第 1765 冊
(清)茅僧曇撰
卷七奉廷筑 XX/第 1765 冊
(清)茅僧曇撰
卷八金門戟 XX/第 1765 冊
(清)茅僧曇撰
卷九醉新豐 XX/第 1765 冊
(清)茅僧曇撰
卷十鬧門神 XX/第 1765 冊
(清)茅僧曇撰
卷十一雙合歡 XX/第 1765 冊
(清)茅僧曇撰
卷十二半臂寒 XX/第 1765 冊
(清)南山逸史撰
卷十三長公妹 XX/第 1765 冊
(清)南山逸史撰
卷十四中郎女 XX/第 1765 冊
(清)南山逸史撰
卷十五京兆眉 XX/第 1765 冊
(清)南山逸史撰
卷十六翠鈿緣 XX/第 1765 冊
(清)南山逸史撰
卷十七鸚鵡洲 XX/第 1765 冊
(清)鄭瑜撰
卷十八汨羅江 XX/第 1765 冊
(清)鄭瑜撰
卷十九黄鶴樓 XX/第 1765 冊
(清)鄭瑜撰
卷二十滕王閣 XX/第 1765 冊
(清)鄭瑜撰
卷二十一眼兒媚 XX/第 1765 冊
(清)孟稱舜撰
卷二十二孤鴻影 XX/第 1765 冊
(清)周如璧撰
卷二十三夢幻緣 XX/第 1765 冊
(清)周如璧撰
卷二十四續西厢 XX/第 1765 冊
(清)查繼佐撰
卷二十五不了緣 XX/第 1765 冊
(清)碧蕉軒主人撰
卷二十六櫻桃宴 XX/第 1765 冊
(清)張源撰
卷二十七昭君夢 XX/第 1765 冊
(清)薛旦撰
卷二十八旗亭讌 XX/第 1765 冊
(清)張龍文撰
卷二十九餓方朔 XX/第 1765 冊
(清)孫源文撰
卷三十城南寺 XX/第 1765 冊
(清)黄家舒撰
卷三十一西臺記 XX/第 1765 冊
(清)陸世廉撰
卷三十二衛花符 XX/第 1765 冊
(清)堵廷棻撰
卷三十三鯁詩讖 XX/第 1765 冊
(清)土室道民撰
卷三十四風流塚 XX/第 1765 冊
(清)鄒式金撰
奇妙全相注釋西厢記五卷卷首題詠一卷 XX/第 1765 冊
(元)王德信 (元)關漢卿撰
影印明弘治十一年金臺岳家刻本
新校注古本西厢記五卷彙考一卷 XX/第 1766 冊
(明)王驥德撰
影印北圖藏明萬曆四十一年香雪居刻本
楊東來先生批評西游記六卷 XX/第 1766 冊
(明)楊訥撰
影印日本鉛印本
四聲猿四卷 XX/第 1766 冊
(明)徐渭撰
影印南圖藏明刻本
狂鼓史漁陽三弄 XX/第 1766 冊
玉禪師翠鄉一夢 XX/第 1766 冊
雌木蘭替父從軍 XX/第 1766 冊
女狀元辭凰得鳳 XX/第 1766 冊
燈月閒情十七種二十卷 XX/第 1766－1767 冊
(清)唐英撰
影印北圖藏清乾隆唐氏古柏堂刻增修本
轉天心二卷 XX/第 1766 冊
天緣債二卷 XX/第 1766 冊
英雄報一卷 XX/第 1766 冊
巧换緣一卷 XX/第 1766 冊
長生殿補闕一卷 XX/第 1767 冊
十字坡一卷 XX/第 1767 冊
梁上眼一卷 XX/第 1767 冊
清忠譜正案一卷 XX/第 1767 冊
蘆花絮一卷 XX/第 1767 冊
三元報一卷 XX/第 1767 冊
傭中人一卷 XX/第 1767 冊
笳騷一卷 XX/第 1767 冊
女彈詞一卷 XX/第 1767 冊
虞兮夢一卷 XX/第 1767 冊
梅龍鎮一卷 XX/第 1767 冊
麫缸笑一卷 XX/第 1767 冊
雙釘案一卷 XX/第 1767 冊
吟風閣四卷 XX/第 1768 冊
(清)楊潮觀撰
影印中國藝術研究院戲曲研究所藏清乾隆三十四年恰好處刻本
喬影一卷 XX/第 1768 冊
(清)吴藻撰
影印清道光刻本
絳綃記一卷 XX/第 1768 冊
(清)黄燮清撰
永樂大典戲文三種 XX/第 1768 冊
影印抄本
小孫屠古 XX/第 1768 冊
張協狀元 XX/第 1768 冊
宦門子弟錯立身 XX/第 1768 冊
六十種曲一百二十卷 XX/第 1768－1773 冊
(明)毛晉輯
影印上圖藏明末毛氏汲古閣刻本
雙珠記二卷 XX/第 1768 冊
尋親記二卷 XX/第 1768 冊
東郭記二卷 XX/第 1768 冊
金雀記二卷 XX/第 1768 冊
焚香記二卷 XX/第 1768 冊
荊釵記二卷 XX/第 1768 冊
霞箋記二卷 XX/第 1769 冊
精忠記二卷 XX/第 1769 冊
(明)姚茂良撰
浣紗記二卷 XX/第 1769 冊
(明)梁辰魚撰
琵琶記二卷 XX/第 1769 冊
(明)高明撰
西厢記(南)二卷 XX/第 1769 冊
(明)李日華撰
幽閨記二卷 XX/第 1769 冊
(明)施惠撰
明珠記二卷 XX/第 1769 冊
(明)陸采撰

玉簪記二卷 XX/第1769册
(明)高濂撰
紅拂記二卷 XX/第1769册
(明)張鳳翼撰
還魂記二卷 XX/第1769册
(明)湯顯祖撰
紫釵記二卷 XX/第1769册
(明)湯顯祖撰
邯鄲記二卷 XX/第1770册
(明)毛晉撰
南柯記二卷 XX/第1770册
(明)湯顯祖撰
西厢記(北)二卷 XX/第1770册
(明)王德信撰
春蕪記二卷 XX/第1770册
(明)汪錂撰
琴心記二卷 XX/第1770册
(明)孫柚撰
玉鏡臺記二卷 XX/第1770册
(明)朱鼎撰
懷香記二卷 XX/第1770册
(明)陸采撰
綵毫記二卷 XX/第1770册
(明)唐隆撰
運甓記二卷 XX/第1770册
(明)吾丘端撰
鸞鎞二卷 XX/第1770册
(明)葉憲祖撰
玉合記二卷 XX/第1770册
(明)梅鼎祚撰
金蓮記二卷 XX/第1771册
(明)陳汝元撰
四喜記二卷 XX/第1771册
(明)謝讜撰
三元記二卷 XX/第1771册
(明)沈受先撰
投梭記二卷 XX/第1771册
(明)徐復祚撰
鳴鳳記二卷 XX/第1771册
(明)王世貞撰
飛丸記二卷 XX/第1771册
紅梨記二卷 XX/第1771册
(明)徐復祚撰
八義記二卷 XX/第1771册
(明)徐元撰
西樓記二卷 XX/第1771册
(清)袁于令撰
還魂記二卷 XX/第1771册
(明)湯顯祖撰 (明)碩園删定
繡襦記二卷 XX/第1772册
(明)徐霖撰
青衫記二卷 XX/第1772册
(明)顧大典撰
錦箋記二卷 XX/第1772册
(明)周履靖撰
蕉帕記二卷 XX/第1772册
(明)單本撰
紫簫記二卷 XX/第1772册
(明)湯顯祖撰
水滸記二卷 XX/第1772册
(明)許自昌撰
玉玦記二卷 XX/第1772册
(明)鄭若庸撰
灌園記二卷 XX/第1772册
(明)張鳳翼撰
種玉記二卷 XX/第1772册
(明)汪廷訥撰
雙烈記二卷 XX/第1772册
(明)張四維撰
獅吼記二卷 XX/第1772册
(明)汪廷訥撰
義俠記二卷 XX/第1772册
(明)沈璟撰
千金記二卷 XX/第1773册
(明)沈采撰
殺狗記二卷 XX/第1773册
(明)徐畛撰
玉環記二卷 XX/第1773册
(明)楊柔勝撰
龍膏記二卷 XX/第1773册
(明)楊珽撰
贈書記二卷 XX/第1773册
曇花記二卷 XX/第1773册
(明)屠隆撰
白兔記二卷 XX/第1773册
香囊記二卷 XX/第1773册
(明)邵璨撰
四賢記二卷 XX/第1773册
節俠記二卷 XX/第1773册
新刊元本蔡伯喈琵琶記二卷
XX/第1774册
(元)高則誠撰
影印清康熙十三年陸貽典抄本
新刊重訂出相附釋標注月亭記二卷
XX/第1774册
(元)施惠撰
影印明萬曆十七年唐氏世德堂刻本
連環記二卷 XX/第1774册
影印北圖藏抄本
新編林沖寶劍記二卷 XX/第1774册
(明)李開先撰
影印明嘉靖二十六年刻本
重刊五色潮泉插科增入詩詞北曲勾欄荔鏡記不分卷 XX/第1774册
影印明嘉靖四十五年福建建陽麻沙餘新安書坊刻本
新編目連救母勸善戲文三卷
XX/第1774册
(明)鄭之珍撰
影印明萬曆十年高石山房刻本
牡丹亭還魂記二卷 XX/第1774册
(明)湯顯祖撰
影印北圖藏明萬曆刻本
新刻博笑記二卷 XX/第1774册
(明)沈璟撰
影印明天啟三年刻本
玉茗堂批評紅梅記二卷 XX/第1774册
(明)周朝俊撰
影印明刻本
鳴鳳記二卷 XX/第1774册
(明)王世貞撰
影印清刻本
重校玉簪記二卷 XX/第1775册
(明)高濂撰
影印明繼志齋刻本
東郭記二卷 XX/第1775册
(明)孫鍾齡撰
影印明末刻本
新刻全像古城記二卷 XX/第1775册
影印明刻本
懷遠堂批點燕子箋二卷 XX/第1775册
(明)阮大鋮撰
影印明末刻本
一笠菴新編一捧雪傳奇二卷
XX/第1775册
(清)李玉撰
影印清初刻本
一笠菴彙編清忠譜傳奇二卷
XX/第1775册
(清)李玉等撰

影印中國藝術研究院戲曲研究所藏
清初蘇州樹滋堂原刻本
秣陵春傳奇二卷 XX/第1775冊
(清)吳偉業撰
影印清初刻本
十五貫二卷 XX/第1775冊
(清)朱皠撰
影印清抄本
風箏誤傳奇二卷 XX/第1775冊
(清)李漁撰
影印中國藝術研究院戲曲研究所藏
清刻本
鈞天樂二卷 XX/第1775冊
(清)尤侗撰
影印中國藝術研究院戲曲研究所藏
清康熙刻本
長生殿傳奇二卷 XX/第1775冊
(清)洪昇撰
影印清康熙稗畦草堂刻本
桃花扇傳奇二卷 XX/第1776冊
(清)孔尚任撰
影印清康熙刻本
臨川夢二卷 XX/第1776冊
(清)蔣士銓撰
影印清乾隆蔣氏刻紅雪九種曲本
雷峯塔傳奇四卷 XX/第1776冊
(清)方成培撰
影印中國藝術研究院戲曲研究所藏
清乾隆三十七年序水竹居刻本
新刊耀目冠場擢奇風月錦囊正雜兩科全集四十一卷 XX/第1776-1777冊
(明)徐文昭輯
影印西班牙埃斯科裏亞爾聖勞倫佐皇家圖書館藏明嘉靖三十二年書林詹氏進賢堂刻本
新刻京板青陽時調詞林一枝四卷
XX/第1777冊
(明)黃文華選輯
影印明萬曆閩建書林葉志元刻本
新刻羣音類選官腔二十六卷諸腔四卷北腔六卷清腔八卷
XX/第1777-1778冊
(明)胡文煥輯
影印明胡氏文會堂刻本
新刊分類出像陶真選粹樂府紅珊十六卷 XX/第1778冊
(明)秦淮墨客輯
影印明萬曆唐振吾刻清嘉慶五年印本
新刊徽板合像滚調樂府官腔摘錦奇音六卷 XX/第1778冊
(明)龔正我輯
影印中國藝術研究院戲曲研究所藏
明書林郭睦堂張三懷刻本
鼎鍥徽池雅調南北官腔樂府點板曲響大明春六卷 XX/第1778冊
(明)程萬里輯
影印明閩建書林金魁刻本
彩雲乘新鐫樂府遏雲編三卷
XX/第1778冊
(明)槐鼎 (明)吳之俊輯
影印南圖藏明末刻本
新鐫出像點板纏頭百練六卷
XX/第1779冊
(明)冲和居士輯
影印科圖藏明末刻本
重訂綴白裘新集合編十二集
XX/第1779-1780冊
(清)錢德蒼輯
影印上圖藏清乾隆四十六年集古堂刻本
審音鑑古錄不分卷
XX/第1781-1782冊
影印上海辭書藏清刻道光十四年王繼善印本
琵琶記 XX/第1781冊
荊釵記 XX/第1781冊
紅梨記 XX/第1781冊
兒孫福 XX/第1781冊
長生殿 XX/第1781冊
牡丹亭 XX/第1781冊
西厢記 XX/第1781冊
鳴鳳記 XX/第1781冊
鐵冠圖 XX/第1781冊
西厢記 XX/第1782冊
紅梨記 XX/第1782冊
牡丹亭 XX/第1782冊
長生殿 XX/第1782冊
鐵冠圖 XX/第1782冊
梨園集成不分卷 XX/第1782冊
(清)李世忠編
影印中國藝術研究院戲曲研究所藏
清光緒六年竹友齋刻本
新著孫猴子鬧天宮全曲
XX/第1782冊
新著自焚摘星樓全本 XX/第1782冊
新著百子圖全曲 XX/第1782冊
新著大香山全本 XX/第1782冊
新著火牛陣 XX/第1782冊
新著雙義節全本 XX/第1782冊
新著燒綿山全曲 XX/第1782冊
新著湘江會曲文全本 XX/第1782冊
魚藏敛全本 XX/第1782冊
新著劉蟒台全本 XX/第1782冊
新著長阪坡全本 XX/第1782冊
新著戰皖城全曲 XX/第1782冊
新著祭風台全本 XX/第1782冊
新著反西凉全曲 XX/第1782冊
新刻取南郡全本 XX/第1782冊
新刻濮陽成全部 XX/第1782冊
新著罵曹全曲 XX/第1782冊
新著喬府求計全曲 XX/第1782冊
新著麟骨床全本 XX/第1782冊
新著因果報全部 XX/第1782冊
新著蝴蝶媒全曲 XX/第1782冊
新著臨江關全本 XX/第1782冊
新著秦瓊戰山曲文全本
XX/第1782冊
新著南陽關全曲 XX/第1782冊
新著摩天嶺全曲 XX/第1782冊
新著珠沙印全本 XX/第1782冊
新著藥王傳全曲 XX/第1782冊
新著蘆花河全曲 XX/第1782冊
新著桃花洞全曲 XX/第1782冊
新著薛仁貴回窰全曲 XX/第1782冊
新著薛蛟觀畫曲文全本
XX/第1782冊
新著天開榜全本 XX/第1782冊
新著沙陀頒兵程敬思解寶曲文全本
XX/第1782冊
新著風雲會全本 XX/第1782冊
新著斬黃袍全本 XX/第1782冊
新著碧塵珠全本 XX/第1782冊
新著雙龍會全本 XX/第1782冊
新著求壽全曲 XX/第1782冊
新著紅陽塔全曲 XX/第1782冊
新著楊四郎探母全曲 XX/第1782冊
新著鬧江州全本 XX/第1782冊
新著五國城全曲 XX/第1782冊
新著紅書劍全本 XX/第1782冊
新著姜秋蓮撿蘆柴曲文全本
XX/第1782冊

新著觀燈全曲 XX/第1782册
新著雙合印全曲 XX/第1782册
新著走雪全曲 XX/第1782册
新鐫楚曲十種 XX/第1782册
影印中國藝術研究院戲曲研究所藏清漢口文陞堂刻本
英雄志四卷 XX/第1782册
李密投唐四卷 XX/第1782册
祭風臺四卷 XX/第1782册
臨潼鬬寶四回 XX/第1782册
青石嶺四卷 XX/第1782册
虞初志八卷 XX/第1783册
影印北圖藏明弦歌精舍如隱草堂刻本
虞初新志二十卷 XX/第1783册
(清)張潮輯
影印清康熙三十九年刻本
虞初續志十二卷 XX/第1783册
(清)鄭澍若輯
影印中國藝術研究院戲曲研究所藏清咸豐元年小嫏嬛山館刻本
飛燕外傳一卷 XX/第1783册
題(漢)伶玄撰
影印北圖藏清吳氏古歡堂抄本
隋遺錄二卷 XX/第1783册
(題唐)顔師古撰
影印民國十六年武進陶氏影印宋咸淳刻百川學海本
游仙窟五卷 XX/第1783册
(唐)張鷟撰
影印北師大圖書館藏清抄本
梅妃傳一卷 XX/第1783册
影印北圖藏清吳氏古歡堂抄本
楊太真外傳二卷 XX/第1783册
(題宋)樂史撰
影印北圖藏清吳氏古歡堂抄本
李師師外傳一卷附錄一卷 XX/第1783册
影印北圖藏清道光十年黄廷鑑抄本
清平山堂話本二十七種 XX/第1784册
(明)洪楩輯
影印明嘉靖刻本
古今小說四十卷 XX/第1784册
(明)馮夢龍輯
影印明天許齋刻本
警世通言四十卷 XX/第1784－1785册
(明)馮夢龍輯
影印明天啟四年刻本
醒世恒言四十卷 XX/第1785－1786册
(明)馮夢龍輯
影印明葉敬池刻本
拍案警奇四十卷 XX/第1786册
(明)凌蒙初撰
影印明崇禎尚友堂刻本
二刻拍案驚奇三十九卷雜劇一卷 XX/第1787册
(明)凌蒙初撰
影印明崇禎五年尚友堂刻本
新增補相剪燈新話大全四卷附錄一卷 XX/第1787册
(明)瞿佑撰
影印北圖藏明正德六年楊氏清江堂刻本
新增全相湖海新奇剪燈餘話大全四卷 XX/第1787册
(明)李昌祺撰
影印北圖藏明正德六年楊氏清江堂刻本
聊齋誌異十二卷 XX/第1787－1788册
(清)蒲松齡撰
清乾隆口湖鑄雪齋鈔本
新齊諧二十四卷續新齊諧十卷 XX/第1788册
(清)袁枚撰
影印清乾隆嘉慶間刻隨園三十種本
螢窓異草十二卷 XX/第1789册
(清)浩歌子撰
影印清光緒申報館叢書本
夜雨秋燈錄八卷續八卷 XX/第1789册
(清)宣鼎撰
影印清光緒鉛印申報館叢書本
三國志通俗演義二十四卷 XX/第1789－1791册
(明)羅貫中撰
影印明嘉靖元年刻本
李卓吾先生批評忠義水滸傳一百卷引首一卷 XX/第1791－1792册
(明)施耐庵(明)羅貫中撰(明)李贄評
影印明容與堂刻本
李卓吾先生批評西遊記一百回 XX/第1792－1793册
(明)吳承恩撰(明)李贄評
影印明刻本
紅樓夢一百二十回 XX/第1793－1794册
(清)曹雪芹撰(題清)高鶚補撰
影印清乾隆五十六年萃文書屋活字印本
儒林外史五十六回 XX/第1795册
(清)吳敬梓撰
影印清嘉慶八年臥閑草堂刻本
鏡花緣一百回 XX/第1795－1796册
(清)李汝珍撰
影印清道光十二年刻本
兒女英雄傳四十回 XX/第1796－1797册
(清)文康撰
影印清光緒四年京都聚珍堂活字印本
俠義傳一百二十回 XX/第1797册
(清)石玉崑撰
影印中國藝術研究院戲曲研究所藏清光緒九年京都二酉堂刻本
二十年目睹之怪現狀一百八回 XX/第1798－1799册
(清)吳趼人撰
影印南圖藏清光緒三十二年至宣統二年廣智書局鉛印本
官場現形記六十卷 XX/第1800册
(清)李寶嘉撰
影印北大圖書館藏清光緒上海世界繁華報館鉛印本
老殘遊記二十卷二編九卷外編(殘稿)一卷 XX/第1800册
(清)劉鶚撰
影印中國藝術研究院戲曲研究所藏民國天津日日新聞鉛印本
孽海花三十五回 XX/第1800册
曾樸撰
影印上海辭書藏民國十七年、二十年真美善書局鉛印本

天津圖書館購藏影印本古籍書目

下

天津圖書館 編

天津社會科學院出版社

天津圖書館購藏影印本古籍書目:下

CM(1－1199)
四庫全書存目叢書附索引
四庫全書存目叢書編纂委員會編
一九九七年齊魯書社影印本
一二〇〇冊

經部

關氏易傳一卷 CM 經/第 1 冊
(北魏)關朗撰 (唐)趙蕤註
明嘉靖四明范氏天一閣刻范氏奇書本
晦庵先生校正周易繫辭精義二卷 CM 經/第 1 冊
(宋)呂祖謙撰
清光緒遵義黎庶昌輯古逸叢書影刻元至正刻本
水村易鏡一卷 CM 經/第 1 冊
(宋)林光世撰
清康熙十九年通志堂經解本
易序叢書十卷 CM 經/第 1 冊
(宋)趙如楳撰
清初鈔本
周易訂疑十五卷首一卷易學啟蒙訂疑四卷 CM 經/第 1－2 冊
(清)董養性撰
清正誼堂刻本
太易鉤玄三卷 CM 經/第 2 冊
(元)鮑恂撰
清鈔本
周易旁註前圖二卷周易旁註二卷卦傳十卷 CM 經/第 2 冊
(明)朱升撰
明刻本
八卦餘生十八卷 CM 經/第 2 冊
(明)鄧夢文撰
清乾隆四十二年文會堂刻本
周易圖釋十二卷 CM 經/第 2 冊
(明)劉定之撰
清乾隆咸豐間永新劉氏刻劉文安公全集本
易學象數舉隅二卷 CM 經/第 2 冊
(明)汪敬撰
明嘉靖十八年汪奎刻本
易圖識漏一卷 CM 經/第 2 冊
(明)黃芹撰
明正德刻本
涇野先生周易說翼三卷 CM 經/第 3 冊
(明)呂柟撰
明嘉靖三十二年謝少南刻涇野先生五經說本
周易議卦二卷 CM 經/第 3 冊
(明)王崇慶撰
清道光十一年六安晁氏木活字學海類編本
蓮谷先生讀易索隱六卷 CM 經/第 3 冊
(明)洪鼐撰
明嘉靖二十六年吳御順裕堂刻本
古易考原三卷 CM 經/第 3 冊
(明)梅鷟撰
涵芬樓影印明萬曆刻續道藏本
周易贊義十七卷 CM 經/第 3 冊
(明)馬理撰
明嘉靖三十五年鄭絅刻本
易箋問一卷 CM 經/第 3 冊
(明)舒芬撰
明萬曆四十八年刻梓溪文鈔本
易學四同八卷別錄四卷 CM 經/第 3 冊
(明)季本撰
明嘉靖四十年刻本
圖書質疑一卷 CM 經/第 3 冊
(明)薛侃撰
明萬曆四十五年薛茂杞刻本
陳紫峰先生周易淺說五卷 CM 經/第 4 冊
(明)陳琛撰
清乾隆五十四年刻本
易象解四卷 CM 經/第 4 冊
(明)劉濂撰
清道光十六年愛蓮齋鈔本
周易不我解六卷 CM 經/第 4 冊
(明)徐體乾撰
明萬曆刻本
周易義叢十六卷首一卷 CM 經/第 4－5 冊
(明)葉良佩撰
明嘉靖刻本
古易世學十七卷 CM 經/第 5 冊
(明)豐坊撰
明鈔本
易象大旨八卷 CM 經/第 5 冊
(明)薛甲撰
明嘉靖四十年刻本
胡子易演十八卷 CM 經/第 6 冊
(明)胡經撰
明鈔本
易經中說四十四卷 CM 經/第 6 冊
(明)盧翰撰
明刻本
九正易因不分卷 CM 經/第 6－7 冊
(明)李贄撰
明刻本
今文周易演義十二卷首一卷 CM 經/第 7 冊
(明)徐師曾撰
明隆慶二年董漢策刻本
周易傳義補疑十二卷 CM 經/第 7 冊
(明)姜寶撰
明萬曆十四年古之賢新安郡齋刻本
淮海易談四卷 CM 經/第 7 冊
(明)孫應鼇撰
明隆慶刻本
易經淵旨三卷 CM 經/第 7 冊
(明)歸有光撰
清乾隆歸朝煦玉鑰堂刻本
周易古今文全書二十一卷 CM 經/第 8－9 冊
(明)楊時喬撰
明萬曆刻本
易疑二卷圖說一卷繫辭下傳一卷說卦傳一卷序卦傳一卷雜卦傳一卷 CM 經/第 9 冊
(明)陳言撰
明萬曆四十六年刻本
易學十二卷 CM 經/第 10 冊
(明)沈一貫撰
明萬曆刻本
大象觀二卷 CM 經/第 10 冊
(明)劉元卿撰

明萬曆楊時祥刻本
周易象義四卷 CM 經/第 10 冊
(明)唐鶴徵撰
明萬曆三十五年純白齋刻本
易象管窺十五卷 CM 經/第 10 冊
(明)黄正憲撰
明刻本
新鐫十名家批評易傳闡庸一百卷
CM 經/第 10－11 冊
(明)姜震陽撰
明刻本
義經十一翼五卷首一卷 CM 經/第 12 冊
(明)傅文兆撰
明書林李潮刻本
周易象通八卷 CM 經/第 12 冊
(明)朱謀㙔撰
明萬曆刻本
重訂易經疑問十二卷 CM 經/第 12 冊
(明)姚舜牧撰
明萬曆六經堂刻五經疑問本
重刻易測十卷 CM 經/第 12 冊
(明)曾朝節撰
明萬曆刻本
生生篇七卷 CM 經/第 13 冊
(明)蘇濬撰
清道光二十二年蘇廷玉刻本
重鐫蘇紫溪先生易經兒說八卷
CM 經/第 13 冊
(明)蘇濬撰
清乾隆五十五年陳紹翔師儉堂刻本
易會八卷首一卷 CM 經/第 13－14 冊
(明)鄒德溥撰
清同治九年袁州府學副齋活字本
像抄六卷 CM 經/第 14 冊
(明)錢一本撰
明萬曆刻本
四聖一心錄六卷 CM 經/第 14 冊
(明)錢一本撰
清錢濟世蘭雪堂刻本
易筌六卷附論一卷 CM 經/第 14 冊
(明)焦竑撰
明萬曆刻本
周易正解二十卷讀易一卷
CM 經/第 15 冊
(明)郝敬撰
明萬曆四十三年至四十七年郝千秋等刻郝氏九經解本
易領四卷 CM 經/第 15 冊
(明)郝敬撰
明萬曆崇禎間郝洪範刻山草堂集增修本
周易旁註會通十四卷 CM 經/第 15 冊
(明)姚文蔚撰
明萬曆刻本
周易古本全書彙編十七卷
CM 經/第 16 冊
(明)李本固撰
明萬曆刻本
易經通論十二卷 CM 經/第 16 冊
(明)曹學佺撰
明末刻本
周易可說七卷總論一卷 CM 經/第 16 冊
(明)曹學佺撰
明崇禎刻本
易經澹窩因指八卷 CM 經/第 17 冊
(明)張汝霖撰
明萬曆三十年史繼辰刻本
周易古文鈔四卷 CM 經/第 17 冊
(明)劉宗周撰
清初姜希轍刻本
周易宗義十二卷 CM 經/第 17－18 冊
(明)程汝繼撰
明萬曆三十七年自刻本
周易象義不分卷讀易雜記四卷
CM 經/第 18 冊
(明)章潢撰
明鈔本
周易會通十二卷 CM 經/第 18－19 冊
(明)汪邦柱 江柟撰
明萬曆四十五年江氏生生館刻本
易芥八卷 CM 經/第 19 冊
(明)陸振奇撰
清乾隆十六年刻本
易經勺解三卷 CM 經/第 19 冊
(明)林欲楫撰
清同治六年藪蘭館刻本
易略三卷 CM 經/第 19 冊
(明)陸夢龍撰
明崇禎元年顧懋樊刻本
易窺不分卷 CM 經/第 19－20 冊
(明)程玉潤撰
明鈔本
易學管見四卷 CM 經/第 20 冊
(明)洪啟初撰
明萬曆刻本
周易揆十二卷 CM 經/第 20－21 冊
(明)錢士升撰
清順治賜餘堂刻本
周易時論合編圖像幾表八卷周易時論合編十五卷 CM 經/第 21 冊
(明)方孔炤撰
清順治十七年白華堂刻本
伏羲圖贊二卷附雜卦傳古音考一卷
CM 經/第 22 冊
(明)陳第撰
明萬曆會山樓刻一齋集本
周易古本一卷附周易古本辨周易古本記疑一卷 CM 經/第 22 冊
(明)華兆登輯
清求是齋刻本
易經增註十卷附易考一卷
CM 經/第 22 冊
(明)張鏡心撰
清張瓚等刻本
繫辭十篇書十卷 CM 經/第 22 冊
(明)陳仁錫撰
明神默齋刻本
易傭十四卷附二卷 CM 經/第 22 冊
(明)文安之撰
明崇禎刻本
周易纂六卷 CM 經/第 23 冊
(明)朱之俊撰
清順治硯盧刻本
周易爻物當名二卷 CM 經/第 23 冊
(明)黎遂球撰
明崇禎刻本
雪園易義四卷首一卷附補三卷
CM 經/第 23 冊
(明)李奇玉撰 李公柱撰附
清順治刻本
易疏五卷圖說一卷 CM 經/第 23 冊
(明)黃端伯撰
明崇禎刻本
周易廣義四卷首一卷 CM 經/第 24 冊
(明)鄭敷教撰
清康熙二十三年刻本
尺木堂學易誌三卷 CM 經/第 24 冊
(明)馬權奇撰
明崇禎尺木堂刻本
十願齋全集易說一卷十願齋全集易箋二卷 CM 經/第 24 冊

(明)吳鍾巒撰
清康熙刻本
易經說意七卷 CM 經/第 24 冊
(明)陳際泰撰
明末刻本
易辰九卷首一卷 CM 經/第 24 冊
(明)賀登選撰
清康熙六年賀氏家刻本
易序圖說二卷 CM 經/第 24 冊
(明)秦鏞撰
清江南製造總局刻本
讀易略記四卷 CM 經/第 24 冊
(明)朱朝瑛撰
清鈔七經略記本
讀易隅通二卷 CM 經/第 25 冊
(明)來集之撰
明崇禎十七年黃正色刻本
卦義一得二卷 CM 經/第 25 冊
(明)來集之撰
清順治來氏倘湖小築刻來子談經本
易圖親見一卷 CM 經/第 25 冊
(明)來集之撰
清順治來氏倘湖小築刻來子談經本
讀易緒言一卷 CM 經/第 25 冊
(明)錢棻撰
清道光吳江沈氏世楷堂刻昭代叢書本
易憲四卷首一卷 CM 經/第 25 冊
(明)沈泓撰
清乾隆九年補堂刻本
說易十二卷 CM 經/第 25 冊
(明)喬中和撰
明崇禎刻躋新堂集本
桂林點易丹十六卷圖說一卷易解諸儒姓氏考一卷 CM 經/第 25 冊
(明)顧懋樊撰
明崇禎二年刻本
石鏡山房周易說統十二卷 CM 經/第 26 冊
(明)張振淵撰
明萬曆四十三年石鏡山房刻本
石渠閣重訂周易去疑十一卷首一卷 CM 經/第 26 冊
(明)舒弘諤撰 (明)蔣先庚增補
清順治蔣時機刻本
易發八卷 CM 經/第 26－27 冊
(明)董說撰
清初刻本
新刻易旨一覽四卷 CM 經/第 27 冊
(明)蔣時雍撰
明末刻本
周易補義四卷圖說一卷 CM 經/第 27 冊
(明)方芬撰
清康熙新安時術堂刻本
射易淡詠二卷 CM 經/第 27 冊
不著撰者
清刻本
讀易蒐十二卷 CM 經/第 27 冊
(清)鄭賡唐撰
清康熙刻本
大易則通十五卷閏一卷 CM 經/第 28 冊
(清)胡世安撰
清順治刻本
易學蓍貞四卷 CM 經/第 28 冊
(清)趙世對撰
清順治刻本
周易六十四卦辨疑二卷 CM 經/第 28 冊
(清)李開先撰
清乾隆二十四年刻本
易存一卷 CM 經/第 28 冊
(清)蕭雲從撰
清鈔本
周易說略八卷 CM 經/第 28 冊
(清)張爾岐撰
清康熙五十八年泰山徐氏真合齋磁版印本
龍性堂易史參錄四卷 CM 經/第 29 冊
(清)葉矯然撰
清乾隆刻本
周易滴露集四卷 CM 經/第 29 冊
(清)張完臣撰
清康熙二十八年張拭刻本
周易疏略四卷首一卷 CM 經/第 29 冊
(清)張沐撰
清康熙刻五經四書疏略本
讀易近解四卷 CM 經/第 29 冊
(清)湯秀琦撰
清鈔本
郁溪易紀十六卷 CM 經/第 29－30 冊
(清)郁文初撰
清鈔本
不菴易贅二卷 CM 經/第 30 冊
(清)王艮撰
清順治刻本
易大象說錄二卷首一卷 CM 經/第 30 冊
(清)舒晃撰
清刻本
易圖定本一卷 CM 經/第 30 冊
(清)邵嗣堯撰
清道光十年長州顧氏刻賜硯堂叢書新編本
易經述不分卷 CM 經/第 30 冊
(清)陳詵撰
清康熙信學齋刻本
周易廣義六卷首一卷 CM 經/第 30 冊
(清)潘元懋撰
清康熙刻本
易原二卷首一卷 CM 經/第 30 冊
(清)趙振芳撰
清順治蕉白居刻易原易或合集本
易或十卷 CM 經/第 31 冊
(清)徐在漢撰
清順治蕉白居刻易原易或合集本
易經辨疑七卷 CM 經/第 31 冊
(清)張問達撰
清康熙十九年金閶陳君美刻本
周易通十卷 CM 經/第 31 冊
(清)浦龍淵撰
清康熙十年敬日堂刻本
周易辯二十四卷首二卷 CM 經/第 32 冊
(清)浦龍淵撰
清康熙刻本
身易實義五卷 CM 經/第 32 冊
(清)沈廷勱撰
清康熙沈氏洗心樓刻本
河圖洛書原舛編一卷 CM 經/第 32 冊
(清)毛奇齡撰
清康熙刻西河合集本
易宗十二卷首一卷 CM 經/第 32 冊
(清)孫宗彝撰
清康熙刻本
周易述藴四卷首一卷 CM 經/第 33 冊
(清)姜兆錫撰
清乾隆寅清樓刻九經補註本
硯北易鈔十二卷 CM 經/第 33 冊
(清)黃叔琳撰
清初鈔本
滋德堂彙纂周易淺解四卷 CM 經/第 33 冊
(清)張步瀛撰
清康熙三十年張氏刻本
易經詳說五十卷 CM 經/第 33－34 冊

(清)冉覲祖撰
清同治八年刻本
易學參說内編一卷外編一卷 CM 經/第 35 冊
(清)馮昌臨撰
清刻本
讀易管窺五卷 CM 經/第 35 冊
(清)吳隆元撰
清乾隆刻本
讀易約編四卷 CM 經/第 35 冊
(清)朱江撰
清康熙三十六年刻本
孔門易緒十六卷首一卷 CM 經/第 35 冊
(清)張德純撰
稿本
周易闡理四卷 CM 經/第 35 冊
(清)戴虞臯撰
清剡藻堂鈔本
易盪二卷 CM 經/第 35 冊
(清)方鯤撰
清康熙五年姚文然姚文燮刻本
易說要旨二卷 CM 經/第 35 冊
(清)李寅撰
清康熙刻本
周易象義合參十二卷首一卷 CM 經/第 35－36 冊
(清)吳德信撰
清康熙五十三年俞卿刻本
先天易貫五卷 CM 經/第 36 冊
(清)劉元龍撰
清雍正居易齋刻本
周易本義拾遺六卷周易拾遺一卷首一卷 CM 經/第 36 冊
(清)李文炤撰
清四爲堂刻李氏成書本
易經釋義四卷 CM 經/第 36 冊
(清)沈昌基 盛曾撰
清雍正八年鶴琴書屋刻本
易經碎言二卷首一卷 CM 經/第 36 冊
(清)應麟撰
清乾隆宜黃應氏刻屏山草堂稿本
易互六卷 CM 經/第 36 冊
(清)楊陸榮撰
清乾隆十三年刻楊潭西先生遺書本
成均課講周易十二卷 CM 經/第 37 冊
(清)崔紀撰
清乾隆活字本

索易臆說二卷 CM 經/第 37 冊
(清)吳啟昆撰
清康熙懷新閣刻本
陸堂易學十卷首一卷 CM 經/第 37 冊
(清)陸奎勲撰
清康熙乾隆間刻陸堂經學叢書本
易義隨記八卷 CM 經/第 37 冊
(清)楊名時 夏宗瀾撰
清乾隆刻本
易卦劄記四卷附六十四卦詩 CM 經/第 37 冊
(清)夏宗瀾撰
清鈔本
易通十四卷 CM 經/第 37 冊
(清)程廷祚撰
清乾隆十二年道寧堂刻本
學易闡微四卷 CM 經/第 38 冊
(清)羅登標撰
清乾隆八年松學清署刻本
讀易質疑二十卷首一卷 CM 經/第 38 冊
(清)汪璲撰
清康熙汪氏儀典堂刻本
大易闡微錄十二卷圖說一卷 CM 經/第 38 冊
(清)劉琯撰
清乾隆二十三年刻本
周易詳說十八卷 CM 經/第 38 冊
(清)劉紹攽撰
清乾隆刻本
周易原始六卷 CM 經/第 39 冊
(清)范咸撰
清乾隆刻本
周易撥易堂解二十卷首二卷末二卷 CM 經/第 39 冊
(清)劉斯組撰
清乾隆刻本
易貫十四卷首二卷 CM 經/第 40 冊
(清)張敘撰
清乾隆二十一年宋宗元刻本
周易解九卷 CM 經/第 40 冊
(清)牛運震撰
清嘉慶二十三年空山堂刻空山堂全集本
周易剩義二卷 CM 經/第 40 冊
(清)童能靈撰
清乾隆冠豸山刻本
易學圖說會通八卷 CM 經/第 40 冊

(清)楊方達撰
清乾隆復初堂刻本
易經一說不分卷 CM 經/第 40 冊
(清)王淑撰
清乾隆十六年槃籍軒刻本
大易參訂折中講義補象十卷 CM 經/第 41 冊
(清)朱用行撰
清乾隆二十七年澹寧居刻本
周易粹義五卷 CM 經/第 41 冊
(清)薛雪撰
清鈔本
易經貫一百二十二卷 CM 經/第 41－42 冊
(清)金誠撰
清乾隆和序堂刻本
易讀四卷 CM 經/第 43 冊
(清)宋邦綏撰
清嘉慶九年宋思仁刻本
易經增删來注八卷首一卷 CM 經/第 43 冊
(清)張祖武撰
清刻本
易深十一卷首三卷 CM 經/第 43 冊
(清)許伯政撰
稿本
周易析疑十五卷前圖一卷 CM 經/第 44 冊
(清)張蘭臯撰
清乾隆九年梅花書屋刻本
易說存悔二卷 CM 經/第 44 冊
(清)汪憲撰
清鈔本
周易集解增釋八十卷 CM 經/第 44－46 冊
(清)張仁浹撰
稿本
周易曉義不分卷 CM 經/第 46 冊
(清)唐一麟撰
稿本
周易井觀不分卷 CM 經/第 46 冊
(清)周大樞撰
清鈔本
周易觀瀾不分卷 CM 經/第 47 冊
(清)喬大凱撰
清鈔本

周易觀玩篇十二卷首一卷 CM 經/第 47 冊
(清)朱宗洛撰
清鈔本(卷十一卷十二配乾隆刻本)
易解拾遺七卷附周易讀本四卷 CM 經/第 47 冊
(清)周世金撰
清嘉慶二十四年刻本
易準四卷 CM 經/第 48 冊
(清)曹庭棟撰
清乾隆刻本
易見九卷首一卷附易見啓蒙二卷 CM 經/第 48 冊
(清)貢渭濱撰
清乾隆二十四年脈望書樓刻本
增輯易象圖說二卷 CM 經/第 48 冊
(清)吳脈鬯撰
清初法若眞刻本
周易告蒙四卷圖註三卷 CM 經/第 48 冊
(清)趙世迥撰
清乾隆四德堂刻本
古三墳一卷 CM 經/第 48 冊
不著撰者
明天啟刻快閣藏書本
書古文訓十六卷 CM 經/第 49 冊
(宋)薛季宣撰
清康熙十九年通志堂刻通志堂經解本
書疑九卷 CM 經/第 49 冊
(宋)王柏撰
清康熙十九年通志堂刻通志堂經解本
定正洪範集說一卷 CM 經/第 49 冊
(元)胡一中撰
明鈔本
書經直指六卷 CM 經/第 49 冊
(明)徐善述撰
明成化刻本
涇野先生尚書說要五卷 CM 經/第 49 冊
(明)呂柟撰
明嘉靖三十二年謝少南刻涇野先生五經說本
尚書譜不分卷 CM 經/第 49 冊
(明)梅鷟撰
明鈔本
禹貢圖一卷尚書禹貢說一卷 CM 經/第 49 冊
(明)鄭曉撰
明嘉靖四十三年書帶草盧刻本
禹貢說長箋一卷 CM 經/第 49 冊
(明)鄭曉撰
明鈔本
古書世學六卷 CM 經/第 49 冊
(宋)豐稷正音 (明)豐慶續音 (明)豐熙集說 豐坊考補
明鈔本
書經直解十三卷 CM 經/第 50 冊
(明)張居正撰
明萬曆刻本
書經講義會編十二卷 CM 經/第 50 冊
(明)申時行撰
明萬曆二十五年徐銓刻本
禹貢山川郡邑考四卷 CM 經/第 51 冊
(明)王鑒撰
清鈔本
重訂書經疑問十二卷 CM 經/第 51 冊
(明)姚舜牧撰
明萬曆三十二年刻五經疑問本
書帷別記四卷 CM 經/第 51 冊
(明)王樵撰
明萬曆王啓疆等刻本
尚書要旨三十六卷 CM 經/第 51－52 冊
(明)王肯堂撰
明刻本
尚書辨解十卷 CM 經/第 52 冊
(明)郝敬撰
明萬曆四十三年至四十七年郝千秋郝千石刻郝氏九經解本
禹貢備遺二卷書法一卷 CM 經/第 52 冊
(明)胡瓚撰 (清)胡宗緒增注
清初刻本
書傳會衷十卷 CM 經/第 52 冊
(明)曹學佺撰
明末刻本
虞書箋二卷 CM 經/第 52 冊
(明)茅瑞徵撰
明崇禎刻本
禹貢匯疏十二卷圖經二卷別錄一卷 CM 經/第 52 冊
(明)茅瑞徵撰
明崇禎刻本
尚書傳翼十卷 CM 經/第 53 冊
(明)陸鍵撰
明刻本
尚書晚訂十二卷 CM 經/第 53 冊
(明)史維堡撰
明崇禎八年刻本
尚書揆一十六卷 CM 經/第 53 冊
(明)鄒期楨撰
清康熙九年鈔本
尚書葦籥五十八卷 CM 經/第 53－54 冊
(明)潘士遴撰
明崇禎刻本
禹貢圖註不分卷 CM 經/第 55 冊
(明)艾南英撰
清道光十一年六安晁氏木活字學海類編本
禹貢古今合註五卷圖一卷 CM 經/第 55 冊
(明)夏允彝撰
明刻本
讀尚書略記不分卷 CM 經/第 55 冊
(明)朱朝瑛撰
清鈔七經略記本
楊子書繹六卷 CM 經/第 55 冊
(明)楊文彩撰
清光緒二年文起堂重刻本
夏書禹貢廣覽三卷 CM 經/第 55 冊
(明)許胥臣撰
明崇禎刻本
尚書解意六卷 CM 經/第 55 冊
(明)李楨扆撰
清順治九年郭之培刻書種樓印本
禹貢通解一卷 CM 經/第 55 冊
(清)邵璜撰
清鈔本
尚書集解二十卷 CM 經/第 56 冊
(清)孫承澤撰
清康熙孫氏刻本
九州山水考三卷 CM 經/第 56 冊
(清)孫承澤撰
清康熙刻本
書經近指六卷 CM 經/第 56 冊
(清)孫奇逢撰
清康熙十五年刻本
尚書引義六卷 CM 經/第 56 冊
(清)王夫之撰
清同治三年刻船山遺書本
尚書體要六卷 CM 經/第 56 冊
(清)錢肅潤撰
清康熙刻本
書經疏略六卷 CM 經/第 56 冊
(清)張沐撰

清康熙著蔡張氏刻五經四書疏略本
古文尚書考一卷　CM 經/第 57 冊
(清)陸隴其撰
清道光十一年六安晁氏木活字學海類編本
尚書口義六卷　CM 經/第 57 冊
(清)劉懷志撰
清乾隆八年大梁書院刻本
禹貢正義三卷　CM 經/第 57 冊
(清)曹爾成撰
清乾隆刻本
舜典補亡一卷　CM 經/第 57 冊
(清)毛奇齡撰
清康熙刻西河合集本
書經詳說七十六卷　CM 經/第 57－59 冊
(清)冉覲祖撰
清光緒七年大梁書局刻五經詳說本
禹貢臆參二卷　CM 經/第 59 冊
(清)楊陸榮撰
清康熙乾隆刻楊潭西先生遺書本
禹貢譜二卷　CM 經/第 59 冊
(清)王澍撰
清康熙四十六年積書岩刻本
禹貢解八卷　CM 經/第 59 冊
(清)晏斯盛撰
清乾隆新喻晏氏刻楚蒙山房集本
今文尚書說三卷　CM 經/第 59 冊
(清)陸奎勳撰
清乾隆刻本
禹貢方域考一卷附北行草一卷　CM 經/第 59 冊
(清)湯奕瑞撰
清雍正十二年刻本
尚書約旨六卷　CM 經/第 59 冊
(清)楊方達撰
清乾隆刻本
尚書通典略二卷　CM 經/第 59 冊
(清)楊方達撰
清乾隆刻本
豐川今古文尚書質疑八卷　CM 經/第 59 冊
(清)王心敬撰
清乾隆三年廣西潯州刻本
書經蔡傳參義六卷　CM 經/第 60 冊
(清)姜兆錫撰
清雍正十二年寅清樓刻本
尚書質疑三卷　CM 經/第 60 冊
(清)顧棟高撰
清道光六年眉壽堂刻本
尚書小疏一卷　CM 經/第 60 冊
(清)沈彤撰
清乾隆吳江沈氏刻果堂全集本
心園書經知新八卷　CM 經/第 60 冊
(清)郭兆奎撰
清乾隆刻本
尚書讀記一卷　CM 經/第 60 冊
(清)閻循觀撰
清乾隆三十八年樹滋堂刻西澗草堂全集本
尚書私學四卷　CM 經/第 60 冊
(清)江昱撰
清乾隆刻本
愛日堂尚書註解纂要六卷　CM 經/第 60 冊
(清)吳蓮撰
清乾隆十九年愛日堂刻本
詩論一卷　CM 經/第 60 冊
(宋)程大昌撰
明崇禎茅氏浣花居刻芝園秘錄本
詩疑一卷　CM 經/第 60 冊
(宋)王柏撰
清康熙十九年通志堂刻通志堂經解本
涇野先生毛詩說序六卷　CM 經/第 60 冊
(明)呂柟撰
明嘉靖三十二年謝少南刻涇野先生五經說本
毛詩或問二卷　CM 經/第 60 冊
(明)袁仁撰
清道光十一年六安晁氏木活字學海類編本
魯詩世學三十二卷子夏序一卷首一卷　CM 經/第 60－61 冊
(宋)豐稷正音 (明)豐慶續音 豐耘補音 (明)豐熙正說 豐坊考補
清鈔本
詩傳纂義不分卷　CM 經/第 61 冊
(明)倪復撰
清鈔本
讀風臆評一卷　CM 經/第 61 冊
(明)戴君恩撰
明萬曆四十八年閔齊伋刻朱墨套印本
詩經正義二十七卷　CM 經/第 61 冊
(明)許天贈撰
明萬曆刻本
多識編七卷　CM 經/第 62 冊
(明)林兆珂撰
明刻本
毛詩原解三十六卷附讀詩一卷　CM 經/第 62 冊
(明)郝敬撰
明萬曆四十三年至四十七年郝千秋郝千石刻郝氏九經解本
詩經類考三十卷　CM 經/第 62－63 冊
(明)沈萬鈳撰
明萬曆刻本
張君一先生毛詩微言二十卷　CM 經/第 63 冊
(明)張以誠撰
明刻本
詩經說通十三卷首一卷　CM 經/第 64 冊
(明)沈守正撰
明萬曆四十三年刻本
新刻徐玄扈先生纂輯毛詩六帖講意四卷　CM 經/第 64 冊
(明)徐光啟撰
明萬曆四十五年金陵書林廣慶唐振吾刻本
詩經圖史合考二十卷　CM 經/第 64 冊
(明)鍾惺撰
明末刻本
古名儒毛詩解十六種二十四卷　CM 經/第 65 冊
(明)鍾惺輯
明擁萬堂刻本
詩通四卷　CM 經/第 65 冊
(明)陸化熙撰
明書林李少泉刻本
詩傳闡二十三卷闡餘二卷　CM 經/第 65 冊
(明)鄒忠胤撰
明崇禎刻本
鼎鐫鄒臣虎增補魏仲雪先生詩經脈講意八卷首一卷　CM 經/第 66 冊
(明)魏浣初撰 (明)鄒之麟增補
明末刻本
聖門傳詩嫡塚十六卷附錄一卷　CM 經/第 66 冊
(明)凌濛初撰
明崇禎刻本
孔門兩弟子言詩翼七卷　CM 經/第 66 冊
(明)凌濛初撰

明崇禎刻本
詩逆四卷詩考一卷 CM經/第66冊
(明)凌濛初撰
明天啟二年刻本
毛詩鳥獸草木考二十卷 CM經/第67冊
(明)吳雨輯
明萬曆磊老山房刻本
詩經備考二十四卷總論一卷
CM經/第67冊
(明)鍾惺 (明)韋調鼎撰
明崇禎十四年刻本
詩牖十五卷 CM經/第67冊
(明)錢天錫撰
明天啟五年刻本
詩經考十八卷 CM經/第68冊
(明)黃文煥撰
明末刻本
桂林詩正八卷 CM經/第68冊
(明)顧懋樊撰
明崇禎刻桂林經說本
詩經注疏大全合纂三十四卷
CM經/第69-70冊
(明)張溥撰
明崇禎刻本
詩經偶箋十三卷 CM經/第70冊
(明)萬時華撰
明崇禎六年李泰刻本
詩經副墨不分卷 CM經/第71冊
(明)陳組綬纂
明末光啟堂刻本
詩志二十六卷 CM經/第71-72冊
(明)范王孫撰
明末刻本
詩問略一卷 CM經/第72冊
(明)陳子龍撰
清道光十一年六安晁氏木活字學海類編本
詩觸六卷 CM經/第72冊
(明)賀貽孫撰
咸豐敕書樓刻水田居全集本
詩意一卷 CM經/第72冊
(明)劉敬純撰
明鈔本
詩經朱傳翼三十卷首一卷
CM經/第72冊
(清)孫承澤撰
清康熙孫氏刻本

詩問一卷 CM經/第73冊
(清)吳肅公撰
清鈔本
詩經傳說取裁十二卷 CM經/第73冊
(清)張能鱗撰
清初刻本
毛詩日箋六卷 CM經/第73冊
(清)秦松齡撰
清康熙尊賢堂刻本
詩經疏略八卷 CM經/第73冊
(清)張沐撰
清康熙十四年至四十年蓍蔡張氏刻五經四書疏略本
白鷺洲主客說詩一卷 CM經/第73冊
(清)毛奇齡撰
清康熙刻西河合集本
國風省篇一卷 CM經/第73冊
(清)毛奇齡撰
清康熙刻西河合集本
詩傳述蘊四卷 CM經/第73冊
(清)姜兆錫撰
清刻本
詩經集成三十一卷圖考一卷
CM經/第74冊
(清)趙燦英撰
清康熙二十九年金陵陳君美刻本
詩經祥說九十四卷 CM經/第74-77冊
(清)冉覲祖撰
清光緒七年大梁書局刻五經詳說本
詩經旁參二卷 CM經/第77冊
(清)應麟撰
清乾隆十六年宜黃應氏刻屏山草堂稿本
陸堂詩學十二卷讀詩總論一卷
CM經/第77冊
(清)陸奎勳撰
清康熙五十三年陸氏小瀛山閣刻本
詩經廣大全二十卷 CM經/第77冊
(清)黃夢白 陳曾撰
清康熙二十一年刻本
毛朱詩說一卷 CM經/第77冊
(清)閻若璩撰
清康熙刻昭代叢書本
毛詩說二卷 CM經/第77冊
(清)諸錦撰
清乾隆二十一年刻本
學詩闕疑二卷 CM經/第77冊

(清)劉青芝撰
清乾隆二十年序刻劉氏傳家集本
詩貫十四卷首四卷 CM經/第78冊
(清)張敘撰
清乾隆刻本
詩義記講四卷 CM經/第78冊
(清)楊名時 夏宗瀾撰
清乾隆閻茂溶刻本
詩經提要錄三十一卷首一卷
CM經/第78冊
(清)徐鐸撰
清鈔本
豐川詩說二十卷首一卷 CM經/第79冊
(清)王心敬撰
清刻本
詩經拾遺十六卷 CM經/第79冊
(清)葉酉撰
清乾隆耕餘堂刻本
風雅遺音二卷 CM經/第79冊
(清)史榮撰
清乾隆十四年一灣齋刻本
詩深二十六卷首二卷 CM經/第79冊
(清)許伯政撰
清乾隆刻本
詩經正解三十三卷 CM經/第80冊
(清)姜文燦 吳荃撰
清康熙二十三年深柳堂刻本
周禮補亡六卷 CM經/第81冊
(元)丘葵撰
明弘治十四年錢俊民刻本
周禮集註七卷 CM經/第81冊
(明)何喬新撰
明嘉靖七年褚選刻本
周禮定本四卷 CM經/第81冊
(明)舒芬撰
明萬曆四十八年刻梓溪文鈔本
讀禮疑圖六卷 CM經/第81冊
(明)季本撰
明嘉靖刻本
考工記述註二卷首一卷圖一卷
CM經/第82冊
(明)林兆珂撰
明萬曆刻本
周禮訓雋二十卷 CM經/第82冊
(明)陳深撰
明萬曆刻本
周禮述註六卷周禮二氏改官改文議一卷

CM 經/第 82 冊
(明)金瑤撰
明萬曆七年瑠溪金氏一經堂刻本
周禮說十二卷 CM 經/第 82 冊
(明)徐即登撰
明萬曆刻本
考工記二卷 CM 經/第 82 冊
(明)郭正域批點
明萬曆閔齊伋刻三經評註三色套印本
周禮完解十二卷讀周禮一卷
CM 經/第 83 冊
(明)郝敬撰
明萬曆四十三年至四十七年郝千秋郝千石刻郝氏九經解本
周禮古本訂注五卷考工記一卷
CM 經/第 83 冊
(明)郭良翰撰
明萬曆刻本
注釋古周禮五卷考工記一卷
CM 經/第 83 冊
(明)郎兆玉撰
明天啟郎氏堂策檻刻本
考工記通二卷 CM 經/第 83 冊
(明)徐昭慶撰
明萬曆檀弓通考工通合刻本
重校古周禮六卷 CM 經/第 83 冊
(明)陳仁錫撰
明末刻本
周禮註疏十八卷首一卷 CM 經/第 84 冊
(明)張采撰
明末刻本
讀周禮略記六卷 CM 經/第 84 冊
(明)朱朝瑛撰
清鈔七經略記本
古周禮釋評六卷 CM 經/第 84 冊
(明)孫明攀撰
明萬曆三十一年刻本
考工記纂註二卷 CM 經/第 84 冊
(明)程明哲撰
明萬曆刻本
周禮說略六卷 CM 經/第 84 冊
張嘉玲輯
鈔本
周禮集解□□卷 CM 經/第 85 冊
(清)高愈撰 (清)華泉增訂
清鈔本
周禮惜陰錄六卷附周禮諸儒敘一卷
CM 經/第 85 冊
(清)徐世沐撰
鈔本
周官辨非一卷 CM 經/第 85 冊
(清)萬斯大撰
清乾隆二十四年至二十六年刻萬充宗先生經學五書本
周禮問二卷 CM 經/第 85 冊
(清)毛奇齡撰
清康熙刻西河合集本
周禮節訓六卷 CM 經/第 85 冊
(清)黃叔琳撰
清乾隆三十一年刻本
周官析疑三十六卷考工記析疑四卷
CM 經/第 86 冊
(清)方苞撰
清康熙至嘉慶間刻抗希堂十六種本
周官辨一卷 CM 經/第 86 冊
(清)方苞撰
清康熙至嘉慶間刻抗希堂十六種本
周禮集傳六卷首一卷 CM 經/第 86 冊
(清)李文炤撰
清康熙四爲堂刻本
周禮質疑五卷 CM 經/第 86 冊
(清)劉青芝撰
清乾隆刻劉氏傳家集本
周禮輯義十二卷 CM 經/第 87 冊
(清)姜兆錫撰
清雍正九年刻九經補註本
周禮沿革傳四卷 CM 經/第 87 冊
(明)魏校撰
明嘉靖太原王道行刻莊渠先生遺書本
儀禮節解十七卷讀儀禮一卷
CM 經/第 87 冊
(明)郝敬撰
明萬曆四十三年至四十七年郝千秋郝千石刻郝氏九經解本
讀儀禮略記十七卷 CM 經/第 87 冊
(明)朱朝瑛撰
清鈔七經略記本
喪禮吾說篇十卷 CM 經/第 87 冊
(清)毛奇齡撰
清康熙刻西河合集本
儀禮釋例一卷 CM 經/第 87 冊
(清)江永撰
清道光二十四年刻守山閣叢書本
儀禮易讀十七卷 CM 經/第 88 冊
(清)馬駉撰
清乾隆二十年山陰縣學刻本
讀禮問一卷 CM 經/第 88 冊
(清)吳肅公撰
清康熙刻昭代叢書本
喪服制考八卷 CM 經/第 88 冊
(清)朱建子撰
清鈔本
檀弓批點二卷 CM 經/第 88 冊
(宋)謝枋得撰
明萬曆閔齊伋刻朱墨套印本
月令七十二候集解一卷 CM 經/第 88 冊
(元)吳澄撰
清道光十一年六安晁氏木活字學海類編本
檀弓叢訓二卷 CM 經/第 88 冊
(明)楊慎撰
明嘉靖姚安府刻本
禮記明音二卷 CM 經/第 88 冊
(明)王覺撰
明刻本
禮記集說辨疑一卷 CM 經/第 88 冊
(明)戴冠撰
明嘉靖華察刻本
禮記集註三十卷 CM 經/第 88 冊
(明)徐師曾撰
明萬曆刻本
禮記日錄三十卷圖解一卷
CM 經/第 89 冊
(明)黃乾行撰
明嘉靖三十四年鍾一元刻本
禮記輯覽八卷 CM 經/第 89 冊
(明)徐養相撰
明隆慶五年自刻本
杭郡新刊禮記要旨十卷 CM 經/第 90 冊
(明)戈九疇撰
明萬曆四年杭州書林後墅吳山刻本
禮記中說三十六卷 CM 經/第 90 冊
(明)馬時敏撰
明萬曆十一年侯于趙刻本
禮記新義三十卷 CM 經/第 91 冊
(明)湯三才 湯道衡撰
明刻本
重訂禮記疑問十二卷 CM 經/第 91 冊
(明)姚舜牧撰
明萬曆刻五經疑問本

檀弓輯註二卷 CM 經/第 91 冊
(明)陳與郊撰
明萬曆三十二年刻本
檀弓述註二卷 CM 經/第 91 冊
(明)林兆珂撰
明萬曆刻本
禮記通解二十二卷讀禮記一卷
CM 經/第 91－92 冊
(明)郝敬撰
明萬曆四十三年至四十七年郝千秋郝千石刻郝氏九經解本
禮記會解新裁三十六卷 CM 經/第 92 冊
(明)童維嚴撰
明刻本
檀弓原二卷 CM 經/第 92 冊
(明)姚應仁撰
明天啟刻本
禮記說義纂訂二十四卷 CM 經/第 93 冊
(明)楊梧撰
清康熙十四年楊昌齡等刻本
禮記纂註三十卷 CM 經/第 93 冊
(明)湯道衡撰
明刻本
禮記手說十二卷 CM 經/第 93 冊
(明)陳鴻恩撰
明崇禎四年唐振吾廣慶堂刻本
檀弓通二卷 CM 經/第 94 冊
(明)徐昭慶撰
明萬曆刻檀弓通考工通合刻本
禮記意評四卷 CM 經/第 94 冊
(明)朱泰禎撰
明天啟五年楊師孔刻本
說禮約十七卷 CM 經/第 94 冊
(明)許兆金撰
明天啟七年郎九齡等刻本
禮記敬業八卷 CM 經/第 95 冊
(明)楊鼎熙撰
明崇禎刻本
讀禮記略記四十五卷附讀三禮略記一卷
CM 經/第 95 冊
(明)朱朝瑛撰
清鈔七經略記本
檀弓二卷 CM 經/第 95 冊
(明)牛斗星集評
明末刻本
禮記疏略四十七卷 CM 經/第 95 冊
(清)張沐撰
清康熙四十年張氏敦臨堂刻本
禮記偶箋三卷 CM 經/第 96 冊
(清)萬斯大撰
清乾隆二十四年萬福刻萬充宗先生經學五書本
曾子問講錄四卷 CM 經/第 96 冊
(清)毛奇齡撰
清康熙刻西河合集本
禮記詳說一百七十八卷
CM 經/第 96－100 冊
(清)冉覲祖撰
清光緒七年大梁書局刻五經詳說本
禮記章義十卷 CM 經/第 101 冊
(清)姜兆錫撰
清雍正十年寅青樓刻本
禮記纂言三十六卷 CM 經/第 101 冊
(元)吳澄撰 (清)朱軾校補
清康熙至乾隆間刻朱文端公藏書本
戴禮緒言四卷 CM 經/第 102 冊
(清)陸奎勳撰
清康熙五十三年至五十四年刻陸堂經學叢書本
禮記類編三十卷 CM 經/第 102 冊
(清)沈元滄輯
清乾隆刻本
學禮闕疑八卷 CM 經/第 102 冊
(清)劉青蓮撰
清乾隆二十年刻劉氏傳家集本
檀弓論文二卷 CM 經/第 102 冊
(清)孫濩孫撰
清康熙刻本
禮記章句十卷 CM 經/第 102－103 冊
(清)任啟運撰
清乾隆三十八年耿毓孝刻本
豐川禮記彙編八卷 CM 經/第 103 冊
(清)王心敬撰
清乾隆三年刻本
夏小正解一卷附徐本夏小正考異一卷
CM 經/第 103 冊
(清)徐世溥撰
清光緒新建陶氏刻豫章叢書本
夏小正註一卷 CM 經/第 103 冊
(清)張爾岐輯定 黃叔琳增訂
清乾隆刻本
夏小正詁一卷 CM 經/第 103 冊
(清)諸錦撰
稿本
禮經奧旨一卷 CM 經/第 103 冊
(宋)鄭樵撰
涵芬樓影印清道光十一年六安晁氏木活字學海類編本
三禮考一卷 CM 經/第 103 冊
(宋)真德秀撰
涵芬樓影印清道光十一年六安晁氏木活字學海類編本
三禮考註六十四卷序錄一卷綱領一卷
CM 經/第 103－104 冊
(元)吳澄撰
明成化九年謝士元刻本
二禮經傳測六十八卷纂議一卷
CM 經/第 104 冊
(明)湛若水撰
明刻本
廟制考議不分卷 CM 經/第 105 冊
(明)季本撰
明嘉靖刻本
三禮纂註四十九卷
CM 經/第 105－106 冊
(明)貢汝成撰
明萬曆三年陳俊刻本
三禮編繹二十六卷
CM 經/第 106－107 冊
(明)鄧元錫撰
明萬曆三十三年史繼辰等刻本
二禮集解十二卷 CM 經/第 107 冊
(明)李黼撰
明嘉靖十六年常州府刻本
禮經類編三十卷 CM 經/第 108 冊
(明)李經綸撰
清鈔本
昏禮辨正一卷 CM 經/第 108 冊
(清)毛奇齡撰
清康熙刻西河合集本
廟制折衷三卷 CM 經/第 108 冊
(清)毛奇齡撰
清康熙刻西河合集本
大小宗通繹一卷 CM 經/第 108 冊
(清)毛奇齡撰
清康熙刻西河合集本
學校問一卷 CM 經/第 108 冊
(清)毛奇齡撰
清康熙刻西河合集本
明堂問一卷 CM 經/第 108 冊
(清)毛奇齡撰

清康熙刻西河合集本
郊社考辨一卷　CM 經/第 108 冊
(清)李塨撰
稿本
三禮約編十九卷　CM 經/第 108 冊
(清)汪基撰
清康熙乾隆間汪氏敬堂刻本
禮樂合編三十卷　CM 經/第 109 冊
(明)黃廣撰
明崇禎六年玉磬齋刻本
禮學彙編六十四卷　CM 經/第 110 冊
(清)應撝謙撰
清丁氏八千卷樓鈔本
儀禮節略十七卷圖三卷
CM 經/第 110 – 111 冊
(清)朱軾撰
清康熙乾隆間刻朱文端公藏書本
禮樂通考三十卷　CM 經/第 111 冊
(清)胡掄撰
清乾隆藜照軒刻本
儀禮經傳內編二十三卷外編五卷首一卷
CM 經/第 112 冊
(清)姜兆錫撰
清雍正乾隆間刻九經補註本
重刊朱子儀禮經傳通解六十九卷目錄一卷　CM 經/第 112 – 114 冊
(清)梁萬方撰
清乾隆刻本
鄭氏家儀不分卷　CM 經/第 114 冊
(元)鄭泳撰
清刻本
文公家禮儀節八卷　CM 經/第 114 冊
(明)丘濬輯
明正德十三年常州府刻本
涇野先生禮問二卷　CM 經/第 114 冊
(明)呂柟撰
明嘉靖三十二年謝少南刻涇野先生五經說本
四禮初稿四卷　CM 經/第 114 冊
(明)宋纁撰
清康熙四十年宋氏刻本
鄉射禮儀節一卷　CM 經/第 115 冊
(明)林烈撰
明萬曆陳夢斗等刻本
四禮疑五卷喪禮餘言一卷
CM 經/第 115 冊
(明)呂坤撰
明萬曆刻清同治光緒間補修呂新吾全集本
四禮翼八卷　CM 經/第 115 冊
(明)呂坤撰
明萬曆刻清同治光緒間補修呂新吾全集本
四禮約言四卷　CM 經/第 115 冊
(明)呂維祺撰
清刻本
讀禮偶見二卷　CM 經/第 115 冊
(清)許三禮撰
清康熙刻本
學禮五卷　CM 經/第 115 冊
(清)李塨撰
清光緒五年定州王氏謙德堂刻畿輔叢書本
家禮辨定十卷首一卷　CM 經/第 115 冊
(清)王復禮撰
清康熙刻本
四禮寧儉編不分卷　CM 經/第 115 冊
(清)王心敬撰
民國陝西通志館排印關中叢書本
昏禮通考二十四卷　CM 經/第 115 冊
(清)曹庭棟撰
清乾隆十九年刻本
重定齊家寶要二卷　CM 經/第 115 冊
(清)張文嘉撰
清康熙刻本
春秋左傳節文十五卷　CM 經/第 116 冊
不著撰者
明刻本
音點春秋左傳詳節句解三十五卷
CM 經/第 116 冊
(元)朱申撰
明刻本
春秋四傳三十八卷綱領一卷提要一卷列國東坡圖說一卷春秋二十國年表一卷諸國興廢說一卷
CM 經/第 116 – 117 冊
不著撰者
明嘉靖吉澄刻本
春秋圖說不分卷　CM 經/第 117 冊
不著撰者
清鈔本
左觿一卷　CM 經/第 117 冊
(明)邵寶撰
明崇禎四年曹荃編刻邵文莊公經史全書五種本
春秋經世一卷　CM 經/第 117 冊
(明)魏校撰
明嘉靖王道行刻莊渠先生遺書七種本
涇野先生春秋說志五卷
CM 經/第 117 冊
(明)呂柟撰
明嘉靖三十二年刻涇野先生五經說本
春秋私考三十六卷首一卷
CM 經/第 117 冊
(明)季本撰
明嘉靖刻本
春秋世學三十三卷　CM 經/第 118 冊
(明)豐坊撰
明鈔本
左氏春秋鐫二卷　CM 經/第 119 冊
(明)陸粲撰
明嘉靖刻本
春秋錄疑十六卷　CM 經/第 119 冊
(明)趙恆撰
清鈔本
春秋國華十七卷　CM 經/第 119 冊
(明)嚴訥撰
明萬曆三年活字印本
春秋四傳私考二卷　CM 經/第 119 冊
(明)徐浦撰
清嘉慶中刻浦城遺書本
春秋左傳註解辨誤二卷補遺一卷
CM 經/第 119 冊
(明)傅遜撰
明萬曆日殖齋刻本
左氏討一卷左氏論二卷
CM 經/第 120 冊
(明)馮時可撰
明萬曆刻馮元成雜著九種本
春秋翼附二十卷　CM 經/第 120 冊
(明)黃正憲撰
明刻本
春秋諸傳辨疑四卷　CM 經/第 120 冊
(明)朱睦㮮撰
清鈔本
重訂春秋疑問十二卷　CM 經/第 120 冊
(明)姚舜牧撰
明萬曆六經堂刻五經疑問本
春秋匡解不分卷　CM 經/第 120 冊
(明)鄒德溥撰
明藍格鈔本

春秋直解十五卷讀春秋一卷 CM 經/第121冊
(明)郝敬撰
明萬曆四十三年至四十七年郝千秋郝千石刻郝氏九經解本
讀左漫筆一卷 CM 經/第121冊
(明)陳懿典撰
清道光十一年六安晁氏木活字學海類編本
新刻麟經統一編十二卷 CM 經/第121冊
(明)張杞撰
明萬曆三十三年自刻本
麟寶六十三卷首一卷 CM 經/第121－122冊
(明)余敷中撰
明萬曆刻本
春秋續義纂要發微七卷 CM 經/第122冊
(明)鄭良弼撰
明鈔本
春秋左翼四十三卷首一卷 CM 經/第122冊
(明)王震撰
明萬曆三十一年刻本
春秋衡庫三十卷附錄三卷備錄一卷 CM 經/第123冊
(明)馮夢龍撰
明天啟五年刻本
春秋四傳通辭十二卷 CM 經/第123冊
(明)陳士芳撰
明春星堂刻本
春秋左傳典略十二卷 CM 經/第124冊
(明)陳許廷撰
明崇禎刻本
春秋揆略一卷 CM 經/第124冊
(明)黄道周撰
清鈔本
春秋實錄十二卷 CM 經/第124冊
(明)鄭來鸞撰
明崇禎刻本
春秋纂四卷提要一卷叢說一卷 CM 經/第124冊
(明)朱之俊撰
清順治十七年刻本
麟旨定十二卷 CM 經/第124冊
(明)陳于鼎撰
明崇禎刻本
春秋三書三十一卷 CM 經/第125冊
(明)張溥撰
明末刻本
桂林春秋義三十卷 CM 經/第125冊
(明)顧懋樊撰
明崇禎刻桂林說經本
春秋左傳三十卷 CM 經/第126冊
(晉)杜預註 (明)鍾惺評
明崇禎毛氏汲古閣刻四經六書讀本本
春秋左傳註評測義七十卷 CM 經/第126－127冊
(明)凌稚隆撰
明萬曆十六年刻本
麟傳統宗十三卷 CM 經/第127冊
(明)夏元彬撰
明崇禎刻本
春秋因是三十卷 CM 經/第128冊
(明)梅之熉撰
清初金閶孝友堂刻本
春秋三傳衷考十二卷 CM 經/第128冊
(明)施天遇撰
明萬曆四十五年刻本
春秋左傳地名錄二卷附春秋外傳國語地名錄一卷 CM 經/第128冊
(明)劉城撰
明崇禎刻本
春秋四家五傳平文四十一卷首一卷附八卷 CM 經/第128－130冊
(明)張岐然輯
明崇禎十四年君山堂刻本
春秋年考一卷 CM 經/第130冊
不著撰人
明末鈔本
春秋程傳補二十卷 CM 經/第130冊
(清)孫承澤撰
清康熙刻本
左傳統箋三十五卷 CM 經/第131冊
(清)姜希轍撰
清康熙十五年刻本
春秋家說三卷 CM 經/第131冊
(清)王夫之撰
清同治四年湘鄉曾國荃金陵刻船山遺書本
春秋傳註三十六卷提綱一卷 CM 經/第131冊
(清)嚴啟隆撰
清康熙四十七年朱彝尊家抄本
春秋正業經傳刪本十二卷 CM 經/第132冊
(清)金甌撰
清康熙三十七年受中堂刻本
春秋傳議六卷 CM 經/第132冊
(清)張爾岐撰
稿本
學春秋隨筆十卷 CM 經/第132冊
(清)萬斯大撰
清乾隆二十六年萬福刻本
春秋疏略五十卷 CM 經/第132冊
(清)張沐撰
清康熙刻本
春秋疑義二卷 CM 經/第133冊
(清)華學泉撰
清嘉慶十九年璜川吳氏眞意堂刻本
春秋輯傳辨疑七十二卷 CM 經/第133－135冊
(清)李集鳳撰
清鈔本
春秋集解十二卷附較補春秋集解緒餘一卷 CM 經/第135冊
(清)應撝謙撰
清鈔本
春秋條貫篇十一卷 CM 經/第136冊
(清)毛奇齡撰
清康熙刻西河合集本
春秋胡傳參義十二卷首一卷 CM 經/第136冊
(清)姜兆錫撰
清雍正乾隆間刻九經補註本
春秋事義慎考十四卷 CM 經/第136冊
(清)姜兆錫撰
清乾隆刻本
春秋公羊穀梁諸傳彙義十二卷 CM 經/第136冊
(清)姜兆錫撰
清雍正乾隆間刻九經補註本
春秋指掌三十卷前二卷前事一卷後事一卷 CM 經/第136－137冊
(清)儲欣 蔣景祁撰
清康熙天藜閣刻本
春秋詳說五十六卷 CM 經/第137－139冊
(清)冉覲祖撰
清光緒七年大梁書局刻五經詳說本
左傳評十卷 CM 經/第139冊

(清)王源評訂
清康熙居業堂刻本
公羊傳不分卷穀梁傳不分卷 CM 經/第 139 册
(清)王源評訂
清康熙五十五年刻本
春秋鈔十卷首一卷 CM 經/第 139 册
(清)朱軾撰
清康熙乾隆間刻朱文端公藏書本
春秋比事目錄四卷 CM 經/第 139 册
(清)方苞撰
清康熙嘉慶間刻抗希堂十六種本
左傳拾遺二卷 CM 經/第 140 册
(清)朱元英撰
清康熙刻本
春秋義十五卷首一卷 CM 經/第 140 册
(清)孫嘉淦撰
清雍正三年刻本
春秋集傳十卷首一卷 CM 經/第 140 册
(清)李文炤撰
清四爲堂刻李氏成書本
春秋左傳姓名同異考四卷 CM 經/第 140 册
(清)高士奇撰
清康熙自刻本
春秋測微九卷 CM 經/第 140 册
(清)朱奇齡撰
清道光鈔本
春秋三傳異同考一卷 CM 經/第 140 册
(清)吳陳琰撰
清康熙刻昭代叢書本
春秋左傳事類年表不分卷 CM 經/第 141 册
(清)顧宗瑋撰
稿本
左繡三十卷首一卷 CM 經/第 141 册
(清)馮李驊 陸浩輯
清康熙五十九年刻本
春秋剩義二卷 CM 經/第 141 册
(清)應麟撰
清乾隆十六年宜黄應氏刻屏山草堂稿本
春秋義存錄十二卷首一卷 CM 經/第 142 册
(清)陸奎勳撰
清康熙刻本
春秋筆削微旨二十六卷 CM 經/第 142 册
(清)劉紹攽撰
清乾隆刻本
春秋通論六卷 CM 經/第 142 册
(清)劉紹攽撰
清乾隆刻本
空山堂春秋傳十二卷 CM 經/第 142 册
(清)牛運震撰
清嘉慶二十三年刻空山堂全集本
春秋義補註十二卷 CM 經/第 142 册
(清)楊方達撰
清乾隆復初堂刻本
春秋集古傳註二十六卷首一卷或問六卷 CM 經/第 143 册
(清)郜坦撰
清光緒刻本
讀左補義五十卷首二卷 CM 經/第 143 - 144 册
(清)姜炳璋撰
清乾隆刻本
春秋經傳類求十二卷 CM 經/第 144 册
(清)孫從添 過臨汾輯
清乾隆二十四年吳禧祖刻本
春秋一得一卷 CM 經/第 145 册
(清)閻循觀撰
清乾隆三十八年樹滋堂刻西澗草堂全集本
左傳評三卷 CM 經/第 145 册
(清)李文淵撰
清乾隆四十年李文藻刻本
春秋日食質疑一卷 CM 經/第 145 册
(清)吳守一撰
清嘉慶虞山張氏刻借月山房彙鈔本
春秋不傳十二卷 CM 經/第 145 册
(清)湯啟祚撰
清嘉慶二十四年刻本
春秋三傳事實廣證不分卷 CM 經/第 145 册
不著撰者
清鈔本
晦庵先生所定古文孝經句解一卷 CM 經/第 146 册
(元)朱申撰
清康熙十九年通志堂刻通志堂經解本
孝經宗旨一卷 CM 經/第 146 册
(明)羅汝芳撰
明萬曆繡水沈氏刻寶顏堂祕笈本
孝經疑問一卷 CM 經/第 146 册
(明)姚舜牧撰
明來恩堂刻清乾隆二十年重修本
古文孝經朱子訂定刊誤集講一卷 CM 經/第 146 册
(清)熊兆撰
清鈔本
讀孝經四卷附年譜一卷 CM 經/第 146 册
(清)應是撰
清乾隆十七年刻本
孝經類解十八卷 CM 經/第 146 册
(清)吳之騄撰
清康熙三十二年寶瀚樓刻本
孝經正文一卷孝經內外傳五卷 CM 經/第 146 册
(清)李之素撰
清康熙六十年寶田山莊刻本
孝經詳說六卷 CM 經/第 146 册
(清)冉覲祖撰
清光緒七年大梁書局刻五經詳說本
孝經一卷 CM 經/第 146 册
(清)朱軾註
清康熙乾隆間刻朱文端公藏書本
孝經三本管窺一卷 CM 經/第 146 册
(清)吳隆元撰
清康熙乾隆間刻朱文端公藏書本
孝經章句一卷 CM 經/第 146 册
(清)任啟運撰
清道光福山王氏日省吾齋刻今古文孝經彙刻本
孝經本義一卷 CM 經/第 146 册
(清)姜兆錫撰
清雍正十年寅青樓刻本
孝經通釋十卷總論一卷 CM 經/第 146 册
(清)曹庭棟撰
清乾隆二十一年刻本
五經圖六卷 CM 經/第 147 册
(明)章達輯 (明)盧謙輯
明萬曆四十二年刻本
疑辨錄三卷 CM 經/第 147 册
(明)周洪謨撰
明嘉靖刻本
石渠意見四卷拾遺二卷補缺二卷 CM 經/第 147 册
(明)王恕撰
明正德刻本
十三經解詁六十四卷 CM 經/第 147 - 148 册

(明)陳深撰
明萬曆刻本
說經劄記十卷 CM 經/第149 冊
(明)蔡汝楠撰
明天啟三年蔡武刻本
五經異文十一卷 CM 經/第149 冊
(明)陳士元撰
明萬曆刻歸雲別集本
經繹十五卷 CM 經/第149 冊
(明)鄧元錫撰
明刻本
經書音釋二卷 CM 經/第150 冊
(明)馮保撰
明隆慶五年刻本
孫月峰先生批評詩經四卷批評書經六卷批評禮記六卷 CM 經/第150 冊
(明)孫鑛撰
明末天益山刻本
七經圖七卷 CM 經/第150 冊
(明)吳繼仕輯
明萬曆刻本
九經考異十二卷附九經逸語一卷 CM 經/第150 冊
(明)周應賓撰
明萬曆刻本
談經九卷 CM 經/第150 冊
(明)郝敬撰
明萬曆崇禎間郝洪範刻山草堂集本
六經三註粹抄不分卷 CM 經/第151 冊
(明)許順義撰
明萬曆十八年萃慶堂余泗泉刻本
五經讀五卷 CM 經/第151 冊
(明)陳際泰撰
明崇禎六年刻本
五經翼二十卷 CM 經/第151－152 冊
(清)孫承澤撰
清康熙二年刻本
朱子六經圖十六卷 CM 經/第152 冊
(清)江為龍輯
清康熙刻本
五經圖十二卷 CM 經/第152 冊
(清)盧雲英輯
清雍正二年盧雲英刻本
經玩二十卷 CM 經/第152 冊
(清)沈淑輯
清雍正刻本
三經附義六卷 CM 經/第152 冊
(清)李重華撰
清乾隆二十八年萬葉堂刻本
松源經說四卷 CM 經/第152 冊
(清)孫之騄撰
清乾隆刻本
六經圖六卷 CM 經/第153 冊
(清)王皜撰
清乾隆五年刻本
十三經字辨八卷 CM 經/第153 冊
(清)陳鶴齡撰
清道光十年刻本
九經圖七卷 CM 經/第153 冊
(清)楊魁植撰
清乾隆三十七年信芳書房刻本
說書偶筆四卷 CM 經/第153 冊
(清)丁愷曾撰
民國二十四年青島趙永厚堂排印望奎樓遺稿本
載詠樓重鐫硃批孟子二卷 CM 經/第154 冊
(宋)蘇洵批點
清康熙三十三年載詠樓刻本
孟子解二卷 CM 經/第154 冊
(宋)伊焞撰
清鈔本
施先生孟子發題一卷 CM 經/第154 冊
(宋)施德操撰
宋刻橫浦先生文集附刻本
朱子四書或問小註三十六卷 CM 經/第154 冊
不著撰者
清康熙六十一年刻本
朱子四書語類五十二卷 CM 經/第155 冊
(清)周在廷輯
清康熙十七年金陵大業堂刻本
中庸合註一卷 CM 經/第155 冊
不著撰者
清鈔本
四書輯釋四十三卷 CM 經/第155－156 冊
(元)倪士毅撰 (元)程復心章圖 (元)王元善通考
明初刻本
大學指歸二卷附考異一卷 CM 經/第156 冊
(明)魏校撰
明太原王道行刻莊渠先生遺書本
大學管窺一卷 CM 經/第156 冊
(明)廖紀撰
明刻學庸管窺本
中庸管窺一卷 CM 經/第156 冊
(明)廖紀撰
明刻學庸管窺本
大學千慮一卷 CM 經/第156 冊
(明)穆孔暉撰
明嘉靖刻本
大學稽中傳三卷 CM 經/第157 冊
(明)李經綸撰
清光緒刻本
四書人物考四十卷 CM 經/第157 冊
(明)薛應旂撰
明嘉靖刻本
日進直講五卷 CM 經/第157 冊
(明)高拱撰
清康熙刻高文襄公集本
大學新編五卷 CM 經/第157 冊
(明)劉元卿撰
清咸豐二年南溪劉氏家塾重刻本
孟義訂測七卷 CM 經/第157 冊
(明)管志道輯
明萬曆三十六年刻本
重訂四書疑問十一卷 CM 經/第158 冊
(明)姚舜牧撰
明萬曆六經堂刻本
經籍異同三卷 CM 經/第158 冊
(明)陳禹謨撰
明萬曆刻本
經言枝指九十九卷 CM 經/第158－160 冊
(明)陳禹謨撰
明萬曆刻本
四書名物考二十四卷 CM 經/第160 冊
(明)陳禹謨撰 (明)錢受益 牛斗星補
明末牛斗星刻本
孟子說解十四卷 CM 經/第161 冊
(明)郝敬撰
明萬曆四十三年至四十七年郝千秋郝千石刻郝氏九經解本
論語義府二十卷 CM 經/第161 冊
(明)王肯堂撰
明刻本
玄晏齋困思抄三卷玄晏齋詩三卷 CM 經/第162 冊
(明)孫慎行撰

明萬曆刻本
四書湖南講九卷 CM 經/第 162 册
(明)葛寅亮撰
明崇禎刻本
金華四先生四書正學淵源十卷 CM 經/第 162－163 册
(明)章一陽輯
清康熙刻本
四書說叢十七卷 CM 經/第 163 册
(明)沈守正撰
明萬曆四十三年刻本
四書說約三十三卷 CM 經/第 164 册
(明)鹿善繼撰
清道光二十四年刻本
晚照山居參定四書酌言八卷 CM 經/第 164 册
(明)寇慎撰
清道光二十三年濟峰活字本
四書考二十八卷考異一卷 CM 經/第 164－165 册
(明)陳仁錫撰
明崇禎七年自刻本
四書通義二十九卷 CM 經/第 165 册
(明)魯論撰
清乾隆二十八年刻本
三經見聖編輯存二卷 CM 經/第 166 册
(明)譚貞默撰
民國二十六年嘉興譚氏綠絲欄鈔行篋叢書本
四書經學考十卷補遺一卷續考六卷 CM 經/第 166 册
(明)徐邦佐 陳鵬霄撰
明崇禎刻本
四書讀六卷 CM 經/第 166 册
(明)陳際泰撰
清乾隆仁和黄氏刻文藻四種本
四書則不分卷 CM 經/第 166 册
(明)桑拱陽撰
明崇禎松風書院刻本
白菊齋訂四書本義集說二十六卷 CM 經/第 166－167 册
(明)徐養元輯
清康熙留耕堂刻本
圖書衍五卷 CM 經/第 167 册
(明)喬中和撰
清光緒五年刻西郭草堂刻本

四書大全辯三十八卷附錄六卷 CM 經/第 167－169 册
(明)張自烈撰
明崇禎十三年石嘯居刻本
學庸切己錄二卷 CM 經/第 169 册
(明)謝文洊撰
清光緒十八年謝鏞刻謝程山全書本
四書翊注四十二卷 CM 經/第 170 册
(清)刁包撰
清道光同治間刁懷瑾順積樓刻用六居士所著書本
三魚堂四書集註大全四十一卷 CM 經/第 170－172 册
(清)陸隴其輯
清康熙嘉會堂刻本
續困勉錄六卷 CM 經/第 172 册
(清)陸隴其撰
清康熙三十八年刻本
四書述十九卷 CM 經/第 172 册
(清)陳詵撰
清康熙信學齋刻本
四書索解四卷 CM 經/第 173 册
(清)毛奇齡撰
清康熙刻西河合集本
大學知本圖說一卷 CM 經/第 173 册
(清)毛奇齡撰
清康熙刻西河合集本
大學問一卷 CM 經/第 173 册
(清)毛奇齡撰
清康熙刻西河合集本
逸講箋三卷 CM 經/第 173 册
(清)毛奇齡撰
清康熙刻西河合集本
中庸說五卷 CM 經/第 173 册
(清)毛奇齡撰
清康熙刻西河合集本
聖門釋非錄五卷 CM 經/第 173 册
(清)毛奇齡撰
清康熙刻西河合集本
論語傳註二卷大學傳註一卷中庸傳註一卷傳註問四卷 CM 經/第 173 册
(清)李塨撰
清康熙雍正間刻顏李叢書本
四書反身錄六卷續補一卷 CM 經/第 173 册
(清)李顒撰
清康熙二十五年刻本

大學講義一卷大學講義一卷中庸講義一卷 CM 經/第 173 册
(清)楊名時撰
清乾隆五十九年江陰葉廷甲水心草堂刻楊氏全書本
大學困學錄一卷中庸困學錄一卷 CM 經/第 173 册
(清)王澍撰
清乾隆二年刻積書巖六種本
五華纂訂四書大全四十六卷 CM 經/第 174－175 册
(清)孫見龍撰
清乾隆十三年五華書院刻本
大學偶言一卷 CM 經/第 176 册
(清)張文檒撰
清乾隆十七年刻本
成均課講學庸二卷 CM 經/第 176 册
(清)崔紀撰
清雍正刻四書溫講雜集本
讀孟子劄記一卷 CM 經/第 176 册
(清)崔紀撰
清雍正刻四書溫講雜集本
論語溫知錄不分卷 CM 經/第 176 册
(清)崔紀撰
清乾隆刻本
四書參註不分卷 CM 經/第 176 册
(清)王植撰
清刻本
菜根堂劄記十二卷 CM 經/第 176 册
(清)夏力恕撰
清乾隆三十年鳳臺書院刻本
四書本義匯參四十三卷首四卷 CM 經/第 176－177 册
(清)王步青撰
清乾隆十年敦復堂刻本
四書約旨十九卷附孟子考略一卷 CM 經/第 178 册
(清)任啟運撰
清乾隆刻本
翼藝典略十卷 CM 經/第 178 册
(清)蕭正發撰
清刻本
四書順義解十九卷 CM 經/第 178－179 册
(清)劉琴撰
清乾隆三十一年刻本
四書晰疑三卷 CM 經/第 179 册

（清）陳鋐撰
清乾隆六年尚志堂刻本
虹舟四書講義二十卷 CM 經/第 179 冊
（清）李祖惠撰
清乾隆刻本
四書句讀釋義十九卷 CM 經/第 180 冊
（清）范凝鼎撰
清乾隆述善堂刻本
四書講義尊聞錄二十卷
CM 經/第 180 – 181 冊
（清）戴鋐撰
清雍正六年至七年懷新堂刻本
四書窮鈔六補定本十六卷
CM 經/第 181 冊
（清）王國瑚撰
清順治八年刻本
雅樂發微八卷 CM 經/第 182 冊
（明）張敔撰
明嘉靖刻本
大樂律呂元聲六卷附大樂律呂考註四卷
CM 經/第 182 冊
（明）李文利撰（明）李元校補
明嘉靖十四年浙江布政司刻本
古樂經傳全書二卷 CM 經/第 182 冊
（明）湛若水 呂懷撰
明嘉靖三十四年祝廷滂刻本
樂律纂要一卷 CM 經/第 182 冊
（明）季本撰
明嘉靖十八年宋楫刻本
樂律舉要一卷 CM 經/第 182 冊
（明）韓邦奇輯
清道光十一年六安晁氏木活字學海類編本
樂經元義八卷 CM 經/第 182 冊
（明）劉濂撰
明嘉靖刻本
樂典三十六卷 CM 經/第 182 冊
（明）黄佐撰
明嘉靖二十六年孫學古刻本
律呂新書分註圖算十三卷首一卷
CM 經/第 182 冊
（明）許珍撰
舊鈔本
律呂古義三卷 CM 經/第 183 冊
（明）呂懷撰
明嘉靖刻本
李氏樂書六種二十卷 CM 經/第 183 冊
（明）李文察撰
明嘉靖刻本
律呂正聲六十卷 CM 經/第 183 冊
（明）王邦直撰
明萬曆三十六年黄作孚刻本
律呂正論四卷 CM 經/第 183 冊
（明）朱載堉撰
明萬曆刻本
律呂質疑辨惑一卷 CM 經/第 183 冊
（明）朱載堉撰
明萬曆刻本
樂經以俟錄十六卷 CM 經/第 184 冊
（明）瞿九思撰
明萬曆三十五年史學遷刻本
律呂解註二卷 CM 經/第 184 冊
（明）鄧文憲撰
明嘉靖二年詹璥丘璦等刻本
樂經集註二卷 CM 經/第 184 冊
（明）張鳳翔撰
明末刻本
大樂嘉成一卷 CM 經/第 184 冊
（明）袁應兆撰
明崇禎六年王佐刻本
古樂義十二卷 CM 經/第 184 冊
（明）邵儲撰
清鈔本
大成樂律全書一卷 CM 經/第 184 冊
（清）孔貞瑄撰
清康熙刻本
律呂圖說二卷 CM 經/第 184 冊
（清）王建常撰
清乾隆三十九年朝坂集義堂刻本
鍾律陳數一卷 CM 經/第 184 冊
（清）顧陳垿撰
清道光十年長州劉氏刻賜硯堂叢書新編本
樂書内編二十卷 CM 經/第 184 – 185 冊
（清）張宣猷 鄭先慶撰
清康熙刻本
律呂新書註二卷 CM 經/第 185 冊
（清）周模撰
清雍正刻本
賡和錄二卷 CM 經/第 185 冊
（清）何夢瑤撰
清同治道光間刻嶺南遺書本
易律通解四卷 CM 經/第 185 冊
（清）沈光邦撰
清鈔本
樂律古義二卷 CM 經/第 185 冊
（清）童能靈撰
清乾隆刻本
大樂元音七卷 CM 經/第 185 冊
（清）潘士權撰
清乾隆中和堂刻本
律呂新書二卷附八音考略一卷
CM 經/第 185 冊
（宋）蔡元定撰（清）羅登選箋義
清乾隆刻本
黄鍾通韻二卷附琴圖補遺
CM 經/第 185 冊
（清）都四德撰
清乾隆刻本
囂囂子樂原不分卷 CM 經/第 185 冊
囂囂子撰
清刻本
律呂纂要二卷 CM 經/第 185 冊
不著撰者
稿本
爾雅註疏參義六卷 CM 經/第 186 冊
（清）姜兆錫撰
清雍正十年寅青樓刻本
小爾雅一卷 CM 經/第 186 冊
（漢）孔鮒撰（宋）宋咸注
明嘉靖顧氏夷白齋刻顧氏文房小說本
小爾雅一卷 CM 經/第 186 冊
（明）崔銑撰
明嘉靖吳郡袁氏嘉趣堂刻金聲玉振集本
彙雅二十卷後編二十八卷
CM 經/第 186 – 187 冊
（明）張萱撰
明萬曆刻本
方言據二卷 CM 經/第 187 冊
（明）魏濬撰
涵芬樓影印清道光十一年六安晁氏木活字學海類編本
輶軒使者絕代語釋別國方言類聚四卷
CM 經/第 187 冊
（明）陳與郊撰
明刻本
越語肯綮錄一卷 CM 經/第 187 冊
（清）毛奇齡撰
清康熙刻西河合集本
連文釋義一卷 CM 經/第 187 冊

六書準四卷 CM 經/第 200 冊
(清)馮調鼎撰
清康熙刻本
六書通十卷 CM 經/第 200 冊
(清)閔齊伋撰
清康熙五十九年刻本
周宣王石鼓文定本二卷 CM 經/第 200 冊
(清)劉凝撰
清康熙四年刻本
黃公說字四十五卷
CM 經/第 200-202 冊
(清)顧景星撰
清鈔本
讀書正音四卷 CM 經/第 203 冊
(清)吳震方撰
清康熙四十四年刻本
篆文纂要全宗四卷 CM 經/第 203 冊
(清)陳策撰
清康熙十一年刻本
字辨七卷 CM 經/第 203 冊
(清)熊文登撰
清順治六年刻本
六書分類十二卷首一卷 CM 經/第 203 冊
(清)傅世垚撰
清康熙刻本
說文廣義十二卷 CM 經/第 204 冊
(清)程德洽輯
清康熙五十一年成裕堂刻本
篆字彙十二卷 CM 經/第 204-205 冊
(清)佟世男輯
清康熙刻本
鐘鼎字源五卷附錄一卷 CM 經/第 205 冊
(清)汪立名輯
清康熙五十五年汪氏一隅草堂刻本
六書辨通五卷 CM 經/第 205 冊
(清)楊錫觀撰
清乾隆八年刻本
六書例解一卷附六書雜說一卷八分書辨一卷 CM 經/第 205 冊
(清)楊錫觀撰
清雍正十三年刻乾隆五十八年馮浩修補重印本
六經字便不分卷 CM 經/第 205 冊
(清)劉臣敬撰
清康熙五十三年大樹堂刻本
字學正本五卷 CM 經/第 205 冊
(清)李京撰
清康熙八年刻本
韻經五卷 CM 經/第 206 冊
(梁)沈約撰 (明)楊慎轉注
明萬曆刻本
書學正韻三十六卷 CM 經/第 206 冊
(元)楊桓撰
元刻明修本
洪武正韻四卷 CM 經/第 207 冊
(明)宋濂撰 (明)楊時偉補箋
明崇禎四年刻本
皇極聲音文字通三十二卷
CM 經/第 207 冊
(明)趙撝謙撰
清鈔本(卷一至二用北大圖書館藏明鈔本配補)
重刊併音連聲韻學集成十三卷
CM 經/第 208 冊
(明)章黼撰
明萬曆六年維揚資政左室刻本
韻略易通二卷 CM 經/第 208 冊
(明)蘭茂撰
明萬曆三十七年吳允中刻本
元聲韻學大成四卷
CM 經/第 208-209 冊
(明)濮陽淶撰
明萬曆二十六年書林鄭雲竹刻本
讀易韻考七卷 CM 經/第 209 冊
(明)張獻翼撰
明萬曆刻本
古今韻分注撮要五卷 CM 經/第 209 冊
(明)甘雨撰
明萬曆二十二年刻本
書文音義便考私編五卷附難字直音一卷
CM 經/第 209 冊
(明)李登撰
明萬曆刻本
併音連聲字學集要四卷 CM 經/第 209 冊
不著撰者
明萬曆二年刻本
交泰韻一卷 CM 經/第 210 冊
(明)呂坤撰
明萬曆刻本
音聲紀元六卷 CM 經/第 210 冊
(明)吳繼仕撰
明萬曆刻本
五先堂字學元元十卷 CM 經/第 210 冊
(明)袁子讓撰
明萬曆三十一年刻本
韻表三十卷附聲表一卷 CM 經/第 210 冊
(明)葉秉敬撰
明萬曆刻本
音韻日月燈六十四卷 CM 經/第 211 冊
(明)呂維祺撰
明崇禎六年志清堂刻本
律古詞曲賦葉韻統十二卷
CM 經/第 211 冊
(明)程元初撰 (明)茅元儀註考
明崇禎五年刻本
韻譜本義十卷 CM 經/第 212 冊
(明)茅溱撰
明萬曆三十二年刻本
古今韻會舉要小補三十卷
CM 經/第 212-213 冊
(明)方日升撰
明萬曆三十四年周士顯刻本
新編篇韻貫珠集一卷 CM 經/第 213 冊
(明)釋眞空撰
明弘治十一年刻本
西儒耳目資三卷 CM 經/第 213 冊
(明西洋)金尼閣撰
明天啟六年刻本
元韻譜五十四卷首一卷 CM 經/第 214 冊
(明)喬中和撰
清康熙三十年梅墅石渠閣刻本
皇極圖韻一卷 CM 經/第 214 冊
(明)陳藎謨撰
明崇禎五年石經草堂刻
元音統韻二十八卷
CM 經/第 215-216 冊
(明)陳藎謨撰 (清)吳任臣補輯
清康熙五十三年范廷瑚刻本
青郊雜著一卷文韻考衷六聲會編十二卷
CM 經/第 216 冊
(明)桑紹良撰
明萬曆桑學夔刻本
詩音辯略二卷 CM 經/第 216 冊
(明)楊貞一撰
明萬曆四十七年凌一心刻本
重訂馬氏等音外集一卷內集一卷
CM 經/第 216 冊
(清)梅建撰
清康熙四十七年刻本
柴氏古韻通八卷首一卷附切韻編一卷
CM 經/第 217 冊

(清)柴紹炳撰
清康熙七年刻本
聲韻叢說一卷韻問一卷 CM 經/第 217 冊
(清)毛先舒撰
清康熙刻昭代叢書本
韻學通指一卷 CM 經/第 217 冊
(清)毛先舒撰
清康熙刻思古堂十四種書本
韻白一卷 CM 經/第 217 冊
(清)毛先舒撰
清康熙刻思古堂十四種書本
諧聲品字箋五十七卷 CM 經/第 217－218 冊
(清)虞咸熙 虞德升撰
清康熙十六年刻本
類音八卷 CM 經/第 218 冊
(清)潘耒撰
清雍正遂初堂刻本
韻學要指十一卷 CM 經/第 218 冊
(清)毛奇齡撰
清康熙刻西河合集本
韻雅五卷雜論一卷識餘一卷 CM 經/第 218 冊
(清)施何牧撰
清刻本
等切元聲十卷 CM 經/第 219 冊
(清)熊士伯撰
清康熙刻本
古今韻表新編四卷後編一卷 CM 經/第 219 冊
(清)仇廷模撰
清雍正刻本
八矢註字說一卷註字圖一卷 CM 經/第 219 冊
(清)顧陳垿撰
清道光十三年太倉東陵氏刻婁東雜著本
韻學臆說一卷 CM 經/第 219 冊
(清)王植撰
清雍正刻本
韻學五卷 CM 經/第 219 冊
(清)王植撰
清雍正八年刻本
五方元音二卷 CM 經/第 219 冊
(清)樊騰鳳撰 (清)年希堯增補
清康熙刻本
詩經叶音辨譌八卷首一卷 CM 經/第 219 冊
(清)劉維謙撰
清乾隆三年壽峰書屋刻本
四聲切韻表一卷 CM 經/第 219 冊
(清)江永撰
清乾隆五十三年應雲堂刻本
本韻一得二十卷 CM 經/第 219－220 冊
(清)龍為霖撰
清乾隆十六年刻本
音韻原流六十卷 CM 經/第 220 冊
(清)潘咸撰
清鈔本
韻歧五卷 CM 經/第 220 冊
(清)江昱撰
清光緒七年重刻本
善樂堂音韻清濁鑑三卷玉鑰匙門法一卷等韻圖一卷 CM 經/第 220 冊
(清)王祚禎撰
清康熙六十年善樂堂刻本

史部

訂正史記眞本凡例一卷 CM 史/第 1 冊
(宋)洪遵撰
涵芬樓影印清道光十一年六安晁氏木活字學海類編本
批點史記瑣瑣二卷 CM 史/第 1 冊
(明)郝敬撰
明萬曆崇禎間郝洪範刻山草堂集增修本
班馬異同三十五卷 CM 史/第 1 冊
(宋)倪思撰 (宋)劉辰翁評
明嘉靖十六年李元陽刻本
史漢方駕三十五卷 CM 史/第 1 冊
(明)許相卿輯
明萬曆十三年徐禾刻本
五代史志疑四卷 CM 史/第 1 冊
(清)楊陸榮撰
清康熙五十九年刻本
讀宋史偶識三卷 CM 史/第 1 冊
(明)項夢原撰
明天啟六年自刻本
考定竹書十三卷 CM 史/第 2 冊
(清)孫之騄撰
清雍正刻本
少微通鑑節要五十卷外紀四卷 CM 史/第 2 冊
(宋)江贄輯
明正德九年司禮監刻本
續資治通鑑十八卷 CM 史/第 3 冊
題(宋)李燾撰
元建安陳氏餘慶堂刻本
陸狀元增節音註精議資治通鑑一百二十卷目錄三卷首一卷 CM 史/第 3－5 冊
(宋)陸唐老輯
明末毛氏汲古閣刻本
通鑑綱目釋地糾謬六卷補註六卷 CM 史/第 6 冊
(清)張庚撰
清乾隆十八年強恕齋刻本
帝王紀年纂要一卷 CM 史/第 6 冊
(元)察罕撰 (明)黃諫訂
明嘉靖吳郡袁氏嘉趣堂刻金聲玉集本
皇明本紀不分卷 CM 史/第 6 冊
不著撰者
明鈔本
世史正綱三十二卷 CM 史/第 6 冊
(明)丘濬撰
明嘉靖四十二年孫應鰲刻本
通鑑綱目前編三卷 CM 史/第 6 冊
(明)許誥撰
明嘉靖五年刻本
經世策一卷 CM 史/第 6 冊
(明)魏校撰
明嘉靖四十年王道行刻莊渠先生遺書本
人代紀要三十卷 CM 史/第 6－7 冊
(明)顧應祥撰
明嘉靖三十七年黃扆刻本
皇明嘉隆兩朝聞見紀十二卷 CM 史/第 7 冊
(明)沈越撰
明萬曆二十七年沈朝陽等刻本
皇明大政紀二十五卷 CM 史/第 7－8 冊
(明)雷禮等輯
明萬曆三十年秣陵周時泰博古堂刻本
資治通鑑綱目前編二十五卷 CM 史/第 9 冊
(明)南軒撰
明崇禎三年刻本
龍飛紀略八卷 CM 史/第 9 冊
(明)吳朴撰
明嘉靖二十三年吳天祿等刻本
宋元通鑑一百五十七卷 CM 史/第 9－11 冊

(明)薛應旂撰
明嘉靖四十五年自刻本
甲子會紀五卷 CM 史/第 11 冊
(明)薛應旂撰
明嘉靖三十七年玄津草堂刻本
憲章錄四十六卷 CM 史/第 11 冊
(明)薛應旂撰
明萬曆二年陸光宅刻本
考信編七卷 CM 史/第 12 冊
(明)杜思撰
明萬曆七年刻本
昭代典則二十八卷 CM 史/第 12-13 冊
(明)黄光昇撰
明萬曆二十八年周曰校萬卷樓刻本
秘閣元龜政要十六卷 CM 史/第 13 冊
不著撰者
明鈔本
皇明通紀述遺十二卷 CM 史/第 14 冊
(明)卜世昌撰 (明)屠衡撰
明萬曆刻本
明大政纂要六十三卷
CM 史/第 14-15 冊
(明)譚希思撰
清光緒二十一年湖南思閑書局刻本
皇明大政記三十六卷 CM 史/第 16 冊
(明)朱國禎輯
明崇禎刻皇明史概本
兩朝憲章錄二十卷 CM 史/第 16 冊
(明)吳瑞登撰
明萬曆二十二年光州儒學刻本
國史紀聞十二卷 CM 史/第 17 冊
(明)張銓撰
明天啟刻本
綱鑑正史約三十六卷
CM 史/第 17-18 冊
(明)顧錫疇撰
明崇禎刻本
歷年二十一傳殘本十二卷
CM 史/第 18 冊
(明)程元初輯
明萬曆刻本
皇王史訂四卷 CM 史/第 18 冊
(清)李學孔撰
清順治思補堂刻本
鴻猷錄十六卷 CM 史/第 19 冊
(明)高岱輯
明嘉靖四十四年高思誠刻本

三藩紀事本末四卷 CM 史/第 19 冊
(清)楊陸榮輯
清康熙五十六年刻本
蜀漢本末三卷 CM 史/第 19 冊
(元)趙居信輯
元至正十一年建寧路建安書院刻本
歷代十八史略十卷 CM 史/第 19 冊
(元)曾先之輯
元至正二年四明郡庠刻本
讀史備忘八卷 CM 史/第 19 冊
(明)范理輯
清雍正九年繼志堂刻本
天潢玉牒一卷 CM 史/第 19 冊
不著撰者
明嘉靖吳郡袁氏嘉趣堂刻金聲玉振集本
史質一百卷舊宋史目錄一卷
CM 史/第 20 冊
(明)王洙撰
明嘉靖刻本
宋史新編二百卷附錄一卷
CM 史/第 20-22 冊
(明)柯維騏撰
明嘉靖刻本
鄭端簡公徵吾錄二卷 CM 史/第 23 冊
(明)鄭曉撰
明嘉靖海鹽夏儒刻本
標題詳註史略補遺大成十卷首一卷
CM 史/第 23 冊
(明)李紀撰
明刻本
荒史六卷 CM 史/第 23 冊
(明)陳士元撰
明萬曆自刻歸雲外集本
藏書六十八卷 CM 史/第 23-24 冊
(明)李贄撰
明萬曆二十七年焦竑刻本
續藏書二十七卷 CM 史/第 24 冊
(明)李贄撰
明汪修能刻本
函史上編八十一卷下編二十二卷
CM 史/第 25-28 冊
(明)鄧元錫撰
明活字本
皇明書四十五卷 CM 史/第 29 冊
(明)鄧元錫撰
明萬曆刻本

皇明帝后紀略一卷附藩封一卷
CM 史/第 29 冊
(明)鄭汝璧撰
明萬曆四十七年刻本
邃古記八卷 CM 史/第 29 冊
(明)朱謀㙔撰
明萬曆刻本
季漢書六十卷正論一卷答問一卷
CM 史/第 30 冊
(明)謝陛撰
明萬曆刻本
晉史刪四十卷 CM 史/第 30-31 冊
(明)茅國縉輯
明刻本
南宋書六十八卷 CM 史/第 31 冊
(明)錢士升撰
清嘉慶二年掃葉山房刻本
刪補晉書一百三十卷
CM 史/第 31-32 冊
(唐)房玄齡撰 (明)蔣之翹刪補並輯評
明崇禎十二年蔣氏家塾刻本
閱史約書五卷 CM 史/第 32 冊
(明)王光魯撰
明崇禎刻本
唐紀五十五卷附表四卷 CM 史/第 33 冊
(明)孫慤撰
清初鈔本
書系十六卷 CM 史/第 33 冊
(明)唐大章撰
南明隆武刻本
稽古篇五十五卷 CM 史/第 34 冊
(明)郭之奇撰
清初刻本
識大錄不分卷 CM 史/第 35-37 冊
(明)劉振撰
清鈔本
明書一百七十一卷 CM 史/第 38-40 冊
(清)傅維鱗撰
清康熙三十四年本誠堂刻本
廿二史紀事提要八卷 CM 史/第 40 冊
(清)吳綏撰
清乾隆十一年刻本
春秋紀傳五十一卷附世系圖一卷
CM 史/第 41 冊
(清)李鳳雛撰
清康熙四十五年刻本

讀史津逮四卷 CM 史/第 41 冊
(清)潘永圜撰
清康熙刻本
季漢五志十二卷 CM 史/第 42 冊
(清)王復禮撰
清康熙四十一年杭城尊行齋刻本
半窗史畧四十二卷 CM 史/第 42 冊
(清)龍體剛撰
清雍正龍圖鳳等刻本
晉記六十八卷 CM 史/第 43 冊
(清)郭倫撰
清乾隆五十一年有斐堂刻本
遼大臣年表一卷金將相大臣年表一卷 CM 史/第 43 冊
不著撰者
清鈔本
左逸一卷短長一卷 CM 史/第 44 冊
(明)蔣謹撰
明崇禎五年蔣世枋刻本
戰國策譚椒十卷附錄一卷 CM 史/第 44 冊
(宋)鮑彪校註 (元)吳師道重校 (明)張文爟集評
明萬曆刻本
七雄策纂八卷 CM 史/第 44 冊
(明)穆文熙輯
明萬曆十六年陳禹謨刻本
戰國策去毒二卷附編年一卷 CM 史/第 44 冊
(清)陸隴其輯
清康熙三十三年三魚堂刻本
靖康孤臣泣血錄二卷 CM 史/第 44 冊
題(宋)丁特起撰
明萬曆三十四年張豫誠刻本
靖康蒙塵錄一卷附建炎復辟錄一卷 CM 史/第 44 冊
不著撰者
清鈔本
靖康紀聞拾遺一卷 CM 史/第 44 冊
不著撰者
明鈔靖康紀聞附
北狩行錄一卷 CM 史/第 44 冊
題(宋)蔡絛撰
清初徐釚家鈔本
靖炎兩朝見聞錄二卷 CM 史/第 44 冊
(宋)陳東撰
清光緒巴陵方氏廣東刻宣統元年印碧琳琅館叢書本
建炎維揚遺錄一卷 CM 史/第 44 冊
(宋)口口撰
清嘉慶十年虞山張氏照曠閣刻學津討原本
建炎復辟記一卷 CM 史/第 44 冊
不著撰者
明姚咨鈔本
南渡錄一卷 CM 史/第 44 冊
題(宋)辛棄疾撰
清胡可大鈔徽欽遺事本
竊憤錄一卷續錄一卷 CM 史/第 44 冊
題(宋)辛棄疾撰
清初徐釚家鈔本
中興禦侮錄二卷 CM 史/第 45 冊
不著撰者
清鈔本
正隆事迹記一卷 CM 史/第 45 冊
(宋)張棣撰
清鈔雜史五種本
煬王江上錄一卷 CM 史/第 45 冊
不著撰者
清鈔雜史五種本
使金錄一卷 CM 史/第 45 冊
(宋)程卓撰
清光緒巴陵方氏廣東刻宣統元年印碧琳琅館叢書本
襄陽守城錄一卷 CM 史/第 45 冊
(宋)趙萬年撰
清鈔本
辛巳泣蘄錄一卷 CM 史/第 45 冊
(宋)趙與褒撰
明鈔本
碧溪叢書八種八卷 CM 史/第 45 冊
不著輯者
清鈔本
焚椒錄一卷 CM 史/第 45 冊
(遼)王鼎撰
明萬曆繡水沈氏刻寶顏堂祕笈本
南遷錄一卷 CM 史/第 45 冊
題(金)張師顏撰
清初鈔本
皇元聖武親征錄一卷 CM 史/第 45 冊
不著撰者
清鈔本
平徭記一卷 CM 史/第 45 冊
(元)虞集撰
清鈔本
御著大狩龍飛錄二卷 CM 史/第 45 冊
(明)世宗朱厚熜撰
明嘉靖十八年朱厚煜刻本
庚申外史二卷 CM 史/第 45 冊
(明)權衡撰
明鈔本
國初禮賢錄一卷 CM 史/第 45 冊
不著撰者
明嘉靖吳郡袁氏嘉趣堂刻金聲玉珍集本
平蜀記一卷 CM 史/第 45 冊
不著撰者
明藍格鈔國朝典故本
北平錄一卷 CM 史/第 45 冊
不著撰者
明鈔國朝典故本
雲南機務抄黃一卷 CM 史/第 45 冊
(明)張紞輯
明嘉靖吳郡袁氏嘉趣堂刻金聲玉振集本
漢唐秘史二卷 CM 史/第 45 冊
(明)朱權輯
明建文刻本
奉天靖難記四卷 CM 史/第 45 冊
不著撰者
明鈔國朝典故本
聖政記十二卷 CM 史/第 45 冊
不著撰者
明鈔本
國初事蹟一卷 CM 史/第 46 冊
(明)劉辰撰
明秦氏繡石書堂鈔本
皇明小史摘抄二卷附建文遺事一卷 CM 史/第 46 冊
不著撰者
清初鈔本
否泰錄一卷 CM 史/第 46 冊
(明)劉定之撰
明鈔國朝典故本
朝鮮紀事一卷 CM 史/第 46 冊
(明)倪謙撰
明鈔國朝典故本
南征錄一卷 CM 史/第 46 冊
(明)張瑄撰
明鈔藝海彙函本

虚菴李公奉使錄一卷附錄一卷 CM史/第46冊
(明)李實撰
明嘉靖刻本
東征紀行錄一卷 CM史/第46冊
(明)張瓚撰
明鈔國朝典故本
平蠻錄一卷 CM史/第46冊
(明)王軾撰
明鈔國朝典故本
北征事蹟一卷 CM史/第46冊
(明)袁彬撰
明嘉靖吳郡袁氏嘉趣堂刻金聲玉振集本
正統臨戎錄一卷 CM史/第46冊
不著撰者
明鈔國朝典故本
皇朝平吳錄三卷 CM史/第46冊
(明)吳寬撰
明鈔國朝典故本
皇明政要二十卷末一卷 CM史/第46冊
(明)婁性撰
明正德二年慎獨齋刻本
蘇州府纂修識略六卷 CM史/第46冊
(明)楊循吉撰
明萬曆三十七年徐景鳳刻合刻楊南峰先生全集十種本
安楚錄十卷 CM史/第46冊
(明)秦金撰
明萬曆四年秦氏刻本
治世餘聞錄八卷 CM史/第46冊
(明)陳洪謨撰
涵芬樓影印明萬曆刻紀錄彙編本
繼世紀聞六卷 CM史/第46冊
(明)陳洪謨撰
涵芬樓影印明萬曆刻紀錄彙編本
壬午功臣爵賞錄一卷壬午功賞別錄一卷 CM史/第46冊
(明)都穆撰
明鈔國朝典故本
平藩始末一卷 CM史/第46冊
(明)許進撰
明嘉靖繼美堂刻本
南城召對一卷 CM史/第46冊
(明)李時撰
民國燕京大學圖書館鈔本

聖駕南巡日錄一卷大駕北還錄一卷 CM史/第46冊
(明)陸深撰
明嘉靖二十四年刻儼山外集本
革除編年不分卷 CM史/第46冊
不著撰者
明鈔本
姜氏秘史不分卷 CM史/第46冊
(明)姜清撰
清初鈔本
明良集六種九卷 CM史/第47冊
(明)霍韜輯
明嘉靖十二年刻本
革朝志十卷 CM史/第47冊
(明)許相卿撰
明刻本
維禎錄一卷附一卷 CM史/第47冊
(明)陳沂撰
舊鈔本
平漢錄一卷 CM史/第47冊
(明)童承敘撰
明嘉靖吳郡袁氏嘉趣堂刻金聲玉振集本
茂邊紀事一卷 CM史/第47冊
(明)朱紈撰
明嘉靖吳郡袁氏嘉趣堂刻金聲玉振集本
革除遺事六卷 CM史/第47冊
(明)黃佐撰
明嘉靖吳郡袁氏嘉趣堂刻金聲玉振集本
楚紀六十卷 CM史/第47-48冊
(明)廖道南撰
明嘉靖二十五年何城李桂刻本
今言四卷 CM史/第48冊
(明)鄭曉撰
明嘉靖四十五年項篤壽刻本
雲中紀變一卷 CM史/第49冊
(明)孫允中撰
明鈔國朝典故本
遼紀一卷 CM史/第49冊
(明)田汝成撰
清初鈔本
洗海近事二卷 CM史/第49冊
(明)俞大猷撰
清鈔本
奉天刑賞錄一卷 CM史/第49冊

(明)袁褧撰
明嘉靖吳郡袁氏嘉趣堂刻金聲玉振集本
建文遺蹟一卷 CM史/第49冊
不著撰者
明鈔國朝典故本
平濠記一卷 CM史/第49冊
(明)錢德洪撰
清初鈔本
安南奏議一卷 CM史/第49冊
不著撰者
明鈔國朝典故本
議處安南事宜一卷 CM史/第49冊
不著撰者
明鈔本
靖彝紀事一卷 CM史/第49冊
(明)高拱撰
清康熙籠春堂刻邊略本
世廟識餘錄二十六卷 CM史/第49冊
(明)徐學謨撰
明徐兆稷活字本
西南紀事六卷 CM史/第49冊
(明)郭應聘撰
明刻本
交黎剿平事畧四卷 CM史/第49冊
(明)歐陽必進撰 (明)方民悅輯
民國三十年輯玄覽堂叢書影印嘉靖刻本
召對錄一卷 CM史/第49冊
(明)申時行撰
明萬曆刻本
嘉靖倭亂備抄不分卷 CM史/第49冊
不著撰者
清初鈔本
平黔三記一卷 CM史/第49冊
(明)趙汝濂撰
明刻名臣寧攘要編本
重編使琉球錄二卷 CM史/第49冊
(明)郭世霖撰
明鈔本
平播全書十五卷 CM史/第50冊
(明)李化龍撰
明萬曆刻本
建文朝野彙編二十卷 CM史/第51冊
(明)屠叔方輯
明萬曆刻本
皇祖四大法十二卷 CM史/第51冊

(明)何棟如輯
明萬曆四十二年刻本
皇明肅皇外史四十六卷 CM 史/第 52 册
(明)范守己撰
影印清宣統津寄廬鈔本
聖典二十四卷 CM 史/第 52 册
(明)朱睦㮮輯
明萬曆四十一年刻本
倭患考原一卷恤援朝鮮倭患考一卷 CM 史/第 52 册
(明)黄俣卿撰
清初鈔本
皇明典故紀聞十八卷 CM 史/第 52 册
(明)余繼登輯
明萬曆王象乾刻本
皇明馭倭錄九卷附畧二卷寄語畧一卷 CM 史/第 53 册
(明)王士騏輯
明萬曆刻本
建文書法擬前編一卷正編二卷附編二卷 CM 史/第 53 册
(明)朱鷺撰
明萬曆刻天啟元年增刻本
皇明繩武編擬續大學衍義三十四卷 CM 史/第 53 册
(明)吳瑞登撰
明萬曆刻本
皇明寶訓四十卷 CM 史/第 53－54 册
(明)呂本等輯
明萬曆三十年秣陵周氏大有堂刻本
吳淞甲乙倭變志二卷 CM 史/第 54 册
(明)張鼐撰
民國二十五年上海通社排印上海掌故第一集本
兩朝平攘錄五卷 CM 史/第 54 册
(明)諸葛元聲撰
明萬曆三十四年商濬刻本
挺擊始末一卷 CM 史/第 54 册
(明)陸夢龍撰
清鈔明季野史彙編本
遜國君紀抄一卷臣事抄六卷 CM 史/第 55 册
(明)鄭曉輯
明鈔本
虐政集一卷邪氛集一卷倒戈集一卷 CM 史/第 55 册
不著撰者
清初鈔本
泰昌日錄二卷 CM 史/第 55 册
(明)楊惟休撰
明末刻本
欽定逆案一卷 CM 史/第 55 册
(明)韓爌等撰
清鈔明季野史彙編本
遜國逸書四種四卷 CM 史/第 55 册
(明)錢士升輯
明崇禎刻本
守鄖紀畧一卷 CM 史/第 55 册
(明)高斗樞撰
清鈔本
遜國正氣紀八卷 CM 史/第 55 册
(明)曹參芳輯
明末刻本
嘉靖大政類編二卷 CM 史/第 55 册
(明)黄鳳翔撰
明萬曆三十七年自刻本
平巢事蹟考一卷 CM 史/第 55 册
(明)茅元儀撰
清初鈔本
先撥志始三卷 CM 史/第 55 册
(明)文秉撰
清初鈔本
守汴日志一卷 CM 史/第 55 册
(明)李光壂撰
清道光七年李昆等刻光緒二十四年孫叔謙補刻本
東林始末一卷 CM 史/第 55 册
(明)蔣平階撰
涵芬樓影印清道光十一年安晁氏木活字學海類編本
談往一卷 CM 史/第 55 册
(清)花村看行侍者撰
清康熙刻說鈴本
平叛記二卷 CM 史/第 55 册
(清)毛霦撰
清康熙五十五年毛貢刻本
平寇志十二卷 CM 史/第 55 册
(清)彭孫貽撰
清康熙活字本
見聞隨筆二卷 CM 史/第 56 册
(清)馮甦撰
清嘉慶道光間臨海宋氏刻台州叢書本
安南使事紀要四卷 CM 史/第 56 册
(清)李仙根撰
清鈔本
交山平寇本末三卷附詳文一卷書牘一卷詩一卷 CM 史/第 56 册
(清)夏騆撰
清康熙刻本
平閩紀十三卷 CM 史/第 56 册
(清)楊捷撰
清康熙二十二年世澤堂刻道光十年印本
武宗外紀一卷 CM 史/第 56 册
(清)毛奇齡撰
清康熙刻西河合集本
後鑒錄七卷 CM 史/第 56 册
(清)毛奇齡撰
清康熙刻西河合集本
封長白山記一卷 CM 史/第 56 册
(清)方象瑛撰
清康熙刻昭代叢書本
二申野錄八卷 CM 史/第 56 册
(清)孫之騄輯
清初刻本
衡湘稽古五卷 CM 史/第 56 册
(清)王萬澍撰
清乾隆王國牧刻本
火警或問一卷 CM 史/第 57 册
(明)世宗朱厚熜撰
明鈔宸章集錄本
論對錄三十四卷首一卷勑諭錄二卷 CM 史/第 57 册
(明)世宗朱厚熜撰 (明)張孚敬撰
明萬曆三十七年蔣光彥等寶綸樓刻本
皇明詔制八卷 CM 史/第 57 册
不著輯者
明嘉靖十八年霍韜等刻本
皇明詔令二十一卷 CM 史/第 58 册
不著輯者
明嘉靖十八年傅鳳翱刻本
葉文莊公奏疏四十卷 CM 史/第 58 册
(明)葉盛撰
明崇禎四年葉重華刻本
晉溪本兵敷奏十四卷 CM 史/第 59 册
(明)王瓊撰
明嘉靖二十三年廖希顔等刻本
密勿稿三卷 CM 史/第 59 册
(明)毛紀撰
明嘉靖十六年刻本
辭榮錄不分卷 CM 史/第 59 册

(明)毛紀撰
明嘉靖十年竇明刻本
毛襄懋先生奏議二十卷 CM 史/第59冊
(明)毛伯溫撰
清乾隆三十七年世恩堂刻毛襄懋公全集本
改亭奏草不分卷 CM 史/第60冊
(明)方鳳撰
清鈔本
文襄公奏議八卷 CM 史/第60冊
(明)桂萼撰
明嘉靖二十三年桂載刻本
夢虹奏議二卷首一卷末一卷 CM 史/第60冊
(明)鄧顯麒撰
清道光二十七年刻本
桂洲先生奏議二十卷外集一卷 CM 史/第60冊
(明)夏言撰
明忠禮書院刻本
復套議二卷 CM 史/第60冊
(明)曾銑撰
明萬曆刻本
李襄敏公奏議十三卷首一卷 CM 史/第61冊
(明)李遂撰
明萬曆二年陳瑞刻本
楊襄毅公本兵疏議二十四卷 CM 史/第61冊
(明)楊博撰
明萬曆十四年師貞堂刻本
臺省疏稿八卷 CM 史/第62冊
(明)張瀚撰
明萬曆元年吳道明刻本
董宗伯奏疏輯略一卷 CM 史/第62冊
(明)董傳策撰
明萬曆三十年董傳文刻本
小司馬草六卷 CM 史/第62冊
(明)項篤壽撰
明刻本
沖菴顧先生撫遼奏議二十卷 CM 史/第62冊
(明)顧養謙撰
明萬曆刻本
敬事草十九卷 CM 史/第63冊
(明)沈一貫撰
明刻本
內閣奏題稿十卷首一卷 CM 史/第63冊
(明)趙志皋撰
清順治七年趙世溥刻本
李及泉先生奏議二卷首一卷末一卷 CM 史/第64冊
(明)李頤撰
清咸豐六年李熙載等重刻本
掖垣題稿三卷 CM 史/第64冊
(明)顧九思撰
明萬曆二十九年自刻本
周中丞疏稿十六卷 CM 史/第64冊
(明)周孔教撰
明萬曆刻本
青瑣藎言二卷 CM 史/第64冊
(明)楊東明撰
明楊東喖刻本
掖垣諫草五卷 CM 史/第64冊
(明)張貞觀撰
明萬曆刻本
蘭臺奏疏三卷 CM 史/第64冊
(明)馬從聘撰
清光緒五年定州王氏謙德堂刻畿輔叢書本
楊全甫諫草四卷 CM 史/第64冊
(明)楊天民撰
明刻本
少師朱襄毅公督蜀疏草十二卷 CM 史/第65冊
(明)朱燮元撰
清康熙五十九年朱人龍等刻本
朱少師奏疏鈔八卷 CM 史/第65冊
(明)朱燮元撰
清雍正十一年朱源星刻本
湖湘五略十卷 CM 史/第65冊
(明)錢春撰
明萬曆四十二年刻本
吳侍御奏疏一卷 CM 史/第66冊
(明)吳玉撰
清道光十六年祁寯藻刻本
治河奏疏二卷 CM 史/第66冊
(明)周堪賡撰
清乾隆周碩勳念茲堂刻本
眞定奏疏一卷附一卷 CM 史/第66冊
(明)衛楨固撰 (清)衛執蒲撰附
清乾隆二十五年衛執蒲刻本
李文襄公奏議二卷奏疏十卷首一卷別錄六卷年譜一卷 CM 史/第66冊
(清)李之芳撰 (清)程光裋撰年譜
清康熙刻本
清忠堂撫粵奏疏十四卷清忠堂署理總督奏疏一卷 CM 史/第66-67冊
(清)朱弘祚撰
清康熙刻本
大觀堂文集二十二卷首一卷 CM 史/第67冊
(清)余縉撰
清康熙三十八年刻後印本
疏稿一卷 CM 史/第67冊
(清)胡文學撰
清康熙二年自刻本
楊黃門奏疏不分卷 CM 史/第67冊
(清)楊雍建撰
清康熙刻本
撫黔奏疏八卷 CM 史/第67冊
(清)楊雍建撰
清康熙刻本
于山奏牘七卷附詩詞合選一卷 CM 史/第67冊
(清)于成龍撰
清康熙二十二年刻本
督漕疏草二十二卷 CM 史/第68冊
(清)董訥撰
清康熙刻本
撫豫宣化錄四卷 CM 史/第69冊
(清)田文鏡撰
清雍正五年自刻本
河防疏略二十卷附崇祀錄一卷墓誌銘一卷 CM 史/第69冊
(清)朱之錫撰
清康熙寒香館刻本
赤城論諫錄十卷 CM 史/第69冊
(明)謝鐸 黃孔昭輯
清王氏柔橋隱居鈔本
大儒大奏議六卷 CM 史/第69冊
(明)邵竇輯
明弘治十八年王德明刻本
荊川先生右編四十卷 CM 史/第70-71冊
(明)唐順之輯 (明)劉曰寧補
明萬曆三十三年南京國子監刻本
皇明疏議輯略三十七卷 CM 史/第71-72冊
(明)張瀚輯
明嘉靖三十年大名府刻本

皇明嘉隆疏抄二十二卷 CM 史/第 72－73 冊
(明)張鹵輯
明萬曆刻本
皇明兩朝疏抄十二卷 CM 史/第 73－74 冊
(明)顧爾行輯
明萬曆六年大名府刻本
皇明留臺奏議二十卷 CM 史/第 74－75 冊
(明)朱吾弼等輯
明萬曆三十三年刻本
右編補十卷 CM 史/第 75 冊
(明)姚文蔚輯
明萬曆三十九年劉伸等刻本
古奏議不分卷 CM 史/第 75 冊
(明)黄汝亨輯
明萬曆二十九年吳德聚刻本
孔子論語年譜一卷 CM 史/第 76 冊
(元)程復心撰
清鈔本
孟子年譜一卷 CM 史/第 76 冊
(元)程復心撰
清鈔本
闕里誌二十四卷 CM 史/第 76 冊
(明)陳鎬撰 (明)孔胤植等增補
明崇禎刻清雍正增修本
孔顏孟三氏誌六卷提綱一卷 CM 史/第 76 冊
(明)劉濬輯
明成化十八年張泰刻本
孔顏事蹟圖譜四卷 CM 史/第 77 冊
(明)季本撰
明嘉靖童漢臣刻本
夷齊錄五卷 CM 史/第 77 冊
(明)張玭撰
明嘉靖刻藍印本
孔聖全書三十五卷 CM 史/第 77－78 冊
(明)蔡復賞輯
明萬曆十二年金陵書坊葉貴刻本
仲志四卷 CM 史/第 78 冊
(明)劉天和撰 (明)周鼎重訂
明崇禎十三年刻清康熙增修本
閔子世譜十二卷 CM 史/第 78 冊
(明)張雲漢撰
清順治十四年任柔節刻本
夷齊志六卷 CM 史/第 78 冊
(明)白瑜撰
明萬曆二十八年刻本
聖門志六卷附錄一卷 CM 史/第 79 冊
(明)呂元善撰
明崇禎刻本
三遷志五卷 CM 史/第 79 冊
(明)呂元善撰 (明)呂兆祥 呂逢時續撰
明天啟七年刻本
宗聖志十二卷 CM 史/第 79 冊
(明)呂兆祥撰
明崇禎刻清康熙增修本
陋巷志八卷 CM 史/第 79 冊
(明)呂兆祥等重修
明萬曆二十九年刻明末清康熙間增修本
東野志二卷 CM 史/第 79 冊
(明)呂兆祥撰
明刻明末清雍正間增修本
孔子年譜綱目一卷 CM 史/第 80 冊
(明)夏洪基撰
明崇禎刻本
孔門弟子傳略二卷 CM 史/第 80 冊
(明)夏洪基撰
明崇禎刻本
聖門志考畧二卷熙朝盛事一卷 CM 史/第 80 冊
(清)沈德淯撰
清康熙刻本
闕里廣誌二十卷 CM 史/第 80 冊
(清)宋際 宋慶長撰
清康熙十三年刻本
三遷志十二卷 CM 史/第 80 冊
(清)孟衍泰等撰
清康熙六十一年刻雍正增修本
孟子生卒年月考一卷 CM 史/第 81 冊
(清)閻若璩撰
清道光九年廣東學海堂刻皇清經解本
至聖先師孔子年譜三卷首一卷 CM 史/第 81 冊
(清)楊方晃撰
清乾隆二年存存齋刻本
至聖編年世紀二十四卷 CM 史/第 81 冊
(清)李灼 黄晟輯
清乾隆十六年亦政堂刻本
文正王公遺事一卷 CM 史/第 81 冊
(宋)王素撰
武進陶氏影刻宋咸淳刻百川學海本
忠獻韓魏王家傳十卷 CM 史/第 81 冊
(宋)韓忠彥撰
明正德九年張士隆刻本
忠獻韓魏王別錄三卷 CM 史/第 81 冊
(宋)王巖叟撰
明正德九年張士隆刻本
忠獻韓魏王遺事一卷 CM 史/第 81 冊
(宋)強至撰
明正德九年張士隆刻本
豐清敏公遺事一卷附錄一卷 CM 史/第 81 冊
(宋)李朴撰 (明)豐慶輯附錄
明刻本
种太尉傳一卷 CM 史/第 81 冊
(宋)趙起撰
明鈔本
蘇潁濱年表一卷 CM 史/第 81 冊
(宋)孫汝聽撰
清光緒宣統間刻藕香零拾本
范文正公年譜一卷年譜補遺一卷義莊規矩一卷 CM 史/第 82 冊
(宋)樓鑰撰
明刻范文正公集附
呂忠穆公遺事一卷 CM 史/第 82 冊
不著撰者
清乾隆四十二年孔繼涵家鈔呂忠穆公年譜附
呂忠穆公年譜一卷 CM 史/第 82 冊
不著撰者
清乾隆四十二年孔繼涵家鈔本
尹和靖年譜一卷 CM 史/第 82 冊
不著撰者
明嘉靖九年洪珠刻和靖尹先生文集本
濂溪先生周元公年表一卷 CM 史/第 82 冊
(宋)度正撰
宋刻元公周先生濂溪集附
二梅公年譜六卷 CM 史/第 82 冊
(明)梅一科輯
清初鈔本
宋忠獻韓魏王君臣相遇傳十卷別錄一卷遺事一卷 CM 史/第 82 冊
不著撰者
明崇禎大觀堂刻宋三大臣彙志本
范文正公鄱陽遺事錄一卷 CM 史/第 82 冊

(宋)陳貽範撰
明刻范文正公集附
范文正公遺跡一卷 CM 史/第 82 册
不著撰者
明刻范文正公集附
范文正公言行拾遺事錄四卷
CM 史/第 82 册
不著撰者
明刻范文正公集附
道命錄十卷 CM 史/第 82 册
(宋)李心傳輯
明刻本
許魯齋考歲畧一卷 CM 史/第 82 册
(元)耶律有尚撰
明萬曆二十四年怡愉等刻魯齋遺書本
劉文靖公遺事一卷 CM 史/第 82 册
(元)蘇天爵撰
明鈔藝海彙函本
思賢錄四卷續錄二卷 CM 史/第 82 册
(元)謝應芳輯 (明)鄒量輯續錄卷二
清道光二十九年詠梅軒刻本
臨川吳文正公年譜一卷 CM 史/第 82 册
(明)危素撰
明成化二十年方中等刻臨川吳文正公集附
褒賢集一卷褒賢祠記二卷諸賢讃頌論疏一卷諸賢詩頌一卷諸賢論頌一卷祭文一卷 CM 史/第 82 册
不著撰者
明刻范文正公集附
欽定滁陽王廟碑歲祀册一卷敕賜滁陽王廟碑一卷 CM 史/第 82 册
(明)張來儀撰
明鈔國朝典故本
宋丞相崔清獻公全錄十卷
CM 史/第 82 册
(明)翟子璲輯 (明)崔曉增輯
明嘉靖十三年唐胄等刻本
陸右丞蹈海錄一卷附李江州遺墨一卷
CM 史/第 82 册
(明)丁元吉輯
清康熙十二年王乃昭鈔本
張乖崖事文錄四卷 CM 史/第 82 册
(明)顏端 徐瀚輯
明弘治三年邢表等刻本
唐李衛公通纂四卷 CM 史/第 82 册
(明)王承裕撰
明正德十六年弘道書院刻清道光十八年重修本
朱子實紀十二卷 CM 史/第 82 册
(明)戴銑輯
明正德八年鮑雄刻本
薛文清公行實錄五卷 CM 史/第 83 册
(明)王鴻輯
明萬曆十六年吳達可刻崇禎重修本
商文毅公遺行集一卷 CM 史/第 83 册
(明)商汝頤輯
明正德十六年刻本
明三元太傅商文毅公年譜四卷
CM 史/第 83 册
(明)商振倫撰
明萬曆元始堂刻清初增修本
夏忠靖公遺事一卷 CM 史/第 83 册
(明)夏崇文撰
明弘治十四年馬炳然刻本
岳集五卷 CM 史/第 83 册
(明)徐階輯
明嘉靖十五年焦煜刻本
吳疎山先生遺集十二卷 CM 史/第 83 册
(明)吳悌撰
清咸豐二年頤園刻本
胡公行實不分卷 CM 史/第 83 册
(明)胡桂奇撰
清鈔本
鄭端簡公年譜九卷附錄一卷
CM 史/第 83 册
(明)鄭履淳撰
明嘉靖萬曆間刻鄭端簡公全集本
濂溪志九卷 CM 史/第 83 册
(明)李楨撰
明萬曆刻本
東方先生類語十六卷 CM 史/第 84 册
(明)朱維陛輯
明萬曆刻本
涑水司馬氏源流集略八卷
CM 史/第 84 册
(明)司馬晰輯
明萬曆十五年司馬祉刻三十五年司馬露增修本
諸葛忠武侯全書二十卷 CM 史/第 84 册
(明)王士騏輯 (明)薛寀評
明崇禎十一年吳天挺刻本
米襄陽志林十三卷米襄陽遺集一卷海嶽名言一卷寶章待訪錄一卷研史一卷 CM 史/第 84 册
(明)范明泰輯
明萬曆三十二年范氏清宛堂刻舞蛟軒重修本
宋忠武岳鄂王精忠類編八卷
CM 史/第 84 册
(明)徐縉芳輯
明萬曆四十二年刻本
薛文清公年譜一卷附行實一卷
CM 史/第 84 册
(明)楊鶴 楊嗣昌撰
明萬曆張銓刻本
薛米譚史廣六卷 CM 史/第 85 册
(明)郭化輯
明末胡正言十竹齋刻本
海珠小志五卷 CM 史/第 85 册
(明)李韡撰
明萬曆二十三年刻增修本
程朱闕里志八卷首一卷彙增一卷
CM 史/第 85 册
(明)趙滂輯
清雍正三年紫陽書院刻本
溫公年譜六卷 CM 史/第 85 册
(明)馬巒撰
明萬曆四十六年司馬露刻本
梅墟先生別錄二卷 CM 史/第 85 册
(明)李日華 鄭琰撰
涵芬樓影印明萬曆刻夷門廣牘本
蘇米志林三卷 CM 史/第 85 册
(明)毛晉輯
明天啟五年毛氏綠君亭刻本
邵康節先生外紀四卷 CM 史/第 85 册
(明)陳繼儒輯
明萬曆繡水沈氏刻寶顏堂祕笈本
方正學先生遜志齋外紀二卷續集二卷
CM 史/第 85 册
(明)姚履旋等輯
明萬曆刻清康熙項亮臣增補本
周元公世系遺芳集五卷 CM 史/第 86 册
(明)周沈珂 周之翰輯
明萬曆刻宋濂溪周元公先生集附
靈衛廟志一卷 CM 史/第 86 册
(明)夏寅撰 (明)楊廷筠增輯
明萬曆三十五年刻本
宋四家外紀五十一卷 CM 史/第 86 册
(明)徐𤊹等輯
明崇禎刻蔡福州外紀、米襄陽外紀、

黄豫章外紀、明刻蘇長公外紀
羅江東外紀三卷 CM 史/第 86 册
(明)閔元衢輯
明崇禎刻本
唐賀監紀略四卷 CM 史/第 86 册
(清)聞性善輯 (明)聞性道輯
清鈔本
謝皋羽年譜一卷 CM 史/第 86 册
(清)徐沁撰
清康熙刻昭代叢書本
巡憲楊公保台實績錄不分卷
CM 史/第 86 册
不著撰者
清康熙刻本
楊公政績紀一卷 CM 史/第 86 册
(清)黄家遴撰
涵芬樓影印清道光十一年六安晁氏木活字學海類編本
宋楊文靖公龜山先生年譜二卷
CM 史/第 86 册
(清)張夏輯
清康熙刻宋楊文靖公集附
忠武誌八卷 CM 史/第 86 册
(清)張鵬翮輯
清康熙冰雪堂刻本
忠介遺事一卷 CM 史/第 86 册
(清)彭定求輯
清光緒二十九年唐文治等刻周忠介公燼餘集附
王文成傳本二卷 CM 史/第 87 册
(清)毛奇齡撰
清康熙刻西河合集本
梅里志四卷 CM 史/第 87 册
(清)吳存禮撰
清雍正二年蔡名烜刻本
象山先生年譜三卷 CM 史/第 87 册
(宋)李子愿輯 (清)李紱增訂
清雍正十年嚴有俊刻本
考訂朱子世家一卷 CM 史/第 87 册
(清)江永撰
清同治五年望三益齋刻本
左忠毅公年譜二卷 CM 史/第 87 册
(清)左宰輯
清乾隆四年刻本
胡忠烈遺事四卷 CM 史/第 87 册
(清)史珥輯
清乾隆四十年藝潤書屋刻本

朱子文公傳道經世言行錄八卷
CM 史/第 87 册
(清)舒敬亭輯
清乾隆五年強恕堂刻本
曹江孝女廟誌十卷首一卷末一卷
CM 史/第 87 册
(清)沈志禮輯
清康熙二十七年慎德堂刻本
廣卓異記二十卷 CM 史/第 87 册
(宋)樂史撰
清康熙刻本
重刊宋朝南渡十將傳十卷
CM 史/第 87 册
(宋)章穎撰
元刻本
稗史集傳一卷 CM 史/第 87 册
(元)徐顯撰
明刻本
萬柳溪邊舊話一卷 CM 史/第 87 册
(元)尤玘撰
清鈔本
旌義編二卷 CM 史/第 87 册
(元)鄭濤撰
清同治光緒間永康胡氏退補齋刻金華叢書本
忠傳二卷 CM 史/第 87 册
(明)口口撰
涵芬樓輯涵芬樓秘笈影印永樂大典本
草莽私乘一卷 CM 史/第 87 册
(明)陶宗儀輯
清初鈔本
宋遺民錄一卷 CM 史/第 87 册
(明)口口輯
明崇禎虞山毛氏汲古閣刻汲古閣合訂唐宋元詩五集本
金華賢達傳十二卷 CM 史/第 88 册
(明)鄭柏撰
清康熙四十七年鄭壁刻本
孝紀十六卷拾遺一卷 CM 史/第 88 册
(明)蔡保禎撰
明崇禎十二年刻本
潤州先賢錄六卷 CM 史/第 88 册
(明)姚堂 劉文徽輯
民國二十二年國學圖書館陶風樓影印明天順七年刻本
名相贊五卷 CM 史/第 88 册
(明)尹直撰

清曹氏倦圃鈔本
伊洛淵源續錄六卷 CM 史/第 88 册
(明)謝鐸撰
明嘉靖八年高賁亨刻伊洛淵源錄附
宋遺民錄十五卷 CM 史/第 88 册
(明)程敏政輯
明嘉靖二至四年程威等刻本
尊鄉錄節要四卷 CM 史/第 88 册
(明)王弼撰
清光緒十七年盧炯刻本
考亭淵源錄二十四卷 CM 史/第 88 册
(明)宋端儀撰 (明)薛應旂重輯
明隆慶三年林潤刻本
吳中往哲記一卷續吳中往哲記一卷補遺一卷 CM 史/第 89 册
(明)楊循吉撰 (明)黄魯曾撰續 補遺
明嘉靖刻本
掾曹名臣錄一卷 CM 史/第 89 册
(明)王瓊撰
明刻本
成化間蘇材小纂四卷 CM 史/第 89 册
(明)祝允明撰
明鈔本
莆陽文獻十三卷莆陽文獻列傳七十五卷
CM 史/第 89 册
(明)鄭岳輯
明萬曆四十四年黄起龍刻本
東嘉錄二十卷 CM 史/第 89 册
(明)王朝佐撰
清影明鈔本
國寶新編一卷 CM 史/第 89 册
(明)顧璘撰
明嘉靖吳郡袁氏嘉趣堂刻金聲玉振集本
春秋列傳五卷 CM 史/第 89 册
(明)劉節撰
明刻本
台學源流七卷 CM 史/第 90 册
(明)金賁亨撰
清同治刻本
新安學系錄十六卷 CM 史/第 90 册
(明)程曈輯
明正德程啓刻清康熙三十五年綠蔭園重修本
吳郡二科志一卷 CM 史/第 90 册
(明)閻秀卿撰
明正德嘉靖間陽山顧氏家塾刻顧氏

明朝四十家小説本
明璫彰癉錄一卷 CM史/第90冊
(明)顧爾邁撰
清鈔本
革朝遺忠錄二卷附錄一卷
CM史/第90冊
(明)郁袞撰
明嘉靖杜思刻本
皇明名臣言行錄前集十二卷後集十二卷
CM史/第90冊
(明)徐咸輯
明嘉靖二十八年施漸刻本
毘陵忠義祠錄四卷附錄一卷
CM史/第90冊
(明)葉夔輯
清鈔本
毘陵正學編一卷 CM史/第90冊
(明)毛憲撰
明嘉靖四十一年刻古庵毛先生文集附
畜德錄一卷 CM史/第90冊
(明)陳沂撰
明鈔國朝典故本
廣州人物傳二十四卷 CM史/第90冊
(明)黄佐撰
清道光十一年南海伍氏粤雅堂文字歡娱室刻嶺南遺書第一集本
建寧人物傳四卷 CM史/第90冊
(明)李默撰
明嘉靖十七年李東光刻本
紀善錄一卷 CM史/第91冊
(明)杜璚撰
明鈔本
三家世典一卷 CM史/第91冊
(明)郭勛撰
明鈔國朝典故本
淮郡文獻志二十六卷補遺一卷
CM史/第91冊
(明)潘塤輯
明嘉靖三十四年淮安府刻本
金華先民傳十卷 CM史/第91冊
(明)應廷育輯
明鈔本
閩南道學源流十六卷 CM史/第92冊
(明)楊應詔撰
明嘉靖四十三年建安楊氏華陽書院刻本
道南源委錄十二卷 CM史/第92冊
(明)朱衡撰
明嘉靖刻本
東吳名賢記二卷 CM史/第92冊
(明)周復俊撰
明萬曆二年刻本
國朝列卿紀一百六十五卷
CM史/第92-94冊
(明)雷禮輯
明萬曆徐鑒刻本
義烏人物記二卷 CM史/第95冊
(明)金江撰
明嘉靖刻本
濟美錄四卷 CM史/第95冊
(明)鄭燭輯
明嘉靖十四年家塾刻本
逸民傳二卷 CM史/第95冊
(明)皇甫涍撰 (明)劉鳳補遺
涵芬樓影印明萬曆刻夷門文廣牘本
元祐黨籍碑考一卷慶元僞學黨籍一卷
CM史/第95冊
(明)海瑞撰
涵芬樓影印清道光十一年六安晁氏木活字學海類編本
續吳先賢讃十五卷 CM史/第95冊
(明)劉鳳撰
明萬曆刻本
碩輔寶鑒要覽四卷 CM史/第95冊
(明)耿定向輯
明嘉靖刻本
守令懿範四卷 CM史/第95冊
(明)蔡國熙撰
明隆慶四年劉世昌刻本
古今廉鑑八卷 CM史/第95冊
(明)喬懋敬撰
明萬曆六年刻本
桐彝三卷續二卷 CM史/第95冊
(明)方學漸撰
清鈔本
貧士傳二卷 CM史/第95冊
(明)黄姬水撰
明萬曆繡水沈氏刻寶顔堂祕笈本
梅花草堂集皇明崑山人物傳十一卷
CM史/第95冊
(明)張大復撰
明崇禎刻清補修彙印梅花草堂集三種本
歷代相臣傳一百六十八卷
CM史/第96-97冊
(明)魏顯國撰
明萬曆三十四年鄧以誥等刻本
儒林全傳二十卷 CM史/第97冊
(明)魏顯國撰
明刻本
歷代守令傳二十四卷 CM史/第97冊
(明)魏顯國撰
明萬曆三十四年鄧以誥等刻本
忠節錄六卷首一卷 CM史/第97冊
(明)張朝瑞撰
明萬曆刻本
吳中人物志十三卷 CM史/第97冊
(明)張昶撰 (明)張獻翼論贊
明隆慶四年張鳳翼等刻本
皇明輔世編六卷 CM史/第98冊
(明)唐鶴徵撰 (明)陳睿謨評
明崇禎十五年陳睿謨刻本
聖門人物志十二卷 CM史/第98冊
(明)郭子章撰
明萬曆二十二年趙彦刻本
春秋諸名臣傳十三卷 CM史/第98冊
(明)邵寶撰 (明)姚咨續補
明隆慶五年安紹芳刻本
戰國人才言行錄十卷 CM史/第98冊
(明)秦淪輯
明嘉靖三十二年敬業書院刻本
宗譜纂要一卷 CM史/第98冊
(明)王錟撰
清道光吳江沈氏世楷堂刻昭代叢書本
貂璫史鑑四卷 CM史/第98冊
(明)張世則撰
明萬曆刻本
聖學宗傳十八卷 CM史/第98-99冊
(明)周汝登撰
明萬曆三十三年王世韶等刻本
鹽梅志二十卷 CM史/第99冊
(明)李茂春輯
明萬曆三十七年自刻本
刻漢唐宋名臣錄五卷 CM史/第99冊
(明)李廷機輯
明萬曆三十四年李存信刻本
棲眞志四卷 CM史/第99冊
(明)夏樹芳撰
明萬曆刻本

焦太史編輯國朝獻徵錄一百二十卷 CM 史/第 100－106 冊
(明)焦竑輯
中國史學叢書影印明萬曆四十四年徐象橒曼山館刻本
熙朝名臣實錄二十七卷 CM 史/第 107 冊
(明)焦竑輯
明末刻本
歷代内侍考十四卷 CM 史/第 107 冊
(明)毛一公撰
清鈔本
皇明十六種小傳四卷 CM 史/第 107 冊
(明)江盈科輯
明萬曆二十九年刻本
夥壞封疆錄一卷 CM 史/第 107 冊
(明)魏應嘉撰
清李文田鈔本
東林點將錄一卷 CM 史/第 107 冊
(明)王紹徽撰
清光緒宣統間長沙葉氏郎園刻雙楳景闇叢書本
東林籍貫一卷 CM 史/第 107 冊
不著撰者
清李文田鈔本
東林同志錄一卷 CM 史/第 107 冊
不著撰者
清光緒崇文書局刻正覺樓叢刻本
東林朋黨錄一卷 CM 史/第 107 冊
不著撰者
清光緒崇文書局刻正覺樓叢刻本
天鑒錄一卷 CM 史/第 108 冊
不著撰者
清李文田鈔本
盜柄東林夥一卷 CM 史/第 108 冊
不著撰者
清李文田家鈔本
事編内篇八卷 CM 史/第 108 冊
(明)孫慎行撰
明崇禎十一年孫士元刻本
廉吏傳十四卷 CM 史/第 108 冊
(明)黄汝亨輯
明萬曆刻本
新編歷代名臣芳躅二卷 CM 史/第 108 冊
(明)金汝諧撰
明萬曆刻本
聖學嫡派四卷 CM 史/第 108 冊
(明)過庭訓撰
明萬曆刻本
宰相守令合宙二十四卷 CM 史/第 109 冊
(明)吴伯與撰
明崇禎刻本
毘陵人品記十卷 CM 史/第 110 冊
(明)毛憲撰 (明)吴亮增補
明萬曆刻本
名世編八卷 CM 史/第 110 冊
(明)吴亮撰
明天啟四年刻本
安危注四卷 CM 史/第 110 冊
(明)吴甡輯
清康熙吴元復刻本
皇明表忠紀十卷附錄一卷 CM 史/第 110 冊
(明)錢士升撰
明崇禎刻本
壺天玉露四卷附清士一卷 CM 史/第 110 冊
(明)錢陞撰
明天啟五年自刻本
浙學宗傳不分卷推豪別錄一卷 CM 史/第 111 冊
(明)劉鱗長輯
明崇禎十一年自刻本
榕陰新檢十六卷 CM 史/第 111 冊
(明)徐𤊹撰
明萬曆三十四年刻本
為臣不易編不分卷 CM 史/第 111 冊
(明)黄廷鵠撰
明崇禎刻本
晉陵先賢小傳二卷 CM 史/第 111 冊
(明)歐陽東鳳輯
清木活字本
皇明詞林人物考十二卷 CM 史/第 111－112 冊
(明)王兆雲輯
明萬曆刻本
弇州史料前集三十卷 CM 史/第 112 冊
(明)王世貞撰 (明)董復表輯
明萬曆四十二年刻本
兩浙名賢錄五十四卷外錄八卷 CM 史/第 113－115 冊
(明)徐象梅撰
明天啟徐氏光碧堂刻本(外錄卷八配鈔本)
古今貞烈維風什四卷 CM 史/第 115 冊
(明)許有穀撰
明刻本
皇明忠義存褒什二卷 CM 史/第 115 冊
(明)許有穀撰
明崇禎刻本
逸民史二十二卷 CM 史/第 115 冊
(明)陳繼儒輯
明萬曆刻本
東越文苑六卷 CM 史/第 115 冊
(明)陳鳴鶴撰
清鈔本
姑蘇名賢小紀二卷 CM 史/第 115 冊
(明)文震孟撰
明萬曆四十二年文氏竺塢刻本
崇禎内閣行略一卷 CM 史/第 116 冊
(明)陳盟撰
清嘉慶二十年鈔本
王謝世家三十卷 CM 史/第 116 冊
(明)韓昌箕撰
明天啟刻本
昭代名臣志鈔二十四卷 CM 史/第 116 冊
(明)吴孝章輯
明天啟刻本
孝友傳二十四卷 CM 史/第 116 冊
(明)郭正中撰
明崇禎刻本
皇明孝友傳八卷 CM 史/第 116 冊
(明)郭正中撰
明崇禎刻本
遜國忠紀十八卷 CM 史/第 117 冊
(明)周鑣撰
明崇禎刻本
古今宗藩懿行考十卷 CM 史/第 117 冊
(明)朱常淓輯
明崇禎九年潞藩刻本
宗聖譜十四卷 CM 史/第 117 冊
(明)鄒泉撰
明萬曆十六年徐振德刻本
衡門晤語六卷 CM 史/第 117 冊
(明)潘京南輯
明刻本
楚寶四十五卷總論一卷 CM 史/第 118 冊
(明)周聖楷撰
明崇禎刻本

崇禎五十宰相傳一卷 CM 史/第 119 冊
(明)曹溶撰
清研古樓鈔本
古人幾部六卷 CM 史/第 119 冊
(清)陳允衡撰
清順治三年朱之瑤刻本
孔庭神在錄八卷 CM 史/第 119 冊
(清)胡時忠撰
清康熙二十五年裒古堂刻本
畿輔人物志二十卷 CM 史/第 119 冊
(清)孫承澤撰
清初刻本
益智錄二十卷 CM 史/第 119 冊
(清)孫承澤撰
清康熙刻本
顧氏譜系考一卷 CM 史/第 119 冊
(清)顧炎武撰
清吳江潘氏遂初堂刻亭林遺書本
金華徵獻畧二十卷
CM 史/第 119－120 冊
(清)王崇炳撰
清雍正金律刻本
聖學知統錄二卷 CM 史/第 120 冊
(清)魏裔介撰
清康熙龍江書院刻本
聖學知統翼錄二卷 CM 史/第 120 冊
(清)魏裔介撰
清康熙龍江書院刻本
希賢錄五卷 CM 史/第 120 冊
(清)朱顯祖撰
清康熙三十二年天瑞堂刻本
洛學編四卷 CM 史/第 120 冊
(清)湯斌輯
清康熙樹德堂刻後印本
洛學編續編一卷 CM 史/第 120 冊
(清)尹會一輯
清乾隆三年懷潤堂刻本
續表忠記八卷 CM 史/第 120 冊
(清)趙吉士 盧宜撰
清康熙三十七年寄園刻本
中州道學編二卷 CM 史/第 121 冊
(清)耿介輯
清康熙三十年嵩陽書院刻補修本
古懽錄八卷 CM 史/第 121 冊
(清)王士禛撰
清初鈔本
大成通志十八卷首一卷 CM 史/第 121 冊
(清)楊慶輯
清康熙理齋刻本
續高士傳五卷 CM 史/第 121 冊
(清)高兆撰
清康熙遺安草堂刻本
理學備考三十四卷
CM 史/第 121－122 冊
(清)范鄗鼎輯
清康熙范氏五經堂刻本
勝朝彤史拾遺記六卷 CM 史/第 122 冊
(清)毛奇齡撰
清康熙刻西河合集本
留溪外傳十八卷 CM 史/第 122 冊
(清)陳鼎撰
清康熙三十七年自刻本
雒閩源流錄十九卷 CM 史/第 123 冊
(清)張夏撰
清康熙二十一年黃昌衢彝敘堂刻本
吳越順存集三卷附一卷 CM 史/第 123 冊
(清)吳允嘉輯
稿本
聖宗集要八卷 CM 史/第 123 冊
(清)費緯祹撰
清康熙四十九年依庸堂刻本
卓行錄四卷 CM 史/第 123 冊
(清)黃容撰
清吳江黃氏圭庵刻本
荊門耆舊紀略三卷荊門列女紀略一卷
CM 史/第 124 冊
(清)胡作柄撰
清康熙刻本
學統五十六卷 CM 史/第 124 冊
(清)熊賜履撰
清康熙二十四年刻本
道統錄二卷附錄一卷 CM 史/第 124 冊
(清)張伯行撰
清康熙四十七年正誼堂刻本
道南源委六卷 CM 史/第 125 冊
(清)張伯行輯
清康熙四十八年正誼堂刻本
伊洛淵源續錄二十卷 CM 史/第 125 冊
(清)張伯行撰
清康熙五十年正誼堂刻本
嘉禾徵獻錄五十二卷外紀八卷
CM 史/第 125 冊
(清)盛楓撰
稿本
人瑞錄一卷 CM 史/第 125 冊
(清)孔尚任撰
清康熙刻昭代叢書本
脩史試筆二卷 CM 史/第 125 冊
(清)藍鼎元撰
清雍正十年刻鹿洲全集本
節婦傳十五卷 CM 史/第 126 冊
(清)楊錫紱撰
清乾隆刻本
黌祀紀蹟十卷 CM 史/第 126 冊
(清)康偉然撰
清雍正刻本
關學編六卷 CM 史/第 126 冊
(明)馮從吾輯 (清)王心敬增輯
清乾隆王氏家刻嘉慶七年周元鼎增刻本
蜀碧四卷 CM 史/第 126 冊
(清)彭遵泗撰
清乾隆刻本
歷代名吏錄四卷 CM 史/第 126 冊
(清)張星徽撰
清雍正九年張氏湖山草堂刻本
學宮輯略六卷 CM 史/第 126 冊
(清)余丙撰 (清)李元春增輯
清道光十五年朝邑劉際清等刻青照堂叢書本
吉州人文紀略二十六卷 CM 史/第 127 冊
(清)郭景昌 賴良鳴輯
清康熙刻本
西征記一卷 CM 史/第 127 冊
(宋)盧襄撰
明正德嘉靖間陽山顧氏家塾刻顧氏明朝四十家小說本
西征道里記一卷 CM 史/第 127 冊
(宋)鄭剛中撰
清同治光緒間永康胡氏退補齋刻金華叢書本
元郭髯手寫日記不分卷 CM 史/第 127 冊
(元)郭畀撰
稿本
使西域記一卷 CM 史/第 127 冊
(明)陳誠撰
涵芬樓影印清道光十一年六安晁氏木活字學海類編本
七人聯句詩記一卷 CM 史/第 127 冊
(明)楊循吉撰
明正德嘉靖間陽山顧氏家塾刻顧氏

明朝四十家小説本
歸閒述夢一卷 CM 史/第 127 冊
(明)趙璜撰
清末李氏木樨軒鈔本
淮封日記一卷 CM 史/第 127 冊
(明)陸深撰
明嘉靖二十四年刻儼山外集本
南遷日記一卷 CM 史/第 127 冊
(明)陸深撰
明嘉靖二十四年刻儼山外集本
使西日記二卷 CM 史/第 127 冊
(明)都穆撰
明刻本
東觀錄一卷 CM 史/第 127 冊
(明)舒芬撰
明萬曆四十八年刻梓溪文鈔本
滇程記一卷附錄一卷 CM 史/第 127 冊
(明)楊慎撰
明萬曆三十三年楊氏家塾刻本
王氏父子郤金傳一卷 CM 史/第 127 冊
(明)王世懋撰
明萬曆十三年刻王奉常雜著本
奇遊漫紀八卷附錄一卷 CM 史/第 127 冊
(明)董傳策撰
明萬曆雲間董氏刻董幼海先生全集本
歷仕錄一卷 CM 史/第 127 冊
(明)王之垣撰
清康熙四十一年王氏家塾刻本
宮省賢聲錄四卷 CM 史/第 128 冊
(明)高曰化撰
明萬曆十五年楚藩刻本
禮白嶽記一卷篷櫳夜話一卷
CM 史/第 128 冊
(明)李日華撰
明刻本
璽召錄一卷 CM 史/第 128 冊
(明)李日華撰
明刻本
兩宮鼎建記三卷 CM 史/第 128 冊
(明)賀仲軾撰
涵芬樓影印清道光十一年安晁氏木活字學海類編本
丙寅北行日譜一卷 CM 史/第 128 冊
(明)朱祖文撰
明崇禎二年張世偉等刻本
鑒勞錄一卷 CM 史/第 128 冊
(明)孫傳庭撰
明崇禎自刻本
南征紀略二卷 CM 史/第 128 冊
(清)孫廷銓撰
清初刻本
李贇一卷 CM 史/第 128 冊
(清)胡文學撰
清康熙十二年李文胤刻本
蜀道驛程記二卷 CM 史/第 128 冊
(清)王士禛撰
清康熙刻後印本
南來志一卷 CM 史/第 128 冊
(清)王士禛撰
清康熙刻本
北歸志一卷 CM 史/第 128 冊
(清)王士禛撰
清康熙刻本
秦蜀驛程後記二卷 CM 史/第 128 冊
(清)王士禛撰
清康熙刻後印本
粵遊日記一卷 CM 史/第 128 冊
(清)王鉞撰
清康熙五十三年刻世德堂遺書本
使琉球記一卷 CM 史/第 128 冊
(清)張學禮撰
清鈔本
粵西偶記一卷 CM 史/第 128 冊
(清)陸祚蕃撰
清康熙刻說鈴本
海岱日記一卷 CM 史/第 128 冊
(清)張榕端撰 (清)徐嘉炎評
清康熙刻本
何御史孝子祠主復位錄一卷
CM 史/第 128 冊
(清)毛奇齡撰
清康熙刻西河合集本
滇行日紀二卷 CM 史/第 128 冊
(清)李澄中撰
清康熙三十八年刻白雲村全集本
塞程別紀一卷 CM 史/第 128 冊
(清)余寀撰
清康熙刻昭代叢書本
塞北小鈔一卷 CM 史/第 128 冊
(清)高士奇撰
清康熙刻本
滇行紀程一卷續抄一卷東還紀程一卷續抄一卷 CM 史/第 128 冊
(清)許纘曾撰
清乾隆五十九年石門馬氏大酉山房刻龍威秘書本
南征記程一卷 CM 史/第 128 冊
(清)黃叔璥撰
清乾隆刻本
鹿洲公案二卷 CM 史/第 128 冊
(清)藍鼎元撰
清雍正十年刻鹿洲全集本
念貽勝紀一卷續編一卷 CM 史/第 128 冊
(清)周宣智輯 (清)周克開輯續編
清光緒周氏家刻本
東游紀略二卷 CM 史/第 128 冊
(清)張體乾撰
清乾隆刻本
安祿山事迹三卷 CM 史/第 128 冊
(唐)姚汝能撰
明鈔本
僞齊錄二卷 CM 史/第 128 冊
(宋)楊堯弼撰
清光緒宣統間刻藕香零拾本
徐海本末一卷 CM 史/第 128 冊
(明)茅坤撰
清嘉慶虞山張氏刻借月山房彙鈔本
汪直傳一卷 CM 史/第 128 冊
(明)口口撰
清嘉慶虞山張氏刻借月山房彙鈔本
劉豫事迹一卷 CM 史/第 128 冊
(清)曹溶撰
清鈔本
史記法語八卷 CM 史/第 129 冊
(宋)洪邁輯
清萃古齋鈔本
南朝史精語十卷 CM 史/第 129 冊
(宋)洪邁輯
清乾隆五十二年吳照刻本
十七史詳節二百七十三卷
CM 史/第 129－131 冊
(宋)呂祖謙輯
元刻本(唐書詳節用明正德十一年劉弘毅慎獨齋刻本配補)
東萊呂氏西漢精華十四卷東漢精華十四卷 CM 史/第 131 冊
(宋)呂祖謙輯
明正德元年張氏刻本
諸史提要十五卷 CM 史/第 131 冊
(宋)錢端禮撰
宋乾道紹興府學刻本

南唐拾遺記一卷 CM 史/第 163 冊
(清)毛先舒撰
清鈔本
十六國年表一卷 CM 史/第 163 冊
(清)張愉曾撰
清康熙刻昭代叢書本
中山沿革志二卷附中山詩文一卷 CM 史/第 163 冊
(清)汪楫撰
清康熙刻本
中山詩文一卷(中山沿革志附) CM 史/第 163 冊
(清)汪楫撰
清康熙刻本
十六國年表不分卷 CM 史/第 163 冊
(清)孔尚質撰
清鈔本
四時宜忌一卷 CM 史/第 164 冊
(明)瞿佑撰
明刻居家必備本
四時氣候四卷 CM 史/第 164 冊
(明)李泰集解
明景泰六年胡廷璨刻本
月令通考十六卷 CM 史/第 164 冊
(明)盧翰輯
明萬曆十七年王道增刻本
月令廣義二十四卷首一卷統紀一卷 CM 史/第 164－165 冊
(明)馮應京輯 (明)戴任增釋
明萬曆陳邦泰刻本
養餘月令三十卷 CM 史/第 165 冊
(明)戴羲輯
明崇禎刻本
日涉編十二卷 CM 史/第 165 冊
(明)陳堦輯
明萬曆徐養量刻本
古今類傳四卷 CM 史/第 165 冊
(清)董穀士輯 (清)董炳文輯
清康熙三十一年未學齋刻本
節序同風錄不分卷 CM 史/第 165 冊
不著撰者
清鈔本
故宮遺錄一卷 CM 史/第 166 冊
(明)蕭洵撰
清乾隆道光間長塘鮑氏刻知不足齋叢書本
新定九域志十卷 CM 史/第 166 冊
(宋)王存等纂修
清鈔本
歷代地理指掌圖不分卷 CM 史/第 166 冊
(宋)題蘇軾撰
明刻本
寰宇通衢不分卷 CM 史/第 166 冊
不著撰者
明初刻本
廣輿圖敘一卷 CM 史/第 166 冊
(明)桂萼撰
明嘉靖四十五年李廷觀刻本
皇輿考十二卷 CM 史/第 166 冊
(明)張天復撰
明萬曆十六年張象贇遐壽堂刻本
一統路程圖記八卷 CM 史/第 166 冊
(明)黃汴撰
明隆慶四年刻本
郡縣釋名二十六卷 CM 史/第 166－167 冊
(明)郭子章撰
明萬曆四十三年刻本
目營小輯四卷 CM 史/第 167 冊
(明)陸化熙撰
明刻本
大明一統名勝志二百八卷目錄一卷 CM 史/第 167－170 冊
(明)曹學佺撰
明崇禎三年刻本
今古輿地圖三卷 CM 史/第 170 冊
(明)吳國輔 沈定之撰
明崇禎十六年刻朱墨套印本
天下郡國利病書不分卷 CM 史/第 171－172 冊
(清)顧炎武撰
涵芬樓輯四部叢刊三編影印手稿本
廣輿記二十四卷圖一卷 CM 史/第 173 冊
(明)陸應陽撰 (清)蔡方炳增輯
清康熙五十六年聚錦堂刻本
閱史津逮不分卷 CM 史/第 173 冊
(清)朱約淳撰
清初彩繪鈔本
天下山河兩戒考十四卷圖一卷 CM 史/第 173 冊
(清)徐文靖撰
清雍正元年刻本
[成化]山西通志十七卷 CM 史/第 174 冊
(明)李侃 胡謐纂修
民國二十二年影鈔明成化十一年刻本
寧波府簡要志五卷 CM 史/第 174 冊
(明)黃潤玉纂修
清鈔本
成化杭州府志六十三卷 CM 史/第 175 冊
(明)陳讓 夏時正纂修
明成化刻本
[景泰]建陽縣志四卷雜誌三卷續集一卷 CM 史/第 176 冊
(明)趙文纂修 (明)黃璿纂修 (明)袁銛續修
明弘治刻本
[成化]中都志十卷 CM 史/第 176 冊
(明)柳瑛纂修
明弘治刻本(原缺卷一至卷四用民國鈔本配補)
[萬曆]金華府志三十卷 CM 史/第 176－177 冊
(明)王懋德 陸鳳儀纂修
明萬曆刻本(卷十三至卷十五配鈔本)
[弘治]赤城新志二十三卷 CM 史/第 177 冊
(明)陳相 謝鐸纂修
明弘治刻嘉靖天啟遞修本
[弘治]八閩通志八十七卷 CM 史/第 177－178 冊
(明)陳道 黃仲昭纂修
明弘治刻本
[弘治]嘉興府志三十二卷 CM 史/第 179 冊
(明)柳琰纂修
明弘治刻本
[弘治]湖州府志二十四卷 CM 史/第 179 冊
(明)王珣 汪翁儀等纂修
清歸安姚氏咫進齋鈔本
[成化]重修毗陵志四十卷 CM 史/第 179－180 冊
(明)孫仁 朱昱纂修
中國方志叢書影印明成刻本
[嘉靖]重修三原志十六卷 CM 史/第 180 冊
(明)朱昱纂修
明嘉靖十四年刻本
[弘治]徽州府志十二卷 CM 史/第 180－181 冊

(明)彭澤 汪舜民纂修
天一閣藏明代方志選刊影印明弘治刻本
[正德]常州府志續集八卷 CM 史/第 181 册
(明)張愷纂修
明正德刻本
[嘉靖]吳邑志十六卷圖說一卷 CM 史/第 181 册
(明)蘇祐 楊循吉纂修 (明)曹自守撰圖說
天一閣藏明代方志選刊續編影印明嘉靖刻本
[正德]松江府志三十二卷 CM 史/第 181 册
(明)陳威 顧清纂修
天一閣藏明代方志選刊續編影印明正德刻本
[嘉靖]江西通志三十七卷 CM 史/第 182－183 册
(明)林庭棉 周廣纂修
明嘉靖刻本
雍大記三十六卷 CM 史/第 184 册
(明)何景明撰
明嘉靖刻本
[嘉靖]彰德府志八卷 CM 史/第 184 册
(明)崔銑纂修
天一閣藏明代方志選刊明嘉靖刻本
[嘉靖]惟揚志三十八卷 CM 史/第 184 册
(明)朱懷幹 盛儀纂修
天一閣藏明代方志選刊影印明嘉靖刻本
[弘治]常熟縣志四卷 CM 史/第 185 册
(明)楊子器 桑瑜纂修
清鈔本
[正德]嘉興志補十二卷 CM 史/第 185 册
(明)于鳳喈 鄒衡纂修
明正德刻本
[正德]安慶府志三十一卷 CM 史/第 185 册
(明)胡纘宗纂修
舊鈔本
[嘉靖]廣信府志二十卷 CM 史/第 185－186 册
(明)張士鎬 江汝璧等纂修
天一閣藏明代方志選刊續編影印明嘉靖刻本
[正德]大同府志十八卷 CM 史/第 186 册
(明)張欽纂修
明正德刻嘉靖增修本
續瀓水誌九卷 CM 史/第 186 册
(明)董穀纂修
明嘉靖三十六年自刻本
金陵古今圖考不分卷 CM 史/第 186 册
(明)陳沂撰
南京中社影印明正德刻本
金陵世紀四卷 CM 史/第 186 册
(明)陳沂撰
明隆慶三年史際刻本
隨志二卷附錄一卷 CM 史/第 186 册
(明)顏木撰
舊鈔本
[嘉靖]浦江志略八卷 CM 史/第 186 册
(明)毛鳳韶纂修
天一閣藏明代方志選刊影印明嘉靖刻本
[嘉靖]廣西通志六十卷 CM 史/第 187 册
(明)林富 黄佐纂修
明嘉靖刻藍印本
[嘉靖]山東通志四十卷 CM 史/第 187－188 册
(明)陸釴等纂修
明嘉靖刻本
全陝政要四卷 CM 史/第 188 册
(明)龔輝撰
明嘉靖刻本
吳興掌故集十七卷 CM 史/第 188 册
(明)徐獻忠撰
明嘉靖三十九年范唯一等刻本
[嘉靖]廣東通志初藁四十卷首一卷 CM 史/第 189 册
(明)戴璟 張岳等纂修
明嘉靖刻本
[嘉靖]平涼府志十三卷 CM 史/第 189－190 册
(明)趙時春纂修
明嘉靖刻本
[嘉靖]南畿志六十四卷 CM 史/第 190 册
(明)聞人詮 陳沂纂修
明嘉靖刻本
[萬曆]湖州府志十四卷 CM 史/第 191 册
(明)栗祁 唐樞纂修
明萬曆刻本
[嘉靖]嘉興府圖記二十卷 CM 史/第 191 册
(明)趙瀛 趙文華纂修
明嘉靖刻本
[嘉靖]邵武府志十五卷 CM 史/第 191 册
(明)邢址 陳讓纂修
天一閣藏明代方志選刊影印明嘉靖刻本
[嘉靖]眞定府志三十三卷 CM 史/第 192 册
(明)唐臣 雷禮纂修
明嘉靖刻本
[嘉靖]河間府志二十八卷 CM 史/第 192 册
(明)郜相 樊深纂修
天一閣藏明代方志選刊影印明嘉靖刻本
[嘉靖]貴州通志十二卷 CM 史/第 193 册
(明)謝東山 張道纂修
天一閣藏明代方志選刊續編影印明嘉靖三十二刻本
栝蒼彙紀十五卷 CM 史/第 193 册
(明)熊子臣 何鏜纂修
明萬曆七年刻本
[嘉靖]仁和縣志十四卷 CM 史/第 194 册
(明)沈朝宣纂修
清光緒錢塘丁氏嘉惠堂刻武林掌故編本
[萬曆]湖廣總志九十八卷 CM 史/第 194－196 册
(明)徐學謨纂修
明萬曆刻本
[嘉靖]定遠縣志十卷 CM 史/第 196 册
(明)高鶴纂修
明嘉靖刻萬曆增修本
[萬曆]續朝邑縣志八卷 CM 史/第 196 册
(明)王學謨纂修
清康熙五十一年王兆鰲刻本

饒南九三府總圖說一卷 CM 史/第 196 册
(明)王世懋撰
明萬曆十三年刻王奉常雜著本
[萬曆]廣東通志七十二卷
CM 史/第 197－198 册
(明)郭棐纂修
日本内閣文庫藏明萬曆三十年刻本
[弘治]貴州圖經新志十七卷
CM 史/第 199 册
(明)沈庠 趙瓚等纂修
明刻本(卷一至卷三、卷八至卷十配明鈔本)
[萬曆]四川總志三十四卷
CM 史/第 199－200 册
(明)虞懷忠 郭棐等纂修
明萬曆刻本(卷一至卷四配鈔本)
[萬曆]安邱縣志二十八卷
CM 史/第 200 册
(明)熊元 馬文煒纂修
明萬曆十七年刻本
[萬曆]紹興府志五十卷
CM 史/第 200－201 册
(明)蕭良幹 張元忭等纂修
明萬曆刻本
[隆慶]豐潤縣志十三卷
CM 史/第 201 册
(明)王納言 石邦政纂修
明隆慶四年刻本
[隆慶]永州府志十七卷
CM 史/第 201 册
(明)史朝富 陳良珍纂修
明隆慶五年刻本
[萬曆]江都縣志二十三卷
CM 史/第 202 册
(明)張寧 陸君弼纂修
明萬曆刻本
[天啟]贛州府志二十卷
CM 史/第 202 册
(明)余文龍纂修 (明)謝詔等纂修
清順治十七年湯斌刻本
[萬曆]通州志八卷 CM 史/第 203 册
(明)林雲程 沈明臣纂修
天一閣藏明代方志選刊影印明萬曆刻本
[萬曆]應天府志三十二卷
CM 史/第 203 册
(明)程嗣功 王一化纂修
日本内閣文庫藏明萬曆五年刻本
閩書一百五十四卷
CM 史/第 204－207 册
(明)何喬遠撰
明崇禎刻本
[萬曆]順天府志六卷 CM 史/第 208 册
(明)沈應文 張元芳纂修
明萬曆刻本
[天啟]海鹽縣圖經十六卷
CM 史/第 208 册
(明)樊維城 胡震亨等纂修
明天啟刻本
[萬曆]嘉定縣志二十二卷
CM 史/第 208－209 册
(明)韓浚 張應武等纂修
明萬曆刻本
[萬曆]續修嚴州府志二十四卷
CM 史/第 209 册
(明)楊守仁 徐楚纂修 (明)呂昌期 俞炳然等續修
明萬曆刻本
[崇禎]泰州志十卷 CM 史/第 210 册
(明)李自滋 劉萬春纂修
明崇禎刻本
[萬曆]餘杭縣志十卷 CM 史/第 210 册
(明)戴日強纂修
明萬曆刻本
[萬曆]溫州府志十八卷
CM 史/第 210－211 册
(明)湯日昭 王光蘊纂修
明萬曆刻本
[萬曆]襄陽府志五十一卷
CM 史/第 211－212 册
(明)吳道邇纂修
明萬曆刻本
[崇禎]清江縣志八卷 CM 史/第 212 册
(明)秦鏞纂修
明崇禎刻本
[崇禎]碭山縣志二卷 CM 史/第 212 册
(明)劉芳纂修
明崇禎十二年刻本
海昌外志八卷 CM 史/第 212 册
(清)談遷纂修
清鈔本
[順治]西鎮志不分卷 CM 史/第 212 册
(清)蘇銑纂修
清順治刻本
[康熙]續安丘縣志二十五卷
CM 史/第 213 册
(清)王訓纂修
清康熙刻本
[康熙]永平府志二十四卷首一卷
CM 史/第 213 册
(清)宋琬纂修 (清)張朝琮續修
清康熙五十年刻本
杞紀二十二卷 CM 史/第 214 册
(清)張貞撰
清康熙刻本
杭志三詰三誤辨一卷 CM 史/第 214 册
(清)毛奇齡撰
清康熙刻西河合集本
蕭山縣志刊誤三卷 CM 史/第 214 册
(清)毛奇齡撰
清康熙刻西河合集本
臺灣府紀略一卷 CM 史/第 214 册
(清)林謙光撰
清康熙刻華鄂堂集本
[康熙]登封縣志十卷 CM 史/第 214 册
(清)張聖誥等纂修
清康熙三十五年刻本
[康熙]琅鹽井志四卷 CM 史/第 214 册
(清)沈鼐 張約敬等纂修
清鈔本
[康熙]師宗州志二卷 CM 史/第 214 册
(清)管棆纂修 (清)夏治源續修
清康熙刻雍正增修本
[康熙]揚州府志四十卷
CM 史/第 214－215 册
(清)崔華 張萬壽纂修
清康熙刻本
[乾隆]河套志六卷 CM 史/第 215 册
(清)陳履中纂修
清乾隆寓園刻本
[乾隆]湖南通志一百七十四卷首一卷
CM 史/第 216－219 册
(清)陳宏謀 范咸纂修
清乾隆二十二年刻本
[乾隆]續河南通志八十卷首四卷
CM 史/第 220 册
(清)阿思哈纂修 (清)嵩貴纂修
清乾隆三十二年刻本
澳門記略二卷 CM 史/第 221 册
(清)印光任撰 (清)張汝霖撰
清乾隆西阪艸堂刻本

水利集十卷 CM 史/第 221 冊
(元)任仁發撰
明鈔本
海道經一卷附錄一卷 CM 史/第 221 冊
(明)囗囗撰
明嘉靖吳郡袁氏嘉趣堂刻金聲玉振集本
治河總考四卷 CM 史/第 221 冊
(明)車璽撰（明)陳銘續撰
明正德十一年刻本
問水集六卷 CM 史/第 221 冊
(明)劉天和撰
明刻本
通惠河志二卷 CM 史/第 221 冊
(明)吳仲撰
民國三十年輯玄覽堂叢書影印明隆慶刻本
三吳水利論一卷 CM 史/第 221 冊
(明)伍餘福撰
明嘉靖吳郡袁氏嘉趣堂刻金聲玉振集本
吳中水利通志十七卷 CM 史/第 221 冊
(明)不著撰者
明嘉靖三年錫山安國銅活字本
治河通考十卷 CM 史/第 221 冊
(明)吳山撰
明嘉靖刻本
吳江水考五卷 CM 史/第 221 冊
(明)沈啓撰
清乾隆五年沈守義刻本
東吳水利考十卷 CM 史/第 222 冊
(明)王圻撰
明刻本
潞水客談一卷 CM 史/第 222 冊
(明)徐貞明撰
明萬曆刻本
西瀆大河志六卷 CM 史/第 222 冊
(明)張光孝撰
明萬曆三十八年刻本
古今疏治黄河全書一卷附酌議洳黄便宜疏一卷 CM 史/第 222 冊
(明)黄克纘撰（明)劉士忠撰附
明萬曆三十九年刻本
河漕通考二卷 CM 史/第 222 冊
(明)黄承玄撰
清鈔本
泉河史十五卷 CM 史/第 222 冊
(明)胡瓚撰
明萬曆二十七年刻清順治四年增修本
皇都水利一卷 CM 史/第 222 冊
(明)袁黄撰
明萬曆三十三年建陽余氏刻了凡雜著本
南河志十四卷全考二卷 CM 史/第 223 冊
(明)朱國盛 徐標續撰
明刻本
常熟水論一卷 CM 史/第 223 冊
(明)薛尚質撰
涵芬樓影印清道光十一年六安晁氏木活字學海類編本
河紀二卷 CM 史/第 223 冊
(清)孫承澤撰
清初鈔本
具區志十六卷 CM 史/第 223 冊
(清)翁澍撰
清康熙湘雲閣刻本
北河續紀七卷附餘二卷 CM 史/第 223 冊
(清)閻廷謨撰
清順治九年刻本
河防芻議六卷 CM 史/第 224 冊
(清)崔維雅撰
清鈔本
太倉州新劉河志正集一卷附集一卷治水要法一卷婁江志二卷
CM 史/第 224 冊
(清)顧士璉等輯
清康熙五年序刻吳中開江書本
山東全河備考四卷 CM 史/第 224 冊
(清)葉方恆撰
清康熙十九年刻本
歷代河渠考三卷 CM 史/第 224 冊
(清)萬斯同撰
清鈔本
今水經一卷 CM 史/第 224 冊
(清)黄宗羲撰
清乾隆四十二年孔繼涵家鈔本
明江南治水記一卷 CM 史/第 224 冊
(清)陳士鑛撰
涵芬樓影印清道光十一年六安晁氏木活字學海類編本
湘湖水利志三卷 CM 史/第 224 冊
(清)毛奇齡撰
清康熙刻西河合集本
東南水利八卷 CM 史/第 224 冊
(清)沈愷曾撰
清刻本
太湖備考十六卷首一卷附湖程紀略一卷
CM 史/第 225 冊
(清)金友理撰（清)吳曾撰附
清乾隆十五年藝蘭圃刻本
蕭山水利二卷續刻一卷三刻三卷附蕭山諸湖水利一卷 CM 史/第 225 冊
(明)富玹撰（清)張文端輯（明)賈應璧撰附
清康熙五十七年雍正十三年孝友堂刻本
治河前策二卷後策二卷 CM 史/第 225 冊
(明)馮祚泰撰
清鈔本
介石堂水鑑六卷 CM 史/第 225 冊
(清)郭起元撰（清)蔡寅斗評
清刻本
東南防守利便三卷 CM 史/第 225 冊
(宋)陳克 吳若撰（宋)呂祉輯
明崇禎刻芝園祕錄本
修攘通考六卷 CM 史/第 225 冊
(明)何鏜輯
明萬曆六年自刻本
皇明九邊考十卷 CM 史/第 226 冊
(明)魏煥輯
明嘉靖刻本
江防考六卷 CM 史/第 226 冊
(明)吳時來撰（明)王篆增補
明萬曆五年刻本
兩浙海防類考續編十卷 CM 史/第 226 冊
(明)范涞撰
明萬曆三十年刻本
溫處海防圖略二卷 CM 史/第 226 冊
(明)蔡逢時撰
明萬曆澄清堂刻本
籌海重編十二卷 CM 史/第 227 冊
(明)鄭若曾撰（明)鄧鐘重輯
明萬曆刻本
海防述略一卷 CM 史/第 227 冊
(清)杜臻撰
涵芬樓影印清道光十一年六安木活字學海類編本
[康熙]延綏鎮志六卷 CM 史/第 227 冊
(清)譚吉璁纂修
清康熙刻乾隆增補本
蠻司合誌十五卷 CM 史/第 227 冊

(清)毛奇齡撰
清康熙刻西河合集本
江防總論一卷海防總論一卷 CM 史/第 227 冊
(清)姜宸英撰
涵芬樓影印清道光十一年六安晁氏木活字學海類編本
秦邊紀略五卷 CM 史/第 228 冊
不著撰者
清乾隆鈔本
續修龍虎山志三卷 CM 史/第 228 冊
(元)元明善撰 (明)張國祥 張顯庸續撰
明刻本
茅山志十五卷 CM 史/第 228 冊
(元)劉大彬撰
明刻本
仙都志二卷 CM 史/第 228 冊
(元)陳性定撰
涵芬樓影印明正統刻道藏本
天台山志一卷 CM 史/第 228 冊
不著撰者
涵芬樓影印明正統刻道藏本
武夷山志十九卷 CM 史/第 228 冊
(明)衷仲孺撰
明崇禎十六年刻本
震澤編八卷 CM 史/第 228 冊
(明)蔡昇撰 (明)王鏊重撰
明弘治十八年林世遠刻本
金山雜志一卷 CM 史/第 229 冊
(明)楊循吉撰
明楊可刻本
雁山志四卷首一卷 CM 史/第 229 冊
(明)朱諫撰 (明)胡汝寧重輯
明萬曆刻本
京口三山志十卷 CM 史/第 229 冊
(明)張萊撰
明正德七年刻本
慧山記四卷 CM 史/第 229 冊
(明)邵寶撰
清咸豐七年二泉書院刻本
衡嶽志六卷 CM 史/第 229 冊
(明)彭簪撰
明嘉靖七年刻嘉靖增修本
廬山紀事十二卷 CM 史/第 229 冊
(明)桑喬撰 (清)范礽補訂
清順治十六年刻本
黄海不分卷 CM 史/第 229－230 冊
(明)潘之恒輯
明刻本
武夷志畧四卷 CM 史/第 230 冊
(明)徐表然撰
明萬曆四十七年孫世昌刻本
明州阿育王山志十卷續志六卷 CM 史/第 230 冊
(明)郭子章撰 (清)釋畹荃撰
明萬曆刻清乾隆續刻本
雲門志略五卷 CM 史/第 230 冊
(明)張元忭撰
明萬曆二年刻本
齊雲山志五卷 CM 史/第 231 冊
(明)魯點撰
明萬曆刻本
普陀山志六卷 CM 史/第 231 冊
(明)周應賓撰
明萬曆三十五年張隨刻本
續刻麻姑山丹霞洞天誌十七卷 CM 史/第 231 冊
(明)左宗郢撰
清康熙五十六年瀧溪曉樓刻本
嵩書二十二卷 CM 史/第 231－232 冊
(明)傅梅撰
明萬曆刻本
華嶽全集十三卷 CM 史/第 232 冊
(明)張維新撰 (明)馮嘉會續撰
明萬曆刻本
九疑山志八卷 CM 史/第 232 冊
(明)蔣鐄撰
明萬曆四十八年刻本
羅浮野乘六卷 CM 史/第 232 冊
(明)韓晃撰
清康熙刻本
泰山紀事三卷 CM 史/第 232 冊
(明)宋燾撰
明萬曆刻本
天台山方外志三十卷 CM 史/第 232－233 冊
(明)釋無盡撰
明萬曆幽溪講堂刻本
幽溪別志十六卷 CM 史/第 233 冊
(明)釋無盡撰
明崇禎刻本(卷六至卷十六配清刻本)
天目山志四卷 CM 史/第 233 冊
(明)徐嘉泰撰
舊鈔本
惠山古今考十卷附錄三卷補遺一卷 CM 史/第 233 冊
(明)談修撰
明萬曆刻本
九鯉湖志六卷 CM 史/第 233 冊
(明)黄天全撰
民國十四年周氏鹿巖精舍鈔本
龍門志三卷 CM 史/第 233 冊
(明)戚大英等撰
明嘉靖十五年樊得仁刻本
峴山志六卷 CM 史/第 234 冊
(明)張睿卿撰
明萬曆四十二年刻本
杭州上天竺講寺志十五卷首一卷 CM 史/第 234 冊
(明)釋廣賓撰
清順治刻康熙增修本
九華志八卷 CM 史/第 234 冊
(明)顧元鏡撰
明崇禎二年刻本
錫山景物略十卷 CM 史/第 234 冊
(明)王永積撰
明末嘉樂堂刻本
横谿錄八卷附谿上咏一卷 CM 史/第 234 冊
(明)徐鳴時撰
明崇禎二年刻本
閤皁山志二卷 CM 史/第 235 冊
(明)俞策撰
清鈔本
太平三書十二卷 CM 史/第 235 冊
(清)張萬選輯
清順治五年刻本
乍浦九山補志十二卷 CM 史/第 235 冊
(清)李確撰
清鈔本
昌平山水記二卷 CM 史/第 235 冊
(清)顧炎武撰
清吳江潘氏遂初堂刻亭林遺書本
黄山志定本七卷圖一卷 CM 史/第 235 冊
(清)閔麟嗣撰
安徽叢書影印清康熙刻本
浯溪考二卷 CM 史/第 235 冊
(清)王士禛撰
清康熙四十年刻本
鼓山志十二卷 CM 史/第 235 冊

(明)葉廷祥等撰
明萬曆刻天啟重修本
常熟縣破山興福寺志四卷 CM 史/第 244 册
(明)程嘉燧撰
明崇禎十五年刻本
武林靈隱寺誌八卷 CM 史/第 245 册
(清)孫治撰 (清)徐增重輯
清康熙十一年刻本
滄浪小志二卷 CM 史/第 245 册
(清)宋犖撰
清康熙刻本
[康熙]杏花邨志十二卷首一卷末一卷 CM 史/第 245 册
(清)郎遂撰
清康熙二十四年聚星樓刻本
二樓小志四卷 CM 史/第 245 册
(清)程元愈輯 (清)汪越 沈廷璐補輯
清康熙刻本
青原志略十三卷 CM 史/第 245 册
(清)釋笑峰等撰 (清)施閏章補輯
清康熙八年刻本
江心志十卷首一卷末一卷 CM 史/第 245 册
(清)釋元奇撰
清康熙四十六年刻本
白鹿書院志十七卷 CM 史/第 246 册
(清)廖文英撰 (清)錢正振增補
清康熙十二年刻增修本
白鹿書院志十九卷 CM 史/第 246 册
(清)毛德琦撰 (清)周兆蘭增修
清康熙刻雍正道光間遞修本
通玄觀志二卷 CM 史/第 246 册
(明)姜南撰 (清)吳陳琰增補
清康熙刻本
麻姑山丹霞洞天志十七卷 CM 史/第 246 册
(清)羅森等撰 (清)蕭韻增補
清初刻本
東林書院志二十二卷 CM 史/第 246－247 册
(清)高廷珍等撰
清雍正十一年刻本
增修雲林寺志八卷 CM 史/第 247 册
(清)厲鄂等撰
清乾隆九年刻本
宋東京考二十卷 CM 史/第 247 册
(清)周城撰
清乾隆六有堂刻本
鵝湖講學會編十二卷 CM 史/第 247 册
(清)鄭之僑撰
清乾隆九年述堂刻本
西湖老人繁勝錄一卷 CM 史/第 247 册
(宋)口口撰
涵芬樓輯涵芬樓祕笈排印本
廬陽客記一卷 CM 史/第 247 册
(明)楊循吉撰
明楊可刻本
閩部疏一卷 CM 史/第 247 册
(明)王世懋撰
明萬曆十三年刻王奉常雜著本
淞故述一卷 CM 史/第 247 册
(明)楊樞撰
清嘉慶道光間南匯吳氏聽彝堂刻藝海珠塵本
秦錄一卷 CM 史/第 247 册
(明)沈思孝撰
涵芬樓影印清道光十一年六安晁氏木活字學海類編本
晉錄一卷 CM 史/第 247 册
(明)沈思孝撰
涵芬樓影印清道光十一年六安晁氏木活字學海類編本
長溪瑣語一卷 CM 史/第 247 册
(明)謝肇淛撰
清鈔本
西事珥八卷 CM 史/第 247 册
(明)魏濬撰
明萬曆刻本(卷六配清鈔本)
泉南雜志二卷 CM 史/第 247 册
(明)陳懋仁撰
明萬曆繡水沈氏刻寶顏堂祕笈本
增補武林舊事八卷 CM 史/第 248 册
(宋)周密撰 (明)朱廷煥增補
明崇禎十年朱廷煥刻本
帝京景物畧八卷 CM 史/第 248 册
(明)劉侗 于奕正撰
明崇禎刻本
山左筆談一卷 CM 史/第 248 册
(明)黃淳耀撰
涵芬樓影印清道光十一年六安晁氏木活字學海類編本
楚書一卷 CM 史/第 248 册
(明)陶晉英撰
涵芬樓影印清道光十一年六安晁氏木活字學海類編本
山東考古錄一卷 CM 史/第 248 册
(清)顧炎武撰
清康熙刻說鈴本
譎觚十事一卷 CM 史/第 248 册
(清)顧炎武撰
清吳江潘氏遂初堂刻亭林遺書本
天府廣記四十四卷 CM 史/第 248－249 册
(清)孫承澤撰
清初鈔本
甌江逸志一卷 CM 史/第 249 册
(清)勞大與撰
清康熙刻說鈴本
粤述一卷 CM 史/第 249 册
(清)閔敘撰
清康熙刻說鈴本
星餘筆記一卷 CM 史/第 249 册
(清)王鉞撰
清康熙五十三年刻世德堂遺書本
中州雜俎二十一卷 CM 史/第 249 册
(清)汪价撰
民國十年安陽三怡堂排印本
湖壖雜記一卷 CM 史/第 249 册
(清)陸次雲撰
清康熙二十二年宛羽齋刻陸雲士雜著本
臺灣雜記一卷 CM 史/第 249 册
(清)季麒光撰
清康熙刻說鈴本
江南星野辨一卷 CM 史/第 249 册
(清)葉燮撰
清康熙刻昭代叢書本
嶺南雜記二卷 CM 史/第 249 册
(清)吳震方撰
清康熙刻說鈴本
臺灣隨筆一卷 CM 史/第 249 册
(清)徐懷祖撰
涵芬樓影印清道光十一年六安晁氏木活字學海類編本
神州古史考一卷 CM 史/第 249 册
(清)倪璠撰
清康熙二十七年崇岫堂刻本
潯陽蹠醢六卷 CM 史/第 249 册
(清)文行遠撰
清康熙穀明堂刻本

蜀都碎事四卷藝文補遺二卷 CM 史/第 250 冊
(清)陳祥裔撰
清康熙漱雪軒刻本
嶺海見聞四卷 CM 史/第 250 冊
(清)錢以塏撰
清康熙刻本
南漳子二卷 CM 史/第 250 冊
(清)孫之騄撰
清刻晴川八識本
古今遊名山記十七卷總錄三卷附游名山記一卷 CM 史/第 250 冊
(明)何鏜輯撰
明嘉靖刻本
天下名山諸勝一覽記十六卷 CM 史/第 251 冊
(明)慎蒙撰
明萬曆四年自刻本
名山游記八種八卷 CM 史/第 251 冊
(明)王世懋輯
明萬曆十三年刻王奉常雜著本
王太初先生五岳遊草十二卷 CM 史/第 251 冊
(明)王士性撰
清康熙三十年馮甦刻本
廣志繹五卷雜志一卷 CM 史/第 251 冊
(明)王士性撰
清康熙十五年刻本
天目遊紀一卷 CM 史/第 251 冊
(明)黃汝亨撰
明萬曆繡水沈氏刻寶顏堂秘笈本
循滄集二卷 CM 史/第 251 冊
(明)姚希孟撰
明崇禎張叔籟陶蘭臺刻清閟全集本
山行雜記一卷 CM 史/第 251 冊
(明)宋彥撰
明萬曆繡水沈氏刻寶顏堂秘笈本
名山勝槩記四十六卷圖一卷附錄一卷 CM 史/第 252－254 冊
不著撰者
明崇禎六年墨繪齋刻本
廣州遊覽小志一卷 CM 史/第 254 冊
(清)王士禛撰
清康熙刻本
天下名山記鈔十六卷 CM 史/第 254 冊
(清)吳秋士輯
清康熙三十四年汪立名刻本

泰山紀勝一卷 CM 史/第 255 冊
(清)孔貞瑄撰
清康熙刻說鈴本
匡廬紀游一卷 CM 史/第 255 冊
(清)吳闡思撰
清康熙刻說鈴本
滇黔紀遊一卷 CM 史/第 255 冊
(清)陳鼎撰
清康熙刻說鈴本
王山遺響六卷 CM 史/第 255 冊
(清)張貞生撰
清康熙講學山房刻張篑山三種本
紀古滇說原集一卷 CM 史/第 255 冊
(元)張道宗撰
民國三十年輯玄覽堂叢書影印明嘉靖刻本
異域志二卷 CM 史/第 255 冊
(元)周致中輯
明萬曆刻夷門廣牘本
百夷傳一卷 CM 史/第 255 冊
(明)錢古訓撰
明萬曆三十八年趙琦美鈔本
南夷書一卷 CM 史/第 255 冊
(明)張洪撰
明鈔本
西洋番國誌一卷 CM 史/第 255 冊
(明)鞏珍撰
清彭氏知聖道齋鈔本
瀛涯勝覽一卷 CM 史/第 255 冊
(明)馬歡撰
明祁氏淡生堂鈔本
朝鮮雜志一卷 CM 史/第 255 冊
(明)董越撰
民國三十年輯玄覽堂叢書影印明鈔本
海槎餘錄一卷 CM 史/第 255 冊
(明)顧岕撰
明正德嘉靖間陽山顧氏家塾刻顧氏明朝四十家小說本
日本國考略一卷補遺一卷 CM 史/第 255 冊
(明)薛俊撰 (明)王文光增補
明藍格鈔國朝典故本
西洋朝貢典錄三卷 CM 史/第 255 冊
(明)黃省曾撰
清曾氏面城樓鈔本
夷俗記一卷世系表一卷 CM 史/第 255 冊

(明)蕭大亨撰
明萬曆二十二年自刻本
朝鮮志二卷附箕田考一卷 CM 史/第 255 冊
不著撰者 (朝鮮)韓百謙撰附
清劉氏嘉蔭簃鈔本
東夷圖像一卷東夷圖說一卷嶺海異聞一卷續聞一卷 CM 史/第 255 冊
(明)蔡汝賢撰
明萬曆刻本
四川土夷考四卷 CM 史/第 255 冊
(明)譚希思撰
舊鈔本
日本考五卷 CM 史/第 255 冊
(明)李言恭撰 (明)郝杰撰
國立北平圖書館善本叢書影印明萬曆刻本
咸賓錄八卷 CM 史/第 255 冊
(明)羅曰褧撰
明萬曆十九年劉一焜刻本
西方要紀一卷 CM 史/第 256 冊
(清)西洋利類思等撰
清康熙刻昭代叢書本
洱海叢談一卷 CM 史/第 256 冊
(清)釋同揆撰
清道光吳江沈氏世楷堂刻昭代叢書本
八紘譯史四卷譯史紀餘四卷 CM 史/第 256 冊
(清)陸次雲撰
清康熙二十二年宛羽齋刻陸雲士雜著本
八紘荒史一卷 CM 史/第 256 冊
(清)陸次雲撰
清康熙二十二年宛羽齋刻陸雲士雜著本
峒溪纖志三卷纖志志餘一卷 CM 史/第 256 冊
(清)陸次雲撰
清康熙二十二年宛羽齋刻陸雲士雜著本
安南紀遊一卷 CM 史/第 256 冊
(清)潘鼎珪撰
清康熙刻說鈴本
海外紀事六卷 CM 史/第 256 冊
(清)釋大汕撰
清康熙寶鏡堂刻本
連陽八排風土記八卷 CM 史/第 256 冊

(清)李來章撰
清康熙四十七年連山書院刻乾隆增刻本
中山傳信錄六卷附中山贈送詩文一卷 CM 史/第 256 册
(清)徐葆光撰
清康熙六十年刻本
楚南苗志六卷 CM 史/第 256 册
(清)段汝霖撰
清乾隆二十三年刻本
元南臺備要二卷 CM 史/第 257 册
(元)劉孟琛撰
影印永樂大典本
南廱志二十四卷 CM 史/第 257 册
(明)黄佐撰
南京國學圖書館影印明嘉靖刻龍慶萬曆天啟增修本
吕梁洪志一卷 CM 史/第 257 册
(明)馮世雍撰
明嘉靖吴郡袁氏嘉趣堂刻金聲玉振集本
南京太僕寺誌十六卷 CM 史/第 257 册
(明)雷禮撰
明嘉靖刻本
留臺雜記八卷 CM 史/第 257 册
(明)符驗撰
明萬曆三十一年刻本
吏部職掌不分卷 CM 史/第 258 册
(明)李默 (明)黄養蒙等刪定
明萬曆刻本
詞林典故一卷 CM 史/第 258 册
(明)張位 (明)于慎行等撰
明萬曆十四年張位刻本
皇明功臣封爵考八卷 CM 史/第 258 册
(明)鄭汝璧撰
明萬曆刻本
館閣漫錄十卷 CM 史/第 258 - 259 册
(明)張元忭撰
明不二齋刻本
掖垣人鑑十六卷附錄一卷 CM 史/第 259 册
(明)蕭彦等撰
明人文集叢刊影印明萬曆十二年序刻本
舊京詞林志六卷 CM 史/第 259 册
(明)周應賓撰
民國三十年輯玄覽堂叢書影印明萬曆刻本
官制備攷二卷 CM 史/第 259 册
(明)李日華撰
明崇禎元年武林魯氏刻四六全書本
續宋宰輔編年錄二十六卷 CM 史/第 259 册
(明)吕邦耀撰
明天啟元年刻本
大明一統文武諸司衙門官制五卷 CM 史/第 260 册
(明)陶承慶校正 (明)葉時用增補
明萬曆十四年寶善堂刻本
官爵志三卷 CM 史/第 260 册
(明)徐石麒撰
清鈔本
古今官制沿革圖一卷 CM 史/第 260 册
(明)王光魯撰
明末刻本
歷代銓選志一卷 CM 史/第 260 册
(清楚)袁定遠撰
涵芬樓影印清道光十一年六安晁氏木活字學海類編本
歷代宰輔彙攷八卷 CM 史/第 260 册
(清)萬斯同撰
清鈔本
新編文武金鏡律例指南十六卷 CM 史/第 260 册
(清)凌銘麟撰
清康熙二十七年刻本
南臺舊聞十六卷 CM 史/第 261 册
(清)黄叔璥撰
清乾隆刻本
御制官箴一卷 CM 史/第 261 册
(明)宣宗朱瞻基撰
明鈔國朝典故本
牧津四十四卷 CM 史/第 261 册
(明)祁承爜撰
明天啟四年刻本
明職一卷 CM 史/第 262 册
(明)吕坤撰
清乾隆四年健餘堂刻本
仕學全書三十五卷 CM 史/第 262 册
(明)魯論撰
清康熙木活字本
政學錄五卷 CM 史/第 262 册
(清)鄭端撰
清光緒五年定州王氏謙德堂刻畿輔叢書本
為政第一篇八卷 CM 史/第 262 册
(清)孫鋐撰
清康熙刻本
百僚金鑒十二卷 CM 史/第 262 册
(清)牛天宿撰
清康熙八年忠愛堂刻本
增入諸儒議論杜氏通典詳節四十二卷圖譜一卷 CM 史/第 263 册
不著撰者
元至元二十三年刻本
大元聖政國朝典章六十卷新集至治條例不分卷 CM 史/第 263 - 264 册
不著撰者
影印元刻本
皇明祖訓一卷 CM 史/第 264 册
(明)朱元璋撰
明洪武禮部刻本
國朝典彙二百卷 CM 史/第 264 - 266 册
(明)徐學聚撰
明天啟四年徐與參刻本
皇明經世實用編二十八卷首一卷續集二卷 CM 史/第 267 册
(明)馮應京輯
明萬曆刻本
國朝典章不分卷(明洪武至正德) CM 史/第 268 册
不著輯者
明鈔本
大明會典抄畧十三卷 CM 史/第 268 册
(明)佘夢鯉輯
明萬曆刻本
通祀輯略三卷 CM 史/第 268 册
不著撰者
明鈔本
御制明堂或問一卷 CM 史/第 268 册
(明)朱厚熜撰
明鈔宸章集錄本
御制正孔子祀典說一卷 CM 史/第 268 册
(明)朱厚熜撰
明鈔宸章集錄本
科塲條貫一卷 CM 史/第 268 册
(明)陸深撰
涵芬樓影印明萬曆刻紀錄彙編本
改元考一卷 CM 史/第 268 册
(明)朱當㴐撰
明鈔本

諡法通考十八卷 CM 史/第 269 冊
(明)王圻撰
明萬曆二十四年刻本
皇明貢舉考九卷附貢舉紀畧一卷
CM 史/第 269 冊
(明)張朝瑞輯
明萬曆刻本
王國典禮八卷 CM 史/第 270 冊
(明)朱勤美撰
明萬曆四十三年周府刻天啟增刻本
孔廟禮樂考六卷初稿一卷
CM 史/第 270 冊
(明)瞿九思撰
明萬曆三十五年史學遷刻本
歷代貢舉志一卷 CM 史/第 270 冊
(明)馮夢楨撰
涵芬樓影印清道光十一年六安晁氏木活字學海類編本
皇明典禮志二十卷 CM 史/第 270 冊
(明)郭正域撰
明萬曆刻本
學科考略一卷 CM 史/第 270 冊
(明)董其昌撰
涵芬樓影印清道光十一年六安晁氏木活字學海類編本
明謚考三十八卷 CM 史/第 270 冊
(明)葉秉敬撰
清鈔本
謚法纂十卷 CM 史/第 270 冊
(明)孫能傳撰
明萬曆四十五年孫能正刻本
秦璽始末一卷 CM 史/第 271 冊
(明)沈德符撰
涵芬樓影印清道光十一年六安晁氏木活字學海類編本
年號韻編一卷補遺一卷 CM 史/第 271 冊
(明)陳懋仁撰
清鈔本
皇明三元考十四卷 CM 史/第 271 冊
(明)張弘道撰 (明)張凝道撰
明刻本
辟雍紀事十五卷附紀事述言一卷辟雍考一卷辟雍紀事原始一卷辟雍軼事一卷 CM 史/第 271 冊
(明)盧上銘撰 (明)馮士驊撰
明崇禎刻本
學典三十卷 CM 史/第 271 冊
(清)孫承澤撰
清鈔本
文廟從祀先賢先儒考一卷
CM 史/第 271 冊
(清)郎廷極撰
涵芬樓影印清道光十一年六安晁氏木活字學海類編本
頖宮禮樂全書十六卷 CM 史/第 271 冊
(清)張安茂撰
清順治十三年刻本
紀琉球入太學始末一卷 CM 史/第 271 冊
(清)王士禛撰
清康熙刻昭代叢書本
國朝謚法考一卷 CM 史/第 271 冊
(清)王士禛撰
清康熙刻本
辨定嘉靖大禮議二卷 CM 史/第 271 冊
(清)毛奇齡撰
清康熙刻西河合集本
制科雜錄一卷 CM 史/第 271 冊
(清)毛奇齡撰
清康熙刻西河合集本
國學禮樂錄二十卷 CM 史/第 271 冊
(清)李周望輯 (清)謝履忠輯
清康熙五十八年國子監刻本
聖門禮樂統二十四卷首一卷
CM 史/第 272 冊
(清)張行言撰
清康熙四十一年萬松書院刻本
學宮備考十卷末一卷附餘說一卷
CM 史/第 272 冊
(清)彭其位撰
清乾隆六年自得軒刻本
四譯館考十卷 CM 史/第 272 冊
(清)江蘩撰
清康熙刻本
太常紀要十五卷 CM 史/第 273 冊
(清)江蘩撰
清康熙刻本
紀元要略二卷補輯一卷 CM 史/第 273 冊
(清)陳景雲撰 (清)陳黄中補
清乾隆刻本
歷代帝系年號考二十卷 CM 史/第 273 冊
(清)劉宗魏撰
清乾隆二十八年春山堂刻本
拯荒事略一卷 CM 史/第 273 冊
(元)歐陽玄撰
涵芬樓影印清道光十一年六安晁氏木活字學海類編本
救荒活民補遺書三卷 CM 史/第 273 冊
(宋)董煟撰 (元)張光大增 (明)朱熊補遺
明常在刻本
鹽政志十卷 CM 史/第 273 冊
(明)朱廷立撰
明嘉靖刻本
續纂淮關統志十四卷
CM 史/第 273－274 冊
(明)馬麟修 (清)杜琳等重修 (清)李如枚等續修
清乾隆刻嘉慶光緒間遞修本
兩淮鹽法志十二卷 CM 史/第 274 冊
(明)史起蟄 (明)張榘撰
明嘉靖三十年刻本
大明通寶義一卷 CM 史/第 274 冊
(明)羅汝芳撰
明萬曆二十四年董裕刻本
海運新考三卷 CM 史/第 274 冊
(明)梁夢龍撰
明萬曆刻本
海運編二卷 CM 史/第 274 冊
(明)崔旦撰
明嘉靖吳郡袁氏嘉趣堂刻金聲玉振集本
山東鹽法志四卷 CM 史/第 274 冊
(明)查志隆撰 (明)徐琳續補
明萬曆刻本
重修兩浙鹺志二十四卷 CM 史/第 274 冊
(明)王圻撰
明末刻本
漕運通志十卷 CM 史/第 275 冊
(明)楊宏 (明)謝純撰
明嘉靖七年楊宏刻本
救荒事宜一卷 CM 史/第 275 冊
(明)周孔教撰
明萬曆刻周中丞疏稿附
通漕類編九卷 CM 史/第 275 冊
(明)王在晉撰
明萬曆刻本
國賦紀略一卷 CM 史/第 275 冊
(明)倪元璐撰
涵芬樓影印清道光十一年六安晁氏木活字學海類編本
救荒策會七卷 CM 史/第 275 冊

(明)陳龍正輯
明崇禎十五年潔梁堂刻本
古今鹺畧九卷補九卷 CM 史/第 275 冊
(明)汪砢玉撰
清鈔本
救荒事宜一卷 CM 史/第 275 冊
(明)張陛撰
涵芬樓影印清道光十一年六安晁氏木活字學海類編本
淮鹺本論二卷 CM 史/第 276 冊
(清)胡文學撰
清康熙元年刻本
蘇松歷代財賦考一卷請減蘇松浮糧疏稿一卷 CM 史/第 276 冊
不著撰者
清康熙刻本
左司筆記二十卷 CM 史/第 276 冊
(清)吳暻撰
清鈔本
錢錄十二卷 CM 史/第 276 冊
(清)張端木撰
清嘉慶梅益徵鈔本
馬政志四卷 CM 史/第 276 冊
(明)陳講撰
明嘉靖刻本
歷代武舉考一卷 CM 史/第 276 冊
(清)譚吉璁撰
涵芬樓影印清道光十一年六安晁氏木活字學海類編本
大明律三十卷 CM 史/第 276 冊
(明)劉惟謙等撰
明嘉靖范永鑾刻本
南船紀四卷 CM 史/第 276 冊
(明)沈㟁撰
清刻本
浮梁陶政志一卷附景鎮舊事一卷 CM 史/第 276 冊
(清)吳允嘉撰
涵芬樓影印清道光十一年六安晁氏木活字學海類編本
秘閣書目不分卷 CM 史/第 277 冊
(明)錢溥撰
清鈔本
菉竹堂書目不分卷 CM 史/第 277 冊
(明)葉盛撰
清初鈔本
晁氏寶文堂書目三卷 CM 史/第 277 冊
(明)晁瑮撰
明代書目題跋叢刊影印明藍閣鈔本
經序錄五卷 CM 史/第 277 冊
(明)朱睦㮮撰
清鈔本
國史經籍志六卷 CM 史/第 277 冊
(明)焦竑撰
明萬曆三十年陳汝元函三館刻本
讀書敏求記四卷 CM 史/第 277 冊
(清)錢曾撰
清雍正四年趙孟升松雪齋刻本
錢遵王述古堂藏書目錄十卷 CM 史/第 277 冊
(清)錢曾撰
清初錢氏述古堂鈔本
讀書蕞殘三卷 CM 史/第 277 冊
(清)王鉞撰
清康熙六十一年世德堂刻本
吳下冢墓遺文三卷 CM 史/第 278 冊
(明)都穆輯
清鮑氏知不足齋鈔本
水經注所載碑目一卷輿地紀勝所載碑目一卷 CM 史/第 278 冊
(明)楊慎輯
明嘉靖十六年朱方刻本
蒼潤軒碑跋紀一卷續紀一卷 CM 史/第 278 冊
(明)盛時泰撰
清鈔本
瘞鶴銘考一卷 CM 史/第 278 冊
(明)顧元慶撰
明正德嘉靖間陽山顧氏明朝四十家小説本
金陵古金石攷目一卷 CM 史/第 278 冊
(明)顧起元撰
明萬曆四十八年刻本
古今石刻碑帖目二卷備考古今石刻碑帖目一卷 CM 史/第 278 冊
(明)孫克弘撰
明萬曆刻本
唐碑帖跋四卷 CM 史/第 278 冊
(明)周錫珪撰
清沈氏鳴野山房鈔本
金石備考十六卷 CM 史/第 278 冊
(明)來濬撰
清鈔本
天下金石志十五卷附錄一卷 CM 史/第 278 冊
(明)于奕正撰
明崇禎刻本
禊帖綜聞十五卷 CM 史/第 278 冊
(清)胡世安撰
清初刻本
金石表一卷 CM 史/第 278 冊
(清)曹溶撰
清末鈔本
閑者軒帖考一卷 CM 史/第 278 冊
(清)孫承澤撰
清鈔本
天發神讖碑考一卷附錄一卷續考一卷 CM 史/第 278 冊
(清)周在浚 (清)王著 (清)汪騆撰
民國十五年東方學會排印本
昭陵六駿贊辯一卷 CM 史/第 278 冊
(清)張弨撰
清康熙刻昭代叢書本
瘞鶴銘辯一卷 CM 史/第 278 冊
(清)張弨撰
清康熙刻昭代叢書本
瘞鶴銘考一卷 CM 史/第 278 冊
(清)汪士鋐撰
清陸鍾輝刻本
金石續錄四卷 CM 史/第 278 冊
(清)劉青藜撰
清康熙四十九年傳經堂刻本
中州金石考八卷 CM 史/第 278 冊
(清)黃叔璥撰
清乾隆六年刻本
金石圖不分卷 CM 史/第 278 冊
(清)褚峻摹 (清)牛運震說
清乾隆十年精刻拓印本
史通二十卷 CM 史/第 279 冊
(唐)劉知幾撰 (明)李維楨評 (明)郭孔延評釋
明刻本
史通訓故二十卷 CM 史/第 279 冊
(明)王惟儉撰
明萬曆刻本
史通訓故補二十卷 CM 史/第 279 冊
(清)黃叔琳撰
清乾隆十二年黃氏養素堂刻本
宋忠肅陳了齋四明尊堯集十一卷 CM 史/第 279 冊

(宋)陳瓘撰
清康熙十八年陳孔頊刻雍正三年陳象瀚補修本
致堂讀史管見三十卷 CM 史/第 279－280 冊
(宋)胡寅撰
宋嘉定十一年衡陽郡齋刻本(卷五卷六卷九卷十卷十三卷至三十配元刻本)
永嘉朱先生三國六朝五代紀年總辨二十八卷 CM 史/第 280 冊
(宋)朱黼撰
清鈔本
小學史斷二卷 CM 史/第 280 冊
(宋)南宮靖一撰 (明)晏彥文續
明弘治十六年刻本
史學提要三卷 CM 史/第 280 冊
(宋)黃繼善撰
明鈔本
史義拾遺二卷 CM 史/第 281 冊
(元)楊維楨撰
明嘉靖十九年任轍刻本
通鑑博論三卷 CM 史/第 281 冊
(明)朱權撰
明萬曆十四年內府刻本
蔗山筆麈一卷 CM 史/第 281 冊
(明)商輅撰
涵芬樓影印清道光十一年六安晁氏木活字學海類編本
政監三十二卷 CM 史/第 281 冊
(明)夏寅撰
明成化十六年刻本
新舊唐書雜論一卷 CM 史/第 281 冊
(明)李東陽撰
清嘉慶虞山張氏刻借月山房彙鈔本
宋紀受終考三卷 CM 史/第 281 冊
(明)程敏政撰
明弘治四年戴銑刻本
宋史闡幽二卷 CM 史/第 281 冊
(明)許浩撰
明崇禎元年許鏘刻本
元史闡幽一卷 CM 史/第 281 冊
(明)許浩撰
明弘治十七年錢如京刻本
兀涯西漢書議十二卷 CM 史/第 281 冊
(明)霍韜撰 (明)張邦奇增修
明鈔本
史評十卷 CM 史/第 281 冊
(明)范光宙撰
清順治十五年刻本
責備餘談二卷附錄一卷 CM 史/第 282 冊
(明)方鵬撰
古書流通處影印清乾隆道光間長塘鮑氏刻知不足齋叢書本
尚論編二十卷 CM 史/第 282 冊
(明)鄒泉撰
明萬曆刻本
帝鑑圖說不分卷 CM 史/第 282 冊
(明)張居正 (明)呂調陽撰
清純忠堂刻本
新編漢唐通鑑品藻三十卷 CM 史/第 282 冊
(明)戴璟撰
明嘉靖十七年西安府刻本
兩漢解疑二卷 CM 史/第 282 冊
(明)唐順之撰
涵芬樓影印清道光十一年六安晁氏木活字學海類編本
兩晉解疑一卷 CM 史/第 282 冊
(明)唐順之撰
涵芬樓影印清道光十一年六安晁氏木活字學海類編本
覺山洪先生史說二卷 CM 史/第 283 冊
(明)洪垣撰
明萬曆四十二年刻本
太史史例一百卷 CM 史/第 283－284 冊
(明)張之象輯
明嘉靖四十四年長水書院刻本
洗心居雅言集二卷 CM 史/第 284 冊
(明)范櫄撰
明萬曆三十六年陶望齡刻本
新鐫古史要評五卷 CM 史/第 284 冊
(明)吳崇節撰
清乾隆吳宗琰等刻本
留餘堂史取十二卷 CM 史/第 285 冊
(明)賀詳撰
明末刻本
讀史漫錄十四卷 CM 史/第 285 冊
(明)于慎行撰
明萬曆三十七年郭應寵刻本
趙忠毅公儕鶴先生史韻二卷 CM 史/第 285 冊
(明)趙南星撰
清順治刻本
涉世雄譚八卷 CM 史/第 286 冊
(明)朱正色撰
明萬曆二十四年刻本
讀史漫筆一卷 CM 史/第 286 冊
(明)陳懿典撰
涵芬樓影印清道光十一年六安晁氏木活字學海類編本
蘭曹讀史日記四卷 CM 史/第 286 冊
(明)熊尚文撰
明萬曆四十三年刻本
史談補五卷 CM 史/第 286 冊
(明)楊一奇輯 (明)陳簡補輯
明萬曆二十五年刻本
古今人物論三十六卷 CM 史/第 286－287 冊
(明)鄭賢撰
明萬曆餘彰德刻本
讀史商語四卷 CM 史/第 287 冊
(明)王志堅撰
明萬曆刻本
史懷十七卷 CM 史/第 287 冊
(明)鍾惺撰 (明)蔣勵志 (明)蔣勵修輯
明刻本
玄羽外編六種四十六卷 CM 史/第 287 冊
(明)張大齡撰
明萬曆三十九年張養正刻本
顧氏詩史十五卷 CM 史/第 288 冊
(明)唐汝詢撰
明萬曆二十八年顧正誼刻本
新刻官板大字評史心見十二卷 CM 史/第 288 冊
(明)郭大有撰
明萬曆十二年周對峰刻本
讀書鏡十卷 CM 史/第 288 冊
(明)陳繼儒撰
明萬曆繡水沈氏刻寶顏祕笈本
青油史漫二卷 CM 史/第 288 冊
(明)茅元儀撰
清鈔本
秋士史疑四卷 CM 史/第 288 冊
(明)宋存標撰
明崇禎二年君子堂刻本
歷代史論一編四卷二編十卷 CM 史/第 289 冊
(明)張溥撰
明崇禎刻本

狂狷裁中十卷 CM 史/第 289 冊
(明)楊時偉撰
明天啟刻本
宋史筆斷十二卷 CM 史/第 289 冊
不著撰者
明刻本
尚論編七卷 CM 史/第 289 冊
不著撰者
明末刻本
漢史億二卷 CM 史/第 290 冊
(清)孫廷銓撰
清康熙刻本
論世八編十二卷 CM 史/第 290 冊
(清)華慶遠撰
稿本
鑑語經世編二十七卷 CM 史/第 290 冊
(清)魏裔介撰
清康熙十四年自刻本
讀史吟評一卷 CM 史/第 290 冊
(清)黄鵬揚撰
清康熙刻說鈴本
讀史譽疑十卷 CM 史/第 290 冊
(清)張彥士撰
清康熙三十六年張謙刻本
史折三卷續編一卷 CM 史/第 291 冊
(清)賀裳撰
清刻本
澂景堂史測十四卷附閩溪紀畧一卷 CM 史/第 291 冊
(清)施鴻撰 (清)施綸注
清康熙八年自刻本
垂世芳型十三卷 CM 史/第 291 冊
(清)金維寧撰
清康熙賀劬堂刻本
刪訂通鑑感應錄二卷 CM 史/第 291 冊
(清)秦鏡撰
清康熙五十四年張聖佐刻本
綠萍灣史論初集一卷史論二集一卷 CM 史/第 291 冊
(清)朱直撰
清康熙刻本
詩史十二卷 CM 史/第 291 冊
(清)葛震撰
清康熙四十二年刻本
四言史徵十二卷 CM 史/第 291－292 冊
(清)葛震撰 (清)曹荃注
清雍正曹氏芷園刻本
班范肪截四卷 CM 史/第 292 冊
(清)張篤慶撰
清畢氏聚星堂鈔本
五代史肪截二卷 CM 史/第 292 冊
(清)張篤慶撰
清鈔本
增定二十一史韻四卷首一卷末一卷 CM 史/第 292 冊
(明)趙南星撰 (清)仲弘道增續
清康熙三十三年郭金湯蘭學堂刻本
石溪史話八卷補遺四卷 CM 史/第 292 冊
(清)劉風起撰
清乾隆刻本
唐鑑偶評四卷 CM 史/第 292 冊
(清)周池撰
清嘉慶二十三年光霽堂刻本

子部

孔子家語八卷 CM 子/第 1 冊
(明)何孟春注
明正德十六年刻本
家語正義十卷 CM 子/第 1 冊
(清)姜兆錫撰
清雍正十一年寅清樓刻本
孔叢子正義五卷 CM 子/第 1 冊
(清)姜兆錫撰
清雍正十一年寅清樓刻本
忠經一卷 CM 子/第 1 冊
(漢)馬融撰 (漢)鄭玄注
明嘉靖四十五年刻本
千秋金鑑錄五卷 CM 子/第 1 冊
(唐)張九齡撰
清雍正十三年刻唐丞相曲江張文獻公集附
太極圖說論十四卷 CM 子/第 1 冊
(清)王嗣槐撰
清康熙三十五年刻本
太極繹義二卷通書繹義一卷 CM 子/第 1 冊
(明)舒芬撰
明萬曆四十八年刻梓溪文鈔本
正蒙釋四卷 CM 子/第 1 冊
(明)高攀龍集注 (明)徐必達發明
明萬曆間刻本
合刻周張兩先生全書二十二卷 CM 子/第 2 冊
(明)徐必達輯
明萬曆三十四年徐必達刻本
朱子注釋濂關三書不分卷 CM 子/第 2 冊
(清)王植輯
清雍正元年刻本
程子節錄四卷文集抄一卷 CM 子/第 2 冊
(明)高攀龍輯
清乾隆七年華希閔刻高子全書本
程子詳本二十卷 CM 子/第 2－3 冊
(明)陳龍正輯
明刻本
二程語錄十八卷 CM 子/第 3 冊
(宋)朱熹輯
清同治重刻正誼堂全書本
程書五十一卷附拾遺一卷 CM 子/第 3 冊
(清)程湛輯
清康熙二十五年刻本
浩齋過先生語錄二卷 CM 子/第 3 冊
(題)(宋)過源撰
明萬曆三十三年過繼美刻本
小學集解六卷 CM 子/第 3 冊
(清)張伯行撰
清同治重刻正誼堂全書本
小學纂注六卷附小學總論一卷朱子年譜一卷 CM 子/第 4 冊
(清)高愈輯
清乾隆十二年刻本
小學句讀記六卷首一卷 CM 子/第 4 冊
(清)王建常撰
清同治至民國間刻西京清麓叢書本
近思錄集解三卷 CM 子/第 4 冊
(清)李文炤撰
清康熙五十九年刻本
朱子語類纂十三卷 CM 子/第 4 冊
(清)王鉞輯
清康熙五十三年刻世德堂遺書本
朱子文語纂編十四卷 CM 子/第 4 冊
(清)嚴鴻逵輯
清康熙五十九刻本
程蒙齋性理字訓一卷 CM 子/第 4 冊
(宋)程端蒙撰 (宋)程若庸補輯
清同治至民國間刻西京清麓叢書本
心經附注四卷 CM 子/第 4 冊
(宋)真德秀撰 (明)程敏政註
清鈔本
大學衍義通略三十卷 CM 子/第 5 冊
(明)王諍輯
明嘉靖四十三年雲南刻本
大學衍義輯要六卷 CM 子/第 5 冊

（清）陳宏謀輯
清乾隆元年桂林陳氏刻本
大學衍義補輯要十二卷 CM 子/第 5 冊
（清）陳宏謀輯
清道光二十二年寶恕堂刻本
研幾圖一卷 CM 子/第 6 冊
（宋）王柏撰
明正德六年刻本
魯齋心法二卷 CM 子/第 6 冊
（元）許衡撰
清鈔本
新刊標題明解聖賢語論四卷首一卷 CM 子/第 6 冊
（元）王廣謀輯
明嘉靖十二年刻本
聖學心法四卷 CM 子/第 6 冊
（明）成祖朱棣撰
明永樂七年内府刻本
曹月川先生夜行燭一卷 CM 子/第 6 冊
（明）曹端撰
清鈔本
月川語錄一卷 CM 子/第 6 冊
（明）曹端撰
清道光十八年刻月川先生遺書本
明良交泰錄十八卷 CM 子/第 6 冊
（明）尹直撰
明鈔本
學的二卷 CM 子/第 6 冊
（明）丘濬輯
明正德間刻本
道一編五卷 CM 子/第 6 冊
（明）程敏政輯
明嘉靖三十一年刻本
艾菴密箴一卷河洛私見一卷太極圖說一卷 CM 子/第 6 冊
（明）蔡清撰
清乾隆七年蔡廷魁刻本
文公先生經世大訓十六卷 CM 子/第 6 -7 冊
（明）余祐輯
明嘉靖元年河南按察司刻本
近言一卷 CM 子/第 7 冊
（明）顧璘撰
明繁露堂刻本
傳習則言一卷 CM 子/第 7 冊
（明）王守仁撰
清道光十一年六安晁氏木活字學海類編本
愼言十三卷 CM 子/第 7 冊
（明）王廷相撰
明嘉靖間刻王浚川所著書本
後渠庸書一卷 CM 子/第 7 冊
（明）崔銑撰
明萬曆間刻百陵學山本
楊子折衷六卷 CM 子/第 7 冊
（明）湛若水撰
明嘉靖刻本
閑辟錄十卷 CM 子/第 7 冊
（明）程曈輯
明嘉靖四十三年刻本
苑洛先生語錄六卷 CM 子/第 7 冊
（明）韓邦奇撰
明嘉靖白璧刻本
願學編二卷 CM 子/第 7 冊
（明）胡纘宗撰
明嘉靖鳥鼠山房刻清修補本
海樵子一卷 CM 子/第 7 冊
（明）王崇慶撰
明嘉靖十七年呂景蒙刻本
大儒心學語錄二十七卷 CM 子/第 7 冊
（明）王蕡輯
明嘉靖二十八年刻本
性理群書大全七十卷 CM 子/第 8 -9 冊
題（明）玉峰道人輯
明刻本
說理會編十六卷 CM 子/第 9 冊
（明）季本撰
明馮繼科刻本
雙江先生困辯錄八卷 CM 子/第 9 冊
（明）聶豹撰（明）羅洪先批註
明刻本
研幾錄不分卷 CM 子/第 9 冊
（明）薛侃撰（明）鄭三極輯
明萬曆四十五年薛茂杞等重刻本
庸言十二卷 CM 子/第 9 冊
（明）黃佐撰
明嘉靖三十一年刻本
愼言集訓二卷 CM 子/第 9 冊
（明）敖英撰
清同治間錢塘丁氏刻當歸草堂叢書本
辨惑續編七卷附錄二卷 CM 子/第 9 冊
（明）顧亮輯
明成化五年刻本
尤西川先生擬學小記六卷續錄七卷附錄二卷 CM 子/第 9 冊
（明）尤時熙撰（明）李根輯
清同治三年刻本
重刻心齋王先生語錄二卷 CM 子/第 10 冊
（明）王艮撰
明刻本
一菴王先生遺集二卷 CM 子/第 10 冊
（明）王棟撰
清鈔本
唐荊川先生編纂諸儒語要十卷 CM 子/第 10 冊
（明）唐順之輯
明萬曆三十年吳達可刻本
洨濵蔡先生語錄二十卷附錄一卷 CM 子/第 10 冊
（明）蔡靉撰
明嘉靖間刻本
廉矩一卷 CM 子/第 10 冊
（明）王文祿撰
清道光十一年六安晁氏木活字學海類編本
西田語畧二十三卷續集二十九卷 CM 子/第 10 冊
（明）樊深撰
明嘉靖二十七年刻本
薛方山紀述一卷 CM 子/第 10 冊
（明）薛應旂撰
明萬曆間繡水沈氏刻寶顏堂秘笈本
薛子庸語十二卷 CM 子/第 10 冊
（明）薛應旂撰（明）向程釋
明隆慶間刻本
二谷讀書記三卷 CM 子/第 11 冊
（明）侯一元撰
清道光十一年六安晁氏木活字學海類編本
學蔀通辨前編三卷後編三卷續編三卷終編三卷 CM 子/第 11 冊
（明）陳建撰
明嘉靖二十七年刻本
胡子衡齊八卷 CM 子/第 11 冊
（明）胡直撰
明萬曆間曾鳳儀刻本
大儒學粹九卷 CM 子/第 11 冊
（明）魏時亮輯
明萬曆十六年刻本
三先生類要五卷 CM 子/第 11 冊

(明)徐用檢輯
明萬曆刻本
見羅先生書二十卷 CM 子/第 11－12 册
(明)李材撰
明萬曆刻本
心學宗四卷續編四卷 CM 子/第 12 册
(明)方學漸輯 (清)方中通續輯
清康熙間繼聲堂刻本
諸儒學案二十五卷 CM 子/第 12 册
(明)劉元卿輯
明萬曆刻本
憲世前編一卷憲世編六卷 CM 子/第 12 册
(明)唐鶴徵輯
明萬曆四十二年純白齋刻本
群書歸正集十卷 CM 子/第 13 册
(明)林曷撰
明萬曆十九年林祖述刻本
呻吟語六卷 CM 子/第 13 册
(明)吕坤撰
明萬曆二十一年刻本
哤言十卷 CM 子/第 13 册
(明)范涞撰
明萬曆刻本
汪子中詮六卷 CM 子/第 13 册
(明)汪應蛟撰
明萬曆四十六年新安汪氏刻清印本
王門宗旨十四卷 CM 子/第 13 册
(明)周汝登輯
明萬曆間余懋孳刻本
信古餘論八卷 CM 子/第 13 册
(明)徐三重撰
清鈔本
庸齋日記八卷 CM 子/第 14 册
(明)徐三重撰
清鈔本
南臯鄒先生會語合編二卷講義合編二卷 CM 子/第 14 册
(明)鄒元標撰
明萬曆四十七年龍遇奇刻本
顧端文公遺書三十七卷附年譜四卷 CM 子/第 14 册
(明)顧憲成撰
清光緒三年刻本
黽記四卷 CM 子/第 14 册
(明)錢一本撰
明萬曆四十一年刻本
聖學範圍圖說一卷 CM 子/第 14 册
(明)岳元聲撰
明萬曆間繡水沈氏刻寶顔堂秘笈本
誠勖淺言一卷 CM 子/第 14 册
(明)傅新德撰
民國五年定襄牛氏排印雪花館叢編本
文華大訓箴解六卷 CM 子/第 14 册
(明)廖道南撰
明嘉靖刻本
增訂論語外篇四卷 CM 子/第 15 册
(明)梁子璠輯
明天啓五年刻本
龍沙學錄六卷 CM 子/第 15 册
(明)王在晉撰
明萬曆刻補修本
五經孝語一卷四書孝語一卷附錄曾子孝實一卷 CM 子/第 15 册
(明)朱鴻輯 (明)江元祚刪注附錄
明崇禎刻孝經大全本
證人社約言一卷 CM 子/第 15 册
(明)劉宗周撰
清道光十一年六安晁氏木活字學海類編本
存古約言六卷 CM 子/第 15 册
(明)吕維祺撰
清乾隆四年慎獨齋刻本
真儒一脈不分卷 CM 子/第 15 册
(明)吳桂森輯
明天啓刻本
論語逸編三十一卷 CM 子/第 15 册
(明)鍾韶輯
明萬曆刻本
閑道錄二十卷 CM 子/第 15 册
(明)沈壽民撰
清雍正有本堂刻本
張抱初先生印正稿六卷 CM 子/第 15 册
(明)張信民撰
清雍正四年王箴輿刻本
衡門芹一卷 CM 子/第 15 册
(明)辛全撰
明晉淑健等刻本
經世石畫三卷 CM 子/第 16 册
(明)辛全輯
明末刻辛復元先生著述六種本
思聰錄一卷 CM 子/第 16 册
(明)賀時泰撰
明萬曆四十六年刻本
章子留書内集一卷外集一卷散集一卷 CM 子/第 16 册
(明)章世純撰
明崇禎間刻四書留書附
性理標題綜要二十二卷 CM 子/第 16 册
(明)詹淮輯 (明)陳仁錫訂正
明崇禎五年刻本
家誡要言一卷 CM 子/第 17 册
(明)吳麟徵撰
清道光十一年六安晁氏木活字學海類編本
讀書劄記四卷 CM 子/第 17 册
(明)喬可聘撰
清康熙七年刻本
素菴先生栖綠堂經史耨義二十二卷 CM 子/第 17 册
(明)林胤昌撰 (明)張拱宸等輯
明崇禎十七年刻本
消閒錄十卷 CM 子/第 17 册
(明)成勇輯
清康熙雍正間刻本
顔子繹五卷 CM 子/第 17 册
(明)張星撰
明崇禎刻本
性理會通七十卷續編四十二卷 CM 子/第 17－19 册
(明)鍾人傑撰
明崇禎刻本
西疇日抄二卷 CM 子/第 19 册
(明)顧樞撰
清康熙九年錫山顧氏刻本
潘子求仁錄輯要十卷 CM 子/第 19 册
(明)潘平格撰
清康熙五十六年毛文強等刻本
心書四卷 CM 子/第 19 册
(明)張自勳撰
清嘉慶十六年刻本
疊菴雜述二卷 CM 子/第 19 册
(明)朱朝瑛撰
清康熙十一年周煒等刻本
藤陰劄記不分卷 CM 子/第 19 册
(明)孫承澤撰
清雍正十一年刻本
聖學入門書三卷 CM 子/第 19 册
(清)陳瑚撰
清宣統至民國間吳興劉氏刻留餘草堂叢書本

學言二卷續一卷 CM 子/第 19 冊
(清)白胤謙撰
清康熙刻本
此庵講錄十卷 CM 子/第 20 冊
(清)胡統虞撰
清順治八年刻本
答問二卷 CM 子/第 20 冊
(清)孫奇逢撰
清光緒五年定州王氏謙德堂刻畿輔叢書本
潛室劄記二卷 CM 子/第 20 冊
(清)刁包撰
清光緒五年定州王氏謙德堂刻畿輔叢書本
學案一卷 CM 子/第 20 冊
(清)王甡撰
清乾隆金壇王氏刻積書巖六種本
存性編二卷 CM 子/第 20 冊
(清)顔元撰
清康熙間刻本
存學編四卷 CM 子/第 20 冊
(清)顔元撰
清光緒二十五年閻志廉鈔本
存治編一卷 CM 子/第 20 冊
(清)顔元撰
清康熙刻本
存人編四卷 CM 子/第 20 冊
(清)顔元撰
清康熙刻本
致知格物解二卷 CM 子/第 20 冊
(清)魏裔介撰
清康熙刻本
論性書二卷 CM 子/第 20 冊
(清)魏裔介撰
清初龍江書院刻本
靜怡齋約言錄二卷 CM 子/第 20 冊
(清)魏裔介撰
清刻本
朱子聖學考畧十卷 CM 子/第 20 冊
(清)朱澤澐撰
舊鈔本
廣祀典議一卷 CM 子/第 20 冊
(清)吳肅公撰
清道光間吳江沈氏世楷堂刻昭代叢書本
儒宗理要二十九卷 CM 子/第 21 冊
(清)張能鱗輯
清順治十五年刻本
朱子學歸二十三卷 CM 子/第 21 冊
(清)鄭端輯
清光緒五年定州王氏謙德堂刻畿輔叢書本
溯流史學鈔十九卷附遊梁書院講語一卷 CM 子/第 21 冊
(清)張沐撰
清康熙間侯重喜等刻本
閑道錄三卷 CM 子/第 22 冊
(清)熊賜履撰
清刻本
下學堂劄記三卷 CM 子/第 22 冊
(清)熊賜履撰
清康熙刻本
紫陽大指八卷 CM 子/第 22 冊
(清)秦雲爽撰
清紅格鈔本
性理大中二十八卷 CM 子/第 22 冊
(清)應撝謙撰
清康熙二十五年刻本
憤助編一卷 CM 子/第 22 冊
(清)蔡方炳輯
清康熙刻息關三述本
陸稼書先生問學錄四卷 CM 子/第 22 冊
(清)陸隴其撰
清同治間重刻正誼堂全書本
信陽子卓錄八卷補遺二卷 CM 子/第 23 冊
(清)張鵬翮撰
清康熙刻本
王學質疑一卷附錄一卷 CM 子/第 23 冊
(清)張烈撰
清鈔本
教習堂條約一卷 CM 子/第 23 冊
(清)徐乾學撰
清道光十一年六安晁氏木活字學海類編本
萬世玉衡錄四卷 CM 子/第 23 冊
(清)蔣伊撰
清康熙刻本
儒門法語集一卷 CM 子/第 23 冊
(清)彭定求輯
清鈔本
三子定論五卷 CM 子/第 23 冊
(清)王復禮撰
清康熙間刻本
先儒正修錄三卷先儒齊治錄三卷 CM 子/第 23 冊
(清)于準撰
清康熙刻本
續近思錄十四卷 CM 子/第 23 冊
(清)張伯行集解
清同治重刻正誼堂全書本
學規類編二十七卷 CM 子/第 24 冊
(清)張伯行撰
清同治重刻正誼堂全書本
廣近思錄十四卷 CM 子/第 24 冊
(清)張伯行輯
清同治重刻正誼堂全書本
濂洛關閩書十九卷 CM 子/第 24 冊
(清)張伯行輯注
清同治重刻正誼堂全書本
困學錄集粹八卷 CM 子/第 24 冊
(清)張伯行撰
清同治重刻正誼堂全書本
理學正宗十五卷 CM 子/第 24 冊
(清)竇克勤輯
清康熙刻竇靜庵先生遺書本
大學辨業四卷聖經學規纂二卷論學二卷 CM 子/第 24 冊
(清)李塨撰
清光緒五年定州王氏謙德堂刻畿輔叢書本
小學稽業五卷 CM 子/第 25 冊
(清)李塨撰
清光緒五年定州王氏謙德堂刻畿輔叢書本
性理纂要八卷 CM 子/第 25 冊
(清)冉覲祖撰
清康熙刻本
程功錄四卷 CM 子/第 25 冊
(清)楊名時撰
清乾隆五十九年刻楊氏全書本
嵩厓學凡六卷 CM 子/第 25 冊
(清)景日昣撰
清康熙刻本
續小學六卷首一卷 CM 子/第 25 冊
(清)葉鈖輯註
清刻本
近思續錄十四卷附錄一卷 CM 子/第 25–26 冊
(清)劉源淥撰
清康熙陳舜錫鈔本

讀書日記六卷補編二卷　CM 子/第 26 册
(清)劉源淥撰
清雍正刻本
靜用堂偶編十卷　CM 子/第 27 册
(清)涂天相撰
清康熙刻本
廣字義二卷　CM 子/第 27 册
(清)黄叔璥撰
清乾隆四年黄氏刻本
朱子晚年全論八卷　CM 子/第 27 册
(清)李紱輯
清雍正十三年無怒軒刻本
陸子學譜二十卷　CM 子/第 27 册
(清)李紱撰
清雍正無怒軒刻本
朱子白鹿洞規條目二十卷
CM 子/第 27 册
(清)王澍輯
清乾隆金壇王氏刻積書巖六種本
集程朱格物法一卷集朱子讀書法一卷
CM 子/第 28 册
(清)王澍輯
清乾隆金壇王氏刻積書巖六種本
經書性理類輯精要錄六卷
CM 子/第 28 册
(清)王士陵撰
清初鈔本
知非錄一卷　CM 子/第 28 册
(清)鄧鍾岳撰
清乾隆聊城鄧氏家刻本
餘山先生遺書十卷附錄一卷
CM 子/第 28 册
(清)勞史撰
清乾隆三十年須友堂刻本
筆記二卷附錄一卷　CM 子/第 28 册
(清)程大純撰
清乾隆三年程光鉅刻本
棉陽學準五卷　CM 子/第 28 册
(清)藍鼎元撰
清雍正乾隆刻鹿洲全集本
女學六卷　CM 子/第 28 册
(清)藍鼎元輯
清雍正乾隆刻鹿洲全集本
朱子為學次第考二卷　CM 子/第 28 册
(清)童能靈撰
清同治至民國刻西京清麓叢書本
理學疑問四卷　CM 子/第 28 册
(清)童能靈撰
清光緒二十三年連城童氏木活字冠豸山堂全集本
讀書小記三十一卷　CM 子/第 29 册
(清)范爾梅撰
清雍正七年敬恕堂刻本
淑艾錄一卷　CM 子/第 29 册
(清)張履祥撰 (清)祝洤輯
清道光吳江沈氏世楷堂刻昭代叢書本
下學編十四卷　CM 子/第 29 册
(清)祝洤撰
清乾隆刻本
逸語十卷　CM 子/第 29 册
(清)曹庭棟輯註
清乾隆十二年刻本
困勉齋私記四卷　CM 子/第 29 册
(清)閻循觀撰
清乾隆三十八年樹滋堂刻西澗草堂全集本
明儒講學考一卷　CM 子/第 29 册
(清)程嗣章撰
清道光四年刻本
業儒臆說一卷　CM 子/第 29 册
(清)陶圻撰
清道光十一年六安晁氏木活字學海類編本
愚齋反經錄十六卷　CM 子/第 29 册
(清)謝王寵撰
清刻本
講學二卷　CM 子/第 29 册
(清)李培撰 (清)陳祖銘輯
清鈔本
握機經三卷握機緯十五卷
CM 子/第 30 册
(明)曹胤儒輯
明末刻本
孫子參同五卷　CM 子/第 30 册
(明)閔于忱輯
明萬曆四十八年閔氏松筠館刻朱墨套印本
孫子彙徵八卷　CM 子/第 30 册
(清)鄭端撰
清初鈔本
便宜十六策一卷　CM 子/第 30 册
題(蜀)諸葛亮撰
清刻諸葛武侯全書本
諸葛武侯心書一卷　CM 子/第 30 册
題(蜀)諸葛亮撰
明黄邦彦刻本
李衛公望江南一卷　CM 子/第 30 册
題(唐)李靖撰
明萬曆十年保定府刻本
將鑑論斷十卷　CM 子/第 30 册
(宋)戴少望撰
明鈔本
江東十鑑一卷　CM 子/第 30 册
(宋)李舜臣撰
清彭氏知聖道齋鈔本
美芹十論一卷　CM 子/第 30 册
(宋)辛棄疾撰
清光緒羅振玉家鈔本
張氏集註百將傳一百卷　CM 子/第 30 册
(宋)張預撰
宋刻本
八陣合變圖說一卷　CM 子/第 30 册
(明)龍正撰
明黄邦彦刻諸葛武侯心書附
北虜事跡一卷　CM 子/第 31 册
(明)王瓊撰
明嘉靖吳郡袁氏嘉趣堂刻金聲玉振集本
西番事蹟一卷　CM 子/第 31 册
(明)王瓊撰
明嘉靖吳郡袁氏嘉趣堂刻金聲玉振集本
海寇議二卷　CM 子/第 31 册
(明)萬表撰
明嘉靖吳郡袁氏嘉趣堂刻金聲玉振集本
塞語不分卷　CM 子/第 31 册
(明)尹畊撰
明嘉靖刻本
備倭記二卷　CM 子/第 31 册
(明)卜大同撰
清道光十一年六安晁氏木活字學海類編本
全浙兵制三卷附日本風土記五卷
CM 子/第 31 册
(明)侯繼高撰
舊鈔本
將將紀二十四卷　CM 子/第 31 册
(明)李材撰
明萬曆徐即登等刻本

運籌綱目十卷決勝綱目十卷 CM 子/第 31 冊
(明)葉夢熊撰
明余泗泉萃慶堂刻本
倭情考略一卷 CM 子/第 31 冊
(明)郭光復撰
舊鈔本
古今將略四卷 CM 子/第 32 冊
(明)馮時寧輯
明遺經堂刻本
嶺西水陸兵紀二卷附拙政編一卷 CM 子/第 32 冊
(明)盛萬年撰
清雍正寶綸堂刻本
左氏兵略三十二卷 CM 子/第 32－33 冊
(明)陳禹謨撰
明萬曆吴用先等刻本
重訂批點類輯練兵諸書十八卷傳略一卷 CM 子/第 33 冊
(明)董承詔輯
明天啓二年董承詔刻本
兵機類纂三十二卷 CM 子/第 33 冊
(明)張龍翼輯
明崇禎十六年刻本
新鐫繡像旁批詳注總斷廣百將傳二十卷 CM 子/第 33－34 冊
(明)黄道周註斷 (明)周亮輔增補
明崇禎十六年本立堂刻本
左略一卷 CM 子/第 34 冊
(明)曾益輯
明天啓元年刻本
金湯借箸十三卷 CM 子/第 34 冊
(明)周鑑輯著 (明)李長科校訂
吴壽格鈔本
左氏兵法測要二十卷首二卷 CM 子/第 34 冊
(明)宋徵璧撰
明末劍閒齋刻本
兵鏡三種十六卷 CM 子/第 35 冊
(清)鄧廷羅撰
清康熙刻本
武備志畧五卷 CM 子/第 35 冊
(清)傅禹輯
清康熙十五年刻本
練閲火器陣記一卷 CM 子/第 35 冊
(清)薛熙撰
清道光吴江沈氏世楷堂刻昭代叢書本

管子榷二十四卷 CM 子/第 36 冊
(明)朱長春撰
明萬曆四十年張維樞刻本
詮敘管子成書十五卷首一卷 CM 子/第 36 冊
(唐)房玄齡註 (明)梅士享詮敘
明天啓五年刻本
韓子迂評二十卷附錄一卷 CM 子/第 36 冊
題(明)門無子撰
明萬曆六年自刻十一年重修本
刑統賦一卷 CM 子/第 37 冊
(宋)傅霖撰 (元)郤□韻釋
元刻本
宋提刑洗寃集錄五卷 CM 子/第 37 冊
(宋)宋慈撰
元刻本
無寃錄一卷 CM 子/第 37 冊
(元)王與撰
明金陵書坊王慎吾刻本
名公書判清明集十四卷 CM 子/第 37 冊
(明)張四維輯
明隆慶三年盛時選刻藍印本
祥刑要覽三卷 CM 子/第 37 冊
(明)吴訥輯 (明)張謙增輯
明嘉靖刻本
王恭毅公駁稿二卷 CM 子/第 37 冊
(明)王槩撰 (明)高銓輯
明弘治五年高銓刻本
法家哀集一卷 CM 子/第 37 冊
(明)陳永輯
明嘉靖三十年唐堯臣刻本
折獄卮言一卷 CM 子/第 37 冊
(清)陳士鑛撰
清道光十一年六安晁氏木活字學海類編本
讀律佩觿八卷 CM 子/第 37 冊
(清)王明德撰
清康熙十五年王氏冷然閣重刻本
續刑法敘略一卷 CM 子/第 37 冊
(清)譚瑄撰
清道光十一年六安晁氏木活字學海類編本
疑獄箋四卷 CM 子/第 37 冊
(清)陳芳生撰
清康熙三十年刻本
于潛令樓公進耕織二圖詩一卷附錄一卷 CM 子/第 38 冊
(宋)樓璹撰
清乾隆道光長塘鮑氏刻知不足齋叢書本
野菜譜一卷 CM 子/第 38 冊
(明)王盤撰
明刻本
農說一卷 CM 子/第 38 冊
(明)馬一龍撰
明萬曆繡水沈氏刻寶顔堂祕笈本
梭山農譜三卷 CM 子/第 38 冊
(清)劉應棠撰
清同治新建吴氏皖城刻半畝園叢書本
豳風廣義三卷 CM 子/第 38 冊
(清)楊屾撰
清乾隆刻本
新增素問運氣圖括定局立成一卷 CM 子/第 38 冊
(明)熊宗立撰
明初刻本
素問鈔補正十二卷附滑氏診家樞要一卷 CM 子/第 38 冊
(明)丁瓚輯
明嘉靖八年刻本
讀素問鈔九卷補遺一卷 CM 子/第 38 冊
(元)滑壽輯 (明)汪機續註
明嘉靖刻本
黄帝内經素問註證發微九卷補遺一卷黄帝内經靈樞註證發微九卷 CM 子/第 38－39 冊
(明)馬蒔撰
明萬曆十四年王元敬刻本
素問懸解十三卷附校餘偶識一卷 CM 子/第 39 冊
(清)黄元御撰
清同治光緒刻黄氏遺書三種本
靈樞懸解九卷 CM 子/第 39 冊
(清)黄元御撰
清同治光緒刻黄氏遺書三種本
圖註八十一難經八卷 CM 子/第 39 冊
(清)張世賢撰
明刻本
難經經釋二卷 CM 子/第 39 冊
(清)徐大椿撰
清雍正五年刻本
難經懸解二卷 CM 子/第 39 冊
(清)黄元御撰

清同治光緒間刻黄氏遺書三種本
傷寒懸解十四卷首一卷末一卷 CM 子/第 40 冊
(清)黄元御撰
清同治七年成都刻黄氏醫書八種本
傷寒説意十卷首一卷 CM 子/第 40 冊
(清)黄元御撰
清同治七年成都刻黄氏醫書八種本
金匱懸解二十二卷 CM 子/第 40 冊
(清)黄元御撰
清同治七年成都刻黄氏醫書八種本
長沙藥解四卷 CM 子/第 40 冊
(清)黄元御撰
清同治七年成都刻黄氏醫書八種本
圖註脉訣辨真四卷脉訣附方一卷 CM 子/第 40 冊
(晉)王叔和撰 (明)張世賢註竝輯附方
明刻本
重校宋竇太師瘡瘍經驗全書十二卷 CM 子/第 40 冊
(宋)竇漢卿撰
明隆慶三年三衢大酉堂刻本
大本瓊瑤發明神書三卷 CM 子/第 41 冊
(宋)劉真人撰
明刻本
珍珠囊指掌補遺藥性賦四卷 CM 子/第 41 冊
(金)李杲撰
清光緒二十三年李光明莊刻本
張子和心鏡别集一卷 CM 子/第 41 冊
(元)常德輯
明萬曆二十九年新安吴勉學刻古今醫統正脉全書本
河間傷寒心要一卷 CM 子/第 41 冊
(金)鎦洪輯
明萬曆二十九年新安吴勉學刻古今醫統正脉全書本
如宜方二卷 CM 子/第 41 冊
(元)艾元英撰
明初刻本
泰定養生主論十六卷 CM 子/第 41 冊
(元)王珪撰
明正德六年冒鸞刻本
南北經驗醫方大成不分卷 CM 子/第 41 冊
(元)孫允賢撰
日本寛永三年刻本
劉河間傷寒醫鑒一卷 CM 子/第 41 冊
(元)馬宗素撰
明萬曆二十九年新安吴勉學刻古今醫統正脉全書本
雜病治例一卷 CM 子/第 41 冊
(明)劉純撰
明成化十五年蕭謙刻本
傷寒治例一卷 CM 子/第 41 冊
(明)劉純撰
明刻本
醫方選要十卷 CM 子/第 41 冊
(明)周文采輯
明刻本
袖珍小兒方六卷 CM 子/第 41 冊
(明)徐用宣撰
明刻本
安老懷幼書四卷 CM 子/第 42 冊
(明)劉宇輯
明弘治十一年自刻本
神應經一卷 CM 子/第 42 冊
(明)陳會撰
日本昭和四十九年東京都盛文堂據日本正保二年版翻刻本
醫史十卷 CM 子/第 42 冊
(明)李濂輯
明刻本
藥鏡四卷 CM 子/第 42 冊
(明)蔣儀撰
明崇禎十四年蔣儀刻本
新編醫學正傳八卷 CM 子/第 42 冊
(明)虞摶撰
明萬曆六年刻本
萬氏家抄濟世良方六卷 CM 子/第 43 冊
(明)萬表輯 (明)萬邦孚增補
明萬曆三十七年刻本
攝生眾妙方十一卷 CM 子/第 43 冊
(明)張時徹輯
明隆慶三年馬崇儒刻本
急救良方二卷 CM 子/第 43 冊
(明)張時徹輯
明嘉靖二十九年自刻本
加減靈秘十八方一卷 CM 子/第 43 冊
(明)胡嗣廉輯
清光緒十七年刻六醴齋醫書本
心印紺珠經二卷 CM 子/第 43 冊
(明)李湯卿撰
明嘉靖二十一年邢址刻本
運氣易覽三卷 CM 子/第 43 冊
(明)汪機輯
明嘉靖十二年刻本
痘治理辨一卷痘圖一卷附方一卷 CM 子/第 43 冊
(明)汪機輯
明嘉靖十年刻補修本
養生類要前後集二卷 CM 子/第 43 冊
(明)吳正倫輯
明萬曆十六年新安吳氏木石山房重刻本
丹溪心法附餘二十四卷首一卷 CM 子/第 44 冊
(明)方廣撰
明萬曆二十八年刻本
上池雜説一卷 CM 子/第 44 冊
(明)馮時可撰
清道光十一年六安晁氏木活字學海類編本
針灸大成十卷 CM 子/第 45 冊
(明)楊繼洲輯
明萬曆二十九年趙文炳刻本
醫學六要十九卷 CM 子/第 45 – 46 冊
(明)張三錫撰
明萬曆刻崇禎十七年張維藩等補修白下青照堂印本
刪補頤生微論四卷 CM 子/第 46 冊
(明)李中梓撰
明崇禎十五年刻本
鐫補雷公炮製藥性解六卷 CM 子/第 46 冊
(明)李中梓輯
明天啓二年刻本
新刊魯府祕方四卷 CM 子/第 46 冊
(明)劉應泰輯
明鈔本
普門醫品四十八卷 CM 子/第 47 冊
(明)王化貞輯
明崇禎元年刻本
醫品補遺四卷 CM 子/第 47 冊
(清)郎廷模輯
清康熙三十三年郎氏娛暉堂刻本
醫案五卷附諸家贈詩文一卷 CM 子/第 48 冊
(明)孫一奎輯
明萬曆間孫泰來等刻本

折肱漫錄六卷 CM 子/第 48 冊
(明)黄承昊撰
明崇禎刻本
鍼灸聚英四卷 CM 子/第 48 冊
(明)高武撰
明嘉靖十六年陶師文刻本
鍼灸節要三卷 CM 子/第 48 冊
(明)高武撰
明嘉靖十六年陶師文刻本
簡明醫彀八卷 CM 子/第 48 冊
(明)孫志宏撰
明崇禎三年刻本
證治大還六種四十三卷 CM 子/第 49 冊
(清)陳治輯
清康熙間貞白堂刻本
馬師津梁三卷 CM 子/第 50 冊
(清)馬元儀撰
清鈔本
張氏醫通十六卷 CM 子/第 50 冊
(清)張璐撰
日本文化元年思得堂刻本
傷寒纘論二卷緒論二卷 CM 子/第 51 冊
(清)張璐撰
日本文化元年思得堂刻本
本經逢原四卷 CM 子/第 51 冊
(清)張璐撰
清光緒宣統間渭南嚴氏刻民國十三年校補醫學初階本
石頑老人診宗三昧一卷 CM 子/第 51 冊
(清)張璐撰
日本文化元年思得堂刻本
石室祕錄六卷 CM 子/第 51 冊
(清)陳士鐸撰
清雍正八年馬弘儒萱永堂刻本
李氏醫鑑十卷續補二卷 CM 子/第 52 冊
(清)李文來輯
清康熙三十五年李氏貽安堂家刻本
濟陰綱目十四卷 CM 子/第 52 冊
(明)武之望輯 (清)汪淇箋釋
清雍正天德堂刻本
保生碎事一卷 CM 子/第 52 冊
(清)汪淇輯
清雍正天德堂刻濟陰綱目附
成方切用二十六卷 CM 子/第 52 冊
(清)吳儀洛輯
道光二十七年瓶花書屋刻本
傷寒分經十卷 CM 子/第 53 冊
(漢)張機撰 (清)喻昌增注 (清)吳儀洛訂
清乾隆三十一年吳氏利濟堂刻吳氏醫學述本
醫貫砭二卷 CM 子/第 53 冊
(清)徐大椿撰
清刻本
臨證指南醫案十卷 CM 子/第 53 冊
(清)葉桂撰
清乾隆三十三年刻本
傷寒論條辨續註十二卷 CM 子/第 54 冊
(明)方有執條辨 (清)鄭重光註
清康熙間秩斯堂刻本
醫津一筏一卷 CM 子/第 54 冊
(清)江之蘭撰
清道光吳江沈氏楷堂刻昭代叢書本
四聖心源十卷 CM 子/第 54 冊
(清)黄元御撰
清同治七年成都刻黄氏醫書八種本
四聖懸樞五卷 CM 子/第 54 冊
(清)黄元御撰
清同治七年成都刻黄氏醫書八種本
素靈微蘊四卷 CM 子/第 54 冊
(清)黄元御撰
清同治七年成都刻黄氏醫書八種本
玉楸藥解八卷 CM 子/第 54 冊
(清)黄元御撰
清同治七年成都刻黄氏醫書八種本
司牧安驥集八卷 CM 子/第 54 冊
不著撰者
明萬曆二十一年張世則刻本
新刊纂圖元亨療馬集六卷圖像水黄牛經合併大全二卷附駝經一卷 CM 子/第 54 冊
(明)喻本元 (明)喻本亨撰
清乾隆元年刻本
唐步天歌一卷 CM 子/第 55 冊
(唐)王希明撰
清鈔本
星象考一卷 CM 子/第 55 冊
(宋)鄒淮撰
清道光十一年六安晁氏木活字學海類編本
天文精義賦一卷 CM 子/第 55 冊
不著撰者
明鈔本
天心復要不分卷 CM 子/第 55 冊
(明)鮑泰撰
明鈔本
象緯彙編二卷 CM 子/第 55 冊
(明)韓萬鍾撰
明鈔本
戊申立春考證一卷 CM 子/第 55 冊
(明)邢雲路撰
明萬曆刻本
折衷曆法十三卷 CM 子/第 55 冊
(明)朱仲福撰
清同治八年傅宗善鈔本
蓋載圖憲二卷 CM 子/第 55 冊
(明)許胥臣撰
舊鈔本
天經或問後集不分卷 CM 子/第 55 冊
(清)游藝撰
清書林熊氏大集堂刻本
璇璣遺述七卷 CM 子/第 55 冊
(清)揭暄撰
清乾隆三十年會友堂刻本
新編直指算法統宗十七卷首一卷 CM 子/第 55 冊
(明)程大位撰
明刻本
句股述二卷 CM 子/第 55 冊
(清)陳訏撰
清鈔本
麻衣道者正易心法一卷 CM 子/第 56 冊
(宋)麻衣道者撰
明嘉靖間范欽刻本
翼玄十二卷 CM 子/第 56 冊
(宋)張行成撰
清乾隆綿州李氏萬卷樓刻嘉慶十四年李鼎元重校印函海本
太玄別訓四卷首一卷 CM 子/第 56 冊
(清)劉斯組撰
清乾隆三十四年刻本
皇極經世書説十八卷 CM 子/第 56－57 冊
(元)朱隱老撰
明刻遞修本
皇極經世書傳八卷 CM 子/第 57 冊
(宋)邵雍撰 (明)黄畿傳
明嘉靖三十三年黄佐刻本
皇極經世心易發微八卷首一卷末一卷 CM 子/第 57 冊
(明)楊體仁撰

民國間雲南叢書處刻雲南叢書本
皇極經世考三卷　CM 子/第 57 冊
(清)徐文靖輯
清知白齋刻本
洪範九疇數解八卷首一卷　CM 子/第 57 冊
(明)熊宗立撰
舊鈔本
洪範圖解二卷　CM 子/第 57 冊
(明)韓邦奇撰
明正德十六年王道序刻本
洪範註補五卷　CM 子/第 57 冊
(清)潘士權撰
清乾隆十年刻同治十三年補刻潘龍菴全書本
新編性理三書圖解九卷　CM 子/第 58 冊
(明)韓萬鍾輯
明嘉靖四十一年張敏德刻本
範衍十卷　CM 子/第 58 冊
(明)錢一本撰
明萬曆間刻本
太微經九卷　CM 子/第 58 冊
(明)文翔鳳撰
明萬曆間刻本
說疇一卷　CM 子/第 59 冊
(明)喬中和撰
清光緒五年刻西郭草堂合刊本
礦庵槧一卷　CM 子/第 59 冊
(明)陳藎謨撰
明崇禎刻本
濬元六卷　CM 子/第 59 冊
(清)張必剛撰
清乾隆間刻本
洪範圖說四卷附繇辭一卷　CM 子/第 59 冊
(清)舒俊鯤撰
清乾隆三十七年樂道堂刻本
玉曆通政經三卷　CM 子/第 59 冊
(唐)李淳風撰
明藍格鈔本
觀象玩占五十卷　CM 子/第 59 冊
(唐)李淳風撰
明鈔本
素問六氣玄珠密語十七卷　CM 子/第 60 冊
(唐)王冰撰
明鈔本
天文鬼料竅不分卷　CM 子/第 60 冊
不著撰者
明鈔本
戎事類占二十一卷　CM 子/第 60 冊
(元)李克家撰
明萬曆二十五年厭原山館刻本
天文秘略不分卷　CM 子/第 60 冊
(明)胡獻忠輯
清初鈔本
大明清類天文分野之書二十四卷　CM 子/第 60 冊
(明)劉基撰
明初刻本
白猿風雨圖一卷　CM 子/第 60 冊
(明)劉基撰
彩繪鈔本
參籌秘書十卷　CM 子/第 61 冊
(明)汪三益輯註
明崇禎十二年楊廷樞刻本
管窺輯要八十卷　CM 子/第 61－62 冊
(清)黃鼎輯
清順治九年黃氏家刻本
內傳天皇鰲極鎮世神書三卷　CM 子/第 63 冊
(題)太乙真人正傳
清鈔本
地理大全一集三十卷二集二十五卷　CM 子/第 63－64 冊
(明)李國木輯
明崇禎三多齋刻本
重鐫羅經頂門針簡易圖解一卷新鐫徐氏家藏羅經頂門針二卷附鄙言一卷　CM 子/第 64 冊
(明)徐之鏌撰
明天啓金陵書林唐鯉耀刻本
新編秘傳堪輿類纂人天共寶十二卷　CM 子/第 64 冊
(明)黃慎輯
清乾隆三十七年姚氏刻本
山法全書十九卷首二卷　CM 子/第 65 冊
(清)葉泰輯
清康熙刻本
六壬軍帳賦一卷　CM 子/第 65 冊
(宋)劉啟明撰
清鈔本
河洛真數十卷　CM 子/第 65 冊
(宋)陳摶 (宋)邵雍撰
明萬曆二十年李學詩校刻本
周易尚占三卷附一卷　CM 子/第 65 冊
(元)李之純撰
明刻本
玉靈聚義總錄五卷　CM 子/第 66 冊
(元)陸森撰
元天曆二年平江路儒學刻本
大六壬五變中黃經正文一卷釋義四卷　CM 子/第 66 冊
不著撰者
明鈔本
六壬行軍指南不分卷　CM 子/第 66 冊
不著撰者
明刻本
易占經緯四卷附錄一卷　CM 子/第 66 冊
(明)韓邦奇輯
明嘉靖二十七年金城刻本
籤易一卷　CM 子/第 66 冊
(明)盧翰撰
明萬曆刻本
大易通變六卷　CM 子/第 66 冊
(明)喬中和撰
清光緒五年刻西郭草堂合刊本
易冒十卷　CM 子/第 67 冊
(清)程良玉撰
清康熙三年蟾溪草堂刻本
古今識鑒八卷人象賦一卷　CM 子/第 67 冊
(明)袁忠徹輯撰
明嘉靖六年袁大純刻本
增補星平會海命學全書十卷首一卷　CM 子/第 67 冊
不著撰者
清道光八年天祿齋刻本
黃帝授三子玄女經一卷　CM 子/第 67 冊
不著撰者
涵芬樓影印明萬曆間刻夷門廣牘本
洪範政鑒十二卷　CM 子/第 67 冊
(宋)仁宗趙禎撰
宋淳熙十三年內府寫本
寶顏堂訂正丙丁龜鑑五卷續二卷　CM 子/第 67 冊
(宋)柴望撰 佚名續撰
清彭氏知聖道齋鈔本
太乙統宗寶鑒二十卷　CM 子/第 67 冊
(元)曉山老人撰(題)
明藍格鈔本

佐元直指圖解九卷首一卷
CM 子/第 68 冊
(明)劉基撰
清刻陰陽五要奇書本
臞仙肘後經二卷 CM 子/第 68 冊
(明)朱權撰
明刻本
類編曆法通書大全三十卷
CM 子/第 68 冊
(元)宋魯珍 (元)何士泰撰 (明)熊宗立輯
明刻本
五行類事占徵驗九卷 CM 子/第 68 冊
(明)李淑通撰
清鈔本
重訂選擇集要七卷 CM 子/第 69 冊
(明)黄一鳳輯
明鈔本
五行類應九卷 CM 子/第 69 冊
(明)錢春參訂
明萬曆四十二年侯加地刻本
大統皇曆經世三卷 CM 子/第 69 冊
(明)胡獻忠輯
明菉竹堂刻本
陳子性藏書十二卷首一卷
CM 子/第 69 冊
(清)陳應選撰
清乾隆四十七年振賢堂刻本
夢占類考十二卷 CM 子/第 70 冊
(明)張鳳翼輯
明萬曆十三年王祖嫡刻本
夢林玄解三十四卷首一卷
CM 子/第 70 冊
(明)何棟如輯
明崇禎刻本
金壺記三卷 CM 子/第 71 冊
(宋)釋適之撰
清康熙絳雲樓影宋鈔本
畫繼補遺二卷 CM 子/第 71 冊
(元)莊肅撰
清乾隆五十四年黄氏醉經樓刻本
法書通釋二卷 CM 子/第 71 冊
(明)張紳撰
涵芬樓影印明萬曆刻夷門廣牘本
書學會編四卷 CM 子/第 71 冊
(明)黄瑜輯
明刻本
王氏畫苑十卷畫苑補益四卷
CM 子/第 71 冊
(明)王世貞輯 詹景鳳補輯
明萬曆十八年王元貞刻本
王氏書苑十卷書苑補益十二卷
CM 子/第 71 冊
(明)王世貞輯 詹景鳳補輯
明萬曆十九年王元貞刻本
中麓畫品一卷 CM 子/第 71 冊
(明)李開先撰
明紅格鈔本
筆玄要旨一卷 CM 子/第 71 冊
(明)徐渭撰
明萬曆三十二年淵雅堂刻本
國朝吳郡丹青志一卷 CM 子/第 71 冊
(明)王穉登撰
明萬曆間刻王百穀全集本
繪林題識一卷 CM 子/第 72 冊
(明)汪顯節輯
涵芬樓影印明萬曆間刻夷門廣牘本
畫禪一卷 CM 子/第 72 冊
(明)釋蓮儒撰
明萬曆間繡水沈氏刻寶顏堂祕笈本
文湖州竹派一卷 CM 子/第 72 冊
(明)釋蓮儒撰
明萬曆間繡水沈氏刻寶顏堂祕笈本
竹懶畫媵一卷續畫媵一卷
CM 子/第 72 冊
(明)李日華撰
明刻本
墨君題語二卷 CM 子/第 72 冊
(明)李肇亨撰 (明)李日華撰 項聖謨 江元祚輯
明刻清乾隆三十三年曹秉鈞修補李竹嬾來先生說部全書本
畫說一卷 CM 子/第 72 冊
(明)莫是龍撰
明萬曆間繡水沈氏刻寶顏堂祕笈本
筆道通會二卷 CM 子/第 72 冊
(明)朱象衡 項道民 許光祚等撰
明刻本
寶繪錄二十卷 CM 子/第 72 冊
(明)張泰階輯
明崇禎六年刻本
書畫史一卷 CM 子/第 72 冊
(明)陳繼儒撰
明萬曆繡水沈氏刻寶顏堂祕笈本
唐詩畫譜八種八卷 CM 子/第 72 冊
(明)黄鳳池輯
日本寬文十二年覆刻明刻本
畫志一卷附評畫行一卷 CM 子/第 72 冊
(明)沈與文撰 (宋)葉夢得撰附
明鈔本
草書集韻□卷 CM 子/第 72 冊
不著撰者
明刻本
研山齋珍賞歷代名賢墨蹟集覽一卷研山齋珍賞歷代名賢法書集覽三卷
CM 子/第 72 冊
(清)孫承澤撰
清鈔本
無聲詩史七卷 CM 子/第 72 冊
(清)姜紹書撰
清康熙五十九年李光暎觀妙齋刻本
書學彙編十卷 CM 子/第 72 冊
(清)萬斯同輯
清鈔本
草韻彙編二十六卷 CM 子/第 73 冊
(清)陶南望輯 (清)侯昌言等補輯
清乾隆十九年南邨草堂刻本
畫訣一卷 CM 子/第 73 冊
(清)孔衍栻撰
清康熙刻昭代叢書本
研山齋珍賞歷代名賢圖繪集覽二卷
CM 子/第 73 冊
(清)孫承澤撰
清鈔本
漢溪書法通解八卷 CM 子/第 73 冊
(清)戈守智撰
清乾隆霽雲閣刻本
國朝畫徵錄三卷附錄一卷續錄二卷
CM 子/第 73 冊
(清)張庚撰
清乾隆四年刻本
讀畫錄一卷 CM 子/第 73 冊
(清)王槩撰
清道光吳江沈氏世楷堂刻昭代叢書本
重修正文對音捷要真傳琴譜大全十卷
CM 子/第 73 冊
(明)楊表正撰
明萬曆十三年唐富春刻積秀堂印本
新刻文會堂琴譜六卷 CM 子/第 74 冊
(明)胡文煥撰
明萬曆二十五年胡氏文會堂刻本

新傳理性元雅四卷指法一卷 CM 子/第 74 冊
(明)張廷玉輯
明萬曆刻本
青蓮舫琴雅四卷 CM 子/第 74 冊
(明)林有麟輯
明萬曆刻本
伯牙心法一卷 CM 子/第 74 冊
(明)楊掄輯
明萬曆李嘉遇刻琴譜合壁二種本
太古遺音不分卷 CM 子/第 74 冊
(明)楊掄輯
明萬曆李嘉遇刻琴譜合壁二種本
操縵錄十卷 CM 子/第 74 冊
(清)胡世安撰
清順治間刻秀巖集本
谿山琴況一卷 CM 子/第 75 冊
(清)徐谼撰
清康熙十二年蔡毓榮刻本
琴學心聲諧譜一卷附聽琴詩一卷 CM 子/第 75 冊
(清)莊臻鳳撰
清康熙刻本
誠一堂琴談二卷 CM 子/第 75 冊
(清)程允基撰
清康熙四十四年程氏誠一堂刻本
琴學內篇一卷外篇一卷 CM 子/第 75 冊
(清)曹庭棟撰
清乾隆刻本
宣和集古印史八卷 CM 子/第 75 冊
(明)來行學撰
明萬曆二十四年來氏寶印齋鈐印本
古今印史一卷附録一卷 CM 子/第 75 冊
(明)徐官撰
明嘉靖隆慶間刻本
集古印譜六卷 CM 子/第 75 冊
(明)王常輯
明萬曆三年顧氏芸閣刻本
印史五卷 CM 子/第 75 冊
(明)何通撰
明末鈐印本
印存初集四卷 CM 子/第 75 冊
(明)胡正言撰
清順治四年胡氏十竹齋刻鈐印本
印存玄覽四卷 CM 子/第 75 冊
(明)胡正言篆刻並輯
清順治十七年胡氏蒂古堂刻本

適情錄二十卷 CM 子/第 76 冊
(明)林應龍撰
明嘉靖四十年澄心堂刻本
奕史一卷 CM 子/第 76 冊
(明)王穉登撰
清道光十一年六安晁氏木活字學海類編本
奕律一卷 CM 子/第 76 冊
(明)王思任撰
明清暉閣刻王季重九種集本
秋仙遺譜前集八卷後集四卷棋經一卷 CM 子/第 76 冊
(明)褚克明撰
明嘉靖三十六年徐慰懷刻本
射書四卷首一卷 CM 子/第 76 冊
(明)顧煜輯
明崇禎十年刻本
射義新書二卷雜記一卷 CM 子/第 76 冊
(明)程道生撰
明崇禎刻本
壺譜一卷 CM 子/第 76 冊
(明)王彙征撰
明嘉靖四十一年刻本
壺史五卷 CM 子/第 76 冊
(明)郭元鴻輯
明鈔本
五木經一卷 CM 子/第 76 冊
(唐)李翺撰 (唐)元革注
涵芬樓影印明萬曆刻夷門廣牘本
銅劍讃一卷 CM 子/第 77 冊
(梁)江淹撰
明萬曆間刻祕冊彙函本
蟫衣生劍記一卷 CM 子/第 77 冊
(明)郭子章撰
明萬曆繡水沈氏刻寶顔堂祕笈本
劍筴二十七卷 CM 子/第 77 冊
(明)錢希言撰
明陳訏謨翠幄草堂刻本
考古圖十卷 CM 子/第 77 冊
(宋)呂大臨撰
明初刻本
紹興內府古器評二卷 CM 子/第 77 冊
(宋)張掄撰
明鈔本
焦山古鼎考一卷 CM 子/第 77 冊
(清)王士祿撰
清康熙刻昭代叢書本

古器具名二卷附古器總說一卷 CM 子/第 78 冊
(明)胡文煥輯
明萬曆自刻本
宋淳熙敕編古玉圖譜一百卷 CM 子/第 78 冊
(宋)龍大淵撰
清乾隆四十四年康山草堂刻本
泉志十五卷 CM 子/第 78 冊
(宋)洪遵撰
明萬曆刻祕冊彙函本
百寶總珍集十卷 CM 子/第 78 冊
不著撰者
清鈔本
程氏墨苑十四卷 CM 子/第 79 冊
(明)程大約撰
明萬曆程氏滋蘭堂刻本
方氏墨譜六卷 CM 子/第 79 冊
(明)方于魯撰
明萬曆方氏美蔭堂刻本
雪堂墨品一卷 CM 子/第 79 冊
(清)張仁熙撰
清康熙三十四年新安張氏霞舉堂刻檀几叢書本
漫堂墨品一卷 CM 子/第 79 冊
(清)宋犖撰
清康熙三十四年新安張氏霞舉堂刻檀几叢書本
曹氏墨林二卷 CM 子/第 79 冊
(清)曹聖臣輯
清康熙二十七年自刻本
冠譜一卷 CM 子/第 79 冊
(明)顧孟容撰
清鈔本
汝水巾譜一卷 CM 子/第 79 冊
(明)朱術垧撰
明崇禎六年自刻本
香國二卷 CM 子/第 79 冊
(明)毛晉輯
明崇禎二年虞山毛氏汲古閣刻群芳清玩本
素園石譜四卷 CM 子/第 79 冊
(明)林有麟輯
明萬曆四十一年刻本
怪石贊一卷 CM 子/第 79 冊
(清)宋犖撰
清康熙三十四年新安張氏霞舉堂刻

檀几叢書本
後觀石錄一卷 CM 子/第 79 冊
(清)毛奇齡撰
清康熙刻西河合集本
漢甘泉宫瓦記一卷 CM 子/第 79 冊
(清)林佶撰
清康熙刻昭代叢書本
茶寮記一卷 CM 子/第 79 冊
(明)陸樹聲撰
明萬曆四十一年刻茶書二十種本
茶董二卷 CM 子/第 79 冊
(明)夏樹芳輯
明刻本
茗笈二卷 CM 子/第 79 冊
(明)屠本畯撰
明萬曆四十一年刻茶書二十種本
茗史二卷 CM 子/第 79 冊
(明)萬邦寧撰
清鈔本
茶疏一卷 CM 子/第 79 冊
(明)許次紓撰
明萬曆四十一年刻茶書二十種本
茶史二卷補一卷 CM 子/第 79 冊
(清)劉源長撰 (清)余懷補
清雍正六年墨韻堂刻本
水品二卷 CM 子/第 79 冊
(明)徐獻忠撰
明萬曆四十一年刻茶書二十種本
煮泉小品一卷 CM 子/第 80 冊
(明)田藝蘅撰
明萬曆四十一年刻茶書二十種本
酒譜一卷 CM 子/第 80 冊
(明)徐炬撰
明萬曆新安汪氏刻山居雜志本
酒史六卷 CM 子/第 80 冊
(明)馮時化輯
明隆慶四年獨醒居士刻本
觴政一卷 CM 子/第 80 冊
(明)袁宏道撰
明萬曆三十八年刻本
酒概四卷 CM 子/第 80 冊
(明)沈沈撰
明刻本
飲膳正要三卷 CM 子/第 80 冊
(元)忽思慧撰
明景泰七年内府刻本
易牙遺意二卷 CM 子/第 80 冊
(元)韓奕撰
涵芬樓影印明萬曆刻夷門廣牘本
飲食須知八卷 CM 子/第 80 冊
(元)賈銘撰
涵芬樓影印清道光十一年六安晁氏木活字學海類編本
饌史一卷 CM 子/第 80 冊
不著撰者
清道光十一年六安晁氏木活字學海類編本
揚州瓊華集三卷 CM 子/第 80 冊
(明)楊端輯
明成化二十三年刻本
亳州牡丹志一卷 CM 子/第 80 冊
不著撰者
明萬曆新安汪氏刻山居雜志本
亳州牡丹史四卷 CM 子/第 80 冊
(明)薛鳳翔撰
明萬曆刻本
香雪林集二十六卷 CM 子/第 80－81 冊
(明)王思義輯
明萬曆三十三年自刻本
蘭易二卷蘭史一卷 CM 子/第 81 冊
(明)馮京輯
清蔣氏別下齋鈔本
藝菊志八卷 CM 子/第 81 冊
(清)陸廷燦撰
清康熙五十七年棣華書屋刻本
茶花譜一卷總說一卷茶花別名詠一卷擬詠鍾欽茶花詩歌一卷茶花詠一卷 CM 子/第 81 冊
樸靜子撰(題)
清康熙五十八年刻本
瓶花譜一卷 CM 子/第 81 冊
(明)張謙德撰
明萬曆繡水沈氏刻寶顏堂祕笈本
閩中荔支通譜十六卷 CM 子/第 81 冊
(明)鄧慶寀輯
明崇禎刻本
竹譜一卷 CM 子/第 81 冊
(清)陳鼎撰
清道光吳江沈氏世楷堂刻昭代叢書本
篴卉一卷 CM 子/第 81 冊
(清)吳菘撰
清道光吳江沈氏世楷堂刻昭代叢書本
苔譜六卷 CM 子/第 81 冊
(清)汪憲撰
稿本
學圃雜疏一卷 CM 子/第 81 冊
(明)王世懋撰
明萬曆繡水沈氏刻寶顏堂祕笈本
汝南圃史十二卷 CM 子/第 81 冊
(明)周文華撰
明萬曆四十八年書帶齋刻本
花史左編二十七卷 CM 子/第 82 冊
(明)王路撰
明萬曆四十六年綠綺軒刻本
花裹活三卷補遺一卷 CM 子/第 82 冊
(明)陳詩教撰
涵芬樓影印清道光十一年六安晁氏木活字學海類編本
倦圃蒔植記三卷總論二卷 CM 子/第 82 冊
(清)曹溶撰
清鈔本
北墅抱瓮錄一卷附北墅詩紀一卷 CM 子/第 82 冊
(清)高士奇撰
清康熙刻本
名花譜不分卷 CM 子/第 82 冊
不著撰者
清刻本
蠙衣生馬記一卷 CM 子/第 82 冊
(明)郭子章撰
明萬曆繡水沈氏刻寶顏堂祕笈本
虎薈六卷 CM 子/第 82 冊
(明)陳繼儒撰
明萬曆繡水沈氏刻寶顏堂祕笈本
畫眉筆談一卷 CM 子/第 82 冊
(清)陳均撰
清道光吳江沈氏世楷堂刻昭代叢書本
晴川蟹錄四卷後錄四卷續錄一卷 CM 子/第 82 冊
(清)孫之騄撰
清刻晴川八識本
蛇譜一卷 CM 子/第 82 冊
(清)陳鼎撰
清道光吳江沈氏世楷堂刻昭代叢書本
禽蟲述一卷 CM 子/第 82 冊
(明)袁達撰
明萬曆新安汪氏刻山居雜志本
蟲天志十卷 CM 子/第 82 冊
(明)沈弘正撰
明暢閣刻本

烏衣香牒四卷春駒小譜二卷 CM 子/第 82 冊
(清)陳邦彥撰
清乾隆刻養和堂叢書本
於陵子一卷 CM 子/第 83 冊
題(齊)陳仲子撰
明綠天館刻本
秘傳天祿閣寓言外史八卷 CM 子/第 83 冊
題(漢)黃憲撰
明嘉靖二年王汝夔刻本
化書新聲六卷 CM 子/第 83 冊
(明)王一清撰
明萬曆刻四經本
無垢先生橫浦心傳錄三卷橫浦日新一卷 CM 子/第 83 冊
(宋)于恕輯
明吳惟明刻橫浦先生文集附
經鉏堂雜誌八卷 CM 子/第 83 冊
(宋)倪思撰
明萬曆二十八年潘大復刻本
樵談一卷 CM 子/第 83 冊
(宋)許棐撰
涵芬樓影印明刻鹽邑志林本
東洲幾上語一卷東洲枕上語一卷 CM 子/第 83 冊
(宋)施清臣撰
清初鈔本
千古功名鏡十二卷拾遺一卷 CM 子/第 83 冊
(宋)吳大有輯
明藍格鈔本
厚德錄四卷 CM 子/第 83 冊
(宋)李元綱撰
武進陶氏影刻宋咸淳刻百川學海本
樂善錄十卷 CM 子/第 83 冊
(宋)李昌齡撰
涵芬樓輯續古逸叢書影印宋紹定刻本
慮得集四卷附錄二卷 CM 子/第 83 冊
(明)華悰韡撰
明嘉靖十一年華從智重刻本
筆疇二卷 CM 子/第 83 冊
(明)王達撰
明萬曆榮壽堂刻本
黎子雜釋一卷 CM 子/第 83 冊
(明)黎久撰
涵芬樓影印明隆慶刻百陵学山本

祝子罪知錄十卷 CM 子/第 83 冊
(明)祝允明撰
明萬曆刻本
浮物一卷 CM 子/第 83 冊
(明)祝允明撰
明嘉靖吳郡袁氏嘉趣堂刻金聲玉振集本
讀書筆記一卷 CM 子/第 83 冊
(明)祝允明撰
明萬曆繡水沈氏刻寶顏堂祕笈本
濯舊稿一卷 CM 子/第 83 冊
(明)汪俊撰
清同治十年疊山書院刻本
雅述二卷 CM 子/第 84 冊
(明)王廷相撰
明嘉靖刻王浚川所著書本
經世要談一卷 CM 子/第 84 冊
(明)鄭善夫撰
涵芬樓影印明隆慶刻百陵學山本
靜虛齋惜陰錄十二卷附錄一卷 CM 子/第 84 冊
(明)顧應祥撰
明刻本
西原先生遺書二卷 CM 子/第 84 冊
(明)薛蕙撰
明嘉靖王廷刻本
約言一卷 CM 子/第 84 冊
(明)薛蕙撰
明嘉靖刻本
錢公良測語二卷 CM 子/第 84 冊
(明)錢琦撰
涵芬樓影印明刻鹽邑志林本
拘虛晤言一卷 CM 子/第 84 冊
(明)陳沂撰
涵芬樓影印明刻今獻彙言本
竹下寤言二卷 CM 子/第 84 冊
(明)王文祿撰
涵芬樓影印明隆慶刻百陵學山本
海沂子五卷 CM 子/第 84 冊
(明)王文祿撰
涵芬樓影印明隆慶刻百陵學山本
一庵雜問錄一卷 CM 子/第 84 冊
(明)唐樞撰
明萬曆繡水沈氏刻寶顏堂祕笈本
大藪外史一卷 CM 子/第 84 冊
(明)蔡羽撰
明嘉靖吳郡袁氏嘉趣堂刻金聲玉振集本
閒適劇談五卷 CM 子/第 84 冊
(明)鄧球撰
明萬曆十一年鄧雲臺刻本
金罍子四十四卷 CM 子/第 84－85 冊
(明)陳絳撰
明萬曆三十四年陳昱刻本
經濟錄二卷 CM 子/第 85 冊
(明)張鍊撰
明崇禎刻本
學道紀言五卷補遺一卷附錄一卷 CM 子/第 85 冊
(明)周思兼撰
明萬曆二十三年徐汝晉刻本
推篷寤語九卷餘錄一卷 CM 子/第 85 冊
(明)李豫亨撰
明隆慶五年李氏思敬堂刻本
三事遡真一卷 CM 子/第 85 冊
(明)李豫亨撰
明萬曆繡水沈氏刻寶顏堂祕笈本
來瞿唐先生日錄十三卷 CM 子/第 85－86 冊
(明)來知德撰
清道光十一年刻本
近溪羅先生一貫編十一卷 CM 子/第 86 冊
(明)羅汝芳撰 (明)熊儐輯 錢啟忠重訂
明長松館刻本
近溪子明道錄八卷 CM 子/第 86 冊
(明)羅汝芳撰
明萬曆十三年詹事講刻本
古言二卷 CM 子/第 86 冊
(明)鄭曉撰
明嘉靖四十四年項篤壽刻本
渾然子一卷 CM 子/第 86 冊
(明)張翀撰
明萬曆繡水沈氏刻寶顏堂祕笈本
文雅社約二卷 CM 子/第 86 冊
(明)沈鯉撰
明萬曆三十年刻本
脉望八卷 CM 子/第 86 冊
(明)趙台鼎撰
明萬曆繡水沈氏刻寶顏堂祕笈本
庭幃雜錄二卷 CM 子/第 86 冊
(明)錢曉輯
舊鈔本

甘露園短書十一卷 CM 子/第 87 冊
(明)陳汝錡撰
明萬曆三十八年陳邦瞻刻清康熙六年劉愿人重修本

槐亭漫錄不分卷 CM 子/第 87 冊
(明)嚴堯黻撰
明嘉靖刻本

東水質疑六卷 CM 子/第 87 冊
(明)胡袞撰
明刻本

宵練匣一卷 CM 子/第 87 冊
(明)朱得之撰
涵芬樓影印明隆慶刻百陵學山本

意見一卷 CM 子/第 87 冊
(明)陳于陛撰
明萬曆繡水沈氏刻寶顔堂祕笈本

新刻藝圃球琅集註四卷 CM 子/第 87 冊
(明)蔣以忠 蔣以化撰 林大桂集註
明萬曆張可久重刻本

穀山筆麈十八卷 CM 子/第 87 冊
(明)于慎行撰
明萬曆于緯刻本

問辨牘四卷續問辨牘四卷
CM 子/第 87－88 冊
(明)管志道撰
明萬曆刻本

從先維俗議五卷 CM 子/第 88 冊
(明)管志道撰
明萬曆三十年徐文學刻本

無甚高論七卷 CM 子/第 88 冊
(明)趙鴻賜輯
明萬曆三十六年刻本

何之子一卷 CM 子/第 88 冊
(明)周元孚撰
明崇禎刻廣快書本

鴻苞四十八卷 CM 子/第 88－90 冊
(明)屠隆撰
明萬曆三十八年茅元儀刻本

太史楊復所先生證學編四卷首一卷證學論一卷策一卷 CM 子/第 90 冊
(明)楊起元撰
明萬曆四十五年佘永寧刻本

三一子不分卷 CM 子/第 90 冊
(明)程德良撰
清光緒九年板橋書屋刻本

宗一聖論二卷 CM 子/第 90 冊
(明)吳應賓撰
清光緒四年吳樹申刻本

祈嗣真詮一卷 CM 子/第 90 冊
(明)袁黄撰
明萬曆繡水沈氏刻寶顔堂祕笈本

支談三卷 CM 子/第 90 冊
(明)焦竑撰
明萬曆繡水沈氏刻寶顔堂祕笈本

叢語十二卷 CM 子/第 90 冊
(明)吳炯撰
明萬曆何汝學重刻本

祝子小言一卷 CM 子/第 90 冊
(明)祝世禄撰
明萬曆刻環碧齋集本

時習新知六卷 CM 子/第 90 冊
(明)郝敬撰
明萬曆崇禎間郝洪範刻山草堂集增修本

共發編四卷 CM 子/第 91 冊
(明)曹于汴撰
明天啓五年重刻本

剩言十七卷 CM 子/第 91 冊
(明)戴君恩撰
明刻本

張弘山集四卷 CM 子/第 91 冊
(明)張後覺撰
明萬曆二十七年張尚淳重刻本

感述錄六卷續錄四卷 CM 子/第 91 冊
(明)趙維新撰
清道光刻本

治平言二卷 CM 子/第 91 冊
(明)曾大奇撰
明刻本

林子全集元部六十二卷亨部十九卷利部二十九卷貞部二十四卷
CM 子/第 91－92 冊
(明)林兆恩撰
明崇禎刻本

韋弦佩不分卷 CM 子/第 93 冊
(明)屠本畯撰
明刻居家必備本

賓子紀聞類編四卷 CM 子/第 93 冊
(明)賓文照輯
明萬曆八年刻本

新鍥官板批評注釋虞精集八卷
CM 子/第 93 冊
(明)周伯畊撰 (明)徐奮鵬評 (明)周家賢注
明書林鄭大經刻本

聽心齋客問一卷 CM 子/第 93 冊
(明)萬尚父撰
明萬曆繡水沈氏刻寶顔堂祕笈本

文園漫語一卷 CM 子/第 93 冊
(明)程希堯撰
明鈔本

辯學遺牘一卷 CM 子/第 93 冊
(明西洋)利瑪竇撰 (明)虞淳熙撰
明刻天學初函本

重刻二十五言一卷 CM 子/第 93 冊
(明西洋)利瑪竇撰
明刻天學初函本

天主實義二卷 CM 子/第 93 冊
(明西洋)利瑪竇撰
明刻天學初函本

重刻畸人十篇二卷附西琴曲意一卷
CM 子/第 93 冊
(明西洋)利瑪竇撰 利瑪竇譯附
明刻天學初函本

交友論一卷 CM 子/第 93 冊
(明西洋)利瑪竇撰
明刻天學初函本

七克七卷 CM 子/第 93 冊
(明西洋)龐迪我撰
明刻天學初函本

西學凡一卷附景教流行中國碑頌一卷
CM 子/第 93 冊
(明西洋)艾儒略撰
明刻天學初函本

靈言蠡勺二卷 CM 子/第 93 冊
(明西洋)畢方濟口譯 (明)徐光啟筆錄
明刻天學初函本

空際格致二卷 CM 子/第 93 冊
(明西洋)高一志撰
清鈔本

寰有詮六卷 CM 子/第 94 冊
(明西洋)傅汎際譯義 (明)李之藻達辭
明崇禎元年刻靈竺玄棲刻本

蒼崖子不分卷 CM 子/第 94 冊
(明)朱健撰
明末刻本

張子達先生釁下語二卷 CM 子/第 94 冊
(明)張復撰
明天啓二年重刻本

清康熙汗青閣刻本
螺江日記八卷 CM 子/第 100 冊
(清)張文黼撰
清乾隆十七年張氏二銘軒刻本
燕在閣知新錄三十二卷 CM 子/第 100 冊
(清)王棠撰
清康熙五十六年刻本
西圃叢辨三十二卷 CM 子/第 101 冊
(清)田同之輯
清乾隆十九年李世垣刻本
掌錄二卷 CM 子/第 101 冊
(清)陳祖范撰
清乾隆二十九年刻本
捫蝨新話十五卷 CM 子/第 101 冊
(宋)陳善撰
明崇禎虞山毛氏汲古閣刻津逮祕書本
志雅堂雜鈔十卷 CM 子/第 101 冊
(宋)周密撰
涵芬樓影印清道光十一年六安晁氏木活字學海類編本
袖中錦一卷 CM 子/第 101 冊
(宋)太平老人撰
涵芬樓影印清道光十一年六安晁氏木活字學海類編本
衍約說十三卷 CM 子/第 101 冊
不著撰者
宋刻本
學易居筆錄一卷 CM 子/第 101 冊
(元)俞鎮撰
涵芬樓影印清道光十一年六安晁氏木活字學海類編本
海涵萬象錄四卷 CM 子/第 101 冊
(明)黄潤玉撰
明正德十六年陳槐刻本
琅琊漫抄一卷 CM 子/第 101 冊
(明)文林撰
明俞寬甫鈔本
三餘贅筆一卷 CM 子/第 101 冊
(明)都卬撰
明鈕氏世學樓鈔本
損齋備忘錄一卷 CM 子/第 101 冊
(明)梅純撰
涵芬樓影印明刻今獻彙言本
蜩笑偶言一卷 CM 子/第 101 冊
(明)鄭瑗撰
涵芬樓影印明隆慶刻百陵學山本
荷亭辨論八卷附書二卷 CM 子/第 101 冊
(明)盧格撰
清嘉慶六年刻本
凝齋筆語一卷 CM 子/第 101 冊
(明)王鴻儒撰
涵芬樓影印明隆慶刻百陵學山本
餘冬序錄六十五卷 CM 子/第 101 -2 冊
(明)何孟春撰
明嘉靖七年郴州家塾刻本
聽雨紀談一卷 CM 子/第 102 冊
(明)都穆撰
明正德嘉靖間陽山顧氏明朝四十家小説本
遯言十七卷 CM 子/第 102 冊
(明)孫宜撰
明萬曆二十三年孫鵬初刻本
詢蒭錄一卷 CM 子/第 102 冊
(明)陳沂撰
涵芬樓影印明刻今獻彙言本
眞珠船八卷 CM 子/第 102 冊
(明)胡侍撰
明刻本
墅談六卷 CM 子/第 102 冊
(明)胡侍撰
明嘉靖刻本
東谷贅言二卷 CM 子/第 102 冊
(明)敖英撰
明嘉靖二十八年沈淮刻本
綠雪亭雜言一卷 CM 子/第 102 冊
(明)敖英撰
明天啓快堂刻快書本
七修類藁五十一卷 CM 子/第 102 冊
(明)郎瑛撰
明刻本
簣齋雜著一卷 CM 子/第 102 冊
(明)陸垹撰
清鈔本
逌旃瑣言二卷 CM 子/第 103 冊
(明)蘇祐撰
明嘉靖刻本
黄潭先生讀書一得四卷 CM 子/第 103 冊
(明)黄訓撰
明嘉靖四十一年黄子學校刻本
濯纓亭筆記十卷 CM 子/第 103 冊
(明)戴冠撰
明嘉靖二十六年華察刻本
黄谷瑣談四卷 CM 子/第 103 冊
(明)李蓘撰
民國十八年陶然齋刻本
窺天外乘一卷 CM 子/第 103 冊
(明)王世懋撰
明鈔本
遠壬文一卷 CM 子/第 103 冊
(明)王世懋撰
明萬曆十三年刻王奉常雜著本
四友齋叢說三十八卷 CM 子/第 103 冊
(明)何良俊撰
明萬曆七年龔元成等刻本
禪寄筆談十卷 CM 子/第 103 冊
(明)陳師撰
明萬曆二十一年自刻本
猷次瑣談一卷 CM 子/第 103 冊
(明)劉世偉撰
清鈔本
對問編八卷 CM 子/第 104 冊
(明)江應曉撰
明萬曆刻本
孤竹賓談四卷 CM 子/第 104 冊
(明)陳德文撰
明嘉靖二十八年蘇繼等刻藍印本
應菴隨錄十四卷 CM 子/第 104 冊
(明)羅鶴撰
明萬曆刻本
青藤山人路史二卷 CM 子/第 104 冊
(明)徐渭撰
明刻本
梅花草堂集筆談十四卷 CM 子/第 104 冊
(明)張大復撰
明崇禎三年刻清順治十二年補修本
聞雁齋筆談六卷 CM 子/第 104 冊
(明)張大復撰
明萬曆三十三年顧孟兆等刻本
河上楮談三卷 CM 子/第 104 冊
(明)朱孟震撰
明萬曆刻朱秉器全集本
汾上續談一卷 CM 子/第 104 冊
(明)朱孟震撰
明萬曆刻朱秉器全集本
浣水續談一卷 CM 子/第 104 冊
(明)朱孟震撰
明萬曆刻朱秉器全集本
遊宦餘談一卷 CM 子/第 104 冊
(明)朱孟震撰
明萬曆刻朱秉器全集本
木几冗談一卷 CM 子/第 104 冊

(明)彭汝讓撰
明萬曆繡水沈氏刻寶顏堂祕笈本
說頤八卷 CM 子/第 105 冊
(明)余懋學撰
明萬曆三十六年直方堂刻本
留青日札三十九卷 CM 子/第 105 冊
(明)田藝蘅撰
明萬曆三十七年徐懋升重刻本
天都載六卷 CM 子/第 105 冊
(明)馬大莊撰
明萬曆刻本
梅花渡異林十卷 CM 子/第 105 冊
(明)支允堅撰
明崇禎刻本
宙合編□卷 CM 子/第 106 冊
(明)林兆珂撰
明刻本
牖景錄二卷 CM 子/第 106 冊
(明)徐三重撰
明刻樗亭全集本
鴻洲先生家則一卷野志一卷 CM 子/第 106 冊
(明)徐三重撰
清鈔本
湧幢小品三十二卷 CM 子/第 106 冊
(明)朱國禎輯
明天啓二年刻本
俟後編六卷附錄一卷補錄一卷 CM 子/第 107 冊
(明)王敬臣撰 (清)彭定求輯附錄
清康熙三十八年彭定求重刻本
趙氏連城十八卷 CM 子/第 107 冊
(明)趙世顯撰
明鈔本
說原十六卷 CM 子/第 107 冊
(明)穆希文撰
明萬曆刻本
焦氏筆乘六卷續集八卷 CM 子/第 107 冊
(明)焦竑撰
明萬曆三十四年謝與棟刻本
鬱岡齋筆麈四卷 CM 子/第 107 冊
(明)王肯堂撰
明萬曆刻本
紫桃軒雜綴四卷又綴三卷 CM 子/第 108 冊
(明)李日華撰
明末刻清康熙李瑂重修本
瓶花齋雜錄一卷 CM 子/第 108 冊
(明)袁宏道撰
涵芬樓影印清道光十一年六安晁氏木活字學海類編本
文海披沙八卷 CM 子/第 108 冊
(明)謝肇淛撰
明萬曆三十七年沈儆炌刻本
西峰字說三十三卷 CM 子/第 108－109 冊
(明)曹學佺輯
清順治十二年佟國器刻本
射林八卷 CM 子/第 109 冊
(明)朱克裕撰
明嘉靖二十三年刻本
青溪暇筆二卷 CM 子/第 109 冊
(明)姚福撰
明邢氏來禽館鈔本
讀書雜錄二卷 CM 子/第 109 冊
(明)胡震亨撰
清康熙十八年刻本
說儲八卷二集八卷 CM 子/第 110 冊
(明)陳禹謨撰
明萬曆三十七年徐騰芳刻本
閱耕餘錄六卷 CM 子/第 110 冊
(明)張所望撰
明天啓元年刻本
類次書肆說鈴二卷 CM 子/第 110 冊
(明)葉秉敬撰 (明)閔元衢類次
明萬曆刻本
蓬窗日錄八卷 CM 子/第 110 冊
(明)陳全之撰
明嘉靖四十四年祁縣知岳木刻本
歐餘漫錄十三卷 CM 子/第 110 冊
(明)閔元衢撰
明萬曆刻本
秋涇筆乘一卷 CM 子/第 110 冊
(明)宋鳳翔撰
涵芬樓影印清道光十一年六安晁氏木活字學海類編本
燕居功課二十七卷 CM 子/第 110 冊
(明)安世鳳撰
明萬曆刻本
戒菴老人漫筆八卷 CM 子/第 111 冊
(明)李詡撰
清順治五年李成之世德堂重刻本
認字測三卷 CM 子/第 111 冊
(明)周宇撰
明萬曆三十九年重刻本
黄玄龍先生小品四卷 CM 子/第 111 冊
(明)黄奂撰
清康熙刻本
雪菴清史五卷 CM 子/第 111 冊
(明)樂純撰
明書林李少泉刻本
露書十四卷 CM 子/第 111 冊
(明)姚旅撰
明天啓刻本
書蕉二卷 CM 子/第 111 冊
(明)陳繼儒撰
明萬曆繡水沈氏刻寶顏堂祕笈本
枕譚一卷 CM 子/第 111 冊
(明)陳繼儒撰
明刻本
偃曝談餘二卷 CM 子/第 111 冊
(明)陳繼儒撰
明萬曆繡水沈氏刻寶顏堂祕笈本
詹氏性理小辨六十四卷 CM 子/第 112 冊
(明)詹景鳳撰
明萬曆刻本
澹齋內言一卷外言一卷 CM 子/第 113 冊
(明)楊繼益撰
涵芬樓影印清道光十一年六安晁氏木活字學海類編本
焦氏說楛七卷 CM 子/第 113 冊
(明)焦周撰
明萬曆刻本
譚子雕蟲二卷附錄一卷 CM 子/第 113 冊
(明)譚貞默撰
民國二十四年嘉興譚氏承啓堂刻嘉興譚氏遺書本
蘭葉筆存一卷 CM 子/第 113 冊
(明)釋本以撰
清鈔本
蒙泉雜言一卷 CM 子/第 113 冊
(明)岳正撰
涵芬樓影印明刻今獻彙言本
春寒閒記一卷 CM 子/第 113 冊
不著撰者
清初鈔本
棗林雜俎十二卷 CM 子/第 113 冊
(明)談遷撰
清鈔本
讀書偶然錄十二卷 CM 子/第 113 冊
(明)程正揆撰

清雍正程氏刻本
見聞記憶錄五卷 CM 子/第 113 冊
(清)余國楨撰
清康熙四十七年刻本
餘菴雜錄三卷 CM 子/第 113 冊
(明)陳恂撰
清初鈔本
冬夜箋記一卷 CM 子/第 113 冊
(清)王崇簡撰
清康熙刻說鈴本
樗林閒筆一卷偶筆二卷續筆二卷附演連珠五十首一卷 CM 子/第 113 冊
(清)魏裔介撰 (清)魏荔彤輯
清康熙十九年龍江書院刻本
雕丘雜錄十八卷 CM 子/第 113 冊
(清)梁清遠撰
清康熙二十一年梁允桓刻本
雲谷臥餘二十卷續八卷 CM 子/第 114 冊
(清)張習孔撰
清順治十八年自刻本
篙菴閒話二卷 CM 子/第 114 冊
(清)張爾岐輯
清康熙徐氏真合齋磁版印本
暑窗臆說二卷 CM 子/第 114 冊
(清)王鉞撰
清康熙五十三年刻世德堂遺書本
聽潮居存業十卷 CM 子/第 114 冊
(清)原良撰
清初刻本
匡林二卷 CM 子/第 114 冊
(清)毛先舒撰
清初刻本
筠廊偶筆二卷二筆二卷 CM 子/第 114 冊
(清)宋犖撰
清康熙刻本
二樓紀畧四卷 CM 子/第 115 冊
(清)佟賦偉撰
清康熙刻本
山志六卷附大明世系一卷 CM 子/第 115 冊
(清)王弘撰撰
清初刻本
尚論持平二卷析疑待正二卷事文標異一卷 CM 子/第 115 冊
(清)陸次雲撰
清刻芙蓉城四種書本
在園雜志四卷 CM 子/第 115 冊
(清)劉廷璣撰
清康熙五十四年自刻本
妙貫堂餘譚六卷 CM 子/第 115 冊
(清)裘君弘撰
清康熙刻本
蓉槎蠡說十二卷 CM 子/第 115 冊
(清)程哲撰
清康熙刻本
道驛集四卷附良貴堂文鈔一卷 CM 子/第 115 冊
(清)張祖年撰
清康熙刻本
經史慧解六卷 CM 子/第 116 冊
(清)蔡含生撰
清康熙刻本
後海書堂雜錄一卷 CM 子/第 116 冊
(清)王孝詠撰
清鈔本
南村隨筆六卷 CM 子/第 116 冊
(清)陸廷燦撰
清雍正十三年陸氏壽椿堂刻本
枝語二卷 CM 子/第 116 冊
(清)孫之騄撰
清刻晴川八識本
謌崖脞說五卷 CM 子/第 116 冊
(清)章楹撰
清乾隆三十六年浣雪堂刻本
書隱叢說十九卷 CM 子/第 116 冊
(清)袁棟撰
清乾隆刻本
瀟湘聽雨錄八卷 CM 子/第 116 冊
(清)江昱撰
清乾隆二十八年春草軒刻本
鈍根雜著三卷 CM 子/第 116 冊
(清)周池撰
清嘉慶二十三年光霽堂刻本
感應類從志一卷 CM 子/第 116 冊
(晉)張華撰
明范氏天一閣鈔本
東坡先生物類相感志十八卷 CM 子/第 116 冊
(宋)釋贊寧撰
明鈔本
格物麤談二卷 CM 子/第 117 冊
(宋)蘇軾撰
涵芬樓影印清道光十一年六安晁氏木活字學海類編本
居家必用事類全集十集 CM 子/第 117 冊
不著撰者
明刻本
多能鄙事十二卷 CM 子/第 117 冊
(明)劉基輯
明嘉靖四十二年范惟一刻本
鐵網珊瑚二十卷 CM 子/第 117 冊
(明)都穆撰
清乾隆二十三年刻本
便民圖纂十六卷 CM 子/第 118 冊
不著撰者
明嘉靖二十三年王貞吉刻藍印本
黿采館清課一卷 CM 子/第 118 冊
(明)費元祿撰
明萬曆刻本
蕉窗九錄不分卷 CM 子/第 118 冊
(明)項元汴撰
涵芬樓影印清道光十一年六安晁氏木活字學海類編本
考槃餘事四卷 CM 子/第 118 冊
(明)屠隆撰
明萬曆繡水沈氏刻寶顏堂祕笈本
遊具雅編一卷 CM 子/第 118 冊
(明)屠隆撰
涵芬樓影印清道光十一年六安晁氏木活字學海類編本
墨林快事十二卷 CM 子/第 118 冊
(明)安世鳳撰
清鈔本
華夷花木鳥獸珍玩考十二卷 CM 子/第 118 冊
(明)慎懋官輯
明萬曆刻本
妮古錄四卷 CM 子/第 118 冊
(明)陳繼儒撰
明萬曆繡水沈氏刻寶顏堂祕笈本
岩棲幽事一卷 CM 子/第 118 冊
(明)陳繼儒撰
明萬曆繡水沈氏刻寶顏堂祕笈本
博物要覽十六卷 CM 子/第 118 冊
(明)谷泰輯
清鈔本
廣社四十九卷 CM 子/第 119 冊
(明)張雲龍撰
清初鈔本
老老恒言五卷 CM 子/第 119 冊
(清)曹庭棟撰

清乾隆三十八年自刻本
初學藝引二十三卷　CM 子/第 119 冊
（清）李仕學撰
清乾隆漱芳居刻本
臥游錄一卷　CM 子/第 119 冊
（宋）呂祖謙撰
明嘉靖顧氏夷白齋刻顧氏文房小説本
經子法語二十四卷　CM 子/第 119 冊
（宋）洪邁撰
清鈔本
文苑英華纂要四卷　CM 子/第 119 冊
（宋）高似孫輯
宋刻元修本
養生雜類二十二卷　CM 子/第 119 冊
（宋）周守忠撰
明刻本
養生月覽二卷　CM 子/第 119 冊
（宋）周守忠輯
明成化謝潁重刻本
澄懷錄二卷　CM 子/第 119 冊
（宋）周密輯
明嘉靖二十六年百川高氏鈔本
忍經一卷　CM 子/第 120 冊
（元）吳亮撰
明正統十年刻本
龍輔女紅餘志二卷　CM 子/第 120 冊
（元）龍輔撰
明天啓崇禎間海虞毛氏汲古閣刻詩詞雜俎本
誠齋襍記二卷　CM 子/第 120 冊
（元）林坤撰
明崇禎虞山毛氏汲古閣刻津逮秘書本
琅嬛記三卷　CM 子/第 120 冊
（元）伊世珍輯
明萬曆刻本
大明仁孝皇后勸善書二十卷　CM 子/第 120 冊
（明）仁孝皇后徐氏撰
明永樂五年内府刻本
歷代臣鑒三十七卷　CM 子/第 120 冊
（明）宣宗朱瞻基撰
明宣德元年内府刻本
歷代君鑒五十卷　CM 子/第 121 冊
（明）代宗朱祁鈺撰
明景泰四年内府刻本
景仰撮書一卷　CM 子/第 121 冊
（明）王達撰
明刻本
學範二卷　CM 子/第 121 冊
（明）趙撝謙撰
明嘉靖二十五年陳塏重刻本
綱常懿範十卷　CM 子/第 121 冊
（明）周是修輯
明崇禎三年周應鰲刻本
為善陰騭十卷　CM 子/第 121 冊
（明）成祖朱棣撰
明刻本
朱文公政訓一卷眞西山政訓一卷　CM 子/第 121 冊
（宋）朱熹（宋）眞德秀撰
明萬曆繡水沈氏刻寶顔堂祕笈本
飲食紳言一卷男女紳言一卷　CM 子/第 121 冊
題皆春居士撰
明萬曆繡水沈氏刻寶顔堂祕笈本
諸子纂要四卷　CM 子/第 122 冊
（明）黎堯卿輯
明刻本
續觀感錄十二卷　CM 子/第 122 冊
（明）方鵬輯
明張元電刻本
禱雨雜紀一卷　CM 子/第 122 冊
（明）錢琦撰
涵芬樓影印明隆慶刻百陵學山本
諸子品節五十卷　CM 子/第 122－123 冊
（明）陳深輯
明萬曆刻本
翼學編十三卷　CM 子/第 123 冊
（明）朱應奎撰
明萬曆刻本
談資四卷　CM 子/第 123 冊
（明）秦鳴雷撰
明嘉靖刻本
學圃藼蘇六卷　CM 子/第 123 冊
（明）陳耀文輯
明萬曆五年東棐刻本
初潭集三十卷　CM 子/第 124 冊
（明）李贄撰
明萬曆閔氏刻本
李卓吾先生讀升菴集二十卷　CM 子/第 124 冊
（明）楊慎撰（明）李贄輯竝評
明刻本
續自警編十六卷　CM 子/第 124－125 冊
（明）黃希憲輯
明萬曆六年刻本
牧鑑十卷　CM 子/第 125 冊
（明）楊昱撰
清道光長白榮氏刻得月簃叢書本
芸心識餘七卷續一卷　CM 子/第 125 冊
（明）陳其力撰
明嘉靖刻本
煙霞小說十三種二十三卷　CM 子/第 125 冊
不著輯者
明萬曆十八年刻本
諸子彙函二十六卷附諸子評林姓氏一卷諸子彙函談藪一卷　CM 子/第 126 冊
（明）歸有光輯
明天啓五年刻本
困學纂言六卷　CM 子/第 127 冊
（明）李栻撰
明萬曆二年馬文煒刻本
灼艾集二卷續集二卷餘集二卷別集二卷　CM 子/第 127 冊
（明）萬表輯
明嘉靖刻本
百家類纂四十卷　CM 子/第 127－128 冊
（明）沈津輯
明隆慶元年含山縣儒學刻本
洪陽張先生警心類編四卷　CM 子/第 128 冊
（明）張位撰
明刻本
刻徐文長先生秘集十二卷　CM 子/第 129 冊
（明）徐渭輯
明天啓刻本
新刊君子亭群書摘草五卷　CM 子/第 129 冊
（明）王國賓輯
明萬曆刻本
呂新吾先生閨範圖說四卷　CM 子/第 129 冊
（明）呂坤輯
明呂應菊重刻本
琅邪代醉編四十卷　CM 子/第 129－130 冊
（明）張鼎思輯
明萬曆二十五年陳性學刻本
警語類抄八卷　CM 子/第 130 冊

(明)程達輯
明萬曆四十六年汪元標刻本
諸經品節二十卷　CM 子/第 130－131 冊
(明)楊起元輯
明萬曆刻本
沈氏學弢十六卷　CM 子/第 131 冊
(明)沈堯中輯
明萬曆刻本
霞外麈談十卷　CM 子/第 131 冊
(明)周應治輯
明崇禎刻本
宋賢事彙二卷　CM 子/第 131 冊
(明)李廷機輯
明萬曆胡士容等刻本
說類六十二卷　CM 子/第 132 冊
(明)葉向高輯 (明)林茂槐增定
明刻本
遯世編十四卷　CM 子/第 132 冊
(明)錢一本撰
明萬曆刻本
廉平錄六卷　CM 子/第 132 冊
(明)傅履禮輯 (明)高為表輯
明萬曆十六年譚耀刻本
焦氏類林八卷　CM 子/第 133 冊
(明)焦竑輯
明萬曆十五年王元貞刻本
新鍥翰林三狀元會選二十九子品彙釋評二十卷首一卷　CM 子/第 133－134 冊
(明)焦竑等輯
明萬曆四十四年刻本
田居乙記四卷　CM 子/第 134 冊
(明)方大鎮撰
明萬曆繡水沈氏刻寶顏堂祕笈本
省括編二十三卷　CM 子/第 134 冊
(明)姚文蔚輯
明萬曆三十五年楊廷筠刻本
智品十三卷　CM 子/第 134－135 冊
(明)樊玉衝撰 (明)于倫增補
明萬曆四十二年於斯行刻本
智囊補二十八卷　CM 子/第 135 冊
(明)馮夢龍輯
明積秀堂刻本
古今譚槩三十六卷　CM 子/第 136 冊
(明)馮夢龍輯
明刻本
學古適用編九十一卷　CM 子/第 136－137 冊
(明)呂純如輯
明崇禎刻本
經史典奧六十七卷　CM 子/第 137－138 冊
(明)來斯行輯
明崇禎五年刻本
宗藩訓典十二卷　CM 子/第 139 冊
(明)馮柯輯
明萬曆三十年襄藩貞白書院刻本
清寤齋心賞編一卷　CM 子/第 139 冊
(明)王象晉輯
明崇禎刻本
稗史彙編一百七十五卷　CM 子/第 139－142 冊
(明)王圻輯
明萬曆刻本
古今長者錄八卷總目二卷　CM 子/第 143 冊
(明)黃文炤輯
清乾隆八年刻本
洹詞記事抄一卷續抄一卷明良記四卷　CM 子/第 143 冊
(明)崔銑撰 (明)楊儀撰明良記
明萬曆三十四年李銓前書樓刻藏説小萃十集本
清賞錄十二卷　CM 子/第 143 冊
(明)包衡輯 (明)張翼輯
明萬曆刻本
十可篇十卷　CM 子/第 143 冊
(明)馬嘉松輯
明崇禎刻本
舌華錄九卷　CM 子/第 143 冊
(明)曹臣輯
明萬曆刻本
益智編四十一卷　CM 子/第 143－144 冊
(明)孫能傳輯
明萬曆孫能正刻本
法教佩珠二卷　CM 子/第 144 冊
(明)林有麟輯
明萬曆四十二年刻本
經世環應編八卷　CM 子/第 144 冊
(明)錢繼登撰
明楊瞿崍刻本
媿林漫錄十卷　CM 子/第 144 冊
(明)瞿式耜輯
明崇禎九年瞿氏耕石齋刻本
掌錄二卷　CM 子/第 144 冊
(明)繡雲居士輯
清嘉慶二十年福申鈔本
檢蠹隨筆十卷　CM 子/第 144 冊
(明)楊宗吾撰
明萬曆三十三年王尚修本
厚語四卷　CM 子/第 145 冊
(明)錢蓘輯
清鈔本
偶得紺珠一卷　CM 子/第 145 冊
(明)黃秉石輯
清鈔本
湘煙錄十六卷　CM 子/第 145 冊
(明)閔元京輯 (明)凌義渠輯
明天啓刻本
雲薖淡墨八卷　CM 子/第 145 冊
(明)木增輯
明崇禎十一年木懿喬等刻本
子史類語二十四卷　CM 子/第 145 冊
(明)胡尚洪輯
明天啓六年刻本
倘湖樵書十二卷　CM 子/第 146 冊
(明)來集之輯
清乾隆來廷楫倘湖小築重刻本
博學彙書十二卷　CM 子/第 146－147 冊
(明)來集之輯
清康熙二十二年倘湖小築刻本
堯山堂外記一百卷　CM 子/第 147－148 冊
(明)蔣一葵輯
明萬曆刻本
筆記二卷　CM 子/第 148 冊
(明)陳繼儒撰
明萬曆繡水沈氏刻寶顏堂祕笈本
珍珠船四卷　CM 子/第 148 冊
(明)陳繼儒撰
明萬曆繡水沈氏刻寶顏堂祕笈本
銷夏部四卷　CM 子/第 148 冊
(明)陳繼儒撰
明萬曆繡水沈氏刻寶顏堂祕笈本
辟寒部四卷　CM 子/第 148 冊
(明)陳繼儒撰
明萬曆繡水沈氏刻寶顏堂祕笈本
古今韻史十二卷　CM 子/第 148 冊
(明)陳繼儒 (明)程銓撰
明刻本
福壽全書六卷　CM 子/第 149 冊
(明)陳繼儒撰

明末刻本
可如六卷 CM 子/第 149 冊
(明)董德鏞撰
清鈔本
枕函小史四卷 CM 子/第 149 冊
(明)閔于忱輯
明松筠館刻朱墨套印本
萃古名言四卷 CM 子/第 149 冊
(明)趙民獻輯
明崇禎元年刻本
昨非菴日纂二十卷二集二十卷三集二十卷 CM 子/第 149－150 冊
(明)鄭瑄輯
明崇禎刻本
迪吉錄八卷首一卷 CM 子/第 150 冊
(明)顔茂猷輯
明末刻本
讀書止觀錄五卷 CM 子/第 150 冊
(明)吴應箕輯
民國九年貴池劉氏唐石簃刻貴池先哲遺書本
廣仁品十八卷 CM 子/第 150－151 冊
(明)李長科等輯
明崇禎六年刻本
今古鉤玄四十卷 CM 子/第 151 冊
(明)諸茂卿輯
明鈔本
山樵暇語十卷 CM 子/第 152 冊
(明)俞弁撰
民國商務印書館影印明朱象玄鈔本
楊氏塾訓六卷 CM 子/第 152 冊
(明)楊兆坊撰
明萬曆三十一年饒景暐刻本
著疑錄九卷 CM 子/第 152 冊
(明)戴有孚輯
明嘉靖刻本
九朝談纂不分卷 CM 子/第 152 冊
(明)不著撰者
明藍格鈔本
枕中秘不分卷 CM 子/第 152 冊
(明)衛泳輯
明刻本
新鐫分類評註文武合編百子金丹十卷 CM 子/第 153 冊
(明)郭偉輯
清經國堂刻本
諸子褒異十六卷 CM 子/第 153 冊
(明)汪定國輯
明末刻本
豐暇觀頤四卷 CM 子/第 154 冊
不著撰者
清初刻本
槐下新編雅說集二十卷 CM 子/第 154 冊
(清)魏裔介輯
清康熙刻本
希賢錄十卷 CM 子/第 154 冊
(清)魏裔介輯
清康熙雲間胡元成等刻本
嗜退菴語存内編十卷 CM 子/第 154 冊
(清)嚴有穀撰
清康熙嚴我斯等刻本
勝飲編十八卷 CM 子/第 154 冊
(清)郎廷極撰
清道光光緒間南海伍氏刻粤雅堂叢書本
經世名言十二卷 CM 子/第 154 冊
(清)蘇弘祖輯
清順治十六年刻本
寄園寄所寄十二卷 CM 子/第 155 冊
(清)趙吉士輯
清康熙三十五年刻本
擇執錄十二卷 CM 子/第 155 冊
(清)王家啟輯
清康熙十二年刻本
壽世秘典十八卷 CM 子/第 156 冊
(清)丁其譽輯
稿本
聞鐘集四卷 CM 子/第 156 冊
(清)勞大與撰
清康熙刻本
畜德錄二十卷 CM 子/第 156 冊
(清)席啟圖輯
清康熙繩武堂刻本
四本堂座右編二十四卷 CM 子/第 157 冊
(清)朱潮遠輯
清康熙刻本
學仕要箴五卷 CM 子/第 157 冊
(清)張圻輯
清康熙刻本
閨訓新編十二卷 CM 子/第 157 冊
(清)秦雲爽輯
清康熙二十五年徐樹屏刻本
庸行編八卷 CM 子/第 157 冊
(清)牟允中補輯
清康熙三十年尚朝柱等澹寧堂刻本
讀書樂趣八卷 CM 子/第 157 冊
(清)伍涵芬輯
清乾隆四十九年刻本
硯北雜錄十六卷劄記一卷 CM 子/第 158 冊
(清)黄叔琳輯
清漢陽葉氏鈔本
查浦輯聞二卷 CM 子/第 158 冊
(清)查嗣瑮輯
清刻本
範家集略六卷 CM 子/第 158 冊
(清)秦坊輯
清同治十年重刻本
閑家編八卷 CM 子/第 158 冊
(清)王士俊輯
清雍正十二年養拙堂刻本
訓俗遺規五卷 CM 子/第 158 冊
(清)陳宏謀輯 (清)華希閔補輯
清乾隆五十五年含英閣刻道光增補本
權衡一書四十一卷 CM 子/第 159 冊
(清)王植撰
清乾隆元年崇雅堂刻本
養知錄八卷 CM 子/第 160 冊
(清)紀昭撰
清乾隆紀汝倫刻本
課業餘談三卷 CM 子/第 160 冊
(清)陶煒輯
涵芬樓影印清道光十一年六安晁氏木活字學海類編本
心境編十卷 CM 子/第 160 冊
(清)譚文光輯
清乾隆十二年刻本
子苑一百卷 CM 子/第 160－161 冊
不著撰者
明鈔本
纂圖互注四子書四十二卷 CM 子/第 162 冊
不著輯者
明初建安坊刻本
文中子十卷 CM 子/第 162 冊
(宋)阮逸註
明芸窗書院刻六子書本
六詔紀聞二卷 CM 子/第 162 冊
(明)彭汝寔輯
明嘉靖吴郡袁氏嘉趣堂刻金聲玉振集本

木鐘臺集初集十種十卷再集十種十一卷雜集十種十卷 CM 子/第162-163冊
(明)唐樞撰
明嘉靖萬曆間刻本
陸學士雜著十種十一卷 CM 子/第163冊
(明)陸樹聲撰
明萬曆刻本
春秋左傳評苑三十卷首一卷國語評苑六卷戰國策評苑十卷 CM 子/第163-164冊
(明)穆文熙輯
明萬曆二十年鄭以厚光裕堂刻本
呂公實政錄七卷 CM 子/第164冊
(明)呂坤撰
明萬曆二十六年趙文炳刻本
學易堂三筆一卷滴露軒雜著一卷 CM 子/第164冊
(明)項皐謨撰
明刻本
莊屈合詁二卷 CM 子/第164冊
(明)錢澄之撰
清康熙斟雉堂刻本
楊園先生全集二十八卷 CM 子/第165冊
(清)張履祥撰
清乾隆刻本
竹裕園筆語集十五卷 CM 子/第165冊
(清)李曰滌撰
清乾隆李丹臣重刻本
雜著十種十卷 CM 子/第165冊
(清)王晫撰
清霞舉堂刻本
天中許子政學合一集不分卷 CM 子/第165冊
(清)許三禮撰
清康熙刻本
新刻錦帶補註一卷 CM 子/第166冊
(宋)杜門撰
明胡氏文會堂刻格致叢書本
歲華紀麗四卷 CM 子/第166冊
(唐)韓鄂撰
明萬曆刻祕冊彙函本
文選雙字類要三卷 CM 子/第166冊
(宋)蘇易簡撰
宋淳熙八年池陽郡齋刻紹熙三年重修本
晏元獻公類要一百卷 CM 子/第166-167冊
(宋)晏殊撰
清鈔本
春秋類對賦一卷 CM 子/第167冊
(宋)徐晉卿撰
清康熙十九年通志堂刻通志堂經解本
文選類林十八卷 CM 子/第167冊
(宋)劉攽撰
明嘉靖三十七年吳思賢刻本
東萊先生分門詩律武庫十五卷後集十五卷 CM 子/第167冊
題(宋)呂祖謙輯
清影宋鈔本
姬侍類偶二卷 CM 子/第168冊
(宋)周守忠輯
明鈔本
璧水群英待問會元九十卷 CM 子/第168冊
(宋)劉達可輯
明麗澤堂活字本
新編事文類聚韓墨全書一百三十四卷 CM 子/第169-170冊
(宋)劉應李輯
明初刻本
誠齋四六發遣膏馥十卷 CM 子/第170冊
(宋)楊萬里撰 (宋)周公恕輯
宋淳祐八年建安余卓刻本
野服攷一卷 CM 子/第170冊
(宋)方鳳輯
涵芬樓影印清道光十一年六安晁氏木活字學海類編本
十二先生詩宗集韻二十卷 CM 子/第170冊
(宋)裴良甫輯
宋刻本
玉海纂二十二卷 CM 子/第171冊
(明)劉鴻訓輯
清順治四年王允明刻本
裁纂類函一百六十卷 CM 子/第171冊
(元)周宏道輯
明鈔本
新編事文類要啟劄青錢前集十卷後集十卷續集十卷別集十卷外集十一卷 CM 子/第171冊
不著輯者
元泰定元年建安劉氏日新書堂重刻本
敏求機要十六卷 CM 子/第172冊
(元)劉實撰
清乾隆四十二年知不足齋鈔本
類編古今事林群書一覽十卷 CM 子/第172冊
(宋)祝穆輯
元刻本
詩學集成押韻淵海二十卷 CM 子/第172冊
(元)嚴毅輯
元後至元六年蔡氏梅軒刻本
群書鉤玄十二卷 CM 子/第172冊
(元)高恥傳輯
元至正七年刻明修補本
聲律發蒙五卷 CM 子/第172冊
(元)祝明 (元)潘瑛撰 (明)劉節輯
明萬曆二十一年塗時相刻本
宋四六叢珠彙選十卷 CM 子/第172冊
(明)王明嶅 (明)黃金璽輯
明萬曆陳璧刻本
原始祕書十卷 CM 子/第173冊
(明)朱權輯
明刻本
羣書拾唾十二卷 CM 子/第173冊
(明)張九韶輯 (明)汪道昆增訂
明吳昭明刻本
姓源珠璣六卷 CM 子/第173冊
(明)楊信民輯
明宣德刻本
類聚古今韻府續編四十卷 CM 子/第173-174冊
(明)包瑜輯
明正德十二年劉氏安正書堂刻本
何文肅椒丘先生策府群玉文集三卷 CM 子/第174冊
(明)何喬新輯
清康熙平昌四香堂刻本
典籍便覽八卷 CM 子/第174冊
(明)范泓輯 (明)范淶補註
明萬曆三十一年范淶刻本
群書集事淵海四十七卷 CM 子/第175-176冊
不著輯者
明弘治十八年賈性刻本
謝華啟秀七卷 CM 子/第177冊
(明)楊慎輯
清康熙鈔本
均藻四卷 CM 子/第177冊
(明)楊慎輯

明刻本
哲匠金桴五卷 CM 子/第 177 冊
(明)楊慎輯
明隆慶刻本
可知編八卷 CM 子/第 177 冊
(明)梁禾撰
明萬曆刻本
新刊王制考四卷 CM 子/第 177 冊
(明)李黼輯
明刻本
古今經世格要二十八卷 CM 子/第 177 冊
(明)鄒泉輯
明刻本
物原一卷 CM 子/第 178 冊
(明)羅頎撰
明嘉靖二十四年李憲刻本
五車霏玉三十四卷 CM 子/第 178 冊
(明)吳昭明輯 (明)汪道昆增訂
明萬曆刻本
修辭指南二十卷 CM 子/第 178 冊
(明)浦南金輯
明嘉靖三十六年浦氏五樂堂刻本
左粹類纂十二卷 CM 子/第 178 冊
(明)施仁撰
明嘉靖錫山安國弘仁堂刻本
騷苑三卷補一卷 CM 子/第 179 冊
(明)黃省曾輯 (明)張所敬補輯
明萬曆二十六年潘雲獻刻本
駢語雕龍四卷 CM 子/第 179 冊
(明)游日章撰 (明)林世勤註
明萬曆繡水沈氏刻寶顏堂祕笈本
新刻詩學事類二十四卷 CM 子/第 179 冊
(明)李攀龍輯
明刻本
新刻韻學事類十二卷 CM 子/第 179 冊
(明)李攀龍輯
明刻本
姓匯四卷 CM 子/第 179 冊
(明)陳士元輯
明萬曆自刻歸雲別集本
姓觿十卷附錄一卷 CM 子/第 179 冊
(明)陳士元輯
明萬曆自刻歸雲別集本
名物類考四卷 CM 子/第 179 冊
(明)耿隨朝輯
明萬曆耿如瑾刻本
異物彙苑五卷 CM 子/第 179 冊
(明)王世貞輯
明刻本
彙苑詳註三十六卷
CM 子/第 180－181 冊
題(明)王世貞輯
明萬曆三十三年鄒道元刻梅墅石渠閣補修本
新選古今類腴十八卷 CM 子/第 181 冊
(明)王世懋輯
明萬曆十九年舒石泉集賢書舍刻本
疆識略四十卷 CM 子/第 181－182 冊
(明)吳楚材輯
明萬曆十七年陽春園刻本
考古辭宗二十卷 CM 子/第 182 冊
(明)況叔祺輯
明嘉靖四十一年巫繼咸刻本
劉子威雜俎十卷 CM 子/第 182 冊
(明)劉鳳輯
明萬曆劉鴻英刻本
國憲家猷五十六卷
CM 子/第 183－184 冊
(明)王可大輯
明萬曆十年自刻本
文選錦字錄二十一卷 CM 子/第 184 冊
(明)凌迪知輯
明萬曆四年至五年吳興凌氏桂芝館刻文林綺繡本
續文獻通考二百五十四卷
CM 子/第 185－189 冊
(明)王圻撰
明萬曆三十一年曹時聘等刻本
三才圖會一百六卷
CM 子/第 190－192 冊
(明)王圻輯
明萬曆三十七年刻本
正音攟言四卷 CM 子/第 193 冊
(明)王荔撰 (明)王允嘉註
明崇禎刻本
亘史鈔囗囗囗卷 CM 子/第 193－194 冊
(明)潘之恒撰
明刻本
楚騷綺語六卷 CM 子/第 194 冊
(明)張之象輯
明萬曆四年至五年吳興凌氏桂芝館刻文林綺繡本
楮記室十五卷 CM 子/第 194 冊
(明)潘塤輯
明潘蔓刻本
啟蒙對偶續編四卷 CM 子/第 194 冊
(明)孟紱撰
明嘉靖二十三年刻本
類雋三十卷 CM 子/第 194－195 冊
(明)鄭若庸輯
明萬曆六年汪珙刻本
古雋考略六卷 CM 子/第 195 冊
(明)顧充輯
明萬曆二十七年李楨等刻本
新刊崑山周解元精選藝圃萃盤錄六卷
CM 子/第 195 冊
(明)周汝礪 (明)蔣以忠 (明)蔣以化輯
明金陵徐小山書坊刻本
三才考略十三卷 CM 子/第 195 冊
(明)莊元臣輯
清乾隆五十四年鈔本
新刊翰林諸書選粹四卷 CM 子/第 196 冊
(明)張元忭輯
明萬曆二年李廷梠刻本
黔類十八卷 CM 子/第 196 冊
(明)郭子章輯
明萬曆刻本
祝氏事偶十五卷 CM 子/第 196 冊
(明)祝彥輯
明崇禎刻本
廣修辭指南二十卷 CM 子/第 196 冊
(明)陳與郊輯
明萬曆陳之伸刻本
縹緗對類大全二十卷
CM 子/第 196－197 冊
不著輯者
明刻本
新刻何氏類鎔三十五卷 CM 子/第 197 冊
(明)何三畏輯
明萬曆四十七年刻本
新纂事詞類奇三十卷 CM 子/第 198 冊
(明)徐常吉輯
明萬曆周曰校刻本
六經類雅五卷 CM 子/第 198 冊
(明)徐常吉輯
明萬曆十七年刻本
左氏春秋內外傳類選八卷
CM 子/第 199 冊
(明)樊王家輯
明萬曆三十六年刻本

奇姓通十四卷 CM 子/第 199 冊
(明)夏樹芳輯
明天啓四年夏氏宛委堂刻本
異物彙苑十八卷 CM 子/第 199 冊
(明)閔文振輯
明萬曆活字本
皇明廣蒙求三十七卷
CM 子/第 199－200 冊
(明)姚光祚輯
明刻本
男子雙名記一卷 CM 子/第 200 冊
(明)陶涵中輯
涵芬樓影印清道光十一年六安晁氏木活字學海類編本
新鍥簪纓必用增補秘笈新書十三卷別集三卷 CM 子/第 200 冊
(明)謝枋得輯 (明)吳道南補輯
明萬曆三十六年刻本
事物紺珠四十六卷
CM 子/第 200－201 冊
(明)黄一正輯
明萬曆吳勉學刻本
姓氏譜纂七卷 CM 子/第 201 冊
(明)李日華撰
明崇禎元年武林魯氏刻四六全書本
時物典彙二卷 CM 子/第 201 冊
(明)李日華撰
明崇禎元年武林魯氏刻四六全書本
對制談經十五卷 CM 子/第 201 冊
(明)杜涇輯
明萬曆晉陵杜氏泰初堂刻本
諸書考略四卷 CM 子/第 201 冊
(明)徐鑒輯
明萬曆四十三年刻本
諸經紀數十八卷 CM 子/第 201 冊
(明)徐鑒撰
明萬曆刻本
事言要玄天集三卷地集八卷人集十四卷事集四卷物集三卷
CM 子/第 202－203 冊
(明)陳懋學輯
明萬曆四十六年楊秉正等刻本
獅山掌錄二十八卷 CM 子/第 203 冊
(明)吳之俊輯
明萬曆四十五年黃正中等刻本
諸經纂註三十四卷 CM 子/第 204 冊
(明)楊聯芳輯
明萬曆刻本
駢字馮霄二十四卷
CM 子/第 204－205 冊
(明)徐應秋輯
明末刻本
新鐫陳太史子史經濟言十二卷
CM 子/第 205 冊
(明)陳子壯輯
明天啓刻本
群書考索古今事文玉屑二十四卷
CM 子/第 205 冊
(明)楊淙輯
明萬曆二十五年葉貴等刻本
朱翼不分卷 CM 子/第 206 冊
(明)江旭奇輯
明萬曆四十四年刻本
唐類函二百卷目錄二卷
CM 子/第 207－210 冊
(明)俞安期輯
明萬曆三十一年刻四十六年重修本
詩雋類函一百五十卷
CM 子/第 211－213 冊
(明)俞安期輯 (明)梅鼎祚增定
明萬曆三十七年自刻本
劉氏類山十卷 CM 子/第 214 冊
(明)劉胤昌輯
明萬曆三十三年刻本
卓氏藻林八卷 CM 子/第 214 冊
(明)卓明卿輯
明萬曆八年紗香室刻本
劉氏鴻書一百八卷
CM 子/第 214－215 冊
(明)劉仲達輯
明萬曆刻本
儒函數類六十二卷目錄四卷
CM 子/第 216 冊
(明)汪宗姬輯
明萬曆四十年汪猶龍刻本
蟫史集十一卷 CM 子/第 216 冊
(明)穆希文輯
明萬曆刻本
婦女雙名記一卷 CM 子/第 216 冊
(明)李肇亨輯
涵芬樓影印清道光十一年六安晁氏木活字學海類編本
鐫五侯鯖十二卷 CM 子/第 216 冊
(明)彭儼撰
明萬曆三十一年吳勉學刻本
文竿彙氏二十四卷 CM 子/第 217 冊
(明)傅作興輯
明崇禎刻本
十三經類語十四卷附十三經序論選一卷
CM 子/第 217 冊
(明)羅萬藻輯 (明)魯重民註 (明)何兆聖輯附
明崇禎十三年刻本
庶物異名疏三十卷 CM 子/第 218 冊
(明)陳懋仁撰
明崇禎刻本
尚友錄二十二卷 CM 子/第 218 冊
(明)廖用賢輯
明天啓刻本
文奇豹斑十二卷 CM 子/第 219 冊
(明)陳繼儒輯
明申申閣刻本
五車韻瑞一百六十卷附洪武正韻一卷
CM 子/第 219 — 220 冊
(明)凌稚隆輯
明葉瑤池刻本
茹古略集三十卷 CM 子/第 221 冊
(明)程良孺撰
明崇禎韻樓自刻本
古今好議論十卷 CM 子/第 221 冊
(明)呂一經輯
明崇禎刻本
名物通十卷附一卷 CM 子/第 221 冊
(明)劉侗輯
明末王氏鑒萬館刻重修本
新鐫六經纂要不分卷 CM 子/第 222 冊
(明)顏茂猷輯
明末刻本
事物考八卷 CM 子/第 222 冊
(明)王三聘輯
明隆慶三年刻本
傭吹錄首集二十卷 CM 子/第 222 冊
(明)文德翼輯
清康熙四年古秋堂刻本
傭吹錄二集二十一卷 CM 子/第 222 冊
(明)文德翼輯
清康熙求是堂刻本
四六霞肆十六卷 CM 子/第 223 冊
(明)何偉然輯
明胡正言十竹齋刻本
廣韻藻六卷 CM 子/第 223 冊

（明）方夏輯
明崇禎十五年方來刻本
麗句集六卷 CM 子/第 224 冊
（明）許之吉輯
明天啓間刻本
文苑彙雋二十四卷 CM 子/第 224 冊
（明）孫丕顯輯
明萬曆三十六年刻本
新鐫古今事物原始全書三十卷
CM 子/第 224 冊
（明）徐炬輯
明萬曆二十一年自刻本
菉斐堂子史彙纂二十四卷
CM 子/第 225 冊
（明）馮廷章輯
明崇禎十六年菉斐堂刻本
對類二十卷 CM 子/第 225 冊
不著輯者
明正統十二年司禮監刻本
大政管窺七卷 CM 子/第 226 冊
不著輯者
清鈔本
類姓登科考六卷 CM 子/第 226 冊
（清）盛子鄴輯
清鈔本
省軒考古類編十二卷 CM 子/第 227 冊
（清）柴紹炳撰
清雍正四年澹成堂刻本
希姓補五卷 CM 子/第 227 冊
（明）楊慎輯（清）單隆周補輯
清康熙刻本
廣羣輔錄六卷 CM 子/第 227 冊
（晉）陶潛撰（清）徐汾補輯
清康熙九年刻本
新纂氏族箋釋八卷 CM 子/第 227 冊
（清）熊峻運撰
清乾隆四年積秀堂學畬堂刻本
二酉彙刪二十四卷
CM 子/第 227－228 冊
（清）王訓輯
清康熙三年擇雅堂刻本
古今疏十五卷 CM 子/第 228 冊
（清）朱虛輯
清順治萬卷樓刻本
三才藻異三十三卷目錄三十三卷
CM 子/第 228－229 冊
（清）屠粹忠輯
清康熙二十八年栩園刻本
三才彙編六卷 CM 子/第 229 冊
（清）龔在升輯（清）顧理美增補
清康熙五年刻本
千家姓增補註釋一卷 CM 子/第 229 冊
（清）崔冕撰
清鈔本
教養全書四十三卷 CM 子/第 230 冊
（清）應撝謙撰
舊鈔本
韻粹不分卷 CM 子/第 230 冊
（清）朱昆田輯
清鈔本
宮閨小名錄五卷後錄一卷
CM 子/第 230 冊
（清）尤侗輯（清）余懷輯後錄
清康熙二十九年刻本
同姓名錄八卷 CM 子/第 231 冊
（清）王廷燦輯
清有懷堂鈔本
蘭雪堂古事苑定本十二卷
CM 子/第 231 冊
（明）鄧志謨輯
清康熙蘭雪堂刻本
行年錄不分卷 CM 子/第 231－232 冊
（清）魏方泰輯
清乾隆十七年家刻本
石樓臆編六卷 CM 子/第 232 冊
（清）周綸輯
清康熙刻本
五經類編二十八卷 CM 子/第 233 冊
（清）周世樟輯
清康熙二十三年刻本
古事比五十二卷 CM 子/第 233－234 冊
（清）方中德輯
清康熙四十五年書種齋刻本
廣事類賦四十卷 CM 子/第 234 冊
（清）華希閔輯
清乾隆錫山劍光閣刻本
三體摭韻不分卷 CM 子/第 235 冊
（清）朱昆田輯
清鈔本
文獻通考節貫十卷 CM 子/第 235 冊
（清）周宗濂輯
清乾隆十五年竹友草堂刻本
考古略八卷補五卷
CM 子/第 235－236 冊
（清）王文清輯
稿本
考古原始六卷 CM 子/第 236 冊
（清）王文清輯
清刻本
春秋經傳類聯不分卷 CM 子/第 236 冊
（清）王繩曽輯
清雍正十二年多歲草堂刻本
杜韓詩句集韻三卷 CM 子/第 236 冊
（清）汪文柏輯
清康熙四十六年刻本
古今記林二十九卷 CM 子/第 236 冊
（清）汪士漢輯
清乾隆五年居仁堂刻本
群書備考古學提十卷 CM 子/第 237 冊
（清）陳應廖輯
清乾隆元年浣花軒刻本
是菴日記十四卷 CM 子/第 237 冊
（清）楊擁輯
稿本
類書纂要三十三卷
CM 子/第 237－238 冊
（清）周魯輯
清康熙姑蘇三槐堂刻本
駢語類鑑四卷 CM 子/第 238 冊
（清）周池輯
清嘉慶二十三年光霽堂刻本
燕丹子三卷 CM 子/第 239 冊
不著撰者
清嘉慶承德孫氏刻問經堂叢書本
南北史續世說十卷 CM 子/第 239 冊
（唐）李垕撰
明萬曆安茂卿刻三十七年俞安期翏翏閣重修本
月河所聞集一卷 CM 子/第 239 冊
（宋）莫君陳撰
明鈔本
靜齋至正直記四卷 CM 子/第 239 冊
（元）孔齊撰
清鈔本
冀越集記一卷後集一卷附相宅管說一卷
CM 子/第 239 冊
（元）熊太古撰
清乾隆四十七年本吳翌鳳鈔本
農田餘話二卷 CM 子/第 239 冊
題（明）長谷真逸輯
明萬曆繡水沈氏刻寶顏堂祕笈本

可齋雜記一卷 CM 子/第 239 冊
(明)彭時撰
涵芬樓影印明刻歷代小史詩本
方洲雜言一卷 CM 子/第 239 冊
(明)張寧撰
明萬曆繡水沈氏刻寶顏堂祕笈本
謇齋瑣綴錄八卷 CM 子/第 239 冊
(明)尹直撰
明鈔國朝典故本
雙槐歲抄十卷 CM 子/第 239 冊
(明)黃瑜撰
明嘉靖三十八年陸延枝刻本
石田雜記一卷 CM 子/第 239 冊
(明)沈周撰
涵芬樓影印清道光十一年六安晁氏木活字學海類編本
雙溪雜記一卷 CM 子/第 239 冊
(明)王瓊撰
涵芬樓影印明刻今獻彙言本
立齋閑錄四卷 CM 子/第 239 冊
(明)宋端儀撰
明鈔本
寓圃雜記十卷 CM 子/第 239 冊
(明)王錡撰
清鈔本
復齋日記一卷 CM 子/第 239 冊
(明)許浩撰
涵芬樓影印明刻歷代小史本
野記四卷 CM 子/第 240 冊
(明)祝允明撰
明毛文燁刻本
皇明紀畧一卷 CM 子/第 240 冊
(明)皇甫錄撰
涵芬樓影印明刻歷代小史本
近峯聞略一卷 CM 子/第 240 冊
(明)皇甫錄撰
明刻古今名賢彙語本
下陴記談二卷 CM 子/第 240 冊
(明)皇甫錄撰
明嘉靖刻本
延休堂漫錄一卷 CM 子/第 240 冊
不著撰者
清順治三年宛委山堂刻說郛續本
蒹勝野聞一卷 CM 子/第 240 冊
(明)徐禎卿撰
明刻本
碧里雜存一卷 CM 子/第 240 冊
(明)董穀撰
明萬曆繡水沈氏刻寶顏堂祕笈本
苹野纂聞一卷 CM 子/第 240 冊
(明)伍餘福撰
清道光十一年六安晁氏木活字學海類編本
賢識錄一卷 CM 子/第 240 冊
(明)陸釴撰
涵芬樓影印明刻今獻彙言本
病逸漫記一卷 CM 子/第 240 冊
(明)陸釴撰
明白雀山房鈔本
孤樹裒談十卷 CM 子/第 240 冊
(明)李默輯
明刻本
北窗瑣語一卷 CM 子/第 240 冊
(明)余永麟撰
清乾隆金氏硯雲書屋刻硯雲本
病榻遺言一卷 CM 子/第 240 冊
(明)高拱撰
涵芬樓影印明萬曆刻紀錄彙編本
國朝名世類苑四十六卷
CM 子/第 240－241 冊
(明)凌迪知輯
明萬曆四年刻本
邇訓二十卷 CM 子/第 241 冊
(明)方學漸撰
明刻本
西吳里語四卷 CM 子/第 241 冊
(明)宋雷撰
民國烏程張氏刻適園叢書本
訂正吳社編一卷 CM 子/第 241 冊
(明)王稺登撰
明刻本
連抑武雜記不分卷 CM 子/第 241 冊
(明)連鑛撰
稿本
世說新語補四卷 CM 子/第 242 冊
(明)何良俊撰 (明)王世貞刪定
明萬曆張懋辰刻本
西臺漫紀六卷 CM 子/第 242 冊
(明)蔣以化撰
明萬曆刻本
見聞雜紀九卷續二卷 CM 子/第 242 冊
(明)李樂撰
明萬曆刻本
林居漫錄前集六卷別集九卷畸集五卷多集六卷 CM 子/第 242 冊
(明)伍袁萃撰
清鈔本
闇然堂類纂六卷 CM 子/第 242 冊
(明)潘士藻撰
明萬曆刻本
西山日記二卷 CM 子/第 242 冊
(明)丁元薦撰
清鈔本
玉堂叢語八卷 CM 子/第 243 冊
(明)焦竑撰
明萬曆四十六年徐象樗曼山館刻本
汝南遺事二卷 CM 子/第 243 冊
(明)李本固撰
清初鈔本
客座贅語十卷 CM 子/第 243 冊
(明)顧起元撰
明萬曆四十六年自刻本
剪桐載筆一卷 CM 子/第 243 冊
(明)王象晉撰
明末毛晉刻本
金華雜識四卷 CM 子/第 243 冊
(明)楊德周撰
明刻本
嶠南瑣記二卷 CM 子/第 243 冊
(明)魏濬撰
明刻本
琅嬛史唾十六卷 CM 子/第 243 冊
(明)徐象梅撰
明萬曆刻本
皇明世說新語八卷附釋名一卷
CM 子/第 244 冊
(明)李紹文撰
明萬曆刻本
見聞錄八卷 CM 子/第 244 冊
(明)陳繼儒撰
明萬曆繡水沈氏刻寶顏堂祕笈本
太平清話四卷 CM 子/第 244 冊
(明)陳繼儒撰
明萬曆繡水沈氏刻寶顏堂祕笈本
西峰淡話一卷 CM 子/第 244 冊
(明)茅元儀撰
清順治三年宛委山堂刻說郛續本
清言十卷 CM 子/第 244 冊
(明)鄭仲夔撰
明萬曆四十五年刻玉麈新譚本
癸未夏抄四卷 CM 子/第 244 冊

(清)靜福撰
清鈔本
雲間雜誌二卷 CM 子/第 244 冊
不著撰者
清乾隆平湖陸氏刻奇晉齋叢書本
玉堂薈記一卷 CM 子/第 244 冊
(清)楊士聰撰
清鈔本
庭聞州世說六卷 CM 子/第 244 冊
(清)宮偉鏐撰
清康熙刻本
玉劍尊聞十卷 CM 子/第 244 冊
(清)梁維樞撰
清順治賜麟堂刻本
明語林十四卷補遺一卷 CM 子/第 245 冊
(清)吳肅公撰
清光緒巴陵方氏廣東刻宣統元年印碧琳琅館叢書本
今世說八卷 CM 子/第 245 冊
(清)王晫撰
清道光光緒南海伍氏刻粵雅堂叢書本
隴蜀餘聞一卷 CM 子/第 245 冊
(清)王士禛撰
清康熙王氏家刻後印本
皇華紀聞四卷 CM 子/第 245 冊
(清)王士禛撰
清康熙王氏家刻後印本
漢世說口口卷 CM 子/第 245 冊
(清)章撫功輯
清七硯書堂鈔本
過庭紀餘三卷 CM 子/第 245 冊
(清)陶越撰
清鈔本
山海經釋義十八卷圖一卷 CM 子/第 245 冊
(明)王崇慶撰
明萬曆大業堂刻本
幽怪錄四卷續幽怪錄一卷 CM 子/第 245 冊
(唐)牛僧孺撰 (唐)李復言撰續
明書林陳應翔刻本
續幽怪錄四卷 CM 子/第 245 冊
(唐)李復言撰
宋臨安府太廟前尹家書籍鋪刻本
集異志二卷 CM 子/第 245 冊
(唐)陸勳撰
明鈔本
劍俠傳四卷附錄一卷 CM 子/第 245 冊
不著撰者
明隆慶三年履謙子刻本
錄異記八卷 CM 子/第 245 冊
(前蜀)杜光庭撰
明鈔本
括異志十卷 CM 子/第 246 冊
(宋)張師正撰
明鈔本
青瑣高議前集十卷後集十卷別集七卷 CM 子/第 246 冊
(宋)劉斧撰
清紅藥山房鈔本
雲齋廣錄九卷 CM 子/第 246 冊
(宋)李獻民撰
民國二十五年上海中央書店排印本
五色線集三卷 CM 子/第 246 冊
不著撰者
明弘治刻本
續夷堅志前集一卷後集一卷 CM 子/第 246 冊
(金)元好問撰
清鈔本
異聞總錄四卷 CM 子/第 246 冊
不著撰者
清康熙振鷺堂據明商氏刻稗海本重編補刻本
效顰集二卷 CM 子/第 246 冊
(明)趙弼撰
明嘉靖二十七年趙子伯重刻本
都公譚纂二卷 CM 子/第 246 冊
(明)都穆撰 (明)陸采輯
明鈔本
虞初志八卷 CM 子/第 246 冊
(明)湯顯祖輯
明刻本
祝子志怪錄五卷 CM 子/第 246 冊
(明)祝允明撰
明萬曆四十年祝世廉刻本
西樵野記十卷 CM 子/第 246 冊
(明)侯甸撰
明鈔本
見聞紀訓二卷 CM 子/第 246 冊
(明)陳良謨撰
明萬曆七年徐琳刻本
冶城客論一卷 CM 子/第 246 冊
(明)陸采撰
清鈔本
祐山雜說一卷 CM 子/第 246 冊
(明)馮汝弼撰
明萬曆繡水沈氏刻寶顏堂祕笈本
新編古今奇聞類紀十卷 CM 子/第 247 冊
(明)施顯卿輯
明萬曆四年刻本
異林十六卷 CM 子/第 247 冊
(明)朱謀㙔撰
明萬曆師廷鏌刻本
快雪堂漫錄一卷 CM 子/第 247 冊
(明)馮夢禎撰
清乾隆平湖陸氏刻奇晉齋叢書本
孝經集靈一卷 CM 子/第 247 冊
(明)虞淳熙輯
涵芬樓影印清道光十一年六安晁氏木活字學海類編本
仙佛奇蹤八卷 CM 子/第 247 冊
(明)洪應明撰
明萬曆刻本
獪園十六卷 CM 子/第 247 冊
(明)錢希言撰
清鈔本
耳新十卷 CM 子/第 247 冊
(明)鄭仲夔撰
清鈔本
湖海搜奇二卷 CM 子/第 248 冊
(明)王兆雲撰
明徐應瑞等刻本
揮麈新譚二卷白醉瑣言二卷說圃識餘二卷 CM 子/第 248 冊
(明)王兆雲撰
明徐應瑞等刻本
漱石閒談二卷 CM 子/第 248 冊
(明)王兆雲撰
清鈔本
新刻徐比部燕山叢錄二十二卷 CM 子/第 248 冊
(明)徐昌祚撰
明萬曆三十年自刻本
敝帚軒剩語三卷補遺一卷 CM 子/第 248 冊
(明)沈德符撰
涵芬樓影印清道光十一年六安晁氏木活字學海類編本
新刻耳談十五卷 CM 子/第 248 冊
(明)王同軌撰

明刻本
聞見錄一卷 CM 子/第 249 册
(明)姚宣撰
明鈔本
逸史搜奇一百卷 CM 子/第 249 册
(明)汪雲程輯
明刻本
才鬼記十六卷 CM 子/第 249 册
(明)梅鼎祚輯
明萬曆三十三年蟫隱居刻三才靈記本
蚓菴瑣語一卷 CM 子/第 249 册
(清)王逋撰
清康熙刻說鈴本
矩齋雜記二卷 CM 子/第 249 册
(清)施閏章撰
清康熙乾隆刻施愚山先生全集本
冥報錄二卷 CM 子/第 249 册
(清)陸圻撰
清康熙刻說鈴本
史異纂十六卷 CM 子/第 249 册
(清)傅燮詷輯
清康熙三十三年刻本
觚賸八卷續編四卷 CM 子/第 250 册
(清)鈕琇撰
清康熙三十九年臨野堂刻本
曠園雜誌二卷 CM 子/第 250 册
(清)吳陳琰撰
清康熙刻說鈴本
述異記三卷 CM 子/第 250 册
(清)東軒主人輯
清康熙刻說鈴本
鄢署雜鈔十二卷首一卷末一卷
CM 子/第 250 册
(清)汪為熹撰
清康熙綸暇堂刻本
果報聞見錄一卷 CM 子/第 250 册
(清)楊式傳撰
清康熙刻說鈴本
信徵錄一卷 CM 子/第 250 册
(清)徐慶輯
清康熙刻說鈴本
見聞錄四卷 CM 子/第 250 册
(清)徐岳撰
清乾隆十七年大德堂刻本
簪雲樓雜說一卷 CM 子/第 250 册
(清)陳尚古撰
清鈔本
牡丹榮辱志一卷 CM 子/第 250 册
(宋)丘璿撰
武進陶氏影刻宋咸淳刻百川學海本
問答錄一卷 CM 子/第 250 册
(宋)蘇軾撰
明萬曆繡水沈氏刻寶顏堂祕笈本
開顏集二卷 CM 子/第 250 册
(宋)周文玘輯
明刻本
新刻古杭雜記詩集四卷 CM 子/第 250 册
不著撰者
清光緒錢塘丁氏嘉惠堂刻武林掌故叢編本
增修埤雅廣要四十二卷 CM 子/第 250 册
(明)牛衷增修
明天順元年吳從政刻本
十處士傳一卷 CM 子/第 250 册
(明)支立撰
明天啓快堂刻快書本
蓬窗類記五卷 CM 子/第 250 册
(明)黃暐撰
明鈔本
博物志補二卷 CM 子/第 250 册
(明)游潛撰
明萬曆二十八年游日陛修補本
香奩四友傳二卷 CM 子/第 250 册
(明)陸奎章撰
明嘉靖刻本
古今風謠一卷古今諺一卷
CM 子/第 250 册
(明)楊慎輯
清乾隆綿州李氏萬卷樓刻嘉慶十四年李鼎元重校印函海本
六語三十一卷 CM 子/第 251 册
(明)郭子章輯
明萬曆刻本
廣滑稽三十六卷 CM 子/第 251 册
(明)陳禹謨輯
明萬曆刻本
古今寓言十二卷 CM 子/第 252 册
(明)詹景鳳輯
明萬曆九年陳世寶刻本
廣諧史十卷 CM 子/第 252 册
(明)陳邦俊輯
明萬曆四十三年沈應魁刻本
清異續錄一卷 CM 子/第 252 册
(明)李肇亨輯
清鈔本
小窗自紀四卷豔紀十四卷清紀五卷別紀四卷 CM 子/第 252–253 册
(明)吳從先輯
明萬曆刻本
筆史二卷 CM 子/第 253 册
(明)楊思本撰
清鈔本
青泥蓮花記十三卷 CM 子/第 253 册
(明)梅鼎祚輯
明萬曆三十年鹿角山房刻本
板橋雜記三卷 CM 子/第 253 册
(清)余懷撰
清康熙刻說鈴本
佛祖統記五十四卷 CM 子/第 254 册
(宋)釋志磐撰
宋咸淳元年至六年胡慶宗等募刻本
武林西湖高僧事略一卷續一卷
CM 子/第 254 册
(宋)釋元敬撰(宋)釋元複撰(明)釋袾宏輯續
明崇禎袾宏刻本
神僧傳九卷 CM 子/第 254 册
(明)成祖朱棣輯
明永樂十五年刻本
大藏一覽集十卷 CM 子/第 254 册
(明)陳實輯
明洪武二十二年陳道堅等刻永樂正統間遞修本
法喜志四卷續法喜志四卷
CM 子/第 255 册
(明)夏樹芳輯
明萬曆江陰夏氏清遠樓刻本
長松茹退二卷 CM 子/第 255 册
(明)釋真可撰
明萬曆繡水沈氏刻寶顏堂祕笈本
吳都法乘十二卷 CM 子/第 255 册
(明)周永年撰
清鈔本
南宋元明禪林僧寶傳十五卷
CM 子/第 255 册
(清)釋自融撰(清)釋性磊補輯
涵芬樓影印日本排印續藏經本
現果隨錄一卷 CM 子/第 255 册
(清)釋戒顯撰
清康熙刻說鈴本
陰符經三皇玉訣三卷 CM 子/第 256 册

不著撰者
明鈔本
黄帝陰符經註二卷　CM 子/第 256 册
(唐)唐淳撰
明末刻陰符經諸家註本
黄帝陰符經集解三卷　CM 子/第 256 册
(宋)袁淑真撰
涵芬樓影印明正統刻道藏本
黄帝陰符經註一卷　CM 子/第 256 册
(宋)俞琰撰
明末刻陰符經諸家註本
黄帝陰符經註一卷　CM 子/第 256 册
(金)劉處玄撰
涵芬樓影印明正統刻道藏本
黄帝陰符經註一卷　CM 子/第 256 册
(元)侯善淵撰
明末刻陰符經諸家註本
黄帝陰符經解一卷　CM 子/第 256 册
(明)焦竑撰
明末刻陰符經諸家註本
陰符經注一卷　CM 子/第 256 册
(清)李光地撰
清康熙五十八年清謹軒刻安溪李文貞公解義三種本
道德經二卷　CM 子/第 256 册
(清)胡與高註 (清)胡與宗解
清乾隆十三年雲水樓刻本
道德懸解二卷　CM 子/第 256 册
(清)黄元御撰
清鈔本
莊子通義十卷　CM 子/第 256 册
(明)朱得之撰
明嘉靖三十九年朱得之浩然齋刻本
解莊十二卷　CM 子/第 256 册
(明)陶望齡撰 (明)郭正域評
明天啓元年茅兆河刻套印本
南華真經副墨八卷
CM 子/第 256－257 册
(明)陸西星撰
明萬曆六年李齊芳刻本
藥地炮莊九卷　CM 子/第 257 册
(明)方以智撰
清康熙此藏軒刻本
莊子解三卷　CM 子/第 257 册
(清)吴世尚撰
清康熙五十四年光裕堂刻本
南華通七卷　CM 子/第 257 册
(清)孫嘉淦撰
清乾隆刻本
南華本義不分卷　CM 子/第 257 册
(清)林仲懿撰
清乾隆十六年存悔堂刻本
南華經簡鈔四卷　CM 子/第 257 册
(清)徐廷槐輯
清乾隆六年刻本
觀老莊影響論一卷　CM 子/第 257 册
(明)釋德清撰
明萬曆顔廣瞎刻本
參同契章句一卷　CM 子/第 257 册
(清)李光地撰
清康熙五十八年清謹軒刻安溪李文貞公解義三種本
古文周易參同契註八卷 CM 子/第 258 册
(清)袁仁林撰
清道光二十六年宏道書院刻惜陰軒叢書本
周氏冥通記四卷　CM 子/第 258 册
(梁)陶弘景撰
明刻本
金丹詩訣二卷　CM 子/第 258 册
(唐)吕巖撰
明萬曆繡水沈氏刻寶顔堂祕笈本
西山群仙會真記五卷　CM 子/第 258 册
(唐)施肩吾撰
涵芬樓影印明正統刻道藏本
仙苑編珠三卷　CM 子/第 258 册
(唐)王松年撰
涵芬樓影印明正統刻道藏本
道教靈驗記十五卷　CM 子/第 258 册
(前蜀)杜光庭撰
涵芬樓影印明正統刻道藏本
神仙感遇傳五卷　CM 子/第 258 册
(前蜀)杜光庭撰
涵芬樓影印明正統刻道藏本
墉城集仙錄六卷　CM 子/第 258 册
(前蜀)杜光庭撰
明鈔本
洞天福地嶽瀆名山記一卷
CM 子/第 258 册
(前蜀)杜光庭撰
清陳氏晚晴軒鈔本
无上秘要一卷　CM 子/第 258 册
不著撰者
明萬曆繡水沈氏刻寶顔堂祕笈本
胎息經一卷　CM 子/第 258 册
題幻真先生註
明崇禎虞山毛氏汲古閣刻津逮秘書本
疑仙傳三卷　CM 子/第 258 册
題玉簡撰
明鈔本
翊聖保德傳三卷　CM 子/第 258 册
(宋)王欽若撰
清鈔本
三洞羣仙錄二十卷　CM 子/第 258 册
(宋)陳葆光撰
涵芬樓影印明正統刻道藏本
道門定制十卷　CM 子/第 258 册
(宋)吕元素集成
涵芬樓影印明正統刻道藏本
梅仙觀記一卷　CM 子/第 259 册
(宋)楊智遠輯
涵芬樓影印明正統刻道藏本
延壽第一紳言一卷　CM 子/第 259 册
(宋)愚谷老人撰
涵芬樓影印清道光十一年六安晁氏木活字學海類編本
金丹正理大全玄學正宗二卷
CM 子/第 259 册
(宋)俞琰撰
明嘉靖十七年周藩刻金丹正理大全本
爐火監戒錄一卷　CM 子/第 259 册
(宋)俞琰撰
涵芬樓影印清道光十一年六安晁氏木活字學海類編本
西嶽華山志一卷　CM 子/第 259 册
(金)王處一撰
涵芬樓影印明正統刻道藏本
海瓊傳道集一卷　CM 子/第 259 册
(宋)洪知常輯
明天啓四年刻崇禎十五年補修一化元宗本
攝生消息論一卷　CM 子/第 259 册
(元)邱處機撰
涵芬樓影印清道光十一年六安晁氏木活字學海類編本
清庵先生中和集前集三卷後集三卷附道德會元一卷　CM 子/第 259 册
(元)李道純撰 (元)蔡志頤輯
明弘治十年許孟仁刻本
三元延壽參贊書五卷　CM 子/第 259 册
(元)李鵬飛輯

涵芬樓影印明正統刻道藏本
金丹正理大全金丹大要十卷 CM 子/第 259 冊
(元)陳致虚撰
明嘉靖十七年周藩刻金丹正理大全本
清微仙譜一卷道迹靈仙記一卷上清後聖道君列紀一卷 CM 子/第 259 冊
不著撰者
涵芬樓影印明正統刻道藏本
洞玄靈寶三師記一卷 CM 子/第 259 冊
(唐)劉處靜撰
涵芬樓影印明正統刻道藏本
終南山祖庭仙真内傳三卷 CM 子/第 259 冊
(元)李道謙輯
清鈔本
終南山說經臺歷代真仙碑記一卷 CM 子/第 259 冊
(元)朱象先輯
清鈔本
甘水仙源錄十卷 CM 子/第 259 冊
(元)李道謙輯
清鈔本
玄品錄五卷 CM 子/第 259 冊
(元)張雨撰
涵芬樓影印明正統刻道藏本
徐仙翰藻十四卷 CM 子/第 259 冊
(元)陳夢根輯
涵芬樓影印明萬曆刻續道藏本
賛靈集四卷 CM 子/第 259 冊
(元)口口輯
涵芬樓影印明萬曆刻續道藏本
御制周顛僊人傳一卷 CM 子/第 259 冊
(明)太祖朱元璋撰
涵芬樓影印明萬曆刻紀錄彙編本
神隱二卷 CM 子/第 260 冊
(明)朱權撰
明刻本
修齡要指一卷 CM 子/第 260 冊
(明)冷謙撰
涵芬樓影印清道光十一年六安晁氏木活字學海類編本
龍門子凝道記三卷 CM 子/第 260 冊
(明)宋濂撰
明初刻本
霞外雜俎一卷 CM 子/第 260 冊
(明)杜巽才撰
明嘉靖錢塘洪楩輯刻洪楩輯刊醫藥攝生類八種本
至游子二卷 CM 子/第 260 冊
不著撰者
明嘉靖四十五年姚汝循刻重修本
金丹正理大全諸真玄奥集成九卷 CM 子/第 260 冊
題涵蟾子輯
明嘉靖十七年周藩刻金丹正理大全本
金丹正理大全群仙珠玉集成四卷 CM 子/第 260 冊
清虚子續輯(卷四題)
明萬曆十九年金陵閻氏刻道書全集本
黄白鏡一卷續黄白鏡一卷 CM 子/第 260 冊
(明)李文燭撰
明刻本
含玄子十六卷附錄一卷 CM 子/第 260 冊
(明)趙樞生撰
明活字本
香案牘一卷 CM 子/第 260 冊
(明)陳繼儒撰
明萬曆繡水沈氏刻寶顔堂祕笈本
養生膚語一卷 CM 子/第 260 冊
(明)陳繼儒撰
涵芬樓影印清道光十一年六安晁氏木活字學海類編本
攝生要語一卷 CM 子/第 260 冊
(明)息齋居士撰
涵芬樓影印清道光十一年六安晁氏木活字學海類編本
二六功課一卷 CM 子/第 260 冊
(明)石室道人撰
涵芬樓影印清道光十一年六安晁氏木活字學海類編本
古今列仙通紀六十卷 CM 子/第 260－261 冊
(清)薛大訓輯
清刻本
真詮二卷 CM 子/第 261 冊
(明)桑喬撰
明嘉靖刻本
萬壽仙書四卷 CM 子/第 261 冊
(清)曹無極輯
清刻本

集部

楚辭集解十六卷蒙引二卷考異一卷大序一卷小序一卷 CM 集/第 1 冊
(明)汪瑗撰
明萬曆四十三年汪文英刻本
離騷草木疏補四卷 CM 集/第 1 冊
(宋)吴仁傑疏 (明)屠本畯補
明萬曆刻本
楚騷協韻十卷讀騷大旨一卷 CM 集/第 1 冊
(明)屠本畯撰
明隆慶六年刻本
楚辭聽直八卷合論一卷 CM 集/第 1 冊
(明)黄文焕撰
明崇禎十六年刻清順治十四年續刻本
楚辭評林八卷總評一卷 CM 集/第 2 冊
(宋)朱熹集註 (明)沈雲翔輯評
明崇禎十年吴郡八詠樓刻本
天問補註一卷 CM 集/第 2 冊
(清)毛奇齡撰
清康熙間刻西河合集本
楚辭燈四卷附楚懷襄二王在位事蹟考一卷 CM 集/第 2 冊
(清)林雲銘撰
清康熙三十六年挹奎樓刻本
離騷經註一卷附九歌註一卷 CM 集/第 2 冊
(清)李光地撰
清康熙五十八年清謹軒刻安溪李文貞公解義三種本
離騷經解略一卷 CM 集/第 2 冊
(清)方楘如撰
清乾隆十九年佩古堂刻集虚齋學古文附刻本
離騷解一卷 CM 集/第 2 冊
(清)顧成天撰
清乾隆六年刻本
楚詞九歌解一卷 CM 集/第 2 冊
(清)顧成天撰
清乾隆六年刻本
讀騷列論一卷 CM 集/第 2 冊
(清)顧成天撰
清乾隆六年刻本
離騷中正一卷讀騷管見一卷 CM 集/第 2 冊
(清)林仲懿撰
清乾隆十年世錦堂刻本
屈騷心印五卷 CM 集/第 2 冊
(清)夏大霖撰

清乾隆三十九年一本堂刻本
楚辭新集註八卷末一卷 CM 集/第 2 冊
(清)屈復撰
清乾隆三年弱水草堂刻本
屈子章句七卷 CM 集/第 2 冊
(清)劉夢鵬撰
清乾隆五十四年藜青堂刻本
諸葛丞相集四卷 CM 集/第 3 冊
(蜀)諸葛亮撰 (清)朱璘輯
清康熙三十七年萬卷堂刻本
陶元亮詩四卷 CM 集/第 3 冊
(晉)陶潛撰 (明)黃文煥析義
明末刻本
東山草堂陶詩箋五卷首一卷
CM 集/第 3 冊
(清)邱嘉穗評註
清康熙刻本
陶詩彙註四卷首一卷末一卷
CM 集/第 3 冊
(清)吳瞻泰輯
清康熙四十四年程崟刻本
漫叟拾遺一卷 CM 集/第 3 冊
(唐)元結撰
明鈔本
李詩鈔述註十六卷 CM 集/第 3 冊
(明)林兆珂撰
明萬曆刻本
杜工部七言律詩二卷 CM 集/第 3 冊
(唐)杜甫撰 (元)虞集注
明刻本
讀杜詩愚得十八卷重定杜子年譜詩史目錄一卷 CM 集/第 4 冊
(明)單復撰
明天順元年朱熊梅月軒刻弘治十四年重修本
杜工部詩通十六卷 CM 集/第 4 冊
(明)張綖註
明隆慶六年張守中刻本
杜律意註二卷 CM 集/第 4 冊
(明)趙統撰
清刻本
杜詩鈔述註十六卷 CM 集/第 4 冊
(明)林兆珂撰
明萬曆間刻本
杜律意箋二卷 CM 集/第 5 冊
(唐)杜甫撰 (明)顔廷榘箋注
明刻本
杜詩分類五卷 CM 集/第 5 冊
(唐)杜甫撰 (明)傅振商輯
明萬曆四十一年傅振商刻本
杜工部詩說十二卷杜詩概說一卷
CM 集/第 5 冊
(清)黃生撰
清康熙三十五年一木堂刻本
讀書堂杜工部詩集註解二十卷文集註解二卷杜工部編年詩史譜目一卷
CM 集/第 5－6 冊
(唐)杜甫撰 (清)張溍註
清康熙三十七年張氏讀書堂刻本
杜詩會粹二十四卷年譜一卷
CM 集/第 6 冊
(唐)杜甫撰 (清)張遠箋
清康熙刻本
杜詩論文五十六卷 CM 集/第 7 冊
(清)吳見思撰 (清)潘眉評
清康熙十一年常州岱淵堂刻本
杜詩闡三十三卷 CM 集/第 7－8 冊
(清)盧元昌撰
清康熙刻本
杜律詳解八卷 CM 集/第 8 冊
(清)紀容舒撰
清鈔本
讀杜心解六卷首二卷 CM 集/第 8－9 冊
(清)浦起龍撰
清雍正二年至三年浦氏寧我齋刻本
類箋唐王右丞詩集十卷文集四卷外編一卷年譜一卷唐諸家同詠集一卷贈題集一卷歷朝諸家評王右丞詩畫鈔一卷 CM 集/第 9 冊
(唐)王維撰 (宋)劉辰翁評 (明)顧起經註
明嘉靖三十五年無錫顧氏奇字齋刻本
樊紹述集二卷 CM 集/第 9 冊
(唐)樊紹述撰 (清)孫之騄輯註
清初刻晴川八識本
香山詩鈔二十卷 CM 集/第 9 冊
(唐)白居易撰 (清)楊大鶴選
清康熙四十年刻本
玉川子詩集五卷 CM 集/第 10 冊
(唐)盧仝撰 (清)孫之騄註
清初刻晴川八識本
西崑發微三卷 CM 集/第 10 冊
(清)吳喬撰
清康熙盛德容刻本
李長吉歌詩四卷外集一卷首一卷
CM 集/第 10 冊
(唐)李賀撰 (清)王琦彙解
清乾隆王氏寶笏樓刻本
豐溪存稿一卷 CM 集/第 10 冊
(唐)呂從慶撰
清乾隆元年呂積初刻本
文正公尺牘三卷 CM 集/第 10 冊
(宋)范仲淹撰
元至正元年范文英歲寒堂刻本
居士集五十卷 CM 集/第 10 冊
(宋)歐陽修撰
宋紹興衢州刻本
歐陽先生遺粹十卷 CM 集/第 11 冊
(明)郭雲鵬輯
明嘉靖二十六年郭雲鵬寶善堂刻本
重編東坡先生外集八十六卷
CM 集/第 11 冊
(宋)蘇軾撰 (明)毛九苞編
明萬曆三十六年康丕揚維揚府署刻本
蘇文忠公膠西集四卷 CM 集/第 11 冊
(宋)蘇軾撰 (明)閻士選等評釋
明刻本
蘇文奇賞五十卷 CM 集/第 12 冊
(宋)蘇軾撰 (明)陳仁錫選評
明崇禎四年陳仁錫刻本
東坡禪喜集十四卷 CM 集/第 13 冊
(宋)蘇軾撰 (明)馮夢禎批點 (明)凌蒙初輯
明天啓元年凌濛初刻套印本
東坡養生集十二卷 CM 集/第 13 冊
(宋)蘇軾撰 (清)王如錫輯
明崇禎刻本
蘇詩摘律六卷 CM 集/第 14 冊
(宋)蘇軾撰 (明)劉弘集註
明天順五年劉弘王璽刻本
支離子詩一卷 CM 集/第 14 冊
(宋)黃希旦撰
清初鈔本
山谷老人刀筆二十卷 CM 集/第 14 冊
(宋)黃庭堅撰
元刻本(卷十六至二十配鈔本)
黃太史精華錄八卷 CM 集/第 14 冊
(宋)黃庭堅撰 (宋)任淵選
明弘治十六年朱承爵刻本
後山居士詩集六卷逸詩五卷詩餘一卷
CM 集/第 14 冊

(宋)陳師道撰
清雍正三年陳唐活字印本
舒雙峰先生存稿六卷　CM 集/第 14 冊
(宋)舒邦佐撰
明崇禎舒日敬家刻本
宋李忠定公奏議選十五卷文集選二十九卷首四卷　CM 集/第 14－15 冊
(宋)李綱撰 (明)左光先 (明)李春熙等輯
明崇禎刻本
林泉結契五卷　CM 集/第 15 冊
(宋)王質撰 (清)宋犖輯
清鈔本
具茨晁先生詩集一卷　CM 集/第 15 冊
(宋)晁沖之撰
明嘉靖三十三年晁瑮寶文堂刻本
汪文定公集十三卷　CM 集/第 15 冊
(宋)汪應辰撰
明嘉靖二十五年夏浚刻本
李延平先生文集五卷　CM 集/第 15 冊
(宋)李侗撰 (宋)朱熹輯
清順治李孔文刻本
蘆川歸來集六卷　CM 集/第 15 冊
(宋)張元幹輯
清鈔本
陳文正公文集十三卷　CM 集/第 15 冊
(宋)陳康伯撰
清康熙二十九年刻本
志道集一卷　CM 集/第 15 冊
(宋)顧禧撰
清乾隆嘉慶刻蘇齋叢書本
新刊廬陵誠齋楊萬里先生錦繡策不分卷　CM 集/第 15 冊
(宋)楊萬里撰
明萬曆二年李廷楫刻本
批點分類誠齋先生文膾前集十二卷後集十二卷　CM 集/第 16 冊
(宋)李誠文輯
元刻本
蘂閣集二卷　CM 集/第 16 冊
(宋)辛棄疾撰
清趙氏小山堂鈔本
晦菴文鈔續集四卷　CM 集/第 16 冊
(明)崔銑輯
明嘉靖十九年張光祖刻本
朱子文集大全類編一百十七卷　CM 集/第 16－19 冊
(宋)朱熹撰 (清)朱玉輯
清雍正八年朱玉重刻本
象山先生全集六卷　CM 集/第 19 冊
(宋)陸九淵撰 (宋)傅子雲輯
明萬曆四十三年金陵周希旦刻本
撙齋先生緣督集十二卷　CM 集/第 19 冊
(宋)曾丰撰 (明)曾自明輯
明萬曆十一年詹事講刻本
蛟峰批點止齋論祖四卷論訣一卷　CM 集/第 20 冊
(宋)陳傅良撰 (宋)方逢辰批點
明成化六年朱暟嚴陵郡齋刻本
南塘先生四六一卷　CM 集/第 20 冊
(宋)趙汝談撰
清鈔五家四六本
騷略三卷　CM 集/第 20 冊
(宋)高似孫撰
清汪氏裘杼樓鈔本
棠湖詩稿一卷　CM 集/第 20 冊
(宋)岳珂撰
宋臨安陳宅書籍鋪刻本
重編古筠洪城幸清節公松垣文集十一卷　CM 集/第 20 冊
(宋)幸元龍撰
清鈔本
臞軒先生四六二卷　CM 集/第 20 冊
(宋)王邁撰
清鈔本
獻醜集一卷　CM 集/第 20 冊
(宋)許棐撰
民國十六年武進陶氏影刻宋咸淳刻百川學海本
斷腸詩集十卷後集八卷　CM 集/第 20 冊
(宋)朱淑真撰
清同治二年潘鍾瑞鈔本
巽齋先生四六一卷　CM 集/第 20 冊
(宋)危昭德撰
清鈔五家四六本
選鐫石堂先生遺集四卷　CM 集/第 20 冊
(宋)陳普撰 (明)阮光寧選
明天啓三年刻本
翦綃集二卷　CM 集/第 20 冊
(宋)李龏撰
清初毛氏汲古閣影宋鈔本
汪水雲詩鈔一卷附錄一卷　CM 集/第 20 冊
(宋)汪元量撰
明末鈔本
劉須溪先生記鈔八卷　CM 集/第 20 冊
(宋)劉辰翁撰
明天啓三年楊讖西刻本
何希之先生雞肋集二卷　CM 集/第 20 冊
(宋)何希之撰
清康熙五十八年刻本
牧萊脞語二十卷二稿九卷　CM 集/第 20 冊
(宋)陳仁子撰
清初影元鈔本
趙寶峰先生文集二卷　CM 集/第 21 冊
(宋)趙偕撰
明嘉靖二十二年趙文華刻本
宋鄭所南先生心史八卷　CM 集/第 21 冊
(宋)鄭思肖撰
明崇禎十二年張國維刻本
宋貞士羅滄洲先生集五卷　CM 集/第 21 冊
(宋)羅公升撰
清鈔本
林屋山人漫稿一卷附錄一卷　CM 集/第 21 冊
(宋)俞琰撰
清鈔本
遺山先生詩集二十卷　CM 集/第 21 冊
(金)元好問撰
明毛氏汲古閣刻元人十種詩本
松雪齋集二卷　CM 集/第 21 冊
(元)趙孟頫撰
明萬曆刻本
草廬吳先生輯粹七卷　CM 集/第 21 冊
(元)吳澄撰 (明)王寞輯
明嘉靖二十四年謝適然刻本
剡源先生文鈔四卷　CM 集/第 21 冊
(元)戴表元撰 (清)黃宗羲選
清康熙二十七年馬思贊刻本
趙待制遺稿一卷　CM 集/第 21 冊
(元)趙雍撰
清乾隆道光間長塘鮑氏刻知不足齋叢書本
清江碧嶂集一卷　CM 集/第 21 冊
(元)杜本撰
清鈔汲古閣本
太平金鏡策八卷　CM 集/第 21 冊
(元)趙天麟撰
元刻本

水鏡元公詩集一卷 CM 集/第 21 冊
(元)元淮撰
清鈔本
山林清氣集一卷續集一卷附集一卷 CM 集/第 22 冊
(元)釋德淨撰
清乾隆嘉慶間趙之玉星鳳閣鈔唐宋元三朝名賢小集本
道園集不分卷 CM 集/第 22 冊
(元)虞集撰
清康熙四十九年崇仁縣署刻本
伯生詩後三卷 CM 集/第 22 冊
(元)虞集撰
民國三年上虞羅氏輯雲窗叢刻影印元至元六年劉氏日新堂刻本
選校范文白公詩集六卷續選三卷 CM 集/第 22 冊
(元)范梈撰 (明)楊翬選
清初鈔本
揭曼碩文選一卷 CM 集/第 22 冊
(元)揭傒斯撰 (清)劉肇虞選評
清乾隆二十九年步月樓刻元明八大家古文選本
存復齋文集十卷附錄一卷 CM 集/第 22 冊
(元)朱德潤撰
明成化十一年項璁刻本
嘷嚶集一卷 CM 集/第 23 冊
(元)宋旡撰
明刻本
歐陽論範二卷 CM 集/第 23 冊
(元)歐陽起鳴撰
明成化七年賈奭刻本
書林外集七卷 CM 集/第 23 冊
(元)袁士元撰
明正統刻本
栖碧先生黄楊集三卷補遺一卷附錄一卷 CM 集/第 23 冊
(元)華幼武撰
明萬曆四十六年華五倫刻本
肅雝集一卷 CM 集/第 23 冊
(元)鄭允端撰
清鈔本
倪雲林先生詩集六卷附錄一卷 CM 集/第 23 冊
(元)倪瓚撰
明萬曆十九年倪理刻本
韓山人詩集九卷續集八卷 CM 集/第 23 冊
(元)韓奕撰
清鈔本
九靈山房遺稿詩四卷文一卷首一卷補編一卷 CM 集/第 23 冊
(元)戴良撰
清同治十二年永康胡氏退補齋刻本
吳書山先生遺集二十卷末一卷 CM 集/第 23 冊
(元)吳會撰
清乾隆三十四年刻本
茶山老人遺集二卷附錄一卷 CM 集/第 23 冊
(元)沈貞撰 (清)王藻等輯
清乾隆三年後逸亭刻本
得月稿七卷 CM 集/第 24 冊
(元)吕不用撰
清鈔本
拱和詩集一卷 CM 集/第 24 冊
(元)曹志撰
清鈔本
荻溪集二卷 CM 集/第 24 冊
(元)王佶撰
清鈔本
大明宣宗皇帝御制集四十四卷 CM 集/第 24 冊
(明)宣宗朱瞻基撰
明内府鈔本
元宫詞一卷 CM 集/第 24 冊
不著撰人
民國上海醫學書局影印明天啓崇禎間海虞毛氏汲古閣刻詩詞雜組本
朱楓林集十卷 CM 集/第 24 冊
(明)朱升撰
明萬曆歙邑朱氏刻本
槎翁文集十八卷 CM 集/第 24 冊
(明)劉崧撰
明嘉靖元年徐冠刻本
滄浪櫂歌一卷 CM 集/第 24 冊
(明)陶宗儀撰
清嘉慶四年桐川顧修刻讀畫齋叢書本
危學士全集十四卷 CM 集/第 24 冊
(明)危素撰
清乾隆二十三年芳樹園刻本
元釋集一卷 CM 集/第 25 冊
(明)釋克新撰
清鈔本
愛禮先生集十卷 CM 集/第 25 冊
(明)劉駟撰
明刻本
坦齋劉先生文集二卷 CM 集/第 25 冊
(明)劉三吾撰
明萬曆六年賈緣刻本
朱一齋先生文集前十卷後五卷廣游文集一卷 CM 集/第 25 冊
(明)朱善撰
明成化二十二年朱維鑑刻本
甘白先生張子宜詩集六卷補遺三卷文集六卷 CM 集/第 25 冊
(明)張適撰
清王氏十萬卷樓鈔本
重刻林坡先生文集八卷首一卷 CM 集/第 25 冊
(明)黎貞撰
清光緒元年重刻本
竹居集一卷 CM 集/第 25 冊
(明)王珙撰
清嘉慶六年王氏十萬卷樓鈔本
海叟集三卷 CM 集/第 25 冊
(明)袁凱撰
明正德元年刻本
安分先生集十卷 CM 集/第 26 冊
(明)鄭本忠撰
民國鈔本
三畏齋集二卷 CM 集/第 26 冊
(明)朱吉撰
清鈔本
白石山房逸稿五卷補遺一卷 CM 集/第 26 冊
(明)張丁撰
清乾隆十四年承啓堂刻本
靜菴張先生詩集一卷 CM 集/第 26 冊
(明)張羽撰
清鈔本
陳竹山先生文集内篇二卷外篇二卷 CM 集/第 26 冊
(明)陳誠撰
清雍正七年刻本
退菴鄧先生遺稿七卷 CM 集/第 26 冊
(明)鄧林撰
清鈔本
尹訥菴先生遺稿十卷 CM 集/第 26 冊
(明)尹昌隆撰

明萬曆刻本
黄文簡公介菴集十一卷補遺一卷 CM集/第26-27冊
(明)黄淮撰
民國二十年永嘉黄氏排印敬鄉樓叢書本
翰林學士耐軒王先生天游雜稿十卷 CM集/第27冊
(明)王達撰
明正統胡濱刻本
黄忠宣公文集十三卷別集六卷 CM集/第27冊
(明)黄福撰
明嘉靖馮時雍刻本
坦菴先生文集八卷附録一卷 CM集/第27冊
(明)梁本之撰
清初刻本
松月集一卷 CM集/第27冊
(明)釋睿略撰
明永樂刻本
天台林公輔先生文集不分卷 CM集/第27冊
(明)林右撰
清康熙查慎行家鈔本
逃虚子詩集十一卷續集一卷逃虚類稿五卷逃虚子道餘録一卷逃虚子集補遺一卷詩集補遺一卷附録一卷 CM集/第28冊
(明)姚廣孝撰
清鈔本
光菴集一卷吴中古蹟詩一卷附録一卷 CM集/第28冊
(明)王賓撰
清鈔本
東里文集二十五卷 CM集/第28冊
(明)楊士奇撰
明刻本
胡文穆公文集二十卷 CM集/第28-29冊
(明)胡廣撰
清乾隆十五年刻本
節菴集八卷續稿一卷 CM集/第29冊
(明)高得暘撰
清鈔本
澹然先生文集六卷 CM集/第29冊
(明)陳敬宗撰
清鈔本
覺非集十卷 CM集/第29-30冊
(明)羅亨信撰
清康熙羅哲刻本
刻曾西墅先生集十卷 CM集/第30冊
(明)曾棨撰
明萬曆十九年吴期炤刻本
明永樂甲申會魁禮部左侍郎會稽質菴章公詩文集不分卷附録一卷 CM集/第30冊
(明)章敞撰
清鈔本
南齋先生魏文靖公摘稿十卷 CM集/第30冊
(明)魏驥撰
明弘治十一年洪鐘刻本
東岡集十卷 CM集/第30冊
(明)柯暹撰
明柯株林等刻本
歲寒集二卷附録一卷 CM集/第31冊
(明)孫瑀撰
明嘉靖七年孫哻刻本
芳州文集十卷附再和東行百詠集句一卷芳洲先生年譜一卷 CM集/第31冊
(明)陳循撰 (明)王翔撰年譜
明萬曆二十一年陳以躍刻本
東行百詠集句九卷 CM集/第31冊
(明)陳循撰
明刻本
重刻襪線集二十卷附南行紀詠二卷贈言四卷 CM集/第31冊
(明)蕭儀撰
清乾隆五年重刻本
石溪周先生文集八卷 CM集/第31冊
(明)周敘撰
明萬曆二十三年周承超等刻本
河汾詩集八卷 CM集/第32冊
(明)薛瑄撰
明成化五年謝庭桂刻本
高漫士木天清氣集十四卷 CM集/第32冊
(明)高棅撰
清金氏文瑞樓鈔本
道山集六卷 CM集/第32冊
(明)鄭棠撰
清活字本
草窗集二卷 CM集/第32冊
(明)劉溥撰
明成化十六年劉氏刻本
馬學士文集八卷 CM集/第32冊
(明)馬愉撰
明嘉靖四十一年遲鳳翔刻本
尚約文鈔十二卷附録一卷 CM集/第33冊
(明)蕭鎡撰
清光緒三十一年蕭氏趣園刻本
淡軒稿十二卷補遺一卷 CM集/第33冊
(明)林文撰
明嘉四十五年林炳章刻民國重修本(張琴鈔補)
吴竹坡先生文集五卷附載一卷詩集二十八卷 CM集/第33冊
(明)吴節撰
清雍正三年吴琦刻本
畏菴周先生文集十卷 CM集/第34冊
(明)周旋撰
明崇禎元年刻本
呆齋前稿十六卷存稿十卷續稿五卷劉文安公呆齋先生策略十卷年譜一卷 CM集/第34冊
(明)劉定之撰
明刻明萬曆二十二年楊一桂補刻本(策略年譜清劉世選刻本)
重刻完菴劉先生詩集二卷 CM集/第34冊
(明)劉珏撰
明萬曆二十二年劉玉成重刻本
姚文敏公遺稿十卷附録一卷 CM集/第34冊
(明)姚夔撰
明弘治姚璽刻本
沈蘭軒集四卷附録一卷 CM集/第34冊
(明)沈彬撰
明刻本
商文毅公集十卷 CM集/第35冊
(明)商輅撰
明萬曆三十年劉體元刻本
菉竹堂稿八卷 CM集/第35冊
(明)葉盛撰
清初鈔本
卞郎中詩集七卷 CM集/第35冊
(明)卞榮撰
明成化十六年吴綖刻本

(明)楊循吉撰
清鈔本
燈窻末藝一卷攢眉集一卷 CM 集/第 43 冊
(明)楊循吉撰
明人文集叢刊影印明鈔本
東所先生文集十三卷 CM 集/第 43 冊
(明)張詡撰
明嘉靖三十年張希舉刻本
南海雜詠十卷 CM 集/第 43 冊
(明)張詡撰
明弘治十八年袁賓刻本
大厓李先生詩集十二卷文集八卷 CM 集/第 43 冊
(明)李承箕撰
明正德五年吳廷舉刻本
明太保費文憲公文集選要七卷 CM 集/第 43 冊
(明)費宏撰 (明)徐階 (明)劉同升選
明崇禎刻清印費文憲公文通公合集本
湘皋集三十三卷 CM 集/第 44 冊
(明)蔣冕撰
明嘉靖三十三年王宗沐等刻本
堇山文集十五卷附錄一卷 CM 集/第 44 冊
(明)李堂撰
明嘉靖刻本
西軒效唐集錄十二卷補遺一卷 CM 集/第 44 冊
(明)丁養浩撰
清光緒二十一年錢塘丁氏刻本
菴峰類稿二十六卷 CM 集/第 45 冊
(明)毛紀撰
明嘉靖刻本
明夏赤城先生文集二十三卷 CM 集/第 45 冊
(明)夏鍭撰
清乾隆三十七年映南軒活字印本
戒菴文集二十卷 CM 集/第 45 冊
(明)靳貴撰
明嘉靖十九年靳懋仁刻本
草窗梅花集句三卷附錄梅花集句一卷 CM 集/第 46 冊
(明)童琥撰
明崇禎七年汪載德刻本
錢太史鶴灘稿六卷附錄一卷紀事一卷遺事一卷 CM 集/第 46 冊
(明)錢福撰 (明)馮時可撰附錄等
明萬曆三十六年沈思梅居刻本
勉齋先生遺稿三卷 CM 集/第 46 冊
(明)鄭滿撰
清康熙刻本
三江遺稿二卷 CM 集/第 46 冊
(明)毛澄撰
鈔本
何燕泉詩集四卷 CM 集/第 46 冊
(明)何孟春撰
明嘉靖四十五年蔣文化刻本
東泉文集八卷 CM 集/第 46 冊
(明)姚鏌撰
明嘉靖刻清修本
矩洲詩集十卷附槜亭集一卷 CM 集/第 47 冊
(明)黃衷撰 (明)黃褧撰附
明嘉靖刻本
汪仁峰先生文集二十九卷外集四卷 CM 集/第 47 冊
(明)汪循撰
清康熙刻本
渼陂集十六卷續集三卷 CM 集/第 48 冊
(明)王九思撰
明嘉靖十二年王獻等刻二十四年翁萬達續刻崇禎十三年張宗孟修補本
南川漫遊稿十卷 CM 集/第 48 冊
(明)陶諧撰
明嘉靖十二年嶺表書院刻本
陶莊敏公文集八卷附錄一卷蘭渚先生遺稿一卷 CM 集/第 48 冊
(明)陶諧撰 (明)陶允淳撰蘭渚先生遺稿
明天啓四年陶崇道重刻本
靜觀堂集十四卷 CM 集/第 48 冊
(明)顧潛撰
清雍正十年桂雲堂刻玉峰雍里顧氏六世詩文集本
華泉先生集選四卷附錄一卷 CM 集/第 49 冊
(明)邊貢撰
清康熙王士禛京邸刻本
陽明先生要書八卷附錄五卷 CM 集/第 49 冊
(明)王守仁撰 (明)陳龍正輯
明崇禎八年陳龍正刻本
王陽明先生文鈔二十卷 CM 集/第 49－50 冊
(明)王守仁撰 (清)張問達輯
清康熙二十八年致和堂刻本
王陽明先生全集二十二卷附年譜一卷 CM 集/第 50－51 冊
(明)王守仁撰 (清)俞嶙輯
清康熙十二年刻本
張伎陵集七卷 CM 集/第 51 冊
(明)張鳳翔撰
明嘉靖刻本
凌谿先生集十八卷 CM 集/第 51 冊
(明)朱應登撰
明嘉靖刻本
貞翁凈稿十二卷拾遺一卷 CM 集/第 51 冊
(明)周倫撰
明嘉靖三十七年周鳳起刻本
白齋先生詩集九卷白齋竹里詩集續三卷文略一卷 CM 集/第 52 冊
(明)張琦撰
明正德八年自刻嘉靖二年續刻本
夢蕉存稿四卷 CM 集/第 52 冊
(明)游潛撰
明嘉靖刻清康熙三十六年補修本
對山集十九卷 CM 集/第 52 冊
(明)康海撰
明嘉靖二十四年吳孟祺刻本(卷八卷九配鈔本)
王氏家藏集四十一卷喪禮備纂二卷浚川公移集三卷駁稿二卷奏議集十卷 CM 集/第 52－53 冊
(明)王廷相撰
明嘉靖刻清順治十二年修補本公移集駁稿集奏議集明嘉靖至隆慶刻本
內臺集七卷 CM 集/第 53 冊
(明)王廷相撰
明嘉靖刻本
魯文恪公文集十卷 CM 集/第 53 冊
(明)魯鐸撰
明隆慶元年方梁刻本
山堂萃稿十六卷續稿四卷 CM 集/第 54 冊
(明)徐問撰
明嘉靖二十年張志選刻崇禎十一年徐邦式重修本
水南稿十九卷 CM 集/第 54 冊

(明)陳霆撰
明正德五年刻本
周恭肅公集十六卷附錄一卷 CM 集/第 54－55 册
(明)周用撰
明嘉靖二十八年周國南川上草堂刻本
樗林摘稿三卷附錄一卷 CM 集/第 55 册
(明)秦鐘撰
明嘉靖三十九年刻本
顧文康公文草十卷詩草六卷續稿六卷三集四卷首一卷 CM 集/第 56 册
(明)顧鼎臣撰
明萬曆至清順治顧氏家刻本
鈐山堂集四十卷附錄一卷 CM 集/第 56 册
(明)嚴嵩撰
明嘉靖二十四年刻增修本
崔氏洹詞十七卷附錄四卷 CM 集/第 56 册
(明)崔銑撰
明嘉靖三十三年周鎬等池州刻本
湛甘泉先生文集三十二卷 CM 集/第 56－57 册
(明)湛若水撰
清康熙二十年黄楷刻本
梅國前集四十一卷 CM 集/第 57 册
(明)劉節撰
明刻本
寶制堂錄二卷 CM 集/第 58 册
(明)劉節撰
清乾隆十四年刻本
石川瀛洲遺集一卷文稿一卷芝田遺集一卷芝田稿文一卷附金陵稿一卷 CM 集/第 58 册
(明)殷雲霄撰
明嘉靖十年胡用信刻本
孟有涯集十七卷 CM 集/第 58 册
(明)孟洋撰
明嘉靖十七年王廷相等刻本
玉巖先生文集九卷附錄一卷 CM 集/第 58 册
(明)周廣撰
明嘉靖三十七年刻清乾隆九年周挺重修本
倪小野先生全集八卷 CM 集/第 58 册
(明)倪宗正撰
清康熙四十九年倪繼宗清暉樓刻本
南原家藏集七卷 CM 集/第 59 册
(明)王韋撰
明焦希程刻本
西樵遺稿八卷 CM 集/第 59 册
(明)方獻夫撰
清康熙三十五年方林鶴刻本
陸文裕公行遠集二十三卷外集一卷 CM 集/第 59 册
(明)陸深撰 (明)陸起龍編
明陸起龍刻清康熙六十一年陸瀛齡補修本
霞城集二十四卷 CM 集/第 59 册
(明)程誥撰
明天啓二年程于廷刻本
涂子類稿十卷 CM 集/第 60 册
(明)涂幾撰
明嘉靖十五年黄漳刻本
士齋詩集三卷 CM 集/第 60 册
(明)鄒賽貞撰
明嘉靖三年傅希準刻本
黄丹巖先生集十卷 CM 集/第 60 册
(明)黄雲撰
明嘉靖王朝用刻本
康谷子集六卷 CM 集/第 60 册
(明)劉養微 (明)劉養吉等撰
清乾隆四十一年劉傳等刻本
謙光堂詩集八卷 CM 集/第 60 册
(明)朱彌鉗撰
明嘉靖二十年唐藩刻本
張禺山戊己吟三卷附作詩一卷附作詩續一卷 CM 集/第 60 册
(明)張含撰
明嘉靖刻本
涇野先生文集三十六卷 CM 集/第 60－61 册
(明)吕柟撰
明嘉靖三十四年于德昌刻本
矯亭存稿十八卷續稿八卷 CM 集/第 61－62 册
(明)方鵬撰
明嘉靖十四年刻十八年續刻本
韓五泉詩四卷附錄二卷 CM 集/第 62 册
(明)韓邦靖撰
明嘉靖十六年趙伯一刻本
鳥鼠山人小集十六卷後集二卷 CM 集/第 62 册
(明)胡纘宗撰
明嘉靖刻本
可泉擬涯翁擬古樂府二卷 CM 集/第 62 册
(明)胡纘宗撰 (明)張光孝評 (明)胡統宗注
明嘉靖三十六年汪瀚刻本
擬漢樂府八卷補遺一卷附錄二卷 CM 集/第 62 册
(明)胡纘宗撰
明嘉靖十八年刻本
戴氏集十二卷 CM 集/第 63 册
(明)戴冠撰
明嘉靖二十七年張魯刻本
毛襄懋先生文集八卷别集十卷附年譜一卷御書世彙三卷榮哀錄一卷幽光集二卷附書一卷行狀一卷墓志銘一卷 CM 集/第 63 册
(明)毛伯溫撰
清乾隆三十七年毛仲愈等刻毛襄懋先生集本
東塘集十卷 CM 集/第 63 册
(明)毛伯溫撰
明嘉靖十九年王儀刻本
歐陽恭簡公文集二十二卷 CM 集/第 64 册
(明)歐陽鐸撰
明嘉靖刻本
錢臨江先生集十四卷附錄一卷 CM 集/第 64 册
(明)錢琦撰
明萬曆三十二年錢蕭刻本
棠陵文集八卷 CM 集/第 64 册
(明)方豪撰
清康熙十二年方元啓刻本
筠谿文集三十卷 CM 集/第 64－65 册
(明)鍾芳撰
明嘉靖二十七年鍾允謙刻本
南湖先生文選八卷補編一卷 CM 集/第 65 册
(明)丁奉撰
明萬曆三十二年丁汝寬刻本(補編民國丁祖蔭抄配)
漁石集四卷 CM 集/第 65 册
(明)唐龍撰
明嘉靖刻本
涂水先生集六卷 CM 集/第 65 册
(明)寇天敘撰

明嘉靖寇陽刻藍印本
東廓鄒先生文集十二卷
CM 集/第 65－66 冊
(明)鄒守益撰
清刻本
陽峰家藏集三十六卷 CM 集/第 66 冊
(明)張璧撰
明嘉靖二十四年世恩堂刻本
鯆菴遺稿十卷 CM 集/第 67 冊
(明)柴奇撰
明嘉靖刻崇禎八年柴胤壁修補本
巽峰集十二卷附錄一卷 CM 集/第 67 冊
(明)尹襄撰
清光緒七年永錫堂刻本
明少保費文通公文集選要六卷
CM 集/第 67 冊
(明)費寀撰
明崇禎刻清印費文憲文通公合集本
夏東巖先生詩集六卷 CM 集/第 67 冊
(明)夏尚樸撰
明嘉靖四十五年斯正刻本
古菴毛先生文集十卷 CM 集/第 67 冊
(明)毛憲撰
明嘉靖四十一年毛訢刻本
蓉川集四卷入夏錄三卷贈言一卷贈言附錄一卷附年譜一卷 CM 集/第 67 冊
(明)齊之鸞撰
清康熙二十年悠然亭刻本
漸齋詩草二卷 CM 集/第 68 冊
(明)趙漢撰
明嘉靖三十四年刻本
王襄敏公集四卷 CM 集/第 68 冊
(明)王以旂撰
明萬曆元年王籥刻本
常評事集四卷寫情集二卷
CM 集/第 68 冊
(明)常倫撰
明嘉靖七年王溱刻本
杏東先生文集十卷 CM 集/第 68 冊
(明)郭維藩撰
明嘉靖四十一年蔡汝楠刻本
張南湖先生詩集四卷附錄一卷
CM 集/第 68 冊
(明)張綖撰
明嘉靖三十二年張守中刻本
古山先生文集四卷 CM 集/第 68 冊
(明)桂華撰
明刻本
渭厓文集十卷 CM 集/第 68－69 冊
(明)霍韜撰
明萬曆四年霍與瑕刻本
西原先生遺書二卷 CM 集/第 69 冊
(明)薛蕙撰
明嘉靖四十二年王廷刻本
谿田文集十一卷補遺一卷
CM 集/第 69 冊
(明)馬理撰
明萬曆十七年刻清乾隆十七年補修本
頤山私稿十卷 CM 集/第 70 冊
(明)吳仕撰
明嘉靖刻本
蔣南泠集十二卷 CM 集/第 70 冊
(明)蔣山卿撰
明嘉靖二十年喬佑刻本
函山先生集十卷 CM 集/第 70 冊
(明)劉天民撰
清鈔本
嵩渚文集一百卷目錄二卷
CM 集/第 70－71 冊
(明)李濂撰
明嘉靖刻本
觀政集一卷 CM 集/第 71 冊
(明)李濂撰
明鈔本
人瑞翁詩集五卷 CM 集/第 71 冊
(明)林春澤撰
清鈔本
谷平先生文集五卷附一卷
CM 集/第 71 冊
(明)李中撰
清光緒十三年吉水葆元堂刻本
明水陳先生文集十四卷附錄一卷
CM 集/第 72 冊
(明)陳九川撰
清鈔本
鹿原集十卷 CM 集/第 72 冊
(明)戴欽撰
明鈔本
雙江聶先生文集十四卷 CM 集/第 72 冊
(明)聶豹撰
明嘉靖四十三年吳鳳瑞刻隆慶六年印本
崔東洲集二十卷續集十一卷
CM 集/第 72－73 冊
(明)崔桐撰
明嘉靖二十九年曹金刻三十四年周希哲續刻本
東麓遺稿十卷 CM 集/第 73 冊
(明)汪佃撰
明刻本
青湖先生文集十四卷首一卷未一卷
CM 集/第 73 冊
(明)汪應軫撰
清同治十一年廣州刻本
紫峰陳先生文集十三卷首一卷
CM 集/第 73 冊
(明)陳琛撰
清乾隆三十三年刻五十四年增刻光緒十七年補修本
西玄詩集一卷 CM 集/第 74 冊
(明)馬汝驥撰
明嘉靖刻本
戴中丞遺集八卷附錄一卷
CM 集/第 74 冊
(明)戴鱀撰
明嘉靖三十九年戴士充刻本
筆峰文集不分卷 CM 集/第 74 冊
(明)王鳳靈撰
明鈔本
夏桂洲先生文集十八卷年譜一卷
CM 集/第 74－75 冊
(明)夏言撰
明崇禎十一年吳一璘刻本
朱福州集六卷 CM 集/第 75 冊
(明)朱豹撰
明嘉靖三十一年朱察卿刻本
過庭私錄七卷泉亭外集一卷
CM 集/第 75 冊
(明)吳鼎撰
明嘉靖四十一年吳遵晦等刻本
半洲稿四卷 CM 集/第 75 冊
(明)張經撰
明嘉靖十六年司馬泰刻本
同安林次崖先生文集十八卷
CM 集/第 76 冊
(明)林希元撰
清乾隆十八年陳臚聲詒燕堂刻本
玩鹿亭稿八卷附錄一卷 CM 集/第 76 冊
(明)萬表撰
明萬曆萬邦孚刻本
少石集十三卷 CM 集/第 76 冊

明嘉靖二十九年蔡克廉刻本
午坡文集四卷 CM 集/第 89 冊
(明)江以達撰
明嘉靖三十六年黄鑄刻本
少泉詩集十卷 CM 集/第 89 冊
(明)王格撰
明嘉靖刻本
穀原文草四卷 CM 集/第 89 冊
(明)蘇祐撰
明刻本
穀原詩集八卷 CM 集/第 89 冊
(明)蘇祐撰
明嘉靖三十七年龔秉德刻本
念菴羅先生集十三卷
CM 集/第 89 – 90 冊
(明)羅洪先撰
明嘉靖四十二年劉玠刻本
程文恭公遺稿三十二卷 CM 集/第 90 冊
(明)程文德撰
明萬曆十二年程光裕刻本
奉使集二卷 CM 集/第 90 冊
(明)唐順之撰
明唐鶴徵刻本
陳後岡詩集一卷文集一卷
CM 集/第 90 冊
(明)陳束撰
明萬曆十九年林可成刻本
燕詒錄十三卷 CM 集/第 90 冊
(明)孫應奎撰
明萬曆刻本
胡壯肅公文集八卷 CM 集/第 91 冊
(明)胡松撰
明萬曆十三年胡櫄刻本
鶴田草堂集十卷 CM 集/第 91 冊
(明)蔡雲程撰
清鈔本
南沙先生文集八卷 CM 集/第 91 冊
(明)熊過撰
明泰昌元年熊胤衡刻本
環溪集二十六卷 CM 集/第 92 冊
(明)沈愷撰
明隆慶五年至萬曆二年沈紹祖刻本
李中麓閒居集十二卷
CM 集/第 92 – 93 冊
(明)李開先撰
明嘉靖至隆慶刻本
葛端肅公文集十卷 CM 集/第 93 冊
(明)葛守禮撰
明萬曆刻本
忠諫靜思張公遺集十卷附侍御靜生張公遺集二卷 CM 集/第 93 冊
(明)張選撰 (明)張纘曾撰附
清康熙三十三年張元昇等刻本
洨濱蔡先生文集十卷附錄二卷
CM 集/第 93 冊
(明)蔡靉撰
清順治十七年蔡含靈刻本(卷一卷二配清光緒四年刻本)
筆山崔先生文集十卷 CM 集/第 94 冊
(明)崔涯撰
明萬曆二十六年崔廷健刻本
環碧齋詩三卷尺牘五卷 CM 集/第 94 冊
(明)祝世祿撰
明萬曆刻本(尺牘明吳時元刻本)
羅司勳文集八卷外集一卷附錄一卷
CM 集/第 94 冊
(明)羅虞臣撰
清康熙五十年羅氏刻本
五嶽山人集三十八卷 CM 集/第 94 冊
(明)黄省曾撰
明嘉靖刻本
孔文谷集十六卷續集四卷詩集四卷文谷漁嬉稿二十卷 CM 集/第 95 冊
(明)孔天胤撰
明隆慶五年刻萬曆增刻本詩集文谷漁嬉稿明嘉靖四十一年洪朝選刻萬曆增刻本
祐山先生文集十卷 CM 集/第 95 冊
(明)馮汝弼撰
明刻本
序芳園稿二卷 CM 集/第 95 冊
(明)趙伊撰 (明)劉子伯評點
明萬曆二年趙邦秩等刻本
菲泉先生存稿八卷 CM 集/第 96 冊
(明)來汝賢撰
明萬曆十四年姜寶刻崇禎七年何汝敷重修本
白洛原遺稿八卷 CM 集/第 96 冊
(明)白悅撰
明隆慶元年皇甫汸刻本
蔣道林先生文粹九卷 CM 集/第 96 冊
(明)蔣信撰
明萬曆四年姚世英刻本
午塘先生集十六卷 CM 集/第 96 冊
(明)閔如霖撰
明萬曆二年閔道孚等刻本
冰玉堂綴逸稿二卷蘭舟漫稿一卷附二餘詞一卷 CM 集/第 96 冊
(明)陳如綸撰
明萬曆刻本
包侍御集文卷 CM 集/第 96 冊
(明)包節撰
明嘉靖三十七年包杞等刻本
海石先生文集二十八卷目錄二卷附侍御公奏疏一卷遺詩一卷 CM 集/第 97 冊
(明)錢薇撰 (明)錢嘉徵撰附
明萬曆四十一年至四十二年錢氏刻清增修本
自知堂集二十四卷 CM 集/第 97 冊
(明)蔡汝楠撰
明嘉靖刻本
涇林詩文集八卷 CM 集/第 98 冊
(明)周復俊撰
明萬曆二十年周玄暐刻本
龍谿王先生全集二十卷 CM 集/第 98 冊
(明)王畿撰
明萬曆十五年蕭良幹刻本
卓吾先生批評龍谿王先生語錄鈔八卷
CM 集/第 98 冊
(明)王畿撰
明萬曆尚論齋刻本
王侍御集一卷 CM 集/第 99 冊
(明)王瑛撰
明嘉靖隆慶刻盛明百家詩本
寒郇集四卷附錄一卷 CM 集/第 99 冊
(明)蘇志皋撰
明嘉靖三十六年許應元刻隆慶增修本
期齋呂先生集十四卷 CM 集/第 99 冊
(明)呂本撰
明萬曆三年鄭雲鎣等刻本
孫文恪公集二十卷附錄一卷
CM 集/第 99 冊
(明)孫陞撰
明嘉靖袁洪愈徐栻刻本
西野李先生遺稿十四卷 CM 集/第 100 冊
(明)李璣撰
明崇禎七年李玉鉉等刻本
趙文肅公文集二十三卷 CM 集/第 100 冊
(明)趙貞吉撰
明萬曆十三年趙德仲刻本

駱兩溪集十四卷附錄一卷 CM 集/第 100 冊
(明)駱文盛撰
明萬曆四十一年張時震刻合刻武康四先生集本
奚囊蠹餘二十卷 CM 集/第 101 冊
(明)張瀚撰
明隆慶六年刻本(卷十八至卷二十配鈔本)
璉川詩集八卷 CM 集/第 101 冊
(明)施峻撰
明嘉靖三十八年刻本
梧岡文正續兩集合編九卷 CM 集/第 101 冊
(明)陳堯撰
清康熙五十一年陳世泉輯鈔本
驪山集十四卷 CM 集/第 101－102 冊
(明)趙統撰
明萬曆三十一年楊光訓刻本
方山先生文錄二十二卷附集一卷 CM 集/第 102 冊
(明)薛應旂撰
明嘉靖三十三年東吳書林刻本
靳兩城先生集二十卷 CM 集/第 102 冊
(明)靳學顏撰
明萬曆十七年刻本
嵩陽集七卷 CM 集/第 103 冊
(明)劉繪撰
明嘉靖三十七年方顯刻本
王氏存笥稿二十卷 CM 集/第 103 冊
(明)王維楨撰
明嘉靖三十六年刻本
天山草堂存稿六卷 CM 集/第 103 冊
(明)何維柏撰
清沙滘何氏鈔本
大司馬鳳岡沈先生文集四卷 CM 集/第 103 冊
(明)沈良才撰
清鈔本
陳文岡先生文集二十卷 CM 集/第 103 冊
(明)陳棐撰
明萬曆九年陳心文刻本
省中稿四卷容臺稿一卷符臺稿一卷二臺稿一卷許太常歸田稿十卷 CM 集/第 104 冊
(明)許穀撰
明嘉靖四十二年黄國卿刻本容臺稿等明嘉靖黄希憲等刻本許太常歸田稿明萬曆十五年吳自新等刻本
陽溪遺稿六卷附錄一卷 CM 集/第 104 冊
(明)徐燦撰
清道光十六年徐豐刻本
袁文榮公詩略二卷 CM 集/第 104 冊
(明)袁煒撰
明人文集叢刊影印明萬曆三十三年袁氏家刻本
崇蘭館集二十卷 CM 集/第 104－105 冊
(明)莫如忠撰
明萬曆十四年馮大受董其昌等刻本
已寬堂集二卷 CM 集/第 105 冊
(明)陳鎏撰
明萬曆刻本
天目山齋歲編二十八卷 CM 集/第 105 冊
(明)吳維嶽撰
明嘉靖增修本
白華樓藏稿十一卷續稿十五卷吟稿十卷玉芝山房稿二十二卷耄年錄九卷 CM 集/第 105－106 冊
(明)茅坤撰
明嘉靖萬曆間遞刻本玉芝山房稿明萬曆十六年刻本耄年錄明萬曆刻本
雞土集詩二卷文四卷 CM 集/第 106 冊
(明)劉乾撰
明嘉靖刻萬曆二十八年劉鶴冲重修本
青峰先生存稿八卷 CM 集/第 106 冊
(明)汪柏撰
清康熙三十六年汪逢源等刻本
董學士泌園集三十七卷 CM 集/第 107 冊
(明)董份撰
明萬曆董嗣茂刻本
嚴文靖公集十二卷詩一卷 CM 集/第 107 冊
(明)嚴訥撰
明萬曆十五年嚴治刻本
高文襄公集四十四卷 CM 集/第 108 冊
(明)高拱撰
明萬曆刻本
萬子迂談八卷 CM 集/第 108 冊
(明)萬衣撰
清乾隆二十二年刻本
萬文恭公摘集十二卷 CM 集/第 109 冊
(明)萬士和撰
明萬曆二十年萬氏素履齋刻本
瞿文懿公集十六卷制科集四卷制敕稿一卷 CM 集/第 109 冊
(明)瞿景淳撰
明萬曆瞿汝稷刻本
石龍菴詩草六卷 CM 集/第 110 冊
(明)徐學詩撰
清乾隆二十三年重慶堂刻本
山帶閣集三十三卷 CM 集/第 110 冊
(明)朱曰藩撰
明萬曆刻本
石室私抄九卷 CM 集/第 110 冊
(明)魏文焲撰
明萬曆刻本
白雪樓詩集十卷 CM 集/第 110 冊
(明)李攀龍撰
明嘉靖四十二年魏裳刻本
補註李滄溟先生文選四卷 CM 集/第 110 冊
(明)李攀龍撰 (明)宋祖駿 (明)宋祖驊補註
明宋光廷刻本
敬所王先生文集三十卷 CM 集/第 111 冊
(明)王宗沐撰
明萬曆元年劉良弼刻本
五鵲別集二卷 CM 集/第 111 冊
(明)盧寧撰
明嘉靖三十八年劉珙重刻本
崇質堂集二十卷附錄一卷 CM 集/第 112 冊
(明)李萬實撰
清康熙四十年李長祚刻本
無聞堂稿十七卷 CM 集/第 112 冊
(明)趙釴撰
明隆慶趙鴻賜玄對樓刻本
刻孫百川先生文集十二卷 CM 集/第 112 冊
(明)孫樓撰
明萬曆四十八年華滋蕃刻本
李文定公貽安堂集十卷附錄一卷 CM 集/第 113 冊
(明)李春芳撰
明萬曆十七年李戴刻本
新刻張太岳先生詩文集四十七卷 CM 集/第 113－114 冊
(明)張居正撰
明萬曆四十年唐國達刻本
塘南王先生友慶堂合稿七卷補遺一卷 CM 集/第 114 冊

(明)王時槐撰
清光緒三十三年重刻本
周叔夜先生集十一卷 CM集/第114冊
(明)周思兼撰
明萬曆十年刻本
鳳洲筆記二十四卷續集四卷後集四卷 CM集/第114冊
(明)王世貞撰
明黃美中刻本
弇州山人四部稿選十六卷 CM集/第115冊
(明)王世貞撰 (明)沈一貫選
明萬曆二十年克勤齋余碧泉刻本
林學士詩集六卷文集十六卷 CM集/第115冊
(明)林㟲撰
清鈔本
金輿山房稿十四卷 CM集/第115冊
(明)殷士儋撰
明萬曆十七年邵陛刻本
冲谿先生集二十二卷 CM集/第116冊
(明)彭輅撰
明萬曆三十九年彭潤宏刻本
華陽館文集十八卷續集二卷 CM集/第116冊
(明)宋儀望撰
清道光二十二年宋氏中和堂刻本
華陽館詩集十四卷文集十二卷附録一卷 CM集/第116冊
(明)宋儀望撰
明萬曆三年魏學禮刻本
太函集一百二十卷目錄六卷 CM集/第117－118冊
(明)汪道昆撰
明萬曆刻本
副墨五卷 CM集/第119冊
(明)汪道昆撰
明萬曆二年金陵毛少池刻本
東岱山房詩錄十三卷外集一卷江右稿二卷 CM集/第119冊
(明)李先芳撰
明嘉靖刻本
李氏山房詩選六卷 CM集/第119冊
(明)李先芳撰
明刻本
北虞先生遺文六卷 CM集/第119冊
(明)邵圭潔撰
明萬曆刻本
劉子威集五十二卷 CM集/第119－120冊
(明)劉鳳撰
明萬曆刻本
素園存稿二十卷 CM集/第121冊
(明)方弘靜撰
明萬曆刻本
雲山堂集六卷 CM集/第121冊
(明)魏裳撰
明萬曆七年魏文可刻本
大雅堂摘稿二卷 CM集/第121冊
(明)況叔祺撰
民國二十五年高安藍壽堃排印本
天目先生集二十卷附錄一卷 CM集/第121冊
(明)徐中行撰
明刻本
青蘿館詩六卷 CM集/第122冊
(明)徐中行撰
明隆慶五年汪時元刻本
余德甫先生集十四卷 CM集/第122冊
(明)余曰德撰
明萬曆刻本
豐陽先生集十二卷附錄一卷 CM集/第122冊
(明)馮皐謨撰
明天啓二年馮振宗刻本
采薇集四卷幽貞集二卷邕歈稿六卷 CM集/第122冊
(明)董傳策撰
明萬曆刻本
甑甀洞稿五十四卷目錄二卷續稿二十七卷目錄二卷 CM集/第122－123冊
(明)吳國倫撰
明萬曆刻本
蘇山選集七卷 CM集/第124冊
(明)陳柏撰
明萬曆十五年陳文燭刻本
小漁先生遺稿十二卷 CM集/第124冊
(明)唐汝楫撰
明萬曆四十三年刻本
徐氏海隅集詩編二十二卷文編四十三卷外編十四卷 CM集/第124－125冊
(明)徐學謨撰
明萬曆五年刻四十年徐元嘏重修本
歸有園稿二十九卷 CM集/第125－126冊
(明)徐學謨撰
明萬曆二十一年張汝濟刻四十年徐元嘏重修本
李溫陵集二十卷 CM集/第126冊
(明)李贄撰
明刻本
子相文選五卷 CM集/第126冊
(明)宗臣撰
明末刻本
九愚山房詩集十三卷 CM集/第126冊
(明)何東序撰
明萬曆刻清印本
皇明史惺堂先生遺稿十一卷嘗惺先生書經補說一卷附史惺堂先生年譜一卷 CM集/第127冊
(明)史桂芳撰 (明)夏子羽等撰年譜
明萬曆二十七年史簡等刻史氏增修本
曹太史含齋先生文集十六卷 CM集/第127冊
(明)曹大章撰
明萬曆二十八年曹祖鶴刻增修本
姜鳳阿文集三十八卷 CM集/第127－128冊
(明)姜寶撰
明萬曆刻本
劉堯誨先生全集十六卷 CM集/第128冊
(明)劉堯誨撰
清鈔本
綠波樓詩集十四卷首一卷 CM集/第128冊
(明)張九一撰
清康熙三十一年大呂書院呂民服刻本
幽心瑤草一卷學孔精舍詩鈔六卷補輯雜文一卷附錄一卷 CM集/第129冊
(明)孫應鼇撰
清光緒六年獨山莫氏刻孫文恭公遺書本
百可亭摘稿七卷詩集摘稿二卷 CM集/第129冊
(明)龐尚鵬撰
明萬曆二十七年龐英山刻本
石泉山房文集十三卷 CM集/第129冊
(明)郭汝霖撰
明萬曆二十五年郭氏家刻本

耿中丞楊太史批點近溪羅子全集二十四卷 CM 集/第 129 – 130 冊
(明)羅汝芳撰 (明)耿定向 (明)楊啟元等輯評
明萬曆刻本
潛學編十二卷 CM 集/第 130 冊
(明)鄧元錫撰
明萬曆三十五年左宗郢刻本
耿天臺先生文集二十卷 CM 集/第 131 冊
(明)耿定向撰
明萬曆二十六年劉元卿刻本
濟美堂集四卷粵西疏稿三卷留都疏稿一卷 CM 集/第 131 冊
(明)吳文華撰
明耿定力刻清印本
屠漸山蘭暉堂集十二卷 CM 集/第 132 冊
(明)屠應埈撰
明嘉靖三十一年屠仲律刻本
蔡恭靖公遺稿十卷 CM 集/第 132 冊
(明)蔡國珍撰
清乾隆十六年蔡尚才刻本
滸東先生文集十四卷 CM 集/第 132 冊
(明)張鹵撰
明天啓五年張永忠刻本
華陽洞稿二十二卷 CM 集/第 132 冊
(明)張祥鳶撰
明萬曆刻本
王奉常集詩十五卷目錄三卷文五十四卷目錄二卷 CM 集/第 133 冊
(明)王世懋撰
明萬曆刻本
闕洛紀遊稿二卷 CM 集/第 133 冊
(明)王世懋撰
明萬曆刻本
賜閒堂集四十卷 CM 集/第 134 冊
(明)申時行撰
明萬曆刻本
王文肅公全集五十五卷 CM 集/第 135 – 136 冊
(明)王錫爵撰
明萬曆王時敏刻本
敬和堂集八卷 CM 集/第 136 冊
(明)許孚遠撰
明萬曆刻本
衡陽先生集十四卷 CM 集/第 136 冊
(明)周世選撰
明崇禎五年周承芳刻本

穆考功逍遙園集選二十卷 CM 集/第 137 冊
(明)穆文熙撰
明萬曆二十九年穆光胤刻本
處實堂集八卷續集十卷 CM 集/第 137 冊
(明)張鳳翼撰
明萬曆刻本
紈綺集一卷 CM 集/第 137 冊
(明)張獻翼撰
明嘉靖刻本
狎鷗子摘稿一卷 CM 集/第 137 冊
(明)吳崇節撰
清刻本
袁魯望集十二卷 CM 集/第 137 冊
(明)袁尊尼撰
明萬曆十二年袁年刻本
太子少保王忠銘先生文集天池草重編二十六卷 CM 集/第 138 冊
(明)王弘誨撰
清康熙刻本
謝山存稿十卷 CM 集/第 138 冊
(明)陳吾德撰
清乾隆五十四年忠直堂刻本
歸先生文集三十二卷附錄一卷 CM 集/第 138 冊
(明)歸有光撰
明萬曆四年翁良瑜雨金堂刻本
二酉園文集十四卷詩集十二卷續集二十三卷 CM 集/第 139 冊
(明)陳文燭撰
明天啓三年陳之蘧重刻本續集明萬曆刻本
新刻楊端潔公文集二十卷 CM 集/第 139 – 140 冊
(明)楊時喬撰
明天啓楊聞中刻本
王侍御類稿十六卷 CM 集/第 140 冊
(明)王圻撰
明萬曆四十八年王思義刻本
寶善堂稿二卷 CM 集/第 140 冊
(明)朱慎鍾撰
明萬曆三年刻本
仲蔚先生集二十四卷附錄一卷 CM 集/第 140 冊
(明)俞允文撰
明萬曆十年程善定刻本
天隱子遺稿十七卷 CM 集/第 141 冊

(明)嚴果撰
明悟滄齋刻本
大鄣山人集五十三卷 CM 集/第 141 冊
(明)吳子玉撰
明萬曆十六年黃正蒙刻本
何翰林集二十八卷 CM 集/第 142 冊
(明)何良俊撰
明嘉靖四十四年何氏香嚴精舍刻本
被褐先生詩文稿十七卷 CM 集/第 142 冊
(明)華善述撰
明萬曆刻本
童子鳴集六卷 CM 集/第 142 冊
(明)童佩撰
明萬曆梁溪談氏天籟堂刻本
刻孫齊之先生松韻堂集十二卷 CM 集/第 142 冊
(明)孫七政撰
明萬曆四十五年孫朝肅刻本
王世周先生詩集二十卷 CM 集/第 142 冊
(明)王伯稠撰
明萬曆刻本
涉江集選一卷 CM 集/第 142 冊
(明)潘之恆撰 (清)陳允衡輯評
清順治刻詩慰本
翏翏集四十卷 CM 集/第 143 冊
(明)俞安期撰
明萬曆刻本
江山人集七卷 CM 集/第 143 冊
(明)江瓘撰
明嘉靖刻本
少嶽詩集四卷 CM 集/第 143 冊
(明)項元淇撰
明萬曆三年項氏墨林山堂刻本
蛣蜣集八卷 CM 集/第 143 冊
(明)鄭若庸撰
明隆慶四年胡迪刻本
北游漫稿詩二卷文三卷 CM 集/第 144 冊
(明)鄭若庸撰
詩清鈔本、文明隆慶三年汪良迪刻本
豐對樓詩選四十三卷 CM 集/第 144 冊
(明)沈明臣撰
明萬曆二十四年陳大科陳堯佐刻本
徐文長文集三十卷四聲猿一卷 CM 集/第 145 冊
(明)徐渭撰
明萬曆四十二年鍾人傑刻本
徐文長逸稿二十四卷附自著畸譜一卷

CM 集/第 145 冊
(明)徐渭撰
明天啓三年張維城刻本
朱邦憲集十六卷附錄一卷 CM 集/第 145 冊
(明)朱察卿撰
明萬曆六年朱家法刻增修本
陳白陽集十卷附錄一卷 CM 集/第 146 冊
(明)陳淳撰
明萬曆四十三年陳仁錫閱帆堂刻陳沈兩先生稿本
隆池山樵詩集二卷 CM 集/第 146 冊
(明)彭年撰
明刻本
止止堂集五卷 CM 集/第 146 冊
(明)戚繼光撰
清光緒十四年山東書局刻本
勾漏集四卷 CM 集/第 146 冊
(明)顧起綸撰
明鈔本
卯洞集四卷 CM 集/第 146 冊
(明)徐珊撰
明嘉靖二十四年刻本
檗菴集二卷 CM 集/第 146 冊
(明)汪禔撰
清康熙十八年刻汪氏家集三種本
湛然堂詩稿不分卷 CM 集/第 146 冊
(明)陳汝瑒撰
明崇禎陳邦綸刻本
方建元集十四卷佳日樓詞一卷續集師心草一卷 CM 集/第 146 冊
(明)方于魯撰
明萬曆刻本
石西集八卷附崇禮堂詩一卷 CM 集/第 146 冊
(明)汪子祜撰 (明)王伯薦撰附
清康熙十八年汪宗豫刻本
石門集七卷 CM 集/第 146 冊
(明)高濲撰
清道光二十一年刻本
新鐫東厓王先生遺集二卷 CM 集/第 146 冊
(明)王襞撰
明萬曆刻明崇禎至清嘉慶間遞修本
僦寮集二卷 CM 集/第 146 冊
(明)釋宗賢撰
清東武李氏研錄山房鈔本

端峰先生松菊堂集二十四卷 CM 集/第 147 冊
(明)孫鏊撰
明萬曆三十八年張垣刻本
芝堂遺草七卷 CM 集/第 147 冊
(明)葉朝榮撰
明萬曆刻本
轂城山館文集四十二卷 CM 集/第 147－148 冊
(明)于慎行撰
明萬曆於緯刻本
龐眉生集十六卷 CM 集/第 148 冊
(明)于慎思撰
明萬曆二十七年于氏刻本
玉恩堂集九卷附錄一卷 CM 集/第 148 冊
(明)林景暘撰
明萬曆三十五年林有麟刻本
醒後集五卷續集一卷 CM 集/第 149 冊
(明)盧維禎撰
明萬曆三十二年至三十三年刻三十八年續刻本
朱文懿公文集十二卷 CM 集/第 149 冊
(明)朱賡撰
明天啓刻本
王文端公詩集二卷奏疏四卷尺牘八卷 CM 集/第 149 冊
(明)王家屏撰
明萬曆四十年至四十五年刻本
溪山堂草四卷 CM 集/第 149 冊
(明)沈思孝撰
明萬曆刻本
華禮部集八卷 CM 集/第 150 冊
(明)華叔陽撰
明萬曆刻本
鍾台先生文集十二卷附錄一卷 CM 集/第 150 冊
(明)田一儁撰
明萬曆二十八年田元振刻本
大泌山房集一百三十四卷目錄二卷 CM 集/第 150－153 冊
(明)李維楨撰
明萬曆三十九年刻本(卷八十卷八十一卷九十一至卷九十三配鈔本)
劉聘君全集十二卷 CM 集/第 154 冊
(明)劉元卿撰
清咸豐二年重刻本

張陽和先生不二齋文選七卷附錄一卷 CM 集/第 154 冊
(明)張元忭撰
明萬曆張汝霖張汝懋刻本
蠙衣生粵草十卷蜀草十一卷 CM 集/第 154 冊
(明)郭子章撰
明萬曆十八年周應鰲刻本
蠙衣生黔草二十四卷傳草二十二卷首一卷 CM 集/第 155－156 冊
(明)郭子章撰
明萬曆刻本
鄧定宇先生文集四卷 CM 集/第 156 冊
(明)鄧以讚撰
明周文光刻本
方初菴先生集十六卷 CM 集/第 156 冊
(明)方揚撰
明萬曆四十年方時化刻本
賜餘堂集十四卷 CM 集/第 156 冊
(明)吳中行撰
明萬曆二十八年吳亮吳奕等刻本
鄒聚所先生文集六卷外集一卷易教一卷語錄三卷 CM 集/第 156 冊
(明)鄒德涵撰
明萬曆鄒衮鄒袞刻本
蒼耳齋詩集十七卷 CM 集/第 157 冊
(明)方問孝撰
明萬曆蔣之秀等刻本
交翠館集十卷 CM 集/第 158 冊
(明)萬道光撰
清乾隆四年志學軒重刻本
卓光祿集三卷 CM 集/第 158 冊
(明)卓明卿撰
明萬曆卓爾昌刻本
卓澂甫詩續集三卷 CM 集/第 158 冊
(明)卓明卿撰
明萬曆崧齋刻本
梅雪軒詩稿四卷附飲酒雜詩一卷 CM 集/第 158 冊
(明)朱敬鐈撰
明萬曆蘭亭書坊王燦刻本
樂陶吟草六卷 CM 集/第 158 冊
(明)姚舜牧撰
明刻本
鬱儀樓集五十四卷 CM 集/第 158 冊
(明)鄒迪光撰
明萬曆刻本

石語齋集二十六卷 CM 集/第 159 冊
(明)鄒迪光撰
明刻本
調象菴稿四十卷 CM 集/第 159－160 冊
(明)鄒迪光撰
明萬曆刻本
雍野李先生快獨集十八卷 CM 集/第 160 冊
(明)李堯民撰
明萬曆三十六年康丕揚刻本
隅園集十八卷蘋川集八卷 CM 集/第 160 冊
(明)陳與郊撰
明萬曆四十五年至天啓元年賜緋堂刻本
呂新吾先生去僞齋文集十卷 CM 集/第 161 冊
(明)呂坤撰
清康熙三十三年呂慎多刻本
來禽館集二十九卷 CM 集/第 161 冊
(明)邢侗撰
明萬曆四十六年刻清康熙十九年鄭雍重修本
支華平先生集四十卷附錄一卷 CM 集/第 162 冊
(明)支大綸撰
明萬曆清旦閣刻本
御龍子集七十七卷 CM 集/第 162－163 冊
(明)范守己撰
明萬曆十八年侯廷珮刻本
李于田詩集十二卷 CM 集/第 163 冊
(明)李化龍撰
明萬曆刻本
郊居遺稿十卷 CM 集/第 163 冊
(明)沈懋學撰
明萬曆三十三年何喬遠刻本
快雪堂集六十四卷 CM 集/第 164－165 冊
(明)馮夢禎撰
明萬曆四十四年黃汝亨朱之蕃等刻本
周海門先生文錄十二卷 CM 集/第 165 冊
(明)周汝登撰
明萬曆張元憬等刻本
東越證學錄十六卷 CM 集/第 165 冊
(明)周汝登撰
明萬曆刻本
張可菴先生書牘十卷 CM 集/第 166 冊
(明)張棟撰
明天啓元年徐洌刻本
詹養貞先生文集三卷 CM 集/第 166 冊
(明)詹事講撰
明萬曆二十六年詹德象刻本
梅谷莊先生文集十六卷 CM 集/第 166 冊
(明)莊履豐撰
明萬曆二十四年江都縣刻本
瑞陽阿集十卷 CM 集/第 167 冊
(明)江東之撰
清乾隆八年東皋堂刻本
續刻楊復所先生家藏文集八卷 CM 集/第 167 冊
(明)楊起元撰
明楊見晙等刻本
松門稿八卷附錄一卷 CM 集/第 167 冊
(明)王庭譔撰
明萬曆四十一年汪學海刻本
孟雲浦先生集八卷附錄一卷 CM 集/第 167 冊
(明)孟化鯉撰
明萬曆二十五年刻清康熙二年增刻本
九芝集十四卷 CM 集/第 167 冊
(明)龍膺撰
清光緒十三年九芝堂刻綸隱全集本
崇雅堂集十五卷附錄一卷 CM 集/第 167 冊
(明)鍾羽正撰
清順治十五年丁耀亢刻本
負苞堂詩選五卷文選四卷 CM 集/第 168 冊
(明)臧懋循撰
明天啓元年刻本
農丈人文集二十卷詩集八卷 CM 集/第 168 冊
(明)余寅撰
明萬曆刻本
楊道行集三十三卷 CM 集/第 168－169 冊
(明)楊于庭撰
明萬曆刻本
青棠集八卷 CM 集/第 169 冊
(明)董嗣成撰
明刻本
來復堂遺集二十五卷 CM 集/第 169 冊
(明)曾維綸撰
清乾隆九年刻本
玉堂遺稿口卷 CM 集/第 169 冊
(明)蕭良有撰
清鈔本
方眾甫集十四卷 CM 集/第 170 冊
(明)方應選撰
明萬曆刻本
葛太史公集五卷 CM 集/第 170 冊
(明)葛曦撰
清嘉慶八年德平葛周玉樹堂刻本
唐文恪公文集十六卷 CM 集/第 170 冊
(明)唐文獻撰
明楊鶴崔爾進刻本
尊拙堂文集十二卷附錄一卷 CM 集/第 170－171 冊
(明)丁元薦撰
清順治十七年丁世濬刻本
容臺文集九卷詩集四卷別集四卷 CM 集/第 171 冊
(明)董其昌撰
明崇禎三年董庭刻本
竹素堂藏稿十四卷 CM 集/第 172 冊
(明)陳所蘊撰
明萬曆刻本
周季平先生青蘂館集四卷 CM 集/第 172 冊
(明)周如砥撰
明崇禎十五年周爆刻本
新刻劉直洲先生文集口卷 CM 集/第 172 冊
(明)劉文卿撰
明萬曆唐國達刻本
吳繼疏先生遺集十三卷首一卷 CM 集/第 172 冊
(明)吳仁度撰
清乾隆吳炯刻本
浙鹺紀事一卷玉城奏疏一卷 CM 集/第 172 冊
(明)葉永盛撰
清道光十二年涇縣趙氏古墨齋刻涇川叢書本
李宮保湘洲先生集十二卷 CM 集/第 173 冊
(明)李騰芳撰
清刻本
關中集四卷 CM 集/第 173 冊
(明)余懋衡撰

明刻本
綠滋館稿九卷考信編二卷徵信編五卷 CM 集/第 173 冊
(明)吳士奇撰
明萬曆刻本
西樓全集十八卷詩選二卷 CM 集/第 173－174 冊
(明)鄧原岳撰
明崇禎元年鄧慶寀刻本
繁露園集二十二卷 CM 集/第 174 冊
(明)董復亨撰
明萬曆四十年張銓刻本
袁中郎全集四十卷 CM 集/第 174 冊
(明)袁宏道撰
明崇禎二年武林佩蘭居刻本
小草齋集三十卷續集三卷小草齋文集二十八卷 CM 集/第 175－176 冊
(明)謝肇淛撰
明刻本(配鈔本)文集明天啓刻本
水明樓集十四卷 CM 集/第 176 冊
(明)陳薦夫撰
明萬曆刻本
華孟達詩稿八卷 CM 集/第 176 冊
(明)華善繼撰
明刻本
奉使朝鮮稿一卷附東方和音一卷 CM 集/第 176 冊
(明)朱之蕃撰 (朝鮮)柳根等撰附
明萬曆刻本
薄遊草二十四卷 CM 集/第 177 冊
(明)謝廷諒撰
明萬曆刻本
自愉堂集十卷 CM 集/第 177 冊
(明)來儼然撰
明萬曆四十七年來復來臨刻本
駱先生文集八卷 CM 集/第 177 冊
(明)駱日升撰
明崇禎刻本
玄居集九卷首一卷附錄一卷 CM 集/第 177 冊
(明)李春熙撰
清乾隆二十六年重刻本
蟄菴日錄四卷 CM 集/第 177 冊
(明)顧起元撰
明天啓刻本
慕蓼王先生樗全集八卷 CM 集/第 178 冊
(明)王畿撰
清乾隆二十四年王宗敏刻本
百花洲集二卷 CM 集/第 178 冊
(明)鄧雲霄撰
明萬曆三十五年陳元素等刻本
解弢集一卷 CM 集/第 178 冊
(明)鄧雲霄撰
明刻本
兩粵遊草一卷寄心集六卷五嶽遊草七卷 CM 集/第 178 冊
(明)陳第撰
明萬曆會山樓刻一齋集本
緱山先生集二十七卷 CM 集/第 178－179 冊
(明)王衡撰
明萬曆刻本
許鍾斗文集五卷 CM 集/第 179 冊
(明)許獬撰
明萬曆四十年洪夢錫等刻本
劉練江先生集八卷附離騷經纂注一卷年譜一卷 CM 集/第 179 冊
(明)劉永澄撰 (清)劉穎撰年譜
清乾隆劉穎刻本
陳元凱集五卷 CM 集/第 179 冊
(明)陳勳撰
明天啓二年呂純如刻本
白榆集二十八卷 CM 集/第 180 冊
(明)屠隆撰
明萬曆龔堯惠刻本
由拳集二十三卷 CM 集/第 180 冊
(明)屠隆撰
明萬曆八年馮夢禎刻本
玉茗堂全集四十六卷 CM 集/第 181 冊
(明)湯顯祖撰
明天啓刻本
陳先生適適齋鑑鬚集七卷 CM 集/第 182 冊
(明)陳玉輝撰
清康熙十一年刻本
薛文介公文集四卷 CM 集/第 182 冊
(明)薛三省撰
明崇禎刻本
藁桂軒詩二卷 CM 集/第 182 冊
(明)吳大經撰
明萬曆刻藍印本
蟋蟀軒草四卷 CM 集/第 182 冊
(明)劉士驥撰
明刻本
四然齋藏稿十卷 CM 集/第 182 冊
(明)黃體仁撰
明萬曆刻本
皆春園集四卷 CM 集/第 182 冊
(明)陳完撰
明萬曆刻本
達觀樓集二十四卷 CM 集/第 183 冊
(明)鄒維璉撰
清乾隆三十一年重刻本
掃餘之餘三卷歸涂閑紀一卷 CM 集/第 183 冊
(明)劉錫玄撰
明末刻本歸涂閑紀明末刻黔南十集本
太古堂集二卷 CM 集/第 183 冊
(明)高弘圖撰
清乾隆刻本
泊水齋文鈔三卷 CM 集/第 183 冊
(明)張慎言撰
清康熙三十九年張茂生刻本
紗遠堂全集四十卷 CM 集/第 183－184 冊
(明)馬之駿撰
明天啓七年刻本
東極篇四卷 CM 集/第 184 冊
(明)文翔鳳撰
明萬曆刻文太青先生全集本
文太青先生文集二卷 CM 集/第 184 冊
(明)文翔鳳撰
鈔本
漆園卮言十七卷 CM 集/第 184 冊
(明)莊起元撰
明萬曆刻本
銅馬編二卷 CM 集/第 184 冊
(明)楊德周撰
明崇禎刻本
無欲齋詩鈔一卷 CM 集/第 184 冊
(明)鹿善繼撰
清刻本
明德先生文集二十六卷制藝一卷附新安定變全城記一卷明德先生年譜四卷 CM 集/第 185 冊
(明)呂維祺撰 (清)張鼎延撰附 (清)施化遠等撰年譜
清康熙二年呂兆璜等刻本
逸園新詩一卷 CM 集/第 185 冊
(明)耿志煒撰
明崇禎刻本

清康熙刻本
花王閣賸稿一卷 CM 集/第 193 冊
(明)紀坤撰
清嘉慶四年紀氏閱徵草堂刻本
雅似堂文集十一卷詩集一卷訟過錄一卷 CM 集/第 193 冊
(明)文德翼撰
明末刻本
文嘻堂詩集三卷 CM 集/第 194 冊
(明)朱芾煜撰
清康熙三十七年紫陽書院刻本
心遠堂遺集二十卷 CM 集/第 194 冊
(明)王永積撰
清刻本
野獲園詩二卷 CM 集/第 194 冊
(明)歐陽鉉撰
明崇禎刻本
書響四卷 CM 集/第 194 冊
(明)李永昌撰
明刻本
采菊雜咏一卷 CM 集/第 194 冊
(明)馬宏衜撰
明末汲古閣刻本
射堂詩鈔十四卷附錄一卷 CM 集/第 194 冊
(明)吳夢暘撰
明刻本
榴館初函集選十卷 CM 集/第 194 – 195 冊
(明)楊思本撰
清康熙十三年楊日升刻本
東江集鈔九卷附錄一卷別集五卷 CM 集/第 195 冊
(明)沈謙撰
清康熙十五年沈聖昭沈聖暉刻本
樂府一卷 CM 集/第 195 冊
(明)周道仁撰
明崇禎疑如館刻本
詠七十二候詩一卷 CM 集/第 195 冊
(明)顧德基撰
清初鈔本
祝子遺書六卷 CM 集/第 195 冊
(明)祝淵撰
清茹實齋鈔本
陳履吉采芝堂文集十六卷 CM 集/第 195 冊
(明)周益祥撰
明萬曆四十一年刻本(卷十六配鈔本)
西溪百詠二卷 CM 集/第 195 冊
(明)釋大善撰
清光緒六年丁氏八千卷樓刻本
石屋禪師山居詩一卷偈讃一卷語錄一卷 CM 集/第 195 冊
(元)釋清珙撰
明刻本
燕香齋詩集六卷文集四卷 CM 集/第 195 冊
(清)劉餘祐撰
清康熙刻本
石園全集三十卷 CM 集/第 196 冊
(清)李元鼎撰
清康熙刻雍正修版印本
用六集十二卷 CM 集/第 196 冊
(清)刁包撰
清康熙三年熊仲龍刻本
秀巖集三十一卷 CM 集/第 196 冊
(清)胡世安撰
清初刻康熙三十四年胡蔚先修補本
澹友軒文集十六卷 CM 集/第 197 冊
(清)薛所藴撰
清順治十六年自刻本
桴菴詩五卷 CM 集/第 197 冊
(清)薛所藴撰
清順治刻本
彭燕又先生文集三卷詩集一卷 CM 集/第 197 冊
(清)彭賓撰
清康熙六十一年彭士超刻本
青溪遺稿二十八卷 CM 集/第 197 冊
(清)程正揆撰
清天咫閣刻本
浮雲集十一卷 CM 集/第 197 冊
(清)陳之遴撰
清康熙旋吉堂刻本
靜惕堂詩集四十四卷 CM 集/第 198 冊
(清)曹溶撰
清雍正三年李維鈞刻本
橘洲詩集六卷 CM 集/第 198 冊
(清)范士楫撰
清順治十六年刻本
犀崖文集二十六卷 CM 集/第 198 冊
(清)易學實撰
清康熙刻本
了菴文集九卷 CM 集/第 199 冊
(清)王岱撰
清康熙四年刻本
內省齋文集三十二卷 CM 集/第 199 冊
(清)湯來賀撰
清康熙書林五車樓刻本
古處堂集四卷 CM 集/第 199 冊
(清)高爾儼撰
清康熙三年高懋恆刻本
沚亭刪定文集二卷 CM 集/第 200 冊
(清)孫廷銓撰
清康熙十七年慕天顏刻本
薪齋初集八卷二集八卷三集八卷 CM 集/第 200 冊
(清)呂陽撰
清順治至康熙遞刻本
讀史亭詩集十六卷文集二十二卷 CM 集/第 200 – 201 冊
(清)彭而述撰
清康熙四十七年彭始摶刻本
道山堂前集不分卷後集十卷 CM 集/第 201 冊
(清)陳軾撰
清康熙刻本
石雲居詩集七卷詞一卷 CM 集/第 201 冊
(清)陳名夏撰
清初刻本
栖雲閣詩十六卷拾遺三卷文集十五卷 CM 集/第 202 冊
(清)高珩撰
清乾隆三年、四十四年刻合印本
誠正齋文集八卷 CM 集/第 202 冊
(清)上官鉝撰
清康熙二十二年刻本
青箱堂詩集三十三卷文集十二卷遺稿續刻一卷年譜一卷 CM 集/第 203 冊
(清)王崇簡撰
清康熙二十八年王燕刻本
東村集十卷附刊一卷 CM 集/第 203 冊
(清)李呈祥撰
清康熙儀一堂刻本
蕉林詩集十八卷 CM 集/第 203 冊
(清)梁清標撰
清康熙十七年梁允植刻本
東谷集詩二十卷續刻詩二卷文八卷續刻文四卷歸庸齋詩錄四卷文錄四卷桑榆集詩三卷文三卷 CM 集/第 204 冊
(清)白胤謙撰

清順治康熙間刻東谷全集本
九山游草一卷　CM 集/第 204 冊
(清)李確撰
民國六年刻本
梅花百詠一卷　CM 集/第 204 冊
(清)李確撰
清鈔本
二槐草存一卷　CM 集/第 205 冊
(清)王翃撰
清康熙十一年王庭刻本
直木堂詩集七卷　CM 集/第 205 冊
(清)釋本晝撰
清康熙睡香庵刻本
南雷文定十一卷後集四卷附錄一卷黃梨洲先生南雷文約四卷
CM 集/第 205 冊
(清)黃宗羲撰
清康熙二十七年靳治荊刻本文約清雍正刻本
白茅堂集四十六卷
CM 集/第 205－206 冊
(清)顧景星撰
清康熙刻本
溉堂前集九卷後集六卷續集六卷文集五卷詩餘二卷　CM 集/第 206 冊
(清)孫枝蔚撰
清康熙刻本
五公山人集十六卷　CM 集/第 207 冊
(清)王餘祐撰
清康熙三十四年枕釣齋刻本
二曲集二十六卷　CM 集/第 207 冊
(清)李顒撰
清康熙三十二年鄭重高爾公刻本
聰山集十二卷荊園小語一卷荊園進語一卷申鳧盟先生年譜略一卷崇祀鄉賢錄一卷　CM 集/第 207 冊
(清)申涵光撰 (清)申涵煜 (清)申涵昐撰年譜
清康熙刻本
蒿菴集三卷附錄一卷　CM 集/第 207 冊
(清)張爾岐撰
清乾隆三十八年胡德琳刻本
苧庵二集十二卷　CM 集/第 207 冊
(清)吳懋謙撰
清順治十三年梅花書屋刻本
水田居文集五卷　CM 集/第 208 冊
(清)賀貽孫撰
清道光至同治間賜書樓刻水田居全集本
藕灣詩集二十卷文集九卷續補存歿四詠一卷　CM 集/第 208 冊
(清)張仁熙撰
清乾隆十六年刻本
芝在堂文集十五卷　CM 集/第 208 冊
(清)劉醇驥撰
清康熙刻本
織水齋集不分卷　CM 集/第 208 冊
(清)李煥章撰
清乾隆間鈔本
謝程山集十八卷首一卷附錄三卷年譜一卷　CM 集/第 209 冊
(清)謝文洊撰 (清)謝鳴謙撰年譜
清道光三十年刻謝程山先生書本
虎溪漁叟集十八卷　CM 集/第 209 冊
(清)劉命清撰
清康熙三十八年刻本
彭省廬先生文集七卷詩集十卷
CM 集/第 209 冊
(清)彭師度撰
清康熙六十一年彭士超隆略堂刻本
邃廬詩不分卷詞一卷　CM 集/第 210 冊
(清)韓純玉撰
清康熙鳳晨堂刻本
柴省軒先生文鈔十二卷外集一卷
CM 集/第 210 冊
(清)柴紹炳撰
清康熙刻本
張秦亭詩集十三卷補遺一卷
CM 集/第 210 冊
(清)張丹撰
清康熙石甑山房刻本
潠書八卷　CM 集/第 210 冊
(清)毛先舒撰
清康熙刻思古堂十四種書本
思古堂集四卷首一卷　CM 集/第 210 冊
(清)毛先舒撰
清康熙刻思古堂十四種書本
東苑文鈔二卷詩鈔一卷　CM 集/第 211 冊
(清)毛先舒撰
清康熙刻思古堂十四種書本
小匡文鈔四卷　CM 集/第 211 冊
(清)毛先舒撰
清康熙刻思古堂十四種書本
蕊雲集一卷晚唱一卷　CM 集/第 211 冊
(清)毛先舒撰
清康熙刻思古堂十四種書本
榆墩集十一卷　CM 集/第 211 冊
(清)徐世溥撰
清康熙舫齋刻本
說詩堂集二十卷　CM 集/第 211 冊
(清)諸匡鼎撰
清康熙刻本
紀成文稿四卷詩稿四卷玉磑集四卷蠡音一卷壽壙碑辭一卷　CM 集/第 211 冊
(清)安致遠撰
清康熙刻本
完玉堂詩集十卷　CM 集/第 211 冊
(清)釋元璟撰
清雍正刻本
冬關詩鈔六卷補遺一卷　CM 集/第 211 冊
(清)釋通復撰
清康熙刻本
西北文集四卷　CM 集/第 211 冊
(清)畢振姬撰
清康熙刻本
涑水編五卷　CM 集/第 212 冊
(清)翟鳳翥撰
清康熙刻本
黃山詩留十六卷　CM 集/第 212 冊
(清)法若真撰
清康熙刻本
心遠堂詩集十二卷　CM 集/第 212 冊
(清)李霨撰
清康熙十六年李天馥毛際可等刻本
聿修堂集不分卷　CM 集/第 213 冊
(清)藍潤撰
清鈔本
寒松堂集十二卷　CM 集/第 213 冊
(清)魏象樞撰
清康熙刻本
且亭詩六卷　CM 集/第 213 冊
(清)楊思聖撰
清康熙七年刻本
四思堂文集八卷　CM 集/第 213－214 冊
(清)傅維鱗撰
清康熙十七年刻本
倚雉堂集十二卷　CM 集/第 214 冊
(清)竇遴奇撰
清康熙十一年刻本
王文靖公集二十四卷年譜一卷附錄一卷
CM 集/第 214 冊

(清)王熙撰
清康熙四十六年王克昌刻本
佳山堂詩集十卷二集九卷 CM 集/第 215 冊
(清)馮溥撰
清康熙刻本
林屋文稿十六卷詩稿十四卷 CM 集/第 215 冊
(清)朱徵輿撰
清康熙九籥樓刻本(詩稿配鈔本)
蔣慎齋遇集五卷莅楚學記一卷日懷堂奏疏四卷 CM 集/第 215 冊
(清)蔣永修撰
清康熙天藜閣刻本
濳滄集五卷 CM 集/第 216 冊
(清)佘一元撰
清刻本(卷一卷二配鈔本)
退菴詩集十二卷文集九卷 CM 集/第 216 冊
(清)李敬撰
清康熙刻本
西山集九卷 CM 集/第 216 冊
(清)張能鱗撰
清刻本
馮氏小集三卷鈍吟集三卷别集一卷餘集一卷遊仙詩一卷集外詩一卷文稿一卷 CM 集/第 216 冊
(清)馮班撰
清初毛氏汲古閣清康熙陸貽典等刻鈍吟全集本
李文襄公别錄六卷 CM 集/第 216 冊
(清)李之芳撰
清康熙刻本
擬故宫詞一卷 CM 集/第 216 冊
(清)唐宇昭撰
清鈔本
屺思堂文集八卷詩集不分卷 CM 集/第 216 冊
(清)劉子壯撰
清康熙刻本
熊學士詩文集三卷 CM 集/第 217 冊
(清)熊伯龍撰
清康熙九年刻乾隆五十一年熊光補修本
志壑堂詩集十二卷文集十二卷詩後集五卷文後集三卷辛酉同遊倡和詩餘後集二卷阮亭選志壑堂詩十五卷 CM 集/第 217 冊
(清)唐夢賚撰
清康熙刻本
耿巖文選二十卷 CM 集/第 218 冊
(清)沈珩撰
清康熙十五年沈氏古慧居刻本
樂圃集七卷補遺一卷 CM 集/第 218 冊
(清)顔光敏撰
清康熙刻十子詩略本
湯濳菴先生文集節要八卷 CM 集/第 218 冊
(清)湯斌撰 (清)彭定求輯
清康熙三十七年刻本
賨綸堂集十二卷 CM 集/第 218 冊
(清)許纘曾撰
清稿本
鶴静堂集十九卷 CM 集/第 219 冊
(清)周茂源撰
清康熙天馬山房刻本
願學堂集二十卷使交紀事一卷使交吟一卷安南世系略一卷南交好音一卷 CM 集/第 219 冊
(清)周燦撰並輯
清康熙刻本
月巖集五卷 CM 集/第 219 冊
(清)周禮撰
清乾隆蔡溪刻本
容菴詩集十卷辛卯集一卷 CM 集/第 219 冊
(清)孫爽撰
清順治十六年刻本
萬山樓詩集二十四卷 CM 集/第 220 冊
(清)許虬撰
清康熙四十九年刻本
萬青閣全集八卷 CM 集/第 220 冊
(清)趙吉士撰
清康熙趙繼抃等刻本
畫壁遺稿三卷 CM 集/第 221 冊
(清)范承謨撰
清康熙刻本
見山樓詩集一卷文集一卷 CM 集/第 221 冊
(清)楊素藴撰
清康熙二十七年刻本
堪齋詩存八卷 CM 集/第 221 冊
(清)顧大申撰
清雍正七年顧思孝刻本
學源堂文集十九卷詩集十卷 CM 集/第 221 冊
(清)郭棻撰
清康熙刻本
蓮龕集十六卷 CM 集/第 222 冊
(清)李來泰撰
清雍正李轍等刻本
天延閣删後詩十五卷敬亭倡和集一卷敬亭唱和詩一卷天延閣聯句唱和詩一卷天延閣後集十三卷天延閣贈言集四卷 CM 集/第 222 冊
(清)梅清撰並輯
清康熙刻本
瞿山詩略三十三卷 CM 集/第 222 冊
(清)梅清撰
清康熙刻本
飲和堂集詩十六卷文八卷 CM 集/第 223 冊
(清)姚夔撰
清康熙刻本
涑亭詩略一卷 CM 集/第 223 冊
(清)林堯光撰
清刻本
託素齋詩集四卷文集六卷行述一卷 CM 集/第 223 冊
(清)黎士弘撰 (清)劉元慧撰行述
清雍正二年黎致遠刻本
眉三子半農齋集八卷 CM 集/第 224 冊
(清)蔣中和撰
清康熙二十年刻本
陸密菴文集二十卷錄餘二卷詩集八卷詩餘四卷 CM 集/第 224 冊
(清)陸求可撰
清康熙二十年王霖刻本
恥躬堂文集二十卷 CM 集/第 224 冊
(清)王命岳撰
清康熙二十三年刻本
南沙文集八卷 CM 集/第 225 冊
(清)洪若皐撰
清康熙刻本
緜津山人詩集二十九卷楓香詞一卷附緯蕭草堂詩三卷 CM 集/第 225 冊
(清)宋犖撰 (清)宋至撰附
清康熙刻本
漁洋山人精華錄訓纂十卷總目二卷年譜註補二卷金氏精華錄箋註辨訛一

立命堂二集六卷 CM 集/第 245 冊
(清)嵇宗孟撰
清康熙刻本
古缽集選一卷 CM 集/第 245 冊
(清)王士祜撰 王士禛輯評
清康熙王士禛刻本
有懷堂文稿二十二卷詩稿六卷 CM 集/第 245 冊
(清)韓菼撰
清康熙四十二年刻本
修吉堂文稿八卷道貴堂類稿二十一卷耄餘殘瀋二卷修吉堂遺稿二卷 CM 集/第 245 - 246 冊
(清)徐倬撰 徐元正撰附
清康熙刻乾隆續刻本
禮山園詩集十卷文集八卷後編五卷續集一卷 CM 集/第 246 冊
(清)李來章撰
清康熙賜書堂刻本
南畇文稿十二卷 CM 集/第 246 冊
(清)彭定求撰
清雍正四年刻本
旭華堂文集十四卷補遺一卷 CM 集/第 247 冊
(清)王奐曾撰
清乾隆十六年趙熟典刻本
通志堂集十八卷附錄二卷 CM 集/第 247 冊
(清)納蘭性德撰
清康熙三十年徐乾學刻本
翠滴樓詩集六卷 CM 集/第 247 冊
(清)馮雲驌撰
民國二十五年山西書局補刻清暉堂刻本
兼山堂集八卷 CM 集/第 247 冊
(清)陳錫嘏撰
清康熙刻本
清芬堂存稿八卷詩餘一卷 CM 集/第 247 冊
(清)胡會恩撰
清康熙刻本
邵子湘全集三十卷附錄二卷 CM 集/第 247 - 248 冊
(清)邵長蘅撰
清康熙刻本
竹垞文類二十六卷 CM 集/第 248 冊
(清)朱彝尊撰
清康熙二十一年刻增修本
受祺堂詩三十五卷 CM 集/第 248 冊
(清)李因篤撰
清康熙三十八年田少華刻本
深秀亭詩集二十一卷 CM 集/第 249 冊
(清)潘鍾麟撰
清康熙深秀亭刻本
遂初堂詩集十六卷文集二十卷別集四卷 CM 集/第 249 - 250 冊
(清)潘耒撰
清康熙刻增修本
抱經齋詩集十四卷文集不分卷附焚餘草一卷 CM 集/第 250 冊
(清)徐嘉炎撰 (清)徐肇森撰附
清康熙三十八年刻本
艮齋文選一卷臥象山房賦集一卷文集一卷滇南集一卷臥象山房詩口口卷滇行日記二卷(詩集存卷二十二卷二十三) CM 集/第 250 冊
(清)李澄中撰
清康熙刻本
白雲村文集四卷臥象山房詩正集七卷 CM 集/第 250 冊
(清)李澄中撰
清康熙刻本
秋錦山房集二十二卷外集三卷 CM 集/第 251 冊
(清)李良年撰
清康熙刻乾隆續刻李氏家集四種本
思復堂文集十卷附錄一卷 CM 集/第 251 冊
(清)邵廷采撰
清康熙刻本
徐都講詩一卷 CM 集/第 251 冊
(清)徐昭華撰
清康熙刻西河合集本
拙齋集五卷 CM 集/第 251 冊
(清)朱奇齡撰
清康熙介堂刻本(卷一卷二配鈔本)
山曉閣詩十二卷 CM 集/第 251 冊
(清)孫琮撰
清康熙刻本
香草居集七卷 CM 集/第 252 冊
(清)李符撰
清康熙至乾隆刻李氏家集四種本
賓菌堂遺詩二卷 CM 集/第 252 冊
(清)趙執端撰
清乾隆刻本
晚樹樓詩稿五卷 CM 集/第 252 冊
(清)吳震方撰
清康熙刻本
雙溪草堂詩集十卷西山草一卷 CM 集/第 252 冊
(清)王晉徵撰
清康熙刻本
馮舍人遺詩六卷 CM 集/第 252 冊
(清)馮廷櫆撰
清雍正十一年刻本
居業齋詩鈔二十二卷文稿二十卷別集十卷 CM 集/第 252 冊
(清)金德嘉撰
清康熙刻本
德星堂文集八卷續集一卷河工集一卷詩集五卷 CM 集/第 253 冊
(清)許汝霖撰
清康熙刻本
素巖文稿二十五卷 CM 集/第 253 冊
(清)王喆生撰
清刻本
飲醇堂文集二十卷抱膝廬詩草十一卷娛暉草十一卷和靖節集三卷西山紀遊一卷南浦詞三卷和昌谷集一卷 CM 集/第 253 冊
(清)周金然撰
清康熙刻本
正誼堂文集十二卷 CM 集/第 254 冊
(清)張伯行撰
清乾隆刻本
愛日堂詩集二十八卷 CM 集/第 254 冊
(清)陳元龍撰
清乾隆刻本
鶴侶齋詩一卷文稿四卷 CM 集/第 254 冊
(清)孫勷撰
清道光二十三年至咸豐元年延綠吟館刻本
岕老編年詩鈔九卷續鈔四卷 CM 集/第 254 冊
(清)金張撰
清康熙刻本
鬲津草堂詩六卷 CM 集/第 254 冊
(清)田霢撰
清康熙乾隆間刻德州田氏叢書本
匡山集六卷 CM 集/第 255 冊
(清)王沛恂撰

清雍正刻本
綺樹閣賦稿一卷詩稿一卷青社先賢詠一卷 CM 集/第 255 冊
(清)安箕撰
清康熙刻本(青社先賢詠配鈔本)
汪伯子菁菴遺稿一卷 CM 集/第 255 冊
(清)汪筠撰
清康熙刻鈍翁全集附刻本
學古堂詩集六卷 CM 集/第 255 冊
(清)沈季友撰
清乾隆刻本
六瑩堂集九卷二集八卷詞評一卷附錄一卷 CM 集/第 255 冊
(清)梁佩蘭撰
清道光二十年南海伍氏詩雪軒刻粵十三家集本
紺寒亭文集四卷詩別集一卷詩集十卷 CM 集/第 255 冊
(清)趙俞撰
清康熙刻本
杕左堂集詩六卷詞四卷 CM 集/第 255 冊
(清)孫致彌撰
清乾隆刻本
過江集四卷 CM 集/第 255 冊
(清)史申義撰
清康熙刻本
寒村詩文選三十六卷 CM 集/第 256 冊
(清)鄭梁撰
清康熙刻本
雙雲堂文稿六卷詩稿六卷行述一卷 CM 集/第 256 冊
(清)范光陽撰 (清)范述謂 范廷彥撰行述
清康熙四十六年鄭風刻本
賜書樓嶢山集四卷補刻一卷詩集一卷 CM 集/第 256 冊
(清)田從典撰
清雍正九年賜書樓刻本
潘中丞文集四卷 CM 集/第 257 冊
(清)潘宗洛撰
清乾隆二十二年潘文煕等刻本
楝亭詩鈔八卷詩別集四卷詞鈔一卷詞鈔別集一卷文鈔一卷 CM 集/第 257 冊
(清)曹寅撰
清康熙刻本
時用集不分卷續集不分卷 CM 集/第 257 冊
(清)陳訏撰
清康熙松柏堂刻本
善卷堂四六十卷 CM 集/第 257 冊
(清)陸繁弨撰 (清)吳自高注
清乾隆三十五年陳明善刻本
湖海集十三卷 CM 集/第 257 冊
(清)孔尚任撰
清康熙介安堂刻本
學箕初稿二卷 CM 集/第 257 冊
(清)黃百家撰
清康熙箭山鐵鐙軒刻本
眺秋樓詩八卷 CM 集/第 257 冊
(清)高岑撰
清乾隆二十二年十研居刻本
釀川集十二卷 CM 集/第 258 冊
(清)許尚質撰
清刻本
舟車集二十卷後集十卷集唐一卷 CM 集/第 258 冊
(清)陶季撰
清康熙刻本
燕堂詩鈔八卷賦稿三卷兗東集二卷小紅詞集一卷 CM 集/第 258 冊
(清)朱徑撰
清康熙刻本
集古梅花詩十九卷 CM 集/第 258 冊
(清)張吳曼等撰輯
清光緒張汝翼刻本
觀樹堂詩集十六卷 CM 集/第 258 冊
(清)朱樟撰
清乾隆刻本
東山草堂文集二十卷詩集八卷續編一卷邇言六卷 CM 集/第 259 冊
(清)邱嘉穗撰
清康熙刻本
在陸草堂文集六卷 CM 集/第 259 冊
(清)儲欣撰
清雍正元年儲掌文刻本
陳恪勤集三十九卷 CM 集/第 259 冊
(清)陳鵬年撰
清康熙刻本
道榮堂文集六卷首一卷 CM 集/第 259 - 260 冊
(清)陳鵬年撰
清乾隆二十七年刻本
固哉叟詩鈔八卷 CM 集/第 260 冊
(清)高孝本撰
清乾隆三十一年刻本
葛莊分體對鈔十二卷補遺一卷 CM 集/第 260 冊
(清)劉廷璣撰
清康熙刻本
葛莊編年詩三十六卷補遺一卷 CM 集/第 260 冊
(清)劉廷璣撰
清康熙刻本
冰齋文集四卷 CM 集/第 260 冊
(清)懷應聘撰
清康熙刻本
夢月巖詩集二十卷詩餘一卷 CM 集/第 261 冊
(清)呂履恆撰
清呂憲曾呂宣曾刻本
冶古堂文集五卷 CM 集/第 261 冊
(清)呂履恆撰
清乾隆十五年呂憲曾刻本
雪鴻堂文集四卷 CM 集/第 261 冊
(清)李鍾璧撰
清康熙五十七年刻雪鴻堂全集本
賦清草堂詩鈔六卷 CM 集/第 261 冊
(清)張棠撰
清乾隆張卿雲刻本
湛園未定稿六卷 CM 集/第 261 冊
(清)姜宸英撰
清康熙二老閣刻本
樸學齋詩稿十卷補編一卷 CM 集/第 262 冊
(清)林佶撰
清乾隆九年家刻本
柳塘詩集十二卷 CM 集/第 262 冊
(清)吳祖修撰
清康熙四十四年刻本
澄懷園文存十五卷載賡集六卷詩選十二卷澄懷園語四卷自訂年譜六卷 CM 集/第 262 冊
(清)張廷玉撰
清乾隆刻澄懷園全集本(詩選年譜光緒張氏重刻本)
秋江集六卷 CM 集/第 262 冊
(清)黃任撰
清乾隆刻本
黑蝶齋詩鈔四卷 CM 集/第 263 冊
(清)沈岸登撰
清康熙刻本

古劍書屋詩鈔八卷補遺一卷詩餘一卷文鈔二卷 CM 集/第 263 冊
(清)吳廷楨撰
清乾隆刻本
緯蕭草堂詩六卷 CM 集/第 263 冊
(清)宋至撰
清康熙刻本
績學堂文鈔六卷首一卷詩鈔四卷首一卷 CM 集/第 263 冊
(清)梅文鼎撰
清乾隆梅瑴成刻本
滋蘭堂集十卷 CM 集/第 263 冊
(清)沈元滄撰
清乾隆十四年沈廷芳等刻本
澹初詩稿八卷 CM 集/第 263 冊
(清)沈翼機撰
清乾隆刻本
集虛齋學古文十二卷 CM 集/第 263 冊
(清)方棨如撰
清乾隆十九年刻本
覘齋詩選二卷補遺一卷 CM 集/第 263 冊
(清)張謙宜撰
清乾隆二十四年法輝祖刻本
蓼村集四卷 CM 集/第 264 冊
(清)王苹撰
清乾隆三十八年胡德琳刻本
雪鴻堂文集二卷 CM 集/第 264 冊
(清)李鍾峩撰
清康熙五十七年刻雪鴻堂全集本
王石和文集九卷 CM 集/第 264 冊
(清)王珻撰
清乾隆六年江西重刻本
十峰集五卷 CM 集/第 264 冊
(清)徐基撰
清康熙刻本
蓬莊詩集十卷 CM 集/第 264 冊
(清)沈虹撰
清雍正至乾隆刻本
雄雉齋選集六卷 CM 集/第 264 冊
(清)顧圖河撰
清康熙刻本
青溪詩偶存十卷 CM 集/第 264 冊
(清)蔣錫震撰
清雍正刻本
退谷文集十五卷詩集七卷附行述一卷 CM 集/第 264－265 冊
(清)黄越撰 (清)黄自麟撰行述
清雍正五年光裕堂刻本
青要集十二卷 CM 集/第 265 冊
(清)吕謙恒撰
清雍正十三年刻本
性影集八卷 CM 集/第 265 冊
(清)王時憲撰
清康熙五十年高玥刻本
改堂先生文鈔二卷 CM 集/第 265 冊
(清)唐紹祖撰
清乾隆十八年刻本
石川詩鈔三卷 CM 集/第 265 冊
(清)方覲撰
清乾隆刻本
師經堂集十八卷 CM 集/第 265 冊
(清)徐文駒撰
清康熙五十一年刻本
墨瀾亭文集不分卷 CM 集/第 265 冊
(清)帥我撰
清光緒奉新帥氏緑窗刻帥氏清芬集本
雲川閣詩十四卷詞六卷 CM 集/第 266 冊
(清)杜詔撰
清雍正刻本
閭邱詩集六十卷味蔗詩集三卷 CM 集/第 266 冊
(清)顧嗣立撰
清康熙刻本(卷三十八至四十八卷五十七至六十未刻用道光二十八年刻本配補)
李鷺洲詩集二十卷文集十卷 CM 集/第 266 冊
(清)李茹旻撰
清乾隆十三年刻本
集虛堂小草一卷餘草一卷 CM 集/第 267 冊
(清)郭雍撰
清康熙刻乾隆四年續刻本
瓦缶集十二卷 CM 集/第 267 冊
(清)李宗渭撰
清乾隆十六年刻本
空明子詩集十卷文集二卷雜錄一卷詩集又八卷文集又六卷詩餘二卷 CM 集/第 267 冊
(清)張榮撰
清康熙刻空明子全集本
挹青軒稿三卷 CM 集/第 267 冊
(清)華浣芳撰
清康熙刻空明子全集附刻本
玉几山房吟卷三卷 CM 集/第 267 冊
(清)陳撰撰
清康熙刻本
雲溪文集五卷 CM 集/第 267 冊
(清)儲掌文撰
清乾隆三十六年在陸草堂刻本
據梧詩集十五卷都門贈行詩一卷萬里小遊仙集一卷 CM 集/第 267 冊
(清)管棆撰
清康熙刻本
近道齋文集六卷詩集四卷附錄一卷 CM 集/第 268 冊
(清)陳萬策撰
清乾隆八年刻本
白田草堂存稿二十四卷附行狀一卷崇祀鄉賢錄一卷 CM 集/第 268 冊
(清)王懋竑撰 (清)王箴聽等撰附
清乾隆刻本
秋水堂遺集六卷 CM 集/第 268 冊
(清)莊亨陽撰
清嘉慶二十一年刻本
緣蘿山房詩集三十二卷文集二十四卷 CM 集/第 268－269 冊
(清)胡浚撰
清乾隆刻本
寒香閣詩集四卷 CM 集/第 270 冊
(清)鄧鍾岳撰
清乾隆刻本
墨麟詩十二卷 CM 集/第 270 冊
(清)馬維翰撰
清雍正刻本
秋塍文鈔十二卷三州詩鈔四卷 CM 集/第 270 冊
(清)魯曾煜撰
清乾隆刻本
最古園二編十八卷 CM 集/第 270 冊
(清)羅人琮撰
清康熙刻本
陸堂文集二十卷詩集十六卷續集六卷 CM 集/第 270－271 冊
(清)陸奎勳撰
清乾隆小瀛山閣刻本
唐堂集五十卷補遺二卷續八卷附冬錄一卷 CM 集/第 271 冊
(清)黄之雋撰
清乾隆刻本

雲在詩鈔九卷 CM 集/第 272 冊
(清)查祥撰
清乾隆刻本
桐村詩四卷 CM 集/第 272 冊
(清)馮詠撰
清康熙刻本
崇雅堂稿八卷 CM 集/第 272 冊
(清)王植撰
清乾隆刻本
與梅堂遺集十二卷耳書一卷鮓話一卷 CM 集/第 272 冊
(清)佟世思撰
清康熙四十年佟世集刻本
華林莊詩集四卷 CM 集/第 272 冊
(清)姚孔鈵撰
清乾隆刻本
道腴堂詩集四卷 CM 集/第 272 冊
(清)曹煜曾撰
清乾隆十四年曹氏五畝園刻石倉世纂本
長嘯軒詩集六卷 CM 集/第 272 冊
(清)曹煐曾撰
清乾隆十四年曹氏五畝園刻石倉世纂本
放言居詩集六卷 CM 集/第 272 冊
(清)曹炳曾撰
清乾隆十四年曹氏五畝園刻石倉世纂本
隨村先生遺集六卷 CM 集/第 272 冊
(清)施瑮撰
清乾隆四年刻本
有懷堂文集一卷詩集一卷 CM 集/第 272 冊
(清)田肇麗撰
清康熙乾隆間刻德州田氏叢書本
靜便齋集十卷 CM 集/第 272 冊
(清)王曾祥撰
清乾隆二十八年刻本
鍾水堂詩三卷 CM 集/第 273 冊
(清)顔肇維撰
清雍正刻本
桐乳齋詩集十二卷 CM 集/第 273 冊
(清)梁文濂撰
清乾隆十二年刻本
雪根清壑山房詩一卷觀稼樓詩二卷吴船書屋詩一卷楓香集一卷 CM 集/第 273 冊
(清)朱緗撰
清道光刻濟南朱氏詩文彙編本
吾友于齋詩鈔八卷 CM 集/第 273 冊
(清)張錫爵撰
清乾隆刻本
樹人堂詩七卷多博唫一卷蒐遺一卷 CM 集/第 273 冊
(清)帥念祖撰
清光緒奉新帥氏綠窗刻帥氏清芬集本
涵有堂詩文集不分卷 CM 集/第 273 冊
(清)游紹安撰
稿本
南陔堂詩集十二卷 CM 集/第 273 冊
(清)徐以升撰
清乾隆二十六年刻本
已山先生文集十卷别集四卷 CM 集/第 273 冊
(清)王步青撰
清乾隆敦復堂刻本
江聲草堂詩集八卷 CM 集/第 274 冊
(清)金志章撰
清乾隆十九年刻本
謙齋詩稿二卷補遺一卷 CM 集/第 274 冊
(清)曹庭樞撰
清乾隆刻本
司業文集四卷 CM 集/第 274 冊
(清)陳祖范撰
清乾隆二十九年刻本
司業詩集四卷 CM 集/第 274 冊
(清)陳祖范撰
清乾隆二十九年刻本
王艮齋詩集十卷文集四卷 CM 集/第 274 冊
(清)王峻撰
清乾隆蔣棨刻本
鋤經餘草十三卷 CM 集/第 274 冊
(清)王文清撰
清乾隆刻本
明史雜詠四卷 CM 集/第 274 冊
(清)嚴遂成撰
清乾隆刻本
絳跗閣詩稿十一卷 CM 集/第 274 冊
(清)諸錦撰
清乾隆二十七年刻本
賜書堂詩鈔八卷 CM 集/第 274 冊
(清)周長發撰
清乾隆刻本
小山詩文全稿二十卷 CM 集/第 275 冊
(清)王時翔撰
清乾隆十一年王氏涇東草堂刻本
春及堂詩集四十三卷 CM 集/第 275 冊
(清)倪國璉撰
清乾隆刻本
四焉齋詩集六卷附梯仙閣餘課一卷拂珠樓偶鈔二卷 CM 集/第 275 冊
(清)曹一士撰 (清)陸鳳池撰梯仙閣餘課 (清)曹錫圭撰拂珠樓偶鈔
清乾隆刻本
四焉齋文集八卷 CM 集/第 275 冊
(清)曹一士撰
清乾隆刻本
金管集一卷 CM 集/第 275 冊
(清)顧成天撰
清雍正七年聞子紹刻東浦草堂詩本
花語山房詩文小鈔二卷燕京賦一卷 CM 集/第 275 冊
(清)顧成天撰
清雍正刻本清雍正七年聞子紹刻東浦草堂詩本
弢甫集詩十四卷文三十卷弢甫五嶽集二十卷弢甫續集二十卷 CM 集/第 275－276 冊
(清)桑調元撰
清乾隆刻本
柳漁詩鈔十二卷 CM 集/第 276 冊
(清)張湄撰
清乾隆刻本
秋水齋詩十五卷 CM 集/第 276 冊
(清)張映斗撰
清乾隆張守約等刻本
松桂讀書堂文集七卷詩集八卷 CM 集/第 276 冊
(清)姚培謙撰
清乾隆刻本
桐陰書屋詩二卷 CM 集/第 277 冊
(清)朱崇勳撰
清道光刻濟南朱氏詩文彙編本
湖上草堂詩一卷 CM 集/第 277 冊
(清)朱崇道撰
清道光刻濟南朱氏詩文彙編本
蠶桑樂府一卷 CM 集/第 277 冊
(清)沈炳震撰
清鈔本

無悔齋集十五卷附錄一卷 CM 集/第 277 冊
(清)周京撰
清乾隆刻本
亦廬詩集三十卷 CM 集/第 277 冊
(清)湯斯祚撰
清乾隆刻本
慎獨軒文集八卷 CM 集/第 277 冊
(清)劉青霞撰
清乾隆刻本
孱守齋遺稿四卷 CM 集/第 277 冊
(清)姚世鈺撰
清乾隆十八年張四科刻本
翰村詩稿六卷 CM 集/第 277 冊
(清)仲昰保撰
清乾隆十九年趙念刻本
樸庭詩稿十卷 CM 集/第 277 冊
(清)吳煸文撰
清乾隆十二年刻十八年續刻本
孤石山房詩集六卷 CM 集/第 277 冊
(清)沈心撰
清乾隆刻本
香域自求膺禪師內外集十四卷首一卷 CM 集/第 278 冊
(清)釋敏膺撰
清康熙刻本
薇香集一卷燕香集二卷燕香二集二卷 CM 集/第 278 冊
(清)方觀承撰
清嘉慶十四年刻述本堂詩續集本
晚晴樓詩稿四卷詩餘一卷附行略一卷 CM 集/第 278 冊
(清)曹錫淑撰 (清)陸秉笏撰行略
清鈔本
豐川全集正編二十五卷續編二十二卷 CM 集/第 278 - 279 冊
(清)王心敬撰
清康熙五十五年額倫特刻本
豐川續集三十四卷 CM 集/第 279 冊
(清)王心敬撰
清乾隆十五年刻本
綠筠軒詩四卷 CM 集/第 280 冊
(清)張元撰
清鈔本
竹香詩集選四卷 CM 集/第 280 冊
(清)席鏊撰
清乾隆刻本
菱溪遺草詩一卷詩餘一卷附輓詩一卷 CM 集/第 280 冊
(清)蔣麟昌撰
清乾隆七年刻本
松泉詩集六卷 CM 集/第 280 冊
(清)江昱撰
清乾隆二十六年小東軒刻本
閨房集一卷附錄一卷 CM 集/第 280 冊
(清)陳佩撰
清刻本
白雲詩集七卷詠梅詩一卷 CM 集/第 280 冊
(清)盧存心撰
清乾隆數間草堂刻本
隨園詩草八卷禪家公案頌一卷 CM 集/第 280 冊
(清)邊連寶撰
清乾隆四十年任丘邊氏家刻本
東山草堂集六卷 CM 集/第 280 冊
(清)潘安禮撰
清乾隆四年刻本
南莊類稿八卷白雲詩鈔二卷奉使集一卷靜子日記一卷 CM 集/第 280 冊
(清)黃永年撰
清乾隆刻本
史復齋文集四卷 CM 集/第 281 冊
(清)史調撰
清乾隆刻本
卓山詩集十六卷 CM 集/第 281 冊
(清)帥家相撰
清嘉慶二年刻本
瓠息齋前集二十四卷 CM 集/第 281 冊
(清)凌樹屏撰
清乾隆二十四年刻本
問義軒詩鈔二卷 CM 集/第 281 冊
(清)莊綸渭撰
清乾隆刻本
玉芝堂文集六卷詩集三卷 CM 集/第 281 冊
(清)邵齊燾撰
清乾隆刻本
凝齋先生遺集十卷末一卷 CM 集/第 281 冊
(清)陳道撰
清乾隆刻本
柘坡居士集十二卷 CM 集/第 281 冊
(清)萬光泰撰
清乾隆二十一年汪孟鋗刻本
綠杉野屋集四卷 CM 集/第 281 冊
(清)徐以泰撰
清乾隆刻本
強恕齋詩鈔四卷文鈔五卷 CM 集/第 282 冊
(清)張庚撰
清乾隆刻本
冬心先生集四卷 CM 集/第 282 冊
(清)金農撰
清雍正十一年廣陵般若庵刻本
產鶴亭詩十一卷 CM 集/第 282 冊
(清)曹庭棟撰
清乾隆刻本
西澗草堂文集四卷詩集四卷 CM 集/第 282 冊
(清)閻循觀撰
清乾隆刻本
睫巢集六卷後集一卷 CM 集/第 282 冊
(清)李鍇撰
清乾隆刻本
陳石閭詩三十卷 CM 集/第 282 冊
(清)陳景元撰
稿本
南阜山人詩集類稿七卷 CM 集/第 282 冊
(清)高鳳翰撰
清乾隆二十八年刻本
密娛齋詩稿一卷 CM 集/第 282 冊
(清)鄧汝功撰
清乾隆刻本
東坪詩集八卷 CM 集/第 282 冊
(清)胡慶豫撰
清乾隆三十二年刻本
六湖先生遺集十二卷 CM 集/第 283 冊
(清)張文瑞撰
清乾隆九年孝友堂刻本
念西堂詩集八卷 CM 集/第 283 冊
(清)王令撰
清康熙刻本
古雪堂文集十九卷 CM 集/第 283 冊
(清)王令撰
清康熙刻本
薪槱集四卷附年譜一卷行略一卷 CM 集/第 283 冊
(清)許昌國撰 許重炎撰年譜行略
清乾隆刻本
郭中州禹門集四卷 CM 集/第 283 冊

(清)郭振遐撰
清康熙二十二年刻本
天門集六卷文集五卷 CM 集/第 283 冊
(清)吳盛藻撰
清康熙刻本
歲寒堂初集五卷存稿不分卷
CM 集/第 283－284 冊
(清)林璐撰
清康熙武林還讀齋刻本
天香閣文集八卷詩集十卷詞集六卷附碎玉合編二卷 CM 集/第 284 冊
(清)唐之鳳撰 (清)唐雲禎 唐德遠撰附
清康熙四十三年刻本
笑門詩集二十五卷 CM 集/第 284 冊
(清)戚玾撰
清康熙四十五年林任刻本
偶存草詩集六卷 CM 集/第 284 冊
(清)林之蒨撰
清雍正刻本
文選詩句圖一卷 CM 集/第 285 冊
(宋)高似孫撰
清鈔本
文選纂註十二卷 CM 集/第 285 冊
(明)張鳳翼註
明萬曆刻本
文選章句二十八卷
CM 集/第 285－286 冊
(明)陳與郊輯
明萬曆二十五年刻本
文選尤十四卷 CM 集/第 286 冊
(明)鄒思明輯評
明天啓二年刻三色套印本
孫月峰先生評文選三十卷
CM 集/第 287 冊
(梁)蕭統編 (明)孫鑛評 (明)閔齊華註
明末烏程閔氏刻本
梁昭明文選越裁十一卷
CM 集/第 287－288 冊
(清)洪若皐輯評
清康熙名山聚刻本
文選音義八卷 CM 集/第 288 冊
(清)余蕭客輯
清乾隆靜勝堂刻本
玉臺新詠十卷 CM 集/第 288 冊
(陳)徐陵編 (清)馮舒 (清)馮班校
清康熙硯豐齋刻本
玉臺新詠十卷 CM 集/第 288 冊
(陳)徐陵編 (清)吳兆宜注 (清)程際盛刪補
清乾隆三十九年程際盛刻本
才調集十卷 CM 集/第 288 冊
(蜀)韋縠編 (清)馮舒 (清)馮班評點
清康熙四十三年垂雲堂刻本
詩準四卷詩翼四卷 CM 集/第 289 冊
(宋)何無適 (宋)倪希程輯
明刻本
唐詩鼓吹箋註十卷 CM 集/第 289 冊
(金)元好問編 (元)郝天挺註 (明)廖文炳解 (清)錢朝鼒 王俊臣校注
清乾隆十一年刻本
宋金仁山先生選輯濂洛風雅六卷
CM 集/第 289 冊
(元)金履祥輯
清雍正刻本
箋註唐賢絕句三體詩法二十卷
CM 集/第 289 冊
(宋)周弼輯 (元)釋圓至註
明嘉靖二十八年吳春刻本
靜安八詠詩集一卷附事蹟一卷
CM 集/第 289 冊
(元)釋壽寧編 (明)錢鼒撰事蹟
明刻本
精選增入文筌諸儒奧論策學統宗前集五卷 CM 集/第 289 冊
(元)譚金孫編
民國商務印書館影印委宛別藏本
麟溪二十二卷別篇二卷附錄二卷
CM 集/第 289 冊
(明)鄭太和輯
明成化十一年刻本
餘姚海隄集四卷 CM 集/第 289 冊
(明)葉翼輯
清鈔本
光嶽英華十三卷 CM 集/第 289 冊
(元)許中麗輯 (清)王士禎刪定
清鈔本
幼學日誦五倫詩選五卷
CM 集/第 290 冊
(明)沈易編
明洪武刻本
姑蘇雜詠合刻四卷 CM 集/第 290 冊
(明)周希夔編
明萬曆四十六年周氏刻本
金蘭集四卷補錄一卷 CM 集/第 290 冊
(明)徐達左編
清錢氏萃古齋鈔本
文章類選四十卷 CM 集/第 290 冊
(明)朱㮵輯
明初刻本
文章辨體五十卷外集五卷總論一卷
CM 集/第 291 冊
(明)吳訥輯
明天順八年刻本
存存稿十卷續編三卷 CM 集/第 291 冊
(明)周泰編 (明)周宲續編
清乾隆三十七年周希元活字印本
詩學權輿二十二卷 CM 集/第 292 冊
(明)黃溥編
明天啓五年黃氏復禮堂刻本
雍音四卷 CM 集/第 292 冊
(明)胡纘宗編
明嘉靖二十七年清渭草堂刻修補本
江南春詞一卷 CM 集/第 292 冊
(明)沈周等撰
明嘉靖刻本
新安文粹十五卷附錄一卷
CM 集/第 292 冊
(明)金德玹撰
明天順四年刻本
聯句錄一卷 CM 集/第 292 冊
(明)李東陽編
明成化二十三年周正刻本
春秋詞命三卷 CM 集/第 292 冊
(明)王鏊輯 (明)王徹註
明正德刻本
宸章集錄不分卷 CM 集/第 292 冊
(明)費宏編
明藍格鈔本
振鷺集一卷 CM 集/第 292 冊
(明)陳鎬編
明正德元年刻本
聯句私抄四卷 CM 集/第 292 冊
(明)毛紀編
明嘉靖刻本
古黃遺蹟集一卷 CM 集/第 292 冊
(明)盧濬編
明弘治刻本
文翰類選大成一百六十三卷
CM 集/第 293－296 冊

(明)李伯璵編
明成化刻弘治嘉靖遞修本
東甌詩集七卷續集八卷補遺一卷 CM 集/第 297 册
(明)趙諫輯
明刻本
金華正學編十二卷 CM 集/第 297 册
(明)趙鶴輯 (明)張朝瑞重輯
明萬曆十八年刻本
金華文統十三卷 CM 集/第 297 册
(明)趙鶴編
明正德七年刻萬曆重修本
洞庭湖君山詩集三卷 CM 集/第 297 册
(明)胥文相編
明萬曆元年胥焯刻本
廣文選六十卷 CM 集/第 297－8 册
(明)劉節編
明嘉靖十六年陳蕙刻本
文苑春秋四卷 CM 集/第 298 册
(明)崔銑輯
明嘉靖十七年刻本
重訂成仁遺稿七卷 CM 集/第 298 册
(明)舒芬輯
明正德十五年新安書林余氏刻本
金石古文十四卷 CM 集/第 298 册
(明)楊慎輯
清乾隆綿州李氏萬卷樓刻函海本
古雋八卷 CM 集/第 299 册
(明)楊慎編
明刻本
風雅逸篇十卷 CM 集/第 299 册
(明)楊慎輯
清光緒七至八年廣漢鍾登甲樂道齋刻函海本
嘉樂齋三蘇文範十八卷首一卷 CM 集/第 299 册
(明)楊慎選
明天啓二年刻本
李杜詩選十一卷 CM 集/第 299 册
(明)張含輯 (明)楊慎等評
明刻朱墨套印本
婺賢文軌四卷拾遺一卷 CM 集/第 299 册
(明)戚雄選
明嘉靖三十八年戚龍常熟縣學刻本
南華合璧集五卷 CM 集/第 300 册
(明)黄魯曾編
明嘉靖刻吳中二集本
六藝流别二十卷 CM 集/第 300 册
(明)黄佐輯
明嘉靖四十一年歐大任刻本
南滁會景編十二卷 CM 集/第 300 册
(明)趙廷瑞輯
明嘉靖刻萬曆增刻本
九代樂章二十三卷 CM 集/第 300 册
(明)劉濂輯
明嘉靖二十九年刻本
石洞貽芳集二卷附考異一卷補遺一卷 CM 集/第 300 册
(明)郭鈇輯 (清)胡鳳丹撰輯附
清光緒三年永康胡氏退補齋刻本
滕王閣集十卷 CM 集/第 301 册
(明)董遵輯
明刻本
弘正詩抄十卷 CM 集/第 301 册
(明)楊二山輯
明嘉靖三十六年曹忭刻本
皇華集二十四卷 CM 集/第 301 册
(明朝鮮)官府編
明朝鮮銅活字本
輔臣賛和詩集一卷 CM 集/第 302 册
(明)世宗朱厚熜輯
清鈔本
詩學正宗十六卷 CM 集/第 302 册
(明)浦南金輯
明嘉靖三十六年五樂堂刻本
皇明文範六十八卷目錄二卷 CM 集/第 302－303 册
(明)張時徹輯
明萬曆刻本
樂府原十五卷 CM 集/第 303 册
(明)徐獻忠撰
明萬曆刻本
六朝聲偶集七卷 CM 集/第 304 册
(明)徐獻忠選
明華亭徐氏文房刻本
麻姑集十二卷 CM 集/第 304 册
(明)陳克昌編
明嘉靖二十二年朱廷臣刻本
驪珠隨錄十卷續錄一卷 CM 集/第 304 册
(明)楊儀編
明萃清齋鈔本
古虞文錄二卷文章表錄一卷 CM 集/第 304 册
(明)楊儀編
清初鈔本
三賢集三卷 CM 集/第 304 册
(明)楊名編
明嘉靖十二年自刻本
清泉精舍小志一卷 CM 集/第 304 册
(明)黎民表編
明隆慶三年刻本
盛明百家詩三百二十四卷 CM 集/第 304－308 册
(明)俞憲編
明嘉靖至萬曆刻本
唐詩選七卷附錄一卷 CM 集/第 309 册
(明)李攀龍選 (明)蔣一葵箋釋
明刻本
尺牘清裁六十卷補遺一卷 CM 集/第 309 册
(明)王世貞編
明隆慶五年自刻本
文章正論二十卷 CM 集/第 309－310 册
(明)劉祜選
明萬曆十九年徐圖揚州官署刻本
文體明辯六十一卷首一卷目錄六卷附錄十四卷附錄目錄二卷 CM 集/第 310－312 册
(明)徐師曾撰
明萬曆建陽游榕銅活字印本
泰山蒐玉集二卷 CM 集/第 313 册
(明)袁稽輯
鈔本
詞海遺珠四卷 CM 集/第 313 册
(明)勞堪編
明萬曆四年盧整吳邦刻本
國朝名公翰藻五十二卷氏名爵里一卷 CM 集/第 313－314 册
(明)凌迪知編
明萬曆十年刻本
宋文鈔不分卷 CM 集/第 314 册
(明)查志隆編
明刻本
崑山雜咏二十八卷 CM 集/第 315 册
(明)俞允文輯
明隆慶四年孟曾刻本
衡門集十五卷 CM 集/第 315 册
(明)鄭履淳輯 (明)鄭心材續輯

明隆慶三年至萬曆十三年刻本
西湖八社詩帖一卷春社詩一卷秋社詩一卷 CM 集/第 315 册
(明)祝時泰等撰
清鈔本
文章指南五卷 CM 集/第 315 册
(明)歸有光編
清光緒二年刻本
青溪詩集六卷 CM 集/第 315 册
(明)徐楚編
明嘉靖刻本
唐詩類苑二百卷 CM 集/第 316 - 319 册
(明)張之象編
明萬曆二十九年曹仁孫刻本
古詩類苑一百三十卷 CM 集/第 320 - 321 册
(明)張之象輯 (明)俞顯卿補訂
明萬曆三十年刻本
靈洞山房集三卷 CM 集/第 321 册
(明)趙志皐編
明萬曆十七年自刻本
滑耀編不分卷 CM 集/第 321 册
(明)賈三近編
明萬曆刻本
岳陽紀勝彙編四卷 CM 集/第 321 册
(明)梅淳編
明萬曆十三年張振先刻本
詩女史十四卷拾遺一卷 CM 集/第 321 册
(明)田藝蘅編
明嘉靖三十六年刻本
梅塢貽瓊六卷 CM 集/第 321 册
(明)周履靖編
涵芬樓影印明萬曆刻夷門廣牘本
今文選十二卷 CM 集/第 322 册
(明)孫鑛等輯
明萬曆三十一年刻本
文府滑稽十二卷 CM 集/第 322 册
(明)鄒迪光編
明萬曆三十七年鄒同光刻本
詩宿二十八卷詩人考世二卷 CM 集/第 323 - 324 册
(明)劉一相輯
明萬曆三十六年刻本
歷朝翰墨選註十四卷 CM 集/第 324 册
(明)屠隆編
明萬曆二十四年唐廷仁世德堂刻本
詩所五十六卷歷代名氏爵里一卷 CM 集/第 325 册
(明)臧懋循編
明萬曆雕蟲館刻本
唐詩所四十七卷 CM 集/第 326 - 327 册
(明)臧懋循編
明萬曆刻本
詞致錄十六卷 CM 集/第 327 册
(明)李天麟編
明萬曆十五年刻本
江皐小築集三卷 CM 集/第 327 册
(明)李元弼編
明萬曆四十年自刻本
韓文杜律二卷 CM 集/第 327 册
(明)郭正域輯評
明閔齊伋刻朱墨套印本
頻陽集四卷 CM 集/第 327 册
(明)劉兑編
明萬曆四十二年刻本
皇明文徵七十四卷 CM 集/第 328 - 329 册
(明)何喬遠輯
明崇禎四年自刻本
釣臺集二卷 CM 集/第 329 册
(明)楊束編
明萬曆十三年刻本
新鐫焦太史彙選中原文獻二十四卷 CM 集/第 330 册
(明)焦竑選 (明)陶望齡評 (明)朱之蕃註
明萬曆二十四年汪元湛等刻本
鼎鐫諸方家彙編皇明名公文雋八卷 CM 集/第 330 册
(明)袁宏道輯 (明)丘兆麟補
明師儉堂蕭少衢刻本
盛明百家詩選三十四卷首一卷 CM 集/第 331 - 332 册
(明)朱之蕃選
明萬曆周時泰刻本
清源文獻十八卷 CM 集/第 332 册
(明)何炯編
明萬曆二十五年程朝京刻本
文璞清娱四十八卷 CM 集/第 333 册
(明)華國才編
明崇禎四年刻本
續文選三十二卷 CM 集/第 334 册
(明)湯紹祖撰
明萬曆三十年希貴堂刻本
梁園風雅二十七卷 CM 集/第 334 册
(明)趙彦復選
清康熙四十三年陸廷燦刻本
尺牘雋言十二卷 CM 集/第 334 册
(明)陳臣忠輯
明閔邁德刻朱墨套印本
古論玄箸八卷 CM 集/第 335 册
(明)傅振商輯
明萬曆四十年刻本
緝玉錄五卷 CM 集/第 335 册
(明)傅振商撰
明萬曆四十七年刻本
蜀藻幽勝錄四卷 CM 集/第 335 册
(明)傅振商輯
明刻本
嶺南文獻軌範補遺六卷 CM 集/第 335 册
(明)楊瞿崍輯
明刻本
古文瀆編二十九卷 CM 集/第 336 - 337 册
(明)王志堅編
明崇禎六年刻本
詩歸五十一卷 CM 集/第 337 - 338 册
(明)鍾惺 (明)譚元春編
明萬曆四十五年刻本
明詩歸十卷首一卷補遺一卷 CM 集/第 338 册
(明)鍾惺 (明)譚元春編
清鈔本
名媛詩歸三十六卷 CM 集/第 339 册
(明)鍾惺輯
明刻本
周文歸二十卷 CM 集/第 339 - 340 册
(明)鍾惺輯
明崇禎刻本
宋文歸二十卷 CM 集/第 340 册
(明)鍾惺輯評
明集賢堂刻本
選詩七卷詩人世次爵裏一卷 CM 集/第 340 册
(梁)蕭統選 (明)郭正域批點 (明)凌蒙初輯評
明凌濛初刻朱墨套印本
八代文鈔一百六卷 CM 集/第 341 - 345 册

(明)李賓編
明刻本
晉安風雅十二卷 CM 集/第 345 冊
(明)徐熥輯
明萬曆刻本
閩南唐雅十二卷 CM 集/第 345 冊
(明)費道用輯
明崇禎刻本
秦漢鴻文二十五卷 CM 集/第 346 冊
(明)顧錫疇編
明崇禎刻本
蔡氏九儒書九卷首一卷
CM 集/第 346 冊
(明)蔡有鵾輯 (清)蔡重增輯
清雍正十一年蔡重刻本
國朝名公經濟文鈔十一卷
CM 集/第 347 冊
(明)張文炎編
明萬曆十五年玉屑齋刻本
唐樂府十八卷 CM 集/第 347 冊
(明)吳勉學編
明刻本
情采編三十六卷目錄二卷
CM 集/第 347 冊
(明)屠本畯編
明萬曆二十六年自刻本
文壇列俎十卷 CM 集/第 348 冊
(明)汪廷訥輯
明萬曆三十五年環翠堂刻本
寒山蔓草十卷 CM 集/第 348 冊
(明)趙宧光編
明刻本
啟雋類函一百七卷目錄九卷
CM 集/第 349－351 冊
(明)俞安期等編
明萬曆刻本
古文品外錄十二卷 CM 集/第 351 冊
(明)陳繼儒選評
明刻本
先秦兩漢文膾五卷 CM 集/第 352 冊
(明)陳繼儒選
明鄒彥章刻本
秦漢文鈔十二卷 CM 集/第 352 冊
(明)馮有翼輯
明萬曆十一年清音館刻本
師子林紀勝集二卷補遺一卷圖一卷校勘記一卷續集三卷首一卷
CM 集/第 352 冊
(明)釋道恂編 (清)徐立方續編
清咸豐七年活字印本
西曹秋思一卷 CM 集/第 352 冊
(明)葉廷秀 (明)董養河 (明)黃道周撰
清鈔本
古文奇賞二十二卷續古文奇賞三十四卷奇賞齋廣文苑英華二十六卷四續古文奇賞五十三卷明文奇賞四十卷
CM 集/第 352－358 冊
(明)陳仁錫選評
明萬曆四十六年至天啓刻本
奇賞齋古文彙編二百三十六卷
CM 集/第 359－365 冊
(明)陳仁錫選評
明崇禎七年刻本
秦漢文尤十二卷 CM 集/第 365 冊
(明)倪元璐編
明末刻本
歷代古文國瑋集一百四十一卷
CM 集/第 366－368 冊
(明)方岳貢評選
明刻本
皇明經濟文輯二十三卷
CM 集/第 369 冊
(明)陳其愫輯
明天啓七年自刻本
唐詩解五十卷詩人爵里詳節一卷
CM 集/第 369－370 冊
(明)唐汝詢選釋
明萬曆四十三年楊鶴刻本
古詩解二十四卷 CM 集/第 370 冊
(明)唐汝諤選釋
明李潮刻本
滕王閣續集十九卷 CM 集/第 370 冊
(明)李嗣京編
明崇禎七年刻本
金華詩粹十二卷姓氏傳略一卷
CM 集/第 371 冊
(明)阮元聲 (明)戴應鰲輯
明崇禎刻本
書記洞詮一百二十卷目錄十卷
CM 集/第 371－372 冊
(明)梅鼎祚輯
明萬曆二十五年至二十七年汝南郡刻本
宛雅初編八卷二編八卷三編二十四卷
CM 集/第 373 冊
初編(清)梅鼎祚輯 施念曾 張汝霖補輯 (清)施閏章 蔡蓁春輯二編 (清)施念曾 張汝霖輯三編
清乾隆十四年西陂草堂刻本
刪補古今文致十卷 CM 集/第 373 冊
(明)劉士鏻輯 (明)王宇增刪
明天啓刻本
史漢文統十五卷 CM 集/第 373－374 冊
(明)童養正編
明崇禎刻本
同時尚論錄十六卷 CM 集/第 374 冊
(明)蔡士順編
明崇禎刻本
南園前五先生詩五卷 CM 集/第 375 冊
(明)葛徵奇編
清同治九年南海陳氏樵山草堂重刻本
里先忠三先生文選十四卷
CM 集/第 375 冊
(明)胡接輝選
明崇禎十年盧陵胡氏刻本
玉臺文苑八卷續玉臺文苑四卷
CM 集/第 375 冊
(明)江元禧輯 (明)江元祚續輯
明崇禎刻本
元四大家詩集二十七卷
CM 集/第 375 冊
(明)毛晉編
明崇禎毛氏汲古閣刻本
吳興藝文補七十卷
CM 集/第 376－378 冊
(明)董斯張等輯
明崇禎六年刻本
皇明十六名家小品三十二卷
CM 集/第 378 冊
(明)何偉然 (明)丁允和選 雲龍評
明崇禎六年陸雲龍刻本
唐詩韻匯不分卷 CM 集/第 379－381 冊
(明)施端教輯
清康熙嘯閣刻本
集古文英八卷 CM 集/第 381 冊
(明)顧祖武輯
明嘉靖四十一年自刻本
唐詩近體集韻三十卷 CM 集/第 382 冊
(明)施重光編

明刻本
海虞文苑二十四卷 CM 集/第 382 冊
(明)張應遴編
明萬曆三十八年刻本
荊溪外紀二十五卷 CM 集/第 382 冊
(明)沈敕編
清光緒宣統武進盛氏刻常州先哲遺書本
古今名媛彙詩二十卷姓氏字里詳節一卷 CM 集/第 383 冊
(明)鄭文昂編
明泰昌元年張正岳刻本
車書樓選刻翰墨鼎彝十卷 CM 集/第 383 冊
(明)王世茂編
明刻本
唐詩二十六家五十卷 CM 集/第 383 冊
(明)黄貫曾編
明嘉靖三十三年黄氏浮玉山房刻本
賦苑八卷 CM 集/第 383 冊
(明)李鴻輯
明萬曆刻本
諸儒文要八卷 CM 集/第 384 冊
不著編者
明刻本
太倉十子詩選十卷 CM 集/第 384 冊
(清)吳偉業編
清順治刻本
同人集十二卷 CM 集/第 385 冊
(清)冒襄輯
清康熙冒氏水繪庵刻本
牘雋四卷 CM 集/第 385 冊
(清)蕭士珂輯
清順治刻本
樂府廣序三十卷 CM 集/第 385 冊
(清)朱嘉徵編
清康熙清遠堂刻本
柳洲詩集十卷 CM 集/第 386 冊
(清)陳增新等選
清順治刻本
江左十五子詩選十五卷 CM 集/第 386 冊
(清)宋犖選
清康熙四十二年宛委堂刻本
溯洄集十卷詩論一卷詩話一卷 CM 集/第 386 冊
(清)魏裔介輯評
清康熙元年刻本
古文輯略不分卷 CM 集/第 387－392 冊
(清)曹本榮編
清鈔本
臨川文獻二十五卷 CM 集/第 393 冊
(清)胡亦堂編
清康熙十九年夢川亭刻本
滕王閣全集十三卷徵彙詩文十一卷 CM 集/第 393 冊
(清)蔡士英編
清順治十四年刻本
宋金元詩永二十卷補遺二卷 CM 集/第 393－394 冊
(清)吳綺編
清康熙十七年思永堂刻本
澄遠堂三世詩存八卷 CM 集/第 394 冊
(清)李繩遠編
清康熙三十六年李繩違刻本
十種唐詩選十七卷 CM 集/第 394 冊
(清)王士禛選
清康熙三十一年刻本
載書圖詩一卷 CM 集/第 394 冊
(清)王士禛編
清康熙刻本
樵川二家詩四卷附滄浪詩話一卷附錄一卷 CM 集/第 394 冊
(清)朱霞編
清康熙綏安雙笏山房刻本
宋四名家詩鈔不分卷 CM 集/第 394 冊
(清)周之鱗 (清)柴升編
清康熙刻本
楊氏五家文鈔十二卷 CM 集/第 395 冊
(清)楊長世等撰
清康熙刻本
翠樓集三卷 CM 集/第 395 冊
(清)劉雲份編
清康熙野香堂刻本
練音集補四卷首一卷附卷一卷外卷一卷 CM 集/第 395 冊
(明)翟校輯 (清)王輔銘補輯
清乾隆八年金尚柬刻本
明練音續集十卷首一卷末一卷國朝練音初集十卷首一卷末一卷 CM 集/第 395 冊
(清)王輔銘輯
清雍正二年至乾隆八年刻本
姑蘇楊柳枝詞一卷補一卷補注一卷 CM 集/第 395 冊
(清)周枝楙輯 周靖箋注
清康熙刻鈍翁全集本
金華文略二十卷 CM 集/第 395－396 冊
(清)王崇炳編
清康熙四十八年蘭谿唐氏刻乾隆七年金華夏之正修補本
分類尺牘新語二十四卷 CM 集/第 396 冊
(清)徐士俊 (清)汪淇輯評
清康熙二年刻本
而庵說唐詩二十二卷首一卷 CM 集/第 396 冊
(清)徐增撰
清康熙九浩堂刻本
百名家詩選八十九卷 CM 集/第 397 冊
(清)魏憲輯
清康熙枕江堂刻本
皇清詩選三十卷 CM 集/第 398 冊
(明)孫鋐輯評
清康熙二十九年鳳嘯軒刻本
國雅初集不分卷 CM 集/第 399 冊
(明)陳允衡選
清康熙刻本
歷朝賦格十五卷 CM 集/第 399 冊
(清)陸棻評選
清康熙刻本
古文精藻二卷 CM 集/第 400 冊
(清)李光地編
清道光九年李維迪刻榕村全書本
姚江逸詩十五卷 CM 集/第 400 冊
(清)黄宗羲編
清康熙南雷懷謝堂刻五十七年倪繼宗重修本
明文授讀六十二卷 CM 集/第 400－401 冊
(清)黄宗羲編
清康熙三十六年張錫琨味芹堂刻本
漢詩音註十卷 CM 集/第 401 冊
(清)李因篤輯評
清康熙三十五年王梓孝昌官署刻本
朱子論定文鈔二十卷 CM 集/第 402 冊
(清)吳震方編
清康熙刻本
鳳池集不分卷 CM 集/第 402 冊

（清）沈玉亮 吳陳琰編
清康熙四十四年刻本
續唐三體詩八卷 CM 集/第 402 冊
（清）高士奇選
清康熙朗潤堂刻本
唐詩掞藻八卷 CM 集/第 402 冊
（清）高士奇選
清康熙三十二年刻本
楚風補四十八卷前編一卷末編一卷 CM 集/第 403 冊
（清）廖元度輯
清乾隆十四年際恆堂刻本
四家詩鈔二十八卷 CM 集/第 403 冊
（清）王企埥輯
清康熙刻本
濂洛風雅九卷 CM 集/第 403 冊
（清）張伯行輯
清康熙正誼堂刻本
歷朝賦楷八卷首一卷 CM 集/第 404 冊
（清）王修玉選
清康熙刻本
唐宋十大家全集錄五十二卷 CM 集/第 404－405 冊
（清）儲欣輯
清康熙刻本（河東可之老泉三家集配光緒八年江蘇書局覆刻康熙本）
中晚唐詩叩彈集十二卷續集三卷 CM 集/第 406 冊
（清）杜詔編（清）杜庭珠編
清康熙四十三年采山亭刻本
邱海二公文集合編十六卷 CM 集/第 406 冊
（清）邱濬（明）海瑞撰（清）焦映漢 賈棠 王贇編
清康熙十八年邱氏可繼堂重刻本
明文遠不分卷 CM 集/第 406－407 冊
（清）徐文駒（清）羅景泐編
清刻本
文章鼻祖六卷 CM 集/第 408 冊
（清）楊繩武編
清乾隆二十八年刻本
唐四家詩八卷 CM 集/第 408 冊
（清）汪立名編
清康熙三十四年汪立名刻本
棣華書屋近刻四卷 CM 集/第 408 冊
（清）朱緗（清）朱絳（清）朱綱撰
清刻本
明文在一百卷 CM 集/第 408 冊
（清）薛熙編
清康熙三十二年古淥水園刻本
漢詩說十卷總說一卷 CM 集/第 409 冊
（清）沈用濟（清）費錫璜輯評
清康熙刻本
嶺南五朝詩選三十七卷 CM 集/第 409 冊
（清）黃登編
清康熙三十九年自刻本
義門鄭氏奕葉文集十卷 CM 集/第 410 冊
（清）鄭爾垣等編
清康熙五十四年鄭氏祠堂刻本
宋十五家詩選十六卷 CM 集/第 410 冊
（清）陳訏輯
清康熙刻本
續姚江逸詩十二卷 CM 集/第 410 冊
（清）倪繼宗輯
清康熙六十年倪繼宗小雲林刻本
韜光菴紀遊集一卷 CM 集/第 410 冊
（清）釋山止編
清光緒七年武林丁氏竹書堂刻本
渠風集略七卷 CM 集/第 411 冊
（清）馬長淑編
清乾隆八年輯慶堂刻本
廣東詩粹十二卷補編一卷 CM 集/第 411 冊
（清）梁善長編
清乾隆十二年達朝堂刻本
莆風清籟集六十卷 CM 集/第 411 冊
（清）鄭王臣編
清乾隆三十七年刻光緒二十六年印本
山左明詩鈔三十五卷 CM 集/第 412 冊
（清）宋弼選
清乾隆三十六年李文藻刻本
豐陽人文紀略十卷附一卷 CM 集/第 412 冊
（清）聶芳聲編
清刻本
二南遺音四卷續集一卷 CM 集/第 412 冊
（清）劉紹攽編
清同治十二年刻本
東皐詩存四十八卷詩餘四卷 CM 集/第 413 冊
（清）汪之珩編
清乾隆三十一年文園刻本
濮川詩鈔四十三卷 CM 集/第 414 冊
（清）沈堯咨（清）陳光裕輯
民國二十一年石印本
閨秀集二卷詩餘一卷 CM 集/第 414 冊
（清）季嫻編
清鈔本
晚唐詩鈔二十六卷 CM 集/第 414 冊
（清）查克弘（清）凌紹乾編
清康熙四十二年查克弘刻本
友聲集七卷 CM 集/第 414 冊
（清）賴鯤升（清）賴鳳升（清）賴緯鄴輯
清康熙五十六年賴氏霞綺園刻本
樂府古題要解二卷 CM 集/第 415 冊
（唐）吳兢撰
影印明崇禎毛氏汲古閣刻津逮祕書本
詩式五卷 CM 集/第 415 冊
（唐）釋皎然撰
明鈔本
詩法源流三卷 CM 集/第 415 冊
（明）王用章輯
明嘉靖刻本
新刻二南密旨一卷 CM 集/第 415 冊
（唐）賈島撰
明胡氏文會堂刻格致叢書本
石門洪覺範天廚禁臠三卷 CM 集/第 415 冊
（宋）釋惠洪撰
明活字印本
容齋詩話六卷 CM 集/第 415 冊
（宋）洪邁撰
涵芬樓影印清道光十一年六安晁氏木活字學海類編本
容齋四六叢談一卷 CM 集/第 415 冊
（宋）洪邁撰
涵芬樓影印清道光十一年六安晁氏木活字學海類編本
文錄一卷 CM 集/第 415 冊
（宋）唐庚撰（宋）強行父輯
明萬曆刻夷門廣牘本
陳學士吟窗雜錄五十卷 CM 集/第 415 冊
（宋）陳應行輯
明嘉靖刻本（卷一至卷五配鈔本）
全唐詩話六卷 CM 集/第 415 冊
（宋）尤袤撰

涵芬樓影印清道光十一年六年安晁氏木活字學海類編本
五代詩話十二卷 CM 集/第 420 冊
(清)王士禎撰
清乾隆十三年養素堂刻本
燃脂集例一卷 CM 集/第 420 冊
(清)王士祿撰
清康熙刻昭代叢書本
圍爐詩話六卷 CM 集/第 421 冊
(清)吳喬撰
影印清嘉慶十三年虞山張氏刻借月山房彙鈔本
漫堂說詩一卷 CM 集/第 421 冊
(清)宋犖撰
清康熙二十七年刻綿津山人詩集附本
說詩樂趣二十卷附偶咏草續集一卷 CM 集/第 421 冊
(清)伍涵芬撰
清康熙四十年華日堂刻本
柳亭詩話三十卷 CM 集/第 421 冊
(清)宋長白撰
清康熙天茁園刻本
春秋詩話五卷 CM 集/第 421 冊
(清)勞孝輿撰
清乾隆十六年刻本
鐵立文起前編十二卷後編十卷首一卷 CM 集/第 421 冊
(清)王之績撰
清康熙刻本
榕城詩話三卷 CM 集/第 421 冊
(清)杭世駿撰
清乾隆中杭賓仁羊城刻杭大宗七種叢書本
白石詞集一卷 CM 集/第 422 冊
(宋)姜夔撰
清康熙五十七年曾時燦刻白石詩集附本
風雅遺音二卷 CM 集/第 422 冊
(宋)林正大撰
明刻本
樂府遺音一卷 CM 集/第 422 冊
(明)瞿佑撰
明鈔本
玉霄仙明珠集二卷 CM 集/第 422 冊
(明)吳子孝撰
明嘉靖刻本
秋水庵花影集五卷 CM 集/第 422 冊
(明)施紹莘撰
明末刻本
蓼花詞一卷 CM 集/第 422 冊
(清)余光耿撰
清康熙刻本
炊聞詞二卷 CM 集/第 422 冊
(清)王士祿撰
清光緒二十七年海豐吳氏金陵刻吳氏石蓮庵刻山左人詞本
南耕詞六卷歲寒詞一卷 CM 集/第 422 冊
(清)曹亮武撰
清康熙刻本
情田詞三卷附錄一卷 CM 集/第 422 冊
(清)邵瓊撰
清乾隆十七年石帆花屋刻本
鳴鶴餘音九卷 CM 集/第 422 冊
(元)彭致中輯
明鈔本(清黃丕烈鈔補)
詞林萬選四卷 CM 集/第 422 冊
(明)楊慎撰
清乾隆十七年曲溪洪振珂重印明末毛氏汲古閣刻詞苑英華本
唐詞紀十六卷詞名徵一卷 CM 集/第 422 冊
(明)董逢元撰
鈔本
宋名家詞九十卷 CM 集/第 422－424 冊
(明)毛晉編
明崇禎毛氏汲古閣刻本
選聲集三卷附詞韻簡一卷 CM 集/第 424 冊
(清)吳綺輯
清大來堂刻本
東白堂詞選初集十五卷附詞論一卷 CM 集/第 424 冊
(清)佟世南選 (清)張星耀撰詞論
清康熙十七年刻本
浙西六家詞十一卷 CM 集/第 425 冊
(清)龔翔麟輯
清康熙龔氏玉玲瓏閣刻本
竇顏堂訂正樂府指迷二卷 CM 集/第 425 冊
(宋)張炎撰
明萬曆繡水沈氏刻寶顏堂祕笈本
古今詞論一卷 CM 集/第 425 冊
(清)王又華輯
清康熙十八年刻詞學全書本
填詞名解四卷 CM 集/第 425 冊
(清)毛先舒撰
清康熙十八年刻詞學全書本
詩餘圖譜三卷附秦張兩先生詩余合璧二卷 CM 集/第 425 冊
(明)張綖撰 王象晉編附
明末毛氏汲古閣刻詞苑英華本
嘯餘譜十一卷 CM 集/第 425 冊
(明)程明善撰
明萬曆刻本
填詞圖譜六卷續集三卷 CM 集/第 426 冊
(清)賴以邠撰
明康熙十八年刻詞學全書本
詞韻二卷附古韻通略一卷 CM 集/第 426 冊
(清)仲恒編 王又華補切 仲瑠訂註 (清)柴紹炳撰附 毛先舒輯註
清康熙十八年刻詞學全書本
朝野新聲太平樂府九卷 CM 集/第 426 冊
(元)楊朝英編
清鈔本
詞品一卷 CM 集/第 426 冊
(元)涵虛子撰
涵芬樓影印清道光十一年六安晁氏木活字學海類編本
雍熙樂府十三卷 CM 集/第 426 冊
題海西廣氏編
明萬曆刻本
度曲須知二卷弦索辨訛二卷 CM 集/第 426 冊
(明)沈寵綏撰
明崇禎刻本
瓊林雅韻不分卷 CM 集/第 426 冊
(明)朱權撰
明洪武三十一年刻本
南曲入聲客問一卷 CM 集/第 426 冊
(清)毛先舒撰
清康熙刻昭代叢書本

CB(1－99)

四庫全書存目叢書補編附索引
四庫全書存目叢書補編編纂委員會編纂
二〇〇一年齊魯書社影印本
一〇〇冊
顧與治詩集八卷 CB/第 1 冊

（清）顧夢游撰
民國金陵叢書丙集刻本
嬾齋別集十四卷 CB/第1冊
（清）僧通門撰
清順治毛氏汲古閣刻本
祓園集文四卷詩四卷詞一卷 CB/第1冊
（清）梁清遠撰
清康熙二十四年刻本
詒清堂集十二卷補遺四卷 CB/第1冊
（清）張習孔撰
清康熙刻本
安雅堂詩八卷文集二卷重刻安雅堂文集二卷安雅堂書啟一卷安雅堂未刻稿八卷入蜀集二卷二鄉亭詞三卷祭臯陶一卷 CB/第2冊
（清）宋琬撰
清康熙刻本
秋笳集八卷 CB/第2冊
（清）吳兆騫撰
清康熙徐乾學刻雍正四年吳振臣增修本
林下詞選十四卷 CB/第2冊
（清）周銘撰
清康熙十年周氏寧靜堂刻本
林臥遙集二卷千疊波餘一卷續編一卷補遺一卷庚辰匝歲雜感詩四卷辛巳匝歲雜感詩一卷 CB/第3冊
（清）趙吉士撰
清康熙刻本
吳山鷇音八卷 CB/第3冊
（清）林雲銘撰
清康熙刻本
欣然堂集十卷 CB/第3冊
（清）陶孚尹撰
清康熙五十一年陶士銓刻本
懷舫詩集十二卷續集九卷別集六卷懷舫詞二卷別集一卷懷舫雜著三卷恭紀聖恩詩二卷懷舫集二卷續彈詞二卷懷舫自述一卷雜曲一卷 CB/第4冊
（清）魏荔彤撰
清康熙雍正間刻本
古今翰苑瓊琚十二卷 CB/第4冊
（明）楊慎輯
明天啟刻本
世恩堂詩集三十卷詞集二卷經進集三卷 CB/第5冊
（清）王項齡撰
清康熙刻本
別本蓮洋集二十卷年譜一卷附錄一卷 CB/第5冊
（清）吳雯撰
清乾隆三十九年荊圃草堂刻本
陳清端公文集八卷 CB/第5冊
（清）陳瑸撰
清乾隆三十年兼山堂刻本
恕谷後集十卷續刻三卷 CB/第6冊
（清）李塨撰
清雍正刻本
菀青集二十一卷 CB/第6冊
（清）陳至言撰
清康熙芝泉堂刻本
畏壘山人詩集四卷乙未亭詩集六卷畏壘山人文集四卷 CB/第6冊
（清）徐昂發撰
清康熙徐氏德有鄰堂刻本文集清鈔本
樓邨詩集二十五卷 CB/第6冊
（清）王式丹撰
清雍正四年王懋訥刻本
蒼雪山房稿一卷 CB/第6冊
（清）朱綱撰
清刻本
南園詩鈔十卷 CB/第7冊
（清）尤世求撰
清乾隆刻本
華鄂堂詩藁二卷附研山十詠一卷 CB/第7冊
（清）周彝撰
清康熙刻本
圭美堂集二十六卷 CB/第7冊
（清）徐用錫撰
清乾隆十五年刻本
吾廬先生遺書不分卷 CB/第7冊
（清）陶成撰
清鈔本
三華集五卷附豫章書院唱和詩一卷 CB/第7冊
（清）梁機撰
清刻本
小蘭陔詩集八卷 CB/第7冊
（清）謝道承撰
清乾隆三十八年刻本
若菴集五卷 CB/第8冊
（清）程庭撰
清康熙刻本
金暗齋先生集十二卷 CB/第8冊
（清）金敞撰
清康熙三十九年共學山居刻本
蔗尾詩集十五卷文集二卷 CB/第8冊
（清）鄭方坤撰
清乾隆刻本
藍戶部集二十六卷 CB/第8冊
（清）藍千秋撰
清乾隆十二年藍士奇刻本
江湖閒吟八卷 CB/第9冊
（清）王道撰
清乾隆十二年學詩堂刻本
在亭叢藁十二卷詠歸亭詩鈔八卷 CB/第9冊
（清）李果撰
清乾隆刻本
質園詩集三十二卷 CB/第9冊
（清）商盤撰
清乾隆刻本
憨休和尚敲空遺響十二卷 CB/第10冊
（清）僧如乾撰 （清）張恂輯
清康熙刻本
隱拙齋集五十卷續集五卷 CB/第10冊
（清）沈廷芳撰
清乾隆刻本
燕川集六卷 CB/第10冊
（清）范泰恒撰
清乾隆刻本
六朝選詩定論十八卷 CB/第11冊
（清）吳淇撰
清刻本
士林詩選二卷 CB/第11冊
（明）懷悅輯
明天順五年自刻本
唐文鑑二十一卷 CB/第11冊
（明）賀泰輯
明正德六年孫佐刻本
雅音會編十二卷 CB/第12冊
（明）康麟輯
明天順七年刻本
鉅文十二卷 CB/第12冊
（明）屠隆輯
明刻本
寒玉居集二卷碎金集二卷 CB/第12冊
（清）閔南仲撰
清康熙元年吳興潘氏刻本
玉峰詩纂六卷 CB/第13冊

(明)周復俊輯
明隆慶六年孟昭曾刻本
名家表選八卷 CB/第13冊
(明)陳塏輯
明嘉靖二十六年刻本
三異人文集二十二卷 CB/第13冊
(明)李贄輯
明吳山俞氏文房刻本
彤管新編八卷 CB/第13冊
(明)張之象輯
明嘉靖三十三年刻本
古今名公百花鼓吹唐詩五卷宋元名家梅花鼓吹二卷附明詩梅花百詠八卷牡丹百詠一卷 CB/第13冊
(明)王化醇輯
明萬曆三十六年尊生齋刻本
六李集三十五卷 CB/第14冊
(明)李宗木等撰
明萬曆三十五年刻本
三台文獻錄二十三卷附姓氏一卷 CB/第14冊
(明)李時漸輯
明萬曆五年自刻本
陶韋合集十八卷 CB/第14冊
(明)凌濛初輯
明凌濛初刻朱墨套印本
唐雅二十六卷 CB/第15冊
(明)張之象輯
明嘉靖二十年長水書院刻本
國雅二十卷續國雅四卷國雅品一卷 CB/第15冊
(明)顧起綸輯
明萬曆顧氏奇字齋刻本
唐詩紀一百七十卷 CB/第16－18冊
(明)黄德水輯 吳琯等輯
明萬曆十三年刻本
增定國朝館課經世宏辭十五卷 CB/第18冊
(明)王錫爵輯 (明)沈一貫輯
明末翻刻萬曆十八年周曰校萬卷樓刻本
廣廣文選二十四卷 CB/第19－20冊
(明)周應治輯
明崇禎八年周元孚刻本
古逸書三十卷首一卷 CB/第20冊
(明)潘基慶輯
明末刻本
嶺南文獻三十二卷 CB/第21－22冊
(明)張邦翼輯
明萬曆刻本
徽郡詩八卷 CB/第22冊
(明)陳有守輯 李敏等輯
明嘉靖三十九年江氏刻本
六朝聲偶刪補七卷 CB/第23冊
(明)邵一儒輯
明泰昌元年刻本
新刊陳眉公先生精選古論大觀四十卷 CB/第23－24冊
(明)陳繼儒輯
明刻本
文儷十四卷 CB/第25冊
(明)陳翼飛輯
明末刻本
刪補唐詩選脉箋釋會通評林六十卷 CB/第25－26冊
(明)周珽輯
明崇禎八年刻本
漢魏六朝二十一名家集不分卷 CB/第27－28冊
(明)汪士賢輯
明萬曆十一年刻本
文字會寶不分卷 CB/第28冊
(明)朱文治輯
明萬曆三十六年自刻本
羣雅集四卷 CB/第28冊
(清)李振裕輯
清康熙二十六年刻本
古今濡削選章四十卷 CB/第29－30冊
(明)李國祥輯
明萬曆刻本
述本堂詩集十八卷續集五卷 CB/第30冊
(清)方登嶧撰 (清)方式濟撰 (清)方觀承撰
清乾隆三十年桐城方氏刻本
瑞竹亭合藁二卷附文一卷詩一卷 CB/第30冊
(清)王愈擴 (清)王愈融撰
清光緒三十一年刻本
漢魏名文乘不分卷 CB/第31－33冊
(明)張運泰輯 余元熹輯
明末刻本
三蘇先生文粹七十卷 CB/第33冊
不著編輯者
明刻本
樂府英華十卷 CB/第33冊
(清)顧有孝輯
清許閒堂刻本
李于鱗唐詩廣選七卷 CB/第34冊
(明)李攀龍輯 (明)凌宏憲輯
明刻朱墨套印本
斯文正統十二卷 CB/第34冊
(清)刁包輯
清道光同治間入懷謹順積樓刻用六居士所著書本
漢魏詩乘二十卷附吳詩一卷 CB/第34冊
(明)梅鼎祚輯
明萬曆十一年刻本
天台詩選六卷補遺一卷續補遺一卷 CB/第35冊
(明)許鳴遠輯
民國元年排印本
續垂棘編初集六卷二集十卷三集十卷四集九卷 CB/第35冊
(清)范鄗鼎輯
清康熙三十四年刻本
詩原一集四卷二集五卷三集五卷四集四卷五集七卷 CB/第36冊
(清)顧大申撰
清順治和鶴堂刻本
小瀛洲十老社詩六卷瀛洲社十老小傳一卷 CB/第36冊
(明)錢穤穀 鍾祖述編
清順治刻本
二家詩鈔二十卷 CB/第36冊
(清)邵長蘅編
清康熙三十四年刻本
榕村講授三卷 CB/第37冊
(清)李光地編
清康熙李氏教忠堂刻本
松風餘韻五十卷末一卷 CB/第37冊
(清)姚宏緒編
清乾隆九年寶善堂刻本
詩苑天聲應制集四卷應試集三卷朝堂詩七卷館課集六卷歷代樂章二卷 CB/第38冊
(清)范與良輯
清順治十六年旋采堂刻本
八劉唐人詩八卷 CB/第38冊
(清)劉雲份輯

清康熙四十二年金閶寶翰樓刻中晚堂詩本
南園後五先生詩二十五卷附刻南園花信詩一卷 CB/第38冊
(清)陳文藻等編
清同治九年南海陳氏重刻本
唐宮閨詩二卷 CB/第38冊
(清)劉雲份輯
民國交通圖書館影印清康熙夢想閣刻本
詩觀初集十二卷二集十四卷閨秀別卷一卷三集十三卷閨秀別卷一卷 CB/第39－41冊
(清)鄧漢儀輯
清康熙慎墨堂刻本
十五國風高言集四卷 CB/第41冊
(清)田茂遇輯 (清)董俞輯
清康熙九年刻本
積書巖宋詩選二十五卷 CB/第41冊
(清)顧貞觀輯
清康熙刻本
今有堂詩集四卷後集六卷附茗柯詞一卷 CB/第42冊
(清)程夢星撰
清乾隆十二年刻本
阮亭選古詩五言詩十七卷七言詩十五卷 CB/第42冊
(清)王士禛輯
清康熙天藜閣刻本
崇川詩集十二卷補遺一卷 CB/第42冊
(清)孫翔輯
清乾隆刻本
洛如詩鈔六卷 CB/第42冊
(清)朱彝尊輯
清康熙四十七年陸氏尊道堂刻本
七十二峰足徵集八十八卷文集十六卷 CB/第43－44冊
(清)吳定璋輯
清乾隆十年吳氏依緣園刻本
湖陵江集七卷首一卷末一卷 CB/第44冊
(清)江八斗輯
清八斗堂刻本
堯山堂偶雋七卷 CB/第45冊
(明)蔣一葵輯
明刻本
緣天耕舍燕鈔四卷 CB/第45冊
雪幬子輯
清鈔本
詩辨坻四卷 CB/第45冊
(清)毛先舒撰
清初毛氏思古堂刻本
古今詞話八卷 CB/第45冊
(清)沈雄撰
清康熙二十八年澄暉堂刻本
張小山小令二卷 CB/第45冊
(元)張可久撰 (明)李開先輯
明嘉靖李開先刻本
碧山樂府不分卷 CB/第45冊
(明)王九思撰
明正德刻本
名家詞鈔不分卷 CB/第45－46冊
(清)聶先輯
清康熙綠蔭堂刻本
學文堂集不分卷 CB/第47－48冊
(清)陳玉璂撰
清康熙刻本
古文正集十卷二編不分卷 CB/第48－50冊
(明)葛鼒 葛鼐評輯
明崇禎永懷堂刻本
野香亭集十三卷 CB/第50冊
(清)李孚青撰
清康熙刻本
于野集十卷 CB/第50冊
(清)王原輯
清康熙遂安堂刻本
居來先生集六十五卷 CB/第51冊
(明)張佳胤撰
明萬曆刻本
且園近詩五卷且園近集四卷 CB/第52冊
(清)王岱撰
清康熙刻本
紫峰集十四卷 CB/第52冊
(清)杜越撰
清康熙刻本
叢碧山房詩初集十四卷二集六卷三集十一卷四集十卷五集五卷文集八卷雜著三卷 CB/第52冊
(清)龐塏撰
清康熙刻本
小山草十卷 CB/第53冊
(明)郝敬撰
明天啟三年刻本
嬾園漫稿五卷 CB/第53冊
(明)王襄治撰
明崇禎元年刻本
鶴嶺山人詩集十六卷 CB/第53冊
(清)王澤弘撰
清康熙刻本
七頌堂詩集九卷文集四卷尺牘一卷 CB/第53冊
(清)劉體仁撰
清康熙刻本
赤嵌集四卷 CB/第53冊
(清)孫元衡撰
清康熙刻本
峇嶁山人詩集不分卷 CB/第53冊
(清)謝乃實撰
清康熙刻本
羽王先生集六卷 CB/第54冊
(明)張鳴鳳撰
清康熙刻本
石盂集十七卷 CB/第54冊
(明)汪坦撰
明萬曆刻本
陳士業先生集十六卷 CB/第54冊
(清)陳弘緒撰
清康熙二十六年刻本
寶菴集八卷 CB/第55冊
(明)顧紹芳撰
明萬曆刻本
石雲居文集十五卷 CB/第55冊
(清)陳名夏撰
清順治三年刻本
漣漪堂遺稿三卷 CB/第55冊
(清)沈峻曾撰
清康熙刻本
雪鴻堂文集十八卷 CB/第55冊
(清)李蕃撰
清康熙刻本
崑崙山房集 CB/第55冊
(清)張篤慶撰
清鈔本
林初文先生詩選一卷 CB/第56冊
(明)林章撰
明崇禎刻本
金文通公集二十卷疏草六卷詩集三卷外集八卷 CB/第56冊
(清)金之俊撰

清康熙刻本
陋軒詩一卷 CB/第56冊
(清)吳嘉紀撰
清康熙元年賴古堂刻本
林左堂續集三卷 CB/第56冊
(清)孫致彌撰
清乾隆刻本
四香樓詩鈔三卷 CB/第56冊
(清)范纘撰
清刻本
八崖集七卷 CB/第57冊
(明)周廷用撰
清乾隆十三年重刻本
滄漚集八卷 CB/第57冊
(明)張重華撰
明萬曆刻本
朱秉器詩集四卷文集四卷 CB/第57冊
(明)朱孟震撰
明萬曆刻本
永樂大典二萬二千八百七十七卷目錄六十卷 CB/第58－72冊
(明)解縉編 姚廣孝編
類書叢編影印明鈔本
南京都察院志四十卷 CB/第73－74冊
(明)施沛撰
明天啓刻本
江右名賢編二卷 CB/第74冊
(明)喻均 劉元卿撰
明萬曆刻本
荷新韻二卷荷新義六卷 CB/第74冊
(明)方大鎮撰
明刻本
東白張先生文集二十四卷 CB/第75冊
(明)張元禎撰
明正德十二年刻本
東嶠先生集十五卷 CB/第75冊
(明)李承芳撰
明嘉靖三年刻本
海涯文集十卷附錄一卷 CB/第75冊
(明)顧磐撰
明嘉靖刻本
梅禹金詩草二十卷 CB/第75冊
(明)方鼎祚撰
明萬曆十一年刻本
石鐘山集九卷 CB/第75冊
(明)王恕輯 (明)沈詔增删
明刻本

明永陵編年信史四卷昭陵編年信史二卷 CB/第76冊
(明)支大綸撰
明萬曆二十四年刻本
清溪弄兵錄一卷 CB/第76冊
(宋)王彌大輯
清鈔本
馬端肅公三記三卷 CB/第76冊
(明)馬文升撰
明萬曆刻紀録彙編本
東甌張文忠公奏對稿十二卷 CB/第76冊
(明)張孚敬撰
明萬曆四十二年刻本
開封府志三十四卷 CB/第76冊
(明)曹金撰
明萬曆十三年刻本
豫章古今記一卷 CB/第76冊
雷次宗撰
商務印書舘排印說郛本
宋儒胡致堂先生崇正辯三卷 CB/第77冊
(宋)胡寅撰
清乾隆二十七年重刻本
薛文清公從政名言一卷 CB/第77冊
(明)薛瑄撰
明隆慶四年刻畜德十書本
石函平砂玉尺經六卷後集四卷 CB/第77冊
(元)劉秉忠輯
明萬曆三十四年刻本
六壬雲開觀月經一卷 CB/第77冊
不著撰者
明鈔本
桑子庸言一卷 CB/第77冊
(明)桑悅撰
清道光十一年六安晁氏木活字學海類編本
擣堅錄二十四卷 CB/第77冊
(明)朱廷旦撰
明崇禎刻本
標題補注蒙求三卷 CB/第77冊
(唐)李瀚撰 (宋)徐子光注 (明)顧起綸補輯
明萬曆元年刻本
翠屏筆談一卷 CB/第77冊
王應龍撰

舊鈔本
觀化集一卷 CB/第77冊
(明)朱約佶撰
明嘉靖刻本
熊峰先生文集四卷 CB/第78冊
(明)石珤撰
明刻本
陸篔齋文集十卷 CB/第78冊
(明)陸挷撰
明刻本
金栗齋先生文集十一卷 CB/第78冊
(明)金瑤撰
明萬曆四十一年刻本
崑林小品集二卷 CB/第78冊
(清)魏裔介撰
清初刻本
燕川漁唱詩集二卷 CB/第78冊
(清)傅維樗撰
清乾隆刻本
午亭集三十卷 CB/第78冊
(清)陳廷敬撰
清康熙四十一年刻本
蕭輝山存稿一卷附葦菴稿一卷 CB/第79冊
(元)蕭國寶撰
舊鈔本
十笏草堂詩選十一卷辛甲集八卷上浮集四卷 CB/第79冊
(清)王士祿撰
清初刻增修本
梅莊集七卷文集一卷 CB/第79冊
(清)張遠撰
清康熙刻本
有蘭書屋存稿四卷 CB/第79冊
(清)石球撰
清乾隆二十六年刻本
中州啟劄四卷 CB/第79冊
(清)吳宏道撰
清愛日精廬鈔本
粵風續九五卷 CB/第79冊
(清)吳淇輯
清康熙二年刻本
詞學全書十四卷 CB/第79冊
(清)查繼超輯
清康熙十八年刻本
沈氏農書一卷補農書一卷 CB/第80冊
(明)沈口撰 (清)張履祥補

清乾隆四十七年刻楊園先生全集本
群芳譜三十卷 CB/第 80 冊
(明)王象晉撰
明末刻本
唐音統籤一千三十三卷
CB/第 81－88 冊
(明)胡震亨撰
清康熙刻本
古文周易傳義約說十二卷 CB/第 89 冊
(明)方獻夫撰
明嘉靖二十年刻本
續葦齋易義虛裁八卷 CB/第 89 冊
(明)涂宗濬撰
明萬曆四十二年刻本
書經旁注六卷 CB/第 89 冊
(明)朱升撰
明嘉靖五年刻本
易學全書五十卷 CB/第 90－91 冊
(明)卓爾康撰
明刻本配舊鈔本
春秋深二十二卷首二卷 CB/第 92 冊
(清)許伯政撰
稿本
大學古今本通考十二卷 CB/第 92 冊
(明)劉斯源輯
明萬曆刻本
吐魯番侵略哈密事蹟一卷附趙全讞牘一卷 CB/第 93 冊
不著撰者
清光緒鈔本
夷齊錄五卷 CB/第 93 冊
(明)張玭撰
舊鈔本
闕里書八卷 CB/第 93 冊
(明)沈朝陽撰 (明)陳之伸增補
明崇禎刻本
歷代忠義錄十四卷 CB/第 93 冊
(明)王葓撰
明嘉靖刻本
南宋名臣言行錄十六卷 CB/第 93 冊
(明)尹直撰
明弘治刻本
崑山人物志十卷 CB/第 93 冊
(明)方鵬撰
明嘉靖刻本
檇李往哲列傳一卷 CB/第 93 冊
(明)戚元佐撰
清康熙退圃刻本
檇李往哲續編一卷 CB/第 93 冊
(清)項玉筍撰
清康熙退圃刻本
治河管見四卷 CB/第 93 冊
(明)潘鳳梧撰
明萬曆刻本
牛首山志二卷 CB/第 94 冊
(明)盛時泰撰
明萬曆七年刻本
爛柯山洞志二卷 CB/第 94 冊
(明)徐日炅撰
舊鈔本
東天目山志四卷西天目山志四卷
CB/第 94 冊
(明)張之采撰
明天啓元年杭州刻本
雪航膚見十卷 CB/第 94 冊
(明)趙弼撰
舊鈔本
史拾載補十九卷眾斷五卷 CB/第 94 冊
(明)吳宏基撰
明末刻本
史砭二卷 CB/第 94 冊
(明)程至善撰
明末刻本
考正晚年定論二卷 CB/第 95 冊
(清)孫承澤撰
舊鈔本
範圍數六卷 CB/第 95 冊
(明)趙迎撰
明刻本
石品二卷 CB/第 95 冊
(明)郁濬撰
明萬曆刻本
茶經三卷 CB/第 95 冊
(明)湯顯祖訂
明刻本
仙愚館雜帖七卷 CB/第 95 冊
(明)黃元會撰
明刻本
數馬堂答問二十卷 CB/第 95 冊
(清)黃名甌撰
舊鈔本
李氏居室記五卷 CB/第 95 冊
(明)李濂撰
明嘉靖十二年李氏家刻本
遵道錄十卷 CB/第 96 冊
(明)湛若水撰
明嘉靖二年刻本
已未留二卷 CB/第 96 冊
(明)章世純撰
明末刻本
範身集略八卷 CB/第 96 冊
(清)秦坊輯
清鈔本
史說萱蘇一卷 CB/第 96 冊
(清)黃以陞撰
舊鈔本
新鐫歷代名賢事類通考十卷
CB/第 96 冊
(明)劉葉撰
明刻本
覺迷蠡測三卷剩言一卷附錄一卷
CB/第 96 冊
(明)管志道撰
明萬曆二十八年刻本
東墅詩集二卷 CB/第 97 冊
(明)周述撰
明景泰二年刻本
尋樂習先生文集二十卷 CB/第 97 冊
(明)習經撰
明成化刻本
高吾靜芳亭摘稿八卷 CB/第 97 冊
(明)陳洪謨撰
明嘉靖刻本
宋金齋文集四卷 CB/第 97 冊
(明)宋諸撰
明萬曆刻本
春明稿三卷附填郎續稿一卷
CB/第 97 冊
(明)徐學謨撰
明萬曆十一年嘉定徐氏家刻本
柴村全集十九卷附德滋堂歌詩附鈔一卷
CB/第 97 冊
(清)邱志廣撰
清雍正刻本
雙樹堂詩鈔一卷 CB/第 97 冊
(清)僧湛性撰
清乾隆三十七年重刻本
天遠樓集二十七卷 CB/第 98 冊
(明)徐顯卿撰
明萬曆刻本
靈蘐閣集八卷 CB/第 98 冊

(明)湯兆京撰
明萬曆刻本
履坦幽懷鈔二卷履坦幽懷集二卷 CB/第99冊
(明)祝淇撰
明刻本
同春堂遺稿四卷 CB/第99冊
(明)劉熠撰
清順治十六年劉氏家刻本
太乙詩集五卷 CB/第99冊
(明)張鍊撰
明萬曆三十年古郃張氏家刻本
留餘堂集四卷 CB/第99冊
(明)潘季馴撰
明萬曆二十六年刻本
文起堂集十卷 CB/第99冊
(明)張獻翼撰
明萬曆刻本
蕘言六卷 CB/第99冊
(明)余懋孳撰
明萬曆三十七年刻本
蕭氏世集三卷 CB/第99冊
(清)蕭伯升輯
清初刻本

WS(1－300)
四庫未收書輯刊附索引
四庫未收書輯刊編纂委員會編
一九九八年北京出版社影印本
三〇〇冊

第一輯

孔易七卷 WS/第1冊
(清)孫承澤撰
清康熙六年孫氏家塾刻本
周易彙統四卷圖一卷 WS/第1冊
(清)佟國維撰
清康熙間刻本
周易本義闡旨八卷 WS/第1冊
(清)胡方撰
清嘉慶十七年蘭桂堂刻
蒙泉山館周易本義補說六卷 WS/第1冊
(清)蔡紹江撰
清道光十三年修吉堂刻
漢儒易義針度四卷附近科文式一卷諸法指明一卷 WS/第1冊
(清)朱昌壽撰
清道光二十三年刻本
易卦私箋二卷 WS/第2冊
(清)蔣衡撰
清嘉慶元年蔣和刻本
易經補義十二卷雜記一卷 WS/第2冊
(清)葉酉撰
清耕餘堂刻本
周易闡象五卷 WS/第2冊
(清)蔡首乾撰
清嘉慶五年刻本
學易討原一卷 WS/第2冊
(清)姚文田撰
清嘉慶六年刻本
湘薌漫錄二卷附易經集說一卷 WS/第2冊
(清)查彬撰
清道光十九年有懷堂刻
芸窗易草五卷 WS/第2冊
(清)閻斌撰
清同治十二年刻本
書經章句訓解十卷 WS/第3冊
(明)尹洪撰
明成化十年晉府刻本
尚書副墨六卷 WS/第3冊
(明)楊肇芳撰(明)楊胤奇刪補
明崇禎四年集虛齋刻本
毛詩鄭箋纂疏補協二十卷附詩譜一卷 WS/第4冊
(明)屠本畯撰
明萬曆二十二年玄鑒室刻本
詩經胡傳水二卷 WS/第4冊
(明)胡紹曾撰
明崇禎十六年胡氏春煦堂刻本
毛詩訂詁八卷附錄二卷 WS/第4冊
(清)顧棟高撰
清光緒二十二年江蘇書局刻本
周禮會通六卷 WS/第5冊
(清)胡翹元撰
清乾隆五十二年凝暉閣刻本
周禮就班二卷 WS/第5冊
(清)不著撰者
舊鈔本
儀禮大要二卷 WS/第5冊
(清)任兆麟撰
清乾隆四十六年同川書院刻本
讀禮條考二十卷 WS/第5冊
(清)王曜南撰
清道光二十九年刻本
逸禮大誼論一卷附逸齊論語一卷 WS/第5冊
(清)汪宗沂撰
舊鈔本
古經服緯三卷 WS/第5冊
(清)雷鐏撰(明)雷學淇釋
清道光九年刻本
四禘通釋三卷 WS/第5冊
(清)崔適撰
清光緒二十年刻本
律呂原音四卷 WS/第5冊
(清)永恩撰
清乾隆間刻本
律音彙考八卷 WS/第5冊
(清)邱之稑撰
清道光十八年椴田家塾刻本
春秋質疑十二卷 WS/第6冊
(明)魏時應撰
明萬曆間刻本
麟旨明微十二卷 WS/第6冊
(明)吳希哲撰
明崇禎間刻本
孝經述二卷附辯義一卷 WS/第7冊
(清)賀長齡輯注(清)傅壽彤述
清同治二年刻本
重刊補訂四書淺說十三卷 WS/第7冊
(明)陳琛撰
明萬曆三十七年李三才刻本
四書也足園初告六卷 WS/第7冊
(明)王宇撰
明萬曆四十三年聚星館刻本
四書明儒大全精義三十八卷 WS/第8冊
(清)湯傳榘輯
清康熙四十四年刻本
四書五經字考十一卷 WS/第9冊
(清)毛錫縝輯
清康熙二十五年刻本
十三經拾遺十六卷 WS/第9冊
(清)王朝渠撰
清嘉慶五年尋孔顏樂處刻本
五經文字偏旁攷三卷 WS/第9冊
(清)蔣騏昌撰
清乾隆間刻本
同聲千字文十卷續六卷 WS/第9冊
(清)朱紫撰
清康熙永慕堂刻本
詩韻輯略五卷 WS/第10冊

(明)潘恩撰
明隆慶刻本
韻署易通二卷 WS/第10冊
(清)李棠馥撰
清康熙二年刻本
古今韻略五卷 WS/第10冊
(清)邵長蘅撰
清康熙三十五年宋犖刻本
韻學原委三卷 WS/第10冊
(清)王植撰
清雍正間刻本
韻字辨同五卷 WS/第10冊
(清)翁方綱撰
清乾隆三十年羊城試署刻本
歧疑韻辨五卷口音辨訛一卷韻字旁通一卷轉音撮要一卷字形彙考一卷 WS/第10冊
(清)杜蕙撰
清乾隆五十七年李鴻儀刻本
史記評林一百三十卷 WS/第11－12冊
(明)凌稚隆輯
明萬曆四年刻本
史記半解不分卷 WS/第12冊
(清)湯諧撰
清康熙慎餘堂刻本
後漢書旁證不分卷 WS/第13冊
(清)王先謙撰
清稿本
後漢書補表八卷 WS/第13冊
(清)錢大昭撰
清嘉慶嘉定秦氏刻汗筠簃叢書本
宋元資治通鑑六十四卷 WS/第14冊
(明)王宗沐撰
明吳中珩刻本
通鑑韻書三十二卷 WS/第15冊
(清)沈尚仁撰
清康熙四十四年玉極堂刻本
通鑑紀事本末前編十二卷 WS/第15冊
(明)沈朝陽撰
明萬曆四十五年唐世濟刻本
欽明大獄錄二卷 WS/第15冊
(明)不著輯者
五石齋鈔本
國語九卷 WS/第16冊
(明)閔齊伋裁注
明萬曆四十七年刻本
戰國策十二卷 WS/第16冊
(明)閔齊伋裁注
明萬曆四十七年刻本
張陸二先生批評戰國策抄四卷 WS/第16冊
(明)王篆輯注
明萬曆七年錢普刻本
粵氛紀事十三卷 WS/第16冊
(清)謝山居士撰
清同治八年刻本
戡定新疆記八卷 WS/第16冊
(清)魏光燾撰
清光緒二十五年刻本
補續羣輔錄八卷 WS/第17冊
(清)吳運焜輯注
清乾隆間刻本
初月樓聞見錄十卷 WS/第17冊
(清)吳德旋撰
清道光二年刻本
希有錄春集二卷夏集二卷秋集二卷冬集一卷閏集一卷 WS/第17冊
(清)朱稑輯
清道光十五年讀蘇軒刻本
讀史正氣錄十八卷 WS/第17冊
(清)姚德鈞 (清)劉秉衡輯
清光緒十五年刻本
太學坊表八卷 WS/第17冊
(清)朱百谷撰
清咸豐七年正安州刻本
成仁譜二十六卷 WS/第18冊
(清)盛敬撰
清道光二十五年活字本
宋名臣言行畧十二卷 WS/第18冊
(明)劉廷元撰
明刻本
皇明異姓諸侯傳二卷表一卷 WS/第18冊
(明)鄭曉撰
明嘉靖間刻本
東林同難錄一卷列傳一卷附傳一卷 WS/第18冊
(明)楊坤等輯 (清)繆敬持補輯
清雍正六年耕學草堂繆氏刻本
前明忠義別傳三十二卷 WS/第19冊
(清)汪有典撰
清道光二十五年墨花齋刻本
苧蘿誌八卷 WS/第19冊
(明)張夬 (明)路邁輯
明崇禎間刻本
詞科掌錄十七卷餘話七卷 WS/第19冊
(清)杭世駿輯
清乾隆道古堂刻本
晉書纂六十卷援據一卷 WS/第20冊
(明)蘇文韓撰
明萬曆間刻本
史評小品二十二卷 WS/第21冊
(明)江用世輯
明末刻本
看鑑偶評五卷 WS/第21冊
(清)尤侗撰
清康熙間刻本
兩漢萃寶評林二卷 WS/第21冊
(明)焦竑輯 (明)李廷機注 (明)李光縉彙評
明萬曆二十年萬卷樓周對峰刻本
明史斷畧四卷 WS/第21冊
(清)彭而述撰
清康熙間刻本
為可堂初集十卷 WS/第21冊
(清)朱一是撰
清順治十一年刻本
遼東疏稿四卷 WS/第22冊
(明)畢自肅撰
清鈔本
疏草三卷附錄一卷 WS/第22冊
(明)黃宗昌撰
清康熙間刻本
孫文定公奏疏十二卷 WS/第22冊
(清)孫嘉淦撰
清敦和堂刻本
國朝名世宏文八卷 WS/第22冊
(清)平漢英輯
清康熙間刻本
壇廟祀典三卷 WS/第23冊
(清)不著撰者
清刻本
在官法戒錄四卷 WS/第23冊
(清)陳弘謀輯
清乾隆八年培遠堂刻本
漕運則例纂二十卷 WS/第23冊
(清)楊錫紱撰
清乾隆間刻本
河東鹽法備覽十二卷 WS/第24冊
(清)蔣兆奎撰
清乾隆五十五年刻本

山東鹽法志十四卷圖考一卷 WS/第24冊
(清)莽鵠立等撰
清雍正間刻本
兩淮鹺務考略十卷 WS/第24冊
(清)不著撰者
清鈔本
賑紀八卷 WS/第25冊
(清)方觀承輯
清乾隆間刻本
欽定八旗則例十二卷 WS/第25冊
(清)鄂爾泰等纂修
清乾隆武英殿刻本
王儀部先生箋釋三十卷首一卷末一卷 WS/第25冊
(明)王肯堂原釋(清)顧鼎重輯
清康熙三十年顧鼎刻本
大清律集解附例三十卷圖一卷服制一卷律例總類六卷 WS/第26冊
(清)朱軾(清)常鼐等纂修
清雍正三年内府刻本
新例要覽八卷附現行處分一卷 WS/第26冊
(清)不著撰者
清雍正十年石室堂刻增修本
月日紀古十二卷 WS/第27冊
(清)蕭智漢輯
清乾隆五十九年蕭氏聽濤山房刻本
江西考古録十卷 WS/第27冊
(清)王謨撰
清乾隆三十二年問松園刻本
蜀故二十七卷 WS/第27冊
(清)彭遵泗輯
清乾隆刻補修本
九華紀勝二十三卷首一卷 WS/第28冊
(清)陳蔚撰
清道光間刻本
石鐘山志十六卷首一卷 WS/第28冊
(清)李成謀(清)丁義方撰
清光緒九年聽濤眺雨軒刻本
河渠紀聞三十卷 WS/第28－29冊
(清)康基田撰
清嘉慶九年霞蔭堂刻本
金石存十五卷 WS/第30冊
(清)吴玉搢撰
清嘉慶二十四年李宗昉刻本
焦山鼎銘考一卷 WS/第30冊
(清)翁方綱撰
清乾隆間刻本
歷朝史印十卷 WS/第30冊
(清)黄學圯撰
清道光楚橋書屋刻本
唐書藝文志注四卷 WS/第30冊
(清)不著撰者
清藕香簃鈔本
文選樓藏書記六卷 WS/第30冊
(清)阮元撰(清)李慈銘校訂
清越縵堂鈔本

第二輯

易蔡二卷繫傳三卷節錄一卷 WS/第1冊
(明)蔡鼎撰
明末卓巖刻本
周易本義引蒙十二卷首一卷 WS/第1冊
(清)姚章撰
清康熙三十四年陳鍾嶽刻本
增訂周易本義補四卷 WS/第1冊
(清)劉祈穀撰
清康熙寉集堂刻本
周易說宗十六卷 WS/第2冊
(清)閻鉌撰
清初雪櫻山房刻康熙四十三年辨志堂補修本
周易平說二卷 WS/第2冊
(清)郭程先撰
清咸豐五年郭珠熉刻本
讀易偶鈔一卷 WS/第3冊
(清)蔣學鏞撰
清鈔本
易學一得錄三卷附猶賢編一卷 WS/第3冊
(清)胡澤漳撰
清光緒四年吳軍門刻本
周易輯義初編四卷 WS/第3冊
(清)盧兆鰲撰
清道光八年刻本
周易輯義續編四卷 WS/第3冊
(清)盧兆鰲撰
清道光十四年正文堂刻本
易義無忘錄三卷 WS/第3冊
(清)蔣珣撰
清道光二十一年姚江蔣齒德堂刻本
周易異同商十卷 WS/第3冊
(清)郭嵩燾撰
清稿本
刻嘉禾鍾先生尚書主意傳心錄十二卷 WS/第4冊
(明)鍾庚陽撰
明萬曆九年劉美刻後印本
書經彙解四十六卷 WS/第4冊
(明)秦繼宗撰
明萬曆間刻本
尚書約注四卷末一卷 WS/第5冊
(清)任啟運撰
清光緒十二年刻本
書傳補義三卷 WS/第5冊
(清)方宗誠撰
清光緒桐城方氏刻柏堂遺書刻本
古文尚書正辭三十三卷 WS/第5冊
(清)吳光耀撰
清刻本
禹貢古今義案不分卷 WS/第5冊
(清)不著撰者
清稿本
古文尚書私議三卷 WS/第5冊
(清)張崇蘭撰
清光緒二十三年陳克劬刻本
新刻胡氏詩識三卷 WS/第6冊
(明)胡文煥輯
明萬曆二十一年自刻本
毛詩正本二十卷 WS/第6冊
(清)陳梓輯
清乾隆九年深柳讀書堂刻本
毛詩明辨錄十卷 WS/第6冊
(清)沈青崖撰
清乾隆毛德基刻本
詩經逢原十卷 WS/第6冊
(清)胡文英撰
清乾隆間刻本
毛詩通說二十卷首一卷補遺一卷 WS/第6冊
(清)任兆麟撰
清乾隆映雪草堂刻本
三百篇原聲七篇 WS/第6冊
(清)夏味堂撰
清鈔本
詩經比義述八卷首一卷 WS/第7冊
(清)王千仞撰
清乾隆嘉德堂刻本
詩說活參二卷 WS/第7冊
(清)李灝撰
清英德堂刻本

讀詩日錄十三卷 WS/第7冊
(清)劉士毅撰
清光緒六年刻本
讀詩傳謌三十卷 WS/第7冊
(清)韓怡撰
清嘉慶二十年木存堂刻本
三禮通釋二百八十卷首一卷目録四卷 WS/第8-9冊
(清)林昌彝撰
清同治三年廣州刻本
日鋤齋律吕新書初解二卷 WS/第10冊
(清)張琛撰
清嘉慶二十三年松林堂刻本
律吕新書淺釋一卷 WS/第10冊
(清)文藻翔撰
清光緒二十三年自刻本
春秋左傳節文註略十五卷 WS/第10冊
(明)汪道昆撰 (明)周光鎬注
明萬曆十二年刻本
左鑒十卷附録一卷 WS/第10冊
(清)楊潮觀撰
清乾隆間刻本
公羊方言疏箋一卷 WS/第10冊
(清)淳于鴻恩撰
民國間東方文化事業總委員會研究所鈔本
麟經指月十二卷 WS/第10冊
(明)馮夢龍撰
明刻本
春秋集義五十八卷首一卷末二卷 WS/第11冊
(清)吳鳳來撰
清乾隆小草廬刻本
孝經彙纂一卷首一卷附録一卷 WS/第12冊
(清)孫念劬撰
清嘉慶四年強恕堂刻本
孝經存解四卷首一卷 WS/第12冊
(清)趙長庚撰
清光緒十年京都龍雲齋刻本
孝經古微一卷 WS/第12冊
(清)葉繩翥撰
清末葉氏把松賃棉書屋刻本
四書集註闡微直解二十七卷 WS/第12冊
(明)張居正撰
清八旗經正書院刻本
四書訓義三十八卷 WS/第13冊
(清)王夫之撰
清光緒十三年潞河啖柘山房刻本
識字略十卷 WS/第14冊
(清)宋宗元撰
清乾隆網師園刻本
五經文字疑一卷九經字樣疑一卷 WS/第14冊
(清)孔繼涵撰
清乾隆三十三年孔氏紅櫚書屋刻本
古文奇字十二卷 WS/第14冊
(明)朱謀㙔撰
明萬曆間刻本
字學三正四卷 WS/第14冊
(明)郭一經撰
明萬曆二十九年山東曹縣公署刻本
古字彙編一卷 WS/第14冊
(清)李棠馥撰
清康熙四年李棠馞刻本
福禄壽篆文圖三卷附篆文攷畧一卷 WS/第14冊
(清)陳嘉穀輯
清乾隆十九年刻本
讀詩韻新訣二卷 WS/第14冊
(清)徐鍾郎撰
清雍正酌雅堂刻本
韻譜彙編五卷 WS/第14冊
(清)王佶撰
清乾隆二十三年補拙齋刻本
新編佩文詩韻四聲譜廣註二卷 WS/第14冊
(清)倪璐撰
清乾隆三十六年克復堂刻本
音韻輯要二十一卷 WS/第14冊
(清)王鵕撰
清乾隆間刻本
說文諧聲舉要十四卷 WS/第14冊
(清)朱士端撰
清稿本
稽古日鈔八卷 WS/第15冊
(清)張方湛 (清)王逸虯等輯
清乾隆二十九年秋曉山刻本
一輻集十八卷 WS/第15冊
(清)項淳撰
清乾隆五十五年殖蔭軒刻本
饒雙峯講義十六卷 WS/第15冊
(清)王朝渠輯
清乾隆五十六年石洞書院刻本
雪樵經解三十卷附録三卷 WS/第15冊
(清)馮世瀛撰
清光緒十一年馮祖憲錫版印本
兩晉南北合纂四十卷 WS/第16冊
(明)錢岱撰
明萬曆間刻本
綱鑒會編九十八卷歷代統系表略三卷 WS/第17-19冊
(清)葉澐撰
清康熙劉德芳刻本
史鑑年表彙編十四卷 WS/第19冊
(清)蕭承芴輯
清光緒十年養雲書屋刻本
通紀彙編九卷 WS/第19冊
(清)楊本源撰
清初刻本
晉畧六十六卷 WS/第20冊
(清)周濟撰
清光緒二年味雋齋刻本
續唐書七十卷 WS/第20冊
(清)陳鱣撰
清道光四年士鄉堂刻本
明季寔録四卷 WS/第21冊
(清)顧炎武撰
清鈔本
明末紀事補遺十卷 WS/第21冊
(清)不著撰者
清末刻本
全桐紀畧不分卷 WS/第21冊
(清)王雯燿撰
清鈔本
舌擊編五卷 WS/第21冊
(清)沈儲撰
清咸豐九年刻本
蠹翁囊五卷 WS/第21冊
(清)李馥榮撰
清道光二十七年退思軒刻本
三湘從事録一卷 WS/第21冊
(明)蒙正發撰 (清)金永森輯注
清光緒三十三年刻本
平回志八卷 WS/第21冊
(清)楊毓秀撰
清光緒十五年劍南王氏刻本
覺迷要録四卷 WS/第21冊
(清)葉德輝輯
清光緒三十一年刻本

二十一史精義二十一卷 WS/第22冊
(清)王南珍撰
清乾隆瓣香堂刻本
易知摘要類編十二卷 WS/第22冊
(清)富俊輯
清同治十三年紹衣堂刻本
留計東歸贈言八卷 WS/第23冊
(明)畢自寅輯
明崇禎間刻本
藎節錄二卷 WS/第23冊
(清)朱纁輯
清康熙二十六年澹寧堂刻本
坊表錄十六卷 WS/第23冊
(清)蘇宗經輯
清光緒十六年家刻本
中興將帥別傳三十卷 WS/第23冊
(清)朱孔彰撰
清光緒二十三年江甯刻本
鶴徵錄八卷首一卷後錄十二卷首一卷 WS/第23冊
(清)李集輯 李富孫等續輯 李富孫輯後錄
清嘉慶十五年漾葭老屋刻本
全校水經注四十卷補遺一卷附錄二卷正誤一卷 WS/第24冊
(清)全祖望撰
清光緒十四年薛福成寧波崇實書院刻本
龍井見聞錄十卷附宋僧元淨外傳二卷 WS/第24冊
(清)汪孟鋗輯
清乾隆間刻本
明大司馬盧公奏議十卷 WS/第25冊
(明)盧象昇撰
清道光九年刻本
奏疏存藁六卷 WS/第25冊
(清)趙良棟撰
清康熙間刻本
兩江總督怡良奏稿不分卷 WS/第25冊
(清)怡良撰
清鈔本
太倉州儒學志四卷 WS/第26冊
(清)俞天倬撰
清康熙四十七年金陵呂仲榮刻雍正元年增修本
錢穀刑名便覽二卷 WS/第26冊
(清)董公振輯
清雍正十二年刻本
欽定臺規八卷 WS/第26冊
(清)慧中等撰
清乾隆都察院刻補修本
全史吏鑑十卷 WS/第26冊
(明)徐元太輯 (清)張祥雲重輯
清嘉慶八年鑑湖亭刻本
學仕錄十六卷 WS/第26冊
(清)戴肇辰輯
清同治六年刻本
諡法備考六卷 WS/第27冊
(清)楊應琚輯
清乾隆東西兩溪堂刻本
則例便覽四十九卷 WS/第27冊
(清)沈書城輯
清乾隆五十六年刻本
律例圖說辨譌十卷荒政瑣言一卷 WS/第27冊
(清)萬維翰撰
清鈔本
經義考補正十二卷 WS/第28冊
(清)翁方綱撰
清乾隆間刻本
清同治光緒間武英殿賣書底簿不分卷 WS/第28冊
(清)不著撰者
清同治光緒間寫本
金石契不分卷 WS/第28冊
(清)張燕昌撰
清乾隆四十三年刻嘉慶增修本
吉金所見錄十六卷首一卷末一卷 WS/第28冊
(清)初尚齡撰
清道光七年古香書舍刻本
錢神志七卷 WS/第28冊
(明)李世熊撰
清同治十年活字印本
石塔碑刻記一卷附考一卷 WS/第28冊
(清)龔景瀚撰
清鈔本
史記萃寶評林三卷 WS/第29冊
(明)焦竑輯 (明)李廷機注 (明)李光縉彙評
明萬曆十八年書林自新刻本
鑑評別錄六十卷附兩漢史斷六卷三國書法十卷 WS/第29－30冊
(清)黃恩彤撰
清光緒三十一年家塾刻本
讀史提要錄十二卷 WS/第30冊
(清)夏之蓉撰
清乾隆三十七年刻本
全史宮詞二十卷 WS/第30冊
(清)史夢蘭撰
清咸豐六年刻本

第三輯

呂子易說二卷圖解一卷 WS/第1冊
(唐)呂巖撰
清乾隆間曾燠刻本
鄭氏易譜十二卷 WS/第1冊
(明)鄭旒撰
清道光六年梁廷枬刻本
易義選參二卷 WS/第1冊
(清)魏際瑞 魏禧 魏禮撰 (清)邱維屏輯
清光緒二年翠微峰易堂
易心存古二卷 WS/第1冊
(清)張六圖撰
清乾隆二十五年清瑞軒
周易衷翼集解二十卷 WS/第1冊
(清)汪泩撰
清嘉慶獲經堂刻本
周易通義二十二卷首一卷 WS/第2冊
(清)蘇秉國撰
清嘉慶二十一年刻本
易象闡微五卷附大易圖解一卷 WS/第2冊
(清)蕭寅顯撰
清咸豐二年丁取忠刻本
易確二十卷首一卷 WS/第2冊
(清)許桂林撰
清道光間刻本
師白山房講易四卷 WS/第2冊
(清)張學尹撰
清道光九年刻本
河上易註八卷附圖說二卷 WS/第3冊
(清)黎世序撰
清道光元年謙豫齋刻本
易拇十五卷 WS/第3冊
(清)萬年淳撰
清道光四年刻本
周易索詁十二卷首一卷 WS/第3冊
(清)倪象占撰
清嘉慶間刻本
尚書內篇五卷外篇二卷 WS/第4冊

(清)任啟運撰
清乾隆刻朱印本
書傳鹽梅二十卷 WS/第4冊
(清)黄文蓮撰
清乾隆五十二年刻本
書經述六卷 WS/第4冊
(清)許祖京撰
清同治十三年許延穀刻本
尚書辨僞五卷 WS/第4冊
(清)唐煥撰
清嘉慶十七年果克山房刻本
尚書涉傳四卷 WS/第5冊
(清)戴祖啟撰
清嘉慶元年資敬堂刻本
尚書古文證疑四卷 WS/第5冊
(清)孫喬年撰
清嘉慶十五年天心閣刻本
古文尚書辨八卷 WS/第5冊
(清)謝庭蘭撰
清光緒間刻本
尚書古文辨惑二十二卷目録二卷 WS/第5冊
(清)張諧之撰
清光緒三十年潛修精舍刻本
禹貢彙覽四卷總論一卷 WS/第5冊
(清)夏之芳撰
清乾隆積翠軒刻補修本
禹貢註節讀一卷圖說一卷 WS/第5冊
(清)馬俊良撰
清乾隆端溪書院刻本
洪範說二卷 WS/第5冊
(清)李光地撰
清康熙間刻本
詩疑義釋二卷 WS/第6冊
(清)胡文英撰
清乾隆留芝堂刻本
凝園讀詩管見十四卷 WS/第6冊
(清)羅典撰
清刻本
詩經蠹簡四卷 WS/第6冊
(清)李詒經撰
清單偉志慎思堂刻本
詩考異補二卷 WS/第6冊
(清)嚴蔚撰
清乾隆二酉齋刻本
詩攷補二卷 WS/第6冊
(清)胡文英撰
清乾隆留芝堂刻本
讀詩釋物二十一卷 WS/第7冊
(清)方㮤撰
清道光四年刻本
詩小學三十卷補一卷 WS/第7冊
(清)吴樹聲撰
清同治七年壽光官廨刻本
明堂圖說不分卷 WS/第8冊
(清)熊羅宿撰
清宣統二年刻本
禮書附録十二卷 WS/第8冊
(清)陳寶泉撰
清嘉慶二十五年含暉閣刻本
禮俗權衡二卷 WS/第8冊
(清)趙執信撰
清康熙間刻本
勛儀糾謬集三卷 WS/第8冊
(清)孔繼汾撰
清乾隆間刻本
時俗喪祭便覽一卷 WS/第8冊
(清)張大翎撰
清鈔本
三禮從今三卷 WS/第8冊
(清)黄本驥撰
清道光二十四年刻本
夏小正集解四卷 WS/第8冊
(清)顧問撰
清乾隆五十七年敬業堂刻本
夏小正傳箋四卷附大戴禮公符篇考一卷 WS/第8冊
(清)王謨撰
清乾隆間刻本
周禮彙纂二卷 WS/第8冊
(清)錢世熹撰
清嘉慶十五年史祐刻本
周禮經注節鈔七卷周禮注疏獻疑七卷 WS/第8冊
(清)許珩撰
清嘉慶十六年刻本
古律經傳附考五卷 WS/第9冊
(清)紀大奎撰
清嘉慶二十年刻本
左傳分國纂畧十六卷 WS/第9冊
(清)盧元昌撰
清康熙書林孫敬南刻本
麟指嚴四卷 WS/第9冊
(明)金兆清撰
明刻本
公羊穀梁異同合評四卷 WS/第9冊
(清)沈赤然撰
清嘉慶間刻本
孔子文昌孝經合刻二卷附録一卷 WS/第9冊
(清)李鳳彩輯 周福山輯附
清乾隆四十九年夢杜樓刻本
孝經易知一卷 WS/第9冊
(清)耿介撰
清同治十一年邗江王氏刻本
論語雅言二十卷 WS/第9冊
(清)董增齡撰
清鈔本
四書經疑問對八卷 WS/第9冊
(元)董彝撰
元至正十一年建安同文堂刻本
爾雅啟蒙十二卷 WS/第10冊
(清)姚正父撰
清咸豐二年刻本
爾雅蒙求二卷 WS/第10冊
(清)李拔式撰
清道光五年蟠根書屋刻本
說文字原考略六卷 WS/第10冊
(清)吴照撰
清乾隆五十七年自刻本
說文偏旁考二卷 WS/第10冊
(清)吴照撰
清乾隆間刻本
唐石經考正一卷 WS/第10冊
(清)王朝渠撰
清嘉慶五年尋孔顔樂處刻本
禮耕堂五經撮要不分卷 WS/第10冊
(清)李㷆火撰 詹淇補釋
清乾隆間刻本
浙士解經録四卷 WS/第10冊
(清)阮元輯
清嘉慶再到亭刻本
羣經質二卷 WS/第10冊
(清)陳僅撰
清光緒十一年四明文則樓刻本
七經讀法七卷 WS/第10冊
(清)孫喬年撰
清道光五年天心閣刻本
鶴巢經箋二十卷 WS/第10冊
(清)宋清壽撰
清乾隆間刻本

十三經考文提要十三卷 WS/第10冊
(清)彭元瑞撰
清嘉慶六年刻本
漢書補注七卷 WS/第11冊
(清)王榮商撰
清光緒十七年刻本
漢書地理志稽疑六卷 WS/第11冊
(清)全祖望撰
清嘉慶九年朱文翰刻本
漢書地理志校本二卷 WS/第11冊
(清)汪遠孫撰
清道光二十八年汪邁孫刻本
漢書地理志校注二卷 WS/第11冊
(清)王紹蘭撰
清光緒二十二年陳光淞刻本
漢書引經異文錄證六卷 WS/第11冊
(清)繆祐孫撰
清光緒十一年刻本
後漢郡國令長攷一卷 WS/第11冊
(清)錢大昭撰
清道光二十五年錢師璟刻本
三國志補義十三卷 WS/第11冊
(清)康發祥撰
清咸豐十年刻本
補三國疆域志二卷 WS/第11冊
(清)洪亮吉撰
清乾隆四十六年西安刻本
三國疆域志補注十九卷 WS/第11冊
(清)謝鍾英撰
清光緒間刻本
竹書紀年辨正四卷 WS/第12冊
(清)韓怡撰
清嘉慶間刻本
竹書紀年六卷附辨誤一卷考證一卷年表二卷圖四卷 WS/第12冊
(清)雷學淇校訂
清亦囂囂齋刻本
竹書紀年二卷 WS/第12冊
(清)趙紹祖校補
清嘉慶古墨齋刻本
竹書紀年二卷 WS/第12冊
(清)陳詩集注
清嘉慶六年蘄州陳氏家刻本
竹書紀年二卷 WS/第12冊
(清)張宗泰校補
清嘉慶八年石櫟學署刻本
通鑑宋本校勘記五卷元本校勘記二卷 WS/第12冊
(清)張瑛撰
清光緒八年江蘇書局刻本
讀通鑑綱目劄記二十卷 WS/第12冊
(清)章邦元撰
清光緒十六年銅陵章氏刻本
資治通鑑綱目前編竊議二十五卷 WS/第12冊
(清)易其霈撰
清光緒鶴山易氏四益友樓刻本
前蒙古紀事本末二卷後蒙古紀事本末二卷 WS/第13冊
(清)韓善徵撰
清光緒三十一年石印本
滇事總錄二卷 WS/第13冊
(清)莊士敏撰
清光緒間刻本
吳中平寇記八卷 WS/第13冊
(清)錢勖撰
清同治九年刻本
彝軍紀略不分卷 WS/第13冊
(清)彭洵撰
清光緒十二年崇陽刻本
軍興本末紀畧四卷 WS/第13冊
(清)謝蘭生撰
清同治刻本
粵東剿匪紀畧五卷 WS/第13冊
(清)陳坤撰
清同治十年刻本
嘉應平寇紀略一卷 WS/第13冊
(清)謝國珍撰
清光緒間刻本
山東軍興紀畧二十二卷 WS/第13冊
(清)張曜撰
清光緒間刻本
湘軍志平議不分卷 WS/第13冊
(清)郭振墉撰
民國五年清聞山館刻本
世本十卷 WS/第14冊
(清)秦嘉謨輯補
清嘉慶二十三年琳琅仙光館刻本
季漢書九十卷附辨異一卷 WS/第14冊
(清)章陶撰 (清)張廉撰辨異
清道光九年青山環漪軒刻本
蜀龜鑑七卷首一卷 WS/第15冊
(清)劉景伯撰
清咸豐間刻本
明史斷畧一卷 WS/第15冊
(清)錢謙益撰
舊鈔本
戡靖教匪述編十二卷 WS/第15冊
(清)石香村居士撰
清道光京都琉璃廠刻本
岡城枕戈記二卷 WS/第15冊
(清)陳殿蘭撰
清咸豐五年刻本
國朝柔遠記二十卷 WS/第15冊
(清)王之春撰
清光緒十七年廣雅書局刻本
邊事彙鈔十二卷 WS/第15冊
(清)朱克敬撰
清光緒六年長沙刻本
庚子芣蜂錄三卷 WS/第15冊
(清)不著撰者
清鈔本
兩漢策要十二卷 WS/第16冊
(宋)陶叔獻撰
清乾隆間刻本
兩漢碎金一卷 WS/第16冊
(清)侯登岸撰
清道光間刻本
晉書鈎玄二卷 WS/第16冊
(明)錢普撰
明萬曆六年刻本
史要七卷 WS/第16冊
(清)任啟運撰
清嘉慶間刻本
春秋滕薛杞越莒邾許七國統表六卷 WS/第16冊
(清)魏翼龍撰
清道光十三年蕭山存問堂刻本
俄國疆界風俗誌不分卷 WS/第16冊
(清)林則徐 (清)姚瑩撰
清光緒十年五湖草廬刻本
西被攷略六卷 WS/第16冊
(清)金永森撰
清光緒二十九年武昌刻本
道齊正軌二十卷 WS/第17冊
(清)鄒鳴鶴撰
清道光三十年刻本
九史同姓名略七十二卷 WS/第17冊
(清)汪輝祖輯
清乾隆間刻本

水經注四十卷首一卷附錄二卷 WS/第18冊
(清)王先謙合校
清光緒十八年思賢講舍刻本
月令精鈔二卷 WS/第18冊
(清)鄭泰 (清)吳振輯
清康熙間刻本
廓爾喀案不分卷 WS/第18冊
(清)英善等撰
清鈔本
福惠全書三十二卷 WS/第19冊
(清)黃六鴻撰
清光緒十九年文昌會館刻本
新疆則例說畧二卷 WS/第19冊
(清)吳翼先撰
清鈔本
礦學心要新編三卷 WS/第19冊
(清)宋賡平撰
清光緒二十八年蜀西廣石山房刻本
士庶備覽十四卷 WS/第19冊
(清)津門佟氏輯
清光緒十八年刻本
補後漢書藝文志四卷 WS/第20冊
(清)侯康撰
清光緒十七年廣雅書局刻本
隋經籍志考證十三卷 WS/第20冊
(清)章宗源撰
清光緒元年湖北崇文書局刻本
大明釋教彙目義門四十一卷附彙門目錄四卷彙門標目四卷 WS/第20冊
(明)釋寂曉撰
明萬曆四十七年刻本
癖談六卷附清白士集校補一卷 WS/第20冊
(清)蔡雲撰
清道光間刻本
新刻註釋孔子家語憲四卷 WS/第21冊
(明)陳際泰撰
明末劉舜臣刻本
丘瓊山先生大學衍義補贊英華六卷 WS/第21冊
(明)陳仁錫撰
明末刻本
新鐫性理奥十卷首一卷 WS/第21冊
(明)丁進輯
明天啟六年刻本
四本堂座右編二集二十四卷 WS/第21冊
(清)朱潮遠輯
清康熙間刻本
家規省括三卷 WS/第21冊
(清)黃濤輯
清乾隆間刻本
士林彝訓八卷 WS/第21冊
(清)關槐撰
清乾隆五十四年刻本
韜畧世法存十六種二十卷 WS/第22冊
(明)不著輯者
明崇禎間刻本
農田要務稿不分卷 WS/第22冊
(清)胡煦撰
稿本
難經直解二卷 WS/第22冊
(清)莫熺撰
清乾隆間刻本
傷寒論本義十八卷首一卷末一卷 WS/第22冊
(清)魏荔彤撰
清雍正間刻本
脈要纂註二卷 WS/第22冊
(清)周南撰
清稿本
中西算學合訂三卷補遺一卷 WS/第23冊
(清)晏聯奎撰
清鈔本
河洛精蘊九卷 WS/第23冊
(清)江永撰
清乾隆三十九年黃聖謙刻本
皇極經世書發明十二卷首一卷 WS/第23冊
(清)劉紹攽撰
清乾隆間刻本
皇明玉曆祥異賦圖注類纂十五卷 WS/第23冊
(明)不著撰者
清彩繪本
地理醒心錄十卷 WS/第24冊
(明)天中星垣主人輯
明天啟間刻本
字觸六卷 WS/第24冊
(清)周亮工輯
清康熙吳門種書堂刻本
鳴野山房彙刻帖目四卷 WS/第24冊
(清)沈復粲輯
清味經書屋鈔本
琴學正聲六卷 WS/第24冊
(清)沈琯撰
清康熙香度樓刻本
玉梅絃歌集六卷 WS/第24冊
(清)胡之燦撰
清稿本
憨山大師夢游全集二十卷 WS/第25冊
(明)釋德清撰
清順治十七年耿繼茂刻本
指月錄三十二卷 WS/第26冊
(明)瞿汝稷輯
清乾隆八年明善堂刻本
玉堂校傳如崗陳先生二經精解全編九卷 WS/第27冊
(明)陳懿典撰
明萬曆二十二年熊雲濱刻本
莊義要刪十卷 WS/第27冊
(明)孫應鰲撰
明萬曆八年陶幼學等刻本
南華經因然四卷 WS/第27冊
(明)吳伯與撰
明刻本
墨卿談乘十四卷 WS/第28冊
(明)張懋修撰
明刻本
稗販八卷 WS/第28冊
(清)曹斯棟撰
清乾隆飯顆山房刻本
讀史稗語十一卷 WS/第28冊
(清)徐枋撰
清刻本
退庵筆記十二卷 WS/第28冊
(清)夏荃撰
清鈔本
最樂編四卷 WS/第28冊
(明)高昂光輯
明天啟三年計元勛刻本
情種八卷 WS/第28冊
(明)宋存標撰
明末刻本
群談採餘十卷 WS/第29冊
(明)倪綰輯
明萬曆二十年倪思益刻本
夢園瑣記十二卷 WS/第29冊

(清)方濬頤撰
清稿本
風世類編十卷 WS/第29册
(明)程時用撰
明萬曆二十八年刻本
花編六卷 WS/第30册
(明)蔣以化輯 (明)姚宗儀增輯
明萬曆間刻本
布經八卷 WS/第30册
(清)范銅撰
清鈔本
新編博物策會十七卷 WS/第30册
(明)戴璟撰
明嘉靖十七年高鳳鳴刻本
雅餘八卷 WS/第30册
(明)羅曰褧輯
日本鈔本
捷用雲箋六卷 WS/第30册
(明)陳繼儒輯
明末刻本
博雅備考二十七卷 WS/第30册
(清)張彥琦撰
清雍正裕昆堂刻本

第四輯

周易述傳十卷 WS/第1册
(清)丁裕彥撰
清道光二十二年家塾刻本
周易經義審七卷首一卷 WS/第1册
(清)盧浙撰
清嘉慶三芝山房刻本
周易介四卷 WS/第1册
(清)單維撰
清嘉慶二十一年半山亭刻本
易解簡要六卷 WS/第2册
(清)張矩撰
清嘉慶二十三年文光堂刻本
周易廓二十四卷 WS/第2册
(清)陳世鎔撰
清咸豐元年獨秀山莊刻本
周易遵述不分卷附周易賸義一卷 WS/第2册
(清)蔣本撰
清道光十年王氏信芳閣刻本
尚書今文二十八篇解不分卷 WS/第3册
(清)楊鍾泰撰
清道光十八年載德堂刻本
尚書因文六卷首一卷末一卷 WS/第3册
(清)武士選撰
清光緒十七年桂垣書局刻本
讀尚書日記不分卷 WS/第3册
(清)余宏淦撰
民國間北京人文科學研究所鈔本
經笥質疑書義原古二卷 WS/第3册
(清)張瓚昭撰
清光緒十一年蘭朋堂刻本
禹貢錐指節要一卷 WS/第3册
(清)汪彥石輯
清咸豐三年家塾刻本
禹貢山水詩九卷 WS/第3册
(清)崔啟晦撰
清同治三年長沙刻本
禹貢釋詁一卷附文集摘刻一卷 WS/第3册
(清)孫喬年撰
清道光五年天心閣刻本
禹貢今釋二卷 WS/第3册
(清)芮日松撰
清道光八年求是齋刻本
禹貢正詮四卷 WS/第3册
(清)姚彥渠撰
清光緒十一年姚丙吉刻本
禹貢古今注通釋六卷 WS/第3册
(清)侯楨撰
清光緒六年侯復曾古杍秋館觀活字本
禹貢章句四卷末一卷 WS/第3册
(清)譚澐撰
清同治九年譚氏家塾刻本
禹貢匯解六卷首一卷 WS/第3册
(清)洪兆雲撰
清光緒二十八年洪良猷刻本
古文尚書冤詞平議二卷 WS/第3册
(清)皮錫瑞撰
清光緒二十二年思賢書局刻本
毛詩說三十卷 WS/第4册
(清)孫燾撰
清嘉慶二十年世德堂孫氏刻本
詩傳考六卷 WS/第4册
(清)陳孚撰
清嘉慶九年堯山刻本
詩經說鈴十二卷 WS/第4册
(清)潘克溥撰
清同治元年書業德記刻本
詩音十五卷 WS/第4册
(清)高澍然撰
清嘉慶十七年活字本
周官參證二卷 WS/第5册
(清)王寶仁撰
清同治十三年舊香居刻本
周禮政要二卷 WS/第5册
(清)孫詒讓撰
清光緒二十八年瑞安普通學堂刻本
周禮三家佚注一卷 WS/第5册
(清)孫詒讓輯
清光緒二十年刻本
周官精義十二卷 WS/第5册
(清)連斗山輯
清道光二十一年刻本
禮記淺說二卷 WS/第5册
(清)皮錫瑞撰
清光緒二十五年刻本
禮記約選六卷 WS/第5册
(清)張官德輯
清光緒七年刻本
月令七十二候詩四卷 WS/第5册
(清)馬國翰撰
清光緒十年繡江李氏刻本
七十二候表一卷 WS/第5册
(清)羅以智撰
清光緒八年海昌羊復禮刻本
春秋左傳彙輯四十卷 WS/第5-6册
(清)吳炳文輯
清乾隆四十八年南麓軒刻本
孟子讀法附記十四卷 WS/第7册
(清)周人麒撰
清乾隆四十九年保積堂刻本
國朝諸老先生孟子精義十四卷 WS/第7册
(清)李日焜輯
清初刻本
朱註發明十九卷 WS/第7册
(清)王掞撰
清康熙五十八年潮濟堂刻本
選雅二十卷 WS/第8册
(清)程先甲撰
清光緒二十八年千一齋刻本
詩韻音義註二十卷 WS/第8册
(清)朱奎撰
清嘉慶八年雨香書屋刻
古今字考六卷 WS/第8册
(明)吕一奏撰
明崇禎間刻本

易堂問目四卷 WS/第9冊
(清)吴鼎撰
清乾隆三十七年鄒容成刻本
十經文字通正書十四卷 WS/第9冊
(清)錢坫撰
清嘉慶二年文章大吉樓刻本
蘇齋筆記四卷 WS/第9冊
(清)翁方綱撰
清宣統二年北洋官報印書局刻本
北海經學七錄八卷 WS/第9冊
(清)孔廣林輯
清乾隆三十九年古俊樓刻本
經學質疑四卷 WS/第9冊
(清)朱霈撰
清嘉慶六年望嶽樓活字
經傳攷證八卷 WS/第9冊
(清)朱彬撰
清道光遊道堂刻本
秋槎雜記一卷 WS/第9冊
(清)劉履恂撰
清道光十九年世德堂刻本
然後知齋答問二十卷 WS/第9冊
(清)梅沖撰
清嘉慶二十一年承學堂
經餕五卷 WS/第10冊
(清)黄釗撰
清道光二十九年潮州菘韭舍刻本
經學提要十五卷 WS/第10冊
(清)蔡孔炘撰
清道光五年刻本
經學質疑錄二十卷 WS/第10冊
(清)秦篤輝撰
清道光六年墨緣館刻本
九經今義二十八卷 WS/第10冊
(清)成本璞撰
清末長沙刻本
十三經西學通義十四卷 WS/第10冊
(清)李元音撰
清光緒間刻本
漢書地理志補注一百三卷 WS/第11冊
(清)吴卓信撰
清道光二十八年包慎言刻本
歷代通鑑纂要九十二卷
WS/第12-13冊
(明)李東陽等撰
清光緒二十三年廣雅書局刻本
欽定平苗紀畧五十二卷首四卷
WS/第14冊
(清)鄂輝等撰
清嘉慶武英殿活字印本
元書一百二卷首一卷 WS/第15冊
(清)曾廉撰
清宣統三年層漪堂刻本
廣陵史稿四卷 WS/第16冊
(清)不著撰者
清鈔本
天津拳匪變亂紀事一卷 WS/第16冊
(清)劉孟揚撰
清鈔本
廿二史言行略四十二卷 WS/第16冊
(清)過元旼輯
清嘉慶四年刻本
韻史二卷補一卷 WS/第16冊
(清)許遯翁撰 朱玉岑補
清咸豐十一年刻本
前漢匈奴表三卷附錄一卷 WS/第16冊
(清)沈惟賢撰
清光緒間刻本
越女表微錄六卷首一卷 WS/第17冊
(清)汪輝祖撰
清乾隆四十五年雙節堂刻本
從政觀法錄三十卷 WS/第17冊
(清)朱方增撰
清道光間刻本
王陽明先生圖譜一卷 WS/第17冊
(明)鄒守益等撰
清鈔本
姓史人物考十五卷首一卷 WS/第17冊
(清)章履仁輯
清乾隆二十年刻本
元和郡縣圖志闕卷逸文三卷
WS/第18冊
(清)繆荃孫輯
清光緒間刻本
今古地理述十八卷首三卷末一卷
WS/第18冊
(清)王子音撰
清光緒三年武寧石湖水月雙清家塾刻本
歷代黄河變遷圖考四卷 WS/第18冊
(清)劉鶚撰
清光緒十九年袖海山房刻本
巡按江西監察御史王萬象題本不分卷
WS/第19冊
(明)王萬象撰
明鈔本
孟忠毅公奏議二卷 WS/第19冊
(清)孟喬芳撰
清刻本
西藏奏疏四卷首一卷附西藏碑文一卷
WS/第19冊
(清)孟保等撰
清道光間刻本
知府須知四卷 WS/第19冊
(清)延昌撰
清鈔本
州縣須知四卷 WS/第19冊
(清)不著撰者
清乾隆五十九年刻本
佐貳須知二卷 WS/第19冊
(清)不著撰者
清鈔本
刑錢必覽十卷錢穀備要十卷
WS/第19冊
(清)王又槐撰
清嘉慶十九年刻本
合例判慶雲集不分卷 WS/第19冊
(清)周夢熊輯
清雍正七年大盛堂等刻本
石鼓文鈔二卷 WS/第20冊
(清)許容撰
清康熙二十七年韞光樓刻本
四史發伏十卷 WS/第20冊
(清)洪亮吉撰
清光緒八年小石山房刻本
鼎刻柱史閣佘侖山先生懼史大書增補經書闡義六卷 WS/第20冊
(清)佘雲祚撰
清康熙赤文堂刻本
史案二十卷首一卷 WS/第20冊
(清)吴裕垂撰
清道光六年大成堂刻本
十國宫詞五卷 WS/第20冊
(清)吴閭撰
清嘉慶間刻本
樹經堂詠史詩八卷 WS/第20冊
(清)謝啟昆撰
清道光五年吳下刻本
榕村語錄續集二十卷 WS/第21冊
(清)李光地撰

清光緒傳氏藏園刻本
蠹言四卷　WS/第 21 冊
（清）李詒經撰
清嘉慶信芳閣活字印本
敦艮齋遺書十七卷　WS/第 21 冊
（清）徐潤第撰
清道光二十七年徐繼畬刻本
薛子條貫篇十三卷續篇十三卷　WS/第 21 冊
（明）薛瑄撰（清）戴楫輯
清光緒十九年廣州府署刻本
綠畦晤言二卷　WS/第 21 冊
（清）王慎餘撰
清光緒二十八年刻本
東遊紀三卷　WS/第 21 冊
（明）方學漸撰
清光緒十四年刻桐城方氏七代遺書本
養一齋劄記九卷　WS/第 21 冊
（清）潘德輿撰
清同治十一年刻本
東林粹語三卷　WS/第 21 冊
（清）凌鳴喈撰
清道光傳經堂刻本
思辨錄疑義一卷　WS/第 21 冊
（清）劉蓉撰
清光緒三年思賢講舍刻本
軍政神機二十卷　WS/第 22 冊
（清）不著撰者
清内府鈔本
中外農學合編十二卷　WS/第 23 冊
（清）楊鞏撰
清光緒三十四年刻本
砦田四局摘要一卷附圖說一卷　WS/第 23 冊
（清）陳儀撰
清道光間刻本
區田編加註一卷　WS/第 23 冊
（清）李廷樟撰
清同治五年涿州署刻本
澤農要錄六卷　WS/第 23 冊
（清）吳邦慶撰
清道光間刻本
蠶桑合編一卷附蠶桑說畧一卷　WS/第 23 冊
（清）何石安（清）魏源撰
清同治十年富文樓刻本
蠶桑簡明輯說一卷　WS/第 23 冊
（清）黃世本撰
清光緒十四年刻本
蠶桑簡易法一卷　WS/第 23 冊
（清）馬丕瑤撰
清光緒三十三年河東道刻本
樹桑養蠶要略一卷　WS/第 23 冊
（清）不著撰者
清光緒十四年蓮池書局刻本
種桑成法一卷　WS/第 23 冊
（清）湯聘珍撰
清光緒間刻本
蠶桑萃編十五卷首一卷　WS/第 23 冊
（清）衛杰撰
清光緒二十六年浙江書局刻本
黃帝内經素問節文註釋十卷　WS/第 24 冊
（明）黃俅撰
明萬曆四十七年瓊芝室刻本
素問釋義十卷　WS/第 24 冊
（清）張琦撰
清道光十年宛鄰書屋刻本
扁鵲脈書難經六卷　WS/第 24 冊
（清）熊慶笏撰
清嘉慶二十二年高桐熊刻本
校刻傷寒圖歌活人指掌五卷　WS/第 25 冊
（元）吳恕撰
明致和堂刻本
課集傷寒世驗精法八卷首一卷修補傷寒金鏡錄辨舌世驗精法一卷　WS/第 25 冊
（明）張吾仁撰
清康熙五年張於喬刻本
傷寒論集註十卷外篇四卷　WS/第 25 冊
（清）徐赤撰
清乾隆十七年蔣棨刻本
傷寒論三註十八卷　WS/第 25 冊
（清）喻昌等撰（清）劉宏璧補刪
清康熙五十二年范時崇刻乾隆五十年二南堂增
中西匯參銅人圖說不分卷　WS/第 25 冊
（清）劉鍾衡撰
清末刻本
古經天象考十二卷附圖說一卷　WS/第 26 冊
（清）雷學淇撰
清道光五年刻本
圜天圖說三卷續編二卷首一卷　WS/第 26 冊
（清）李明徹撰
清嘉慶二十四年松梅軒道光刻本
交食捷算四卷　WS/第 26 冊
（清）黃炳垕撰
清光緒十年胡秉成刻本
日食細草一卷　WS/第 26 冊
（清）方履亨撰
清鈔本
象數簡明錄四卷　WS/第 26 冊
（清）賈世西撰
稿本
古籌算考釋六卷　WS/第 26 冊
（清）勞乃宣撰
清光緒十二年完縣官舍刻本
皇極經世易知八卷首一卷　WS/第 27 冊
（清）何夢瑤撰
清光緒十三年滾雪樓刻本
河圖道原不分卷率性修道論八卷　WS/第 27 冊
（清）朱雲龍撰
清嘉慶二南軒刻本
管蠡匯占十二卷　WS/第 27 冊
（清）周人甲撰
清道光間刻本
奇門旨歸三十八卷　WS/第 27 冊
（清）朱浩文撰
清光緒十九年匯源堂刻本
徽言秘旨不分卷　WS/第 28 冊
（清）尹曄輯
清順治九年聽月樓刻後印本
德音堂琴譜十卷　WS/第 28 冊
（清）汪天榮輯
清康熙六十年有文堂刻本
穎陽琴譜四卷　WS/第 28 冊
（清）李郊撰
清乾隆十八年述德堂刻本
肇論新疏游刃三卷　WS/第 28 冊
（元）釋文才撰
明刻本
子遊眼三藏取經解懺理六卷　WS/第 28 冊
（清）無夢道人撰
清康熙二十二年刻本
淮南鴻烈解二十一卷　WS/第 29 冊
（明）張烒如集評

明末刻本
蜂鬚集三十卷 WS/第29冊
(明)龔安卿撰
明萬曆三十七年戴士衡刻本
信心草四卷 WS/第29冊
(明)莊若華撰
明萬曆間刻本
三岡識畧十卷續識略一卷 WS/第29冊
(清)董含撰
清鈔本
詞林海錯十六卷 WS/第30冊
(明)夏樹芳輯
明萬曆四十六年刻本
四六纂組十卷 WS/第30冊
(清)胡吉豫輯
清康熙間刻本

第五輯

周易用初六卷 WS/第1冊
(清)杜宗嶽撰
清道光二十二年寶孺堂刻本
周易輯說五卷 WS/第1冊
(清)徐通久撰
清道光七年抱真書屋刻本
經笥質疑易義原則六卷首一卷易義附篇四卷首一卷 WS/第1冊
(清)張瓚昭撰
清道光七年蘭朋堂刻本
尚書會解六卷 WS/第2冊
(明)張治具撰
明萬曆間刻本
毛詩復古錄十二卷首一卷 WS/第2冊
(清)吳懋清撰
清光緒二十年廣州刻本
春秋大成題意八卷 WS/第2冊
(明)不著撰者
明鈔本
研經堂春秋事義合註十二卷 WS/第2冊
(清)單鐸撰
清乾隆間刻本
四書說約二十卷 WS/第3冊
(明)顧夢麟撰
明崇禎十三年織簾居刻本
南北史補志十四卷 WS/第4冊
(清)汪士鐸撰
清光緒四年淮南書局刻本
新舊唐書互證二十卷 WS/第4冊
(清)趙紹祖撰
清嘉慶十八年古墨齋刻本
明史例案九卷 WS/第4冊
(清)劉承幹撰
民國四年劉氏嘉業堂刻本
通鑑觸緒十三卷 WS/第4冊
(清)易佩紳撰
清光緒二十年刻本
欽定平定回疆剿捦逆裔方略八十卷首六卷 WS/第5-6冊
(清)曹振鏞等撰
清道光間刻本
明史擬稾六卷 WS/第6冊
(清)尤侗撰
清康熙間刻本
辛壬春秋四十八卷 WS/第6冊
(清)尚秉和撰
民國十三年刻本
越事備考十三卷 WS/第7冊
(清)劉名譽撰
清光緒二十一年桂林刻本
歷代儒學存真錄十卷 WS/第7冊
(清)田俶撰
清咸豐七年晚悔書屋刻本
江北運程四十卷首一卷 WS/第7-8冊
(清)董恂撰
清咸豐間刻本
鹽鐵論攷十二卷 WS/第9冊
(明)金蟠輯
明崇禎間刻本
遜敏錄四卷 WS/第9冊
(清)蘇惇元撰
清同治六年儀宋堂刻本
課子隨筆節鈔六卷續編一卷 WS/第9冊
(清)張師載輯 (清)徐桐續輯
清同治刻本
莧園雜說二卷 WS/第9冊
(清)沈起潛撰
清道光六年於斯堂刻本
探本錄二十三卷 WS/第9冊
(清)雲茂琦撰
清咸豐元年刻本
家言隨記四卷附退齋遺稿一卷 WS/第9冊
(清)王賢儀撰
清同治素風堂刻本
詒謀隨筆二卷 WS/第9冊
(清)但明倫撰
清光緒四年但氏家刻本
女鑑錄四卷臣鑑錄四卷士鑑錄四卷 WS/第9冊
(清)尹會一輯
清嘉慶間刻本
武備水火攻一卷武備地利四卷 WS/第10冊
(明)施永圖撰
清雍正間刻本
慎守編十四卷 WS/第10冊
(清)不著撰者
清鈔本
權制八卷 WS/第10冊
(清)陳澹然撰
清光緒二十六年徐崇立刻本
本草述三十二卷首一卷 WS/第11-12冊
(清)劉若金撰
清嘉慶十五年還讀山房刻本
本草述鉤元三十二卷 WS/第12冊
(清)楊時泰撰
清同治十一年活字本
算迪八卷 WS/第13冊
(清)何夢瑤撰
清道光同治間南海伍氏刻本
地理或問二卷 WS/第13冊
(清)陸應穀撰
清道光二十八年刻本
春樹齋叢說一卷 WS/第13冊
(清)溫葆深撰
清光緒二年自刻本
牌統孚玉四卷 WS/第13冊
(明)鍾離栖筠子撰
明崇禎間刻本
雜毒海八卷 WS/第13冊
(清)釋性音輯
清康熙六十年刻本
佛法金湯編十六卷 WS/第13冊
(明)釋心泰撰
明萬曆二十八年釋如惺刻本
佛祖宗派世譜八卷 WS/第13冊
(清)釋悟進輯
清順治間刻本
南華經七卷首一卷 WS/第14冊
(明)潘基慶集注
明末刻本
康輶紀行十六卷 WS/第14冊

(清)姚瑩撰
清同治刻本
省身集要四卷 WS/第14冊
(明)胡宗洵輯
明萬曆十六年刻本
心簡齋集錄六卷 WS/第14冊
(清)于光華輯
清乾隆三十五年尊聞堂刻本
虛窗手鏡二卷 WS/第14冊
(明)虛中子輯
清鈔本
古唐選屑三十卷 WS/第15冊
(明)李本緯輯
明萬曆四十一年刻本
經濟類考約編二卷 WS/第15冊
(清)顧九錫輯
清康熙間刻本
穀玉類編五十卷 WS/第15冊
(清)汪兆舒輯
清乾隆二十二年汪質資刻本
楚辭五卷九歌圖一卷 WS/第16冊
(明)來欽之述注 (明)陳洪綬繪
明崇禎間刻本
離騷節解一卷附節指一卷本韻一卷正音一卷 WS/第16冊
(清)張德純撰
清康熙讀書松桂林刻本
離騷彙訂不分卷屈子雜文箋略六卷 WS/第16冊
(清)王邦采撰
清康熙六十一年刻本
楚辭韻解八卷 WS/第16冊
(清)邱仰文撰
清乾隆碩松堂刻本
楚詞宗旨八卷 WS/第16冊
(清)不著撰者
清鈔本
桂軒詩集一卷 WS/第17冊
(明)謝常撰
清鈔本
陶情藁六卷 WS/第17冊
(明)易恆撰
清鈔本
聞一齋詩藁不分卷 WS/第17冊
(明)鄭賜撰
明崇禎六年閩縣徐氏鈔本
北軒集十八卷 WS/第17冊
(明)余學夔撰
清乾隆三十四年余沛章刻本
宮詹遺藁三卷外編三卷 WS/第17冊
(明)李齡撰
明萬曆二十七年李一軒刻本
楊文懿公文集三十卷 WS/第17冊
(明)楊守陳撰
明弘治十二年楊茂仁刻本
古學齋文集十卷 WS/第17冊
(明)王演疇撰
明萬曆四十七年刻本
藍司寇公勞山遺稿一卷 WS/第18冊
(明)藍章撰
清雍正間刻本
五清集十九卷策問附錄一卷 WS/第18冊
(明)劉瑞撰
明刻本
蒼谷全集十二卷附錄一卷 WS/第18冊
(明)王尚絅撰
清乾隆二十三年王純密刻本
孫石臺先生遺集二卷附錄二卷 WS/第18冊
(明)孫揚撰
清乾隆四十四年盧衍仁刻本
長春競辰藁十三卷餘藁三卷 WS/第18冊
(明)朱讓栩撰
明嘉靖二十八年蜀藩刻本
劉西陂集四卷 WS/第18冊
(明)劉儲秀撰
明嘉靖三十年傅鳳翱刻本
遲菴先生集八卷詩集四卷 WS/第19冊
(明)王臬撰
明刻本
胡蒙谿文集四卷續集六卷附錄一卷 WS/第19冊
(明)胡侍撰
明嘉靖間刻本
趙氏家藏集八卷 WS/第19冊
(明)趙文華撰
清鈔本
重刻月川類草十卷 WS/第19冊
(明)夏浚撰
清活字印會稽夏氏宗譜本
郭文簡公文集六卷 WS/第19冊
(明)郭朴撰
清康熙十三年思齊軒刻本
周忠愍先生文集二卷 WS/第19冊
(明)周天佐撰
清嘉慶二十年周學曾刻本
楓潭集鈔二卷 WS/第19冊
(明)萬虞愷撰
明嘉靖間刻本
洪芳洲先生歸田稿三卷奏疏一卷讀禮稿六卷 WS/第19冊
(明)洪朝選撰
明刻本
大隱樓集十七卷 WS/第19冊
(明)方逢時撰
清乾隆四十二年滋元堂刻本
心遠樓存稿八卷 WS/第20冊
(明)楊琢撰
清康熙三十九年楊湄等刻本
正氣堂集十七卷近稿一卷餘集四卷續集七卷首一卷鎮閩議稿一卷 WS/第20冊
(明)俞大猷撰
清道光孫雲鴻味古書室刻本
趨庭集六卷 WS/第20冊
(明)胡安撰
明隆慶二年邊維垣等刻本
譚襄敏公遺集三卷首一卷末一卷 WS/第20冊
(明)譚綸撰
清嘉慶二十四年鄒庭芳刻本
林居集不分卷 WS/第20冊
(明)惲紹芳撰
清鈔本
慎修堂集二十卷 WS/第21冊
(明)亢思謙撰
明萬曆詹思虞刻本
重刻叔祖錦泉先生文集五卷 WS/第21冊
(明)傅夏器撰
明萬曆間刻本
紹易詩集二卷附錄一卷 WS/第21冊
(明)朱載墣撰
明直敬堂刻本
陂門山人集八卷 WS/第21冊
(明)馮惟健撰
明宋氏鈔本
籐谿詩一卷記一卷附籐谿寄贈一卷 WS/第21冊

(明)孫柚撰
清鈔本
艾熙亭先生文集十卷 WS/第21冊
(明)艾穆撰
明萬曆間刻本
欒城藁六卷 WS/第22冊
(明)周復元撰
明萬曆間刻本
黄髮翁全集四卷戲筆一卷首一卷末一卷 WS/第22冊
(明)畢木撰
清嘉慶十三年畢豐增等刻本
鶴鳴集二十七卷 WS/第22冊
(明)劉伯燮撰
明萬曆十四年鄭懋洵刻本
周南太史王公遺集一卷 WS/第22冊
(明)王守誠撰
清雍正十二年王廷琮刻
董司寇文集二十卷 WS/第22冊
(明)董裕撰
清雍正十三年宸翰閣刻本
師竹堂集三十七卷目錄二卷 WS/第23冊
(明)王祖嫡撰
明天啟間刻本
青蓮閣集十卷 WS/第23冊
(明)李言恭撰
明萬曆十八年刻本
費太史市隱園集選二十四卷 WS/第23冊
(明)費尚伊撰 (明)劉若宰輯
明崇禎間刻本
羣玉山房文集七卷疏草二卷 WS/第24冊
(明)許弘綱撰
清康熙百城樓刻本
芝園稿二十八卷目錄二卷 WS/第24冊
(明)趙世顯撰
明萬曆間刻本
公餘草就三卷 WS/第24冊
(明)汪可進撰
明萬曆二十四年淑艾堂刻本
冰玉堂詩草一卷 WS/第24冊
(明)王永光撰
明末刻本
留夷館集四卷 WS/第24冊
(明)鄧渼撰
明萬曆間刻本
王諫議全集六卷附錄一卷 WS/第25冊
(明)王元翰撰
清嘉慶五年王文煥刻本
梅中丞遺稿八卷附西州淚一卷 WS/第25冊
(明)梅之煥撰
清順治衛貞元刻本
丁文遠集二十卷外集八卷 WS/第25冊
(明)丁紹軾撰
明天啟間刻本
林下吟三卷篋餘集一卷 WS/第25冊
(明)王琨撰
明崇禎間刻本
摩麟近詩九卷 WS/第26冊
(明)徐明彬撰
明崇禎建陽書坊刻本
萍居集四卷 WS/第26冊
(明)李為稷撰
清康熙李方晟等刻本
蔡忠烈公遺集一卷首一卷續編二卷 WS/第26冊
(明)蔡道憲撰 (清)鄧顯鶴輯
清道光十六年鄧顯鶴刻本
內方先生集八卷附鈔一卷 WS/第26冊
(明)童承敘撰
民國十二年沔陽盧氏慎始基齋刻本
寒石先生文集三卷 WS/第26冊
(明)理喦和撰
民國二十四年蔡晉鏞鈔本
在懲錄一卷 WS/第26冊
(明)陸完撰
舊鈔本
西溪先生文集十卷 WS/第26冊
(清)沈嘉客撰
清康熙三十九年沈寅清刻本
復菴刪詩舊集八卷 WS/第26冊
(清)孫錫蕃撰
清康熙麓樵居刻本
縮齋文集不分卷 WS/第26冊
(清)黄宗會撰
清鈔本
不視草一卷 WS/第26冊
(清)高璪撰
清鈔本
青巖集十二卷 WS/第27冊
(清)許楚撰
清康熙五十四年許象縉刻本
四照堂文集五卷詩集二卷 WS/第27冊
(清)王猷定撰
清康熙二十二年王□刻本
柘溪集一卷 WS/第27冊
(清)喬邁撰
清鈔本
顣頷集八卷 WS/第27冊
(清)吳騏撰
清康熙間刻本
南郇詩藁二十四卷 WS/第27冊
(清)潘高撰
清康熙鶴江草堂刻本
翠岩偶集六卷 WS/第27冊
(清)李雍熙撰
清康熙湛恩堂刻本
爰始樓詩刪八卷 WS/第27冊
(清)陸弘定撰
清順治間刻本
說安堂集八卷 WS/第27冊
(清)盧震撰
清康熙間刻本
蒼峴山人文集六卷 WS/第28冊
(清)秦松齡撰
清嘉慶二年秦瀛刻本
蒼峴山人集五卷微雲集一卷 WS/第28冊
(清)秦松齡撰
清嘉慶四年秦瀛刻本
出門吟一卷悔齋詩集一卷又新集一卷怡老篇一卷集外錄一卷 WS/第28冊
(清)李贊元撰
清康熙師白堂刻彙印本
晳次齋稿十二卷 WS/第28冊
(清)梁熙撰
清康熙間刻本
望古齋集十二卷 WS/第28冊
(清)李繼白撰
清順治間刻本
但吟草八卷附恭紀詩一卷 WS/第29冊
(清)蕭惟豫撰
清康熙五十年刻本
清風堂文集二十三卷 WS/第29冊
(清)曾王孫撰
清康熙四十五年曾安世刻本
栩栩園詩十二卷 WS/第29冊
(清)屠粹忠撰

清康熙間刻本
孝思堂文集一卷詩集一卷聯集一卷 WS/第29冊
(清)侯七乘撰
清康熙九年刻本
馬太史匡菴前集六卷馬太史匡菴集六卷 WS/第29冊
(清)馬世俊撰
清康熙間刻本
平圃遺稾十四卷使粵艸八卷 WS/第29冊
(清)張宸撰
五石齋鈔本
布水臺集三十二卷 WS/第30冊
(清)釋道忞撰
清康熙間刻本
有懷堂筆八卷 WS/第30冊
(清)王永命撰
清康熙間刻本
泊齋別錄不分卷 WS/第30冊
(清)獨孤微生撰
清鈔本
偶更堂文集二卷詩稿二卷 WS/第30冊
(清)徐作肅撰
清傳盛社刻本
鐵堂詩草二卷 WS/第30冊
(清)許珌撰
清乾隆五十五年蘭山書院刻本
藤塢詩集九卷 WS/第30冊
(清)梁允植撰
清康熙間刻本
馴鶴軒詩選一卷 WS/第30冊
(清)趙端撰 (清)顧有孝輯
清康熙間刻本
得閒人集二卷 WS/第30冊
(清)孫望雅撰
清康熙間刻本

第六輯

周易指三十八卷周易圖五卷易斷辭一卷周易上下經一卷 WS/第1冊
(清)端木國瑚撰
清道光間刻本
讀易叢記二卷 WS/第1冊
(清)葉名澧撰
清同治五年刻本
大易觀玩錄四卷 WS/第1冊
(清)胡澤順撰
民國九年胡樹棠重刻本
尚書古注便讀四卷 WS/第2冊
(清)朱駿聲撰
民國二十四年華西國學叢書活字印本
尚書後案駁正二卷 WS/第2冊
(清)王劼撰
清咸豐十一年刻本
詩義旁通十二卷 WS/第2冊
(清)李允升撰
清咸豐二年易簡堂刻本
毛詩讀三十卷 WS/第2冊
(清)王劼撰
清咸豐間刻本
左傳集要十二卷 WS/第2冊
(明)閔遠慶撰
明萬曆間刻本
春秋貫玉四卷世系一卷 WS/第3冊
(明)顏鯨撰
明萬曆三十三年刻本
孝經集注述疏一卷附讀書堂答問一卷 WS/第3冊
(清)簡朝亮撰
民國間刻本
四書說五卷 WS/第3冊
(明)辛全撰
清彙印本
駁呂留良四書講義七卷 WS/第3冊
(清)朱軾等撰
清雍正十一年刻本
字林經策萃華八卷 WS/第4冊
(清)墨莊氏撰
清道光二十六年藝林山房刻本
說文字原集註十六卷表說一卷表一卷 WS/第4冊
(清)蔣和撰
清乾隆五十三年刻本
經義圖說八卷 WS/第4冊
(清)吳寶謨撰
清嘉慶二十四年陳逢衡刻本
史記訂補八卷 WS/第5冊
(清)李笠撰
民國十三年瑞安李氏刻本
望雲寄廬讀史記臆說五卷 WS/第5冊
(清)楊琪光撰
清光緒十年刻本
熊氏後漢書年表校補五卷附補遺一卷 WS/第5冊
(清)諸以敦撰
清嘉慶間刻本
三國郡縣表八卷 WS/第5冊
(清)吳增僅撰
清光緒活字本
三國志辨微二卷續三卷附雜詠一卷 WS/第5冊
(清)尚鎔撰
清嘉慶間刻本
潛菴先生擬明史稿二十卷 WS/第5冊
(清)湯斌撰
清康熙二十七年刻後印本
明紀六十卷 WS/第6-7冊
(清)陳鶴撰
清同治十年江蘇書局刻本
豫軍紀略十二卷 WS/第7冊
(清)尹耕雲等撰
清同治十一年刻本
湖南褒忠錄初稾四卷 WS/第7冊
(清)不著撰者
清同治活字印本
舊史内篇八卷 WS/第7冊
(清)楊世猷撰
清光緒二十八年自刻本
晉乘蒐略三十二卷 WS/第8-9冊
(清)康基田撰
清嘉慶十六年霞蔭堂刻本
南漢春秋十三卷 WS/第10冊
(清)劉應麟撰
清道光七年含章書屋刻本
新斠注地里志十六卷 WS/第10冊
(清)錢坫撰 (清)徐松集釋
清同治十三年刻本
逍遙山萬壽宮志二十二卷 WS/第10冊
(清)金桂馨 (清)漆逢源撰
清光緒四年江右鐵柱宮刻本
水經注圖一卷附錄一卷 WS/第10冊
(清)汪士鐸撰
清咸豐十一年刻本
課歸地丁全案四卷 WS/第11冊
(清)蔣兆奎撰
清乾隆五十八年刻本
古今錢略三十二卷首一卷末一卷 WS/第11冊
(清)倪模撰
清光緒五年倪文蔚刻本
荀子補注二卷 WS/第12冊

(清)郝懿行撰
清嘉慶光緒間刻郝氏遺書本
理學邇言二卷 WS/第12冊
(明)李修吉撰
清馬嗣煜刻本
孟子外書集證五卷 WS/第12冊
(清)施彥士撰
清道光十年孟繼烺刻本
金華理學粹編十卷 WS/第12冊
(清)戴殿江輯
清光緒十五年刻本
衛道編二卷 WS/第12冊
(清)劉紹攽輯
清光緒九年津河廣仁堂刻本
弟子職箋釋一卷 WS/第12冊
(清)洪亮吉撰
清光緒三年授經堂刻本
弟子職集解一卷附句讀一卷考證一卷補音一卷 WS/第12冊
(清)莊述祖撰(清)黄彭年撰附
清光緒十四年江蘇書局刻本
先正讀書訣一卷 WS/第12冊
(清)周永年撰
清光緒二十一年嚴修刻本
大意尊聞三卷附錄一卷 WS/第12冊
(清)方東樹撰
清同治五年刻本
見羅先生斅學錄要十卷 WS/第12冊
(明)李材撰
民國十二年刻本
占畢叢談六卷附勸學巵言一卷時文蠡測一卷 WS/第12冊
(清)袁守定撰
清光緒十二年刻本
淺近錄八卷 WS/第12冊
(清)張鑑撰
清同治八年東周慎思堂刻本
恥言二卷 WS/第12冊
(明)徐禎稷撰
清光緒三十二年南扶山房刻本
練兵節要四卷 WS/第13冊
(明)李自蕃撰
明天啟三年薛登瀛刻本
講武全書兵占二十七卷 WS/第13冊
(明)不著輯者
明崇禎修德堂刻本
傷寒指歸六卷 WS/第14冊
(清)戈頌平撰
舊鈔本
脈會辨一卷 WS/第14冊
(清)莫熺撰
清順治間刻本
本草匯十八卷源流一卷補遺一卷 WS/第14冊
(清)郭佩蘭撰
清康熙五年郭氏梅花嶼刻本
藥要便蒙新編二卷 WS/第14冊
(清)談鴻鋆輯
清光緒十八年龍光齋刻本
馮氏錦囊秘錄雜症大小合參二十卷首二卷痘疹全集十五卷雜症痘疹藥性主治合參十二卷首一卷 WS/第15–16冊
(清)馮兆張撰
清康熙四十一年刻本
沈氏尊生書傷寒論綱目十六卷首二卷幼科釋謎六卷要藥分劑十卷 WS/第16冊
(清)沈金鰲輯
清乾隆四十九年奇豐額刻本
天文算學纂要二十卷首一卷附國朝萬年書二卷推測易知四卷 WS/第17–18冊
(清)陳松撰
清光緒十三年樹德堂刻本
易林元籥十測不分卷 WS/第18冊
(明)盛如林撰
舊鈔本
地理精蘊圖書集成六卷 WS/第18冊
(清)豐烈撰
稿本
字觽補六卷 WS/第18冊
(清)桑霨直撰
清光緒十七年小娜□書庫刻本
譯古含奇三卷 WS/第18冊
(清)楊翼亮撰
清光緒十三年杭州三元坊小酉堂書坊刻本
研露樓琴譜四卷首一卷 WS/第19冊
(清)王受白撰(清)崔應階輯
清乾隆三十一年張松孫刻本
御錄宗鏡大綱二十卷 WS/第19冊
(清)釋永明撰
清雍正十二年內府刻本
筆懺四卷 WS/第19冊
(清)王辰輯
清順治六年刻本
老子道德經訂注二卷 WS/第19冊
(清)黄文蓮撰
清乾隆五十二年刻本
道德經集義二卷 WS/第19冊
(明)周如砥撰
明崇禎九年周爌周熠刻本
屏史前卷十七卷後卷四卷 WS/第19冊
(明)鄧士亮撰
明崇禎八年刻本
玄覽八卷 WS/第19冊
(明)朱謀㙔撰
明萬曆間刻本
所見偶鈔二十卷 WS/第19冊
(清)朱之楝輯
清鈔本
古玩正宗秘論不分卷 WS/第20冊
(清)石華撰
清稿本
清真指南十卷 WS/第20冊
(清)馬注撰
清同治九年寶真堂刻本
駛粟暇筆四卷 WS/第20冊
(明)鄭奎光輯
明崇禎間刻本
遣睡雜言八卷 WS/第20冊
(清)黄凱鈞撰
清嘉慶二十年友漁齋刻本
適菴韻對四卷 WS/第20冊
(明)不著輯者
明嘉靖間刻本
離騷九歌釋一卷 WS/第21冊
(清)畢大琛撰
清光緒間刻本
孟龍川文集二十卷 WS/第21冊
(明)孟思撰
明萬曆十七年金繼震刻本
左華丙子集十卷 WS/第21冊
(明)張光孝撰
明刻本
四素山房集十九卷皇華集二卷 WS/第21冊
(明)劉鴻訓撰
明崇禎刻清雍正印本
清白堂稿十七卷 WS/第22冊

(明)蔡獻臣撰
明崇禎間刻本
鄭中丞公益樓集四卷 WS/第22冊
(明)鄭二陽撰
清康熙世德堂刻本
問石先生語語二卷 WS/第22冊
(明)詹軫光撰
明崇禎汪本靜刻本
原圃集一卷塞庵詩一續一卷二續一卷三續一卷 WS/第23冊
(明)張民表撰
清順治周亮工等刻本
石丈齋集四卷首一卷 WS/第23冊
(明)葛應秋撰
清刻本
秋谷集二卷 WS/第23冊
(明)崔世召撰
明崇禎間刻本
俞少卿集四卷 WS/第23冊
(明)俞彥撰
明崇禎間刻本
紫栢老人集十五卷首一卷 WS/第23冊
(明)釋真可撰
明天啟七年釋三炬刻本
菉竹軒草二卷 WS/第23冊
(明)樊學曾撰
明萬曆間刻本
水西全集十卷 WS/第24冊
(明)李培撰
明天啟元年刻本
梅季豹居諸集八卷 WS/第24冊
(明)梅守箕撰
明萬曆間刻本
梅季豹居諸二集十四卷 WS/第24冊
(明)梅守箕撰
明崇禎十五年楊昌祚等刻本
江汝社稿九卷 WS/第24冊
(明)耿汝愚撰
明萬曆四十六年耿汝忞刻本
白雲巢集二十四卷 WS/第25冊
(明)邢大道撰
明萬曆四十五年刻補修本
研寶齋遺藁十二卷 WS/第25冊
(明)劉世教撰
明天啟六年劉祖鐸等刻本
落玄軒集選十二卷 WS/第25冊
(明)程于古撰
明天啟三年郭起鳳刻本
天爵堂文集十九卷 WS/第25冊
(明)薛岡撰
明崇禎間刻本
西墅草堂遺集五卷 WS/第25冊
(明)吳沛撰
清康熙十二年吳國對刻本
心月軒稿十七卷 WS/第26冊
(明)鄧士亮撰
明末刻本
賜誠堂文集十六卷附錄一卷 WS/第26冊
(明)管紹寧撰
清道光十一年讀雪山房刻本
莊管集一卷七幅菴集一卷唖心集一卷步天集一卷英雄失路集一卷拔劍集一卷笠篌集一卷藏樓集一卷鴛鴦迴紋詩一卷 WS/第26冊
(明)傅汝舟撰
明末刻本
金忠節公文集八卷 WS/第26冊
(明)金鉉撰
清初刻本
蘿石山房文鈔四卷首一卷 WS/第26冊
(明)左懋第撰
清乾隆四十六年左堯勲刻本
左忠貞公剩藁四卷 WS/第26冊
(明)左懋第撰
清乾隆五十八年左彤九刻本
居易堂詩集一卷 WS/第26冊
(明)林垐撰
明崇禎十七年刻本
宛在堂文集三十四卷 WS/第27冊
(明)郭之奇撰
明崇禎間刻本
虹暎堂詩集十四卷 WS/第27冊
(明)郭濬撰
清順治間刻本
大愚老人遺集二卷補一卷 WS/第27冊
(明)黃毓祺撰
清鈔本
擬寒山詩一卷 WS/第27冊
(明)張守約撰
明刻本
核菴集二卷詩餘一卷 WS/第27冊
(明)徐爾鉉撰
明崇禎二年刻本
蕭林初集八卷 WS/第28冊
(明)錢棻撰
明崇禎間刻本
江止庵遺集八卷首一卷 WS/第28冊
(明)江天一撰
清康熙祭書草堂刻本
晚聞堂集十六卷 WS/第28冊
(明)余紹祉撰
清道光十七年單士修刻本
過宜言八卷 WS/第28冊
(明)華夏撰
清鈔本
李小有詩紀十一卷葭園唱和一卷牧懷詩紀五卷媚獨齋詩集八卷 WS/第29冊
(明)李盤撰
清初刻本
王無瑕先生詩集五卷文集三卷 WS/第29冊
(明)王璞撰
清王揚宗王振宗刻本
垂楊館集十一卷 WS/第29冊
(明)郭孔建撰
清光緒七年郭子仁刻本
劉忠宣公遺集九卷附年譜二卷 WS/第29冊
(明)劉大夏撰
清光緒元年劉乙燃刻本
張忠敏公遺集十卷首一卷附錄六卷 WS/第29冊
(明)張國維撰
清咸豐間刻本
月鹿堂文集八卷 WS/第30冊
(明)張師繹撰
清道光六年蝶花樓刻本
逆旅集二十卷奏議四卷 WS/第30冊
(明)焦源溥撰
清道光十九年宏道書院刻本
雙崖文集四卷首一卷末一卷附錄一卷 WS/第30冊
(明)周忱撰
清光緒四年山前崇恩堂刻本
姑蘇新刻彤管遺編二十卷 WS/第30冊
(明)酈琥輯
明隆慶元年刻補修本
詩法醒言十卷 WS/第30冊
(清)張潛等輯
清乾隆間刻本

第七輯

周易通義十六卷 WS/第1册
(清)邊廷英撰
清道光十六年刻本
春秋左傳釋附二十七卷 WS/第1册
(明)黄洪憲輯
明刻本
鄉黨考不分卷 WS/第1册
(清)黄守僻撰
清乾隆四十二年漱經堂刻本
諸繼明析理編八卷 WS/第2册
(明)諸萬里撰
明萬曆間刻本
四書廣註三十六卷 WS/第2册
(清)張謙宜輯
清康熙間刻本
五經衷要七十二卷 WS/第3-4册
(清)李式穀撰
清道光十年南海葉氏風滿樓刻本
遼史地理志考五卷 WS/第4册
(清)李慎儒撰
清光緒二十八年刻本
平浙紀略十六卷 WS/第4册
(清)秦緗業(清)陳鍾英輯
清同治十二年浙江書局刻本
霆軍紀略十六卷 WS/第4册
(清)陳昌撰
清光緒八年刻本
廿一史四譜五十四卷 WS/第5册
(清)沈炳震撰
清同治十年武林吳氏清來堂刻本
續行水金鑒一百五十六卷圖一卷 WS/第6-8册
(清)黎世序(清)潘錫恩撰
清道光十二年刻本
重濬江南水利全書八十四卷總圖一卷 WS/第9-10册
(清)陳鑾等撰
清道光二十一年刻本
責志約言四卷附子潔雜著一卷 WS/第11册
(清)王滌心撰
清咸豐五年慎修堂刻本
翊翊齋筆記二卷文鈔一卷詩鈔一卷首一卷附錄一卷 WS/第11册
(清)馬翩飛撰
清道光十八年刻本
讀書劄記二卷 WS/第11册
(清)孫希朱撰
清道光間刻本
嘐嘐言六卷 WS/第11册
(清)郭柏蔭撰
民國間郭則澐刻本
讀書記疑四卷 WS/第11册
(清)張諧之撰
清光緒二十二年刻為己精舍刻本
阮氏筆訓六卷 WS/第11册
(清)阮應韶撰
清同治七年職思堂刻本
爻山筆話十四卷 WS/第11册
(清)蘇時學撰
清同治三年五羊城味經
濼源問答十二卷 WS/第11册
(清)沈可培撰
清嘉慶二十年雪浪齋刻
經訓比義三卷 WS/第11册
(清)黄以周撰
清光緒二十二年南菁講舍刻本
防守集成十六卷 WS/第12册
(清)朱璐撰
清咸豐三年凫山又一村刻本
祥刑經解五卷 WS/第12册
(清)汪泩撰
清嘉慶三年刻本
農學纂要四卷 WS/第12册
(清)陳恢吾撰
清光緒二十八年刻本
神農本經會通十卷 WS/第12册
(明)滕弘輯
明萬曆四十四年滕萬裏刻本
考訂河洛理數便覽不分卷 WS/第13册
(清)紀大奎撰
清鈔本
如來香十四卷 WS/第13册
(清)唐時輯
清康熙孫丕璨刻本
續指月錄二十卷首一卷附尊宿集一卷 WS/第14册
(清)聶先輯
清光緒十二年金陵刻經經處刻本
閒書六卷 WS/第14册
(清)程作舟撰
清康熙尃園刻本
菉堂節錄二十卷 WS/第14册
(清)徐時作撰
清乾隆三十年崇本堂刻本
續樸麗子二卷 WS/第14册
(清)馬時芳撰(清)孫道恕注
清光緒二十一年王樹森刻本
三餘雜志八卷辨誣二卷 WS/第15册
(清)張定鋆輯
清道光二十九年刻本
問奇類林三十五卷續三十卷 WS/第15册
(明)郭良翰輯
明萬曆三十七年黄吉士刻本
屈子貫五卷 WS/第16册
(清)張詩撰
清嘉慶三年瞜城萬春堂刻本
希董先生集二卷首一卷 WS/第16册
(明)茅大方撰
清道光十五年泰興尊經閣刻本
掩關集二卷 WS/第16册
(明)劉繼善撰
清道光十九年世德堂刻本
葛中翰遺集十二卷首一卷 WS/第16册
(明)葛麟撰
清光緒十六年敦本堂刻本
絡緯吟十二卷 WS/第16册
(明)徐媛撰
明末鈔本
毅齋查先生闡道集十卷末一卷 WS/第16册
(明)查鐸撰
清光緒十六年涇川查氏刻本
朱太史吳越遊草一卷峪園近草一卷排青樓詩一卷賦一卷硯廬詩一卷 WS/第16册
(清)朱之俊撰
明末至清初刻清彙印本
豹陵集二十六卷 WS/第17册
(清)梁雲構撰
清順治十八年梁羽明刻本
曹司馬集六卷 WS/第18册
(清)曹燁撰
清康熙三十二年刻本
定園文集一卷 WS/第18册
(清)戴明說撰
清康熙平山在東閣刻本
載石堂尺牘一卷柴雪年譜一卷 WS/第18册

(清)宋之繩撰
清康熙十八年周肇刻本
與袁堂文集四卷 WS/第18冊
(清)陳殿桂撰
清刻本
姚端恪公文集十八卷詩集十二卷外集十八卷末一卷 WS/第18冊
(清)姚文然撰
清康熙二十二年姚士鏻刻本
留素堂詩刪十三卷 WS/第19冊
(清)蔣薰撰
清康熙間刻本
香山草堂集七卷詩集一卷 WS/第19冊
(清)劉友光撰
清康熙間刻本
李介節先生全集十二卷首一卷末一卷 WS/第19冊
(清)李天植撰
清嘉慶十九年錢椒刻本
夢澤堂文集四卷詩集三卷濱江唱酬詩一卷 WS/第19冊
(清)黃師憲撰
清刻本
大茂山房合藁六卷 WS/第19冊
(清)宋起鳳撰
清康熙間刻本
威鳳堂文集八卷 WS/第20冊
(清)陸圻撰
清康熙間刻本
擊鐵集十卷 WS/第20冊
(清)薛敬孟撰
清康熙十年刻本
湖上編二卷白下編二卷蓬宅編二卷衰晚編二卷 WS/第20冊
(清)張遂辰撰
清康熙刻鈔配本
祇欠庵集八卷 WS/第20冊
(清)吳蕃昌撰
清嘉慶二十五年刻本
南山堂自訂詩十卷續訂詩五卷三訂詩四卷 WS/第20冊
(清)吳景旭撰
清康熙間刻本
南邨詩藁乙集八卷 WS/第20冊
(清)潘高撰
清康熙鶴江草堂刻本
旅堂詩文集二卷 WS/第20冊
(清)胡介撰
清康熙間刻本
嚴白雲詩集二十七卷 WS/第21冊
(清)嚴熊撰
清乾隆十九年嚴有禧刻本
中郇逸稾二卷 WS/第21冊
(清)余思復撰
清康熙余士樸刻本
撫江集十五卷 WS/第21冊
(清)蔡士英撰
清順治間刻本
陶庵漫興一卷 WS/第21冊
(清)李浹撰
清順治間刻本
學易菴詩集八卷 WS/第21冊
(清)趙賓撰
清康熙二十四年劉植等刻本
灤函十卷 WS/第21冊
(清)葉承宗撰
清順治十七年葉承祧友聲堂刻本
蛻疣集不分卷 WS/第22冊
(清)賀裳撰
清初鶱槳閣刻本
愛日堂文集八卷詩集二卷外集一卷 WS/第22冊
(清)孫宗彝撰
清乾隆三十五年孫仝邵刻本
林屋詩集九卷 WS/第22冊
(清)鄧旭撰
清道光三年鄧廷楨刻本
湄湖吟十一卷聽松軒遺文一卷 WS/第22冊
(清)杜濬撰
清康熙刻道光九年杜堮增刻本
四照堂詩集十一卷樂府二卷詩餘一卷時曲一卷 WS/第22冊
(清)盧紘撰
清康熙汲古閣刻本
中山集詩鈔六卷 WS/第23冊
(清)郝浴撰
清康熙間刻本
嘯雪菴詩集一卷題咏一卷新集一卷題咏二集一卷 WS/第23冊
(清)吳綃撰
清初刻民國間鈔配本
真山人後集文二卷詩二卷 WS/第23冊
(清)李昌祚撰
清康熙七年周有德大業堂刻本
瀆梘堂近詩一卷燕南日征草一卷落花詩一卷瀆梘堂集唐一卷 WS/第23冊
(清)傅扆撰
清順治間刻本
約齋文集四卷 WS/第23冊
(清)馮雲驤撰
清順治間刻本
水西近詠十卷紅鶴軒詩草二卷水西高逸咏一卷南帆唱和詩一卷 WS/第23冊
(清)田茂遇撰
清順治間刻本
黃雪瀑集不分卷 WS/第23冊
(清)黃中撰
清康熙泳古堂刻本
調運齋詩一卷和陶詩一卷調運齋文鈔不分卷調運齋集不分卷 WS/第23冊
(清)錢陸燦撰
清康熙間刻本
大愚集二十七卷諸同人尺牘一卷 WS/第24冊
(清)王鑨撰
清康熙四年王允明刻本
古調堂初集六卷 WS/第24冊
(清)馬之驦撰
清順治古調堂刻本
天瓢文鈔一卷 WS/第24冊
(清)吳風翔撰
清雍正四年吳昌刻本
正誼堂文集不分卷詩集二十卷 WS/第24冊
(清)董以寧撰
清康熙書林蘭蓀堂刻本
陸吳州集不分卷 WS/第24冊
(清)陸舜撰
清雙虹堂刻本
雪作鬚眉詩鈔八卷 WS/第24冊
(清)劉謙吉撰
清康熙間刻本
虛直堂文集二十四卷首一卷 WS/第25冊
(清)劉榛撰
清康熙刻補修本
六松堂集十四卷 WS/第25冊
(清)曾燦撰
清鈔本
廉立堂文集十二卷附一卷 WS/第25冊

（清）衛既齊撰
清乾隆間刻本
儲遯菴文集十二卷附錄一卷 WS/第 26 冊
（清）儲方慶撰
清康熙四十年儲右文等刻本
鳳池園詩集八卷文集八卷 WS/第 26 冊
（清）顧汧撰
清康熙間刻本
金臺集二卷 WS/第 26 冊
（清）許承宣撰
清康熙衣德堂刻本
清吟堂集九卷附神功聖德詩一卷皇帝親平漠北頌一卷恭奏漠北蕩平凱歌一卷 WS/第 26 冊
（清）高士奇撰
清康熙間刻本
城北集八卷 WS/第 26 冊
（清）高士奇撰
清康熙間刻本
苑西集十二卷 WS/第 26 冊
（清）高士奇撰
清康熙間刻本
獨旦集八卷 WS/第 26 冊
（清）高士奇撰
清康熙間刻本
霽軒詩鈔五卷 WS/第 27 冊
（清）袁佑撰
清康熙五十六年陸師等刻本
桂山堂文選十二卷 WS/第 27 冊
（清）王嗣槐撰
清康熙青筠閣刻本
樂志堂詩集四卷 WS/第 28 冊
（清）李明嶅撰
清康熙李宗渭刻本
思居堂集十三卷首一卷 WS/第 28 冊
（清）喬于泂撰
清乾隆二十一年喬序□刻本
徵緯堂詩二卷 WS/第 28 冊
（清）顧貞觀撰
清鈔本
窺園稿六卷 WS/第 28 冊
（清）賀振能撰
清康熙間刻本
海陽紀略二卷 WS/第 28 冊
（清）廖騰煃撰
清康熙浴雲樓刻本
似齋詩存六卷 WS/第 28 冊
（清）王廷燦撰
清刻本
杞田集十四卷 WS/第 28 冊
（清）張貞撰
清康熙四十九年春岑閣刻本
茗齋百花詩二卷 WS/第 29 冊
（清）彭孫貽撰
清康熙彭騫曾刻本
傳恭堂詩集五卷 WS/第 29 冊
（清）張廷瓚撰
清康熙間刻本
世經堂初集三十卷 WS/第 29 冊
（清）徐旭旦撰
清康熙間刻本
梅谿文集六卷 WS/第 29 冊
（清）方都秦撰
清乾隆十五年方汝翼刻本
許子詩存一卷文存一卷 WS/第 29 冊
（清）許濬撰
清康熙間刻本
晴江閣集三十卷 WS/第 30 冊
（清）何絜撰
清康熙刻增修本
戇叟詩鈔四卷 WS/第 30 冊
（清）紀映鍾撰
清長嘯軒鈔本
綰秀園詩選一卷詞選一卷 WS/第 30 冊
（清）杜首昌撰
清乾隆間刻本
同館試律彙鈔二十四卷 WS/第 30 冊
（清）法式善等輯
清乾隆間刻本
詩評密諦四卷 WS/第 30 冊
（明）王良臣輯
明天啟間刻本

第八輯

周易舊注十二卷 WS/第 1 冊
（清）徐鼒撰
清光緒十二年徐承祖日本刻本
周易明報三卷首一卷末一卷 WS/第 1 冊
（清）陳懋侯撰
清光緒八年刻本
毛詩補正二十五卷 WS/第 1 冊
（清）龍起濤撰
清光緒二十五年刻鵠軒刻本
左傳淺說二卷 WS/第 2 冊
（清）皮錫瑞撰
清光緒二十五年刻本
春秋簡融四卷 WS/第 2 冊
（清）胡序撰
清乾隆五十六年兩齋活字印本
春秋繁露十七卷附錄一卷 WS/第 2 冊
（清）董天工箋注
清乾隆二十六年觀光樓刻本
春秋鑽燧四卷 WS/第 2 冊
（清）曹金籀撰
清同治七年吳方伯刻本
春秋至朔通考二卷首一卷 WS/第 2 冊
（清）張冕撰
清道光十九年泉州府學刻本
大學申義三卷 WS/第 2 冊
（清）左欽敏撰
清敬義山房刻本
大學緯注一卷 WS/第 2 冊
（清）鍾穎陽撰
清光緒二十三年羊城刻本
四書辯訛六卷 WS/第 2 冊
（清）汪陞撰
清康熙三十四年學誨堂刻本
小演雅一卷別錄一卷附錄一卷續錄一卷 WS/第 2 冊
（清）楊浚撰
清光緒四年冠悔堂刻本
韻雅六卷附古蹟詩鈔一卷 WS/第 3 冊
（清）吳采撰
清嘉慶二十三年魁峯居業廬刻本
千文六書統要二卷附篆法偏旁正訛歌一卷千字文二卷 WS/第 3 冊
（清）胡正言撰篆
清初十竹齋刻本
說文統釋序一卷 WS/第 3 冊
（清）錢大昭撰
清乾隆間刻本
陳明卿太史考古詳訂遵韻海篇朝宗十二卷 WS/第 3 冊
（明）陳仁錫撰
明末奇字齋刻本
經解指要二十二卷 WS/第 3 冊
（清）陶大眉撰
清嘉慶陶氏家塾刻本
唐書西域傳注四卷 WS/第 4 冊
（清）沈惟賢撰
清光緒二十四年刻本

清乾隆嚴有禧刻本
秋泉居士集十七卷 WS/第19冊
(清)汪士鋐撰
清乾隆清蔭堂刻本
雪川詩稾十卷 WS/第19冊
(清)陳長撰
清康熙鶯湖蘇嘯堂刻本
查浦詩鈔十二卷 WS/第20冊
(清)查嗣瑮撰
清刻本
巢青閣集十卷 WS/第20冊
(清)陸進撰
清康熙劉愫等刻本
高雲堂詩集十六卷恭和御製詩應制詩一卷 WS/第20冊
(清)釋曉青撰
清康熙釋道立刻本
益戒堂自訂詩集八卷益戒堂詩後集八卷 WS/第20冊
(清)揆敘撰
清雍正元年揆永壽謙牧堂刻本
客燕詩存一卷粵吟一卷 WS/第20冊
(清)錢光夔撰
清叢桂堂刻本
柯庭餘習十二卷 WS/第21冊
(清)汪文柏撰
清康熙間刻本
臨汀考言十八卷 WS/第21冊
(清)王廷掄撰
清康熙間刻本
閑存堂文集十四卷詩集九卷 WS/第21冊
(清)張永銓撰
清康熙刻增修本
補瓢存稿六卷 WS/第21冊
(清)韓騏撰
清乾隆二十三年韓鍵等
矩庵詩質十二卷附錄一卷 WS/第22冊
(清)高一麟撰
清乾隆高莫及刻本
紫幢軒詩集三十二卷 WS/第22冊
(清)文昭撰
清雍正間刻本
巢松集六卷 WS/第22冊
(清)王抃撰
清鈔本
廬中集十卷 WS/第22冊
(清)王攄撰
民國五年錢燿伊鈔本
鶴汀集三卷 WS/第22冊
(清)張毛健撰
清康熙間刻本
端峰詩選六卷 WS/第22冊
(清)毛師柱撰
清康熙三十三年王吉武刻本
端峰詩續選八卷 WS/第22冊
(清)毛師柱撰
清康熙五十二年毛煜刻本
偶存篇一卷補編一卷 WS/第23冊
(清)吳莊撰
清刻本
無異堂文集十二卷 WS/第23冊
(清)姚文燮撰
民國間五石齋鈔本
顧景行詩集二卷楚游詩一卷匏園詞一卷 WS/第23冊
(清)顧景文撰
清康熙三十一年美閒堂刻本
嘉遇堂詩七卷 WS/第23冊
(清)沈廣輿撰
清康熙間刻本
漁山詩草二卷 WS/第23冊
(清)邊汝元撰
清乾隆四十年刻本
問亭詩集十二卷也紅詞一卷 WS/第23冊
(清)博爾都撰
清康熙三十五年刻本
滄湄詩鈔六卷 WS/第23冊
(清)尤珍撰
清康熙間刻本
天涯詩鈔四卷讀史一卷詩餘鈔一卷 WS/第23冊
(清)蔣楛撰
清康熙三十三年丘如升刻本
容安詩草十卷 WS/第23冊
(清)胡榮撰
清康熙刻三色套印本
芋香詩鈔四卷贈言一卷 WS/第23冊
(清)釋宗渭撰
清康熙四十三年刻本
敬業堂詩續集六卷 WS/第24冊
(清)查慎行撰
清乾隆查學等刻本
思綺堂文集十卷 WS/第24冊
(清)章藻功撰
清康熙六十一年刻本
匠門書屋文集三十卷 WS/第24冊
(清)張大受撰
清雍正七年顧詒祿刻本
葆璞堂詩集四卷文集四卷 WS/第25冊
(清)胡煦撰
清乾隆間刻本
御賜齊年堂文集四卷 WS/第25冊
(清)王晦撰
清乾隆九年刻本
懷古堂詩選十二卷 WS/第25冊
(清)楊炤撰
清康熙懷古堂刻本
槿園集十二卷 WS/第25冊
(清)趙維藩撰
清康熙間刻本
閒青堂詩集十卷附錄一卷 WS/第25冊
(清)朱倫瀚撰
清乾隆間刻本
石帆軒詩集十一卷 WS/第25冊
(清)徐駿撰
清康熙間刻本
甘莊恪公全集十六卷附一卷 WS/第25冊
(清)甘汝來撰
清乾隆賜福堂刻本
詠花軒詩集六卷 WS/第25冊
(清)張廷璐撰
清乾隆間刻本
敬亭詩草八卷文稿九卷補遺一卷 WS/第26冊
(清)沈起元撰
清乾隆十九年刻增修本
茨村咏史新樂府二卷附錄一卷 WS/第26冊
(清)胡介祉撰
清諸暨郭雲學種花莊刻本
蓉鷗詩集五卷二集三卷 WS/第26冊
(清)成文昭撰
清康熙刻增修本
依園詩集六卷 WS/第26冊
(清)顧嗣協撰
清康熙三十九年刻本
竹嘯餘音七卷附一卷 WS/第26冊
(清)王特選撰

清康熙怡怡齋刻本
儉重堂詩十三卷詩餘一卷 WS/第26冊
(清)紀邁宜撰
清乾隆間刻本
尺木樓詩集四卷 WS/第27冊
(清)程世繩撰
清乾隆二十五年程志隆刻本
蓄齋集十六卷 WS/第27冊
(清)黄中堅撰
清康熙五十年棣華堂刻本
蓄齋二集十卷 WS/第27冊
(清)黄中堅撰
清乾隆三十年黄雲惠等刻本
南谿偶刊五卷 WS/第27冊
(清)鄭性撰
清乾隆七年刻本
青笠山房詩鈔五卷文鈔六卷 WS/第27冊
(清)許登逢撰
清乾隆十三年綠玉軒刻本
紅雪軒稿六卷 WS/第28冊
(清)高景芳撰
清康熙五十八年刻本
竹梧書屋詩稟二卷外集一卷 WS/第28冊
(清)龔培序撰
清康熙五十一年竹梧書院刻本
心孺詩選二十四卷 WS/第28冊
(清)傅仲辰撰
清樹滋堂刻本
之溪老生集八卷勸影堂詞三卷 WS/第28冊
(清)先著撰
清刻本
豹留集一卷 WS/第28冊
(清)吳莊撰
清乾隆間刻本
槐江詩鈔四卷 WS/第28冊
(清)程瑞祊撰
清乾隆二年刻本
博齋集三卷 WS/第29冊
(清)釋元尹撰
清康熙陳邦懷等刻本
偶存軒稿三卷 WS/第29冊
(清)釋等安撰
清康熙鄭性等刻本
逃莽詩草十卷 WS/第29冊
(清)徐豫貞撰
清康熙楊崑思誠堂刻本
拜鵑堂詩集四卷 WS/第29冊
(清)潘問奇撰
清康熙間刻本
蘭扃前集八卷附一卷 WS/第29冊
(清)梁以壯撰
清康熙六十一年刻本
非水舟遺集二卷 WS/第29冊
(清)梁錫珩撰
清乾隆四年梁濬劍虹齋刻本
離垢集五卷 WS/第29冊
(清)華嵒撰
清道光十五年華時中刻本
拗堂詩集八卷 WS/第29冊
(清)景星杓撰
清乾隆蘭陔堂刻本
餘慶堂詩文集十卷 WS/第29冊
(清)陳美訓撰
清餘慶堂刻本
希硜齋集六卷 WS/第29冊
(清)周之方撰
清雍正間刻本
靜遠齋詩集十卷 WS/第29冊
(清)允禮撰
清刻本
自得園文鈔不分卷 WS/第29冊
(清)允禮撰
清刻本
春和堂詩集一卷 WS/第30冊
(清)允禮撰
清雍正間刻本
春和堂紀恩詩一卷 WS/第30冊
(清)允禮撰
清雍正間刻本
羣芳詩鈔八卷 WS/第30冊
(清)俞鵬程輯
清乾隆二十六年刻本
選學膠言二十卷補遺一卷 WS/第30冊
(清)張雲璈撰
清道光十一年刻本
詞的四卷 WS/第30冊
(明)茅暎輯評
清萃閔堂鈔本
春蕪詞二卷 WS/第30冊
(清)越闓撰
清康熙孫氏留松閣刻本
詞林逸響四卷崑腔原始一卷 WS/第30冊
(明)許宇輯
明天啟間刻本
詩筏槖說四卷 WS/第30冊
(清)李畯輯
清乾隆醉古堂刻本

第九輯

周易外傳四卷 WS/第1冊
(清)盧金鏡撰
清乾隆高雲堂刻本
讀易錄十八卷 WS/第1冊
(清)陳克緒撰
清同治三年傅天秩孝友堂刻本
韓詩外傳疏證十卷 WS/第1冊
(清)陳士珂撰
清嘉慶二十三年刻本
夏小正校注四卷 WS/第1冊
(清)魏本唐撰
清咸豐間刻本
春秋疑義錄二卷 WS/第1冊
(清)劉士毅撰
清乾隆間刻本
越諺三卷越諺賸語二卷 WS/第2冊
(清)范寅撰
清光緒八年谷應山房刻
說文拈字七卷補遺一卷 WS/第2冊
(清)王玉樹撰
清嘉慶八年芳梫堂刻本
說文解字述誼二卷附說文新坿通誼二卷 WS/第2冊
(清)毛際盛撰
清道光二十四年刻本
文字通釋略四卷 WS/第2冊
(清)鍾祖綬撰
清光緒三十四年刻本
六書會原十卷首一卷 WS/第2冊
(清)潘肇豐撰
清嘉慶六年鳴鳳堂刻本
六書假借經徵四卷 WS/第2冊
(清)朱駿聲撰
清光緒十八年刻本
說文楬原二卷 WS/第2冊
(清)張行孚撰
清光緒十年後知不足齋刻本
六書古微十卷 WS/第2冊
(清)葉德輝撰

民國五年葉氏觀古堂刻本
說文疊韻二卷首一卷末一卷 WS/第2冊
(清)劉熙載撰
清同治光緒間刻古桐書屋刻本
說文分韻易知錄十卷 WS/第3冊
(清)許巽行撰
清光緒五年許嘉德葆素堂刻本
說文韻譜校五卷 WS/第3冊
(清)王筠撰
清光緒十六年劉嘉禾刻本
字典考證十二卷 WS/第3冊
(清)王引之撰
清光緒二年崇文書局刻本
歌麻古韻考四卷 WS/第3冊
(清)吳樹聲撰
清同治八年刻本
古韻論三卷 WS/第3冊
(清)胡秉虔撰
清刻本
歷代帝王曆祚考八卷附歷代紹運國系之圖一卷歷代年號考同一卷歷代紹統年表一卷音釋一卷 WS/第4冊
(明)程揚撰
明崇禎間刻本
莊氏史案本末二卷 WS/第4冊
(清)傅以禮輯
清鈔本
從戎越南記一卷 WS/第4冊
(清)歐陽文靜撰
清鈔本
越南新聞錄一卷 WS/第4冊
(清)王廷紱撰
清鈔本
水經注箋四十卷 WS/第4－5冊
(明)朱謀㙔撰
明萬曆四十三年李長庚刻本
今水經注要覽二卷 WS/第5冊
(清)黃錫齡撰
清嘉慶二年春暉閣刻本
京省水道考六卷 WS/第5冊
(清)汪日暲撰
清乾隆四十八年燃藜軒刻本
歷代河防類要六卷圖一卷 WS/第5冊
(清)徐璈撰
清道光元年臥雲書屋刻本
黃運河口古今圖說不分卷 WS/第6冊
(清)麟慶輯
清道光二十一年雲蔭堂刻本
黃河圖黃河舊險工圖黃河新險工圖衆水歸淮圖運河圖淮南諸河圖五水濟運圖不分卷 WS/第6冊
(清)靳輔撰 (清)崔應階刪補
清鈔本
桑園圍總志十四卷 WS/第6冊
(清)明之綱輯
清同治九年羊城西湖街刻本
萬山綱目二十一卷 WS/第6冊
(清)李誠撰
清光緒二十六年長沙刻本
少林寺志二十二卷 WS/第6冊
(清)葉封等纂 (清)施奕簪等續纂
清乾隆十三年張學林刻本
南朝寺考六卷 WS/第7冊
(清)劉世珩撰
清光緒三十三年刻聚廎叢書本
重修昭覺寺志八卷首一卷 WS/第7冊
(清)釋中恂修 (清)羅用霖纂
清光緒二十二年刻本
道南淵源錄十二卷 WS/第7冊
(清)鄒鍾泉撰
清道光二十八年道南祠刻本
西域考古錄十八卷 WS/第7冊
(清)俞浩撰
清道光二十七年刻海月堂雜著刻本
新疆回部志四卷首一卷 WS/第7冊
(清)永貴 蘇爾德撰
清乾隆五十九年南屏理鈔本
歷代紀年備考二十卷 WS/第8冊
(清)武文斌輯
清道光間刻本
淮北票鹽志略十四卷 WS/第8冊
(清)童濂修 (清)魏源等纂
清道光間刻本
淮北票鹽續略十二卷 WS/第8冊
(清)許寶書纂修
清同治九年刻本
災賑全書四卷 WS/第8冊
(清)楊西明輯
清道光三年也宜別墅刻本
刺字統纂二卷 WS/第8冊
(清)孟樨撰
清同治八年棠蔭山房刻本
重修名法指掌圖四卷 WS/第9冊
(清)沈稼叟撰 (清)徐灝重訂
清光緒二十六年京都榮刻本
漢律考七卷 WS/第9冊
(清)程樹德撰
民國八年京師刻本
欽定武場條例十六卷 WS/第9冊
(清)景清等撰
清光緒二十一年刻本
補後漢書藝文志一卷攷十卷 WS/第9冊
(清)曾樸撰
清光緒二十一年錫山文苑閣刻本
宋元本行格表二卷附錄一卷補遺一卷 WS/第9冊
(清)江標撰
清光緒二十三年劉肇隅刻本
經史析疑二十四卷 WS/第10冊
(清)陳蕃撰
清嘉慶七年志道堂刻本
乾坤大略十卷補遺一卷 WS/第10冊
(清)王餘祐撰
清鈔本
廣嗣要方二卷呂純陽房術秘訣一卷孫真人金丹妙訣一卷宮選經驗奇妙春方一卷 WS/第10冊
(明)不著撰者
清刻本
三峰採戰房中妙術秘訣一卷鍾呂二仙採真問答一卷種子秘訣真傳一卷 WS/第10冊
(明)不著撰者
清刻本
孫真人千金方衍義三十卷 WS/第11－12冊
(清)張璐撰
清嘉慶五年掃葉山房刻本
矩線原本四卷一線表用六卷推步惟是四卷學算存略三卷 WS/第12冊
(清)安清翹撰
清嘉慶刻數學五書本
秘抄本地理一卷 WS/第12冊
(清)不著撰者
清鈔本
地理述八卷附地理述發明一卷貴陽省城移向說一卷 WS/第12冊
(清)陳誺 (清)陳應麟撰
清乾隆十四年信學齋刻本
陽宅正宗二卷 WS/第12冊
(清)姚承輿撰

清道光三十年吳廷溥刻本
廣象徹微二卷 WS/第12冊
(清)馬悳撰
清道光八年刻本
萬壽衢歌樂章六卷 WS/第13冊
(清)彭元瑞撰
清乾隆五十五年武英殿刻本
葫頭集三卷 WS/第13冊
(清)鄭止源輯
清順治十八年刻本
陰騭文像註四卷 WS/第13冊
(清)趙如升撰
清康熙五十八年刻本
禪宗精義二卷 WS/第13冊
(清)孫益謙輯
清嘉慶鈔本
石畫龕論述二十四卷 WS/第13-14冊
(清)杜堮撰
稿本
書林揚觶二卷 WS/第15冊
(清)方東樹撰
清同治十年望三益齋刻本
格致古微六卷 WS/第15冊
(清)王仁俊撰
清光緒二十二年吳縣王氏刻本
冰言十卷冰言補一卷 WS/第15冊
(清)李惺撰
清存鐵筆齋刻本
翼教叢編六卷 WS/第15冊
(清)蘇輿輯
清光緒二十四年刻本
紅杏山房聞見隨筆二十八卷
WS/第15冊
(清)盧秉鈞撰
清光緒十八年盧氏家塾刻本
述記不分卷 WS/第15冊
(清)任兆麟輯
清乾隆五十二年任氏映雪草堂刻本
蔣氏蘿經十二卷 WS/第15冊
(明)蔣德璟撰
明萬曆間刻本
適可軒詩集四卷文集一卷 WS/第16冊
(清)胡文學撰
清康熙十二年李文胤刻本
大觀堂文集二十二卷首一卷
WS/第16冊
(清)余縉撰
清康熙三十八年刻後印本
碩園詩稾三十五卷詞稿一卷
WS/第16冊
(清)王昊撰
清五石齋鈔本
隨輦集十卷續集一卷經進文稾六卷
WS/第16冊
(清)高士奇撰
清康熙間刻本
歸田集十四卷扈從東巡日錄二卷附錄一卷 WS/第16冊
(清)高士奇撰
清康熙間刻本
使滇集三卷 WS/第17冊
(清)史申義撰
清康熙間刻本
含星集四卷 WS/第17冊
(清)王譽昌撰
清康熙間刻本
京華集一卷 WS/第17冊
(清)朱載震撰
清康熙間刻本
半處士詩集二卷 WS/第17冊
(清)馬惟敏撰
清康熙四十八年郎廷槐刻本
陳學士文集十八卷 WS/第17冊
(清)陳儀撰
清乾隆五年陳氏蘭雪齋刻本
霞光集四卷 WS/第17冊
(清)沈鍾撰
清刻本
延綠閣集十二卷 WS/第17冊
(清)華希閔撰
清雍正間刻本
橫山初集十六卷易皆軒二集六卷橫山文鈔一卷 WS/第18冊
(清)裘璉撰
清康熙間刻本
香樹齋詩集十八卷詩續集三十六卷文集二十八卷文集續鈔五卷
WS/第18-19冊
(清)錢陳羣撰
清乾隆間刻本
存硯樓二集二十五卷 WS/第19冊
(清)儲大文撰
清乾隆京江張氏刻十九年儲孫球等刻本
宮巖詩集四卷 WS/第20冊
(清)李予望撰
清乾隆三十五年李翬等刻本
操齋集詩部十四卷首一卷文部十六卷首一卷末一卷駢部二十三卷首一卷
WS/第20冊
(清)蔡衍鎤撰
清康熙間刻本
積翠軒詩集二卷 WS/第20冊
(清)高述明撰
清乾隆三年高晉刻本
舒嘯閣詩集十二卷 WS/第20冊
(清)李兆齡撰
清乾隆李渭刻本
俞甯世文集四卷 WS/第21冊
(清)俞長城撰
清康熙間刻本
紫瓊巖詩鈔三卷 WS/第21冊
(清)允禧撰
清乾隆二十三年永瑊刻本
紫瓊巖詩鈔續刻一卷 WS/第21冊
(清)允禧撰
清乾隆四十八年永瑊刻本
稽古齋全集八卷 WS/第21冊
(清)弘晝撰
清乾隆十一年内府刻本
明善堂詩集十一卷 WS/第21冊
(清)弘曉撰
清乾隆九年刻增修本
班餘剪燭集十四卷 WS/第21冊
(清)納蘭常安撰
清乾隆五年自刻本
張思齋示孫編六卷續編一卷
WS/第21冊
(清)張廷瑑撰
清刻本
雪庵文集不分卷 WS/第22冊
(清)范爾梅撰
清刻本
傅天集一卷 WS/第22冊
(清)高不騫撰
清康熙間刻本
花間堂詩鈔一卷 WS/第22冊
(清)允禧撰
清乾隆間刻本
受宜堂集四十卷目錄四卷 WS/第22冊
(清)納蘭常安撰

清雍正十三年自刻本
虚白齋詩集七卷 WS/第22册
(清)欽璉撰
清乾隆間刻本
運甓軒文集八卷 WS/第22册
(清)陶士僙撰
清乾隆二十七年刻本
晚聞存稿二卷 WS/第22册
(清)陶正靖撰
清乾隆貽清堂刻本
與我周旋集詩十二卷文二卷四六一卷雜體一卷附甯武府志序一卷 WS/第23册
(清)魏元樞撰
清乾隆五十八年清祐堂刻本
貞一齋集十卷詩説一卷 WS/第23册
(清)李重華撰
清乾隆間刻本
生香書屋文集四卷 WS/第23册
(清)陳浩撰
清乾隆三多齋刻本
芝庭文稾八卷詩稿十四卷 WS/第23册
(清)彭啟豐撰
清乾隆刻增修本
志寧堂稿六卷 WS/第23册
(清)徐文靖撰
清乾隆志寧堂刻本
四知堂文集三十六卷首一卷崇祀録一卷 WS/第24册
(清)楊錫紱撰
清嘉慶十一年楊有涵等刻本
玉山詩鈔四卷文鈔四卷附刻一卷 WS/第24册
(清)項樟撰
清乾隆二十六年項成龍刻本
南華山房詩鈔六卷賦一卷南華山人詩鈔十五卷 WS/第25册
(清)張鵬翀撰
清乾隆間刻本
紫竹山房文集二十卷詩集十二卷附録一卷 WS/第25册
(清)陳兆崙撰
清嘉慶間刻本
半舫齋編年詩二十卷 WS/第25册
(清)夏之蓉撰
清乾隆夏味堂等刻本
半舫齋古文八卷 WS/第26册
(清)夏之蓉撰
清乾隆間刻本
耕餘居士詩集十八卷 WS/第26册
(清)鄭世元撰
清康熙江相書帶草堂刻本
春山先生文集四卷 WS/第26册
(清)郭善鄰撰
清乾隆五十六年胡世銓刻本
夢堂詩稿十五卷 WS/第26册
(清)英廉撰
清嘉慶二年胡文銓朗江刻本
力本文集十三卷 WS/第26册
(清)馬榮祖撰
清乾隆十七年石蓮堂刻本
力本時文二卷 WS/第26册
(清)馬榮祖撰
清乾隆十七年石蓮堂刻本
南坪詩鈔十卷 WS/第26册
(清)張學舉撰
清乾隆刻增修本
積山先生遺集十卷 WS/第26册
(清)汪惟憲撰
清乾隆三十八年汪新刻本
晴峰詩集一卷 WS/第27册
(清)閻沛年撰
清乾隆間刻本
紫薇山人詩鈔八卷 WS/第27册
(清)沈維基撰
清乾隆間刻本
練江詩鈔八卷 WS/第27册
(清)程之鵕撰
清乾隆十八年王鳴刻本
寤硯齋集二卷 WS/第27册
(清)戴晟撰
清乾隆七年戴有光等刻本
古雪山民詩後八卷 WS/第27册
(清)吳銘道撰
清乾隆間刻本
松梧閣詩集一卷二集一卷三集一卷四集一卷 WS/第27册
(清)李暾撰
清雍正乾隆間刻本
臥山詩鈔三卷 WS/第27册
(清)胡栩然撰
清乾隆十年釋真靖刻本
韭溪漁唱集十卷補遺一卷 WS/第27册
(清)秦時昌撰
清乾隆十年刻本
青嶁詩鈔不分卷遺照手卷題辭二卷 WS/第27册
(清)盛錦撰
清鈔本
鶴關詩集四卷 WS/第28册
(清)吳邦治撰
清康熙間刻本
戢思堂詩鈔二卷 WS/第28册
(清)李宏撰
清乾隆五十七年李奉瀚刻本
于邁草二卷續草一卷 WS/第28册
(清)劉紹攽撰
清乾隆間刻本
刪後詩存十卷文集十六卷 WS/第28册
(清)陳梓撰
清嘉慶二十年胡氏敬義堂刻本
雪杖山人詩集八卷 WS/第28册
(清)鄭炎撰
清嘉慶五年鄭師尚刻本
益齋詩稿四卷 WS/第28册
(清)永瑆撰
清鈔本
詩存四卷觀劇絕句一卷 WS/第28册
(清)金德瑛撰
清乾隆間刻本
緝齋文集八卷首一卷附録二卷詩稿八卷首一卷 WS/第29册
(清)蔡新撰
清乾隆間刻本
花妥樓詩二十卷 WS/第29册
(清)葛祖亮撰
清乾隆間刻本
質菴文集五卷 WS/第29册
(清)李灐撰
清乾隆好音書屋刻本
南屏山人詩集十卷賦一卷 WS/第29册
(清)任端書撰
清乾隆間刻本
海山存稿二十卷 WS/第29册
(清)周煌撰
清乾隆五十八年周氏葆素家塾刻本
婁東詩派二十八卷 WS/第30册
(清)汪學金輯
清嘉慶九年詩志齋刻本
竹窻詞一卷蔬香詞一卷 WS/第30册
(清)高士奇撰

清康熙間刻本
新鐫出像點板怡春錦曲六卷 WS/第30冊
(明)冲和居士輯
明末刻本
竹林答問一卷 WS/第30冊
(清)陳僅撰
清鏡濱草堂鈔本

第十輯

周易原篇解十二卷首一卷 WS/第1冊
(清)胡道問撰
清乾隆二十六年胡斯廊刻本
周易擬像六卷 WS/第1冊
(清)黎曙寅撰
清道光十年雲中官署刻本
書義主意六卷附羣英書義二卷 WS/第1冊
(元)王充耘撰 (明)張泰 劉文錦輯附
清道光間影元刻本
毛詩集解訓蒙一卷 WS/第1冊
(清)鄭曉如撰
清同治八年廣州西湖街刻本
詩義擇從四卷 WS/第1冊
(清)易佩紳撰
清光緒間刻本
羣經引詩大旨六卷 WS/第1冊
(清)黃雲鵠撰
清光緒間刻本
禮記摛藻一卷 WS/第1冊
(清)孔傳鐸輯
清刻本
小學達詁錄十一卷首一卷 WS/第2冊
(清)羅時憲撰
民國二年刻本
説文雙聲二卷 WS/第2冊
(清)劉熙載撰
清同治光緒間刻古桐書屋刻本
六書通摭遺十卷 WS/第2冊
(清)畢星海撰
清嘉慶間刻本
名原二卷 WS/第2冊
(清)孫詒讓撰
清光緒三十一年刻本
倉頡篇校證三卷附補遺一卷 WS/第2冊
(清)梁章鉅撰
清光緒梁恭辰刻本
詩韻攷裁五卷 WS/第2冊
(明)徐爾鉉撰
明崇禎施成美刻本
古韻溯原八卷 WS/第2冊
(清)安念祖 (清)華湛恩撰
清道光十九年親仁堂刻本
古今中外音韻通例十一卷 WS/第2冊
(清)胡垣撰
清光緒十四年刻本
説經囈語不分卷 WS/第2冊
(清)左寶森撰
清道光二十三年刻本
宋遼金元四史朔閏攷二卷 WS/第2冊
(清)錢大昕撰 (清)錢侗增補
清嘉慶二十五年阮福刻本
眉山詩案廣證六卷 WS/第2冊
(清)張鑑撰
清光緒十年江蘇書局刻本
魏書官氏志疏證一卷 WS/第3冊
(清)陳毅撰
清光緒二十三年刻本
馬嵬志十六卷首一卷 WS/第3冊
(清)胡鳳丹撰
清光緒三年永康胡氏退補齋刻本
問俗錄六卷 WS/第3冊
(清)陳盛韶撰
清道光間刻本
花甲閒談十六卷 WS/第3冊
(清)張維屏撰
清道光廣州西湖街富文齋刻本
西北邊界圖地名譯漢攷證二卷 WS/第3冊
(清)許景澄撰
清光緒二十二年刻本
西藏方輿與各國各省連界暨各要隘情況解説不分卷 WS/第3冊
(清)呂調陽撰
稿本
郭侍郎奏疏十二卷 WS/第3冊
(清)郭嵩燾撰
清光緒十八年刻本
時節氣候抄六卷首一卷 WS/第4冊
(清)喻端士撰
清道光元年蜜香庵刻本
文武職養廉俸薪表不分卷 WS/第4冊
(清)不著撰者
清鈔本
捕蝗圖説一卷要説一卷 WS/第4冊
(清)錢炘和輯
清咸豐六年刻本
帝闕城垣規制不分卷 WS/第4冊
(清)不著撰者
清內府鈔本
河工器具圖説四卷 WS/第4冊
(清)麟慶撰
清道光十六年南河節署刻本
地宮作法不分卷 WS/第4冊
(清)不著撰者
清鈔本
明朝破邪集八卷 WS/第4冊
(明)徐昌治輯
日本安政二年刻本
義和拳教門源流考一卷 WS/第4冊
(清)勞乃宣撰
清光緒間刻本
頤情館聞過集十二卷 WS/第4冊
(清)宗源瀚撰
清光緒三年刻本
出山草譜八卷 WS/第4冊
(清)湯肇熙撰
清光緒十年昆陽縣署刻本
醫林大觀書目不分卷 WS/第4冊
(清)改師立輯
稿本
三十有三萬卷堂書目畧四卷 WS/第5冊
(清)孔廣陶撰
舊鈔本
漢石刻攷一卷 WS/第5冊
(清)劉鶚撰
稿本
昭陵碑攷十二卷 WS/第5冊
(清)孫三錫撰
清咸豐八年刻本
石鼓文定本十卷今文釋音一卷辨證二卷地名攷一卷 WS/第5冊
(清)沈梧撰
清古華山館刻本
武英殿本二十三史考證六十七卷 WS/第5–6冊
(清)孫嘉淦等撰
清同治八年嶺南胙古堂刻本
諸史夷語解義二卷 WS/第7冊
(明)陳士元撰
清光緒十三年應城王氏刻本
鑑古齋日記四卷 WS/第7冊

(清)陳紹箕撰 (清)皮錫瑞評
清光緒二十八年刻本
幼基一卷 WS/第7冊
(清)段嘉謨撰
清道光七年如見齋刻本
攷古錄十卷 WS/第7冊
(清)孫璧文撰
清光緒十四年刻本
戊笈談兵十卷首一卷 WS/第7冊
(清)汪紱撰
清光緒二十年刻本
松厓醫徑二卷 WS/第8冊
(明)程玠撰
明天啟五年程櫄刻本
醫悟十二卷 WS/第8冊
(清)馬冠羣撰
清光緒十九年活字本
精選治痢神書三卷 WS/第8冊
(明)張介賓撰
日本享保十四年京師書坊植村玉枝軒刻本
本草新編不分卷 WS/第8冊
(清)陳士鐸撰 (清)李巖評
清鈔本
俞天池先生痧痘集解六卷 WS/第8冊
(清)俞茂鯤撰
清光緒二年刻本
醫方叢話八卷 WS/第8冊
(清)徐士鑾撰
清光緒十五年津門徐氏刻本
算牖四卷 WS/第8冊
(清)許桂林撰
清道光十年刻本
數學精詳十一卷首一卷末一卷 WS/第9冊
(清)屈曾發撰
清同治十年學海堂刻本
藝游錄二卷 WS/第9冊
(清)駱騰鳳撰
清道光二十三年何錦刻本
學彊恕齋筆算十卷附測量淺說一卷 WS/第9冊
(清)梅啓照撰
清光緒八年東河節署刻本
越巫雞卜一卷 WS/第9冊
(清)黃世發撰
清嘉慶六年王尚玨鈔本
西法挨星江南黃道命度表一卷附元空秘旨一卷 WS/第9冊
(清)楊學光撰 (清)鮑理士撰附
清鈔本
妥先類纂十九卷 WS/第9冊
(清)毛濟美撰
清乾隆五十九年香祖廬刻本
琴學圖攷一卷 WS/第10冊
(清)孫真湛撰
清鈔本
蕉庵琴譜四卷 WS/第10冊
(清)秦維瀚撰
清光緒三年刻本
繪聲圖一卷 WS/第10冊
(清)金春亭撰
清鈔本
奕理析疑二卷 WS/第10冊
(清)臧念宣撰
清鈔本
近譜一卷 WS/第10冊
(清)金槑志輯
清鈔本
重訂宣和譜牙牌彙集二卷 WS/第10冊
(清)金杏園撰 (清)雲庵重訂
清光緒十四年刻本
清真教考不分卷 WS/第10冊
(清)沈懋中輯
清沈鳳儀刻本
龍虎經註不分卷 WS/第10冊
(清)尹太鉉注
清康熙間刻本
古學記問錄十五卷 WS/第10冊
(清)吳蔚文撰
清同治式義堂刻本
餘年閒話四卷 WS/第11冊
(清)葉良儀撰
清康熙四十五年葉士行刻本
娜如山房說尤二卷 WS/第11冊
(清)王灝撰
清康熙間刻本
高奇往事十卷 WS/第11冊
(明)何鏜輯
明萬曆間刻本
海涵書鈔七卷 WS/第11冊
(清)李大誥輯
清稿本
續同書二十四卷 WS/第11冊
(清)福申輯
清道光萬時若等刻本
五茸志逸隨筆八卷附說夢一卷 WS/第12冊
(清)吳履震撰 (清)曹家駒撰附
清道光八年醉漚居鈔本
買愁集四卷 WS/第12冊
(清)錢尚濠輯
清初刻本
新刊辨銀譜一卷 WS/第12冊
(清)馮琢珩撰
清乾隆五十四年馬心恭刻本
青煙錄八卷 WS/第12冊
(清)王訢撰
清嘉慶十年刻本
百十二家墨錄題詞五卷 WS/第12冊
(清)邱學敏撰
清乾隆間刻本
布經要覽二卷 WS/第12冊
(清)不著撰者
清汪裕芳鈔本
猫苑二卷 WS/第12冊
(清)黃漢輯
清咸豐二年甕雲草堂刻本
蠕範八卷 WS/第12冊
(清)李元撰
清同治十三年刻本
蓄魚雅集一卷 WS/第12冊
(清)鍾鳴撰
稿本
促織經一卷 WS/第12冊
(清)小厂撰
鈔本
騷筏一卷 WS/第13冊
(清)賀貽孫撰
清道光二十六年敕書樓刻本
楚辭新註求確六卷 WS/第13冊
(清)胡濬源撰
清嘉慶二十五年務本堂刻本
屈子正音三卷 WS/第13冊
(清)方績撰
清道光七年鄧廷楨刻本
屈宋方言攷一卷 WS/第13冊
(清)李翹撰
民國十四年芬熏館刻本
楚辭叶韻攷四卷附一卷 WS/第13冊
(清)徐天璋撰

清鈔本
最樂堂文集六卷 WS/第13冊
(清)喬光烈撰
清乾隆二十一年刻本
樂賢堂詩鈔三卷 WS/第13冊
(清)德保撰
清乾隆五十六年英和刻本
邈雲樓集六種十一卷 WS/第13冊
(清)楊鸞撰
清乾隆道光間刻本
舊雨草堂詩八卷詩餘一卷 WS/第13冊
(清)董元度撰
清乾隆四十三年刻本
吞松閣集四十卷 WS/第14冊
(清)鄭虎文撰
清嘉慶十四年馮敏昌等刻本
鳴春小草七卷茶山詩鈔十一卷文鈔十二卷 WS/第14冊
(清)錢維城撰
清乾隆四十一年眉壽堂刻本
李文園先生全集十三卷 WS/第15冊
(清)李中簡撰
清嘉慶六年李學穎嘉樹房刻本
綠筠書屋詩鈔十八卷 WS/第15冊
(清)葉觀國撰
清乾隆五十七年刻本
玉汝堂詩集四卷附題詞一卷年譜一卷 WS/第15冊
(清)成文撰
清鈔本
蘀石齋文集二十六卷 WS/第15冊
(清)錢載撰
清乾隆間刻本
遠香亭詩鈔四卷 WS/第15冊
(清)楊有涵撰
清乾隆五十九年楊懋珩刻本
一樓集二十卷 WS/第15冊
(清)黄達撰
清乾隆間刻本
香雪文鈔十卷 WS/第16冊
(清)曹學詩撰
清乾隆間刻本
蘀石齋詩集五十卷 WS/第16冊
(清)錢載撰
清乾隆間刻本
棌亭文稿十六卷 WS/第17冊
(清)鄧夢琴撰
清鈔本
看山閣集六十四卷 WS/第17冊
(清)黄圖珌撰
清乾隆間刻本
竹香齋古文二卷 WS/第18冊
(清)茹敦和撰
清刻本
來鶴堂詩鈔四卷 WS/第18冊
(清)于宗瑛撰
清乾隆五十二年刻本
曉亭詩鈔四卷附鶴鳴集一卷 WS/第18冊
(清)塞爾赫撰 (清)伊都禮撰附
清乾隆十四年鄂洛順刻本
月山詩集四卷首一卷末一卷 WS/第18冊
(清)恒仁撰
清乾隆間刻本
西垣集二十卷 WS/第18冊
(清)保培基撰
清乾隆井穀園刻本
西垣次集八卷 WS/第18冊
(清)保培基撰
清乾隆二十年井穀園刻本
瘦暈山房詩刪十三卷續編一卷 WS/第18冊
(清)羅天尺撰
清乾隆二十五年刻三十一年羅天俊增修本
餘暨叢書二卷 WS/第18冊
(清)朱坤撰
清乾隆間刻本
竹巖詩草二卷 WS/第18冊
(清)邊中寶撰
清乾隆四十年刻本
靜退齋集八卷甜雪詞二卷 WS/第18冊
(清)戴文燈撰
清乾隆間刻本
畬經堂集詩集六卷詩續集四卷文集八卷 WS/第19冊
(清)朱景英撰
清乾隆間刻本
切問齋集十六卷 WS/第19冊
(清)陸燿撰
清乾隆五十七年暉吉堂
七錄齋詩鈔十卷文鈔十卷 WS/第19冊
(清)阮葵生撰
清稿本
介石堂集詩十卷古文十卷 WS/第20冊
(清)郭起元撰
清乾隆間刻本
谿音十卷 WS/第20冊
(清)朱仕玠撰
清乾隆松穀刻本
敬齋文集十二卷補編一卷 WS/第20冊
(清)吳高增撰
清乾隆沈儀庭等刻本
玉亭集十四卷 WS/第20冊
(清)吳高增撰
清乾隆間刻本
在璞堂吟稿一卷 WS/第20冊
(清)方芳佩撰
清乾隆間刻本
在璞堂續稿一卷 WS/第20冊
(清)方芳佩撰
清乾隆間刻本
稽古堂詩集二卷 WS/第20冊
(清)許全治撰
清乾隆十一年許安瀾等刻本
蘇門山人詩鈔三卷 WS/第20冊
(清)張符升撰
清乾隆寄雲書屋刻本
培遠堂詩集四卷 WS/第20冊
(清)張藻撰
清乾隆間刻本
耀塵集二卷 WS/第20冊
(清)孔繼浩撰
清稿本
玨虛大師遺集三卷 WS/第20冊
(清)釋明中撰
清乾隆間刻本
話墮集三卷二集三卷三集三卷 WS/第21冊
(清)釋篆玉撰
清刻本
謙谷集六卷 WS/第21冊
(清)汪筠撰
清乾隆八年汪璐刻本
樗莊文稿十卷尺牘一卷詩稿二卷 WS/第21冊
(清)沈維材撰
清乾隆十四年刻本
于湘遺稾五卷 WS/第21冊
(清)樓錡撰

清乾隆二十年陳章刻本
永宇溪莊識畧六卷首一卷續識畧一卷 WS/第21冊
(清)曹庭棟撰
清乾隆三十年刻增修本
東莊遺集四卷 WS/第21冊
(清)陳黄中撰
清乾隆大樹齋刻本
山舟紉蘭集二卷 WS/第21冊
(清)陳敬撰
清乾隆十八年四宜軒刻本
澄秋閣集四卷二集四卷三集四卷 WS/第21冊
(清)閔華撰
清乾隆十七年刻本
澥陸詩鈔九卷 WS/第21冊
(清)顧于觀撰
清乾隆四年汪頎刻本
陶人心語六卷 WS/第21冊
(清)唐英撰
清乾隆唐寅保刻本
白松草堂詩鈔六卷 WS/第22冊
(清)朱玉蛟撰
清乾隆間刻本
野客齋詩集四卷擬賦試帖體一卷 WS/第22冊
(清)毛曙撰
清乾隆二十二年惇厚堂刻本
恩餘堂經進初藁十二卷續藁二十二卷三藁十一卷策問存課二卷知聖道齋讀書跋尾二卷 WS/第22冊
(清)彭元瑞撰
清乾隆間刻本
蘭韻堂詩集十二卷御覽集六卷經進文稿二卷文集五卷 WS/第23冊
(清)沈初撰
清乾隆間刻本
白華前稿六十卷 WS/第23冊
(清)吳省欽撰
清乾隆間刻本
嶺南詩集八卷 WS/第24冊
(清)李文藻撰
清刻本
香亭文稿十二卷 WS/第24冊
(清)吳玉綸撰
清乾隆六十年滋德堂刻本
南屏山房集二十四卷 WS/第24冊
(清)陳昌圖撰
清乾隆五十六年陳寶元刻本
古衡山房詩集十二卷 WS/第24冊
(清)陳樽撰
清刻本
松花菴詩草二卷遊草一卷逸草一卷詩餘一卷韻史一卷蘭山詩草一卷松厓文稿次稿一卷 WS/第24冊
(清)吳鎮撰
清乾隆刻增修本
傳經堂詩鈔十二卷 WS/第25冊
(清)韋謙恆撰
清乾隆間刻本
虛白齋存藁十四卷 WS/第25冊
(清)吳壽昌撰
清乾隆五十五年刻本
述職吟二卷公餘集十卷竹軒詩藁四卷 WS/第25冊
(清)劉秉恬撰
清乾隆間刻本
荷塘詩集十六卷 WS/第25冊
(清)張五典撰
清乾隆間刻本
南陔草六卷附一卷 WS/第26冊
(清)林澍蕃撰
清鈔本
翠巖雜稿三卷首一卷 WS/第26冊
(清)魯九皋撰
清乾隆間刻本
律古續稿一卷集古古詩一卷集古絕句一卷 WS/第26冊
(清)吳鎮撰
清乾隆五十六年刻本
大雅堂初稾詩六卷文八卷補編一卷續稾詩十卷文八卷補編一卷 WS/第26冊
(清)鄒方鍔撰
清乾隆二十七年刻增修本
媕雅堂別集六卷 WS/第26冊
(清)趙文哲撰
清乾隆五十九年刻本
媕雅堂詩續集四卷 WS/第26冊
(清)趙文哲撰
清乾隆五十六年刻本
海愚詩鈔十二卷 WS/第26冊
(清)朱孝純撰
清乾隆五十九年刻本
春及堂初集一卷二集一卷三集一卷四集一卷 WS/第26冊
(清)方世舉撰
清乾隆方觀承刻本
含薰詩三卷丹橘林詩二卷 WS/第27冊
(清)吳楷撰
清乾隆間刻本
晝亭詩草十八卷詞草三卷 WS/第27冊
(清)朱黼撰
清乾隆四十三年太岳山房刻本
白蕤詩集十六卷附一卷 WS/第27冊
(清)張開東撰
清乾隆五十三年張兆騫刻本
南垞詩鈔三卷 WS/第27冊
(清)張秉彝撰
清刻本
秋蟬吟草四卷 WS/第27冊
(清)朱穎撰
清乾隆三十六年小山居刻本
留劍山莊初藁二十四卷 WS/第27冊
(清)石卓槐撰
清乾隆四十年石卓椿刻本
玉芳詩草二卷 WS/第28冊
(清)覃光瑤撰
清乾隆三十五年覃光暐曹南衙署本
訒菴詩存六卷 WS/第28冊
(清)汪啟淑撰
清乾隆間刻本
松溪文集一卷 WS/第28冊
(清)汪梧鳳撰
清刻本
詩檕六卷 WS/第28冊
(清)陳毅撰
清乾隆二十五年眠雲草堂刻本
穫經堂初藁八卷 WS/第28冊
(清)汪泩撰
清乾隆六十年刻本
青芙蓉閣詩鈔六卷 WS/第28冊
(清)陸元鋐撰
清刻本
戴簡恪公遺集八卷 WS/第28冊
(清)戴敦元撰
清同治六年戴壽祺鈔本
芸香堂詩集不分卷 WS/第28冊
(清)和琳撰
清鈔本
賈稻孫集四卷 WS/第28冊
(清)賈田祖撰

清乾隆四十九年刻本
小獨秀齋詩二卷補遺一卷附錄一卷窺園吟藁二卷附江上吟一卷　WS/第28冊
(清)喬億撰
清乾隆間刻本
三晉遊草一卷附錄一卷夕秀軒遺草一卷惜餘存藁一卷劍溪外集一卷劍溪文略一卷附一卷燕石碎編一卷杜詩義法二卷　WS/第28冊
(清)喬億撰
清乾隆間刻本
逃禪閣稿四卷　WS/第29冊
(清)張崟撰
稿本
浮春閣詩集六卷　WS/第29冊
(清)沈景運撰
清乾隆五十四年刻本
悔存詩鈔八卷　WS/第29冊
(清)黃景仁撰
清嘉慶元年劉大觀刻本
焚餘詩草一卷玉臺詞鈔一卷律賦一卷　WS/第29冊
(清)于學謐撰
清乾隆榮慶堂刻本
睿親王端恩詩稿不分卷　WS/第29冊
(清)端恩撰
清鈔本
守約堂詩稿十五卷　WS/第29冊
(清)謝階樹撰
清稿本
鍩齋文存一卷試律一卷詩餘一卷　WS/第29冊
(清)查元偁撰
清稿本
歷朝閨雅十二卷　WS/第30冊
(清)揆敘輯
清康熙間刻本
詩倫二卷　WS/第30冊
(清)汪薇輯
清康熙寒木堂刻本
尺牘爭奇八卷　WS/第30冊
(明)張一中輯
明刻本
紅萼詞二卷　WS/第30冊
(清)孔傳鐸撰
清康熙間刻本
侶蛩遺音一卷　WS/第30冊
(清)張大受撰
清康熙張氏潮生閣刻本
詩餘譜式二卷　WS/第30冊
(清)郭鞏撰
清康熙可亭刻本
中州全韻二十二卷首一卷　WS/第30冊
(清)周昂輯
清此宜閣刻本
炙硯瑣談三卷　WS/第30冊
(清)湯大奎撰
清乾隆五十七年趙懷玉刻本

JH(1－310)

四庫禁燬書叢刊附索引
四庫禁燬書叢編纂委員會編
一九九八年北京出版社影印本
三一〇冊

經部

天蓋樓四書語錄四十六卷　JH經/第1冊
(清)呂留良撰 周在延輯
清康熙間金陵玉堂刻本
呂晚邨先生四書講義四十三卷　JH經/第1冊
(清)呂留良撰
清刻本
四書朱子異同條辨四十卷　JH經/第2－4冊
(清)李沛霖 李禎撰
清康熙近譬堂刻本
四書朱子語類三十八卷　JH經/第4冊
(清)張履祥 呂留良輯
清康熙四十年南陽講習堂刻本
思問初編五卷　JH經/第4冊
(明)陳元齡撰
明末刻本
翁山易外七十一卷　JH經/第5冊
(清)屈大均撰
清鈔本
晚邨天蓋樓偶評六卷　JH經/第5－6冊
(清)呂留良撰
清康熙間刻本
楊維節先生稿一卷　JH經/第7冊
(明)楊以任撰 呂留良輯評
清康熙天蓋樓刻江西五家稿本
錢吉士先生全稿不分卷　JH經/第7冊
(明)錢禧撰 (清)呂留良輯評
清康熙二十年天蓋樓刻本
艾千子先生全稿一卷　JH經/第7冊
(明)艾南英撰 (清)呂留良輯評
清康熙天蓋樓刻江西五家稿本
章大力先生全稿一卷　JH經/第7冊
(明)章世純撰 (清)呂留良輯評
清康熙天蓋樓刻江西五家稿本
呂子評語正編四十二卷首一卷附親炙錄一卷餘編八卷首一卷附親炙錄一卷(一)　JH經/第7－8冊
(清)呂留良撰 車鼎豐輯
清康熙五十五年顧麟趾刻本
四書繹注五卷　JH經/第8冊
(清)王錟撰
清康熙間刻本
四書朱子大全四十卷　JH經/第9冊
(清)戴名世 程逢儀輯
清康熙四十七年程逢儀刻本
明文得不分卷　JH經/第10冊
(清)孫維祺輯評
清康熙四十七年金陵兩衡堂刻本
字貫提要四十卷　JH經/第10冊
(清)王錫侯輯
清日本刻本

史部

皇明從信錄四十卷　JH史/第1－2冊
(明)陳建撰 沈國元訂補
明刻本
新刻明政統宗三十卷附一卷　JH史/第2－3冊
(明)涂山輯
明萬曆刻本
寰宇分合志七卷附錄一卷　JH史/第3冊
(明)徐樞撰
明末刻本
皇明典要八卷　JH史/第3冊
(明)陳建撰
明王渭刻本
野獲編三十卷補遺四卷　JH史/第4冊
(明)沈德符撰
清道光七年刻本
憲章外史續編十四卷　JH史/第5冊
(明)許重熙撰
中國史學叢書影印明崇禎六年刻本
頌天臚筆二十四卷　JH史/第5－6冊
(明)金日升輯
中國史學叢書影印明崇禎二年刻本 中國曆史博物館配補

崇禎朝記事四卷 JH 史/第 6 冊
(明)李遜之撰
清光緒武進盛氏刻常州先哲遺書本
江變紀畧二卷 JH 史/第 6 冊
(清)徐世溥撰
清道光古槐山房木活字荊駝逸史本
甲乙記政錄一卷續丙記政錄一卷
JH 史/第 6 冊
(明)徐肇臺撰
明崇禎刻本
松陵文獻十五卷 JH 史/第 7 冊
(清)潘檉章撰
清康熙三十二年潘耒刻本
康濟譜二十五卷 JH 史/第 7 冊
(明)潘游龍輯
明崇禎間刻本
國初羣雄事略十二卷 JH 史/第 8 冊
(清)錢謙益撰
民國間烏程張氏刻適園叢書本
雲間志畧二十四卷 JH 史/第 8 冊
(明)何三畏撰
明天啟刻本
皇明名臣經濟錄十八卷 JH 史/第 9 冊
(明)陳九德輯
明嘉靖二十八年刻本
按遼疏稿六卷 JH 史/第 9 冊
(明)熊廷弼撰
明刻本
四鎮三關誌十卷 JH 史/第 10 冊
(明)劉效祖撰
中國文獻珍本叢書影印明萬曆四年刻本
皇明象胥錄八卷 JH 史/第 10 冊
(明)茅瑞徵撰
國立北平圖書館善本叢書第一集影印明崇禎刻本
全邊略記十二卷附大明神勢圖
JH 史/第 11 冊
(明)方孔炤撰
明崇禎刻本
岱史十八卷 JH 史/第 11 冊
(明)查志隆撰
明萬曆刻本
皇明資治通紀三十卷 JH 史/第 12 冊
(明)陳建撰 岳元聲訂
明刻本
新刻明朝通紀會纂七卷 JH 史/第 13 冊
(明)王世貞撰 王政敏訂 王汝南補
清初刻本
明末紀事補遺十卷 JH 史/第 13 冊
(清)三餘氏撰
清同治刻本
皇明世法錄九十二卷
JH 史/第 13－16 冊
(明)陳仁錫撰
中國史學叢書影印明崇禎刻本
廣皇輿考二十卷 JH 史/第 17 冊
(明)張天復撰 張元忭增補
明末刻本
海防纂要十三卷圖一卷 JH 史/第 17 冊
(明)王在晉撰
明萬曆四十一年自刻本
廣輿記二十四卷 JH 史/第 18 冊
(明)陸應陽輯 (清)蔡方炳增輯
清康熙刻本
地圖綜要三卷 JH 史/第 18 冊
(明)朱國達等輯
明末朗潤堂刻本
明紀編遺六卷 JH 史/第 19 冊
(清)葉珍撰
清初刻本
兩朝剝復錄六卷 JH 史/第 19 冊
(明)吳應箕撰
清鈔本
甲申傳信錄十卷 JH 史/第 19 冊
(清)錢䎘撰
清鈔本
三垣筆記八卷 JH 史/第 19 冊
(清)李清撰
清鈔本
明朝小史十八卷 JH 史/第 19 冊
(明)呂毖輯
舊鈔本
安龍逸史二卷 JH 史/第 19 冊
(清)屈大均撰
民國吳興劉氏刻嘉業堂叢書本
東明聞見錄一卷 JH 史/第 19 冊
(明)瞿共美撰
清鈔本
南渡紀事二卷 JH 史/第 19 冊
(明)李清撰
清鈔本
鍥兩狀元編次皇明人物要考六卷
JH 史/第 20 冊
(明)焦竑 翁正春輯
明萬曆三衢舒承溪刻本
新刊皇明名臣言行錄四卷
JH 史/第 20 冊
(明)楊廉 徐咸撰
明嘉靖二十年魏有本刻本
史外三十二卷 JH 史/第 20 冊
(清)汪有典撰
清乾隆十四年淡艷亭刻本
大明一統賦三卷 JH 史/第 21 冊
(明)莫旦撰
明嘉靖鄭普刻本
九邊圖論一卷 JH 史/第 21 冊
(明)許論撰
明天啟元年苕上閔氏刻朱墨印兵垣四編本
方輿勝畧十八卷總目一卷外夷六卷又一卷 JH 史/第 21 冊
(明)程百二等撰
明萬曆三十八年刻本
彙輯輿圖備攷全書十八卷
JH 史/第 21－22 冊
(明)潘光祖 李雲翔輯
清順治刻本
大義覺迷錄四卷 JH 史/第 22 冊
(清)世宗胤禛撰
清雍正內府刻本
太仆奏議四卷 JH 史/第 22 冊
(明)張輔之撰
明天啟間刻本
新鐫詳訂注釋捷錄評林十卷
JH 史/第 22 冊
(明)顧充撰
明萬曆二十二年明雅堂刻本
皇明歷朝功德捷錄注釋題評一卷
JH 史/第 22 冊
(明)李良翰輯 顧充注評
明萬曆刻本
隣言十八卷 JH 史/第 23 冊
(明)徐日久撰
明崇禎刻本
廣治平略四十四卷 JH 史/第 23－24 冊
(清)蔡方炳撰
清康熙刻本
彙草堂治平類纂三十卷
JH 史/第 24－25 冊
(明)朱健輯

清康熙二年刻本
青萊續史十八卷 JH 史/第 25 冊
(明)朱里撰
清順治十二年刻本
五邊典則二十四卷 JH 史/第 25 – 26 冊
(明)徐日久撰
舊鈔本
古今人物論三十六卷 JH 史/第 27 冊
(明)鄭賢輯
明萬曆三十六年余彰德刻本
皇明大事記五十卷 JH 史/第 28 – 29 冊
(明)朱國楨輯
明刻本
靳史三十卷 JH 史/第 29 冊
(明)查應光輯
明天啟刻本
兩朝從信錄三十五卷
JH 史/第 29 – 30 冊
(明)沈國元撰
明末刻本
皇明奏議備選十六卷 JH 史/第 31 冊
(明)秦駿生輯
明刻本
欲焚草四卷 JH 史/第 31 冊
(明)胡忻撰
清康熙四十二年胡恒升刻本
皇明二祖十四宗增補標題評斷實紀二十七卷 JH 史/第 32 冊
(明)陳建 陳龍可撰
明崇禎刻本
諸史異彙二十四卷 JH 史/第 32 冊
(明)李清撰
舊鈔本
捷錄法原旁註十二卷 JH 史/第 33 冊
(清)錢炅撰
清康熙二十五年錢增刻本
遼小史一卷金小史八卷 JH 史/第 33 冊
(明)楊循吉撰
明萬曆十三年徐景鳳刻本
舊京遺事四卷帝京紀聞二卷
JH 史/第 33 冊
(明)史玄撰
清退山氏鈔本
甲申紀事十三卷附工部新刊事例一卷
JH 史/第 33 冊
(明)馮夢龍輯
明弘光元年刻本
明季甲乙彙編四卷 JH 史/第 33 冊
(明)東邨八十一老人撰
舊鈔本
也是錄一卷 JH 史/第 33 冊
(明)鄧凱撰
舊鈔本
皇明通紀集要六十卷 JH 史/第 34 冊
(明)陳建輯 江旭奇補訂
明崇禎刻本
閩海紀要二卷 JH 史/第 35 冊
(明)夏琳撰
清鈔本
明紀編年十二卷 JH 史/第 35 冊
(明)鍾惺撰 (清)王汝南補
清順治刻本
大明光宗貞皇帝實錄八卷
JH 史/第 35 冊
(明)張惟賢 葉向高等纂修
明鈔本
萬曆武功錄十四卷 JH 史/第 35 – 36 冊
(明)瞿九思撰
明萬曆刻本
督師紀略十三卷 JH 史/第 36 冊
(明)茅元儀撰
明末刻本
女直考一卷 JH 史/第 36 冊
(明)天都山臣撰
清鈔本
聖主中興全盛兼三錄附一卷
JH 史/第 36 冊
(明)何光顯撰
明刻本
綸扉奏草三十卷 JH 史/第 36 – 37 冊
(明)葉向高撰
明刻本
續綸扉奏草十四卷 JH 史/第 37 冊
(明)葉向高撰
明末刻本
經畧復國要編十四卷圖說一卷附一卷后附一卷 JH 史/第 38 冊
(明)宋應昌撰
民國影印明萬曆刻本
周忠毅公奏議四卷附一卷
JH 史/第 38 冊
(明)周宗建撰
明崇禎熊開元刻本
房海客侍御疏三卷 JH 史/第 38 冊
(明)房可壯撰
明天啟二年刻本
劉蕺山先生奏疏五卷 JH 史/第 38 冊
(明)劉宗周撰
清乾隆十七年證人堂刻劉蕺山先生集本
金雙巖中丞集四卷 JH 史/第 38 冊
(明)金光辰撰
清初刻本
撫吳疏草不分卷 JH 史/第 39 冊
(明)張國維撰
明崇禎刻本
健餘奏議十卷 JH 史/第 40 冊
(清)尹會一撰
清乾隆刻本
本朝生氣錄十六卷 JH 史/第 40 冊
(明)徐與參撰
明崇禎刻本
啟禎野乘一集十六卷
JH 史/第 40 – 41 冊
(清)鄒漪撰
明崇禎十七年柳圍草堂刻清康熙五年重修本
啟禎野乘二集八卷 JH 史/第 41 冊
(清)鄒漪撰
清康熙十八年金閶存仁堂素政堂刻本
二續表忠記八卷 JH 史/第 41 冊
(清)趙吉士撰
清康熙三十七年自刻本
揚州休園志八卷首一卷 JH 史/第 41 冊
(清)鄭慶祜撰
清乾隆三十八年察視堂自刻本
西湖覽勝詩志八卷 JH 史/第 41 冊
(清)夏基輯
清乾隆三十七年刻本
皇明十六朝廣彙紀二十八卷
JH 史/第 42 冊
(明)陳建輯
明崇禎刻本
昭代芳摹三十五卷 JH 史/第 43 冊
(明)徐昌治撰
明崇禎九年徐氏知問齋刻本
龍門綱鑑正編二十卷潘氏總論一卷
JH 史/第 44 冊
(清)蔣先庚撰
清初玉芝園刻本

行朝錄十二卷附三藩偶記一卷 JH 史/第 44 冊
(清)黃宗羲撰
清鈔本
李文節先生燕居錄一卷家禮一卷李文節集一卷 JH 史/第 44 冊
(明)李廷機撰
明末刻本
吾學編六十九卷 JH 史/第 45－46 冊
(明)鄭曉撰
明萬曆二十七年鄭心材刻本
吾學編餘一卷 JH 史/第 46 冊
(明)鄭曉撰
明鈔本
名山藏一百九卷 JH 史/第 46－48 冊
(明)何喬遠輯
明崇禎刻本
宋西事案二卷 JH 史/第 48 冊
(明)祁承爜撰
明天啟刻本
弇州史料前集三十卷後集七十卷 JH 史/第 48－50 冊
(明)王世貞撰
明萬曆四十二年刻本
皇明四朝成仁錄十二卷 JH 史/第 50 冊
(清)屈大均撰
民國間商務印書館長沙影印排印廣東叢書本
丹霞山志十卷 JH 史/第 51 冊
(清)陳世英撰 釋古如增補
清雍正十一年丹霞別傳寺刻本
九十九籌十卷 JH 史/第 51 冊
(明)顏季亨撰
民國三十年輯玄覽堂叢書影印明天啟刻本
柴菴疏集二十卷 JH 史/第 51 冊
(明)吳甡撰
清初刻本
新鐫張太史註釋標題綱鑑白眉二十一卷首一卷 JH 史/第 52 冊
(明)張鼐撰
明李潮刻本
重訂蘇紫溪先生會纂標題歷朝綱鑑紀要十六卷首一卷 JH 史/第 52－53 冊
(明)蘇濬撰
明崇禎刻本
鐫王鳳洲先生會纂綱鑑歷朝正史全編二十三卷 JH 史/第 53 冊
(明)王世貞撰
明刻本
新刻世史類編四十五卷首一卷 JH 史/第 54－55 冊
(明)李純卿草創 謝遷補遺 王守仁覆詳 王世貞會纂 李槃增修
明萬曆三十四年書林余彰德刻本
通鑑直解十六卷 JH 史/第 55 冊
(明)張嘉和撰
明末刻本
三朝要典二十四卷原始一卷 JH 史/第 56 冊
(明)顧秉謙等撰
明天啟六年禮部刻本
皇明詔制十卷 JH 史/第 56－57 冊
(明)孔貞運輯
明崇禎刻本
聖諭一卷奏疏九卷 JH 史/第 57 冊
(明)朱東觀輯
明崇禎刻本
余肅敏公奏議三卷 JH 史/第 57 冊
(明)余子俊撰
明嘉靖刻本
臺中疏畧四卷 JH 史/第 57 冊
(明)毛堪撰
明萬曆四十二年刻本
萬曆疏鈔五十卷 JH 史/第 58－60 冊
(明)吳亮輯
明萬曆三十七年刻本
本朝京省人物考一百十五卷 JH 史/第 60－62 冊
(明)過庭訓撰
明末刻本
表揚錄續編不分卷 JH 史/第 63 冊
(清)尹嘉銓撰
清乾隆三十七年刻本
北學編四卷 JH 史/第 63 冊
(清)魏一鰲輯 尹會一續輯
清光緒十四年四川尊經書院刻本
明史竊一百五卷 JH 史/第 64 冊
(明)尹守衡撰
清刻本
鼎鋟鍾伯敬訂正資治綱鑑正史大全七十四卷首一卷 JH 史/第 65－67 冊
(明)鍾惺訂正
明崇禎刻本
鼎鍥趙田了凡袁先生編纂古本歷史大方綱鑑補三十九卷首一卷 JH 史/第 67－68 冊
(明)袁黃撰
明萬曆三十八年雙峰堂余氏刻本
通鑒纂二十卷 JH 史/第 68 冊
(明)鍾惺撰
明末刻本
撫遼疏稿六卷 JH 史/第 69 冊
(明)李化龍撰
明萬曆刻本
西臺疏草一卷北畿疏草一卷東粵疏草五卷南國疏草一卷 JH 史/第 69 冊
(明)王以寧撰
明萬曆刻本
傃菴野抄十一卷 JH 史/第 69 冊
(明)蔡士順輯
明崇禎刻本
奏牘四卷 JH 史/第 69 冊
(明)倪元璐撰
明末刻本
國朝武功紀勝通考八卷補漏居寓言一卷 JH 史/第 70 冊
(明)顏季亨撰
明天啟刻本
萬曆三大征考三卷 JH 史/第 70 冊
(明)茅瑞徵撰
舊鈔本
三朝遼事實錄十七卷總畧一卷 JH 史/第 70 冊
(明)王在晋撰
清鈔本
樵史四卷 JH 史/第 71 冊
(清)陸應陽輯
清書三味樓刻本
酌中志二十三卷酌中志餘十卷 JH 史/第 71 冊
(明)劉若愚撰輯
清鈔明季野史彙編本
玉鏡新譚十卷 JH 史/第 71 冊
(明)朱長祚撰
明末刻本
山書十八卷 JH 史/第 71 冊
(清)孫承澤撰
清鈔本
憶記四卷 JH 史/第 71 冊
(明)吳甡撰

清初刻本
崇禎遺錄一卷殉難忠臣錄一卷逆賊奸臣錄一卷 JH 史/第 72 冊
(明)王世德撰
清鈔本
甲乙事案二卷 JH 史/第 72 冊
(明)文秉撰
清鈔本
慟餘雜記一卷 JH 史/第 72 冊
(明)史惇撰
清鈔本
殘明紀事一卷 JH 史/第 72 冊
(清)不著撰者
清鈔本
所知錄五卷 JH 史/第 72 冊
(清)錢澄之撰
清是亦軒鈔本
揚州十日記一卷 JH 史/第 72 冊
(清)王秀楚撰
清鈔本
明季遺聞四卷 JH 史/第 72 冊
(清)鄒漪撰
清順治刻本
作吏要言一卷 JH 史/第 72 冊
(清)葉鎮撰
清道光許喬年刻本
邊略五卷 JH 史/第 72 冊
(明)高拱撰
清康熙二十七年刻本
輿地圖考六卷 JH 史/第 72 冊
(明)程道生撰
明天啟刻本
秦楚之際遊記二卷 JH 史/第 72 冊
(明)薛熙撰
清康熙三十三年刻本
西山志十二卷 JH 史/第 72 冊
(清)歐陽桂撰
清乾隆三十一年梅谷山房刻本
望都縣新志八卷 JH 史/第 73 冊
(清)陳洪書修 王錫侯 陳啟光纂
清乾隆三十六年刻本
黃山導四卷首一卷 JH 史/第 73 冊
(清)汪堪輯
清乾隆二十六年刻本
新鐫歷朝捷錄增定全編大成四卷 JH 史/第 73 冊
(明)顧充撰 鍾惺等補
明末刻本
史貫十二卷 JH 史/第 73 冊
(清)周士儀撰
清康熙十七年自刻本
通紀纂十卷 JH 史/第 74 冊
(明)鍾惺等輯
清初刻本
明鑑會纂十五卷 JH 史/第 74 冊
(清)朱國標撰
清乾隆二十七年刻本
豫變紀略八卷附一卷 JH 史/第 74 冊
(清)鄭廉撰
清乾隆瞿瞿室刻本
中興實錄不分卷 JH 史/第 74 冊
(明)不著撰者
舊鈔本
永曆紀事一卷 JH 史/第 74 冊
(明)丁大任撰
清道光古槐山房木活字荊駝逸史本
綵綸錄六卷 JH 史/第 74 冊
(明)周永春輯
明刻本
餉撫疏草七卷 JH 史/第 75 冊
(明)畢自嚴撰
明天啟刻本
經世挈要二十二卷 JH 史/第 75 冊
(明)張燧撰
明崇禎六年傅昌辰刻本
子部
醫貫六卷 JH 子/第 1 冊
(明)醫無閭子撰 (清)呂醫山人評
清刻本
新纂乾坤寶典天文不分卷 JH 子/第 1 冊
不著撰者
明鈔本
千一疏二十二卷 JH 子/第 1 冊
(明)程涓撰
明萬曆三十七年黃如松刻本
奚囊寸錦四卷 JH 子/第 1 冊
(清)張潮撰
清嘉慶二十五年刻本
八編類纂二百八十五卷六經圖六卷八編類纂圖二卷 JH 子/第 2－8 冊
(明)陳仁錫輯
明天啟刻本
匯東手談三十二卷 JH 子/第 8 冊
(清)史珥撰
清乾隆刻本
古今紆籌十卷 JH 子/第 9 冊
(明)朱錦輯
明末刻本
兵錄十四卷 JH 子/第 9 冊
(明)何汝賓撰
明崇禎刻本
槎菴小乘四十一卷 JH 子/第 10 冊
(明)來斯行撰
明崇禎四年刻本
闡義二十二卷 JH 子/第 11 冊
(清)吳肅公輯
清康熙四十六年慕園刻本
千百年眼十二卷 JH 子/第 11 冊
(明)張燧撰
明萬曆刻本
南極篇二十二卷 JH 子/第 11 冊
(明)文翔鳳撰
明萬曆刻本
大明天元玉曆祥異圖說七卷 JH 子/第 12 冊
(明)余文龍撰
明萬曆四十七年自刻本
沈氏日旦十二卷 JH 子/第 12 冊
(明)沈長卿撰
明崇禎刻本
羣書典彙十四卷 JH 子/第 12－13 冊
(明)黃道周輯評
明崇禎敦古齋刻本
潛確居類書一百二十卷 JH 子/第 13－16 冊
(明)陳仁錫輯
明崇禎刻本
注釋評點古今名將傳十七卷附錄一卷 JH 子/第 17 冊
(明)陳元素撰
明天啟刻本
新刻皇明百將列傳評林四卷附錄一卷續集四卷 JH 子/第 17 冊
(明)顧其言撰 (續集)何喬新撰
明末刻本
林子三教正宗統論三十六冊 JH 子/第 17－19 冊
(明)林兆恩撰
明萬曆刻本
存古類函三卷 JH 子/第 19 冊

(明)陳組綬輯
明末刻本
經史子集合纂類語三十二卷 JH 子/第 20－21 册
(明)魯重民輯
明崇禎武林輝山堂金陵汪復初刻本
讀書論世十六卷 JH 子/第 21 册
(清)吳肅公撰
清康熙詒清堂刻本
沈氏弋說六卷 JH 子/第 21 册
(明)沈長卿撰
明萬曆刻本
籌兵三畧三卷 JH 子/第 22 册
(明)曹飛輯
清鈔本
經武勝畧正集十九卷 JH 子/第 22 册
(明)莊應會輯
明末刻本
武備志二百四十卷 JH 子/第 23－26 册
(明)茅元儀輯
明天啟刻本
三立堂新編閫外春秋三十二卷 JH 子/第 27 册
(明)尹商撰
明崇禎刻本
武備要畧十四卷 JH 子/第 28 册
(明)程子頤等撰
明崇禎五年刻本
武備天文一卷水火攻一卷地利四卷 JH 子/第 28－29 册
(明)施永圖撰
清刻本
喻子十三種秘書兵衡十三卷 JH 子/第 29 册
(明)喻龍德撰
明天啟鄭大經刻本
軍器圖說不分卷 JH 子/第 29 册
(明)畢懋康撰
明崇禎十一年張繼孟刻本
緯弢二卷 JH 子/第 29 册
(明)郭增光撰
明崇禎刻本
暇老齋雜記三十二卷 JH 子/第 29 册
(明)茅元儀撰
清光緒李文田家鈔本
古今治統二十卷 JH 子/第 29－30 册
(明)徐奮鵬撰
清雍正刻本
玉光劍氣集不分卷 JH 子/第 30 册
(明)張怡撰 王文濤輯
清鈔本
書法精言四卷 JH 子/第 31 册
(清)王錫侯撰
清乾隆刻本
晚邨慙書一卷 JH 子/第 31 册
(清)呂留良撰
清順治刻本
古今治平彙要十四卷 JH 子/第 31 册
(清)楊潮觀撰
清雍正七年文聚樓刻本
古方略四十五卷續編六卷 JH 子/第 31－32 册
(明)余懋衡輯
明崇禎十二年書林張詒謀忠貞堂刻本
羣言瀝液八卷 JH 子/第 32 册
(清)梁顯祖輯
清康熙刻本
金湯借箸十二籌十二卷 JH 子/第 33 册
(明)李盤等撰
明崇禎刻本
兵鏡二十卷綱目一卷 JH 子/第 33 册
(明)吳惟順 吳鳴球撰
明末問奇齋刻本
新鐫批選皇明百將傳合法兵戎事類三卷 JH 子/第 33 册
(明)趙光裕撰
明刻本
登壇必究四十卷 JH 子/第 34－35 册
(明)王鳴鶴輯
明萬曆刻本
千山剩人和尚語錄六卷 JH 子/第 35 册
(明)釋函可撰
清康熙釋今廬等刻本
呂晚邨先生古文二卷 JH 子/第 36 册
(清)呂留良撰
清康熙五十九年小濂溪山房刻本
呂晚邨先生論文彙鈔不分卷 JH 子/第 36 册
(清)呂留良撰
清康熙五十三年呂氏家塾刻本
呂晚邨先生家訓真蹟五卷 JH 子/第 36 册
(清)呂留良撰
清康熙刻本
戰守全書十八卷 JH 子/第 36 册
(明)范景文撰
明崇禎刻本
新鐫註解武經十四卷 JH 子/第 36－37 册
(明)沈應明撰
明崇禎九年經世堂刻本
書法彀三卷 JH 子/第 37 册
(清)魯之裕撰
清鈔本
守官漫錄五卷 JH 子/第 37 册
(明)劉萬春撰
明萬曆四十八年劉氏澹然居刻本
五雜組十六卷 JH 子/第 37 册
(明)謝肇淛撰
明刻本
玉塵新譚三十四卷 JH 子/第 38 册
(明)鄭仲夔撰
明萬曆四十五年刻本
柴庵寤言二卷 JH 子/第 38 册
(明)吳甡撰
明末刻本
經史提綱十七卷九經補韻一卷 JH 子/第 38 册
(清)魯之裕撰
清乾隆刻本
碩果錄十卷 JH 子/第 38 册
(清)馬駉撰
稿本
虞初新志二十卷 JH 子/第 38 册
(清)張潮輯
清康熙刻本

集部

明詩選十二卷 JH 集/第 1 册
(明)華淑輯
明萬曆刻本
詩觀初集十二卷二集十四卷三集十三卷閨秀別卷一卷 JH 集/第 1－3 册
(清)鄧漢儀輯
清康熙慎墨堂刻本
清詩初集十二卷 JH 集/第 3 册
(清)蔣鑨 翁介眉輯
清康熙二十年鏡閣刻本
寧都三魏全集八十四卷 JH 集/第 4－6 册
(清)林時益輯
清道光二十五年寧都謝庭綬紱園書

塾重刻本
甓湖聯吟集七卷 JH 集/第 6 册
(清)李光國輯
清乾隆刻本
王文肅公文集五十五卷
JH 集/第 7－8 册
(明)王錫爵撰
明萬曆王時敏刻本
陳氏荷華山房詩稿二十六卷目錄二卷
JH 集/第 8 册
(明)陳邦瞻撰
明萬曆刻本
顧太史文集八卷 JH 集/第 9 册
(明)顧天埈撰
明崇禎刻本
陶文簡公集十三卷 JH 集/第 9 册
(明)陶望齡撰
明天啟七年陶履中刻本
已吾集十四卷附錄一卷 JH 集/第 9 册
(明)陳際泰撰
清順治李來泰刻本
四品稿九卷 JH 集/第 10 册
(明)李若訥撰
明天啟二年刻本
賜餘堂集十卷年譜一卷 JH 集/第 10 册
(明)錢士升撰 (明)許重熙撰年譜
清乾隆四年錢佳刻本
嶠雅二卷 JH 集/第 10 册
(明)鄺露撰
清初海雪堂刻本
楊大洪先生文集二卷 JH 集/第 10 册
(明)楊漣撰
清同治光緒間福州正誼書院刻正誼堂全書本
河村集四卷附錄一卷 JH 集/第 11 册
(明)戴重撰
清鈔本
秋士偶編一卷附董劉春秋雜論一卷
JH 集/第 11 册
(明)宋存標撰
明末刻本
天問閣文集四卷附海棠居初集一卷
JH 集/第 11 册
(明)李長祥撰 姚淑撰附
民國吳興劉氏刻求恕齋叢書本
樓山堂集二十七卷 JH 集/第 11 册
(明)吳應箕撰
清刻本
幾亭全書六十四卷 JH 集/第 11－12 册
(明)陳龍正撰
清康熙雲書閣刻本
楊忠烈公文集十卷附表忠錄一卷補遺一卷年譜一卷 JH 集/第 13 册
(明)楊漣撰
清道光十三年世美堂刻本
合併黄離草三十卷 JH 集/第 13－14 册
(明)郭正域撰
明萬曆四十年史記事刻本
陳靖質居士文集六卷 JH 集/第 14 册
(明)陳山毓撰
明天啟刻本
宗伯集八十一卷 JH 集/第 15－16 册
(明)馮琦撰
明萬曆刻本
在魯齋文集五卷 JH 集/第 16 册
(明)孔貞時撰
清代禁燬書叢刊影印明崇禎刻本
二丸居集選十一卷 JH 集/第 16 册
(清)黎景義撰
舊鈔本
青銅自考十二卷 JH 集/第 17 册
(清)俞益謨撰
清康熙四十六年刻本
白鹿山房詩集十五卷 JH 集/第 17 册
(清)方中發撰
清康熙雲松閣刻本
古今振雅雲箋十卷 JH 集/第 18 册
(明)徐渭輯
明末刻本
皇明經濟文錄四十一卷
JH 集/第 18－19 册
(明)萬表輯
明嘉靖刻本
歷科廷試狀元策十卷總考一卷
JH 集/第 19－20 册
(明)焦竑輯 (清)胡任輿增輯
清雍正刻本
翰海十二卷 JH 集/第 20 册
(明)沈佳胤輯
明末徐含靈刻本
古今議論參五十五卷
JH 集/第 20－21 册
(明)林德謀撰
明崇禎刻本
遺民詩十二卷附近青堂詩一卷
JH 集/第 21 册
(清)卓爾堪輯撰
清康熙刻本
皇明經世文編五百四卷補遺四卷
JH 集/第 22－29 册
(明)陳子龍等輯
影印明崇禎雲平露堂刻本
心史二卷 JH 集/第 30 册
(宋)鄭思肖撰
明崇禎十二年張國維刻本
碧山學士集二十一卷別集四卷
JH 集/第 30 册
(明)黄洪憲撰
明萬曆刻本
鏡山庵集二十五卷 JH 集/第 30－31 册
(明)高出撰
明天啟刻本
吳文恪公文集三十二卷附錄一卷
JH 集/第 31 册
(明)吳道南撰
明崇禎吳之京刻本
容臺集十七卷 JH 集/第 32 册
(明)董其昌撰
明崇禎三年董庭刻本
中弇州山人稿五卷 JH 集/第 32 册
(明)王士驌撰
明萬曆刻本
豐草菴詩集十一卷前集六卷後集二卷寶雲詩集七卷禪樂府一卷
JH 集/第 33 册
(明)董說撰
民國吳興劉氏嘉業堂刻吳興叢書本
卧龍山人集十四卷 JH 集/第 33 册
(清)葛芝撰
清康熙九年自刻本
雪堂先生集選十一卷 JH 集/第 33 册
(清)熊文舉撰
清順治刻本
古文快筆貫通解四卷 JH 集/第 34 册
(清)杭永年輯
清隆文堂刻本
明文英華十卷 JH 集/第 34 册
(清)顧有孝輯
清康熙傳萬堂刻本
幾社壬申合稿二十卷
JH 集/第 34－35 册

(明)杜騏徵等輯
明末小樊堂刻本
尺牘蘭言十卷 JH 集/第 35 冊
(清)黃容 王維翰輯
清康熙二十年刻本
國朝詩觀十六卷 JH 集/第 35 冊
(清)王錫侯輯
清乾隆三十年三樹堂刻本
國朝詩觀二集六卷 JH 集/第 35 冊
(清)王錫侯輯
清乾隆三十五年刻本
賴古堂名賢尺牘新鈔十二卷二選藏弆集十六卷三選結鄰集十六卷 JH 集/第 36 冊
(清)周在浚等輯
清康熙賴古堂刻本
瑤華集二十二卷附二卷 JH 集/第 37 冊
(清)蔣景祁撰
清康熙二十五年刻本
明人詩鈔正集十四卷續集十四卷 JH 集/第 37 冊
(清)朱琰輯
清乾隆刻本
詩持一集四卷二集十卷三集十卷四集一卷 JH 集/第 38 冊
(清)魏憲輯
清康熙枕江堂刻本
江左三家詩鈔九卷 JH 集/第 39 冊
(清)顧有孝 趙澐輯
清康熙刻本
嶺南三家詩選二十四卷 JH 集/第 39 冊
(清)王隼輯
清康熙刻本
篋衍集十二卷 JH 集/第 39 冊
(清)陳維崧輯
清乾隆二十六年華綺刻本
國朝詩品二十卷 JH 集/第 39 冊
(清)陳以剛等輯
清雍正十二年棣華書屋刻本
杜工部集二十卷年譜一卷諸家詩話一卷唱酬題咏附錄一卷附錄一卷 JH 集/第 40 冊
(唐)杜甫撰 (清)錢謙益箋注
清康熙六年季振宜刻本
許文穆公集六卷 JH 集/第 40 冊
(明)許國撰 葉向高等輯
明萬曆許立言等刻本
青來閣初集十卷 JH 集/第 40 冊
(明)方應祥撰
明萬曆四十五年自刻本
松石齋集三十六卷 JH 集/第 41 冊
(明)趙用賢撰
明萬曆刻本
毛孺初先生評選即山集六卷附附刻一卷 JH 集/第 41 冊
(明)沈承撰 毛孺初輯評
明天啟六年刻本
寓林集三十二卷詩集六卷 JH 集/第 42－43 冊
(明)黃汝亨撰
明天啟四年吴敬等刻本
虞德園先生集三十三卷 JH 集/第 43 冊
(明)虞淳熙撰
明末刻本
丁清惠公遺集八卷 JH 集/第 44 冊
(明)丁賓撰
明崇禎刻本
田亭草二十卷 JH 集/第 44 冊
(明)黃鳳翔撰
明萬曆三十九年甘雨刻本
藏密齋集二十四卷 JH 集/第 45 冊
(明)魏大中撰
明崇禎刻清嘉慶補刻本
啜墨亭集十二卷雜著一卷 JH 集/第 45 冊
(明)徐時進撰
明萬曆刻本
弗告堂集二十六卷 JH 集/第 46 冊
(明)于若瀛撰
明萬曆刻本
左忠毅公集五卷 JH 集/第 46 冊
(明)左光斗撰
清康熙刻本
簡齋先生集詩選十一卷文選四卷 JH 集/第 46 冊
(明)劉榮嗣撰
清康熙元年劉佑刻本
北黔山人詩十卷 JH 集/第 46 冊
(清)吳苑撰
清康熙刻本
歐虞部集十五種七十二卷附四卷 JH 集/第 47－48 冊
(明)歐大任撰
清刻本
隱秀軒集三十三卷 JH 集/第 48 冊
(明)鍾惺撰
明天啟二年沈春澤刻本
白蘇齋類集二十二卷 JH 集/第 48 冊
(明)袁宗道撰
明刻本
吳歈小草十卷 JH 集/第 49 冊
(明)婁堅撰
清康熙刻本
皇極篇二十七卷 JH 集/第 49 冊
(明)文翔鳳撰
明萬曆刻本
癡山集六卷 JH 集/第 49 冊
(明)陳孝逸撰
清初刻本
落落齋遺集十卷 JH 集/第 50 冊
(明)李應昇撰
明崇禎刻本
倪文正公遺稿二卷 JH 集/第 50 冊
(明)倪元璐撰 顧予咸輯
清順治八年刻本
金正希先生文集輯略九卷 JH 集/第 50 冊
(明)金聲撰
明末邵鵬程刻本
方子流寓草九卷 JH 集/第 50 冊
(清)方以智撰
明末刻本
石臼前集九卷後集七卷 JH 集/第 51 冊
(清)邢昉撰
清康熙刻本
顧與治詩八卷 JH 集/第 51 冊
(明)顧夢游撰
清初書林毛恒所刻本
壯悔堂文集十卷遺稿一卷四憶堂詩集六卷遺稿一卷 JH 集/第 51 冊
(清)侯方域撰
清順治刻增修本
恥躬堂文鈔十卷詩鈔六卷 JH 集/第 52 冊
(清)彭士望撰
清咸豐二年刻本
邱邦士文集十七卷首一卷 JH 集/第 52 冊
(清)邱維屏撰
清道光十七年刻本

道援堂詩集十二卷詞一卷 JH 集/第 52 冊
(清)屈大均撰
清刻本
漁洋山人精華錄十卷 JH 集/第 53 冊
(清)王士禛撰
清康熙三十九年林佶寫刻本
石秋子敬身錄四卷 JH 集/第 53 冊
(清)洪思撰
清鈔本
受祜堂集十二卷 JH 集/第 53 冊
(清)張泰交撰
清康熙高熊徵刻本
嶺南林睡廬詩選二卷 JH 集/第 53 冊
(清)林良銓撰
清乾隆二十年詠春堂刻本
憑山閣增輯留青新集三十卷 JH 集/第 54－55 冊
(清)陳枚輯 陳德裕增輯
清康熙刻本
熹廟拾遺雜咏一卷 JH 集/第 55 冊
(明)秦元方撰
舊鈔本
詩慰初集二十六卷二集十一卷續集一卷 JH 集/第 56 冊
(清)陳允衡輯
清順治刻本
古今小品八卷 JH 集/第 56 冊
(明)陳天定輯
清道光九年刻本
一齋集三十五卷 JH 集/第 57 冊
(明)陳第撰
明萬曆會山樓刻本
鹿裘石室集六十五卷 JH 集/第 57－58 冊
(明)梅鼎祚撰
明天啟三年玄白堂刻本
顧文康公續稿六卷 JH 集/第 59 冊
(明)顧鼎臣撰
明崇禎十六年刻本
陳太史無夢園初集三十四卷 JH 集/第 59－60 冊
(明)陳仁錫撰
明崇禎六年張一鳴刻本
存笥小草六卷附遺稿雜集一卷 JH 集/第 60 冊
(明)冒日乾撰 冒守遇撰附
清康熙六十年冒春溶刻本
焦氏澹園集四十九卷 JH 集/第 61 冊
(明)焦竑撰
明萬曆三十四年刻本
焦氏澹園續集二十七卷 JH 集/第 61－62 冊
(明)焦竑撰
明萬曆三十九年金勵刻本
甲秀園集四十七卷 JH 集/第 62 冊
(明)費元祿撰
明萬曆刻本
睡庵稿三十六卷 JH 集/第 63 冊
(明)湯賓尹撰
明萬曆刻本
重刻楊復所先生家藏文集八卷 JH 集/第 63 冊
(明)楊起元撰
明崇禎楊見晙等刻本
李太僕恬致堂集四十卷 JH 集/第 64－65 冊
(明)李日華撰
明崇禎刻本
寧澹齋全集文十二卷留芳錄一卷附疏稿一卷詩十卷(原缺文卷九) JH 集/第 65 冊
(明)楊守勤撰
明末刻本
偶記八卷 JH 集/第 65 冊
(明)鄭仲夔撰
明刻本
白石樵真稿二十八卷附一卷 JH 集/第 66 冊
(明)陳繼儒撰
明崇禎刻本
晚香堂集十卷 JH 集/第 66 冊
(明)陳繼儒撰
明崇禎刻本
眉公詩鈔八卷 JH 集/第 67 冊
(明)陳繼儒撰
明崇禎刻本
從野堂存稿八卷 JH 集/第 67 冊
(明)繆昌期撰
明崇禎十年繆虛白刻本
瀟碧堂集二十卷續集十卷 JH 集/第 67 冊
(明)袁宏道撰
明萬曆刻本
趙忠毅公詩文集二十四卷 JH 集/第 68 冊
(明)趙南星撰
明崇禎十一年范景文等刻本
楊文弱先生集五十七卷 JH 集/第 69－70 冊
(明)楊嗣昌撰
舊鈔本
句注山房集二十卷尺牘七卷 JH 集/第 70 冊
(明)張鳳翼撰
明刻本
石民江村集二十卷 JH 集/第 70 冊
(明)茅元儀撰
明末刻本
雪堂集十卷附錄一卷 JH 集/第 70 冊
(明)沈守正撰
明崇禎沈尤含等刻本
杜曲集十一卷 JH 集/第 71 冊
(明)戴澳撰
明崇禎刻本
螽山集十二卷續集四卷再續集五卷 JH 集/第 71 冊
(清)方文撰
清康熙二十八年王槩刻本
壺山集三卷 JH 集/第 72 冊
(明)陳孝威撰
清順治刻本
可經堂集十二卷 JH 集/第 72 冊
(明)徐石麒撰
清順治可經堂刻本
變雅堂文集不分卷附推枕吟一卷杜陵七歌一卷 JH 集/第 72 冊
(清)杜濬撰
清康熙刻本
無他技堂遺稿十六卷 JH 集/第 72 冊
(明)蔣臣撰
清康熙四十九年蔣于淍刻本
綉虎軒尺牘八卷二集八卷三集八卷 JH 集/第 73 冊
(清)曹煜撰
清康熙傳萬堂刻本
西齋集十八卷 JH 集/第 73 冊
(清)王仲儒撰
清康熙夢華山房刻本
含英閣詩草十卷 JH 集/第 74 冊
(清)鄭熙績撰

清康熙含英閣刻本
今樂府二卷 JH 集/第 74 冊
(清)吳炎 潘檉章撰
清鈔本
感舊集十六卷 JH 集/第 74 冊
(清)王士禎輯 盧見曾等補傳
清乾隆十七年刻本
大呼集八卷 JH 集/第 74 冊
(清)梁顯祖輯
清康熙刻本
王槐野先生存笥稿續集九卷
JH 集/第 75 冊
(明)王維楨撰
明嘉靖徐學禮刻本
鄭侯升集四十卷 JH 集/第 75 冊
(明)鄭明選撰
明萬曆三十一年鄭文震刻本
寶日堂初集三十二卷
JH 集/第 76－77 冊
(明)張鼐撰
明崇禎二年刻本
何長人集八卷 JH 集/第 77 冊
(明)何慶元撰
明萬曆刻本
張忠烈公存集三十五卷 JH 集/第 77 冊
(明)張銓撰
明末刻本
萬二愚先生遺集六卷 JH 集/第 78 冊
(明)萬國欽撰
明萬曆萬尚烈刻本
蘧廬稿選十三卷 JH 集/第 78 冊
(明)韓上桂撰
明天啟刻本
靜悱集十卷附錄一卷 JH 集/第 78 冊
(明)吳之甲撰
清乾隆四年吳重康刻本
青萊閣二集十卷 JH 集/第 78 冊
(明)方應祥撰
明天啟四年易道暹等刻本
陳學士先生初集三十六卷
JH 集/第 78－79 冊
(明)陳懿典撰
明萬曆四十八年曹憲來刻本
鶴汀詩集十卷 JH 集/第 80 冊
(明)李之世撰
清涉園刻本
雪堂隨筆四卷 JH 集/第 80 冊
(明)顧起元撰
明天啟七年刻本
斗酒堂集十二卷 JH 集/第 80 冊
(明)貢修齡撰
明末刻本
賜曲園今是堂集十一卷 JH 集/第 80 冊
(明)陶奭齡撰
明崇禎刻本
文水李忠肅先生集六卷附錄一卷
JH 集/第 81 冊
(明)李邦華撰
清乾隆七年徐大坤刻本
吳忠節公遺集四卷附年譜一卷
JH 集/第 81 冊
(明)吳麟徵撰
明弘光刻本
知畏堂文存十二卷詩存四卷
JH 集/第 81 冊
(明)張采撰
清康熙刻本
侶䆠堂詩集八卷 JH 集/第 82 冊
(明)祝彥撰
明刻本
朱太復文集五十二卷目錄五卷乙集三十八卷目錄四卷 JH 集/第 82－83 冊
(明)朱長春撰
明萬曆刻本
溫寶忠先生遺稿十二卷 JH 集/第 83 冊
(明)溫璜撰
清順治貞石堂刻本
翠筠亭集十三卷補遺一卷
JH 集/第 83 冊
(明)石文器撰
清順治三年石珂刻補修本
羅紋山先生全集十八卷首一卷
JH 集/第 84 冊
(明)羅明祖撰
明末古處齋刻本
吳吏部集九卷 JH 集/第 84 冊
(明)吳本泰撰
清順治刻本
石村詩集三卷文集三卷 JH 集/第 84 冊
(清)郭金臺撰
清康熙刻本
金正希先生燕詒閣集七卷
JH 集/第 85 冊
(明)金聲撰
明末刻本
榮木堂合集三十五卷 JH 集/第 85 冊
(明)陶汝鼐撰
清康熙刻世綵堂匯印本
懸榻編六卷 JH 集/第 86 冊
(清)徐芳撰
清康熙刻本
聖雨齋詩集五卷詩餘二卷賦集二卷文集四卷 JH 集/第 86 冊
(清)周拱辰撰
清初刻本
亦園全集六卷 JH 集/第 86 冊
(明)姚孫棐撰
清初刻本
默菴遺藁十卷 JH 集/第 87 冊
(清)馮舒撰
清康熙世豸堂刻本
耳鳴集十四卷 JH 集/第 87 冊
(清)王邦畿撰
清初古厚堂刻本
擬山園選集八十二卷
JH 集/第 87－88 冊
(清)王鐸撰
清順治十年王鑨刻本
雪廬焚餘稿十卷續草二卷附客問一卷
JH 集/第 88 冊
(明)趙維寰撰
明崇禎刻本
寒支初集十卷二集六卷附歲紀一卷
JH 集/第 89 冊
(清)李世熊撰
清初檀河精舍刻本
太白山人槲葉集五卷南遊草一卷
JH 集/第 89 冊
(清)李柏撰
清康熙三十四年刻本
艾陵文鈔十六卷詩鈔二卷
JH 集/第 90 冊
(清)雷士俊撰
清康熙莘樂草堂刻本
嚴逸山先生文集十三卷附家乘後編一卷
JH 集/第 90 冊
(清)嚴書開撰
清初寧德堂刻本
石松堂集八卷 JH 集/第 90 冊
(清)余為霖撰
清康熙刻本

兩孤存四卷 JH 集/第 91 冊
(清)俞聃 俞塞撰
清康熙刻本
了菴詩集二十卷文集十五卷
JH 集/第 91 冊
(清)王岱撰
清乾隆刻本
增定國朝館課經世宏辭十五卷
JH 集/第 92 冊
(明)王錫爵輯
明萬曆十八年周曰校萬卷樓刻本
皇明館課經世宏辭續集十五卷
JH 集/第 92 - 93 冊
(明)王錫爵 陸翀之輯
明萬曆二十一年周曰校刻本
明文霱二十卷 JH 集/第 93 - 94 冊
(明)劉士鏻輯評
明崇禎刻本
晚邨先生八家古文精選八卷
JH 集/第 94 冊
(清)呂留良輯 呂葆中批點
清康熙呂氏家塾刻本
本事詩十二卷 JH 集/第 94 冊
(清)徐釚輯
清乾隆二十二年半松書屋刻本
列朝詩集八十一卷 JH 集/第 95 - 97 冊
(清)錢謙益輯
清順治九年毛氏汲古閣刻本
明詩別裁集十二卷 JH 集/第 97 冊
(清)沈德潛 周準輯
清乾隆刻本
啟禎遺詩十卷 JH 集/第 97 冊
(清)陳濟生輯
清順治刻增修本
龍眠風雅六十四卷 JH 集/第 98 - 99 冊
(清)潘江輯
清康熙十七年潘氏石經齋刻本
龍眠風雅續集二十七卷末一卷
JH 集/第 99 - 100 冊
(清)潘江輯
清康熙二十九年自刻本
梅會詩選十二卷二集十六卷三集四卷附刻一卷 JH 集/第 100 冊
(清)李稻塍 李集輯
清乾隆三十二年寸碧山堂刻本
南州詩畧十六卷 JH 集/第 100 冊
(清)朱滋年輯
清乾隆刻本
嚴石谿詩稿六卷 JH 集/第 101 冊
(明)嚴怡撰
明萬曆五年劉效祖刻本
輸寥館集八卷 JH 集/第 101 冊
(明)范允臨撰
清初刻本
詒美堂集二十四卷 JH 集/第 101 冊
(明)祝以豳撰
明天啟刻本
崇相集十九卷 JH 集/第 102 - 103 冊
(明)董應舉撰
明崇禎刻本
始青閣稿二十四卷 JH 集/第 103 冊
(明)鄒迪光撰
明天啟刻本
珂雪齋近集十卷附楚狂之歌一卷小袁幼稿一卷近遊草一卷 JH 集/第 103 冊
(明)袁中道撰 袁祈年撰附
明書林唐振吾刻本
張文愍公遺集十卷 JH 集/第 104 冊
(明)張邦紀撰
明崇禎十七年刻本
遯園漫稿四卷 JH 集/第 104 冊
(明)顧起元撰
明刻本
越鐫二十一卷 JH 集/第 104 冊
(明)王在晉撰
明萬曆三十九年刻本
炳燭齋稿一卷 JH 集/第 104 冊
(明)顧大韶撰
清道光二十年鈔本
青藜齋集二卷 JH 集/第 104 冊
(明)朱朝瞌撰
明萬曆刻本
市南子二十二卷制敕六卷
JH 集/第 105 冊
(明)李光元撰 吴士元輯
明崇禎刻本
蘭雪堂集六卷 JH 集/第 105 冊
(明)王心一撰
清乾隆刻本
遼籌二卷遼夷略一卷奏草一卷陳謠雜咏一卷 JH 集/第 105 冊
(明)張鼐撰
明天啟刻本
文直行書詩十三卷文十七卷首一卷
JH 集/第 106 冊
(明)熊明遇撰
清順治十七年熊人霖刻本
太白劍二卷 JH 集/第 106 冊
(明)姚康撰
清光緒刻本
來恩堂草十六卷 JH 集/第 107 冊
(明)姚舜牧撰
明刻本
漉籬集二十五卷遺集一卷
JH 集/第 107 冊
(明)卓發之撰
明崇禎傳經堂刻本
靜嘯齋存草十二卷遺文四卷附一卷
JH 集/第 108 冊
(明)董斯張撰
明崇禎刻本
識匡齋全集十六卷 JH 集/第 108 冊
(明)劉康祉撰
清順治刻本
琴張子螢芝集七卷評琴張子禪粟秣二卷
JH 集/第 108 冊
(明)張明弼撰 周鑣評
明天啟五年書林段君定刻本
春浮園文集二卷附錄一卷詩一卷南歸日錄一卷偶錄二卷日涉錄一卷汴遊錄一卷蕭齋日紀一卷 JH 集/第 108 冊
(明)蕭士瑋撰
清光緒刻本
來鶴樓集四卷 JH 集/第 108 冊
(明)劉遵憲撰
明天啟刻本
石民四十集九十八卷
JH 集/第 109 - 110 冊
(明)茅元儀撰
明崇禎刻本
石民渝水集六卷 JH 集/第 110 冊
(明)茅元儀撰
明崇禎刻本
石民又峴集五卷 JH 集/第 110 冊
(明)茅元儀撰
明崇禎刻本
石民橫塘集十卷 JH 集/第 110 冊
(明)茅元儀撰
明崇禎刻本
石民賞心集八卷 JH 集/第 110 冊

(明)茅元儀撰
明崇禎刻本
掌記六卷 JH 集/第 110 冊
(明)茅元儀撰
明崇禎刻本
雪屋集八卷 JH 集/第 110 冊
(明)孫永祚撰
明崇禎五年古嘯堂刻本
雪屋二集五卷 JH 集/第 110 冊
(明)孫永祚撰
清順治十七年古嘯堂刻本
瀑音四卷附碧濤芨逸存一卷 JH 集/第 110 冊
(清)苗蕃撰
清康熙刻本
歸錢尺牘五卷 JH 集/第 111 冊
(明)歸有光(清)錢謙益撰(清)顧棫輯
清康熙三十九年顧氏知月樓刻本
蓼齋集四十七卷後集五卷 JH 集/第 111 冊
(清)李雯撰
清順治十四年石維崑刻本
范勛卿詩集二十一卷文集六卷 JH 集/第 112 冊
(明)范鳳翼撰
明崇禎刻本
棄草詩集七卷文集八卷棄草二集二卷 JH 集/第 112-113 冊
(明)周之夔撰
明崇禎木犀館刻本
澹寧居文集十卷詩集三卷 JH 集/第 113 冊
(明)馬世奇撰
清乾隆二十一年刻本
浮山文集前編十卷後編二卷別集二卷 JH 集/第 113 冊
(清)方以智撰
清初方氏此藏軒刻本
牧齋初學集一百十卷目錄二卷 JH 集/第 114-115 冊
(清)錢謙益撰
明崇禎瞿式耜刻本
牧齋有學集五十一卷 JH 集/第 115-116 冊
(清)錢謙益撰
清康熙二十四年金匱山房刻本
六柳堂遺集二卷餘一卷 JH 集/第 116 冊
(明)袁繼咸撰
清鈔本
蕭然吟二卷 JH 集/第 116 冊
(清)程邃撰
清順治刻本
瞎堂詩集二十卷 JH 集/第 116 冊
(清)釋天然昰撰
清刻本
定山堂詩集四十三卷詩餘四卷 JH 集/第 117 冊
(明)龔鼎孳撰
清康熙十五年吳興祚刻本
過嶺集一卷 JH 集/第 117 冊
(清)龔鼎孳撰
清初三十二年芙蓉齋刻本
夏峯先生集十四卷首一卷補遺二卷 JH 集/第 118 冊
(清)孫奇逢撰
清道光二十五年大梁書院刻本
亭林遺書十種二十七卷 JH 集/第 118 冊
(清)顧炎武撰
清初吳江潘氏遂初堂刻本
姑山遺集三十卷昔者詩一卷 JH 集/第 119 冊
(清)沈壽民撰
清康熙有本堂刻本
榆溪詩鈔二卷 JH 集/第 119 冊
(清)徐世溥撰
清康熙三十年宋犖刻本
白耷山人詩集十卷文集二卷 JH 集/第 119 冊
(清)閻爾梅撰
清康熙刻本
侶鷗閣近集二卷 JH 集/第 120 冊
(清)熊文舉撰
清康熙刻本
翁山文鈔十卷 JH 集/第 120 冊
(清)屈大均撰
清康熙刻本
屈翁山詩集八卷詞一卷 JH 集/第 120 冊
(清)屈大均撰
清康熙李肇元等刻本
翁山詩外十八卷 JH 集/第 120-121 冊
(清)屈大均撰
清康熙刻凌鳳翔補修本
嶧桐文集十卷詩集十卷 JH 集/第 121 冊
(明)劉城撰
清光緒十九年養雲山莊刻本
楚詩紀二十二卷 JH 集/第 122 冊
(清)廖元度輯
清乾隆十八年際恒堂刻本
燕泰文選初集八卷補遺一卷 JH 集/第 122 冊
(清)田茂遇輯 喬鉢增輯
清順治十三年李蕃玉刻本
遼中書牘二卷 JH 集/第 122 冊
(明)熊廷弼撰
明萬曆三十九年刻本
玄晏齋集五種 JH 集/第 123 冊
(明)孫慎行撰
明崇禎刻本
葛震甫詩集十七卷 JH 集/第 123 冊
(明)葛一龍撰
明崇禎刻本
蒼霞草二十卷 JH 集/第 124 冊
(明)葉向高撰
明萬曆刻本
蒼霞續草二十二卷 JH 集/第 124-125 冊
(明)葉向高撰
明萬曆刻本
蒼霞餘草十四卷 JH 集/第 125 冊
(明)葉向高撰
明萬曆刻本
燕林藏稿十卷附楚風一卷 JH 集/第 125 冊
(明)余紉蘭撰
明崇禎刻本
明志稿□卷 JH 集/第 126 冊
(明)張恒撰
明刻本
月峰先生居業次編五卷 JH 集/第 126 冊
(明)孫鑛撰
明萬曆四十年呂胤筠刻本
峚陽草堂文集十六卷附一卷詩集二十卷 JH 集/第 126 冊
(明)鄭鄤撰
民國二十一年活字本
偏行堂集四十九卷目錄二卷 JH 集/第 127-128 冊
(清)金堡撰
清乾隆五年刻本
偏行堂續集十六卷 JH 集/第 128 冊

(清)金堡撰
清乾隆五年刻本
古處齋詩集十三卷 JH 集/第 128－129 冊
(清)陳祖法撰
清康熙刻本
尤太史西堂全集三種六十一卷附湘中草六卷 JH 集/第 129－130 冊
(清)尤侗撰 湯傳楹撰附
清康熙刻本
江辰六文集二十四卷首一卷 JH 集/第 130 冊
(清)江闓撰
清康熙刻本
杜谿文稿四卷附白柴古文稿一卷 JH 集/第 130 冊
(清)朱書撰 朱曙撰附
清乾隆元年梨雲閣刻本
虬峯文集二十卷首一卷 JH 集/第 131 冊
(清)李驎撰
清康熙刻本
木厓集二十七卷 JH 集/第 132 冊
(清)潘江撰
清康熙刻本
木厓續集二十四卷末四卷 JH 集/第 132 冊
(清)潘江撰
清康熙二十年刻增修本
晦村初集四卷 JH 集/第 132 冊
(清)石龐撰
清康熙刻本
石漁詩鈔一卷 JH 集/第 132 冊
(清)張璨撰
清康熙六十年刻本
燕日堂錄七種十四卷 JH 集/第 133 冊
(清)廖志灝撰
清康熙刻本
居易堂浙中新集四卷 JH 集/第 133 冊
(清)袁學謨撰
清乾隆刻本
芥浦詩刪十二卷 JH 集/第 133 冊
(清)胡蘇雲撰
清乾隆刻本
秋水集十卷 JH 集/第 133 冊
(清)嚴繩孫撰
清康熙雨青草堂刻本
默鏡居文集四卷 JH 集/第 133 冊
(清)范方撰
清乾隆刻本
陳明卿先生評選古今文統十六卷 JH 集/第 134 冊
(明)張以忠輯
明崇禎刻本
四六初徵二十卷 JH 集/第 134－135 冊
(清)李漁輯
清康熙十年刻本
聽嚶堂四六新書八卷 JH 集/第 135－136 冊
(清)黃始輯
清康熙刻本
廣東文選四十卷 JH 集/第 136－137 冊
(清)屈大均輯
清康熙二十六年刻本
咏物詩選八卷 JH 集/第 137 冊
(清)俞琰輯
清雍正寧儉堂刻本
五大家詩鈔三十八卷 JH 集/第 137 冊
(清)鄒漪編
清康熙刻本
西江詩話十二卷 JH 集/第 138 冊
(清)裘君弘輯
清康熙四十二年妙貫堂刻本
前八大家詩選八卷 JH 集/第 138 冊
(明)夏雲鼎輯
清康熙二十一年季正爵刻本
王世周先生詩集二十卷 JH 集/第 139 冊
(明)王伯稠撰
明萬曆刻本
陽秋館集二十三卷目錄一卷 JH 集/第 139 冊
(明)帥機撰
清乾隆四年修獻堂刻本
紫原文集十二卷 JH 集/第 139－140 冊
(明)羅大紘撰
明末刻本
李氏焚書六卷 JH 集/第 140 冊
(明)李贄撰
明刻本
翠娛閣評選鍾伯敬先生合集文十一卷附錄一卷詩五卷 JH 集/第 140－141 冊
(明)鍾惺撰 陸雲龍評
明崇禎刻本
瑞芝山房集十四卷 JH 集/第 141 冊
(明)鮑應鼇撰
明崇禎刻本
求是堂文集十八卷 JH 集/第 141 冊
(明)文德翼撰
明末刻本
無夢園遺集八卷 JH 集/第 142 冊
(明)陳仁錫撰
明末刻本
吴莊介公遺集六卷首一卷 JH 集/第 142 冊
(明)吴甘來撰
清咸豐吳敘倫刻本
白毫菴内篇二卷外篇一卷襍篇二卷 JH 集/第 142 冊
(明)張瑞圖撰
明崇禎刻本
陶菴雜記四卷 JH 集/第 142 冊
(明)蕭士瑀撰
清初刻本
霜鏡集十三卷 JH 集/第 143 冊
(明)陸寶撰
明崇禎刻本
石倉詩稿三十三卷 JH 集/第 143 冊
(明)曹學佺撰
清乾隆十九年曹岱華刻本
劉文烈公全集十二卷 JH 集/第 144 冊
(明)劉理順撰
清順治刻康熙印本
溉園初集二卷二集三卷 JH 集/第 144 冊
(明)萬時華撰
明末刻本
時術堂遺詩六卷 JH 集/第 144 冊
(明)方其義撰
清康熙刻本
千山詩集二十卷首一卷補遺一卷 JH 集/第 144 冊
(明)釋函可撰
清刻本
田間文集三十卷詩集二十八卷 JH 集/第 144－145 冊
(清)錢澄之撰
清康熙二十九年斟雉堂刻本
樸巢詩集八卷續集一卷 JH 集/第 145 冊
(明)祝祺撰
清初刻本
進賢堂稿二十八卷 JH 集/第 145－146 冊
(清)黎元寬撰

清康熙刻本
瀨園詩初集三卷後集一卷補遺一卷文集二十卷談史六卷 JH 集/第 147 冊
(清)嚴首昇撰
清順治十四年刻增修本
經鋤堂詩稿八卷唱和詩二卷花信詩一卷北上錄一卷集唐人句一卷詩餘一卷 JH 集/第 147 冊
(清)葉奕苞撰
清康熙刻本
擷芙蓉集□卷 JH 集/第 147 冊
(清)周韓瑞撰
清初刻本
街南文集二十卷 JH 集/第 148 冊
(清)吳肅公撰
清康熙二十八年吳承勵刻本
街南續集七卷 JH 集/第 148 冊
(清)吳肅公撰
清康熙程士琦等刻本
呂晚村先生文集八卷附行略一卷續集四卷 JH 集/第 148 冊
(清)呂留良撰
清雍正三年天蓋樓刻本
孫宇台集四十卷 JH 集/第 148－149 冊
(清)孫治撰
清康熙二十三年孫孝楨刻本
寄菴詩存四卷 JH 集/第 149 冊
(明)韓洽撰
清道光二十年刻本
咸陟堂詩集十七卷文集二十五卷 JH 集/第 149 冊
(清)釋成鷲撰
清康熙刻本
半蕪園集十五卷附瀔湖集遺文一卷 JH 集/第 150 冊
(清)黃石麟撰 黃君聘撰附
清康熙六十一年黃承炅等刻本
憶雪樓詩集二卷 JH 集/第 150 冊
(清)王煐撰
清康熙三十五年王氏貞久堂刻本
式馨堂文集十五卷詩前集十二卷詩後集八卷詩餘偶存三卷 JH 集/第 150 冊
(清)魯之裕撰
清康熙乾隆間刻本
皇明策衡二十六卷 JH 集/第 151－152 冊
(明)茅維輯
明萬曆刻本
新刊國朝歷科翰林文選經濟宏猷十六卷續一卷甲辰一卷 JH 集/第 153 冊
(明)沈一貫輯
明萬曆廣慶堂刻本
尺牘初徵十二卷 JH 集/第 153 冊
(清)李漁輯
清順治十七年刻本
名文寶符□□卷 JH 集/第 154 冊
(明)葉紹泰輯
明香谷山房刻清印本
新安二布衣詩八卷 JH 集/第 155 冊
(明)吳兆 程嘉燧撰
清康熙四十三年汪洪度等刻本
古文未曾有集八卷 JH 集/第 155 冊
(清)王甫白輯評
清康熙十九年隆道堂刻本
憑山閣留青二集選十卷 JH 集/第 155 冊
(清)陳枚輯
清康熙憑山閣刻本
詩乘初集十二卷詩乘發凡一卷 JH 集/第 156 冊
(清)劉然輯評 朱豫增輯
清康熙玉穀堂刻本
國朝詩的六十卷 JH 集/第 156－158 冊
(清)陶煊 張璨輯
清康熙六十一年刻本
國朝詩別裁集三十二卷 JH 集/第 158 冊
(清)沈德潛輯評
清乾隆二十五年教忠堂刻本
王西塘春煦軒集二十二卷 JH 集/第 159 冊
(明)王好問撰
清鈔本
長水先生文鈔二十四卷 JH 集/第 159－160 冊
(明)沈懋孝撰
明萬曆刻本
陸學士先生遺稿十六卷 JH 集/第 160 冊
(明)陸可教撰
明萬曆刻本
浮來先生詩集十四卷 JH 集/第 160 冊
(明)公鼒撰
明天啟五年刻本
鍾惺文鈔不分卷 JH 集/第 160 冊
(明)鍾惺撰
清鈔本
綸扉簡牘十卷 JH 集/第 161 冊
(明)申時行撰
明萬曆二十四年刻本
張石初也足山房尤癯稾六卷 JH 集/第 161 冊
(明)張廷玉撰
明崇禎刻本
碩薖園集十卷 JH 集/第 161－162 冊
(明)蒲秉權撰
清光緒元年蒲蔭枚手拙齋刻本
張異度先生自廣齋集十六卷附周吏部紀事一卷 JH 集/第 162 冊
(明)張世偉撰
明崇禎十一年刻本
王忠端公文集十一卷 JH 集/第 162 冊
(明)王家彥撰
清順治十六年刻本
松圓浪淘集十八卷目錄三卷 JH 集/第 163 冊
(明)程嘉燧撰
明崇禎謝三賓刻清康熙三十三年陸廷燦補修嘉定四先生集本
思勉齋集詩集二卷文集十二卷 JH 集/第 163 冊
(明)徐允祿撰
清順治刻本
紡授堂集詩集八卷文集八卷二集十卷 JH 集/第 163 冊
(明)曾異撰撰
明崇禎刻本
高陽集二十卷 JH 集/第 164 冊
(明)孫承宗撰
清初刻嘉慶補修本
胡維霖集三十四卷 JH 集/第 164－165 冊
(明)胡維霖撰
明崇禎刻本
方玉堂集二十八卷 JH 集/第 165 冊
(明)宋應昇撰
清乾隆刻本
兼山集四卷 JH 集/第 165 冊
(明)楊廷麟撰
清康熙貞齋刻本
王叔聞先生詩鈔五卷 JH 集/第 165 冊
(清)王鐨撰
清乾隆七年清芬堂刻本
湘帆堂集二十六卷 JH 集/第 165 冊

(清)傅占衡撰
清康熙六十一年活字本
芑山文集三十一卷 JH集/第166冊
(明)張自烈撰
清初刻本
曾庭聞詩六卷 JH集/第166冊
(清)曾畹撰
清康熙刻本
大樗堂初集十二卷 JH集/第166冊
(清)王隼撰
清道光二十年南海伍氏詩雪軒刻粤十三家集本
冶菴文集六卷別集二卷 JH集/第166冊
(清)閔鉞撰
清康熙刻本
缺壺編文二卷 JH集/第167冊
(清)王有年撰
清康熙刻本
明紀彈詞二卷 JH集/第167冊
(清)張三異撰
清鈔本
秋感十二詠一卷 JH集/第167冊
(清)周士儀撰
清康熙刻周藿園集本
不已集選一卷 JH集/第167冊
(清)黎祖功撰
清刻本
五峯集十五卷集字詩一卷 JH集/第167冊
(清)陳正璆撰
清乾隆九年刻本
詹鐵牛文集十五卷詩集十五卷續集十二卷 JH集/第167冊
(清)詹賢撰
清活字本
樸村文集二十四卷詩集十三卷 JH集/第167－168冊
(清)張雲章撰
清康熙華希閔等刻本
尋古齋文集四卷詩集二卷 JH集/第168冊
(清)李繼聖撰
清乾隆十八年刻本
偶然吟四卷 JH集/第168冊
(清)尹嘉銓撰
清乾隆二十九年六有齋刻本
定齋詩鈔一卷 JH集/第168冊
(清)李光國撰
清乾隆二十五年師儉堂刻本
賨閑堂集四卷 JH集/第168冊
(清)張四科撰
清乾隆二十四年刻本
著老書堂集八卷詞一卷 JH集/第168冊
(清)張世進撰
清乾隆刻本
詩源初集十七卷 JH集/第169冊
(清)姚佺輯
清初抱經樓刻本
明詩平論二集二十卷 JH集/第169冊
(明)朱隗輯評
清初刻本
名家詩選四卷閨秀一卷 JH集/第170冊
(清)吳藹輯
清康熙刻本
彙纂詩法度鍼三十三卷首一卷 JH集/第170冊
(清)徐文弼輯
清乾隆英德堂刻本
紹聞堂精選古文覺斯定本十卷 JH集/第170－171冊
(清)過珙輯評
清康熙十一年紹聞堂刻本
元明八大家古文十三卷 JH集/第171冊
(清)劉肇虞輯評
清乾隆刻本
媚幽閣文娛初集九卷二集十卷 JH集/第172冊
(明)鄭元勛輯
明崇禎刻本
閒情集六卷 JH集/第172冊
(清)顧有孝輯 陸世楷增輯
清康熙刻本
文瀫初編二十卷首一卷 JH集/第173冊
(清)錢肅潤輯評
清康熙錢氏十峰草堂刻本
襪線集五卷 JH集/第174冊
(明)史傑撰
明弘治四年史誠刻本
萬一樓集五十六卷 JH集/第174冊
(明)駱問禮撰
清嘉慶活字本
王百穀集十九種三十九卷 JH集/第175冊
(明)王穉登撰
明刻本
靈山藏二十二卷 JH集/第175冊
(明)鄭以偉撰
明崇禎刻本
西園前稿□卷 JH集/第175冊
(明)彭堯諭撰
明刻本
喙鳴文集二十一卷詩集十八卷 JH集/第176冊
(明)沈一貫撰
明刻本
北征小草十二卷 JH集/第176冊
(明)張泰階撰
明崇禎刻本
汲古堂集二十八卷 JH集/第177冊
(明)何白撰
明萬曆刻本
九籥集四十七卷 JH集/第177冊
(明)宋楙澄撰
明萬曆刻本
九籥別集四卷附錄一卷 JH集/第177冊
(明)宋楙澄撰
清初刻本
三易集二十卷 JH集/第178冊
(明)唐時升撰
明崇禎謝三賓刻清康熙三十三年陸廷燦補修嘉定四先生集本
公槐集六卷響玉集十卷餘一卷棘門集八卷沆瀣集五卷松瘦集二卷文遠集二十八卷補遺一卷 JH集/第178－179冊
(明)姚希孟撰
明崇禎張叔籟等刻清閟全集本
數馬集五十一卷 JH集/第180冊
(明)黃克纘撰
清刻本
趙文懿公文集四卷附錄一卷 JH集/第180冊
(明)趙志臯撰
明崇禎趙世溥刻本
謝石渠先生詩集十三卷 JH集/第181冊
(明)謝士章撰
明天啟刻本
珂雪齋前集二十四卷 JH集/第181冊
(明)袁中道撰
明萬曆刻本
麗崎軒詩四卷詩餘一卷 JH集/第182冊

(明)查應光撰
明崇禎十二年刻本
蒼雪軒全集二十卷 JH 集/第 182 冊
(明)趙用光撰
明崇禎刻本
黄葉菴詩草一卷 JH 集/第 182 冊
(明)釋智舷撰
明鈔本
七錄齋集六卷論略一卷 JH 集/第 182 冊
(明)張溥撰
明崇禎吳門童潤吾刻本
揭蒿菴先生文集八卷首一卷附錄一卷詩集七卷遺集三卷附錄一卷 JH 集/第 182 冊
(明)揭重熙撰
清乾隆二十七年鶴玉齋刻本
蓮鬚閣集二十六卷 JH 集/第 183 冊
(明)黎遂球撰
清康熙黎延祖刻本
文生小草一卷 JH 集/第 183 冊
(明)文震亨撰
明崇禎刻本
丹霞天老人雪詩四卷 JH 集/第 183 冊
(明)釋古翼撰
清刻本
石谿詩鈔一卷 JH 集/第 183 冊
(清)陶煊撰
清康熙刻本
獨漉堂詩集十五卷文集十五卷 JH 集/第 183 冊
(清)陳恭尹撰
清康熙晚成堂刻本
翁山詩畧四卷 JH 集/第 184 冊
(清)屈大均撰
清康熙刻本
翁山文外十六卷 JH 集/第 184 冊
(清)屈大均撰
民國吳興劉氏嘉業堂刻嘉業堂叢書本
確庵文藁四十卷 JH 集/第 184 冊
(清)陳瑚撰
清康熙毛氏汲古閣刻本
賴古堂集二十四卷附錄一卷 JH 集/第 184 冊
(清)周亮工撰
清康熙十四年周在浚刻本
黄忠端公文畧三卷詩畧二卷說畧一卷附黄忠端公正氣錄一卷 JH 集/第 185 冊
(明)黄尊素撰
清康熙十五年許三禮刻本
綠雪樓集□□種□□卷 JH 集/第 185 冊
(明)熊明遇撰
明天啟刻本
讀書堂稿十二卷 JH 集/第 185 冊
(明)葉燦撰
明崇禎刻本
小寒山子集十四卷 JH 集/第 185 冊
(明)陳函輝撰
明崇禎刻本
逍遙遊二卷 JH 集/第 186 冊
(清)丁耀亢撰
清順治刻本
阿字無禪師光宣臺集二十五卷 JH 集/第 186 冊
(清)釋今無撰
清刻本
芝山集一卷 JH 集/第 186 冊
(明)不著撰者
明末鈔本
離六堂集十二卷 JH 集/第 186 冊
(清)釋大汕撰
清康熙懷古樓刻本
離六堂二集三卷潮行近艸三卷 JH 集/第 186 冊
(清)釋大汕撰
清康熙刻本
憂患集偶鈔不分卷孑遺錄一卷 JH 集/第 187 冊
(清)戴名世撰
清康熙尤雲鶚寶翰樓刻本
掣鯨堂詩集十三卷 JH 集/第 187 冊
(清)費錫璜撰
清康熙刻本
東江詩鈔十二卷 JH 集/第 187 冊
(清)唐孫華撰
清康熙刻本
蟄雲篇文集十六卷 JH 集/第 187 冊
(清)李伍漢撰
清康熙懶雲堂刻本
四庫全書薈要
《四庫全書薈要》編纂委員會編
一九九七年吉林出版社
一〇〇冊
周易經傳注疏十七卷 第 1 冊
(魏)王弼注 (唐)陸德明音義 孔穎達正義
御纂周易述義十卷 第 1 冊
(清)乾隆二十年御纂
橫渠易說三卷 第 1 冊
(宋)張載撰
漢上易傳十五卷 第 2 冊
(宋)朱震撰
周易本義五卷 第 3 冊
(宋)朱熹撰
周易鄭注三卷 第 3 冊
(漢)鄭康成注 (宋)王應麟編
周易本義通釋十四卷 第 3 冊
(元)胡炳文撰
易象圖說六卷 第 3 冊
(元)張理撰
易圖通變五卷 第 3 冊
(宋)雷思齊撰
易緯乾坤鑿度十二卷 第 3 冊
(漢)鄭康成注
尙書注疏二十二卷 第 4 冊
(漢)孔安國撰 (唐)陸德明音義 (唐)孔穎達正義
禹貢指南四卷 第 4 冊
(宋)毛晃撰
禹貢山川地理圖二卷 第 4 冊
(宋)程大昌撰
東坡書傳二十卷 第 5 冊
(宋)蘇軾撰
書經集傳六卷 第 5 冊
(宋)蔡沈撰
書纂言七卷 第 5 冊
(元)吳澄撰
毛詩注疏三十五卷 第 6－7 冊
(漢)鄭康成箋 (唐)陸德明音義 孔穎達正義
詩經集傳八卷 第 7 冊
(宋)朱熹撰
毛詩指說一卷 第 8 冊
(唐)成伯玙撰
毛詩本義十六卷 第 8 冊
(宋)歐陽修撰
詩經疑問八卷 第 8 冊
(元)朱倬撰 趙德附編
詩解頤四卷 第 8 冊
(明)朱善撰

詩地理考六卷 第8冊
(宋)王應麟撰
陸氏詩疏廣要四卷 第8冊
(吳)陸璣原本(明)毛晉廣要
春秋左氏傳注疏六十四卷 第9－11冊
(晉)杜預注(唐)陸德明音義 孔穎達正義
春秋谷梁傳注疏二十二卷 第11冊
(晉)范寧注(唐)陸德明音義 楊士勛正義
春秋公羊傳注疏三十卷 第12冊
(漢)何休注(唐)陸德明音義 徐彥疏
蘇氏春秋集解十二卷 第13冊
(宋)蘇轍撰
春秋辨疑四卷 第13冊
(宋)蕭楚撰
春秋臣傳三十卷 第13冊
(宋)王當撰
春秋胡氏傳三十三卷 第13冊
(宋)胡安國撰
周禮注疏四十五卷 第14－15冊
(漢)鄭康成注(唐)陸德明音義(宋)賈公彥正義
考工記解二卷 第15冊
(宋)林希逸撰
儀禮集說二十卷 第16冊
(元)敖繼公撰
禮記注疏六十六卷 第17－18冊
(漢)鄭康成注(唐)陸德明音義 孔穎達正義
孝經注疏十二卷 第19冊
(唐)明皇御注 陸德明音義(宋)邢昺正義
論語注疏二十二卷 第19冊
(魏)何晏注(唐)陸德明音義(宋)邢昺正義
孟子注疏三十一卷 第19冊
(漢)趙岐注(宋)孫奭音義並正義
四書集編二十八卷 第20冊
(宋)真德秀撰
四書集註章句十九卷 第20冊
(宋)朱熹撰
經典釋文三十卷 第21冊
(唐)陸德明撰
爾雅注疏十二卷 第22冊
(晉)郭璞注(唐)陸德明音義(宋)邢昺正義
爾雅翼三十三卷 第22冊
(宋)羅願撰(元)洪焱祖音釋
廣雅十卷 第22冊
(魏)張揖撰(隋)曹憲音釋
釋名八卷 第22冊
(漢)劉熙撰
說文解字三十一卷 第23冊
(漢)許慎撰
漢隸字源六卷 第23冊
(宋)婁機撰
御定康熙字典三十六卷 第24－25冊
(清)康熙五十五年聖祖仁皇帝御定
史記一百三十四卷 第26－28冊
(漢)司馬遷撰(宋)裴駰集解(唐)司馬貞索隱 張守節正義
三國志六十五卷 第29－30冊
(晉)陳壽撰(劉宋)裴松之注
前漢紀三十卷 第31冊
(漢)荀悅撰
后漢紀三十卷 第31冊
(晉)袁宏撰
資治通鑑二百九十五卷 第32－39冊
(宋)司馬光撰(元)胡三省音注
國語二十一卷 第40冊
(吳)韋昭注
吳越春秋六卷 第40冊
(漢)趙煜撰(宋)徐天祐注
十六國春秋一百卷 第40冊
舊本題(魏)崔鴻撰 實(明)屠喬孫項琳所假託
十國春秋一百十五卷 第41冊
(清)吳任臣撰
通鑑紀事本末九十卷 第42－45冊
(宋)袁樞撰
宋史紀事本末二十八卷 第46冊
(明)馮琦原編 陳邦瞻增輯
元史紀事本末四卷 第46冊
(明)陳邦瞻撰
明史紀事本末八十卷 第47冊
(清)谷應泰撰
欽定大清會典一百一卷 第48冊
(清)乾隆二十九年敕欽定
山海經十八卷 第49冊
(晉)郭璞注
水經注四十卷 第49冊
(魏)酈道元撰
直齋書錄解題二十二卷 第50冊
(宋)陳振孫撰
欽定天祿琳琅書目十卷 第50冊
(清)乾隆四十年敕撰
家語十卷 第51冊
(漢)王肅注
荀子二十卷 第51冊
(楚)荀況撰(唐)楊倞注
春秋繁露十七卷 第51冊
(漢)董仲舒撰
鹽鐵論十二卷 第52冊
(漢)桓寬撰(明)張之象注
說苑二十卷 第52冊
(漢)劉向撰
新序十卷 第52冊
(漢)劉向撰
揚子法言十卷 第53冊
(漢)揚雄撰(晉)李軌(唐)柳宗元(宋)宋咸 吳秘 司馬光注
太玄經十二卷 第53冊
(漢)揚雄撰(晉)范望注
白虎通義二卷 第53冊
(漢)班固撰
中論二卷 第53冊
(漢)徐干撰
孔叢子三卷 第53冊
(漢)孔鮒撰
傅子一卷 第53冊
(晉)傅玄撰
中說十卷 第53冊
(隋)王通撰(宋)阮逸注
御纂朱子全書六十六卷 第54－57冊
(清)康熙五十二年聖祖仁皇帝御纂
管子二十四卷 第58冊
舊題(周)管仲撰(唐)房玄齡注
韓非子二十卷 第58冊
(周)韓非撰 李瓚注
戰國策十卷 第59冊
(宋)鮑彪注
虎鈐經二十卷 第59冊
(宋)許洞撰
內經素問二十四卷 第60冊
(唐)王冰注
周髀算經三卷 第60冊
(漢)趙君卿注(周)甄鸞重述(唐)李淳風注(宋)李籍音義
齊民要術十卷 第61冊
(魏)賈思勰撰

（宋）張擴撰
忠惠集十卷 第39函第78集
（宋）翟汝文撰
檆溪居士集十二卷 第39函第78集
（宋）劉才邵撰
筠谿集二十四卷 第40函第79集
（宋）李彌遜撰
東牟集十四卷 第40函第79集
（宋）王洋撰
相山集三十卷 第40函第80集
（宋）王之道撰
忠穆集八卷 第40函第80集
（宋）呂頤浩撰
雲溪集十二卷 第40函第80集
（宋）郭印撰
北海集四十六卷附錄二卷 第41函第81集
（宋）綦崇禮撰
五峰集五卷 第41函第81集
（宋）胡宏撰
斐然集三十卷 第41函第82集
（宋）胡寅撰
浮山集十卷 第42函第83集
（宋）仲并撰
縉雲文集四卷 第42函第83集
（宋）馮時行撰
唯室集五卷 第42函第83集
（宋）陳長方撰
鄭忠肅奏方遺集二卷 第42函第83集
（宋）鄭興裔撰
高峰文集十二卷 第42函第83集
（宋）廖剛撰
艾軒集十卷 第42函第83集
（宋）林光朝撰
方舟集二十四卷 第42函第84集
（宋）李石撰
網山集八卷 第42函第84集
（宋）林亦之撰
定菴類稿四卷 第42函第84集
（宋）衛博撰
澹軒集八卷 第42函第84集
（宋）李呂撰
尊白堂集六卷 第42函第84集
（宋）虞儔撰
東塘集二十卷 第43函第85集
（宋）袁說友撰
九華集二十五卷 第43函第85集
（宋）員興宗撰
蕓菴類稿六卷 第43函第86集
（宋）李洪撰
蓮峰集十卷 第43函第86集
（宋）史堯弼撰
昌谷集二十二卷 第43函第86集
（宋）曹彥約撰
省齋集十卷 第44函第87集
（宋）廖行之撰
後樂集二十卷 第44函第87集
（宋）衛涇撰
性善堂稿十五卷 第44函第87集
（宋）度正撰
鶴林集四十卷 第44函第88集
（宋）吳泳撰
東澗集十四卷 第45函第89集
（宋）許應龍撰
漁墅類稿八卷 第45函第89集
（宋）陳元晉撰
滄洲塵缶編十四卷 第45函第89集
（宋）程公許撰
篔窗集十卷 第45函第89集
（宋）陳耆卿撰
壺山四六 第45函第90集
不著撰人
臞軒集十六卷 第45函第90集
（宋）王邁撰
東野農歌集五卷 第45函第90集
（宋）戴昺撰
可齋雜稿三十四卷續稿前八卷續稿後十二卷 第45函第90集－第46函第91集
（宋）李曾伯撰
澗泉集二十卷 第46函第92集
（宋）韓淲撰
冷然齋詩集八卷 第46函第92集
（宋）蘇泂撰
庸齋集六卷 第46函第92集
（宋）趙汝騰撰
張氏拙軒集十卷 第46函第92集
（宋）張侃撰
潛山集十二卷 第47函第93集
（宋）文珦撰
字溪集十二卷 第47函第93集
（宋）陽枋撰
葦航漫遊稿四卷 第47函第93集
（宋）胡仲弓撰
秋聲集六卷 第47函第93集
（宋）衛宗武撰
梅巖文集十卷 第47函第93集
（宋）胡次焱撰
廬山集五卷 第47函第93集
（宋）董嗣杲撰
英溪集一卷 第47函第93集
（宋）董嗣杲撰
則堂集六卷 第47函第94集
（宋）家鉉翁撰
富山遺稿十卷 第47函第94集
（宋）方夔撰
在軒集 第47函第94集
（宋）黃公紹撰
心泉學詩稿六卷 第47函第94集
（宋）蒲壽宬撰
稼村類稿三十卷 第47函第94集
（元）王義山撰
桐江續集三十六卷 第48函第95集
（元）方回撰
剩語二卷 第48函第96集
（宋）艾性夫撰
青山集八卷 第48函第96集
（元）趙文撰
小亨集六卷 第48函第96集
（元）楊弘道撰
青崖集五卷 第48函第96集
（元）魏初撰
養吾齋集三十二卷 第48函第96集
（元）劉將孫撰
東菴集四卷 第49函第97集
（元）滕安上撰
秋巖詩集二卷 第49函第97集
（元）陳宜甫撰
蘭軒集十六卷 第49函第97集
（元）王旭撰
玉井樵唱三卷 第49函第97集
（元）尹廷高撰
西巖集二十卷 第49函第97集
（元）張之翰撰
艮齋詩集十四卷 第49函第97集
（元）侯克中撰
文忠集六卷 第49函第98集
（元）王結撰
榘菴集十五卷 第49函第98集
（元）同恕撰
伊濱集二十四卷 第49函第98集

（元）王沂撰
瓢泉吟稿五卷 第50函第99集
（元）朱晞顏撰
野處集四卷 第50函第99集
（元）邵亨貞撰
子淵詩集六卷 第50函第99集
（元）張仲深撰
午溪集十卷 第50函第99集
（元）陳鎰撰
傲軒吟稿集四卷 第50函第99集
（元）胡天遊撰
佩玉齋類稿十卷 第50函第99集
（元）楊翮撰
麟原文集前集十二卷後集十二卷 第50函第99集
（元）王禮撰
性情集六卷 第50函第100集
（元）周巽撰
可閒老人集四卷 第50函第100集
（元）張昱撰
王笥集九卷 第50函第100集
（明）鄧雅撰
覆瓿集八卷 第50函第100集
（明）朱同撰
尚絅齋集五卷 第50函第100集
（明）童冀撰
草澤狂歌五卷 第50函第101集
（明）王恭撰
樗菴類稿二卷 第50函第101集
（明）鄭潛撰
可傳集 第50函第101集
（明）袁華撰
獨醉亭集三卷 第50函第101集
（明）史謹撰
希澹園詩集三卷 第50函第101集
（明）虞堪撰
滎陽外史一百卷 第50函第101集－第51函第102集
（明）鄭眞撰
毅齋集八卷 第52函第103集
（明）王洪撰
蘭庭集二卷 第52函第103集
（明）謝晉撰
同文館唱和詩十卷 第52函第103集
（宋）鄧忠臣等撰
南嶽倡酬集 第52函第103集
（宋）朱熹等撰
天臺前集二卷續集三卷續集別編六卷 第52函第103集
（宋）林師蒧 林表民等編
十先生奧論註前集十五卷後集十五卷 第52函第104集
不著撰人
詩家鼎臠二卷 第52函第104集
不著撰人
玉山紀遊 第52函第104集
（元）顧瑛等撰（明）袁華編
三華集十八卷 第52函第104集
（明）錢公善等編
文氏五家集十四卷 第53函第105集
不著撰人
吳都文粹續集五十六卷續集補遺二卷 第53函第105集－第54函第108集
（明）錢穀編
釋文紀四十五卷 第54函第108集－第55函第110集
（明）梅鼎祚編
竹莊詩話二十四卷 第55函第110集
（宋）何溪汶撰
頤山詩話 第55函第110集
（明）安磐撰

四庫提要著錄叢書

《四庫提要著錄叢書》編纂委員會編
二〇一二年北京出版社
一〇〇〇冊

經部

周易義海撮要十二卷 經/第1冊
（宋）李衡撰
明鈔本
南軒先生張侍講易說五卷 經/第1冊
（宋）張栻撰
明鈔本（四庫底本）
楊氏易傳二十卷 經/第1冊
（宋）楊簡撰
明萬曆二十三年劉日升等刻本
周易玩辭十六卷 經/第1冊
（宋）項安世撰
清康熙十九年通志堂刻通志堂經解本（四庫底本）
周易總義二十卷 經/第2冊
（宋）易祓撰
清钞本
周易要義十卷 經/第2冊
（宋）魏了翁撰
清徐氏傳是樓鈔本
讀周易二十一卷 經/第2－3冊
（宋）方寔孫撰
明鈔本
周易集說□□卷 經/第2冊
（宋）俞琰撰
元至正九年俞氏讀易樓刻公文紙印本
周易本義通釋十二卷輯錄雲峰文集易義一卷 經/第2冊
（元）胡炳文撰
明嘉靖元年潘旦等刻本
大易象數鈎深圖三卷周易圖三卷 經/第3冊
（元）張理撰
明鈔本（四庫進呈本）
周易傳義大全二十四卷朱子圖說一卷綱領一卷 經/第3冊
（明）胡廣等撰
明永樂十三年內府刻本
讀易餘言五卷 經/第3冊
（明）崔銑撰
明崔氏家塾刻本
周易象旨決錄七卷讀周易象旨私識一卷 經/第4冊
（明）熊過撰
明嘉靖四十一年熊迥刻本
讀易述十七卷 經/第4冊
（明）潘士藻撰
明萬曆三十四年潘師魯刻本
新刊增訂的稿易經存疑十二卷 經/第5冊
（明）林希元撰
明萬曆二年書林林氏鳴沙刻本
毛詩集解三十卷學詩總說一卷 經/第5冊
（宋）段昌武撰
清鈔本
三山拙齋林先生尚書全解四十卷 經/第6冊
（宋）林之奇撰
清初毛氏汲古閣鈔本（卷三十四配清鈔本）
書蔡氏傳旁通六卷 經/第6冊
（元）陳師凱撰
清鈔本
周易像象述六卷像象金針一卷 經/第7冊

(明)吳桂森撰
明末鈔本
古周易訂詁十六卷 經/第7冊
(明)何楷撰
明崇禎刻本
讀書叢說六卷 經/第7冊
(元)許謙撰
清鈔本
易原就正六卷 經/第8冊
(清)包儀撰
清鈔本
書說七卷 經/第8冊
(宋)黄度撰
清初鈔本
尚書埤傳十五卷補二卷首一卷末尚書考異補一卷書經考異一卷 經/第8冊
(清)朱鶴齡撰
清康熙濠上草堂刻本
洪範正論五卷 經/第9冊
(清)胡渭撰
清乾隆四年胡紹芬刻本
毛詩名物解二十卷 經/第9冊
(宋)蔡卞撰
清鈔本
詩集傳名物鈔八卷 經/第9冊
(元)許謙撰
明秦氏雁里草堂鈔本
詩經疏義會通二十卷綱領一卷大全圖一卷 經/第9冊
(元)朱公遷撰
明嘉靖二年書林劉氏安正書堂刻本
欽定詩經傳說彙纂二十一卷首二卷詩序二卷 經/第10冊
(清)王鴻緒等輯
清刻本
毛詩稽古編三十卷 經/第11冊
(清)陳啟源撰
清鈔本
周禮復古編卷 經/第11冊
(宋)俞庭椿撰
明刻本
周禮集說十一卷綱領一卷 經/第11冊
(元)陳友仁輯
明刻本
鄭敷文景望書說一卷 經/第12冊
(宋)鄭伯熊撰
清鈔本
讀詩質疑三十一卷首十五卷末一卷 經/第12冊
(清)嚴虞惇撰 嚴有禧輯
清乾隆嚴有禧刻本
三家詩拾遺十卷源流一卷 經/第12冊
(清)范家相輯
清鈔本
禮經會元四卷 經/第12冊
(宋)葉時撰
明刻本
太平經國之書十一卷首一卷 經/第13冊
(宋)鄭伯謙撰
明刻本
周禮傳五卷翼傳二卷圖說二卷 經/第13冊
(明)王應電撰
明嘉靖四十二年吳鳳瑞刻本
禮說十四卷 經/第13冊
(清)惠士奇撰
清紅豆齋刻本
周禮句解十二卷 經/第14冊
(宋)朱申撰
明刻本
周禮全經釋原十三卷周禮傳敘論一卷 經/第14冊
(明)柯尚遷撰
明隆慶四年傅寵等刻本
周官祿田考三卷 經/第14冊
(清)沈彤撰
清乾隆十五年自刻本(四庫底本)
經禮補逸九卷附錄一卷 經/第14冊
(元)汪克寬撰
明弘治十年汪璋等刻本
讀禮通考一百二十卷 經/第15–16冊
(清)徐乾學撰
稿本
毛詩指說一卷 經/第17冊
(唐)成伯瑜撰
清冠山堂鈔本
詩說三卷 經/第17冊
(清)惠周惕撰
清鈔本
儀禮逸經一卷傳一卷 經/第17冊
(元)吳澄撰
明弘治十年程敏政刻本
禮記集說大全三十卷 經/第17冊
(明)胡廣等輯
明永樂十三年內府刻本
夏小正戴氏傳四卷 經/第18冊
(宋)傅崧卿註
明嘉靖二十五年袁褧刻本
春秋釋例不分卷 經/第18冊
(晉)杜預撰
清鈔本
春秋集傳纂例十卷 經/第18冊
(唐)陸淳撰
明刻本
春秋權衡十七卷 經/第18冊
(宋)劉敞撰
明鈔本
沈先生春秋比事二十卷 經/第18冊
題(宋)沈棐撰
明祁氏淡生堂鈔本
司馬氏書儀十卷 經/第19冊
(宋)司馬光撰
宋刻元修本
春秋提綱十卷 經/第19冊
(元)陳則通撰
明鈔本
春秋經傳闕疑四十五卷 經/第19冊
(元)鄭玉撰
明師山書院鈔本
春秋集傳大全三十七卷序論一卷春秋二十國年表一卷諸國興廢說一卷圖說一卷 經/第20冊
(明)胡廣等撰
明永樂內府刻本
春秋辨義三十卷經義二卷傳義一卷書義四卷不書義一卷時義一卷地義一卷 經/第21冊
(明)卓爾康撰
明崇禎刻本
春秋書法鉤玄四卷 經/第22冊
(明)石光霽撰
明初刻本
春秋正旨一卷 經/第22冊
(明)高拱撰
明萬曆刻本
春秋地名攷略十四卷 經/第22冊
(清)高士奇撰
清康熙刻本
春秋長曆十卷 經/第22冊
(清)陳厚耀撰

清鈔本
春秋世族譜一卷 經/第22冊
(清)陳厚耀撰
清雍正三年刻本
春秋左傳補注六卷 經/第22冊
(清)惠棟撰
清乾隆三十七年胡亦常刻三十八年張錦芳續刻本
春秋繁露十七卷 經/第22冊
(漢)董仲舒撰
宋嘉定四年江右計臺刻本
孝經刊誤一卷 經/第23冊
(宋)朱熹撰
明崇禎四年程一礎閒拙齋刻孝經古註本
草廬校定古今文孝經一卷 經/第23冊
(元)吳澄撰
明萬曆刻孝經叢書本
御註孝經一卷 經/第23冊
(清)蔣赫德等撰
清順治內府刻本
孝經集註一卷 經/第23冊
(清)世宗胤禛撰
清雍正內府刻本
公是先生七經小傳三卷 經/第23冊
(宋)劉敞撰
宋刻本
六經正誤六卷 經/第23冊
(宋)毛居正撰
元刻本(卷三至五配清鈔本)
相臺書塾刊正九經三傳沿革例一卷 經/第23冊
(宋)岳柯撰
清初錢氏也是園影元鈔本
融堂四書管見十三卷 經/第23冊
(宋)錢時撰
明鈔本
豫章熊先生家集七卷 經/第23冊
(元)熊朋來撰
明刻本
五經蠡測六卷 經/第23冊
(明)蔣悌生撰
明嘉靖刻本
論語筆解二卷 經/第23冊
(唐)韓愈 (唐)李翱撰
清乾隆四十二年吳氏古歡堂刻鈔本
張狀元孟子傳二十九卷 經/第23冊
(宋)張九成撰
宋刻本
聖宋皇祐新樂圖記三卷 經/第23冊
(宋)阮逸 胡瑗撰
明萬曆三十九年趙琦美家鈔本
重刊蔡虛齋先生四書蒙引十五卷 經/第24冊
(明)蔡清撰
明萬曆十五年吳同春刻本
日講四書解義二十六卷 經/第25冊
(清)喇沙里 陳廷敬等撰
清康熙十六年內府刻本
律呂新書二卷八音考略一卷 經/第26冊
(宋)蔡元定撰 (清)羅登選箋義
清乾隆刻本
苑洛志樂二十卷 經/第26冊
(明)韓邦奇撰
明嘉靖二十七年王宏等刻本
樂律全書十二種三十九卷 經/第26－27冊
(明)朱載堉撰
明萬曆鄭藩刻增修本
御制律呂正義上編二卷下編二卷續編二卷 經/第28冊
(清)允祉等撰
清雍正內府刻本
爾雅三卷 經/第28冊
(宋)鄭樵註
元刻本
廣雅十卷 經/第28冊
(魏)張揖撰 (隋)曹憲音釋
明天啟武林堂策檻刻五雅全書本
匡謬正俗八卷 經/第28冊
(唐)顏師古撰
清乾隆盧見曾刻雅雨堂叢書本
埤雅二十卷 經/第28冊
(宋)陸佃撰
明成化十五年劉廷吉刻嘉靖二年王俸重修本
爾雅翼三十二卷 經/第28冊
(宋)羅願撰
明正德十四年羅文殊刻本
駢雅七卷 經/第29冊
(明)朱謀㙔撰
明萬曆十七年朱統鍡玄湛堂刻本
別雅五卷 經/第29冊
(清)吳玉搢撰
清乾隆七年陳氏督經堂刻本
大廣義會玉篇三十卷玉篇廣韻指南一卷 經/第29冊
(梁)顧野王撰 (唐)孫強增字 (宋)陳彭年等重修
元建安鄭氏刻本
五經文字三卷 經/第29冊
(唐)張參撰
清初席氏釀華草堂影宋鈔本
汗簡七卷 經/第29冊
(宋)郭忠恕撰
明弘光元年馮舒鈔本
歷代鐘鼎彝器款識法帖二十卷 經/第29冊
(宋)薛尚功撰
明崇禎六年朱謀垔刻本
漢隸字源五卷碑目一卷附字一卷 經/第29冊
(宋)婁機撰
明末毛氏汲古閣刻本
班馬字類五卷 經/第30冊
(宋)婁機撰 李曾伯補
清初毛氏汲古閣影宋鈔本
字通一卷 經/第30冊
(宋)李從周撰
清初鈔本
龍龕手鑑四卷 經/第30冊
(元)李文仲撰
清初毛氏汲古閣影元鈔本
字鑑五卷 經/第30冊
(元)李文仲撰
清初毛氏汲古閣影元鈔本
六書本義十二卷圖一卷綱領一卷 經/第30冊
(明)趙撝謙撰
明正德十二年邵賁刻本
大明成化庚寅重刊改併五音集韻十五卷 經/第30冊
(金)韓道昭撰
明成化六年至七年刻本
六藝綱目二卷字原一卷六藝發原一卷 經/第30冊
(元)舒天民撰
清初毛氏汲古閣鈔本
稽古堂訂正子夏易傳十一卷 經/第31冊
題(周)卜商撰
明末刻本

兒易内儀以六卷兒易外儀十五卷 經/第43冊
(明)倪元璐撰
明崇禎刻本(卷十二至十五配清鈔本)
御纂周易折中不分卷 經/第43冊
(清)李光地等撰
清康熙内府刻本
御纂周易述義十卷 經/第44冊
(清)傅恒等撰
清乾隆武英殿刻本
春秋占筮書三卷 經/第44冊
(清)毛奇齡撰
清雍正刻西河合集本
楚蒙山易經解十六卷 經/第44冊
(清)晏斯盛撰
清乾隆七年新喻晏氏刻楚蒙山房集本
周易孔義集說二十卷 經/第45冊
(清)沈起元撰
清乾隆學易堂刻本
乾坤鑿度二卷 經/第45冊
明嘉靖四明范氏天一閣刻范氏奇書本
周易乾坤鑿度二卷 經/第45冊
(漢)鄭玄註
明嘉靖四明范氏天一閣刻范氏奇書本
尚書正義二十卷 經/第45冊
(唐)孔穎達撰
宋刻本
東坡先生書傳二十卷 經/第46冊
(宋)蘇軾撰
明萬曆二十五年金陵焦氏刻兩蘇經解本
禹貢論二卷後論一卷山川地理圖二卷 經/第46冊
(宋)程大昌撰
宋淳熙八年泉州州學刻本
杏溪傅氏禹貢集解二卷 經/第46冊
(宋)傅寅撰
宋刻元修本
尚書詳解十三卷 經/第46冊
(宋)胡士行撰
清康熙十九年通志堂刻通志堂經解本
尚書考異不分卷 經/第46冊
(明)梅鷟撰
明白雀山房鈔本
書義矜式六卷 經/第46冊
(元)王充耘撰
元刻本
詩本義十五卷 經/第46冊
(宋)歐陽修撰
宋刻本
鄭氏詩譜一卷 經/第46冊
(漢)鄭玄撰 歐陽修補亡
宋刻本
詩補傳三十卷篇目一卷 經/第47冊
(宋)范處義撰
清康熙十九年通志堂刻通志堂經解本
御纂詩義折中二十卷 經/第47冊
(清)傅恒等撰
清乾隆刻本
詩經剳記一卷 經/第48冊
(清)楊名時撰
清乾隆五十九年江陰葉廷甲水心草堂刻楊氏全書本
周禮注疏刪翼三十卷 經/第48冊
(明)王志長撰
明崇禎十二年葉培恕刻本
檀弓疑問一卷 經/第49冊
(清)邵泰衢撰
清康熙四十一年邵遠平刻本
大戴禮記十三卷 經/第49冊
(漢)戴德撰 (北周)盧辯註
明嘉靖十二年吳郡袁氏嘉趣堂刻本
參讀禮志疑二卷 經/第49冊
(清)汪紱撰
清乾隆三十六年刻本
禮書一百五十卷 經/第49冊
(宋)陳祥道撰
元至正七年福州路儒學刻明修本
讀左日鈔十二卷補二卷 經/第50冊
(清)朱鶴齡撰
清康熙二十年刻本
春秋毛氏傳三十六卷 經/第50冊
(清)毛奇齡撰
清雍正刻西河合集本
六經圖六卷 經/第50冊
(宋)楊甲撰 毛邦翰補
明萬曆衛承芳刻本
周易鄭康成註一卷 經/第51冊
(漢)鄭玄撰 (宋)王應麟輯
元刻本
安定先生周易口義十卷繫辭二卷說卦序卦雜卦一卷 經/第51冊
(宋)胡瑗撰
清康熙二十六年李振裕白石山房刻本
易小傳六卷 經/第51冊
(宋)沈該撰
清康熙十九年通志堂刻通志堂經解本
周易程朱先生傳義附錄二十卷 經/第51冊
(宋)董楷撰
元延祐二年圓沙書院刻本
程子上下篇義一卷 經/第51冊
(宋)程頤撰
元延祐二年圓沙書院刻本
朱子易圖說一卷周易五贊一卷筮儀一卷 經/第51冊
(宋)朱熹 僮楷撰
元延祐二年圓沙書院刻本
易學啟蒙通釋二卷圖一卷 經/第52冊
(宋)胡方平撰
元刻明修本
周易象義十二卷 經/第52冊
(宋)丁易東撰
元刻本(上經 下經配鈔本)
大易緝說十卷 經/第52冊
(元)王申子撰
清鈔本
周易本義集成十二卷 經/第52冊
(元)熊良輔撰
元刻明修本
學易記九卷首一卷 經/第53冊
(元)李簡撰
元刻本
周易經傳集程朱解附錄纂註十四卷朱子易圖附錄纂註一卷朱子啟蒙五贊附錄註一卷朱子筮儀附錄纂註一卷 經/第53冊
(元)董真卿撰
元刻本
啟蒙意見四卷七占意見一卷 經/第54冊
(明)韓邦奇撰
明嘉靖十三年蘇祐刻本
易象鈎解四卷 經/第54冊
(明)陳士元撰
明萬曆刻歸雲別集本
像象管見九卷 經/第54冊
(明)錢一本撰
明萬曆刻本
田間易學六卷 經/第54冊
(清)錢澄之撰

欽定禮記義疏八十二首二卷 經/第71－73冊
(清)允祿等撰
清康熙乾隆間内府刻御纂七經本
禮記陳氏集說補正三十八卷 經/第74冊
(清)納蘭成德撰
清康熙十九年通志堂刻通志堂經解本
禮記析疑四十八卷 經/第74冊
(清)方苞撰
清康熙嘉慶間桐城方氏抗希堂刻抗希堂十六種本
新定三禮圖二十卷 經/第74冊
(宋)聶崇義集註
宋淳熙二年鎮江府學刻公文紙印本
學禮質疑二卷 經/第74冊
(清)萬斯大撰
清乾隆萬福刻萬充總先生經學五書本
郊社禘祫問一卷 經/第74冊
(清)毛奇齡撰
清雍正刻西河合集本
儀禮經傳通解三十七卷續二十九卷 經/第75冊
(宋)朱熹撰 (宋)黄榦 楊復撰續
明正德十六年劉瑞曹山刻本
家禮五卷附錄一卷 經/第75冊
題(宋)朱熹撰
宋刻本(卷一至三配清影宋鈔本)
辨定祭禮通俗譜五卷 經/第75冊
(清)毛奇齡撰
清雍正刻西河合集本
釋音春秋左傳註疏六十卷 經/第76冊
(晉)杜預註 (唐)孔穎達疏 陸德明音義
元刻明修十三經注疏本
監本附音春秋公羊註疏二十八卷 經/第77冊
(漢)何休註 (唐)徐彥疏 陸德明音義
元刻明修十三經注疏本
監本附音春秋穀梁註疏二十卷 經/第77冊
(晉)范寧集解 (唐)楊士勛疏
宋刻元修本
春秋啖趙二先生集傳辯疑十卷附錄一卷 經/第77冊
(唐)陸淳撰
明刻本(四庫底本)
春秋二十國年表一卷 經/第77冊
宋刻本
春秋名號歸一圖二卷 經/第77冊
(蜀)馮繼先撰
宋刻本
春秋皇綱論五卷 經/第78冊
(宋)王晢撰
清康熙十九年通志堂刻通志堂經解本
春秋意林二卷 經/第78冊
(宋)劉敞撰
宋刻本
春秋五禮例宗十卷 經/第78冊
(宋)張大亨撰
宋刻本
春秋集解三十卷 經/第78冊
(宋)吕祖謙撰
清康熙十九年通志堂刻通志堂經解本
止齋先生春秋後傳十二卷 經/第79冊
(宋)陳傅良撰
清康熙十九年通志堂刻通志堂經解本
左氏傳說二十卷 經/第79冊
(宋)吕祖謙撰
清康熙十九年通志堂刻通志堂經解本
新刊詳增補註東萊先生左氏博議二十五卷 經/第79冊
(宋)吕祖謙撰
明正德六年劉氏安正堂刻本
春秋集註十一卷綱領一卷 經/第79冊
(宋)張洽撰
宋寶祐三年臨江郡庠刻本
春秋通說十三卷 經/第80冊
(宋)黄仲炎撰
清康熙十九年通志堂刻通志堂經解本
木訥先生春秋經筌十六卷 經/第80冊
(宋)趙鵬飛撰
清康熙十九年通志堂刻通志堂經解本
清全齋讀春秋編十二卷 經/第80冊
(元)陳深撰
清康熙十九年通志堂刻通志堂經解本
春秋纂言十二卷總例七卷 經/第81冊
(元)吳澄撰
元刻本
春秋諸國統紀六卷 經/第81冊
(元)齊履謙撰
元延祐刻本
春秋集傳釋義大成十二卷首一卷 經/第82冊
(元)俞臯撰
清康熙十九年通志堂刻通志堂經解本
春秋本義三十卷首一卷 經/第82冊
(元)程端學撰
清康熙十九年通志堂刻通志堂經解本
春秋或問十卷 經/第83冊
(元)程端學撰
清康熙十九年通志堂刻通志堂經解本
春秋諸傳會通二十四卷 經/第83冊
(元)李廉撰
元至正十一年虞氏明復齊刻本
春秋師說三卷附錄二卷 經/第83冊
(元)趙汸撰
元至正二十四年休寧商山義塾刻明弘治六年高忠重修本
春秋屬辭十五卷 經/第83冊
(元)趙汸撰
元至正二十四年休寧商山義塾刻明弘治六年高忠重修本
春秋金鎖匙一卷 經/第84冊
(元)趙汸撰
清初鈔本(四庫底本)
春秋胡氏傳纂疏三十卷 經/第84冊
(元)汪克寬撰
元至正八年建安劉叔簡日新堂刻本
春秋左氏傳補註十卷 經/第85冊
(元)趙汸撰
元至正二十年至二十四年休寧商山義塾刻明弘治六年高忠重修本
春秋春王正月考一卷辨疑一卷 經/第85冊
(明)張以寧撰
清康熙十九年通志堂刻通志堂經解本
春秋億六卷 經/第85冊
(明)徐學謨撰
明萬曆五年刻四十年徐元嘏重修徐氏海隅集外編卷一至卷六
春秋左傳屬事二十卷 經/第85冊
(明)傅遜撰
明萬曆十三年日殖齋自刻十七年重修本
左氏釋二卷 經/第85冊
(明)馮時可撰
明萬曆刻馮元成雜著九種本
春秋左傳五十卷附春秋提要一卷 經/第86冊
(晉)杜預註 (宋)林堯叟註 (唐)陸

德明音義 (明)鍾惺評
明崇禎刻本
欽定春秋傳說彙纂三十八卷首二卷 經/第87－88冊
(清)王掞等撰
清康熙乾隆間內府刻御纂七經本
御纂春秋直解十二卷 經/第89冊
(清)傅恒等撰
清乾隆二十三年武英殿刻本
左傳杜解補正三卷 經/第89冊
(清)顧炎武撰
清康熙潘氏遂初堂刻亭林遺書十種本
左傳事緯十二卷前書八卷 經/第89冊
(清)馬驌撰
清康熙刻本
春秋簡書刊誤二卷 經/第89冊
(清)毛奇齡撰
清雍正刻西河合集本
春秋屬辭比事記四卷 經/第89冊
(清)毛奇齡撰
清雍正刻西河合集本
半農先生春秋說十五卷 經/第90冊
(清)惠士奇撰
清乾隆十四年吳氏璜川書屋刻本
春秋職管考略三卷春秋地名辨異三卷附一卷左傳人名辨異三卷 經/第90冊
(清)程廷祚撰
清乾隆八年三近堂刻本
春秋左傳小疏一卷 經/第90冊
(清)沈彤撰
清乾隆吳江沈氏刻果堂全集本
春秋地理考實五卷 經/第90冊
(清)江永撰
清鈔本
古文孝經孔氏傳一卷附 宋本古文孝經一卷 經/第91冊
(漢)孔安國撰 (日本)太宰純音
清乾隆道光間長塘鮑氏刻知不足齊叢書本
孝經註疏九卷 經/第91冊
(唐)玄宗李隆基註 (宋)邢昺疏
元泰定三年刻本
孝經註解一卷 經/第91冊
(唐)玄宗李隆基註 (宋)司馬光指解 范祖禹說
清康熙十九年通志堂刻通志堂經解本
孝經大義一卷 經/第91冊
(元)董鼎撰
清康熙十九年通志堂刻通志堂經解本
孝經集傳四卷 經/第91冊
(明)黃道周撰
明崇禎十六年刻本
孝經問一卷 經/第91冊
(清)毛奇齡撰
清雍正刻西河合集本
經說八卷 經/第91冊
(宋)程頤撰
明弘治十一年陳宣刻二程全書本
黃四如先生六經四書講稿六卷 經/第91冊
(宋)黃仲元撰
明嘉靖二十七年黃文炳刻本
六經奧論六卷首一卷 經/第91冊
(宋)鄭樵撰
清康熙十九年通志堂刻通志堂經解本
九經直音十五卷 經/第91冊
(宋)孫奕撰
元刻本
新編十一經問對五卷 經/第91冊
(元)何異孫撰
元刻本
七經孟子考文二百卷 經/第92－93冊
(日本)山井鼎撰 物觀補遺
日本享保十六年刻本
九經誤字一卷 經/第93冊
(清)顧炎武撰
清康熙潘氏遂初堂刻亭林遺書十種本
經問十八卷 經/第93冊
(清)毛奇齡撰
清雍正刻西河合集本
經問補三卷 經/第93冊
(清)毛奇齡撰 毛遠宗輯
清雍正刻西河合集本
朱子語類八十卷 經/第94冊
(宋)朱熹撰 (清)程川輯
清雍正刻本
經尺一卷 經/第95冊
(清)陳祖范撰
清乾隆二十九年日華堂刻陳司業集本
古經解鉤沉三十卷 經/第95冊
(清)余蕭客撰
清乾隆刻本
孟子註疏解經十四卷 經/第95冊
(漢)趙岐註 題(宋)孫奭疏
元刻明修十三經註疏本
孟子音義二卷 經/第96冊
(宋)孫奭撰
清康熙十九年通志堂刻通志堂經解本
論語拾遺一卷 經/第96冊
(宋)蘇轍撰
明萬曆二十五年金陵焦氏刻兩蘇經解本
孟子解一卷 經/第96冊
(宋)蘇轍撰
明萬曆二十五年金陵焦氏刻兩蘇經解本
尊孟辨三卷續辨二卷別錄一卷 經/第96冊
(宋)余允文撰
清乾隆翰林院四庫館臣輯永樂大典鈔本(四庫底本)
朱子四書或問三十九卷 經/第96冊
(宋)朱熹撰
清初刻本
國朝諸老先生論語精義 十卷孟子精義十四卷 經/第96冊
(宋)朱熹撰
清康熙禦兒呂氏寶誥堂刻朱子遺書本
中庸輯略二卷 經/第97冊
(宋)石𡼏輯 朱熹刪定
宋刻本
南軒先生論語解十卷 經/第97冊
(宋)張栻撰
清康熙十九年通志堂刻通志堂經解本
大學集編一卷中庸集編一卷論語集編十卷孟子 集編十四卷 經/第97冊
(宋)真德秀撰
清康熙十九年通志堂刻通志堂經解本
孟子集疏十四卷 經/第97冊
(宋)蔡模撰
清康熙十九年通志堂刻通志堂經解本
大學纂疏一卷中庸纂疏一卷論語纂疏十卷孟子纂疏十四卷 經/第98冊
(宋)趙順孫撰
清康熙十九年通志堂刻通志堂經解本
讀四書叢說八卷 經/第99冊
(元)許謙撰
元刻本
大學通一卷中庸通一卷論語通十卷孟子通十四卷 經/第99冊
(元)胡炳文撰

宋刻本
韻補五卷 經/第114冊
(宋)吳棫撰
宋刻本
釋文互註禮部韻略五卷韻略條式一卷 經/第114冊
宋紹定三年藏書閣刻本
九經補韻一卷 經/第115冊
(宋)楊伯嵒撰
宋刻百川學海本
古今韻會舉要三十卷禮部韻略七音三十六母通攷一卷 經/第115冊
(元)黄公紹輯
熊中舉要元刻本
經史正音切韻指南一卷 經/第115冊
(元)劉鑑撰
明崇禎金陵圓覺庵釋新仁刻本
洪武正韻十六卷 經/第116冊
(明)樂韶鳳 宋濂等撰
明正德十年張准刻本
音韻闡微十八卷韻譜一卷 經/第116冊
(清)李廣地等撰
清雍正內府刻本
欽定同文韻統六卷 經/第117冊
(清)允祿等撰
清乾隆武英殿刻本
音韻述微三十卷 經/第117冊
(清)梁國治等撰
清乾隆鈔本(四庫底本)
音論三卷 經/第117冊
(清)顧炎武撰
清康熙六年山陽張召符山堂刻音學五書本
詩本音十卷 經/第117冊
(清)顧炎武撰
清康熙六年山陽張召符山堂刻音學五書本
唐韻正二十卷 經/第118冊
(清)顧炎武撰
清康熙六年山陽張召符山堂刻音學五書本
康熙甲子史館新刊古今通韻十二卷首一卷 經/第118冊
(清)毛奇齡撰
清雍正刻本
大易粹言十二卷 經/第119冊
(宋)曾穜撰
宋淳熙三年舒州公使庫刻本
晦庵先生朱文公易說二十三卷 經/第120冊
(宋)朱熹撰 朱鑑輯
元刻本
周易本義附錄纂註十五卷 經/第120冊
(元)胡一桂撰
清康熙十九年通志堂刻通志堂經解本
易纂言外翼十二卷 經/第120冊
(元)吳澄撰
元刻本

史部

史記一百三十卷 史/第1冊
(漢)司馬遷撰 (劉宋)裴駰集解
明崇禎元年至十七年毛氏汲古閣刻十七史本
史記索隱三十卷 史/第2冊
(唐)司馬貞撰
明末毛氏汲古閣刻本
班馬異同三十五卷 史/第2冊
(宋)倪思撰 劉辰翁評
明嘉靖十六年李元陽刻本
後漢書年表十卷 史/第2冊
(宋)熊方集補
清乾隆刻本
隋書八十五卷 史/第2-3冊
(唐)魏徵等撰
元大德饒州路儒學刻明嘉靖遞修公文紙印本
元經薛氏傳十卷 史/第4冊
(唐)薛收撰 (宋)阮逸註
明刻本
資治通鑒釋例一卷 史/第4冊
(宋)司馬光撰
明宣德三年書林劉文壽刻本
大事記十二卷通釋三卷解題十二卷 史/第4冊
(宋)呂祖謙撰
明刻本
靖康要錄十六卷 史/第4冊
清抄本
資治通鑒綱目前編十八卷首一卷舉要三卷 史/第5冊
(宋)金履祥撰
明萬曆二十一年蜀藩刻通鑒綱目全書本
大事記續編七十七卷 史/第5-6冊
(明)王煒撰
明刻本
蜀鑑十卷 史/第7冊
(宋)郭允蹈撰
明嘉靖刻本
平定三逆方略六十卷 史/第7冊
(清)勒德洪等撰
清康熙內府抄本
平定準噶爾方略前編五十四卷正編八十五卷續編三十二卷首一卷 史/第8-10冊
(清)傅恒等撰
清乾隆武英殿刻本
平定準噶爾方略前編五十四卷正編五十四卷續編三十二卷首一卷 史/第11冊
(清)傅恒等撰
清乾隆武英殿刻本
綏寇紀略十二卷 史/第12冊
(清)吳偉業撰
清康熙十三年鄒氏金刻本
滇考二卷 史/第12冊
(清)馮甦撰
清康熙刻本
繹史一百六十卷世系圖一卷年表一卷 史/第12-14冊
(清)馬驌撰
清康熙刻本
東觀奏記三卷 史/第15冊
(唐)裴庭裕撰
明抄本
北狩見聞錄一卷 史/第15冊
(宋)曹勛撰
清乾隆三十九年盧文弨家鈔本
松漠記聞一卷續一卷補遺一卷 史/第15冊
(宋)洪皓撰
清抄本(四庫底本)
皇朝太平治跡統類不分卷 史/第15冊
(宋)彭百川撰
清抄本
錢塘遺事十卷 史/第16冊
(元)劉一清撰
清乾隆五十一年吳禹敷鈔本
高士傳三卷 史/第16冊
(晉)皇甫謐撰
明嘉靖三十一年黄省曾刻漢唐三傳本

紹興十八年同小椂一卷 史/第16冊
明刻本
伊洛淵源椂十四卷 史/第16冊
(宋)朱熹撰
明刻本
浦陽人物記二卷附錄一卷 史/第16冊
(明)宋濂撰
明刻本
皇明名臣琬琰椂前集二十四卷後集二十二卷 史/第16冊
(明)徐紘輯
明嘉靖四十年刻本
皇明名臣琬琰椂續集八卷 史/第16冊
(明)王道端輯
明嘉靖四十年刻本
明儒學案六十二卷師說一卷 史/第17冊
(清)黄宗羲撰
清康熙三十二年賈潤刻本
月令輯要二十四卷圖說一卷 史/第18冊
(清)李光地等輯
清康熙内府刻本
(淳熙)三山志四十二卷 史/第19冊
(宋)梁克家纂修
明崇禎刻本
齋乘六卷 史/第19冊
(元)于欽纂修
明嘉靖四十三年杜思刻本
齋乘釋音一卷 史/第19冊
(元)于潛撰
明嘉靖四十三年杜思刻本
雍椂十卷 史/第20冊
(宋)程大昌撰
明刻古今逸史本
建炎以來朝野雜記甲集二十卷 史/第20冊
(宋)李心傳撰
清乾隆三十一年鮑廷傅抄本(四庫進程本)
建炎以來朝野雜記乙集二十卷 史/第20冊
(宋)李心傳撰
清乾隆四十年至四十四年吴翌鳳抄本
皇明謚紀彙編二十五卷 史/第20冊
(明)郭良翰輯
明萬曆刻本
唐書二百卷 史/第21-22冊
(後晉)劉昫等撰
明嘉靖十八年聞人詮刻本
金史一百三十五卷目錄二卷 史/第23-24冊
(元)脱脱等撰
明初刻本
平定金川方略三十二卷 史/第25冊
(清)來保等撰
清自得園朱絲欄抄本
欽定剿捕臨清逆匪紀略十六卷 史/第25冊
(清)于敏中等撰
清乾隆刻本
欽定蘭州紀略二十卷 史/第25冊
(清)阿桂等撰
清乾隆内府抄本
平定臺灣紀略六十五卷首五卷 史/第26冊
(清)高宗弘曆敕撰
清自得園朱絲欄抄本
大金國志四十卷 史/第26冊
題(宋)宇文懋昭撰
明抄本
五代史闕文一卷 史/第27冊
(宋)王禹偁撰
明末毛氏汲古閣刻本
五代史補五卷 史/第27冊
(宋)陶岳撰
明末毛氏汲古閣刻本
弇山堂別集一百卷 史/第27-28冊
(明)王世貞撰
明萬曆十八年刻本
孝肅包公奏議集十卷 史/第28冊
(宋)包拯撰
明成化二十年張岫刻本
皇明名臣經濟錄五十三卷 史/第29-30冊
(明)黄訓輯
明嘉靖三十年汪雲程刻本
魏鄭公諫錄五卷 史/第30冊
(唐)王方慶輯
明正德二年曾大有刻本
李深之文集六卷又一卷 史/第31冊
(唐)李絳撰 蔣偕輯
明抄本(又一卷配清抄本)
紹陶錄二卷 史/第31冊
(宋)王質撰
清康熙三十年翁炳翁掞抄本
鄂國金佗稡編二十八卷鄂國金佗續編三十卷 史/第31冊
(宋)岳珂輯
元治正二十三年朱元佑刻明修本
諸葛忠武書十卷 史/第31冊
(明)楊時偉輯
明萬曆四十七年楊氏刻合刻忠武靖節二編本
寧海將軍固山貝子功績錄五卷 史/第32冊
(清)不著撰者
清乾隆刻本
百越先賢志四卷 史/第32冊
(明)歐大任撰
明隆慶萬曆間刻清印歐虞部集本
元儒考略四卷 史/第32冊
(明)馮從吾撰
明萬曆刻本
八旗滿洲氏族通譜八十卷 史/第32-33冊
(清)鄂爾泰等撰
稿本
征南錄一卷 史/第33冊
(宋)滕甫撰
明抄本(四庫底本)
粤閩巡視紀略五卷附紀一卷 史/第33冊
(清)杜臻撰
清康熙杜氏經緯堂刻本
十六國春秋一百卷附崔鴻本傳一卷 史/第34冊
題(北魏)崔鴻撰
明萬曆三十七年屠氏蘭暉堂刻本
朝鮮史略六卷 史/第35冊
(朝鮮)不著撰者
明萬曆四十五年趙宧光等刻本
歲時廣記四卷圖說一卷 史/第35冊
(宋)陳元靚撰
明刻本
禁扁五卷 史/第35冊
(元)王士點撰
清康熙四十五年曹寅揚州使院刻楝亭十二種本
[元豐]九域志十卷 史/第35冊
(宋)王存等纂修
清初影宋抄本
[淳熙]新安志十卷 史/第35冊
(宋)趙不悔 羅願纂修

清康熙四十六年至四十七年黄以祚承德堂刻本

剡録十二卷 史/第35冊

(宋)高似孫撰

清黄丕烈家抄本

[嘉泰]會稽志二十卷 史/第36冊

(宋)沈作兵 施宿纂修

明正德五年石存禮刻本

[寶慶]會稽續志八卷 史/第36冊

(宋)張淏纂修

明正德五年石存禮刻本

[嘉定]赤城志四十卷 史/第36－37冊

(宋)齊碩 陳耆卿纂修

明弘治刻本

[寶慶]四明志二十一卷 史/第37冊

(宋)胡榘 羅濬纂修

宋刻本

[開慶]四明續志十二卷 史/第37冊

(宋)梅應發 劉錫纂修

宋開慶元年刻本

[雍正]廣西通志一百二十八卷首一卷 史/第38－40冊

(清)金鉷 錢元昌纂修

清雍正刻本

史記疑問三卷 史/第41冊

(清)邵泰衢撰

清康熙四十一年邵遠平刻本

三國志補註六卷諸史然疑一卷 史/第41冊

(清)杭世駿撰

清乾隆五十三年補史亭刻道古堂外集本

遼史一百十六卷 史/第41冊

(元)脱脱等撰

明初刻遞修本

元史二百十卷目錄二卷 史/第42－44冊

(明)宋濂 王禕等撰

明洪武内府刻明遞修本

竹書紀年二卷 史/第45冊

題(梁)沈約註

明嘉靖四明范氏天一閣刻范氏奇書本

竹書紀年統箋十二卷前編一卷雜述一卷 史/第45冊

(清)徐文靖撰

清雍正乾隆間志寧堂刻徐位山六種本

資治通鑒目錄三十卷 史/第45冊

(宋)司馬光撰

宋刻本

御批歷代通鑑輯覽一百二十卷 史/第46－49冊

(清)傅恒等撰

清乾隆三十三年刻本

宋史紀事本末二十八卷 史/第50冊

(明)馮琦撰 陳邦瞻補

明萬曆三十三年劉曰梧徐申刻本

貞觀政要十卷 史/第51冊

(唐)吳兢撰 (元)戈直集論

明成化元年内府刻本

世宗憲皇帝聖訓三十六卷 史/第51冊

(清)世宗胤禛撰

清乾隆五年武英殿刻本

廬陽周忠湣先生垂光集二卷 史/第52冊

(明)周璽撰

清康熙三十六年古燕張氏刻五名臣遺集本

御選明臣奏議四十卷 史/第52冊

清乾隆四十六年刻本

朱子年譜四卷朱子論學切要語二卷 史/第53冊

(清)王懋竑撰

清乾隆白田草堂刻本

朱子年譜考異四卷 史/第53冊

(清)王懋竑撰

稿本

劉向古列女傳七卷續一卷 史/第53冊

(漢)劉向撰

明刻本

卓異記一卷 史/第53冊

(唐)李翱撰

明刻歷代小史本

東林列傳二十四卷 史/第53冊

(清)陳鼎撰

清康熙五十年刻本

扈從西巡日錄一卷 史/第54冊

(清)高士奇撰

清康熙三十七年朗潤堂高江村全集本

[雍正]甘肅通志五十卷首一卷 史/第54－55冊

(清)許榮 李迪等纂修

清乾隆元年刻本

[雍正]廣東通志六十四卷 史/第56－58冊

(清)郝玉麟 魯曾煜等纂修

清雍正九年刻本

吳中水利書一卷 史/第59冊

(宋)單鍔撰 (明)谷繼宗輯

清苧溪書屋抄本

四明它山水利備覽二卷 史/第59冊

(宋)魏峴撰

明崇禎十四年陳朝輔刻本

欽定河源紀略三十五卷首一卷 史/第59冊

(清)紀昀 陸溪熊等撰

清乾隆四十七年武英殿刻本

都成紀勝一卷 史/第59冊

(宋)灌圃耐得翁撰

清康熙四十五年曹寅揚州使院刻楝亭十二種本

頖宫禮樂疏十卷 史/第59冊

(明)李之藻撰

明萬曆四十六年刻本

國朝宫史三十六卷 史/第60冊

(清)于敏中等撰

清乾隆三十四年内府抄本

廟制圖考一卷 史/第60冊

(清)萬斯同撰

清抄本(四庫底本)

補漢兵志一卷 史/第60冊

(宋)錢文子撰

明抄本

遂初堂書目一卷 史/第60冊

(宋)尤袤撰

明抄本

三國志六十五卷 史/第61冊

(晉)陳壽撰 (劉宋)裴松之註

宋衢州州學刻本明遞修本

唐書二百二十五卷目錄二卷 史/第62－65冊

(宋)歐陽修 宋祁等撰

元刻明修本

新唐書糾謬二十卷 史/第65冊

(宋)吳縝撰

明趙開美刻本

遼史拾遺二十四卷 史/第66冊

(清)厲鶚撰

清鈔本(四庫底本)

前漢紀三十卷 史/第66冊

(漢)荀悦撰

明嘉靖二十七年黄姬水刻本

後漢紀三十卷 史/第66冊

(晉)袁弘撰

(明)張鳴鳳撰
明萬曆十八年何太庚刻本
盤山志十六卷首五卷　史/第111冊
(清)蔣溥等撰
清乾隆武英殿刻本
西湖志纂十五卷首一卷　史/第111冊
(清)梁詩正 沈德潛 傅王露撰
清乾隆二十年刻二十七年增刻本
洛陽伽藍記五卷　史/第111冊
(北魏)楊衒之撰
明如隱堂刻本
汴京遺蹟志二十四卷　史/第112冊
(明)李濂撰
明嘉靖二十五年自刻本
武林梵志十二卷　史/第112冊
(明)吳之鯨撰
明萬曆刻本
營平二州史事記二卷　史/第112冊
(清)顧炎武撰
清鈔本
金鰲退食筆記二卷　史/第112冊
(清)高士奇撰
清康熙刻本
石柱記五卷　史/第112冊
(清)鄭元慶箋釋
清康熙四十一年鄭氏魚計亭刻本
南方草木狀三卷　史/第112冊
(晉)嵇含撰
宋刻百川學海本
荊楚歲時記一卷　史/第113冊
(梁)宗懍撰
明萬曆二十年刻廣漢魏叢書本
北戶錄三卷　史/第113冊
(唐)段公路撰 崔龜圖註
明文始堂鈔本
桂林風土記一卷　史/第113冊
(唐)莫休符撰
清初鈔本(四庫底本)
武林舊事十卷　史/第113冊
(宋)周密撰
清初鈔本(四庫底本)
徐霞客遊記十二卷　史/第113冊
(明)徐弘祖撰
清乾隆鈔本(四庫底本)
大唐西域記十二卷　史/第114冊
(唐)釋玄奘譯 釋辨機撰
宋藏經本
宣和奉使高麗圖經四十卷　史/第114冊
(宋)徐兢撰
宋乾道三年瀓江郡齋刻本
溪蠻叢笑一卷　史/第114冊
(宋)朱輔撰
明鈔本
島夷志略一卷　史/第114冊
(元)汪大淵撰
清彭氏知聖道齋鈔本
朝鮮賦一卷　史/第114冊
(明)董越撰
明鈔國朝典故本
皇清職貢圖九卷　史/第114冊
(清)董誥等撰
清乾隆武英殿刻本
宋宰輔編年錄二十卷　史/第115冊
(宋)徐自明撰
明萬曆四十六年呂邦燿刻本
官箴一卷　史/第116冊
(宋)呂本中撰
宋刻百川學海本
牧民忠告二卷經進風憲忠告一卷廟堂忠告一卷　史/第116冊
(元)張養浩撰
元刻本
御制人臣儆心錄一卷　史/第116冊
(清)世祖福臨撰
清順治刻本
杜氏通典二百卷　史/第116－118冊
(唐)杜佑撰
明嘉靖十八年王德溢吳鵬刻本
唐會要一百卷　史/第119－120冊
(宋)王溥撰
清初抄本
五代會要三十卷　史/第120冊
(宋)王溥撰
清康熙六年孫潛抄本
西漢會要七十卷目錄二卷　史/第121冊
(宋)徐天麟撰
宋嘉定建寧郡齋刻元明遞修本
東漢會要四十卷　史/第121冊
(宋)徐天麟撰
宋寶慶二年建寧郡齋刻本(卷三十六至四十配清抄本)
文獻通考三百四十八卷　史/第122－126冊
(元)馬端臨撰
元泰定元年西湖書院刻本
欽定大清會典一百卷　史/第127冊
(清)允祹等撰
清乾隆英武殿刻本
欽定大清會典則例一百八十卷　史/第128－133冊
(清)允祹等撰
清乾隆英武殿刻本
欽定續通典一百五十卷　史/第134－136冊
(清)嵇璜 曹仁虎纂修
清乾隆武英殿刻本
大唐開元禮一百五十卷　史/第137冊
(唐)蕭嵩等撰
清初抄本
政和五禮新儀二百四十卷目錄六卷　史/第138冊
(宋)鄭居中等撰
清初抄本
紹熙州縣釋奠儀圖一卷　史/第139冊
(宋)朱熹撰
清初鈔本(四庫底本)
金德運圖說一卷　史/第139冊
清乾隆翰林院四庫館臣輯永樂大典鈔本(四庫底本)
廟學典禮六卷　史/第139冊
清乾隆翰林院四庫館臣輯永樂大典鈔本(四庫底本)
明宮史五卷　史/第139冊
(明)劉若愚撰 呂忠輯
清初鈔本(四庫底本)
幸魯盛典四十卷　史/第139冊
(清)孔毓圻 金居敬等撰
清康熙刻本
大清通禮五十卷　史/第140冊
(清)來保 李玉鳴等撰
清乾隆武英殿刻本
欽定滿洲祭神天典禮六卷　史/第140冊
(清)允祿等撰
清抄本
八旬萬壽盛典一百二十卷首一卷　史/第141－142冊
(清)阿桂 劉鳳誥等纂修
清乾隆五十七年武英殿活字本
八旗通志初集二百五十卷目錄二卷　史/第143－148冊
(清)鄂爾泰 涂天相等纂修

清乾隆四年武英殿刻本
故唐律疏義三十卷 史/第149冊
(唐)長孫無忌等撰
宋刻本
大清律例四十七卷 史/第149-150冊
(清)劉統勳等纂修
清乾隆三十三年武英殿刻本
千傾堂書目三十二卷 史/第151冊
(清)黄虞稷撰
清初抄本
經義考三百卷目錄二卷
史/第152-154冊
(清)朱彝尊撰
清康熙刻乾隆盧見曾增刻本
集古錄十卷 史/第155冊
(宋)歐陽修撰
清順治謝氏刻本
金石錄三十卷 史/第155冊
(宋)趙明誠撰
宋淳熙龍舒郡齋刻本
隸釋二十七卷 史/第155冊
(宋)洪適撰
明萬曆十六年王雲鷺刻本
隸續二十一卷 史/第156冊
(宋)洪適撰
清乾隆四十三年汪日秀樓松書屋刻本
絳帖平六卷 史/第156冊
(宋)姜夔撰
明鈔本
蘭亭考十二卷附群公帖跋一卷
史/第156冊
(宋)桑世昌輯
明萬曆項德弘刻本
石刻鋪敘二卷 史/第156冊
(宋)曾宏父撰
清乾隆十一年董兆元鈔本
蘭亭續考二卷 史/第156冊
(宋)俞松輯
宋淳祐刻本(卷二陪勞健鈔本)
輿地碑記目四卷 史/第156冊
(宋)王象之撰
清初鈔本
吳中金石新編八卷 史/第156冊
(明)陳暐輯
清劉氏味經書屋鈔本
金薤琳琅二十卷 史/第156冊
(明)都穆撰
明嘉靖刻本
法帖釋文考異十卷 史/第157冊
(明)顧從義撰
明刻本
寒山堂金石林時地考一卷部目一卷
史/第157冊
(明)趙均撰
清乾隆二十四年吳元潤鈔本
葉氏菉竹堂碑目六卷 史/第157冊
(明)趙均撰
清乾隆二十四年吳元潤鈔本
石墨鐫華八卷 史/第157冊
(明)趙崡撰
明萬曆四十六年自刻本
金石史不分卷附錄一卷 史/第157冊
(明)郭宗昌撰
明末鈔本
欽定重刻淳化閣帖釋文十卷
史/第157冊
(清)于敏中等輯
清乾隆刻本
求古祿一卷 史/第157冊
(清)顧炎武撰
清文珍樓鈔本
金石文字記六卷 史/第157冊
(清)顧炎武撰
清康熙潘氏遂初堂刻亭林遺書十種本
石經考一卷 史/第158冊
(清)顧炎武撰
清康熙潘氏遂初堂刻亭林遺書十種本
嵩陽石刻集記二卷補遺一卷紀遺一卷
史/第158冊
(清)葉封撰
清康熙刻本
觀秒齋藏金石文考略十六卷
史/第158冊
(清)李光暎撰
清雍正刻本
分隸偶存二卷 史/第158冊
(清)萬經撰
清乾隆三十四年辨志堂刻本
淳化祕閣法帖考正十二卷 史/第158冊
(清)王澍撰
清乾隆秋水藕花居刻本
竹雲題跋四卷 史/第159冊
(清)王澍撰
清乾隆三十二年錢人龍刻本
金石經眼録不分卷 史/第159冊
(清)褚峻摹圖 牛運震補說
清乾隆褚氏刻本
石經考異二卷 史/第159冊
(清)杭世駿撰
清乾隆五十三年補史亭刻道古堂外集本
史通二十卷 史/第159冊
(唐)劉知幾撰
明萬曆三十年張鼎思刻本
史通通釋二十卷附錄一卷 史/第159冊
(清)浦起龍撰
清乾隆十七年浦氏求放心齋刻本
唐宋明賢歷代確論一百卷 史/第160冊
明弘治十七年錢孟濬刻本
御批資治通鑑綱目五十九卷首一卷
史/第161-165冊
(宋)朱熹撰
清康熙四十六年内府刻本
御批資治通鑑綱目前編十八卷舉要三卷
史/第161冊
(元)金履祥撰
清康熙四十六年内府刻本
御批資治通鑑綱目前編外紀一卷
史/第161冊
(明)陳桱撰
清康熙四十六年内府刻本
御批續資治通鑑綱目二十七卷
史/第165-166冊
(明)商輅等撰
清康熙四十六年内府刻本
史記一百三十卷 史/第167-168冊
(漢)司馬遷撰(劉宋)裴駰集解(唐)司馬貞索隱 張守節正義
元至元二十五年彭寅翁崇道精舍刻本(卷一百十七至一百二十二配蒙古中統二年段子成刻本)
後漢書九十卷 史/第169-171冊
(劉宋)范曄撰(唐)李賢註
宋白鷺洲書院刻本
後漢書志三十卷 史/第171冊
(晉)司馬彪撰(梁)劉昭註
宋白鷺洲書院刻本
南齊書五十九卷 史/第172冊
(梁)蕭子顯撰
宋刻宋元明初遞修本
魏書一百十四卷 史/第173-175冊

(北齊)魏收撰
宋刻宋元明遞修本
南史八十卷 史/第176冊
(唐)李延壽撰
明崇禎十三年毛氏汲古閣刻本
北史一百卷 史/第177－178冊
(唐)李延壽撰
元大德信州路儒學刻明嘉靖元年修本
明史三百三十二卷目錄四卷 史/第179－185冊
(清)張廷玉等撰
清乾隆四年武英殿刻二十四史本
續資治通鑑長編一百八卷 史/第186－187冊
(宋)李燾撰
宋刻本
皇朝編年備要三十卷 史/第188冊
(宋)陳均撰
宋紹定刻本
續資治通鑑十五卷 史/第188冊
(宋)劉時舉撰
元陳氏餘慶堂刻本
宋季三朝政要六卷 史/第188冊
元皇慶元年陳氏餘慶堂刻本
皇清開國方略三十二卷聯句詩一卷首一卷 史/第189冊
(清)阿桂等撰
清乾隆五十一年武英殿刻本
炎徼紀聞四卷 史/第189冊
(明)田汝成撰
明萬曆四十五年陳于廷刻紀錄彙編本
汲塚周書十卷 史/第189冊
(晉)孔晁註
元至元十四年嘉興路儒學刻本
東觀漢記二十四卷 史/第190冊
(漢)劉珍等撰
清乾隆翰林院四庫館臣輯永樂大典鈔本(清乾隆武英殿木活字排印武英殿聚珍版叢書本底本)
建康實錄二十卷 史/第190冊
(唐)許嵩撰
宋紹興十八年荊湖北路安撫使司刻遞修本
隆平集二十卷 史/第190冊
(宋)曾鞏撰
明董氏萬卷堂刻本
路史四十七卷 史/第191冊
(宋)羅泌撰
明嘉靖洪楩刻本
古今紀要十九卷 史/第192冊
(宋)黄震撰
元後至元三年刻本
後漢書補逸二十一卷 史/第192冊
(清)姚之駰輯
清康熙五十三年露滌齋刻本
尚史六十九卷世系圖一卷 史/第193－194冊
(清)李鍇撰
清乾隆三十八年刻本
戰國策十卷 史/第195冊
(宋)鮑彪校註 (元)吳師道補正
元至正二十五年平江路儒學刻明修本
宋朝燕翼詒謀錄五卷 史/第195冊
(宋)王栐撰
宋刻百川學海本
弔伐錄二卷 史/第195冊
清初錢氏述古堂鈔本
新刊大元混一平宋實錄三卷 史/第195冊
(元)劉敏中撰
清鈔本
大清太祖高皇帝聖訓四卷 史/第195冊
清乾隆四年武英殿刻本
大清太宗文皇帝聖訓六卷 史/第195冊
清乾隆四年武英殿刻本
大清世祖章皇帝聖訓六卷 史/第195冊
清乾隆四年武英殿刻本
清雍正上諭內閣一百五十九卷 史/第196－197冊
(清)允祿等輯 弘晝等續輯
清乾隆六年武英殿刻本
唐大詔令集一百三十卷 史/第198冊
(宋)宋敏求輯
明鈔本
范文正公政府奏議二卷 史/第198冊
(宋)范仲淹撰
元元統二年范氏褒賢世家歲寒堂刻本
盡言集十三卷 史/第199冊
(宋)劉安世撰
明隆慶五年張佳胤等刻本
左史諫草一卷 史/第199冊
(宋)呂午撰
清鈔本
太師王端毅公奏議十五卷 史/第199冊
(明)王恕撰
明正德十六年王成章刻清嘉慶十一年補刻本
馬端肅公奏議十四卷 史/第199冊
(明)馬文升撰
清刻本(四庫底本)
毅庵奏議二卷 史/第200冊
(明)孫懋撰
明刻本(四庫底本)
靳文襄公奏疏八卷 史/第200冊
(清)靳輔撰
清雍正靳治豫刻本
郭華野先生疏稿五卷 史/第200冊
(清)郭琇撰
清乾隆刻本
郭華野先生年譜一卷 史/第200冊
(清)郭廷翼撰
清乾隆刻本
東家雜記二卷 史/第200冊
(宋)孔傳撰
宋刻遞修本
晏子春秋八卷 史/第201冊
明活字本
杜工部草堂詩年譜一卷 史/第201冊
(宋)趙子櫟撰
元刻本
杜工部草堂詩年譜一卷 史/第201冊
(宋)魯訔撰
元刻本
新刊名臣碑傳琬琰之集上集二十七卷中集五十五卷下集二十五卷目錄三卷 史/第201冊
(宋)杜大珪輯
宋刻元明遞修本
古今列女傳三卷 史/第201冊
(明)解縉等撰
明永樂元年內府刻本
殿閣詞林記二十二卷 史/第202冊
(明)廖道南撰
明嘉靖刻本
欽定宗室王公功績表傳十二卷首一卷 史/第202冊
清乾隆武英殿刻本
儒林宗派十六卷 史/第202冊
(清)萬斯同撰
清乾隆三十八年辨志堂刻本
驂鸞錄一卷 史/第203冊

（宋）范成大撰
明刻續百川學海本
高寄齋訂正吳船錄二卷 史/第203冊
（宋）范成大撰
明萬曆繡水沈氏刻寶顏堂秘笈本
陳眉公訂正入蜀記四卷 史/第203冊
（宋）陸遊撰
明萬曆繡水沈氏刻寶顏堂秘笈本
西使記一卷 史/第203冊
（元）劉郁撰
明刻歷代小史本
兩漢博聞十二卷 史/第203冊
（宋）楊侃輯
宋乾道八年胡元質姑孰郡齋刻本（卷一至三配清鈔本）
通鑑總類二十卷 史/第203－204冊
（宋）沈樞輯
元至正二十三年吳郡庠刻本
吳越春秋十卷 史/第204冊
（漢）趙曄撰（元）徐天祜音註
元大德十年紹興路儒學刻明修本
鄴中記一卷 史/第204冊
（晉）陸翽撰
明刻續百川學海本
十六國春秋十六卷 史/第204冊
（北魏）崔鴻撰
明萬曆二十年刻廣漢魏叢書本
釣磯立談一卷 史/第205冊
清影宋鈔本
江南野史十卷 史/第205冊
（宋）龍衮撰
明末毛氏汲古閣鈔本
江南別錄一卷 史/第205冊
（宋）陳彭年撰
明刻歷代小史本
三楚新錄三卷 史/第205冊
（宋）周羽翀撰
清初鈔琅函小品十種本
錦裡耆舊傳八卷 史/第205冊
（宋）勾延慶撰
清初鈔本
蜀檮杌一卷 史/第205冊
（宋）張唐英撰
明天啟七年馮仲昭鈔本
三輔黃圖六卷 史/第205冊
元致和元年余氏勤有堂刻本
南唐書十八卷 史/第205冊
（宋）陸游撰
明嘉靖四十三年錢穀鈔本
南唐書音釋一卷 史/第205冊
（元）戚光撰
明嘉靖四十三年錢穀鈔本
輿地廣記三十八卷 史/第205冊
（宋）歐楊忞撰
宋刻遞修本
大明一統志九十卷 史/第206－207冊
（明）李賢 萬安等纂修
明天順五年內府刻本
新編方輿勝覽七十卷 史/第208冊
（宋）祝穆輯
宋咸淳三年吳堅劉震孫刻本
［延佑］四明志二十卷 史/第208冊
（元）袁桷撰
清鈔本
［至元］嘉禾志三十二卷 史/第209冊
（元）單慶 徐碩纂修
清初鈔本
［至正］金陵新志十五卷 史/第210冊
（元）張鉉纂修
元至正四年集慶路儒學溧陽州學溧水州學刻明正德十五年南京國子監重修本
［洪武］無錫志四卷 史/第211冊
明初刻本（四庫底本）
［正德］姑蘇志六十卷 史/第211－212冊
（明）林世遠 王鏊等纂修
明正德刻本
［正德］武功縣誌三卷 史/第212冊
（明）康海纂修
明正德刻本
欽定日下舊聞考一百六十卷譯語總目一卷 史/第213－215冊
（清）于敏中 竇光鼐等纂修
清乾隆武英殿刻本
［乾隆］欽定熱河志一百二十卷 史/第216－218冊
（清）和珅 梁國治纂修
清乾隆刻本
［乾隆］欽定盛京通志一百三十卷首一卷 史/第219－221冊
（清）阿桂 劉謹之等纂修
清乾隆武英殿刻本
［雍正］畿輔通志一百二十卷 史/第222－225冊
（清）唐執玉等纂修
清雍正刻乾隆印本
［乾隆］江南通志二百卷四卷 史/第226－231冊
（清）尹繼善 黃之雋等纂修
清乾隆刻本
［雍正］江西通志一百六十二卷首三卷 史/第232－237冊
（清）謝旻 陶成等纂修
清雍正刻乾隆印本
［雍正］四川通志四十七卷首一卷 史/第238－240冊
（清）黃廷桂 張晉生等纂修
清雍正刻乾隆印本
［雍正］雲南通志三十卷首一卷 史/第241－242冊
（清）鄂爾泰 尹晉善 靖道謨等纂修
清乾隆元年刻本
［乾隆］貴州通志四十六卷首一卷 史/第243－244冊
（清）鄂爾泰 張廣泗 杜詮纂修
清乾隆六年刻本
北河紀八卷紀餘四卷首一卷 史/第244冊
（明）謝肇淛撰
明萬曆刻本
吳中水利全書二十八卷 史/第245－246冊
（明）張國維撰
明崇禎九年刻本
行水金鑑一百七十五卷首一卷 史/第247－249冊
（清）傅澤洪撰
清雍正三年刻本
南嶽小錄一卷 史/第249冊
（唐）李沖昭撰
明正統刻續萬曆刻道藏本
廬山記三卷 史/第249冊
（宋）陳舜俞撰
清乾隆抄本（四庫底本）
廬山記略一卷 史/第249冊
（宋）釋惠遠撰
清乾隆抄本（四庫底本）
金華赤松山志一卷 史/第249冊
（宋）倪守約撰
明正統刻續萬曆刻道藏本

西湖遊覽志二十四卷志餘二十六卷 史/第250冊
(明)田汝成撰
明萬曆四十七年商濬刻本
吳地記一卷後集一卷 史/第250冊
(唐)陸廣微撰
明刻古今逸史本
洛陽明園記一卷 史/第250冊
(宋)李格非撰
明嘉靖顧氏夷白齋刻顧氏文房小說本
長安志圖三卷 史/第250冊
(元)李好文撰
明嘉靖十一年李經刻本
江城名蹟記二卷附末一卷 史/第251冊
(清)陳弘緒撰
清乾隆二十三年陳新德等刻本
關中勝跡圖志三十卷圖一卷 史/第251冊
(清)畢沅撰
清乾隆畢沅經訓堂刻本
益部方物略記一卷 史/第251冊
(宋)宋祁撰
明崇禎虞山毛氏汲古閣刻津逮秘書本
岳陽風土記一卷 史/第252冊
(宋)范致明撰
明嘉靖四十二年許嶽刻本
幽蘭居士東京夢華錄十卷 史/第252冊
(宋)孟元老撰
元刻本
六朝事迹編類二卷 史/第252冊
(宋)張敦頤撰
明刻古今逸史本
會稽三賦一卷 史/第252冊
(宋)王十朋撰 周世則 史鑄註
宋刻元修本
中吳紀聞六卷 史/第252冊
(宋)龔明之撰
明末毛氏汲古閣刻本
桂海虞衡志一卷 史/第252冊
(宋)范成大撰
明刻本
歲華紀麗譜一卷牋紙譜一卷蜀錦譜一卷 史/第252冊
(元)費著撰
清康熙顧氏秀野草堂刻閭丘辯囿本
吳中舊事一卷 史/第252冊
(元)陸友仁撰
明刻本
平江記事一卷 史/第252冊
(元)高德基撰
明刻本
江漢叢談二卷 史/第252冊
(明)陳士元撰
明萬曆刻歸雲外集本
益部談資三卷 史/第252冊
(明)何宇度撰
明刻本
顏山雜記四卷 史/第252冊
(清)孫廷銓撰
清康熙十七年師儉堂刻孫文定公全集本
臺海使槎錄八卷 史/第252冊
(清)黃叔璥撰
清乾隆刻本
龍沙紀略一卷 史/第252冊
(清)方式濟撰
清乾隆二十年桐城方氏刻述本堂詩集本
陳眉公訂正遊城南記一卷 史/第252冊
(宋)張禮撰
明萬曆繡水沈氏刻寶顏堂秘笈本
佛國記一卷 史/第252冊
(晉)釋法顯撰
明崇禎虞山毛氏汲古閣刻津逮秘書本
真臘風土記一卷 史/第252冊
(元)周達觀撰
明刻古今逸史本
陳眉公訂正海語三卷 史/第253冊
(明)黃衷撰
明萬曆繡水沈氏刻寶顏堂秘笈本
東西洋考十二卷圖一卷 史/第253冊
(明)張燮撰
明萬曆四十六年王起宗刻本
赤雅不分卷 史/第253冊
(明)鄺露撰
清趙氏小山堂抄本
異域錄一卷 史/第253冊
(清)圖麗琛撰
清雍正刻本
朝鮮志不分卷 史/第253冊
明抄本
海國聞見錄二卷 史/第253冊
(清)陳倫炯撰
清乾隆刻本
大唐六典三十卷 史/第253冊
(唐)玄宗李隆基撰 李林甫等註
明嘉靖二十三年浙江按察司刻本
麟臺故事五卷 史/第254冊
(宋)程俱撰
明抄本
中興館閣錄十卷 史/第254冊
(宋)陳騤撰
清影宋抄本
中興館閣續錄十卷 史/第254冊
(宋)陳騤撰
清初抄本
淳熙玉堂雜紀三卷 史/第254冊
(宋)周必大撰
宋刻百川學海本
秘書監志十一卷 史/第254冊
(元)王士點 商企翁撰
清抄本
詞林典故八卷 史/第254冊
(清)張廷玉等撰
清乾隆十三年武英殿刻本
欽定國子監志六十二卷首一卷 史/第255－256冊
(清)梁國治等撰
清乾隆抄本
欽定歷代職官表七十二卷首一卷 史/第256－258冊
(清)紀昀等撰
清乾隆武英殿刻本
書簾緒論一卷 史/第258冊
(宋)胡太初撰
宋刻百川學海本
漢制攷四卷 史/第258冊
(宋)王應麟撰
元後至元六年慶元路儒學刻本
皇明臣謚彙考二卷 史/第258冊
(明)鮑應鰲撰
明末刻本
南巡盛典一百二十卷 史/第259－261冊
(清)高晉等纂修
清乾隆武英殿刻本
皇朝禮器圖式十八卷 史/第262－263冊
(清)允祿等纂修
清乾隆武英殿刻本
歷代建元考不分卷外編不分卷 史/第263冊
(清)鍾淵映撰

清抄本
北郊配位尊西向議一卷　史/第263冊
(清)毛奇齡撰
清雍正刻西河合集本
活民書三卷　史/第263冊
(宋)董煟撰
明萬曆四十五年姚思仁刻本
欽定康濟錄四卷　史/第264冊
(清)陸曾禹撰
清乾隆五年武英殿刻本
皇朝馬政記十二卷　史/第264冊
(明)楊時喬撰
民國三十年上海景印玄覽堂叢書本
營造法式三十四卷看詳一卷　史/第264冊
(宋)李誡撰
清影宋抄本
昭德先生郡齋讀書志四卷後志二卷　史/第265冊
(宋)晁公武撰
宋淳祐袁州刻本
昭德先生郡齊讀書志附志一卷二本四卷考異一卷　史/第265冊
(宋)趙希弁撰
宋淳祐袁州刻本
直齋書錄解題五十六卷　史/第265冊
(宋)陳振孫撰
元抄本
漢藝文志攷證十卷　史/第265冊
(宋)王應麟撰
元後至元六年慶元路儒學刻本
文淵閣書目不分卷　史/第265冊
(明)楊士奇等撰
清宋氏漫堂抄本
授經圖二十卷　史/第265冊
(明)朱睦㮮撰
清康熙刻本
法帖釋文十卷　史/第265冊
(宋)劉次莊撰
宋刻百川學海本
來齋金石刻考略三卷　史/第266冊
(清)林侗撰
清乾隆抄本
東萊先生音著唐鑑二十四卷　史/第266冊
(宋)范祖禹撰 呂祖謙註
宋刻元修本
唐史論斷三卷附錄一卷　史/第266冊
(宋)孫甫撰
清初抄本(四庫底本)
唐書直筆新例四卷新例須知一卷　史/第266冊
(宋)呂夏卿撰
明影宋抄本
三國雜事二卷　史/第266冊
(宋)唐庚撰
明範氏天一閣抄本(四庫底本)
涉史隨筆一卷　史/第266冊
(宋)葛洪撰
明正德十二年鄺璠刻本
李侍郎經進六朝通鑑博議十卷　史/第266冊
(宋)李燾撰
宋畢萬裔宅富學堂刻本
類編皇朝大事記講義二十三卷　史/第266冊
(宋)呂中撰
清初抄本
舊聞證誤十五卷　史/第267冊
(宋)李心傳撰
清初毛氏汲古閣影宋抄本
通鑑答問五卷　史/第267冊
(宋)王應麟撰
元後至元六年慶元路儒學刻本
十七史纂古今通要十七卷圖一卷　史/第267冊
(元)胡一桂撰
元刻本
史纂通要後集三卷　史/第267冊
(元)董鼎撰
元刻本
學史十三卷　史/第267冊
(明)邵寶撰
明嘉靖二十三年秦汶刻本
史糾六卷　史/第267冊
(明)朱明鎬撰
清初抄本
評鑑闡要十二卷　史/第267冊
(清)劉統勳等輯
清乾隆三十六年武英殿刻本
讀史記十表十卷　史/第268冊
(清)汪越撰 徐克范補
清雍正刻本
晉書一百三十卷　史/第268－269冊
(唐)房玄齡等撰
宋刻本
五代史記七十四卷　史/第270冊
(宋)歐陽修撰 徐無黨著
元宗文書院刻明修本
通鑑地理通釋十四卷　史/第270冊
(宋)王應麟撰
元後至元六年慶元路儒學刻本

子部

鹽鐵論十二卷　子/第1冊
(漢)桓寬撰 (明)張之象註
明嘉靖三十三年張氏猗蘭堂程榮重修本
童蒙訓三卷　子/第1冊
(宋)呂本中撰
清刻本
御制資政要覽三卷　子/第1冊
(清)世祖福臨撰 (清)呂宮等輯
清順治內府刻本
聖祖仁皇帝庭訓格言一卷　子/第1冊
(清)世宗胤禛撰
清雍正內府刻本
日知薈說四卷　子/第1冊
(清)高宗弘曆撰
清乾隆內府刻本
御纂性理精義十二卷　子/第1冊
(清)李光地等輯
清康熙內府刻本
孫真人備急千金要方九十三卷目錄二卷　子/第2冊
(唐)孫思邈撰 (宋)林億等校正
清康熙刻本
唐王燾先生外臺秘要方四十卷　子/第3－4冊
(唐)王燾撰
明崇禎程衍道經余居刻本
類證普濟本事方十卷　子/第4冊
(宋)許叔微撰
清乾隆十五年芸暉堂鈔本
內外傷辨三卷　子/第4冊
(金)李杲撰
明刻本
脾胃論三卷　子/第4冊
(金)李杲撰
明刻本
御制曆象考成四十二卷　子/第5－6冊
(清)允祿 何國宗等撰

清雍正二年内府刻御制律曆刻御制律曆淵源本
欽定儀象考成三十卷首二卷　子/第6冊
(清)允祿 戴進賢等撰
清乾隆内府刻本
弧矢算術一卷　子/第7冊
(明)顧應祥撰
明嘉靖刻本
禽星易見一卷　子/第7冊
(明)池本理撰
明鈔本(四庫底本)
書史會要九卷補遺一卷　子/第7冊
(明)陶宗儀撰
明崇禎刻本
續書史會要一卷　子/第7冊
(明)朱謀垔撰
明崇禎刻本
書畫跋跋三卷續三卷　子/第7冊
(明)孫鑛撰
清乾隆五年孫氏刻本
書畫題跋記十二卷續十二卷　子/第7冊
(明)郁逢慶輯
清鈔本
石渠寶笈四十四卷總目四卷　子/第8－9冊
(清)張照等輯
清乾隆内府鈔本
嘯堂集古錄二卷　子/第9冊
(宋)王俅撰
宋刻本
雲林石譜三卷　子/第10冊
(宋)杜綰撰
明刻本
頤堂先生糖霜譜一卷　子/第10冊
(宋)王灼撰
清康熙四十五年曹寅揚州使院刻楝亭十二種本
異魚圖贊四卷　子/第10冊
(明)楊慎撰
明刻楊升庵雜著本
習學記言五十卷　子/第10冊
(宋)葉適撰
明鈔本
猗覺寮雜記二卷　子/第10冊
(宋)朱翌撰
清鈔本(四庫底本)
卮林十卷補遺一卷　子/第10冊
(明)周嬰撰
清鈔本(四庫底本)
公是先生弟子記一卷　子/第11冊
(宋)劉敞撰
明穴硯齋鈔本
晁氏儒言一卷　子/第11冊
(宋)晁說之撰
明嘉靖三十三年晁瑮寶文堂刻本
延平李先生答問一卷附一卷　子/第11冊
(宋)朱熹撰
明萬曆三十七熊尚文刻本
朱子語類一百四十卷　子/第11－12冊
(宋)黎靖德輯
明成化九年陳煒刻本
大學衍義四十三卷　子/第13冊
(宋)真德秀撰
元刻本
東宮備覽六卷　子/第13冊
(宋)陳模撰
清鈔本
大明仁孝皇后内訓一卷　子/第13冊
(明)仁孝皇后徐氏撰
明刻本
聖諭廣訓一卷　子/第13冊
(清)聖祖玄燁撰
世宗胤禛廣訓清雍正内府刻本
陸桴亭思辨錄輯要三十五卷　子/第13冊
(清)陸世儀撰 張伯行重訂
清康熙四十八年張氏正誼堂刻本
三略直解三卷　子/第14冊
(明)劉寅撰
明萬曆刻武經七書直解本
何博士備論一卷　子/第14冊
(宋)何去非撰
明穴硯齋鈔本
守城錄不分卷　子/第14冊
(宋)陳規撰
清乾隆四十年孔繼涵家鈔本
管子補註二十四卷　子/第14冊
(明)劉績撰
明刻本
農桑輯要七卷　子/第14冊
(元)司農司撰
元後至元五年刻明修本
農書三十六卷　子/第14冊
(元)王禎撰
明刻本
張仲景金匱要略論註二十四卷　子/第15冊
(清)徐彬撰
清康熙刻本
銀海精微二卷題　子/第15冊
(唐)孫思邈撰
明刻本
新編西方子明堂灸經八卷題　子/第15冊
(元)西方子撰
元熊氏衛生堂刻本
壽親養老新書四卷　子/第15冊
(宋)陳直撰 (元)鄒鉉續撰
明刻本
夏子益治奇疾方一卷　子/第15冊
(宋)夏德撰
清鈔本
傳信適用方二卷　子/第15冊
(宋)吳彦夔撰
清鈔本
急救仙方十一卷　子/第15冊
(宋)不著撰者
明正統刻續萬曆刻道藏本
素問玄機原病式二卷　子/第16冊
(金)劉完素撰
明刻本
黄帝素問宣明論方十五卷　子/第16冊
(金)劉完素撰
明刻本
玉機微義五十卷　子/第16冊
(明)徐彦純撰 劉純續
明刻本
針灸問對三卷　子/第16冊
(明)汪機撰
明鈔本
外科理例七卷補遺一卷附方一卷　子/第16冊
(明)汪機撰
明祁門樸墅刻石山醫案本
石山醫案三卷附錄一卷　子/第16冊
(明)汪機撰 陳桷輯
明祁門樸墅刻石山醫案本
赤水玄珠三十卷　子/第17－18冊
(明)孫一奎撰
明萬曆刻清修本
醫旨緒餘二卷　子/第18冊
(明)孫一奎撰
明孫泰來孫朋來刻本

廣筆記十三卷 子/第18冊
(明)繆希雍撰 丁元薦輯 莊綏光增輯
明天啟二年莊綏光刻本
炮炙大法一卷用藥凡例一卷 子/第18冊
(明)繆希雍撰
明天啟二年莊綏光刻本
傷寒舌鑑一卷 子/第18冊
(清)張登撰
清康熙七年刻本
周髀算經二卷題 子/第18冊
(漢)趙君卿註 (北周)甄鸞重述 (唐)李淳風等註釋
宋刻本
周髀算經音義一卷 子/第18冊
(宋)李籍撰
宋刻本
紹聖新儀象法要三卷 子/第18冊
(宋)蘇頌撰
清鈔本
古今律曆考七十二卷 子/第19冊
(明)邢雲路撰
明萬曆二十七年徐安刻本
夏侯陽算經三卷題 子/第20冊
(南北朝)夏侯陽撰
清影宋鈔本
張丘建算經三卷 子/第20冊
(北魏)張丘建撰 (北周)甄鸞註 (唐)李淳風等註釋 劉孝孫細草
宋刻本
緝古算經一卷 子/第20冊
(唐)王孝通撰註
清影宋鈔本
數書九章十八卷 子/第20冊
(宋)秦九韶撰
明萬曆四十四年趙琦美家鈔本
同文算指前編二卷通編八卷 子/第20冊
(義大利)利瑪竇授 (明)李之藻演
明萬曆刻本
幾何原本六卷 子/第20冊
(義大利)利瑪竇譯 (明)徐光啟記
明萬曆三十五年刻本
易學一卷 子/第21冊
(宋)王湜撰
清康熙十九年通志堂刻通志堂經解本
易象圖說內篇三卷外篇三卷 子/第21冊
(元)張理撰
清康熙十九年通志堂刻通志堂經解本

葬經一卷 子/第21冊
題(晉)郭璞撰
明鈔宅葬書十一種本
京氏易傳三卷 子/第21冊
(漢)京房撰 (吳)陸績註
明嘉靖四明范氏天一閣刻范氏奇書本
三命通會十二卷 子/第21冊
(明)萬民英撰
明萬曆刻本
古畫品錄一卷 子/第22冊
(南齊)謝赫撰
明刻王氏書畫苑本
墨池編二十卷 子/第22冊
(宋)朱長文輯 (明)薛晨校註
明隆慶二年李永和堂刻本
墨池編續編三卷 子/第22冊
(明)李茝輯 薛晨校註
明隆慶二年李永和堂刻本
珊瑚木難不分卷 子/第22冊
(明)朱存理輯
稿本
佩文齋書畫譜一百卷 子/第23－26冊
(清)孫岳頒等撰
清雍正內府刻本
秘殿珠林二十四卷 子/第26冊
(清)張照等輯
清乾隆內府鈔本
傳神秘要一卷 子/第27冊
(清)蔣驥撰
清乾隆五十九年刻蔣氏游藝秘錄本
鼎錄一卷 子/第27冊
(梁)虞荔撰
明嘉靖顧氏夷白齋刻顧氏文房小說本
欽定西清硯譜二十四卷 子/第27冊
(清)于敏中等輯
清內府鈔本(四庫底本)
墨譜三卷 子/第27冊
(宋)李孝美撰
明萬曆潘膺祉如韋館刻本
宣和北苑貢茶錄一卷 子/第27冊
(宋)熊蕃撰
清乾隆翰林院四庫館臣輯永樂大典鈔本(四庫底本)
北苑別錄一卷 子/第27冊
(宋)趙汝礪撰
清乾隆翰林院四庫館臣輯永樂大典鈔本(四庫底本)

原本茶經三卷 子/第27冊
(唐)陸羽撰
清雍正十三年陸氏壽椿堂刻本
續茶經三卷附錄一卷 子/第27冊
(清)陸廷燦撰
清雍正十三年陸氏壽椿堂刻本
佩文齋廣群芳譜一百卷目錄二卷 子/第28－29冊
(清)汪灝等撰
清康熙四十七年內府刻後印本
鬻子註二卷 子/第30冊
題(周)鬻熊撰 (唐)逢行珪註
明刻本
公孫龍子三卷 子/第30冊
(周)公孫龍撰 (宋)謝希深註
明刻本
能改齋漫錄十八卷 子/第30冊
(宋)吳曾撰
清鈔本
雲谷雜記不分卷 子/第30冊
(宋)張淏撰
清初純白齋鈔本
考古編十卷 子/第30冊
(宋)程大昌撰
明鈔儒學警悟六種本
程氏演繁十六卷續集六卷 子/第30冊
(宋)程大昌撰
明嘉靖三十年程煦刻本
緯略十二卷 子/第30冊
(宋)高似孫撰
明鈔本
野客叢書三十卷附野老記聞一卷 子/第31冊
(宋)王楙撰
明嘉靖四十一年王穀祥刻本
古今考三十八卷 子/第31冊
(宋)魏了翁撰 (元)方回續
明萬曆十二年王圻刻本
識遺十卷 子/第31冊
(宋)羅璧撰
明鈔本
日知錄三十二卷 子/第32冊
(清)顧炎武撰
清康熙三十四年潘耒遂初堂刻後印本
東原錄一卷 子/第32冊
(宋)龔鼎臣撰
明穴硯齋鈔本

簡平儀說一卷 子/第51冊
(明西洋)熊三撥口譯 (明)徐光啟筆錄
明崇禎刻天學初函本
天問略一卷 子/第51冊
(明西洋)陽瑪諾撰
明崇禎刻天學初函本
潛虛一卷 子/第51冊
(宋)司馬光撰
清影宋鈔本
潛虛發微論一卷 子/第51冊
(宋)張敦實撰
清影宋鈔本
易林十六卷 子/第51冊
題(漢)焦延壽撰
元刻本(配清影元鈔本)
貞觀公私畫史一卷 子/第52冊
(唐)裴孝源撰
明刻王氏書畫苑本
法書要錄十卷 子/第52冊
(唐)張彥遠撰
明刻本
歷代名畫記十卷 子/第52冊
(唐)張彥遠撰
明刻王氏書畫苑本
唐朝名畫錄一卷 子/第52冊
(唐)朱景玄撰
明刻王氏書畫苑本
聖朝名畫評三卷 子/第52冊
(宋)劉道醇撰
明刻王氏書畫苑本
益州名畫錄三卷 子/第52冊
(宋)黃休復撰
明刻王氏書畫苑本
清河書畫舫十二卷附鑒古百一詩一卷 子/第52冊
(明)張丑輯
清乾隆二十八年池北草堂刻本
繪事備考八卷 子/第53冊
(清)王毓賢撰
清康熙三十年刻本
文房四譜四卷治安藥石一卷 子/第53冊
(宋)蘇易簡撰
明龍山童氏刻本
硯箋四卷 子/第53冊
(宋)蘇易簡撰
明萬曆四十二年潘膺祉如韋館刻本

香乘二十八卷 子/第53冊
(明)周嘉冑撰
明崇禎十四年自刻本
蟹略四卷 子/第53冊
(宋)高似孫撰
清初鈔本
異魚圖贊箋四卷 子/第53冊
(清)胡世安撰
明崇禎刻本
異魚圖贊補三卷閏集一卷 子/第53冊
(清)胡世安撰
明崇禎刻本
子華子二卷 子/第54冊
(周)程本撰
明刻本
鬼谷子一卷外篇一卷 子/第54冊
(宋)李衡撰
明萬曆刻子匯本
樂菴先生遺書四卷後題一卷 子/第54冊
(宋)李衡撰
明萬曆四十六年李通刻本
本語三卷 子/第54冊
(明)高拱撰
明萬曆刻本
高文襄公集卷二十九至卷三十一 子/第54冊
(明)高拱撰
明萬曆刻本
容齋隨筆十六卷續筆十六卷三筆十六卷四筆十六卷五筆十卷 子/第54冊
(宋)洪邁撰
宋嘉定五年章貢郡齋刻元大德九年補修本(三筆卷一至十六四筆卷六至十六五筆卷一至十配明弘治八年華燧會通館活字本)
疑耀七卷 子/第54冊
(明)張萱撰
明萬曆刻本
名義考十二卷 子/第55冊
(明)周祈撰
明萬曆十二年黃中色刻本
徐氏筆精八卷 子/第55冊
(明)徐㶿撰
明崇禎五年邵捷春刻本
潛邱劄記六卷 子/第55冊
(清)閻若璩撰
清乾隆九年閻學林眷西堂刻本

風俗通義十卷 子/第55冊
(漢)應劭撰
元大德九年無錫州學刻本
東坡先生志林十二卷 子/第55冊
(宋)蘇試撰
明抄本
墨莊慢錄十卷 子/第56冊
(宋)張邦基撰
明抄本
寓簡十卷 子/第56冊
(宋)沈作喆撰
明刻本
雲麗漫鈔四卷 子/第56冊
(宋)趙彥衛撰
明王氏鬱剛齋抄本
研北雜誌二卷 子/第56冊
(元)陸友撰
明項德棻宛委堂刻本
居易錄三十四卷 子/第56冊
(清)王士禛撰
清康熙刻後印本
長物志十二卷 子/第56冊
(明)文震亨撰
明刻本
韻石齋筆談二卷 子/第57冊
(清)姜紹書撰
清初刻本
意林五卷 子/第57冊
(唐)馬總輯
明嘉靖五年黃鳳儀刻本
紺珠集十三卷 子/第57冊
明天順刻本
類說六十卷 子/第57-58冊
(宋)曾慥輯
明天啟六年岳鍾秀刻本
古今說海一百四十二卷 子/第59冊
(明)陸楫等輯
明嘉靖二十三年陸楫儼山書院雲山書院刻本
龍筋鳳髓判二卷 子/第60冊
(唐)張鷟撰
明弘治十七年沈津刻本
事物紀原二十卷 子/第60冊
(明)高承撰
明刻本
書敘指南二十卷 子/第60冊
(宋)任廣輯

明嘉靖六年沈松刻本
讀書紀數略五十四卷　子/第 60 冊
(清)宮羅仁輯
清雍正刻本
孔子家語十卷題　子/第 61 冊
(魏)王肅註
明嘉靖三十三年黄魯曾刻本
新語二卷　子/第 61 冊
(漢)陸賈撰
明刻本
潛夫論十卷　子/第 61 冊
(漢)王符撰
清初錢氏述古堂影宋抄本
申鑒五卷　子/第 61 冊
(漢)荀悦撰 (明)黄省曾註
明嘉靖文始堂刻本
張子全書十五卷　子/第 61 冊
(宋)張載撰 朱熹註
明萬曆三十四年徐必達刻合周張兩先生全書本
河南程氏遺書二十五卷附録一卷　子/第 61 冊
(宋)程灝 程頤撰 朱熹輯
明成化張氏刻本
雜學辨一卷附録一卷　子/第 61 冊
(宋)朱熹撰
清康熙禦兒呂氏寶誥堂刻朱子遺書本
曾子全書一卷　子/第 62 冊
(周)曾參撰 (宋)汪晫輯
明隆慶四年汪文川刻曾思二子全書本
北溪先生字義二卷嚴陵講義一卷　子/第 62 冊
(宋)陳淳撰
明弘治五年林同刻本
新編音點性理群書句解二十三卷　子/第 62 冊
(宋)熊節輯 熊剛大著
日本寬文八年刻本
程氏家塾讀書分年日程三卷綱領一卷　子/第 62 冊
(元)程端禮撰
元刻本
理學類編八卷　子/第 62 冊
(明)張九韶撰
明張克文刻本
蕺山先生人譜一卷人譜類記二卷　子/第 62 冊
(明)劉宗周撰 (清)洪正治輯
清雍正四年教忠堂刻本
欽定執中成憲八卷　子/第 62 冊
(清)世宗胤禛撰
清乾隆武英殿刻本
三魚堂勝言十二卷　子/第 63 冊
(清)陸隴其撰
清乾隆十五年陳寶麟刻本
松陽鈔存二卷　子/第 63 冊
(清)陸隴其撰
清乾隆十七年陸申憲刻本
六韜六卷　子/第 63 冊
題(周)呂望撰
清影宋抄本
司馬法三卷題　子/第 63 冊
(齊)司馬穰苴撰
清影宋抄本
神機制敵太白陰經十卷　子/第 63 冊
(唐)李筌撰
明抄本
唐荊川先生纂輯武前編六卷後編六卷　子/第 63 冊
(明)唐順之撰
明萬曆四十六年徐象橒曼山館刻本
農政全書六十卷　子/第 64 冊
(明)徐光啟撰
明崇禎平露堂刻本
褚氏遺書一卷　子/第 65 冊
(南齊)褚澄撰
明刻廣百川學海本
聖濟總錄纂要二十六卷　子/第 65 冊
(清)程林輯
清康熙二十年黄綺堂刻本
儒門事親十五卷　子/第 65 冊
(金)張從正撰
明萬曆二十九年新安吳勉學刻古今醫統正脈全書本
蘭室秘藏六卷　子/第 66 冊
(金)李杲撰
明刻東垣十書本
普濟方一百六十八卷　子/第 66－67 冊
(明)朱橚撰
明抄本
景岳全書六十四　子/第 68－69 冊
(明)張介賓撰
清康熙五十年賈棠刻本
絳雪園古方選註十六卷得宜本草一卷　子/第 70 冊
(清)王子接撰
清雍正刻本
西洋新法曆書二十九種九十三卷　子/第 70－72 冊
(明)徐光啟等撰
明崇禎至清順治刻本
圜容較義一卷　子/第 73 冊
(明西洋)利瑪竇授 (明)李之藻演
明崇禎刻天學初函本
皇極經世書十二卷觀物外篇二卷　子/第 73 冊
(宋)邵雍撰
明刻本
欽定協紀辨方書三十六卷奏議一卷　子/第 74 冊
(清)李廷耀等撰
清乾隆六年武英殿刻本
汪氏珊瑚網名畫題跋二十四卷法書題跋二十四卷　子/第 75 冊
(明)汪砢玉輯
清鈔本
義門讀書記五十七卷附形狀一卷　子/第 76 冊
(清)何焯撰 蔣維鈞輯
清乾隆三十四年長洲蔣氏刻本
古迂陳氏家藏夢溪筆談二十六卷　子/第 76 冊
(宋)沈括撰
元大德九年陳仁子茶陵東山書院刻本
夢溪筆談補筆談三卷續筆談一卷　子/第 76 冊
(宋)沈括撰
明崇禎四年馬元調刻本
物理小識十二卷一卷　子/第 77 冊
(明)方以智撰
清康熙三年于藻刻本
春明夢餘錄七十卷　子/第 77－78 冊
(清)孫承澤撰
清雍正抄本
池北偶談二十六卷　子/第 78 冊
(清)王士禎撰
清康熙四十年刻本
錦繡萬花谷前集四十卷後集四十卷續集四十卷　子/第 79－80 冊
(宋)不著撰者
明弘治五年華燧會通館銅活字本

韻府群玉二十卷 子/第80冊
(宋)陰時夫輯 陰中夫註
明嘉靖三十一年莿聚刻本
新刊唐荊川先生稗編一百二十卷 子/第81-83冊
(明)唐順之輯
明萬曆九年茅一相文霞閣刻本
喻林一百二十卷 子/第84-85冊
(明)徐元太輯
明萬曆四十三年自刻本
經濟類編一百卷 子/第86-89冊
(明)馮琦輯
明萬曆三十二年周家棟等刻本
天中記六十卷 子/第90-92冊
(明)陳耀文輯
明萬曆刻本
淵鑑類函四百五十卷目錄四卷 子/第93-104冊
(清)張英 王士禎等輯
清康熙四十九年内府刻雍正印本
分類字錦六十四 子/第105-108冊
(清)何焯 陳鵬年等輯
清雍正刻本
格致鏡原一百卷 子/第109-110冊
(清)陳元龍撰
清雍正刻乾隆印本
西京雜記六卷 子/第110冊
題(晉)葛洪撰
明嘉靖三十一年孔天胤刻本
次柳氏舊聞一卷 子/第110冊
(唐)李德裕撰
明刻歷代小史本
明皇雜錄二卷補遺一卷 子/第110冊
(唐)鄭處誨撰
清乾隆四十七年紀如佶抄本
松窗雜錄一卷 子/第110冊
(唐)李濬撰
明刻歷代小史本
雲谿友議三卷 子/第110冊
(唐)范攄撰
明刻本
雲仙雜記十卷題 子/第110冊
(唐)馮贄輯
明隆慶五年葉氏菉竹堂刻本
洛陽搢紳舊聞記五卷 子/第111冊
(宋)張齊賢撰
明穴研齋鈔本
王文正公筆錄一卷 子/第111冊
(宋)王曾撰
宋刻百川學海本
涑水記聞二卷 子/第111冊
(宋)司馬光撰
明抄本
南村輟耕錄三十卷 子/第111冊
(元)陶宗儀撰
元刻本
水東日記三十八卷 子/第111冊
(明)葉盛撰
明刻本
何氏語林三十卷 子/第112冊
(明)何良俊撰
明嘉靖二十九年何氏清森閣刻本
山海經廣註十八卷讀山海經語一卷雜述一卷圖五卷 子/第112冊
(清)吳任臣撰
清乾隆崇義書院刻本
穆天子傳六卷 子/第112冊
(晉)郭璞註
明嘉靖四明范氏天一閣刻范氏奇書本
漢武故事一卷 子/第112冊
(漢)班固撰
明刻古今逸史本
太平廣記五百卷目錄十卷 子/第113-115冊
(宋)李昉等輯
明嘉靖四十五年談愷刻本(卷二百六十一至二百六十四配清初抄本)
夷堅甲志二十卷乙志二十卷丙志二十卷丁志二十卷支甲十卷支乙十卷支景十卷支定十卷支戊十卷支庚十卷支癸十卷三志己十卷三志辛十卷三志壬十卷 子/第116-117冊
(宋)洪邁撰
清影宋抄本(支甲十卷支乙十卷支景十卷支丁十卷支戊十卷支庚十卷支癸十卷三志己十卷三志辛十卷三志壬十卷配清抄本支癸卷七黄丕烈抄補)
唐段少卿酉陽雜俎前集二十卷續集十卷 子/第117冊
(唐)段成式撰
明萬曆三十六年李雲鵠刻本
法苑珠林一百二十卷目錄二卷 子/第118-120冊
(唐)釋道世撰
明萬曆刻本
開元釋教錄二十卷略出四卷 子/第120冊
(唐)釋智昇撰
明洪武刻雜藏本
宋高僧傳三十卷 子/第121冊
(宋)釋贊寧等撰
明萬曆三十九年徑山寂照庵刻徑山藏本
晁文元公道院集要三卷 子/第121冊
(宋)晁迥撰
明嘉靖三十三年晁氏寶文堂刻晁氏三先生集本
禪林僧寶傳三十卷目錄三卷臨濟宗旨一卷 子/第121冊
(宋)釋惠洪撰
明刻本
補禪林僧寶傳一卷 子/第121冊
(宋)釋慶老撰
明刻本
林間錄二卷後集一卷 子/第121冊
(宋)釋惠洪撰
明萬曆十二年顧雲程刻本
釋氏稽古略四卷 子/第122冊
(元)釋覺岸撰
元刻明修本
佛祖歷代通載二十二卷 子/第122冊
(元)釋念常撰
元至正七年釋念常募刻本
黃帝陰符經一卷 子/第122冊
(唐)李筌等註(明)虞淳熙評點
明溪香書屋刻合刻周秦經書十種本
朱子陰符經考異一卷 子/第122冊
(宋)朱熹撰
清康熙禦兒呂氏寶誥堂刻朱子遺書本
老子翼三卷 子/第123冊
(明)焦竑撰
明萬曆十六年王元貞刻本
御註道德經二卷 子/第123冊
(清)世祖福臨撰
清順治十三年内府刻本
老子說略二卷 子/第123冊
(清)張爾岐撰
清抄本
沖虛至德真經八卷 子/第123冊
(周)列禦寇撰(晉)張湛註

宋刻本
南華真經新傳二十卷拾遺一卷　子/第123冊
(宋)王雱撰
明抄本
莊子翼八卷　子/第123冊
(明)焦竑撰
明萬曆十六年王元貞刻本
莊子闕誤一卷　子/第123冊
(宋)陳景元撰
明萬曆十六年王元貞刻本
莊子翼附錄一卷　子/第123冊
(明)焦竑輯
明萬曆十六年王元貞刻本
朱子周易參同契考異一卷　子/第124冊
(宋)朱熹撰
清康熙禦兒呂氏寶誥堂刻朱子遺書本
周易參通契解三卷　子/第124冊
(宋)陳顯微撰
明嘉靖十七年周藩刻金丹正理大全本
周易參同契發揮三卷釋疑一卷　子/第124冊
(宋)俞琰撰
元刻本
周易參同契分章註三卷　子/第124冊
(元)陳致虚撰
明嘉靖十七周年藩刻金丹正理大全本
新鍥抱朴子内篇四卷外篇四卷　子/第124冊
(晉)葛洪撰
明萬曆十二年慎懋官刻本
真誥二十卷　子/第124冊
(梁)陶弘景撰
明萬曆二十八年刻本
雲笈七籤一百二十二卷　子/第125－126冊
(宋)張君房撰
明正統刻續萬曆刻道藏本
新序十卷　子/第127冊
(漢)劉向撰
宋刻本
說苑二十卷　子/第127冊
(漢)劉向撰
宋咸淳元年鎮江府學刻元明遞修本(卷八至十三配清道光三年黃氏士禮居抄本)
纂圖分門類題五臣著揚子法言十卷　子/第127冊
(漢)揚雄撰 (晉)李軌 (唐)柳宗元著 (宋)宋咸 吳秘 司馬光重著
宋劉通判宅仰高堂刻本
徐幹中論二卷　子/第127冊
(漢)徐幹撰
明嘉靖四十四年杜思刻本
正蒙初義十七卷　子/第127冊
(清)王植撰
清雍正刻本
西山先生真文忠公讀書記甲集三十七卷乙集下二十二卷丁集二卷　子/第128－129冊
(宋)真德秀撰
宋開慶元年福州官刻元修本
榕壇問業十八卷　子/第130冊
(明)黃道周撰
清乾隆刻本
榕村語錄三十卷　子/第130冊
(清)李光地撰
清乾隆刻本
江南經略八卷　子/第131冊
(明)鄭若曾撰
明隆慶二年林潤刻本
管子二十四卷　子/第131冊
(唐)房玄齡註
宋刻本
商子五卷　子/第131冊
明嘉靖四明范氏天一閣刻范氏奇書本
齊民要術十卷附錄雜說一卷　子/第131冊
(後魏)賈思勰撰
明萬曆刻秘冊彙函本
救荒本草二卷　子/第132冊
(明)朱橚撰
明嘉靖四年畢昭蔡天祐刻本
野菜博錄三卷　子/第132冊
(明)鮑山撰
明天啟二年刻本
黃帝素問靈樞經十二卷　子/第132冊
(宋)史崧音釋
明趙府居敬堂刻本
鍼灸甲乙經十二卷　子/第132冊
(晉)皇甫謐撰
清初步月樓刻本
新刊素問入式運氣論奥三卷　子/第132冊
(宋)劉溫舒撰
元後至元五年胡氏古林書堂刻本
黃帝内經素問遺篇一卷　子/第132冊
元後至元五年胡氏古林書堂刻本
太平惠民和劑局方十卷　子/第133冊
(宋)陳師文等撰
元至元二十六年高氏日新堂刻本
指南總論三卷　子/第133冊
(宋)許洪撰
元至元二十六年高氏日新堂刻本
增廣和劑局方圓經本草藥性總論一卷　子/第133冊
元至元二十六年高氏日新堂刻本
世醫得效方二十卷　子/第133冊
(元)危亦林撰
元至正五年陳志刻本(卷十九至二十配抄本)
註解傷寒論十卷　子/第134冊
(金)成無己註
圖解運氣圖一卷　子/第134冊
明嘉靖二十四年汪氏主一齋刻本
傷寒明理論三卷方論一卷　子/第134冊
(金)成無己撰
宋刻本(明理論卷三方論配清抄本)
重刊巢氏諸病源候總論五十卷　子/第134冊
(隋)巢元方撰
元刻本
蘇沈内翰良方十卷　子/第134冊
(宋)蘇軾 沈括撰
明嘉靖刻本
重修政和經史證類備用草本三十卷　子/第135冊
(宋)唐慎微撰 寇宗奭衍義
蒙古定宗四年張存惠晦明軒刻本
小兒衛生總微論方二十卷　子/第136冊
明弘治二年李延壽刻本
新編婦人大全良方二十四卷辨識修製藥物法度一卷　子/第136冊
(宋)陳自明撰
元勤有書堂刻本(四庫底本)
三因極一病證方論十八卷　子/第137冊
(宋)陳言撰
宋刻本
新刊仁齋直指方論二十六卷小兒方論

書品後一卷 子/第149冊
(唐)李嗣真撰
明彈琴室刻本
續畫品一卷 子/第149冊
(陳)姚最撰
明刻王氏書畫苑本
書譜一卷 子/第149冊
(唐)孫過庭撰
明刻百川學海本
書斷列傳三卷雜編一卷 子/第149冊
(唐)張懷瓘撰
宋刻百川學海本
墨藪二卷 子/第149冊
題(唐)韋續撰
明程榮刻本
法帖音釋刊誤一卷 子/第149冊
(宋)陳與義撰
明程榮刻本
高宗皇帝御制翰墨志一卷 子/第149冊
(宋)高宗趙構撰
宋刻百川學海本
五代名畫補遺一卷 子/第149冊
(宋)劉道醇撰
明末毛氏汲古閣影宋抄本(四庫底本)
圖畫見聞誌六卷 子/第149冊
(宋)郭若虛撰
宋刻本(卷一至三配元抄本)
畫史一卷 子/第149冊
(宋)米芾撰
明崇禎虞山毛氏汲古閣刻津逮秘書書本
米元章書史一卷 子/第149冊
(宋)米芾撰
宋刻百川學海本
海岳名言一卷 子/第149冊
(宋)米芾撰
宋刻百川學海本
純全集四卷 子/第150冊
(宋)韓拙撰
明沈辨之野竹家抄本
畫繼十卷 子/第150冊
(宋)鄧椿撰
宋臨安府陳道人書籍鋪刻本
續書譜一卷 子/第150冊
(宋)姜夔撰
宋刻百川學海本
書苑菁華二十卷 子/第150冊
(宋)陳思輯
宋刻本
皇宋書錄三卷外篇一卷 子/第150冊
(宋)董史撰
清初抄本
竹譜詳錄七卷 子/第150冊
(元)李衎撰
明抄本
衍極二卷 子/第150冊
(元)鄭杓撰 劉有定釋
清乾隆翰林院四庫館臣輯永樂大典抄本(四庫底本)
法書考八卷 子/第150冊
(元)盛熙明撰
清康熙四十五年曹寅揚州使院刻楝亭十二種本
圖繪寶鑒五卷補遺一卷續補一卷 子/第150冊
(元)夏文彥撰
元至正二十六刻本
寓意編一卷 子/第150冊
(明)都穆撰
明正德嘉靖間陽山顧氏家塾刻顧氏明朝四十家小說本
墨池瑣錄四卷 子/第150冊
(明)楊慎撰
清康熙五十四年李組江刻本
書訣一卷 子/第150冊
(明)豐坊撰
明抄本(四庫底本)
寒山帚談二卷拾遺一卷附錄一卷 子/第150冊
(明)趙宧光撰
明崇禎刻本
六藝之一錄四百六卷目錄十卷續編十二卷 子/第151－159冊
(清)倪濤撰
稿本
至大重修宣和博古圖錄三十卷 子/第160冊
(宋)王黼等撰
元刻本
西清古鑑四十卷 子/第161－162冊
(清)梁詩正 蔣溥等纂修
清乾隆十六年武英殿銅版印本
歙州硯譜一卷 子/第162冊
宋刻百川學海本
硯史一卷 子/第162冊
(宋)米芾撰
宋刻百川學海本
硯譜一卷 子/第162冊
宋刻百川學海本
歙硯說一卷辨歙石說一卷 子/第162冊
宋刻百川學海本
端溪硯譜一卷 子/第162冊
宋刻百川學海本
墨經一卷 子/第162冊
(宋)晁貫之撰
明崇禎虞山毛氏汲古閣刻津逮秘書本
茶經三卷 子/第162冊
(唐)陸羽撰
宋刻百川學海本
茶錄一卷 子/第162冊
(宋)蔡襄撰
宋刻百川學海本
茶品要錄一卷 子/第162冊
(宋)黃儒撰
明萬曆刻夷門廣牘本
東溪試茶錄一卷 子/第162冊
(宋)宋子安撰
宋刻百川學海本
煎茶水記一卷 子/第162冊
(宋)張又新撰
宋刻百川學海本
酒經三卷 子/第162冊
(宋)朱翼中撰
宋刻本
酒譜一卷 子/第162冊
(宋)竇苹撰
宋刻百川學海本
洛陽牡丹記一卷 子/第162冊
(宋)歐陽修撰
宋刻百川學海本
揚州芍藥譜一卷 子/第162冊
(宋)王觀撰
宋刻百川學海本
梅譜一卷 子/第162冊
(宋)范成大撰
宋刻百川學海本
菊譜一卷 子/第162冊
(宋)劉蒙撰
宋刻百川學海本
菊譜一卷 子/第162冊
(宋)史正志撰

宋刻百川學海本
菊譜一卷 子/第 162 冊
(宋)范成大撰
宋刻百川學海本
百菊集譜六卷諸菊品目一卷菊史補遺一卷 子/第 162 冊
(宋)史鑄撰
明萬曆新安汪氏刻山居雜誌本
海棠譜三卷 子/第 162 冊
(宋)陳思撰
宋刻百川學海本
荔枝譜一卷 子/第 162 冊
(宋)蔡襄撰
宋刻百川學海本
橘錄三卷 子/第 162 冊
(宋)韓彦直撰
宋刻百川學海本
竹譜一卷 子/第 162 冊
(晉)戴凱之撰
宋刻百川學海本
筍譜一卷 子/第 162 冊
(宋)釋贊寧撰
宋刻百川學海本
菌譜一卷 子/第 162 冊
(宋)陳仁玉撰
宋刻百川學海本
師曠禽經一卷 子/第 162 冊
(晉)張華註
宋刻百川學海本
蟹譜二卷 子/第 163 冊
(宋)傅肱撰
宋刻百川學海本
墨子十五卷 子/第 163 冊
明嘉靖三十二年唐堯臣刻本
尹文子一卷 子/第 163 冊
明刻本
慎子一卷 子/第 163 冊
明萬曆四年至五年南京國子監刻子彙二十四種本
呂氏春秋二十六卷 子/第 163 冊
(漢)高誘註
元至正嘉興路儒學刻明修本
人物志三卷 子/第 163 冊
(魏)劉邵撰 (西涼)劉昞著
明隆慶六年梁夢龍刻本
劉子十卷 子/第 163 冊
(北齊)劉晝撰 (唐)袁孝政註

宋刻本(卷一至二配明刻本)
長短經九卷 子/第 163 冊
(唐)趙蕤撰
南宋初杭州浄戒院刻本(四庫底本)
兩同書二卷 子/第 164 冊
(唐)羅隱撰 (明)范欽訂
明天一閣刻本
化書六卷 子/第 164 冊
(五代)譚峭撰
宋刻本
白虎通德論十卷 子/第 164 冊
(漢)班固撰
元大德九年刻本
獨斷二卷 子/第 164 冊
(漢)蔡邕撰
宋刻百川學海本
古今註三卷題 子/第 164 冊
(晉)崔豹撰
宋刻本
中華古今註三卷 子/第 164 冊
(後唐)馬縞撰
宋刻百川學海本
資暇集三卷 子/第 164 冊
(唐)李匡乂撰
明嘉靖顧氏夷白齋刻顧氏文房小説本
李涪刊誤二卷 子/第 164 冊
(唐)李涪撰
宋刻百川學海本
寶顏堂訂正兼明書五卷 子/第 164 冊
(唐)丘光庭撰
明萬曆繡水沈氏刻寶顏堂秘笈本
近事會元五卷 子/第 164 冊
(宋)李上交撰
清初抄本
東觀餘論二卷 子/第 164 冊
(宋)黃伯思撰
宋嘉定三年刻本
寶顏堂訂正靖康緗素雜記十卷 子/第 164 冊
(宋)黃朝英撰
明萬曆繡水沈氏刻寶顏堂秘笈本
西溪叢語二卷 子/第 164 冊
(宋)姚寬撰
明崇禎虞山毛氏汲古閣刻津逮秘書本
芥隱筆記一卷 子/第 164 冊
(宋)龔頤正撰
明嘉靖顧氏夷白齋刻顧氏文房小説本

蘆浦筆記十卷 子/第 164 冊
(宋)劉昌詩撰
清初抄本
寶顏堂訂正鶴山渠陽經外雜抄二卷 子/第 165 冊
(宋)魏了翁撰
明萬曆繡水沈氏刻寶顏堂秘笈本
賓退錄十卷 子/第 165 冊
(宋)趙與旹撰
宋臨安睦親坊陳宅經籍鋪刻本
學齋佔畢四卷 子/第 165 冊
(宋)史繩祖撰
明弘治無錫華氏刻百川學海本
鼠璞一卷 子/第 165 冊
(宋)戴埴撰
宋刻百川學海本
朝野類要五卷 子/第 165 冊
(宋)趙升撰
清初抄本(四庫底本)
困學紀聞二十卷 子/第 165 冊
(宋)王應麟撰
元刻本
正楊四卷 子/第 165 冊
(明)陳耀文
明隆慶三年刻本
湛園札記二卷 子/第 166 冊
(清)姜宸英撰
清初抄本
管城碩記三十卷 子/第 166 冊
(清)徐文靖撰
清雍正乾隆間志寧堂刻徐位山六種本
訂訛雜錄十卷 子/第 166 冊
(清)胡鳴玉撰
清乾隆二十三年戢箴書屋刻本
論衡三十卷 子/第 167 冊
(漢)王充撰
宋乾道三年紹興府刻宋元明遞修本
封氏聞見記十卷 子/第 167 冊
(唐)封演撰
清乾隆盧見曾刻雅雨堂叢書本
陳眉公訂正尚書故實一卷 子/第 167 冊
(唐)李綽撰
明萬曆繡水沈氏刻寶顏堂秘笈本
春明退朝錄三卷 子/第 167 冊
(宋)宋敏求撰
宋刻百川學海本

宋景文公筆記三卷 子/第167冊
(宋)宋祁撰
宋刻百川學海本
寶顏堂訂正王氏談錄一卷 子/第167冊
(宋)王洙撰
明萬曆繡水沈氏寶顏堂秘笈本
珩璜新論一卷 子/第167冊
(宋)孔平仲撰
明嘉靖三十七年楊氏七檜山房抄本
濟南先生師友談記一卷 子/第167冊
(宋)李廌撰
宋刻百川學海本
楊公筆錄一卷 子/第167冊
(宋)楊彥齡撰
明抄本(四庫四本)
冷齋夜話十卷 子/第167冊
(宋)釋惠洪撰
明刻本
曲洧舊聞十卷附錄一卷 子/第167冊
(宋)朱弁撰
明純白齋抄本
春渚紀聞十卷 子/第168冊
(宋)何薳撰
明崇禎虞山毛氏汲古閣刻津逮秘書本
石林燕語十卷 子/第168冊
(宋)葉夢得撰
明正德元年楊武刻本
避暑錄話二卷 子/第168冊
(宋)葉夢得撰
明抄本
卻掃編三卷 子/第168冊
(宋)徐度撰
明穴硯齋抄本
欒城先生遺言一卷 子/第168冊
(宋)蘇籀撰
宋刻百川學海本
東園叢說二卷 子/第168冊
(宋)李如篪撰
清抄本
新刊履齋示兒編二十三卷 子/第168冊
(宋)孫奕撰
元劉氏學禮堂刻本
游宦紀聞十卷 子/第168冊
(宋)張世南撰
明抄本
密齋筆記五卷續筆記一卷 子/第169冊
(宋)謝采伯撰
清乾隆翰林院四庫館臣輯永樂大典抄本(四庫底本)
老學庵筆記十卷 子/第169冊
(宋)陸游撰
明末毛氏汲古閣刻本
愧郯錄十五卷 子/第169冊
(宋)岳珂撰
宋刻本
祛疑說一卷 子/第169冊
(宋)儲泳撰
宋刻百川學海本
貴耳集三卷 子/第169冊
(宋)張端義撰
明崇禎虞山毛氏汲古閣刻津逮秘書本
玉峰先生腳氣集一卷 子/第169冊
(宋)車若水撰
清初抄本
佩韋齋輯聞四卷 子/第169冊
(宋)俞德鄰撰
清抄本
書齋夜話四卷 子/第169冊
(宋)俞琰撰
明抄本
困學齋雜錄一卷 子/第169冊
(元)鮮於樞撰
清初抄本
湛淵靜語二卷 子/第169冊
(元)白珽撰
清張德榮抄本
隨錄一卷 子/第169冊
(元)陳櫟撰
清康熙陳嘉基刻陳定宇先生文集卷八
庶齋老學叢談三卷 子/第169冊
(元)盛如梓撰
明嘉靖元年柳僉抄本
閑居錄一卷 子/第169冊
(元)吳衍撰
元至正十八年孫道明抄本
霏雪錄一卷 子/第169冊
(明)劉績撰
明刻百川學海本
蠡海集一卷 子/第170冊
(明)王逵撰
明萬曆會稽商氏半埜堂刻稗海本
草木子四卷 子/第170冊
(明)葉子奇撰
明嘉靖八年廖直顯刻本
讕言長語一卷 子/第170冊
(明)曹安撰
明正德十三年趙元刻本
蟫精雋十六卷 子/第170冊
(明)徐伯齡撰
明抄本
陳眉公訂正震澤長語二卷 子/第170冊
(明)王鏊撰
明萬曆繡水沈氏刻寶顏堂秘笈本
寶顏堂井觀瑣言三卷 子/第170冊
(宋)鄭瑗撰
明萬曆繡水沈氏刻寶顏堂秘笈本
南園漫錄十卷 子/第170冊
(明)張志淳撰
明嘉靖刻本
寶顏堂訂正雨航雜錄二卷 子/第170冊
(明)馮時可撰
明萬曆繡水沈氏刻寶顏堂秘笈本
采芹錄四卷 子/第170冊
(明)徐三重撰
清初抄本
畫禪室隨筆四卷 子/第170冊
(明)董其昌撰
清初刻本
分甘餘話四卷 子/第170冊
(清)王士禎撰
清康熙刻本
負暄野錄二卷 子/第170冊
(宋)陳櫄撰
明抄本(四庫底本)
雅尚齋遵生八牋十九卷 子/第171冊
(明)高濂撰
明萬曆十九年自刻本
玉芝堂談薈三十六卷 子/第172－173冊
(明)徐應秋輯
明崇禎刻清康熙印本
編珠二卷補遺二卷續編珠二卷
子/第174冊
題(隋)杜公瞻輯 (清)高士奇補輯
清康熙三十七年高士奇刻本
藝文類聚一百卷 子/第174－175冊
(唐)歐陽詢輯
宋刻本(序目卷一至四四十九至五十三五十四之第二年至十一頁五十五之第一頁配明嘉靖六年至七年胡纘宗陸采刻本)
初學記三十卷 子/第175冊

（唐）徐堅等輯
宋紹興十七年刻本
補註蒙求八卷　子/第175冊
（唐）李瀚撰（宋）徐子光補註
宋刻本
太平御覽一千卷目錄十五卷
子/第176－183冊
（宋）李昉等輯
宋刻本（缺卷用日本靜嘉堂宋刻殘日本活字本配補）
新編古今事文類聚前集六十卷後集五十卷續集二十八卷別集三十二卷
子/第184－187冊
（宋）祝穆輯
元泰定三年廬陵武溪書院刻本
新編古今事文類聚新集三十六卷外集十五卷　子/第187－188冊
（元）富大用輯
元泰定三年廬陵武溪書院刻本
新編古今事文類聚遺集十五卷
子/第187－188冊
（宋）祝淵輯
明萬曆三十二年書林唐富春德壽堂刻本
新編翰苑新書前集七十卷後集三十二卷續集四十二卷別集十二卷
子/第189－190冊
明鈔本（前集卷一配明崇禎十三年岳氏綠羅堂鈔本）
古今萬姓統譜一百四十卷歷代帝王姓系統譜六卷氏族博考十四卷
子/第191－193冊
（明）凌迪知輯
明萬曆刻汲古閣重修本
山堂肆考二百四十卷　子/第194－198冊
（明）彭大翼撰
明萬曆二十三年刻四十七年張幼學重修本
廣博物志五十卷　子/第199－200冊
（明）董斯張輯
明萬曆高暉堂刻本
御定駢字類編二百四十卷
子/第201－212冊
（清）張廷玉等輯
清雍正內府刻本
子史精華一百六十卷　子/第213－215冊
（清）吳士玉 吳襄等輯
清雍正五年內府刻本
宋稗類鈔八卷　子/第216冊
（清）潘永因輯
清康熙刻後印本
世說新語三卷　子/第216冊
（劉宋）劉孝標注
宋刻本
世說敘錄二卷　子/第216冊
（宋）汪藻撰
宋刻本
陳眉公訂正朝野僉載六卷　子/第217冊
（唐）張鷟撰明
萬曆繡水沈氏寶顏堂秘笈本
大唐新語十三卷　子/第217冊
（唐）劉肅撰
明萬曆會稽商氏半野堂刻稗海本
劉賓客嘉話錄一卷　子/第217冊
（唐）韋絢錄
明嘉靖顧氏夷白齋刻顧氏文房小說本
因話錄六卷　子/第217冊
（唐）趙璘撰
明萬曆會稽商氏半埜堂刻稗海本
教坊記一卷　子/第217冊
（唐）崔令欽撰
明刻古今逸史本
幽閑鼓吹一卷　子/第217冊
（唐）張固撰
明嘉靖顧氏夷白齋刻顧氏文房小說本
玉泉子一卷　子/第217冊
明萬曆會稽商氏半埜堂刻稗海本
中朝故事一卷　子/第217冊
（南唐）尉遲偓撰
明刻歷代小史本
金華子雜編二卷　子/第217冊
（南唐）劉崇遠撰
清乾隆翰林院四庫館臣輯永樂大典鈔本（四庫底本）
開元天寶遺事一卷　子/第217冊
（後周）王仁裕撰
明刻歷代小史本
重彫足本鑑誡錄十卷　子/第217冊
（後蜀）何光遠撰
宋刻本
南唐近事三卷　子/第217冊
（宋）鄭文寶撰
明刻唐宋叢書本
北夢瑣言二十卷　子/第217冊
（宋）孫光憲撰
清乾隆盧見曾刻雅雨堂叢書本
儒林公議二卷　子/第217冊
（宋）田況撰
明萬曆會稽商氏半埜堂刻稗海本
澠水燕談錄十卷　子/第217冊
（宋）王闢之撰
明萬曆會稽商氏半埜堂刻稗海本
歸田錄二卷　子/第218冊
（宋）歐陽修撰
明萬曆會稽商氏半埜堂刻稗海本
青箱雜記十卷　子/第218冊
（宋）吳處厚撰
明萬曆會稽商氏半埜堂刻稗海本
錢氏私誌一卷　子/第218冊
（宋）錢愐撰
明刻歷代小史本
龍川略志六卷別志四卷　子/第218冊
（宋）蘇轍撰
清影宋鈔本
寶顏堂訂正後山談叢四卷　子/第218冊
（宋）陳師道撰
明萬曆繡水沈氏刻寶顏堂秘笈本
孫公談圃三卷　子/第218冊
（宋）孫升述 劉延世撰
宋刻百川學海本
寶顏堂訂正談苑四卷　子/第218冊
（宋）孔平仲撰
明萬曆繡水沈氏刻寶顏堂秘笈本
畫墁錄一卷　子/第218冊
（宋）張舜民撰
明萬曆會稽商氏半埜堂刻稗海本
甲申雜記一卷聞見近錄一卷隨手雜錄一卷　子/第218冊
（宋）王鞏撰
清影宋鈔本
重雕改正湘山野錄三卷續錄一卷
子/第218冊
（宋）釋文瑩撰
宋刻本（卷下續錄配元鈔本）
玉壺清話十卷　子/第218冊
（宋）釋文瑩撰
明鈔本（四庫進呈本）
東軒筆錄十五卷　子/第218冊
（宋）魏泰撰
明萬曆會稽商氏半埜堂刻稗海本
侯鯖錄八卷　子/第218冊

上蔡先生語錄三卷 子/第250冊
(宋)謝良佐撰 朱熹輯
清康熙繄二呂氏寶誥堂刻朱子遺書本
袁氏世範三卷 子/第250冊
(宋)袁采輯
宋刻本
集事詩鑒一卷 子/第250冊
(宋)方昕撰
宋刻本
近思錄集解十四卷 子/第250冊
(宋)葉采撰
元刻明修本
小學集註六卷 子/第250冊
(明)陳選撰
明崇禎八年内府刻本
麗澤論説集錄十卷 子/第250冊
(宋)呂祖儉輯
宋嘉泰四年呂喬年刻元明遞修本

集部

楚辭章句十七卷 集/第1冊
(漢)王逸撰
明正德十三年黄省曾等刻本
山帶閣註楚辭六卷首一卷餘論二卷説韻一卷 集/第1冊
(清)蔣驥撰
清雍正五年蔣氏山帶閣刻本
揚子雲集六卷 集/第1冊
(漢)揚雄撰 (明)鄭樸輯
明刻本
庾子山全集十卷 集/第1冊
(北周)庾信撰 (清)吳兆宜箋註
清雍正吳郡寶翰樓刻本
高常侍集十卷 集/第2冊
(唐)高適撰
明刻本
韓集舉正十卷外集舉正一卷敘錄一卷 集/第2冊
(宋)方崧卿撰
清影宋鈔本
李元賓文編三卷外編二卷 集/第2冊
(唐)李觀撰
清初鈔本(四庫底本)
元氏長慶集六十卷遺六卷附錄一卷 集/第2冊
(唐)元稹撰
明萬曆三十二年馬元調魚樂軒刻本
丁卯集二卷 集/第2冊
(唐)許渾撰
明崇禎十二年毛氏汲古閣刻唐人八家詩本
丁卯續集三卷再續一卷 集/第2冊
(唐)許渾撰
清初毛表家鈔本
咸平集三十卷 集/第2冊
(宋)田錫撰
明祁氏淡生堂鈔本
春卿遺稿一卷 集/第3冊
(宋)蔣堂撰
清鈔本(四庫底本)
武溪集二十一卷 集/第3冊
(宋)余靖撰
明成化九年蘇韡等刻本
安陽集五十卷 集/第3冊
(宋)韓琦撰
明正德九年張士隆刻本
徂徠石先生全集二十卷附錄一卷 集/第3冊
(宋)石介撰
清康熙五十六年刻本
蘇魏公文集七十二卷目錄二卷 集/第4冊
(宋)蘇頌撰
清鈔本
陳眉公先生訂正丹淵集四十卷拾遺二卷 集/第5冊
(宋)文同撰
明萬曆三十八年吳一標刻崇禎四年毛晉重修本
陳眉公先生墓誌一卷 集/第5冊
(宋)范百祿撰
明萬曆三十八年吳一標刻崇禎四年毛晉重修本
陳眉公先生年譜一卷 集/第5冊
(宋)家誠之撰
明萬曆三十八年吳一標刻崇禎四年毛晉重修本
陳眉公先生訂正丹淵集附錄一卷 集/第5冊
(明)李應魁輯
明萬曆三十八年吳一標刻崇禎四年毛晉重修本
南豐先生元豐類藁五十卷附錄一卷 集/第5冊
(宋)曾鞏撰
元大德丁思敬刻本
伊川擊壤集二十卷集外詩一卷 集/第6冊
(宋)邵雍撰
明成化畢亨刻本
樂全先生文集四十卷 集/第6冊
(宋)張方平撰
清鈔本
樂全先生行狀一卷 集/第6冊
(宋)王鞏撰
清鈔本
王荊文公詩五十卷目錄三卷 集/第7冊
(宋)王安石撰 李壁箋註 劉辰翁批點
元大德五年王常刻本
王荊文公年譜一卷 集/第7冊
(宋)詹大和撰
元大德五年王常刻本
東坡集四十卷後集二十卷奏議十五卷内制集十卷樂語一卷外制集三卷應詔集十卷續集十二卷 集/第7-9冊
(宋)蘇軾撰
明成化四年程宗刻本
蘇軾東坡先生年譜一卷 集/第9冊
(宋)王宗稷撰
明成化四年程宗刻本
東坡先生編年詩五十卷年表一卷采輯書目一卷 集/第10冊
(宋)蘇軾撰 (清)查慎行補註
清乾隆二十六年查開香雨齋刻本
豫章黄先生文集三十卷外集十四卷別集二十卷簡尺二卷詞一卷 集/第11冊
(宋)黄庭堅撰
明弘治葉天爵刻嘉靖六年喬遷等重修本
山谷先生年譜三十卷 集/第11冊
(宋)黄㽦撰
明弘治葉天爵刻嘉靖六年喬遷等重修本
山谷先生別傳一卷 集/第11冊
(明)周季鳳撰
明弘治葉天爵刻嘉靖六年喬遷等重修本
後山居士文集二十卷 集/第12冊
(宋)陳師道撰
宋刻本
宛丘先生文集七十六卷目錄二卷 集/第12冊

(宋)舒岳祥撰
清乾隆翰林院四庫館臣輯永樂大典鈔本(四庫底本)
蛟峰先生文集十卷蛟峰先生外集三卷 集/第28冊
(宋)方逢辰撰
明活字本
山房先生遺文一卷 集/第28冊
(宋)方逢振撰
明活字本
廬山集五卷英溪集一卷 集/第28冊
(宋)董嗣杲撰
清乾隆翰林院四庫館臣輯永樂大典鈔本(四庫底本)
則堂集六卷 集/第28冊
(宋)家鉉翁撰
清乾隆翰林院四庫館臣輯永樂大典鈔本(四庫底本)
百正集三卷 集/第28冊
(宋)連文鳳撰
清乾隆翰林院四庫館臣輯永樂大典鈔本(四庫底本)
郝文忠公陵川文集三十九卷 集/第28冊
(元)郝經撰
明正德二年李瀚刻本
還山遺稿二卷 集/第29冊
(元)楊奐撰
明嘉靖元年宋廷佐刻本
考歲略一卷附錄一卷 集/第29冊
(明)宋廷佐撰
明嘉靖元年宋廷佐刻本
魯齋遺書十四卷 集/第29冊
(元)許衡撰
明萬曆二十四年怡愉江學詩刻本
靜修先生文集二十二卷 集/第29冊
(元)劉因撰
元至順元年宗文堂刻本
雲峯胡先生文集十四卷附錄一卷 集/第29冊
(元)胡炳文撰
明弘治二年藍章刻本
姚文公牧菴集不分卷 集/第29冊
(元)姚燧撰
清鈔本
漢泉曹文貞公詩集十卷後錄一卷 集/第29冊
(元)曹伯啟撰
元至元四年曹復亨刻本
玉井樵唱三卷 集/第30冊
(元)尹廷高撰
清乾隆三十三年鮑氏知不足齋鈔本(四庫底本)
知非堂稿十一卷 集/第30冊
(元)何中撰
清鈔本
貢文靖雲林集十卷附錄一卷 集/第30冊
(元)貢奎撰
明貢靖國刻本
中庵先生劉文簡公文集二十五卷目錄二卷 集/第30冊
(元)劉敏中撰 魏誼輯
清鈔本
揭文安公全集十四卷補遺一卷 集/第30冊
(元)揭傒斯撰
清乾隆孔荭谷鈔本
淵穎吳先生集十二卷附錄一卷 集/第31冊
(元)吳萊撰 (明)宋濂輯
元至正刻本(四庫進臣本)
吳禮部文集二十卷附錄一卷 集/第31冊
(元)吳師道撰
清鈔本
燕石集十五卷附錄一卷 集/第31冊
(元)宋褧撰
清鈔本
秋聲集九卷 集/第31冊
(元)黃鎮成撰
明洪武十一年黃鈞刻本
番易仲公李先生文集三十一卷 集/第32冊
(元)李存撰
明永樂三年李光刻本
經濟文集六卷 集/第32冊
(元)李士瞻撰
明鈔本(四庫底本)
圭齋盧先生集二卷 集/第32冊
(元)盧琦撰
明萬曆三十七年莊毓慶等刻本
蛻菴詩五卷 集/第32冊
(元)張翥撰
清鈔本(四庫底本)
一山文集九卷 集/第32冊
(元)李繼本撰
清康熙二十八年金侃鈔本
梧溪集七卷 集/第32冊
(元)王逢撰
清呂氏明豐草堂鈔本
雲陽李先生文集十卷附錄一卷 集/第33冊
(元)李祁撰
清鈔本
來鶴亭詩集九卷 集/第33冊
(元)呂誠撰
清鈔本(四庫底本)
東維子文集三十一卷 集/第33冊
(元)楊維楨撰
明刻本
新喻梁石門先生集十卷首一卷末一卷 集/第33冊
(元)梁寅撰
清乾隆十五年暨用其刻本
鄄伯言玉笥集九卷 集/第33冊
(元)鄧雅撰
清鈔本
宋學士文集七十五卷 集/第34冊
(明)宋濂撰
明正德九年張縉刻本
宋景濂先生未刻集不分卷 集/第34冊
(明)宋濂撰
清康熙三年陳國珍刻本(四庫底本)
太師誠意伯劉文成公集二十卷 集/第35冊
(明)劉基撰
明隆慶六年謝廷傑陳烈刻本
陶學士先生文集二十卷事蹟一卷 集/第35冊
(明)陶安撰
明弘治十三年項經刻廣處修本
柘軒集四卷詞一卷 集/第36冊
(明)凌雲翰撰
清鈔本(四庫底本)
密菴詩稿五卷文稿五卷 集/第36冊
(明)謝肅撰
明洪武三十一年刻本
清江貝先生文集三十卷詩集十卷詩餘一卷 集/第36冊
(明)貝瓊撰
明洪武刻本
蘇平仲文集十六卷 集/第36冊
(明)蘇伯衡撰

明正統七年黎諒刻本
尚絅齋集五卷 集/第37冊
(明)童冀撰
清初鈔本(四庫底本)
西菴集十卷 集/第37冊
(明)孫蕡撰
明弘治十六年金蘭館銅活字本
友石先生詩集五卷 集/第37冊
(明)王紱撰
明弘治元年榮華刻本
泊菴先生文集十六卷附錄一卷 集/第37冊
(明)梁潛撰
明刻本
頤庵文選二卷 集/第37冊
(明)胡儼撰
清鈔本(四庫底本)
青城山人詩集八卷 集/第38冊
(明)王璲撰
明正統十二年至景泰四年華靖刻本
金文靖公集十卷外集一卷 集/第38冊
(明)金幼孜撰
明成化刻本
夏忠靖公集六卷遺事一卷 集/第38冊
(明)夏原吉撰
明弘治十三年袁經刻本
韓襄毅公家藏文集十五卷 集/第38冊
(明)韓雍撰
明葑溪草堂刻本
徐文靖文謙齋文錄四卷 集/第39冊
(明)徐溥撰
明嘉靖刻本
椒丘文集三十四卷外集一卷 集/第39冊
(明)何喬新撰
明嘉靖元年余瑩刻本
楓山章先生文集四卷實紀一卷 集/第39冊
(明)章懋撰
明嘉靖二十一年虞守愚刻本(四庫底本)
翠渠摘稿八卷 集/第40冊
(明)周瑛撰
明嘉靖七年林近龍刻清雍正十三年周成續刻本(四庫底本)
空同子集六十六卷目錄三卷附錄二卷 集/第40冊
(明)李夢陽撰
明萬曆三十年鄧雲霄刻本
離騷圖不分卷 集/第41冊
(清)蕭雲從繪註
清初刻本
陸士龍文集十卷 集/第41冊
(晉)陸雲撰
明汪士賢刻漢魏六朝二十名家集本(四庫底本)
庾子山集十六卷 集/第41冊
(北周)庾信撰 (清)倪璠註
清康熙崇岫堂刻本
庾子山年譜一卷庾子山集總釋一卷 集/第41冊
(清)倪璠撰
清康熙崇岫堂刻本
徐孝穆全集六卷附本傳一卷備考一卷 集/第41冊
(陳)徐陵撰 (清)吴兆宜箋註
清雍正刻本
儲光羲集五卷 集/第42冊
(唐)儲光羲撰
明銅活字本
宗玄先生文集三卷玄綱論一卷南統大君内丹九章經一卷 集/第42冊
(唐)吴筠撰
明鈔本
杼山集十卷補遺一卷 集/第42冊
(唐)釋皎然撰
明崇禎虞山毛氏汲古閣刻唐三高僧詩本
追昔遊集三卷 集/第42冊
(唐)李紳撰
明崇禎海虞毛氏汲古閣刻五唐人集本
白香山詩長慶集二十卷後集十七卷別集一卷補遺二卷 集/第42冊
(唐)白居易撰
清康熙四十一年至四十二年汪立名一隅草堂刻本
白居易年譜一卷 集/第42冊
(清)汪立名撰
清康熙四十一年至四十二年汪立名一隅草堂刻本
白居易年譜舊本一卷 集/第42冊
(宋)陳振孫撰
清康熙四十一年至四十二年汪立名一隅草堂刻本
鮑溶詩六卷集外詩一卷 集/第42冊
(唐)鮑溶撰
明崇禎毛氏汲古閣刻唐人六集本
李義山文集十卷 集/第43冊
(唐)李商隱撰 (清)徐樹穀箋 徐炯注
清康熙四十七年徐氏花谿草堂刻本
玄英先生詩集十卷 集/第43冊
(唐)方幹撰
明鈔本
唐風集三卷 集/第43冊
(唐)杜荀鶴撰
明崇禎海虞毛氏汲古閣刻唐人四集本
楊大年先生武夷新集二十卷 集/第43冊
(宋)楊億撰
明刻本
晏同叔先生集三卷 集/第43冊
(宋)晏殊撰
清康熙十九年蒙川亭刻臨川文獻本
河南先生文集二十七卷附錄一卷 集/第43冊
(宋)尹洙撰
明鈔本
青社黄郭先生伐檀集二卷 集/第44冊
(宋)黄庶撰
明弘治葉天爵刻嘉靖六年喬遷等重修本
劉原父公是先生集不分卷 集/第44冊
(宋)劉敞撰
清鈔本
錢塘韋先生文集十八卷 集/第44冊
(宋)韋驤撰
清鈔本
安岳馮公太師文集三十卷 集/第44冊
(宋)馮山撰
清鈔本
洛陽九老祖龍學文集十六卷源流始末一卷 集/第44冊
(宋)祖無擇撰
清初鈔本
劉忠肅二十卷 集/第45冊
(宋)劉摯撰
清鈔本
太師范公文集五十五卷 集/第45冊
(宋)范祖禹撰
清初鈔本
文潞公文集四十卷 集/第45冊
(宋)文彥博撰

明嘉靖五年王溱刻本
鄱陽先生文集十二卷 集/第46冊
(宋)彭汝礪撰
清初鈔本
廣陵先生文集二十卷拾遺一卷附一卷 集/第46冊
(宋)王令撰
明鈔本
青山集三十卷 集/第46冊
(宋)郭祥正撰
宋刻本
倚松老人詩集二卷 集/第46冊
(宋)饒節撰
清初鈔本
西塘先生文集十卷 集/第46冊
(宋)鄭俠撰
明萬曆三十七年葉向高等刻本(四庫進呈本)
吳郡樂圃朱先生餘稿十卷補遺一卷附編一卷 集/第47冊
(宋)朱長文撰 (宋)朱思輯
清康熙五十一年朱岳壽刻本
龍雲先生文集三十二卷附錄一卷 集/第47冊
(宋)劉弇撰
清初鈔本
演山先生文集六十卷 集/第47冊
(宋)黄裳撰
清鈔本
姑溪居士文集五十卷附錄一卷目錄三卷後集二十卷 集/第48冊
(宋)李之儀撰
清鈔本
道鄉先生鄒忠公文集四十卷續集一卷 集/第48冊
(宋)鄒浩撰
明正德七年鄒翎刻本
日涉園集五卷 集/第49冊
(宋)李彭撰
清乾隆四十年孔繼涵家鈔本
慶湖遺老詩集九卷拾遺一卷後集補遺一卷 集/第49冊
(宋)賀鑄撰
明謝氏小草齋鈔本
傅忠肅公文集三卷 集/第49冊
(宋)傅察撰
清鈔本
宋宗忠簡公集六卷雜錄一卷始末徵一卷 集/第49冊
(宋)宗澤撰明
崇禎十三年黄正賓刻本
浮溪文粹十五卷附錄一卷 集/第49冊
(宋)王藻撰
明正德元年馬金刻本
苕溪集五十五卷目錄三卷 集/第49冊
(宋)劉一止撰
清鈔本
陵陽先生詩四卷 集/第50冊
(宋)韓駒撰
清鈔本
高東溪先生文集二卷附錄一卷 集/第50冊
(宋)高登撰 (明)林希元輯
明嘉靖五年黄直刻本
曾茶山詩集二卷 集/第50冊
(宋)曾幾撰
明萬曆四十三潘是仁刻宋元詩四十二種本
蘆川歸來集十六卷 集/第50冊
(宋)張元幹撰
清鈔本
五峰胡先生文集五卷 集/第50冊
(宋)胡宏撰
清陸香圃三間草堂鈔本
致堂胡先生斐然集三十卷 集/第50冊
(宋)胡寅撰
清經鉏堂鈔本
縉雲先生文集四卷附錄一卷 集/第51冊
(宋)馮時行撰
清趙氏小山堂鈔本
莆陽知稼翁集二卷 集/第51冊
(宋)黄公度撰
明天啟五年黄崇翰刻本
夾漈遺稿三卷 集/第51冊
(宋)鄭樵撰
清初鈔本
鄮峰真隱漫錄五十卷目錄三卷 集/第51冊
(宋)史浩撰 周鑄輯
清鈔本(卷一至四配另一清鈔本)(四庫底本)
竹洲文集二十卷附錄一卷 集/第51冊
(宋)吳儆撰
明弘治六年吳雷亨刻本
蒙隱集二卷 集/第52冊
(宋)陳棣撰
清乾隆五十六鮑廷博知不足齋鈔本
澹軒集八卷 集/第52冊
(宋)李呂撰
清乾隆翰林院四庫館臣輯永樂大典鈔本(四庫底本)
攻媿先生文集一百二十卷目錄三卷 集/第52－53冊
(宋)樓鑰撰
清初鈔本
尊白堂集六卷 集/第54冊
(宋)虞儔撰
清乾隆翰林院四庫館臣輯永樂大典鈔本(四庫底本)
淳熙稿二十卷 集/第54冊
(宋)趙蕃撰
清乾隆翰林院四庫館臣輯永樂大典鈔本(四庫底本)
慈湖先生遺書二十卷 集/第54冊
(宋)楊簡撰
明嘉靖四年秦鉞刻本
野處類稿二卷題 集/第54冊
(宋)洪適撰
清初鈔本
頤菴居士集二卷 集/第55冊
(宋)劉應時撰
明嘉靖四年劉世龍刻本
南湖集十卷 集/第55冊
(宋)張鎡撰
清乾隆翰林院四庫館臣輯永樂大典鈔本(四庫底本)
江湖長翁文集四十卷 集/第55冊
(宋)陳造撰
明萬曆四十六年李之藻刻本
新刊南軒先生文集四十四卷 集/第56冊
(宋)張栻撰
明嘉靖元年劉氏翠巖堂慎思齋刻本
北溪先生大全文集五十卷外集一卷 集/第56冊
(宋)陳淳撰
清初鈔本
山房集八卷後稿一卷 集/第56冊
(宋)周南撰
清乾隆翰林院四庫館臣輯永樂大典鈔本(四庫底本)
校註橘山四六二十卷 集/第57冊

(宋)李廷忠撰 (明)孫雲翼註
明刻本(四庫底本)
漫塘劉先生文前集三十六卷 集/第57冊
(宋)劉宰撰
明正德十六年任佃刻嘉靖八年王臬續刻本
瓜廬詩一卷附錄一卷 集/第57冊
(宋)薛師石撰
明文始堂鈔本
方泉先生詩集三卷 集/第58冊
(宋)周文璞撰
清鈔本
西園康範詩集一卷實錄一卷續錄一卷附錄外卷一卷 集/第58冊
(宋)汪晫撰
明嘉靖二十年汪茂槐刻本
宋國錄流塘詹先生集三卷附錄一卷 集/第58冊
(宋)詹初撰
清初鈔本
滄浪嚴先生吟卷三卷 集/第58冊
(宋)嚴羽撰
明正德十二年胡重器刻本
可齋雜稿三十四卷續稿八卷續稿後十二卷 集/第58冊
(宋)李曾伯撰
清初鈔本
雪坡姚舍人文集五十卷 集/第59冊
(宋)姚勉撰
清鈔本
須溪先生四景詩集四卷 集/第59冊
(宋)劉辰翁撰
清鈔本
柳塘外集四卷 集/第59冊
(宋)釋道璨撰
清雍正刻本
四明文獻集五卷 集/第59冊
(宋)王應麟撰 (明)鄭真 陳朝輔輯
清初鈔本
北游詩集一卷續錄一卷 集/第59冊
(宋)汪夢斗撰
明隆慶三年汪廷佐刻環穀杏山二先生詩稿本
晞發集十卷遺集二卷補一卷天地間集一卷 集/第59冊
(宋)謝翱撰
清康熙四十一年陸大業刻本
冬青樹引註一卷登西臺慟哭記註一卷 集/第59冊
(明)張丁撰
清康熙四十一年陸大業刻本
吾汶稿十卷 集/第60冊
(宋)王炎午撰
清初鈔本
紫巖于先生詩選三卷 集/第60冊
(宋)于石撰 (元)吳師道輯
清乾隆三十七年趙輯寧鈔本
白雲集三卷題贈附錄一卷 集/第60冊
(元)釋英撰
清鈔本
霞外詩集十卷 集/第60冊
(元)馬臻撰
明崇禎十一年海虞毛氏汲古閣刻元人十種詩本
圭塘小稿十三卷別集二卷續集一卷附錄一卷 集/第60冊
(元)許有壬撰
明成化六年許顒刻本
鴈門集八卷 集/第60冊
(元)薩都剌撰
明成化二十年張習刻本
安雅堂集十三卷 集/第60冊
(元)陳旅撰
明祁氏淡生堂鈔本
滋溪文稿三十卷 集/第61冊
(元)蘇天爵撰
明鈔本
金臺集二卷 集/第61冊
(元)迺賢撰
明崇禎十一年海虞毛氏汲古閣刻元人十種詩本
貢禮部玩齋集十卷拾遺一卷首一卷 集/第61冊
(元)貢師泰撰 (明)沈性輯
明天順沈性刻嘉靖十四年徐萬壁重修本
元鹿皮子集四卷 集/第61冊
(元)陳樵撰
清康熙董肇勳寓樓書室刻本
青村遺稿一卷 集/第61冊
(元)金涓撰
清康熙金侃鈔本
樵雲獨唱集六卷 集/第61冊
(元)葉顒撰
明刻本
清閟閣全集十二卷 集/第62冊
(元)倪瓚撰
清康熙五十二年曹培廉城書室刻本
鐵崖先生古樂府十卷補六卷 集/第62冊
(元)楊維禎撰 吳復輯
明末毛氏汲古閣刻本
鐵崖先生復古詩集六卷 集/第62冊
(元)楊維禎撰 章琬輯
明末毛氏汲古閣刻本
麗則遺音四卷附錄一卷 集/第62冊
(元)楊維禎撰
明末毛氏汲古閣刻本
高皇帝御制文集二十卷 集/第62冊
(明)太祖朱元璋撰
明萬曆十年姚士觀沈鈇刻本
鳳池吟稿十卷 集/第63冊
(明)汪廣洋撰
明萬曆四十五年王百祥刻本
西隱文稿十卷附錄一卷 集/第63冊
(明)宋訥撰
明萬曆六年劉師魯刻本
槎翁詩八卷 集/第63冊
(明)劉嵩撰
明萬曆三十八年真如齋刻本
白雲稿十二卷 集/第63冊
(明)朱右撰
明初刻本(卷八至十二配清鈔本)
臨安集文五卷詩五卷 集/第64冊
(明)錢宰撰
明鈔本
自怡集一卷 集/第64冊
(明)劉璉撰
明洪武刻本
東里詩集三卷文集二十五卷續編六十二卷別集三卷附錄四卷 集/第64－65冊
(明)楊士奇撰
明嘉靖二十九年黄如桂刻本
古廉李先生詩集十一卷 集/第66冊
(明)李時勉撰
明景泰七年姚堂刻本
白沙子八卷 集/第66冊
(明)陳獻章撰
明嘉靖十二年卞峽刻本
類博稿十卷 集/第66冊
(明)岳正撰

明嘉靖十八年吳逵刻本
竹巖集十八卷補遺一卷續補遺一卷附錄一卷 集/第66冊
(明)柯潛撰
清乾隆刻本
篁墩程先生文集九十三卷拾遺一卷 集/第67冊
(明)程敏政撰
明正德二年何歆程曾刻本
震澤先生集三十六卷 集/第68冊
(明)王鏊撰
明嘉靖刻本
翰林羅圭峰先生文集十八卷續集十二卷 集/第68冊
(明)羅玘撰
明嘉靖五年陳洪謨余載仕刻本
立齋遺文五卷附錄一卷 集/第68冊
(明)鄒智撰
明天啟五年李廷梁刻本(四庫底本)
西村集八卷附錄一卷 集/第69冊
(明)史鑑撰
明嘉靖八年史璧刻本
敬齋集三卷 集/第69冊
(明)胡居仁撰 于祐輯
明刻本
鄭山齋先生文集二十四卷 集/第69冊
(明)鄭岳撰
明萬曆十九年鄭炫刻本
邊華泉集八卷集稿六卷 集/第69冊
(明)邊貢撰
明刻本
竹澗先生文集八卷奏議四卷附錄一卷 集/第69冊
(明)潘希曾撰
明嘉靖二十年黃省曾刻本
儼山文集一百卷目錄二卷續集十卷 集/第70冊
(明)陸深撰
明嘉靖二十五年至三十年陸楫刻本
滄溟先生集三十一卷附錄一卷 集/第71冊
(明)李攀龍撰
明刻本
楊忠滑公集六卷 集/第71冊
(明)楊繼盛撰
明惲應明刻本
代檀齋集十二卷 集/第71冊
(明)張元凱撰
明萬曆刻本
鯤溟先生詩集四卷奏疏一卷 集/第71冊
(明)郭諫臣撰
清康熙五十二年郭鸞刻本(四庫底本)
四溟山人全集二十四卷 集/第72冊
(明)謝榛撰
明萬曆二十四年趙府冰玉堂刻本
世宗憲皇帝御製文集三十卷目錄四卷 集/第72冊
(清)世宗胤禛撰
清乾隆武英殿刻本
御製文初集三十卷目錄二卷二集四十四卷目錄二卷三集十六卷餘集二卷 集/第73冊
(清)高宗弘曆撰
清乾隆二十九年至嘉慶五年武英殿刻本
萬首唐人絕句一百一卷目錄二卷 集/第74冊
(宋)洪邁輯
明嘉靖十九年陳敬學德星堂刻本
回文類聚四卷目錄二卷 集/第75冊
(宋)桑世昌輯 (明)張之象補
明萬曆四十四年刻本
西山先生真文忠公文章正宗二十四卷續二十卷(一) 集/第75－76冊
(宋)真德秀輯
明嘉靖四十三年杜陵蔣氏家塾刻本
赤城集十八卷 集/第76冊
(宋)林表民輯
明弘治十年謝鐸刻本
吳都文粹十卷 集/第76冊
(宋)鄭虎臣輯
清鈔本(四庫底本)
文選補遺四十卷 集/第77冊
(宋)陳仁子輯
明鈔本
增註唐策十卷 集/第77冊
明正德十四年汪燦刻本
吳都文粹續集五十六卷補遺一卷目錄二卷 集/第78冊
(明)錢穀輯
清初鈔本(四庫底本)
唐詩紀事八十一卷 集/第80冊
(宋)計敏夫撰
明嘉靖二十四年洪楩清平山堂刻本
蔡中郎文集十卷外傳一卷 集/第81冊
(漢)蔡邕撰
明正德十年華堅錫山蘭雪堂銅活字本
謝宣城詩集五卷 集/第81冊
(齊)謝朓撰
明鈔本
李太白文集三十六卷 集/第81冊
(唐)李白撰 (清)王琦輯註
清乾隆寶笏樓刻本
杜詩詳註二十五卷首一卷附編二卷 集/第82冊
(唐)杜甫撰 (清)仇兆鼇輯註
清康熙刻本
王右丞集二十八卷首一卷末一卷 集/第83冊
(唐)王維撰 (清)趙殿成箋註
清乾隆刻本
唐元次山文集十卷拾遺一卷 集/第83冊
(唐)元結撰
明正德十二年郭勛刻本
顏魯公文集十五卷補遺一卷 集/第83冊
(唐)顏真卿撰
明嘉靖二年錫山安氏館刻本
顏魯公真卿年譜一卷附行狀一卷碑銘一卷新史本傳一卷舊史本傳一卷 集/第83冊
(宋)劉元剛撰
明嘉靖二年錫山安氏館刻本
唐陸宣公集二十二卷 集/第83冊
(唐)陸贄撰
宋刻本
朱文公校昌黎先生文集四十卷外集十卷遺文一卷傳一卷 集/第84冊
(唐)韓愈撰 (宋)朱熹考異 王伯大音釋
元刻本
新刊詁訓唐柳先生文集四十五卷外集二卷新編外集一卷 集/第84冊
(唐)柳宗元撰 (宋)韓醇音釋
清乾隆鈔本(四庫底本)
劉夢得文集三十卷外集十卷 集/第85冊
(唐)劉禹錫撰
宋刻本
呂和叔文集十卷 集/第85冊
(唐)呂溫撰
清初錢氏述古堂影宋鈔本

唐張司業詩集八卷 集/第85冊
(唐)張籍撰
明刻本
李文公集十八卷 集/第85冊
(唐)李翱撰
明成化十一年馮孜刻本
沈下賢文集十二卷 集/第85冊
(唐)沈亞之撰
明刻本
溫飛卿詩集七卷別集一卷集外詩一卷附錄諸家詩評一卷 集/第85冊
(唐)溫庭筠撰 (明)曾益註 (清)顧予咸補註 顧嗣立續註
清康熙三十六年長洲顧氏秀野草堂刻本
唐劉蛻集六卷 集/第86冊
(唐)劉蛻撰
明天啟四年吳馡問青堂刻本
梨嶽詩集一卷附錄一卷 集/第86冊
(唐)李頻撰
明鈔本
李群玉詩集三卷後集五卷 集/第86冊
(唐)李群玉撰
宋臨安府陳宅書籍鋪刻本
唐甫里先生文集二十卷 集/第86冊
(唐)陸龜蒙撰
明朝本
徐公文集三十卷 集/第86冊
(宋)徐鉉撰
清鈔本
河東先生集十六卷 集/第86冊
(宋)柳開撰 張景輯
清鈔本
忠愍公詩集三卷 集/第86冊
(宋)寇準撰
明嘉靖十四年蔣鏊刻本
王黃州小畜集三十卷 集/第87冊
(宋)王禹偁撰
宋刻本(卷一至一十七二十五至三十配清呂氏吾研齋鈔本)
王黃州小畜外集二十卷 集/第87冊
(宋)王禹偁撰
清影宋鈔本
宋林和靖先生詩集四卷補一卷 集/第87冊
(宋)林逋撰
明鈔本
河南穆公集三卷遺事一卷 集/第87冊
(宋)穆修撰
清初錢氏述古堂影宋鈔本
文恭集五十卷補遺一卷 集/第87冊
(宋)胡宿撰
清鈔本
蘇學士集十六卷 集/第87冊
(宋)蘇舜欽撰
清康熙三十七年徐惇復白華書屋刻本
溫國文正公文集八十卷 集/第88冊
(宋)司馬光撰
宋刻本(卷一至四七十七至八十配明弘治十八年盧雍鈔本)
西溪文集十卷 集/第88冊
(宋)沈遘撰
明刻沈氏三先生文集本
歐陽文忠公集一百五十三卷年譜一卷附錄五卷 集/第89-90冊
(宋)歐陽修撰 (宋)胡柯撰
元刻本
范忠宣公集二十卷奏議二卷遺文二卷補編一卷 附錄一卷 集/第91冊
(宋)范純仁撰
清康熙四十六年歲寒堂刻後印本
增刊校正王狀元集註分類東坡先生詩二十五卷 集/第91冊
(宋)蘇軾撰題 (宋)王十朋註
宋建安虞平齋務本書堂刻本
東坡紀年錄一卷 集/第91冊
(宋)傅藻撰
宋建安虞平齋務本書堂刻本
欒城集五十卷目錄二卷後集二十四卷三集十卷 集/第92冊
(宋)蘇轍撰
明嘉靖二十年蜀藩朱讓栩刻本
欒城應詔集十二卷 集/第92冊
(宋)蘇轍撰
清影宋朝本
長興集四十一卷 集/第93冊
(宋)沈括撰
明刻沈氏三先生文集本
濟北晁先生雞肋集七十卷 集/第93冊
(宋)晁補之撰
明崇禎八年顧寧遠詩瘦閣刻本
雲溪居士集三十卷 集/第94冊
(宋)華鎮撰
清乾隆翰林院四庫館臣輯永樂大典鈔本(四庫底本)
劉左史文集四卷 集/第94冊
(宋)劉安節撰
清乾隆四十四年吳氏古歡堂鈔本
眉山唐先生文集三十卷 集/第94冊
(宋)唐庚撰
清鈔本
栟櫚先生文集二十五卷 集/第94冊
(宋)鄧肅撰
明正德十四年羅珊刻本
宋著作王先生文集八卷 集/第94冊
(宋)王蘋撰 (明)王觀輯
清鈔本
歐陽修撰集八卷 集/第95冊
(宋)歐陽澈撰
清鈔本
岳集五卷 集/第95冊
(宋)岳飛撰 (明)徐階輯
明嘉靖十五年焦煜刻本
東萊先生詩集二十卷 集/第95冊
(宋)呂本中撰
宋刻本
默堂先生文集二十二卷 集/第95冊
(宋)陳淵撰 沈度輯
清影宋鈔本
范香溪先生文集二十二卷 集/第95冊
(宋)范浚撰
清乾隆刻本
范蒙齋先生遺文一卷 集/第95冊
(宋)范端臣撰
清乾隆刻本
范楊溪先生遺文一卷 集/第95冊
(宋)范端杲撰
清乾隆刻本
竹軒雜著六卷 集/第96冊
(宋)林季仲撰
清乾隆翰林院四庫館臣輯永樂大典鈔本(四庫底本)
于湖居士文集四十卷 附錄一卷 集/第96冊
(宋)張孝祥撰
宋刻本
羅鄂州小集六卷 集/第96冊
(宋)羅願撰
明刻本
羅郢州遺文一卷附錄一卷 集/第96冊
(宋)羅頌撰

明刻本
艾軒先生文集九卷附錄一卷 集/第96冊
(宋)林光朝撰 (明)鄭岳輯
明正德十六年鄭岳刻本
雪山集十二卷 集/第96冊
(宋)王質撰
清乾隆四十一年孔氏微波榭鈔本
網山集八卷 集/第97冊
(宋)林亦之撰
清鈔本
格齋先生四六一卷 集/第97冊
(宋)王子俊撰
清初鈔本
艮齋先生薛常州浪語集三十五卷
集/第97冊
(宋)薛季宣撰
清鈔本
石湖居士詩集三十五卷 集/第97冊
(宋)范成大撰
清康熙二十七年刻本
誠齋集一百三十三卷 集/第98-99冊
(宋)楊萬里撰
明影宋鈔本
水心先生文集二十九卷 集/第100冊
(宋)葉適撰 (明)黎諒輯
明正統十三年黎諒刻本
石屏詩集十卷 集/第100冊
(宋)戴復古撰
明弘治十一年宋鑑馬金刻本
東皐子詩一卷 集/第100冊
(宋)戴敏撰
明弘治十一年宋鑑馬金刻本
裘竹齋詩集六卷 集/第100冊
(宋)裘萬頃撰
明萬曆四十三年潘是仁刻宋元詩四十二種本
梅山續稿十七卷雜文一卷長短句一卷
集/第100冊
(宋)姜特立撰
清鈔本
重校鶴山先生大全文集一百十卷目錄二卷 集/第101-102冊
(宋)魏了翁撰
宋開慶元年刻本(卷十八至十九三十五至三十八四十三至四十六五十至五十三七十五至七十七配明嘉靖安國銅活字本)

白石道人詩集二卷集外詩一卷白石道人詩說一卷附白石詩詞評論一卷補遺一卷白石道人集事一卷補遺一卷諸賢酬贈詩一卷投贈詩詞補遺一卷
集/第102冊
(宋)姜夔撰
清乾隆八年陸鍾輝刻三十六年江春增刻本
野谷詩稿六卷 集/第102冊
(宋)趙汝鐩撰
清鈔本
杜清獻公集十九卷首一卷 集/第102冊
(宋)杜範撰
清鈔本
翠微南征錄十一卷 集/第102冊
(宋)華岳撰
清影宋鈔本
梅亭先生四六標準四十卷 集/第103冊
(宋)李劉撰
宋刻本
戴東埜詩集五卷 集/第103冊
(宋)戴昺撰
明萬曆四十三年潘是仁刻宋元詩四十二種本
宋宗伯徐清正公存稿六卷附錄一卷
集/第103冊
(宋)徐鹿卿撰
明萬曆四十二年徐鑒刻二徐公存稿本
宋學士徐文惠公存稿五卷附錄一卷
集/第103冊
(宋)徐經孫撰
明萬曆四十二年徐鑒刻二徐公存稿本
李忠簡公文溪存稿二十卷附錄一卷
集/第103冊
(宋)李昴英撰
明嘉靖十年李翱刻崇禎三年李正鷺重修本
秋崖先生小稿文集四十五卷詩集三十八卷 集/第104冊
(宋)方岳撰
明嘉靖五年方謙刻本
雪磯叢稿五卷 集/第104冊
(宋)樂雷發撰
清初鈔本
孝詩一卷 集/第104冊
(宋)林同撰
清鈔本

疊山集十六卷 集/第104冊
(宋)謝枋得撰
明嘉靖十六年黃齊賢刻本
魯齋王文憲公文集二十卷 集/第104冊
(宋)王柏撰
明正統刻本
湖山類稿五卷水雲集一卷亡宋舊宮人詩一卷亡宋舊宮人詞一卷水雲集附錄三卷 集/第105冊
(宋)汪元量撰
清乾隆三十年鮑氏知不足齋刻本
有宋福建莆陽黃仲元四如先生文稿五卷
集/第105冊
(宋)黃仲元撰
明嘉靖二十一年黃文炳刻本
霽山先生文集五卷 集/第105冊
(宋)林景熙撰
明天順七年呂洪刻本
真山先生文集五卷 集/第105冊
(宋)真山民撰
明萬曆四十三年潘是仁刻宋元詩四十二種本
遺山先生文集四十卷附錄一卷
集/第105冊
(金)元好問撰
明弘治刻本
湛然居士文集十四卷 集/第106冊
(元)耶律楚材撰
清初影元鈔本
稼村先生類稿三十卷附錄一卷
集/第106冊
(元)王義山撰
明正德十一年王冠刻本
月屋漫稿一卷 集/第106冊
(元)黃庚撰
清鈔本
剡源戴先生文集三十卷 集/第106冊
(元)戴表元撰
明萬曆九年戴洵刻本
剩語二卷 集/第106冊
(元)艾性夫撰
清乾隆翰林院四庫館臣輯永樂大典鈔本(四庫底本)
養蒙先生文集十卷 集/第107冊
(元)張伯淳撰
清初鈔本

桂隱文集四卷詩集四卷附録一卷 集/第107冊
(元)劉詵撰
明鈔本
松雪齋文集十卷外集一卷行狀一卷 集/第107冊
(元)趙孟頫撰
元至元沈伯玉家塾刻本(卷六至十行狀配明天順六年刻本)
秋澗先生大全集一百卷附録一卷 集/第107-108冊
(元)王惲撰
明弘治十一年馬龍金舜臣刻本
周此山先生詩集四卷 集/第109冊
(元)周權撰
明刻本
申齋劉先生文集十五卷 集/第109冊
(元)劉岳申撰
清康熙鈔本
陳定宇先生文集十六卷 別集一卷年表一卷 集/第109冊
(元)陳櫟撰
清康熙陳嘉基刻本
雍虞先生道園類稿五十卷 集/第109-110冊
(元)虞集撰
元至正五年撫州路儒學刻本(四庫進呈本)
翰林楊仲弘詩八卷 集/第111冊
(元)楊載撰
明嘉靖十五年刻本
檜亭稿九卷 集/第111冊
(元)丁復撰
清鈔本
圭齋文集十六卷 集/第111冊
(元)歐陽玄撰
明成化七年劉釪刻本
純白齋類稿二十二卷 集/第111冊
(元)胡助撰
清鈔本
李五峰集十一卷 集/第111冊
(元)李孝光撰
清鈔本
師山先生文集八卷遺文五卷附録一卷 集/第111冊
(元)鄭玉撰
明刻遞修本
聞過齋集四卷 集/第111冊
(元)吳海撰
明祁氏淡生堂鈔本
江月松風集十二卷 集/第112冊
(元)錢惟善撰
清初呂留良家鈔本
龜巢稿二十卷補遺一卷 集/第112冊
(元)謝應芳撰
清初鈔本
麟原王先生文集十二卷後集十二卷附録一卷 集/第112冊
(元)王禮撰
清鈔本
趙徵君東山先生存稿七卷附録一卷 集/第113冊
(元)趙汸撰
清康熙二十年趙起士刻本
夷白齋稿三十五卷外集一卷補遺一卷附録一卷 集/第113冊
(元)陳基撰
明鈔本
危太朴雲林集二卷 集/第113冊
(明)危素撰
明鈔本
林登州遺集二十三卷附録一卷 集/第113冊
(明)林弼撰
清康熙四十五年林興刻本
始豐稿十四卷 集/第114冊
(明)徐一夔撰
清初鈔本
高太史大全集十八卷 集/第114冊
(明)高啟撰
明刻本
耆山無為天師峴泉集六卷 集/第114冊
(明)張宇初撰
明崇禎刻本
遜志齋集二十四卷附録一卷 集/第115冊
(明)方孝孺撰
嘉靖四十年王可大刻本
易齋稿十卷附録一卷 集/第115冊
(明)劉璟撰
明刻本
小山類稿選二十卷輯略一卷 集/第116冊
(明)張嶽撰
明刻清印本
重刊荊川先生文集十七卷新刊荊川先生外集三卷 集/第116冊
(明)唐順之撰
明萬曆元年純白齋刻本
弇州山人四部稿一百七十四卷目録十二卷 集/第117-119冊
(明)王世貞撰
明萬曆五年王氏世經堂刻本
弇州山人續稿二百七卷目録十卷 集/第120-122冊
(明)王世貞撰
明刻本
弇州山人讀書後八卷 集/第123冊
(明)王世貞撰
明刻本
衡廬精舍藏稿三十卷續稿十一卷 集/第123冊
(明)胡直撰
明萬曆十二年郭子章刻二十三年莊誠補刻本
亦玉堂稿十卷 集/第124冊
(明)沈鯉撰
明萬曆刻本
溫恭毅公文集三十卷 集/第124冊
(明)溫純撰
明崇禎刻清乾隆補修本
震川先生集三十卷別集十卷附録一卷 集/第125冊
(明)歸有光撰
清康熙十年至十四年歸莊等刻本
蠛蠓集五卷 集/第125冊
(明)盧柟撰
明嘉靖刻本
穀城山館詩集二十卷 集/第126冊
(明)于慎行撰
明刻本
孫宗伯集十卷 集/第126冊
(明)孫繼皋撰
明萬曆陳一教等刻本
涇皐藏稿二十二卷 集/第127冊
(明)顧憲成撰
明刻本
馮少墟集二十二卷 集/第127冊
(明)馮從吾撰
明萬曆刻天啟馮嘉年增修本
鄒子願學集八卷 集/第128冊

(明)鄒元標撰
明萬曆四十七年龍遇奇郭一鶚刻本
學古緒言二十五卷 集/第128冊
(明)婁堅撰
明崇禎刻清雍正陸廷璨重修本
施愚山先生學餘文集二十八卷詩集五十卷外集二卷別集四卷 集/第129冊
(清)施閏章撰
清康熙乾隆間刻施愚山先生全集本
施愚山先生年譜四卷 集/第129冊
(清)施年曾撰
清康熙乾隆間刻施愚山先生全集本
隨村先生遺集六卷 集/第129冊
(清)施瑮撰
清康熙乾隆間刻施愚山先生全集本
西陂類稿五十卷 集/第130冊
(清)宋犖撰
清康熙毛扆宋懷金高岑刻本
湛園未定稿六卷 集/第131冊
(清)姜宸英撰
清雍正刻本
古歡堂集三十六卷黔書二卷長河志籍考十卷 集/第131冊
(清)田雯撰
清康熙乾隆間刻德州田氏叢書本
敬業堂詩集五十卷續集六卷 集/第132冊
(清)查慎行撰
清初刻本
樊榭山房集十卷文集八卷續集十卷 集/第133冊
(清)厲鶚撰
清乾隆刻本
果堂集十二卷 集/第133冊
(清)沈彤撰
清乾隆吳江沈氏刻果堂全集本
松泉詩集二十六卷文集二十卷 集/第133冊
(清)汪由敦撰
清乾隆汪承霈刻本
六臣註文選六十卷 集/第134－135冊
(梁)蕭統輯 (唐)李善 呂延濟 劉良 張銑 呂向 李周翰著
宋刻本
文選顏鮑謝詩評四卷 集/第135冊
(元)方回撰
清乾隆翰林院四庫館臣輯永樂大典鈔本(四庫底本)
玉臺新詠十卷 集/第135冊
(陳)徐陵輯
明五雲溪館銅活字本
高氏三宴詩集三卷 集/第135冊
(唐)高正臣輯
清鈔本
香山九老會詩一卷 集/第135冊
(唐)白居易輯
清鈔本
國秀集三卷 集/第135冊
(唐)芮挺章輯
明刻本
中興間氣集二卷 集/第135冊
(唐)高仲武輯
明刻本
松陵集十卷 集/第136冊
(唐)皮日休 陸龜蒙等撰
明弘治十五年劉濟民刻本
大曆二皇甫詩集八卷 集/第136冊
(唐)皇甫冉 皇甫曾撰 (明)劉成德輯
明正德十三年劉成德刻本
文苑英華辯證十卷 集/第136冊
(宋)彭叔夏撰
明萬曆四十二年熊祺刻本
西昆詶唱集二卷 集/第136冊
(宋)楊億等撰
明嘉靖十六年張綖玩珠堂刻本
三孔先生清江文集四十卷 集/第136冊
(宋)孔文仲 孔武仲 孔平仲撰
清鈔本
樂府詩集一百卷目錄二卷 集/第137冊
(宋)郭茂倩輯
明末毛氏汲古閣刻本
新刊古今歲時雜詠四十六卷 集/第138冊
(宋)蒲積中輯
明鈔本
聲畫集八卷 集/第138冊
(宋)孫紹遠輯
清康熙四十五年曹寅揚州使院刻楝亭十二種本
皇朝文鑑一百五十卷目錄三卷 集/第138－140冊
(宋)呂祖謙輯
(目錄下卷一二十八四十八至六十八七十五至七十七一百六至一百七一百十三至一百十五一百二十至一百三十三一百四十四至一百四十五一百四十九至一百五十配清張蓉鏡鈔本)
增註東萊呂成公古文關鍵二十卷 集/第140冊
(宋)呂祖謙輯 蔡文子註
宋刻本
唐三體詩六卷 集/第141冊
(宋)周弼輯 (清)高士奇補註
康熙三十七年朗潤堂刻本高江村全集本
批點分格類意句解論學繩尺十卷諸先生論訣一卷 集/第141冊
(宋)魏天應輯 林子長箋解 (明)游明校補
明成化五年遊明刻本
三國志文類六十卷 集/第141冊
(宋)不著輯者
清味書室鈔本
國朝文類七十卷目錄三卷 集/第142冊
(元)蘇天爵輯
元西湖書院刻明修本
唐詩始音輯註一卷唐詩正音輯註六卷唐音遺響輯註七卷 集/第143冊
(元)楊士弘輯 (明)張震註
明刻本
玉山名勝集二十六卷外集二卷 集/第143冊
(元)顧瑛輯
清初鈔本
草堂雅集十三卷 集/第143冊
(元)顧瑛輯
清咸豐八年胡珽影元鈔本
玉山紀遊一卷 集/第143冊
(明)袁華輯
清鈔本
大雅集八卷 集/第144冊
(元)賴良輯 楊維禎評
清初曹氏倦圃鈔本
選詩補註八卷 集/第144冊
(元)劉履撰
明嘉靖三十一年顧存仁養吳堂刻本
選詩補註補遺二卷續編四卷 集/第144冊
(元)劉履輯
明嘉靖三十一年顧存仁養吳堂刻本

(宋)劉攽撰
宋刻百川學海本
後山居士詩話一卷 集/第213冊
(宋)陳師道撰
宋刻百川學海本
臨漢隱居詩話一卷 集/第213冊
(宋)魏泰撰
清乾隆刻歷代詩話本
優古堂詩話一卷 集/第213冊
(宋)吴幵撰
明鈔本
增修詩話總龜四十八卷後集五十卷 集/第213冊
(宋)阮閱輯
明嘉靖二十四年月窟道人刻本
漁隱叢話前集六十卷後集四十卷 集/第214冊
(宋)胡仔撰
明嘉靖七年徐梁鈔本
娱書堂詩話二卷 集/第215冊
(宋)趙與虤撰
清初鈔本
性學李先生古今文章精義一卷 集/第215冊
(元)李淦撰
明刻本
對床夜語五卷 集/第215冊
(宋)范晞文撰
清乾隆十八年曹炎鈔本
宋詩紀事一百卷 集/第215－216冊
(清)厲鶚輯
清乾隆十一年樊榭山房刻本
全閩詩話十二卷 集/第217冊
(清)鄭方坤輯
清乾隆饒夢燕詩話軒刻本
珠玉詞一卷 集/第217冊
(宋)晏殊撰
明海虞毛氏汲古閣刻宋名家詞本
樂章集一卷 集/第217冊
(宋)柳永撰
明海虞毛氏汲古閣刻宋名家詞本
安陸集一卷 集/第217冊
(宋)張先撰
清乾隆四十六年葛鳴陽刻本
六一詞一卷 集/第217冊
(宋)歐陽修撰
明海虞毛氏汲古閣刻宋名家詞本
東坡詞一卷 集/第217冊
(宋)蘇軾撰
明海虞毛氏汲古閣刻宋名家詞本
山谷詞一卷 集/第217冊
(宋)黄庭堅撰
明海虞毛氏汲古閣刻宋名家詞本
淮海詞一卷 集/第217冊
(宋)秦觀撰
明海虞毛氏汲古閣刻宋名家詞本
書舟詞一卷 集/第217冊
(宋)程垓撰
明海虞毛氏汲古閣刻宋名家詞本
小山詞一卷 集/第217冊
(宋)晏幾道撰
明海虞毛氏汲古閣刻宋名家詞本
琴趣外篇六卷 集/第218冊
(宋)晁補之撰
明海虞毛氏汲古閣刻宋名家詞本
姑溪詞一卷 集/第218冊
(宋)李之儀撰
明海虞毛氏汲古閣刻宋名家詞本
東堂詞一卷 集/第218冊
(宋)毛滂撰
明海虞毛氏汲古閣刻宋名家詞本
溪堂詞一卷 集/第218冊
(宋)謝逸撰
明海虞毛氏汲古閣刻宋名家詞本
片玉詞二卷補遺一卷 集/第218冊
(宋)周邦彥撰
明海虞毛氏汲古閣刻宋名家詞本
初寮詞一卷 集/第218冊
(宋)王安中撰
明海虞毛氏汲古閣刻宋名家詞本
友古詞一卷 集/第218冊
(宋)蔡伸撰
明海虞毛氏汲古閣刻宋名家詞本
和清真詞一卷 集/第218冊
(宋)方千里撰
明海虞毛氏汲古閣刻宋名家詞本
聖求詞一卷 集/第218冊
(宋)呂濱老撰
明海虞毛氏汲古閣刻宋名家詞本
石林詞一卷 集/第218冊
(宋)葉夢得撰
明海虞毛氏汲古閣刻宋名家詞本
丹陽詞一卷 集/第218冊
(宋)葛勝仲撰
明海虞毛氏汲古閣刻宋名家詞本
坦菴詞一卷 集/第218冊
(宋)趙師使撰
明海虞毛氏汲古閣刻宋名家詞本
酒邊詞二卷 集/第218冊
(宋)向子諲撰
明海虞毛氏汲古閣刻宋名家詞本
無住詞一卷 集/第218冊
(宋)陳與義撰
明海虞毛氏汲古閣刻宋名家詞本
竹坡詞三卷 集/第218冊
(宋)周紫芝撰
明海虞毛氏汲古閣刻宋名家詞本
漱玉詞一卷 集/第218冊
(宋)李清照撰
明天啟崇禎間海虞毛氏汲古閣刻詩詞雜俎本
蘆川詞二卷 集/第218冊
(宋)張元幹撰
宋刻本
東浦詞一卷 集/第218冊
(宋)韓玉撰
明海虞毛氏汲古閣刻宋名家詞本
孏窟詞一卷 集/第218冊
(宋)侯寘撰
明海虞毛氏汲古閣刻宋名家詞本
逃禪詞一卷 集/第218冊
(宋)楊无咎撰
明海虞毛氏汲古閣刻宋名家詞本
于湖詞三卷 集/第218冊
(宋)張孝祥撰
明海虞毛氏汲古閣刻宋名家詞本
海野詞一卷 集/第218冊
(宋)曾覿撰
明海虞毛氏汲古閣刻宋名家詞本
審齋詞一卷 集/第218冊
(宋)王千秋撰
明海虞毛氏汲古閣刻宋名家詞本
介菴詞一卷 集/第218冊
(宋)趙彥端撰
明海虞毛氏汲古閣刻宋名家詞本
歸愚詞一卷 集/第218冊
(宋)葛立方撰
明海虞毛氏汲古閣刻宋名家詞本
克齋詞一卷 集/第218冊
(宋)沈端節撰
明海虞毛氏汲古閣刻宋名家詞本

稼軒長短句十二卷 集/第219冊
(宋)辛棄疾撰
元大德三年廣信書院刻本
龍川詞一卷補一卷 集/第219冊
(宋)陳亮撰
明海虞毛氏汲古閣刻宋名家詞本
西樵語業一卷 集/第219冊
(宋)楊炎正撰
明海虞毛氏汲古閣刻宋名家詞本
放翁詞一卷 集/第219冊
(宋)陸游撰
明海虞毛氏汲古閣刻宋名家詞本
樵隱詞一卷 集/第219冊
(宋)毛幵撰
明海虞毛氏汲古閣刻宋名家詞本
知稼翁詞一卷 集/第219冊
(宋)黄公度撰
明海虞毛氏汲古閣刻宋名家詞本
蒲江詞一卷 集/第219冊
(宋)盧祖皐撰
明海虞毛氏汲古閣刻宋名家詞本
平齋詞一卷 集/第219冊
(宋)洪咨夔撰
明海虞毛氏汲古閣刻宋名家詞本
白石道人歌曲四卷別集一卷 集/第219冊
(宋)姜夔撰
清乾隆八年陸鍾輝刻三十六年江春增刻本
夢窗甲稿一卷乙稿一卷丙稿一卷丁稿一卷絕筆一卷補遺一卷 集/第219冊
(宋)吳文英撰
明海虞毛氏汲古閣刻宋名家詞本
惜香樂府十卷 集/第219冊
(宋)趙長卿撰
明海虞毛氏汲古閣刻宋名家詞本
龍洲詞一卷 集/第219冊
(宋)劉過撰
明海虞毛氏汲古閣刻宋名家詞本
竹屋癡語一卷 集/第219冊
(宋)高觀國撰
明海虞毛氏汲古閣刻宋名家詞本
竹齋詩餘一卷 集/第219冊
(宋)黄機撰
明海虞毛氏汲古閣刻宋名家詞本
梅溪詞一卷 集/第219冊
(宋)史達祖撰
明海虞毛氏汲古閣刻宋名家詞本
石屏詞一卷 集/第219冊
(宋)戴復古撰
明海虞毛氏汲古閣刻宋名家詞本
散花菴詞一卷 集/第219冊
(宋)黄昇撰
明海虞毛氏汲古閣刻宋名家詞本
斷腸詞一卷 集/第219冊
(宋)朱淑真撰
明天啟崇禎間海虞毛氏汲古閣刻詩詞雜俎本
山中白雲詞八卷附錄一卷 集/第219冊
(宋)張炎撰
清雍正刻本
竹山詞一卷 集/第219冊
(宋)蔣捷撰
明海虞毛氏汲古閣刻宋名家詞本
蛻巖詞二卷附錄一卷 集/第219冊
(元)張翥撰
清康熙金侃鈔本
絕妙好詞箋七卷 集/第220冊
(宋)周密輯 (清)查爲仁 厲鶚箋
清乾隆十五年查氏澹宜書屋刻本
花草粹編十二卷 集/第220冊
(明)陳耀文輯
明萬曆刻本
御選歷代詩餘一百二十卷 集/第221-223冊
(清)沈辰垣 王奕清等輯
清康熙四十六年内府刻本
詞綜三十六卷 集/第223冊
(清)朱彝尊 汪森輯
清康熙十七年汪氏裘杼樓刻三十年增刻本
樂府指迷一卷 集/第223冊
(宋)沈義父撰
明萬曆刻本
詞譜四十卷 集/第224冊
(清)王奕清等撰
清康熙五十四年内府刻朱墨套印本
詞律二十卷 集/第225冊
(清)萬樹撰
清康熙二十六年萬氏堆絮園刻本
曲譜十二卷首一卷末一卷 集/第225冊
(清)王奕清等撰
清康熙内府刻朱墨套印本
楚辭十七卷 集/第226冊
(漢)王逸章句 (宋)洪興祖補註
明刻本
曹子建文集十卷 集/第226冊
(魏)曹植撰
宋刻本
嵇中散集十卷 集/第226冊
(魏)嵇康撰
明嘉靖四年黄省曾南星精舍刻本
陶淵明集十卷 集/第226冊
(晉)陶潛撰
宋刻遞修本
鮑氏集十卷 集/第226冊
(劉宋)鮑照撰
明正德五年朱應登刻本
梁昭明太子文集五卷 集/第226冊
(梁)蕭統撰
明遼國寶訓堂刻本
梁江文通文集十卷 集/第226冊
(梁)江淹撰
明刻本
何記室集三卷附錄一卷 集/第226冊
(梁)何遜撰
明天啟崇禎間刻七十二家集本
王子安集十六卷附錄一卷 集/第227冊
(唐)王勃撰
明崇禎十三年張燮曹荃刻初唐四子集本
楊盈川集十卷附錄一卷 集/第227冊
(唐)楊炯撰
明刻本
幽憂子集七卷附錄一卷 集/第227冊
(唐)盧照鄰撰
明崇禎十三年張燮曹荃刻初唐四子集本
駱賓王文集十卷 集/第227冊
(唐)駱賓王撰
宋刻本(卷六至十配明末毛氏汲古閣影宋鈔本)
陳伯玉文集十卷附錄一卷 集/第227冊
(唐)陳子昂撰
明弘治四年楊澄刻本
張說之文集二十五卷 集/第227冊
(唐)張說撰
明嘉靖十六年伍氏龍池草堂刻本
唐丞相曲江張先生文集二十卷附錄一卷 集/第228冊
(唐)張九齡撰

明刻本
集千家註批點杜工部詩集二十卷年譜一卷 集/第228冊
(唐)杜甫撰 (宋)黃鶴補註 劉辰翁評點
明嘉靖八年朱邦薴懋德堂刻本
孟浩然詩集三卷 集/第229冊
(唐)孟浩然撰
宋刻本
劉隨州文集十卷外集一卷 集/第229冊
(唐)劉長卿撰
明正德十二年湯鏊刻本
韋蘇州集十卷拾遺一卷 集/第229冊
(唐)韋應物撰
宋刻本
錢考功集十卷 集/第229冊
(唐)錢起撰
明活字本
新刊權載之文集五十卷補刻一卷 集/第229冊
(唐)權德輿撰
清嘉慶十一年朱珪刻本
新刊五百家註音辯昌黎先生文集四十卷外集十卷 集/第230冊
(唐)韓愈撰 (宋)魏仲舉輯註
宋慶元六年魏仲舉家塾刻本(卷三至四六至七十五至十七二十一配清鈔本)
序傳碑記一卷韓文類譜十卷附評論詁訓音釋諸儒名氏一卷 集/第230冊
(宋)魏仲舉輯
宋慶元六年魏仲舉家塾刻本(卷三至四六至七十五至十七二十一配清鈔本)
昌黎先生集四十卷外集十卷遺文一卷朱子校昌黎先生集傳一卷 集/第231冊
(唐)韓愈撰 (宋)廖瑩中校正
宋咸淳廖氏世綵堂刻本
增廣註釋音辯唐柳先生集四十三卷別集二卷外集二卷附錄一卷 集/第232冊
(唐)柳宗元撰 (宋)童宗說註釋 張敦頤音辯 潘緯音義
元刻本
歐陽行周文集十卷 集/第232冊
(唐)歐陽詹撰
明刻本
唐賈浪仙長江集十卷 集/第232冊
(唐)賈島撰
明刻本
李長吉歌詩四卷外卷一卷 集/第232冊
(唐)李賀撰 (宋)吳正子箋註 劉辰翁評點
明天啟刻合刻宋劉須溪點校書九種本
李文饒文集二十卷別集十卷外集四卷 集/第232冊
(唐)李德裕撰
明刻本
白氏文集七十一卷 集/第233冊
(唐)白居易撰
宋刻本(卷三十二至三十三配明影宋鈔本)
樊川文集二十卷外集一卷別集一卷 集/第233冊
(唐)杜牧撰
明刻本
姚少監詩集十卷 集/第234冊
(唐)姚合撰
明鈔本
唐李義山詩集六卷 集/第234冊
(唐)李商隱撰
明刻本
李義山詩集三卷李義山詩譜一卷諸家詩評一卷 集/第234冊
(唐)李商隱撰 (清)朱鶴齡箋註
清順治十六年刻本
曹祠部詩集二卷 集/第234冊
(唐)曹鄴撰
明鈔唐四十四家詩本
曹唐詩集一卷 集/第234冊
(唐)曹唐撰
明鈔唐四十四家詩本
麟角集一卷附錄一卷 集/第234冊
(唐)王棨撰
清初鈔本
皮日休文集十卷 集/第234冊
(唐)皮日休撰
明刻本
新雕註胡曾詠史詩三卷 集/第234冊
(唐)胡曾撰 (口)陳蓋註 (口)米崇吉評註
清影宋鈔本
鄭守愚文集三卷 集/第234冊
(唐)鄭谷撰
宋刻本
韓內翰別集一卷補遺一卷 集/第234冊
(唐)韓偓撰
明崇禎毛氏汲古閣刻唐人六集本
唐英歌詩三卷 集/第234冊
(唐)吳融撰
明崇禎海虞毛氏汲古閣刻唐人四集本
唐秘書省正字先輩徐公釣磯文集十卷 集/第234冊
(唐)徐夤撰
清初錢氏述古堂鈔本
甲乙集十卷 集/第234冊
(唐)羅隱撰
宋臨安府陳宅經籍鋪刻本
白蓮集十卷 集/第235冊
(唐)釋齊己撰
明崇禎十二年毛氏汲古閣刻唐人八家詩本
禪月集二十五卷 集/第235冊
(唐)釋貫休撰
清初影宋鈔本
浣花集十卷補遺一卷 集/第235冊
(唐)韋莊撰
明正德朱氏文房刻本
鉅鹿東觀集十卷 集/第235冊
(宋)魏野撰
宋紹定元年嚴陵郡齋刻本(卷四至六配明鈔本)
宋景文公集一百五十卷 集/第235冊
(宋)宋祁撰
日本寬政文化間刻佚存叢書本
古靈先生文集二十五卷 集/第236冊
(宋)陳襄撰
宋紹興三十一年陳輝刻本(四庫底本)
古靈先生年譜一卷附錄一卷 集/第236冊
(宋)陳曄撰
宋紹興三十一年陳輝刻本(四庫底本)
直講李先生文集三十七卷外集三卷年譜一卷門人錄一卷 集/第236冊
(宋)李覯撰
明成化刻本
宛陵先生集六十卷拾遺一卷附錄一卷 集/第237冊
(宋)梅堯臣撰
明萬曆四年姜奇方刻本
無為集十五卷 集/第237冊

（宋）楊傑撰
宋紹興十三年刻遞修本
王文公文集一百卷目錄二卷 集/第 238 冊
（宋）王安石撰
宋紹興龍舒郡齋刻本
施註蘇詩四十二卷總目二卷 集/第 239 冊
（宋）蘇軾撰 施元之 顧禧註（清）邵長蘅 顧嗣立 宋至刪補
清康熙三十八年宋犖刻本
蘇詩續補遺二卷 集/第 239 冊
（宋）蘇軾撰（清）馮景補註
清康熙三十八年宋犖刻本
王註正譌一卷 集/第 239 冊
（清）邵長蘅撰
清康熙三十八年宋犖刻本
東坡先生年譜一卷 集/第 239 冊
（宋）王宗稷撰（清）邵長蘅重訂
清康熙三十八年宋犖刻本
淮海集四十卷後集六卷長短句三卷 集/第 240 冊
（宋）秦觀撰
宋乾道九年高郵軍學刻紹熙三年謝雩重修本（缺葉缺字用清初毛氏汲古閣影宋鈔本補）
石門文字禪三十卷 集/第 240 冊
（宋）釋德洪撰 釋覺慈輯
明萬曆二十五年徑山寺刻本
嵩山集二十卷雜文一卷 集/第 241 冊
（宋）晁說之撰
清初鈔本
摛文堂集十五卷附錄一卷 集/第 241 冊
（宋）慕容彥逢撰
清乾隆翰林院四庫館臣輯永樂大典鈔本（四庫底本）
洪駒父老圃集二卷 集/第 242 冊
（宋）洪芻撰（清）趙懷玉校錄
清鈔本
增廣箋註簡齋詩集三十卷無住詞一卷 集/第 242 冊
（宋）陳與義撰 胡穉箋註
宋刻本
簡齋先生年譜一卷詩箋正誤一卷 集/第 242 冊
（宋）胡穉撰
宋刻本
華陽集四十卷 集/第 242 冊
（宋）張綱撰
明萬曆二十五年于文熙刻本
澹齋集十八卷 集/第 242 冊
（宋）李流謙撰
清乾隆翰林院四庫館臣輯永樂大典鈔本（四庫底本）
晦庵先生朱文公文集一百卷目錄二卷續集十一卷別集十卷 集/第 243－247 冊
（宋）朱熹撰
宋咸淳元年建安書院刻宋元明遞修本
盤洲文集八十卷行狀一卷拾遺一卷 集/第 248 冊
（宋）洪适撰
宋刻本
信天巢遺稿一卷 集/第 248 冊
（宋）高翥撰（清）高士奇輯
清康熙二十六年高士奇刻本
林湖遺稿一卷 集/第 248 冊
（宋）高鵬飛撰
清康熙二十六年高士奇刻本
江邨遺稿一卷 集/第 248 冊
（宋）高選 高邁等撰（清）高士奇輯
清康熙二十六年高士奇刻本
疏寮小集一卷 集/第 248 冊
（宋）高似孫撰
清康熙二十六年高士奇刻本
葦碧軒詩集四卷 集/第 248 冊
（宋）翁卷撰
明萬曆四十三年潘是仁刻宋元詩四十二種本
西山先生真文忠公文集五十一卷目錄二卷 集/第 249 冊
（宋）真德秀撰
明正德十五年張文麟黃鞏刻本
履齋先生遺集四卷吳許公列傳一卷 集/第 250 冊
（宋）吳潛撰
明吳伯敬刻本（四庫底本）
後村居士集五十卷目錄二卷 集/第 250 冊
（宋）劉克莊撰
宋刻本
雪窻先生文集二卷附錄一卷 集/第 250 冊
（宋）孫夢觀撰
清初鈔本
佩韋齋文集二十卷 集/第 251 冊
（宋）俞德鄰撰
元皇慶刻本
馮秋水先生評定存雅堂遺稿十三卷 集/第 251 冊
（宋）方鳳撰（清）張燧輯
清順治十一年方如璋等刻雍正二年養正書院補刻本
宋方節義先生遺集補刻一卷 集/第 251 冊
（宋）方鳳撰（清）吳焯輯
清順治十一年方如璋等刻雍正二年養正書院補刻本
宋高士方韶父先生遺集補刻一卷 集/第 251 冊
（宋）方鳳撰（清）曾安世輯
清順治十一年方如璋等刻雍正二年養正書院補刻本
九華詩集一卷附釋希坦詩一卷 集/第 251 冊
（宋）陳巖撰
清鈔本
寧極齋稿一卷 集/第 251 冊
（宋）陳深撰
清初鈔本（四庫底本）
慎獨叟遺稿一卷 集/第 251 冊
（元）陳植撰
清初鈔本（四庫底本）
方叔淵先生遺稿一卷 集/第 251 冊
（元）方瀾撰
清初鈔本（四庫底本）
仁山金先生文集四卷附錄一卷 集/第 251 冊
（宋）金履祥撰（清）金弘勳校輯
清雍正三年春暉堂刻本
滹南遺老王先生文集四十五卷續編詩一卷 集/第 251 冊
（金）王若虛撰
明祁氏淡生堂鈔本
藏春詩集六卷 集/第 252 冊
（元）劉秉忠撰
明刻本
虛谷桐江續集四十八卷 集/第 252 冊
（元）方回撰
清初小山堂鈔本

（明）陶宗儀撰
明崇禎十一年海虞毛氏汲古閣刻元人十種詩本
望雲集五卷 集/第261冊
（明）郭奎撰
清金氏文瑞樓鈔本
李草閣詩集六卷拾遺一卷文集一卷 集/第261冊
（明）李曄撰
清鈔本
筠谷詩集一卷 集/第261冊
（明）李轅撰
明崇禎二年蕭基刻本
春草齋文集六卷詩集五卷 集/第261冊
（明）烏斯道撰
明崇禎二年蕭基刻本
名公讚春草集歌詠一卷 集/第261冊
（明）烏獻明輯
明崇禎二年蕭基刻本
耕學齋詩集十二卷 集/第261冊
（明）袁華撰
明鈔本
畦樂先生詩集一卷附錄一卷 集/第261冊
（明）梁蘭撰
清初刻本
竹齋詩集三卷續集一卷附錄一卷 集/第261冊
（明）王冕撰
清初鈔本
練中丞金川集二卷 集/第262冊
（明）練子寧撰
清康熙二年高檠刻本
遺事錄一卷 集/第262冊
（明）練子寧撰
清康熙二年高檠刻本
解學士先生集三十一卷 集/第262冊
（明）解縉撰
明天順元年黃諫刻本
虛舟集五卷 集/第262冊
（明）王偁撰
明弘治六年王俊刻嘉靖元年陳墀鄭銘重修本
文清公薛先生文集二十四卷 集/第262冊
（明）薛瑄撰 張鼎輯
明萬曆四十二年薛士弘刻本
兩谿文集二十四卷 集/第263冊
（明）劉球撰
明成化六年劉鉞等刻本
蘭庭集不分卷 集/第263冊
（明）謝晉撰
清康熙十六年鈔本
古穰文集三十卷 集/第263冊
（明）李賢撰
明成化十年李璋刻本
瓊臺詩文會稿重編二十四卷 集/第264冊
（明）丘濬撰
明天啟丘爾穀刻本
東園鄭先生文集續編十三卷附錄一卷 集/第265冊
（明）鄭紀撰
明刻本
懷麓堂集一百卷 集/第265－266冊
（明）李東陽撰
清康熙二十年廖方達刻本
一峰先生文集十四卷 集/第267冊
（明）羅倫撰
明嘉靖二十八年張言刻本
未軒公文集十二卷補遺二卷附錄一卷 集/第267冊
（明）黃仲昭撰
明嘉靖三十四年黃希白刻清雍正十三年黃邁琮增修本
醫閭先生集九卷附錄一卷 集/第267冊
（明）賀欽撰
明嘉靖二十三年齊宗道刻本（四庫底本）
匏翁家藏集七十七卷補遺一卷 集/第268冊
（明）吳寬撰
明正德三年吳奭刻本
見素集二十八卷奏議七卷素翁續集十二卷 集/第269冊
（明）林俊撰
明萬曆十三年林及祖林大黼刻本
虛齋蔡先生文集五卷 集/第269冊
（明）蔡清撰
明正德十六年葛志貞刻本
懷星堂全集三十卷 集/第270冊
（明）祝允明撰
明萬曆三十九年陳以聞刻本
整庵先生存稿二十卷 集/第270冊
（明）羅欽順撰
明嘉靖刻本
王文成公全書三十八卷 集/第271－272冊
（明）王守仁撰
明隆慶六年謝廷傑刻本
杭雙溪先生詩集八卷 集/第273冊
（明）杭淮撰
明嘉靖杭洵刻本
康對山先生集四十六卷 集/第273冊
（明）康海撰
明萬曆十年潘允哲刻本
何大復先生集三十八卷附錄一卷 集/第274冊
（明）何景明撰
明萬曆五年陳堂胡秉性刻本
洹詞十二卷 集/第274冊
（明）崔銑撰
明趙府味經堂刻本
莊渠先生遺書十二卷 集/第275冊
（明）魏校撰
明嘉靖四十年王道行刻本（四庫底本）
苑洛集二十二卷 集/第275冊
（明）韓邦奇撰
明嘉靖三十一年刻本
薛考功集十卷附一卷 集/第276冊
（明）薛蕙撰
明鈔本
泰泉集十卷 集/第276冊
（明）黃佐撰
明嘉靖二十一年李時行刻本（四庫底本）
西村詩集二卷補遺一卷 集/第276冊
（明）朱朴撰
明嘉靖三十一年自刻萬曆二十九年朱紱續刻本
天馬山房遺稿八卷 集/第276冊
（明）朱浀撰
明隆慶三年張秉鐸刻遞修本
蘇門集八卷 集/第276冊
（明）高叔嗣撰
明萬曆四十一年馬之駿刻本
愚谷集十卷 集/第276冊
（明）李舜臣撰
明隆慶刻本
陸子餘集八卷附錄一卷 集/第277冊
（明）陸粲撰

明崇禎虞山毛氏汲古閣刻津逮秘書本
楊誠齋詩話一卷　集/第331冊
(宋)楊萬里撰
清初鈔本
詩人玉屑二十卷　集/第331冊
(宋)魏慶之輯
元刻本
後村詩話十四卷　集/第331冊
(宋)劉克莊撰
明鈔本
寶顏堂訂正荊溪林下偶談四卷　集/第331冊
(宋)吳子良撰
明萬曆繡水沈氏刻寶顏堂秘笈本
杜工部草堂詩話二卷　集/第331冊
(宋)蔡夢弼輯
元刻本
修辭鑑衡二卷　集/第331冊
(元)王構輯
元至順四年集慶路儒學刻本
作義要訣一卷　集/第331冊
(元)倪士毅撰
元刻本
墓銘舉例四卷　集/第331冊
(明)王行撰
清乾隆二十年盧氏雅雨堂刻金石三例本
麓堂詩話一卷　集/第331冊
(明)李東陽撰
清乾隆道光間長塘鮑氏刻知不足齋叢書本
頤山詩話一卷　集/第332冊
(明)安磐撰
明鈔本
詩話補遺三卷　集/第332冊
(明)楊慎撰
明嘉靖三十五年曹命刻本(四庫底本)
秇圃擷餘一卷　集/第332冊
(明)王世懋撰
明刻廣百川學海本
唐音癸籤三十三卷　集/第332冊
(明)胡震亨撰
明末刻本
金石要例一卷　集/第332冊
(清)黄宗羲撰
清乾隆二十年盧氏雅雨堂刻金石三例本
漁洋詩話三卷　集/第332冊
(清)王士禛撰
清乾隆十三年刻本
師友詩傳錄一卷　集/第332冊
(清)郎廷槐輯
清初鈔本(四庫底本)
師友詩續錄一卷　集/第332冊
(清)劉大勤輯
清初鈔本(四庫底本)
聲調前譜一卷後譜一卷續譜一卷　集/第332冊
(清)趙執信撰
清乾隆刻飴山全集本
談龍錄一卷　集/第332冊
(清)趙執信撰
清乾隆刻飴山全集本
五代詩話十卷　集/第332冊
(清)王士禛輯 鄭方坤刪補
清乾隆十九年杞菊軒刻本
珂雪詞二卷補遺一卷　集/第333冊
(清)曹貞吉撰
清康熙刻本
花間集十卷　集/第333冊
(後蜀)趙崇祚輯
宋刻遞修公文紙印本
尊前集二卷　集/第333冊
明末毛氏汲古閣刻詞苑英華本
梅苑十卷　集/第333冊
(宋)黄大輿輯
清康熙四十五年曹寅揚州使院刻楝亭十二種本
樂府雅詞三卷拾遺二卷　集/第333冊
(宋)曾慥輯
清鈔本
唐宋諸賢絕妙詞選十卷　集/第333冊
(宋)黄昇輯
明萬曆四十二年秦堣刻本
中興以來絕妙詞選十卷　集/第333冊
(宋)黄昇輯
宋淳祐九年劉誠甫刻本
類編草堂詩餘四卷　集/第333冊
(明)武陵逸史輯 崑石山人校
明陳長卿刻本
國朝名家詩餘四十卷　集/第334冊
(清)孫默輯
清康熙孫氏留松阁刻本
離騷草木疏四卷　集/第335冊
(宋)吳仁傑撰
宋慶元六年羅田縣庠刻本
孔少府集二卷附錄一卷　集/第335冊
(漢)孔融撰
明天啟崇禎間刻七十二家集本
織錦迴文詩一卷　集/第335冊
(前秦)蘇蕙撰 (明)釋起宗道人分讀 康萬民等增讀
清初沈華刻本
寒山詩一卷　集/第335冊
(唐)釋寒山子撰
宋刻本
豐干拾得詩一卷　集/第335冊
(唐)釋豐干 釋拾得撰
宋刻本
李北海集六卷附錄一卷　集/第335冊
(唐)李邕撰
明崇禎十三年曹荃刻本
分類補註李太白詩二十五卷　集/第335冊
(唐)李白撰 (宋)楊齊賢集註 (元)蕭士贇補註
明嘉靖二十二年郭雲鵬寶善堂刻本
分類編次李太白文五卷　集/第335冊
(唐)李白撰
明嘉靖二十二年郭雲鵬寶善堂刻本
黄氏補千家註紀年杜工部詩史三十六卷　集/第336冊
(唐)杜甫撰 (宋)黄希 黄鶴補註
元至元二十四年詹光祖月崖書堂刻本
杜工部年譜辨疑一卷　集/第336冊
(宋)黄鶴撰
元至元二十四年詹光祖月崖書堂刻本
集註杜工部詩姓氏一卷傳序碑銘一卷　集/第336冊
(宋)黄鶴撰
元至元二十四年詹光祖月崖書堂刻本
昌黎先生集考異十卷　集/第336冊
(宋)朱熹撰
宋紹定二年張洽刻本
韓集點勘四卷　集/第337冊
(清)陳景雲撰
清乾隆十九年陳黄中樸茂齋刻文道十書本
五百家註音辯唐柳先生文集四十五卷　集/第337冊
(唐)柳宗元撰 (宋)童宗說 韓醇等

註釋 魏仲舉輯
宋刻本
孟東野詩集十卷 集/第 337 冊
(唐)孟郊撰
宋刻本
王建詩集十卷 集/第 337 冊
(唐)王建撰
宋臨安府陳解元宅刻本(卷二至三六至十配清鈔本)
重刊校正笠澤叢書四卷補遺詩一卷續補遺一卷 集/第 337 冊
(唐)陸龜蒙撰
清初顧氏碧筠艸堂刻本
司空表聖文集十卷 集/第 337 冊
(唐)司空圖撰
宋刻本
唐黃先生文集八卷附錄一卷 集/第 337 冊
(唐)黃滔撰
明萬曆三十四年葉向高等刻本
廣成集十二卷 集/第 338 冊
(前蜀)杜光庭撰
明鈔本
乖崖先生文集十二卷附錄一卷 集/第 338 冊
(宋)張詠撰
宋咸淳五年伊賡崇陽縣齋刻本(卷七至十二附錄配明賜書樓鈔本)
范文正公集二十卷別集四卷尺牘三卷 集/第 338 冊
(宋)范仲淹撰
元天曆至正間褒賢世家家塾歲寒堂刻本
范文正公遺文一卷 集/第 338 冊
(宋)范純仁 范純粹撰
元天曆至正間褒賢世家家塾歲寒堂刻本
范文正公年譜一卷 集/第 338 冊
(宋)樓鑰撰
元天曆至正間褒賢世家家塾歲寒堂刻本
范文正公年譜補遺一卷祭文一卷諸賢贊頌論疏一卷論頌一卷詩頌一卷朝廷優崇一卷言行拾遺事錄四卷鄱陽遺事錄一卷遺跡一卷褒賢祠記二卷義莊規矩一卷 集/第 338 冊
(宋)范純仁 范純粹撰
元天曆至正間褒賢世家家塾歲寒堂刻本
慶元府雪竇明覺大師祖英集二卷 集/第 338 冊
(宋)釋重顯撰
宋刻本
瀑泉集一卷 集/第 338 冊
(宋)釋允誠輯
宋刻本
雪竇顯和尚明覺大師頌古集一卷 集/第 338 冊
(宋)釋遠塵輯
宋刻本
雪竇和尚拈古一卷 集/第 338 冊
(宋)釋遠塵輯
宋刻本
金氏文集二卷 集/第 339 冊
(宋)金君卿撰
清乾隆翰林院四庫館臣輯永樂大典鈔本(四庫底本)
陶邕州小集一卷陶弼商翁詩一卷 集/第 339 冊
(宋)陶弼撰
清鈔本
元公周先生濂溪集十二卷年表一卷 集/第 339 冊
(宋)周敦頤撰
宋刻本
節孝先生文集三十卷 集/第 339 冊
(宋)徐積撰
元刻明修本
節孝先生事實一卷本朝名臣言行錄一卷皇朝東都事略卓行傳序一卷諸君子帖一卷 集/第 339 冊
(宋)徐積撰
元刻明修本
歐陽先生文粹二十卷 集/第 340 冊
(宋)歐陽修撰 陳亮輯
明嘉靖二十六年郭雲鵬寶善堂刻本(四庫底本)
嘉祐集十五卷 集/第 340 冊
(宋)蘇洵撰
宋刻本
后山詩註十二卷 集/第 340 冊
(宋)陳師道撰 任淵註
元刻本(卷一配日本鈔本)
雲巢編十卷附錄一卷 集/第 340 冊
(宋)沈遼撰
明刻沈氏三先生文集本
北湖集五卷 集/第 340 冊
(宋)吳則禮撰
清乾隆翰林院四庫館臣輯永樂大典鈔本(四庫底本)
謝幼槃文集十卷 集/第 341 冊
(宋)謝薖撰
宋刻本
鄱陽集四卷 集/第 341 冊
(宋)洪皓撰
清乾隆翰林院四庫館臣輯永樂大典鈔本(四庫底本)
韋齋集十二卷 集/第 341 冊
(宋)朱松撰
明弘治十六年鄺璠刻本
玉瀾集一卷 集/第 341 冊
(宋)朱槔撰
明弘治十六年鄺璠刻本
屏山集二十卷 集/第 341 冊
(宋)劉子翬撰
明正德七年劉澤刻本
李學士新註孫尚書内簡尺牘十六卷 集/第 341 冊
(宋)孫覿撰 李祖堯註
宋蔡氏家塾刻本
撙齋先生緣督集十二卷 集/第 341 冊
(宋)曾丰撰 (明)曾自明輯
明萬曆十一年詹事講刻本
豫章羅先生文集十七卷 集/第 342 冊
(宋)羅從彥撰
元至正二十五年豫章書院刻本(卷四至六 八至十一配清鈔本)
豫章羅先生年譜一卷 集/第 342 冊
(元)曹道振撰
元至正二十五年豫章書院刻本(卷四至六 八至十一配清鈔本)
雙溪集十六卷欒城遺言一卷 集/第 342 冊
(宋)蘇籀撰
清初鈔本
鄭忠愍公北山文集三十卷首一卷末四卷 集/第 342 冊
(宋)鄭剛中撰
清康熙三十四年鄭弘能刻本
唯室集四卷附錄一卷 集/第 343 冊
(宋)陳長方撰

清乾隆翰林院四庫館臣輯永樂大典鈔本(四庫底本)
鄭忠肅公奏議遺集一卷 集/第343冊
(宋)鄭興裔撰
清康熙刻鄭氏六名家集本
鄭忠肅公年譜一卷 集/第343冊
(宋)鄭竦撰
清康熙刻鄭氏六名家集本
東萊呂太史文集十五卷別集十六卷外集五卷附錄三卷附錄拾遺一卷 集/第343冊
(宋)呂祖謙撰
宋嘉泰四年呂喬年刻元明遞修本
梅溪先生廷試策一卷奏議四卷文集二十卷後集二十九卷附錄一卷 集/第344冊
(宋)王十朋撰
明正統五年劉謙等刻天順六年重修本(四庫底本)
義豐文集一卷 集/第344冊
(宋)王阮撰
宋淳祐三年王旦刻本
渭南文集五十卷 集/第345冊
(宋)陸游撰
明弘治十五年錫山華珵銅活字本
客亭類稿□卷 集/第345冊
(宋)揚冠卿撰
宋刻本
陳克齋先生集十七卷 集/第346冊
(宋)陳文蔚撰
明崇禎十六年張時雨等刻清康熙四十四年陳銓補修本
平齋文集三十二卷目錄二卷 集/第346冊
(宋)洪咨夔撰
宋刻本(目錄卷一至十 十五至十八 二十三至三十二配清影宋鈔本)
陵陽先生集二十四卷 集/第347冊
(宋)牟巘撰
清初鈔本
張文忠公文集二十八卷附錄一卷 集/第347冊
(元)張養浩撰
元至正十四年刻本
野趣有聲畫二卷 集/第347冊
(元)楊公遠撰
清康熙三十二年楊表臣知白亭刻本

玉斗山人文集三卷附錄一卷 集/第347冊
(元)王奕撰 (明)陳中州輯
清初鈔本(四庫進呈本)
順齋先生閑居叢稿二十六卷附錄一卷 集/第348冊
(元)蒲道源撰
元至正十年刻本
所安遺集一卷 集/第348冊
(元)陳泰撰
清初鈔本
積齋集五卷 集/第348冊
(元)程端學撰
清乾隆翰林院四庫館臣輯永樂大典鈔本(四庫底本)
杏庭摘稿一卷 集/第348冊
(元)洪焱祖撰
清初鈔本
羽庭集六卷 集/第348冊
(元)劉仁本撰
清乾隆翰林院四庫館臣輯永樂大典鈔本(四庫底本)
玉笥集不分卷 集/第348冊
(元)張憲撰 吳怡註 楊維禎評
明弘治五年王術刻本
不繫舟漁集十五卷附錄一卷 集/第349冊
(元)陳高撰
清鈔本(四庫進呈本)
覆瓿集七卷附錄一卷 集/第349冊
(明)朱同撰
明萬曆四十四年歙邑朱氏刻本
胡仲子集十卷 集/第349冊
(明)胡翰撰
清初鈔本
白石山房逸稿二卷附錄一卷 集/第349冊
(明)張丁撰
清初鈔本
趙敄古先生遺集六卷首一卷續集一卷 集/第349冊
(明)趙撝謙撰
清乾隆三十八年銘西堂刻四十年增刻本
草澤狂歌五卷 集/第349冊
(明)王恭撰
清鈔本

楊文敏公集二十五卷附錄一卷 集/第350冊
(明)楊榮撰
明正德十年刻本(四庫底本)
倪文僖公集三十二卷 集/第350冊
(明)倪謙撰
明弘治六年倪岳刻本
彭惠安公文集十卷附錄一卷 集/第351冊
(明)彭韶撰
明萬曆彭繼美刻本
方洲張先生文集四十卷 集/第351冊
(明)張寧撰
明弘治五年許清刻本
古城文集六卷補遺一卷首一卷 集/第352冊
(明)張吉撰
清康熙三十年楊榆刻四十九年增修本
熊峰先生詩集七卷文集三卷 集/第352冊
(明)石珤撰
清康熙九年孫光刻本(四庫底本)
小鳴稿十卷 集/第352冊
(明)朱誠泳撰
明弘治十一年秦藩刻本(四庫底本)
方簡肅公文集十卷附錄一卷 集/第353冊
(明)方良永撰
明萬曆八年方攸績刻本(四庫底本)
浮湘稿四卷山中集四卷憑几集五卷續集二卷息園存稿十四卷又九卷緩慟集一卷 集/第353冊
(明)顧璘撰
明嘉靖吳郡沈氏繁露堂刻本
皇甫司勳集六十卷 集/第354冊
(明)皇甫汸撰
明萬曆刻本
張莊僖文集六卷 集/第354冊
(明)張永明撰
明萬曆三十七年張氏家刻重修本(四庫底本)
仰節堂集十四卷 集/第355冊
(明)曹于汴撰
明天啟刻清康熙乾隆補修本(四庫底本)
劉蕺山先生集十種二十四卷首一卷 集/第355冊

(明)劉宗周撰
清乾隆十七年證人堂刻本
白谷山人詩鈔二卷 集/第 356 冊
(明)孫傳庭撰
清康熙四十二年刻後印本
倪文貞公文集十七卷續編三卷奏疏十二卷講編四卷詩集二卷首一卷 集/第 356 冊
(明)倪元璐撰
清乾隆三十七年倪安世刻本(四庫底本)
茅簷集八卷 集/第 356 冊
(明)魏學洢撰
明崇禎刻本
范忠貞公集十卷 集/第 357 冊
(清)范承謨撰
清康熙刻本
堯峰文鈔五十卷 集/第 357 冊
(清)汪琬撰
清康熙三十二年林佶寫刻本
松桂堂全集三十七卷南浤集三卷延露詞三卷 集/第 358 冊
(清)彭孫遹撰
清乾隆八年彭景曾等刻本
陳檢討集二十卷 集/第 358 冊
(清)陳維崧撰 程師恭註
清康熙刻本
蓮洋詩鈔十卷附錄一卷 集/第 359 冊
(清)吳雯撰
清乾隆二十九年孫謂刻本
三魚堂文集十二卷附一卷外集六卷 集/第 359 冊
(清)陸隴其撰
清康熙四十年刻本
崇祀錄一卷 集/第 359 冊
清康熙四十年刻本
二希堂文集十一卷首一卷 集/第 359 冊
(清)蔡世遠撰
清雍正十年刻本
新刊諸儒批點古文集成前集七十八卷存七十六卷(甲集六卷乙集八卷丙集七卷丁集九卷戊集八卷己集八卷庚集卷一至六辛集七卷壬集八卷癸集九卷) 集/第 360 冊
(宋)王霆震輯
宋刻本(甲集卷六乙集卷一丁集卷九配清鈔本)(四庫底本)

疊山先生批點文章軌範七卷 集/第 360 冊
(宋)謝枋得輯
元刻本
月泉吟社一卷 集/第 360 冊
(宋)吳渭輯
明天啟崇禎間海虞毛氏汲古閣刻詩詞雜俎本
圭塘欸乃集不分卷 集/第 360 冊
(元)許有壬等撰
清初曹氏倦圃鈔本
皇元風雅六卷皇元風雅後集六卷 集/第 360 冊
(元)傅習 孫存吾輯
元李氏建安書堂刻本
四庫家藏
首都師範大學文獻研究所編著
二〇〇四年濟南山東畫報出版社
一五〇冊
四庫全書總目
(清)永瑢等
二〇〇八年北京中華書局
二冊
續修四庫全書總目提要經部
中國科學院圖書館整理
一九九三年北京中華書局
二冊
續修四庫全書總目提要·叢書部
吳格 眭駿整理
二〇一〇年北京國家圖書館出版社
一冊
續修四庫全書總目提要(稿本)附索引
中國科學院圖書館
一九九六年江蘇齊魯書社
三十八冊
四庫存目標注(附索引)
杜澤遜 程遠芳編索引
二〇〇七年上海古籍出版社
八冊
四庫提要訂誤(增訂本)
李裕民
二〇〇五年北京中華書局
一冊
四部叢刊書錄·四部備要書目提要
孫毓修 陸費逵等
二〇一〇年北京國家圖書館出版社
五冊一函

文淵閣四庫全書補遺
楊訥 李曉明
一九九七年北京圖書館出版社
十五冊
續修四庫全書經部選目
續修四庫全書編纂委員會
一九九五年
一冊
續修四庫全書史部選目
續修四庫全書編纂委員會
一九九六年
一冊
續修四庫全書集部選目
續修四庫全書編纂委員會
一九九九年
一冊
增訂四庫簡明目錄·標注
邵懿辰撰 邵章續錄
一九五九年上海古籍出版社
一冊

三、中華再造善本

ZZ(0002 -0806)
中華再造善本
北京圖書館出版社影印本
唐宋編
經部
易類
周易九卷略例一卷 ZZ/0002
(魏)王弼 (晉)韓康伯注 (唐)陸德明釋文 (唐)邢璹注略例
宋刻本
周易注疏十三卷 ZZ/0003
(魏)王弼 (晉)韓康伯注 (唐)孔穎達疏
宋兩浙東路茶鹽司刻宋元遞修本(序、表、卷一配清陳氏士鄉堂抄本)
周易正義十四卷 ZZ/0004
(唐)孔穎達撰
宋刻遞修本
周易要義十卷 ZZ/0005
(宋)魏了翁撰
宋淳祐十二年魏克愚刻本
周易本義十二卷易圖一卷五贊一卷筮儀一卷 ZZ/0006
(宋)朱熹撰

宋咸淳元年吳革刻本
張先生校正楊寶學易傳二十卷 ZZ/0007
(宋)楊萬里撰 (宋)張敬之校正
宋刻本
大易粹言十二卷 ZZ/0008
(宋)曾穜輯
宋淳熙三年舒州公使庫刻本
童溪王先生易傳三十卷 ZZ/0009
(宋)王宗傳撰
宋開禧元年建安劉日新宅三桂堂刻本
大易集義六十四卷 ZZ/0010
(宋)魏了翁輯
宋刻本(卷六至十、卷二十四至二十六配清抄本)
古三墳書三卷 ZZ/0011
宋紹興十七年婺州州學刻本

書類

尚書十三卷 ZZ/0012
題(漢)孔安國傳
宋刻本
尚書正義二十卷 ZZ/0013
(唐)孔穎達撰
宋兩浙東路茶鹽司刻本(卷七至八、卷十九至二十配日本影宋抄本)
朱文公訂正門人蔡九峰書集傳六卷書傳問答一卷 ZZ/0014
(宋)蔡沈撰
宋淳祐十年呂遇龍上饒郡學刻本
禹貢論二卷後論一卷山川地理圖二卷 ZZ/0015
(宋)程大昌撰
宋淳熙八年泉州州學刻本
杏溪傅氏禹貢集解二卷 ZZ/0016
(宋)傅寅撰
宋刻元修本

詩類

毛詩詁訓傳二十卷 ZZ/0017
(漢)毛萇傳 (漢)鄭玄箋 (唐)陸德明釋文
宋刻本
監本纂圖重言重意互注點校毛詩二十卷圖譜一卷 ZZ/0018
(漢)毛萇傳 (漢)鄭玄箋 (唐)陸德明釋文
宋刻本(卷五至七配清黃氏士禮居影宋抄本)
詩集傳二十卷 ZZ/0019
(宋)朱熹撰
宋刻本
詩集傳二十卷 ZZ/0020
(宋)蘇轍撰
宋淳熙七年蘇詡筠州公使庫刻本
呂氏家塾讀詩記三十二卷 ZZ/0021
(宋)呂祖謙撰
宋淳熙九年江西漕台刻本
詩說十二卷總說一卷 ZZ/0022
(宋)劉克撰
宋刻本

禮類

周禮十二卷 ZZ/0023
(漢)鄭玄注
宋婺州市門巷唐宅刻本(勞健抄補幷跋)
京本點校附音重言重意互注周禮十二卷 ZZ/0024
(漢)鄭玄注
宋刻本
周禮十二卷 ZZ/0025
(漢)鄭玄注 (唐)陸德明釋文
宋刻本
纂圖互注周禮十二卷圖說一卷 ZZ/0026
(漢)鄭玄注 (唐)陸德明釋文
宋刻本
周禮疏五十卷 ZZ/0027
(唐)賈公彥等撰
宋兩浙東路茶鹽司刻宋元遞修本
儀禮要義五十卷 ZZ/0029
(宋)魏了翁撰
宋淳祐十二年魏克愚刻本(目錄、卷一至六、卷二十五至二十八、卷四十一至四十三配清抄本)
禮記二十卷釋文四卷 ZZ/0030
(漢)鄭玄注 (唐)陸德明撰釋文
宋淳熙四年撫州公使庫刻本
禮記二十卷 ZZ/0031
(漢)鄭玄注 (唐)陸德明音義
宋余仁仲萬卷堂家塾刻本
纂圖互注禮記二十卷 ZZ/0033
(漢)鄭玄注 (唐)陸德明音義
宋刻本
禮記正義七十卷 ZZ/0035
(唐)孔穎達撰
宋紹熙三年兩浙東路茶鹽司刻宋元遞修本
禮記釋文四卷 ZZ/0036
(唐)陸德明撰
宋淳熙四年撫州公使庫刻本
禮記要義三十三卷 ZZ/0037
(宋)魏了翁撰
宋淳祐十二年魏克愚刻本
禮記集說一百六十卷統說一卷 ZZ/0038
(宋)衛湜撰
宋嘉熙四年新定郡齋刻本(卷三十四至四十、九十三至九十五、一百至一百六配清抄本)
儀禮經傳通解三十七卷 ZZ/0039
(宋)朱熹撰
宋嘉定十年南康道院刻元明遞修本年(卷八至十、卷二十三配明抄本)
新定三禮圖二十卷 ZZ/0040
(宋)聶崇義集注
宋淳熙二年鎮江府學刻公文紙印本
家禮五卷附錄一卷 ZZ/0041
題(宋)朱熹撰
宋刻本(卷一至三配清影宋抄本)

春秋類

公羊春秋不分卷穀梁春秋不分卷 ZZ/0042
(唐)陸德明音釋
宋刻本
春秋經傳集解三十卷 ZZ/0043
(晉)杜預撰 (唐)陸德明釋文
宋刻本
纂圖互注春秋經傳集解三十卷 ZZ/0044
(晉)杜預撰 (唐)陸德明釋文
宋龍山書院刻本
春秋名號歸一圖二卷 ZZ/0044
(蜀)馮繼先撰
宋龍山書院刻本
東萊先生呂成公點句春秋經傳集解三十卷 ZZ/0045
(晉)杜預撰 (唐)陸德明釋文
宋刻本
春秋左傳正義三十六卷 ZZ/0046
(唐)孔穎達撰
宋慶元六年紹興府刻宋元遞修本
春秋公羊疏三十卷 ZZ/0047
(唐)徐彥撰
宋刻元修本
春秋公羊經傳解詁十二卷釋文一卷 ZZ/0048

（漢）何休撰（唐）陸德明撰釋文
宋淳熙撫州公使庫刻紹熙四年重修本
春秋公羊經傳解詁十二卷 ZZ/0049
（漢）何休撰（唐）陸德明音義
宋紹熙二年余仁仲萬卷堂刻本
監本附音春秋谷梁注疏二十卷 ZZ/0050
（晋）范寧（唐）楊士勛撰
宋刻元修本
春秋名號歸一圖二卷春秋二十國年表一卷春秋圖說一卷 ZZ/0051
（蜀）馮繼先撰
宋刻本
春秋意林二卷 ZZ/0052
（宋）劉敞撰
宋刻本
西疇居士春秋本例二十卷 ZZ/0053
（宋）崔子方撰
宋刻本
春秋傳三十卷 ZZ/0054
（宋）胡安國撰
宋乾道四年刻慶元五年黄汝嘉重修本
春秋集注十一卷綱領一卷 ZZ/0055
（宋）張洽撰
宋寶祐三年臨江郡庠刻本
春秋集注十一卷綱領一卷 ZZ/0056
（宋）張洽撰
宋德祐元年衛宗武華亭義塾刻本
春秋繁露十七卷 ZZ/0057
（漢）董仲舒撰
宋嘉定四年江右計台刻本
春秋五禮例宗十卷 ZZ/0058
（宋）張大亨撰
宋刻本

四書類

監本纂圖重言重意互注論語二卷 ZZ/0059
（魏）何晏集解
宋劉氏天香書院刻本
論語集說十卷 ZZ/0060
（宋）蔡節撰
宋淳祐六年湖頖刻本
孟子或問纂要一卷 ZZ/0061
（宋）朱熹撰
宋刻本
中庸輯略二卷 ZZ/0062
（宋）石𡍼輯（宋）朱熹刪定
宋刻本
四書章句集注二十八卷 ZZ/0063
（宋）朱熹撰
宋嘉定十年當塗郡齋刻嘉熙四年淳祐八年十二年遞修本
論語集注十卷序說一卷 ZZ/0063
孟子集注十四卷序說一卷 ZZ/0063
大學章句一卷 ZZ/0063
中庸章句一卷 ZZ/0063
經典釋文三十卷 ZZ/0064
（唐）陸德明撰
宋刻宋元遞修本

小學類

爾雅三卷音釋三卷 ZZ/0065
（晋）郭璞注
宋刻本
爾雅疏十卷 ZZ/0066
（宋）邢昺撰
宋刻宋元明初遞修公文紙印本
輶軒使者絕代語釋別國方言十三卷 ZZ/0067
（漢）揚雄撰（晋）郭璞注
宋慶元六年尋陽郡齋刻本
群經音辨七卷 ZZ/0068
（宋）賈昌朝撰
宋紹興九年臨安府學刻宋元遞修本
說文解字十五卷 ZZ/0069
（漢）許慎撰
宋刻元修本
新集古文四聲韻五卷 ZZ/0070
（宋）夏竦撰
宋刻本（卷一配清抄本）
隸韻十卷 ZZ/0071
（宋）劉球撰
宋拓本
隸韻十卷碑目一卷 ZZ/0071－1
（宋）劉球撰
宋拓本
龍龕手鑒四卷 ZZ/0072
（遼）釋行均撰
宋刻本（卷二配清初毛氏汲古閣影宋抄本）
廣韻五卷 ZZ/0073
（宋）陳彭年等撰
宋刻本
鉅宋廣韻五卷 ZZ/0074
（宋）陳彭年等撰
宋乾道五年建寧府黄三八郎刻本（卷四配元刻本）
集韻十卷 ZZ/0075
（宋）丁度等撰
宋刻本
切韻指掌圖一卷 ZZ/0076
題（宋）司馬光撰
宋紹定三年越州讀書堂刻本
韻補五卷 ZZ/0077
（宋）吴棫撰
宋刻本
釋文互注禮部韻略五卷韻略條式一卷 ZZ/0078
宋紹定三年藏書閣刻本
紫雲先生增修校正押韻釋疑五卷 ZZ/0079
（宋）歐陽德隆撰（宋）郭守正增修
宋刻本
漢上易傳十一卷漢上先生履歷一卷 ZZ/0080
（宋）朱震撰
清初毛氏汲古閣影宋抄本
押韻釋疑五卷拾遺一卷 ZZ/0081
（宋）歐陽德隆撰
宋嘉熙三年禾興郡齋刻本

史部

史記一百三十卷 ZZ/0082
（漢）司馬遷撰（劉宋）裴駰集解（唐）司馬貞索隱
宋乾道七年蔡夢弼東塾刻本（卷四十三配清光緒元年楊保彝影宋抄本）
史記一百三十卷 ZZ/0083
（漢）司馬遷撰（劉宋）裴駰集解（唐）司馬貞索隱
宋淳熙三年張杅桐川郡齋刻八年耿秉重修本
史記一百三十卷 ZZ/0084
（漢）司馬遷撰（南朝宋）裴駰集解（唐）司馬貞索隱（唐）張守節正義
宋黄善夫家塾刻本
漢書一百卷 ZZ/0085
（漢）班固撰（唐）顔師古集注
北宋刻遞修本（卷三十配宋慶元元年劉元起刻本，卷三十九配宋蔡琪刻本）
漢書一百卷 ZZ/0086
（漢）班固撰（唐）顔師古集注
宋慶元元年劉元起刻本
漢書一百卷 ZZ/0087

(漢)班固撰 (唐)顔師古集注
宋蔡琪家塾刻本(卷二十九、四十五至四十七、五十六至五十七上、八十六、八十八、九十九配另一宋刻本)
漢書一百卷 ZZ/0088
(漢)班固撰 (唐)顔師古集注
宋嘉定十七年白鷺洲書院刻本(卷七十八至八十一配明影宋刻本)
後漢書九十卷志三十卷 ZZ/0089
(劉宋)范曄撰 (唐)李賢注 (晉)司馬彪撰 (梁)劉昭注志
北宋刻遞修本年(目錄、卷一、卷七十至七十二、志卷廿一至廿二配清初抄本,卷四十五至四十七、卷六十四至六十六、卷六十八至六十九、卷七十八至八十三、志卷三十配宋刻元修本)
後漢書九十卷志三十卷 ZZ/0090
(劉宋)范曄撰 (唐)李賢注 (晉)司馬彪撰 (梁)劉昭注志
北宋刻遞修本(卷十六、卷十八至十九、卷二十五至二十六、卷三十二、卷三十五至三十九、卷六十一至六十三、卷六十六至六十九、卷七十三、卷七十九、志卷二十二、二十四至三十配宋黄善夫刻本。目錄、卷一至二、卷十下、卷十七、卷二十至二十四、卷二十七至三十、卷三十三至三十四、卷四十至四十八、卷五十至五十七、卷六十、卷七十四下至七十八、卷八十一至八十四、卷八十九至九十、志卷一至二、卷十至二十、卷二十三配宋嘉定元年蔡琪一經堂刻本)
後漢書九十卷志三十卷 ZZ/0091
(劉宋)范曄撰 (唐)李賢注 (晉)司馬彪撰 (梁)劉昭注志
宋紹興江南東路轉運司刻宋元遞修本(卷十二至十六配抄本)
後漢書九十卷志三十卷 ZZ/0092
(劉宋)范曄撰 (唐)李賢注 (晉)司馬彪撰 (梁)劉昭注志
宋王叔邊刻本(卷四十下配另一宋刻本)
後漢書九十卷志三十卷 ZZ/0093
(劉宋)范曄撰 (唐)李賢注 (晉)司馬彪撰 (梁)劉昭注志
宋白鷺洲書院刻本
後漢書九十卷志三十卷 ZZ/0094
(劉宋)范曄撰 (唐)李賢注 (晉)司馬彪撰 (梁)劉昭注志
宋黄善夫刻本
三國志六十五卷 ZZ/0095
(晉)陳壽撰 (劉宋)裴松之注
宋衢州州學刻元明遞修本
三國志六十五卷 ZZ/0096
(晉)陳壽撰 (劉宋)裴松之注
宋刻本(卷二、卷四十至四十一配清影宋抄本)
晉書一百三十卷 ZZ/0097
(唐)房玄齡等撰
宋刻本
宋書一百卷 ZZ/0098
(梁)沈約撰
宋刻宋元明遞修本
南齊書五十九卷 ZZ/0099
(梁)蕭子顯撰
宋刻宋元明初遞修本
梁書五十六卷 ZZ/0100
(唐)姚思廉撰
宋刻宋元明遞修本
陳書三十六卷 ZZ/01ZZ/01
(唐)姚思廉撰
宋刻宋元遞修本
魏書一百十四卷 ZZ/0102
(北齊)魏收撰
宋刻宋元遞修公文紙印本(配宋元明遞修本)
北齊書五十卷 ZZ/0104
(唐)李百藥撰
宋刻宋元明遞修本
周書五十卷 ZZ/0105
(唐)令狐德棻撰
宋刻宋元明遞修本
南史八十卷 ZZ/0106
(唐)李延壽撰
宋刻本(卷十一、卷十四至十八、卷二十一配清初抄本)
北史一百卷 ZZ/0107
(唐)李延壽撰
宋刻本
隋書八十五卷 ZZ/0108
(唐)魏徵等撰
宋刻遞修本
隋書八十五卷 ZZ/0109
(唐)魏徵等撰
宋刻本
唐書二百卷 ZZ/0110
(後晉)劉昫等撰
宋紹興兩浙東路茶鹽司刻本
唐書二百二十五卷目錄二卷 ZZ/0111
(宋)歐陽修 宋祁等撰
宋紹興刻宋元遞修公文紙印本
古史六十卷 ZZ/0113
(宋)蘇轍撰
宋刻元明遞修本
建康實錄二十卷 ZZ/0114
(唐)許嵩撰
宋紹興十八年荊湖北路安撫使司刻遞修本
資治通鑒二百九十四卷目錄三十卷 ZZ/0115
(宋)司馬光撰
宋紹興二年至三年兩浙東路茶鹽司公使庫刻本
資治通鑒考異三十卷 ZZ/0116
(宋)司馬光撰
宋紹興二年兩浙東路茶鹽司公使庫刻宋元遞修本(卷二十七至三十配清影宋抄本)
資治通鑒釋文三十卷 ZZ/0117
(宋)史炤撰
宋刻本
資治通鑒外紀詳節十卷 ZZ/0118
宋刻本
入注附音司馬溫公資治通鑒一百卷 ZZ/0120
宋刻本
呂大著點校標目增節備注資治通鑒一百二十卷 ZZ/0121
(宋)呂大著撰
宋刻本(卷三十至三十八、卷六十一、卷七十四至七十七、卷九十一至九十四配瞿氏鐵琴銅劍樓影宋抄本)
資治通鑒綱目五十九卷 ZZ/0122
(宋)朱熹撰
宋刻本(卷四十六至五十一配其它兩種宋刻本)
編年通載十卷 ZZ/0123
(宋)章衡撰
宋刻本
歷代紀年十卷 ZZ/0124

(宋)晁公邁撰
宋紹熙三年盱江郡齋刻本
續資治通鑒長編一百八卷 ZZ/0125
(宋)李燾撰
宋刻本
續資治通鑒長編撮要一百八卷 ZZ/0126
(宋)李燾撰
宋刻本
皇朝編年備要三十卷 ZZ/0127
(宋)陳均撰
宋紹定刻本
皇朝中興系年要錄節要□□卷 ZZ/0128
宋刻本
中興兩朝編年綱目十八卷 ZZ/0129
宋刻元修本
通鑒紀事本末四十二卷 ZZ/0130
(宋)袁樞撰
宋淳熙二年嚴陵郡庠刻本
通鑒紀事本末四十二卷 ZZ/0131
(宋)袁樞撰
宋寶祐五年趙與刻元明遞修本
袁氏通鑒紀事本末撮要八卷 ZZ/0132
(宋)蔡文子輯
宋刻本
路史四十七卷 ZZ/0133
(宋)羅泌撰
宋刻本
國語二十一卷補音三卷 ZZ/0134
(吴)韋昭注 (宋)宋庠撰補音
宋刻宋元遞修本
戰國策三十三卷 ZZ/0136
(漢)高誘注 (宋)姚宏校正
宋紹興刻本
鮑氏國策十卷 ZZ/0137
(宋)鮑彪校注
宋紹熙二年會稽郡齋刻本
國朝諸臣奏議一百五十卷 ZZ/0138
(宋)趙汝愚輯
宋淳祐十年史季溫福州刻元明遞修本
育德堂奏議六卷 ZZ/0139
(宋)蔡幼學撰
宋刻本
宋中書舍人南豐先生曾公謚議一卷 ZZ/0140
(宋)劉漢弼撰
稿本
五朝名臣言行錄十卷三朝名臣言行錄十四卷 ZZ/0141
(宋)朱熹輯
宋淳熙刻本
新纂門目十朝名臣言行錄四十卷 ZZ/0142
宋刻本
新刊名臣碑傳琬琰之集上集二十七卷中集五十五卷下集二十五卷 ZZ/0143
(宋)杜大珪輯
宋刻元明遞修本
東家雜記二卷 ZZ/0144
(宋)孔傳撰
宋刻遞修本
漢丞相諸葛忠武侯傳一卷 ZZ/0145
(宋)張栻撰
宋刻本
忠文王紀事實錄五卷 ZZ/0146
(宋)謝起岩撰
宋咸淳七年吴安朝等刻明洪武公文紙印本
眉山新編十七史策要一百五十卷 ZZ/0147
宋刻本
諸史提要十五卷 ZZ/0148
(宋)錢端禮撰
宋乾道紹興府學刻本
分門史志通典治原之書十五卷 ZZ/0149
宋刻本
諸儒校正西漢詳節三十卷 ZZ/0150
(宋)吕祖謙輯
宋刻本
兩漢博聞十二卷 ZZ/0151
(宋)楊侃輯
宋乾道八年胡元質姑孰郡齋刻本(卷一至三配清抄本)
漢雋十卷 ZZ/0152
(宋)林鉞輯
宋淳熙五年滁陽郡齋刻本
漢雋十卷 ZZ/0153
(宋)林鉞輯
宋淳熙十年象山縣學刻本
名公增修晋書詳節三十卷 ZZ/0154
(宋)吕祖謙輯
宋刻本
京本增修五代史詳節十卷 ZZ/0156
(宋)吕祖謙輯
宋刻本
輿地廣記三十八卷 ZZ/0157
(宋)歐陽忞撰
宋刻遞修本(卷一至二配清抄本)
新編方輿勝覽七十卷 ZZ/0158
(宋)祝穆輯
宋咸淳三年吴堅、劉震孫刻本
[紹定]吴郡志五十卷 ZZ/0159
(宋)范成大纂修 (宋)汪泰亨等續修
宋紹定刻元修本
[咸淳]臨安志一百卷 ZZ/0160
(宋)潜說友纂修
宋咸淳刻本(卷七至十、卷十七至十九、卷三十三至三十四、卷四十至四十五、卷六十一至六十三、卷七十六至七十七、卷七十九、卷九十一至九十七配清抄本)
[咸淳]臨安志一百卷 ZZ/0161
(宋)潜說友纂修
宋咸淳刻本年(目錄、卷一至二、卷五至十、卷十三至十九、卷三十二至五十、卷五十六至六十三、卷六十五至八十九、卷九十一至九十七配清鮑氏知不足齋抄本)
[寶慶]四明志二十一卷 ZZ/0163
(宋)胡榘 羅濬纂修
宋刻本
[開慶]四明續志十二卷 ZZ/0164
(宋)梅應發 劉錫纂修
宋開慶元年刻本
南嶽總勝集三卷 ZZ/0165
(宋)陳田夫撰
宋刻本
水經注四十卷 ZZ/0166
(北魏)酈道元撰
宋刻本
大唐西域記十二卷 ZZ/0167
(唐)釋玄奘譯 (唐)釋辯機撰
宋紹興二年王永從刻安吉州思溪法寶資福禪寺大藏本(卷一、卷六配日本抄本)
大唐六典三十卷 ZZ/0168
(唐)唐玄宗李隆基撰 (唐)李林甫等注
宋紹興四年溫州州學刻遞修本
通典二百卷 ZZ/0169
(唐)杜祐撰
宋刻宋元遞修本

通典二百卷 ZZ/0170
(唐)杜祐撰
宋刻宋元遞修本
通典二百卷 ZZ/0171
(唐)杜祐撰
宋刻宋元遞修本
通典二百卷 ZZ/0172
(唐)杜祐撰
宋刻元元統三年江浙等處儒學重修本
通典二百卷 ZZ/0173
(唐)杜祐撰
宋刻宋元遞修本
新入諸儒議論杜氏通典詳節四十二卷圖譜一卷 ZZ/0174
宋紹熙五年擇善堂刻本
西漢會要七十卷 ZZ/0176
(宋)徐天麟撰
宋嘉定建寧郡齋刻元明遞修本
東漢會要四十卷 ZZ/0177
(宋)徐天麟撰
宋寶慶二年建寧郡齋刻本(卷三十六至四十配清抄本)
律十二卷音義一卷 ZZ/0178
(宋)孫奭撰
宋刻宋元遞修本
金石錄三十卷 ZZ/0179
(宋)趙明誠撰
宋淳熙龍舒郡齋刻本
嘯堂集古錄二卷 ZZ/0180
(宋)王俅撰
宋刻本
唐鑒十二卷 ZZ/0181
(宋)范祖禹撰
宋刻本
東萊先生音注唐鑒二十四卷 ZZ/0182
(宋)范祖禹撰 (宋)呂祖謙注
宋刻元修本
致堂讀史管見三十卷 ZZ/0183
(宋)胡寅撰
宋嘉定十一年衡陽郡齋刻本(卷五至六、卷九至十、卷十三至三十配元刻本)
李侍郎經進六朝通鑒博議十卷 ZZ/0184
(宋)李燾撰
宋畢萬裔宅富學堂刻本

子部

儒家類

荀子二十卷 ZZ/0185
(唐)楊倞注
宋刻本
纂圖互注荀子二十卷 ZZ/0186
(唐)楊倞注
宋刻元明遞修本
孔叢子七卷釋文一卷 ZZ/0187
題(漢)孔鮒撰 (宋)宋咸注
宋刻本
新序十卷 ZZ/0188
(漢)劉向撰
宋刻本
說苑二十卷 ZZ/0189
(漢)劉向撰
宋咸淳元年鎮江府學刻元明遞修本(卷八至十三配清道光三年黃氏士禮居抄本)
纂圖分門類題五臣注揚子法言十卷 ZZ/0190
(漢)揚雄撰 (晋)李軌 (唐)柳宗元 (宋)宋咸 吳祕 司馬光注
宋劉通判宅仰高堂刻本
新增麗澤編次揚子事實品題一卷 ZZ/0190
(宋)呂祖謙輯
宋劉通判宅仰高堂刻本
新刊揚子門類題目一卷 ZZ/0190
(宋)陳傅良輯
宋劉通判宅仰高堂刻本
中說十卷 ZZ/0191
題(隋)王通撰 (宋)阮逸注
宋刻本
張子語錄三卷後錄二卷 ZZ/0192
宋福建漕治刻本
河南程氏遺書附錄一卷 ZZ/0193
宋刻本
呂氏鄉約一卷鄉儀一卷 ZZ/0194
(宋)呂大鈞撰
宋嘉定五年李大有刻本
龜山先生語錄四卷後錄二卷 ZZ/0195
(宋)楊時撰
宋吳堅福建漕治刻本
袁氏世範三卷 ZZ/0196
(宋)袁采撰
宋刻本
集事詩鑒一卷 ZZ/0196
(宋)方昕撰
宋刻本
泳齋近思錄衍注十四卷 ZZ/0197
(宋)楊伯嵒撰
宋刻本
晦庵先生語錄大綱領十卷附錄三卷 ZZ/0198
宋刻本
麗澤論說集錄十卷 ZZ/0199
(宋)呂祖儉輯
宋嘉泰四年呂喬年刻本
西山先生真文忠公讀書記甲集三十七卷乙集下二十二卷丁集二卷 ZZ/0200
(宋)真德秀撰
宋開慶元年福州官刻元修本
真文忠公政經一卷 ZZ/0201
(宋)真德秀撰
宋刻本

兵家類

十一家注孫子三卷 ZZ/0203
(漢)曹操 (唐)杜牧等撰
宋刻本
十家注孫子遺說一卷 ZZ/0203
(宋)鄭友賢撰
宋刻本

法家類

管子二十四卷 ZZ/0204
(唐)房玄齡注
宋刻本

醫家類

經史證類備急本草三十一卷 ZZ/0205
(宋)唐慎微撰
宋嘉定四年劉甲刻本
本草衍義二十卷 ZZ/0206
(宋)寇宗奭撰
宋淳熙十二年江西轉運司刻慶元元年重修本
傷寒明理論三卷方論一卷 ZZ/0207
(金)成無已撰
宋刻本(明理論卷三、方論配清抄本)
傷寒要旨一卷藥方一卷 ZZ/0208
(宋)李檉撰
宋乾道七年姑孰郡齋刻本
外臺祕要方四十卷 ZZ/0209
(唐)王燾撰
宋紹興兩浙東路茶鹽司刻本(卷一、

卷七至二十、卷二十四至二十五、卷二十七至三十二、卷三十四至四十配明抄本、卷二十六至二十七配清抄本）

洪氏集驗方五卷 ZZ/0210
（宋）洪遵輯
宋乾道六年姑孰郡齋刻公文紙印本

三因極一病證方論十八卷 ZZ/0211
（宋）陳言撰
宋刻本（缺葉配元刻本）

醫說十卷 ZZ/0212
（宋）張杲撰
宋刻本

劉涓子鬼遺方五卷 ZZ/0213
（齊）龔慶宣撰
宋刻本

新刊仁齋直指方論二十六卷小兒方論五卷醫脉真經一卷傷寒類書活人總括七卷 ZZ/0214
（宋）楊士瀛撰
宋景定元年至五年環溪書院刻本

衛生家寶産科備要八卷 ZZ/0215
（宋）朱端章輯
宋淳熙十一年南康郡齋刻本

天文算法類

周髀筭經二卷音義一卷 ZZ/0216
題（漢）趙君卿注（北周）甄鸞重述（唐）李淳風等注釋（宋）李籍撰音義
宋刻本

九章算經九卷 ZZ/0217
（魏）劉徽注（唐）李淳風等注釋
宋刻本

孫子算經三卷 ZZ/0218
（唐）李淳風等注釋
宋嘉定六年鮑澣之刻本

張丘建算經三卷 ZZ/0219
（北周）甄鸞注（唐）李淳風等注釋（唐）劉孝孫細草
宋刻本

術數類

太玄經十卷 ZZ/0220
（漢）揚雄撰（晋）范望（宋）司馬光等注
宋刻本

元包經傳五卷 ZZ/0221
（北周）衛元嵩撰（唐）蘇源明傳（唐）李江注
宋紹興三十一年張洸刻本

元包數總義二卷 ZZ/0221
（宋）張行成撰
宋紹興三十一年張洸刻本

洪範政鑒十二卷 ZZ/0222
（宋）宋仁宗趙禎撰
宋淳熙十三年内府寫本

景祐幹象新書三十卷 ZZ/0223
（宋）楊惟德等撰
北宋元豐元年司天監秦孝先 蘇宗亮徐欽鄰等抄本

六甲天元氣運鈐二卷 ZZ/0224
宋刻本

三曆撮要一卷 ZZ/0225
宋刻本

藝術類

蘭亭續考二卷 ZZ/0226
（宋）俞松輯
宋淳祐刻本（卷二配勞健抄本）

書苑菁華二十卷 ZZ/0227
（宋）陳思輯
宋刻本

圖畫見聞志六卷 ZZ/0228
（宋）郭若虛撰
宋刻本（卷一至三配元抄本）

畫繼十卷 ZZ/0229
（宋）鄧椿撰
宋臨安府陳道人書籍鋪刻本

五代名畫補遺一卷 ZZ/0229
（宋）劉道醇撰
宋臨安府陳道人書籍鋪刻本

梅花喜神譜二卷 ZZ/0230
（宋）宋伯仁繪并輯
宋景定二年刻本

忘憂清樂集一卷 ZZ/0231
（宋）李逸民撰
宋刻本

漢官儀三卷 ZZ/0232
（宋）劉攽撰
宋紹興九年臨安府刻本

譜録類

酒經三卷 ZZ/0233
（宋）朱翼中撰
宋刻本

雜家類

論衡三十卷 ZZ/0234
（漢）王充撰
宋乾道三年紹興府刻宋元明遞修本

劉子十卷 ZZ/0235－36
（北齊）劉晝撰（唐）袁孝政注
宋刻本（卷一至二配明刻本）

化書六卷 ZZ/0237
（五代）譚峭撰
宋刻本

聱隅子歔欷瑣微論二卷 ZZ/0238
（宋）黄晞撰
宋刻本

清波雜志十二卷 ZZ/0239
（宋）周煇撰
宋刻本

容齋隨筆十六卷續筆十六卷 ZZ/0240
（宋）洪邁撰
宋嘉定五年章貢郡齋刻本

賓退錄十卷 ZZ/0241
（宋）趙與旹撰
宋臨安睦親坊陳宅經籍鋪刻本

衍約說十三卷 ZZ/0242
宋刻本

東觀餘論二卷 ZZ/0243
（宋）黄伯思撰
宋嘉定三年刻本

程氏演蕃露十六卷 ZZ/0244
（宋）程大昌撰
宋刻本

甲申雜記一卷聞見近錄一卷 ZZ/0245
（宋）王鞏撰
宋刻本

重雕改正湘山野錄三卷續錄一卷 ZZ/0246
（宋）釋文瑩撰
宋刻本（卷下、續錄配元抄本）

揮麈前錄四卷後錄十一卷第三錄三卷餘話二卷 ZZ/0247
（宋）王明清撰
宋龍山書堂刻本

桯史十五卷 ZZ/0248
（宋）岳珂撰
宋刻元明遞修公文紙印本

愧郯錄十五卷 ZZ/0249
（宋）岳珂撰
宋刻本

雲仙散錄一卷 ZZ/0250
題（唐）馮贄輯

宋開禧刻公文紙印本
皇朝仕學規範四十卷 ZZ/0251
(宋)張鎡輯
宋刻本
自警編五卷 ZZ/0252
(宋)趙善璙輯
宋刻本

小說類

山海經十八卷 ZZ/0253
(晉)郭璞傳
宋淳熙七年池陽郡齋刻本
續幽怪錄四卷 ZZ/0254
(唐)李復言撰
宋臨安府太廟前尹家書籍鋪刻本

類書類

藝文類聚一百卷 ZZ/0255
(唐)歐陽詢輯
宋刻本年(序目、卷一至四、卷四十九至五十三、卷五十四之第二至十一頁、卷五十五之第一頁配明嘉靖六年至七年胡纘宗、陸采刻本)
補注蒙求八卷 ZZ/0256
(唐)李翰撰 (宋)徐子光補注
宋刻本
事類賦三十卷 ZZ/0258
(宋)吳淑撰并注
宋紹興十六年兩浙東路茶鹽司刻本
太學新增合璧聯珠聲律萬卷菁華前集六十卷後集八十卷 ZZ/0259
(宋)李昭玘輯 (宋)李似輯後集
宋刻本
帝王經世圖譜十卷 ZZ/0260
(宋)唐仲友撰
宋嘉泰元年金式趙善鐻刻本
錦綉萬花穀前集四十卷後集四十卷別集三十卷 ZZ/0261
宋刻本
錦綉萬花穀續集四十卷 ZZ/0262
宋刻本
記纂淵海一百九十五卷 ZZ/0263
(宋)潘自牧輯
宋刻本
重添校正蜀本書林事類韻會一百卷 ZZ/0264
宋刻本
古今合璧事類備要前集六十九卷後集八十一卷續集五十六卷別集九十四卷外集六十六卷 ZZ/0265
(宋)謝維新輯 (宋)虞載輯別集、外集
宋刻本年(前集卷一、卷十七至十九、卷二十一、卷四十一至四十二、卷五十三至五十五、別集卷二十七至三十、卷四十五至四十六、外集卷四十四配明抄本)
古今合璧事類備要增集十二卷 ZZ/0266
(宋)謝維新輯
宋刻本
十二先生詩宗集韻二十卷 ZZ/0267
(宋)裴良甫輯
宋刻本
婚禮新編二十卷 ZZ/0268
(宋)丁升之輯
宋刻元修本

釋家類

金剛般若波羅蜜經一卷 ZZ/0269
(後秦)鳩摩羅什譯
唐懿宗咸通九年(868)王玠刻本
五燈會元二十卷 ZZ/0270
(宋)釋普濟撰
宋刻本
大藏經綱目指要錄八卷 ZZ/0271
(宋)王古撰
宋刻本

道家類

老子道德經古本集注二卷 ZZ/0273
(宋)范應元撰
宋刻本
諸儒鳴道七十二卷 ZZ/0275
宋刻本
南華真經十卷 ZZ/0276
(晉)郭象注
宋刻本
莊子鬳齋口義十卷釋音一卷 ZZ/0278
(宋)林希逸撰
宋刻本
沖虛至德真經八卷 ZZ/0279
(晉)張湛注
宋刻宋元遞修本(缺葉配清初毛氏汲古閣影宋抄本)
通玄真經十二卷 ZZ/0280
(唐)徐靈府注
宋刻本(卷十二配影宋抄本)
抱朴子內篇二十卷 ZZ/0281
(晉)葛洪撰
宋紹興二十二年臨安府榮六郎家刻本(卷十一至十二配清初錢氏述古堂抄本)
華陽隱居真誥一卷 ZZ/0282
(梁)陶弘景撰
宋葛長庚寫本
新雕洞靈真經五卷 ZZ/0283
題何粲注
宋刻本
太上洞玄靈寶無量度人上品妙經一卷 ZZ/0284
宋張即之寫本
邵子觀物篇漁樵問對 ZZ/0285
(宋)祝泌撰
宋咸淳福建漕治吳堅刻本
誠齋四六發遣膏馥十卷 ZZ/0286
題(宋)楊萬里撰 (宋)周公恕輯
宋余草刻本

集部

楚辭集注八卷辯證二卷後語六卷 ZZ/0288
(宋)朱熹撰
宋端平刻本
楚辭集注八卷辯證二卷 ZZ/0289
(宋)朱熹撰
宋嘉定六年章貢郡齋刻本(卷一至二配清影宋抄本)
反離騷一卷 ZZ/0289
(漢)揚雄撰
宋嘉定六年章貢郡齋刻本(卷一至二配清影宋抄本)
離騷集傳一卷 ZZ/0290
(宋)錢杲之撰
宋刻本
離騷草木疏四卷 ZZ/0291
(宋)吳仁杰撰
宋慶元六年羅田縣庠刻本
曹子建文集十卷 ZZ/0292
(魏)曹植撰
宋刻本
陸士龍文集十卷 ZZ/0293
(晉)陸雲撰
宋慶元六年華亭縣學刻本
陶靖節先生集十卷年譜一卷 ZZ/0294
(晉)陶潛撰 (宋)吳仁杰撰
宋刻遞修本
陶淵明集十卷 ZZ/0295

（晋）陶潛撰
宋刻遞修本
陶淵明詩一卷雜文一卷 ZZ/0296
（晋）陶潛撰
宋紹熙三年曾集刻本
陶靖節先生詩注四卷補注一卷 ZZ/0297
（晋）陶潛撰（宋）湯漢注
宋刻本
駱賓王文集十卷 ZZ/0298
（唐）駱賓王撰
宋刻本（卷六至十配毛氏汲古閣影宋抄本）
杜審言詩集一卷 ZZ/0299
（唐）杜審言撰
宋刻本
常建詩集二卷 ZZ/0300
（唐）常建撰
宋刻本
王摩詰文集十卷 ZZ/0301
（唐）王維撰
宋刻本
劉文房集十卷 ZZ/0302
（唐）劉長卿撰
宋刻本
孟浩然詩集三卷 ZZ/0303
（唐）孟浩然撰
宋刻本
寒山子詩集一卷 ZZ/0304
（唐）釋寒山子撰
宋刻本
豐幹拾得詩一卷 ZZ/0304
（唐）釋豐幹 拾得撰
宋刻本
李太白文集三十卷 ZZ/0305
（唐）李白撰
宋刻本（卷十五至二十四配清康熙五十六年繆曰芑雙泉草堂刻本）
韋蘇州集十卷拾遺一卷 ZZ/0306
（唐）韋應物撰
宋刻本
韋蘇州集十卷拾遺一卷 ZZ/0307
（唐）韋應物撰
宋乾道七年平江府學刻遞修本
岑嘉州詩八卷 ZZ/0308
（唐）岑參撰
宋刻本
杜工部集二十卷補遺一卷 ZZ/0309
（唐）杜甫撰
宋刻本（卷十至十二配宋紹興建康郡齋刻本 卷二至九、十三至十六配清毛氏汲古閣影宋抄本）
分門集注杜工部詩二十五卷年譜一卷 ZZ/0310
（唐）杜甫撰（宋）王洙 趙次公等注（宋）呂大防 蔡興宗 魯訔撰年譜
宋刻本
杜工部草堂詩箋五十卷 ZZ/0312
（唐）杜甫撰（宋）蔡夢弼箋注
宋刻本（卷一至三配清影宋抄本）
皇甫冉詩集二卷 ZZ/0313
（唐）皇甫冉撰
宋刻本
陸宣公文集二十二卷 ZZ/0314
（唐）陸贄撰
宋刻本（卷十一至十二配抄本）
王建詩集十卷 ZZ/0315
（唐）王建撰
宋臨安府陳解元宅刻本（卷二至三、六至十配清抄本）
李長吉文集四卷 ZZ/0316
（唐）李賀撰
宋刻本
昌黎先生集四十卷外集十卷遺文一卷朱子校昌黎先生集傳一卷 ZZ/0317
（唐）韓俞撰（宋）廖瑩中校正
宋咸淳廖氏世彩堂刻本
昌黎先生文集四十卷外集十卷 ZZ/0318
（唐）韓愈撰
宋刻本
新刊經進詳注昌黎先生文四十卷外集十卷遺文三卷韓文公志三卷 ZZ/0319
（唐）韓愈撰（宋）文讜注（宋）王儔補注
宋刻本（卷十二至十八配另一無注宋刻本）
音注韓文公文集四十卷外集十二卷 ZZ/0320
（唐）韓愈撰（宋）祝充音注
宋刻本
昌黎先生集考異十卷 ZZ/0321
（宋）朱熹撰
宋紹定二年張洽刻本
晦庵朱侍講先生韓文考異十卷 ZZ/0322
（宋）朱熹撰
宋刻本（卷一至二配清抄本）
新刊五百家注音辯昌黎先生文集四十卷外集十卷序傳碑記一卷韓文類譜十卷 ZZ/0323
（唐）韓愈撰（宋）魏仲舉輯
宋慶元六年魏仲舉家塾刻本（卷三至四、卷六至七、卷十五至十七、卷二十一配清抄本）
河東先生集四十五外集二卷 ZZ/0324
（唐）柳宗元撰 宋廖瑩中校正
宋咸淳廖氏世彩堂刻本（卷三至五、卷十配明影宋刻本）
五百家注音辯唐柳先生文集四十五卷 ZZ/0326
（唐）柳宗元撰（宋）童宗說 韓醇等輯
宋刻本
新刊元微之文集六十卷 ZZ/0327
（唐）元稹撰
宋刻本
孟東野詩集十卷 ZZ/0328
（唐）孟郊撰
宋刻本
孟東野文集十卷 ZZ/0329
（唐）孟郊撰
宋刻本
張文昌文集八卷 ZZ/0330
（唐）張籍撰
宋刻本
白氏文集七十一卷 ZZ/0331
（唐）白居易撰
宋刻本（卷三十二至三十三配明影宋抄本）
新刊權載之文集五十卷 ZZ/0332
（唐）權德輿撰
宋刻本
皇甫持正文集六卷 ZZ/0333
（唐）皇甫湜撰
宋刻本
姚少監詩集十卷 ZZ/0334
（唐）姚合撰
宋刻本
周賀詩集一卷 ZZ/0335
（唐）周賀撰
宋臨安府陳宅書籍鋪刻本

宋建安黄善夫家塾刻本(卷一至四、卷九至十二配另一印本)
欒城集五十卷後集二十四卷 ZZ/0376
(宋)蘇轍撰
宋刻遞修本
類編增廣黄先生大全文集五十卷 ZZ/0377
(宋)黄庭堅撰
宋乾道麻沙鎮水南劉仲吉宅刻本(卷十三至十八配清抄本)
山谷詩注二十卷 ZZ/0378
(宋)黄庭堅撰 (宋)任淵注
宋紹定五年黄埒刻本
後山居士文集二十卷 ZZ/0379
(宋)陳師道撰
宋刻本
後山詩注六卷 ZZ/0380
(宋)陳師道撰 (宋)任淵注
宋刻本
淮海集四十卷後集六卷長短句三卷 ZZ/0381
(宋)秦觀撰
宋乾道九年高郵軍學刻紹熙三年謝雩重修本(缺葉缺字清初毛氏汲古閣影宋抄補)
參寥子詩集十二卷 ZZ/0382
(宋)釋道潛撰
宋刻本
寶晋山林集拾遺八卷 ZZ/0383
(宋)米芾撰
宋嘉泰元年筠陽郡齋刻本
青山集三十卷 ZZ/0384
(宋)郭祥正撰
宋刻本
唐先生文集二十卷 ZZ/0386
(宋)唐庚撰
宋刻本
梁溪先生文集一百八十卷 ZZ/0387
(宋)李綱撰
宋刻本
孫尚書大全文集五十七卷 ZZ/0388
(宋)孫覿撰
宋刻本
李學士新注孫尚書内簡尺牘十六卷 ZZ/0389
(宋)孫覿撰 (宋)李祖堯注
宋蔡氏家塾刻本

横浦先生文集二十卷 ZZ/0390
(宋)張九成撰
宋刻本
家傳一卷 ZZ/0390
(宋)張榕撰
宋刻本
施先生孟子發題一卷 ZZ/0390
(宋)施德操撰
宋刻本
宋刻嵩山居士文全集五十四卷 ZZ/0391
(宋)晁公朔選
宋乾道四年嘉州刻本
晦庵先生文集一百卷目録二卷 ZZ/0392
(宋)朱熹撰
宋刻本
晦庵先生朱文公文集一百卷目録二卷續集十一卷别集十卷 ZZ/0393
(宋)朱熹撰
宋咸淳元年建安書院刻宋元明遞修本
東萊吕太史文集十五卷别集十六卷外集五卷 ZZ/0394
(宋)吕祖謙撰
宋嘉泰四年吕喬年刻元明遞修本
麗澤論説集録十卷附録三卷附録拾遺一卷 ZZ/0394
(宋)吕祖儉輯
宋嘉泰四年吕喬年刻元明遞修本
會稽三賦一卷 ZZ/0395
(宋)王十朋撰 (宋)周世則 史鑄注
宋刻元修本
頤堂先生文集五卷 ZZ/0396
(宋)王灼撰
宋乾道八年王撫幹宅刻本
攻媿先生文集一百二十卷目録五卷 ZZ/0397
(宋)樓鑰撰
宋樓氏家刻本
義豐文集一卷 ZZ/0398
(宋)王阮撰
宋淳祐三年王旦刻本
盤洲文集八十卷 ZZ/0399
(宋)洪适撰
宋刻本
誠齋先生江湖集十四卷荊溪集十四卷西歸集四卷南海集八卷江西道院集五卷朝天續集八卷退休集十四卷 ZZ/0400

(宋)楊萬里撰
宋淳熙紹熙間刻本
新刊劍南詩稿二十卷 ZZ/0401
(宋)陸游撰
宋淳熙十四年嚴州郡齋刻本
放翁先生劍南詩稿六十七卷目録□卷 ZZ/0402
(宋)陸游撰
宋刻本
渭南文集五十卷 ZZ/0403
(宋)陸游撰
宋嘉定十三年陸子遹溧陽學宫刻本
重校鶴山先生大全文集一百十卷目録二卷 ZZ/0404
(宋)魏了翁撰
宋開禧元年刻本
梅亭先生四六標準四十卷 ZZ/0405
(宋)李劉撰
宋刻本
友林乙藁一卷 ZZ/0406
(宋)史彌寧撰
宋嘉定刻本
後村居士集五十卷目録二卷 ZZ/0407
(宋)劉克莊撰
宋刻本
後村先生大全詩集十五卷 ZZ/0408
(宋)劉克莊撰
宋刻本(清黄丕烈、孫原湘、邵淵耀、姚畹真、錢天樹、王芑孫、單學傳跋)
棠湖詩藁一卷 ZZ/0409
(宋)岳珂撰
宋臨安府陳宅書籍鋪刻本
北礀文集十卷 ZZ/0410
(宋)釋居簡撰
宋崔尚書宅刻本
無文印二十卷語録四卷贊一卷偈頌一卷題跋一卷 ZZ/0411
(宋)釋道璨撰
宋咸淳九年刻本(卷十二至二十、語録、偈頌、題跋配清抄本)
四家四六四卷 ZZ/0412
宋刻本
胡山先生四六一卷 ZZ/0412
臞軒先生四六一卷 ZZ/0412
(宋)王邁撰
後村先生四六一卷 ZZ/0412
(宋)劉克莊撰

巽齋先生四六一卷 ZZ/0412
（宋）歐陽守道撰
文選六十卷 ZZ/0413
（梁）蕭統輯（唐）李善注
北宋刻遞修本
文選六十卷 ZZ/0414
（梁）蕭統輯（唐）李善注
宋淳熙八年池陽郡齋刻本
文選六十卷 ZZ/0416
（梁）蕭統輯（唐）李善 吕延濟 劉良 張銑 吕向 李周翰注
宋刻本
文選雙字類要三卷 ZZ/0417
題（宋）蘇易簡撰
宋淳熙八年池陽郡齋刻紹熙三年重修本
文苑英華一千卷 ZZ/0418
（宋）李昉等輯
宋嘉泰元年至四年周必大刻本
文苑英華纂要八十四卷 ZZ/0419
（宋）高似孫輯
宋刻元修本
古文苑九卷 ZZ/0420
宋刻本
古文苑二十一卷 ZZ/0421
（宋）章樵注
宋端平三年常州軍刻淳祐六年盛如杞重修本
樂府詩集一百卷目録二卷 ZZ/0422
（宋）郭茂倩輯
宋刻本(卷十九至二十六、卷九十六至一百配元至正元年集慶路儒學刻本、卷二十七至三十四配清抄本)
古今絕句三卷 ZZ/0423
（宋）吳說輯
宋刻本(卷中配清抄本)
東萊先生詩集二十卷外集三卷 ZZ/0424
（宋）吕本中撰
宋慶元五年黄汝嘉刻江西詩派本
增注東萊吕成公古文關鍵二十卷 ZZ/0425
（宋）吕祖謙輯（宋）蔡文子注
宋刻本
續增歷代奏議麗澤集文十卷附關鍵增廣麗澤集文一卷 ZZ/0426
宋刻本
新刻諸儒批點古文集成前集七十八卷 ZZ/0427
（宋）王霆震輯
宋刻本（甲集卷六、乙集卷一、丁集卷九配清抄本）（四庫底本）
應氏類編西漢文章十八卷 ZZ/0428
宋刻本
文粹一百卷 ZZ/0429
（宋）姚鉉輯
宋紹興九年臨安府刻本(清顧廣圻抄補)
河岳英靈集二卷 ZZ/0430
（唐）殷璠輯
宋刻本
才調集十卷 ZZ/0431
（蜀）韋縠輯
宋臨安府陳宅經籍鋪刻本(卷一、卷六至十配清抄本)
唐僧弘秀集十卷 ZZ/0432
（宋）李龏輯
宋刻本
聖宋文選全集三十二卷 ZZ/0434
宋刻本(卷一至二十二、卷二十七至三十二配清影宋抄本)
新刊國朝二百家名賢文粹三百卷 ZZ/0435
宋慶元三年書隱齋刻本
新刊國朝二百家名賢文粹三百卷 ZZ/0436
宋慶元三年書隱齋刻本
新刊國朝二百家名賢文粹三百卷 ZZ/0437
宋慶元三年書隱齋刻本
聖宋名賢五百家播芳大全文粹□□卷目録□卷 ZZ/0439
（宋）魏齊賢 葉棻輯
宋刻本
皇朝文鑒一百五十卷目録三卷 ZZ/0440
（宋）吕祖謙輯
宋嘉泰四年新安郡齋刻本(序、目録下、卷一至三、卷二十八、卷四十八至六十八、卷七十五至七十七、卷一百五至一百三十五、卷一百四十二至一百五十配清張蓉鏡抄本)
皇朝文鑒一百五十卷目録三卷 ZZ/0441
（宋）吕祖謙輯
宋麻沙劉將仕宅刻本(有抄配及明刻本配補)
崑山雜咏三卷 ZZ/0442
（宋）龔昱輯
宋開禧三年崑山縣齋刻本
竇氏聯珠集五卷 ZZ/0443
（唐）竇常等撰
宋淳熙五年王崧刻本
三蘇先生文粹七十卷 ZZ/0444
（宋）蘇洵 蘇軾 蘇轍撰
宋婺州吳宅桂堂刻本
重廣眉山三蘇先生文集八十卷 ZZ/0445
（宋）蘇洵 蘇軾 蘇轍撰
宋紹興三十年饒州德興縣銀山莊溪董應夢集古堂刻本
東萊標注三蘇文集五十九卷 ZZ/0446
（宋）蘇洵 蘇軾 蘇轍撰（宋）吕祖謙輯
宋刻本
雲莊四六餘話一卷 ZZ/0447
（宋）楊囦道撰
宋刻本
漁隱叢話前集六十卷 ZZ/0448
（宋）胡仔輯
宋刻本
苕溪漁隱叢話後集六十卷 ZZ/0449
（宋）胡仔輯
宋刻本
東山詞二卷 ZZ/0452
（宋）賀鑄撰
宋刻本
詳注周美成詞片玉集十卷 ZZ/0453
（宋）周邦彥撰（宋）陳元龍集注
宋刻本
蘆川詞二卷 ZZ/0454
（宋）張元幹撰
宋刻本
花間集十卷 ZZ/0455
（後蜀）趙崇祚輯
宋刻遞修公文紙印本
花間集十卷 ZZ/0456
（後蜀）趙崇祚輯
宋紹興十八年建康郡齋刻本
中興以來絕妙詞選十卷 ZZ/0457
（宋）黄升輯
宋淳祐九年劉誠甫刻本
于湖居士文集四十卷附録一卷 ZZ/0458
（宋）張孝祥撰
清影宋抄本
長短經九卷 ZZ/0459

（唐）趙蕤撰
南宋初年杭州淨戒院刻本
倚松老人詩集二卷殘葉 ZZ/0460
（宋）饒節撰
宋慶元五年黄汝加重刻本
韻語陽秋二十卷 ZZ/0461
（宋）葛立方撰
宋刻本
丁卯集二卷 ZZ/0462
（唐）許渾撰
宋刻本
重雕足本鑒誡錄十卷 ZZ/0463
（後蜀）何光遠撰
宋刻本
王荊公唐百家詩選二十卷 ZZ/0464
（宋）王安石輯
宋刻本
侍郎葛公歸愚集十卷 ZZ/0465
（宋）葛立方撰
宋刻本

叢書

百川學海一百種一百七十九卷 ZZ/0467
（宋）左圭編
宋刻本配一九二七年陶氏涉園刻本
聖門事業圖一卷 ZZ/0467
（宋）李元綱撰
漁樵對問一卷 ZZ/0467
（宋）邵雍撰
學齋佔畢四卷 ZZ/0467
（宋）史繩祖撰
獨斷二卷 ZZ/0467
（漢）蔡邕撰
李涪刊誤二卷 ZZ/0467
（唐）李涪撰
九經韵補一卷 ZZ/0467
（宋）楊伯嵒撰
中華古今注三卷 ZZ/0467
（後唐）馬縞撰
釋常談三卷 ZZ/0467
隋遺錄二卷 ZZ/0467
（唐）顔師古撰
翰林志一卷 ZZ/0467
（唐）李肇撰
宋朝燕翼詒謀錄五卷 ZZ/0467
（宋）王林撰
春明退朝錄三卷 ZZ/0467
（宋）宋敏求撰
淳熙玉堂雜紀三卷 ZZ/0467
（宋）周必大撰
揮塵錄二卷 ZZ/0467
題（宋）楊萬里撰
丁晋公談錄一卷 ZZ/0467
王文正公筆錄一卷 ZZ/0467
（宋）王曾撰
開天傳信記一卷 ZZ/0467
（唐）鄭棨撰
厚德錄四卷 ZZ/0467
（宋）李元綱撰
韓忠獻公遺事一卷 ZZ/0467
（宋）強至撰
文正王公遺事一卷 ZZ/0467
（宋）王素撰
濟南先生師友談記一卷 ZZ/0467
（宋）李廌撰
可談一卷 ZZ/0467
（宋）朱彧撰
河東先生龍城錄二卷 題 ZZ/0467
（唐）柳宗元撰
前定錄一卷續前定錄一卷 ZZ/0467
（唐）鍾輅撰
國老談苑二卷 ZZ/0467
（宋）王君玉撰
晁氏客語一卷 ZZ/0467
（宋）晁說之撰
道山清話一卷 ZZ/0467
晝簾緒論一卷 ZZ/0467
（宋）胡太初撰
官箴一卷 ZZ/0467
（宋）吕本中撰
袪疑說一卷 ZZ/0467
（宋）儲詠撰
因論一卷 ZZ/0467
（唐）劉禹錫撰
宋景文公筆記三卷 ZZ/0467
（宋）宋祁撰
鼠璞一卷 ZZ/0467
（宋）戴埴撰
善誘文一卷 ZZ/0467
（宋）陳錄撰
東坡先生志林集一卷 ZZ/0467
（宋）蘇軾撰
螢雪叢說二卷 ZZ/0467
（宋）俞成撰
蘇黄門龍川略志十卷 ZZ/0467
（宋）蘇轍撰
西疇老人常言一卷 ZZ/0467
（宋）何坦撰
欒城先生遺言一卷 ZZ/0467
（宋）蘇籀撰
東谷所見一卷 ZZ/0467
（宋）李之彦撰
雞肋一卷 ZZ/0467
（宋）趙崇絢撰
孫公談圃三卷 ZZ/0467
（宋）孫升述（宋）劉延世撰
王公四六話二卷 ZZ/0467
（宋）王銍撰
四六談麈一卷 ZZ/0467
（宋）謝伋撰
文房四友除授集一卷 ZZ/0467
耕祿藁一卷 ZZ/0467
（宋）胡錡撰
子略四卷目一卷 ZZ/0467
（宋）高似孫撰
騷略三卷 ZZ/0467
（宋）高似孫撰
獻丑集一卷 ZZ/0467
（宋）許棐撰
選詩句圖一卷 ZZ/0467
（宋）高似孫撰
石林詩話三卷 ZZ/0467
（宋）葉夢得撰
六一居士詩話一卷 ZZ/0467
（宋）歐陽修撰
東萊吕紫微詩話一卷 ZZ/0467
（宋）吕本中撰
珊瑚鈎詩話三卷 ZZ/0467
（宋）張表臣撰
劉攽貢父詩話一卷 ZZ/0467
（宋）劉攽撰
後山居士詩話一卷 ZZ/0467
（宋）陳師道撰
許彦周詩話一卷 ZZ/0467
（宋）許顗撰
司馬溫公詩話一卷 ZZ/0467
（宋）司馬光撰
庚溪詩話二卷 ZZ/0467
（宋）陳岩肖撰
竹坡老人詩話三卷 ZZ/0467
（宋）周紫芝撰
法帖釋文十卷 ZZ/0467

(宋)劉次莊撰
海岳名言一卷 ZZ/0467
(宋)米芾撰
寶章待訪錄一卷 ZZ/0467
(宋)米芾撰
米元章書史一卷 ZZ/0467
(宋)米芾撰
書斷列傳三卷雜編一卷 ZZ/0467
(唐)張懷瓘撰
續書譜一卷 ZZ/0467
(宋)董夔撰
歐陽文忠公試筆一卷 ZZ/0467
(宋)歐陽修撰
書譜一卷 ZZ/0467
(唐)孫過庭撰
法帖刊誤二卷 ZZ/0467
(宋)黄伯思撰
高宗皇帝御制翰墨志一卷 ZZ/0467
(宋)宋高宗趙構撰
法帖譜系二卷 ZZ/0467
(宋)曹士冕撰
端溪硯譜一卷 ZZ/0467
硯譜一卷 ZZ/0467
歙州硯譜一卷 歙硯說一卷 辨歙石說一卷 ZZ/0467
硯史一卷 ZZ/0467
(宋)米芾撰
古今刀劍錄一卷 ZZ/0467
(梁)陶弘景撰
香譜二卷 ZZ/0467
(宋)洪芻撰
茶經三卷 ZZ/0467
(唐)陸羽撰
煎茶水記一卷 ZZ/0467
(唐)張又新撰
茶錄一卷 ZZ/0467
(宋)蔡襄撰
東溪試茶錄一卷 ZZ/0467
(宋)宋子安撰
酒譜一卷 ZZ/0467
(宋)竇苹撰
本心齋疏食譜一卷 ZZ/0467
(宋)陳達叟撰
笋譜二卷 ZZ/0467
(宋)釋贊寧撰
菌譜二卷 ZZ/0467
(宋)陳仁玉撰
蟹譜二卷 ZZ/0467
(宋)傅肱撰
荔枝譜一卷 ZZ/0467
(宋)蔡襄撰
橘錄三卷 ZZ/0467
(宋)韓彦直撰
南方草木狀三卷 ZZ/0467
(晋)嵇含撰
竹譜一卷 ZZ/0467
(晋)戴凱之撰
菊譜一卷 ZZ/0467
(宋)劉蒙撰
菊譜一卷 ZZ/0467
(宋)范成大撰
菊譜一卷 ZZ/0467
(宋)史正志撰
梅譜一卷 ZZ/0467
(宋)范成大撰
洛陽牡丹記一卷 ZZ/0467
(宋)歐陽修撰
牡丹榮辱志一卷 ZZ/0467
(宋)丘璿撰
揚州芍藥譜一卷 ZZ/0467
(宋)王觀撰
海棠譜三卷 ZZ/0467
(宋)陳思撰
師曠禽經一卷 ZZ/0467
(晋)張華注
名山洞天福地記一卷 ZZ/0467
(前蜀)杜光庭撰

金元編

經部

易類

十三經注疏三百三十五卷 ZZ/0468
元刻明修本
周易兼義九卷 ZZ/0468
(魏)王弼(晋)韓康伯注(唐)孔穎達疏
音義一卷 ZZ/0468
(唐)陸德明撰
略例一卷 ZZ/0468
(魏)王弼撰(唐)邢璹注
附釋音尚書注疏二十卷 ZZ/0468
題(漢)孔安國傳(唐)孔穎達疏(唐)陸德明音義
附釋音毛詩注疏二十卷 ZZ/0468
(漢)毛亨傳(漢)鄭玄箋(唐)孔穎達疏(唐)陸德明音義
附釋音周禮注疏四十二卷 ZZ/0468
(漢)鄭玄注(唐)賈公彦疏(唐)陸德明音義
儀禮十七卷儀圖十七卷旁通圖一卷 ZZ/0468
(宋)楊復撰
附釋音禮記注疏六十三卷 ZZ/0468
(漢)鄭玄注(唐)孔穎達疏(唐)陸德明音義
附釋音春秋左傳注疏六十卷 ZZ/0468
(晋)杜預注(唐)孔穎達疏(唐)陸德明音義
監本附音春秋公羊注疏二十八卷 ZZ/0468
(漢)何休注(唐)徐彦疏(唐)陸德明音義
監本附音春秋穀梁注疏二十卷 ZZ/0468
(晋)范寧集解(唐)楊士勛疏(唐)陸德明音義
孝經注疏九卷 ZZ/0468
(唐)唐玄宗李隆基注(宋)邢昺疏
論語注疏解經二十卷 ZZ/0468
(魏)何晏集解(宋)邢昺疏
孟子注疏解經十四卷 ZZ/0468
(漢)趙岐注 題(宋)孫奭疏
爾雅注疏十一卷 ZZ/0468
(晋)郭璞注(宋)邢昺疏
魁本大字詳音句讀周易二卷 ZZ/0469
元至正二十年梅隱書堂刻本
周易九卷 ZZ/0470
(魏)王弼(晋)韓康伯注(唐)陸德明釋文(魏)王弼(唐)邢璹注略例
元相台岳氏荊溪家塾刻本
伊川程先生周易經傳十卷上下篇義一卷 ZZ/0471
(宋)程頤撰
元刻本
晦庵朱文公易說二十三卷 ZZ/0472
(宋)朱熹撰(宋)朱鑒輯
元刻本
周易程朱傳義音訓十卷 ZZ/0473
(宋)程頤 朱熹撰(宋)呂祖謙音訓
元至正六年虞氏務本堂刻本
易圖一卷 ZZ/0473

(宋)朱熹撰
元至正六年虞氏務本堂刻本
周易程朱先生傳義附錄二十卷 ZZ/0474
(宋)董楷撰
元延祐二年圓沙書院刻本
程子上下篇義一卷 ZZ/0474
(宋)程頤撰
元延祐二年圓沙書院刻本
朱子易圖說一卷周易五贊一卷筮儀一卷 ZZ/0474
(宋)朱熹撰 (宋)董楷輯
元延祐二年圓沙書院刻本
東谷鄭先生易翼傳二卷 ZZ/0475
(宋)鄭汝諧撰
元大德十一年廬陵學官刻本
易學啓蒙通釋二卷圖一卷 ZZ/0476
(宋)胡方平撰
元刻明修本
周易象義十二卷 ZZ/0477
(宋)丁易東撰
元刻本
周易本義啓蒙翼傳四卷 ZZ/0478
(元)胡一桂撰
元刻本
易纂言外翼十二卷 ZZ/0479
(元)吳澄撰
元刻本
周易系辭述二卷 ZZ/0480
(元)保八撰
元刻本
周易本義集成十二卷 ZZ/0481
(元)熊良輔撰
元刻明修本
學易記九卷 ZZ/0482
(元)李簡撰
元刻本
周易經傳集程朱解附錄纂注十四卷朱子易圖附錄纂注一卷朱子啓蒙五贊附錄纂注一卷朱子筮儀附錄纂注一卷 ZZ/0483
(元)董真卿撰
元刻本
程朱二先生周易傳義十卷易圖集錄一卷 ZZ/0483－1
(宋)程頤 朱熹撰
元至元二年碧灣書堂刻本
周易經義三卷 ZZ/0484
(元)涂溍生撰
元刻本

書類

尚書注疏二十卷 ZZ/0485
題(漢)孔安國傳 (唐)孔穎達疏
蒙古刻本(卷三至六配清影蒙古抄本)
新雕尚書纂圖一卷 ZZ/0485
蒙古刻本(卷三至六配清影蒙古抄本)
書集傳六卷 ZZ/0486
(宋)蔡沈撰 (元)鄒季友音釋
元至正十一年德星書堂刻本
書集傳十二卷或問二卷 ZZ/0487
(宋)陳大猷撰
元刻本
書集傳輯錄纂注六卷又一卷朱子說書綱領輯錄一卷 ZZ/0488
(元)董鼎撰
元延祐五年建安余氏勤有堂刻本
尚書通考十卷 ZZ/0491
(元)黃鎮成撰
元至正刻本
書義矜式六卷 ZZ/0492
(元)王充耘撰
元刻本
直音傍訓尚書句解十三卷 ZZ/0493
(元)朱祖義撰
元敏德書堂刻本

詩類

詳音句讀明本大字毛詩四卷 ZZ/0494
元至正二十七年盱南孫氏刻本
魁本大字詳音句讀毛詩六卷 ZZ/0496
元刻本
附釋音毛詩注疏二十卷 ZZ/0497
(漢)毛萇 鄭玄(唐)孔穎達撰 (唐)陸德明音義
元刻明修本
詩集傳十卷 ZZ/0498
(宋)朱熹撰
元刻本
詩童子問二十卷 ZZ/0499
(宋)輔廣撰
元至正三年余志安勤有堂刻本
詩集傳附錄纂疏二十卷詩序附錄纂疏一卷詩傳綱領附錄纂疏一卷 ZZ/0500
(元)胡一桂撰
元泰定四年翠岩精舍刻本
語錄輯要一卷 ZZ/0500
(元)胡一桂撰
元泰定四年翠岩精舍刻本
詩傳通釋二十卷綱領一卷外綱領一卷 ZZ/0501
(元)劉瑾撰
元至正十二年劉氏日新書堂刻本
明經題斷詩義矜式十卷 ZZ/0502
(元)林泉生撰
元刻本
詩經疑問七卷附編一卷 ZZ/0503
(元)朱倬撰 (元)趙悳撰附編
元至正七年建安書林劉錦文刻本
直音傍訓毛詩句解二十卷 ZZ/0504
(元)李公凱撰
元刻本
詩經旁注四卷 ZZ/0505
元羅祖禹刻本
詩集傳名物鈔音釋纂輯二十卷 ZZ/0506
(元)羅複撰
元至正十一年雙桂書堂刻本
詩外傳十卷 ZZ/0507
(漢)韓嬰撰
元至正十五年嘉興路儒學刻明修本
韓魯齊三家詩考六卷 ZZ/0507－1
(宋)王應麟撰
元刻本

禮類

周禮十二卷 ZZ/0508
(漢)鄭玄注
金刻本
釋音一卷 ZZ/0508
(唐)陸德明撰
金刻本
儀禮集說十七卷 ZZ/0509
(元)敖繼公撰
元大德刻明修本
禮記纂言三十六卷 ZZ/0510
(元)吳澄撰
元元統二年吳尚等刻本(卷二配清抄本)
禮記集說十六卷 ZZ/0511
(元)陳澔撰
元天曆元年建安鄭明德宅刻本
大戴禮記十三卷 ZZ/0512
(漢)戴德撰 (北周)盧辯注
元至正十四年嘉興路儒學刻本
禮書一百五十卷 ZZ/0513

(宋)陳祥道撰
元至正七年福州路儒學刻明修本
文公家禮集注十卷 ZZ/0514
(宋)楊複 劉垓孫撰
元刻本
五服圖解一卷 ZZ/0515
(元)龔端禮撰
元泰定元年杭州路儒學刻本
春秋類
春秋經傳集解三十卷春秋名號歸一圖二卷年表一卷 ZZ/0516
(晋)杜預撰 (唐)陸德明釋文 (蜀)馮繼生撰圖
元岳氏荊溪家塾刻本(卷十九至二十配明刻本)(周叔弢跋)
音注全文春秋括例始末左傳句讀直解七十卷 ZZ/0517
(宋)林堯叟撰
元刻明修本
精選東萊先生左氏博議句解十六卷 ZZ/0518
(宋)吕祖謙撰
元刻本
春秋纂言十二卷總例七卷 ZZ/0523
(元)吳澄撰
元刻本
春秋諸國統紀六卷 ZZ/0524
(元)齊履謙撰
元延祐刻本
春秋諸傳會通二十四卷 ZZ/0525
(元)李廉撰
元至正十一年虞氏明複齋刻本
春秋諸傳會通二十四卷 ZZ/0525
(元)李廉撰
元至正十一年虞氏明複齋刻本
春秋師説三卷附録二卷春秋屬辭十五卷 ZZ/0526
(元)趙汸撰
元至正二十四年休寧商山義塾刻明弘治六年高忠重修本
春秋師説三卷附録二卷春秋屬辭十五卷 ZZ/0526
(元)趙汸撰
元至正二十年至二十四年休寧商山義塾刻明弘治六年高忠重修本
春秋胡氏傳纂疏三十卷 ZZ/0527
(元)汪克寬撰
元至正八年建安劉叔簡日新堂刻本
增入音注括例始末胡文定公春秋傳三十卷 ZZ/0528
(元)林堯叟標注
元刻本
孝經類
孝經一卷 ZZ/0529
(唐)唐玄宗李隆基注 (唐)陸德明音
元岳氏荊溪家塾刻本
孝經注疏九卷 ZZ/0530
(唐)唐玄宗李隆基注 (宋)邢昺疏
元泰定三年刻本
四書類
論語集解十卷 ZZ/0531
(魏)何晏撰 (唐)陸德明釋文
元岳氏荊溪家塾刻本
魁本大字詳音句讀孟子二卷 ZZ/0533
元廣陽羅氏刻本
四書章句集注三十卷 ZZ/0535
(宋)朱熹撰
元刻本
大學章句一卷或問二卷 ZZ/0535
中庸章句一卷或問二卷 ZZ/0535
論語集注十卷 ZZ/0535
孟子集注十四卷 ZZ/0535
四書章句集注十九卷 ZZ/0536
(宋)朱熹撰
元至正二十二年沈氏尚德堂刻本
讀四書叢説八卷 ZZ/0537
(元)許謙撰
元刻本
四書通證六卷 ZZ/0538
(元)張存中撰
元刻本
四書經疑問對八卷 ZZ/0539
(元)董彝撰
元至正十一年同文堂刻本
樂類
樂書二百卷目録二十卷 ZZ/0540
(宋)陳暘撰
元至正七年福州路儒學刻明修本
群經總義類
九經直音十五卷 ZZ/0541
(宋)孫奕撰
元刻本
新編十一經問對五卷 ZZ/0542
(元)何异孫撰
元刻本
小學類
爾雅三卷 ZZ/0543
(晋)郭璞注
元雪窗書院刻本
爾雅三卷 ZZ/0544
(宋)鄭樵注
元刻本
爾雅三卷音釋三卷 ZZ/0544－1
(晋)郭璞注
元刻本
説文解字韻譜五卷 ZZ/0545
(南唐)徐鍇撰
元延祐三年種善堂刻本
大廣益會玉篇三十卷玉篇廣韻指南一卷 ZZ/0546
(梁)顧野王撰 (唐)孫強增字 (宋)陳彭年等重修
元延祐二年圓沙書院刻本
復古編二卷 ZZ/0547
(宋)張有撰
元至正六年吳志淳好古齋刻本
新修絫音引證群籍玉篇三十卷 ZZ/0548
(金)邢准撰
金刻本
六書統二十卷 ZZ/0548－1
(元)楊桓撰
元至大元年江浙行省儒學刻元明遞修本
六書統溯原十三卷 ZZ/0549
(元)楊桓撰
元至大元年江浙行省儒學刻元明遞修本
説文字原一卷 ZZ/0550
(元)周伯琦撰
元至正十五年高德基等刻公文紙印本
六書正譌一卷 ZZ/0551
(元)周伯琦撰
元至正十五年高德基等刻本
漢隸分韻七卷 ZZ/0552
元刻本
廣韻五卷 ZZ/0553
元泰定二年圓沙書院刻本
廣韻五卷 ZZ/0554
元刻本
韻補五卷 ZZ/0555
(宋)吳棫撰

元刻本
增修互注禮部韻略五卷 ZZ/0556
(宋)毛晃增注 (宋)毛居正重增
元至正十五年日新書堂刻明修本
魁本足注釋疑韻寶五卷 ZZ/0558
元刻本
古今韻會舉要三十卷禮部韻略七音三十六母通考一卷 ZZ/0559
(元)熊忠撰
元刻本
書學正韻三十六卷 ZZ/0560
(元)楊桓撰
元刻明修本

史部

史記一百三十卷 ZZ/0561
(漢)司馬遷撰 (劉宋)裴駰集解 (唐)司馬貞索隱
蒙古中統二年段子成刻明修本
史記一百三十卷 ZZ/0562
(漢)司馬遷撰 (劉宋)裴駰集解 (唐)司馬貞索隱 (唐)張守節正義
元至元二十五年彭寅翁崇道精舍刻本(卷一百十七至一百二十二配蒙古中統二年段子成刻本)
通志二百卷 ZZ/0563
(宋)鄭樵撰
元大德三山郡庠刻元明遞修明弘治公文紙印本
北史一百卷 ZZ/0565
(唐)李延壽撰
元大德信州路儒學刻明嘉靖元年修本
五代史記七十四卷 ZZ/0566
(宋)歐陽修撰 (宋)徐無黨注
元宗文書院刻明修本
漢書一百卷 ZZ/0567
(漢)班固撰 (唐)顔師古注
元大德九年太平路儒學刻明成化、正德遞修本
後漢書九十卷志三十卷 ZZ/0568
(劉宋)范曄撰 (唐)李賢注 (晋)司馬彪撰 (梁)劉昭注志
元大德九年寧國路儒學刻明遞修本
三國志六十五卷 ZZ/0569
(晋)陳壽撰 (劉宋)裴松之注
元大德十年池州路儒學刻本
宋史四百九十六卷 ZZ/0573
(元)脱脱等撰
元至正六年江浙等處行中書省刻本
金史一百三十五卷目録二卷 ZZ/0574
(元)脱脱等撰
元至正五年江浙等處行中書省刻本
資治通鑒二百九十四卷目録三十卷 ZZ/0575
(宋)司馬光撰
元至元二十六年至二十八年魏天祐刻本
通鑒釋文辯誤十二卷 ZZ/0576
(元)胡三省撰
元刻本
重新校正集注附音資治通鑒外紀四卷 ZZ/0577
(宋)劉恕撰
元刻本
少微家塾點校附音通鑒節要五十六卷外紀四卷 ZZ/0579
(宋)江贄撰
元至治元年趙氏鐘秀家塾刻本
增節標目音注精議資治通鑒一百二十卷 ZZ/0580
題(宋)吕祖謙輯
蒙古憲宗三年至五年張宅晦明軒刻本(卷二十五至二十九、卷六十二至六十五、卷八十一至八十五、卷九十一至九十五、卷一百三至一百五配宋刻本)
資治通鑒綱目五十九卷 ZZ/0581
(宋)朱熹撰
元至元二十四年詹光祖月崖書堂刻本
蜀漢本末三卷 ZZ/0583
(元)趙居信撰
元至正十一年建寧路建安書院刻本
續資治通鑒前集十八卷後集十五卷 ZZ/0584
題(宋)李燾撰 (宋)劉時舉撰後集
元雲衢張氏刻本
續資治通鑒十五卷 ZZ/0585
(宋)劉時舉撰
元陳氏余慶堂刻本
續資治通鑒十八卷 ZZ/0586
題(宋)李燾撰
元陳氏余慶堂刻本
宋季三朝政要六卷 ZZ/0587
元皇慶元年陳氏余慶堂刻本
宋季三朝政要六卷 ZZ/0588
元至治三年張氏刻本
宋史全文續資治通鑒三十六卷宋季朝事實二卷 ZZ/0589
元刻本
汲塚周書十卷 ZZ/0590
(晋)孔晁注
元至正十四年嘉興路儒學刻本
周書王會補注一卷 ZZ/0591
(宋)王應麟撰
元至元六年慶元路儒學刻明初修本
戰國策十卷 ZZ/0592
(宋)鮑彪校注 (元)吳師道補正
元至正二十五年平江路儒學刻明修本
吳越春秋十卷 ZZ/0593
(漢)趙曄撰 (元)徐天祜音注
元大德十年紹興路儒學刻明修本
契丹國志二十七卷 ZZ/0594
(宋)葉隆禮撰
元刻本
兩漢詔令二十三卷 ZZ/0595
(宋)林虙 樓昉輯
元至正九年蘇天爵刻明修本(西漢卷二配清抄本)
注陸宣公奏議十五卷 ZZ/0596
(唐)陸贄撰 (宋)郎曄注
元至正十四年劉氏翠岩精舍刻本
翠微先生北征録十二卷 ZZ/0597
(宋)華岳撰
元抄本
運使復齋郭公言行録一卷敏行録一卷 ZZ/0599
(元)徐東撰
元至順刻本
皇朝名臣續碑傳琬琰録八卷 ZZ/0600
(宋)杜大珪輯
元刻本
孔氏祖庭廣記十二卷 ZZ/0601
(金)孔元措撰
蒙古乃馬真後元年孔氏刻本
新編方輿勝覽 ZZ/0602
(宋)祝穆輯
元刻本
[至正]金陵新志十五卷 ZZ/0603
(元)張鉉纂修
元至正四年集慶路儒學溧陽州學溧水州學刻本
幽蘭居士東京夢華録十卷 ZZ/0604

(宋)孟元老撰
元刻本
茅山志十五卷 ZZ/0605
(元)劉大彬撰
元刻本(卷三至七配明刻本 卷十至十二、卷十四至十五配清劉履芬抄本)
三輔黄圖六卷 ZZ/0607
元致和元年余氏勤有堂刻本
牧民忠告二卷經進風憲忠告一卷廟堂忠告一卷 ZZ/0608
(元)張養浩撰
元刻本
新入諸儒議論杜氏通典詳節四十二卷 ZZ/0609
元至元二十三年刻本
文獻通考三百四十八卷 ZZ/0610
(元)馬端臨撰
元泰定元年西湖書院刻本
故唐律疏議三十卷纂例十二卷 ZZ/0611
(唐)長孫無忌等撰 佚名釋文(元)王元亮撰纂例
元余志安勤有堂刻本
至大重修宣和博古圖録三十卷 ZZ/0612
(宋)王黼等撰
元刻本
十七史纂古今通要十七卷 ZZ/0613
(元)胡一桂撰
元刻本
史纂通要後集三卷 ZZ/0613
(元)董鼎撰
元刻本
新增音義釋文古今歷代十八史略二卷 ZZ/0615
(元)曾先之撰
元刻本
通鑒總類二十卷 ZZ/0617
(宋)沈樞輯
元至正二十三年吴郡庠刻本

子部

儒家類

新編孔子家語句解十卷 ZZ/0619
元至正二十七年劉祥卿家刻本
校正劉向說苑二十卷 ZZ/0621
(漢)劉向撰
元大德七年雲謙刻本
周子通書訓義一卷 ZZ/0622
(元)保八撰
元刻本
近思錄集解十四卷 ZZ/0624
(宋)葉采撰
元刻明修本
小學書三卷 ZZ/0625
元刻本
小學書之綱領一卷 ZZ/0625
(宋)朱熹撰
小學書圖一卷 ZZ/0625
(宋)何士信輯
文公小學書集成一卷 ZZ/0625
類編標注文公先生經濟文衡前集二十五卷後集二十五卷續集二十二卷 ZZ/0626
(宋)滕珙輯
元泰定元年梅溪書院刻本
朱子成書十卷 ZZ/0627
(元)黄瑞節輯
元至正元年日新書堂刻本
潛室陳先生木鐘集十一卷 ZZ/0629
(宋)陳埴撰
元吴氏友于堂刻本
慈溪黄氏日鈔分類九十七卷古今紀要十九卷 ZZ/0630
(宋)黄震撰
元後至元三年刻本(卷九十三至九十七配明刻本)

法家類

棠陰比事一卷 ZZ/0633
(宋)桂萬榮撰
元刻本
刑統賦一卷 ZZ/0634
(宋)傅霖撰(元)郤□韵釋
元刻本
宋提刑洗冤集錄五卷 ZZ/0635
(宋)宋慈撰
元刻本
史學指南八卷 ZZ/0636
(元)徐元瑞撰
元刻本

農家類

農桑輯要七卷 ZZ/0637
(元)司農司撰
元後至元五年刻明修本

醫家類

黄帝内經素問二十四卷亡篇一卷 ZZ/0638
(唐)王冰注(宋)林億等校正(宋)孫兆改誤
金刻本
新刊黄帝内經素問二十四卷亡篇一卷 ZZ/0639
(唐)王冰注(宋)林億等校正(宋)孫兆改誤
元讀書堂刻本
新刊補注釋文黄帝内經素問十二卷 ZZ/0640
(唐)王冰注(宋)林億等校正(宋)孫兆改誤
元至元五年胡氏古林書堂刻本
新刊素問入式運氣論奥三卷黄帝内經素問遺篇一卷 ZZ/0641
(宋)劉溫舒撰
元至元五年胡氏古林書堂刻本
新刊黄帝内經靈樞十二卷 ZZ/0642
元至元五年胡氏古林書堂刻六年印本
重修政和經史證類備用本草三十卷 ZZ/0643
(宋)唐慎微撰(宋)寇宗奭衍義
蒙古定宗四年張存惠晦明軒刻本
本草衍義二十卷 ZZ/0645
(宋)寇宗奭撰
元刻本
新刊王氏脈經十卷 ZZ/0646
(晋)王叔和撰(宋)林億等校定
元天曆三年廣勤書堂刻本
傷寒論注解十卷圖解一卷 ZZ/0648
(金)成無已撰
元至正二十五年西園余氏刻本
張仲景批注傷寒百證歌五卷 ZZ/0649
(宋)許叔微撰
元刻本
新刊河間劉守真傷寒直格三卷 ZZ/0650
(金)劉完素撰
元天曆元年建安翠岩精舍刻本
新編金匱方論三卷 ZZ/0651
(漢)張機撰(晋)王叔和輯(宋)林億詮次
元刻明修本
重刊巢氏諸病源候總論五十卷 ZZ/0652
(隋)巢元方撰
元刻本
重刊孫真人備急千金要方三十卷 ZZ/0653

（唐）孫思邈撰
元刻本
太平惠民和劑局方十卷 ZZ/0654
（宋）陳師文等撰
元至正二十六年高氏日新堂刻本
指南總論三卷 ZZ/0654
（宋）許洪撰
元至正二十六年高氏日新堂刻本
增廣和劑局方圖經本草藥性總論一卷 ZZ/0654
元至正二十六年高氏日新堂刻本
濟生拔粹方十九卷 ZZ/0657
（元）杜思敬編
元刻本
永類鈐方二十二卷首一卷 ZZ/0658
（元）李仲南撰
元至順刻本
世醫得效方二十卷 ZZ/0659
（元）危亦林撰
元至正五年陳志刻本
新編婦人大全良方二十四卷辨識修制藥物法度一卷 ZZ/0660
（宋）陳自明撰
元勤有書堂刻本
鍼灸四書九卷 ZZ/0661
元至大四年燕山活濟堂刻本
新刊黄帝明堂灸經三卷 ZZ/0661
新刊子午流注鍼經三卷 ZZ/0661
（南唐）何若愚撰
新刊竇漢卿編集鍼經指南一卷 ZZ/0661
（金）竇杰撰
鍼灸雜說一卷 ZZ/0661
（元）竇桂芳撰
新刊莊季裕編灸膏肓腧穴法一卷 ZZ/0661
（宋）莊綽撰

術數類

增注周易神應六親百章海底眼前集一卷後集一卷 ZZ/0663
（宋）王鼐撰（宋）何侁重編
元刻本
玉靈聚義五卷 ZZ/0664
（元）陸森撰
元天曆平江路刻本
新雕注疏珞琭子三命消息賦三卷 ZZ/0665
（宋）李仝注（宋）東方明疏
金刻本
新雕李燕陰陽三命二卷 ZZ/0665
金刻本
新編曆法集成前集一卷後集一卷續集一卷别集一卷 ZZ/0669
（元）何士泰輯
元刻本
圖繪寶鑒五卷補遺一卷續補一卷 ZZ/0670
（元）夏文彦撰
元至正二十六年刻本

雜家類

古迂陳氏家塾尹文子二卷 ZZ/0671
元陳仁子刻本
吕氏春秋二十六卷 ZZ/0672
（漢）高誘注
元至正嘉興路儒學刻本
吕氏春秋二十六卷 ZZ/0672
（漢）高誘注
元至正嘉興路儒學刻明修本
白虎通德論十卷 ZZ/0673
（漢）班固撰
元大德九年無錫州學刻本
白虎通二卷 ZZ/0674
（漢）班固撰
元刻本
風俗通義十卷 ZZ/0675
（漢）應劭撰
元大德九年無錫州學刻本
顔氏家訓七卷附考證一卷 ZZ/0676
（北齊）顔之推撰（宋）沈揆撰考證
元刻本
古迂陳氏家藏夢溪筆談二十六卷 ZZ/0677
（宋）沈括撰
元大德九年陳仁子東山書院刻本
閒居録一卷 ZZ/0678
（元）吾衍撰
元至正十八年孫道明抄本
新刊履齋示兒編二十三卷 ZZ/0679
（宋）孫奕撰
元劉氏學禮堂刻本
困學紀聞二十卷 ZZ/0680
（宋）王應麟撰
元泰定二年慶元路儒學刻本

小説類

湖海新聞夷堅續志前集十二卷 ZZ/0681
元碧山精舍刻本
新編連相搜神廣記前集一卷後集一卷 ZZ/0682
（元）秦子晋撰
元刻本
新刊分類江湖紀聞前集□卷 ZZ/0683
（元）郭霄鳳撰
元刻本

類書類

新編古今事文類聚前集六十卷後集五十卷續集二十八卷别集三十二卷新集三十六卷外集十五卷 ZZ/0684
（宋）祝穆輯（元）富大用輯新集、外集
元泰定三年廬陵武溪書院刻本
山堂先生群書考索前集六十六卷後集六十五卷續集五十六卷别集二十五卷 ZZ/0685
（宋）章如愚輯（元）富大用輯
元延祐七年圓沙書院刻本
新箋决科古今源流至論前集十卷後集十卷續集十卷别集十卷 ZZ/0686
（宋）林駉撰（宋）黄履翁撰别集
元延祐四年圓沙書院刻本
纂圖增新群書類要事林廣記十集二十卷 ZZ/0687
（宋）陳元靚輯
元後至元六年鄭氏積誠堂刻本
玉海二百卷 ZZ/0688－1
（宋）王應麟撰
元至元六年慶元路儒學刻本
辭學指南四卷 ZZ/0688－1
（宋）王應麟撰
元至元六年慶元路儒學刻本
詩考一卷 ZZ/0688－2
（宋）王應麟撰
元至元六年慶元路儒學刻本
詩地理考六卷 ZZ/0688－3
（宋）王應麟撰
元至元六年慶元路儒學刻本
漢藝文志考證十卷 ZZ/0688－4
（宋）王應麟撰
元至元六年慶元路儒學刻本
通鑒地理通釋十四卷 ZZ/0688－5
（宋）王應麟撰
元至元六年慶元路儒學刻本

漢制考四卷 ZZ/0688－6
(宋)王應麟撰
元至元六年慶元路儒學刻本
踐阼篇集解一卷 ZZ/0688－7
(宋)王應麟撰
元至元六年慶元路儒學刻明初修本
周易鄭康成注一卷 ZZ/0688－8
(宋)王應麟撰
元至元六年慶元路儒學刻本
姓氏急就篇二卷 ZZ/0688－9
(宋)王應麟撰
元至元六年慶元路儒學刻本
急就篇補注四卷 ZZ/0688－10
(宋)王應麟撰
元至元六年慶元路儒學刻本
周書王會補注一卷 ZZ/0688－11
(宋)王應麟撰
元至元六年慶元路儒學刻本
小學紺珠十卷 ZZ/0688－12
(宋)王應麟撰
元至元六年慶元路儒學刻本
六經天文篇二卷 ZZ/0688－13
(宋)王應麟撰
元至元六年慶元路儒學刻本
通鑒答問五卷 ZZ/0688－14
(宋)王應麟撰
元至元六年慶元路儒學刻本
新編通用啓劄截江网六卷 ZZ/0689
元刻本
新編詔誥章表機要四卷 ZZ/0690
(金)郭明如輯
金刻本
新增說文韻府群玉二十卷 ZZ/0691
(元)陰時夫輯 (元)陰中夫注
元大德刻本
新編排韻增廣事類氏族大全十卷 ZZ/0692
元刻本
新編事文類聚啓劄雲錦甲集六卷乙集六卷丙集六卷丁集六卷戊集六卷已集六卷庚集六卷辛集五卷壬集九卷癸集七卷 ZZ/0693
元刻本
重刊增廣門類換易新聯詩學欄江網七集七十卷 ZZ/0694
元刻本
聯新事備詩學大成三十卷 ZZ/0695
(元)林楨輯
元至正九年建寧路書市劉衡甫刻本
新編類意集解諸子瓊林前集二十四卷後集十六卷 ZZ/0696
(元)蘇應龍輯
元刻本
漢唐事箋對策機要十二卷後集八卷 ZZ/0697
(元)朱禮撰
元至正六年日新堂刻本
詩學集成押韻淵海二十卷 ZZ/0698
(元)嚴毅輯
元至元六年蔡氏梅軒刻本
群書鈎玄十二卷 ZZ/0699
(元)高耻傳輯
元刻明修本
新編事文類要啓劄青錢後集十卷 ZZ/0700
元刻本

釋家類

金剛般若波羅蜜經一卷 ZZ/0702
(後秦)釋鳩摩羅什譯 (元)釋思聰注
二十世紀七十年代影印元至正元年(1341)劉覺廣江陵刊經所刻朱墨套印本
纂圖互註南華真經十卷 ZZ/0704
元刻明修本
大元至元辨僞錄五卷 ZZ/0705
(元)釋祥邁撰
元刻本
釋氏稽古略四卷 ZZ/0706
(元)釋覺岸撰
元刻明修本
佛祖歷代通載二十二卷 ZZ/0707
(元)釋念常撰
元至正七年釋念常募刻本
觀音偈一卷邙山偈一卷 ZZ/0708
金刻本

道家類

老子鬳齋□義二卷 ZZ/0709
(宋)林希逸撰
元刻本
道德會元一卷 ZZ/0710
(元)李道純撰
元至元二十七年刻本
列子鬳齋□義二卷 ZZ/0711
(宋)林希逸撰
元初刻本
太清風露經一卷 ZZ/0714
題無住真人撰
蒙古太宗九年至乃馬真後三年宋德方等刻道藏本
太上感應篇八卷 ZZ/0715
(宋)李昌齡傳 (宋)鄭清之贊
元刻本

集部

箋注陶淵明集十卷總論一卷 ZZ/0717
(晋)陶潜撰 (宋)湯漢等注 (宋)李公煥輯總論
元刻本
須溪先生校本唐王右丞集六卷 ZZ/0718
(唐)王維撰 (宋)劉辰翁評點
元刻本
分類補注李太白詩二十五卷 ZZ/0719
(唐)李白撰 (宋)楊齊賢集注 (元)蕭士斌補注
元建安余氏勤有堂刻本
須溪先生校本韋蘇州集十卷拾遺一卷 ZZ/0720
(唐)韋應物撰 (宋)劉辰翁校點
元刻本
杜工部草堂詩箋四十卷外集一卷詩史補遺十卷年譜二卷詩話二卷 ZZ/0721
(唐)杜甫撰 (宋)蔡夢弼箋注 (宋)黃鶴集注補遺 (宋)趙子櫟 魯訔撰年譜 (宋)蔡夢弼輯詩話
元刻本
黃氏補千家注紀年杜工部詩史三十六卷 ZZ/0723
(唐)杜甫撰 (宋)黃希 黃鶴補注
元至元二十四年詹光祖月崖書堂刻本
年譜辨疑一卷 ZZ/0723
(宋)黃鶴撰
元至元二十四年詹光祖月崖書堂刻本
唐陸宣公集二十二卷 ZZ/0724
(唐)陸贄撰
元刻本(卷二十二配抄本)
歌詩編四卷 ZZ/0725
(唐)李賀撰
蒙古憲宗六年趙衍刻本
朱文公校昌黎先生文集四十卷外集十卷遺文一卷傳一卷 ZZ/0726
(唐)韓愈撰 (宋)朱熹考異 (宋)王伯大音釋

元至元十八年日新書堂刻本
增廣音注唐郢州刺史丁卯詩集二卷續集一卷續補一卷 ZZ/0728
(唐)許渾撰 (元)祝德子訂正
元刻本 清抄本(續補)
范文正公集二十卷別集四卷政府奏議二卷尺牘三卷遺文一卷年譜一卷 ZZ/0729
(宋)范仲淹撰 (宋)范純仁 范純粹撰遺文 (宋)樓鑰撰年譜
元天曆至正間褒賢世家家塾歲寒堂刻本
年譜補遺一卷祭文一卷諸賢贊頌論疏一卷論頌一卷詩頌一卷朝廷優崇一卷言行拾遺事錄四卷鄱陽遺事錄一卷遺迹一卷褒賢祠記二卷義莊規矩一卷 ZZ/0729
元天曆至正間褒賢世家家塾歲寒堂刻本
南豐曾子固先生集三十四卷 ZZ/0730
(宋)曾鞏撰
金刻本
元豐類稿五十卷續附一卷 ZZ/0731
(宋)曾鞏撰
元大德八年丁思敬刻本
節孝先生文集三十卷 ZZ/0732
(宋)徐積撰
元刻明修本
節孝先生語一卷事實一卷本朝名臣言行錄一卷皇朝東都事略卓行傳序一卷諸君子帖一卷 ZZ/0732
元刻明修本
范忠宣公文集二十卷 ZZ/0733
(宋)范純仁撰
元刻明修本
王荊文公詩箋注五十卷目錄三卷年譜一卷 ZZ/0734
(宋)王安石撰 (宋)李壁箋注 (宋)劉辰翁批點 (宋)詹大和撰年譜
元大德五年王常刻本
王狀元集百家注分類東坡先生詩二十五卷 ZZ/0735
(宋)蘇軾撰 題(宋)王十朋纂集 (宋)劉辰翁批點
元建安熊氏刻本
東坡紀年錄一卷 ZZ/0735
(宋)傅藻撰
元建安熊氏刻本
東坡先生往還尺牘十卷 ZZ/0736
(宋)蘇軾撰
元刻本
山谷黄先生大全詩注二十卷 ZZ/0737
(宋)黄庭堅撰 (宋)任淵注
元刻本(卷九至十配清抄本)
山谷老人刀筆二十卷 ZZ/0738
(宋)黄庭堅撰
元刻本
後山詩注十二卷 ZZ/0739
(宋)陳師道撰 (宋)任淵注
元刻本(卷一配日本抄本)
簡齋詩外集一卷 ZZ/0740
(宋)陳與義撰
元抄本
增廣箋注簡齋詩集三十卷無住詞一卷 ZZ/0741
(宋)陳與義撰 (宋)胡稚箋注
元刻本(無住詞配清影元抄本)
胡學士續添簡齋詩箋正誤一卷簡齋先生年譜一卷 ZZ/0741
(宋)胡稚撰
元刻本(無住詞配清影元抄本)
新刊李學士新注孫尚書内簡尺牘十卷 ZZ/0742
(宋)孫覿撰 (宋)李祖堯注
元刻本
豫章羅先生文集十七卷年譜一卷 ZZ/0743
(宋)羅從彥撰 (元)曹道振撰年譜
元至正二十五年豫章書院刻本(卷四至六、卷八至十一配清抄本)
朱文公大同集十卷年譜一卷 ZZ/0744
(宋)朱熹撰 (宋)陳利用輯 (元)都璋撰年譜
元至正十二年都璋刻明修本(年譜配清抄本)
批點分類誠齋先生文膾前集十二卷後集十二卷 ZZ/0745
(宋)楊萬里撰 (宋)李誠父輯
元刻本
勉齋先生黄文肅公文集四十卷語錄一卷年譜一卷附集一卷 ZZ/0746
(宋)黄榦撰 (宋)林圓 蔡念成等輯語錄 (宋)林圓 蔡念成等輯年譜 (宋)鄭元肅撰附集
元刻延祐二年重修本
瓊琯白玉蟾上清集八卷 ZZ/0747
(宋)葛長庚撰
元建安餘氏靜庵刻本
方是閒居士小藁二卷 ZZ/0748
(宋)劉學箕撰
元至正二十年屏山書院刻本
栖霞長春子丘神仙磻溪集三卷 ZZ/0749
(金)丘處機撰
金刻本
知常先生雲山集五卷 ZZ/0750
(元)姬志真撰
元延祐六年李懷素刻本
張文忠公文集二十八卷 ZZ/0751
(元)張養浩撰
元刻本
趙子昂詩集七卷 ZZ/0753
(元)趙孟頫撰
元至正元年虞氏務本堂刻本
筠溪牧潛集七卷 ZZ/0754
(元)釋圓至撰
元大德刻本
靜修先生文集二十二卷 ZZ/0755
(元)劉因撰
元至順元年宗文堂刻本
存悔齋詩一卷補遺一卷 ZZ/0756
(元)龔璛撰 (明)朱存理輯補遺
元至正五年俞楨抄本 稿本(補遺)
漢泉曹文貞公詩集十卷後錄一卷 ZZ/0757
(元)曹伯啓撰
元至元四年曹複亨刻本
清容居士集五十卷目錄二卷 ZZ/0758
(元)袁桷撰
元刻本(卷二十七至二十九、卷三十七至三十九、卷四十七至五十配清抄本)
蒲室集十五卷書問一卷疏一卷 ZZ/0759
(元)釋大欣撰
元至元刻本
笑隱和尚語錄不分卷 ZZ/0759
(元)釋廷俊等輯
元至元刻本
梅花字字香二卷 ZZ/0760
(元)郭豫亨撰
元至大刻本
石田先生文集十五卷附錄一卷 ZZ/0761

（元）馬祖常撰
元至元五年揚州路儒學刻本（卷二至三、卷十四至十五、附録配一九三三年徐宗浩抄本）
雍虞先生道園類藁五十卷 ZZ/0762
（元）虞集撰
元刻本（卷十七至二十配抄本）
道園遺藁六卷 ZZ/0763
（元）虞集撰
元至正十四年金伯祥刻本
伯生詩續編三卷 ZZ/0764
（元）虞集撰
元至元六年劉氏日新堂刻本
題葉氏四愛堂詩一卷 ZZ/0764
（元）虞集 吴全節等撰
元至元六年劉氏日新堂刻本
范德機詩集七卷 ZZ/0765
（元）范椁撰
元至元六年益友書堂刻本
疇齋文稿不分卷 ZZ/0766
（元）張仲壽撰
稿本
揭曼碩詩集三卷 ZZ/0767
（元）揭傒斯撰
元至元六年日新堂刻本
淵穎吳先生集十二卷附錄一卷 ZZ/0768
（元）吳萊撰
元末刻本
金華黄先生文集四十三卷 ZZ/0769
（元）黄溍撰
元刻本（卷二十一至四十三配清抄本）（四庫底本）
柳待制文集二十卷標目二卷附録一卷 ZZ/0770
（元）柳貫撰
元至正十年浦江學官刻本（卷十四至十五配清抄本）
順齋先生閒居叢藁二十六卷附録一卷 ZZ/0771
（元）蒲道源撰
元至正十年刻本
陳衆仲文集十三卷 ZZ/0772
（元）陳旅撰
元至正刻明修本（卷八至十三配清抄本）
師山先生文集十一卷 ZZ/0773
（元）鄭玉撰
元至正刻明修本
梧溪集七卷 ZZ/0774
（元）王逢撰
元至正明洪武間刻景泰七年陳敏政重修本（卷一至四及他卷缺葉配清初毛氏汲古閣影元抄本）
梅花百咏一卷 ZZ/0775
（元）韋珪撰
元至正刻本
新刊麗則遺音古賦程式四卷 ZZ/0776
（元）楊維楨撰
元刻本（序、卷一至二配清嘉慶二十三年黄氏士禮居影元抄本）
樂府詩集一百卷目錄二卷 ZZ/0777
（宋）郭茂倩輯
元至正元年集慶路儒學刻明修本
古樂府十卷 ZZ/0777
（元）左克明輯
元至正刻明修本
三聖詩一卷 ZZ/0779
（唐）釋寒山子（元）釋梵琦撰
元刻本
迂齋先生標注崇古文訣三十五卷 ZZ/0780
（宋）樓昉輯
元刻本
文章正宗二十四卷 ZZ/0781
（宋）真德秀輯
元刻明修本
東澗先生妙絕今古文選四卷 ZZ/0782
（宋）湯漢輯
元刻本
疊山先生批點文章軌范七卷 ZZ/0783
（宋）謝枋得輯
元刻本
類編層瀾文選前集十卷後集十卷續集十卷別集十卷 ZZ/0784
元雲坡家塾刻本
中州集十卷樂府一卷 ZZ/0786
（金）元好問輯
元至大三年曹氏進德齋刻遞修本（中州樂府配影元抄本）
皇元風雅六卷 ZZ/0787
（元）傅習 孫存吾輯
元刻本
皇元風雅後集六卷 ZZ/0788
（元）孫存吾輯
元李氏建安書堂刻本
皇元風雅三十卷 ZZ/0789
（元）蔣易輯
元建陽張氏梅溪書院刻本
國朝風雅不分卷雜編三卷 ZZ/0790
（元）蔣易輯
元刻本
國朝文類七十卷目錄三卷 ZZ/0791
（元）蘇天爵輯
元至元至正間西湖書院刻明修本
文心雕龍十卷 ZZ/0792
（梁）劉勰撰
元至正十五年刻明修本
葉先生詩話三卷 ZZ/0793
（宋）葉夢得撰
元陳仁子刻本
詩人玉屑二十卷 ZZ/0794
（宋）魏慶之輯
元刻本
修辭鑒衡二卷 ZZ/0795
（元）王構輯
元至順四年集慶路儒學刻本
作義要訣一卷科場備用書義斷法六卷 ZZ/0796
（元）倪士毅撰
元刻本
東坡樂府二卷 ZZ/0797
（宋）蘇軾撰
元延祐七年葉辰南阜書堂刻本
稼軒長短句十二卷 ZZ/0798
（宋）辛弃疾撰
元大德三年廣信書院刻本
蕭閑老人明秀集注六卷 ZZ/0799
（金）蔡松年撰（金）魏道明注
金刻本
精選名儒草堂詩餘三卷 ZZ/0800
題鳳林書院輯
元刻本
劉知遠諸宮調十二卷 ZZ/0802
金刻本
朝野新聲太平樂府九卷 ZZ/0803
（元）楊朝英輯
元刻本
古今雜劇三十卷 ZZ/0804
元刻本
梨園按試樂府新聲三卷 ZZ/0805
元刻本

樂府新編陽春白雪前集五卷後集五卷 ZZ/0806
(元)楊朝英輯
元刻本
劉子十卷 ZZ/0235
(北齊)劉晝撰 (唐)袁孝政注 (明)孫鑛評
明末刻本
今言四卷 ZZ/0830
(明)鄭曉撰
明嘉靖四十五年項篤壽刻本
皇明祖訓一卷 ZZ/0832
(明)朱元璋撰
明洪武禮部刻本
鹽鐵論十卷 ZZ/0846
(漢)桓寬撰
明弘治十四年涂禎刻本
孫子參同五卷 ZZ/0848
(明)閔于忱輯
明萬曆四十八年閔於忱松筠館刻朱墨套印本
耕餘剩技六卷 ZZ/0852
(明)程宗猷撰
明萬曆四十二年天啟元年程禹跡等刻本
吳姬百媚二卷 ZZ/0878
明萬曆貯花齋刻本
世說新語八卷 ZZ/0894
(南朝·宋)劉義慶撰 (南朝·梁)劉孝標注 (宋)劉辰翁 (宋)劉應登 (明)王世懋點評
明凌瀛初刻四色套印本
陽山顧氏文房小說四十種五十八卷 ZZ/0910
(明)顧元慶編
明正德嘉靖間顧元慶刻本
梁昭明太子文集五卷 ZZ/0916
(梁)蕭統撰
明嘉靖三十四年周滿刻本
王勃詩一卷 ZZ/0920
(唐)王勃撰
明活字印本
盧照鄰詩一卷 ZZ/0922
(唐)盧照鄰撰
明活字印本
玉台新詠十卷 ZZ/1011
(南朝·陳)徐陵輯
明崇禎六年趙均刻本
新刻攷訂按鑒通俗演義全像三國志二十卷 ZZ/1053
(明)羅本撰
明天啟三年黃正甫刻本
李卓吾先生批評忠義水滸傳一百卷引首一卷 ZZ/1055
(元)施耐庵撰 (明)李贄評
明容與堂刻本
新校注古本西廂記五卷匯考一卷 ZZ/1087
(元)王德信撰 (明)王驥德校注
明萬曆四十二年王氏香雪居刻本
太平山水圖畫一卷 ZZ/1169
(清)蕭雲從繪
清順治五年褱古堂刻本
雲自在龕隨筆不分卷 ZZ/1192
(清)繆荃孫撰
稿本
昌黎先生詩集注十一卷年譜一卷 ZZ/1200
(唐)韓愈撰 (清)顧嗣立刪補
清康熙三十八年顧氏秀野草堂刻本
古夫于亭稿二卷 ZZ/1233
(清)王士禛撰
清康熙四十六年林佶寫刻本
呂晚村先生文集八卷續集四卷 附錄一卷 ZZ/1237
(清)呂留良撰
清雍正三年呂氏天蓋樓刻本
御製圓明園詩二卷 ZZ/1275
(清)清高宗弘曆撰 (清)鄂爾泰 張廷玉注
清乾隆武英殿刻套印本
絶妙好詞七卷 ZZ/1294
(宋)周密輯
清初毛氏汲古閣抄本
曲波園傳奇四卷 ZZ/1321
(清)徐士俊撰
清初徐氏曲波園刻本
秦樓月二卷 ZZ/1322
(清)朱㿥撰
清康熙文喜堂刻本
秣陵春傳奇二卷 ZZ/1323
(清)吳偉業撰
清初刻本
風箏誤傳奇二卷 ZZ/1324
(清)李漁撰
清翼聖堂刻笠翁傳奇十種本
一笠庵新編占花魁傳奇二卷 ZZ/1325
(清)李玉撰
清初萃錦堂刻本
慶賞昇平不分卷 ZZ/1340
清彩繪本

四、小說系列

T(10738－10941)
明清善本小說叢刊初編
國立政治大學古典小說研究中心主編
中華民國七十四年臺灣天一出版社影印本
八〇九冊
第一輯
短篇白話小說
錢塘湖隱濟顛禪師語錄一卷 T10738
沈孟柈撰
明隆慶三年四香高齋平石監刊本
熊龍峯小說四種 T10739
熊龍峯撰
明萬曆間刊本
醒世恒言四十篇 T10740
墨浪主人校
明末衍慶堂刊本
二刻拍案驚奇三十九卷三十九篇 T10741
(明)凌濛初撰
明崇禎五年尚友堂刊後修本
別本二刻拍案驚奇三十四卷三十四篇 T10742
(明)凌濛初撰
明末清初刊本
覺世雅言八卷八篇 T10743
無名氏輯
清初刻本
再團圓五卷五篇 T10744
步月主人撰
尚志堂刻本
石點頭十四卷十四篇 T10745
天然癡叟(浪仙)撰 墨憨主人評
明崇禎間金閶葉敬池刊本
醉醒石不分卷十五回 T10746
古狂生編輯
清初刻本

鼓掌絕塵四集四十回 T10747
吳某編
明崇禎四年蘇州龍氏刊本
人中畫四卷四篇 T10748
不著撰人
泉州尚志堂乾隆四十五年刊本
無聲戲小說不分卷二十回 T10749
(清)李漁撰 覺士稗官編次
清初寫刻本
西湖佳話十六卷六十篇 T10750
古吳墨浪子搜輯
金陵王衙刻本
西湖二集三十四卷三十四篇 T10751
(明)周楫撰
崇禎間刻本

短篇白話小說 話本總集

警寤鐘四卷四回 T10752
題嗤嗤道人撰 琢月山人校閱
日明和二年乾隆三十年刻本
照世盃四卷四十六回 T10753
(清)酌元亭主人編次
草閑堂刻本
豆棚閒話十二卷 T10754
(清)聖水艾納居士原本 百懶道人重訂
清嘉慶寶寧堂刻本
評點五色石八卷 T10755
徐述夔撰 服部誠一評點
明治十八年刻本
八洞天 T10756
徐述夔撰
清初寫刻本
七十二朝人物演義四十卷首一卷 T10757
明刻本

第二輯

短篇文言小說

效颦集三卷 T10758
(元)趙弼撰述 王靜訂正
日本江戶寫本

短篇文言小說(一)傳奇

游仙窟 T10759
(唐)張文成作
日本慶安五年江戶初刊本
剪燈新話二卷 T10760
(明)瞿祐著
清乾隆五十六年刊本
剪燈新話句解 T10761
(明)瞿祐著 滄州訂正 垂胡子集釋
朝鮮刻本
剪燈餘話五卷 T10762
(明)李禎撰
明成化二十三年雙桂堂刻本
覓燈因話二卷 T10763
邵景詹纂錄
清刻本
綠牕女史十四卷 T10764
明刻本
奇女子傳四卷 T10765
(明)吳震元論次
明刻本
花陣綺言十二卷 T10766
僊叟石公纂輯 翰史茂生評選
明刻本
(新鐫全像評釋)古今清談萬選四卷 T10767
明萬曆間大有堂刻本
(全像新鐫)一見賞心篇十四卷 T10768
洛源子編集
明萃慶堂刻本

短篇文言小說(二)筆記

豔異編十二卷 T10769
(明)王世貞撰 湯顯祖評
明刻本
豔異編四十卷 T10770
(明)王世貞撰 湯顯祖評
明刻本
廣豔異編三十五卷 T10771
(明)吳大震撰 印月軒主人彙次
明刻本
情史類略二十四卷 T10772
(明)馮夢龍撰 詹詹外史評輯
清初刻本

短篇文言小說(三)通俗類篇

國色天香十卷 T10773
謝友可撰 吳敬所編輯
明萬曆二十五年周氏萬卷樓原刻本
(新刻增補全相)燕居筆記十卷 T10774
(明)林近陽編
余泗泉萃慶堂刻本
(重刻增補)燕居筆記十卷 T10775
何大掄編
明金陵口盛堂刻本
繡谷春容十二卷 T10776
起北赤心子彙輯
明金陵世德堂刻本

第三輯

公安小說

(全補)包龍圖判百家公案一百卷一百回 T10777
不著撰人
明萬曆二十二年與畊堂朱仁齋刻本
(新鐫純像善本)龍圖公案一百則 T10778
不著撰人
明清乾隆四十一年種樹堂大字本
(新評)龍圖神斷公案十卷六十二則 T10779
不著撰人
明清嘉慶七年刻本
(新刻全像)海剛峯先生居官公案四卷七十一回 T10780
(明)李春芳編次
明萬曆三十四年刻本
郭青螺六省廳訟錄新民公案四卷四三則 T10781
不著撰人
清乾隆九年據仙原金成章刊本手抄
杜騙新書四卷八三則 T10782
張應俞著
明萬曆間存仁堂陳懷軒刊本
詳情公案 T10783
不著撰人
存仁堂陳懷軒刊本 原八卷明崇禎初刊
律條公案七卷首一卷四十六則 T10784
不著撰人
蕭少衢師儉堂刊本萬曆後期刊
廉明奇判公案傳二卷一0四則 T10785
余象斗編
林羅山手抄本
皇明諸司公案 T10786
余象斗編述
曆間三台館余氏刊本
明鏡公案七卷五十八則 T10787
葛天民 吳沛泉彙編
昌啓間三槐堂王崑源寫刻本

第四輯

靈怪小說

三遂平妖傳四卷二十回 T10788
題羅貫中編次
明錢塘王慎修精刊本
新平妖傳不分卷四十回 T10789
馮夢龍撰

天許齋批點原刊本泰昌元年序刊
三寶太監西洋記通俗演義二十卷一百回 T10790
題二南里人編次
明萬曆二十五年序刊後印
三寶太監西洋記通俗演義二十卷一百回 T10791
（明）羅懋登 步月樓覆
明萬曆刊本
二十四尊得道羅漢傳六卷二十三則 T10792
（明）朱星祚撰
明萬曆間聚奎齋楊氏清白堂刊本
（新刻鍾伯敬先生批評）封神演義二十卷一百回 T10793
（明）陸西星撰
明萬曆間金閶舒載陽刊本
封神真形圖一卷 T10794
（清）不著撰人
墨繪本人物圖像五十幅
歸蓮夢不分卷二十回 T10795
題蘇庵主人編
明刊本
雷峯塔奇傳五十三回 T10796
玉花堂主人校訂
清嘉慶十一年姑蘇原本
達摩出身傳燈傳 T10797
（明）朱開泰撰
清白堂楊麗泉刊本
（新刊）八仙出處東遊記二卷五十六則 T10798
（明）吳元泰著 凌雲龍校
余文台刊本
南海觀世音菩薩出身修行傳四卷二十四則 T10799
南州西大午辰走人訂著 羊城冲懷朱鼎臣編輯
明煥文堂刊本
華光天王南游志傳四卷十八則 T10800
（明）余象斗編
明崇禎初年昌遠堂李仕弘刊本
北遊記玄帝出身傳四卷一千四則 T10801
（明）余象斗編
明萬曆間余氏雙峰堂熊仰台刊本
韓湘子全傳不分卷三十回 T10802
題錢塘雉衡山人編次
明天啓三年金陵九如堂刊本
蟫史二十卷綉像二卷 T10803
屠紳撰
清嘉慶五年原刊本
飛跎全傳五卷三十二回 T10804
（清）鄒必顯撰 趣齋主人編
清嘉慶二十二年一笑軒刊本
草木春秋演義五卷三十二回 T10805
（清）江洪撰
清嘉慶二十三年最樂堂刊本
唐鍾馗全傳四卷三三則 T10806
不著撰人
劉雙松刊本
綠野仙踪不分卷八十回 T10807
（清）李百川撰
清道光十年刊本
（新刻出像官板大字）西游記 T10808
華陽洞天主人校
明金陵唐氏世德堂刊本
（鼎鐫京本全像）西游記二十卷一百回 T10809
華陽洞天主人校
明萬曆間書林楊閔齋刊本
第五輯
西遊記專輯
唐僧西游記二十卷一百回 T10810
洞天主人校
扁字明刊本
（李卓吾先生評批）西遊記一百回不分卷 T10811
李贄評
明刊大字本
（鼎鐫全像）唐三藏西遊釋厄傳十卷 T10812
題（明）朱鼎臣編輯
明萬曆初書林劉蓮台刊本
唐三藏出身全傳四十回 T10813
題齊雲楊至和編 天水趙毓真校
清初原刻本
（新鐫出像古本）西遊記證道書一百回 T10814
（清）汪象旭 黃太鴻評
清初原刻本
西遊真詮十卷一百回 T10815
題（清）金人瑞 汪象旭 陳士斌 李贄等評閱
清乾隆四十五年刊本
西遊原旨一百回 T10816
（清）劉一明著
清嘉慶間二十四年湖南刊
後西遊記不分卷四十回 T10817
天花才子評點
清乾隆五十八年金閶書業堂刊本
（新說）西遊記一百回 T10818
（清）張書紳註
清乾隆十四年其有堂刊本
（通易）西遊正旨 T10819
不著撰人
清道光十九年眉山何氏德馨堂刊本
第六輯
諧謔篇
東坡先生艾子雜說一卷 T10820
（宋）蘇軾撰
明萬曆三十年海虞趙開美刊本
雪濤諧史十卷 T10821
江盈科著
諧鐸十二卷 T10822
（清）沈起鳳著
清乾隆五十七年刊
笑海叢珠 T10823
江戶寫本
（醉翁滑稽樽俎）笑苑千金四卷 T10823
江戶寫本
東坡居士佛印禪師語錄問答不分卷二十七則 T10823
江戶初寫
雅笑篇十卷 T10824
（明）李日華輯 周履靖 沈伯滈校
江戶寫本
听子二卷 T10825
（明）趙仁甫譔述
明萬曆三十二年序刊
笑林評二卷續一卷 T10826
（明）楊茂謙編
明萬曆三十九年序刊
（李卓吾先生評點）四書笑 T10827
開口世人輯 聞道下士評
林羅山手校江戶初寫
開卷一笑二集十四卷 T10828
（明）李贄編集 屠隆叅閱
明刊本
山中一夕話上下集各七卷 T10829
（明）李贄編 笑笑先生增訂
明刊清修
笑府十三卷 T10830

馮夢龍(墨憨齋主人)撰
清刊
(新鐫)笑林廣記十二卷 T10831
遊戲主人纂輯 粲然居士条訂
清乾隆四十六年刊本
(新訂)解人頤廣集八卷 T10832
(清)錢德蒼重訂
清乾隆二十六年刊本
笑得好 T10833
(清)指迷道人著
清光緒八年刊本
廣諧史十卷 T10834
(明)陳邦俊彙編 陳詩教校訂
明萬曆四十三年序刊
第七輯
鄧志謨專輯
鐵樹記二卷十五回 T10835
(明)鄧志謨撰
明萬曆三十一年萃慶堂余泗泉刻本
飛劍記二卷十三回 T10836
(明)鄧志謨撰
明萬曆萃慶堂余氏刻本
咒棗記二卷十四回 T10837
(明)鄧志謨撰
明萬曆三十一年萃慶堂余氏刊本
山水爭奇 T10838
(明)鄧志謨編
明萃慶堂余氏刊本
風月爭奇三卷 T10839
(明)鄧志謨編
明萃慶堂余氏刊本
童婉爭奇三卷 T10840
(明)鄧志謨編 林羅山手校本
江戶初寫
梅雪爭奇三卷 T10841
(明)鄧志謨編
明萃慶堂余氏刊本
蔬果爭奇 T10842
(明)鄧志謨編
明萃慶堂余氏刊本
精選故事黃眉十卷 T10843
(明)鄧志謨編
明萃慶堂余氏刊本
(重刻增補)故事白眉十卷 T10844
(明)鄧志謨補
明刊本
丰韵情書六卷 T10845
(明)鄧志謨編
明萬曆四十六年萃慶堂余氏刊本
花鳥爭奇十卷 T10846
(明)鄧志謨編 余應虬題序
明萃慶堂余氏刊本
(鍥注釋)得愚集六卷續四卷共十卷 T10847
(明)鄧志謨著
明萬曆四十三年書林發堂余祥我刊本
(新刻)洒洒篇六卷 T10848
題嘯竹主人編 鄧百拙生校
明刊本
(新刻)一札三奇八卷 T10849
(明)鄧志謨纂
明萃慶堂余氏刊本
麗藻八卷 T10850
(明)鄧志謨編
平安書鋪汲古堂寫刊本
第八輯
天花藏主人小說專輯
玉嬌梨 T10851
題荑秋散人撰
清康熙年間刊
麟兒報不分卷十六回 T10852
天花藏主人撰
丹桂堂刊本
飛花詠(玉雙魚)不分卷十六回 T10853
天花藏主人撰
清初刻
賽紅絲不分卷十六回 T10854
天花藏主人撰
清初刻
畫圖緣小傳不分卷十六回 T10855
天花藏主人撰
清初原刊本
定情人(新刻批評綉像秘本)不分卷十六回 T10856
天花藏主人撰
清初原刊本
兩交婚小傳四卷十八回 T10857
天花藏主人撰
枕松堂道咸間刊本
玉支璣二十回 T10858
天花藏主人撰
醉花樓刊本
人間樂四卷十八回 T10859
天花藏主人撰
清乾隆間寶輪堂刊本
金雲翹傳四卷二十回 T10860
青心才人編
(批評綉像)奇聞幻中真十二回不分卷 T10861
烟霞散人編(天花藏主人)
本衙藏板
醉菩提傳不分卷二十回 T10862
題天花藏主人編
味根齋藏板
梁武帝西來演義十卷四十回 T10863
天花藏主人撰
清康熙十二年永慶堂余郁生刊本
第九輯
諷喻小說
儒林外史五十六回 T10864
(清)吳敬梓撰
清嘉慶八年臥閑草堂刊本
儒林外史評二卷 T10865
題天目山樵戲筆
清光緒十一年寶文閣藏板
醋葫蘆四卷二十回 T10866
題西子湖伏雌教王編 且笑广芙蓉癖者評
明筆耕山房刊本
醒世姻緣傳不分卷一百回 T10867
題西周生輯著
清初同德堂刊
療妒緣(鴛鴦會)四卷八回 T10868
題靜恬主人戲題
延南堂藏板
常言道四卷十六回 T10869
落魄道人編
清嘉慶十九年刊
第十輯
烟粉小說(一)人情類
(妙復軒評)石頭記一百二十回 T10870
(清)仝卜年撰
清光緒七年刊本
紅樓夢補不分卷四十八回 T10871
題歸鋤子編
清嘉慶原刊
後紅樓夢不分卷三十回 T10872
不著撰人
清乾嘉間刊本
林蘭香六十回卷 T10873
隨緣下士編輯 寄旅散人批點

清道光十八年刊本

烟粉小說(二)狹邪小說

風月夢三十二回 T10874

(清)無名氏撰 邗上蒙人序

上海申報館仿聚珍版印清光緒九年刊本

品花寶鑑不分卷六十回 T10875

陳森撰

清道光二十九年幻中了幻齋刊本道光二十九年刊

花月痕十六卷五十二回 T10876

題眠鶴主人編次 棲霞居士評閱

清光緒十四年福州吳玉田刊本

烟粉小說(三)才子佳人

吳江雪四卷二十四回 T10877

吳中佩蘅子撰

明末東吳赤緣山房刊本

鴛鴦媒(配)四卷十二回 T10878

(清)徐震(烟水散人)編次

好逑傳(俠義風月傳)四卷十八回 T10879

名教中人編次 游方外客批評

清同治二年獨處軒藏板

快心編十二回 T10880

天花才子編輯 四橋居士評點

課花書屋藏板清刊本

引鳳簫四卷十六回 T10881

題楓江半雲友輯

金石緣不分卷二十四回 T10882

不著撰人

清咸豐元年文粹堂藏板

水石緣六卷三十則 T10883

(清)李春榮編輯

清乾隆三十九年經綸堂刊本

雪月梅十卷五十回 T10884

(清)陳朗(曉山)撰

清乾隆六十年刊本

駐春園小史六卷二十四回 T10885

吳航野客編次

清乾隆四十八年三餘堂刊本

合錦廻文傳十六卷不分回 T10886

(清)李漁撰

清嘉慶三年寶硯齋刊本

三分夢全傳不分卷十六回 T10887

(清)張士登著

清道光二十八年刊本

忠烈全傳六十卷六十回 T10888

不著撰人

清咸同間刊本

野叟曝言二十卷一百五十二回 T10889

(清)夏敬渠撰

清光緒八年上海申報館排印本

烟粉小說(四)兒女英雄傳

嶺南逸史八卷二十八回 T10890

題花溪逸士編次

第十一輯

講史小說

盤古至唐虞傳二卷七則 T10891

鍾惺編輯

明末余季岳刊本

(按鑑演義)帝王御世有夏誌傳四卷十九則 T10892

鍾惺撰

明末余季岳刊本

(按鑑編纂)開闢衍釋通俗志傳六卷八十回 T10893

(明)周游集 王黌釋

明崇禎八年麟瑞堂刊本

孫龐鬥志演義二十卷 T10894

無名氏撰 題吳門嘯客述

明崇禎九年序刊

後七國樂田演義四卷二十回 T10895

(清)徐震(古吳烟水散人)輯

清乾隆四十五年壁園藏板

(新刻劍嘯閣批評)東西漢演義 T10896

(明)甄偉 謝詔撰

劍嘯閣批評原刊本

(劍嘯閣批評秘本出像)隋史遺文十二卷六十回 T10897

袁于令撰

明崇禎六年自序刊本

唐書志傳通俗演義八卷九十則 T10898

題金陵薛居士的本 鰲峯熊鍾谷編集

楊氏清江堂刊本

(新刻徐文長先生批評)唐傳演義八卷九十節 T10899

不著撰人

明萬曆泰昌元年武林藏珠館刊本

殘唐五代史演義傳二卷六十則 T10900

題(明)羅本編輯 湯顯祖批評

清三讓堂刊本

飛龍全傳二十卷六十回 T10901

吳璿撰

芥子園藏板清嘉慶二年序刊

女仙外史不分卷一百回 T10902

呂熊(古稀逸田叟)撰

清康熙五十年自序刊

承運傳四卷 T10903

(明)無名氏撰

明萬曆年間福建坊刊本

皇明中興聖烈傳五卷四十八則 T10904

樂舜日(西湖義士)述

明刊本

檮杌閒評五十卷五十回附總論一卷 T10905

不著撰人

療海丹忠錄八卷四十回 T10906

題平原孤憤生戲草 鐵崖熱腸人偶評

明崇禎十五年序刊翠娛閣刊本

近報叢談平虜傳二卷二十則 T10907

吟嘯主人撰

明崇禎間刊本

(新編)剿闖通俗小說不分卷十回 T10908

題西吳懶道人撰

明興文館寫刻本

第十二輯

春秋列國志專輯

(新鐫陳眉公先生評點)春秋列國志傳十二卷 T10909

(明)余邵魚撰 陳繼儒重校

姑蘇龔紹山萬曆間刊本

(新鐫陳眉公先生評點)春秋列國志傳十二卷 T10910

陳繼儒校正

龔紹山梓萬曆四十三年刊本

新列國志傳不分卷一百八回 T10911

馮夢龍撰

明末金閶葉敬池刊本

第十三輯

三國演義專輯

(新刻校正古本大字音釋)三國志通俗演義十二卷二四十則 T10912

(明)羅貫中編

明萬曆十九年金陵萬卷樓周日校刊本

(新刻京本校正演義按鑑全像)三國志傳評林二十卷存十八 T10913

陳壽史傳

明萬曆間余象斗刊本

(新鐫京本校正通俗演義按鑑)三國志傳二十卷二四十則 T10914

(明)羅貫中編
明萬曆三十三年闞氏聯輝堂三垣館刊本
(重刻京本通俗演義按鑑)三國志演義二十卷二四十則 T10915
陳壽史傳 (明)楊春元校
明萬曆三十八年福建書林楊閩齋刊本
(李卓吾先生批評)三國志二百二十回不分卷 T10916
不著撰人
清初吳郡綠蔭堂覆明刊本
(精鐫合刻)三國水滸全傳 T10917
題陳壽史傳 羅貫中演義 李載贄批點
明崇禎間雄飛館合刻英雄譜本
第一才子書 T10918
不著撰人
三槐堂藏板十九卷缺卷四
(新刻續編)三國志後傳十卷一百三十九回 T10919
(明)無名氏撰
明萬曆十四年刊本
後三國石珠演義不分卷三十回 T10920
梅溪遇安氏撰
清乾隆後刊本

第十四輯

岳武穆精忠演義專輯

(新刊)大宋中興通俗演義十卷八十則 T10921
(明)熊大木編輯
明萬曆間雙峰堂萬卷樓刊本
(新鐫)大宋中興通俗演義八卷 T10922
(明)熊大木編輯
明嘉靖三十一年楊氏清白堂刊本
(新刻按鑑演義全像大宋中興)岳王傳八卷 T10923
(明)余應鰲(即熊大木)編
明萬曆間三台館刊本
(新鐫)全像武穆精忠傳八卷八十則 T10924
不著撰人
清初映堂刊本

第十五輯

南北宋演義專輯

南北宋志傳二十卷不分回 T10925
(明)陳繼儒編次
明建陽余氏三台館刊本
(新刻出像補訂參采史鍒)南北宋史傳通俗演題評 T10926
題姑孰陳氏尺蠖齋評釋
唐氏世德堂刊本
北宋金鎗全傳十卷五十回 T10927
研石山樵訂正 廢閑主人校閱
清道光三年博古堂刊本
(新鐫玉銘堂批評按鑑參補出像)南宋志傳十卷五十回 T10928
題研石山樵訂正 織里畸人校閱
金閶葉池刊本
(鐫出像楊家府世代忠勇)演義志傳八卷 T10929
題秦淮墨客校閲
明萬曆三十四年天德堂刊本

第十六輯

英烈傳專輯

(新鐫龍興名世録)皇明開運英武傳八卷六十則 T10930
不著撰人
明萬曆十九年楊明峰重刊本
(新刻皇明開運輯略武功名世)英烈傳六卷 T10931
不著撰人
明余應詔三台館刊本
雲合奇踪 T10932
題徐渭文長甫編
明萬曆四十四年玉茗堂評點本

第十七輯

水滸傳專輯

(李卓吾批評)忠義水滸傳全書一百卷一百二十回 T10933
題施耐庵集撰 羅貫中纂修
明容與堂刊本
(芥子園本李卓吾批評)忠義水滸傳一百回 T10934
題施耐庵集撰 羅貫中纂修
板心下有芥子園藏板
(鍾伯敬先生批評)忠義水滸傳一百卷一百回 T10935
不著撰人
明四知堂刊本
(新刊舊本全像插增田虎王慶)忠義水滸傳 T10936
明萬曆間余氏雙峰堂刊本
(京本增補校正全像)忠義水滸傳評林二十五卷 T10937
題羅道本編集
明余氏雙峰堂刊本
(李卓吾先生批評)忠義水滸傳全書一百卷一百回 T10938
不著撰人
明郁郁堂本
(王望如評)水滸傳 T10939
王望如評本
清順治十一年刊本
(蔡元放批點)水滸後傳十卷四十回 T10940
題古未遺民鴈宕山樵編輯 金陵憨客野雲主人評定
清乾隆三十五年序刊
結水滸傳七十卷一百四十回 T10941
(清)俞萬春撰
清咸豐七年東籬山人重刊本

T(10972－11096)

古本小説叢刊
《古本小説叢刊》編輯委員會編輯
一九八七年北京中華書局影印本
二〇五册

第一輯

唐三藏西游釋厄傳十卷 T10972
題(明)朱鼎臣編輯
明萬曆初書林劉永茂(蓮臺)刊本
生花夢四卷十二回 T10973
題娥川主人編次
清初寫刻本
斬鬼傳四卷十回 T10974
清康熙間鈔本
才美巧相逢宛如約四卷十六回 T10974
惜花主人批評
醉月山居刻本
紅樓夢殘存一至四十回 T10975
(清)曹雪芹撰
清乾隆間鈔本

第二輯

水滸忠義志傳二十五卷一百十五回 T10976
(元)施耐庵撰
明崇禎劉興我刻本
插增田虎王慶忠義水滸全傳殘本 T10976
不著撰人
明刻本
兩漢開國中興傳誌六卷四十二則 T10977
(明)黃化宇校正
明萬曆三十三年西清堂詹秀閩刊本

包龍圖判百家公案十卷一百回 T10978
(明)安遇時編
明萬曆二十二年與耕堂朱仁齋刻本
鍾馗全傳四卷三十四則 T10979
不著撰人
明萬曆安正堂劉雙松刻本
幻中真十二回 T10979
(清)烟霞散人編次 泉石主人評定
清順治寫刻本
第三輯
三國志傳二十卷二百四十段 T10980
(明)羅貫中編次
明萬曆三十九年鄭世容刻本
郭青螺六省聽訟錄新民公案四卷四十三則 T10981
日本享元年(1744)抄本
一片情四卷十四回 T10982
清順治好德堂刻本
第四輯
唐書志傳通俗演義八卷九十一節 T10983
(明)熊鍾谷編集
明嘉靖三十二年楊氏清江堂刻本
國朝明公神斷詳刑公案八卷四十則 T10984
(明)歸正寧靜子輯
明萬曆明德堂劉太華刻本
桃花女陰陽鬬傳四卷十六回 T10984
清丹柱堂重印本
章台柳四卷十六回 T10984
清醉月樓刻本
皇明中興聖烈傳五卷四十八則 T10985
(明)樂舜日述
明崇禎刻本
三教偶拈三集 T10986
(明)馮夢龍編
明天啓刻本
第五輯
剪燈餘話五卷 T10987
(明)李昌祺撰
明正統張光啓刊本
八仙緣四卷十二回 T10987
梅庭氏編輯
清道光九年寓春居士刻本
全漢志傳十二卷一百八十則 T10988
(明)熊鍾谷編次
明萬曆十六年克勤齋余世騰刻本
近報叢譚平虜傳四卷二十則 T10989
題(明)吟嘯主人撰
明崇禎刊本
鬼谷四友志三卷六回 T10989
(清)楊景涓評輯
清乾隆嘉慶間刊本
醒夢駢言十二回 T10990
題菊畦主人輯
清乾隆刻本
第六輯
列國志傳評林八卷二百三十四則 T10991
(明)余邵魚編集 余象斗評
明萬曆三十四年三台館余象斗刊本
飛英聲四卷八篇 T10991
題憨憨生輯
刊本
皇明諸司公案傳六卷五十九則 T10992
(明)余象斗編述
明萬曆三台館余文台刊本
俗話傾談四卷十篇 T10993
(清)邵彬儒評輯
清同治華玉堂刊本
俗話傾談二集二卷七篇 T10993
(清)邵彬儒評輯
清同治十年刊本
第七輯
三分事畧三卷 T10994
元至元三十一年建安書堂刻本
海剛峯先生居官公案傳四卷七十一回 T10994
(明)李春芳編次
明萬曆三十四年金陵萬卷樓虛舟生刊本
盤古至唐虞傳二卷七則 T10995
(明)鍾惺撰
明末余季岳刊本
有夏志傳四卷十九則 T10995
(明)鍾惺撰
明末余季岳刊本
療妒緣四卷八回 T10996
(清)靜恬主人撰
清乾隆延南堂寫刻本
遼海丹忠錄八卷四十回 T10997
(明)平原孤憤生草 鐵崖熱腸人評
明崇禎翠娛閣刊本
再團圓五集五篇 T10997
步月主人撰
清乾隆泉州尚志堂寫刻本
第八輯
錢塘湖隱濟顛禪師語錄不分卷 T10998
(明)沈孟柈叙述
明隆慶三年四香高齋平石監刊本
醋葫蘆小說四卷二十回 T10998－9
(明)西子湖伏雌教主編
明崇禎筆耕山房刊本
承運傳四卷三十八則 T11000
明萬曆寫刻本
(新刻)善惡圖全傳四十回 T11001
(清)惜陰堂主人撰
清刊本
(新編綉像)山水情傳二十二回 T11002
明崇禎刊本
第九輯
北方真武祖師玄天上帝出身志傳四卷二十四則 T11003
(明)余象斗撰
明萬曆三十年熊仰臺刊本
四巧說四篇 T11003
(清)梅庵道人撰
清刊本
(劍嘯閣批評秘本出像)隋史遺文十二卷六十回 T11004
袁于令撰評
明崇禎名山聚刊本
繡鞋記警貴新書四卷二十回 T11004
(清)烏有先生訂
清蝴蝶樓刊本
第十輯
七十二朝人物演義四十卷 T11005
明崇禎刻本
五代薩真人得道咒棗記二卷十四回 T11006
(明)鄧志謨撰
明萬曆余氏萃慶堂刊本
唐代呂純陽得道飛劍記二卷十三回 T11006
(明)鄧志謨撰
明萬曆余氏萃慶堂刊本
晉代許旌陽得道擒蛟鐵樹記二卷十五回 T11006
(明)鄧志謨撰
明萬曆萃慶堂余泗泉刊本
第十一輯
鼓掌絕塵集四集四十回 T11007
(明)古吳散人編

明崇禎刊本
警寤鐘四卷十六回 T11007
(清)嗤嗤道人撰
清草閑堂刊本
人間樂四卷十八回 T11008
(清)天花藏主人撰
清寶綸堂刊本
大明全傳綉球緣四卷二十九回 T11008
清咸豐元年刊本
鬼神傳終須報四卷十八回 T11009
清咸豐九年富經堂刊本
瓦崗寨演義全傳五卷二十回 T11009
(清)梁朗川撰
清咸豐十一年富經堂刊本
第十二輯
水滸志傳評林二十五卷一百四回 T11010
(明)羅貫中撰
明萬曆二十二年雙峯堂余象斗刻本
情夢柝七卷二十回 T11011
題安陽酒民撰 灌菊散人評
清順治年間刻本
清風閘四卷三十二回 T11012
不著撰人
清道光元年華軒齋刻本
繡屏緣二十回 T11012
題蘇庵主人編次
日本鈔本
第十三輯
拍案驚奇四十卷 T11013
(明)凌濛初撰
明崇禎年間尚友堂安少雲刻本
升仙傳八卷五十六回 T11014
題(清)倚雲氏主人撰
清光緒十八年成文信刻本
第十四輯
二刻拍案驚奇四十卷 T11015
(明)凌濛初撰
明崇禎年間尚友堂刻本
東漢演義八卷三十二回 T11016
題(清)遠道人重編
清善成堂刻本
第十五輯
續英烈傳五卷三十四回 T11017
題(明)空谷老人編次
六宜堂刻本
石頭記 T11017
(清)曹雪芹撰
木刻烏絲欄抄本
續西游記一百回 T11018
不題撰人 真復居士評
清嘉慶十年金鑑堂刻本
五鼠鬧東京二卷一百五十七則 T11018
不題撰人
書林刻本
第十六輯
觀音傳四卷二十五則 T11019
題(明)西大午辰走人訂著 朱鼎臣編輯
明煥文堂楊春榮刻本
醉菩提二十回 T11019
題(清)天花藏主人編
清乾隆四十二年書業堂刻本
警世選言六回 T11020
不著撰人
貞祥堂刻本
飛花艷想十八回 T11020
題樵雲山人編次
清順治年間寫刻本
合浦珠傳四卷十六回 T11021
題(清)檇李煙水散人編
清順治年間寫刻本
爭春園全傳四十八回 T11022
不題撰人
清道光五年大經堂刻本
第十七輯
鐵花仙史二十六回 T11023
題雲封山人撰 一嘯居士評點
清康熙年間恒謙堂刻本
三國因 T11023
題醉月山人撰
以文刊本
說呼全傳十二卷四十回 T11024－5
題(清)半閒居士 學圃主人同閱
清乾隆年間書業堂刊本
雙鳳奇緣傳八卷八十回 T11025
題雪樵主人撰
清嘉慶二十一年兆敬堂刊本
第十八輯
(新刻全像音詮)征播奏捷傳通俗演義六集六卷一百回 T11026
題(明)棲真齋名衢逸狂演義
明萬曆三十一年佳麗書林刊本
(全像演義)皇明英烈志傳四卷六十節 T11027
不題撰人
明崇禎年間刻本
照世盃四卷四回 T11027
題酌玄亭主人撰
清初酌玄亭寫刻本
(新鐫全像通俗演義)隋煬帝艷史八卷四十回 T11028
(明)齊東野人撰 不經先生批評
明崇禎年間人瑞堂刊本
第十九輯
(新刊通俗增演忠義出像)水滸傳殘本存四卷十八回 T11029
(明)施耐庵撰
明刻本
夏商合傳十卷三十一則 T11029－3
(明)鍾惺編輯
清嘉慶十九年稽古堂刻本
(新鐫批評出像通俗演義)禪真後史八集八卷五十三回 T11031
(明)清溪道人編次 冲和居士評校
明崇禎年間同人堂刻本
聽月樓二十回 T11031
不題撰人
清嘉慶二十年忠恕堂刊本
第二十輯
連城璧十八回 T11032
(清)李漁撰
清康熙年間寫刻本
(新刻小說)幻中遊醒世奇觀四卷十八回 T11033
題(清)步月齋主人撰
清乾隆年間刻本
南史演義三十二卷 T11034
(清)杜綱撰
清乾隆六十年(1795)陳景川局刻本
第二十一輯
(新鋟全像大字通俗演義)三國志傳二十卷 T11035
(明)羅貫中撰 李祥重訂
明萬曆年間喬山堂劉龍田刊本
列國志輯要八卷一百九十節 T11036
(清)楊庸輯
清乾隆五十年四知堂刻本
白圭志四集十六回 T11037
(清)崔象川撰
清嘉慶十二年永安堂刻本
第二十二輯
三國志傳二十卷 T11038

(明)羅貫中撰
明萬曆三十三年聊輝堂鄭少垣刊本
包龍圖公案詞話八種 T11039
明成化年間永順堂刊本
石郎駙馬傳 T11039
明成化七年(1471)永順書堂刊本
白牡丹傳八卷四十六回 T11040
(清)洪琮撰
清光緒十七年博古齋刊本
第二十三輯
(新刊京本校正演義全像)三國志傳評林二十卷 T11041
(明)羅貫中撰
明萬曆年間余象斗刊本
三國志傳二十卷 T11041
(明)羅貫中撰
明萬曆二十年雙峯堂余象斗刊本
花關索傳四集 T11042
不題撰人
明成化十四年永順書堂刊本
兩交婚四卷十八回 T11042
(清)步月主人著
枕松堂刊本
(貫華堂評論)金雲翹傳四卷二十回 T11043
(明)青心才人編次
清順治年間刊本
(新刻)粉妝樓傳記十卷八十回 T11043－4
不題撰人
清嘉慶二年寶華樓刊本
第二十四輯
(鍾伯敬先生批評忠義)水滸傳一百卷一百回 T11045
不題撰人 鍾伯敬批評
明天啓年間四知館刊本
(插圖田虎王慶忠義)水滸全傳存四卷 T11046
第二十五輯
明刊本
二奇合傳十六卷四十回 T11046－7
(清)芝香館居士輯
清光緒四年二勝會刊本
春柳鶯四卷十回 T11048
(清)南軒鶡冠史者編
刊本
(新鐫綉像)後宋慈雲太子逃難走國全傳八卷三十五回 T11048－9
清嘉慶二十年福文堂刊本
第二十六輯
薛仁貴征遼事略 T11050
不題撰人
明永樂大典本
狄青初傳十四卷六十八回 T11050－1
(清)李雨堂撰
清嘉慶十九年長慶堂刊本
最娱情四集 T11052
來鳳館主人選
清順治年間刊本
癡人福四卷八回 T11052
不題撰人
清嘉慶十年雲秀軒刊本
(新鐫綉像)百煉真海烈婦傳十二回 T11053
(清)墨浪仙主人編輯
清康熙年間(本衙藏板)本
第二十七輯
幻中真三卷十回(附鴛鴦譜) T11054
題烟霞散人編次 泉石主人評定
清刊本
希夷夢四十卷 T11054－5
(清)汪寄撰
清嘉慶十四年(本堂藏板)刻本
第二十八輯
(新刊出像補訂參采史鑑)唐書志傳通俗演義題評八卷八十九節 T11056
不著撰人
明萬曆間世德堂刊本
皇明諸司廉明奇判公案二卷一百零五則 T11057
不著撰人
明天啓年間萃英堂重刊本
紅樓幻夢二十四卷二十四回 T11057－8
題花月癡人撰
清道光二十三年疏影齋刊本
第二十九輯
三祥報六集二十四卷二十四回 T11059
(清)陶炳南撰
稿本
忠烈俠義傳一百二十回 T11059－6
(清)石玉崑述 問竹主人刪改
清光緒五年活字本
第三十輯
醒世恒言四十卷 T11061
(明)馮夢龍輯 可一居士評 墨浪主人校
明天啓年間葉敬池刊本
第三十一輯
古今小說四十卷 T11062－3
(明)馮夢龍輯 綠天館主人評次
明天啓間天許齋刊本
英雲夢傳八卷十六回 T11063
(清)九容樓主人松雲氏撰
清乾隆年間聚錦堂刊本
鴛鴦配四十卷十二回 T11063
槜李烟水散人撰
清順治年間刊本
第三十二輯
(新刻)名公神斷明鏡公案七卷五十八則 T11064
(明)吳沛泉彙編
明萬曆年間三槐堂王崑源刻本
警世通言四十卷 T11064－5
(明)馮夢龍撰 可一主人評
明天啓年間兼善堂刊本
醒風流奇傳初集二十回 T11066
題(清)霍市道人編次
刻本
第三十三輯
三遂平妖傳四卷二十回 T11067
(明)羅貫中撰
明萬曆年間世德堂刻本
張于湖傳不分卷 T11067
不題撰人
明萬曆二十五年萬卷樓周日校重刊《國色天香》本
(天許齋批點)平妖傳四十回 T11068
(明)羅貫中編 (明)馮夢龍增補
明泰昌元年刊本
剪燈新話句解二卷 T11068
(明)瞿佑撰 滄洲訂正
朝鮮刊本
(新鐫批評繡像)飛花咏小傳十六回 T11069
不題撰人
清初刻本
第三十四輯
(新刊出像補訂參采史鑑)南宋志傳通俗題評二十卷一百回 T11070

不題撰人 陳氏尺蠖齋評釋
唐氏世德堂刻本
(新刻繡像)走馬春秋四卷十六回 T11070
不題撰人
清丹寶堂刻本
龍會蘭池錄 T11071
不題撰人
明萬曆二十五年萬卷樓周日校重刊《國色天香》本
(新鐫批評)韓湘子三十回 T11071－2
(明)雉衡山人撰 泰和仙客評閱
明天啓年間刊本
第三十五輯
(精鐫按鑑全像鼎峙)三國志傳二十卷 T11073
(明)羅貫中撰
明藜光堂劉榮吾刻本
引鳳簫四卷十六回 T11073
題(清)楓江半雲友輯
清康熙雍正年間刊本
擁爐嬌紅二卷 T11074
不題撰人
明萬曆年間萃慶堂余泗泉刊《燕居筆記》本
(鼎刻)江湖歷覽杜騙新書四卷八十三則 T11074
(明)張應俞撰
明萬曆年間存仁堂陳懷軒刻本
杜麗娘慕色還魂 T11075
不著撰人
明崇禎年間李澄源刊《燕居筆記》本
(墨憨齋新編繡像)醒名花十六回 T11075
題墨憨齋撰
清順治年間寫刻本
施案奇聞八卷九十七回 T11076
不題撰人
清道光十年文德堂刻本
第三十六輯
(新刊全像)唐薛仁貴跨海征遼故事 T11077
不題撰人
明成化七年永順堂刻本
(新契)龍興名世錄皇明開運英武傳八集八卷六十節 T11077
不題撰人
明萬曆十九年楊明峯刊本
(新鐫全像)西游記二十卷一百回 T11078
不題撰人 華陽洞天主人校
明萬曆年間清白堂楊閩齋刊本
人中畫四卷四篇 T11078
不題撰人
清乾隆四十五年尚志堂刻本
婆羅岸二十回 T11079
不題撰人
清嘉慶九年合興堂刊本
第三十七輯
(新刊全相說唱)開宗義富貴孝義傳二卷 T11080
不題撰人
明成化十三年永順堂刊本
(新刊大宋演義中興)英列傳八卷 T11080－2
(明)熊大木撰
明嘉靖三十一年清江堂楊涌泉刊本
(繡像)忠烈全傳六十卷六十回 T11082
不題撰人
清刻本
(新刊出像)天妃濟世出身傳二卷三十二回 T11083
(明)吳還初編 余德孚校
明萬曆年間忠正堂熊龍峯刊本
(新鐫)國朝名公神斷口口口詳情公案殘本 T11083
不著撰人
明刊本
第三十八輯
(新刊全相)鶯哥孝義傳不分卷 T11084
不題撰人
明成化年間永順堂刊本
片壁列國志十卷一百四回 T11084－5
不題撰人
五雅堂刊本
劉生覓蓮記二卷 T11085
不題撰人
明萬曆二十五年萬卷樓周日校重刊《國色天香》本
(新編)勦闖小說十回 T11086
題懶道人口述
明末興文館刊本
呂祖全傳一卷 T11086
(清)汪象旭重訂
清康熙元年刻本
第三十九輯
(新刊)八仙出處東游記二卷五十六回 T11087
(明)吳元泰撰 凌雲龍校
明萬曆年間余象斗刊本
無聲戲小說十二回 T11087－8
(清)李漁撰 杜濬評
清順治年間寫刻本
雙卿筆記不分卷 T11089
不題撰人
明萬曆二十五年萬卷樓周日校重刊《國色天香》本
(新鐫批評繡像)巧聯珠小說十五回 T11089
題(清)烟霞逸士撰
清雍正年間可語堂寫刻本
(新編)清平話史炎凉岸八回 T11090－1
題(清)娥川主人編次 青門逸史點評刊本
(繡像)宋太祖三下南唐八卷五十三回 T11091
題(清)好古主人撰
清同治十三年英文堂刊本
第四十輯
花神三妙傳 T11092
不題撰人
明萬曆二十五年萬卷樓周日校重刊《國色天香》本
(新鐫陳眉公先生批評)春秋列國志傳十二卷 T11093
不題撰人 (明)陳繼儒重校
明萬曆年間龔紹山刊本
(脂硯齋重評)石頭記殘存十六卷十六回 T11094
(清)曹雪芹撰
抄本
第四十一輯
鍾情記六卷六回 T11095
不題撰人
清初刻本
綠野仙踪一百回 T11096
(清)李百川撰
舊抄本
T(11097－11483)
古本小說集成
《古本小說集成》編委會編
一九九〇年至一九九四年上海古籍出版社影印本

七一四册
東度記二十卷一百回 T11097
(明)清溪道人著
據崇禎序本影印 書板式與明崇禎八年(1635)乙亥金閶萬卷樓刊本同
于少保萃忠傳十卷七十回 T11098
(明)孫高亮纂述 沈國元批評
明天啓間刻本
說唐演義後傳五十五回 T11099
(清)鴛湖漁叟較訂
清乾隆四十八年(1783)觀文書屋刊本
禪真逸史八卷四十四回 T11100
(明)清溪道人編次 心心僊侶評訂
明末本衙爽閣藏板本
禪真後史十集六十回 T11101
(明)清溪道人編次 沖和居士評校
明末錢塘金衙梓本
全漢志傳十四卷 T11102
鍾伯敬評
寶華樓刊本
今古奇聞二十二卷 T11103
(清)王寅選
清光緒十三年(1887)刻本
鐵花仙史二十六回 T11104
(清)雲封山人編次 一嘯居士評點
本衙藏板
南北宋誌傳二十卷 T11105
(明)陳繼儒編次
明萬曆潭陽書林三台館刻本
鬼神傳四卷十八回 T11106
斗山學者編
清咸豐七年(1857)刻本
跨天虹 T11106
斗山學者編
寫刻本
永慶昇平二十四卷九十七回 T11107
不著撰人
清光緒十八年(1892)壬辰寶文堂刊本
永慶昇平後傳六卷一百回 T11108
(清)貪夢道人著
清光緒二十年(1894)甲午上海書局本
蝴蝶媒四卷十六回 T11109
(清)南岳道人編 青溪醉客評
本堂梓刊本
四巧說 T11110
(清)梅庵道人編輯
清刊本
後七國樂田演義四卷十八回 T11111
煙水散人演輯
清經國堂藏板
春柳鶯十回 T11112
(清)鶡冠史者編 石廬拚飲潛夫評
離合劍蓮子瓶三十二回 T11113
不題撰人
清道光二十二年(1842)壬寅季春鐫綠雲軒刻本
意外緣十二回 T11114
不題撰人
清悅花樓藏板
風流和尚十二回 T11114
不著撰人
清小本抄本
西遊真詮一百回 T11115
(清)陳士斌評
清乾隆四十五年(1780)庚子刊本
五虎平西前傳十四卷一百十二回 T11116
不題撰人
清聚錦堂本
檮杌閒評五十五卷五十回 T11117
不題撰人
清刊本
海上花列傳六十四回 T11118
(清)花也憐儂著
清光緒二十年(1894)石印初刊本
唐三藏西遊釋厄傳十卷十集六十七節 T11119
(明)朱鼎臣編輯 劉永茂綉梓
清書林劉蓮台梓
南史演義三十二卷 T11120
(清)杜綱編次
清乾隆原刊本
北史演義六十四卷 T11121
(清)杜綱編次
清乾隆原刊本
續英烈傳五卷三十四回 T11122
(明)秦淮墨客編
清勵園書室本
一枕奇二卷 T11123
華陽散人編輯 蚓天居士批閱
清粵東藏板
雙劍雪二卷 T11124
華陽散人編輯 蚓天居士批閱
清東吳赤綠山房刻本
鋒劍春秋十卷六十回 T11125
不署撰者
清同治三年(1864)丹桂堂本
爭春園四十八回 T11126
不著撰人
清道光二十九年(1849)一也軒本
斬鬼傳四卷十回 T11127
煙霞散人著
清抄本
何典十回 T11127
纏夾二先生評 過路人編定
申報館叢書本
瓦崗寨演義五卷二十回 T11128
不著撰人
清同治十三年(1874)福祿大街會元樓刻本
繡球緣四卷二十九回 T11129
不著撰人
清咸豐元年(1851)廣東富桂堂刻本
風流悟 T11130
坐花散人編輯
吳曉鈴先生藏本
貪欣誤六回 T11131
羅浮散客鑒定
明刻本
幻緣奇遇小說十二卷十二回 T11131
撮合生選編
日本抄本
二刻醒世恒言二十四回 T11132
心遠主人著
清雍正原刻本
女仙外史一百回 T11133
(清)呂熊著
清康熙釣璜軒刻本
鍾伯敬批評忠義水滸傳一百回一百卷 T11134
(明)施耐庵 羅貫中著
日本神山潤次氏藏本
希夷夢四十卷四十回 T11135
不著撰人
清嘉慶十四年(1809)本堂刻本
婆羅岸全傳二十回 T11136
不著撰人
清嘉慶九年(1804)合興堂刻本
十二樓十二卷 T11137
覺世稗官編次 睡鄉祭酒批評
清吳曉鈴先生藏消閑居精刻本
快士傳十六卷 T11138

五色石主人新編
清寫刻本
金鐘傳八卷六十四回 T11139
正一子 克明子著
清光緒二十二年(1896)樂善堂刻本
包龍圖判百家公案十卷一百回 T11140
(清)錢塘散人安遇時編集
明萬曆二十二年(1594)朱氏與耕堂刻本
今古傳奇十四卷十四篇 T11141
夢閒子漫筆
清嘉慶二十三年(1818)集成堂本
新刻皇明開運輯略武功名世英烈傳六卷 T11142
明刻本
殺子報六卷二十回 T11143
不著撰人
清光緒二十三年(1897)敬文堂刻本
東漢演義評八卷三十二回 T11144
(清)珊城清遠道人重編
清嘉慶十五年(1810)同文堂刻本
五色石八卷 T11145
(清)筆煉閣主人編述
大連圖書館藏本
世無匹四卷十六回 T11146
(清)娥川主人編次 青門逸史點評
金閶黃金屋刻本
賽紅絲不分卷十六回 T11147
(清)天花藏主人編
清初刻本
定情人十六回 T11148
(清)天花藏主人編
清初原刻本
水石緣六卷三十段 T11149
(清)李春榮編
清經綸堂刻本
平山冷燕二十回 T11150
(清)荻岸散人撰
清順治刊本
戲中戲七回比目魚十九回 T11151
(清)愛月主人編次
清嘯花軒刻本
宛如約四卷十六回 T11152
(清)惜花主人批評
清醉月山居刻本
李卓吾批評忠義水滸傳一百卷一百回 T11153
(明)施耐庵集撰 羅貫中纂修
明容與堂刻本
鏡花緣二十卷一百回 T11154
(清)李汝珍撰
清道光十二年(1832)芥子園重刊本
繡雲閣八卷一百四十三回 T11155
(清)魏文中編輯
清刻本
續紅樓夢三十卷 T11156
(清)秦子忱著
清嘉慶四年(1799)抱甕軒初刻本
樵史通俗演義八卷四十回 T11157
(清)江左樵子編輯
清初寫刻本
後紅樓夢三十回 T11158
不著撰人
清抄本
海上塵天影六十章 T11159
(清)司香舊尉著
清光緒三十年(1904)石印本
白魚亭八卷六十四回 T11160
(清)黃瀚撰述
清道光二十二年(1842)紅梅山房刻本
海角遺編二卷六十回 T11161
不著撰人
清抄本
忠孝勇烈奇女傳四卷三十二回 T11162
不著撰人
清光緒四年(1878)道生堂本
玉蟾記六卷五十三回 T11163
(清)通元子著
清刻本
西湖小史四卷十六回 T11164
(清)上谷氏蓉江著
清咸豐六年(1856)琅玕山館本
仙俠五花劍六卷三十回 T11165
(清)海上劍痴撰
清光緒二十七年(1901)仿聚珍本
大漢三合明珠寶劍全傳六卷四十二回 T11166
不著撰人
清道光二十八年(1848)經綸堂刻本
風月鑑十六回 T11167
(清)吳貽棠撰
清鈔本
梁公九諫一卷九篇 T11168
(宋)無名氏撰
清賜書樓鈔本
武王伐紂書三卷四十二目 T11168
不著撰人
文學古籍刊行社影印元至治間建安虞氏刊本
樂毅圖齊七國春秋後集三卷四十二目 T11168
不著撰人
文學古籍刊行社影印元至治間建安虞氏刊本
天湊巧三卷三回 T11169
西湖逸史撰
清初刻本
八段錦八段 T11169
醒世居士編集
清初醉月樓刻本
新烈國志一百八回 T11170
(明)墨憨齋新編
明金閶葉敬池刻本
脂硯齋重評石頭記(庚辰本)七十八回 T11171
(清)曹雪芹撰
清抄本
東西晉演義十二卷 T11172
不著撰人
明萬曆四十年(1612)周氏大業堂刻本
廿一史通俗衍義二十六卷四十四回 T11173
(清)呂撫輯
清正氣堂本
領南逸史二十八回 T11174
(清)花溪逸士編次
清文道堂本
綺樓重夢四十八回 T11175
不著撰人
清嘉慶十年(1805)瑞凝堂本
脂硯齋重評石頭記(甲戌本) T11176
(清)曹雪芹撰
清抄本
紅樓夢影二十四回 T11177
(清)西湖散人撰
清光緒三年(1877)北京聚珍堂刻本
紅樓圓夢三十一回 T11178
不著撰人
清嘉慶十九年(1814)紅薔閣寫刻本
梅蘭佳話四卷四十段 T11179
(清)曹梧岡撰

清道光二十一年(1841)至成堂刻本
海遊記六卷三十回 T11180
不著撰人
清刻本
善惡圖全傳不分卷四十四回 T11181
(清)無名氏撰
清頌德軒刻本
殘唐五代史演義傳八卷六十回 T11182
(明)羅貫中編輯
明末刻本
警富新書四卷四十四回 T11183
不著撰人
清嘉慶十四年(1809)翰選樓刻本
飛花艷想 T11184
樵雲山人編
清刻本
古今列女傳演義六卷 T11185
(明)馮夢龍演義
明三多齋刻本
蕉葉帕四卷十六回 T11186
不著撰人
清嘯月軒刻本
霞箋記四卷十二回 T11186
不著撰人
清醉月樓刻本
燕子箋六卷十八回 T11187
(清)玩花主人撰
清迎熏樓刻本
明月台十二回 T11187
(清)烟水散人著
清稿本
(戚序本)紅樓夢八卷八十回 T11188
(清)曹雪芹撰
清有正書局大字本
風箏配八回 T11189
不著撰人
清本堂藏板
警世選言六回 T11190
(清)李漁匯輯
舊刻本
十美圖一卷 T11190
不著撰人
舊刻本
西遊補 T11191
(明)靜嘯齋主人著
文學古籍刊行社影印明崇禎初刻本
照世盃四卷四回 T11192
(清)酌元亭主人編次
佐伯文庫叢刊影印清初寫刻本
脂硯齋重評石頭記(己卯本) T11193
(清)曹雪芹撰
一九八〇年上海古籍出版社影印本
豔異編 T11194
(明)王世貞編
明刊本
水滸志傳評林 T11195
(明)羅貫中編集
一九五六年文學古籍出版社據明余氏雙峰堂刻本影印
後宋慈雲走國全傳八卷三十五回 T11196
不著撰人
清嘉慶二十年(1815)福文堂刻本
施案奇聞八卷九十七回 T11197
不著撰人
清嘉慶三年(1798)文德堂刻本
狐狸緣全傳 T11198
(清)醉月山人著
清光緒十四年(1888)敦厚堂刻本
岳武穆盡忠報國傳七卷 T11199
卧治軒評
明友益齋刻本
清風閘四卷三十二回 T11200
不著撰人
清刻本
續西遊記一百回 T11201
不著撰人
清嘉慶十年(1805)金鑑堂刻本
枕上晨鐘十八回 T11202
不睡居士編
清淩雲軒刻本
孔聖宗師出身全傳四卷 T11203
不著撰人
明刻本
關帝歷代顯聖誌傳四卷 T11204
穆氏編輯
明刻本
牛郎織女傳四卷 T11205
(明)朱名世編
明刻本
潛龍馬再興七姑傳二卷三十九則 T11205
不著撰人
舊刻本
虞賓傳十一卷 T11206
(清)寓情翁著
清抄本
隋煬帝豔史八卷四十回 T11207
(明)齊東野人編演
明人瑞堂刻本
玉支璣小傳四卷二十回 T11208
(清)天花藏主人述
清醉花樓刻本
巧聯珠十五回不分卷 T11209
烟霞逸士編次
清可語堂刻本 美國哈佛大學圖書館藏本
杜騙新書四卷 T11210
(明)張應俞著
明萬曆間存仁堂陳懷軒刻本
承運傳四卷三十九則 T11211
不著撰人
明萬曆間寫刻本
躋雲樓十四回 T11211
(清)煙霞主人編述
清刻本
今古奇觀四十卷 T11212
抱甕老人選輯
明大型本
儒林外史五十六回 T11213
(清)吳敬梓著
清嘉慶八年(1803)卧閑草堂刻本
西遊證道書一百回 T11214
殘夢道人 汪憺漪箋評
清刻本
續鏡花緣四卷四十回 T11215
(清)華琴珊著
清稿本
于公案奇聞八卷二百九十二回 T11216
不著撰人
清嘉慶五年(1800)序刻集錦堂本
戚南塘剿平倭寇志傳 T11217
不著撰人
明刻本
掌故演義七回 T11217
不著撰人
清刻本
海公小紅袍全傳十二卷四十二回 T11218
不著撰人
清道光十二年(1832)厦門文德堂刻本
海剛峰先生居官公案四卷七十一回 T11219
(明)李春芳編次

明萬曆三十四年(1606)金陵萬卷樓刻本
隋史遺文六十回 T11220
不著撰人
名山聚刻本
皇明通俗演義七曜平妖全傳六卷七十二回 T11221
(明)清隱道士編次
明末刻清修本
痴人福四卷八回 T11222
不著撰人
清嘉慶十年(1805)雲秀軒刻本
唐三藏出身全傳四卷四十則 T11223
(明)陽至和編
明芝潭朱蒼嶺刻本
警寤鐘四卷十六回 T11224
(清)嗤嗤道人編著
清萬卷樓刻本
幻中遊 T11225
煙霞主人編述
據日本東京大學藏本衙藏板影印
東坡詩話二卷 T11225
不著撰人
路工藏本
生花夢四卷十二回 T11226
(清)娥川主人編次
據哈佛大學本衙藏板本影印
異說後唐傳三集薛丁山征西樊梨花全傳十卷八十八回 T11227
(清)如蓮居士編
清經文堂刻本
歸蓮夢十二回 T11228
(清)蘇庵主人新編
清刻本
大明正德皇遊江南傳七卷四十五回 T11229
(清)何夢梅著
清江左書林本
北魏奇史閨孝烈傳 T11230
(清)張紹賢著
清道光三十年(1850)藏德堂刻本
二奇合傳十六卷四十回 T11231
不著撰人
清光緒四年(1878)渝城二勝會刻本
章台柳四卷十六回 T11232
不著撰人
明醉月樓刻本
筆梨園六回 T11232
蕭湘迷津度者編輯
清刻本
駐春園小史六卷二十四回 T11233
吳航野客編次
清乾隆三餘堂刻本
人間樂十八回 T11234
天花藏主人著
據哈佛大學漢和圖書館本衙藏板本影印
紅樓夢補四十八回 T11235
(清)歸鋤子撰
清道光十三年(1833)藤花榭重刻本
列國前編十二朝四卷五十四節 T11236
(明)余象斗編集
明三台館刻本
隋唐兩朝史傳十二卷一百二十二回 T11237
(明)羅貫中編輯 楊升庵批評
明萬曆四十七年(1619)刻本
趙太祖三下南唐被困壽州城八卷五十三回 T11238
(清)好古主人撰
清咸豐八年(1858)紫貴堂初刻本
皇明中興聖列傳五卷四十八則 T11239
西湖義士述
明刻本
忠烈俠義傳一百二十回 T11240
(清)石玉崑著
清抄本
隋唐演義一百回 T11241
(清)褚人穫彙編
清四雪草堂初刻本
春秋列國志傳十二卷 T11242
(明)陳繼儒重校
明萬曆四十三年(1615)刻本
快心編十六卷三十二回 T11243
(清)天花才子編輯
清課花書屋刻本
東西晋演義十二卷五十回 T11244
不著撰人
明刻本
武穆精忠傳八卷八十則 T11245
不著撰人
明天德堂刻本
增補紅樓夢三十二回 T11246
(清)嫏嬛山樵著
清道光四年(1824)刻本
炎涼岸八回不分卷 T11247
(清)娥川主人編次
清刻本
載陽堂意外緣四卷十八回 T11247
不著撰人
清光緒二十五年(1899)上海書局石印本
臺灣外記三十卷 T11248
(清)江日昇撰
清乾隆三十八年(1733)求無不獲齋刻本
娛目醒心編十六卷三十九回 T11249
(清)草亭老人編次
清乾隆五十七年(1792)刻本
幻中真十二回 T11250
(清)煙霞散人編次
清刻本
豆棚閒話十二則 T11251
(清)艾衲居士編
清康熙間翰海樓寫刻本
合錦迴文傳十六卷 T11252
不著撰人
清嘉慶寶硯齋本
麟兒報十六回 T11253
不著撰人
清康熙十一年(1672)序刊本
英雲夢傳八卷 T11254
(清)松雲氏撰
清聚錦堂刻本
剿闖小說十回 T11255
題西吳懶道人口授
弘光元年(1645)刻本
常言道四卷十六回 T11256
(清)落魄道人編
清嘉慶十九年(1814)刻本
俗話傾談 T11257
(清)博陵紀棠氏評輯
清同治九年(1870)五經樓刻本
秦併六國平話三卷 T11258
不著撰人
元至治間建安虞氏刻本
前漢書續集三卷 T11258
不著撰人
日本倉石武四郎影印元至治間建安虞氏刻本
薛仁貴征遼事略一卷 T11258

不著撰人
永樂大典本
繡鞋記警貴新書四卷二十回 T11259
(清)烏有先生訂
清蝴蝶樓刻本
三國志通俗演義二十四卷二百四十節 T11260
(明)羅貫中編次
明嘉靖刻本
三國誌後傳十卷一百四十回 T11261
(明)酉陽野史編次
明刻本
歧路燈一百八回 T11262
(清)李海觀著
清抄本
雲鍾雁三鬧太平莊全傳五十四回 T11263
不著撰人
清道光二十九年(1849)一笑軒刻本
萬花樓演義十四卷六十八回 T11264
(清)李雨堂著
清經綸堂刻本
大唐秦王詞話八卷六十四回 T11265
(明)澹圃主人編次
文學古籍刊行社影印明刻本
燈月緣十二回 T11266
(清)煙水散人戲述
清嘯花軒刻本
風月夢三十二回 T11267
(清)邗上蒙人撰
清光緒十二年(1886)刻本
金臺全傳十二卷六十回 T11268
不著撰人
清光緒二十一年(1895)上海中西書局石印本
夢中緣四卷十五回 T11269
(清)李子乾著
清崇德堂刻本
二度梅全傳六卷四十回 T11270
(清)惜陰堂主人編輯
清嘉慶五年(1800)福文堂刻本
郭春螺六省聽訟錄新民公案 T11271
不著撰人
日本延享元年(1744)抄本
回頭傳五卷 T11272
不著撰人
清文聚齋刻本
療妬緣四卷八回 T11272
(清)靜恬主人戲題
清延南堂刻本
都是幻二卷十二回 T11273
(清)瀟湘迷津度者輯
本衙藏板
胡少保平倭記一卷 T11273
(清)錢塘西湖隱叟述
清抄本
春秋配四卷十六回 T11274
不著撰人
寫刻本
五金魚傳二卷 T11274
不著撰人
明刻本
唐鍾馗平鬼傳 T11275
東山雲中道人
清乾隆五十年(1785)刻本
五鼠鬧東京傳二卷一百二十七目 T11275
不著撰人
書林刊本
第五才子書水滸傳 T11276
(明)施而庵著
中華書局一九七五年影印金閶葉瑤池梓行"貫華堂古本"
說岳全傳二十卷八十回 T11277
(清)錢彩編次
清錦春堂刻本
補紅樓夢四十八回 T11278
(清)嫏嬛山樵撰
清嘉慶二十五年(1820)刻本
水滸後傳八卷四十回 T11279
(明)陳忱著
清紹裕堂刻本
花月痕十六卷五十二回 T11280
(清)眠鶴道人編次
清光緒十四年(1888)福州吳玉田刻本
青樓夢六十四回 T11281
(清)俞達著
清活字本
天豹圖十二卷四十回 T11282
不著撰人
清嘉慶十九年(1814)豐勝書坊刻本
八洞天八卷 T11283
(清)五色石主人編述
清原刊本
混唐後傳三十七回 T11284
不著撰人
清芥子園刻本
醒風流奇傳不分卷二十回 T11285
雀市道人編次
清初刻本
飛花咏十六回 T11286
不著撰人
清初刻本
繡屏緣二十回不分卷 T11287
(清)蘇庵主人編次
清鈔本
兩交婚小傳十八回 T11288
(清)天花藏主人撰
清本衙藏版本
平閩全傳八卷五十二回 T11289
不著撰人
清道光元年(1821)鷺江崇雅堂刻本
古今律條公案八卷 T11290
(明)陳玉秀選校
明書林蕭少衢師儉堂刻本
詳情公案七卷十五門四十七則 T11291
不著撰人
據日本蓬左文庫本影印
明鏡公案七卷 T11291
葛天民 吳沛泉彙編
刻本
一片情四卷十四回 T11292
無名氏撰
清順治好德堂刻本
公冶長聽鳥語綱常一卷一則 T11292
不著撰人
刻本
五代史平話十卷 T11293
不著撰人
毗陵董氏誦芬室新刊《景宋殘本五代平話》
結水滸全傳七十回附結子一回 T11294
(清)俞萬春著
清咸豐三年(1853)刻本
(鑄雪齋抄本)聊齋誌異十二卷 T11295
(清)蒲松齡著
據上海人民出版社一九七五年影印本重新影印
片璧列國志十卷一百四回 T11296
(明)李卓吾先生評閱
金閶五雅堂刻本
七俠五義一百二十回 T11297
(清)石玉昆述

清光緒十六年(1890)上海廣百宋齋石印本

小五義一百二十四回 T11298
不著撰人
清上海廣百宋齋石印本

續小五義一百二十四回 T11299
不著撰人
清光緒二十二年(1896)上海廣百宋齋石印本

林蘭香八卷六十四回 T11300
隨緣下士編輯
清道光十八年(1838)刻本

蟫史二十卷 T11301
不著撰人
上海古籍出版社庭梅竹氏藏板磊砢山房本

笏山記十九卷六十九回 T11302
(清)吾廬居士戲編
清鈔本

全漢志傳十二卷一百十八則 T11303
(明)熊鍾谷編次
明萬曆十六年(1588)克勤齋余世騰刊本

吳江雪四卷二十四回 T11304
(清)佩蘅子著
據北京圖書館分館藏本影印

兩漢開國中興傳誌六卷四十二則 T11305
(明)黄化宇校正
明萬曆二十三年(1605)詹秀閩刻本

引鳳簫四卷十六回 T11306
(清)楓江半雲友輯
據日本淺草文庫藏本影印

羣英傑六卷三十四回 T11307
不著撰人
清天寶樓刻本

百練真海烈婦傳十二回 T11308
(清)浪墨仙人編輯
清刻本

開闢衍繹通俗志傳六卷八十回 T11309
(明)周游撰
明崇禎間麟瑞堂刻本

大唐三藏取經詩話 T11310
不著撰人
文學古籍刊行社一九五四年影印本

錢塘湖隱濟顛禪師語錄一卷 T11310
(明)沈孟柈述
明隆慶二年(1569)四香高齋平石監刻本

金雲翹傳二十回 T11311
(明)青心才人編次
清康熙間刻本

玉樓春十二回 T11311
(明)白雲道人編輯
嘯花齋重刻十二回本

西游記二十卷一百回 T11312
(明)吳承恩撰
金陵世德堂本

品花寶鑑六十回 T11313
(清)陳森撰
據上海古籍出版社藏後刊本影印

封神演義二十卷一百回 T11314
不著撰人
明末刻本

封神演義二十卷一百回 T11314
不著撰人
明末刻本

飛龍全傳六十回 T11315
(清)陳隅逸士編
清芥子園刻本

螢窗清玩四卷 T11316
不著撰人
稿本

忠列全傳六十回 T11317
不著撰人
清義林堂刻本

玉嬌梨四卷二十回 T11318
(清)荑秋散人編次
清康熙刻本

西遊記二十卷一百回 T11319
不著撰人
書林楊閩齋刻本

白圭志四卷十六回 T11320
(清)崔象川輯
清繡文堂刻本

昇仙傳八卷五十六回 T11321
(清)倚雲氏著
清道光二十七年(1847)孟夏文錦堂刻本

山水情二十二回 T11322
不著撰人
明末清初刻本

後三國石珠演義三十回 T11323
(清)梅溪遇安氏著
舊刻大字本

孫龐鬬志演義二十卷 T11324
(明)吳門嘯客述
明末刻本

熊龍峯四種小說 T11325
不著撰人
明刻本

飛英聲四卷 T11325
不著撰人
據日本東京大學圖書館藏本影印

宣和遺事 T11326
佚名
士禮居叢書本

插增田虎王慶忠義水滸全傳二十四卷一百二十回 T11326
不著撰人
據丹麥皇家圖書館藏原書影印

夢斬涇河龍 T11327
不著撰人
永樂大典本

剪燈餘話四卷續集賈雲華還魂記一卷 T11327
(明)李昌祺編撰
據日本天理大學藏本影印

姜胡外傳一篇 附九嶷十賚記一篇 T11327
無名氏
舊刊本

野叟曝言 T11328
(清)夏敬渠撰
清光緒七年(1881)毘陵彙珍樓活字本

三國志通俗演義十二卷二百四十節 T11329
(明)羅本編次
萬卷樓本

異說反唐全傳 T11330
不著撰人
瑞文堂本

瑶華傳十一卷四十二回 T11331
(清)丁秉仁編著
清濤音書屋本

說唐演義全傳十卷六十八回 T11332
不著撰人
清觀文書屋刻本

春秋五霸七雄列國志傳八卷 T11333
(明)余邵魚編集
明萬曆三十四年(1606)三台館刻本

北宋金鎗全傳十卷五十回 T11334

研石山樵訂正 廢閑主人校閲
清道光二年(1822)博古堂刻本
大宋中興通俗演義 T11335
(明)熊大木編
明嘉靖三十一年(1552)楊氏清江堂刻本
萬錦情林六卷 T11336
(明)余象斗纂
明萬曆原刻本
好逑傳四卷十八回 T11337
(清)名教中人編次
據清獨處軒本影印
武則天四大奇案六卷六十四回 T11338
不著撰人
清光緒二十八年(1902)上海耕石書局石印本
前明正德白牡丹傳八卷四十六回 T11339
(清)洪琮編
清上洋博古齋刻本
最娛情 T11340
不著撰人
據路工藏本影印
鴛鴦配四卷十二回 T11340
煙水散人編次
據日本内閣文庫藏刊本影印
飛跎全傳四卷三十二回 T11341
(清)鄒必顯撰
清嘉慶二十二年(1817)一笑軒刻本
七真祖師列仙傳二卷 T11341
不著撰人
據上海古籍出版社藏本影印
征播奏捷傳通俗演義六集六卷一百回 T11342
(明)名衢逸狂演義
據日本京都大學部藏本影印
古今小說四十卷四十篇 T11343
(明)馮夢龍編
明天許齋刻本
醒世恒言四十卷四十篇 T11344
(明)馮夢龍編
明葉敬池刻本
三國因一卷 T11345
醉月主人編次
清以文藏板本
清夜鐘十六回 T11345
薇園主人述
據路工藏本和安徽省博物館藏本拼合影印
情史二十四卷 T11346
(明)馮夢龍編
明刻本
雪月梅十卷五十回 T11347
(清)鏡湖逸叟著
清德華堂刻本
走馬春秋四卷十六回 T11348
不著撰人
清丹寶堂刻本
剪燈新話四卷 T11349
(明)瞿佑著
明嘉靖刻本
五鳳吟四卷二十回 T11350
(清)嗤嗤道人編著
清鳳吟樓刻本
筆花鬧 T11350
不著撰人
清初傳抄本
警世通言四十卷四十篇 T11351
(明)馮夢龍編
明刻本
後西遊記四十回 T11352
不著撰人
清乾隆五十八年(1793)金閶書業堂刻本
新平妖傳四十回 T11353
(明)羅貫中編 馮夢龍補
明崇禎金閶嘉會堂陳氏刻本
粉粧樓十卷八十回 T11354
不著撰人
清嘉慶二年(1797)寶華樓刻本
楊家府世代忠勇演義志傳八卷五十八則 T11355
(明)秦淮墨客校閲
明萬曆三十四年(1606)卧松閣刻本
皇明開運英武傳 T11356
不著撰人
據日本内閣文庫藏本影印
九雲夢六卷 T11357
不著撰人
高麗坊刻本
三遂平妖傳四卷二十回 T11358
(明)羅貫中編次
明萬曆刻本
五更風四卷 T11359
不著撰人
寫刻本
雷峰塔奇傳五卷十三回 T11360
(清)玉花堂主人校訂
清嘉慶十一年(1806)刻本
粧鈿鏟傳四卷二十四回 T11360
(清)崑崙犕壠道人著
稿本
燕子箋六卷十八回 T11361
(清)玩花主人撰
清迎熏樓刻本
明月臺十二回 T11361
(清)烟水散人著
稿本
承運傳四卷三十九則 T11362
不著撰人
明萬曆間寫刻本
躋雲樓十四回 T11362
(清)煙霞主人編述
據天津圖書館本衙藏板本影印
北魏奇史閨孝烈傳十二卷四十六回 T11363
(清)張紹賢著
清道光三十年(1850)藏德堂刻本
北魏奇史閨孝烈傳十二卷四十六回 T11364
(清)張紹賢著
清道光三十年(1850)藏德堂刻本
希夷夢四十卷四十回 T11365
(清)汪寄撰
清嘉慶十四年(1809)本堂刻本
廿一史通俗衍義二十六卷四十四回 T11366
(清)吕撫輯
清正氣堂刻本
今古傳奇十四卷十四篇 T11367
(清)夢閒子漫筆
清集成堂本
快心編初集五卷十回二集五卷十回三集六卷十二回 T11368
(清)天花才子編輯
清課花書屋刻本
二刻英雄譜 T11369
(明)羅貫中 施耐庵編
明雄飛館刻本
生綃剪十九回十八篇 T11370
不著撰人
清初花幔樓活字刻本

七劍十三俠十八卷一百八十回 T11371
桃花館主編次
清光緒二十三年(1897)上海書局石印本
五美緣全傳八十回 T11372
不著撰人
清刻本
無聲戲小說十二回 T11373
(清)李漁編
清順治寫刻本
連城璧八册 T11374
(清)李漁編
抄本
警世陰陽夢十卷四十回 T11375
長安道人國清編次
明崇禎元年(1628)刻本
梁武帝西來演義十卷四十回 T11376
(清)天花藏主人編
清康熙十二年(1673)永慶堂余郁生刻本
醒名花十六回 T11377
佚名著
寫刻本
說呼全傳十二卷四十回 T11378
不著撰人
清乾隆四十四年(1779)寶仁堂刻本
壺中天 T11379
不著撰人
據胡氏藏本影印
覺世雅言八卷 T11379
(明)無名氏輯
明刻本
隋唐演義十卷一百十四節 T11380
(明)無名氏撰 徐文長批評
無
大清全傳二十三卷一百回 T11381
(清)貪夢道人著
清光緒二十年(1894)琉璃廠刻本
遼海丹忠錄八卷四十回 T11382
(明)孤憤生撰
明崇禎間翠娛閣刻本
鳳凰池十六回 T11383
煙霞散人編
清耕書屋刻本
驚夢啼 T11384
天花主人編次
刻本
華光天王傳 T11385
(明)余象斗編
明刻本
八仙出處東遊記 T11385
(明)吳元泰著
明刻本
人中畫 T11386
不著撰人
清乾隆四十五年(1780)泉州尚志堂刻本
金蘭筏四卷二十回 T11387
惜陰堂主人編輯
清刻本
三分夢全傳十六回 T11388
(清)張士登著
清道光二十八年(1848)刻本
雲仙嘯 T11389
天花主人編次
清初刻本
十二笑十二回 T11390
不著撰人
清初刻本
五虎平南後傳六卷四十二回 T11391
不著撰人
清啓元堂本
國色天香十卷 T11392
(明)吳敬所編輯
明萬曆二十五年(1597)金陵書林周氏萬卷樓重刻本
韓湘子全傳三十回 T11393
不著撰人
明天啓三年(1623)金陵九如堂刻本
呂祖全傳一卷 T11394
(清)汪象旭編
清咸豐九年(1859)寶賢堂刻本
鬼谷四友志三卷六回 T11395
(清)楊景淐評輯
清嘉慶八年(1803)博雅堂刻本
女開科傳 T11396
岐山左臣編次
清名山聚刻本
鼓掌絕塵四十回 T11397
(明)金木散人編撰
明崇禎四年(1631)刻本
飛劍記二卷十三回 T11398
(明)鄧志謨著
明萃慶堂刻本
咒棗記二卷十四回 T11398
(明)鄧志謨著
明萃慶堂刻本
珍珠舶 T11399
煙水散人著
日本抄本
燕居筆記 T11400
(明)何大掄編
明口盛堂刻本
濟顛大師醉菩提全傳二十四回不分卷 T11401
天花藏主人編次
清寶仁堂刻本
聽月樓二十回 T11402
不著撰人
清嘉慶二十年(1815)忠恕堂刻本
新世鴻勳二十二回 T11403
不著撰人
清慶雲樓刻本
雲合奇蹤二十卷八十則 T11404
(明)徐渭編
明刻本
三寶太監西洋記通俗演義二十卷一百回 T11405
二南里人編次
明萬曆二十五年(1597)刻本
廉明奇判公案傳四卷一百零五則 T11406
(明)余象斗編
明建邑書林鄭氏萃英堂刻本
西遊原旨 T11407
(清)劉一明著
清嘉慶二十五年(1820)湖南常德府護國菴重刻本
新說西遊記一百回 T11408
(清)張書紳撰
清刻本
西湖佳話十六卷 T11409
(清)古吳墨浪子搜輯
清康熙金陵王衙精刻本
西湖二集三十四卷 T11410
(明)周清原撰
明崇禎雲林聚錦堂刻本
拍案驚奇四十卷 T11411
(明)凌濛初編
覆尚友堂刻本
二刻拍案驚奇四十卷 T11412
(明)凌濛初編

尚友堂刻本
三刻拍案驚奇 T11413
(明)夢覺道人 西湖浪子輯
明刻本
續金瓶梅六十四回 T11414
(清)紫陽道人編
清順治十七年(1660)原刻本
西湖拾遺四十八卷 T11415
陳梅溪搜輯
清乾隆五十六年(1791)自愧軒刻本
三續金瓶梅四十回 T11416
(清)訥音居士編輯
清道光元年(1821)抄本
型世言十卷 T11417
(明)陸人龍編
陳慶浩影印本
紅樓幻夢二十四回 T11418
(清)花月痴人著
清道光二十三年(1843)疏景齋刻本
紅樓復夢一百回 T11419
(清)小和山樵編輯
清嫏嬛齋刻本
混元盒五毒全傳四卷二十回 T11420
不著撰人
清道光十二年(1832)富經堂刻本
陰陽鬭異說傳奇四卷十六回 T11420
不著撰人
清同治五年(1866)新刻本
金蓮仙史四卷二十四回 T11421
(清)潘昶著
清翼化堂刻本
盤古至唐虞傳二卷七則 T11422
(明)鍾惺編輯
明書林余季岳刻本
有商誌傳四卷十二則 T11422
(明)鍾惺編輯
清嘉慶十九年(1814)稽古堂刻本
二十四尊得道羅漢傳六卷 T11423
(明)朱星祚編
明萬曆三十三年(1605)書林聚奎齋刻本
天妃娘媽傳 T11424
(明)吳还初編
雙紅堂藏明刻本
虞初新志二十卷 T11425
(清)張潮輯
清康熙刻本
綠野仙踪一百回 T11426
(清)李百川著
清刻本
九尾龜十二集一百九十二回 T11427
不著撰人
上海交通圖書館本影印
三教開迷歸正演義二十卷一百回 T11428
潘鏡若編次
萬卷樓刻本
燕居筆記 T11429
(明)林近陽增編
據明萬曆萃慶堂余泗泉刻本攝片影印
歡喜冤家 T11430
不著撰人
明崇禎間山水鄰原刻本
賽花鈴十六回 T11431
(清)白雲道人編
清康熙刻本
躋春臺四卷四十篇 T11432
(清)省三子編輯
清光緒刻本
三國志傳二十卷二百四十節(湯學士校本) T11433
(明)羅貫中編次
明刻本
廣豔異編三十五卷 T11434
印月軒主人彙次
明刻本
諧鐸十二卷一百二十二篇 T11435
(清)沈起鳳著
清乾隆五十七年(1792)刻本
醒夢駢言不分卷十二回 T11436
(清)守樸翁編次
清末稼史軒刻本
終須夢四卷十八回 T11437
(清)彌堅堂主人編
清刻本
北方真武祖師玄天上帝出身志傳四卷二十四則 T11438
(明)余象斗編
明萬曆三十年(1602)刻本
畫圖緣十六回 T11439
不著撰人
清初寫刻本
錦香亭十六回 T11440
(清)素庵主人編
清岐園刻本
合浦珠十六回 T11441
(清)煙水散人編
清初刻本
雨花香四十種 T11442
(清)石成金集著
清刻本
通天樂十二種 T11442
(清)石成金撰
清刻本
安南一統誌十七回 T11443
吳時倩撰
清刻本
集咏樓十二回 T11444
不著撰人
清刻本
綠牡丹全傳六十四回 T11445
不著撰人
清道光二十七年(1847)經綸堂本
東坡居士佛印禪師語錄問答一卷二十七條 T11446
不著撰人
江户初寫本
覓燈因話二卷八篇 T11446
(明)邵景詹纂錄
清刻本
神明公案 T11446
不著撰人
明萬曆年間金陵刻本
三分事畧三卷 T11447
不著撰人
元至元三十一年(1294)刻本
三國志平話五種 T11447
不著撰人
元至治建安虞氏刻本
女才子書十二卷 T11448
煙水散人編
清乾隆十五年(1750)大德堂刻本
兒女英雄四十回 T11449
(清)文康著
清光緒四年(1878)北京聚珍堂活字本
國朝名公神斷詳刑公案四册八卷 T11450
不著撰人
明刻本
鐵冠圖五十回 T11451
(清)松排山人編
清光緒十年(1884)刻本
南海觀世音菩薩出身修行傳 T11452

西大午辰走人訂著
明煥文堂刻本
達摩出身傳燈傳四卷七十則 T11452
朱開泰修撰
明刻本
魏忠賢小說斥奸書八卷四十回 T11453
（明）吳越草莽臣著
明崇禎元年（1628）刻本
閃電窗六回 T11454
（清）酌玄亭主人編輯
清初寫刻本
廿一史通俗衍義二十六卷四十四回 T11455
（清）呂撫輯
清正氣堂刻本
海公大紅袍全傳六十卷六十回 T11456
（清）李春芳編次
清道光十三年（1833）乾元堂刻本
意中緣十二回 T11457
南陵居士戲蝶逸人編次
清悅花樓刻本
京本通俗小說 T11458
不著撰人
繆氏煙花東堂小品本
石點頭十四卷 T11459
（明）天然癡叟著
明金閶葉敬池刻本
列國志輯要八卷一百九十節 T11460
（清）楊庸輯
清乾隆五十年（1785）四知堂本
雅觀樓全傳四卷十六回 T11461
舊題檀園主人編
抄本
萬年清奇才新傳五集十八卷二十七回 T11462
不著撰人
清刻本
繡谷春容十二卷 T11463
羊洛敕里起北赤心子彙輯
世德堂刻本
隔簾花影四十八回 T11464
不著撰人
初刻本
清平山堂話本二十七篇 T11465
不著撰人
刻本
新編紅白蜘蛛小說 T11465
據西安文物管理委員會所藏殘頁影印
辜生鍾情麗集 T11466
不著撰人
抄本
鴛鴦鍼 T11466
華陽散人編輯
據大連圖書館藏拾珥樓藏本影印
皇明諸司公案六卷五十九則 T11467
（明）余象斗編述
明萬曆三台館刻本
七十二朝人物演義四十卷 T11468
不著撰人
明刻本
花陣綺言十二卷 T11469
不著撰人
明刻本
醒世姻緣傳一百回 T11470
西周生輯著
清同德堂刻本
鎮海春秋 T11471
不著撰人
刻本
金石緣二十四回 T11472
不著撰人
清文光堂刻本
近報叢譚平虜傳二卷 T11473
吟嘯主人撰
刻本
燕居筆記 T11474
（明）馮夢龍編
寫刻本
鐵樹記二卷十五回 T11475
（明）鄧志謨著
明萬曆三十一年（1603）萃慶堂余泗泉刻本
唐鍾馗全傳四卷 T11475
不著撰人
劉雙松刻本
情夢柝四卷二十回 T11476
安陽酒民著
清康熙嘯月軒刻本
醋葫蘆四卷二十回 T11477
（明）伏雌教主編
筆耕山房本
錦繡衣四回 T11478
瀟湘迷津渡者編次
刻本
換夫妻十二回 T11478
不著撰人
冰雪軒刻本
三教偶拈 T11479
（明）馮夢龍編
雙紅堂藏本
草木春秋三十二回 T11480
（清）雲間子集撰 樂山人纂修
清博古堂本
醉醒石十五回 T11481
（明）東魯古狂生編輯
中國藝術研究院所藏原傳惜華藏覆刻本
雙鳳奇緣二十卷八十回 T11482
不著撰人
清道光二十三年（1843）卧雲書閣本
有夏誌傳四卷十九則 T11483
（明）鍾惺編輯
明刻本

五、宗教系列

中國佛教版畫全集
翁連溪 李洪波
二〇一四年北京中國書店
八十二册
中華珍本寶卷
馬西沙
二〇一二年北京社會科學文獻出版社
三十册
觀世音菩薩普門品
一册
弘一大師華嚴集聯
弘一
一册
弘一法師書劄
弘一
揚州江蘇廣陵古籍刻印社
一册一函
弘一大師手書格言
弘一
一九九九年北京線裝書局
一册一函
新編全本印光法師文鈔
印光
二〇一〇年北京中州古籍出版社
二十四册四函

釋迦如來應化事跡
二〇〇四年北京三聯書店出版社
四冊一函
六經圖
(宋)楊甲
二〇一〇年北京學苑出版社
六冊一函
徑山藏目錄
《徑山藏》編委會編
二〇一六年北京國家圖書館出版社
四冊
中國佛學(總第28期)
《中國佛學》編委會
二〇一〇年北京中華書局
一冊
中國古代佛教版畫集
周心慧主編
一九九八年北京學苑出版社
三冊一函
中國佛教典籍選刊
二〇〇八至二〇一一年北京中華書局
二十四冊
法苑珠林校注
(唐)釋道世撰 周叔迦 蘇晉仁校注
壇經校釋
(唐)慧能撰 郭朋校釋
肇論校釋
(東晉)僧肇撰 張春波校釋
出三藏記集
(梁)釋僧祐撰 蘇晉仁注解
三論玄義校釋
(隋)吉藏撰 韓廷傑注解
大乘起信論校釋
(梁)真諦撰 高振農校釋
神會和尚禪話錄
楊曾文編校
宋高僧傳
(宋)贊寧撰 范祥雍點校
古尊宿語錄
(宋)賾藏主撰 呂有祥等點校
華嚴金師子章校釋
(唐)法藏撰 方立天校釋
成唯識論校釋
(唐)玄奘撰 韓廷傑校釋
童蒙止觀校釋
(隋)智顗撰 李安校釋
祖堂集
(南唐)靜筠二禪師撰 孫昌武等點校
五燈會元
(宋)普濟撰 蘇淵雷點校
中國地方志佛道教文獻匯纂 詩文碑刻卷
何建明主編
二〇一三年北京國家圖書館
四九八冊
全國一統志
與地紀勝 第1-2冊
(宋)王象之撰 (清)岑建功補闕 劉文淇校勘
清道光二十九年(1849)刻本
長蘆鹽法志 第2冊
(清)黃掌綸纂修
刻本
南漢金石志 第2冊
(清)吳蘭修編
清道光十四年(1834)刻本
名山勝記 第2-3冊
(明)何鏜輯 慎蒙增輯
明崇禎十二年(1639)刻本
名山勝槩記 第3-9冊
(明)何振卿輯
刻本殘缺處抄配
河朔訪古記 第9冊
(元)納新撰
清光緒二十一年(1895)刻本
西轅瑣記 第9冊
(清)宋伯魯撰
清光緒三十三年(1907)刻本
北京市
[萬曆]順天府志 第10冊
(明)沈應文 譚希思等修 張元芳纂
明萬曆二十一年(1593)刻本
[康熙]順天府志 第10冊
(清)張吉午纂修
據清康熙抄本排印
[光緒]順天府志 第10冊
(清)萬青黎 周家楣修 張之洞 繆荃孫纂
清光緒十二年(1886)刻本
[民國]新北京 第10冊
邱鐘麟編
民國三年(1914)擷華書局印行鉛印本
帝京景物略 第10-11冊
(明)劉侗 于奕正撰
清刻本
日下尊聞錄 第11冊
佚名撰
據咸豐二年(1852)安和軒刻本排印
都門匯纂 第11冊
(清)楊靜亭編
清末刻本
京師坊巷志 第11冊
(清)朱一心 繆荃孫合撰 劉承幹
民國七年(1918)南林劉氏求恕齊刻本
宛署雜記 第11冊
(明)沈榜修纂
明萬曆刻本
[康熙]宛平縣志 第11冊
(清)王養濂修 李開泰 張采纂
清康熙二十三年(1684)刻本傳抄本
西山紀遊 第11冊
譚新嘉撰
民國間稿本
[康熙]昌平州志 第11冊
(清)吳都梁修 潘問奇纂
清康熙十二年(1673)澹然堂刻本
[光緒]昌平州志 第11冊
(清)吳履福等修 繆荃孫等纂
清光緒五年(1879)修民國二十八年(1939)鉛印本
昌平外志 第11冊
(清)麻兆慶纂
清光緒十八年(1892)刻本榆蔭堂藏版
[嘉靖]隆慶志 第11冊
(明)謝庭桂纂 蘇乾續纂
明嘉靖二十八年(1549)刻本
[康熙]延慶州志 第11冊
(清)暹日豫修 程光祖纂 袁湕于嘉楨續補
清順治十年(1653)刻康熙十九年(1680)增刻本
[乾隆]延慶州志 第12冊
(清)李鐘俾修 穆元肇 方世熙纂
清乾隆七年(1742)刻本
[光緒]延慶州志 第12冊
(清)居秉懿修 張惇德纂
清光緒七年(1881)刻本
居庸關志 第12冊
(明)王士翹撰
明嘉靖間撰輯自作者撰《西關志》排印本
[康熙]懷柔縣新志 第12冊

(清)吳景果纂修
清康熙六十年(1721)修民國二十四年(1935)鉛印本
[雍正]密雲縣志 第12冊
(清)薛天培修 陳弘謨纂
清雍正元年(1723)刻本
[民國]密雲縣志 第12冊
臧理臣等修 宗慶煦等纂
民國二年(1914)京華印書局鉛印本
[康熙]順義縣志 第12冊
(清)黄成章修 張大酋纂
清康熙五十八年(1719刻本)
[民國]順義縣志 第12冊
李芳等修 楊德馨等纂
民國二十二年(1933)鉛印本
[雍正]平谷縣志 第12冊
(清)任在陛修 李柱明纂 項景倩續修
清雍正六年(1728)增刻本
[乾隆]平谷縣志 第12冊
(清)任在陛原修 李柱明原纂 項景倩續修 朱克閎再續修
清乾隆四十二年(1777)增刻本
[民國]平谷縣志 第12冊
李興焯修 王兆元纂
民國二十三年(1934)天津文竹齋鉛印本
[康熙]通州志 第12冊
(清)吳存禮修 陸茂騰纂
清康熙三十六年(1697)刻本
[康熙]通州新志 第12冊
(清)黄成章纂修
清雍正二年(1724)刻本
[乾隆]通州志 第12冊
(清)高天鳳修 金梅纂
清乾隆四十八年(1783)刻本道光十八年(1838)修訂本
[光緒]通州志 第12冊
(清)高建勳等修 王維珍等纂 陳鏡清等續纂
清光緒九年(1883)刻本
[民國]通縣志要 第12冊
金士堅修 徐白纂
民國三十年(1941)鉛印本
[康熙]大興縣志 第12冊
(清)張茂節修 李開泰等纂
清康熙二十四年(1685)刻本傳抄本
[乾隆]房山縣志 第12冊
(清)張世法纂修
清乾隆四十一年(1776)刻本傳抄本
[民國]房山縣志 第12冊
廖飛鵬 馮慶瀾修 高書官等纂
民國十七年(1928)鉛印本
[康熙]良鄉縣志 第12冊
(清)楊嗣奇修 李維翰 見聖等纂
清康熙三十九年(1700)刻本
[光緒]良鄉縣志 第12冊
(清)陳嵋修 黄儒荃纂
清光緒十五年(1889)刻本
[民國]良鄉縣志 第12冊
周志中修 吕植等纂
民國十三年(1924)鉛印本
白帶山志 第13冊
溥儒輯
民國三十七年(1948)刻本

天津市

[康熙]新校天津衛志 第14冊
(清)薛柱斗修 高必大纂
清康熙時修民國二十三年(1934)易社校印鉛印本
[乾隆]天津府志 第14冊
(清)李梅賓 程鳳文修 吳廷華 汪沆纂
清乾隆四年(1739)刻本版藏本署
[光緒]重修天津府志 第14冊
(清)沈家本 榮銓修 徐宗亮 蔡啓盛纂
清光緒二十五年(1899)刻本
[乾隆]天津縣志 第14冊
(清)朱奎揚 張志奇修 吳廷華纂
清乾隆四年(1739)刻本
[同治]續天津縣志 第14冊
(清)吳惠元修 蔣玉虹 俞樾纂
清同治九年(1870)刻本
[民國]天津縣新志 第14冊
高凌雯纂修
民國二十年(1931)和民國二十七年(1938)刻本
[民國]天津志略 第14冊
宋蘊璞輯
民國二十年(1931)鉛印本
敬鄉筆述 第14冊
(清)徐士鑾輯
民國二十一年(1932)長春書屋刻本
津門雜記 第14冊
(清)張燾撰
清光緒十年(1884)刻本
津門小令 第14冊
樊彬著
民國三十二年(1943)《中國史蹟風土叢書》鉛印本
[康熙]薊州志 第14冊
(清)張朝琮修 鄔堂等纂
清康熙四十三年(1704)刻本
[道光]薊州志 第15冊
(清)沈鋭修 章過纂
清道光十一年(1831)刻本
[民國]薊縣志 第15冊
徐葆瑩修 仇錫廷纂
民國三十三年(1944)鉛印本
盤山志 第15冊
(清)釋智朴纂
清康熙間刻本
盤山志 第16冊
(清)釋智朴纂
清康熙間刻本
盤遊小草 第16冊
王鴻恩撰
民國間抄本
[乾隆]寶坻縣志 第16冊
(清)洪肇楙修 蔡寅斗纂
清乾隆十年(1745)修民國六年(1917)石印本
[乾隆]武清縣志 第16冊
(清)吳翀修 曹涵 趙晃纂
清乾隆七年(1742)刻本
[光緒]武清縣志 第16冊
(清)蔡壽臻修 錢錫寀纂
清光緒七年(1881)修抄稿本
[康熙]靜海縣志 第16冊
(清)閻甲胤修 馬方伸纂
清康熙十二年(1673)刻本
[同治]重輯靜海縣志 第16冊
(清)鄭士蕙纂修
清同治十二年(1873)刻本
[民國]靜海縣志 第16冊
白凰文修 高毓浵纂
民國二十三年(1934)靜海縣志書局天津文竹齋印鉛印本
[光緒]寧河縣志 第16冊
(清)丁符九修 談松林纂
清光緒六年(1880)刻本

河北省

[康熙]畿輔通志 第17冊

（清）于成龍修 郭棻纂
清康熙二十二年（1683）刻本
［雍正］畿輔通志 第17册
（清）唐執玉 李衛修 陳儀 田易纂
清雍正十三年（1735）刻本
［同治］畿輔通志 第17－21册
（清）李鴻章等修 黄彭年等纂
清同治十年（1871）修光緒十年（1884）刻本

石家莊市

［嘉靖］真定府志 第22册
（明）唐臣修 雷禮纂
明嘉靖二十八年（1549）刻萬曆崇禎間增刻本
［乾隆］正定府志 第22册
（清）鄭大進纂修
清乾隆二十七年（1762）刻本
［順治］真定縣志 第22册
（清）陳謙纂修
清順治三年（1646）刻本
［光緒］正定縣志 第22册
（清）慶之金等修 趙文濂等纂
清光緒元年（1875）刻本
［嘉靖］獲鹿縣志 第22册
（明）趙惟勤纂修
明嘉靖三十五年（1556）刻本
［乾隆］獲鹿縣志 第22册
（清）韓國瓚修 石光璽纂
清乾隆元年（1736）刻本
［光緒］獲鹿縣志 第22册
（清）俞錫綱修 曹鑅纂
清光緒七年（1881）刻本
故關志 第22册
（明）王士翹纂修
明嘉靖間撰 輯自作者撰《西關志》排印本
［乾隆］行唐縣新志 第22册
（清）吳高增纂修
清乾隆三十七年（1772）文有試增刻本
［康熙］靈壽縣志 第22册
（清）陸隴其修 傅維櫺纂
清康熙十一年（1672）修二十五年（1686）刻本
［同治］靈壽縣志 第22册
（清）劉賡年纂修
清同治十三年（1874）刻本
［康熙］保定府祁州束鹿縣志 第22册
（清）劉崑修 陳僖纂
清康熙十年（1671）修民國二十六年（1937）《束鹿五志合刊》本
［乾隆］束鹿縣志 第22册
（清）李文耀修 張鍾秀纂
清乾隆二十七年（1762）修民國二十六年（1937）《束鹿五志合刊》本
［嘉慶］束鹿縣志 第22册
（清）李符清修 裴顯相 沈樂善纂
清嘉慶四年（1799）修民國二十六年（1937）《束鹿五志合刊》本
束鹿鄉土志 第22册
（清）張鳳臺修 李中桂纂
清光緒三十二年（1906）修民國二十六年（1937）《束鹿五志合刊》本
［康熙］晉州志 第22册
（清）郭建章原本 康如璉續修 劉士麟續纂
清康熙三十九年（1700）刻本
［民國］晉縣志 第22册
孟昭章修 李翰如纂
民國十六年（1927）石印本
晉縣志料 第22册
劉東藩等修 王召棠纂
民國二十四年（1935）石印本
［嘉靖］藁城縣志 第22册
（明）李正儒纂修
明嘉靖十三年（1534）修民國二十三年（1934）鉛印本
［康熙］藁城縣志 第22册
賴于宣修 張丙宿纂
清康熙三十七年（1698）刻本
［民國］續修藁城縣志 第22册
王炳熙等修 于箴等纂
民國二十三年（1934）鉛印本
［康熙］高邑縣志 第22册
（清）劉瑜修 趙崡纂
清康熙二十四年（1685）刻本
［乾隆］新修高邑縣志 第22册
（清）江啓澄修 林鴻瑛纂
清乾隆四十三年（1778）修抄本
［嘉慶］高邑縣志 第22册
（清）陳元芳修 沈雲尊纂
清嘉慶五年（1800）刻十六年（1811）增刻本
［民國］高邑縣志 第22册
王天傑等修 宋文華纂
民國二十二年（1933）鉛印本
［民國］高邑縣志 第22册
張權本修 李湧泉纂
民國三十年（1941）鉛印本
［正德］趙州志 第23册
（明）程遵纂修
明正德十年（1515）刻本
［隆慶］趙州志 第23册
（明）蔡懋昭纂修
明隆慶元年（1567）刻本
［康熙］趙州志 第23册
（清）祝萬祉修 閻永齡等纂
清康熙十二年（1673）刻本
［光緒］直隸趙州志 第23册
（清）孫傳栻修 王景美纂
清光緒二十三年（1897）刻本
［光緒］續修井陘縣志 第23册
（清）常善修 趙文濂纂
清光緒元年（1875）刻本
井陘縣志料 第23册
王用舟等修 傅汝鳳等纂
民國二十三年（1934）天津義利印刷局鉛印本
［乾隆］新樂縣志 第23册
（清）麻廷璥纂修
清乾隆二十二年（1757）刻本
［康熙］深澤縣志 第23册
（清）許來音纂修
清康熙十四年（1675）修康熙刻本
［雍正］深澤縣志 第23册
（清）趙憲修 王植纂
清雍正十三年（1735）刻本
［咸豐］深澤縣志 第23册
（清）王肇晉等纂修
清咸豐十一年（1861）修民國二十五年（1936）鉛印本
［康熙］重修無極縣志 第23册
（清）高必大修 穆貞元纂
清康熙元年（1662）修十九年（1680）張天綬增刻本
［民國］重修無極縣志 第23册
耿之光 王桂照修 王重民等纂
民國二十五年（1936）天津文竹齋鉛印本
［乾隆］贊皇縣志 第23册
（清）黄崗竹纂修
清乾隆十六年（1751）刻本

[光緒]續修贊皇縣志 第23冊
(清)周晉堃等修 趙萬泰等纂
清光緒二年(1876)刻本
[民國]贊皇縣志 第23冊
湯玉瑞修 閃國策纂
民國二十九年(1940)鉛印本
[崇禎]元氏縣志 第23冊
(明)張慎學修 智鋌纂
明崇禎十五年(1642)刻本
[順治]元氏縣續志 第23冊
(清)祖永杰修 智鳳翥纂
清順治六年(1649)刻本
[乾隆]元氏縣志 第23冊
(清)王人雄纂修
清乾隆二十三年(1758)刻本
[民國]元氏縣志 第23冊
王自尊修 李林奎 武儒衡等纂
民國二十年(1931)鉛印本
[康熙]欒城縣志 第23冊
(清)王玑修 賀應旌纂
清康熙二十二年(1683)刻本
[同治]欒城縣志 第23冊
(清)陳詠修 張惇德纂
清同治十一年(1872)刻本
[康熙]平山縣志 第23冊
(清)湯聘修 秦有容纂
清康熙十二年(1673)刻本
[咸豐]平山縣志 第23冊
(清)王滌心修 郭程先纂
清咸豐四年(1854)刻本
平山縣志史料集 第23冊
金潤璧修 焦遇祥 張林纂
民國二十一年(1932)鉛印本

張家口市

[民國]察哈爾省通志 第24冊
宋哲元等修 梁建章等纂
民國二十四年(1935)鉛印本
[乾隆]口北三廳志 第24冊
(清)黄可潤纂修
清乾隆二十三年(1758)刻本
[嘉靖]宣府鎮志 第24冊
(明)孫世芳修 欒尚約纂
明嘉靖四十年(1561)刻本
[乾隆]宣化府志 第24冊
(清)王者輔原本 張志奇續修 黄可潤續纂
清乾隆八年(1743)修二十二年(1757)增刻本
[乾隆]宣化縣志 第24冊
(清)陳坦纂修
清康熙五十年(1711)修乾隆間增刻本
[民國]宣化縣新志 第24冊
陳繼曾等修 郭維城纂
民國十一年(1922)鉛印本
[同治]赤城縣續志 第24冊
(清)林牟貽等纂修
清同治十一年(1872)修光緒七年(1881)刻本
[康熙]龍門縣志 第24冊
(清)章焞纂修
清康熙五十一年(1712)刻本
[民國]龍門縣志 第24冊
劉德寬修 何耀慧纂
民國二十三年(1934)鉛印本
[康熙]懷來縣志 第24冊
(清)許隆遠纂修
清康熙五十一年(1712)刻雍正六年(1728)重印本
[光緒]懷來縣志 第24冊
(清)朱乃恭修 席之瓚纂
清光緒八年(1882)刻本
[乾隆]蔚縣志 第24冊
(清)王育榞修 李舜臣纂
清乾隆四年(1739)刻本
[光緒]蔚縣志 第24冊
(清)慶之金修 楊篤纂
清光緒三年(1877)刻本
[民國]張北縣志 第24冊
陳繼淹修 許聞詩纂
民國二十四年(1935)鉛印本
[道光]保安州志 第24冊
(清)楊桂森纂修
清道光十五年(1835)刻本
[光緒]保安州續志 第24冊
(清)尋鑾晉 張毓生纂修
清光緒三年(1877)刻本版藏州署
[康熙]西寧縣志 第24冊
(清)張充國纂修
清康熙五十一年(1712)刻本
[民國]陽原縣志 第24冊
劉志鴻修 李泰棻纂
民國二十四年(1935)鉛印本
[乾隆]懷安縣志 第24冊
(清)楊大崑修 錢戢曾纂
清乾隆六年(1741)刻本
[光緒]懷安縣志 第24冊
(清)蔭祿修 程燮奎纂
清光緒二年(1876)刻本
懷安縣志材料 第24冊
佚名纂修
民國抄本
[民國]懷安縣志 第25冊
景佐綱修 張鏡淵纂
民國二十三年(1934)鉛印本
[乾隆]萬全縣志 第25冊
(清)左承業纂修
清乾隆七年(1742)修十年(1745)刻本
[民國]萬全縣志 第25冊
路聯逵修 任守恭纂
民國二十三年(1934)鉛印本

承德市

[道光]承德府志 第25冊
(清)海忠纂 林從炯修
清道光十一年(1831)刻光緒十三年

秦皇島市

[弘治]永平府志 第25冊
(明)吳傑修 張廷綱 吳祺纂
明弘治十四年(1501)刻本
[康熙]永平府志 第25冊
(清)宋琬纂修 張朝琮增修 徐香等增纂
清康熙五十年(1711)刻本
[乾隆]永平府志 第25冊
(清)李奉翰等修 王金英纂
清乾隆三十九年(1774)刻本
[光緒]永平府志 第26冊
(清)游智開修 史夢蘭纂
清光緒五年(1879)敬勝書院刻本
[康熙]昌黎縣志 第26冊
(清)王曰翼修 高培纂
清康熙十四年(1675)刻本
[同治]昌黎縣志 第26冊
(清)何崧泰等修 馬恂 何爾泰纂
清同治五年(1866)刻本本衙藏版
[民國]昌黎縣志 第26冊
金良驥等修 張念祖等纂 安慶雲續修 田如琇續纂 陶宗奇再續修 張鵬翱再續修
民國二十二年(1933)鉛印本
北戴河海濱風景區志略 第26冊
林伯鑄撰

民國二十七年(1938)鉛印本
[順治]盧龍縣志 第26冊
(清)李士模修 馬備纂
清順治十七年(1660)刻本
[康熙]增補盧龍縣志 第26冊
(清)李士模原本 衛立鼎增修
清康熙十九年(1680)增刻本
[民國]盧龍縣志 第26冊
董天華修 胡應麟纂
民國二十年(1931)鉛印本
[乾隆]臨榆縣志 第26冊
(清)鍾和梅纂修
清乾隆二十一年(1756)刻本
[光緒]臨榆縣志 第26冊
(清)趙允祜修 高錫疇纂
清光緒四年(1878)刻本
[民國]臨榆縣志 第26冊
仵墉 高凌霨修 程敏侯等纂
民國十八年(1929)鉛印本
山海關志 第26冊
(清)佘一元編
清抄本
[康熙]撫寧縣志 第26冊
(清)趙端修 徐廷璟纂
清康熙二十一年(1682)刻本
[光緒]撫寧縣志 第26冊
(清)張上龢修 史夢蘭纂
清光緒三年(1877)刻本本衙藏版

唐山市

[民國]遷安縣志 第27冊
(清)滕紹周修 王維賢纂
民國二十年(1931)鉛印本
[康熙]玉田縣志 第27冊
(清)王光謨修 胡維翰纂
清康熙二十年(1681)刻本
[乾隆]玉田縣志 第27冊
(清)謝客纂修
清乾隆二十一年(1756)刻本
[康熙]遵化州志 第27冊
(清)鄭僑生修 葉向昇等纂
清康熙間修刻本
[乾隆]直隸遵化州志 第27冊
(清)劉靖修 邊中寶纂
清乾隆二十一年(1756)刻本
[乾隆]直隸遵化州志 第27冊
(清)傅修等纂修
清乾隆五十九年(1794)刻本
[光緒]遵化通志 第27冊
(清)何崧泰等修 史樸等纂
清光緒十二年(1886)刻本
[天啟]樂亭縣志 第27冊
(明)潘敦復纂修 劉崧續修
明萬曆二十一年(1593)刻天啟二年(1622)增刻本
[光緒]樂亭縣志 第27冊
(清)蔡志修等修 史夢蘭纂
清光緒三年(1877)刻本尊道書院藏版
[嘉慶]灤州志 第27冊
(清)吳士鴻修 孫學恒纂
清嘉慶十五年(1810)刻本
[光緒]灤州志 第27冊
(清)楊文鼎修 王大本等纂
清光緒二十四年(1898)刻本海陽書院藏版
[民國]灤縣志 第27冊
袁棻修 張鳳翔 劉祖培纂
民國二十六年(1937)鉛印本
[康熙]豐潤縣志 第27冊
(清)羅景泐修 曹鼎望纂
清康熙三十一年(1692)刻本
[乾隆]豐潤縣志 第27冊
(清)吳慎纂修
清乾隆二十年(1755)刻本
[光緒]豐潤縣志 第27冊
(清)郝增祜等纂修
清光緒十七年(1891)修民國十年(1921)鉛印本

廊坊市

[乾隆]東安縣志 第28冊
(清)李光昭修 周琰纂
清乾隆十四年(1749)刻本
[民國]安次縣志 第28冊
劉種英 馬鍾琇纂修
民國二十四年(1935)鉛印本
[乾隆]三河縣志 第28冊
(清)陳是修 王大信等纂
清乾隆二十五年(1760)刻本
[民國]三河縣新志 第28冊
曹楨 蘇士俊修 吳寶銘 韓琛等纂
民國二十四年(1935)鉛印本
[康熙]香河縣志 第28冊
(清)劉深纂修
清康熙十七年(1678)刻本
[民國]香河縣志 第28冊
王葆安修 馬文煥 陳式諶纂
民國二十五年(1936)鉛印本
[嘉靖]霸州志 第28冊
(明)高濬等纂修
明嘉靖二十七年(1548)刻本
[康熙]霸州志 第28冊
(清)朱廷梅修 孫振宗纂
清康熙十三年(1674)刻本
[民國]霸縣新志 第28冊
劉延昌等修 劉崇本等纂
民國二十三年(1934)天津文竹齋鉛印本
[康熙]保定縣志 第28冊
(清)成其範修 柴經國纂
清康熙十二年(1673)刻本
[康熙]固安縣志 第28冊
(清)鄭善述修 潘昌纂
清康熙五十三年(1714)刻本
固安文獻志 第28冊
賈廷琳修 徐世昌纂
民國十七年(1928)鉛印本
[民國]固安縣志 第28冊
錢仲仁修 王尚義等纂
民國三十一年(1942)鉛印本
[崇禎]大城縣志 第28冊
(明)狄同煃修 張弘文纂
明萬曆刻崇禎增補本
[光緒]大城縣志 第28冊
(清)趙炳文 徐國楨修 劉鍾英 鄧毓怡纂
清光緒二十三年(1897)刻本
[民國]文安縣志 第28冊
陳楨修 李蘭增 陳德沛纂
民國十一年(1922)天津源泰印字館鉛印本

保定市

[弘治]重脩保定志 第28冊
(明)章律修 張才纂 徐珪重編
明弘治七年(1494)刻本
[萬曆]保定府志 第28冊
(明)馮惟敏等纂修 王國楨續修 王政熙續纂
明隆慶五年(1571)修萬曆三十五年(1607)續修刻本
[康熙]保定府志 第28冊
(清)紀弘謨等修 郭棻纂
清康熙十九年(1680)刻本

[光緒]保定府志 第28冊
(清)李培祜等修 張豫塏等纂
清光緒七年(1881)修十二年(1886)刻本

[嘉靖]清苑縣志 第28冊
(明)李廷寶纂修
明嘉靖十七年(1538)刻本

[康熙]清苑縣志 第29冊
(清)時來敏修 郭棻等纂
清康熙十六年(1677)刻本

[同治]清苑縣志 第29冊
(清)李逢源修 諸崇儉纂
清同治十二年(1873)刻本

[民國]清苑縣志 第29冊
金良驥等修 姚壽昌纂
民國二十三年(1934)鉛印本

清苑縣志料 第29冊
佚名纂修
民國二十五年(1936)抄本

[乾隆]淶水縣志 第29冊
(清)方立經纂修
清乾隆二十七年(1762)刻本

[光緒]淶水縣志 第29冊
(清)陳杰等纂修
清光緒五年(1879)修二十一年(1895)刻本敬業堂藏版

[康熙]涿州志 第29冊
(清)劉德弘修 楊如樟纂
清康熙十六年(1677)刻本

[乾隆]涿州志 第29冊
(清)吳山鳳纂修
清乾隆三十年(1872)修光緒元年(1875)刻本

[同治]涿州續志 第29冊
(清)石衡修 盧端衡纂
清同治十一年(1872)修光緒元年(1875)刻本

[民國]涿縣志 第29冊
宋大章等修 周存培等纂
民國二十五年(1936)北平京城印書局鉛印本

[康熙]定興縣志 第29冊
(清)張其珍修 尚新民纂
清康熙十二年(1673)刻本

[乾隆]定興縣志 第29冊
(清)王錫璁纂修
清乾隆四十四年(1779)刻本

[光緒]定興縣志 第29冊
(清)張主敬等修 楊晨纂
清光緒十六年(1890)刻本

[乾隆]容城縣志 第29冊
(清)王克淳纂修
清乾隆二十六年(1761)刻本

[咸豐]容城縣志 第29冊
(清)詹作周 裴福德修 王振綱纂
清咸豐七年(1857)刻本

[光緒]容城縣志 第29冊
(清)俞廷獻等修 吳思忠纂
清光緒二十二年(1896)刻本

[道光]安州志 第29冊
(清)彭定澤修 俞湘纂
清道光二十六年(1846)修抄本

[乾隆]新安縣志 第29冊
(清)高景原本 孫孝棻增修 張鱗甲增纂
清乾隆八年(1743)抄本

[順治]蠡縣志(附續志) 第29冊
(明)錢天錫纂修 (清)祖建明續修
明崇禎十四年(1641)刻清順治八年(1651)增刻本

[光緒]蠡縣志 第29冊
(清)韓志超 何雲誥修 張瑲 王其衡等纂
清光緒二年(1876)刻本

[康熙]定州志輯要 第29冊
(清)佚名纂修
清抄本

[雍正]直隸定州志 第29冊
(清)王大年修 魏權纂
清雍正間修乾隆元年(1736)刻本

[道光]直隸定州志 第29冊
(清)寶琳 勞沅恩纂修
清道光三十年(1850)刻本

[咸豐]直隸定州續志 第29冊
(清)王榕吉修 張樸纂
清咸豐十年(1860)刻本

[民國]定縣志 第29冊
何其章 呂復修 賈恩紱纂
民國二十三年(1934)刻本版藏定縣文廟魁星閣

[乾隆]阜平縣志 第30冊
(清)鄒尚易纂修
清乾隆三十年(1765)刻本

[同治]阜平縣志 第30冊
(清)勞輔芝修 張錫三纂
清同治十三年(1874)刻本

[康熙]唐縣新志 第30冊
(清)王政修 張珽 陳瑺纂
清康熙十一年(1672)刻本

[雍正]續唐縣志略 第30冊
(清)王恪纂修
清雍正十二年(1734)刻本

[光緒]唐縣志 第30冊
(清)陳詠修 張惇德纂
清光緒四年(1878)刻本

倒馬關志 第30冊
(明)王士翹纂修
明嘉靖間撰輯自作者撰《西關志》排印本

[崇禎]廣昌縣志 第30冊
(明)劉世治修 趙文燿纂
明崇禎五年(1632)刻本

[康熙]廣昌縣志 第30冊
(清)杜登春修 李我郊纂
清康熙三十年(1691)刻本

[乾隆]廣昌縣志 第30冊
(清)趙由仁纂修
清乾隆二十五年(1760)刻本

[光緒]廣昌縣志 第30冊
(清)劉榮纂修
清光緒元年(1875)刻本

[弘治]易州志 第30冊
(明)戴敏修 戴銑纂
明弘治十五年(1502)刻本

[順治]易水志 第30冊
(清)藺民孚 朱懋文纂修
清順治二年(1645)刻本

[乾隆]直隸易州志 第30冊
(清)楊芊纂修 張登高續纂修
清乾隆十二年(1747)刻本

紫荊關志 第30冊
(明)王士翹纂修
明嘉靖間撰輯自作者撰《西關志》排印本

[道光]新城縣志 第30冊
(清)李廷棨修 王振鍾等纂
清道光十八年(1838)刻本

[光緒]續修新城縣志 第30冊
(清)張丙嘉修 王鍔纂
清光緒二十一年(1895)刻本紫泉書院藏版

[民國]新城縣志 第30冊
張雨蒼等修 王樹枏等纂
民國二十四年(1935)北平文華齋鉛印本

[嘉靖]雄乘 第30冊
(明)王齊等纂修
明嘉靖十六年(1537)刻本

[民國]雄縣新志 第30冊
秦廷秀等修 劉崇本纂
民國十九年(1930)鉛印本

[乾隆]安肅縣志 第31冊
(清)張鈍修 史元善等纂
清乾隆四十三年(1778)刻嘉慶十三年(1808)石樑補刻本

[民國]徐水縣新志 第31冊
劉延昌修 劉鴻書纂
民國二十一年(1932)鉛印本

[雍正]高陽縣志 第31冊
(清)嚴宗嘉修 李其旋纂
清雍正八年(1730)刻本

[民國]高陽縣志 第31冊
李大本修 李曉冷纂
民國二十二年(1933)鉛印本

[乾隆]祁州志 第31冊
(清)王楷等修 張萬銓等纂
清乾隆二十一年(1756)刻本

[光緒]安國縣新志稿 第31冊
(清)宋蔭桐纂修
清光緒三十二年(1906)抄本民國間補抄稿本

[乾隆]望都縣新志 第31冊
(清)陳洪書修 王錫侯 陳啟光纂
清乾隆三十六年(1771)刻本

[光緒]望都縣新志 第31冊
(清)陳洪書修 李兆珍重訂
清光緒三十年(1904)重刻本

[民國]望都縣志 第31冊
王德乾修 崔蓮峯纂
民國二十三年(1934)鉛印本抄配

[康熙]曲陽縣新志 第31冊
(清)劉師峻纂修
清康熙間刻本

[光緒]重修曲陽縣志 第31冊
(清)周斯億等修 董濤纂
清光緒三十年(1904)刻本

[民國]完縣新志 第31冊
彭作楨修 劉玉田等纂
民國二十三年(1934)鉛印本

[乾隆]滿城縣志 第31冊
(清)張煥纂修 賈永宗增修 皮殿選再續修
清乾隆五十二年(1713)刻乾隆道光遞增刻本

[民國]滿城縣志略 第31冊
陳寶生修 楊式震 陳昌源纂
民國二十年(1931)天津協成印刷局鉛印本

滄州市

[嘉靖]河間府志 第32冊
(明)郜相修 樊深纂
明嘉靖十九年(1540)刻本

[萬曆]河間府志 第32冊
(明)杜應芳修 陳士彥纂
明萬曆四十三年(1615)刻本

[康熙]河間府志 第32冊
(清)徐可先纂修
清康熙間刻本

[乾隆]河間府新志 第32冊
(清)杜甲 周嘉露修 黃文蓮 胡天遊纂
清乾隆二十五年(1760)刻本

[康熙]河間縣志 第32冊
(清)袁元修 楊九有纂
清康熙十三年(1674)刻本

[乾隆]河間縣志 第32冊
(清)吳山鳳修 黃文蓮 梁志恪纂
清乾隆二十五年(1760)刻本

[乾隆]滄州志 第32冊
(清)徐時作修 胡淦等纂
清乾隆八年(1743)刻本

[民國]滄縣志 第32冊
張鳳瑞等修 張坪等纂
民國二十二年(1933)天津文竹齋鉛印本

[康熙]鹽山縣志 第32冊
(清)朱鸞鶩修 錢國壽纂
清康熙十年(1617)刻本

[同治]鹽山縣志 第32冊
(清)王福謙 江毓秀修 潘震乙纂
清同治七年(1868)刻本

[民國]鹽山新志 第32冊
賈恩紱纂修
民國五年(1916)刻本

[康熙]吳橋縣志 第32冊
(清)任先覺修 楊萃纂
清康熙十九年(1680)鹿廷瑄增刻本

[光緒]吳橋縣志 第32冊
(清)倪昌燮修 施崇禮纂
清光緒元年(1875)刻本版藏瀾陽書院

[光緒]東光縣志 第32冊
(清)周植瀛修 吳潯源纂
清光緒元年(1875)刻本版藏蘭陽書院

[康熙]肅寧縣志 第32冊
(清)王宏翼纂修
清康熙十一年(1672)刻本

[乾隆]肅寧縣志 第32冊
(清)尹侃 范森修 談有典纂
清乾隆二十一年(1756)刻本

[康熙]交河縣志 第32冊
(清)牆鼎修 黃伉纂
清康熙十二年(1673)刻道光間增刻本

[民國]交河縣志 第32冊
高步青等修 苗毓芳等纂
民國五年(1916)泊鎮善成堂刻本

[嘉靖]興濟縣志 第32冊
(明)蕭蕃修 鄭孝纂
明嘉靖三十九年(1560)刻本

[康熙]青縣志 第32冊
(清)楊霞修 姚景圖纂
清康熙十二年(1673)刻本

[嘉慶]青縣志 第32冊
(清)沈聯芳 倪鏻纂
清嘉慶間修清光緒三十一年(1905)刻本

[民國]青縣志 第32冊
萬震霄修 高遵章等纂
民國二十年(1931)天津鴻興印字館鉛印本

[康熙]南皮縣志 第32冊
(清)馬士瓊修 吳維哲等纂 劉址續纂修
清康熙十二年(1673)刻十九年(1680)增刻本

[光緒]南皮縣志 第32冊
(清)殷樹森 汪寶樹 傅金鏁纂
清光緒十四年(1888)刻本本衙藏版

[民國]南皮縣志 第32冊
王德乾等修 劉樹鑫纂
民國二十二年(1933)鉛印本

[乾隆]任邱縣志 第32冊
(清)劉統修 劉炳等纂
清乾隆二十七年(1762)刻本

[道光]任邱續志 第32冊
(清)鮑承燾修 瞿光緒等纂
清道光十七年(1837)刻本
[康熙]獻縣志 第32冊
(清)劉徵廉修 鄭大綱纂
清康熙十二年(1673)刻本
[乾隆]獻縣志 第32冊
(清)萬廷蘭修 戈濤纂
清乾隆二十六年(1761)刻本
[民國]獻縣志 第32冊
薛鳳鳴修 張鼎彝纂
民國十四年(1925)刻本

衡水市

[雍正]阜城縣志 第33冊
(清)陸福宜修 多時珍纂
清雍正十三年(1735)刻光緒三十四年(1908)鉛印本
[乾隆]景州志 第33冊
(清)屈成霖纂修
清乾隆十年(1745)刻本
[民國]景縣志 第33冊
耿兆棟 董大年修 張汝漪纂
民國二十一年(1932)鉛印本
棗強縣志料 第33冊
宋兆升修 張宗載 齊文煥纂
民國二十年(1931)天津協成印刷局鉛印本
深州風土記 第33冊
(清)吳汝綸纂
清同治十年(1871)纂光緒二十六年(1900)文瑞書院刻本
[康熙]安平縣志 第33冊
(清)陳宗石纂修
清康熙二十六年(1678)刻三十一年(1692)患立堂增刻本
[道光]武強縣新志 第33冊
(清)翟慎行纂修
清道光十一年(1831)刻本
[康熙]武邑縣志 第33冊
(清)許維梃修 束圖南纂
清康熙三十三年(1694)刻本
[同治]武邑縣志 第33冊
(清)彭美修 龍文彬纂
清同治十一年(1872)刻本
[雍正]故城縣志 第33冊
(清)蔡維義修 秦永清等纂
清雍正五年(1727)刻本
[光緒]故城縣志 第33冊
(清)丁燦修 王堉德纂 張烘續修 范翰文續纂
清同治十二年(1873)修光緒十一年(1885)續修民國十年(1921)重印本
[乾隆]冀州志 第33冊
(清)范清曠纂修
清乾隆十二年(1747)刻本
[民國]冀縣志 第33冊
王樹枏纂修
民國十八年(1929)鉛印本

邢臺市

[乾隆]順德府志 第33冊
(清)徐景曾纂修
清乾隆十五年(1750)刻本
[乾隆]邢臺縣志 第33冊
(清)劉蒸雯修 李嵷纂
清乾隆六年(1741)刻本
[嘉慶]邢臺縣志 第33冊
(清)竇景燕纂修 沈蓮生續修
清嘉慶十四年(1809)修道光七年(1827)續修刻本
[光緒]邢臺縣志 第33冊
(清)戚朝卿修 周祐纂
清光緒三十一年(1905)刻本版藏小學堂
[民國]邢臺縣志 第33冊
張棟修 薛椿齡纂
民國三十二年(1943)鉛印本
[乾隆]柏鄉縣志 第34冊
(清)鍾賡華纂修
清乾隆三十一年(1766)刻本
[民國]柏鄉縣志 第34冊
牛寶善修 魏永弼纂
民國二十一年(1932)北平湘記中西印書局鉛印本
[康熙]寧晉縣志 第34冊
(清)萬任修 張坦纂
清康熙十八年(1679)刻本
[民國]寧晉縣志 第34冊
伊承熙等修 張震科纂
民國十八年(1929)石印本
[崇禎]隆平縣志 第34冊
(明)陳所學纂修
明崇禎二年(1629)刻清康熙五十一年(1712)增刻本
[乾隆]隆平縣志 第34冊
(清)袁文煥纂修
清乾隆二十九年(1764)修抄本
[光緒]唐山縣志 第34冊
(清)蘇玉修 杜霱 李飛鳴纂
清光緒七年(1881)刻本
[嘉靖]南宮縣志 第34冊
(明)葉恆嵩修 劉濂纂
明嘉靖十四年(1535)修三十八年(1559)刻民國二十二年(1933)影印本
[康熙]南宮縣志 第34冊
(清)胡胤銓纂修
清康熙十二年(1673)刻雍正間增刻本
[道光]南宮縣志 第34冊
(清)周栻修 陳柱纂
清道光十一年(1831)刻本本衙藏版
[光緒]南宮縣志 第34冊
(清)戴世文修 喬國楨等纂
清光緒三十年(1904)刻本
[民國]南宮縣志 第34冊
黃容惠修 賈恩紱纂
民國二十五年(1936)刻本
[光緒]鉅鹿縣志 第34冊
(清)凌燮修 夏應麟纂
清光緒十二年(1886)刻本
[康熙]任縣志 第34冊
(清)季芷修 謝元震纂
清康熙十二年(1673)刻
[民國]任縣志 第34冊
(清)謝昺麟修 陳智纂 (民國)王億年續修 劉書旂續纂
清宣統二年(1910)修民國四年(1915)續修鉛印本
[萬曆]沙河縣志 第34冊
(明)姬自修修 王九秋 李國士纂 谷師顏重修
明萬曆三十七年(1845)刻本
[乾隆]沙河縣志 第34冊
(清)杜灝纂修
清乾隆二十四年(1759)修道光二十五年(1845)刻本版藏縣署
[道光]續增沙河縣志 第34冊
(清)魯傑纂修
清道光二十五年(1845)刻本
[民國]沙河縣志 第34冊
林清揚修 王延升纂
民國二十九年(1940)鉛印本

［康熙］臨城縣志 第 34 冊
（清）楊寬修 喬已百纂
清康熙三十年（1691）刻本
［康熙］内丘縣志 第 34 冊
（清）汪匡鼎修 和羹纂
據清康熙七年（1668）刻本增刻本
［道光］内丘縣志 第 34 冊
（清）施彥士纂修
清道光十二年（1832）增刻抄本
［康熙］新河縣志 第 34 冊
（清）王汝翰等纂修
清康熙十八年（1679）刻本
［光緒］新河縣志 第 34 冊
（清）趙鴻鈞修 沈家煥纂
清光緒二年（1876）刻本本衙藏版
［同治］清河縣志 第 34 冊
（清）王鏞修 郭兆藩等纂
清同治十一年（1872）刻本
［光緒］清河縣志 第 34 冊
（清）黄汝香纂修
清光緒九年（1883）刻本
［民國］清河縣志 第 34 冊
張福謙修 趙鼎銘纂
民國二十三年（1934）天津文竹齋鉛印本
［嘉靖］威縣志 第 34 冊
（明）胡容修 王組纂
明嘉靖二十九年（1550）刻本
［順治］威縣續志 第 34 冊
（清）袁天秩修 張璞纂
清順治三年（1646）刻本
［民國］威縣志 第 34 冊
崔正春修 尚希賓纂
民國十四年（1925）修十八年（1929）北平京津書局鉛印本
［康熙］廣宗縣志 第 35 冊
（清）吳存禮修 喬承寵纂
清康熙三十二年（1693）刻本
［嘉慶］廣宗縣志 第 35 冊
（清）李師舒纂修
清嘉慶七年（1802）刻本
［同治］廣宗縣志 第 35 冊
（清）羅觀駿修 李汝紹纂
清同治十三年（1874）刻本板寸禮房
［民國］廣宗縣志 第 35 冊
姜榓榮 祁卓如修 韓敏修纂
民國二十二年（1933）廣宗文獻委員會鉛印本
［康熙］平鄉縣志 第 35 冊
（清）趙弼修 趙培基纂 卞三畏增修
清康熙間增修刻本
［乾隆］平鄉縣志 第 35 冊
（清）楊喬纂修
清乾隆十六年（1751）刻本
［同治］平鄉縣志 第 35 冊
（清）蘇性纂修
清同治七年（1868）刻本
［同治］平鄉縣志 第 35 冊
（清）蘇性纂修 吳沂續纂
清同治七年（1868）刻光緒十二年（1886）增刻本
［康熙］南和縣志 第 35 冊
（清）章兆蕙修 周鐈纂
清康熙六年（1667）刻本
［乾隆］南和縣志 第 35 冊
（清）周章煥纂修
清乾隆十四年（1749）修抄本
［光緒］南和縣志 第 35 冊
（清）王立勳修 李清芝纂
清光緒十九年（1893）修抄本

邯鄲市

［嘉靖］廣平府志 第 35 冊
（清）翁相修 陳棐纂
明嘉靖二十九年（1550）刻本
［乾隆］廣平府志 第 35 冊
（清）吳穀纂修
清乾隆二年（1737）修十年（1894）刻本
［光緒］重修廣平府志 第 35 冊
（清）吳中彥修 胡景桂纂
清光緒二十年（1894）刻本
［康熙］廣平縣志 第 35 冊
（清）夏顯煜修 王俞巽纂
清康熙十五年（1676）刻本
［民國］廣平縣志 第 36 冊
韓作舟纂修
民國二十八年（1939）鉛印本
［正統］大名府志 第 36 冊
（明）趙本纂修
明正統十年（1445）刻本
［正德］大名府志 第 36 冊
（明）石祿修 唐錦纂
明正德元年（1506）刻本
［康熙］大名府志 第 36 冊
（清）周邦彬修 郜煥元纂
清康熙十一年（1672）刻本
［咸豐］大名府志 第 36 冊
（清）朱瑛等纂修 武蔚文續修 郭程先續纂 高繼珩增補
清咸豐三年（1853）刻本
［乾隆］大名縣志 第 36 冊
（清）張維祺修 李棠纂
清乾隆五十四年（1789）刻本
［民國］大名縣志 第 36 冊
張昭芹 程廷恒等修 范鑑古 洪家祿等纂
民國二十三年（1934）鉛印本
［康熙］元城縣志 第 36 冊
（清）陳偉等纂修
清康熙十五年（1676）刻本
［同治］續修元城縣志 第 36 冊
（清）吳大鏞修 王仲牲纂
清同治十一年（1872）刻本
［乾隆］邯鄲縣志 第 36 冊
（清）王炯纂修
清乾隆二十一年（1756）刻本
［光緒］邯鄲縣志 第 36 冊
（清）英啓 周錫璋纂修
清光緒元年（1875）稿本
［民國］邯鄲縣志 第 36 冊
楊肇基修 李世昌纂
民國二十九年（1940）刻本
［崇禎］永年縣志 第 36 冊
（明）宋祖乙修 申佳胤纂
明崇禎十四年（1641）刻本
［康熙］永年縣志 第 36 冊
（清）朱世緯纂修
清康熙十一年（1672）刻雍正十一年（1733）侯可大增補乾隆十年（1745）王玲再增補本
［乾隆］永年縣志 第 36 冊
（清）孔廣棣纂修
清乾隆二十二年（1757）刻本
［光緒］永年縣志 第 36 冊
（清）夏詒鈺纂修
清光緒三年（1877）刻本版存縣署
［順治］曲周縣志 第 36 冊
（清）李時茂修 趙永吉纂
清順治十三年（1656）刻本
［乾隆］曲周縣志 第 36 冊
（清）勞宗發修 王今遠纂
清乾隆十二年（1747）刻本縣署藏版

[同治]曲周縣志 第36冊
(清)存祿修 劉自立纂
清同治八年(1869)刻本
[雍正]館陶縣志 第36冊
(清)趙知希纂修 張興宗增修
清雍正五年(1727)修十三年(1735)續修光緒十九年(1893)刻本
[民國]館陶縣志 第36冊
丁世恭修 劉清如纂
民國二十五年(1936)鉛印本
[康熙]魏縣志 第36冊
(清)李尚斌修 王錫命纂
清康熙二十二年(1683)刻本
[雍正]魏縣志 第36冊
(清)馬襄修 劉翔儀纂
清雍正五年(1727)刻本
[萬曆]成安縣志 第36冊
(明)賈三策修 王孫昌纂
明萬曆刻明崇禎清順治間續增刻本
[康熙]成安縣志 第37冊
(清)王公楷修 張檞纂
清康熙十二年(1673)刻後印本
[嘉慶]成安縣志 第37冊
(清)孫培曾修 宋鳳翼纂
清嘉慶七年(1802)刻道光間增刻本
[民國]成安縣志 第37冊
張應麟修 張永和纂
民國二十年(1931)天津文竹齋鉛印本
[康熙]涉縣志 第37冊
(清)黃澤修 竇彝常纂
清康熙五十三年(1714)刻本
[嘉慶]涉縣志 第37冊
(清)戚學標纂修
清嘉慶四年(1799)刻本
[乾隆]雞澤縣志 第37冊
(清)王錦林纂修
清乾隆三十一年(1766)抄本
[民國]雞澤縣志 第37冊
李澤遠修 劉國昌纂
民國三十一年(1942)鉛印本
[雍正]邱縣志 第37冊
(清)王輅修 韓思聖纂
清雍正六年(1728)刻本
[民國]邱縣志 第37冊
薛儒華修 趙又揚纂
民國二十三年(1934)鉛印本
[雍正]肥鄉縣志 第37冊
(清)王建中修 宋錦纂
清雍正十年(1732)刻本
[同治]肥鄉縣志 第37冊
(清)李鵬展修 趙文濂纂
清同治六年(1867)刻本
[民國]肥鄉縣志 第37冊
張仁侃等修 李國鐸等纂 安亮清訂正
民國二十九年(1940)鉛印本
[正德]臨漳縣志 第37冊
(明)景芳纂修
明正德元年(1506)刻本
臨漳縣志畧備考 第37冊
(清)駱文光纂修
清同治十三年(1874)刻本
[嘉靖]磁州志 第37冊
(明)周文龍修 孫紹纂
明嘉靖三十二年(1553)刻本
[康熙]磁州志 第37冊
(清)蔣擢纂修
清康熙間刻本
[同治]磁州續志 第37冊
(清)程光瀅纂修
清同治十三年(1874)刻本
[民國]磁縣縣志 第37冊
黃希文等纂修
民國三十年(1941)鉛印本
[乾隆]武安縣志 第37冊
(清)蔣光祖修 夏兆豐纂
清乾隆四年(1739)刻本
[民國]武安縣志 第37冊
杜濟美修 郄濟川纂
民國二十九年(1940)北京光明印書局鉛印本

山西省

[萬曆]山西通志 第38冊
(明)李維楨修
明崇禎二年(1629)刻本
[康熙]山西通志 第38冊
(清)穆爾賽 劉梅纂修
清康熙二十一年(1682)刻本
[雍正]山西通志 第38冊
(清)覺羅石麟修 儲大文纂
清雍正十二年(1734)刻本
[乾隆]山西志輯要 第39冊
(清)雅德修 汪本直纂
清乾隆四十五年(1780)刻本
[光緒]山西通志 第39冊
(清)曾國荃 張煦等修 王軒 楊篤等纂
清光緒十八年(1892)刻本

太原市

[萬曆]太原府志 第39冊
(明)關廷訪修 張慎言纂
明萬曆四十年(1612)刻本殘缺處抄配
[乾隆]太原府志 第39冊
(清)費淳 沈樹聲纂修
清乾隆四十八年(1783)刻本
[康熙]陽曲縣志 第39冊
(清)戴夢雄修 李方蓁等纂
清康熙二十一年(1682)刻本
[道光]陽曲縣志 第39冊
(清)李培謙監修 閻士驤纂輯
清道光二十三年(1843)修民國二十一年(1932)重印本版藏儒學東齋
[嘉靖]太原縣志 第40冊
(明)高汝行纂修
明嘉靖三十年(1551)刻本
[雍正]重修太原縣志 第40冊
(清)龔新 沈繼賢修 高若岐等纂
清雍正九年(1731)刻本本署藏版
[道光]太原縣志 第40冊
(清)員佩蘭修 楊國泰纂
清道光六年(1826)刻本
[康熙]徐溝縣志 第40冊
(清)王嘉謨纂修
清康熙五十一年(1712)刻本
[光緒]補修徐溝縣志 第40冊
(清)王勳祥修 秦憲纂
清光緒七年(1881)刻本
清源鄉志 第40冊
(清)王勳祥修 王效尊纂
清光緒八年(1882)梗陽書院刻本

大同市

[順治]雲中郡志 第40冊
(清)胡文燁纂修
清順治九年(1652)刻本
[乾隆]大同府志 第40冊
(清)吳輔宏修 王飛藻 文光校訂
清乾隆四十一年(1776)修四十七年(1782)重校刻本
[道光]大同縣志 第40冊
(清)黎中輔纂修
清道光十年(1830)刻本
[乾隆]天鎮縣志 第40冊
(清)胡元朗纂修

清乾隆四年(1753)刻本
[乾隆]天鎮縣志 第40冊
(清)張坊纂修
清乾隆十八年(1753)刻本
[光緒]天鎮縣志 第41冊
(清)洪汝霖等修 楊篤纂
清光緒十六年(1890)修民國二十四年(1935)重刊鉛印本
[康熙]靈邱縣志 第41冊
(清)宋起鳳原本 岳宏譽增訂
清順治十七年(1660)修康熙二十三年(1684)刻本
[光緒]靈邱縣輔志 第41冊
(清)雷棣榮 嚴潤林修 陸泰元纂
清光緒七年(1881)京都吉潤齋刻本
[雍正]陽高縣志 第41冊
(清)房裔蘭總裁 蘇之芬纂修
清雍正七年(1729)修鉛印本)
[光緒]廣靈縣輔志 第41冊
(清)楊亦銘纂修
清光緒七年(1881)京都琉璃廠漱潤齋刻本
[順治]渾源州志 第41冊
(清)張崇德纂修
清順治十八年(1661)刻本
[乾隆]渾源州志 第41冊
(清)桂敬順纂修
清乾隆二十八年(1763)刻本
[乾隆]渾源州志 第41冊
(清)桂敬順纂修
清乾隆二十八年(1763)刻同治九年(1870)孔廣培增刻本州署藏版
[光緒]渾源州續志 第41冊
(清)賀澍恩修 程績纂
清光緒七年(1881)刻本
恆山志 第41冊
(清)桂敬順纂修
清乾隆二十八年(1763)刻本州署藏版
[光緒]左雲縣志 第41冊
(清)李翼聖原本 余卜頤增修 藺炳章增纂
清光緒七年(1881)增修嘉慶本民國間石印本

朔州市

[萬曆]懷仁縣志 第41冊
(明)楊守介纂修
明萬曆二十九年(1601)刻本
[光緒]懷仁縣新志 第41冊
(清)李長華修 姜利仁纂 汪大浣續修 馬蕃續纂
清光緒三十二年(1906)刻本
[崇禎]山陰縣志 第42冊
(明)劉以守纂修
明崇禎二年(1629)修抄本
[乾隆]應州續志 第42冊
(清)吳炳纂修
清乾隆三十四年(1769)刻本
[雍正]朔平府志 第42冊
(清)劉士銘修 王霷纂
清雍正十一年(1733)刻本
[雍正]朔州志 第42冊
(清)汪嗣聖纂修 王霷匯纂
清雍正十三年(1735)修石印本
[民國]馬邑縣志 第42冊
陳廷璋修 霍殿鼇纂
民國七年(1918)鉛印本

陽泉市

[乾隆]平定州志 第42冊
(清)金明源纂修
清乾隆五十五年(1790)刻本湧雲樓藏版
[光緒]平定州志 第42冊
(清)賴昌期 張彬等纂修
清光緒八年(1882)刻本
[光緒]平定州輔志 第42冊
(清)葛士達編
清光緒十八年(1892)刻本
[光緒]盂縣志 第42冊
(清)張嵐奇 劉鴻逵等修 武纘緒 劉懋功等纂
清光緒七年(1881)刻本

長治市

[順治]潞安府志 第42冊
(清)楊晙修 李中白 周再勳纂
清順治十六年(1659)刻本
[乾隆]潞安府志 第42冊
(清)張淑渠 姚學瑛修 姚學甲纂
清乾隆三十五年(1770)榮暉堂刻本
[康熙]長治縣志 第42冊
(清)姜愃修 于公胤纂
清康熙十二年(1673)刻本
[乾隆]長治縣志 第42冊
(清)吳九齡修 蔡履豫纂
清乾隆二十八年(1763)刻本
[光緒]長治縣志 第43冊
(清)李楨修 楊篤纂
清光緒二十年(1894)刻本
[乾隆]重修襄垣縣志 第43冊
(清)李廷芳修 徐珏 陳于廷纂
清乾隆四十七年(1782)刻本
[光緒]襄垣縣續志 第43冊
(清)李汝霖纂修
清光緒六年(1880)刻本
[民國]襄垣縣志 第43冊
嚴用琛 魯宗藩修 王維新 連篤敬等纂
民國十七年(1928)鉛印本
[康熙]黎城縣志 第43冊
(清)程大夏修 李御 李吉纂
清康熙二十一年(1682)刻本
[光緒]黎城縣續志 第43冊
(清)鄭灝修 楊恩樹纂
清光緒九年(1883)刻本
[康熙]壺關縣志 第43冊
(清)章經纂修
清康熙二十年(1681)刻本
[乾隆]壺關縣志 第43冊
(清)楊宸等修 馮文止等纂
清乾隆三十五年(1770)刻本官衙藏版
[道光]壺關縣志 第43冊
(清)茹金 申瑤纂修
清道光十四年(1834)刻本
[光緒]壺關縣續志 第43冊
(清)胡燕昌 楊篤纂修
清光緒七年(1881)刻本官衙藏版
[康熙]長子縣志 第44冊
(清)徐颺廷修 徐介纂
清康熙四十四年(1705)刻本
[乾隆]長子縣志 第44冊
(清)紀在譜修 黃立世纂
清乾隆四十三年(1778)刻本
[嘉慶]長子縣志 第44冊
(清)劉樾修 樊兌纂
清嘉慶二十一年(1816)刻本
[光緒]長子縣志 第44冊
(清)豫謙修 楊篤纂
清光緒八年(1882)刻本
[乾隆]沁州志 第44冊
(清)葉士寬原本 姚學瑛續修 姚學甲續纂
清雍正九年(1731)刻乾隆三十六年(1771)增刻本

[光緒]沁州復續志 第44冊
(清)吳承恩纂修
清光緒六年(1880)刻本
[萬曆]沁源縣志 第44冊
(明)李守貞纂修
明萬曆間刻本
[雍正]沁源縣志 第44冊
(清)韓瑛纂修 王廷掄續纂修
清康熙五十二年(1713)修雍正八年(1730)續修刻本
[光緒]沁源縣續志 第44冊
(清)董餘三纂修
清光緒七年(1881)刻本
[民國]沁源縣志 第44冊
孔兆熊 郭藍田修 陰國垣纂
民國二十二年(1933)太原德和信代印鉛印本
[康熙]武鄉縣志 第44冊
(清)高鉷纂修
清康熙三十一年(1692)刻本
[乾隆]武鄉縣志 第44冊
(清)白鶴修 史傳遠纂輯
清乾隆五十五年(1790)修民國十八年(1929)鉛印本
[光緒]武鄉縣續志 第45冊
(清)吳匡修 鈕增垚纂
清光緒五年(1879)刻本
[民國]武鄉縣志 第45冊
張揚祚修 郝世楨纂
民國十八年(1929)鉛印本
[天啟]潞城縣志 第45冊
(明)馮惟賢纂修 王溥續修
明萬曆十九年(1591)修天啟五年(1625)增修清抄本
[康熙]潞城縣志 第45冊
(清)張士浩等修 申伯等纂
清康熙四十五年(1706)刻本
[光緒]潞城縣志 第45冊
(清)崔曉然 曾雲章修 楊篤纂
清光緒十年(1884)刻本
[康熙]平順縣志 第45冊
(清)杜之昂修 路躋垣 申昌先纂
民國三十四年(1945)抄本
[光緒]平順鄉志 第45冊
(清)佚名纂
抄本
[民國]平順縣志 第45冊
石璜纂修
民國間鉛印本
[康熙]屯留縣志 第45冊
(清)屠直纂修
清康熙十四年(1675)刻本
[雍正]屯留縣志 第45冊
(清)甄爾節修 孫肯獲等纂
清雍正八年(1730)刻本
[光緒]屯留縣志 第45冊
(清)劉鍾麟 何金聲修 楊篤 任來樸纂
清光緒十一年(1885)刻本

晉城市

[康熙]澤州志 第45冊
(清)陶自悅纂修
清康熙四十五年(1706)刻本
[雍正]澤州府志 第45冊
(清)朱樟修 田嘉穀纂
清雍正十三年(1735)刻本
[乾隆]高平縣志 第46冊
(清)傅德宜修 戴純纂
清乾隆三十九年(1774)刻本
[同治]高平縣志 第46冊
(清)龍汝霖纂修
清同治六年(1867)刻本
[光緒]續高平縣志 第46冊
(清)陳學富 慶鍾修 李廷一纂
清光緒六年(1880)刻本
[乾隆]鳳臺縣志 第46冊
(清)林荔修 姚學甲纂
清乾隆四十九年(1784)刻本
[康熙]陽城縣志 第46冊
(清)項龍章修 田六善纂
清康熙二十六年(1687)刻本
[乾隆]陽城縣志 第46冊
(清)楊善慶修 田懋纂
清乾隆二十年(1755)刻本
[同治]陽城縣志 第47冊
(清)賴昌期總修 譚澐 盧廷棻纂修
清同治十三年(1874)刻本
[乾隆]陵川縣志 第47冊
(清)雷正修 景象元纂
清乾隆五年(1740)刻本
[乾隆]陵川縣志 第47冊
(清)程德炯纂修
清乾隆四十四年(1779)刻本
[光緒]陵川縣志 第47冊
(清)徐炑等修 梁寅纂
清光緒八年(1882)刻本
[民國]陵川縣志 第47冊
庫增銀修 楊謙纂
民國二十二年(1933)鉛印本
[康熙]沁水縣志 第47冊
(清)趙鳳詔纂修
清康熙三十六年(1697)刻本
[嘉慶]沁水縣志 第48冊
(清)徐品山修 張心至纂
清嘉慶六年(1801)刻本版藏縣署
[光緒]沁水縣志 第48冊
(清)秦丙煃修 李疇纂
清光緒七年(1881)刻本

忻州市

[乾隆]寧武府志 第48冊
(清)魏元樞 周景柱纂修
清乾隆十五年(1750)刻本
[乾隆]忻州志 第48冊
(清)周人龍原本 竇容邃增訂
清乾隆十一年(1746)刻本
[光緒]忻州志 第48冊
(清)方戊昌修 方淵如纂
清光緒六年(1880)刻本
[雍正]定襄縣志 第48冊
(清)王時炯原本 王會隆續纂修
清康熙五十一年(1712)刻雍正五年(1727)增補本
[光緒]定襄縣補志 第48冊
(清)鄭繼修等修 邢澍田纂
清光緒六年(1880)刻本
元遺山志 第48冊
(清)樊煥章纂修
清光緒三年(1877)刻本
[康熙]靜樂縣志 第48冊
(清)黃國昌纂修
清康熙三十四年(1695)修民國間石印本
[乾隆]直隸代州志 第48冊
(清)吳重光纂修
清乾隆四十九年(1784)刻本
[光緒]代州志 第49冊
(清)俞廉三修 楊篤纂
清光緒八年(1882)代山書院刻本
[康熙]五臺縣志 第49冊
(清)週三進纂修
清康熙二十六年(1678)刻本
[康熙]五臺縣志 第49冊

（清）王秉韜纂修
清乾隆四十五年（1780）刻本
［光緒］五臺新志 第49冊
（清）徐繼畬纂修 孫汝明 王步墀續修 楊篤續纂
清同治四年（1865）修光緒九年（1883）刻本
［乾隆］崞縣志 第49冊
（清）邵豐鍭 顧弼修 賈瀛纂
清乾隆二十二年（1757）刻本
［光緒］續修崞縣志 第49冊
（清）趙冠卿 龍朝言修 潘肯堂纂
清光緒八年（1882）刻本
［道光］繁峙縣志 第49冊
（清）吳其均纂修
清道光十六年（1836）刻本
［光緒］繁峙縣志 第49冊
（清）何才价修 楊篤纂
清光緒七年（1881）刻本
［康熙］保德州志 第49冊
（清）王克昌修 殷夢高纂
清康熙四十九年（1710）修民國二十一年（1932）鉛印本
［乾隆］保德州志 第49冊
（清）王克昌原本 王秉韜續纂修
清康熙四十九年（1710）刻乾隆五十年（1785）增刻本
［道光］河曲縣志 第49冊
（清）曹春曉纂修
清道光十年（1830）刻本
［道光］河曲縣志 第49冊
（清）黃宅中纂
清道光二十三年（1843）刻本
［同治］河曲縣志 第49冊
（清）金福增修 張兆魁 金鍾彥纂
清同治十一年（1872）刻本
［光緒］神池縣志 第49冊
（清）崔長清修 谷如墉纂
清光緒六年（1880）修抄本
［康熙］岢嵐州志 第50冊
（清）何顯祖修 袁鏘珩纂
清康熙十一年（1672）修抄本
［光緒］岢嵐州志 第50冊
（清）吳光熊修 史文炳纂
清光緒十年（1884）刻本
［乾隆］五寨縣志 第50冊
（清）秦雄褒纂修 朱青選續纂修
清嘉慶十四年（1809）刻本居安堂藏版

晉中市

［康熙］榆次縣續志 第50冊
（清）劉星修 王介石 齊世恩纂
清康熙二十三年（1684）刻本
［乾隆］榆次縣志 第50冊
（清）錢之青修 張天澤纂
清乾隆十三年（1748）思風堂刻本
［同治］榆次縣志 第50冊
（清）俞世銓 陶良駿修 王平格 王序賓纂
清同治二年（1863）鳳鳴書院刻本
［民國］榆次縣志 第50冊
張景顥等修 常麟書纂
民國三十一年（1942）鉛印本
［民國］昔陽縣志 第50冊
皇甫振清等修 李光宇等纂
民國三年（1914）手抄本
［雍正］遼州志 第50冊
（清）徐三俊修 葛附鳳等纂
清雍正十一年（1733）刻本
［光緒］遼州志 第50冊
（清）徐三俊原本 陳棟續纂修
清雍正十一年（1733）刻光緒十六年（1890）增修補刻民國十八年（1929）重印本
［乾隆］重修和順縣志 第50冊
（清）黃玉衡修 賈訒纂
清乾隆三十三年（1768）刻本
［民國］和順縣志 第50冊
張夔典總裁 王玉汝纂修
民國三年（1914）石印本
［乾隆］榆社縣志 第50冊
（清）費映奎修 孟濤纂
清乾隆八年（1743）刻本
［光緒］榆社縣志 第50冊
（清）王家坊 葛士達總纂
清光緒七年（1881）刻本
［萬曆］太谷縣志 第50冊
（明）喬允升修 寇嘉會纂
清順治十二年（1655）據明萬曆二十四年（1596）刻版重修本
［萬曆］太谷縣志 第50冊
（清）王廷贊修 武一韓纂
清順治十二年（1729）修乾隆四年（1739）重修刻本清順治十二年（1729）修乾隆四年（1739）
［乾隆］太谷縣志 第50冊
（清）高繼允修 姚孔碩 涂逢豫纂
清乾隆三十年（1765）刻本
［乾隆］太谷縣志 第50冊
（清）郭晉總裁 管粵秀纂修
清乾隆六十年（1795）刻本本衙藏版
［咸豐］太谷縣志 第50冊
（清）章青選 汪和修 章嗣衡纂
清咸豐五年（1855）刻本本衙藏版
［光緒］太谷縣志 第50冊
（清）恩浚等修 王效尊纂
清光緒十二年（1886）刻本鳳山書院藏版
［民國］太谷縣志 第51冊
劉玉璣 仇曾祜修 胡萬凝纂
民國二十年（1931）太原德和信代印鉛印本
［康熙］重修平遙縣志 第51冊
（清）王綬修 康乃心纂
清康熙四十五年（1706）刻本
［光緒］平遙縣志 第51冊
（清）恩端修 武達材 王舒萼纂
清光緒八年（1882）刻本
［嘉慶］靈石縣志 第51冊
（清）王志瀜修 黃憲臣纂
清嘉慶二十二年（1817）刻本
［光緒］靈石縣志 第51冊
（清）謝均修 白星煒纂
清光緒元年（1875）刻本本衙藏版
［光緒］靈石縣志 第51冊
（清）趙冠卿 何慶瀾纂
清光緒七年（1881）修抄本
［民國］靈石縣志 第51冊
李凱朋修 耿步蟾纂
民國二十三年（1934）鉛印本
［康熙］壽陽縣志 第51冊
（清）吳祚昌纂修 李敦續修
清康熙十一年（1672）刻五十六年（1717）續補刻本
［乾隆］壽陽縣志 第51冊
（清）龔導江纂修
清乾隆三十六年（1771）刻本
［光緒］壽陽縣志 第51冊
（清）馬家鼎修 張嘉言纂
清光緒八年（1882）刻本
［乾隆］祁縣志 第51冊
（清）陳時纂修

清乾隆四十五年(1780)刻本
[光緒]祁縣志 第51冊
(清)劉發岏修 李芬纂
清光緒八年(1882)刻本
[康熙]介休縣志 第51冊
(清)王埴修 王之舟纂
清康熙三十五年(1696)刻本
[乾隆]介休縣志 第51冊
(清)王謀文纂修
清乾隆三十五年(1770)刻本
[嘉慶]介休縣志 第52冊
(清)徐品山修 陸元鏸纂
清嘉慶二十四年(1819)刻本
[民國]介休縣志 第52冊
張賡麟修 董重纂
民國十九年(1930)鉛印本

臨汾市

[康熙]平陽府志 第52冊
(清)劉棨修 孔尚任等纂
清康熙四十七年(1708)刻本
[雍正]平陽府志 第52冊
(清)章廷珪修 范安治纂
清雍正十三年(1735)修乾隆元年(1736)刻本
[康熙]臨汾縣志 第52冊
(明)邢雲路纂修 (清)林弘化續纂修
明萬曆十九年(1591)刻清康熙三十五年(1696)補刻本
[雍正]臨汾縣志 第52冊
(清)徐三俊纂修
清雍正八年(1730)刻本
[乾隆]臨汾縣志 第52冊
(清)高塘 吳士淳修 呂淙 吳克元纂
清乾隆四十四年(1779)刻本
[民國]臨汾縣志 第52冊
劉玉璣 張其昌等纂
民國二十二年(1933)鉛印本
[康熙]汾西縣志 第52冊
(清)蔣鳴龍纂修
清康熙十三年(1674)刻本
[光緒]汾西縣志 第52冊
(清)曹憲修 周鳳翽纂
清光緒七年(1881)刻本
[雍正]岳陽縣志 第52冊
(清)趙温修 常遜等纂
清雍正十二年(1734)刻本
[民國]岳陽縣志 第52冊
李鍾珩修 王之哲等纂
民國二年(1913)新昭石印公司石印本
[民國]安澤縣志 第52冊
楊世瑛等修 王錫禎 宋思本等纂
民國二十一年(1932)鉛印本
[嘉靖]翼城縣誌 第52冊
(明)鄢桂枝修 楊汝江纂
明嘉靖二十七年(1548)刻本
[乾隆]翼城縣誌 第52冊
(清)李居頤纂修
清乾隆二年(1737)刻本
[乾隆]翼城縣誌 第52冊
(清)許崇楷纂修
清乾隆三十六年(1771)刻本
[光緒]翼城縣誌 第52冊
(清)王燿章 龔履坦修 閻奮鵬等纂
清光緒七年(1881)刻本
[民國]翼城縣誌 第52冊
(清)馬繼楨修 吉廷彥纂
民國十八年(1929)鉛印本
[嘉靖]曲沃縣志 第53冊
(明)劉魯生修 李廷賓纂
明嘉靖三十年(1551)刻本
[萬曆]沃克 第53冊
(明)趙彥復纂修
明萬曆四十年(1612)刻本
[康熙]曲沃縣志 第53冊
(清)潘錦修 仇翊道纂
清康熙四十四年(1705)刻本
[乾隆]新修曲沃縣志 第53冊
(清)張坊修 胡元琢 徐儲纂
清乾隆二十三年(1758)敦好堂全書本
[乾隆]續修曲沃縣志 第53冊
(清)侯長熺修 王安恭纂
清嘉慶二年(1797)刻本
[道光]新修曲沃縣志 第53冊
(清)張兆衡纂修
清道光二十二年(1842)刻本
[民國]新修曲沃縣志 第53冊
鄔漢章修 仇汝功纂
民國十七年(1928)鉛印本
[光緒]吉州全志 第53冊
(清)吳葵之修 裴國苞纂
清光緒六年(1880)修民國間大國民印刷廠鉛印本
吉州鄉士志 第53冊
佚名編
清末抄本
[康熙]隰州志 第53冊
(清)錢以塏纂修
清康熙四十八年(1709)刻本
[光緒]續修隰州志 第53冊
(清)崔澄寰 王嘉會等纂修
清光緒二十四年(1898)刻本
[康熙]永和縣志 第53冊
(清)王士儀纂修
清康熙四十九年(1710)刻本
[民國]永和縣志 第53冊
段金成等纂修
民國二十年(1931)修抄本
[雍正]大寧縣志 第53冊
(清)杜瑾修 劉源洓纂
清雍正八年(1730)刻本縣署藏版
[道光]大寧縣志 第53冊
(清)杜棠修 郭屏纂
清道光二十四年(1844)刻本
[光緒]大寧縣志 第53冊
(清)崔同紱修 李華棠纂
清光緒九年(1883)刻本
[乾隆]蒲縣志 第53冊
(清)巫慧修 王居正纂
清乾隆十八年(1753)刻本
[光緒]蒲縣續志 第53冊
(清)托克托歡修 曹和鈞 羅良柱纂
清光緒六年(1880)與乾隆志合刻本
[雍正]洪洞縣志 第53冊
(清)余世堂修 董維等纂
清雍正八年(1730)刻本
[民國]洪洞縣志 第53冊
孫奐崙修 韓垌等纂
民國六年(1917)上海商務印書館鉛印本
[順治]趙城縣志 第53冊
(清)安錫祚修 劉復鼎纂
清順治十六年(1659)刻本
[乾隆]趙城縣志 第53冊
(清)李升階纂修
清乾隆二十五年(1760)刻本
[道光]趙城縣志 第54冊
(清)楊延亮纂修
清道光七年(1827)刻本
[道光]直隸霍州志 第54冊
(清)崔允昭修 李培謙纂
清道光六年(1826)刻本

[光緒]續刻直隸霍州志　第54冊
(清)楊立旭修 白天章纂
清光緒六年(1880)刻本
[嘉靖]浮山縣志　第54冊
(明)許安纂修
明嘉靖三十七年(1558)刻本
[乾隆]浮山縣志　第54冊
(清)賈西等修 張華等纂
清乾隆十年(1745)刻本
[同治]浮山縣志　第54冊
(清)慶鍾纂修
清同治十三年(1874)刻本
[光緒]浮山縣志　第54冊
(清)鹿學典等修 武克明等纂
清光緒六年(1880)刻本
[民國]浮山縣志　第55冊
任耀先修 張桂書纂
民國二十四年(1935)鉛印本
[雍正]太平縣志　第55冊
(清)劉崇元修 張枚等纂
清雍正三年(1725)刻本
[乾隆]太平縣志　第55冊
(清)張鍾秀修 周令德等纂
清乾隆四十年(1775)刻本
[道光]太平縣志　第55冊
(清)李炳彥修 梁棲鸞纂
清道光五年(1825)刻本
[光緒]太平縣志　第55冊
(清)勞文慶 朱光綬修 婁道南纂
清光緒八年(1882)刻本
[雍正]襄陵縣志　第55冊
(清)趙懋本修 盧秉純纂
清雍正十年(1732)刻本
[光緒]襄陵縣志　第55冊
(清)錢墉修 郝登雲纂
清光緒七年(1881)刻本版存縣署
[民國]襄陵縣新志　第55冊
李世祐修 劉師亮纂
民國二十年(1923)刻本
[順治]鄉寧縣志　第55冊
(明)焦守己纂修 (清)侯世爵續纂修
清順治七年(1650)增刻本
[乾隆]鄉寧縣志　第55冊
(清)葛清纂修
清乾隆四十九年(1784)刻本
[光緒]續修鄉寧縣志　第55冊
(清)馮安瀾修 崔鍾淦纂
清光緒七年(1881)刻本
[民國]鄉寧縣志　第55冊
趙祖抃修 吳庚 趙意空纂
民國六年(1917)刻本

運城市

[乾隆]解州全志　第55冊
(清)言如泗纂修
清乾隆二十九年(1764)刻本官衙藏版
[光緒]解州志　第55冊
(清)馬丕瑤 魏象乾修 張承熊纂
清光緒七年(1881)刻本
[民國]解州志　第55冊
曲迺銳等編輯
民國九年(1920)國光石印館石印本
[康熙]安邑縣志　第55冊
(清)趙增纂修
清康熙十年(1671)刻本
[光緒]安邑縣續志　第55冊
(清)趙輔堂修 張承熊纂
清光緒七年(1881)刻本
[乾隆]解州安邑縣運城志　第55冊
(清)言如泗修 熊名相 呂瀶等纂
清乾隆二十九年(1764)刻《解州全志》本
[光緒]直隸絳州志　第55冊
(清)李煥揚修 張于鑄纂
清光緒五年(1879)刻本
[民國]新絳縣志　第55冊
徐昭儉修 楊兆泰纂
民國十八年(1929)太原崇實印刷所鉛印本
[乾隆]聞喜縣志　第56冊
(清)李遵唐纂修
清乾隆三十年(1765)刻本
[光緒]聞喜縣志斠　第56冊
(清)陳作哲修 楊深秀纂
清光緒六年(1880)刻本
[光緒]聞喜縣志斠　第56冊
(清)陳作哲修 楊深秀纂
清光緒六年(1880)刻本
[民國]聞喜縣志　第56冊
余寶滋修 楊韍田等纂
民國八年(1919)石印本
[光緒]垣曲縣志　第56冊
(清)薛元釗修 張于鑄纂
清光緒五年(1879)刻本
[乾隆]絳縣志　第56冊
(清)拉昌阿修 王本智纂
清乾隆三十年(1765)刻本
[光緒]絳縣志　第56冊
(清)劉斌修 張于鑄纂
清光緒六年(1880)刻本
[光緒]絳縣志　第56冊
(清)胡延纂修
清光緒二十五年(1899)刻本
[嘉慶]河津縣志　第56冊
(清)沈千鑑修 王政 牛述賢纂
清嘉慶二十年(1815)刻本
[光緒]河津縣志　第56冊
(清)茅丕熙 楊漢章修 程象濂 韓秉鈞纂
清光緒六年(1880)刻本
[乾隆]稷山縣志　第56冊
(清)韋之瑗修 郭佩等纂
清乾隆三十年(1765)刻本官衙藏版
[嘉慶]稷山縣志　第56冊
(清)張應辰修 王墀等纂
清嘉慶二十年(1815)刻本本署藏版
[同治]稷山縣志　第56冊
(清)沈鳳翔纂修
清同治四年(1865)修民國二十二年(1933)石印本
[光緒]續修稷山縣志　第56冊
(清)馬家鼎纂修
清光緒十一年(1885)刻本
[乾隆]解州芮城縣志　第56冊
(清)言如泗修 莫溥纂
清乾隆二十九年(1764)刻《解州全志》本
[光緒]芮城縣續志　第56冊
(清)馬丕瑤 萬啓鈞 張承熊纂
清光緒六年(1880)刻本
[民國]芮城縣志　第56冊
張亘 蕭光漢等纂修
民國十二年(1923)晉省范華印刷廠鉛印本
[康熙]夏縣志　第56冊
(清)蔣起龍纂修
清康熙四十七年(1708)刻本
[乾隆]解州夏縣志　第56冊
(清)言如泗修 李遵唐纂
清乾隆二十九年(1764)刻《解州全志》本
[光緒]夏縣志　第56冊

(清)黄縉榮 萬啟鈞修 張承熊纂
清光緒六年(1880)刻本
[乾隆]平陸縣志 第56册
(清)言如泗總修 韓夔典纂修
清乾隆間修民國二十一年(1932)平陸縣政府石印本
[乾隆]蒲州縣志 第57册
(清)周景柱纂修
清乾隆十九年(1754)刻本
[光緒]永濟縣志 第57册
(清)李榮和 劉鍾麟修 張元懋纂
清光緒十二年(1886)刻本
[乾隆]虞鄉縣志 第57册
(清)周大儒修 尚雲章等纂
清乾隆五十四年(1789)刻本
[光緒]虞鄉縣志 第57册
(清)崔鑄善修 陳鼎隆 全謀愷纂
清光緒十二年(1886)刻本
[民國]虞鄉縣新志 第57册
周振聲等修 李無逸等纂
民國九年(1920)石印本
[乾隆]萬泉縣志 第57册
(清)畢宿燾修 張史筆纂
清乾隆二十三年(1758)刻本
[民國]萬泉縣志 第57册
何桑修 馮文瑞纂
民國七年(1918)石印本
[嘉靖]榮河縣志 第57册
(明)宋綱纂
明嘉靖十七年(1538)刻本
[民國]榮河縣志 第57册
(清)張柳星 范茂松修 郭廷瑞纂
民國二十五年(1936)鉛印本
[康熙]臨晉縣志 第57册
(清)齊以治修 王恭先纂
清康熙二十五年(1686)刻本
[光緒]續修臨晉縣志 第57册
(清)艾紹濂 吳曾榮修 姚東濟纂
清光緒六年(1880)刻本
[民國]臨晉縣志 第57册
余家驥主編 趙意空纂修
民國十二年(1923)鉛印本
[雍正]猗氏縣志 第57册
(清)潘鉞修 吳啓元等纂 宋之樹續修 何世勳等續纂
清雍正七年(1729)刻本
[同治]續猗氏縣志 第57册
(清)周之楨修 崔曾頤纂
清同治六年(1867)刻本
[光緒]續猗氏縣志 第57册
(清)徐浩修 潘萝龍纂
清光緒六年(1880)刻本

呂梁市

[康熙]永寧州志 第57册
(清)謝汝霖纂修
清康熙四十一年(1702)刻本嘉慶同治間增補重印
[光緒]永寧州志 第57册
(清)姚啟瑞修 方淵如 劉子俊纂
清光緒七年(1881)刻本本衙藏版
[雍正]興縣志 第57册
(清)程雲修 孫鴻淦等纂 劉嘉誥續纂修
清雍正八年(1730)刻本
[乾隆]興縣志 第57册
(清)程雲原本 藍山增修
清雍正八年(1730)修乾隆二十八年(1763)增修刻本
[光緒]興縣續志 第57册
(清)張啓蘊修 孫福昌 溫亮珠纂
清光緒六年(1880)刻本
[雍正]重修嵐縣志 第58册
(清)沈繼賢修 常大升纂
清雍正八年(1730)刻本
[光緒]交城縣志 第58册
(清)夏肇庸修 許惺南纂
清光緒八年(1882)刻本
[康熙]文水縣志 第58册
(清)傅星修 鄭立功纂
清康熙十二年(1673)刻本
[光緒]文水縣志 第58册
(清)范啓堃 王煒修 陰步霞纂
清光緒九年(1883)刻本
[乾隆]汾州府志 第58册
(清)孫和相修 戴震纂
清乾隆三十六年(1771)刻本
[順治]汾陽縣志 第58册
(清)吳世英等纂修
清順治十四年(1657)刻本
[康熙]汾陽縣志 第58册
(清)周超等纂修
清康熙六十年(1721)刻本
[道光]汾陽縣志 第58册
(清)周貽繆 曹文錦修 曹樹穀纂
清咸豐元年(1851)刻本
[光緒]汾陽縣志 第58册
(清)方家駒 慶文修 王文員纂
清光緒十年(1884)刻本
[雍正]孝義縣志 第58册
(清)方士謨纂修
清雍正四年(1726)刻本
[乾隆]孝義縣志 第58册
(清)鄧必安修 鄧常纂
清乾隆三十五年(1770)刻本
[雍正]石樓縣志 第58册
(清)袁學謨修 秦燮纂
清雍正十年(1732)刻本
[康熙]寧鄉縣志 第58册
(清)呂復恒等纂修
清康熙四十一年(1702)刻本
[康熙]臨縣志 第58册
(清)楊飛熊修 崔鶴齡等纂
清康熙間修道光二十年(1840)刻本
[民國]臨縣志 第58册
胡宗虞修 吳命新纂
民國六年(1917)鉛印本

内蒙古自治區

[民國]蒙藏新志 第59册
黄奮生著
民國二十七年(1938)鉛印本
蒙古律例 第59册
佚名纂修
年代不詳抄本
東蒙古紀程 第59册
陳祖墡撰
民國間石印本

呼和浩特市

[咸豐]古豐識略 第59册
(清)鍾秀 張曾纂修
抄本
[光緒]歸綏廳志稿 第59册
(清)佚名纂修
清光緒間稿本
[民國]歸綏縣志 第59册
鄭植昌修 鄭裕孚纂
民國二十三年(1934)北平文嵐簃鉛印本
[光緒]清水河廳志 第59册
(清)阿克達春 文秀等纂修
清光緒間刻抄本

烏蘭察布市

[光緒]豐鎮廳志 第59冊
(清)德溥修 麻麗五纂
清光緒間抄本

遼寧省

遼東行部志 第59冊
(金)王寂撰
清宣統元年(1909)刻本

[嘉靖]遼東志 第59冊
(明)畢恭等纂 任洛等重修
明正統八年(1443)修嘉靖十六年(1537)重修刻本

[嘉靖]全遼志 第59冊
(明)李輔等纂修
明嘉靖四十五年(1566)修民國二十三年(1934)《遼海叢書》鉛印本

[康熙]盛京通志 第59冊
(清)伊把漢 董秉忠修 孫成纂
清康熙二十三年(1684)刻本

[乾隆]盛京通志 第59冊
(清)呂耀曾修 魏樞纂 雷以誠續纂修
清乾隆元年(1736)刻咸豐二年(1852)校補刻本

[乾隆]欽定盛京通志 第59冊
(清)阿桂修 劉瑾之 程維岳纂
清乾隆四十九年(1784)刻本

[民國]奉天通志 第59－61冊
翟文選等修 王樹枏等纂
民國二十三年(1934)鉛印本

瀋陽市

[民國]瀋陽縣志 第61冊
趙恭寅修 曾有翼纂
民國六年(1917)奉天作新印刷局鉛印本

[民國]新民縣志 第61冊
王寶善修 張博惠輯
民國十五年(1926)石印本

[民國]遼中縣志 第61冊
徐維淮修 李植嘉纂
民國十九年(1930)瀋陽東北交通用品製造廠印鉛印本

朝陽市

[民國]朝陽縣志 第61冊
周鐵錚修 沈鳴詩等纂
民國十九年(1930)鉛印本

[民國]建平縣志 第61冊
田萬生修 張滋大纂
民國二十年(1931)稿本

阜新市

[民國]阜新縣志 第61冊
張遇春修 賈如誼纂
民國二十四年(1935)奉天正文齋印刷局鉛印本

鐵嶺市

[民國]昌圖縣志 第61冊
程道元修 續文金纂
民國五年(1916)鉛印本

[康熙]鐵嶺縣志 第61冊
(清)賈弘文修 董國祥纂 李廷榮補輯
清康熙二十一年(1682)增刻民國二十三年(1934)鉛印《遼海叢書》本

[民國]鐵嶺縣志 第61冊
陳藝修 蔣齡益 鄭沛綸纂
民國六年(1917)奉天文和興印書館鉛印本

[民國]鐵嶺縣志 第61冊
黃世芳修 陳德懿纂
民國二十年(1931)鐵嶺縣立第一工科印鉛印本

[民國]開原縣志 第61冊
章啓槐修 趙家幹 王毓琪纂
民國六年(1917)奉天文和興印書館鉛印本

[民國]開原縣志 第61冊
李毅纂修
民國十八年(1929)開原驛文英印刷局鉛印本

[民國]西豐縣志 第61冊
蕭德潤修 張恩書纂 曹肇元補修 希廉等補纂
民國二十七年(1938)西豐國興印刷局校印鉛印本

撫順市

[宣統]撫順縣志略 第61冊
(清)趙羽航 程廷恒修 黎鏡蓉纂
清宣統三年(1911)石印本

[民國]興京縣志 第61冊
沈國冕修 蘇民纂
民國十四年(1925)奉天太古山房鉛印本

[民國]興京縣志 第61冊
張耀東修 李屬春纂
民國二十五年(1936)鉛印本

遼陽市

[康熙]遼陽州志 第62冊
(清)楊鑣修 施鴻纂
清康熙二十年(1681)修民國二十三年(1934)鉛印《遼海叢書》本

[民國]遼陽州志 第62冊
裴煥星修 白永貞纂
民國十七年(1928)奉天第二工科職業學校印鉛印本

遼陽古蹟遺聞 第62冊
何景春撰
民國十五年(1926)縣立第七職業科印刷鉛印本

鞍山市

[民國]海城縣志 第62冊
廷瑞 孫紹宗修 張輔相纂
民國十三年(1924)鉛印本

[民國]海城縣志 第62冊
陳蔭翹 常守陳修 戚星嚴纂
民國二十六年(1937)鉛印本

[民國]台安縣志 第62冊
孫維善修 王紹武纂
民國十九年(1930)遼寧作新印刷局鉛印本

[咸豐]岫巖志略 第62冊
(清)台隆阿修 李翰穎纂
清咸豐七年(1857)修民國二十三年(1934)鉛印《遼海叢書》本

[民國]岫巖縣志 第62冊
劉景文 高乃濟修 郝玉璞纂
民國十七年(1928)岫巖山成玉東記印鉛印本

丹東市

[民國]安東縣志 第62冊
王介公修 于雲峰纂
民國二十年(1931)安東宏業號鉛印部鉛印本

[民國]鳳城縣志 第62冊
馬龍潭 沈國冕修 蔣齡益纂
民國十年(1921)石印本

大連市

[民國]復縣志略 第62冊
程廷恒修 張素纂
民國九年(1920)奉天文和興印書館石印本

[民國]莊河縣志 第62冊
廖彭 李紹陽修 宋掄元等纂

民國十年(1921)奉天作新印刷局鉛印本

[民國]莊河縣志 第62冊
王純古 王佐才修 李其實 楊維嶓纂
民國二十三年(1934)莊河永源書局鉛印本

營口市

[民國]蓋平縣志 第62冊
石秀峰修 王郁雲纂
民國十九年(1930)鉛印本

錦州市

[民國]錦縣志 第62冊
王文藻修 陸善格纂
民國九年(1920)奉天關東印刷館鉛印本

[民國]義縣志 第63冊
趙興德修 王鶴齡纂
民國二十年(1931)鉛印本

[民國]北鎮縣志 第63冊
王文璞修 呂中清纂
民國十七年(1928)修二十二年(1933)石印本

[民國]黑山縣志 第63冊
梁學貴修 龐國士纂
民國三十年(1941)鉛印本

葫蘆島市

[民國]錦西縣志 第63冊
張鑑唐 劉煥文修 郭達等纂
民國十八年(1929)遼寧作新印刷局鉛印本

[康熙]寧遠州志 第63冊
(清)馮昌奕等修 范勳纂
清康熙二十一年(1682)修民國二十三年(1934)鉛印《遼海叢書》本

[民國]興城縣志 第63冊
恩麟 王恩士修 楊蔭芳等纂
民國十六年(1927)興城華昌印刷局鉛印本

[民國]綏中縣志 第63冊
文鎰修 范炳勳修
民國十八年(1929)遼寧作新印刷局鉛印本

塔子溝紀略 第63冊
(清)哈達清格撰
清乾隆三十八年(1773)刻本

吉林省

[光緒]吉林通志 第63冊
(清)長順 訥欽修 李桂林 顧雲纂
清光緒十七年(1891)刻本

[民國]吉林地志 第63冊
魏聲龢纂修
民國二年(1913)吉東印刷社代印鉛印本

長春市

[民國]長春縣志 第63冊
張書翰 馬仲援修 趙述雲 金毓紱纂
民國三十年(1941)油印本

[民國]農安縣志 第63冊
鄭士純修 朱衣點纂
民國十六年(1927)鉛印本

吉林市

打牲烏拉鄉土志 第63冊
(清)打牲烏拉總管衙門纂修
清光緒十一年(1885)修油印本

[民國]樺甸縣志 第63冊
陳鐵梅修 胡聯恩纂
民國二十一年(1932)鉛印本

四平市

[民國]懷德縣志 第63冊
趙亨萃 李宴春修 趙晉臣 孫雲章纂
民國十八年(1929)遼寧中和印書館鉛印本

[民國]梨樹縣志 第63冊
包文俊修 李溶纂 曲廉本續修 范大全續纂
民國十八年(1929)修民國二十三年(1934)續修瀋陽文化興印書局鉛印本

通化市

[民國]海龍縣志 第63冊
王永恩修 王春鵬纂
民國二十六年(1937)鉛印本

[宣統]長白彙徵錄 第63冊
(清)張鳳台纂修
清宣統二年(1910)鉛印本

白山市

[民國]臨江縣志 第63冊
劉維清 張之言修 羅寶書 邱在官纂
民國二十四年(1935)臨江縣藝文齋印刷所鉛印本

延邊朝鮮族自治州

[民國]安圖縣志 第63冊
陳國鈞修 孔廣泉纂
民國十八年(1929)遼寧第二監獄工業處校印鉛印本

黑龍江省

[民國]黑龍江通志綱要 第63冊
金梁纂
民國十四年(1925)鉛印本

[民國]黑龍江志稿 第63冊
萬福麟修 張伯英等纂
民國二十二年(1933)鉛印本

哈爾濱市

[民國]賓縣縣志 第63冊
趙汝楳 德壽修 朱衣點纂
民國十八年(1929)修油印本

[民國]方正縣志 第63冊
楊步墀纂修
民國八年(1919)鉛印本

[民國]依蘭縣志 第63冊
楊步墀纂修
民國十年(1921)鉛印本

佳木斯市

[民國]樺川縣志 第63冊
鄭士純修 朱衣點纂
民國十七年(1928)鉛印本

牡丹江市

[民國]甯安縣志 第63冊
王世選修 梅文昭纂
民國十三年(1924)鉛印本

上海市

[紹熙]雲間志 第64冊
(宋)楊潛撰
宋紹熙四年(1193)纂清嘉慶十九年(1814)刻本

[正德]松江府志 第64冊
(明)陳威 喻時修 顧清纂
明正德七年(1512)刻本

[崇禎]松江府志 第64冊
(明)方岳貢修 陳繼儒等纂
明崇禎三年(1630)刻本

[崇禎]松江府志 第65冊
(明)方岳貢修 陳繼儒等纂
明崇禎三年(1630)刻本

[雍正]雲間志略 第65冊
(清)閔世倩撰
清雍正間纂抄本

[嘉慶]松江府志 第65冊
(清)宋如林等修 孫星衍等纂
清嘉慶二十三年(1818)刻本府學明倫堂藏版

江蘇省

重刻本
[康熙]高淳縣志 第81冊
(清)李斯佺修 芮城等纂
清康熙二十二年(1683)刻本
[乾隆]高淳縣志 第81冊
(清)朱紹文纂修
清乾隆十六年(1751)刻本
[光緒]高涫縣志 第81冊
(清)楊福鼎修 陳嘉謀纂
清光緒七年(1881)刻本學山書院藏版
[民國]高涫縣志 第81冊
劉春堂修 吳壽寬纂
民國七年(1918)刻本

徐州市

[順治]徐州志 第82冊
(清)余志明修 李向陽纂
清順治十一年(1654)刻本
[康熙]徐州志 第82冊
(清)姜焯纂修
清康熙六十一年(1722)刻本
[乾隆]徐州府志 第82冊
(清)石傑修 王峻纂
清乾隆七年(1742)刻本府學藏版
[同治]徐州府志 第82冊
(清)吳世熊等修 劉庠等纂
清同治十三年(1874)刻本
[道光]銅山縣志 第82冊
(清)崔志元修 金左泉纂
清道光十一年(1831)刻本本衙藏版
[民國]銅山縣志 第82冊
(清)余家謨等修 王嘉銑纂
民國十五年(1926)刻本
[光緒]豐縣志 第82冊
(清)姚鴻杰等纂修
清光緒二十年(1894)刻本
[萬曆]沛志 第82冊
(明)羅士學纂修 李汝讓增修
明萬曆二十五年(1597)修三十七年(1609)增修抄本
[乾隆]沛縣志 第82冊
(清)李棠纂修
清乾隆五年(1740)刻本
[民國]沛縣志 第82冊
于書雲修 趙錫蕃纂
民國九年(1920)上海商務印書館鉛印本
[康熙]邳州志 第82冊
(清)孫居湜修 孟安世纂
清康熙三十二年(1693)刻本
[乾隆]邳州志 第82冊
(清)鄔承顯修 吳從信纂
清乾隆十五年(1750)刻本
[民國]邳州志 第82冊
竇鴻年纂
民國十二年(1923)刻本
[康熙]睢寧縣舊志 第82冊
(清)葛之莫修 陳哲纂
清康熙二十二年(1683)修民國十八年(1929)鉛印本
[康熙]睢寧縣志 第82冊
(清)劉如晏修 李傑纂
清康熙五十七年(1718)刻本
[光緒]睢甯縣志稾 第82冊
(清)侯紹瀛修 丁顯纂
清光緒十三年(1887)刻本

連雲港市

[隆慶]海州志 第82冊
(明)鄭復亨纂修
明隆慶六年(1572)刻本
古朐考略 第82冊
(清)喬紹傅纂
抄本
[嘉慶]海州直隸州志 第82冊
(清)唐仲冕等修 汪梅鼎等纂
清嘉慶十六年(1811)刻本
雲臺山志 第83冊
(清)崔應階重編 吳恒宣校訂
清乾隆三十七年(1772)刻本
雲臺新志 第83冊
(清)謝元淮修 許喬林纂
清道光十六年(1836)瑞隆局刻郁洲書院本
[嘉慶]增修贛榆縣志 第83冊
(清)王城修 周萃元纂
清嘉慶元年(1796)刻本
[光緒]贛榆縣志 第83冊
(清)王豫熙修 張謇纂
清光緒十四年(1888)刻本

宿遷市

[乾隆]重修桃源縣志 第83冊
(清)貹文煥纂修
清乾隆三年(1738)修民國六年(1917)鉛印本
[民國]泗陽縣志 第83冊
李佩恩修 張相文 王聿望纂
民國十五年(1926)鉛印本
[康熙]重修沭陽縣志 第83冊
(清)張奇抱修 胡簡敬纂
清康熙十三年(1674)刻本
[民國]重修沭陽縣志 第83冊
戴仁等修 錢崇威纂
民國間抄本
沭陽縣志料 第83冊
佚名纂
抄本
[萬曆]宿遷縣志 第83冊
(明)喻文偉修 何儀等纂
明萬曆五年(1577)刻本
[康熙]宿遷縣志 第83冊
(清)胡宗鼎修 練貞吉纂 林昆翰增修
清康熙三年(1664)修二十二年(1683)增補刻本
[同治]宿遷縣志 第83冊
(清)李德溥修 方駿謨纂
清同治十三年(1874)刻本鍾吾書院藏版
[民國]宿遷縣志 第83冊
嚴型修 馮煦纂
民國十三年(1924)修二十四年(1935)鉛印本

淮安市

[乾隆]淮安府志 第84冊
(清)衛哲治等纂修 陳琦等重刻
清乾隆十三年(1748)修咸豐二年(1852)重刻本
[光緒]懷安縣志 第84冊
(清)孫雲錦等修 吳昆田等纂
清光緒十年(1884)刻本
[乾隆]山陽縣志 第84冊
(清)金秉祚修 丁一燾等纂
民國十年(1921)刻本
[宣統]續纂山陽縣志 第84冊
周鈞 段朝端等纂修
民國十年(1921)刻本
鉢池山志 第84冊
冒廣生輯
民國九年(1920)刻本
淮安河下志 第84冊
王覲宸纂 程業勤增訂
抄本
[咸豐]清河縣志 第84冊

清乾隆間刻掃描油印本
[隆慶]儀真縣志 第88冊
(明)申嘉瑞修 李文 陳國光等纂
明隆慶元年(1567)刻本
[康熙]儀真縣志 第89冊
(清)胡崇倫修 陳邦楨等纂 馬章玉增修
清康熙七年(1668)刻三十二年(1693)增修刻本
[康熙]儀真志 第89冊
(清)陸師纂修
清康熙五十七年(1718)采碧山堂刻本
[嘉慶]儀徵縣續志 第89冊
(清)顏希源 邵光鈐纂修
清嘉慶間修稿本
[道光]重修儀徵縣志 第89冊
(清)王檢心修 劉文淇 張安保纂
清道光三十年(1850)修光緒十六年(1890)刻本
揚州西山小志 第89冊
(清)林溥撰
清末抄本
[嘉慶]高郵州志 第89冊
(清)楊宜崙修 夏之蓉 沈之本纂 馮馨增修
清嘉慶十八年(1813)增修道光二十五年(1845)重刻本版藏儒學書庫
[道光]續增高郵州志 第89冊
(清)左輝春等纂修
清道光二十三年(1843)刻本
[光緒]再續高郵州志 第89冊
(清)金元烺 龔定瀛修 夏子鐊纂
清光緒九年(1883)刻本
[民國]三續高郵州志 第89冊
胡為和 盧鴻鈞修 高樹敏纂
民國十一年(1922)刻本
高郵志餘・志餘補 第89冊
宣哲輯
稿本
[隆慶]寶應縣志 第89冊
(明)湯一賢纂修
明隆慶三年(1569)刻本
[康熙]寶應縣志 第89冊
(清)徐𢘿修 喬萊纂
清康熙二十九年(1690)刻本
[道光]寶應圖經 第89冊
(清)劉寶楠撰
清道光初纂二十八年(1848)王國賓刻本
[道光]重修寶應縣志 第89冊
(清)孟毓蘭修 喬載繇等纂
清道光二十年(1840)湯氏沐華堂刻本
重修寶應縣志辨 第89冊
(清)劉贊勳纂
清咸豐元年(1851)木活字本
[民國]寶應縣志 第89冊
戴邦楨 趙世榮修 馮煦 朱萇生纂
民國二十一年(1932)鉛印本
曹甸鎮志 第89冊
郝樹纂
民國間纂一九八五年鉛印本
廣曹甸志 第89冊
邵驥纂
抄本
泰州市
[萬曆]興化縣新志 第89冊
(明)歐陽東鳳修 嚴錡纂
明萬曆十九年(1591)刻抄本
[康熙]興化縣志 第89冊
(清)張可立纂修
清康熙二十四年(1685)抄本
[咸豐]重修興化縣志 第89冊
(清)梁園棣修 鄭之僑 趙彥俞纂
清咸豐二年(1852)刻本尊經閣藏版
[民國]續修興化縣志 第89冊
李恭簡修 魏儁 任乃賡纂
民國三十二年(1943)鉛印本
[崇禎]泰州志 第89冊
(明)李自滋修 劉萬春纂
明崇禎六年(1633)刻抄本
[雍正]泰州志 第89冊
(清)褚世暄修 陳九昌等纂
清雍正六年(1728)刻本
[道光]泰州志 第89冊
(清)王有慶等修 陳世鎔等纂
清道光七年(1827)修光緒三十四年(1908)補刻本
泰州新志刊繆 第90冊
(清)任鈺等纂
清道光十年(1830)刻本
[光緒]續纂泰州志 第90冊
(清)胡維藩修 盧福保纂
清光緒間修抄本民國間油印本
[民國]續纂泰州志 第90冊
韓紫石 王笠農纂修
民國間修抄本
[民國]泰縣志稿 第90冊
單毓元等纂修
民國二十年(1931)修抄本
[康熙]泰興縣志 第90冊
(清)錢見龍 吳樸纂修
清康熙二十七年(1688)刻乾隆補刻本
[嘉慶]重修泰興縣志 第90冊
(清)凌坮 張先甲修 張福謙纂
清嘉慶十八年(1813)刻本縣署藏版
[光緒]泰興縣志 第90冊
(清)楊激雲修 顧曾烜纂
清光緒十二年(1886)刻本
[民國]泰興縣志續 第90冊
王元章修 金鉽纂
民國二十二年(1933)刻本
[隆慶]新修靖江縣志 第90冊
(明)王叔杲 張秉鐸修 朱得之纂
明隆慶三年(1569)刻本
[康熙]靖江縣志 第90冊
(清)鄭重修 袁元纂
清康熙十一年(1672)刻本
[咸豐]靖江縣志稿 第90冊
(清)于作新修 潘泉纂
清咸豐七年(1857)活字本
[光緒]靖江縣志 第90冊
(清)葉滋森修 褚翔等纂
清光緒五年(1879)刻本
南通市
通州志 第90冊
(宋)孫昭先纂
據劉緯毅等輯《宋遼金元方志輯佚》排印
[嘉靖]通州志 第90冊
(明)鍾汪修 林穎等纂
明嘉靖九年(1530)刻本
[萬曆]通州志 第90冊
(明)林雲程修 沈明臣等纂
明萬曆五年(1577)刻本
[康熙]通州志 第90冊
(清)王宜亨修 王俶通 王兆陞纂
清康熙十三年(1674)刻抄本
[乾隆]直隸通州志 第91冊
(清)王繼祖修 夏之蓉纂
清乾隆二十年(1755)刻本
[光緒]通州直隸州志 第91冊

抄本
[嘉慶]重刊宜興縣舊志 第111冊
(清)阮升基修 甯楷纂
清嘉慶二年(1797)修光緒八年(1882)刻本
[嘉慶]重刊宜興縣志 第111冊
(清)阮升基修 甯楷纂
清嘉慶二年(1797)修光緒八年(1882)刻本
[嘉慶]重刊荊溪縣志 第111冊
(清)唐仲冕修 甯櫟山纂
清嘉慶二年(1797)修光緒八年(1882)刻本
[道光]重刊續纂宜荊縣志 第111冊
(清)顧名修 吳德旋纂
清道光二十年(1840)修光緒八年(1882)刻本
[光緒]宜興荊谿縣新志 第111冊
(清)施惠等修 吳景牆等纂
清光緒八年(1882)刻《宜興荊溪舊志五種》本
光宣宜荊續志 第111冊
陳善謨等修 周志靖纂
民國十年(1921)刻本
陽羨遊覽記 第111冊
我一撰
民國間抄本

蘇州市

[元豐]吳郡圖經續記 第111冊
(宋)朱長文纂修
宋元豐七年(1084)修民國十三年(1924)烏程蔣氏景宋刻本
[紹定]吳郡志 第111－112冊
(宋)范成大纂修 汪泰亨增訂
宋紹熙三年(1192)修紹定二年(1229)續修民國十五年(1926)吳興張氏《擇是居叢書》景宋刻本
續吳郡志 第112冊
(明)李詡撰
明舊抄本
[正德]姑蘇志 第112冊
(明)林世遠修 王鏊等纂
明正德元年(1506)刻本
[乾隆]蘇州府志 第113冊
(清)雅爾哈善等修 習寯等纂
清乾隆十三年(1748)刻本
吳門補乘 第113冊
(清)錢思元輯 錢士錡補輯
清嘉慶八年(1803)纂二十五年(1820)補輯吳門錢氏刻本本堂藏版
[道光]蘇州府志 第113－114冊
(清)宋如林等修 石韞玉纂
清道光四年(1824)刻本
[同治]蘇州府志 第115－116冊
(清)李銘皖等修 馮桂芬等纂
清光緒九年(1883)江蘇書局刻本
中吳紀聞 第116冊
(宋)龔明之撰 (清)繆荃孫校勘
清宣統元年(1909)刻本
吳郡西山訪古記 第116冊
李根源撰
民國十五年(1926)泰東圖書局鉛印本
吳門園墅文獻 第117冊
范廣憲撰
抄本
吳門坊巷待輶吟 第117冊
范廣憲撰
抄本
[嘉靖]吳邑志 第117冊
(明)楊循吉 蘇祐纂 圖說曹自守撰
明嘉靖八年(1529)刻本
[崇禎]吳縣志 第117－118冊
(明)牛若麟修 王煥如纂
明崇禎十五年(1642)刻本
[康熙]吳縣志 第119冊
(清)湯斌修 孫珮纂
清康熙三十年(1691)金閶劉汝潔刻本
[乾隆]吳縣志 第120冊
(清)姜順蛟 葉長揚修 施謙纂
清乾隆十年(1745)刻本
[民國]吳縣志 第120－121冊
曹允源 李根源纂
民國二十二年(1933)蘇州文新公司鉛印本
[萬曆]長洲縣志 第121冊
(明)張德夫修 江盈科增修 皇甫汸張鳳翼等纂
明萬曆二十六年(1598)刻本
[乾隆]長洲縣志 第122冊
(清)李光祚修 顧詒祿等纂
清乾隆十八年(1753)刻本抄配
[乾隆]元和縣志 第122冊
(清)許治修 沈德潛 顧詒祿纂
清乾隆二十六年(1761)刻本
陽山志 第122冊
(明)岳岱撰
明嘉靖間修抄本
穹窿山志 第122冊
(清)吳偉業 向球纂修
清康熙間纂民國三十二年(1943)鉛印本
虎阜志 第123－124冊
(清)陸肇域 任兆麟編纂
清乾隆五十七年(1792)刻本西溪別墅藏版
滸墅關志 第124冊
(清)凌壽祺纂修
清道光七年(1827)刻本
橫谿錄 第124冊
(明)徐鳴時纂
明崇禎二年(1629)刻抄本
吳郡甫里志 第124冊
(清)陳惟中纂修
清康熙四十一年(1702)樹德堂刻抄本
吳郡甫里志 第124冊
(清)彭方周纂修
清乾隆三十年(1765)刻本
甫里志稿 第124冊
(清)佚名纂
清光緒間修抄本
陳墓鎮志 第124冊
(清)陳尚隆原纂 陳樹穀續纂
清雍正二年(1724)修乾隆三十五年(1770)續修抄本
貞豐擬乘 第125冊
(清)章騰龍原本 陳勰增輯
清嘉慶十五年(1810)聚星堂刻本
光福志 第125冊
(清)徐傅編 王鏞補輯
清光緒二十三年(1897)補輯民國十八年(1929)蘇城毛上珍鉛印本
元和唯亭志 第125冊
(清)沈藻采纂修
清道光二十八年(1848)刻本
横金志 第125冊
(清)柳商賢纂 孔岵陟續補
抄本
香山小志 第125冊
徐翥先纂
民國六年(1917)纂抄本
木瀆小志 第125冊

張郁文輯
民國十七年(1928)利蘇印書社鉛印本
黃埭志　第125冊
朱福熙修 程錦熙纂
民國十一年(1922)蘇州振新書社石印本
齊谿小志　第125冊
李楚石纂修
民國十五年(1926)鉛印本
相城小志　第125冊
陶惟坻修 施兆麟纂
民國十九年(1930)上藝齋木活字本
鄉志類稿　第125冊
葉承慶纂
民國三十三年(1944)洞庭東山旅滬同鄉會鉛印本
[淳祐]玉峯志　第125冊
(宋)項公澤修 凌萬頃 邊實纂
宋淳祐十一年(1251)修清宣統元年(1909)《匯刻太倉舊志五種》本
[至正]崑山郡志　第125冊
(元)孛羅帖木爾修 楊譓纂
元志正元年(1341)修清宣統元年(1909)《匯刻太倉舊志五種》本
[嘉靖]崑山郡志　第126冊
(明)楊逢春修 方鵬纂
明嘉靖十七年(1538)刻本
[萬曆]崑山郡志　第126冊
(明)周世昌纂修
明萬曆四年(1576)申恩科刻本
[乾隆]崑山新陽合志　第126冊
(清)張予介等修 顧登等纂
清乾隆十六年(1751)刻本
[道光]崑新兩縣志　第126冊
(清)張鴻 來汝緣修 王學浩等纂
清道光六年(1826)刻本
[光緒]崑新兩縣續修合志　第126冊
(清)金吳瀾等修 汪堃等纂
清光緒六年(1880)敦善堂藏版
[民國]崑新兩縣續修合志　第126冊
連德英等修 李傅元等纂
民國十二年(1923)刻本
信義志　第126冊
(清)陳至言纂
清乾隆間纂抄本
信義志稿　第126冊
(清)趙詒翼纂
清宣統三年(1911)修抄本
巴溪志　第126冊
朱保熙纂修
民國二十四年(1935)鉛印本
[弘治]太倉州志　第126冊
(明)李端修 桑悅纂
明弘治十三年(1500)修清宣統元年(1909)《匯刻太倉舊志五種》本
[嘉靖]太倉州志　第126冊
(明)周士佐修 張寅纂
明嘉靖二十七年(1548)刻崇禎二年(1629)劉彥新重刻本
[嘉慶]直隸太倉州志　第127冊
(清)王昶纂修
清嘉慶七年(1802)刻本
[光緒]太倉直隸州志　第127冊
(清)佚名纂修
清光緒間稿本
[民國]太倉州志　第127冊
王祖畬纂修
民國八年(1919)刻本
[乾隆]鎮洋縣志　第127冊
(清)金鴻修 李鏻纂
清乾隆十年(1745)刻本
沙頭里志　第127冊
(清)曹一菴纂修 陸松齡增訂
清順治十七年(1660)纂乾隆五年(1772)纂光緒間增補抄本
茜涇記略　第127冊
(清)倪大臨纂修 陶炳曾補輯
清乾隆三十七年(1772)纂光緒間增補抄本
直塘里志　第127冊
(清)時寶臣修 凌德純纂
清道光十三年(1833)修抄本
雙鳳里志　第127冊
(清)時寶臣纂修
抄本
雙鳳鄉　第127冊
佚名纂
抄本
璜涇志稿　第127冊
(清)施若霖纂修
清道光十年(1830)纂民國二十九年(1940)《璜水叢書》鉛印本
璜涇志略　第127冊
趙曜纂修
稿本
重修琴川志　第127冊
(宋)孫應時原纂 鮑廉增補 (元)盧鎮續修
宋慶元二年(1196)修寶祐二年(1254)增補元至正二十三年(1363)續修抄本
皇明常熟文獻志　第127冊
(明)管一德纂
明萬曆三十三年(1605)刻本
[崇禎]常熟縣志　第127冊
(明)龔立本纂修
明崇禎十二年(1639)纂民國五年(1916)抄本
海虞別乘　第128冊
(明)陳三恪纂修
清乾隆間抄本
[康熙]常熟縣志　第128冊
(清)高士鸃 楊振藻修 錢陸燦等纂
[雍正]昭文縣志　第128冊
(清)勞必達修 陳祖范等纂
清雍正九年(1731)刻本
[乾隆]常昭合志　第128冊
(清)王錦 楊繼熊修 言如泗纂
清乾隆六十年(1795)刻嘉慶二年(1797)重印本
琴川三志補記續　第128冊
(清)黃廷鑑纂修
清道光十五年(1835)纂光緒二十四年(1798)活字本
琴川續志草　第128冊
(清)陳揆編
抄本
[道光]虞鄉志略　第129冊
(清)鄧琳纂修
清道光二十年(1840)纂抄本
[光緒]常昭合志稿　第129冊
(清)鄭鍾祥 張瀛修 龐鴻文等纂
清光緒三十年(1904)活字本
[民國]重修常昭合志　第129冊
張鏡寰修 丁祖蔭 徐兆瑋纂 潘一塵等續修 龐樹森續纂
民國三十八年(1949)鉛印本
支溪小志　第129冊
(清)顧鎮纂修 周昂增訂
清乾隆間纂抄本
唐市志　第129冊

（清）倪賜原纂 蘇雙翔補纂
清道光十四年（1834）補纂抄本
唐市志 第129冊
（清）倪賜原纂 蘇雙翔續補纂 龔文洵再續纂修
抄本
唐市補志 第129冊
（清）倪賜原纂 蘇雙翔補纂 龔文洵再補纂
抄本
釣渚小志 第129冊
（清）單學傅纂
稿本
穿山小識 第129冊
（清）紹廷烈纂
清道光十九年（1839）太倉張變臣刻本
穿山志 第130冊
狄辰纂
民國三十七年（1948）抄本
梅李文獻小志稿 第130冊
（清）黃炳宸纂
抄本
梅李文獻小志 第130冊
（清）潘鎬纂
民國間抄本
梅李文獻三志稿 第130冊
（清）黃岡纂
抄本
里睦小志 第130冊
（清）顧崇善纂
清嘉道間纂抄本
金村小志 第130冊
金鶴翀纂
民國十二年（1923）鑄新印刷社鉛印本
雙浜小志 第130冊
王鴻飛纂
民國間稿本
常熟新莊鄉小志 第130冊
陸晶生纂
民國間修抄本
［弘治］吳江志 第130冊
（明）莫旦纂修
明弘治元年（1488）刻本
［康熙］吳江縣志續編 第130冊
（清）王前修 包咸 錢霑纂
清康熙五十七年（1718）修抄本
［乾隆］吳江縣志 第130冊
（清）陳𦗟纕等修 倪師孟等纂
清乾隆十二年（1747）修民國石印本
［光緒］吳江縣續志 第130冊
（清）金福曾等修 熊其英等纂
清光緒五年（1879）刻本
［乾隆］震澤縣志 第130冊
（清）陳和志修 倪師孟等纂
清乾隆十一年（1746）修光緒十九年（1893）吳郡徐元圃刻本
［民國］震澤縣志續 第130冊
佚名纂
民國九年（1920）抄本
垂虹識小錄 第130冊
（清）費善慶纂修
抄本
盛湖志 第130冊
（清）仲沈洙纂 仲樞增纂 仲周霈再增纂
清順治十年（1653）纂康熙五十五年（1716）增纂乾隆三十五年（1770）再增纂刻本
盛湖志（附志補） 第131冊
（清）仲廷機纂修 仲虎騰續纂修
清同治十三年（1874）纂光緒二十六年（1900）續纂民國十四年（1925）周慶雲覆刻吳江仲氏本
庉村志 第131冊
（清）曹焯纂
清順治間纂民國二十三年（1934）鉛印《甲戌叢編》本
儒林六都志 第131冊
（清）孫陽顧纂
清乾隆二十八年（1763）纂民國間抄本
黎里志 第131冊
（清）徐達源纂修
清嘉慶十年（1805）吳江徐氏孚遠堂刻本
黎里續志 第131冊
（清）蔡丙圻纂
清光緒二十五年（1899）禊湖書院刻本
同里志 第131冊
（清）閻登雲修 周之楨纂
清嘉慶十七年（1812）刻本同川書院藏版
黃溪志 第131冊
（清）錢墀纂
清道光十一年（1831）亦陶軒刻本
平望鎮志 第131冊
（清）里人公輯
清西郊草堂抄本
平望志 第131冊
（清）翁廣平纂修
清道光二十年（1840）首刻光緒十三年（1887）吳江黃兆檉重刊本
平望續志 第131冊
（清）黃兆檉纂修
清光緒十三年（1887）吳江黃兆檉刻本
震澤鎮志 第131冊
（清）紀磊 沈眉壽纂修
清道光二十四年（1844）刻本

浙江省

［嘉靖］浙江通志 第132冊
（明）胡宗憲修 薛應旂等纂
明嘉靖四十年（1561）刻本
［康熙］浙江通志 第132冊
（清）王國安等修 黃宗羲等纂
清康熙二十三年（1684）刻本
［雍正］勅修浙江通志 第132－134冊
（清）李衛等修 沈翼機 傅王露等纂
清雍正十三年（1735）修乾隆元年（1736）刻本本司藏版
浙程備覽 第134冊
（清）于敏中纂
清光緒十四年（1888）刻本觀自得齋藏版
續修浙江通志採訪稿 第134冊
佚名續纂
民國五年（1916）鉛印本
［民國］浙江新志 第134冊
姜卿雲纂修
民國二十五年（1936）杭州正中書局鉛印本
［民國］續纂浙江新志 第134冊
干人俊纂修
民國間稿本
越中山水志 第135冊
（明）潘之恒纂
明刻本
兩浙海防類考續編 第135冊
（明）范涞撰
明萬曆三十年（1602）刻本
海塘新志（附續志） 第135冊
（清）琅玕撰
清乾隆間修道光間續修刻本

(明)沈謙纂修
明崇禎十七年(1644)纂清光緒十年(1884)《武林掌故叢編》刻本
臨平記補遺 第151冊
(清)張大昌纂修
清光緒十一年(1885)《武林掌故叢編》刻本
臨平記再續 第151冊
陳棠 姚景瀛纂
稿本
[康熙]富陽縣志 第151冊
(清)錢晉錫纂修
清康熙二十二年(1683)刻本
[光緒]富陽縣志 第151冊
(清)汪文炳修 何鎔等纂
清光緒三十二年(1906)刻本版存富陽學尊經閣
富陽縣新舊志校記 第152冊
(清)朱壽保纂
清光緒三十三年(1907)抄本
[康熙]臨安縣志 第152冊
(清)陸文煥纂修 張顧恒增修
清康熙十四年(1759)刻本
[乾隆]臨安縣志 第152冊
(清)趙民洽修 許琳等纂
清乾隆二十四年(1759)刻本
[宣統]臨安縣志 第152冊
(清)彭循堯修 董運昌纂
清宣統二年(1910)活字本
臨安縣志補 第152冊
姚祖義纂
稿本
[康熙]於潛縣志 第152冊
(清)趙之珩修 章國佐等纂
清康熙十二年(1673)刻本
[嘉慶]於潛縣志 第153冊
(清)蔣光弼等修 張燮 李江纂
清嘉慶十七年(1812)活字本
[光緒]於潛縣志 第153冊
(清)程兼善纂修
清光緒二十四年(1898)修民國二年(1913)謝青翰石印本
[康熙]昌化縣志 第153冊
(清)謝廷璣纂修
清康熙二十二年(1683)修抄本
[乾隆]昌化縣志 第153冊
(清)甘文蔚等修 王元音等纂
清乾隆十三年(1748)刻本
[道光]昌化縣志 第153冊
(清)于尚齡等修 王兆杏等纂
清道光三年(1823)修抄本
[民國]昌化縣志 第153冊
陳培珽等修 許昌言等纂
民國十三年(1924)浙江印刷股份有限公司鉛印本
[淳熙]嚴州圖經 第153冊
(宋)陳公亮撰
宋紹興九年(1139)修淳熙十二年(1185)重修清光緒二十二年(1896)《漸西村舍匯刊》本
[萬曆]嚴州府志 第153冊
(明)楊守仁修 徐楚纂
明萬曆六年(1578)刻本
[萬曆]嚴州府志 第154冊
(明)呂昌期修 唐仲賢等纂
明萬曆四十一年(1613)原刻本清順治六年(1649)增刻本
[光緒]嚴州府志 第154冊
(清)吳士進原本 吳世榮續修 鄒柏森等續纂
清光緒九年(1883)增修重刻本
[康熙]建德縣志 第154冊
(清)戚延裔修 馬天選等纂
清康熙二十三年(1684)刻本
[乾隆]建德縣志 第154冊
(清)王賓等修 應德廣等纂
清乾隆十九年(1754)刻本
[道光]建德縣志 第154冊
(清)周興嶧等修 嚴可均等纂
清道光八年(1828)刻本本縣署藏版
[光緒]建德縣志 第154冊
(清)謝仁澍等修 俞觀旭等纂
清光緒十八年(1892)刻本
[萬曆]重修壽昌縣志 第154冊
(明)李思悅修 洪一鼇纂 李世芳續修 易文續纂
明萬曆十四年(1586)刻清順治十年(1653)補刻本
[康熙]新修壽昌縣志 第154冊
(清)曾華蓋修 洪如琅等纂
清康熙二十二年(1683)刻本
[民國]壽昌縣志 第154冊
陳煥等修 李飪等纂
民國十九年(1930)金華大同印務局鉛印本
[嘉靖]淳安縣志 第154冊
(明)姚鳴鸞纂修
明嘉靖三年(1524)刻本
[乾隆]淳安縣志 第154冊
(清)劉世寧修 方棨如纂
清乾隆二十一年(1756)刻本
[光緒]淳安縣志 第154冊
(清)李詩修 陳中元等纂
清光緒十年(1884)淳安縣署刻本
[萬曆]遂安縣志 第154冊
(明)韓晟修 毛一鷺等纂
明萬曆四十年(1612)刻抄本
[乾隆]遂安縣志 第154冊
(清)鄒錫疇修 方引彥等纂
清乾隆三十二年(1767)刻光緒十六年(1890)唐濟活字本
[民國]遂安縣志 第154冊
羅柏麓等修 姚桓等纂
民國十九年(1930)鉛印本
[乾隆]桐廬縣志 第154冊
(清)嚴正身等修 金嘉琰纂
清乾隆十八年(1753)修抄本
桐廬縣志 第155冊
顏士晉修 朱邦彥 臧承宣纂
修纂時間不詳油印本
[康熙]分水縣志 第155冊
(清)李檠修 王六吉等纂
清康熙二十二年(1683)刻本
[光緒]分水縣志 第155冊
(清)陳常鏵修 臧承宣等纂
清光緒三十二年(1906)刻本
[萬曆]新城縣志 第155冊
(明)溫朝祚修 方廉纂
明萬曆四年(1576)刻清抄本
[康熙]新城縣志 第155冊
(清)張瓚修 張戩等纂
清康熙十二年(1673)刻本深清堂藏版
[民國]新登縣志 第155冊
徐士瀛等修 張子榮等纂
民國十一年(1922)鉛印本
[嘉靖]蕭山縣志 第155冊
(明)林策修 張燭纂 魏堂續增
明嘉靖二十二年(1543)修三十六年(1557)刻萬曆三年(1575)增刻本
[康熙]蕭山縣志 第155冊
(清)劉儼修 張遠纂

清康熙三十二年(1693)刻本
[民國]蕭山縣志稿　第155册
彭延慶修 姚瑩俊纂 張宗海續修 楊士龍續纂
民國二十四年(1935)鉛印本
湖州市
[嘉泰]吴興志　第156册
(宋)談鑰撰
宋嘉泰元年(1201)修章氏讀騷如齋抄本
[成化]湖州府志　第156册
(明)陳頎修 勞鉞續修 張淵纂
明成化釋義年(1475)刻弘治補刻本
[天啟]吴興備志　第156册
(明)董斯張纂修
民國三年(1914)刻《吴興叢書》本
[乾隆]湖州府志　第156册
(清)胡程謀纂修
清乾隆四年(1739)吴興潘大有刻本
[乾隆]湖州府志　第156册
(清)李堂纂修
清乾隆二十三年(1758)刻本
[同治]湖州府志　第157册
(清)宗源瀚等修 周學濬等纂
清同治十三年(1874)愛山書院刻本
湖州府志節要　第158册
(清)高錫齡手錄
抄本
吴興合璧　第158册
(清)陳文煜撰
清乾隆五十二年(1787)抄本
[崇禎]烏程縣志　第158册
(明)劉沂春修 徐守綱 潘士遴纂
明崇禎十一年(1638)刻本
[乾隆]烏程縣志　第158册
(清)羅愫修 杭世駿等纂
清乾隆十一年(1746)刻本
[光緒]烏程縣志　第158册
(清)潘玉璿 馮健修 周學濬 汪曰楨纂
清光緒七年(1881)刻本
[康熙]歸安縣志　第158册
(清)姚時亮 何國祥修 嚴經世等纂
清康熙十二年(1673)刻本
[光緒]歸安縣志　第158册
(清)陸心源等修 丁寶書等纂
清光緒八年(1882)刻本
東林山志　第159册
(清)吴玉樹輯
清嘉慶十八年(1813)刻本回仙觀藏版
金蓋山志　第159册
(清)李宗蓮編輯
清光緒二十二年(1896)古書隱樓刻本
金井志　第159册
(清)姜虬綠纂
清道光三年(1823)刻本
菱湖志　第159册
(清)姚彥渠纂
清同治間纂稿本
菱湖鎮志　第159册
(清)孫志熊纂修
清光緒十九年(1893)臨安孫氏刻本
晟舍鎮志　第160册
(清)閔寶樑纂
清同治間纂抄本
南潯鎮志　第160册
(清)范來庚纂
清道光十二年(1840)纂民國二十五年(1936)鉛印《南林叢刊》本
南潯鎮志　第160册
(清)汪曰楨纂
清咸豐九年(1859)修同治二年(1863)刻本
南潯志　第161册
周慶雲纂修
民國十一年(1922)刻本
南潯鎮志稿　第161册
周子美纂修
稿本
雙林鎮志　第161册
(清)蔡蓉升纂修 蔡蒙續纂修
清同治九年(1870)纂民國六年(1917)重纂上海商務印書館鉛印本
東西林匯考　第162册
(清)茅應奎纂
清乾隆三十一年(1766)纂稿本
雙林鎮志新補　第162册
蔡松纂
民國四年(1915)稿本
寶前兩溪志略　第162册
(清)吴玉樹纂修
清嘉慶十二年(1807)修民國十一年(1922)刻《吴興叢書》本
[乾隆]長興縣志　第162册
(清)譚肇基修 吴棻纂
清乾隆十四年(1749)刻本萝鼎堂藏版
[嘉慶]長興縣志　第162册
(清)邢澍等修 錢大昕等纂
清嘉慶十年(1805)刻本
[同治]長興縣志　第162－163册
(清)趙定邦等修 丁寶書等纂
清同治十三年(1874)修光緒十八年(1892)邵同珩等增補重校刻本
[嘉靖]安吉州志　第163册
(明)江一麟修 陳敬則纂
明嘉靖三十六年(1557)刻本
[乾隆]安吉州志　第163册
(清)劉薊植纂修
清乾隆十五年(1750)刻本
[同治]安吉縣志　第163册
(清)汪榮 劉蘭敏修 張行孚 丁寶書纂
清同治十三年(1874)刻本
[同治]孝豐縣志　第163册
(清)劉濬修 潘宅仁纂
清光緒三年(1877)刻本
[康熙]德清縣志　第163册
(清)侯元棐修 王振孫等纂
清康熙十二年(1673)修抄本
[嘉慶]德清縣續志　第163册
(清)周紹濂修 徐養原纂
清嘉慶十三年(1808)修民國元年(1912)石印本
[民國]德清縣新志　第163册
吴翯皋 王任化修 程森纂
民國十二年(1923)修二十一年(1932)鉛印本
莫干山志　第163册
周慶雲纂
民國十六年(1927)刻本
莫干山導游　第164册
趙君豪編
民國二十一年(1932)鉛印本
新市鎮志　第164册
(明)陳霆纂
明正德十一年(1516)修清抄本
仙潭後志　第164册
(清)胡道傳 沈戩穀纂修
清抄本
新市鎮續志　第164册
(清)沈赤然纂
清嘉慶十七年(1812)刻本
[嘉靖]武康縣志　第164册

(明)程嗣功修 駱文盛纂修
明嘉靖二十九年(1550)餘姚王漢刻本
[康熙]武康縣志 第164冊
(明)程嗣功修 駱文盛纂 (清)馮聖澤增修 張復旦等增纂
清康熙十一年(1672)抄本
[乾隆]武康縣志 第164冊
(清)劉守成修 高植等纂
清乾隆四十四年(1779)刻本
[道光]武康縣志 第164冊
(清)疏筤修 陳殿階等纂
清道光九年(1829)刻本

嘉興市

[至元]嘉禾志 第165冊
(元)徐碩纂 (清)管芷湘補校
元至元二十一年(1284)修清道光十九年(1839)補校咸豐七年(1857)刻本
[正德]嘉興府志補 第165冊
(明)于鳳喈修
明正德元年(1506)修民國間抄本
[嘉靖]嘉興府圖記 第165冊
(明)趙瀛修 趙文華纂
明嘉靖二十八年(1549)刻本
[康熙]嘉興府志 第166冊
(清)袁國梓纂修
清康熙二十一年(1682)刻本
[康熙]嘉興府志 第166冊
(清)吳永芳修 錢以塏纂
清康熙六十年(1721)刻本府庫藏版
[嘉慶]嘉興府志 第167冊
(清)伊湯安修 馮應榴纂
清嘉慶六年(1801)刻本抄配
[光緒]嘉興府志 第167－168冊
(清)許瑤光修 吳仰賢等纂
清光緒四年(1878)鴛湖書院刻本
[崇禎]嘉興縣志 第168－169冊
(明)羅炌修 黃承昊等纂
明崇禎十年(1637)刻本
[嘉慶]嘉興縣志 第170冊
(清)司能任修 屠本仁纂
清嘉慶六年(1801)刻本
[光緒]嘉興縣志 第170冊
(清)趙惟崳修 石中玉 吳受福纂
清光緒三十四年(1908)刻本
[萬曆]秀水縣志 第170冊
(明)李培等修 黃洪憲等纂
明萬曆二十四年(1596)修民國十四年(1925)金蓉鏡校補鉛印本
[康熙]秀水縣志 第171冊
(清)任之鼎修 范正輅纂
清康熙二十四年(1685)刻本
新塍瑣志 第171冊
(清)鄭鳳鏘纂 鄭書田 虞亞青補輯
清同治間修光緒二十三年(1897)補輯抄本
新塍鎮志 第171冊
朱士楷纂修
民國十二年(1923)平湖綺春閣鉛印本
梅里志 第172冊
(清)楊謙纂 李富孫補輯 余楙續補
清光緒三年(1877)仁濟堂刻本
梅里備志 第172冊
(清)余霖纂
民國十一年(1922)閱滄樓刻本
梅里志校勘記 第172冊
祝廷錫纂
年代不詳稿本
竹里述略 第172冊
(清)徐士燕纂
清同治三年(1864)纂抄本
竹林八圩志 第172冊
祝廷錫纂
民國二十一年(1932)石印本
聞川志稿 第172冊
(清)唐佩金纂
清宣統三年(1911)嘉興新泰印刷所鉛印本
新豐鎮志略初稿 第172冊
梅元鼎纂
民國三十四年(1945)油印本
[康熙]重脩嘉善縣志 第172冊
(清)楊廉等纂修
清康熙十六年(1677)刻本
[雍正]嘉善縣志 第172冊
(清)戈鳴岐等纂修
清雍正十二年(1734)刻本
[光緒]嘉善縣志 第173冊
(清)江峯青等修 顧福仁等纂
清光緒二十年(1894)刻本縣署藏版
[天啓]平湖縣志 第173冊
(明)程楷修 楊儁卿纂
明天啟七年(1627)刻本
[乾隆]平湖縣志 第173冊
(清)高國楹修 倪藻垣等纂
清乾隆十年(1745)刻本
[乾隆]平湖縣志 第173冊
(清)張力行修 徐志鼎纂
清乾隆四十五年(1780)刻本
[光緒]平湖縣志 第173冊
(清)彭潤章修 葉廉鍔纂
清光緒十二年(1886)刻本
[民國]平湖縣續志 第173冊
季新益 柯培鼎纂
民國十五年(1926)修抄本
乍浦志 第173冊
(清)宋景關纂修
清乾隆二十二年(1757)刻五十七年(1792)增刻本
乍浦備志 第173冊
(清)鄒璟纂
清道光八年(1828)刻二十三年(1843)補刻本
乍浦續志 第174冊
(清)許河纂修
清道光二十三年(1843)刻本
乍浦九山補志 第174冊
(清)李確纂
民國五年(1916)刻本
當湖外志 第174冊
(清)馬承昭纂
清咸豐間纂光緒元年(1875)刻本
[天啓]海鹽縣圖經 第174冊
(明)樊維城 胡震亨等纂修
明天啓四年(1624)刻本
[光緒]海鹽縣志 第174冊
(清)王彬修 徐用儀纂
清光緒三年(1877)蔚文書院刻本
海鹽澉水志 第174冊
(宋)羅叔韶修 常棠纂
宋紹定三年(1230)修明嘉靖三十六年(1557)刻本
續澉水志 第174冊
(明)董穀纂修
明嘉靖三十六年(1557)修民國二十五年(1936)鉛印《澉水志匯編》本
澉水新志 第174冊
(清)方溶纂修 萬亞蘭補遺
民國二十五年(1936)鉛印《澉水志匯編》本
澉志補錄 第174冊

舟山市

寧波市

宋開慶元年(1259)修清咸豐四年(1854)甬上煙嶼樓徐氏刻《宋元四明六志》本
[延祐]四明志　第180冊
(元)馬澤修 袁桷纂
元延祐七年(1320)修清乾隆間抄本
[至正]四明續志　第181冊
(元)王元恭纂
元至正二年(1342)修清咸豐四年(1854)甬上煙嶼樓徐氏刻《宋元四明六志》本
四明志　第181冊
佚名纂修
據《永樂大典》本排印
四明六志校勘記　第181冊
(清)徐時棟纂
清同治間刻本
[天順]寧波郡志　第181冊
(明)楊寔纂修
明天順間修成化四年(1468)刻本
[雍正]寧波府志　第181冊
(清)曹秉仁纂修
清雍正十一年(1733)刻乾隆六年(1741)色超補刻本
[康熙]鄞縣志　第181冊
(清)汪源澤修 聞性道纂
清康熙二十五年(1686)刻本
[乾隆]鄞縣志　第182冊
(清)錢維喬修 錢大昕纂
清乾隆五十三年(1788)刻本衙署藏版
[同治]鄞縣志　第182－183冊
(清)戴枚修 董沛等纂
清同治十三年(1874)修光緒三年(1877)刻本
四明它山水利備覽　第183冊
(宋)魏峴撰
清光緒五年(1879)重印咸豐四年(1854)甬上煙嶼樓徐氏刻《宋元四明六志》本
小溪志　第183冊
(清)柴望纂修
民國間約園抄本
[乾隆]奉化縣志　第183冊
(清)曹膏 唐宇霖修 陳琦等纂
清乾隆三十八年(1773)刻本
[乾隆]奉化縣志輯略　第183冊
(清)戴熙芠輯
清光緒十三年(1887)戴氏稿本
[光緒]奉化縣志　第183冊
(清)李前泮修 張美翊等纂
清光緒三十四年(1908)刻本
剡源鄉志　第183冊
(清)趙霈濤纂修
清光緒二十八年(1902)奉化趙氏剡曲草堂活字本
史義鄉志　第184冊
(清)吳文江纂修
清光緒二十七年(1901)刻本
[嘉靖]象山縣志　第184冊
(明)毛德京修 楊民彝等纂
明嘉靖三十五年(1556)刻隆慶五年(1571)增刻本
[康熙]象山縣志　第184冊
(清)胡祚遠修 姚廷傑纂
清康熙三十七年(1698)刻本
[道光]象山縣志　第184冊
(清)童立成 吳錫疇修 馮登府纂
清道光十四年(1834)刻民國四年(1915)活字本
[民國]象山縣志　第184冊
羅士筠修 陳漢章纂
民國十六年(1927)寧波天勝印刷公司鉛印本
象山縣志志文存疑　第184冊
樊家楨纂
民國三十六年(1947)鉛印本
[民國]南田縣志　第184冊
呂耀鈐等修 呂芝延等纂
民國十九年(1930)華達印刷公司鉛印本
[嘉靖]定海縣志　第184冊
(明)何愈修 張時徹纂
明嘉靖四十二年(1563)刻本
[乾隆]鎮海縣志　第184冊
(清)王夢弼 邵向榮纂修
清乾隆十七年(1752)刻四十五年(1780)周樽增補刻本
[光緒]鎮海縣志　第184冊
(清)俞樾纂
清光緒五年(1879)鯤池書院刻本
[民國]鎮海縣志　第185冊
洪錫範等修 王榮商等纂
民國二十年(1931)上海蔚文印刷局鉛印本
招寶山志　第185冊
(清)陳景沛纂 周道遵編
清道光間木活字本
清湖小志　第185冊
(清)張宗錄纂 張統鎬續纂
年代不詳稿本
[天啓]慈谿縣志　第185冊
(明)李逢申修 姚宗文纂
明天啓四年(1624)刻本
[雍正]慈谿縣志　第185冊
(清)楊正筍修 馮鴻模纂
清雍正八年(1730)刻本
[光緒]慈谿縣志　第186冊
(清)馮可鏞修 楊泰亨纂
清光緒二十五年(1899)劉一柱校補德潤書院刻本
石步志　第186冊
(清)葉維新纂
年代不詳抄本
[乾隆]餘姚志　第186冊
(清)唐若瀛修 邵晉涵纂
清乾隆四十六年(1781)刻本
[光緒]餘姚縣志　第186冊
(清)邵友濂修 孫德祖等纂
清光緒二十五年(1899)刻本
餘姚六倉志　第187冊
楊積芳纂修
民國九年(1920)鉛印本
[嘉靖]臨山衛志　第187冊
(明)耿宗道等纂修
明嘉靖四十三年(1564)纂民國三年(1914)活字本
滸山志　第187冊
(清)高杲 沈煜纂
清道光十一年(1831)木活字本
[崇禎]寧海縣志　第187冊
(明)宋奎光纂
明崇禎五年(1632)刻本
[康熙]寧海縣志　第187冊
(清)崔秉鏡修 華大琰纂
清康熙十七年(1678)刻本抄配
[光緒]寧海縣志　第187冊
(清)王瑞成修 張濬等纂
清光緒二十八年(1902)刻本
[民國]寧海縣續志稿　第187冊
干人俊纂修
民國間稿本

館藏版
[萬曆]龍游縣志 第194冊
(明)萬廷謙等纂修
明萬曆四十年(1612)原修民國十二年(1923)余紹宋鉛印本
[康熙]龍游縣志 第194冊
(清)盧燦修 余恂纂
清康熙二十年(1681)修光緒八年(1882)刻本
[民國]龍游縣志 第194冊
余紹宋纂修
民國十四年(1925)京城印書局鉛印本
[崇禎]開化縣志 第195冊
(明)朱朝藩修 汪慶百纂
明崇禎四年(1631)刻本
[雍正]開化縣志 第195冊
(清)孫錦修 徐心啓等纂
清雍正七年(1729)刻本
[乾隆]開化縣志 第195冊
(清)范玉衡修 吳淦等纂
清乾隆六十年(1795)刻本本學尊經閣藏版
[光緒]開化縣志 第195冊
(清)徐名立 潘紹詮修 潘樹棠纂
清光緒二十四年(1898)刻本
[康熙]常山縣志 第195冊
(清)楊滐纂修
清康熙二十二年(1683)抄本
[雍正]常山縣志 第195冊
(清)孔毓璣纂修
清雍正二年(1724)刻本
[嘉慶]常山縣志 第195冊
(清)陳珄修 徐始搏等纂
清嘉慶十八年(1813)修道光二十八年(1848)刻本
[光緒]常山縣志 第196冊
(清)李瑞鍾修 朱昌泰等纂
清光緒十二年(1886)刻本版存縣署
[康熙]江山縣志 第196冊
(清)朱彩修 朱長吟纂
清康熙四十年(1701)刻本
[乾隆]江山縣志 第196冊
(清)宋成綏修 陸飛纂
清乾隆四十一年(1776)刻本
[同治]江山縣志 第196冊
(清)王彬等修 朱寶慈等纂
清同治十二年(1873)文溪書院刻本

金華市
[萬曆]金華府志 第196冊
(明)王懋德等修 陸鳳儀等纂
明萬曆六年(1578)刻本
[康熙]金華府志 第196冊
(清)張藎修 沈麟趾等纂
清康熙二十二年(1683)修宣統元年(1909)嵩連石印本
[道光]婺志粹 第196冊
(清)盧標纂
清道光十九年(1839)映臺樓刻本
[康熙]金華縣志 第196冊
(清)王治國原纂 趙泰甡增修
清康熙三十四年(1695)增刊本
[道光]金華縣志 第197冊
(清)黃金聲修 李林松纂
清道光三年(1823)刻本
[光緒]金華縣志 第197冊
(清)鄧鍾玉等纂修
清光緒二十年(1894)修民國二十三年(1934)鉛字重印本
金華游錄注 第197冊
徐沁著
民國二十三年(1934)鉛印本
[康熙]湯溪縣志 第197冊
(清)譚國樞等纂修
清康熙二十二年(1683)刻本
[民國]湯溪縣志 第197冊
丁燮等修 戴鴻熙等纂
民國二十年(1931)金震東石印局鉛印本
[萬曆]蘭谿縣志 第197冊
(明)程子鏊修 徐魯源纂
清康熙間補刻本
[嘉慶]蘭谿縣志 第197冊
(清)張許等修 陳鳳舉等纂
清嘉慶五年(1800)刻本雙柳軒藏版
[光緒]蘭谿縣志 第197冊
(清)秦簧修 唐壬森纂
清光緒十五年(1889)刻本
[嘉靖]武義縣志 第197冊
(明)林有年修 董遵道纂
明正德十五年(1520)刻嘉靖三年(1524)黃春補刻增修本
[嘉慶]武義縣志 第197冊
(清)張嘗垠修 周家駒等纂
清嘉慶九年(1804)修宣統二年(1910)石印本
武川備考 第197冊
(清)何德潤纂修
清光緒二十六年(1900)稿本
[康熙]永康縣志 第198冊
(清)徐同倫纂修
清康熙十一年(1672)刻本
[康熙]永康縣志 第198冊
(清)沈藻等修 朱謹等纂
清康熙三十七年(1698)刻本
[光緒]永康縣志 第198冊
(清)李汝為等修 潘樹棠等纂
清光緒十八年(1892)修民國二十一年(1932)鉛印本
[道光]東陽縣志 第198冊
(清)党金衡原本 王恩注重定
清道光十二年(1832)修民國三年(1914)東陽商務石印公司石印本
[崇禎]義烏縣志 第198冊
(明)周士英纂修 熊人霖增修
明崇禎十三年(1640)刻本
[康熙]義烏縣志 第198冊
(清)王廷曾纂修
清康熙三十一年(1692)刻本
[嘉慶]義烏縣志 第198冊
(清)諸自穀等修 程瑜等纂
清嘉慶七年(1802)刻本
[嘉靖]浦江志略 第198冊
(明)毛鳳韶纂修
明嘉靖五年(1526)刻本
[康熙]浦江志略 第198冊
(清)毛文埜修 張一煒纂
清康熙十二年(1673)刻本
[光緒]浦江縣志 第199冊
(清)善廣修 張景青纂
清光緒二十二年(1896)修民國五年(1916)黃志璠再增補鉛印本

臺州市
[嘉定]赤城志 第199冊
(宋)陳耆卿纂
宋嘉定十六年(1223)修清嘉慶二十三年(1818)刻《台州叢書》(乙集)本
赤城續志 第199冊
(宋)吳子良 林表民纂
據劉緯毅等輯《宋遼金元方志輯佚》排印
台州外書 第199冊

(清)戚學標纂修
清嘉慶四年(1799)刻《戚鶴泉所著書》本南墅藏版
[光緒]台州府志 第199－200冊
(清)趙亮熙修 王彥威 王舟瑤纂
民國十五年(1926)王佩瑤校定台州旅杭同鄉會鉛印本
[民國]台州府志 第200－201冊
喻長霖等纂修
民國二十五年(1936)鉛印本
[康熙]臨海縣志 第201冊
(清)洪若皋等纂修
清康熙二十二年(1683)刻本
[民國]臨海縣志 第201冊
張寅等修 何奏簧纂
民國二十四年(1935)鉛印本
海門鎮志 第201冊
項士元纂修
一九八八年油印本
天台圖經 第201冊
(宋)丁大榮修 宋之瑞纂
據劉緯毅等輯《宋遼金元方志輯佚》排印
[康熙]天台縣志 第201冊
(清)理德耀 黃執中纂修
清康熙二十三年(1684)刻本
[民國]天台縣志稿 第201冊
李光益 金城修 褚傳誥纂
民國四年(1915)油印本
天台志略 第202冊
(清)戴舒菴著
清康熙六十年(1721)刻本師恕堂藏版
天台山全志 第202冊
(清)張聯元輯
刻本台郡尊經閣藏版
[萬曆]仙居縣志 第202冊
(明)顧震宇纂修
明萬曆三十七年(1609)修民國二十四年(1935)鉛印《仙居叢書》本
[康熙]僊居縣志 第202冊
(清)鄭錄勲修 張明焜等纂
清康熙十九年(1680)刻本
[光緒]僊居志 第203冊
(清)王壽頤等修 王棻等纂
清光緒二十年(1894)木活字本
[民國]仙居縣新志稿 第203冊
干人俊纂修
民國間稿本
[萬曆]黃巖縣志 第203冊
(明)袁應祺修 牟汝忠等纂
明萬曆七年(1579)刻本
[康熙]黃巖縣志 第203冊
(清)劉寬修 平遇等纂
清康熙三十八年(1699)刻本
[光緒]黃巖縣志 第203冊
(清)陳鍾英等修 王詠霓纂
清光緒三年(1877)刻本
黃巖縣新志 第203冊
羅楚客輯
抄稿本
委羽山志(附續志) 第204冊
(明)胡昌賢輯 (清)王維翰續輯
清同治九年(1870)刻本
路橋志略 第204冊
楊晨纂修
民國四年(1915)鉛印本
[嘉靖]太平縣志 第204冊
(明)曾才漢 葉良佩纂修
明嘉靖十九年(1540)刻本
[嘉慶]太平縣志 第204冊
(清)慶霖等修 戚學標等纂
清嘉慶十六年(1811)修光緒二十二年(1896)重刻本
[光緒]太平續志 第204冊
(清)陳汝霖修 王棻纂
清光緒二十二年(1896)刻本
花山志 第204冊
趙佩茳纂
民國二十九年(1940)鉛印本
[光緒]玉環廳志 第204冊
(清)杜冠英修 呂鴻壽纂
清光緒六年(1880)刻本

溫州市

[弘治]溫州府志 第205冊
(明)鄧淮修 王瓚 蔡芳纂
明弘治十六年(1503)刻本
[嘉靖]溫州府志 第205冊
(明)張孚敬纂修
明嘉靖十六年(1537)刻本
[萬曆]溫州府志 第205冊
(明)劉芳譽 林繼衡等修 王光蘊等纂
明萬曆三十三年(1605)刻本
[乾隆]溫州府志 第205冊
(清)李琬修 齊召南等纂
清乾隆二十七年(1762)刻民國四年(1915)補刻本版藏溫州東山書院
甌乘補 第205冊
(清)黃漢纂
清道光二十二年(1842)輯敬鄉樓抄本
甌乘拾遺 第205冊
(清)洪守一纂修
清道光二十九年(1849)愛吾堂刻本
東甌記略 第205冊
(清)戴棨撰
清同治七年(1868)刻本
[康熙]永嘉縣志 第205冊
(清)鄭廷俊等修 林占春等纂
清康熙二十一年(1682)刻本
[乾隆]永嘉縣志 第205冊
(清)崔錫修 齊召南 汪沆纂
清乾隆三十年(1765)刻本
[光緒]永嘉縣志 第205冊
(清)張寶琳修 王棻等纂
清光緒八年(1882)刻民國二十四年(1935)劉景晨補版本
[光緒]永嘉縣志 第206冊
(清)張寶琳修 王棻等纂
清光緒八年(1882)刻民國二十四年(1935)劉景晨補版本
[永樂]樂清縣志 第206冊
(明)佚名纂修
明永樂間刻本
[隆慶]樂清縣志 第206冊
(明)胡用賓修 侯一元纂
明隆慶六年(1572)修民國七年(1918)溫州務本石印公司石印本
[光緒]樂清縣志 第206冊
(清)李登雲修 陳坤等纂
清光緒二十七年(1902)修民國元年(1912)補刻本
[民國]樂清縣新志稿 第206冊
干人俊纂修
民國間稿本
廣雁蕩山志 第207冊
(清)曾唯纂
清乾隆五十五年(1790)刻本東嘉依綠園藏版
[嘉靖]瑞安縣志 第207冊
(明)劉畿修 朱綽等纂
明嘉靖三十四年(1555)刻本
[康熙]平陽縣志 第207冊

麗水市

[道光]慶元縣志　第213册
(清)吳綸彰修 周大成等纂
清道光二十三年(1843)刻本
[光緒]慶元縣志　第213册
(清)林步瀛 史恩緒纂
清光緒三年(1877)刻本
安徽省
[光緒]重修安徽通志　第214册
(清)吳坤修等修 何紹基等纂
清光緒四年(1878)刻本
[民國]安徽通志稿　第214册
安徽通志館纂修
民國二十三年(1934)安徽省通志館鉛印本
合肥市
[嘉慶]廬州府志　第214册
(清)張祥雲修 孫星衍等纂
清嘉慶八年(1803)刻本
[光緒]續修廬州府志　第214册
(清)黃雲等修 林之望等纂
清光緒十一年(1885)刻本
[雍正]合肥縣志　第214册
(清)趙良墅修 田實發等纂
清雍正八年(1730)刻本
[嘉慶]合肥縣志　第214册
(清)左輔纂修
清嘉慶九年(1804)集虛草堂刻民國九年(1920)影印本
[康熙]巢縣志　第214册
(清)于覺世修 陸龍騰等纂
清康熙十二年(1673)刻本
[雍正]巢縣志　第214册
(清)鄒瑆纂修
清雍正八年(1730)刻本
[道光]巢縣志　第214册
(清)舒夢齡纂修
清道光八年(1828)刻本
[康熙]廬江縣志　第214册
吳賓彥修 王方岐纂
清康熙三十七年(1698)刻本
[嘉慶]廬江縣志　第214册
(清)魏紹源 張烘修 儲嘉珩 黃金臺等纂
清嘉慶八年(1803)刻本版藏縣署
[光緒]廬江縣志　第214册
(清)錢鑅修 俞燮奎 盧鈺等纂
清光緒十一年(1885)活字本

宿州市
[弘治]直隸鳳陽府宿州志　第214册
(明)曾顯纂修
明弘治十二年(1499)刻本
[康熙]宿州志　第214册
(清)董鴻圖修 潘仁樾纂
清康熙五十七年(1718)刻本
[光緒]宿州志　第215册
(清)何慶釗修 丁遜之 吳振聲等纂
清光緒十五年(1889)刻本
[崇禎]碭山縣志　第215册
(明)劉芳修 汪用霖纂
明崇禎十二年(1639)刻本
[乾隆]碭山縣志　第215册
(清)劉王瑗纂修
清乾隆三十二年(1767)刻本
[嘉慶]蕭縣志　第215册
(清)潘鎔修 沈學淵纂
清嘉慶十九年(1814)刻本本衙藏版
[同治]續蕭縣志　第215册
(清)顧景濂修 段廣瀛等纂
清同治十三年(1874)修光緒元年(1875)刻本本衙藏版
[康熙]虹縣志　第215册
(清)龔起鼉纂修 彭翼宸增補
清康熙十一年(1672)刻十七年(1678)心水堂增刻本
[乾隆]泗洲志　第215册
(清)葉蘭纂修
清乾隆五十三年(1788)修抄稿本
[光緒]泗虹合志　第215册
(清)方瑞蘭修 江殿颺 許湘甲纂
清光緒十四年(1888)刻本
阜陽市
[正德]潁州志　第215册
(明)劉節纂修
明正德六年(1511)刻本
[順治]潁州志　第215册
(清)王天民纂修
清順治十一年(1654)刻本
[康熙]重修潁州志　第215册
(清)張鈁修 王錫纂
清康熙五十五年(1716)刻本
[乾隆]潁州府志　第215册
(清)王斂福纂修
清乾隆十七年(1752)刻本
[乾隆]阜陽縣志　第215册

(清)潘世仁修 王麟徵纂
清乾隆二十年(1755)刻本
[道光]阜陽縣志　第215册
(清)劉虎文 周天爵修 李復慶等纂
清道光九年(1829)刻民國三十六年(1947)石印本
[順治]潁上縣志　第215册
(清)翟乃慎修 馬履雲 徐必達纂
清順治十二年(1655)刻本
[乾隆]潁上縣志　第215册
(清)許晉修 胡其煥 蔡書升纂
清乾隆十八年(1753)刻本版藏西庫
[同治]潁上縣志　第215册
(清)都寵錫等修 李道章等纂
清同治九年(1870)修光緒四年(1878)補刻本
[乾隆]太和縣志　第215册
(清)成兆豫 吳中最 洪朝元纂
清乾隆十六年(1751)刻本
[民國]太和縣志　第215册
丁炳烺修 吳承志纂
民國十四年(1925)鉛印本
亳州市
[嘉靖]亳州志　第215册
(明)李先芳等纂修
明嘉靖四十三年(1564)刻本
[順治]亳州志　第215册
(清)劉澤溥修 高搏九纂
清順治十三年(1656)刻本
[乾隆]亳州志　第215册
(清)華度修 蔡必達纂
清乾隆五年(1740)刻本
[乾隆]亳州志　第215册
(清)鄭交泰修 王雲萬纂
清乾隆三十九年(1774)刻本保赤堂藏版
[光緒]亳州志　第215册
(清)鍾泰 宗能徵纂修
清光緒二十一年(1895)活字本
[同治]渦陽縣志　第216册
(清)石成之修 王冠甲纂
清同治十一年(1872)稿本
渦陽風土記　第216册
聶憲藩等修 黃佩蘭等纂
民國十三年(1924)活字本
[同治]蒙城縣志　第216册
(清)李炳濤修 吳保甲等纂

清同治九年(1870)修抄本
[民國]重修蒙城縣志書 第216册
汪篪修 于振江纂
民國四年(1915)鉛印本
蚌埠市
[嘉慶]五河縣志 第216册
(清)王啟聰等修 言尚煒 陳瑜纂
清嘉慶八年(1803)刻本版存學署
[光緒]五河縣志 第216册
(清)賴同宴 孫玉銘修 俞宗誠等纂
清光緒二十年(1894)刻本版存學署
[雍正]懷遠縣志 第216册
(清)唐暄纂修
清雍正二年(1724)刻本
[嘉慶]懷遠縣志 第216册
(清)倪思淳修 孫讓纂
清嘉慶二十四年(1819)活字本
[嘉慶]鳳臺縣志 第216册
(清)李兆洛纂修
清嘉慶十九年(1814)刻本本衙藏版
[光緒]重修鳳臺縣志 第216册
(清)李師沆修 葛蔭南 周爾儀纂
清光緒十九年(1893)活字本
滁州市
[隆慶]中都志 第217册
(明)柳瑛纂
明天順二年至成化二十三年(1458－1487)修弘治元年(1488)刻隆慶增修刻本
[天啓]鳳陽新書 第217册
(明)袁文新修 柯仲炯等纂
明天啓元年(1621)刻本
[光緒]鳳陽府志 第217册
(清)馮煦修 魏家驊等纂 張德霈續纂修
清光緒三十四年(1908)活字本
滁陽郡志 第217册
佚名纂修
據劉緯毅等輯《宋遼金元方志輯佚》排印
[萬曆]滁陽志 第217册
(明)戴瑞卿修 于永亨等纂
明萬曆四十二年(1614)刻本
[康熙]滁州志 第217册
(清)余國楷修 潘運皞纂
清康熙十二年(1673)刻本
[康熙]滁州續志 第217册
(清)王賜魁修 李如梓纂
清康熙二十三年(1684)刻本
[光緒]滁州志 第217册
(清)熊祖詒等纂修
清光緒二十三年(1897)活字本
[嘉靖]天長縣志 第217册
(明)邵時敏修 王心纂
明嘉靖二十九年(1550)刻本
[康熙]天長縣志 第217册
(清)江映鯤修 張振先等纂
清康熙十二年(1673)刻民國間抄本
[嘉慶]備修天長縣志 第217册
(清)張宗泰纂 (民國)劉增齡增補
清嘉慶二十四年(1819)刻民國二十三年(1934)增補鉛印本
[同治]天長縣纂輯志稿 第217册
(清)江景桂纂修
清同治八年(1869)繕抄稿本
[天啓]新修來安縣志 第218册
(明)周之冕修 王懋續纂
明天啓元年(1621)刻本
[雍正]來安縣志 第218册
(清)伍斯瓆修 項世榮纂
清雍正十三年(1735)刻本
[道光]來安縣志 第218册
(清)符鴻 劉廷槐修 歐陽泉 戴宗矩等纂
清道光十年(1830)刻本
[泰昌]全椒縣志 第218册
(明)楊道臣纂修
明泰昌元年(1620)刻本
[康熙]全椒縣志 第218册
(清)藍學鑑 吳國對纂修
清康熙十二年(1673)刻二十三年(1684)王作舟補刻本
[民國]全椒縣志 第218册
張其濬修 江克讓纂
民國九年(1920)活字本
[康熙]定遠縣志 第218册
(清)曲震修 王溥等纂
清康熙二十八年(1689)刻本
[道光]定遠縣志 第218册
(清)楊慧修 孔傳等纂 朱崑玉纂
清道光六年(1826)修抄本
[康熙]臨淮縣志 第218册
(清)魏宗衡修 邢仕誠等纂
清康熙十一年(1672)刻本
[光緒]鳳陽縣志 第218册
(清)于萬培纂修 謝永泰續修 王汝琛續纂
清光緒十三年(1887)刻本
馬鞍山市
[嘉靖]重修太平府志 第218册
(明)林鉞修 鄒壁纂
明嘉靖間刻本
[康熙]太平府志 第218册
(清)黃桂修 宋驤纂
清康熙十二年(1673)修光緒二十九年(1903)重刻活字本
[乾隆]太平府志 第219册
(清)朱肇基修 陸綸纂
清乾隆二十三年(1758)刻本
[康熙]當塗縣志 第219册
(清)祝元敏修 彭希周等纂 成文運增修
清康熙三十四年(1695)修四十六年(1707)續修刻本
當塗縣志補遺 第219册
(清)佚名纂修
清代修舊抄本
[乾隆]當塗縣志 第219册
(清)張海等修 萬櫄等纂
清乾隆十五年(1750)刻民國間石印本
[民國]當塗縣志 第219－220册
魯式穀等編
民國二十七年(1938)編抄本
[康熙]含山縣志 第220册
(清)趙燦修 唐廷伯等纂
清康熙二十三年(1684)刻本之抄本
[乾隆]含山縣志 第220册
(清)梁棟修 張大于纂
清乾隆十三年(1748)刻本本衙藏版
[嘉靖]和州志 第220册
(明)易鸞纂修
明嘉靖七年(1528)刻本
[乾隆]歷陽典錄 第220册
(清)陳廷桂纂 游智開續纂修
清乾隆五十六年(1791)修同治六年(1867)刻本
[光緒]直隸和州志 第220册
(清)朱大紳修 高照纂
清光緒二十七年(1901)活字本
蕪湖市
[嘉慶]蕪湖縣志 第220册

(清)梁啟讓修 陳春華纂
清嘉慶十二年(1807)刻民國二年(1913)活字本
[民國]蕪湖縣志 第221冊
余誼密等修 鮑寔等纂
民國八年(1919)石印本
春谷志 第221冊
(宋)郭堯纂
據劉緯毅等輯《宋遼金元方志輯佚》排印
[嘉慶]南陵縣志 第221冊
(清)徐心田纂修
清嘉慶十三年(1808)刻本尊經閣藏版
南陵小志 第221冊
(清)宗能徵纂
清光緒二十五年(1899)活字本
[民國]南陵縣志 第221冊
余誼密修 徐乃昌等纂
民國間鉛印本
[康熙]繁昌縣志 第221冊
(清)梁延年修 閔燮纂
清康熙十七年(1678)刻本
[道光]繁昌縣志書 第221冊
(清)曹德贊纂 張星煥增纂
清道光六年(1826)增修民國二十六年(1937)鉛字重印本
[乾隆]無為州志 第221冊
(清)常廷璧修 吳元桂纂
清乾隆八年(1743)刻本
[嘉慶]無為州志 第222冊
(清)顧浩修 吳元慶等纂
清嘉慶八年(1803)刻本

銅陵市

[嘉靖]銅陵縣志 第222冊
(明)李士元 沈梅纂修
明嘉靖四十二年(1563)刻本
[乾隆]銅陵縣志 第222冊
(清)朱成阿等修 史應貴等纂
清乾隆二十二年(1757)刻民國十九年(1930)鉛印本

安慶市

舒州圖經 第222冊
佚名纂修
據劉緯毅等輯《宋遼金元方志輯佚》排印
[康熙]安慶府志 第222冊
(清)姚琅修 陳焯等纂
清康熙二十二年(1683)刻本
[康熙]安慶府志 第222冊
(清)張楷纂修
清康熙六十年(1721)刻本
[道光]懷寧縣志 第222冊
(清)王毓芳 趙梅修 江爾維等纂
清道光五年(1825)刻本
[民國]懷寧縣志 第222冊
朱之英等修 舒景蘅等纂
民國五年(1916)鉛印本
[康熙]桐城縣志 第222冊
(清)胡必選原本 王凝命增修
清康熙二十三年(1684)增刻抄本
[道光]桐城續修縣志 第222冊
(清)廖大聞等修 金鼎壽纂
清道光七年(1827)修民國二十九年(1940)三民印刷所鉛印本
[同治]桐城縣志 第222冊
(清)王國均纂修
清同治七年(1868)修抄本
[萬曆]望江縣志 第222冊
(明)羅希益修 龍子甲纂 唐守禮增修
明萬曆間刻增修本
[康熙]望江縣志 第222冊
(清)劉天維修 龍燮纂 尹巘 傅光遇增修
清康熙間增修本
[乾隆]望江縣志 第222冊
(清)鄭交泰等修 曹京等纂
清乾隆三十三年(1768)刻本
[道光]宿松縣志 第222冊
(清)鄔正階 鄭敦亮修 石葆元 汪景祥等纂
清道光八年(1828)刻本
[民國]宿松縣志 第223冊
俞慶瀾 劉昂修 張燦奎等纂
民國十年(1921)活字本
[道光]太湖縣志 第223冊
(清)孫濟等修 陳烈纂
清道光十年(1830)刻本
[同治]太湖縣志 第223冊
(清)符兆鵬修 趙繼元纂
清同治十一年(1872)刻本熙湖書院藏版
[民國]太湖縣志 第223冊
高壽恒修 李英纂
民國十一年(1922)活字本
[康熙]安慶府潛山縣志 第223冊
(清)周克友纂修
清康熙十四年(1675)刻本
[乾隆]灊山縣志 第223冊
(清)李載陽修 游端友 張必剛纂
清乾隆四十六年(1781)刻本尊經閣藏版
[民國]灊山縣志 第224冊
吳蘭生 王用霖修 劉廷鳳纂
民國九年(1920)鉛印本

黃山市

[淳熙]新安志 第224冊
(宋)羅願纂修
宋淳熙二年(1175)纂清嘉慶十七年(1812)刻本
[弘治]徽州府志 第224冊
(明)彭澤修 汪舜民纂
明弘治十五年(1502)刻本
[康熙]徽州府志 第224冊
(清)丁廷楗修 趙吉士纂
清康熙三十八年(1699)刻本
[道光]徽州府志 第224冊
(清)馬步蟾纂修
清道光七年(1827)刻本
黃山志 第224－226冊
(清)釋弘眉撰
清康熙六年(1667)刻本慈光寺藏版
黃山領要錄 第226冊
(清)汪洪度纂輯
清乾隆間刻《知不足齋叢書》本
黃山導 第226冊
(清)汪堪輯
清乾隆二十七年(1762)一鷗草堂刻本
黃山志 第226冊
(清)張佩芳修
清乾隆三十六年(1771)刻本尊經閣藏版
黃山紀勝 第226冊
(清)徐璈輯
清道光間刻本
[乾隆]歙縣志 第226冊
(清)張佩芳修 劉大櫆纂
清乾隆三十六年(1771)刻本尊經閣藏版
[道光]歙縣志 第226冊
(清)勞逢源修 沈伯棠纂
清道光八年(1828)刻本

[民國]歙縣志 第226冊
石國柱 樓文釗修 許承堯纂
民國二十六年(1937)鉛印本
豐南志 第226冊
吳吉祜纂
抄本
西干志 第227冊
許承堯纂
民國二十六年(1937)修稿本
沙溪集略 第227冊
(清)淩應秋纂
清乾隆二十四年(1759)修抄本
[弘治]休寧志 第227冊
(明)程敏政纂修
明弘治四年(1491)刻本
[康熙]休寧縣志 第227冊
(清)廖騰煃修 汪晉徵等纂
清康熙三十二年(1693)刻本
[道光]休寧縣志 第227冊
(清)何應松修 方崇鼎纂
清道光三年(1823)刻本
齊雲山志 第227－229冊
(明)魯點纂
明刻清康熙五年(1666)重印本
齊雲山桃源洞天志 第229冊
(明)魯點纂
明崇禎十年(1637)刻本
橙陽散志 第229冊
(清)江登雲纂
清乾隆四十年(1775)纂嘉慶十四年(1809)刻本
[道光]祁門縣志 第229冊
(清)王讓修 桂超萬纂
清道光七年(1827)刻本
[同治]祁門縣志 第229冊
(清)周溶修 汪韻珊纂
清同治十二年(1873)刻本
[光緒]祁門縣志補 第229冊
(清)倪望重纂
清光緒間稿本
[民國]祁門縣志 第229冊
胡光釗纂修
民國三十三年(1944)鉛印本
善和鄉志 第229冊
(清)程文翰纂
清光緒七年(1881)抄本
[嘉慶]黟縣志 第229冊
(清)吳甸華修 程汝翼等纂
清嘉慶十七年(1812)修道光五年(1825)刻本
[道光]黟縣續志 第230冊
(清)呂子珏修 詹錫齡纂
清道光五年(1825)刻本
[同治]黟縣三志 第230冊
(清)謝永泰修 程鴻詔等纂
清同治十年(1871)刻本
[民國]黟縣四志 第230冊
吳克俊 許復修 程壽保 舒斯笏纂
民國十二年(1923)刻本
[嘉慶]太平縣志 第230冊
(清)曹夢鶴等修 孔傳薪 陸仁虎纂
清光緒三十四年(1908)真筆版重印本

六安市

[萬曆]六安州志 第230冊
(明)劉垓 楊懋魁等纂修
明萬曆十二年(1584)刻本
[雍正]六安州志 第230冊
(清)李懋仁纂修
清雍正七年(1729)刻本
[同治]六安州志 第230冊
(清)李蔚 王峻修 吳康霖纂
清同治十一年(1872)刻本
[同治]霍邱縣志 第230冊
(清)陸鼎斅 王寅清纂修
清同治九年(1870)活字本
[嘉靖]壽州志 第230冊
(明)栗永錄纂修
明嘉靖二十九年(1550)刻本
[道光]壽州志 第230冊
(清)朱士達修 喬載繇 湯若荀纂
清道光九年(1829)刻本
[光緒]壽州志 第230冊
(清)曾道唯 王萬牲纂修
清光緒十六年(1890)活字本
[雍正]舒城縣志 第230冊
(清)陳守仁修 賈彬 郭維祺纂
清雍正九年(1731)刻本
[嘉慶]重修舒城縣志 第231冊
(清)熊載陞 杜茂材修 孔繼序纂
清嘉慶十二年(1807)修抄本
[光緒]續修舒城縣志 第231冊
(清)呂林鍾等修 趙鳳詔等纂
清光緒三十三年(1907)活字本
[乾隆]霍山縣志 第231冊
(清)甘山修 程在嶸纂
清乾隆四十一年(1776)刻本
[光緒]霍山縣志 第231冊
(清)秦達章修 何國祐纂
清光緒三十一年(1905)活字本

池州市

池州圖經 第231冊
佚名纂修
據劉緯毅等輯《宋遼金元方志輯佚》排印
[嘉靖]池州府志 第231冊
(清)王崇纂修
明嘉靖二十四年(1545)刻本
[乾隆]池州府志 第231冊
(清)張士範纂修
清乾隆四十四年(1779)刻本
[乾隆]貴池縣志略 第231冊
(清)李愈昌原修 梁國標重輯
清乾隆九年(1744)刻本
[乾隆]貴池縣志續編 第231冊
(清)謝錫伯修 汪廷霖纂
清乾隆十年(1745)刻本
[光緒]貴池縣志 第231冊
(清)陸廷齡修 桂迓衡等纂
清光緒九年(1883)活字本
秀山志 第232冊
(清)陳竑原纂 釋方略重輯
清乾隆間修民國四年(1915)刻本版藏邑昭明祠中
杏花邨志 第232冊
(清)郎遂纂修
清康熙二十四年(1685)刻本
杏花村續志 第232冊
胡子正編纂
民國間稿本
[光緒]青陽縣志 第232冊
(清)華椿等修 周贇纂
清光緒十七年(1891)活字本
[康熙]石埭縣志 第232冊
(清)姚子莊修 周體元纂
清康熙十四年(1675)刻抄本
[民國]石埭備志滙編 第233冊
陳惟壬纂修
民國三十年(1941)鉛印本
[康熙]建德縣志 第233冊
(清)高寅修 柯楝纂
清康熙間刻本

[宣統]建德縣志 第233冊
(清)張贊巽 張翊六修 周學銘等纂
清宣統二年(1910)鉛印本
[乾隆]東流縣志 第233冊
(清)蔣綬修 汪思迴等纂
清乾隆二十三年(1758)刻本
[嘉慶]東流縣志 第233冊
(清)吴篪修 李兆洛等纂
清嘉慶二十四年(1819)刻本

宣城市

[嘉靖]建平縣志 第233冊
(明)連鑛修 姚文燁等纂
明嘉靖十年(1531)刻本
[康熙]建平縣志 第233冊
(清)茅成鳳修 劉震等纂
清康熙三十九年(1700)刻本
[雍正]建平縣志 第233冊
(清)衛廷璞纂修
清雍正九年(1731)刻本
[康熙]廣德州志 第233冊
(清)高拱乾修 戈標等纂
清康熙十二年(1673)刻二十二年(1683)門可榮增刻本
[乾隆]廣德州志 第233冊
(清)李國相纂修
清乾隆四年(1739)刻本
[乾隆]廣德州志 第233冊
(清)胡文銓修 周廣業纂
清乾隆五十九年(1794)刻本
[道光]增補廣德州志 第233冊
(清)裕文纂修
清道光二十七年(1847)刻本
[光緒]廣德州志 第233冊
(清)胡有誠修 丁寶書等纂
清光緒七年(1881)刻本
宣城志 第233冊
(宋)趙希遠修 李兼纂
據劉緯毅等輯《宋遼金元方志輯佚》排印
[嘉靖]寧國府志 第233冊
(明)黎晨修 李默纂
明嘉靖十五年(1536)黎晨校刻本
[萬曆]寧國府志 第233冊
(明)陳俊修 梅守德 貢安國纂
明萬曆五年(1577)刻本
[嘉慶]寧國府志 第234冊
(清)魯銓等修 洪亮吉等纂
清嘉慶二十年(1815)刻民國八年(1919)影印本
[嘉慶]宣城縣志 第234冊
(清)陳受培修 張燾纂
清嘉慶十三年(1808)刻本
[光緒]宣城縣志 第234冊
(清)李應泰等修 章綬纂
清光緒十四年(1888)活字本
遊敬亭山記 第235冊
南園撰
民國間抄本
涇川志 第235冊
佚名纂修
據《永樂大典》本排印
[嘉靖]涇縣志 第235冊
(明)丘時庸修 王廷幹纂
明嘉靖三十一年(1552)刻本
[乾隆]涇縣志 第235冊
(清)王廷棟修 錢人麟纂
清乾隆二十年(1755)刻本
[嘉慶]涇縣志 第235冊
(清)李德淦 周鶴立修 洪亮吉纂
清嘉慶十一年(1806)刻本
[乾隆]旌德縣志 第235冊
(清)李瑾 張泂修 葉長揚纂
清乾隆十九年(1754)刻本
[嘉慶]旌德縣志 第235冊
(清)陳柄德修 趙良霨纂
清嘉慶十三年(1808)刻本
[嘉靖]寧國縣志 第235冊
(明)范鎬纂修
明嘉靖二十八年(1549)刻本
[順治]寧國縣志 第235冊
(清)楊名遠等修 黃可縉等纂
清順治四年(1647)刻本
[光緒]寧國縣通志 第235冊
(清)張達五修 鄭思賢增修 周贇纂
清同治八年(1869)修光緒二十五年(1899)增補抄本
[民國]寧國縣志 第235冊
王式典修 李丙麐纂
民國二十五年(1936)鉛印本
[乾隆]績溪縣志 第235冊
(清)較陳錫修 趙繼序 章瑞鍾纂
清乾隆二十一年(1756)刻本
[嘉慶]績谿縣志 第235冊
(清)清愷修 席存泰纂
清嘉慶十五年(1810)修抄本

福建省

[弘治]八閩通志 第236冊
(明)陳道修 黃仲昭纂
明弘治四年(1491)刻本
[康熙]福建通志 第236冊
(清)金鋐修 鄭開極 陳軾纂
清康熙二十三年(1684)刻本
[乾隆]福建通志 第236冊
(清)郝玉麟等修 謝道承 劉敬與纂
清乾隆二年(1737)刻本
[乾隆]福建續志 第236冊
(清)楊廷璋等修 沈廷芳 吳嗣富纂
清乾隆三十四年(1769)刻本
[道光]重纂福建通志 第236冊
(清)孫爾準等修 陳壽祺纂 程祖洛等續修 魏敬中續纂
清同治十年(1871)正誼書院刻本
[道光]重纂福建通志 第237冊
(清)孫爾準等修 陳壽祺纂 程祖洛等續修 魏敬中續纂
清同治十年(1871)正誼書院刻本
[民國]福建新通志 第237－238冊
李厚基等修 沈瑜慶 陳衍纂
民國十一年(1922)刻本
閩中錄 第238冊
(清)鄭杰撰
清刻本
閩雜記 第238冊
(清)施鴻保纂
清光緒四年(1878)鉛印本
閩南遊記初編 第238冊
蔣希召纂
民國八年(1919)廣州東雅印務公司鉛印本

福州市

重修閩中記 第239冊
(宋)林世矩纂
據劉緯毅《宋遼金元方志輯佚》排印
[正德]福州府志 第239冊
(明)葉溥修 張孟敬等纂
明正德十五年(1520)刻本
[萬曆]福州府志 第239冊
(明)林燫纂修
明萬曆二十四年(1596)刻本
[萬曆]閩都記 第239冊
(明)王應山纂輯

明萬曆四十年(1612)纂清道光十一年(1831)求放心齋刻本
[萬曆]福州府志 第240冊
(明)喻政修 林材纂
明萬曆四十一年(1613)刻本
[乾隆]福州府志 第240冊
(清)徐景熹修 魯曾煜等纂
清乾隆十九年(1754)刻
福州藝文志補 第240冊
(清)李拔纂輯
清乾隆二十八年(1763)刻本
[民國]閩侯縣志 第240冊
歐陽英修 陳衍纂
民國二十二年(1933)刻本
烏石山志 第240冊
(清)劉永松 郭柏蒼編輯
道光二十二年(1842)于麓古天開圖書樓刻本
洪塘小志 第240冊
(清)佚名纂修 (民國)楊遂重編
民國十六年(1927)石印本
閩江金山志 第241冊
林其蓉編
民國二十六年(1937)遠東書局鉛印本
[萬曆]羅源縣志 第241冊
(明)陳良諫纂修
明萬曆四十二年(1614)修排印本
[康熙]羅源縣志 第241冊
(清)王楠修 林喬蕃 王世臣纂
清康熙六十一年(1722)刻本
[道光]新修羅源縣志 第241冊
(清)盧鳳棽修 林春溥纂
清道光十一年(1831)刻本
[嘉慶]連江縣志 第241冊
(清)李菶修 章朝栻纂
清嘉慶十年(1805)刻本
[民國]連江縣志 第241冊
曹剛等修 邱景雍纂
民國二十二年(1933)鉛印本
[萬曆]永福縣志 第241冊
(明)唐學仁修 謝肇淛纂
明萬曆四十年(1612)修抄本
[乾隆]永福縣志 第241冊
(清)陳焱等修 俞荔等纂
清乾隆十四年(1749)刻本本衙藏版
[民國]永泰縣志 第241冊
董秉清等修 王紹沂等纂
民國十一年(1922)鉛印本
[乾隆]閩清縣志 第241冊
(清)姚循義纂修
清乾隆七年(1742)修抄本
[民國]閩清縣志 第241冊
楊宗彩修 劉訓瑺纂
民國十年(1921)鉛印本
[康熙]福清縣志 第242冊
(清)李傳甲修 郭文祥纂
清康熙十一年(1672)刻本
[乾隆]福清縣志 第242冊
(清)饒安鼎修 林昂 李修卿纂
清乾隆十二年(1747)修光緒二十四年(1898)劉玉璋刻本
[弘治]長樂縣志 第242冊
(明)王渙修 潘援 劉則和纂
明弘治十六年(1503)刻本
[崇禎]長樂縣志 第242冊
(明)夏允彝修纂
明崇禎十四年(1641)刻本
[乾隆]長樂縣志 第242冊
(清)賀世駿修 沈成國等纂
清乾隆二十八年(1763)刻本本衙藏版
[同治]長樂縣志 第242冊
(清)彭光藻 王家駒修 楊希閔等纂
清同治九年(1870)刻本本衙藏版
[民國]長樂縣志 第242冊
孟昭涵修 李駒等纂
民國六年(1917)附件印刷所鉛印本
長樂六平山志 第242冊
張善貴輯 陳和棟增輯
一九八二年油印本
長樂六里志 第242冊
李永選纂
民國間修一九六四年油印本
琴江志 第242冊
黃曾成纂
民國十一年(1922)鉛印本
[民國]平潭縣志 第242冊
黃履思纂修
民國十二年(1923)葉于飛鉛印本

南平市

[嘉靖]建寧府志 第242冊
(明)范嵩 汪佃纂修
明嘉靖二十年(1541)刻本
[康熙]建寧府志 第242冊
(清)程應熊 姚文燮纂修
清康熙五年(1666)修抄本
[康熙]建寧府志 第242冊
(清)張琦修 鄒山 蔡登龍纂
清康熙三十二年(1693)刻本抄配
[嘉靖]建陽縣志 第242冊
(明)馮繼科等纂修
明嘉靖三十二年(1553)刻本
[康熙]建陽縣志 第242冊
(清)柳正芳修 王維文等纂
清康熙四十一年(1702)修抄本
[道光]建陽縣志 第242冊
(清)梁輿 李再灝修 江遠青等纂
清道光十二年(1832)修抄本
[民國]建陽縣志 第242冊
趙模修 王寶仁纂
民國十八年(1929)新明印刷所鉛印本
[康熙]建安縣志 第242冊
(清)崔銑修 陸登選等纂
清康熙五十二年(1713)刻本
[康熙]甌寧縣志 第243冊
(清)鄧其文纂修
清康熙三十二年(1693)刻本本縣藏版
[民國]甌寧縣志 第243冊
詹宣猷等修 蔡振堅等纂
民國十八年(1929)芝新印刷所鉛印本
芝城記畧 第243冊
(清)劉世英撰
清光緒間纂抄本
[康熙]崇安縣志 第243冊
(清)管聲駿纂修
清康熙九年(1670)刻本
武夷山紀要 第243冊
(清)藍陳略纂
清康熙間刻本
武夷山志 第243－245冊
(清)董天工輯
清乾隆十六年(1751)修道光二十六年(1846)重刻本五夫尺木軒藏版
[順治]浦城縣志 第245冊
(清)李葆貞修 梅彥騊等纂
清順治八年(1651)刻本
[乾隆]重修浦城縣志 第245冊
(清)李藩修 林鴻等纂
清乾隆八年(1743)刻本
[光緒]續修浦城縣志 第245冊
(清)翁天祜修 翁昭泰纂
清光緒二十六年(1900)南浦書院刻本

[康熙]松溪縣志 第245冊
(清)潘拱辰等修纂
清康熙三十九年(1700)修民國十七年(1928)施樹模活字本
[永樂]政和縣志 第245冊
(明)黄裳修 郭斯垕纂
明永樂間修抄本
[乾隆]政和縣志 第245冊
(清)譚垣纂修
清乾隆二十六年(1761)刻本
[道光]政和縣志 第245冊
(清)程鵬里 梁承綸修 魏敬中纂
清道光十三年(1833)刻本抄配學宮藏版
[民國]政和縣志 第246冊
錢鴻文 黄體震修 李熙等纂
民國八年(1919)鉛印本
[嘉靖]延平府志 第246冊
(明)陳能修 鄭慶雲纂
明嘉靖四年(1525)刻本
[康熙]南平縣志 第246冊
(清)朱夔 文國繡修 鄒廷機 翁兆行纂
清康熙五十八年(1719)刻本
[嘉慶]南平縣志 第246冊
(清)楊桂森修 應丹詔等纂
清嘉慶十五年(1810)刻同治十一年(1872)潘文鳳徐敘模重校補刻本
[民國]南平縣志 第246冊
吳栻修 蔡建賢纂
民國九年(1920)修十七年(1928)鉛印本
[康熙]順昌縣志 第246冊
(清)郭鍈修 黄宣纂
清康熙四十八年(1709)刻本樂志堂藏版
[乾隆]順昌縣志 第246冊
(清)陳鍈修 呂天芹等纂
清乾隆三十年(1765)刻本
[道光]順昌縣志 第246冊
(清)賈懋功修 游全通等纂
清道光十二年(1832)修光緒七年(1881)吳恩慶刻本本衙藏版
[民國]順昌縣志 第246冊
高登艇 潘先龍修 劉敬等纂
民國二十五年(1936)鉛印本
[嘉靖]邵武府志 第246冊
(明)邢址修 陳讓纂
明嘉靖二十二年(1543)刻本
[康熙]邵武府續志 第246冊
(清)汪麗日修 王侯聘等纂
清康熙九年(1670)刻本
[乾隆]邵武府志 第246冊
(清)張鳳孫等修 鄭念榮等纂
清乾隆三十五年(1770)刻本
[光緒]重纂邵武府志 第246冊
(清)王琛等修 張景祁等纂
清光緒二十四年(1898)刻本
[咸豐]邵武縣志 第246冊
(清)李正芳修 張葆森纂
清咸豐五年(1855)刻本殘缺處抄配
[民國]重修邵武縣志 第246冊
秦振夫等修 朱書田等纂
民國二十六年(1937)永生堂鉛印本
[康熙]光澤縣志 第246冊
(清)金鳴鳳 張彭修 陳南賢纂
清康熙二十二年(1683)刻乾隆十五年(1750)蔣廷芳修鋟刻本
[乾隆]光澤縣志 第246冊
(清)段萝日修 魏洪纂
清乾隆二十四年(1759)修抄本
[道光]重纂光澤縣志 第246冊
(清)盛朝輔等修 高澍然等纂
清道光二十年(1840)刻同治九年(1870)補版重印本
[光緒]重纂光澤縣志 第246冊
(清)鈕承藩修 何秋淵纂
清光緒二十三年(1897)增刻道光本版存學署

三明市

[正德]歸化縣志 第247冊
(明)楊縉修纂
明正德間修抄本
[萬曆]歸化縣志 第247冊
(明)周憲章纂修
明萬曆三十九年(1611)刻四十二年(1614)增修本
[康熙]歸化縣志 第247冊
(清)湯傳榘等纂修
清康熙三十七年(1698)刻本
[嘉靖]清流縣志 第247冊
(明)陳桂芳纂修
明嘉靖二十四年(1545)刻本
[康熙]清流縣志 第247冊
(清)王士俊 王霖纂
清康熙四十一年(1702)刻本
[民國]清流縣志 第247冊
林善慶修 王瓊纂
民國三十六年(1947)鉛印本
[康熙]寧化縣志 第247冊
(清)祝文郁修 李世熊纂
清康熙二十三年(1684)修同治八年(1869)蔣澤沅重刻本李中和軒藏版
[民國]寧化縣志 第247冊
黎彩彰等修 黎景曾 黄宗憲纂
民國十五年(1926)鉛印本
[嘉靖]沙縣志 第247冊
(明)葉聯芳纂修
明嘉靖二十四年(1545)刻本
[康熙]沙縣志 第247冊
(清)林采修 樂成等纂
清康熙四十年(1701)刻本
[道光]沙縣志 第247冊
(清)孫大焜 王庚修 徐逢盛等纂
清道光十四年(1834)刻同治十年(1871)鍾觀濂鋟補刻本
[民國]沙縣志 第247冊
梁伯蔭修 羅克涵纂
民國十七年(1928)鉛印本
洞天嚴志 第247冊
翁國樑纂
民國三十三年(1944)鉛印本
[萬曆]永安縣志 第247冊
(明)蘇民望修 蕭時中纂
明萬曆二十二年(1594)刻本
[順治]永安縣志 第247冊
(清)陳廷樞修 陳行忠等纂
清順治九年(1652)刻本
[雍正]永安縣志 第247冊
(清)裘樹榮纂修
清雍正十年(1732)修道光十三年(1833)重刻本
[弘治]將樂縣志 第247冊
(明)李敏纂修
明弘治十八年(1505)刻本
[萬曆]將樂縣志 第247冊
(明)黄仕禎修 黄元美等纂
明萬曆十三年(1585)刻清順治間增刻本
[乾隆]將樂縣志 第248冊
(清)李永錫 程廷栻修 徐觀海等纂
清乾隆三十年(1765)刻本

（清）莊成修 沈鍾 李疇纂
清乾隆二十二年（1757）刻本
［民國］南安縣志 第 251 冊
蘇鏡潭纂修
民國間泉州泉山書社鉛印本
［同治］金門志 第 251 冊
（清）周凱修 林焜熿等纂 劉松亭等續修 林豪續纂
［民國］金門縣志 第 251 冊
左樹夔修 劉敬纂
民國十年（1921）修抄本

厦門市

［民國］厦門市志 第 251 冊
厦門市修志局纂修
民國三十七年（1948）修抄本
［康熙］同安縣志 第 252 冊
（清）朱奇珍修 葉心朝 張金友纂
清康熙五十二年（1713）修抄本
［嘉慶］同安縣志 第 252 冊
（清）吳堂修 劉光鼎纂
清嘉慶三年（1798）修光緒十二年（1886）朱承烈刻本
［民國］同安縣志 第 252 冊
林學增等修 吳錫璜纂
民國十八年（1929）鉛印本
［乾隆］馬巷廳志 第 252 冊
（清）萬友正纂修
清乾隆四十一年（1776）修光緒十九年（1893）黄家鼎校補刻本版藏舫山書院

漳州市

［康熙］漳州府志 第 252 冊
（清）魏荔彤修 蔡世遠等纂
清康熙五十四年（1715）刻本本郡藏版
［光緒］漳州府志 第 252 冊
（清）李維鈺原本 沈定均續修 吳聯薰增纂
清光緒三年（1877）芝山書院刻本
［乾隆］龍溪縣志 第 252 冊
（清）吳宜燮修 黄惠 李疇纂
清乾隆二十七年（1762）修光緒五年（1879）吳聯薰增補重刻本霞文書院藏版
石碼鎮志 第 252 冊
林鳳聲編
民國間纂抄本
［崇禎］海澄縣志 第 252 冊
（明）梁兆陽修 蔡國禎等纂
明崇禎六年（1633）刻本
［乾隆］海澄縣志 第 252 冊
（清）陳鍈等修 葉廷推等纂
清乾隆二十七年（1762）刻本
［康熙］漳浦縣志 第 252 冊
（清）陳汝咸修 林登虎纂 陳萼林續纂
清康熙三十九年（1700）修四十七年（1708）續纂民國十七年（1928）同文美記印書局石印本
［光緒］漳浦縣志 第 252 冊
（清）陳汝咸原本 施錫衛再續纂修
清光緒間續修民國二十五年（1936）鉛印本
銅山志 第 252 冊
（清）陳振藻纂
清乾隆二十五年（1760）纂抄本
［康熙］詔安縣志 第 252 冊
（清）秦炯纂修
清康熙三十年（1691）修同治十三年（1874）刻本
［民國］詔安縣志 第 253 冊
陳蔭祖修 吳名世纂
民國三十一年（1942）詔安青年印務公司鉛印本
［康熙］平和縣志 第 253 冊
（清）王相修 昌天錦等纂
清康熙五十八年（1719）修光緒十五年（1889）楊卓廉刻本九和書院藏版
［乾隆］南靖縣志 第 253 冊
（清）姚循義修 李正曜等纂
清乾隆九年（1744）刻本
［嘉靖］長泰縣志 第 253 冊
（明）佚名纂
明嘉靖間修抄本
［康熙］長泰縣志 第 253 冊
（清）王珏修 葉先登纂
清康熙二十六年（1687）刻本
［乾隆］長泰縣志 第 253 冊
（清）張懋建修 賴翰顒纂
清乾隆十五年（1750）修民國二十一年（1932）謝梅年校訂鉛印本

龍岩市

臨汀志 第 253 冊
佚名纂修
據《永樂大典》本排印
［嘉靖］汀州府志 第 253 冊
（明）邵有道纂修
明嘉靖六年（1527）刻本
［乾隆］汀州府志 第 253 冊
（清）曾曰瑛等修 李紱等纂
清乾隆十七年（1752）修同治六年（1867）刻本
［道光］龍嚴州志 第 253 冊
（清）彭衍堂修 陳文衡纂
清道光十五年（1835）修光緒十六年（1890）刻本
［道光］漳平縣志 第 253 冊
（清）蔡世鈸修 林得震纂
清道光十年（1830）修民國二十四年（1935）翁贊平鉛印本
［永曆］寧洋縣志 第 253 冊
（明）金基纂修
南明永曆二十九年（1675）刻本
［康熙］寧洋縣志 第 253 冊
（清）沈荃修 楊新日等纂
清康熙三十一年（1692）刻本
［同治］甯洋縣志 第 253 冊
（清）董鍾驥修 陳天樞等纂
清同治十三年（1874）修光緒元年（1875）刻本
［康熙］連城縣志 第 253 冊
（清）杜士晉修 謝家寶等纂
清康熙五年（1666）刻本
［乾隆］長汀縣志 第 253 冊
（清）陳朝羲修 許春暉纂
清乾隆四十七年（1782）刻本
［光緒］長汀縣志 第 253 冊
（清）劉國光 謝昌霖等纂修
清光緒五年（1879）刻本
［民國］長汀縣志 第 253 冊
黄愷元等修 鄧光瀛 丘復等纂
民國三十年（1941）鉛印本
［康熙］武平縣志 第 253 冊
（清）劉旷纂修 趙良生續纂修
清康熙十一年（1672）修三十八年（1699）續修民國十九年（1930）鍾幹丞鉛印本
［康熙］上杭縣志 第 253 冊
（清）蔣廷銓纂修
清康熙二十六年（1687）刻本版藏公署
［乾隆］上杭縣志 第 253 冊
（清）顧仁驥等修 沈成國纂
清乾隆二十五年（1760）刻本

南昌文徵 第262冊
(清)魏元曠編輯
民國二十四年(1935)重印本
南昌詩徵 第262冊
(清)魏元曠編輯
民國二十四年(1935)重印本
[康熙]新建縣志 第262冊
(清)楊周憲纂修
清康熙十九年(1680)刻本
[道光]新建縣志 第262冊
(清)雷學淦修 曹師曾纂
清道光四年(1824)刻十年(1830)重刻本縣署藏版
[同治]新建縣志 第263冊
(清)承霈修 杜友棠 楊兆崧纂
清同治十年(1871)刻本
[康熙]安義縣志 第263冊
(清)陳瑋修 周曰泗纂
清康熙十二年(1673)刻本
[同治]安義縣志 第263冊
(清)杜林修 彭斗山纂
清同治十年(1871)活字本
[康熙]進賢縣志 第263冊
(清)聶當世修 章兆瑞 陳時懋纂
清康熙十二年(1673)刻本
[同治]進賢縣志 第263冊
(清)江璧等修 胡景辰纂
清同治十年(1871)刻本

九江市

江州志 第263冊
(清)佚名纂修
據《永樂大典》本排印
九江府志 第263冊
(清)佚名纂修
據《永樂大典》本排印
[嘉靖]九江府志 第263冊
(明)馮曾修 李汛纂
明嘉靖六年(1527)刻本
[康熙]九江府志 第264冊
(清)江殷道修 張秉鉉等纂
清康熙十二年(1673)刻本
[同治]九江府志 第265冊
(清)達春布修 黃鳳樓纂
清同治十三年(1874)刻本九江府學文昌宮藏版
[乾隆]德化縣志 第265冊
(清)高植纂修 沈錫三續修 羅為孝續纂
清乾隆二十年(1755)修四十五年(1780)續修刻本
[同治]德化縣志 第265－266冊
(清)陳鼒等修 吳彬等纂
清同治十一年(1872)刻本尊經閣藏版
廬山記略 第266冊
(宋)釋惠遠撰
民國二十八年(1939)商務印書館《叢書集成初編》據《守山閣叢書》本排印
廬山志 第266－267冊
吳宗慈纂
民國二十二年(1933)鉛印本
廬山續志稿 第268冊
江西省文獻委員會編
民國三十六年(1947)鉛印本
廬山紀遊 第268冊
(清)徐湘潭等纂
清嘉慶間刻本
[康熙]德安縣志 第268冊
(清)姚文燕修 曾可求纂 馬璐續修 馬珀續纂
清康熙十二年(1673)修十五年(1676)續修刻本
[乾隆]德安縣志 第268冊
(清)曹師聖纂修
清乾隆二十一年(1756)刻本
[同治]德安縣志 第268冊
(清)沈建勳修 程景周等纂
清同治十年(1871)刻本
[隆慶]瑞昌縣志 第268冊
(清)劉儲修 謝顧纂
明隆慶四年(1570)刻本
[雍正]瑞昌縣志 第268冊
(清)郝之芳修 萬定思等纂
清雍正四年(1726)刻本
[同治]瑞昌縣志 第268冊
(清)姚暹修 馮士傑等纂
清同治十年(1871)濂溪書院刻本
[乾隆]湖口縣志 第268冊
(清)郭承縉修 曹河昆等纂
清乾隆二十一年(1756)刻本
[嘉慶]湖口縣志 第268冊
(清)宋庚修 洪宗訓等纂
清嘉慶二十三年(1818)刻本
[同治]湖口縣志 第268冊
(清)殷禮 張興言修 周謨等纂
清同治十三年(1874)刻本
石鐘山志 第269冊
(清)李成謀 丁義方撰
清光緒九年(1883)廳濤眺雨軒刻本
[康熙]彭澤縣志 第269冊
(清)王廷藩修 潘瀚等纂
清康熙二十二年(1683)刻本
[乾隆]彭澤縣志 第269冊
(清)吳會川修 何炳奎纂
清乾隆二十一年(1756)刻本
[同治]彭澤縣志 第269冊
(清)趙宗耀 陳文慶修 歐陽燾等纂
清同治十二年(1873)刻本
[光緒]彭澤縣志補遺 第269冊
(清)陳友善修 張經畬纂
清光緒二年(1876)刻本
[嘉靖]寧州志 第269冊
(明)龔暹纂修
明嘉靖二十二年(1543)刻本
[乾隆]寧州志 第269冊
(清)張耀曾修 陳昌言纂
清乾隆二年(1737)百尺樓刻本
[道光]義寧州志 第269冊
(清)曾暉春修 冷俞光 查望洋纂
清道光四年(1824)刻本鑑懸堂藏版
[同治]義甯州志 第269冊
(清)王維新等修 涂家杰等纂
清同治十二年(1873)刻本
[嘉靖]武寧縣志 第269冊
(明)徐麟纂修
明嘉靖二十二年(1543)修四十一年(1562)刻本
[康熙]武寧縣志 第269冊
(清)馮其世修 汪克淑纂
清康熙五年(1666)刻雍正三年(1725)修鋟本
[乾隆]武寧縣志 第270冊
(清)梁鳴岡纂修
清乾隆五十一年(1786)刻本
[道光]武寧縣志 第270冊
(清)陳雲章等纂修 李珣續修 陳世馨等續纂
清道光四年(1824)刻二十九年(1849)增刻本
[同治]武甯縣志 第270冊
(清)何慶朝纂修

清同治九年(1870)刻本
[正德]南康府志 第270冊
(明)陳霖纂修
明正德十年(1515)刻本
[康熙]南康府志 第271冊
(清)廖文英 倫品卓修 熊維典 錢正振纂
清康熙六十年(1721)補刻十二年(1673)本
[同治]南康府志 第271冊
(清)盛元等纂修
清同治十一年(1872)刻本
[同治]星子縣志 第271冊
(清)藍煦 徐鳴皋修 曹徵甲等纂
清同治十年(1871)刻本
[康熙]都昌縣志 第271冊
(清)曾王孫修 徐孟深等纂
清康熙二十五年(1686)刻三十三年(1694)補刻本
[同治]都昌縣志 第271冊
(清)狄學耕修 劉庭輝 黄昌藩纂
清同治十一年(1872)刻本
[康熙]建昌縣志 第271冊
(清)李道泰修 袁懋芹纂
清康熙十四年(1675)刻本
[嘉慶]建昌縣志 第271冊
(清)馬瓚圖修 郭祚熾纂
清嘉慶二十三年(1818)修道光元年(1821)刻本學署藏版
[同治]建昌縣志 第272冊
(清)陈惟清修 闵芳言 王士彬纂
清同治十年(1871)刻本
建昌縣鄉土志 第272冊
(清)譚鴻基修 吴士仁纂
清光緒三十三年(1907)刻本

景德鎮市

[康熙]浮梁縣志 第272冊
(清)王臨元纂修 陳淯增修
清康熙十二年(1673)刻二十一年(1682)增修刻本
[乾隆]浮梁縣志 第272冊
(清)程廷濟修 凌汝綿纂
清乾隆四十八年(1783)刻油印本
[道光]浮梁縣志 第272冊
(清)喬溎修 賀熙齡纂 游際盛增補
清道光三年(1823)修十二年(1832)增補刻本

[康熙]樂平縣志 第272冊
(清)宋良翰修 楊光祚等纂
清康熙二十年(1681)刻本
[同治]樂平縣志 第272冊
(清)董萼榮 梅毓翰修 汪元祥 陳謨纂
清同治九年(1870)翥山書院刻本

鷹潭市

[乾隆]貴溪縣志 第272冊
(清)華西植修 黄炎等纂
清乾隆十六年(1751)刻本
[道光]貴溪縣志 第272冊
(清)胡宗簡修 張金鎔等纂
清道光四年(1824)刻本
[同治]貴溪縣志 第272冊
(清)楊長杰修 黄聯珏等纂
清同治十年(1871)刻本
龍虎山志 第273冊
(清)佚名纂修
據《永樂大典》本排印
[乾隆]安仁縣志 第273冊
(清)魏鈊修 鄭長瑞等纂
清乾隆十六年(1751)刻本儒學藏版
[道光]安仁縣志 第273冊
(清)陳天爵 沈廷枚修 鄭大琮 彭祖棟纂
清道光九年(1829)支世輝刻本儒學藏版
[同治]安仁縣志 第273冊
(清)朱潼修 徐彦楠 劉兆杰纂
清同治十一年(1872)刻本

新余市

[康熙]新喻縣志 第273冊
(清)符執桓纂修
清康熙十二年(1673)刻本
[道光]新喻縣志 第273冊
(清)陸堯春纂修
清道光五年(1825)刻本本衙藏版
[同治]分宜縣志 第273冊
(清)李寅清 夏琮鼎修 嚴升偉等纂
清同治十年(1871)刻本
[民國]分宜縣志 第273冊
(清)蕭家修等修 歐陽紹祁纂
民國二十九年(1940)石印本

萍鄉市

[康熙]萍鄉縣志 第273冊
(清)尚崇年修 譚詮等纂
清康熙二十二年(1683)刻本

[同治]萍鄉縣志 第273冊
(清)錫榮纂修
清同治十一年(1872)刻本
[民國]昭萍志略 第273冊
(清)劉洪闢修 李有鋆等纂
民國二十四年(1935)活字本
[乾隆]蓮花廳志 第273冊
(清)李其昌纂修
清乾隆二十五年(1760)刻本

贛州市

[嘉靖]贛州府志 第274冊
(明)康河修 董天錫纂
明嘉靖十五年(1536)刻本
[天啓]贛州府志 第274冊
(明)余文龍修 謝詔纂
明天啓元年(1621)修清順治十七年(1660)湯斌重刻本
[康熙]贛州府志 第274冊
(清)黄汝銓修 張尚瑗纂
清康熙五十二年(1713)刻本
[乾隆]贛州府志 第274冊
(清)朱扆等修 林有席纂
清乾隆四十七年(1782)刻本本衙藏版
[同治]贛州府志 第275冊
(清)魏瀛修 魯琪光 鍾音鴻纂
清同治十二年(1873)刻本
[康熙]贛縣志 第275冊
(清)劉瀚芳修 孫麟貴纂
清康熙二十三年(1684)刻本
[同治]贛縣志 第275冊
(清)黄德溥 崔國榜修 褚景昕纂
清同治十一年(1872)刻民國二十年(1931)鉛印本
[順治]雩都縣志 第275冊
(清)李祐之修 易學實等纂
清康熙元年(1662)刻本
[康熙]雩都縣志 第275冊
(清)盧振先修 管奏韺纂
清康熙四十七年(1708)刻本
[乾隆]雩都縣志 第275冊
(清)盧振先原本 高澤叙等續修 段彩續纂
清乾隆二十二年(1757)刻本
[同治]雩都縣志 第275冊
(清)顔壽芝等修 何戴仁等纂
清同治十三年(1874)刻本
[康熙]信豐縣志 第276冊

(清)張瀚修 黄彬等纂
清康熙五十八年(1719)刻本
[乾隆]信豐縣志 第276冊
(清)游法珠修 楊廷為等纂
清同治六年(1867)周之鏞補刻本
[道光]信豐縣志續編 第276冊
(清)許夔修 謝肇漣 張伊纂
清同治六年(1867)周之鏞補刻本
[同治]信豐縣志續編 第276冊
(清)李大觀修 劉杰光等纂
清同治九年(1870)刻本
[乾隆]興國縣志 第276冊
(清)孔興浙修 孔衍倬纂
清乾隆十五年(1750)刻本學海堂藏版
[同治]興國縣志 第276冊
(清)崔國榜修 金益謙 藍拔奇纂
清同治十一年(1872)刻本
[康熙]新修會昌縣志 第276冊
(清)王凝命修 董喆纂
清康熙十四年(1675)刻本
[同治]會昌縣志 第276冊
(清)劉長景修 陳良棟 王驤纂
清同治十一年(1872)刻本
[乾隆]安遠縣志 第276冊
(清)董正修 劉定京等纂
清乾隆十六年(1751)刻本
[道光]安遠縣志 第276冊
(清)黄文燮等修 徐必藻 馮家駿纂
清道光三年(1823)刻本
[同治]安遠縣志 第276冊
(清)黄瑞圖等修 歐陽鐸等纂
清同治十一年(1872)刻本
[乾隆]長寧縣志 第276冊
(清)沈濤等修 沈大中等纂
清乾隆十四年(1749)刻本
[光緒]長寧縣志 第276冊
(清)沈鎔經 黄光祥修 劉德姚纂
清光緒二年(1876)修七年(1881)刻本尚義祠公局存版
[乾隆]寧都縣志 第276冊
(清)鄭昌齡修 梅廷馴纂
清乾隆六年(1741)刻本
[道光]寧都直隸州志 第277冊
(清)黄永綸修 楊錫齡等纂
清道光四年(1824)刻本
[嘉靖]瑞金縣志 第277冊
(明)趙勳修 林有年纂
明嘉靖二十二年(1543)刻本
[康熙]瑞金縣志 第277冊
(清)朱維高修 楊長世纂
清康熙二十二年(1683)刻本
[康熙]續修瑞金縣志 第277冊
(清)郭一豪修 朱雲映 謝重拔纂
清康熙四十九年(1710)刻本
[乾隆]瑞金縣志 第277冊
(清)郭燦修 黄天策 楊于位纂
清乾隆十八年(1753)刻本
[道光]瑞金縣志 第277冊
(清)蔣方增纂修
清道光二年(1822)刻本
[光緒]瑞金縣志 第277冊
(清)張國英等修 陳芳等纂
清光緒元年(1875)刻本
[乾隆]龍南縣志 第278冊
(清)永錄修 廖運芳纂
清乾隆十七年(1752)刻本
[道光]龍南縣志 第278冊
(清)王所舉 石家紹修 徐思諫等纂
清道光六年(1826)刻本
[光緒]龍南縣志 第278冊
(清)孫瑞徵 胡鴻澤修 鍾益馭纂
清光緒二年(1876)刻民國二十五年(1936)龍南文獻委員會鉛印本
[順治]贛石城縣志 第278冊
(清)郭堯京修
清順治十七年(1660)刻本
[乾隆]石城縣志 第278冊
(清)王士倧等修 劉飛熊等纂
清乾隆十年(1745)刻本
[道光]石城縣志 第278冊
(清)朱一慊修 許瓊纂
清道光四年(1824)刻光緒十五年(1889)抄本
[道光]定南廳志 第278冊
(清)賴勳等修 黄錫光等纂
清道光五年(1825)刻本版藏禮科
[同治]定南廳志 第278冊
(清)王大枚等修 楊邦棟 黄正琅纂
清同治十一年(1872)刻本
[嘉靖]南安府志 第278冊
(清)劉節纂修
明嘉靖十五年(1536)刻本
[康熙]南安府志 第278冊
(清)陳奕禧修 劉文叒纂
清康熙四十九年(1710)刻本
[乾隆]南安府志 第278冊
(清)蔣有道 朱文佩修 史珥纂
清乾隆三十三年(1768)刻本
[同治]南安府志 第278冊
(清)黄鳴珂修 石景芬纂
清同治七年(1868)刻本本署藏版
[光緒]南安府志補正 第279冊
(清)楊錞纂修
清光緒元年(1875)南安府署刻本
[乾隆]大庾縣志 第279冊
(清)余光璧纂修
清乾隆十三年(1748)刻本
[同治]大庾縣志 第279冊
(清)陳蔭昌修 石景芬纂
清同治十三年(1874)刻本版藏縣署
[民國]大庾縣志 第279冊
吴寶炬修 劉人俊等纂
民國八年(1919)刻本
[嘉靖]南康縣志 第279冊
(明)劉昭文纂修
明嘉靖三十四年(1555)刻本
[康熙]南康縣志 第279冊
(清)申毓來修 宋玉朗纂
清康熙四十九年(1710)刻本
[乾隆]南康縣志 第279冊
(清)鄧蘭修 陳之蘭纂
清乾隆十八年(1753)刻本
[同治]南康縣志 第279冊
(清)沈恩華修 盧鼎峋纂
清同治十一年(1872)刻本
[康熙]上猶縣志 第279冊
(清)章振萼纂修
清康熙三十六年(1697)刻本
[光緒]上猶縣志 第279冊
(清)葉滋瀾修 李臨馴纂
清光緒十九年(1893)刻本
[乾隆]崇義縣志 第279冊
(清)羅洪鈺創輯
清乾隆間修咸豐六年(1856)刻本版藏本衙
[咸豐]崇義縣續志 第279冊
(清)汪報閏修 陳世瑋纂
清咸豐六年(1856)刻本書院藏版
[同治]崇義縣志 第279冊
(清)汪寶樹 馮寶山修 胡友梅纂
清同治六年(1867)刻本

[光緒]崇義縣志 第279冊
(清)廖鼎璋纂修
清光緒二十一年(1895)刻本
上饒市
[嘉靖]廣信府志 第279冊
(明)張士鎬修 江汝璧纂
明嘉靖五年(1526)刻本
[康熙]廣信府志 第280冊
(清)孫世昌纂修
清康熙二十二年(1683)刻本
[乾隆]廣信府志 第280冊
(清)連柱纂修
清乾隆四十八年(1783)刻本
[同治]廣信府志 第280冊
(清)蔣繼洙等修 李樹藩等纂
清同治十二年(1873)刻本
[乾隆]上饒縣志 第280冊
(清)程肇豐纂修
清乾隆四十九年(1784)刻本
[道光]上饒縣志 第280冊
(清)陶堯臣修 周毓麟等纂
清道光六年(1826)刻本
[同治]上饒縣志 第280冊
(清)王恩溥 邢德裕修 李樹藩等纂
清同治十二年(1873)刻本
[乾隆]玉山縣志 第280冊
(清)連柱修 李實福纂
清乾隆四十九年(1784)刻本
[同治]玉山縣志 第281冊
(清)黄壽祺修 吴華辰等纂
清同治十二年(1873)刻本尊經閣藏版
[康熙]弋陽縣志 第281冊
(清)譚瑄纂修
清康熙二十二年(1683)刻本
[乾隆]弋陽縣志 第281冊
(清)左方海纂修
清乾隆四十九年(1784)刻本
[同治]弋陽縣志 第281冊
(清)俞致中修 汪炳熊等纂
清同治十年(1871)刻本
[嘉靖]鉛山縣志 第281冊
(明)費寀纂修
明嘉靖四年(1525)刻本
[乾隆]鉛山縣志 第281冊
(清)陽浩然纂修
清乾隆四十九年(1784)刻本
[同治]鉛山縣志 第281冊
(清)張廷珩修 華祝三纂
清同治十二年(1873)刻本
[康熙]廣永豐縣志 第281冊
(清)夏顯煜原本 傅而保續修
清康熙十年(1671)刻四十一年(1702)增刻本
[乾隆]廣豐縣志 第281冊
(清)胡光祖纂修
清乾隆四十九年(1784)刻本
[同治]廣豐縣志 第282冊
(清)雙全等修 顧蘭生等纂
清光緒元年(1875)刻本版藏學宫
[道光]興安縣志 第282冊
(清)余成彪修 饒元英纂
清道光四年(1824)刻本
[同治]興安縣志 第282冊
(清)李賓暘修 趙扶友等纂
清同治十年(1871)刻本
星源志 第282冊
佚名纂修
據《永樂大典》本排印
[康熙]婺源縣志 第282冊
(清)蔣燦纂修
清康熙三十三年(1694)刻本
[道光]婺源縣志 第282冊
(清)黄應昀 朱元理纂修
清道光六年(1826)刻本
[光緒]婺源縣志 第282冊
(清)吳鶚修 汪正元纂
清光緒九年(1883)刻本
[民國]重修婺源縣志 第282冊
葛韻芬等修 江峯青等纂
民國十四年(1925)刻本
[康熙]饒州府志 第282冊
(清)王澤洪修 吴俊等纂 黄家遴續修 王用佐等續纂
清康熙十一年(1672)刻二十二年(1683)增刻本
[同治]饒州府志 第282冊
(清)錫悳修 石景芬纂
清同治十一年(1872)刻本
[康熙]鄱陽縣志 第282冊
(清)王克生修 王用佐等纂
清康熙二十二年(1683)刻本
[乾隆]鄱陽縣志 第283冊
(清)黄登穀修 凌之調等纂
清乾隆十四年(1749)刻本本衙藏版
[道光]鄱陽縣志 第283冊
(清)陳驤修 張瓊英等纂
清道光四年(1824)刻本
[同治]鄱陽縣志 第283冊
(清)陳志培修 王廷鑑等纂
清同治十年(1871)刻本
[康熙]餘干縣志 第283冊
(清)吕瑋修 胡思藻纂
清康熙二十三年(1684)刻本
[道光]餘干縣志 第283冊
(清)李暕修 洪錫光纂
清道光三年(1823)刻本
[同治]餘干縣志 第283冊
(清)區作霖 馮蘭森修 曾福善等纂
清同治十一年(1872)刻本東山書院藏版
[同治]德興縣志 第283冊
(清)孟慶雲修 楊重雅纂
清同治十一年(1872)刻本版存興賢書院
[民國]德興縣志 第283冊
沈良弼修 董鳳笙纂
民國八年(1919)刻本
[同治]萬年縣志 第283冊
(清)項珂修 劉馥桂纂
清同治十年(1871)刻本本衙藏版
撫州市
臨川志 第283冊
(清)佚名纂修
據《永樂大典》本排印
[弘治]撫州府志 第283冊
(明)楊淵纂修
明弘治十六年(1503)刻本
[康熙]撫州府志 第284冊
(清)劉玉瓚修 饒昌胤纂
清康熙四年(1665)刻本本府藏版
[雍正]撫州府志 第284冊
(清)羅復晉修 李茹旻等纂
清雍正七年(1729)刻本
[光緒]撫州府志 第285冊
(清)許應鑅修 謝煌纂
清光緒二年(1876)刻本府署藏版
[道光]臨川縣志 第285冊
(清)劉繩武等修 紀大奎纂
清道光三年(1823)刻本縣學尊經閣藏版
[同治]臨川縣志 第285冊

(清)童範儼修 陳慶齡等纂
清同治九年(1870)刻本
撫州府羅山志 第286冊
佚名纂修
據《永樂大典》本排印
[康熙]增修崇仁縣志 第286冊
(清)謝胤璜修 劉壽祺纂 陳潜續修
清順治間刻雍正十二年(1734)增刻本抄配
[同治]崇仁縣志 第286冊
(清)盛銓等修 黄炳奎纂
清同治十二年(1873)刻光緒十八年(1892)補刻本
[康熙]金谿縣志 第286冊
(清)王有年纂
清康熙十一年(1672)修二十一年(1682)刻本
[乾隆]金谿縣志 第286冊
(清)楊文灝修 杭世馨 丁健纂
清乾隆十六年(1751)刻本
[道光]金谿縣志 第286冊
(清)李雲修 楊護纂
清道光三年(1823)刻本
[道光]金谿縣志 第287冊
(清)松安等纂修
清道光六年(1826)刻本
[同治]金谿縣志 第287冊
(清)程芳修 鄭浴脩等纂
清同治九年(1870)刻本
[康熙]宜黄縣志 第287冊
(清)尤稺章修 歐陽斗照等纂
清康熙五年(1666)刻本
[道光]宜黄縣志 第287冊
(清)札隆阿等修 程卓樑等纂
清道光五年(1825)刻本報功祠藏版
[同治]宜黄縣志 第287冊
(清)張興言等修 謝煌等纂
清同治十年(1871)刻本
[同治]樂安縣志 第287冊
(清)朱奎章修 胡芳杏纂
清同治十年(1871)刻本尊經閣藏版
[嘉靖]東鄉縣志 第287冊
(明)秦鎰修 饒文璧纂
明嘉靖五年(1526)刻十五年(1536)補刻本
[康熙]東鄉縣志 第288冊
(清)沈士秀修 梁奇等纂
清康熙四年(1665)刻本
[道光]東鄉縣志 第288冊
(清)周軾 周鍾泰修 吳崇梁 黎中輔纂 吳名鳳續纂修
清道光三年(1823)增刻本文昌宫藏版
[同治]東鄉縣志 第288冊
(清)李士棻 王維新修 胡業恒纂
清同治八年(1869)刻本
[正德]建昌府志 第288冊
(明)夏良勝纂修
明正德十二年(1517)刻本
[康熙]建昌府志 第288冊
(清)高天爵 李丕先修 吳挺之等纂
清康熙十二年(1673)刻本
[乾隆]建昌府志 第288冊
(清)孟炤修 黄祐等纂
清乾隆二十四年(1759)刻本
[同治]建昌府志 第288冊
(清)邵子彝修 魯琪光纂
清同治十一年(1872)刻本
[康熙]南城縣志 第288冊
(清)曹養恒修 蕭韻等纂
清康熙十二年(1673)刻十九年(1680)補修本
[乾隆]南城縣志 第288冊
(清)范安治修 梅廷對等纂
清乾隆十七年(1752)刻本
[同治]南城縣志 第289冊
(清)李人鏡修 梅體萱纂
清同治十二年(1873)刻本
[正德]新城縣志 第289冊
(明)黄文鷟纂修
明正德十一年(1516)刻本
[乾隆]新城縣志 第289冊
(清)方懋錄 李珥修 夏之翰纂
清乾隆間刻本
[同治]新城縣志 第289冊
(清)劉昌嶽修 鄧家祺纂
清同治十年(1871)刻本
南豐郡志 第289冊
(元)李彝修 劉壎纂
據劉緯毅等輯《宋遼金元方志輯佚》排印
[同治]南豐縣志 第289冊
(清)柏春修 魯琪光等纂
清同治十年(1871)刻本
[民國]南豐縣志 第289冊
包發鸞修 趙惟仁等纂
民國十年(1921)修十三年(1924)鉛印本
[雍正]瀘溪縣志 第289冊
(清)李如瑤等修 譚先等纂
清雍正九年(1731)刻本
[乾隆]瀘溪縣志 第290冊
(清)朱崧修 周立愛等纂
清乾隆十六年(1751)刻本
[道光]瀘谿縣志 第290冊
(清)張澍修 林策纂
清道光九年(1829)刻本
[同治]瀘溪縣志 第290冊
(清)楊松兆 孫毓秀修 彭鍾華等纂
清同治九年(1870)刻本
[康熙]廣昌縣志 第290冊
(清)王景昇修 魏宗衡等纂
清康熙二十二年(1683)刻本抄配
[同治]廣昌縣志 第290冊
(清)曾毓璋纂修
清同治六年(1867)刻本

宜春市

[正德]袁州府志 第290冊
(明)嚴嵩纂修
明正德九年(1514)刻本
[嘉靖]袁州府志 第290冊
(明)陳德文纂修
明嘉靖二十二年(1543)刻本
[康熙]袁州府志 第290冊
(清)李芳春修 袁繼梓纂
清康熙九年(1670)刻本
[乾隆]袁州府志 第290冊
(清)陳廷枚 楊應珪修 熊日華 魯鴻纂
清乾隆二十五年(1760)刻嘉慶八年(1803)補刻本
[同治]袁州府志 第290冊
(清)駱敏修等修 蕭玉銓等纂
清同治十三年(1874)刻本
宜春志 第290冊
(清)佚名纂修
據《永樂大典》本排印
[康熙]宜春縣志 第290冊
(清)江為龍修 李紹蓮等纂
清康熙四十七年(1708)刻本
[同治]宜春縣志 第290冊
(清)路青雲修 李佩琳 陳瑜纂
清同治十年(1871)刻本

[民國]宜春縣志 第290冊
謝祖安修 蘇玉賢纂
民國二十九年(1940)石印本
[康熙]萬載縣志 第291冊
(清)常維楨纂修
清康熙二十二年(1683)刻本
[雍正]萬載縣志 第291冊
(清)汪元采修 楊言等纂
清雍正十一年(1733)刻本
[同治]萬載縣志 第291冊
(清)金第 杜紹斌纂修
清同治十一年(1872)刻本學署藏版
[民國]萬載縣志 第291冊
張薌甫修 龍賡言纂
民國二十九年(1940)鉛印本
[正德]瑞州府志 第291冊
(明)熊相纂修
明正德十年(1515)刻本
[同治]瑞州府志 第291冊
(清)黃廷金修 蕭浚蘭等纂
清同治十二年(1873)刻本
[康熙]高安縣志 第291冊
(清)張文旦修 陳九疇纂
清康熙十年(1671)刻本
[乾隆]高安縣志 第292冊
(清)聶元善纂修
清乾隆十九年(1754)刻本
[同治]高安縣志 第292冊
(清)孫家鐸修 熊松之纂
清同治十年(1871)刻本
[康熙]上高縣志 第292冊
(清)劉啓泰修 李淩漢纂
清康熙十二年(1673)刻本
[嘉慶]上高縣志 第292冊
(清)劉丙等修 晏善澄 黃祖錫纂
清嘉慶十六年(1811)刻本本衙藏版
[同治]重修上高縣志 第292冊
(清)馮蘭森修 陳卿雲等纂
清同治九年(1870)刻本
[康熙]新昌縣志 第292冊
(清)吉必兆修 羅良鵬等纂
清康熙二十二年(1683)刻本
[乾隆]新昌縣志 第292冊
(清)楊文峰等修 萬廷蘭纂
清乾隆五十八年(1793)刻增修本
[道光]新昌縣志 第293冊
(清)曾錫齡 譚孟騫纂修
清道光四年(1824)活字本
[同治]新昌縣志 第293冊
(清)朱慶萼等纂修
清同治十一年(1872)活字本
[民國]鹽乘 第293冊
胡思敬纂
民國六年(1917)南昌退廬刻本
[嘉靖]臨江府志 第293冊
(明)徐顥修 楊鈞 陳德文纂
明嘉靖十五年(1536)刻本
[隆慶]臨江府志 第293冊
(明)管大勳 劉松纂修
明隆慶六年(1572)刻本
[同治]臨江府志 第293冊
(清)德馨等修 朱孫詒等纂
清同治十年(1871)刻本
[崇禎]清江縣志 第293冊
(明)秦鏞纂修
明崇禎十五年(1642)刻本
[乾隆]清江縣志 第293冊
(清)鄧廷輯修 熊為霖纂
清乾隆四十五年(1780)刻本本衙藏版
[同治]清江縣志 第293冊
(清)潘懿修 朱孫詒纂
清同治九年(1870)刻本
[道光]奉新縣志 第293冊
(清)鄒山立修 趙敬襄纂
清道光四年(1824)刻本
[同治]奉新縣志 第294冊
(清)呂懋先修 帥方蔚纂
清同治十年(1871)刻本
[嘉靖]豐乘 第294冊
(明)李貴纂修
明嘉靖四十二年(1563)刻本
[康熙]豐城縣志 第294冊
(清)何士錦修 陸履敬等纂
清康熙三年(1664)刻本
[乾隆]豐城縣志 第294冊
(清)滿岱修 唐光雲纂
清乾隆十七年(1752)刻本
[道光]豐城縣志 第294冊
(清)徐清選修 毛輝鳳纂
清道光五年(1825)刻本
[同治]豐城縣志 第294冊
(清)王家傑修 周文鳳 李庚纂
清同治十二年(1873)刻本
龍洲志 第294冊
(清)毛鳳鏘纂修 胡漢章等續纂修
清光緒十年(1884)活字本
[同治]靖安縣志 第294冊
(清)徐家瀛修 舒孔恂等纂
清同治九年(1870)活字本

吉安市

[萬曆]吉安府志 第294冊
(明)余之禎等纂修
明萬曆十三年(1585)刻本
[順治]吉安府志 第294冊
(清)李興元修 歐陽主生等纂
清順治十七年(1660)修不詳刻本
[乾隆]吉安府志 第294－295冊
(清)盧崧修 朱承煦 林有席纂
清乾隆四十一年(1776)刻本吉安府庫藏版
[光绪]吉安府志 第295－296冊
(清)定祥 特克紳布修 刘繹 周立瀛纂
清光绪二年(1876)刻本
[康熙]廬陵縣志 第296冊
(清)濮應台 陸在新修 彭殿元等纂
清乾隆間增刻康熙二十八年(1689)本
[乾隆]廬陵縣志 第296－297冊
(清)平觀瀾修 黃有恒 錢時雍纂
清乾隆四十六年(1781)刻本本衙藏版
[道光]廬陵縣志 第297冊
(清)梅大鶴等修 王錦芳等纂
清道光五年(1825)刻本
[同治]廬陵縣志 第297冊
(清)陳汝楨等修 匡汝諧纂
清同治十二年(1873)刻本
[民國]吉安縣志 第298冊
李正誼等修 鄒鵠纂
民國三十年(1941)鉛印本
吉安縣河西坊廓鄉志 第298冊
蕭賡韶纂
民國二十六年(1937)鉛印本
[乾隆]泰和縣志 第298冊
(清)冉棠修 沈瀾纂
清乾隆十八年(1753)刻本本衙藏版
[道光]泰和縣志 第298冊
(清)楊訒纂修
清道光四年(1824)刻六年(1826)徐迪惠訂正補修本本衙藏版
[光緒]泰和縣志 第298冊
(清)宋瑛等修 彭啓瑞等纂 周之鏞續纂修

清同治十一年(1872)修光緒五年(1879)續修刻本
王山遺響 第298冊
(清)張貞生著
清康熙間刻本
[道光]吉水縣志 第299冊
(清)周樹槐纂修
清道光五年(1825)刻本
[光緒]吉水縣志 第299冊
(清)彭際盛等修 胡宗元等纂
清光緒元年(1875)刻本
[同治]永豐縣志 第299冊
(清)雙貴 王建中修 劉繹等纂
清同治十三年(1874)刻本
[康熙]安福縣志 第299冊
(清)黄寬 劉學愉修 王謙言纂
清康熙五十二年(1713)刻本抄配
[乾隆]安福縣志 第299冊
(清)高崇基等修 王基 劉映璧纂
清乾隆四十七年(1782)刻本
[同治]安福縣志 第299冊
(清)姚濬昌修 周立瀛 趙廷愷等纂
清同治十一年(1872)刻本
[乾隆]龍泉縣志 第299冊
(清)杜一鴻修 周壎纂
清乾隆三十六年(1771)刻本
[同治]龍泉縣志 第299冊
(清)王肇渭等修 郭崇煇纂
清同治十二年(1873)刻本
[康熙]萬安縣志 第299冊
(清)黄圖昌修 劉應舉等纂
清康熙二十八年(1689)刻本
[同治]萬安縣志 第299冊
(清)歐陽駿修 周之鏞纂
清同治十三年(1874)刻本
[同治]永甯縣志 第299冊
(清)楊輔宜修 蕭應乾纂
清同治十三年(1874)刻本
[萬曆]永新縣志 第299冊
(明)龍錫爵修 尹臺纂
明萬曆六年(1578)修清光緒十年(1884)刻本
[乾隆]永新縣志 第300冊
(清)王瀚修 陳善言等纂
清乾隆十一年(1746)刻本
[同治]永新縣志 第300冊
(清)蕭玉春等修 李煒等纂
清同治十三年(1874)刻本
[同治]新淦縣志 第300冊
(清)王肇賜修 陳錫麟纂
清同治十二年(1873)活字本
[康熙]峽江縣志 第300冊
(清)佟國才修 謝錫蕃等纂
清康熙八年(1669)刻本
[同治]峽江縣志 第300冊
(清)暴大儒修 廖其觀等纂
清同治十年(1871)刻本

山東省

[嘉靖]山東通志 第301冊
(明)陸釴等纂修
明嘉靖十二年(1533)刻本
[康熙]山東通志 第301冊
(清)趙祥星修 錢江等纂
清康熙十七年(1678)刻本
[雍正]山東通志 第301冊
(清)岳濬 法敏修 杜詔 顧瀛纂
清雍正七年(1729)修乾隆元年(1736)刻本
[宣統]山東通志 第301冊
(清)楊士驤等修 孫葆田等纂
民國二十三年(1934)據民國四年(1915)鉛印本影印
[宣統]山東通志 第302冊
(清)楊士驤等修 孫葆田等纂
民國二十三年(1934)據民國四年(1915)鉛印本影印

濟南市

[康熙]濟南府志 第303冊
(清)蔣焜修 唐夢賚等纂
清康熙三十一年(1692)刻本
[道光]濟南府志 第303冊
(清)王贈芳 王鎮等修 成瓘 冷烜纂
清道光二十年(1840)刻本
[崇禎]歷乘 第303冊
(明)貴養性修 劉勑纂
明崇禎六年(1633)刻本
[崇禎]歷城縣志 第303冊
(明)宋祖法等修 葉承宗等纂
明崇禎十三年(1640)友聲堂刻本
[乾隆]歷城縣志 第303冊
(清)胡德琳修 李文藻等纂
清乾隆三十八年(1773)刻本
[民國]續修歷城縣志 第304冊
毛承霖纂修
民國十五年(1926)濟南大公印務公司印鉛印本
[順治]濟陽縣志 第304冊
(明)侯加乘修 邢其諫纂 解元才續纂
清順治七年(1650)刻本
[乾隆]濟陽縣志 第304冊
(清)胡德琳修 何明禮等纂
清乾隆三十年(1765)刻本
[民國]濟陽縣志 第304冊
劉璟等修 王嗣鋆纂
民國二十三年(1934)鉛印本
[民國]重修商河縣志 第304冊
石毓嵩修 王錫恩等纂
民國二十五年(1936)鉛印本
[康熙]長清縣志 第304冊
(清)岳之嶺修 徐繼曾纂
清康熙十一年(1672)刻本
[道光]長清縣志 第305冊
(清)舒化民修 徐德城纂
清道光十五年(1835)刻本
[民國]長清縣志 第305冊
李起元等修 王連儒等纂
民國二十四年(1935)山東省政府印刷局鉛印本
五峰山志 第305冊
(清)李桐 邵承照纂
清光緒二十一年(1895)刻本
[康熙]章丘縣志 第305冊
(清)鍾運泰修 高崇巌纂
清康熙三十年(1691)刻本
[乾隆]章邱縣志 第305冊
(清)張萬青纂修
清乾隆二十一年(1756)刻本
[道光]章邱縣志 第305冊
(清)吳璋修 曹楙堅纂
清道光十五年(1835)刻本
高唐齊音 第305冊
(清)吳連周撰
清道光二十一年(1841)刻本灌蔬園藏版
[順治]平陰縣志 第305冊
(清)陳秉直修 趙貫台等纂
清順治十一年(1654)修康熙十三年(1674)刻本
[道光]平陰縣志續刻 第305冊
(清)張樸修 熊衍學纂
清道光二十八年(1848)刻本縣署藏版

[光緒]平陰縣志 第305冊
(清)李敬修纂修
清光緒二十一年(1895)刻本
聊城市
[萬曆]東昌府志 第306冊
(明)王命爵等修 王汝訓等纂
明萬曆二十八年(1600)刻本
[乾隆]東昌府志 第306冊
(清)胡德琳修 周永年纂
清乾隆四十二年(1777)刻本
[嘉慶]東昌府志 第306冊
(清)嵩山修 謝香開等纂
清嘉慶十三年(1808)刻本
[宣統]聊城縣志 第306冊
陳慶蕃修 葉錫麟 靳維熙纂
清宣統二年(1910)刻本
[康熙]茌平縣志 第306冊
(清)王世臣修 孫克緒纂
清康熙四十九年(1710)刻本
[宣統]茌平縣志 第306冊
盛津頤修 張建楨纂
清宣統三年(1911)修民國元年(1912)刻十五年(1926)增補重印本
[民國]茌平縣志 第306冊
牛占誠修 周之楨纂
民國二十五年(1936)濟南五三美術印刷社鉛印本
[嘉慶]清平縣志 第306冊
(清)萬承紹修 周以勳纂
清嘉慶三年(1798)刻本
[宣統]增輯清平縣志 第306冊
陳鉅前 傅秉鑑修 張敬承纂
清宣統三年(1911)刻本
[民國]清平縣志 第306冊
梁鐘亭等修 張樹梅等纂
民國二十五年(1936)濟南文椎齋鉛印本
[正德]莘縣志 第306冊
(明)吳宗器纂修
明正德十年(1515)刻嘉靖間增刻本
[康熙]莘縣志 第306冊
(清)劉蕭纂修
清康熙五十六年(1717)刻本
[光緒]莘縣志 第306冊
(清)張朝瑋修 孔廣海纂
清光緒十三年(1887)刻本
[民國]莘縣志 第306冊
王嘉猷等修 嚴綏之纂
民國二十六年(1937)濟南曉東印刷社鉛印本
[康熙]朝城縣志 第306冊
(清)祖植桐修 趙昶纂
清康熙十二年(1673)修民國九年(1920)刻本
[萬曆]冠縣志 第306冊
(明)談自省修 杜華先纂
明萬曆間修抄本
[道光]冠縣志 第306冊
(清)梁永康修 趙錫書纂
清道光十年(1830)修民國二十二年(1933)鉛印本
[光緒]冠縣志 第306冊
(清)韓光鼎纂修
清光緒六年(1880)修抄本
[民國]冠縣志 第306冊
侯光陸修 陳熙雍纂
民國二十三年(1934)刻本
[康熙]高唐州志 第306冊
(清)劉佑纂修
清康熙十二年(1673)刻本
[康熙]高唐州志 第306冊
(清)龍圖躍纂修
清康熙五十一年(1712)刻本
[光緒]高唐州志 第306冊
(清)周家齊修 鞠建章纂
清光緒三十三年(1907)刻本
[康熙]東阿縣志 第307冊
(清)劉沛先修 鄭廷璉續修 蘇日增續纂
清康熙五十四年(1715)增刻本
[道光]東阿縣志 第307冊
(清)李賢書修 吳怡纂
清道光九年(1829)修民國二十三年(1934)濟南芙蓉街午夜書店印鉛印本
[民國]續修東阿縣志 第307冊
周竹生修 靳維熙纂
民國二十四年(1935)濟南芙蓉街午夜書店印鉛印本
[民國]東阿縣志 第307冊
周竹生修 靳維熙纂
民國二十四年(1935)濟南芙蓉街午夜書店印鉛印本
張秋志 第307冊
(清)林芃修 馬之驦纂
清康熙九年(1670)修斌業齋抄本
[康熙]陽穀縣志 第307冊
(清)王時來修 杭雲龍纂
清康熙間修抄本
[光緒]陽穀縣志 第307冊
(清)董政華修 (清)孔仙洲纂
民國三十一年(1942)濟南翰墨齋南紙印刷局鉛印本
[康熙]壽張縣志 第307冊
(清)滕永禎修 馬珩纂
清康熙五十六年(1717)刻本
[光緒]壽張縣志 第307冊
(清)劉文煃修 王守謙纂
清光緒二十六年(1900)刻本
[康熙]臨清州志 第307冊
(清)于睿明等修 胡悉寧等纂
清康熙十三年(1674)刻本
[民國]臨清縣志 第307冊
張自清修 張樹梅 王貴笙纂
民國二十四年(1935)鉛印本
德州市
[嘉靖]德州志 第307冊
(明)鄭瀛修 何洪纂
明嘉靖七年(1528)刻本
[康熙]德州志 第307冊
(清)金祖彭修 程先貞等纂
清康熙十二年(1673)刻本
[乾隆]德州志 第307冊
(清)王道亨修 張慶源纂
清乾隆五十三年(1788)刻本
[康熙]陵縣志 第307冊
(清)史颺廷纂修
清康熙十二年(1673)刻本
[道光]陵縣志 第307冊
(清)沈淮修 李圖纂
清道光二十六年(1846)刻本
[光緒]陵縣志 第307冊
(清)沈淮修 李圖纂 戴杰續纂
清光緒元年(1875)增刻民國二十五年(1936)鉛印本
[民國]陵縣續志 第307冊
苗恩波修 劉蔭岐等纂
民國二十五年(1936)鉛印本
[民國]德縣志 第307冊
李樹德修 董瑤林纂
民國二十四年(1935)鉛印本

[乾隆]德平縣志 第307冊
(清)錢大琴纂修
清乾隆三十八年(1773)刻本
[嘉慶]德平縣志 第307冊
(清)鍾大受纂修
清嘉慶元年(1796)刻本
[光緒]德平縣志 第308冊
(清)凌錫祺修 李敬熙纂
清光緒十八年(1892)修民國二十五年(1936)天成謙記南紙店鉛印本
[民國]德平縣續志 第308冊
呂學元修 嚴綏之纂
民國二十五年(1936)天成謙記南紙店鉛印本
[康熙]齊河縣志 第308冊
(清)藍奮興修 王道光纂
清康熙十二年(1673)刻本
[民國]齊河縣志 第308冊
楊豫修修 閻廷獻等纂
民國二十二年(1933)濟南中西美術印刷社鉛印本
[康熙]禹城縣志 第308冊
(清)王表纂修
清康熙十二年(1673)刻本
[嘉慶]禹城縣志 第308冊
(清)董鵬翱修 牟應震纂
清嘉慶十三年(1808)刻本
[順治]臨邑縣志 第308冊
(清)陳起鳳修 邢琮纂
清順治九年(1652)刻本
[同治]臨邑縣志 第308冊
(清)沈淮原本 陳鴻翩續修 翟振慶續纂
清同治十三年(1874)續補刻本
[民國]臨邑縣志 第308冊
崔公甫修 王樹枏 王孟戌纂
民國二十五年(1936)天成謙記南紙店鉛印本
[乾隆]平原縣志 第308冊
(清)黃懷祖纂修
清乾隆十四年(1749)刻本縣庫藏版
[民國]續修平原縣志 第308冊
曹夢九修 趙祥俊 張元鈞纂
民國二十五年(1936)平原大同印刷局鉛印本
[嘉靖]武城縣志 第308冊
(明)尤麒修 陳露纂
明嘉靖二十九年(1550)刻本
[乾隆]武城縣志 第308冊
(清)駱大俊纂修
清乾隆十五年(1750)刻本
[道光]武城縣志續編 第308冊
(清)厲秀芳纂修
清道光二十一年(1841)刻本
[民國]武城縣志 第308冊
(清)王延綸總裁 王䴊銘纂
民國元年(1912)刻本版藏禮房
[嘉靖]夏津縣志 第308冊
(明)易時中修 王琳纂
明嘉靖十九年(1540)刻本
[乾隆]夏津縣志 第308冊
(清)方學成修 梁大鯤纂
清乾隆六年(1741)刻本
[民國]夏津縣志續編 第308冊
謝錫文修 許宗海纂
民國二十三年(1934)鉛印本
[雍正]恩縣續志 第308冊
(清)陳學海修 韓天篤纂
清雍正元年(1723)刻本
[宣統]重修恩縣志 第308冊
(清)汪鴻孫修 劉儒臣纂
清宣統元年(1909)刻本版藏縣庫
[康熙]寧津縣志 第308冊
(明)金鐙修 王良貴纂 (清)程裕昌續纂修
清康熙十三年(1674)增修刻本
[光緒]寧津縣志 第309冊
(清)祝嘉庸修 吳潯源纂
清光緒二十六年(1900)刻本
[康熙]慶雲縣志 第309冊
(清)李居一修 崔允貞纂 李興祖增修
清康熙十九年(1680)三韓李興祖增刻本
[咸豐]慶雲縣志 第309冊
(清)戴絅孫 崔光笏纂修
清咸豐五年(1855)刻本
[民國]慶雲縣志 第309冊
秦夏聲修 劉鴻逵纂
民國三年(1914)石印本慶雲藏拙堂藏版
[民國]慶雲縣志 第309冊
鄭希僑修 劉鴻逵纂
民國二十年(1931)石印本

東營市

[康熙]利津縣新志 第309冊
(清)韓文焜纂修
清康熙十二年(1673)刻乾隆二十三年(1758)重校刻本
[光緒]利津縣志 第309冊
(清)盛贊熙修 余朝棻纂
清光緒九年(1883)刻本
[民國]樂安縣志 第309冊
李傳煦 陳同善修 王永貞纂
民國七年(1918)石印本
[民國]續修廣饒縣志 第309冊
潘莱峯修 王寅山纂
民國二十四年(1935)濟南五三美術印刷社鉛印本

淄博市

[嘉靖]淄川縣志 第309冊
(明)王琮纂修
明嘉靖二十五年(1546)刻本
[乾隆]淄川縣志 第309冊
(清)王康修 臧岳纂
清乾隆八年(1743)刻本
[乾隆]淄川縣志 第309冊
(清)張鳴鐸修 張廷寀等纂
清乾隆四十一年(1776)修民國九年(1920)藝林石印局石印本
[宣統]三續淄川縣志 第309冊
(清)方作霖修 王敬鑄纂
清宣統三年(1911)修民國九年(1920)藝林石印局石印本
[乾隆]博山縣志 第309冊
(清)富申修 田士麟纂
清乾隆十八年(1753)刻本
[民國]續修博山縣志 第309冊
王蔭桂等修 張新曾等纂
民國二十六年(1937)鉛印本
[民國]臨淄縣志 第309冊
舒孝先修 崔象穀纂
民國九年(1920)石印本
[乾隆]青城縣志 第309冊
(清)方鳳修 戴文熾等纂
清乾隆二十四年(1759)刻本
[民國]青城縣志 第309冊
楊啓東修 趙梓湘纂
民國二十四年(1935)濟南五三美術印刷社鉛印本
[康熙]高苑縣續志 第309冊

（清）古今譽修 劉大量纂
清康熙五十五年（1716）刻本
［乾隆］高苑縣志 第309冊
（清）張耀璧纂修
清乾隆二十三年（1758）刻本
［康熙］新城縣志 第309冊
（清）崔懋修 嚴濂曾纂
清康熙三十二年（1693）刻本
［民國］重修新城縣志 第309冊
袁勵杰 張儒玉修 王寀廷纂
民國二十二年（1933）鉛印本

濰坊市

［嘉靖］青州府志 第310冊
（明）劉應時 馮惟訥等纂
明嘉靖四十四年（1565）刻本
［康熙］青州府志 第310冊
（清）崔俊修 李煥章等纂
清康熙十五年（1676）刻本
［康熙］青州府志 第310冊
（清）陶錦修 王昌學等纂
清康熙六十年（1721）刻本
［咸豐］青州府志 第310冊
（清）毛永柏修 李圖 劉耀椿纂
清咸豐九年（1859）刻本
［康熙］益都縣志 第310冊
（清）陳食花修 鍾諤等纂
清康熙十二年（1673）刻本
［光緒］益都縣圖志 第310冊
（清）張承燮修 法偉堂等纂
清光緒三十三年（1907）刻本
［乾隆］續壽光縣志 第311冊
（清）王椿修 楊廷枚等纂
清乾隆二十年（1755）刻本
［嘉慶］壽光縣志 第311冊
（清）劉翰周纂修
清嘉慶五年（1800）刻本
［民國］壽光縣志 第311冊
宋憲章等修 鄒允中等纂
民國二十五年（1936）青島市宜今印務局鉛印本
［民國］昌樂縣續志 第311冊
王金嶽等修 趙文琴等纂
民國二十三年（1934）鉛印本
［嘉靖］臨朐縣志 第311冊
（明）王家士修 馮惟敏纂修
明嘉靖三十一年（1552）刻本
昌國艅艎 第311冊
（明）傅國纂
明末纂據抄本排印
［康熙］臨朐縣志書 第311冊
（清）屠壽徵修 尹所遴纂
清康熙十一年（1672）刻本
［光緒］臨朐縣志 第311冊
（清）姚延福修 鄧嘉緝等纂
清光緒十年（1884）刻本
［民國］臨朐續志 第311冊
周鈞英修 劉仞千等纂
民國二十四年（1935）青島俊德昌南紙印刷局鉛印本
杞紀 第311冊
（清）張貞纂修
清康熙四十五年（1706）修抄本
［民國］續安邱新志 第311冊
孫維均 章光銘修 馬步元纂
民國九年（1920）石印《安丘縣新志》本
［康熙］諸城縣志 第311冊
（清）卞穎修 王勸等纂
清康熙十二年（1673）刻本
［乾隆］諸城縣志 第311冊
（清）宮懋讓修 李文藻等纂
清乾隆二十九年（1764）刻本
［道光］諸城縣續志 第311冊
（清）劉光斗修 朱學海纂
清道光十四年（1834）刻本
［光緒］增修諸城縣續志 第311冊
（清）劉嘉樹修 苑棻池 邱濬恪纂
清光緒十八年（1892）刻本
［乾隆］昌邑縣志 第312冊
（清）周來邰纂修
清乾隆七年（1742）刻本
［康熙］濰縣志 第312冊
（清）王珍修 陳調元纂
清康熙十一年（1672）刻本
［乾隆］濰縣志 第312冊
（清）張耀璧總裁 王誦芬纂
清乾隆二十五年（1760）刻本
［民國］濰縣志稿 第312冊
常之英修 劉祖幹纂
民國三十年（1941）鉛印本
［康熙］高密縣志 第312冊
（清）張浩修 張寅威 李世淟纂
清康熙四十九年（1710）刻本
［乾隆］高密縣志 第312冊
（清）張乃史修 錢廷熊纂
清乾隆十九年（1754）刻本
［光緒］高密縣志 第312冊
（清）傅賚予修 李勷運等纂
清光緒二十二年（1896）刻本
［民國］高密縣志 第312冊
余有林等修 王照青纂
民國二十四年（1935）青島膠東書社鉛印本

煙臺市

［乾隆］萊州府志 第312冊
（清）嚴有禧纂修
清乾隆五年（1740）刻本
［乾隆］掖縣志 第312冊
（清）張思勉修 于始瞻纂
清乾隆二十三年（1758）刻本
［嘉慶］續掖縣志 第312冊
（清）張彤修 張詡纂
清嘉慶十二年（1807）修光緒十九年（1893）刻《掖縣全志》本
［道光］再續掖縣志 第312冊
（清）楊祖憲修 侯登岸纂
清道光二十二年（1842）修光緒十九年（1893）刻《掖縣全志》本
［光緒］三續掖縣志 第312冊
（清）魏起鵬修 王續藩纂
清光緒十九年（1893）刻《掖縣全志》本
［民國］四續掖縣志 第313冊
劉國斌修 劉錦堂纂
民國二十四年（1935）鉛印本
［順治］登州府志 第313冊
（清）施閏章等修 楊奇烈等纂 任璿續纂修
清順治十七年（1660）刻康熙三十三年（1694）增刻本
［乾隆］續登州府志 第313冊
（清）永泰纂修
清乾隆七年（1742）刻本
［光緒］增修登州府志 第313冊
（清）方汝翼 賈瑚修 周悅讓 慕榮榦纂
清光緒七年（1881）刻本
［康熙］蓬萊縣志 第313冊
（清）高崗修 蔡永華等纂
清康熙十二年（1673）刻本
［道光］重修蓬萊縣志 第313冊
（清）王文燾修 張本 葛元昶纂
清道光十九年（1839）刻本

[光緒]蓬萊縣續志 第313冊
(清)鄭錫鴻 江瑞采修 王爾植等纂
清光緒八年(1882)刻本
[康熙]黄縣志 第313冊
(清)李蕃修 范廷鳳纂
清康熙十二年(1673)刻本
[乾隆]黄縣志 第313冊
(清)袁中立修 毛贄等纂
清乾隆二十一年(1756)刻本
[同治]黄縣志 第313冊
(清)尹繼美等纂修
清光緒間刻本
[康熙]福山縣志 第313冊
(清)羅博修 鹿兆甲等纂
清康熙十二年(1673)刻本
[乾隆]福山縣志 第314冊
(清)何樂善修 蕭劼 王積熙纂
清乾隆二十八年(1763)刻本
[民國]福山縣志稿 第314冊
許鍾璐等修 于宗潼等纂
民國二十年(1931)鉛印本烟臺福裕東書局藏版
[康熙]棲霞縣志 第314冊
(清)鄭占春續修 牟國瓏續纂
清康熙十一年(1672)修四十六年(1707)增修五十年(1711)刻本
[乾隆]棲霞縣志 第314冊
(清)衛萇纂修
清乾隆二十年(1755)刻本
[光緒]棲霞縣續志 第314冊
(清)黄麗中修 于如川纂
清光緒五年(1879)刻本
[順治]招遠縣志 第314冊
(清)張作礪修 張鳳羽纂
清順治十七年(1660)修道光二十六年(1846)刻本
[道光]招遠縣續志 第314冊
(清)陳國器等修 李蔭等纂
清道光二十六年(1846)刻本
[康熙]萊陽縣志 第314冊
(清)萬邦維修 衛元爵等纂
清康熙十七年(1678)刻本
[民國]萊陽縣志 第314冊
梁秉錕 楊西桂修 王丕煦纂
民國二十四年(1935)鉛印本
[同治]重修寧海州志 第314冊
(清)舒孔安修 王厚階纂
清同治三年(1864)刻本
[民國]牟平縣志 第314冊
宋憲章等修 于清泮等纂
民國二十五年(1936)濟南山東印刷局鉛印本
[乾隆]海陽縣志 第315冊
(清)包桂等纂修
清乾隆七年(1742)刻本
[光緒]海陽縣續志 第315冊
(清)王敬勳修 李爾梅 王兆騰纂
清光緒六年(1880)刻本

威海市

[雍正]文登縣志 第315冊
(清)王一夔修 賽珠 畢霽纂
清雍正三年(1725)刻本
[道光]文登縣志 第315冊
(清)歐文等修 林汝謨等纂
清道光十九年(1839)刻本
[光緒]文登縣志 第315冊
(清)李祖年修 于霖逢纂
清光緒二十三年(1897)修民國二十二年(1933)鉛印本
[康熙]增補靖海衛志 第315冊
(清)佚名纂
抄本
[道光]榮成縣志 第315冊
(清)李天騭修 岳賡廷等纂
清道光二十年(1840)刻本

青島市

[康熙]膠州志 第315冊
(清)孫蘊韜等修 高國櫄纂
清康熙十二年(1673)刻本蓋公堂藏版
[乾隆]膠州志 第315冊
(清)周於智 宋文錦修 劉恬等纂
清乾隆十七年(1752)刻本
[道光]重修膠州志 第315冊
(清)張同聲修 李圖等纂
清道光二十五年(1845)刻本
[民國]膠澳志 第315冊
趙琪修 袁榮叜等纂
民國十七年(1928)鉛印本
[民國]增修膠志 第315冊
葉鍾英修 匡超纂
民國二十年(1931)膠縣大同印刷社鉛印本
[道光]重脩平度周志 第315冊
(清)保忠 吳慈修 李圖 王大鑰纂
清道光二十九年(1849)刻本
[光緒]平度志要 第315冊
(清)陳爾延修 王崧翰纂
清光緒十九年(1893)修抄本
[民國]平度縣續志 第315冊
丁世平等修 尚慶翰等纂
民國二十五年(1936)鉛印本
[乾隆]即墨縣志 第315冊
(清)尤淑孝修 李元正纂
清乾隆二十九年(1764)刻本
[同治]即墨縣志 第315冊
(清)林溥修 周翕鐄等纂
清同治十二年(1873)刻本本署藏版

日照市

[康熙]日照縣志 第316冊
(清)楊士雄修 丁峕纂 成永健增纂
清康熙五十四年(1715)刻本
[光緒]日照縣志 第316冊
(清)陳懋修 張庭詩 李堉纂
清光緒十二年(1886)刻本
[嘉慶]莒州志 第316冊
(清)許紹錦纂修
清嘉慶元年(1796)刻本
[民國]重修莒志 第316冊
盧少泉修 莊陔蘭纂
民國二十五年(1936)鉛印本

臨沂市

[康熙]沂州志 第316冊
(清)邵士修 王壎等纂
清康熙十三年(1674)刻本
[乾隆]沂州府志 第316冊
(清)李希賢修 潘遇莘 丁愷曾纂
清乾隆二十五年(1760)刻本
[民國]臨邑縣志 第316冊
沈兆禕等修 王景祜等纂
民國六年(1917)刻本
[民國]續修臨邑縣志 第316冊
范築先修 李宗仁纂
民國二十五年(1936)鉛印本
[康熙]郯城縣志 第316冊
(清)張三俊修 馮可參纂
清康熙十二年(1673)刻本
[乾隆]郯城縣志 第316冊
王植纂修 張金城續修 王恒續纂
清乾隆十四年(1749)修二十八年(1763)續修民國十七年(1928)鉛印本

[嘉慶]續修郯城縣志 第316冊
(清)吳堦修 陸繼輅纂
清嘉慶十五年(1810)修民國十七年(1928)鉛印本
[康熙]費縣志 第316冊
(清)黄學懃纂修
清康熙四十三年(1704)刻本
[光緒]費縣志 第317冊
(清)李敬修纂修
清光緒二十六年(1900)謝熸增刻本
費邑古蹟考 第317冊
(清)楊佑廷輯
清光緒二十二年(1896)刻本
[康熙]蒙陰縣志 第317冊
(清)劉德芳纂修
清康熙二十四年(1685)刻本
[宣統]蒙陰縣志 第317冊
(清)沈懃清修 陳尚仁等纂
清宣統間修民國間抄本
[道光]沂水縣志 第317冊
(清)張燮修 劉承謙纂
清道光七年(1827)刻本

棗莊市

[康熙]嶧縣志 第317冊
(清)劉允恭修 褚光鎮等纂
清康熙二十四年(1685)刻本
[乾隆]嶧縣志 第317冊
(清)忠璉纂修
清乾隆二十六年(1761)刻本
[光緒]嶧縣志 第317冊
(清)王振錄 周鳳鳴修 王寶田纂
清光緒三十年(1904)刻本
[康熙]滕縣志 第318冊
(清)黄浚修 王特選等纂
清康熙五十六年(1717)刻本
[道光]滕縣志 第318冊
(清)王政修 王庸立 黄來麟纂
清道光二十六年(1846)刻本
[宣統]滕縣續志稿 第318冊
(清)生克中纂修
清宣統三年(1911)鉛印本
[民國]續滕縣志 第318冊
崔公甫等修 高熙喆纂 生克中等續纂
民國三十年(1941)刻本

濟寧市

[萬曆]兖州府志 第318冊
(明)朱泰 游季勳修 包大爟纂
明萬曆元年(1573)刻本
[康熙]兖州府志 第318冊
(清)張鵬翮等纂修
清康熙二十五年(1686)刻本
[乾隆]兖州府志 第318冊
(清)陳顧㶊纂修
清乾隆三十五年(1770)刻本
夏鎮漕渠志畧 第318冊
(清)狄敬纂修
清順治間刻康熙間刻增刻本抄配
[康熙]滋陽縣志 第318冊
(清)李縈修 仲宏道纂
清康熙十一年(1672)刻本
[光緒]滋陽縣志 第318冊
(清)莫熾修 黄恩彤纂 李兆霖續修 黄師誾續纂
清光緒十四年(1888)刻本
[民國]續修曲阜縣志 第318冊
孫永漢修 李經野 孔昭曾等纂
民國二十三年(1934)濟南同志印刷所印鉛印本
[萬曆]鄒志 第318冊
(明)胡繼先纂修
明萬曆三十九年(1611)刻本
[康熙]鄒縣志 第318冊
(清)婁一均修 周翼等纂
清康熙五十五年(1716)刻本
[光緒]鄒縣續志 第318冊
(清)吳若灝修 錢柗等纂
清光緒十八年(1892)刻本邑廨藏版
[順治]泗水縣志 第318冊
(清)劉桓修 杜燦然纂
清順治十八年(1661)修康熙三十八年(1699)增刻本
[光緒]泗水縣志 第318冊
(清)趙英祚修 黄承艧纂
清光緒十九年(1893)刻本
[康熙]濟寧州志 第318冊
(清)廖有恒修 楊通睿纂
清康熙十二年(1673)刻本
[乾隆]濟寧直隸州志 第318冊
(清)胡德琳 藍應桂修 周永年 盛百二纂
清乾隆五十年(1785)刻本版藏尊經閣吏房
[道光]濟甯直隸州志 第319冊
(清)徐宗幹修 許瀚等纂 盧朝安續纂修
清道光二十三年(1843)修咸豐九年(1859)盧朝安刻本
[咸豐]濟甯直隸州續志 第319冊
(清)盧朝安纂修
清咸豐九年(1859)刻本
[民國]濟甯直隸州續志 第319冊
潘守廉修 唐烜 袁紹昂纂
民國十六年(1927)鉛印本
[民國]濟甯縣志 第319冊
袁紹昂等纂
民國十六年(1927)鉛印本
[咸豐]金鄉縣志略 第319冊
(清)李壘纂修
清咸豐十年(1860)修同治元年(1862)刻本
[宣統]嘉祥縣志 第319冊
(清)章文華 官擢午纂修
清宣統元年(1909)刻本
[康熙]魚臺縣志 第319冊
(清)馬得禎纂修
清康熙三十年(1691)刻本
[乾隆]魚臺縣志 第319冊
(清)馮振鴻纂修
清乾隆二十九年(1764)刻本
[光緒]魚臺縣志 第319冊
(清)趙英祚纂修
清光緒十五年(1889)刻本
[萬曆]汶上縣志 第319冊
(明)栗可仕修 王命新纂
明萬曆三十六年(1608)修清康熙五十六年(1717)補刻本

泰安市

[乾隆]泰安府志 第319冊
(清)顔希深等修 成城纂
清乾隆二十五年(1760)刻本
[乾隆]泰安縣志 第319冊
(清)黄鈐修 蕭儒林等纂
清乾隆四十七年(1782)刻本
[道光]泰安縣志 第320冊
(清)徐宗幹修 蔣大慶等纂
清道光八年(1828)刻本
[民國]重修泰安縣志 第320冊
葛延瑛 吳元祿修 孟昭章等纂
民國十八年(1929)濟南慈濟印刷所鉛印本
岱史 第320冊

(明)查志隆輯
明萬曆間刻本
新刻泰山小史 第320册
(明)蕭協中纂 (民國)趙新儒校勘
民國二十一年(1932)鉛印本泰山趙氏藏版
泰山圖志 第321册
(清)朱孝純等纂
清乾隆三十九年(1774)刻本
泰山述記 第321册
(清)宋思仁纂
清乾隆五十五年(1790)刻本版藏泰安縣署
泰山志 第321册
(清)金棨撰
清嘉慶間刻本
岱覽 第321-323册
(清)唐仲冕輯
清嘉慶十二年(1807)刻本
泰山指南 第323册
胡君復編纂
民國十二年(1923)上海商務印書館鉛印本
泰山紀遊 第324册
蔣維喬撰
民國間抄本
[康熙]肥城縣志書 第324册
(清)尹任修 尹足法等纂
清康熙十一年(1672)刻本
[光緒]肥城縣志 第324册
(清)凌紱曾修 邵承照纂
清光緒十七年(1891)刻本
肥城縣鄉土志 第324册
(清)李傳煦等纂修
清光緒三十四年(1908)石印本
[順治]新泰縣志 第324册
(清)楊繼芳修 牟適纂 甯養氣 宗之璠續纂修
清順治十六年(1659)刻康熙二十二年(1683)增刻本
[乾隆]新泰縣志 第324册
(清)江乾達修 牛士瞻等纂
清乾隆五十年(1785)刻本
[光緒]甯陽縣志 第324册
(清)高陞榮修 黄恩彤纂
清光緒五年(1879)刻本
[光緒]甯陽縣志 第324册
(清)高陞榮修 黄恩彤纂 陳文顯續纂修
清光緒十三年(1887)刻本本衙藏版
[康熙]東平州志 第324册
(清)張聰 張承賜修 單民功纂
清康熙十九年(1680)刻本
[乾隆]東平州志 第324册
(清)沈維基修 胡彦昇纂
清乾隆三十六年(1771)刻本
[道光]東平州志 第324册
(清)周雲鳳修 唐鑑等纂
清道光五年(1825)刻本版藏州署
[光緒]東平州志 第324册
(清)左宜似等修 盧崟纂
清光緒七年(1881)刻本
[民國]東平縣志 第324册
張志熙等修 劉靖宇纂
民國二十五年(1936)天成印刷局鉛印本

萊蕪市

[嘉靖]萊蕪縣志 第324册
(明)陳甘雨纂修
明嘉靖二十七年(1548)刻本
[康熙]新脩萊蕪縣志 第324册
(清)鍾國義纂修
清康熙十二年(1673)刻本
[民國]萊蕪縣志 第324册
張梅亭 王希曾纂修
民國十一年(1922)濟南啓明印刷社鉛印本
[民國]續修萊蕪縣志 第324册
李鍾豫修 亓因培等纂
民國二十四年(1935)濟南善成印務局鉛印本
萊蕪縣鄉土志 第324册
(清)何聯甲纂修
清光緒三十三年(1907)石印本

濱州市

[崇禎]武定州志 第324册
(明)王永積修 劉嘉禎纂
明崇禎十二年(1639)刻本
[乾隆]武定府志 第324册
(清)赫達色修 莊肇奎等纂
清乾隆二十四年(1759)刻本
[咸豐]武定府志 第325册
(清)李熙齡修 鄒恒纂
清咸豐九年(1859)刻本
[乾隆]惠民縣志 第325册
(清)倭什布修 劉長靈等纂
清乾隆四十七年(1782)刻本
[康熙]陽信縣志 第325册
(清)周虔森修 張瓛纂
清康熙二十一年(1682)刻本
[乾隆]陽信縣志 第325册
(清)王允深纂修
清乾隆二十四年(1759)刻本
[民國]陽信縣志 第325册
朱蘭修 勞迺宣纂
民國十五年(1926)鉛印本
[康熙]海豐縣志 第325册
(清)胡公著等修 張克家纂
清康熙十年(1671)刻本
[民國]無棣縣志 第325册
張方墀等纂修
民國十四年(1925)山東商務印刷所鉛印本
[康熙]濱州志 第325册
(清)楊容盛修 杜曬等纂
清康熙四十年(1701)刻本
[咸豐]濱州志 第325册
(清)李熙齡纂修
清咸豐十年(1860)刻本
[光緒]霑化縣志 第325册
(清)聯印修 張會一 耿翔儀纂
清光緒十七年(1891)刻本
[民國]霑化縣志 第325册
梁建章修 于清泮纂
民國二十四年(1935)濟南山東印刷局鉛印本
[順治]鄒平縣志 第325册
(清)徐政修 馬驌纂
清順治十七年(1660)刻本
[康熙]鄒平縣志 第325册
(清)程素期修 程之芳等纂
清康熙三十五年(1696)刻本
[嘉慶]鄒平縣志 第325册
(清)李瓊林等修 成啓洸等纂
清嘉慶八年(1803)修道光十六年(1836)刻本
[道光]鄒平縣志 第325册
(清)羅宗瀛修 成瓘纂
清道光十六年(1836)刻本官庫藏版
[民國]鄒平縣志 第326册
欒鍾垚 趙咸慶修 趙仁山等纂

民國二十年(1931)重印本
[康熙]長山縣志 第326冊
(清)孫衍纂修
清康熙五十五年(1716)刻本公署藏版
[嘉慶]長山縣志 第326冊
(清)倪企望修 鍾延瑛 徐果行纂
清嘉慶六年(1801)刻本
[康熙]青州府博興縣志 第326冊
(清)萬雲修 遲龍賓纂
清康熙十二年(1673)刻本
[康熙]博興縣志 第326冊
(清)李元偉修 王昌學纂
清康熙六十年(1721)刻本鏡心堂藏版
[民國]重修博興縣志 第326冊
張其丙修 張元鈞纂
民國二十五年(1936)濟南文雅齋印刷局鉛印本
[乾隆]蒲臺縣志 第326冊
(清)嚴文典修 任相纂
清乾隆二十八年(1763)刻本
[康熙]新修齊東縣志 第326冊
(清)余為霖修 郭國琦等纂
清康熙二十四年(1685)刻本

菏澤市

[康熙]曹州志 第326冊
(清)佟企聖修 蘇毓眉等纂
清康熙十三年(1674)刻後印本
[乾隆]曹州府志 第326冊
(清)周尚質修 李登明 謝冠纂
清乾隆二十一年(1756)刻本
[光緒]菏澤縣志 第326冊
(清)凌壽柏修 宋明在纂
清光緒六年(1880)刻本
[光緒]新修菏澤縣志 第326冊
(清)凌壽柏修 葉道源纂
清光緒十一年(1885)刻本
菏澤縣鄉土志 第326冊
汪鴻孫修 楊兆煥等纂
清光緒三十三年(1907)石印本
[康熙]單縣志 第326冊
(清)王鏞修 秦寅纂
清康熙五十六年(1717)刻本
[乾隆]單縣志 第326冊
(清)覺羅普爾泰修 傅爾德纂
清乾隆二十五年(1760)刻本
[民國]單縣志 第326冊
景傳詩等修 李經野纂
民國十八年(1929)石印本
[康熙]城武縣志 第326冊
(清)趙嗣晉纂修
清康熙四十一年(1702)刻本琴寉堂藏版
[道光]城武縣志 第326冊
(清)袁章華修 劉士瀛纂
清道光十年(1830)刻本
[康熙]鉅野縣志 第326冊
(明)呂鵬雲修 呂封齊纂 (清)章弘增修
清康熙四十一年(1702)章弘據明天啓刻本增修抄補本
[道光]鉅野縣志 第327冊
(清)黄維翰纂修 袁傳裘續纂修
清道光二十六年(1846)續修刻本
[民國]續修鉅野縣志 第327冊
郁濬生纂修
民國十年(1921)刻本
[崇禎]鄆城縣志 第327冊
(明)米嘉穗修 孫鯨等纂
明崇禎七年(1634)刻本
[光緒]鄆城縣志 第327冊
(清)畢炳炎 胡建樞修 趙翰鑾等纂
清光緒十九年(1893)刻本
[康熙]兖州府曹縣志 第327冊
(清)朱琦修 藍庚生纂 郭道生增修
清光緒五十五年(1716)刻本
[光緒]曹縣志 第327冊
(清)陳嗣良修 孟廣來 賈迺延纂
清光緒十年(1884)刻本
[順治]定陶縣志 第327冊
(清)趙國琳修 張彥士纂
清順治十二年(1655)刻本
[乾隆]定陶縣志 第327冊
(清)雷宏宇修 劉珠等纂
清乾隆十八年(1753)刻光緒二年(1876)周忠修補刻本
[民國]定陶縣志 第327冊
馮麟溎等修 曹垣纂
民國五年(1916)瑞林堂刻本
[乾隆]東明縣志 第327冊
(清)儲元升纂修
清乾隆二十一年(1756)修民國十三年(1924)鉛印本
[宣統]東明縣續志 第327冊
(清)周保琛修 李曾裕撰
清宣統三年(1911)修民國十三年(1924)鉛印本
[民國]東明縣新志 第327冊
任傳藻修 穆祥仲纂
民國二十二年(1933)鉛印本

河南省

[康熙]河南通志 第328冊
(清)賈漢復修 沈荃纂 徐化成增修
清康熙九年(1670)增補順治刻本
[康熙]河南通志 第328冊
(清)顧汧 李輝祖修 張沐等纂
清康熙三十四年(1695)刻本
[雍正]河南通志 第328冊
(清)田文鏡等修 孫灝等纂
清雍正十三年(1735)刻光緒二十八年(1902)補刻本
[乾隆]續河南通志 第328冊
(清)阿思哈纂修
清乾隆三十六年(1771)刻本
[民國]河南通志 第329冊
河南通志館纂修
民國三十二年(1943)鉛印本
中州雜俎 第329冊
(清)汪价撰
民國十年(1921)鉛印本

鄭州市

[乾隆]鄭州志 第329冊
(清)張鉞修 毛如詵纂
清乾隆十三年(1748)刻本
[民國]鄭縣志 第329冊
周秉彝修 劉瑞璘纂
民國五年(1916)刻二十年(1931)重印本
[乾隆]滎陽縣志 第329冊
(清)李煦修 李清纂
清乾隆十一年(1746)修民國十三年(1924)鉛印本
[民國]續滎陽縣志 第329冊
張向晨等修 盧以恰等纂
民國十三年(1924)河南商務印刷所鉛印本
[乾隆]滎澤縣志 第329冊
(清)崔淇修 王博 李維墧纂
清乾隆十三年(1748)刻本
[康熙]河陰縣志 第329冊
(清)申奇彩修 毛泰徵纂
清康熙三十年(1691)刻本

[民國]河陰縣志 第329冊
高廷璋等修 蔣藩纂
民國七年(1918)刻本
[乾隆]汜水縣志 第329冊
(清)許勉燉修 禹殿鰲纂
清乾隆九年(1744)刻本
[民國]汜水縣志 第329冊
(清)田金祺修 趙東階纂
民國十八年(1929)上海世界書局鉛印本
[順治]新鄭縣志 第329冊
(清)馮嗣京修 張光祖纂
清順治十六年(1659)刻本
[康熙]新鄭縣志 第329冊
(清)朱廷獻修 劉日烇纂
清康熙三十三年(1694)刻增修本
[乾隆]新鄭縣志 第329冊
(清)黄本誠纂修
清乾隆四十一年(1776)刻本
[乾隆]登封縣志 第329冊
(清)洪亮吉 陸繼萼等纂
清乾隆五十一年(1786)修咸豐五年(1855)刻本本衙藏版
嵩嶽志 第330冊
(明)陸柬輯
一九八三年掃描油印本
嵩山志 第330冊
(清)葉封等輯
清康熙間刻本
說嵩 第331冊
(清)景日昣纂
清康熙六十年(1721)刻本
游中嶽記 第331冊
藏園居士撰
民國二十七年(1938)刻本
[乾隆]中牟縣志 第331冊
(清)孫和相修 王廷宣纂
清乾隆十九年(1754)刻本
[同治]中牟縣志 第332冊
(清)吳若烺修 路春林 邢為翰纂
清同治九年(1870)刻本
[民國]中牟縣志 第332冊
蕭德馨等修 熊紹龍等纂
民國二十五年(1936)中牟明德堂石印本
[嘉慶]密縣志 第332冊
(清)謝增 景綸纂修
清嘉慶二十二年(1817)刻本本衙藏版
[民國]密縣志 第332冊
汪忠修 呂林鍾 閻鳳舞纂
民國十三年(1924)河南印刷局鉛印本
[嘉靖]鞏縣志 第332冊
(明)周泗修 康紹第纂
明嘉靖三十四年(1555)刻本
[乾隆]鞏縣志 第332冊
(清)邱軒昂修 曹鵬翊 趙發軔纂
清乾隆十年(1745)刻本
[乾隆]鞏縣志 第332冊
(清)李述武纂修
清乾隆五十四年(1789)刻本
[民國]鞏縣志 第332冊
劉蓮青 張仲友等纂修
民國二十六年(1937)經川圖書館刻本

三門峽市

[康熙]靈寶縣志 第333冊
(清)霍濬遠纂修
清康熙三十年(1691)刻本
[乾隆]重修靈寶縣志 第333冊
(清)周慶增等修 敖啓潜 許宰纂
清乾隆十二年(1747)刻本
[光緒]靈寶縣志 第333冊
(清)周淦修 高錦榮纂
清光緒二年(1876)修民國七年(1918)補刻二十年(1931)重印本
[民國]靈寶縣志 第333冊
孫椿榮修 張象明等纂
民國二十四年(1935)新豫印刷所鉛印本
[順治]閿鄉縣志 第333冊
(清)楊遵等修 杜允中纂
清順治十一年(1654)刻十六年(1659)增刻本
[乾隆]閿鄉縣志 第333冊
(清)梁溥纂修
清乾隆十二年(1747)刻本
[光緒]閿鄉縣志 第333冊
(清)劉思恕 汪鼎臣修 王維國 王守恭纂
清光緒二十年(1894)刻本
[民國]新修閿鄉縣志 第333冊
韓嘉會等纂修
民國二十一年(1932)聚豐印刷所鉛印本
[嘉慶]澠池縣志 第333冊
(清)甘揚聲修 劉文運等纂
清嘉慶十五年(1810)刻本
[民國]澠池縣志 第333冊
陸紹治修 李鳳翔等纂
民國十七年(1928)英華石印館石印本
[光緒]盧氏縣志 第333冊
(清)郭光澍總修 李旭春纂
清光緒十九年(1893)刻本版存莘原書院
[乾隆]重修直隸陝州志 第334冊
(清)龔崧林纂修 張學林續纂修
清乾隆二十一年(1756)刻本
[光緒]陝州直隸州志 第334冊
(清)趙希曾等纂修
清光緒十七年(1891)刻本
[民國]陝縣志 第334冊
歐陽珍修 韓嘉會等纂
民國二十五年(1936)鉛印本

洛陽市

[同治]河南府志 第334冊
(清)施誠修 童鈺等纂
清乾隆四十四年(1779)刻同治六年(1867)增修刻本
洛陽志 第334冊
佚名纂修
據《永樂大典》本排印
[乾隆]洛陽縣志 第334冊
(清)龔崧林纂修 汪堅總修
清乾隆十年(1745)修民國十三年(1924)石印本
[嘉慶]洛陽縣志 第335冊
(清)魏襄修 陸繼輅纂
清嘉慶十八年(1813)刻本
洛陽伽藍記 第335冊
(北魏)楊衒之撰
清光緒二十九年(1903)說劍齋刻本
[康熙]孟津縣志 第335冊
(清)孟常裕纂修 徐元璨續纂修
清康熙四十八年(1709)增刻順治十六年(1659)本
[乾隆]重修伊陽縣志 第335冊
(清)李章堉纂修
清乾隆三十一年(1766)刻本
[道光]伊陽縣志 第335冊
(清)張道超等修 馬九功等纂
清道光十八年(1838)修民國二十四年(1935)彩雲閣書局石印本

[弘治]偃师縣志 第335冊
(明)魏津纂修
明弘治十七年(1504)修明抄本
偃師縣風土志略 第335冊
喬榮筠等撰
民國二十三年(1934)偃師樹德圖書館石印本
[乾隆]宜陽縣志 第335冊
(清)王道成 周洵修 汪堅纂
清乾隆十二年(1747)刻本
[光緒]宜陽縣志 第335冊
(清)謝應起等修 劉占卿等纂
清光緒七年(1881)刻本本署藏版
[民國]宜陽縣志 第335冊
張浩源 林裕燾修 王鳳翔纂
民國七年(1918)河南商務印刷所鉛印本
[乾隆]永寧縣志 第335冊
(清)張楷纂修
清乾隆五十五年(1790)刻本
[民國]洛甯縣志 第336冊
賈毓鶚等修 王鳳翔等纂
民國六年(1917)河南官印刷局鉛印本
[乾隆]新安縣志 第336冊
(清)邱峩修 呂宣曾纂
清乾隆三十一年(1766)刻本
[民國]新安縣志 第336冊
張鈁修 李希白纂
民國二十八年(1939)河南新安同文印刷所石印本

焦作市

[道光]武陟縣志 第336冊
(清)王榮陛修 方履籛纂
清道光九年(1829)刻本
[民國]續武陟縣志 第336冊
史延壽等纂修
民國二十年(1931)刻本
[乾隆]孟縣志 第336冊
(清)仇汝瑚修 馮敏昌纂
清乾隆五十五年(1790)刻本縣署藏版
[民國]孟縣志 第336冊
阮藩儕等修 宋立梧等纂
民國二十二年(1933)刻本
[順治]懷慶府志 第336冊
(清)彭清典修 蕭家芝纂
清順治十七年(1660)刻本
[乾隆]新修懷慶府志 第337冊
(清)唐侍陛修 布顏 杜琮纂
清乾隆五十四年(1789)刻本本衙藏版
[康熙]河内縣志 第337冊
(清)李橒修 蕭家蕙等纂
清康熙三十三年(1694)刻本
[道光]河内縣志 第337冊
(清)袁通纂修 方履籛編輯
清道光五年(1825)刻本
[乾隆]修武縣志 第338冊
(清)吳映白修 李謨纂 戈雲錦續修
清乾隆二十二年(1757)刻三十一年(1766)增補本
[道光]修武縣志 第338冊
(清)馮繼照修 金皋等纂 孔繼中續纂
清道光二十年(1840)刻同治七年(1868)增刻本
[民國]修武縣志 第338冊
蕭國楨修 焦封桐纂
民國二十年(1931)新鄉修文印刷所鉛印本

新鄉市

[萬曆]衛輝府志 第338冊
(明)佚名纂修
明萬曆刻增修補刻本
[順治]衛輝府志 第338冊
(清)程啓朱修 蘇文樞纂
清順治十六年(1659)刻本
[乾隆]衛輝府志 第338冊
(清)畢沅 劉鍾之修 德昌纂
清乾隆五十三年(1788)刻本本署藏版
[乾隆]新鄉縣志 第338冊
(清)趙開元纂修 暢俊纂
清乾隆十二年(1747)修民國十年(1921)修鋟本
[民國]新鄉縣續志 第339冊
韓邦孚監修 田芸生總編
民國十二年(1923)刻本
[乾隆]汲縣志 第339冊
(清)徐汝瓚修 杜崐纂
清乾隆二十年(1755)刻本本衙藏版
[民國]汲縣今志 第339冊
魏青鋩纂
民國間抄本
[順治]封丘縣志 第339冊
(清)余縉修 李嵩陽等纂
據清順治十六年(1659)刻版後印本
[康熙]封丘縣續志 第339冊
(清)王賜魁修 李會生 宋作賓纂
清康熙十九年(1680)刻本
[康熙]封丘縣續志 第339冊
(清)耿紘作修 李承紱纂
清康熙三十六年(1697)刻本
[民國]封丘縣續志 第339冊
姚家望修 黃蔭柟纂
民國二十六年(1937)開封新豫印刷所鉛印本
[乾隆]獲嘉縣志 第339冊
(清)吳喬齡 李棟纂修
清乾隆二十一年(1756)刻本
[民國]獲嘉縣志 第339冊
鄒古愚纂修
民國二十四年(1935)鉛印本
[嘉靖]輝縣志 第339冊
(明)張天真纂修
明嘉靖七年(1528)刻本
[道光]輝縣志 第339冊
(清)周際華修 戴銘等纂
清道光十五年(1835)刻光緒二十一年(1895)補刻本
[萬曆]延津縣志 第339冊
(明)劉元會修 李戴纂
明萬曆二十九年(1601)刻本
[康熙]延津縣志 第339冊
(清)余心孺纂修
清康熙四十一年(1702)刻本
[乾隆]原武縣志 第339冊
(清)吳文炘修 何遠等纂
清乾隆十二年(1747)刻本
[嘉靖]陽武縣志 第339冊
(明)呂柟纂修
明嘉靖六年(1527)刻本
[康熙]陽武縣志 第339冊
(清)安如泰修 張慎為纂
清康熙二十九年(1690)刻本
[乾隆]陽武縣志 第339冊
(清)談諟曾纂修
清乾隆十年(1745)刻本縣署藏版
[民國]陽武縣志 第339冊
竇經魁等修 耿愔等纂
民國二十五年(1936)豫成印刷所鉛印本
[康熙]長垣縣志 第339冊
(明)張文炫原本 (清)宗琮增修 王元烜增纂

清康熙十九年(1680)三十九年(1700)增補萬曆三十一年(1603)刻本
[嘉慶]長垣縣志　第339冊
(清)李于垣修 楊元錫纂
清嘉慶十五年(1810)刻本
鶴壁市
[嘉慶]濬縣志　第339冊
(清)熊象階修 武穆淳纂
清嘉慶七年(1802)刻本
[光緒]續濬縣志　第339冊
(清)黃璟修 李作霖等纂
清光緒十三年(1887)刻本版藏本署
[順治]淇縣志　第339冊
(清)王謙吉等修 白龍躍等纂
清順治十七年(1660)刻本
安陽市
相臺志　第340冊
佚名纂修
據《永樂大典》本排印
續相臺志　第340冊
佚名纂修
據《永樂大典》本排印
[萬曆]彰德府續志　第340冊
(明)常存仁修 郭朴纂
明萬曆間刻清順治間增刻本
[乾隆]彰德府志　第340冊
(清)劉謙等修 夏兆豐纂
清乾隆五年(1740)刻本
[乾隆]彰德府志　第340冊
(清)盧崧修 江大鍵 程煥纂
清乾隆五十二年(1787)刻本
[乾隆]安陽縣志　第340冊
陳錫輅修 朱煌纂
清乾隆三年(1738)刻本
[嘉慶]安陽縣志　第340冊
(清)趙希璜修 武億纂
清嘉慶四年(1799)刻本
[嘉慶]安陽縣志　第340冊
(清)貴泰修 武穆淳纂
清嘉慶二十四年(1819)修民國二十二年(1933)北平文嵐簃古宋印書局鉛印本
[民國]續安陽縣志　第340冊
方策等修 裴希度等纂
民國二十二年(1933)北平文嵐簃古宋印書局鉛印本
[乾隆]滑縣志　第340冊
(清)吳喬齡纂修 呂文光增修
清乾隆二十五年(1760)刻本
[民國]重修滑縣志　第340冊
王蒲園等纂
民國二十一年(1932)河南商務印刷所鉛印本
[嘉靖]內黃縣志　第341冊
(明)董弦等纂修
明嘉靖十六年(1537)刻本
[乾隆]內黃縣志　第341冊
(清)李湞修 黃之徵纂
清乾隆四年(1739)刻本
[光緒]內黃縣志　第341冊
(清)董慶恩等修 陳熙春纂
清光緒十八年(1892)刻本
[崇禎]湯陰縣志　第341冊
(明)沙蘊金修 蘇育等纂
明崇禎十年(1637)刻本
[乾隆]湯陰縣志　第341冊
(清)楊世達纂修
據清乾隆三年(1738)刻本排印
[康熙]林縣志　第341冊
(清)徐岱等修 萬兆龍纂
清康熙三十四年(1695)刻本
[乾隆]林縣志　第341冊
(清)楊潮觀纂修
清乾隆十七年(1752)刻本黃華書院藏版
[咸豐]續林縣志　第341冊
(清)康仲芳修 衛濟世纂
清咸豐元年(1851)刻本黃華書院藏版
[民國]林縣志　第341冊
王澤溥等修 李見荃等纂
民國二十一年(1932)林縣南關華昌石印局石印本
濮陽市
[康熙]新修南樂縣志　第341冊
(清)方元啓纂修
清康熙十年(1671)刻本
[嘉靖]濮州志　第341冊
(明)鄧韍纂修
明嘉靖六年(1527)刻本
[康熙]濮州志　第341冊
(明)李先芳纂 (清)張實斗增修
清康熙十二年(1673)刻本
[乾隆]濮州志　第341冊
(清)邵世昌修 柴揆纂
清乾隆二十年(1755)刻本
[宣統]濮州志　第341冊
(清)高士英修 榮相鼎纂
清宣統元年(1909)刻本
[嘉靖]范縣志　第342冊
(明)東時泰纂修
明嘉靖十四年(1535)刻本
[康熙]范縣志　第342冊
(清)霍之琯修 李簡身纂
清康熙十一年(1672)刻本
[嘉慶]范縣志　第342冊
(清)唐晟纂修
清嘉慶十四年(1809)修光緒三十三年(1907)國文報館石印本
[光緒]范縣志續編　第342冊
(清)楊沂修 杜均平纂
清光緒三十四年(1908)國文報館石印本
[民國]續修范縣縣志　第342冊
張振聲等修 余文鳳纂
民國二十四年(1935)濟南志達印刷局鉛印本
[同治]清豐縣志　第342冊
(清)楊燝原纂修 高俊續修
清同治十一年(1872)增補康熙本
[民國]清豐縣志　第342冊
劉朝陛修 胡魁鳳纂
民國三年(1914)鉛印本
[嘉靖]開州志　第342冊
(明)王崇慶纂修
明嘉靖十三年(1534)刻本
[康熙]開州志　第342冊
(清)孫棨纂修
清康熙十二年(1673)刻本
[嘉慶]開州志　第342冊
(清)李符清修 沈樂善纂
清嘉慶十一年(1806)刻本
[光緒]開州志　第342冊
(清)祁德昌修 陳兆麟纂
清光緒八年(1882)刻本州署藏版
開封市
[康熙]開封府志　第342冊
(清)管竭忠修 張沐纂
清康熙三十四年(1695)刻同治二年(1863)修鋟本
汴京遺蹟志　第342冊

（明）李濂輯
民國十一年（1922）河南官書局刻本
［順治］祥符縣志 第342冊
（清）張俊哲修 張壯行 馬士騭纂
清順治十八年（1661）刻本
［乾隆］祥符縣志 第342冊
（清）魯曾煜修 張淑載纂
清乾隆四年（1739）刻本
［光緒］祥符縣志 第343冊
（清）沈傳義等修 黄舒昺纂
清光緒二十四年（1898）刻本
［康熙］陳留縣志 第343冊
（清）鍾定纂修
清康熙三十年（1691）刻本
［宣統］陳留縣志 第343冊
（清）武從超修 趙文琳等纂
清宣統二年（1910）石印本
杞紀 第343冊
（清）張貞纂述
清康熙間抄本
［乾隆］杞縣志 第343冊
（清）周璣纂修
清乾隆五十三年（1788）刻本
［嘉靖］尉氏縣志 第343冊
（明）曾嘉誥修 汪心纂
明嘉靖二十七年（1548）刻本
［道光］尉氏縣志 第343冊
（清）沈溎修 王觀潮纂
清道光十一年（1831）刻本
［乾隆］洧川縣志 第343冊
（清）孫和相 鄧正琮修 何之淇纂
清乾隆二十年（1755）刻本
［嘉慶］洧川縣志 第343冊
（清）何文明纂修
清嘉慶二十三年（1818）刻本
［嘉靖］蘭陽縣志 第343冊
（明）褚宦修 李希程纂
明嘉靖二十五年（1546）刻本
［乾隆］蘭陽縣續志 第343冊
（清）涂光範修 王壬等纂
清乾隆九年（1744）修民國二十四年（1935）河南建華印刷所鉛印本
［嘉靖］儀封縣志 第343冊
（明）佚名纂修
明嘉靖間修明抄本
［康熙］儀封縣志 第343冊
（清）鍾定 朱弘士修
清康熙三十年（1691）刻本
［乾隆］儀封縣志 第343冊
（清）紀黄中 王績修 宋宣纂
清乾隆二十九年（1764）刻本
［康熙］考城縣志 第343冊
（清）李國亮修 王貫三等纂
清康熙三十七年（1698）刻本
［民國］考城縣志 第343冊
張之清修 田春同纂
民國二十三年（1934）鉛印本
［民國］考城縣志 第343冊
趙華亭修 李盛謨纂
民國三十年（1941）鉛印本
［乾隆］通許縣志 第343冊
（清）阮龍光修 邵自祐纂
清乾隆三十六年（1771）刻本
［民國］通許縣新志 第343冊
張士傑修 侯崑禾纂
民國二十三年（1934）新豫印刷所鉛印本

商丘市

［嘉靖］歸德志 第343冊
（明）李應奎修 黄鈞纂
明嘉靖二十四年（1545）刻本
［順治］歸德府志 第343冊
（清）宋國榮修 羊琦等纂
清順治十七年（1660）刻本
［乾隆］歸德府志 第343冊
（清）陳錫輅等修 查岐昌纂
清乾隆十九年（1754）刻本
［康熙］商邱縣志 第343冊
（清）劉德昌修 葉澐纂
清康熙四十四年（1705）修民國二十一年（1932）黄正忠石印本
［嘉靖］夏邑縣志 第344冊
（明）鄭相修 黄虎臣纂
明嘉靖三十年（1551）刻本
［康熙］夏邑縣志 第344冊
（清）尚崇震修 闞鱗如纂
清康熙三十六年（1697）刻本
［民國］夏邑縣志 第344冊
黎德芬等纂修
民國九年（1920）石印本
［乾隆］柘城縣志 第344冊
（清）李志魯纂修
清乾隆三十八年（1773）刻本
［光緒］柘城縣志 第344冊
（清）李藩等修 元淮等纂
清光緒二十二年（1896）刻本
［光緒］續修睢州志 第344冊
（清）王枚纂修
清光緒十八年（1892）刻本
［乾隆］虞城縣志 第344冊
（清）張元鑑 蔣光祖修 沈儼纂
清乾隆八年（1743）刻本
［光緒］虞城縣志 第344冊
（清）李淇修 席慶雲纂
清光緒二十一年（1895）刻本
［嘉靖］永城縣志 第344冊
（明）鄭禮纂修
明嘉靖二十三年（1544）刻本
［康熙］永城縣志 第344冊
（清）周正紀修 侯良弼纂
清康熙三十六年（1697）刻本
［光緒］永城縣志 第344冊
（清）岳廷楷修 胡贊采 呂永輝纂
清光緒二十九年（1903）刻本

許昌市

［康熙］許州志 第344冊
（清）胡良弼纂修
清康熙五年（1666）刻本
［乾隆］許州志 第344冊
（清）甄汝舟纂修
清乾隆十年（1745）刻本
［道光］許州志 第344冊
（清）蕭元吉纂修
清道光十八年（1838）刻本
［民國］許昌縣志 第344冊
王秀文等修 張庭馥等纂
民國十二年（1923）寶蘭齋石印本
［嘉靖］鄢陵縣志 第344冊
（明）劉訒纂修
明嘉靖十六年（1537）刻本
［順治］鄢陵縣志 第344冊
（清）經起鵬修 劉漢藜纂
清順治十六年（1659）刻本
［康熙］鄢署雜鈔 第344冊
（清）汪為熹纂
清康熙五十八年（1719）刻本
［民國］鄢陵縣志 第344冊
靳蓉鏡 晉克昌等修 蘇寶謙纂
民國二十五年（1936）開封新豫印刷所鉛印本
［嘉靖］襄城縣志 第344冊

(明)林鸞纂修
明嘉靖三十一年(1552)刻本
[順治]襄城縣志 第344冊
(清)佟昌年原修 陳治安增修
清順治八年(1651)刻康熙間增刻本
襄城文獻錄 第344冊
(清)劉宗泗輯
清乾隆四年(1739)刻本
[乾隆]古氾城志 第344冊
(清)劉青芝 劉青蓮纂
清乾隆五年(1740)刻本
[乾隆]襄城縣志 第344冊
(清)汪運正纂修
清乾隆十一年(1746)刻本
[民國]重修襄城縣志 第344冊
李峰修 胡元學 劉文林纂
民國二十五年(1936)襄城縣修志館第五次改定稿本
[康熙]長葛縣志 第344冊
(清)何鼎纂修
清康熙三十年(1691)刻本思補堂藏版
[民國]長葛縣志 第344冊
陳鴻疇修 劉盼遂纂
民國二十年(1931)鉛印本
[乾隆]禹州志 第344冊
(清)邵大業修 孫廣生等纂
清乾隆十二年(1747)刻本
[同治]禹州志 第344冊
(清)朱煒修 姚椿等纂 宮國勳續修 楊景純等續纂
清同治九年(1870)刻本
[民國]禹縣志 第344冊
王棽林等纂修
民國二十八年(1939)刻本

漯河市

[嘉靖]郾城縣志 第344冊
(明)楊邦梁等纂修
明嘉靖三十三年(1554)刻本
[順治]郾城縣志 第344冊
(清)荊其惇 傅鴻鄰修 閻舉纂
清順治十六年(1659)刻本
[乾隆]郾城縣志 第344冊
(清)傅豫纂修
清乾隆十九年(1754)刻本
[民國]郾城縣記 第345冊
陳金臺纂輯
民國二十三年(1934)刻本
[順治]臨潁縣志 第345冊
(清)李馥先修 吳中奇纂
清順治十七年(1660)刻本
[民國]重修臨潁縣志 第345冊
陳垣修 管大同等纂
民國五年(1916)河南商務印刷所鉛印本
[乾隆]舞陽縣志 第345冊
(清)丁永琪修 李轍等纂
清乾隆十年(1745)刻本
[道光]舞陽縣志 第345冊
(清)王德瑛纂修
清道光十五年(1835)刻本

平頂山市

[嘉靖]魯山縣志 第345冊
(明)姚卿修 孫鐸纂
明嘉靖三十一年(1552)刻本
[嘉慶]魯山縣志 第345冊
(清)董作棟修 武億纂
清嘉慶元年(1796)刻本
[康熙]郟縣志 第345冊
(清)金世純修 仝軌纂
清康熙三十三年(1694)刻乾隆七年(1742)重印本
[咸豐]郟縣志 第345冊
(清)姜篪修 郭景泰纂
清咸豐九年(1859)刻本
[同治]郟縣志 第345冊
(清)張熙瑞 茅恒春修 郭景泰纂
清同治四年(1865)增刻本
[同治]葉縣志 第345冊
(清)歐陽霖修 倉景恬 胡廷楨纂
清同治十一年(1872)刻光緒二十二年(1896)重印本
[嘉慶]寶豐縣志 第345冊
(清)陸蓉修 武億纂
清嘉慶二年(1797)刻本
[道光]寶豐縣志 第345冊
(清)李彷梧修 耿興宗 鮑桂徵纂
清道光十七年(1837)刻本
[正德]汝州志 第346冊
(明)承天貴纂修
明正德五年(1510)刻本
[道光]汝州全志 第346冊
(清)白明義修 趙林成纂
清道光二十年(1840)刻本

南陽市

[康熙]南陽府志 第346冊
(清)朱璘纂修
清康熙三十三年(1694)刻本
[嘉慶]南陽府志 第346冊
(清)孔傳金纂修
清嘉慶十二年(1807)刻本
[光緒]南陽縣志 第346冊
(清)潘守廉修 張嘉謀纂
清光緒三十年(1904)刻本
[乾隆]裕州志 第346冊
(清)董學禮原本 宋名立增修
清康熙五十五年(1716)刻乾隆五年(1740)補刻本
[康熙]唐縣志 第346冊
(清)平鄗鼎修 李璜等纂
清康熙三十五年(1696)刻本
[乾隆]唐縣志 第346冊
(清)吳泰來 黃文蓮纂修
清乾隆五十二年(1787)刻本
[順治]鄧州志 第346冊
(清)陳良玉纂修
清順治十六年(1659)刻後補刻本
[乾隆]鄧州志 第346冊
(清)蔣光祖修 姚之琅纂
清乾隆二十年(1755)刻本
[咸豐]淅川廳志 第346冊
(清)徐光第修 王官亮纂
清咸豐十一年(1861)刻本
[乾隆]南召縣志 第346冊
(清)陳之熉等纂修
清乾隆十一年(1746)刻民國二十八年(1939)重印本
[乾隆]桐柏縣志 第346冊
(清)鞏敬緒修 李南暉纂
清乾隆十八年(1753)刻本本衙藏版
[康熙]內鄉縣志 第346冊
(清)竇鼎望纂修
清康熙三十二年(1693)刻五十一年(1712)張福永增修刻本

信陽市

[乾隆]信陽州志 第346冊
(清)張鉞纂修 萬侯等纂
清乾隆十四年(1749)修民國十四年(1925)漢口大新印刷公司鉛印本
[民國]重修信陽縣志 第347冊
方廷漢等修 陳善同等纂

民國二十五年（1936）漢口洪興印書館鉛印本
［順治］息縣志 第347册
（清）邵光胤修 宣洪猷纂
清順治十五年（1658）刻本
［康熙］息縣續志 第347册
（清）蔣彪纂修
清康熙三十二年（1693）刻本
［嘉慶］息縣志 第347册
（清）劉光輝修 任鎮及纂
清嘉慶四年（1799）刻本
［嘉靖］固始縣志 第347册
（明）張梯 葛臣纂修
明嘉靖三十一年（1552）補刻本
［順治］固始縣志 第347册
（清）包韺纂修
清順治十六年（1659）刻本
［乾隆］固始縣續志 第347册
（清）包桂修 李汝彬等纂
清乾隆十年（1745）刻本
［乾隆］重修固始縣志 第347册
（清）謝聘修 洪亮吉纂
清乾隆五十一年（1786）刻本
［順治］光州志 第347册
（清）莊泰弘修 孟俊纂
清順治十七年（1660）刻本
［乾隆］續脩光州志 第347册
（清）李訒等纂修
清乾隆二十七年（1762）刻本
［乾隆］光州志 第347册
（清）高兆煌纂修
清乾隆三十五年（1770）刻本
［光緒］光州志 第347册
（清）楊修田修 馬佩玖纂
清光緒十三年（1887）刻本
［乾隆］羅山縣志 第347册
（清）葛荃修 李之杜等纂
清末刻本
［嘉靖］商城縣志 第347册
（明）萬炯修 張應辰纂
明嘉靖三十年（1551）刻本
［康熙］商城縣志 第347册
（清）許全學纂修
清康熙二十九年（1690）刻本
［嘉慶］商城縣志 第347册
（清）武開吉纂修
清嘉慶八年（1803）刻本
［嘉靖］光山縣志 第347册
（明）沈紹慶修 王家士纂
明嘉靖三十五年（1556）刻本
［乾隆］光山縣志 第347册
（清）楊殿梓修 錢時雍纂
清乾隆五十一年（1786）刻本
［民國］光山縣志約稿 第347册
晏兆平纂修
民國二十五年（1936）謙記商務印刷所鉛印本

周口市

［乾隆］商水縣志 第347册
（清）董榕修 郭熙纂 牛問仁續纂修
清乾隆十二年（1747）刻四十八年（1783）增校刻本
［民國］商水縣志 第347册
徐家璘等修 楊淩閣纂
民國七年（1918）刻本
［乾隆］扶溝縣志 第347册
（清）七十一 董豐垣修 郝廷松 薄玫等纂
清乾隆二十七年（1762）刻本
［光緒］扶溝縣志 第347册
（清）熊燦修 張文楷纂
清光緒十九年（1893）大程書院刻本
［康熙］鹿邑縣志 第348册
（清）呂士鵷纂修
清康熙三十一年（1692）刻本
［光緒］鹿邑縣志 第348册
（清）于滄瀾主纂 蔣師轍纂修
清光緒二十二年（1896）刻本
瀨鄉記 第348册
（魏）崔玄山撰
據北京圖書館出版社一九九七年《漢唐方志輯佚》排印
［乾隆］陳州府志 第348册
（清）崔應階修 姚之琅纂
清乾隆十二年（1747）刻本
［道光］淮寧縣志 第348册
（清）瞿昂 劉侃修 永銘纂
清道光六年（1826）刻本文昌宮藏版
［民國］淮陽縣志 第348册
鄭康侯修 朱撰卿纂
民國二十三年（1934）開明印刷局鉛印本
［順治］西華縣志 第348册
（清）左國禎修 王鼎鎮 吳中奇纂
清順治間修抄本
［乾隆］西華縣志 第348册
（清）宋恂修 于大猷纂
清乾隆十九年（1754）刻本
［民國］西華縣續志 第348册
潘龍光等修 張嘉謀等纂
民國二十七年（1938）開封建華印刷所鉛印本
［嘉靖］太康縣志 第348册
（明）安都纂修
明嘉靖三年（1524）刻本
［乾隆］太康縣志 第348册
（清）武昌國修 胡彥昇 宋銓纂
清乾隆二十六年（1761）刻本
［民國］太康縣志 第348册
杜鴻賓修 劉盼遂纂
民國二十二年（1933）鉛印本
［民國］太康縣志 第348册
郭成章修 謝延祉纂
民國三十一年（1942）鉛印本
［乾隆］項城縣志 第348册
（清）韓儀修 張延福纂
清乾隆十一年（1746）刻本
［民國］項城縣志 第348册
張鎮芳修 施景舜纂
民國三年（1914）石印本

駐馬店市

［乾隆］確山縣志 第348册
（清）周之瑚修 嚴克嶟纂
清乾隆十一年（1746）刻本
［民國］確山縣志 第348册
李景堂纂 張縉璜修
民國二十年（1931）漢口大豐印書館鉛印本
［康熙］西平縣志 第348册
（清）沈荃纂修 李弘植續纂修
據清康熙三十一年（1692）刻版重印本
［民國］西平縣志 第348册
李毓藻修 陳銘鑑纂
民國二十三年（1934）北平文華齋刻本
［民國］西平縣志附編 第348册
陳銘鑑選輯
民國二十三年（1934）北平文華齋刻本
［康熙］汝寧府志 第349册
（清）金鎮纂修
清康熙元年（1662）刻本
［康熙］汝寧府志 第349册

(清)何顯祖 董永祚修 董正等纂
清康熙三十四年(1695)刻本
[嘉慶]汝寧府志 第349冊
(清)德昌修 王增纂
清嘉慶元年(1796)刻本
[順治]汝陽縣志 第349冊
(清)紀國珍修 羊璘纂
清順治十七年(1660)刻本
[康熙]汝陽縣志 第349冊
(清)邱天英纂修
清康熙二十九年(1690)刻本
[民國]重修汝南縣志 第349冊
陳伯嘉修 李成均等纂
民國二十七年(1938)石印本
[道光]泌陽縣志 第349冊
(清)倪明進修 栗郢纂
清道光八年(1828)刻本
[順治]遂平縣志 第349冊
(清)張鼎新修 李宗周等纂
清順治十六年(1659)刻本
[乾隆]遂平縣志 第349冊
(清)金忠濟修 祝暘纂
清乾隆二十四年(1759)刻本
[嘉靖]真陽縣志 第349冊
(明)何麟纂修
明嘉靖三十四年(1555)刻本
[嘉慶]正陽縣志 第349冊
(清)彭良弼修 呂元灝纂 楊德容續纂修
清嘉慶元年(1796)刻本
[民國]重修正陽縣志 第349冊
劉月泉等修 魏松聲等纂
民國二十五年(1936)北平大成印書社鉛印本

省直轄縣級行政單位

[乾隆]濟源縣志 第349冊
(清)蕭應植纂修
清乾隆二十六年(1761)刻本
[嘉慶]續濟源縣志 第349冊
(清)何荇芳修 劉大觀纂
清嘉慶十八年(1813)刻本

湖北省

[嘉靖]湖廣圖經志書 第350冊
(明)薛綱纂修 吳廷舉續修
明嘉靖元年(1522)刻本
[康熙]湖廣通志 第351冊
(清)徐國相等修 宮夢仁 姚淳燾纂
清康熙二十三年(1684)刻本
[宣統]湖北通志 第351－352冊
(清)呂調元 劉承恩修 張仲炘 楊承禧纂
清宣統三年(1911)修民國十年(1921)刻本版存湖北省長公署
[乾隆]湖北下荆南道志 第352冊
(清)魯之裕修 靖道謨纂
清乾隆五年(1740)刻光緒十九年(1893)重印本

武漢市

[康熙]湖廣武昌府志 第352冊
(清)裴天錫修 羅人龍纂
清康熙二十六年(1687)刻三十四年(1695)朱留緒補刻本
[嘉靖]漢陽府志 第353冊
(明)賈應春修 朱衣纂
明嘉靖二十五年(1546)刻本
[康熙]漢陽府志 第353冊
(清)陳國儒修 李寧仲纂
清康熙八年(1669)刻本
[乾隆]漢陽府志 第353冊
(清)陶士偰修 劉湘煃纂
清乾隆十二年(1747)刻抄本
[民國]夏口縣志 第353冊
侯祖畬修 呂寅東纂
民國九年(1920)刻本
[康熙]黄陂縣志 第353冊
(清)楊廷蘊等纂修
清康熙五年(1666)刻本
[同治]黄陂縣志 第353冊
(清)劉昌緒修 徐瀛纂
清同治十二年(1873)刻本
[乾隆]漢陽縣志 第353冊
(清)劉嗣孔修 劉湘煃纂
清乾隆十三年(1748)刻本
[嘉慶]漢陽縣志 第353冊
(清)裘行恕等修 邵翔 徐必觀纂
清嘉慶二十三年(1818)刻本
[同治]續輯漢陽縣志 第353冊
(清)黄式度修 王柏心纂
清同治七年(1868)刻本
[光緒]漢陽縣識 第353冊
(清)濮文昶修 張行簡纂
清光緒十五年(1889)景賢書塾改刻本
大別山志 第353冊
(清)胡鳳丹編
清同治十三年(1874)退補齋刻本
鸚鵡洲小志 第353冊
(清)胡鳳丹編
清同治十三年(1874)退補齋刻本
漢陽歸元寺伯牙臺游記 第353冊
張汝受撰
民國間抄本
[乾隆]江夏縣志 第354冊
(清)陳元京修 范述之等纂
清乾隆五十九年(1794)刻本
[同治]江夏縣志 第354冊
(清)王庭楨修 彭崧毓纂
清同治八年(1869)刻光緒七年(1881)增補重印本
黄鵠山志 第354冊
(清)胡鳳丹編
清同治十三年(1874)退補齋刻本
遊洪山記 第354冊
修曲撰
民國間抄本
遊武昌西山記 第354冊
莊禮本撰
民國間抄本

十堰市

[康熙]湖廣鄖陽府志 第354冊
(清)劉作霖 楊廷耀纂修
清康熙二十四年(1685)刻本
[嘉慶]鄖陽志 第354冊
(清)王正常修 謝攀雲纂
清嘉慶二年(1797)刻本
[同治]鄖陽志 第354冊
(清)吳葆儀等修 王嚴恭等纂
清同治九年(1870)刻光緒三年(1877)增刻本
[同治]鄖縣志 第354冊
(清)周瑞 定熙修 余灉廷 崔誥等纂
清同治五年(1866)刻本
[同治]竹谿縣志 第354冊
(清)陶壽嵩修 楊兆熊等纂
清同治六年(1867)刻本
[康熙]均州志 第354冊
(清)黨居易纂修
清康熙十二年(1673)刻二十八年(1689)增刻本
[光緒]續輯均州志 第354冊
(清)馬雲龍修 賈洪詔纂
清光緒十年(1884)均州志局刻本

[乾隆]竹山縣志 第354冊
(清)常丹葵修 鄧光仁纂
清乾隆五十年(1785)刻本
[嘉慶]竹山縣志 第354冊
(清)范繼昌修 張士旦纂
清嘉慶十年(1805)刻本
[同治]竹山縣志 第354冊
(清)周士楨纂修
清同治五年(1866)刻本
[乾隆]鄖西縣志 第354冊
(清)張道南纂修
清乾隆四十二年(1777)無倦堂刻本
[同治]鄖西縣志 第354冊
(清)程光第修 葉年棻 李登鼇纂
清同治五年(1866)刻本

襄陽市

[天順]重刊襄陽郡志 第355冊
(明)張恒纂修
明天順間刻本
[萬曆]襄陽府志 第355冊
(明)吳道邇纂修
明萬曆十二年(1584)刻本
[順治]襄陽府志 第355冊
(清)趙兆麟纂修
清順治九年(1652)刻本
[乾隆]襄陽府志 第355冊
(清)陳鍔纂修
清乾隆二十五年(1760)刻本
[光緒]襄陽府志 第355冊
(清)恩聯等修 王萬芳等纂
清光緒十一年(1885)刻本
[同治]襄陽縣志 第355冊
(清)楊宗時修 崔淦纂 吳耀斗續修 李士彬續纂
清同治十三年(1874)刻本
[光緒]襄陽四略 第355冊
(清)吳慶燾纂修
清光緒三十二年(1906)刻本
[同治]南漳縣志集鈔 第356冊
(清)沈兆元修 胡正楷纂 胡心悅續纂修
清同治四年(1865)東鶴山堂增刻嘉慶本
[民國]南漳縣志 第356冊
向承煜等纂修
民國十一年(1922)襄陽實匯堂石印本
[同治]穀城縣志 第356冊
(清)承印修 蔣海澄 黃定鏞纂
清同治六年(1867)刻本
[乾隆]棗陽縣志 第356冊
(清)甘定遇修 熊天章纂
清乾隆二十七年(1762)修抄本
[咸豐]重修棗陽縣志 第356冊
(清)陳子飭等纂修
清咸豐四年(1854)刻本
[同治]棗陽縣志 第356冊
(清)張聲正修 史策先纂
清同治四年(1865)刻本
[民國]棗陽縣志 第356冊
梁汝澤等修 王榮先 謝鴻舉纂
民國十二年(1923)武昌正信印務館鉛印本
[同治]宜城縣志 第356冊
(清)程啓安修 張炳鐘纂
清同治五年(1866)刻本本衙藏版
[正德]光化縣志 第356冊
(明)曹璘纂修
明正德十年(1515)刻本
[光緒]光化縣志 第356冊
(清)鍾桐山等修 段映斗等纂
清光緒十年(1884)修民國二十二年(1933)石印本

荊門市

[乾隆]荊門州志 第356冊
(清)舒成龍修 李法孟 陳榮杰纂
清乾隆十九年(1754)宗陸堂刻本
[同治]荊門直隸州志 第356冊
(清)恩榮修 張圻纂
清同治七年(1868)明倫堂刻本
[萬曆]承天府志 第356冊
(明)孫文龍纂修
明萬曆三十年(1602)刻本
[康熙]安陸府志 第357冊
(清)張尊德修 王吉人 譚篆纂
清康熙八年(1669)刻抄本
[乾隆]鍾祥縣志 第357冊
(清)高世榮修 李蓮纂
清乾隆六年(1741)刻本
[乾隆]鍾祥縣志 第357冊
(清)張琴修 杜光德纂
清乾隆六十年(1795)刻本
[同治]鍾祥縣志 第357冊
(清)孫福海等纂修
清同治六年(1867)刻本
[民國]鍾祥縣志 第357冊
趙鵬飛修 李權纂
民國二十六年(1937)鉛印本
[康熙]京山縣志 第357冊
(清)吳游龍修 王演 盧前驤纂
清康熙十三年(1674)刻本
[光緒]京山縣志 第358冊
(清)沈星標修 曾憲德 秦有鍠纂
清光緒八年(1882)刻本

孝感市

[康熙]孝感縣志 第358冊
(清)梁鳳翔修 李湘等纂
清康熙三十四年(1695)刻嘉慶十七年(1812)王進祖等增刻本
[光緒]孝感縣志 第358冊
(清)朱希白修 沈用增纂
清光緒八年(1882)刻本
[同治]漢川縣志 第358冊
(清)德廉 袁鳴珂修 林祥瑗纂
清同治十二年(1873)刻本
[康熙]雲夢縣志 第358冊
(清)陳夢舟修 張奎華纂
清康熙七年(1668)刻本
[道光]雲夢縣志畧 第358冊
(清)呂錫麟修 程懷璟纂
清道光二十年(1840)刻本
[光緒]續雲夢縣志略 第358冊
(清)吳念椿等修 程壽昌等纂
清光緒九年(1883)刻本
[雍正]應城縣志 第358冊
(清)李可寀纂修
清雍正四年(1726)刻本
[光緒]應城縣志 第358冊
(清)羅緗 陳豪修 王承禧纂
清光緒八年(1882)蒲陽書院刻本
[康熙]鼎修德安府全志 第358冊
(清)傅鶴祥修 李士竑 萬年觀纂
清康熙二十四年(1685)刻本
[光緒]德安府志 第358冊
(清)賡音布等修 劉國光等纂
清光緒十五年(1889)刻本府署藏版
[康熙]德安安陸郡縣志 第358冊
(清)高聯捷修 沈會霖纂
清康熙五年(1666)刻本
[道光]安陸縣志 第358冊
(清)王履謙修 李廷錫纂
清道光二十三年(1843)刻本

黄岡市

[弘治]黄州府志　第358册
(明)盧希哲纂修
明弘治十四年(1501)刻本

[乾隆]黄州府志　第359册
(清)王勍修 靖道謨纂
清乾隆十四年(1749)刻本

[光緒]黄州府志　第359册
(清)英啟修 鄧琛纂
清光緒十年(1884)刻本

[乾隆]黄岡縣志　第359册
蔡韶卿修 胡紹鼎纂
清乾隆二十四年(1759)刻本

[乾隆]黄岡縣志　第359册
王鳳儀修 胡紹鼎 杜乘時纂 王正常續修
清乾隆五十四年(1789)刻本

[道光]黄岡縣志　第359册
(清)俞昌烈修 謝荄等纂
清道光二十八年(1848)刻本

[光緒]黄岡縣志　第359册
(清)戴昌言修 劉恭冕纂
清光緒八年(1882)刻本

[康熙]黄安縣志　第359册
(清)劉承啟修 詹大衢纂
清康熙三十六年(1697)刻本

[同治]黄安縣志　第359册
(清)朱錫綬等修 張家俊 吳端委纂
清同治八年(1869)刻本尊經閣藏版

[光緒]黄安縣志　第359册
(清)陳瑞瀾 陶大夏修 吳言昌 王儀吉纂
清光緒八年(1882)刻本

[康熙]麻城縣志　第359册
(清)屈振奇修 王汝霖纂
清康熙九年(1670)刻本

[光緒]麻城縣志　第359册
(清)鄭慶華修 潘頤福纂
清光緒二年(1867)刻本

[光緒]麻城縣志　第360册
(清)陸祐勤 朱榮椿修 余士珩纂
清光緒三十年(1904)刻本

[民國]麻城縣志前編　第360册
鄭重修 余晉芳纂
民國二十四年(1935)漢口中亞印書館鉛印本

[民國]麻城縣志續編　第360册
鄭重修 余晉芳纂
民國二十四年(1935)漢口中亞印書館鉛印本

[嘉靖]羅田縣志　第360册
(明)祝翊修 蔡元偉纂
明嘉靖二十二年(1543)修民國十五年(1926)鉛印本

[光緒]羅田縣志　第360册
(清)管貽葵修 陳錦纂
清光緒二年(1876)刻本

[嘉靖]蘄水縣志　第360册
(明)周瑤修 蕭璞等纂
明嘉靖二十六年(1547)刻本

[順治]蘄水縣志　第360册
(清)劉佑修 楊繼經纂
清康熙雍正間刻本

[乾隆]蘄水縣志　第360册
(清)邵應龍纂修
清乾隆二十三年(1758)刻本

[乾隆]蘄水縣志　第360册
(清)高舉修 徐養忠纂
清乾隆五十九年(1794)刻本

[光緒]蘄水縣志　第361册
(清)多祺纂修
清光緒六年(1880)刻本

[嘉靖]蘄州志　第361册
(明)甘澤纂修
明嘉靖十五年(1536)補刻本

[康熙]蘄州志　第361册
(清)王宗堯等修 盧紘纂
清康熙三年(1664)刻本

[乾隆]蘄州志　第361册
(清)錢鋆修 周茂建 程大中纂
清乾隆二十年(1755)刻本

[咸豐]蘄州志　第361册
(清)潘克溥纂修
清咸豐二年(1852)刻本本衙藏版

[光緒]蘄州志　第361册
(清)封蔚礽修 陳廷揚纂
清光緒八年(1882)麟山書院刻本

[乾隆]黄梅縣志　第361册
(清)薛乘時修 沈元寅纂
清乾隆二十一年(1756)修五十四年(1789)胡紹中刻本

[光緒]黄梅縣志　第362册
(清)覃瀚元 袁瓚修 宛名昌等纂
清光緒二年(1876)刻本

[康熙]廣濟縣志　第362册
(清)黄玉鉉修 王臨纂
清康熙三年(1664)刻本

[乾隆]廣濟縣志　第362册
(清)虞學灝纂修
清乾隆五十四年(1789)刻本本衙藏版

[乾隆]廣濟縣志　第362册
(清)黄塏修 陳詩纂
清乾隆五十八年(1793)刻本本衙藏版

[同治]廣濟縣志　第362册
(清)劉宗元 朱榮實修 劉燡纂
清同治十一年(1872)活字本

[乾隆]英山縣志　第362册
(清)張海修 姚之琅纂
清乾隆二十一年(1756)刻本

[民國]英山縣志　第362册
徐錦修 胡鑑瑩纂
民國九年(1920)活字本

鄂州市

[康熙]武昌縣志　第362册
(清)熊登修 孟振祖纂
清康熙十三年(1674)刻本

[乾隆]武昌縣志　第362册
(清)邵遐齡修 談有典纂
清乾隆二十八年(1763)刻本

[光緒]武昌縣志　第362册
(清)鍾桐山修 柯逢時纂
清光緒十一年(1885)刻本

黄石市

[嘉靖]大冶縣志　第362册
(明)趙鼒修 冷儒宗纂
明嘉靖十九年(1540)刻本

[康熙]大冶縣志　第362册
(清)陳邦寄修 胡繩祖等纂
清康熙二十二年(1683)刻本

[同治]大冶縣志　第362册
(清)胡復初修 黄昺杰纂
清同治六年(1867)刻本

[光緒]興國州志　第362册
(清)吳大訓等修 陳光亨纂 劉鳳綸 王鳳池續纂
清光緒十五年(1889)富川書院刻本

[光緒]續補興國州志　第362册
(清)賀祖蔚修 劉鳳綸纂
清光緒三十年(1904)刻本

咸寧市

[康熙]咸寧縣志　第363册

(清)何廷韜修 王禹錫纂
清康熙六年(1667)刻本
[同治]咸甯縣志 第363冊
(清)陳怡等修 雷以諴纂
清同治五年(1866)刻本
[光緒]續輯咸甯縣志 第363冊
(清)陳樹楠 諸可權修 錢光奎 余益杞纂
清光緒八年(1882)刻本
[康熙]通山縣志 第363冊
(清)任鍾麟修 余廷志等纂
清康熙四年(1665)刻本
[同治]通山縣志 第363冊
(清)羅登瀛 胡昌銘修 朱美燮 樂純青纂
清同治七年(1868)心田局活字本
[康熙]通城縣志 第363冊
(清)盛治纂修 丁克揚增修
清順治九年(1652)刻康熙十一年(1672)增刻本
[同治]通城縣志 第363冊
(清)鄭莢修 杜煦明 胡洪鼎纂
清同治六年(1867)活字本
[乾隆]重修嘉魚縣志 第363冊
(清)張其維修 李懋泗 王士璈纂
清乾隆二年(1737)刻本
[乾隆]嘉魚縣志 第363冊
(清)汪雲銘修 方承保 張宗軾纂
清乾隆五十五年(1790)刻本
[同治]重修嘉魚縣志 第363冊
(清)鍾傳益修 俞焜纂
清同治五年(1866)刻本
[同治]崇陽縣志 第363冊
(清)高佐廷修 傅燮鼎纂
清同治五年(1866)活字本
[乾隆]重修蒲圻縣志 第364冊
(清)王雲翔等修 李曰瑚等纂
清乾隆四年(1739)刻本
[道光]蒲圻縣志 第364冊
(清)勞光泰修 但傳熺纂
清道光十六年(1836)刻本版存縣庫

荊州市

[康熙]荊州府志 第364冊
(清)郭茂泰修 胡在恪纂
清康熙二十四年(1685)刻本
[乾隆]荊州府志 第364冊
(清)葉仰高修 來謙鳴 施廷樞纂
清乾隆二十二年(1757)刻本
[光緒]荊州府志 第364冊
(清)倪文蔚等修 顧嘉蘅等纂
清光緒六年(1880)刻本
[民國]沙市志略 第364冊
王百川纂 唐祖培校補
民國五年(1916)鉛印本
[順治]江陵志餘 第364冊
(清)孔自來纂
清順治七年(1650)刻抄本
[乾隆]江陵縣志 第365冊
(清)崔龍見 魏耀修 黃義尊纂
清乾隆五十九年(1794)刻本尊經閣藏版
[光緒]江陵縣志 第365冊
(清)蒯正昌 吳耀斗修 胡九皋 劉長謙纂
清光緒三年(1877)刻本
[康熙]監利縣志 第365冊
(清)郭徽祚纂修
清康熙四十一年(1702)修抄本
[同治]監利縣志 第365冊
(清)徐兆英 林瑞枝修 王柏心纂
清同治十一年(1872)刻本
[乾隆]石首縣志 第365冊
(清)張坦修 成師呂等纂
清乾隆元年(1736)刻本
[乾隆]石首縣志 第365冊
(清)王維屏修 徐祐彥纂
清乾隆六十年(1795)刻本
[同治]石首縣志 第365冊
(清)朱榮實修 傅如筠纂
清同治五年(1866)刻本
[康熙]公安縣志 第365冊
(清)楊之騏纂修
清康熙六十年(1721)刻乾隆間重印本
[同治]公安縣志 第366冊
(清)周承弼等修 王慰等纂
清同治十三年(1874)修民國二十六年(1937)沙市新新代印鉛印本
[康熙]松滋縣志 第366冊
(清)陳麟修 丁楚琮纂
清康熙三十五年(1696)刻本
[同治]松滋縣志 第366冊
(清)呂縉雲 李昺修 羅有文 朱美燮纂
清同治八年(1869)刻本
[民國]松滋縣志 第366冊
(清)楊傳松修 楊洪纂
民國二十六年(1937)鉛印本

宜昌市

[弘治]夷陵州志 第366冊
(明)劉允修 沈寬纂
明弘治九年(1496)刻本
[同治]宜昌府志 第366冊
(清)聶光鑾修 王柏心等纂
清同治五年(1866)刻本
[乾隆]東湖縣志 第366冊
(清)林有席修 嚴思濬 林有彬纂
清乾隆二十八年(1763)刻嘉慶五年(1800)補刻本
[同治]東湖縣志 第366冊
(清)金大鏞修 王柏心等纂
清同治三年(1864)刻本鑲補民國二十年(1931)鉛印本
[順治]遠安縣志 第366冊
(清)安可願修 曾宗孔纂
清順治十八年(1661)刻本
[同治]遠安縣志 第366冊
(清)鄭燡林等修 秦述先等纂
清同治五年(1866)刻本
[康熙]當陽縣志 第367冊
(清)婁肇龍等纂修
清康熙九年(1670)刻本
[乾隆]當陽縣志 第367冊
(清)黃仁修 童巒纂
清乾隆五十九年(1794)修抄本
[同治]當陽縣志 第367冊
(清)阮恩光等修 王柏心等纂
清同治五年(1866)修民國二十四年(1935)宜昌印書館鉛印本
[光緒]當陽縣補續志 第367冊
(清)李元才修 李葆貞等纂
清光緒十五年(1889)修民國二十四年(1935)宜昌印書館鉛印本
[康熙]宜都縣志 第367冊
(清)劉顯功纂修
清康熙三十六年(1697)刻本
[乾隆]枝江縣志 第367冊
(清)王世爵修 鍾彛纂
清乾隆五年(1740)刻本
[同治]枝江縣志 第367冊
(清)查子庚修 熊文瀾等纂
清同治五年(1866)刻本
[光緒]長樂縣志 第367冊

(清)李焕春原本 龍兆霖續 鄭敦鈷再續
清光緒元年(1875)增刻本
[乾隆]長陽縣志 第367册
(清)李拔纂修
清乾隆十九年(1754)修抄本
[道光]長陽縣志 第367册
(清)朱庭棻修 彭世德纂
清道光二年(1822)刻本本衙藏版
[同治]長陽縣志 第367册
(清)陳惟模修 譚大勳纂
清同治五年(1866)刻本
[嘉靖]歸州全志 第367册
(明)張時纂修
明嘉靖二十八年(1549)刻本
[嘉靖]歸州志 第367册
(明)鄭喬纂修
明嘉靖四十三年(1564)刻本
[乾隆]歸州志 第367册
(清)曹熙衡原本 曾維道增修
清乾隆五十五年(1790)修抄本
[嘉慶]歸州志 第367册
(清)李炘修 陸仲連纂 余思訓增修 陳鳳鳴增纂
清嘉慶二十二年(1817)刻同治五年(1866)增刻本本衙藏版
[光緒]歸州志 第367册
(清)李炘輯 沈雲駿補纂
清光緒八年(1882)刻本
[光緒]歸州志 第367册
(清)黄世崇纂修
清光緒二十七年(1901)刻本
[同治]興山縣志 第367册
(清)伍繼勳修 范昌棣 吴翰章纂
清同治四年(1865)刻本本署藏版
[光緒]興山縣志 第368册
(清)黄世崇纂修
清光緒十一年(1885)經心書院刻本

隨州市

[嘉靖]應山縣志 第368册
(明)顔木纂修
明嘉靖十九年(1540)刻本
[康熙]應山縣志 第368册
(清)周祐修 陳聯璧纂
清康熙十二年(1673)刻本抄配
[同治]應山縣志 第368册
(清)劉宗元等修 吴天錫纂
清同治十年(1871)刻本
[康熙]隨州志 第368册
(清)劉霦修 何藩等纂
清康熙六年(1667)刻本
[乾隆]隨州志 第368册
(清)張璿纂修
清嘉慶間據乾隆五十五年(1790)刻版增刻本
[同治]隨州志 第368册
(清)文齡 孫文俊修 史策先纂
清同治八年(1869)刻民國二十年(1931)重印本

省直轄縣級行政單位

[康熙]景陵縣志 第368册
(清)錢永修 戴祁纂
清康熙三十一年(1692)刻版後印本
[乾隆]天門縣志 第368册
(清)胡翼修 章鑣 章學誠纂
清乾隆三十年(1765)修民國十一年(1922)石印本
[道光]天門縣志 第368册
(清)王希琮修 張錫穀等纂
清道光元年(1821)刻本尊經閣藏版
[康熙]潛江縣志 第368册
(清)劉煥修 朱載震纂
清康熙三十三年(1694)修光緒五年(1879)傳經書院重刻本
[光緒]潛江縣志 第369册
(清)史致謨修 劉恭冕 郭士元纂
清光緒五年(1879)傳經書院刻本
復州圖經 第369册
佚名纂修
據劉緯毅等輯《宋遼金元方志輯佚》排印
[嘉靖]沔陽志 第369册
(明)曾儲 童承敘纂修
明嘉靖十年(1531)刻本
[光緒]沔陽州志 第369册
(清)葛振元修 楊鉅纂
清光緒二十年(1894)刻本

恩施土家族苗族自治州

[道光]施南府志 第369册
(清)王協夢修 羅德崑纂
清道光十七年(1837)刻本
[同治]施南府志 第369册
(清)松林修 何遠鑒纂
清同治十年(1871)刻本版藏南郡書院
[光緒]施南府志續編 第369册
(清)王庭楨修 雷春沼纂
清光緒十一年(1885)刻本
[嘉慶]恩施縣志 第369册
(清)張家檙修 朱寅贊纂
清嘉慶十三年(1808)刻本本衙藏版
[同治]恩施縣志 第369册
(清)多壽 羅凌漢等纂修
清同治七年(1868)刻本
施州考古錄 第369册
鄭永禧撰
民國七年(1918)鉛印本
[嘉慶]建始縣志 第369册
(清)佚名纂修
清嘉慶十七年(1812)修抄本
[道光]建始縣志 第369册
(清)袁景暉纂修
清道光二十二年(1842)刻本
[同治]建始縣志 第369册
(清)熊啟詠撰
清同治五年(1866)刻本
[嘉靖]巴東縣志 第369册
(明)楊培之纂修
明嘉靖三十年(1551)刻本
[康熙]巴東縣志 第369册
(清)齊祖望纂修
清康熙二十二年(1683)刻本
[同治]巴東縣志 第369册
(清)廖恩樹修 蕭佩聲纂
清同治五年(1866)修光緒六年(1880)重刻本本署藏版
[道光]鶴峯州志 第369册
(清)吉鍾穎修 洪先燾等纂
清道光二年(1822)刻本
[同治]宣恩縣志 第369册
(清)張金瀾修 蔡景星 張金圻纂
清同治二年(1863)刻本
[同治]來鳳縣志 第369册
(清)李勗修 何遠鑒 張鈞纂
清同治五年(1866)刻本
[同治]咸豐縣志 第369册
(清)張梓修 張光杰纂
清同治四年(1865)刻本
[光緒]利川縣志 第369册
(清)黄世崇纂修
清光緒二十年(1894)刻本

湖南省

[嘉慶]湖南通志 第370冊
(清)巴哈布等修 王煦等纂
據清嘉慶二十五年(1820)刻版增刻本布政使司衙門藏版

[嘉慶]湖南通志 第371冊
(清)巴哈布等修 王煦等纂
據清嘉慶二十五年(1820)刻版增刻本布政使司衙門藏版

[光緒]湖南通志 第371冊
(清)卞寶第 李瀚章等修 曾國荃 郭嵩燾等纂
清光緒十一年(1885)刻本

[光緒]湖南通志 第372冊
(清)卞寶第 李瀚章等修 曾國荃 郭嵩燾等纂
清光緒十一年(1885)刻本

長沙市

[嘉靖]長沙府志 第372冊
(明)孫存 潘鎰修 楊林 張治纂
明嘉靖十三年(1534)刻本

[康熙]長沙府志 第372冊
(清)蘇佳嗣纂修
清康熙二十四年(1685)刻本

[乾隆]長沙府志 第372冊
(清)呂肅高修 張雄圖纂
清乾隆十三年(1748)刻本

湘城訪古錄 第372冊
(清)陳運溶編
清光緒二十年(1894)刻本

湘城訪古錄 第373冊
(清)陳運溶編
清光緒二十年(1894)刻本

湘城遺事記 第373冊
(清)陳運溶纂
清光緒二十一年(1895)星沙學院街萃文堂刊刻本

[乾隆]長沙縣續志 第373冊
(清)李大本修 周宣武纂
清乾隆十四年(1749)刻本

[嘉慶]長沙縣志 第373冊
(清)趙文在等纂修
清嘉慶十五年(1810)刻本本衙藏版

[嘉慶]長沙縣志 第373冊
(清)趙文在原本 陳光詔續修 艾以清等續纂
清嘉慶二十二年(1817)增補本本衙藏版

[同治]長沙縣志 第374冊
(清)劉采邦等修 張延珂 袁繼翰纂
清同治十年(1871)刻本

[乾隆]善化縣志 第374冊
(清)魏成漢修 張汝潤等纂
清乾隆十二年(1747)刻本

[嘉慶]善化縣志 第374冊
(清)王勳 王餘英纂修
清嘉慶二十三年(1818)刻本

[光緒]善化縣志 第374冊
(清)吳兆熙 冒沅修 張先掄 韓炳章纂
清光緒三年(1877)刻本

嶽麓志 第374冊
(清)趙寧纂修
清康熙二十六年(1687)刻本

[雍正]瀏陽縣志 第374冊
(清)陳夢文修 方暨謨纂
清雍正十一年(1733)刻本順移堂藏版

[嘉慶]瀏陽縣志 第374冊
(清)謝希閔等修 王顯文纂
清嘉慶二十四年(1819)刻本

[同治]瀏陽縣志 第374冊
(清)王汝惺等修 鄒焌杰等纂
清同治十二年(1873)刻本

[乾隆]寧鄉縣志 第374冊
(清)李杰超修 王文清纂
清乾隆十三年(1748)刻本學宫藏版

[民國]寧鄉縣志 第374冊
周震麟修 劉宗向纂
民國三十年(1941)活字本

張家界市

[乾隆]桑植縣志 第375冊
(清)顧奎光纂修
清乾隆間修抄本

[同治]桑植縣志 第375冊
(清)周來賀纂修
清同治十二年(1873)刻本

[嘉慶]永定縣志 第375冊
(清)趙亨鈐修 熊國夏 王師麟纂
清道光三年(1823)刻本

[同治]續修永定縣志 第375冊
(清)萬修廉修 張序枝纂
清同治九年(1870)刻本

[嘉慶]重修慈利縣志 第375冊
(清)李約修 皇甫如森纂
清嘉慶二十二年(1817)刻本

[同治]續修慈利縣志 第375冊
(清)嵇有慶修 魏湘纂
清同治八年(1869)刻本

常德市

[嘉靖]常德府志 第375冊
(明)陳洪謨纂修
明嘉靖二十六年(1547)刻本

[嘉慶]常德府志 第375冊
(清)應先烈修 陳楷禮纂
清嘉慶十八年(1813)刻本

[同治]武陵縣志 第375冊
(清)惲世臨 孫翹澤修 陳啟邁纂
清同治二年(1863)刻本

[康熙]龍陽縣志 第375冊
(清)蔡蔭修 陳一揆纂
清康熙二十五年(1686)刻本

[嘉慶]龍陽縣志 第375冊
(清)張在田修 游鳳藻等纂
清嘉慶十九年(1814)刻本

[光緒]龍陽縣志 第375冊
(清)黃教鎔 黃文桐修 陳保真 彭日曉纂
清光緒元年(1875)刻本

[乾隆]直隸澧州志 第375冊
(清)何璘修 黃宜中纂
清乾隆十五年(1750)刻本本衙藏版

[同治]直隸澧州志 第376冊
(清)何玉棻修 魏式曾纂
清同治八年(1869)刻本

[民國]澧縣縣志 第376冊
張之覺修 孟慶暄等纂
民國二十八年(1939)刻本

[康熙]安鄉縣志 第376冊
(清)王基鞏纂修
清康熙二十六年(1687)刻本

[乾隆]安鄉縣志 第376冊
(清)張綽修 曾之亨纂
清乾隆十三年(1748)修光緒六年(1880)盛賡補刻本

[民國]安鄉縣志 第376冊
王熛編纂
民國二十六年(1937)石印本

[同治]安福縣志 第376冊
(清)姜大定修 尹襲澍纂
清同治八年(1869)刻本

[萬曆]桃源縣志 第376冊
(明)鄭天佐 李徵纂修

明萬曆四年(1576)刻本
[道光]桃源縣志 第376冊
(清)譚震修 方堃等纂
清道光四年(1824)刻本
[同治]桃源縣志 第376冊
(清)羅行楷修 沙明焯 郭世欽纂
清同治八年(1869)刻本
[光緒]桃源縣志 第377冊
(清)余良棟修 劉鳳苞纂
清光緒十八年(1892)刻本本衙藏版
[康熙]石門縣志 第377冊
(清)張霖纂修 許涓續修
清康熙四十八年(1709)增補刻本
[嘉慶]石門縣志 第377冊
(清)蘇益馨修 梅嶧纂
清嘉慶二十三年(1818)刻本版存文昌廟
[同治]石門縣志 第377冊
(清)林葆元修 申正颺纂
清同治七年(1868)刻本

益陽市

[乾隆]益陽縣志 第377冊
(清)高自位修 曾璋纂
清乾隆十三年(1748)刻本
[同治]益陽縣志 第377冊
(清)姚念楊等修 趙裴哲纂
清同治十三年(1874)刻本
[嘉慶]沅江縣志 第377冊
(清)唐古特修 駱孔僎 陶澍纂
清嘉慶十五年(1810)刻本
[嘉慶]安化縣志 第377冊
(清)牛中瀚等修 陶澍等纂
清嘉慶十六年(1811)刻本
[同治]安化縣志 第377冊
(清)邱育泉修 何才煥纂
清同治十年(1871)刻本

岳陽市

岳州志 第378冊
佚名纂修
據《永樂大典》本排印
[弘治]岳州府志 第378冊
(明)劉璣纂修
明弘治元年(1488)刻本
[隆慶]岳州府志 第378冊
(明)李元芳 鍾崇文纂修
明隆慶間刻本
[康熙]岳州府志 第378冊
(清)李遇時修 楊柱朝纂
清康熙二十四年(1685)刻本
[乾隆]岳州府志 第378冊
(清)黃凝道修 謝仲坃纂
清乾隆十一年(1746)刻本
[嘉慶]巴陵縣志 第378冊
(清)陳玉垣 莊繩武修 唐伊盛等纂
清嘉慶九年(1804)刻本
[同治]巴陵縣志 第378冊
(清)嚴鳴琦 潘兆奎修 吳敏樹等纂
清同治十一年(1872)刻本
[光緒]巴陵縣志 第378冊
(清)姚詩德 鄭桂星修 杜貴墀等纂
清光緒十八年(1892)刻本
巴陵鄉土志 第378冊
(清)佚名纂修
清末抄本
[康熙]臨湘縣志 第378冊
(清)楊敬儒修 楊柱朝纂
清康熙二十四年(1685)刻本
[同治]臨湘縣志 第378冊
(清)盛慶黻 恩榮修 熊興傑 歐陽恩霖纂
清同治十一年(1872)修光緒十八年(1892)刻本
[乾隆]平江縣志 第378冊
(清)謝仲坃纂修 石文成增修
清乾隆八年(1743)修二十年(1755)增修刻本
[嘉慶]平江縣志 第378冊
(清)陳增德修 李如珪等纂
清嘉慶二十一年(1816)刻本
[同治]平江縣志 第378冊
(清)張培仁 麻維緒修 李元度等纂
清光緒元年(1875)刻本
古羅志 第378冊
佚名纂修
據《永樂大典》本排印
[嘉靖]湘陰縣志 第378冊
(明)張燈纂修 李廷龍補纂
明嘉靖三十三年(1554)刻四十四年(1565)增修後印本
[乾隆]湘陰縣志 第378冊
(清)陳鍾理修 楊茂論纂
清乾隆二十二年(1757)修抄本
[嘉慶]湘陰縣志 第378冊
(清)閻肇烺等修 黃朝綬等纂 徐鋐續纂修
清嘉慶二十五年(1820)修道光四年(1824)刻本書院藏版
[光緒]湘陰縣圖志 第379冊
(清)郭嵩燾纂修
清光緒七年(1881)縣志局刻本
湘陰縣高明鄉志 第379冊
黃紹瓊纂
民國三十七年(1948)稿本
[乾隆]華容縣志 第379冊
(清)狄蘭標修 羅時暄纂
清乾隆二十五年(1760)刻本
[光緒]華容縣志 第379冊
(清)孫炳煜 龍起濤修 熊紹庚 劉乙燃纂
清光緒八年(1882)刻本

株洲市

[乾隆]增修醴陵縣志 第379冊
(清)段一騤等修 黃祖文等纂
清乾隆八年(1743)刻本
[同治]醴陵縣志 第379冊
(清)徐淦修 江普光纂
清同治九年(1870)刻本
[民國]醴陵縣志 第379冊
陳鯤修 劉謙纂
民國三十七年(1948)醴陵縣文獻委員會鉛印本
醴陵鄉土志 第379冊
傅熊湘輯
民國十五年(1926)鉛印本
[乾隆]攸縣志 第379冊
(清)馮運棟纂修
清乾隆十二年(1747)刻嘉慶八年(1803)張範增刻本本衙藏版
[同治]攸縣志 第379冊
(清)趙勷 萬在衡修 陳之驥纂 王元凱續修 嚴鳴琦續纂
清同治十年(1871)刻本
[嘉靖]茶陵州志 第379冊
(明)張治纂修
明嘉靖四年(1525)刻本
[嘉慶]茶陵州志 第379冊
(清)趙國宣纂修 尹勳增纂
清嘉慶十八年(1813)增刻康熙本
[同治]茶陵州志 第379冊
(清)福昌修 譚鍾麟纂
清同治十年(1871)刻本

[乾隆]鄜縣志 第379冊
(清)林愈蕃等纂修
清乾隆三十一年(1766)刻本烈山書院藏版
[同治]鄜縣志 第380冊
(清)唐榮邦修 楊嶽方纂
清同治十二年(1873)刻本

湘潭市

[乾隆]湘潭縣志 第380冊
(清)吕正音修 歐陽正煥纂
清乾隆二十一年(1756)刻本
[嘉慶]湘潭縣志 第380冊
(清)張雲璈修 周系英纂
清嘉慶二十三年(1818)刻本
[光緒]湘潭縣志 第380冊
(清)陳嘉榆修 王闓運纂
清光緒十五年(1889)刻本
[康熙]湘鄉縣志 第380冊
(清)劉履泰修 劉象賢纂
清康熙十二年(1673)刻本
[乾隆]湘鄉縣志 第380冊
(清)張天如修 謝天錦纂
清乾隆十三年(1748)刻本本衙藏版
[道光]湘鄉縣志 第380冊
(清)胡鈞等修 張承霨等纂
清道光五年(1825)刻本
[同治]湘鄉縣志 第380冊
(清)齊德五 王述恩修 黄楷盛纂
清同治十三年(1874)刻本

衡陽市

衡州府志 第380冊
佚名纂修
據《永樂大典》本排印
[嘉靖]衡州府志 第380冊
(明)楊珮 岳亭子纂修
明嘉靖十五年(1536)刻本
[康熙]衡州府志 第380冊
(清)張奇勳修 周士儀纂 譚弘憲續修
清康熙二十一年(1682)刻本
[乾隆]衡州府志 第380冊
(清)饒佺修 曠敏本纂
清乾隆二十八年(1763)刻光緒元年(1875)補刻本
[乾隆]衡陽縣志 第381冊
(清)陶易修 李德等纂
清乾隆二十六年(1761)刻本
[嘉慶]衡陽縣志 第381冊
(清)閻肇烺等修 馬倚元 王斯颸纂
清嘉慶二十五年(1820)刻本
[同治]衡陽縣志 第381冊
(清)彭玉麟 殷家儁等纂修
清同治十一年(1872)刻本
[乾隆]清泉縣志 第381冊
(清)江恂等纂修
清乾隆嘉慶間刻本本署藏版
[同治]清泉縣志 第381冊
(清)王開運等修 張修府等纂
清同治八年(1869)刻本
[弘治]衡山縣志 第381冊
(明)劉熙修 何紀纂
明弘治元年(1488)修民國十三年(1924)一衡山康和聲鉛印周鎧續修本
[乾隆]衡山縣志 第381冊
(清)德貴修 鍾光序續修
清乾隆十年(1745)修三十九年(1774)續修刻本
[道光]衡山縣志 第381冊
(清)俟鈴等修 蕭鳳翥等纂
清道光三年(1823)增刻本
[光緒]衡山縣志 第382冊
(清)李惟丙 勞銘勳修 文嶽英 胡伯第纂
清光緒元年(1875)刻本
[同治]常甯志 第382冊
(清)玉山修 李孝經 毛詩纂
清同治九年(1870)右文書局刻本
[雍正]耒陽縣志 第382冊
(清)張應星纂修 徐德泰增修
清康熙五十五年(1716)刻雍正五年(1727)增刻本
[道光]耒陽縣志 第382冊
(清)常慶 陳翰修 鄭僾 伍聲偁纂
清道光六年(1826)刻本胞與堂藏版
[光緒]耒陽縣志 第382冊
(清)于學琴等修 宋世煦等纂
清光緒十二年(1886)刻本

郴州市

[萬曆]郴州志 第382冊
(明)胡漢纂修
明萬曆四年(1576)刻本
[康熙]郴州總志 第382冊
(清)陳邦器修 李嗣泌 劉帶蕙纂
清康熙二十四年(1685)刻本
[乾隆]直隸郴州總志 第382冊
(清)謝仲坃 揚桑阿修 何全吉纂
清乾隆三十七年(1772)刻本
[嘉慶]郴州總志 第383冊
(清)朱偓修 陳昭謀纂
清嘉慶二十五年(1820)刻本
彬遊錄 第383冊
(清)金蓉鏡撰
清末鉛印本
[嘉慶]安仁縣志 第383冊
(清)侯鈴修 歐陽厚均纂
清嘉慶二十四年(1819)刻本
[同治]安仁縣志 第383冊
(清)張景垣修 張鵬 侯材驥纂
清同治八年(1869)刻本
[乾隆]永興縣志 第383冊
(清)沈維基修 楚大德纂
清乾隆二十七年(1762)刻本
[光緒]永興縣志 第383冊
(清)呂鳳藻修 李獻君纂
清光緒九年(1883)刻本
[乾隆]興寧縣志 第383冊
(清)羅紳修 張九鐔等纂
清乾隆二十四年(1759)刻本
[道光]興寧縣志 第383冊
(清)張偉等纂修
清道光元年(1821)刻本
[光緒]興甯縣志 第383冊
(清)郭樹馨 劉錫九修 黄榜元纂
清光緒元年(1875)刻本
[乾隆]桂東縣志 第383冊
(清)洪鐘 張煥修 黄體德纂
清乾隆二十四年(1759)刻本
[嘉慶]桂東縣志 第383冊
(清)林鳳儀 曾鈺修 黄性時纂
清嘉慶二十二年(1817)修咸豐九年(1859)章濂增刻本
[同治]桂東縣志 第383冊
(清)劉華邦修 郭岐勳纂
清同治五年(1866)修民國十四年(1925)木活字補版重印本
[乾隆]桂陽縣志 第383冊
(清)凌魚 黄文理修 朱有斐 李宗纂
清嘉慶七年(1802)吳乘時增刻本
[同治]桂陽縣志 第384冊
(清)錢紹文 孫光燮修 朱炳元 何俊纂
清同治六年(1867)刻本

清乾隆二十九年(1764)刻本
[光緒]邵陽縣志 第387冊
(清)黄文琛纂修
清光緒三年(1877)刻本
白水紀勝 第387冊
(清)李厚培輯
清光緒十七年(1891)刻本
[萬曆]新寧縣志 第387冊
(明)沈文系纂修
明萬曆三十四年(1606)刻本
[道光]新寧縣志 第387冊
(清)安舒原輯 張德尊纂修
清道光三年(1823)刻本
[光緒]新甯縣志 第388冊
(清)張葆連修 劉長佑 劉坤一纂
清光緒十九年(1893)刻本
[康熙]武岡州志 第388冊
(清)吴從謙修 潘應斗 潘應星纂
清康熙二年(1663)刻本
[乾隆]武岡州志 第388冊
(清)席芬修 周思仁纂
清乾隆二十一年(1756)刻本
[嘉慶]武岡州志 第388冊
(清)許紹宗修 鄧顯鶴纂
清嘉慶二十二年(1817)刻本
[同治]武岡州志 第388冊
(清)黄維瓚 潘清修 鄧繹纂
清同治十二年(1873)刻本
[乾隆]續增城步縣志 第388冊
(清)賈構修 易文炳等纂
清乾隆五十年(1785)刻本
[同治]城步縣志 第388冊
(清)盛鎰源等修 戴聯璧等纂
清同治七年(1868)修民國十九年(1930)城步永德堂活字本
[同治]綏甯縣志 第388冊
(清)方傳質修 龍鳳翥等纂
清同治六年(1867)刻本
懷化市
[乾隆]辰州府志 第388冊
(清)席紹葆等修 謝鳴謙 謝鳴盛纂
清乾隆三十年(1765)刻本
[雍正]黔陽縣志 第388冊
(清)張扶翼纂修 王光電續纂修
清雍正十一年(1733)增刻康熙本
[乾隆]黔陽縣志 第388冊
(清)姚文起修 危元福等纂
清乾隆五十四年(1789)刻本龍標藏版
[同治]黔陽縣志 第388冊
(清)陳鴻作等修 楊大誦 易燮堯纂
清同治十三年(1874)刻本
[道光]辰谿縣志 第389冊
(清)徐會雲等修 劉家傳等纂
清道光二年(1822)刻本
[康熙]沅陵縣志 第389冊
(清)郎廷棟修 張佳晟纂
清康熙四十四年(1705)刻本
[同治]沅陵縣志 第389冊
(清)守忠等修 許光曙等纂
清光緒二十八年(1902)補版重印本
[乾隆]溆浦縣志 第389冊
(清)陶金諧修 楊鴻觀纂
清乾隆二十七年(1762)刻本
[同治]溆浦縣志 第389冊
(清)齊德五修 舒其錦纂
清同治十二年(1873)刻本
[民國]溆浦縣志 第389冊
吴劍佩 陳整修 舒立淇纂
民國十年(1921)活字本
[乾隆]重修會同縣志 第389冊
(清)于文駿修 梁嘉瑜纂
清乾隆十九年(1754)刻本
[光緒]會同縣志 第389冊
(清)孫炳煜纂修
清光緒二年(1876)刻本
[康熙]靖州志 第389冊
(清)祝鍾賢修 李大翥纂
清康熙二十三年(1684)刻本
[乾隆]直隸靖州志 第389冊
(清)吕宣曽修 張開東纂
清乾隆二十六年(1761)刻本
[光緒]靖州直隸州志 第389冊
(清)吴起鳳 勞銘勳修 唐際虞 李廷森纂
清光緒五年(1879)刻本
[嘉慶]通道縣志 第389冊
(清)蔡象衡 羅臨遠修 李逢生纂
清嘉慶二十年(1815)修民國二十年(1931)石印本
[道光]晃州廳志 第389冊
(清)張映蛟等修 俞克振等纂
清道光五年(1825)修民國二十五年(1936)鉛印本本府藏版
[乾隆]沅州府志 第389冊
(清)瑭珠修 朱景英 郭瑗齡纂
清乾隆二十二年(1757)修刻本
[同治]沅州府志 第389冊
(清)張官五等纂修 吴嗣仲續修
清同治十二年(1873)增刻乾隆本
[乾隆]芷江縣志 第389冊
(清)閔從隆纂修
清乾隆二十五年(1760)刻本
[同治]芷江縣志 第390冊
(清)盛慶紱 吴秉慈修 盛一林纂
清同治九年(1870)刻本
[康熙]麻陽縣志 第390冊
(清)黄志璋纂修
清康熙二十四年(1685)刻本
[同治]新脩麻陽縣志 第390冊
(清)姜鍾琇等修 劉士先 王振玉纂
清同治十三年(1874)刻本
婁底市
[乾隆]新化縣志 第390冊
(清)梁棟修 楊振鐸纂
清乾隆二十四年(1759)刻本本衙藏版
[道光]新化縣志 第390冊
(清)林聯桂纂修
清道光十二年(1832)刻本
[同治]新化縣志 第390冊
(清)關培鈞等修 劉洪澤等纂
清同治十一年(1872)刻本
湘西土家族苗族自治州
[同治]永順府志 第390冊
(清)張天如等纂修 魏式曾增修 郭鑑襄增纂
清同治十二年(1873)增刻乾隆本
[乾隆]乾州志 第390冊
(清)王瑋纂修
清乾隆四年(1739)刻本
[光緒]乾州廳志 第390冊
(清)蔣琦溥纂修 林書勳續修 張先達續纂
清同治十一年(1872)修光緒三年(1877)續修刻本
[乾隆]永順縣志 第390冊
(清)黄德基修 關天申纂
清乾隆五十八年(1793)刻本
[同治]永順縣志 第390冊
(清)唐賡 董耀焜修 李龍章纂
清同治十三年(1874)刻本版藏縣禮科
[民國]永順縣志 第390冊

[光緒]清遠縣志 第396冊
(清)李文烜等修 朱潤芳等纂
清光緒六年(1880)廣州翰元樓刻本
[民國]清遠縣志 第396冊
吴鳳聲 余棨謀修 朱汝珍纂
民國二十六年(1937)鉛印本
[民國]清遠縣志 第397冊
吴鳳聲 余棨謀修 朱汝珍纂
民國二十六年(1937)鉛印本
[順治]陽山縣志 第397冊
(清)熊兆師纂修
清順治十五年(1658)刻本
[民國]陽山縣志 第397冊
黄瓚修 朱汝珍纂
民國二十七年(1938)鉛印本
[道光]連山綏猺廳志 第397冊
(清)姚柬之纂修
清道光十七年(1837)刻本
[民國]連山縣志 第397冊
何一鸞修 臧承宣纂 凌錫華增修
民國十七年(1928)增修鉛印本
[乾隆]連州志 第397冊
(清)楊楚枝修 吴光纂
清乾隆三十六年(1771)刻本
[同治]連州志 第397冊
(清)袁泳錫等修 單興詩纂
清同治十年(1871)刻本

韶關市

[康熙]曲江縣志 第397冊
(清)秦熙祚修 陳金閶纂
清康熙二十六年(1687)刻本
[光緒]曲江縣志 第397冊
(清)張希京修 歐樾華等纂
清光緒元年(1875)刻本
[康熙]韶州府志 第398冊
(清)唐宗堯修 秦嗣美纂
清康熙二十六年(1687)刻本
[同治]韶州府志 第398冊
(清)林述訓等修 單興詩 歐樾華等纂
清同治十一年(1872)修光緒二年(1876)刻本
[同治]樂昌縣志 第398冊
(清)徐寶符等修 李穠等纂
清同治十年(1871)刻本
[民國]樂昌縣志 第398冊
劉運鋒修 陳宗瀛纂
民國二十年(1931)鉛印本
[嘉靖]仁化縣志 第398冊
(明)胡居安纂修
明嘉靖三十六年(1557)藍絲闌抄本
[康熙]仁化縣志 第398冊
(清)李夢鸞纂修
清康熙二十五年(1686)刻本
[同治]仁化縣志 第398冊
(清)陳鴻修 劉鳳輝纂
清同治十二年(1873)修光緒九年(1883)刻本
[民國]仁化縣志 第399冊
何炯璋修 譚鳳儀纂
民國二十三年(1934)鉛印本
南雄郡志 第399冊
佚名纂修
據《永樂大典》本排印
[嘉靖]南雄府志 第399冊
(明)譚大初纂修
明嘉靖二十一年(1542)刻本
[乾隆]南雄府志 第399冊
(清)梁宏勳等修 胡定纂
清乾隆十八年(1753)刻本
[道光]直隸南雄州志 第399冊
(清)余保純等修 黃其勤纂 戴錫綸續纂修
清道光四年(1824)省城心簡齋刻本
[乾隆]保昌縣志 第399冊
(清)陳志儀纂修
清乾隆十八年(1753)刻本
[嘉靖]始興縣志 第399冊
(明)汪慶舟修 袁宗與等纂
明嘉靖十五年(1536)刻本
[乾隆]始興縣志 第399冊
(清)鄭炳修 凌元駒纂
清乾隆二十年(1755)刻本
[民國]始興縣志 第399冊
陳及時等纂修
民國十五年(1926)南雄華園印務局石印本
[康熙]新修翁源縣志 第399冊
(清)孫可訓修 郭弘纘纂 劉士麒增修
清康熙二十五年(1686)刻本
[乾隆]翁源縣志 第399冊
(清)楊楚枝修 郭正嘉纂
清乾隆三十年(1765)刻本
[嘉慶]翁源縣志 第399冊
(清)謝崇俊修 顔爾樞纂
清嘉慶二十五年(1820)刻本本衙藏版
[康熙]乳源縣志 第399冊
(清)裘秉鈁修 龐瑋纂
清康熙二年(1663)修油印本
[康熙]乳源縣志 第399冊
(清)張洸易修 李師錫纂
清康熙間刻本
[道光]長寧縣志 第399冊
(清)高炳文修 馮蘭纂
清道光十九年(1839)修抄本

河源市

[康熙]河源縣志 第399冊
(清)王騎修 鄺奕俊等纂
清康熙間刻本
[乾隆]河源縣志 第399冊
(清)陳張翼修 尹報遠纂
清乾隆十一年(1746)刻本
[雍正]連平州志 第399冊
(清)盧廷俊修 顏希聖 何深纂
清雍正八年(1730)刻本
[乾隆]和平縣志 第399冊
(清)曹鵬翊 徐廷芳修 朱超玟 徐潤纂
清乾隆二十八年(1763)刻本
[嘉慶]和平縣志 第399冊
(清)羅天桂修 徐延翰纂
清嘉慶二十四年(1819)刻本
[民國]和平縣志 第399冊
曾樞修 凌開蔚纂
民國三十二年(1943)鉛印本
[乾隆]龍川縣志 第399冊
(清)書圖修 楊廷釗纂
清乾隆二十七年(1762)刻本
[嘉慶]龍川縣志 第399冊
(清)胡瑃修 勒殷山纂
清嘉慶二十三年(1818)刻本
[道光]永安縣三志 第399冊
(清)葉廷芳等纂修
清道光二年(1822)刻本

梅州市

[乾隆]嘉應州志 第399冊
(清)王之正纂修
清乾隆十五年(1750)刻本本衙藏版
[雍正]平遠縣志 第399冊
(清)劉駿名纂修 黃大鵬續纂修
民國間抄本
[嘉慶]平遠縣志 第399冊
(清)盧兆鰲等修 歐陽蓮等纂

清嘉慶二十五年(1820)修民國二十四年(1935)鉛印本

[乾隆]鎮平縣志 第399冊
(清)潘承焯 吳作哲等纂修
清乾隆四十八年(1783)刻本

[嘉靖]大埔縣志 第399冊
(明)吳思立修 陳堯道等纂
明嘉靖三十六年(1557)修一九六三年油印本

[康熙]埔陽志 第399冊
(清)宋嗣京修 藍應裕等纂
清康熙二十五年(1686)刻本

[同治]大埔縣志 第399冊
(清)張鴻恩纂修
清同治十二年(1873)修光緒二年(1876)刻本

[乾隆]豐順縣志 第399冊
(清)葛曙纂修
清乾隆十一年(1746)刻本

[光緒]豐順縣志 第400冊
(清)葛曙纂修 許普濟續修 吳鵬續纂
清光緒十年(1884)刻本

[民國]新修豐順縣志 第400冊
劉禹輪修 李唐纂
民國三十二年(1943)汕頭鑄字局梅縣分局鉛印本

[康熙]長樂縣志 第400冊
(清)孫胤光修 李逢祥纂
清康熙二年(1663)刻本

[道光]長樂縣志 第400冊
(清)侯坤元修 溫訓等纂
清道光二十五年(1845)修民國鉛印本

[崇禎]興寧縣志 第400冊
(明)劉熙祚修 李永茂纂
明崇禎十年(1637)刻本

[康熙]興寧縣志 第400冊
(清)王綸部纂修
清康熙二十年(1681)刻本

潮州市

三陽志 第400冊
佚名纂修
據《永樂大典》本排印

三陽圖志 第400冊
佚名纂修
據《永樂大典》本排印

潮州府圖經志 第400冊
佚名纂修
據《永樂大典》本排印

[順治]潮州府志 第400冊
(清)吳穎修 賀寬纂
清順治十八年(1661)刻本

[乾隆]潮州府志 第400冊
(清)周碩勳纂修
清光緒十九年(1893)重刻乾隆四十年(1775)本

[民國]潮州府志畧 第400冊
潘載和纂修
民國二十二年(1933)鉛印本

[民國]潮州志 第400冊
饒宗頤纂修
民國三十八年(1949)鉛印本

[雍正]海陽縣志 第400冊
(清)張士璉纂修
清雍正十二年(1734)刻本

[光緒]海陽縣志 第400冊
(清)盧蔚猷修 吳道鎔纂
清光緒二十六年(1900)潮城謝存文館刻本

西湖山志 第400冊
饒鍔纂修
民國十三年(1924)潮安梁永昌印刷所鉛印本

[康熙]饒平縣志 第400冊
(清)劉抃等纂修
清康熙二十六年(1687)刻本

[光緒]饒平縣志 第400冊
劉抃原本 惠登甲增修 黃德容 翁荃增纂
清光緒九年(1883)增刻本

汕頭市

[乾隆]澄海縣志 第400冊
(清)金廷烈纂修
清乾隆二十九年(1764)刻本

[嘉慶]澄海縣志 第400冊
(清)李書吉等修 蔡繼紳等纂
清嘉慶二十年(1815)刻本

[乾隆]南澳志 第400冊
(清)齊翀纂修
清乾隆四十八年(1783)刻本

[隆慶]潮陽縣志 第400冊
(明)林大春纂修
明隆慶六年(1572)刻本

[康熙]潮陽縣志 第400冊
(清)臧憲祖纂修
清康熙二十六年(1687)刻本

[光緒]潮陽縣志 第401冊
(清)周恒重修 張其翻纂
清光緒十年(1884)刻本

揭陽市

[雍正]惠來縣志 第401冊
(清)張玿美纂修
清雍正九年(1731)刻民國十九年(1930)鉛印雍正本

[乾隆]普寧縣志 第401冊
(清)蕭麟趾修 梅奕紹纂
清乾隆十年(1745)修民國二十三年(1934)汕頭華僑印務公司鉛印本

[光緒]普寧縣志稿 第401冊
(清)盧師識修 賴煥辰纂
清光緒十五年(1889)修抄本

[雍正]揭陽縣志 第401冊
(清)陳樹芝纂修
清雍正九年(1731)刻本

[乾隆]揭陽縣志 第401冊
(清)劉業勤纂修
清乾隆四十四年(1779)修民國二十六年(1937)鉛印本

汕尾市

[乾隆]海豐縣志 第401冊
(清)于卜熊纂修
清乾隆十五年(1750)修民國二十年(1931)鉛印本

[同治]海豐縣志續編 第401冊
(清)蔡逢恩修 林光斐纂
清同治十二年(1873)修民國二十年(1931)鉛印本

[乾隆]陸豐縣志 第401冊
(清)王之正修 沈展才等纂
清乾隆十年(1745)刻本

惠州市

惠大記 第401冊
(明)鄭維新纂
明嘉靖刻本

[嘉靖]惠州府志 第401冊
(明)李玘修 劉梧纂
明嘉靖二十一年(1542)刻本

[嘉靖]惠州府志 第401冊
(明)楊載鳴纂修
明嘉靖三十五年(1556)刻藍印本

[康熙]惠州府志 第401冊
(清)呂應奎等修 黃挺華等纂

清康熙二十七年(1688)刻本
[光緒]惠州府志 第401册
(清)劉湝年等修 鄧掄斌等纂
清光緒七年(1881)刻本
羅浮志 第401册
(明)陳槤撰
清道光三十年(1850)粵雅堂刻本
浮山新志 第401册
(清)賴洪禧輯
清道光間刻本
羅浮紀遊詩 第401册
(清)沈廷芳撰
清乾隆間刻本
[雍正]歸善縣志 第402册
(清)孫能寬等修 葉適等纂
清雍正二年(1724)刻本
[乾隆]歸善縣志 第402册
(清)章壽彭修 陸飛纂
清乾隆四十八年(1783)刻本本衙藏版
[乾隆]博羅縣志 第402册
(清)陳裔虞纂修
清乾隆二十八年(1763)刻本
[康熙]龍門縣志 第402册
(清)成王左纂修
清康熙二十六年(1687)刻本

東莞市

[雍正]東莞縣志 第402册
(清)周天成纂修
清雍正十年(1732)刻本
[嘉慶]東莞縣志 第402册
(清)彭人傑等修 黄時沛等纂
清嘉慶三年(1798)刻本本衙藏版
[民國]東莞縣志 第402册
葉覺邁修 陳伯陶纂
民國十六年(1927)養和印務局鉛印本
茶山鄉志 第403册
袁應淦編 劉文亮補編
民國二十四年(1935)石龍南方印務局鉛印本

深圳市

[康熙]新安縣志 第403册
(清)靳文謨修 鄧文蔚纂
清康熙二十七年(1688)刻油印本
[嘉慶]新安縣志 第403册
(清)舒懋官修 王崇熙等纂
清嘉慶二十四年(1819)修民國十九年(1930)鉛印本

中山市

[嘉靖]香山縣志 第403册
(明)鄧遷修 黄佐纂
明嘉靖二十七年(1548)刻本
[康熙]香山縣志 第403册
(清)申良翰修 歐陽羽文纂
清康熙十二年(1673)刻抄本
[乾隆]香山縣志 第403册
(清)暴煜修 李卓揆纂
清乾隆十五年(1750)刻本
[道光]香山縣志 第403册
(清)祝淮修 黄培芳纂
清道光八年(1828)刻本
[光緒]香山縣志 第403册
(清)田明曜修 陳澧纂
清光緒五年(1879)刻本

江門市

[萬曆]新會縣志 第403册
(明)王命璿修 黄淳纂
明萬曆三十七年(1609)刻清順治間修補本
[康熙]新會縣志 第403册
(清)賈雒英修 薛起蛟等纂
清康熙二十九年(1690)刻本
[乾隆]新會縣志 第403册
(清)王植纂修
清乾隆六年(1741)刻本
[道光]新會縣志 第403册
(清)林星章修 黄培芳等纂
清道光二十一年(1841)刻本
潮連鄉志 第403册
盧子駿纂修
民國三十五年(1946)鉛印本
[道光]鶴山縣志 第403册
(清)徐香祖等修 吴應逵纂
清道光六年(1826)刻一九五七年油印本
[道光]開平縣志 第403册
(清)王文驤修 李科等纂
清道光三年(1823)刻本縣署藏版
[民國]開平縣志 第403册
余棨謀修 張啓煌纂
民國二十二年(1933)鉛印本
[嘉靖]新寧縣志 第403册
(清)王臣修 陳元珂纂
明嘉靖二十四年(1545)刻本
[康熙]新寧縣志 第403册
(清)寧林修 麥汝梓等纂
清康熙十一年(1672)刻本
[乾隆]新寧縣志 第403册
(清)王暠修 陳份纂
清乾隆三年(1738)刻嘉慶九年(1804)補刻本
[光緒]新甯縣志 第403册
(清)何福海 鄭守昌修 林國賡 黄榮熙纂
清光緒十九年(1893)刻本
[乾隆]恩平縣志 第403册
(清)曾蕚纂修
清乾隆三十一年(1766)刻本
[道光]恩平縣志 第403册
(清)楊學顔等修 楊秀拔等纂
清道光五年(1825)富文齋刻本
[民國]恩平縣志 第403册
余丕承等修 桂坫等纂
民國二十三年(1934)聖堂光華書局鉛印本

佛山市

佛山忠義鄉志 第403册
(清)吴榮光纂修
清道光十一年(1831)刻本
佛山忠義鄉志 第403册
汪宗準 冼寶榦等纂
民國十五年(1926)刻本
[康熙]南海縣志 第403册
(清)郭爾㞦 胡雲客纂修
清康熙三十年(1691)刻本
[道光]南海縣志 第404册
(清)潘尚楫等修 鄧士憲等纂
清道光十五年(1835)修同治八年(1869)刻本
[同治]南海縣志 第404册
(清)鄭夢玉等修 梁紹獻等纂
清同治十一年(1872)富文齋刻本
[宣統]南海縣志 第404册
(清)張鳳喈等修 桂坫等纂
清宣統三年(1911)刻本
西樵白雲洞志 第404册
(清)黄亨纂修
清道光十八年(1838)刻光緒十三年(1887)重刻本
南海九江鄉志 第404册
(清)黎春曦纂
清順治十四年(1657)刻抄本

書館鉛印本
[萬曆]賓州志 第409冊
(明)郭棐纂修
明萬曆十五年(1587)刻本
[光緒]賓州志 第409冊
(清)楊椿修 陸生蘭纂
清光緒十二年(1886)刻本
[民國]賓陽縣志 第409冊
胡學林修 朱昌奎纂
民國間修一九六一年鉛印本
[乾隆]橫州志 第409冊
(清)謝鍾齡等修 朱秀等纂
清乾隆十一年(1746)修光緒二十五年(1899)刻本
[民國]隆安縣志 第409冊
劉振西等纂修
民國二十三年(1934)鉛印本

桂林市

桂林風土記 第410冊
(唐)莫休符撰
民國間抄本
桂勝(附桂故) 第410冊
(明)張鳴鳳撰
明萬曆十八年(1590)刻本
[嘉慶]臨桂縣志 第410冊
(清)蔡呈韶等修 胡虔等纂
清嘉慶七年(1802)修光緒六年(1880)保甲總局補刻本
[光緒]臨桂縣志 第410冊
(清)吳徵鼇修 黄泌 曹馴纂
清光緒三十一年(1905)修石印本
[道光]義甯縣志 第410冊
(清)謝澐修
傳抄清道光元年(1821)本
[雍正]靈川縣志 第410冊
(清)鄭采宣 陳虞昭修 崔達纂
清雍正三年(1725)刻本
[民國]靈川縣志 第410冊
李繁滋纂
民國十八年(1929)石印本
[康熙]全州志 第410冊
(清)黄志璋纂修
清康熙二十八年(1689)刻本
[嘉慶]全州志 第410冊
(清)溫之誠修 曹文深等纂
清嘉慶四年(1799)刻本
[康熙]灌陽縣志 第410冊
(清)單此藩修 蔣學元 陳廷藩纂
清康熙四十七年(1708)刻本
[道光]灌陽縣志 第410冊
(清)蕭煊修 范光祺等纂
清道光二十四年(1844)刻本版存龍川書院
[民國]灌陽縣志 第410冊
于鳳文等修 蔣良術等纂
民國三年(1914)刻本版存兩等學堂
[光緒]恭城縣志 第410冊
(清)陶壿修 陸履中等纂
清光緒十五年(1889)鳳巖書院刻本
[雍正]平樂府志 第410冊
(清)胡醇仁纂修
清雍正四年(1726)刻本
[嘉慶]平樂府志 第410冊
(清)清柱 王人作纂修
清嘉慶十年(1805)修光緒五年(1879)刻本
[康熙]平樂縣志 第410冊
(清)黄大成纂修
清康熙五十六年(1717)刻本
[光緒]平樂縣志 第410冊
(清)全文炳修 伍嘉猷等纂
清光緒十年(1884)刻本
[民國]平樂縣志 第410冊
黄旭初監修 張智林纂
民國二十九年(1940)鉛印本
[民國]陽朔縣志 第410冊
張岳靈修 黎啓勳纂
民國三十二年(1943)石印本
[康熙]荔浦縣志 第410冊
(清)許之豫纂修
清康熙四十八年(1709)修抄本
[光緒]永甯州志 第410冊
(清)高日華 聯豐修 劉漢鎮纂
清光緒十一年(1885)刻二十二年(1896)重印本
[道光]永福縣志 第410冊
(清)林光棣修 蘇信德纂
清道光八年(1828)修抄本

柳州市

[乾隆]柳州府志 第411冊
(清)王錦修 吳光昇纂
清乾隆二十九年(1764)刻本
[民國]柳城縣志 第411冊
何其英修 謝嗣農纂
民國二十九年(1940)鉛印本
[民國]融縣志 第411冊
黄志勳修 龍泰任纂
民國二十五年(1936)鉛印本
[民國]三江縣志 第411冊
魏任重修 姜玉笙纂
民國三十五年(1946)鉛印本
[民國]雒容縣志 第411冊
藏進巧修 唐本心纂
民國二十三年(1934)鉛印本
[民國]榴江縣志 第411冊
吳國經等修 蕭殿元等纂
民國二十六年(1937)鉛印本
[乾隆]柳州縣志 第411冊
(清)舒啓修 吳光昇纂
清乾隆二十九年(1764)修民國二十一年(1932)鉛字重印本

梧州市

蒼梧志 第411冊
佚名纂修
據《永樂大典》本排印
[同治]蒼梧縣志 第411冊
(清)蒯光焕 李百齡修 羅勳等纂 黄玉柱 王鈵紳續修
清咸豐元年(1851)修同治十三年(1874)續修刻本版存鳳臺書院
[乾隆]岑溪縣志 第411冊
(清)何夢瑤纂修 劉廷棟續纂
清乾隆九年(1744)刻本
古藤志 第411冊
佚名纂修
據《永樂大典》本排印
[同治]藤縣志 第411冊
(清)邊其晉修 胡毓璠纂
清同治六年(1867)修光緒三十四年(1908)鉛印本
[嘉慶]永安州志 第411冊
(清)李炘纂修
清嘉慶十八年(1813)刻本版藏眉江書院
[光緒]永安州志 第411冊
(清)李常霔 鄧文淵修 吳纘周等纂
清光緒二十年(1894)刻二十四年(1898)增刻本

貴港市

[道光]潯州府志 第411冊
(清)孫世昌修 光昭纂

清道光六年(1826)刻本
[乾隆]桂平縣志 第411冊
(清)吳志綰修 黄國顯纂
清乾隆三十三年(1768)刻本
[道光]桂平縣志 第411冊
(清)袁湛業修 黄體正 王維新纂
清道光二十三年(1843)刻本版藏縣學署
[民國]桂平縣志 第411冊
黄占梅等修 程大璋等纂
民國九年(1920)粤東編譯公司鉛印本
[道光]平南縣志 第411冊
(清)張顯相修 黎士華等纂
清道光十五年(1835)刻本版存武城書院
[光緒]平南縣志 第411冊
(清)裘彬 江有燦修 周壽祺纂
清光緒十年(1884)修油印本
[民國]貴縣志 第411冊
歐仰羲修 梁崇鼎等纂
民國二十四年(1935)鉛印本

玉林市

[光緒]鬱林州志 第411冊
(清)馮德材等修 文德馨等纂
清光緒二十年(1894)刻本
[乾隆]興業縣志 第411冊
(清)王巡泰纂修
清乾隆四十六年(1781)刻本
容州志 第411冊
佚名纂修
據《永樂大典》本排印
[光緒]容縣志 第411冊
(清)易紹悳修 封祝唐纂
清光緒三十四年(1908)鉛印本
[乾隆]重修北流縣志 第411冊
(清)張允觀纂修
清乾隆十三年(1748)刻本
[光緒]北流縣志 第411冊
(清)徐作梅修 李士琨纂
清光緒六年(1880)刻本
[乾隆]陸川縣志 第411冊
(清)石崇先纂修
清乾隆二十一年(1756)刻民國間傳抄光緒增訂本
[民國]陸川縣志 第411冊
古濟勳修 呂濬堃纂
民國十三年(1924)刻本
[道光]博白縣志 第411冊
(清)任士謙等修 朱德華等纂
清道光十二年(1832)刻本環玉書院藏版

欽州市

[道光]欽州志 第412冊
(清)朱椿年修 杜以寬 葉輪纂
清道光十四年(1834)高州登雲樓刻本本衙藏版
[雍正]靈山縣志 第412冊
(清)盛熙祚纂修
清雍正十一年(1733)刻本
[乾隆]靈山縣志 第412冊
(清)黄元基纂修
清乾隆二十九年(1764)刻本
[民國]靈山縣志 第412冊
劉運熙纂修
民國三年(1914)廣東省城黄黎巷新中華印務局鉛印本

北海市

[崇禎]廉州府志 第412冊
(明)張國經纂修
明崇禎十年(1637)刻本
[康熙]廉州府志 第412冊
(清)徐成棟纂修
清康熙六十一年(1722)刻本
[乾隆]廉州府志 第412冊
(清)周碩勳修 王家憲纂
清乾隆二十一年(1756)刻本
[道光]廉州府志 第412冊
(清)張堉春 陳治昌纂
清道光十三年(1833)刻本

崇左市

[光緒]新甯州志 第412冊
(清)戴煥南修 張燦奎纂
清光緒五年(1879)刻本
[民國]同正縣志 第412冊
曾瓶山 楊北岑等纂修
民國二十二年(1933)鉛印本
[萬曆]太平府志 第412冊
(明)蔡迎恩修 甘東陽纂
明萬曆五年(1577)刻本
[雍正]太平府志 第412冊
(清)甘汝來纂修
清雍正四年(1726)刻乾隆三年(1738)李錫秦增刻本
[康熙]左州志 第412冊
(清)李銓纂修
清康熙四十九年(1710)刻本
[民國]崇善縣志 第412冊
吳龍輝 張景星等纂修
民國二十六年(1937)抄本

百色市

[民國]凌雲縣志 第412冊
何景熙修 羅增麒纂
民國三十一年(1942)油印本
[道光]歸順直隸州志 第412冊
(清)何福祥纂修
清道光二十八年(1848)抄本
[光緒]歸順直隸州志 第412冊
(清)顏嗣徽纂修
清光緒二十五年(1899)靖城官廨刻本

河池市

[乾隆]慶遠府志 第412冊
(清)李文琰修 何天祥纂
清乾隆二十年(1755)刻本
[道光]天河縣志 第412冊
(清)林光棣纂修
清道光六年(1826)修抄本
[民國]羅城縣志 第412冊
江碧秋修 潘寶籙纂
民國二十六年(1937)鉛印本

來賓市

[乾隆]象州志 第412冊
(清)李宏湑修 蔣曰棻纂
清乾隆二十九年(1764)刻本
[同治]象州志 第412冊
(清)李世椿修 鄭獻甫纂
清同治九年(1870)桂林鴻文堂刻本
[嘉慶]武宣縣志 第412冊
(清)高攀桂修 梁士彥纂
清嘉慶十三年(1808)刻本
[民國]武宣縣志 第412冊
唐朝綑修 覃先澄纂
民國三年(1914)梧州商業日報鉛印本
[民國]武宣縣志 第412冊
朱昌奎等修 龐賡辛等纂
民國二十三年(1934)梧州大南路文保樓印務局鉛印本
[民國]來賓縣志 第412冊
翟富文纂修
民國二十六年(1937)鉛印本
[民國]遷江縣志 第412冊
韋可德等修 劉宗堯纂

民國二十四年(1935)鉛印本
賀州市
[民國]鍾山縣志 第412冊
潘寶疆等修 盧世標纂
民國二十二年(1933)鉛印本
[乾隆]富川縣志 第412冊
(清)葉承立纂修
清乾隆二十二年(1757)刻本
[光緒]賀縣志 第412冊
(清)全文炳修 蘇煜坡等纂
清光緒十六年(1890)刻本
[民國]賀縣志 第412冊
韋冠英修 梁培煐等纂
民國二十三年(1934)賀縣華美商店鉛印本
[民國]信都縣志 第412冊
玉崑山纂修
民國二十五年(1936)鉛印本
[乾隆]昭平縣志 第412冊
(清)陸焞纂修
清乾隆二十五年(1760)修光緒十七年(1891)刻本
[民國]昭平縣志 第412冊
李樹枏修 吳壽崧等纂
民國二十三年(1934)鉛印本
海南省
[正德]瓊臺志 第413冊
(明)唐胄纂修
明正德十六年(1521)刻本
[萬曆]瓊州府志 第413冊
(明)戴熺 歐陽璨總裁 蔡光前等纂修
明萬曆間刻本
[乾隆]瓊州府志 第413冊
(清)蕭應植 陳景塤纂修
清乾隆四十年(1775)刻本
[道光]瓊州府志 第413冊
(清)明誼修 張岳崧纂
清道光二十一年(1841)修光緒十六年(1890)補刻本
[民國]海南島志 第413冊
陳銘樞修 曾蹇纂
民國二十二年(1933)上海神州國光社鉛印本
海口市
[康熙]瓊山縣志 第413冊
(清)王贄修 關必登纂
清康熙四十七年(1708)刻本
[乾隆]瓊山縣志 第413冊
(清)楊宗秉纂修
清乾隆十二年(1747)刻本
[咸豐]瓊山縣志 第413冊
(清)李文烜修 鄭文彩纂
清咸豐七年(1857)刻本
[民國]瓊山縣志 第413冊
徐淦等修 李熙 王國憲纂
民國六年(1917)刻本
三亞市
[光緒]崖州志 第413冊
(清)鍾元棣修 張雋等纂
清光緒三十四年(1908)修一九六二年鉛印本
[康熙]文昌縣志 第413冊
(清)馬日炳纂修
清康熙五十七年(1718)刻本
[光緒]定安縣志 第413冊
(清)吳應廉修 王映斗纂
清光緒四年(1878)刻本
[乾隆]會同縣志 第413冊
(清)于煌纂修
清乾隆三十九年(1774)刻本
[嘉慶]瓊東縣志 第413冊
(清)陳述芹纂修
清嘉慶二十五年(1820)修民國十四年(1925)海口海南書局鉛印本
[康熙]樂會縣志 第413冊
(清)程秉慥等纂修
清康熙二十六年(1687)修清抄本
[道光]萬州志 第413冊
(清)胡端書修 楊士錦 吳鳴清纂
清道光八年(1828)刻本
[康熙]澄邁縣志 第413冊
(清)高魁標纂修
清康熙四十九年(1710)刻本
[光緒]澄邁縣志 第413冊
(清)龍朝翊修 陳所能纂
清光緒三十四年(1908)刻本
[康熙]儋州志 第413冊
(清)韓祐纂修
清康熙四十三年(1704)刻本
[民國]儋縣志 第413冊
彭元藻等修 王國憲纂
民國二十五年(1936)海口海南書局鉛印本
[康熙]臨高縣志 第413冊
(清)樊庶纂修
清抄本
[乾隆]陵水縣志 第413冊
(清)瞿雲魁纂修
清乾隆五十七年(1792)刻本
[光緒]昌化縣志 第413冊
(清)李有益纂修
清光緒二十三年(1897)刻本
重慶市
[道光]重慶府志 第414冊
(清)王夢庚修 寇宗纂
清道光二十三年(1843)刻本
[光緒]重修長壽縣志 第414冊
(清)張永熙修 周澤溥等纂
清光緒元年(1875)刻本鳳城藏版
[民國]長壽縣志 第414冊
湯化培修 李鼎禧纂
民國十七年(1928)石印本
[民國]長壽縣志 第414冊
陳毅夫等修 劉君錫 張名振纂
民國三十三年(1944)鉛印本
[乾隆]巴縣志 第414冊
(清)王爾鑑修 王世沿等纂
清乾隆十六年(1751)修嘉慶二十五年(1820)刻本
[同治]巴縣志 第414冊
(清)霍為棻 王宮午修 熊家彥纂
清同治六年(1867)刻本
[民國]巴縣志 第414冊
朱之洪等修 向楚等纂
民國二十八年(1939)刻三十二年(1943)重印本
[道光]綦江縣志 第414冊
(清)宋灝修 羅星纂 楊銘續修 伍濬祥續纂
清道光六年(1826)刻同治二年(1863)補修刻本考棚存版
[光緒]四川綦江續志 第415冊
(清)戴綸喆纂修
清光緒十四年(1888)修民國二十七年(1938)刻本
[道光]江北廳志 第415冊
(清)福珠朗阿修 宋煊 黃雲衢纂
清道光二十四年(1844)刻本
江北廳鄉土志 第415冊
(清)佚名纂修
清末王佩如抄本

[民國]潼南縣志 第415冊
王安鎮等修 夏璜纂
民國四年(1915)刻本
[光緒]永川縣志 第415冊
(清)許曾蔭 吳若枚修 馬慎修等纂
清光緒二十年(1894)刻本大保魏賡颺賓興公局藏版
[乾隆]大足縣志 第415冊
(清)李德纂修
清乾隆十五年(1750)刻本
[嘉慶]大足縣志 第415冊
(清)張澍等修 李型廉等纂 王松續纂
清嘉慶二十三年(1818)刻道光十六年(1836)增刻本本衙藏版
[光緒]大足縣志 第415冊
(清)王德嘉修 高雲從等纂
清光緒三年(1877)刻本本衙藏版
[民國]大足縣志 第415冊
郭鴻厚 陳習珊等纂修
民國三十五年(1946)鉛印本
[光緒]銅梁縣志 第416冊
(清)韓清桂 邵坤修 陳昌等纂
清光緒元年(1875)刻本版藏學署
銅梁縣地理志 第416冊
張佐周纂
民國三十三年(1944)巴川印務局鉛印本
[萬曆]合州志 第416冊
(明)劉芳聲修 田九垓纂
明萬曆刻本
[乾隆]合州志 第416冊
(清)宋錦 劉桐纂修
清乾隆十三年(1748)刻本
[乾隆]合州志 第416冊
(清)周澄修 張乃孚纂
清乾隆五十四年(1789)刻嘉慶間增刻本本衙藏版
[民國]新修合川縣志 第416冊
鄭賢書修 張森楷纂
民國十年(1921)刻本
[民國]新修合川縣志 第417冊
鄭賢書修 張森楷纂
民國十年(1921)刻本
[嘉慶]璧山縣志 第417冊
(清)佚名纂
清嘉慶間修抄本
[同治]璧山縣志 第417冊
(清)寇用平 彭際瀛修 陳錦堂 盧有徽纂
清同治四年(1865)刻本明倫堂藏版
[乾隆]江津縣志 第417冊
(清)曾受一修 王家駒纂
清乾隆三十三年(1768)刻本
[光緒]江津縣志 第417冊
(清)王煌修 袁方城纂
清光緒元年(1875)刻本
[民國]江津縣志 第417冊
聶述文等修 劉澤嘉等纂
民國十三年(1924)刻本
[乾隆]榮昌縣志 第417冊
(清)許元基纂修
清乾隆二十九年(1764)刻本
[光緒]榮昌縣志 第417冊
(清)文康修 廖朝翼纂 施學煌續修敖冊賢續纂
清光緒十年(1884)刻本
[康熙]涪州志 第417冊
(清)董維祺修 馮懋柱纂
清康熙五十四年(1715)刻本
[乾隆]涪州志 第418冊
(清)多澤厚修 陳于宣纂
清乾隆五十年(1785)刻本
[道光]涪州志 第418冊
(清)德恩修 石彥恬等纂
清道光二十五年(1845)刻本
[同治]重修涪州志 第418冊
(清)呂紹衣等修 王應元 傅炳墀纂
清同治九年(1870)刻本
[民國]涪陵縣續修涪州志 第418冊
王鑒清等修 施紀雲等纂
民國十七年(1928)鉛印本
[道光]墊江縣志 第418冊
(清)夏夢鯉修 董承熙纂
清道光八年(1828)刻咸豐八年(1858)錢濤重校刻本
[光緒]墊江縣志 第418冊
(清)謝必鏗修 李炳靈纂
清光緒二十六年(1900)刻本
[同治]重修酆都縣志 第418冊
(清)田秀栗 徐濬鏞修 徐昌緒纂
清同治八年(1869)刻本版存試院
[同治]酆都縣新志 第418冊
(清)馬佩玖纂修
清同治十二年(1873)刻本本衙藏版
[光緒]酆都縣志 第418冊
(清)田秀栗 徐濬鏞修 徐昌緒纂 蔣履泰續纂
清光緒十九年(1893)刻本
[乾隆]石砫廳志 第418冊
(清)王縈緒纂修
清乾隆四十年(1775)刻本
[道光]補輯石砫廳新志 第418冊
(清)王槐齡纂修
清道光二十三年(1843)刻本
[光緒]秀山縣志 第419冊
(清)王壽松等修 李稽勳等纂
清光緒十七年(1891)刻本
[乾隆]酉陽州志 第419冊
(清)邵陸纂修
清乾隆三十九年(1774)刻本
[同治]增修酉陽直隸州總志 第419冊
(清)王鱗飛 張秉堃修 馮世瀛 冉崇文纂
清同治三年(1864)刻本版藏州署
[咸豐]黔江縣志 第419冊
(清)張紹齡纂修
清咸豐元年(1851)刻本
[光緒]黔江縣志 第419冊
(清)張九章修 陳藩垣等纂
清光緒二十年(1894)刻本版藏墨香書院
[康熙]彭水縣志 第419冊
(清)陶文彬纂
清康熙四十九年(1710)刻本
[光緒]彭水縣志 第419冊
(清)莊定域修 支承祜等纂
清光緒元年(1875)刻本版藏摩雲書院
[乾隆]南川縣志 第419冊
(清)陸玉琮纂修
傳抄清乾隆十三年(1748)本
[咸豐]南川縣志 第419冊
(清)魏崧等修 康作霖等纂
清咸豐元年(1851)刻本
[光緒]南川縣志 第419冊
(清)黄際飛等修 周厚光等纂
清光緒二年(1876)刻本
[民國]南川縣志 第419冊
柳琅聲等修 韋麟書等纂
民國二十年(1931)首都明明印刷局鉛印本

四川省

成都市

（清）吳鞏 董淳修 潘時彤等纂
清嘉慶二十一年（1816）刻光緒十八年（1892）補刻本文昌宮藏版
［民國］華陽縣志 第427冊
陳法駕 葉大鏘修 林思進 曾鑑纂
民國二十三年（1934）刻本版藏華陽縣立中學校圖書館
［嘉慶］金堂縣志 第427冊
（清）謝惟傑修 黄烈 陳一津纂
清嘉慶十六年（1811）刻本縣衙藏版
［民國］金堂縣續志 第427冊
王暨英修 曾茂林纂
民國十年（1921）刻本
金堂縣鄉土志 第427冊
（清）劉肇烈纂修
抄本
［嘉慶］温江縣志 第427冊
（清）李紹祖等修 徐文賁 車酉纂
清嘉慶二十年（1815）刻本版藏縣署
［民國］温江縣志 第427冊
張驥修 曾學傳纂
民國十年（1921）刻本温江縣圖書館藏版
温江縣鄉土志 第427冊
（清）曾學傳纂修
清宣統元年（1909）刻本版存官高小學堂
［嘉慶］郫縣志 第427冊
（清）朱鼎臣等修 盛大器等纂
清嘉慶十八年（1813）刻道光二十四年（1844）墨韻堂補刻本
［同治］郫縣志 第427冊
（清）陳慶熙修 高升之纂
清同治九年（1870）刻本墨韻堂藏版
［嘉慶］崇寧縣志 第427冊
（清）劉壇等纂修
清嘉慶二十一年（1816）刻本版藏縣署
崇甯縣鄉土志 第427冊
（清）佚名纂修
抄本
［乾隆］灌縣志 第427冊
（清）孫天寧纂修
清乾隆五十一年（1786）刻本
［光緒］增修灌縣志 第428冊
（清）莊思恒等修 鄭琊山纂 楊端宇續纂修
清光緒十二年（1886）刻民國三年（1914）補刻本版存學署
灌記初稿 第428冊
（清）彭洵纂修
清光緒二十年（1894）種書堂刻本
［民國］灌縣志 第428冊
葉大鏘等修 羅駿聲纂
民國二十二年（1933）鉛印本
青城山記 第429冊
（清）彭洵編輯
清光緒十三年（1887）巾箱刻本
［嘉慶］彭縣志 第429冊
（清）王鍾鈁纂修
清嘉慶十八年（1813）刻本
［光緒］彭縣志 第429冊
（清）張龍甲等修 龔世瑩等纂
清光緒六年（1880）刻本文廟藏版
［嘉慶］新都縣志 第429冊
（清）孫真儒等修 李覺楹纂
清嘉慶二十一年（1816）刻本縣學署藏版
［道光］新都縣志 第429冊
（清）張奉書修 張懷洵纂
清道光二十四年（1844）刻本
［民國］新都縣志 第429冊
陳習刪等修 閔昌術等纂
民國十八年（1929）鉛印本
［嘉慶］新繁縣志 第429冊
（清）顧德昌修 張粹德等纂
清嘉慶十九年（1814）刻本本衙藏版
［同治］新繁縣志 第429冊
（清）張文珍 李應觀修 楊益豫等纂
清同治十二年（1873）刻本版藏縣署
［民國］新繁縣志 第429冊
侯俊德 吕崧雲修 劉復纂
民國三十六年（1947）成都啓文印刷局鉛印本
［康熙］新津縣志 第429冊
（清）倫可大修 熊占祥纂
清康熙二十五年（1686）刻本
［道光］新津縣志 第429冊
（清）陳霽學修 葉芳模纂 鄭安仁續纂修
清道光十九年（1839）刻本
［乾隆］蒲江縣志 第430冊
（清）紀曾蔭修 黎攀桂 馬道亨纂
清乾隆四十九年（1784）刻本
［光緒］蒲江縣志 第430冊
（清）孫清士 陸汝衡修 解璜 徐元善纂
清光緒四年（1878）刻本
臨邛記 第430冊
佚名纂修
據《永樂大典》本排印
［嘉慶］邛州直隸州志 第430冊
（清）吳鞏修 王來遴纂
清嘉慶二十三年（1818）刻本
［乾隆］大邑縣志 第430冊
（清）宋載纂修
清乾隆間刻本
［同治］大邑縣志 第430冊
（清）趙霦等纂修 林嘉澍 余上富續纂修
清同治六年（1867）刻光緒二年（1876）增刻本
［民國］大邑縣志 第430冊
王銘新 解汝襄修 鍾毓靈 龔維錡纂
民國十九年（1930）鉛印本
［光緒］增修崇慶州志 第430冊
（清）沈恩培等修 胡麟 徐鼎元纂
清光緒三年（1877）刻十年（1884）增刻本
［民國］崇慶縣志 第431冊
謝汝霖等修 羅元黼等纂
民國十五年（1926）成都昌福公司鉛印本

廣元市

［乾隆］四川保寧府廣元縣志 第431冊
（清）張賡謨等纂修
清乾隆二十二年（1757）刻本
［民國］重修廣元縣志稿 第431冊
謝開來等修 王克禮 羅映湘纂
民國二十九年（1940）鉛印本
［道光］重修昭化縣志 第431冊
（清）張紹齡纂修
清道光二十五年（1845）刻同治三年（1864）修鋟刻本
［雍正］劍州志 第431冊
（清）李梅賓修 楊端纂
清雍正五年（1727）刻本
［同治］劍州志 第431冊
（清）李溶等修 李榕纂
清同治十二年（1873）刻本學宮藏版
［民國］劍閣縣續志 第431冊
張政等纂修
民國十六年（1927）成都協昌公司鉛

印本
[乾隆]蒼溪縣志 第431冊
(清)丁映奎纂修
清乾隆四十八年(1783)刻本
[民國]蒼溪縣志 第431冊
熊道琛 鍾俊等修 李靈椿等纂
民國十七年(1928)潼川新民印刷公司鉛印本

綿陽市

龍門續志 第431冊
(宋)宋之源纂
據劉緯毅等輯《宋遼金元方志輯佚》排印
[康熙]龍安府志 第431冊
(清)佚名纂修
清康熙間修民國二十一年(1932)抄本
[道光]龍安府志 第431冊
(清)鄧存詠等纂修
清道光二十二年(1842)刻本版藏本署
[嘉靖]潼川志 第431冊
(明)陳講等纂修
明嘉靖二十九年(1550)修民國間抄本
[乾隆]潼川府志 第432冊
(清)張松孫修 李芳穀纂
清乾隆五十一年(1786)刻本本衙藏版
[光緒]新修潼川府志 第432冊
(清)阿麟修 王龍勳等纂
清光緒二十三年(1897)刻本版藏本署
[嘉慶]直隸綿州志 第432冊
(清)俞廷椲 李在文纂輯 范紹泗釐定
清嘉慶十九年(1814)刻本
[同治]直隸綿州志 第433冊
(清)文棨 董貽清修 伍肇齡 何天祥纂
清同治十二年(1873)刻本
[民國]綿陽縣志 第433冊
蒲殿欽等修 崔映棠纂
民國二十一年(1932)刻本版存圖書館
[乾隆]江油縣志 第433冊
(清)彭阯纂修 瞿緝曾續修
清雍正五年(1727)刻乾隆二十六年(1761)增續刻本
[道光]江油縣志 第433冊
(清)桂星等纂修
清道光二十年(1840)刻本
[光緒]江油縣志 第433冊
(清)武丕文等修 歐培槐等纂
清光緒二十九年(1903)刻本
[乾隆]彰明志畧 第433冊
(清)陳謀纂修
清乾隆二十八年(1763)刻本
[同治]彰明縣志 第434冊
(清)何慶恩修 李朝棟 吳士枟纂
清同治十三年(1874)刻本版存本署
匡山圖志 第434冊
蔣德鈞纂
民國間刻本
[咸豐]梓潼縣志 第434冊
(清)張香海等修 楊曦等纂
清咸豐八年(1858)刻本本衙藏版
[嘉慶]三臺縣志 第434冊
(清)沈昭興纂修
清嘉慶二十年(1815)刻本
[民國]三臺縣志 第434冊
林志茂等修 謝勷等纂
民國二十年(1931)三臺新民印刷公司鉛印本
[乾隆]鹽亭縣志 第434冊
(清)董夢曾纂修
清乾隆二十八年(1763)刻本
[光緒]鹽亭縣志續編 第434冊
(清)邢錫晉修 趙宗藩纂
清光緒八年(1882)刻本
[乾隆]安縣志 第434冊
(清)張仲芳纂修
清乾隆五十四年(1789)刻本版藏縣署
[嘉慶]安縣志 第435冊
(清)楊英燦纂修
清嘉慶十七年(1812)刻本
[同治]安縣志 第435冊
(清)楊英燦等纂修 余天鵬續修 陳嘉繡續纂
清同治三年(1864)刻本抄配版存衙署
[民國]安縣志 第435冊
夏時行 黃愷公修 劉公旭纂
民國二十七年(1938)石印本
[道光]石泉縣志 第435冊
(清)趙德林修 張沆纂
清道光十四年(1834)刻本
[民國]北川縣志 第435冊
楊鈞衡等修 黃尚毅等纂
民國二十一年(1932)石印本

德陽市

[嘉慶]什邡縣志 第435冊
(清)紀大奎修 林時春等纂
清嘉慶十八年(1813)刻本什邡縣文昌閣藏版
[同治]續增什邡縣志 第435冊
(清)傅華桂修 王壐尊 甘雨培等纂
清同治四年(1865)刻本
[民國]重修什邡縣志 第435冊
王文照修 曾慶奎 吳江纂
民國十八年(1929)成都球新印刷廠鉛印本
[嘉慶]漢州志 第435冊
(清)劉長庚等修 侯肇元等纂
清嘉慶二十二年(1817)刻本
[同治]續漢州志 第435冊
(清)張超修 張敏行纂
清同治八年(1869)刻本
[乾隆]中江縣志 第435冊
(清)張松孫修 陳景韓纂
清乾隆五十二年(1787)刻本
[嘉慶]中江縣志 第436冊
(清)陳此和修 戴文奎等纂
清嘉慶十七年(1812)修清抄本
[道光]中江縣新志 第436冊
(清)楊霈修 李福源 范泰衡纂
清道光十九年(1839)刻本
[民國]中江縣志 第436冊
蘇洪寬等修 陳品全纂
民國十九年(1930)日新印刷工業社鉛印本
[道光]德陽縣新志 第436冊
(清)裴顯忠修 劉碩輔纂
清道光十七年(1837)刻本
[同治]德陽縣志 第436冊
(清)何慶恩修 劉宸楓 田正訓纂
清同治十三年(1874)刻本本衙藏版
[光緒]德陽縣志續編 第436冊
(清)鈕傳善修 李炳靈 楊藻纂
清光緒三十一年(1905)德邑宏道閣公書局刻本
[民國]德陽縣志 第436冊
汪仲夔等修 洪烈森等纂
民國二十八年(1939)成都福民印刷公司鉛印暨石印本
[嘉慶]綿竹縣志 第437冊
(清)沈瓌等纂修
清嘉慶十八年(1813)刻本
[道光]綿竹縣志 第437冊
(清)劉慶遠修 沈心如等纂

清道光二十九年(1849)刻本本衙藏版
[民國]綿竹縣志 第437冊
王佐等修 黄尚毅纂
民國九年(1920)刻本孔廟存版
[乾隆]直隸綿州羅江縣志 第437冊
(清)沈潛修 闞昌言纂
清乾隆十年(1745)刻本
[嘉慶]羅江縣志 第437冊
(清)李調元纂修
清嘉慶七年(1802)刻本
[嘉慶]羅江縣志 第437冊
(清)李桂林修 鄧林等纂
清嘉慶二十年(1815)修同治四年(1865)刻本本衙藏版

南充市

[康熙]順慶府志 第437冊
(清)李成林修 羅承順等纂 袁定遠 黄銑續纂
清康熙二十五年(1686)刻嘉慶十二年(1807)補刻本抄配府學署藏版
[道光]保寧府志 第438冊
(清)黎學錦 徐雙桂修 史觀纂
清道光元年(1821)刻二十三年(1843)補刻本
[嘉慶]南充縣志 第438冊
(清)袁鳳孫修 陳榕等纂
清嘉慶十八年(1813)刻咸豐七年(1857)洪璋增刻本
[咸豐]閬中縣志 第438冊
(清)徐繼鏞修 李惺等纂
清咸豐元年(1851)刻本
[民國]閬中縣志 第438冊
岳永武 余仲鈞修 鄭鍾靈等纂
民國十五年(1926)石印本
[同治]儀隴縣志 第438冊
(清)曹紹樾 胡晉熙修 胡輯瑞等纂
清同治十年(1871)刻光緒三十三年(1907)補刻本版存勸學所
[道光]南部縣志 第438冊
(清)王瑞慶 徐暢達修 承綬續修 李咸若續纂
清道光二十九年(1849)刻同治九年(1870)增刻本
[光緒]西充縣志 第438冊
(清)高培穀修 劉藻纂
清光緒二年(1876)刻本
[萬曆]營山縣志 第438冊
(明)王廷稷修 李彭年等纂
明萬曆四年(1576)刻本
[同治]營山縣志 第438冊
(清)翁道均修 熊毓藩等纂
清同治九年(1870)刻光緒十年(1884)劉械等增刻本版存經費公局
[正德]蓬州志 第439冊
(明)吳德器修 徐泰纂
明正德十三年(1518)刻本
[光緒]蓬州志 第439冊
(清)方旭修 張禮杰等纂
清光緒二十三年(1897)刻本

廣安市

[乾隆]廣安州志 第439冊
(清)陸良瑜修 鄧時敏纂
清乾隆三十四年(1769)刻本
[光緒]廣安州志 第439冊
(清)顧懷壬等修 周克堃等纂
清光緒十三年(1887)刻本
[光緒]廣安州新志 第439冊
(清)周克堃等纂
清光緒三十三年(1907)修宣統三年(1911)刻民國十六年(1927)重印本廣安縣教育局藏版
[乾隆]岳池縣志 第439冊
(清)黄克顯纂修
清乾隆二十一年(1756)刻本
[光緒]岳池縣志 第439冊
(清)何其泰等修 吳新德纂
清光緒元年(1875)刻本
[嘉慶]定遠縣志 第440冊
(清)沈遠標 吳人傑修 何蘇 何烋纂
清嘉慶二十年(1815)刻道光二十二年(1842)重印本
[光緒]定遠縣志 第440冊
(清)姜由範等修 王鏞等纂
清光緒元年(1875)刻本
[乾隆]鄰水縣志 第440冊
(清)陳覲光修 楊爾式 甘文林纂
清乾隆二十二年(1757)刻本
[道光]鄰水縣志 第440冊
(清)李嘉祐 王尚錦等修 蔣夢蘭 曾繼楠等纂
清道光元年(1821)刻本
[道光]鄰水縣志 第440冊
(清)曾燦奎 劉光第修 甘家斌等纂
清道光十五年(1835)刻本

遂寧市

[乾隆]射洪縣志 第440冊
(清)張松孫修 沈詩杜等纂
清乾隆五十一年(1786)刻本
[嘉慶]射洪縣志 第440冊
(清)陳廷鈺 張復修 趙燮元等纂
清嘉慶二十五年(1820)刻本抄配
[光緒]射洪縣志 第440冊
(清)黄允欽等修 羅錦城 張尚溎等纂
清光緒十一年(1885)刻本
[乾隆]遂寧縣志 第440冊
(清)田朝鼎修 周彭年纂
清乾隆十二年(1747)刻本
[乾隆]遂寧縣志 第440冊
(清)張松孫 李培峘修 寇賚言纂
清乾隆五十二年(1787)刻本縣衙藏版
[光緒]遂甯縣志 第441冊
(清)孫海等修 李星根纂
清光緒五年(1879)刻本
[民國]遂寧縣志 第441冊
甘燾等修 王懋昭等纂
民國十八年(1929)刻本縣教育局藏版
[康熙]蓬溪縣志 第441冊
(清)潘之彪纂修
清康熙十一年(1672)刻五十二年(1713)徐纘功增刻本
[乾隆]蓬溪縣志 第441冊
(清)張松孫修 謝泰宸等纂
清乾隆五十一年(1786)刻本
[道光]蓬溪縣志 第441冊
(清)吳章祁修 顧士英等纂
清道光二十五年(1845)刻本縣署藏版
[光緒]蓬溪縣續志 第441冊
(清)周學銘修 熊祥謙等纂
清光緒二十五年(1899)刻本
[民國]蓬溪近志 第441冊
伍彝章等修 曾世禮等纂
民國二十四年(1935)刻本

内江市

[嘉慶]内江縣志 第441冊
(清)顧文曜修 羅文瀫纂
清嘉慶間修稿本
[同治]内江縣志 第442冊
(清)張撍等纂修 張兆蘭等續修 黄覺等續纂
清同治十年(1871)刻本
[光緒]内江縣志 第442冊

(清)彭泰士修 曾慶昌 朱襄虞等纂
清光緒三十一年(1905)刻本四祠藏版
[民國]內江縣志 第442冊
曾慶昌纂修
民國十四年(1925)刻本
[乾隆]威遠縣志 第442冊
(清)李南暉修 張翼儒纂
清乾隆四十年(1775)刻光緒三年(1877)重印本本衙藏版
[嘉慶]威遠縣志 第442冊
(清)陳汝秋纂修
清嘉慶十八年(1813)刻本
[光緒]資州直隸州志 第442冊
(清)劉炯等纂修 羅廷權 黃加焜續修 何袞等續纂
清光緒二年(1876)刻本本衙藏版
[民國]資中縣續修資州志 第442冊
吳鴻仁等修 黃清亮等纂
民國十八年(1929)資中昌文石鉛印社鉛印本
[乾隆]隆昌縣志 第443冊
(清)黃文理纂修
清乾隆二十九年(1764)刻本
[同治]隆昌縣志 第443冊
(清)花映均 魏元燮修 耿光祜等纂
清同治元年(1862)刻本衙署藏版
樂山市
嘉定州志 第443冊
(明)李采修 范醇敬纂 (清)張能鱗修 彭欽纂 承勳續纂
明志萬曆三十九年(1611)修清志康熙六年(1667)修乾隆四十一年(1776)增修排印本
[康熙]嘉定州志 第443冊
(清)張能鱗修 彭欽纂 承勳續纂
清康熙六年(1667)修乾隆四十一年(1776)續增民國二十一年(1932)抄本
[同治]嘉定府志 第443冊
(清)文良等修 陳堯采等纂
清同治三年(1864)刻本
[嘉慶]樂山縣志 第443冊
(清)龔傳黻等纂修
清嘉慶十七年(1812)刻光緒十三年(1887)增刻本縣署藏版
[民國]樂山縣志 第444冊
唐受潘修 黃鎔等纂 王畏嚴補正
民國二十三年(1934)鉛印本
[康熙]夾江縣志 第444冊
(清)李大成修 田樟等纂
清康熙二十四年(1685)修民國二十一年(1932)抄本
[嘉慶]夾江縣志 第444冊
(清)王佐等修 涂崧等纂
清嘉慶十八年(1813)刻光緒十四年(1888)補版重印本縣署藏版
[民國]夾江縣志 第444冊
羅國鈞修 劉作銘 薛志清纂
民國二十四年(1935)成都維新印刷局鉛印本
[嘉慶]井研縣志 第444冊
(清)張寧陽等修 陳獻瑞 胡元善纂
清嘉慶元年(1796)刻本版藏縣署
[光緒]井研志 第444冊
(清)高承瀛等修 吳嘉謨 龔煦春纂
清光緒二十六年(1900)刻本
[乾隆]犍為縣志 第444冊
(清)宋錦修 李拔纂
清乾隆十一年(1746)刻本
[嘉慶]犍為縣志 第444冊
(清)王夢庚等纂修
清嘉慶二十一年(1816)刻本縣署藏版
[民國]犍為縣志 第444冊
陳世虞修 羅綬香 印煥門等纂
民國二十六年(1937)成都協美印刷公司鉛印本
[乾隆]峩眉縣志 第444冊
(清)文曙修 張弘昳纂
清乾隆五年(1740)刻本
[嘉慶]峩眉縣志 第444冊
(清)王燮修 張希縉等纂
清嘉慶十八年(1813)刻本
[宣統]峩眉縣續志 第445冊
(清)李錦成修 朱榮邦等纂 趙明松重輯
清宣統三年(1911)刻民國二十四年(1935)重刻本
峩眉山志 第445－446冊
(清)蔣超纂
清康熙二十八年(1689)刻本
峩山圖志 第446冊
(清)譚鍾嶽著
清光緒十七年(1891)刻本
峨眉山志 第446冊
(清)蔣超原纂 (民國)釋印光重修
民國二十三年(1934)鉛印本
峩眉導遊詳記 第446冊
劉上熹著
民國二十五年(1936)商務印書館鉛印本
峩眉導遊 第446冊
鄧少琴編
民國二十七年(1938)鉛印本
[民國]峨邊縣志 第446冊
李宗鍠等修 李仙根等纂
民國四年(1915)大昌公司鉛印本
[嘉慶]馬邊廳志畧 第446冊
(清)周斯才等纂修
清嘉慶十二年(1807)刻本版藏文昌宮
自貢市
[乾隆]榮縣志 第447冊
(清)黃大本纂修
清乾隆二十一年(1756)刻本
[道光]榮縣志 第447冊
(清)王培荀等纂修
清道光二十五年(1845)刻光緒三年(1877)增刻本本衙藏版
[民國]榮縣志 第447冊
廖世英等修 趙熙等纂
民國十八年(1929)刻本
[乾隆]富順縣志 第447冊
(清)熊葵向修 周士誠纂
清乾隆二十五年(1760)刻本
[乾隆]富順縣志 第447冊
(清)段玉裁 李芝纂修
清光緒八年(1882)重刻乾隆四十二年(1777)本
[道光]富順縣志 第447冊
(清)張利貞修 黃靖圖纂
清道光七年(1827)刻本
[同治]富順縣志 第448冊
(清)羅廷權等修 呂上珍纂
清同治十一年(1872)刻本本衙藏版
[民國]富順縣志 第448冊
彭文治等修 盧慶家 高光照纂
民國二十年(1931)刻本
瀘州市
[嘉慶]納谿縣志 第448冊
(清)趙炳然等修 徐行德等纂
清嘉慶十八年(1813)修民國二十六年(1937)瀘縣文源印刷社鉛字重

印本
[乾隆]直隸瀘州志 第448冊
(清)夏詔新纂修
清乾隆二十四年(1759)刻本
[嘉慶]直隸瀘州志 第448冊
(清)沈昭興修 余觀和 王元本纂
清道光間據嘉慶二十五年(1820)刻版重修本本衙藏版
[光緒]直隸瀘州志 第448冊
(清)田秀栗等修 華國清 施澤久纂
清光緒八年(1882)刻本
[民國]瀘縣志 第448冊
王祿昌等修 高覲光等纂
民國二十七年(1938)鉛印本
瀘州九姓鄉志 第448冊
(清)任五采修 車登衢纂
清光緒八年(1882)刻本版藏分署
[乾隆]合江縣志 第448冊
(清)葉體仁修 朱維辟纂
清乾隆二十七年(1762)刻本
[同治]合江縣志 第448冊
(清)秦湘修 楊致道纂 瞿樹蔭等續修 羅增垣等續纂
清同治十年(1871)刻本
[民國]合江縣志 第449冊
王玉璋修 劉天錫 張開文等纂
民國十八年(1929)鉛印本
[康熙]敘永廳志 第449冊
(清)宋敏學修 袁斯恭纂
清康熙二十五年(1686)刻本
[嘉慶]直隸敘永廳志 第449冊
(清)周偉業纂修
清嘉慶十七年(1812)木刻本廳署藏版
[光緒]續修敘永永甯廳縣合志 第449冊
(清)鄧元鏸等修 萬慎纂
清光緒三十四年(1908)鉛印本
九姓司志 第449冊
(清)任啟烈等纂修 任履肅 廖永安續纂
清乾隆間刻民國十九年(1930)抄本

宜賓市

[康熙]四川敘州府志 第449冊
(清)何源濬纂修
清康熙二十六年(1687)刻本
[光緒]敘州府志 第449冊
(清)王麟祥修 邱晉成等纂
清光緒二十二年(1896)刻本版存公局
[嘉慶]宜賓縣志 第449冊
(清)劉元熙修 李世芳纂
清嘉慶十六年(1811)修民國二十一年(1932)敘府大同書局鉛印本
[康熙]南溪縣志 第449冊
(清)王大騏纂修
清康熙二十五年(1686)刻本
[嘉慶]南溪縣志 第449冊
(清)胡之富修 包字 韓國琳纂
清嘉慶十八年(1813)刻本奎星閣藏版
[道光]南溪縣新志 第450冊
(清)翁紹海纂修
清道光二十年(1840)刻本
[同治]南溪縣志 第450冊
(清)福倫修 胡元翔 唐毓彤纂
清同治十三年(1874)刻本
[民國]南溪縣志 第450冊
李凌霄等修 鍾朝煦纂
民國二十六年(1937)鉛印本
[乾隆]江安縣志 第450冊
(清)雷伊纂修
清乾隆間修民國十九年(1930)抄本
[嘉慶]江安縣志 第450冊
(清)趙模修 鄭存仁纂
清嘉慶十七年(1812)刻本
[道光]江安縣志 第450冊
(清)高學濂纂修
清道光九年(1829)刻本本衙藏版
[民國]江安縣志 第450冊
嚴希慎等修 陳天錫等纂
民國十一年(1922)瀘縣桂花街牖群書局鉛印本
[康熙]長寧縣志 第450冊
(清)宗讓修 宋肄樟纂
清康熙二十五年(1686)刻本
[嘉慶]長寧縣志 第450冊
(清)曹秉讓修 楊庚等纂 劉春生補遺
清嘉慶十三年(1808)刻本慎思堂藏版
[光緒]興文縣志 第450冊
(清)江亦顯等纂修
清光緒十三年(1887)刻民國二十五年(1936)石印補版重印本
[民國]興文縣志 第450冊
李仲陽 余詡修 何鴻亮纂
民國三十二年(1943)川南印刷廠鉛印本
[乾隆]珙縣志 第450冊
(清)王聿修纂修
清乾隆三十八年(1773)刻本
[同治]珙縣志 第450冊
(清)羅度等修 郭肇林等纂
清光緒九年(1883)刻本
[乾隆]高縣志 第450冊
(清)李鴻楷纂修
清乾隆二十七年(1762)刻本
[同治]高縣志 第450冊
(清)敖立榜 曾毓佐等纂修
清同治五年(1866)刻本
[康熙]四川敘州府慶符縣志 第450冊
(清)丁林聲纂修
清康熙二十五年(1686)修抄本
[光緒]慶符縣志 第450冊
(清)孫定揚修 胡錫祜纂
清光緒二年(1876)刻本
[光緒]慶符縣志 第450冊
(清)佚名纂修
清光緒年間手抄本
[同治]筠連縣志 第450冊
(清)程熙春修 文爾炘等纂
清同治十二年(1873)刻本
[民國]筠連縣志 第450冊
祝世德纂修
民國三十七年(1948)鉛印本
[嘉靖]馬湖府志 第450冊
(明)余承勛纂修
明嘉靖三十四年(1555)刻本
[乾隆]屏山縣志 第450冊
(清)張曾敏修 陳琦纂
清乾隆四十三年(1778)修民國二十年(1931)文華印字館鉛印本
[光緒]屏山縣續志 第450冊
(清)張九章修 陳藩垣 聶培庠纂
民國二十年(1931)文華印字館鉛印本

巴中市

[道光]南江縣志 第450冊
(清)胡炳修 彭映纂
清道光七年(1827)刻本
巴州圖經 第450冊
佚名纂修
據劉維毅等輯《宋遼金元方志輯佚》排印
[道光]巴州志 第450冊
(清)朱錫穀修 陳一津等纂
清道光十三年(1833)刻本本署藏版

[民國]巴中縣志 第450冊
張仲孝等修 馬文燦等纂 余震等續纂
民國十六年(1927)石印本
[道光]通江縣志 第451冊
(清)李鍾峩纂修 錫檀續修 陳瑞生 鄧範之續纂
清道光二十八年(1848)刻本官衙藏版

達州市

[嘉慶]達縣志 第451冊
(清)魯鳳輝等修 王廷偉等纂
清嘉慶二十年(1815)刻本
[民國]達縣志 第451冊
藍炳奎等修 吳德準等纂
民國二十七年(1938)袁濟安增補鉛印本
達縣磐石鄉志 第451冊
張子履編
民國三十四年(1945)鉛印本
[光緒]太平縣志 第451冊
(清)楊汝偕等纂修
清光緒十九年(1893)刻本
[民國]萬源縣志 第451冊
劉子敬等修 賀維翰等纂
民國二十一年(1932)大中印務局鉛印本
[嘉慶]東鄉縣志 第451冊
(清)徐陳謨纂修
清嘉慶二十年(1815)刻道光元年(1821)增補本本城尊經閣藏版
[光緒]東鄉縣志 第451冊
(清)如柏纂修
清光緒二十八年(1902)刻本
[民國]四川宣漢縣志 第451冊
龐麟炳 汪承烈等纂修
民國二十年(1931)石印本
[乾隆]新寧縣志 第451冊
(清)竇容邃修 吳師瑗纂
清乾隆十八年(1753)周金紳增刻本
[同治]新甯縣志 第451冊
(清)復成修 周紹鑾 胡元翔纂
清同治八年(1869)刻本縣署藏版
[乾隆]大竹縣志 第451冊
(清)陳仕林纂修
清乾隆五十二年(1787)刻本
[道光]大竹縣志 第451冊
(清)翟瑔修 王懷孟等纂 蔡以修續修 劉漢昭等續纂
清道光二年(1822)刻本本衙藏版
[民國]大竹縣志 第451冊
鄭國翰 曾瀛藻修 陳步武 江三乘纂
民國十七年(1928)鉛印本
[同治]渠縣志 第451冊
(清)何慶恩修 賈振麟 金傳培纂
清同治三年(1864)刻本本衙藏版
[民國]渠縣志 第452冊
楊維中等修 鍾正懋等纂 郭奎銓續纂
民國二十一年(1932)渠縣平民教養工廠鉛印部鉛印本

資陽市

[乾隆]樂至縣志 第452冊
(清)張松孫修 雷懋德纂
清乾隆五十一年(1786)刻本縣衙藏版
[道光]樂至縣志 第452冊
(清)裴顯忠修 劉碩輔纂
清道光二十年(1840)刻同治八年(1869)補刻本版存賓興局
[光緒]續增樂至縣志 第452冊
(清)胡書雲修 李星根等纂
清光緒九年(1883)刻本
[乾隆]安岳縣志 第452冊
(清)張松孫修 朱紉蘭纂
清乾隆五十一年(1786)刻本
[道光]安岳縣志 第453冊
(清)濮瑗修 周國頤纂
清道光十六年(1836)刻本本衙藏版
[光緒]續修安岳縣志 第453冊
(清)陳其寬修 鄒宗垣等纂
清光緒二十三年(1897)刻本版藏公局
[乾隆]資陽縣志 第453冊
(清)張德源纂修
清乾隆三十年(1765)刻本
[嘉慶]資陽縣志 第453冊
(清)宋潤等修 陳鳳廷等纂
清嘉慶二十二年(1817)刻本
[咸豐]資陽縣志 第453冊
(清)范涞清修 何華元等纂
清咸豐十年(1860)刻同治元年(1862)增刻本
[咸豐]簡州志 第454冊
(清)濮瑗修 陳治安 黄樸纂
清咸豐三年(1853)刻本版存鳳山書院
[光緒]簡州續志 第454冊
(清)易家霖修 傅為霖纂
清光緒二十三年(1897)刻本版存鳳山書院
[民國]簡陽縣志 第454冊
林志茂等修 汪金相 胡忠閥纂
民國十六年(1927)四川官印刷局鉛印本
[民國]簡陽縣續志 第454冊
李青廷等修 汪金相 胡忠閥纂
民國二十年(1931)大中印務局鉛印本

眉山市

[嘉靖]洪雅縣志 第454冊
(明)張可述纂修
明嘉靖四十一年(1562)刻本
[嘉慶]洪雅縣志 第454冊
(清)王好音修 張柱等纂
清嘉慶十八年(1813)刻本抄配
[光緒]洪雅縣志 第455冊
(清)郭世棻修 鄧敏修等纂
清光緒十年(1884)刻本
[乾隆]丹稜縣志 第455冊
(清)李光泗修 彭遵泗等纂
清乾隆二十六年(1761)刻本
[光緒]丹稜縣志 第455冊
(清)顧汝萼 袁桂芳修 朱文翰等纂
清光緒十八年(1892)刻本版藏巽崖書院
[民國]丹稜縣志 第455冊
劉良模等修 羅春霖等纂
民國十二年(1923)成都欽記影印館石印本
[乾隆]青神縣志 第455冊
(清)王承爔纂修
清乾隆二十九年(1764)刻本
[光緒]青神縣志 第455冊
(清)郭世棻修 文筆超等纂
清光緒三年(1877)刻本
眉州志 第455冊
(宋)孫汝聽纂
據劉緯毅等輯《宋遼金元方志輯佚》排印
[康熙]眉州屬志 第455冊
(清)張漢修 汪樫纂
清康熙五十六年(1717)刻本
[嘉慶]眉州屬志 第455冊
(清)涂長髮修 王昌年等纂
清嘉慶五年(1800)刻本景蘊堂藏版
[嘉慶]續眉州志畧 第455冊
(清)戴三錫修 王之俊等纂

清嘉慶十七年(1812)刻本景蕍堂藏版
[民國]眉山縣志 第455冊
王銘新等修 郭慶琳等纂
民國十二年(1923)漢文石印社石印本
[乾隆]彭山縣志 第455冊
(清)張鳳翥纂修
清乾隆二十二年(1757)刻本
[嘉慶]彭山縣志 第456冊
(清)史欽義等纂修
清嘉慶十九年(1814)刻本
[民國]重修彭山縣志 第456冊
周翔修 劉錫純纂
民國三十三年(1944)霞光印刷廠鉛印本
[乾隆]纂集仁壽全志 第456冊
(清)佚名纂修
清乾隆四年(1739)修民國二十一年(1932)抄本
[道光]仁壽縣新志 第456冊
(清)馬百齡修 魏崧 鄭宗垣纂
清道光十八年(1838)刻本本衙藏版
[同治]仁壽縣志 第456冊
(清)羅廷權等修 馬凡若纂
清同治五年(1866)刻本
[光緒]補纂仁壽縣原志 第456冊
(清)翁植 楊作霖等修 陳韶湘纂
清光緒七年(1881)刻本邑城公局藏書

雅安市

[乾隆]雅州府志 第456冊
(清)曹掄彬 曹掄翰纂輯
清乾隆四年(1739)刻光緒三十一年(1905)補刻本
雅安歷史 第456冊
(清)賈鴻基纂
清光緒二十五年(1899)纂民國十四年(1925)日新工業社石印本
[民國]雅安縣志 第457冊
余良選總纂
民國十七年(1928)石印本
[康熙]蘆山縣志 第457冊
(清)楊廷琚等修 竹全仁等纂
清康熙六十年(1721)刻乾隆十年(1745)曾符升補刻本
[民國]蘆山縣志 第457冊
宋琅 張宗翩修 劉天倪等纂
民國三十二年(1943)鉛印本
[光緒]名山縣志 第457冊
(清)趙怡 趙懿纂修
清光緒二十二年(1896)校刻本
[民國]名山縣新志 第457冊
胡存琮等修
民國十九年(1930)刻本版存通俗圖書館
[民國]滎經縣志 第457冊
張趙才等纂修
民國四年(1915)刻十七年(1928)增刻本
[嘉慶]清溪縣志 第457冊
(清)劉傳經修 陳一沺纂
清嘉慶五年(1800)刻本本衙藏版
[民國]漢源縣志 第457冊
劉裕常修 王琢等纂
民國三十年(1941)鉛印本
[咸豐]天全州志 第457冊
(清)陳松齡等纂修
清咸豐八年(1858)刻本

阿壩藏族羌族自治州

[同治]松潘記略 第457冊
(清)何遠慶纂修
清同治十二年(1873)刻本
[民國]松潘縣志 第457冊
張典等修 徐湘等纂
民國十三年(1924)刻本
[乾隆]茂州志 第457冊
(清)丁映奎纂修
清乾隆五十九年(1794)抄本
[道光]茂州志 第458冊
(清)楊迦懌等修 劉輔廷纂
清末刻本本衙藏版
茂州鄉土志 第458冊
(清)謝鴻恩編
清光緒末年修抄本
[嘉慶]汶志紀略 第458冊
(清)李錫書纂修
清嘉慶十年(1805)刻本蘂石山房藏版
[民國]汶川縣志 第458冊
祝世德等纂修
民國三十三年(1944)鉛印本
理番縣概況資料輯要 第458冊
佚名纂修
民國間祠堂街玉林長鉛印本
新修懋功屯鄉土志略 第458冊
(清)李增禨編
清末修抄本
綏靖屯志 第458冊
王筌拜撰
抄本
金川待志 第458冊
張羽新編
刻本暨排印本
金川瑣記 第458冊
(清)李心衡纂修
清嘉慶三年(1798)刻本本衙藏版

甘孜藏族自治州

西康概況 第458冊
西康省政府秘書處編
民國二十八年(1939)鉛印本
西康紀事詩本事注 第458冊
賀覺非著
民國二十九年(1940)戍聲出版社鉛印本
四川新設鑪霍屯志畧 第458冊
(清)李之珂纂修
清光緒三十二年(1906)鉛印本
[民國]鑪霍縣圖志 第458冊
劉贊廷纂修
油印本
[民國]甘孜縣圖志(附俄落志) 第458冊
劉贊廷纂修
油印本
[民國]德格縣圖志 第458冊
劉贊廷纂修
油印本
[民國]瞻化縣圖志 第458冊
劉贊廷纂修
油印本
[民國]白玉縣志 第458冊
劉贊廷纂修
油印本
[民國]雅江縣圖志 第458冊
劉贊廷纂修
油印本
[民國]道孚縣圖志(附色達) 第458冊
劉贊廷纂修
油印本
[民國]理化縣圖志 第458冊
劉贊廷纂修
油印本
[民國]義敦縣志 第458冊
劉贊廷纂修

油印本
[民國]定鄉縣志 第458冊
劉贊廷纂修
油印本
[道光]巴塘志略 第458冊
(清)錢召棠纂修
清道光二十三年(1843)修排印本
[民國]得榮縣志 第458冊
劉贊廷纂修
油印本

凉山彝族自治州

[光緒]雷波廳志 第458冊
(清)秦雲龍修 萬科進纂
清光緒十九年(1893)刻本版存錦屏書院
[光緒]越嶲廳全志 第458冊
(清)馬忠良原纂 孫鏘增修
清光緒三十二年(1906)鉛印本
[嘉慶]寧遠府志 第458冊
(清)佚名纂
清嘉慶間修一九六〇年油印本
[道光]西昌縣志 第458冊
(清)徐連纂修
清道光二年(1822)修抄本
[民國]西昌縣志 第458冊
鄭少成修 楊肇基等纂
民國三十一年(1942)鉛印本
[乾隆]會理州志 第458冊
(清)曾濬哲修 嚴爾謥纂
清乾隆六十年(1795)刻本本衙藏版
[同治]會理州志 第458冊
(清)楊昶等修 王繼會等纂
清同治十三年(1874)刻本
[光緒]會理州續志 第458冊
(清)蔣金生修 徐昱纂
清光緒三十一年(1905)刻本
[光緒]鹽源縣志 第458冊
(清)辜培源等修 曹永賢等纂
清光緒二十年(1894)刻本
[咸豐]冕寧縣志 第458冊
(清)李英粲修 李昭纂
清咸豐七年(1857)刻本

貴州省

[弘治]貴州圖經新志 第459冊
(明)沈庠修 趙瓚纂
明弘治間刻影寫曬印本
[萬曆]貴州通志 第459冊
(明)王耒賢 許一德纂修
明萬曆二十五年(1597)刻本
黔記 第459冊
(明)郭子章纂
明萬曆間刻本
[康熙]貴州通志 第459冊
(清)衛既齊修 薛載德纂 閻興邦補修
清康熙三十六年(1697)刻本
[乾隆]貴州通志 第459冊
(清)鄂爾泰等修 靖道謨纂
清乾隆六年(1741)刻嘉慶修補本
[民國]貴州通志 第459冊
劉顯世 谷正倫修 任可澄 楊恩元纂
民國三十七年(1948)貴陽書局鉛印本
貴州名勝志 第459冊
(明)曹學佺纂修
明萬曆間刻本
黔書 第459冊
(清)田雯編
清康熙間編清末刻本
續黔書 第459冊
(清)張澍撰
清嘉慶九年(1804)撰民國間貴陽文通書局《黔南叢書》鉛印本
黔記 第459冊
(清)李宗昉撰
清嘉慶間修民國間貴陽文通書局《黔南叢書》鉛印本

貴陽市

[道光]貴陽府志 第459冊
(清)周作楫修 蕭琯等纂
清道光二十六年(1846)修咸豐二年(1852)朱德璲綬堂刻本
[民國]息烽縣志 第459冊
王佐 樊昌緒修 顧樅纂
民國二十九年(1940)修油印本
[民國]開陽縣志稿 第459冊
解幼瑩等修 鍾景賢等纂
民國二十九年(1940)鉛印本
[民國]修文縣志稿 第459冊
陳嘉言修 陳矩 孫鶱纂
民國三十七年(1948)貴陽大中印刷所鉛印本

六盤水市

郎岱縣訪稿 第459冊
葛詠谷等纂
民國二十五年(1936)修油印本
羊場分縣訪冊 第460冊
黃華清輯
民國二十五年(1936)修油印本
[乾隆]普安州志 第460冊
(清)王粵麟修 曹維祺 曹達纂
清乾隆二十三年(1758)修油印本
[光緒]普安直隸廳志 第460冊
(清)曹昌祺修 覃夢榕纂
清光緒十五年(1889)刻本

遵義市

[道光]遵義府志 第460冊
(清)平翰等修 鄭珍等纂
清道光二十一年(1841)刻本
[民國]續遵義府志 第460冊
周恭壽修 趙愷 楊恩元纂
民國二十五年(1936)刻本
[乾隆]綏陽志 第460冊
(清)陳世盛修 傅維澍等撰
清乾隆二十四年(1759)修油印本
[民國]綏陽縣志 第460冊
胡仁修 李培枝纂
民國十七年(1928)貴陽文通書局鉛印本
[康熙]餘慶縣志 第460冊
(清)蔣深纂修
清康熙五十七年(1718)刻本
[光緒]餘慶縣志 第460冊
(清)湯鑒盤增補
清光緒三十年(1904)抄本
[民國]餘慶縣志 第460冊
陳銘典修 李光斗纂
民國二十五年(1936)石印本
[民國]桐梓縣志 第460冊
李世祚修 猶海龍等纂
民國十八年(1929)鉛印本
[嘉慶]正安州志 第460冊
(清)趙宜霦修 游玉堂纂
清嘉慶二十三年(1818)修油印本
[咸豐]正安新志 第460冊
(清)朱百谷等纂修
清咸豐八年(1858)刻本
[光緒]續修正安州志 第460冊
(清)彭焯修 楊德明纂
清光緒三年(1877)刻本
[民國]婺川縣備志 第460冊
婺川縣修志局輯
民國十一年(1922)編油印本

[康熙]湄潭縣志 第460冊
(清)楊玉柱纂修
清康熙二十六年(1687)修抄本
[光緒]湄潭縣志 第460冊
(清)吳宗周修 歐陽曙纂
清光緒二十五年(1899)刻本
[道光]仁懷直隸廳志 第460冊
(清)陳熙晉纂修
清道光二十一年(1841)刻本
[光緒]增修仁懷廳志 第460冊
(清)崇俊修 王椿纂 王培森校補
清光緒二十八年(1902)刻本

安順市

[咸豐]安順府志 第460冊
(清)常恩修 鄒漢勳 吳寅邦纂
清咸豐元年(1851)刻本
[民國]續修安順府志 第460冊
黄元操 任可澄等纂輯
據民國三十年(1941)稿本排印本
[光緒]鎮寧州志 第460冊
(清)李昶元 彭鈺等纂修
清光緒元年(1875)抄本
[民國]鎮甯縣志 第460冊
胡翯修 饒燮乾等纂
民國三十六年(1947)石印本
[道光]安平縣志 第460冊
(清)劉祖憲修 何思貴等纂
清道光七年(1827)修油印本
[民國]平壩縣志 第460冊
江鍾岷修 陳廷棻 陳楷纂
民國二十一年(1932)貴陽文通書局鉛印本
[道光]永寧州志 第460冊
(清)黄培杰纂修
清道光十七年(1837)刻本
[咸豐]永寧州志補遺 第460冊
(清)修武謨纂修
清咸豐間修油印本
關嶺縣志訪冊 第460冊
陳鍾華纂輯
民國八年(1919)輯油印本

畢節地區

[道光]大定府志 第461冊
(清)黄宅中修 鄒漢勳纂
清道光二十九年(1849)刻本
[乾隆]畢節縣志 第461冊
(清)董朱英等修 路元升纂
清乾隆二十三年(1758)刻本
[同治]畢節縣志稿 第461冊
(清)王正璽等修 周範纂
清同治十三年(1874)修油印本
[光緒]畢節縣志 第461冊
(清)陳昌言修 徐廷燮纂
清光緒五年(1879)刻本
[乾隆]黔西州志 第461冊
(清)馮光宿纂修
清乾隆九年(1744)修油印本
[道光]黔西州志 第461冊
(清)魯壽崧修 熊聲元等纂
清道光十五年(1835)刻光緒十年(1884)重印本
[光緒]黔西州續志 第461冊
(清)白建鋆修 諶煥模 劉德銓纂
清光緒十年(1884)刻本
[乾隆]平遠州志 第461冊
(清)李雲龍修 劉再向纂
清乾隆二十一年(1756)刻本
[光緒]平遠州續志 第461冊
(清)黄紹先修 申雲根纂
清光緒十六年(1890)刻本
[民國]威寧縣志 第461冊
苗勃然 王祖奕纂
民國間修油印本
[民國]大定縣志 第461冊
趙顯國修 李芳等纂
民國十五年(1926)石印本

銅仁地區

[道光]銅仁府志 第461冊
(清)敬文等修 徐如澍纂
清道光四年(1824)修油印本
[乾隆]玉屏縣志 第461冊
(清)趙沁修 田榕纂
清乾隆二十二年(1757)刻本
[嘉靖]思南府志 第461冊
(明)鍾添 田秋纂修
明嘉靖刻本
[道光]思南府續志 第461冊
(清)夏修恕 周作楫修 蕭琯 何廷熙纂
清道光二十年(1840)修油印本
[民國]思南縣志稿 第461冊
馬震崑修 陳文燽纂
民國九年(1920)修油印本
[道光]松桃廳志 第461冊
(清)徐鋐修 蕭琯纂
清道光十六年(1836)松高書院刻本
[乾隆]石阡府志 第461冊
(清)羅文思纂修
清乾隆三十年(1765)刻本
[同治]石阡府志 第461冊
(清)方齊壽修 楊大鏞纂
清同治十年(1871)修光緒二年(1876)刻本
[民國]石阡縣志 第461冊
周國華等修 馮翰先等纂
民國十一年(1922)修油印本
[民國]沿河縣志 第461冊
楊化育修 覃夢松纂
民國三十二年(1943)鉛印本

黔東南苗族侗族自治州

[乾隆]鎮遠府志 第461冊
(清)蔡宗建修 龔傳紳纂
清乾隆五十七年(1792)刻本
[民國]施秉縣志 第461冊
朱嗣元修 錢光國等纂
民國九年(1920)修油印本
[光緒]天柱縣志 第461冊
(清)林佩綸等修 楊樹琪等纂
清光緒二十九年(1903)活字本
[光緒]黎平府志 第461冊
(清)俞渭修 陳瑜纂
清光緒十八年(1892)黎平府志局刻本
[民國]麻江縣志 第462冊
拓澤忠修 周恭壽纂
民國二十七年(1938)鉛印本
[道光]黄平州志 第462冊
(清)李臺修 王孚鏞纂 陶廷琡續修
清嘉慶六年(1801)修道光十三年(1833)續修油印本
[民國]黄平縣志 第462冊
陳昭令等修 李承棟纂
民國十年(1921)修油印本
雲巖小志 第462冊
(清)李炤祿纂
清嘉慶間刻本
[康熙]思州府志 第462冊
(清)蔣深纂
清康熙六十一年(1722)修油印本
[乾隆]開泰縣志 第462冊
(清)郝大成修 王師泰纂
清乾隆十七年(1752)刻本三陽堂藏版
[光緒]古州廳志 第462冊

(清)余澤春修 余嵩慶等纂
清光緒十四年(1888)刻本
黔南布依族苗族自治州
[民國]都勻縣志稿 第462册
竇全曾修 陳矩纂
民國十四年(1925)鉛印本
[民國]貴定縣志稿 第462册
貴定縣採訪處纂
民國八年(1919)修油印本
桑梓述聞 第462册
(清)傅玉書撰
清嘉慶三年(1798)修油印本
[民國]甕安縣志 第462册
李退谷修 朱勳纂
民國四年(1915)貴陽文通書局鉛印本
[康熙]定番州志 第462册
(清)年法堯修 夏文炳纂
清康熙五十七年(1718)修抄本複印本
[民國]定番州志 第462册
(清)年法堯原本 (民國)陳惠夫續修 尹石公續纂
民國三十四年(1945)鉛印本
[民國]三合縣志略 第462册
許用權修 胡翯羽纂
民國二十九年(1940)鉛印本
[咸豐]荔波縣志稿 第462册
(清)鄭珍纂修
清咸豐五年(1855)修抄本
[光緒]荔波縣志 第462册
(清)蘇忠廷修 董成烈纂
清光緒元年(1875)修抄本
[民國]荔波縣志稿 第462册
荔波縣志整理委員會纂修
民國三十六年(1947)修油印本
[光緒]平越直隸州志 第462册
(清)瞿鴻錫修 賀緒蕃纂
清光緒三十三年(1907)刻本(複製本)
[乾隆]獨山州志 第462册
(清)劉岱修 艾茂 謝庭薰纂
清乾隆三十四年(1769)刻本學宫藏版
黔西南布依族苗族自治州
[民國]南籠續志 第462册
洪寅修 宋紹錫纂
民國十年(1921)修抄本
[咸豐]興義府志 第462册
(清)張鍈修 鄒漢勳 朱逢甲纂
清咸豐四年(1854)修民國三年(1914)貴陽文通書局鉛印本
[民國]普安縣志 第462册
楊學溥修 田昌雯纂
民國十五年(1926)貴陽復記印刷社石印本
[民國]興仁縣志 第462册
冉晸修 張俊穎纂
民國二十三年(1934)修油印本
[雍正]安南縣志 第462册
(清)何天衢修 郭士信等纂
清雍正九年(1731)修油印本
[民國]安南縣志 第462册
周敘彝纂修
民國五年(1916)抄本
[民國]晴隆縣志 第462册
耿修業修 錢開先等纂
民國三十三年(1944)修油印本
雲南省
雲南圖經志書 第463册
(明)陳文等纂修
明景泰六年(1455)刻本
[正德]雲南志 第463册
(明)周季鳳纂修
明嘉靖三十二年(1553)翻刻正德五年(1510)本
[隆慶]雲南通志 第463册
(明)李元陽纂修
明隆慶六年(1572)修民國二十三年(1934)龍氏靈源别墅鉛印本
[天啟]滇志 第463-464册
(明)劉文徵纂
明天啟五年(1625)纂抄本
[康熙]雲南通志 第464册
(清)范承勳 王繼文修 吴自肅 丁煒纂
清康熙三十年(1691)刻本
[嘉慶]滇繫 第464册
(清)師範纂
清嘉慶十三年(1808)修光緒十三年(1887)雲南通志局刻本
[道光]雲南通志稿 第464-465册
(清)阮元等修 王崧 李誠纂
清道光十五年(1835)刻本
[道光]雲南備徵志 第465册
(清)王崧纂
清道光十一年(1831)修宣統二年(1910)雲南官報局排印鉛印本
[光緒]雲南通志 第465-466册
(清)岑毓英修 陳燦纂
清光緒二十年(1894)刻本
[光緒]續雲南通志稿 第466册
(清)王文韶等修 唐炯等纂
清光緒二十七年(1901)四川岳池刻本
[民國]新纂雲南通志 第467-468册
龍雲 盧漢修 周鍾嶽纂
民國三十八年(1949)鉛印本
南詔野史 第468册
(明)倪輅輯
排印本
滇南雜志 第468册
(清)曹樹翹撰
清嘉慶十五年(1810)撰民國間鉛印本
滇疆紀略 第468册
(清)汪濬撰
清宣統三年(1911)鉛印本
滇中瑣記 第468册
(清)楊瓊撰
民國元年(1912)鉛印本
滇繹 第468册
袁嘉穀纂修
民國十二年(1923)鉛印本
昆明市
[康熙]雲南府志 第469册
(清)范承勳 張毓碧修 謝儼纂
清康熙三十五年(1696)刻本
[光緒]昆明縣志 第469册
(清)戴絅孫纂修
清光緒二十七年(1901)刻三十年(1904)增刻本版存文廟桂香樓
[民國]昆明市志 第469册
張維翰 童振藻纂修
民國十三年(1924)鉛印本
高峣志 第469册
由雲龍撰
民國二十八年(1939)鉛印本
[康熙]晉寧州志 第469册
(清)杜紹先纂修
傳抄清康熙五十五年(1716)刻本
[乾隆]晉寧州志 第469册
(清)毛嶅 朱陽纂修
清乾隆二十七年(1762)刻本
[道光]晉寧州志 第469册
(清)朱慶椿修 陳金堂纂
清道光二十三年(1843)修民國十五年(1926)鉛印本

[雍正]呈貢縣志 第470冊
(清)朱若功修 戴天賜等纂
清雍正三年(1725)刻本
[光緒]呈貢縣志 第470冊
(清)李明纂修
清光緒十一年(1885)刻本本衙藏版
[雍正]安寧州志 第470冊
(清)楊若椿等修 段昕纂
清雍正九年(1731)修乾隆四年(1739)刻本
[光緒]安甯州志 第470冊
(清)郭時郁修 郎榮纂
清光緒間刻本
碧玉泉志稿 第470冊
(清)段昕撰
抄本
[康熙]路南州志 第470冊
(清)金廷獻修 李汝相纂
清康熙五十一年(1712)修民國十七年(1928)雲南新文石印館石印本
[乾隆]續編路南州志 第470冊
(清)史進爵修 郭廷選纂
清乾隆二十二年(1757)刻本
[康熙]嵩明州志 第470冊
(清)汪熙修 任洵等纂
清康熙五十九年(1720)刻本
[光緒]續修嵩明州志 第470冊
(清)胡緒昌修 王沂淵等纂
清光緒十三年(1887)刻本
[光緒]嵩明州志 第470冊
(清)薛渭川纂修
清光緒十五年(1889)刻本傳抄本
[民國]嵩明縣志 第470冊
陳詒孫等修 楊思誠纂
民國三十四年(1945)鉛印本
[嘉靖]尋甸府志 第471冊
(明)王尚用修 陳梓纂
明嘉靖二十九年(1550)刻本
[道光]尋甸州志 第471冊
(清)孫世榕纂修
清道光八年(1828)修民國間抄本
[乾隆]宜良縣志 第471冊
(清)王誦芬纂修
清乾隆三十二年(1767)刻本
[乾隆]宜良縣志 第471冊
(清)李淳纂修
清乾隆五十一年(1786)刻本
[民國]宜良縣志 第471冊
(清)袁嘉穀修 許實纂
民國十年(1921)雲南官印局鉛印本
[民國]祿勸縣志 第471冊
許實纂修
民國十七年(1928)雲南開智公司鉛印本

曲靖市

[乾隆]東川府志 第471冊
(清)方桂修 胡蔚纂
清乾隆二十六年(1761)刻光緒三十四年(1908)東川師範學堂重印本
[光緒]東川府續志 第471冊
(清)余澤春修 茅紫芳纂 馮譽驄續纂修
清光緒十年(1884)修二十三年(1897)續修刻本
[咸豐]南寧縣志 第471冊
(清)毛玉成修 張翊辰等纂
清咸豐二年(1852)修抄本
[道光]宣威州志 第471冊
(清)劉沛霖等修 朱光鼎等纂
清道光二十四年(1844)修抄本
[民國]宣威縣志稿 第471冊
陳其棟修 繆果章纂
民國二十三年(1934)雲南開智印刷公司鉛印本
[光緒]平彝縣志 第471冊
(清)韓再蘭修 李恩光纂
清光緒二十一年(1895)修民國間抄本
[乾隆]霑益州志 第471冊
(清)王秉韜纂修
清乾隆三十五年(1770)刻本
[光緒]霑益州志 第471冊
(清)陳燕 韓寶琛修 李景賢纂
清光緒十一年(1885)刻本抄配
[康熙]羅平州志 第471冊
(清)黃德巽修 胡承灝等纂
清康熙五十七年(1718)修抄本
羅平州鄉土志 第471冊
(清)陶大濬修 羅鳳章纂
清光緒三十三年(1907)雲南鉛印局鉛印本
[乾隆]陸涼州志 第471冊
(清)沈生遴纂修
清乾隆十七年(1752)修民國間曬印本
[道光]陸涼州志 第472冊
(清)繆闓修 施映袞等纂
清道光二十五年(1845)刻本
[民國]陸良縣志稿 第472冊
劉潤疇修 俞賡唐纂
民國四年(1915)文匯石印局石印本
[雍正]馬龍州志 第472冊
(清)許日藻修 杜兆鵬等纂
清雍正元年(1723)刻本
[民國]續修馬龍縣志 第472冊
王懋昭纂修
民國六年(1917)鉛印本

玉溪市

[道光]澂江府志 第472冊
(清)李熙齡纂修
清道光二十七年(1847)刻本
[乾隆]新興州志 第472冊
(清)任中宜纂修 徐正恩續纂修
清乾隆十五年(1750)增刻本
雲南澂江縣鄉土資料 第472冊
澂江縣政府編
民國間抄本
黎縣舊志 第472冊
(清)佚名纂修
清乾隆間增修民國五年(1916)鉛印本
黎縣志 第472冊
(清)佚名纂
民國五年(1916)鉛印本
[康熙]通海縣志 第472冊
(清)魏藎臣 闞禎兆纂修
清康熙三十年(1691)刻本
[道光]續修通海縣志 第472冊
(清)趙自中纂修
清道光六年(1826)修民國九年(1920)石印本
[乾隆]河西縣志 第472冊
(清)董樞纂修
清乾隆五十三年(1788)修民國十四年(1925)鉛印本
[民國]元江志稿 第472冊
黃元直修 劉達武纂
民國十一年(1922)開智印刷有限公司鉛印本
[道光]新平縣志 第472冊
(清)李誠 羅宗璉纂修
清道光七年(1827)修抄本
[民國]新平縣志 第472冊
王志高等修 馬太元纂

民國二十二年(1933)昆明市金蘭石印館石印本
[嘉慶]江川縣志 第473冊
(清)張維翰纂修 葛焯續纂修
清嘉慶四年(1799)增修抄本
[民國]嶍峨縣志 第473冊
徐振聲續修
民國十三年(1924)修抄本

保山市

[乾隆]永昌府志 第473冊
(清)宣世濤纂修
清乾隆五十年(1785)刻本
[光緒]永昌府志 第473冊
(清)劉毓珂等纂修
清光緒十一年(1885)刻本
[乾隆]騰越州志 第473冊
(清)屠述濂纂修
清乾隆五十五年(1790)修光緒二十三年(1897)刻民國二十年(1931)重印本版藏騰衝圖書館
[光緒]騰越廳志稿 第473冊
(清)陳宗海修 趙端禮纂
清光緒十三年(1887)刻本
[民國]龍陵縣志 第473冊
張鑑安修 寸曉亭等纂
民國六年(1917)刻本

昭通市

[民國]昭通縣志稿 第473冊
盧金錫修 楊履乾 包鳴泉纂
民國二十七年(1938)昭通新民書局鉛印本
[光緒]鎮雄州志 第473冊
(清)吳光漢修 宋成基纂
清光緒十三年(1887)刻本

麗江市

[乾隆]麗江府志畧 第473冊
(清)管學宣修 萬咸燕纂
清乾隆八年(1743)修抄本
[光緒]麗江府志 第473冊
(清)陳宗海修 李星瑞纂
清光緒二十一年(1895)修民國間抄本
[乾隆]永北府志 第473冊
(清)陳奇典修 劉慥纂
清乾隆三十年(1765)刻本

普洱市

[道光]普洱府志 第473冊
(清)鄭紹謙纂修 李熙齡續纂修
清道光二十年(1840)修三十年(1850)續修咸豐元年(1851)刻本版藏學署
[乾隆]景東直隸廳志 第473冊
(清)吳蘭孫纂修
清乾隆五十三年(1788)修民國二十二年(1933)抄本
[嘉慶]景東直隸廳志 第473冊
(清)羅含章纂修
清嘉慶二十五年(1820)修抄本
[民國]景東縣志稿 第473冊
周汝釗修 侯應中纂
民國十二年(1923)石印本
[道光]威遠廳志 第473冊
(清)謝體仁纂修
清道光十八年(1838)刻本

臨滄市

[雍正]順寧府志 第473冊
(清)范溥纂修
清雍正四年(1726)刻本
[光緒]續修順甯府志 第473冊
(清)朱占科修 周宗洛等纂
清光緒三十一年(1905)刻本
[民國]鎮康縣志初稿 第473冊
納汝珍修 蔣世芳纂
民國二十五年(1936)修稿本

迪慶藏族自治州

[光緒]新修中甸廳志書 第473冊
(清)吳自修修 張翼夔纂
清光緒十年(1884)修排印本
[民國]中甸縣志 第473冊
段綬滋編纂
民國二十八年(1939)修排印本

大理白族自治州

[康熙]大理府志 第473－474冊
(清)傅天祥等修 黃元治等纂
清康熙三十三年(1694)刻本
[民國]大理縣志稿 第474冊
張培爵修 周宗麟纂
民國六年(1917)鉛印本
[康熙]劍川州志 第474冊
(清)王世貴修 張倫纂
清康熙五十二年(1713)刻本
[康熙]續修浪穹縣志 第474冊
(清)趙珙纂修
清康熙二十九年(1690)修民國間抄本
[光緒]浪穹縣志畧 第474冊
(清)周沆纂修
清光緒二十九年(1903)刻民國元年(1912)重印本
[咸豐]鄧川州志 第474冊
(清)侯允欽纂修
清咸豐五年(1855)刻本
[萬曆]趙州志 第475冊
(明)莊誠修 王利賓纂
明萬曆間修清抄本
[乾隆]趙州志 第475冊
(清)趙淳等纂修
清乾隆元年(1736)刻本
[道光]趙州志 第475冊
(清)陳釗鏜修 李其馨等纂
清道光十五年(1835)修民國二十六年(1937)石印本
[康熙]蒙化府志 第475冊
(清)蔣旭修 陳金珏纂
清康熙三十七年(1698)刻本
[乾隆]續修蒙化直隸廳志 第475冊
(清)劉塏 席慶年修 吳蒲等纂
清乾隆五十五年(1790)刻本
[民國]蒙化志稿 第475冊
李春曦修 梁友檍纂
民國九年(1920)雲南崇文書館鉛印本
[康熙]鶴慶府志 第475冊
(清)佟鎮修 鄒啓孟纂
清康熙五十三年(1714)刻本
[光緒]鶴慶州志 第475冊
(清)王寶儀修 楊金和等纂
清光緒二十年(1894)修民國間抄本
[民國]鶴慶縣志 第475冊
楊金鎧纂修
民國十二年(1923)稿本
[康熙]雲南縣志 第476冊
(清)伍青蓮纂修
清康熙間修民國間抄本
[乾隆]雲南縣志 第476冊
(清)李世保修 張聖功 王在璋纂
清乾隆三十二年(1767)刻本
[光緒]雲南縣志 第476冊
(清)項聯晉修 黃炳堃纂
清光緒十六年(1890)刻本
[雍正]雲龍州志 第476冊
(清)陳希芳修 胡禹謨纂
清雍正六年(1728)修民國間抄本
[光緒]雲龍州志 第476冊

(清)胡程章纂修
清光緒十二年(1886)修抄本
楚雄彝族自治州
[康熙]楚雄府志 第476冊
(清)張嘉穎等修 李鏡 劉聯聲等纂
清康熙五十五年(1716)修民國間抄本
[宣統]楚雄縣志 第476冊
(清)崇謙等修
清宣統二年(1910)修抄本
[康熙]武定府志 第476冊
(清)王清賢修 陳淳纂
清康熙二十八年(1689)刻本
[光緒]武定直隸州志 第476冊
(清)郭懷禮修 孫澤春纂
清光緒四年(1878)修民國間抄本
[民國]祿豐縣志條目 第476冊
陽仰修抄
民國二十一年(1932)抄本
[康熙]羅次縣志 第476冊
(清)王秉煌 屈正宸修 梅鹽臣等纂
清康熙五十六年(1717)刻本
[光緒]羅次縣志 第476冊
(清)胡毓麒修 楊鍾璧等纂
清光緒十三年(1887)碧城書院刻本
[光緒]鎮南州志略 第476冊
(清)李毓蘭修 甘孟賢纂
清光緒十八年(1892)刻本版存鎮南龍川書院藏書樓
[康熙]姚州志 第476冊
(清)管棆纂修
清康熙五十二年(1713)刻本
[光緒]姚州志 第476冊
(清)陸宗鄭等修 甘雨纂
清光緒十一年(1885)刻本版存姚州文廟尊經閣
[民國]姚安縣志 第476冊
霍士廉等修 由雲龍等纂
民國三十七年(1948)鉛印本
[雍正]白鹽井志 第477冊
(清)劉邦瑞纂修
清雍正八年(1730)抄本暨刻本
[乾隆]白鹽井志 第477冊
(清)郭存莊纂修
清乾隆二十三年(1758)刻本
[光緒]續修白鹽井志 第477冊
(清)李訓鋐等修 羅其澤等纂
清光緒三十三年(1907)刻本
[民國]鹽豐縣志 第477冊
郭燮熙纂修
民國十三年(1924)雲南開智公司鉛印本
[道光]定遠縣志 第477冊
(清)李德生等修 李慶元等纂
清道光十五年(1835)修抄本
[康熙]琅鹽井志 第477冊
(清)沈鼒纂修
清康熙五十一年(1712)修民國間抄本
[乾隆]琅鹽井志 第477冊
(清)孫元湘修 趙淳纂
清乾隆二十一年(1756)刻本
[康熙]南安州志 第477冊
(清)張倫至纂修
清康熙四十八年(1709)刻本
碍嘉志稿 第477冊
(清)羅仰錡纂修
清乾隆十一年(1746)修抄本
紅河哈尼族彝族自治州
[雍正]臨安府志 第477冊
(清)張無咎修 夏冕纂
清雍正九年(1731)修民國間抄本
[乾隆]廣西府志 第477冊
(清)周埰修 李綬纂
清乾隆四年(1739)刻光緒三十一年(1905)補刻本
[乾隆]彌勒州志 第477冊
(清)秦仁 王緯修 伍士玠纂 傅騰蛟等增訂
清乾隆四年(1739)刻本
[雍正]阿迷州志 第478冊
(清)陳權修 顧琳纂
清雍正十三年(1735)修抄本
[乾隆]蒙自縣志 第478冊
(清)李焜撰
清乾隆五十六年(1791)修抄本
[乾隆]石屏州志 第478冊
(清)管學宣纂修
清乾隆二十四年(1759)刻本本衙藏版
[乾隆]石屏州續志 第478冊
(清)呂纘先修 羅元琦纂
清乾隆四十五年(1780)刻本本衙藏版
[民國]石屏縣志 第478冊
袁嘉穀纂修
民國二十七年(1938)鉛印本
[康熙]建水州志 第478冊
(清)陳肇奎修 葉涞纂
清康熙五十四年(1715)刻本
[雍正]建水州志 第478冊
(清)祝宏修 趙節等纂
清雍正九年(1731)刻本本衙藏版
文山壯族苗族自治州
[乾隆]開化府志 第478冊
(清)湯大賓修 趙震纂
清乾隆二十三年(1758)修抄本
[道光]開化府志 第478冊
(清)何懷道等修 萬重賀等纂
清道光九年(1829)刻本
[民國]馬關縣志 第478冊
張自明修 王富臣等纂
民國二十一年(1932)石印本
[民國]邱北縣志 第478冊
沈祜修 繆雲章纂
民國十五年(1926)石印本
西藏自治區
[乾隆]西藏志 第479冊
(清)允禮撰
清乾隆間撰刻本
[乾隆]衛藏圖識 第479冊
(清)馬揭 盛繩祖撰
清乾隆五十七年(1792)刻本
[乾隆]衛藏通志 第479冊
(清)和琳纂修
清光緒二十一年(1895)漸西村舍刻本
西藏考 第479冊
(清)佚名纂修
民國二十五年(1936)商務印書館鉛印《叢書集成初編》本
西藏通覽 第479冊
(日)山縣初男著
民國二年(1913)陸軍部印行鉛印本
西招五種 第479冊
(清)松筠撰
清嘉慶間撰道光間刻本
西藏小識 第479冊
(清)單毓年著
清光緒三十四年(1908)抄本
西藏雜俎 第479冊
(清)虯一輯
清宣統間抄本
拉薩市
[道光]拉薩廳志 第479冊
(清)李夢皋纂

[雍正]安定縣志 第483冊
(清)吳瑛修 王鴻薦纂
清雍正年間修抄本
[道光]安定縣志 第483冊
(清)姚國齡修 宋楚山纂
清道光二十六年(1846)修抄本
[光緒]保安縣志略 第483冊
(清)侯昌銘纂修
清光緒二十四年(1898)修抄本
[乾隆]宜川縣志 第483冊
(清)吳炳纂修
清乾隆十八年(1753)刻本
[民國]宜川縣志 第483冊
余正東纂修 黎錦熙校訂
民國三十三年(1944)鉛印本
[康熙]延長縣志 第483冊
(清)孫芳馨修 樊鍾秀纂
清康熙年間修抄本
[乾隆]延長縣志 第483冊
(清)王崇禮纂修
清乾隆二十七年(1762)修民國補抄本
[康熙]鄜州志 第483冊
(清)顧耿臣修 任于嶠纂
清康熙五年(1666)刻本
[道光]鄜州志 第484冊
(清)吳鳴捷修 譚瑀纂
清道光十三年(1833)刻本
[順治]洛川志 第484冊
(清)陳𪻐修 李楷 東蔭商纂
清順治十八年(1661)刻本
[嘉慶]洛川縣志 第484冊
(清)劉毓秀修 賈構纂
清嘉慶十一年(1806)刻本
[民國]洛川縣志 第484冊
余正東修 黎錦熙 吳致勳纂
民國三十三年(1944)泰華印刷廠鉛印本
[康熙]中部縣志 第484冊
(清)李暄修 劉爾怡纂
清康熙三十二年(1693)刻本
[嘉慶]續修中部縣志 第484冊
(清)丁瀚修 張永清等纂
清嘉慶十二年(1807)修民國二十四年(1935)鉛印本

銅川市

[嘉靖]耀州志 第484冊
(明)李廷寶修 喬世寧纂
明嘉靖三十六年(1557)刻本
[乾隆]續耀州志 第484冊
(清)汪灝修 鍾研齋纂
清乾隆二十七年(1762)刻本
[嘉慶]耀州志 第484冊
(清)陳仕林纂修
清嘉慶七年(1802)刻本
[崇禎]同官縣志 第484冊
(明)劉澤遠修 寇慎纂 孔尚標增修
明萬曆四十六年(1618)刻崇禎十三年(1640)增補本
[乾隆]同官縣志 第484冊
(清)袁文觀纂修
清乾隆三十年(1765)刻抄本
[民國]同官縣志 第484冊
余正東修 黎錦熙纂
民國三十三年(1944)西京泰華印刷廠鉛印本
[雍正]宜君縣志 第484冊
(清)查遴等纂修
清雍正十年(1732)修抄本

渭南市

[嘉靖]渭南縣志 第484冊
(明)南大吉纂修
明嘉靖二十年(1541)修抄本
[雍正]渭南縣志 第484冊
(清)岳冠華纂修
清雍正十年(1732)刻本
[道光]重輯渭南縣志 第484冊
(清)何耿繩修 姚景衡纂
清道光九年(1829)刻本
[光緒]新續渭南縣志 第484冊
(清)嚴書麟修 焦聯甲等纂
清光緒十八年(1892)刻本
[乾隆]富平縣志 第484冊
(清)喬履信纂修
清乾隆五年(1740)刻本
[乾隆]富平縣志 第484冊
(清)吳六鼇修 胡文銓纂
清乾隆四十三年(1778)刻本
[光緒]富平縣志稿 第484冊
(清)樊增祥 劉錕修 田兆岐纂
清光緒十七年(1891)刻本
[天啟]同州志 第484冊
(明)張一英修 馬朴纂
明天啓五年(1625)刻本
[乾隆]同州府志 第484冊
(清)張奎祥修 李之蘭等纂
清乾隆六年(1741)刻本
[乾隆]同州府志 第484冊
(清)閔鑒修 吳泰來纂
清乾隆四十六年(1781)刻本
[咸豐]同州府志 第484冊
(清)李恩繼 文廉修 蔣湘南纂
清咸豐二年(1852)刻本
[乾隆]大荔縣志 第484冊
(清)沈應俞纂輯
清乾隆七年(1742)刻本
[乾隆]大荔縣志 第484冊
(清)賀雲鴻纂修
清乾隆五十一年(1786)刻本
[道光]大荔縣志 第484冊
(清)熊兆麟纂修
清道光三十年(1850)刻本
[光緒]大荔縣續志 第484冊
(清)周銘旂修 李志復纂
清光緒五年(1879)修十一年(1885)馮翊書院刻本
[民國]續修大荔縣舊志存稿 第484冊
聶雨潤修 李泰纂
民國二十六年(1937)陝西省印刷局鉛印本
[民國]大荔縣新志存稿 第484冊
聶雨潤修 李泰纂
民國二十六年(1937)陝西省印刷局鉛印本
[康熙]朝邑縣後志 第485冊
(清)王兆鼇修
清康熙五十一年(1712)刻本
[乾隆]朝邑縣志 第485冊
(清)金嘉琰 朱廷模修 錢坫纂
清乾隆四十五年(1780)刻本
[咸豐]朝邑縣志 第485冊
(清)李元春纂修
清咸豐元年(1851)華原書院刻本
[民國]平民縣志 第485冊
楊瑞霆修 霍光縉纂
民國二十一年(1932)鉛印本之抄本
[順治]重脩郃陽縣志 第485冊
(明)葉夢熊纂 (清)莊曾明 葉子循等續纂
清順治六年(1649)刻十年(1653)增修本
[順治]澄城縣志 第485冊

(明)石道立原纂 (清)姚欽明增修 路世美增纂
清順治六年(1649)修咸豐元年(1851)重刻本
[乾隆]澄城縣志 第485冊
(清)戴治修 洪亮吉 孫星衍纂
清乾隆四十九年(1784)刻本
[咸豐]澄城縣志 第485冊
(清)金玉麟修 韓亞熊纂
清咸豐元年(1851)刻本
[民國]澄城續志 第485冊
王懷斌修 姬新命纂
民國十五年(1926)鉛印本
[民國]澄城縣附志 第485冊
王懷斌修 趙邦楹纂
民國十五年(1926)鉛印本
[萬曆]韓城縣志 第485冊
(明)張士佩纂修 張士魁訂正
明萬曆三十五年(1607)刻本
[乾隆]韓城縣志 第485冊
(清)傅應奎修 錢坫纂
清乾隆四十九年(1784)刻本本衙藏版
[乾隆]韓城縣續志 第485冊
(清)傅應奎原修 冀蘭泰續修
清乾隆四十九年(1784)刻嘉慶二十三年(1818)續修刻本
[民國]韓城縣續志 第485冊
趙本蔭修 程仲昭纂
民國十四年(1925)石印本
[康熙]續華州志 第485冊
(清)馮昌奕修 劉遇奇等纂
清光緒八年(1882)合刻華州志本
[乾隆]再續華州志 第485冊
(清)汪以誠修 史蕁纂
清乾隆五十四年(1789)刻本
[光緒]三續華州志 第485冊
(清)吳炳南修 劉域纂
清光緒八年(1882)合刻華州志本
[乾隆]華陰縣志 第485冊
(清)陸維垣 許光基修 李天秀等纂
清乾隆五十九年(1794)修民國十七年(1928)西安藝林印書社鉛印本
[民國]華陰縣續志 第485冊
米登嶽修 張崇善 王之彥纂
民國二十一年(1932)鉛印本
華嶽志 第485-486冊
(清)姚遠翿纂修
清乾隆二十七年(1762)刻本
華嶽志 第486冊
(清)李榕蔭原修 郝永茂補刻
清道光間撰光緒九年(1883)刻本
[康熙]蒲城縣志 第486冊
(清)鄧永芳修 李馥蒸纂
清康熙五年(1666)刻抄本
[乾隆]蒲城縣志 第486冊
(清)張心鏡纂修
清乾隆四十七年(1782)重修刻本本衙藏版
[光緒]蒲城縣新志 第486冊
(清)李體仁修 王學禮纂
清光緒三十一年(1905)刻本
[乾隆]白水縣志 第486冊
(清)梁善長纂修
清乾隆十九年(1754)修民國十四年(1925)鉛印本
[康熙]潼關衛志 第486冊
(清)唐咨伯修 楊端本纂
清康熙二十四年(1685)刻後印本
[嘉慶]續潼關縣志 第486冊
(清)向淮修 王森文纂
清嘉慶二十二年(1817)修民國二十年(1931)西安克興印書館鉛印本
[民國]潼關縣新志 第486冊
羅傳甲修 趙鵬超纂
民國二十年(1931)鉛印本

咸陽市

[乾隆]咸陽縣志 第486冊
(清)臧應桐纂修
清乾隆十六年(1751)刻本
[民國]重修咸陽縣志 第486冊
劉安國修 吳廷錫 馮光裕纂
民國二十一年(1932)鉛印本
[乾隆]興平縣志 第486冊
(清)顧聲雷修 張塤纂
清乾隆間修光緒二年(1876)刻本
[民國]興平縣志 第486冊
王廷珪修 張元際 馮光裕纂
民國十二年(1923)西安藝林印書局鉛印本
馬嵬志 第486冊
(清)胡鳳丹撰
清光緒三年(1877)永康胡氏退補齋刻本
[康熙]涇陽縣志 第486冊
(清)王際有纂修
清康熙九年(1670)刻本
[雍正]涇陽縣志 第486冊
(清)屠楷纂修
清雍正十年(1732)刻本
[乾隆]涇陽縣後志 第486冊
(清)唐秉剛修 譚一豫纂
清乾隆十二年(1747)刻本
[乾隆]涇陽縣志 第487冊
(清)葛晨纂修
清乾隆四十四年(1779)刻本
[道光]涇陽縣志 第487冊
(清)胡元煐修 蔣湘南纂
清道光二十二年(1842)刻本
[宣統]涇陽縣志 第487冊
(清)劉懋官修 宋伯魯 周斯億纂
清宣統三年(1911)天津華新印刷局鉛印本
涇陽魯橋鎮志 第487冊
(清)王介纂修
清道光元年(1821)刻本
續修魯橋鎮城鄉志 第487冊
馮庚修 郭思銳纂
民國十二年(1823)西安精益印書館鉛印本
[嘉靖]重修三原志 第487冊
(明)張信纂修
明嘉靖間刻 抄本
[乾隆]三原縣志 第487冊
(清)張象魏纂修
清乾隆三十一年(1766)刻光緒三年(1877)抄本
[乾隆]三原縣志 第487冊
(清)劉紹攽纂修
清乾隆四十八年(1783)刻本
[光緒]三原縣新志 第487冊
(清)焦雲龍修 賀瑞麟纂
清光緒六年(1880)刻本
[乾隆]醴泉縣志 第487冊
(清)蔣騏昌修 孫星衍纂
清乾隆四十九年(1784)刻本
[民國]續修醴泉縣志稿 第487冊
張道芷 胡銘荃修 曹驥觀纂
民國二十四年(1935)西安西山書局鉛印本
[順治]邠州志 第487冊
(明)姚本修 閻奉恩纂 (清)蘇東柱

續修
清順治六年（1649）刻康熙四十四年（1705）增補本
［乾隆］直隸邠州志 第487冊
（清）王朝爵 王灼修 孫星衍纂
清乾隆四十九年（1784）刻本
［民國］邠州新志稿 第487冊
趙晉源纂修
民國十八年（1929）修抄本
［康熙］三水縣志 第487冊
（清）林逢泰修 文倬天纂
清康熙十六年（1677）刻本
［同治］三水縣志 第487冊
（清）姜桐岡修 郭四維纂
清同治十一年（1872）刻本
［康熙］淳化縣志 第487冊
（清）張如錦纂修
清康熙四十一年（1702）吏隱堂刻本
［乾隆］淳化縣志 第487冊
（清）萬廷樹修 洪亮吉纂
清乾隆四十八年（1783）修民國二十三年（1934）西安克興印書館鉛印本
［康熙］長武縣志 第487冊
（清）張純儒修 莫琛纂
清康熙十六年（1677）刻本
［乾隆］長武縣志 第487冊
（清）樊士鋒修 洪亮吉 李泰交纂
清乾隆四十八年（1783）刻嘉慶二十四年（1819）增刻本
［宣統］長武縣志 第487冊
（清）沈錫榮修 王錫璋纂
清宣統二年（1910）學務公所印刷局鉛印本
［雍正］重修陝西乾州志 第487冊
（清）拜斯呼朗纂修
清雍正四年（1726）刻本
［光緒］乾州志稿 第487冊
（清）周銘旂纂修
清光緒十年（1884）乾陽書院刻本
乾州志稿補正 第487冊
（清）周銘旂纂修
清光緒十七年（1891）刻本
［民國］乾縣新志 第487冊
續儉 田屏軒修 范凝績纂
民國三十年（1941）西京克興印書館鉛印本
［康熙］永壽縣志 第487冊
（清）張焜修 趙運熙纂
清康熙七年（1668）刻本
［乾隆］永壽縣新志 第487冊
（清）蔣基修 王開沃纂
清乾隆五十六年（1791）刻本
［光緒］永壽縣志 第487冊
（清）鄭德樞修 趙奇齡等纂
清光緒十五年（1889）刻本
［正德］武功縣志 第488冊
（明）康海纂修
明正德年間修清道光二十七年（1847）刻《三長物齋叢書・三志合編》本
［雍正］武功縣後志 第488冊
（清）沈華修 崔昭等纂
清雍正十二年（1734）刻本
［光緒］武功縣續志 第488冊
（清）張世英修 巨國桂纂
清光緒十四年（1888）刻本

寶雞市

［乾隆］重修鳳翔府志 第488冊
（清）達靈阿修 周方炯纂
清乾隆三十一年（1766）刻本
［雍正］鳳翔縣志 第488冊
（清）韓鏞纂修
清雍正十一年（1733）刻本
［乾隆］鳳翔縣志 第488冊
（清）羅鰲修 周方炯 劉震纂
清乾隆三十二年（1767）刻本
［乾隆］寶雞縣志 第488冊
（清）許起鳳修 高登科纂
清乾隆二十九年（1764）刻抄本第五卷由刻本補配
［民國］寶雞縣志 第488冊
强振志等纂修
民國十一年（1922）鉛印本
［乾隆］岐山縣志 第488冊
（清）平世增 郭履恒修 蔣兆甲纂
清乾隆四十四年（1779）刻道光間增刻本
［光緒］岐山縣志 第488冊
（清）胡昇猷修 張殿元纂
清光緒十一年（1885）刻本
［民國］重修岐山縣志 第488冊
田惟均重修 白岫雲等編次
民國二十四年（1935）西安西山書局鉛印本
岐山縣鄉土志 第488冊
佚名纂修
民國二十六年（1937）鉛印《鄉土志叢編第一集》本
［順治］扶風縣志 第488冊
（清）劉瀚芳 陳允錫修 馮文可纂
清順治十八年（1661）刻本
［乾隆］扶風縣志 第488冊
（清）熊家振修 張塤纂
清乾隆四十六年（1781）刻本
［嘉慶］扶風縣志 第488冊
（清）宋世犖纂修
清嘉慶二十四年（1819）刻本
［宣統］郿縣志 第488冊
（清）沈錫榮纂修
清宣統二年（1910）鉛印本
［康熙］重脩麟遊縣志 第488冊
（清）吳汝為修 劉元泰纂
清康熙四十七年（1708）增刻本
［光緒］麟遊縣新志草 第488冊
（清）彭洵纂修
清光緒九年（1883）刻本
［順治］汧陽志 第488冊
（清）王國瑋纂修
清順治十七年（1660）增刻順治十年（1653）本
［雍正］增補汧陽志 第488冊
（清）吳宸梧 管斾增補
清乾隆元年（1736）增刻康熙五十七年（1718）本
［道光］重修汧陽縣志 第488冊
（清）羅曰璧纂修
清道光二十一年（1841）刻本
［光緒］增續汧陽縣志 第488冊
（清）焦思善修 張元璧 王潤纂
清光緒十三年（1887）刻本
［康熙］隴州志 第488冊
（清）羅彰彝纂修
清康熙五十二年（1713）刻本
［乾隆］隴州續志 第488冊
（清）吳炳纂修
清乾隆三十一年（1766）刻本
［道光］鳳縣志 第488冊
（清）陳韶纂
清道光六年（1826）抄本
［光緒］鳳縣志 第488冊
（清）朱子春等纂修

清光緒十八年(1892)刻本

漢中市

[民國]漢南續修郡志 第488冊
(清)嚴如熤原本 楊名颺續纂
民國十三年(1924)刻本

[乾隆]南鄭縣志 第489冊
(清)王行儉修 余孔捷纂
清乾隆五十九年(1794)刻本

[民國]續修南鄭縣志 第489冊
郭鳳洲 柴守愚修 劉定鐸等纂
民國十年(1921)刻本

[道光]褒城縣志 第489冊
(清)光朝魁纂修
清道光十一年(1831)抄本

[康熙]城固縣志 第489冊
(清)王穆纂修
清康熙五十六年(1717)刻光緒四年(1878)徐德懷重刻本

[康熙]洋縣志 第489冊
(清)鄒溶修 周忠纂
清康熙三十三年(1694)刻本

[光緒]洋縣志 第489冊
(清)張鵬翼纂修
清光緒二十三年(1897)修民國二十六年(1937)石印本

[道光]西鄉縣志 第489冊
(清)張廷槐纂修
清道光八年(1828)刻本抄本補配

[民國]西鄉縣志稿 第489冊
薛祥綏編
手抄本

西鄉勝迹錄 第489冊
姚效先撰
民國三十七年(1948)石印本

[道光]寧羌州志 第489冊
(清)張廷槐纂修
清道光十二年(1832)刻本缺頁處以他本補齊

[光緒]甯羌州志 第489冊
(清)馬毓華修 鄭書香 曹良模纂
清光緒十四年(1888)刻本

[嘉靖]略陽縣志 第489冊
(明)李遇春纂修 李東甲 賈言校補
明嘉靖三十一年(1552)刻本

[雍正]略陽縣志 第489冊
(清)范昉纂修
清雍正九年(1731)刻本

[道光]略陽縣志 第489冊
(清)譚瑀修 黎成德等纂
清道光二十六年(1846)修光緒三十年(1904)刻本

[光緒]新續略陽縣志 第489冊
(清)桂超修 侯龍光纂
清光緒三十年(1904)刻本

[光緒]定遠廳志 第489冊
(清)余修鳳纂修
清光緒五年(1879)刻本

[道光]留壩廳志 第489冊
(清)賀仲瑊等纂修
清道光二十二年(1842)刻本本衙藏版

紫柏山志圖 第489冊
(清)景邦憲編輯 任圓真校訂
清同治十年(1871)重刻本版存紫柏山留侯祠

榆林市

[道光]榆林府志 第489冊
(清)李熙齡纂修
清道光二十一年(1841)刻本

[民國]横山縣志 第489冊
劉濟南等修 曹子正等纂
民國二十年(1931)榆林東順齋石印本

[嘉慶]定邊縣志 第489冊
(清)黄沛修 江廷球纂 宋謙增輯
清嘉慶二十五年(1820)刻本

[嘉慶]葭州志 第489冊
(清)高珣修 龔玉麟纂
清嘉慶十四年(1809)修民國二十二年(1933)榆林東順齋石印本

[光緒]葭州志 第489冊
(清)李壽昌修 任佺纂
清光緒二十年(1894)刻本

[民國]葭縣志 第489冊
陳琯修 趙思明纂
民國二十二年(1933)榆林東順齋石印本

神木縣志 第489冊
(清)佚名纂修
清代抄本 記事至雍正四年

[道光]神木縣志 第489冊
(清)王致雲修 朱壎纂 張琛增補
清道光二十一年(1841)刻本

神木鄉土志 第489冊
佚名編
民國二十六年(1937)鉛印《鄉土志叢編第一集》本

[順治]綏德州志 第489冊
(清)王元士修 郝鴻圖纂
清順治十八年(1661)刻本

[乾隆]綏德州直隸州志 第490冊
(清)吳忠誥修 李繼嶠纂
清乾隆五十年(1785)刻本

[光緒]綏德直隸州志 第490冊
(清)孔繁樸修 高維嶽纂
清光緒三十一年(1905)刻本

[康熙]米脂縣志 第490冊
(清)甯養氣纂修
清康熙二十年(1681)刻抄本

[光緒]米脂縣志 第490冊
(清)高照煦等纂修
清光緒三十三年(1907)刻抄本

[民國]米脂縣志 第490冊
嚴建章 高仲謙等修 高照初纂
民國三十三年(1944)榆林松濤齋鉛印本

[順治]清澗縣志 第490冊
(清)廖元發修 白乃貞等纂
清順治十八年(1661)刻本

[道光]吳堡縣志 第490冊
(清)譚瑀纂修
清道光二十七年(1847)刻本本衙藏版

安康市

[康熙]興安州志 第490冊
(清)王希舜修 劉應秋纂
清康熙三十四年(1695)刻本

[乾隆]興安府志 第490冊
(清)李國麒纂修
清道光二十八年(1848)刻本

[嘉慶]續興安府志 第490冊
(清)葉世倬纂修
清嘉慶十七年(1812)刻本版存來鹿堂

安康縣鄉土志 第490冊
荊鳳翔纂
民國二十八年(1939)石印本

[康熙]漢陰縣志 第490冊
(清)趙世震修 汪澤延纂
清康熙二十六年(1687)刻抄本

[乾隆]漢陰縣志 第490冊
(清)郝敬修纂修
清乾隆四十年(1775)刻本

[嘉慶]漢陰廳志 第490冊
(清)錢鶴年修 董詔纂

清嘉慶二十三年(1818)刻本本衙藏版
[乾隆]平利縣志 第490冊
(清)黄寬纂修
清乾隆二十一年(1756)刻本
[光緒]續修平利縣志 第490冊
(清)楊孝寬修 李聯芳等纂
清光緒二十三年(1897)刻本
[同治]洵陽縣志 第490冊
(清)鄧夢琴纂修
清同治九年(1870)增刻本
[嘉慶]白河縣志 第490冊
(清)嚴一青纂修
清嘉慶六年(1801)挹漢亭刻本
[光緒]白河縣志 第490冊
(清)顧騄修 王賢輔 李宗麟纂
清光緒十九年(1893)刻本
[道光]紫陽縣志 第490冊
(清)陳僅 吳純修 施鳴鑾 張濂纂
清光緒八年(1882)吳世澤補刻本
[民國]紫陽縣志 第490冊
楊家駒修 陳振紀 陳如墉纂
民國十四年(1925)石印本
[康熙]石泉縣志 第490冊
(清)潘瑞奇修 張峻蹟纂
清康熙二十六年(1687)修抄本
[道光]石泉縣志 第490冊
(清)舒鈞纂修
清道光二十九年(1849)刻本
[道光]寧陝廳志 第490冊
(清)林一銘修 焦世官 胡官清纂
清道光九年(1829)刻本

商洛市

[康熙]續脩商志 第490冊
(清)王廷伊修 李本定纂
清康熙四年(1665)刻本
[乾隆]直隸商州志 第490冊
(清)王如玖纂修
清乾隆九年(1744)刻本
[乾隆]續商州志 第490冊
(清)羅文思纂修
清乾隆二十三年(1758)刻本
[雍正]鎮安縣志 第490冊
(清)武維緒修 任毓茂纂
清雍正四年(1726)刻本
[乾隆]鎮安縣志 第490冊
(清)聶燾纂修
清乾隆二十年(1755)修抄本
[乾隆]雒南縣志 第490冊
(清)范啓源纂修 薛韞訂正
清乾隆十一年(1746)刻五十二年(1787)增刻本
[嘉慶]山陽縣志 第490冊
(清)何樹滋纂修 黄煇增補
清嘉慶元年(1796)刻十三年(1808)增刻本
[民國]商南縣志 第490冊
羅傳銘修 路炳文纂
民國八年(1919)修十二年(1923)西安藝林印書社鉛印本
[光緒]孝義廳志 第490冊
(清)常毓坤修 李開甲等纂
清光緒九年(1883)刻本之抄本

甘肅省

[乾隆]甘肅通志 第491冊
(清)許容等修 李迪等纂
清乾隆間《四庫全書》本
[光緒]甘肅新通志 第491冊
(清)升允 長庚修 安維峻纂
清光緒三十四年(1908)修宣統元年(1909)刻本
[民國]甘肅通志稿 第491-492冊
劉郁芬等修 楊思等纂
民國十八年至二十五年(1929-1936)修稿本

蘭州市

[萬曆]臨洮府志 第492冊
(明)荊州俊修 唐懋德纂
明萬曆三十二年(1604)刻本
[康熙]臨洮府志 第492冊
(清)高錫爵纂修
清康熙二十六年(1687)刻本
[康熙]蘭州志 第492冊
(清)劉斗修 陳如稷纂
清康熙二十五年(1686)刻後補刻本
[乾隆]皋蘭縣志 第492冊
(清)吳鼎新修 黄建中纂
清乾隆四十三年(1778)刻本
[道光]皋蘭縣續志 第492冊
(清)黄璟修 秦曉峰纂 秦維嶽續修 陸芝田 張廷選續纂
清道光二十七年(1847)刻本版存皋蘭書院
[光緒]重修皋蘭縣志 第492冊
(清)張國常纂修
清光緒十八年(1892)修民國六年(1917)隴右樂善書局·甘肅政報局石印本
[道光]金縣志 第492冊
(清)恩福修 冒蕖纂
清道光二十四年(1844)刻本
[乾隆]平番縣志 第492冊
(清)張玿美修 曾鈞纂
據清乾隆十四年(1749)刻《五凉考治六德集全志》本排印
[民國]永登縣志 第492冊
周樹清等纂修
民國間抄本

金昌市

[乾隆]永昌縣志 第492冊
(清)張玿美修 沈紹祖 謝謹纂
據清乾隆十四年(1749)刻《五凉考治六德集全志》本排印
[乾隆]永昌縣志 第492冊
(清)李登瀛修 南濟漢纂
清乾隆五十年(1785)刻本雲川書院藏版

白銀市

[道光]續修會寧縣志 第492冊
(清)徐敬纂修
清道光二十年(1840)刻本版藏尊經閣
[康熙]重纂靖遠衛志 第492冊
(清)石文焯 李一鵬等纂
清康熙四十八年(1709)刻抄本
[道光]靖遠縣志 第492冊
(清)陳之驥編次
清道光十三年(1833)修民國十四年(1925)鉛字重印本

天水市

[乾隆]直隸秦州新志 第492冊
(清)費廷珍纂修
清乾隆二十九年(1764)刻本
[光緒]秦州直隸州新志 第492冊
(清)余澤春纂修
清光緒十五年(1889)刻本
[民國]秦州直隸州新志續編 第492冊
任承允纂修
民國二十八年(1939)蘭州國民印刷局鉛印本
[民國]天水縣志 第492冊
莊以綏等修 賈纘緒纂
民國二十八年(1939)蘭州國民印刷

局鉛印本
[康熙]清水縣志 第492冊
(清)劉俊聲修 張桂芳纂
清康熙二十六年(1687)刻本
[乾隆]清水縣志 第493冊
(清)朱超纂修
清乾隆六十年(1795)修抄本
[乾隆]伏羌縣志 第493冊
(清)周銑修 葉芝纂
清乾隆三十五年(1770)刻本
[同治]續伏羌縣志 第493冊
(清)侯新嚴修 方承宣纂
清同治十一年(1872)刻本

武威市

凉州府志備考 第493冊
(清)張澍輯錄
清嘉道時纂排印本
[乾隆]武威縣志 第493冊
(清)張昭美修 曾鈞 蘇暻纂
據清乾隆十四年(1749)刻《五凉考治六德集全志》本排印
[道光]鎮番縣志 第493冊
(清)許協修 謝集成等纂
清道光五年(1825)刻本
[民國]續修鎮番縣志 第493冊
周樹清修 盧殿元等纂
民國九年(1920)刻本
[乾隆]古浪縣志 第493冊
(清)張昭美修 趙璘 郭建文纂
據清乾隆十四年(1749)刻《五凉考治六德集全志》本排印
[民國]古浪縣志 第493冊
李培清修 唐海雲纂
民國二十八年(1939)凉州城内東大街河西印刷局鉛印本

酒泉市

[萬曆]肅鎮志 第493冊
(明)李應魁纂修
明萬曆四十四年(1616)修清順治十四年(1657)重刻本之抄本
[乾隆]重修肅州新志 第493冊
(清)黄文煒纂修
清乾隆二年(1737)刻本
[乾隆]重修肅州新志 第493冊
(清)黄文煒 沈青崖纂修 佚名續纂修
清乾隆二十七年(1762)增刻本
[光緒]肅州新志 第493冊
(清)吴人壽 何衍慶纂修 張緯編定校
清光緒二十三年(1897)修抄本
[道光]敦煌縣志 第493冊
(清)蘇履吉修 曾誠纂
清道光十一年(1831)刻本本衙藏版

張掖市

[順治]甘鎮志 第493冊
(清)楊春茂纂修
清順治十四年(1657)修抄本
[乾隆]甘州府志 第493冊
(清)鍾賡起纂修
清乾隆四十四年(1779)刻本
[民國]張掖縣志 第493冊
余炳元等編
民國三十八年(1949)修油印本
[民國]東樂縣志 第493冊
徐傳鈞修 張著常纂
民國十二年(1923)競業石印館石印本
[道光]山丹縣志 第493冊
(清)黄璟 朱遜志等纂修
清道光十五年(1835)刻抄本
[民國]高臺縣志 第493冊
徐家瑞纂修
民國十四年(1925)鉛印本

慶陽市

[嘉靖]慶陽府志 第493冊
(明)梁明翰修 傅學禮纂
明嘉靖三十六年(1557)刻本
[乾隆]新修慶陽府志 第493冊
(清)趙本植纂修
清乾隆二十六年(1761)刻抄本
[乾隆]合水縣志 第493冊
(清)陶奕曾纂修
清乾隆二十六年(1761)刻本
[光緒]合水縣志 第493冊
(清)佚名纂修
清光緒三十四年(1908)修民國三十六年(1947)抄本
[乾隆]環縣志 第493冊
(清)高觀鯉纂修
清乾隆十九年(1754)刻本
[乾隆]正寧縣志 第493冊
(清)折遇蘭纂修
清乾隆二十八年(1763)刻本
[康熙]寧州志 第493冊
(清)晉顯卿修 王星麟纂
清康熙二十六年(1687)刻本
[道光]鎮原縣志 第493冊
(清)李從圖纂修
清道光二十七年(1847)刻本衙署藏版
[民國]重修鎮原縣志 第493冊
錢史彤等修 焦國理等纂
民國二十四年(1935)蘭州俊華印書館印鉛印本

平凉市

[嘉靖]平凉府志 第493冊
(明)趙時春撰 張維校補
明嘉靖三十九年(1560)原本民國中校補抄本
崆峒山志 第493冊
(清)張伯魁纂修
清嘉慶二十四年(1819)刻本
崆峒山志 第494冊
(清)張伯魁纂修
清嘉慶二十四年(1819)刻本
[順治]華亭縣志 第494冊
(清)武全文 佟希堯修 馬魁選纂
清順治十六年(1659)修抄本
[民國]華亭縣志 第494冊
鄭震谷等修 幸邦隆總纂
民國二十二年(1933)石印本
[康熙]靜寧州志 第494冊
(清)黄廷鈺修 吳之珽纂
清康熙五十五年(1716)刻本
[乾隆]靜寧州志 第494冊
(清)王烜纂修
清乾隆十一年(1746)修民國蘭州俊華印書館鉛印本
[康熙]莊浪縣志 第494冊
(清)王鍾鳴修 盧必培纂
清康熙六年(1667)修抄本
[乾隆]莊浪志畧 第494冊
(清)邵陸纂修 耿光文續纂修
清乾隆五十五年(1790)刻民國十九年(1930)抄本
[順治]靈臺志 第494冊
(清)黄居中修 楊淳纂
清順治十五年(1658)刻康熙間增刻本
[民國]重修靈臺縣志 第494冊
楊渠統等修 王朝俊等纂
民國二十四年(1935)南京京華印書館鉛印本
[乾隆]涇州志 第494冊
(清)張延福纂修

清乾隆十九年(1754)刻抄本
[民國]崇信縣志 第494冊
張明道修 任瀛翰纂
民國十五年(1926)重修抄本
崇信縣採訪鄉土志 第494冊
(清)佚名編
清光緒三十四年(1908)編抄本
定西市
[康熙]安定縣志 第494冊
(清)張爾介纂修
清康熙十九年(1680)刻本
[乾隆]通渭縣志 第494冊
(清)何大璋修 張志達纂
清乾隆二十六年(1761)修抄本
[光緒]通渭縣新志 第494冊
(清)高蔚霞修 苟廷誠纂
清光緒十九年(1893)刻本版存縣署
[康熙]狄道縣志 第494冊
(清)李觀我纂修
清康熙二十七年(1688)修抄本
[乾隆]狄道州志 第494冊
(清)呼延華國纂修
清乾隆二十八年(1763)修光緒間官報書局鉛印本
[宣統]狄道州續志 第494冊
(清)聯瑛修 李鏡清 陳希世纂
清宣統元年(1909)刻本
[民國]洮沙縣志 第494冊
張慎微纂修
民國三十二年(1943)油印本
[民國]創修渭源縣志 第494冊
張兆鉀修 陳鴻寶纂
民國十五年(1926)平涼新隴書社石印本
渭源縣風土調查錄 第494冊
文廷美纂 高光壽編
民國十六年(1927)鉛印本
[光緒]隴西分縣武陽志 第494冊
(清)周裕柅修 楊學震纂
清光緒三十四年(1908)修抄本
[民國]漳縣志 第494冊
張鶚 石作柱修 楊國楨等纂
民國十七年(1928)石印本
[民國]漳縣志 第494冊
韓世英纂修
民國二十三年(1934)鉛印本
[康熙]岷州志 第494冊
(清)田而穟纂輯
清康熙四十一年(1702)刻本
隴南市
[乾隆]直隸階州志 第494冊
(清)林忠纂修 毛琪麟續纂修 葛時政等重纂修
清乾隆元年(1736)刻本
[嘉慶]武階備志 第494冊
(清)吳鵬翱纂修
清嘉慶十三年(1808)修同治十二年(1873)刻本版存甘肅階州署內
[光緒]階州直隸州續志 第494冊
(清)葉恩沛等纂修
清光緒十二年(1886)修抄本
[康熙]文縣志 第494冊
(清)江景瑞纂修
清康熙四十一年(1702)刻本
[乾隆]文縣志 第494冊
(清)孫巘修 何渾纂
清乾隆二十七年(1762)刻本
[光緒]文縣志 第495冊
(清)長贇修 劉健等纂
清光緒二年(1876)刻本版存禮房
[乾隆]成縣新志 第495冊
(清)黃泳修 汪于雍纂
清乾隆六年(1741)修十七年(1752)刻本
[民國]新纂康縣縣志 第495冊
王士敏修 呂鍾祥纂
民國二十五年(1936)康縣縣志局石印本
[乾隆]禮縣志 第495冊
(清)方嘉發纂修 唐正邦補纂
清乾隆十七年(1752)修二十一年(1756)刻本
[光緒]重纂禮縣新志 第495冊
(清)雷文淵修 王思溫纂
清光緒十六年(1890)刻本版存縣署
[民國]重纂禮縣新志 第495冊
張津等修 孫文俊 馬兆蕃纂
民國二十二年(1933)鉛印本
[乾隆]兩當縣志 第495冊
(清)秦武域纂修
清乾隆三十二年(1767)刻增修本
[道光]兩當縣新志 第495冊
(清)德俊修 韓塘纂 周遠明增修
清道光二十年(1840)刻二十六年(1846)增刻本
[乾隆]西和縣志 第495冊
(清)邱大英等纂修
清乾隆三十六年(1771)修抄本
[嘉靖]徽郡志 第495冊
(明)孟鵬年修 郭從道纂
明嘉靖四十二年(1563)修抄本
[嘉慶]徽縣志 第495冊
(清)張伯魁纂修
清嘉慶十四年(1809)刻本
[民國]徽縣新志 第495冊
董杏林 趙鐘靈纂修
民國十三年(1924)石印本
臨夏回族自治州
[嘉靖]河州志 第495冊
(明)吳禎纂修 劉卓增訂
明嘉靖二十五年(1546)修四十二年(1563)刻本
[康熙]河州志 第495冊
(清)王全臣纂修
清康熙四十六年(1707)刻抄本
[民國]和政縣志 第495冊
馬凱祥修 王詔纂
民國十九年(1930)修抄本
甘南藏族自治州
[光緒]洮州廳志 第495冊
(清)張彥篤修 包永昌等纂
清光緒三十三年(1907)修抄本
青海省
西寧市
[順治]西寧志 第495冊
(清)蘇銑纂
清順治十四年(1657)刻油印本
[乾隆]西寧府新志 第495冊
(清)楊應琚纂修
清乾隆十二年(1747)刻二十七年(1762)重印本
[民國]西甯府續志 第495冊
(清)鄧承偉纂 基生蘭續纂
民國二十六年(1937)修抄本
[民國]大通縣志 第495冊
劉運新修 廖徯蘇等纂
民國八年(1919)甘肅政報局鉛印本
[光緒]丹噶爾廳志 第495冊
(清)張庭武修 楊景昇纂
清光緒三十四年(1908)修抄本

海南藏族自治州

[民國]貴德縣志 第495冊
趙萬卿纂
民國二十九年(1940)修抄本

寧夏回族自治區

[嘉靖]寧夏新志 第495冊
(明)楊守禮修 管律纂
明嘉靖十九年(1540)修刻本

[萬曆]朔方新志 第495冊
(明)楊應聘 楊壽纂修
明萬曆四十五年(1617)刻清順治十六年(1659)增補本

[乾隆]寧夏府志 第495冊
(清)張金城修 楊浣雨纂
清乾隆四十五年(1780)刻本

[民國]朔方道志 第495冊
馬福祥等修 王之臣纂
民國十六年(1927)天津華泰印書館鉛印本

再遊西夏日記 第495冊
鄧龍撰
民國間抄本

銀川市

銀川小志 第496冊
(清)汪繹辰纂修
清乾隆二十年(1755)修一九八〇年油印本

[嘉慶]靈州志蹟 第496冊
(清)楊芳燦修 郭楷纂
清嘉慶三年(1798)刻本

石嘴山市

平羅記略 第496冊
(清)徐保字纂修
清道光九年(1829)新堡官舍刻本

固原市

[宣統]固原州志 第496冊
(清)王學伊修 錫麒纂
清宣統元年(1909)官報書局鉛印本

中衛市

[乾隆]中衛縣志 第496冊
(清)黄恩錫纂修
清乾隆間刻本抄配

[道光]中衛縣志 第496冊
(清)鄭元吉修 余懋官纂
清道光二十一年(1841)刻本

[光緒]海城縣志 第496冊
(清)楊金庚修 陳廷珍纂
清光緒三十四年(1908)修抄本

新疆維吾爾自治區

[乾隆]欽定皇輿西域圖志 第496冊
(清)傅恒等修 褚廷璋等纂 英廉等續纂修
清光緒間鉛印本

[嘉慶]回疆通志 第496冊
(清)和甯纂修
清嘉慶九年(1804)修民國十四年(1925)鉛印本

[宣統]新疆圖志 第496冊
(清)袁大化修 王樹枏 王學曾纂
清宣統三年(1911)修民國十二年(1923)鉛印本

[嘉慶]三州輯略 第496冊
(清)和寧撰
清嘉慶十年(1805)修舊抄本

漢西域圖考 第496冊
(清)李光廷撰
清同治九年(1870)刻本

和田地區

[民國]于闐縣志 第496冊
(清)賀家棟纂修
民國間抄本

香港特別行政區

香港指南 第496冊
陳公哲編
民國二十七年(1938)商務印書館鉛印本

大嶼山志 第496冊
釋筏可鑒定 釋明慧編輯
一九五八年香港寶蓮禪寺鉛印本

澳門特別行政區

[乾隆]澳門紀畧 第496冊
(清)印光任 張汝霖纂
清乾隆十六年(1751)修嘉慶五年(1800)刻本

[道光]新修香山縣志(澳門部分) 第496冊
(清)祝淮纂修
據清道光八年(1828)刻本排印

勺園詩鈔 第496冊
(清)李遐齡著
排印本

林則徐日記 第496冊
陳勝粦編
排印本

說劍堂集 第496冊
(清)潘飛聲著
排印本

港澳旅游草 第496冊
(清)梁喬漢著
排印本

澳門雜詩 第496冊
汪兆慵著
民國間著排印本

臺灣省

[康熙]臺灣府志 第496冊
(清)高拱乾修
清康熙三十三年(1694)修鉛印本

[康熙]重修臺灣府志 第496冊
(清)周元文著
清康熙五十一年(1712)修鉛印本

[乾隆]重修福建臺灣府志 第496冊
(清)劉良璧著
清乾隆六年(1741)修鉛印本

[乾隆]重修臺灣府志 第496冊
(清)六十七 范咸纂輯
清乾隆十一年(1746)修鉛印本

臺海見聞錄 第496冊
(清)董天工撰
清乾隆十六年(1751)撰鉛印本

[乾隆]續修臺灣府志 第496冊
(清)余文儀纂修
清乾隆間修鉛印本

臺海使槎錄 第496冊
(清)黃叔璥著
民國二十五年(1936)鉛印《叢書集成初編》本

[同治]淡水廳志 第496冊
(清)陳培桂等纂修
清同治十年(1871)刻本

[光緒]新竹縣志初稿 第496冊
(清)鄭鵬雲 曾逢辰纂
清光緒十九年(1893)纂鉛印本

苑裏志 第496冊
(清)蔡振豐編
清光緒二十三年(1897)編鉛印本

[康熙]臺灣縣志 第496冊
(清)王禮修 陳文達等纂
清康熙五十九年(1720)修鉛印本

[乾隆]臺灣縣志 第496冊
(清)魯鼎梅修 王必昌纂
清乾隆十七年(1752)刻本

[嘉慶]臺灣縣志 第496册
(清)薛志亮修 謝金鑾纂
清嘉慶十二年(1807)刻本
[道光]彰化縣志 第496册
(清)李廷璧修 周璽纂
清道光十六年(1836)刻本
茅港尾紀略 第496册
黄清淵纂
民國間修鉛印本
[乾隆]重修鳳山縣志 第496册
(清)王瑛曾纂修
清乾隆二十八年(1763)修鉛印本
[光緒]恒春縣志 第496册
(清)陳文緯修 屠繼善纂
清光緒二十一年(1895)修鉛印本
[光緒]澎湖廳志 第496册
(清)蔡麟祥 陳步梯修 林豪纂
清光緒十九年(1893)修鉛印本
中國地方志佛道教文獻匯纂. 人物卷
何建明主編
二〇一三年北京國家圖書館出版社
一三三册
全國一統志
太平寰宇記 第1册
(宋)樂史撰
宋刻本
祥符州縣圖經 第1册
(宋)李宗諤 王曾纂
據劉緯毅等輯《宋遼金元方志輯佚》排印
輿地紀勝 第1册
(宋)王象之撰 (清)岑建功補闕 劉文淇校勘
清道光二十九年(1849)刻本
輿地紀勝 第2册
(宋)王象之撰 (清)岑建功補闕 劉文淇校勘
清道光二十九年(1849)刻本
大元大一統志 第2册
(元)孛蘭肸 岳鉉等修
元刻本暨清袁氏貞節堂抄本
大明一統志 第2册
(明)李賢等修 萬安等纂
明天順五年(1461)刻本
大明一統志 第3册
(明)李賢等修 萬安等纂
明天順五年(1461)刻本
大清一統志 第3册
(清)穆彰阿等修 李佐賢等纂
民國二十三年(1934)據清道光二十二年(1842)進呈寫本影印本
北京市
順天府志 第4册
佚名纂
繆荃孫抄《永樂大典》本
[萬曆]順天府志 第4册
(明)沈應文 譚希思等修 張元芳纂
明萬曆二十一年(1593)刻本
[康熙]順天府志 第4册
(清)張吉午纂修
據清康熙抄本排印
[光緒]順天府志 第4册
(清)萬青黎 周家楣修 張之洞 繆荃孫纂
清光緒十二年(1886)刻本
京師坊巷志 第4册
(清)朱一新 繆荃孫合撰 劉承幹重訂
民國七年(1918)南林劉氏求恕齋刻本
宛署雜記 第4册
(明)沈榜修纂
明萬曆刻本
[康熙]宛平縣志 第4册
(清)王養濂修 李開泰 張采纂
清康熙二十三年(1684)刻本傳抄本
[康熙]昌平州志 第4册
(清)吳都梁修 潘問奇纂
清康熙十二年(1673)澹然堂刻本
[嘉靖]隆慶志 第4册
(明)謝庭桂纂 蘇乾續纂
明嘉靖二十八年(1549)刻本
[康熙]延慶州志 第4册
(清)遲日豫修 程光祖纂 于嘉楨續補
清順治十年(1653)刻康熙十九年(1680)增刻本
[乾隆]延慶州志 第4册
(清)李鍾俾修 穆元肇 方世熙纂
清乾隆七年(1742)刻本
[光緒]延慶州志 第4册
(清)屠秉懿修 張惇德纂
清光緒七年(1881)刻本
[康熙]懷柔縣新志 第4册
(清)吳景果纂修
清康熙六十年(1721)修民國二十四年(1935)鉛印本
[雍正]密雲縣志 第4册
(清)薛天培修 陳弘謨纂
清雍正元年(1723)刻本
[民國]密雲縣志 第4册
臧理臣等修 宗慶煦等纂
民國三年(1914)京華印書局鉛印本
[康熙]順義縣志 第4册
(清)黄成章修 張大酉纂
清康熙五十八年(1719)刻本
[民國]順義縣志 第4册
李芳等修 楊德馨等纂
民國二十二年(1933)鉛印本
[雍正]平穀縣志 第4册
(清)任在陛修 李柱明纂 項景倩續修
清雍正六年(1728)增刻本
[乾隆]平穀縣志 第4册
(清)任在陛原修 李柱明原纂 項景倩續修 朱克閱再續修
清乾隆四十二年(1777)增刻本
[康熙]通州志 第4册
(清)吳存禮修 陸茂騰纂
清康熙三十六年(1697)刻本
[乾隆]通州志 第4册
(清)高天鳳修 金梅纂
清乾隆四十八年(1783)刻本道光十八年(1838)修訂本
[光緒]通州志 第4册
(清)高建勳等修 王維珍等纂 陳鏡清等續纂
清光緒九年(1883)刻本
通縣編纂省志材料 第4册
何紹曾修 劉鵾書纂
民國二十一年(1932)油印本
[康熙]大興縣志 第4册
(清)張茂節修 李開泰等纂
清康熙二十四年(1685)刻本傳抄本
[民國]房山縣志 第4册
廖飛鵬 馮慶瀾修 高書官等纂
民國十七年(1928)鉛印本
白帶山志 第4册
溥儒輯
民國三十七年(1948)刻本
天津市
[乾隆]天津府志 第5册
(清)李梅賓 程鳳文修 吳廷華 汪沆纂
清乾隆四年(1739)刻本版藏本署
[乾隆]天津縣志 第5册

(清)朱奎揚 張志奇修 吳廷華纂
清乾隆四年(1739)刻本
[民國]天津縣新志 第5冊
高凌雯纂修
民國二十年(1931)和民國二十七年(1938)刻本
[民國]天津志略 第5冊
(宋)蘊璞輯
民國二十年(1931)鉛印本
[康熙]薊州志 第5冊
(清)張朝琮修 鄔棠等纂
清康熙四十三年(1704)刻本
[道光]薊州志 第5冊
(清)沈鋭修 章過纂
清道光十一年(1831)刻本
[民國]薊縣志 第5冊
徐葆瑩修 仇錫廷纂
民國三十三年(1944)鉛印本
盤山志 第5冊
(清)釋智朴纂
清康熙間刻本
[乾隆]寶坻縣志 第5冊
(清)洪肇楙修 蔡寅斗纂
清乾隆十年(1745)修民國六年(1917)石印本
[乾隆]武清縣志 第5冊
(清)吳翀修 曹涵 趙晃纂
清乾隆七年(1742)刻本
[民國]靜海縣志 第5冊
白鳳文修 高毓浵纂
民國二十三年(1934)靜海縣志書局天津文竹齋印鉛印本

河北省

[康熙]畿輔通志 第5冊
(清)于成龍修 郭棻纂
清康熙二十二年(1683)刻本
[雍正]畿輔通志 第5冊
(清)唐執玉 李衛修 陳儀 田易纂
清雍正十三年(1735)刻本
[同治]畿輔通志 第5冊
(清)李鴻章等修 黃彭年等纂
清同治十年(1871)修光緒十年(1884)刻本

石家莊市

[嘉靖]真定府志 第5冊
(明)唐臣修 雷禮纂
明嘉靖二十八年(1549)刻萬曆崇禎間增刻本
[乾隆]正定府志 第5冊
(清)鄭大進纂修
清乾隆二十七年(1762)刻本
[順治]真定縣志 第5冊
(清)陳謙纂修
清順治三年(1646)刻本
[光緒]正定縣志 第5冊
(清)慶之金等修 趙文濂等纂
清光緒元年(1875)刻本
[康熙]靈壽縣志 第5冊
(清)陸隴其修 傅維櫄纂
清康熙十一年(1672)修十五年(1686)刻本
[同治]靈壽縣志 第5冊
(清)劉賡年纂修
清同治十三年(1874)刻本
[嘉靖]藁城縣志 第5冊
(明)李正儒纂修
明嘉靖十三年(1534)修民國二十三年(1934)鉛印本
[康熙]藁城縣志 第5冊
(清)賴于宣修 張丙宿纂
清康熙三十七年(1698)刻本
[康熙]高邑縣志 第5冊
(清)劉瑜修 趙崢纂
清康熙二十四年(1685)刻本
[乾隆]新修高邑縣志 第5冊
(清)江啟澄修 林鴻瑛纂
清乾隆四十三年(1778)修抄本
[嘉慶]高邑縣志 第5冊
(清)陳元芳修 沈雲尊纂
清嘉慶五年(1800)刻十六年(1811)增刻本
[民國]高邑縣志 第5冊
王天傑等修 宋文華纂
民國二十二年(1933)鉛印本
[民國]高邑縣志 第5冊
張權本修 李湧泉纂
民國三十年(1941)鉛印本
[正德]趙州志 第5冊
(明)程遵纂修
明正德十年(1515)刻本
[康熙]趙州志 第6冊
(清)祝萬祉修 閻永齡等纂
清康熙十二年(1673)刻本
[光緒]直隸趙州志 第6冊
(清)孫傳栻修 王景美纂
清光緒二十三年(1897)刻本
[雍正]井陘縣志 第6冊
(清)鍾文英纂修
清雍正八年(1730)刻本本衙藏版
[光緒]續修井陘縣志 第6冊
(清)常善修 趙文濂纂
清光緒元年(1875)刻本
井陘縣志料 第6冊
王用舟等修 傅汝鳳等纂
民國二十三年(1934)天津義利印刷局鉛印本
[康熙]深澤縣志 第6冊
(清)許來音纂修
清康熙十四年(1675)修康熙刻本
[咸豐]深澤縣志 第6冊
(清)王肇晉等纂修
清咸豐十一年(1861)修民國二十五年(1936)鉛印本
[光緒]續修贊皇縣志 第6冊
(清)周晉堃等修 趙萬泰等纂
清光緒二年(1876)刻本
[民國]贊皇縣志 第6冊
湯玉瑞修 閃國策纂
民國二十九年(1940)鉛印本
[民國]元氏縣志 第6冊
王自尊修 李林奎 武儒衡等纂
民國二十年(1931)鉛印本
[同治]欒城縣志 第6冊
(清)陳詠修 張惇德纂
清同治十一年(1872)刻本
[康熙]平山縣志 第6冊
(清)湯聘修 秦有容纂
清康熙十二年(1673)刻本

張家口市

[民國]察哈爾省通志 第6冊
宋哲元等修 梁建章等纂
民國二十四年(1935)鉛印本
[嘉靖]宣府鎮志 第6冊
(明)孫世芳修 欒尚約纂
明嘉靖四十年(1561)刻本
[乾隆]赤城縣志 第6冊
(清)孟思誼纂修
清乾隆十三年(1748)刻本
[同治]赤城縣續志 第6冊
(清)林牟貽等纂修
清同治十一年(1872)修光緒七年

(1881)刻本
[康熙]龍門縣志 第6冊
(清)章焞纂修
清康熙五十一年(1712)刻本
[民國]龍關縣志 第6冊
劉德寬修 何耀慧纂
民國二十三年(1934)鉛印本
[康熙]懷來縣志 第6冊
(清)許隆遠纂修
清康熙五十一年(1712)刻雍正六年(1728)重印本
[光緒]懷來縣志 第6冊
(清)朱乃恭修 席之瓚纂
清光緒八年(1882)刻本
[崇禎]蔚州志 第6冊
(明)來臨纂修
明崇禎間抄本
[順治]蔚州志 第6冊
(清)李英纂修
清順治十六年(1659)刻本
[乾隆]蔚縣志 第6冊
(清)王育榞修 李舜臣纂
清乾隆四年(1739)刻本
[乾隆]蔚州志補 第6冊
(清)楊世昌修 吳廷華 楊大猷纂
清乾隆十年(1745)刻本
[光緒]蔚州志 第6冊
(清)慶之金修 楊篤纂
清光緒三年(1877)刻本
[道光]保安州志 第6冊
(清)楊桂森纂修
清道光十五年(1835)刻本
[康熙]西寧縣志 第6冊
(清)張充國纂修
清康熙五十一年(1712)刻本
[同治]西甯新志 第6冊
(清)韓志超等修 楊篤纂
清同治十二年(1873)宏州書院校刻本
[民國]陽原縣志 第6冊
劉志鴻修 李泰棻纂
民國二十四年(1935)鉛印本

承德市

[道光]承德府志 第6冊
(清)海忠纂 林從炯修
清道光十一年(1831)刻光緒十三年(1887)廷傑重訂本

秦皇島市

[乾隆]永平府志 第6冊
(清)李奉翰等修 王金英纂
清乾隆三十九年(1774)刻本
[光緒]永平府志 第6冊
(清)遊智開修 史夢蘭纂
清光緒五年(1879)敬勝書院刻本
[康熙]昌黎縣志 第6冊
(清)王曰翼修 高培纂
清康熙十四年(1675)刻本
[同治]昌黎縣志 第6冊
(清)何崧泰等修 馬恂 何爾泰纂
清同治五年(1866)刻本本衙藏版
[民國]昌黎縣志 第6冊
金良驥等修 張念祖等纂 安慶雲續修 田如琇續纂 陶宗奇再續修 張鵬翱再續纂
民國二十二年(1933)鉛印本
[康熙]增補盧龍縣志 第6冊
(清)李士模原本 衛立鼎增修
清康熙十九年(1680)增刻本
[乾隆]臨榆縣志 第6冊
(清)鍾和梅纂修
清乾隆二十一年(1756)刻本
[光緒]臨榆縣志 第6冊
(清)趙允祜修 高錫疇纂
清光緒四年(1878)刻本
[民國]臨榆縣志 第6冊
仵墉 高淩霨修 程敏侯等纂
民國十八年(1929)鉛印本
[康熙]撫寧縣志 第6冊
(清)趙端修 徐廷璟纂
清康熙二十一年(1682)刻本
[光緒]撫甯縣志 第6冊
(清)張上龢修 史夢蘭纂
清光緒三年(1877)刻本本衙藏版

唐山市

[康熙]玉田縣志 第6冊
(清)王光謨修 胡維翰纂
清康熙二十年(1681)刻本
[乾隆]玉田縣志 第6冊
(清)謝客纂修
清乾隆二十一年(1756)刻本
[光緒]玉田縣志 第6冊
(清)夏子鎏修 李昌時纂 丁維續纂
清光緒十年(1884)刻本
[康熙]遵化州志 第6冊
(清)鄭僑生修 葉向昇等纂
清康熙間修刻本
[乾隆]直隸遵化州志 第6冊
(清)劉靖修 邊中寶纂
清乾隆二十一年(1756)刻本
[乾隆]直隸遵化州志 第6冊
(清)傅修等纂修
清乾隆五十九年(1794)刻本
[光緒]遵化通志 第6冊
(清)何崧泰等修 史樸等纂
清光緒十二年(1886)刻本
[天啟]樂亭縣志 第6冊
(明)潘敦複纂修 劉松續修
明萬曆二十一年(1593)刻天啟二年(1622)增刻本
[光緒]樂亭縣志 第6冊
(清)蔡志修等修 史夢蘭纂
清光緒三年(1877)刻本尊道書院藏版
[嘉慶]灤州志 第6冊
(清)吳士鴻修 孫學恒纂
清嘉慶十五年(1810)刻本
[光緒]灤州志 第6冊
(清)楊文鼎修 王大本等纂
清光緒二十四年(1898)刻本海陽書院藏版
[民國]灤縣志 第6冊
袁棻修 張鳳翔 劉祖培纂
民國二十六年(1937)鉛印本
[康熙]豐潤縣志 第6冊
(清)羅景泐修 曹鼎望纂
清康熙三十一年(1692)刻本
[乾隆]豐潤縣志 第6冊
(清)吳慎纂修
清乾隆二十年(1755)刻本
[光緒]豐潤縣志 第6冊
(清)郝增祜等纂修 周晉堃續纂修
清光緒十七年(1891)修民國十年(1921)鉛印本

廊坊市

[康熙]東安縣志 第6冊
(清)王士美 李大章等修 張墀等纂
清康熙十二年(1673)修民國二十四年(1935)鉛印本
[乾隆]東安縣志 第6冊
(清)李光昭修 周琰纂
清乾隆十四年(1749)刻本
[民國]安次縣志 第6冊

劉鍾英 馬鍾琇等纂修
民國二十四年(1935)鉛印本
[乾隆]三河縣志 第6冊
(清)陳泉修 王大信等纂
清乾隆二十五年(1760)刻本
[民國]三河縣新志 第6冊
曹楨 蘇士俊修 吳寶銘 韓琛等纂
民國二十四年(1935)鉛印本
[康熙]香河縣志 第6冊
(清)劉深纂修
清康熙十七年(1678)刻本
[民國]香河縣志 第6冊
王葆安修 馬文煥 陳式謀纂
民國二十五年(1936)鉛印本
[康熙]霸州志 第6冊
(清)朱廷梅修 孫振宗纂
清康熙十三年(1674)刻本
[民國]霸縣新志 第6冊
劉延昌等修 劉崇本等纂
民國二十三年(1934)天津文竹齋鉛印本
[康熙]固安縣志 第6冊
(清)鄭善述修 潘昌纂
清康熙五十三年(1714)刻本
[咸豐]固安縣志 第6冊
(清)陳崇砥修 陳福嘉 吳三峯等纂
清咸豐九年(1859)刻本本署藏版
固安文獻志 第6冊
賈廷琳修 徐世昌纂
民國十七年(1928)鉛印本
[民國]固安縣志 第6冊
錢仲仁修 王尚義等纂
民國三十一年(1942)鉛印本
[光緒]大城縣志 第6冊
(清)趙炳文 徐國楨修 劉鍾英 鄧毓怡纂
清光緒二十三年(1897)刻本
[康熙]文安縣志 第6冊
(清)崔啟元修 王胤芳 邵秉忠纂
清康熙十二年(1673)刻本
[民國]文安縣志 第7冊
陳楨修 李蘭增 陳德沛纂
民國十一年(1922)天津源泰印字館鉛印本
[乾隆]永清縣志 第7冊
(清)周震榮修 章學誠纂
清乾隆四十四年(1779)刻本縣署藏版

保定市

[弘治]重脩保定志 第7冊
(明)章律修 張才纂 徐珪重編
明弘治七年(1494)刻本
[萬曆]保定府志 第7冊
(明)馮惟敏等纂修 王國楨續修 王政熙續纂
明隆慶五年(1571)修萬曆三十五年(1607)續修刻本
[康熙]保定府志 第7冊
(清)紀弘謨等修 郭棻纂
清康熙十九年(1680)刻本
[光緒]保定府志 第7冊
(清)李培祜等修 張豫塏等纂
清光緒七年(1881)修十二年(1886)刻本
[乾隆]淶水縣志 第7冊
(清)方立經纂修
清乾隆二十七年(1762)刻本
[光緒]淶水縣志 第7冊
(清)陳杰等纂修
清光緒五年(1879)修十一年(1895)刻本敬業堂藏版
[康熙]涿州志 第7冊
(清)劉德弘修 楊如樟纂
清康熙十六年(1677)刻本
[乾隆]涿州志 第7冊
(清)吳山鳳纂修
清乾隆三十年(1765)刻本
[康熙]定興縣志 第7冊
(清)張其珍修 尚新民纂
清康熙十二年(1673)刻本
[乾隆]定興縣志 第7冊
(清)王錫璁纂修
清乾隆四十四年(1779)刻本
[光緒]定興縣志 第7冊
(清)張主敬等修 楊晨纂
清光緒十六年(1890)刻本
[道光]安州志 第7冊
(清)彭定澤修 俞湘纂
清道光二十六年(1846)修抄本
[嘉靖]蠡縣志 第7冊
(明)李複初纂修
明嘉靖十三年(1534)刻本
[順治]蠡縣志(附續志) 第7冊
(明)錢天錫纂修 (清)祖建明續修
明崇禎十四年(1641)刻清順治八年(1651)增刻本
[光緒]蠡縣志 第7冊
(清)韓志超 何雲誥修 張瑲 王其衡等纂
清光緒二年(1876)刻本
[康熙]博野縣志 第7冊
(清)王國泰修 劉聲纂
清康熙十五年(1676)刻本
[雍正]直隸定州志 第7冊
(清)王大年修 魏權纂
清雍正間修乾隆元年(1736)刻本
[康熙]唐縣新志 第7冊
(清)王政修 張珽 陳瑺纂
清康熙十一年(1672)刻本
[雍正]續唐縣志略 第7冊
(清)王恪纂修
清雍正十二年(1734)刻本
[光緒]唐縣志 第7冊
(清)陳詠修 張惇德纂
清光緒四年(1878)刻本
[光緒]廣昌縣志 第7冊
(清)劉榮纂修
清光緒元年(1875)刻本
[弘治]易州志 第7冊
(明)戴敏修 戴銑纂
明弘治十五年(1502)刻本
[順治]易水志 第7冊
(清)藺民孚 朱懋文纂修
清順治二年(1645)刻本
[乾隆]直隸易州志 第7冊
(清)楊芊纂修 張登高續纂修
清乾隆十二年(1747)刻本
[民國]雄縣新志 第7冊
秦廷秀等修 劉崇本纂
民國十九年(1930)鉛印本
[康熙]安肅縣志 第7冊
(清)梁舟修 陳公定纂
清康熙十三年(1674)刻本
[乾隆]安肅縣志 第7冊
(清)張鈍修 史元善等纂
清乾隆四十三年(1778)刻嘉慶十三年(1808)石梁補刻本
[民國]徐水縣新志 第7冊
劉延昌修 劉鴻書纂
民國二十一年(1932)鉛印本
[雍正]高陽縣志 第7冊
(清)嚴宗嘉修 李其旋纂

清雍正八年(1730)刻本
[民國]高陽縣志 第7冊
李大本修 李曉泠纂
民國二十二年(1933)鉛印本
[乾隆]祁州志 第7冊
(清)王楷等修 張萬銓等纂
清乾隆二十一年(1756)刻本
[光緒]祁州續志 第7冊
(清)趙秉恆等修 劉學海等纂
清光緒元年(1875)修八年(1882)刻本
[民國]望都縣志 第7冊
王德乾修 崔蓮峯纂
民國二十三年(1934)鉛印本抄配
[民國]完縣新志 第7冊
彭作楨修 劉玉田等纂
民國二十三年(1934)鉛印本
[民國]滿城縣志略 第7冊
陳寶生修 楊式震 陳昌源纂
民國二十年(1931)天津協成印刷局鉛印本

滄州市

[萬曆]河間府志 第7冊
(明)杜應芳修 陳士彥纂
明萬曆四十三年(1615)刻本
[康熙]河間府志 第7冊
(清)徐可先纂修
清康熙間刻本
[乾隆]河間府新志 第7冊
(清)杜甲 周嘉露修 黃文蓮 胡天遊纂
清乾隆二十五年(1760)刻本
[乾隆]河間縣志 第7冊
(清)吳山鳳修 黃文蓮 梁志恪纂
清乾隆二十五年(1760)刻本
[乾隆]滄州志 第7冊
(清)徐時作修 胡淦等纂
清乾隆八年(1743)刻本
[民國]滄縣志 第7冊
張鳳瑞等修 張坪等纂
民國二十二年(1933)天津文竹齋鉛印本
[同治]鹽山縣志 第7冊
(清)王福謙 江毓秀修 潘震乙纂
清同治七年(1868)刻本
[民國]鹽山新志 第7冊
賈恩紱纂修
民國五年(1916)刻本
[光緒]東光縣志 第7冊
(清)周植瀛修 吳潯源纂
清光緒十四年(1888)刻本
[民國]交河縣志 第7冊
高步青等修 苗毓芳等纂
民國五年(1916)泊鎮善成堂刻本
[民國]青縣志 第7冊
萬震霄修 高遵章等纂
民國二十年(1931)天津鴻興印字館鉛印本
[康熙]南皮縣志 第7冊
(清)馬士瓊修 吳維哲等纂 劉址續纂修
清康熙十二年(1673)刻十九年(1680)增刻本
[光緒]南皮縣志 第7冊
(清)殷樹森 汪寶樹 傅金鑅纂
清光緒十四年(1888)刻本本衙藏版
[民國]南皮縣志 第7冊
王德乾等修 劉樹鑫纂
民國二十二年(1933)鉛印本
[乾隆]任邱縣志 第7冊
(清)劉統修 劉炳等纂
清乾隆二十七年(1762)刻本
[乾隆]獻縣志 第7冊
(清)萬廷蘭修 戈濤纂
清乾隆二十六年(1761)刻本
[民國]獻縣志 第7冊
薛鳳鳴修 張鼎彝纂
民國十四年(1925)刻本

衡水市

[乾隆]衡水縣志 第8冊
(清)陶淑纂修
清乾隆三十二年(1767)刻本
[民國]景縣志 第8冊
耿兆棟 董大年修 張汝漪纂
民國二十一年(1932)鉛印本
[康熙]棗強縣志 第8冊
(明)王鶴齡修 陶萬象纂 (清)胡夢龍增修 單惺等增纂
明萬曆四十四年(1616)刻清康熙十九年(1680)增刻本
[乾隆]棗強縣志 第8冊
(清)單作哲纂修
清乾隆十七年(1752)刻本
[嘉慶]棗強縣志 第8冊
(清)任衔蕙修 楊元錫纂
清嘉慶九年(1804)刻本
[康熙]安平縣志 第8冊
(清)陳宗石纂修
清康熙二十六年(1687)刻十一年(1692)患立堂增刻本
[雍正]故城縣志 第8冊
(清)蔡維義修 秦永清等纂
清雍正五年(1727)刻本
[乾隆]冀州志 第8冊
(清)范清曠纂修
清乾隆十二年(1747)刻本
[民國]冀縣志 第8冊
王樹枏纂修
民國十八年(1929)鉛印本

邢臺市

[乾隆]順德府志 第8冊
(清)徐景曾纂修
清乾隆十五年(1750)刻本
[嘉慶]邢臺縣志 第8冊
(清)竇景燕纂修 沈蓮生續修
清嘉慶十四年(1809)修道光七年(1827)續修刻本
[乾隆]柏鄉縣志 第8冊
(清)鍾賡華纂修
清乾隆三十一年(1766)刻本
[康熙]寧晉縣志 第8冊
(清)萬任修 張坦纂
清康熙十八年(1679)刻本
[民國]甯晉縣志 第8冊
伊承熙等修 張震科纂
民國十八年(1929)石印本
[光緒]唐山縣志 第8冊
(清)蘇玉修 杜靄 李飛鳴纂
清光緒七年(1881)刻本
[嘉靖]南宮縣志 第8冊
(明)葉恒嵩修 劉濂纂
明嘉靖十四年(1535)修十八年(1559)刻民國二十二年(1933)影印本
[康熙]南宮縣志 第8冊
(清)胡胤銓纂修
清康熙十二年(1673)刻雍正間增刻本
[道光]南宮縣志 第8冊
(清)周栻修 陳柱纂
清道光十一年(1831)刻本本衙藏版
[光緒]南宮縣志 第8冊
(清)戴世文修 喬國楨等纂
清光緒三十年(1904)刻本

[民國]南宮縣志 第 8 册
黄容惠修 賈恩紱纂
民國二十五年(1936)刻本
[光緒]鉅鹿縣志 第 8 册
(清)淩燮修 夏應麟纂
清光緒十二年(1886)刻本
[康熙]任縣志 第 8 册
(清)季芷修 謝元震纂
清康熙十二年(1673)刻十九年(1680)十五年(1686)十年(1691)程軒舉王原祁賀勳等續修遞增刻本
[萬曆]沙河縣志 第 8 册
(明)姬自修修 王九秋 李國士纂 谷師顔重修
明萬曆三十七年(1609)刻本
[道光]内邱縣志 第 8 册
(清)施彦士纂修
清道光十二年(1832)增刻抄本
[康熙]新河縣志 第 8 册
(清)王汝翰等纂修
清康熙十八年(1679)刻本
[光緒]新河縣志 第 8 册
(清)趙鴻鈞修 沈家焕纂
清光緒二年(1876)刻本本衙藏版
[民國]新河縣志 第 8 册
傅振倫纂修
民國十八年(1929)鉛印本
[萬曆]清河縣志 第 8 册
(明)向日紅纂修 (清)崔淩霄續增
明萬曆九年(1581)刻清順治間增刻本
[康熙]清河縣志 第 8 册
(清)盧士傑纂修 錢啟文等續修
清康熙十七年(1678)刻康熙乾隆間增刻本
[同治]清河縣志 第 8 册
(清)王鏞修 郭兆藩等纂
清同治十一年(1872)刻本
[光緒]清河縣志 第 8 册
(清)黄汝香纂修
清光緒九年(1883)刻本
[民國]清河縣志 第 8 册
張福謙修 趙鼎銘纂
民國二十三年(1934)天津文竹齋鉛印本
[嘉靖]威縣志 第 8 册
(明)胡容修 王組纂
明嘉靖二十九年(1550)刻本
[順治]威縣續志 第 8 册
(清)袁天秩修 張璞纂
清順治三年(1646)刻本
[民國]威縣志 第 8 册
崔正春修 尚希賓纂
民國十四年(1925)修十八年(1929)北平京津印書局鉛印本
[萬曆]廣宗縣志 第 8 册
(明)馬協纂修
明萬曆二十六年(1598)刻清康熙間增刻本
[康熙]廣宗縣志 第 8 册
(清)吴存禮修 喬承寵纂
清康熙三十二年(1693)刻本
[嘉慶]廣宗縣志 第 8 册
(清)李師舒纂修
清嘉慶七年(1802)刻本
[同治]廣宗縣志 第 8 册
(清)羅觀駿修 李汝紹纂
清同治十三年(1874)刻本版存禮房
[乾隆]平鄉縣志 第 8 册
(清)楊喬纂修
清乾隆十六年(1751)刻本
[同治]平鄉縣志 第 8 册
(清)蘇性纂修
清同治七年(1868)刻本
[同治]平鄉縣志 第 8 册
(清)蘇性纂修 吴沂續纂
清同治七年(1868)刻光緒十二年(1886)增刻本
[康熙]南和縣志 第 8 册
(清)章兆蕙修 周鐈纂
清康熙六年(1667)刻本
[乾隆]南和縣志 第 8 册
(清)周章焕纂修
清乾隆十四年(1749)修抄本
[光緒]南和縣志 第 8 册
(清)王立勳修 李清芝纂
清光緒十九年(1893)修抄本

邯鄲市

[康熙]廣平府志 第 8 册
(清)沈奕琛修 申涵盼纂
清康熙十五年(1676)刻本
[乾隆]廣平府志 第 8 册
(清)吴穀纂修
清乾隆二年(1737)修十年(1745)刻本
[光緒]重修廣平府志 第 8 册
(清)吴中彦修 胡景桂纂
清光緒二十年(1894)刻本
[康熙]廣平縣志 第 8 册
(清)夏顯煜修 王俞巽纂
清康熙十五年(1676)刻本
[正統]大名府志 第 8 册
(明)趙本纂修
明正統十年(1445)刻本
[正德]大名府志 第 8 册
(明)石祿修 唐錦纂
明正德元年(1506)刻本
[咸豐]大名府志 第 8 册
(清)朱煐等纂修 武蔚文續修 郭程先續纂 高繼珩增補
清咸豐三年(1853)刻本
[乾隆]大名縣志 第 8 册
(清)張維祺修 李棠纂
清乾隆五十四年(1789)刻本
[民國]大名縣志 第 8 册
張昭芹 程廷恒等修 范鑑古 洪家祿等纂
民國二十三年(1934)鉛印本
[民國]邯鄲縣志 第 8 册
楊肇基修 李世昌纂
民國二十九年(1940)刻本
[康熙]永年縣志 第 8 册
(清)朱世緯纂修
清康熙十一年(1672)刻雍正十一年(1733)侯可大增補乾隆十年(1745)王玲再增補本
[乾隆]永年縣志 第 8 册
(清)孔廣棣纂修
清乾隆二十二年(1757)刻本
[光緒]永年縣志 第 8 册
(清)夏詒鈺纂修
清光緒三年(1877)刻本版存縣署
[順治]曲周縣志 第 8 册
(清)李時茂修 趙永吉纂
清順治十三年(1656)刻本
[乾隆]曲周縣志 第 8 册
(清)勞宗發修 王今遠纂
清乾隆十二年(1747)刻本縣署藏版
[同治]曲周縣志 第 8 册
(清)存祿修 劉自立纂
清同治八年(1869)刻本
[康熙]魏縣志 第 8 册
(清)李尚斌修 王錫命纂

清康熙二十二年(1683)刻本
[雍正]魏縣志 第8冊
(清)馬襄修 劉翔儀纂
清雍正五年(1727)刻本
[萬曆]成安縣志 第8冊
(明)賈三策修 王孫昌纂
明萬曆刻明崇禎清順治間續增刻本
[康熙]成安縣志 第8冊
(清)王公楷修 張樽纂
清康熙十二年(1673)刻後印本
[民國]成安縣志 第8冊
張應麟修 張永和纂
民國二十年(1931)天津文竹齋鉛印本
[康熙]涉縣志 第8冊
(清)黃澤修 竇彝常纂
清康熙五十三年(1714)刻本
[雍正]肥鄉縣志 第8冊
(清)王建中修 宋錦纂
清雍正十年(1732)刻本
[同治]肥鄉縣志 第8冊
(清)李鵬展修 趙文濂纂
清同治六年(1867)刻本
[民國]肥鄉縣志 第8冊
張仁侃等修 李國鐸等纂 安亮清訂正
民國二十九年(1940)鉛印本
[正德]臨漳縣志 第8冊
(明)景芳纂修
明正德元年(1506)刻本
[光緒]臨漳縣志 第8冊
(清)周秉彝修 周壽梓 李燿中纂
清光緒三十年(1904)刻本
[康熙]磁州志 第8冊
(清)蔣擢纂修
清康熙間刻本
[同治]磁州續志 第8冊
(清)程光瀅纂修
清同治十三年(1874)刻本
[乾隆]武安縣志 第8冊
(清)蔣光祖修 夏兆豐纂
清乾隆四年(1739)刻本

山西省

[萬曆]山西通志 第9冊
(明)李維楨修
明崇禎二年(16)刻本
[康熙]山西通志 第9冊
(清)穆爾賽 劉梅纂修
清康熙二十一年(1682)刻本
[雍正]山西通志 第9冊
(清)覺羅石麟修 儲大文纂
清雍正十二年(1734)刻本
[乾隆]山西志輯要 第9冊
(清)雅德修 汪本直纂
清乾隆四十五年(1780)刻本
[光緒]山西通志 第9冊
(清)曾國荃 張煦等修 王軒 楊篤等纂
清光緒十八年(1892)刻本

太原市

太原事蹟雜記 第10冊
(唐)李璋撰
據北京圖書館出版社一九九七年《漢唐方志輯佚》排印
太原志 第10冊
佚名纂修
據《永樂大典》本排印
[萬曆]太原府志 第10冊
(明)關廷訪修 張慎言纂
明萬曆四十年(1612)刻本殘缺處抄配
[乾隆]太原府志 第10冊
(清)費淳 沈樹聲纂修
清乾隆四十八年(1783)刻本
[康熙]陽曲縣志 第10冊
(清)戴夢熊修 李方蓁等纂
清康熙二十一年(1682)刻本
[道光]陽曲縣志 第10冊
(清)李培謙監修 閻士驤纂輯
清道光二十三年(1843)修民國二十年(1932)重印本版藏儒學東齋
[嘉靖]太原縣志 第10冊
(明)高汝行纂修
明嘉靖三十年(1551)刻本
[雍正]重修太原縣志 第10冊
(清)龔新 沈繼賢修 高若岐等纂
清雍正九年(1731)刻本本署藏版
[道光]太原縣志 第10冊
(清)員佩蘭修 楊國泰纂
清道光六年(1826)刻本
[康熙]徐溝縣志 第10冊
(清)王嘉謨纂修
清康熙五十一年(1712)刻本
[光緒]補修徐溝縣志 第10冊
(清)王勳祥修 秦憲纂
清光緒七年(1881)刻本
清源鄉志 第10冊
(清)王勳祥修 王效尊纂
清光緒八年(1882)梗陽書院刻本
[順治]雲中郡志 第10冊
(清)胡文燁纂修
清順治九年(1652)刻本
[乾隆]大同府志 第10冊
(清)吳輔宏修 王飛藻 文光校訂
清乾隆四十一年(1776)修十七年(1782)重校刻本
[道光]大同縣志 第10冊
(清)黎中輔纂修
清道光十年(1830)刻本
[乾隆]天鎮縣志 第10冊
(清)張坊纂修
清乾隆十八年(1753)刻本
[康熙]靈邱縣志 第10冊
(清)宋起鳳原本 嶽宏譽增訂
清順治十七年(1660)修康熙二十年(1684)刻本
[雍正]陽高縣志 第10冊
(清)房裔蘭總裁 蘇之芬纂修
清雍正七年(17)修鉛印本
恒山志 第10冊
(清)桂敬順纂修
清乾隆二十八年(1763)刻本州署藏版

朔州市

[光緒]懷仁縣新志 第10冊
(清)李長華修 姜利仁纂 汪大浣續修 馬蕃續纂
清光緒三十二年(1906)刻本
[雍正]朔平府志 第10冊
(清)劉士銘修 王霷纂
清雍正十一年(1733)刻本
[雍正]朔州志 第10冊
(清)汪嗣聖纂修 王霷匯纂
清雍正十三年(1735)修石印本

陽泉市

[乾隆]平定州志 第10冊
(清)金明源纂修
清乾隆五十五年(1790)刻本雲樓藏版
[光緒]平定州志 第10冊
(清)賴昌期 張彬等纂修
清光緒八年(1882)刻本
[光緒]盂縣志 第10冊
(清)張嵐奇 劉鴻逵等修 武續緒 劉懋功等纂
清光緒七年(1881)刻本

長治市

[順治]潞安府志 第10册
(清)楊晙修 李中白 周再勳纂
清順治十六年(1659)刻本

[乾隆]潞安府志 第10册
(清)張淑渠 姚學瑛修 姚學甲纂
清乾隆三十五年(1770)榮暉堂刻本

[康熙]長治縣志 第10册
(清)姜愃修 于公胤纂
清康熙十二年(1673)刻本

[乾隆]長治縣志 第10册
(清)吳九齡修 蔡履豫纂
清乾隆二十八年(1763)刻本

[光緒]長治縣志 第10册
(清)李楨修 楊篤纂
清光緒二十年(1894)刻本

[乾隆]重修襄垣縣志 第10册
(清)李廷芳修 徐玨 陳于廷纂
清乾隆四十七年(1782)刻本

[民國]襄垣縣志 第10册
嚴用琛 魯宗藩修 王維新 連篤敬等纂
民國十七年(1928)鉛印本

[康熙]黎城縣志 第10册
(清)程大夏修 李禦 李吉纂
清康熙二十一年(1682)刻本

[光緒]黎城縣續志 第10册
(清)鄭灝修 楊恩樹纂
清光緒九年(1883)刻本

[康熙]壺關縣志 第10册
(清)章經纂修
清康熙二十年(1681)刻本

[乾隆]壺關縣志 第10册
(清)楊宸等修 馮文止等纂
清乾隆三十五年(1770)刻本官衙藏版

[道光]壺關縣志 第10册
(清)茹金 申瑤纂修
清道光十四年(1834)刻本

[康熙]長子縣志 第10册
(清)徐颺廷修 徐介纂
清康熙四十四年(1705)刻本

[乾隆]長子縣志 第10册
(清)紀在譜修 黃立世纂
清乾隆四十三年(1778)刻本

[嘉慶]長子縣志 第10册
(清)劉樾修 樊兊纂
清嘉慶二十一年(1816)刻本

[光緒]長子縣志 第10册
(清)豫謙修 楊篤纂
清光緒八年(1882)刻本

[乾隆]沁州志 第11册
(清)葉士寬原本 姚學瑛續修 姚學甲續纂
清雍正九年(1731)刻乾隆三十六年(1771)增刻本

[萬曆]沁源縣志 第11册
(明)李守貞纂修
明萬曆間刻本

[雍正]沁源縣志 第11册
(清)韓瑛纂修 王廷掄續纂修
清康熙五十二年(1713)修清雍正八年(1730)續修刻本

[光緒]沁源縣續志 第11册
(清)董餘三纂修
清光緒七年(1881)刻本

[民國]沁源縣志 第11册
孔兆熊 郭藍田修 陰國垣纂
民國二十二年(1933)太原德和信代印鉛印本

[康熙]武鄉縣志 第11册
(清)高鉷纂修
清康熙三十一年(1692)刻本

[乾隆]武鄉縣志 第11册
(清)白鶴修 史傳遠纂輯
清乾隆五十五年(1790)修民國十八年(1929)鉛印本

[民國]武鄉新志 第11册
張揚祚修 郝世楨纂
民國十八年(1929)鉛印本

[天啟]潞城縣志 第11册
(明)馮惟賢纂修 王溥續修
明萬曆十九年(1591)修天啟五年(1625)增修清抄本

[康熙]潞城縣志 第11册
(清)張士浩等修 申伯等纂
清康熙四十五年(1706)刻本

[光緒]潞城縣志 第11册
(清)崔曉然 曾雲章修 楊篤纂
清光緒十年(1884)刻本

[康熙]平順縣志 第11册
(清)杜之昂修 路躋垣 申昌先纂
民國三十四年(1945)抄本

[民國]平順縣志 第11册
石璜纂修
民國間鉛印本

[康熙]屯留縣志 第11册
(清)屠直纂修
清康熙十四年(1675)刻本

[雍正]屯留縣志 第11册
(清)甄爾節修 孫肯獲等纂
清雍正八年(1730)刻本

[光緒]屯留縣志 第11册
(清)劉鍾麟 何金聲修 楊篤任來樸纂
清光緒十一年(1885)刻本

晋城市

[康熙]澤州志 第11册
(清)陶自悦纂修
清康熙四十五年(1706)刻本

[雍正]澤州府志 第11册
(清)朱樟修 田嘉穀纂
清雍正十三年(1735)刻本

[順治]高平縣志 第11册
(清)范繩祖修 龐太樸纂
清順治十五年(1658)刻本

[乾隆]高平縣志 第11册
(清)傅德宜修 戴純纂
清乾隆三十九年(1774)刻本

[同治]高平縣志 第11册
(清)龍汝霖纂修
清同治六年(1867)刻本

[乾隆]鳳臺縣志 第11册
(清)林荔修 姚學甲纂
清乾隆四十九年(1784)刻本

[康熙]陽城縣志 第11册
(清)項龍章修 田六善纂
清康熙二十六年(1687)刻本

[乾隆]陽城縣志 第11册
(清)楊善慶修 田懋纂
清乾隆二十年(1755)刻本

[同治]陽城縣志 第11册
(清)賴昌期總修 譚澐 盧廷棻纂修
清同治十三年(1874)刻本

[乾隆]陵川縣志 第11册
(清)雷正修 景象元纂
清乾隆五年(1740)刻本

[乾隆]陵川縣志 第11册
(清)程德炯纂修
清乾隆四十四年(1779)刻本

[光緒]陵川縣志 第11册
(清)徐炑等修 梁寅纂
清光緒八年(1882)刻本

[民國]陵川縣志 第11册

庫增銀修 楊謙纂
民國二十二年(1933)鉛印本
忻州市
[乾隆]甯武府志 第11冊
(清)魏元樞 周景柱纂修
清乾隆十五年(1750)刻本
[乾隆]忻州志 第11冊
(清)周人龍原本 竇容邃增訂
清乾隆十一年(1746)刻本
[光緒]忻州志 第11冊
(清)方戊昌修 方淵如纂
清光緒六年(1880)刻本
[雍正]定襄縣志 第11冊
(清)王時炯原本 王會隆續纂修
清康熙五十一年(1712)刻雍正年(1727)增補本
[光緒]定襄縣補志 第11冊
(清)鄭繼修等修 邢澍田纂
清光緒六年(1880)刻本
[乾隆]直隸代州志 第11冊
(清)吳重光纂修
清乾隆四十九年(1784)刻本
[光緒]代州志 第11冊
(清)俞廉三修 楊篤纂
清光緒八年(1882)代山書院刻本
[光緒]五臺新志 第11冊
(清)徐繼佘纂修 孫汝明 王步墀續修 楊篤續纂
清同治四年(1865)修光緒九年(1883)刻本
[乾隆]崞縣志 第11冊
(清)邵豐鍭 顧弼修 賈瀛纂
清乾隆二十二年(1757)刻本
[光緒]續修崞縣志 第11冊
(清)趙冠卿 龍朝言修 潘肯堂纂
清光緒八年(1882)刻本
[道光]繁峙縣志 第11冊
(清)吳其均纂修
清道光十六年(1836)刻本
[同治]河曲縣志 第11冊
(清)金福增修 張兆魁 金鍾彥纂
清同治十一年(1872)刻本
晉中市
[康熙]榆次縣續志 第11冊
(清)劉星修 王介石 齊世恩纂
清康熙二十三年(1684)刻本
[乾隆]榆次縣志 第11冊
(清)錢之青修 張天澤纂
清乾隆十三年(1748)思風堂刻本
[同治]榆次縣志 第11冊
(清)俞世銓 陶良駿修 王平格 王序賓纂
清同治二年(1863)鳳鳴書院刻本
[民國]榆次縣志 第11冊
張敬顥等修 常麟書纂
民國三十一年(1942)鉛印本
[雍正]遼州志 第11冊
(清)徐三俊修 葛附鳳等纂
清雍正十一年(1733)刻本
[光緒]遼州志 第11冊
(清)徐三俊原本 陳棟續纂修
清雍正十一年(1733)刻光緒十六年(1890)增修補刻民國十八年(1929)重印本
[乾隆]重修和順縣志 第11冊
(清)黃玉衡修 賈訒纂
清乾隆三十三年(1768)刻本
[民國]和順縣志 第11冊
張夔典總裁 王玉汝纂修
民國三年(1914)石印本
[乾隆]榆社縣志 第11冊
(清)費映奎修 孟濤纂
清乾隆八年(1743)刻本
[光緒]榆社縣志 第11冊
(清)王家坊 葛士達總纂
清光緒七年(1881)刻本
[萬曆]太穀縣志 第11冊
(明)喬允升修 寇嘉會纂
清順治十二年(1655)據明萬曆二十四年(1596)刻版重修本
[乾隆]太穀縣志 第11冊
(清)王廷贊修 武一韓纂 王澤沛增修
清雍正七年(1729)修乾隆四年(1739)重修刻本
[乾隆]太穀縣志 第12冊
(清)高繼允修 姚孔碩 涂逢豫纂
清乾隆三十年(1765)刻本
[乾隆]太穀縣志 第12冊
(清)郭晉總裁 管粵秀纂修
清乾隆六十年(1795)刻本本衙藏版
[咸豐]太穀縣志 第12冊
(清)章青選 汪和修 章嗣衡纂
清咸豐五年(1855)刻本本衙藏版
[光緒]太穀縣志 第12冊
(清)恩浚等修 王效尊纂
清光緒十二年(1886)刻本鳳山書院藏版
[民國]太穀縣志 第12冊
劉玉璣 仇曾祜修 胡萬凝纂
民國二十年(1931)太原德和信代印鉛印本
[康熙]重修平遙縣志 第12冊
(清)王綬修 康乃心纂
清康熙四十五年(1706)刻本
[光緒]平遙縣志 第12冊
(清)恩端修 武達材 王舒萼纂
清光緒八年(1882)刻本
[嘉慶]靈石縣志 第12冊
(清)王志瀜修 黃憲臣纂
清嘉慶二十二年(1817)刻本
[民國]靈石縣志 第12冊
李凱朋修 耿步蟾纂
民國二十三年(1934)鉛印本
[康熙]壽陽縣志 第12冊
(清)吳祚昌纂修 李敦續修
清康熙十一年(1672)刻十六年(1717)續補刻本
[光緒]壽陽縣志 第12冊
(清)馬家鼎修 張嘉言纂
清光緒八年(1882)刻本
[乾隆]祁縣志 第12冊
(清)陳時纂修
清乾隆四十五年(1780)刻本
[光緒]祁縣志 第12冊
(清)劉發岏修 李芬纂
清光緒八年(1882)刻本
[康熙]介休縣志 第12冊
(清)王埴修 王之舟纂
清康熙三十五年(1696)刻本
[乾隆]介休縣志 第12冊
(清)王謀文纂修
清乾隆三十五年(1770)刻本
[嘉慶]介休縣志 第12冊
(清)徐品山修 陸元鏸纂
清嘉慶二十四年(1819)刻本
[民國]介休縣志 第12冊
張賡麟修 董重纂
民國十九年(1930)鉛印本
[康熙]平陽府志 第12冊
(清)劉棨修 孔尚任等纂
清康熙四十七年(1708)刻本

[雍正]平陽府志 第12冊
(清)章廷珪修 范安治纂
清雍正十三年(1735)修乾隆元年(1736)刻本
臨汾圖經 第12冊
佚名纂修
據劉緯毅等輯《宋遼金元方志輯佚》排印
[康熙]臨汾縣志 第12冊
(明)邢雲路纂修 (清)林弘化續纂修
明萬曆十九年(1591)刻清康熙三十五年(1696)補刻本
[雍正]臨汾縣志 第12冊
(清)徐三俊纂修
清雍正八年(1730)刻本
[乾隆]臨汾縣志 第12冊
(清)高塘 吳士淳修 吕淙 吳克元纂
清乾隆四十四年(1779)刻本
[民國]臨汾縣志 第12冊
劉玉璣修 張其昌等纂
民國二十二年(1933)鉛印本
[康熙]汾西縣志 第12冊
(清)蔣鳴龍纂修
清康熙十三年(1674)刻本
[光緒]汾西縣志 第12冊
(清)曹憲修 周鳳翽纂
清光緒七年(1881)刻本
[雍正]岳陽縣志 第12冊
(清)趙溫修 常遜等纂
清雍正十二年(1734)刻本
[民國]岳陽縣志 第12冊
李鍾珩修 王之哲等纂
民國二年(1913)新昭石印公司石印本
[民國]安澤縣志 第12冊
楊世瑛等修 王錫禎 宋思本等纂
民國二十一年(1932)鉛印本
[乾隆]翼城縣志 第12冊
(清)李居頤纂修
清乾隆二年(1737)刻本
[乾隆]翼城縣志 第12冊
(清)許崇楷纂修
清乾隆三十六年(1771)刻本
[光緒]翼城縣志 第12冊
(清)王燿章 龔履坦修 閻奮鵬等纂
清光緒七年(1881)刻本
[民國]翼城縣志 第12冊
(清)馬繼楨修 吉廷彥纂
民國十八年(1929)鉛印本
[萬曆]沃史 第12冊
(明)趙彥複纂修
明萬曆四十年(1612)刻本
[康熙]曲沃縣志 第12冊
(清)潘錦修 仇翊道纂
清康熙四十四年(1705)刻本
[乾隆]新修曲沃縣志 第12冊
(清)張坊修 胡元琢 徐儲纂
清乾隆二十三年(1758)敦好堂全書本
[乾隆]續修曲沃縣志 第12冊
(清)侯長熺修 王安恭纂
清嘉慶二年(1797)刻本
[光緒]續修曲沃縣志 第12冊
(清)張鴻逵 茅丕熙修 韓子泰纂
清光緒六年(1880)刻本
[民國]新修曲沃縣志 第12冊
鄔漢章修 仇汝功纂
民國十七年(1928)鉛印本
[光緒]吉州全志 第12冊
(清)吳葵之修 裴國苞纂
清光緒六年(1880)修民國間大國民印刷廠鉛印本
[康熙]隰州志 第12冊
(清)錢以塏纂修
清康熙四十八年(1709)刻本
[雍正]大寧縣志 第12冊
(清)杜瑾修 劉源涑纂
清雍正八年(1730)刻本縣署藏版
[道光]大寧縣志 第12冊
(清)杜棠修 郭屏纂
清道光二十四年(1844)刻本
[光緒]大寧縣志 第12冊
(清)崔同紱修 李華棠纂
清光緒九年(1883)刻本
[萬曆]洪洞縣志 第12冊
(明)喬因羽修 晉朝臣纂
明萬曆十九年(1591)刻本
[雍正]洪洞縣志 第12冊
(清)余世堂修 董維等纂
清雍正八年(1730)刻本
[民國]洪洞縣志 第13冊
孫奐崙修 韓坰等纂
民國六年(1917)上海商務印書館鉛印本
[順治]趙城縣志 第13冊
(清)安錫祚修 劉複鼎纂
清順治十六年(1659)刻本
[乾隆]趙城縣志 第13冊
(清)李升階纂修
清乾隆二十五年(1760)刻本
[道光]趙城縣志 第13冊
(清)楊延亮纂修
清道光七年(1827)刻本
[康熙]鼎修霍州志 第13冊
(清)黃複生纂修
清康熙十二年(1673)刻本
[道光]直隸霍州志 第13冊
(清)崔允昭修 李培謙纂
清道光六年(1826)刻本
[光緒]續刻直隸霍州志 第13冊
(清)楊立旭修 白天章纂
清光緒六年(1880)刻本
[乾隆]浮山縣志 第13冊
(清)賈西等修 張華等纂
清乾隆十年(1745)刻本
[同治]浮山縣志 第13冊
(清)慶鍾纂修
清同治十三年(1874)刻本
[光緒]浮山縣志 第13冊
(清)鹿學典等修 武克明等纂
清光緒六年(1880)刻本
[民國]浮山縣志 第13冊
任耀先修 張桂書纂
民國二十四年(1935)鉛印本
[雍正]太平縣志 第13冊
(清)劉崇元修 張枚等纂
清雍正三年(1725)刻本
[乾隆]太平縣志 第13冊
(清)張鍾秀修 周令德等纂
清乾隆四十年(1775)刻本
[道光]太平縣志 第13冊
(清)李炳彥修 梁棲鸞纂
清道光五年(1825)刻本
[光緒]太平縣志 第13冊
(清)勞文慶 朱光綬修 婁道南纂
清光緒八年(1882)刻本
[雍正]襄陵縣志 第13冊
(清)趙懋本修 盧秉純纂
清雍正十年(1732)刻本
[光緒]襄陵縣志 第13冊
(清)錢墉修 郝登雲纂
清光緒七年(1881)刻本版存縣署
[民國]襄陵縣新志 第13冊

李世祐修 劉師亮纂
民國十二年(1923)刻本運城市
[乾隆]解州安邑縣志 第13冊
(清)言如泗修 呂瀶纂
清乾隆二十九年(1764)刻本官衙藏版
[光緒]直隸絳州志 第13冊
(清)李煥揚修 張于鑄纂
清光緒五年(1879)刻本
[民國]新絳縣志 第13冊
徐昭儉修 楊兆泰纂
民國十八年(1929)太原崇實印刷所鉛印本
[乾隆]聞喜縣志 第13冊
(清)李遵唐纂修
清乾隆三十年(1765)刻本
[民國]聞喜縣志 第13冊
余寶滋修 楊韍田等纂
民國八年(1919)石印本
[光緒]垣曲縣志 第13冊
(清)薛元釗修 張于鑄纂
清光緒五年(1879)刻本
[嘉慶]河津縣志 第13冊
(清)沈千鑑修 王政 牛述賢纂
清嘉慶二十年(1815)刻本
[光緒]河津縣志 第13冊
(清)茅丕熙 楊漢章修 程象濂 韓秉鈞纂
清光緒六年(1880)刻本
[乾隆]稷山縣志 第13冊
(清)韋之瑗修 郭佩等纂
清乾隆三十年(1765)刻本官衙藏版
[嘉慶]稷山縣志 第13冊
(清)張應辰修 王墀等纂
清嘉慶二十年(1815)刻本本署藏版
[同治]稷山縣志 第13冊
(清)沈鳳翔纂修
清同治四年(1865)修民國二十二年(1933)石印本
[乾隆]解州芮城縣志 第13冊
(清)言如泗修 莫溥纂
清乾隆二十九年(1764)刻《解州全志》本
[民國]芮城縣志 第13冊
張亙 蕭光漢等纂修
民國十二年(1923)晉省范華印刷廠鉛印本
[康熙]夏縣志 第13冊
(清)蔣起龍纂修
清康熙四十七年(1708)刻本
[光緒]夏縣志 第13冊
(清)黄緡榮 萬啟鈞修 張承熊纂
清光緒六年(1880)刻本
[乾隆]平陸縣志 第13冊
(清)言如泗總修 韓夔典纂修
清乾隆間修民國二十一年(1932)平陸縣政府石印本
[乾隆]蒲州府志 第13冊
(清)周景柱纂修
清乾隆十九年(1754)刻本
[光緒]永濟縣志 第13冊
(清)李榮和 劉鍾麟修 張元懋纂
清光緒十二年(1886)刻本
[乾隆]虞鄉縣志 第13冊
(清)周大儒修 尚雲章等纂
清乾隆五十四年(1789)刻本
[光緒]虞鄉縣志 第13冊
(清)崔鑄善修 陳鼎隆 仝謀慥纂
清光緒十二年(1886)刻本
[民國]虞鄉縣新志 第13冊
周振聲等修 李無逸等纂
民國九年(1920)石印本
[乾隆]萬泉縣志 第13冊
(清)畢宿燾修 張史筆纂
清乾隆二十三年(1758)刻本
[民國]萬泉縣志 第13冊
何桑修 馮文瑞纂
民國七年(1918)石印本
[光緒]榮河縣志 第13冊
(清)馬鑑等修 尋鑾煒纂
清光緒七年(1881)刻本本衙藏版
[康熙]臨晉縣志 第13冊
(清)齊以治修 王恭先纂
清康熙二十五年(1686)刻本
[光緒]續修臨晉縣志 第13冊
(清)艾紹濂 吳曾榮修 姚東濟纂
清光緒六年(1880)刻本
[民國]臨晉縣志 第13冊
俞家驥主編 趙意空纂修
民國十二年(1923)鉛印本
[雍正]猗氏縣志 第13冊
(清)潘鉞修 吳啟元等纂 宋之樹續修 何世勳等續纂
清雍正七年(1729)刻本呂梁市
[康熙]永寧州志 第13冊
(清)謝汝霖纂修
清康熙四十一年(1702)刻本嘉慶同治間增補重印
[光緒]永甯州志 第13冊
(清)姚啟瑞修 方淵如 劉子俊纂
清光緒七年(1881)刻本本衙藏版
[雍正]重修嵐縣志 第13冊
(清)沈繼賢修 常大升纂
清雍正八年(1730)刻本
[光緒]交城縣志 第13冊
(清)夏肇庸修 許惺南纂
清光緒八年(1882)刻本
[光緒]文水縣志 第13冊
(清)范啟堃 王煒修 陰步霞纂
清光緒九年(1883)刻本
[乾隆]汾州府志 第13冊
(清)孫和相修 戴震纂
清乾隆三十六年(1771)刻本
[順治]汾陽縣志 第13冊
(清)吳世英等纂修
清順治十四年(1657)刻本
[康熙]汾陽縣志 第13冊
(清)周超等纂修
清康熙六十年(1721)刻本
[光緒]汾陽縣志 第13冊
(清)方家駒 慶文修 王文員纂
清光緒十年(1884)刻本
[雍正]孝義縣志 第13冊
(清)方士謨纂修
清雍正四年(1726)刻本
[乾隆]孝義縣志 第13冊
(清)鄧必安修 鄧常纂
清乾隆三十五年(1770)刻本
[雍正]石樓縣志 第13冊
(清)袁學謨修 秦燮纂
清雍正十年(1732)刻抄本
[康熙]臨縣志 第13冊
(清)楊飛熊修 崔鶴齡等纂
清康熙間修道光二十年(1840)刻本
[民國]臨縣志 第13冊
胡宗虞修 吳命新纂
民國六年(1917)鉛印本

內蒙古自治區

內蒙古紀要 第14冊
花楞編
民國五年(1916)經緯書局鉛印本

呼和浩特市

[咸豐]古豐識略 第14册
(清)鍾秀 張曾纂修
抄本

[光緒]歸綏廳志稿 第14册
(清)佚名纂修
清光緒間稿本

[光緒]歸綏識略 第14册
(清)張曾纂修
民國間抄本

烏蘭察布市

[光緒]豐鎮廳志 第14册
(清)德溥修 麻麗五纂
清光緒間抄本

遼寧省

遼東行部志 第14册
(金)王寂撰
清宣統元年(1909)刻本

[嘉靖]遼東志 第14册
(明)畢恭等修 任洛等重修
明正統八年(1443)修嘉靖十六年(1537)重修刻本

[嘉靖]全遼志 第14册
(明)李輔等纂修
明嘉靖四十五年(1566)修民國二十三年(1934)《遼海叢書》鉛印本

[康熙]盛京通志 第14册
(清)伊把漢 董秉忠修 孫成纂
清康熙二十三年(1684)刻本

[乾隆]盛京通志 第14册
(清)呂耀曾修 魏樞纂 雷以誠續纂修
清乾隆元年(1736)刻咸豐二年(1852)校補刻本

[乾隆]欽定盛京通志 第14册
(清)阿桂修 劉謹之 程維岳纂
清乾隆四十九年(1784)刻本

[民國]奉天通志 第14册
翟文選等修 王樹枏等纂
民國二十三年(1934)鉛印本

瀋陽市

[宣統]新民府志 第14册
(清)管鳳龢纂修
清宣統元年(1909)鉛印本

阜新市

[民國]阜新縣志 第14册
張遇春修 賈如誼纂
民國二十四年(1935)奉天正文齋印刷局鉛印本

鐵嶺市

[民國]鐵嶺縣志 第14册
黃世芳修 陳德懿纂
民國二十年(1931)鐵嶺縣立第一工科印鉛印本

[民國]鐵嶺縣續志 第14册
楊宇齊修 張嗣良纂
民國二十二年(1933)鐵嶺縣立第一工科印鉛印本

[民國]開原縣志 第14册
章啟槐修 趙家幹 王毓琪纂
民國六年(1917)奉天文和興印書館鉛印本

撫順市

[民國]興京縣志 第14册
沈國冕修 蘇民纂
民國十四年(1925)奉天太古山房鉛印本

[民國]興京縣志 第14册
張耀東修 李屬春纂
民國二十五年(1936)鉛印本

本溪市

[宣統]懷仁縣志 第14册
(清)馬俊顯修 劉熙春纂
清宣統二年(1910)修據抄本影印

[民國]桓仁縣志 第14册
侯錫爵修 羅明述纂
民國十九年(1930)石印本

[民國]續修桓仁縣志 第14册
常荷祿修 趙國棟纂
民國二十六年(1937)鉛印本

遼陽市

[康熙]遼陽州志 第14册
(清)楊鑣修 施鴻纂
清康熙二十年(1681)修民國二十三年(1934)鉛印《遼海叢書》本

[民國]遼陽縣志 第14册
裴煥星修 白永貞纂
民國十七年(1928)奉天第二工科職業學校印鉛印本

鞍山市

[咸豐]岫巖志略 第14册
(清)臺隆阿修 李翰穎纂
清咸豐七年(1857)修民國二十三年(1934)鉛印《遼海叢書》本

[民國]岫巖縣志 第14册
劉景文 高乃濟修 郝玉璞纂
民國十七年(1928)岫巖山成玉東記印鉛印本

丹東市

[民國]鳳城縣志 第14册
馬龍潭 沈國冕修 蔣齡益纂
民國十年(1921)石印本

大連市

[民國]複縣志略 第14册
程廷恒修 張素纂
民國九年(1920)奉天文和興印書館石印本

[民國]莊河縣志 第14册
廖彭 李紹陽修 宋掄元等纂
民國十年(1921)奉天作新印刷局鉛印本

[民國]莊河縣志 第14册
王純古 王佐才修 李其實 楊維嶓纂
民國二十三年(1934)莊河永源書局鉛印本

營口市

[康熙]蓋平縣志 第14册
(清)駱雲纂修
清康熙二十一年(1682)修民國二十三年(1934)鉛印《遼海叢書》本

[民國]蓋平縣志 第14册
石秀峰修 王鬱雲纂
民國十九年(1930)鉛印本

蓋平縣鄉土志 第14册
崔正峰修 郭春藻輯
民國九年(1920)蓋平教養工廠石印本

錦州市

[民國]錦縣志 第14册
王文藻修 陸善格纂
民國九年(1920)奉天關東印書館鉛印本

[民國]義縣志 第14册
趙興德修 王鶴齡纂
民國二十年(1931)鉛印本

[民國]北鎮縣志 第14册
王文璞修 呂中清纂
民國十七年(1928)修二十二年(1933)石印本

葫蘆島市

[民國]興城縣志 第14册
恩麟 王恩士修 楊蔭芳等纂
民國十六年(1927)興城華昌印刷局

(清)龔溥輻修 黄厚本纂
清光緒四年(1878)刻本
幹巷志 第16冊
(清)朱棟纂修
清嘉慶六年(1801)刻民國二十二年(1933)重印本
朱涇志 第16冊
(清)朱棟纂修
清嘉慶九年(1804)纂民國五年(1916)鉛印本
重輯楓涇小志 第16冊
(清)曹相駿纂 許光墉續纂修
清光緒十七年(1891)鉛印本
續修楓涇小志 第17冊
(清)程兼善纂
清宣統三年(1911)鉛印本
重輯張堰志 第17冊
姚裕廉 范炳垣纂修
民國九年(1920)鉛印本
[萬曆]青浦縣志 第17冊
(明)卓鈿修 王圻纂
明萬曆二十五年(1597)刻本
[乾隆]青浦縣志 第17冊
(清)孫鳳鳴修 王昶纂
清乾隆五十三年(1788)刻本
[光緒]青浦縣志 第17冊
(清)陳其元等修 熊其英等纂
清光緒五年(1879)刻本尊經閣藏版
[民國]青浦縣續志 第17冊
張仁靜修 錢崇威纂 金詠榴續纂
民國二十三年(1934)刻本
金澤小志 第17冊
(清)周鳳池纂 蔡自申續纂
清乾隆間纂道光十一年(1831)續纂抄本
珠裏小志 第17冊
(清)周鬱濱纂修
清嘉慶二十年(1815)刻本
盤龍鎮志 第17冊
(清)金惟鼇纂
清光緒元年(1875)纂抄本
蒸裏志略 第17冊
(清)葉世熊纂
清光緒九年(1883)纂宣統二年(1910)鉛印本
顏安小志 第17冊
(清)高如圭纂
清光緒間纂據抄本排印
一章練小志 第17冊
(清)高如圭纂修(民國)萬以增續纂修
清光緒十六年(1890)纂民國三年(1914)續纂年(1918)鉛印本
[康熙]嘉定縣志 第17冊
(清)趙昕修 蘇淵纂
清康熙十二年(1673)刻本
[康熙]嘉定縣續志 第17冊
(清)聞在上修 許自俊等纂
清康熙二十三年(1684)刻本
[乾隆]嘉定縣志 第17冊
(清)程國棟纂修
清乾隆七年(1742)刻本
[光緒]嘉定縣志 第17冊
(清)程其玨修 楊震福纂
清光緒八年(1882)刻本
[民國]嘉定縣續志 第17冊
陳傳德修 黄世祚纂
民國十九年(1930)鉛印本
真如裏志 第17冊
(清)陸立纂
清乾隆三十七年(1772)纂抄本
真如裏志 第17冊
洪複章纂
民國七年(1918)後修抄本
真如志 第17冊
王德乾纂
民國間修抄本
安亭志 第17冊
(清)陳樹德編纂 朱瑞熙標點
清嘉慶間修據民國二十六年(1937)鉛印本排印
南翔鎮志 第17冊
(清)張承先纂修 程攸熙訂正
清乾隆四十七年(1782)纂民國十三年(1924)鉛印本
石岡廣福合志 第17冊
(清)蕭魚會 趙稷思纂修
清嘉慶十二年(1807)刻本
方泰志 第17冊
(清)王初桐纂
清嘉慶間纂抄本
馬陸裏志 第17冊
(清)封導源纂
清嘉慶間修抄本
黄渡鎮志 第17冊
(清)章樹福纂修
清咸豐間修民國十二年(1923)鉛印本
望仙橋鄉志稿 第17冊
(清)張啟泰輯
清光緒間稿本
[乾隆]寶山縣志 第17冊
(清)趙酉修 章鑰纂
清乾隆十一年(1746)刻本
[光緒]寶山縣志 第17冊
(清)梁蒲貴等修 朱延射纂
清光緒八年(1882)刻本學海書院藏版
[民國]寶山縣續志 第17冊
張允高等修 錢淦等纂
民國十年(1921)鉛印本
淞南志 第17冊
(清)陳元模纂
清康熙五十四年(1715)修嘉慶十八年(1813)活字本
淞南續志 第17冊
(清)陳雲煌纂
清嘉慶十八年(1813)活字本
淞南志 第17冊
(清)秦立纂
清嘉慶十年(1805)刻本
羅店鎮志 第17冊
(清)王樹棻修 潘履祥纂
清光緒十五年(1889)鉛印本
月浦志 第17冊
(清)張人鏡纂
清光緒十四年(1888)纂稿本
月浦裏志 第17冊
陳應康纂修
民國二十三年(1934)鉛印本
江灣裏志 第17冊
錢淦纂修
民國十三年(1924)鉛印本
[萬曆]新修崇明縣志 第17冊
(明)張世臣修 陳宇俊纂
明萬曆三十二年(1604)刻本
[康熙]重修崇明縣志 第17冊
(清)朱衣點修 吳標等纂
清康熙二十三年(1684)刻本
[雍正]崇明縣志 第17冊
(清)張文英修 沈龍翔纂
清雍正五年(1727)修抄本
[光緒]崇明縣志 第17冊

(清)林達泉等修 李聯琇等纂
清光緒七年(1881)刻本
[民國]崇明縣志 第17冊
王清穆修 曹炳麟纂
民國十三年(1924)修十九年(1930)刻本

江蘇省

[嘉靖]南畿志 第18冊
(明)聞人詮修 陳沂纂
明嘉靖間刻本
[康熙]江南通志 第18冊
(清)王新命 于成龍等修 張九征 陳焯纂
清康熙二十三年(1684)江南通志局刻本
[乾隆]江南通志 第18冊
(清)尹繼善等修 黄之雋等纂
清乾隆元年(1736)尊經閣藏刻本
茅山志 第18冊
(清)笪蟾光纂
清康熙間修光緒三年(1877)懶雲草堂刻十四年(1898)印本
茅山志輯要 第18冊
江導岷輯
民國九年(1920)上海宏大善書局石印本
太湖備考 第18冊
(清)金玉相纂述
清乾隆十五年(1750)藝蘭圃藏刻本

南京市

金陵古跡編 第19冊
(宋)石邁撰
據劉緯毅等輯《宋遼金元方志輯佚》排印
[至正]金陵新志 第19冊
(元)張鉉纂修
元至正間修清乾隆間《四庫全書》本
金陵志 第19冊
佚名纂修
據《永樂大典》本排印
[萬曆]應天府志 第19冊
(明)汪宗伊 程嗣功修 王一化等纂
明萬曆五年(1577)刻十年(1592)增刻本
[嘉慶]新修江甯府志 第19冊
(清)吕燕昭修 姚鼐纂
清嘉慶十六年(1811)修光緒六年(1880)刻本
金陵瑣志(附續志) 第19冊
(清)陳作霖輯
清光緒二十六年(1900)刻本續志民國六年(1917)石印本
[民國]新京備乘 第19冊
陳迺勳輯 杜福堃纂
民國二十一年(1932)上海義文印刷公司鉛印本
[民國]首都志 第19冊
葉楚傖 柳詒征主編 王煥鑣編纂
民國三十六年(1947)正中書局鉛印本
金陵梵刹志 第19冊
(明)葛寅亮纂
民國二十五年(1936)金山江天寺影印明萬曆三十五年(1607)刻天啟七年(1627)印本
金陵玄觀志 第19冊
(明)佚名纂修
明刻本
金陵瑣事 第19冊
(明)周暉撰
明萬曆三十九年(1611)刻本
金陵通傳 第19冊
(清)陳作霖撰
清光緒三十年(1904)瑞華館刻本
[康熙]上元縣志 第19冊
(清)唐開陶纂修
清康熙六十年(1721)刻本
[乾隆]上元縣志 第19冊
(清)藍應襲修 何夢篆等纂
清乾隆十六年(1751)刻本
[道光]上元縣志 第20冊
(清)武念祖修 陳栻纂
清道光四年(1824)刻本
江寧縣志 第20冊
佚名纂修
據《永樂大典》本排印
[正德]江寧縣志 第20冊
(明)王誥 劉雨纂修
明正德十六年(1521)刻本
[萬曆]江寧縣志 第20冊
(明)周詩等修 李登等纂
明萬曆二十六年(1598)刻本
[康熙]江寧縣志 第20冊
(清)佟世燕修 戴務楠纂
清康熙二十二年(1683)刻本
[乾隆]江寧縣新志 第20冊
(清)袁枚纂修
清乾隆十三年(1748)刻本
[同治]上江兩縣志 第20冊
(清)莫祥芝 甘紹盤修 汪士鐸等纂
清同治十三年(1874)刻本
盋山志 第20冊
(清)顧雲纂
清光緒九年(1883)刻本金陵盋山精舍藏版
棲霞新志 第20冊
陳邦賢編
民國二十三年(1934)鉛印本
[雍正]江浦縣志 第20冊
(清)項維正纂修
清雍正四年(1726)刻本
[光緒]江浦埤乘 第20冊
(清)侯宗海 夏錫寶纂修
清光緒十七年(1891)刻本
[嘉靖]六合縣志 第20冊
(明)董邦政修 黄紹文纂
明嘉靖三十二年(1553)刻本
[順治]六合縣志 第20冊
(清)劉慶運修 孫宗岱纂
清順治三年(1646)刻本
[乾隆]六合縣志 第20冊
(清)廖掄升修 戴祖啟纂
清乾隆五十年(1785)刻本
[光緒]六合縣志 第20冊
(清)謝延庚等修 賀廷壽等纂
清光緒十年(1884)刻本
[乾隆]溧水縣志 第20冊
(清)凌世禦修 方性存等纂
清乾隆四十二年(1777)刻本
[光緒]溧水縣志 第20冊
(清)傅觀光 施春膏修 丁維誠纂
清光緒九年(1883)刻十五年(1889)重印本
[康熙]高淳縣志 第20冊
(清)李斯佺修 芮城等纂
清康熙二十二年(1683)刻本
[乾隆]高淳縣志 第20冊
(清)朱紹文纂修
清乾隆十六年(1751)刻本
[光緒]高湻縣志 第20冊
(清)楊福鼎修 陳嘉謀纂
清光緒七年(1881)刻本學山書院藏版

[民國]高涪縣志 第20冊
劉春堂修 吳壽寬纂
民國七年(1918)刻本

徐州市

[嘉靖]徐州志 第21冊
(明)梅守德修 任子龍纂
明嘉靖間刻本
[萬曆]徐州志 第21冊
(明)姚應龍等纂修
明萬曆五年(1577)刻本
[順治]徐州志 第21冊
(清)余志明修 李向陽纂
清順治十一年(1654)刻本
[康熙]徐州志 第21冊
(清)姜焯纂修
清康熙六十一年(1722)刻本
[乾隆]徐州府志 第21冊
(清)石傑修 王峻纂
清乾隆七年(1742)刻本府學藏版
[同治]徐州府志 第21冊
(清)吳世熊等修 劉庠等纂
清同治十三年(1874)刻本
[道光]銅山縣志 第21冊
(清)崔志元修 金左泉纂
清道光十一年(1831)刻本本衙藏版
[民國]銅山縣志 第21冊
(清)余家謨等修 王嘉詵纂
民國十五年(1926)刻本
[光緒]豐縣志 第21冊
(清)姚鴻傑等纂修
清光緒二十年(1894)刻本
[嘉靖]沛縣志 第21冊
(明)王治修 馬偉纂
明嘉靖二十二年(1543)刻本
[萬曆]沛志 第21冊
(明)羅士學纂修 李汝讓增修
明萬曆二十五年(1597)修十七年(1609)增修抄本
[乾隆]沛縣志 第21冊
(清)李棠纂修
清乾隆五年(1740)刻本
[民國]沛縣志 第21冊
于書雲修 趙錫蕃纂
民國九年(1920)上海商務印書館鉛印本
[康熙]邳州志 第21冊
(清)孫居湜修 孟安世纂
清康熙三十二年(1693)刻本
[乾隆]邳州志 第21冊
(清)鄔承顯修 吳從信纂
清乾隆十五年(1750)刻本
[民國]邳志補 第21冊
竇鴻年纂
民國十二年(1923)刻本
[光緒]睢甯縣志稾 第21冊
(清)侯紹瀛修 丁顯纂
清光緒十三年(1887)刻本

連雲港市

海州舊記 第21冊
佚名纂修
據北京圖書館出版社一九九七年《漢唐方志輯佚》排印
[隆慶]海州志 第21冊
(明)鄭複亨纂修
明隆慶六年(1572)刻本
古朐考略 第21冊
(清)喬紹傅纂
抄本
[嘉慶]海州直隸州志 第21冊
(清)唐仲冕等修 汪梅鼎等纂
清嘉慶十六年(1811)刻本
雲臺新志 第21冊
(清)謝元淮修 許喬林纂
清道光十六年(1836)瑞隆局刻郁洲書院本

宿遷市

[民國]泗陽縣志 第21冊
李佩恩修 張相文 王聿望纂
民國十五年(1926)鉛印本
[康熙]重修沭陽縣志 第21冊
(清)張奇抱修 胡簡敬纂
清康熙十三年(1674)刻本
[萬曆]宿遷縣志 第21冊
(明)喻文偉修 何儀等纂
明萬曆五年(1577)刻本
[康熙]宿遷縣志 第21冊
(清)胡宗鼎修 練貞吉纂 林昆翰增修 曹增補
清康熙三年(1664)修十二年(1683)增補刻本
[同治]宿遷縣志 第21冊
(清)李德溥修 方駿謨纂
清同治十三年(1874)刻本鍾吾書院藏版
[民國]宿遷縣志 第21冊
嚴型修 馮煦纂
民國十三年(1924)修十四年(1935)鉛印本

淮安市

[萬曆]淮安府志 第21冊
(明)郭大綸修 陳文燭纂
明萬曆元年(1573)刻本
[乾隆]淮安府志 第21冊
(清)衛哲治等纂修 陳琦等重刻
清乾隆十三年(1748)修咸豐二年(1852)重刻本
[光緒]淮安府志 第21冊
(清)孫雲錦等修 吳昆田等纂
清光緒十年(1884)刻本
[乾隆]山陽縣志 第21冊
(清)金秉祚修 丁一燾等纂
清乾隆十四年(1749)刻本
信今錄 第21冊
(清)曹鑣撰
清道光十一年(1831)活字本
[同治]重修山陽縣志 第21冊
(清)張兆棟 孫雲修 何紹基 丁晏等纂
清同治十二年(1873)刻本
淮安河下志 第21冊
王覲宸纂 程業勤增訂
抄本
淮陰志征訪稿 第21冊
徐鍾令纂
民國初年抄本
[雍正]安東縣志 第21冊
(清)余光祖修 孫超宗纂
清雍正五年(1727)修抄本
[光緒]安東縣志 第21冊
(清)金元烺修 吳昆田魯蕡纂
清光緒元年(1875)刻本
[乾隆]盱眙縣志 第21冊
(清)郭起元修 秦懋紳 徐方高纂
清乾隆十二年(1747)刻本
[同治]盱眙縣志 第21冊
(清)崔秀春修 傅紹曾纂
清同治十二年(1873)刻本

鹽城市

[萬曆]鹽城縣志 第21冊
(明)楊瑞雲修 夏應星纂
明萬曆十一年(1583)刻本
[乾隆]鹽城縣志 第21冊

(清)黄垣修 沈嚴纂
清乾隆十二年(1747)刻本
[光緒]鹽城縣志 第21冊
(清)劉崇照修 陳玉樹 龍繼棟纂
清光緒二十一年(1895)刻本
[民國]續修鹽城縣志 第21冊
林懿均修 胡應庚 陳鐘凡纂
民國二十五年(1936)鉛印本
[民國]鹽城續志校補 第21冊
胡應庚纂
民國間纂五一年鉛印本
[乾隆]阜寧縣志 第21冊
(清)馮覲民纂修
清乾隆十一年(1746)修十九年(1764)增修抄本
[光緒]阜甯縣志 第21冊
(清)阮本焱修 陳肇礽 殷自芳纂
清光緒十二年(1886)陸氏刻字修譜局刻本
[民國]阜寧縣新志 第22冊
焦忠祖修 龐友蘭纂
民國二十三年(1934)鉛印本
[道光]東臺縣志 第22冊
(清)周右修 王恩元續修 蔡複午等纂
清嘉慶二十二年(1817)修道光十年(1830)續修刻本本署藏版
[光緒]東臺縣志稿 第22冊
(清)王璋纂修
清光緒十九年(1893)修抄本

揚州市

維揚志 第22冊
佚名纂修
據劉緯毅等輯《宋遼金元方志輯佚》排印
[嘉靖]惟揚志 第22冊
(明)朱懷幹修 盛儀纂
明嘉靖二十一年(1542)刻本
[萬曆]揚州府志 第22冊
(明)楊洵修 徐鑾 陸君弼等纂
明萬曆二十九年(1601)修十三年(1605)刻本
[康熙]揚州府志 第22冊
(清)雷應元纂修
清康熙三年(1664)刻本
[雍正]揚州府志 第22冊
(清)尹會一修 程夢星等纂
清雍正十一年(1733)刻本
[嘉慶]重修揚州府志 第22冊
(清)阿克當阿修 姚文田等纂
清嘉慶十五年(1810)刻本
廣陵覽古 第22冊
(清)顧鑾撰
清嘉慶間刻本
揚州叢刻 第22冊
李艾塘等撰 陳恒和輯刻
民國二十四年(1935)刻十六年(1947)重印本
[康熙]江都縣志 第22冊
(清)李蘇纂修
清康熙五十六年(1717)刻本
[乾隆]江都縣志 第22冊
(清)五格黄湘纂修
清乾隆八年(1743)刻光緒七年(1881)劉汝賢重刻本
[嘉慶]江都縣續志 第22冊
(清)王逢源修 李保泰纂
清嘉慶十六年(1811)修光緒七年(1881)重刻本
[民國]續修江都縣志 第22冊
錢祥保修 桂邦傑等纂
民國十五年(1926)集賢齋刻本版存旌忠寺梁昭明太子文選樓
北湖續志 第22冊
(清)阮元纂修
清道光二十七年(1847)揚州阮氏刻本
瓜洲志 第22冊
(清)吳耆德 王養度纂修 馮錦輯
清嘉慶間纂民國十二年(1923)瓜洲于氏凝暉堂鉛印本
瓜洲續志 第22冊
于樹滋纂修
民國十六年(1927)瓜洲于氏凝暉堂鉛印本
[乾隆]甘泉縣志 第22冊
(清)吳鶚峙等修 厲鶚等纂
清乾隆八年(1743)刻嘉慶十五年(1810)重印本
[嘉慶]甘泉縣續志 第22冊
(清)陳觀國修 李保泰纂
清嘉慶十五年(1810)刻本
[光緒]增修甘泉縣志 第22冊
(清)徐成敟等修 陳浩恩等纂
清光緒七年(1881)活字本
[康熙]儀真縣志 第23冊
(清)胡崇倫修 陳邦楨等纂 馬章玉增修
清康熙七年(1668)刻十二年(1693)增修刻本
[道光]重修儀征縣志 第23冊
(清)王檢心修 劉文淇 張安保纂
清道光三十年(1850)修光緒十六年(1890)刻本
[嘉慶]高郵州志 第23冊
(清)楊宜崙修 夏之蓉 沈之本纂 馮馨增修
清嘉慶十八年(1813)增修道光二十五年(1845)重刻本版藏儒學書庫
[道光]續增高郵州志 第23冊
(清)左輝春等纂修
清道光二十三年(1843)刻本
[光緒]再續高郵州志 第23冊
(清)金元烺 龔定瀛修 夏子鐊纂
清光緒九年(1883)刻本
[民國]三續高郵州志 第23冊
胡為和 盧鴻鈞修 高樹敏纂
民國十一年(1922)刻本
[道光]重修寶應縣志 第23冊
(清)孟毓蘭修 喬載繇等纂
清道光二十年(1840)湯氏沐華堂刻本
[民國]寶應縣志 第23冊
戴邦楨 趙世榮修 馮煦 朱萇生纂
民國二十一年(1932)鉛印本

泰州市

[康熙]興化縣志 第23冊
(清)張可立纂修
清康熙二十四年(1685)抄本
[咸豐]重修興化縣志 第23冊
(清)梁園棣修 鄭之僑 趙彦俞纂
清咸豐二年(1852)刻本尊經閣藏版
[民國]續修興化縣志 第23冊
李恭簡修 魏儁 任乃賡纂
民國三十二年(1943)鉛印本
[崇禎]泰州志 第23冊
(明)李自滋修 劉萬春纂
明崇禎六年(1633)刻抄本
[雍正]泰州志 第23冊
(清)褚世暄修 陳九昌等纂
清雍正六年(1728)刻本
[道光]泰州志 第23冊
(清)王有慶等修 陳世鎔等纂
清道光七年(1827)修光緒三十四年

(1908)補刻本
泰州新志刊謬 第23冊
(清)任鈺等纂
清道光十年(1830)刻本
[光緒]續纂泰州志 第23冊
(清)胡維藩修 福保纂
清光緒間修民國間油印本
[民國]續纂泰州志 第23冊
韓紫石 王笠農纂修
民國間修抄本
[民國]泰縣志稿 第23冊
單毓元等纂修
民國二十年(1931)修抄本
[康熙]泰興縣志 第23冊
(清)錢見龍 吳樸纂修
清康熙二十七年(1688)刻乾隆補刻本
[嘉慶]重修泰興縣志 第23冊
(清)淩坮 張先甲修 張福謙纂
清嘉慶十八年(1813)刻本縣署藏版
[民國]泰興縣志續 第23冊
王元章修 金鉽纂
民國二十二年(1933)刻本
[康熙]靖江縣志 第23冊
(清)鄭重修 袁元纂
清康熙十一年(1672)刻本
[咸豐]靖江縣志稿 第23冊
(清)于作新修 潘泉纂
清咸豐七年(1857)活字本
[光緒]靖江縣志 第23冊
(清)葉滋森修 褚翔等纂
清光緒五年(1879)刻本

南通市

[嘉靖]通州志 第23冊
(明)鍾汪修 林穎等纂
明嘉靖九年(1530)刻本
[萬曆]通州志 第23冊
(明)林雲程修 沈明臣等纂
明萬曆五年(1577)刻本
州乘資 第23冊
(明)邵潛纂修
南明弘光元年(1645)刻本
[康熙]通州志 第23冊
(清)王宜亨修 王僘通 王兆陞纂
清康熙十三年(1674)刻抄本
[乾隆]直隸通州志 第23冊
(清)王繼祖修 夏之蓉纂
清乾隆二十年(1755)刻本
[光緒]通州直隸州志 第23冊
(清)梁悅馨 莫祥芝修 季念詒 沈鍠纂
清光緒元年(1875)刻本
海曲拾遺 第23冊
(清)金榜纂修
清乾隆間刻抄本
狼五山志 第23冊
(明)王揚德編
明萬曆四十四年(1616)刻民國二十四年(1935)影印本
山全志 第23冊
(清)劉名芳纂修
清乾隆間刻本
[道光]海門縣志 第23冊
(清)丁鹿壽纂修
清道光十一年(1831)刻民國間抄本
[民國]海門縣圖志 第23冊
劉偉纂
民國抄稿本
[嘉靖]重脩如皋縣志 第23冊
(明)謝紹祖纂修
明嘉靖三十九年(1560)刻本
[乾隆]如皋縣志 第23冊
(清)鄭見龍修 周植等纂
清乾隆十五年(1750)刻本
[嘉慶]如皋縣志 第23冊
(清)楊受廷等修 馬汝舟等纂
清嘉慶十三年(1808)刻本
白蒲鎮志 第23冊
(清)姚鵬春纂
清道光二十一年(1841)纂抄本
[咸豐]古海陵縣志 第23冊
(清)王葉衢纂
清咸豐五年(1855)纂六二年油印本

鎮江市

[嘉定]鎮江志 第24冊
(宋)盧憲纂
宋嘉定六年(1213)修清道光二十二年(1842)丹徒包氏刻本
[至順]鎮江志 第24冊
(元)脫因修 俞希魯纂
元至順三年(1332)修民國十二年(1923)如皋冒氏刻本
[乾隆]鎮江府志 第24冊
(清)朱霖等纂修
清乾隆間刻本
重修京口八旗志 第24冊
愛仁纂修
民國十六年(1927)抄本
京口三山全志 第24冊
(明)許國誠修 高一福撰
明萬曆二十八年(16)刻本
京口三山志選補 第24冊
(明)霍鎮方纂
明萬曆三十九年(1611)刻本
北固山志 第24冊
(清)釋了璞輯
清道光十六年(1836)刻本版存石公山房
北固山志 第24冊
(清)周伯義編 陳任暘訂
清光緒三十年(1904)刻本
焦山志 第24冊
(清)盧見曾撰
清乾隆二十七年(1762)雅雨堂刻本
焦山志 第24冊
(清)吳雲輯
清同治十三年(1874)刻本
焦山續志 第24冊
(清)陳任暘輯
清光緒三十年(1904)刻本
[萬曆]丹徒縣志 第24冊
(明)何世學纂修
明萬曆初刻本
[嘉慶]丹徒縣志 第24冊
(清)貴中孚 萬承紀修 蔣宗海等纂
清嘉慶十年(1805)刻本
[光緒]丹徒縣志 第25冊
(清)何紹章等修 呂耀斗等纂
清光緒五年(1879)刻本
[光緒]丹徒縣志摭餘 第25冊
(清)李恩綬纂修 李丙榮續纂修
民國七年(1918)郡城繼撫塾藏刻本
[宣統]丹徒縣志續志 第25冊
(清)陳祺壽纂修
清宣統間修抄本
[民國]續丹徒縣志 第25冊
張玉藻 翁有成修 高觀昌等纂
民國十九年(1930)刻本
[光緒]重修丹陽縣志 第25冊
(清)淩焯 劉誥等修 徐錫麟等纂
清光緒十一年(1885)鴻鳳書院刻本
[民國]丹陽縣續志 第25冊
胡為和修 孫國鈞纂

民國十六年(1927)刻本
[民國]丹陽縣志補遺 第25冊
胡為和修 孫國鈞纂
民國十六年(1927)刻本
[弘治]句容縣志 第25冊
(明)王僖修 程文纂
明弘治九年(1496)刻本
[乾隆]句容縣志 第25冊
(清)曹襲先纂修
清乾隆十五年(1750)修光緒二十六年(1900)楊世沅重刻本
[光緒]續纂句容縣志 第25冊
(清)張紹棠修 蕭穆等纂
清光緒三十年(1904)刻本

常州市

[咸淳]重修毗陵志 第25冊
(宋)史能之纂
宋咸淳間修清嘉慶二十五年(1820)趙懷玉刻李兆洛校本
[成化]重修毗陵志 第25冊
(明)卓天錫修 孫仁增修 朱昱增纂
明成化二十年(1484)增修刻本
[康熙]常州府志 第25冊
(清)于琨修 陳玉璂纂
清康熙三十四年(1695)刻本
[乾隆]武進縣志 第25冊
(清)王祖肅等修 虞鳴球等纂
清乾隆三十年(1765)刻本
[道光]武進陽湖縣合志 第25冊
(清)孫琬 王德茂修 李兆洛 周儀暐纂
清道光二十三年(1843)刻本尊經閣藏版
[光緒]武進陽湖縣志 第25冊
(清)王其淦 吳康壽修 湯成烈等纂
清光緒五年(1879)刻本
[光緒]武陽志餘 第26冊
(清)莊毓鋐 陸鼎翰纂修
清光緒十四年(1888)活字本
重刻高山志(附續志) 第26冊
(明)顧世登 顧伯平同輯 惲應翼重輯 (清)吳鏞重校刊
民國二十六年(1937)木活字本
[嘉慶]溧陽縣志 第26冊
(清)李景嶧等修 史炳等纂
清嘉慶十八年(1813)修光緒二十二年(1896)重刻本
[光緒]溧陽縣續志 第26冊
(清)朱畯等修 馮煦等纂
清光緒二十五年(1899)活字本
[光緒]金壇縣志 第26冊
(清)丁兆基等修 汪國鳳等纂
清光緒十一年(1885)活字本
[民國]金壇縣志 第26冊
馮煦纂修
民國十年(1921)修十五年(1926)上海商務印書館鉛印本

無錫市

無錫志 第26冊
佚名纂修
清乾隆間《四庫全書》本
錫金識小錄 第26冊
(清)黃印纂
清乾隆十七年(1752)纂光緒二十二年(1896)王念祖活字本
[嘉慶]無錫金匱縣志 第26冊
(清)秦瀛纂修
清嘉慶十八年(1813)刻本城西草堂藏版
錫金志外 第26冊
(清)沐雲叟著
清刻本
[光緒]無錫金匱縣志 第26冊
(清)裴大中修 秦緗業纂
清光緒七年(1881)刻本
慧山記 第26冊
(明)釋圓顯輯 邵寶訂 (清)邵涵初續輯
清同治七年(1868)刻本泉書院藏版
無錫開化鄉志 第26冊
(清)王抱承纂 (民國)蕭煥梁續纂
民國五年(1916)侯學愈活字本
無錫富安鄉志 第26冊
奚錚纂
稿本
[嘉靖]江陰縣志 第26冊
(明)趙錦修 張袞纂
明嘉靖二十七年(1548)刻本
[光緒]江陰縣志 第26冊
(清)盧思誠 馮壽鏡修 季念詒 夏煒如纂
清光緒四年(1878)刻本
[民國]江陰縣續志 第26冊
陳思修 繆荃孫等纂
民國十年(1921)刻本
楊舍堡城志稿 第26冊
(清)葉長齡纂
清光緒九年(1883)江陰葉氏活字本
涇裏志 第26冊
(清)程國昶稿 邵燦編訂
抄本
[嘉慶]重刊宜興縣舊志 第26冊
(清)阮升基修 甯楷纂
清嘉慶二年(1797)修光緒八年(1882)刻本
[嘉慶]重刊宜興縣志 第26冊
(清)阮升基修 甯楷纂
清嘉慶二年(1797)修光緒八年(1882)刻本
[道光]重刊續纂宜荊縣志 第26冊
(清)顧名修 吳德旋纂
清道光二十年(1840)修光緒八年(1882)刻本
[光緒]宜興荊谿縣新志 第26冊
(清)施惠等修 吳景牆等纂
清光緒八年(1882)刻《宜興荊溪舊志五種》本
光宣宜荊續志 第26冊
陳善謨等修 周志靖纂
民國十年(1921)刻本

蘇州市

[紹定]吳郡志 第26冊
(宋)范成大纂修 汪泰亨增訂
宋紹熙三年(1192)修紹定二年續修民國十五年(1926)吳興張氏《擇是居叢書》景宋刻本
續吳郡志 第27冊
(明)李詡撰
明舊抄本
[正德]姑蘇志 第27冊
(明)林世遠修 王鏊等纂
明正德元年(1506)刻本
[乾隆]蘇州府志 第27冊
(清)雅爾哈善等修 習寯等纂
清乾隆十三年(1748)刻本
[乾隆]蘇州府志 第28冊
(清)雅爾哈善等修 習寯等纂
清乾隆十三年(1748)刻本
吳門補乘 第28冊
(清)錢思元輯 錢士錡補輯
清嘉慶八年(1803)纂十五年(1820)補輯吳門錢氏刻本本堂藏版

[道光]蘇州府志 第28冊
(清)宋如林等修 石韞玉纂
清道光四年(1824)刻本
[同治]蘇州府志 第28冊
(清)李銘皖等修 馮桂芬等纂
清光緒九年(1883)江蘇書局刻本
蘇州塚墓記 第29冊
佚名纂修
據北京圖書館出版社一九九七年《漢唐方志輯佚》排印
中吳紀聞 第29冊
(宋)龔明之撰 (清)繆荃孫校勘
清宣統元年(1909)刻本
吳中舊事 第29冊
(元)陸友仁撰
清末刻本
平江記事 第29冊
(元)高德基撰
民國間抄本
紅蘭逸乘 第29冊
(清)張霞房撰
清嘉慶道光間撰民國二十一年(1932)《吳中掌故叢書》鉛印本
[崇禎]吳縣志 第29冊
(明)牛若麟修 王煥如纂
明崇禎十五年(1642)刻本
[康熙]吳縣志 第29冊
(清)湯斌修 孫珮纂
清康熙三十年(1691)金閶劉汝潔刻本
[乾隆]吳縣志 第29冊
(清)姜順蛟 葉長揚修 施謙纂
清乾隆十年(1745)刻本
[民國]吳縣志 第29冊
曹允源 李根源纂
民國二十二年(1933)蘇州文新公司鉛印本
[民國]吳縣志 第30冊
曹允源 李根源纂
民國二十二年(1933)蘇州文新公司鉛印本
[萬曆]長洲縣志 第30冊
(明)張德夫修 江盈科增修 皇甫汸 張鳳翼等纂
明萬曆二十六年(1598)刻本
[康熙]長洲縣志摘要 第30冊
(清)吳汝輅輯
清康熙二十九年(1690)抄本
[乾隆]長洲縣志 第30冊
(清)李光祚修 顧詒祿等纂
清乾隆十八年(1753)刻本抄配
[乾隆]元和縣志 第30冊
(清)許治修 沈德潛 顧詒祿纂
清乾隆二十六年(1761)刻本
穹窿山志 第30冊
(清)吳偉業 向球纂修
清康熙間纂民國三十二年(1943)鉛印本
虎阜志 第30冊
(清)陸肇域 任兆麟編纂
清乾隆五十七年(1792)刻本西溪別墅藏版
滸墅關志 第30冊
(清)孫珮纂修
清康熙十二年(1673)刻本
滸墅關志 第30冊
(清)淩壽祺纂修
清道光七年(1827)刻本
横谿錄 第30冊
(明)徐鳴時纂
明崇禎二年(16)刻抄本
吳郡甫裏志 第30冊
(清)陳惟中纂修
清康熙四十一年(1702)樹德堂刻抄本
吳郡甫裏志 第30冊
(清)彭方周纂修
清乾隆三十年(1765)刻本
陳墓鎮志 第30冊
(清)陳尚隆原纂 陳樹穀續纂
清雍正二年(1724)修乾隆三十五年(1770)續修抄本
二貞豐擬乘 第30冊
(清)章騰龍原本 陳勰增輯
清嘉慶十五年(1810)聚星堂刻本
周莊鎮志 第30冊
(清)陶煦纂
清光緒八年(1882)元和陶氏儀一堂刻本
元和唯亭志 第30冊
(清)沈藻采纂修
清道光二十八年(1848)刻本
横金志 第30冊
(清)柳商賢纂 孔岵陟續補
抄本
香山小志 第30冊
徐翥先纂
民國六年(1917)纂抄本
木瀆小志 第30冊
張郁文輯
民國十七年(1928)利蘇印書社鉛印本
黄埭志 第30冊
朱福熙修 程錦熙纂
民國十一年(1922)蘇州振新書社石印本
齊谿小志 第30冊
李楚石纂修
民國十五年(1926)鉛印本
相城小志 第30冊
陶惟坻修 施兆麟纂
民國十九年(1930)上藝齋木活字本
[至正]崑山郡志 第31冊
(元)孛羅帖木爾修 楊譓纂
元至正元年(1341)修清宣統元年(1909)《匯刻太倉舊志五種》本
[嘉靖]崑山縣志 第31冊
(明)楊逢春修 方鵬纂
明嘉靖十七年(1538)刻本
[萬曆]崑山縣志 第31冊
(明)周世昌纂修
明萬曆四年(1576)申恩科刻本
[乾隆]崑山新陽合志 第31冊
(清)張予介等修 顧登等纂
清乾隆十六年(1751)刻本
[道光]崑新兩縣志 第31冊
(清)張鴻 來汝緣修 王學浩等纂
清道光六年(1826)刻本
[光緒]崑新兩縣續修合志 第31冊
(清)金吳瀾等修 汪堃等纂
清光緒六年(1880)刻本敦善堂藏版
[民國]崑新兩縣續補合志 第31冊
連德英等修 李傳元等纂
民國十二年(1923)刻本
菉溪志 第31冊
(清)諸世器纂
清乾隆三十九年(1774)纂民國二十八年(1939)朱啟甲蔣止逵鉛印本
信義志 第31冊
(清)陳至言纂
清乾隆間纂抄本
信義志稿 第31冊
(清)趙詒翼纂
清宣統三年(1911)修抄本

巴溪志 第31冊
朱保熙纂修
民國二十四年(1935)鉛印本
[弘治]太倉州志 第31冊
(明)李端修 桑悅纂
明弘治十三年修清宣統元年(1909)《匯刻太倉舊志五種》本
[嘉靖]太倉州志 第31冊
(明)周士佐修 張寅纂
明嘉靖二十七年(1548)刻崇禎二年(16)劉彥心重刻本
[嘉慶]直隸太倉州志 第31冊
(清)王昶纂修
清嘉慶七年(1802)刻本
[咸豐]壬癸志稿 第31冊
(清)錢寶琛纂修
清咸豐三年(1853)修光緒六年(1880)刻《錢頤壽中丞全集續編》本
[民國]太倉州志 第31冊
王祖畬纂修
民國八年(1919)刻本
[乾隆]鎮洋縣志 第31冊
(清)金鴻修 李鏻纂
清乾隆十年(1745)刻本
茜涇記略 第31冊
(清)倪大臨纂修 陶炳曾補輯
清乾隆三十七年(1772)纂光緒間增補抄本
直塘裏志 第31冊
(清)時寶臣修 淩德純纂
清道光十三年(1833)修抄本
雙鳳裏志 第31冊
(清)時寶臣纂修
抄本
璜涇志稿 第31冊
(清)施若霖纂修
清道光十年(1830)纂民國二十九年(1940)《璜水叢書》鉛印本
璜涇志略 第31冊
趙曜纂修
稿本
[民國]增修鶴市志略 第31冊
林晃纂 周偁等增纂 許泰續纂
民國三十六年(1947)鉛印本
皇明常熟文獻志 第31冊
(明)管一德纂
明萬曆三十三年(1605)刻本
[崇禎]常熟縣志 第31冊
(明)龔立本纂修
明崇禎十二年(1639)纂民國五年(1916)抄本
海虞別乘 第31冊
(明)陳三恪纂修
清乾隆間抄本
[康熙]常熟縣志 第32冊
(清)高士鸃 楊振藻修 錢陸燦等纂
清康熙二十六年(1687)刻本
[雍正]昭文縣志 第32冊
(清)勞必達修 陳祖範等纂
清雍正九年(1731)刻本
[乾隆]常昭合志 第32冊
(清)王錦 楊繼熊修 言如泗纂
清乾隆六十年(1795)刻嘉慶二年(1797)重印本
琴川三志補記 第32冊
(清)黃廷鑑纂
清道光十一年(1831)刻光緒二十四年(1898)活字本
[光緒]常昭合志稿 第32冊
(清)鄭鍾祥 張瀛修 龐鴻文等纂
清光緒三十年(1904)活字本
支溪小志 第32冊
(清)顧鎮纂修 周昂增訂
清乾隆間纂抄本
唐市志 第32冊
(清)倪賜原纂 蘇雙翔補纂
清道光十四年(1834)補纂抄本
唐市志 第32冊
(清)倪賜纂修 蘇雙翔續纂修 龔文洵再續纂修
抄本
唐市補志 第32冊
(清)倪賜原纂 蘇雙翔補纂 龔文洵再補纂
抄本
梅李文獻小志 第32冊
(清)潘鎬纂
民國間抄本
裏睦小志 第32冊
(清)顧崇善纂
清嘉道間纂抄本
金村小志 第32冊
金鶴翀纂
民國十二年(1923)鑄新印刷社鉛印本
雙浜小志 第32冊
王鴻飛纂
民國間稿本
恬莊小識 第32冊
(清)楊希濂纂
清道光間刻本楊慶恩堂義塾藏版
[弘治]吳江志 第32冊
(明)莫旦纂修
明弘治元年(1488)刻本
[乾隆]吳江縣志 第32冊
(清)陳𦳝纕等修 倪師孟等纂
清乾隆十二年(1747)修民國石印本
[光緒]吳江縣續志 第32冊
(清)金福曾等修 熊其英等纂
清光緒五年(1879)刻本
[乾隆]震澤縣志 第32冊
(清)陳和志修 倪師孟等纂
清乾隆十一年(1746)修光緒十九年(1893)吳郡徐元圃刻本
[民國]震澤縣志續 第32冊
佚名纂
民國九年(1920)抄本
垂虹識小錄 第32冊
(清)費善慶纂修
抄本
盛湖志 第32冊
(清)仲沈洙纂 仲樞增纂 仲周霈再增纂
清順治十年(1653)纂康熙十五年(1716)增纂乾隆三十五年(1770)再增纂刻本
盛湖志(附志補) 第32冊
(清)仲廷機纂修 仲虎騰續纂修
清同治十三年(1874)纂光緒二十六年(1900)續纂民國十四年(1925)周慶雲覆刻吳江仲氏本
儒林六都志 第32冊
(清)孫陽顧纂
清乾隆二十八年(1763)纂民國間抄本
黎裏志 第32冊
(清)徐達源纂修
清嘉慶十年(1805)吳江徐氏孚遠堂刻本
黎裏續志 第32冊
(清)蔡丙圻纂
清光緒二十五年(1899)禊湖書院刻本
同裏志 第32冊

(清)閻登雲修 周之楨纂
清嘉慶十七年(1812)刻本同川書院藏版
黄溪志 第32册
(清)錢墀纂
清道光十一年(1831)亦陶軒刻本
平望志 第32册
(清)翁廣平纂修
清道光二十年(1840)首刻光緒十三年(1887)吴江黄兆檉重刻本
震澤鎮志 第32册
(清)紀磊 沈眉壽纂修
清道光二十四年(1844)刻本
分湖小識 第32册
(清)柳樹芳纂修
清道光二十二年(1842)纂十七年(1847)勝谿草堂柳氏刻本

浙江省

[嘉靖]浙江通志 第33册
(明)胡宗憲修 薛應旂等纂
明嘉靖四十年(1561)刻本
[康熙]浙江通志 第33册
(清)王國安等修 黄宗羲等纂
清康熙二十三年(1684)刻本
[雍正]勅修浙江通志 第33册
(清)李衛等修 沈翼機傅 王露等纂
清雍正十三年(1735)修乾隆元年(1736)刻本本司藏版
[雍正]勅修浙江通志 第34册
(清)李衛等修 沈翼機傅 王露等纂
清雍正十三年(1735)修乾隆元年(1736)刻本本司藏版
續修浙江通志採訪稿 第34册
佚名纂修
民國五年(1916)鉛印本
[民國]浙江新志 第34册
姜卿雲纂修
民國二十五年(1936)杭州正中書局鉛印本

杭州市

[咸淳]臨安志 第34册
(宋)潛説友纂
宋咸淳四年(1268)纂清道光十年(1830)錢塘汪氏振綺堂刻本
杭州府志 第34册
佚名纂修
據《永樂大典》本排印
杭州府 第34册
佚名纂修
據《永樂大典》本排印
[萬曆]杭州府志 第34册
(明)劉伯縉修 陳善等纂
明萬曆七年(1579)刻本
[康熙]杭州府志 第34册
(清)馬如龍修 楊鼒等纂
清康熙二十五年(1686)刻本
[乾隆]杭州府志 第34册
(清)鄭澐修 邵晉涵纂
清乾隆四十九年(1784)刻本
[民國]杭州府志 第35册
(清)陳璚修 王棻纂 屈映光續修 陸懋勳續纂 齊耀珊重修 吴慶坻重纂
清光緒二十四年(1898)修民國五年(1916)續修十一年(1922)鉛印本
東城雜記 第35册
(清)厲鶚纂修
清嘉慶二十五年(1820)振綺堂刻本
東城記餘 第35册
(清)楊文傑纂
清光緒二十六年(1900)錢唐丁氏刻本
[萬曆]錢塘縣志 第35册
(明)聶心湯纂修
明萬曆三十七年(1609)刻清光緒十九年(1893)刻本
[康熙]錢塘縣志 第35册
(清)魏修 裘璉等纂
清康熙五十七年(1718)刻本
[嘉慶]錢塘縣志補 第35册
(清)吳允嘉纂修
清嘉慶間纂抄本
[嘉靖]仁和縣志 第35册
(明)沈朝宣撰
明嘉靖二十八年(1549)修清光緒十九年(1893)《武林掌故叢編》刻本
[康熙]仁和縣志 第35册
(清)趙世安修 顧豹文 邵遠平纂
清康熙二十六年(1687)刻本
蓮華峰古蹟考略 第35册
(清)三寶 王亶望輯
清乾隆間精抄本
瑞石山志 第35册
(清)莫栻輯
清抄本
靈峰志 第35册
周慶雲輯
民國元年(1912)刻本夢坡室藏版
西湖志 第35册
(清)李衛等修 傅王露等纂
清雍正十三年(1735)刻本
西湖新志 第36册
胡祥翰輯
民國十年(1921)鉛印本
唐棲志略稾 第36册
(清)何琪纂
清乾隆間修光緒七年(1881)《武林掌故叢編》刻本
唐棲志 第36册
(清)王同撰
清光緒十五年(1889)撰者手稿本
湖墅小志 第36册
(清)高鵬年輯
清光緒二十二年(1896)石印本
清波小志 第36册
(清)徐逢吉纂
清雍正十二年(1734)纂商務印書館民國二十五年(1936)據《讀畫齋叢書》本排印
清波小志補 第36册
(清)陳景鐘纂
清乾隆間纂商務印書館民國二十五年(1936)據《讀畫齋叢書》本排印
清波三志 第36册
(清)陳景鐘纂 莫栻續訂
清光緒二十一年(1895)錢塘丁氏嘉惠堂重刻本
餘杭圖經 第36册
佚名纂修
據劉緯毅等輯《宋遼金元方志輯佚》排印
[康熙]餘杭縣志 第36册
(清)張思齊纂修
清康熙十二年(1673)刻本
[嘉慶]餘杭縣志 第36册
(清)張吉安等修 朱文藻等纂
清嘉慶十三年(1808)修民國八年(1919)吳蘭孫鉛印本
[光緒]餘杭縣志稿 第36册
(清)褚成博纂修
清光緒三十二年(1906)刻本
臨平記 第36册
(明)沈謙纂修

明崇禎十七年(1644)纂清光緒十年(1884)《武林掌故叢編》刻本
臨平記再續 第36冊
陳棠 姚景瀛纂
年代不詳稿本
[康熙]富陽縣志 第36冊
(清)錢晉錫纂修
清康熙二十二年(1683)刻本
[光緒]富陽縣志 第36冊
(清)汪文炳修 何鎔等纂
清光緒三十二年(1906)刻本版存富陽學尊經閣
富陽縣新舊志校記 第37冊
(清)朱壽保纂
清光緒三十三年(1907)抄本
[康熙]臨安縣志 第37冊
(清)陸文煥纂修 張顧恒增修
清康熙十四年(1675)刻十二年(1683)增修本
[乾隆]臨安縣志 第37冊
(清)趙民治修 許琳等纂
清乾隆二十四年(1759)刻本
[宣統]臨安縣志 第37冊
(清)彭循堯修 董運昌纂
清宣統二年(1910)活字本
安縣志補 第37冊
姚祖義纂
稿本
[康熙]於潛縣志 第37冊
(清)趙之珩修 章國佐等纂
清康熙十二年(1673)刻本
[嘉慶]於潛縣志 第37冊
(清)蔣光弼等修 張燮 李江纂
清嘉慶十七年(1812)活字本
[光緒]於潛縣志 第37冊
(清)程兼善纂修
清光緒二十四年(1898)修民國二年(1913)謝青翰石印本
[康熙]昌化縣志 第37冊
(清)謝廷璣纂修
清康熙二十二年(1683)修抄本
[乾隆]昌化縣志 第37冊
(清)甘文蔚等修 王母音等纂
清乾隆十三年(1748)刻本
[道光]昌化縣志 第37冊
(清)于尚齡等修 王兆杏等纂
清道光三年(1823)修抄本
[民國]昌化縣志 第37冊
陳培珽等修 許昌言等纂
民國十三年(1924)浙江印刷股份有限公司鉛印本
嚴州府志 第37冊
佚名纂修
據《永樂大典》本排印
[萬曆]嚴州府志 第37冊
(明)楊守仁修 徐楚纂
明萬曆六年(1578)刻本
[萬曆]嚴州府志 第37冊
(明)呂昌期修 唐仲賢等纂
明萬曆四十一年(1613)原刻本清順治六年(1649)增刻本
[光緒]嚴州府志 第37冊
(清)吳士進原本 吳世榮續修 鄒柏森等續纂
清光緒九年(1883)增修重刻本
[康熙]建德縣志 第37冊
(清)戚延裔修 馬天選等纂
清康熙二十三年(1684)刻本
[乾隆]建德縣志 第37冊
(清)王賓等修 應德廣等纂
清乾隆十九年(1754)刻本
[道光]建德縣志 第37冊
(清)周興嶧等修 嚴可均等纂
清道光八年(1828)刻本本縣署藏版
[光緒]建德縣志 第37冊
(清)謝仁澍等修 俞觀旭等纂
清光緒十八年(1892)刻本
[萬曆]重修壽昌縣志 第37冊
(明)李思悅修 洪一鼇纂 李世芳續修 易文續纂
明萬曆十四年(1586)刻清順治十年(1653)補刻本
[康熙]新修壽昌縣志 第37冊
(清)曾華蓋修 洪如琅等纂
清康熙二十二年(1683)刻本
[民國]壽昌縣志 第37冊
陳煥等修 李飪等纂
民國十九年(1930)金華大同印務局鉛印本
[乾隆]淳安縣志 第37冊
(清)劉世寧修 方棨如纂
清乾隆二十一年(1756)刻本
[光緒]淳安縣志 第37冊
(清)李詩修 陳中元等纂
清光緒十年(1884)淳安縣署刻本
[乾隆]桐廬縣志 第37冊
(清)嚴正身等修 金嘉琰纂
清乾隆十八年(1753)修抄本
桐廬縣志 第37冊
顏士晉修 朱邦彥 臧承宣纂
油印本
[光緒]分水縣志 第37冊
(清)陳常鏵修 臧承宣等纂
清光緒三十二年(1906)刻本
[萬曆]新城縣志 第37冊
(明)溫朝祚修 方廉纂
明萬曆四年(1576)刻清抄本
[康熙]新城縣志 第37冊
(清)張瓚修 張戩等纂
清康熙十二年(1673)刻本深清堂藏版
[民國]新登縣志 第37冊
徐士瀛等修 張子榮等纂
民國十一年(1922)鉛印本
[嘉靖]蕭山縣志 第37冊
(明)林策修 張燭纂 魏堂續增
明嘉靖二十二年(1543)修十六年(1557)刻萬曆三年(1575)增刻本
[康熙]蕭山縣志 第37冊
(清)劉儼修 張遠纂
清康熙三十二年(1693)刻本
[民國]蕭山縣志稿 第37冊
彭延慶修 姚瑩俊纂 張宗海續修 楊士龍續纂
民國二十四年(1935)鉛印本
孝感裹志 第37冊
(清)張廉纂
清嘉慶二十四年(1819)活字本

湖州市

吳興志 第38冊
(唐)陸羽撰
據北京圖書館出版社一九九七年《漢唐方志輯佚》排印
[嘉泰]吳興志 第38冊
(宋)談鑰撰
宋嘉泰元年(1201)修章氏讀騷如齋抄本
[成化]湖州府志 第38冊
(明)陳頎修 勞鉞續修 張淵纂
明成化十一年(1475)刻弘治補刻本
[天啟]吳興備志 第38冊
(明)董斯張纂修

民國三年(1914)刻《吳興叢書》本

[乾隆]湖州府志　第38冊
(清)胡承謀纂修
清乾隆四年(1739)吳興潘大有刻本

[乾隆]湖州府志　第38冊
(清)李堂纂修
清乾隆二十三年(1758)刻本

[同治]湖州府志　第38冊
(清)宗源瀚等修 周學濬等纂
清同治十三年(1874)愛山書院刻本

湖州府志節要　第38冊
(清)高錫齡手錄
抄本

吳興雜錄　第38冊
(清)佚名纂
民國間抄本

[崇禎]烏程縣志　第38冊
(明)劉沂春修 徐守綱 潘士遴纂
明崇禎十一年(1638)刻本

[乾隆]烏程縣志　第38冊
(清)羅愫修 杭世駿等纂
清乾隆十一年(1746)刻本

[光緒]烏程縣志　第38冊
(清)潘玉璿 馮健修 周學濬 汪曰楨纂
清光緒七年(1881)刻本

[康熙]歸安縣志　第38冊
(清)姚時亮 何國祥修 嚴經世等纂
清康熙十二年(1673)刻本

[光緒]歸安縣志　第38冊
(清)陸心源等修 丁寶書等纂
清光緒八年(1882)刻本

東林山志　第38冊
(清)吳玉樹輯
清嘉慶十八年(1813)刻本回仙觀藏版

金蓋山志　第38冊
(清)李宗蓮編輯
清光緒二十二年(1896)古書隱樓刻本

金井志　第38冊
(清)姜虬綠纂
清道光三年(1823)刻本

菱湖鎮志　第38冊
(清)孫志熊纂修
清光緒十九年(1893)臨安孫氏刻本

五晟舍鎮志　第38冊
(清)閔寶樑纂
清同治間纂抄本

南潯鎮志　第38冊
(清)范來庚纂
清道光二十年(1840)纂民國二十五年(1936)鉛印《南林叢刊》本

南潯鎮志　第38冊
(清)汪曰楨纂
清咸豐九年(1859)修同治二年(1863)刻本

南潯志　第39冊
周慶雲纂修
民國十一年(1922)刻本

雙林鎮志　第39冊
(清)蔡蓉升纂修 蔡蒙續纂修
清同治九年(1870)纂民國六年(1917)重纂上海商務印書館鉛印本

[民國]薄釧兩溪志略　第39冊
(清)吳玉樹纂修
清嘉慶十二年(1807)修民國十一年(1922)刻《吳興叢書》本

[乾隆]長興縣志　第39冊
(清)譚肇基修 吳棻纂
清乾隆十四年(1749)刻本夢鼎堂藏版

[嘉慶]長興縣志　第39冊
(清)邢澍等修 錢大昕等纂
清嘉慶十年(1805)刻本

[同治]長興縣志　第39冊
(清)趙定邦等修 丁寶書等纂
清同治十三年(1874)修光緒十八年(1892)邵同珩等增補重校刻本

[乾隆]安吉州志　第39冊
(清)劉薊植纂修
清乾隆十五年(1750)刻本

[同治]安吉縣志　第39冊
(清)汪榮 劉蘭敏修 張行孚 丁寶書纂
清同治十三年(1874)刻本

[同治]孝豐縣志　第39冊
(清)劉濬修 潘宅仁纂
清光緒三年(1877)刻本

[康熙]德清縣志　第39冊
(清)侯元棐修 王振孫等纂
清康熙十二年(1673)修抄本

[嘉慶]德清縣續志　第39冊
(清)周紹濂修 徐養原纂
清嘉慶十三年(1808)修民國元年(1912)石印本

[民國]德清縣新志　第39冊
吳翯皋 王任化修 程森纂
民國十二年(1923)修十一年(1932)鉛印本

莫幹山志　第39冊
周慶雲纂
民國十六年(1927)刻本

新市鎮志　第39冊
(明)陳霆纂
明正德十一年(1516)修清抄本

新市鎮續志　第39冊
(清)沈赤然纂
清嘉慶十七年(1812)刻本

[嘉靖]武康縣志　第39冊
(明)程嗣功 駱文盛纂修
明嘉靖二十九年(1550)餘姚王漢刻本

[康熙]武康縣志　第39冊
(明)程嗣功修 駱文盛纂 (清)馮聖澤增修 張復旦等增纂
清康熙十一年(1672)抄本

[乾隆]武康縣志　第39冊
(清)劉守成修 高植等纂
清乾隆四十四年(1779)刻本

[道光]武康縣志　第39冊
(清)疏筤修 陳殿階等纂
清道光九年(18)刻本

嘉興市

[至元]嘉禾志　第39冊
(元)徐碩纂 (清)管芷湘補校
元至元二十一年(1284)修清道光十九年(1839)補校咸豐七年(1857)刻本

[正德]嘉興府志補　第39冊
(明)于鳳喈修 鄒衡纂
明正德元年(1506)修民國間抄本

[嘉靖]嘉興府圖記　第39冊
(明)趙瀛修 趙文華纂
明嘉靖二十八年(1549)刻本

[康熙]嘉興府志　第39冊
(清)袁國梓纂修
清康熙二十一年(1682)刻本

[康熙]嘉興府志　第39冊
(清)吳永芳修 錢以塏纂
清康熙六十年(1721)刻本府庫藏版

[嘉慶]嘉興府志　第40冊
(清)伊湯安修 馮應榴纂
清嘉慶六年(1801)刻本抄配

[光緒]嘉興府志　第40冊
(清)許瑤光修 吳仰賢等纂
清光緒四年(1878)鴛湖書院刻本

[崇禎]嘉興縣志 第40冊
(明)羅炌修 黄承昊等纂
明崇禎十年(1637)刻本
[嘉慶]嘉興縣志 第40冊
(清)司能任修 屠本仁纂
清嘉慶六年(1801)刻本
[光緒]嘉興縣志 第41冊
(清)趙惟崳修 石中玉吳受福纂
清光緒三十四年(1908)刻本
[萬曆]秀水縣志 第41冊
(明)李培等修 黄洪憲等纂
明萬曆二十四年(1596)修民國十四年(1925)金蓉鏡校補鉛印本
[康熙]秀水縣志 第41冊
(清)任之鼎修 范正輅纂
清康熙二十四年(1685)刻本
新塍瑣志 第41冊
(清)鄭鳳鏘纂 鄭書田 虞亞青補輯
清同治間修光緒二十三年(1897)補輯抄本
新塍鎮志 第41冊
朱士楷纂修
民國十二年(1923)平湖綺春閣鉛印本
梅裹志 第41冊
(清)楊謙纂 李富孫補輯 余楙續補
清光緒三年(1877)仁濟堂刻本
梅裹備志 第41冊
(清)余霖纂
民國十一年(1922)閲滄樓刻本
梅裹志校勘記 第41冊
祝廷錫纂
年代不詳稿本
漁閒小志 第41冊
佚名纂修
年代不詳抄本
[康熙]重修嘉善縣志 第41冊
(清)楊廉等纂修
清康熙十六年(1677)刻本
[雍正]嘉善縣志 第41冊
(清)戈鳴岐等纂修
清雍正十二年(1734)刻本
[光緒]嘉善縣志 第41冊
(清)江峯青等修 顧福仁等纂
清光緒二十年(1894)刻本縣署藏版
[天啟]平湖縣志 第41冊
(明)程楷修 楊儁卿纂
明天啟七年(1627)刻本
[乾隆]平湖縣志 第41冊
(清)高國楹修 倪藻垣等纂
清乾隆十年(1745)刻本
[乾隆]平湖縣志 第41冊
(清)張力行修 徐志鼎纂
清乾隆四十五年(1780)刻本
[光緒]平湖縣志 第41冊
(清)彭潤章修 葉廉鍔纂
清光緒十二年(1886)刻本
[民國]平湖縣續志 第41冊
季新益 柯培鼎纂
民國十五年(1926)修抄本
乍浦備志 第41冊
(清)鄒璟纂
清道光八年(1828)刻十三年(1843)補刻本
乍浦九山補志 第41冊
(清)李確纂
民國五年(1916)刻本
當湖外志 第41冊
(清)馬承昭纂
清咸豐間纂光緒元年(1875)刻本
續當湖外志 第41冊
(清)馬承昭纂
清光緒元年(1875)刻本
[天啟]海鹽縣圖經 第41冊
(明)樊維城 胡震亨等纂修
明天啟四年(1624)刻本
[康熙]海鹽縣志 第42冊
(清)彭孫貽 童申祉纂
清康熙間修稿本
[光緒]海鹽縣志 第42冊
(清)王彬修 徐用儀纂
清光緒三年(1877)蔚文書院刻本
二續澉水志 第42冊
(明)董穀纂修
明嘉靖三十六年(1557)修民國二十五年(1936)鉛印《澉水志彙編》本
五澉水新志 第42冊
(清)方溶纂修 萬亞蘭補遺
民國二十五年(1936)鉛印《澉水志彙編》本
[嘉靖]海甯縣志 第42冊
(明)蔡完修 董穀纂
明嘉靖三十六年(1557)修清光緒二十四年(1898)許仁沐刻本
甯志備考 第42冊
(明)趙維寰纂
明崇禎三年(1630)刻抄本
海昌外志 第42冊
(明)談遷纂
明崇禎二年(1629)纂清康熙間抄本
[康熙]海寧縣志 第42冊
(清)許三禮纂修 黄承璉續纂修
清康熙十四年(1675)修十二年(1683)續修刻本
[乾隆]海寧縣志 第42冊
(清)金鼇修 黄囋世續修 王又曾纂
清乾隆二十三年(1758)修十年(1765)續修刻本
[乾隆]海寧州志 第42冊
(清)戰魯村纂
清乾隆四十年(1775)修道光二十八年(1848)重刻本
海昌勝覽 第42冊
(清)周春著 管庭芬批訂
清咸豐二年(1852)手抄本
寧志餘聞 第42冊
(清)周廣業著
清乾隆五十四年(1789)抄本
[民國]海寧州志稿 第42冊
(清)許傳沛等纂 (民國)朱錫恩等續纂
清光緒二十二年(1896)修民國十一年(1922)續修鉛印本
修川志餘 第42冊
(清)鍾兆彬纂
清光緒十四年(1888)輯抄本
硤川志 第42冊
(明)潘廷章纂 王簡可續纂
明代修清初抄本
硤川續志 第42冊
(清)王德浩纂 曹宗載編
清嘉慶十七年(1812)刻本
[康熙]桐鄉縣志 第42冊
(清)徐秉元修 仲弘道纂
清康熙十七年(1678)蘭雪堂捐刻本
[光緒]桐鄉縣志 第42冊
(清)嚴辰等纂修
清光緒十三年(1887)蘇州陶漱藝齋刻本青鎮立志書院藏版
[嘉慶]石門縣志 第42冊
(清)耿維祜修 潘文輅等纂
清嘉慶二十三年(1818)修道光元年

(1821)刻本
[光緒]石門縣志 第42册
(清)余麗元等纂修
清光緒五年(1879)刻本
前朱裹紀略 第42册
(清)盛熼纂
清抄本
濮川志略 第42册
(明)濮孟清纂 (清)濮侶莊訂補 濮龍錫增訂 濮潤淞重增
抄本
濮院瑣志 第42册
(清)楊樹本纂
清乾隆間纂抄本
濮鎮紀聞 第42册
(清)胡琢纂
抄本
濮川所聞記 第42册
(清)金淮纂 濮鐄續纂
清嘉慶十九年(1814)纂十五年(1820)續纂刻本
濮川所聞記續編 第42册
(清)金淮輯
清嘉慶二十五年(1820)刻本
濮院志 第42册
夏辛銘纂
民國十六年(1927)刻本
重修烏青鎮志 第43册
(明)李樂纂
明萬曆二十九年(1601)刻本
烏青鎮志 第43册
(清)董世寧纂修
民國七年(1918)鉛印本
烏青鎮志 第43册
盧學溥修 朱辛彝纂
民國二十五年(1936)刻本

舟山市

[天啟]舟山志 第43册
(明)何汝賓輯
明天啟六年(1626)何氏刻本
[光緒]定海廳志 第43册
(清)史致馴修 陳重威 黄以周纂
清光緒十一年(1885)黄樹藩刻本
[民國]定海縣志 第43册
陳訓正 馬瀛等纂修
民國十三年(1924)旅滬同鄉會鉛印本
岱山鎮志 第43册
湯濬纂修
民國十六年(1927)定海湯氏一棵軒活字本

寧波市

[乾道]四明圖經 第43册
(宋)張津等纂
宋乾道五年(1169)修清光緒五年(1879)重印咸豐四年(1854)甬上煙嶼樓徐氏刻《宋元四明六志》本
[寶慶]四明志 第43册
(宋)胡榘修 羅濬等纂
宋寶慶三年(1227)修清咸豐四年(1854)甬上煙嶼樓徐氏刻《宋元四明六志》本
[延祐]四明志 第43册
(元)馬澤修 袁桷纂
元延祐七年(1320)修清乾隆間抄本
明六志校勘記 第43册
(清)徐時棟纂
清同治間刻本
[天順]寧波郡志 第43册
(明)楊寔纂修
明天順間修成化四年(1468)刻本
[嘉靖]寧波府志 第43册
(明)周希哲等修 張時徹等纂
明嘉靖三十九年(1560)刻民國三十一年(1942)抄本
[雍正]寧波府志 第43册
(清)曹秉仁纂修
清雍正十一年(1733)刻乾隆六年(1741)色超補刻本
[康熙]鄞縣志 第43册
(清)汪源澤修 性道纂
清康熙二十五年(1686)刻本
[乾隆]鄞縣志 第43册
(清)錢維喬修 錢大昕纂
清乾隆五十三年(1788)刻本衙署藏版
[同治]鄞縣志 第44册
(清)戴枚修 董沛等纂
清同治十三年(1874)修光緒三年(1877)刻本
[乾隆]奉化縣志 第44册
(清)曹膏 唐宇霖修 陳琦等纂
清乾隆三十八年(1773)刻本
[光緒]奉化縣志 第44册
(清)李前泮修 張美翊等纂
清光緒三十四年(1908)刻本
剡源鄉志 第44册
(清)趙霈濤纂修
清光緒二十八年(1902)奉化趙氏剡曲草堂活字本
一忠義鄉志 第44册
(清)吳文江纂修
清光緒二十七年(1901)刻本
[嘉靖]象山縣志 第44册
(明)毛德京修 楊民彝等纂
明嘉靖三十五年(1556)刻隆慶五年(1571)增刻本
[萬曆]重修象山縣志 第44册
(明)吳學周修 陸應陽等纂
明萬曆三十六年(1608)刻本
[康熙]象山縣志 第44册
(清)胡祚遠修 姚廷傑纂
清康熙三十七年(1698)刻本
[道光]象山縣志 第44册
(清)童立成 吳錫疇修 馮登府纂
清道光十四年(1834)刻民國年(1915)活字本
[民國]象山縣志 第44册
羅士筠修 陳漢章纂
民國十六年(1927)寧波天勝印刷公司鉛印本
象山縣志志文存疑 第44册
樊家楨纂
民國三十六年(1947)鉛印本
[嘉靖]定海縣志 第44册
(明)何愈修 張時徹纂
明嘉靖四十二年(1563)刻本
[乾隆]鎮海縣志 第44册
(清)王夢弼 邵向榮纂修
清乾隆十七年(1752)刻十五年(1780)周樽增補刻本
[光緒]鎮海縣志 第44册
(清)俞樾纂
清光緒五年(1879)鯤池書院刻本
[民國]鎮海縣志 第44册
洪錫範等修 王榮商等纂
民國二十年(1931)上海蔚文印刷局鉛印本
招寶山志 第44册
(清)陳景沛纂 周道遵編
清道光間木活字本
[天啟]慈谿縣志 第44册
(明)李逢申修 姚宗文纂

明天啟四年(1624)刻本
[雍正]慈谿縣志 第44冊
(清)楊正筍修 馮鴻模纂
清雍正八年(1730)刻本
[光緒]慈谿縣志 第44冊
(清)馮可鏞修 楊泰亨纂
清光緒二十五年(1899)劉一柱校補德潤書院刻本
[乾隆]餘姚志 第44冊
(清)唐若瀛修 邵晉涵纂
清乾隆四十六年(1781)刻本
[光緒]餘姚縣志 第44冊
(清)邵友濂修 孫德祖等纂
清光緒二十五年(1899)刻本
餘姚六倉志 第44冊
楊積芳纂修
民國九年(1920)鉛印本
[崇禎]寧海縣志 第44冊
(明)宋奎光纂
明崇禎五年(1632)刻本
[康熙]寧海縣志 第44冊
(清)崔秉鏡修 華大琰纂
清康熙十七年(1678)刻本抄配
[光緒]甯海縣志 第44冊
(清)王瑞成修 張濬等纂
清光緒二十八年(1902)刻本
甯海漫記 第44冊
幹人俊纂修
民國二十二年(1933)活字本
甯海六記 第44冊
幹人俊纂修
民國二十三年(1934)活字本

紹興市

[嘉泰]會稽志 第45冊
(宋)沈作賓修 施宿等纂
宋嘉泰元年(1201)修民國十五年(1926)影印清嘉慶刻本
[寶慶]會稽續志 第45冊
(宋)張淏纂修
宋寶慶元年(1225)修清嘉慶十三年(1808)刻本
會稽前志 第45冊
佚名纂修
據《永樂大典》本排印
紹興府志 第45冊
佚名纂修
據《永樂大典》本排印
[萬曆]紹興府志 第45冊
(明)蕭良榦等修 張元忭等纂
明萬曆十五年(1587)刻本
[康熙]紹興府志 第45冊
(清)俞卿修 周徐彩纂
清康熙五十八年(1719)刻本
[乾隆]紹興府志 第45冊
(清)李亨特修 平恕 徐嵩纂
清乾隆五十七年(1792)刻本
紹興府志校記 第45冊
(清)李慈銘纂
清代手抄本
[嘉靖]山陰縣志 第45冊
(明)許東望修 張天複 柳文纂
明嘉靖三十年(1551)刻本
[康熙]山陰縣志 第45冊
(清)高登先修 沈麟趾等纂
清康熙四十年(1701)刻本
[嘉慶]山陰縣志 第45冊
(清)徐元梅等修 朱文翰等輯
清嘉慶八年(1803)修民國二十五年(1936)紹興縣修志委員會鉛印本
[萬曆]會稽縣志 第46冊
(明)張元忭纂
明萬曆三年(1575)刻本
[康熙]會稽縣志 第46冊
(清)王元臣修 董欽德等纂
清康熙二十二年(1683)修民國二十五年(1936)紹興縣修志委員會鉛印本
[道光]會稽縣志稾 第46冊
(清)王蓉坡 沈墨莊纂
清道光二十五年(1845)修民國二十五年(1936)紹興縣修志委員會鉛印本
紹興縣志採訪稾 第46冊
佚名纂修
民國間抄稿本
紹興縣志資料第一輯 第46冊
紹興縣修志委員會輯
民國二十六年(1937)鉛印本
[乾隆]諸暨縣志 第46冊
(清)沈椿齡修 樓蔔纂
清乾隆三十八年(1773)刻本
[光緒]諸暨縣志 第46冊
(清)陳遹聲修 蔣鴻藻纂
清光緒三十四年(1908)修宣統二年(1910)刻本
[萬曆]上虞縣志 第46冊
(明)徐待聘修 馬明瑞等纂
明萬曆三十四年(1606)刻本抄配
[康熙]上虞縣志 第46冊
(清)鄭僑修 唐徵麟等纂
清康熙十年(1671)刻本
[光緒]上虞縣志 第46冊
(清)唐煦春修 朱士黻纂
清光緒十七年(1891)刻本
[光緒]上虞縣志校續 第46冊
(清)儲家藻修 徐致靖纂
清光緒二十五年(1899)刻本
[嘉定]剡録 第46冊
(宋)史安之修 高似孫纂
宋嘉定七年(1214)修清光緒間刻《邵武徐氏叢書》本
[康熙]嵊縣志 第46冊
(清)張逢歡修 袁尚衷纂
清康熙十年(1671)刻本
[乾隆]嵊縣志 第46冊
(清)李以琰修 田實秬等纂
清乾隆七年(1742)刻本
[道光]嵊縣志 第46冊
(清)李式圃修 朱滐纂
清道光八年(1828)刻本
[同治]嵊縣志 第46冊
(清)嚴思忠修 蔡以瑺纂
清同治九年(1870)刻本縣署藏版
[民國]嵊縣志 第46冊
牛蔭麐等修 丁謙等纂
民國二十三年(1934)鉛印本
[萬曆]新昌縣志 第46冊
(明)田琯纂修
明萬曆七年(1579)刻本
[民國]新昌縣志 第46冊
金城修 陳畬等纂
民國八年(1919)鉛印本

衢州市

信安志 第46冊
佚名纂修
據《永樂大典》本排印
[弘治]衢州府志 第46冊
(明)沈傑修 吾冔 吴夔纂
明弘治十六年(1503)刻本
[天啟]衢州府志 第46冊
(明)林應翔等修 葉秉敬等纂

明天啟二年(1622)刻本
[康熙]衢州府志 第47冊
(清)楊廷望纂修
清康熙五十年(1711)修光緒八年(1882)重刻本府署藏版
[康熙]西安縣志 第47冊
(清)陳鵬年修 徐之凱等纂
清康熙三十八年(1699)刻本
[嘉慶]西安縣志 第47冊
(清)姚寶煃等修 范崇楷等纂
清嘉慶十六年(1811)修民國六年(1917)衢州聚秀堂重刻本衢縣公署藏版
西安縣新志正誤 第47冊
(清)陳塤纂
清道光二十五年(1845)纂光緒九年(1883)刻本
[民國]衢縣志 第47冊
鄭永禧纂修
民國十五年(1926)輯十六年(1937)鉛印本
爛柯山志 第47冊
(清)鄭永禧輯
清光緒三十二年(1906)刻本不其山館藏版
[萬曆]龍遊縣志 第47冊
(明)萬廷謙等纂修
明萬曆四十年(1612)原修民國十二年(1923)余紹宋鉛印本
[康熙]龍遊縣志 第47冊
(清)盧燦修 余恂纂
清康熙二十年(1681)修光緒八年(1882)刻本
[民國]龍遊縣志 第47冊
余紹宋纂修
民國十四年(1925)京城印書局鉛印本
開化志 第47冊
佚名纂修
據《永樂大典》本排印
[崇禎]開化縣志 第47冊
(明)朱朝藩修 汪慶百纂
明崇禎四年(1631)刻本
[雍正]開化縣志 第47冊
(清)孫錦修 徐心啟等纂
清雍正七年(17)刻本
[乾隆]開化縣志 第47冊
(清)范玉衡修 吳淦等纂
清乾隆六十年(1795)刻本本學尊經閣藏版
[光緒]開化縣志 第47冊
(清)徐名立 潘紹詮修 潘樹棠纂
清光緒二十四年(1898)刻本
[康熙]常山縣志 第47冊
(清)楊纂修
清康熙二十二年(1683)抄本
[雍正]常山縣志 第47冊
(清)孔毓璣纂修
清雍正二年(1724)刻本
[嘉慶]常山縣志 第47冊
(清)陳珄修 徐始搏等纂
清嘉慶十八年(1813)修道光二十八年(1848)刻本
[光緒]常山縣志 第47冊
(清)李瑞鍾修 朱昌泰等纂
清光緒十二年(1886)刻本版存縣署
[康熙]江山縣志 第47冊
(清)朱彩修 朱長吟纂
清康熙四十年(1701)刻本
[乾隆]江山縣志 第47冊
(清)宋成綏修 陸飛纂
清乾隆四十一年(1776)刻本
[同治]江山縣志 第47冊
(清)王彬等修 朱寶慈等纂
清同治十二年(1873)文溪書院刻本

金華市

[萬曆]金華府志 第47冊
(明)王懋德等修 陸鳳儀等纂
明萬曆六年(1578)刻本
[康熙]金華府志 第47冊
(清)張藎修 沈麟趾等纂
清康熙二十二年(1683)修宣統元年(1909)嵩連石印本
[道光]婺志粹 第47冊
(清)盧標纂
清道光十九年(1839)映臺樓刻本
[道光]金華縣志 第47冊
(清)黃金聲修 李林松纂
清道光三年(1823)刻本
[光緒]金華縣志 第47冊
(清)鄧鍾玉等纂修
清光緒二十年(1894)修民國二十三年(1934)鉛字重印本
金華遊錄注 第47冊
徐沁著
民國二十三年(1934)鉛印本
[萬曆]蘭谿縣志 第48冊
(明)程子鏊修 徐魯源纂
清康熙間補刻本
[嘉慶]蘭谿縣志 第48冊
(清)張許等修 陳鳳舉等纂
清嘉慶五年(1800)刻本雙柳軒藏版
[光緒]蘭谿縣志 第48冊
(清)秦簧修 唐壬森纂
清光緒十五年(1889)刻本
[嘉靖]武義縣志 第48冊
(明)林有年修 董遵道纂
明正德十五年(1520)刻嘉靖三年(1524)黃春補刻增修本
[嘉慶]武義縣志 第48冊
(清)張營堠修 周家駒等纂
清嘉慶九年(1804)修宣統二年(1910)石印本
武川備考 第48冊
(清)何德潤纂修
清光緒二十六年(1900)稿本
[康熙]永康縣志 第48冊
(清)徐同倫纂修
清康熙十一年(1672)刻本
[康熙]永康縣志 第48冊
(清)沈藻等修 朱謹等纂
清康熙三十七年(1698)刻本
[光緒]永康縣志 第48冊
(清)李汝為等修 潘樹棠等纂
清光緒十八年(1892)修民國二十一年(1932)鉛印本
[道光]東陽縣志 第48冊
(清)黨金衡原本 王恩注重定
清道光十二年(1832)修民國三年(1914)東陽商務石印公司石印本
[崇禎]義烏縣志 第48冊
(明)周士英纂修 熊人霖增修
明崇禎十三年(1640)刻本
[康熙]義烏縣志 第48冊
(清)王廷曾纂修
清康熙三十一年(1692)刻本
[嘉慶]義烏縣志 第48冊
(清)諸自穀等修 程瑜等纂
清嘉慶七年(1802)刻本
[嘉靖]浦江志略 第48冊
(明)毛鳳韶纂修
明嘉靖五年(1526)刻本

綠園藏版
[嘉靖]瑞安縣志 第50冊
(明)劉畿修 朱綽等纂
明嘉靖三十四年(1555)刻本
[康熙]平陽縣志 第50冊
(明)朱東光原修 萬民華補遺 (清)石金和等增補
明隆慶間纂清康熙間增補抄本
[康熙]平陽縣志 第50冊
(清)金以埈修 呂弘誥等纂
清康熙三十三年(1694)刻本
[乾隆]平陽縣志 第50冊
(清)徐恕修 張南英 孫謙纂
清乾隆二十五年(1760)刻民國七年(1918)修鋟補刻本
[民國]平陽縣志 第51冊
符璋 劉紹寬等纂修
民國十五年(1926)刻本
南雁蕩山志 第51冊
周喟纂
民國七年(1918)刻本
[雍正]泰順縣志 第51冊
(清)朱國源修 朱廷琦纂
清雍正七年(17)刻本
麗水市
[康熙]處州府志 第51冊
(清)劉廷璣纂修
清康熙二十九年(1690)刻本
[雍正]處州府志 第51冊
(清)曹掄彬等修 朱肇濟等纂
清雍正十一年(1733)刻本
[光緒]處州府志 第51冊
(清)潘紹詒修 周榮椿纂
清光緒三年(1877)刻本
[乾隆]重修景寧縣志 第51冊
(清)張九華修 吳嗣範等纂
清乾隆四十三年(1778)刻本本衙藏版
[順治]宣平縣志 第51冊
(清)侯杲修 胡世定纂
清順治十二年(1655)刻本
[乾隆]宣平縣志 第51冊
(清)陳加儒修 祝複禮 潘士仁等纂
清乾隆十八年(1753)刻本
[道光]宣平縣志 第51冊
(清)湯金策修 俞宗煥纂
清道光二十年(1840)刻本
[光緒]宣平縣志 第51冊
(清)皮樹棠修 皮錫瑞纂
清光緒四年(1878)刻本宣平縣署藏版
[民國]宣平縣志 第51冊
何横 張高修 鄒家箴等纂
民國十五年(1926)修十三年(1934)鉛印本
[雍正]青田縣志 第51冊
(清)張惶輔修 錢喜選輯
清康熙二十五年(1686)修雍正六年(1728)增補刊本
[光緒]青田縣志 第51冊
(清)雷銑修 王棻纂
清光緒二年(1876)修民國二十四年(1935)溫州朱公茂印刷局鉛印本
[康熙]縉雲縣志 第51冊
(清)曹懋樞纂修
清康熙十年(1671)修抄本
[乾隆]縉雲縣志 第51冊
(清)令狐亦岱等修 沈鹿鳴等纂
清乾隆三十二年(1767)刻本
[道光]縉雲縣志 第51冊
(清)湯成烈修 尹希伊纂
清道光二十九年(1849)刻本
[光緒]縉雲縣志 第51冊
(清)何乃容 葛華修 潘樹棠纂
清光緒二年(1876)修年(1881)刻本
[順治]松陽縣志 第51冊
(清)佟慶年修 胡世定纂
清順治十一年(1654)刻本
[乾隆]松陽縣志 第51冊
(清)曹立身修 潘茂才纂
清乾隆三十四年(1769)刻本
[光緒]松陽縣志 第51冊
(清)支恒椿纂修
清光緒元年(1875)刻本
[民國]松陽縣志 第51冊
呂耀鈐修 高焕然纂
民國十五年(1926)活字本
[康熙]遂昌縣志 第51冊
(清)繆之弼修 程定纂
清康熙五十一年(1712)刻本
[乾隆]遂昌縣志 第51冊
(清)王憕纂修
清乾隆三十年(1765)刻本
[道光]遂昌縣志 第51冊
(清)朱煌修 鄭培椿等纂
清道光十五年(1835)刻本
[光緒]遂昌縣志 第51冊
(清)胡壽海 史恩緯修 褚成允纂
清光緒二十二年(1896)刻本
[順治]龍泉縣志 第51冊
(清)徐可先修 胡世定纂
清順治十二年(1655)刻本
[乾隆]龍泉縣志 第51冊
(清)蘇遇龍修 沈光厚纂
清乾隆二十七年(1762)修同治二年(1863)補刊本
[光緒]龍泉縣志 第51冊
(清)顧國詔等修
清光緒四年(1878)刻本
[康熙]慶元縣志 第51冊
(清)程維伊修 吳運光等纂
清康熙十一年(1672)刻本
[嘉慶]慶元縣志 第51冊
(清)闢學優等纂修
清嘉慶六年(1801)刻本
[道光]慶元縣志 第51冊
(清)吳綸彰修 周大成等纂
清道光二十三年(1843)刻本
[光緒]慶元縣志 第51冊
(清)林步瀛 史恩緯修 史恩緒纂
清光緒三年(1877)刻本
安徽省
[光緒]重修安徽通志 第52冊
(清)吳坤修等修 何紹基等纂
清光緒四年(1878)刻本
[民國]安徽通志稿 第52冊
安徽通志館纂修
民國二十三年(1934)安徽省通志館鉛印本
合肥市
[嘉慶]廬州府志 第52冊
(清)張祥雲修 孫星衍等纂
清嘉慶八年(1803)刻本
[光緒]續修廬州府志 第52冊
(清)黃雲等修 林之望等纂
清光緒十一年(1885)刻本
[雍正]合肥縣志 第52冊
(清)趙良墅修 田實發等纂
清雍正八年(1730)刻本
[嘉慶]合肥縣志 第52冊
(清)左輔纂修
清嘉慶九年(1804)集虛草堂刻民國九年(1920)影印本

(清)張宗泰纂 (民國)劉增齡增補
清嘉慶二十四年(1819)刻民國二十三年(1934)增補鉛印本
[同治]天長縣纂輯志稿 第53冊
(清)江景桂纂修
清同治八年(1869)繕抄稿本
[雍正]來安縣志 第53冊
(清)伍斯瓚修 項世榮纂
清雍正十三年(1735)刻本
[道光]來安縣志 第53冊
(清)符鴻 劉廷槐修 歐陽泉 戴宗矩等纂
清道光十年(1830)刻本
[泰昌]全椒縣志 第53冊
(明)楊道臣纂修
明泰昌元年(1620)刻本
[康熙]全椒縣志 第53冊
(清)藍學鑑 吳國對纂修
清康熙十二年(1673)刻十三年(1684)王作舟補刻本
[民國]全椒縣志 第53冊
張其濬修 江克讓纂
民國九年(1920)活字本
[康熙]臨淮縣志 第53冊
(清)魏宗衡修 邢仕誠等纂
清康熙十一年(1672)刻本
[光緒]鳳陽縣志 第53冊
(清)于萬培纂修 謝永泰續修 王汝琛續纂
清光緒十三年(1887)刻本

馬鞍山市

太平府志 第53冊
佚名纂修
據《永樂大典》本排印
[嘉靖]重修太平府志 第53冊
(明)林鉞修 鄒壁纂
明嘉靖間刻本
[康熙]太平府志 第53冊
(清)黄桂修 宋驤纂
清康熙十二年(1673)修光緒二十九年(1903)重刻活字本
[乾隆]太平府志 第53冊
(清)朱肇基修 陸綸纂
清乾隆二十三年(1758)刻本
[康熙]當塗縣志 第53冊
(清)王斗樞修 張畢宿纂
清康熙十九年(1680)修抄本
[康熙]當塗縣志 第53冊
(清)祝元敏修 彭希周等纂 成文運增修
清康熙三十四年(1695)修十六年(1707)續修刻本
當塗縣志補遺 第53冊
(清)佚名纂修
清代修舊抄本
[乾隆]當塗縣志 第53冊
(清)張海等修 萬櫖等纂
清乾隆十五年(1750)刻民國間石印本
[民國]當塗縣志 第53冊
魯式穀等編
民國二十七年(1938)編抄本
[康熙]含山縣志 第53冊
(清)趙燦修 唐廷伯等纂
清康熙二十三年(1684)刻本之抄本
[乾隆]含山縣志 第53冊
(清)梁棟修 張大于纂
清乾隆十三年(1748)刻本本衙藏版
[光緒]直隸和州志 第53冊
(清)朱大紳修 高照纂
清光緒二十七年(1901)活字本

蕪湖市

[嘉慶]蕪湖縣志 第54冊
(清)梁啟讓修 陳春華纂
清嘉慶十二年(1807)刻民國二年(1913)活字本
[民國]蕪湖縣志 第54冊
余誼密等修 鮑寔等纂
民國八年(1919)石印本
[嘉慶]南陵縣志 第54冊
(清)徐心田纂修
清嘉慶十三年(1808)刻本尊經閣藏版
[民國]南陵縣志 第54冊
余誼密修 徐乃昌等纂
民國間鉛印本
[康熙]繁昌縣志 第54冊
(清)梁延年修 閔燮纂
清康熙十七年(1678)刻本
[道光]繁昌縣志書 第54冊
(清)曹德贊纂 張星煥增纂
清道光六年(1826)增修民國二十六年(1937)鉛字重印本
[乾隆]無為州志 第54冊
(清)常廷璧修 吳元桂纂
清乾隆八年(1743)刻本
[嘉慶]無為州志 第54冊
(清)顧浩修 吳元慶等纂
清嘉慶八年(1803)刻本

銅陵市

[乾隆]銅陵縣志 第54冊
(清)朱成阿等修 史應貴等纂
清乾隆二十二年(1757)刻民國十九年(1930)鉛印本

安慶市

舒州志 第54冊
佚名纂修
據《永樂大典》本排印
[康熙]安慶府志 第54冊
(清)姚琅修 陳焯等纂
清康熙二十二年(1683)刻本
[康熙]安慶府志 第54冊
(清)張楷纂修
清康熙六十年(1721)刻本
[道光]懷寧縣志 第54冊
(清)王毓芳 趙梅修 江爾維等纂
清道光五年(1825)刻本
[民國]懷寧縣志 第54冊
朱之英等修 舒景蘅等纂
民國五年(1916)鉛印本
[民國]懷寧縣志補 第54冊
舒景蘅纂修
民國七年(1918)鉛印本
[康熙]桐城縣志 第54冊
(清)胡必選原本 王凝命增修
清康熙二十三年(1684)增刻抄本
[同治]桐城縣志 第54冊
(清)王國均纂修
清同治七年(1868)修抄本
[順治]新修望江縣志 第54冊
(清)王世胤修 龍之珠纂
清順治八年(1651)刻本
[康熙]望江縣志 第54冊
(清)劉天維修 龍燮纂 尹巘 傅光遇增修
清康熙間刻增修本
[乾隆]望江縣志 第54冊
(清)鄭交泰等修 曹京等纂
清乾隆三十三年(1768)刻本
[道光]宿松縣志 第54冊
(清)鄔正階 鄭敦亮修 石葆元 汪景祥等纂
清道光八年(1828)刻本

[民國]宿松縣志 第54冊
俞慶瀾 劉昂修 張燦奎等纂
民國十年(1921)活字本
[道光]太湖縣志 第54冊
(清)孫濟等修 陳烈纂
清道光十年(1830)刻本
[同治]太湖縣志 第54冊
(清)符兆鵬修 趙繼元纂
清同治十一年(1872)刻本熙湖書院藏版
[民國]太湖縣志 第54冊
高壽恒修 李英纂
民國十一年(1922)活字本
[康熙]安慶府潛山縣志 第54冊
(清)周克友纂修
清康熙十四年(1675)刻本
[乾隆]灊山縣志 第54冊
(清)李載陽修 遊端友 張必剛纂
清乾隆四十六年(1781)刻本尊經閣藏版
[民國]灊山縣志 第54冊
吳蘭生 王用霖修 劉廷鳳纂
民國九年(1920)鉛印本

黃山市

[淳熙]新安志 第54冊
(宋)羅願纂修
宋淳熙二年(1175)纂清嘉慶十七年(1812)刻本
新安後續志 第54冊
佚名纂修
據《永樂大典》本排印
[弘治]徽州府志 第55冊
(明)彭澤修 汪舜民纂
明弘治十五年(1502)刻本
[嘉靖]徽州府志 第55冊
(明)何東序修 汪尚寧等纂
明嘉靖四十五年(1566)刻本
[康熙]徽州府志 第55冊
(清)丁廷楗修 趙吉士纂
清康熙三十八年(1699)刻本
[道光]徽州府志 第55冊
(清)馬步蟾纂修
清道光七年(1827)刻本
[嘉慶]徽志補遺 第55冊
(清)邵棠纂
清嘉慶十九年(1814)刻本寄蜉草堂藏版

黃山志 第55冊
(清)釋弘眉撰
清康熙六年(1667)刻本慈光寺藏版
黃山領要錄 第55冊
(清)汪洪度纂輯
清乾隆間刻《知不足齋叢書》本
[道光]歙縣志 第55冊
(清)勞逢源修 沈伯棠纂
清道光八年(1828)刻本
[民國]歙縣志 第55冊
石國柱 樓文釗修 許承堯纂
民國二十六年(1937)鉛印本
西幹志 第55冊
許承堯纂
民國二十六年(1937)修稿本
[弘治]休寧志 第55冊
(明)程敏政纂修
明弘治四年(1491)刻本
[康熙]休寧縣志 第55冊
(清)廖騰煃修 汪晉征等纂
清康熙三十二年(1693)刻本
[道光]休寧縣志 第55冊
(清)何應松修 方崇鼎纂
清道光三年(1823)刻本
二齊雲山志 第55冊
(明)魯點纂
明刻清康熙五年(1666)重印本
橙陽散志 第55冊
(清)江登雲纂
清乾隆四十年(1775)纂嘉慶十四年(1809)刻本
[萬曆]祁門縣志 第55冊
(明)余士奇修 謝存仁纂
明萬曆二十八年(16)刻本
[道光]祁門縣志 第55冊
(清)王讓修 桂超萬纂
清道光七年(1827)刻本
[嘉慶]黟縣志 第55冊
(清)吳甸華修 程汝翼等纂
清嘉慶十七年(1812)修道光五年(1825)刻本
[同治]黟縣三志 第55冊
(清)謝永泰修 程鴻詔等纂
清同治十年(1871)刻本
[嘉慶]太平縣志 第55冊
(清)曹夢鶴等修 孔傳薪 陸仁虎纂
清光緒三十四年(1908)真筆版重印本

六安市

[萬曆]六安州志 第55冊
(明)劉垓 楊懋魁等纂修
明萬曆十二年(1584)刻本
[雍正]六安州志 第55冊
(清)李懋仁纂修
清雍正七年(17)刻本
[同治]六安州志 第55冊
(清)李蔚 王峻修 吳康霖纂
清同治十一年(1872)刻本
[康熙]霍丘縣志 第55冊
(清)姬之篡修 李瑾纂
清康熙九年(1670)刻本
[同治]霍邱縣志 第55冊
(清)陸鼎斅 王寅清纂修
清同治九年(1870)活字本
[嘉靖]壽州志 第55冊
(明)栗永祿纂修
明嘉靖二十九年(1550)刻本
[乾隆]壽州志 第55冊
(清)席芑纂修
清乾隆三十二年(1767)刻本
[道光]壽州志 第55冊
(清)朱士達修 喬載繇 湯若荀纂
清道光九年(18)刻本
[光緒]壽州志 第55冊
(清)曾道唯 王萬牲纂修
清光緒十六年(1890)活字本
[雍正]舒城縣志 第55冊
(清)陳守仁修 賈彬 郭維祺纂
清雍正九年(1731)刻本
[嘉慶]重修舒城縣志 第55冊
(清)熊載陞 杜茂材修 孔繼序纂
清嘉慶十二年(1807)修抄本
[乾隆]霍山縣志 第55冊
(清)甘山修 程在嶸纂
清乾隆四十一年(1776)刻本
[光緒]霍山縣志 第55冊
(清)秦達章修 何國祐纂
清光緒三十一年(1905)活字本

池州市

池州圖經 第56冊
佚名纂修
據劉緯毅等輯《宋遼金元方志輯佚》排印
池陽記 第56冊
(宋)范致明纂

據劉緯毅等輯《宋遼金元方志輯佚》排印

[嘉靖]池州府志 第56冊
(明)王崇纂修
明嘉靖二十四年(1545)刻本

[康熙]池州府志 第56冊
(清)朴懷玉等纂修
清康熙十二年(1673)刻本

[乾隆]池州府志 第56冊
(清)張士範纂修
清乾隆四十四年(1779)刻本

[康熙]貴池縣志略 第56冊
(清)李愈昌原修 梁國標重輯
清乾隆九年(1744)刻本

[乾隆]貴池縣志續編 第56冊
(清)謝錫伯修 汪廷霖纂
清乾隆十年(1745)刻本

[光緒]貴池縣志 第56冊
(清)陸延齡修 桂迓衡等纂
清光緒九年(1883)活字本

秀山志 第56冊
(清)陳竑原纂 釋方略重輯
清乾隆間修民國四年(1915)刻本版藏邑昭明祠中

杏花邨志 第56冊
(清)郎遂纂修
清康熙二十四年(1685)刻本

杏花村續志 第56冊
駘子正編纂
民國間稿本

[光緒]青陽縣志 第56冊
(清)華椿等修 周贇纂
清光緒十七年(1891)活字本

[康熙]石埭縣志 第56冊
(清)姚子莊修 周體元纂
清康熙十四年(1675)刻抄本

[康熙]建德縣志 第56冊
(清)高寅修 柯棟纂
清康熙間刻本

[宣統]建德縣志 第56冊
(清)張贊巽 張翊六修 周學銘等纂
清宣統二年(1910)鉛印本

[乾隆]東流縣志 第56冊
(清)蔣綬修 汪思等纂
清乾隆二十三年(1758)刻本

[嘉慶]東流縣志 第56冊
(清)吳篪修 李兆洛等纂
清嘉慶二十四年(1819)刻本

宣城市

[康熙]建平縣志 第56冊
(清)茅成鳳修 劉震等纂
清康熙三十九年(17)刻本

[雍正]建平縣志 第56冊
(清)衛廷璞纂修
清雍正九年(1731)刻本

廣德路舊志 第56冊
佚名纂修
據劉緯毅等輯《宋遼金元方志輯佚》排印

[乾隆]廣德州志 第56冊
(清)李國相纂修
清乾隆四年(1739)刻本

[乾隆]廣德州志 第56冊
(清)胡文銓修 周廣業纂
清乾隆五十九年(1794)刻本

[光緒]廣德州志 第56冊
(清)胡有誠修 丁寶書等纂
清光緒七年(1881)刻本

[民國]廣德縣志稿 第56冊
錢文選纂
民國三十七年(1948)鉛印本

[嘉靖]寧國府志 第56冊
(明)黎晨修 李默纂
明嘉靖十五年(1536)黎晨校刻本

[萬曆]寧國府志 第56冊
(明)陳俊修 梅守德 貢安國纂
明萬曆五年(1577)刻本

[嘉慶]寧國府志 第56冊
(清)魯銓等修 洪亮吉等纂
清嘉慶二十年(1815)刻民國八年(1919)影印本

安徽第九區風土志略 第56冊
毛龍章纂修
民國二十六年(1937)鉛印本

[嘉慶]宣城縣志 第56冊
(清)陳受培修 張燾纂
清嘉慶十三年(1808)刻本

[光緒]宣城縣志 第56冊
(清)李應泰等修 章綬纂
清光緒十四年(1888)活字本

[嘉靖]涇縣志 第56冊
(明)丘時庸修 王廷榦纂
明嘉靖三十一年(1552)刻本

[乾隆]涇縣志 第56冊
(清)王廷棟修 錢人麟纂
清乾隆二十年(1755)刻本

[嘉慶]涇縣志 第56冊
(清)李德淦 周鶴立修 洪亮吉纂
清嘉慶十一年(1806)刻本

[道光]涇縣續志 第56冊
(清)阮文藻修 趙懋曜等纂
清道光五年(1825)刻本

[乾隆]旌德縣志 第56冊
(清)李瑾 張洞修 葉長揚纂
清乾隆十九年(1754)刻本

[嘉慶]旌德縣志 第56冊
(清)陳柄德修 趙良纂
清嘉慶十三年(1808)刻本

[嘉靖]寧國縣志 第56冊
(明)范鎬纂修
明嘉靖二十八年(1549)刻本

[光緒]寧國縣通志 第56冊
(清)張達五修 鄭思賢增修 周贇纂
清同治八年(1869)修光緒二十五年(1899)增補抄本

[民國]寧國縣志 第56冊
王式典修 李丙麐纂
民國二十五年(1936)鉛印本

[乾隆]績溪縣志 第56冊
(清)較陳錫修 趙繼序 章瑞鍾纂
清乾隆二十一年(1756)刻本

[嘉慶]績谿縣志 第56冊
(清)清愷修 席存泰纂
清嘉慶十五年(1810)修抄本

福建省

[弘治]八閩通志 第57冊
(明)陳道修 黃仲昭纂
明弘治四年(1491)刻本

[康熙]福建通志 第57冊
(清)金鋐修 鄭開極 陳軾纂
清康熙二十三年(1684)刻本

[乾隆]福建通志 第57冊
(清)郝玉麟等修 謝道承 劉敬與纂
清乾隆二年(1737)刻本

[乾隆]福建續志 第57冊
(清)楊廷璋等修 沈廷芳 吳嗣富纂
清乾隆三十四年(1769)刻本

[道光]重纂福建通志 第57冊
(清)孫爾准等修 陳壽祺纂 程祖洛等續修 魏敬中續纂
清同治十年(1871)正誼書院刻本

[民國]福建新通志 第58冊
李厚基等修 沈瑜慶 陳衍纂
民國十一年(1922)刻本
閩小記 第58冊
(清)周亮工撰
清乾隆刻《龍威秘書》本
福州市
三山志 第58冊
佚名纂修
據《永樂大典》本排印
[正德]福州府志 第58冊
(明)葉溥修 張孟敬等纂
明正德十五年(1520)刻本
[萬曆]福州府志 第58冊
(明)林燫纂修
明萬曆二十四年(1596)刻本
[萬曆]福州府志 第58冊
(明)喻政修 林材纂
明萬曆四十一年(1613)刻本
[乾隆]福州府志 第58冊
(清)徐景熹修 魯曾煜等纂
清乾隆十九年(1754)刻道光十九年(1839)校補刻本
侯官縣鄉土志 第59冊
(清)鄭祖庚纂修
清光緒二十九年(1903)修十二年(1906)鉛印本
[民國]閩侯縣志 第59冊
歐陽英修 陳衍纂
民國二十二年(1933)刻本
烏石山志 第59冊
(清)劉永松 郭柏蒼編輯
清道光二十二年(1842)于麓古天開圖畫樓刻本
藤山志 第59冊
蔡人奇編
民國三十七年(1948)福建出版社鉛印本
閩江金山志 第59冊
林其蓉編
民國二十六年(1937)遠東書局鉛印本
螺洲志 第59冊
(明)陳潤纂 (清)白花洲漁增修
抄本
[萬曆]羅源縣志 第59冊
(明)陳良諫纂修
明萬曆四十二年(1614)修排印本
[康熙]羅源縣志 第59冊
(清)王楠修 林喬蕃 王世臣纂
清康熙六十一年(1722)刻本
[道光]新修羅源縣志 第59冊
(清)盧鳳棽修 林春溥纂
清道光十一年(1831)刻本
[嘉慶]連江縣志 第59冊
(清)李菶修 章朝栻纂
清嘉慶十年(1805)刻本
[民國]連江縣志 第59冊
曹剛等修 邱景雍纂
民國二十二年(1933)鉛印本
[萬曆]永福縣志 第59冊
(明)唐學仁修 謝肇淛纂
明萬曆四十年(1612)修抄本
[乾隆]永福縣志 第59冊
(清)陳焱等修 俞荔等纂
清乾隆十四年(1749)刻本本衙藏版
[民國]永泰縣志 第59冊
董秉清等修 王紹沂等纂
民國十一年(1922)鉛印本
[乾隆]閩清縣志 第59冊
(清)姚循義纂修
清乾隆七年(1742)修抄本
[民國]閩清縣志 第59冊
楊宗彩修 劉訓瑺纂
民國十年(1921)鉛印本
福清縣志續略 第59冊
(清)釋如一纂
日本寬文(1661—1672)刻本
[康熙]福清縣志 第59冊
(清)李傳甲修 郭文祥纂
清康熙十一年(1672)刻本
[乾隆]福清縣志 第59冊
(清)饒安鼎修 林昂 李修卿纂
清乾隆十二年(1747)修光緒二十年(1898)劉玉璋刻本
海口特志 第59冊
(清)林以寀纂
清康熙十三年(1674)纂抄本
[弘治]長樂縣志 第59冊
(明)王渙修 潘援 劉則和纂
明弘治十六年(1503)刻本
[崇禎]長樂縣志 第59冊
(明)夏允彝修纂
明崇禎十四年(1641)刻本
[乾隆]長樂縣志 第59冊
(清)賀世駿修 沈成國等纂
清乾隆二十八年(1763)刻本本衙藏版
[同治]長樂縣志 第59冊
(清)彭光藻 王家駒修 楊希閔等纂
清同治九年(1870)刻本本衙藏版
[民國]長樂縣志 第59冊
孟昭涵修 李駒等纂
民國六年(1917)福建印刷所鉛印本
長樂六裏志 第59冊
李永選纂
民國間修六四年油印本
[民國]平潭縣志 第59冊
黃履思纂修
民國十二年(1923)葉于飛鉛印本
南平市
[康熙]建寧府志 第59冊
(清)程應熊 姚文燮纂修
清康熙五年(1666)修抄本
[康熙]建寧府志 第59冊
(清)張琦修 鄒山 蔡登龍纂
清康熙三十二年(1693)刻本抄配
[嘉靖]建陽縣志 第59冊
(明)馮繼科等纂修
明嘉靖三十二年(1553)刻本
[萬曆]建陽縣志 第60冊
(明)魏時應修 田居中 張榜纂
明萬曆二十九年(1601)刻本
[康熙]建陽縣志 第60冊
(清)柳正芳修 王維文等纂
清康熙四十一年(1702)修抄本
[道光]建陽縣志 第60冊
(清)梁輿 李再灝修 江遠清等纂
清道光十二年(1832)修抄本
[民國]建陽縣志 第60冊
趙模修 王寶仁纂
民國十八年(1929)新明印刷所鉛印本
[康熙]建安縣志 第60冊
(清)崔鉄修 陸登選等纂
清康熙五十二年(1713)刻本
[康熙]甌寧縣志 第60冊
(清)鄧其文纂修
清康熙三十二年(1693)刻本本縣藏版
[民國]建甌縣志 第60冊
詹宣猷等修 蔡振堅等纂
民國十八年(1929)芝新印刷所鉛印本
[康熙]崇安縣志 第60冊
(清)管聲駿纂修

清康熙九年(1670)刻本
[民國]重修崇安縣志 第60冊
洪簡 詹繼良修纂
稿本謄清本
[民國]崇安縣新志 第60冊
劉超然修 鄭豐稔纂
民國三十一年(1942)東南合作印刷廠鉛印本
武夷山紀要 第60冊
(清)藍陳略纂
清康熙間刻本
武夷山志 第60冊
(清)董天工輯
清乾隆十六年(1751)修道光二十六年(1846)重刻本五夫尺木軒藏版
夫子裏志 第60冊
詹繼良纂
民國二十年(1931)稿本
[順治]浦城縣志 第60冊
(清)李葆貞修 梅彦騊等纂
清順治八年(1651)刻本
[乾隆]重修浦城縣志 第60冊
(清)李藩修 林鴻等纂
清乾隆八年(1743)刻本
[光緒]續修浦城縣志 第60冊
(清)翁天祐修 翁昭泰纂
清光緒二十六年(1900)南浦書院刻本
[康熙]松溪縣志 第60冊
(清)潘拱辰等修纂
清康熙三十九年(1700)修民國十七年(1928)施樹模活字本
[乾隆]政和縣志 第60冊
(清)譚垣纂修
清乾隆二十六年(1761)刻本
[道光]政和縣志 第60冊
(清)程鵬裏 梁承綸修 魏敬中纂
清道光十三年(1833)刻本抄配學宫藏版
[民國]政和縣志 第60冊
錢鴻文 黄體震修 李熙等纂
民國八年(1919)鉛印本
延平志 第61冊
(宋)胡舜舉修 廖拱廖挺纂
據劉緯毅等輯《宋遼金元方志輯佚》排印
[嘉靖]延平府志 第61冊
(明)陳能修 鄭慶雲纂
明嘉靖四年(1525)刻本
[乾隆]延平府志 第61冊
(清)傅爾泰修 陶元藻等纂
清乾隆三十年(1765)修同治十二年(1873)重刻本
[康熙]南平縣志 第61冊
(清)朱夔 文國繡修 鄒廷機 翁兆行纂
清康熙五十八年(1719)刻本
[嘉慶]南平縣志 第61冊
(清)楊桂森修 應丹詔等纂
清嘉慶十五年(1810)刻同治十一年(1872)潘文鳳徐敘模重校補刻本
[民國]南平縣志 第61冊
吴栻修 蔡建賢纂
民國九年(1920)修十七年(1928)鉛印本
[正德]順昌邑志 第61冊
(明)馬性魯纂修
明正德十六年(1521)刻本
[康熙]順昌縣志 第61冊
(清)郭鍈修 黄宣纂
清康熙四十八年(1709)刻本樂志堂藏版
[乾隆]順昌縣志 第61冊
(清)陳鍈修 呂天芹等纂
清乾隆三十年(1765)刻本
[道光]順昌縣志 第61冊
(清)賈懋功修 遊全通等纂
清道光十二年(1832)修光緒七年(1881)吴恩慶刻本本衙藏版
[民國]順昌縣志 第61冊
高登艇 潘先龍修 劉敬等纂
民國二十五年(1936)鉛印本
[康熙]邵武府續志 第61冊
(清)汪麗日修 王俟聘等纂
清康熙九年(1670)刻本
[乾隆]邵武府志 第61冊
(清)張鳳孫等修 鄭念棨等纂
清乾隆三十五年(1770)刻本
[光緒]重纂邵武府志 第61冊
(清)王琛等修 張景祁等纂
清光緒二十四年(1898)刻本
[咸豐]邵武縣志 第61冊
(清)李正芳修 張葆森纂
清咸豐五年(1855)刻本殘缺處抄配
[民國]重修邵武縣志 第61冊
秦振夫等修 朱書田等纂
民國二十六年(1937)永生堂鉛印本
[乾隆]光澤縣志 第61冊
(清)段夢日修 魏洪纂
清乾隆二十四年(1759)修抄本
[道光]重纂光澤縣志 第61冊
(清)盛朝輔等修 高澍然等纂
清道光二十年(1840)刻同治九年(1870)補版重印本
[光緒]重纂光澤縣志 第61冊
(清)鈕承藩修 何秋淵纂
清光緒二十三年(1897)增刻道光本版存學署

三明市

[正德]歸化縣志 第61冊
(明)楊縉修纂
明正德間修抄本
[康熙]歸化縣志 第61冊
(清)湯傳榘等纂修
清康熙三十七年(1698)刻本
[民國]明溪縣志 第61冊
王維樑修 廖立元纂
民國三十二年(1943)鉛印本
[嘉靖]清流縣志 第61冊
(明)陳桂芳纂修
明嘉靖二十四年(1545)刻本
[康熙]清流縣志 第61冊
(清)王士俊 王霖纂
清康熙四十一年(1702)刻本
[道光]清流縣志 第61冊
(清)喬有豫修 雷可升 伍嘉猷等纂
清道光九年(18)修抄本
[民國]清流縣志 第61冊
林善慶修 王瓊纂
民國三十六年(1947)鉛印本
[康熙]甯化縣志 第61冊
(清)祝文郁修 李世熊纂
清康熙二十三年(1684)修同治八年(1869)蔣澤沅重刻本李中和軒藏版
[民國]寧化縣志 第61冊
黎彩彰等修 黎景曾 黄宗憲纂
民國十五年(1926)鉛印本
[嘉靖]沙縣志 第61冊
(明)葉聯芳纂修
明嘉靖二十四年(1545)刻本
[康熙]沙縣志 第61冊
(清)林采修 樂成等纂
清康熙四十年(1701)刻本

[道光]沙縣志 第61冊
(清)孫大焜 王庚修 徐逢盛等纂
清道光十四年(1834)刻同治十年(1871)鍾觀濂鋟補刻本
[民國]沙縣志 第61冊
梁伯蔭修 羅克涵纂
民國十七年(1928)鉛印本
洞天巖志 第61冊
翁國樑纂
民國三十三年(1944)鉛印本
[萬曆]永安縣志 第61冊
(明)蘇民望修 蕭時中纂
明萬曆二十二年(1594)刻本
[順治]永安縣志 第61冊
(清)陳廷樞修 陳行忠等纂
清順治九年(1652)刻本
[雍正]永安縣志 第61冊
(清)裘樹榮纂修
清雍正十年(1732)修道光十三年(1833)重刻本
[道光]永安縣續志 第61冊
(清)孫義修 陳樹蘭纂
清道光十四年(1834)刻本版藏本衙
[弘治]將樂縣志 第61冊
(明)李敏纂修
明弘治十八年(1505)刻本
[萬曆]將樂縣志 第61冊
(明)黃仕禎修 黃元美等纂
明萬曆十三年(1585)刻清順治間增刻本
[乾隆]將樂縣志 第61冊
(清)李永錫 程廷栻修 徐觀海等纂
清乾隆三十年(1765)刻本
[嘉靖]尤溪縣志 第61冊
(明)李文兗 田頊纂修
明嘉靖九年(1530)刻本
[崇禎]尤溪縣志 第61冊
(明)鄧一鼒纂修
明崇禎九年(1636)刻本
[康熙]尤溪縣志 第61冊
(清)劉宗樞修 劉鴻略纂
清康熙五十年(1711)刻本
[乾隆]尤溪縣志 第61冊
(清)焦長髮修 王家奮纂
清乾隆四十一年(1776)刻本
[民國]尤溪縣志 第61冊
盧興邦等修 洪清芳等纂
民國十六年(1927)鉛印本
[民國]大田縣志 第61冊
陳朝宗修 王光張纂
民國二十年(1931)鉛印本
[康熙]建寧縣志 第61冊
(清)周燝等修 陳恂纂
清康熙十一年(1672)刻本本縣藏版
[乾隆]建寧縣志 第62冊
(清)韓琮修 方乃霞等纂
清乾隆二十四年(1759)刻本
[民國]建寧縣志 第62冊
吳海清修 張書簡纂
民國八年(1919)鉛印本
[乾隆]泰寧縣志 第62冊
(清)施文燽修 許燦纂
清乾隆三十四年(1769)修抄本
[民國]泰甯縣志 第62冊
陳石 萬心權修 鄭豐稔等纂
民國三十一年(1942)永安現代印書局鉛印本

莆田市

興化軍舊經 第62冊
佚名纂修
據劉緯毅等輯《宋遼金元方志輯佚》排印
[正統]福建興化縣志 第62冊
(明)周華纂修
明正統間修民國二十五年(1936)張國樞重校鉛印本
[康熙]興化府莆田縣志 第62冊
(清)金皐謝修 林麟焻 朱元春纂
清康熙四十四年(1705)修乾隆二十六年(1761)刻本
[乾隆]興化府莆田縣志 第62冊
(清)汪大經等修 廖必琦 林黌纂
清乾隆二十三年(1758)刻光緒五年(1879)潘文鳳補刻本本衙藏版
[民國]莆田縣志 第62冊
石有紀修 張琴纂
民國間修抄本
[寶祐]仙溪志 第62冊
(宋)趙與泌修 黃巖孫纂
宋寶祐五年(1257)修抄本
[乾隆]遊縣志 第62冊
(清)陳興祚修 莊大椿纂
清乾隆十四年(1749)刻本
[乾隆]遊縣志 第62冊
(清)王椿修 葉和侃纂
清乾隆三十六年(1771)修同治十二年(1873)重刻本
仙遊鄉土地理 第62冊
東來老人編
民國間稿本

泉州市

清源志 第62冊
(宋)劉穎修 戴溪纂
據劉緯毅等輯《宋遼金元方志輯佚》排印
泉州府志 第62冊
佚名纂修
據《永樂大典》本排印
[乾隆]泉州府志 第62冊
(清)懷蔭布修 黃任 郭賡武纂
清乾隆間修光緒八年(1882)補刻本
[乾隆]晉江縣志 第62冊
(清)方鼎等修 朱升元等纂
清乾隆三十年(1765)刻本奎閣藏版
[道光]晉江縣志 第62冊
(清)胡之鋘修 周學曾 尤遜恭等纂
清道光九年(1829)修抄本
[嘉靖]惠安縣志 第63冊
(明)莫尚簡 張岳纂修
明嘉靖九年(1530)刻本
[嘉慶]惠安縣志 第63冊
(清)吳裕仁纂修
清嘉慶八年(1803)修民國二十五年(1936)林鴻輝鉛印本
[道光]惠安縣續志 第63冊
(清)婁雲纂修
清道光十三年(1833)修民國二十五年(1936)林鴻輝鉛印本
[康熙]永春縣志 第63冊
(清)鄭功勳修 宋祖墀纂
清康熙三十一年(1692)刻本
[乾隆]永春州志 第63冊
(清)杜昌丁修 黃任 黃惠纂
清乾隆二十二年(1757)修抄本
[乾隆]永春州志 第63冊
(清)鄭一崧修 顏璹纂
清乾隆五十二年(1787)刻本州衙藏版
[民國]永春縣志 第63冊
鄭翘松纂
民國十九年(1930)中華書局鉛印本
[嘉靖]德化縣志 第63冊

(明)許仁修 蔣孔煬纂
明嘉靖間修抄本
[康熙]德化縣志 第63册
(清)范正輅纂修
清康熙二十六年(1687)刻本
[乾隆]德化縣志 第63册
(清)魯鼎梅修 王必昌等纂
清乾隆十二年(1747)刻本
[民國]德化縣志 第63册
方清芳修 王光張纂
民國二十九年(1940)鉛印本
[嘉靖]安溪縣志 第63册
(明)汪瑀 林有年纂修
明嘉靖三十一年(1552)刻本
[乾隆]安溪縣志 第63册
(清)莊成修 沈鍾 李疇纂
清乾隆二十二年(1757)刻本
[民國]南安縣志 第63册
蘇鏡潭纂修
民國間泉州泉山書社鉛印本
[同治]金門志 第63册
(清)周凱修 林焜熿等纂 劉松亭等續修 林豪續纂
清道光十六年(1836)修同治十二年(1873)續修《臺灣文獻叢書》鉛印本
[民國]金門縣志 第63册
左樹夔修 劉敬纂
民國十年(1921)修抄本

廈門市

[道光]廈門志 第63册
(清)周凱修 淩翰等纂
清道光十九年(1839)玉屏書院刻本
[民國]廈門市志 第63册
廈門市修志局纂修
民國三十七年(1948)修抄本
[康熙]同安縣志 第63册
(清)朱奇珍修 葉心朝 張金友纂
清康熙五十二年(1713)修抄本
[嘉慶]同安縣志 第63册
(清)吳堂修 劉光鼎纂
清嘉慶三年(1798)修光緒十二年(1886)朱承烈刻本
[民國]同安縣志 第63册
林學增等修 吳錫璜纂
民國十八年(1929)鉛印本

漳州市

清漳志 第63册
(宋)趙崇玶纂
據劉緯毅等輯《宋遼金元方志輯佚》排印
[康熙]漳州府志 第63册
(清)魏荔彤修 蔡世遠等纂
清康熙五十四年(1715)刻本本郡藏版
[光緒]漳州府志 第63册
(清)李維鈺原本 沈定均續修 吳聯薰增纂
清光緒三年(1877)芝山書院刻本
[嘉靖]龍溪縣志 第63册
(明)劉天授修 林魁 李愷纂
明嘉靖十四年(1535)刻本
[乾隆]龍溪縣志 第63册
(清)吳宜燮修 黃惠 李疇纂
清乾隆二十七年(1762)修光緒五年(1879)吳聯薰增補重刻本霞文書院藏版
石碼鎮志 第63册
林鳳聲編
民國間纂抄本
[崇禎]海澄縣志 第63册
(明)梁兆陽修 蔡國禎等纂
明崇禎六年(1633)刻本
[乾隆]海澄縣志 第63册
(清)陳鍈等修 葉廷推等纂
清乾隆二十七年(1762)刻本
[康熙]漳浦縣志 第63册
(清)陳汝咸修 林登虎纂 陳夢林續纂
清康熙三十九年(1700)修十七年(1708)續纂民國十七年(1928)同文美記印書局石印本
[光緒]漳浦縣志 第64册
(清)陳汝咸原本 施錫衛再續纂修
清光緒間續修民國二十五年(1936)鉛印本
[民國]詔安縣志 第64册
陳蔭祖修 吳名世纂
民國三十一年(1942)詔安青年印務公司鉛印本
[乾隆]南靖縣志 第64册
(清)姚循義修 李正曜等纂
清乾隆九年(1744)刻本
[康熙]長泰縣志 第64册
(清)王珏修 葉先登纂
清康熙二十六年(1687)刻本
[乾隆]長泰縣志 第64册
(清)張懋建修 賴翰顒纂
清乾隆十五年(1750)修民國二十一年(1932)謝梅年校訂鉛印本
[民國]長泰縣新志 第64册
鄭豐稔纂
民國三十六年(1947)鉛印本

龍巖市

臨汀志 第64册
佚名纂修
據《永樂大典》本排印
汀州府志 第64册
佚名纂修
據《永樂大典》本排印
[嘉靖]汀州府志 第64册
(明)邵有道纂修
明嘉靖六年(1527)刻本
[乾隆]汀州府志 第64册
(清)曾曰瑛等修 李紱等纂
清乾隆十七年(1752)修同治六年(1867)刻本
臨汀匯考 第64册
(清)楊瀾撰
清光緒四年(1878)刻本
[道光]龍巖州志 第64册
(清)彭衍堂修 陳文衡纂
清道光十五年(1835)修光緒十六年(1890)刻本
[民國]龍巖縣志 第64册
馬龢鳴修 杜翰生等纂
民國九年(1920)上海商務印書館鉛印本
[嘉靖]漳平縣志 第64册
(明)朱召修 曾汝檀纂
明嘉靖二十八年(1549)刻本
[道光]漳平縣志 第64册
(清)蔡世鈸修 林得震纂
清道光十年(1830)修民國二十四年(1935)翁贊平鉛印本
[永曆]寧洋縣志 第64册
(明)金基纂修
南明永曆二十九年(1675)刻本
[康熙]寧洋縣志 第64册
(清)沈荃修 楊新日等纂
清康熙三十一年(1692)刻本
[同治]甯洋縣志 第64册
(清)董鍾驥修 陳天樞等纂
清同治十三年(1874)修光緒元年

(1875)刻本
[康熙]連城縣志 第64冊
(清)杜士晉修 謝家寶等纂
清康熙五年(1666)刻本
[民國]連城縣志 第64冊
王集吾修 鄧光瀛纂
民國二十八年(1939)維新書局石印本
[乾隆]長汀縣志 第64冊
(清)陳朝羲修 許春暉纂
清乾隆四十七年(1782)刻本
[光緒]長汀縣志 第64冊
(清)劉國光 謝昌霖等纂修
清光緒五年(1879)刻本
[民國]長汀縣志 第64冊
黄愷元等修 鄧光瀛 丘複等纂
民國三十年(1941)鉛印本
[康熙]武平縣志 第64冊
(清)劉旷纂修 趙良生續纂修
清康熙十一年(1672)修十八年(1699)續修民國十九年(1930)鍾幹丞鉛印本
[康熙]上杭縣志 第64冊
(清)蔣廷銓纂修
清康熙二十六年(1687)刻本版藏公署
[乾隆]上杭縣志 第64冊
(清)顧人驥等修 沈成國纂
清乾隆二十五年(1760)刻本
[民國]上杭縣志 第64冊
張漢等修 丘複等纂
民國二十八年(1939)上杭啟文書局鉛印本
[康熙]永定縣志 第64冊
(清)潘翊清初修 陳鈞奏初纂 趙良生增修
清康熙十一年(1672)修十六年(1697)增修抄本
[道光]永定縣志 第64冊
(清)方履籛修 巫宜福纂
清道光十年(1830)刻本
[民國]永定縣志 第64冊
徐元龍修 張超南 林上楠纂
民國三十八年(1949)連城文化印刷所石印本

寧德市

[嘉靖]福寧州志 第64冊
(明)陳應賓修 閔文振纂
明嘉靖十七年(1538)刻本
[萬曆]福寧州志 第64冊
(明)史起欽修 林子燮纂
明萬曆二十一年(1593)刻本
[萬曆]福寧州志 第64冊
(明)殷之輅修 朱梅等纂
明萬曆四十四年(1616)刻本
[乾隆]福甯府志 第64冊
(清)朱珪修 李拔纂
清乾隆二十七年(1762)修光緒六年(1880)刻本
[嘉靖]寧德縣志 第64冊
(明)閔文振纂修
明嘉靖十七年(1538)刻本
[乾隆]寧德縣志 第64冊
(清)盧建其修 張君賓 胡家琪纂
清乾隆四十六年(1781)刻本
[民國]霞浦縣志 第64冊
羅汝澤等修 徐友梧纂
民國十八年(1929)鉛印本
[康熙]壽寧縣志 第64冊
(清)趙廷璣修 柳上芝纂
清康熙二十五年(1686)刻本
[萬曆]福安縣志 第64冊
(明)陸以載等纂修
明萬曆二十五年(1597)刻本
[崇禎]福安縣志 第64冊
(明)巫三祝修 黄啟仕纂
明崇禎間修清康熙二十年(1681)刻本
[光緒]福安縣志 第64冊
(清)張景祁等修 黄錦燦纂
清光緒十年(1884)刻本版藏縣署
周墩區志 第64冊
陳贊勳等修
民國二十七年(1938)鉛印本
[嘉慶]福鼎縣志 第64冊
(清)譚掄纂修
清嘉慶十一年(1806)刻本
[萬曆]古田縣志 第64冊
(明)劉曰暘修 陳薦夫等纂 王繼祀續修 丁朝立等續纂
明萬曆二十八年(1600)修三十四年(1606)增補排印本
[乾隆]古田縣志 第64冊
(清)辛竟可修 林咸吉等纂
清乾隆十六年(1751)刻本
[民國]古田縣志 第64冊
黄澄淵修 余鍾英等纂
民國三十一年(1942)古田縣修志委員會鉛印本
[乾隆]屏南縣志 第64冊
(清)沈鍾纂修
清乾隆十七年(1752)沈宗良增補刻本本衙藏版
[道光]屏南縣志 第64冊
(清)梅鼎臣修 陳之駒纂
抄本
[民國]屏南縣志 第64冊
何樹德修 黄恩波 張宗銘纂 陸章銓續纂
民國九年(1920)修十年(1941)續修抄本

江西省

江西志 第65冊
佚名纂修
據《永樂大典》本排印
[康熙]江西通志 第65冊
(清)于成龍等修 杜果等纂
清康熙二十二年(1683)刻本
[雍正]江西通志 第65冊
(清)謝旻等修 陶成 惲鶴生纂
清雍正十年(1732)刻本
[光緒]江西通志 第66冊
(清)劉坤一等修 劉繹 趙之謙纂
清光緒七年(1881)刻本
[民國]江西通志稿 第66冊
吳宗慈等纂修
民國二十九年至三十四年(1940–1945)稿本暨鉛印本
江西考古錄 第66冊
(清)王謨纂
清乾隆三十二年(1767)原刻光緒十七年(1891)重刻本賦梅書屋藏版

南昌市

豫章舊志 第66冊
(吳)徐整撰
據北京圖書館出版社一九九七年《漢唐方志輯佚》排印
豫章記 第66冊
(劉宋)雷次宗撰
據北京圖書館出版社一九九七年《漢唐方志輯佚》排印
豫章職方乘 第66冊
(宋)洪芻纂
據劉緯毅等輯《宋遼金元方志輯佚》

排印

南昌府豫章志 第66冊
佚名纂修
據《永樂大典》本排印

[萬曆]新修南昌府志 第66冊
(明)范淶修 章潢纂
明萬曆十六年(1588)刻本

[康熙]南昌郡乘 第67冊
(清)葉舟修 陳弘緒纂
清康熙二年(1663)刻本

[乾隆]南昌府志 第67冊
(清)陳蘭森 王文湧修 謝啟昆纂
清乾隆五十四年(1789)刻本

[同治]南昌府志 第67冊
(清)許應鑅 王之藩修 曾作舟 杜防纂
清同治十二年(1873)刻本

[乾隆]南昌縣志 第67冊
(清)顧錫鬯修 蔡正笏等纂
清乾隆十六年(1751)刻本

[乾隆]南昌縣志 第67冊
(清)徐午修 萬廷蘭等纂
清乾隆五十九年(1794)刻本

[道光]南昌縣志 第67冊
(清)阿應麟 徐清選修 彭良裔等纂
清道光六年(1826)刻本賜書樓藏版

[道光]南昌縣志 第68冊
(清)慶雲修 吳啟楠 姜曾纂
清道光二十九年(1849)刻本縣學文昌祠藏版

[同治]南昌縣志 第68冊
(清)陳紀麟 汪世澤修 劉于潯 曾作舟纂
清同治九年(1870)刻本縣學文昌祠藏版

[光緒]南昌縣志 第68冊
(清)江召棠修 魏元曠纂
清光緒三十二年(1906)修鉛印本

[康熙]新建縣志 第68冊
(清)楊周憲纂修
清康熙十九年(1680)刻本

[道光]新建縣志 第68冊
(清)雷學淦修 曹師曾纂
清道光四年(1824)刻十年(1830)重刻本縣署藏版

[道光]新建縣志 第68冊
(清)崔登鼇 彭宗岱修 涂蘭玉纂
清道光二十九年(1849)刻本

[同治]新建縣志 第68冊
(清)承霈修 杜友棠 楊兆崧纂
清同治十年(1871)刻本

[康熙]安義縣志 第68冊
(清)陳修 周曰泗纂
清康熙十二年(1673)刻本

[同治]安義縣志 第68冊
(清)杜林修 彭斗山纂
清同治十年(1871)活字本

[康熙]進賢縣志 第68冊
(清)聶當世修 章兆瑞 陳時懋纂
清康熙十二年(1673)刻本

[同治]進賢縣志 第68冊
(清)江璧等修 胡景辰纂
清同治十年(1871)刻本

九江市

江州圖經志 第69冊
佚名纂修
據《永樂大典》本排印

江府志 第69冊
佚名纂修
據《永樂大典》本排印

[嘉靖]九江府志 第69冊
(明)馮曾修 李汎纂
明嘉靖六年(1527)刻本

[康熙]九江府志 第69冊
(清)江殷道修 張秉鉉等纂
清康熙十二年(1673)刻本

[同治]九江府志 第69冊
(清)達春布修 黃鳳樓纂
清同治十三年(1874)刻本江府學文昌宮藏版

[乾隆]德化縣志 第69冊
(清)高植纂修 沈錫三續修 羅為孝續纂
清乾隆二十年(1755)修十五年(1780)續修刻本

[同治]德化縣志 第69冊
(清)陳鼒等修 吳彬等纂
清同治十一年(1872)刻本尊經閣藏版

廬山志 第69冊
吳宗慈纂
民國二十二年(1933)鉛印本

廬山續志稿 第70冊
江西省文獻委員會編
民國三十六年(1947)鉛印本

[康熙]德安縣志 第70冊
(清)姚文燕修 曾可求纂 馬璐續修 馬珀續纂
清康熙十二年(1673)修十五年(1676)續修刻本

[乾隆]德安縣志 第70冊
(清)曹師聖纂修
清乾隆二十一年(1756)刻本

[同治]德安縣志 第70冊
(清)沈建勳修 程景周等纂
清同治十年(1871)刻本

[雍正]瑞昌縣志 第70冊
(清)郝之芳修 萬定思等纂
清雍正四年(1726)刻本

[同治]瑞昌縣志 第70冊
(清)姚暹修 馮士傑等纂
清同治十年(1871)濂溪書院刻本

[乾隆]湖口縣志 第70冊
(清)郭承縉修 曹河昆等纂
清乾隆二十一年(1756)刻本

[嘉慶]湖口縣志 第70冊
(清)宋庚修 洪宗訓等纂
清嘉慶二十三年(1818)刻本

[同治]湖口縣志 第70冊
(清)殷禮 張興言修 周謨等纂
清同治十三年(1874)刻本

石鐘山志 第70冊
(清)李成謀 丁義方撰
清光緒九年(1883)聽濤眺雨軒刻本

[康熙]彭澤縣志 第70冊
(清)王廷藩修 潘瀚等纂
清康熙二十二年(1683)刻本

[乾隆]彭澤縣志 第70冊
(清)吳會川修 何炳奎纂
清乾隆二十一年(1756)刻本

[同治]彭澤縣志 第70冊
(清)趙宗耀 陳文慶修 歐陽燾等纂
清同治十二年(1873)刻本

[嘉靖]寧州志 第70冊
(明)龔暹纂修
明嘉靖二十二年(1543)刻本

[乾隆]寧州志 第70冊
(清)張耀曾修 陳昌言纂
清乾隆二年(1737)百尺樓刻本

[道光]義寧州志 第70冊
(清)曾暉春修 冷玉光 查望洋纂
清道光四年(1824)刻本鑑懸堂藏版

[同治]義甯州志 第70冊

（清）王維新等修 涂家傑等纂
清同治十二年（1873）刻本
［嘉靖］武寧縣志 第70冊
（明）徐麟纂修
明嘉靖二十二年（1543）修十一年（1562）刻本
［康熙］武寧縣志 第70冊
（清）馮其世修 汪克淑纂
清康熙五年（1666）刻雍正三年（1725）修録本
［乾隆］武寧縣志 第70冊
（清）梁鳴岡纂修
清乾隆五十一年（1786）刻本
［道光］武寧縣志 第70冊
（清）陳雲章等纂修 李珣續修 陳世馨等續纂
清道光四年（1824）刻十九年（1849）增刻本
［同治］武甯縣志 第70冊
（清）何慶朝纂修
清同治九年（1870）刻本
［正德］南康府志 第70冊
（明）陳霖纂修
明正德十年（1515）刻本
［康熙］南康府志 第70冊
（清）廖文英 倫品卓修 熊維典 錢正振纂
清康熙六十年（1721）補刻十二年（1673）本
［同治］南康府志 第70冊
（清）盛元等纂修
清同治十一年（1872）刻本
［同治］星子縣志 第70冊
（清）藍煦 徐鳴皋修 曹征甲等纂
清同治十年（1871）刻本
［康熙］都昌縣志 第70冊
（清）曾王孫修 徐孟深等纂
清康熙二十五年（1686）刻十三年（1694）補刻本
［同治］都昌縣志 第71冊
（清）狄學耕修 劉庭輝 黄昌藩纂
清同治十一年（1872）刻本
［康熙］建昌縣志 第71冊
（清）李道泰修 袁懋芹纂
清康熙十四年（1675）刻本
［嘉慶］建昌縣志 第71冊
（清）馬瓚圖修 郭祚熾纂
清嘉慶二十三年（1818）修道光元年（1821）刻本學署藏版
［同治］建昌縣志 第71冊
（清）陳惟清修 閔芳言 王士彬纂
清同治十年（1871）刻本
建昌縣鄉土志 第71冊
（清）譚鴻基修 吴士仁纂
清光緒三十三年（1907）刻本

景德鎮市

［康熙］浮梁縣志 第71冊
（清）王臨元纂修 陳淯增修
清康熙十二年（1673）刻十一年（1682）增修刻本
［乾隆］浮梁縣志 第71冊
（清）程廷濟修 淩汝綿纂
清乾隆四十八年（1783）刻油印本
［道光］浮梁縣志 第71冊
（清）喬溎修 賀熙齡纂 遊際盛增補
清道光三年（1823）修十二年（1832）增補刻本
［同治］樂平縣志 第71冊
（清）董萼榮 梅毓翰修 汪元祥 陳謨纂
清同治九年（1870）翥山書院刻本

鷹潭市

［道光］貴溪縣志 第71冊
（清）胡宗簡修 張金鎔等纂
清道光四年（1824）刻本
［同治］貴溪縣志 第71冊
（清）楊長傑修 黄聯玨等纂
清同治十年（1871）刻本
龍虎山志 第71冊
佚名纂修
據《永樂大典》本排印
［乾隆］安仁縣志 第71冊
（清）魏鈊修 鄭長瑞等纂
清乾隆十六年（1751）刻本儒學藏版
［道光］安仁縣志 第71冊
（清）陳天爵 沈廷枚修 鄭大琮 彭祖棟纂
清道光九年（1829）支世輝刻本儒學藏版
［同治］安仁縣志 第71冊
（清）朱潼修 徐彦楠 劉兆傑纂
清同治十一年（1872）刻本

新余市

［康熙］新喻縣志 第71冊
（清）符執桓纂修
清康熙十二年（1673）刻本
［道光］新喻縣志 第71冊
（清）陸堯春纂修
清道光五年（1825）刻本本衙藏版
［同治］分宜縣志 第71冊
（清）李寅清 夏琮鼎修 嚴升偉等纂
清同治十年（1871）刻本
［民國］分宜縣志 第71冊
蕭家修等修 歐陽紹祁纂
民國二十九年（1940）石印本

萍鄉市

［康熙］萍鄉縣志 第71冊
（清）尚崇年修 譚詮等纂
清康熙二十二年（1683）刻本
［同治］萍鄉縣志 第71冊
（清）錫榮纂修
清同治十一年（1872）刻本
［民國］昭萍志略 第71冊
（清）劉洪闢修 李有鋆等纂
民國二十四年（1935）活字本
［乾隆］蓮花廳志 第71冊
（清）李其昌纂修
清乾隆二十五年（1760）刻本

贛州市

南康記 第72冊
（劉宋）鄧德明撰
據北京圖書館出版社一九九七年《漢唐方志輯佚》排印
南康記 第72冊
佚名纂修
據北京圖書館出版社一九九七年《漢唐方志輯佚》排印
［嘉靖］贛州府志 第72冊
（明）康河修 董天錫纂
明嘉靖十五年（1536）刻本
［天啟］贛州府志 第72冊
（明）余文龍修 謝詔纂
明天啟元年（1621）修清順治十七年（1660）湯斌重刻本
［康熙］贛州府志 第72冊
（清）黄汝銓修 張尚瑗纂
清康熙五十二年（1713）刻本
［乾隆］贛州府志 第72冊
（清）朱扆等修 林有席纂
清乾隆四十七年（1782）刻本本衙藏版
［同治］贛州府志 第72冊
（清）魏瀛修 魯琪光 鍾音鴻纂

清同治十二年(1873)刻本版存贛州府衙
[康熙]贛縣志 第72冊
(清)劉瀚芳修 孫麟貴纂
清康熙二十三年(1684)刻本
[同治]贛縣志 第72冊
(清)黄德溥 崔國榜修 褚景昕纂
清同治十一年(1872)刻民國二十年(1931)鉛印本
[順治]雩都縣志 第72冊
(清)李祐之修 易學實等纂
清康熙元年(1662)刻本
[康熙]雩都縣志 第72冊
(清)盧振先修 管奏韺纂
清康熙四十七年(1708)刻本
[乾隆]雩都縣志 第72冊
(清)盧振先原本 高澤敘等續修 段彩續纂
清乾隆二十二年(1757)刻本
[同治]雩都縣志 第72冊
(清)顏壽芝等修 何戴仁等纂
清同治十三年(1874)刻本
[康熙]信豐縣志 第72冊
(清)張瀚修 黄彬等纂
清康熙五十八年(1719)刻本
[乾隆]信豐縣志 第72冊
(清)遊法珠修 楊廷為等纂
清同治六年(1867)周之鏞補刻本
[道光]信豐縣志續編 第72冊
(清)許夔修 謝肇漣 張伊纂
清同治六年(1867)周之鏞補刻本
[乾隆]興國縣志 第72冊
(清)孔興淛修 孔衍倬纂
清乾隆十五年(1750)刻本學海堂藏版
[同治]興國縣志 第72冊
(清)崔國榜修 金益謙 藍拔奇纂
清同治十一年(1872)刻本
[康熙]新修會昌縣志 第72冊
(清)王凝命修 董喆纂
清康熙十四年(1675)刻本
[同治]會昌縣志 第72冊
(清)劉長景修 陳良棟 王驤纂
清同治十一年(1872)刻本
[乾隆]安遠縣志 第72冊
(清)董正修 劉定京等纂
清乾隆十六年(1751)刻本
[道光]安遠縣志 第72冊
(清)黄文燮等修 徐必藻 馮家駿纂
清道光三年(1823)刻本
[同治]安遠縣志 第72冊
(清)黄瑞圖等修 歐陽鐸等纂
清同治十一年(1872)刻本
[乾隆]長寧縣志 第72冊
(清)沈濤等修 沈大中等纂
清乾隆十四年(1749)刻本
[光緒]長甯縣志 第72冊
(清)沈鎔經 黄光祥修 劉德姚纂
清光緒二年(1876)修年(1881)刻本尚義祠公局存版
[乾隆]寧都縣志 第72冊
(清)鄭昌齡修 梅廷馴纂
清乾隆六年(1741)刻本
[道光]寧都直隸州志 第72冊
(清)黄永綸修 楊錫齡等纂
清道光四年(1824)刻本
[嘉靖]瑞金縣志 第72冊
(明)趙勳修 林有年纂
明嘉靖二十二年(1543)刻本
[康熙]瑞金縣志 第72冊
(清)朱維高修 楊長世纂
清康熙二十二年(1683)刻本
[康熙]續修瑞金縣志 第72冊
(清)郭一豪修 朱雲映 謝重拔纂
清康熙四十九年(1710)刻本
[乾隆]瑞金縣志 第72冊
(清)郭燦修 黄天策 楊于位纂
清乾隆十八年(1753)刻本
[道光]瑞金縣志 第72冊
(清)蔣方增纂修
清道光二年(1822)刻本
[光緒]瑞金縣志 第73冊
(清)張國英等修 陳芳等纂
清光緒元年(1875)刻本
[乾隆]龍南縣志 第73冊
(清)永祿修 廖運芳纂
清乾隆十七年(1752)刻本
[道光]龍南縣志 第73冊
(清)王所舉 石家紹修 徐思諫等纂
清道光六年(1826)刻本
[光緒]龍南縣志 第73冊
(清)孫瑞征 胡鴻澤修 鍾益馭纂
清光緒二年(1876)刻民國十五年(1936)龍南文獻委員會鉛印本
[順治]贛石城縣志 第73冊
(清)郭堯京修 鄧鬥光等纂
清順治十七年(1660)刻本
[乾隆]石城縣志 第73冊
(清)王士倧等修 劉飛熊等纂
清乾隆十年(1745)刻本
[乾隆]石城縣志 第73冊
(清)楊栢年修 黄鶴雯纂
清乾隆四十六年(1781)刻本之抄本
[道光]石城縣志 第73冊
(清)朱一慊修 許瓊纂
清道光四年(1824)刻光緒十五年(1889)抄本
[嘉靖]南安府志 第73冊
(明)劉節纂修
明嘉靖十五年(1536)刻本
[萬曆]重修南安府志 第73冊
(明)商文昭修 談一召纂
明萬曆間刻本
[光緒]南安府志補正 第73冊
(清)楊錞纂修
清光緒元年(1875)南安府署刻本
[乾隆]大庾縣志 第73冊
(清)余光璧纂修
清乾隆十三年(1748)刻本
[康熙]上猶縣志 第73冊
(清)章振萼纂修
清康熙三十六年(1697)刻本
[光緒]上猶縣志 第73冊
(清)葉滋瀾修 李臨馴纂
清光緒十九年(1893)刻本
[光緒]崇義縣志 第73冊
(清)廖鼎璋纂修
清光緒二十一年(1895)刻本

上饒市

[嘉靖]廣信府志 第73冊
(明)張士鎬修 江汝璧纂
明嘉靖五年(1526)刻本
[康熙]廣信府志 第73冊
(清)孫世昌纂修
清康熙二十二年(1683)刻本
[乾隆]廣信府志 第73冊
(清)連柱纂修
清乾隆四十八年(1783)刻本
[同治]廣信府志 第73冊
(清)蔣繼洙等修 李樹藩等纂
清同治十二年(1873)刻本
[乾隆]上饒縣志 第74冊

（清）程肇豐纂修
清乾隆四十九年（1784）刻本
［道光］上饒縣志 第74冊
（清）陶堯臣修 周毓麟等纂
清道光六年（1826）刻本
［同治］上饒縣志 第74冊
（清）王恩溥 邢德裕修 李樹藩等纂
清同治十二年（1873）刻本
［乾隆］玉山縣志 第74冊
（清）連柱修 李實福纂
清乾隆四十九年（1784）刻本
［同治］玉山縣志 第74冊
（清）黄壽祺修 吴華辰等纂
清同治十二年（1873）刻本尊經閣藏版
［康熙］弋陽縣志 第74冊
（清）譚瑄纂修
清康熙二十二年（1683）刻本
［乾隆］弋陽縣志 第74冊
（清）左方海纂修
清乾隆四十九年（1784）刻本
［同治］弋陽縣志 第74冊
（清）俞致中修 汪炳熊等纂
清同治十年（1871）刻本
［乾隆］鉛山縣志 第74冊
（清）陽浩然纂修
清乾隆四十九年（1784）刻本
［同治］鉛山縣志 第74冊
（清）張廷珩修 華祝三纂
清同治十二年（1873）刻本
［康熙］廣永豐縣志 第74冊
（清）夏顯煜原本 傅而保續修
清康熙十年（1671）刻十一年（1702）增刻本
［乾隆］廣豐縣志 第74冊
（清）胡光祖纂修
清乾隆四十九年（1784）刻本
［同治］廣豐縣志 第74冊
（清）雙全等修 顧蘭生等纂
清光緒元年（1875）刻本版藏學宫
［道光］興安縣志 第74冊
（清）余成彪修 饒元英纂
清道光四年（1824）刻本
［同治］興安縣志 第74冊
（清）李賓暘修 趙扶友等纂
清同治十年（1871）刻本
［康熙］婺源縣志 第74冊
（清）蔣燦纂修
清康熙三十三年（1694）刻本
［道光］婺源縣志 第74冊
（清）黄應昀 朱元理纂修
清道光六年（1826）刻本
［光緒］婺源縣志 第74冊
（清）吴鶚修 汪正元纂
清光緒九年（1883）刻本
［民國］重修婺源縣志 第74冊
葛韻芬等修 江峯青等纂
民國十四年（1925）刻本
［正德］饒州府志 第74冊
（明）陳策纂修
明正德六年（1511）刻本
［康熙］饒州府志 第74冊
（清）王澤洪修 吴俊等纂 黄家遴續修 王用佐等續纂
清康熙十一年（1672）刻十二年（1683）增刻本
［同治］饒州府志 第75冊
（清）錫悳修 石景芬纂
清同治十一年（1872）刻本府學藏版
番陽志 第75冊
（宋）史定之纂
據劉緯毅等輯《宋遼金元方志輯佚》排印
［康熙］鄱陽縣志 第75冊
（清）王克生修 王用佐等纂
清康熙二十二年（1683）刻本
［乾隆］鄱陽縣志 第75冊
（清）黄登穀修 淩之調等纂
清乾隆十四年（1749）刻本本衙藏版
［道光］鄱陽縣志 第75冊
（清）陳驤修 張瓊英等纂
清道光四年（1824）刻本
［同治］鄱陽縣志 第75冊
（清）陳志培修 王廷鑑等纂
清同治十年（1871）刻本
［康熙］餘干縣志 第75冊
（清）呂瑋修 胡思藻纂
清康熙二十三年（1684）刻本
［道光］餘干縣志 第75冊
（清）李暕修 洪錫光纂
清道光三年（1823）刻本
［同治］餘干縣志 第75冊
（清）區作霖 馮蘭森修 曾福善等纂
清同治十一年（1872）刻本東山書院藏版
［同治］德興縣志 第75冊
（清）孟慶雲修 楊重雅纂
清同治十一年（1872）刻本版存興賢書院
［民國］德興縣志 第75冊
沈良弼修 董鳳笙纂
民國八年（1919）刻本
［同治］萬年縣志 第75冊
（清）項珂修 劉馥桂纂
清同治十年（1871）刻本本衙藏版

撫州市

臨川志 第75冊
佚名纂修
據《永樂大典》本排印
撫州府志 第75冊
佚名纂修
據《永樂大典》本排印
［弘治］撫州府志 第75冊
（明）楊淵纂修
明弘治十六年（1503）刻本
［康熙］撫州府志 第75冊
（清）劉玉瓚修 饒昌胤纂
清康熙四年（1665）刻本本府藏版
［雍正］撫州府志 第75冊
（清）羅複晉修 李茹旻等纂
清雍正七年（1729）刻本
［光緒］撫州府志 第75冊
（清）許應鑅修 謝煌纂
清光緒二年（1876）刻本府署藏版
［道光］臨川縣志 第75冊
（清）劉繩武等修 紀大奎纂
清道光三年（1823）刻本縣學尊經閣藏版
［同治］臨川縣志 第75冊
（清）童範儼修 陳慶齡等纂
清同治九年（1870）刻本
羅山志 第75冊
（宋）李伯醇修 羅鑒纂
據劉緯毅等輯《宋遼金元方志輯佚》排印
［康熙］增修崇仁縣志 第75冊
（清）謝胤璜修 劉壽祺纂 陳濬續修
清順治間刻雍正十二年（1734）增刻本抄配
［同治］崇仁縣志 第75冊
（清）盛銓等修 黄炳奎纂
清同治十二年（1873）刻光緒十八年

(1892)補刻本
[康熙]金谿縣志 第76冊
(清)王有年纂
清康熙十一年(1672)修十一年(1682)刻本
[乾隆]金谿縣志 第76冊
(清)楊文灝修 杭世馨 丁健纂
清乾隆十六年(1751)刻本
[道光]金谿縣志 第76冊
(清)李雲修 楊護纂
清道光三年(1823)刻本
[道光]金谿縣志 第76冊
(清)松安等纂修
清道光六年(1826)刻本
[同治]金谿縣志 第76冊
(清)程芳修 鄭浴脩等纂
清同治九年(1870)刻本
[康熙]宜黃縣志 第76冊
(清)尤稺章修 歐陽斗照等纂
清康熙五年(1666)刻本
[道光]宜黃縣志 第76冊
(清)札隆阿等修 程卓樑等纂
清道光五年(1825)刻本報功祠藏版
[同治]宜黃縣志 第76冊
(清)張興言等修 謝煌等纂
清同治十年(1871)刻本
[同治]樂安縣志 第76冊
(清)朱奎章修 胡芳杏纂
清同治十年(1871)刻本尊經閣藏版
[嘉靖]東鄉縣志 第76冊
(明)秦鎰修 饒文璧纂
明嘉靖五年(1526)刻十五年(1536)補刻本
[康熙]東鄉縣志 第76冊
(清)沈士秀修 梁奇等纂
清康熙四年(1665)刻本
[道光]東鄉縣志 第76冊
(清)周軾 周鍾泰修 吳嵩梁 黎中輔纂 吳名鳳續纂修
清道光三年(1823)增刻本文昌宮藏版
建昌府志 第76冊
佚名纂修
據《永樂大典》本排印
[正德]建昌府志 第76冊
(明)夏良勝纂修
明正德十二年(1517)刻本
[康熙]建昌府志 第76冊
(清)高天爵 李丕先修 吳挺之等纂
清康熙十二年(1673)刻本
[乾隆]建昌府志 第76冊
(清)孟炤修 黃祐等纂
清乾隆二十四年(1759)刻本
[同治]建昌府志 第76冊
(清)邵子彝修 魯琪光纂
清同治十一年(1872)刻本
[康熙]南城縣志 第76冊
(清)曹養恒修 蕭韻等纂
清康熙十二年(1673)刻十九年(1680)補修本
[同治]南城縣志 第76冊
(清)李人鏡修 梅體萱纂
清同治十二年(1873)刻本
[乾隆]新城縣志 第76冊
(清)方懋祿 李珥修 夏之翰纂
清乾隆間刻本
[同治]新城縣志 第76冊
(清)劉昌嶽修 鄧家祺纂
清同治十年(1871)刻本
[同治]南豐縣志 第76冊
(清)柏春修 魯琪光等纂
清同治十年(1871)刻本
[民國]南豐縣志 第77冊
包發鸞修 趙惟仁等纂
民國十年(1921)修十三年(1924)鉛印本
[雍正]瀘溪縣志 第77冊
(清)李如瑤等修 譚先等纂
清雍正九年(1731)刻本
[乾隆]瀘溪縣志 第77冊
(清)朱崧修 周立愛等纂
清乾隆十六年(1751)刻本
[道光]瀘谿縣志 第77冊
(清)張澍修 林策纂
清道光九年(18)刻本
[同治]瀘谿縣志 第77冊
(清)楊松兆 孫毓秀修 彭鍾華等纂
清同治九年(1870)刻本
[康熙]廣昌縣志 第77冊
(清)王景昇修 魏宗衡等纂
清康熙二十二年(1683)刻本抄配
[同治]廣昌縣志 第77冊
(清)曾毓璋纂修
清同治六年(1867)刻本

宜春市

[正德]袁州府志 第77冊
(明)嚴嵩纂修
明正德九年(1514)刻本
[嘉靖]袁州府志 第77冊
(明)陳德文纂修
明嘉靖二十二年(1543)刻本
[康熙]袁州府志 第77冊
(清)李芳春修 袁繼梓纂
清康熙九年(1670)刻本
[乾隆]袁州府志 第77冊
(清)陳廷枚 楊應珪修 熊日華 魯鴻纂
清乾隆二十五年(1760)刻嘉慶八年(1803)補刻本
[同治]袁州府志 第77冊
(清)駱敏修等修 蕭玉銓等纂
清同治十三年(1874)刻本
[康熙]宜春縣志 第77冊
(清)江為龍修 李紹蓮等纂
清康熙四十七年(1708)刻本
[同治]宜春縣志 第77冊
(清)路青雲修 李佩琳 陳瑜纂
清同治十年(1871)刻本
[民國]宜春縣志 第77冊
謝祖安修 蘇玉賢纂
民國二十九年(1940)石印本
[康熙]萬載縣志 第77冊
(清)常維楨纂修
清康熙二十二年(1683)刻本
[雍正]萬載縣志 第77冊
(清)汪元采修 楊言等纂
清雍正十一年(1733)刻本
[同治]萬載縣志 第77冊
(清)金第 杜紹斌纂修
清同治十一年(1872)刻本學署藏版
[民國]萬載縣志 第77冊
張薌甫修 龍賡言纂
民國二十九年(1940)鉛印本
蜀江志 第77冊
(宋)雷公纂
據劉緯毅等輯《宋遼金元方志輯佚》排印
瑞陽志 第77冊
佚名纂修
據《永樂大典》本排印
[正德]瑞州府志 第77冊
(明)熊相纂修

明正德十年(1515)刻本
[同治]瑞州府志 第77冊
(清)黄廷金修 蕭浚蘭等纂
清同治十二年(1873)刻本
[康熙]高安縣志 第77冊
(清)張文旦修 陳九疇纂
清康熙十年(1671)刻本
[乾隆]高安縣志 第77冊
(清)聶元善纂修
清乾隆十九年(1754)刻本
[同治]高安縣志 第77冊
(清)孫家鐸修 熊松之纂
清同治十年(1871)刻本
[康熙]上高縣志 第77冊
(清)劉啟泰修 李淩漢纂
清康熙十二年(1673)刻本
[嘉慶]上高縣志 第77冊
(清)劉丙等修 晏善澄 黄祖錫纂
清嘉慶十六年(1811)刻本本衙藏版
[同治]重修上高縣志 第78冊
(清)馮蘭森修 陳卿雲等纂
清同治九年(1870)刻本
[康熙]新昌縣志 第78冊
(清)吉必兆修 羅良鵬等纂
清康熙二十二年(1683)刻本
[乾隆]新昌縣志 第78冊
(清)楊文峰等修 萬廷蘭纂
清乾隆五十八年(1793)刻增修本
[道光]新昌縣志 第78冊
(清)曾錫齡 譚孟騫纂修
清道光四年(1824)活字本
[同治]新昌縣志 第78冊
(清)朱慶萼等纂修
清同治十一年(1872)活字本
[民國]鹽乘 第78冊
胡思敬纂
民國六年(1917)南昌退廬刻本
[嘉靖]臨江府志 第78冊
(明)徐顥修 楊鈞 陳德文纂
明嘉靖十五年(1536)刻本
[隆慶]臨江府志 第78冊
(明)管大勳 劉松纂修
明隆慶六年(1572)刻本
[同治]臨江府志 第78冊
(清)德馨等修 朱孫詒等纂
清同治十年(1871)刻本
[崇禎]清江縣志 第78冊
(明)秦鏞纂修
明崇禎十五年(1642)刻本
[乾隆]清江縣志 第78冊
(清)鄧廷輯修 熊為霖纂
清乾隆四十五年(1780)刻本本衙藏版
[同治]清江縣志 第78冊
(清)潘懿修 朱孫詒纂
清同治九年(1870)刻本
[道光]奉新縣志 第78冊
(清)鄒山立修 趙敬襄纂
清道光四年(1824)刻本
[同治]奉新縣志 第78冊
(清)呂懋先修 帥方蔚纂
清同治十年(1871)刻本
[康熙]豐城縣志 第78冊
(清)何士錦修 陸履敬等纂
清康熙三年(1664)刻本
[乾隆]豐城縣志 第78冊
(清)滿岱修 唐光雲纂
清乾隆十七年(1752)刻本
[道光]豐城縣志 第78冊
(清)徐清選修 毛輝鳳纂
清道光五年(1825)刻本
[同治]豐城縣志 第78冊
(清)王家傑修 周文鳳 李庚纂
清同治十二年(1873)刻本
[同治]靖安縣志 第78冊
(清)徐家瀛修 舒孔恂等纂
清同治九年(1870)活字本

吉安市

[萬曆]吉安府志 第78冊
(明)余之禎等纂修
明萬曆十三年(1585)刻本
[順治]吉安府志 第78冊
(清)李興元修 歐陽主生等纂
清順治十七年(1660)修不詳刻本
[乾隆]吉安府志 第78冊
(清)盧崧修 朱承煦 林有席纂
清乾隆四十一年(1776)刻本吉安府庫藏版
[光緒]吉安府志 第78冊
(清)定祥特 克紳布修 劉繹 周立瀛纂
清光緒二年(1876)刻本
廬陵志 第79冊
(宋)周必大纂
據劉緯毅等輯《宋遼金元方志輯佚》排印
[康熙]廬陵縣志 第79冊
(清)濮應台 陸在新修 彭殿元等纂
清乾隆間增刻康熙二十八年(1689)本
[乾隆]廬陵縣志 第79冊
(清)平觀瀾修 黄有恆 錢時雍纂
清乾隆四十六年(1781)刻本本衙藏版
[道光]廬陵縣志 第79冊
(清)梅大鶴等修 王錦芳等纂
清道光五年(1825)刻本
[同治]廬陵縣志 第79冊
(清)陳汝楨等修 匡汝諧纂
清同治十二年(1873)刻本
吉安縣河西坊廓鄉志 第79冊
蕭賡韶纂
民國二十六年(1937)鉛印本
太和志 第79冊
佚名纂修
據《永樂大典》本排印
[乾隆]泰和縣志 第79冊
(清)冉棠修 沈瀾纂
清乾隆十八年(1753)刻本本衙藏版
[道光]泰和縣志 第79冊
(清)楊訒纂修
清道光四年(1824)刻年(1826)徐迪惠訂正補修本本衙藏版
[光緒]泰和縣志 第79冊
(清)宋瑛等修 彭啟瑞等纂 周之鏞續纂修
清同治十一年(1872)修光緒五年(1879)續修刻本
[道光]吉水縣志 第79冊
(清)周樹槐纂修
清道光五年(1825)刻本
[光緒]吉水縣志 第79冊
(清)彭際盛等修 胡宗元等纂
清光緒元年(1875)刻本
[康熙]吉安府永豐縣志 第79冊
(清)吳期炤原本 鄧秉恒增修 凃拔尤等增纂
清康熙元年(1662)刻本
[同治]永豐縣志 第79冊
(清)雙貴 王建中修 劉繹等纂
清同治十三年(1874)刻本
安城記 第79冊
(南朝)王孚撰
據北京圖書館出版社一九九七年《漢唐方志輯佚》排印

[康熙]安福縣志 第79冊
(清)黄寬 劉學愉修 王謙言纂
清康熙五十二年(1713)刻本抄配
[乾隆]安福縣志 第79冊
(清)高崇基等修 王基劉映璧纂
清乾隆四十七年(1782)刻本
[同治]安福縣志 第79冊
(清)姚濬昌修 周立瀛 趙廷愷等纂
清同治十一年(1872)刻本
龍泉志 第79冊
佚名纂修
據《永樂大典》本排印
[康熙]吉安府龍泉縣重修縣志 第79冊
(清)張揚彩修 李士璜纂
清康熙二十二年(1683)刻本
[乾隆]龍泉縣志 第79冊
(清)杜一鴻修 周壎纂
清乾隆三十六年(1771)刻本
[同治]龍泉縣志 第79冊
(清)王肇渭等修 郭崇煇纂
清同治十二年(1873)刻本
[康熙]萬安縣志 第79冊
(清)黄圖昌修 劉應舉等纂
清康熙二十八年(1689)刻本
[同治]萬安縣志 第79冊
(清)歐陽駿修 周之鏞纂
清同治十三年(1874)刻本
[同治]永甯縣志 第79冊
(清)楊輔宜修 蕭印番纂
清同治十三年(1874)刻本
[萬曆]永新縣志 第79冊
(明)龔錫爵修 尹臺纂
明萬曆六年(1578)修清光緒十年(1884)刻本
[乾隆]永新縣志 第79冊
(清)王瀚修 陳善言等纂
清乾隆十一年(1746)刻本
[同治]永新縣志 第79冊
(清)蕭玉春等修 李煒等纂
清同治十三年(1874)刻本
[同治]新淦縣志 第79冊
(清)王肇賜修 陳錫麟纂
清同治十二年(1873)活字本

山東省

三齊記 第80冊
張朏撰
據北京圖書館出版社一九九七年《漢唐方志輯佚》排印
[至元]齊乘 第80冊
(元)于欽纂修 于潛釋音 (清)周嘉猷考證
元至元五年(1339)纂清乾隆四十六年(1781)刻本
[嘉靖]山東通志 第80冊
(明)陸釴等纂修
明嘉靖十二年(1533)刻本
[康熙]山東通志 第80冊
(清)趙祥星修 錢江等纂
清康熙十七年(1678)刻本
[雍正]山東通志 第80冊
(清)岳濬 法敏修 杜詔 顧瀛纂
清雍正七年(1729)修乾隆元年(1736)刻本
[宣統]山東通志 第80冊
(清)楊士驤等修 孫葆田等纂
民國二十三年(1934)據民國四年(1915)鉛印本影印

濟南市

[康熙]濟南府志 第80冊
(清)蔣焜修 唐夢賚等纂
清康熙三十一年(1692)刻本
[道光]濟南府志 第80冊
(清)王贈芳 王鎮等修 成瓘 冷烜纂
清道光二十年(1840)刻本
[崇禎]曆乘 第80冊
(明)貴養性修 劉勑纂
明崇禎六年(1633)刻本
[崇禎]曆城縣志 第80冊
(明)宋祖法等修 葉承宗等纂
明崇禎十三年(1640)友聲堂刻本
[乾隆]曆城縣志 第80冊
(清)胡德琳修 李文藻等纂
清乾隆三十八年(1773)刻本
[民國]續修曆城縣志 第80冊
毛承霖纂修
民國十五年(1926)濟南大公印務公司印鉛印本
[民國]重修商河縣志 第80冊
石毓嵩修 王錫恩等纂
民國二十五年(1936)鉛印本
[康熙]長清縣志 第80冊
(清)岳之嶺修 徐繼曾纂
清康熙十一年(1672)刻本
[道光]長清縣志 第80冊
(清)舒化民修 徐德城纂
清道光十五年(1835)刻本
[民國]長清縣志 第80冊
李起元等修 王連儒等纂
民國二十四年(1935)山東省政府印刷局鉛印本
峰山志 第80冊
(清)李桐 邵承照纂
清光緒二十一年(1895)刻本
[康熙]章丘縣志 第80冊
(清)鍾運泰修 高崇巖纂
清康熙三十年(1691)刻本
[乾隆]章邱縣志 第80冊
(清)張萬青纂修
清乾隆二十一年(1756)刻本
[道光]章邱縣志 第80冊
(清)吴璋修 曹楙堅纂
清道光十五年(1835)刻本
高唐齊音 第80冊
(清)吴連周撰
清道光二十一年(1841)刻本灌蔬園藏版
[順治]平陰縣志 第80冊
(清)陳秉直修 趙貫臺等纂
清順治十一年(1654)修康熙十三年(1674)刻本

聊城市

[萬曆]東昌府志 第80冊
(明)王命爵等修 王汝訓等纂
明萬曆二十八年(1600)刻本
[乾隆]東昌府志 第80冊
(清)胡德琳修 周永年纂
清乾隆四十二年(1777)刻本
[嘉慶]東昌府志 第81冊
(清)嵩山修 謝香開等纂
清嘉慶十三年(1808)刻本
[宣統]聊城縣志 第81冊
陳慶蕃修 葉錫麟 靳維熙纂
清宣統二年(1910)刻本
[康熙]堂邑縣志 第81冊
(清)盧承琰修 劉淇纂
清康熙四十九年(1710)修光緒十八年(1892)重刻本
[康熙]茌平縣志 第81冊
(清)王世臣修 孫克緒纂
清康熙四十九年(1710)刻本
[宣統]茌平縣志 第81冊

盛津頤修 張建楨纂
清宣統三年(1911)修民國元年(1912)刻十五年(1926)增補重印本
[民國]茌平縣志 第81冊
牛占誠修 周之楨纂
民國二十五年(1936)濟南五三美術印刷社鉛印本
[民國]清平縣志 第81冊
梁鐘亭等修 張樹梅等纂
民國二十五年(1936)濟南文雅齋鉛印本
[道光]觀城縣志 第81冊
(清)孫觀纂修
民國二十二年(1933)鉛印本
[萬曆]冠縣志 第81冊
(明)談自省修 杜華先纂
明萬曆間修抄本
[道光]冠縣志 第81冊
(清)梁永康修 趙錫書纂
清道光十年(1830)修民國二十二年(1933)鉛印本
[光緒]冠縣志 第81冊
(清)韓光鼎纂修
清光緒六年(1880)修抄本
[民國]冠縣志 第81冊
侯光陸修 陳熙雍纂
民國二十三年(1934)刻本
[道光]東阿縣志 第81冊
(清)李賢書修 吳怡纂
清道光九年(1829)修民國二十三年(1934)濟南芙蓉街午夜書店鉛印本
[康熙]臨清州志 第81冊
(清)于睿明等修 胡悉寧等纂
清康熙十三年(1674)刻本
[民國]臨清縣志 第81冊
張自清修 張樹梅 王貴笙纂
民國二十四年(1935)鉛印本

德州市

[康熙]德州志 第81冊
(清)金祖彭修 程先貞等纂
清康熙十二年(1673)刻本
[光緒]德州志略 第81冊
(清)錢祝祺纂修
清光緒二十二年(1896)纂抄本
[康熙]陵縣志 第81冊
(清)史颺廷纂修
清康熙十二年(1673)刻本
[乾隆]德平縣志 第81冊
(清)錢大琴纂修
清乾隆三十八年(1773)刻本
[光緒]德平縣志 第81冊
(清)淩錫祺修 李敬熙纂
清光緒十八年(1892)修民國二十五年(1936)天成謙記南紙店鉛印本
[民國]齊河縣志 第81冊
楊豫修修 閻廷獻等纂
民國二十二年(1933)濟南中西美術印刷社鉛印本
[嘉慶]禹城縣志 第81冊
(清)董鵬翱修 牟應震纂
清嘉慶十三年(1808)刻本
[順治]臨邑縣志 第81冊
(清)陳起鳳修 邢琮纂
清順治九年(1652)刻本
[同治]臨邑縣志 第81冊
(清)沈淮原本 陳鴻翩續修 翟振慶續纂
清同治十三年(1874)續補刻本
[乾隆]平原縣志 第81冊
(清)黃懷祖纂修
清乾隆十四年(1749)刻本縣庫藏版
[民國]續修平原縣志 第81冊
曹夢九修 趙祥俊 張元鈞纂
民國二十五年(1936)平原大同印刷局鉛印本
[順治]樂陵縣志 第81冊
(清)郝獻明修 胡岳立纂
清順治十七年(1660)刻本
[乾隆]樂陵縣志 第81冊
(清)王謙益修 莊肇奎等纂
清乾隆二十七年(1762)刻本
[乾隆]武城縣志 第81冊
(清)駱大俊纂修
清乾隆十五年(1750)刻本
[民國]武城縣志 第81冊
王延綸總裁 王韛銘纂
民國元年(1912)刻本版藏禮房
[民國]夏津縣志續編 第81冊
謝錫文修 許宗海纂
民國二十三年(1934)鉛印本
[宣統]重修恩縣志 第81冊
(清)汪鴻孫修 劉儒臣纂
清宣統元年(1909)刻本版藏縣庫
[光緒]甯津縣志 第81冊
(清)祝嘉庸修 吳潯源纂
清光緒二十六年(1900)刻本
[康熙]慶雲縣志 第81冊
(清)李居一修 崔允貞纂 李興祖增修
清康熙十九年(1680)三韓李興祖增刻本
[咸豐]慶雲縣志 第81冊
(清)戴絅孫 崔光笏纂修
清咸豐五年(1855)刻本
[民國]慶雲縣志 第81冊
秦夏聲修 劉鴻逵纂
民國三年(1914)石印本慶雲藏拙堂藏版

東營市

[康熙]利津縣新志 第81冊
(清)韓文焜纂修
清康熙十二年(1673)刻乾隆二十三年(1758)重校刻本
[乾隆]利津縣志續編 第81冊
(清)劉文確修 劉永祚等纂
清乾隆二十三年(1758)刻本
[光緒]利津縣志 第81冊
(清)盛讚熙修 余朝棻纂
清光緒九年(1883)刻本
[雍正]樂安縣志 第81冊
(清)李方膺纂修
清雍正十一年(1733)刻本
[民國]樂安縣志 第81冊
李傳煦 陳同善修 王永貞纂
民國七年(1918)石印本
[民國]續修廣饒縣志 第81冊
潘萊峯修 王寅山纂
民國二十四年(1935)濟南五三美術印刷社鉛印本
[嘉靖]淄川縣志 第81冊
(明)王琮纂修
明嘉靖二十五年(1546)刻本
[乾隆]淄川縣志 第81冊
(清)王康修 臧岳纂
清乾隆八年(1743)刻本
[乾隆]淄川縣志 第81冊
(清)張鳴鐸修 張廷寀等纂
清乾隆四十一年(1776)修民國九年(1920)藝林石印局石印本
[宣統]三續淄川縣志 第81冊
(清)方作霖修 王敬鑄纂
清宣統三年(1911)修民國九年

(1920)藝林石印局石印本
[乾隆]博山縣志 第81冊
(清)富申修 田士麟纂
清乾隆十八年(1753)刻本
[民國]續修博山縣志 第81冊
王蔭桂等修 張新曾等纂
民國二十六年(1937)鉛印本
[民國]臨淄縣志 第81冊
舒孝先修 崔象穀纂
民國九年(1920)石印本
[康熙]高苑縣志 第81冊
(清)宋弼纂修
清康熙十一年(1672)刻本
[乾隆]高苑縣志 第81冊
(清)張耀璧纂修
清乾隆二十三年(1758)刻本
[康熙]新城縣志 第81冊
(清)崔懋修 嚴濂曾纂
清康熙三十二年(1693)刻本
[民國]重修新城縣志 第81冊
袁勵傑 張儒玉修 王寀廷纂
民國二十二年(1933)鉛印本

濰坊市

[嘉靖]青州府志 第81冊
(明)劉應時 馮惟訥等纂
明嘉靖四十四年(1565)刻本
[康熙]青州府志 第81冊
(清)崔俊修 李煥章等纂
清康熙十五年(1676)刻本
[康熙]青州府志 第81冊
(清)陶錦修 王昌學等纂
清康熙六十年(1721)刻本
[咸豐]青州府志 第81冊
(清)毛永柏修 李圖劉耀椿纂
清咸豐九年(1859)刻本
[康熙]益都縣志 第81冊
(清)陳食花修 鍾諤等纂
清康熙十二年(1673)刻本
[光緒]益都縣圖志 第82冊
(清)張承燮修 法偉堂等纂
清光緒三十三年(1907)刻本
[乾隆]續壽光縣志 第82冊
(清)王椿修 楊廷枚等纂
清乾隆二十年(1755)刻本
[嘉慶]壽光縣志 第82冊
(清)劉翰 周纂修
清嘉慶五年(1800)刻本
[民國]壽光縣志 第82冊
宋憲章等修 鄒允中等纂
民國二十五年(1936)青島市宜今印務局鉛印本
[嘉靖]昌樂縣志 第82冊
(明)朱木修 高淩雲纂
明嘉靖二十七年(1548)刻本
[民國]昌樂縣續志 第82冊
王金嶽等修 趙文琴等纂
民國二十三年(1934)鉛印本
[光緒]臨朐縣志 第82冊
(清)姚延福修 鄧嘉緝等纂
清光緒十年(1884)刻本
[民國]臨朐續志 第82冊
周鈞英修 劉仞千等纂
民國二十四年(1935)青島俊德昌南紙印刷局鉛印本
杞紀 第82冊
(清)張貞纂修
清康熙四十五年(1706)修抄本
[道光]安邱新志 第82冊
(清)馬世珍纂修 張柏恒增訂
清道光二十二年(1842)修民國九年(1920)石印《安邱縣新志》本
[康熙]諸城縣志 第82冊
(清)卞穎修 王勸等纂
清康熙十二年(1673)刻本
[乾隆]諸城縣志 第82冊
(清)宮懋讓修 李文藻等纂
清乾隆二十九年(1764)刻本
[道光]諸城縣續志 第82冊
(清)劉光斗修 朱學海纂
清道光十四年(1834)刻本
[乾隆]昌邑縣志 第82冊
(清)周來邰纂修
清乾隆七年(1742)刻本
[康熙]濰縣志 第82冊
(清)王珍修 陳調元纂
清康熙十一年(1672)刻本
[乾隆]濰縣志 第82冊
(清)張耀璧總裁 王誦芬纂
清乾隆二十五年(1760)刻本
[民國]濰縣志稿 第82冊
常之英修 劉祖幹纂
民國三十年(1941)鉛印本
[康熙]高密縣志 第82冊
(清)張浩修 張寅威 李世湙纂
清康熙四十九年(1710)刻本
[乾隆]高密縣志 第82冊
(清)張乃史修 錢廷熊纂
清乾隆十九年(1754)刻本
[光緒]高密縣志 第82冊
(清)傅賫予修 李勷運等纂
清光緒二十二年(1896)刻本
[民國]高密縣志 第82冊
余有林等修 王照青纂
民國二十四年(1935)青島膠東書社鉛印本
高密縣鄉土志 第82冊
(清)王夢松修 傅駿聲 張沛恩纂
清宣統元年(1909)石印本

煙臺市

[乾隆]萊州府志 第82冊
(清)嚴有禧纂修
清乾隆五年(1740)刻本
[乾隆]掖縣志 第82冊
(清)張思勉修 于始瞻纂
清乾隆二十三年(1758)刻本
[嘉慶]續掖縣志 第82冊
(清)張彤修 張詡纂
清嘉慶十二年(1807)修光緒十九年(1893)刻《掖縣全志》本
[道光]再續掖縣志 第82冊
(清)楊祖憲修 侯登岸纂
清道光二十二年(1842)修光緒十九年(1893)刻《掖縣全志》本
[民國]四續掖縣志 第82冊
劉國斌修 劉錦堂纂
民國二十四年(1935)鉛印本
[順治]登州府志 第82冊
(清)施閏章等修 楊奇烈等纂 任璿續纂修
清順治十七年(1660)刻康熙三十三年(1694)增刻本
[乾隆]續登州府志 第82冊
(清)永泰纂修
清乾隆七年(1742)刻本
[光緒]增修登州府志 第82冊
(清)方汝翼 賈瑚修 周悅讓 慕榮幹纂
清光緒七年(1881)刻本
[康熙]蓬萊縣志 第82冊
(清)高崗修 蔡永華等纂
清康熙十二年(1673)刻本
[道光]重修蓬萊縣志 第82冊

（清）王文燾修 張本 葛元昶纂
清道光十九年（1839）刻本
［康熙］黄縣志 第82冊
（清）李蕃修 范廷鳳纂
清康熙十二年（1673）刻本
［乾隆］黄縣志 第82冊
（清）袁中立修 毛贄等纂
清乾隆二十一年（1756）刻本
［同治］黄縣志 第82冊
（清）尹繼美等纂修
清光緒間刻本
［康熙］福山縣志 第82冊
（清）羅博修 鹿兆甲等纂
清康熙十二年（1673）刻本
［乾隆］福山縣志 第82冊
（清）何樂善修 蕭劼 王積熙纂
清乾隆二十八年（1763）刻本
［康熙］棲霞縣志 第82冊
（清）鄭占春續修 牟國瓏續纂
清康熙十一年（1672）修十六年（1707）增修五十年（1711）刻本
［乾隆］棲霞縣志 第82冊
（清）衛萇纂修
清乾隆二十年（1755）刻本
［光緒］棲霞縣續志 第82冊
（清）黄麗中修 于如川纂
清光緒五年（1879）刻本
［順治］招遠縣志 第82冊
（清）張作礪修 張鳳羽纂
清順治十七年（1660）修道光二十六年（1846）刻本
［道光］招遠縣續志 第82冊
（清）陳國器等修 李蔭等纂
清道光二十六年（1846）刻本
［康熙］萊陽縣志 第82冊
（清）萬邦維修 衛元爵等纂
清康熙十七年（1678）刻本
［民國］萊陽縣志 第82冊
梁秉錕 楊西桂修 王丕煦纂
民國二十四年（1935）鉛印本
［嘉靖］寧海州志 第82冊
（明）李光先修 焦希程纂
明嘉靖二十七年（1548）刻本
［同治］重修甯海州志 第82冊
（清）舒孔安修 王厚階纂
清同治三年（1864）刻本
［民國］牟平縣志 第82冊
宋憲章等修 于清泮等纂
民國二十五年（1936）濟南山東印刷局鉛印本

威海市

［雍正］文登縣志 第82冊
（清）王一夔修 賽珠畢纂
清雍正三年（1725）刻本
［道光］文登縣志 第83冊
（清）歐文等修 林汝謨等纂
清道光十九年（1839）刻本
［光緒］文登縣志 第83冊
（清）李祖年修 于霖逢纂
清光緒二十三年（1897）修民國二十二年（1933）鉛印本
［康熙］增補靖海衛志 第83冊
（清）佚名纂
抄本
［乾隆］威海衛志 第83冊
（清）畢懋第修 郭文大續修 王兆鵬增訂
清康熙十一年（1672）修乾隆七年（1742）續修民國十八年（1929）威海九華小學校鉛印本
［道光］榮成縣志 第83冊
（清）李天騭修 岳賡廷等纂
清道光二十年（1840）刻本

青島市

［康熙］膠州志 第83冊
（清）孫蘊韜等修 高國楹纂
清康熙十二年（1673）刻本蓋公堂藏版
［乾隆］膠州志 第83冊
（清）周於智 宋文錦修 劉恬等纂
清乾隆十七年（1752）刻本
［道光］重修膠州志 第83冊
（清）張同聲修 李圖等纂
清道光二十五年（1845）刻本
［民國］增修膠志 第83冊
葉鍾英修 匡超纂
民國二十年（1931）膠縣大同印刷社鉛印本
［道光］重脩平度州志 第83冊
（清）保忠 吴慈修 李圖 王大綸纂
清道光二十九年（1849）刻本
［民國］平度縣續志 第83冊
丁世平等修 尚慶翰等纂
民國二十五年（1936）鉛印本
［康熙］纂修即墨縣志 第83冊
（清）佚名纂修
明刻清康熙十六年（1677）增刻本
［乾隆］即墨縣志 第83冊
（清）尤淑孝修 李元正纂
清乾隆二十九年（1764）刻本
［同治］即墨縣志 第83冊
（清）林溥修 周翕鐄等纂
清同治十二年（1873）刻本本署藏版

日照市

［康熙］日照縣志 第83冊
（清）楊士雄修 丁峕纂 成永健增纂
清康熙五十四年（1715）刻本
［光緒］日照縣志 第83冊
（清）陳懋修 張庭詩 李堉纂
清光緒十二年（1886）刻本
［民國］重修莒志 第83冊
盧少泉修 莊陔蘭纂
民國二十五年（1936）鉛印本

臨沂市

［乾隆］沂州府志 第83冊
（清）李希賢修 潘遇莘 丁愷曾纂
清乾隆二十五年（1760）刻本
［民國］臨沂縣志 第83冊
沈兆禕等修 王景祜等纂
民國六年（1917）刻本
［乾隆］郯城縣志 第83冊
（清）王植纂修 張金城續修 王恒續纂
清乾隆十四年（1749）修十八年（1763）續修民國十七年（1928）鉛印本
［嘉慶］續修郯城縣志 第83冊
（清）吴堦修 陸繼輅纂
清嘉慶十五年（1810）修民國十七年（1928）鉛印本
［康熙］費縣志 第83冊
（清）黄學懃纂修
清康熙四十三年（1704）刻本
［光緒］費縣志 第83冊
（清）李敬修纂修
清光緒二十六年（1900）謝燨增刻本
［康熙］蒙陰縣志 第83冊
（清）劉德芳纂修
清康熙二十四年（1685）刻本
［宣統］蒙陰縣志 第83冊
（清）沈黻清修 陳尚仁等纂
清宣統間修民國間抄本
［道光］沂水縣志 第83冊

(清)張燮修 劉承謙纂
清道光七年(1827)刻本
棗莊市
[康熙]嶧縣志 第83冊
(清)劉允恭修 褚光鎮等纂
清康熙二十四年(1685)刻本
[乾隆]嶧縣志 第83冊
(清)忠璉纂修
清乾隆二十六年(1761)刻本
[光緒]嶧縣志 第83冊
(清)王振録 周鳳鳴修 王寶田纂
清光緒三十年(1904)刻本
[康熙]滕縣志 第83冊
(清)黃浚修 王特選等纂
清康熙五十六年(1717)刻本
[道光]滕縣志 第83冊
(清)王政修 王庸立 黃來麟纂
清道光二十六年(1846)刻本
濟寧市
[萬曆]兗州府志 第83冊
(明)朱泰遊 季勳修 包大爟纂
明萬曆元年(1573)刻本
[乾隆]兗州府志 第83冊
(清)陳顧纂修
清乾隆三十五年(1770)刻本
夏鎮漕渠志畧 第83冊
(清)狄敬纂修
清順治間刻康熙間增刻本抄配
[康熙]滋陽縣志 第83冊
(清)李濙修 仲宏道纂
清康熙十一年(1672)刻本
[光緒]滋陽縣志 第83冊
(清)莫熾修 黃恩彤纂 李兆霖續修 黃師誾續纂
清光緒十四年(1888)刻本
[康熙]濟寧州志 第83冊
(清)廖有恆修 楊通睿纂
清康熙十二年(1673)刻本
[乾隆]濟寧直隸州志 第83冊
(清)胡德琳 藍應桂修 周永年 盛百二纂
清乾隆五十年(1785)刻本版藏尊經閣吏房
[道光]濟甯直隸州志 第83冊
(清)徐宗幹修 許瀚等纂 盧朝安續纂修
清道光二十三年(1843)修咸豐九年(1859)盧朝安刻本
[民國]濟寧直隸州續志 第83冊
潘守廉修 唐烜 袁紹昂纂
民國十六年(1927)鉛印本
[民國]濟寧縣志 第83冊
袁紹昂等纂
民國十六年(1927)鉛印本
[宣統]嘉祥縣志 第83冊
(清)章文華 官擢午纂修
清宣統元年(1909)刻本
泰安市
[乾隆]泰安府志 第83冊
(清)顏希深等修 成城纂
清乾隆二十五年(1760)刻本
[乾隆]泰安縣志 第83冊
(清)黃鈐修 蕭儒林等纂
清乾隆四十七年(1782)刻本
[道光]泰安縣志 第83冊
(清)徐宗幹修 蔣大慶等纂
清道光八年(1828)刻本
[民國]重修泰安縣志 第84冊
葛延瑛 吳元祿修 孟昭章等纂
民國十八年(1929)濟南慈濟印刷所鉛印本
岱史 第84冊
(明)查志隆輯
明萬曆間刻本
新刻泰山小史 第84冊
(明)蕭協中纂 (民國)趙新儒校勘
民國二十一年(1932)鉛印本泰山趙氏藏版
泰山圖志 第84冊
(清)朱孝純等纂
清乾隆三十九年(1774)刻本
泰山述記 第84冊
(清)宋思仁纂
清乾隆五十五年(1790)刻本版藏泰安縣署
岱覽 第84冊
(清)唐仲冕輯
清嘉慶十二年(1807)刻本
[光緒]肥城縣志 第84冊
(清)凌紱曾修 邵承照纂
清光緒十七年(1891)刻本
[順治]新泰縣志 第84冊
(清)楊繼芳修 牟適纂 甯養氣 宗之璠續纂修
清順治十六年(1659)刻康熙二十二年(1683)增刻本
[乾隆]新泰縣志 第84冊
(清)江乾達修 牛士瞻等纂
清乾隆五十年(1785)刻本
[乾隆]東平州志 第84冊
(清)沈維基修 胡彥昇纂
清乾隆三十六年(1771)刻本
[道光]東平州志 第84冊
(清)周雲鳳修 唐鑑等纂
清道光五年(1825)刻本版藏州署
[光緒]東平州志 第84冊
(清)左宜似等修 盧崟纂
清光緒七年(1881)刻本
萊蕪市
[康熙]新脩萊蕪縣志 第84冊
(清)鍾國義纂修
清康熙十二年(1673)刻本
[民國]續修萊蕪縣志 第84冊
李鍾豫修 亓因培等纂
民國二十四年(1935)濟南善成印務局鉛印本
濱州市
[崇禎]武定州志 第84冊
(明)王永積修 劉嘉禎纂
明崇禎十二年(1639)刻本
[乾隆]武定府志 第84冊
(清)赫達色修 莊肇奎等纂
清乾隆二十四年(1759)刻本
[咸豐]武定府志 第84冊
(清)李熙齡修 鄒恒纂
清咸豐九年(1859)刻本
[光緒]惠民縣志 第84冊
(清)沈世銓修 李勗纂
清光緒二十五年(1899)柳堂補刻本
[康熙]陽信縣志 第84冊
(清)周虔森修 張瓚纂
清康熙二十一年(1682)刻本
[乾隆]陽信縣志 第84冊
(清)王允深纂修
清乾隆二十四年(1759)刻本
信邑志稿 第84冊
(清)峻皆氏纂
清同治三年(1864)修抄本
[民國]陽信縣志 第84冊
朱蘭修 勞迺宣纂
民國十五年(1926)鉛印本

[民國]無棣縣志　第84冊
張方塀等纂修
民國十四年(1925)山東商務印刷所鉛印本
[康熙]濱州志　第84冊
(清)楊容盛修 杜曮等纂
清康熙四十年(1701)刻本
[咸豐]濱州志　第84冊
(清)李熙齡纂修
清咸豐十年(1860)刻本
[順治]鄒平縣志　第84冊
(清)徐政修 馬驌纂
清順治十七年(1660)刻本
[康熙]鄒平縣志　第84冊
(清)程素期修 程之芳等纂
清康熙三十五年(1696)刻本
[嘉慶]鄒平縣志　第84冊
(清)李瓊林等修 成啟洸等纂
清嘉慶八年(1803)修道光十六年(1836)刻本
[嘉慶]長山縣志　第84冊
(清)倪企望修 鍾廷瑛 徐果行纂
清嘉慶六年(1801)刻本
[康熙]青州府博興縣志　第84冊
(清)萬雲修 遲龍賓纂
清康熙十二年(1673)刻本
[民國]重修博興縣志　第84冊
張其丙修 張元鈞纂
民國二十五年(1936)濟南文雅齋印刷局鉛印本
[乾隆]蒲臺縣志　第84冊
(清)嚴文典修 任相纂
清乾隆二十八年(1763)刻本
[康熙]新修齊東縣志　第84冊
(清)余為霖修 郭國琦等纂
清康熙二十四年(1685)刻本

菏澤市

[康熙]曹州志　第84冊
(清)佟企聖修 蘇毓眉等纂
清康熙十三年(1674)刻後印本
[乾隆]曹州府志　第84冊
(清)周尚質修 李登明 謝冠纂
清乾隆二十一年(1756)刻本
[光緒]菏澤縣志　第84冊
(清)淩壽柏修 宋明在纂
清光緒六年(1880)刻本
[康熙]單縣志　第84冊
(清)王鏞修 秦寅纂
清康熙五十六年(1717)刻本
[乾隆]單縣志　第84冊
(清)覺羅普爾泰修 傅爾德纂
清乾隆二十五年(1760)刻本
[民國]單縣志　第84冊
景傳詩等修 李經野纂
民國十八年(1929)石印本
[康熙]城武縣志　第84冊
(清)趙嗣晉纂修
清康熙四十一年(1702)刻本琴隺堂藏版
[道光]城武縣志　第84冊
(清)袁章華修 劉士瀛纂
清道光十年(1830)刻本
[康熙]鉅野縣志　第84冊
(明)呂鵬雲修 呂封齊纂 (清)章弘增修
清康熙四十一年(1702)章弘據明天啟刻本增修抄補本
[道光]鉅野縣志　第84冊
(清)黃維翰纂修 袁傳裘續纂修
清道光二十六年(1846)續修刻本
[崇禎]鄆城縣志　第84冊
(明)米嘉穗修 孫鯨等纂
明崇禎七年(1634)刻本
[康熙]兖州府曹縣志　第84冊
(清)朱琦修 藍庚生纂 郭道生增修
清康熙五十五年(1716)刻本
[光緒]曹縣志　第84冊
(清)陳嗣良修 孟廣來 賈迺延纂
清光緒十年(1884)刻本
[順治]定陶縣志　第84冊
(清)趙國琳修 張彥士纂
清順治十二年(1655)刻本
[乾隆]定陶縣志　第84冊
(清)雷宏宇修 劉珠等纂
清乾隆十八年(1753)刻光緒二年(1876)周忠修補刻本
[民國]定陶縣志　第84冊
馮麟溎等修 曹垣纂
民國五年(1916)瑞林堂刻本
[乾隆]東明縣志　第84冊
(清)儲元升纂修
清乾隆二十一年(1756)修民國十三年(1924)鉛印本
[宣統]東明縣續志　第84冊
(清)周保琛修 李曾裕撰
清宣統三年(1911)修民國十三年(1924)鉛印本
[民國]東明縣新志　第84冊
任傳藻修 穆祥仲纂
民國二十二年(1933)鉛印本

河南省

[康熙]河南通志　第85冊
(清)賈漢複修 沈荃纂 徐化成增修
清康熙九年(1670)增補順治刻本
[康熙]河南通志　第85冊
(清)顧汧 李輝祖修 張沐等纂
清康熙三十四年(1695)刻本
[雍正]河南通志　第85冊
(清)田文鏡等修 孫灝等纂
清雍正十三年(1735)刻光緒二十八年(1902)補刻本
中州雜組　第85冊
(清)汪價撰
民國十年(1921)鉛印本

鄭州市

[民國]鄭縣志　第85冊
周秉彝修 劉瑞璘纂
民國五年(1916)刻十年(1931)重印本
[民國]河陰縣志　第85冊
高廷璋等修 蔣藩纂
民國七年(1918)刻本
[民國]汜水縣志　第85冊
田金祺修 趙東階纂
民國十八年(1929)上海世界書局鉛印本
[順治]新鄭縣志　第85冊
(清)馮嗣京修 張光祖纂
清順治十六年(1659)刻本
[康熙]新鄭縣志　第85冊
(清)朱廷獻修 劉日烓纂
清康熙三十三年(1694)刻增修本
[乾隆]新鄭縣志　第85冊
(清)黃本誠纂修
清乾隆四十一年(1776)刻本
[乾隆]登封縣志　第85冊
(清)洪亮吉 陸繼萼等纂
清乾隆五十一年(1786)修咸豐五年(1855)刻本本衙藏版
嵩嶽志　第85冊
(明)陸東輯
一九八三年掃描油印本

清順治十七年(1660)刻本
[乾隆]新修懷慶府志　第87冊
(清)唐侍陛修 布顏杜琮纂
清乾隆五十四年(1789)刻本本衙藏版
[康熙]河内縣志　第87冊
(清)李橒修 蕭家蕙等纂
清康熙三十三年(1694)刻本
[道光]河内縣志　第87冊
(清)袁通纂修 方履籛編輯
清道光五年(1825)刻本
[乾隆]修武縣志　第87冊
(清)吳映白修 李謨纂 戈雲錦續修
清乾隆二十二年(1757)刻十一年(1766)增補本
[道光]修武縣志　第87冊
(清)馮繼照修 金皋等纂 孔繼中續纂
清道光二十年(1840)刻同治七年(1868)增刻本
[民國]修武縣志　第87冊
蕭國楨修 焦封桐纂
民國二十年(1931)新鄉修文印刷所鉛印本

新鄉市

[萬曆]衛輝府志　第87冊
(明)佚名纂修
明萬曆刻增修補刻本
[順治]衛輝府志　第87冊
(清)程啟朱修 蘇文樞纂
清順治十六年(1659)刻本
[正德]新鄉縣志　第87冊
(明)李錦纂修
明正德元年(1506)修明抄本
[乾隆]新鄉縣志　第87冊
(清)趙開元纂修 暢俊纂
清乾隆十二年(1747)修民國十年(1921)修録本
[民國]新鄉縣續志　第87冊
韓邦孚監修 田芸生總編
民國十二年(1923)刻本
[乾隆]汲縣志　第87冊
(清)徐汝瓚修 杜崐纂
清乾隆二十年(1755)刻本本衙藏版
[乾隆]獲嘉縣志　第87冊
(清)吳喬齡 李棟纂修
清乾隆二十一年(1756)刻本
[嘉靖]輝縣志　第87冊
(明)張天真纂修
明嘉靖七年(1528)刻本
[道光]輝縣志　第87冊
(清)周際華修 戴銘等纂
清道光十五年(1835)刻光緒二十一年(1895)補刻本
[嘉靖]陽武縣志　第87冊
(明)呂柟纂修
明嘉靖六年(1527)刻本
[康熙]陽武縣志　第87冊
(清)安如泰修 張慎為纂
清康熙二十九年(1690)刻本

安陽市

相臺志　第87冊
佚名纂修
據《永樂大典》本排印
續相臺志　第87冊
佚名纂修
據《永樂大典》本排印
[乾隆]彰德府志　第87冊
(清)劉謙等修 夏兆豐纂
清乾隆五年(1740)刻本
[乾隆]彰德府志　第87冊
(清)盧崧修 江大鍵 程煥纂
清乾隆五十二年(1787)刻本
[嘉慶]安陽縣志　第87冊
(清)貴泰修 武穆淳纂
清嘉慶二十四年(1819)修民國二十二年(1933)北平文嵐簃古宋印書局鉛印本
[康熙]滑縣志　第87冊
(清)姚德聞修 呂夾鐘纂
清康熙二十五年(1686)增刻本
[乾隆]滑縣志　第87冊
(清)吳喬齡纂修 呂文光增修
清乾隆二十五年(1760)刻本
[乾隆]内黄縣志　第87冊
(清)李湞修 黄之征纂
清乾隆四年(1739)刻本
[光緒]内黄縣志　第87冊
(清)董慶恩等修 陳熙春纂
清光緒十八年(1892)刻本
[崇禎]湯陰縣志　第87冊
(明)沙蘊金修 蘇育等纂
明崇禎十年(1637)刻本
[康熙]林縣志　第87冊
(清)徐岱等修 萬兆龍纂
清康熙三十四年(1695)刻本
[乾隆]林縣志　第87冊
(清)楊潮觀纂修
清乾隆十七年(1752)刻本黄華書院藏版
[民國]林縣志　第87冊
王澤溥等修 李見荃等纂
民國二十一年(1932)林縣南關華昌石印局石印本

濮陽市

[康熙]南樂縣志　第87冊
(清)王培宗修 丘性善纂
清康熙五十年(1711)刻本
[嘉靖]濮州志　第87冊
(明)鄧韍纂修
明嘉靖六年(1527)刻本
[康熙]濮州志　第87冊
(明)李先芳纂 (清)張實斗增修
清康熙十二年(1673)刻本
[乾隆]濮州志　第87冊
(清)邵世昌修 柴掞纂
清乾隆二十年(1755)刻本
[宣統]濮州志　第87冊
(清)高士英修 榮相鼎纂
清宣統元年(1909)刻本
[嘉靖]范縣志　第87冊
(明)東時泰纂修
明嘉靖十四年(1535)刻本
[康熙]范縣志　第87冊
(清)霍之琯修 李簡身纂
清康熙十一年(1672)刻本
[嘉慶范縣志　第87冊
(清)唐晟纂修
清嘉慶十四年(1809)修光緒三十三年(1907)國文報館石印本
[光緒]范縣志續編　第87冊
(清)楊沂修 杜均平纂
清光緒三十四年(1908)國文報館石印本
[民國]續修范縣縣志　第87冊
張振聲等修 余文鳳纂
民國二十四年(1935)濟南志達印刷局鉛印本
[康熙]開州志　第87冊
(清)孫棨纂修
清康熙十二年(1673)刻本
[嘉慶]開州志　第87冊
(清)李符清修 沈樂善纂

清嘉慶十一年(1806)刻本
[光緒]開州志 第87冊
(清)祁德昌修 陳兆麟纂
清光緒八年(1882)刻本州署藏版
開封市
[康熙]開封府志 第87冊
(清)管竭忠修 張沐纂
清康熙三十四年(1695)刻同治二年(1863)修鋟本
[順治]祥符縣志 第88冊
(清)張俊哲修 張壯行 馬士騭纂
清順治十八年(1661)刻本
[乾隆]祥符縣志 第88冊
(清)魯曾煜修 張淑載纂
清乾隆四年(1739)刻本
[光緒]祥符縣志 第88冊
(清)沈傳義等修 黃舒昺纂
清光緒二十四年(1898)刻本
[民國]開封縣志草略 第88冊
陶鍾翰纂修
民國三十年(1941)開封馬集文齋鉛印本
陳留志 第88冊
(晉)江敞撰
據北京圖書館出版社一九九七年《漢唐方志輯佚》排印
[康熙]陳留縣志 第88冊
(清)鍾定纂修
清康熙三十年(1691)刻本
[宣統]陳留縣志 第88冊
(清)武從超修 趙文琳等纂
清宣統二年(1910)石印本
陳留風俗傳 第88冊
(東漢)圈稱撰
據北京圖書館出版社一九九七年《漢唐方志輯佚》排印
[嘉靖]尉氏縣志 第88冊
(明)曾嘉誥修 汪心纂
明嘉靖二十七年(1548)刻本
[道光]尉氏縣志 第88冊
(清)沈湝修 王觀潮纂
清道光十一年(1831)刻本
[康熙]考城縣志 第88冊
(清)李國亮修 王貫三等纂
清康熙三十七年(1698)刻本
[民國]考城縣志 第88冊
張之清修 田春同纂
民國二十三年(1934)鉛印本
[民國]考城縣志 第88冊
趙華亭修 李盛謨纂
民國三十年(1941)鉛印本
[嘉靖]通許縣志 第88冊
(明)韓玉原本 陳正續修
明嘉靖二十四年(1545)刻本
商丘市
[嘉靖]歸德志 第88冊
(明)李應奎修 黃鈞纂
明嘉靖二十四年(1545)刻本
[順治]歸德府志 第88冊
(清)宋國榮修 羊琦等纂
清順治十七年(1660)刻本
[康熙]商邱縣志 第88冊
(清)劉德昌修 葉澐纂
清康熙四十四年(1705)修民國二十一年(1932)黃正忠石印本
[光緒]續修睢州志 第88冊
(清)王枚纂修
清光緒十八年(1892)刻本
[嘉靖]永城縣志 第88冊
(明)鄭禮纂修
明嘉靖二十三年(1544)刻本
[康熙]永城縣志 第88冊
(清)周正紀修 侯良弼纂
清康熙三十六年(1697)刻本
[光緒]永城縣志 第88冊
(清)岳廷楷修 胡贊采 呂永輝纂
清光緒二十九年(1903)刻本
許昌市
[康熙]許州志 第88冊
(清)胡良弼纂修
清康熙五年(1666)刻本
[乾隆]許州志 第88冊
(清)甄汝舟纂修
清乾隆十年(1745)刻本
[道光]許州志 第88冊
(清)蕭元吉纂修
清道光十八年(1838)刻本
[民國]許昌縣志 第88冊
王秀文等修 張庭馥等纂
民國十二年(1923)本
[康熙]鄢署雜鈔 第88冊
(清)汪為熹纂
清康熙五十八年(1719)刻本
[民國]鄢陵縣志 第88冊
靳蓉鏡 晉克昌等修 蘇薄帆纂
民國二十五年(1936)開封新豫印刷所鉛印本
[嘉靖]襄城縣志 第88冊
(明)林鸞纂修
明嘉靖三十一年(1552)刻本
[順治]襄城縣志 第88冊
(清)佟昌年原修 陳治安增修
清順治八年(1651)刻康熙間增刻本
襄城文獻錄 第88冊
(清)劉宗泗輯
清乾隆四年(1739)刻本
[乾隆]襄城縣志 第88冊
(清)汪運正纂修
清乾隆十一年(1746)刻本
[民國]重修襄城縣志 第88冊
李峰修 胡元學 劉文林纂
民國二十五年(1936)襄城縣修志館第五次改定稿本
[民國]長葛縣志 第88冊
陳鴻疇修 劉盼遂纂
民國二十年(1931)鉛印本
[乾隆]禹州志 第88冊
(清)邵大業修 孫廣生等纂
清乾隆十二年(1747)刻本
[同治]禹州志 第88冊
(清)朱煒修 姚椿等纂 宮國勳續修 楊景純等續纂
清同治九年(1870)刻本
[民國]禹縣志 第88冊
王琴林等纂修
民國二十八年(1939)刻本
漯河市
[嘉靖]郾城縣志 第88冊
(明)楊邦梁等纂修
明嘉靖三十三年(1554)刻本
[乾隆]郾城縣志 第88冊
(清)傅豫纂修
清乾隆十九年(1754)刻本
平頂山市
葉縣圖志 第88冊
佚名纂修
據劉緯毅等輯《宋遼金元方志輯佚》排印
[同治]葉縣志 第88冊
(清)歐陽霖修 倉景恬 胡廷楨纂
清同治十一年(1872)刻光緒二十二

年(1896)重印本
[正德]汝州志 第88冊
(明)承天貴纂修
明正德五年(1510)刻本
[道光]汝州全志 第88冊
(清)白明義修 趙林成纂
清道光二十年(1840)刻本
南陽市
[康熙]南陽府志 第88冊
(清)朱璘纂修
清康熙三十三年(1694)刻本
[嘉慶]南陽府志 第88冊
(清)孔傳金纂修
清嘉慶十二年(1807)刻本
[康熙]南陽縣志 第88冊
(清)張光祖修 徐永芝等纂
清康熙三十二年(1693)刻本
[光緒]南陽縣志 第88冊
(清)潘守廉修 張嘉謀纂
清光緒三十年(1904)刻本
[乾隆]裕州志 第88冊
(清)董學禮原本 宋名立增修
清康熙五十五年(1716)刻乾隆五年(1740)補刻本
[乾隆]新野縣志 第88冊
(清)徐金位纂修
清乾隆十九年(1754)刻本
[順治]鄧州志 第88冊
(清)陳良玉纂修
清順治十六年(1659)刻後補刻本
[乾隆]鄧州志 第88冊
(清)蔣光祖修 姚之琅纂
清乾隆二十年(1755)刻本
[咸豐]淅川廳志 第89冊
(清)徐光第修 王官亮纂
清咸豐十一年(1861)刻本
[康熙]內鄉縣志 第89冊
(清)竇鼎望纂修
清康熙三十二年(1693)刻十一年(1712)張福永增修刻本
信陽市
[乾隆]信陽州志 第89冊
(清)張鉞纂修 萬侯等纂
清乾隆十四年(1749)修民國十四年(1925)漢口大新印刷公司鉛印本
[民國]重修信陽縣志 第89冊
方廷漢等修 陳善同等纂
民國二十五年(1936)漢口洪興印書館鉛印本
[順治]息縣志 第89冊
(清)邵光胤修 宣洪猷纂
清順治十五年(1658)刻本
[嘉慶]息縣志 第89冊
(清)劉光輝修 任鎮及纂
清嘉慶四年(1799)刻本
[嘉靖]固始縣志 第89冊
(明)張梯 葛臣纂修
明嘉靖三十一年(1552)補刻本
[順治]固始縣志 第89冊
(清)包韺纂修
清順治十六年(1659)刻本
[乾隆]固始縣續志 第89冊
(清)包桂修 李汝彬等纂
清乾隆十年(1745)刻本
[順治]光州志 第89冊
(清)莊泰弘修 孟俊纂
清順治十七年(1660)刻本
[乾隆]續脩光州志 第89冊
(清)李訒等纂修
清乾隆二十七年(1762)刻本
[乾隆]光州志 第89冊
(清)高兆煌纂修
清乾隆三十五年(1770)刻本
[光緒]光州志 第89冊
(清)楊修田修 馬佩玖纂
清光緒十三年(1887)刻本
光州鄉土志 第89冊
(清)胡贊采纂修
清光緒三十三年(1907)刻本
[嘉靖]商城縣志 第89冊
(明)萬炯修 張應辰纂
明嘉靖三十年(1551)刻本
[康熙]商城縣志 第89冊
(清)許全學纂修
清康熙二十九年(1690)刻本
[嘉慶]商城縣志 第89冊
(清)武開吉纂修
清嘉慶八年(1803)刻本
[嘉靖]光山縣志 第89冊
(明)沈紹慶修 王家士纂
明嘉靖三十五年(1556)刻本
[乾隆]光山縣志 第89冊
(清)楊殿梓修 錢時雍纂
清乾隆五十一年(1786)刻本
[民國]光山縣志約稿 第89冊
晏兆平纂修
民國二十五年(1936)謙記商務印刷所鉛印本
周口市
[乾隆]扶溝縣志 第89冊
(清)七十一 董豐垣修 郝廷松 薄玫等纂
清乾隆二十七年(1762)刻本
[道光]扶溝縣志 第89冊
(清)王德瑛纂修
清道光十三年(1833)刻本
[光緒]扶溝縣志 第89冊
(清)熊燦修 張文楷纂
清光緒十九年(1893)大程書院刻本
[康熙]鹿邑縣志 第89冊
(清)呂士鵕纂修
清康熙三十一年(1692)刻本
[光緒]鹿邑縣志 第89冊
(清)于滄瀾主纂 蔣師轍纂修
清光緒二十二年(1896)刻本
瀨鄉記 第89冊
(魏)崔玄山撰
據北京圖書館出版社一九九七年《漢唐方志輯佚》排印
[康熙]續修陳州志 第89冊
(清)王清彥 張喆修 莫爾纂
清康熙三十四年(1695)刻本
[乾隆]陳州府志 第89冊
(清)崔應階修 姚之琅纂
清乾隆十二年(1747)刻本
[道光]淮寧縣志 第89冊
(清)瞿昂 劉侃修 永銘纂
清道光六年(1826)刻本文昌宮藏版
[民國]淮陽縣志 第89冊
鄭康侯修 朱撰卿纂
民國二十三年(1934)開明印刷局鉛印本
[順治]西華縣志 第89冊
(清)左國楨修 王鼎鎮 吳中奇纂
清順治間修抄本
[乾隆]西華縣志 第89冊
(清)宋恂修 于大猷纂
清乾隆十九年(1754)刻本
駐馬店市
[康熙]西平縣志 第89冊
(清)沈荃纂修 李弘植續纂修

據清康熙三十一年(1692)刻版重印本
[民國]西平縣志 第89册
李毓藻修 陳銘鑑纂
民國二十三年(1934)北平文華齋刻本
[康熙]汝寧府志 第89册
(清)金鎮纂修
清康熙元年(1662)刻本
[康熙]汝寧府志 第89册
(清)何顯祖 董永祚修 董正等纂
清康熙三十四年(1695)刻本
[嘉慶]汝寧府志 第89册
(清)德昌修 王增纂
清嘉慶元年(1796)刻本
[順治]汝陽縣志 第89册
(清)紀國珍修 羊璘纂
清順治十七年(1660)刻本
[康熙]汝陽縣志 第89册
(清)邱天英纂修
清康熙二十九年(1690)刻本
[民國]重修汝南縣志 第89册
陳伯嘉修 李成均等纂
民國二十七年(1938)石印本
[乾隆]新蔡縣志 第89册
(清)莫璽章等修 王增等纂
清乾隆六十年(1795)修民國二十二年(1933)文明石印社石印本
[道光]泌陽縣志 第89册
(清)倪明進修 粟郢纂
清道光八年(1828)刻本
[順治]遂平縣志 第89册
(清)張鼎新修 李宗周等纂
清順治十六年(1659)刻本
[乾隆]遂平縣志 第89册
(清)金忠濟修 祝晹纂
清乾隆二十四年(1759)刻本
[康熙]上蔡縣志 第89册
(清)楊廷望修 張沐等纂
清康熙二十九年(1690)刻本
[嘉慶]正陽縣志 第89册
(清)彭良弼修 吕元灝纂 楊德容續纂修
清嘉慶元年(1796)刻本
[乾隆]濟源縣志 第89册
(清)蕭應植纂修
清乾隆二十六年(1761)刻本

湖北省

[嘉靖]湖廣圖經志書 第90册
(明)薛綱纂修 吴廷舉續修
明嘉靖元年(1522)刻本
[康熙]湖廣通志 第90册
(清)徐國相等修 宫夢仁 姚淳燾纂
清康熙二十三年(1684)刻本
[嘉慶]湖北通志未成稿 第90册
(清)章學誠纂
清嘉慶間纂民國間刻本
[宣統]湖北通志 第90册
(清)吕調元 劉承恩修 張仲炘 楊承禧纂
清宣統三年(1911)修民國十年(1921)刻本版存湖北省長公署
[乾隆]湖北下荊南道志 第90册
(清)魯之裕修 靖道謨纂
清乾隆五年(1740)刻光緒十九年(1893)重印本

武漢市

[康熙]湖廣武昌府志 第90册
(清)裴天錫修 羅人龍纂
清康熙二十六年(1687)刻十四年(1695)朱留緒補刻本
[嘉靖]漢陽府志 第90册
(明)賈應春修 朱衣纂
明嘉靖二十五年(1546)刻本
[康熙]漢陽府志 第90册
(清)陳國儒修 李寧仲纂
清康熙八年(1669)刻本
[乾隆]漢陽府志 第90册
(清)陶士偰修 劉湘煃纂
清乾隆十二年(1747)刻抄本
[民國]夏口縣志 第90册
侯祖畲修 吕寅東纂
民國九年(1920)刻本
[同治]黄陂縣志 第90册
(清)劉昌緒修 徐瀛纂
清同治十二年(1873)刻本
[乾隆]漢陽縣志 第90册
(清)劉嗣孔修 劉湘煃纂
清乾隆十三年(1748)刻本
[嘉慶]漢陽縣志 第90册
(清)裘行恕等修 邵翔 徐必觀纂
清嘉慶二十三年(1818)刻本
[同治]續輯漢陽縣志 第90册
(清)黄式度修 王柏心纂
清同治七年(1868)刻本
[光緒]漢陽縣識 第90册
(清)張行簡纂修
清光緒十年(1884)刻本
[光緒]漢陽縣識 第90册
(清)濮文昶修 張行簡纂
清光緒十五年(1889)景賢書塾改刻本
大别山志 第90册
(清)胡鳳丹編
清同治十三年(1874)退補齋刻本
[乾隆]江夏縣志 第91册
(清)陳元京修 范述之等纂
清乾隆五十九年(1794)刻本
[同治]江夏縣志 第91册
(清)王庭楨修 彭崧毓纂
清同治八年(1869)刻光緒七年(1881)增補重印本
黄鵠山志 第91册
(清)胡鳳丹編
清同治十三年(1874)退補齋刻本

十堰市

[康熙]湖廣鄖陽府志 第91册
(清)劉作霖 楊廷耀纂修
清康熙二十四年(1685)刻本
[同治]鄖陽志 第91册
(清)吴葆儀等修 王嚴恭等纂
清同治九年(1870)刻光緒三年(1877)增刻本
[同治]鄖縣志 第91册
(清)周瑞定熙修 余瀊廷 崔誥等纂
清同治五年(1866)刻本
[同治]房縣志 第91册
(清)楊延烈纂修
清同治五年(1866)刻本
[同治]竹谿縣志 第91册
(清)陶壽嵩修 楊兆熊等纂
清同治六年(1867)刻本
[康熙]均州志 第91册
(清)黨居易纂修
清康熙十二年(1673)刻十八年(1689)增刻本
[光緒]續輯均州志 第91册
(清)馬雲龍修 賈洪詔纂
清光緒十年(1884)均州志局刻本
[乾隆]竹山縣志 第91册
(清)常丹葵修 鄧光仁纂
清乾隆五十年(1785)刻本
[嘉慶]竹山縣志 第91册
(清)范繼昌修 張士旦纂

清嘉慶十年(1805)刻本
[同治]竹山縣志 第91冊
(清)周士槙纂修
清同治五年(1866)刻本
[乾隆]鄖西縣志 第91冊
(清)張道南纂修
清乾隆四十二年(1777)無倦堂刻本
[同治]鄖西縣志 第91冊
(清)程光第修 葉年茱 李登鼇纂
清同治五年(1866)刻本
[民國]鄖西縣志 第91冊
郭治平纂修
民國二十六年(1937)石印本

襄陽市

[天順]重刊襄陽郡志 第91冊
(明)張恒纂修
明天順間刻本
[萬曆]襄陽府志 第91冊
(明)吳道邇纂修
明萬曆十二年(1584)刻本
[順治]襄陽府志 第91冊
(清)趙兆麟纂修
清順治九年(1652)刻本
[乾隆]襄陽府志 第91冊
(清)陳鍔纂修
清乾隆二十五年(1760)刻本
[光緒]襄陽府志 第91冊
(清)恩聯等修 王萬芳等纂
清光緒十一年(1885)刻本
[同治]襄陽縣志 第91冊
(清)楊宗時修 崔淦纂 吳耀斗續修 李士彬續纂
清同治十三年(1874)刻本
[民國]南漳縣志 第91冊
向承煜等纂修
民國十一年(1922)襄陽寶匯堂石印本
[同治]穀城縣志 第91冊
(清)承印修 蔣海澄 黃定鏞纂
清同治六年(1867)刻本
[乾隆]棗陽縣志 第91冊
(清)甘定遇修 熊天章纂
清乾隆二十七年(1762)修抄本
[咸豐]重修棗陽縣志 第91冊
(清)陳子飭等纂修
清咸豐四年(1854)刻本
[同治]宜城縣志 第91冊
(清)程啟安修 張炳鐘纂
清同治五年(1866)刻本本衙藏版
[光緒]光化縣志 第91冊
(清)鍾桐山等修 段映斗等纂
清光緒十年(1884)修民國二十二年(1933)石印本

荊門市

[乾隆]荊門州志 第91冊
(清)舒成龍修 李法孟 陳榮傑纂
清乾隆十九年(1754)宗陸堂刻本
[同治]荊門直隸州志 第91冊
(清)恩榮修 張圻纂
清同治七年(1868)明倫堂刻本
[萬曆]承天府志 第91冊
(明)孫文龍纂修
明萬曆三十年(1602)刻本
[康熙]安陸府志 第92冊
(清)張尊德修 王吉人 譚篆纂
清康熙八年(1669)刻抄本
[乾隆]鍾祥縣志 第92冊
(清)高世榮修 李蓮纂
清乾隆六年(1741)刻本
[乾隆]鍾祥縣志 第92冊
(清)張琴修 杜光德纂
清乾隆六十年(1795)刻本
[同治]鍾祥縣志 第92冊
(清)孫福海等纂修
清同治六年(1867)刻本
[民國]鍾祥縣志 第92冊
趙鵬飛修 李權纂
民國二十六年(1937)鉛印本
[康熙]京山縣志 第92冊
(清)吳遊龍修 王演 盧前驥纂
清康熙十三年(1674)刻本
[光緒]京山縣志 第92冊
(清)沈星標修 曾憲德 秦有鍠纂
清光緒八年(1882)刻本

孝感市

[康熙]孝感縣志 第92冊
(清)梁鳳翔修 李湘等纂
清康熙三十四年(1695)刻嘉慶十七年(1812)王進祖等增刻本
[光緒]孝感縣志 第92冊
(清)朱希白修 沈用增纂
清光緒八年(1882)刻本
[同治]漢川縣志 第92冊
(清)德廉 袁鳴珂修 林祥瑗纂
清同治十二年(1873)刻本
[康熙]雲夢縣志 第92冊
(清)陳夢舟修 張奎華纂
清康熙七年(1668)刻本
[道光]雲夢縣志畧 第92冊
(清)呂錫麟修 程懷璟纂
清道光二十年(1840)刻本
[雍正]應城縣志 第92冊
(清)李可寀纂修
清雍正四年(1726)刻本
[光緒]應城縣志 第92冊
(清)羅緗陳豪修 王承禧纂
清光緒八年(1882)蒲陽書院刻本
[康熙]鼎修德安府全志 第92冊
(清)傅鶴祥修 李士竑 萬年觀纂
清康熙二十四年(1685)刻本
[光緒]德安府志 第92冊
(清)賡音布等修 劉國光等纂
清光緒十五年(1889)刻本府署藏版
鄖城志 第92冊
(宋)李楫修 傅巖纂
據劉緯毅等輯《宋遼金元方志輯佚》排印
[康熙]德安安陸郡縣志 第92冊
(清)高聯捷修 沈會霖纂
清康熙五年(1666)刻本
[道光]安陸縣志 第92冊
(清)王履謙修 李廷錫纂
清道光二十三年(1843)刻本
安陸縣志補正 第92冊
(清)陳廷鈞纂
清同治十一年(1872)刻本

黃岡市

[弘治]黃州府志 第92冊
(明)盧希哲纂修
明弘治十四年(1501)刻本
[乾隆]黃州府志 第92冊
(清)王勍修 靖道謨纂
清乾隆十四年(1749)刻本
[光緒]黃州府志 第92冊
(清)英啟修 鄧琛纂
清光緒十年(1884)刻本版藏黃州府官廨
[乾隆]黃岡縣志 第92冊
(清)蔡韶清修 胡紹鼎纂
清乾隆二十四年(1759)刻本
[乾隆]黃岡縣志 第93冊
(清)王鳳儀修 胡紹鼎 杜秉時纂 王

正常續修
清乾隆五十四年(1789)刻本
[道光]黄岡縣志 第93冊
(清)俞昌烈修 謝茨等纂
清道光二十八年(1848)刻本
[光緒]黄岡縣志 第93冊
(清)戴昌言修 劉恭冕纂
清光緒八年(1882)刻本
[康熙]黄安縣志 第93冊
(清)劉承啟修 詹大衢纂
清康熙三十六年(1697)刻本
[同治]黄安縣志 第93冊
(清)朱錫綬等修 張家俊 吴端委纂
清同治八年(1869)刻本尊經閣藏版
[光緒]黄安縣志 第93冊
(清)陳瑞瀾 陶大夏修 吴言昌 王儀吉纂
清光緒八年(1882)刻本
[康熙]麻城縣志 第93冊
(清)屈振奇修 王汝霖纂
清康熙九年(1670)刻本
[光緒]麻城縣志 第93冊
(清)鄭慶華修 潘頤福纂
清光緒二年(1876)刻本
[光緒]麻城縣志 第93冊
(清)陸祐勤 朱榮椿修 余士珩纂
清光緒三十年(1904)刻本
[民國]麻城縣志前編 第93冊
鄭重修 余晉芳纂
民國二十四年(1935)漢口中亞印書館鉛印本
[民國]麻城縣志續編 第93冊
鄭重修 余晉芳纂
民國二十四年(1935)漢口中亞印書館鉛印本
[嘉靖]羅田縣志 第93冊
(明)祝珝修 蔡元偉纂
明嘉靖二十二年(1543)修民國十五年(1926)鉛印本
[嘉靖]蘄水縣志 第93冊
(明)周瑤修 蕭璞等纂
明嘉靖二十六年(1547)刻本
[順治]蘄水縣志 第93冊
(清)劉佑修 楊繼經纂
清康熙雍正間刻本
[乾隆]蘄水縣志 第93冊
(清)邵應龍纂修
清乾隆二十三年(1758)刻本
[乾隆]蘄水縣志 第93冊
(清)高舉修 徐養忠纂
清乾隆五十九年(1794)刻本
[光緒]蘄水縣志 第93冊
(清)多祺纂修
清光緒六年(1880)刻本
[嘉靖]蘄州志 第93冊
(明)甘澤纂修
明嘉靖十五年(1536)補刻本
[康熙]蘄州志 第93冊
(清)王宗堯等修 盧紘纂
清康熙三年(1664)刻本
[乾隆]蘄州志 第93冊
(清)錢鋆修 周茂建 程大中纂
清乾隆二十年(1755)刻本
[咸豐]蘄州志 第93冊
(清)潘克溥纂修
清咸豐二年(1852)刻本本衙藏版
[光緒]蘄州志 第93冊
(清)封蔚礽修 陳廷揚纂
清光緒八年(1882)麟山書院刻本
[乾隆]黄梅縣志 第93冊
(清)薛乘時修 沈元寅纂
清乾隆二十一年(1756)修十四年(1789)胡紹中刻本
[光緒]黄梅縣志 第93冊
(清)覃瀚元 袁瓚修 宛名昌等纂
清光緒二年(1876)刻本
[康熙]廣濟縣志 第94冊
(清)黄玉鉉修 王臨纂
清康熙三年(1664)刻本
[乾隆]廣濟縣志 第94冊
(清)虞學灝纂修
清乾隆五十四年(1789)刻本本衙藏版
[乾隆]廣濟縣志 第94冊
(清)黄塏修 陳詩纂
清乾隆五十八年(1793)刻本本衙藏版
[同治]廣濟縣志 第94冊
(清)劉宗元 朱榮實修 劉燡纂
清同治十一年(1872)活字本
[乾隆]英山縣志 第94冊
(清)張海修 姚之琅纂
清乾隆二十一年(1756)刻本
[民國]英山縣志 第94冊
徐錦修 胡鑑瑩纂
民國九年(1920)活字本

鄂州市

[康熙]武昌縣志 第94冊
(清)熊登修 孟振祖纂
清康熙十三年(1674)刻本
[乾隆]武昌縣志 第94冊
(清)邵遐齡修 談有典纂
清乾隆二十八年(1763)刻本
[光緒]武昌縣志 第94冊
(清)鍾桐山修 柯逢時纂
清光緒十一年(1885)刻本

黄石市

[嘉靖]大冶縣志 第94冊
(明)趙鼒修 冷儒宗纂
明嘉靖十九年(1540)刻本
[康熙]大冶縣志 第94冊
(清)陳邦寄修 胡繩祖等纂
清康熙二十二年(1683)刻本
[同治]大冶縣志 第94冊
(清)胡複初修 黄昺傑纂
清同治六年(1867)刻本
[光緒]興國州志 第94冊
(清)吴大訓等修 陳光亨纂 劉鳳綸 王鳳池續纂
清光緒十五年(1889)富川書院刻本

咸寧市

[同治]咸甯縣志 第94冊
(清)陳怡等修 雷以諴纂
清同治五年(1866)刻本
[光緒]續輯咸甯縣志 第94冊
(清)陳樹楠 諸可權修 錢光奎 余益杞纂
清光緒八年(1882)刻本
[康熙]通山縣志 第94冊
(清)任鍾麟修 余廷志等纂
清康熙四年(1665)刻本
[同治]通山縣志 第94冊
(清)羅登瀛 胡昌銘修 朱美燮 樂純青纂
清同治七年(1868)心田局活字本
[乾隆]重修嘉魚縣志 第94冊
(清)張其維修 李懋泗 王士璥纂
清乾隆二年(1737)刻本
[乾隆]嘉魚縣志 第94冊
(清)汪雲銘修 方承保 張宗軾纂
清乾隆五十五年(1790)刻本
[同治]重修嘉魚縣志 第94冊
(清)鍾傳益修 俞焜纂

清同治五年(1866)刻本
[同治]崇陽縣志 第94冊
(清)高佐廷修 傅燮鼎纂
清同治五年(1866)活字本
[乾隆]重修蒲圻縣志 第94冊
(清)王雲翔等修 李曰瑚等纂
清乾隆四年(1739)刻本
[道光]蒲圻縣志 第94冊
(清)勞光泰修 但傳煊纂
清道光十六年(1836)刻本版存縣庫
[同治]蒲圻縣志 第94冊
(清)顧際熙等纂修
清同治五年(1866)刻本

荊州市

[康熙]荊州府志 第94冊
(清)郭茂泰修 胡在恪纂
清康熙二十四年(1685)刻本
[乾隆]荊州府志 第94冊
(清)葉仰高修 來謙鳴 施廷樞纂
清乾隆二十二年(1757)刻本
[光緒]荊州府志 第94冊
(清)倪文蔚等修 顧嘉蘅等纂
清光緒六年(1880)刻本
[乾隆]江陵縣志 第94冊
(清)崔龍見 魏耀修 黃義尊纂
清乾隆五十九年(1794)刻本尊經閣藏版
[光緒]江陵縣志 第94冊
(清)蒯正昌 吳耀斗修 胡九皋 劉長謙纂
清光緒三年(1877)刻本
[康熙]監利縣志 第94冊
(清)郭徽祚纂修
清康熙四十一年(1702)修抄本
[同治]監利縣志 第94冊
(清)徐兆英 林瑞枝修 王柏心纂
清同治十一年(1872)刻本
[乾隆]石首縣志 第94冊
(清)張坦修 成師呂等纂
清乾隆元年(1736)刻本
[同治]石首縣志 第94冊
(清)朱榮實修 傅如筠纂
清同治五年(1866)刻本
[康熙]公安縣志 第94冊
(清)楊之騏纂修
清康熙六十年(1721)刻乾隆間重印本
[同治]公安縣志 第95冊
(清)周承弼等修 王慰等纂
清同治十三年(1874)修民國二十六年(1937)沙市新新代印鉛印本
[康熙]松滋縣志 第95冊
(清)陳麟修 丁楚琮纂
清康熙三十五年(1696)刻本
[民國]松滋縣志 第95冊
(清)楊傳松修 楊洪纂
民國二十六年(1937)鉛印本

宜昌市

[弘治]夷陵州志 第95冊
(明)劉允修 沈寬纂
明弘治九年(1496)刻本
[乾隆]東湖縣志 第95冊
(清)林有席修 嚴思濬 林有彬纂
清乾隆二十八年(1763)刻嘉慶五年(1800)補刻本
[同治]東湖縣志 第95冊
(清)金大鏞修 王柏心等纂
清同治三年(1864)刻本鑲補民國二十年(1931)鉛印本
[順治]遠安縣志 第95冊
(清)安可願修 曾宗孔纂
清順治十八年(1661)刻本
[同治]遠安縣志 第95冊
(清)鄭燡林等修 秦述先等纂
清同治五年(1866)刻本
[康熙]當陽縣志 第95冊
(清)婁肇龍等纂修
清康熙九年(1670)刻本
[乾隆]當陽縣志 第95冊
(清)黃仁修 童鑾纂
清乾隆五十九年(1794)修抄本
[同治]當陽縣志 第95冊
(清)阮恩光等修 王柏心等纂
清同治五年(1866)修民國二十四年(1935)宜昌印書館鉛印本
[光緒]當陽縣補續志 第95冊
(清)李元才修 李葆貞等纂
清光緒十五年(1889)修民國二十四年(1935)宜昌印書館鉛印本
[康熙]宜都縣志 第95冊
(清)劉顯功纂修
清康熙三十六年(1697)刻本
[乾隆]枝江縣志 第95冊
(清)王世爵修 鍾彝纂
清乾隆五年(1740)刻本
[同治]枝江縣志 第95冊
(清)查子庚修 熊文瀾等纂
清同治五年(1866)刻本
[光緒]長樂縣志 第95冊
(清)李煥春原本 龍兆霖續 鄭敦祜再續
清光緒元年(1875)增刻本
[乾隆]長陽縣志 第95冊
(清)李拔纂修
清乾隆十九年(1754)修抄本
[同治]長陽縣志 第95冊
(清)陳惟模修 譚大勳纂
清同治五年(1866)刻本
[嘉靖]歸州全志 第95冊
(明)張時纂修
明嘉靖二十八年(1549)刻本
[嘉靖]歸州志 第95冊
(明)鄭喬纂修
明嘉靖四十三年(1564)刻本
[乾隆]歸州志 第95冊
(清)曹熙衡原本 曾維道增修
清乾隆五十五年(1790)修抄本
[嘉慶]歸州志 第95冊
(清)李炘修 陸仲連纂 余思訓增修 陳鳳鳴增纂
清嘉慶二十二年(1817)刻本衙藏版同治五年(1866)增刻本
[光緒]歸州志 第95冊
(清)李炘輯 沈雲駿補纂
清光緒八年(1882)刻本
[光緒]歸州志 第95冊
(清)黃世崇纂修
清光緒二十七年(1901)刻本
[同治]興山縣志 第95冊
(清)伍繼勳修 范昌棣 吳翰章纂
清同治四年(1865)刻本本署藏版
[光緒]興山縣志 第95冊
(清)黃世崇纂修
清光緒十一年(1885)經心書院刻本

隨州市

[嘉靖]應山縣志 第95冊
(明)顏木纂修
明嘉靖十九年(1540)刻本
[康熙]應山縣志 第95冊
(清)周祐修 陳聯璧纂
清康熙十二年(1673)刻本抄配
[同治]應山縣志 第95冊

(清)劉宗元等修 吳天錫纂
清同治十年(1871)刻本
[康熙]隨州志 第95冊
(清)劉霦修 何藩等纂
清康熙六年(1667)刻本
[乾隆]隨州志 第95冊
(清)張璿纂修
清嘉慶間據乾隆五十五年(1790)刻版增刻本
[同治]隨州志 第95冊
(清)文齡 孫文俊修 史策先纂
清同治八年(1869)刻民國二十年(1931)重印本
[康熙]景陵縣志 第95冊
(清)錢永修 戴祁纂
清康熙三十一年(1692)刻版後印本
[乾隆]天門縣志 第95冊
(清)胡翼修 章鑣 章學誠纂
清乾隆三十年(1765)修民國十一年(1922)石印本
[道光]天門縣志 第95冊
(清)王希琮修 張錫穀等纂
清道光元年(1821)刻本尊經閣藏版
[康熙]潛江縣志 第95冊
(清)劉煥修 朱載震纂
清康熙三十三年(1694)修光緒五年(1879)傳經書院重刻本
[光緒]潛江縣志 第95冊
(清)史致謨修 劉恭冕 郭士元纂
清光緒五年(1879)傳經書院刻本
[光緒]沔陽州志 第95冊
(清)葛振元修 楊鉅纂
清光緒二十年(1894)刻本

恩施土家族苗族自治州

[道光]施南府志 第95冊
(清)王協夢修 羅德崑纂
清道光十七年(1837)刻本
[同治]施南府志 第95冊
(清)松林修 何遠鑒纂
清同治十年(1871)刻本版藏南郡書院
[光緒]施南府志續編 第95冊
(清)王庭楨修 雷春沼纂
清光緒十一年(1885)刻本
[嘉慶]恩施縣志 第95冊
(清)張家檙修 朱寅贊纂
清嘉慶十三年(1808)刻本本衙藏版
[同治]恩施縣志 第95冊
(清)多壽 羅淩漢等纂修
清同治七年(1868)刻本
[道光]建始縣志 第95冊
(清)袁景暉纂修
清道光二十二年(1842)刻本
[同治]建始縣志 第95冊
(清)熊啟詠撰
清同治五年(1866)刻本
[嘉靖]巴東縣志 第95冊
(明)楊培之纂修
明嘉靖三十年(1551)刻本
[康熙]巴東縣志 第95冊
(清)齊祖望纂修
清康熙二十二年(1683)刻本
[同治]巴東縣志 第95冊
(清)廖恩樹修 蕭佩聲纂
清同治五年(1866)修光緒六年(1880)重刻本本署藏版

湖南省

[嘉慶]湖南通志 第96冊
(清)巴哈布等修 王煦等纂
據清嘉慶二十五年(1820)刻版增刻本布政使司衙門藏版
[光緒]湖南通志 第96冊
(清)卞寶第 李瀚章等修 曾國荃 郭嵩燾等纂
清光緒十一年(1885)刻本

長沙市

湘州記 第96冊
(晉)庾仲雍撰
據北京圖書館出版社一九九七年《漢唐方志輯佚》排印
[嘉靖]長沙府志 第96冊
(明)孫存 潘鎰修 楊林 張治纂
明嘉靖十三年(1534)刻本
[康熙]長沙府志 第97冊
(清)蘇佳嗣纂修
清康熙二十四年(1685)刻本
[乾隆]長沙府志 第97冊
(清)呂肅高修 張雄圖纂
清乾隆十三年(1748)刻本
湘城遺事記 第97冊
(清)陳運溶纂
清光緒二十一年(1895)星沙學院街萃文堂刊刻本
[乾隆]長沙縣續志 第97冊
(清)李大本修 周宣武纂
清乾隆十四年(1749)刻本
[嘉慶]長沙縣志 第97冊
(清)趙文在等纂修
清嘉慶十五年(1810)刻本本衙藏版
[嘉慶]長沙縣志 第97冊
(清)趙文在原本 陳光詔續修 艾以清等續纂
清嘉慶二十二年(1817)增補本本衙藏版
[同治]長沙縣志 第97冊
(清)劉采邦等修 張延珂 袁繼翰纂
清同治十年(1871)刻本
[乾隆]善化縣志 第97冊
(清)魏成漢修 張汝潤等纂
清乾隆十二年(1747)刻本
[嘉慶]善化縣志 第97冊
(清)王勳 王餘英纂修
清嘉慶二十三年(1818)刻本
[光緒]善化縣志 第97冊
(清)吳兆熙 冒沅修 張先掄 韓炳章纂
清光緒三年(1877)刻本
嶽麓志 第97冊
(清)趙寧纂修
清康熙二十六年(1687)刻本鏡水堂藏版
[雍正]瀏陽縣志 第97冊
(清)陳夢文修 方暨謨纂
清雍正十一年(1733)刻本順移堂藏版
[嘉慶]瀏陽縣志 第97冊
(清)謝希閔等修 王顯文纂
清嘉慶二十四年(1819)刻本
[同治]瀏陽縣志 第97冊
(清)王汝惺等修 鄒焌傑等纂
清同治十二年(1873)刻本
[乾隆]寧鄉縣志 第97冊
(清)李傑超修 王文清纂
清乾隆十三年(1748)刻本學宮藏版
[嘉慶]寧鄉縣志 第97冊
(清)王餘英等修 袁名曜纂
清嘉慶二十四年(1819)刻本
[民國]寧鄉縣志 第97冊
周震麟修 劉宗向纂
民國三十年(1941)活字本

張家界市

[嘉慶]永定縣志 第97冊
(清)趙亨鈐修 熊國夏 王師麟纂
清道光三年(1823)刻本

[同治]續修永定縣志 第97冊
(清)萬修廉修 張序枝纂
清同治九年(1870)刻本
永定縣鄉土志 第97冊
(清)王樹人修 侯昌銘纂
清光緒三十三年(1907)修民國九年(1920)武陵集智印刷局鉛印本
[嘉慶]重修慈利縣志 第97冊
(清)李約修 皇甫如森纂
清嘉慶二十二年(1817)刻本
[同治]續修慈利縣志 第97冊
(清)嵇有慶修 魏湘纂
清同治八年(1869)刻本
[民國]慈利縣志 第97冊
田興奎修 吳恭亨纂
民國十二年(1923)鉛印本

常德市

朗州圖經 第97冊
佚名纂修
據北京圖書館出版社一九九七年《漢唐方志輯佚》排印
[嘉靖]常德府志 第97冊
(明)陳洪謨纂修
明嘉靖二十六年(1547)刻本
[同治]武陵縣志 第98冊
(清)惲世臨 孫翹澤修 陳啟邁纂
清同治二年(1863)刻本
[康熙]龍陽縣志 第98冊
(清)蔡蕵修 陳一揆纂
清康熙二十五年(1686)刻本
[嘉慶]龍陽縣志 第98冊
(清)張在田修 遊鳳藻等纂
清嘉慶十九年(1814)刻本
[光緒]龍陽縣志 第98冊
(清)黃教鎔 黃文桐修 陳保真 彭日曉纂
清光緒元年(1875)刻本
[乾隆]直隸澧州志林 第98冊
(清)何璘修 黃宜中纂
清乾隆十五年(1750)刻本本衙藏版
[同治]直隸澧州志 第98冊
(清)何玉棻修 魏式曾纂
清同治八年(1869)刻本
[民國]澧縣縣志 第98冊
張之覺修 孟慶暄等纂
民國二十八年(1939)刻本
[康熙]安鄉縣志 第98冊
(清)王基鞏纂修
清康熙二十六年(1687)刻本
[乾隆]安鄉縣志 第98冊
(清)張綽修 曾之亨纂
清乾隆十三年(1748)修光緒六年(1880)盛賡補刻本
[民國]安鄉縣志 第98冊
王熛編纂
民國二十六年(1937)石印本
[同治]安福縣志 第98冊
(清)姜大定修 尹襲澍纂
清同治八年(1869)刻本
[萬曆]桃源縣志 第98冊
(明)鄭天佐 李征纂修
明萬曆四年(1576)刻本
[道光]桃源縣志 第98冊
(清)譚震修 方堃等纂
清道光四年(1824)刻本
[同治]桃源縣志 第98冊
(清)羅行楷修 沙明焯 郭世崁纂
清同治八年(1869)刻本
[光緒]桃源縣志 第98冊
(清)余良棟修 劉鳳苞纂
清光緒十八年(1892)刻本本衙藏版
[康熙]石門縣志 第98冊
(清)張霖纂修 許湄續修
清康熙四十八年(1709)增補刻本
[嘉慶]石門縣志 第98冊
(清)蘇益馨修 梅嶧纂
清嘉慶二十三年(1818)刻本版存文昌廟
[同治]石門縣志 第98冊
(清)林葆元修 申正颺纂
清同治七年(1868)刻本

益陽市

[乾隆]益陽縣志 第98冊
(清)高自位修 曾璋纂
清乾隆十三年(1748)刻本
[同治]益陽縣志 第98冊
(清)姚念 楊等修 趙裴哲纂
清同治十三年(1874)刻本
[嘉慶]沅江縣志 第98冊
(清)唐古特修 駱孔僎 陶澍纂
清嘉慶十五年(1810)刻本
[嘉慶]安化縣志 第98冊
(清)牛中瀚等修 陶澍等纂
清嘉慶十六年(1811)刻本
[同治]安化縣志 第98冊
(清)邱育泉修 何才煥纂
清同治十年(1871)刻本

岳陽市

[弘治]岳州府志 第98冊
(明)劉璣纂修
明弘治元年(1488)刻本
[隆慶]岳州府志 第98冊
(明)李元芳 鍾崇文纂修
明隆慶間刻本
[康熙]岳州府志 第98冊
(清)李遇時修 楊柱朝纂
清康熙二十四年(1685)刻本
[乾隆]岳州府志 第98冊
(清)黃凝道修 謝仲玩纂
清乾隆十一年(1746)刻本
岳陽風土記 第98冊
(宋)范致明撰
古今逸史刻本
[嘉慶]巴陵縣志 第98冊
(清)陳玉垣 莊繩武修 唐伊盛等纂
清嘉慶九年(1804)刻本本邑藏版
[同治]巴陵縣志 第98冊
(清)嚴鳴琦 潘兆奎修 吳敏樹等纂
清同治十一年(1872)刻本版藏文星樓
[光緒]巴陵縣志 第98冊
(清)姚詩德 鄭桂星修 杜貴墀等纂
清光緒十八年(1892)刻本
[康熙]臨湘縣志 第98冊
(清)楊敬儒修 楊柱朝纂
清康熙二十四年(1685)刻本
[同治]臨湘縣志 第98冊
(清)盛慶黻 恩榮修 熊興傑 歐陽恩霖纂
清同治十一年(1872)修光緒十八年(1892)刻本
[乾隆]平江縣志 第98冊
(清)謝仲玩纂修 石文成增修
清乾隆八年(1743)修十年(1755)增修刻本
[嘉慶]平江縣志 第98冊
(清)陳增德修 李如珪等纂
清嘉慶二十一年(1816)刻本
[同治]平江縣志 第98冊
(清)張培仁 麻維緒修 李元度等纂
清光緒元年(1875)刻本
[嘉靖]湘陰縣志 第98冊

(明)張燈纂修 李廷龍補纂
明嘉靖三十三年(1554)刻十四年(1565)增修後印本
[乾隆]湘陰縣志 第98冊
(清)陳鍾理修 楊茂論纂
清乾隆二十二年(1757)修抄本
[嘉慶]湘陰縣志 第98冊
(清)閻肇烺等修 黄朝綬等纂 徐鋐續纂修
清嘉慶二十五年(1820)修道光四年(1824)刻本書院藏版
[光緒]湘陰縣圖志 第98冊
(清)郭嵩燾纂修
清光緒七年(1881)縣志局刻本
[乾隆]華容縣志 第98冊
(清)狄蘭標修 羅時暄纂
清乾隆二十五年(1760)刻本
[光緒]華容縣志 第98冊
(清)孫炳煜 龍起濤修 熊紹庚 劉乙燃纂
清光緒八年(1882)刻本

株洲市

[乾隆]增修醴陵縣志 第99冊
(清)段一騤等修 黄祖文等纂
清乾隆八年(1743)刻本
[同治]醴陵縣志 第99冊
(清)徐淦修 江普光纂
清同治九年(1870)刻本
[民國]醴陵縣志 第99冊
陳鯤修 劉謙纂
民國三十七年(1948)醴陵縣文獻委員會鉛印本
[乾隆]攸縣志 第99冊
(清)馮運棟纂修
清乾隆十二年(1747)刻嘉慶八年(1803)張範增刻本本衙藏版
[同治]攸縣志 第99冊
(清)趙勷 萬在衡修 陳之驥纂 王元凱續修 嚴鳴琦續纂
清同治十年(1871)刻本
[嘉慶]茶陵州志 第99冊
(清)趙國宣纂修 尹勲增纂
清嘉慶十八年(1813)增刻康熙本
[同治]茶陵州志 第99冊
(清)福昌修 譚鍾麟纂
清同治十年(1871)刻本

湘潭市

湘潭志 第99冊
佚名纂修
據《永樂大典》本排印
[乾隆]湘潭縣志 第99冊
(清)吕正音修 歐陽正焕纂
清乾隆二十一年(1756)刻本
[嘉慶]湘潭縣志 第99冊
(清)張雲璈修 周系英纂
清嘉慶二十三年(1818)刻本
[光緒]湘潭縣志 第99冊
(清)陳嘉榆修 王闓運纂
清光緒十五年(1889)刻本
[康熙]湘鄉縣志 第99冊
(清)劉履泰修 劉象贊纂
清康熙十二年(1673)刻本
[乾隆]湘鄉縣志 第99冊
(清)張天如修 謝天錦纂
清乾隆十三年(1748)刻本本衙藏版
[道光]湘鄉縣志 第99冊
(清)胡鈞等修 張承等纂
清道光五年(1825)刻本
[同治]湘鄉縣志 第99冊
(清)齊德五 王述恩修 黄楷盛纂
清同治十三年(1874)刻本

衡陽市

[嘉靖]衡州府志 第99冊
(明)楊珮 嶽亭子纂修
明嘉靖十五年(1536)刻本
[康熙]衡州府志 第99冊
(清)張奇勳修 周士儀纂 譚弘憲續修
清康熙二十一年(1682)刻本
[乾隆]衡州府志 第99冊
(清)饒佺修 曠敏本纂
清乾隆二十八年(1763)刻光緒元年(1875)補刻本
南嶽小錄 第99冊
(唐)李沖昭撰
民國二十八年(1939)商務印書館《叢書集成初編》據《藝海珠塵》本排印本
[乾隆]衡陽縣志 第99冊
(清)陶易修 李德等纂
清乾隆二十六年(1761)刻本
[嘉慶]衡陽縣志 第99冊
(清)閻肇烺等修 馬倚元 王斯颺纂
清嘉慶二十五年(1820)刻本
[同治]衡陽縣志 第99冊
(清)彭玉麟 殷家儁等纂修
清同治十一年(1872)刻本
[乾隆]清泉縣志 第99冊
(清)江恂等纂修
清乾隆嘉慶間刻本本署藏版
[弘治]衡山縣志 第99冊
(明)劉熙修 何紀纂
明弘治元年(1488)修民國十三年(1924)衡山康和聲鉛印周鎧續修本
[乾隆]衡山縣志 第100冊
(清)德貴修 鍾光序續修
清乾隆十年(1745)修十九年(1774)續修刻本
[道光]衡山縣志 第100冊
(清)侯鈐等修 蕭鳳翥等纂
清道光三年(1823)增刻本
[光緒]衡山縣志 第100冊
(清)李惟丙 勞銘勳修 文嶽英 胡伯第纂
清光緒元年(1875)刻本
[同治]常甯志 第100冊
(清)玉山修 李孝經 毛詩纂
清同治九年(1870)右文書局刻本
[雍正]耒陽縣志 第100冊
(清)張應星纂修 徐德泰增修
清康熙五十五年(1716)刻雍正五年(1727)增刻本
[道光]耒陽縣志 第100冊
(清)常慶 陳翰修 鄭優伍 聲偁纂
清道光六年(1826)刻本胞與堂藏版
[光緒]耒陽縣志 第100冊
(清)于學琴等修 宋世煦等纂
清光緒十二年(1886)刻本

郴州市

[萬曆]郴州志 第100冊
(明)胡漢纂修
明萬曆四年(1576)刻本
[康熙]郴州總志 第100冊
(清)陳邦器修 李嗣泌 劉帶蕙纂
清康熙二十四年(1685)刻本
[乾隆]直隸郴州總志 第100冊
(清)謝仲坃 揚桑阿修 何全吉纂
清乾隆三十七年(1772)刻本
[嘉慶]郴州總志 第100冊
(清)朱偓修 陳昭謀纂
清嘉慶二十五年(1820)刻本

桂陽先賢畫贊 第101冊
(吳)張勝撰
據北京圖書館出版社一九九七年《漢唐方志輯佚》排印
[嘉慶]安仁縣志 第101冊
(清)侯鈴修 歐陽厚均纂
清嘉慶二十四年(1819)刻本
[同治]安仁縣志 第101冊
(清)張景垣修 張鵬 侯材驥纂
清同治八年(1869)刻本
[乾隆]永興縣志 第101冊
(清)沈維基修 楚大德纂
清乾隆二十七年(1762)刻本
[光緒]永興縣志 第101冊
(清)呂鳳藻修 李獻君纂
清光緒九年(1883)刻本
[乾隆]興寧縣志 第101冊
(清)羅紳修 張九鐔等纂
清乾隆二十四年(1759)刻本
[道光]興寧縣志 第101冊
(清)張偉等纂修
清道光元年(1821)刻本
[光緒]興甯縣志 第101冊
(清)郭樹馨 劉錫九修 黃榜元纂
清光緒元年(1875)刻本
[乾隆]桂東縣志 第101冊
(清)洪鐘 張煥修 黃體德纂
清乾隆二十四年(1759)刻本
[嘉慶]桂東縣志 第101冊
(清)林鳳儀 曾鈺修 黃性時纂
清嘉慶二十二年(1817)修咸豐九年(1859)章濂增刻本
[同治]桂東縣志 第101冊
(清)劉華邦修 郭岐勳纂
清同治五年(1866)修民國十四年(1925)木活字補版重印本
[民國]汝城縣志 第101冊
陳必聞修 范大湝等纂
民國二十一年(1932)鉛印本
[乾隆]宜章縣志 第101冊
(清)楊文植 姜順修 楊河 儲早纂
清乾隆二十一年(1756)刻本
[嘉慶]宜章縣志 第101冊
(清)陳永圖修 龔立海 黃本騏纂
清嘉慶二十年(1815)刻本
[民國]宜章縣志 第101冊
鄧典謨纂修
民國三十年(1941)活字本
[康熙]臨武縣志 第101冊
(清)張聲遠修 鄒章周纂
清康熙二十七年(1688)刻本
[嘉慶]臨武縣志 第101冊
(清)鄒景文修 曹家玉纂
清嘉慶二十二年(1817)刻本
[同治]臨武縣志 第101冊
(清)鄒景文原本 吳洪恩續修 陳佑啟 章俊純續纂
清同治六年(1867)增刻本
[乾隆]嘉禾縣志 第101冊
(清)高大成修 李光甲纂
清乾隆三十一年(1766)刻本
[同治]嘉禾縣志 第101冊
(清)高大成修 李光甲纂 陳國仲增修 吳紱棨增纂
清同治二年(1863)增刻本
[民國]嘉禾縣圖志 第101冊
雷飛鵬等纂修
民國二十年(1931)刻本
[康熙]桂陽州志 第101冊
(清)董之輔修 吳為相等纂
清康熙二十二年(1683)刻本
[雍正]桂陽州志 第101冊
(清)張明敘修 李瓊林纂
清雍正七年(1729)刻本
[乾隆]直隸桂陽州志 第101冊
(清)張宏燧修 盧世昌等纂
清乾隆三十年(1765)刻本

永州市

[弘治]永州府志 第101冊
(明)姚昺纂修
明弘治八年(1495)刻本
[康熙]永州府志 第101冊
(清)劉道著修 錢邦芑纂
清康熙九年(1670)刻本
[康熙]零陵縣志 第101冊
(清)王元弼修 黃佳色等纂
清康熙二十三年(1684)刻本
[嘉慶]零陵縣志 第101冊
(清)武占熊修 劉方瓚蔣濂纂
清嘉慶十五年(1810)刻十二年(1817)重印本本衙藏版
[光緒]零陵縣志 第101冊
(清)嵇有慶 徐保齡修 劉沛纂
清光緒二年(1876)刻本
[光緒]零陵縣志 第101冊
(清)嵇有慶修 劉沛纂
清光緒二年(1876)刻民國二十年(1931)鄭桂芳吳文增刻本
[嘉慶]新田縣志 第101冊
(清)黃應培等修 樂明紹等纂
清嘉慶十七年(1812)修民國二十年(1940)活字本
[乾隆]寧遠縣志 第101冊
(清)鍾人文纂修
清乾隆十九年(1754)刻本
[嘉慶]寧遠縣志 第101冊
(清)曾鈺纂修
清嘉慶十七年(1812)刻本
[光緒]甯遠縣志 第101冊
(清)張大煦修 歐陽澤闓纂
清光緒二年(1876)崇正書院刻本
九疑山志 第101冊
(清)詹惟聖纂
清康熙間刻本
[民國]藍山縣圖志 第101冊
雷飛鵬等纂修
民國二十二年(1933)刻本
[雍正]江華縣志 第101冊
(清)鄭鼎勳修 蔣琛纂
清雍正七年(1729)刻本
[同治]江華縣志 第101冊
(清)劉華邦纂修
清同治九年(1870)刻本
[康熙]永明縣志 第101冊
(清)周鶴修 王纘纂
清康熙四十八年(1709)刻本
[光緒]永明縣志 第101冊
(清)萬發元修 周銑詒纂
清光緒三十三年(1907)刻本
[嘉慶]道州志 第102冊
(清)張元惠修 黃如穀纂
清嘉慶二十五年(1820)刻本
[光緒]道州志 第102冊
(清)李鏡蓉修 許清源纂
清光緒四年(1878)刻本
[乾隆]祁陽縣志 第102冊
(清)李蒔修 曠敏本纂
清乾隆三十年(1765)刻本
[嘉慶]祁陽縣志 第102冊
(清)萬在衡修 甘慶增纂
清嘉慶十七年(1812)刻本版藏濂溪祠

[同治]祁陽縣志 第102册
(清)陳玉祥等修 劉希關等纂
清同治九年(1870)刻本
[乾隆]浯溪新志 第102册
(清)宋溶纂修
清乾隆三十五年(1770)刻本
邵陽市
[隆慶]寶慶府志 第102册
(明)陸柬纂修
明隆慶元年(1567)刻本
[康熙]寶慶府志 第102册
(清)梁碧海 劉印額纂修
清康熙二十四年(1685)刻十四年(1715)李弘漢補刻本
[道光]寶慶府志 第102册
(清)黄宅中修 鄧顯鶴纂
清道光二十九年(1849)修民國二十三年(1934)新新印書館鉛印本
[康熙]邵陽縣志 第102册
(清)張起鵾修 劉印額纂
清康熙二十三年(1684)刻本
[乾隆]邵陽縣志 第102册
(清)蕭聚崑修 鄺永錯纂
清乾隆二十九年(1764)刻本
[光緒]邵陽縣志 第102册
(清)黄文琛纂修
清光緒三年(1877)刻本
邵陽縣鄉土志 第102册
(清)上官廉等修 姚炳奎纂
清光緒三十三年(1907)刻本
[道光]新寧縣志 第102册
(清)安舒原輯 張德尊纂修
清道光三年(1823)刻本
[光緒]新甯縣志 第102册
(清)張葆連修 劉長佑 劉坤一纂
清光緒十九年(1893)刻本
[康熙]武岡州志 第102册
(清)吳從謙修 潘應斗 潘應星纂
清康熙二年(1663)刻本
[乾隆]武岡州志 第102册
(清)席芬修 周思仁纂
清乾隆二十一年(1756)刻本
[嘉慶]武岡州志 第102册
(清)許紹宗修 鄧顯鶴纂
清嘉慶二十二年(1817)刻本
[同治]武岡州志 第102册
(清)黄維瓚 潘清修 鄧繹纂
清同治十二年(1873)刻本
[同治]綏甯縣志 第102册
(清)方傳質修 龍鳳翥等纂
清同治六年(1867)刻本
懷化市
[乾隆]辰州府志 第102册
(清)席紹葆等修 謝鳴謙 謝鳴盛纂
清乾隆三十年(1765)刻本
[雍正]黔陽縣志 第102册
(清)張扶翼纂修 王光電續纂修
清雍正十一年(1733)增刻康熙本
[乾隆]黔陽縣志 第102册
(清)姚文起修 危元福等纂
清乾隆五十四年(1789)刻本龍標藏版
[同治]黔陽縣志 第102册
(清)陳鴻作等修 楊大訥 易燮堯纂
清同治十三年(1874)刻本
[道光]辰谿縣志 第102册
(清)徐會雲等修 劉家傳等纂
清道光二年(1822)刻本
[康熙]沅陵縣志 第102册
(清)郎廷棟修 張佳晟纂
清康熙四十四年(1705)刻本
[同治]沅陵縣志 第102册
(清)守忠等修 許光曙等纂
清光緒二十八年(1902)補版重印本
[乾隆]溆浦縣志 第102册
(清)陶金諧修 楊鴻觀纂
清乾隆二十七年(1762)刻本
[同治]溆浦縣志 第102册
(清)齊德五修 舒其錦纂
清同治十二年(1873)刻本
[民國]溆浦縣志 第102册
吳劍佩 陳整修 舒立淇纂
民國十年(1921)活字本
[乾隆]重修會同縣志 第102册
(清)于文駿修 梁嘉瑜纂
清乾隆十九年(1754)刻本
[光緒]會同縣志 第102册
(清)孫炳煜纂修
清光緒二年(1876)刻本
[乾隆]直隸靖州志 第102册
(清)呂宣曾修 張開東纂
清乾隆二十六年(1761)刻本
[嘉慶]通道縣志 第102册
(清)蔡象衡 羅臨遠修 李逢生纂
清嘉慶二十年(1815)修民國二十年(1931)石印本
[道光]晃州廳志 第102册
(清)張映蛟等修 俞克振等纂
清道光五年(1825)修民國二十五年(1936)鉛印本本府藏版
[乾隆]沅州府志 第102册
(清)瑭珠修 朱景英 郭瑗齡纂
清乾隆二十二年(1757)修刻本
[同治]沅州府志 第102册
(清)張官五等纂修 吳嗣仲續修
清同治十二年(1873)增刻乾隆本
[乾隆]芷江縣志 第102册
(清)閔從隆纂修
清乾隆二十五年(1760)刻本
[同治]芷江縣志 第102册
(清)盛慶紱 吳秉慈修 盛一林纂
清同治九年(1870)刻本
[康熙]麻陽縣志 第102册
(清)黄志璋纂修
清康熙二十四年(1685)刻本
[同治]新脩麻陽縣志 第102册
(清)姜鍾琇等修 劉士先 王振玉纂
清同治十三年(1874)刻本
婁底市
[乾隆]新化縣志 第102册
(清)梁棟修 楊振鐸纂
清乾隆二十四年(1759)刻本本衙藏版
[道光]新化縣志 第102册
(清)林聯桂纂修
清道光十二年(1832)刻本
[同治]新化縣志 第102册
(清)關培鈞等修 劉洪澤等纂
清同治十一年(1872)刻本
湘西土家族苗族自治州
[同治]永順縣志 第102册
(清)唐賡 董耀焜修 李龍章纂
清同治十三年(1874)刻本版藏縣禮科
[民國]永順縣志 第102册
胡履新等修 魯隆盎 張孔修纂
民國十九年(1930)鉛印本
[乾隆]瀘溪縣志 第102册
(清)顧奎光修 李湧纂
清乾隆二十年(1755)刻本
[乾隆]鳳凰廳志 第102册
(清)潘曙 楊盛芳纂修
清乾隆二十三年(1758)刻本
[同治]永綏直隸廳志 第102册

(清)周玉衡等修 楊瑞珍纂
清同治七年(1868)刻本
[同治]保靖縣志 第102冊
(清)林繼欽 龔南金修 袁祖綬纂
清同治十年(1871)刻本

廣東省

南越志 第103冊
(劉宋)沈懷遠撰
據北京圖書館出版社一九九七年《漢唐方志輯佚》排印
[嘉靖]廣東通志初稿 第103冊
(明)戴璟修 張岳纂
明嘉靖十四年(1535)刻本
[萬曆]廣東通志 第103冊
(明)郭棐纂修
明萬曆三十年(1602)刻本
粵大記 第103冊
(明)郭棐纂修
明萬曆間刻本
[康熙]廣東通志 第103冊
(清)金光祖纂修
清康熙十四年(1675)修十六年(1697)刻本
[雍正]廣東通志 第103冊
(清)郝玉麟等修 魯曾煜纂
清雍正九年(1731)刻本
[道光]廣東通志 第103冊
(清)阮元等修 陳昌齊等纂
清道光二年(1822)刻本
[道光]廣東通志 第104冊
(清)阮元等修 陳昌齊等纂
清道光二年(1822)刻本
[民國]廣東通志 第104冊
鄒魯修 溫廷敬等纂
民國二十四年(1935)稿本
廣東新語 第104冊
(清)屈大均撰
清康熙間刻本水天閣繡版
廣東考古輯要 第104冊
(清)周廣等纂修
清光緒十九年(1893)刻本還讀書屋藏版

廣州市

[大德]南海志 第104冊
(元)陳大震修 呂桂孫纂
元大德八年(1304)刻本
廣州府南海志 第104冊
佚名纂修
據《永樂大典》本排印
廣州府志 第104冊
佚名纂修
據《永樂大典》本排印
[成化]廣州志 第104冊
(明)吳中修 王文鳳纂
明成化九年(1473)刻本
[乾隆]廣州府志 第104冊
(清)金烈 張嗣衍修 沈廷芳纂
清乾隆二十四年(1759)刻本
[光緒]廣州府志 第104冊
(清)瑞麟 戴肇辰等修 史澄等纂
清光緒五年(1879)刻本
廣州城坊志 第104冊
黄佛頤撰
民國三十七年(1948)石印本
[康熙]花縣志 第104冊
(清)王永名修 黄士龍等纂
清康熙二十六年(1687)修光緒十六年(1890)刻本
[民國]花縣志 第104冊
孔昭度 符矩存修 利璋纂
民國十三年(1924)鉛印本
[嘉靖]增城縣志 第105冊
(明)文章修 張文海纂
明嘉靖十七年(1538)刻本
[康熙]增城縣志 第105冊
(清)蔡淑修 陳輝璧纂
清康熙二十五年(1686)刻本
[乾隆]增城縣志 第105冊
(清)管一清纂修
清乾隆十九年(1754)刻本
[嘉慶]增城縣志 第105冊
(清)熊學源修 李寶中纂
清嘉慶二十五年(1820)刻同治十年(1871)張慶鏾增刻本
[民國]增城縣志 第105冊
王思章修 賴際熙纂
民國十年(1921)刻本
[乾隆]番禺縣志 第105冊
(清)任果 常德修 檀萃 淩魚纂
清乾隆三十九年(1774)刻本
羊城古鈔 第105冊
(清)仇池石輯
據清嘉慶十一年(1806)刻版重印本
[同治]番禺縣志 第105冊
(清)李福泰修 史澄等纂
清同治十年(1871)光霽堂刻本
[宣統]番禺縣續志 第105冊
(清)梁鼎芬等修 丁仁長等纂
民國二十年(1931)刻本
番禺河南小志 第105冊
黄任恒編
傳抄民國三十四年(1945)稿本

清遠市

[道光]英德縣志 第105冊
(清)黄培爃 劉濟寬修 陸殿邦纂
清道光二十三年(1843)刻本
[乾隆]清遠縣志 第105冊
(清)陳哲纂修
清乾隆三年(1738)刻本
[光緒]清遠縣志 第105冊
(清)李文烜等修 朱潤芳等纂
清光緒六年(1880)廣州翰元樓刻本
[民國]清遠縣志 第105冊
吳鳳聲 余棨謀修 朱汝珍纂
民國二十六年(1937)鉛印本
[順治]陽山縣志 第105冊
(清)熊兆師纂修
清順治十五年(1658)刻本
[道光]連山綏猺廳志 第105冊
(清)姚柬之纂修
清道光十七年(1837)刻本
[乾隆]連州志 第105冊
(清)楊楚枝修 吳光纂
清乾隆三十六年(1771)刻本
[同治]連州志 第105冊
(清)袁泳錫等修 單興詩纂
清同治十年(1871)刻本

韶關市

[康熙]曲江縣志 第105冊
(清)秦熙祚修 陳金闇纂
清康熙二十六年(1687)刻本
[光緒]曲江縣志 第105冊
(清)張希京修 歐樾華等纂
清光緒元年(1875)刻本
[康熙]韶州府志 第105冊
(清)唐宗堯修 秦嗣美纂
清康熙二十六年(1687)刻本
[同治]韶州府志 第105冊
(清)林述訓等修 單興詩 歐樾華等纂
清同治十一年(1872)修光緒二年(1876)刻本

[同治]樂昌縣志　第105册
(清)徐寶符等修 李穠等纂
清同治十年(1871)刻本
[嘉靖]仁化縣志　第106册
(明)胡居安纂修
明嘉靖三十六年(1557)藍絲闌抄本
[康熙]仁化縣志　第106册
(清)李夢鸞纂修
清康熙二十五年(1686)刻本
[同治]仁化縣志　第106册
(清)陳鴻修 劉鳳輝纂
清同治十二年(1873)修光緒九年(1883)刻本
[民國]仁化縣志　第106册
何炯璋修 譚鳳儀纂
民國二十三年(1934)鉛印本
雄州圖經　第106册
佚名纂修
據劉緯毅等輯《宋遼金元方志輯佚》排印
[嘉靖]南雄府志　第106册
(明)譚大初纂修
明嘉靖二十一年(1542)刻本
[乾隆]南雄府志　第106册
(清)梁宏勳等修 胡定纂
清乾隆十八年(1753)刻本
[道光]直隸南雄州志　第106册
(清)余保純等修 黃其勤纂 戴錫綸續纂修
清道光四年(1824)省城心簡齋刻本
[乾隆]保昌縣志　第106册
(清)陳志儀纂修
清乾隆十八年(1753)刻本
[乾隆]始興縣志　第106册
(清)鄭炳修 淩元騊纂
清乾隆二十年(1755)刻本
[民國]始興縣志　第106册
陳及時等纂修
民國十五年(1926)南雄華園印務局石印本
[康熙]新修翁源縣志　第106册
(清)孫可訓修 郭弘纘纂 劉士麒增修
清康熙二十五年(1686)刻本
[乾隆]翁源縣志　第106册
(清)楊楚枝修 郭正嘉纂
清乾隆三十年(1765)刻本
[嘉慶]翁源縣志　第106册
(清)謝崇俊修 顏爾樞纂
清嘉慶二十五年(1820)刻本本衙藏版
[康熙]乳源縣志　第106册
(清)裘秉鈁修 龐瑋纂
清康熙二年(1663)修油印本
[康熙]乳源縣志　第106册
(清)張洗易修 李師錫纂
清康熙間刻本
[乾隆]長寧縣志　第106册
(清)楚元士纂修
清乾隆二十一年(1756)刻本
[道光]長寧縣志　第106册
(清)高炳文修 馮蘭纂
清道光十九年(1839)修抄本

河源市

[雍正]連平州志　第106册
(清)盧廷俊修 顏希聖 何深纂
清雍正八年(1730)刻本
[乾隆]龍川縣志　第106册
(清)書圖修 楊廷釗纂
清乾隆二十七年(1762)刻本
[嘉慶]龍川縣志　第106册
(清)胡瑃修 勒殷山纂
清嘉慶二十三年(1818)刻本

梅州市

[乾隆]嘉應州志　第106册
(清)王之正纂修
清乾隆十五年(1750)刻本本衙藏版
[光緒]嘉應州志　第106册
(清)吳宗焯修 溫仲和纂
清光緒二十七年(1901)刻民國二十二年(1933)補刻本
[雍正]平遠縣志　第106册
(清)劉駿名纂修 黃大鵬續纂修
民國間抄本
[嘉慶]平遠縣志　第106册
(清)盧兆鼇等修 歐陽蓮等纂
清嘉慶二十五年(1820)修民國十四年(1935)鉛印本
[乾隆]鎮平縣志　第106册
(清)潘承焯 吳作哲等纂修
清乾隆四十八年(1783)刻本
[康熙]埔陽志　第106册
(清)宋嗣京修 藍應裕等纂
清康熙二十五年(1686)刻本
[同治]大埔縣志　第106册
(清)張鴻恩纂修
清同治十二年(1873)修光緒二年(1876)刻本
[民國]新修豐順縣志　第106册
劉禹輪修 李唐纂
民國三十二年(1943)汕頭鑄字局梅縣分局鉛印本
[道光]長樂縣志　第106册
(清)侯坤元修 溫訓等纂
清道光二十五年(1845)修民國鉛印本
[康熙]興寧縣志　第106册
(清)王綸部纂修
清康熙二十年(1681)刻本
[咸豐]興甯縣志　第106册
(清)仲振履原本 張鶴齡增修 曾士梅增纂
清咸豐六年(1856)增修民國十八年(1929)鉛印本

潮州市

潮州府志　第106册
佚名纂修
據《永樂大典》本排印
[順治]潮州府志　第106册
(清)吳穎修 賀寬纂
清順治十八年(1661)刻本
[乾隆]潮州府志　第106册
(清)周碩勳纂修
清光緒十九年(1893)重刻乾隆四十年(1775)本
[民國]潮州府志畧　第106册
潘載和纂修
民國二十二年(1933)鉛印本
[民國]潮州志　第106册
饒宗頤纂修
民國三十八年(1949)鉛印本
[雍正]海陽縣志　第106册
(清)張士璉纂修
清雍正十二年(1734)刻本
[光緒]海陽縣志　第106册
(清)盧蔚猷修 吳道鎔纂
清光緒二十六年(1900)潮城謝存文館刻本
西湖山志　第106册
饒鍔纂修
民國十三年(1924)潮安梁永昌印刷所鉛印本

汕頭市

[隆慶]潮陽縣志　第106册

(明)林大春纂修
明隆慶六年(1572)刻本
[康熙]潮陽縣志 第106冊
(清)臧憲祖纂修
清康熙二十六年(1687)刻本
[光緒]潮陽縣志 第106冊
(清)周恒重修 張其䎗纂
清光緒十年(1884)刻本

揭陽市

[雍正]惠來縣志 第106冊
(清)張玿美纂修
清雍正九年(1731)刻民國十九年(1930)鉛印雍正本
[雍正]揭陽縣志 第106冊
(清)陳樹芝纂修
清雍正九年(1731)刻本
[乾隆]揭陽縣志 第106冊
(清)劉業勤纂修
清乾隆四十四年(1779)修民國二十六年(1937)鉛印本

汕尾市

[乾隆]海豐縣志 第106冊
(清)于卜熊纂修
清乾隆十五年(1750)修民國二十年(1931)鉛印本

惠州市

惠州府志 第106冊
佚名纂修
據《永樂大典》本排印
[嘉靖]惠州府志 第106冊
(明)李玘修 劉梧纂
明嘉靖二十一年(1542)刻本
[嘉靖]惠州府志 第106冊
(明)楊載鳴纂修
明嘉靖三十五年(1556)刻藍印本
[嘉靖]惠志畧 第107冊
(明)楊載鳴纂修
明嘉靖三十九年(1560)刻本
[康熙]惠州府志 第107冊
(清)呂應奎等修 黄挺華等纂
清康熙二十七年(1688)刻本
[光緒]惠州府志 第107冊
(清)劉溎年等修 鄧掄斌等纂
清光緒七年(1881)刻本
羅浮志 第107冊
(明)陳槤撰
清道光三十年(1850)粤雅堂刻本

[雍正]歸善縣志 第107冊
(清)孫能寬等修 葉適等纂
清雍正二年(1724)刻本
[乾隆]歸善縣志 第107冊
(清)章壽彭修 陸飛纂
清乾隆四十八年(1783)刻本本衙藏版
[乾隆]博羅縣志 第107冊
(清)陳裔虞纂修
清乾隆二十八年(1763)刻本

東莞市

[雍正]東莞縣志 第107冊
(清)周天成纂修
清雍正十年(1732)刻本
[嘉慶]東莞縣志 第107冊
(清)彭人傑等修 黄時沛等纂
清嘉慶三年(1798)刻本本衙藏版
[民國]東莞縣志 第107冊
葉覺邁修 陳伯陶纂
民國十六年(1927)養和印務局鉛印本
茶山鄉志 第107冊
袁應淦编 劉文亮補編
民國二十四年(1935)石龍南方印務局鉛印本

深圳市

[康熙]新安縣志 第107冊
(清)靳文謨修 鄧文蔚纂
清康熙二十七年(1688)刻油印本
[嘉慶]新安縣志 第107冊
(清)舒懋官修 王崇熙等纂
清嘉慶二十四年(1819)修民國十九年(1930)鉛印本

中山市

[嘉靖]香山縣志 第107冊
(明)鄧遷修 黄佐纂
明嘉靖二十七年(1548)刻本
[康熙]香山縣志 第107冊
(清)申良翰修 歐陽羽文纂
清康熙十二年(1673)刻抄本
[乾隆]香山縣志 第107冊
(清)暴煜修 李卓揆纂
清乾隆十五年(1750)刻本
[道光]香山縣志 第107冊
(清)祝淮修 黄培芳纂
清道光八年(1828)刻本
[光緒]香山縣志 第107冊
(清)田明曜修 陳澧纂
清光緒五年(1879)刻本

江門市

[萬曆]新會縣志 第107冊
(明)王命璿修 黄淳纂
明萬曆三十七年(1609)刻清順治間修補本
[康熙]新會縣志 第107冊
(清)賈雒英修 選娥蛟等纂
清康熙二十九年(1690)刻本
[乾隆]新會縣志 第107冊
(清)王植纂修
清乾隆六年(1741)刻本
[道光]新會縣志 第107冊
(清)林星章修 黄培芳等纂
清道光二十一年(1841)刻本
潮連鄉志 第107冊
盧子駿纂修
民國三十五年(1946)鉛印本
[道光]開平縣志 第107冊
(清)王文驤修 李科等纂
清道光三年(1823)刻本縣署藏版
[民國]開平縣志 第107冊
余棨謀修 張啟煌纂
民國二十二年(1933)鉛印本
[光緒]新甯縣志 第107冊
(清)何福海 鄭守昌修 林國賡 黄榮熙纂
清光緒十九年(1893)刻本
[乾隆]恩平縣志 第107冊
(清)曾萼纂修
清乾隆三十一年(1766)刻本
[道光]恩平縣志 第107冊
(清)楊學顔等修 楊秀拔等纂
清道光五年(1825)富文齋刻本

佛山市

佛山忠義鄉志 第107冊
(清)吳榮光纂修
清道光十一年(1831)刻本
佛山忠義鄉志 第107冊
汪宗准 冼寶幹等纂
民國十五年(1926)刻本
南海縣志 第107冊
佚名纂修
據《永樂大典》本排印
[康熙]南海縣志 第107冊
(清)郭爾戺 胡雲客纂修
清康熙三十年(1691)刻本
[道光]南海縣志 第108冊

(清)潘尚楫等修 鄧士憲等纂
清道光十五年(1835)修同治八年(1869)刻本
[同治]南海縣志 第108冊
(清)鄭夢玉等修 梁紹獻等纂
清同治十一年(1872)富文齋刻本
[宣統]南海縣志 第108冊
(清)張鳳喈等修 桂坫等纂
清宣統三年(1911)刻本
[康熙]三水縣志 第108冊
(清)鄭玫纂修
清康熙五十年(1711)誠求堂刻本
[嘉慶]三水縣志 第108冊
(清)李友榕等修 鄧雲龍等纂
民國十二年(1923)影印清嘉慶二十四年(1819)刻本
[康熙]順德縣志 第108冊
(清)黄培彝修 嚴而舒纂
清康熙十三年(1674)刻本
[乾隆]順德縣志 第108冊
(清)陳志儀修 胡定纂
清乾隆十五年(1750)刻本
[咸豐]順德縣志 第108冊
(清)郭汝誠修 馮奉初等纂
清咸豐六年(1856)刻本
[民國]順德縣志 第108冊
周之貞修 周朝槐纂
民國十八年(1929)刻本
順德龍江鄉志 第108冊
佚名纂修
清道光間纂民國十五年(1926)明新印務局重刻本
龍山鄉志 第108冊
(清)溫汝能纂
清嘉慶十年(1805)刻本
[康熙]高明縣志 第108冊
(清)于學修 黄之璧等纂
清康熙二十九年(1690)刻本
[道光]高明縣志 第108冊
(清)祝淮修 夏植亨纂
清道光五年(1825)刻本
[光緒]高明縣志 第108冊
(清)鄒兆麟修 梁廷棟纂
清光緒二十年(1894)刻本

肇慶市

[崇禎]肇慶府志 第108冊
(明)陸鏊 陳烜奎纂修
明崇禎六年至十三年(1633—1640)刻本
[康熙]肇慶府志 第108冊
(清)史樹駿修 區簡臣纂
清康熙間刻本
[道光]肇慶府志 第108冊
(清)屠英等修 江藩等纂
清光緒二年(1876)重刻道光本
[道光]高要縣志 第108冊
(清)夏修恕 屠英修 何元等纂
清道光六年(1826)刻本
[宣統]高要縣志 第108冊
馬呈圖纂輯
民國二十七年(1938)鉛印本
[乾隆]懷集縣志 第108冊
(清)顧旭明修 唐廷梁纂
清乾隆二十年(1755)刻本
[同治]懷集縣志 第108冊
(清)孫汝霖 趙准修 曾浤仁纂
清同治十二年(1873)修光緒元年(1875)貴蒸校刻本
[民國]懷集縣志 第108冊
周贊元等纂修
民國五年(1916)廣州市十八甫石經堂鉛印本
[乾隆]廣寧縣志 第108冊
(清)李本潔修 梁喬埠纂
清乾隆十四年(1749)福山書屋刻本
[道光]廣寧縣志 第108冊
(清)黄思藻纂修
清道光四年(1824)刻本
[光緒]四會縣志 第108冊
(清)陳志喆等修 吴大猷纂
清光緒二十二年(1896)刻本
[康熙]德慶州志 第108冊
(清)譚桓纂修 梁宗典參訂
清康熙十二年(1673)刻本
[乾隆]德慶州志 第108冊
(清)宋錦 李麟洲纂修
清乾隆十九年(1754)刻本
[天啟]封川縣志 第108冊
(明)方尚祖纂修
明天啟二年(1622)修清康熙二十四年(1685)胡璿校訂刻本
[道光]開建縣志 第108冊
(清)余瀚修 余楷纂
清道光三年(1823)修抄本

雲浮市

新州圖經 第108冊
佚名纂修
據劉緯毅等輯《宋遼金元方志輯佚》排印
新昌志 第108冊
(宋)廖演纂
據劉緯毅等輯《宋遼金元方志輯佚》排印
[乾隆]新興縣志 第108冊
(清)劉芳纂修
清乾隆二十三年(1758)修民國二十三年(1934)鉛印本
[康熙]羅定州志 第108冊
(清)劉元祿纂修
清康熙刻本
[民國]舊西寧縣志 第108冊
何天瑞修 桂坫纂
民國二十六年(1937)德慶文明印務局鉛印本

陽江市

[道光]陽春縣志 第108冊
(清)陸向榮等修 劉彬華等纂
清道光元年(1821)省城六書齋刻本
[民國]陽春縣志 第108冊
藍榮熙等修 吴英華纂
民國三十八年(1949)鉛印本
[民國]陽江志 第108冊
張以誠修 梁觀喜等纂
民國十四年(1925)刻本

茂名市

[乾隆]高州府志 第108冊
(清)王槩纂修
清乾隆二十四年(1759)刻本
[道光]高州府志 第108冊
(清)黄安濤等修 潘眉等纂
清道光七年(1827)刻本
[康熙]茂名縣志 第108冊
(清)錢以塏纂修
清康熙三十八年(1699)刻本
[嘉慶]茂名縣志 第108冊
(清)秦沅 王勳臣修 吴徽敘纂
清嘉慶二十四年(1819)刻本
[光緒]茂名縣志 第108冊
(清)鄭業崇等修 楊頤纂
清光緒十四年(1888)刻本
[乾隆]化州志 第108冊

(清)清柱 王人作纂修
清嘉慶十年(1805)修光緒五年(1879)刻本
[康熙]平樂縣志 第109冊
(清)黄大成纂修
清康熙五十六年(1717)刻本
[光緒]平樂縣志 第110冊
(清)全文炳修 伍嘉猷等纂
清光緒十年(1884)刻本
[道光]永福縣志 第110冊
(清)林光棣修 蘇信德纂
清道光八年(1828)修抄本

柳州市

[乾隆]柳州府志 第110冊
(清)王錦修 吴光昇纂
清乾隆二十九年(1764)刻本
[民國]柳城縣志 第110冊
何其英修 謝嗣農纂
民國二十九年(1940)鉛印本
[乾隆]柳州縣志 第110冊
(清)舒啟修 吴光昇纂
清乾隆二十九年(1764)修民國二十一年(1932)鉛字重印本

梧州市

梧州圖經 第110冊
佚名纂修
據劉緯毅等輯《宋遼金元方志輯佚》排印
[同治]蒼梧縣志 第110冊
(清)蒯光焕 李百齡修 羅勳等纂 黄玉柱 王鈵紳續修
清咸豐元年(1851)修同治十三年(1874)續修刻本版存鳳臺書院
[乾隆]岑溪縣志 第110冊
(清)何夢瑶纂修 劉廷棟續纂
清乾隆九年(1744)刻本
古藤志 第110冊
佚名纂修
據《永樂大典》本排印
[同治]藤縣志 第110冊
(清)邊其晉修 胡毓璠纂
清同治六年(1867)修光緒三十四年(1908)鉛印本
[嘉慶]永安州志 第110冊
(清)李炘纂修
清嘉慶十八年(1813)刻本版藏眉江書院

貴港市

[道光]潯州府志 第110冊
(清)孫世昌修 光昭纂
清道光六年(1826)刻本
[道光]平南縣志 第110冊
(清)張顯相修 黎士華等纂
清道光十五年(1835)刻本版存武城書院
[民國]貴縣志 第110冊
歐仰羲修 梁崇鼎等纂
民國二十四年(1935)鉛印本

玉林市

[乾隆]興業縣志 第110冊
(清)王巡泰纂修
清乾隆四十六年(1781)刻本
[嘉慶]興業縣志 第110冊
(清)蘇勒通阿等修 彭焜基等纂
清嘉慶十六年(1811)修抄本
[光緒]容縣志 第110冊
(清)易紹悳修 封祝唐纂
清光緒三十四年(1908)鉛印本
[乾隆]重修北流縣志 第110冊
(清)張允觀纂修
清乾隆十三年(1748)刻本
[光緒]北流縣志 第110冊
(清)徐作梅修 李士琨纂
清光緒六年(1880)刻本

北海市

[崇禎]廉州府志 第110冊
(明)張國經纂修
明崇禎十年(1637)刻本
[康熙]廉州府志 第110冊
(清)徐成棟纂修
清康熙六十一年(1722)刻本
[乾隆]廉州府志 第110冊
(清)周碩勳修 王家憲纂
清乾隆二十一年(1756)刻本
[道光]廉州府志 第110冊
(清)張堉春 陳治昌纂
清道光十三年(1833)刻本

崇左市

[雍正]太平府志 第110冊
(清)甘汝來纂修
清雍正四年(1726)刻乾隆三年(1738)李錫秦增刻本
[嘉慶]龍州紀畧 第110冊
(清)黄譽纂修
清嘉慶八年(1803)刻本暨南書院藏版

百色市

[光緒]鎮安府志 第110冊
(清)羊複禮等纂修
清光緒十八年(1892)刻本
[光緒]歸順直隸州志 第110冊
(清)顔嗣徽纂修
清光緒二十五年(1899)靖城官廨刻本

河池市

[乾隆]慶遠府志 第110冊
(清)李文琰修 何天祥纂
清乾隆二十年(1755)刻本
[道光]慶遠府志 第110冊
(清)英秀等修 唐仁等纂
清道光九年(1829)刻本
[民國]思恩縣志 第110冊
梁杓修 吴瑜等纂
民國二十四年(1935)鉛印本
[道光]天河縣志 第110冊
(清)林光棣纂修
清道光六年(1826)修抄本

來賓市

[乾隆]象州志 第110冊
(清)李宏湑修 蔣曰棻纂
清乾隆二十九年(1764)刻本
[嘉慶]武宣縣志 第110冊
(清)高攀桂修 梁士彦纂
清嘉慶十三年(1808)刻本

賀州市

[民國]鍾山縣志 第110冊
潘寶疆等修 盧世標纂
民國二十二年(1933)鉛印本
[乾隆]富川縣志 第110冊
(清)葉承立纂修
清乾隆二十二年(1757)刻本
[光緒]富川縣志 第110冊
(清)顧國誥等修 何日新 劉樹賢等纂
清光緒十六年(1890)刻本
[民國]賀縣志 第110冊
韋冠英修 梁培煐等纂
民國二十三年(1934)賀縣華美商店鉛印本
[民國]信都縣志 第110冊
玉崑山纂修
民國二十五年(1936)鉛印本
[乾隆]昭平縣志 第110冊
(清)陸焞纂修

清乾隆二十五年(1760)修光緒十七年(1891)刻本
[民國]昭平縣志 第110冊
李樹枏修 吳壽崧等纂
民國二十三年(1934)鉛印本
海南省
[正德]瓊臺志 第110冊
(明)唐胄纂修
明正德十六年(1521)刻本
[萬曆]瓊州府志 第110冊
(明)戴熺 歐陽璨總裁 蔡光前等纂修
明萬曆間刻本
[乾隆]瓊州府志 第110冊
(清)蕭應植 陳景塤纂修
清乾隆四十年(1775)刻本
[道光]瓊州府志 第110冊
(清)明誼修 張岳崧纂
清道光二十一年(1841)修光緒十六年(1890)補刻本
海口市
[康熙]瓊山縣志 第110冊
(清)王贄修 關必登纂
清康熙四十七年(1708)刻本
[乾隆]瓊山縣志 第110冊
(清)楊宗秉纂修
清乾隆十二年(1747)刻本
[咸豐]瓊山縣志 第110冊
(清)李文烜修 鄭文彩纂
清咸豐七年(1857)刻本
[民國]瓊山縣志 第110冊
徐淦等修 李熙 王國憲纂
民國六年(1917)刻本
三亞市
[光緒]崖州志 第110冊
(清)鍾元棣修 張雋等纂
清光緒三十四年(1908)修一九六二年鉛印本
[康熙]文昌縣志 第110冊
(清)馬日炳纂修
清康熙五十七年(1718)刻本
[民國]文昌縣志 第110冊
林帶英修 李鍾嶽纂
民國九年(1920)刻本
[光緒]定安縣志 第110冊
(清)吳應廉修 王映斗纂
清光緒四年(1878)刻本
[康熙]澄邁縣志 第110冊
(清)高魁標纂修
清康熙四十九年(1710)刻本
[光緒]澄邁縣志 第110冊
(清)龍朝翊修 陳所能纂
清光緒三十四年(1908)刻本
[康熙]儋州志 第110冊
(清)韓祐纂修
清康熙四十三年(1704)刻本
[民國]儋縣志 第110冊
彭元藻等修 王國憲纂
民國二十五年(1936)海口海南書局鉛印本
[康熙]臨高縣志 第110冊
(清)樊庶纂修
清抄本
[光緒]臨高縣志 第110冊
(清)聶緝慶修 桂文熾纂
清光緒十八年(1892)刻本
[乾隆]陵水縣志 第110冊
(清)瞿雲魁纂修
清乾隆五十七年(1792)刻本
[民國]感恩縣志 第110冊
周文海修 盧宗棠等纂
民國二十年(1931)海南書局鉛印本
[康熙]昌化縣志 第110冊
(清)方岱 璩之璨纂修
清康熙三十年(1691)刻本
重慶市
[道光]重慶府志 第111冊
(清)王夢庚修 寇宗纂
清道光二十三年(1843)刻本
[光緒]重修長壽縣志 第111冊
(清)張永熙修 周澤溥等纂
清光緒元年(1875)刻本鳳城藏版
[民國]長壽縣志 第111冊
湯化培修 李鼎禧纂
民國十七年(1928)石印本
[民國]長壽縣志 第111冊
陳毅夫等修 劉君錫 張名振纂
民國三十三年(1944)鉛印本
巴志 第111冊
佚名纂修
據劉緯毅等輯《宋遼金元方志輯佚》排印
[乾隆]巴縣志 第111冊
(清)王爾鑑修 王世沿等纂
清乾隆十六年(1751)修嘉慶二十五年(1820)刻本
[同治]巴縣志 第111冊
(清)霍為棻 王宮午修 熊家彥纂
清同治六年(1867)刻本
[民國]巴縣志 第111冊
朱之洪等修 向楚等纂
民國二十八年(1939)刻三十二年(1943)重印本
[道光]綦江縣志 第111冊
(清)宋灝修 羅星纂 楊銘續修 伍濬祥續纂
清道光六年(1826)刻同治二年(1863)補修刻本考棚存版
[光緒]四川綦江續志 第111冊
(清)戴綸喆纂修
清光緒十四年(1888)修民國二十七年(1938)刻本
[道光]江北廳志 第111冊
(清)福珠朗阿修 宋煊 黃雲衢纂
清道光二十四年(1844)刻本
重修江北縣志採訪表略 第111冊
江北縣志局編
民國鉛印本
[民國]潼南縣志 第111冊
王安鎮等修 夏璜纂
民國四年(1915)刻本
[乾隆]大足縣志 第111冊
(清)李德纂修
清乾隆十五年(1750)刻本
[嘉慶]大足縣志 第111冊
(清)張澍等修 李型廉等纂 王松續纂
清嘉慶二十三年(1818)刻道光十六年(1836)增刻本本衙藏版
[光緒]大足縣志 第111冊
(清)王德嘉修 高雲從等纂
清光緒三年(1877)刻本本衙藏版
[民國]大足縣志 第111冊
郭鴻厚 陳習珊等纂修
民國三十五年(1946)鉛印本
[光緒]銅梁縣志 第111冊
(清)韓清桂 邵坤修 陳昌等纂
清光緒元年(1875)刻本版藏學署
合州志 第111冊
佚名纂修
據劉緯毅等輯《宋遼金元方志輯佚》排印
[萬曆]合州志 第111冊

(明)劉芳聲修 田九垓纂
明萬曆刻本
[乾隆]合州志 第111冊
(清)宋錦 劉桐纂修
清乾隆十三年(1748)刻本
[乾隆]合州志 第111冊
(清)周澄修 張乃孚纂
清乾隆五十四年(1789)刻嘉慶間增刻本本衙藏版
[民國]新修合川縣志 第111冊
鄭賢書修 張森楷纂
民國十年(1921)刻本
[乾隆]璧山縣志 第111冊
(清)黄在中修 夏璲纂
清乾隆七年(1742)刻本
[嘉慶]璧山縣志 第111冊
(清)佚名纂
清嘉慶間修抄本
[同治]璧山縣志 第111冊
(清)寇用平 彭際瀛修 陳錦堂 盧有徽纂
清同治四年(1865)刻本明倫堂藏版
[乾隆]江津縣志 第111冊
(清)曾受一修 王家駒纂
清乾隆三十三年(1768)刻本
[民國]江津縣志 第111冊
聶述文等修 劉澤嘉等纂
民國十三年(1924)刻本
[乾隆]榮昌縣志 第111冊
(清)許元基纂修
清乾隆二十九年(1764)刻本
[光緒]榮昌縣志 第111冊
(清)文康修 廖朝翼纂 施學煌續修敖冊賢續纂
清光緒十年(1884)刻本
[康熙]涪州志 第111冊
(清)董維祺修 馮懋柱纂
清康熙五十四年(1715)刻本
[乾隆]涪州志 第111冊
(清)多澤厚修 陳于宣纂
清乾隆五十年(1785)刻本
[道光]涪州志 第111冊
(清)德恩修 石彦恬等纂
清道光二十五年(1845)刻本
[同治]重修涪州志 第111冊
(清)吕紹衣等修 王應元 傅炳墀纂
清同治九年(1870)刻本

[民國]涪陵縣續修涪州志 第111冊
王鑒清等修 施紀雲等纂
民國十七年(1928)鉛印本
[道光]墊江縣志 第111冊
(清)夏夢鯉修 董承熙纂
清道光八年(1828)刻咸豐八年(1858)錢濤重校刻本
[光緒]墊江縣志 第111冊
(清)謝必鏗修 李炳靈纂
清光緒二十六年(1900)刻本
[同治]重修酆都縣志 第111冊
(清)田秀栗 徐濬鏞修 徐昌緒纂
清同治八年(1869)刻本版存試院
[光緒]酆都縣志 第111冊
(清)田秀栗 徐濬鏞修 徐昌緒纂 蔣履泰續纂
清光緒十九年(1893)刻本
[道光]補輯石砫廳新志 第111冊
(清)王槐齡纂修
清道光二十三年(1843)刻本
[同治]增修酉陽直隸州總志 第111冊
(清)王鱗飛 張秉堃修 馮世瀛 冉崇文纂
清同治三年(1864)刻本版藏州署
[咸豐]黔江縣志 第111冊
(清)張紹齡纂修
清咸豐元年(1851)刻本
[光緒]黔江縣志 第111冊
(清)張九章修 陳藩垣等纂
清光緒二十年(1894)刻本版藏墨香書院
[康熙]彭水縣志 第111冊
(清)陶文彬纂
清康熙四十九年(1710)刻本
[光緒]彭水縣志 第111冊
(清)莊定域修 支承祜等纂
清光緒元年(1875)刻本版藏摩雲書院
[咸豐]南川縣志 第111冊
(清)魏崧等修 康作霖等纂
清咸豐元年(1851)刻本
[光緒]南川縣志 第112冊
(清)黄際飛等修 周厚光等纂
清光緒二年(1876)刻本
[民國]南川縣志 第112冊
柳琅聲等修 韋麟書等纂
民國二十年(1931)首都明明印刷局鉛印本

[乾隆]夔州府志 第112冊
(清)崔邑俊修 楊崇 焦懋熙纂
清乾隆十二年(1747)刻本
[道光]夔州府志 第112冊
(清)恩成修 劉德銓纂
清道光七年(1827)刻光緒十七年(1891)補刻本
萬州圖經 第112冊
佚名纂修
據劉緯毅等輯《宋遼金元方志輯佚》排印
[同治]增修萬縣志 第112冊
(清)張琴修 范泰衡纂
清同治五年(1866)刻本
[咸豐]開縣志 第112冊
(清)李肇奎等修 陳崑等纂
清咸豐三年(1853)刻本
[光緒]大甯縣志 第112冊
(清)高維嶽修 魏遠猷等纂
清光緒十一年(1885)刻本
[康熙]巫山縣志 第112冊
(清)佚名纂修
傳抄清康熙五十四年(1715)本
[雍正]巫山縣志 第112冊
(清)佚名纂修
清雍正間修抄本
[光緒]巫山縣志 第112冊
(清)連山白 曾煦修 李友梁等纂
清光緒十九年(1893)刻本
[嘉靖]雲陽縣志 第112冊
(明)楊鸞修 秦覺纂
明嘉靖二十年(1541)刻本
[乾隆]雲陽縣志 第112冊
(清)劉士縉 曹源邦修 陳嘉瑚纂
清乾隆十一年(1746)刻本
[咸豐]雲陽縣志 第112冊
(清)江錫麒修 陳崑纂
清咸豐四年(1854)刻本版存學署
[民國]雲陽縣志 第112冊
朱世鏞 黄葆初修 劉貞安等纂
民國二十四年(1935)巫溪書院鉛印本
[乾隆]忠州志 第112冊
(清)佚名纂修
清乾隆間修民國二十一年(1932)抄本
[道光]忠州直隸州志 第112冊
(清)吳友篪修 熊履青纂
清道光六年(1826)刻本

[同治]忠州直隸州志 第112冊
(清)侯若源 慶征修 柳福培纂
清同治十二年(1873)刻本
[乾隆]梁山縣志 第112冊
(清)王慶熙纂修
清乾隆間抄本
[嘉慶]梁山縣志 第112冊
(清)符永培纂修 艾鉽續纂
清嘉慶十三年(1808)刻同治六年(1867)增刻本
[光緒]梁山縣志 第112冊
(清)朱言詩等纂修
清光緒二十年(1894)刻民國二十四年(1935)石印補版重印本

四川省

蜀記 第112冊
(唐)鄭暐纂
據北京圖書館出版社一九九七年《漢唐方志輯佚》排印
川記 第112冊
佚名纂修
據劉緯毅等輯《宋遼金元方志輯佚》排印
[嘉靖]四川總志 第112冊
(明)劉大謨 楊慎等纂修
明嘉靖二十四年(1545)刻本
[萬曆]四川總志 第112冊
(明)虞懷忠等修 郭棐等纂
明萬曆九年(1581)刻本
[康熙]四川總志 第112冊
(清)蔡毓榮修 錢受祺纂
清康熙十二年(1673)刻本
[雍正]四川通志 第112冊
(清)黃廷桂 憲德修 張晉生等纂
清雍正十一年(1733)刻乾隆元年(1736)補版增刻本
[嘉慶]四川通志 第113冊
(清)常明 楊芳燦等纂修
清嘉慶二十一年(1816)刻本
補續全蜀秇文志 第113冊
(明)杜應芳 胡承詔輯
刻本
蜀典 第113冊
(清)張澍纂
清道光十四年(1834)刻本
蜀故 第113冊
(清)彭遵泗纂
清乾隆刻補修本
錦裏新編 第113冊
(清)張邦伸纂
清嘉慶五年(1800)刻民國二年(1913)增刻本
嘉陵江志 第113冊
馬以愚撰
民國三十六年(1947)商務印書館鉛印本

成都市

成都記 第113冊
(唐)白敏中修 盧求纂
據北京圖書館出版社一九九七年《漢唐方志輯佚》排印
成都古今集記 第113冊
(宋)趙抃纂
據劉緯毅等輯《宋遼金元方志輯佚》排印
[嘉慶]成都縣志 第113冊
(清)王泰雲等修 衷以壎 楊芳燦纂
清嘉慶二十一年(1816)刻本版藏芙蓉書院
[同治]重修成都縣志 第113冊
(清)羅廷權等修 衷興鑑纂
清同治十二年(1873)刻本節孝祠藏版
成都通覽 第113冊
(清)傅崇榘纂
清宣統元年(1909)成都通俗報社石印本
[嘉慶]雙流縣志 第113冊
(清)汪士侃纂修
清嘉慶十九年(1814)刻本
[光緒]雙流縣志 第113冊
(清)彭琬等纂修 吳特仁增訂
清光緒二十年(1894)刻民國二十一年(1932)《養正堂遺書》增刻本
[民國]雙流縣志 第113冊
劉佶 殷魯等修 劉咸榮等纂
民國二十六年(1937)成都球新印刷廠鉛印本
[嘉慶]華陽縣志 第113冊
(清)吳鞏 董淳修 潘時彤等纂
清嘉慶二十一年(1816)刻光緒十八年(1892)補刻本文昌宮藏版
[嘉慶]金堂縣志 第114冊
(清)謝惟傑修 黃烈 陳一津纂
清嘉慶十六年(1811)刻本縣衙藏版
[同治]續金堂縣志 第114冊
(清)王樹桐 徐璞玉修 米繪裳等纂
清同治六年(1867)刻本
[嘉慶]溫江縣志 第114冊
(清)李紹祖等修 徐文賁 車酉纂
清嘉慶二十年(1815)刻本版藏縣署
[嘉慶]郫縣志 第114冊
(清)朱鼎臣等修 盛大器等纂
清嘉慶十八年(1813)刻道光二十四年(1844)墨韻堂補刻本
[同治]郫縣志 第114冊
(清)陳慶熙修 高升之纂
清同治九年(1870)刻本墨韻堂藏版
[嘉慶]崇寧縣志 第114冊
(清)劉壇等纂修
清嘉慶二十一年(1816)刻本版藏縣署
永康軍志 第114冊
(宋)張增編
據劉緯毅等輯《宋遼金元方志輯佚》排印
[乾隆]灌縣志 第114冊
(清)孫天寧纂修
清乾隆五十一年(1786)刻本
[光緒]增修灌縣志 第114冊
(清)莊思恒等修 鄭珶山纂 楊端宇續纂修
清光緒十二年(1886)刻民國三年(1914)補刻本版存學署
灌記初稿 第114冊
(清)彭洵纂修
清光緒二十年(1894)種書堂刻本
[民國]灌縣志 第114冊
葉大鏘等修 羅駿聲纂
民國二十二年(1933)鉛印本
青城山記 第114冊
(清)彭洵編輯
清光緒十三年(1887)巾箱刻本
[嘉慶]彭縣志 第114冊
(清)王鍾鈁纂修
清嘉慶十八年(1813)刻本
[光緒]彭縣志 第114冊
(清)張龍甲等修 龔世瑩等纂
清光緒六年(1880)刻本文廟藏版
[嘉慶]新都縣志 第114冊
(清)孫真儒等修 李覺楹纂
清嘉慶二十一年(1816)刻本縣學署藏版

[道光]新都縣志 第114冊
(清)張奉書修 張懷泗纂
清道光二十四年(1844)刻本
[嘉慶]新繁縣志 第114冊
(清)顧德昌修 張粹德等纂
清嘉慶十九年(1814)刻本本衙藏版
[同治]新繁縣志 第114冊
(清)張文珍 李應觀修 楊益豫等纂
清同治十二年(1873)刻本版藏縣署
[民國]新繁縣志 第114冊
侯俊德 呂崧雲修 劉複纂
民國三十六年(1947)成都啟文印刷局鉛印本
[道光]新津縣志 第114冊
(清)陳霽學修 葉芳模纂 鄭安仁續纂修
清道光十九年(1839)刻本
[乾隆]蒲江縣志 第114冊
(清)紀曾蔭修 黎攀桂 馬道亨纂
清乾隆四十九年(1784)刻本
[光緒]蒲江縣志 第114冊
(清)孫清士 陸汝衔修 解璜 徐元善纂
清光緒四年(1878)刻本
[嘉慶]邛州直隸州志 第114冊
(清)吳鞏修 王來遴纂
清嘉慶二十三年(1818)刻本
[乾隆]大邑縣志 第115冊
(清)宋載纂修
清乾隆間刻本
[同治]大邑縣志 第115冊
(清)趙霦等纂修 林嘉澍 余上富續纂修
清同治六年(1867)刻光緒二年(1876)增刻本
[民國]大邑縣志 第115冊
王銘新 解汝襄修 鍾毓靈 龔維錡纂
民國十九年(1930)鉛印本
川邛州大邑縣鄉土志 第115冊
(清)紹曾修 查體仁纂
清光緒三十一年(1905)修抄本
[光緒]增修崇慶州志 第115冊
(清)沈恩培等修 胡麟 徐鼎元纂
清光緒三年(1877)刻十年(1884)增刻本
[民國]崇慶縣志 第115冊
謝汝霖等修 羅元黼等纂
民國十五年(1926)成都昌福公司鉛印本

廣元市

[乾隆]四川保寧府廣元縣志 第115冊
(清)張賡謨等纂修
清乾隆二十二年(1757)刻本
[民國]重修廣元縣志稿 第115冊
謝開來等修 王克禮 羅映湘纂
民國二十九年(1940)鉛印本
[道光]重修昭化縣志 第115冊
(清)張紹齡纂修
清道光二十五年(1845)刻同治三年(1864)修鋟刻本
[雍正]劍州志 第115冊
(清)李梅賓修 楊端纂
清雍正五年(1727)刻本
[民國]劍閣縣續志 第115冊
張政等纂修
民國十六年(1927)成都協昌公司鉛印本
[乾隆]蒼溪縣志 第115冊
(清)丁映奎纂修
清乾隆四十八年(1783)刻本

綿陽市

[康熙]龍安府志 第115冊
(清)佚名纂修
清康熙間修民國二十一年(1932)抄本
[道光]龍安府志 第115冊
(清)鄧存詠等纂修
清道光二十二年(1842)刻本版藏本署
梓州圖經 第115冊
佚名纂修
據劉緯毅等輯《宋遼金元方志輯佚》排印
[嘉靖]潼川志 第115冊
(明)陳講等纂修
明嘉靖二十九年(1550)修民國間抄本
[乾隆]潼川府志 第115冊
(清)張松孫修 李芳穀纂
清乾隆五十一年(1786)刻本本衙藏版
[光緒]新修潼川府志 第115冊
(清)阿麟修 王龍勳等纂
清光緒二十三年(1897)刻本版藏本署
[嘉慶]直隸緜州志 第115冊
(清)俞廷樟 李在文纂輯 范紹泗釐定
清嘉慶十九年(1814)刻本
[同治]直隸緜州志 第115冊
(清)文棨 董貽清修 伍肇齡 何天祥纂
清同治十二年(1873)刻本
[民國]緜陽縣志 第115冊
蒲殿欽等修 崔映棠纂
民國二十一年(1932)刻本版存圖書館
[乾隆]江油縣志 第115冊
(清)彭阯纂修 瞿緝曾續修
清雍正五年(1727)刻乾隆二十六年(1761)增續刻本
[道光]江油縣志 第115冊
(清)桂星等纂修
清道光二十年(1840)刻本
[光緒]江油縣志 第115冊
(清)武丕文等修 歐培槐等纂
清光緒二十九年(1903)刻本
[乾隆]彰明志畧 第115冊
(清)陳謀纂修
清乾隆二十八年(1763)刻本
[同治]彰明縣志 第115冊
(清)何慶恩修 李朝棟 吳士柼纂
清同治十三年(1874)刻本版存本署
[咸豐]梓潼縣志 第115冊
(清)張香海等修 楊曦等纂
清咸豐八年(1858)刻本本衙藏版
[嘉慶]三臺縣志 第115冊
(清)沈昭興纂修
清嘉慶二十年(1815)刻本
[民國]三臺縣志 第115冊
林志茂等修 謝勷等纂
民國二十年(1931)三臺新民印刷公司鉛印本
[光緒]鹽亭縣志續編 第115冊
(清)邢錫晉修 趙宗藩纂
清光緒八年(1882)刻本
[乾隆]安縣志 第115冊
(清)張仲芳纂修
清乾隆五十四年(1789)刻本版藏縣署
[嘉慶]安縣志 第115冊
(清)楊英燦纂修
清嘉慶十七年(1812)刻本
[同治]安縣志 第115冊
(清)楊英燦等纂修 余天鵬續修 陳嘉繡續纂
清同治三年(1864)刻本抄配版存衙署
[民國]安縣志 第115冊
夏時行 黃愷公修 劉公旭纂
民國二十七年(1938)石印本
[乾隆]石泉縣志 第115冊

(清)姜炳璋纂修
清乾隆三十三年(1768)刻本
[道光]石泉縣志 第115冊
(清)趙德林修 張沆纂
清道光十四年(1834)刻本
[民國]北川縣志 第115冊
楊鈞衡等修 黄尚毅等纂
民國二十一年(1932)石印本

德陽市

[嘉慶]什邡縣志 第115冊
(清)紀大奎修 林時春等纂
清嘉慶十八年(1813)刻本什邡縣文昌閣藏版
[同治]續增什邡縣志 第115冊
(清)傅華桂修 王璽尊 甘雨培等纂
清同治四年(1865)刻本
[民國]重修什邡縣志 第116冊
王文照修 曾慶奎 吴江纂
民國十八年(1929)成都球新印刷廠鉛印本
[嘉慶]漢州志 第116冊
(清)劉長庚等修 侯肇元等纂
清嘉慶二十二年(1817)刻本
[乾隆]中江縣志 第116冊
(清)張松孫修 陳景韓纂
清乾隆五十二年(1787)刻本
[嘉慶]中江縣志 第116冊
(清)陳此和修 戴文奎等纂
清嘉慶十七年(1812)修清抄本
[道光]中江縣新志 第116冊
(清)楊霈修 李福源 范泰衡纂
清道光十九年(1839)刻本
[民國]中江縣志 第116冊
蘇洪寬等修 陳品全纂
民國十九年(1930)日新印刷工業社鉛印本
[同治]德陽縣志 第116冊
(清)何慶恩修 劉宸楓 田正訓纂
清同治十三年(1874)刻本本衙藏版
[民國]德陽縣志 第116冊
汪仲夔等修 洪烈森等纂
民國二十八年(1939)成都福民印刷公司鉛印暨石印本
[嘉慶]綿竹縣志 第116冊
(清)沈瓖等纂修
清嘉慶十八年(1813)刻本
[道光]綿竹縣志 第116冊
(清)劉慶遠修 沈心如等纂
清道光二十九年(1849)刻本本衙藏版
[民國]綿竹縣志 第116冊
王佐等修 黄尚毅纂
民國九年(1920)刻本孔廟存版
[嘉慶]羅江縣志 第116冊
(清)李調元纂修
清嘉慶七年(1802)刻本
[嘉慶]羅江縣志 第116冊
(清)李桂林修 鄧林等纂
清嘉慶二十年(1815)修同治四年(1865)刻本本衙藏版
[同治]羅江縣志 第116冊
(清)馬傳業纂修
清同治四年(1865)刻本本衙藏版

南充市

[康熙]順慶府志 第116冊
(清)李成林修 羅承順等纂 袁定遠 黄銑續纂
清康熙二十五年(1686)刻嘉慶十二年(1807)補刻本抄配府學署藏版
[道光]保寧府志 第116冊
(清)黎學錦 徐雙桂修 史觀纂
清道光元年(1821)刻十三年(1843)補刻本
[嘉慶]南充縣志 第116冊
(清)袁鳳孫修 陳榕等纂
清嘉慶十八年(1813)刻咸豐七年(1857)洪璋增刻本
[咸豐]閬中縣志 第116冊
(清)徐繼鏞修 李惺等纂
清咸豐元年(1851)刻本
[民國]閬中縣志 第116冊
岳永武 余仲鈞修 鄭鍾靈等纂
民國十五年(1926)石印本
[同治]儀隴縣志 第116冊
(清)曹紹樾 胡晉熙修 胡輯瑞等纂
清同治十年(1871)刻光緒十三年(1907)補刻本版存勸學所
[道光]南部縣志 第116冊
(清)王瑞慶 徐暢達修 承綬續修 李咸若續纂
清道光二十九年(1849)刻同治九年(1870)增刻本
[光緒]西充縣志 第116冊
(清)高培穀修 劉藻纂
清光緒二年(1876)刻本
[萬曆]營山縣志 第116冊
(明)王廷稷修 李彭年等纂
明萬曆四年(1576)刻本
[正德]蓬州志 第116冊
(明)吴德器修 徐泰纂
明正德十三年(1518)刻本

廣安市

[乾隆]廣安州志 第116冊
(清)陸良瑜修 鄧時敏纂
清乾隆三十四年(1769)刻本
[光緒]廣安州志 第116冊
(清)顧懷壬等修 周克堃等纂
清光緒十三年(1887)刻本
[光緒]廣安州新志 第116冊
(清)周克堃等纂
清光緒三十三年(1907)修宣統三年(1911)刻民國十六年(1927)重印本廣安縣教育局藏版
[乾隆]岳池縣志 第116冊
(清)黄克顯纂修
清乾隆二十一年(1756)刻本
[光緒]岳池縣志 第116冊
(清)何其泰等修 吴新德纂
清光緒元年(1875)刻本
[嘉慶]定遠縣志 第116冊
(清)沈遠標吳人傑修 何蘇 何烋纂
清嘉慶二十年(1815)刻道光二十二年(1842)重印本
[光緒]定遠縣志 第116冊
(清)姜由範等修 王鏞等纂
清光緒元年(1875)刻本
[民國]新修武勝縣志 第116冊
羅興志等修 孫國藩等纂
民國二十年(1931)重慶長安寺進化印刷社鉛印本
[乾隆]鄰水縣志 第116冊
(清)陳觀光修 楊爾式 甘文林纂
清乾隆二十二年(1757)刻本
[道光]鄰水縣志 第116冊
(清)李嘉祐 王尚錦等修 蔣夢蘭 曾繼楠等纂
清道光元年(1821)刻本
[道光]鄰水縣志 第116冊
(清)曾燦奎 劉光第修 甘家斌等纂
清道光十五年(1835)刻本

遂寧市

[乾隆]射洪縣志 第116冊

(清)張松 孫修 沈詩杜等纂
清乾隆五十一年(1786)刻本
[嘉慶]射洪縣志 第116冊
(清)陳廷鈺 張複修 趙燮元等纂
清嘉慶二十五年(1820)刻本抄配
[光緒]射洪縣志 第116冊
(清)黄允欽等修 羅錦城 張尚溎等纂
清光緒十一年(1885)刻本
遂寧志 第116冊
(宋)馬崇文纂
據劉緯毅等輯《宋遼金元方志輯佚》排印
[乾隆]遂寧縣志 第116冊
(清)張松孫 李培峘修 寇賚言纂
清乾隆五十二年(1787)刻本縣衙藏版
[光緒]遂甯縣志 第116冊
(清)孫海等修 李星根纂
清光緒五年(1879)刻本
[民國]遂寧縣志 第116冊
甘燾等修 王懋昭等纂
民國十八年(1929)刻本縣教育局藏版
[康熙]蓬溪縣志 第117冊
(清)潘之彪纂修
清康熙十一年(1672)刻十二年(1713)徐纘功增刻本
[乾隆]蓬溪縣志 第117冊
(清)張松孫修 謝泰宸等纂
清乾隆五十一年(1786)刻本
[道光]蓬溪縣志 第117冊
(清)吴章祁修 顧士英等纂
清道光二十五年(1845)刻本縣署藏版

内江市

[嘉慶]内江縣志 第117冊
(清)顧文曜修 羅文黻纂
清嘉慶間修稿本
[同治]内江縣志 第117冊
(清)張措等纂修 張兆蘭等續修 黄覺等續纂
清同治十年(1871)刻本
[光緒]内江縣志 第117冊
(清)彭泰士修 曾慶昌 朱襄虞等纂
清光緒三十一年(1905)刻本祠藏版
[民國]内江縣志 第117冊
曾慶昌纂修
民國十四年(1925)刻本
[嘉慶]威遠縣志 第117冊
(清)陳汝秋纂修
清嘉慶十八年(1813)刻本
資中志 第117冊
(宋)扈自中編
據劉緯毅等輯《宋遼金元方志輯佚》排印
[光緒]資州直隸州志 第117冊
(清)劉炯等纂修 羅廷權 黄加焜續修 何衮等續纂
清光緒二年(1876)刻本本衙藏版
[民國]資中縣續修資州志 第117冊
吴鴻仁等修 黄清亮等纂
民國十八年(1929)資中昌文石鉛印社鉛印本
[乾隆]隆昌縣志 第117冊
(清)黄文理纂修
清乾隆二十九年(1764)刻本
[同治]隆昌縣志 第117冊
(清)花映均 魏元燮修 耿光祜等纂
清同治元年(1862)刻本衙署藏版

樂山市

嘉定州志 第117冊
(明)李采修 范醇敬纂 (清)張能鱗修 彭欽纂 承勳續纂
明志萬曆三十九年(1611)修清志康熙六年(1667)修乾隆四十一年(1776)增修排印本
[同治]嘉定府志 第117冊
(清)文良等修 陳堯采等纂
清同治三年(1864)刻本
[嘉慶]樂山縣志 第117冊
(清)龔傳黻等纂修
清嘉慶十七年(1812)刻光緒十三年(1887)增刻本縣署藏版
[民國]樂山縣志 第117冊
唐受潘修 黄鎔等纂 王畏嚴補正
民國二十三年(1934)鉛印本
[康熙]夾江縣志 第117冊
(清)李大成修 田樟等纂
清康熙二十四年(1685)修民國二十一年(1932)抄本
[嘉慶]夾江縣志 第117冊
(清)王佐等修 涂崧等纂
清嘉慶十八年(1813)刻光緒十四年(1888)補版重印本縣署藏版
[民國]夾江縣志 第117冊
羅國鈞修 劉作銘 薛志清纂
民國二十四年(1935)成都維新印刷局鉛印本
[嘉慶]井研縣志 第117冊
(清)張寧陽等修 陳獻瑞 胡元善纂
清嘉慶元年(1796)刻本版藏縣署
[光緒]井研志 第117冊
(清)高承瀛等修 吴嘉謨 龔煦春纂
清光緒二十六年(1900)刻本
[乾隆]犍為縣志 第117冊
(清)宋錦修 李拔纂
清乾隆十一年(1746)刻本
[嘉慶]犍為縣志 第117冊
(清)王夢庚等纂修
清嘉慶二十一年(1816)刻本縣署藏版
[民國]犍為縣志 第117冊
陳世虞修 羅綬香 印焕門等纂
民國二十六年(1937)成都協美印刷公司鉛印本
[乾隆]峩眉縣志 第117冊
(清)文曙修 張弘昳纂
清乾隆五年(1740)刻本
[嘉慶]峩眉縣志 第117冊
(清)王燮修 張希縉等纂
清嘉慶十八年(1813)刻本
[宣統]峩眉縣續志 第117冊
(清)李錦成修 朱榮邦等纂 趙明松重輯
清宣統三年(1911)刻民國二十四年(1935)重刻本
峩眉山志 第117冊
(清)蔣超纂
清康熙二十八年(1689)刻本
峨眉山志 第118冊
(清)蔣超原纂 (民國)釋印光重修
民國二十三年(1934)鉛印本
峩眉導遊詳記 第118冊
劉上熹著
民國二十五年(1936)商務印書館鉛印本
[嘉慶]馬邊廳志畧 第118冊
(清)周斯才等纂修
清嘉慶十二年(1807)刻本版藏文昌宫

自貢市

榮州州郡事蹟 第118冊
佚名纂修
據劉緯毅等輯《宋遼金元方志輯佚》排印
[道光]榮縣志 第118冊

(清)王培荀等纂修
清道光二十五年(1845)刻光緒三年(1877)增刻本本衙藏版
[乾隆]富順縣志 第118冊
(清)熊葵向修 周士誠纂
清乾隆二十五年(1760)刻本
[乾隆]富順縣志 第118冊
(清)段玉裁 李芝纂修
清光緒八年(1882)重刻乾隆四十二年(1777)本
[道光]富順縣志 第118冊
(清)張利貞修 黄靖圖纂
清道光七年(1827)刻本
[同治]富順縣志 第118冊
(清)羅廷權等修 吕上珍纂
清同治十一年(1872)刻本本衙藏版

瀘州市

[嘉慶]納谿縣志 第118冊
(清)趙炳然等修 徐行德等纂
清嘉慶十八年(1813)修民國二十六年(1937)瀘縣文源印刷社鉛字重印本
瀘州圖經 第118冊
佚名纂修
據劉緯毅等輯《宋遼金元方志輯佚》排印
[乾隆]直隸瀘州志 第118冊
(清)夏詔新纂修
清乾隆二十四年(1759)刻本
[嘉慶]直隸瀘州志 第118冊
(清)沈昭興修 余觀和 王元本纂
清道光間據嘉慶二十五年(1820)刻版重修本本衙藏版
[光緒]直隸瀘州志 第118冊
(清)田秀栗等修 華國清 施澤久纂
清光緒八年(1882)刻本
[民國]瀘縣志 第118冊
王禄昌等修 高覲光等纂
民國二十七年(1938)鉛印本
瀘州九姓鄉志 第118冊
(清)任五采修 車登衢纂
清光緒八年(1882)刻本版藏分署
[乾隆]合江縣志 第118冊
(清)葉體仁修 朱維辟纂
清乾隆二十七年(1762)刻本
[同治]合江縣志 第118冊
(清)秦湘修 楊致道纂 瞿樹蔭等續修 羅增垣等續纂
清同治十年(1871)刻本
[民國]合江縣志 第118冊
王玉璋修 劉天錫 張開文等纂
民國十八年(1929)鉛印本
[康熙]敘永廳志 第118冊
(清)宋敏學修 袁斯恭纂
清康熙二十五年(1686)刻本
[嘉慶]直隸敘永廳志 第118冊
(清)周偉業纂修
清嘉慶十七年(1812)木刻本廳署藏版
[光緒]續修敘永永甯廳縣合志 第118冊
(清)鄧元鏸等修 萬慎纂
清光緒三十四年(1908)鉛印本
[乾隆]九姓司志 第118冊
(清)任啟烈等纂修 任履肅 廖永安續纂
清乾隆間刻民國十九年(1930)抄本
[嘉慶]九姓志畧 第118冊
(清)佚名纂修
清嘉慶二十五年(1820)刻本

宜賓市

[康熙]四川敘州府志 第118冊
(清)何源濬纂修
清康熙二十六年(1687)刻本
[光緒]敘州府志 第118冊
(清)王麟祥修 邱晋成等纂
清光緒二十二年(1896)刻本版存公局
[嘉慶]宜賓縣志 第118冊
(清)劉元熙修 李世芳纂
清嘉慶十六年(1811)修民國二十一年(1932)敘府大同書局鉛印本
[康熙]南溪縣志 第118冊
(清)王大騏纂修
清康熙二十五年(1686)刻本
[嘉慶]南溪縣志 第118冊
(清)胡之富修 包字 韓國琳纂
清嘉慶十八年(1813)刻本奎星閣藏版
[道光]南溪縣新志 第118冊
(清)翁紹海纂修
清道光二十年(1840)刻本
[同治]南溪縣志 第118冊
(清)福倫修 胡元翔 唐毓彤纂
清同治十三年(1874)刻本
[民國]南溪縣志 第118冊
李淩霄等修 鍾朝煦纂
民國二十六年(1937)鉛印本
[乾隆]江安縣志 第118冊
(清)雷伊纂修
清乾隆間修民國十九年(1930)抄本
[嘉慶]江安縣志 第118冊
(清)趙模修 鄭存仁纂
清嘉慶十七年(1812)刻本
[道光]江安縣志 第118冊
(清)高學濂纂修
清道光九年(1829)刻本本衙藏版
[民國]江安縣志 第118冊
嚴希慎等修 陳天錫等纂
民國十一年(1922)瀘縣桂花街牖群書局鉛印本
[嘉慶]長寧縣志 第118冊
(清)曹秉讓修 楊庚等纂 劉春生補遺
清嘉慶十三年(1808)刻本慎思堂藏版
[光緒]興文縣志 第118冊
(清)江亦顯等纂修
清光緒十三年(1887)刻民國二十五年(1936)石印補版重印本
[民國]興文縣志 第118冊
李仲陽 余詡修 何鴻亮纂
民國三十二年(1943)川南印刷廠鉛印本
[乾隆]珙縣志 第118冊
(清)王聿修纂修
清乾隆三十八年(1773)刻本
[同治]珙縣志 第118冊
(清)羅度等修 郭肇林等纂
清光緒九年(1883)刻本
[乾隆]高縣志 第118冊
(清)李鴻楷纂修
清乾隆二十七年(1762)刻本
[同治]高縣志 第118冊
(清)敖立榜 曾毓佐等纂修
清同治五年(1866)刻本
[光緒]慶符縣志 第118冊
(清)孫定揚修 胡錫祜纂
清光緒二年(1876)刻本
[乾隆]屏山縣志 第118冊
(清)張曾敏修 陳琦纂
清乾隆四十三年(1778)修民國二十年(1931)文華印字館鉛印本

巴中市

巴州圖經 第118冊
佚名纂修
據劉緯毅等輯《宋遼金元方志輯佚》

排印

[民國]巴中縣志　第118冊
張仲孝等修 馬文燦等纂 余震等續纂
民國十六年(1927)石印本

[道光]通江縣志　第118冊
(清)李鍾峩纂修 錫檀續修 陳瑞生 鄧範之續纂
清道光二十八年(1848)刻本官衙藏版

達州市

[嘉慶]達縣志　第118冊
(清)魯鳳輝等修 王廷偉等纂
清嘉慶二十年(1815)刻本

[民國]達縣志　第119冊
藍炳奎等修 吳德准等纂
民國二十七年(1938)袁濟安增補鉛印本

達縣磐石鄉志　第119冊
張子履編
民國三十四年(1945)鉛印本

[民國]萬源縣志　第119冊
劉子敬等修 賀維翰等纂
民國二十一年(1932)大中印務局鉛印本

[民國]四川宣漢縣志　第119冊
龐麟炳 汪承烈等纂修
民國二十年(1931)石印本

[乾隆]大竹縣志　第119冊
(清)陳仕林纂修
清乾隆五十二年(1787)刻本

[道光]大竹縣志　第119冊
(清)翟瑔修 王懷孟等纂 蔡以修續修 劉漢昭等續纂
清道光二年(1822)刻本本衙藏版

[民國]大竹縣志　第119冊
鄭國翰 曾瀛藻修 陳步武 江三乘纂
民國十七年(1928)鉛印本

[同治]渠縣志　第119冊
(清)何慶恩修 賈振麟 金傳培纂
清同治三年(1864)刻本本衙藏版

資陽市

普州圖經　第119冊
佚名纂修
據劉緯毅等輯《宋遼金元方志輯佚》排印

[乾隆]樂至縣志　第119冊
(清)張松孫修 雷懋德纂
清乾隆五十一年(1786)刻本縣衙藏版

[道光]樂至縣志　第119冊
(清)裴顯忠修 劉碩輔纂
清道光二十年(1840)刻同治八年(1869)補刻本版存賓興局

[乾隆]安岳縣志　第119冊
(清)張松孫修 朱紉蘭纂
清乾隆五十一年(1786)刻本

[道光]安岳縣志　第119冊
(清)濮瑗修 周國頤纂
清道光十六年(1836)刻本本衙藏版

[光緒]續修安岳縣志　第119冊
(清)陳其寬修 鄒宗垣等纂
清光緒二十三年(1897)刻本版藏公局

[乾隆]資陽縣志　第119冊
(清)張德源纂修
清乾隆三十年(1765)刻本

[嘉慶]資陽縣志　第119冊
(清)宋潤等修 陳鳳廷等纂
清嘉慶二十二年(1817)刻本

[咸豐]資陽縣志　第119冊
(清)范涞清修 何華元等纂
清咸豐十年(1860)刻同治元年(1862)增刻本

[咸豐]簡州志　第119冊
(清)濮瑗修 陳治安 黃樸纂
清咸豐三年(1853)刻本版存鳳山書院

[光緒]簡州續志　第119冊
(清)易家霖修 傅為霖纂
清光緒二十三年(1897)刻本版存鳳山書院

[民國]簡陽縣志　第119冊
林志茂等修 汪金相 胡忠閬纂
民國十六年(1927)四川官印刷局鉛印本

[民國]簡陽縣續志　第119冊
李青廷等修 汪金相 胡忠閬纂
民國二十年(1931)大中印務局鉛印本眉山市

[嘉靖]洪雅縣志　第119冊
(明)張可述纂修
明嘉靖四十一年(1562)刻本

[嘉慶]洪雅縣志　第119冊
(清)王好音修 張柱等纂
清嘉慶十八年(1813)刻本抄配

[乾隆]丹棱縣志　第119冊
(清)李光泗修 彭遵泗等纂
清乾隆二十六年(1761)刻本

[光緒]丹棱縣志　第119冊
(清)顧汝萼 袁桂芳修 朱文翰等纂
清光緒十八年(1892)刻本版藏巽崖書院

[民國]丹稜縣志　第119冊
劉良模等修 羅春霖等纂
民國十二年(1923)成都欽記影印館石印本

[乾隆]青神縣志　第119冊
(清)王承爔纂修
清乾隆二十九年(1764)刻本

[光緒]青神縣志　第119冊
(清)郭世棻修 文筆超等纂
清光緒三年(1877)刻本

眉州圖經　第119冊
佚名纂修
據劉緯毅等輯《宋遼金元方志輯佚》排印

[康熙]眉州屬志　第119冊
(清)張漢修 汪樫纂
清康熙五十六年(1717)刻本

[嘉慶]眉州屬志　第119冊
(清)涂長髮修 王昌年等纂
清嘉慶五年(1800)刻本景蘇堂藏版

[嘉慶]續眉州志畧　第119冊
(清)戴三錫修 王之俊等纂
清嘉慶十七年(1812)刻本景蘇堂藏版

[民國]眉山縣志　第119冊
王銘新等修 郭慶琳等纂
民國十二年(1923)漢文石印社石印本

[乾隆]彭山縣志　第119冊
(清)張鳳翥纂修
清乾隆二十二年(1757)刻本

[嘉慶]彭山縣志　第119冊
(清)史欽義等纂修
清嘉慶十九年(1814)刻本

陵州志　第119冊
佚名纂修
據劉緯毅等輯《宋遼金元方志輯佚》排印

陵井監圖經　第119冊
佚名纂修
據劉緯毅等輯《宋遼金元方志輯佚》排印

[乾隆]纂集仁壽全志　第119冊
(清)佚名纂修
清乾隆四年(1739)修民國二十一年

(1932)抄本
[同治]仁壽縣志 第119冊
(清)羅廷權等修 馬凡若纂
清同治五年(1866)刻本
[光緒]補纂仁壽縣原志 第119冊
(清)翁植 楊作霖等修 陳韶湘纂
清光緒七年(1881)刻本邑城公局藏書

雅安市

雅安志 第120冊
(宋)李嗣文纂
據劉緯毅等輯《宋遼金元方志輯佚》排印
臨邛圖經 第120冊
佚名纂修
據劉緯毅等輯《宋遼金元方志輯佚》排印
[乾隆]雅州府志 第120冊
(清)曹掄彬 曹掄翰纂輯
清乾隆四年(1739)刻光緒三十一年(1905)補刻本
雅安歷史 第120冊
(清)賈鴻基纂
清光緒二十五年(1899)纂民國十四年(1925)日新工業社石印本
[民國]雅安縣志 第120冊
余良選總纂
民國十七年(1928)石印本
[康熙]蘆山縣志 第120冊
(清)楊廷琚等修 竹全仁等纂
清康熙六十年(1721)刻乾隆十年(1745)曾符升補刻本
[民國]蘆山縣志 第120冊
宋琅 張宗翩修 劉天倪等纂
民國三十二年(1943)鉛印本
[光緒]名山縣志 第120冊
(清)趙怡 趙懿纂修
清光緒二十二年(1896)校刻本
[民國]名山縣新志 第120冊
胡存琮等纂修
民國十九年(1930)刻本版存通俗圖書館
[民國]滎經縣志 第120冊
張趙才等纂修
民國四年(1915)刻十七年(1928)增刻本
[嘉慶]清溪縣志 第120冊
(清)劉傳經修 陳一沺纂
清嘉慶五年(1800)刻本本衙藏版
[民國]漢源縣志 第120冊
劉裕常修 王琢等纂
民國三十年(1941)鉛印本
[咸豐]天全州志 第120冊
(清)陳松齡等纂修
清咸豐八年(1858)刻本五阿壩藏族羌族自治州
[民國]松潘縣志 第120冊
張典等修 徐湘等纂
民國十三年(1924)刻本
[乾隆]茂州志 第120冊
(清)丁映奎纂修
清乾隆五十九年(1794)抄本
[道光]茂州志 第120冊
(清)楊迦懌等修 劉輔廷纂
清末刻本本衙藏版
綏靖屯志 第120冊
王筌拜撰
抄本
金川待志 第120冊
張羽新編
刻本暨排印本
金川瑣記 第120冊
(清)李心衡纂修
清嘉慶三年(1798)刻本本衙藏版

甘孜藏族自治州

西康剳記 第120冊
任乃強著
民國二十一年(1932)上海新亞細亞月刊社鉛印本
西康疆域溯古錄 第120冊
胡吉廬編
民國二十三年(1934)上海商務印書館《史地小叢書》鉛印本
西康概況 第120冊
西康省政府秘書處編
民國二十八年(1939)鉛印本
[嘉慶]裡塘志略 第120冊
(清)陳登龍編
清嘉慶十五年(1810)抄本涼山彝族自治州
[光緒]雷波廳志 第120冊
(清)秦雲龍修 萬科進纂
清光緒十九年(1893)刻本版存錦屏書院
[光緒]越巂全志 第120冊
(清)馬忠良原纂 孫鏘增修
清光緒三十二年(1906)鉛印本
[嘉慶]寧遠府志 第120冊
(清)佚名纂
清嘉慶間修一九六〇年油印本
[道光]西昌縣志 第120冊
(清)徐連纂修
清道光二年(1822)修抄本
[民國]西昌縣志 第120冊
鄭少成修 楊肇基等纂
民國三十一年(1942)鉛印本
[乾隆]會理州志 第120冊
(清)曾濬哲修 嚴爾謙纂
清乾隆六十年(1795)刻本本衙藏版
[同治]會理州志 第120冊
(清)楊昶等修 王繼會等纂
清同治十三年(1874)刻本

貴州省

[弘治]貴州圖經新志 第120冊
(明)沈庠修 趙瓚纂
明弘治間刻影寫曬印本
[嘉靖]貴州通志 第120冊
(明)謝東山修 張道纂
明嘉靖三十四年(1555)刻本傳抄本之複印本
[萬曆]貴州通志 第120冊
(明)王耒賢 許一德纂修
明萬曆二十五年(1597)刻本
黔記 第120冊
(明)郭子章纂
明萬曆間刻本
[康熙]貴州通志 第120冊
(清)衛既齊修 薛載德纂 閻興邦補修
清康熙三十六年(1697)刻本
[乾隆]貴州通志 第120冊
(清)鄂爾泰等修 靖道謨纂
清乾隆六年(1741)刻嘉慶修補本
[乾隆]滇黔志畧 第120冊
(清)謝聖綸纂修
清乾隆二十八年(1763)刻本雙溪山房藏版
[民國]貴州通志 第120冊
劉顯世 穀正倫修 任可澄 楊恩元纂
民國三十七年(1948)貴陽書局鉛印本
黔書 第120冊
(清)田雯編
清康熙間編清末刻本

黔記 第120冊
(清)李宗昉撰
清嘉慶間修民國間貴陽文通書局《黔南叢書》鉛印本

貴陽市

[道光]貴陽府志 第121冊
(清)周作楫修 蕭琯等纂
清道光二十六年(1846)修咸豐二年(1852)朱德璲綬堂刻本

[民國]清鎮縣志稿 第121冊
方中等修 龍在深 楊永燾等纂
民國三十七年(1948)貴州復員工廠鉛印本

[民國]修文縣志稿 第121冊
陳嘉言修 陳矩 孫鸞纂
民國三十七年(1948)貴陽大中印刷所鉛印本

盤水市

羊場分縣訪冊 第121冊
黃華清輯
民國二十五年(1936)修油印本

水城廳採訪冊 第121冊
(清)陳昌言纂
清光緒二年(1876)纂油印本

[嘉靖]普安州志 第121冊
(明)高廷愉纂修
明嘉靖刻本

[乾隆]普安州志 第121冊
(清)王粵麟修 曹維祺 曹達纂
清乾隆二十三年(1758)修油印本

[光緒]普安直隸廳志 第121冊
(清)曹昌祺修 覃夢榕纂
清光緒十五年(1889)刻本

遵義市

[道光]遵義府志 第121冊
(清)平翰等修 鄭珍等纂
清道光二十一年(1841)刻本

[民國]續遵義府志 第121冊
周恭壽修 趙愷 楊恩元纂
民國二十五年(1936)刻本

[乾隆]綏陽志 第121冊
(清)陳世盛修 傅維澍等撰
清乾隆二十四年(1759)修油印本

[民國]綏陽縣志 第121冊
胡仁修 李培枝纂
民國十七年(1928)貴陽文通書局鉛印本

[光緒]餘慶縣志 第121冊
(清)湯鑒盤增補
清光緒三十年(1904)抄本

[民國]餘慶縣志 第121冊
陳銘典修 李光斗纂
民國二十五年(1936)石印本

[民國]桐梓縣志 第121冊
李世祚修 猶海龍等纂
民國十八年(1929)鉛印本

[嘉慶]正安州志 第121冊
(清)趙宜霖修 遊玉堂纂
清嘉慶二十三年(1818)修油印本

[咸豐]正安新志 第121冊
(清)朱百穀等纂修
清咸豐八年(1858)刻本

[光緒]續修正安州志 第121冊
(清)彭焯修 楊德明纂
清光緒三年(1877)刻本

[光緒]湄潭縣志 第121冊
(清)吳宗周修 歐陽曙纂
清光緒二十五年(1899)刻本

[道光]仁懷直隸廳志 第121冊
(清)陳熙晉纂修
清道光二十一年(1841)刻本

[光緒]增修仁懷廳志 第121冊
(清)崇俊修 王椿纂 王培森校補
清光緒二十八年(1902)刻本

安順市

[咸豐]安順府志 第121冊
(清)常恩修 鄒漢勳 吳寅邦纂
清咸豐元年(1851)刻本

[民國]續修安順府志 第121冊
黃元操 任可澄等纂輯
據民國三十年(1941)稿本排印本

[光緒]鎮寧州志 第121冊
(清)李昶元 彭鈺等纂修
清光緒元年(1875)抄本

[民國]鎮縣志 第121冊
胡翯修 饒燮乾等纂
民國三十六年(1947)石印本

[道光]安平縣志 第121冊
(清)劉祖憲修 何思貴等纂
清道光七年(1827)修油印本

[民國]平壩縣志 第121冊
江鍾岷修 陳廷棻 陳楷纂
民國二十一年(1932)貴陽文通書局鉛印本

[道光]永寧州志 第121冊
(清)黃培傑纂修
清道光十七年(1837)刻本

畢節地區

[道光]大定府志 第121冊
(清)黃宅中修 鄒漢勳纂
清道光二十九年(1849)刻本

[乾隆]畢節縣志 第121冊
(清)董朱英等修 路元升纂
清乾隆二十三年(1758)刻本

[同治]畢節縣志稿 第121冊
(清)王正壐等修 周範纂
清同治十三年(1874)修油印本

[光緒]畢節縣志 第121冊
(清)陳昌言修 徐廷燮纂
清光緒五年(1879)刻本

[乾隆]黔西州志 第121冊
(清)馮光宿纂修
清乾隆九年(1744)修油印本

[道光]黔西州志 第121冊
(清)魯壽崧修 熊聲元等纂
清道光十五年(1835)刻光緒十年(1884)重印本

[民國]威寧縣志 第121冊
苗勃然 王祖奕纂
民國間修油印本

[民國]大定縣志 第121冊
趙顯國修 李芳等纂
民國十五年(1926)石印本

銅仁地區

[道光]銅仁府志 第121冊
(清)敬文等修 徐如澍纂
清道光四年(1824)修油印本

[康熙]平溪衛志書 第121冊
(清)鄭逢元纂修
清康熙十二年(1673)修油印本

[乾隆]玉屏縣志 第121冊
(清)趙沁修 田榕纂
清乾隆二十二年(1757)刻本

[道光]松桃廳志 第121冊
(清)徐鋐修 蕭琯纂
清道光十六年(1836)松高書院刻本

[乾隆]石阡府志 第121冊
(清)羅文思纂修
清乾隆三十年(1765)刻本

[同治]石阡府志 第121冊
(清)方齊壽修 楊大鏞纂

清同治十年(1871)修光緒二年(1876)刻本
[民國]石阡縣志 第121冊
周國華等修 馮翰先等纂
民國十一年(1922)修油印本
黔東南苗族侗族自治州
[乾隆]鎮遠府志 第121冊
(清)蔡宗建修 龔傳紳纂
清乾隆五十七年(1792)刻本
[康熙]天柱縣志 第121冊
(清)王複宗纂修
清康熙二十二年(1683)刻本
[光緒]天柱縣志 第121冊
(清)林佩綸等修 楊樹琪等纂
清光緒二十九年(1903)活字本
[乾隆]清江志 第121冊
(清)胡章修
清乾隆五十五年(1790)抄本複印本
[光緒]黎平府志 第121冊
(清)俞渭修 陳瑜纂
清光緒十八年(1892)黎平府志局刻本
[道光]黃平州志 第121冊
(清)李臺修 王孚鏞纂 陶廷瑕續修
清嘉慶六年(1801)修道光十三年(1833)續修油印本
[康熙]思州府志 第121冊
(清)蔣深纂
清康熙六十一年(1722)修油印本
[乾隆]開泰縣志 第121冊
(清)郝大成修 王師泰纂
清乾隆十七年(1752)刻本陽堂藏版
黔南布依族苗族自治州
[民國]甕安縣志 第121冊
李退穀修 朱勳纂
民國四年(1915)貴陽文通書局鉛印本
[道光]廣順州志 第121冊
(清)金臺修 但明倫纂
清道光二十七年(1847)廣陽書院刻本
[康熙]定番州志 第121冊
(清)年法堯修 夏文炳纂
清康熙五十七年(1718)修抄本複印本
[民國]定番州志 第121冊
(清)年法堯原本 (民國)陳惠夫續修 尹石公續纂
民國三十四年(1945)鉛印本
[光緒]荔波縣志 第121冊
(清)蘇忠廷修 董成烈纂
清光緒元年(1875)修抄本
[民國]荔波縣志稿 第121冊
荔波縣志整理委員會纂修
民國三十六年(1947)修油印本
[光緒]平越直隸州志 第121冊
(清)瞿鴻錫修 賀緒蕃纂
清光緒三十三年(1907)刻本(複製本)
[乾隆]獨山州志 第121冊
(清)劉岱修 艾茂 謝庭薰纂
清乾隆三十四年(1769)刻本學宮藏版
黔西南布依族苗族自治州
[民國]南籠續志 第121冊
洪寅修 宋紹錫纂
民國十年(1921)修抄本
[咸豐]興義府志 第121冊
(清)張鍈修 鄒漢勳 朱逢甲纂
清咸豐四年(1854)修民國三年(1914)貴陽文通書局鉛印本
[民國]普安縣志 第121冊
楊學溥修 田昌雯纂
民國十五年(1926)貴陽複記印刷社石印本
[民國]興仁縣志 第121冊
冉晸修 張俊穎纂
民國二十三年(1934)修油印本
[民國]興仁縣補志 第121冊
葛天乙等修 霍録勳等纂
民國三十二年(1943)修油印本
安南鄉土志三編 第121冊
(清)易輔上纂修
清末抄本
雲南省
[正德]雲南志 第122冊
(明)周季鳳纂修
明嘉靖三十二年(1553)翻刻正德五年(1510)本
[隆慶]雲南通志 第122冊
(明)李元陽纂修
明隆慶六年(1572)修民國二十三年(1934)龍氏靈源別墅鉛印本
[天啟]滇志 第122冊
(明)劉文徵纂
明天啟五年(1625)纂抄本
[康熙]雲南通志 第122冊
(清)范承勳 王繼文修 吳自肅 丁煒纂
清康熙三十年(1691)刻本
[嘉慶]滇雲紀畧 第122冊
(清)張若驌纂修
清嘉慶十三年(1808)刻本樂餘堂藏版
[嘉慶]滇繫 第122冊
(清)師範纂
清嘉慶十三年(1808)修光緒十三年(1887)雲南通志局刻本
[道光]雲南通志稿 第122冊
(清)阮元等修 王崧 李誠纂
清道光十五年(1835)刻本
[道光]雲南備征志 第122冊
(清)王崧纂
清道光十一年(1831)修宣統二年(1910)雲南官報局排印鉛印本
[光緒]雲南通志 第122冊
(清)岑毓英修 陳燦纂
清光緒二十年(1894)刻本
[光緒]雲南通志 第123冊
(清)岑毓英修 陳燦纂
清光緒二十年(1894)刻本
[光緒]續雲南通志稿 第123冊
(清)王文韶等修 唐炯等纂
清光緒二十七年(1901)四川岳池刻本
[民國]新纂雲南通志 第123冊
龍雲 盧漢修 周鍾嶽纂
民國三十八年(1949)鉛印本
[民國]新纂雲南通志 第124冊
龍雲 盧漢修 周鍾嶽纂
民國三十八年(1949)鉛印本
南詔野史 第124冊
(明)倪輅輯
排印本
滇南雜志 第124冊
(清)曹樹翹撰
清嘉慶十五年(1810)撰民國間鉛印本
鴻泥雜志 第124冊
(清)雪漁氏撰
清道光六年(1826)刻本
滇中瑣記 第124冊
(清)楊瓊撰
民國元年(1912)鉛印本
滇南名勝圖 第124冊
趙鶴清輯
民國六年(1917)雲南崇文石印局石印本七滇繹袁嘉穀纂修民國十二年(1923)鉛印本
二八滇南鈔錄 第124冊
佚名撰

民國間抄本

昆明市

[康熙]雲南府志 第124冊
(清)范承勳 張毓碧修 謝儼纂
清康熙三十五年(1696)刻本

[光緒]昆明縣志 第124冊
(清)戴絅孫纂修
清光緒二十七年(1901)刻十年(1904)增刻本版存文廟桂香樓

[康熙]晉寧州志 第124冊
(清)杜紹先纂修
傳抄清康熙五十五年(1716)刻本

[乾隆]晉寧州志 第124冊
(清)毛嶅 朱陽纂修
清乾隆二十七年(1762)刻本

[道光]晉寧州志 第124冊
(清)朱慶椿修 陳金堂纂
清道光二十三年(1843)修民國十五年(1926)鉛印本

[雍正]呈貢縣志 第124冊
(清)朱若功修 戴天賜等纂
清雍正三年(1725)刻本

[光緒]呈貢縣志 第124冊
(清)李明纂修
清光緒十一年(1885)刻本本衙藏版

[雍正]安寧州志 第124冊
(清)楊若椿等修 段昕纂
清雍正九年(1731)修乾隆四年(1739)刻本

[光緒]安甯州志 第124冊
(清)郭時郁修 郎桀纂
清光緒間刻本

[乾隆]續編路南州志 第124冊
(清)史進爵修 郭廷選纂
清乾隆二十二年(1757)刻本

[民國]路南縣志 第124冊
馬標修 楊中潤纂
民國六年(1917)抄本

[康熙]嵩明州志 第125冊
(清)汪修 任洵等纂
清康熙五十九年(1720)刻本

[光緒]續修嵩明州志 第125冊
(清)胡緒昌修 王沂淵等纂
清光緒十三年(1887)刻本

[光緒]嵩明州志 第125冊
(清)薛渭川纂修
清光緒十五年(1889)刻本傳抄本

[民國]嵩明縣志 第125冊
陳詒孫等修 楊思誠纂
民國三十四年(1945)鉛印本

[康熙]尋甸州志 第125冊
(清)李月枝纂修
清康熙五十九年(1720)刻本

[道光]尋甸州志 第125冊
(清)孫世榕纂修
清道光八年(1828)修民國間抄本

[乾隆]宜良縣志 第125冊
(清)王誦芬纂修
清乾隆三十二年(1767)刻本

[乾隆]宜良縣志 第125冊
(清)李淳纂修
清乾隆五十一年(1786)刻本

[民國]宜良縣志 第125冊
(清)袁嘉穀修 許實纂
民國十年(1921)雲南官印局鉛印本

[民國]祿勸縣志 第125冊
許實纂修
民國十七年(1928)雲南開智公司鉛印本

曲靖市

[乾隆]東川府志 第125冊
(清)方桂修 胡蔚纂
清乾隆二十六年(1761)刻光緒三十四年(1908)東川師範學堂重印本

[光緒]東川府續志 第125冊
(清)余澤春修 茅紫芳纂 馮譽驄續纂修
清光緒十年(1884)修十三年(1897)續修刻本

[乾隆]古越州志 第125冊
(清)何暄纂修 何灼朗續纂修 李家珍重訂
清乾隆間修道光同治光緒增訂抄本

[咸豐]南寧縣志 第125冊
(清)毛玉成修 張翊辰等纂
清咸豐二年(1852)修抄本

[道光]宣威州志 第125冊
(清)劉沛霖等修 朱光鼎等纂
清道光二十四年(1844)修抄本

[民國]宣威縣志稿 第125冊
陳其棟修 繆果章纂
民國二十三年(1934)雲南開智印刷公司鉛印本

[乾隆]霑益州志 第125冊
(清)王秉韜纂修
清乾隆三十五年(1770)刻本

[光緒]霑益州志 第125冊
(清)陳燕 韓寶琛修 李景賢纂
清光緒十一年(1885)刻本抄配

[乾隆]陸涼州志 第125冊
(清)沈生遴纂修
清乾隆十七年(1752)修民國間曬印本

[道光]陸涼州志 第125冊
(清)繆闐修 施映袞等纂
清道光二十五年(1845)刻本

[民國]陸良縣志稿 第125冊
劉潤疇修 俞賡唐纂
民國四年(1915)文匯石印局石印本

玉溪市

[道光]澂江府志 第125冊
(清)李熙齡纂修
清道光二十七年(1847)刻本

[乾隆]新興州志 第125冊
(清)任中宜纂修 徐正恩續纂修
清乾隆十五年(1750)增刻本

黎縣舊志 第125冊
(清)佚名纂修
清乾隆間增修民國五年(1916)鉛印本

黎縣志 第125冊
(清)佚名纂
民國五年(1916)鉛印本

[康熙]通海縣志 第125冊
(清)魏藎臣 闞禎兆纂修
清康熙三十年(1691)刻本

[道光]續修通海縣志 第125冊
(清)趙自中纂修
清道光六年(1826)修民國九年(1920)石印本

[乾隆]河西縣志 第125冊
(清)董樞纂修
清乾隆五十三年(1788)修民國十四年(1925)鉛印本

[民國]元江志稿 第125冊
黃元直修 劉達武纂
民國十一年(1922)開智印刷有限公司鉛印本

元江鄉土韻言 第125冊
彭松森纂修
民國九年(1920)刻本

[道光]新平縣志 第125冊
(清)李誠 羅宗璉纂修

清道光七年(1827)修抄本
[民國]新平縣志 第125冊
王志高等修 馬太元纂
民國二十二年(1933)昆明市金蘭石印館石印本
[嘉慶]江川縣志 第125冊
(清)張維翰纂修 葛焯續纂修
清嘉慶四年(1799)增修抄本
[民國]嶍峨縣志 第125冊
徐振聲續修
民國十三年(1924)修抄本
[康熙]易門縣志 第125冊
(清)佚名纂修
清康熙五十三年(1714)修抄本

保山市

[乾隆]永昌府志 第125冊
(清)宣世濤纂修
清乾隆五十年(1785)刻本
[光緒]永昌府志 第125冊
(清)劉毓珂等纂修
清光緒十一年(1885)刻本
[乾隆]騰越州志 第125冊
(清)屠述濂纂修
清乾隆五十五年(1790)修光緒二十三年(1897)刻民國二十年(1931)重印本版藏騰沖圖書館
[光緒]騰越廳志稿 第125冊
(清)陳宗海修 趙端禮纂
清光緒十三年(1887)刻本
[民國]龍陵縣志 第125冊
張鑑安修 寸曉亭等纂
民國六年(1917)刻本昭通市
[民國]昭通志稿 第125冊
符廷銓修 楊履乾纂
民國十三年(1924)鉛印本
[光緒]鎮雄州志 第125冊
(清)吳光漢修 宋成基纂
清光緒十三年(1887)刻本
[民國]巧家縣志稿 第125冊
陸崇仁修 湯祚纂
民國三十一年(1942)雲南印刷局鉛印本

麗江市

[光緒]麗江府志 第125冊
(清)陳宗海修 李星瑞纂
清光緒二十一年(1895)修民國間抄本
[乾隆]永北府志 第125冊
(清)陳奇典修 劉慥纂
清乾隆三十年(1765)刻本

普洱市

[乾隆]景東直隸廳志 第125冊
(清)吳蘭孫纂修
清乾隆五十三年(1788)修民國二十二年(1933)抄本
[嘉慶]景東直隸廳志 第125冊
(清)羅含章纂修
清嘉慶二十五年(1820)修抄本
[民國]景東縣志稿 第125冊
周汝釗修 侯應中纂
民國十二年(1923)石印本
[道光]威遠廳志 第125冊
(清)謝體仁纂修
清道光十八年(1838)刻本
江城縣採訪省志資料 第125冊
李文新輯
民國二十二年(1933)抄本

臨滄市

[雍正]順寧府志 第125冊
(清)范溥纂修
清雍正四年(1726)刻本
[光緒]續修順甯府志 第125冊
(清)朱占科修 周宗洛等纂
清光緒三十一年(1905)刻本

迪慶藏族自治州

[光緒]新修中甸廳志書 第125冊
(清)吳自修修 張翼夔纂
清光緒十年(1884)修排印本
[民國]中甸縣志 第125冊
段綬滋編纂
民國二十八年(1939)修排印本

大理白族自治州

[康熙]大理府志 第125冊
(清)傅天祥等修 黃元治等纂
清康熙三十三年(1694)刻本
[民國]大理縣志稿 第125冊
張培爵修 周宗麟纂
民國六年(1917)鉛印本
[康熙]劍川州志 第125冊
(清)王世貴修 張倫纂
清康熙五十二年(1713)刻本
[康熙]續修浪穹縣志 第125冊
(清)趙珙纂修
清康熙二十九年(1690)修民國間抄本
[光緒]浪穹縣志畧 第125冊
(清)周沆纂修
清光緒二十九年(1903)刻民國元年(1912)重印本
[雍正]賓川州志 第125冊
(清)周鉞纂修
清雍正五年(1727)刻本
[萬曆]趙州志 第125冊
(明)莊誠修 王利賓纂
明萬曆間修清抄本
[乾隆]趙州志 第125冊
(清)趙淳等纂修
清乾隆元年(1736)刻本
[道光]趙州志 第125冊
(清)陳釗鏜修 李其馨等纂
清道光十五年(1835)修民國二十六年(1937)石印本
[康熙]蒙化府志 第126冊
(清)蔣旭修 陳金珏纂
清康熙三十七年(1698)刻本
[乾隆]續修蒙化直隸廳志 第126冊
(清)劉塏 席慶年修 吳蒲等纂
清乾隆五十五年(1790)刻本
[民國]蒙化志稿 第126冊
李春曦修 梁友檍纂
民國九年(1920)雲南崇文書館鉛印本
[康熙]鶴慶府志 第126冊
(清)佟鎮修 鄒啟孟纂
清康熙五十三年(1714)刻本
[光緒]鶴慶州志 第126冊
(清)王寶儀修 楊金和等纂
清光緒二十年(1894)修民國間抄本
[民國]鶴慶縣志 第126冊
楊金鎧纂修
民國十二年(1923)稿本
[康熙]雲南縣志 第126冊
(清)伍青蓮纂修
清康熙間修民國間抄本
[乾隆]雲南縣志 第126冊
(清)李世保修 張聖功 王在璋纂
清乾隆三十二年(1767)刻本
[光緒]雲南縣志 第126冊
(清)項聯晉修 黃炳堃纂
清光緒十六年(1890)刻本
[雍正]雲龍州志 第126冊
(清)陳希芳修 胡禹謨纂
清雍正六年(1728)修民國間抄本

楚雄彝族自治州

[康熙]楚雄府志 第126冊
(清)張嘉穎等修 李鏡 劉聯聲等纂
清康熙五十五年(1716)修民國間抄本
[宣統]楚雄縣志 第126冊
(清)崇謙等修
清宣統二年(1910)修抄本
[康熙]武定府志 第126冊
(清)王清賢修 陳淳纂
清康熙二十八年(1689)刻本
[民國]祿豐縣志條目 第126冊
陽仰修抄
民國二十一年(1932)抄本
[康熙]羅次縣志 第126冊
(清)王秉煌 屈正宸修 梅鹽臣等纂
清康熙五十六年(1717)刻本
[光緒]羅次縣志 第126冊
(清)胡毓麒修 楊鍾璧等纂
清光緒十三年(1887)碧城書院刻本
[光緒]鎮南州志略 第126冊
(清)李毓蘭修 甘孟賢纂
清光緒十八年(1892)刻本版存鎮南龍川書院藏書樓
[康熙]姚州志 第126冊
(清)管棆纂修
清康熙五十二年(1713)刻本
[光緒]姚州志 第126冊
(清)陸宗鄭等修 甘雨纂
清光緒十一年(1885)刻本版存姚州文廟尊經閣
[民國]姚安縣志 第126冊
霍士廉等修 由雲龍等纂
民國三十七年(1948)鉛印本
[雍正]白鹽井志 第126冊
(清)劉邦瑞纂修
清雍正八年(1730)抄本暨刻本
[乾隆]白鹽井志 第126冊
(清)郭存莊纂修
清乾隆二十三年(1758)刻本
[光緒]續修白鹽井志 第126冊
(清)李訓鋐等修 羅其澤等纂
清光緒三十三年(1907)刻本
[民國]鹽豐縣志 第126冊
郭燮熙纂修
民國十三年(1924)雲南開智公司鉛印本
[道光]定遠縣志 第126冊
(清)李德生等修 李慶元等纂
清道光十五年(1835)修抄本
四定遠鄉土志史初稿 第126冊
吳聯珠編
抄本
[康熙]琅鹽井志 第126冊
(清)沈鼐纂修
清康熙五十一年(1712)修民國間抄本
[乾隆]琅鹽井志 第126冊
(清)孫元湘修 趙淳纂
清乾隆二十一年(1756)刻本
[康熙]南安州志 第126冊
(清)張倫至纂修
清康熙四十八年(1709)刻本紅河哈尼族彝族自治州
[乾隆]廣西府志 第126冊
(清)周埰修 李綬纂
清乾隆四年(1739)刻光緒三十一年(1905)補刻本
[乾隆]彌勒州志 第126冊
(清)秦仁王緯修 伍士玠纂 傅騰蛟等增訂
清乾隆四年(1739)刻本
[嘉慶]阿迷州志 第126冊
(清)張大鼎纂修
清嘉慶元年(1796)刻本
[乾隆]蒙自縣志 第126冊
(清)李焜撰
清乾隆五十六年(1791)修抄本
[乾隆]石屏州志 第126冊
(清)管學宣纂修
清乾隆二十四年(1759)刻本本衙藏版
[民國]石屏縣志 第126冊
袁嘉穀纂修
民國二十七年(1938)鉛印本
[康熙]建水州志 第126冊
(清)陳肇奎修 葉涞纂
清康熙五十四年(1715)刻本
[雍正]建水州志 第126冊
(清)祝宏修 趙節等纂
清雍正九年(1731)刻本本衙藏版

文山壯族苗族自治州

[乾隆]開化府志 第126冊
(清)湯大賓修 趙震纂
清乾隆二十三年(1758)修抄本
[道光]開化府志 第126冊
(清)何懷道等修 萬重箕等纂
清道光九年(1829)刻本
[民國]邱北縣志 第126冊
沈祜修 繆雲章纂
民國十五年(1926)石印本

西藏自治區

西藏見聞錄 第126冊
(清)蕭騰麟著
清乾隆間著鉛印本
[乾隆]西藏志 第126冊
(清)允禮撰
清乾隆間撰刻本
[乾隆]衛藏圖識 第126冊
(清)馬揭 盛繩祖撰
清乾隆五十七年(1792)刻本
[宣統]西藏新志 第126冊
(清)許光世 蔡晉成纂
清宣統三年(1911)上海自治編輯社鉛印本
[民國]衛藏攬要 第126冊
邵欽權纂修
民國初年稿本
西藏通覽 第126冊
(日)山縣初男著
民國二年(1913)陸軍部印行鉛印本
[民國]西藏志底稿 第126冊
佚名撰
民國初稿本
[民國]蒙藏新志 第126冊
黄奮生著
民國二十七年(1938)鉛印本
西藏調查記 第126冊
張其勤 沈與白合著
民國十三年(1924)鉛印本

拉薩市

[道光]拉薩廳志 第126冊
(清)李夢皋纂
清道光二十五年(1845)纂排印本

陝西省

[嘉靖]陝西通志 第127冊
(明)趙廷瑞修 馬理纂
明嘉靖二十一年(1542)刻本
[康熙]陝西通志 第127冊
(清)賈漢複修 李楷纂
清康熙六年(1667)刻本
[雍正]陝西通志 第127冊
(清)劉于義修 沈青崖纂
清雍正十三年(1735)刻本

[道光]陝西志輯要 第127冊
(清)王志沂輯
清道光七年(1827)刻本
輔決錄 第127冊
(漢)趙岐撰 (晉)摯虞注 (清)張澍輯
清道光元年(1821)刻本
嘉陵江志 第127冊
馬以愚撰
民國三十六年(1947)商務印書館鉛印本

西安市

西京記 第127冊
佚名纂修
據北京圖書館出版社一九九七年《漢唐方志輯佚》排印
[乾隆]西安府志 第127冊
(清)舒其紳等修 嚴長明等纂
清乾隆四十四年(1779)刻本
[康熙]長安縣志 第127冊
(清)梁禹甸纂修
清康熙七年(1668)刻本
[嘉慶]長安縣志 第127冊
(清)張聰賢修 董曾臣等纂
清嘉慶十七年(1812)修民國二十五年(1936)鉛印本
[康熙]咸寧縣志 第127冊
(清)黃家鼎修 陳大經 楊生芝纂
清康熙七年(1668)刻本
[光緒]高陵縣續志 第127冊
(清)程維雍修 白遇道纂
清光緒十年(1884)刻本
[康熙]鄠縣志 第127冊
(清)康如璉修 康弘祥纂
清康熙間刻本
[乾隆]盩厔縣志 第127冊
(清)楊儀修 王開沃纂
清乾隆五十八年(1793)補刻本
[民國]盩厔縣志 第127冊
龐文中修 任肇新纂
民國十四年(1925)西安藝林印書社鉛印本
[康熙]臨潼縣志 第127冊
(清)趙于京纂修
清康熙四十年(1701)刻本藕葉山房藏版
[乾隆]臨潼縣志 第127冊
(清)史傳遠纂修
清乾隆四十一年(1776)刻本
[民國]臨潼縣志 第127冊
鄧長耀纂修
民國十一年(1922)鉛印本
[雍正]藍田縣志 第127冊
(清)郭顯賢原本 李元昇增修 李大捷增纂
清雍正八年(1730)增刻順治本之抄本
[嘉慶]藍田縣志 第128冊
(清)高昱修 王開沃纂 馬學賜續修 王芾續纂
清嘉慶元年(1796)刻本
[光緒]藍田縣志 第128冊
(清)呂懋勳等修 袁廷俊等纂
清光緒元年(1875)刻本本衙藏版

延安市

[康熙]延長縣志 第128冊
(清)孫芳馨修 樊鍾秀纂
清康熙年間修抄本
[康熙]鄜州志 第128冊
(清)顧耿臣修 任于嶠纂
清康熙五年(1666)刻本
[嘉慶]洛川縣志 第128冊
(清)劉毓秀修 賈構纂
清嘉慶十一年(1806)刻本
[民國]洛川縣志 第128冊
余正東修 黎錦熙 吳致勳纂
民國三十三年(1944)泰華印刷廠鉛印本
[康熙]中部縣志 第128冊
(清)李暄修 劉爾怡纂
清康熙三十二年(1693)刻本
[嘉慶]續修中部縣志 第128冊
(清)丁瀚修 張永清等纂
清嘉慶十二年(1807)修民國十四年(1935)鉛印本
[民國]中部縣志 第128冊
余正東主修 黎錦熙校訂 吳致勳總纂
民國三十三年(1944)新中國印書館鉛印本

銅川市

[嘉靖]耀州志 第128冊
(明)李廷寶修 喬世寧纂
明嘉靖三十六年(1557)刻本
[乾隆]續耀州志 第128冊
(清)汪灝修 鍾研齋纂
清乾隆二十七年(1762)刻本
[嘉慶]耀州志 第128冊
(清)陳仕林纂修
清嘉慶七年(1802)刻本
[崇禎]同官縣志 第128冊
(明)劉澤遠修 寇慎纂 孔尚標增修
明萬曆四十六年(1618)刻崇禎十三年(1640)增補本
[乾隆]同官縣志 第128冊
(清)袁文觀纂修
清乾隆三十年(1765)修抄本

渭南市

[乾隆]富平縣志 第128冊
(清)喬履信纂修
清乾隆五年(1740)刻本
[乾隆]富平縣志 第128冊
(清)吳六鼇修 胡文銓纂
清乾隆四十三年(1778)刻本
[光緒]富平縣志稿 第128冊
(清)樊增祥 劉錕修 田兆岐纂
清光緒十七年(1891)刻本
[天啟]同州志 第128冊
(明)張一英修 馬樸纂
明天啟五年(1625)刻本
[乾隆]同州府志 第128冊
(清)張奎祥修 李之蘭等纂
清乾隆六年(1741)刻本
[乾隆]同州府志 第128冊
(清)閔鑒修 吳泰來纂
清乾隆四十六年(1781)刻本
[乾隆]大荔縣志 第128冊
(清)沈應俞纂輯
清乾隆七年(1742)刻本
[道光]大荔縣志 第128冊
(清)熊兆麟纂修
清道光三十年(1850)刻本
[光緒]大荔縣續志 第128冊
(清)周銘旂修 李志複纂
清光緒五年(1879)修十一年(1885)馮翊書院刻本
[民國]續修大荔縣舊志存稿 第128冊
聶雨潤修 李泰纂
民國二十六年(1937)陝西省印刷局鉛印本
[康熙]朝邑縣後志 第128冊
(清)王兆鼇修
清康熙五十一年(1712)刻本
[乾隆]朝邑縣志 第128冊

(清)金嘉琰 朱廷模修 錢坫纂
清乾隆四十五年(1780)刻本
[民國]平民縣志 第128冊
楊瑞霆修 霍光縉纂
民國二十一年(1932)鉛印本之抄本
[順治]重脩郃陽縣志 第128冊
(明)葉夢熊纂 (清)莊曾明 葉子循等續纂
清順治六年(1649)刻十年(1653)增修本
[嘉靖]澄城縣志 第128冊
(明)徐效賢 敖佐修 石道立纂
明嘉靖二十八年(1549)修清咸豐元年(1851)重刻嘉靖三十年(1551)本
[順治]澄城縣志 第128冊
(明)石道立原纂 (清)姚欽明增修 路世美增纂
清順治六年(1649)修咸豐元年(1851)重刻本
[乾隆]韓城縣志 第128冊
(清)傅應奎修 錢坫纂
清乾隆四十九年(1784)刻本本衙藏版
[隆慶]華州志 第128冊
(明)李可久修 張光孝纂
明隆慶六年(1572)修光緒八年(1882)合刻華州志本
[萬曆]華陰縣志 第128冊
(明)王九疇修 張毓翰纂
明萬曆四十二年(1614)刻本
[乾隆]華陰縣志 第128冊
(清)陸維垣 許光基修 李天秀等纂
清乾隆五十九年(1794)修民國十七年(1928)西安藝林印書社鉛印本
[民國]華陰縣續志 第128冊
米登嶽修 張崇善 王之彦纂
民國二十一年(1932)鉛印本
華嶽志 第128冊
(清)姚遠翿纂修
清乾隆二十七年(1762)刻本
華嶽志 第128冊
(清)李榕蔭原修 郝永茂補刻
清道光間撰光緒九年(1883)刻本
[光緒]蒲城縣新志 第129冊
(清)李體仁修 王學禮纂
清光緒三十一年(1905)刻本
[乾隆]白水縣志 第129冊
(清)梁善長纂修
清乾隆十九年(1754)修民國十四年(1925)鉛印本
[嘉慶]續潼關縣志 第129冊
(清)向淮修 王森文纂
清嘉慶二十二年(1817)修民國二十年(1931)西安克興印書館鉛印本
[民國]潼關縣新志 第129冊
羅傳甲修 趙鵬超纂
民國二十年(1931)鉛印本

咸陽市

[乾隆]咸陽縣志 第129冊
(清)臧應桐纂修
清乾隆十六年(1751)刻本
[民國]重修咸陽縣志 第129冊
劉安國修 吳廷錫 馮光裕纂
民國二十一年(1932)鉛印本
[乾隆]興平縣志 第129冊
(清)顧聲雷修 張塤纂
清乾隆間修光緒二年(1876)刻本
[康熙]涇陽縣志 第129冊
(清)王際有纂修
清康熙九年(1670)刻本
[雍正]涇陽縣志 第129冊
(清)屠楷纂修
清雍正十年(1732)刻本
[乾隆]涇陽縣志 第129冊
(清)葛晨纂修
清乾隆四十四年(1779)刻本
[道光]涇陽縣志 第129冊
(清)胡元煐修 蔣湘南纂
清道光二十二年(1842)刻本
[宣統]涇陽縣志 第129冊
(清)劉懋官修 宋伯魯 周斯億纂
清宣統三年(1911)天津華新印刷局鉛印本
[嘉靖]重修三原志 第129冊
(明)張信纂修
明嘉靖間刻抄本
[乾隆]三原縣志 第129冊
(清)劉紹攽纂修
清乾隆四十八年(1783)刻本
[光緒]三原縣新志 第129冊
(清)焦雲龍修 賀瑞麟纂
清光緒六年(1880)刻本
[崇禎]醴泉縣志 第129冊
(明)蕎好善纂修
明崇禎十一年(1638)刻清初重修本
[民國]續修醴泉縣志稿 第129冊
張道芷 胡銘荃修 曹驥觀纂
民國二十四年(1935)西安西山書局鉛印本
雲陽記 第129冊
(漢)王褒撰
據北京圖書館出版社一九九七年《漢唐方志輯佚》排印
[光緒]乾州志稿 第129冊
(清)周銘旂纂修
清光緒十年(1884)乾陽書院刻本
[民國]乾縣新志 第129冊
續儉 田屏軒修 范凝績纂
民國三十年(1941)西京克興印書館鉛印本
[康熙]永壽縣志 第129冊
(清)張焜修 趙運熙纂
清康熙七年(1668)刻本
[乾隆]永壽縣新志 第129冊
(清)蔣基修 王開沃纂
清乾隆五十六年(1791)刻本
[光緒]永壽縣志 第129冊
(清)鄭德樞修 趙奇齡等纂
清光緒十五年(1889)刻本
[雍正]武功縣後志 第129冊
(清)沈華修 崔昭等纂
清雍正十二年(1734)刻本
[光緒]武功縣續志 第129冊
(清)張世英修 巨國桂纂
清光緒十四年(1888)刻本

寶雞市

[康熙]重修鳳翔府志 第129冊
(清)朱琦纂修
清康熙四十九年(1710)刻本
[乾隆]重修鳳翔府志 第129冊
(清)達靈阿修 周方炯纂
清乾隆三十一年(1766)刻本
[雍正]鳳翔縣志 第129冊
(清)韓鏞纂修
清雍正十一年(1733)刻本
[乾隆]鳳翔縣志 第129冊
(清)羅鼇修 周方炯 劉震纂
清乾隆三十二年(1767)刻本
[乾隆]寶雞縣志 第129冊
(清)許起鳳修 高登科纂
清乾隆二十九年(1764)刻抄本
[民國]寶雞縣志 第129冊

强振志等纂修
民國十一年(1922)鉛印本
[乾隆]岐山縣志 第129冊
(清)平世增 郭履恒修 蔣兆甲纂
清乾隆四十四年(1779)刻道光間增刻本
[光緒]岐山縣志 第129冊
(清)胡昇猷修 張殿元纂
清光緒十一年(1885)刻本
[順治]扶風縣志 第129冊
(清)劉瀚芳 陳允錫修 馮文可纂
清順治十八年(1661)刻本
[嘉慶]扶風縣志 第129冊
(清)宋世犖纂修
清嘉慶二十四年(1819)刻本
[宣統]郿縣志 第129冊
(清)沈錫榮纂修
清宣統二年(1910)鉛印本
[光緒]麟遊縣新志草 第129冊
(清)彭洵纂修
清光緒九年(1883)刻本
[道光]重修汧陽縣志 第129冊
(清)羅曰璧纂修
清道光二十一年(1841)刻本
[康熙]隴州志 第129冊
(清)羅彰彝纂修
清康熙五十二年(1713)刻本
[乾隆]隴州續志 第129冊
(清)吳炳纂
清乾隆三十一年(1766)刻本
[道光]鳳縣志 第129冊
(清)陳韶纂
清道光六年(1826)抄本

漢中市

[乾隆]南鄭縣志 第129冊
(清)王行儉修 余孔捷纂
清乾隆五十九年(1794)刻本
[民國]續修南鄭縣志 第129冊
郭鳳洲 柴守愚修 劉定鐸等纂
民國十年(1921)刻本
[道光]褒城縣志 第129冊
(清)光朝魁纂修
清道光十一年(1831)抄本
[康熙]城固縣志 第129冊
(清)王穆纂修
清康熙五十六年(1717)刻光緒四年(1878)徐德懷重刻本

洋州圖經 第129冊
佚名纂修
據劉緯毅等輯《宋遼金元方志輯佚》排印
陝西洋州志 第129冊
佚名纂修
據《永樂大典》本排印
[康熙]洋縣志 第129冊
(清)鄒溶修 周忠纂
清康熙三十三年(1694)刻本
[光緒]洋縣志 第129冊
(清)張鵬翼纂修
清光緒二十三年(1897)修民國二十六年(1937)石印本
[康熙]西鄉縣志 第129冊
(清)史左修 陳鵬程等纂
清康熙二十二年(1683)刻本
[道光]西鄉縣志 第129冊
(清)張廷槐纂修
清道光八年(1828)刻本抄本補配
[道光]寧羌州志 第129冊
(清)張廷槐纂修
清道光十二年(1832)刻本缺頁處以他本補齊
[康熙]沔縣志 第129冊
(清)錢兆沆纂修
清康熙四十九年(1710)刻抄本
[光緒]沔縣志 第129冊
(清)孫銘鐘 羅桂銘修 彭齡纂
清光緒九年(1883)刻本
[嘉靖]畧陽縣志 第129冊
(明)李遇春纂修 李東甲 賈言校補
明嘉靖三十一年(1552)刻本
[雍正]畧陽縣志 第129冊
(清)范昉纂修
清雍正九年(1731)刻本
[道光]留壩廳志 第129冊
(清)賀仲瑊等纂修
清道光二十二年(1842)刻本本衙藏版

榆林市

[道光]榆林府志 第129冊
(清)李熙齡纂修
清道光二十一年(1841)刻本
[民國]横山縣志 第129冊
劉濟南等修 曹子正等纂
民國二十年(1931)榆林東順齋石印本
[光緒]靖邊縣志稿 第129冊
(清)丁錫奎修 白翰章纂
清光緒二十五年(1899)刻本版藏縣署
[嘉慶]定邊縣志 第129冊
(清)黄沛修 江廷球纂 宋謙增輯
清嘉慶二十五年(1820)刻本
[嘉慶]葭州志 第129冊
(清)高珣修 龔玉麟纂
清嘉慶十四年(1809)修民國二十二年(1933)榆林東順齋石印本
[民國]葭縣志 第129冊
陳琯修 趙思明纂
民國二十二年(1933)榆林東順齋石印本
[道光]神木縣志 第129冊
(清)王致雲修 朱壎纂 張琛增補
清道光二十一年(1841)刻本

安康市

[康熙]興安州志 第129冊
(清)王希舜修 劉印鳳纂
清康熙三十四年(1695)刻本
[乾隆]興安府志 第129冊
(清)李國麒纂修
清道光二十八年(1848)刻本
[嘉慶]安康縣志 第129冊
(清)鄭謙修 王森文纂
清嘉慶二十年(1815)刻本
[康熙]漢陰縣志 第129冊
(清)趙世震修 汪澤延纂
清康熙二十六年(1687)刻抄本
[乾隆]漢陰縣志 第129冊
(清)郝敬修纂修
清乾隆四十年(1775)刻本
[同治]洵陽縣志 第129冊
(清)鄧夢琴纂修
清同治九年(1870)增刻本
[光緒]洵陽縣志 第129冊
(清)劉德全等纂修
清光緒二十八年(1902)刻本
[光緒]白河縣志 第129冊
(清)顧騄修 王賢輔 李宗麟纂
清光緒十九年(1893)刻本
[道光]紫陽縣志 第129冊
(清)陳僅 吳純修 施鳴鑾 張濂纂
清光緒八年(1882)吳世澤補刻本
[民國]紫陽縣志 第129冊
楊家駒修 陳振紀 陳如墉纂
民國十四年(1925)石印本

［光緒］磚坪廳志 第129冊
(清)佚名纂修
清末抄本
［道光］寧陜廳志 第129冊
(清)林一銘修 焦世官 胡官清纂
清道光九年(1829)刻本
商洛市
［乾隆］直隸商州志 第129冊
(清)王如玖纂修
清乾隆九年(1744)刻本
［乾隆］續商州志 第129冊
(清)羅文思纂修
清乾隆二十三年(1758)刻本
［乾隆］鎮安縣志 第129冊
(清)聶燾纂修
清乾隆二十年(1755)修抄本
［乾隆］雒南縣志 第129冊
(清)范啟源纂修 薛韞訂正
清乾隆十一年(1746)刻十二年(1787)增刻本
［康熙］山陽縣初志 第129冊
(清)秦凝奎修 梁渟 李曰棟纂
清康熙三十三年(1694)刻本
［嘉慶］山陽縣志 第129冊
(清)何樹滋纂修 黃煇增補
清嘉慶元年(1796)刻十三年(1808)增刻本
［乾隆］商南縣志 第129冊
(清)羅文思纂修
清乾隆十三年(1748)刻本
［民國］商南縣志 第129冊
羅傳銘修 路炳文纂
民國八年(1919)修十二年(1923)西安藝林印書社鉛印本
甘肅省
［乾隆］甘肅通志 第130冊
(清)許容等修 李迪等纂
清乾隆間《四庫全書》本
［光緒］甘肅新通志 第130冊
(清)升允 長庚修 安維峻纂
清光緒三十四年(1908)修宣統元年(1909)刻本
［民國］甘肅通志稿 第130冊
劉郁芬等修 楊思等纂
民國十八年至二十五年(1929－1936)修稿本
甘省便覽 第130冊
(清)佚名撰
清抄本
蘭州市
［萬曆］臨洮府志 第130冊
(明)荊州俊修 唐懋德纂
明萬曆三十二年(1604)刻本
［康熙］臨洮府志 第130冊
(清)高錫爵纂修
清康熙二十六年(1687)刻本
［康熙］蘭州志 第130冊
(清)劉斗修 陳如稷纂
清康熙二十五年(1686)刻後補刻本
［乾隆］皋蘭縣志 第130冊
(清)吳鼎新修 黃建中纂
清乾隆四十三年(1778)刻本
［道光］皋蘭縣續志 第130冊
(清)黃璟修 秦曉峰纂 秦維嶽續修 陸芝田 張廷選續纂
清道光二十年(1847)刻本版存皋蘭書院
［光緒］重修皋蘭縣志 第130冊
(清)張國常纂修
清光緒十八年(1892)修民國六年(1917)隴右樂善書局 甘肅政報局石印本
［道光］金縣志 第130冊
(清)恩福修 冒蕖纂
清道光二十四年(1844)刻本
［乾隆］平番縣志 第130冊
(清)張玿美修 曾鈞纂
據清乾隆十四年(1749)刻《五涼考治六德集全志》本排印
金昌市
［乾隆］永昌縣志 第130冊
(清)張玿美修 沈紹祖 謝謹纂
據清乾隆十四年(1749)刻《五涼考治六德集全志》本排印
［乾隆］永昌縣志 第130冊
(清)李登瀛修 南濟漢纂
清乾隆五十年(1785)刻本雲川書院藏版
白銀市
［康熙］重修靖遠衛志 第130冊
(清)石文焯 李一鵬等纂
清康熙四十八年(1709)刻抄本
［道光］靖遠縣志 第130冊
(清)陳之驥編次
清道光十三年(1833)修民國十四年(1925)鉛字重印本
天水市
［乾隆］直隸秦州新志 第130冊
(清)費廷珍纂修
清乾隆二十九年(1764)刻本
［光緒］秦州直隸州新志 第130冊
(清)余澤春纂修
清光緒十五年(1889)刻本
［民國］秦州直隸州新志續編 第130冊
任承允纂修
民國二十八年(1939)蘭州國民印刷局鉛印本
秦安縣志 第130冊
(清)佚名纂修
清末修刻本
［康熙］清水縣志 第130冊
(清)劉俊聲修 張桂芳纂
清康熙二十六年(1687)刻本
［乾隆］清水縣志 第130冊
(清)朱超纂修
清乾隆六十年(1795)修抄本
［康熙］寧遠縣志 第130冊
(清)馮同憲修 李樟纂
清康熙四十八年(1709)刻道光間重印本
［乾隆］寧遠縣志續畧 第130冊
(清)胡奠域修 于纘周纂
清乾隆二十七年(1762)刻道光十五年(1835)增刻本
武威市
涼州記 第130冊
(後涼)段龜龍撰
據北京圖書館出版社一九九七年《漢唐方志輯佚》排印
涼州府志備考 第130冊
(清)張澍輯錄
清嘉道時纂排印本
［乾隆］武威縣志 第130冊
(清)張玿美修 曾鈞蘇暻纂
據清乾隆十四年(1749)刻《五涼考治德集全志》本排印
［乾隆］鎮番縣志 第130冊
(清)張玿美修 曾鈞 魏奎光纂
據清乾隆十四年(1749)刻《五涼考治六德集全志》本排印
［民國］續修鎮番縣志 第130冊

周樹清修 盧殿元等纂
民國九年(1920)刻本
[民國]民勤縣志 第130冊
馬福祥 陳必淮主修 王之臣纂
民國間抄本
[乾隆]古浪縣志 第130冊
(清)張玿美修 趙璘 郭建文纂
據清乾隆十四年(1749)刻《五涼考治六德集全志》本排印
[民國]古浪縣志 第130冊
李培清修 唐海雲纂
民國二十八年(1939)涼州城内東大街河西印刷局鉛印本

酒泉市

[萬曆]肅鎮志 第130冊
(明)李應魁纂修
明萬曆四十四年(1616)修清順治十四年(1657)重刻本之抄本
[乾隆]重修肅州新志 第130冊
(清)黄文煒纂修
清乾隆二年(1737)刻本
[乾隆]重修肅州新志 第130冊
(清)黄文煒 沈青崖纂修 佚名續纂修
清乾隆二十七年(1762)增刻本
[光緒]肅州新志 第130冊
(清)吳人壽 何衍慶纂修 張緯編定校
清光緒二十三年(1897)修抄本
[乾隆]敦煌縣志 第130冊
(清)佚名纂修
清乾隆抄本
[道光]敦煌縣志 第131冊
(清)蘇履吉修 曾誠纂
清道光十一年(1831)刻本本衙藏版
敦煌縣鄉土志 第131冊
(清)佚名纂修
清光緒末修民國間抄本

張掖市

[順治]甘鎮志 第131冊
(清)楊春茂纂修
清順治十四年(1657)修抄本
[乾隆]甘州府志 第131冊
(清)鍾賡起纂修
清乾隆四十四年(1779)刻本
[民國]張掖縣志 第131冊
余炳元等編
民國三十八年(1949)修油印本
[民國]東樂縣志 第131冊
徐傳鈞修 張著常纂
民國十二年(1923)競業石印館石印本

慶陽市

[嘉靖]慶陽府志 第131冊
(明)梁明翰修 傅學禮纂
明嘉靖三十六年(1557)刻本
[乾隆]新修慶陽府志 第131冊
(清)趙本植纂修
清乾隆二十六年(1761)刻抄本
[乾隆]合水縣志 第131冊
(清)陶奕曾纂修
清乾隆二十六年(1761)刻本
[光緒]合水縣志 第131冊
(清)佚名纂修
清光緒三十四年(1908)修民國三十六年(1947)抄本
[乾隆]正寧縣志 第131冊
(清)折遇蘭纂修
清乾隆二十八年(1763)刻本
[康熙]寧州志 第131冊
(清)晉顯卿修 王星麟纂
清康熙二十六年(1687)刻本
[康熙]鎮原縣志 第131冊
(清)錢志彤修 張述轅纂
清康熙五十四年(1715)刻本
[道光]鎮原縣志 第131冊
(清)李從圖纂修
清道光二十七年(1847)刻本衙署藏版
[民國]重修鎮原縣志 第131冊
錢史彤等修 焦國理等纂
民國二十四年(1935)蘭州俊華印書館印鉛印本

平涼市

[嘉靖]平涼府志 第131冊
(明)趙時春撰 張維校補
明嘉靖三十九年(1560)原本民國中校補抄本
[民國]平涼縣志 第131冊
劉興沛修 鄭濬 朱離明纂
民國間抄本
崆峒山志 第131冊
(清)張伯魁纂修
清嘉慶二十四年(1819)刻本
[民國]華亭縣志 第131冊
鄭震穀等修 幸邦隆總纂
民國二十二年(1933)石印本
[康熙]靜寧州志 第131冊
(清)黄廷鈺修 吳之珽纂
清康熙五十五年(1716)刻本
[乾隆]靜寧州志 第131冊
(清)王烜纂修
清乾隆十一年(1746)修民國蘭州俊華印書館鉛印本
[康熙]莊浪縣志 第131冊
(清)王鍾鳴修 盧必培纂
清康熙六年(1667)修抄本
[順治]靈臺志 第131冊
(清)黄居中修 楊淳纂
清順治十五年(1658)刻康熙間增刻本
[民國]重修靈臺縣志 第131冊
楊渠統等修 王朝俊等纂
民國二十四年(1935)南京京華印書館鉛印本
[乾隆]涇州志 第131冊
(清)張延福纂修
清乾隆十九年(1754)刻抄本

定西市

[乾隆]通渭縣志 第131冊
(清)何大璋修 張志達纂
清乾隆二十六年(1761)修抄本
[光緒]通渭縣新志 第131冊
(清)高蔚霞修 苟廷誠纂
清光緒十九年(1893)刻本版存縣署
[康熙]狄道縣志 第131冊
(清)李觀我纂修
清康熙二十七年(1688)修抄本
[乾隆]狄道州志 第131冊
(清)呼延華國纂修
清乾隆二十八年(1763)修光緒間官報書局鉛印本
[宣統]狄道州續志 第131冊
(清)聯瑛修 李鏡清 陳希世纂
清宣統元年(1909)刻本
[民國]洮沙縣志 第131冊
張慎微纂修
民國三十二年(1943)油印本
[民國]創修渭源縣志 第131冊
張兆鉀修 陳鴻寶纂
民國十五年(1926)平涼新隴書社石印本
[光緒]隴西分縣武陽志 第131冊
(清)周裕杬修 楊學震纂
清光緒三十四年(1908)修抄本
[民國]漳縣志 第131冊

張鶚 石作柱修 楊國楨等纂
民國十七年(1928)石印本
[民國]漳縣志 第131冊
韓世英纂修
民國二十三年(1934)鉛印本
[康熙]岷州志 第131冊
(清)田而穟纂輯
清康熙四十一年(1702)刻本
[光緒]岷州志稿 第131冊
(清)陳如平纂修
清光緒三十四年(1908)修民國三十三年(1944)抄本

隴南市

[光緒]階州直隸州續志 第131冊
(清)葉恩沛等纂修
清光緒十二年(1886)修抄本
[乾隆]成縣新志 第131冊
(清)黃泳修 汪于雍纂
清乾隆六年(1741)修十七年(1752)刻本
[民國]新纂康縣縣志 第131冊
王士敏修 呂鍾祥纂
民國二十五年(1936)康縣縣志局石印本
[光緒]禮縣新志 第131冊
(清)雷文淵修 王思溫纂
清光緒十六年(1890)刻本版存縣署
[民國]重纂禮縣新志 第131冊
張津等修 孫文俊馬兆蕃纂
民國二十二年(1933)鉛印本
[乾隆]西和縣志 第131冊
(清)邱大英等纂修
清乾隆三十六年(1771)修抄本
[嘉靖]徽郡志 第131冊
(明)孟鵬年修 郭從道纂
明嘉靖四十二年(1563)修抄本
[乾隆]徽縣志 第131冊
(清)佚名纂修
清乾隆間修抄本
[嘉慶]徽縣志 第131冊
(清)張伯魁纂修
清嘉慶十四年(1809)刻本
[民國]徽縣新志 第131冊
董杏林 趙鐘靈纂修
民國十三年(1924)石印本夏回族自治州
[民國]和政縣志 第131冊
馬凱祥修 王詔纂
民國十九年(1930)修抄本

甘南藏族自治州

[光緒]洮州廳志 第131冊
(清)張彥篤修 包永昌等纂
清光緒三十三年(1907)修抄本
[民國]夏河縣志 第131冊
張其昀編
民國二十四年(1935)修抄本

青海省西寧市

[乾隆]西寧府新志 第131冊
(清)楊應琚纂修
清乾隆十二年(1747)刻十七年(1762)重印本
[民國]西府續志 第131冊
(清)鄧承偉纂 基生蘭續纂
民國二十六年(1937)修抄本
甘肅大通縣風土調查錄 第131冊
聶守仁編
民國間大通縣抄本
[光緒]丹噶爾廳志 第131冊
(清)張庭武修 楊景昇纂
清光緒三十四年(1908)修抄本

寧夏回族自治區

[弘治]寧夏新志 第131冊
(明)王珣修 胡汝礪纂
明弘治十四年(1501)修抄本
[嘉靖]寧夏新志 第131冊
(明)楊守禮修 管律纂
明嘉靖十九年(1540)修刻本
[萬曆]朔方新志 第131冊
(明)楊印陡 楊壽纂修
明萬曆四十五年(1617)刻清順治十六年(1659)增補本
[乾隆]寧夏府志 第131冊
(清)張金城修 楊浣雨纂
清乾隆四十五年(1780)刻本
[民國]朔方道志 第131冊
馬福祥等修 王之臣纂
民國十六年(1927)天津華泰印書館鉛印本

銀川市

銀川小志 第131冊
(清)汪繹辰纂修
清乾隆二十年(1755)修八〇年油印本

石嘴山市

[道光]平羅記略 第131冊
(清)徐保字纂修
清道光九年(1829)新堡官舍刻本

固原市

[宣統]固原州志 第131冊
(清)王學伊修 錫麒纂
清宣統元年(1909)官報書局鉛印本
[宣統]硝河城志 第131冊
(清)楊修德纂修
清宣統元年(1909)鉛印本
[民國]隆德縣志 第131冊
桑丹桂修 陳國棟纂
民國二十四年(1935)石印本

中衛市

[光緒]海城縣志 第131冊
(清)楊金庚修 陳廷珍纂
清光緒三十四年(1908)修抄本

新疆維吾爾自治區

[光緒]新疆四道志 第131冊
(清)佚名纂
清光緒抄本
新疆地理志 第131冊
張獻廷初稿
民國三年(1914)石印本

香港特別行政區

大嶼山志 第131冊
釋筏可鑒定 釋明慧編輯
一九五八年香港寶蓮禪寺鉛印本

臺灣省

[嘉慶]臺灣志略 第131冊
(清)李元春纂
清嘉慶間纂鉛印本
[光緒]臺灣通志 第131冊
(清)唐景崧修 蔣師轍 薛紹元纂
清光緒二十一年(1895)修鉛印本
臺灣通史 第131冊
連橫撰
民國七年(1918)撰鉛印本
[康熙]臺灣縣志 第131冊
(清)王禮修 陳文達等纂
清康熙五十九年(1720)修鉛印本
[乾隆]臺灣縣志 第131冊
(清)魯鼎梅修 王必昌纂
清乾隆十七年(1752)刻本
[嘉慶]臺灣縣志 第131冊
(清)薛志亮修 謝金鑾纂
清嘉慶十二年(1807)刻本
[康熙]鳳山縣志 第131冊

中國地方志佛道教文獻匯纂·寺觀卷
何建明主編
二〇一三年北京國家圖書館出版社
四〇八册

全國一統志

北京市

[民國]新北京 第8册
邱鍾麟編
民國三年(1914)擷華書局印行鉛印本
帝京景物略 第8册
(明)劉侗 于奕正撰
清刻本
帝京景物略 第9册
(明)劉侗 于奕正撰
清刻本
天府廣記 第9册
(清)孫承澤撰
抄本
京城古蹟考 第9册
(清)勵宗萬撰
據作者稿本排印
日下尊聞録 第9册
佚名撰
據咸豐二年(1852)安和軒刻本排印
都門匯纂 第9册
(清)楊靜亭編
清末刻本
京師坊巷志 第9册
(清)朱一新 繆荃孫合撰 劉承幹重訂
民國七年(1918)南林劉氏求恕齋刻本
京師坊巷志 第10册
(清)朱一新 繆荃孫合撰 劉承幹重訂
民國七年(1918)南林劉氏求恕齋刻本
北京廟宇徵存録 第10册
張江裁輯
民國三十二年(1943)《中國史蹟風土叢書》鉛印本
燕城勝蹟志 第10册
閒園鞠農著
民國三十二年(1943)《中國史蹟風土叢書》鉛印本
北京歲時記 第10册
閒園鞠農著
民國三十二年(1943)《中國史蹟風土叢書》鉛印本
京華游覽記 第10册
我一撰
民國間抄本
京華游覽續記 第10册
我一撰
民國間抄本
乙卯北海游記 第10册
侯鴻鑑撰
民國間抄本
宛署雜記 第10册
(明)沈榜修纂
明萬曆刻本
[康熙]宛平縣志 第10册
(清)王養濂修 李開泰 張采纂
清康熙二十三年(1684)刻本傳抄本
成府村志 第10册
佚名纂
抄本
北京天橋志 第10册
張江裁輯
民國三十二年(1943)《中國史蹟風土叢書》鉛印本
西山記游 第10册
蔣維喬撰
民國間抄本
西山紀游 第10册
譚新嘉撰
民國間稿本
游京師西山日記 第10册
毅夫撰
民國間抄本
重游西山日記 第10册
毅夫撰
民國間抄本
[康熙]昌平州志 第10册
(清)吳都梁修 潘問奇纂
清康熙十二年(1673)澹然堂刻本
[光緒]昌平州志 第10册
(清)吳履福等修 繆荃孫等纂
清光緒五年(1879)修民國二十八年(1939)鉛印本
昌平外志 第10册
(清)麻兆慶纂
清光緒十八年(1892)刻本榆蔭堂藏版
[嘉靖]隆慶志 第10册
(明)謝庭桂纂 蘇幹續纂
明嘉靖二十八年(1549)刻本
[康熙]延慶州志 第10册
(清)遲日豫修 程光祖纂 袁捷 于嘉楨續補
清順治十年(1653)刻康熙十九年(1680)增刻本
[乾隆]延慶州志 第10册
(清)李鍾俾修 穆元肇 方世熙纂
清乾隆七年(1742)刻本
[乾隆]延慶衛志略 第10册
(清)周碩勳修纂
清乾隆十年(1745)抄本
[光緒]延慶州志 第11册
(清)屠秉懿修 張惇德纂
清光緒七年(1881)刻本
延慶州鄉土志要略 第11册
佚名編
清末抄稿本
重修居庸關志 第11册
(明)張紹魁纂修
明萬曆四十年(1612)抄本
居庸關志 第11册
(明)王士翹撰
明嘉靖間撰輯自作者撰《西關志》排印本
居庸關紀游 第11册
蔣維喬撰
民國間抄本
[康熙]懷柔縣新志 第11册
(清)吳景果纂修
清康熙六十年(1721)修民國二十四年(1935)鉛印本
[雍正]密雲縣志 第11册
(清)薛天培修 陳弘謨纂
清雍正元年(1723)刻本
[民國]密雲縣志 第11册
臧理臣等修 宗慶煦等纂
民國三年(1914)京華印書局鉛印本
古北口志 第11册
熱河省公署古北口辦事處印行
民國油印本
[康熙]順義縣志 第11册
(清)黃成章修 張大酉纂
清康熙五十八年(1719)刻本
[民國]順義縣志 第11册
李芳等修 楊德馨等纂
民國二十二年(1933)鉛印本
[雍正]平穀縣志 第11册
(清)任在陛修 李柱明纂 項景倩續修
清雍正六年(1728)增刻本
[乾隆]平穀縣志 第11册
(清)任在陛原修 李柱明原纂 項景倩續修 朱克閱再續修
清乾隆四十二年(1777)增刻本
[民國]平穀縣志 第11册
李興焯修 王兆元纂

民國二十三年(1934)天津文竹齋鉛印本
[康熙]通州志 第11册
(清)吳存禮修 陸茂騰纂
清康熙三十六年(1697)刻本
[乾隆]通州志 第11册
(清)高天鳳修 金梅纂
清乾隆四十八年(1783)刻本道光十八年(1838)修訂本
[光緒]通州志 第11册
(清)高建勳等修 王維珍等纂 陳鏡清等續纂
清光緒九年(1883)刻本
通縣編纂省志材料 第11册
何紹曾修 劉鶤書纂
民國二十一年(1932)油印本
[民國]通縣志要 第11册
金士堅修 徐白纂
民國三十年(1941)鉛印本
漷陰志略 第11册
(清)管庭芬纂
清道光十一年(1831)修抄本
[康熙]大興縣志 第11册
(清)張茂節修 李開泰等纂
清康熙二十四年(1685)刻本傳抄本
[民國]房山縣志 第11册
廖飛鵬 馮慶瀾修 高書官等纂
民國十七年(1928)鉛印本
[康熙]良鄉縣志 第11册
(清)楊嗣奇修 李維翰 見聖等纂
清康熙三十九年(1700)刻本
[光緒]良鄉縣志 第11册
(清)陳嵋修 黃儒荃纂
清光緒十五年(1889)刻本
[民國]良鄉縣志 第11册
周志中修 呂植等纂
民國十三年(1924)鉛印本
白帶山志 第11册
溥儒輯
民國三十七年(1948)刻本

天津市

[康熙]新校天津衛志 第12册
(清)薛柱斗修 高必大纂
清康熙時修民國二十三年(1934)易社校印鉛印本
[乾隆]天津府志 第12册
(清)李梅賓 程鳳文修 吳廷華 汪沆纂
清乾隆四年(1739)刻本版藏本署
[光緒]重修天津府志 第12册
(清)沈家本 榮銓修 徐宗亮 蔡啓盛纂
清光緒二十五年(1899)刻本
[乾隆]天津縣志 第12册
(清)朱奎揚 張志奇修 吳廷華纂
清乾隆四年(1739)刻本
[同治]續天津縣志 第12册
(清)吳惠元修 蔣玉虹 俞樾纂
清同治九年(1870)刻本
[民國]天津縣新志 第12册
高凌雯纂修
民國二十年(1931)和民國二十七年(1938)刻本
[民國]天津志略 第12册
宋蘊璞輯
民國二十年(1931)鉛印本
天津縣地理教科書 第12册
集思堂居士撰
民國間天津普文石印本集思堂藏版
津門雜記 第12册
(清)張燾撰
清光緒十年(1884)刻本
天津楊柳青小志 第12册
張江裁纂
民國二十七年(1938)《京津風土叢書》鉛印本
[康熙]薊州志 第12册
(清)張朝琮修 鄔棠等纂
清康熙四十三年(1704)刻本
[道光]薊州志 第12册
(清)沈鋭修 章過纂
清道光十一年(1831)刻本
[民國]薊縣志 第13册
徐葆瑩修 仇錫廷纂
民國三十三年(1944)鉛印本
盤山志 第13册
(清)釋智朴纂
清康熙間刻本
[乾隆]寶坻縣志 第13册
(清)洪肇楙修 蔡寅斗纂
清乾隆十年(1745)修民國六年(1917)石印本
[乾隆]武清縣志 第13册
(清)吳翀修 曹涵 趙晃纂
清乾隆七年(1742)刻本
[光緒]武清縣志 第13册
(清)蔡壽臻修 錢錫寀纂
清光緒七年(1881)修抄稿本
武清志括 第13册
(清)蔡壽臻輯
抄本
[康熙]靜海縣志 第13册
(清)閻甲胤修 馬方伸纂
清康熙十二年(1673)刻本
[同治]重輯靜海縣志 第13册
(清)鄭士蕙纂修
清同治十二年(1873)刻本
[民國]靜海縣志 第13册
白鳳文修 高毓浵纂
民國二十三年(1934)靜海縣志書局天津文竹齋印鉛印本
[光緒]寧河縣志 第13册
(清)丁符九修 談松林纂
清光緒六年(1880)刻本

河北省

[康熙]畿輔通志 第14册
(清)于成龍修 郭棻纂
清康熙二十二年(1683)刻本
畿輔通志 第14册
《古今圖書集成》本
畿輔通志 第14册
《古今圖書集成》本
畿輔通志 第14册
《古今圖書集成》本
[雍正]畿輔通志 第14册
(清)唐執玉 李衛修 陳儀 田易纂
清雍正十三年(1735)刻本
[同治]畿輔通志 第14–16册
(清)李鴻章等修 黃彭年等纂
清同治十年(1871)修光緒十年(1884)刻本
東道圖說便覽 第17册
(清)裕長纂修
清光緒十六年(1890)刻本
畿輔安瀾志 第17册
(清)王履泰纂修
清光緒二十五年(1899)廣雅書局刻本
直隸疆域屯防詳考 第17册
于振宗著
民國間協成印刷局鉛印本
畿輔輿地全圖 第17册
佚名纂修
刻本

石家莊市

[嘉靖]真定府志 第18册
(明)唐臣修 雷禮纂
明嘉靖二十八年(1549)刻萬曆崇禎間增刻本

[乾隆]正定府志 第18册
(清)鄭大進纂修
清乾隆二十七年(1762)刻本

[順治]真定縣志 第18册
(清)陳謙纂修
清順治三年(1646)刻本

[光緒]正定縣志 第18册
(清)慶之金等修 趙文濂等纂
清光緒元年(1875)刻本

[嘉靖]獲鹿縣志 第18册
(明)趙惟勤纂修
明嘉靖三十五年(1556)刻本

[乾隆]獲鹿縣志 第18册
(清)韓國瓚修 石光璽纂
清乾隆元年(1736)刻本

[乾隆]獲鹿縣志 第18册
(清)周棨纂修
清乾隆四十六年(1781)稿本

[光緒]獲鹿縣志 第18册
(清)俞錫綱修 曹鑅纂
清光緒七年(1881)刻本

故關志 第18册
(明)王士翹纂修
明嘉靖間撰輯自作者撰《西關志》排印本

[康熙]行唐縣新志 第18册
(清)王鶴修 薛琇等纂
清康熙十九年(1680)刻本

[乾隆]行唐縣新志 第18册
(清)吴高增纂修
清乾隆三十七年(1772)文有試增刻本

[康熙]靈壽縣志 第18册
(清)陸隴其修 傅維橒纂
清康熙十一年(1672)修二十五年(1686)刻本

[同治]靈壽縣志 第18册
(清)劉賡年纂修
清同治十三年(1874)刻本

[康熙]保定府祁州束鹿縣志 第18册
(清)劉昆修 陳僖纂
清康熙十年(1671)修民國二十六年(1937)《束鹿五志合刊》本

[乾隆]束鹿縣志 第18册
(清)李文耀修 張鍾秀纂
清乾隆二十七年(1762)修民國二十六年(1937)《束鹿五志合刊》本

[嘉慶]束鹿縣志 第18册
(清)李符清修 裴顯相 沈樂善纂
清嘉慶四年(1799)修民國二十六年(1937)《束鹿五志合刊》本

[同治]束鹿縣志 第18册
(清)宋陳壽纂修
清同治七年(1868)修民國二十六年(1937)《束鹿五志合刊》本

[民國]晋縣志 第18册
孟昭章修 李翰如纂
民國十六年(1927)石印本

晋縣鄉土志 第18册
李席編
民國十七年(1928)抄本

晋縣志料 第18册
劉東藩等修 王召棠纂
民國二十四年(1935)石印本

[嘉靖]藁城縣志 第18册
(明)李正儒纂修
明嘉靖十三年(1534)修民國二十三年(1934)鉛印本

[康熙]藁城縣志 第18册
(清)賴于宣修 張丙宿纂
清康熙三十七年(1698)刻本

[光緒]續補藁城縣志 第18册
(清)朱紹穀修 張毓溫纂
清光緒二年(1876)修民國二十三年(1934)鉛印本

[民國]續修藁城縣志 第18册
王炳熙等修 于箴等纂
民國二十三年(1934)鉛印本

藁城縣鄉土地理 第18册
林翰儒編
民國十二年(1923)利文石印本

[康熙]高邑縣志 第18册
(清)劉瑜修 趙端纂
清康熙二十四年(1685)刻本

[乾隆]新修高邑縣志 第18册
(清)江啓澄修 林鴻瑛纂
清乾隆四十三年(1778)修抄本

[嘉慶]高邑縣志 第18册
(清)陳元芳修 沈雲尊纂
清嘉慶五年(1800)刻十六年(1811)增刻本

[民國]高邑縣志 第18册
王天傑等修 宋文華纂
民國二十二年(1933)鉛印本

[民國]高邑縣志 第18册
張權本修 李泉纂
民國三十年(1941)鉛印本

[正德]趙州志 第18册
(明)程遵纂修
明正德十年(1515)刻本

[隆慶]趙州志 第18册
(明)蔡懋昭纂修
明隆慶元年(1567)刻本

[康熙]趙州志 第18册
(清)祝萬祉修 閻永齡等纂
清康熙十二年(1673)刻本

[光緒]直隸趙州志 第18册
(清)孫傳栻修 王景美纂
清光緒二十三年(1897)刻本

[光緒]趙州屬邑志 第18册
(清)孫傳栻纂修
清光緒二十三年(1897)刻本

趙州鄉土志 第18册
(清)佚名編
清光緒末年修抄本

[雍正]井陘縣志 第18册
(清)鍾文英纂修
清雍正八年(1730)刻本本衙藏版

井陘縣志料 第19册
王用舟等修 傅汝鳳等纂
民國二十三年(1934)天津義利印刷局鉛印本

[乾隆]新樂縣志 第19册
(清)麻廷璥纂修
清乾隆二十二年(1757)刻本

[光緒]重修新樂縣志 第19册
(清)雷鶴鳴修 趙文濂纂
民國二十八年(1939)鉛印本

[康熙]深澤縣志 第19册
(清)許來音纂修
清康熙十四年(1675)修康熙刻本

[雍正]深澤縣志 第19册
(清)趙憲修 王植纂
清雍正十三年(1735)刻本

[咸豐]深澤縣志 第19册
(清)王肇晉等纂修
清咸豐十一年(1861)修民國二十五

年（1936）鉛印本
［康熙］重修無極志 第19册
（清）高必大修 穆貞元纂
清康熙元年（1662）修十九年（1680）張天綬增刻本
［乾隆］無極縣志 第19册
（清）黄可潤纂修
清乾隆十三年（1748）修二十二年（1757）刻本
［民國］重修無極縣志 第19册
耿之光 王桂照修 王重民等纂
民國二十五年（1936）天津文竹齋鉛印本
［乾隆］贊皇縣志 第19册
（清）黄崗竹纂修
清乾隆十六年（1751）刻本
［光緒］續修贊皇縣志 第19册
（清）周晉堃等修 趙萬泰等纂
清光緒二年（1876）刻本
［民國］贊皇縣志 第19册
湯玉瑞修 閃國策纂
民國二十九年（1940）鉛印本
贊皇縣鄉土志 第19册
（清）秦兆階編
抄本
［崇禎］元氏縣志 第19册
（明）張慎學修 智鋌纂
明崇禎十五年（1642）刻本
［乾隆］元氏縣志 第19册
（清）王人雄纂修
清乾隆二十三年（1758）刻本
［民國］元氏縣志 第19册
王自尊修 李林奎 武儒衡等纂
民國二十年（1931）鉛印本
［康熙］欒城縣志 第19册
（清）王修賀 應旌纂
清康熙二十二年（1683）刻本
［同治］欒城縣志 第19册
（清）陳詠修 張惇德纂
清同治十一年（1872）刻本
［康熙］平山縣志 第19册
（清）湯聘修 秦有容纂
清康熙十二年（1673）刻本
［咸豐］平山縣志 第19册
（清）王滌心修 郭程先纂
清咸豐四年（1854）刻本
平山縣新編鄉土志 第19册
（清）方汝霖編
清光緒末年修抄本

張家口市

［民國］察哈爾省通志 第19册
宋哲元等修 梁建章等纂
民國二十四年（1935）鉛印本
察哈爾鄉土志 第19册
林傳甲編
民國間油印本
［乾隆］口北三廳志 第19册
（清）黄可潤纂修
清乾隆二十三年（1758）刻本
［嘉靖］宣府鎮志 第19册
（明）孫世芳修 欒尚約纂
明嘉靖四十年（1561）刻本
［乾隆］宣化府志 第19册
（清）王者輔原本 張志奇續修 黄可潤續纂
清乾隆八年（1743）修二十二年（1757）增刻本
［康熙］宣化縣志 第20册
（清）陳坦纂修
清康熙五十年（1711）修乾隆間增刻本
［民國］宣化縣新志 第20册
陳繼曾等修 郭維城纂
民國十一年（1922）鉛印本
宣化鄉土志 第20册
（清）陳坦編
清康熙五十年（1711）抄本本衙藏版
［乾隆］赤城縣志 第20册
（清）孟思誼纂修
清乾隆十三年（1748）刻本
［同治］赤城縣續志 第20册
（清）林牟貽等纂修
清同治十一年（1872）修光緒七年（1881）刻本
［康熙］龍門縣志 第20册
（清）章焞纂修
清康熙五十一年（1712）刻本
［民國］龍關縣志 第20册
劉德寬修 何耀慧纂
民國二十三年（1934）鉛印本
［康熙］懷來縣志 第20册
（清）許隆遠纂修
清康熙五十一年（1712）刻雍正六年（1728）重印本
［光緒］懷來縣志 第20册
（清）朱乃恭修 席之瓚纂
清光緒八年（1882）刻本
［崇禎］蔚州志 第20册
（明）來臨纂修
明崇禎間抄本
［乾隆］蔚縣志 第20册
（清）王育榞修 李舜臣纂
清乾隆四年（1739）刻本
［光緒］蔚州志 第20册
（清）慶之金修 楊篤纂
清光緒三年（1877）刻本
［民國］張北縣志 第20册
陳繼淹修 許聞詩纂
民國二十四年（1935）鉛印本
［道光］保安州志 第20册
（清）楊桂森纂修
清道光十五年（1835）刻本
［光緒］保安州續志 第20册
（清）尋鑾晉 張毓生纂修
清光緒三年（1877）刻本版藏州署
保安州鄉土志 第20册
佚名纂修
民國間抄本
［康熙］西寧縣志 第20册
（清）張充國纂修
清康熙五十一年（1712）刻本
［同治］西寧新志 第20册
（清）韓志超等修 楊篤纂
清同治十二年（1873）宏州書院校刻本
［民國］陽原縣志 第20册
劉志鴻修 李泰棻纂
民國二十四年（1935）鉛印本
［乾隆］懷安縣志 第20册
（清）楊大昆修 錢戢曾纂
清乾隆六年（1741）刻本
［光緒］懷安縣志 第20册
（清）蔭禄修 程燮奎纂
清光緒二年（1876）刻本
懷安縣志材料 第20册
佚名纂修
民國抄本
［乾隆］萬全縣志 第20册
（清）左承業纂修
清乾隆七年（1742）修十年（1745）刻本
［民國］萬全縣志 第20册
路聯逵修 任守恭纂
民國二十三年（1934）鉛印本

承德市

[嘉慶]熱河志略　第20册
(清)和瑛纂
清嘉慶二十年(1815)修抄本

[民國]熱河新志　第20册
武尚權纂
民國三十二年(1943)鉛印本

[道光]承德府志　第20册
(清)海忠纂 林從炯修
清道光十一年(1831)刻光緒十三年(1887)廷杰重訂本

[道光]承德府志　第21册
(清)海忠纂 林從炯修
清道光十一年(1831)刻光緒十三年(1887)廷杰重訂本

[民國]隆化縣志　第21册
羅則逖修
民國八年(1919)鉛印本

秦皇島市

[弘治]永平府志　第21册
(明)吳傑修 張廷綱 吳祺纂
明弘治十四年(1501)刻本

[康熙]永平府志　第21册
(清)宋琬纂修 張朝琮增修 徐香等增纂
清康熙五十年(1711)刻本

[乾隆]永平府志　第21册
(清)李奉翰等修 王金英纂
清乾隆三十九年(1774)刻本

[光緒]永平府志　第21册
(清)游智開修 史夢蘭纂
清光緒五年(1879)敬勝書院刻本

昌黎縣志　第22册
佚名纂修
據《永樂大典》本排印

[康熙]昌黎縣志　第22册
(清)王曰翼修 高培纂
清康熙十四年(1675)刻本

[同治]昌黎縣志　第22册
(清)何崧泰等修 馬恂 何爾泰纂
清同治五年(1866)刻本本衙藏版

[民國]昌黎縣志　第22册
金良驥等修 張念祖等纂 安慶雲續修 田如琇續纂 陶宗奇再續修 張鵬翱再續纂
民國二十二年(1933)鉛印本

昌黎縣鄉土志　第22册
(清)童光照編
抄本

北戴河海濱風景區志略　第22册
林伯鑄撰
民國二十七年(1938)鉛印本

[順治]盧龍縣志　第22册
(清)李士模修 馬備纂
清順治十七年(1660)刻本

[康熙]增補盧龍縣志　第22册
(清)李士模原本 衛立鼎增修
清康熙十九年(1680)增刻本

盧龍縣志采訪稿　第22册
(清)佚名纂修
清光緒二年(1876)稿本

[民國]盧龍縣志　第22册
董天華修 胡應麟纂
民國二十年(1931)鉛印本

[乾隆]臨榆縣志　第22册
(清)鍾和梅纂修
清乾隆二十一年(1756)刻本

[光緒]臨榆縣志　第22册
(清)趙允祜修 高錫疇纂
清光緒四年(1878)刻本

[民國]臨榆縣志　第22册
仵墉 高淩霨修 程敏侯等纂
民國十八年(1929)鉛印本

山海關志　第22册
(明)詹榮纂修
明嘉靖十四年(1535)刻本

[康熙]撫寧縣志　第22册
(清)趙端修 徐廷璟纂
清康熙二十一年(1682)刻本

[光緒]撫寧縣志　第22册
(清)張上龢修 史夢蘭纂
清光緒三年(1877)刻本本衙藏版

唐山市

[民國]遷安縣志　第22册
(清)滕紹周修 王維賢纂
民國二十年(1931)鉛印本

[康熙]玉田縣志　第22册
(清)王光譔修 胡維翰纂
清康熙二十年(1681)刻本

[乾隆]玉田縣志　第22册
(清)謝客纂修
清乾隆二十一年(1756)刻本

[光緒]玉田縣志　第22册
(清)夏子鎏修 李昌時纂 丁維續纂
清光緒十年(1884)刻本

[康熙]遵化州志　第22册
(清)鄭僑生修 葉向升等纂
清康熙間修刻本

[乾隆]直隸遵化州志　第22册
(清)劉靖修 邊中寶纂
清乾隆二十一年(1756)刻本

[乾隆]直隸遵化州志　第23册
(清)傅修等纂修
清乾隆五十九年(1794)刻本

[光緒]遵化通志　第23册
(清)何崧泰等修 史樸等纂
清光緒十二年(1886)刻本

[天啓]樂亭縣志　第23册
(明)潘敦復纂修 劉松續修
明萬曆二十一年(1593)刻天啓二年(1622)增刻本

[光緒]樂亭縣志　第23册
(清)蔡志修等修 史夢蘭纂
清光緒三年(1877)刻本尊道書院藏版

[萬曆]灤志　第23册
(明)周宇纂修
明萬曆四十六年(1618)刻清康熙間印本

[嘉慶]灤州志　第23册
(清)吳士鴻修 孫學恒纂
清嘉慶十五年(1810)刻本

[光緒]灤州志　第23册
(清)楊文鼎修 王大本等纂
清光緒二十四年(1898)刻本海陽書院藏版

[民國]灤縣志　第23册
袁棻修 張鳳翔 劉祖培纂
民國二十六年(1937)鉛印本

[康熙]豐潤縣志　第23册
(清)羅景泐修 曹鼎望纂
清康熙三十一年(1692)刻本

[乾隆]豐潤縣志　第23册
(清)吳慎纂修
清乾隆二十年(1755)刻本

[光緒]豐潤縣志　第23册
(清)郝增祜等纂修 周晉堃續纂修
清光緒十七年(1891)修民國十年(1921)鉛印本

廊坊市

[天啓]東安縣志　第23册
(明)鄭之城修 馮泰運 邊命等纂

明天啓五年(1625)刻本
[康熙]東安縣志 第23册
(清)王士美 李大章等修 張墀等纂
清康熙十二年(1673)修民國二十四年(1935)鉛印本
[乾隆]東安縣志 第23册
(清)李光昭修 周琰纂
清乾隆十四年(1749)刻本
[民國]安次縣志 第23册
劉鍾英 馬鍾琇等纂修
民國二十四年(1935)鉛印本
[康熙]三河縣志 第23册
(清)陳伯嘉纂修
清康熙十二年(1673)修康熙抄本
[乾隆]三河縣志 第23册
(清)陳杲修 王大信等纂
清乾隆二十五年(1760)刻本
[民國]三河縣新志 第23册
曹楨 蘇士俊修 吳寶銘 韓琛等纂
民國二十四年(1935)鉛印本
[康熙]香河縣志 第23册
(清)劉深纂修
清康熙十七年(1678)刻本
[民國]香河縣志 第23册
王葆安修 馬文煥 陳式謀纂
民國二十五年(1936)鉛印本
[嘉靖]霸州志 第23册
(明)高濬等纂修
明嘉靖二十七年(1548)刻本
[康熙]霸州志 第23册
(清)朱廷梅修 孫振宗纂
清康熙十三年(1674)刻本
[康熙]保定縣志 第23册
(清)成其範修 柴經國纂
清康熙十二年(1673)刻本
[康熙]固安縣志 第23册
(清)鄭善述修 潘昌纂
清康熙五十三年(1714)刻本
[咸豐]固安縣志 第24册
(清)陳崇砥修 陳福嘉 吳三峯等纂
清咸豐九年(1859)刻本本署藏版
[民國]固安縣志 第24册
錢仲仁修 王尚義等纂
民國三十一年(1942)鉛印本
[康熙]大城縣志 第24册
(清)張象燦修 馬恂纂
清康熙十二年(1673)刻本
[光緒]大城縣志 第24册
(清)趙炳文 徐國楨修 劉鍾英 鄧毓怡纂
清光緒二十三年(1897)刻本
[康熙]文安縣志 第24册
(清)崔啓元修 王胤芳 邵秉忠纂
清康熙十二年(1673)刻本
[民國]文安縣志 第24册
陳楨修 李蘭增 陳德沛纂
民國十一年(1922)天津源泰印字館鉛印本
[康熙]永清縣志 第24册
(清)萬一鶚 喬寯纂修
清康熙十五年(1676)刻本
[乾隆]永清縣志 第24册
(清)周震榮修 章學誠纂
清乾隆四十四年(1779)刻本縣署藏版
[光緒]續永清縣志 第24册
(清)李秉鈞 吳欽修 魏邦翰纂
清光緒元年(1875)刻民國三十年(1941)鉛印本

保定市

[弘治]重修保定志 第24册
(明)章律修 張才纂 徐珪重編
明弘治七年(1494)刻本
[萬曆]保定府志 第24册
(明)馮惟敏等纂修 王國楨續修 王政熙續纂
明隆慶五年(1571)修萬曆三十五年(1607)續修刻本
[康熙]保定府志 第24册
(清)紀弘謨等修 郭棻纂
清康熙十九年(1680)刻本
[光緒]保定府志 第24册
(清)李培祜等修 張豫塏等纂
清光緒七年(1881)修十二年(1886)刻本
[嘉靖]清苑縣志 第24册
(明)李廷寶纂修
明嘉靖十七年(1538)刻本
[康熙]清苑縣志 第24册
(清)時來敏修 郭棻等纂
清康熙十六年(1677)刻本
[同治]清苑縣志 第24册
(清)李逢源修 諸崇儉纂
清同治十二年(1873)刻本
[民國]清苑縣志 第24册
金良驥等修 姚壽昌纂
民國二十三年(1934)鉛印本
清苑縣志料 第24册
佚名纂修
民國二十五年(1936)抄本
[乾隆]淶水縣志 第24册
(清)方立經纂修
清乾隆二十七年(1762)刻本
[光緒]淶水縣志 第24册
(清)陳杰等纂修
清光緒五年(1879)修二十一年(1895)刻本敬業堂藏版
[康熙]涿州志 第24册
(清)劉德弘修 楊如樟纂
清康熙十六年(1677)刻本
[乾隆]涿州志 第24册
(清)吳山鳳纂修
清乾隆三十年(1765)刻本
[同治]涿州續志 第24册
(清)石衡修 盧端衡纂
清同治十一年(1872)修光緒元年(1875)刻本
[民國]涿縣志 第24册
宋大章等修 周存培等纂
民國二十五年(1936)北平京城印書局鉛印本
[乾隆]定興縣志 第24册
(清)王錫璁纂修
清乾隆四十四年(1779)刻本
[光緒]定興縣志 第25册
(清)張主敬等修 楊晨纂
清光緒十六年(1890)刻本
[乾隆]容城縣志 第25册
(清)王克淳纂修
清乾隆二十六年(1761)刻本
[咸豐]容城縣志 第25册
(清)詹作周 裴福德修 王振綱纂
清咸豐七年(1857)刻本
[光緒]容城縣志 第25册
(清)俞廷獻等修 吳思忠纂
清光緒二十二年(1896)刻本
[民國]容城縣志 第25册
王蓮堂修 白葆端纂
民國九年(1920)刻本
[道光]安州志 第25册
(清)彭定澤修 俞湘纂

清道光二十六年(1846)修抄本
[乾隆]新安縣志 第25册
(清)高景原本 孫孝芬增修 張鱗甲增纂
清乾隆八年(1743)抄本
[嘉靖]蠡縣志 第25册
(明)李復初纂修
明嘉靖十三年(1534)刻本
[順治]蠡縣志(附續志) 第25册
(明)錢天錫纂修 (清)祖建明續修
明崇禎十四年(1641)刻清順治八年(1651)增刻本
[光緒]蠡縣志 第25册
(清)韓志超 何雲誥修 張瑜 王其衡等纂
清光緒二年(1876)刻本
[康熙]博野縣志 第25册
(清)王國泰修 劉聲纂
清康熙十五年(1676)刻本
[雍正]直隸定州志 第25册
(清)王大年修 魏權纂
清雍正間修乾隆元年(1736)刻本
[道光]直隸定州志 第25册
(清)寶琳 勞沅恩纂修
清道光三十年(1850)刻本
[咸豐]直隸定州續志 第25册
(清)王榕吉修 張樸纂
清咸豐十年(1860)刻本
[民國]定縣志 第25册
何其章 吕復修 賈恩紱纂
民國二十三年(1934)刻本版藏定縣文廟魁星閣
[乾隆]阜平縣志 第25册
(清)鄒尚易纂修
清乾隆三十年(1765)刻本
[同治]阜平縣志 第25册
(清)勞輔芝修 張錫三纂
清同治十三年(1874)刻本
[康熙]唐縣新志 第25册
(清)王政修 張珽 陳瑞纂
清康熙十一年(1672)刻本
[光緒]唐縣志 第25册
(清)陳詠修 張惇德纂
清光緒四年(1878)刻本
倒馬關志 第25册
(明)王士翹纂修
明嘉靖間撰輯自作者撰《西關志》排印本
[崇禎]廣昌縣志 第25册
(明)劉世治修 趙文耀纂
明崇禎五年(1632)刻本
[康熙]廣昌縣志 第25册
(清)杜登春修 李我郊纂
清康熙三十年(1691)刻本
[乾隆]廣昌縣志 第25册
(清)趙由仁纂修
清乾隆二十五年(1760)刻本
[光緒]廣昌縣志 第25册
(清)劉榮纂修
清光緒元年(1875)刻本
[弘治]易州志 第25册
(明)戴敏修 戴銑纂
明弘治十五年(1502)刻本
[順治]易水志 第25册
(清)藺民孚 朱懋文纂修
清順治二年(1645)刻本
[乾隆]直隸易州志 第25册
(清)楊芊纂修 張登高續纂修
清乾隆十二年(1747)刻本
紫荊關志 第25册
(明)王士翹纂修
明嘉靖間撰輯自作者撰《西關志》排印本
永寧山扈從紀程 第25册
(清)孫鼎烈撰
清光緒十六年(1890)活字本
[道光]新城縣志 第25册
(清)李廷棨修 王振鍾等纂
清道光十八年(1838)刻本
[光緒]續修新城縣志 第25册
(清)張丙嘉修 王鍔纂
清光緒二十一年(1895)刻本紫泉書院藏版
[民國]新城縣志 第25册
張雨蒼等修 王樹枏等纂
民國二十四年(1935)北平文華齋鉛印本
[嘉靖]雄乘 第25册
(明)王齊纂修
明嘉靖十六年(1537)刻本
[民國]雄縣新志 第26册
秦廷秀等修 劉崇本纂
民國十九年(1930)鉛印本
雄縣鄉土志 第26册
(清)劉崇本編
清光緒三十一年(1905)鉛印本
[乾隆]安肅縣志 第26册
(清)張鈍修 史元善等纂
清乾隆四十三年(1778)刻嘉慶十三年(1808)石梁補刻本
[民國]徐水縣新志 第26册
劉延昌修 劉鴻書纂
民國二十一年(1932)鉛印本
[雍正]高陽縣志 第26册
(清)嚴宗嘉修 李其旋纂
清雍正八年(1730)刻本
[民國]高陽縣志 第26册
李大本修 李曉泠纂
民國二十二年(1933)鉛印本
[康熙]祁州志 第26册
(明)郭應響纂修 (清)梅朗中增修
明崇禎元年(1628)刻清康熙十九年(1680)增刻本
[乾隆]祁州志 第26册
(清)王楷等修 張萬銓等纂
清乾隆二十一年(1756)刻本
[光緒]祁州續志 第26册
(清)趙秉恒等修 劉學海等纂
清光緒元年(1875)修八年(1882)刻本
[光緒]安國縣新志稿 第26册
(清)宋蔭桐纂修
清光緒三十二年(1906)抄本民國間補抄稿本
[康熙]慶都縣志 第26册
(清)李天璣修 秦毓琦等纂
清康熙十七年(1678)刻本
[乾隆]望都縣新志 第26册
(清)陳洪書修 王錫侯 陳啓光纂
清乾隆三十六年(1771)刻本
[光緒]望都縣新志 第26册
(清)陳洪書原本 李兆珍重訂
清光緒三十年(1904)重刻本
[民國]望都縣志 第26册
王德幹修 崔蓮峰纂
民國二十三年(1934)鉛印本抄配
[康熙]曲陽縣新志 第26册
(清)劉師峻纂修
清康熙間刻本
[光緒]重修曲陽縣志 第26册
(清)周斯億等修 董濤纂
清光緒三十年(1904)刻本

[民國]完縣新志 第26册
彭作楨修 劉玉田等纂
民國二十三年(1934)鉛印本
[乾隆]滿城縣志 第26册
(清)張焕纂修 賈永宗增修 皮殿選再續修
清康熙五十二年(1713)刻乾隆道光遞增刻本
[民國]滿城縣志略 第26册
陳寶生修 楊式震 陳昌源纂
民國二十年(1931)天津協成印刷局鉛印本

滄州市

[嘉靖]河間府志 第27册
(明)郜相修 樊深纂
明嘉靖十九年(1540)刻本
[萬曆]河間府志 第27册
(明)杜應芳修 陳士彥纂
明萬曆四十三年(1615)刻本
[康熙]河間府志 第27册
(清)徐可先纂修
清康熙間刻本
[乾隆]河間府新志 第27册
(清)杜甲 周嘉露修 黄文蓮 胡天游纂
清乾隆二十五年(1760)刻本
[康熙]河間縣志 第27册
(清)袁元修 楊九有纂
清康熙十三年(1674)刻本
[乾隆]河間縣志 第27册
(清)吴山鳳修 黄文蓮 梁志恪纂
清乾隆二十五年(1760)刻本
[乾隆]滄州志 第27册
(清)徐時作修 胡淦等纂
清乾隆八年(1743)刻本
[民國]滄縣志 第27册
張鳳瑞等修 張坪等纂
民國二十二年(1933)天津文竹齋鉛印本
[同治]鹽山縣志 第27册
(清)王福謙 江毓秀修 潘震乙纂
清同治七年(1868)刻本
[民國]鹽山新志 第27册
賈恩紱纂修
民國五年(1916)刻本
[康熙]吴橋縣志 第27册
(清)任先覺修 楊萃纂
清康熙十九年(1680)鹿廷瑄增刻本
[光緒]吴橋縣志 第27册
(清)倪昌燮修 施崇禮纂
清光緒元年(1875)刻本版藏瀾陽書院
[康熙]東光縣志 第27册
(清)白爲璣纂修
清康熙三十二年(1693)刻本
[光緒]東光縣志 第27册
(清)周植瀛修 吴潯源纂
清光緒十四年(1888)刻本
[康熙]肅寧縣志 第27册
(清)王宏翼纂修
清康熙十一年(1672)刻本
[乾隆]肅寧縣志 第27册
(清)尹侃 范森修 談有典纂
清乾隆二十一年(1756)刻本
[康熙]交河縣志 第27册
(清)墻鼎修 黄伉纂
清康熙十二年(1673)刻道光間增刻本
[民國]交河縣志 第27册
高步青等修 苗毓芳等纂
民國五年(1916)泊鎮善成堂刻本
[嘉靖]興濟縣志 第27册
(明)蕭蕃修 鄭孝纂
明嘉靖三十九年(1560)修抄本
[康熙]青縣志 第27册
(清)楊霞修 姚景圖纂
清康熙十二年(1673)刻本
[嘉慶]青縣志 第27册
(清)沈聯芳修 倪鑅纂
清嘉慶間修光緒三十一年(1905)刻本
[光緒]重修青縣志 第27册
(清)江貢琛修 茹岱林纂
清光緒三十一年(1905)刻本
[民國]青縣志 第27册
萬震霄修 高遵章等纂
民國二十年(1931)天津鴻興印字館鉛印本
[康熙]南皮縣志 第27册
(清)馬士瓊修 吴維哲等纂 劉址續纂修
清康熙十二年(1673)刻十九年(1680)增刻本
[光緒]南皮縣志 第27册
(清)殷樹森 汪寶樹 傅金鑅纂
清光緒十四年(1888)刻本本衙藏版
[民國]南皮縣志 第27册
王德乾等修 劉樹鑫纂
民國二十二年(1933)鉛印本
[乾隆]任丘縣志 第27册
(清)劉統修 劉炳等纂
清乾隆二十七年(1762)刻本
[康熙]獻縣志 第27册
(清)劉徵廉修 鄭大綱纂
清康熙十二年(1673)刻本
[乾隆]獻縣志 第27册
(清)萬廷蘭修 戈濤纂
清乾隆二十六年(1761)刻本
[民國]獻縣志 第27册
薛鳳鳴修 張鼎彝纂
民國十四年(1925)刻本

衡水市

[乾隆]衡水縣志 第28册
(清)陶淑纂修
清乾隆三十二年(1767)刻本
[萬曆]饒陽縣志 第28册
(明)翟耀修 石經世纂 秦繼宗增補
明萬曆二十九年(1601)刻三十七年(1609)續補刻本
[乾隆]饒陽縣志 第28册
(清)單作哲纂修
清乾隆十四年(1749)刻本
[雍正]阜城縣志 第28册
(清)陸福宜修 多時珍纂
清雍正十三年(1735)刻光緒三十四年(1908)鉛印本
[康熙]纂修景州志 第28册
(清)張一魁纂修
清康熙十一年(1672)刻本
[乾隆]景州志 第28册
(清)屈成霖纂修
清乾隆十年(1745)刻本
[民國]景縣志 第28册
耿兆棟 董大年修 張汝漪纂
民國二十一年(1932)鉛印本
[康熙]棗强縣志 第28册
(明)王鶴齡修 陶萬象纂 (清)胡夢龍增修 單惺等增纂
明萬曆四十四年(1616)刻清康熙十九年(1680)增刻本
[乾隆]棗强縣志 第28册
(清)單作哲纂修
清乾隆十七年(1752)刻本
[嘉慶]棗强縣志 第28册
(清)任銜蕙修 楊元錫纂

清嘉慶九年(1804)刻本
棗强縣志補正 第28册
(清)方宗誠纂修
清同治十三年(1874)修光緒二年(1876)刻本
棗强縣志料 第28册
宋兆升修 張宗載 齊文煥纂
民國二十年(1931)天津協成印刷局鉛印本
[雍正]直隸深州志 第28册
(清)徐綏纂修
清雍正十年(1732)刻本
深州風土記 第28册
(清)吳汝綸纂
清同治十年(1871)纂光緒二十六年(1900)文瑞書院刻本
[康熙]安平縣志 第28册
(清)陳宗石纂修
清康熙二十六年(1687)刻三十一年(1692)患立堂增刻本
[康熙]正定府晋州武强縣新志 第28册
(清)冼國幹修 張星法纂
清康熙三十三年(1694)刻本
[道光]武强縣新志 第28册
(清)翟慎行纂修
清道光十一年(1831)刻本
[康熙]武邑縣志 第28册
(清)許維梃修 束圖南纂
清康熙三十三年(1694)刻本
[同治]武邑縣志 第28册
(清)彭美修 龍文彬纂
清同治十一年(1872)刻本
[民國]武邑縣志 第28册
佚名纂修
民國間修抄本
[雍正]故城縣志 第28册
(清)蔡維義修 秦永清等纂
清雍正五年(1727)刻本
[光緒]故城縣志 第28册
(清)丁燦修 王堉德纂 張熯續修 范翰文續纂
清同治十二年(1873)修光緒十一年(1885)續修民國十年(1921)重印本
冀州記 第28册
(晉)裴秀撰
據北京圖書館出版社一九九七年《漢唐方志輯佚》本排印
[乾隆]冀州志 第28册
(清)范清曠纂修
清乾隆十二年(1747)刻本
[民國]冀縣志 第28册
王樹枏纂修
民國十八年(1929)鉛印本
冀縣新鄉土教科書 第28册
馬維周輯
民國十二年(1923)冀縣贊化石印局石印本

邢臺市

[乾隆]順德府志 第28册
(清)徐景曾纂修
清乾隆十五年(1750)刻本
[乾隆]邢臺縣志 第28册
(清)劉燕雯修 李嵫纂
清乾隆六年(1741)刻本
[嘉慶]邢臺縣志 第28册
(清)竇景燕纂修 沈蓮生續修
清嘉慶十四年(1809)修道光七年(1827)續修刻本
[光緒]邢臺縣志 第28册
(清)戚朝卿修 周祐纂
清光緒三十一年(1905)刻本版藏小學堂
[民國]邢臺縣志 第28册
張棟修 薛椿齡纂
民國三十二年(1943)鉛印本
[乾隆]柏鄉縣志 第28册
(清)鍾賡華纂修
清乾隆三十一年(1766)刻本
[康熙]寧晋縣志 第29册
(清)萬任修 張坦纂
清康熙十八年(1679)刻本
[民國]甯晋縣志 第29册
伊承熙等修 張震科纂
民國十八年(1929)石印本
[崇禎]隆平縣志 第29册
(明)陳所學纂修
明崇禎二年(1629)刻清康熙五十一年(1712)增刻本
[乾隆]隆平縣志 第29册
(清)袁文煥纂修
清乾隆二十九年(1764)修抄本
[光緒]唐山縣志 第29册
(清)蘇玉修 杜靄 李飛鳴纂
清光緒七年(1881)刻本
[嘉靖]南宫縣志 第29册
(明)葉恒嵩修 劉濂纂
明嘉靖十四年(1535)修三十八年(1559)刻民國二十二年(1933)影印本
[康熙]南宫縣志 第29册
(清)胡胤銓纂修
清康熙十二年(1673)刻雍正間增刻本
[道光]南宫縣志 第29册
(清)周栻修 陳柱纂
清道光十一年(1831)刻本本衙藏版
[光緒]南宫縣志 第29册
(清)戴世文修 喬國楨等纂
清光緒三十年(1904)刻本
[民國]南宫縣志 第29册
黃容惠修 賈恩紱纂
民國二十五年(1936)刻本
[光緒]鉅鹿縣志 第29册
(清)淩燮修 夏應麟纂
清光緒十二年(1886)刻本
[康熙]任縣志 第29册
(清)季芷修 謝元震纂
清康熙十二年(1673)刻十九年(1680)二十五年(1686)三十年(1691)程軒舉王原祁賀勳等續修遞增刻本
[民國]任縣志 第29册
(清)謝昺麟修 陳智纂 (民國)王億年續修 劉書旗續纂
清宣統二年(1910)修民國四年(1915)續修鉛印本
[萬曆]沙河縣志 第29册
(明)姬自修修 王九秋 李國士纂 谷師顏重修
明萬曆三十七年(1609)刻本
[乾隆]沙河縣志 第29册
(清)杜灝纂修
清乾隆二十四年(1759)修道光二十五年(1845)刻本版藏縣署
[民國]沙河縣志 第29册
林清揚修 王延升纂
民國二十九年(1940)鉛印本
[康熙]臨城縣志 第29册
(清)楊寬修 喬已百纂
清康熙三十年(1691)刻本
[康熙]内丘縣志 第29册
(清)汪匡鼎修 和羹纂
據清康熙七年(1668)刻本增刻本

[道光]內邱縣志 第29册
(清)施彦士纂修
清道光十二年(1832)增刻抄本
[康熙]新河縣志 第29册
(清)王汝翰等纂修
清康熙十八年(1679)刻本
[光緒]新河縣志 第29册
(清)趙鴻鈞修 沈家煥纂
清光緒二年(1876)刻本本衙藏版
[康熙]清河縣志 第29册
(清)盧士傑纂修 錢啓文等續修
清康熙十七年(1678)刻康熙乾隆間增刻本
[同治]清河縣志 第29册
(清)王鏞修 郭兆藩等纂
清同治十一年(1872)刻本
[光緒]清河縣志 第29册
(清)黄汝香纂修
清光緒九年(1883)刻本
[民國]清河縣志 第29册
張福謙修 趙鼎銘纂
民國二十三年(1934)天津文竹齋鉛印本
[嘉靖]威縣志 第29册
(明)胡容修 王組纂
明嘉靖二十九年(1550)刻本
[民國]威縣志 第29册
崔正春修 尚希賓纂
民國十四年(1925)修十八年(1929)北平京津印書局鉛印本
[萬曆]廣宗縣志 第29册
(明)馬協纂修
明萬曆二十六年(1598)刻清康熙間增刻本
[康熙]廣宗縣志 第29册
(清)吴存禮修 喬承寵纂
清康熙三十二年(1693)刻本
[嘉慶]廣宗縣志 第29册
(清)李師舒纂修
清嘉慶七年(1802)刻本
[同治]廣宗縣志 第29册
(清)羅觀駿修 李汝紹纂
清同治十三年(1874)刻本版存禮房
[民國]廣宗縣志 第29册
姜榓榮 祁卓如修 韓敏修纂
民國二十二年(1933)廣宗文獻委員會鉛印本
[乾隆]平鄉縣志 第29册
(清)楊喬纂修
清乾隆十六年(1751)刻本
[同治]平鄉縣志 第29册
(清)蘇性纂修
清同治七年(1868)刻本
[同治]平鄉縣志 第29册
(清)蘇性纂修 吴沂續纂
清同治七年(1868)刻光緒十二年(1886)增刻本
[康熙]南和縣志 第29册
(清)章兆蕙修 周鐈纂
清康熙六年(1667)刻本
[乾隆]南和縣志 第29册
(清)周章煥纂修
清乾隆十四年(1749)修抄本
[光緒]南和縣志 第29册
(清)王立勳修 李清芝纂
清光緒十九年(1893)修抄本

邯鄲市

[嘉靖]廣平府志 第29册
(明)翁相修 陳棐纂
明嘉靖二十九年(1550)刻本
[康熙]廣平府志 第29册
(清)沈奕琛修 申涵盼纂
清康熙十五年(1676)刻本
[乾隆]廣平府志 第30册
(清)吴穀纂修
清乾隆二年(1737)修十年(1745)刻本
[光緒]重修廣平府志 第30册
(清)吴中彦修 胡景桂纂
清光緒二十年(1894)刻本
[康熙]廣平縣志 第30册
(清)夏顯煜修 王俞巽纂
清康熙十五年(1676)刻本
[民國]廣平縣志 第30册
韓作舟纂修
民國二十八年(1939)鉛印本
[正統]大名府志 第30册
(明)趙本纂修
明正統十年(1445)刻本
[正德]大名府志 第30册
(明)石禄修 唐錦纂
明正德元年(1506)刻本
[康熙]大名府志 第30册
(清)周邦彬修 郜煥元纂
清康熙十一年(1672)刻本
[咸豐]大名府志 第30册
(清)朱煐等纂修 武蔚文續修 郭程先續纂 高繼珩增補
清咸豐三年(1853)刻本
[乾隆]大名縣志 第30册
(清)張維祺修 李棠纂
清乾隆五十四年(1789)刻本
[民國]大名縣志 第30册
張昭芹 程廷恒等修 范鑒古 洪家禄等纂
民國二十三年(1934)鉛印本
[康熙]元城縣志 第30册
(清)陳偉等纂修
清康熙十五年(1676)刻本
[同治]續修元城縣志 第30册
(清)吴大鏞修 王仲甡纂
清同治十一年(1872)刻本
[乾隆]邯鄲縣志 第30册
(清)王炯纂修
清乾隆二十一年(1756)刻本
[光緒]邯鄲縣志 第30册
(清)英棨 周錫璋纂修
清光緒元年(1875)稿本
[民國]邯鄲縣志 第30册
楊肇基修 李世昌纂
民國二十九年(1940)刻本
[崇禎]永年縣志 第30册
(明)宋祖乙修 申佳胤纂
明崇禎十四年(1641)刻本
[康熙]永年縣志 第30册
(清)朱世緯纂修
清康熙十一年(1672)刻雍正十一年(1733)侯可大增補乾隆十年(1745)王玲再增補本
[乾隆]永年縣志 第30册
(清)孔廣棣纂修
清乾隆二十二年(1757)刻本
[光緒]永年縣志 第30册
(清)夏詒鈺纂修
清光緒三年(1877)刻本版存縣署
永年縣鄉土志 第31册
(清)佚名編
抄本
[順治]曲周縣志 第31册
(清)李時茂修 趙永吉纂
清順治十三年(1656)刻本
[乾隆]曲周縣志 第31册

(清)勞宗發修 王今遠纂
清乾隆十二年(1747)刻本縣署藏版
[同治]曲周縣志 第31册
(清)存禄修 劉自立纂
清同治八年(1869)刻本
[雍正]館陶縣志 第31册
(清)趙知希纂修 張興宗增修
清雍正五年(1727)修十三年(1735)續修光緒十九年(1893)刻本
[民國]館陶縣志 第31册
丁世恭修 劉清如纂
民國二十五年(1936)鉛印本
館陶縣鄉土志 第31册
(清)宋金鏡 熊廷獻等輯
清光緒三十四年(1908)山東官報局鉛印本
[康熙]魏縣志 第31册
(清)李尚斌修 王錫命纂
清康熙二十二年(1683)刻本
[雍正]魏縣志 第31册
(清)馬襄修 劉翔儀纂
清雍正五年(1727)刻本
成安縣志 第31册
佚名纂修
據《永樂大典》本排印
[萬曆]成安縣志 第31册
(明)賈三策修 王孫昌纂
明萬曆刻明崇禎清順治間續增刻本
[康熙]成安縣志 第31册
(清)王公楷修 張檞纂
清康熙十二年(1673)刻後印本
[嘉慶]成安縣志 第31册
(清)孫培曾修 宋鳳翼纂
清嘉慶七年(1802)刻道光間增刻本
[民國]成安縣志 第31册
張應麟修 張永和纂
民國二十年(1931)天津文竹齋鉛印本
[嘉靖]涉縣志 第31册
(明)佚名纂
明抄本
[康熙]涉縣志 第31册
(清)黄澤修 竇彝常纂
清康熙五十三年(1714)刻本
[嘉慶]涉縣志 第31册
(清)戚學標纂修
清嘉慶四年(1799)刻本
[乾隆]雞澤縣志 第31册
(清)王錦林纂修
清乾隆三十一年(1766)抄本
[民國]雞澤縣志 第31册
李澤遠修 劉國昌纂
民國三十一年(1942)鉛印本
雞澤縣鄉土志略 第31册
(清)佚名編
民國四年(1915)抄本
[雍正]邱縣志 第31册
(清)王輅修 韓思聖纂
清雍正六年(1728)刻本
[乾隆]邱縣志 第31册
(清)黄景曾修 靳淵然等纂
清乾隆間修民國二十二年(1933)鉛印本
[民國]邱縣志 第31册
薛儒華修 趙又揚纂
民國二十三年(1934)鉛印本
[雍正]肥鄉縣志 第31册
(清)王建中修 宋錦纂
清雍正十年(1732)刻本
[同治]肥鄉縣志 第31册
(清)李鵬展修 趙文濂纂
清同治六年(1867)刻本
[民國]肥鄉縣志 第31册
張仁侃等修 李國鐸等纂 安亮清訂正
民國二十九年(1940)鉛印本
[正德]臨漳縣志 第31册
(明)景芳纂修
明正德元年(1506)刻本
[咸豐]臨漳縣志 第31册
(清)張濟纂修
清咸豐十年(1860)刻本
[光緒]臨漳縣志 第31册
(清)周秉彝修 周壽梓 李燿中纂
清光緒三十年(1904)刻本
[嘉靖]磁州志 第31册
(明)周文龍修 孫紹纂
明嘉靖三十二年(1553)刻本
[康熙]磁州志 第31册
(清)蔣擢纂修
清康熙間刻本
[民國]磁縣縣志 第31册
黄希文等纂修
民國三十年(1941)鉛印本
[嘉靖]武安縣志 第31册
(明)唐交修 陳璋纂
明嘉靖二十六年(1547)刻本
[天啓]武安縣志 第31册
(明)李椿茂等纂修
明天啓間刻崇禎時增刻本
[乾隆]武安縣志 第31册
(清)蔣光祖修 夏兆豐纂
清乾隆四年(1739)刻本
[民國]武安縣志 第31册
杜濟美修 郄濟川纂
民國二十九年(1940)北京光明印書局鉛印本

山西省

[萬曆]山西通志 第32册
(明)李維楨修
明崇禎二年(1629)刻本
[康熙]山西通志 第32册
(清)穆爾賽 劉梅纂修
清康熙二十一年(1682)刻本
山西通志 第32册
《古今圖書集成》本
山西通志 第32册
《古今圖書集成》本
山西通志 第32册
《古今圖書集成》本
[雍正]山西通志 第32－33册
(清)覺羅石麟修 儲大文纂
清雍正十二年(1734)刻本
[乾隆]山西志輯要 第33册
(清)雅德修 汪本直纂
清乾隆四十五年(1780)刻本
[光緒]山西通志 第34册
(清)曾國荃 張煦等修 王軒 楊篤等纂
清光緒十八年(1892)刻本
三晋見聞録 第34册
(清)齊翀撰
清光緒六年(1880)刻本

太原市

太原事蹟雜記 第34册
(唐)李璋撰
據北京圖書館出版社一九九七年《漢唐方志輯佚》排印
金大定晋陽志 第34册
(金)蔡珪撰
據劉緯毅等輯《宋遼金元方志輯佚》排印
太原志 第34册
佚名纂修

據《永樂大典》本排印
[萬曆]太原府志 第34册
(明)關廷訪修 張慎言纂
明萬曆四十年(1612)刻本殘缺處抄配
[乾隆]太原府志 第34册
(清)費淳 沈樹聲纂修
清乾隆四十八年(1783)刻本
[康熙]陽曲縣志 第35册
(清)戴夢熊修 李方蓁等纂
清康熙二十一年(1682)刻本
[道光]陽曲縣志 第35册
(清)李培謙監修 閻士驤纂輯
清道光二十三年(1843)修民國二十一年(1932)重印本版藏儒學東齋
平晋圖經 第35册
佚名纂修
據劉緯毅等輯《宋遼金元方志輯佚》排印
[嘉靖]太原縣志 第35册
(明)高汝行纂修
明嘉靖三十年(1551)刻本
[雍正]重修太原縣志 第35册
(清)龔新 沈繼賢修 高若岐等纂
清雍正九年(1731)刻本本署藏版
[道光]太原縣志 第35册
(清)員佩蘭修 楊國泰纂
清道光六年(1826)刻本
[康熙]徐溝縣志 第35册
(清)王嘉謨纂修
清康熙五十一年(1712)刻本
[光緒]補修徐溝縣志 第35册
(清)王勳祥修 秦憲纂
清光緒七年(1881)刻本
清源鄉志 第35册
(清)王勳祥修 王效尊纂
清光緒八年(1882)梗陽書院刻本

大同市

大同府志 第35册
佚名纂修
據《永樂大典》本排印
[順治]雲中郡志 第35册
(清)胡文燁纂修
清順治九年(1652)刻本
[乾隆]大同府志 第35册
(清)吳輔宏修 王飛藻 文光校訂
清乾隆四十一年(1776)修四十七年(1782)重校刻本
[道光]大同縣志 第35册
(清)黎中輔纂修
清道光十年(1830)刻本
[乾隆]天鎮縣志 第35册
(清)胡元朗纂修
清乾隆四年(1739)刻本
[乾隆]天鎮縣志 第35册
(清)張坊纂修
清乾隆十八年(1753)刻本
[光緒]天鎮縣志 第35册
(清)洪汝霖等修 楊篤纂
清光緒十六年(1890)修民國二十四年(1935)重刊鉛印本
[康熙]靈丘縣志 第35册
(清)宋起鳳原本 岳宏譽增訂
清順治十七年(1660)修康熙二十三年(1684)刻本
[光緒]靈丘縣補志 第35册
(清)雷棣榮 嚴潤林修 陸泰元纂
清光緒七年(1881)京都吉潤齋刻本
[雍正]陽高縣志 第35册
(清)房裔蘭總裁 蘇之芬纂修
清雍正七年(1729)修鉛印本
[乾隆]廣靈縣志 第35册
(清)郭磊纂修
清乾隆十九年(1754)刻本
[順治]渾源州志 第35册
(清)張崇德纂修
清順治十八年(1661)刻本
[乾隆]渾源州志 第35册
(清)桂敬順纂修
清乾隆二十八年(1763)刻本
[乾隆]渾源州志 第36册
(清)桂敬順纂修
清乾隆二十八年(1763)刻同治九年(1870)孔廣培增刻本州署藏版
[光緒]渾源州續志 第36册
(清)賀澍恩修 程續纂
清光緒七年(1881)刻本
恒山志 第36册
(清)桂敬順纂修
清乾隆二十八年(1763)刻本州署藏版
[光緒]左雲縣志 第36册
(清)李翼聖原本 余卜頤增修 藺炳章增纂
清光緒七年(1881)增修嘉慶本民國間石印本

朔州市

[萬曆]懷仁縣志 第36册
(明)楊守介纂修
明萬曆二十九年(1601)刻本
[光緒]懷仁縣新志 第36册
(清)李長華修 姜利仁纂 汪大浣續修 馬蕃續纂
清光緒三十二年(1906)刻本
[崇禎]山陰縣志 第36册
(明)劉以守纂修
明崇禎二年(1629)修抄本
[乾隆]應州續志 第36册
(清)吳炳纂修
清乾隆三十四年(1769)刻本
[雍正]朔平府志 第36册
(清)劉士銘修 王霷纂
清雍正十一年(1733)刻本
[康熙]朔州志 第36册
(清)侯樹屏纂修 方叔裔續纂修
清順治十七年(1660)刻康熙十二年(1673)增刻民國二十五年(1936)石印本
[雍正]朔州志 第36册
(清)汪嗣聖纂修 王霷匯纂
清雍正十三年(1735)修石印本
[民國]馬邑縣志 第36册
陳廷璋修 霍殿鰲纂
民國七年(1918)鉛印本

陽泉市

[乾隆]平定州志 第36册
(清)金明源纂修
清乾隆五十五年(1790)刻本湧雲樓藏版
[光緒]平定州志 第36册
(清)賴昌期 張彬等纂修
清光緒八年(1882)刻本
[光緒]盂縣志 第36册
(清)張嵐奇 劉鴻逵等修 武纘緒 劉懋功等纂
清光緒七年(1881)刻本

長治市

上黨記 第36册
佚名纂修
據北京圖書館出版社一九九七年《漢唐方志輯佚》排印
[順治]潞安府志 第36册
(清)楊晙修 李中白 周再勳纂

清順治十六年(1659)刻本
[乾隆]潞安府志 第36册
(清)張淑渠 姚學瑛修 姚學甲纂
清乾隆三十五年(1770)榮輝堂刻本
[康熙]長治縣志 第36册
(清)姜愃修 于公胤纂
清康熙十二年(1673)刻本
[乾隆]長治縣志 第36册
(清)吴九齡修 蔡履豫纂
清乾隆二十八年(1763)刻本
[光緒]長治縣志 第36册
(清)李楨修 楊篤纂
清光緒二十年(1894)刻本
[乾隆]重修襄垣縣志 第36册
(清)李廷芳修 徐珏 陳于廷纂
清乾隆四十七年(1782)刻本
[民國]襄垣縣志 第37册
嚴用琛 魯宗藩修 王維新 連篤敬等纂
民國十七年(1928)鉛印本
[康熙]黎城縣志 第37册
(清)程大夏修 李御 李吉纂
清康熙二十一年(1682)刻本
[光緒]黎城縣續志 第37册
(清)鄭灝修 楊恩樹纂
清光緒九年(1883)刻本
[乾隆]壺關縣志 第37册
(清)楊宸等修 馮文止等纂
清乾隆三十五年(1770)刻本官衙藏版
[道光]壺關縣志 第37册
(清)茹金 申瑶纂修
清道光十四年(1834)刻本
[光緒]壺關縣續志 第37册
(清)胡燕昌 楊篤纂修
清光緒七年(1881)刻本官衙藏版
[康熙]長子縣志 第37册
(清)徐飂廷修 徐介纂
清康熙四十四年(1705)刻本
[乾隆]長子縣志 第37册
(清)紀在譜修 黃立世纂
清乾隆四十三年(1778)刻本
[嘉慶]長子縣志 第37册
(清)劉樾修 樊兑纂
清嘉慶二十一年(1816)刻本
[光緒]長子縣志 第37册
(清)豫謙修 楊篤纂
清光緒八年(1882)刻本
[乾隆]沁州志 第37册
(清)葉士寬原本 姚學瑛續修 姚學甲續纂
清雍正九年(1731)刻乾隆三十六年(1771)增刻本
[光緒]沁州復續志 第37册
(清)吴承恩纂修
清光緒六年(1880)刻本
[萬曆]沁源縣志 第37册
(明)李守貞纂修
明萬曆間刻本
[雍正]沁源縣志 第37册
(清)韓瑛纂修 王廷掄續纂修
清康熙五十二年(1713)修雍正八年(1730)續修刻本
[光緒]沁源縣續志 第37册
(清)董余三纂修
清光緒七年(1881)刻本
[民國]沁源縣志 第37册
孔兆熊 郭藍田修 陰國垣纂
民國二十二年(1933)太原德和信代印鉛印本
[康熙]武鄉縣志 第37册
(清)高鉷纂修
清康熙三十一年(1692)刻本
[乾隆]武鄉縣志 第37册
(清)白鶴修 史傳遠纂輯
清乾隆五十五年(1790)修民國十八年(1929)鉛印本
[光緒]武鄉縣續志 第37册
(清)吴匡修 鈕增垚纂
清光緒五年(1879)刻本
[民國]武鄉新志 第37册
張揚祚修 郝世楨纂
民國十八年(1929)鉛印本
[天啓]潞城縣志 第37册
(明)馮惟賢纂修 王溥續修
明萬曆十九年(1591)修天啓五年(1625)增修清抄本
[康熙]潞城縣志 第37册
(清)張士浩等修 申伯等纂
清康熙四十五年(1706)刻本
[光緒]潞城縣志 第37册
(清)崔曉然 曾雲章修 楊篤纂
清光緒十年(1884)刻本
[康熙]平順縣志 第37册
(清)杜之昂修 路躋垣 申昌先纂
民國三十四年(1945)抄本
[光緒]平順鄉志 第37册
(清)佚名纂
抄本
[民國]平順縣志 第37册
石璜纂修
民國間鉛印本
[康熙]屯留縣志 第37册
(清)屠直纂修
清康熙十四年(1675)刻本
[雍正]屯留縣志 第37册
(清)甄爾節修 孫肯獲等纂
清雍正八年(1730)刻本
[光緒]屯留縣志 第37册
(清)劉鍾麟 何金聲修 楊篤 任來樸纂
清光緒十一年(1885)刻本

晋城市

澤州圖經 第37册
佚名纂修
據劉緯毅等輯《宋遼金元方志輯佚》排印
[康熙]澤州志 第37册
(清)陶自悦纂修
清康熙四十五年(1706)刻本
[雍正]澤州府志 第38册
(清)朱樟修 田嘉穀纂
清雍正十三年(1735)刻本
[順治]高平縣志 第38册
(清)范繩祖修 龐太樸纂
清順治十五年(1658)刻本
[乾隆]高平縣志 第38册
(清)傅德宜修 戴純纂
清乾隆三十九年(1774)刻本
[同治]高平縣志 第38册
(清)龍汝霖纂修
清同治六年(1867)刻本
[光緒]續高平縣志 第38册
(清)陳學富 慶鍾修 李廷一纂
清光緒六年(1880)刻本
[乾隆]鳳臺縣志 第38册
(清)林荔修 姚學甲纂
清乾隆四十九年(1784)刻本
陽城縣圖經 第38册
佚名纂修
據劉緯毅等輯《宋遼金元方志輯佚》排印
[康熙]陽城縣志 第38册
(清)項龍章修 田六善纂

清康熙二十六年(1687)刻本
[乾隆]陽城縣志　第38册
(清)楊善慶修　田懋纂
清乾隆二十年(1755)刻本
[同治]陽城縣志　第38册
(清)賴昌期總修　譚澐　盧廷棻纂修
清同治十三年(1874)刻本
澤州陵川縣志　第38册
佚名纂修
據《永樂大典》本排印
[乾隆]陵川縣志　第38册
(清)雷正修　景象元纂
清乾隆五年(1740)刻本
[乾隆]陵川縣志　第38册
(清)程德炯纂修
清乾隆四十四年(1779)刻本
[光緒]陵川縣志　第38册
(清)徐炑等修　梁寅纂
清光緒八年(1882)刻本
[民國]陵川縣志　第38册
庫增銀修　楊謙纂
民國二十二年(1933)鉛印本
[康熙]沁水縣志　第38册
(清)趙鳳詔纂修
清康熙三十六年(1697)刻本
[嘉慶]沁水縣志　第38册
(清)徐品山修　張心至纂
清嘉慶六年(1801)刻本版藏縣署
[光緒]沁水縣志　第38册
(清)秦丙煃修　李疇纂
清光緒七年(1881)刻本

忻州市

[乾隆]甯武府志　第38册
(清)魏元樞　周景柱纂修
清乾隆十五年(1750)刻本
[萬曆]忻州志　第38册
(明)楊維嶽纂修
明萬曆三十六年(1608)刻本
[乾隆]忻州志　第38册
(清)周人龍原本　竇容邃增訂
清乾隆十一年(1746)刻本
[光緒]忻州志　第38册
(清)方戊昌修　方淵如纂
清光緒六年(1880)刻本
[萬曆]定襄縣志　第38册
(明)安嘉士修　劉紹先纂　王立愛續修　劉國治續纂
明萬曆四十四年(1616)刻本
[雍正]定襄縣志　第38册
(清)王時炯原本　王會隆續纂修
清康熙五十一年(1712)刻雍正五年(1727)增補本
[光緒]定襄縣補志　第38册
(清)鄭繼修等修　邢澍田纂
清光緒六年(1880)刻本
元遺山志　第38册
(清)樊焕章纂修
清光緒三年(1877)刻本
[康熙]靜樂縣志　第38册
(清)黃圖昌纂修
清康熙三十四年(1695)修民國間石印本
[乾隆]直隸代州志　第38册
(清)吳重光纂修
清乾隆四十九年(1784)刻本
[光緒]代州志　第38册
(清)俞廉三修　楊篤纂
清光緒八年(1882)代山書院刻本
[康熙]五臺縣志　第39册
(清)周三進纂修
清康熙二十六年(1687)刻本
[乾隆]五臺縣志　第39册
(清)王秉韜纂修
清乾隆四十五年(1780)刻本
[光緒]五臺新志　第39册
(清)徐繼畬纂修　孫汝明　王步墀續修　楊篤續纂
清同治四年(1865)修光緒九年(1883)刻本
形山北游記　第39册
陸仁淵撰　陳南波編
民國十四年(1925)刻本
[乾隆]崞縣志　第39册
(清)邵豐鍭　顧弼修　賈瀛纂
清乾隆二十二年(1757)刻本
[光緒]續修崞縣志　第39册
(清)趙冠卿　龍朝言修　潘肯堂纂
清光緒八年(1882)刻本
[道光]繁峙縣志　第39册
(清)吳其均纂修
清道光十六年(1836)刻本
[光緒]繁峙縣志　第39册
(清)何才價修　楊篤纂
清光緒七年(1881)刻本
[康熙]保德州志　第39册
(清)王克昌修　殷夢高纂
清康熙四十九年(1710)修民國二十一年(1932)鉛印本
[乾隆]保德州志　第39册
(清)王克昌原本　王秉韜續纂修
清康熙四十九年(1710)刻乾隆五十年(1785)增刻本
保德州鄉土志　第39册
吳大猷纂修
清光緒三十三年(1907)修民國五年(1916)石印本
[道光]河曲縣志　第39册
(清)曹春曉纂修
清道光十年(1830)刻本
[同治]河曲縣志　第39册
(清)金福增修　張兆魁　金鍾彥纂
清同治十一年(1872)刻本
[光緒]神池縣志　第39册
(清)崔長清修　穀如墉纂
清光緒六年(1880)修抄本
[康熙]岢嵐州志　第39册
(清)何顯祖修　袁鏘珩纂
清康熙十一年(1672)修抄本
[光緒]岢嵐州志　第39册
(清)吳光熊修　史文炳纂
清光緒十年(1884)刻本
[乾隆]五寨縣志　第39册
(清)秦雄褒纂修　朱青選續纂修
清嘉慶十四年(1809)刻本居安堂藏版
偏關志　第39册
(明)盧承業原編　(清)馬振文等增修
明萬曆間修清道光時增修民國四年(1915)重訂鉛印本
三關志　第39册
(明)廖希顏修　孫繼魯纂
明嘉靖二十四年(1545)刻本

晋中市

[康熙]榆次縣續志　第39册
(清)劉星修　王介石　齊世恩纂
清康熙二十三年(1684)刻本
[乾隆]榆次縣志　第39册
(清)錢之青修　張天澤纂
清乾隆十三年(1748)思風堂刻本
[同治]榆次縣志　第39册
(清)俞世銓　陶良駿修　王平格　王序賓纂

清同治二年(1863)鳳鳴書院刻本
[光緒]榆次縣續志　第39册
(清)吴省額 張承熊修 黄汝梅 王儆纂
清光緒十一年(1885)刻本
[民國]榆次縣志　第39册
張敬顥等修 常麟書纂
民國三十一年(1942)鉛印本
[乾隆]樂平縣志　第40册
(清)李早榮纂修
清乾隆四十二年(1777)刻本本衙慶於庭藏版
[民國]昔陽縣志　第40册
皇甫振清等修 李光宇等纂
民國三年(1914)手抄本
遼州圖經志　第40册
佚名纂修
據《永樂大典》本排印
遼州志　第40册
佚名纂修
據《永樂大典》本排印
[雍正]遼州志　第40册
(清)徐三俊修 葛附鳳等纂
清雍正十一年(1733)刻本
[光緒]遼州志　第40册
(清)徐三俊原本 陳棟續纂修
清雍正十一年(1733)刻光緒十六年(1890)增修補刻民國十八年(1929)重印本
[乾隆]重修和順縣志　第40册
(清)黄玉衡修 賈訒纂
清乾隆三十三年(1768)刻本
[民國]和順縣志　第40册
張夔典總裁 王玉汝纂修
民國三年(1914)石印本
[乾隆]榆社縣志　第40册
(清)費映奎修 孟濤纂
清乾隆八年(1743)刻本
[光緒]榆社縣志　第40册
(清)王家坊 葛士達總纂
清光緒七年(1881)刻本
[萬曆]太穀縣志　第40册
(明)喬允升修 寇嘉會纂
清順治十二年(1655)據明萬曆二十四年(1596)刻版重修本
[萬曆]太穀縣志　第40册
(清)王廷贊修 武一韓纂 王澤沛增修
清雍正七年(1729)修乾隆四年(1739)重修刻本
[乾隆]太穀縣志　第40册
(清)高繼允修 姚孔碩 涂逢豫纂
清乾隆三十年(1765)刻本
[乾隆]太穀縣志　第40册
(清)郭晉總裁 管粤秀纂修
清乾隆六十年(1795)刻本本衙藏版
[咸豐]太穀縣志　第40册
(清)章青選 汪和修 章嗣衡纂
清咸豐五年(1855)刻本本衙藏版
[光緒]太穀縣志　第40册
(清)恩濬等修 王效尊纂
清光緒十二年(1886)刻本鳳山書院藏版
[民國]太穀縣志　第40册
劉玉璣 仇曾祐修 胡萬凝纂
民國二十年(1931)太原德和信代印鉛印本
[康熙]重修平遥縣志　第40册
(清)王綬修 康乃心纂
清康熙四十五年(1706)刻本
[光緒]平遥縣志　第40册
(清)恩端修 武達材 王舒萼纂
清光緒八年(1882)刻本
[康熙]靈石縣志　第40册
(清)侯榮圭修 張尊美纂
清康熙十一年(1672)刻本
[嘉慶]靈石縣志　第40册
(清)王志瀜修 黄憲臣纂
清嘉慶二十二年(1817)刻本
[民國]靈石縣志　第40册
李凱朋修 耿步蟾纂
民國二十三年(1934)鉛印本
[康熙]壽陽縣志　第40册
(清)吴祚昌纂修 李敦續修
清康熙十一年(1672)刻五十六年(1717)續補刻本
[乾隆]壽陽縣志　第40册
(清)龔導江纂修
清乾隆三十六年(1771)刻本
[光緒]壽陽縣志　第40册
(清)馬家鼎修 張嘉言纂
清光緒八年(1882)刻本
[乾隆]祁縣志　第41册
(清)陳時纂修
清乾隆四十五年(1780)刻本
[光緒]祁縣志　第41册
(清)劉發岏修 李芬纂
清光緒八年(1882)刻本
[康熙]介休縣志　第41册
(清)王埴修 王之舟纂
清康熙三十五年(1696)刻本
[乾隆]介休縣志　第41册
(清)王謀文纂修
清乾隆三十五年(1770)刻本
[嘉慶]介休縣志　第41册
(清)徐品山修 陸元鏸纂
清嘉慶二十四年(1819)刻本
[民國]介休縣志　第41册
張賡麟修 董重纂
民國十九年(1930)鉛印本

臨汾市

平陽府圖經　第41册
佚名纂修
據劉緯毅等輯《宋遼金元方志輯佚》排印
[康熙]平陽府志　第41册
(清)劉棨修 孔尚任等纂
清康熙四十七年(1708)刻本
[雍正]平陽府志　第41册
(清)章廷珪修 范安治纂
清雍正十三年(1735)修乾隆元年(1736)刻本
[康熙]臨汾縣志　第41册
(明)邢雲路纂修 (清)林弘化續纂修
明萬曆十九年(1591)刻清康熙三十五年(1696)補刻本
[雍正]臨汾縣志　第41册
(清)徐三俊纂修
清雍正八年(1730)刻本
[乾隆]臨汾縣志　第41册
(清)高嵣 吴士淳修 吕淙 吴克元纂
清乾隆四十四年(1779)刻本
[民國]臨汾縣志　第41册
劉玉璣修 張其昌等纂
民國二十二年(1933)鉛印本
[康熙]汾西縣志　第41册
(清)蔣鳴龍纂修
清康熙十三年(1674)刻本
[光緒]汾西縣志　第41册
(清)曹憲修 周鳳翽纂
清光緒七年(1881)刻本
[雍正]岳陽縣志　第41册
(清)趙溫修 常遜等纂

清雍正十二年(1734)刻本
[民國]岳陽縣志 第41册
李鍾珩修 王之哲等纂
民國二年(1913)新昭石印公司石印本
[民國]安澤縣志 第42册
楊世瑛等修 王錫禎 宋思本等纂
民國二十一年(1932)鉛印本
[嘉靖]翼城縣志 第42册
(明)鄢桂枝修 楊汝江纂
明嘉靖二十七年(1548)刻本
[乾隆]翼城縣志 第42册
(清)李居頤纂修
清乾隆二年(1737)刻本
[乾隆]翼城縣志 第42册
(清)許崇楷纂修
清乾隆三十六年(1771)刻本
[光緒]翼城縣志 第42册
(清)王燿章 龔履坦修 閻奮鵬等纂
清光緒七年(1881)刻本
[民國]翼城縣志 第42册
(清)馬繼楨修 吉廷彥纂
民國十八年(1929)鉛印本
[嘉靖]曲沃縣志 第42册
(明)劉魯生修 李廷寶纂
明嘉靖三十年(1551)刻本
[康熙]曲沃縣志 第42册
(清)潘錦修 仇翊道纂
清康熙四十四年(1705)刻本
[乾隆]新修曲沃縣志 第42册
(清)張坊修 胡元琢 徐儲纂
清乾隆二十三年(1758)敦好堂全書本
[乾隆]續修曲沃縣志 第42册
(清)侯長熺修 王安恭纂
清嘉慶二年(1797)刻本
[光緒]續修曲沃縣志 第42册
(清)張鴻逵 茅丕熙修 韓子泰纂
清光緒六年(1880)刻本
[民國]新修曲沃縣志 第42册
鄔漢章修 仇汝功纂
民國十七年(1928)鉛印本
[光緒]吉州全志 第42册
(清)吳葵之修 裴國苞纂
清光緒六年(1880)修民國間大國民印刷廠鉛印本
吉州鄉土志 第42册
(清)佚名編
清末抄本

[康熙]隰州志 第42册
(清)錢以塏纂修
清康熙四十八年(1709)刻本
[光緒]續修隰州志 第42册
(清)崔澄寰 王嘉會等纂修
清光緒二十四年(1898)刻本
[康熙]永和縣志 第42册
(清)王士儀纂修
清康熙四十九年(1710)刻本
[民國]永和縣志 第42册
段金成等纂修
民國二十年(1931)修抄本
[雍正]大寧縣志 第42册
(清)杜瑾修 劉源涑纂
清雍正八年(1730)刻本縣署藏版
[光緒]大寧縣志 第42册
(清)崔同紱修 李華棠纂
清光緒九年(1883)刻本
[康熙]蒲縣新志 第42册
(清)胡必蕃修 曹丕振 賀友范纂
清康熙十二年(1673)刻本
[乾隆]蒲縣志 第42册
(清)巫慧修 王居正纂
清乾隆十八年(1753)刻本
[萬曆]洪洞縣志 第42册
(明)喬因羽修 晉朝臣纂
明萬曆十九年(1591)刻本
[順治]洪洞縣續志 第42册
(清)趙三長修 晉承柱纂
清順治十三年(1656)修十六年(1659)刻本
[雍正]洪洞縣志 第43册
(清)余世堂修 董維等纂
清雍正八年(1730)刻本
[民國]洪洞縣志 第43册
孫奐侖修 韓坰等纂
民國六年(1917)上海商務印書館鉛印本
[順治]趙城縣志 第43册
(清)安錫祚修 劉復鼎纂
清順治十六年(1659)刻本
[乾隆]趙城縣志 第43册
(清)李升階纂修
清乾隆二十五年(1760)刻本
[道光]趙城縣志 第43册
(清)楊延亮纂修
清道光七年(1827)刻本

[康熙]鼎修霍州志 第43册
(清)黃復生纂修
清康熙十二年(1673)刻本
[道光]直隸霍州志 第43册
(清)崔允昭修 李培謙纂
清道光六年(1826)刻本
[光緒]續刻直隸霍州志 第43册
(清)楊立旭修 白天章纂
清光緒六年(1880)刻本
[嘉靖]浮山縣志 第43册
(明)許安纂修
明嘉靖三十七年(1558)刻本
[乾隆]浮山縣志 第43册
(清)賈西等修 張華等纂
清乾隆十年(1745)刻本
[同治]浮山縣志 第43册
(清)慶鍾纂修
清同治十三年(1874)刻本
[光緒]浮山縣志 第43册
(清)鹿學典等修 武克明等纂
清光緒六年(1880)刻本
[民國]浮山縣志 第43册
任耀先修 張桂書纂
民國二十四年(1935)鉛印本
[雍正]太平縣志 第43册
(清)劉崇元修 張枚等纂
清雍正三年(1725)刻本
[乾隆]太平縣志 第43册
(清)張鍾秀修 周令德等纂
清乾隆四十年(1775)刻本
[道光]太平縣志 第43册
(清)李炳彥修 梁栖鸞纂
清道光五年(1825)刻本
[光緒]太平縣志 第43册
(清)勞文慶 朱光綬修 婁道南纂
清光緒八年(1882)刻本
[雍正]襄陵縣志 第43册
(清)趙懋本修 盧秉純纂
清雍正十年(1732)刻本
[光緒]襄陵縣志 第43册
(清)錢墉修 郝登雲纂
清光緒七年(1881)刻本版存縣署
[民國]襄陵縣新志 第43册
李世佑修 劉師亮纂
民國十二年(1923)刻本
[順治]鄉寧縣志 第43册
(明)焦守己纂修 (清)侯世爵續纂修

清順治七年(1650)增刻本
[乾隆]鄉寧縣志 第43册
(清)葛清纂修
清乾隆四十九年(1784)刻本
[民國]鄉寍縣志 第43册
趙祖抃修 吳庚 趙意空纂
民國六年(1917)刻本
運城市
[乾隆]解州全志 第43册
(清)言如泗纂修
清乾隆二十九年(1764)刻本官衙藏版
[光緒]解州志 第43册
(清)馬丕瑶 魏象幹修 張承熊纂
清光緒七年(1881)刻本
[民國]解縣志 第43册
曲迺鋭等編輯
民國九年(1920)國光石印館石印本
[康熙]安邑縣志 第43册
(清)趙增纂修
清康熙十年(1671)刻本
[乾隆]解州安邑縣志 第43册
(清)言如泗修 呂瀶纂
清乾隆二十九年(1764)刻本官衙藏版
[乾隆]解州安邑縣運城志 第43册
(清)言如泗修 熊名相 呂瀶等纂
清乾隆二十九年(1764)刻《解州全志》本
[光緒]直隸絳州志 第43册
(清)李煥揚修 張于鑄纂
清光緒五年(1879)刻本
演繁露 第43册
(宋)程大昌撰
《古今圖書集成》本
[民國]新絳縣志 第43册
徐昭儉修 楊兆泰纂
民國十八年(1929)太原崇實印刷所鉛印本
[乾隆]聞喜縣志 第44册
(清)李遵唐纂修
清乾隆三十年(1765)刻本
[光緒]聞喜縣志 第44册
(清)陳作哲修 楊深秀纂
清光緒六年(1880)刻本
[民國]聞喜縣志 第44册
余寶滋修 楊韍田等纂
民國八年(1919)石印本
[光緒]垣曲縣志 第44册
(清)薛元釗修 張于鑄纂
清光緒五年(1879)刻本
[順治]絳縣志 第44册
(清)趙士弘修 陳所性等纂
清順治間刻增修本
[乾隆]絳縣志 第44册
(清)拉昌阿修 王本智纂
清乾隆三十年(1765)刻本
[光緒]絳縣志 第44册
(清)劉斌修 張于鑄纂
清光緒六年(1880)刻本
[光緒]絳縣志 第44册
(清)胡延纂修
清光緒二十五年(1899)刻本
河津縣總圖記 第44册
(元)王思誠撰
據劉緯毅等輯《宋遼金元方志輯佚》排印
[嘉慶]河津縣志 第44册
(清)沈千鑒修 王政 牛述賢纂
清嘉慶二十年(1815)刻本
[光緒]河津縣志 第44册
(清)茅丕熙 楊漢章修 程象濂 韓秉鈞纂
清光緒六年(1880)刻本
[乾隆]稷山縣志 第44册
(清)韋之瑗修 郭佩等纂
清乾隆三十年(1765)刻本官衙藏版
[嘉慶]稷山縣志 第44册
(清)張應辰修 王墀等纂
清嘉慶二十年(1815)刻本本署藏版
[民國]稷山縣志 第44册
(清)沈鳳翔纂修
清同治四年(1865)修民國二十二年(1933)石印本
[光緒]續修稷山縣志 第44册
(清)馬家鼎纂修
清光緒十一年(1885)刻本
芮城縣圖經 第44册
佚名纂修
據劉緯毅等輯《宋遼金元方志輯佚》排印
[乾隆]解州芮城縣志 第44册
(清)言如泗修 莫溥纂
清乾隆二十九年(1764)刻《解州全志》本
[民國]芮城縣志 第44册
張亘 蕭光漢等纂修
民國十二年(1923)晋省范華印刷廠鉛印本
[康熙]夏縣志 第44册
(清)蔣起龍纂修
清康熙四十七年(1708)刻本
[乾隆]解州夏縣志 第44册
(清)言如泗修 李遵唐纂
清乾隆二十九年(1764)刻《解州全志》本
[光緒]夏縣志 第44册
(清)黄縉榮 萬啟鈞修 張承熊纂
清光緒六年(1880)刻本
[乾隆]平陸縣志 第44册
(清)言如泗總修 韓夔典纂修
清乾隆間修民國二十一年(1932)平陸縣政府石印本
[光緒]平陸縣續志 第44册
(清)劉鴻逵纂修 沈承恩纂輯
清光緒六年(1880)修民國二十一年(1932)石印本
[乾隆]蒲州府志 第44册
(清)周景柱纂修
清乾隆十九年(1754)刻本
[光緒]永濟縣志 第44册
(清)李榮和 劉鍾麟修 張元懋纂
清光緒十二年(1886)刻本
[乾隆]虞鄉縣志 第44册
(清)周大儒修 尚雲章等纂
清乾隆五十四年(1789)刻本
[光緒]虞鄉縣志 第45册
(清)崔鑄善修 陳鼎隆 全謀犢纂
清光緒十二年(1886)刻本
[民國]虞鄉縣新志 第45册
周振聲等修 李無逸等纂
民國九年(1920)石印本
[乾隆]萬泉縣志 第45册
(清)畢宿燾修 張史筆纂
清乾隆二十三年(1758)刻本
[民國]萬泉縣志 第45册
何棨修 馮文瑞纂
民國七年(1918)石印本
[嘉靖]榮河縣志 第45册
(明)宋綱纂
明嘉靖十七年(1538)刻本
[乾隆]榮河縣志 第45册
(清)楊令琢纂修

清乾隆三十四年(1769)修抄本
[光緒]榮河縣志 第45册
(清)馬鑒等修 尋鑾煒纂
清光緒七年(1881)刻本本衙藏版
[民國]榮河縣志 第45册
(清)張柳星 范茂松修 郭廷瑞纂
民國二十五年(1936)鉛印本
[康熙]臨晋縣志 第45册
(清)齊以治修 王恭先纂
清康熙二十五年(1686)刻本
[乾隆]臨晋縣志 第45册
(清)王正茂纂修
清乾隆三十八年(1773)刻本本衙藏版
[民國]臨晋縣志 第45册
俞家驥主编 趙意空纂修
民國十二年(1923)鉛印本
[雍正]猗氏縣志 第45册
(清)潘鉞修 吳啓元等纂 宋之樹續修 何世勳等續纂
清雍正七年(1729)刻本

吕梁市

[康熙]永寧州志 第45册
(清)謝汝霖纂修
清康熙四十一年(1702)刻本嘉慶同治間增補重印
[光緒]永寧州志 第45册
(清)姚啟瑞修 方淵如 劉子俊纂
清光緒七年(1881)刻本本衙藏版
[雍正]興縣志 第45册
(清)程雲修 孫鴻淦等纂 劉嘉詰續纂修
清雍正八年(1730)刻本
[乾隆]興縣志 第45册
(清)程雲原本 藍山增修
清雍正八年(1730)修乾隆二十八年(1763)增修刻本
合河政紀 第45册
石榮暲編
民國二十三年(1934)鉛印《蓉城仙館叢書》本
[雍正]重修嵐縣志 第45册
(清)沈繼賢修 常大升纂
清雍正八年(1730)刻本
交城縣舊經 第45册
佚名纂修
據劉緯毅等輯《宋遼金元方志輯佚》排印
[光緒]交城縣志 第45册
(清)夏肇庸修 許惺南纂
清光緒八年(1882)刻本
文水縣舊經 第45册
佚名纂修
據劉緯毅等輯《宋遼金元方志輯佚》排印
[康熙]文水縣志 第45册
(清)傅星修 鄭立功纂
清康熙十二年(1673)刻本
[光緒]文水縣志 第45册
(清)范啟堃 王煒修 陰步霞纂
清光緒九年(1883)刻本
汾州志 第45册
佚名纂修
據《永樂大典》本排印
[乾隆]汾州府志 第45册
(清)孫和相修 戴震纂
清乾隆三十六年(1771)刻本
[順治]汾陽縣志 第45册
(清)吳世英等纂修
清順治十四年(1657)刻本
[康熙]汾陽縣志 第45册
(清)周超等纂修
清康熙六十年(1721)刻本
[道光]汾陽縣志 第45册
(清)周貽纓 曹文錦修 曹樹穀纂
清咸豐元年(1851)刻本
[光緒]汾陽縣志 第45册
(清)方家駒 慶文修 王文員纂
清光緒十年(1884)刻本
[雍正]孝義縣志 第45册
(清)方士謨纂修
清雍正四年(1726)刻本
[乾隆]孝義縣志 第45册
(清)鄧必安修 鄧常纂
清乾隆三十五年(1770)刻本
[雍正]石樓縣志 第45册
(清)袁學謨修 秦燮纂
清雍正十年(1732)刻抄本
[康熙]寧鄉縣志 第45册
(清)吕履恒等纂修
清康熙四十一年(1702)刻本
[康熙]臨縣志 第45册
(清)楊飛熊修 崔鶴齡等纂
清康熙間修道光二十年(1840)刻本
[民國]臨縣志 第45册
胡宗虞修 吳命新纂
民國六年(1917)鉛印本

内蒙古自治區

蒙古游牧記 第46册
(清)張穆撰
清同治六年(1867)刻本
[光緒]蒙古志 第46册
(清)夏日琖校 姚明輝輯
清光緒三十三年(1907)上海中國圖書公司鉛印本
[民國]蒙藏新志 第46册
黃奮生著
民國二十七年(1938)鉛印本
内蒙古紀要 第46册
花楞編
民國五年(1916)經緯書局鉛印本
内蒙古地理 第46册
許崇灝撰
民國二十六年(1937)鉛印本
支那地志摘譯 第46册
楊守敬摘譯
民國間抄本
游蒙日記 第46册
李廷玉撰
民國四年(1915)財務部印刷局鉛印本
東蒙古紀程 第46册
陳祖墡撰
民國間石印本
[光緒]綏遠志 第46册
(清)貽穀修 高賡恩纂
清光緒三十四年(1908)刻本

呼和浩特市

[咸豐]古豐識略 第46册
(清)鍾秀 張曾纂修
抄本
[光緒]土默特志 第46册
佚名纂修
清光緒間刻本
[光緒]歸綏廳志稿 第46册
(清)佚名纂修
清光緒間稿本
[光緒]歸綏識略 第46册
(清)張曾纂修
民國間抄本
[民國]歸綏縣志 第46册
鄭植昌修 鄭裕孚纂
民國二十三年(1934)北平文嵐簃鉛

印本
[同治]和林格爾廳志略　第46册
(清)陳寶晉纂修
清同治十年(1871)抄本
[光緒]清水河廳志　第46册
(清)阿克達春 文秀等纂修
清光緒間刻抄本
赤峰市
[民國]林西縣志　第46册
蘇紹泉修 徐致軒纂
民國十九年(1930)鉛印本
通遼市
蒙旗志稿　第46册
佚名纂修
民國間抄本
呼倫貝爾市
呼倫貝爾志書稿　第46册
佚名撰
清末抄本
鄂爾多斯市
伊盟右翼四旗調查報告書　第46册
蒙藏委員會編
民國二十八年(1939)鉛印本
烏蘭察布市
[光緒]豐鎮廳志　第46册
(清)德溥修 麻麗五纂
清光緒間抄本
西盟游記　第46册
勹與撰
民國間抄本
巴彥淖爾市
[民國]臨河縣志　第46册
王文墀編
民國二十年(1931)鉛印本
五原廳志　第46册
佚名纂修
抄本
遼寧省
遼東行部志　第47册
(金)王寂撰
清宣統元年(1909)刻本
[嘉靖]遼東志　第47册
(明)畢恭等修 任洛等重修
明正統八年(1443)修嘉靖十六年(1537)重修刻本
[嘉靖]全遼志　第47册
(明)李輔等纂修
明嘉靖四十五年(1566)修民國二十三年(1934)《遼海叢書》鉛印本
[康熙]柳邊紀略　第47册
(清)李賓撰
清康熙間修光緒間刻本
[康熙]盛京通志　第47册
(清)伊把漢 董秉忠修 孫成纂
清康熙二十三年(1684)刻本
盛京通志　第47册
《古今圖書集成》本
[乾隆]盛京通志　第47册
(清)呂耀曾修 魏樞纂 雷以誠續纂修
清乾隆元年(1736)刻咸豐二年(1852)校補刻本
[乾隆]欽定盛京通志　第47册
(清)阿桂修 劉謹之 程維岳纂
清乾隆四十九年(1784)刻本
[民國]奉天通志　第47册
翟文選等修 王樹枏等纂
民國二十三年(1934)鉛印本
[民國]奉天通志　第48册
翟文選等修 王樹枏等纂
民國二十三年(1934)鉛印本
奉天古蹟考　第48册
金梁纂修
民國四年(1915)奉天作新印刷局鉛印本
瀋陽市
[宣統]承德縣志書　第48册
(清)都林布修 李巨源 徐守常纂 金正元增修 張子瀛 閻鵬齡增纂
清光緒三十四年(1908)修宣統二年(1910)續修奉天交涉司南路作新石印局石印本
[民國]瀋陽縣志　第48册
趙恭寅修 曾有翼纂
民國六年(1917)奉天作新印刷局鉛印本
[民國]新民縣志　第48册
王寶善修 張博惠輯
民國十五年(1926)石印本
[民國]遼中縣志　第48册
徐維淮修 李植嘉纂
民國十九年(1930)瀋陽東北交通用品製造廠印鉛印本
康平縣鄉土志　第48册
(清)李紹綱編
清宣統二年(1910)修油印本
法庫廳鄉土志　第48册
劉鳴復纂修
民國間抄本
朝陽市
[民國]朝陽縣志　第48册
周鐵錚修 沈鳴詩等纂
民國十九年(1930)鉛印本
[民國]建平縣志　第49册
田萬生修 張滋大纂
民國二十年(1931)稿本
阜新市
[民國]阜新縣志　第49册
張遇春修 賈如誼纂
民國二十四年(1935)奉天正文齋印刷局鉛印本
彰武縣鄉土志　第49册
佚名編 民國間修
奉天作新印刷局鉛印本
鐵嶺市
[宣統]昌圖府志　第49册
(清)洪汝沖纂修
清宣統二年(1910)奉天圖書印刷所鉛印本
[民國]昌圖縣志　第49册
程道元修 續文金纂
民國五年(1916)鉛印本
[康熙]鐵嶺縣志　第49册
(清)賈弘文修 董國祥纂 李廷榮補輯
清康熙二十一年(1682)增刻民國二十三年(1934)鉛印《遼海叢書》本
[民國]鐵嶺縣志　第49册
陳藝修 蔣齡益 鄭沛綸纂
民國六年(1917)奉天作新印刷局鉛印本
[民國]鐵嶺縣志　第49册
黃世芳修 陳德懿纂
民國二十年(1931)鐵嶺縣立第一工科印鉛印本
[民國]鐵嶺縣續志　第49册
楊宇齊修 張嗣良纂
民國二十二年(1933)鐵嶺縣立第一工科印鉛印本
[萬曆]開原圖說　第49册
(明)馮瑗纂
明萬曆間修抄本
[康熙]開原縣志　第49册

(清)劉起凡修 周志煥纂
清康熙十七年(1678)修民國二十三年(1934)鉛印《遼海叢書》本
[民國]開原縣志 第49册
章啓槐修 趙家幹 王毓琪纂
民國六年(1917)奉天文和興印書館鉛印本
[民國]開原縣志 第49册
李毅纂修
民國十八年(1929)開原驛文英印刷局鉛印本
[民國]西豐縣志 第49册
蕭德潤修 張恩書纂 曹肇元補修 希廉等補纂
民國二十七年(1938)西豐國興印刷局校印鉛印本

撫順市

[宣統]撫順縣志略 第49册
(清)趙宇航 程廷恒修 黎鏡蓉纂
清宣統三年(1911)石印本
[民國]撫順縣志 第49册
張克湘修 周之楨纂
民國二十年(1931)修抄本
興京鄉土志 第49册
(清)孫長清修 劉熙春纂
清光緒三十二年(1906)修抄本
[民國]興京縣志 第49册
沈國冕修 蘇民纂
民國十四年(1925)奉天太古山房鉛印本
[民國]興京縣志 第49册
張耀東修 李屬春纂
民國二十五年(1936)鉛印本

本溪市

[宣統]懷仁縣志 第49册
(清)馬俊顯修 劉熙春纂
清宣統二年(1910)鉛印據抄本影印
[民國]桓仁縣志 第49册
侯錫爵修 羅明述纂
民國十九年(1930)石印本
[民國]續修桓仁縣志 第49册
常荷禄修 趙國棟纂
民國二十六年(1937)鉛印本

遼陽市

[康熙]遼陽州志 第49册
(清)楊鑣修 施鴻纂
清康熙二十年(1681)修民國二十三年(1934)鉛印《遼海叢書》本
[民國]遼陽縣志 第49册
裴煥星修 白永貞纂
民國十七年(1928)奉天第二工科職業學校印鉛印本
遼陽鄉土志 第49册
(清)洪汝沖修 白永貞編
清光緒三十四年(1908)鉛印本
遼陽縣古蹟遺聞 第49册
何景春撰
民國十五年(1926)縣立第七職業科印刷鉛印本

鞍山市

[光緒]海城縣志 第50册
(清)管鳳龢 陳藝等修 張文藻等纂
清光緒三十三年(1907)修宣統元年(1909)抄本
[民國]海城縣志 第50册
廷瑞 孫紹宗修 張輔相纂
民國十三年(1924)鉛印本
[民國]海城縣志 第50册
陳蔭翹 常守陳修 戚星巖纂
民國二十六年(1937)鉛印本
[民國]臺安縣志 第50册
孫維善修 王紹武纂
民國十九年(1930)遼寧作新印刷局鉛印本
[咸豐]岫巖志略 第50册
(清)台隆阿修 李翰穎纂
清咸豐七年(1857)修民國二十三年(1934)鉛印《遼海叢書》本
[民國]岫巖縣志 第50册
劉景文 高乃濟修 郝玉璞纂
民國十七年(1928)岫巖山成玉東記印鉛印本
奉天省岫巖縣鄉土志 第50册
佚名纂修
清末抄本

丹東市

[民國]安東縣志 第50册
王介公修 于雲峰纂
民國二十年(1931)安東宏業號鉛印部鉛印本
鳳凰廳鄉土志 第50册
佚名編
清光緒間抄本
[民國]鳳城縣志 第50册
馬龍潭 沈國冕修 蔣齡益纂
民國十年(1921)石印本
[民國]寬甸縣志略 第50册
程廷恒修 陶牧纂
民國四年(1915)奉天大南門里文和興印書館石印本

大連市

南金鄉土志 第50册
(清)喬德秀纂修
民國二十年(1931)石印本
[民國]復縣志略 第50册
程廷恒修 張素纂
民國九年(1920)奉天文和興印書館石印本
[民國]莊河縣志 第50册
廖彭 李紹陽修 宋掄元等纂
民國十年(1921)奉天作新印刷局鉛印本
[民國]莊河縣志 第50册
王純古 王佐才修 李其實 楊維嶓纂
民國二十三年(1934)莊河永源書局鉛印本

營口市

[民國]營口縣志 第51册
楊晉源修 王慶雲纂
民國二十二年(1933)石印本
[康熙]蓋平縣志 第51册
(清)駱雲纂修
清康熙二十一年(1682)修民國二十三年(1934)鉛印《遼海叢書》本
[宣統]蓋平縣志 第51册
(清)王渠曾纂修
抄本
[民國]蓋平縣志 第51册
石秀峰修 王郁雲纂
民國十九年(1930)鉛印本
蓋平縣鄉土志 第51册
(清)張國珍編
清光緒三十四年(1908)修抄本
蓋平縣鄉土志 第51册
崔正峰修 郭春藻輯
民國九年(1920)蓋平教養工廠石印本

盤錦市

盤山廳鄉土志 第51册
(清)柴楧編
清光緒三十三年(1907)修抄本
[民國]盤山縣志略 第51册

馬俊顯修 孫名耀纂
民國四年(1915)修抄本
錦州市
[民國]錦縣志 第51册
王文藻修 陸善格纂
民國九年(1920)奉天關東印書館鉛印本
奉天錦州府錦縣鄉土志 第51册
(清)田徵葵編
清宣統二年(1910)抄本
[民國]義縣志 第51册
趙興德修 王鶴齡纂
民國二十年(1931)鉛印本
[康熙]廣寧縣志 第51册
(清)項蕙修 范勳纂
清康熙三十一年(1692)修民國二十三年(1934)鉛印《遼海叢書》本
廣寧縣鄉土志 第51册
(清)蕭雨春編
清光緒三十四年(1908)鉛印本
[民國]北鎮縣志 第51册
王文璞修 呂中清纂
民國十七年(1928)修二十二年(1933)石印本
鎮安縣鄉土志 第51册
(清)張霽編
清末鉛印本
[民國]黑山縣志 第51册
梁學貴修 龐國士纂
民國三十年(1941)鉛印本
葫蘆島市
錦西廳鄉土志 第51册
(清)于淩霄編
清宣統間抄本
[民國]錦西縣志 第51册
張鑒唐 劉煥文修 郭逵等纂
民國十八年(1929)遼寧作新印刷局鉛印本
錦西縣鄉土志 第51册
佚名編
抄本
[康熙]寧遠州志 第51册
(清)馮昌奕等修 范勳纂
清康熙二十一年(1682)修民國二十三年(1934)鉛印《遼海叢書》本
[民國]興城縣志 第51册
恩麟 王恩士修 楊蔭芳等纂
民國十六年(1927)興城華昌印刷局鉛印本
[民國]綏中縣志 第51册
文鎰修 范炳勳纂
民國十八年(1929)遼寧作新印刷局鉛印本
塔子溝紀略 第51册
(清)哈達清格撰
清乾隆三十八年(1773)刻本
吉林省
[道光]吉林外記 第52册
(清)薩英額纂修
清光緒二十一年(1895)漸西村舍刻本
[光緒]吉林通志 第52册
(清)長順 訥欽修 李桂林 顧雲纂
清光緒十七年(1891)刻本
[民國]滿洲地理參考吉林新志 第52册
劉爽纂修
民國二十三年(1934)鉛印本
長春市
[民國]長春縣志 第52册
張書翰 馬仲援修 趙述雲 金毓紱纂
民國三十年(1941)修油印本
[民國]農安縣志 第52册
鄭士純修 朱衣點纂
民國十六年(1927)鉛印本
德惠縣鄉土志 第52册
石紹廉編
記事至民國三十七年(1948)油印本
雙陽縣鄉土志 第52册
吉人修 吳榮桂 陳永奉纂
民國十五年(1926)修油印本
白城市
洮南府鄉土志 第52册
(清)孫寶瑨編
清光緒三十三年(1907)完稿油印本
[宣統]奉天省靖安縣志 第52册
(清)朱佩蘭纂修
清宣統元年(1909)修油印本
靖安縣鄉土志 第52册
(清)趙炳南纂修
清光緒三十四年(1908)修抄本
[民國]奉天省洮安縣志略 第52册
蔣國銓纂修
清宣統三年(1911)油印本
開通縣鄉土志 第52册
(清)忠林編
清光緒三十三年(1907)修抄本
安廣縣鄉土志 第52册
(清)佚名編
清宣統三年(1911)修油印本
[民國]大賚縣志 第52册
于英蕤纂修
民國二年(1913)修抄本
[民國]鎮東縣志 第52册
陳占甲修 周渭賢纂
民國十六年(1927)鉛印本
松原市
伯都訥鄉土志 第52册
(清)伯英纂修
清光緒十七年(1891)修油印本
[民國]扶餘縣志 第52册
張其軍纂修
民國十三年(1924)修油印本
吉林市
打烏拉鄉土志 第52册
(清)打牲烏拉總管衙門纂修
清光緒十一年(1885)修油印本
磐石縣鄉土志 第52册
姚祖訓修 毛祝民纂
民國二十六年(1937)修油印本
四平市
[民國]懷德縣志 第52册
趙亨萃 李宴春修 趙晋臣 孫雲章纂
民國十八年(1929)遼寧中和印書館鉛印本
[民國]續修懷德縣志 第52册
孫潤蒼修 孫雲章纂
民國二十三年(1934)新京福文盛印書局鉛印本
懷德縣鄉土志 第52册
(清)孫雲章編
清光緒三十四年(1908)修油印本
[民國]梨樹縣志 第52册
包文俊修 李溶纂 曲廉本續修 范大全續纂
民國十八年(1929)修民國二十三年(1934)續修瀋陽文化興印書局鉛印本
雙山縣鄉土志 第52册
牛爾裕編
民國四年(1915)鉛印本
遼源市
東平縣鄉土志 第52册

（清）趙國熙纂修
清光緒三十四年（1908）修抄本
［民國］東豐縣志 第52册
邢麟章 王瀛傑修 李耦纂
民國二十年（1931）東豐縣實業工廠鉛印本
通化市
［民國］輝南縣志 第52册
白純義修 于鳳桐纂
民國十六年（1927）鉛印本
輝南風土調查録 第52册
王瑞之纂修
民國八年（1919）修油印本
［民國］海龍縣志 第52册
白永貞纂修
民國二年（1913）修油印本
［民國］海龍縣志 第52册
王永恩修 王春鵬纂
民國二十六年（1937）鉛印本
［民國］通化縣志 第52册
李春雨 李鎮華修 邵芳齡纂
民國十六年（1927）奉天作新印刷局鉛印本
［民國］輯安縣志 第52册
劉天成修 張拱坦編
民國二十年（1931）石印本
輯安縣鄉土志 第52册
吳光國編輯
民國四年（1915）奉天作新印刷局鉛印本
白山市
［民國］臨江縣志 第52册
劉維清 張之言修 羅寶書 邱在官纂
民國二十四年（1935）臨江縣藝文齋印刷所鉛印本
臨江縣鄉土志 第52册
俞榮慶編
民國十四年（1925）修油印本
［民國］撫松縣志 第52册
張元俊修 車煥文纂
民國十九年（1930）鉛印本
延邊朝鮮族自治州
［民國］延吉縣志 第52册
吳錄貞修 周維楨纂
民國三年（1914）修油印本
［民國］琿春縣志 第52册
朱約之 崔龍藩修 何廉惠纂
民國二十年（1931）抄本
琿春縣鄉土志 第52册
林珪修 徐宗偉纂
民國二十三年（1934）修油印本
［民國］安圖縣志 第52册
陳國鈞修 孔廣泉纂
民國十八年（1929）遼寧第二監獄工業處校印鉛印本
黑龍江省
［嘉慶］黑龍江外記 第52册
（清）西清纂 蕭穆重輯
清光緒二十年（1894）漸西村舍匯刻本
［民國］黑龍江通志綱要 第52册
金梁纂
民國十四年（1925）鉛印本
黑龍江鄉土志 第52册
林傳甲等纂修
清宣統間刻本
龍城舊聞 第52册
魏毓蘭編
民國八年（1919）黑龍江報千號增刊鉛印本
哈爾濱市
［宣統］呼蘭府志 第52册
（清）黃維翰纂修
清宣統二年（1910）修民國四年（1915）黑龍江軍用被服廠印鉛印本
［民國］呼蘭縣志 第52册
廖飛鵬修 柯寅纂
民國十九年（1930）哈爾濱新華印書館鉛印本
［民國］巴彥縣志 第52册
王岱纂修
抄本
［民國］雙城縣志 第52册
高文垣修 張鼐銘纂
民國十五年（1926）鉛印本
雙城縣鄉土志 第52册
魏紹周修 溫廣泰纂
民國五年（1916）修油印本
［民國］賓縣縣志 第52册
趙汝楳 德壽修 朱衣點纂
民國十八年（1929）修油印本
［民國］珠河縣志 第52册
孫荃芳修 宋景文纂
民國十八年（1929）鉛印本
［民國］方正縣志 第52册
楊步墀纂修
民國八年（1919）鉛印本
［光緒］三姓志 第52册
（清）佚名纂修
清光緒十六年（1890）修油印本
［民國］依蘭縣志 第52册
楊步墀纂修
民國十年（1921）鉛印本
齊齊哈爾市
景星縣狀況 第52册
佚名編
民國二十四年（1935）編油印本
［民國］依安縣志 第52册
梁岩修 何士舉纂
民國十九年（1930）鉛印本
［民國］拜泉縣志 第52册
張霖如修 胡乃新纂
民國八年（1919）石印本
［民國］訥河縣志 第52册
崔福坣修 叢紹卿纂
民國二十年（1931）修油印本
黑河市
［民國］璦琿縣志 第52册
孫蓉圖修 徐希廉纂
民國九年（1920）鉛印本
［民國］黑龍江通北設治局通志 第52册
熊良弼纂修
民國五年（1916）修抄本
［民國］嫩江縣志 第52册
趙富安纂修
民國二年（1913）修抄本
大慶市
［民國］肇州縣志略 第52册
張樾纂修
民國二年（1913）修抄本
［民國］林甸縣志略 第52册
伊雙慶纂修
民國六年（1917）修抄本
佳木斯市
［民國］樺川縣志 第52册
鄭士純修 朱衣點纂
民國十七年（1928）鉛印本
雙鴨山市
［民國］寶清縣志 第52册
齊耀珷修 韓大光纂
民國二十四年（1935）修油印本

牡丹江市

[康熙]寧古塔志 第52册
(清)方拱乾纂修
清康熙間纂道光間《昭代叢書》本

[民國]甯安縣志 第52册
王世選修 梅文昭纂
民國十三年(1924)鉛印本

[民國]東寧縣志略 第52册
田徵明纂修
抄本

綏化市

[民國]綏化縣志 第52册
常蔭廷修 胡鏡海等纂
民國九年(1920)修油印本

[民國]慶城縣志 第52册
佚名纂修
民國七年抄本

[民國]望奎縣志 第52册
嚴兆霖修 張玉書等纂
民國八年(1919)修油印本

[民國]安達縣志 第52册
高芝秀修 潘鴻威纂
民國二十五年(1936)修油印本

上海市

[紹熙]雲間志 第53册
(宋)楊潛撰
宋紹熙四年(1193)纂清嘉慶十九年(1814)刻本

[正德]松江府志 第53册
(明)陳威 喻時修 顧清纂
明正德七年(1512)刻本

[崇禎]松江府志 第53－54册
(明)方岳貢修 陳繼儒等纂
明崇禎三年(1630)刻本

[雍正]雲間志略 第54册
(清)閩世倩撰
清雍正間纂抄本

[嘉慶]松江府志 第54－55册
(清)宋如林等修 孫星衍等纂
清嘉慶二十三年(1818)刻本府學明倫堂藏版

松江府上海縣志 第55册
佚名纂修
據《永樂大典》本排印

[嘉靖]上海縣志 第55册
(明)鄭洛書修 高企纂
明嘉靖三年(1524)刻民國二十一年(1932)據嘉靖刻本影印本

[康熙]上海縣志 第55册
(清)史彩修 葉映榴等纂
清康熙二十二年(1683)刻本

[乾隆]上海縣志 第55册
(清)李文耀修 談起行 葉承纂
清乾隆十五年(1750)刻本

[嘉慶]上海縣志 第55册
(清)王大同等修 李林松纂
清嘉慶十九年(1814)刻本

[同治]上海縣志 第55册
(清)應寶時等修 俞樾 方宗誠纂
清同治十一年(1872)刻光緒八年(1882)補刻本

[民國]上海縣續志 第55册
(清)吳馨 洪錫範修 姚文枬纂
民國七年(1918)刻本

[民國]上海市自治志 第55册
穆相遥修 楊逸等纂
民國四年(1915)鉛印本

滬城備考 第55册
(清)褚華撰
民國二十七年(1938)鉛印本

瀛壖雜志 第55册
(清)王韜撰
清光緒元年(1875)刻本

上海鄉土志 第55册
李維清纂修
清光緒三十三年(1907)鉛印本

法華鄉志 第56册
(清)王鍾纂 胡人鳳續纂
民國十一年(1922)鉛印本

塘灣鄉九十一圖里志 第56册
(清)何文源 王靄如纂
清道光十四年(1834)纂抄本

紫堤村志 第56册
(清)汪永安原纂 侯承慶續纂 沈葵增補
清康熙十七年(1678)纂咸豐六年(1856)增補抄本

七寶鎮志 第56册
(清)顧傳金纂
(年代不詳)抄本

五茸志逸 第56册
(明)吳履震纂
手抄本

[乾隆]華亭縣志 第56册
(清)馮鼎高等修 王顯曾等纂
清乾隆五十六年(1791)刻本儀松堂藏版

[光緒]重修華亭縣志 第56册
(清)楊開第修 姚光發等纂
清光緒五年(1879)刻本

重修華亭縣志拾補校訛 第56册
閔萃祥撰
民國間鉛印本

華亭縣鄉土志 第56册
(清)佚名纂修
清末抄本

[乾隆]婁縣志 第56册
(清)謝庭熏修 陸錫熊纂
清乾隆五十三年(1788)刻本

[光緒]婁縣續志 第56册
(清)汪坤厚修 張雲望纂
清光緒五年(1879)刻本

寒圩小志 第56册
(清)楊學淵纂
抄本

張澤志稿 第56册
(清)章耒纂
抄本

張澤志 第56册
(清)章耒原本 封作梅厘訂 封文權續輯
抄本

干山志 第56册
(清)周厚地輯
清抄本

[乾隆]南匯縣新志 第56册
(清)胡志熊修 吳省欽等纂
清乾隆五十八年(1793)刻本

[同治]南匯縣新志稿 第56册
(清)佚名纂修
清同治間修抄本

[光緒]南匯縣志 第56册
(清)金福曾等修 張文虎等纂
清光緒五年(1879)刻民國十六年(1927)重印本版藏署東積穀倉

[民國]南匯縣續志 第57册
嚴偉修 秦錫田等纂
民國十八年(1929)刻本版藏署東義倉

南匯二區舊五團鄉志 第57册
儲學洙纂
民國二十五年(1936)鉛印本

[道光]川沙撫民廳志 第57冊
(清)何士祁修 姚椿 周墉纂
清道光十七年(1837)刻本
[光緒]川沙廳志 第57冊
(清)陳方瀛修 俞樾纂
清光緒五年(1879)刻本
[民國]川沙縣志 第57冊
方鴻鎧修 黄炎培纂
民國二十六年(1937)鉛印本
江東志 第57冊
(清)佚名撰
抄本
[光緒]奉賢縣志 第57冊
(清)韓佩金等修 張文虎等纂
清光緒四年(1878)刻本
[正德]金山衛志 第57冊
(明)張奎修 夏有文等纂
明正德十二年(1517)刻民國二十一年(1932)據正德刻本影印本
[乾隆]金山縣志 第57冊
(清)常琬修 焦以敬纂
清乾隆十六年(1751)刻民國十八年(1929)影印本
[咸豐]金山縣志 第57冊
(清)錢熙泰修
清咸豐八年(1858)抄本
[光緒]金山縣志 第57冊
(清)龔薄輻修 黄厚本纂
清光緒四年(1878)刻本
干巷志 第57冊
(清)朱棟纂修
清嘉慶六年(1801)刻民國二十二年(1933)重印本
朱涇志 第57冊
(清)朱棟纂修
清嘉慶九年(1804)纂民國五年(1916)鉛印本
重輯楓涇小志 第57冊
(清)曹相駿纂 許光墉續纂修
清光緒十七年(1891)鉛印本
續修楓涇小志 第57冊
(清)程兼善纂
清宣統三年(1911)鉛印本
重輯張堰志 第57冊
姚裕廉 范炳垣纂修
民國九年(1920)鉛印本
[萬曆]青浦縣志 第57冊
(明)卓鈿修 王圻纂
明萬曆二十五年(1597)刻本
[乾隆]青浦縣志 第58冊
(清)孫鳳鳴修 王昶纂
清乾隆五十三年(1788)刻本
[光緒]青浦縣志 第58冊
(清)陳其元等修 熊其英等纂
清光緒五年(1879)刻本尊經閣藏版
[民國]青浦縣續志 第58冊
張仁靜修 錢崇威纂 金詠榴續纂
民國二十三年(1934)刻本
金澤小志 第58冊
(清)周鳳池纂 蔡自申續纂
清乾隆間纂道光十一年(1831)續纂抄本
珠里小志 第58冊
(清)周郁濱纂修
清嘉慶二十年(1815)刻本
盤龍鎮志 第58冊
(清)金惟鼇纂
清光緒元年(1875)纂抄本
蒸里志略 第58冊
(清)葉世熊纂
清光緒九年(1883)纂宣統二年(1910)鉛印本
頦安小志 第58冊
(清)高如圭纂
清光緒間纂據抄本排印
章練小志 第58冊
(清)高如圭纂修 (民國)萬以增續纂修
清光緒十六年(1890)纂民國三年(1914)續纂七年(1918)鉛印本
[萬曆]嘉定縣志 第58冊
(明)韓濬修 張應武纂
明萬曆三十三年(1605)刻本
[康熙]嘉定縣志 第58冊
(清)趙昕修 蘇淵纂
清康熙十二年(1673)刻本
[康熙]嘉定縣續志 第58冊
(清)聞在上修 許自俊等纂
清康熙二十三年(1684)刻本
[乾隆]嘉定縣志 第58冊
(清)程國棟纂修
清乾隆七年(1742)刻本
[光緒]嘉定縣志 第58冊
(清)程其玨修 楊震福纂
清光緒八年(1882)刻本
[民國]嘉定縣續志 第59冊
陳傳德修 黄世祚纂
民國十九年(1930)鉛印本
外岡志 第59冊
(明)殷聘尹纂
明崇禎四年(1631)纂一九六一年鉛印本
續外岡志 第59冊
(清)錢肇然纂
清乾隆五十七年(1792)纂一九六一年鉛印本
真如里志 第59冊
(清)陸立纂
清乾隆三十七年(1772)纂抄本
真如里志 第59冊
洪復章纂
民國七年(1918)後修抄本
真如志 第59冊
王德乾纂
民國間修抄本
安亭志 第59冊
(清)陳樹德編纂 朱瑞熙標點
清嘉慶間修據民國二十六年(1937)鉛印本排印
婁塘鎮志 第59冊
(清)陳曦編
清乾隆三十七年(1772)纂民國二十五年(1936)鉛印本
南翔鎮志 第59冊
(清)張承先纂修 程攸熙訂正
清乾隆四十七年(1782)纂民國十三年(1924)鉛印本
石岡廣福合志 第59冊
(清)蕭魚會 趙稷思纂修
清嘉慶十二年(1807)刻本
方泰志 第59冊
(清)王初桐纂
清嘉慶間纂抄本
馬陸里志 第59冊
(清)封導源纂
清嘉慶間修抄本
黄渡鎮志 第59冊
(清)章樹福纂修
清咸豐間修民國十二年(1923)鉛印本
黄渡續志 第59冊
(清)章圭瑑纂

清宣統三年(1911)纂民國十二年(1923)鉛印本
望仙橋鄉志稿　第59册
(清)張啓泰輯
清光緒間稿本
錢門塘鄉志　第59册
童世高纂
民國十年(1921)抄本
[乾隆]寶山縣志　第59册
(清)趙酉修 章鑰纂
清乾隆十一年(1746)刻本
[光緒]寶山縣志　第59册
(清)梁蒲貴等修 朱延射纂
清光緒八年(1882)刻本學海書院藏版
[民國]寶山縣續志　第59册
張允高等修 錢淦等纂
民國十年(1921)鉛印本
[民國]寶山縣再續志　第59册
吳葭修 王鍾琦纂
民國二十年(1931)鉛印本
淞南志　第59册
(清)陳元模纂
清康熙五十四年(1715)修嘉慶十八年(1813)活字本
淞南續志　第59册
(清)陳雲煌纂
清嘉慶十八年(1813)活字本
二續淞南志　第59册
(清)陳至言纂
清嘉慶十八年(1813)活字本
淞南志　第59册
(清)秦立纂
清嘉慶十年(1805)刻本
楊行志　第59册
(清)黃程雲纂
清嘉慶四年(1799)修抄本
羅店鎮志　第59册
(清)王樹棻修 潘履祥纂
清光緒十五年(1889)鉛印本
月浦志　第59册
(清)張人鏡纂
清光緒十四年(1888)纂稿本
月浦里志　第59册
陳應康纂修
民國二十三年(1934)鉛印本
盛橋里志　第59册
趙同福修 楊逢時纂
抄本
江灣里志　第59册
錢淦纂修
民國十三年(1924)鉛印本
[萬曆]新修崇明縣志　第59册
(明)張世臣修 陳宇俊纂
明萬曆三十二年(1604)刻本
[康熙]重修崇明縣志　第59册
(清)朱衣點修 吳標等纂
清康熙二十三年(1684)刻本
[雍正]崇明縣志　第59册
(清)張文英修 沈龍翔纂
清雍正五年(1727)修抄本
[光緒]崇明縣志　第59册
(清)林達泉等修 李聯琇等纂
清光緒七年(1881)刻本
[民國]崇明縣志　第59册
王清穆修 曹炳麟纂
民國十三年(1924)修民國十九年(1930)刻本

江蘇省

[嘉靖]南畿志　第60册
(明)聞人詮修 陳沂纂
明嘉靖間刻本
[康熙]江南通志　第60册
(清)王新命 于成龍等修 張九徵 陳焯纂
清康熙二十三年(1684)江南通志局刻本
江南通志　第60册
《古今圖書集成》本
江南通志　第60册
《古今圖書集成》本
[乾隆]江南通志　第60－61册
(清)尹繼善等修 黃之雋等纂
清乾隆元年(1736)尊經閣藏刻本
江蘇全省輿圖　第62册
(清)諸可寶輯
清光緒二十一年(1895)刻本
江蘇省鑒　第62册
趙如珩輯
民國二十四年(1935)《新中國建設學會叢書》鉛印本
江蘇省地志　第62册
李長傅編著
民國二十五年(1936)中華書局鉛印本
江南訪古記　第62册
佚名撰
民國間油印暨抄本
茅山志　第62册
(清)笪蟾光纂
清康熙間修光緒三年(1877)懶雲草堂刻二十四年(1898)印本
茅山志輯要　第62册
江導岷輯
民國九年(1920)上海宏大善書局石印本
太湖備考　第62册
(清)金玉相纂述
清乾隆十五年(1750)藝蘭圃藏刻本
太湖游記　第62册
胡健生撰
民國間抄本

南京市

六朝事蹟編類　第63册
(宋)張敦頤撰
宋紹興間撰據道光二十年(1840)刻本排印
江寧府舊經　第63册
佚名纂修
據劉緯毅等輯《宋遼金元方志輯佚》排印
建康志　第63册
(宋)史正志纂
據劉緯毅等輯《宋遼金元方志輯佚》排印
金陵事迹　第63册
(宋)朱舜庸撰
據劉緯毅等輯《宋遼金元方志輯佚》排印
建康續志　第63册
(宋)吳琚修 朱舜庸纂
據劉緯毅等輯《宋遼金元方志輯佚》排印
[至正]金陵新志　第63册
(元)張鉉纂修
元至正間修清乾隆間《四庫全書》本
洪武京城圖志　第63册
(明)禮部奉敕編
明洪武間編民國十八年(1929)影印本
[萬曆]應天府志　第63册
(明)汪宗伊 程嗣功修 王一化等纂
明萬曆五年(1577)刻二十年(1592)增刻本

建康古今記 第63册
(清)顧炎武纂
清康熙間抄本
江寧府志 第63册
《古今圖書集成》本
[嘉慶]新修江寧府志 第63册
(清)吕燕昭修 姚鼐纂
清嘉慶十六年(1811)修光緒六年(1880)刻本
金陵待徵録 第63册
(清)金鰲輯
清道光二十四年(1844)刻本
[同治]續纂江甯府志 第63册
(清)蔣啓勳 趙佑宸修 汪士鐸纂
清同治十三年(1874)修光緒七年(1881)刻本
金陵瑣志(附續志) 第63册
(清)陳作霖輯
清光緒二十六年(1900)刻本續志民國六年(1917)石印本
金陵地志圖考 第64册
(清)佚名撰
清代抄本
[民國]新南京志 第64册
徐壽卿纂
民國十七年(1928)鉛印本
[民國]新京備乘 第64册
陳迺勳輯 杜福堃纂
民國二十一年(1932)上海義文印刷公司鉛印本
[民國]首都志 第64册
葉楚傖 柳詒徵主編 王煥鑣編纂
民國三十六年(1947)正中書局鉛印本
金陵梵刹志 第65－66册
(明)葛寅亮纂
民國二十五年(1936)金山江天寺影印明萬曆三十五年(1607)刻天啓七年(1627)印本
金陵玄觀志 第66册
(明)佚名纂修
明刻本
金陵瑣事 第66册
(明)周暉撰
明萬曆三十九年(1611)刻本
金陵圖咏 第66册
(明)朱之蕃編
明天啓三年(1623)刻本

建康宫殿簿 第66册
《古今圖書集成》本
梁京寺記 第66册
《古今圖書集成》本
金陵覽古 第66册
(清)余賓碩撰 張愸編
清道光三十年(1850)刻本
國朝金陵通紀 第66册
(清)陳作霖撰
清光緒三十三年(1907)刻本
金陵勝蹟志 第66册
胡祥翰輯
民國十五年(1926)鉛印本
上元縣志 第67册
佚名纂修
據《永樂大典》本排印
[康熙]上元縣志 第67册
(清)唐開陶纂修
清康熙六十年(1721)刻本
[乾隆]上元縣志 第67册
(清)藍應襲修 何夢篆等纂
清乾隆十六年(1751)刻本
[道光]上元縣志 第67册
(清)武念祖修 陳栻纂
清道光四年(1824)刻本
[正德]江寧縣志 第67册
(明)王誥 劉雨纂修
明正德十六年(1521)刻本
[萬曆]江寧縣志 第67册
(明)周詩等修 李登等纂
明萬曆二十六年(1598)刻本
[康熙]江寧縣志 第67册
(清)佟世燕修 戴務楠纂
清康熙二十二年(1683)刻本
[乾隆]江寧縣新志 第67册
(清)袁枚纂修
清乾隆十三年(1748)刻本
[同治]上江兩縣志 第67册
(清)莫祥芝 甘紹盤修 汪士鐸等纂
清同治十三年(1874)刻本
上元江寧鄉土合志 第67册
(清)陳作霖纂修
清宣統二年(1910)刻本
江寧鄉土志 第67册
孫濬源 江慶沅纂修
民國七年(1918)石印本
鉢山志 第67册

(清)顧雲纂
清光緒九年(1883)刻本金陵盋山精舍藏版
栖霞新志 第68册
陳邦賢編
民國二十三年(1934)鉛印本
莫愁湖志 第68册
(清)馬士圖輯
清嘉慶二十年(1815)刻光緒八年(1882)重印本
[萬曆]江浦縣志 第68册
(明)沈孟化修 張夢柏等纂
明萬曆七年(1579)刻本
[雍正]江浦縣志 第68册
(清)項維正纂修
清雍正四年(1726)刻本
[光緒]江浦埤乘 第68册
(清)侯宗海 夏錫寶纂修
清光緒十七年(1891)刻本
[嘉靖]六合縣志 第68册
(明)董邦政修 黄紹文纂
明嘉靖三十二年(1553)刻本
[順治]六合縣志 第68册
(清)劉慶運修 孫宗岱纂
清順治三年(1646)刻本
[乾隆]六合縣志 第68册
(清)廖掄升修 戴祖啓纂
清乾隆五十年(1785)刻本
[光緒]六合縣志 第68册
(清)謝延庚等修 賀廷壽等纂
清光緒十年(1884)刻本
竹鎮紀略 第68册
(清)李敬纂
抄本
溧水志 第68册
(宋)周成之 方逕纂
據劉緯毅等輯《宋遼金元方志輯佚》排印
溧水州志 第68册
佚名纂修
據劉緯毅等輯《宋遼金元方志輯佚》排印
[乾隆]溧水縣志 第68册
(清)凌世御修 方性存等纂
清乾隆四十二年(1777)刻本
[光緒]溧水縣志 第68册
(清)傅觀光 施春膏修 丁維誠纂

清光緒九年(1883)刻十五年(1889)重印本

[嘉靖]高淳縣志 第69册
(明)劉啓東修 賈宗魯纂
明嘉靖五年(1526)修四十一年(1562)重刻本

[康熙]高淳縣志 第69册
(清)李斯佺修 芮城等纂
清康熙二十二年(1683)刻本

[乾隆]高淳縣志 第69册
(清)朱紹文纂修
清乾隆十六年(1751)刻本

[光緒]高淳縣志 第69册
(清)楊福鼎修 陳嘉謀纂
清光緒七年(1881)刻本學山書院藏版

[民國]高淳縣志 第69册
劉春堂修 吳壽寬纂
民國七年(1918)刻本

高淳縣鄉土志 第69册
(清)吳壽寬纂修
清宣統三年(1911)修民國二年(1913)活字本

徐州市

[嘉靖]徐州志 第69册
(明)梅守德修 任子龍纂
明嘉靖間刻本

[萬曆]徐州志 第69册
(明)姚應龍等纂修
明萬曆五年(1577)刻本

[順治]徐州志 第69册
(清)余志明修 李向陽纂
清順治十一年(1654)刻本

[康熙]徐州志 第69册
(清)姜焯纂修
清康熙六十一年(1722)刻本

[乾隆]徐州府志 第70册
(清)石傑修 王峻纂
清乾隆七年(1742)刻本府學藏版

[同治]徐州府志 第70册
(清)吳世熊等修 劉庠等纂
清同治十三年(1874)刻本

[道光]銅山縣志 第70册
(清)崔志元修 金左泉纂
清道光十一年(1831)刻本本衙藏版

[民國]銅山縣志 第70册
(清)余家謨等修 王嘉詵纂
民國十五年(1926)刻本

[光緒]豐縣志 第70册
(清)姚鴻杰等纂修
清光緒二十年(1894)刻本

[嘉靖]沛縣志 第70册
(明)王治修 馬偉纂
明嘉靖二十二年(1543)刻本

[萬曆]沛志 第70册
(明)羅士學纂修 李汝讓增修
明萬曆二十五年(1597)修三十七年(1609)增修抄本

[乾隆]沛縣志 第70册
(清)李棠纂修
清乾隆五年(1740)刻本

[民國]沛縣志 第70册
于書雲修 趙錫蕃纂
民國九年(1920)上海商務印書館鉛印本

[康熙]邳州志 第70册
(清)孫居湜修 孟安世纂
清康熙三十二年(1693)刻本

[乾隆]邳州志 第70册
(清)鄔承顯修 吳從信纂
清乾隆十五年(1750)刻本

[咸豐]邳州志 第70册
(清)董用威等修 魯一同纂
清咸豐元年(1851)刻光緒二十一年(1895)重印本

[民國]邳志補 第70册
竇鴻年纂
民國十二年(1923)刻本

[康熙]睢寧縣舊志 第70册
(清)葛之莫修 陳哲纂
清康熙二十二年(1683)修民國十八年(1929)鉛印本

[康熙]睢寧縣志 第70册
(清)劉如晏修 李傑纂
清康熙五十七年(1718)刻本

[光緒]睢寧縣志稾 第70册
(清)侯紹瀛修 丁顯纂
清光緒十三年(1887)刻本

連雲港市

[隆慶]海州志 第70册
(明)鄭復亨纂修
明隆慶六年(1572)刻本

[嘉慶]海州直隸州志 第70册
(清)唐仲冕等修 汪梅鼎等纂
清嘉慶十六年(1811)刻本

雲臺山志 第70册
(清)崔應階重編 吳恒宣校訂
清乾隆三十七年(1772)刻本

雲臺新志 第71册
(清)謝元淮修 許喬林纂
清道光十六年(1836)瑞陽局刻郁州書院本

[嘉慶]增修贛榆縣志 第71册
(清)王城修 周萃元纂
清嘉慶元年(1796)刻本

[光緒]贛榆縣志 第71册
(清)王豫熙修 張謇纂
清光緒十四年(1888)刻本

宿遷市

[乾隆]重修桃源縣志 第71册
(清)眭文焕纂修
清乾隆三年(1738)修民國六年(1917)鉛印本

[民國]泗陽縣志 第71册
李佩恩修 張相文 王聿望纂
民國十五年(1926)鉛印本

[康熙]重修沭陽縣志 第71册
(清)張奇抱修 胡簡敬纂
清康熙十三年(1674)刻本

[民國]重修沭陽縣志 第71册
戴仁等修 錢崇威纂
民國間抄本

[萬曆]宿遷縣志 第71册
(明)喻文偉修 何儀等纂
明萬曆五年(1577)刻本

[康熙]宿遷縣志 第71册
(清)胡宗鼎修 練貞吉纂 林昆翰增修
清康熙三年(1664)修二十二年(1683)增補刻本

[同治]宿遷縣志 第71册
(清)李德溥修 方駿謨纂
清同治十三年(1874)刻本鍾吾書院藏版

[民國]宿遷縣志 第71册
嚴型修 馮煦纂
民國十三年(1924)修二十四年(1935)鉛印本

淮安市

[萬曆]淮安府志 第71册
(明)郭大綸修 陳文燭纂
明萬曆元年(1573)刻本

[乾隆]淮安府志 第71册

（清）衛哲治等纂修 陳琦等重刻
清乾隆十三年（1748）修咸豐二年（1852）重刻本
［光緒］淮安府志　第71册
（清）孫雲錦等修 吴昆田等纂
清光緒十年（1884）刻本
［乾隆］山陽縣志　第71册
（清）金秉祚修 丁一燾等纂
清乾隆十四年（1749）刻本
信今録　第71册
（清）曹鑣撰
清道光十一年（1831）活字本
［同治］重修山陽縣志　第71册
（清）張兆棟 孫雲修 何紹基 丁晏等纂
清同治十二年（1873）刻本
［宣統］續纂山陽縣志　第71册
周鈞 段朝端等纂修
民國十年（1921）刻本
鉢池山志　第71册
冒廣生輯
民國九年（1920）刻本
淮安河下志　第72册
王覲宸纂 程業勤增訂
抄本
［咸豐］清河縣志　第72册
（清）吳棠修 魯一同纂
清咸豐四年（1854）刻同治元年（1862）補刻民國八年（1919）再補刻本
［同治］清河縣志附編　第72册
（清）吳棠修 魯一同纂
清同治四年（1865）刻民國八年（1919）補刻本
［光緒］清河縣志　第72册
（清）胡裕燕修 吴昆田 魯蕡纂
清光緒五年（1879）刻本
［民國］續纂清河縣志　第72册
劉槼壽等修 范冕纂
民國十七年（1928）刻本
王家營志　第72册
張震南纂修
民國二十二年（1933）揚州勝業印刷社鉛印本
淮陰志徵訪稿　第72册
徐鍾令纂
民國初年抄本
［雍正］安東縣志　第72册
（清）余光祖修 孫超宗纂
清雍正五年（1727）修抄本
［光緒］安東縣志　第72册
（清）金元烺修 吴昆田 魯蕡纂
清光緒元年（1875）刻本
［乾隆］盱眙縣志　第72册
（清）郭起元修 秦懋紳 徐方高纂
清乾隆十二年（1747）刻本
［同治］盱眙縣志　第72册
（清）崔秀春修 傅紹曾纂
清同治十二年（1873）刻本
［光緒］盱眙縣志稾　第72册
（清）王錫元修 高延第等纂
清光緒十七年（1891）刻本
［光緒］盱眙縣志稾　第72册
（清）王錫元修 高延第等纂
清光緒十七年（1891）刻二十九年（1903）增刻本

鹽城市

［萬曆］鹽城縣志　第72册
（明）楊瑞雲修 夏應星纂
明萬曆十一年（1583）刻本
［乾隆］鹽城縣志　第72册
（清）黄垣修 沈嚴纂
清乾隆十二年（1747）刻本
［光緒］鹽城縣志　第72册
（清）劉崇照修 陳玉樹 龍繼棟纂
清光緒二十一年（1895）刻本
［民國］續修鹽城縣志　第72册
林懿均修 胡應庚 陳鍾凡纂
民國二十五年（1936）鉛印本
［民國］鹽城續志校補　第72册
胡應庚纂
民國間纂一九五一年鉛印本
［乾隆］阜寧縣志　第72册
（清）馮觀民纂修
清乾隆十一年（1746）修二十九年（1764）增修抄本
［光緒］阜甯縣志　第72册
（清）阮本焱修 陳肇礽 殷自芳纂
清光緒十二年（1886）陸氏刻字修譜局刻本
［民國］阜寧縣新志　第72册
焦忠祖修 龐友蘭纂
民國二十三年（1934）鉛印本
［道光］東臺縣志　第72册
（清）周右修 王恩元續修 蔡復午等纂
清嘉慶二十二年（1817）修道光十年（1830）續修刻本本署藏版
［光緒］東臺縣志稿　第72册
（清）王璋纂修
清光緒十九年（1893）修抄本
東臺縣栟茶市鄉土志　第72册
張正藩 繆文功纂修
民國間修抄本
小海場新志　第72册
（清）林正青纂
清乾隆四年（1739）刻本
西溪鎮志　第72册
（明）佚名纂修
明末修抄本
時村記　第72册
（清）馮道立纂
清道光間纂民國三十二年（1943）抄稿本

揚州市

南兖州記　第73册
（南朝）阮升之撰
據北京圖書館出版社一九九七年《漢唐方志輯佚》排印
維揚志　第73册
佚名纂修
據劉緯毅等輯《宋遼金元方志輯佚》排印
［嘉靖］惟揚志　第73册
（明）朱懷幹修 盛儀纂
明嘉靖二十一年（1542）刻本
［萬曆］揚州府志　第73册
（明）楊洵修 徐鑾 陸君弼等纂
明萬曆二十九年（1601）修三十三年（1605）刻本
［康熙］揚州府志　第73册
（清）雷應元纂修
清康熙三年（1664）刻本
揚州府志　第73册
《古今圖書集成》本
揚州府志　第73册
《古今圖書集成》本
［雍正］揚州府志　第73册
（清）尹會一修 程夢星等纂
清雍正十一年（1733）刻本
［嘉慶］重修揚州府志　第73册
（清）阿克當阿修 姚文田等纂
清嘉慶十五年（1810）刻本

廣曹甸志　第78册
邵騶纂
抄本

泰州市

[萬曆]興化縣新志　第78册
(明)歐陽東鳳修 嚴錡纂
明萬曆十九年(1591)刻抄本

[康熙]興化縣志　第78册
(清)張可立纂修
清康熙二十四年(1685)抄本

[咸豐]重修興化縣志　第78册
(清)梁園棣修 鄭之僑 趙彥俞纂
清咸豐二年(1852)刻本尊經閣藏版

[民國]續修興化縣志　第78册
李恭簡修 魏儁 任乃賡纂
民國三十二年(1943)鉛印本

[崇禎]泰州志　第78册
(明)李自滋修 劉萬春纂
明崇禎六年(1633)刻抄本

[雍正]泰州志　第78册
(清)褚世暄修 陳九昌等纂
清雍正六年(1728)刻本

[道光]泰州志　第78册
(清)王有慶等修 陳世鎔等纂
清道光七年(1827)修光緒三十四年(1908)補刻本

泰州新志刊謬　第78册
(清)任鈺等纂
清道光十年(1830)刻本

[光緒]續纂泰州志　第78册
(清)胡維藩修 盧福保纂
清光緒間修民國間油印本

[民國]續纂泰州志　第78册
韓紫石 王笠農纂修
民國間修抄本

[民國]泰縣志稿　第79册
單毓元等纂修
民國二十年(1931)修抄本

[康熙]泰興縣志　第79册
(清)錢見龍 吳樸纂修
清康熙二十七年(1688)刻乾隆補刻本

[嘉慶]重修泰興縣志　第79册
(清)淩坮 張先甲修 張福謙纂
清嘉慶十八年(1813)刻本縣署藏版

[光緒]泰興縣志　第79册
(清)楊激雲修 顧曾烜纂
清光緒十二年(1886)刻本

[民國]泰興縣志續　第79册
王元章修 金鉽纂
民國二十二年(1933)刻本

[隆慶]新修靖江縣志　第79册
(明)王叔杲 張秉鐸修 朱得之纂
明隆慶三年(1569)刻本

[康熙]靖江縣志　第79册
(清)鄭重修 袁元纂
清康熙十一年(1672)刻本

[咸豐]靖江縣志稿　第79册
(清)于作新修 潘泉纂
清咸豐七年(1857)活字本

[光緒]靖江縣志　第79册
(清)葉滋森修 褚翔等纂
清光緒五年(1879)刻本

南通市

[嘉靖]通州志　第79册
(明)鍾汪修 林穎等纂
明嘉靖九年(1530)刻本

[萬曆]通州志　第79册
(明)林雲程修 沈明臣等纂
明萬曆五年(1577)刻本

州乘資　第79册
(明)邵潜纂修
南明弘光元年(1645)刻本

[康熙]通州志　第79册
(清)王宜亨修 王倣通 王兆陞纂
清康熙十三年(1674)刻抄本

[乾隆]直隸通州志　第79册
(清)王繼祖修 夏之蓉纂
清乾隆二十年(1755)刻本

州乘一覽　第79册
(清)汪棨纂
民國二十九年(1940)南通文獻徵集會鉛印本

[光緒]通州直隸州志　第79册
(清)梁悅馨 莫祥芝修 季念詒 沈鍠纂
清光緒元年(1875)刻本

海曲拾遺　第79册
(清)金榜纂修
清乾隆間刻抄本

南通縣鄉土志　第80册
佚名纂修
民國間抄本

南通遊記　第80册
丁傳商撰
民國間抄本

狼五山志　第80册
(明)王揚德編
明萬曆四十四年(1616)刻民國二十四年(1935)影印本

五山全志　第80册
(清)劉名芳纂修
清乾隆間刻本

靜海鄉志　第80册
(清)丁鹿壽纂修
清道光十四年(1834)刻本

兩淮通州金沙場志　第80册
(清)邱標纂
清同治間修抄本

[嘉靖]海門縣志　第80册
(明)吳宗元修 崔桐纂
明嘉靖間刻萬曆增刻本

[道光]海門縣志　第80册
(清)丁鹿壽纂修
清道光十一年(1831)刻民國間抄本

[民國]海門縣圖志　第80册
劉偉纂
民國抄稿本

[嘉靖]重脩如皋縣志　第80册
(明)謝紹祖纂修
明嘉靖三十九年(1560)刻本

[乾隆]如皋縣志　第80册
(清)鄭見龍修 周植等纂
清乾隆十五年(1750)刻本

[嘉慶]如皋縣志　第80册
(清)楊受廷等修 馬汝舟等纂
清嘉慶十三年(1808)刻本

[道光]如皋縣續志　第80册
(清)范仕義修 吳鎧纂
清道光十七年(1837)刻本

[同治]如皋縣續志　第80册
(清)周際霖等修 周頊等纂
清同治十二年(1873)刻本

[民國]如皋縣志　第80册
劉焕 黃錫田修 沙元炳等纂
民國二十二年(1933)鉛印本

白蒲鎮志　第80册
(清)姚鵬春纂
清道光二十一年(1841)纂抄本

[咸豐]古海陵縣志　第80册
(清)王葉衢纂
清咸豐五年(1855)纂一九六二年油印本

鎮江市

南徐州記 第81册
(劉宋)山謙之撰
據北京圖書館出版社一九九七年《漢唐方志輯佚》排印

潤州圖經 第81册
(唐)孫處元撰
據北京圖書館出版社一九九七年《漢唐方志輯佚》排印

潤州類集 第81册
佚名纂修
據劉緯毅等輯《宋遼金元方志輯佚》排印

鎮江府圖經 第81册
佚名纂修
據劉緯毅等輯《宋遼金元方志輯佚》排印

[嘉定]鎮江志 第81册
(宋)盧憲纂
宋嘉定六年(1213)修清道光二十二年(1842)丹徒包氏刻本

鎮江路圖志 第81册
佚名纂修
據劉緯毅等輯《宋遼金元方志輯佚》排印

[至順]鎮江志 第81册
(元)脱因修 俞希魯纂
元至順三年(1332)修民國十二年(1923)如皋冒氏刻本

鎮江志 第81册
佚名纂修
據《永樂大典》本排印

鎮江府志 第81册
《古今圖書集成》本

鎮江府志 第81册
《古今圖書集成》本

[乾隆]鎮江府志 第81册
(清)朱霖等纂修
清乾隆間刻本

京口八旗志 第81册
(清)鍾瑞等修 春元纂
清光緒間刻本

重修京口八旗志 第81册
愛仁纂修
民國十六年(1927)抄本

京口三山全志 第81册
(明)許國誠修 高一福撰
明萬曆二十八年(1600)刻本

京口三山志選補 第82册
(明)霍鎮方纂
明萬曆三十九年(1611)刻本

京口山水志 第82册
(清)楊棨撰
清道光二十四年(1844)刻本

京口山水考 第82册
(清)祁寯藻撰
清代稿本

北固山志 第83册
(清)釋了璞輯
清道光十六年(1836)刻本版存石公山房

北固山志 第83册
(清)周伯義編 陳任暘訂
清光緒三十年(1904)刻本

焦山志 第83册
(清)盧見曾撰
清乾隆二十七年(1762)雅雨堂刻本

焦山志 第83册
(清)釋覺詮輯
清道光十九年(1839)刻本版存焦山海西庵

焦山志 第83册
(清)吳雲輯
清同治十三年(1874)刻本

焦山續志 第83册
(清)陳任暘輯
清光緒三十年(1904)刻本

庚寅奏事録 第84册
《古今圖書集成》本

開沙志 第84册
(明)李尉纂
明崇禎十六年(1643)抄本

開沙志 第84册
(清)王錫極纂修 丁時霈續纂修 王之翊删訂
清康熙五十一年(1712)删訂宣統三年(1911)鉛印本

[萬曆]丹徒縣志 第84册
(明)何世學纂修
明萬曆初刻本

[嘉慶]丹徒縣志 第84册
(清)貴中孚 萬承紀修 蔣宗海等纂
清嘉慶十年(1805)刻本

[光緒]丹徒縣志 第84册
(清)何紹章等修 呂耀斗等纂
清光緒五年(1879)刻本

[光緒]丹徒縣志摭余 第84册
(清)李恩綬纂修 李丙榮續纂修
民國七年(1918)郡城繼撫塾藏刻本

[民國]續丹徒縣志 第84册
張玉藻 翁有成修 高覲昌等纂
民國十九年(1930)刻本

丹陽類集 第84册
佚名纂修
據劉緯毅等輯《宋遼金元方志輯佚》排印

[光緒]重修丹陽縣志 第84册
(清)淩焯 劉誥等修 徐錫麟等纂
清光緒十一年(1885)鴻鳳書院刻本

[民國]丹陽縣續志 第84册
胡爲和修 孫國鈞纂
民國十六年(1927)刻本

[民國]丹陽縣志補遺 第84册
胡爲和修 孫國鈞纂
民國十六年(1927)刻本

句容縣志 第84册
佚名纂修
據劉緯毅等輯《宋遼金元方志輯佚》排印

句容縣志 第84册
佚名纂修
據《永樂大典》本排印

句容志 第84册
佚名纂修
據《永樂大典》本排印

[弘治]句容縣志 第84册
(明)王僖修 程文纂
明弘治九年(1496)刻本

[乾隆]句容縣志 第85册
(清)曹襲先纂修
清乾隆十五年(1750)修光緒二十六年(1900)楊世沅重刻本

[光緒]續纂句容縣志 第85册
(清)張紹棠修 蕭穆等纂
清光緒三十年(1904)刻本

常州市

常州舊風土記 第85册
佚名纂修
據劉緯毅等輯《宋遼金元方志輯佚》排印

[咸淳]重修毗陵志 第85册

（宋）史能之纂
宋咸淳間修清嘉慶二十五年（1820）趙懷玉刻李兆洛校本
毗陵志 第85册
佚名纂修
據《永樂大典》本排印
［成化］重修毗陵志 第85册
（明）卓天錫修 孫仁增修 朱昱增纂
明成化二十年（1484）增修刻本
［正德］常州府志續集 第85册
（明）張愷纂修
明正德八年（1513）刻本
［康熙］常州府志 第85册
（清）于琨修 陳玉璂纂
清康熙三十四年（1695）刻本
［乾隆］武進縣志 第85册
（清）王祖肅等修 虞鳴球等纂
清乾隆三十年（1765）刻本
［道光］武進陽湖縣合志 第86册
（清）孫琬 王德茂修 李兆洛 周儀暐纂
清道光二十三年（1843）刻本尊經閣藏版
［光緒］武進陽湖縣志 第86册
（清）王其淦 吳康壽修 湯成烈等纂
清光緒五年（1879）刻本
［光緒］武陽志餘 第86册
（清）莊毓鋐 陸鼎翰纂修
清光緒十四年（1888）活字本
重刻高山志（附續志） 第86册
（明）顧世登 顧伯平同輯 惲應翼重輯 （清）吳鏞重校刊
民國二十六年（1937）木活字本
溧陽志 第86册
（宋）趙廓夫纂
據劉緯毅等輯《宋遼金元方志輯佚》排印
溧陽州志 第86册
佚名纂修
據劉緯毅等輯《宋遼金元方志輯佚》排印
溧陽志 第86册
佚名纂修
據《永樂大典》本排印
［嘉慶］溧陽縣志 第86册
（清）李景嶧等修 史炳等纂
清嘉慶十八年（1813）修光緒二十二年（1896）重刻本
［光緒］溧陽縣續志 第86册
（清）朱畯等修 馮煦等纂
清光緒二十五年（1899）活字本
［光緒］金壇縣志 第86册
（清）丁兆基等修 汪國鳳等纂
清光緒十一年（1885）活字本
［民國］金壇縣志 第86册
馮煦纂修
民國十年（1921）修十五年（1926）上海商務印書館鉛印本

無錫市

無錫志 第87册
（元）王仁輔纂
據劉緯毅等輯《宋遼金元方志輯佚》排印
無錫志 第87册
佚名纂修
清乾隆間《四庫全書》本
錫金識小録 第87册
（清）黄印纂
清乾隆十七年（1752）纂光緒二十二年（1896）王念祖活字本
［嘉慶］無錫金匱縣志 第87册
（清）秦瀛纂修
清嘉慶十八年（1813）刻本城西草堂藏版
錫金志外 第87册
（清）沐雲叟（華湛恩）著
清刻本
錫金考乘 第87册
（清）周有壬纂修
民國二十年（1931）無錫侯學愈環溪草堂校錫成公司鉛印本
［光緒］無錫金匱縣志 第87册
（清）裴大中修 秦緗業纂
清光緒七年（1881）刻本
錫金志補 第87册
（清）佚名纂修
抄本
錫金續識小録 第87册
（清）竇鎮纂
民國十四年（1925）活字本
錫金鄉土歷史 第87册
（清）侯鴻鑒纂
清光緒三十二年（1906）活字本
慧山記 第87册
（明）釋圓顯輯 邵寶訂 （清）邵涵初續輯
清同治七年（1868）刻本二泉書院藏版
錫山景物略 第87－88册
（清）王永積輯
清光緒二十四年（1898）刻本
無錫開化鄉志 第88册
（清）王抱承纂 （民國）蕭焕梁續纂
民國五年（1916）侯學愈活字本
無錫富安鄉志 第88册
奚銂纂
稿本
梅里志 第88册
（清）吳存禮纂修
清康熙間纂道光四年（1824）刻本
泰伯梅里志 第88册
（清）吳熙纂修
清光緒二十三年（1897）刻本
［嘉靖］江陰縣志 第88册
（明）趙錦修 張袞纂
明嘉靖二十七年（1548）刻本
［道光］江陰縣志 第89册
（清）陳延恩等修 李兆洛等纂
清道光二十年（1840）刻本本衙藏版
［光緒］江陰縣志 第89册
（清）盧思誠 馮壽鏡修 季念詒 夏煒如纂
清光緒四年（1878）刻本
［民國］江陰縣續志 第89册
陳思修 繆荃孫等纂
民國十年（1921）刻本
江陰近事録 第89册
繆荃孫撰
民國十年（1921）刻本
龍砂志略 第89册
（清）王家枚纂
清光緒三十三年（1907）稿本
楊舍堡城志稿 第89册
（清）葉長齡纂
清光緒九年（1883）江陰葉氏活字本
涇里志 第89册
（清）程國昶稿 邵燦編訂
抄本
［嘉慶］重刊宜興縣舊志 第90册
（清）阮升基修 甯楷纂
清嘉慶二年（1797）修光緒八年（1882）刻本
［嘉慶］重刊宜興縣志 第90册

(清)阮升基修 甯楷纂
清嘉慶二年(1797)修光緒八年(1882)刻本
[嘉慶]重刊荊溪縣志 第90册
(清)唐仲冕修 甯櫟山纂
清嘉慶二年(1797)修光緒八年(1882)刻本
[道光]重刊續纂宜荊縣志 第90册
(清)顧名修 吴德旋纂
清道光二十年(1840)修光緒八(1882)刻本
[光緒]宜興荊谿縣新志 第90册
(清)施惠等修 吴景牆等纂
清光緒八年(1882)刻《宜興荊溪舊志五種》本
光宣宜荊續志 第90册
陳善謨等修 周志靖纂
民國十年(1921)刻本
蘇州市
吴地記(附後集) 第90册
(唐)陸廣微纂 後集(宋)佚名輯
清嘉慶十年(1805)刻《學津討原》本
[元豐]吴郡圖經續記 第90册
(宋)朱長文纂修
宋元豐七年(1084)修民國十三年(1924)烏程蔣氏景宋刻本
[紹定]吴郡志 第90册
(宋)范成大纂修 汪泰亨增訂
宋紹熙三年(1192)修紹定二年(1229)續修民國十五年(1926)吴興張氏《擇是居叢書》景宋刻本
續吴郡志 第91册
(明)李詡撰
明舊抄本
[正德]姑蘇志 第91册
(明)林世遠修 王鏊等纂
明正德元年(1506)刻本
蘇州府志 第92册
《古今圖書集成》本
蘇州府志 第92册
《古今圖書集成》本
[乾隆]蘇州府志 第92册
(清)雅爾哈善等修 習寯等纂
清乾隆十三年(1748)刻本
吴門補乘 第92册
(清)錢思元輯 錢士錡補輯
清嘉慶八年(1803)纂二十五年(1820)補輯吴門錢氏刻本本堂藏版
[道光]蘇州府志 第92-93册
(清)宋如林等修 石韞玉纂
清道光四年(1824)刻本
[同治]蘇州府志 第93册
(清)李銘皖等修 馮桂芬等纂
清光緒九年(1883)江蘇書局刻本
[光緒]蘇州府志 第94册
(清)李銘皖等修 馮桂芬等纂
清光緒九年(1883)江蘇書局刻本
中吴紀聞 第94册
(宋)龔明之撰 (清)繆荃孫校勘
清宣統元年(1909)刻本
平江記事 第94册
(元)高德基撰
民國間抄本
吴中勝記 第94册
《古今圖書集成》本
紅蘭逸乘 第94册
(清)張霞房撰
清嘉慶道光間撰民國二十一年(1932)《吴中掌故叢書》鉛印本
宋平江城坊考 第95册
王謇撰
排印本
吴郡西山訪古記 第95册
李根源撰
民國十五年(1926)泰東圖書局鉛印本
吴門坊巷待輶吟 第95册
范廣憲撰
抄本
吴縣記 第95册
(吴)顧微撰
據北京圖書館出版社一九九七年《漢唐方志輯佚》排印
吴縣舊志 第95册
佚名纂修
據劉緯毅等輯《宋遼金元方志輯佚》排印
[嘉靖]吴邑志 第95册
(明)楊循吉 蘇佑纂 圖説曹自守撰
明嘉靖八年(1529)刻本
[崇禎]吴縣志 第95册-96册
(明)牛若麟修 王焕如纂
明崇禎十五年(1642)刻本
[康熙]吴縣志 第97册
(清)湯斌修 孫珮纂
清康熙三十年(1691)金閶劉汝潔刻本
吴縣志 第97册
《古今圖書集成》本
[乾隆]吴縣志 第98册
(清)姜順蛟 葉長揚修 施謙纂
清乾隆十年(1745)刻本
[民國]吴縣志 第98册
曹允源 李根源纂
民國二十二年(1933)蘇州文新公司鉛印本
[萬曆]長洲縣志 第99册
(明)張德夫修 江盈科增修 皇甫汸張鳳翼等纂
明萬曆二十六年(1598)刻本
[康熙]長洲縣志摘要 第99册
(清)吴汝輅輯
清康熙二十九年(1690)抄本
[乾隆]長洲縣志 第99册
(清)李光祚修 顧詒禄等纂
清乾隆十八年(1753)刻本抄配
[乾隆]元和縣志 第99册
(清)許治修 沈德潛 顧詒禄纂
清乾隆二十六年(1761)刻本
陽山志 第99册
(明)岳岱撰
明嘉靖間修抄本
穹窿山志 第99册
(清)吴偉業 向球纂修
清康熙間纂民國三十二年(1943)鉛印本
虎阜志 第99册
(清)陸肇域 任兆麟編纂
清乾隆五十七年(1792)刻本西溪別墅藏版
鄧尉山靈巖山游記 第100册
我一撰
民國間抄本
滸墅關志 第100册
(清)孫珮纂修
清康熙十二年(1673)刻本
滸墅關志 第100册
(清)淩壽祺纂修
清道光七年(1827)刻本
横谿録 第100册
(明)徐鳴時纂
明崇禎二年(1629)刻抄本
吴郡甫里志 第100册

(清)陳惟中纂修
清康熙四十一年(1702)樹德堂刻抄本
吳郡甫里志 第100册
(清)彭方周纂修
清乾隆三十年(1765)刻本
甫里志稿 第100册
(清)佚名纂
清光緒間修抄本
陳墓鎮志 第100册
(清)陳尚隆原纂 陳樹穀續纂
清雍正二年(1724)修乾隆三十五年(1770)續修抄本
貞豐擬乘 第100册
(清)章騰龍原本 陳勰增輯
清嘉慶十五年(1810)聚星堂刻本
周莊鎮志 第100册
(清)陶煦纂
清光緒八年(1882)元和陶氏儀一堂刻本
光福志 第100册
(清)徐傅編 王鏞補輯
清光緒二十三年(1897)補輯民國十八年(1929)蘇城毛上珍鉛印本
元和唯亭志 第100册
(清)沈藻采纂修
清道光二十八年(1848)刻本
横金志 第100册
(清)柳商賢纂 孔岵陟續補
抄本
香山小志 第100册
徐翥先纂
民國六年(1917)纂抄本
木瀆小志 第100册
張郁文輯
民國十七年(1928)利蘇印書社鉛印本
黄埭志 第101册
朱福熙修 程錦熙纂
民國十一年(1922)蘇州振新書社石印本
齊谿小志 第101册
李楚石纂修
民國十五年(1926)鉛印本
相城小志 第101册
陶惟坻修 施兆麟纂
民國十九年(1930)上藝齋木活字本
鄉志類稿 第101册
葉承慶纂
民國三十三年(1944)洞庭東山旅滬同鄉會鉛印本
婁地記 第101册
(吳)顧啓期撰
據北京圖書館出版社一九九七年《漢唐方志輯佚》排印
[淳祐]玉峯志 第101册
(宋)項公澤修 凌萬頃 邊實纂
宋淳祐十一年(1251)修清宣統元年(1909)《匯刻太倉舊志五種》本
[咸淳]玉峯續志 第101册
(宋)謝公應修 邊實纂
宋咸淳八年(1272)修清宣統元年(1909)《匯刻太倉舊志五種》本
[至正]崑山郡志 第101册
(元)孛羅帖木爾修 楊譓纂
元至正元年(1341)修清宣統元年(1909)《匯刻太倉舊志五種》本
[嘉靖]崑山縣志 第101册
(明)楊逢春修 方鵬纂
明嘉靖十七年(1538)刻本
[萬曆]崑山縣志 第101册
(明)周世昌纂修
明萬曆四年(1576)申恩科刻本
[乾隆]崑山新陽合志 第101册
(清)張予介等修 顧登等纂
清乾隆十六年(1751)刻本
[道光]崑新兩縣志 第101册
(清)張鴻 來汝緣修 王學浩等纂
清道光六年(1826)刻本
[光緒]崑新兩縣續修合志 第101册
(清)金吳瀾等修 汪堃等纂
清光緒六年(1880)刻本敦善堂藏版
[民國]崑新兩縣續補合志 第102册
連德英等修 李傳元等纂
民國十二年(1923)刻本
菉溪志 第102册
(清)諸世器纂
清乾隆三十九年(1774)纂民國二十八年(1939)朱啓甲蔣止逵鉛印本
信義志 第102册
(清)陳至言纂
清乾隆間纂抄本
信義志稿 第102册
(清)趙詒翼纂
清宣統三年(1911)修抄本
巴溪志 第102册
朱保熙纂修
民國二十四年(1935)鉛印本
[弘治]太倉州志 第102册
(明)李端修 桑悦纂
明弘治十三年(1500)修清宣統元年(1909)《匯刻太倉舊志五種》本
[嘉靖]太倉州志 第102册
(明)周士佐修 張寅纂
明嘉靖二十七年(1548)刻崇禎二年(1629)劉彥心重刻本
[嘉慶]直隸太倉州志 第102册
(清)王昶纂修
清嘉慶七年(1802)刻本
[光緒]太倉直隸州志 第102册
(清)佚名纂修
清光緒間稿本
[民國]太倉州志 第102册
王祖畬纂修
民國八年(1919)刻本
[乾隆]鎮洋縣志 第102册
(清)金鴻修 李鏻纂
清乾隆十年(1745)刻本
[民國]鎮洋縣志 第102册
王祖畬等纂
民國八年(1919)刻本
沙頭里志 第102册
(清)曹一菴纂修 陸松齡增訂
清順治十七年(1660)纂乾隆五年(1740)增補抄本
茜涇記略 第102册
(清)倪大臨纂修 陶炳曾補輯
清乾隆三十七年(1772)纂光緒間增補抄本
直塘里志 第102册
(清)時寶臣修 凌德純纂
清道光十三年(1833)修抄本
雙鳳里志 第102册
(清)時寶臣纂修
抄本
雙鳳鄉 第102册
佚名纂
抄本
璜涇志稿 第102册
(清)施若霖纂修
清道光十年(1830)纂民國二十九年(1940)《璜水叢書》鉛印本
璜涇志略 第102册

藏版
黄溪志 第105册
(清)錢墀纂
清道光十一年(1831)亦陶軒刻本
平望鎮志 第105册
(清)里人公輯
清西郊草堂抄本
平望志 第105册
(清)翁廣平纂修
清道光二十年(1840)首刻光緒十三年(1887)吳江黄兆檉重刻本
平望續志 第105册
(清)黄兆檉纂修
清光緒十三年(1887)吳江黄兆檉刻本
震澤鎮志 第105册
(清)紀磊 沈眉壽纂修
清道光二十四年(1844)刻本
分湖小識 第105册
(清)柳樹芳纂修
清道光二十二年(1842)纂二十七年(1847)勝溪草堂柳氏刻本

浙江省

[嘉靖]浙江通志 第106册
(明)胡宗憲修 薛應旂等纂
明嘉靖四十年(1561)刻本
[康熙]浙江通志 第106册
(清)王國安等修 黄宗羲等纂
清康熙二十三年(1684)刻本
浙江通志 第106册
《古今圖書集成》本
浙江通志 第106册
《古今圖書集成》本
[雍正]敕修浙江通志 第106－107册
(清)李衛等修 沈翼機 傅王露等纂
清雍正十三年(1735)修乾隆元年(1736)刻本本司藏版
[雍正]敕修浙江通志 第108册
(清)李衛等修 沈翼機 傅王露等纂
清雍正十三年(1735)修乾隆元年(1736)刻本本司藏版
浙江省志圖説 第108册
(清)沈德潛纂 周準評點
清刻本
浙程備覽 第108册
(清)于敏中纂
清光緒十四年(1888)刻本觀自得齋藏版
浙江全省輿圖并水陸道里記 第108册
(清)宗源瀚等纂 (民國)徐則恂等續纂
清光緒二十年(1894)修民國四年(1915)杭州武林印書館石印本
浙志便覽 第109册
(清)李應珏纂修
清光緒二十二年(1896)刻本杭城吏隱齋藏版
浙江沿海圖説 第109册
(清)朱正元撰
清光緒二十五年(1899)鉛印本
續修浙江通志采訪稿 第109册
佚名纂修
民國五年(1916)鉛印本
[民國]浙江新志 第109册
姜卿雲纂修
民國二十五年(1936)杭州正中書局鉛印本
越中山水志 第109册
(明)潘之恒纂
明刻本
兩浙海防類考續編 第109册
(明)范淶撰
明萬曆三十年(1602)刻本
海塘新志(附續志) 第109册
(清)琅玕纂 富呢揚阿續纂
清乾隆間修道光間續修刻本
浙東旅行記 第109册
侯鴻鑑纂
民國九年(1920)錫成公司鉛印本

杭州市

杭州圖經 第109册
佚名纂修
據劉緯毅等輯《宋遼金元方志輯佚》排印
臨安府舊經 第109册
佚名纂修
據劉緯毅等輯《宋遼金元方志輯佚》排印
[乾道]臨安志 第109册
(宋)周淙撰 (清)錢保塘札記
宋乾道五年(1169)纂清光緒四年(1878)會稽章氏重刻本
臨安府古迹事實 第109册
佚名纂修
據劉緯毅等輯《宋遼金元方志輯佚》排印
[淳祐]臨安志 第109－110册
(宋)趙與 陳仁玉纂修
宋淳祐十年(1250)纂抄本
景定杭州志 第110册
佚名纂修
據《永樂大典》本排印
[咸淳]臨安志 第111－112册
(宋)潜說友纂
宋咸淳四年(1268)纂清道光十年(1830)錢塘汪氏振綺堂刻本
杭州府志 第112册
佚名纂修
據《永樂大典》本排印
杭州府 第112册
佚名纂修
《永樂大典》本
[萬曆]杭州府志 第112册
(明)劉伯縉修 陳善等纂
明萬曆七年(1579)刻本
[康熙]杭州府志 第113册
(清)馬如龍修 楊鼐等纂
清康熙二十五年(1686)刻本
[乾隆]杭州府志 第113册
(清)鄭澐修 邵晉涵纂
清乾隆四十九年(1784)刻本
[乾隆]杭州府志 第114册
(清)鄭澐修 邵晉涵纂
清乾隆四十九年(1784)刻本
[民國]杭州府志 第114册
(清)陳璚修 王棻纂 屈映光續修 陸懋勳續纂 齊耀珊重修 吳慶坻重纂
清光緒二十四年(1898)修民國五年(1916)續修十一年(1922)鉛印本
[民國]杭州府志 第115册
(清)陳璚修 王棻纂 屈映光續修 陸懋勳續纂 齊耀珊重修 吳慶坻重纂
清光緒二十四年(1898)修民國五年(1916)續修十一年(1922)鉛印本
[民國]杭州市新志稾 第115册
干人俊纂修
民國間稿本
都城紀勝 第115册
(宋)耐得翁纂
宋端平二年(1235)纂清康熙四十五年(1706)刻本
南宋古蹟攷 第115册

排印
[康熙]富陽縣志 第123册
(清)錢晉錫纂修
清康熙二十二年(1683)刻本
[光緒]富陽縣志 第123册
(清)汪文炳修 何鎔等纂
清光緒三十二年(1906)刻本版存富陽學尊經閣
富陽縣輿地小志 第123册
(清)陳承澍修 徐澹仙纂
清光緒三十年(1904)石印本
富陽縣新舊志校記 第123册
(清)朱壽保纂
清光緒三十三年(1907)抄本
[宣統]富陽縣新志補正 第123册
(清)朱壽保纂
清宣統三年(1911)修抄本
臨安縣圖經 第123册
佚名纂修
據劉緯毅等輯《宋遼金元方志輯佚》排印
臨安縣志 第123册
佚名纂修
據劉緯毅等輯《宋遼金元方志輯佚》排印
[康熙]臨安縣志 第123册
(清)陸文煥纂修 張顧恒增修
清康熙十四年(1675)刻二十二年(1683)增修本
[乾隆]臨安縣志 第123册
(清)趙民洽修 許琳等纂
清乾隆二十四年(1759)刻本
[宣統]臨安縣志 第123册
(清)彭循堯修 董運昌纂
清宣統二年(1910)活字本
臨安縣志補 第123册
姚祖義纂
稿本
於潛圖經 第123册
佚名纂修
據劉緯毅等輯《宋遼金元方志輯佚》排印
[康熙]於潛縣志 第123册
(清)趙之珩修 章國佐等纂
清康熙十二年(1673)刻本
[嘉慶]於潛縣志 第123册
(清)蔣光弼等修 張燮 李江纂
清嘉慶十七年(1812)活字本
[光緒]於潛縣志 第124册
(清)程兼善纂修
清光緒二十四年(1898)修民國二年(1913)謝青翰石印本
[康熙]昌化縣志 第124册
(清)謝廷璣纂修
清康熙二十二年(1683)修抄本
[乾隆]昌化縣志 第124册
(清)甘文蔚等修 王元音等纂
清乾隆十三年(1748)刻本
[道光]昌化縣志 第124册
(清)于尚齡等修 王兆杏等纂
清道光三年(1823)修抄本
[民國]昌化縣志 第124册
陳培珽等修 許昌言等纂
民國十三年(1924)浙江印刷股份有限公司鉛印本
[淳熙]嚴州圖經 第124册
(宋)陳公亮撰
宋紹興九年(1139)修淳熙十二年(1185)重修清光緒二十二年(1896)《漸西村舍彙刊》本
[景定]嚴州續志 第124册
(宋)錢可則修 鄭瑶 方仁榮纂
宋景定三年(1262)修清光緒二十二年(1896)《漸西村舍彙刊》本
嚴州府志 第124册
佚名纂修
據《永樂大典》本排印
[萬曆]嚴州府志 第124册
(明)楊守仁修 徐楚纂
明萬曆六年(1578)刻本
[萬曆]嚴州府志 第124册
(明)吕昌期修 唐仲賢等纂
明萬曆四十一年(1613)原刻本清順治六年(1649)增刻本
嚴州府志 第124册
《古今圖書集成》本
嚴州府志 第124册
《古今圖書集成》本
[光緒]嚴州府志 第124册
(清)吳士進原本 吳世榮續修 鄒柏森等續纂
清光緒九年(1883)增修重刻本
[康熙]建德縣志 第124册
(清)戚延裔修 馬天選等纂
清康熙二十三年(1684)刻本
[乾隆]建德縣志 第125册
(清)王賓等修 應德廣等纂
清乾隆十九年(1754)刻本
[道光]建德縣志 第125册
(清)周興嶧等修 嚴可均等纂
清道光八年(1828)刻本本縣署藏版
[光緒]建德縣志 第125册
(清)謝仁澍等修 俞觀旭等纂
清光緒十八年(1892)刻本
[萬曆]重修壽昌縣志 第125册
(明)李思悦修 洪一鼇纂 李世芳續修 易文續纂
明萬曆十四年(1586)刻清順治十年(1653)補刻本
[康熙]新修壽昌縣志 第125册
(清)曾華蓋修 洪如琅等纂
清康熙二十二年(1683)刻本
[民國]壽昌縣志 第125册
陳煥等修 李飪等纂
民國十九年(1930)金華大同印務局鉛印本
[嘉靖]淳安縣志 第125册
(明)姚鳴鸞纂修
明嘉靖三年(1524)刻本
[乾隆]淳安縣志 第125册
(清)劉世寧修 方椝如纂
清乾隆二十一年(1756)刻本
[光緒]淳安縣志 第125册
(清)李詩修 陳中元等纂
清光緒十年(1884)淳安縣署刻本
[萬曆]遂安縣志 第125册
(明)韓晟修 毛一鷺等纂
明萬曆四十年(1612)刻抄本
[乾隆]遂安縣志 第125册
(清)鄒錫疇修 方引彦等纂
清乾隆三十二年(1767)刻光緒十六年(1890)唐濟活字本
[民國]遂安縣志 第125册
羅柏麓等修 姚桓等纂
民國十九年(1930)鉛印本
[乾隆]桐廬縣志 第125册
(清)嚴正身等修 金嘉琰纂
清乾隆十八年(1753)修抄本
桐廬縣志 第125册
顔士晋修 朱邦彦 臧承宣纂
修纂時間不詳油印本

[民國]桐廬縣新志 第125册
干人俊纂修
民國間稿本
[康熙]分水縣志 第125册
(清)李檠修 王六吉等纂
清康熙二十二年(1683)刻本
[光緒]分水縣志 第125册
(清)陳常鏵修 臧承宣等纂
清光緒三十二年(1906)刻本
[民國]續修分水縣志 第125册
鍾詩傑修 臧承宣纂
民國三十一年(1942)鉛印本
[萬曆]新城縣志 第126册
(明)溫朝祚修 方廉纂
明萬曆四年(1576)刻清抄本
[康熙]新城縣志 第126册
(清)張瓚修 張戬等纂
清康熙十二年(1673)刻本深清堂藏版
[民國]新登縣志 第126册
徐士瀛等修 張子榮等纂
民國十一年(1922)鉛印本
[嘉靖]蕭山縣志 第126册
(明)林策修 張燭纂 魏堂續增
明嘉靖二十二年(1543)修三十六年(1557)刻萬曆三年(1575)增刻本
[康熙]蕭山縣志 第126册
(清)劉儼修 張遠纂
清康熙三十二年(1693)刻本
[民國]蕭山縣志稿 第126册
彭延慶修 姚瑩俊纂 張宗海續修 楊士龍續纂
民國二十四年(1935)鉛印本
蕭山鄉土志 第126册
王銘恩纂修
民國十一年(1922)鉛印本
孝感里志 第126册
(清)張廉纂
清嘉慶二十四年(1819)活字本
湖州市
吳興記 第126册
(劉宋)山謙之撰
據北京圖書館出版社一九九七年《漢唐方志輯佚》排印
吳興統記 第126册
(宋)左文質纂 (清)范鍇輯
清抄本
吳興統紀 第126册
(宋)左文質纂
據劉緯毅等輯《宋遼金元方志輯佚》排印
吳興續圖經 第126册
佚名纂修
據劉緯毅等輯《宋遼金元方志輯佚》排印
[嘉泰]吳興志 第126册
(宋)談鑰撰
宋嘉泰元年(1201)修章氏讀騷如齋抄本
安吉州職方圖志 第126册
佚名纂修
據劉緯毅等輯《宋遼金元方志輯佚》排印
國朝續吳興志 第126册
佚名纂修
據《永樂大典》本排印
吳興續志 第127册
佚名纂修
據《永樂大典》本排印
湖州府 第127册
《永樂大典》本
[成化]湖州府志 第127册
(明)陳頎修 勞鉞續修 張淵纂
明成化十一年(1475)刻弘治補刻本
[天啓]吳興備志 第127册
(明)董斯張纂修
民國三年(1914)刻《吳興叢書》本
[乾隆]湖州府志 第127册
(清)胡承謀纂修
清乾隆四年(1739)吳興潘大有刻本
[乾隆]湖州府志 第127－128册
(清)李堂纂修
清乾隆二十三年(1758)刻本
[同治]湖州府志 第128册
(清)宗源瀚等修 周學濬等纂
清同治十三年(1874)愛山書院刻本
湖州府志節要 第128册
(清)高錫齡手錄
抄本
吳興山墟名 第128册
(晉)張玄之纂 (清)繆荃孫輯
清抄本
吳興山墟名 第128册
(晉)張玄之撰
據北京圖書館出版社一九九七年《漢唐方志輯佚》排印
吳興合璧 第128册
(清)陳文煜撰
清乾隆五十二年(1787)抄本
吳興雜録 第128册
(清)佚名纂
民國間抄本
[崇禎]烏程縣志 第128册
(明)劉沂春修 徐守綱 潘士遴纂
明崇禎十一年(1638)刻本
[乾隆]烏程縣志 第128册
(清)羅愫修 杭世駿等纂
清乾隆十一年(1746)刻本
[光緒]烏程縣志 第129册
(清)潘玉璿 馮健修 周學濬 汪曰楨纂
清光緒七年(1881)刻本
[康熙]歸安縣志 第129册
(清)姚時亮 何國祥修 嚴經世等纂
清康熙十二年(1673)刻本
[光緒]歸安縣志 第129册
(清)陸心源等修 丁寶書等纂
清光緒八年(1882)刻本
東林山志 第129册
(清)吳玉樹輯
清嘉慶十八年(1813)刻本回仙觀藏版
金蓋山志 第129册
(清)李宗蓮編輯
清光緒二十二年(1896)古書隱樓刻本
金井志 第129册
(清)姜虬緑纂
清道光三年(1823)刻本
菱湖志 第129册
(清)姚彥渠纂
清同治間纂稿本
菱湖鎮志 第129册
(清)孫志熊纂修
清光緒十九年(1893)臨安孫氏刻本
晟舍鎮志 第130册
(清)閔寶樑纂
清同治間纂抄本
南潯鎮志 第130册
(清)范來庚纂
清道光二十年(1840)纂民國二十五年(1936)鉛印《南林叢刊》本
南潯鎮志 第130册
(清)汪曰楨纂
清咸豐九年(1859)修同治二年

(1863)刻本
南潯志 第130册
周慶雲纂修
民國十一年(1922)刻本
南潯鎮志稿 第130册
周子美纂修
稿本
雙林鎮志 第131册
(清)蔡蓉升纂修 蔡蒙續纂修
清同治九年(1870)纂民國六年(1917)重纂上海商務印書館鉛印本
東西林匯攷 第131册
(清)茅應奎纂
清乾隆三十一年(1766)纂稿本
竇前兩溪志略 第131册
(清)吴玉樹纂修
清嘉慶十二年(1807)修民國十一年(1922)刻《吴興叢書》本
[乾隆]長興縣志 第131册
(清)譚肇基修 吴棻纂
清乾隆十四年(1749)刻本夢鼎堂藏版
[嘉慶]長興縣志 第131册
(清)邢澍等修 錢大昕等纂
清嘉慶十年(1805)刻本
[同治]長興縣志 第131册
(清)趙定邦等修 丁寶書等纂
清同治十三年(1874)修光緒十八年(1892)邵同珩等增補重校刻本
長興志拾遺 第131册
(清)朱鎮纂
清光緒二十三年(1897)刻本
[嘉靖]安吉州志 第132册
(明)江一麟修 陳敬則纂
明嘉靖三十六年(1557)刻本
[乾隆]安吉州志 第132册
(清)劉薊植纂修
清乾隆十五年(1750)刻本
[同治]安吉縣志 第132册
(清)汪榮 劉蘭敏修 張行孚 丁寶書纂
清同治十三年(1874)刻本
[同治]孝豐縣志 第132册
(清)劉濬修 潘宅仁纂
清光緒三年(1877)刻本
[康熙]德清縣志 第132册
(清)侯元棐修 王振孫等纂
清康熙十二年(1673)修抄本
[嘉慶]德清縣續志 第132册
(清)周紹濂修 徐養原纂
清嘉慶十三年(1808)修民國元年(1912)石印本
[民國]德清縣新志 第132册
吴翯皋 王任化修 程森纂
民國十二年(1923)修二十一年(1932)鉛印本
莫干山志 第132册
周慶雲纂
民國十六年(1927)刻本
莫干山導游 第132册
趙君豪編
民國二十一年(1932)鉛印本
新市鎮志 第132册
(明)陳霆纂
明正德十一年(1516)修清抄本
仙潭後志 第132册
(清)胡道傳 沈戬穀纂修
清抄本
新市鎮續志 第132册
(清)沈赤然纂
清嘉慶十七年(1812)刻本
[嘉靖]武康縣志 第132册
(明)程嗣功 駱文盛纂修
明嘉靖二十九年(1550)餘姚王漢刻本
[康熙]武康縣志 第132册
(明)程嗣功修 駱文盛纂 (清)馮聖澤增修 張復旦等增纂
清康熙十一年(1672)抄本
[乾隆]武康縣志 第132册
(清)劉守成修 高植等纂
清乾隆四十四年(1779)刻本
[道光]武康縣志 第132册
(清)疏筤修 陳殿階等纂
清道光九年(1829)刻本

嘉興市

嘉興舊記 第133册
佚名纂修
據劉緯毅等輯《宋遼金元方志輯佚》排印
[至元]嘉禾志 第133册
(元)徐碩纂 (清)管芷湘補校
元至元二十一年(1284)修清道光十九(1839)補校咸豐七年(1857)刻本
嘉禾志 第133册
佚名纂修
據《永樂大典》本排印
[正德]嘉興府志補 第133册
(明)于鳳喈修 鄒衡纂
明正德元年(1506)修民國間抄本
[嘉靖]嘉興府圖記 第133册
(明)趙瀛修 趙文華纂
明嘉靖二十八年(1549)刻本
[康熙]嘉興府志 第133册
(清)袁國梓纂修
清康熙二十一年(1682)刻本
[康熙]嘉興府志 第133册
(清)吴永芳修 錢以塏纂
清康熙六十年(1721)刻本府庫藏版
嘉興府志 第133册
《古今圖書集成》本
[嘉慶]嘉興府志 第133册－134册
(清)伊湯安修 馮應榴纂
清嘉慶六年(1801)刻本抄配
[光緒]嘉興府志 第134册
(清)許瑶光修 吴仰賢等纂
清光緒四年(1878)鴛湖書院刻本
嘉禾百咏 第134册
(宋)張堯同纂
民國二十八年(1939)商務印書館《叢書集成初編》據《學海類編》本排印本
[崇禎]嘉興縣志 第135册
(明)羅炌修 黄承昊等纂
明崇禎十年(1637)刻本
[嘉慶]嘉興縣志 第136册
(清)司能任修 屠本仁纂
清嘉慶六年(1801)刻本
[光緒]嘉興縣志 第136册
(清)趙惟崳修 石中玉 吴受福纂
清光緒三十四年(1908)刻本
[民國]嘉興新志 第136册
闞幼甫修 陸志鴻等纂
民國十八年(1929)嘉興建設委員會鉛印本
[民國]嘉興縣新志稿 第136册
干人俊纂修
民國間稿本
[萬曆]秀水縣志 第136册
(明)李培等修 黄洪憲等纂
明萬曆二十四年(1596)修民國十四年(1925)金蓉鏡校補鉛印本
[康熙]秀水縣志 第136册
(清)任之鼎修 范正輅纂

清康熙二十四年(1685)刻本
新塍瑣志　第136册
(清)鄭鳳鏘纂 鄭書田 虞亞青補輯
清同治間修光緒二十三年(1897)補輯抄本
新塍鎮志　第136册
朱士楷纂修
民國十二年(1923)平湖綺春閣鉛印本
梅里志　第136册
(清)楊謙纂 李富孫補輯 余楙續補
清光緒三年(1877)仁濟堂刻本
梅里備志　第137册
(清)余霖纂
民國十一年(1922)閱滄樓刻本
梅里志校勘記　第137册
祝廷錫纂
年代不詳稿本
竹里述略　第137册
(清)徐士燕纂
清同治三年(1864)纂抄本
竹林八圩志　第137册
祝廷錫纂
民國二十一年(1932)石印本
聞川志稿　第137册
(清)唐佩金纂
清宣統三年(1911)嘉興新泰印刷所鉛印本
新豐鎮志略初稿　第137册
梅元鼎纂
民國三十四年(1945)油印本
漁閑小志　第137册
佚名纂修
年代不詳抄本
[康熙]重修嘉善縣志　第137册
(清)楊廉等纂修
清康熙十六年(1677)刻本
[雍正]嘉善縣志　第137册
(清)戈鳴岐等纂修
清雍正十二年(1734)刻本
[光緒]嘉善縣志　第137册
(清)江峯青等修 顧福仁等纂
清光緒二十年(1894)刻本縣署藏版
校勘光緒嘉善縣志札記　第137册
孫傳樞纂修
民國八年(1919)鉛印本
[天啓]平湖縣志　第137册
(明)程楷修 楊儁卿纂
明天啓七年(1627)刻本
[乾隆]平湖縣志　第137册
(清)高國楹修 倪藻垣等纂
清乾隆十年(1745)刻本
[乾隆]平湖縣志　第138册
(清)張力行修 徐志鼎纂
清乾隆四十五年(1780)刻本
[光緒]平湖縣志　第138册
(清)彭潤章修 葉廉鍔纂
清光緒十二年(1886)刻本
[民國]平湖縣續志　第138册
季新益 柯培鼎纂
民國十五年(1926)修抄本
乍浦志　第138册
(清)宋景關纂修
清乾隆二十二年(1757)刻五十七年(1792)增刻本
乍浦備志　第138册
(清)鄒璟纂
清道光八年(1828)刻二十三年(1843)補刻本
乍浦續志　第138册
(清)許河纂修
清道光二十三年(1843)刻本
乍浦九山補志　第138册
(清)李確纂
民國五年(1916)刻本
續當湖外志　第138册
(清)馬承昭纂
清光緒元年(1875)刻本
武原志　第138册
(宋)李直養纂
據劉緯毅等輯《宋遼金元方志輯佚》排印
[天啓]海鹽縣圖經　第138册
(明)樊維城 胡震亨等纂修
明天啓四年(1624)刻本
[康熙]海鹽縣志　第138册
(清)彭孫貽 童申祉纂
清康熙間修稿本
[光緒]海鹽縣志　第138册
(清)王彬修 徐用儀纂
清光緒三年(1877)蔚文書院刻本
[民國]海鹽縣新志稿　第138册
干人俊纂修
民國間稿本
海鹽澉水志　第139册
(宋)羅叔韶修 常棠纂
宋紹定三年(1230)修明嘉靖三十六年(1557)刻本
續澉水志　第139册
(明)董穀纂修
明嘉靖三十六年(1557)修民國二十五年(1936)鉛印《澉水志彙編》本
澉水新志　第139册
(清)方溶纂修 萬亞蘭補遺
民國二十五年(1936)鉛印《澉水志彙編》本
澉志補録　第139册
程煦元輯
民國二十四年(1935)鉛印本
鹽官縣圖經　第139册
(宋)潘景夔撰
據劉緯毅等輯《宋遼金元方志輯佚》排印
重刊嘉靖海寧縣志　第139册
(明)蔡完修 董穀纂
明嘉靖三十六年(1557)修清光緒二十四年(1898)許仁沐刻本
寧志備考　第139册
(明)趙維寰纂
明崇禎三年(1630)刻抄本
海昌外志　第139册
(明)談遷纂
明崇禎二年(1629)纂清康熙間抄本
[順治]海寧縣志略　第139册
(清)范驤纂
清光緒八年(1882)刻本
[康熙]海寧縣志　第139册
(清)許三禮纂修 黃承璉續纂修
清康熙十四年(1675)修二十二年(1683)續修刻本
[乾隆]海寧縣志　第139册
(清)金鰲修 黃簪世續修 王又曾纂
清乾隆二十三年(1758)修三十年(1765)續修刻本
[乾隆]海寧州志　第140册
(清)戰魯村纂
清乾隆四十年(1775)修道光二十八年(1848)重修
海昌勝覽　第140册
(清)周春著 管庭芬批訂
清咸豐二年(1852)手抄本
寧志餘聞　第140册

（清）周廣業著
清乾隆五十四年（1789）抄本
［民國］海寧州志稿　第140册
（清）許傳沛等纂（民國）朱錫恩等續纂
清光緒二十二年（1896）修民國十一年（1922）續修鉛印本
海昌勝蹟志　第140册
管元耀輯
民國間刻本
修川小志　第140册
（清）鄒存淦纂
清同治三年（1864）纂抄本
修川志余　第140册
（清）鍾兆彬纂
清光緒十四年（1888）輯抄本
花溪志補遺　第140册
（清）許良謨纂
清嘉慶初纂光緒三十四年（1908）小清儀閣抄本
硤川志　第140册
（明）潘廷章纂 王簡可續纂
明代修清初抄本
硤川續志　第140册
（清）王德浩纂 曹宗載編
清嘉慶十七年（1812）刻本
峽川續志校勘記　第141册
（清）管元耀纂
清嘉慶間纂靜得樓抄本
峽川志略　第141册
（清）蔣宏任纂
清道光十三年（1833）刻《昭代叢書》本
峽石山水志　第141册
（清）蔣宏任纂
清別下齋校刻本
［康熙］桐鄉縣志　第141册
（清）徐秉元修 仲弘道纂
清康熙十七年（1678）蘭雪堂捐刻本
［嘉慶］桐鄉縣志　第141册
（清）李廷輝修 徐志鼎等纂
清嘉慶四年（1799）刻本本衙藏版
［光緒］桐鄉縣志　第141册
（清）嚴辰等纂修
清光緒十三年（1887）蘇州陶漱藝齋刻本青鎮立志書院藏版
［民國］崇德縣新志稿　第141册
干人俊纂修
民國間稿本
［嘉慶］石門縣志　第141册
（清）耿維祜修 潘文輅等纂
清嘉慶二十三年（1818）修道光元年（1821）刻本
［光緒］石門縣志　第141册
（清）余麗元等纂修
清光緒五年（1879）刻本
前朱里紀略　第141册
（清）盛㸋纂
清抄本
濮川志略　第141册
（明）濮孟清纂（清）濮侶莊訂補 濮龍錫增訂 濮潤淞重增
抄本
濮院瑣志　第141册
（清）楊樹本纂
清乾隆間纂抄本
濮鎮紀聞　第141册
（清）胡琢纂
抄本
濮川所聞記　第142册
（清）金淮纂 濮鑛續纂
清嘉慶十九年（1814）纂二十五年（1820）續纂刻本
濮川所聞記續編　第142册
（清）金淮輯
清嘉慶二十五年（1820）刻本
濮録　第142册
（清）岳昭塏著
清同治間纂稿本
濮院志　第142册
夏辛銘纂
民國十六年（1927）刻本
重修烏青鎮志　第142册
（明）李樂纂
明萬曆二十九年（1601）刻本
烏青鎮志　第142册
（清）董世寧纂修
民國七年（1918）鉛印本
烏青鎮志　第142册
盧學溥修 朱辛彝纂
民國二十五年（1936）刻本

舟山市

［天德］昌國州圖志　第142册
（元）馮福京等纂修
元大德二年（1298）纂清咸豐四年（1854）甬上烟嶼樓徐氏刻《宋元四明六志》本
［天啓］舟山志　第142册
（明）何汝賓輯
明天啓六年（1626）何氏刻本
［光緒］定海廳志　第143册
（清）史致馴修 陳重威 黄以周纂
清光緒十一年（1885）黄樹藩刻本
［民國］定海縣志　第143册
陳訓正 馬瀛等纂修
民國十三年（1924）旅滬同鄉會鉛印本
岱山鎮志　第143册
湯濬纂修
民國十六年（1927）定海湯氏一梅軒活字本

寧波市

［寶慶］四明志　第143册
（宋）胡矩修 羅濬等纂
宋寶慶三年（1227）修清咸豐四年（1854）甬上烟嶼樓徐氏刻《宋元四明六志》本
［開慶］四明續志　第143册
（宋）吴潜修 梅應發等纂
宋開慶元年（1259）修清咸豐四年（1854）甬上烟嶼樓徐氏刻《宋元四明六志》本
［延佑］四明志　第143册
（元）馬澤修 袁桷纂
元延佑七年（1320）修清乾隆間抄本
［延佑］四明志　第144册
（元）馬澤修 袁桷纂
元延佑七年（1320）修清乾隆間抄本
［至正］四明續志　第144册
（元）王元恭纂
元至正二年（1342）修清咸豐四年（1854）甬上烟嶼樓徐氏刻《宋元四明六志》本
四明六志校勘記　第144册
（清）徐時棟纂
清同治間刻本
［天順］寧波郡志　第144册
（明）楊實纂修
明天順間修成化四年（1468）刻本
［嘉靖］寧波府志　第145册
（明）周希哲等修 張時徹等纂
明嘉靖三十九年（1560）刻民國三十一年（1942）抄本

[雍正]寧波府志 第145册
(清)曹秉仁纂修
清雍正十一年(1733)刻乾隆六年(1741)色超補刻本
甬上水利志 第145册
(清)周道遵攷述
清道光二十八年(1848)刻本
[康熙]鄞縣志 第145册
(清)汪源澤修 聞性道纂
清康熙二十五年(1686)刻本
[乾隆]鄞縣志 第145册
(清)錢維喬修 錢大昕纂
清乾隆五十三年(1788)刻本衙署藏版
[同治]鄞縣志 第146册
(清)戴枚修 董沛等纂
清同治十三年(1874)修光緒三年(1877)刻本
[民國]鄞縣通志 第146册
張傳保修 陳訓正等纂
民國二十二年(1933)修一九三五—一九五一鉛印本
桃源鄉志 第147册
(清)臧麟炳纂
清康熙二十七年(1688)纂抄本
小溪志 第147册
(清)柴望纂修
民國間約園抄本
[乾隆]奉化縣志 第147册
(清)曹膏 唐宇霖修 陳琦等纂
清乾隆三十八年(1773)刻本
[乾隆]奉化縣志輯略 第147册
(清)戴熙芰輯
清光緒十三年(1887)戴氏稿本
[光緒]奉化縣志 第147册
(清)李前泮修 張美翊等纂
清光緒三十四年(1908)刻本
[民國]奉化新志 第147册
奉化縣政府纂修
民國二十八年(1939)鉛印本
剡源鄉志 第147册
(清)趙霈濤纂修
清光緒二十八年(1902)奉化趙氏剡曲草堂活字本
忠義鄉志 第147册
(清)吳文江纂修
清光緒二十七年(1901)刻本
[嘉靖]象山縣志 第147册
(明)毛德京修 楊民彝等纂
明嘉靖三十五年(1556)刻隆慶五年(1571)增刻本
[萬曆]重修象山縣志 第147册
(明)吳學周修 陸應陽等纂
明萬曆三十六年(1608)刻本
[康熙]象山縣志 第147册
(清)胡祚遠修 姚廷傑纂
清康熙三十七年(1698)刻本
[道光]象山縣志 第147册
(清)童立成 吳錫疇修 馮登府纂
清道光十四年(1834)刻民國四年(1915)活字本
[民國]象山縣志 第148册
羅士筠修 陳漢章纂
民國十六年(1927)寧波天勝印刷公司鉛印本
象山縣志志文存疑 第148册
樊家楨纂
民國三十六年(1947)鉛印本
[光緒]南田縣志 第148册
(清)佚名纂修
清光緒間抄本
[民國]南田縣志 第148册
呂耀鈐等修 呂芝延等纂
民國十九年(1930)華達印刷公司鉛印本
[嘉靖]定海縣志 第148册
(明)何愈修 張時徹纂
明嘉靖四十二年(1563)刻本
[乾隆]鎮海縣志 第148册
(清)王夢弼 邵向榮纂修
清乾隆十七年(1752)刻四十五年(1780)周樽增補刻本
[乾隆]鎮海衛志 第148册
(清)陸潛鴻纂
清乾隆十七年(1752)修抄本
[光緒]鎮海縣志 第148册
(清)俞樾纂
清光緒五年(1879)鯤池書院刻本
[民國]鎮海縣志 第148册
洪錫範等修 王榮商等纂
民國二十年(1931)上海蔚文印刷局鉛印本
鎮海縣新志備稿 第148册
(清)董祖羲輯
民國二十年(1931)上海蔚文印刷局鉛印本
招寶山志 第148册
(清)陳景沛纂 周道遵編
清道光間木活字本
清湖小志 第149册
(清)張宗録纂 張統鎬續纂
年代不詳稿本
[天啓]慈谿縣志 第149册
(明)李逢申修 姚宗文纂
明天啓四年(1624)刻本
[雍正]慈谿縣志 第149册
(清)楊正筍修 馮鴻模纂
清雍正八年(1730)刻本
[光緒]慈谿縣志 第149册
(清)馮可鏞修 楊泰亨纂
清光緒二十五年(1899)劉一柱校補德潤書院刻本
石步志 第149册
(清)葉維新纂
年代不詳抄本
[萬曆]新修餘姚縣志 第149册
(明)史樹德修 楊文煥等纂
明萬曆三十一年(1603)刻本
[乾隆]餘姚志 第149册
(清)唐若瀛修 邵晉涵纂
清乾隆四十六年(1781)刻本
[光緒]餘姚縣志 第149册
(清)邵友濂修 孫德祖等纂
清光緒二十五年(1899)刻本
餘姚六倉志 第150册
楊積芳纂修
民國九年(1920)鉛印本
[嘉靖]臨山衛志 第150册
(明)耿宗道等纂修
明嘉靖四十三年(1564)纂民國三年(1914)活字本
滸山志 第150册
(清)高杲 沈煜纂
清道光十一年(1831)木活字本
[崇禎]寧海縣志 第150册
(明)宋奎光纂
明崇禎五年(1632)刻本
[康熙]寧海縣志 第150册
(清)崔秉鏡修 華大琰纂
清康熙十七年(1678)刻本抄配
[光緒]寧海縣志 第150册
(清)王瑞成修 張濬等纂

清光緒二十八年(1902)刻本
[民國]寧海縣續志稿 第150册
千人俊纂修
民國間稿本
新甯區志 第150册
千人俊纂修
民國三十二年(1943)稿本暨油印本

紹興市

會稽記 第150册
(劉宋)孔靈符撰
據北京圖書館出版社一九九七年《漢唐方志輯佚》排印
會稽地志 第150册
(陳)夏侯曾先撰
據北京圖書館出版社一九九七年《漢唐方志輯佚》排印
[嘉泰]會稽志 第150册
(宋)沈作賓修 施宿等纂
宋嘉泰元年(1201)修民國十五年(1926)影印清嘉慶刻本
[寶慶]會稽續志 第150册
(宋)張淏纂修
宋寶慶元年(1225)修清嘉慶十三年(1808)刻本
紹興府舊經 第150册
佚名纂修
據劉緯毅等輯《宋遼金元方志輯佚》排印
紹興舊志 第150册
佚名纂修
據劉緯毅等輯《宋遼金元方志輯佚》排印
會稽前志 第150册
佚名纂修
據《永樂大典》本排印
紹興府志 第150册
佚名纂修
據《永樂大典》本排印
[萬曆]紹興府志 第151册
(明)蕭良榦等修 張元忭等纂
明萬曆十五年(1587)刻本
[康熙]紹興府志 第151册
(清)俞卿修 周徐彩纂
清康熙五十八年(1719)刻本
[乾隆]紹興府志 第152册
(清)李亨特修 平恕 徐嵩纂
清乾隆五十七年(1792)刻本

[嘉靖]山陰縣志 第152册
(明)許東望修 張天復 柳文纂
明嘉靖三十年(1551)刻本
[康熙]山陰縣志 第152册
(清)高登先修 沈麟趾等纂
清康熙四十年(1701)刻本
[嘉慶]山陰縣志 第153册
(清)徐元梅等修 朱文翰等輯
清嘉慶八年(1803)修民國二十五年(1936)紹興縣修志委員會鉛印本
[萬曆]會稽縣志 第153册
(明)張元忭纂
明萬曆三年(1575)刻本
[康熙]會稽縣志 第153册
(清)王元臣修 董欽德等纂
清康熙二十二年(1683)修民國二十五年(1936)紹興縣修志委員會鉛印本
[道光]會稽縣志稾 第153册
(清)王蓉坡 沈墨莊纂
清道光二十五年(1845)修民國二十五年(1936)紹興縣修志委員會鉛印本
紹興縣志采訪稾 第153册
佚名纂修
民國間抄稿本
紹興縣志資料第一輯 第153册
紹興縣修志委員會輯
民國二十六年(1937)鉛印本
[民國]紹興縣新志稾 第153册
千人俊纂修
民國間稿本
諸暨志 第153册
(元)黄鄰纂
據劉緯毅等輯《宋遼金元方志輯佚》排印
[乾隆]諸暨縣志 第153册
(清)沈椿齡修 樓卜瀍纂
清乾隆三十八年(1773)刻本
[光緒]諸暨縣志 第153册
(清)陳遹聲修 蔣鴻藻纂
清光緒三十四年(1908)修宣統二年(1910)刻本
[光緒]諸暨縣志 第154册
(清)陳遹聲修 蔣鴻藻纂
清光緒三十四年(1908)修宣統二年(1910)刻本
[康熙]上虞縣志 第154册
(清)鄭僑修 唐徵麟等纂

清康熙十年(1671)刻本
[光緒]上虞縣志 第154册
(清)唐煦春修 朱士黻纂
清光緒十七年(1891)刻本
[光緒]上虞縣志校續 第154册
(清)儲家藻修 徐致靖纂
清光緒二十五年(1899)刻本
[嘉定]剡録 第154册
(宋)史安之修 高似孫纂
宋嘉定七年(1214)修清光緒間刻《邵武徐氏叢書》(二集)本
[康熙]嵊縣志 第154册
(清)張逢歡修 袁尚衷纂
清康熙十年(1671)刻本
[乾隆]嵊縣志 第155册
(清)李以琰修 田實秬等纂
清乾隆七年(1742)刻本
[道光]嵊縣志 第155册
(清)李式圃修 朱涤纂
清道光八年(1828)刻本
[同治]嵊縣志 第155册
(清)嚴思忠修 蔡以瑺纂
清同治九年(1870)刻本縣署藏版
[民國]嵊縣志 第155册
牛蔭麐等修 丁謙等纂
民國二十三年(1934)鉛印本
[萬曆]新昌縣志 第155册
(明)田琯纂修
明萬曆七年(1579)刻本
[民國]新昌縣志 第155册
金城修 陳畬等纂
民國八年(1919)鉛印本

衢州市

衢州府志 第156册
佚名纂修
據《永樂大典》本排印
[弘治]衢州府志 第156册
(明)沈杰修 吾冔 吳夔纂
明弘治十六年(1503)刻本
[天啓]衢州府志 第156册
(明)林應翔等修 葉秉敬等纂
明天啓二年(1622)刻本
[康熙]衢州府志 第156册
(清)楊廷望纂修
清康熙五十年(1711)修光緒八年(1882)重刻本府署藏版
衢州鄉土卮言 第156册

（清）不其纂修
清光緒三十二年（1906）刻本
［康熙］西安縣志 第156册
（清）陳鵬年修 徐之凱等纂
清康熙三十八年（1699）刻本
西安縣志 第156册
《古今圖書集成》本
［嘉慶］西安縣志 第156册
（清）姚寶煃等修 范崇楷等纂
清嘉慶十六年（1811）修民國六年（1917）衢州聚秀堂重刻本衢縣公署藏版
西安縣新志正誤 第156册
（清）陳塤纂
清道光二十五年（1845）纂光緒九年（1883）刻本
［民國］衢縣志 第156册
鄭永禧纂修
民國十五年（1926）輯二十六年（1937）鉛印本
爛柯山志 第156册
（清）鄭永禧輯
清光緒三十二年（1906）刻本不其山館藏版
［萬曆］龍游縣志 第156册
（明）萬廷謙等纂修
明萬曆四十年（1612）原修民國十二年（1923）余紹宋鉛印本
［康熙］龍游縣志 第156册
（清）盧燦修 余恂纂
清康熙二十年（1681）修光緒八年（1882）刻本
［民國］龍游縣志 第156册
余紹宋纂修
民國十四年（1925）京城印書局鉛印本
［崇禎］開化縣志 第157册
（明）朱朝藩修 汪慶百纂
明崇禎四年（1631）刻本
［雍正］開化縣志 第157册
（清）孫錦修 徐心啓等纂
清雍正七年（1729）刻本
［乾隆］開化縣志 第157册
（清）范玉衡修 吴淦等纂
清乾隆六十年（1795）刻本學尊經閣藏版
［光緒］開化縣志 第157册
（清）徐名立 潘紹詮修 潘樹棠纂
清光緒二十四年（1898）刻本
［康熙］常山縣志 第157册
（清）楊濚纂修
清康熙二十二年（1683）抄本
［雍正］常山縣志 第157册
（清）孔毓璣纂修
清雍正二年（1724）刻本
［嘉慶］常山縣志 第157册
（清）陳珄修 徐始搏等纂
清嘉慶十八年（1813）修道光二十八年（1848）刻本
［光緒］常山縣志 第157册
（清）李瑞鍾修 朱昌泰等纂
清光緒十二年（1886）刻本版存縣署
［康熙］江山縣志 第157册
（清）朱彩修 朱長吟纂
清康熙四十年（1701）刻本
［乾隆］江山縣志 第157册
（清）宋成綏修 陸飛纂
清乾隆四十一年（1776）刻本
［同治］江山縣志 第157册
（清）王彬等修 朱寶慈等纂
清同治十二年（1873）文溪書院刻本

金華市

東陽記 第157册
（劉宋）鄭緝之撰
據北京圖書館出版社一九九七年《漢唐方志輯佚》排印
婺州圖經 第157册
佚名纂修
據劉緯毅等輯《宋遼金元方志輯佚》排印
金華府志 第157册
佚名纂修
據《永樂大典》本排印
［萬曆］金華府志 第157册
（明）王懋德等修 陸鳳儀等纂
明萬曆六年（1578）刻本
［康熙］金華府志 第157册
（清）張藎修 沈麟趾等纂
清康熙二十二年（1683）修宣統元年（1909）嵩連石印本
［康熙］金華縣志 第158册
（清）王治國原纂 趙泰甡增修
清康熙三十四年（1695）增刊本
［道光］金華縣志 第158册
（清）黄金聲修 李林松纂
清道光三年（1823）刻本
［光緒］金華縣志 第158册
（清）鄧鍾玉等纂修
清光緒二十年（1894）修民國二十三年（1934）鉛字重印本
金華洞天行紀 第158册
（宋）方鳳纂
民國二十三年（1934）鉛印本
金華游録 第158册
（宋）方鳳纂
民國二十八年（1939）商務印書館《叢書集成初編》據《學海類編》本排印本
金華游録注 第158册
徐沁著
民國二十三年（1934）鉛印本
［康熙］湯溪縣志 第158册
（清）譚國樞等纂修
清康熙二十二年（1683）刻本
［民國］湯溪縣志 第158册
丁燮等修 戴鴻熙等纂
民國二十年（1931）金震東石印局鉛印本
［萬曆］蘭谿縣志 第158册
（明）程子鏊修 徐魯源纂
清康熙間補刻本
［嘉慶］蘭谿縣志 第158册
（清）張許等修 陳鳳舉等纂
清嘉慶五年（1800）刻本雙柳軒藏版
［光緒］蘭谿縣志 第158册
（清）秦簧修 唐壬森纂
清光緒十五年（1889）刻本
［嘉靖］武義縣志 第158册
（明）林有年修 董遵道纂
明正德十五年（1520）刻嘉靖三年（1524）黄春補刻增修本
［嘉慶］武義縣志 第158册
（清）張營堠修 周家駒等纂
清嘉慶九年（1804）修宣統二年（1910）石印本
武川備考 第158册
（清）何德潤纂修
清光緒二十六年（1900）稿本
［正德］永康縣志 第158册
（明）吴宣濟 胡楷修 陳泗等纂
明正德九年（1514）修嘉靖三年（1524）刻本

[康熙]永康縣志 第159册
(清)沈藻等修 朱謹等纂
清康熙三十七年(1698)刻本
[光緒]永康縣志 第159册
(清)李汝爲等修 潘樹棠等纂
清光緒十八年(1892)修民國二十一年(1932)鉛印本
東陽志 第159册
佚名纂修
據《永樂大典》本排印
[道光]東陽縣志 第159册
(清)党金衡原本 王恩注重定
清道光十二年(1832)修民國三年(1914)東陽商務石印公司石印本
[崇禎]義烏縣志 第159册
(明)周士英纂修 熊人霖增修
明崇禎十三年(1640)刻本
[康熙]義烏縣志 第159册
(清)王廷曾纂修
清康熙三十一年(1692)刻本
[嘉慶]義烏縣志 第159册
(清)諸自穀等修 程瑜等纂
清嘉慶七年(1802)刻本
[嘉靖]浦江志略 第159册
(明)毛鳳韶纂修
明嘉靖五年(1526)刻本
[康熙]浦江縣志 第159册
(清)毛文埜修 張一煒纂
清康熙十二年(1673)刻本
[光緒]浦江縣志 第159册
(清)善廣修 張景青纂
清光緒二十二年(1896)修民國五年(1916)黄志璠再增補鉛印本

台州市

[嘉定]赤城志 第160册
(宋)陳耆卿纂
宋嘉定十六年(1223)修清嘉慶二十三年(1818)刻《臺州叢書》(乙集)本
赤城續志 第160册
(宋)吳子良 林表民纂
據劉緯毅等輯《宋遼金元方志輯佚》排印
赤城志 第160册
佚名纂修
據《永樂大典》本排印
台州府赤城志 第160册
佚名纂修
據《永樂大典》本排印
台州府志 第160册
佚名纂修
據《永樂大典》本排印
台州外書 第160册
(清)戚學標纂修
清嘉慶四年(1799)刻《戚鶴泉所著書》本南墅藏版
[民國]台州府志 第160册
喻長霖等纂修
民國二十五年(1936)鉛印本
臨海記 第160册
(劉宋)孫詵撰
據北京圖書館出版社一九九七年《漢唐方志輯佚》排印
[康熙]臨海縣志 第160册
(清)洪若皋等纂修
清康熙二十二年(1683)刻本
[民國]臨海縣志 第160册
張寅等修 何奏簧纂
民國二十四年(1935)鉛印本
[民國]臨海要覽 第160册
項元勳纂修
民國五年(1916)杭州武林印書館鉛印本
[民國]臨海縣新志稿 第160册
干人俊纂修
民國間稿本
海門鎮志 第160册
項士元纂修
一九八八年油印本
天台續志 第160册
佚名纂修
據劉緯毅等輯《宋遼金元方志輯佚》排印
天台志 第160册
佚名纂修
據《永樂大典》本排印
[康熙]天台縣志 第161册
(清)李德耀 黄執中纂修
清康熙二十三年(1684)刻本
[民國]天台縣志稿 第161册
李光溢 金城修 褚傳誥纂
民國四年(1915)油印本
天台山記 第161册
(唐)徐靈府撰
民國二十八年(1939)商務印書館《叢書集成初編》據《古逸叢書》本排印本
天台山全志 第161册
(清)張聯元輯
刻本台郡尊經閣藏版
[萬曆]仙居縣志 第161册
(明)顧震宇纂修
明萬曆三十七年(1609)修民國二十四年(1935)鉛印《仙居叢書》本
[康熙]僊居縣志 第161册
(清)鄭録勳修 張明焜等纂
清康熙十九年(1680)刻本
[光緒]僊居志 第161册
(清)王壽頤等修 王棻等纂
清光緒二十年(1894)木活字本
[民國]仙居縣新志稿 第161册
干人俊纂修
民國間稿本
[萬曆]黄巖縣志 第161册
(明)袁應祺修 牟汝忠等纂
明萬曆七年(1579)刻本
[康熙]黄巖縣志 第161册
(清)劉寬修 平遇等纂
清康熙三十八年(1699)刻本
[光緒]黄巖縣志 第161册
(清)陳鍾英等修 王詠霓纂
清光緒三年(1877)刻本
黄巖縣新志 第162册
羅楚客輯
抄稿本
委羽山志(附續志) 第162册
(明)胡昌賢輯 (清)王維翰續輯
清同治九年(1870)刻本
路橋志略 第162册
楊晨纂修
民國四年(1915)鉛印本
[嘉靖]太平縣志 第162册
(明)曾才漢 葉良佩纂修
明嘉靖十九年(1540)刻本
[康熙]太平縣志 第162册
(清)曹文珽修 林槐纂
清康熙二十二年(1683)刻本
[嘉慶]太平縣志 第162册
(清)慶霖等修 戚學標等纂
清嘉慶十六年(1811)修光緒二十二年(1896)重刻本
[光緒]太平續志 第162册

(清)陳汝霖修 王棻纂
清光緒二十二年(1896)刻本
[民國]溫嶺縣新志稿 第162册
干人俊纂修
民國間稿本
花山志 第162册
趙佩茳纂
民國二十九年(1940)鉛印本
[光緒]玉環廳志 第162册
(清)杜冠英修 呂鴻壽纂
清光緒六年(1880)刻本

溫州市

永嘉記 第162册
(劉宋)鄭緝之撰
據北京圖書館出版社一九九七年《漢唐方志輯佚》排印
溫州圖經 第162册
佚名纂修
據劉緯毅等輯《宋遼金元方志輯佚》排印
溫州府志 第162册
佚名纂修
據《永樂大典》本排印
[弘治]溫州府志 第162册
(明)鄧淮修 王瓚 蔡芳纂
明弘治十六年(1503)刻本
[嘉靖]溫州府志 第162册
(明)張孚敬纂修
明嘉靖十六年(1537)刻本
[萬曆]溫州府志 第162册
(明)劉芳譽 林繼衡等修 王光蘊等纂
明萬曆三十三年(1605)刻本
溫州府志 第162册
《古今圖書集成》本
溫州府志 第162册
《古今圖書集成》本
[乾隆]溫州府志 第162册
(清)李琬修 齊召南等纂
清乾隆二十七年(1762)刻民國四年(1915)補刻本版藏溫州東山書院
甌乘拾遺 第162册
(清)洪守一纂修
清道光二十九年(1849)愛吾堂刻本
甌江小記 第162册
(清)郭鍾岳纂修
清光緒四年(1878)刻本版藏和天倪齋
[嘉靖]永嘉縣志 第162册
(明)王叔杲 王應辰纂
明嘉靖四十五年(1566)刻本
[康熙]永嘉縣志 第162册
(清)鄭廷俊等修 林占春等纂
清康熙二十一年(1682)刻本
[乾隆]永嘉縣志 第163册
(清)崔錫修 齊召南 汪沆纂
清乾隆三十年(1765)刻本
[光緒]永嘉縣志 第163册
(清)張寶琳修 王棻等纂
清光緒八年(1882)刻民國二十四年(1935)劉景晨補版本
樂清縣志 第163册
(元)馮福京纂
據劉緯毅等輯《宋遼金元方志輯佚》排印
[永樂]樂清縣志 第163册
(明)佚名纂修
明永樂間刻本
[隆慶]樂清縣志 第163册
(明)胡用賓修 侯一元纂
明隆慶六年(1572)修民國七年(1918)溫州務本石印公司石印本
[光緒]樂清縣志 第163册
(清)李登雲修 陳珅等纂
清光緒二十七年(1901)修民國元年(1912)補刻本
[民國]樂清縣新志稿 第164册
干人俊纂修
民國間稿本
廣雁蕩山志 第164册
(清)曾唯纂
清乾隆五十五年(1790)刻本東嘉依綠園藏版
游雁蕩山記 第164册
(清)周清原纂
民國間抄本
[嘉靖]瑞安縣志 第164册
(明)劉畿修 朱綽等纂
明嘉靖三十四年(1555)刻本
[康熙]平陽縣志 第164册
(明)朱東光原修 萬民華補遺 (清)石金和等增補
明隆慶間纂清康熙間增補抄本
[康熙]平陽縣志 第164册
(清)金以埈修 呂弘誥等纂
清康熙三十三年(1694)刻本
[乾隆]平陽縣志 第164册
(清)徐恕修 張南英 孫謙纂
清乾隆二十五年(1760)刻民國七年(1918)修鋟補刻本
[民國]平陽縣志 第164册
符璋 劉紹寬等纂修
民國十五年(1926)刻本
南雁蕩山志 第164册
周喟纂
民國七年(1918)刻本
金鄉鎮志 第164册
佚名纂
民國十八年(1929)抄本
[雍正]泰順縣志 第164册
(清)朱國源修 朱廷琦纂
清雍正七年(1729)刻本
泰順分疆録 第164册
(清)林鶚纂 林用霖續纂
清同治四年(1865)修光緒五年(1879)林氏望山堂刻本

麗水市

[萬曆]續處州府志 第165册
(明)許國忠修 葉志淑纂
明萬曆三十三年(1605)刻本
[康熙]處州府志 第165册
(清)劉廷璣纂修
清康熙二十九年(1690)刻本
[雍正]處州府志 第165册
(清)曹掄彬等修 朱肇濟等纂
清雍正十一年(1733)刻本
[光緒]處州府志 第165册
(清)潘紹詒修 周榮椿纂
清光緒三年(1877)刻本
[道光]麗水縣志 第165册
(清)張銑纂修
清道光二十六年(1846)刻本
[同治]麗水縣志 第165册
(清)彭潤章纂修
清同治十三年(1874)刻本
[民國]麗水縣志 第165册
李鍾嶽 李郁芬修 孫壽芝纂
民國十五年(1926)啓明印刷所鉛印本
[乾隆]重修景寧縣志 第165册
(清)張九華修 吳嗣范等纂
清乾隆四十三年(1778)刻本本衙藏版
[民國]景寧縣續志 第165册
吳呂熙等修 柳景元等纂

民國二十二年(1933)刻本
[順治]宣平縣志 第165册
(清)侯杲修 胡世定纂
清順治十二年(1655)刻本
[乾隆]宣平縣志 第165册
(清)陳加儒修 祝復禮 潘士仁等纂
清乾隆十八年(1753)刻本
[道光]宣平縣志 第165册
(清)湯金策修 俞宗煥纂
清道光二十年(1840)刻本
[光緒]宣平縣志 第166册
(清)皮樹棠修 皮錫瑞纂
清光緒四年(1878)刻本宣平縣署藏版
[民國]宣平縣志 第166册
何横 張高修 鄭家箴等纂
民國十五年(1926)修二十三年(1934)鉛印本
[雍正]青田縣志 第166册
(清)張皇輔修 錢喜選輯
清康熙二十五年(1686)修雍正六年(1728)增補刊本
[乾隆]續青田縣志 第166册
(清)吳楚椿纂修
清乾隆四十二年(1777)刻本
[光緒]青田縣志 第166册
(清)雷銑修 王棻纂
清光緒二年(1876)修民國二十四年(1935)溫州朱公茂印刷局鉛印本
南田山志 第166册
劉耀東纂
民國二十四年(1935)溫州翰墨林鉛印本
[康熙]縉雲縣志 第166册
(清)曹懋極纂修
清康熙十年(1671)修抄本
[乾隆]縉雲縣志 第166册
(清)令狐亦岱等修 沈鹿鳴等纂
清乾隆三十二年(1767)刻本
[道光]縉雲縣志 第166册
(清)湯成烈修 尹希伊纂
清道光二十九年(1849)刻本
[光緒]縉雲縣志 第166册
(清)何乃容 葛華修 潘樹棠纂
清光緒二年(1876)修七年(1881)刻本
[民國]縉雲縣續志稿 第166册
干人俊纂修
民國間稿本

仙都志 第167册
(元)陳性定撰
據劉緯毅等輯《宋遼金元方志輯佚》排印
[順治]松陽縣志 第167册
(清)佟慶年修 胡世定纂
清順治十一年(1654)刻本
[乾隆]松陽縣志 第167册
(清)曹立身修 潘茂才纂
清乾隆三十四年(1769)刻本
[光緒]松陽縣志 第167册
(清)支恒椿纂修
清光緒元年(1875)刻本
[民國]松陽縣志 第167册
呂耀鈐修 高煥然纂
民國十五年(1926)活字本
[康熙]遂昌縣志 第167册
(清)繆之弼修 程定纂
清康熙五十一年(1712)刻本
[乾隆]遂昌縣志 第167册
(清)王燈纂修
清乾隆三十年(1765)刻本
[道光]遂昌縣志 第167册
(清)朱煌修 鄭培椿等纂
清道光十五年(1835)刻本
[光緒]遂昌縣志 第167册
(清)胡壽海 史恩緯修 褚成允纂
清光緒二十二年(1896)刻本
[康熙]雲和縣志 第167册
(清)林汪遠等纂修
清康熙三十一年(1692)刻本
[同治]雲和縣志 第167册
(清)伍承吉等修 王士鈖纂
清同治三年(1864)刻本
[順治]龍泉縣志 第167册
(清)徐可先修 胡世定纂
清順治十二年(1655)刻本
[乾隆]龍泉縣志 第167册
(清)蘇遇龍修 沈光厚纂
清乾隆二十七年(1762)修同治二年(1863)補刊本
[光緒]龍泉縣志 第167册
(清)顧國詔等修
清光緒四年(1878)刻本
[康熙]慶元縣志 第167册
(清)程維伊修 吳運光等纂
清康熙十一年(1672)刻本

[嘉慶]慶元縣志 第167册
(清)關學優等纂修
清嘉慶六年(1801)刻本
[道光]慶元縣志 第167册
(清)吳綸彰修 周大成等纂
清道光二十三年(1843)刻本
[光緒]慶元縣志 第167册
(清)林步瀛 史恩緯修 史恩緒纂
清光緒三年(1877)刻本

安徽省

[光緒]重修安徽通志 第168册
(清)吳坤修等修 何紹基等纂
清光緒四年(1878)刻本

合肥市

寶佑濡須志 第168册
佚名纂修
據《永樂大典》本排印
合肥郡志 第168册
佚名纂修
據《永樂大典》本排印
[嘉慶]廬州府志 第168册
(清)張祥雲修 孫星衍等纂
清嘉慶八年(1803)刻本
[光緒]續修廬州府志 第168册
(清)黃雲等修 林之望等纂
清光緒十一年(1885)刻本
[雍正]合肥縣志 第168册
(清)趙良墅修 田實發等纂
清雍正八年(1730)刻本
[嘉慶]合肥縣志 第168册
(清)左輔纂修
清嘉慶九年(1804)集虛草堂刻民國九年(1920)影印本
[康熙]巢縣志 第168册
(清)于覺世修 陸龍騰等纂
清康熙十二年(1673)刻本
[雍正]巢縣志 第168册
(清)鄒理纂修
清雍正八年(1730)刻本
[道光]巢縣志 第168册
(清)舒夢齡纂修
清道光八年(1828)刻本
[康熙]廬江縣志 第168册
(清)吳賓彥修 王方岐纂
清康熙三十七年(1698)刻本
[嘉慶]廬江縣志 第169册
(清)魏紹源 張煐修 儲嘉珩 黃金臺

等纂
清嘉慶八年(1803)刻本版藏縣署
[光緒]廬江縣志 第169册
(清)錢鑅修 俞燮奎 盧鈺等纂
清光緒十一年(1885)活字本
宿州市
[弘治]直隸鳳陽府宿州志 第169册
(明)曾顯纂修
明弘治十二年(1499)刻本
[嘉靖]宿州志 第169册
(明)余鍧纂修
明嘉靖十六年(1537)刻本
[康熙]宿州志 第169册
(清)董鴻圖修 潘仁樾纂
清康熙五十七年(1718)刻本
[光緒]宿州志 第169册
(清)何慶釗修 丁遜之 吳振聲等纂
清光緒十五年(1889)刻本
[崇禎]碭山縣志 第169册
(明)劉芳修 汪用霖纂
明崇禎十二年(1639)刻本
[乾隆]碭山縣志 第169册
(清)劉王瑗纂修
清乾隆三十二年(1767)刻本
[嘉慶]蕭縣志 第169册
(清)潘熔修 沈學淵纂
清嘉慶十九年(1814)刻本本衙藏版
[同治]續蕭縣志 第169册
(清)顧景濂修 段廣瀛等纂
清同治十三年(1874)修光緒元年(1875)刻本本衙藏版
[乾隆]靈璧縣志略 第169册
(清)貢震纂修
清乾隆二十五年(1760)刻本
[康熙]虹縣志 第169册
(清)龔起暈纂修 彭翼宸增補
清康熙十一年(1672)刻十七年(1678)心水堂增刻本
[乾隆]泗州志 第169册
(清)葉蘭纂修
清乾隆五十三年(1788)修抄稿本
[光緒]泗虹合志 第169册
(清)方瑞蘭修 江殿颺 許湘甲纂
清光緒十四年(1888)刻本
阜陽市
[正德]潁州志 第169册
(明)劉節纂修
明正德六年(1511)刻本
[嘉靖]潁州志 第169册
(明)呂景蒙修 胡衮纂
明嘉靖十五年(1536)刻本
[順治]潁州志 第169册
(清)王天民纂修
清順治十一年(1654)刻本
[康熙]重修潁州志 第169册
(清)張鈁修 王錫纂
清康熙五十五年(1716)刻本
[乾隆]潁州府志 第169册
(清)王斂福纂修
清乾隆十七年(1752)刻本
[乾隆]阜陽縣志 第169册
(清)潘世仁修 王麟徵纂
清乾隆二十年(1755)刻本
[道光]阜陽縣志 第169册
(清)劉虎文 周天爵修 李復慶等纂
清道光九年(1829)刻民國三十六年(1947)石印本
[民國]阜陽縣志續編 第169册
南岳峻等修 呂蔭南纂
民國三十六年(1947)石印本
[順治]潁上縣志 第169册
(清)翟乃慎修 馬履雲 徐必達纂
清順治十二年(1655)刻本
[乾隆]潁上縣志 第169册
(清)許晉修 胡其煥 蔡書升纂
清乾隆十八年(1753)刻本版藏西庫
[道光]潁上縣志 第169册
(清)劉耀椿修 李同等纂
清道光六年(1826)刻本
[同治]潁上縣志 第169册
(清)都寵錫等修 李道章等纂
清同治九年(1870)修光緒四年(1878)補刻本
[民國]臨泉縣志略 第169册
劉煥東纂修
民國二十五年(1936)石印本
[乾隆]太和縣志 第169册
(清)成兆豫 吳中最 洪朝元纂
清乾隆十六年(1751)刻本
[民國]太和縣志 第169册
丁炳烺修 吳承志纂
民國十四年(1925)鉛印本
亳州市
[嘉靖]亳州志 第169册
(明)李先芳等纂修
明嘉靖四十三年(1564)刻本
[順治]亳州志 第169册
(清)劉澤溥修 高搏九纂
清順治十三年(1656)刻本
[乾隆]亳州志 第169册
(清)華度修 蔡必達纂
清乾隆五年(1740)刻本
[乾隆]亳州志 第169册
(清)鄭交泰修 王雲萬纂
清乾隆三十九年(1774)刻本保赤堂藏版
[光緒]亳州志 第170册
(清)鍾泰 宗能徵纂修
清光緒二十一年(1895)活字本
[同治]渦陽縣志 第170册
(清)石成之修 王冠甲纂
清同治十一年(1872)稿本
渦陽風土記 第170册
聶憲藩等修 黄佩蘭等纂
民國十三年(1924)活字本
[同治]蒙城縣志 第170册
(清)李炳濤修 吳保甲等纂
清同治九年(1870)修抄本
[民國]重修蒙城縣志書 第170册
汪篪修 于振江纂
民國四年(1915)鉛印本
蚌埠市
[嘉慶]五河縣志 第170册
(清)王啟聰等修 言尚煒 陳瑜纂
清嘉慶八年(1803)刻本版存學署
[光緒]五河縣志 第170册
(清)賴同宴 孫玉銘修 俞宗誠等纂
清光緒二十年(1894)刻本版存學署
[嘉靖]懷遠縣志 第170册
(明)孫維禮 楊鈞纂修
明嘉靖十八年(1539)刻本
[雍正]懷遠縣志 第170册
(清)唐暄纂修
清雍正二年(1724)刻本
[嘉慶]懷遠縣志 第170册
(清)倪思淳修 孫讓纂
清嘉慶二十四年(1819)活字本
淮南市
[嘉慶]鳳臺縣志 第170册
(清)李兆洛纂修
清嘉慶十九年(1814)刻本本衙藏版

[光緒]重修鳳臺縣志 第170册
(清)李師沆修 葛蔭南 周爾儀纂
清光緒十九年(1893)活字本

滁州市

鳳陽府圖經志 第170册
佚名纂修
據《永樂大典》本排印

鳳陽府圖志 第170册
佚名纂修
據《永樂大典》本排印

[隆慶]中都志 第170册
(明)柳瑛纂
明天順二年至成化二十三年(1458—1487)修弘治元年(1488)刻隆慶增修刻本

[天啓]鳳陽新書 第170册
(明)袁文新修 柯仲炯等纂
明天啓元年(1621)刻本

[光緒]鳳陽府志 第170册
(清)馮煦修 魏家驊等纂 張德霈續纂修
清光緒三十四年(1908)活字本

滁州圖經 第170册
佚名纂修
據劉緯毅等輯《宋遼金元方志輯佚》排印

[萬曆]滁陽志 第170册
(明)戴瑞卿修 于永亨等纂
明萬曆四十二年(1614)刻本

[康熙]滁州志 第171册
(清)余國修 潘運皞纂
清康熙十二年(1673)刻本

[康熙]滁州續志 第171册
(清)王賜魁修 李如梓纂
清康熙二十三年(1684)刻本

[光緒]滁州志 第171册
(清)熊祖詒等纂修
清光緒二十三年(1897)活字本

滁縣鄉土志 第171册
杭海纂修
抄本

[嘉靖]天長縣志 第171册
(明)邵時敏修 王心纂
明嘉靖二十九年(1550)刻本

[康熙]天長縣志 第171册
(清)江映鯤修 張振先等纂
清康熙十二年(1673)刻民國間抄本

[嘉慶]備修天長縣志 第171册
(清)張宗泰纂 (民國)劉增齡增補
清嘉慶二十四年(1819)刻民國二十三年(1934)增補鉛印本

[同治]天長縣纂輯志稿 第171册
(清)江景桂纂修
清同治八年(1869)繕抄稿本

[天啓]新修來安縣志 第171册
(明)周之冕修 王懋續纂
明天啓元年(1621)刻本

[雍正]來安縣志 第172册
(清)伍斯璸修 項世榮纂
清雍正十三年(1735)刻本

[道光]來安縣志 第172册
(清)符鴻 劉廷槐修 歐陽泉 戴宗矩等纂
清道光十年(1830)刻本

[泰昌]全椒縣志 第172册
(明)楊道臣纂修
明泰昌元年(1620)刻本

[康熙]全椒縣志 第172册
(清)藍學鑑 吴國對纂修
清康熙十二年(1673)刻二十三年(1684)王作舟補刻本

[民國]全椒縣志 第172册
張其濬修 江克讓纂
民國九年(1920)活字本

[康熙]定遠縣志 第172册
(清)曲震修 王溥等纂
清康熙二十八年(1689)刻本

[道光]定遠縣志 第172册
(清)楊慧修 孔傳慶 朱昆玉纂
清道光六年(1826)修抄本

[康熙]臨淮縣志 第172册
(清)魏宗衡修 邢仕誠等纂
清康熙十一年(1672)刻本

[光緒]鳳陽縣志 第172册
(清)于萬培纂修 謝永泰續修 王汝琛續纂
清光緒十三年(1887)刻本

馬鞍山市

太平州圖經 第172册
(宋)劉澄撰
據劉緯毅等輯《宋遼金元方志輯佚》排印

太平州舊經 第172册
佚名纂修
據劉緯毅等輯《宋遼金元方志輯佚》排印

[嘉靖]重修太平府志 第172册
(明)林鉞修 鄒壁纂
明嘉靖間刻本

[康熙]太平府志 第172册
(清)黄桂修 宋驤纂
清康熙十二年(1673)修光緒二十九年(1903)重刻活字本

太平府志 第172册
《古今圖書集成》本

[乾隆]太平府志 第172册
(清)朱肇基修 陸綸纂
清乾隆二十三年(1758)刻本

[康熙]當塗縣志 第173册
(清)王斗樞修 張畢宿纂
清康熙十九年(1680)修抄本

[康熙]當塗縣志 第173册
(清)祝元敏修 彭希周等纂 成文運增修
清康熙三十四年(1695)修四十六年(1707)續修刻本

[乾隆]當塗縣志 第173册
(清)張海等修 萬櫄等纂
清乾隆十五年(1750)刻民國間石印本

[民國]當塗縣志 第173册
魯式穀等編
民國二十七年(1938)編抄本

[康熙]含山縣志 第173册
(清)趙燦修 唐廷伯等纂
清康熙二十三年(1684)刻本之抄本

[乾隆]含山縣志 第173册
(清)梁棟修 張大于纂
清乾隆十三年(1748)刻本本衙藏版

和州圖經 第173册
佚名纂修
據劉緯毅等輯《宋遼金元方志輯佚》排印

[嘉靖]和州志 第173册
(明)易鸞纂修
明嘉靖七年(1528)刻本

[乾隆]曆陽典録 第173册
(清)陳廷桂纂 游智開續纂修
清乾隆五十六年(1791)修同治六年(1867)刻本

[光緒]直隸和州志 第173册
(清)朱大紳修 高照纂

清光緒二十七年(1901)活字本
蕪湖市
[嘉慶]蕪湖縣志 第173册
(清)梁啟讓修 陳春華纂
清嘉慶十二年(1807)刻民國二年(1913)活字本
[民國]蕪湖縣志 第173册
余誼密等修 鮑實等纂
民國八年(1919)石印本
[嘉慶]南陵縣志 第173册
(清)徐心田纂修
清嘉慶十三年(1808)刻本尊經閣藏版
南陵小志 第173册
(清)宗能徵纂
清光緒二十五年(1899)活字本
[民國]南陵縣志 第173册
余誼密修 徐乃昌等纂
民國間鉛印本
[康熙]繁昌縣志 第173册
(清)梁延年修 閔燮纂
清康熙十七年(1678)刻本
[道光]繁昌縣志書 第173册
(清)曹德贊纂 張星焕增纂
清道光六年(1826)增修民國二十六年(1937)鉛字重印本
[乾隆]無為州志 第173册
(清)常廷璧修 吴元桂纂
清乾隆八年(1743)刻本
[嘉慶]無爲州志 第174册
(清)顧浩修 吴元慶等纂
清嘉慶八年(1803)刻本
無爲縣小志 第174册
民國二十年(1931)修一九六〇年石印本
銅陵市
[嘉靖]銅陵縣志 第174册
(明)李士元 沈梅纂修
明嘉靖四十二年(1563)刻本
[乾隆]銅陵縣志 第174册
(清)朱成阿等修 史應貴等纂
清乾隆二十二年(1757)刻民國十九年(1930)鉛印本
安慶市
同安志 第174册
(宋)曾元禮 錢紳纂
據劉緯毅等輯《宋遼金元方志輯佚》排印
[康熙]安慶府志 第174册
(清)姚琅修 陳焯等纂
清康熙二十二年(1683)刻本
[康熙]安慶府志 第174册
(清)張楷纂修
清康熙六十年(1721)刻本
[道光]懷寧縣志 第174册
(清)王毓芳 趙梅修 江爾維等纂
清道光五年(1825)刻本
[民國]懷寧縣志 第174册
朱之英等修 舒景蘅等纂
民國五年(1916)鉛印本
[民國]懷寧縣志補 第174册
舒景蘅纂修
民國七年(1918)鉛印本
[康熙]桐城縣志 第174册
(清)胡必選原本 王凝命增修
清康熙二十三年(1684)增刻抄本
[道光]桐城續修縣志 第174册
(清)廖大聞等修 金鼎壽纂
清道光七年(1827)修民國二十九年(1940)三民印刷所鉛印本
[同治]桐城縣志 第174册
(清)王國均纂修
清同治七年(1868)修抄本
[民國]桐城志略 第174册
徐國治纂修
民國二十五年(1936)鉛印本
[萬曆]望江縣志 第174册
(明)羅希益修 龍子甲纂 唐守禮增修
明萬曆間刻增修本
[順治]新修望江縣志 第174册
(清)王世胤修 龍之珠纂
清順治八年(1651)刻本
[康熙]望江縣志 第174册
(清)劉天維修 龍燮纂 尹巘 傅光遇增修
清康熙間刻增修本
[乾隆]望江縣志 第174册
(清)鄭交泰等修 曹京等纂
清乾隆三十三年(1768)刻本
[道光]宿松縣志 第175册
(清)鄔正階 鄭敦亮修 石葆元 汪景祥等纂
清道光八年(1828)刻
[民國]宿松縣志 第175册
俞慶瀾 劉昂修 張燦奎等纂
民國十年(1921)活字本
[道光]太湖縣志 第175册
(清)孫濟等修 陳烈纂
清道光十年(1830)刻本
[同治]太湖縣志 第175册
(清)符兆鵬修 趙繼元纂
清同治十一年(1872)刻本熙湖書院藏版
[民國]太湖縣志 第175册
高壽恒修 李英纂
民國十一年(1922)活字本
[康熙]安慶府潛山縣志 第175册
(清)周克友纂修
清康熙十四年(1675)刻本
[乾隆]灊山縣志 第175册
(清)李載陽修 游端友 張必剛纂
清乾隆四十六年(1781)刻本尊經閣藏版
[民國]灊山縣志 第175册
吳蘭生 王用霖修 劉廷鳳纂
民國九年(1920)鉛印本
黃山市
新安記 第175册
佚名纂修
據北京圖書館出版社一九九七年《漢唐方志輯佚》排印
歙州圖經 第175册
佚名纂修
據北京圖書館出版社一九九七年《漢唐方志輯佚》排印
徽州郡志 第175册
佚名纂修
據劉緯毅等輯《宋遼金元方志輯佚》排印
徽州圖經 第175册
佚名纂修
據劉緯毅等輯《宋遼金元方志輯佚》排印
徽州事迹 第175册
佚名纂修
據劉緯毅等輯《宋遼金元方志輯佚》排印
[淳熙]新安志 第176册
(宋)羅願纂修
宋淳熙二年(1175)纂清嘉慶十七年(1812)刻本
徽州府志 第176册

佚名纂修
據《永樂大典》本排印
[弘治]徽州府志 第176册
(明)彭澤修 汪舜民纂
明弘治十五年(1502)刻本
[嘉靖]徽州府志 第176册
(明)何東序修 汪尚寧等纂
明嘉靖四十五年(1566)刻本
[康熙]徽州府志 第176册
(清)丁廷楗修 趙吉士纂
清康熙三十八年(1699)刻本
[道光]徽州府志 第176册
(清)馬步蟾纂修
清道光七年(1827)刻本
黄山圖經 第176册
(宋)佚名纂
民國間抄本
黄山志 第176册
(清)釋弘眉撰
清康熙六年(1667)刻本慈光寺藏版
黄山領要録 第177册
(清)汪洪度纂輯
清乾隆間刻《知不足齋叢書》本
黄山導 第177册
(清)汪璂輯
清乾隆二十七年(1762)一鷗草堂刻本
黄山志 第177册
(清)張佩芳輯
清乾隆三十六年(1771)刻本尊經閣藏版
黄山紀勝 第177册
(清)徐璈輯
清道光間刻本
黄山游記 第177册
吴漢聲
民國二十四年(1935)油印本
黄山前海記游 第177册
陳衍撰
民國間抄本
歙縣圖經 第177册
佚名纂修
據北京圖書館出版社一九九七年《漢唐方志輯佚》排印
[乾隆]歙縣志 第177册
(清)張佩芳修 劉大櫆纂
清乾隆三十六年(1771)刻本尊經閣藏版
[道光]歙縣志 第177册
(清)勞逢源修 沈伯棠纂
清道光八年(1828)刻本
[民國]歙縣志 第178册
石國柱 樓文釗修 許承堯纂
民國二十六年(1937)鉛印本
豐南志 第178册
吴吉祜纂
抄本
西干志 第178册
許承堯纂
民國二十六年(1937)修稿本
西干十寺記 第178册
《古今圖書集成》本
巖鎮志草 第178册
(清)佘華瑞纂
清雍正十二年(1734)纂抄本
沙溪集略 第178册
(清)淩應秋纂
清乾隆二十四年(1759)修抄本
[弘治]休寧志 第178册
(明)程敏政纂修
明弘治四年(1491)刻本
[康熙]休寧縣志 第178册
(清)廖騰煃修 汪晉徵等纂
清康熙三十二年(1693)刻本
[道光]休寧縣志 第178册
(清)何應松修 方崇鼎纂
清道光三年(1823)刻本
齊雲山志 第178册
(明)魯點纂
明刻清康熙五年(1666)重印本
齊雲山桃源洞天志 第178册
(明)魯點纂
明崇禎十年(1637)刻本
橙陽散志 第178册
(清)江登雲纂
清乾隆四十年(1775)纂嘉慶十四年(1809)刻本
休寧孚潭志 第178册
(清)許顯祖纂
清雍正元年(1723)修抄本
[萬曆]祁門縣志 第178册
(明)余士奇修 謝存仁纂
明萬曆二十八年(1600)刻本
[道光]祁門縣志 第178册
(清)王讓修 桂超萬纂
清道光七年(1827)刻本
[同治]祁門縣志 第179册
(清)周溶修 汪韻珊纂
清同治十二年(1873)刻本
[光緒]祁門縣志補 第179册
(清)倪望重纂
清光緒間稿本
[嘉慶]黟縣志 第179册
(清)吴甸華修 程汝翼等纂
清嘉慶十七年(1812)修道光五年(1825)刻本
[同治]黟縣三志 第179册
(清)謝永泰修 程鴻詔等纂
清同治十年(1871)刻本
[民國]黟縣四志 第179册
吴克俊 許復修 程壽保 舒斯笏纂
民國十二年(1923)刻本
[嘉慶]太平縣志 第179册
(清)曹夢鶴等修 孔傳薪 陸仁虎纂
清光緒三十四年(1908)真筆版重印本

六安市

[萬曆]六安州志 第179册
(明)劉垓 楊懋魁等纂修
明萬曆十二年(1584)刻本
[雍正]六安州志 第179册
(清)李懋仁纂修
清雍正七年(1729)刻本
[同治]六安州志 第179册
(清)李蔚 王峻修 吴康霖纂
清同治十一年(1872)刻本
[康熙]霍丘縣志 第179册
(清)姬之篁修 李瑾纂
清康熙九年(1670)刻本
[同治]霍邱縣志 第179册
(清)陸鼎斅 王寅清纂修
清同治九年(1870)活字本
[嘉靖]壽州志 第179册
(明)栗永禄纂修
明嘉靖二十九年(1550)刻本
[乾隆]壽州志 第179册
(清)席芑纂修
清乾隆三十二年(1767)刻本
[道光]壽州志 第179册
(清)朱士達修 喬載繇 湯若荀纂
清道光九年(1829)刻本
[光緒]壽州志 第179册
(清)曾道唯 王萬甡纂修

清光緒十六年(1890)活字本
壽春圖經　第179册
佚名纂修
據北京圖書館出版社一九九七年《漢唐方志輯佚》排印
[雍正]舒城縣志　第179册
(清)陳守仁修 賈彬 郭維祺纂
清雍正九年(1731)刻本
[嘉慶]重修舒城縣志　第179册
(清)熊載陞 杜茂材修 孔繼序纂
清嘉慶十二年(1807)修抄本
[光緒]續修舒城縣志　第179册
(清)吕林鍾等修 趙鳳詔等纂
清光緒三十三年(1907)活字本
[乾隆]霍山縣志　第179册
(清)甘山修 程在嶸纂
清乾隆四十一年(1776)刻本
[光緒]霍山縣志　第179册
(清)秦達章修 何國佑纂
清光緒三十一年(1905)活字本

池州市

池州圖經　第179册
佚名纂修
據劉緯毅等輯《宋遼金元方志輯佚》排印
池州志　第179册
佚名纂修
據《永樂大典》本排印
池州府志　第179册
佚名纂修
據《永樂大典》本排印
秋浦新志　第179册
佚名纂修
據《永樂大典》本排印
[嘉靖]池州府志　第179册
(明)王崇纂修
明嘉靖二十四年(1545)刻本
[乾隆]池州府志　第180册
(清)張士範纂修
清乾隆四十四年(1779)刻本
[康熙]貴池縣志略　第180册
(清)李愈昌原修 梁國標重輯
清乾隆九年(1744)刻本
[乾隆]貴池縣志續編　第180册
(清)謝錫伯修 汪廷霖纂
清乾隆十年(1745)刻本
[光緒]貴池縣志　第180册
(清)陸延齡修 桂迓衡等纂
清光緒九年(1883)活字本
秀山志　第180册
(清)陳竑原纂 釋方略重輯
清乾隆間修民國四年(1915)刻本版藏邑昭明祠中
杏花邨志　第180册
(清)郎遂纂修
清康熙二十四年(1685)刻本
杏花村續志　第180册
胡子正編纂
民國間稿本
青陽縣志　第181册
《古今圖書集成》本
[光緒]青陽縣志　第181册
(清)華椿等修 周贇纂
清光緒十七年(1891)活字本
[康熙]石埭縣志　第181册
(清)姚子莊修 周體元纂
清康熙十四年(1675)刻抄本
[乾隆]續石埭縣志　第181册
(清)石瑶燦纂修
清乾隆十四年(1749)刻民國二十四年(1935)鉛印本
石埭縣志採訪録　第181册
(清)董汝成編
清道光四年(1824)原本民國二十四年(1935)鉛印本
[民國]石埭備志匯編　第181册
陳惟壬纂修
民國三十年(1941)鉛印本
[康熙]建德縣志　第181册
(清)高寅修 柯棟纂
清康熙間刻本
[宣統]建德縣志　第181册
(清)張贊巽 張翊六修 周學銘等纂
清宣統二年(1910)鉛印本
[乾隆]東流縣志　第181册
(清)蔣綬修 汪思廻等纂
清乾隆二十三年(1758)刻本
[嘉慶]東流縣志　第181册
(清)吳箎修 李兆洛等纂
清嘉慶二十四年(1819)刻本

宣城市

[嘉靖]建平縣志　第181册
(明)連鑛修 姚文燁等纂
明嘉靖十年(1531)刻本
[康熙]建平縣志　第181册
(清)茅成鳳修 劉震等纂
清康熙三十九年(1700)刻本
[雍正]建平縣志　第181册
(清)衛廷璞纂修
清雍正九年(1731)刻本
[康熙]廣德州志　第181册
(清)高拱乾修 戈標等纂
清康熙十二年(1673)刻二十二年(1683)門可榮增刻本
[乾隆]廣德州志　第181册
(清)李國相纂修
清乾隆四年(1739)刻本
[乾隆]廣德州志　第182册
(清)胡文銓修 周廣業纂
清乾隆五十九年(1794)刻本
[道光]增補廣德州志　第182册
(清)裕文纂修
清道光二十七年(1847)刻本
[光緒]廣德州志　第182册
(清)胡有誠修 丁寶書等纂
清光緒七年(1881)刻本
[民國]廣德縣志稿　第182册
錢文選纂
民國三十七年(1948)鉛印本
宣州圖經　第182册
佚名纂修
據劉緯毅等輯《宋遼金元方志輯佚》排印
[嘉靖]寧國府志　第182册
(明)黎晨修 李默纂
明嘉靖十五年(1536)黎晨校刻本
[萬曆]寧國府志　第182册
(明)陳俊修 梅守德 貢安國纂
明萬曆五年(1577)刻本
[嘉慶]寧國府志　第182册
(清)魯銓等修 洪亮吉等纂
清嘉慶二十年(1815)刻民國八年(1919)影印本
安徽第九區風土志略　第182册
毛龍章纂修
民國二十六年(1937)鉛印本
[嘉慶]宣城縣志　第183册
(清)陳受培修 張燾纂
清嘉慶十三年(1808)刻本
[光緒]宣城縣志　第183册
(清)李應泰等修 章綬纂

清光緒十四年(1888)活字本
涇川志 第183册
佚名纂修
據《永樂大典》本排印
[嘉靖]涇縣志 第183册
(明)丘時庸修 王廷榦纂
明嘉靖三十一年(1552)刻本
[乾隆]涇縣志 第183册
(清)王廷棟修 錢人麟纂
清乾隆二十年(1755)刻本
[嘉慶]涇縣志 第183册
(清)李德淦 周鶴立修 洪亮吉纂
清嘉慶十一年(1806)刻本
[道光]涇縣續志 第183册
(清)阮文藻修 趙懋曜等纂
清道光五年(1825)刻本
[乾隆]旌德縣志 第183册
(清)李瑾 張洞修 葉長揚纂
清乾隆十九年(1754)刻本
[嘉慶]旌德縣志 第183册
(清)陳柄德修 趙良霨纂
清嘉慶十三年(1808)刻本
[道光]旌德縣續志 第183册
(清)王椿林修 胡承珙纂
清道光六年(1826)修民國十四年(1925)重刻本
[嘉靖]寧國縣志 第183册
(明)范鎬纂修
明嘉靖二十八年(1549)刻本
[順治]寧國縣志 第183册
(清)楊名遠等修 黄可縉等纂
清順治四年(1647)刻本
[光緒]寧國縣通志 第183册
(清)張達五修 鄭思賢增修 周贇纂
清同治八年(1869)修光緒二十五年(1899)增補抄本
[民國]寧國縣志 第183册
王式典修 李丙麐纂
民國二十五年(1936)鉛印本
[乾隆]績溪縣志 第183册
(清)較陳錫修 趙繼序 章瑞鍾纂
清乾隆二十一年(1756)刻本
[嘉慶]績谿縣志 第183册
(清)清愷修 席存泰纂
清嘉慶十五年(1810)修抄本

福建省

閩中記 第184册
(唐)林諝撰
據北京圖書館出版社一九九七年《漢唐方志輯佚》排印
[弘治]八閩通志 第184册
(明)陳道修 黄仲昭纂
明弘治四年(1491)刻本
[康熙]福建通志 第184册
(清)金鋐修 鄭開極 陳軾纂
清康熙二十三年(1684)刻本
福建通志 第184册
《古今圖書集成》本
福建通志 第184册
《古今圖書集成》本
[乾隆]福建通志 第185册
(清)郝玉麟等修 謝道承 劉敬與纂
清乾隆二年(1737)刻本
[乾隆]福建續志 第185册
(清)楊廷璋等修 沈廷芳 吴嗣富纂
清乾隆三十四年(1769)刻本
[道光]重纂福建通志 第185册
(清)孫爾准等修 陳壽祺纂 程祖洛等續修 魏敬中續纂
清同治十年(1871)正誼書院刻本
[民國]福建新通志 第186册
李厚基等修 沈瑜慶 陳衍纂
民國十一年(1922)刻本
閩小記 第186册
(清)周亮工撰
清乾隆刻《龍威秘書》本
閩雜記 第186册
(清)施鴻保纂
清光緒四年(1878)鉛印本
閩南游記初編 第186册
蔣希召纂
民國八年(1919)廣州東雅印務公司鉛印本

福州市

[淳熙]三山志 第187册
(宋)梁克家纂修
宋淳熙九年(1182)修明崇禎十一年(1638)刻本
福州圖經 第188册
佚名纂修
據劉緯毅等輯《宋遼金元方志輯佚》排印
福州舊記 第188册
佚名纂修
據劉緯毅等輯《宋遼金元方志輯佚》排印
三山志 第188册
佚名纂修
據《永樂大典》本排印
[正德]福州府志 第188册
(明)葉溥修 張孟敬等纂
明正德十五年(1520)刻本
[萬曆]福州府志 第188册
(明)林燫纂修
明萬曆二十四年(1596)刻本
[萬曆]閩都記 第188－189册
(明)王應山纂輯
明萬曆四十年(1612)纂清道光十一年(1831)求放心齋刻本
[萬曆]福州府志 第189册
(明)喻政修 林材纂
明萬曆四十一年(1613)刻本
[乾隆]福州府志 第189册
(清)徐景熹修 魯曾煜等纂
清乾隆十九年(1754)刻道光十九年(1839)校補刻本
閩縣鄉土志 第189册
(清)鄭祖庚纂修
清光緒三十二年(1906)鉛印本
[民國]閩侯縣志 第189册
歐陽英修 陳衍纂
民國二十二年(1933)刻本
烏石山志 第189册
(清)劉永松 郭柏蒼編輯
清道光二十二年(1842)于麓古天開圖畫樓刻本
藤山志 第190册
蔡人奇編
民國三十七年(1948)福建出版社鉛印本
洪塘小志 第190册
(清)佚名纂修 (民國)楊遂重編
民國十六年(1927)石印本
閩江金山志 第190册
林其蓉編
民國二十六年(1937)遠東書局鉛印本
螺洲志 第190册
(明)陳潤纂 (清)白花洲漁增修
抄本
[萬曆]羅源縣志 第190册
(明)陳良諫纂修

明萬曆四十二年(1614)修排印本
[康熙]羅源縣志 第190册
(清)王楠修 林喬蕃 王世臣纂
清康熙六十一年(1722)刻本
[道光]新修羅源縣志 第190册
(清)盧鳳棽修 林春溥纂
清道光十一年(1831)刻本
[嘉慶]連江縣志 第190册
(清)李菶修 章朝栻纂
清嘉慶十年(1805)刻本
[民國]連江縣志 第190册
曹剛等修 邱景雍纂
民國二十二年(1933)鉛印本
[萬曆]永福縣志 第190册
(明)唐學仁修 謝肇淛纂
明萬曆四十年(1612)修抄本
[乾隆]永福縣志 第190册
(清)陳焱等修 俞荔等纂
清乾隆十四年(1749)刻本本衙藏版
[民國]永泰縣志 第190册
董秉清等修 王紹沂等纂
民國十一年(1922)鉛印本
[乾隆]閩清縣志 第190册
(清)姚循義纂修
清乾隆七年(1742)修抄本
[民國]閩清縣志 第190册
楊宗彩修 劉訓瑺纂
民國十年(1921)鉛印本
福清縣志續略 第191册
(清)釋如一纂
日本寬文(1661—1672)刻本
[康熙]福清縣志 第191册
(清)李傳甲修 郭文祥纂
清康熙十一年(1672)刻本
[乾隆]福清縣志 第191册
(清)饒安鼎修 林昂 李修卿纂
清乾隆十二年(1747)修光緒二十四年(1898)劉玉璋刻本
海口特志 第191册
(清)林以寀纂
清康熙十三年(1674)纂抄本
續海口志 第191册
林宜恒纂
民國十四年(1925)纂抄本
[弘治]長樂縣志 第191册
(明)王渙修 潘援 劉則和纂
明弘治十六年(1503)刻本
[崇禎]長樂縣志 第191册
(明)夏允彝修纂
明崇禎十四年(1641)刻本
[乾隆]長樂縣志 第191册
(清)賀世駿修 沈成國等纂
清乾隆二十八年(1763)刻本本衙藏版
[同治]長樂縣志 第191册
(清)彭光藻 王家駒修 楊希閔等纂
清同治九年(1870)刻本本衙藏版
[民國]長樂縣志 第191册
孟昭涵修 李駒等纂
民國六年(1917)福建印刷所鉛印本
長樂六平山志 第191册
張善貴輯 陳和棟增輯
一九八二年油印本
長樂梅花志 第191册
佚名纂修
清道光間修抄本
長樂六里志 第192册
李永選纂
民國間修一九六四年油印本
琴江志 第192册
黄曾成纂
民國十一年(1922)鉛印本
[民國]平潭縣志 第192册
黄履思纂修
民國十二年(1923)葉于飛鉛印本

南平市

建安記 第192册
(梁)蕭子開撰
據北京圖書館出版社一九九七年《漢唐方志輯佚》排印
建寧路舊志 第192册
佚名纂修
據劉緯毅等輯《宋遼金元方志輯佚》排印
建安志 第192册
佚名纂修
據《永樂大典》本排印
建寧志 第192册
佚名纂修
據《永樂大典》本排印
建寧府志 第192册
佚名纂修
據《永樂大典》本排印
[嘉靖]建寧府志 第192册
(明)范嵩 汪佃纂修
明嘉靖二十年(1541)刻本
[康熙]建寧府志 第192册
(清)程應熊 姚文燮纂修
清康熙五年(1666)修抄本
[康熙]建寧府志 第193册
(清)張琦修 鄒山 蔡登龍纂
清康熙三十二年(1693)刻本抄配
[嘉靖]建陽縣志 第193册
(明)馮繼科等纂修
明嘉靖三十二年(1553)刻本
[萬曆]建陽縣志 第193册
(明)魏時應修 田居中 張榜纂
明萬曆二十九年(1601)刻本
[康熙]建陽縣志 第193册
(清)柳正芳修 王維文等纂
清康熙四十一年(1702)修抄本
[道光]建陽縣志 第193册
(清)梁輿 李再灝修 江遠青等纂
清道光十二年(1832)修抄本
[民國]建陽縣志 第193册
趙模修 王寶仁纂
民國十八年(1929)新明印刷所鉛印本
[康熙]建安縣志 第193册
(清)崔銑修 陸登選等纂
清康熙五十二年(1713)刻本
[康熙]甌寧縣志 第194册
(清)鄧其文纂修
清康熙三十二年(1693)刻本本縣藏版
[民國]建甌縣志 第194册
詹宣猷等修 蔡振堅等纂
民國十八年(1929)芝新印刷所鉛印本
[康熙]崇安縣志 第194册
(清)管聲駿纂修
清康熙九年(1670)刻本
[民國]崇安縣新志 第194册
劉超然修 鄭豐稔纂
民國三十一年(1942)東南合作印刷廠鉛印本
武夷山紀要 第194册
(清)藍陳略纂
清康熙間刻本
武夷山志 第194册
(清)董天工輯
清乾隆十六年(1751)修道光二十六年(1846)重刻本五夫尺木軒藏版
武夷山志 第195册

(清)董天工輯
清乾隆十六年(1751)修道光二十六年(1846)重刻本五夫尺木軒藏版
武夷遊記 第195册
蔣希召撰
民國七年(1918)鉛印本
五夫子里志 第195册
詹繼良纂
民國二十年(1931)稿本
[順治]浦城縣志 第195册
(清)李葆貞修 梅彥騊等纂
清順治八年(1651)刻本
[乾隆]重修浦城縣志 第196册
(清)李藩修 林鴻等纂
清乾隆八年(1743)刻本
[光緒]續修浦城縣志 第196册
(清)翁天祜修 翁昭泰纂
清光緒二十六年(1900)南浦書院刻本
[康熙]松溪縣志 第196册
(清)潘拱辰等修纂
清康熙三十九年(1700)修民國十七年(1928)施樹模活字本
[永樂]政和縣志 第196册
(明)黃裳修 郭斯垕纂
明永樂間修抄本
[乾隆]政和縣志 第196册
(清)譚垣纂修
清乾隆二十六年(1761)刻本
[道光]政和縣志 第196册
(清)程鵬里 梁承綸修 魏敬中纂
清道光十三年(1833)刻本抄配學宫藏版
[民國]政和縣志 第196册
錢鴻文 黃體震修 李熙等纂
民國八年(1919)鉛印本
南劍州圖經 第196册
佚名纂修
據劉緯毅等輯《宋遼金元方志輯佚》排印
延平志 第196册
(宋)胡舜舉修 廖拱 廖挺纂
據劉緯毅等輯《宋遼金元方志輯佚》排印
延平府志 第196册
佚名纂修
據《永樂大典》本排印
[嘉靖]延平府志 第196册
(明)陳能修 鄭慶雲纂
明嘉靖四年(1525)刻本
[乾隆]延平府志 第197册
(清)傅爾泰修 陶元藻等纂
清乾隆三十年(1765)修同治十二年(1873)重刻本
[康熙]南平縣志 第197册
(清)朱夔 文國繡修 鄒廷機 翁兆行纂
清康熙五十八年(1719)刻本
[嘉慶]南平縣志 第197册
(清)楊桂森修 應丹詔等纂
清嘉慶十五年(1810)刻同治十一年(1872)潘文鳳徐叙模重校補刻本
[民國]南平縣志 第197册
吳栻修 蔡建賢纂
民國九年(1920)修十七年(1928)鉛印本
[正德]順昌邑志 第197册
(明)馬性魯纂修
明正德十六年(1521)刻本
[康熙]順昌縣志 第197册
(清)郭鍈修 黃宣纂
清康熙四十八年(1709)刻本樂志堂藏版
[乾隆]順昌縣志 第197册
(清)陳鍈修 呂天芹等纂
清乾隆三十年(1765)刻本
[道光]順昌縣志 第197册
(清)賈懋功修 游全通等纂
清道光十二年(1832)修光緒七年(1881)吳恩慶刻本本衙藏版
[民國]順昌縣志 第197册
高登艇 潘先龍修 劉敬等纂
民國二十五年(1936)鉛印本
邵武府志 第197册
佚名纂修
據《永樂大典》本排印
[嘉靖]邵武府志 第197册
(明)邢址修 陳讓纂
明嘉靖二十二年(1543)刻本
[康熙]邵武府續志 第197册
(清)汪麗日修 王俣聘等纂
清康熙九年(1670)刻本
[乾隆]邵武府志 第197册
(清)張鳳孫等修 鄭念榮等纂
清乾隆三十五年(1770)刻本
[光緒]重纂邵武府志 第198册
(清)王琛等修 張景祁等纂
清光緒二十四年(1898)刻本
[咸豐]邵武縣志 第198册
(清)李正芳修 張葆森纂
清咸豐五年(1855)刻本殘缺處抄配
[民國]重修邵武縣志 第198册
秦振夫等修 朱書田等纂
民國二十六年(1937)永生堂鉛印本
[康熙]光澤縣志 第198册
(清)金鳴鳳 張彭修 陳南賢纂
清康熙二十二年(1683)刻乾隆十五年(1750)蔣廷芳修鋟刻本
[康熙]續纂光澤縣志 第198册
(清)馬嶼修 龔駿聲纂
清康熙五十年(1711)刻乾隆十五年(1750)蔣廷芳修鋟刻本
[乾隆]光澤縣志 第198册
(清)段夢日修 魏洪纂
清乾隆二十四年(1759)修抄本
[道光]重纂光澤縣志 第198册
(清)盛朝輔等修 高澍然等纂
清道光二十年(1840)刻同治九年(1870)補版重印本
[光緒]重纂光澤縣志 第198册
(清)鈕承藩修 何秋淵纂
清光緒二十三年(1897)增刻道光本版存學署

三明市

[正德]歸化縣志 第198册
(明)楊縉修纂
明正德間修抄本
[萬曆]歸化縣志 第198册
(明)周憲章纂修
明萬曆三十九年(1611)刻四十二年(1614)增修本
[康熙]歸化縣志 第198册
(清)湯傳榘等纂修
清康熙三十七年(1698)刻本
[民國]明溪縣志 第198册
王維梁修 廖立元纂
民國三十二年(1943)鉛印本
[嘉靖]清流縣志 第198册
(明)陳桂芳纂修
明嘉靖二十四年(1545)刻本
[康熙]清流縣志 第198册
(清)王士俊 王霖纂
清康熙四十一年(1702)刻本

[道光]清流縣志 第198册
(清)喬有豫修 雷可升 伍嘉猷等纂
清道光九年(1829)修抄本
[民國]清流縣志 第198册
林善慶修 王瓊纂
民國三十六年(1947)鉛印本
[康熙]寧化縣志 第199册
(清)祝文郁修 李世熊纂
清康熙二十三年(1684)修同治八年(1869)蔣澤沅重刻本李中和軒藏版
寧化縣志 第199册
《古今圖書集成》本
[民國]寧化縣志 第199册
黎彩彰等修 黎景曾 黄宗憲纂
民國十五年(1926)鉛印本
[嘉靖]沙縣志 第199册
(明)葉聯芳纂修
明嘉靖二十四年(1545)刻本
[康熙]沙縣志 第199册
(清)林采修 樂成等纂
清康熙四十年(1701)刻本
[道光]沙縣志 第199册
(清)孫大焜 王庚修 徐逢盛等纂
清道光十四年(1834)刻同治十年(1871)鍾觀濂鋟補刻本
[民國]沙縣志 第199册
梁伯蔭修 羅克涵纂
民國十七年(1928)鉛印本
洞天巖志 第199册
翁國樑纂
民國三十三年(1944)鉛印本
[萬曆]永安縣志 第199册
(明)蘇民望修 蕭時中纂
明萬曆二十二年(1594)刻本
[順治]永安縣志 第199册
(清)陳廷樞修 陳行忠等纂
清順治九年(1652)刻本
[雍正]永安縣志 第199册
(清)裘樹榮纂修
清雍正十年(1732)修道光十三年(1833)重刻本
[道光]永安縣續志 第199册
(清)孫義修 陳樹蘭纂
清道光十四年(1834)刻本版藏本衙
[弘治]將樂縣志 第199册
(明)李敏纂修
明弘治十八年(1505)刻本

[萬曆]將樂縣志 第199册
(明)黃仕禎修 黃元美等纂
明萬曆十三年(1585)刻清順治間增刻本
[乾隆]將樂縣志 第200册
(清)李永錫 程廷栻修 徐觀海等纂
清乾隆三十年(1765)刻本
玉華洞志 第200册
(清)廖鶴齡等輯
清康熙雍正間刻本
[嘉靖]尤溪縣志 第200册
(明)李文兖 田頊纂修
明嘉靖九年(1530)刻本
[崇禎]尤溪縣志 第200册
(明)鄧一鼒纂修
明崇禎九年(1636)刻本
[康熙]尤溪縣志 第200册
(清)劉宗樞修 劉鴻略纂
清康熙五十年(1711)刻本
[乾隆]尤溪縣志 第200册
(清)焦長發修 王家奮纂
清乾隆四十一年(1776)刻本
[民國]尤溪縣志 第200册
盧興邦等修 洪清芳等纂
民國十六年(1927)鉛印本
[康熙]大田縣志 第200册
(清)葉振甲纂修 周卜世續修
清康熙二十四年(1685)刻三十二年(1693)增刻本
[民國]大田縣志 第200册
陳朝宗修 王光張纂
民國二十年(1931)鉛印本
[嘉靖]建寧縣志 第200册
(明)何孟倫纂修
明嘉靖二十五年(1546)刻本
[康熙]建寧縣志 第200册
(清)周熼等修 陳恂纂
清康熙十一年(1672)刻本本縣藏版
[康熙]續纂建寧縣志 第200册
(清)甘國堉等修 陳銑 吳秉芳纂
清康熙四十五年(1706)刻本
[乾隆]建寧縣志 第200册
(清)韓琮修 方乃霞等纂
清乾隆二十四年(1759)刻本
[民國]建寧縣志 第200册
吳海清修 張書簡纂
民國八年(1919)鉛印本

[乾隆]泰寧縣志 第200册
(清)施文熺修 許燦纂
清乾隆三十四年(1769)修抄本
[民國]泰寧縣志 第200册
陳石 萬心權修 鄭豐稔等纂
民國三十一年(1942)永安現代印書局鉛印本
莆田市
興化軍舊經 第200册
佚名纂修
據劉緯毅等輯《宋遼金元方志輯佚》排印
莆陽志 第200册
佚名纂修
據劉緯毅等輯《宋遼金元方志輯佚》排印
[弘治]重刊興化府志 第200册
(明)陳效修 周瑛 黃仲昭纂
明弘治十六年(1503)修清同治十年(1871)林慶貽刻本本衙藏版
[正統]福建興化縣志 第200册
(明)周華纂修
明正統間修民國二十五年(1936)張國樞重校鉛印本
莆田志 第200册
佚名纂修
據劉緯毅等輯《宋遼金元方志輯佚》排印
[康熙]興化府莆田縣志 第200册
(清)金皐謝修 林麟焻 朱元春纂
清康熙四十四年(1705)修乾隆二十六年(1761)刻本
[光緒]興化府莆田縣志 第201册
(清)汪大經等修 廖必琦 林黌纂
清乾隆二十三年(1758)刻光緒五年(1879)潘文鳳補刻本本衙藏版
[道光]莆田縣志稿 第201册
(清)林揚祖纂修
清道光間修抄本
[民國]莆田縣志 第201册
石有紀修 張琴纂
民國間修抄本
莆田水利志 第201册
(清)陳懋烈纂
清光緒元年(1875)刻本
[康熙]僊游縣志 第201册
(清)盧學僑等修 郭彥俊纂

清康熙十九年(1680)刻本
[乾隆]僊游縣志 第201册
(清)陳興祚修 莊大椿纂
清乾隆十四年(1749)刻本
[乾隆]僊游縣志 第201册
(清)王椿修 葉和侃纂
清乾隆三十六年(1771)修同治十二年(1873)重刻本
仙游鄉土地理 第201册
東來老人編
民國間稿本

泉州市

泉州圖經 第201册
佚名纂修
據劉緯毅等輯《宋遼金元方志輯佚》排印
清源志 第201册
(宋)劉穎修 戴溪纂
據劉緯毅等輯《宋遼金元方志輯佚》排印
清源集 第201册
(宋)李方子輯
據劉緯毅等輯《宋遼金元方志輯佚》排印
泉州府志 第201册
佚名纂修
據《永樂大典》本排印
泉州府志 第201册
《古今圖書集成》本
[乾隆]泉州府志 第202册
(清)懷蔭布修 黄任 郭賡武纂
清乾隆間修光緒八年(1882)補刻本
[乾隆]晉江縣志 第202册
(清)方鼎等修 朱升元等纂
清乾隆三十年(1765)刻本奎閣藏版
[道光]晉江縣志 第202－203册
(清)胡之鋘修 周學曾 尤遜恭等纂
清道光九年(1829)修抄本
晉江鄉土志 第203册
侯鴻鑑纂修
民國十一年(1922)泉州聖教佩文齋鉛印本
安海志 第203册
(清)佚名纂
清康熙間纂抄本
重修安平志 第203册
(清)柯琮璜纂
清道光十五年(1835)修抄本
[嘉靖]惠安縣志 第203册
(明)莫尚簡 張岳纂修
明嘉靖九年(1530)刻本
[嘉慶]惠安縣志 第203册
(清)吳裕仁纂修
清嘉慶八年(1803)修民國二十五年(1936)林鴻輝鉛印本
崇武所城志 第203册
(明)朱彤纂 陳敬法增補
明嘉靖二十一年(1542)修崇禎七年(1634)補修抄本
[康熙]永春縣志 第203册
(清)鄭功勳修 宋祖墀纂
清康熙三十一年(1692)刻本
[乾隆]永春州志 第203册
(清)杜昌丁修 黄任 黄惠纂
清乾隆二十二年(1757)修抄本
[乾隆]永春州志 第203册
(清)鄭一崧修 顔璹纂
清乾隆五十二年(1787)刻本本州衙藏版
[民國]永春縣志 第203册
鄭翹松纂
民國十九年(1930)中華書局鉛印本
[嘉靖]德化縣志 第203册
(明)許仁修 蔣孔煬纂
明嘉靖間修抄本
[康熙]德化縣志 第203册
(清)范正輅纂修
清康熙二十六年(1687)刻本
[乾隆]德化縣志 第203册
(清)魯鼎梅修 王必昌等纂
清乾隆十二年(1747)刻本
[乾隆]德化縣續志稿 第203册
(清)楊奇膺 蔣履修 江雲霆纂
清乾隆五十七年(1792)刻本
[民國]德化縣志 第203册
方清芳修 王光張纂
民國二十九年(1940)鉛印本
[嘉靖]安溪縣志 第203册
(明)汪瑀 林有年纂修
明嘉靖三十一年(1552)刻本
[乾隆]安溪縣志 第203册
(清)莊成修 沈鍾 李疇纂
清乾隆二十二年(1757)刻本
[民國]南安縣志 第204册
蘇鏡潭纂修
民國間泉州泉山書社鉛印本
[同治]金門志 第204册
(清)周凱修 林焜熿等纂 劉松亭等續修 林豪續纂
清道光十六年(1836)修同治十二年(1873)續修《臺灣文獻叢書》鉛印本
[民國]金門縣志 第204册
左樹夔修 劉敬纂

厦門市

[道光]厦門志 第204册
(清)周凱修 凌翰等纂
清道光十九年(1839)玉屏書院刻本
[民國]厦門市志 第204册
厦門市修志局纂修
民國三十七年(1948)修抄本
厦門述略 第204册
陳秉璋纂
民國十三年(1924)鉛印本
[康熙]同安縣志 第204册
(清)朱奇珍修 葉心朝 張金友纂
清康熙五十二年(1713)修抄本
[嘉慶]同安縣志 第204册
(清)吳堂修 劉光鼎纂
清嘉慶三年(1798)修光緒十二年(1886)朱承烈刻本
[民國]同安縣志 第204册
林學增等修 吳錫璜纂
民國十八年(1929)鉛印本
[乾隆]馬巷廳志 第204册
(清)萬友正纂修
清乾隆四十一年(1776)修光緒十九年(1893)黄家鼎校補刻本版藏舫山書院

漳州市

清漳志 第204册
(宋)趙崇玤纂
據劉緯毅等輯《宋遼金元方志輯佚》排印
[康熙]漳州府志 第204册
(清)魏荔彤修 蔡世遠等纂
清康熙五十四年(1715)刻本本郡藏版
[光緒]漳州府志 第204册
(清)李維鈺原本 沈定均續修 吳聯薰增纂
清光緒三年(1877)芝山書院刻本
[嘉靖]龍溪縣志 第204册

(明)劉天授修 林魁 李愷纂
明嘉靖十四年(1535)刻本
[乾隆]龍溪縣志 第204册
(清)吴宜燮修 黄惠 李疇纂
清乾隆二十七年(1762)修光緒五年(1879)吴聯熏增補重刻本霞文書院藏版
石碼鎮志 第204册
林鳳聲編
民國間纂抄本
[崇禎]海澄縣志 第204册
(明)梁兆陽修 蔡國禎等纂
明崇禎六年(1633)刻本
[乾隆]海澄縣志 第204册
(清)陳鍈等修 葉廷推等纂
清乾隆二十七年(1762)刻本
[康熙]漳浦縣志 第204册
(清)陳汝咸修 林登虎纂 陳夢林續纂
清康熙三十九年(1700)修四十七年(1708)續纂民國十七年(1928)同文美記印書局石印本
[光緒]漳浦縣志 第205册
(清)陳汝咸原本 施錫衛再續纂修
清光緒間續修民國二十五年(1936)鉛印本
[嘉慶]雲霄廳志 第205册
(清)薛凝度修 吴文林纂
清嘉慶二十一年(1816)修民國二十四年(1935)雷壽彭鉛印本
[民國]雲霄縣志 第205册
徐炳文修 鄭豐稔纂
民國三十六年(1947)鉛印本
[乾隆]銅山志 第205册
(清)陳振藻纂
清乾隆二十五年(1760)纂抄本
[康熙]詔安縣志 第205册
(清)秦炯纂修
清康熙三十年(1691)修同治十三年(1874)刻本
[民國]詔安縣志 第205册
陳蔭祖修 吴名世纂
民國三十一年(1942)詔安青年印務公司鉛印本
[康熙]平和縣志 第205册
(清)王相修 昌天錦等纂
清康熙五十八年(1719)修光緒十五年(1889)楊卓廉刻本九和書院藏版
[乾隆]南靖縣志 第205册
(清)姚循義修 李正曜等纂
清乾隆九年(1744)刻本
[同治]南靖縣志 第205册
(清)佚名纂
清同治間纂抄本
[嘉靖]長泰縣志 第205册
(明)佚名纂
明嘉靖間修抄本
[康熙]長泰縣志 第205册
(清)王珏修 葉先登纂
清康熙二十六年(1687)刻本
[乾隆]長泰縣志 第205册
(清)張懋建修 賴翰顒纂
清乾隆十五年(1750)修民國二十一年(1932)謝梅年校訂鉛印本
[民國]長泰縣新志 第205册
鄭豐稔纂
民國三十六年(1947)鉛印本

龍巖市

鄞江志 第205册
(宋)陳曄修 李皋纂
據劉緯毅等輯《宋遼金元方志輯佚》排印
臨汀志 第205册
佚名纂修
據《永樂大典》本排印
汀州府志 第205册
佚名纂修
據《永樂大典》本排印
汀州志 第205册
佚名纂修
據《永樂大典》本排印
[嘉靖]汀州府志 第205册
(明)邵有道纂修
明嘉靖六年(1527)刻本
[乾隆]汀州府志 第205册
(清)曾曰瑛等修 李紱等纂
清乾隆十七年(1752)修同治六年(1867)刻本
[道光]龍巖州志 第205册
(清)彭衍堂修 陳文衡纂
清道光十五年(1835)修光緒十六年(1890)刻本
[民國]龍巖縣志 第205册
馬龢鳴修 杜翰生等纂
民國九年(1920)上海商務印書館鉛印本
[嘉靖]漳平縣志 第205册
(明)朱召修 曾汝檀纂
明嘉靖二十八年(1549)刻本
[康熙]漳平縣志 第205册
(清)查繼純修 蔣振芳 楊新日纂
清康熙二十二年(1683)修乾隆四十六年(1781)陳彙義刻本
[道光]漳平縣志 第205册
(清)蔡世鈸修 林得震纂
清道光十年(1830)修民國二十四年(1935)翁贊平鉛印本
[永曆]寧洋縣志 第205册
(明)金基纂修
南明永曆二十九年(1675)刻本
[康熙]寧洋縣志 第205册
(清)沈荃修 楊新日等纂
清康熙三十一年(1692)刻本
[同治]甯洋縣志 第205册
(清)董鍾驥修 陳天樞等纂
清同治十三年(1874)修光緒元年(1875)刻本
[康熙]連城縣志 第205册
(清)杜士晉修 謝家寶等纂
清康熙五年(1666)刻本
[民國]連城縣志 第205册
王集吾修 鄧光瀛纂
民國二十八年(1939)維新書局石印本
[乾隆]長汀縣志 第205册
(清)陳朝羲修 許春暉纂
清乾隆四十七年(1782)刻本
[光緒]長汀縣志 第206册
(清)劉國光 謝昌霖等纂修
清光緒五年(1879)刻本
[民國]長汀縣志 第206册
黄愷元等修 鄧光瀛 丘復等纂
民國三十年(1941)鉛印本
[康熙]武平縣志 第206册
(清)劉旷纂修 趙良生續纂修
清康熙十一年(1672)修三十八年(1699)續修民國十九年(1930)鍾幹丞鉛印本
[康熙]上杭縣志 第206册
(清)蔣廷銓纂修
清康熙二十六年(1687)刻本版藏公署
[乾隆]上杭縣志 第206册
(清)顧人驥等修 沈成國纂

清乾隆二十五年(1760)刻本
[民國]上杭縣志 第206册
張漢等修 丘復等纂
民國二十八年(1939)上杭啓文書局鉛印本
[康熙]永定縣志 第206册
(清)潘翊清初修 陳鈞奏初纂 趙良生增修
清康熙十一年(1672)修三十六年(1697)增修抄本
[乾隆]永定縣志 第206册
(清)伍煒修 王見川纂
清乾隆二十二年(1757)刻本本衙藏版
[道光]永定縣志 第206册
(清)方履籛修 巫宜福纂
清道光十年(1830)刻本
[民國]永定縣志 第206册
徐元龍修 張超南 林上楠纂
民國三十八年(1949)連城文化印刷所石印本

寧德市

[嘉靖]福寧州志 第206册
(明)陳應賓修 閔文振纂
明嘉靖十七年(1538)刻本
[萬曆]福寧州志 第206册
(明)史起欽修 林子燮纂
明萬曆二十一年(1593)刻本
[萬曆]福寧州志 第206册
(明)殷之輅修 朱梅等纂
明萬曆四十四年(1616)刻本
[乾隆]福甯府志 第206册
(清)朱珪修 李拔纂
清乾隆二十七年(1762)修光緒六年(1880)刻本
[嘉靖]寧德縣志 第207册
(明)閔文振纂修
明嘉靖十七年(1538)刻本
[乾隆]寧德縣志 第207册
(清)盧建其修 張君賓 胡家琪纂
清乾隆四十六年(1781)刻本
鶴場漫志 第207册
(清)劉家謀撰
清道光二十八年(1848)刻本
[民國]霞浦縣志 第207册
羅汝澤等修 徐友梧纂
民國十八年(1929)鉛印本
[崇禎]壽寧待志 第207册
(明)馮夢龍纂
明崇禎十年(1637)刻本
[康熙]壽寧縣志 第207册
(清)趙廷璣修 柳上芝纂
清康熙二十五年(1686)刻本
[萬曆]福安縣志 第207册
(明)陸以載等纂修
明萬曆二十五年(1597)刻本
[崇禎]福安縣志 第207册
(明)巫三祝修 黄啓仕纂
明崇禎間修清康熙二十年(1681)刻本
[光緒]福安縣志 第207册
(清)張景祁等修 黄錦燦纂
清光緒十年(1884)刻本版藏縣署
福安鄉土志 第207册
(清)周祖頤纂修
一九七九年油印本
周墩區志 第207册
陳贊勳等修
民國二十七年(1938)鉛印本
[嘉慶]福鼎縣志 第207册
(清)譚掄纂修
清嘉慶十一年(1806)刻本
[萬曆]古田縣志 第207册
(明)劉曰暘修 陳薦夫等纂 王繼祀續修 丁朝立等續纂
明萬曆二十八年(1600)修三十四年(1606)增補排印本
[乾隆]古田縣志 第207册
(清)辛竟可修 林咸吉等纂
清乾隆十六年(1751)刻本
[民國]古田縣志 第207册
黄澄淵修 余鍾英等纂
民國三十一年(1942)古田縣修志委員會鉛印本
[乾隆]屏南縣志 第207册
(清)沈鍾纂修
清乾隆十七年(1752)沈宗良增補刻本本衙藏版
[道光]屏南縣志 第207册
(清)梅鼎臣修 陳之駒纂
抄本
[光緒]屏南縣志 第207册
(清)江若幹修 黄學波纂
清光緒三十四年(1908)抄本
[民國]屏南縣志 第207册
何樹德修 黄恩波 張宗銘纂 陸章銓續纂
民國九年(1920)修三十年(1941)續修抄本

江西省

[康熙]江西通志 第208册
(清)于成龍等修 杜果等纂
清康熙二十二年(1683)刻本
江西通志 第208册
《古今圖書集成》本
江西通志 第208册
《古今圖書集成》本
[雍正]江西通志 第208册
(清)謝旻等修 陶成 惲鶴生纂
清雍正十年(1732)刻本
江西全省輿圖 第208－211册
(清)曾國藩等修 顧長齡匯編
清同治七年(1868)刻本
[光緒]江西通志 第211－212册
(清)劉坤一等修 劉繹 趙之謙纂
清光緒七年(1881)刻本
[民國]江西通志稿 第212册
吴宗慈等纂修
民國二十九年—三十四年(1940—1945)稿本暨鉛印本
江西考古録 第213册
(清)王謨纂
清乾隆三十二年(1767)原刻光緒十七年(1891)重刻本賦梅書屋藏版

南昌市

豫章記 第213册
(劉宋)雷次宗撰
據北京圖書館出版社一九九七年《漢唐方志輯佚》排印
豫章圖經 第213册
佚名纂修
據北京圖書館出版社一九九七年《漢唐方志輯佚》排印
洪州圖經 第213册
佚名纂修
據劉緯毅等輯《宋遼金元方志輯佚》排印
豫章職方乘 第213册
(宋)洪芻纂
據劉緯毅等輯《宋遼金元方志輯佚》排印
豫章志 第213册
佚名纂修

據《永樂大典》本排印
豫章續志　第 213 册
佚名纂修
據《永樂大典》本排印
［萬曆］新修南昌府志　第 213 册
（明）范淶修 章潢纂
明萬曆十六年（1588）刻本
［康熙］南昌郡乘　第 213 册
（清）葉舟修 陳弘緒纂
清康熙二年（1663）刻本
［乾隆］南昌府志　第 213 册
（清）陳蘭森 王文涌修 謝啓昆纂
清乾隆五十四年（1789）刻本
［同治］南昌府志　第 214 册
（清）許應鑅 王之藩修 曾作舟 杜防纂
清同治十二年（1873）刻本
［乾隆］南昌縣志　第 214 册
（清）顧錫鬯修 蔡正笏等纂
清乾隆十六年（1751）刻本
［乾隆］南昌縣志　第 214 册
（清）徐午修 萬廷蘭等纂
清乾隆五十九年（1794）刻本
［道光］南昌縣志　第 214 册
（清）阿應麟 徐清選修 彭良裔等纂
清道光六年（1826）刻本賜書樓藏版
［道光］南昌縣志　第 215 册
（清）慶雲修 吳啓楠 姜曾纂
清道光二十九年（1849）刻本縣學文昌祠藏版
［同治］南昌縣志　第 215 册
（清）陳紀麟 汪世澤修 劉于潯 曾作舟纂
清同治九年（1870）刻本縣學文昌祠藏版
［同治］南昌縣志　第 216 册
（清）陳紀麟 汪世澤修 劉于潯 曾作舟纂
清同治九年（1870）刻本縣學文昌祠藏版
［光緒］南昌縣志　第 216 册
（清）江召棠修 魏元曠纂
清光緒三十二年（1906）修鉛印本
南昌紀事　第 216 册
汪浩修 周德華等纂
民國九年（1920）學宫印活字本
江城名蹟記　第 216 册
（清）陳弘緒撰
清光緒九年（1883）刻本
［康熙］新建縣志　第 216 册
（清）楊周憲纂修
清康熙十九年（1680）刻本
［道光］新建縣志　第 216 册
（清）雷學淦修 曹師曾纂
清道光四年（1824）刻十年（1830）重刻本縣署藏版
［道光］新建縣志　第 216 册
（清）崔登鼇 彭宗岱修 涂蘭玉纂
清道光二十九年（1849）刻本
［同治］新建縣志　第 217 册
（清）承霈修 杜友棠 楊兆崧纂
清同治十年（1871）刻本
［康熙］安義縣志　第 217 册
（清）陳瑋修 周曰泗纂
清康熙十二年（1673）刻本
［同治］安義縣志　第 217 册
（清）杜林修 彭斗山纂
清同治十年（1871）活字本
［康熙］進賢縣志　第 217 册
（清）聶當世修 章兆瑞 陳時懋纂
清康熙十二年（1673）刻本
［同治］進賢縣志　第 217 册
（清）江璧等修 胡景辰纂
清同治十年（1871）刻本

九江市

尋陽記　第 217 册
（劉宋）王鎮之撰
據北京圖書館出版社一九九七年《漢唐方志輯佚》排印
潯陽記　第 217 册
佚名纂修
據北京圖書館出版社一九九七年《漢唐方志輯佚》排印
九江録　第 217 册
（唐）張容撰
據北京圖書館出版社一九九七年《漢唐方志輯佚》排印
潯陽新舊志　第 217 册
佚名纂修
據劉緯毅等輯《宋遼金元方志輯佚》排印
江州舊圖經　第 217 册
佚名纂修
據劉緯毅等輯《宋遼金元方志輯佚》排印
江州圖經　第 217 册
佚名纂修
據劉緯毅等輯《宋遼金元方志輯佚》排印
九江志　第 217 册
佚名纂修
據劉緯毅等輯《宋遼金元方志輯佚》排印
江州志　第 217 册
佚名纂修
據《永樂大典》本排印
［嘉靖］九江府志　第 217 册
（明）馮曾修 李汛纂
明嘉靖六年（1527）刻本
［康熙］九江府志　第 217 册
（清）江殷道修 張秉鉉等纂
清康熙十二年（1673）刻本
［同治］九江府志　第 218 册
（清）達春布修 黃鳳樓纂
清同治十三年（1874）刻本九江府學文昌宫藏版
［乾隆］德化縣志　第 218 册
（清）高植纂修 沈錫三續修 羅爲孝續纂
清乾隆二十年（1755）修四十五年（1780）續修刻本
［同治］德化縣志　第 218 册
（清）陳鼒等修 吳彬等纂
清同治十一年（1872）刻本尊經閣藏版
廬山記　第 218 册
（宋）陳舜俞撰
民國二十八年（1939）商務印書館《叢書集成初編》據《守山閣叢書》本排印
廬山後録　第 218 册
《古今圖書集成》本
廬山後録　第 218 册
《古今圖書集成》本
廬山志　第 218－219 册
吳宗慈纂
民國二十二年（1933）鉛印本
廬山續志稿　第 219 册
江西省文獻委員會編
民國三十六年（1947）鉛印本
廬山遊記　第 220 册
黃炎培纂
民國間抄本

[康熙]德安縣志 第220册
(清)姚文燕修 曾可求纂 馬璐續修 馬珀續纂
清康熙十二年(1673)修十五年(1676)續修刻本
[乾隆]德安縣志 第220册
(清)曹師聖纂修
清乾隆二十一年(1756)刻本
[同治]德安縣志 第220册
(清)沈建勲修 程景周等纂
清同治十年(1871)刻本
[隆慶]瑞昌縣志 第220册
(明)劉儲修 謝顧纂
明隆慶四年(1570)刻本
[雍正]瑞昌縣志 第220册
(清)郝之芳修 萬定思等纂
清雍正四年(1726)刻本
[同治]瑞昌縣志 第220册
(清)姚暹修 馮士傑等纂
清同治十年(1871)瀼溪書院刻本
[乾隆]湖口縣志 第220册
(清)郭承縉修 曹河昆等纂
清乾隆二十一年(1756)刻本
[嘉慶]湖口縣志 第220册
(清)宋庚修 洪宗訓等纂
清嘉慶二十三年(1818)刻本
[同治]湖口縣志 第220册
(清)殷禮 張興言修 周謨等纂
清同治十三年(1874)刻本
石鍾山志 第220册
(清)李成謀 丁義方撰
清光緒九年(1883)聽濤眺雨軒刻本
[康熙]彭澤縣志 第220册
(清)王廷藩修 潘瀚等纂
清康熙二十二年(1683)刻本
[乾隆]彭澤縣志 第220册
(清)吳會川修 何炳奎纂
清乾隆二十一年(1756)刻本
[同治]彭澤縣志 第220册
(清)趙宗耀 陳文慶修 歐陽燾等纂
清同治十二年(1873)刻本
[嘉靖]寧州志 第220册
(明)龔暹纂修
明嘉靖二十二年(1543)刻本
[乾隆]寧州志 第220册
(清)張耀曾修 陳昌言纂
清乾隆二年(1737)百尺樓刻本
[道光]義甯州志 第221册
(清)曾暉春修 冷玉光 查望洋纂
清道光四年(1824)刻本鑑懸堂藏版
[同治]義甯州志 第221册
(清)王維新等修 涂家杰等纂
清同治十二年(1873)刻本
[嘉靖]武寧縣志 第221册
(明)徐麟纂修
明嘉靖二十二年(1543)修四十一年(1562)刻本
[康熙]武寧縣志 第221册
(清)馮其世修 汪克淑纂
清康熙五年(1666)刻雍正三年(1725)修鋟本
[乾隆]武寧縣志 第221册
(清)梁鳴岡纂修
清乾隆五十一年(1786)刻本
[道光]武寧縣志 第221册
(清)陳雲章等纂修 李珣續修 陳世馨等續纂
清道光四年(1824)刻二十九年(1849)增刻本
[同治]武甯縣志 第221册
(清)何慶朝纂修
清同治九年(1870)刻本
南康軍圖經 第221册
佚名纂修
據劉緯毅等輯《宋遼金元方志輯佚》排印
南康軍事蹟 第221册
佚名纂修
據劉緯毅等輯《宋遼金元方志輯佚》排印
南康志 第221册
佚名纂修
據《永樂大典》本排印
[正德]南康府志 第221册
(明)陳霖纂修
明正德十年(1515)刻本
[康熙]南康府志 第221册
(清)廖文英 倫品卓修 熊維典 錢正振纂
清康熙六十年(1721)補刻十二年(1673)本
南康府志 第221册
《古今圖書集成》本
[同治]南康府志 第221册
(清)盛元等纂修
清同治十一年(1872)刻本
[同治]星子縣志 第222册
(清)藍煦 徐鳴皋修 曹徵甲等纂
清同治十年(1871)刻本
[康熙]都昌縣志 第222册
(清)曾王孫修 徐孟深等纂
清康熙二十五年(1686)刻三十三年(1694)補刻本
[同治]都昌縣志 第222册
(清)狄學耕修 劉庭輝 黃昌藩纂
清同治十一年(1872)刻本
[康熙]建昌縣志 第222册
(清)李道泰修 袁懋芹纂
清康熙十四年(1675)刻本
[嘉慶]建昌縣志 第222册
(清)馬璿圖修 郭祚熾纂
清嘉慶二十三年(1818)修道光元年(1821)刻本學署藏版
[同治]建昌縣志 第222册
(清)陳惟清修 閔芳言 王士彬纂
清同治十年(1871)刻本
建昌縣鄉土志 第222册
(清)譚鴻基修 吳士仁纂
清光緒三十三年(1907)刻本

景德鎮市

[康熙]浮梁縣志 第222册
(清)王臨元纂修 陳淯增修
清康熙十二年(1673)刻二十一年(1682)增修刻本
[乾隆]浮梁縣志 第222册
(清)程廷濟修 凌汝綿纂
清乾隆四十八年(1783)刻油印本
[道光]浮梁縣志 第222册
(清)喬淮修 賀熙齡纂 游際盛增補
清道光三年(1823)修十二年(1832)增補刻本
[康熙]樂平縣志 第223册
(清)宋良翰修 楊光祚等纂
清康熙二十年(1681)刻本
[同治]樂平縣志 第223册
(清)董萼榮 梅毓翰修 汪元祥 陳謨纂
清同治九年(1870)翥山書院刻本

鷹潭市

[乾隆]貴溪縣志 第223册
(清)華西植修 黃炎等纂
清乾隆十六年(1751)刻本

[道光]貴溪縣志 第223册
(清)胡宗簡修 張金熔等纂
清道光四年(1824)刻本
[同治]貴溪縣志 第223册
(清)楊長杰修 黄聯珏等纂
清同治十年(1871)刻本
龍虎山志 第223册
佚名纂修
據《永樂大典》本排印
[乾隆]安仁縣志 第223册
(清)魏鈊修 鄭長瑞等纂
清乾隆十六年(1751)刻本儒學藏版
[道光]安仁縣志 第223册
(清)陳天爵 沈廷枚修 鄭大琮 彭祖棟纂
清道光九年(1829)支世輝刻本儒學藏版
[同治]安仁縣志 第223册
(清)朱潼修 徐彦楠 劉兆杰纂
清同治十一年(1872)刻本

新余市

[康熙]新喻縣志 第223册
(清)符執桓纂修
清康熙十二年(1673)刻本
[道光]新喻縣志 第223册
(清)陸堯春纂修
清道光五年(1825)刻本本衙藏版
[同治]分宜縣志 第223册
(清)李寅清 夏琮鼎修 嚴升偉等纂
清同治十年(1871)刻本
[民國]分宜縣志 第223册
蕭家修等修 歐陽紹祁纂
民國二十九年(1940)石印本

萍鄉市

[康熙]萍鄉縣志 第223册
(清)尚崇年修 譚詮等纂
清康熙二十二年(1683)刻本
[同治]萍鄉縣志 第223册
(清)錫榮纂修
清同治十一年(1872)刻本
[民國]昭萍志略 第224册
(清)劉洪闢修 李有鋆等纂
民國二十四年(1935)活字本
[乾隆]蓮花廳志 第224册
(清)李其昌纂修
清乾隆二十五年(1760)刻本

贛州市

南康記 第224册
(劉宋)王韶之撰
據北京圖書館出版社一九九七年《漢唐方志輯佚》排印
南康記 第224册
(劉宋)鄧德明撰
據北京圖書館出版社一九九七年《漢唐方志輯佚》排印
南康記 第224册
佚名纂修
據北京圖書館出版社一九九七年《漢唐方志輯佚》排印
虔州圖經 第224册
佚名纂修
據劉緯毅等輯《宋遼金元方志輯佚》排印
虔州志 第224册
佚名纂修
據劉緯毅等輯《宋遼金元方志輯佚》排印
贛州圖經 第224册
(宋)周夢祥纂
據劉緯毅等輯《宋遼金元方志輯佚》排印
贛州府志 第224册
佚名纂修
據《永樂大典》本排印
[嘉靖]贛州府志 第224册
(明)康河修 董天錫纂
明嘉靖十五年(1536)刻本
[天啓]贛州府志 第224册
(明)余文龍修 謝詔纂
明天啓元年(1621)修清順治十七年(1660)湯斌重刻本
[康熙]贛州府志 第224册
(清)黄汝銓修 張尚瑗纂
清康熙五十二年(1713)刻本
[乾隆]贛州府志 第224册
(清)朱扆等修 林有席纂
清乾隆四十七年(1782)刻本本衙藏版
[同治]贛州府志 第225册
(清)魏瀛修 魯琪光 鍾音鴻纂
清同治十二年(1873)刻本版存贛州府衙
[康熙]贛縣志 第225册
(清)劉瀚芳修 孫麟貴纂
清康熙二十三年(1684)刻本
[同治]贛縣志 第225册
(清)黄德溥 崔國榜修 褚景昕纂
清同治十一年(1872)刻民國二十年(1931)鉛印本
贛縣鄉土志 第225册
(清)陳瀛纂修
清末抄本
[順治]雩都縣志 第225册
(清)李佑之修 易學實等纂
清康熙元年(1662)刻本
[康熙]雩都縣志 第225册
(清)盧振先修 管奏韺纂
清康熙四十七年(1708)刻本
[乾隆]雩都縣志 第225册
(清)盧振先原本 高澤叙等續修 段彩續纂
清乾隆二十二年(1757)刻本
[同治]雩都縣志 第225册
(清)顏壽芝等修 何戴仁等纂
清同治十三年(1874)刻本
[康熙]信豐縣志 第225册
(清)張瀚修 黄彬等纂
清康熙五十八年(1719)刻本
[乾隆]信豐縣志 第225册
(清)游法珠修 楊廷為等纂
清同治六年(1867)周之鏞補刻本
[道光]信豐縣志續編 第225册
(清)許夔修 謝肇漣 張伊纂
清同治六年(1867)周之鏞補刻本
[乾隆]興國縣志 第225册
(清)孔興浙修 孔衍倬纂
清乾隆十五年(1750)刻本學海堂藏版
[同治]興國縣志 第225册
(清)崔國榜修 金益謙 藍拔奇纂
清同治十一年(1872)刻本
[康熙]新修會昌縣志 第225册
(清)王凝命修 董喆纂
清康熙十四年(1675)刻本
[同治]會昌縣志 第225册
(清)劉長景修 陳良棟 王驥纂
清同治十一年(1872)刻本
[乾隆]安遠縣志 第226册
(清)董正修 劉定京等纂
清乾隆十六年(1751)刻本
[道光]安遠縣志 第226册
(清)黄文燮等修 徐必藻 馮家駿纂

清道光三年(1823)刻本
[同治]安遠縣志 第226册
(清)黄瑞圖等修 歐陽鐸等纂
清同治十一年(1872)刻本
[乾隆]長寧縣志 第226册
(清)沈濤等修 沈大中等纂
清乾隆十四年(1749)刻本
[光緒]長甯縣志 第226册
(清)沈熔經 黄光祥修 劉德姚纂
清光緒二年(1876)修七年(1881)刻本尚義祠公局存版
[乾隆]寧都縣志 第226册
(清)鄭昌齡修 梅廷馴纂
清乾隆六年(1741)刻本
[道光]寧都直隸州志 第226册
(清)黄永綸修 楊錫齡等纂
清道光四年(1824)刻本
[嘉靖]瑞金縣志 第226册
(明)趙勳修 林有年纂
明嘉靖二十二年(1543)刻本
[康熙]瑞金縣志 第226册
(清)朱維高修 楊長世纂
清康熙二十二年(1683)刻本
[康熙]續修瑞金縣志 第226册
(清)郭一豪修 朱雲映 謝重拔纂
清康熙四十九年(1710)刻本
[乾隆]瑞金縣志 第226册
(清)郭燦修 黄天策 楊于位纂
清乾隆十八年(1753)刻本
[道光]瑞金縣志 第226册
(清)蔣方增纂修
清道光二年(1822)刻本
[光緒]瑞金縣志 第226册
(清)張國英等修 陳芳等纂
清光緒元年(1875)刻本
[乾隆]龍南縣志 第226册
(清)永禄修 廖運芳纂
清乾隆十七年(1752)刻本
[道光]龍南縣志 第226册
(清)王所舉 石家紹修 徐思諫等纂
清道光六年(1826)刻本
[光緒]龍南縣志 第226册
(清)孫瑞徵 胡鴻澤修 鍾益馭纂
清光緒二年(1876)刻民國二十五年(1936)龍南文獻委員會鉛印本
[順治]贛石城縣志 第226册
(清)郭堯京修 鄧斗光等纂
清順治十七年(1660)刻本
[乾隆]石城縣志 第226册
(清)王士倧等修 劉飛熊等纂
清乾隆十年(1745)刻本
[乾隆]石城縣志 第227册
(清)楊柏年修 黄鶴雯纂
清乾隆四十六年(1781)刻本
[道光]石城縣志 第227册
(清)朱一慊修 許瓊纂
清道光四年(1824)刻光緒十五年(1889)抄本
[道光]定南廳志 第227册
(清)賴勳等修 黄錫光等纂
清道光五年(1825)刻本版藏禮科
[同治]定南廳志 第227册
(清)王大枚等修 楊邦楝 黄正琅纂
清同治十一年(1872)刻本
南安志 第227册
(宋)方崧卿修 許開纂
據劉緯毅等輯《宋遼金元方志輯佚》排印
[嘉靖]南安府志 第227册
(明)劉節纂修
明嘉靖十五年(1536)刻本
[萬曆]重修南安府志 第227册
(明)商文昭修 談一召纂
明萬曆間刻本
[康熙]南安府志 第227册
(清)李世昌纂修
清康熙十二年(1673)修抄本
[康熙]南安府志 第227册
(清)陳奕禧修 劉文叒纂
清康熙四十九年(1710)刻本
[乾隆]南安府志 第227册
(清)蔣有道 朱文佩修 史珥纂
清乾隆三十三年(1768)刻本
[同治]南安府志 第227册
(清)黄鳴珂修 石景芬纂
清同治七年(1868)刻本本署藏版
[光緒]南安府志補正 第227册
(清)楊錞纂修
清光緒元年(1875)南安府署刻本
[乾隆]大庾縣志 第227册
(清)余光璧纂修
清乾隆十三年(1748)刻本
[同治]大庾縣志 第227册
(清)陳蔭昌修 石景芬纂
清同治十三年(1874)刻本版藏縣署
[民國]大庾縣志 第227册
吴寶炬修 劉人俊等纂
民國八年(1919)刻本
[嘉靖]南康縣志 第227册
(明)劉昭文纂修
明嘉靖三十四年(1555)刻本
[康熙]南康縣志 第227册
(清)申毓來修 宋玉朗纂
清康熙四十九年(1710)刻本
[乾隆]南康縣志 第227册
(清)鄧蘭修 陳之蘭纂
清乾隆十八年(1753)刻本
[同治]南康縣志 第227册
(清)沈恩華修 盧鼎峋纂
清同治十一年(1872)刻本
[康熙]上猶縣志 第227册
(清)章振萼纂修
清康熙三十六年(1697)刻本
[光緒]上猶縣志 第227册
(清)葉滋瀾修 李臨馴纂
清光緒十九年(1893)刻本
[嘉靖]崇義縣志 第227册
(明)王廷耀修 鄭喬纂
明嘉靖三十二年(1553)修排印本
[乾隆]崇義縣志 第227册
(清)羅洪鈺創輯
清乾隆間修咸豐六年(1856)刻本版藏本衙
[咸豐]崇義縣續志 第227册
(清)汪報閏修 陳世瑋纂
清咸豐六年(1856)刻本書院藏版
[同治]崇義縣志 第227册
(清)汪寶樹 馮寶山修 胡友梅纂
清同治六年(1867)刻本
[光緒]崇義縣志 第227册
(清)廖鼎璋纂修
清光緒二十一年(1895)刻本

上饒市

信州舊經 第228册
佚名纂修
據劉緯毅等輯《宋遼金元方志輯佚》排印
[嘉靖]廣信府志 第228册
(明)張士鎬修 江汝璧纂
明嘉靖五年(1526)刻本
[康熙]廣信府志 第228册

(清)孫世昌纂修
清康熙二十二年(1683)刻本
[乾隆]廣信府志 第228册
(清)連柱纂修
清乾隆四十八年(1783)刻本
[同治]廣信府志 第228册
(清)蔣繼洙等修 李樹藩等纂
清同治十二年(1873)刻本
上饒志 第228册
佚名纂修
據《永樂大典》本排印
[乾隆]上饒縣志 第228册
(清)程肇豐纂修
清乾隆四十九年(1784)刻本
[道光]上饒縣志 第229册
(清)陶堯臣修 周毓麟等纂
清道光六年(1826)刻本
[同治]上饒縣志 第229册
(清)王恩溥 邢德裕修 李樹藩等纂
清同治十二年(1873)刻本
[乾隆]玉山縣志 第229册
(清)連柱修 李實福纂
清乾隆四十九年(1784)刻本
[同治]玉山縣志 第229册
(清)黄壽祺修 吳華辰等纂
清同治十二年(1873)刻本尊經閣藏版
[康熙]弋陽縣志 第229册
(清)譚瑄纂修
清康熙二十二年(1683)刻本
[乾隆]弋陽縣志 第229册
(清)左方海纂修
清乾隆四十九年(1784)刻本
[同治]弋陽縣志 第229册
(清)俞致中修 汪炳熊等纂
清同治十年(1871)刻本
[嘉靖]鉛山縣志 第229册
(明)費寀纂修
明嘉靖四年(1525)刻本
[乾隆]鉛山縣志 第229册
(清)陽浩然纂修
清乾隆四十九年(1784)刻本
[同治]鉛山縣志 第230册
(清)張廷珩修 華祝三纂
清同治十二年(1873)刻本
[嘉靖]永豐縣志 第230册
(明)管景纂修
明嘉靖二十三年(1544)刻本
[康熙]廣永豐縣志 第230册
(清)夏顯煜原本 傅而保續修
清康熙十年(1671)刻四十一年(1702)增刻本
[乾隆]廣豐縣志 第230册
(清)胡光祖纂修
清乾隆四十九年(1784)刻本
[同治]廣豐縣志 第230册
(清)雙全等修 顧蘭生等纂
清光緒元年(1875)刻本版藏學宫
[道光]興安縣志 第230册
(清)余成彪修 饒元英纂
清道光四年(1824)刻本
[同治]興安縣志 第230册
(清)李賓暘修 趙扶友等纂
清同治十年(1871)刻本
[康熙]婺源縣志 第230册
(清)蔣燦纂修
清康熙三十三年(1694)刻本
[道光]婺源縣志 第230册
(清)黄應昀 朱元理纂修
清道光六年(1826)刻本
[光緒]婺源縣志 第230册
(清)吳鶚修 汪正元纂
清光緒九年(1883)刻本
[民國]重修婺源縣志 第230册
葛韻芬等修 江峯青等纂
民國十四年(1925)刻本
鄱陽記 第230册
(唐)徐諶撰
據北京圖書館出版社一九九七年《漢唐方志輯佚》排印
饒州圖經 第230册
佚名纂修
據北京圖書館出版社一九九七年《漢唐方志輯佚》排印
饒州府志 第230册
佚名纂修
據《永樂大典》本排印
[正德]饒州府志 第230册
(明)陳策纂修
明正德六年(1511)刻本
[康熙]饒州府志 第230册
(清)王澤洪修 吳俊等纂 黄家遴續修 王用佐等續纂
清康熙十一年(1672)刻二十二年(1683)增刻本
饒州府志 第230册
《古今圖書集成》本
[同治]饒州府志 第230册
(清)錫悳修 石景芬纂
清同治十一年(1872)刻府學藏版
[康熙]鄱陽縣志 第231册
(清)王克生修 王用佐等纂
清康熙二十二年(1683)刻本
[乾隆]鄱陽縣志 第231册
(清)黄登穀修 凌之調等纂
清乾隆十四年(1749)刻本本衙藏版
[道光]鄱陽縣志 第231册
(清)陳驤修 張瓊英等纂
清道光四年(1824)刻本
[同治]鄱陽縣志 第231册
(清)陳志培修 王廷鑑等纂
清同治十年(1871)刻本
[康熙]餘干縣志 第231册
(清)呂瑋修 胡思藻纂
清康熙二十三年(1684)刻本
[道光]餘干縣志 第231册
(清)李暕修 洪錫光纂
清道光三年(1823)刻本
[同治]餘干縣志 第231册
(清)區作霖 馮蘭森修 曾福善等纂
清同治十一年(1872)刻本東山書院藏版
[同治]德興縣志 第231册
(清)孟慶雲修 楊重雅纂
清同治十一年(1872)刻本版存興賢書院
[民國]德興縣志 第231册
沈良弼修 董鳳笙纂
民國八年(1919)刻本
[同治]萬年縣志 第231册
(清)項珂修 劉馥桂纂
清同治十年(1871)刻本本衙藏版

撫州市

臨川志 第231册
佚名纂修
據《永樂大典》本排印
撫州府臨川志 第231册
佚名纂修
據《永樂大典》本排印
撫州府志 第231册
佚名纂修
據《永樂大典》本排印

[弘治]撫州府志　第231册
(明)楊淵纂修
明弘治十六年(1503)刻本
[康熙]撫州府志　第231册
(清)劉玉瓚修 饒昌胤纂
清康熙四年(1665)刻本本府藏版
[雍正]撫州府志　第232册
(清)羅復晉修 李茹旻等纂
清雍正七年(1729)刻本
[光緒]撫州府志　第232册
(清)許應鑅修 謝煌纂
清光緒二年(1876)刻本府署藏版
臨川嘉定圖志　第232册
(宋)徐天麟撰
據劉緯毅等輯《宋遼金元方志輯佚》排印
[道光]臨川縣志　第232册
(清)劉繩武等修 紀大奎纂
清道光三年(1823)刻本縣學尊經閣藏版
[同治]臨川縣志　第232册
(清)童範儼修 陳慶齡等纂
清同治九年(1870)刻本
[康熙]增修崇仁縣志　第233册
(清)謝胤璜修 劉壽祺纂 陳潜續修
清順治間刻雍正十二年(1734)增刻本抄配
[同治]崇仁縣志　第233册
(清)盛銓等修 黄炳奎纂
清同治十二年(1873)刻光緒十八年(1892)補刻本
[康熙]金谿縣志　第233册
(清)王有年纂
清康熙十一年(1672)修二十一年(1682)刻本
[乾隆]金谿縣志　第233册
(清)楊文灝修 杭世馨 丁健纂
清乾隆十六年(1751)刻本
[道光]金谿縣志　第233册
(清)李雲修 楊護纂
清道光三年(1823)刻本
[道光]金谿縣志　第233册
(清)松安等纂修
清道光六年(1826)刻本
[同治]金谿縣志　第233册
(清)程芳修 鄭浴脩等纂
清同治九年(1870)刻本

[康熙]宜黄縣志　第234册
(清)尤稱章修 歐陽斗照等纂
清康熙五年(1666)刻本
[道光]宜黄縣志　第234册
(清)札隆阿等修 程卓樑等纂
清道光五年(1825)刻本報功祠藏版
[同治]宜黄縣志　第234册
(清)張興言等修 謝煌等纂
清同治十年(1871)刻本
[同治]樂安縣志　第234册
(清)朱奎章修 胡芳杏纂
清同治十年(1871)刻本尊經閣藏版
[嘉靖]東鄉縣志　第234册
(明)秦鎰修 饒文璧纂
明嘉靖五年(1526)刻十五年(1536)補刻本
[康熙]東鄉縣志　第234册
(清)沈士秀修 梁奇等纂
清康熙四年(1665)刻本
[道光]東鄉縣志　第234册
(清)周軾 周鍾泰修 吴嵩梁 黎中輔纂 吴名鳳續纂修
清道光三年(1823)增刻本文昌宫藏版
[同治]東鄉縣志　第234册
(清)李士棻 王維新修 胡業恒纂
清同治八年(1869)刻本
建昌軍圖經　第234册
佚名纂修
據劉緯毅等輯《宋遼金元方志輯佚》排印
盱江志　第234册
(宋)胡舜舉修 童宗説 黄敷忠纂
據劉緯毅等輯《宋遼金元方志輯佚》排印
盱江前志　第234册
佚名纂修
據《永樂大典》本排印
建昌府志　第234册
佚名纂修
據《永樂大典》本排印
[正德]建昌府志　第234册
(明)夏良勝纂修
明正德十二年(1517)刻本
[康熙]建昌府志　第234册
(清)高天爵 李丕先修 吴挺之等纂
清康熙十二年(1673)刻本
[乾隆]建昌府志　第234册

(清)孟炤修 黄佑等纂
清乾隆二十四年(1759)刻本
[同治]建昌府志　第234册
(清)邵子彝修 魯琪光纂
清同治十一年(1872)刻本
[康熙]南城縣志　第235册
(清)曹養恒修 蕭韻等纂
清康熙十二年(1673)刻十九年(1680)補修本
[乾隆]南城縣志　第235册
(清)范安治修 梅廷對等纂
清乾隆十七年(1752)刻本
[同治]南城縣志　第235册
(清)李人鏡修 梅體萱纂
清同治十二年(1873)刻本
新城志　第235册
佚名纂修
據《永樂大典》本排印
[正德]新城縣志　第235册
(明)黄文鷲纂修
明正德十一年(1516)刻本
[乾隆]新城縣志　第235册
(清)方懋禄 李珥修 夏之翰纂
清乾隆間刻本
[同治]新城縣志　第235册
(清)劉昌嶽修 鄧家祺纂
清同治十年(1871)刻本
南豐郡志　第235册
(元)李彝修 劉壎纂
據劉緯毅等輯《宋遼金元方志輯佚》排印
[同治]南豐縣志　第235册
(清)柏春修 魯琪光等纂
清同治十年(1871)刻本
[民國]南豐縣志　第235册
包發鸞修 趙惟仁等纂
民國十年(1921)修十三年(1924)鉛印本
[雍正]瀘溪縣志　第235册
(清)李如瑶等修 譚先等纂
清雍正九年(1731)刻本
[乾隆]瀘溪縣志　第235册
(清)朱崧修 周立愛等纂
清乾隆十六年(1751)刻本
[道光]瀘谿縣志　第235册
(清)張澍修 林策纂
清道光九年(1829)刻本

[同治]瀘谿縣志 第235册
(清)楊松兆 孫毓秀修 彭鍾華等纂
清同治九年(1870)刻本
[康熙]廣昌縣志 第235册
(清)王景昇修 魏宗衡等纂
清康熙二十二年(1683)刻本抄配
[同治]廣昌縣志 第235册
(清)曾毓璋纂修
清同治六年(1867)刻本

宜春市

袁州圖經 第236册
佚名纂修
據劉緯毅等輯《宋遼金元方志輯佚》排印
[正德]袁州府志 第236册
(明)嚴嵩纂修
明正德九年(1514)刻本
[嘉靖]袁州府志 第236册
(明)陳德文纂修
明嘉靖二十二年(1543)刻本
[康熙]袁州府志 第236册
(清)李芳春修 袁繼梓纂
清康熙九年(1670)刻本
[乾隆]袁州府志 第236册
(清)陳廷枚 楊廕珪修 熊日華 魯鴻纂
清乾隆二十五年(1760)刻嘉慶八年(1803)補刻本
[咸豐]袁州府志 第236册
(清)陳喬樅纂修
清咸豐十年(1860)刻本
[同治]袁州府志 第236册
(清)駱敏修等修 蕭玉銓等纂
清同治十三年(1874)刻本
[康熙]宜春縣志 第236册
(清)江為龍修 李紹蓮等纂
清康熙四十七年(1708)刻本
[同治]宜春縣志 第236册
(清)路青雲修 李佩琳 陳瑜纂
清同治十年(1871)刻本
[民國]宜春縣志 第236册
謝祖安修 蘇玉賢纂
民國二十九年(1940)石印本
[康熙]萬載縣志 第236册
(清)常維楨纂修
清康熙二十二年(1683)刻本
[雍正]萬載縣志 第236册
(清)汪元采修 楊言等纂
清雍正十一年(1733)刻本
[同治]萬載縣志 第236册
(清)金第 杜紹斌纂修
清同治十一年(1872)刻本學署藏版
[民國]萬載縣志 第236册
張鵉甫修 龍賡言纂
民國二十九年(1940)鉛印本
筠州圖經 第236册
佚名纂修
據劉緯毅等輯《宋遼金元方志輯佚》排印
瑞州志 第236册
佚名纂修
據劉緯毅等輯《宋遼金元方志輯佚》排印
蜀江志 第236册
(宋)雷公纂
據劉緯毅等輯《宋遼金元方志輯佚》排印
瑞州路圖册 第236册
佚名纂修
據劉緯毅等輯《宋遼金元方志輯佚》排印
瑞陽志 第236册
佚名纂修
據《永樂大典》本排印
[正德]瑞州府志 第236册
(明)熊相纂修
明正德十年(1515)刻本
[同治]瑞州府志 第236册
(清)黃廷金修 蕭浚蘭等纂
清同治十二年(1873)刻本
[康熙]高安縣志 第236册
(清)張文旦修 陳九疇纂
清康熙十年(1671)刻本
[乾隆]高安縣志 第237册
(清)聶元善纂修
清乾隆十九年(1754)刻本
[同治]高安縣志 第237册
(清)孫家鐸修 熊松之纂
清同治十年(1871)刻本
[康熙]上高縣志 第237册
(清)劉啓泰修 李淩漢纂
清康熙十二年(1673)刻本
[嘉慶]上高縣志 第237册
(清)劉丙等修 晏善澄 黃祖錫纂
清嘉慶十六年(1811)刻本本衙藏版
[同治]重修上高縣志 第237册
(清)馮蘭森修 陳卿雲等纂
清同治九年(1870)刻本
[康熙]新昌縣志 第237册
(清)吉必兆修 羅良鵬等纂
清康熙二十二年(1683)刻本
[乾隆]新昌縣志 第237册
(清)楊文峰等修 萬廷蘭纂
清乾隆五十八年(1793)刻增修本
[道光]新昌縣志 第237册
(清)曾錫齡 譚孟騫纂修
清道光四年(1824)活字本
[同治]新昌縣志 第237册
(清)朱慶萼等纂修
清同治十一年(1872)活字本
[民國]鹽乘 第238册
胡思敬纂
民國六年(1917)南昌退廬刻本
重修臨江志 第238册
(宋)李伸纂
據劉緯毅等輯《宋遼金元方志輯佚》排印
臨江軍圖經 第238册
(宋)袁震纂
據劉緯毅等輯《宋遼金元方志輯佚》排印
[嘉靖]臨江府志 第238册
(明)徐顥修 楊鈞 陳德文纂
明嘉靖十五年(1536)刻本
[隆慶]臨江府志 第238册
(明)管大勳 劉松纂修
明隆慶六年(1572)刻本
[同治]臨江府志 第238册
(清)德馨等修 朱孫詒等纂
清同治十年(1871)刻本
[崇禎]清江縣志 第238册
(明)秦鏞纂修
明崇禎十五年(1642)刻本
[乾隆]清江縣志 第238册
(清)鄧廷輯修 熊爲霖纂
清乾隆四十五年(1780)刻本本衙藏版
[同治]清江縣志 第238册
(清)潘懿修 朱孫詒纂
清同治九年(1870)刻本
[道光]奉新縣志 第238册
(清)鄒山立修 趙敬襄纂
清道光四年(1824)刻本

[同治]奉新縣志 第238册
(清)呂懋先修 帥方蔚纂
清同治十年(1871)刻本
豐城縣志 第238册
佚名纂修
據《永樂大典》本排印
[嘉靖]豐乘 第238册
(明)李貴纂修
明嘉靖四十二年(1563)刻本
[康熙]豐城縣志 第238册
(清)何士錦修 陸履敬等纂
清康熙三年(1664)刻本
[乾隆]豐城縣志 第239册
(清)滿岱修 唐光雲纂
清乾隆十七年(1752)刻本
[道光]豐城縣志 第239册
(清)徐清選修 毛輝鳳纂
清道光五年(1825)刻本
[同治]豐城縣志 第239册
(清)王家傑修 周文鳳 李庚纂
清同治十二年(1873)刻本
龍洲志 第239册
(清)毛鳳雛纂修 胡漢章等續纂修
清光緒十年(1884)活字本
[同治]靖安縣志 第239册
(清)徐家瀛修 舒孔恂等纂
清同治九年(1870)活字本

吉安市

吉安府志 第239册
佚名纂修
據《永樂大典》本排印
[萬曆]吉安府志 第239册
(明)余之禎等纂修
明萬曆十三年(1585)刻本
[順治]吉安府志 第239册
(清)李興元修 歐陽主生等纂
清順治十七年(1660)修不詳刻本
[乾隆]吉安府志 第239册
(清)盧崧修 朱承煦 林有席纂
清乾隆四十一年(1776)刻本吉安府庫藏版
[乾隆]吉安府志 第240册
(清)盧崧修 朱承煦 林有席纂
清乾隆四十一年(1776)刻本吉安府庫藏版
[光緒]吉安府志 第240册
(清)定祥 特克紳布修 劉繹 周立瀛纂
清光緒二年(1876)刻本
廬陵志 第240册
(宋)周必大纂
據劉緯毅等輯《宋遼金元方志輯佚》排印
[康熙]廬陵縣志 第240册
(清)濮應台 陸在新修 彭殿元等纂
清乾隆間增刻康熙二十八年(1689)本
[乾隆]廬陵縣志 第241册
(清)平觀瀾修 黄有恒 錢時雍纂
清乾隆四十六年(1781)刻本本衙藏版
[道光]廬陵縣志 第241册
(清)梅大鶴等修 王錦芳等纂
清道光五年(1825)刻本
[同治]廬陵縣志 第241册
(清)陳汝楨等修 匡汝諧纂
清同治十二年(1873)刻本
[民國]吉安縣志 第241册
李正誼等修 鄒鵠纂
民國三十年(1941)鉛印本
吉安縣紀事 第241册
李士梅修 王祐纂
民國十年(1921)活字本
吉安縣河西坊廓鄉志 第241册
蕭賡韶纂
民國二十六年(1937)鉛印本
[乾隆]泰和縣志 第242册
(清)冉棠修 沈瀾纂
清乾隆十八年(1753)刻本本衙藏版
[道光]泰和縣志 第242册
(清)楊訒纂修
清道光四年(1824)刻六年(1826)徐迪惠訂正補修本本衙藏版
[光緒]泰和縣志 第242册
(清)宋瑛等修 彭啓瑞等纂 周之鏞續纂修
清同治十一年(1872)修光緒五年(1879)續修刻本
王山遺響 第242册
(清)張貞生著
清康熙間刻本
[道光]吉水縣志 第242册
(清)周樹槐纂修
清道光五年(1825)刻本
[光緒]吉水縣志 第242册
(清)彭際盛等修 胡宗元等纂
清光緒元年(1875)刻本
[同治]永豐縣志 第242册
(清)雙貴 王建中修 劉繹等纂
清同治十三年(1874)刻本
安城記 第242册
(南朝)王孚撰
據北京圖書館出版社一九九七年《漢唐方志輯佚》排印
安福縣志 第242册
佚名纂修
據《永樂大典》本排印
[康熙]安福縣志 第242册
(清)黄寬 劉學愉修 王謙言纂
清康熙五十二年(1713)刻本抄配
[乾隆]安福縣志 第242册
(清)高崇基等修 王基 劉映璧纂
清乾隆四十七年(1782)刻本
[同治]安福縣志 第242册
(清)姚濬昌修 周立瀛 趙廷愷等纂
清同治十一年(1872)刻本
[康熙]吉安府龍泉縣重修縣志 第242册
(清)張揚彩修 李士璜纂
清康熙二十二年(1683)刻本
[乾隆]龍泉縣志 第242册
(清)杜一鴻修 周壎纂
清乾隆三十六年(1771)刻本
[同治]龍泉縣志 第242册
(清)王肇渭等修 郭崇煇纂
清同治十二年(1873)刻本
[康熙]萬安縣志 第242册
(清)黄圖昌修 劉應舉等纂
清康熙二十八年(1689)刻本
[同治]萬安縣志 第242册
(清)歐陽駿修 周之鏞纂
清同治十三年(1874)刻本
[乾隆]永寧縣志 第242册
(清)賴能發纂修
清乾隆十五年(1750)刻本
[同治]永甯縣志 第242册
(清)楊輔宜修 蕭應乾纂
清同治十三年(1874)刻本
[民國]寧岡縣志 第243册
丁國屏修 陳家俊纂
民國二十六年(1937)鉛印本
[萬曆]永新縣志 第243册
(明)龔錫爵修 尹臺纂
明萬曆六年(1578)修清光緒十年

（清）黄篤瓚修 朱焯纂
清光緒三十三年（1907）鉛印本
聊城市
［萬曆］東昌府志 第246册
（明）王命爵等修 王汝訓等纂
明萬曆二十八年（1600）刻本
東昌府志 第246册
《古今圖書集成》本
［乾隆］東昌府志 第246册
（清）胡德琳修 周永年纂
清乾隆四十二年（1777）刻本
［嘉慶］東昌府志 第246册
（清）嵩山修 謝香開等纂
清嘉慶十三年（1808）刻本
［康熙］聊城縣志 第246册
（清）何一傑纂修
清康熙二年（1663）刻本
［宣統］聊城縣志 第246册
陳慶蕃修 葉錫麟 靳維熙纂
清宣統二年（1910）刻本
聊城縣鄉土志 第246册
（清）向植等纂修
清光緒三十四年（1908）石印本
［康熙］堂邑縣志 第246册
（清）盧承琰修 劉淇纂
清康熙四十九年（1710）修光緒十八年（1892）重刻本
堂邑縣鄉土志 第246册
（清）佚名修
清光緒間抄本
［康熙］博平縣志 第247册
（清）堵嶷修 張翕纂
清康熙三年（1664）刻本
［道光］博平縣志 第247册
（清）楊祖憲修 烏竹芳纂
清道光十一年（1831）刻本
［光緒］博平縣續志 第247册
（清）李維誠纂修 王用霖 彭寶銘續纂修
清光緒二十六年（1900）刻本
［康熙］茌平縣志 第247册
（清）王世臣修 孫克緒纂
清康熙四十九年（1710）刻本
［宣統］茌平縣志 第247册
盛津頤修 張建楨纂
清宣統三年（1911）修民國元年（1912）十五年（1926）增補重印本
［民國］茌平縣志 第247册
牛占誠修 周之楨纂
民國二十五年（1936）濟南五三美術印刷社鉛印本
［康熙］重修清平縣志 第247册
（清）王佐纂修
清康熙五十六年（1717）刻本
［嘉慶］清平縣志 第247册
（清）萬承紹修 周以勳纂
清嘉慶三年（1798）刻本
［宣統］增輯清平縣志 第247册
陳鉅前 傅秉鑑修 張敬承纂
清宣統三年（1911）刻本
［民國］清平縣志 第247册
梁鍾亭等修 張樹梅等纂
民國二十五年（1936）濟南文雅齋鉛印本
［正德］莘縣志 第247册
（明）吳宗器纂修
明正德十年（1515）刻嘉靖間增刻本
［康熙］莘縣志 第247册
（清）劉蕭纂修
清康熙五十六年（1717）刻本
［光緒］莘縣志 第247册
（清）張朝瑋修 孔廣海纂
清光緒十三年（1887）刻本
［民國］莘縣志 第247册
王嘉猷等修 嚴綏之纂
民國二十六年（1937）濟南曉東印刷社鉛印本
莘縣鄉土志 第247册
（清）周鄭表等纂
清宣統元年（1909）石印本
［康熙］觀城縣志 第247册
（清）沈璣纂修
清康熙十二年（1673）刻本
［道光］觀城縣志 第247册
（清）孫觀纂修
民國二十二年（1933）鉛印本
［康熙］朝城縣志 第247册
（清）祖植桐修 趙昶纂
清康熙十二年（1673）修民國九年（1920）刻本
［光緒］朝城縣志略 第247册
（清）李煜纂修
清光緒間修抄本
朝城縣鄉土志 第247册
（清）吳式基等纂修
清光緒二十六年（1900）修民國九年（1920）重刻本
［萬曆］冠縣志 第247册
（明）談自省修 杜華先纂
明萬曆間修抄本
［道光］冠縣志 第247册
（清）梁永康修 趙錫書纂
清道光十年（1830）修民國二十二年（1933）鉛印本
［光緒］冠縣志 第247册
（清）韓光鼎纂修
清光緒六年（1880）修抄本
［民國］冠縣志 第247册
侯光陸修 陳熙雍纂
民國二十三年（1934）刻本
［康熙］高唐州志 第247册
（清）劉佑纂修
清康熙十二年（1673）刻本
［康熙］高唐州志 第247册
（清）龍圖躍纂修
清康熙五十一年（1712）刻本
［光緒］高唐州志 第247册
（清）周家齊修 鞠建章纂
清光緒三十三年（1907）刻本
高唐州鄉土志 第247册
（清）周家齊纂修
清光緒三十二年（1906）修抄本
［康熙］東阿縣志 第247册
（清）劉沛先修 鄭廷瑾續修 蘇日增續纂
清康熙五十四年（1715）增刻本
［道光］東阿縣志 第247册
（清）李賢書修 吳怡纂
清道光九年（1829）修民國二十三年（1934）濟南芙蓉街午夜書店鉛印本
［民國］東阿縣志 第247册
周竹生修 靳維熙纂
民國二十四年（1935）濟南芙蓉街午夜書店印鉛印本
張秋志 第247册
（清）林芃修 馬之驦纂
清康熙九年（1670）修𣃁業齋抄本
［康熙］陽穀縣志 第247册
（清）王時來修 杭雲龍纂
清康熙間修抄本
［光緒］陽穀縣志 第247册

董政華修（清）孔仙洲纂
民國三十一年（1942）濟南翰墨齋南紙印刷局鉛印本
［康熙］壽張縣志 第247册
（清）滕永禎修 馬珩纂
清康熙五十六年（1717）刻本
［光緒］壽張縣志 第248册
（清）劉文煃修 王守謙纂
清光緒二十六年（1900）刻本
［康熙］臨清州志 第248册
（清）于睿明等修 胡悉寧等纂
清康熙十三年（1674）刻本
［乾隆］臨清直隸州志 第248册
（清）張度等纂修
清乾隆五十年（1785）刻本
［民國］臨清縣志 第248册
張自清修 張樹梅 王貴笙纂
民國二十四年（1935）鉛印本

德州市

［嘉靖］德州志 第248册
（明）鄭瀛修 何洪纂
明嘉靖七年（1528）刻本
［康熙］德州志 第248册
（清）金祖彭修 程先貞等纂
清康熙十二年（1673）刻本
長河志籍考 第248册
（清）田雯編
清康熙三十七年（1698）刻本
［乾隆］德州志 第248册
（清）王道亨修 張慶源纂
清乾隆五十三年（1788）刻本
德州鄉土志 第248册
佚名纂修
抄本
［康熙］陵縣志 第248册
（清）史颺廷纂修
清康熙十二年（1673）刻本
［道光］陵縣志 第248册
（清）沈淮修 李圖纂
清道光二十六年（1846）刻本
［光緒］陵縣志 第248册
（清）沈淮修 李圖纂 戴杰續纂
清光緒元年（1875）增刻民國二十五年（1936）鉛印本
［民國］陵縣續志 第248册
苗恩波修 劉蔭岐等纂
民國二十五年（1936）鉛印本
陵縣鄉土志 第248册
佚名纂修
抄本
［民國］德縣志 第248册
李樹德修 董瑶林纂
民國二十四年（1935）鉛印本
［康熙］德平縣志 第248册
（清）戴王縉修 劉胤德纂
清康熙十二年（1673）刻本
［乾隆］德平縣志 第248册
（清）錢大琴纂修
清乾隆三十八年（1773）刻本
［嘉慶］德平縣志 第248册
（清）鍾大受纂修
清嘉慶元年（1796）刻本
［光緒］德平縣志 第248册
（清）凌錫祺修 李敬熙纂
清光緒十八年（1892）修民國二十五年（1936）天成謙記南紙店鉛印本
［民國］德平縣續志 第248册
呂學元修 嚴綏之纂
民國二十五年（1936）天成謙記南紙店鉛印本
［康熙］齊河縣志 第248册
（清）藍奮興修 王道光纂
清康熙十二年（1673）刻本
［民國］齊河縣志 第248册
楊豫修修 閻廷獻等纂
民國二十二年（1933）濟南中西美術印刷社鉛印本
齊河縣鄉土志 第248册
（清）佚名纂修
清光緒末年石印本
［康熙］禹城縣志 第248册
（清）王表纂修
清康熙十二年（1673）刻本
［嘉慶］禹城縣志 第248册
（清）董鵬翱修 牟應震纂
清嘉慶十三年（1808）刻本
禹城縣鄉土志 第248册
（清）王汝漢等纂
清抄本
［順治］臨邑縣志 第248册
（清）陳起鳳修 邢琮纂
清順治九年（1652）刻本
［同治］臨邑縣志 第248册
（清）沈淮原本 陳鴻翩續修 翟振慶續纂
清同治十三年（1874）續補刻本
［民國］臨邑縣志 第248册
崔公甫修 王樹枏 王孟戌纂
民國二十五年（1936）天成謙記南紙店鉛印本
［乾隆］平原縣志 第248册
（清）黄懷祖纂修
清乾隆十四年（1749）刻本縣庫藏版
［民國］續修平原縣志 第248册
曹夢九修 趙祥俊 張元鈞纂
民國二十五年（1936）平原大同印刷局鉛印本
平原縣鄉土志輯稿 第248册
（清）佚名纂修
清末抄本
［順治］樂陵縣志 第248册
（清）郝獻明修 胡岳立纂
清順治十七年（1660）刻本
［乾隆］樂陵縣志 第248册
（清）王謙益修 莊肇奎等纂
清乾隆二十七年（1762）刻本
樂陵縣鄉土志 第248册
（清）徐壽彭修 李毓珂等纂
清宣統元年（1909）山東國文報館石印本
［嘉靖］武城縣志 第248册
（明）尤麒修 陳露纂
明嘉靖二十九年（1550）刻本
［順治］武城縣志 第248册
（清）房萬達修 王維明纂
清順治七年（1650）刻本
［乾隆］武城縣志 第248册
（清）駱大俊纂修
清乾隆十五年（1750）刻本
［道光］武城縣志續編 第249册
（清）厲秀芳纂修
清道光二十一年（1841）刻本
［民國］武城縣志 第249册
王延綸總裁 王黼銘纂
民國元年（1912）刻本版藏禮房
武城縣鄉土志略 第249册
（清）薩承鈺修 蘇再熏纂
民國間侯官薩嘉矩抄本
［嘉靖］夏津縣志 第249册
（明）易時中修 王琳纂
明嘉靖十九年（1540）刻本

[乾隆]夏津縣志 第249册
(清)方學成修 梁大鯤纂
清乾隆六年(1741)刻本
[民國]夏津縣志續編 第249册
謝錫文修 許宗海纂
民國二十三年(1934)鉛印本
[宣統]重修恩縣志 第249册
(清)汪鴻孫修 劉儒臣纂
清宣統元年(1909)刻本版藏縣庫
恩縣鄉土志 第249册
(清)汪鴻孫修 劉儒臣纂
清光緒三十四年(1908)修抄本
[康熙]寧津縣志 第249册
(明)余鏜修 王良貴纂 (清)程裕昌續纂修
清康熙十三年(1674)增修刻本
[光緒]甯津縣志 第249册
(清)祝嘉庸修 吳潯源纂
清光緒二十六年(1900)刻本
[咸豐]慶雲縣志 第249册
(清)戴絅孫 崔光笏纂修
清咸豐五年(1855)刻本
[民國]慶雲縣志 第249册
秦夏聲修 劉鴻逵纂
民國三年(1914)石印本慶雲藏拙堂藏版

東營市

[康熙]利津縣新志 第249册
(清)韓文焜纂修
清康熙十二年(1673)刻乾隆二十三年(1758)重校刻本
[乾隆]利津縣志續編 第249册
(清)劉文確修 劉永祚等纂
清乾隆二十三年(1758)刻本
[光緒]利津縣志 第249册
(清)盛贊熙修 余朝棻纂
清光緒九年(1883)刻本
[民國]利津縣續志 第249册
王廷彦修 蓋爾佶纂
民國二十四年(1935)鉛印本
[萬曆]樂安縣志 第249册
(明)孟楠修 蔣奇鏈纂
明萬曆三十一年(1603)修清康熙六年(1667)修鋟本
[雍正]樂安縣志 第249册
(清)李方膺纂修
清雍正十一年(1733)刻本
[民國]樂安縣志 第249册
李傳煦 陳同善修 王永貞纂
民國七年(1918)石印本
[民國]續修廣饒縣志 第249册
潘萊峯修 王寅山纂
民國二十四年(1935)濟南五三美術印刷社鉛印本

淄博市

[嘉靖]淄川縣志 第249册
(明)王琮纂修
明嘉靖二十五年(1546)刻本
[乾隆]淄川縣志 第249册
(清)王康修 臧岳纂
清乾隆八年(1743)刻本
[乾隆]淄川縣志 第249册
(清)張鳴鐸修 張廷寀等纂
清乾隆四十一年(1776)修民國九年(1920)藝林石印局石印本
[宣統]三續淄川縣志 第249册
(清)方作霖修 王敬鑄纂
清宣統三年(1911)修民國九年(1920)藝林石印局石印本
[乾隆]博山縣志 第249册
(清)富申修 田士麟纂
清乾隆十八年(1753)刻本
[民國]續修博山縣志 第249册
王蔭桂等修 張新曾等纂
民國二十六年(1937)鉛印本
顏神鎮志 第249册
(清)葉先登修 馮文顯纂
清康熙九年(1670)刻本
顏山雜記 第249册
(清)孫廷銓纂
清康熙間刻本
[康熙]臨淄縣志 第249册
(清)鄧性修 李煥章等纂
清康熙十一年(1672)刻本
[民國]臨淄縣志 第249册
舒孝先修 崔象穀纂
民國九年(1920)石印本
[乾隆]青城縣志 第249册
(清)方鳳修 戴文熾等纂
清乾隆二十四年(1759)刻本
[民國]青城縣志 第249册
楊啓東修 趙梓湘纂
民國二十四年(1935)濟南五三美術印刷社鉛印本
[康熙]高苑縣志 第249册
(清)宋弼纂修
清康熙十一年(1672)刻本
[乾隆]高苑縣志 第249册
(清)張耀璧纂修
清乾隆二十三年(1758)刻本
[康熙]新城縣志 第249册
(清)崔懋修 嚴濂曾纂
清康熙三十二年(1693)刻本
[民國]重修新城縣志 第249册
袁勵杰 張儒玉修 王寀廷纂
民國二十二年(1933)鉛印本
[民國]桓臺志略 第249册
袁勵杰等修 王寀廷纂
民國二十二年(1933)濟南平民日報社鉛印本
[民國]桓台縣志 第249册
王元一纂修
民國二十三年(1934)鉛印本

濰坊市

[嘉靖]青州府志 第250册
(明)劉應時 馮惟訥等纂
明嘉靖四十四年(1565)刻本
[康熙]青州府志 第250册
(清)崔俊修 李煥章等纂
清康熙十五年(1676)刻本
[康熙]青州府志 第250册
(清)陶錦修 王昌學等纂
清康熙六十年(1721)刻本
[咸豐]青州府志 第250册
(清)毛永柏修 李圖 劉耀椿纂
清咸豐九年(1859)刻本
[康熙]益都縣志 第250册
(清)陳食花修 鍾諤等纂
清康熙十二年(1673)刻本
[光緒]益都縣圖志 第250册
(清)張承燮修 法偉堂等纂
清光緒三十三年(1907)刻本
[乾隆]續壽光縣志 第250册
(清)王椿修 楊廷枚等纂
清乾隆二十年(1755)刻本
[嘉慶]壽光縣志 第250册
(清)劉翰周纂修
清嘉慶五年(1800)刻本
[民國]壽光縣志 第250册
宋憲章等修 鄒允中等纂
民國二十五年(1936)青島市宜今印

務局鉛印本
壽光縣鄉土志　第250册
(清)佚名纂修
抄本
[嘉靖]昌樂縣志　第250册
(明)朱木修 高凌雲纂
明嘉靖二十七年(1548)刻本
[康熙]昌樂縣志　第250册
(清)賀基昌纂修
清康熙十一年(1672)刻本
[嘉慶]昌樂縣志　第250册
(清)魏禮焯 時銘修 閻學夏 黄方遠纂
清嘉慶十四年(1809)刻本
[民國]昌樂縣續志　第250册
王金嶽等修 趙文琴等纂
民國二十三年(1934)鉛印本
[嘉靖]臨朐縣志　第250册
(明)王家士修 馮惟敏纂修
明嘉靖三十一年(1552)刻本
昌國艅艎　第250册
(明)傅國纂
明末纂據抄本排印
[康熙]臨朐縣志書　第250册
(清)屠壽徵修 尹所遴纂
清康熙十一年(1672)刻本
[光緒]臨朐縣志　第250册
(清)姚延福修 鄧嘉緝等纂
清光緒十年(1884)刻本
[民國]臨朐續志　第250册
周鈞英修 劉仞千等纂
民國二十四年(1935)青島俊德昌南紙印刷局鉛印本
[萬曆]安丘縣志　第250册
(明)熊元修 馬文煒纂
明萬曆十七年(1589)刻本
[道光]安邱新志　第251册
(清)馬世珍纂修 張柏恒增訂
清道光二十二年(1842)修民國九年(1920)石印《安邱縣新志》本
[康熙]諸城縣志　第251册
(清)卞穎修 王勱等纂
清康熙十二年(1673)刻本
[乾隆]諸城縣志　第251册
(清)宫懋讓修 李文藻等纂
清乾隆二十九年(1764)刻本
[光緒]增修諸城縣續志　第251册
(清)劉嘉樹修 苑棻池 邱濬恪纂
清光緒十八年(1892)刻本
諸城縣鄉土志　第251册
陳觀圻修 王熙昭等纂
清末鉛印本
[乾隆]昌邑縣志　第251册
(清)周來邰纂修
清乾隆七年(1742)刻本
[光緒]昌邑縣續志　第251册
(清)陳嘉楷修 韓天衢纂
清光緒三十三年(1907)刻本
[康熙]濰縣志　第251册
(清)王珍修 陳調元纂
清康熙十一年(1672)刻本
[乾隆]濰縣志　第251册
(清)張耀璧總裁 王誦芬纂
清乾隆二十五年(1760)刻本
[民國]濰縣志稿　第251册
常之英修 劉祖幹纂
民國三十年(1941)鉛印本
濰縣鄉土志　第251册
(清)宋朝楨修 陳傳弼等纂
清光緒三十三年(1907)石印本
[康熙]高密縣志　第251册
(清)張浩修 張寅威 李世溙纂
清康熙四十九年(1710)刻本
[乾隆]高密縣志　第251册
(清)張乃史修 錢廷熊纂
清乾隆十九年(1754)刻本
[光緒]高密縣志　第251册
(清)傅賚予修 李勷運等纂
清光緒二十二年(1896)刻本
[民國]高密縣志　第251册
余有林等修 王照青纂
民國二十四年(1935)青島膠東書社鉛印本
高密縣鄉土志　第251册
(清)王夢松修 傅駿聲 張沛恩纂
清宣統元年(1909)石印本
烟臺市
[乾隆]萊州府志　第251册
(清)嚴有禧纂修
清乾隆五年(1740)刻本
萊州府鄉土志　第251册
(清)熙臣修 董錦章纂
清光緒間抄本
[乾隆]掖縣志　第251册
(清)張思勉修 于始瞻纂
清乾隆二十三年(1758)刻本
[嘉慶]續掖縣志　第251册
(清)張彤修 張詡纂
清嘉慶十二年(1807)修光緒十九年(1893)刻《掖縣全志》本
[道光]再續掖縣志　第251册
(清)楊祖憲修 侯登岸纂
清道光二十二年(1842)修光緒十九年(1893)刻《掖縣全志》本
[光緒]三續掖縣志　第251册
(清)魏起鵬修 王續藩纂
清光緒十九年(1893)刻《掖縣全志》本
[民國]四續掖縣志　第251册
劉國斌修 劉錦堂纂
民國二十四年(1935)鉛印本
[順治]登州府志　第251册
(清)施閏章等修 楊奇烈等纂 任璿續纂修
清順治十七年(1660)刻康熙三十三年(1694)增刻本
[乾隆]續登州府志　第251册
(清)永泰纂修
清乾隆七年(1742)刻本
[光緒]增修登州府志　第251册
(清)方汝翼 賈瑚修 周悅讓 慕榮榦纂
清光緒七年(1881)刻本
[康熙]蓬萊縣志　第251册
(清)高崗修 蔡永華等纂
清康熙十二年(1673)刻本
[道光]重修蓬萊縣志　第252册
(清)王文燾修 張本 葛元昶纂
清道光十九年(1839)刻本
[光緒]蓬萊縣續志　第252册
(清)鄭錫鴻 江瑞采修 王爾植等纂
清光緒八年(1882)刻本
[康熙]黄縣志　第252册
(清)李蕃修 范廷鳳纂
清康熙十二年(1673)刻本
[乾隆]黄縣志　第252册
(清)袁中立修 毛贄等纂
清乾隆二十一年(1756)刻本
[同治]黄縣志　第252册
(清)尹繼美等纂修
清光緒間刻本
[康熙]福山縣志　第252册
(清)羅博修 鹿兆甲等纂
清康熙十二年(1673)刻本

[乾隆]福山縣志 第252册
(清)何樂善修 蕭劼 王積熙纂
清乾隆二十八年(1763)刻本
[民國]福山縣志稿 第252册
許鍾璐等修 于宗潼等纂
民國二十年(1931)鉛印本烟臺福裕東書局藏版
[康熙]棲霞縣志 第252册
(清)鄭占春續修 牟國瓏續纂
清康熙十一年(1672)修四十六年(1707)增修五十年(1711)刻本
[乾隆]棲霞縣志 第252册
(清)衛萇纂修
清乾隆二十年(1755)刻本
[光緒]棲霞縣續志 第252册
(清)黃麗中修 于如川纂
清光緒五年(1879)刻本
[順治]招遠縣志 第252册
(清)張作礪修 張鳳羽纂
清順治十七年(1660)修道光二十六年(1846)刻本
[康熙]萊陽縣志 第252册
(清)萬邦維修 衛元爵等纂
清康熙十七年(1678)刻本
[民國]萊陽縣志 第252册
梁秉錕 楊西桂修 王丕煦纂
民國二十四年(1935)鉛印本
[嘉靖]寧海州志 第252册
(明)李光先修 焦希程纂
明嘉靖二十七年(1548)刻本
[同治]重修甯海州志 第252册
(清)舒孔安修 王厚階纂
清同治三年(1864)刻本
[民國]牟平縣志 第252册
宋憲章等修 于清泮等纂
民國二十五年(1936)濟南山東印刷局鉛印本
[乾隆]海陽縣志 第252册
(清)包桂等纂修
清乾隆七年(1742)刻本
[光緒]海陽縣續志 第252册
(清)王敬勳修 李爾梅 王兆騰纂
清光緒六年(1880)刻本

威海市

[雍正]文登縣志 第252册
(清)王一夔修 賽珠 畢霨纂
清雍正三年(1725)刻本
[道光]文登縣志 第252册
(清)歐文等修 林汝謨等纂
清道光十九年(1839)刻本
[光緒]文登縣志 第252册
(清)李祖年修 于霖逢纂
清光緒二十三年(1897)修民國二十二年(1933)鉛印本
[康熙]增補靖海衛志 第252册
(清)佚名纂
抄本
[乾隆]威海衛志 第252册
(清)畢懋第修 郭文大續修 王兆鵬增訂
清康熙十一年(1672)修乾隆七年(1742)續修民國十八年(1929)威海九華小學校鉛印本
[道光]榮成縣志 第253册
(清)李天騭修 岳賡廷等纂
清道光二十年(1840)刻本
榮成紀略 第253册
(清)劉應忠纂
清光緒三十三年(1907)刻本

青島市

青島指南 第253册
佚名編
民國二十年(1931)鉛印本
[康熙]膠州志 第253册
(清)孫藴韜等修 高國櫄纂
清康熙十二年(1673)刻本蓋公堂藏版
[乾隆]膠州志 第253册
(清)周於智 宋文錦修 劉恬等纂
清乾隆十七年(1752)刻本
[道光]重修膠州志 第253册
(清)張同聲修 李圖等纂
清道光二十五年(1845)刻本
[民國]膠澳志 第253册
趙琪修 袁榮叜等纂
民國十七年(1928)鉛印本
[民國]增修膠志 第253册
葉鍾英修 匡超纂
民國二十年(1931)膠縣大同印刷社鉛印本
[道光]重脩平度州志 第253册
(清)保忠 吳慈修 李圖 王大錀纂
清道光二十九年(1849)刻本
[民國]平度縣續志 第253册
丁世平等修 尚慶翰等纂
民國二十五年(1936)鉛印本
平度州鄉土志 第253册
(清)張世卿修 王崧翰 于蓮纂
清光緒三十四年(1908)抄本
[康熙]纂修即墨縣志 第253册
(清)佚名纂修
明刻清康熙十六年(1677)增刻本
[乾隆]即墨縣志 第253册
(清)尤淑孝修 李元正纂
清乾隆二十九年(1764)刻本
[同治]即墨縣志 第253册
(清)林溥修 周翕鐄等纂
清同治十二年(1873)刻本本署藏版
嶗山名勝志畧 第253册
(明)黃宗昌撰 (清)郭廷翕注
清嘉慶十三年(1808)刻本修齊堂藏版

日照市

[康熙]日照縣志 第253册
(清)楊士雄修 丁耑纂 成永健增纂
清康熙五十四年(1715)刻本
[光緒]日照縣志 第253册
(清)陳懋修 張庭詩 李堉纂
清光緒十二年(1886)刻本
[嘉慶]莒州志 第253册
(清)許紹錦纂修
清嘉慶元年(1796)刻本
[民國]重修莒志 第253册
盧少泉修 莊陔蘭纂
民國二十五年(1936)鉛印本
卧象山志 第253册
(清)張侗撰
清康熙刻本

臨沂市

[康熙]沂州志 第253册
(清)邵士修 王壎等纂
清康熙十三年(1674)刻本
[乾隆]沂州府志 第253册
(清)李希賢修 潘遇莘 丁愷曾纂
清乾隆二十五年(1760)刻本
[民國]臨沂縣志 第253册
沈兆禕等修 王景祜等纂
民國六年(1917)刻本
[民國]續修臨沂縣志 第253册
范築先修 李宗仁纂
民國二十五年(1936)鉛印本
[康熙]郯城縣志 第253册
(清)張三俊修 馮可參纂

清康熙十二年(1673)刻本

[乾隆]郯城縣志 第253册

(清)王植纂修 張金城續修 王恒續纂

清乾隆十四年(1749)修二十八年(1763)續修民國十七年(1928)鉛印本

[康熙]費縣志 第253册

(清)黄學懃纂修

清康熙四十三年(1704)刻本

[光緒]費縣志 第253册

(清)李敬修纂修

清光緒二十六年(1900)謝爔增刻本

費邑古蹟考 第253册

(清)楊佑廷輯

清光緒二十二年(1896)刻本

[康熙]蒙陰縣志 第253册

(清)劉德芳纂修

清康熙二十四年(1685)刻本

[宣統]蒙陰縣志 第253册

(清)沈獻清修 陳尚仁等纂

清宣統間修民國間抄本

棗莊市

[康熙]嶧縣志 第253册

(清)劉允恭修 褚光鎮等纂

清康熙二十四年(1685)刻本

[乾隆]嶧縣志 第254册

(清)忠璉纂修

清乾隆二十六年(1761)刻本

[光緒]嶧縣志 第254册

(清)王振録 周鳳鳴修 王寶田纂

清光緒三十年(1904)刻本

嶧縣鄉土志 第254册

(清)周鳳鳴撰

清光緒三十年(1904)抄本

[康熙]滕縣志 第254册

(清)黄浚修 王特選等纂

清康熙五十六年(1717)刻本

[道光]滕縣志 第254册

(清)王政修 王庸立 黄來麟纂

清道光二十六年(1846)刻本

[宣統]滕縣續志稿 第254册

(清)生克中纂修

清宣統三年(1911)鉛印本

滕縣鄉土志 第254册

高熙喆纂修

清光緒三十三年(1907)石印本

濟寧市

[萬曆]兖州府志 第254册

(明)朱泰 游季勳修 包大爟纂

明萬曆元年(1573)刻本

[康熙]兖州府志 第254册

(清)張鵬翮等纂修

清康熙二十五年(1686)刻本

兖州府志 第254册

《古今圖書集成》本

[乾隆]兖州府志 第254册

(清)陳顧㴻纂修

清乾隆三十五年(1770)刻本

夏鎮漕渠志畧 第254册

(清)狄敬纂修

清順治間刻康熙間增刻本抄配

[康熙]滋陽縣志 第254册

(清)李灐修 仲宏道纂

清康熙十一年(1672)刻本

[光緒]滋陽縣志 第254册

(清)莫爔修 黄恩彤纂 李兆霖續修 黄師誾續纂

清光緒十四年(1888)刻本

[康熙]曲阜縣志 第254册

(清)孔胤淳纂修

清康熙十二年(1673)刻本

曲阜指南 第254册

胡君復編纂

民國十五年(1926)商務印書館鉛印本

[萬曆]鄒志 第254册

(明)胡繼先纂修

明萬曆三十九年(1611)刻本

[康熙]鄒縣志 第254册

(清)婁一均修 周翼等纂

清康熙五十五年(1716)刻本

[光緒]鄒縣續志 第254册

(清)吴若灝修 錢柗等纂

清光緒十八年(1892)刻本邑廨藏版

鄒縣鄉土志 第254册

(清)胡焯纂修

清光緒三十三年(1907)山東國文報館石印本

[順治]泗水縣志 第254册

(清)劉桓修 杜燦然纂

清順治十八年(1661)修康熙三十八年(1699)增刻本

[光緒]泗水縣志 第254册

(清)趙英祚修 黄承艧纂

清光緒十九年(1893)刻本

[康熙]濟寧州志 第254册

(清)廖有恒修 楊通睿纂

清康熙十二年(1673)刻本

濟寧州志 第254册

《古今圖書集成》本

[乾隆]濟寧直隸州志 第254册

(清)胡德琳 藍應桂修 周永年 盛百二纂

清乾隆五十年(1785)刻本版藏尊經閣吏房

[道光]濟甯直隸州志 第255册

(清)徐宗幹修 許瀚等纂 盧朝安續纂修

清道光二十三年(1843)修咸豐九年(1859)盧朝安刻本

[民國]濟寧直隸州續志 第255册

潘守廉修 唐烜 袁紹昂纂

民國十六年(1927)鉛印本

[民國]濟寧縣志 第255册

袁紹昂等纂

民國十六年(1927)鉛印本

[康熙]金鄉縣志 第255册

(清)沈淵纂修

清康熙五十一年(1712)刻本

[咸豐]金鄉縣志略 第255册

(清)李壘纂修

清咸豐十年(1860)修同治元年(1862)刻本

[宣統]嘉祥縣志 第255册

(清)章文華 官擢午纂修

清宣統元年(1909)刻本

[康熙]魚臺縣志 第255册

(清)馬得禎纂修

清康熙三十年(1691)刻本

[乾隆]魚臺縣志 第255册

(清)馮振鴻纂修

清乾隆二十九年(1764)刻本

[光緒]魚臺縣志 第255册

(清)趙英祚纂修

清光緒十五年(1889)刻本

[萬曆]汶上縣志 第255册

(明)栗可仕修 王命新纂

明萬曆三十六年(1608)修清康熙五十六年(1717)補刻本

泰安市

[康熙]泰安州志 第255册

萊蕪市

濱州市

信邑志稿 第258册
(清)峻皆氏纂
清同治三年(1864)修抄本
[民國]陽信縣志 第258册
朱蘭修 勞迺宣纂
民國十五年(1926)鉛印本
[康熙]海豐縣志 第258册
(清)胡公著等修 張克家纂
清康熙十年(1671)刻本
[民國]無棣縣志 第258册
張方墀等纂修
民國十四年(1925)山東商務印刷所鉛印本
[康熙]濱州志 第258册
(清)楊容盛修 杜矖等纂
清康熙四十年(1701)刻本
[咸豐]濱州志 第258册
(清)李熙齡纂修
清咸豐十年(1860)刻本
[光緒]霑化縣志 第259册
(清)聯印修 張會一 耿翔儀纂
清光緒十七年(1891)刻本
[民國]霑化縣志 第259册
梁建章修 于清泮纂
民國二十四年(1935)濟南山東印刷局鉛印本
[順治]鄒平縣志 第259册
(清)徐政修 馬驌纂
清順治十七年(1660)刻本
[康熙]鄒平縣志 第259册
(清)程素期修 程之芳等纂
清康熙三十五年(1696)刻本
[嘉慶]鄒平縣志 第259册
(清)李瓊林等修 成啓洸等纂
清嘉慶八年(1803)修道光十六年(1836)刻本
[道光]鄒平縣志 第259册
(清)羅宗瀛修 成瓘纂
清道光十六年(1836)刻本官庫藏版
[民國]鄒平縣志 第259册
欒鍾垚 趙咸慶修 趙仁山等纂
民國二十年(1931)重印本
[康熙]長山縣志 第259册
(清)孫衍纂修
清康熙五十五年(1716)刻本公署藏版
[嘉慶]長山縣志 第259册
(清)倪企望修 鍾廷瑛 徐果行纂
清嘉慶六年(1801)刻本
長山縣鄉土志 第259册
(清)佚名纂修
清末抄本
[康熙]青州府博興縣志 第259册
(清)萬雲修 遲龍賓纂
清康熙十二年(1673)刻本
[康熙]博興縣志 第259册
(清)李元偉修 王昌學纂
清康熙六十年(1721)刻本鏡心堂藏版
[道光]重修博興縣志 第259册
(清)周壬福修 李同纂
清道光二十二年(1842)刻本
[民國]重修博興縣志 第259册
張其丙修 張元鈞纂
民國二十五年(1936)濟南文雅齋印刷局鉛印本
[乾隆]蒲臺縣志 第260册
(清)嚴文典修 任相纂
清乾隆二十八年(1763)刻本
[康熙]新修齊東縣志 第260册
(清)余爲霖修 郭國琦等纂
清康熙二十四年(1685)刻本
[民國]齊東縣志 第260册
梁中權修 于清泮纂
民國二十四年(1935)濟南山東印刷局石印本
齊東縣鄉土志 第260册
(清)袁馥村等纂修
清宣統二年(1910)刻本

菏澤市

[康熙]曹州志 第260册
(清)佟企聖修 蘇毓眉等纂
清康熙十三年(1674)刻後印本
[乾隆]曹州府志 第260册
(清)周尚質修 李登明 謝冠纂
清乾隆二十一年(1756)刻本
[光緒]菏澤縣志 第260册
(清)凌壽柏修 宋明在纂
清光緒六年(1880)刻本
[光緒]新修菏澤縣志 第260册
(清)凌壽柏修 葉道源纂
清光緒十一年(1885)刻本
菏澤縣鄉土志 第260册
(清)汪鴻孫修 楊兆煥等纂
清光緒三十三年(1907)石印本
[康熙]單縣志 第260册
(清)王鏞修 秦寅纂
清康熙五十六年(1717)刻本
[乾隆]單縣志 第260册
(清)覺羅普爾泰修 傅爾德纂
清乾隆二十五年(1760)刻本
[民國]單縣志 第260册
景傳詩等修 李經野纂
民國十八年(1929)石印本
[康熙]城武縣志 第260册
(清)趙嗣晉纂修
清康熙四十一年(1702)刻本琴隺堂藏版
[道光]城武縣志 第260册
(清)袁章華修 劉士瀛纂
清道光十年(1830)刻本
[康熙]鉅野縣志 第260册
(明)呂鵬雲修 呂封齊纂 (清)章弘增修
清康熙四十一年(1702)章弘據明天啓刻本增修抄補本
[道光]鉅野縣志 第260册
(清)黄維翰纂修 袁傳裘續纂修
清道光二十六年(1846)續修刻本
[民國]續修鉅野縣志 第260册
郁濬生纂修
民國十年(1921)刻本
[崇禎]鄆城縣志 第260册
(明)米嘉穗修 孫鯨等纂
明崇禎七年(1634)刻本
[光緒]鄆城縣志 第260册
(清)畢炳炎 胡建樞修 趙翰鑾等纂
清光緒十九年(1893)刻本
鄆城縣鄉土志 第260册
(清)畢炳炎編纂
清光緒十九年(1893)抄本
[康熙]兖州府曹縣志 第260册
(清)朱琦修 藍庚生纂 郭道生增修
清康熙五十五年(1716)刻本
[光緒]曹縣志 第260册
(清)陳嗣良修 孟廣來 賈迺延纂
清光緒十年(1884)刻本
[順治]定陶縣志 第260册
(清)趙國琳修 張彦士纂
清順治十二年(1655)刻本
[乾隆]定陶縣志 第260册
(清)雷宏宇修 劉珠等纂
清乾隆十八年(1753)刻光緒二年

(1876)周忠修補刻本
[民國]定陶縣志 第260册
馮麟溎等修 曹垣纂
民國五年(1916)瑞林堂刻本
[乾隆]東明縣志 第260册
(清)儲元升纂修
清乾隆二十一年(1756)修民國十三年(1924)鉛印本
[宣統]東明縣續志 第260册
(清)周保琛修 李曾裕撰
清宣統三年(1911)修民國十三年(1924)鉛印本
[民國]東明縣新志 第260册
任傳藻修 穆祥仲纂
民國二十二年(1933)鉛印本
河南省
[康熙]河南通志 第261册
(清)賈漢復修 沈荃纂 徐化成增修
清康熙九年(1670)增補順治刻本
[康熙]河南通志 第261册
(清)顧汧 李輝祖修 張沐等纂
清康熙三十四年(1695)刻本
河南通志 第261册
《古今圖書集成》本
河南通志 第261册
《古今圖書集成》本
[雍正]河南通志 第261册
(清)田文鏡等修 孫灝等纂
清雍正十三年(1735)刻光緒二十八年(1902)補刻本
[乾隆]續河南通志 第261册
(清)阿思哈纂修
清乾隆三十六年(1771)刻本
[民國]河南省志 第261册
白眉初纂修
民國間抄本
[民國]河南 第261册
吳世勳纂修
民國十六年(1927)上海中華書局鉛印本
河南通志輿地志山脈水系 第261册
佚名纂修
民國三十一年(1942)鉛印本
[民國]河南通志 第261册
河南通志館纂修
民國三十二年(1943)鉛印本
中州雜俎 第261册
(清)汪价撰
民國十年(1921)鉛印本
鄭州市
[乾隆]鄭州志 第261册
(清)張鉞修 毛如詵纂
清乾隆十三年(1748)刻本
[民國]鄭縣志 第261册
周秉彝修 劉瑞璘纂
民國五年(1916)刻二十年(1931)重印本
[乾隆]滎陽縣志 第261册
(清)李煦修 李清纂
清乾隆十一年(1746)修民國十三年(1924)鉛印本
[民國]續滎陽縣志 第261册
張向晨等修 盧以洽等纂
民國十三年(1924)河南商務印刷所鉛印本
[乾隆]滎澤縣志 第262册
(清)崔淇修 王博 李維墧纂
清乾隆十三年(1748)刻本
[康熙]河陰縣志 第262册
(清)申奇彩修 毛泰徵纂
清康熙三十年(1691)刻本
[民國]河陰縣志 第262册
高廷璋等修 蔣藩纂
民國七年(1918)刻本
[乾隆]汜水縣志 第262册
(清)許勉燉修 禹殿鰲纂
清乾隆九年(1744)刻本
[民國]汜水縣志 第262册
田金祺修 趙東階纂
民國十八年(1929)上海世界書局鉛印本
[順治]新鄭縣志 第262册
(清)馮嗣京修 張光祖纂
清順治十六年(1659)刻本
[康熙]新鄭縣志 第262册
(清)朱廷獻修 劉日烇纂
清康熙三十三年(1694)刻增修本
[乾隆]新鄭縣志 第262册
(清)黄本誠纂修
清乾隆四十一年(1776)刻本
陽城記 第262册
佚名纂修
據北京圖書館出版社一九九七年《漢唐方志輯佚》排印
[乾隆]登封縣志 第262册
(清)洪亮吉 陸繼萼等纂
清乾隆五十一年(1786)修咸豐五年(1855)刻本本衙藏版
嵩嶽志 第262册
(明)陸東輯
一九八三年掃描油印本
嵩山志 第262册
(清)葉封等輯
清康熙間刻本
說嵩 第263册
(清)景日昣纂
清康熙六十年(1721)刻本
遊嵩紀畧 第263册
張廣輿撰
民國間抄本
[乾隆]中牟縣志 第263册
(清)孫和相修 王廷宣纂
清乾隆十九年(1754)刻本
[同治]中牟縣志 第263册
(清)吳若烺修 路春林 邢爲翰纂
清同治九年(1870)刻本
[民國]中牟縣志 第263册
蕭德馨等修 熊紹龍等纂
民國二十五年(1936)中牟明德堂石印本
[嘉慶]密縣志 第263册
(清)謝增 景綸纂修
清嘉慶二十二年(1817)刻本本衙藏版
[民國]密縣志 第263册
汪忠修 吕林鍾 閻鳳舞纂
民國十三年(1924)河南印刷局鉛印本
[嘉靖]鞏縣志 第263册
(明)周泗修 康紹第纂
明嘉靖三十四年(1555)刻本
[乾隆]鞏縣志 第264册
(清)邱軒昂修 曹鵬翊 趙發軔纂
清乾隆十年(1745)刻本
[乾隆]鞏縣志 第264册
(清)李述武纂修
清乾隆五十四年(1789)刻本
[民國]鞏縣志 第264册
劉蓮青 張仲友等纂修
民國二十六年(1937)經川圖書館刻本
三門峽市
[康熙]靈寶縣志 第264册
(清)霍濬遠纂修

清康熙三十年(1691)刻本
[乾隆]重修靈寶縣志 第264册
(清)周慶增等修 敖啓潛 許宰纂
清乾隆十二年(1747)刻本
[光緒]靈寶縣志 第264册
(清)周淦修 高錦榮纂
清光緒二年(1876)修民國七年(1918)補刻二十年(1931)重印本
[民國]靈寶縣志 第264册
孫椿榮修 張象明等纂
民國二十四年(1935)新豫印刷所鉛印本
[順治]閿鄉縣志 第264册
(清)楊遵等修 杜允中纂
清順治十一年(1654)刻十六年(1659)增刻本
[乾隆]閿鄉縣志 第264册
(清)梁溥纂修
清乾隆十二年(1747)刻本
[光緒]閿鄉縣志 第264册
(清)劉思恕 汪鼎臣修 王維國 王守恭纂
清光緒二十年(1894)刻本
[民國]新修閿鄉縣志 第264册
韓嘉會等纂修
民國二十一年(1932)聚豐印刷所鉛印本
[嘉慶]澠池縣志 第264册
(清)甘揚聲修 劉文運等纂
清嘉慶十五年(1810)刻本
[民國]澠池縣志 第264册
陸紹治修 李鳳翔等纂
民國十七年(1928)英華石印館石印本
[光緒]盧氏縣志 第264册
(清)郭光澍總修 李旭春纂
清光緒十九年(1893)刻本版存莘原書院
[乾隆]重修直隸陝州志 第264册
(清)龔崧林纂修 張學林續纂修
清乾隆二十一年(1756)刻本
[光緒]陝州直隸州志 第264册
(清)趙希曾等纂修
清光緒十七年(1891)刻本
[民國]陝縣志 第264册
歐陽珍修 韓嘉會等纂
民國二十五年(1936)鉛印本

洛陽市

河南志 第264册
(宋)宋敏求撰
據劉緯毅等輯《宋遼金元方志輯佚》排印
河南志 第264册
(元)佚名纂修
清徐松輯自《永樂大典》清光緒三十四年(1908)《藕香零拾》本
河南府圖經志 第264册
佚名纂修
據《永樂大典》本排印
河南府志 第264册
佚名纂修
據《永樂大典》本排印
[同治]河南府志 第264册
(清)施誠修 童鈺等纂
清乾隆四十四年(1779)刻同治六年(1867)增修刻本
洛陽記 第264册
佚名纂修
據北京圖書館出版社一九九七年《漢唐方志輯佚》排印
洛陽志 第264册
佚名纂修
據《永樂大典》本排印
[乾隆]洛陽縣志 第264册
(清)龔崧林纂修 汪堅總修
清乾隆十年(1745)修民國十三年(1924)石印本
[嘉慶]洛陽縣志 第265册
(清)魏襄修 陸繼輅纂
清嘉慶十八年(1813)刻本
洛陽伽藍記 第265册
(北魏)楊衒之撰
清光緒二十九年(1903)說劍齋刻本
[康熙]孟津縣志 第265册
(清)孟常裕纂修 徐元璨續纂修
清康熙四十八年(1709)增刻順治十六年(1659)本
[乾隆]重修伊陽縣志 第265册
(清)李章堉纂修
清乾隆三十一年(1766)刻本
[道光]伊陽縣志 第265册
(清)張道超等修 馬九功等纂
清道光十八年(1838)修民國二十四年(1935)彩雲閣書局石印本

[弘治]偃師縣志 第265册
(明)魏津纂修
明弘治十七年(1504)修明抄本
[乾隆]偃師縣志 第265册
(清)湯毓倬修 孫星衍纂
清乾隆五十四年(1789)刻本
偃師縣風土志略 第265册
喬榮筠等撰
民國二十三年(1934)偃師樹德圖書館石印本
[康熙]宜陽縣志 第265册
(清)申明倫纂修
清康熙三十年(1691)刻本
[乾隆]宜陽縣志 第265册
(清)王道成 周洵修 汪堅纂
清乾隆十二年(1747)刻本
[光緒]宜陽縣志 第265册
(清)謝應起等修 劉占卿等纂
清光緒七年(1881)刻本本署藏版
[民國]宜陽縣志 第265册
張浩源 林裕燾修 王鳳翔纂
民國七年(1918)河南商務印刷所鉛印本
[乾隆]永寧縣志 第265册
(清)張楷纂修
清乾隆五十五年(1790)刻本
[民國]洛寧縣志 第265册
賈毓鶚等修 王鳳翔等纂
民國六年(1917)河南官印刷局鉛印本
[乾隆]新安縣志 第265册
(清)邱峩修 呂宣曾纂
清乾隆三十一年(1766)刻本
[民國]新安縣志 第265册
張鈁修 李希白纂
民國二十八年(1939)河南新安同文印刷所石印本

焦作市

[順治]溫縣志 第266册
(清)李若廙修 吳國用纂
清順治十五年(1658)剜改明版本
[乾隆]溫縣志 第266册
(清)王其華修 苗于京纂
清乾隆二十四年(1759)刻本
[道光]武陟縣志 第266册
(清)王榮陛修 方履籛纂
清道光九年(1829)刻本
[民國]續武陟縣志 第266册

史延壽等纂修
民國二十年(1931)刻本
[乾隆]孟縣志 第266册
(清)仇汝瑚修 馮敏昌纂
清乾隆五十五年(1790)刻本縣署藏版
[民國]孟縣志 第266册
阮藩儕等修 宋立梧等纂
民國二十二年(1933)刻本
懷州圖經 第266册
佚名纂修
據劉緯毅等輯《宋遼金元方志輯佚》排印
[順治]懷慶府志 第266册
(清)彭清典修 蕭家芝纂
清順治十七年(1660)刻本
[乾隆]新修懷慶府志 第266册
(清)唐侍陛修 布顔 杜琮纂
清乾隆五十四年(1789)刻本本衙藏版
[康熙]河内縣志 第266册
(清)李橒修 蕭家蕙等纂
清康熙三十三年(1694)刻本
[道光]河内縣志 第266册
(清)袁通纂修 方履籛編輯
清道光五年(1825)刻本
[乾隆]修武縣志 第266册
(清)吴映白修 李謨纂 戈雲錦續修
清乾隆二十二年(1757)刻三十一年(1766)增補本
[道光]修武縣志 第266册
(清)馮繼照修 金皋等纂 孔繼中續纂
清道光二十年(1840)刻同治七年(1868)增刻本
[民國]修武縣志 第266册
蕭國楨修 焦封桐纂
民國二十年(1931)新鄉修文印刷所鉛印本
新鄉市
衛輝府志 第266册
佚名纂修
據《永樂大典》本排印
[萬曆]衛輝府志 第266册
(明)佚名纂修
明萬曆刻增修補刻本
[順治]衛輝府志 第266册
(清)程啓朱修 蘇文樞纂
清順治十六年(1659)刻本
[乾隆]衛輝府志 第267册
(清)畢沅 劉鍾之修 德昌纂
清乾隆五十三年(1788)刻本本署藏版
[正德]新鄉縣志 第267册
(明)李錦纂修
明正德元年(1506)修明抄本
[乾隆]新鄉縣志 第267册
(清)趙開元纂修 暢俊纂
清乾隆十二年(1747)修民國十年(1921)修録本
[民國]新鄉縣續志 第267册
韓邦孚監修 田芸生總編
民國十二年(1923)刻本
[乾隆]汲縣志 第267册
(清)徐汝瓚修 杜崐纂
清乾隆二十年(1755)刻本本衙藏版
[順治]封邱縣志 第267册
(清)余縉修 李嵩陽等纂
據清順治十六年(1659)刻版後印本
[康熙]封邱縣續志 第267册
(清)王賜魁修 李會生 宋作賓纂
清康熙十九年(1680)刻本
[康熙]封邱縣續志 第267册
(清)耿紘祚修 李承紱纂
清康熙三十六年(1697)刻本
[民國]封邱縣續志 第267册
姚家望修 黄蔭柟纂
民國二十六年(1937)開封新豫印刷所鉛印本
[乾隆]獲嘉縣志 第267册
(清)吴喬齡 李棟纂修
清乾隆二十一年(1756)刻本
[民國]獲嘉縣志 第267册
鄒古愚纂修
民國二十四年(1935)鉛印本
[嘉靖]輝縣志 第267册
(明)張天真纂修
明嘉靖七年(1528)刻本
[道光]輝縣志 第267册
(清)周際華修 戴銘等纂
清道光十五年(1835)刻光緒二十一年(1895)補刻本
[順治]胙城縣志 第267册
(清)劉純德修 郭金鼎纂
清順治十六年(1659)刻本
[乾隆]原武縣志 第267册
(清)吴文炘修 何遠等纂
清乾隆十二年(1747)刻本
[嘉靖]陽武縣志 第267册
(明)吕柟纂修
明嘉靖六年(1527)刻本
[康熙]陽武縣志 第267册
(清)安如泰修 張慎爲纂
清康熙二十九年(1690)刻本
[乾隆]陽武縣志 第267册
(清)談諟曾纂修
清乾隆十年(1745)刻本縣署藏版
[正德]長垣縣志 第267册
(明)張治道修 劉芳纂
明嘉靖二十年(1541)重刻正德本
[康熙]長垣縣志 第267册
(明)張文炫原本 (清)宗琮增修 王元烜增纂
清康熙十九年(1680)三十九年(1700)增補萬曆三十一年(1603)刻本
[嘉慶]長垣縣志 第267册
(清)李于垣修 楊元錫纂
清嘉慶十五年(1810)刻本
鶴壁市
[嘉慶]濬縣志 第267册
(清)熊象階修 武穆淳纂
清嘉慶七年(1802)刻本
[光緒]續濬縣志 第267册
(清)黄璟修 李作霖等纂
清光緒十三年(1887)刻本版藏本署
[順治]淇縣志 第267册
(清)王謙吉等修 白龍躍等纂
清順治十七年(1660)刻本
安陽市
相臺志 第267册
佚名纂修
據《永樂大典》本排印
[嘉靖]彰德府志 第267册
(明)崔銑纂修
明嘉靖元年(1522)刻本
[順治]彰德府續志 第268册
(清)宋可發修 吴之鏌纂
清順治間刻本
[乾隆]彰德府志 第268册
(清)劉謙等修 夏兆豐纂
清乾隆五年(1740)刻本
[乾隆]彰德府志 第268册
(清)盧崧修 江大鍵 程煥纂
清乾隆五十二年(1787)刻本
[乾隆]安陽縣志 第268册

陳錫輅修 朱煌纂
清乾隆三年(1738)刻本
[嘉慶]安陽縣志 第268册
(清)趙希璜修 武億纂
清嘉慶四年(1799)刻本
[嘉慶]安陽縣志 第268册
(清)貴泰修 武穆淳纂
清嘉慶二十四年(1819)修民國二十二年(1933)北平文嵐簃古宋印書局鉛印本
[民國]續安陽縣志 第268册
方策等修 裴希度等纂
民國二十二年(1933)北平文嵐簃古宋印書局鉛印本
[康熙]滑縣志 第268册
(清)姚德聞修 吕夾鍾纂
清康熙二十五年(1686)增刻本
[乾隆]滑縣志 第268册
(清)吴喬齡纂修 吕文光增修
清乾隆二十五年(1760)刻本
[同治]滑縣志 第268册
(清)姚錕修 徐光第纂
清同治六年(1867)刻本版存歐陽書院
[民國]重修滑縣志 第268册
王蒲園等纂
民國二十一年(1932)河南商務印刷所鉛印本
[嘉靖]内黄縣志 第268册
(明)董弦等纂修
明嘉靖十六年(1537)刻本
[乾隆]内黄縣志 第268册
(清)李湞修 黄之徵纂
清乾隆四年(1739)刻本
[光緒]内黄縣志 第268册
(清)董慶恩等修 陳熙春纂
清光緒十八年(1892)刻本
[崇禎]湯陰縣志 第268册
(明)沙蘊金修 蘇育等纂
明崇禎十年(1637)刻本
[乾隆]湯陰縣志 第268册
(清)楊世達纂修
據清乾隆三年(1738)刻本排印
[康熙]林縣志 第268册
(清)徐岱等修 萬兆龍纂
清康熙三十四年(1695)刻本
[乾隆]林縣志 第268册
(清)楊潮觀纂修
清乾隆十七年(1752)刻本黄華書院藏版
[民國]林縣志 第268册
王澤溥等修 李見荃等纂
民國二十一年(1932)林縣南關華昌石印局石印本

濮陽市

[嘉靖]濮州志 第268册
(明)鄧韍纂修
明嘉靖六年(1527)刻本
[康熙]濮州志 第268册
(明)李先芳纂 (清)張實斗增修
清康熙十二年(1673)刻本
[康熙]濮州續志 第268册
(清)郅玠修 任煥纂
清康熙五十一年(1712)刻本
[乾隆]濮州志 第269册
(清)邵世昌修 柴捘纂
清乾隆二十年(1755)刻本
[宣統]濮州志 第269册
(清)高士英修 榮相鼎纂
清宣統元年(1909)刻本
[嘉靖]范縣志 第269册
(明)東時泰纂修
明嘉靖十四年(1535)刻本
[康熙]范縣志 第269册
(清)霍之琯修 李簡身纂
清康熙十一年(1672)刻本
[嘉慶]范縣志 第269册
(清)唐晟纂修
清嘉慶十四年(1809)修光緒三十三年(1907)國文報館石印本
[民國]續修范縣縣志 第269册
張振聲等修 余文鳳纂
民國二十四年(1935)濟南志達印刷局鉛印本
范縣鄉土志 第269册
(清)楊沂等纂修
清光緒三十四年(1908)石印本
[同治]清豐縣志 第269册
(清)楊燝原纂修 高俊續修
清同治十一年(1872)增補康熙本
[民國]清豐縣志 第269册
劉朝陛修 胡魁鳳纂
民國三年(1914)鉛印本
[嘉慶]開州志 第269册
(清)李符清修 沈樂善纂
清嘉慶十一年(1806)刻本
[光緒]開州志 第269册
(清)祁德昌修 陳兆麟纂
清光緒八年(1882)刻本州署藏版

開封市

東京記 第269册
(宋)宋敏求撰
據劉緯毅等輯《宋遼金元方志輯佚》排印
開封志 第269册
佚名纂修
據《永樂大典》本排印
開封府志 第269册
佚名纂修
據《永樂大典》本排印
[康熙]開封府志 第269册
(清)管竭忠修 張沐纂
清康熙三十四年(1695)刻同治二年(1863)修鋟本
石林燕語 第269册
《古今圖書集成》本
燕翼貽謀録 第269册
《古今圖書集成》本
汴京遺蹟志 第269册
(明)李濂輯
民國十一年(1922)河南官書局刻本
如夢録 第269册
(明)佚名撰 (清)常茂徠訂
民國十五年(1926)河南官書局刻本
宋東京考 第269册
(清)周城輯
清乾隆間刻本
[順治]祥符縣志 第269册
(清)張俊哲修 張壯行 馬士騭纂
清順治十八年(1661)刻本
[乾隆]祥符縣志 第270册
(清)魯曾煜修 張淑載纂
清乾隆四年(1739)刻本
[光緒]祥符縣志 第270册
(清)沈傳義等修 黄舒昺纂
清光緒二十四年(1898)刻本
[康熙]陳留縣志 第270册
(清)鍾定纂修
清康熙三十年(1691)刻本
[宣統]陳留縣志 第270册
(清)武從超修 趙文琳等纂
清宣統二年(1910)石印本

陳留風俗傳 第270册
(東漢)圈稱撰
據北京圖書館出版社一九九七年《漢唐方志輯佚》排印
杞紀 第270册
(清)張貞纂述
清康熙間抄本
[乾隆]杞縣志 第270册
(清)周璣纂修
清乾隆五十三年(1788)刻本
[嘉靖]尉氏縣志 第270册
(明)曾嘉誥修 汪心纂
明嘉靖二十七年(1548)刻本
[道光]尉氏縣志 第270册
(清)沈溎修 王觀潮纂
清道光十一年(1831)刻本
[乾隆]洧川縣志 第270册
(清)孫和相 鄧正琮修 何之淇纂
清乾隆二十年(1755)刻本
[嘉慶]洧川縣志 第270册
(清)何文明纂修
清嘉慶二十三年(1818)刻本
洧川縣鄉土志 第270册
(清)恩麟纂修
清光緒二十六年(1900)石印本
[嘉靖]蘭陽縣志 第270册
(明)褚宦修 李希程纂
明嘉靖二十五年(1546)刻本
[乾隆]蘭陽縣續志 第270册
(清)涂光範修 王壬等纂
清乾隆九年(1744)修民國二十四年(1935)河南建華印刷所鉛印本
[嘉靖]儀封縣志 第270册
(明)佚名纂修
明嘉靖間修明抄本
[康熙]儀封縣志 第270册
(清)鍾定 朱弘士修
清康熙三十年(1691)刻本
[乾隆]儀封縣志 第270册
(清)紀黄中 王績修 宋宣纂
清乾隆二十九年(1764)刻本
[康熙]考城縣志 第270册
(清)李國亮修 王貫三等纂
清康熙三十七年(1698)刻本
[民國]考城縣志 第270册
張之清修 田春同纂
民國二十三年(1934)鉛印本
[民國]考城縣志 第270册
趙華亭修 李盛謨纂
民國三十年(1941)鉛印本
[嘉靖]通許縣志 第270册
(明)韓玉原本 陳正續修
明嘉靖二十四年(1545)刻本
[乾隆]通許縣志 第271册
(清)阮龍光修 邵自佑纂
清乾隆三十六年(1771)刻本
[民國]通許縣新志 第271册
張士傑修 侯崑禾纂
民國二十三年(1934)新豫印刷所鉛印本

商丘市

[嘉靖]歸德志 第271册
(明)李應奎修 黄鈞纂
明嘉靖二十四年(1545)刻本
[順治]歸德府志 第271册
(清)宋國榮修 羊琦等纂
清順治十七年(1660)刻本
[乾隆]歸德府志 第271册
(清)陳錫輅等修 查岐昌纂
清乾隆十九年(1754)刻本
[康熙]商邱縣志 第271册
(清)劉德昌修 葉澐纂
清康熙四十四年(1705)修民國二十一年(1932)黄正忠石印本
[嘉靖]夏邑縣志 第271册
(明)鄭相修 黄虎臣纂
明嘉靖三十年(1551)刻本
[民國]夏邑縣志 第271册
黎德芬等纂修
民國九年(1920)石印本
[乾隆]柘城縣志 第271册
(清)李志魯纂修
清乾隆三十八年(1773)刻本
[光緒]柘城縣志 第271册
(清)李藩等修 元淮等纂
清光緒二十二年(1896)刻本
[光緒]續修睢州志 第271册
(清)王枚纂修
清光緒十八年(1892)刻本
[乾隆]虞城縣志 第271册
(清)張元鑑 蔣光祖修 沈儼纂
清乾隆八年(1743)刻本
[光緒]虞城縣志 第271册
(清)李淇修 席慶雲纂
清光緒二十一年(1895)刻本
[嘉靖]永城縣志 第271册
(明)鄭禮纂修
明嘉靖二十三年(1544)刻本
[康熙]永城縣志 第271册
(清)周正紀修 侯良弼纂
清康熙三十六年(1697)刻本
[光緒]永城縣志 第271册
(清)岳廷楷修 胡贊采 呂永輝纂
清光緒二十九年(1903)刻本
[康熙]甯陵縣志 第271册
(清)王國寧修 王肇棟 王肇椿纂
清康熙三十二年(1693)修光緒十九年(1893)汪鈞澤刻本
[宣統]寧陵縣志 第271册
(清)蕭濟南修 呂敬直 史冠軍纂
清宣統三年(1911)刻本

許昌市

許州圖經 第271册
佚名纂修
據劉緯毅等輯《宋遼金元方志輯佚》排印
[嘉靖]許州志 第271册
(明)張良知纂修
明嘉靖二十年(1541)刻本
[康熙]許州志 第271册
(清)胡良弼纂修
清康熙五年(1666)刻本
[乾隆]許州志 第271册
(清)甄汝舟纂修
清乾隆十年(1745)刻本
[道光]許州志 第271册
(清)蕭元吉纂修
清道光十八年(1838)刻本
[民國]許昌縣志 第271册
王秀文等修 張庭馥等纂
民國十二年(1923)寶蘭齋石印本
[嘉靖]鄢陵縣志 第271册
(明)劉訒纂修
明嘉靖十六年(1537)刻本
[順治]鄢陵縣志 第271册
(清)經起鵬修 劉漢藜纂
清順治十六年(1659)刻本
[康熙]鄢署雜鈔 第271册
(清)汪爲熹纂
清康熙五十八年(1719)刻本
[民國]鄢陵縣志 第271册

靳蓉鏡 晉克昌等修 蘇寶謙纂
民國二十五年(1936)開封新豫印刷所鉛印本
[嘉靖]襄城縣志 第271册
(明)林鸞纂修
明嘉靖三十一年(1552)刻本
[順治]襄城縣志 第272册
(清)佟昌年原修 陳治安增修
清順治八年(1651)刻康熙間增刻本
襄城文獻録 第272册
(清)劉宗泗輯
清乾隆四年(1739)刻本
[乾隆]古氾城志 第272册
(清)劉青芝 劉青蓮纂
清乾隆五年(1740)刻本
[乾隆]襄城縣志 第272册
(清)汪運正纂修
清乾隆十一年(1746)刻本
[民國]重修襄城縣志 第272册
李峰修 胡元學 劉文林纂
民國二十五年(1936)襄城縣修志館第五次改定稿本
[康熙]長葛縣志 第272册
(清)何鼎纂修
清康熙三十年(1691)刻本思補堂藏版
[民國]長葛縣志 第272册
陳鴻疇修 劉盼遂纂
民國二十年(1931)鉛印本
[乾隆]禹州志 第272册
(清)邵大業修 孫廣生等纂
清乾隆十二年(1747)刻本
[同治]禹州志 第272册
(清)朱煒修 姚椿等纂 宮國勳續修 楊景純等續纂
清同治九年(1870)刻本
[民國]禹縣志 第272册
王棽林等纂修
民國二十八年(1939)刻本

漯河市

[嘉靖]郾城縣志 第272册
(明)楊邦梁等纂修
明嘉靖三十三年(1554)刻本
[順治]郾城縣志 第272册
(清)荊其惇 傅鴻鄰修 閻舉纂
清順治十六年(1659)刻本
[乾隆]郾城縣志 第272册
(清)傅豫纂修
清乾隆十九年(1754)刻本
[民國]郾城縣記 第272册
陳金臺纂輯
民國二十三年(1934)刻本
[順治]臨潁縣志 第272册
(清)李馥先修 吳中奇纂
清順治十七年(1660)刻本
[民國]重修臨潁縣志 第272册
陳垣修 管大同等纂
民國五年(1916)河南商務印刷所鉛印本
[乾隆]舞陽縣志 第272册
(清)丁永琪修 李轍等纂
清乾隆十年(1745)刻本
[道光]舞陽縣志 第272册
(清)王德瑛纂修
清道光十五年(1835)刻本

平頂山市

[嘉靖]魯山縣志 第272册
(明)姚卿修 孫鐸纂
明嘉靖三十一年(1552)刻本
[嘉慶]魯山縣志 第272册
(清)董作棟修 武億纂
清嘉慶元年(1796)刻本
[康熙]郟縣志 第272册
(清)金世純修 仝軌纂
清康熙三十三年(1694)刻乾隆七年(1742)重印本
[乾隆]郟縣續志 第272册
(清)張楣修 聶憲纂
清乾隆八年(1743)刻本
[咸豐]郟縣志 第272册
(清)姜篪修 郭景泰纂
清咸豐九年(1859)刻本
[同治]郟縣志 第272册
(清)張熙瑞 茅恒春修 郭景泰纂
清同治四年(1865)增刻本
[同治]葉縣志 第272册
(清)歐陽霖修 倉景恬 胡廷楨纂
清同治十一年(1872)刻光緒二十二年(1896)重印本
葉縣鄉土志 第272册
郭登峯編
民國十三年(1924)石印本
[嘉慶]寶豐縣志 第272册
(清)陸蓉修 武億纂
清嘉慶二年(1797)刻本
[道光]寶豐縣志 第273册
(清)李彷梧修 耿興宗 鮑桂徵纂
清道光十七年(1837)刻本
[正德]汝州志 第273册
(明)承天貴纂修
明正德五年(1510)刻本
[道光]汝州全志 第273册
(清)白明義修 趙林成纂
清道光二十年(1840)刻本

南陽市

辨南陽方志 第273册
(宋)王襄撰
據劉緯毅等輯《宋遼金元方志輯佚》排印
南陽志 第273册
佚名纂修
據《永樂大典》本排印
[康熙]南陽府志 第273册
(清)朱璘纂修
清康熙三十三年(1694)刻本
[嘉慶]南陽府志 第273册
(清)孔傳金纂修
清嘉慶十二年(1807)刻本
[康熙]南陽縣志 第273册
(清)張光祖修 徐永芝等纂
清康熙三十二年(1693)刻本
[光緒]南陽縣志 第273册
(清)潘守廉修 張嘉謀纂
清光緒三十年(1904)刻本
[乾隆]裕州志 第273册
(清)董學禮原本 宋名立增修
清康熙五十五年(1716)刻乾隆五年(1740)補刻本
[康熙]唐縣志 第273册
(清)平鄗鼎修 李璜等纂
清康熙三十五年(1696)刻本
[乾隆]唐縣志 第273册
(清)吳泰來 黃文蓮纂修
清乾隆五十二年(1787)刻本
[乾隆]新野縣志 第273册
(清)徐金位纂修
清乾隆十九年(1754)刻本
[嘉靖]鄧州志 第273册
(明)潘庭楠纂修
明嘉靖四十三年(1564)刻本
[順治]鄧州志 第273册
(清)陳良玉纂修

清順治十六年(1659)刻後補刻本
[乾隆]鄧州志 第273册
(清)蔣光祖修 姚之琅纂
清乾隆二十年(1755)刻本
[咸豐]淅川廳志 第273册
(清)徐光第修 王官亮纂
清咸豐十一年(1861)刻本
淅川直隸廳鄉土志 第273册
(清)佚名纂修
清抄本
[乾隆]南召縣志 第273册
(清)陳之焻等纂修
清乾隆十一年(1746)刻民國二十八年(1939)重印本
[乾隆]桐柏縣志 第273册
(清)鞏敬緒修 李南暉纂
清乾隆十八年(1753)刻本本衙藏版
[康熙]内鄉縣志 第273册
(清)竇鼎望纂修
清康熙三十二年(1693)刻五十一年(1712)張福永增修刻本

信陽市

[乾隆]信陽州志 第273册
(清)張鉞纂修 萬侯等纂
清乾隆十四年(1749)修民國十四年(1925)漢口大新印刷公司鉛印本
[民國]重修信陽縣志 第273册
方廷漢等修 陳善同等纂
民國二十五年(1936)漢口洪興印書館鉛印本
[順治]息縣志 第273册
(清)邵光胤修 宣洪猷纂
清順治十五年(1658)刻本
[康熙]息縣續志 第273册
(清)蔣彪纂修
清康熙三十二年(1693)刻本
[嘉慶]息縣志 第273册
(清)劉光輝修 任鎮及纂
清嘉慶四年(1799)刻本
[光緒]續修息縣志 第273册
(清)趙輝棣纂修
清光緒六年(1880)刻本
[嘉靖]固始縣志 第273册
(明)張梯 葛臣纂修
明嘉靖三十一年(1552)補刻本
[順治]固始縣志 第273册
(清)包韺纂修
清順治十六年(1659)刻本
[乾隆]固始縣續志 第273册
(清)包桂修 李汝彬等纂
清乾隆十年(1745)刻本
[乾隆]重修固始縣志 第273册
(清)謝聘修 洪亮吉纂
清乾隆五十一年(1786)刻本
[順治]光州志 第274册
(清)莊泰弘修 孟俊纂
清順治十七年(1660)刻本
[乾隆]續修光州志 第274册
(清)李訒等纂修
清乾隆二十七年(1762)刻本
[乾隆]光州志 第274册
(清)高兆煌纂修
清乾隆三十五年(1770)刻本
[光緒]光州志 第274册
(清)楊修田修 馬佩玖纂
清光緒十三年(1887)刻本
[乾隆]羅山縣志 第274册
(清)葛荃修 李之杜等纂
清末刻本
[嘉靖]商城縣志 第274册
(明)萬炯修 張應辰纂
明嘉靖三十年(1551)刻本
[康熙]商城縣志 第274册
(清)許全學纂修
清康熙二十九年(1690)刻本
[嘉慶]商城縣志 第274册
(清)武開吉纂修
清嘉慶八年(1803)刻本
[嘉靖]光山縣志 第274册
(明)沈紹慶修 王家士纂
明嘉靖三十五年(1556)刻本
[乾隆]光山縣志 第274册
(清)楊殿梓修 錢時雍纂
清乾隆五十一年(1786)刻本
[民國]光山縣志約稿 第274册
晏兆平纂修
民國二十五年(1936)謙記商務印刷所鉛印本

周口市

[順治]商水縣志 第274册
(清)高理等修 郭天錫纂
清順治十六年(1659)刻本
[乾隆]商水縣志 第274册
(清)董榕修 郭熙纂 牛問仁續纂修
清乾隆十二年(1747)刻四十八年(1783)增校刻本
[民國]商水縣志 第274册
徐家璘等修 楊淩閣纂
民國七年(1918)刻本
[乾隆]扶溝縣志 第274册
(清)七十一 董豐垣修 郝廷松 薄玫等纂
清乾隆二十七年(1762)刻本
[道光]扶溝縣志 第274册
(清)王德瑛纂修
清道光十三年(1833)刻本
[光緒]扶溝縣志 第274册
(清)熊燦修 張文楷纂
清光緒十九年(1893)大程書院刻本
[康熙]鹿邑縣志 第274册
(清)吕士鵕纂修
清康熙三十一年(1692)刻本
[光緒]鹿邑縣志 第274册
(清)于滄瀾主纂 蔣師轍纂修
清光緒二十二年(1896)刻本
瀨鄉記 第274册
(魏)崔玄山撰
據北京圖書館出版社一九九七年《漢唐方志輯佚》排印
[康熙]續修陳州志 第274册
(清)王清彦 張喆修 莫爾漄纂
清康熙三十四年(1695)刻本
[乾隆]陳州府志 第274册
(清)崔應階修 姚之琅纂
清乾隆十二年(1747)刻本
[道光]淮寧縣志 第274册
(清)瞿昂 劉侃修 永銘纂
清道光六年(1826)刻本文昌宫藏版
[民國]淮陽縣志 第274册
鄭康侯修 朱撰卿纂
民國二十三年(1934)開明印刷局鉛印本
[嘉靖]沈丘縣志 第274册
(明)李宗元纂修
明嘉靖九年(1530)刻本
[順治]沈丘縣志 第274册
(清)李芳春修 李鼎玉纂
清順治十五年(1658)刻本
[乾隆]沈丘縣志 第274册
(清)何源洙 馮澎修 魯之璠纂
清乾隆十一年(1746)刻本

[順治]西華縣志　第275册
(清)左國楨修 王鼎鎮 吴中奇纂
清順治間修抄本
[乾隆]西華縣志　第275册
(清)宋恂修 于大猷纂
清乾隆十九年(1754)刻本
[嘉靖]太康縣志　第275册
(明)安都纂修
明嘉靖三年(1524)刻本
[乾隆]太康縣志　第275册
(清)武昌國修 胡彦昇 宋銓纂
清乾隆二十六年(1761)刻本
[民國]太康縣志　第275册
杜鴻賓修 劉盼遂纂
民國二十二年(1933)鉛印本
[民國]太康縣志　第275册
郭成章修 謝延祉纂
民國三十一年(1942)鉛印本
[乾隆]項城縣志　第275册
(清)韓儀修 張延福纂
清乾隆十一年(1746)刻本
[民國]項城縣志　第275册
張鎮芳修 施景舜纂
民國三年(1914)石印本

駐馬店市

[乾隆]確山縣志　第275册
(清)周之瑚修 嚴克嶟纂
清乾隆十一年(1746)刻本
[民國]確山縣志　第275册
李景堂纂 張縉璜修
民國二十年(1931)漢口大豐印書館鉛印本
[康熙]西平縣志　第275册
(清)沈荃纂修 李弘植續纂修
據清康熙三十一年(1692)刻版重印本
[民國]西平縣志　第275册
李毓藻修 陳銘鑑纂
民國二十三年(1934)北平文華齋刻本
[康熙]汝寧府志　第275册
(清)金鎮纂修
清康熙元年(1662)刻本
[康熙]汝寧府志　第275册
(清)何顯祖 董永祚修 董正等纂
清康熙三十四年(1695)刻本
[嘉慶]汝寧府志　第275册
(清)德昌修 王增纂
清嘉慶元年(1796)刻本
[順治]汝陽縣志　第275册
(清)紀國珍修 羊璘纂
清順治十七年(1660)刻本
[康熙]汝陽縣志　第275册
(清)邱天英纂修
清康熙二十九年(1690)刻本
[民國]重修汝南縣志　第275册
陳伯嘉修 李成均等纂
民國二十七年(1938)石印本
[乾隆]新蔡縣志　第275册
(清)莫璽章等修 王增等纂
清乾隆六十年(1795)修民國二十二年(1933)文明石印社石印本
[道光]泌陽縣志　第275册
(清)倪明進修 栗郢纂
清道光八年(1828)刻本
[順治]遂平縣志　第275册
(清)張鼎新修 李宗周等纂
清順治十六年(1659)刻本
[乾隆]遂平縣志　第275册
(清)金忠濟修 祝暘纂
清乾隆二十四年(1759)刻本
[嘉靖]真陽縣志　第275册
(明)何麟纂修
明嘉靖三十四年(1555)刻本
[嘉慶]正陽縣志　第275册
(清)彭良弼修 吕元灝纂 楊德容續纂修
清嘉慶元年(1796)刻本
[民國]重修正陽縣志　第275册
劉月泉等修 魏松聲等纂
民國二十五年(1936)北平大成印書社鉛印本

省直轄縣級行政單位

[乾隆]濟源縣志　第275册
(清)蕭應植纂修
清乾隆二十六年(1761)刻本
[嘉慶]續濟源縣志　第275册
(清)何荇芳修 劉大觀纂
清嘉慶十八年(1813)刻本

湖北省

[嘉靖]湖廣圖經志書　第276册
(明)薛綱纂修 吴廷舉續修
明嘉靖元年(1522)刻本
[康熙]湖廣通志　第276册
(清)徐國相等修 宫夢仁 姚淳燾纂
清康熙二十三年(1684)刻本
湖廣通志　第276册
《古今圖書集成》本
[宣統]湖北通志　第277册
(清)吕調元 劉承恩修 張仲炘 楊承禧纂
清宣統三年(1911)修民國十年(1921)刻本版存湖北省長公署
[乾隆]湖北下荊南道志　第278册
(清)魯之裕修 靖道謨纂
清乾隆五年(1740)刻光緒十九年(1893)重印本

武漢市

鄂州舊經　第278册
佚名纂修
據劉緯毅等輯《宋遼金元方志輯佚》排印
鄂州圖經　第278册
佚名纂修
據劉緯毅等輯《宋遼金元方志輯佚》排印
[康熙]湖廣武昌府志　第278册
(清)裴天錫修 羅人龍纂
清康熙二十六年(1687)刻三十四(1695)朱留緒補刻本
[嘉靖]漢陽府志　第278册
(明)賈應春修 朱衣纂
明嘉靖二十五年(1546)刻本
[康熙]漢陽府志　第278册
(清)陳國儒修 李寧仲纂
清康熙八年(1669)刻本
[乾隆]漢陽府志　第278册
(清)陶士偰修 劉湘煃纂
清乾隆十二年(1747)刻抄本
[民國]夏口縣志　第278册
侯祖畬修 吕寅東纂
民國九年(1920)刻本
漢口小志　第278册
徐煥斗修 王夔清纂
民國四年(1915)鉛印本
[康熙]黄陂縣志　第278册
(清)楊廷蘊等纂修
清康熙五年(1666)刻本
[同治]黄陂縣志　第278册
(清)劉昌緒修 徐瀛纂
清同治十二年(1873)刻本
[乾隆]漢陽縣志　第278册
(清)劉嗣孔修 劉湘煃纂

清乾隆十三年(1748)刻本
[嘉慶]漢陽縣志 第279册
(清)裘行恕等修 邵翔 徐必觀纂
清嘉慶二十三年(1818)刻本
[同治]續輯漢陽縣志 第279册
(清)黄式度修 王柏心纂
清同治七年(1868)刻本
[光緒]漢陽縣識 第279册
(清)張行簡纂修
清光緒十年(1884)刻本
[光緒]漢陽縣識 第279册
(清)濮文昶修 張行簡纂
清光緒十五年(1889)景賢書塾改刻本
大別山志 第279册
(清)胡鳳丹編
清同治十三年(1874)退補齋刻本
鸚鵡洲小志 第279册
(清)胡鳳丹編
清同治十三年(1874)退補齋刻本
江夏圖經 第279册
佚名纂修
據北京圖書館出版社一九九七年《漢唐方志輯佚》排印
[乾隆]江夏縣志 第279册
(清)陳元京修 范述之等纂
清乾隆五十九年(1794)刻本
[同治]江夏縣志 第279册
(清)王庭楨修 彭崧毓纂
清同治八年(1869)刻光緒七年(1881)增補重印本
黄鵠山志 第279册
(清)胡鳳丹編
清同治十三年(1874)退補齋刻本

十堰市

[康熙]湖廣鄖陽府志 第279册
(清)劉作霖 楊廷耀纂修
清康熙二十四年(1685)刻本
[嘉慶]鄖陽志 第279册
(清)王正常修 謝攀雲纂
清嘉慶二年(1797)刻本
[嘉慶]鄖陽志補 第279册
(清)王正常纂修
清嘉慶十四年(1809)刻本
[同治]鄖陽志 第279册
(清)吳葆儀等修 王嚴恭等纂
清同治九年(1870)刻光緒三年(1877)增刻本
[同治]鄖縣志 第279册
(清)周瑞 定熙修 余滏廷 崔誥等纂
清同治五年(1866)刻本
[乾隆]房縣志鈔 第280册
(清)張敔修 汪魁儒纂
清乾隆三十四年(1769)修三十九年(1774)五十三年(1788)道光間校補抄本
[同治]房縣志 第280册
(清)楊延烈纂修
清同治五年(1866)刻本
[同治]竹谿縣志 第280册
(清)陶壽嵩修 楊兆熊等纂
清同治六年(1867)刻本
均州圖經 第280册
(宋)段子游纂
據劉緯毅等輯《宋遼金元方志輯佚》排印
[康熙]均州志 第280册
(清)党居易纂修
清康熙十二年(1673)刻二十八年(1689)增刻本
[光緒]續輯均州志 第280册
(清)馬雲龍修 賈洪詔纂
清光緒十年(1884)均州志局刻本
武當志 第280册
佚名纂修
據劉緯毅等輯《宋遼金元方志輯佚》排印
太岳太和山志 第280册
《古今圖書集成》本
[乾隆]竹山縣志 第280册
(清)常丹葵修 鄧光仁纂
清乾隆五十年(1785)刻本
[嘉慶]竹山縣志 第280册
(清)范繼昌修 張士旦纂
清嘉慶十年(1805)刻本
[同治]竹山縣志 第280册
(清)周士楨纂修
清同治五年(1866)刻本
[乾隆]鄖西縣志 第280册
(清)張道南纂修
清乾隆四十二年(1777)無倦堂刻本
[嘉慶]鄖西縣續志 第280册
(清)孔繼榦纂修
清嘉慶十年(1805)刻本無倦堂藏版
[同治]鄖西縣志 第280册
(清)程光第修 葉年棻 李登鰲纂
清同治五年(1866)刻本
[民國]鄖西縣志 第280册
郭治平纂修
民國二十六年(1937)石印本

襄陽市

南雍州記 第280册
(劉宋)郭仲産撰
據北京圖書館出版社一九九七年《漢唐方志輯佚》排印
南雍州記 第280册
(梁)鮑至撰
據北京圖書館出版社一九九七年《漢唐方志輯佚》排印
襄沔記 第280册
(唐)吳從政撰
據北京圖書館出版社一九九七年《漢唐方志輯佚》排印
[天順]重刊襄陽郡志 第280册
(明)張恒纂修
明天順間刻本
[萬曆]襄陽府志 第280册
(明)吳道邇纂修
明萬曆十二年(1584)刻本
[順治]襄陽府志 第280册
(清)趙兆麟纂修
清順治九年(1652)刻本
[乾隆]襄陽府志 第280册
(清)陳鍔纂修
清乾隆二十五年(1760)刻本
[光緒]襄陽府志 第280册
(清)恩聯等修 王萬芳等纂
清光緒十一年(1885)刻本
[同治]襄陽縣志 第281册
(清)楊宗時修 崔淦纂 吳耀斗續修 李士彬續纂
清同治十三年(1874)刻
[同治]南漳縣志集鈔 第281册
(清)沈兆元修 胡正楷纂 胡心悦續纂修
清同治四年(1865)東鶴山堂增刻嘉慶本
[民國]南漳縣志 第281册
向承煜等纂修
民國十一年(1922)襄陽寶匯堂石印本
[同治]穀城縣志 第281册
(清)承印修 蔣海澄 黄定鏞纂

清同治六年(1867)刻本
[乾隆]棗陽縣志 第281册
(清)甘定遇修 熊天章纂
清乾隆二十七年(1762)修抄本
[咸豐]重修棗陽縣志 第281册
(清)陳子飭等纂修
清咸豐四年(1854)刻本
[同治]棗陽縣志 第281册
(清)張聲正修 史策先纂
清同治四年(1865)刻本
[民國]棗陽縣志 第281册
梁汝澤等修 王榮先 謝鴻舉纂
民國十二年(1923)武昌正信印務館鉛印本
[嘉靖]宜城縣志 第281册
(明)郝廷璽纂修
明嘉靖四十二年(1563)刻本之抄本
[康熙]宜城縣志 第281册
(清)胡允慶修 關寧等纂
清康熙二十二年(1683)刻本
[同治]宜城縣志 第281册
(清)程啓安修 張炳鍾纂
清同治五年(1866)刻本本衙藏版
[同治]保康縣志 第281册
(清)林讓昆等修 楊世霖纂
清同治五年(1866)修抄本
[正德]光化縣志 第281册
(明)曹璘纂修
明正德十年(1515)刻本
[光緒]光化縣志 第281册
(清)鍾桐山等修 段映斗等纂
清光緒十年(1884)修民國二十二年(1933)石印本

荊門市

荊門舊志 第281册
佚名纂修
據劉緯毅等輯《宋遼金元方志輯佚》排印
[乾隆]荊門州志 第281册
(清)舒成龍修 李法孟 陳榮杰纂
清乾隆十九年(1754)宗陸堂刻本
[同治]荊門直隸州志 第281册
(清)恩榮修 張圻纂
清同治七年(1868)明倫堂刻本
郢州圖經 第282册
(宋)張聲道纂
據劉緯毅等輯《宋遼金元方志輯佚》排印
郢州風俗考古記 第282册
(宋)石才孺撰
據劉緯毅等輯《宋遼金元方志輯佚》排印
[萬曆]承天府志 第282册
(明)孫文龍纂修
明萬曆三十年(1602)刻本
[康熙]安陸府志 第282册
(清)張尊德修 王吉人 譚篆纂
清康熙八年(1669)刻抄本
[乾隆]鍾祥縣志 第282册
(清)高世榮修 李蓮纂
清乾隆六年(1741)刻本
[乾隆]鍾祥縣志 第282册
(清)張琴修 杜光德纂
清乾隆六十年(1795)刻本
[同治]鍾祥縣志 第282册
(清)孫福海等纂修
清同治六年(1867)刻本
[民國]鍾祥縣志 第282册
趙鵬飛修 李權纂
民國二十六年(1937)鉛印本
[康熙]京山縣志 第282册
(清)吳游龍修 王演 盧前驥纂
清康熙十三年(1674)刻本
[光緒]京山縣志 第282册
(清)沈星標修 曾憲德 秦有鍠纂
清光緒八年(1882)刻本

孝感市

[康熙]孝感縣志 第282册
(清)胡國佐纂修
清康熙十二年(1673)刻本
[康熙]孝感縣志 第282册
(清)梁鳳翔修 李湘等纂
清康熙三十四年(1695)刻嘉慶十七年(1812)王進祖等增刻本
[光緒]孝感縣志 第282册
(清)朱希白修 沈用增纂
清光緒八年(1882)刻本
[同治]漢川縣志 第283册
(清)德廉 袁鳴珂修 林祥瑗纂
清同治十二年(1873)刻本
[康熙]雲夢縣志 第283册
(清)陳夢舟修 張奎華纂
清康熙七年(1668)刻本
[道光]雲夢縣志畧 第283册
(清)呂錫麟修 程懷璟纂
清道光二十年(1840)刻本
[光緒]續雲夢縣志略 第283册
(清)吳念椿等修 程壽昌等纂
清光緒九年(1883)刻本
[雍正]應城縣志 第283册
(清)李可寀纂修
清雍正四年(1726)刻本
[光緒]應城縣志 第283册
(清)羅緗 陳豪修 王承禧纂
清光緒八年(1882)蒲陽書院刻本
德安府圖經 第283册
佚名纂修
據劉緯毅等輯《宋遼金元方志輯佚》排印
[康熙]鼎修德安府全志 第283册
(清)傅鶴祥修 李士竑 萬年觀纂
清康熙二十四年(1685)刻本
[光緒]德安府志 第283册
(清)賡音布等修 劉國光等纂
清光緒十五年(1889)刻本府署藏版
[康熙]德安安陸郡縣志 第283册
(清)高聯捷修 沈會霖纂
清康熙五年(1666)刻本
[道光]安陸縣志 第283册
(清)王履謙修 李廷錫纂
清道光二十三年(1843)刻本
安陸縣志補正 第283册
(清)陳廷鈞纂
清同治十一年(1872)刻本

黄岡市

[弘治]黄州府志 第283册
(明)盧希哲纂修
明弘治十四年(1501)刻本
[乾隆]黄州府志 第283册
(清)王勍修 靖道謨纂
清乾隆十四年(1749)刻本
[光緒]黄州府志 第283册
(清)英啟修 鄧琛纂
清光緒十年(1884)刻本版藏黄州府官廨
[乾隆]黄岡縣志 第283册
(清)蔡韶清修 胡紹鼎纂
清乾隆二十四年(1759)刻本
[乾隆]黄岡縣志 第284册
(清)王鳳儀修 胡紹鼎 杜乘時纂 王正常續修

清乾隆五十四年(1789)刻本
[道光]黄岡縣志 第284册
(清)俞昌烈修 謝茇等纂
清道光二十八年(1848)刻本
[光緒]黄岡縣志 第284册
(清)戴昌言修 劉恭冕纂
清光緒八年(1882)刻本
[康熙]黄安縣志 第284册
(清)劉承啟修 詹大衢纂
清康熙三十六年(1697)刻本
[同治]黄安縣志 第284册
(清)朱錫綬等修 張家俊 吳端委纂
清同治八年(1869)刻本尊經閣藏版
[光緒]黄安縣志 第284册
(清)陳瑞瀾 陶大夏修 吳言昌 王儀吉纂
清光緒八年(1882)刻本
黄安鄉土志 第284册
(清)陳漳纂修
清宣統元年(1909)鉛印本
[康熙]麻城縣志 第284册
(清)屈振奇修 王汝霖纂
清康熙九年(1670)刻本
[光緒]麻城縣志 第284册
(清)鄭慶華修 潘頤福纂
清光緒二年(1876)刻本
[光緒]麻城縣志 第284册
(清)陸佑勤 朱榮椿修 余士珩纂
清光緒三十年(1904)刻本
[民國]麻城縣志前編 第285册
鄭重修 余晉芳纂
民國二十四年(1935)漢口中亞印書館鉛印本
[民國]麻城縣志續編 第285册
鄭重修 余晉芳纂
民國二十四年(1935)漢口中亞印書館鉛印本
[嘉靖]羅田縣志 第285册
(明)祝珝修 蔡元偉纂
明嘉靖二十二年(1543)修民國十五年(1926)鉛印本
[光緒]羅田縣志 第285册
(清)管貽葵修 陳錦纂
清光緒二年(1876)刻本
[嘉靖]蘄水縣志 第285册
(明)周瑶修 蕭璞等纂
明嘉靖二十六年(1547)刻本
[順治]蘄水縣志 第285册
(清)劉佑修 楊繼經纂
清康熙雍正間刻本
[乾隆]蘄水縣志 第285册
(清)邵應龍纂修
清乾隆二十三年(1758)刻本
[乾隆]蘄水縣志 第285册
(清)高舉修 徐養忠纂
清乾隆五十九年(1794)刻本
[光緒]蘄水縣志 第285册
(清)多祺纂修
清光緒六年(1880)刻本
[嘉靖]蘄州志 第285册
(明)甘澤纂修
明嘉靖十五年(1536)補刻本
[康熙]蘄州志 第285册
(清)王宗堯等修 盧紘纂
清康熙三年(1664)刻本
[乾隆]蘄州志 第285册
(清)錢鋆修 周茂建 程大中纂
清乾隆二十年(1755)刻本
[咸豐]蘄州志 第285册
(清)潘克溥纂修
清咸豐二年(1852)刻本本衙藏版
[光緒]蘄州志 第285册
(清)封蔚礽修 陳廷揚纂
清光緒八年(1882)麟山書院刻本
[乾隆]黄梅縣志 第285册
(清)薛乘時修 沈元寅纂
清乾隆二十一年(1756)修五十四年(1789)胡紹中刻本
[光緒]黄梅縣志 第286册
(清)覃瀚元 袁瓚修 宛名昌等纂
清光緒二年(1876)刻本
[康熙]廣濟縣志 第286册
(清)黄玉鉉修 王臨纂
清康熙三年(1664)刻本
[乾隆]廣濟縣志 第286册
(清)虞學灝纂修
清乾隆五十四年(1789)刻本本衙藏版
[乾隆]廣濟縣志 第286册
(清)黄塏修 陳詩纂
清乾隆五十八年(1793)刻本本衙藏版
[同治]廣濟縣志 第286册
(清)劉宗元 朱榮實修 劉燡纂
清同治十一年(1872)活字本
[乾隆]英山縣志 第286册
(清)張海修 姚之琅纂
清乾隆二十一年(1756)刻本
[民國]英山縣志 第286册
徐錦修 胡鑑瑩纂
民國九年(1920)活字本

鄂州市

壽昌軍圖經 第286册
佚名纂修
據劉緯毅等輯《宋遼金元方志輯佚》排印
壽昌軍郡志 第286册
佚名纂修
據劉緯毅等輯《宋遼金元方志輯佚》排印
武昌土俗編 第286册
(宋)薛季宣纂
據劉緯毅等輯《宋遼金元方志輯佚》排印
[康熙]武昌縣志 第286册
(清)熊登修 孟振祖纂
清康熙十三年(1674)刻本
[乾隆]武昌縣志 第286册
(清)邵遐齡修 談有典纂
清乾隆二十八年(1763)刻本
[光緒]武昌縣志 第286册
(清)鍾桐山修 柯逢時纂
清光緒十一年(1885)刻本

黄石市

[嘉靖]大冶縣志 第286册
(明)趙鼒修 冷儒宗纂
明嘉靖十九年(1540)刻本
[康熙]大冶縣志 第286册
(清)陳邦寄修 胡繩祖等纂
清康熙二十二年(1683)刻本
[同治]大冶縣志 第286册
(清)胡復初修 黄昺杰纂
清同治六年(1867)刻本
[光緒]大冶縣志續編(附後編) 第286册
(清)林佐修 陳鼇纂
續編清光緒十年(1884)刻本後編清光緒二十三年(1897)刻本
興國軍舊圖經 第286册
佚名纂修
據劉緯毅等輯《宋遼金元方志輯佚》排印
[光緒]興國州志 第286册

(清)吳大訓等修 陳光亨纂 劉鳳綸王鳳池續纂
清光緒十五年(1889)富川書院刻本
[光緒]續補興國州志 第286册
(清)賀祖蔚修 劉鳳綸纂
清光緒三十年(1904)刻本
富川圖志 第286册
(宋)趙善宣修 潘廷立纂
據劉緯毅等輯《宋遼金元方志輯佚》排印
咸寧市
[康熙]咸寧縣志 第287册
(清)何廷韜修 王禹錫纂
清康熙六年(1667)刻本
[同治]咸甯縣志 第287册
(清)陳怡等修 雷以誠纂
清同治五年(1866)刻本
[光緒]續輯咸甯縣志 第287册
(清)陳樹楠 諸可權修 錢光奎 余益杞纂
清光緒八年(1882)刻本
[康熙]通山縣志 第287册
(清)任鍾麟修 余廷志等纂
清康熙四年(1665)刻本
[同治]通山縣志 第287册
(清)羅登瀛 胡昌銘修 朱美燮 樂純青纂
清同治七年(1868)心田局活字本
[康熙]通城縣志 第287册
(清)盛治纂修 丁克揚增修
清順治九年(1652)刻康熙十一年(1672)增刻本
[同治]通城縣志 第287册
(清)鄭炎修 杜煦明 胡洪鼎纂
清同治六年(1867)活字本
[乾隆]重修嘉魚縣志 第287册
(清)張其維修 李懋泗 王士璥纂
清乾隆二年(1737)刻本
[乾隆]嘉魚縣志 第287册
(清)汪雲銘修 方承保 張宗軾纂
清乾隆五十五年(1790)刻本
[同治]重修嘉魚縣志 第287册
(清)鍾傳益修 俞焜纂
清同治五年(1866)刻本
[同治]崇陽縣志 第287册
(清)高佐廷修 傅燮鼎纂
清同治五年(1866)活字本
[乾隆]重修蒲圻縣志 第287册
(清)王雲翔等修 李曰瑚等纂
清乾隆四年(1739)刻本
[道光]蒲圻縣志 第287册
(清)勞光泰修 但傳熺纂
清道光十六年(1836)刻本版存縣庫
[同治]蒲圻縣志 第288册
(清)顧際熙等纂修
清同治五年(1866)刻本
荊州市
荊州記 第288册
(晉)庾仲雍撰
據北京圖書館出版社一九九七年《漢唐方志輯佚》排印
荊州記 第288册
(劉宋)盛弘之撰
據北京圖書館出版社一九九七年《漢唐方志輯佚》排印
荊州記 第288册
佚名纂修
據北京圖書館出版社一九九七年《漢唐方志輯佚》排印
荊州圖副 第288册
佚名纂修
據北京圖書館出版社一九九七年《漢唐方志輯佚》排印
江陵府圖經 第288册
佚名纂修
據劉緯毅等輯《宋遼金元方志輯佚》排印
荊州府志 第288册
佚名纂修
據《永樂大典》本排印
[康熙]荊州府志 第288册
(清)郭茂泰修 胡在恪纂
清康熙二十四年(1685)刻本
[乾隆]荊州府志 第288册
(清)葉仰高修 來謙鳴 施廷樞纂
清乾隆二十二年(1757)刻本
[光緒]荊州府志 第288册
(清)倪文蔚等修 顧嘉蘅等纂
清光緒六年(1880)刻本
[民國]沙市志略 第288册
王百川纂 唐祖培校補
民國五年(1916)鉛印本
[順治]江陵志餘 第288册
(清)孔自來纂
清順治七年(1650)刻抄本
[乾隆]江陵縣志 第289册
(清)崔龍見 魏耀修 黄義尊纂
清乾隆五十九年(1794)刻本尊經閣藏版
[光緒]江陵縣志 第289册
(清)蒯正昌 吳耀斗修 胡九皋 劉長謙纂
清光緒三年(1877)刻本
渚宫故事 第289册
《古今圖書集成》本
[康熙]監利縣志 第289册
(清)郭徽祚纂修
清康熙四十一年(1702)修抄本
[同治]監利縣志 第289册
(清)徐兆英 林瑞枝修 王柏心纂
清同治十一年(1872)刻本
[乾隆]石首縣志 第289册
(清)張坦修 成師呂等纂
清乾隆元年(1736)刻本
[乾隆]石首縣志 第289册
(清)王維屏修 徐佑彦纂
清乾隆六十年(1795)刻本
[同治]石首縣志 第289册
(清)朱榮實修 傅如筠纂
清同治五年(1866)刻本
[康熙]公安縣志 第289册
(清)楊之騂纂修
清康熙六十年(1721)刻乾隆間重印本
[同治]公安縣志 第289册
(清)周承弼等修 王慰等纂
清同治十三年(1874)修民國二十六年(1937)沙市新新代印鉛印本
[光緒]公安縣志 第289册
佚名纂
清光緒三十四年(1908)抄本
[康熙]松滋縣志 第289册
(清)陳麟修 丁楚琮纂
清康熙三十五年(1696)刻本
[同治]松滋縣志 第289册
(清)呂縉雲 李勗修 羅有文 朱美燮纂
清同治八年(1869)刻本
[民國]松滋縣志 第290册
(清)楊傳松修 楊洪纂
民國二十六年(1937)鉛印本
宜昌市
峽州志 第290册

佚名纂修
據《永樂大典》本排印
夷陵志 第290册
佚名纂修
據《永樂大典》本排印
[弘治]夷陵州志 第290册
(明)劉允修 沈寬纂
明弘治九年(1496)刻本
[同治]宜昌府志 第290册
(清)聶光鑾修 王柏心等纂
清同治五年(1866)刻本
[乾隆]東湖縣志 第290册
(清)林有席修 嚴思濬 林有彬纂
清乾隆二十八年(1763)刻嘉慶五年(1800)補刻本
[同治]東湖縣志 第290册
(清)金大鏞修 王柏心等纂
清同治三年(1864)刻本鑲補民國二十年(1931)鉛印本
[順治]遠安縣志 第290册
(清)安可願修 曾宗孔纂
清順治十八年(1661)刻本
[同治]遠安縣志 第290册
(清)鄭燡林等修 秦述先等纂
清同治五年(1866)刻本
當陽志 第290册
佚名纂修
據《永樂大典》本排印
[康熙]當陽縣志 第290册
(清)婁肇龍等纂修
清康熙九年(1670)刻本
[乾隆]當陽縣志 第290册
(清)黄仁修 童鑾纂
清乾隆五十九年(1794)修抄本
[同治]當陽縣志 第290册
(清)阮恩光等修 王柏心等纂
清同治五年(1866)修民國二十四年(1935)宜昌印書館鉛印本
[光緒]當陽縣補續志 第290册
(清)李元才修 李葆貞等纂
清光緒十五年(1889)修民國二十四年(1935)宜昌印書館鉛印本
[康熙]宜都縣志 第290册
(清)劉顯功纂修
清康熙三十六年(1697)刻本
[同治]宜都縣志 第290册
(清)崔培元修 龔紹仁纂
清同治五年(1866)刻本版存清江書院
[乾隆]枝江縣志 第290册
(清)王世爵修 鍾彝纂
清乾隆五年(1740)刻本
[同治]枝江縣志 第290册
(清)查子庚修 熊文瀾等纂
清同治五年(1866)刻本
[光緒]長樂縣志 第290册
(清)李焕春原本 龍兆霖續 鄭敦祜再續
清光緒元年(1875)增刻本
[乾隆]長陽縣志 第290册
(清)李拔纂修
清乾隆十九年(1754)修抄本
[道光]長陽縣志 第290册
(清)朱庭棻修 彭世德纂
清道光二年(1822)刻本本衙藏版
[同治]長陽縣志 第290册
(清)陳惟模修 譚大勳纂
清同治五年(1866)刻本
秭歸志 第290册
佚名纂修
據《永樂大典》本排印
歸州志 第290册
佚名纂修
據《永樂大典》本排印
[嘉靖]歸州全志 第290册
(明)張時纂修
明嘉靖二十八年(1549)刻本
[嘉靖]歸州志 第290册
(明)鄭喬纂修
明嘉靖四十三年(1564)刻本
[乾隆]歸州志 第290册
(清)曹熙衡原本 曾維道增修
清乾隆五十五年(1790)修抄本
[嘉慶]歸州志 第290册
(清)李炘修 陸仲連纂 余思訓增修 陳鳳鳴增纂
清嘉慶二十二年(1817)刻同治五年(1866)增刻本本衙藏版
[光緒]歸州志 第290册
(清)李炘輯 沈雲駿補纂
清光緒八年(1882)刻本
[光緒]歸州志 第291册
(清)黄世崇纂修
清光緒二十七年(1901)刻本
[同治]興山縣志 第291册
(清)伍繼勳修 范昌棣 吳翰章纂
清同治四年(1865)刻本本署藏版
[光緒]興山縣志 第291册
(清)黄世崇纂修
清光緒十一年(1885)經心書院刻本

隨州市

[嘉靖]應山縣志 第291册
(明)顔木纂修
明嘉靖十九年(1540)刻本
[康熙]應山縣志 第291册
(清)周祐修 陳聯璧纂
清康熙十二年(1673)刻本抄配
[同治]應山縣志 第291册
(清)劉宗元等修 吳天錫纂
清同治十年(1871)刻本
隨州舊經 第291册
佚名纂修
據劉緯毅等輯《宋遼金元方志輯佚》排印
[康熙]隨州志 第291册
(清)劉霦修 何藩等纂
清康熙六年(1667)刻本
[乾隆]隨州志 第291册
(清)張璿纂修
清嘉慶間據乾隆五十五年(1790)刻版增刻本
[同治]隨州志 第291册
(清)文齡 孫文俊修 史策先纂
清同治八年(1869)刻民國二十年(1931)重印本

省直轄縣級行政單位

[康熙]景陵縣志 第291册
(清)錢永修 戴祁纂
清康熙三十一年(1692)刻版後印本
[乾隆]天門縣志 第291册
(清)胡翼修 章鑣 章學誠纂
清乾隆三十年(1765)修民國十一年(1922)石印本
[道光]天門縣志 第291册
(清)王希琮修 張錫穀等纂
清道光元年(1821)刻本尊經閣藏版
[康熙]潛江縣志 第291册
(清)劉焕修 朱載震纂
清康熙三十三年(1694)修光緒五年(1879)傳經書院重刻本
[光緒]潛江縣志 第292册
(清)史致謨修 劉恭冕 郭士元纂

清光緒五年(1879)傳經書院刻本
[光緒]潛江縣志稿 第292册
(清)佚名纂
抄本
沔陽州志 第292册
佚名纂修
據《永樂大典》本排印
[嘉靖]沔陽志 第292册
(明)曾儲 童承叙纂修
明嘉靖十年(1531)刻本
[光緒]沔陽州志 第292册
(清)葛振元修 楊鉅纂
清光緒二十年(1894)刻本
恩施土家族苗族自治州
[道光]施南府志 第292册
(清)王協夢修 羅德崑纂
清道光十七年(1837)刻本
[同治]施南府志 第292册
(清)松林修 何遠鑒纂
清同治十年(1871)刻本版藏南郡書院
[光緒]施南府志續編 第292册
(清)王庭楨修 雷春沼纂
清光緒十一年(1885)刻本
[同治]恩施縣志 第292册
(清)多壽 羅淩漢等纂修
清同治七年(1868)刻本
施州考古録 第292册
鄭永禧撰
民國七年(1918)鉛印本
[嘉慶]建始縣志 第292册
(清)佚名纂修
清嘉慶十七年(1812)修抄本
[道光]建始縣志 第292册
(清)袁景暉纂修
清道光二十二年(1842)刻本
[同治]建始縣志 第292册
(清)熊啓詠撰
清同治五年(1866)刻本
[嘉靖]巴東縣志 第292册
(明)楊培之纂修
明嘉靖三十年(1551)刻本
[康熙]巴東縣志 第292册
(清)齊祖望纂修
清康熙二十二年(1683)刻本
[同治]巴東縣志 第292册
(清)廖恩樹修 蕭佩聲纂
清同治五年(1866)修光緒六年(1880)重刻本本署藏版
[乾隆]鶴峰州志 第292册
(清)毛峻德纂修
清乾隆六年(1741)刻本
[道光]鶴峯州志 第292册
(清)吉鍾穎修 洪先燾等纂
清道光二年(1822)刻本
[同治]續修鶴峯州志 第292册
(清)徐澍楷修 雷春沼纂
清同治六年(1867)刻本
[光緒]續修鶴峯州志 第292册
(清)長庚 厲祥官修 陳鴻漸纂
清光緒十一年(1885)刻本
[同治]宣恩縣志 第292册
(清)張金瀾修 蔡景星 張金圻纂
清同治二年(1863)刻本
[乾隆]來鳳縣志 第292册
(清)林翼池修 蒲又洪纂
清乾隆二十一年(1756)刻本
[同治]來鳳縣志 第292册
(清)李勗修 何遠鑒 張鈞纂
清同治五年(1866)刻本
[同治]咸豐縣志 第292册
(清)張梓修 張光杰纂
清同治四年(1865)刻本
[民國]咸豐縣志 第292册
徐大煜纂修
民國三年(1914)刻本版存勸學所
[光緒]利川縣志 第292册
(清)黄世崇纂修
清光緒二十年(1894)刻本
湖南省
湘中記 第293册
(晉)羅含撰
據北京圖書館出版社一九九七年《漢唐方志輯佚》排印
[嘉慶]湖南通志 第293册
(清)巴哈布等修 王煦等纂
據清嘉慶二十五年(1820)刻版增刻本布政使司衙門藏版
[光緒]湖南通志 第293册
(清)卞寶第 李瀚章等修 曾國荃 郭嵩燾等纂
清光緒十一年(1885)刻本
長沙市
湘州記 第293册
(晉)庾仲雍撰
據北京圖書館出版社一九九七年《漢唐方志輯佚》排印
湘州記 第293册
佚名纂修
據北京圖書館出版社一九九七年《漢唐方志輯佚》排印
長沙府志 第294册
佚名纂修
據《永樂大典》本排印
[嘉靖]長沙府志 第294册
(明)孫存 潘鎰修 楊林 張治纂
明嘉靖十三年(1534)刻本
[康熙]長沙府志 第294册
(清)蘇佳嗣纂修
清康熙二十四年(1685)刻本
[乾隆]長沙府志 第294册
(清)呂肅高修 張雄圖纂
清乾隆十三年(1748)刻本
湘城訪古録 第294册
(清)陳運溶編
清光緒二十年(1894)刻本
[嘉慶]長沙縣志 第294册
(清)趙文在等纂修
清嘉慶十五年(1810)刻本本衙藏版
[嘉慶]長沙縣志 第294册
(清)趙文在原本 陳光詔續修 艾以清等續纂
清嘉慶二十二年(1817)增補刻本本衙藏版
[同治]長沙縣志 第295册
(清)劉采邦等修 張延珂 袁繼翰纂
清同治十年(1871)刻本
[乾隆]善化縣志 第295册
(清)魏成漢修 張汝潤等纂
清乾隆十二年(1747)刻本
[嘉慶]善化縣志 第295册
(清)王勳 王餘英纂修
清嘉慶二十三年(1818)刻本
[光緒]善化縣志 第295册
(清)吳兆熙 冒沅修 張先掄 韓炳章纂
清光緒三年(1877)刻本
嶽麓志 第295册
(清)趙寧纂修
清康熙二十六年(1687)刻本鏡水堂藏版
[雍正]瀏陽縣志 第295册
(清)陳夢文修 方暨謨纂

清雍正十一年(1733)刻本順移堂藏版
[嘉慶]瀏陽縣志 第295册
(清)謝希閔等修 王顯文纂
清嘉慶二十四年(1819)刻本
[同治]瀏陽縣志 第295册
(清)王汝惺等修 鄒焌杰等纂
清同治十二年(1873)刻本
[乾隆]寧鄉縣志 第295册
(清)李杰超修 王文清纂
清乾隆十三年(1748)刻本學宫藏版
[嘉慶]寧鄉縣志 第296册
(清)王餘英等修 袁名曜纂
清嘉慶二十四年(1819)刻本
[民國]寧鄉縣志 第296册
周震麟修 劉宗向纂
民國三十年(1941)活字本

張家界市

[乾隆]桑植縣志 第296册
(清)顧奎光纂修
清乾隆間修抄本
[同治]桑植縣志 第296册
(清)周來賀纂修
清同治十二年(1873)刻本
[康熙]永定衛志 第296册
(清)潘義修 楊顯德纂
清康熙二十四年(1685)刻本
[嘉慶]永定縣志 第296册
(清)趙亨鈐修 熊國夏 王師麟纂
清道光三年(1823)刻本
[同治]續修永定縣志 第296册
(清)萬修廉修 張序枝纂
清同治九年(1870)刻本
永定縣鄉土志 第296册
(清)王樹人修 侯昌銘纂
清光緒三十三年(1907)修民國九年(1920)武陵集智印刷局鉛印本
[萬曆]慈利縣志 第296册
(明)陳光前纂修
明萬曆元年(1573)刻本
[嘉慶]重修慈利縣志 第296册
(清)李約修 皇甫如森纂
清嘉慶二十二年(1817)刻本
[同治]續修慈利縣志 第296册
(清)嵇有慶修 魏湘纂
清同治八年(1869)刻本
[民國]慈利縣志 第296册
田興奎修 吴恭亨纂
民國十二年(1923)鉛印本

常德市

武陵記 第296册
(齊)黄閔撰
據北京圖書館出版社一九九七年《漢唐方志輯佚》排印
武陵記 第296册
(梁)伍安貧撰
據北京圖書館出版社一九九七年《漢唐方志輯佚》排印
武陵記 第296册
佚名纂修
據北京圖書館出版社一九九七年《漢唐方志輯佚》排印
武陵圖經志 第296册
佚名纂修
據《永樂大典》本排印
常德府志 第296册
佚名纂修
據《永樂大典》本排印
[嘉靖]常德府志 第296册
(明)陳洪謨纂修
明嘉靖二十六年(1547)刻本
[嘉慶]常德府志 第297册
(清)應先烈修 陳楷禮纂
清嘉慶十八年(1813)刻本
[同治]武陵縣志 第297册
(清)惲世臨 孫翹澤修 陳啟邁纂
清同治二年(1863)刻本
[康熙]龍陽縣志 第297册
(清)蔡蔭修 陳一揆纂
清康熙二十五年(1686)刻本
[嘉慶]龍陽縣志 第297册
(清)張在田修 游鳳藻等纂
清嘉慶十九年(1814)刻本
[光緒]龍陽縣志 第297册
(清)黄教鎔 黄文桐修 陳保真 彭日曉纂
清光緒元年(1875)刻本
澧州圖經 第297册
佚名纂修
據劉緯毅等輯《宋遼金元方志輯佚》排印
[乾隆]直隸澧州志林 第297册
(清)何璘修 黄宜中纂
清乾隆十五年(1750)刻本本衙藏版
[同治]直隸澧州志 第297册
(清)何玉棻修 魏式曾纂
清同治八年(1869)刻本
[民國]澧縣縣志 第297册
張之覺修 孟慶暄等纂
民國二十八年(1939)刻本
[康熙]安鄉縣志 第297册
(清)王基鞏纂修
清康熙二十六年(1687)刻本
[乾隆]安鄉縣志 第297册
(清)張綽修 曾之亨纂
清乾隆十三年(1748)修光緒六年(1880)盛賡補刻本
[民國]安鄉縣志 第297册
王熛編纂
民國二十六年(1937)石印本
[道光]安福縣志 第297册
(清)何寅斗等修 潘永盛 黄彝纂
清道光三年(1823)刻本
[同治]安福縣志 第297册
(清)姜大定修 尹襲澍纂
清同治八年(1869)刻本
[萬曆]桃源縣志 第297册
(明)鄭天佐 李徵纂修
明萬曆四年(1576)刻本
[道光]桃源縣志 第297册
(清)譚震修 方堃等纂
清道光四年(1824)刻本
[同治]桃源縣志 第297册
(清)羅行楷修 沙明焯 郭世歆纂
清同治八年(1869)刻本
[光緒]桃源縣志 第297册
(清)余良棟修 劉鳳苞纂
清光緒十八年(1892)刻本本衙藏版
桃花源志略 第297册
(明)曹學佺撰
清宣統二年(1910)刻本
[康熙]石門縣志 第297册
(清)張霖纂修 許湄續修
清康熙四十八年(1709)增補刻本
[嘉慶]石門縣志 第297册
(清)蘇益馨修 梅嶧纂
清嘉慶二十三年(1818)刻本版存文昌廟
[光緒]石門縣志 第297册
(清)閻鎮珩纂修
清光緒十五年(1889)刻本

益陽市

[乾隆]益陽縣志 第297册
(清)高自位修 曾璋纂
清乾隆十三年(1748)刻本

[同治]益陽縣志 第297册
(清)姚念楊等修 趙裴哲纂
清同治十三年(1874)刻本

益陽縣鄉土志 第298册
(清)吳美堂編
清光緒間抄本

[嘉慶]沅江縣志 第298册
(清)唐古特修 駱孔僎 陶澍纂
清嘉慶十五年(1810)刻本

[嘉慶]安化縣志 第298册
(清)牛中瀚等修 陶澍等纂
清嘉慶十六年(1811)刻本

[同治]安化縣志 第298册
(清)邱育泉修 何才煥纂
清同治十年(1871)刻本

岳陽市

岳州志 第298册
佚名纂修
據《永樂大典》本排印

[弘治]岳州府志 第298册
(明)劉璣纂修
明弘治元年(1488)刻本

[隆慶]岳州府志 第298册
(明)李元芳 鍾崇文纂修
明隆慶間刻本

[康熙]岳州府志 第298册
(清)李遇時修 楊柱朝纂
清康熙二十四年(1685)刻本

[乾隆]岳州府志 第298册
(清)黄凝道修 謝仲坃纂
清乾隆十一年(1746)刻本

岳陽風土記 第298册
(宋)范致明撰
古今逸史刻本

[嘉慶]巴陵縣志 第298册
(清)陳玉垣 莊繩武修 唐伊盛等纂
清嘉慶九年(1804)刻本本邑藏版

[同治]巴陵縣志 第298册
(清)嚴鳴琦 潘兆奎修 吴敏樹等纂
清同治十一年(1872)刻本版藏文星樓

[光緒]巴陵縣志 第298册
(清)姚詩德 鄭桂星修 杜貴墀等纂
清光緒十八年(1892)刻本

巴陵鄉土志 第298册
(清)佚名纂修
清末抄本

[康熙]臨湘縣志 第298册
(清)楊敬儒修 楊柱朝纂
清康熙二十四年(1685)刻本

[同治]臨湘縣志 第298册
(清)盛慶黻 恩榮修 熊興傑 歐陽恩霖纂
清同治十一年(1872)修光緒十八年(1892)刻本

[乾隆]平江縣志 第299册
(清)謝仲坃纂修 石文成增修
清乾隆八年(1743)修二十年(1755)增修刻本

[嘉慶]平江縣志 第299册
(清)陳增德修 李如珪等纂
清嘉慶二十一年(1816)刻本

[同治]平江縣志 第299册
(清)張培仁 麻維緒修 李元度等纂
清光緒元年(1875)刻本

[嘉靖]湘陰縣志 第299册
(明)張燈纂修 李廷龍補纂
明嘉靖三十三年(1554)刻四十四年(1565)增修後印本

[乾隆]湘陰縣志 第299册
(清)陳鍾理修 楊茂論纂
清乾隆二十二年(1757)修抄本

[嘉慶]湘陰縣志 第299册
(清)閻肇烺等修 黄朝綬等纂 徐鋐續纂修
清嘉慶二十五年(1820)修道光四年(1824)刻本書院藏版

[光緒]湘陰縣圖志 第299－300册
(清)郭嵩燾纂修
清光緒七年(1881)縣志局刻本

湘陰縣高明鄉志 第300册
黄紹瓊纂
民國三十七年(1948)稿本

[乾隆]華容縣志 第300册
(清)狄蘭標修 羅時暄纂
清乾隆二十五年(1760)刻本

[光緒]華容縣志 第300册
(清)孫炳煜 龍起濤修 熊紹庚 劉乙燃纂
清光緒八年(1882)刻本

株洲市

[乾隆]增修醴陵縣志 第300册
(清)段一騤等修 黄祖文等纂
清乾隆八年(1743)刻本

[同治]醴陵縣志 第300册
(清)徐淦修 江普光纂
清同治九年(1870)刻本

[民國]醴陵縣志 第300册
陳鯤修 劉謙纂
民國三十七年(1948)醴陵縣文獻委員會鉛印本

醴陵鄉土志 第300册
傅熊湘輯
民國十五年(1926)鉛印本

[乾隆]攸縣志 第300册
(清)馮運棟纂修
清乾隆十二年(1747)刻嘉慶八年(1803)張範增刻本本衙藏版

[同治]攸縣志 第300册
(清)趙勷 萬在衡修 陳之驥纂 王元凱續修 嚴鳴琦續纂
清同治十年(1871)刻本

[嘉靖]茶陵州志 第300册
(明)張治纂修
明嘉靖四年(1525)刻本

[嘉慶]茶陵州志 第300册
(清)趙國宣纂修 尹勲增纂
清嘉慶十八年(1813)增刻康熙本

[同治]茶陵州志 第300册
(清)福昌修 譚鍾麟纂
清同治十年(1871)刻本

[乾隆]酃縣志 第300册
(清)林愈蕃等纂修
清乾隆三十一年(1766)刻本烈山書院藏版

[同治]酃縣志 第300册
(清)唐榮邦修 楊嶽方纂
清同治十二年(1873)刻本

湘潭市

湘潭志 第300册
佚名纂修
據《永樂大典》本排印

[乾隆]湘潭縣志 第301册
(清)呂正音修 歐陽正煥纂
清乾隆二十一年(1756)刻本

[嘉慶]湘潭縣志 第301册
(清)張雲璈修 周系英纂

清嘉慶二十三年(1818)刻本
[光緒]湘潭縣志 第301册
(清)陳嘉榆修 王闓運纂
清光緒十五年(1889)刻本
[康熙]湘鄉縣志 第301册
(清)劉履泰修 劉象贒纂
清康熙十二年(1673)刻本
[乾隆]湘鄉縣志 第301册
(清)張天如修 謝天錦纂
清乾隆十三年(1748)刻本本衙藏版
[道光]湘鄉縣志 第301册
(清)胡鈞等修 張承霨等纂
清道光五年(1825)刻本
[同治]湘鄉縣志 第301册
(清)齊德五 王述恩修 黄楷盛纂
清同治十三年(1874)刻本
湘鄉鄉土地理志 第301册
成希蕃纂修
抄本
衡陽市
衡州府志 第301册
佚名纂修
據《永樂大典》本排印
[嘉靖]衡州府志 第301册
(明)楊珮 岳亭子纂修
明嘉靖十五年(1536)刻本
[康熙]衡州府志 第302册
(清)張奇勛修 周士儀纂 譚弘憲續修
清康熙二十一年(1682)刻本
[乾隆]衡州府志 第302册
(清)饒佺修 曠敏本纂
清乾隆二十八年(1763)刻光緒元年(1875)補刻本
南嶽小録 第302册
(唐)李沖昭撰
民國二十八年(1939)商務印書館《叢書集成初編》據《藝海珠塵》本排印本
南嶽紀遊 第302册
蔣維喬撰
民國間抄本
[乾隆]衡陽縣志 第302册
(清)陶易修 李德等纂
清乾隆二十六年(1761)刻本
[嘉慶]衡陽縣志 第302册
(清)閻肇烺等修 馬倚元 王斯颺纂
清嘉慶二十五年(1820)刻本
[同治]衡陽縣志 第302册
(清)彭玉麟 殷家儁等纂修
清同治十一年(1872)刻本
[乾隆]清泉縣志 第302册
(清)江恂等纂修
清乾隆嘉慶間刻本本署藏版
[同治]清泉縣志 第302册
(清)王開運等修 張修府等纂
清同治八年(1869)刻本
衡山圖經 第302册
佚名纂修
據北京圖書館出版社一九九七年《漢唐方志輯佚》排印
[弘治]衡山縣志 第302册
(明)劉熙修 何紀纂
明弘治元年(1488)修民國十三年(1924)衡山康和聲鉛印周鎧續修本
[乾隆]衡山縣志 第302册
(清)德貴修 鍾光序續修
清乾隆十年(1745)修三十九年(1774)續修刻本
[道光]衡山縣志 第302册
(清)侯鈐等修 蕭鳳翥等纂
清道光三年(1823)增刻本
[光緒]衡山縣志 第303册
(清)李惟丙 勞銘勳修 文嶽英 胡伯第纂
清光緒元年(1875)刻本
[同治]常甯志 第303册
(清)玉山修 李孝經 毛詩纂
清同治九年(1870)右文書局刻本
[雍正]耒陽縣志 第303册
(清)張應星纂修 徐德泰增修
清康熙五十五年(1716)刻雍正五年(1727)增刻本
[道光]耒陽縣志 第303册
(清)常慶 陳翰修 鄭優 伍聲俩纂
清道光六年(1826)刻本胞與堂藏版
[光緒]耒陽縣志 第303册
(清)于學琴等修 宋世煦等纂
清光緒十二年(1886)刻本
郴州市
[萬曆]郴州志 第303册
(明)胡漢纂修
明萬曆四年(1576)刻本
[康熙]郴州總志 第303册
(清)陳邦器修 李嗣泌 劉帶蕙纂
清康熙二十四年(1685)刻本
[乾隆]直隸郴州總志 第303册
(清)謝仲坃 揚桑阿修 何全吉纂
清乾隆三十七年(1772)刻本
[嘉慶]郴州總志 第303册
(清)朱偓修 陳昭謀纂
清嘉慶二十五年(1820)刻本
郴州直隸州鄉土志 第303册
(清)查慶綏修 謝馨槐纂
清光緒三十三年(1907)刻本
郴遊録 第303册
(清)金蓉鏡撰
清末鉛印本
[嘉慶]安仁縣志 第303册
(清)侯鈐修 歐陽厚均纂
清嘉慶二十四年(1819)刻本
[同治]安仁縣志 第303册
(清)張景垣修 張鵬 侯材驥纂
清同治八年(1869)刻本
[乾隆]永興縣志 第303册
(清)沈維基修 楚大德纂
清乾隆二十七年(1762)刻本
[光緒]永興縣志 第303册
(清)呂鳳藻修 李獻君纂
清光緒九年(1883)刻本
[乾隆]興寧縣志 第303册
(清)羅紳修 張九鐔等纂
清乾隆二十四年(1759)刻本
[道光]興寧縣志 第303册
(清)張偉等纂修
清道光元年(1821)刻本
[光緒]興寧縣志 第304册
(清)郭樹馨 劉錫九修 黄榜元纂
清光緒元年(1875)刻本
[乾隆]桂東縣志 第304册
(清)洪鐘 張煥修 黄體德纂
清乾隆二十四年(1759)刻本
[嘉慶]桂東縣志 第304册
(清)林鳳儀 曾鈺修 黄性時纂
清嘉慶二十二年(1817)修咸豐九年(1859)章濂增刻本
[同治]桂東縣志 第304册
(清)劉華邦修 郭岐勳纂
清同治五年(1866)修民國十四年(1925)木活字補版重印本
[乾隆]桂陽縣志 第304册
(清)淩魚 黄文理修 朱有斐 李宗纂

清嘉慶七年(1802)吳乘時增刻本
[同治]桂陽縣志 第304册
(清)錢紹文 孫光燮修 朱炳元 何俊纂
清同治六年(1867)刻本
[民國]汝城縣志 第304册
陳必聞修 范大溎等纂
民國二十一年(1932)活字本
[乾隆]宜章縣志 第304册
(清)楊文植 姜順修 楊河 儲旱纂
清乾隆二十一年(1756)刻本
[嘉慶]宜章縣志 第304册
(清)陳永圖修 龔立海 黃本騏纂
清嘉慶二十年(1815)刻本
[民國]宜章縣志 第304册
鄧典謨纂修
民國三十年(1941)活字本
石虎山志 第304册
(清)黃楚珩撰
清道光二十一年(1841)刻本本祠藏版
[康熙]臨武縣志 第304册
(清)張聲遠修 鄒章周纂
清康熙二十七年(1688)刻本
[嘉慶]臨武縣志 第304册
(清)鄒景文修 曹家玉纂
清嘉慶二十二年(1817)刻本
[同治]臨武縣志 第304册
(清)鄒景文原本 吳洪恩續修 陳佑啟 章俊純續纂
清同治六年(1867)增刻本
[乾隆]嘉禾縣志 第304册
(清)高大成修 李光甲纂
清乾隆三十一年(1766)刻本
[同治]嘉禾縣志 第304册
(清)高大成修 李光甲纂 陳國仲增修 吳紱棠增纂
清同治二年(1863)增刻本
[民國]嘉禾縣圖志 第304册
雷飛鵬等纂修
民國二十年(1931)刻本
[康熙]桂陽州志 第304册
(清)董之輔修 吳爲相等纂
清康熙二十二年(1683)刻本
[雍正]桂陽州志 第304册
(清)張明叙修 李瓊林纂
清雍正七年(1729)刻本
[乾隆]直隸桂陽州志 第304册
(清)張宏燧修 盧世昌等纂
清乾隆三十年(1765)刻本
[同治]桂陽直隸州志 第304册
(清)汪斅灝修 王闓運纂
清同治七年(1868)刻本

永州市

永州舊經 第305册
佚名纂修
據劉緯毅等輯《宋遼金元方志輯佚》排印
[弘治]永州府志 第305册
(明)姚昺纂修
明弘治八年(1495)刻本
[康熙]永州府志 第305册
(清)劉道著修 錢邦芑纂
清康熙九年(1670)刻本
[道光]永州府志 第305册
(清)隆慶修 宗績辰纂
清道光八年(1828)修同治六年(1867)重校刻本
[康熙]零陵縣志 第305册
(清)王元弼修 黄佳色等纂
清康熙二十三年(1684)刻本
[嘉慶]零陵縣志 第305册
(清)武占熊修 劉方璿 蔣濂纂
清嘉慶十五年(1810)刻二十二年(1817)重印本本衙藏版
[光緒]零陵縣志 第305册
(清)嵇有慶 徐保齡修 劉沛纂
清光緒二年(1876)刻本
[光緒]零陵縣志 第305册
(清)嵇有慶修 劉沛纂
清光緒二年(1876)刻民國二十年(1931)鄭桂芳吳文增刻本
[嘉慶]新田縣志 第305册
(清)黃應培等修 樂明紹等纂
清嘉慶十七年(1812)修民國二十九年(1940)活字本
[乾隆]寧遠縣志 第305册
(清)鍾人文纂修
清乾隆十九年(1754)刻本
[嘉慶]寧遠縣志 第305册
(清)曾鈺纂修
清嘉慶十七年(1812)刻本
[光緒]甯遠縣志 第305册
(清)張大煦修 歐陽澤闓纂
清光緒二年(1876)崇正書院刻本
九疑山志 第305册
(清)詹惟聖纂
清康熙間刻本
[康熙]藍山縣志 第305册
(清)劉涵修 劉世臣纂
清康熙五十四年(1715)修抄本
[民國]藍山縣圖志 第305册
雷飛鵬等纂修
民國二十二年(1933)刻本
[雍正]江華縣志 第305册
(清)鄭鼎勳修 蔣琛纂
清雍正七年(1729)刻本
[同治]江華縣志 第305册
(清)劉華邦纂修
清同治九年(1870)刻本
[康熙]永明縣志 第305册
(清)周鶴修 王纘纂
清康熙四十八年(1709)刻本
[光緒]永明縣志 第305册
(清)萬發元修 周銑詒纂
清光緒三十三年(1907)刻本
舂陵新志 第306册
佚名纂修
據劉緯毅等輯《宋遼金元方志輯佚》排印
[嘉慶]道州志 第306册
(清)張元惠修 黃如穀纂
清嘉慶二十五年(1820)刻本
[光緒]道州志 第306册
(清)李鏡蓉修 許清源纂
清光緒四年(1878)刻本
[乾隆]東安縣志 第306册
(清)吳德潤修 毛世卿等纂
清乾隆十七年(1752)刻本本衙藏版
[乾隆]祁陽縣志 第306册
(清)李蒔修 曠敏本纂
清乾隆三十年(1765)刻本
[嘉慶]祁陽縣志 第306册
(清)萬在衡修 甘慶增纂
清嘉慶十七年(1812)刻本版藏濂溪祠
[同治]祁陽縣志 第306册
(清)陳玉祥等修 劉希關等纂
清同治九年(1870)刻本
[民國]祁陽縣志 第306册
李馥纂修
民國二十年(1931)刻本
浯溪考 第306册
(清)王士禎撰

清康熙間刻本
[乾隆]浯溪新志 第306册
(清)宋溶纂修
清乾隆三十五年(1770)刻本

邵陽市

寶慶府志 第306册
佚名纂修
據《永樂大典》本排印
[隆慶]寶慶府志 第306册
(明)陸柬纂修
明隆慶元年(1567)刻本
[康熙]寶慶府志 第306册
(清)梁碧海 劉應祁纂修
清康熙二十四年(1685)刻五十四年(1715)李弘漢補刻本
[道光]寶慶府志 第306－308册
(清)黄宅中修 鄧顯鶴纂
清道光二十九年(1849)修民國二十三年(1934)新新印書館鉛印本
邵陽圖志 第309册
(宋)李章之撰
據劉緯毅等輯《宋遼金元方志輯佚》排印
[康熙]邵陽縣志 第309册
(清)張起鵾修 劉應祁纂
清康熙二十三年(1684)刻本
[乾隆]邵陽縣志 第309册
(清)蕭聚崑修 鄺永錯纂
清乾隆二十九年(1764)刻本
[光緒]邵陽縣志 第309册
(清)黄文琛纂修
清光緒三年(1877)刻本
邵陽縣鄉土志 第309册
(清)上官廉等修 姚炳奎纂
清光緒三十三年(1907)刻本
白水紀勝 第309册
(清)李厚培輯
清光緒十七年(1891)刻本
[萬曆]新寧縣志 第309册
(明)沈文系纂修
明萬曆三十四年(1606)刻本
[康熙]新寧縣志 第309册
(清)牟國鎮修 朱宏緒纂
清康熙二十四年(1685)修民國間抄本
[道光]新寧縣志 第309册
(清)安舒原輯 張德尊纂修
清道光三年(1823)刻本
[光緒]新甯縣志 第309册
(清)張葆連修 劉長佑 劉坤一纂
清光緒十九年(1893)刻本
[康熙]武岡州志 第309册
(清)吴從謙修 潘應斗 潘應星纂
清康熙二年(1663)刻本
[乾隆]武岡州志 第309册
(清)席芬修 周思仁纂
清乾隆二十一年(1756)刻本
[嘉慶]武岡州志 第309册
(清)許紹宗修 鄧顯鶴纂
清嘉慶二十二年(1817)刻本
[同治]武岡州志 第309册
(清)黄維瓚 潘清修 鄧繹纂
清同治十二年(1873)刻本
武岡鄉土志 第310册
(清)張德昌纂修
清光緒三十四年(1908)活字本
[乾隆]續增城步縣志 第310册
(清)賈構修 易文炳等纂
清乾隆五十年(1785)刻本
[同治]城步縣志 第310册
(清)盛鎰源等修 戴聯璧等纂
清同治七年(1868)修民國十九年(1930)城步永德堂活字本
[乾隆]綏寧縣志 第310册
(清)程際泰修 幸超士纂
清乾隆十九年(1754)刻本
[同治]綏寧縣志 第310册
(清)方傳質修 龍鳳翥等纂
清同治六年(1867)刻本

懷化市

[乾隆]辰州府志 第310册
(清)席紹葆等修 謝鳴謙 謝鳴盛纂
清乾隆三十年(1765)刻本
辰州府鄉土志 第310册
(清)覺羅清泰纂修
清光緒間抄本
[雍正]黔陽縣志 第310册
(清)張扶翼纂修 王光電續纂修
清雍正十一年(1733)增刻康熙本
[乾隆]黔陽縣志 第310册
(清)姚文起修 危元福等纂
清乾隆五十四年(1789)刻本龍標藏版
[同治]黔陽縣志 第310册
(清)陳鴻作等修 楊大誦 易燮堯纂
清同治十三年(1874)刻本
[道光]辰谿縣志 第310册
(清)徐會雲等修 劉家傳等纂
清道光二年(1822)刻本
[康熙]沅陵縣志 第310册
(清)郎廷棟修 張佳晟纂
清康熙四十四年(1705)刻本
[同治]沅陵縣志 第310册
(清)守忠等修 許光曙等纂
清光緒二十八年(1902)補版重印本
[乾隆]漵浦縣志 第310册
(清)陶金諧修 楊鴻觀纂
清乾隆二十七年(1762)刻本
[同治]漵浦縣志 第310册
(清)齊德五修 舒其錦纂
清同治十二年(1873)刻本
[民國]漵浦縣志 第310册
吴劍佩 陳整修 舒立淇纂
民國十年(1921)活字本
[乾隆]重修會同縣志 第310册
(清)于文駿修 梁嘉瑜纂
清乾隆十九年(1754)刻本
[光緒]會同縣志 第310册
(清)孫炳煜纂修
清光緒二年(1876)刻本
[康熙]靖州志 第310册
(清)祝鍾賢修 李大翥纂
清康熙二十三年(1684)刻本
[乾隆]直隸靖州志 第310册
(清)吕宣曾修 張開東纂
清乾隆二十六年(1761)刻本
[光緒]靖州直隸州志 第311册
(清)吴起鳳 勞銘勛修 唐際虞 李廷森纂
清光緒五年(1879)刻
靖州鄉土志 第311册
(清)金蓉鏡纂輯
清光緒三十四年(1908)刻本版藏警務局
[嘉慶]通道縣志 第311册
(清)蔡象衡 羅臨遠修 李逢生纂
清嘉慶二十年(1815)修民國二十年(1931)石印本
[道光]晃州廳志 第311册
(清)張映蛟等修 俞克振等纂
清道光五年(1825)修民國二十五年(1936)鉛印本本府藏版
[乾隆]沅州府志 第311册

(清)瑭珠修 朱景英 郭瑗齡纂
清乾隆二十二年(1757)修刻本
[同治]沅州府志 第311册
(清)張官五等纂修 吳嗣仲續修
清同治十二年(1873)增刻乾隆本
[乾隆]芷江縣志 第311册
(清)閔從隆纂修
清乾隆二十五年(1760)刻本
[同治]芷江縣志 第311册
(清)盛慶紱 吳乗慈修 盛一林纂
清同治九年(1870)刻本
[康熙]麻陽縣志 第311册
(清)黄志璋纂修
清康熙二十四年(1685)刻本
[同治]新脩麻陽縣志 第311册
(清)姜鍾琇等修 劉士先 王振玉纂
清同治十三年(1874)刻本

婁底市

[乾隆]新化縣志 第311册
(清)梁棟修 楊振鐸纂
清乾隆二十四年(1759)刻本本衙藏版
[道光]新化縣志 第312册
(清)林聯桂纂修
清道光十二年(1832)刻本
[同治]新化縣志 第312册
(清)關培鈞等修 劉洪澤等纂
清同治十一年(1872)刻本

湘西土家族苗族自治州

[同治]永順府志 第312册
(清)張天如等纂修 魏式曾增修 郭鑑襄增纂
清同治十二年(1873)增刻乾隆本
[乾隆]乾州志 第312册
(清)王瑋纂修
清乾隆四年(1739)刻本
[光緒]乾州廳志 第312册
(清)蔣琦溥纂修 林書勳續修 張先達續纂
清同治十一年(1872)修光緒三年(1877)續修刻本
[乾隆]永順縣志 第312册
(清)李瑾纂修 王伯麟增修
清乾隆十年(1745)刻本
[乾隆]永順縣志 第312册
(清)黄德基修 關天申纂
清乾隆五十八年(1793)刻本
[同治]永順縣志 第312册
(清)唐賡 董耀焜修 李龍章纂
清同治十三年(1874)刻本版藏縣禮科
[民國]永順縣志 第312册
胡履新等修 魯隆盎 張孔修纂
民國十九年(1930)鉛印本
永順縣風土志 第312册
劉正學纂修
民國十二年(1923)鉛印本
[光緒]古丈坪廳志 第312册
(清)董鴻勳纂修
清光緒三十三年(1907)鉛印本
[乾隆]瀘溪縣志 第312册
(清)顧奎光修 李涌纂
清乾隆二十年(1755)刻本
[乾隆]鳳凰廳志 第312册
(清)潘曙 楊盛芳纂修
清乾隆二十三年(1758)刻本
[道光]鳳凰廳志 第312册
(清)黄應培修 孫均銓 黄元復纂
清道光四年(1824)刻本
[光緒]鳳凰廳續志 第312册
(清)侯晟 耿維中修 黄河清纂
清光緒十八年(1892)刻本
[同治]永綏直隸廳志 第312册
(清)周玉衡等修 楊瑞珍纂
清同治七年(1868)刻本
[宣統]永綏廳志 第312册
(清)董鴻勳纂修
清宣統元年(1909)鉛印本
[同治]保靖縣志 第312册
(清)林繼欽 龔南金修 袁祖綬纂
清同治十年(1871)刻本
[嘉慶]龍山縣志 第312册
(清)繳繼祖修 洪際清纂
清嘉慶二十三年(1818)刻本
[光緒]龍山縣志 第312册
(清)符爲霖修 吕懋恒纂 謝寶文續修 劉沛續纂
清同治九年(1870)修光緒四年(1878)續修刻本

廣東省

南越志 第313册
(劉宋)沈懷遠撰
據北京圖書館出版社一九九七年《漢唐方志輯佚》排印
續南越志 第313册
佚名纂修
據北京圖書館出版社一九九七年《漢唐方志輯佚》排印
嶺南异物志 第313册
(唐)孟琯撰
據北京圖書館出版社一九九七年《漢唐方志輯佚》排印
[嘉靖]廣東通志初稿 第313册
(明)戴璟修 張岳纂
明嘉靖十四年(1535)刻本
嶺海輿圖 第313册
(明)姚虞撰
清道光二十四年(1844)刻本
[萬曆]廣東通志 第313册
(明)郭棐纂修
明萬曆三十年(1602)刻本
粤大記 第313册
(明)郭棐纂修
明萬曆間刻本
[康熙]廣東通志 第313册
(清)金光祖纂修
清康熙十四年(1675)修三十六年(1697)刻本
廣東輿圖 第313册
(清)蔣伊 韓作棟等纂修
清康熙二十四年(1685)刻本
廣東通志 第313册
《古今圖書集成》本
[雍正]廣東通志 第313册
(清)郝玉麟等修 魯曾煜纂
清雍正九年(1731)刻本
[道光]廣東通志 第314册
(清)阮元等修 陳昌齊等纂
清道光二年(1822)刻本
廣東圖說 第314－315册
(清)毛鴻賓 郭嵩燾等修 桂文燦纂
清同治間刻本
[民國]廣東通志 第315册
鄒魯修 溫廷敬等纂
民國二十四年(1935)稿本
廣東新語 第315册
(清)屈大均撰
清康熙間刻本水天閣綉版
廣東考古輯要 第315册
(清)周廣等纂修
清光緒十九年(1893)刻本還讀書屋藏版

廣州市

南海郡傳 第315册
佚名纂修
據北京圖書館出版社一九九七年《漢唐方志輯佚》排印

南海圖經 第315册
(宋)李木纂
據劉緯毅等輯《宋遼金元方志輯佚》排印

南海志 第315册
(宋)陳峴纂
據劉緯毅等輯《宋遼金元方志輯佚》排印

南海郡略 第315册
佚名纂修
據劉緯毅等輯《宋遼金元方志輯佚》排印

[大德]南海志 第315册
(元)陳大震修 吕桂孫纂
元大德八年(1304)刻本

南海古迹記 第315册
(元)吳萊撰
據劉緯毅等輯《宋遼金元方志輯佚》排印

南海志 第315册
佚名纂修
據《永樂大典》本排印

廣州府南海志 第315册
佚名纂修
據《永樂大典》本排印

廣州府志 第315册
佚名纂修
據《永樂大典》本排印

[成化]廣州志 第315册
(明)吳中修 王文鳳纂
明成化九年(1473)刻本

[乾隆]廣州府志 第316册
(清)金烈 張嗣衍修 沈廷芳纂
清乾隆二十四年(1759)刻本

[光緒]廣州府志 第316册
(清)瑞麟 戴肇辰等修 史澄等纂
清光緒五年(1879)刻本

廣州城坊志 第316册
黄佛頤撰
民國三十七年(1948)石印本

[康熙]花縣志 第316册
(清)王永名修 黄士龍等纂
清康熙二十六年(1687)修光緒十六年(1890)刻本

[民國]花縣志 第316册
孔昭度 符矩存修 利璋纂
民國十三年(1924)鉛印本

[嘉靖]增城縣志 第316册
(明)文章修 張文海纂
明嘉靖十七年(1538)刻本

[康熙]增城縣志 第316册
(清)蔡淑修 陳輝璧纂
清康熙二十五年(1686)刻本

[乾隆]增城縣志 第316册
(清)管一清纂修
清乾隆十九年(1754)刻本

[嘉慶]增城縣志 第317册
(清)熊學源修 李寶中纂
清嘉慶二十五年(1820)刻同治十年(1871)張慶鑅增刻本

[民國]增城縣志 第317册
王思章修 賴際熙纂
民國十年(1921)刻本

[康熙]從化縣新志 第317册
(清)郭遇熙修 梁長吉增補
清康熙四十九年(1710)修民國十九年(1930)鉛印本

[雍正]從化縣新志 第317册
(清)郭遇熙纂修 蔡廷鑣續修 張經綸續纂
清雍正八年(1730)續修刻本

番禺雜記 第317册
(宋)鄭熊撰
據劉緯毅等輯《宋遼金元方志輯佚》排印

[乾隆]番禺縣志 第317册
(清)任果 常德修 檀萃 凌魚纂
清乾隆三十九年(1774)刻本

羊城古鈔 第317册
(清)仇池石輯
據清嘉慶十一年(1806)刻版重印本

[同治]番禺縣志 第317册
(清)李福泰修 史澄等纂
清同治十年(1871)光霽堂刻本

[宣統]番禺縣續志 第317册
(清)梁鼎芬等修 丁仁長等纂
民國二十年(1931)刻本

[民國]續番禺縣志 第317册
凌鶴書纂
抄本

番禺河南小志 第317册
黄任恒編
傳抄民國三十四年(1945)稿本

清遠市

[道光]佛岡縣直隸軍民廳志 第317册
(清)龔耿光纂修
清道光二十二年(1842)修咸豐元年(1851)刻本

英州圖經 第317册
佚名纂修
據劉緯毅等輯《宋遼金元方志輯佚》排印

[道光]英德縣志 第317册
(清)黄培燦 劉濟寬修 陸殿邦纂
清道光二十三年(1843)刻本

[民國]英德縣續志 第317册
鄧士芬修 黄佛頤 凌鶴書等纂
民國二十年(1931)鉛印本

英德縣鄉土志 第317册
佚名纂修
民國二十七年(1938)抄本

[乾隆]清遠縣志 第317册
(清)陳哲纂修
清乾隆三年(1738)刻本

[光緒]清遠縣志 第317册
(清)李文烜等修 朱潤芳等纂
清光緒六年(1880)廣州翰元樓刻本

[民國]清遠縣志 第318册
吳鳳聲 余棨謀修 朱汝珍纂
民國二十六年(1937)鉛印本

[順治]陽山縣志 第318册
(清)熊兆師纂修
清順治十五年(1658)刻本

[乾隆]陽山縣志 第318册
(清)萬光謙纂修
清乾隆十二年(1747)刻本

[民國]陽山縣志 第318册
黄瓚修 朱汝珍纂
民國二十七年(1938)鉛印本

[乾隆]連州志 第318册
(清)楊楚枝修 吳光纂
清乾隆三十六年(1771)刻本

[同治]連州志 第318册
(清)袁泳錫等修 單興詩纂
清同治十年(1871)刻本

韶關市

[康熙]曲江縣志 第318册
(清)秦熙祚修 陳金閶纂
清康熙二十六年(1687)刻本

[光緒]曲江縣志 第318册
(清)張希京修 歐樾華等纂
清光緒元年(1875)刻本

始興記 第318册
(劉宋)王韶之撰
據北京圖書館出版社一九九七年《漢唐方志輯佚》排印

韶州舊經 第318册
佚名纂修
據劉緯毅等輯《宋遼金元方志輯佚》排印

[康熙]韶州府志 第318册
(清)唐宗堯修 秦嗣美纂
清康熙二十六年(1687)刻本

[同治]韶州府志 第318册
(清)林述訓等修 單興詩 歐樾華等纂
清同治十一年(1872)修光緒二年(1876)刻本

[同治]樂昌縣志 第318册
(清)徐寶符等修 李穠等纂
清同治十年(1871)刻本

[民國]樂昌縣志 第318册
劉運鋒修 陳宗瀛纂
民國二十年(1931)鉛印本

[嘉靖]仁化縣志 第318册
(明)胡居安纂修
明嘉靖三十六年(1557)藍絲闌抄本

[康熙]仁化縣志 第318册
(清)李夢鸞纂修
清康熙二十五年(1686)刻本

[同治]仁化縣志 第319册
(清)陳鴻修 劉鳳輝纂
清同治十二年(1873)修光緒九年(1883)刻本

[民國]仁化縣志 第319册
何炯璋修 譚鳳儀纂
民國二十三年(1934)鉛印本

南雄路志 第319册
(元)黄慈孫纂
據劉緯毅等輯《宋遼金元方志輯佚》排印

南雄郡志 第319册
佚名纂修
據《永樂大典》本排印

南雄府圖經志 第319册
佚名纂修
據《永樂大典》本排印

[嘉靖]南雄府志 第319册
(明)譚大初纂修
明嘉靖二十一年(1542)刻本

[乾隆]南雄府志 第319册
(清)梁宏勳等修 胡定纂
清乾隆十八年(1753)刻本

[道光]直隸南雄州志 第319册
(清)余保純等修 黄其勤纂 戴錫綸續纂修
清道光四年(1824)省城心簡齋刻本

[乾隆]保昌縣志 第319册
(清)陳志儀纂修
清乾隆十八年(1753)刻本

[嘉靖]始興縣志 第319册
(明)汪慶舟修 袁宗與等纂
明嘉靖十五年(1536)刻本

[乾隆]始興縣志 第319册
(清)鄭炳修 凌元駒纂
清乾隆二十年(1755)刻本

[民國]始興縣志 第319册
陳及時等纂修
民國十五年(1926)南雄華園印務局石印本

[嘉靖]廣東韶州府翁源縣志 第319册
(明)李孔明纂修
明嘉靖三十六年(1557)修抄本

[康熙]新修翁源縣志 第319册
(清)孫可訓修 郭弘纘纂 劉士麒增修
清康熙二十五年(1686)刻本

[乾隆]翁源縣志 第319册
(清)楊楚枝修 郭正嘉纂
清乾隆三十年(1765)刻本

[嘉慶]翁源縣志 第319册
(清)謝崇俊修 顏爾樞纂
清嘉慶二十五年(1820)刻本本衙藏版

[康熙]乳源縣志 第319册
(清)裘秉鈁修 龐瑋纂
清康熙二年(1663)修油印本

[康熙]乳源縣志 第319册
(清)張洸易修 李師錫纂
清康熙間刻本

[乾隆]長寧縣志 第319册
(清)楚元士纂修
清乾隆二十一年(1756)刻本

[道光]長寧縣志 第319册
(清)高炳文修 馮蘭纂
清道光十九年(1839)修抄本

河源市

[康熙]河源縣志 第319册
(清)王駒修 鄺奕俊等纂
清康熙間刻本

[乾隆]河源縣志 第319册
(清)陳張翼修 尹報遠纂
清乾隆十一年(1746)刻本

[同治]河源縣志 第319册
(清)彭君穀修 賴以平等纂
清同治十三年(1874)刻本

[雍正]連平州志 第319册
(清)盧廷俊修 顏希聖 何深纂
清雍正八年(1730)刻本

[乾隆]和平縣志 第319册
(清)曹鵬翊 徐廷芳修 朱超玟 徐潤纂
清乾隆二十八年(1763)刻本

[嘉慶]和平縣志 第319册
(清)羅天桂修 徐延翰纂
清嘉慶二十四年(1819)刻本

[民國]和平縣志 第319册
曾樞修 凌開蔚纂
民國三十二年(1943)鉛印本

[乾隆]龍川縣志 第319册
(清)書圖修 楊廷釗纂
清乾隆二十七年(1762)刻本

[嘉慶]龍川縣志 第319册
(清)胡瑃修 勒殷山纂
清嘉慶二十三年(1818)刻本

[康熙]永安縣次志 第319册
(清)張進籙修
清康熙二十六年(1687)刻本

[道光]永安縣三志 第319册
(清)葉廷芳等纂修
清道光二年(1822)刻本

梅州市

[乾隆]嘉應州志 第319册
(清)王之正纂修
清乾隆十五年(1750)刻本本衙藏版

[光緒]嘉應州志 第320册
(清)吳宗焯修 溫仲和纂
清光緒二十七年(1901)刻民國二十二年(1933)補刻本

[雍正]平遠縣志 第320册

(清)劉駿名纂修 黄大鵬續纂修
民國間抄本
[嘉慶]平遠縣志 第320册
(清)盧兆鰲等修 歐陽蓮等纂
清嘉慶二十五年(1820)修民國二十四年(1935)鉛印本
[乾隆]鎮平縣志 第320册
(清)潘承焯 吳作哲等纂修
清乾隆四十八年(1783)刻本
[光緒]鎮平縣志 第320册
(清)黄釗纂
清光緒六年(1880)刻本
[嘉靖]大埔縣志 第320册
(明)吳思立修 陳堯道等纂
明嘉靖三十六年(1557)修一九六三年油印本
[康熙]埔陽志 第320册
(清)宋嗣京修 藍應裕等纂
清康熙二十五年(1686)刻本
[同治]大埔縣志 第320册
(清)張鴻恩纂修
清同治十二年(1873)修光緒二年(1876)刻本
[乾隆]豐順縣志 第320册
(清)葛曙纂修
清乾隆十一年(1746)刻本
[光緒]豐順縣志 第320册
(清)葛曙纂修 許普濟續修 吳鵬續纂
清光緒十年(1884)刻本
[民國]新修豐順縣志 第320册
劉禹輪修 李唐纂
民國三十二年(1943)汕頭鑄字局梅縣分局鉛印本
[康熙]長樂縣志 第320册
(清)孫胤光修 李逢祥纂
清康熙二年(1663)刻本
[康熙]長樂縣志 第320册
(清)孫蕙修 孔元體纂
清康熙二十六年(1687)刻本
[道光]長樂縣志 第320册
(清)侯坤元修 溫訓等纂
清道光二十五年(1845)修民國鉛印本
[正德]興寧志 第320册
(明)祝允明纂修
明正德十年(1515)稿本
[嘉靖]興寧縣志 第320册
(明)黄國奎修 盛繼纂
明嘉靖三十一年(1552)刻藍印本
[崇禎]興寧縣志 第320册
(明)劉熙祚修 李永茂纂
明崇禎十年(1637)刻本
[康熙]興寧縣志 第320册
(清)王綸部纂修
清康熙二十年(1681)刻本
[咸豐]興甯縣志 第320册
(清)仲振履原本 張鶴齡增修 曾士梅增纂
清咸豐六年(1856)增修民國十八年(1929)鉛印本

潮州市

潮州圖經 第320册
佚名纂修
據劉緯毅等輯《宋遼金元方志輯佚》排印
三陽志 第320册
佚名纂修
據《永樂大典》本排印
潮州府志 第320册
佚名纂修
據《永樂大典》本排印
[嘉靖]潮州府志 第320册
(明)郭春震纂修
明嘉靖二十六年(1547)刻本
[順治]潮州府志 第320册
(清)吳穎修 賀寬纂
清順治十八年(1661)刻本
[乾隆]潮州府志 第320册
(清)周碩勳纂修
清光緒十九年(1893)重刻乾隆四十年(1775)本
[民國]潮州府志畧 第320册
潘載和纂修
民國二十二年(1933)鉛印本
[雍正]海陽縣志 第320册
(清)張士璉纂修
清雍正十二年(1734)刻本
[光緒]海陽縣志 第320册
(清)盧蔚猷修 吳道熔纂
清光緒二十六年(1900)潮城謝存文館刻本
海陽縣鄉土志 第321册
(清)翁輝東 黄人雄纂修
清光緒三十四年(1908)抄本
西湖山志 第321册
饒鍔纂修
民國十三年(1924)潮安梁永昌印刷所鉛印本
[康熙]饒平縣志 第321册
(清)劉抃等纂修
清康熙二十六年(1687)刻本
[光緒]饒平縣志 第321册
(清)劉抃原本 惠登甲增修 黄德容 翁荃增纂
清光緒九年(1883)增刻本

汕頭市

[乾隆]澄海縣志 第321册
(清)金廷烈纂修
清乾隆二十九年(1764)刻本
[嘉慶]澄海縣志 第321册
(清)李書吉等修 蔡繼紳等纂
清嘉慶二十年(1815)刻本
澄海縣鄉土韵言 第321册
(清)陳彤撰
民國三年(1914)鉛印本
[乾隆]南澳志 第321册
(清)齊翀纂修
清乾隆四十八年(1783)刻本
[民國]南澳縣志未成稿 第321册
章潜龍修 楊世澤纂
民國三十六年(1947)稿本
潮陽圖經 第321册
佚名纂修
據劉緯毅等輯《宋遼金元方志輯佚》排印
[隆慶]潮陽縣志 第321册
(明)林大春纂修
明隆慶六年(1572)刻本
[康熙]潮陽縣志 第321册
(清)臧憲祖纂修
清康熙二十六年(1687)刻本
[光緒]潮陽縣志 第321册
(清)周恒重修 張其翻纂
清光緒十年(1884)刻本

揭陽市

[雍正]惠來縣志 第321册
(清)張玿美纂修
清雍正九年(1731)刻民國十九年(1930)鉛印雍正本
[乾隆]普寧縣志 第321册
(清)蕭麟趾修 梅奕紹纂
清乾隆十年(1745)修民國二十三年

(1934)汕頭華僑印務公司鉛印本
[光緒]普寧縣志稿　第321册
(清)盧師識修 賴焕辰纂
清光緒十五年(1889)修抄本
[雍正]揭陽縣志　第321册
(清)陳樹芝纂修
清雍正九年(1731)刻本
[乾隆]揭陽縣志　第321册
(清)劉業勤纂修
清乾隆四十四年(1779)修民國二十六年(1937)鉛印本

汕尾市

[乾隆]海豐縣志　第321册
(清)于卜熊纂修
清乾隆十五年(1750)修民國二十年(1931)鉛印本
[同治]海豐縣志續編　第321册
(清)蔡逢恩修 林光斐纂
清同治十二年(1873)修民國二十年(1931)鉛印本
[乾隆]陸豐縣志　第321册
(清)王之正修 沈展才等纂
清乾隆十年(1745)刻本
陸豐縣鄉土志　第321册
(清)佚名纂修
清末抄本

惠州市

惠陽圖經　第321册
(宋)余嘉修
據劉緯毅等輯《宋遼金元方志輯佚》排印
惠陽志　第321册
(宋)黄以寧撰
據劉緯毅等輯《宋遼金元方志輯佚》排印
惠大記　第321册
(明)鄭維新纂
明嘉靖刻本
[嘉靖]惠州府志　第321册
(明)李玘修 劉梧纂
明嘉靖二十一年(1542)刻本
[嘉靖]惠州府志　第321册
(明)楊載鳴纂修
明嘉靖三十五年(1556)刻藍印本
[嘉靖]惠志畧　第321册
(明)楊載鳴纂修
明嘉靖三十九年(1560)刻本
[康熙]惠州府志　第321册
(清)吕應奎等修 黄挺華等纂
清康熙二十七年(1688)刻本
[光緒]惠州府志　第321册
(清)劉溎年等修 鄧掄斌等纂
清光緒七年(1881)刻本
羅浮志　第321册
(明)陳槤撰
清道光三十年(1850)粵雅堂刻本
浮山新志　第322册
(清)賴洪禧輯
清道光間刻本
[雍正]歸善縣志　第322册
(清)孫能寬等修 葉適等纂
清雍正二年(1724)刻本
[乾隆]歸善縣志　第322册
(清)章壽彭修 陸飛纂
清乾隆四十八年(1783)刻本本衙藏版
[乾隆]博羅縣志　第322册
(清)陳裔虞纂修
清乾隆二十八年(1763)刻本
[康熙]龍門縣志　第322册
(清)成王左纂修
清康熙二十六年(1687)刻本
[道光]龍門縣志　第322册
(清)毓雯 張經贊修 張維屏等纂
清道光二十九年(1849)修咸豐元年(1851)刻本
[民國]龍門縣志　第322册
招念慈修 鄔慶時纂
民國二十五年(1936)廣州漢元樓鉛印本

東莞市

[雍正]東莞縣志　第322册
(清)周天成纂修
清雍正十年(1732)刻本
[嘉慶]東莞縣志　第322册
(清)彭人傑等修 黄時沛等纂
清嘉慶三年(1798)刻本本衙藏版
[民國]東莞縣志　第322册
葉覺邁修 陳伯陶纂
民國十六年(1927)養和印務局鉛印本
茶山鄉志　第322册
袁應淦編 劉文亮補編
民國二十四年(1935)石龍南方印務局鉛印本

深圳市

[康熙]新安縣志　第322册
(清)靳文謨修 鄧文蔚纂
清康熙二十七年(1688)刻油印本
[嘉慶]新安縣志　第322册
(清)舒懋官修 王崇熙等纂
清嘉慶二十四年(1819)修民國十九年(1930)鉛印本

中山市

[嘉靖]香山縣志　第322册
(明)鄧遷修 黄佐纂
明嘉靖二十七年(1548)刻本
[康熙]香山縣志　第322册
(清)申良翰修 歐陽羽文纂
清康熙十二年(1673)刻抄本
[乾隆]香山縣志　第322册
(清)暴煜修 李卓揆纂
清乾隆十五年(1750)刻本
[道光]香山縣志　第322册
(清)祝淮修 黄培芳纂
清道光八年(1828)刻本
[光緒]香山縣志　第322册
(清)田明曜修 陳澧纂
清光緒五年(1879)刻本
[民國]香山縣志續編　第322册
厲式金修 汪文炳 張丕基纂
民國十二年(1923)刻本

江門市

[萬曆]新會縣志　第322册
(明)王命璿修 黄淳纂
明萬曆三十七年(1609)刻清順治間修補本
[康熙]新會縣志　第322册
(清)賈雒英修 薛起蛟等纂
清康熙二十九年(1690)刻本
[乾隆]新會縣志　第323册
(清)王植纂修
清乾隆六年(1741)刻本
[道光]新會縣志　第323册
(清)林星章修 黄培芳等纂
清道光二十一年(1841)刻本
新會鄉土志　第323册
(清)蔡垚爔修 譚鑣纂
清光緒三十四年(1908)粵東編譯公司鉛印本
[乾隆]鶴山縣志　第323册
(清)劉繼纂修

清乾隆十九年(1754)刻本
[道光]鶴山縣志 第323册
(清)徐香祖等修 吳應逵纂
清道光六年(1826)刻一九五七年油印本
[道光]開平縣志 第323册
(清)王文驤修 李科等纂
清道光三年(1823)刻本縣署藏版
[民國]開平縣志 第323册
余棨謀修 張啓煌纂
民國二十二年(1933)鉛印本
[民國]赤溪縣志 第323册
王大魯修 賴際熙等纂
民國十五年(1926)刻本
[嘉靖]新寧縣志 第323册
(清)王臣修 陳元珂纂
明嘉靖二十四年(1545)刻本
[康熙]新寧縣志 第323册
(清)寧林修 麥汝梓等纂
清康熙十一年(1672)刻本
[乾隆]新寧縣志 第323册
(清)王暠修 陳份纂
清乾隆三年(1738)刻嘉慶九年(1804)補刻本
[光緒]新寧縣志 第323册
(清)何福海 鄭守昌修 林國賡 黃榮熙纂
清光緒十九年(1893)刻本
新寧鄉土地理 第323册
(清)雷澤普纂修
清宣統元年(1909)刻本
[康熙]恩平縣志 第323册
(清)佟世男修 鄭軾等纂
清康熙二十七年(1688)刻本
[乾隆]恩平縣志 第323册
(清)曾萼纂修
清乾隆三十一年(1766)刻本
[道光]恩平縣志 第323册
(清)楊學顔等修 楊秀拔等纂
清道光五年(1825)富文齋刻本
[民國]恩平縣志 第323册
余丕承等修 桂坫等纂
民國二十三年(1934)聖堂光華書局鉛印本

佛山市

佛山忠義鄉志 第323册
(清)吳榮光纂修
清道光十一年(1831)刻本
佛山忠義鄉志 第323册
汪宗準 冼寶榦等纂
民國十五年(1926)刻本
[康熙]南海縣志 第323册
(清)郭爾戺 胡雲客纂修
清康熙三十年(1691)刻本
[道光]南海縣志 第323册
(清)潘尚楫等修 鄧士憲等纂
清道光十五年(1835)修同治八年(1869)刻本
[同治]南海縣志 第323册
(清)鄭夢玉等修 梁紹獻等纂
清同治十一年(1872)富文齋刻本
[宣統]南海縣志 第323册
(清)張鳳喈等修 桂坫等纂
清宣統三年(1911)刻本
西樵白雲洞志 第323册
(清)黃亨纂修
清道光十八年(1838)刻光緒十三年(1887)重刻本
南海九江鄉志 第323册
(清)黎春曦纂
清順治十四年(1657)刻抄本
九江儒林鄉志 第323册
(清)朱次琦修 馮栻宗纂
清光緒九年(1883)刻本
[康熙]三水縣志 第323册
(清)鄭玫纂修
清康熙五十年(1711)誠求堂刻本
[嘉慶]三水縣志 第323册
(清)李友榕等修 鄧雲龍等纂
民國十二年(1923)影印清嘉慶二十四年(1819)刻本
[康熙]順德縣志 第323册
(清)黃培彝修 嚴而舒纂
清康熙十三年(1674)刻本
[乾隆]順德縣志 第323册
(清)陳志儀修 胡定纂
清乾隆十五年(1750)刻本
[咸豐]順德縣志 第324册
(清)郭汝誠修 馮奉初等纂
清咸豐六年(1856)刻本
[民國]順德縣志 第324册
周之貞修 周朝槐纂
民國十八年(1929)刻本
順德龍江鄉志 第324册
佚名纂修
清道光間纂民國十五年(1926)明新印務局重刻本
龍山鄉志 第324册
(清)溫汝能纂
清嘉慶十年(1805)刻本
[康熙]高明縣志 第324册
(清)于學修 黃之璧等纂
清康熙二十九年(1690)刻本
[道光]高明縣志 第324册
(清)祝淮修 夏植亨纂
清道光五年(1825)刻本
[光緒]高明縣志 第324册
(清)鄒兆麟修 梁廷棟纂
清光緒二十年(1894)刻本

肇慶市

肇慶府圖經 第324册
佚名纂修
據《永樂大典》本排印
肇慶府志 第324册
佚名纂修
據《永樂大典》本排印
[崇禎]肇慶府志 第324册
(明)陸鏊 陳烜奎纂修
明崇禎六年至十三年(1633—1640)刻本
[康熙]肇慶府志 第324册
(清)史樹駿修 區簡臣纂
清康熙間刻本
[道光]肇慶府志 第324册
(清)屠英等修 江藩等纂
清光緒二年(1876)重刻道光本
[道光]高要縣志 第324册
(清)夏修恕 屠英修 何元等纂
清道光六年(1826)刻本
[宣統]高要縣志 第324册
馬呈圖纂輯
民國二十七年(1938)鉛印本
星巖今志 第324册
黎傑輯
民國二十五年(1936)鉛印本
昭潭志 第324册
佚名纂修
據《永樂大典》本排印
[乾隆]懷集縣志 第324册
(清)顧旭明修 唐廷梁纂
清乾隆二十年(1755)刻本

[同治]懷集縣志 第324册
(清)孫汝霖 趙準修 曾浤仁纂
清同治十二年(1873)修光緒元年(1875)貴蒸校刻本
[民國]懷集縣志 第325册
周贊元等纂修
民國五年(1916)廣州市十八甫石經堂鉛印本
[乾隆]廣寧縣志 第325册
(清)李本潔修 梁喬埠纂
清乾隆十四年(1749)福山書屋刻本
[道光]廣寧縣志 第325册
(清)黄思藻纂修
清道光四年(1824)刻本
[光緒]四會縣志 第325册
(清)陳志喆等修 吴大猷纂
清光緒二十二年(1896)刻本
德慶府志 第325册
佚名纂修
據劉緯毅等輯《宋遼金元方志輯佚》排印
[嘉靖]德慶州志 第325册
(明)陸舜臣纂修
明嘉靖十六年(1537)刻本
[康熙]德慶州志 第325册
(清)譚桓纂修 梁宗典參訂
清康熙十二年(1673)刻本
[乾隆]德慶州志 第325册
(清)宋錦 李麟洲纂修
清乾隆十九年(1754)刻本
[光緒]德慶州志 第325册
(清)楊文駿修 朱一新纂
清光緒二十五年(1899)刻本
德慶鄉土歷史參考書 第325册
(清)覃喬芬 梁芸撰
清末抄本
臨封志 第325册
(宋)虞大中纂
據劉緯毅等輯《宋遼金元方志輯佚》排印
[天啓]封川縣志 第325册
(明)方尚祖纂修
明天啓二年(1622)修清康熙二十四年(1685)胡璿校訂刻本
[道光]封川縣志 第325册
(清)溫恭修 吴蘭修纂
清道光十五年(1835)修民國二十四年(1935)鉛印本
[康熙]開建縣志 第325册
(清)邵龍元纂修
清康熙三十一年(1692)刻本
[道光]開建縣志 第325册
(清)余瀚修 余楷纂
清道光三年(1823)修抄本

雲浮市

英德縣新昌圖志 第325册
佚名纂修
據劉緯毅等輯《宋遼金元方志輯佚》排印
[乾隆]新興縣志 第325册
(清)劉芳纂修
清乾隆二十三年(1758)修民國二十三年(1934)鉛印本
[乾隆]東安縣志 第325册
(清)莊大中纂修
清乾隆五年(1740)刻本
[道光]東安縣志 第325册
(清)汪兆柯纂修
民國二十五年(1936)鉛印本
[康熙]羅定州志 第325册
(清)劉元禄纂修
清康熙刻本
[雍正]羅定州志 第325册
(清)王植纂修
清雍正九年(1731)刻本
[民國]羅定志 第325册
周學仕等修 馬呈圖等纂 陳樹勳續修
民國二十四年(1935)廣州大中工業社鉛印本
[康熙]西寧縣志 第325册
(清)李玉鋐修 金光綬纂
清康熙五十七年(1718)刻本
[道光]西寧縣志 第325册
(清)諸豫宗修
清道光十年(1830)刻本
[民國]舊西寧縣志 第325册
何天瑞修 桂坫纂
民國二十六年(1937)德慶文明印務局鉛印本

陽江市

南恩州圖經 第325册
佚名纂修
據劉緯毅等輯《宋遼金元方志輯佚》排印
恩平志 第325册
佚名纂修
據劉緯毅等輯《宋遼金元方志輯佚》排印
[康熙]陽春縣志 第325册
(清)康善述修 劉裔炫纂
清康熙二十六年(1687)刻本
[乾隆]陽春縣志 第325册
(清)姜山修 吕伊纂
清乾隆二十三年(1758)刻本
[道光]陽春縣志 第325册
(清)陸向榮等修 劉彬華等纂
清道光元年(1821)省城六書齋刻本
[民國]陽春縣志 第325册
藍榮熙等修 吴英華纂
民國三十八年(1949)鉛印本
[康熙]陽江縣志 第325册
(清)范士瑾纂修
清康熙二十七年(1688)刻本
[道光]陽江縣志 第325册
(清)李澐修 李應均增補 胡琫續纂
清嘉慶十七年(1812)修二十三年(1818)增補道光二年(1822)續修刻本
[民國]陽江志 第325册
張以誠修 梁觀喜等纂
民國十四年(1925)刻本

茂名市

高州圖經 第326册
佚名纂修
據劉緯毅等輯《宋遼金元方志輯佚》排印
[萬曆]高州府志 第326册
(明)曹志遇等纂修
明萬曆間刻本
[康熙]高州府志 第326册
(清)蔣應泰纂修 黄雲史增修
清康熙間刻本
[乾隆]高州府志 第326册
(清)王檠纂修
清乾隆二十四年(1759)刻本
[道光]高州府志 第326册
(清)黄安濤等修 潘眉等纂
清道光七年(1827)刻本
[光緒]高州府志 第326册
(清)楊霽修 陳蘭彬等纂
清光緒十六年(1890)刻本

[康熙]茂名縣志 第326册
(清)錢以塏纂修
清康熙三十八年(1699)刻本
[嘉慶]茂名縣志 第326册
(清)秦沅 王勛臣修 吴徽叙纂
清嘉慶二十四年(1819)刻本
[光緒]茂名縣志 第326册
(清)鄭業崇等修 楊頤纂
清光緒十四年(1888)刻本
[乾隆]化州志 第326册
(清)楊芬纂修
清乾隆十三年(1748)刻本
[光緒]化州志 第326册
(清)彭貽蓀修 彭步瀛纂
清光緒十六年(1890)刻本
[光緒]信宜縣志 第326册
(清)敖式槱修 梁安甸等纂
清光緒十七年(1891)刻本
[康熙]電白縣志 第326册
(清)郭指南纂修
清康熙十二年(1673)刻本
[道光]電白縣志 第326册
(清)葉廷芳修 邵詠等纂
清道光六年(1826)刻本
[光緒]重修電白縣志 第326册
(清)孫鑄修 邵祥齡纂
清光緒十八年(1892)刻本
[民國]電白縣新志稿 第326册
邵桐孫等纂
民國三十五年(1946)油印本

湛江市

[光緒]石城縣志 第326册
(清)蔣廷桂修 陳蘭彬等纂
清光緒十八年(1892)高城聯經刊印刻本
[民國]石城縣志 第326册
鍾喜焯修 江珣纂
民國二十年(1931)安鋪華安印務書局鉛印本
[雍正]吳川縣志 第326册
(清)盛熙祚等纂修
清雍正十年(1732)刻本
[乾隆]吳川縣志 第326册
(清)沈峻修 陳聖宗纂
清乾隆五十五年(1790)刻本
[道光]吳川縣志 第326册
(清)李高魁 葉載文修 林泰雯等纂
清道光五年(1825)刻本
[光緒]吳川縣志 第326册
(清)毛昌善修 陳蘭彬纂
清光緒十八年(1892)刻本
[康熙]徐聞縣志 第326册
(清)孫抱纂修
清康熙三十七年(1698)刻本
[宣統]徐聞縣志 第326册
(清)王輔之等纂修
清宣統三年(1911)修民國二十五年(1936)雷州雷陽印書館鉛印本
[萬曆]雷州府志 第326册
(明)歐陽保等纂修
明萬曆四十二年(1614)刻本
[康熙]雷州府志 第326册
(清)吳盛藻修 洪泮洙纂
清康熙刻本
[嘉慶]雷州府志 第326册
(清)雷學海修 陳昌齊纂
清嘉慶十六年(1811)刻本
[康熙]海康縣志 第326册
(清)鄭俊修 宋紹啓纂
清康熙二十六年(1687)修民國十八年(1929)雷陽印書館鉛印本
[嘉慶]海康縣志 第326册
(清)劉邦柄修 陳昌齊纂
清嘉慶十七年(1812)刻本
[民國]海康縣續志 第326册
梁成久纂修 陳景棻續修
民國二十七年(1938)雷陽印書館鉛印本
[康熙]遂溪縣志 第326册
(清)宋國用修 洪泮洙纂
清康熙二十六年(1687)刻本
[道光]遂溪縣志 第326册
(清)喻炳榮修 朱德華 楊翊纂
清光緒二十一年(1895)刻本

廣西壯族自治區

廣西風土記 第327册
(宋)杜光復撰
據劉緯毅等輯《宋遼金元方志輯佚》排印
[嘉靖]廣西通志 第327册
(明)林富修 黄佐纂
明嘉靖十一年(1532)刻本
[康熙]廣西通志 第327册
(清)郝浴等修 廖必强等纂
清康熙二十二年(1683)刻本
廣西通志 第327册
《古今圖書集成》本
廣西通志 第327册
《古今圖書集成》本
[雍正]廣西通志 第327册
(清)金鉷修 錢元昌纂
清雍正十一年(1733)刻本
[嘉慶]廣西通志 第327册
(清)謝啓昆修 胡虔纂
清嘉慶六年(1801)刻本
[光緒]廣西通志輯要 第327册
(清)蘇宗經輯 羊復禮等增輯
清道光二十五年(1845)輯光緒十六年(1890)增輯刻本
殿粤要纂 第327册
(明)楊芳修 詹景鳳纂
明萬曆三十年(1602)刻本
粤西筆述 第327册
(清)張祥河撰
清道光二十五年(1845)刻本
桂遊鴻雪 第327册
盧湘父撰
民國二十三年(1934)鉛印本

南寧市

邕州志 第327册
佚名纂修
據《永樂大典》本排印
[嘉靖]南寧府志 第327册
(明)郭楠纂修
明嘉靖十七年(1538)刻本
[嘉靖]南寧府志 第327册
(明)方瑜纂修
明嘉靖四十三年(1564)刻本
[道光]南寧府志 第327册
(清)蘇士俊纂修 何鯤續纂修
清宣統元年(1909)羊城十七甫澄天閣石印道光本
[民國]邕寧縣志 第327册
謝祖莘修 莫炳奎纂
民國二十六年(1937)鉛印本
[道光]武緣縣志 第327册
(清)世綸 余思詔修 詹作述纂
清道光二十四年(1844)刻民國間抄本
[光緒]武緣縣圖經 第327册
(清)黄君鉅等纂修
清光緒十三年(1887)修宣統三年

(1911)鉛印增補光緒本
[民國]武鳴縣志　第327册
溫德溥修 曾唯儒等纂
民國四年(1915)南寧達時印務局鉛印本
白山司志　第327册
(清)王言紀修 朱錦纂
清道光十年(1830)修抄本
[康熙]上林縣志　第328册
(清)張邵振纂修
清康熙四十四年(1705)刻本
[光緒]上林縣志　第328册
(清)徐衡紳修 周世德纂
清光緒二年(1876)刻二十五年(1899)補刻本
[民國]上林縣志　第328册
楊盟修 黄誠沅纂
民國二十三年(1934)廣西上林縣圖書館鉛印本
[萬曆]賓州志　第328册
(明)郭棐纂修
明萬曆十五年(1587)刻本
[光緒]賓州志　第328册
(清)楊椿修 陸生蘭纂
清光緒十二年(1886)刻本
[民國]賓陽縣志　第328册
胡學林修 朱昌奎纂
民國間修一九六一年鉛印本
[乾隆]横州志　第328册
(清)謝鍾齡等修 朱秀等纂
清乾隆十一年(1746)修光緒二十五年(1899)刻本
[民國]隆安縣志　第328册
劉振西等纂修
民國二十三年(1934)鉛印本

桂林市

桂林志　第328册
(宋)江文叔編
據劉緯毅等輯《宋遼金元方志輯佚》排印
桂林志　第328册
佚名纂修
據《永樂大典》本排印
桂林風土記　第328册
(唐)莫休符撰
民國間抄本
桂勝(附桂故)　第328册
(明)張鳴鳳撰
明萬曆十八年(1590)刻本
桂林山水　第328册
(清)羅辰編
清刻本
灕江雜記　第328册
金武祥撰
清光緒二十三年(1897)粟香室刻本
[嘉慶]臨桂縣志　第328册
(清)蔡呈韶等修 胡虔等纂
清嘉慶七年(1802)修光緒六年(1880)保甲總局補刻本
[光緒]臨桂縣志　第328册
(清)吳徵鼇修 黄泌 曹馴纂
清光緒三十一年(1905)修石印本
[道光]義甯縣志　第328册
(清)謝澐修
傳抄清道光元年(1821)本
[雍正]靈川縣志　第328册
(清)鄭采宣 陳虞昭修 崔達纂
清雍正三年(1725)刻本
[民國]靈川縣志　第328册
李繁滋纂
民國十八年(1929)石印本
[康熙]全州志　第328册
(清)黄志璋纂修
清康熙二十八年(1689)刻本
[嘉慶]全州志　第328册
(清)溫之誠修 曹文深等纂
清嘉慶四年(1799)刻本
[康熙]灌陽縣志　第328册
(清)單此藩修 蔣學元 陳廷藩纂
清康熙四十七年(1708)刻本
[道光]灌陽縣志　第328册
(清)蕭煊修 范光祺等纂
清道光二十四年(1844)刻本版存龍川書院
[民國]灌陽縣志　第328册
于鳳文等修 蔣良術等纂
民國三年(1914)刻本版存兩等學堂
[光緒]恭城縣志　第328册
(清)陶墫修 陸履中等纂
清光緒十五年(1889)鳳巖書院刻本
[雍正]平樂府志　第328册
(清)胡醇仁纂修
清雍正四年(1726)刻本
[嘉慶]平樂府志　第328册
(清)清柱 王人作纂修
清嘉慶十年(1805)修光緒五年(1879)刻本
[康熙]平樂縣志　第329册
(清)黄大成纂修
清康熙五十六年(1717)刻本
[光緒]平樂縣志　第329册
(清)全文炳修 伍嘉猷等纂
清光緒十年(1884)刻本
[民國]平樂縣志　第329册
黄旭初監修 張智林纂
民國二十九年(1940)鉛印本
[康熙]陽朔縣志　第329册
(清)陳洪疇修 權汝駿 徐元達纂
清康熙十二年(1673)修民國二十一年(1932)抄本
[民國]陽朔縣志　第329册
張岳靈修 黎啓勳纂
民國三十二年(1943)石印本
[康熙]荔浦縣志　第329册
(清)許之豫纂修
清康熙四十八年(1709)修抄本
[光緒]永甯州志　第329册
(清)高日華 聯豐修 劉漢鎮纂
清光緒十一年(1885)刻二十二年(1896)重印本
[道光]永福縣志　第329册
(清)林光棣修 蘇信德纂
清道光八年(1828)修抄本
[道光]龍勝廳志　第329册
(清)周誠之纂修
清道光二十六年(1846)刻民國二十五年(1936)餐秀簃影印本

柳州市

[乾隆]柳州府志　第329册
(清)王錦修 吳光昇纂
清乾隆二十九年(1764)刻本
[民國]柳城縣志　第329册
何其英修 謝嗣農纂
民國二十九年(1940)鉛印本
融州圖經　第329册
佚名纂修
據劉緯毅等輯《宋遼金元方志輯佚》排印
[民國]融縣志　第329册
黄志勳修 龍泰任纂
民國二十五年(1936)鉛印本

［民國］三江縣志 第329册
魏任重修 姜玉笙纂
民國三十五年(1946)鉛印本
［民國］雒容縣志 第329册
藏進巧修 唐本心纂
民國二十三年(1934)鉛印本
［乾隆］柳州縣志 第329册
(清)舒啓修 吳光昇纂
清乾隆二十九年(1764)修民國二十一年(1932)鉛字重印本
梧州市
蒼梧志 第329册
佚名纂修
據《永樂大典》本排印
［乾隆］梧州府志 第329册
(清)吳九齡修 史鳴皋纂
清乾隆三十五年(1770)修同治十二年(1873)刻本版存鳳臺書院
［同治］蒼梧縣志 第329册
(清)蒯光焕 李百齡修 羅勳等纂 黄玉柱 王鍁紳續修
清咸豐元年(1851)修同治十三年(1874)續修刻本版存鳳臺書院
［乾隆］岑溪縣志 第329册
(清)何夢瑶纂修 劉廷棟續纂
清乾隆九年(1744)刻本
古藤志 第329册
佚名纂修
據《永樂大典》本排印
［同治］藤縣志 第329册
(清)邊其晋修 胡毓璠纂
清同治六年(1867)修光緒三十四年(1908)鉛印本
［嘉慶］永安州志 第329册
(清)李炘纂修
清嘉慶十八年(1813)刻本版藏眉江書院
［光緒］永安州志 第329册
(清)李常霔 鄧文淵修 吳纘周等纂
清光緒二十年(1894)刻二十四年(1898)增刻本
貴港市
［道光］潯州府志 第329册
(清)孫世昌修 光昭纂
清道光六年(1826)刻本
［乾隆］桂平縣志 第329册
(清)吳志綰修 黄國顯纂
清乾隆三十三年(1768)刻本
［道光］桂平縣志 第330册
(清)袁湛業修 黄體正 王維新纂
清道光二十三年(1843)刻本版藏縣學署
［民國］桂平縣志 第330册
黄占梅等修 程大璋等纂
民國九年(1920)粵東編譯公司鉛印本
［道光］平南縣志 第330册
(清)張顯相修 黎士華等纂
清道光十五年(1835)刻本版存武城書院
［光緒］平南縣志 第330册
(清)裘彬 江有燦修 周壽祺纂
清光緒十年(1884)修油印本
［民國］貴縣志 第330册
歐仰羲修 梁崇鼎等纂
民國二十四年(1935)鉛印本
玉林市
鬱林志 第330册
佚名纂修
據《永樂大典》本排印
鬱林州志 第330册
佚名纂修
據《永樂大典》本排印
［乾隆］鬱林州志 第330册
(清)邱桂山修 劉玉麟 秦兆鯨纂
清乾隆五十七年(1792)刻本本衙藏版
［光緒］鬱林州志 第330册
(清)馮德材等修 文德馨等纂
清光緒二十年(1894)刻本
［乾隆］興業縣志 第330册
(清)王巡泰纂修
清乾隆四十六年(1781)刻本
［嘉慶］興業縣志 第330册
(清)蘇勒通阿等修 彭焜基等纂
清嘉慶十六年(1811)修抄本
容州志 第330册
佚名纂修
據《永樂大典》本排印
［光緒］容縣志 第330册
(清)易紹悳修 封祝唐纂
清光緒三十四年(1908)鉛印本
勾漏山十洞記 第330册
(宋)吳元美撰
據劉緯毅等輯《宋遼金元方志輯佚》排印
［乾隆］重修北流縣志 第330册
(清)張允觀纂修
清乾隆十三年(1748)刻本
［光緒］北流縣志 第330册
(清)徐作梅修 李士琨纂
清光緒六年(1880)刻本
［民國］陸川縣志 第330册
古濟勳修 呂濬堃纂
民國十三年(1924)刻本
［道光］博白縣志 第330册
(清)任士謙等修 朱德華等纂
清道光十二年(1832)刻本環玉書院藏版
欽州市
［嘉靖］欽州志 第330册
(明)林希元纂修
明嘉靖刻本
［雍正］欽州志 第330册
(清)董紹美修 吳邦瑗纂
清雍正元年(1723)刻本
［道光］欽州志 第330册
(清)朱椿年修 杜以寬 葉輪纂
清道光十四年(1834)高州登雲樓刻本本衙藏版
［雍正］靈山縣志 第330册
(清)盛熙祚纂修
清雍正十一年(1733)刻本
［乾隆］靈山縣志 第330册
(清)黄元基纂修
清乾隆二十九年(1764)刻本
［民國］靈山縣志 第330册
劉運熙纂修
民國三年(1914)廣東省城黄黎巷新中華印務局鉛印本
北海市
［崇禎］廉州府志 第330册
(明)張國經纂修
明崇禎十年(1637)刻本
［康熙］廉州府志 第330册
(清)徐成棟纂修
清康熙六十一年(1722)刻本
［乾隆］廉州府志 第330册
(清)周碩勳修 王家憲纂
清乾隆二十一年(1756)刻本
［道光］廉州府志 第330册
(清)張堉春 陳治昌纂
清道光十三年(1833)刻本

防城港市

[道光]上思州志 第331册
(清)陳蘭滋纂修
清道光十五年(1835)刻本

崇左市

[光緒]新寧州志 第331册
(清)戴焕南修 張燦奎纂
清光緒五年(1879)刻本

[民國]同正縣志 第331册
曾瓶山 楊北岑等纂修
民國二十二年(1933)鉛印本

[萬曆]太平府志 第331册
(明)蔡迎恩修 甘東陽纂
明萬曆五年(1577)刻本

[雍正]太平府志 第331册
(清)甘汝來纂修
清雍正四年(1726)刻乾隆三年(1738)李錫秦增刻本

[乾隆]太平府志稿 第331册
(清)李聖年纂修
清乾隆十六年(1751)修抄本

[民國]崇善縣志 第331册
吳龍輝 張景星等纂修
民國二十六年(1937)抄本

[光緒]寧明州志 第331册
(清)王鈉紳修 黎申産纂
清光緒九年(1883)修民國三年(1914)鉛印本

明江廳上石州鄉土志略 第331册
佚名纂修
民國間抄本

[嘉慶]龍州紀略 第331册
(清)黃譽纂修
清嘉慶八年(1803)刻本暨南書院藏版

[民國]龍津縣志 第331册
李文雄修 陳必明纂
民國三十五年(1946)修一九六〇年鉛印本

[康熙]養利州志 第331册
(清)汪溶日纂修
清康熙三十三年(1694)刻本

[民國]雷平縣志 第331册
梁明倫等纂修
民國三十五年(1946)油印本

百色市

[光緒]百色廳志 第331册
(清)陳如金修 華本松纂
清光緒十七年(1891)刻本

[民國]淩雲縣志 第331册
何景熙修 羅增麒纂
民國三十一年(1942)油印本

[乾隆]鎮安府志 第331册
(清)傅堊纂修
清乾隆二十一年(1756)刻本

[光緒]鎮安府志 第331册
(清)羊復禮等纂修
清光緒十八年(1892)刻本

[道光]歸順直隸州志 第331册
(清)何福祥纂修
清道光二十八年(1848)抄本

[光緒]歸順直隸州志 第331册
(清)顏嗣徽纂修
清光緒二十五年(1899)靖城官廨刻本

[民國]田西縣志 第331册
黃旭初修 岑啓沃纂
民國二十七年(1938)鉛印本

河池市

[乾隆]慶遠府志 第331册
(清)李文琰修 何天祥纂
清乾隆二十年(1755)刻本

[道光]慶遠府志 第331册
(清)英秀等修 唐仁等纂
清道光九年(1829)刻本

慶遠府河池州志書 第331册
(清)英秀等修 唐仁等纂 李佑元輯
清光緒三十三年(1907)抄本

[民國]思恩縣志 第331册
梁杓修 吳瑜等纂
民國二十四年(1935)鉛印本

[民國]宜北縣志 第331册
覃玉成纂修
民國二十六年(1937)鉛印本

[道光]天河縣志 第331册
(清)林光棣纂修
清道光六年(1826)修抄本

天河縣鄉土志 第331册
(清)楊家珍編
抄本

[道光]羅城縣志 第331册
(清)萬文芳 阮正惠修 李化人等纂
清道光二十四年(1844)修光緒間石印本

[民國]羅城縣志 第331册
江碧秋修 潘寶籙纂
民國二十六年(1937)鉛印本

來賓市

[乾隆]象州志 第331册
(清)李宏湑修 蔣曰棻纂
清乾隆二十九年(1764)刻本

[同治]象州志 第331册
(清)李世椿修 鄭獻甫纂
清同治九年(1870)桂林鴻文堂刻本

[嘉慶]武宣縣志 第331册
(清)高攀桂修 梁士彦纂
清嘉慶十三年(1808)刻本

[民國]武宣縣志 第331册
朱昌奎等修 龐賡辛等纂
民國二十三年(1934)梧州大南路文寶樓印務局鉛印本

[民國]來賓縣志 第331册
翟富文纂修
民國二十六年(1937)鉛印本

[光緒]遷江縣志 第331册
(清)顏嗣徽等纂修
清光緒十七年(1891)刻本

[民國]遷江縣志 第331册
韋可德等修 劉宗堯纂
民國二十四年(1935)鉛印本

賀州市

[民國]鍾山縣志 第331册
潘寶疆等修 盧世標纂
民國二十二年(1933)鉛印本

[乾隆]富川縣志 第331册
(清)葉承立纂修
清乾隆二十二年(1757)刻本

[光緒]富川縣志 第331册
(清)顧國誥等修 何日新 劉樹賢等纂
清光緒十六年(1890)刻本

賀州圖經 第331册
佚名纂修
據劉緯毅等輯《宋遼金元方志輯佚》排印

[光緒]賀縣志 第331册
(清)全文炳修 蘇煜坡等纂
清光緒十六年(1890)刻本

[民國]賀縣志 第331册
韋冠英修 梁培煐等纂
民國二十三年(1934)賀縣華美商店鉛印本

[民國]信都縣志 第331册
玉崑山纂修

民國二十五年(1936)鉛印本
[乾隆]昭平縣志 第331册
(清)陸焞纂修
清乾隆二十五年(1760)修光緒十七年(1891)刻本
[民國]昭平縣志 第331册
李樹枏修 吳壽崧等纂
民國二十三年(1934)鉛印本

海南省

瓊臺志 第332册
佚名纂修
據劉緯毅等輯《宋遼金元方志輯佚》排印
瓊州府志 第332册
佚名纂修
據《永樂大典》本排印
瓊州府圖經志 第332册
佚名纂修
據《永樂大典》本排印
[正德]瓊臺志 第332册
(明)唐胄纂修
明正德十六年(1521)刻本
[萬曆]瓊州府志 第332册
(明)戴熺 歐陽璨總裁 蔡光前等纂修
明萬曆間刻本
[乾隆]瓊州府志 第332册
(清)蕭應植 陳景塤纂修
清乾隆四十年(1775)刻本
[道光]瓊州府志 第332册
(清)明誼修 張岳崧纂
清道光二十一年(1841)修光緒十六年(1890)補刻本
[民國]海南島志 第332册
陳銘樞修 曾蹇纂
民國二十二年(1933)上海神州國光社鉛印本

海口市

[康熙]瓊山縣志 第332册
(清)王贄修 關必登纂
清康熙四十七年(1708)刻本
[乾隆]瓊山縣志 第332册
(清)楊宗秉纂修
清乾隆十二年(1747)刻本
[咸豐]瓊山縣志 第332册
(清)李文烜修 鄭文彩纂
清咸豐七年(1857)刻本
[民國]瓊山縣志 第332册
徐淦等修 李熙 王國憲纂
民國六年(1917)刻本

三亞市

[乾隆]崖州志 第332册
(清)宋錦修 黃德厚纂
清乾隆二十年(1755)刻本
[光緒]崖州志 第332册
(清)鍾元棣修 張雋等纂
清光緒三十四年(1908)修一九六二年鉛印本
崖州直隸州鄉土志 第332册
(清)湯寶棻編
抄本

省直轄行政單位

[康熙]文昌縣志 第332册
(清)馬日炳纂修
清康熙五十七年(1718)刻本
[咸豐]文昌縣志 第332册
(清)張霈 陳起禮修 林燕典纂
清咸豐八年(1858)刻本蔚文書院藏版
[民國]文昌縣志 第332册
林帶英修 李鍾嶽纂
民國九年(1920)刻本
[乾隆]定安縣志 第332册
(清)張文豹 梁廷佐纂修 董興祚增修
清康熙三十年(1691)刻乾隆增刻本
[光緒]定安縣志 第332册
(清)吳應廉修 王映斗纂
清光緒四年(1878)刻本
定安縣鄉土地理志 第332册
(清)莫家桐纂修
清宣統抄本
[乾隆]會同縣志 第332册
(清)于煌纂修
清乾隆三十九年(1774)刻本
[嘉慶]瓊東縣志 第332册
(清)陳述芹纂修
清嘉慶二十五年(1820)修民國十四年(1925)海口海南書局鉛印本
[康熙]樂會縣志 第332册
(清)林子蘭修 陳宗琛纂
清康熙八年(1669)刻本
[康熙]樂會縣志 第332册
(清)程秉慥等纂修
清康熙二十六年(1687)修清抄本
[宣統]樂會縣志 第332册
(清)林大華纂修
清宣統三年(1911)石印本
[道光]萬州志 第332册
(清)胡端書修 楊士錦 吳鳴清纂
清道光八年(1828)刻本
[康熙]澄邁縣志 第332册
(清)高魁標纂修
清康熙四十九年(1710)刻本
[嘉慶]澄邁縣志 第332册
(清)謝濟韶修 丁宗增纂
清嘉慶二十五年(1820)刻本
[光緒]澄邁縣志 第332册
(清)龍朝翊修 陳所能纂
清光緒三十四年(1908)刻本
[康熙]儋州志 第332册
(清)韓佑纂修
清康熙四十三年(1704)刻本
[民國]儋縣志 第332册
彭元藻等修 王國憲纂
民國二十五年(1936)海口海南書局鉛印本
[康熙]臨高縣志 第332册
(清)樊庶纂修
清抄本
[光緒]臨高縣志 第332册
(清)聶緝慶修 桂文熾纂
清光緒十八年(1892)刻本
[康熙]陵水縣志 第332册
(清)高首標纂修 潘廷侯訂補
清康熙二十七年(1688)刻本
[乾隆]陵水縣志 第332册
(清)瞿雲魁纂修
清乾隆五十七年(1792)刻本
[康熙]昌化縣志 第332册
(清)方岱 璩之璨纂修
清康熙三十年(1691)刻本
[光緒]昌化縣志 第332册
(清)李有益纂修
清光緒二十三年(1897)刻本

重慶市

渝州圖經 第333册
佚名纂修
據北京圖書館出版社一九九七年《漢唐方志輯佚》排印
重慶圖經 第333册
(宋)黎伯巽纂
據劉緯毅等輯《宋遼金元方志輯佚》排印

重慶府志 第333册
佚名纂修
據《永樂大典》本排印
[道光]重慶府志 第333册
(清)王夢庚修 寇宗纂
清道光二十三年(1843)刻本
[光緒]重修長壽縣志 第333册
(清)張永熙修 周澤溥等纂
清光緒元年(1875)刻本鳳城藏版
[民國]長壽縣志 第333册
湯化培修 李鼎禧纂
民國十七年(1928)石印本
[民國]長壽縣志 第333册
陳毅夫等修 劉君錫 張名振纂
民國三十三年(1944)鉛印本
[乾隆]巴縣志 第333册
(清)王爾鑑修 王世沿等纂
清乾隆十六年(1751)修嘉慶二十五年(1820)刻本
[同治]巴縣志 第333册
(清)霍爲棻 王宫午修 熊家彥纂
清同治六年(1867)刻本
[民國]巴縣志 第333册
朱之洪等修 向楚等纂
民國二十八年(1939)刻三十二年(1943)重印本
南平志 第333册
(宋)趙彥邁纂
據劉緯毅等輯《宋遼金元方志輯佚》排印
[道光]綦江縣志 第333册
(清)宋灝修 羅星纂 楊銘續修 伍濬祥續纂
清道光六年(1826)刻同治二年(1863)補修刻本考棚存版
[光緒]四川綦江續志 第333册
(清)戴綸喆纂修
清光緒十四年(1888)修民國二十七年(1938)刻本
[道光]江北廳志 第333册
(清)福珠朗阿修 宋煊 黄雲衢纂
清道光二十四年(1844)刻本
江北廳鄉土志 第333册
(清)佚名纂修
清末王佩如抄本
重修江北縣志采訪表略 第333册
江北縣志局編
民國鉛印本
[民國]潼南縣志 第333册
王安鎮等修 夏璜纂
民國四年(1915)刻本
[光緒]永川縣志 第333册
(清)許曾蔭 吳若枚修 馬慎修等纂
清光緒二十年(1894)刻本大保魏賡揚賓興公局藏版
昌州圖經 第333册
佚名纂修
據劉緯毅等輯《宋遼金元方志輯佚》排印
[乾隆]大足縣志 第334册
(清)李德纂修
清乾隆十五年(1750)刻本
[嘉慶]大足縣志 第334册
(清)張澍等修 李型廉等纂 王松續纂
清嘉慶二十三年(1818)刻道光十六年(1836)增刻本本衙藏版
[光緒]大足縣志 第334册
(清)王德嘉修 高雲從等纂
清光緒三年(1877)刻本本衙藏版
[民國]大足縣志 第334册
郭鴻厚 陳習珊等纂修
民國三十五年(1946)鉛印本
[光緒]銅梁縣志 第334册
(清)韓清桂 邵坤修 陳昌等纂
清光緒元年(1875)刻本版藏學署
銅梁縣地理志 第334册
張佐周纂
民國三十三年(1944)巴川印務局鉛印本
銅梁縣鄉土志 第334册
(清)夏雲程纂
民國間抄本
合州舊圖經 第334册
佚名纂修
據劉緯毅等輯《宋遼金元方志輯佚》排印
合州圖經 第334册
佚名纂修
據劉緯毅等輯《宋遼金元方志輯佚》排印
合州志 第334册
佚名纂修
據劉緯毅等輯《宋遼金元方志輯佚》排印
合州志 第334册
佚名纂修
據《永樂大典》本排印
[萬曆]合州志 第334册
(明)劉芳聲修 田九垓纂
明萬曆刻本
[乾隆]合州志 第334册
(清)宋錦 劉桐纂修
清乾隆十三年(1748)刻本
[乾隆]合州志 第334册
(清)周澄修 張乃孚纂
清乾隆五十四年(1789)刻嘉慶間增刻本本衙藏版
[民國]新修合川縣志 第334册
鄭賢書修 張森楷纂
民國十年(1921)刻本
[乾隆]璧山縣志 第334册
(清)黄在中修 夏璲纂
清乾隆七年(1742)刻本
[嘉慶]璧山縣志 第334册
(清)佚名纂
清嘉慶間修抄本
[同治]璧山縣志 第335册
(清)寇用平 彭際瀛修 陳錦堂 盧有徽纂
清同治四年(1865)刻本明倫堂藏版
[乾隆]江津縣志 第335册
(清)曾受一修 王家駒纂
清乾隆三十三年(1768)刻本
[光緒]江津縣志 第335册
(清)王煌修 袁方城纂
清光緒元年(1875)刻本
[民國]江津縣志 第335册
聶述文等修 劉澤嘉等纂
民國十三年(1924)刻本
江津縣鄉土志 第335册
(清)佚名編
清光緒末抄本
[乾隆]榮昌縣志 第335册
(清)許元基纂修
清乾隆二十九年(1764)刻本
[光緒]榮昌縣志 第335册
(清)文康修 廖朝翼纂 施學煌續修 敖册賢續纂
清光緒十年(1884)刻本
涪州圖經 第335册
佚名纂修

據劉緯毅等輯《宋遼金元方志輯佚》排印
[康熙]涪州志 第335册
(清)董維祺修 馮懋柱纂
清康熙五十四年(1715)刻本
[乾隆]涪州志 第335册
(清)多澤厚修 陳于宣纂
清乾隆五十年(1785)刻本
[道光]涪州志 第335册
(清)德恩修 石彦恬等纂
清道光二十五年(1845)刻本
[同治]重修涪州志 第336册
(清)吕紹衣等修 王應元 傅炳墀纂
清同治九年(1870)刻本
[民國]涪陵縣續修涪州志 第336册
王鑒清等修 施紀雲等纂
民國十七年(1928)鉛印本
涪乘啓新 第336册
(清)賀守典 熊鴻謨纂
清光緒三十一年(1905)涪州小學堂刻本
[道光]墊江縣志 第336册
(清)夏夢鯉修 董承熙纂
清道光八年(1828)刻咸豐八年(1858)錢濤重校刻本
[光緒]墊江縣志 第336册
(清)謝必鏗修 李炳靈纂
清光緒二十六年(1900)刻本
[同治]重脩酆都縣志 第336册
(清)田秀栗 徐濬鏞修 徐昌緒纂
清同治八年(1869)刻本版存試院
[同治]酆都縣新志 第336册
(清)馬佩玖纂修
清同治十二年(1873)刻本本衙藏版
[光緒]酆都縣志 第336册
(清)田秀栗 徐濬鏞修 徐昌緒纂 蔣履泰續纂
清光緒十九年(1893)刻本
[乾隆]石砫廳志 第336册
(清)王縈緒纂修
清乾隆四十年(1775)刻本
[道光]補輯石砫廳新志 第336册
(清)王槐齡纂修
清道光二十三年(1843)刻本
石砫廳鄉土志 第336册
(清)楊應璣 譚永泰 劉青雲編纂
清宣統元年(1909)刻本
[光緒]秀山縣志 第336册
(清)王壽松等修 李稽勳等纂
清光緒十七年(1891)刻本
[同治]增修酉陽直隸州總志 第336册
(清)王鱗飛 張秉堃修 馮世瀛 冉崇文纂
清同治三年(1864)刻本版藏州署
[咸豐]黔江縣志 第336册
(清)張紹齡纂修
清咸豐元年(1851)刻本
[同治]續增黔江縣志 第336册
(清)張鋭堂修 程尚川 宋孝德纂
清同治三年(1864)刻民國間抄本
[光緒]黔江縣志 第336册
(清)張九章修 陳藩垣等纂
清光緒二十年(1894)刻本版藏墨香書院
黔州圖經 第336册
佚名纂修
據劉緯毅等輯《宋遼金元方志輯佚》排印
[康熙]彭水縣志 第336册
(清)陶文彬纂
清康熙四十九年(1710)刻本
[光緒]彭水縣志 第336册
(清)莊定域修 支承祜等纂
清光緒元年(1875)刻本版藏摩雲書院
[乾隆]南川縣志 第336册
(清)陸玉琮纂修
傳抄清乾隆十三年(1748)本
[咸豐]南川縣志 第337册
(清)魏崧等修 康作霖等纂
清咸豐元年(1851)刻本
[光緒]南川縣志 第337册
(清)黄際飛等修 周厚光等纂
清光緒二年(1876)刻本
[民國]南川縣志 第337册
柳琅聲等修 韋麟書等纂
民國二十年(1931)首都明明印刷局鉛印本
南川縣鄉土志 第337册
(清)佚名修
清光緒末修傳抄本
夔州府志 第337册
佚名纂修
據《永樂大典》本排印
[正德]夔州府志 第337册
(明)吳潜纂修
明正德八年(1513)刻本
[乾隆]夔州府志 第337册
(清)崔邑俊修 楊崇 焦懋熙纂
清乾隆十二年(1747)刻本
[道光]夔州府志 第337册
(清)恩成修 劉德銓纂
清道光七年(1827)刻光緒十七年(1891)補刻本
夔輶日記 第337册
(清)孫海環撰
清宣統元年(1909)木活字本
萬州舊經 第337册
佚名纂修
據劉緯毅等輯《宋遼金元方志輯佚》排印
[乾隆]萬縣志 第337册
(清)劉高培修 趙志本纂
清乾隆十一年(1746)刻本
[同治]增修萬縣志 第337册
(清)張琴修 范泰衡纂
清同治五年(1866)刻本
萬縣鄉土志 第337册
(清)佚名纂修
清光緒三十二年(1906)修民國十五年(1926)嘉惠印刷館石印本
[乾隆]開縣志 第337册
(清)胡邦盛纂修
清乾隆十一年(1746)刻本
[咸豐]開縣志 第337册
(清)李肇奎等修 陳崑等纂
清咸豐三年(1853)刻本
[道光]城口廳志 第337册
(清)劉紹文修 洪錫疇纂
清道光二十四年(1844)刻本
[乾隆]大寧縣志 第337册
(清)閻源清修 焦懋熙纂
清乾隆十一年(1746)修抄本
[光緒]大甯縣志 第337册
(清)高維岳修 魏遠猷等纂
清光緒十一年(1885)刻本
[康熙]巫山縣志 第337册
(清)佚名纂修
傳抄清康熙五十四年(1715)本
[雍正]巫山縣志 第337册
(清)佚名纂修
清雍正間修抄本

[光緒]巫山縣志　第337册
(清)連山 白曾煦修 李友梁等纂
清光緒十九年(1893)刻本
[光緒]奉節縣志　第337册
(清)曾秀翹修 楊德坤等纂
清光緒十九年(1893)刻本
[嘉靖]雲陽縣志　第338册
(明)楊鸞修 秦覺纂
明嘉靖二十年(1541)刻本
[乾隆]雲陽縣志　第338册
(清)劉士縉 曹源邦修 陳嘉琊纂
清乾隆十一年(1746)刻本
[咸豐]雲陽縣志　第338册
(清)江錫麒修 陳崑纂
清咸豐四年(1854)刻本版存學署
[民國]雲陽縣志　第338册
朱世鏞 黄葆初修 劉貞安等纂
民國二十四年(1935)巫溪書院鉛印本
雲陽縣鄉土志　第338册
(清)武丕文等採編 甘桂森等纂修
清光緒三十二年(1906)修抄本
忠州圖經　第338册
佚名纂修
據劉緯毅等輯《宋遼金元方志輯佚》排印
[乾隆]忠州志　第338册
(清)佚名纂修
清乾隆間修民國二十一年(1932)抄本
[道光]忠州直隸州志　第338册
(清)吳友箎修 熊履青纂
清道光六年(1826)刻本
[同治]忠州直隸州志　第338册
(清)侯若源 慶徵修 柳福培纂
清同治十二年(1873)刻本
忠縣鄉土志　第338册
陳德甫編
民國三十八年(1949)墨稼軒石印本
[乾隆]梁山縣志　第338册
(清)王慶熙纂修
清乾隆間抄本
[嘉慶]梁山縣志　第338册
(清)符永培纂修 艾鉽續纂
清嘉慶十三年(1808)刻同治六年(1867)增刻本
[光緒]梁山縣志　第338册
(清)朱言詩等纂修
清光緒二十年(1894)刻民國二十四年(1935)石印補版重印本

四川省

蜀記　第339册
(唐)鄭暐纂
據北京圖書館出版社一九九七年《漢唐方志輯佚》排印
[嘉靖]四川總志　第339册
(明)劉大謨 楊慎等纂修
明嘉靖二十四年(1545)刻本
[萬曆]四川總志　第339册
(明)虞懷忠等修 郭棐等纂
明萬曆九年(1581)刻本
[康熙]四川總志　第339册
(清)蔡毓榮修 錢受祺纂
清康熙十二年(1673)刻本
四川總志　第339册
《古今圖書集成》本
[雍正]四川通志　第339册
(清)黄廷桂 憲德修 張晉生等纂
清雍正十一年(1733)刻乾隆元年(1736)補版增刻本
[嘉慶]四川通志　第340册
(清)常明 楊芳燦等纂修
清嘉慶二十一年(1816)刻本
[嘉慶]四川通志　第341册
(清)常明 楊芳燦等纂修
清嘉慶二十一年(1816)刻本
錦里新聞　第341册
《古今圖書集成》本
補續全蜀秇文志　第341册
(明)杜應芳 胡承詔輯
刻本
蜀典　第341册
(清)張澍纂
清道光十四年(1834)刻本
蜀故　第341册
(清)彭遵泗纂
清乾隆刻補修本
嘉陵江志　第341册
馬以愚撰
民國三十六年(1947)商務印書館鉛印本
四廳記程　第341册
(清)王治撰 吳豐培輯
民國間刻本
建昌行記　第341册
(清)佚名撰
清末鉛印本
入蜀記　第341册
李保泰撰
民國間抄本

成都市

益州記　第341册
(梁)李膺撰
據北京圖書館出版社一九九七年《漢唐方志輯佚》排印
益州記　第341册
佚名撰
據北京圖書館出版社一九九七年《漢唐方志輯佚》排印
成都古今集記　第341册
(宋)趙抃纂
據劉緯毅等輯《宋遼金元方志輯佚》排印
續成都古今集記　第341册
(宋)王剛中纂
據劉緯毅等輯《宋遼金元方志輯佚》排印
成都志　第341册
(宋)袁說友纂
據劉緯毅等輯《宋遼金元方志輯佚》排印
[嘉慶]成都縣志　第341册
(清)王泰雲等修 衷以壎 楊芳燦纂
清嘉慶二十一年(1816)刻本版藏芙蓉書院
[同治]重修成都縣志　第341册
(清)羅廷權等修 衷興鑒纂
清同治十二年(1873)刻本節孝祠藏版
成都通覽　第342册
(清)傅崇榘纂
清宣統元年(1909)成都通俗報社石印本
[嘉慶]雙流縣志　第342册
(清)汪士侃纂修
清嘉慶十九年(1814)刻本
[光緒]雙流縣志　第342册
(清)彭琬等纂修 吳特仁增訂
清光緒二十年(1894)刻民國二十一年(1932)《養正堂遺書》增刻本
[民國]雙流縣志　第342册
劉佶 殷魯等修 劉咸榮等纂
民國二十六年(1937)成都球新印刷廠鉛印本

[嘉慶]華陽縣志　第342册
(清)吳鞏 董淳修 潘時彤等纂
清嘉慶二十一年(1816)刻光緒十八年(1892)補刻本文昌宮藏版
[民國]華陽縣志　第342册
陳法駕 葉大鏘修 林思進 曾鑑纂
民國二十三年(1934)刻本版藏華陽縣立中學校圖書館
懷安軍舊經　第342册
佚名纂修
據劉緯毅等輯《宋遼金元方志輯佚》排印
[嘉慶]金堂縣志　第342册
(清)謝惟傑修 黄烈 陳一津纂
清嘉慶十六年(1811)刻本縣衙藏版
[同治]續金堂縣志　第342册
(清)王樹桐 徐璞玉修 米繪裳等纂
清同治六年(1867)刻本
[民國]金堂縣續志　第342册
王暨英修 曾茂林纂
民國十年(1921)刻本
金堂縣鄉土志　第343册
(清)劉肇烈纂修
抄本
[嘉慶]溫江縣志　第343册
(清)李紹祖等修 徐文賁 車西纂
清嘉慶二十年(1815)刻本版藏縣署
[民國]溫江縣志　第343册
張驥修 曾學傳纂
民國十年(1921)刻本溫江縣圖書館藏版
溫江縣鄉土志　第343册
(清)曾學傳纂修
清宣統元年(1909)刻本版存官高小學堂
[乾隆]郫縣志書　第343册
(清)李馨纂修
清乾隆十六年(1751)刻二十七年(1762)補刻本
[嘉慶]郫縣志　第343册
(清)朱鼎臣等修 盛大器等纂
清嘉慶十八年(1813)刻道光二十四年(1844)墨韵堂補刻本
[同治]郫縣志　第343册
(清)陳慶熙修 高升之纂
清同治九年(1870)刻本墨韵堂藏版
郫縣鄉土志　第343册
(清)黄德潤修 姜士諤纂
清光緒三十四年(1908)鉛印本
[嘉慶]崇寧縣志　第343册
(清)劉壇等纂修
清嘉慶二十一年(1816)刻本版藏縣署
崇甯縣鄉土志　第343册
(清)佚名纂修
抄本
永康圖經　第343册
佚名纂修
據劉緯毅等輯《宋遼金元方志輯佚》排印
[乾隆]灌縣志　第343册
(清)孫天寧纂修
清乾隆五十一年(1786)刻本
[光緒]增修灌縣志　第343册
(清)莊思恒等修 鄭珶山纂 楊端宇續纂修
清光緒十二年(1886)刻民國三年(1914)補刻本版存學署
灌記初稿　第343册
(清)彭洵纂修
清光緒二十年(1894)種書堂刻本
[民國]灌縣志　第343册
葉大鏘等修 羅駿聲纂
民國二十二年(1933)鉛印本
灌縣鄉土志　第343册
(清)鍾文虎修 徐昱 高履和纂
清光緒三十三年(1907)刻本版存孝署
青城山記　第343册
(清)彭洵編輯
清光緒十三年(1887)巾箱刻本
吳船録　第343册
《古今圖書集成》本
成都彭州志　第343册
佚名纂修
據《永樂大典》本排印
[嘉慶]彭縣志　第343册
(清)王鍾鈁纂修
清嘉慶十八年(1813)刻本
[光緒]彭縣志　第344册
(清)張龍甲等修 龔世瑩等纂
清光緒六年(1880)刻本文廟藏版
[嘉慶]新都縣志　第344册
(清)孫真儒等修 李覺楹纂
清嘉慶二十一年(1816)刻本縣學署藏版
[道光]新都縣志　第344册
(清)張奉書修 張懷泗纂
清道光二十四年(1844)刻本
[民國]新都縣志　第344册
陳習删等修 閔昌術等纂
民國十八年(1929)鉛印本
新都縣鄉土志　第344册
(清)張治新纂
清末抄本
[嘉慶]新繁縣志　第344册
(清)顧德昌修 張粹德等纂
清嘉慶十九年(1814)刻本本衙藏版
[同治]新繁縣志　第344册
(清)張文珍 李應觀修 楊益豫等纂
清同治十二年(1873)刻本版藏縣署
[民國]新繁縣志　第344册
侯俊德 吕崧雲修 劉復纂
民國三十六年(1947)成都啓文印刷局鉛印本
新繁縣鄉土志　第344册
(清)余慎修 陳彦升纂
清光緒三十三年(1907)鉛印本
[康熙]新津縣志　第344册
(清)倫可大修 熊占祥纂
清康熙二十五年(1686)刻本
[道光]新津縣志　第344册
(清)陳霽學修 葉芳模纂 鄭安仁續纂修
清道光十九年(1839)刻本
新津縣鄉土志　第344册
(清)禄勳纂修
清宣統元年(1909)成都印書館鉛印本
[乾隆]蒲江縣志　第344册
(清)紀曾蔭修 黎攀桂 馬道亨纂
清乾隆四十九年(1784)刻本
[光緒]蒲江縣志　第344册
(清)孫清士 陸汝衡修 解璜 徐元善纂
清光緒四年(1878)刻本
蒲江縣鄉土志　第344册
(清)佚名纂修
清光緒三十四年(1908)修抄本
[嘉慶]邛州直隷州志　第344册
(清)吳鞏修 王來遴纂
清嘉慶二十三年(1818)刻本
[民國]邛崍縣志　第344册
劉夐等修 寧緗等纂
民國十一年(1922)鉛印本

[乾隆]大邑縣志　第344册
(清)宋載纂修
清乾隆間刻本
[同治]大邑縣志　第345册
(清)趙霦等纂修 林嘉澍 余上富續纂修
清同治六年(1867)刻光緒二年(1876)增刻本
[民國]大邑縣志　第345册
王銘新 解汝襄修 鍾毓靈 龔維錡纂
民國十九年(1930)鉛印本
四川邛州大邑縣鄉土志　第345册
(清)紹曾修 查體仁纂
清光緒三十一年(1905)修抄本
蜀州圖經　第345册
佚名纂修
據劉緯毅等輯《宋遼金元方志輯佚》排印
崇慶府圖經　第345册
佚名纂修
據劉緯毅等輯《宋遼金元方志輯佚》排印
[光緒]增修崇慶州志　第345册
(清)沈恩培等修 胡麟 徐鼎元纂
清光緒三年(1877)刻十年(1884)增刻本
[民國]崇慶縣志　第345册
謝汝霖等修 羅元黼等纂
民國十五年(1926)成都昌福公司鉛印本

廣元市

利州舊經　第345册
佚名纂修
據劉緯毅等輯《宋遼金元方志輯佚》排印
利州圖經　第345册
佚名纂修
據劉緯毅等輯《宋遼金元方志輯佚》排印
[乾隆]四川保寧府廣元縣志　第345册
(清)張賡謨等纂修
清乾隆二十二年(1757)刻本
[民國]重修廣元縣志稿　第345册
謝開來等修 王克禮 羅映湘纂
民國二十九年(1940)鉛印本
[乾隆]昭化縣志　第345册
(清)李元纂修
清乾隆五十年(1785)刻本
[道光]重修昭化縣志　第345册
(清)張紹齡纂修
清道光二十五年(1845)刻同治三年(1864)修鋟刻本
劍州志　第345册
佚名纂修
據劉緯毅等輯《宋遼金元方志輯佚》排印
[雍正]劍州志　第345册
(清)李梅賓修 楊端纂
清雍正五年(1727)刻本
[同治]劍州志　第345册
(清)李溶等修 李榕纂
清同治十二年(1873)刻本學宫藏版
劍門志　第345册
佚名纂修
據劉緯毅等輯《宋遼金元方志輯佚》排印
[民國]劍閣縣續志　第345册
張政等纂修
民國十六年(1927)成都協昌公司鉛印本
[乾隆]蒼溪縣志　第345册
(清)丁映奎纂修
清乾隆四十八年(1783)刻本
[民國]蒼溪縣志　第345册
熊道琛 鍾俊等修 李靈椿等纂
民國十七年(1928)潼川新民印刷公司鉛印本

綿陽市

龍州舊經　第345册
佚名纂修
據劉緯毅等輯《宋遼金元方志輯佚》排印
龍州圖經　第345册
佚名纂修
據劉緯毅等輯《宋遼金元方志輯佚》排印
龍門志　第345册
(宋)楊熹修
據劉緯毅等輯《宋遼金元方志輯佚》排印
[康熙]龍安府志　第345册
(清)佚名纂修
清康熙間修民國二十一年(1932)抄本
[道光]龍安府志　第345册
(清)鄧存詠等纂修
清道光二十二年(1842)刻本版藏本署
潼川府圖經　第345册
(宋)袁觀纂
據劉緯毅等輯《宋遼金元方志輯佚》排印
潼川志　第345册
佚名纂修
據《永樂大典》本排印
[嘉靖]潼川志　第345册
(明)陳講等纂修
明嘉靖二十九年(1550)修民國間抄本
[乾隆]潼川府志　第345册
(清)張松孫修 李芳穀纂
清乾隆五十一年(1786)刻本本衙藏版
[光緒]新修潼川府志　第346册
(清)阿麟修 王龍勳等纂
清光緒二十三年(1897)刻本版藏本署
綿州志　第346册
佚名纂修
據劉緯毅等輯《宋遼金元方志輯佚》排印
綿州舊經　第346册
佚名纂修
據劉緯毅等輯《宋遼金元方志輯佚》排印
綿州圖經　第346册
佚名纂修
據劉緯毅等輯《宋遼金元方志輯佚》排印
[嘉慶]直隸綿州志　第346册
(清)俞廷橝 李在文纂輯 范紹泗釐定
清嘉慶十九年(1814)刻本
[同治]直隸綿州志　第347册
(清)文棨 董貽清修 伍肇齡 何天祥纂
清同治十二年(1873)刻
[民國]緜陽縣志　第347册
蒲殿欽等修 崔映棠纂
民國二十一年(1932)刻本版存圖書館
[雍正]江油縣志　第347册
(清)彭阯纂修 瞿緝曾續修
清雍正五年(1727)刻乾隆二十六年(1761)增續刻本
[道光]江油縣志　第347册
(清)桂星等纂修
清道光二十年(1840)刻本
[光緒]江油縣志　第347册

(清)武丕文等修 歐培槐等纂
清光緒二十九年(1903)刻本
[乾隆]彰明志略 第347册
(清)陳謀纂修
清乾隆二十八年(1763)刻本
[同治]彰明縣志 第347册
(清)何慶恩修 李朝棟 吴士柼纂
清同治十三年(1874)刻本版存本署
匡山圖志 第347册
蔣德鈞纂
民國間刻本
[咸豐]梓潼縣志 第347册
(清)張香海等修 楊曦等纂
清咸豐八年(1858)刻本本衙藏版
[嘉慶]三臺縣志 第347册
(清)沈昭興纂修
清嘉慶二十年(1815)刻本
[民國]三臺縣志 第348册
林志茂等修 謝勷等纂
民國二十年(1931)三臺新民印刷公司鉛印本
[乾隆]鹽亭縣志 第348册
(清)董夢曾纂修
清乾隆二十八年(1763)刻本
[光緒]鹽亭縣志續編 第348册
(清)邢錫晉修 趙宗藩纂
清光緒八年(1882)刻本
[乾隆]安縣志 第348册
(清)張仲芳纂修
清乾隆五十四年(1789)刻本版藏縣署
[嘉慶]安縣志 第348册
(清)楊英燦纂修
清嘉慶十七年(1812)刻本
[同治]安縣志 第348册
(清)楊英燦等纂修 余天鵬續修 陳嘉繡續纂
清同治三年(1864)刻本抄配版存衙署
[民國]安縣志 第348册
夏時行 黄愷公修 劉公旭纂
民國二十七年(1938)石印本
[乾隆]石泉縣志 第348册
(清)姜炳璋纂修
清乾隆三十三年(1768)刻本
[道光]石泉縣志 第348册
(清)趙德林修 張沆纂
清道光十四年(1834)刻本
[民國]北川縣志 第348册
楊鈞衡等修 黄尚毅等纂
民國二十一年(1932)石印本

德陽市

[嘉慶]什邡縣志 第349册
(清)紀大奎修 林時春等纂
清嘉慶十八年(1813)刻本什邡縣文昌閣藏
[同治]續增什邡縣志 第349册
(清)傅華桂修 王壐尊 甘雨培等纂
清同治四年(1865)刻本
[民國]重修什邡縣志 第349册
王文照修 曾慶奎 吴江纂
民國十八年(1929)成都球新印刷廠鉛印本
漢州圖經 第349册
佚名纂修
據劉緯毅等輯《宋遼金元方志輯佚》排印
[嘉慶]漢州志 第349册
(清)劉長庚等修 侯肇元等纂
清嘉慶二十二年(1817)刻本
[同治]續漢州志 第349册
(清)張超修 張敏行纂
清同治八年(1869)刻本
[乾隆]中江縣志 第349册
(清)張松孫修 陳景韓纂
清乾隆五十二年(1787)刻本
[嘉慶]中江縣志 第349册
(清)陳此和修 戴文奎等纂
清嘉慶十七年(1812)修清抄本
[道光]中江縣新志 第349册
(清)楊霈修 李福源 范泰衡纂
清道光十九年(1839)刻本
[民國]中江縣志 第349册
蘇洪寬等修 陳品全纂
民國十九年(1930)日新印刷工業社鉛印本
中江縣鄉土志 第349册
(清)游夔一纂
清末編抄本
[乾隆]續德陽縣志 第350册
(清)周際虞纂修
清乾隆二十七年(1762)刻本
[道光]德陽縣新志 第350册
(清)裴顯忠修 劉碩輔纂
清道光十七年(1837)刻本
[同治]德陽縣志 第350册
(清)何慶恩修 劉宸楓 田正訓纂
清同治十三年(1874)刻本本衙藏版
[光緒]德陽縣志續編 第350册
(清)鈕傳善修 李炳靈 楊藻纂
清光緒三十一年(1905)德邑宏道閣公書局刻本
[民國]德陽縣志 第350册
汪仲夔等修 洪烈森等纂
民國二十八年(1939)成都福民印刷公司鉛印暨石印本
德陽縣鄉土志 第350册
(清)佚名纂修
民國抄本
[嘉慶]綿竹縣志 第350册
(清)沈瓌等纂修
清嘉慶十八年(1813)刻本
[道光]綿竹縣志 第350册
(清)劉慶遠修 沈心如等纂
清道光二十九年(1849)刻本本衙藏版
[民國]綿竹縣志 第350册
王佐等修 黄尚毅纂
民國九年(1920)刻本孔廟存版
[乾隆]直隸綿州羅江縣志 第350册
(清)沈潛修 闞昌言纂
清乾隆十年(1745)刻本
[嘉慶]羅江縣志 第350册
(清)李調元纂修
清嘉慶七年(1802)刻本
[嘉慶]羅江縣志 第350册
(清)李桂林修 鄧林等纂
清嘉慶二十年(1815)修同治四年(1865)刻本本衙藏版
[同治]羅江縣志 第350册
(清)馬傳業纂修
清同治四年(1865)刻本本衙藏版
羅江縣鄉土志 第350册
(清)佚名纂修
抄本

南充市

開漢志 第351册
(宋)朱繁纂
據劉緯毅等輯《宋遼金元方志輯佚》排印
[康熙]順慶府志 第351册
(清)李成林修 羅承順等纂 袁定遠 黄銑續纂
清康熙二十五年(1686)刻嘉慶十二

年(1807)補刻本抄配府學署藏版
保寧府志 第351册
佚名纂修
據《永樂大典》本排印
[道光]保寧府志 第351册
(清)黎學錦 徐雙桂修 史觀纂
清道光元年(1821)刻二十三年(1843)補刻本
[嘉慶]南充縣志 第351册
(清)袁鳳孫修 陳榕等纂
清嘉慶十八年(1813)刻咸豐七年(1857)洪璋增刻本
[咸豐]閬中縣志 第351册
(清)徐繼鏞修 李惺等纂
清咸豐元年(1851)刻本
[民國]閬中縣志 第351册
岳永武 余仲鈞修 鄭鍾靈等纂
民國十五年(1926)石印本
[同治]儀隴縣志 第351册
(清)曹紹樾 胡晋熙修 胡輯瑞等纂
清同治十年(1871)刻光緒三十三年(1907)補刻本版存勸學所
[道光]南部縣志 第351册
(清)王瑞慶 徐暢達修 承綬續修 李咸若續纂
清道光二十九年(1849)刻同治九年(1870)增刻本
南部縣輿圖考 第351册
(清)袁用賓修纂
清光緒二十二年(1896)刻本
南部縣輿圖考 第352册
(清)袁用賓修纂
清光緒二十二年(1896)刻本
南部縣鄉土志 第352册
(清)王道履編
清光緒三十二年(1906)抄本
[光緒]西充縣志 第352册
(清)高培穀修 劉藻纂
清光緒二年(1876)刻本
西充縣鄉土志 第352册
(清)李淇章纂
清宣統元年(1909)抄本
[萬曆]營山縣志 第352册
(明)王廷稷修 李彭年等纂
明萬曆四年(1576)刻本
[同治]營山縣志 第352册
(清)翁道均修 熊毓藩等纂
清同治九年(1870)刻光緒十年(1884)劉棫等增刻本版存經費公局
蓬州志 第352册
(宋)羅畸纂
據劉緯毅等輯《宋遼金元方志輯佚》排印
咸安志 第352册
(宋)李曄纂
據劉緯毅等輯《宋遼金元方志輯佚》排印
[正德]蓬州志 第352册
(明)吳德器修 徐泰纂
明正德十三年(1518)刻本
[光緒]蓬州志 第352册
(清)方旭修 張禮杰等纂
清光緒二十三年(1897)刻本

廣安市

廣安志 第352册
(宋)廖唐英修 吳薦纂
據劉緯毅等輯《宋遼金元方志輯佚》排印
[乾隆]廣安州志 第352册
(清)陸良瑜修 鄧時敏纂
清乾隆三十四年(1769)刻本
[光緒]廣安州志 第352册
(清)顧懷壬等修 周克堃等纂
清光緒十三年(1887)刻本
[光緒]廣安州新志 第352册
(清)周克堃等纂
清光緒三十三年(1907)修宣統三年(1911)刻民國十六年(1927)重印本廣安縣教育局藏版
[乾隆]岳池縣志 第353册
(清)黄克顯纂修
清乾隆二十一年(1756)刻本
[光緒]岳池縣志 第353册
(清)何其泰等修 吳新德纂
清光緒元年(1875)刻本
[嘉慶]定遠縣志 第353册
(清)沈遠標 吳人傑修 何蘇 何烋纂
清嘉慶二十年(1815)刻道光二十二年(1842)重印本
[光緒]定遠縣志 第353册
(清)姜由範等修 王鏞等纂
清光緒元年(1875)刻本
[民國]新修武勝縣志 第353册
羅興志等修 孫國藩等纂
民國二十年(1931)重慶長安寺進化印刷社鉛印本
[乾隆]鄰水縣志 第353册
(清)陳覲光修 楊爾式 甘文林纂
清乾隆二十二年(1757)刻本
[道光]鄰水縣志 第353册
(清)李嘉佑 王尚錦等修 蔣夢蘭 曾繼楠等纂
清道光元年(1821)刻本
[道光]鄰水縣志 第353册
(清)曾燦奎 劉光第修 甘家斌等纂
清道光十五年(1835)刻本

遂寧市

[乾隆]射洪縣志 第353册
(清)張松孫修 沈詩杜等纂
清乾隆五十一年(1786)刻本
[嘉慶]射洪縣志 第353册
(清)陳廷鈺 張復修 趙燮元等纂
清嘉慶二十五年(1820)刻本抄配
[光緒]射洪縣志 第353册
(清)黄允欽等修 羅錦城 張尚溎等纂
清光緒十一年(1885)刻本
射洪縣鄉土志 第354册
(清)孫世奎編
清光緒三十二年(1906)抄本
遂寧圖經 第354册
佚名纂修
據劉緯毅等輯《宋遼金元方志輯佚》排印
[乾隆]遂寧縣志 第354册
(清)田朝鼎修 周彭年纂
清乾隆十二年(1747)刻本
[乾隆]遂寧縣志 第354册
(清)張松孫 李培峘修 寇賚言纂
清乾隆五十二年(1787)刻本縣衙藏版
[光緒]遂甯縣志 第354册
(清)孫海等修 李星根纂
清光緒五年(1879)刻本
[民國]遂寧縣志 第354册
甘燾等修 王懋昭等纂
民國十八年(1929)刻本縣教育局藏版
[康熙]蓬溪縣志 第354册
(清)潘之彪纂修
清康熙十一年(1672)刻五十二年(1713)徐纘功增刻本
[乾隆]蓬溪縣志 第354册
(清)張松孫修 謝泰宸等纂

清乾隆五十一年(1786)刻本
[道光]蓬溪縣志 第354册
(清)吳章祁修 顧士英等纂
清道光二十五年(1845)刻本縣署藏版
[光緒]蓬溪縣續志 第354册
(清)周學銘修 熊祥謙等纂
清光緒二十五年(1899)刻本
[民國]蓬溪近志 第354册
伍彝章等修 曾世禮等纂
民國二十四年(1935)刻本
內江市
[嘉慶]內江縣志 第355册
(清)顧文曜修 羅文黻纂
清嘉慶間修稿本
[同治]內江縣志 第355册
(清)張搢等纂修 張兆蘭等續修 黃覺等續纂
清同治十年(1871)刻本
[光緒]內江縣志 第355册
(清)彭泰士修 曾慶昌 朱襄虞等纂
清光緒三十一年(1905)刻本四祠藏版
[民國]內江縣志 第355册
曾慶昌纂修
民國十四年(1925)刻本
[乾隆]威遠縣志 第355册
(清)李南暉修 張翼儒纂
清乾隆四十年(1775)刻光緒三年(1877)重印本本衙藏版
[嘉慶]威遠縣志 第355册
(清)陳汝秋纂修
清嘉慶十八年(1813)刻本
[光緒]威遠縣志 第355册
(清)吳曾輝修 吳容纂
清光緒三年(1877)刻本
[光緒]資州直隸州志 第355册
(清)劉炯等纂修 羅廷權 黃加焜續修 何衮等續纂
清光緒二年(1876)刻本本衙藏版
[民國]資中縣續修資州志 第355册
吳鴻仁等修 黃清亮等纂
民國十八年(1929)資中昌文石鉛印社鉛印本
[乾隆]隆昌縣志 第355册
(清)黃文理纂修
清乾隆二十九年(1764)刻本
[同治]隆昌縣志 第355册
(清)花映均 魏元燮修 耿光祜等纂
清同治元年(1862)刻本衙署藏版
隆昌縣鄉土志 第355册
(清)胡用霖 曾昭潛纂
清光緒三十二年(1906)抄本
樂山市
嘉州圖經 第356册
佚名纂修
據劉緯毅等輯《宋遼金元方志輯佚》排印
嘉定州志 第356册
佚名纂修
據《永樂大典》本排印
嘉定州志 第356册
(明)李采修 范醇敬纂 (清)張能鱗修 彭欽纂 承動續纂
明志萬曆三十九年(1611)修清康熙六年(1667)修乾隆四十一年(1776)增修排印本
[康熙]嘉定州志 第356册
(清)張能鱗修 彭欽纂 承動續纂
清康熙六年(1667)修乾隆四十一年(1776)續增民國二十一年(1932)抄本
[同治]嘉定府志 第356册
(清)文良等修 陳堯采等纂
清同治三年(1864)刻本
[嘉慶]樂山縣志 第356册
(清)龔傳黻等纂修
清嘉慶十七年(1812)刻光緒十三年(1887)增刻本縣署藏版
[民國]樂山縣志 第356册
唐受潘修 黃熔等纂 王畏巖補正
民國二十三年(1934)鉛印本
[康熙]夾江縣志 第356册
(清)李大成修 田樟等纂
清康熙二十四年(1685)修民國二十一年(1932)抄本
[嘉慶]夾江縣志 第356册
(清)王佐等修 涂崧等纂
清嘉慶十八年(1813)刻光緒十四年(1888)補版重印本縣署藏版
[民國]夾江縣志 第356册
羅國鈞修 劉作銘 薛志清纂
民國二十四年(1935)成都維新印刷局鉛印本
夾江縣鄉土志 第356册
(清)佚名編
清末抄本
[嘉慶]井研縣志 第356册
(清)張寧陽等修 陳献瑞 胡元善纂
清嘉慶元年(1796)刻本版藏縣署
[光緒]井研志 第356册
(清)高承瀛等修 吳嘉謨 龔煦春纂
清光緒二十六年(1900)刻本
[乾隆]犍爲縣志 第356册
(清)宋錦修 李拔纂
清乾隆十一年(1746)刻本
[嘉慶]犍爲縣志 第356册
(清)王夢庚等纂修
清嘉慶二十一年(1816)刻本縣署藏版
[民國]犍爲縣志 第356册
陳世虞修 羅綬香 印焕門等纂
民國二十六年(1937)成都協美印刷公司鉛印本
[乾隆]峩眉縣志 第356册
(清)文曙修 張弘昳纂
清乾隆五年(1740)刻本
[嘉慶]峩眉縣志 第356册
(清)王燮修 張希縉等纂
清嘉慶十八年(1813)刻本
[宣統]峩眉縣續志 第357册
(清)李錦成修 朱榮邦等纂 趙明松重輯
清宣統三年(1911)刻民國二十四年(1935)重刻本
峩眉山志 第357册
(清)蔣超纂
清康熙二十八年(1689)刻本
峩山圖志 第357册
(清)譚鍾嶽著
清光緒十七年(1891)刻本
峨眉山志 第358册
(清)蔣超原纂 (民國)釋印光重修
民國二十三年(1934)鉛印本
峩眉導游詳記 第358册
劉上熹著
民國二十五年(1936)商務印書館鉛印本
峨眉導遊 第358册
鄧少琴編
民國二十七年(1938)鉛印本
[民國]峨邊縣志 第358册
李宗鍠等修 李仙根等纂
民國四年(1915)大昌公司鉛印本

[嘉慶]馬邊廳志畧 第358册
(清)周斯才等纂修
清嘉慶十二年(1807)刻本版藏文昌宫
馬邊紀實 第358册
余洪先撰
民國二十六年(1937)鉛印本
自貢市
榮州圖經 第358册
(宋)李燾修 勾演纂
據劉緯毅等輯《宋遼金元方志輯佚》排印
[乾隆]榮縣志 第358册
(清)黄大本纂修
清乾隆二十一年(1756)刻本
[道光]榮縣志 第358册
(清)王培荀等纂修
清道光二十五年(1845)刻光緒三年(1877)增刻本本衙藏版
[民國]榮縣志 第358册
廖世英等修 趙熙等纂
民國十八年(1929)刻本
[乾隆]富順縣志 第359册
(清)熊葵向修 周士誠纂
清乾隆二十五年(1760)刻本
[乾隆]富順縣志 第359册
(清)段玉裁 李芝纂修
清光緒八年(1882)重刻乾隆四十二年(1777)本
[道光]富順縣志 第359册
(清)張利貞修 黄靖圖纂
清道光七年(1827)刻本
[同治]富順縣志 第359册
(清)羅廷權等修 吕上珍纂
清同治十一年(1872)刻本本衙藏版
[民國]富順縣志 第360册
彭文治等修 盧慶家 高光照纂
民國二十年(1931)刻本
富順縣鄉土志 第360册
(清)陳運昌等纂修
民國間抄本
瀘州市
[嘉慶]納谿縣志 第360册
(清)趙炳然等修 徐行德等纂
清嘉慶十八年(1813)修民國二十六年(1937)瀘縣文源印刷社鉛字重印本
瀘州志 第360册
佚名纂修
據劉緯毅等輯《宋遼金元方志輯佚》排印
江陽續譜 第360册
佚名纂修
據《永樂大典》本排印
[乾隆]直隸瀘州志 第360册
(清)夏詔新纂修
清乾隆二十四年(1759)刻本
[嘉慶]直隸瀘州志 第360册
(清)沈昭興修 余觀和 王元本纂
清道光間據嘉慶二十五年(1820)刻版重修本本衙藏版
[光緒]直隸瀘州志 第360册
(清)田秀栗等修 華國清 施澤久纂
清光緒八年(1882)刻本
[民國]瀘縣志 第360册
王禄昌等修 高覲光等纂
民國二十七年(1938)鉛印本
瀘縣鄉土地理 第360册
李昌言著
民國三十八年(1949)瀘縣人文書局石印本
瀘州九姓鄉志 第360册
(清)任五采修 車登衢纂
清光緒八年(1882)刻本版藏分署
[乾隆]合江縣志 第360册
(清)葉體仁修 朱維辟纂
清乾隆二十七年(1762)刻本
[同治]合江縣志 第360册
(清)秦湘修 楊致道纂 瞿樹蔭等續修 羅增垣等續纂
清同治十年(1871)刻本
[民國]合江縣志 第360册
王玉璋修 劉天錫 張開文等纂
民國十八年(1929)鉛印本
[康熙]叙永廳志 第361册
(清)宋敏學修 袁斯恭纂
清康熙二十五年(1686)刻本
[嘉慶]直隸叙永廳志 第361册
(清)周偉業纂修
清嘉慶十七年(1812)木刻本廳署藏版
[光緒]續修叙永永寧廳縣合志 第361册
(清)鄧元鏸等修 萬慎纂
清光緒三十四年(1908)鉛印本
[乾隆]九姓司志 第361册
(清)任啟烈等纂修 任履肅 廖永安續纂
清乾隆間刻民國十九年(1930)抄本
[嘉慶]九姓志畧 第361册
(清)佚名纂修
清嘉慶二十五年(1820)刻本
永寧縣鄉土志 第361册
(清)佚名編
清末修抄本
宜賓市
叙州志 第361册
佚名纂修
據劉緯毅等輯《宋遼金元方志輯佚》排印
[康熙]四川叙州府志 第361册
(清)何源濬纂修
清康熙二十六年(1687)刻本
[光緒]叙州府志 第361册
(清)王麟祥修 丘晋成等纂
清光緒二十二年(1896)刻本版存公局
[嘉慶]宜賓縣志 第362册
(清)劉元熙修 李世芳纂
清嘉慶十六年(1811)修民國二十一年(1932)叙府大同書局鉛印本
[康熙]南溪縣志 第362册
(清)王大騏纂修
清康熙二十五年(1686)刻本
[嘉慶]南溪縣志 第362册
(清)胡之富修 包字 韓國琳纂
清嘉慶十八年(1813)刻本奎星閣藏版
[道光]南溪縣新志 第362册
(清)翁紹海纂修
清道光二十年(1840)刻本
[同治]南溪縣志 第362册
(清)福倫修 胡元翔 唐毓彤纂
清同治十三年(1874)刻本
[民國]南溪縣志 第362册
李凌霄等修 鍾朝煦纂
民國二十六年(1937)鉛印本
[乾隆]江安縣志 第362册
(清)雷伊纂修
清乾隆間修民國十九年(1930)抄本
[嘉慶]江安縣志 第362册
(清)趙模修 鄭存仁纂
清嘉慶十七年(1812)刻本
[道光]江安縣志 第362册
(清)高學濂纂修

清道光九年(1829)刻本本衙藏版
[民國]江安縣志 第362册
嚴希慎等修 陳天錫等纂
民國十一年(1922)瀘縣桂花街牖群書局鉛印本
[康熙]長寧縣志 第362册
(清)宗讓修 宋肆樟纂
清康熙二十五年(1686)刻本
[嘉慶]長寧縣志 第362册
(清)曹秉讓修 楊庚等纂 劉春生補遺
清嘉慶十三年(1808)刻本慎思堂藏版
[康熙]興文縣志 第362册
(清)宗讓纂修
清康熙二十五年(1686)刻本
[光緒]興文縣志 第362册
(清)江亦顯等纂修
清光緒十三年(1887)刻民國二十五年(1936)石印補版重印本
[民國]興文縣志 第362册
李仲陽 余詡修 何鴻亮纂
民國三十二年(1943)川南印刷廠鉛印本
[乾隆]珙縣志 第362册
(清)王聿修纂修
清乾隆三十八年(1773)刻本
[同治]珙縣志 第362册
(清)羅度等修 郭肇林等纂
清光緒九年(1883)刻本
[乾隆]高縣志 第362册
(清)李鴻楷纂修
清乾隆二十七年(1762)刻本
[同治]高縣志 第362册
(清)敖立榜 曾毓佐等纂修
清同治五年(1866)刻本
[康熙]四川叙州府慶符縣志 第362册
(清)丁林聲纂修
清康熙二十五年(1686)修抄本
[光緒]慶符縣志 第362册
(清)孫定揚修 胡錫祜纂
清光緒二年(1876)刻本
[光緒]慶符縣志 第362册
(清)佚名纂修
清光緒年間手抄本
[康熙]筠連縣志 第362册
(清)丁林聲纂修
清康熙二十五年(1686)修抄本
[同治]筠連縣志 第363册
(清)程熙春修 文爾炘等纂
清同治十二年(1873)刻本
[民國]筠連縣志 第363册
祝世德纂修
民國三十七年(1948)鉛印本
[嘉靖]馬湖府志 第363册
(明)余承勛纂修
明嘉靖三十四年(1555)刻本
[乾隆]屏山縣志 第363册
(清)張曾敏修 陳琦纂
清乾隆四十三年(1778)修民國二十年(1931)文華印字館鉛印本
[光緒]屏山縣續志 第363册
(清)張九章修 陳藩垣 聶培庠纂
民國二十年(1931)文華印字館鉛印本

巴中市

集州志 第363册
佚名纂修
據劉緯毅等輯《宋遼金元方志輯佚》排印
[道光]南江縣志 第363册
(清)胡炳修 彭曲典纂
清道光七年(1827)刻本
述巴志 第363册
佚名纂修
據劉緯毅等輯《宋遼金元方志輯佚》排印
[乾隆]巴州志署 第363册
(清)佚名纂
傳抄清乾隆六十年(1795)抄本
[道光]巴州志 第363册
(清)朱錫穀修 陳一津等纂
清道光十三年(1833)刻本本署藏版
[民國]巴中縣志 第363册
張仲孝等修 馬文燦等纂 余震等續纂
民國十六年(1927)石印本
[道光]通江縣志 第363册
(清)李鍾峩纂修 錫檀續修 陳瑞生鄧範之續纂
清道光二十八年(1848)刻本官衙藏版

達州市

[嘉慶]達縣志 第363册
(清)魯鳳輝等修 王廷偉等纂
清嘉慶二十年(1815)刻本
[民國]達縣志 第363册
藍炳奎等修 吴德準等纂
民國二十七年(1938)袁濟安增補鉛印本
達縣磐石鄉志 第363册
張子履編
民國三十四年(1945)鉛印本
[乾隆]太平縣志 第363册
(清)鍾蓮纂修
清乾隆間修民國十九年(1930)抄本
[光緒]太平縣志 第363册
(清)楊汝偕等纂修
清光緒十九年(1893)刻本
[民國]萬源縣志 第363册
劉子敬等修 賀維翰等纂
民國二十一年(1932)大中印務局鉛印本
[嘉慶]東鄉縣志 第363册
(清)徐陳謨纂修
清嘉慶二十年(1815)刻道光元年(1821)增補本本城尊經閣藏版
[光緒]東鄉縣志 第363册
(清)如柏纂修
清光緒二十八年(1902)刻本
[民國]四川宣漢縣志 第363册
龐麟炳 汪承烈等纂修
民國二十年(1931)石印本
[乾隆]新寧縣志 第364册
(清)竇容邃修 吴師瑗纂
清乾隆十八年(1753)周金紳增刻本
[同治]新寧縣志 第364册
(清)復成修 周紹鑾 胡元翔纂
清同治八年(1869)刻本縣署藏版
新寧縣鄉土志 第364册
(清)佚名編纂
清末抄本
[乾隆]大竹縣志 第364册
(清)陳仕林纂修
清乾隆五十二年(1787)刻本
[道光]大竹縣志 第364册
(清)翟瑔修 王懷孟等纂 蔡以修續修 劉漢昭等續纂
清道光二年(1822)刻本本衙藏版
[民國]大竹縣志 第364册
鄭國翰 曾瀛藻修 陳步武 江三乘纂
民國十七年(1928)鉛印本
[同治]渠縣志 第364册
(清)何慶恩修 賈振麟 金傳培纂
清同治三年(1864)刻本本衙藏版

資陽市

普州志　第364册
(宋)楊泰之纂
據劉緯毅等輯《宋遼金元方志輯佚》排印

普州圖經　第364册
佚名纂修
據劉緯毅等輯《宋遼金元方志輯佚》排印

[乾隆]樂至縣志　第364册
(清)張松孫修 雷懋德纂
清乾隆五十一年(1786)刻本縣衙藏版

[道光]樂至縣志　第364册
(清)裴顯忠修 劉碩輔纂
清道光二十年(1840)刻同治八年(1869)補刻本版存賓興局

[光緒]續增樂至縣志　第364册
(清)胡書雲修 李星根等纂
清光緒九年(1883)刻本

[乾隆]安岳縣志　第365册
(清)張松孫修 朱紉蘭纂
清乾隆五十一年(1786)刻本

[道光]安岳縣志　第365册
(清)濮瑗修 周國頤纂
清道光十六年(1836)刻本本衙藏版

[光緒]續修安岳縣志　第365册
(清)陳其寬修 鄒宗垣等纂
清光緒二十三年(1897)刻本版藏公局

[乾隆]資陽縣志　第365册
(清)張德源纂修
清乾隆三十年(1765)刻本

[嘉慶]資陽縣志　第365册
(清)宋潤等修 陳鳳廷等纂
清嘉慶二十二年(1817)刻本

[咸豐]資陽縣志　第365册
(清)范涞清修 何華元等纂
清咸豐十年(1860)刻同治元年(1862)增刻本

[咸豐]簡州志　第365册
(清)濮瑗修 陳治安 黄樸纂
清咸豐三年(1853)刻本版存鳳山書院

[光緒]簡州續志　第365册
(清)易家霖修 傅爲霖纂
清光緒二十三年(1897)刻本版存鳳山書院

[民國]簡陽縣志　第365册
林志茂等修 汪金相 胡忠閥纂
民國十六年(1927)四川官印刷局鉛印本

[民國]簡陽縣續志　第365册
李青廷等修 汪金相 胡忠閥纂
民國二十年(1931)大中印務局鉛印本

眉山市

[嘉靖]洪雅縣志　第366册
(明)張可述纂修
明嘉靖四十一年(1562)刻本

[嘉慶]洪雅縣志　第366册
(清)王好音修 張柱等纂
清嘉慶十八年(1813)刻本抄配

[光緒]洪雅縣志　第366册
(清)郭世棻修 鄧敏修等纂
清光緒十年(1884)刻本

[乾隆]丹稜縣志　第366册
(清)李光泗修 彭遵泗等纂
清乾隆二十六年(1761)刻本

[光緒]丹稜縣志　第366册
(清)顧汝萼 袁桂芳修 朱文翰等纂
清光緒十八年(1892)刻本版藏巽崖書院

[民國]丹稜縣志　第366册
劉良模等修 羅春霖等纂
民國十二年(1923)成都欽記影印館石印本

[乾隆]青神縣志　第366册
(清)王承爔纂修
清乾隆二十九年(1764)刻本

[光緒]青神縣志　第366册
(清)郭世棻修 文筆超等纂
清光緒三年(1877)刻本

眉州志　第366册
(宋)孫汝聽纂
據劉緯毅等輯《宋遼金元方志輯佚》排印

[康熙]眉州屬志　第366册
(清)張漢修 汪樫纂
清康熙五十六年(1717)刻本

[嘉慶]眉州屬志　第366册
(清)涂長發修 王昌年等纂
清嘉慶五年(1800)刻本景蘇堂藏版

[嘉慶]續眉州志略　第366册
(清)戴三錫修 王之俊等纂
清嘉慶十七年(1812)刻本景蘇堂藏版

[民國]眉山縣志　第366册
王銘新等修 郭慶琳等纂
民國十二年(1923)漢文石印社石印本

[乾隆]彭山縣志　第366册
(清)張鳳翥纂修
清乾隆二十二年(1757)刻本

[嘉慶]彭山縣志　第366册
(清)史欽義等纂修
清嘉慶十九年(1814)刻本

[民國]重修彭山縣志　第366册
周翔修 劉錫純纂
民國三十三年(1944)霞光印刷廠鉛印本

彭山縣鄉土志教科書　第366册
徐原烈纂修
民國十年(1921)鉛印本

陵州圖經　第366册
佚名纂修
據北京圖書館出版社一九九七年《漢唐方志輯佚》排印

隆州圖經　第366册
佚名纂修
據劉緯毅等輯《宋遼金元方志輯佚》排印

[乾隆]纂集仁壽全志　第366册
(清)佚名纂修
清乾隆四年(1739)修民國二十一年(1932)抄本

[道光]仁壽縣新志　第366册
(清)馬百齡修 魏崧 鄭宗垣纂
清道光十八年(1838)刻本本衙藏版

[同治]仁壽縣志　第366册
(清)羅廷權等修 馬凡若纂
清同治五年(1866)刻本

[光緒]補纂仁壽縣原志　第367册
(清)翁植 楊作霖等修 陳韶湘纂
清光緒七年(1881)刻本邑城公局藏書

雅安市

臨邛志　第367册
(宋)宇文紹奕纂
據劉緯毅等輯《宋遼金元方志輯佚》排印

[乾隆]雅州府志　第367册
(清)曹掄彬 曹掄翰纂輯
清乾隆四年(1739)刻光緒三十一年(1905)補刻本

雅安歷史　第367册
(清)賈鴻基纂
清光緒二十五年(1899)纂民國十四

年(1925)日新工業社石印本
[民國]雅安縣志 第367册
余良選總纂
民國十七年(1928)石印本
雅安縣鄉土志 第367册
(清)王安瓛 王安民編
清末修民國抄本
[康熙]蘆山縣志 第367册
(清)楊廷琚等修 竹全仁等纂
清康熙六十年(1721)刻乾隆十年(1745)曾符升補刻本
[民國]蘆山縣志 第367册
宋琅 張宗翽修 劉天倪等纂
民國三十二年(1943)鉛印本
[光緒]名山縣志 第367册
(清)趙怡 趙懿纂修
清光緒二十二年(1896)校刻本
[民國]名山縣新志 第367册
胡存琮等纂修
民國十九年(1930)刻本版存通俗圖書館
[民國]榮經縣志 第367册
張趙才等纂修
民國四年(1915)刻十七年(1928)增刻本
[嘉慶]清溪縣志 第367册
(清)劉傳經修 陳一沺纂
清嘉慶五年(1800)刻本本衙藏版
黎州圖經 第367册
佚名纂修
據北京圖書館出版社一九九七年《漢唐方志輯佚》排印
黎州圖經 第367册
佚名纂修
據劉緯毅等輯《宋遼金元方志輯佚》排印
黎州通望縣圖經 第367册
佚名纂修
據北京圖書館出版社一九九七年《漢唐方志輯佚》排印
[民國]漢源縣志 第367册
劉裕常修 王琢等纂
民國三十年(1941)鉛印本
[咸豐]天全州志 第368册
(清)陳松齡等纂修
清咸豐八年(1858)刻本

阿壩藏族羌族自治州

[同治]松潘記略 第368册
(清)何遠慶纂修
清同治十二年(1873)刻本
[民國]松潘縣志 第368册
張典等修 徐湘等纂
民國十三年(1924)刻本
松潘縣視察述要 第368册
馮克書纂
一九六四年油印本
松潘游記 第368册
傅樵斧撰
民國四年(1915)鉛印本
[乾隆]茂州志 第368册
(清)丁映奎纂修
清乾隆五十九年(1794)抄本
[道光]茂州志 第368册
(清)楊迦懌等修 劉輔廷纂
清末刻本本衙藏版
茂州鄉土志 第368册
(清)謝鴻恩編
清光緒末年修抄本
[嘉慶]汶志紀略 第368册
(清)李錫書纂修
清嘉慶十年(1805)刻本蕊石山房藏版
[民國]汶川縣志 第368册
祝世德等纂修
民國三十三年(1944)鉛印本
保寧志 第368册
佚名纂修
據劉緯毅等輯《宋遼金元方志輯佚》排印
理番縣概况資料輯要 第368册
佚名纂修
民國間祠堂街玉林長鉛印本
理番縣視察述要 第368册
馮克書纂
一九六四年油印本
[乾隆]保縣志 第368册
(清)陳克繩纂輯 施義爵校訂
清乾隆十一年(1746)修抄本
懋功縣鄉土志 第368册
(清)興元纂修
民國六年(1917)抄本
新修懋功屯鄉土志略 第368册
(清)李增穠編
清末修抄本
撫邊屯鄉土志 第368册
(清)劉文增 周汝梅編
清光緒三十二年(1906)修抄本
綏靖屯志 第368册
王筌拜撰
抄本
崇化屯志畧 第368册
劉光永編
民國元年(1912)編抄本
金川待志 第368册
張羽新編
刻本暨排印本
金川瑣記 第368册
(清)李心衡纂修
清嘉慶三年(1798)刻本本衙藏版

甘孜藏族自治州

西康建省記 第368册
(清)傅嵩炢編
民國元年(1912)鉛印本
西康之實況 第368册
翁之藏編
民國十九年(1930)上海民智書局鉛印本
西康之神秘水道記 第368册
(英)瓦特著 楊慶鵬譯
民國二十二年(1933)蒙藏委員會鉛印本
[民國]西康圖經 第368册
任乃强著
民國二十四年(1935)新亞細亞學會鉛印本
西康紀要 第369册
楊仲華著
民國二十六年(1937)上海商務印書館鉛印本
西康概況 第369册
西康省政府秘書處編
民國二十八年(1939)鉛印本
西康綜覽 第369册
李亦人著
民國三十六年(1947)正中書局鉛印本
[乾隆]打箭爐志略 第369册
(清)佚名輯 張羽新增補
清乾隆間輯排印本
[民國]康定縣圖志 第369册
劉贊廷纂修
民國間纂油印本

四川新設爐霍屯志畧 第369册
(清)李之珂纂修
清光緒三十二年(1906)鉛印本
章谷屯志略 第369册
(清)吳德煦輯
清同治十三年(1874)修抄本
[民國]鑪霍縣圖志 第369册
劉贊廷纂修
油印本
[民國]甘孜縣圖志(附俄落志) 第369册
劉贊廷纂修
油印本
[民國]德格縣圖志 第369册
劉贊廷纂修
油印本
[光緒]定瞻廳志略 第369册
(清)張繼纂
清光緒間纂排印本
[民國]瞻化縣圖志 第369册
劉贊廷纂修
油印本
[民國]白玉縣志 第369册
劉贊廷纂修
油印本
[民國]鄧科縣志略 第369册
劉贊廷撰 張羽新增補
排印本
[民國]石渠縣圖志 第369册
劉贊廷纂修
油印本
[民國]瀘定縣圖志 第369册
劉贊廷纂修
油印本
[民國]丹巴縣圖志(附綽斯甲) 第369册
劉贊廷纂修
油印本
[民國]九龍縣圖志(附木裏) 第369册
劉贊廷纂修
油印本
[民國]雅江縣圖志 第369册
劉贊廷纂修
油印本
[嘉慶]裡塘志畧 第369册
(清)陳登龍編
清嘉慶十五年(1810)抄本
[民國]理化縣圖志 第369册
劉贊廷纂修
油印本
[民國]義敦縣志 第369册
劉贊廷纂修
油印本
[民國]定鄉縣志 第369册
劉贊廷纂修
油印本
[民國]稻城縣圖志 第369册
劉贊廷纂修
油印本
[道光]巴塘志略 第369册
(清)錢召棠纂修
清道光二十三年(1843)修排印本
巴塘鹽井鄉土志 第369册
(清)段鵬瑞纂修
清宣統三年(1911)鉛印本
[民國]巴安縣圖志 第369册
劉贊廷纂修
油印本
[民國]得榮縣志 第369册
劉贊廷纂修
油印本

凉山彝族自治州

[光緒]雷波廳志 第369册
(清)秦雲龍修 萬科進纂
清光緒十九年(1893)刻本版存錦屏書院
雷波瑣記 第369册
(清)劉文蔚纂
清光緒二年(1876)刻本初日樓藏版
[光緒]越巂廳全志 第369册
(清)馬忠良原纂 孫鏘增修
清光緒三十二年(1906)鉛印本
[嘉慶]寧遠府志 第369册
(清)佚名纂
清嘉慶間修一九六〇年油印本
甯屬地輿志畧 第369册
(清)佚名撰
清光緒末抄本
[乾隆]西昌縣志 第369册
(清)佚名纂修
清乾隆間修民國二十一年(1932)抄本
[道光]西昌縣志 第369册
(清)徐連纂修
清道光二年(1822)修抄本
[民國]西昌縣志 第369册
鄭少成修 楊肇基等纂
民國三十一年(1942)鉛印本
[乾隆]會理州志 第369册
(清)曾濬哲修 嚴爾譓纂
清乾隆六十年(1795)刻本本衙藏版
[同治]會理州志 第369册
(清)楊昶等修 王繼會等纂
清同治十三年(1874)刻本
[光緒]鹽源縣志 第369册
(清)辜培源等修 曹永賢等纂
清光緒二十年(1894)刻本
[乾隆]冕寧縣志清册 第369册
(清)楊麗中纂修
清乾隆六十年(1795)修抄本
[咸豐]冕寧縣志 第369册
(清)李英粲修 李昭纂
清咸豐七年(1857)刻本

貴州省

[弘治]貴州圖經新志 第370册
(明)沈庠修 趙瓚纂
明弘治間刻影寫曬印本
[嘉靖]貴州通志 第370册
(明)謝東山修 張道纂
明嘉靖三十四年(1555)刻本傳抄本之復印本
[萬曆]貴州通志 第370册
(明)王耒賢 許一德纂修
明萬曆二十五年(1597)刻本
黔記 第370册
(明)郭子章纂
明萬曆間刻本
[康熙]貴州通志 第370册
(清)衛既齊修 薛載德纂 閻興邦補修
清康熙三十六年(1697)刻本
貴州通志 第370册
《古今圖書集成》本
[乾隆]貴州通志 第370册
(清)鄂爾泰等修 靖道謨纂
清乾隆六年(1741)刻嘉慶修補本
[乾隆]黔南識略 第370册
(清)愛必達撰
清乾隆十四年(1749)修道光二十七年(1847)刻本
[乾隆]滇黔志畧 第370册
(清)謝聖綸纂修
清乾隆二十八年(1763)刻本雙溪山房藏版

[民國]貴州通志 第370－371册
劉顯世 谷正倫修 任可澄 楊恩元纂
民國三十七年(1948)貴陽書局鉛印本
貴州名勝志 第371册
(明)曹學佺纂修
明萬曆間刻本
黔書 第371册
(清)田雯編
清康熙間編清末刻本
黔記 第371册
(清)李宗昉撰
清嘉慶間修民國間貴陽文通書局《黔南叢書》鉛印本
黔語 第371册
(清)吳振棫撰
清咸豐四年(1854)刻本
今日之貴州 第371册
京滇公路周覽會貴州分會宣傳部編
民國二十五年(1936)鉛印本

貴陽市

[道光]貴陽府志 第371册
(清)周作楫修 蕭琯等纂
清道光二十六年(1846)修咸豐二年(1852)朱德璲綬堂刻本
[民國]息烽縣志 第371册
王佐 樊昌緒修 顧樅纂
民國二十九年(1940)修油印本
[民國]清鎮縣志稿 第371册
方中等修 龍在深 楊永熹等纂
民國三十七年(1948)貴州復員工廠鉛印本
[民國]開陽縣志稿 第371册
解幼瑩等修 鍾景賢等纂
民國二十九年(1940)鉛印本
[民國]修文縣志稿 第371册
陳嘉言修 陳矩 孫鸞纂
民國三十七年(1948)貴陽大中印刷所鉛印本

六盤水市

郎岱縣訪稿 第371册
葛詠谷等纂
民國二十五年(1936)修油印本
[嘉靖]普安州志 第371册
(明)高廷愉纂修
明嘉靖刻本
[乾隆]普安州志 第371册
(清)王粵麟修 曹維祺 曹達纂
清乾隆二十三年(1758)修油印本
[光緒]普安直隸廳志 第371册
(清)曹昌祺修 覃夢榕纂
清光緒十五年(1889)刻本

遵義市

[道光]遵義府志 第371册
(清)平翰等修 鄭珍等纂
清道光二十一年(1841)刻本
[民國]續遵義府志 第371册
周恭壽修 趙愷 楊恩元纂
民國二十五年(1936)刻本
[民國]綏陽縣志 第372册
胡仁修 李培枝纂
民國十七年(1928)貴陽文通書局鉛印本
[康熙]龍泉縣志草 第372册
(清)張其文纂修
清康熙四十八年(1709)修油印本
[康熙]餘慶縣志 第372册
(清)蔣深纂修
清康熙五十七年(1718)刻本
[民國]餘慶縣志 第372册
陳銘典修 李光斗纂
民國二十五年(1936)石印本
[民國]桐梓縣志 第372册
李世祚修 猶海龍等纂
民國十八年(1929)鉛印本
[嘉慶]正安州志 第372册
(清)趙宜霖修 游玉堂纂
清嘉慶二十三年(1818)修油印本
[咸豐]正安新志 第372册
(清)朱百谷等纂修
清咸豐八年(1858)刻本
[光緒]續修正安州志 第372册
(清)彭焯修 楊德明纂
清光緒三年(1877)刻本
[民國]婺川縣備志 第372册
婺川縣修志局輯
民國十一年(1922)編油印本
都濡備乘 第372册
(清)楊宗瀛纂
清光緒間纂民國二十七年(1938)貴陽文通書局《黔南叢書》鉛印本
[康熙]湄潭縣志 第372册
(清)楊玉柱纂修
清康熙二十六年(1687)修抄本
[光緒]湄潭縣志 第372册
(清)吳宗周修 歐陽曙纂
清光緒二十五年(1899)刻本
[道光]仁懷直隸廳志 第372册
(清)陳熙晋纂修
清道光二十一年(1841)刻本
[光緒]增修仁懷廳志 第372册
(清)崇俊修 王椿纂 王培森校補
清光緒二十八年(1902)刻本
[嘉慶]仁懷縣草志 第372册
(清)禹坡纂輯
清嘉慶二十一年(1816)抄本

安順市

[咸豐]安順府志 第372册
(清)常恩修 鄒漢勳 吳寅邦纂
清咸豐元年(1851)刻本
[民國]續修安順府志 第372册
黃元操 任可澄等纂輯
據民國三十年(1941)稿本排印本
[光緒]鎮寧州志 第372册
(清)李昶元 彭鈺等纂修
清光緒元年(1875)抄本
[民國]鎮甯縣志 第372册
胡翯修 饒燮乾等纂
民國三十六年(1947)石印本
[道光]安平縣志 第372册
(清)劉祖憲修 何思貴等纂
清道光七年(1827)修油印本
[民國]平壩縣志 第372册
江鍾岷修 陳廷棻 陳楷纂
民國二十一年(1932)貴陽文通書局鉛印本
[道光]永寧州志 第372册
(清)黃培杰纂修
清道光十七年(1837)刻本
[咸豐]永寧州志補遺 第373册
(清)修武謨纂修
清咸豐間修油印本
紫雲縣社會調查 第373册
劉國璋等編
民國三十四年(1945)編油印本

畢節地區

[道光]大定府志 第373册
(清)黃宅中修 鄒漢勳纂
清道光二十九年(1849)刻本
[乾隆]畢節縣志 第373册
(清)董朱英等修 路元升纂
清乾隆二十三年(1758)刻本

清道光二十七年(1847)廣陽書院刻本
[康熙]定番州志 第374册
(清)年法堯修 夏文炳纂
清康熙五十七年(1718)修抄本復印本
[民國]定番州志 第374册
(清)年法堯原本 (民國)陳惠夫續修 尹石公續纂
民國三十四年(1945)鉛印本
定番縣鄉土教材調查報告 第374册
吳澤霖撰
民國二十八年(1939)修油印本
[民國]三合縣志略 第374册
許用權修 胡蠶羽纂
民國二十九年(1940)鉛印本
[咸豐]荔波縣志稿 第374册
(清)鄭珍纂修
清咸豐五年(1855)修抄本
[光緒]荔波縣志 第374册
(清)蘇忠廷修 董成烈纂
清光緒元年(1875)修抄本
荔波縣志資料稿 第374册
潘一志編
民國間修油印本
[民國]荔波縣志稿 第374册
荔波縣志整理委員會纂修
民國三十六年(1947)修油印本
[光緒]平越直隸州志 第374册
(清)瞿鴻錫修 賀緒蕃纂
清光緒三十三年(1907)刻本(復製本)
[乾隆]獨山州志 第374册
(清)劉岱修 艾茂 謝庭薰纂
清乾隆三十四年(1769)刻本學宫藏版
[民國]獨山縣志 第374册
王華裔修 何幹群等續修
民國四年(1915)修油印本
獨山縣志文徵志 第374册
佚名輯
民國間修抄本

黔西南布依族苗族自治州

[乾隆]南籠府志 第374册
(清)李其昌纂修
清乾隆二十九年(1764)刻本本衙藏版
[民國]南籠續志 第374册
洪寅修 宋紹錫纂
民國十年(1921)修抄本
[咸豐]興義府志 第374册
(清)張鍈修 鄒漢勳 朱逢甲纂
清咸豐四年(1854)修民國三年(1914)貴陽文通書局鉛印本
[民國]興義縣志 第374册
盧傑創修 蔣芷澤等纂
民國三十七年(1948)修油印本
[民國]普安縣志 第374册
楊學溥修 田昌雯纂
民國十五年(1926)貴陽復記印刷社石印本
册亨縣鄉土志略 第374册
羅駿超纂
民國二十五年(1936)修油印本
興仁縣採訪録 第374册
王敬彝纂修
民國九年(1920)修油印本
[民國]興仁縣志 第374册
冉晸修 張俊穎纂
民國二十三年(1934)修油印本
[雍正]安南縣志 第374册
(清)何天衢修 郭士信等纂
清雍正九年(1731)修油印本
[民國]安南縣志 第374册
周叙彝纂修
民國五年(1916)抄本
安南鄉土志三編 第374册
(清)易輔上纂修
清末抄本
[民國]晴隆縣志 第374册
耿修業修 錢開先等纂
民國三十三年(1944)修油印本

雲南省

雲南志 第375册
佚名纂修
據劉緯毅等輯《宋遼金元方志輯佚》排印
雲南圖經志書 第375册
(明)陳文等纂修
明景泰六年(1455)刻本
[正德]雲南志 第375册
(明)周季鳳纂修
明嘉靖三十二年(1553)翻刻正德五年(1510)本
[隆慶]雲南通志 第375册
(明)李元陽纂修
明隆慶六年(1572)修民國二十三年(1934)龍氏靈源别墅鉛印本
滇畧 第375册
(明)謝肇淛纂
抄本
[天啓]滇志 第375册
(明)劉文徵纂
明天啓五年(1625)纂抄本
[康熙]雲南通志 第375册
(清)范承勳 王繼文修 吴自肅 丁煒纂
清康熙三十年(1691)刻本
雲南通志 第375册
《古今圖書集成》本
雲南通志 第375册
《古今圖書集成》本
雲南通志 第375册
《古今圖書集成》本
[嘉慶]滇雲紀畧 第375册
(清)張若驌纂修
清嘉慶十三年(1808)刻本樂餘堂藏版
[嘉慶]滇系 第376册
(清)師範纂
清嘉慶十三年(1808)修光緒十三年(1887)雲南通志局刻本
[道光]雲南通志稿 第376－377册
(清)阮元等修 王崧 李誠纂
清道光十五年(1835)刻本
[道光]雲南備徵志 第377册
(清)王崧纂
清道光十一年(1831)修宣統二年(1910)雲南官報局排印鉛印本
[光緒]雲南通志 第377－378册
(清)岑毓英修 陳燦纂
清光緒二十年(1894)刻本
[光緒]續雲南通志稿 第379册
(清)王文韶等修 唐炯等纂
清光緒二十七年(1901)四川岳池刻本
[民國]新纂雲南通志 第379－381册
龍雲 盧漢修 周鍾嶽纂
民國三十八年(1949)鉛印本
南詔野史 第381册
(明)倪輅輯
排印本
西南夷風土記 第381册
(明)朱孟震著
民國二十五年(1936)商務印書館《叢書集成初編》鉛印本
滇海虞衡志 第381册
(清)檀萃撰
清嘉慶九年(1804)刻本

陳其棟修 繆果章纂
民國二十三年(1934)雲南開智印刷公司鉛印本
[康熙]平彝縣志 第382册
(清)任中宜纂輯
清康熙四十四年(1705)修抄本
[光緒]平彝縣志 第382册
(清)韓再蘭修 李恩光纂
清光緒二十一年(1895)修民國間抄本
[雍正]師宗州志 第382册
(清)管棆原本 夏治源增修
清雍正七年(1729)增刻本
[乾隆]霑益州志 第382册
(清)王秉韜纂修
清乾隆三十五年(1770)刻本
[光緒]霑益州志 第382册
(清)陳燕 韓寶琛修 李景賢纂
清光緒十一年(1885)刻本抄配
[康熙]羅平州志 第382册
(清)黃德巽修 胡承灝等纂
清康熙五十七年(1718)修抄本
羅平州鄉土志 第382册
(清)陶大濬修 羅鳳章纂
清光緒三十三年(1907)雲南鉛印局鉛印本
[乾隆]陸涼州志 第382册
(清)沈生遴纂修
清乾隆十七年(1752)修民國間曬印本
[道光]陸涼州志 第382册
(清)繆闐修 施映衮等纂
清道光二十五年(1845)刻本
[民國]陸良縣志稿 第382册
劉潤疇修 俞賡唐纂
民國四年(1915)文匯石印局石印本
[雍正]馬龍州志 第382册
(清)許日藻修 杜兆鵬等纂
清雍正元年(1723)刻本
[民國]續修馬龍縣志 第382册
王懋昭纂修
民國六年(1917)鉛印本

玉溪市

[道光]澂江府志 第383册
(清)李熙齡纂修
清道光二十七年(1847)刻本
[乾隆]新興州志 第383册
(清)任中宜纂修 徐正恩續纂修
清乾隆十五年(1750)增刻本
新興州鄉土志 第383册
佚名編
抄本
雲南澂江縣鄉土資料 第383册
澂江縣政府編
民國間抄本
黎縣舊志 第383册
(清)佚名纂修
清乾隆間增修民國五年(1916)鉛印本
黎縣志 第383册
(清)佚名纂
民國五年(1916)鉛印本
[民國]寧縣志 第383册
佚名纂修
民國二年(1913)抄本
[康熙]通海縣志 第383册
(清)魏藎臣 闞禎兆纂修
清康熙三十年(1691)刻本
[乾隆]河西縣志 第383册
(清)董樞纂修
清乾隆五十三年(1788)修民國十四年(1925)鉛印本
[民國]元江志稿 第383册
黃元直修 劉達武纂
民國十一年(1922)開智印刷有限公司鉛印本
[道光]新平縣志 第383册
(清)李誠 羅宗璉纂修
清道光七年(1827)修抄本
[民國]新平縣志 第383册
王志高等修 馬太元纂
民國二十二年(1933)昆明市金蘭石印館石印本
[嘉慶]江川縣志 第383册
(清)張維翰纂修 葛焯續纂修
清嘉慶四年(1799)增修抄本
[民國]嶍峨縣志 第383册
徐振聲續修
民國十三年(1924)修抄本
[康熙]易門縣志 第383册
(清)佚名纂修
清康熙五十三年(1714)修抄本

保山市

[乾隆]永昌府志 第383册
(清)宣世濤纂修
清乾隆五十年(1785)刻本
[光緒]永昌府志 第383册
(清)劉毓珂等纂修
清光緒十一年(1885)刻本
[乾隆]騰越州志 第383册
(清)屠述濂纂修
清乾隆五十五年(1790)修光緒二十三年(1897)刻民國二十年(1931)重印本版藏騰衝圖書館
[光緒]騰越廳志稿 第383册
(清)陳宗海修 趙端禮纂
清光緒十三年(1887)刻本
騰越鄉土志 第383册
寸開泰纂修
民國間抄本
[民國]龍陵縣志 第383册
張鑑安修 寸曉亭等纂
民國六年(1917)刻本

昭通市

[宣統]恩安縣志 第383册
(清)汪丙謙纂修
清宣統三年(1911)抄本
[民國]昭通志稿 第383册
符廷銓修 楊履乾纂
民國十三年(1924)鉛印本
[民國]昭通縣志稿 第383册
盧金錫修 楊履乾 包鳴泉纂
民國二十七年(1938)昭通新民書局鉛印本
[乾隆]鎮雄州志 第383册
(清)屠述濂纂修
清乾隆四十九年(1784)修抄本
[光緒]鎮雄州志 第383册
(清)吳光漢修 宋成基纂
清光緒十三年(1887)刻本
[民國]巧家縣志稿 第383册
陸崇仁修 湯祚纂
民國三十一年(1942)雲南印刷局鉛印本

麗江市

[乾隆]麗江府志畧 第383册
(清)管學宣修 萬咸燕纂
清乾隆八年(1743)修抄本
[光緒]麗江府志 第383册
(清)陳宗海修 李星瑞纂
清光緒二十一年(1895)修民國間抄本
[民國]麗江縣志 第383册
佚名纂修
民國間抄本

[乾隆]永北府志　第383册
(清)陳奇典修 劉慥纂
清乾隆三十年(1765)刻本

普洱市

[道光]普洱府志　第383册
(清)鄭紹謙纂修 李熙齡續纂修
清道光二十年(1840)修三十年(1850)續修咸豐元年(1851)刻本版藏學署

[光緒]思茅廳志　第383册
(清)吳光漢修 劉子莊纂
清光緒十一年(1885)修抄本

[乾隆]景東直隸廳志　第383册
(清)吳蘭孫纂修
清乾隆五十三年(1788)修民國二十二年(1933)抄本

[嘉慶]景東直隸廳志　第383册
(清)羅含章纂修
清嘉慶二十五年(1820)修抄本

[民國]景東縣志稿　第383册
周汝釗修 侯應中纂
民國十二年(1923)石印本

[道光]威遠廳志　第383册
(清)謝體仁纂修
清道光十八年(1838)刻本

江城縣采訪省志資料　第383册
李文新輯
民國二十二年(1933)抄本

臨滄市

[雍正]順寧府志　第384册
(清)范溥纂修
清雍正四年(1726)刻本

[光緒]續修順甯府志　第384册
(清)朱占科修 周宗洛等纂
清光緒三十一年(1905)刻本

[康熙]雲州志　第384册
(清)蔣斅修 王錩纂
清康熙間修民國間抄本

[民國]鎮康縣志初稿　第384册
納汝珍修 蔣世芳纂
民國二十五年(1936)修稿本

怒江傈僳族自治州

[民國]瀘水志　第384册
段承鈞纂修
民國二十一年(1932)石印本

迪慶藏族自治州

[光緒]新修中甸廳志書　第384册
(清)吳自修修 張翼夔纂
清光緒十年(1884)修排印本

[民國]中甸縣志　第384册
段綬滋編纂
民國二十八年(1939)修排印本

大理白族自治州

[康熙]大理府志　第384册
(清)傅天祥等修 黃元治等纂
清康熙三十三年(1694)刻本

[民國]大理縣志稿　第384册
張培爵修 周宗麟纂
民國六年(1917)鉛印本

[康熙]劍川州志　第384册
(清)王世貴修 張倫纂
清康熙五十二年(1713)刻本

[康熙]續修浪穹縣志　第384册
(清)趙珙纂修
清康熙二十九年(1690)修民國間抄本

[光緒]浪穹縣志畧　第384册
(清)周沆纂修
清光緒二十九年(1903)刻民國元年(1912)重印本

[咸豐]鄧川州志　第384册
(清)侯允欽纂修
清咸豐五年(1855)刻本

[雍正]賓川州志　第384册
(清)周鉞纂修
清雍正五年(1727)刻本

[萬曆]趙州志　第384册
(明)莊誠修 王利賓纂
明萬曆間修清抄本

[乾隆]趙州志　第384册
(清)趙淳等纂修
清乾隆元年(1736)刻本

[道光]趙州志　第384册
(清)陳釗鏜修 李其馨等纂
清道光十五年(1835)修民國二十六年(1937)石印本

[康熙]蒙化府志　第384册
(清)蔣旭修 陳金玨纂
清康熙三十七年(1698)刻本

[乾隆]續修蒙化直隸廳志　第384册
(清)劉塏 席慶年修 吳蒲等纂
清乾隆五十五年(1790)刻本

[民國]蒙化志稿　第384册
李春曦修 梁友檍纂
民國九年(1920)雲南崇文書館鉛印本

蒙化縣鄉土志　第384册
(清)梁友檍纂修
清光緒間修民國間抄本

[康熙]鶴慶府志　第384册
(清)佟鎮修 鄒啓孟纂
清康熙五十三年(1714)刻本

[光緒]鶴慶州志　第384册
(清)王寶儀修 楊金和等纂
清光緒二十年(1894)修民國間抄本

[民國]鶴慶縣志　第384册
楊金鎧纂修
民國十二年(1923)稿本

[康熙]雲南縣志　第385册
(清)伍青蓮纂修
清康熙間修民國間抄本

[乾隆]雲南縣志　第385册
(清)李世保修 張聖功 王在璋纂
清乾隆三十二年(1767)刻本

[光緒]雲南縣志　第385册
(清)項聯晋修 黃炳堃纂
清光緒十六年(1890)刻本

[雍正]雲龍州志　第385册
(清)陳希芳修 胡禹謨纂
清雍正六年(1728)修民國間抄本

楚雄彝族自治州

[康熙]楚雄府志　第385册
(清)張嘉穎等修 李鏡 劉聯聲等纂
清康熙五十五年(1716)修民國間抄本

[宣統]楚雄縣志　第385册
(清)崇謙等修
清宣統二年(1910)修抄本

[康熙]武定府志　第385册
(清)王清賢修 陳淳纂
清康熙二十八年(1689)刻本

[光緒]武定直隸州志　第385册
(清)郭懷禮修 孫澤春纂
清光緒四年(1878)修民國間抄本

[民國]祿豐縣志條目　第385册
陽仰修抄
民國二十一年(1932)抄本

[康熙]羅次縣志　第385册
(清)王秉煌 屈正宸修 梅鹽臣等纂
清康熙五十六年(1717)刻本

[光緒]羅次縣志　第385册
(清)胡毓麒修 楊鍾壁等纂
清光緒十三年(1887)碧城書院刻本

[光緒]鎮南州志略　第385册

(清)李毓蘭修 甘孟賢纂
清光緒十八年(1892)刻本版存鎮南龍川書院藏書樓
[康熙]姚州志 第385册
(清)管棆纂修
清康熙五十二年(1713)刻本
[光緒]姚州志 第385册
(清)陸宗鄭等修 甘雨纂
清光緒十一年(1885)刻本版存姚州文廟尊經閣
[民國]姚安縣志 第385册
霍士廉等修 由雲龍等纂
民國三十七年(1948)鉛印本
[雍正]白鹽井志 第385册
(清)劉邦瑞纂修
清雍正八年(1730)抄本暨刻本
[乾隆]白鹽井志 第385册
(清)郭存莊纂修
清乾隆二十三年(1758)刻本
[光緒]續修白鹽井志 第385册
(清)李訓鋐等修 羅其澤等纂
清光緒三十三年(1907)刻本
[民國]鹽豐縣志 第385册
郭燮熙纂修
民國十三年(1924)雲南開智公司鉛印本
[道光]定遠縣志 第385册
(清)李德生等修 李慶元等纂
清道光十五年(1835)修抄本
[康熙]琅鹽井志 第385册
(清)沈鼐纂修
清康熙五十一年(1712)修民國間抄本
[乾隆]琅鹽井志 第385册
(清)孫元湘修 趙淳纂
清乾隆二十一年(1756)刻本
[康熙]南安州志 第385册
(清)張倫至纂修
清康熙四十八年(1709)刻本
碍嘉志稿 第385册
(清)羅仰錡纂修
清乾隆十一年(1746)修抄本

紅河哈尼族彝族自治州

[乾隆]廣西府志 第385册
(清)周埰修 李綬纂
清乾隆四年(1739)刻光緒三十一年(1905)補刻本
[乾隆]彌勒州志 第385册
(清)秦仁 王緯修 伍士玠纂 傅騰蛟等增訂
清乾隆四年(1739)刻本
[雍正]阿迷州志 第385册
(清)陳權修 顧琳纂
清雍正十三年(1735)修抄本
[嘉慶]阿迷州志 第385册
(清)張大鼎纂修
清嘉慶元年(1796)刻本
[乾隆]蒙自縣志 第385册
(清)李焜撰
清乾隆五十六年(1791)修抄本
[宣統]續蒙自縣志 第385册
(清)佚名纂修
清宣統間稿本
[乾隆]石屏州志 第386册
(清)管學宣纂修
清乾隆二十四年(1759)刻本本衙藏版
[乾隆]石屏州續志 第386册
(清)呂纘先修 羅元琦纂
清乾隆四十五年(1780)刻本本衙藏版
[民國]石屏縣志 第386册
袁嘉穀纂修
民國二十七年(1938)鉛印本
[康熙]建水州志 第386册
(清)陳肇奎修 葉涞纂
清康熙五十四年(1715)刻本
[雍正]建水州志 第386册
(清)祝宏修 趙節等纂
清雍正九年(1731)刻本本衙藏版

文山壯族苗族自治州

[乾隆]開化府志 第386册
(清)湯大賓修 趙震纂
清乾隆二十三年(1758)修抄本
[道光]開化府志 第386册
(清)何懷道等修 萬重賓等纂
清道光九年(1829)刻本
[嘉慶]廣南府志 第386册
(清)何愚纂修
清嘉慶二十年(1815)修道光五年(1825)刻本培風書院藏版
[道光]廣南府志 第386册
(清)李熙齡纂修
清道光二十八年(1848)刻傳抄清光緒三十一年(1905)補刻本
新編麻栗坡特別區地志資料 第386册
陳鍾書修 鄧昌麒纂
傳抄民國三十六年(1947)稿本
[民國]馬關縣志 第386册
張自明修 王富臣等纂
民國二十一年(1932)石印本
[民國]邱北縣志 第386册
沈袺修 繆雲章纂
民國十五年(1926)石印本

西雙版納傣族自治州

[民國]鎮越縣志 第386册
趙思治修 單鏡泉纂
民國二十七年(1938)油印本

西藏自治區

[雍正]西藏紀述 第386册
(清)張海撰
清光緒二十年(1894)刻《振綺堂叢書》本
西藏見聞録 第386册
(清)蕭騰麟著
清乾隆間著鉛印本
[乾隆]西藏志 第386册
(清)允禮撰
清乾隆間撰刻本
西藏記 第386册
佚名纂修
民國二十五年(1936)商務印書館鉛印《叢書集成初編》本
[乾隆]衛藏圖識 第386册
(清)馬揭 盛繩祖撰
清乾隆五十七年(1792)刻本
[嘉慶]衛藏通志 第386册
(清)和琳纂修
清光緒二十一年(1895)漸西村舍刻本
[光緒]西藏圖考 第386册
(清)黄沛翹纂修
清光緒十二年(1886)刻本
西藏考 第386册
(清)佚名纂修
民國二十五年(1936)商務印書館鉛印《叢書集成初編》本
[宣統]西藏新志 第386册
(清)許光世 蔡晉成纂
清宣統三年(1911)上海自治編輯社鉛印本
西藏志考 第386册
(清)佚名撰
清抄本
[民國]衛藏攬要 第386册

（清）王志沂輯
清道光七年（1827）刻本
［民國］續修陝西通志稿 第389册
楊虎城 邵力子修 宋伯魯 吳廷錫纂
民國二十三年（1934）鉛印本
三輔黄圖 第389册
佚名撰（清）畢沅校
清乾隆四十九年（1784）刻本
秦疆治畧 第389册
（清）盧坤撰
清道光年間刻本
陝西南山谷口考 第389册
（清）毛鳳枝撰
清同治七年（1868）刻本
關中勝蹟圖志 第389－390册
（清）畢沅撰
民國二十五年（1936）鉛印本
嘉陵江志 第390册
馬以愚撰
民國三十六年（1947）商務印書館鉛印本

西安市

西京記 第390册
佚名纂修
據北京圖書館出版社一九九七年《漢唐方志輯佚》排印
［熙寧］長安志 第390册
（宋）宋敏求撰（清）畢沅校正
民國二十年（1931）鉛印本
駱氏長安新說 第390册
（元）駱天驤撰
據劉緯毅等輯《宋遼金元方志輯佚》排印
［元貞］類編長安志 第390册
（元）駱天驤纂
元元貞二年（1296）修明抄本
西安府志 第390册
佚名纂修
據《永樂大典》本排印
［乾隆］西安府志 第390册
（清）舒其紳等修 嚴長明等纂
清乾隆四十四年（1779）刻本
［康熙］長安縣志 第391册
（清）梁禹甸纂修
清康熙七年（1668）刻本
［嘉慶］長安縣志 第391册
（清）張聰賢修 董曾臣等纂
清嘉慶十七年（1812）修民國二十五年（1936）鉛印本
［康熙］咸寧縣志 第391册
（清）黄家鼎修 陳大經 楊生芝纂
清康熙七年（1668）刻本
［嘉慶］咸寧縣志 第391册
（清）高廷法 沈琮修 陸耀遹 董祐誠纂
清嘉慶二十四年（1819）刻民國二十五年（1936）鉛印本
［民國］咸寧長安兩縣續志 第391册
翁檉修 宋聯奎纂
民國二十五年（1936）鉛印本
［嘉靖］高陵縣志 第391册
（明）吕柟纂修
明嘉靖二十年（1541）刻本
［光緒］高陵縣續志 第391册
（清）程維雍修 白遇道纂
清光緒十年（1884）刻本
高陵縣鄉土志 第391册
高陵縣公署纂修
民國間抄本
［康熙］鄠縣志 第391册
（清）康如璉修 康弘祥纂
清康熙間刻本
［雍正］鄠縣重續志 第391册
（清）魯一佐纂修
清雍正間刻增修本
［乾隆］鄠縣新志 第391册
（清）汪以誠修 孫景烈纂
清乾隆四十二年（1777）刻本
［民國］鄠縣志 第391册
趙葆真修 段光世等纂
民國二十二年（1933）鉛印本
鄠縣鄉土志 第391册
佚名纂
民國燕京大學圖書館鉛印本
［康熙］盩厔縣志 第391册
（清）章泰纂修
清康熙二十年（1681）刻本
［乾隆］盩厔縣志 第392册
（清）楊儀修 王開沃纂
清乾隆五十八年（1793）補刻本
［民國］盩厔縣志 第392册
龐文中修 任肇新纂
民國十四年（1925）西安藝林印書社鉛印本
盩厔縣鄉土志 第392册
（清）左一芬編輯
清末抄本
［康熙］臨潼縣志 第392册
（清）趙于京纂修
清康熙四十年（1701）刻本藕葉山房藏版
［乾隆］臨潼縣志 第392册
（清）史傳遠纂修
清乾隆四十一年（1776）刻本
［民國］臨潼縣志 第392册
鄧長耀纂修
民國十一年（1922）鉛印本
［雍正］藍田縣志 第392册
（清）郭顯賢原本 李元昇增修 李大捷增纂
清雍正八年（1730）增刻順治本之抄本
［嘉慶］藍田縣志 第392册
（清）高昱修 王開沃纂 馬學賜續修王芾續纂
清嘉慶元年（1796）刻本
［光緒］藍田縣志 第392册
（清）吕懋勳等修 袁廷俊等纂
清光緒元年（1875）刻本本衙藏版
［民國］續修藍田縣志 第392册
郝兆先修 牛兆濂纂
民國三十年（1941）西京克興印書館鉛印本
藍田縣鄉土志 第392册
（清）佚名纂修
清宣統二年（1910）抄本

延安市

延安路圖經 第392册
佚名纂修
據劉緯毅等輯《宋遼金元方志輯佚》排印
［弘治］延安府志 第392册
（明）李宗仁修 楊懷纂
明弘治十七年（1504）刻本
［嘉慶］延安府志 第392册
（清）洪蕙纂修
清嘉慶七年（1802）刻本本署藏版
［順治］安塞縣志 第392册
（清）李暲修 郭指南纂
清乾隆九年（1744）倪嘉謙抄本
［民國］安塞縣志 第392册
安慶豐修 郭永清纂
民國三年（1914）鉛印本

甘泉縣鄉土志 第392册
佚名編
民國燕京大學圖書館鉛印本
[雍正]安定縣志 第392册
(清)吴瑛修 王鴻薦纂
清雍正年間修抄本
[道光]安定縣志 第392册
(清)姚國齡修 宋楚山纂
清道光二十六年(1846)修抄本
[光緒]保安縣志略 第392册
(清)侯昌銘纂修
清光緒二十四年(1898)修抄本
保安縣鄉土志 第392册
佚名編
民國初年編抄本
[乾隆]宜川縣志 第392册
(清)吴炳纂修
清乾隆十八年(1753)刻本
[民國]宜川縣志 第392册
余正東纂修 黎錦熙校訂
民國三十三年(1944)鉛印本
宜川鄉土志 第392册
(清)佚名編
清末編民國二十六年(1937)鉛印《鄉土志叢編第一集》本
[順治]延川縣志 第392册
(清)劉穀纂修
清順治十八年(1661)刻本
[道光]重修延川縣志 第392册
(清)謝長清纂修
清道光十一年(1831)刻本
[民國]延川縣新志 第392册
佚名纂修
民國十六年(1927)修抄本
[康熙]延長縣志 第392册
(清)孫芳馨修 樊鍾秀纂
清康熙年間修抄本
[乾隆]延長縣志 第392册
(清)王崇禮纂修
清乾隆二十七年(1762)修民國補抄本
[民國]延長縣志書 第392册
延長縣公署纂修
民國二年(1913)修抄本
[康熙]鄜州志 第392册
(清)顧耿臣修 任于嶠纂
清康熙五年(1666)刻本
[道光]鄜州志 第392册
(清)吴鳴捷修 譚瑀纂
清道光十三年(1833)刻本
[順治]洛川志 第392册
(清)陳熿修 李楷 東蔭商纂
清順治十八年(1661)刻本
[嘉慶]洛川縣志 第392册
(清)劉毓秀修 賈構纂
清嘉慶十一年(1806)刻本
[民國]洛川縣志 第393册
余正東修 黎錦熙 吴致勳纂
民國三十三年(1944)泰華印刷廠鉛印
[康熙]中部縣志 第393册
(清)李暄修 劉爾怡纂
清康熙三十二年(1693)刻本
[嘉慶]續修中部縣志 第393册
(清)丁瀚修 張永清等纂
清嘉慶十二年(1807)修民國二十四年(1935)鉛印本
中部縣鄉土志 第393册
(清)佚名編
清末編民國二十六年(1937)鉛印《鄉土志叢編第一集》本
[民國]中部縣志 第393册
余正東主修 黎錦熙校訂 吴致勳總纂
民國三十三年(1944)新中國印書館鉛印本

銅川市

耀州圖經 第393册
佚名纂修
據劉緯毅等輯《宋遼金元方志輯佚》排印
[嘉靖]耀州志 第393册
(明)李廷寶修 喬世寧纂
明嘉靖三十六年(1557)刻本
[乾隆]續耀州志 第393册
(清)汪灝修 鍾研齋纂
清乾隆二十七年(1762)刻本
[嘉慶]耀州志 第393册
(清)陳仕林纂修
清嘉慶七年(1802)刻本
[崇禎]同官縣志 第393册
(明)劉澤遠修 寇慎纂 孔尚標增修
明萬曆四十六年(1618)刻崇禎十三年(1640)增補本
[乾隆]同官縣志 第393册
(清)袁文觀纂修
清乾隆三十年(1765)修抄本
[民國]同官縣志 第393册
余正東修 黎錦熙纂
民國三十三年(1944)西京泰華印刷廠鉛印本
[雍正]宜君縣志 第393册
(清)查遴等纂修
清雍正十年(1732)修抄本

渭南市

[嘉靖]渭南縣志 第393册
(明)南大吉纂修
明嘉靖二十年(1541)修抄本
[雍正]渭南縣志 第393册
(清)岳冠華纂修
清雍正十年(1732)刻本
[道光]重輯渭南縣志 第393册
(清)何耿繩修 姚景衡纂
清道光九年(1829)刻本
[光緒]新續渭南縣志 第393册
(清)嚴書麟修 焦聯甲等纂
清光緒十八年(1892)刻本
[乾隆]富平縣志 第393册
(清)喬履信纂修
清乾隆五年(1740)刻本
[乾隆]富平縣志 第393册
(清)吴六鰲修 胡文銓纂
清乾隆四十三年(1778)刻本
[光緒]富平縣志稿 第393册
(清)樊增祥 劉錕修 田兆岐纂
清光緒十七年(1891)刻本
富平鄉土志 第393册
(清)佚名纂
清末抄本
[天啓]同州志 第393册
(明)張一英修 馬朴纂
明天啓五年(1625)刻本
[乾隆]同州府志 第393册
(清)張奎祥修 李之蘭等纂
清乾隆六年(1741)刻本
[乾隆]同州府志 第393册
(清)閔鑒修 吴泰來纂
清乾隆四十六年(1781)刻本
[咸豐]同州府志 第394册
(清)李恩繼 文廉修 蔣湘南纂
清咸豐二年(1852)刻本
[乾隆]大荔縣志 第394册
(清)沈應俞纂輯
清乾隆七年(1742)刻本

(清)潼關採訪局輯
清光緒三十四年(1908)抄本

咸陽市

[乾隆]咸陽縣志 第395册
(清)臧應桐纂修
清乾隆十六年(1751)刻本

[民國]重修咸陽縣志 第395册
劉安國修 吳廷錫 馮光裕纂
民國二十一年(1932)鉛印本

咸陽縣鄉土志 第395册
(清)佚名纂修
清末抄本

[乾隆]興平縣志 第395册
(清)顧聲雷修 張塤纂
清乾隆間修光緒二年(1876)刻本

[民國]興平縣志 第395册
王廷珪修 張元際 馮光裕纂
民國十二年(1923)西安藝林印書局鉛印本

興平縣鄉土志 第395册
(清)張元際纂修
清光緒三十三年(1907)修抄本

馬嵬志 第395册
(清)胡鳳丹撰
清光緒三年(1877)永康胡氏退補齋刻本

[康熙]涇陽縣志 第395册
(清)王際有纂修
清康熙九年(1670)刻本

[雍正]涇陽縣志 第395册
(清)屠楷纂修
清雍正十年(1732)刻本

[乾隆]涇陽縣後志 第395册
(清)唐秉剛修 譚一豫纂
清乾隆十二年(1747)刻本

[乾隆]涇陽縣志 第395册
(清)葛晨纂修
清乾隆四十四年(1779)刻本

[道光]涇陽縣志 第395册
(清)胡元煐修 蔣湘南纂
清道光二十二年(1842)刻本

[宣統]涇陽縣志 第395册
(清)劉懋官修 宋伯魯 周斯億纂
清宣統三年(1911)天津華新印刷局鉛印本

續修魯橋鎮城鄉志 第395册
馮庚修 郭思鋭纂
民國十二年(1923)西安精益印書館鉛印本

[嘉靖]重修三原志 第395册
(明)張信纂修
明嘉靖間刻抄本

[乾隆]三原縣志 第395册
(清)張象魏纂修
清乾隆三十一年(1766)刻光緒三年(1877)抄本

[光緒]三原縣新志 第395册
(清)焦雲龍修 賀瑞麟纂
清光緒六年(1880)刻本

[崇禎]醴泉縣志 第396册
(明)肴好善纂修
明崇禎十一年(1638)刻清初重修本

[乾隆]醴泉縣志 第396册
(清)蔣騏昌修 孫星衍纂
清乾隆四十九年(1784)刻本

[民國]續修醴泉縣志稿 第396册
張道芷 胡銘荃修 曹驥觀纂
民國二十四年(1935)西安西山書局鉛印本

[順治]邠州志 第396册
(明)姚本修 閻奉恩纂 (清)蘇東柱續修
清順治六年(1649)刻康熙四十四年(1705)增補本

[乾隆]直隸邠州志 第396册
(清)王朝爵 王灼修 孫星衍纂
清乾隆四十九年(1784)刻本

[民國]邠州新志稿 第396册
趙晋源纂修
民國十八年(1929)修抄本

邠州鄉土志 第396册
(清)張殿華輯
抄本

[康熙]三水縣志 第396册
(清)林逢泰修 文倬天纂
清康熙十六年(1677)刻本

[乾隆]三水縣志 第396册
(清)朱廷模 葛德新修 孫星衍纂
清乾隆五十年(1785)刻本本衙藏版

[同治]三水縣志 第396册
(清)姜桐岡修 郭四維纂
清同治十一年(1872)刻本

[隆慶]淳化志 第396册
(明)羅廷繡纂修
明隆慶四年(1570)童思善刻傳抄明隆慶本

[康熙]淳化縣志 第396册
(清)張如錦纂修
清康熙四十一年(1702)吏隱堂刻本

[乾隆]淳化縣志 第396册
(清)萬廷樹修 洪亮吉纂
清乾隆四十八年(1783)修民國二十三年(1934)西安克興印書館鉛印本

[康熙]長武縣志 第396册
(清)張純儒修 莫琛纂
清康熙十六年(1677)刻本

[乾隆]長武縣志 第396册
(清)樊士鋒修 洪亮吉 李泰交纂
清乾隆四十八年(1783)刻嘉慶二十四年(1819)增刻本

[宣統]長武縣志 第396册
(清)沈錫榮修 王錫璋纂
清宣統二年(1910)學務公所印刷局鉛印本

[雍正]重修陕西乾州志 第396册
(清)拜斯呼朗纂修
清雍正四年(1726)刻本

[光緒]乾州志稿 第396册
(清)周銘旂纂修
清光緒十年(1884)乾陽書院刻本

乾州志稿補正 第396册
(清)周銘旂纂修
清光緒十七年(1891)刻本

[民國]乾縣新志 第396册
續儉 田屏軒修 范凝績纂
民國三十年(1941)西京克興印書館鉛印本

[康熙]永壽縣志 第396册
(清)張焜修 趙運熙纂
清康熙七年(1668)刻本

[乾隆]永壽縣新志 第396册
(清)蔣基修 王開沃纂
清乾隆五十六年(1791)刻本

[光緒]永壽縣志 第396册
(清)鄭德樞修 趙奇齡等纂
清光緒十五年(1889)刻本

[正德]武功縣志 第396册
(明)康海纂修
明正德年間修清道光二十七年(1847)刻《三長物齋叢書·三志合編》本

[雍正]武功縣後志 第396册

(清)沈華修 崔昭等纂
清雍正十二年(1734)刻本
[嘉慶]續武功縣志 第396册
(清)張樹勳修 王森文纂
清嘉慶二十一年(1816)綠野書院刻本
武功縣鄉土志 第396册
(清)高錫華纂修
清光緒末年抄本

寶鷄市

[康熙]重修鳳翔府志 第396册
(清)朱琦纂修
清康熙四十九年(1710)刻本
[乾隆]重修鳳翔府志 第396册
(清)達靈阿修 周方炯纂
清乾隆三十一年(1766)刻本
[雍正]鳳翔縣志 第396册
(清)韓鏞纂修
清雍正十一年(1733)刻本
[乾隆]鳳翔縣志 第397册
(清)羅鰲修 周方炯 劉震纂
清乾隆三十二年(1767)刻本
[乾隆]寶鷄縣志 第397册
(清)許起鳳修 高登科纂
清乾隆二十九年(1764)刻抄本第五卷由刻本補配
[民國]寶鷄縣志 第397册
强振志等纂修
民國十一年(1922)鉛印本
[乾隆]岐山縣志 第397册
(清)平世增 郭履恒修 蔣兆甲纂
清乾隆四十四年(1779)刻道光間增刻本
[光緒]岐山縣志 第397册
(清)胡昇猷修 張殿元纂
清光緒十一年(1885)刻本
[民國]重修岐山縣志 第397册
田惟均重修 白岫雲等編次
民國二十四年(1935)西安西山書局鉛印本
岐山縣鄉土志 第397册
佚名纂修
民國二十六年(1937)鉛印《鄉土志叢編第一集》本
[順治]扶風縣志 第397册
(清)劉瀚芳 陳允錫修 馮文可纂
清順治十八年(1661)刻本
[乾隆]扶風縣志 第397册
(清)熊家振修 張塤纂
清乾隆四十六年(1781)刻本
[嘉慶]扶風縣志 第397册
(清)宋世犖纂修
清嘉慶二十四年(1819)刻本
扶風縣鄉土志 第397册
(清)譚紹裘撰
清光緒三十二年(1906)抄本
[宣統]郿縣志 第397册
(清)沈錫榮纂修
清宣統二年(1910)鉛印本
[康熙]重脩麟游縣志 第397册
(清)吳汝爲修 劉元泰纂
清康熙四十七年(1708)增刻本
[光緒]麟游縣新志草 第397册
(清)彭洵纂修
清光緒九年(1883)刻本
[順治]汧陽縣志 第397册
(清)王國瑋纂修
清順治十七年(1660)增刻順治十年(1653)本
[道光]重修汧陽縣志 第397册
(清)羅曰璧纂修
清道光二十一年(1841)刻本
[光緒]增續汧陽縣志 第397册
(清)焦思善修 張元璧 王潤纂
清光緒十三年(1887)刻本
[康熙]隴州志 第397册
(清)羅彰彝纂修
清康熙五十二年(1713)刻本
[乾隆]隴州續志 第397册
(清)吳炳纂修
清乾隆三十一年(1766)刻本
隴州鄉土志 第397册
(清)唐崧森纂修
清光緒三十二年(1906)抄本
鳳州圖經 第397册
佚名纂修
據劉緯毅等輯《宋遼金元方志輯佚》排印
[道光]鳳縣志 第397册
(清)陳韶纂
清道光六年(1826)抄本
[光緒]鳳縣志 第397册
(清)朱子春等纂修
清光緒十八年(1892)刻本

漢中市

梁州記 第397册
(劉宋)劉澄之撰
據北京圖書館出版社一九九七年《漢唐方志輯佚》排印
興元舊經 第397册
佚名纂修
據劉緯毅等輯《宋遼金元方志輯佚》排印
興元圖經 第397册
佚名纂修
據劉緯毅等輯《宋遼金元方志輯佚》排印
漢中記 第397册
佚名纂修
據劉緯毅等輯《宋遼金元方志輯佚》排印
漢中府志 第397册
《古今圖書集成》本
漢中府志 第397册
《古今圖書集成》本
[民國]漢南續修郡志 第397册
(清)嚴如熤原本 楊名颺續纂
民國十三年(1924)刻本
[乾隆]南鄭縣志 第397册
(清)王行儉修 余孔捷纂
清乾隆五十九年(1794)刻本
[民國]續修南鄭縣志 第397册
郭鳳洲 柴守愚修 劉定鐸等纂
民國十年(1921)刻本
南鄭鄉土志 第398册
(清)佚名纂修
清末抄本
[道光]褒城縣志 第398册
(清)光朝魁纂修
清道光十一年(1831)抄本
[康熙]城固縣志 第398册
(清)王穆纂修
清康熙五十六年(1717)刻光緒四年(1878)徐德懷重刻本
城固縣鄉土志 第398册
(清)佚名纂
民國二十六年(1937)鉛印《鄉土志叢編第一集》本
[康熙]洋縣志 第398册
(清)鄒溶修 周忠纂
清康熙三十三年(1694)刻本

[光緒]洋縣志 第398册
(清)張鵬翼纂修
清光緒二十三年(1897)修民國二十六年(1937)石印本
洋縣縣志備考 第398册
劉元吉纂修
民國二十年(1931)石印本
洋縣鄉土志 第398册
佚名纂修
抄本
[康熙]西鄉縣志 第398册
(清)史左修 陳鵬程等纂
清康熙二十二年(1683)刻本
[道光]西鄉縣志 第398册
(清)張廷槐纂修
清道光八年(1828)刻本抄本補配
[民國]西鄉縣志稿 第398册
薛祥綏編
手抄本
西鄉縣鄉土志 第398册
閻佐堯等編
民國抄本
西鄉勝迹録 第398册
姚效先撰
民國三十七年(1948)石印本
大安軍圖經 第398册
佚名纂修
據劉緯毅等輯《宋遼金元方志輯佚》排印
[萬曆]重修寧羌州志 第398册
(明)盧大謨修 楊堂 范啓東纂
明萬曆二十五年(1597)修抄本
[道光]寧羌州志 第398册
(清)張廷槐纂修
清道光十二年(1832)刻本缺頁處以他本補齊
[光緒]寧羌州志 第398册
(清)馬毓華修 鄭書香 曹良模纂
清光緒十四年(1888)刻本
甯羌州鄉土志 第398册
(清)陳邑芬修 黎彩彰纂
民國二十六年(1937)鉛印《鄉土志叢編第一集》本
[康熙]沔縣志 第398册
(清)錢兆沆纂修
清康熙四十九年(1710)刻抄本
[光緒]沔縣志 第398册
(清)孫銘鍾 羅桂銘修 彭齡纂
清光緒九年(1883)刻本
[嘉靖]略陽縣志 第398册
(明)李遇春纂修 李東甲 賈言校補
明嘉靖三十一年(1552)刻本
[雍正]略陽縣志 第398册
(清)范昉纂修
清雍正九年(1731)刻本
[道光]略陽縣志 第398册
(清)譚瑀修 黎成德等纂
清道光二十六年(1846)修光緒三十年(1904)刻本
略陽縣鄉土志 第398册
(清)佚名纂
清光緒間抄本
[光緒]定遠廳志 第398册
(清)余修鳳纂修
清光緒五年(1879)刻本
佛坪廳鄉土志 第398册
(清)佚名纂
清光緒三十四年(1908)抄本
[道光]留壩廳志 第398册
(清)賀仲瑊等纂修
清道光二十二年(1842)刻本本衙藏版
留壩鄉土志 第398册
(清)王懋照修 吳從周編
清光緒三十三年(1907)修抄本
紫柏山志圖 第398册
(清)景邦憲編輯 任圓真校訂
清同治十年(1871)重刻本版存紫柏山留侯祠

榆林市

[康熙]延綏鎮志 第398册
(清)譚吉璁纂修
清康熙十二年(1673)刻抄本
[道光]榆林府志 第398册
(清)李熙齡纂修
清道光二十一年(1841)刻本
榆林縣鄉土志 第398册
佚名纂
抄本
[乾隆]懷遠縣志 第398册
(清)蘇其炤纂修
清乾隆十二年(1747)刻本
[道光]懷遠縣志 第398册
(清)蘇其炤原本 何丙勳增補
清道光間增補乾隆本而成民國十七年(1928)衡山縣志局石印本
[民國]横山縣志 第398册
劉濟南等修 曹子正等纂
民國二十年(1931)榆林東順齋石印本
[光緒]靖邊縣志稿 第398册
(清)丁錫奎修 白翰章纂
清光緒二十五年(1899)刻本版藏縣署
[嘉慶]定邊縣志 第398册
(清)黄沛修 江廷球纂 宋謙增輯
清嘉慶二十五年(1820)刻本
[嘉慶]葭州志 第398册
(清)高珣修 龔玉麟纂
清嘉慶十四年(1809)修民國二十二年(1933)榆林東順齋石印本
[光緒]葭州志 第398册
(清)李壽昌修 任佺纂
清光緒二十年(1894)刻本
葭州鄉土志 第398册
(清)佚名纂
清末抄本
[民國]葭縣志 第398册
陳琯修 趙思明纂
民國二十二年(1933)榆林東順齋石印本
神木縣志 第398册
(清)佚名纂修
清代抄本記事至雍正四年
[道光]神木縣志 第398册
(清)王致雲修 朱壎纂 張琛增補
清道光二十一年(1841)刻本
神木鄉土志 第398册
佚名編
民國二十六年(1937)鉛印《鄉土志叢編第一集》本
[乾隆]府谷縣志 第398册
(清)鄭居中等纂修
清乾隆四十八年(1783)刻本
府谷縣鄉土志 第399册
嚴用琛修 高峋纂
民國十三年(1924)稿本
[順治]綏德州志 第399册
(清)王元士修 郝鴻圖纂
清順治十八年(1661)刻本
[乾隆]綏德州直隸州志 第399册
(清)吳忠誥修 李繼嶠纂
清乾隆五十年(1785)刻本
[光緒]綏德直隸州志 第399册

(清)孔繁樸修 高維嶽纂
清光緒三十一年(1905)刻本
[康熙]米脂縣志 第399册
(清)甯養氣纂修
清康熙二十年(1681)刻抄本
[光緒]米脂縣志 第399册
(清)高照煦等纂修
清光緒三十三年(1907)刻抄本
[民國]米脂縣志 第399册
嚴建章 高仲謙等修 高照初纂
民國三十三年(1944)榆林松濤齋鉛印本
[順治]清澗縣志 第399册
(清)廖元發修 白乃貞等纂
清順治十八年(1661)刻本
[乾隆]清澗縣續志 第399册
(清)吳其琰纂修
清乾隆十七年(1752)刻本
[道光]清澗縣志 第399册
(清)鍾章元纂修
清道光八年(1828)修抄本
[道光]吳堡縣志 第399册
(清)譚瑀纂修
清道光二十七年(1847)刻本本衙藏版
吳堡縣鄉土志 第399册
(清)佚名纂
清光緒間抄本

安康市

安康志 第399册
(宋)家子欽撰
據劉緯毅等輯《宋遼金元方志輯佚》排印
[康熙]興安州志 第399册
(清)王希舜修 劉應秋纂
清康熙三十四年(1695)刻本
[乾隆]興安府志 第399册
(清)李國麒纂修
清道光二十八年(1848)刻本
[嘉慶]安康縣志 第399册
(清)鄭謙修 王森文纂
清嘉慶二十年(1815)刻本
安康縣鄉土志 第399册
荊鳳翔纂
民國二十八年(1939)石印本
[康熙]漢陰縣志 第399册
(清)趙世震修 汪澤延纂
清康熙二十六年(1687)刻抄本
[乾隆]漢陰縣志 第399册
(清)郝敬修纂修
清乾隆四十年(1775)刻本
[嘉慶]漢陰廳志 第399册
(清)錢鶴年修 董詔纂
清嘉慶二十三年(1818)刻本本衙藏版
[乾隆]平利縣志書 第399册
(清)佚名纂修
抄本
[乾隆]平利縣志 第399册
(清)黃寬纂修
清乾隆二十一年(1756)刻本
[光緒]續修平利縣志 第399册
(清)楊孝寬修 李聯芳等纂
清光緒二十三年(1897)刻本
平利縣鄉土志 第399册
(清)佚名纂
清末抄本
[雍正]洵陽縣志 第399册
(清)葉時汭纂修
清雍正九年(1731)修抄本
[同治]洵陽縣志 第399册
(清)鄧夢琴纂修
清同治九年(1870)增刻本
[光緒]洵陽縣志 第399册
(清)劉德全等纂修
清光緒二十八年(1902)刻本
洵陽縣鄉土志 第399册
佚名纂
抄本
[嘉慶]白河縣志 第399册
(清)嚴一青纂修
清嘉慶六年(1801)挹漢亭刻本
[光緒]白河縣志 第399册
(清)顧騄修 王賢輔 李宗麟纂
清光緒十九年(1893)刻本
[康熙]紫陽縣新志 第399册
(清)沈麟修 劉應秋纂
清康熙二十七年(1688)刻本
[道光]紫陽縣志 第399册
(清)陳僅 吳純修 施鳴鑾 張濂纂
清光緒八年(1882)吳世澤補刻本
[民國]紫陽縣志 第399册
楊家駒修 陳振紀 陳如墉纂
民國十四年(1925)石印本
[康熙]石泉縣志 第399册
(清)潘瑞奇修 張峻蹟纂
清康熙二十六年(1687)修抄本
鎮坪縣鄉土志 第399册
袁家聲修 劉式金編
民國十二年(1923)編抄本
[光緒]磚坪廳志 第399册
(清)佚名纂修
清末抄本
[道光]寧陝廳志 第399册
(清)林一銘修 焦世官 胡官清纂
清道光九年(1829)刻本

商洛市

[康熙]續脩商志 第399册
(清)王廷伊修 李本定纂
清康熙四年(1665)刻本
[乾隆]直隸商州志 第399册
(清)王如玖纂修
清乾隆九年(1744)刻本
[乾隆]續商州志 第399册
(清)羅文思纂修
清乾隆二十三年(1758)刻本
陝西商州直隸州鄉土志 第399册
(清)佚名纂
清末抄本
[雍正]鎮安縣志 第399册
(清)武維緒修 任毓茂纂
清雍正四年(1726)刻本
[乾隆]鎮安縣志 第399册
(清)聶燾纂修
清乾隆二十年(1755)修抄本
鎮安縣鄉土志 第399册
(清)李麟圖纂修
清光緒三十四年(1908)鉛印本
[乾隆]雒南縣志 第399册
(清)范啓源纂修 薛韞訂正
清乾隆十一年(1746)刻五十二年(1787)增刻本
雒南縣鄉土志 第399册
(清)陳綬纂修
清末抄本
[康熙]山陽縣初志 第399册
(清)秦凝奎修 梁渟 李曰棟纂
清康熙三十三年(1694)刻本
[嘉慶]山陽縣志 第399册
(清)何樹滋纂修 黃輝增補
清嘉慶元年(1796)刻十三年(1808)增刻本
[乾隆]商南縣志 第399册

(清)羅文思纂修
清乾隆十三年(1748)刻本
[民國]商南縣志　第399册
羅傳銘修 路炳文纂
民國八年(1919)修十二年(1923)西安藝林印書社鉛印本
商南縣鄉土志　第399册
(清)佚名纂
清光緒間抄本
[光緒]孝義廳志　第399册
(清)常毓坤修 李開甲等纂
清光緒九年(1883)刻本之抄本

甘肅省

西河舊事　第400册
佚名纂修
據北京圖書館出版社一九九七年《漢唐方志輯佚》排印
[乾隆]甘肅通志　第400册
(清)許容等修 李迪等纂
清乾隆間《四庫全書》本
西域考古録　第400册
(清)俞浩撰
清道光二十七年(1847)刻本
[光緒]甘肅新通志　第400册
(清)升允 長庚修 安維峻纂
清光緒三十四年(1908)修宣統元年(1909)刻本
[民國]甘肅通志稿　第400册
劉郁芬等修 楊思等纂
民國十八年至二十五年(1929—1936)修稿本
隴邊考畧　第400册
佚名纂修
修纂年代不詳抄本
嘉陵江志　第400册
馬以愚著
民國三十六年(1947)商務印書館鉛印本

蘭州市

[萬曆]臨洮府志　第400册
(明)荊州俊修 唐懋德纂
明萬曆三十二年(1604)刻本
[康熙]臨洮府志　第400册
(清)高錫爵纂修
清康熙二十六年(1687)刻本
[康熙]蘭州志　第400册
(清)劉斗修 陳如稷纂
清康熙二十五年(1686)刻後補刻本
蘭州志　第400册
《古今圖書集成》本
[乾隆]皋蘭縣志　第400册
(清)吳鼎新修 黄建中纂
清乾隆四十三年(1778)刻本
[道光]皋蘭縣續志　第400册
(清)黄璟修 秦曉峰纂 秦維嶽續修 陸芝田 張廷選續纂
清道光二十七年(1847)刻本版存皋蘭書院
[光緒]重修皋蘭縣志　第400册
(清)張國常纂修
清光緒十八年(1892)修民國六年(1917)隴右樂善書局・甘肅政報局石印本
皋蘭山旅行記　第400册
魏象賢撰
民國間抄本
[康熙]金縣志　第400册
(清)耿喻修 郭殿邦等纂
清康熙二十六年(1687)修抄本
[道光]金縣志　第400册
(清)恩福修 冒蕖纂
清道光二十四年(1844)刻本
[萬曆]莊浪彙紀　第400册
(明)王之采纂修
明萬曆間修抄本
[乾隆]平番縣志　第400册
(清)張玿美修 曾鈞纂
據清乾隆十四年(1749)刻《五凉考治六德集全志》本排印
[民國]永登縣志　第400册
周樹清等纂修
民國間抄本

金昌市

[乾隆]永昌縣志　第400册
(清)張玿美修 沈紹祖 謝謹纂
據清乾隆十四年(1749)刻《五凉考治六德集全志》本排印
[乾隆]永昌縣志　第400册
(清)李登瀛修 南濟漢纂
清乾隆五十年(1785)刻本雲川書院藏版

白銀市

[康熙]重修靖遠衛志　第401册
(清)石文焯 李一鵬等纂
清康熙四十八年(1709)刻抄本
[道光]靖遠縣志　第401册
(清)陳之驥編次
清道光十三年(1833)修民國十四年(1925)鉛字重印本

天水市

秦州記　第401册
(劉宋)郭仲産纂修 馮國瑞輯
民國三十二年(1943)石印本
[乾隆]直隸秦州新志　第401册
(清)費廷珍纂修
清乾隆二十九年(1764)刻本
[光緒]秦州直隸州新志　第401册
(清)余澤春纂修
清光緒十五年(1889)刻本
[民國]秦州直隸州新志續編　第401册
任承允纂修
民國二十八年(1939)蘭州國民印刷局鉛印本
[民國]天水縣志　第401册
莊以綏等修 賈纘緒纂
民國二十八年(1939)蘭州國民印刷局鉛印本
[嘉靖]秦安志　第401册
(明)胡纘宗纂修
明嘉靖十四年(1535)刻本
[康熙]清水縣志　第401册
(清)劉俊聲修 張桂芳纂
清康熙二十六年(1687)刻本
[乾隆]清水縣志　第401册
(清)朱超纂修
清乾隆六十年(1795)修抄本
[康熙]寧遠縣志　第401册
(清)馮同憲修 李樟纂
清康熙四十八年(1709)刻道光間重印本
[乾隆]寧遠縣志續畧　第401册
(清)胡莫域修 于纘周纂
清乾隆二十七年(1762)刻道光十五年(1835)增刻本
[乾隆]伏羌縣志　第401册
(清)周銑修 葉芝纂
清乾隆三十五年(1770)刻本

武威市

凉州府志備考　第401册
(清)張澍輯録
清嘉道時纂排印本

涼州异物志 第401册
佚名纂修
據北京圖書館出版社一九九七年《漢唐方志輯佚》排印
[乾隆]武威縣志 第401册
(清)張昭美修 曾鈞 蘇暻纂
據清乾隆十四年(1749)刻《五凉考治六德集全志》本排印
[乾隆]鎮番縣志 第401册
(清)張昭美修 曾鈞 魏奎光纂
據清乾隆十四年(1749)刻《五凉考治六德集全志》本排印
[道光]鎮番縣志 第401册
(清)許協修 謝集成等纂
清道光五年(1825)刻本
鎮番縣鄉土志 第401册
(清)劉春堂 聶守仁編
清光緒間修抄本
[民國]民勤縣志 第401册
馬福祥 陳必淮主修 王之臣纂
民國間抄本
[乾隆]古浪縣志 第401册
(清)張昭美修 趙璘 郭建文纂
據清乾隆十四年(1749)刻《五凉考治六德集全志》本排印
[民國]古浪縣志 第401册
李培清修 唐海雲纂
民國二十八年(1939)凉州城内東大街河西印刷局鉛印本

酒泉市

[萬曆]肅鎮志 第401册
(明)李應魁纂修
明萬曆四十四年(1616)修清順治十四年(1657)重刻本之抄本
[乾隆]重修肅州新志 第401册
(清)黃文煒纂修
清乾隆二年(1737)刻本
[乾隆]重修肅州新志 第401册
(清)黃文煒 沈青崖纂修 佚名續纂修
清乾隆二十七年(1762)增刻本
[光緒]肅州新志 第401册
(清)吳人壽 何衍慶纂修 張緯編定校
清光緒二十三年(1897)修抄本
安西采訪底本 第401册
佚名纂修
抄本
[乾隆]玉門縣志 第401册
(清)佚名纂修
清乾隆間修民國十九年(1930)抄本
[嘉慶]玉門縣志 第401册
(清)佚名纂修
清嘉慶間修民國間抄本
沙州耆舊記 第401册
佚名纂修
據劉緯毅等輯《宋遼金元方志輯佚》排印
[乾隆]敦煌縣志 第401册
(清)佚名纂修
清乾隆抄本
[道光]敦煌縣志 第401册
(清)蘇履吉修 曾誠纂
清道光十一年(1831)刻本本衙藏版
敦煌雜鈔 第401册
(清)常鈞撰
民國二十六年(1937)鉛印《邊疆叢書》本

張掖市

[順治]甘鎮志 第401册
(清)楊春茂纂修
清順治十四年(1657)修抄本
[乾隆]甘州府志 第401册
(清)鍾賡起纂修
清乾隆四十四年(1779)刻本
[民國]張掖縣志 第401册
余炳元等編
民國三十八年(1949)修油印本
[民國]東樂縣志 第402册
徐傳鈞修 張著常纂
民國十二年(1923)競業石印館石印本
[道光]山丹縣志 第402册
(清)黃璟 朱遜志等纂修
清道光十五年(1835)刻抄本
[民國]臨澤縣志 第402册
王存德修 高增貴纂
民國三十二年(1943)蘭州俊華印書館鉛印本
[民國]高臺縣志 第402册
徐家瑞纂修
民國十四年(1925)鉛印本
高臺縣要覽 第402册
徐家瑞纂修
民國間修排印本

慶陽市

[嘉靖]慶陽府志 第402册
(明)梁明翰修 傅學禮纂
明嘉靖三十六年(1557)刻本
[乾隆]新修慶陽府志 第402册
(清)趙本植纂修
清乾隆二十六年(1761)刻抄本
[乾隆]合水縣志 第402册
(清)陶奕曾纂修
清乾隆二十六年(1761)刻本
[光緒]合水縣志 第402册
(清)佚名纂修
清光緒三十四年(1908)修民國三十六年(1947)抄本
[乾隆]環縣志 第402册
(清)高觀鯉纂修
清乾隆十九年(1754)刻本
[乾隆]正寧縣志 第402册
(清)折遇蘭纂修
清乾隆二十八年(1763)刻本
[康熙]寧州志 第402册
(清)晋顯卿修 王星麟纂
清康熙二十六年(1687)刻本
[康熙]鎮原縣志 第402册
(清)錢志彤修 張述轅纂
清康熙五十四年(1715)刻本
[道光]鎮原縣志 第402册
(清)李從圖纂修
清道光二十七年(1847)刻本衙署藏版
[民國]重修鎮原縣志 第402册
錢史彤等修 焦國理等纂
民國二十四年(1935)蘭州俊華印書館印鉛印本
鎮原縣鄉土志 第402册
(清)宋運貢修 王炳樞纂
清末抄本

平凉市

[嘉靖]平凉府志 第402册
(明)趙時春撰 張維校補
明嘉靖三十九年(1560)原本民國中校補抄本
[民國]平凉縣志 第402册
劉興沛修 鄭濬 朱離明纂
民國間抄本
崆峒山志 第402册
(清)張伯魁纂修
清嘉慶二十四年(1819)刻本
[順治]華亭縣志 第402册
(清)武全文 佟希堯修 馬魁選纂

清順治十六年(1659)修抄本
[嘉慶]華亭縣志 第402册
(清)趙先甲纂修
清嘉慶元年(1796)刻抄本
[民國]華亭縣志 第402册
鄭震谷等修 幸邦隆總纂
民國二十二年(1933)石印本
[康熙]靜寧州志 第402册
(清)黄廷鈺修 吴之珽纂
清康熙五十五年(1716)刻本
[乾隆]靜寧州志 第402册
(清)王烜纂修
清乾隆十一年(1746)修民國蘭州俊華印書館鉛印本
[康熙]莊浪縣志 第402册
(清)王鍾鳴修 盧必培纂
清康熙六年(1667)修抄本
[乾隆]莊浪志畧 第402册
(清)邵陸纂修 耿光文續纂修
清乾隆五十五年(1790)刻民國十九年(1930)抄本
[順治]靈臺志 第402册
(清)黄居中修 楊淳纂
清順治十五年(1658)刻康熙間增刻本
[民國]重修靈臺縣志 第402册
楊渠統等修 王朝俊等纂
民國二十四年(1935)南京京華印書館鉛印本
[乾隆]涇州志 第402册
(清)張延福纂修
清乾隆十九年(1754)刻抄本
涇州採訪新志 第402册
(清)楊丙榮纂
清宣統元年(1909)修抄本
涇州鄉土志 第402册
(清)張元溁編
清光緒三十三年(1907)稿本
[民國]崇信縣志 第402册
張明道修 任瀛翰纂
民國十五年(1926)重修抄本

定西市

[康熙]鞏昌府志 第402册
(明)楊恩纂修 (清)紀元續纂修
清康熙二十七年(1688)刻本
[康熙]安定縣志 第402册
(清)張爾介纂修
清康熙十九年(1680)刻本
安定縣鄉土志 第402册
(清)王輔堂編
清光緒三十一年(1905)抄本
[萬曆]通渭縣志 第402册
(明)劉世綸修 白我心纂
明萬曆四十四年(1616)修抄本
[乾隆]通渭縣志 第402册
(清)何大璋修 張志達纂
清乾隆二十六年(1761)修抄本
[光緒]通渭縣新志 第402册
(清)高蔚霞修 苟廷誠纂
清光緒十九年(1893)刻本版存縣署
[乾隆]狄道州志 第403册
(清)呼延華國纂修
清乾隆二十八年(1763)修光緒間官報書局鉛印
[宣統]狄道州續志 第403册
(清)聯瑛修 李鏡清 陳希世纂
清宣統元年(1909)刻本
[民國]洮沙縣志 第403册
張慎微纂修
民國三十二年(1943)油印本
[民國]創修渭源縣志 第403册
張兆鉀修 陳鴻寶纂
民國十五年(1926)平凉新隴書社石印本
渭源縣風土調查録 第403册
文廷美纂 高光壽編
民國十六年(1927)鉛印本
[光緒]隴西分縣武陽志 第403册
(清)周裕杭修 楊學震纂
清光緒三十四年(1908)修抄本
[民國]漳縣志 第403册
張鶚 石作柱修 楊國楨等纂
民國十七年(1928)石印本
[民國]漳縣志 第403册
韓世英纂修
民國二十三年(1934)鉛印本
[康熙]岷州志 第403册
(清)田而穟纂輯
清康熙四十一年(1702)刻本
岷州鄉土志 第403册
佚名纂修
抄本

隴南市

[乾隆]直隸階州志 第403册
(清)林忠纂修 毛琪麟續纂修 葛時政等重纂修
清乾隆元年(1736)刻本
[嘉慶]武階備志 第403册
(清)吴鵬翱纂修
清嘉慶十三年(1808)修同治十二年(1873)刻本版存甘肅階州署内
[光緒]階州直隸州續志 第403册
(清)葉恩沛等纂修
清光緒十二年(1886)修抄本
[康熙]文縣志 第403册
(清)江景瑞纂修
清康熙四十一年(1702)刻本
[乾隆]文縣志 第403册
(清)孫巘修 何渾纂
清乾隆二十七年(1762)刻本
[光緒]文縣志 第403册
(清)長贇修 劉健等纂
清光緒二年(1876)刻本版存禮房
文縣要覽 第403册
李秉璋修 韓建篤纂
民國三十六年(1947)石印本
[乾隆]成縣新志 第403册
(清)黄泳修 汪于雍纂
清乾隆六年(1741)修十七年(1752)刻本
[民國]新纂康縣縣志 第403册
王士敏修 吕鍾祥纂
民國二十五年(1936)康縣縣志局石印本
[乾隆]禮縣志 第403册
(清)方嘉發纂修 唐正邦補纂
清乾隆十七年(1752)修二十一年(1756)刻本
[光緒]重纂禮縣新志 第403册
(清)雷文淵修 王思溫纂
清光緒十六年(1890)刻本版存縣署
[民國]重纂禮縣新志 第403册
張津等修 孫文俊 馬兆蕃纂
民國二十二年(1933)鉛印本
[乾隆]兩當縣志 第403册
(清)秦武域纂修
清乾隆三十二年(1767)刻增修本
[道光]兩當縣新志 第403册
(清)德俊修 韓塘纂 周遠明增修
清道光二十年(1840)刻二十六年(1846)增刻本
[乾隆]西和縣志 第403册

(清)邱大英等纂修
清乾隆三十六年(1771)修抄本
[嘉靖]徽郡志　第403册
(明)孟鵬年修 郭從道纂
明嘉靖四十二年(1563)修抄本
[乾隆]徽縣志　第403册
(清)佚名纂修
清乾隆間修抄本
[嘉慶]徽縣志　第403册
(清)張伯魁纂修
清嘉慶十四年(1809)刻本
[民國]徽縣新志　第403册
董杏林 趙鐘靈纂修
民國十三年(1924)石印本

臨夏回族自治州

[嘉靖]河州志　第403册
(明)吳禎纂修 劉卓增訂
明嘉靖二十五年(1546)修四十二年(1563)刻本
[康熙]河州志　第403册
(清)王全臣纂修
清康熙四十六年(1707)刻抄本
三寶感通録　第403册
《古今圖書集成》本
[民國]和政縣志　第403册
馬凱祥修 王詔纂
民國十九年(1930)修抄本

甘南藏族自治州

[光緒]洮州廳志　第403册
(清)張彦篤修 包永昌等纂
清光緒三十三年(1907)修抄本
拉卜楞設治記　第403册
張丁陽纂
民國十七年(1928)石印本
[民國]夏河縣志　第403册
張其昀編
民國二十四年(1935)修抄本

青海省

青海記　第404册
(清)康敷鎔纂修
抄本
青海地志略　第404册
(清)康敷鎔纂修
抄本
西域考古録　第404册
(清)俞浩撰
清道光二十七年(1847)刻本

西寧市

[順治]西寧志　第404册
(清)蘇銑纂
清順治十四年(1657)刻油印本
[乾隆]西寧府新志　第404册
(清)楊應琚纂修
清乾隆十二年(1747)刻二十七年(1762)重印本
[民國]西甯府續志　第404册
(清)鄧承偉纂 基生蘭續纂
民國二十六年(1937)修抄本
湟中雜記　第404册
(清)文孚著
排印本
西寧縣風土調查記　第404册
佚名編
民國間抄本
[民國]大通縣志　第404册
劉運新修 廖傒蘇等纂
民國八年(1919)甘肅政報局鉛印本
[光緒]丹噶爾廳志　第404册
(清)張庭武修 楊景昇纂
清光緒三十四年(1908)修抄本

海東地區

[康熙]碾伯所志　第404册
(清)李天祥纂
清康熙間修抄本
互助縣風土調查記　第404册
佚名編
民國間抄本
[乾隆]循化志　第404册
(清)龔景瀚編 李本源纂修
清乾隆五十七年(1792)修嘉慶道光間增修抄本
民和縣風土調查記　第404册
佚名編
民國間抄本

海北藏族自治州

亹源縣風土調查記　第404册
(清)佚名編
民國間抄本

海南藏族自治州

[民國]貴德縣志　第404册
趙萬卿纂
民國二十九年(1940)修抄本
貴德縣風土調查大綱　第404册
張佑周編
民國間抄本
共和縣風土調查記　第404册
佚名編
民國間抄本

玉樹藏族自治州

[民國]玉樹縣志稿　第404册
周希武纂
民國間抄本
玉樹調查記　第404册
周希武著
民國間抄本

寧夏回族自治區

[弘治]寧夏新志　第405册
(明)王珣修 胡汝礪纂
明弘治十四年(1501)修抄本
[嘉靖]寧夏新志　第405册
(明)楊守禮修 管律纂
明嘉靖十九年(1540)修刻本
[萬曆]朔方新志　第405册
(明)楊應聘 楊壽纂修
明萬曆四十五年(1617)刻清順治十六年(1659)增補本
[乾隆]寧夏府志　第405册
(清)張金城修 楊浣雨纂
清乾隆四十五年(1780)刻本
[民國]朔方道志　第405册
馬福祥等修 王之臣纂
民國十六年(1927)天津華泰印書館鉛印本

銀川市

銀川小志　第405册
(清)汪繹辰纂修
清乾隆二十年(1755)修一九八〇年油印本
[嘉慶]靈州志蹟　第405册
(清)楊芳燦修 郭楷纂
清嘉慶三年(1798)刻本

石嘴山市

[嘉慶]平羅縣志　第405册
(清)佚名纂修
傳抄清嘉慶間摘録寧夏府志本
平羅記略　第405册
(清)徐保字纂修
清道光九年(1829)新堡官舍刻本

吳忠市

[民國]豫旺縣志　第405册
朱恩昭纂

民國十四年(1925)修抄本

固原市

[嘉靖]固原州志 第405册

(明)楊經纂修

明嘉靖十一年(1532)刻排印本

[萬曆]固原州志 第405册

(明)劉敏寬纂修

明萬曆四十四年(1616)劉汝桂刻清重印本

[宣統]固原州志 第405册

(清)王學伊修 錫麒纂

清宣統元年(1909)官報書局鉛印本

[宣統]硝河城志 第405册

(清)楊修德纂修

清宣統元年(1909)鉛印本

[康熙]隆德縣志 第405册

(清)常星景修 張煒纂

清康熙二年(1663)刻抄本

[民國]隆德縣志 第405册

桑丹桂修 陳國棟纂

民國二十四年(1935)石印本

中衛市

[乾隆]中衛縣志 第405册

(清)黄恩錫纂修

清乾隆間刻本抄配

[道光]中衛縣志 第405册

(清)鄭元吉修 余懋官纂

清道光二十一年(1841)刻本

[光緒]海城縣志 第405册

(清)楊金庚修 陳廷珍纂

清光緒三十四年(1908)修抄本

新疆維吾爾自治區

[乾隆]欽定皇輿西域圖志 第405册

(清)傅恒等修 褚廷璋等纂 英廉等續纂修

清光緒間鉛印本

[乾隆]新疆回部志 第405册

(清)蘇爾德纂

清乾隆三十七年(1772)纂抄本

新疆輿圖風土攷 第405册

(清)七十一撰

清光緒八年(1882)上海點石齋石印本

[乾隆]欽定新疆識畧 第405册

(清)徐松原著 松筠纂

清道光元年(1821)武英殿修書處刻本

[嘉慶]回疆通志 第405册

(清)和甯纂修

清嘉慶九年(1804)修民國十四年(1925)鉛印本

西陲要略 第405册

(清)祁韵士纂

清嘉慶十二年(1807)纂道光十七年(1837)筠淥山房刻本

珠華亭新疆記畧 第405册

(清)珠克登撰

清抄本

西域考古録 第405册

(清)俞浩撰

清道光二十七年(1847)刻本

新疆大記 第405册

(清)闞仲韓纂

清光緒三十三年(1907)鉛印本

新疆大記補編 第405册

(清)闞仲韓原本 吴廷燮補編

民國二十四年(1935)鉛印本

[宣統]新疆圖志 第405册

(清)袁大化修 王樹枬 王學曾纂

清宣統三年(1911)修民國十二年(1923)鉛印本

新疆禮俗志 第405册

(清)王樹枬纂

民國七年(1918)鉛印本

[宣統]新疆山脉圖志 第405册

(清)王樹枬纂

清宣統元年(1909)刻《陶廬叢刻》本

新疆志藁 第405册

鍾廣生撰

民國十九年(1930)鉛印《湖濱補讀廬叢刻》本

[道光]新疆志略 第405册

許崇灝纂修

民國三十四年(1945)正中書局鉛印本

[嘉慶]三州輯略 第405册

(清)和寧撰

清嘉慶十年(1805)修舊抄本

西陲今略 第405册

(清)梁份撰

清康熙二十三年(1684)抄本

西域釋地 第406册

(清)祁韻士輯

清道光十七年(1837)刻本

新疆旅行記 第406册

單騎撰

民國間抄本

喀什地區

[乾隆]喀什噶爾英吉沙爾 第406册

(清)永保修 范建中纂

清乾隆五十九年(1794)修抄本

阿克蘇地區

溫宿府鄉土志 第406册

(清)佚名纂

民國間抄本

吐魯番地區

新疆吐魯番廳鄉土志 第406册

(清)曾炳熿纂

清光緒三十三年(1907)修抄本

哈密地區

[道光]哈密志 第406册

(清)鍾方纂

清道光二十六年(1846)纂民國二十六年(1937)鉛印《邊疆叢書甲集》本

哈密廳鄉土志 第406册

(清)劉潤通編

抄本

巴音郭楞蒙古自治州

[道光]喀喇沙爾志略 第406册

(清)斐森布修 達生潮纂

清道光二十九年(1849)修抄本

輪臺雜記 第406册

(清)史善長撰

清光緒間刻本

伊犁哈薩克自治州

伊江滙覽 第406册

(清)格琫額纂

民國間問景軒抄本

塔城地區

[乾隆]塔爾巴哈臺事宜 第406册

(清)宗室興肇等輯

抄本

[民國]烏蘇縣志 第406册

鄧纘先編輯

民國七年(1918)修十年(1921)石印本

阿勒泰地區

[嘉慶]科布多事宜 第406册

(清)富俊原修 八十增補

清嘉慶四年(1799)修道光間增補本

香港特別行政區

香港指南 第406册

陳公哲編

民國二十七年(1938)商務印書館鉛印本

大嶼山志 第406册
釋筏可鑒定 釋明慧編輯
一九五八年香港寶蓮禪寺鉛印本

澳門特別行政區

［乾隆］澳門紀畧 第406册
（清）印光任 張汝霖纂
清乾隆十六年（1751）修嘉慶五年（1800）刻本

大清一統志（澳門部分） 第406册
（清）和珅纂修
排印本

［道光］新修香山縣志（澳門部分） 第406册
（清）祝淮纂修
據清道光八年（1828）刻本排印

［光緒］重修香山縣志（澳門部分） 第406册
（清）田明曜修 陳澧纂
據清光緒五年（1879）刻本排印

中國通商圖（澳門部分） 第406册
（英）詹姆士·奥朗奇編著 何高濟譯
一九二四年著排印本

臺灣省

［康熙］臺灣府志 第406册
（清）蔣毓英纂修
清康熙間刻本

［康熙］臺灣府志 第406册
（清）高拱乾修
清康熙三十三年（1694）修鉛印本

［康熙］重修臺灣府志 第406册
（清）周元文著
清康熙五十一年（1712）修鉛印本

［乾隆］重修福建臺灣府志 第406册
（清）劉良璧著
清乾隆六年（1741）修鉛印本

［乾隆］重修臺灣府志 第406册
（清）六十七 范咸纂輯
清乾隆十一年（1746）修鉛印本

臺海見聞録 第406册
（清）董天工撰
清乾隆十六年（1751）撰鉛印本

［乾隆］續修臺灣府志 第406册
（清）余文儀纂修
清乾隆間修鉛印本

［嘉慶］臺灣志略 第406册
（清）李元春纂
清嘉慶間纂鉛印本

臺灣采訪册 第406册
（清）林栖鳳 石川流等纂
清道光間輯鉛印本

［光緒］臺灣通志 第406册
（清）唐景崧修 蔣師轍 薛紹元纂
清光緒二十一年（1895）修鉛印本

臺灣通史 第406册
連横撰
民國七年（1918）撰鉛印本

閩游偶記 第406册
（清）吴桭臣著
清康熙間著據《小方壺齋輿地叢抄補編》鉛印本

臺海使槎録 第406册
（清）黄叔璥著
民國二十五年（1936）鉛印《叢書集成初編》本

海東札記 第406册
（清）朱景英撰
清乾隆三十八年（1773）刻本

臺灣府方輿考證 第406册
（清）許鴻盤撰
清道光十六年（1836）撰鉛印本

臺灣府輿圖纂要 第406册
（清）佚名纂修
鉛印本

臺灣地理 第406册
宋家泰著
民國三十五年（1946）正中書局鉛印本

［道光］噶瑪蘭志略 第406册
（清）柯培元纂修
清道光十七年（1837）修鉛印本

［咸豐］噶瑪蘭廳志 第406册
（清）薩廉修 陳淑均纂 董正官續修 李祺生續纂
清道光二十年（1840）修咸豐二年（1852）續修刻本

［同治］淡水廳志 第406册
（清）陳培桂等纂修
清同治十年（1871）刻本

［光緒］新竹縣志初稿 第406册
（清）鄭鵬雲 曾逢辰纂
清光緒十九年（1893）纂鉛印本

［光緒］苗栗縣志 第406册
（清）沈茂蔭纂修
清光緒十七年（1891）修抄本

樹杞林志 第406册
（清）林百川 林學源纂修
清光緒二十四年（1898）纂鉛印本

苑裏志 第406册
（清）蔡振豐編
清光緒二十三年（1897）編鉛印本

［康熙］臺灣縣志 第406册
（清）王禮修 陳文達等纂
清康熙五十九年（1720）修鉛印本

［乾隆］臺灣縣志 第406册
（清）魯鼎梅修 王必昌纂
清乾隆十七年（1752）刻本

［嘉慶］臺灣縣志 第406册
（清）薛志亮修 謝金鑾纂
清嘉慶十二年（1807）刻本

［道光］彰化縣志 第406册
（清）李廷璧修 周璽纂
清道光十六年（1836）刻本

雲林縣采訪册 第406册
（清）倪贊元纂
清光緒二十年（1894）纂鉛印本

［康熙］諸羅縣志 第406册
（清）周鍾瑄修 陳夢林 李欽文纂
清康熙五十六年（1717）刻本

嘉義管内采訪册 第406册
（清）佚名纂
清光緒二十四年（1898）修鉛印本

［乾隆］重修鳳山縣志 第406册
（清）王瑛曾纂修
清乾隆二十八年（1763）修鉛印本

臺東州采訪册 第406册
（清）胡傳纂
清光緒二十年（1894）修鉛印本

［乾隆］澎湖志略 第406册
（清）周于仁 胡格纂
清乾隆五年（1740）纂鉛印本

［乾隆］澎湖紀略 第406册
（清）胡建偉纂
清乾隆間纂鉛印本

［道光］澎湖續編 第406册
（清）蔣鏞纂
清道光間纂鉛印本

國家圖書館藏佛道教書目題跋叢刊
李萬健主編
二〇一六年北京國家圖書館出版社
三十册

出三藏記集十五卷 第1册
（南朝梁）釋僧祐撰

嘉興藏

二〇〇九年北京民族出版社
二六〇五冊三八〇函

元魏天竺三藏菩提留支譯
大乘大悲分陀利經八卷附秦録 179
失譯師名
善思童子經二卷 180
隋三藏法師闍那崛多譯
普超三昧經四卷 181
西晉三藏法師竺法護譯
佛説放鉢經一卷 182
安公録失譯人名開元附西晉録
佛説大浄法門品經一卷 183
西晉三藏法師竺法護譯
大莊嚴法門經二卷 184
隋天竺三藏法師那連提黎耶舍譯
佛説大方等大雲請雨經一卷 185
隋天竺三藏法師闍那崛多等譯
大雲請雨經一卷 186
宇文周天竺三藏闍那耶舍等譯
大雲輪請雨經二卷 187
隋天竺三藏法師那連提耶舍譯
勝思惟梵天所問經六卷 188
元魏天竺沙門統大乘論師菩提留支譯
思益梵天所問經四卷 189
姚秦三藏法師鳩摩羅什譯
月燈三昧經十一卷 190
高齊天竺三藏法師那連提黎耶舍譯
月燈三昧經一卷 191
劉宋沙門釋先公譯
佛説象腋經一卷 192
劉宋罽賓三藏法師曇摩蜜多譯
佛説無所希望經一卷 193
西晉三藏法師竺法護譯
佛説大乘同性經二卷 194
宇文周三藏闍那耶舍共僧安譯
佛説證契大乘經二卷 195
唐中天竺國沙門地婆訶羅等奉詔譯
持心梵天所問經四卷 196
西晉三藏法師竺法護譯
佛説觀無量壽佛經一卷 197
劉宋西域三藏法師畺良耶舍譯
稱讚浄土佛攝受經一卷 198
唐三藏法師玄奘奉詔譯
佛説阿彌陀經一卷 199
姚秦三藏法師鳩摩羅什譯
拔一切業障根木得生浄土神咒一卷 200
劉宋天竺三藏求那跋陀羅奉詔重譯
後出阿彌陀佛偈經一卷 201
後漢失譯師名
佛説大阿彌陀經二卷 202
國學進士龍舒王日休校輯
佛説觀彌勒菩薩上生兜率陀天經一卷 203
劉宋居士沮渠京聲先于高昌郡單譯
佛説彌勒下生經一卷 204
姚秦三藏法師鳩摩羅什第三譯
佛説彌勒來時經一卷 205
失譯師名開元録附東晉第四譯
佛説彌勒下生成佛經一卷 206
唐武周三藏法師義淨奉制第六譯
佛説觀彌勒菩薩下生經一卷 207
西晉月氏三藏竺法護單譯
佛説彌勒成佛經一卷 208
姚秦三藏法師鳩摩羅什譯
佛説第一義法勝經一卷 209
元魏天竺婆羅門瞿曇般若流支等初譯
佛説大威燈光仙人問疑經一卷 210
隋天竺三藏法師闍那崛多第二譯
一切法高王經一卷 211
元魏婆羅門瞿曇般若流支第三譯
佛説諸法勇王經一卷 212
劉宋罽賓三藏法師曇摩蜜多譯
順權方便經二卷 213
西晉三藏法師竺法護譯
佛説樂瓔珞莊嚴方便經二卷 214
姚秦罽賓三藏法師曇摩耶舍第三譯
菩薩睒子經一卷 215
開元録云失譯人名附西晉
佛説睒子經一卷 216
姚秦三藏法師釋聖堅譯
佛説九色鹿經一卷 217
吳月支優婆塞支謙譯
佛説太子沐魄經一卷 218
西晉三藏法師竺法護譯
太子慕魄經一卷 219
後漢安息三藏法師安世高譯
無字寶篋經一卷 220
元魏天竺三藏法師菩提留支初譯
大乘離文字普光明藏經一卷 221
唐中天竺三藏法師地婆訶羅奉勑第二譯
大乘徧照光明藏無字法門經一卷 222
唐中天竺三藏法師地婆訶羅再譯
佛説老女人經一卷 223
吳月支優婆塞支謙初譯
佛説老母經一卷附劉宋録第二出 224
失譯人名
佛説老母女六英經一卷 225
劉宋天竺三藏法師求那跋陀羅第三譯
佛説長者子制經一卷 226
後漢安息三藏法師安世高初譯
佛説菩薩逝經一卷 227
西晉沙門白法祖第二譯
佛説逝童子經一卷 228
西晉沙門支法度第四譯
佛説月光童子經一卷 229
西晉三藏法師竺法護譯
佛説申日兒本經一卷 230
劉宋天竺三藏法師求那跋陀羅第三譯
佛説德護長者經二卷 231
隋天竺三藏法師那連提黎耶舍第四譯
佛説犢子經一卷 232
吳月支優婆塞支謙初譯
佛説乳光佛經一卷 233
西晉三藏法師竺法護二譯
佛説無垢賢女經一卷 234
西晉三藏法師竺法護第二譯
佛説腹中女聽經一卷 235
北涼天竺三藏法師曇無讖第三譯
佛説轉女身經一卷 236
劉宋罽賓三藏法師曇摩蜜多第四譯
文殊師利問菩提經一卷 237
姚秦三藏法師鳩摩羅什初譯
伽耶山頂經一卷 238
元魏天竺三藏法師菩提留支第二譯
佛説象頭精舍經一卷 239
隨天竺沙門毗尼多流支第三譯
大乘伽耶山頂經一卷 240
唐南天竺國三藏法師菩提流志等第四譯
佛説決定總持經一卷 241
西晉三藏法師竺法護譯
佛説謗佛經一卷 242
元魏天竺三藏法師菩提留支譯
如來莊嚴智慧光明入一切佛境界經二卷 243
元魏三藏法師曇摩流支譯
大方等大雲經四卷 244
北涼天竺三藏法師曇無讖譯
深密解脱經五卷 245
元魏天竺三藏法師菩提留支譯
解深密經五卷 246
唐三藏法師玄奘奉詔譯

東晉西域沙門竺曇無蘭譯
佛說燈指因緣經一卷 722
姚秦三藏法師鳩摩羅什譯
佛說婦人遇辜經一卷 723
乞伏秦釋聖堅譯
佛說四天王經一卷 724
宋沙門釋智嚴共寶雲譯
佛說摩訶迦葉度貧母經一卷 725
宋三藏法師求那跋陀羅譯
佛說禪行三十七品經一卷 726
後漢沙門安世高譯
比丘避女惡名欲自殺經一卷 727
西晉沙門釋法炬譯
佛說身觀經一卷 728
西晉三藏法師竺法護譯
佛說無常經一卷附臨終方訣一卷 729
唐三藏法師義淨譯
佛說八無暇有暇經一卷 730
唐三藏法師義淨奉制譯
五百弟子自說本起經一卷 731
晉三藏竺法護譯
佛說五苦章句經一卷 732
東晋三藏竺曇無蘭譯
佛說堅意經一卷 733
後漢三藏安世高譯
佛說净飯王般涅槃經一卷 734
宋居士沮渠京聲譯
佛說興起行經二卷 735
後漢外國三藏康孟詳譯
長爪梵志請問經一卷 736
唐三藏法師義净奉制譯
佛說譬喻經一卷 737
唐三藏法師義淨奉制譯
佛說比丘聽施經一卷 738
東晉沙門竺曇無蘭譯
佛說略教誡經一卷 739
唐三藏法師義淨奉制譯
佛說療痔病經一卷 740
唐三藏法師義净譯
佛說業報差别經一卷 741
隋洋川郡守瞿曇法智譯
佛說十二品生死經一卷 742
劉宋三藏法師求那跋陀羅譯
佛說輪轉五道罪福報應經一卷 743
劉宋三藏法師求那跋陀羅譯
佛說五無返復經二卷 744
宋居士沮渠京聲譯
佛說佛大僧大經一卷 745
宋居士沮渠京聲譯
佛說大迦葉本經一卷 746
西晉三藏竺法護譯
佛說四自侵經一卷 747
西晉三藏竺法護譯
佛說羅云忍辱經一卷 748
西晉沙門釋法炬譯
佛爲年少比丘說正事經一卷 749
西晉沙門釋法炬譯
佛說沙曷比丘功德經一卷 750
西晉沙門釋法炬譯
佛說時非時經一卷 751
天竺三藏法師若羅嚴譯
佛說自愛經一卷 752
東晉西域沙門竺曇無蘭譯
佛說賢者五福德經一卷 753
西晉河内沙門白法祖譯
天請問經一卷 754
唐三藏沙門玄奘奉詔譯
佛說護净經一卷 755
失譯人名
佛說木槵經一卷 756
失譯人名
佛說無上處經一卷 757
失譯人名
盧至長者因緣經一卷 758
失譯人名
佛說普達王經一卷 759
失譯人名
佛說鬼子母經一卷 760
失譯人名
佛說梵摩難國王經一卷 761
失譯人名
佛說孫多耶致經一卷 762
吴月支優婆塞支謙譯
佛說父母恩難報經一卷 763
後漢沙門安世高譯
佛說新歲經一卷 764
東晉沙門竺曇無蘭譯
佛說羣牛譬經一卷 765
西晉沙門法炬譯
佛說九横經一卷 766
後漢沙門安世高譯
佛說五恐怖世經一卷 767
宋居士沮渠京聲譯
佛說弟子死復生經一卷 768
宋居士沮渠京聲譯
佛說懈怠耕者經一卷 769
宋居士沮渠京聲譯
佛說辯意長者子所問經一卷 770
元魏沙門釋法場譯
無垢優婆夷問經一卷 771
元魏婆羅門瞿曇般若流支譯
佛說耶祇經一卷 772
宋居士沮渠京聲譯
佛說末羅王經一卷 773
宋居士沮渠京聲譯
佛說摩達國王經一卷 774
宋居士沮渠京聲譯
佛說旃陀越國王經一卷 775
宋居士沮渠京聲譯
佛說五王經一卷 776
失譯人名
佛說出家功德經一卷 777
失譯人名
佛說栴檀樹經一卷 778
失譯人名
佛說頞多和多耆經一卷 779
失譯人名
禪秘要法經三卷 780
姚秦三藏法師鳩摩羅什等譯
陰持入經二卷 781
後漢安息國三藏安世高譯
佛說因緣僧護經一卷 782
失譯人名
佛佛說大乘莊嚴寶王經四卷 783
宋西天中印度惹爛馱囉國三藏沙門天息災奉詔譯
分别善惡報應經二卷 784
宋西天三藏朝散大夫試鴻臚卿明教大師天息災奉詔譯
佛說守護大千國土經三卷 785
宋西天北印度烏填曩國三藏傳法大師施護奉詔譯
大方廣總持寶光明經五卷 786
宋西天中印度摩伽陀國三藏傳教大師法天奉詔譯
佛說大乘聖無量壽決定光明王如來陀羅尼經一卷 787
宋西天中印度摩伽陀國三藏傳教大師法天奉詔譯
佛說大乘聖吉祥持世陀羅尼經一卷 788
宋西天中印度摩伽陀國三藏傳教大

師法天奉詔譯

佛説大乘日子王所問經一卷 789

宋西天中印度摩伽陀國三藏傳教大師法天奉詔譯

佛説金耀童子經一卷 790

宋西天三藏朝散大夫試鴻臚卿明教大師天息災奉詔譯

佛頂放無垢光明人普門觀察一切如來心陀羅尼經二卷 791

宋西天譯經三藏朝散大夫試鴻臚少卿傳法大師施護奉詔譯

佛説樓閣正法甘露鼓經一卷 792

宋西天中印度惹爛馱囉國三藏明教大師賜紫沙門天息災奉詔譯

佛説大乘善見變化文殊師利問法經一卷 793

宋西天中印度惹爛馱囉國三藏明教大師賜紫天息災奉詔譯

聖虚空藏菩薩陀羅尼經一卷 794

宋西天中印度摩伽陀國三藏傳教大師賜紫法天奉詔譯

佛説大護明大陀羅尼經一卷 795

宋西天譯經三藏朝散大夫試鴻臚少卿傳教大師法天奉詔譯

佛説無能勝旛王如來莊嚴陀羅尼經一卷 796

宋西天北印度烏填曩國帝釋宫寺三藏賜紫沙門施護奉詔譯

最勝佛頂陀羅尼經一卷 797

宋西天中印度摩伽陀國那爛陀寺三藏沙門賜紫法天奉詔譯

聖佛母小字般若波羅蜜多經一卷 798

宋中天竺惹爛馱囉國密林寺三藏沙門賜紫天息災奉詔譯

消除一切閃電障難隨求如意陀羅尼經一卷 799

宋西天北印度烏填曩國帝釋宫寺三藏傳法大師賜紫沙門施護奉詔譯

聖最上燈明如來陀羅尼經一卷 800

宋西天北印度烏填曩國帝釋宫寺三藏傳法大師賜紫沙門施護奉詔譯

大寒林聖難拏陀羅尼經一卷 801

宋西天中印度摩伽陀國三藏傳教大師賜紫法天奉詔譯

佛説諸行有為經一卷 802

宋西天中印度摩伽陀國三藏傳教大師賜紫法天奉詔譯

息除中夭陀羅尼經一卷 803

宋西天北印度烏填曩國三藏傳法大師賜紫施護奉詔譯

一切如來正法秘密篋印心陀羅尼經一卷 804

宋西天北印度烏填曩國三藏傳法大師賜紫施護奉詔譯

妙法聖念處經八卷 805

宋西天中印度摩伽陀國那爛陀寺三藏傳教大師賜紫沙門法天奉詔譯

佛説大迦葉問大寶積正法經五卷 806

宋西天譯經三藏朝散大夫試鴻臚少卿傳法大師施護奉詔譯

嗟韈曩法天子受三歸依獲免惡道經一卷 807

宋西天中印度三藏傳教大師法天奉詔譯

佛説較量壽命經一卷 808

宋西天中印度三藏明教大師天息災奉詔譯

佛説沙彌十戒儀則經一卷 809

宋西天三藏朝散大夫試鴻臚少卿傳法大師施護奉詔譯

佛説聖持世陀羅尼經一卷 810

宋三藏傳法大師施護奉詔譯

佛説布施經一卷 811

宋西天三藏法師法天奉詔譯

佛説聖曜母陀羅尼經一卷 812

宋西天三藏法師法天奉詔譯

法集名數經一卷 813

宋西天三藏朝散大夫試鴻臚少卿傳法大師施護奉詔譯

聖多羅菩薩一百八名陀羅尼經一卷 814

宋三藏傳教法師法天奉詔譯

十二緣生祥瑞經二卷 815

宋西天三藏朝散大夫試鴻膽少卿傳法大師施護奉詔譯

讚揚聖德多羅菩薩一百八名經一卷 816

宋西天中印度惹爛馱囉國三藏明教大師天息災奉詔譯

聖觀自在菩薩一百八名經一卷 817

宋西天中印度惹爛馱囉國三藏明教大師天息災奉詔譯

佛説目連所問經一卷 818

宋西天三藏朝散大夫試鴻臚少卿傳教大師法天奉詔譯

外道問聖大乘法無我義一卷 819

宋西天三藏朝散大夫試鴻臚少卿傳教大師法天奉詔譯

毗俱胝菩薩一百八名經一卷 820

宋西天三藏朝散大夫試鴻臚少卿傳教大師法天奉詔譯

勝軍化世百喻伽他經一卷 821

宋西天中印度惹爛馱囉國三藏明教大師天息災奉詔譯

六道伽陀經一卷 822

宋三藏傳教大師賜紫沙門法天奉詔譯

妙臂菩薩所問經四卷 823

宋西天三藏朝散大夫試鴻臚少卿傳教大師法天奉詔譯

佛説苾芻五法經一卷 824

宋西天三藏朝散大夫試鴻臚少卿傳教大師法天奉詔譯

佛説苾芻迦尸迦十法經一卷 825

宋西天三藏朝散大夫試鴻臚少卿傳教大師法天奉詔譯

諸佛心印陀羅尼經一卷 826

宋西天三藏朝散大夫試鴻臚少卿傳教大師法天奉詔譯

大乘寶月童子問法經一卷 827

宋西天三藏朝散大夫試鴻臚少卿傳法大師施護奉詔譯

佛説蓮華眼陀羅尼經一卷 828

宋西天三藏朝散大夫試鴻臚少卿傳法大師施護奉詔譯

佛説觀想佛母般若波多菩薩經一卷 829

宋三藏法師天息災奉詔譯

佛説如意摩尼陀羅尼經一卷 830

宋西天三藏朝散大夫試鴻臚少卿傳法大師施護奉詔譯

佛説聖天總持王經一卷 831

宋西天三藏朝散大夫試鴻臚少卿傳教大師施護奉詔譯

佛説最上意陀羅尼經一卷 832

宋西天三藏朝散大夫試鴻臚少卿傳教大師施護奉詔譯

佛説持明藏八大總持王經一卷 833

宋西天三藏朝散大夫試鴻臚少卿傳教大師施護奉詔譯

聖無能勝金剛火陀羅尼經一卷 834

宋西天三藏朝散大夫試鴻臚少卿傳教大師法天奉詔譯

佛説尊勝大明王經一卷 835

宋西天三藏朝散大夫試鴻臚少卿傳

佛說發菩提心破諸魔經一卷 935
宋西天三藏朝奉大夫試光禄卿傳法大師施護奉詔譯

佛說聖佛母般若波羅蜜多經一卷 936
宋西天三藏朝奉大夫試光禄卿傳法大師施護奉詔譯

佛說大乘不思議神通境界經三卷 937
宋西天三藏朝奉大夫試光禄卿傳法大師施護奉詔譯

佛說給孤長者女得度因緣經三卷 938
宋西天三藏朝奉大夫試光禄卿傳法大師施護奉詔譯

佛說大集法門經一卷 939
西天譯經三藏朝奉大夫試光禄卿傳法大師賜紫臣施護奉詔譯

佛說光明童子因緣經四卷 940
宋西天三藏朝奉大夫試光禄卿傳法大師施護奉詔譯

佛說寶帶陀羅尼經一卷 941
宋西天三藏朝奉大夫試光禄卿傳法大師施護奉詔譯

佛說金身陀羅尼經一卷 942
宋西天三藏朝奉大夫試光禄卿傳法大師施護奉詔譯

佛說人無分别法門經一卷 943
宋西天三藏朝奉大夫試光禄卿傳法大師施護奉詔譯

佛說淨意優婆塞所問經一卷 944
宋西天三藏朝奉大夫試光禄卿傳法大師施護奉詔譯

佛說金剛場莊嚴般若波羅蜜多教中一分一卷 945
宋西天三藏朝奉大夫試光禄卿傳法大師施護奉詔譯

佛說息諍因緣經一卷 946
宋西天三藏朝奉大夫試光禄卿傳法大師施護奉詔譯

佛說初分說經二卷 947
宋西天三藏朝奉大夫試光禄卿傳法大師施護奉詔譯

佛說無畏授所問大乘經三卷 948
宋西天三藏朝奉大夫試光禄卿傳法大師施護奉詔譯

佛說月喻經一卷 949
宋西天三藏朝奉大夫試光禄卿傳法大師施護奉詔譯

佛說醫喻經一卷 950
宋西天三藏朝奉大夫試光禄卿傳法大師施護奉詔譯

佛說灌頂王喻經一卷 951
宋西天三藏朝奉大夫試光禄卿傳法大師施護奉詔譯

佛說尼拘陀梵志經二卷 952
宋西天三藏朝奉大夫試光禄卿傳法大師施護奉詔譯

佛說白衣金幢二婆羅門緣起經三卷 953
宋西天三藏朝奉大夫試光禄卿傳法大師施護奉詔譯

佛說福力太子因緣經三卷 954
宋西天三藏朝奉大夫試光禄卿傳法大師施護奉詔譯

佛說身毛喜竪經三卷 955
宋三藏朝散大夫試鴻臚卿光梵大師惟淨等奉詔譯

大乘本生心地觀經八卷 956
唐罽賓國三藏般若等譯

佛說出生無邊門陀羅尼經一卷 957
唐三藏沙門大廣智不空譯

一切如來心秘密全身舍利寶篋印陀羅尼經一卷 958
唐三藏沙門大廣智不空譯

佛說大吉祥天女十二名號經一卷 959
唐三藏沙門不廣智不空譯

佛說大吉祥天女十二契一百八名無垢大乘經一卷 960
唐三藏沙門大廣智不空譯

佛說一切如來金剛壽命陀羅尼經一卷 961
唐南天竺國三藏金剛智共沙門智藏奉詔譯

佛說穰麌梨童女經一卷 962
唐三藏沙門大廣智不空奉詔譯

佛說雨寶陀羅尼經一卷 963
唐三藏沙門大廣智不空奉詔譯

慈氏菩薩所說大乘緣生稻䕸喻經一卷 964
唐三藏沙門大廣智不空奉詔譯

佛說除蓋障菩薩所問經二十卷 965
宋西天三藏朝散大夫試鴻臚少卿傳梵大師法護等奉詔譯

仁王護國般若波羅蜜多經二卷 966
唐三藏沙門大廣智不空譯

穢跡金剛說神通大滿陀羅尼法術靈要門經一卷 967
北天竺國三藏沙門無能勝譯

穢跡金剛法禁百變法門經一卷 968
三藏沙門阿質達霰譯

佛說大乘大方廣佛冠經二卷 969
宋西天三藏朝散大夫鴻臚卿傳梵大師法護等奉詔譯

佛說八種長養功德經一卷 970
宋西天三藏朝散大夫試鴻臚卿傳梵大師法護等奉詔譯

大雲輪請雨經二卷 971
唐特進試鴻臚卿三藏沙門大廣智不空奉詔譯

大乘密嚴經三卷 972
唐三藏沙門大廣智不空奉詔譯

佛說大集會正法經五卷 973
宋西天三藏朝奉大夫試鴻臚卿傳法大師施護奉詔譯

葉衣觀自在菩薩經一卷 974
唐特進試鴻臚卿三藏沙門大廣智不空奉詔譯

毗沙門天王經一卷 975
唐特進試鴻臚卿三藏沙門大廣智不空奉詔譯

文殊問經字母品一卷 976
唐特進試鴻臚卿三藏沙門大廣智不空奉詔譯

海意菩薩所問淨印法門經九卷 977
宋中天竺三藏朝散大夫試鴻臚卿光梵大師賜紫惟淨共法護奉詔譯

佛說如幻三摩地無量印法門經三卷 978
宋西天竺藏朝奉大夫試光禄卿傳法大師施護等奉詔譯

守護國界主陀羅尼經十卷 979
唐罽賓國三藏般若等譯

佛說三十五佛名禮懺文一卷 980
唐三藏沙門大廣智不空奉詔譯

觀自在菩薩說普賢陀羅尼經一卷 981
唐三藏沙門大廣智不空奉詔譯

佛說八大菩薩曼荼羅經一卷 982
唐三藏沙門大廣智不空奉詔譯

佛說能淨一切眼疾病陀羅尼經一卷 983
唐三藏沙門大廣智不空奉詔譯

佛說除一切疾病陀羅尼經一卷 984
唐三藏沙門大廣智不空奉詔譯

佛說救拔焰口餓鬼陀羅尼經一卷 985
唐三藏沙門大廣智不空奉詔譯

瑜伽集要救阿難陀羅尼焰口軌儀經一

空奉詔譯

佛説秘密三昧大教王經四卷 1031

西天譯經三藏朝奉大夫試光禄卿傳法大師賜紫臣施護等奉詔譯

佛説金剛手菩薩降伏一切部多大教王經三卷 1032

西天譯經三藏朝散大夫試鴻臚卿傳教大師臣法天奉詔譯

佛説無二平等最上瑜伽大教王經六卷 1033

西天譯經三藏朝奉大夫試光禄卿傳法大師賜紫臣施護奉詔譯

聖者文殊師利發菩提心願文一卷 1034

巴看落目瓦傳 元甘泉馬蹄山中川守分真師姪智慧譯

聖妙吉祥真實名經一卷 1035

元講經律論習蜜教土番譯主聶崖沙釋智譯

金剛頂瑜伽理趣般若經一卷 1036

唐南天竺三藏金剛智依梵本於中天譯

大樂金剛不空真實三麽耶般若波羅蜜多理趣經一卷 1037

唐三藏沙門大廣智不空奉詔譯

佛説佛母般若波羅蜜多大明觀想儀軌經一卷 1038

宋西天三藏朝奉大夫試光禄卿傳法大師施護奉詔譯

金剛頂瑜伽念珠經一卷 1039

唐三藏沙門大廣智不空奉詔譯

佛説最上秘密那拏天經三卷 1040

西天譯經三藏朝散大夫試光禄卿明教大師臣法賢奉詔譯

佛説最上根本大樂金剛不空三昧大教王經七卷 1041

宋西天三藏朝奉大夫試光禄卿明教大師法賢奉詔譯

金剛峰樓閣一切瑜伽瑜祇經二卷 1042

唐南天竺國三藏沙門金剛智譯

佛説妙吉祥最勝根本大教經三卷 1043

宋西天三藏朝散大夫試光禄卿明教大師法賢奉詔譯

妙吉祥平等秘密最上觀門大教王經五卷 1044

宋契丹國師中天竺摩竭陀國三藏法師慈賢譯

普偏光明焰鬘清淨熾盛如意寶印心無能勝大明王大隨求陀羅尼經二卷 1045

唐北天竺三藏沙門大廣智不空奉詔譯

佛説如來不思議秘密大乘經二十卷 1046

宋西天三藏朝散大夫試光禄卿傳梵大師法護等奉詔譯

大乘瑜伽金剛性海曼殊室利千臂千鉢大教王經十卷 1047

唐三藏沙門大廣智不空奉詔譯

佛説聖寶藏神儀軌經二卷 1048

宋西天三藏朝散大夫試鴻臚少卿傳教大師法天奉詔譯

佛説寶藏神大明曼拏羅儀軌經二卷 1049

宋西天三藏朝散大夫試鴻臚少卿傳教大師法天奉詔譯

金剛恐怖集會方廣軌儀觀自在菩薩三世最勝心明王經一卷 1050

唐三藏沙門大廣智不空奉詔譯

金剛恐怖集會方廣軌儀觀自在菩薩三世最勝心明王大威力烏樞瑟摩明王經三卷 1051

北天竺國三藏阿質達霰譯

佛説大乘觀想曼拏羅浄諸惡趣經二卷 1052

宋西天三藏朝散大夫試光禄卿明教大師法賢奉詔譯

佛説大方廣曼殊室利經觀自在多羅菩薩儀軌經一卷 1053

唐特進試鴻臚卿三藏沙門大廣智不空奉詔譯

佛説一切佛攝相應大教王經聖觀自在菩薩念誦儀軌經一卷 1054

宋西天三藏朝散大夫試光禄卿明教大師法賢奉詔譯

瑜伽金剛頂經釋字母品一卷 1055

唐北天竺三藏沙門大廣智不空奉詔譯

佛説一切如來安像三昧儀軌經一卷 1056

宋西天三藏朝散大夫試鴻臚少卿傳法大師施護奉詔譯

文殊師利菩薩根本大教王金翅鳥王品一卷 1057

唐北天竺三藏沙門大廣智不空奉詔譯

十一面觀自在菩薩心密言念誦儀軌經三卷 1058

唐特進試鴻臚卿大興善寺三藏沙門大廣智不空奉詔譯

大方廣菩薩藏文殊師利根本儀軌經二十卷 1059

宋西天三藏朝散大夫試鴻臚少卿明教大師天息災奉詔譯

佛説持明藏瑜伽大教尊那菩薩大明成就儀軌經四卷 1060

龍樹菩薩於持明藏略出 宋西天三藏朝散大夫試光禄卿明教大師法賢奉詔譯

佛説金剛香菩薩大明成就儀軌經三卷 1061

宋西天三藏朝散大夫試鴻臚卿傳法大師施護奉詔譯

金剛薩埵説頻那夜迦天成就儀軌經四卷 1062

宋西天三藏朝散大夫試鴻臚卿傳法大師法賢奉詔譯

佛説大悲空智金剛大教王儀軌經五卷 1063

宋西天三藏銀青光禄大夫試光禄卿普明慈覺傳梵大師法護奉詔譯

佛説幻化網大瑜伽教十忿怒明王大明觀想儀軌經一卷 1064

宋西天三藏朝散大夫試光禄卿明教大師法賢奉詔譯

佛説妙吉祥瑜伽大教金剛陪囉嚩輪觀想成就儀軌經一卷 1065

宋西天三藏朝散大夫試光禄卿明教大師法賢奉詔譯

底哩三昧耶不動尊威怒王使者念誦法一卷 1066

唐三藏沙門大廣智不空譯

聖迦柅忿怒金剛菩薩成就儀軌經三卷 1067

唐三藏沙門大廣智不空譯

七佛讚唄伽陀一卷 1068

宋西天中印度傳教大師三藏法天奉詔譯

佛三身讚一卷 1069

宋西天三藏朝散大夫試鴻臚明教大師法賢奉詔譯

御製釋迦牟尼佛讚一卷 1070

佛一百八名讚經一卷 1071

宋三藏法師法天奉詔譯

御製救度佛母讚一卷 1072

聖救度佛母二十一種禮讚經一卷 1073

翰林學士承旨中奉大夫安藏奉詔譯

佛説一切如來頂輪王一百八名讚一卷

親光等菩薩造 唐三藏法師玄奘奉詔譯
三具足經優波提舍一卷 1204
天親菩薩造 元魏天竺三藏法師毗目智仙等譯
成唯識論十卷 1205
護法等菩薩造 唐三藏法師玄奘奉詔譯
廣百論釋論十卷 1206
聖天菩薩本 護法菩薩釋 唐三藏法師玄奘奉制譯
大乘阿毗達磨集論七卷 1207
無著菩薩造 唐三藏法師玄奘奉詔譯
王法正理論一卷 1208
彌勒菩薩造 唐三藏法師玄奘奉詔譯
瑜伽師地論釋一卷 1209
最勝子等諸菩薩造 唐三藏法師玄奘奉詔譯
顯揚聖教論頌一卷 1210
無著菩薩造 唐三藏法師玄奘奉詔譯
彌勒菩薩所問經論七卷 1211
元魏天竺三藏法師菩提留支譯
無量壽經優波提舍一卷 1212
婆藪槃豆菩薩造 元魏天竺三藏法師菩提留支譯
轉法輪經優波提舍一卷 1213
天親菩薩造 元魏天竺三藏法師毗目智仙等譯
大般涅槃經論一卷 1214
婆藪槃豆作 元魏沙門達磨菩提譯
涅槃經本有今無偈論一卷 1215
天親菩薩造 陳世天竺三藏真諦於廣州譯
能斷金剛般若波羅密多經論頌一卷 1216
無著菩薩造 唐三藏法師義淨奉制譯
遺教經論一卷 1217
天親菩薩造 陳天竺三藏真諦譯
成唯識寶生論五卷 1218
護法菩薩造 唐三藏法師義淨奉制譯
十二因緣論一卷 1219
淨意菩薩造 元魏三藏法師菩提流支譯
壹輸盧迦論一卷 1220
龍樹菩薩造 元魏婆羅門瞿曇般若流支於雒陽譯
大乘百法明門論二卷 1221
天親菩薩造 唐三藏法師玄奘奉詔譯
轉識論一卷 1222
陳天竺三藏法師真諦譯
唯識三十論一卷 1223
世親菩薩造 唐三藏法師玄奘奉詔譯
因明入正理論一卷 1224
商羯羅主菩薩造 唐三藏法師玄奘譯
顯識論一卷 1225
陳天竺三藏法師真諦譯
發菩提心論二卷 1226
天親菩薩造 姚秦三藏法師鳩摩羅什譯
三無性論二卷 1227
陳三藏真諦譯
佛性論四卷 1228
天親菩薩說 陳三藏法師真諦譯
大乘成業論一卷 1229
世親菩薩造 唐沙門玄奘奉制譯
業成就論一卷 1230
天親菩薩造 元魏天竺三藏毗目智仙譯
因明正理門論一卷 1231
大域龍樹菩薩造 唐三藏法師玄奘譯
因明正理門論本一卷 1232
大域龍樹菩薩造 唐三藏法師玄奘譯
止觀門論七十七頌一卷 1233
世親菩薩造 唐三藏法師義淨奉制譯
手杖論一卷 1234
尊者釋迦稱造 唐三藏法師義淨奉制譯
緣生論一卷 1235
聖者鬱楞迦造 隋天竺三藏法師達摩笈多譯
取因假設論一卷 1236
陳那菩薩造 唐三藏法師義淨奉制譯
觀總相論頌一卷 1237
陳那菩薩造 唐三藏法師義淨奉制譯
六門教授習定論一卷 1238
無著菩薩造 世親菩薩釋 唐三藏法師義淨奉制譯
能斷金剛般若波羅蜜多經論釋三卷 1239
無著菩薩造頌 世親菩薩論釋 唐三藏法師義淨奉制譯
略明般若末後一頌讃述一卷 1240
妙法蓮華經優波提舍二卷 1241
大乘論師婆藪槃豆釋 元魏北天竺三藏法師菩提留支共沙門曇林等譯
妙法蓮華經論優波提舍二卷 1242
大乘論師婆藪槃豆菩薩造 元魏天竺三藏法師勒那摩提共僧朗等譯
大寶積經論四卷 1243
元魏天竺三藏法師菩提留支譯
決定藏論三卷 1244
梁三藏法師真諦譯
究竟一乘寶性論五卷 1245
元魏天竺三藏勒那摩提譯
大乘掌珍論二卷 1246
清辯菩薩造 唐三藏法師玄奘奉詔譯
大乘楞伽經唯識論一卷 1247
天親菩薩造 天竺三藏法師魏國昭玄沙門統菩提流支譯
大乘唯識論一卷 1248
天親菩薩造 陳三藏法師真諦譯
唯識二十論一卷 1249
世親菩薩造 唐三藏法師玄奘奉詔譯
寶髻經四法優波提舍一卷 1250
天親菩薩造 元魏天竺三藏法師毗目智仙等譯
大丈夫論二卷 1251
提婆羅菩薩造 北涼世沙門釋道泰譯
人大乘論二卷 1252
堅意菩薩造 北涼沙門釋道泰譯
辯中邊論三卷 1253
世親菩薩造 唐三藏法師玄奘奉制譯
辯中邊論頌一卷 1254
彌勒菩薩說 唐三藏法師玄奘奉詔譯
順中論二卷 1255
龍勝菩薩造 元魏婆羅門瞿曇般若流支譯
攝大乘論本三卷 1256
無著菩薩造 唐三藏法師玄奘奉詔譯
中邊分別論二卷 1257
天親菩薩造 陳三藏法師真諦譯
大乘起信論三卷 1258
馬鳴菩薩造 唐三藏實叉難陀奉制譯
迴諍論一卷 1259
後魏三藏毗目智仙等譯
如實論一卷 1260
天親菩薩造 陳三藏法師真諦譯
寶行王正論一卷 1261
陳天竺三藏法師真諦譯
百字論一卷 1262
提婆菩薩造 元魏天竺三藏法師菩提流支譯
解拳論一卷 1263
陳那菩薩造 陳三藏法師真諦譯
掌中論一卷 1264
陳那菩薩造 唐三藏法師義淨奉制譯
方便心論一卷 1265
龍樹菩薩造 後魏吉迦夜與曇曜譯
大乘法界無差別論一卷 1266

十二遊經一卷 1382
東晉沙門迦留陀伽譯
賢聖集伽陀一百頌一卷 1383
宋西天三藏朝散大夫試鴻臚少卿明教大師天息災奉詔譯
廣大發願頌一卷 1384
龍樹菩薩造 宋西天三藏朝奉大夫試光禄卿傳法大師施護等奉詔譯
無能勝大明陀羅尼經一卷 1385
宋西天三藏朝散大夫試鴻臚少卿傳教大師法天奉詔譯
無能勝大明心陀羅尼經一卷 1386
宋西天三藏朝散大夫試鴻臚少卿傳教大師法天奉詔譯
十不善業道經一卷 1387
馬鳴菩薩集 宋西天三藏朝散大夫試鴻臚卿宣梵大師日稱等奉詔譯
四阿含暮抄解二卷 1388
阿羅漢婆素跋陀撰 符秦沙門鳩摩羅佛提等譯
五門禪經要用法一卷 1389
大禪師佛陀密多撰 宋曇摩密多譯
大乘修行菩薩行門諸經要集三卷 1390
唐終南山至相寺沙門釋智嚴譯
金剛頂瑜伽千手千眼觀自在菩薩修行儀軌經一卷 1391
唐大興善寺三藏沙門大廣智不空奉詔譯
密跡力士大權神王經偈頌一卷 1392
元廣福大師僧録管主八撰
一切秘密最上名義大教王儀軌二卷 1393
宋西天三藏朝奉大夫試光録卿傳法大師施護奉詔譯
大樂金剛薩埵修行成就儀軌一卷 1394
唐特進試鴻臚卿三藏沙門大廣智不空奉詔譯
曼殊室利菩薩吉祥伽陀一卷 1395
宋西天譯經三藏朝散大夫試光禄卿明教大師法賢奉詔譯
成就妙法蓮華經王瑜伽觀智儀軌一卷 1396
唐特進試鴻臚卿三藏沙門大廣智不空奉詔譯
金剛頂瑜伽降三世成就極深密門一卷 1397
唐特進試鴻臚卿大廣智不空三藏與淨行婆羅門徧智奉詔譯

金剛頂瑜伽他化自在天理趣會普賢修行念誦儀軌一卷 1398
唐特進試鴻臚卿三藏沙門大廣智不空奉詔譯
金剛壽命陀羅尼念誦法一卷 1399
唐南天竺國三藏金剛智與沙門不空奉詔譯
大藥叉女歡喜母并愛子成就法一卷 1400
唐北天竺三藏沙門大廣智不空奉詔譯
佛説帝釋巖秘密成就儀軌一卷 1401
宋西天三藏朝奉大夫試鴻臚卿傳法大師施護奉詔譯
觀自在菩薩如意輪念誦儀軌一卷 1402
唐北天竺三藏沙門大廣智不空奉詔譯
大毗盧遮那成佛神變加持經略示七支念誦隨行法一卷 1403
唐北天竺三藏沙門大廣智不空奉詔譯
速疾立驗魔醯首羅天説阿尾奢法一卷 1404
唐北天竺三藏沙門大廣智不空奉詔譯
大聖曼殊室利童子五字瑜伽法一卷 1405
唐北天竺三藏沙門大廣智不空奉詔譯
大威怒烏芻澁麽儀軌一卷 1406
唐北天竺三藏沙門大廣智不空奉詔譯
大孔雀明王畫像壇場儀軌一卷 1407
唐北天竺三藏沙門大廣智不空奉詔譯
金剛頂瑜伽金剛薩埵儀軌一卷 1408
唐北天竺三藏沙門大廣智不空奉詔譯
一字金輪王佛頂要略念誦法一卷 1409
唐北天竺三藏沙門大廣智不空奉詔譯
觀自在菩薩如意輪瑜伽念誦法一卷 1410
唐北天竺三藏沙門大廣智不空奉詔譯
大聖大歡喜雙身毗那耶迦法一卷 1411
唐北天竺三藏沙門大廣智不空奉詔譯
大日經略攝念誦隨行法一卷 1412
唐北天竺三藏沙門大廣智不空奉詔譯
五字陀羅尼頌一卷 1413
唐北天竺三藏沙門大廣智不空奉詔譯
仁王般若陀羅尼釋一卷 1414
唐北天竺三藏沙門大廣智不空奉詔譯
大樂金剛不空真實三昧耶經般若波羅蜜多理趣釋二卷 1415
唐三藏沙門大廣智不空奉詔譯
佛説最勝妙吉祥根本智最上秘密一切名義三摩地分二卷 1416
宋西天三藏朝奉大夫試鴻臚卿傳法大師施護奉詔譯

金剛王菩薩秘密念誦儀軌一卷 1417
唐三藏沙門大廣智不空奉詔譯
金剛頂勝初瑜伽普賢菩薩念誦法經一卷 1418
唐三藏沙門大廣智不空奉詔譯
金剛頂瑜伽金剛薩埵五秘密修行念誦儀軌一卷 1419
唐三藏沙門大廣智不空奉詔譯
無量壽如來修觀行供養儀軌一卷 1420
唐三藏沙門大一不空奉詔譯
甘露軍荼利菩薩供養念誦成就儀軌一卷 1421
唐三藏沙門大廣智不空奉詔譯
觀自在多羅瑜伽念誦法一卷 1422
唐三藏沙門大廣智不空奉詔譯
聖觀自在菩薩心真言瑜伽觀行軌儀一卷 1423
唐三藏沙門大廣智不空奉詔譯
菩薩訶色欲法一卷 1424
後秦三藏鳩摩羅什譯
四品學法一卷 1425
宋求那跋陀羅譯
大虚空藏菩薩念誦法一卷 1426
唐三藏沙門大廣智不空奉詔譯
仁王般若念誦法一卷 1427
唐三藏沙门大廣智不空奉詔譯
阿閦如來念誦供養法一卷 1428
唐三藏沙門大廣智不空奉詔譯
佛頂尊勝陀羅尼念誦儀軌一卷 1429
唐三藏沙門大廣智不空奉詔譯
聖閻曼德迦威怒王立成大神驗念誦法一卷 1430
唐三藏沙門大廣智不空奉詔譯
大乘方廣曼殊室利菩薩華嚴本教讚閻曼德迦忿怒王真言大威德儀軌品一卷 1431
唐三藏沙門大廣智不空奉詔譯
大方廣曼殊室利童真菩薩華嚴本教讚閻曼德迦忿怒王真言阿毗遮嚕迦儀軌品一卷 1432
唐三藏沙門大廣智不空奉詔譯
蘇悉地羯羅供養法三卷 1433
唐中印度三藏善無畏譯
不動使者陀羅尼秘密法一卷 1434
唐三藏沙門金剛菩提奉詔譯
金剛頂經瑜伽修習毗盧遮那三摩地法一卷 1435

甘泉師子峰誘生寺出家承旨沙門智廣编集 北五臺山大清涼寺出家提點沙門慧真編集 蘭山崇法禪師沙門金剛幢譯定
弘明集十四卷 1488
梁釋僧祐撰
集沙門不應拜俗等事六卷 1489
唐弘福寺沙門釋彦悰纂録
廣弘明集四十卷 1490
唐終南山釋道宣集
法苑珠林一百二十卷 1491
唐上都西明寺沙門釋道世玄惲撰
大唐内典錄十卷 1492
唐沙門釋道宣撰
集神州塔寺三寶感通錄三卷 1493
唐终南山釋道宣撰
開元釋教錄二十卷 1494
唐西崇福寺沙門智昇撰
開元釋教錄略出四卷 1495
唐西崇福寺沙門智昇撰
古今譯經圖記四卷 1496
唐翻經沙門靖邁撰
續古今譯經圖紀一卷 1497
唐西崇福寺沙門智昇撰
宗鏡錄一百卷 1498
宋慧日永明寺主智覺禪師延壽集
高僧傳十三卷 1499
梁會稽嘉祥寺沙門慧皎撰
大唐西域求法高僧傳二卷 1500
唐三藏法師義淨奉詔撰
南海寄歸内法傳四卷 1501
唐三藏沙門義浄撰
續高僧傳四十卷 1502
唐釋道宣撰
大慈恩寺三藏法師傳十卷 1503
唐沙門慧立本釋彦悰箋
宋高僧傳三十卷 1504
宋左街天壽寺通慧大師賜紫沙門贊寧等奉勑撰
法顯傳一卷 1505
東晉沙門法顯自記遊天竺事
比丘尼傳四卷 1506
晉莊嚴寺釋寶唱撰
十門辯惑論二卷 1507
唐大慈恩寺沙門釋復禮撰
甄正論三卷 1508
唐佛授記寺沙門玄嶷撰
破邪論二卷 1509
唐沙門釋法琳撰
辯正論九卷 1510
唐沙門釋法琳撰 東宫學士陳子良註
護法論一卷 1511
宋丞相無盡居士張商英述
大唐西域記十二卷 1512
三藏法師玄奘奉詔譯 大總持寺沙門辯機撰
歷代三寶紀十五卷 1513
隋翻經學士臣費長房上
集諸經禮懺悔文四卷 1514
唐西崇福寺釋智昇撰
説罪要行法一卷 1515
唐三藏法師義淨撰
受用三水要行法一卷 1516
唐三藏法師義淨撰
護命放生軌儀法一卷 1517
唐三藏法師義浄撰
慈悲道場懺法十卷 1518
南朝梁武帝時寶唱等集
法華三昧懺儀一卷 1519
隋瓦官寺沙門釋智顗撰
法華三味行事運想補助儀一卷 1520
唐國清沙門湛然撰
金光明懺補助儀一卷 1521
宋天台東掖山沙門遵式集
往生浄土懺願儀一卷 1522
宋沙門遵式集
往生浄土決疑行願二門一卷 1523
宋耆山沙門遵式述
請觀世音菩薩消伏毒害陀羅尼三昧儀一卷 1524
宋東山沙門遵式始於天台國清集於四明大雷山蘭若再治
金光明最勝懺儀一卷 1525
宋傳天台教觀四明沙門知禮集
千手眼大悲心咒行法一卷 1526
四明沙門知禮集
禮法華經儀式一卷 1527
四明沙門知禮集
熾盛光道場念誦儀一卷 1528
宋天竺寺傳天台教觀沙門遵式撰
釋迦如來涅槃禮讃文一卷 1529
宋雲谿沙門仁岳撰
天台智者大師齋忌禮讃文一卷 1530
宋天竺寺慈雲大師遵式述
觀自在菩薩如意輪咒課法一卷 1531
宋雲谿沙門仁岳撰
慈悲水懺法三卷 1532
唐悟達國師知玄述
景德傳燈錄三十卷 1533
宋沙門道原纂
六祖大師法寶壇經一卷 1534
風旛報恩光孝禪寺住持嗣祖比丘宗寶編
六祖大師緣起外紀一卷 1535
門人法海等集
宗門統要續集二十二卷 1536
宋建康沙門宗永集 元建康保寧禪寺住持沙門清茂續集
明覺禪師語錄六卷 1537
參學小師惟蓋竺编
傳法正宗論二卷 1538
宋藤州東山沙門釋契嵩著
傳法正宗記十卷 1539
宋藤州東山沙門釋契嵩編修
輔教编三卷 1540
宋藤州鐔津東山沙門釋契嵩撰
圓悟佛果禪師語錄二十卷 1541
宋平江府虎丘山門人紹隆等編
大慧普覺禪師語錄三十卷 1542
徑山能仁禪院住持嗣法慧日禪師臣蘊聞上進
大慧普覺禪師年譜一卷 1543
宋釋祖詠编
大慧普覺禪師宗門武库一卷 1544
參學比丘道謙編
雪堂行和尚拾遺錄一卷 1545
宋道行述
天目中峰和尚廣錄三十卷 1546
參學門人北庭臣僧慈寂上進
妙法蓮華經玄義十卷 1547
天台智者大師説
法華玄義釋籤二十卷 1548
天台沙門湛然述
妙法蓮華經文句十卷 1549
天台智者大師説
法華文句記十卷 1550
唐天台沙門湛然述
摩訶止觀二十卷 1551
隋天台智者大師説 門人灌頂記
止觀輔行傳弘決四十卷 1552
唐毗陵沙門湛然述

修習止觀坐禪法要一卷 1553
天台山修禪寺沙門智顗述
止觀義例二卷 1554
天台沙門湛然述
大乘止觀法門四卷 1555
南嶽思大禪師曲授心要
諸法無諍三昧法門二卷 1556
陳南嶽思大禪師撰
大般涅槃經疏三十三卷 1557
隋章安頂法師撰 唐天台沙門湛然再治
大般涅槃經玄義二卷 1558
隋天台沙門灌頂撰
法華經安樂行義一卷 1559
陳南嶽思大禪師説
涅槃玄義發源機要四卷 1560
宋錢唐沙門釋智圓述
金光明經玄義二卷 1561
隋天台智者大師説 門人灌頂録
金光明經玄義拾遺記六卷 1562
宋四明沙門知禮述
金剛般若經疏一卷 1563
隋天台智者大師説
天台四教儀一卷 1564
高麗沙門諦觀録
金光明經文句六卷 1565
隋天台智者大師説 門人灌頂録
金光明經文句記六卷 1566
宋四明沙門釋知禮述
菩薩戒義疏二卷 1567
隋天台智者大師説 門人灌頂記
觀音玄義二卷 1568
隋天台智者大師説 門人灌頂記
觀音玄義記四卷 1569
宋四明沙門知禮述
觀音義疏二卷 1570
隋天台智者大師説 弟子灌頂記
觀音義疏記四卷 1571
宋四明沙門知禮述
佛説觀無量壽佛經疏一卷 1572
天台智者大師説
觀無量壽佛經疏妙宗鈔六卷 1573
宋四明沙門知禮述
天台智者大師禪門口訣一卷 1574
請觀音經疏一卷 1575
隋天台智者大師説 弟子頂法師記
請觀音經疏闡義鈔四卷 1576
宋錢唐沙門釋智圓述

釋摩訶般若波羅蜜經覺意三昧一卷 1577
隋天台智者大師説 門人灌頂記
四念處四卷 1578
隋天台山修禪寺智者大師説 門人章安灌頂記
仁王護國般若經疏五卷 1579
天台智者大師説 門人灌頂記
佛説仁王護國般若波羅蜜經疏神寶記四卷 1580
四明沙門栢庭善月述
天台八教大意一卷 1581
隋天台沙門灌頂撰
四教義六卷 1582
隋天台山修禪寺沙門智顗撰
國清百録四卷 1583
隋沙門灌頂纂
釋禪波羅蜜次第法門十卷 1584
隋天台智者大師説 弟子法慎記 弟子灌頂再治
法界次第初門三卷 1585
陳隋國師智者大師撰
方等三昧行法一卷 1586
隋智者大師説 門人灌頂記
淨土十疑論一卷 1587
隋天台智者大師説
觀心論疏五卷 1588
隋天台沙門灌頂撰
南嶽思大禪師立誓願文一卷 1589
隋天台智者大師別傳一卷 1590
門人灌頂撰
止觀大意一卷 1591
唐天台沙門釋湛然述
始終心要一卷 1592
唐天台沙門釋湛然述
修懺要旨一卷 1593
宋四明沙門釋知禮述
十不二門一卷 1594
唐荆溪尊者湛然述
十不二門指要鈔二卷 1595
宋四明沙門知禮述
金剛錍一卷 1596
唐天台沙門湛然述
法智遺編觀心二百問一卷 1597
法孫繼忠集
天台傳佛心印記一卷 1598
元傳天台宗教興教大師虎谿沙門懷則述

淨土境觀要門一卷 1599
元傳天台宗教興教大師虎谿沙門懷則述
無相大師行狀一卷 1600
翰林學士朝散大夫行左司諫知制誥同修國史判史館事柱國南陽郡開國侯食邑一千一百戶賜紫金魚袋楊億述
禪宗永嘉集一卷 1601
唐慎水沙門玄覺撰
永嘉證道歌一卷 1602
唐慎水沙門玄覺撰
首楞嚴經義海三十卷 1603
中天竺沙門般剌蜜帝譯經 烏長國沙門彌伽釋迦譯語 唐菩薩戒弟子前正議大夫中書門下平章事清河房融筆授 唐羅浮沙門懷迪證譯 宋江吳長水沙門子璿集義疏注經并科 宋汹潭沙門曉月標指要義 宋吳興沙門仁岳集解 宋福唐沙門咸輝排經入注
大方廣佛華嚴經疏六十卷 1604
唐清涼山大華嚴寺沙門澄觀撰
大方廣佛華嚴經隨疏演義鈔九十卷 1605
唐清涼山大華嚴寺沙門澄觀述
華嚴一乘教義分齊章四卷 1606
唐大薦福寺沙門法藏述
華嚴經明法品内立三寶章二卷 1607
魏國西寺沙門法藏述
修華嚴奥旨妄盡還源觀一卷 1608
唐大薦福寺翻經沙門法藏述
原人論一卷 1609
終南山草堂寺沙門宗密述
華嚴經旨歸一卷 1610
唐京兆西崇福寺沙門法藏述
注華嚴法界觀門一卷 1611
圭峰蘭若沙門宗密注
佛遺教經論疏節要一卷 1612
姚秦三藏法師鳩摩羅什譯 晉水沙門淨源節要 雲棲沙門株宏補註
華嚴法界玄鏡二卷 1613
唐清涼山大華嚴寺沙門澄觀述
般若波羅蜜多心經略疏一卷 1614
唐翻經沙門法藏述
般若心經略疏連珠記二卷 1615
宋玉峰沙門師會述
佛説盂蘭盆經一卷 1616

西晉三藏法師竺法護譯

佛說盂蘭盆經疏二卷 1617

充國沙門宗密述

金師子章雲間類解一卷 1618

晉水沙門淨源述

佛說阿彌陀經疏一卷 1619

唐海東新羅國沙門元曉述

紹興重雕大藏音三卷 1620

宋精嚴寺沙門處觀集

一切經音義二十六卷 1621

唐大慈恩寺翻經沙門玄應撰

大方廣佛華嚴經音義四卷 1622

唐京兆静法寺沙門慧苑述

辯僞録五卷 1623

元道者山雲峰禪寺沙門祥邁奉勑實録撰

隋衆經目錄五卷 1624

隋翻經沙門及學士等撰

隋衆經目錄七卷 1625

隋翻經沙門法經等奉勑撰

武周刊定衆經目錄十四卷 1626

唐佛授記寺沙門明佺等撰

武周刊定僞經目錄一卷 1627

唐佛授記寺翻經大德明佺等撰

大藏聖教法寶標目十卷 1628

清源居士王古撰

至元法寶勘同總錄十卷 1629

元講經律論沙門慶吉祥等奉詔集

楞伽阿跋多羅寶經註解四卷 1630

宋求那跋多羅奉詔譯 大明天界善世禪寺住持臣僧宗泐 演福講寺住持臣僧如玘奉詔同註

般若波羅密多心經註解一卷 1631

唐三藏法師玄奘奉詔譯 大明天界善世禪寺住持臣僧宗泐 演福講寺住持臣僧如玘奉詔同註

金剛般若波羅蜜經註解一卷 1632

姚秦三藏法師鳩摩羅什奉詔譯 大明天界善世禪寺住持臣僧宗泐 演福講寺住持臣僧如玘奉詔同註

大明太宗文皇帝御製序讚文一卷 1633

諸佛世尊如來菩薩尊者神僧名經四十卷 1634

明永樂燕京大德沙門撰

諸佛世尊如來菩薩尊者名稱歌曲五十一卷 1635

明永樂燕京大德沙門撰

神僧傳九卷 1636

大明三藏法數五十卷 1637

上天竺前住持沙門一如等奉敕集註

華嚴懸談會玄記四十卷 1638

蒼山再光寺比丘普瑞集

妙法蓮華經解五卷附妙法蓮華經解科文一卷 1639

温陵開元蓮寺比丘戒環解

大佛頂如來密因修證了義諸菩薩萬行首楞嚴經會解二十卷 1640

天竺沙門般剌密帝譯 烏萇國沙門彌伽釋迦譯語 菩薩戒弟子前正議大夫同中書門下平章事房融筆受 師子林沙門惟則會解

起信論疏科文一卷 1641

長水沙門子璿修定

大乘起信論疏四卷 1642

西太原寺沙門法藏述草堂沙門宗密録之随科注於論文之下

起信論疏筆削記二十卷 1643

長水沙門子璿録

肇論新疏三卷 1644

五臺大萬聖祐國寺開山住持釋源大白馬寺宗主贈邦國公海印開法大師長講沙門文才述

肇論新疏游刃三卷 1645

五臺大萬聖祐國寺開山住持釋源大白馬寺宗主贈邦國公海印開法真覺大師長講沙門文才述

大方廣圓覺經略疏科一卷 1646

圭峰蘭若沙門宗密製

大方廣圓覺修多羅了義經略疏註二卷 1647

唐終南山草堂寺沙門宗密述

圓覺經疏之鈔二十五卷 1648

圭峰蘭若沙門宗密於大鈔略出

釋金剛經纂要疏一卷 1649

長水沙門子璿録

金剛般若經疏論纂要二卷 1650

京大興福寺沙門宗密述 長水沙門子璿治定

金剛經纂要刊定記七卷 1651

長水沙門子璿録

維摩詰所説經註十卷 1652

姚秦三藏法師鳩摩羅什譯 長安沙門僧肇註

華嚴原人論一卷附華嚴原人論科一卷 1653

終南山草堂寺圭峰蘭若沙門宗密述

華嚴原人論解三卷 1654

長安大開元寺講經論沙門圓覺述

折疑論五卷 1655

金臺大慈恩寺西域師子比丘述註

天台四教儀集註十卷 1656

南天竺沙門蒙潤集

教乘法數四十卷 1657

會稽沙門圓瀞集

佛祖歷代通載三十六卷 1658

嘉興路大中祥符禪寺住持華亭念常集

禪林寶訓四卷 1659

東吳沙門浄善重集

大方廣佛華嚴經疏科文一卷 1660

清涼山大華嚴寺沙門澄觀排定

大方廣佛華嚴經疏序演義鈔二十九卷 1661

清涼山大華巖寺沙門澄觀撰述

翻譯名義集二十卷 1662

宋姑蘇景德寺普潤大師法雲編

禪宗正脉二十卷 1663

明如卺者

勑修百丈清規八卷 1664

大智壽聖禪寺住持臣僧德煇奉勑重編 大龍翔集慶寺住持臣僧大訢奉勑校正

三教平心論二卷 1665

静齋學士劉謐撰

緇門警訓十卷 1666

鐔津文集十九卷首一卷 1667

藤州鐔津東山沙門契嵩撰

禪源諸詮集都序二卷 1668

唐圭峰山沙門宗密述

八識規矩補註二卷 1669

明魯庵法師普泰補註

大乘百法明門論解二卷 1670

天親菩薩造 唐三藏法師玄奘奉詔譯 唐慈恩法師窺基註解 明魯庵法師普泰增修

高麗國普照禪師修心訣一卷 1671

高麗知訥撰

真心直説一卷附誡初文學人文皖山正凝禪師示蒙山法語一卷 1672

高麗知訥撰

寶藏論一卷 1673

長安沙門釋僧肇著

廬山蓮宗寶鑑念佛正因十卷 1674
廬山東林禪寺蓮宗善法祖堂勸修浄業臣僧普度謹自編集
永明智覺禪師唯心訣一卷馨慧相資歌警世一卷 1675
宋延壽撰
禪宗決疑集一卷 1676
西蜀野衲智徹述
黄檗山斷際禪師傳心法要一卷 1677
河東裴休集
萬善同歸集六卷 1678
杭州慧日永明寺智覺禪師延壽述
華嚴七字經題法界觀三十門頌二卷 1679
夷門山廣智大師本嵩述
密雲禪師語録十二卷 1680
天童弘法寺住持門人弘覺禪師臣道忞上進
天童密雲禪師悟公塔銘一卷 1680
海印弟子虞山蒙叟錢謙益槩譚謹造
明天童密雲悟和尚行狀一卷 1680
再住天童嗣法門人道忞撰述
天童密雲禪師年譜一卷 1680
繼住明州天童寺嗣法門人道忞編
續傳燈録三十六卷 1681
古尊宿語録四十八卷 1682
宋頤藏主集
禪宗頌古聯珠通集四十卷 1683
宋池州報恩光孝禪寺沙門法應集 元紹興天衣萬壽禪寺沙門普會續集
佛祖統紀五十四卷 1684
宋景定四明東湖沙門志磐撰
大方廣佛華嚴經疏序演義鈔八卷 1685
清涼山大華嚴寺沙門澄觀撰述
大方廣佛華嚴經疏鈔八十卷 1686
于闐國三藏沙門實叉難陀譯 清涼山大華嚴寺沙門澄觀撰述
大方廣佛華嚴經普賢行願品疏一卷附大方廣佛華嚴經疏钞音釋一卷 1687
唐罽賓國三藏沙門般若奉詔譯 唐勑太原府大崇福寺沙門澄觀述疏 明秀水東禪寺嗣祖沙門明得校正
大方廣佛新華嚴經合論一百二十卷 1688
唐于闐國三藏沙門實叉難陀譯經 唐太原方山長者李通玄造論 唐福州開元寺沙門志寧釐經合論
大方廣佛華嚴經綱要八十卷 1689
于闐國三藏沙門實叉難陀譯經 清涼山大華嚴寺沙門澄觀疏義 明匡山法雲寺憨山沙門德清提挈
大方廣佛華嚴經海印道場十重行願常徧禮懺儀四十二卷附華嚴海印道場九會請佛儀一卷 1690
唐蘭山雲巖慈恩寺護法國師一行沙門慧覺依經録 宋蒼山載光寺沙門普瑞補註 明欽褒忠義藎四川布政佛弟子木增訂 正雞山寂光寺沙門讀徹參閲 天台習教觀沙門正止治定
大方廣佛華嚴經普賢行願品疏科文一卷 1691
圭峰草堂寺沙門宗密撰集
大方廣佛華嚴經普賢行願品别行疏并鈔六卷附華嚴宗七祖行蹟一卷 1692
勑太原府大崇福寺沙門澄觀撰别行疏 圭峰草堂寺沙門宗密述隨疏鈔
略釋新華嚴經修行次第決疑論四卷 1693
大唐北京李通玄撰
解迷顯智成悲十明論一卷 1694
唐太原李通玄撰
大方廣佛華嚴經吞海集三卷 1695
河朔平原道通述
法界觀披雲集一卷 1696
河朔平原道通述
妙法蓮華經台宗會義十六卷 1697
古吴後學蕅益智旭述
妙法蓮華經綸貫一卷 1698
古吴蕅益道人智旭述
教觀綱宗釋義一卷 1699
北天目蕅益沙門智旭述
教觀綱宗一卷 1700
北天目蕅益沙門智旭重述
妙法蓮華經通義七卷 1701
明南嶽沙門憨山釋德清述
妙法蓮華經合論七卷 1702
姚秦三藏法師鳩摩羅什譯經 宋寶覺圓明禪師惠洪造論 宋丞相無盡居士張商英撰附論
法華大意三卷 1703
廣陵寶城寺沙門無相説 吴興天池沙門法聚校正長水平林居士葉祺徿重校
妙法蓮華經意語一卷 1704
雲門湛然澄禪師説 東楚門人明海重訂
妙法蓮華經玄義節要二卷 1705
天台智者大師説 章安尊者灌頂記 蕅益比丘智旭節
妙法蓮華經卓解七卷 1706
姚秦三藏法師鳩摩羅什原譯 武原無依道人徐昌治覲周氏逗註
大佛頂首楞嚴正脉科文一卷 1707
明釋真鑑撰
大佛頂首楞嚴經正脉懸示一卷 1708
明釋真鑑撰
大佛頂首楞嚴經正脉疏十卷 1709
京都西湖沙門交光真鑑述 吴興何山居士沈演校刊
大佛頂如來密因修證了義諸菩薩萬行首楞嚴經十卷 1710
師子林沙門惟則會解 天台山沙門傳燈圓通疏
大佛頂如來密因修證了義諸菩薩萬行首楞嚴經文句十卷 1711
唐天竺沙門般剌密帝譯經 明菩薩沙彌古吴智旭文句 明菩薩比丘温陵道昉參訂
大佛頂如來密因修證了義諸菩薩萬行首楞嚴經玄義二卷 1712
明菩薩沙彌古吴智旭撰述 明菩薩比丘温陵道昉參訂
大佛頂如來密因修證了義諸菩薩萬行首楞嚴經要解二十卷 1713
唐天竺沙門般剌密帝譯 烏萇國沙門彌伽釋迦譯語 菩薩戒弟子前正議大夫同中書門下平章事清河房融筆受 温陵開元蓮寺比丘戒環解
首楞嚴義疏注經二十卷 1714
長水沙門子璿集
大佛頂首楞嚴經玄義四卷 1715
天台山幽溪沙門傳燈述
大佛頂如來密因修證了義諸菩薩萬行首楞嚴經合論十卷 1716
天竺沙門般剌密帝譯 烏萇國沙門彌伽釋迦譯語 正議大夫同中書門下平章事房融筆受 筠溪沙門德洪造論 東吴沙門正受釐論入經并刪補
大佛頂首楞嚴經疏解蒙鈔十卷首一卷 1717
海印弟子蒙叟錢謙益鈔
大佛頂首愣嚴經疏解蒙鈔卷末五録八卷 1718
海印弟子蒙叟錢謙益集
楞伽阿跋多羅寶經會譯四卷 1719

宋天竺三藏求那跋陀羅初譯 魏天竺三藏菩提留支再譯 唐于闐國三藏實叉難陀後譯 明臨濟正宗中都沙門員珂會譯

楞伽阿跋多羅寶經義疏四卷 1720
天竺三藏求那跋陀羅譯經 支那沙門蕅益釋智旭疏義

楞伽阿跋多羅寶經玄義一卷 1721
支那蕅益沙門釋智旭撰述

大方廣圓覺經大疏三卷 1722
終南山草堂寺沙門宗密述

大方廣圓覺修多羅了義經直解二卷 1723
唐罽賓國沙門佛陀多羅譯 明匡山逸叟憨山釋德清解 明新安程夢暘覺我校閲

大方廣圓覺修多羅了義經要解二卷 1724
罽賓國沙門佛陀多羅譯 陸通律寺勤息寂正要解

大方廣圓覺修多羅了義經句釋正白二卷首一卷 1725
罽賓國沙門佛陀多羅譯 震旦沙門弘丽羅峰著 神州沙門弘贇在犙校

金剛般若波羅蜜經筆記一卷 1726
姚秦三藏法師鳩摩羅什奉詔譯 明西浙海鹽崇福庵沙門如觀註

荅居息庵讀金剛經大意書一卷 1727
秀水止菴王起隆述

心經大意附撮槩一卷 1728
秀水止菴王起隆述

金剛經會解了義一卷 1729
三藏法師鳩摩羅什原譯 徐從治肩虞父 徐光治孟勳父同訂 無依道人徐昌治覲周父纂

心經解一卷 1730
無依道人徐昌治覲周父解

金剛般若波羅蜜經破空論一卷 1731
姚秦三藏法師鳩摩羅什譯經 皇明菩薩沙彌智旭際明造論

般若波羅蜜多心經釋要一卷 1732
明菩薩沙彌智旭述

金剛般若波羅觀心釋一卷 1733
菩薩沙彌智旭際明述

金剛經如是解一卷 1734
寓石經山河北無是道人註解

金剛經受持感應錄三卷 1735
唐太常少卿臨淄段成式柯古等撰

皇明金剛新異錄一卷 1736
秀水載生居士王起隆輯著 同里補軒居士金麗兼參訂

金剛般若波羅蜜經一卷 1737
姚秦三藏法師鳩摩羅什譯 雪峰大師乩釋 谷口子真乩訂

般若波羅蜜多心經要論一卷 1738
沙門僧可撰

般若波羅蜜多心經直談一卷 1739
僧真可撰

奉法要一卷 1740
晉郄超集

心經説一卷 1741
雪浪釋洪恩述

心經開度一卷 1742
明新安沙門釋羅峰弘丽著

諸經日誦集要三卷 1743

佛遺教經註一卷 1744
欽依皇壇傳講紫衣沙門特賜金佛寶冠永祥禪師古靈了童補註

佛説四十二章經註一卷 1745
欽依皇壇傳講紫衣沙門特賜金佛寶冠永祥禪師古靈了童補註

瑜伽燄口儀軌六則一卷 1746
茗水子若觀 内衡銓同攷正

瑜伽燄口註集纂要儀軌二卷 1747
茗水法師子若浄觀攷正 偶山法師内衡智銓校閲 秀州後學巨徹寂纂書

重刊北京五大部直音會韻二卷 1748

歷朝華嚴經持驗紀一卷 1749
荆溪周克復重朗纂 男周石校 吴郡陳濟生皇士參

歷朝法華持驗紀二卷 1750
同善道人周克復纂 男周石校 潛確居士陳濟生參

歷朝金剛持驗紀二卷 1751
荆溪周克復重朗纂 男周石訂 吳門陳濟生皇士參

觀世音持驗記一卷 1752
清周克復撰

浄土晨鐘十卷 1753
荆溪同善道人周克復纂 男周石訂 吴郡潛確居士陳濟生參

浄土日誦晨課一卷 1753
淨業弟子周克復敬訂

大乘起信論疏略二卷 1754
馬鳴菩薩造 真諦三藏譯 西京太原寺沙門法藏造疏 明南嶽沙門德清纂略

依楞嚴究竟事懺二卷 1755
南中鷄足山悉檀寺沙門釋禪修述

禮吳中石佛起止儀式一卷 1756
天台山幽溪沙門傳燈集

千手千眼大悲心咒行法一卷 1757
四明尊者知禮儀軌始集 華山律師讀體刪文重纂 嘉禾沙門寂暹補像較梓

大准提菩薩焚修悉地懺悔玄文一卷 1758

得遇龍華修證懺儀四卷 1759
天台山慈云寺傳教觀沙門如惺撰

大阿羅漢難提蜜多羅所説法住紀一卷 1760
唐三藏法師玄奘奉詔譯

布袋和尚傳一卷 1760
弟子成廣易助刻

灌頂梵天神策經一卷 1761
東晉西域三藏帛尸梨蜜多羅譯

傅大士傳一卷 1761
比丘真印助刻

占察善惡業報經二卷 1762
隋外國沙門菩提登譯

金光明懺法補儀一卷附金光明經空品一卷 1763
宋天台東掖山沙門遵式集 明智旭重治

占察善惡業報經行法一卷附占輪相法懺壇中齋佛儀一卷 1764
明古吴比丘智旭集

讚禮地藏菩薩懺願儀一卷 1765
明菩薩沙彌古吳智旭述

雪關禪師語錄十三卷 1766
侍者成巒傳善錄 法孫開詷編

博山雪關智闇禪師傳一卷 1766
閩中西峰居士曹學佺撰

信州博山能仁寺雪關大師塔銘一卷 1766
杭州推官法弟黄端伯稽首撰

菩薩戒本經箋要一卷 1767
慈氏菩薩説 北涼天竺三藏曇無讖第二譯 北天目蕅益沙門智旭箋

優婆塞戒經受戒品一卷 1768
北涼天竺三藏法師曇無讖於姑臧譯

沙彌十戒威儀錄要一卷 1769
古吳蕅益沙門智旭依律重輯

四分律藏大小持戒犍度略釋一卷 1770
三藏佛陀耶舍共竺佛念譯 菩薩沙彌古吳智旭際明釋

大乘止觀法門釋要四卷 1771
明古吳沙門智旭述
占察善惡業報經疏二卷 1772
隋外國沙門菩提登譯 古吳澫益沙門智旭述
占察善惡業報經玄義一卷 1773
澫益沙門古吳智旭述
准提淨業三卷 1774
明謝于教編
三經解三卷 1775
明釋智旭述
佛說四十二章經解一卷 1775
明古吳澫益釋智旭述
佛遺教經解一卷 1775
明古吳澫益釋智旭述
八大人覺經略解一卷 1775
西土聖賢集 後漢沙門安世高譯 皇明澫益釋智旭解
佛說齋經科註一卷 1776
吳優婆塞支謙譯經 明求寂男智旭科註
因明入正理論解一卷 1777
檇李沙門真界集解
性相通說二卷 1778
天親菩薩造 唐三藏法師玄奘奉詔譯 明憨山沙門德清述
八識規矩頌一卷附大乘百法明門論一卷 1779
明匡山五乳廣益纂釋
八識規矩頌略說一卷 1780
三藏法師玄奘輯頌 度門釋正誨略說
相宗八要八卷 1781
因明入正理論一卷 1781
商羯羅主菩薩造 三藏法師玄奘譯
八識頌一卷 1781
大乘百法明門論一卷 1781
天親菩薩造 三藏法師玄奘譯
唯識三十論一卷 1781
世親菩薩造 唐三藏法師玄奘譯
觀所緣緣論一卷 1781
陳那菩薩造 三藏法師玄奘奉詔譯
唐奘師真唯識量一卷 1781
唐釋玄奘撰
六離合釋法式一卷 1781
唐釋玄奘撰
觀所緣論釋一卷 1781
護法菩薩造 大唐三藏法師義淨奉制譯
相宗八要解八卷 1782
明釋明昱撰
因明人正理論直疏一卷 1782
商羯羅主菩薩造 三藏法師玄奘譯 西蜀沙門明昱疏
三支比量義鈔一卷 1782
唐三藏法師玄奘立 永明寺主延壽造 西蜀沙門明昱鈔
八識規矩補註證義一卷 1782
唐三藏法師玄奘造頌 明魯山法師普泰補註 明西蜀沙門明昱證義
大乘百法明門論贅言一卷 1782
天親菩薩造 唐三藏法師玄奘奉詔譯 慈恩寺三藏法師窺基解 明蜀輔慈沙門明昱贅言
唯識三十論約意一卷 1782
世親菩薩造 唐三藏法師玄奘譯 西蜀沙門明昱約意
觀所緣緣論會釋一卷 1782
陳那菩薩造 唐三藏法師玄奘譯 西蜀沙門明昱會釋
六離合釋法式通關一卷 1782
失造論及譯人名 蜀沙門明昱通關
觀所緣緣論釋記一卷 1782
陳那菩薩造論 護法菩薩造釋 唐三藏法師玄奘譯 唐三藏法師義淨譯 明蜀沙門明昱録記
相宗八要直解八卷 1783
明釋智旭撰
因明人正理論直解一卷 1783
古吳澫益釋智旭述
大乘百法明門論直解一卷 1783
天親菩薩造 三藏法師玄奘譯 澫益沙門智旭解
唯識三十論直解一卷 1783
世親菩薩造 三藏法師玄奘譯 澫益沙門智旭解
觀所緣緣論直解一卷 1783
陳那菩薩造 三藏法師玄奘譯 澫益道人智旭解
觀所緣緣論釋直解一卷 1783
陳那菩薩造論 護法菩薩造釋 三藏法師玄奘譯 三藏法師義淨譯 澫益釋智旭解
唐奘師真唯識量略解一卷 1783
明澫益釋智旭略解
八識規矩直解一卷 1783
三藏法師玄奘作 澫益沙門智旭解
六離合釋法式略解一卷 1783
澫益智旭略解
淨土資糧全集六卷前集一卷後集一卷 1784
古杭雲棲寺蓮池禪師袾宏校正 檇李桐邑淨業弟子莊廣還輯
佛說阿彌陀經要解一卷 1785
三藏法師鳩摩羅什譯 西有沙門澫益智旭解
佛說阿彌陀經句解一卷 1786
越溪沙門性澄句解
寶王三昧念佛直指二卷附破妄念佛說一卷 1787
四明鄞江沙門妙叶集
西方直指三卷 1788
淥田一念居士編
淨土三論五卷 1789
清釋正知編
淨土十疑論一卷 1789
隋天台智者大師說
念佛三昧寶王論三卷 1789
唐紫閣山草堂寺沙門飛錫撰
淨土生無生論一卷 1789
天台山幽溪沙門傳燈和南撰
淨土指歸集二卷 1790
吳郡北禪寺沙門大佑集
師子林天如和尚淨土或問一卷 1791
小師善遇編
幽溪無盡大師淨土法語一卷 1792
門人正知較
中鋒三時繫念儀範一卷 1793
龍舒增廣淨土文十二卷 1794
國學進士王日休撰
肇論三卷 1795
長安釋僧肇作
大乘起信論裂綱疏六卷 1796
靈峰澫益沙門智旭述
續原教論二卷 1797
翰林院待詔建安沈士榮著
道餘錄一卷 1798
逃虛子姚廣孝著 卓吾李贄閱
註心賦四卷 1799
杭州慧日永明寺智覺禪師延壽述
佛說盂蘭盆經新疏一卷 1800
菩薩沙彌古吳智旭新疏 菩薩比丘温陵道昉參訂

三千有門頌略解一卷 1801
明佛隴沙門真覺解 靈峰後學智旭較
法華堂四問并答一卷 1802
明釋智旭述
蕅益三頌一卷 1803
明菩薩沙彌古吳智旭述
周易禪解十卷 1804
北天目道人蕅益智旭著
天樂鳴空集三卷 1805
山陰天鼓居士鮑宗肇述 靈峰蕅益沙門智旭定
黄蘗無念禪師復問六卷 1806
語溪參學比丘明聞删訂
南宋江陰軍乾明院羅漢尊號碑一卷 1807
賜進士出身奉政大夫工部屯田清吏司郎中嘉興高道素手録 賜同進士出身晉階奉直大夫協正庶尹工部虞衡司主事高承埏較
寂音尊者智證傳十卷附雲巖寶鏡三昧一卷 1808
門人覺慈編
禪林僧寶傳三十卷附臨濟宗旨一卷 1809
明白庵居沙門惠洪撰
大明高僧傳八卷 1810
皇明天台山慈雲禪寺沙門釋如惺撰
寒山子詩集一卷 1811
唐釋寒山子撰
教外别傳十六卷 1812
明郭凝之編
成唯識論俗詮十卷附成唯識論俗詮科一卷 1813
天親菩薩造頌 護法等菩薩造論 唐三藏法師玄奘奉詔譯 明西蜀沙門明昱俗詮
佛祖綱目四十一卷首一卷 1814
明朱時恩編
佛祖宗派世譜八卷 1815
古吳比丘悟進編輯 鉼山居士項謙校閲
居士分燈錄二卷首一卷補遣一卷 1816
雲間心空朱時恩輯 同郡心岫王元瑞閲
大藏一覽十卷 1817
寧德優婆塞陳實謹編 秀水居士姚舜漁重輯
宋文憲護法錄十卷 1818
皇明金華宋濂著 雲棲袾宏輯 虞山錢謙益訂
佛法金湯編十六卷 1819
會稽沙門心泰編 天台沙門真清閲
歸元直指集二卷 1820
明釋一元宗本編
宗本山中小隱爲衆道友索山居詩述成百首一卷 1821
佛果圜悟禪師碧岩集十卷 1822
秣陵遠庵吳自弘校 天界比丘性湛閲
浄信堂初集八卷 1823
蕅益道人智旭著 門人果海錄
紫栢老人集十五卷首一卷 1824
憨山德清閲
憨山老人夢遊集四十卷 1825
侍者福善日錄 門人通炯編輯 嶺南弟子劉起相重較
紫柏尊者别集四卷附錄一卷 1826
虞山白衣私淑弟子蒙叟錢謙益纂閲 徑山寂照六世孫傳臨濟宗契穎壽梓
憨山老人夢遊全集五卷 1827
東海那羅延窟侍者福善日録
憨山老人年譜自叙實錄二卷 1828
東海那羅延窟侍者福善記錄 吳越開元府治弟子福徵述疏
曹溪中興憨山肉祖後事因緣一卷附東遊集法語三则 1829
密藏開禪師遺稿二卷 1830
苕上後學弟子王祺校閲 紫栢第六世孫契穎壽梓
見聞錄一卷 1831
古吳沙門智旭隨筆
闢邪集二卷 1832
金閶逸史鍾始聲振之甫著 新安夢士程智用用九甫評
醒世錄八卷 1833
武原居士徐昌治覲周編輯 古金粟住持行元百癡校閲
祖庭嫡傳指南二卷 1834
武原居士徐昌治覲周編述
高僧摘要四卷 1835
武原居士徐昌治覲周父编輯
先覺宗乘五卷附優婆夷志一卷帝王問道錄一卷 1836
徑山語風老人圓信較定 無地地主人郭凝之彙編
千松筆記不分卷 1837
明釋大詔等撰
無依道人錄二卷附疏稿一卷 1838
武原無依道人徐昌治覲周甫著 南村釣雪氏僧鑑删定 嗣法比丘超悟錄
普明禪師牧牛圖頌一卷附諸大禪師和頌一卷 1839
明釋普明撰 清釋廣印等和
頓悟入道要門論一卷諸方門人參問語錄一卷 1840
唐沙門慧海撰
正法眼藏三卷 1841
徑山大慧禪師宗杲集并著語 繡水春門居士徐弘澤校閲
人天眼目六卷 1842
越山晦巖智昭集
林間錄二卷附林間錄後集一卷 1843
高安沙門釋德洪集
五家語錄五卷 1844
明釋圓信等編 郭凝之重訂
臨濟宗 1844
鎮州臨濟義玄禪師一卷 1844
住三聖嗣法門人慧然集 無地地主人郭凝之重訂
潙仰宗 1844
潭州溈山靈祐禪師袁州仰山慧寂禪師一卷 1844
徑山沙門語風圓信 無地地主人郭凝之編集
洞曹宗 1844
瑞州洞山良价禪師撫州曹山本寂禪師一卷 1844
徑山沙門語風圓信 無地地主人郭凝之編集
法眼宗 1844
金陵清凉院文益禪師一卷 1844
徑山沙門語風圓信 無地地主人郭凝之編集
雲門宗 1844
韶州雲門匡真文偃禪師一卷 1844
門人明識大師守堅集 無地地主人郭凝之訂
石門文字禪三十卷 1845
宋江西筠溪石門寺沙門釋德洪覺範著 門人覺慈編録 西眉東巖旌善堂校
五燈會元二十卷目録二卷 1846
宋釋普濟撰
趙州和尚語錄三卷附趙州真際禪師行狀一卷 1847
參學門人文遠記録 鞁轢道人大參重

校 雲門弟子明聲重刻
雲門匡真禪師語録三卷 1848
宋釋守堅编
佛日普照慧辯楚石禪師語録二十卷 1849
元釋梵琦撰 釋祖光等编
白雲守端禪師語録二卷 1850
宋釋守端撰
虎丘隆和尚語録一卷 1851
參學嗣端等编
應菴和尚語録十卷附塔銘一卷 1852
湖州顯忠資福禪寺嗣法門人守詮等编
密菴和尚語録二卷 1853
住明州天童景德寺十七世孫圓悟编
雲菴真浄禪師語録六卷 1854
嗣法門人福深録
雲菴真浄和尚行狀一卷 1854
門人高安釋德洪撰
雪巖和尚住潭州龍興寺語録二卷 1855
嗣法門人昭如希陵等编
高峰大師語録一卷 1856
元釋原妙撰
斷橋妙倫和尚語録一卷 1857
侍者文寶善靖等编 第十七世孫機雲機旭彙次 嘉興三塔十六世孫真雄重梓
台州府瑞巖浄土禪寺方山文寶禪師語録一卷 1858
嗣法門人先覾祖燈等録 楚黄大石山十六世孫機云编 古齊大悲寺十五世孫真雄梓
慧文正辯佛日普照元叟端禪師語録八卷 1859
門人法林等编
湖州吴山端禪師語録二卷 1860
法孫比丘師皎重编
羅湖野録二卷 1861
宋江西沙門曉瑩集
妙明真覺無見覩和尚住華頂善興禪寺語録二卷 1862
處州福林禪院嗣法門人智度等编 嘉興金明寺第十三代孫悟進重梓
無見覩和尚塔銘一卷 1862
天台山景德國清禪寺佛真文懿大師曇噩撰
福源石屋珙禪師語録二卷 1863
參學門人至柔等编
福源石屋洪禪師塔銘一卷 1863
前四明延壽禪寺沙門元旭撰
松隱唯菴然和尚語録三卷 1864
徒弟比丘慧省编次
無趣老人語録一卷 1865
嗣法比丘性冲编
無趣老人行狀一卷 1865
徒性虚稽首述
無幻禪師語録二卷 1866
門人慧廣编集
無幻禪師行狀一卷 1866
門人慧廣等稽首述
愚菴及禪師語録十卷 1867
門人溥震護位等编次
恕中和尚語録六卷 1868
門人前住昌國萬壽禪寺宗黼等编
天真毒峰善禪師要語一卷 1869
參學門人悟深编集
天寧法舟濟禪師剩語一卷 1870
參學比丘如淵大芹编次
法舟濟和尚行狀一卷 1870
門人方澤和南謹撰
南石和尚語録四卷 1871
門人宗謐妙門等编
呆庵莊禪師語録八卷 1872
門人慧啓等编
古庭禪師語録四卷 1873
明古庭和尚撰
南堂了菴禪師語録二十二卷 1874
參學比丘一志元皓等编 明後學沙門兜率明聞重閲
曹溪一滴一卷 1875
妙峰山後學沙門周理编 滇南無學居士陶珙閲
雲山蒙語摘要二卷 1876
明妙峰山夢庵釋周理撰 武陵修齡楊鶴閲
大巍禪師竹室集一卷 1877
妙峰山後學周理輯 滇南學人陶珙閲
朗目和尚浮山法句一卷 1878
妙峰山後學周理輯 滇南學人陶珙閲
浮渡山大華嚴寺中興尊宿朗目禪師塔銘并序一卷 1878
賜進士出身翰林院编修參學優婆塞邑人吴應賓撰
徹庸和尚谷鄉集一卷 1879
侍者洪如隨録
龍池幻有禪師語録十二卷附雲棲大師書憨山大師書塔銘一卷 1880
門人圓悟圓修等编
雪嶠禪師語録四卷附徑山雪嶠禪師拈頌古一卷 1881
參學門人弘歇弘珠等编 嘉禾弟子朱茂時等較梓
徑山語風老人嗣臨濟第三十世雪嶠信大禪師道行碑一卷 1881
曹溪受法弟子福徵譚貞然槃談書
天隱和尚語録十五卷 1882
嗣法門人通問等编
會稽雲門湛然澄禪師語録八卷 1883
門人明凡録 吴興丁元公 山陰祁駿佳编
會稽雲門湛然澄禪師行狀一卷 1883
傳馨謹狀
會稽雲門湛然澄禪師塔銘一卷 1883
正史纂修官陳懿典薰沐頓首拜撰
壽昌無明和尚語録二卷 1884
門人元來集
新城壽昌無明經禪師塔銘一卷 1884
匡山逸叟憨山釋德清撰
天界覺浪盛禪師語録十二卷 1885
門人大成大奇等编
大溈五峰學禪師語録一卷附塔銘一卷 1886
大溈密印寺住持孫智海重刻
大溈四記一卷 1887
陶之典輯
同慶禪寺碑記 1887
唐禮部侍郎鄭愚撰
密印禪寺碑記 1887
宋釋覺範洪撰
密印禪寺僧田記 1887
中丞司馬郭都賢撰
密印禪寺碑記 1887
邑太史陶蘔延撰
大溈密印禪寺養拙明禪師語録一卷 1888
嗣法門人智海编
破山禪師語録二十卷 1889
當陽玉泉嗣法門人印正等编
雙桂破山明禪師年譜一卷 1889
嗣法門人二祖印戀輯 嗣法門人平山印綬编
破山明禪師塔銘一卷 1889
勑封徵仕郎翰林院庶吉士癸酉科孝廉巴縣劉道開撰

費隱禪師語録十四卷 1890
嗣法門人隆琦等編
福嚴費隱容禪師紀年録二卷 1890
嗣法門人資福行觀山陰王谷同集 鹽官徐昌治董行證較 繼主法席門人行宗行古重訂刻
弘覺忞禪師北遊集六卷 1891
門人真樸編次
天童弘覺忞禪師語録二十卷 1892
住五磊山靈峰寺嗣法門人顯權等編
萬如禪師語録十卷附行實行狀塔銘一卷 1893
嗣法門人行正等編録
荆溪龍池老和尚列傳一卷 1894
檇李嚴大參 吕嘉祐同校正
雪竇石奇禪師語録十五卷附行狀塔銘一卷 1895
嗣法門人行正等編録
牧雲和尚語録二十卷 1896
姑蘇西華山秀峰寺門人行瑋等編
浮石禪師語録十卷 1897
嗣法門人行浚等編
林野奇禪師語録八卷 1898
住華亭船子法忍寺嗣法門人行謐等編
天童林野奇和尚行狀一卷 1898
明曹勳撰
天童林野奇和尚塔銘一卷 1898
吴興道場山萬壽禪寺住持比丘道忞撰
天岸昇禪師語録二十卷 1899
嗣法門人元玉等編
人就瑞白禪師語録十八卷 1900
明住天台護國寺嗣法門人寂藴編
三宜盂禪師語録十一卷 1901
住雲門顯聖寺門人净範編 山陰嗣法弟子祁净超校訂
雲門顯聖愚菴盂禪師塔銘一卷 1901
勑賜太白山天童弘法禪寺弘覺禪師道忞撰
石雨禪師法檀二十卷 1902
嗣法小師淨柱編
象田即念禪師語録四卷 1903
書記净癡録 門人本致輯
大休珠禪師語録十二卷 1904
侍者廣熙等録 瑞鹿法孫行信等編次
隱元禪師語録十六卷 1905
嗣法門人海寧編

昭覺丈雪醉禪師語録十二卷 1906
嗣法門人徹綱等編
昭覺丈雪醉禪師紀年録一卷 1906
蜀威鳳山昭覺嗣法門人徹綱等編
丈雪醉禪師塔銘一卷 1906
賜進士出身朝議大夫泰勑提督四川等處學政按察使司僉事加一級秀水曾王孫撰
南嶽山茨際禪師語録四卷附塔銘一卷 1907
門人達尊達謙等編次
鷲湖用禪師住福建建寧府普明禪寺語録二卷附塔銘一卷 1908
嗣法門人悟進悟元等編 長水退菴法孫真智重梓
博山無異大師語録集要六卷 1909
首座成正録
雪關和尚語録六卷 1910
侍者傳善輯
博山雪關智誾禪師傳一卷 1910
閩中西峰居士曹學佺撰
爾瞻尊禪師語録二卷附塔銘一卷 1911
侍者本開記録
永覺和尚廣録三十卷 1912
嗣法弟子道霈重編
福州鼓山白雲峰湧泉禪寺永覺賢公大和尚行業曲記一卷 1912
菩薩戒弟子林之蕃謹狀
鼓山永覺老人傳一卷 1912
建安弟子道靖潘晉臺百拜謹識
百癡禪師語録三十卷 1913
嗣法門人超宣等編
雲峩喜禪師語録十卷 1914
住長安大興善寺嗣法門人如乾等編
雲峩禅師塔銘一卷 1914
賜進士出身文林郎河南開封府祥符縣知縣前河南彰德府推官癸卯河南鄉試文武同考官嚴江毛際可撰
斌雅禪師語録二卷 1915
侍者海岳記録
介爲舟禪師語録十卷附行狀塔銘一卷 1916
門人海鹽益證等編
笑堂和尚語録一卷 1917
侍者超源慧復記録 鹽官包山靈泉菴嗣法門人超晙等編

古瓶山牧道者傳一卷 1918
鹽官同學道弟何園客著
松石圖像贊一卷新增圖像贊一卷 1918
嗣法門人機峻等題
古瓶山牧道者究心録一卷附機緣一卷拈古一卷頌古一卷源流頌古一卷偈頌一卷書問一卷雜著一卷 1919
嗣法門人機峻等編
古雪喆禪師語録二十卷 1920
萬安龍德院嗣法門人傳我等編
永濟融禪師語録二卷 1921
書記師住妙印等録
伏獅祇園禪師語録二卷 1922
嗣法門人授遠超宿等同編
伏獅祇園剛禅師行狀一卷 1922
嗣法門人超琛稽首百拜謹狀
塔銘一卷 1922
吴鑄頓首拜撰
季總徹禪師語録四卷 1923
侍者超祥記録
二隱謐禪師語録十卷 1924
江南揚州高沙天王禪寺嗣法門人超巨 湖廣荊州江陵水月禪院嗣法門人超秀等編
二隱謐禪師塔銘一卷 1924
禮科給事中荆溪周正儒撰
芝巖秀禪師語録二卷附行實一卷 1925
嗣法門人明一等編
性學開蒙一卷 1926
方外史旭求寂撰
梵室偶談一卷 1927
古吴沙門智旭著 門人果海録
頌古合響集一卷 1928
學人師炤録
絕餘編四卷 1929
蕅益道人智旭著 門人圓果録
禪林寶訓合註四卷 1930
虎林淨慧居士張文嘉仲嘉父校定
禪林寶訓拈頌一卷 1930
武林慧雲禪寺褱翁行盛著 侍者超記録
懶石聆禪師語録六卷 1931
嗣法門人海瑞録
紫竹林顓愚衡和尚語録二十卷 1932
住南康府同安寺嗣法門人正印重編
行狀塔銘一卷 1932
嗣法門人正印焚香敬述行狀 法門

荷葉菴道人石頭撰述
金剛般若經疏論纂要刊定記會編十卷附金剛般若經疏記會編科文一卷十八住階位圖説一卷 1977
秦三藏法師鳩摩羅什譯經 唐圭山大師宗密述疏 宋長水沙門子璿録記 清荆谿後學沙門行策會編
不會禪師語錄十卷 1978
嗣法門人性靈等編
興善南明廣禪師語錄一卷 1979
建寧普明寺嗣法門人妙用集 嘉興金明寺住持法孫悟進重輯
南明禪師行狀一卷 1979
嗣法門人妙用稽首述
大佛頂首楞嚴經臆説四卷 1980
明會稽顯聖寺後學沙門湛然圓澄註
寶鏡三昧本義一卷 1981
荆溪釋行策述
閲藏知律四十四卷目錄四卷 1982
北天目沙門釋智旭彙輯
明州天童景德禪寺宏智覺禪師語錄四卷 1983
武林苕溪風山後學淨啓重編
千巖和尚語錄二卷 1984
參學比丘嗣詔錄
佛慧圓明廣照無邊普利大禪師塔銘一卷 1984
金華宋濂撰
明覺聰禪師語錄十六卷 1985
嗣法門人寂空方醒等編
明覺聰禪師塔銘并序一卷 1985
通議大夫吏部左侍郎前經筵講官内翰林秘書院侍讀學士馮溥撰
竹窗隨筆一卷竹窗二筆一卷竹窗三筆一卷 1986
後學雲棲寺沙門袾宏著
增集續傳燈錄四卷 1987
徑山興聖萬壽禪寺前住持比丘吳郡文琇集
八識規矩淺説一卷 1988
西湖留錫退居虚舟省道人撰
雲外禪師語錄十五卷 1989
參學門人宏悳編
神鼎雲外澤禪師傳一卷 1989
後學本璁淑鐔撰
梓舟船禪師襄陽檀溪語錄三卷 1990
明法等編
虚舟省禪師語錄四卷詩集二卷 1991
小師超直編
阀喻初學一卷 1991
參學弟子徐善編
西湖虚舟省和尚塔銘一卷 1991
參學弟子徐善編
虚舟省和尚行狀一卷 1991
參學弟子檇李徐善檠談撰
天台三聖詩集和韻一卷 1992
四明釋梵琦楚石首和 益州釋福慧野竹重和
益州嵩山野竹禪師後錄八卷 1993
住鷄足大覺寺嗣法門人洪希編
兜率不磷堅禪師語錄三卷 1994
參學小師妙聖妙德等記錄
攖寧靜禅師山戒珠寺結制語錄六卷 1995
門人德亮編 書記德峩録
自閒覺禪師語錄八卷附行狀一卷 1996
住荊溪芙蓉寺法門人住古堯乾明寺嗣法門人洪暹編
憨予暹禪師語錄六卷 1997
嗣法門人法雲廣學等編
金剛般若波羅蜜經郢説一卷附攷異一卷説略一卷 1998
嘉興智普居士徐發詮次
摩訶般若波羅蜜多心經註疏一卷 1999
清嘉興仲之屏樹若甫纂註 清秀水沈浤潤思甫校梓
金剛經註正訛一卷 2000
清長水仲之屏士石甫彙纂 清天都王维新際時甫校正
肇論疏序科文一卷 2001
沕潭禪師曉月治定
夾科肇論序一卷 2002
小招提寺沙門慧達述 沕潭禪師曉月註
注肇論疏六卷 2003
姑蘇堯峰蘭若沙門尊式述
擬寒山詩一卷 2004
梅村居士張守約追擬 五臺居士陸光祖訂正
雲溪俍亭挺禪師語錄十八卷 2005
侍者智淙智沇等編錄
學佛考訓十卷 2006
錢唐俍亭和尚瀞挺輯 秀州息波道人成源訂
漆園指通三卷 2007
雲溪俍亭道人瀞挺著 豫章燈嚴居士文德翼閲
閲經十二種 2008
雲溪俍亭和尚瀞挺著
華嚴經頌一卷 2008
梵網戒光一卷 2008
楞伽心印一卷 2008
維摩饒舌一卷 2008
圓覺連珠一卷 2008
楞嚴答問一卷 2008
藥師燈燄一卷 2008
彌陀舌相一卷 2008
金剛三昧三卷 2008
雲溪俍亭挺和尚金剛隨説一卷 2008
雲溪俍亭挺和尚金剛别傳一卷 2008
雲溪俍亭挺和尚拈金剛經五十三則一卷 2008
枯宅居士楊師益編
心經句義一卷 2008
法華懸譚一卷 2008
涅槃末後句一卷 2008
岫峰憲禪師語錄十卷 2009
門人智質智原同編
三峰藏和尚語錄十六卷 2010
吳虎丘山雲嚴寺嗣法門人弘儲記
三峰和尚年譜一卷 2010
吳虎丘山雲嚴寺嗣法門人弘儲編
退翁和尚南嶽勒古一卷退翁自銘塔一卷 2010
侍者警秀記
朝宗禪師語錄十卷附行狀一卷 2011
侍者行導編
南嶽繼起和尚語錄十卷 2012
嗣法門人濟璣等編
南嶽單傳記一卷 2013
福嚴禪寺嗣祖沙門吳靈巖弘儲表
燮雲璣禪師國清無畏堂語錄一卷 2014
書記玄杲錄
靈樹遠禪師雲嵒集二卷 2015
行者廣仍記錄
雲嵒頌古一卷 2015
吳靈樹僧遠著
大庾禪師住天台景德國清禪寺語錄一卷 2016
侍者顯裕等錄
天台國清韜禪師衣缽塔銘一卷 2016
侍者顯裕錄
天台國清大庾韜和尚行略一卷 2016

得法弟子機如撰
竹菴衍和尚塔銘一卷 2060
法弟徐元文撰
禪燈和尚為先和尚舉火法語一卷 2060
成唯識論觀心法要十卷 2061
蕅益沙門智旭述
靈峰蕅益大師宗論十卷首一卷 2062
古歙門人成時編輯
佛説梵綱經順硃二卷 2063
姚秦三藏法師鳩摩羅什奉詔譯 蜀渝華嚴季而關聖可德玉順硃 慈云寺价南慧仙謄録
禪林寳訓順硃四卷 2064
蜀渝華嚴季而關聖可德玉順硃
道德經順硃二卷 2065
蜀渝華嚴季而關聖可德玉順硃
東山破峰重禪師語録二卷 2066
嗣法門人傳慧等編
破峰重禅師塔銘一卷 2066
郡人李兆襄撰
雲幻宸禪師語録一卷附雲幻宸禪師塔記一卷 2067
嗣法門人發林等編
錦屏破石卓禪師雜著一卷 2068
侍者超常記録
恒秀林禪師語録五卷 2069
嗣法門人光悠等編
恒秀林禪師續集録一卷 2069
侍僧弘仰輯
奇然智禪師語録二卷 2070
嗣法門人明林明燦等編
奇然智禪師塔銘一卷 2070
嗣法髮弟子珂雪居士方叔壯 明洹頓首百拜撰文 安陸西來嗣法門人明林較梓
秀野林禪師語録三卷首一卷 2071
嗣法門人最正等編
智覃正禪師住安陸府西來禪寺語録一卷 2072
門人尚能尚瑩等編
百愚斯禪師語録二十卷 2073
住國山善權寺嗣法門人智操 住青龍隆福寺嗣法門人智湛編次
百愚禪師蔓堂集四卷 2074
桐城方拱乾選
建陽東苑晦臺鏡禪師語録一卷 2075
浦城夢筆山嗣法門人道盛集
東苑鏡公大師塔銘一卷 2075
弟子黄端伯撰
建昌廩山忠公傳一卷 2076
杭州徑山嗣法曾孫道盛撰
壽昌見如謐禪師語録一卷附行實一卷 2077
門人道璞集
觀濤奇禪師語録六卷附壽藏銘并序一卷 2078
門人興舒等編
文穆念禪師語録五卷附行實一卷 2079
嗣法門人真慧等編次
佛古禪師語録三卷 2080
嗣法門人超質等編
臨濟三十二世香林寺佛古聞禪師塔銘一卷 2080
法弟龔鼎孳撰
石璞質禪師語録二卷 2081
嗣法門人明嵩等編
禪燈菴大方禪師語録六卷 2082
嗣法門人超明等編
寂光豁禪師語録六卷 2083
嗣法門人發育等編
天台通玄寺獨朗禪師語録二卷 2084
嗣法弟子超心超香等編
附天台山通玄寺獨朗日禪師塔銘一卷 2084
同門行徹無礙撰
蔗菴範禪師語録三十卷 2085
侍者智璋等録
草堂耨雲實禪師語録二卷 2086
嗣法門人寂訥等編
佛冤綱禪師語録十二卷 2087
嗣法門人性纯等編
印心佛敏訥禪師語録二卷 2088
侍者法楝録 嗣法門人性通等編
藥師三昧行法一卷 2089
天溪比丘受登集
准提三昧行法一卷附本咒同釋一卷 2090
天溪比丘受登集
金剛般若波羅密經部旨二卷附金剛般若波羅蜜經部旨科一卷 2091
天台比丘靈燿撰
藥師瑠璃光如來本願功德經直解一卷附藥師經直解科一卷 2092
天台比丘靈燿撰
觀世音菩薩普門品膚説一卷附普門品膚説科一卷 2093
天台後學靈燿説
佛説盂蘭盆經折中疏一卷附盂蘭盆經折中疏科一卷 2094
天台後學靈燿説
傳佛心印記註一卷 2095
虎溪沙門惟則記 幽溪沙門傳燈註 楞嚴比丘靈燿較
集註節義一卷附集註節科一卷 2096
天台比丘靈燿節
釋籤緣起序指明一卷 2097
天台靈燿全彰氏述
摩訶止觀貫義科二卷 2098
清天溪和尚説 清門人靈燿補定
憨休乾禪師語録十二卷 2099
嗣法門人繼堯等编
憨休和尚敲空遺響十二卷 2100
關中張恂稺編閱 益州記室繼堯校訂
佛祖正傳古今捷録一卷附拈頌一卷 2101
西蜀比丘果性集
汝州風穴延沼禪師塔銘一卷 2101
遠孫果性述
遠菴僼禪師語録十六卷首一卷 2102
嗣法门人元視等编
瑞巖遠菴僼禪師塔銘一卷 2102
蛟川謝兆昌撰
古宿尊禪師語録六卷 2103
住河東水月嗣法門人明圓编
俞昭禪師語録六卷首一卷 2104
住北京翊教寺嗣法門人上睿等编
一揆禪師語録十二卷 2105
嗣法門人成炯等编
楚林禪師語録六卷首一卷 2106
小師照琮等記録
長目電禪師語録二卷 2107
門人悟本编次
寒松操禪師語録二十卷 2108
嗣法門人德昊編録
華嚴還初佛禪師語録二卷 2109
門人通量等编
翼菴禪師語録二卷 2110
小師序燈等記
翼菴禪師通玄語録一卷 2111
侍者力端等錄
翼菴禪師真如語録三卷 2112
小師序璋等記
國清翼菴和尚和寒山詩二卷 2113

西蜀忠州聚雲寺沙門廣真著
天翼翔禪師語錄二卷 2213
侍者寂乾記錄 嗣法門人際鋒等同編
行實一卷 2213
小師寂珍槃譚謹述
列祖提綱錄四十二卷 2214
武林十八澗理安禪寺住持婁東行悦集
龍興介叟禪師語錄七卷 2215
書記大懷錄
五峰緯禪師關東語錄十七卷 2216
報恩寺僧錄王師元較 從龍居士雲時雨參訂
赤嵒志禪師語錄二十卷 2217
侍者超光等記録
清凉癡山禪師語錄一卷 2218
侍者定月記録
梅逢忍禪師語錄四卷 2219
侍者興悦錄
玉林禪師天目語錄二卷 2220
嗣住吳興報恩寺門人行淳等編
天童和尚闢妄救略説十卷 2221
侍者真啓編
碩揆禪師語錄六卷 2222
侍者口口等記録
牧雲和尚七會餘錄六卷 2223
姑蘇西華山秀峰寺門人行瑋等編
世高則禪師漁陽語錄一卷 2224
侍者元鑑元穎記集
安隱五嶽禪師住京師語錄五卷 2225
書記世賢上懃侍者普聞同錄
調梅鼎禪師語錄十二卷 2226
嗣法門人實勝實惠等編
棄棒義禪師語錄一卷 2227
記室弟子普煇普鐸等録 嗣法弟子行增通敏同編
北京通州地藏院棄棒義禪師塔銘一卷 2227
李榮春撰
懷日光和尚語錄一卷 2228
嗣法門人明湛明濟等編
萬育霖沛汾禪師語錄一卷 2229
侍者祖燈錄
續燈存稿十二卷 2230
嗣祖沙門東吳通問編定 笠澤居士華亭施沛彙集
續燈存稿增集四卷 2231
前往龍池雲間大珍編次
徑山志九卷 2232
汶上李燁然删定 海陽徐文龍鹿城陳懋德訂 虞山宋奎光輯
天王水鑑海和尚住金粟語錄三卷 2233
嗣法門人原澂原上等編
天王水鑑海和尚五會錄六卷 2234
嗣法門人原澄等編
蘇州瑞光中興範禪師語錄一卷 2235
記室照圓性珠 侍者上英行堅同錄
博庵仁禪師語錄三卷附博庵仁禪師詩一卷 2236
門人明覺等編
玉真山竺懷印禪師語錄一卷 2237
嗣法門人如聖編
古源鑑禪師語錄六卷 2238
嗣法門人明轉編
破藴清禪師住五龍山慈雲禪院語錄一卷 2239
侍者源省記錄
山翁忞禪師語錄二十二卷 2240
住五磊山靈峰寺嗣法門人顯權等編
指月錄三十二卷 2241
那羅延窟學人瞿汝稷槃談集吳郡天池山人嚴澂道徹甫校 破山釋海明重梓 後學檇李和石孫弘祚茂光甫當湖陸鏻登之甫同訂
明州阿育王山廣利禪寺祖林禪師語錄一卷 2242
書記普運錄
玄水禪師住萬善殿語錄四卷 2243
侍者明楫明徹法慧明心記錄
眉山序香禪師錄存三卷 2244
侍者勝奇等記
鼓山為禪師語錄二卷 2245
書記太靖錄
禹風叟禅師語錄十二卷 2246
維那成清編集
清斯禪師語錄六卷 2247
侍者如遜記錄
南嶽禪燈會刻八卷 2248
衡嶽沙門通際編集 南嘉熊開元校閲
南嶽履玄義關主遺集一卷 2249
剃度弟子法恩法源法真募刊 剃度弟子法從 法勤等拾記
笑隱訢禪師語錄四卷 2250
門人廷俊慧曇中孚等編
笑隱禪師行道記一卷附塔銘一卷 2250
蜀郡虞集記
洞宗續燈六卷 2251
古杭白巖嗣祖沙門净符集
黄檗天池禪師語錄十卷 2252
維那炤年記錄
黄檗易菴禪師語錄二卷 2253
書記正則記録
大戲禪師語綠十卷 2254
參學門人越壓越義等編
孤雲禪師語錄七卷 2255
嗣法門人超卓超元同編
玉芝禪師語錄六卷附錄一卷 2256
門人祖覺祖胤祖欽等編
成唯識論音響補遺十卷 2257
武林蓮居紹覺大師音義 新伊大師合響 法嗣智素補遺
牧雲和尚嬾齋别集十四卷 2258
東吳毛晉子晉編閱 鄂州記室智時校訂
牧雲和尚宗本投機頌一卷 2259
記室智旹 侍者超慧同對
牧雲和尚病游游刃一卷 2259
記室智旹重編 侍者超慧對閲
牧雲和尚病遊初草一卷 2260
東吳毛晉子晉編閱 鄂州記室智時校訂
雨山和尚語錄二十卷 2261
嗣法門人口口記
揚州天寧雨山思和尚塔銘一卷 2261
臨濟三十三世嗣法祖沙門前住靈巖華山曉青撰
鶴山禪師執帚集二卷 2262
記室德敷錄
萬峰和尚語錄一卷附塔銘一卷 2263
參學比丘普壽集 萬峰十一世嗣法嫡孫法藏較重梓
天然居士懷淨土詩一卷 2264
天台山曇華亭比丘明康錄
天然居士小傳一卷 2264
揚州逋客王頤之拜書
東明寺虛白慧旵禪師塔銘一卷 2265
毗陵胡濙撰
布水臺集三十二卷 2266
住明州天童寺匡廬黄巖沙門道忞著
無異禪師廣錄三十五卷 2267
住博山法孫弘瀚彙編 首座法孫弘裕同集
大懺悔文略解二卷 2268
古杭昭慶萬壽戒壇傳律沙門書玉釋

附　　錄

缩微品　片卷代號

古籍

[光緒]灤州志十八卷　12000001/2
(清)楊文鼎修
清光緒二十二年(1897)稿本
[康熙]静樂縣志十卷　12000002/1
(清)黄園昌等纂
清康熙三十九年(1701)刻本
[萬曆]懷仁縣志二卷　12000003/1
(明)楊守介等纂修
明萬曆(1573－1620)刻本
[顺治]高平縣志十卷　12000004/1
(清)范繩祖修
清顺治十五年(1658)刻本
[乾隆]郿西縣志二十卷　12000005/1
(清)張道南纂修
清乾隆四十二年(1777)無倦堂刻本
[雍正]建平縣志二十二卷　12000006/1
(清)衛廷璞纂修
清雍正九年(1731)刻本
[崇禎]山陰縣志六卷　12000007/1
(明)劉以守修
明崇禎三年(1630)刻本
[康熙]嘉定縣志二十四卷　12000008/1
(清)趙昕等纂修
清康熙十二年(1673)刻本
[康熙]沁水縣志十卷　12000009/1
(清)趙鳳詔纂修
清康熙三十六年(1697)刻本
[康熙]沭陽縣志四卷　12000010/1
(清)張奇抱修
清康熙十三年(1674)刻本
[萬曆]富平縣志十卷　12000011/1
(明)劉兑修
明萬曆十二年(1584)刻本
[康熙]解州志二十二卷　12000012/2
(清)陳時修
清康熙五十六年(1717)刻本
[康熙]静海縣志　12000013/1
(清)閻甲胤修
清康熙十一年(1672)刻本
[萬曆]固原州志二卷　12000014/1
(明)劉敏宽纂修
明萬曆四十四年(1616)劉汝桂刻本
[康熙]徐州志三十六卷　12000015/2
(清)姜焯纂修
清康熙六十一年(1722)刻本
[康熙]永年縣志十九卷　12000016/1
(清)朱世偉纂
清康熙十一年(1672)刻本
[雍正]南陵縣志十六卷　12000017/2
(清)宋廷佐修
清雍正四年(1726)刻本
[嘉靖]高陵縣志七卷　12000018/1
(明)呂柟纂
明嘉靖二十年(1541)刻本
[萬曆]洪洞縣志八卷　12000019/1
(明)喬因羽修
明萬曆十九年(1591)刻本
[崇禎]歷城縣志十六卷　12000020/1
(明)宋祖法修
明崇禎十三年(1640)友聲堂刻本
[萬曆]太原府志二十六卷　12000021/1
(明)關廷訪修
明萬曆四十年(1612)刻本
[顺治]太原府志四卷　12000022/1
清顺治(1644－1662)刻本
[萬曆]會稽縣志十六卷　12000023/1
(明)楊維新修
明萬曆三年(1575)刻本
[康熙]青州府志二十卷　12000024/3
(清)張連登修
清康熙四十八年(1709)刻本
[乾隆]繁昌縣志三十卷　12000025/1
(清)王熊飛纂修
清乾隆十六年(1751)刻本
[嘉靖]山東通志　12000026/3
明嘉靖十二年(1533)刻本
[嘉靖]陜西通志　12000027/3
(明)趙廷瑞修
明嘉靖二十一年(1542)刻本
[康熙]安慶府宿松縣志三十六卷　12000028/2
(清)朱卷修
清康熙十四年(1677)刻本
[康熙]諸城縣志十二卷　12000029/1
(清)卞穎修
清康熙十二年(1673)刻本
[乾隆]銅陵縣志十六卷　12000030/1
(清)單履中纂修
清乾隆十二年(1747)刻本
[崇禎]太倉州志十五卷　12000031/2
(明)錢肅樂修
明崇禎十五年(1642)刻清康熙十七年(1678)遞修本
史記　12000032/3
(漢)司馬遷撰
明天啟五年(1625)大來堂刻本
甲子會紀　12000033/1
(明)薛應旂輯
明嘉靖三十七年(1558)玄津草堂刻本
世史正綱三十二卷　12000034/2
(明)邱濬撰
明嘉靖四十二年(1564)刻本
鹿門先生批點漢書九十三卷　12000035/4
(明)茅坤輯
明崇禎八年(1635)刻本
漢書正誤四卷　12000036/1
(清)王峻撰
清(1644－1911)刻本
晉記六十八卷首一卷　12000037/3
(清)郭倫撰
清乾隆五十一年(1786)有斐堂刻本
欽定國史大臣列傳□卷　12000038/1
民國(1911－1949)抄本
弘簡錄二百五十四卷　12000039/9
(明)邵經邦撰
清康熙二十七年(1688)刻本
竹書記年集證五十卷　12000040/3
(清)陳逢衡撰
清嘉慶十八年(1813)褒露軒刻本
漢書一百卷　12000041/5
(漢)班固撰
明嘉靖(1522－1566)崇正書院刻本
漢書評林　12000042/5
(明)凌稚隆輯

明萬曆十一年(1583)凌氏刻本
前漢書一百卷 12000043/6
(漢)班固撰
清乾隆四年(1739)武英殿刻本
資治通鑑二百九十四卷 12000044/15
(宋)司馬光撰
元(1206－1368)刻本
三國志六十五卷 12000045/2
(晉)陳壽撰
明(1368－1644)毛氏汲古閣刻本
司馬温公稽古錄二十卷 12000046/1
(宋)司馬光撰
清(1644－1911)李光瑛觀妙齋刻本
正藏書六十八卷續藏書二十七卷 12000047/4
(明)李贄撰
明萬曆(1573－1620)汪修能刻本
晉書一百三十卷 12000048/4
(唐)房玄齡等撰
明崇禎(1628－1644)毛氏汲古閣刻本
通志二百卷 12000049/20:1－19
(宋)鄭樵撰
清乾隆十二年(1748)武英殿刻本
五代史記七十四卷 12000050/2
(宋)歐陽修撰
元(1206－1368)刻本
陳書三十六卷 12000051/1
(唐)姚思廉撰
宋(960－1279)刻本
后漢書九十卷 12000052/3
(南宋)范曄撰
明(1368－1644)汪大盛、周采等刻本
三國志六十五卷 12000053/3
(晉)陳壽撰
明天啟(1621－1627)刻本
資治通鑒二百九十四卷 12000054/15
(宋)司馬光撰
元(1206－1368)刻本
文公先生資治通鑑綱目五十九卷 12000055/4
(宋)朱熹撰
明(1368－1644)劉寬裕刻本
漢書 12000056/4
(漢)班固撰
宋(960－1279)刻本
史記 12000057/4
(漢)司馬遷撰
明(1368－1644)刻本
史記評林一百三十卷 12000058/4
(明)凌稚隆輯評
明萬曆五年(1578)凌氏刻本
靈隐子六卷 12000059/1
(唐)駱賓王撰
明萬曆二十四年(1596)陳大科刻本
劉隨州詩集十卷 12000060/1
(唐)劉長卿撰
明萬曆二十一年(1594)祝以豳刻本
韋蘇州集十卷附錄一卷 12000061/1
(唐)韋應物撰
明(1368－1644)刻本
唐陸宜公集二十二卷 12000062/1
(唐)陸贄撰
明(1368－1644)光裕堂刻本
昌黎先生詩集注十一卷年譜一卷 12000063/1
(唐)韓愈撰
清康熙三十八年(1699)秀野草堂刻本
昆陵集二十卷補遺一卷 12000064/1
(唐)独孤及撰
清乾隆五十六年(1792)趙懷玉亦有生齋刻本
朱文公校昌黎先生文集四十卷 12000065/2
(唐)韓愈撰
明嘉靖(1522－1566)刻本
分類補注李太白詩二十五卷 12000066/2
(唐)李太白撰
明嘉靖二十五年(1547)玉几山人刻本
杜工部詩八卷 12000067/1
(唐)杜甫撰
明萬曆三十年(1603)鄭氏刻本
杜律詹言二卷 12000068/1
(唐)杜甫撰
明萬曆二十五年(1598)張應泰刻本
杜律二注四卷 12000069/1
(明)章美中輯
明嘉靖二十六年(1548)熊鳳儀刻本
集千家注杜工部詩集二十卷 12000070/2
(唐)杜甫撰
明萬曆(1573－1620)刻本
韓文起十二卷 12000071/1
(清)林雲銘撰
清康熙三十二年(1694)林氏挹奎樓刻本
[嘉靖]山西通志 12000072/2
(明)楊宗氣修
明嘉靖四十三年(1565)刻本
[隆慶]雲南通志十七卷 12000073/2
(明)鄒應龍修
明隆慶六年(1572)刻本
[嘉靖]吳江縣志二十八卷 12000074/2
(明)曹一麟修
明嘉靖四十年(1562)刻本
[嘉靖]浙江通志七十二卷 12000075/3
(明)胡宗憲修
明嘉靖四十年(1562)刻本
[萬曆]重修鎮江府志三十六卷 12000076/2
(明)王應麟修
明萬曆二十四年(1596)刻本
[嘉靖]遼東志九卷 12000077/1
(明)任洛等纂修
明嘉靖十六年(1537)刻本
[萬曆]徐州志六卷 12000078/1
(明)姚應龍等纂
明萬曆五年(1578)刻本
[萬曆]沃史二十六卷 12000079/1
(明)趙彦復纂修
明萬曆四十年(1613)刻本
[萬曆]鄒志四卷圖一卷 12000080/1
(明)胡繼光纂修
明萬曆三十九年(1611)刻本
[萬曆]武進縣志八卷 12000081/2
(明)晏文輝修
明萬曆三十三年(1606)刻本
[萬曆]應州志六卷 12000082/1
(明)王有容修
明萬曆二十七年(1600)刻本
[萬曆]新修上虞縣志二十卷 12000083/1
(明)徐待聘修
明萬曆三十四年(1606)刻本
明文霱二十卷 12000084/2
(明)劉士鏻輯
明崇禎七年(1634)刻本
离骚經訂注一卷 12000085/1
(漢)王逸注
明萬曆(1573－1620)趙悅學刻本
西山先生真文忠公文章正宗二十四卷 12000086/2
(宋)真德秀編
明洪武－明正德十五年(1368－

媚幽閣文娛不分卷 12000130/1
(明)鄭元勛選
明末(1621－1644)刻本
歷朝名媛詩詞十二卷 12000131/1
(清)陸昶編
清乾隆三十八年(1773)紅樹樓刻本
唐律消夏錄五卷 12000132/1
(清)顧安輯
清乾隆二十七年(1762)嘉善何文煥刻本
詩家全體十二卷續補二卷 12000133/2
(明)李之用輯
明萬曆二十六年(1598)刻本
岳陽紀勝彙編四卷 12000134/1
(明)梅淳輯
明萬曆十三年(1585)刻本
楚辭八卷 12000135/1
明(1368－1644)刻本
唐音戊籤二十一卷餘閏六十三卷餘諸國主詩一卷 12000136/5
(明)胡震亨輯
清康熙二十六年(1687)刻本
楚辭八卷楚辭辯證二卷 12000137/1
(宋)朱熹撰
明(1368－1644)刻本
詩雋類函一五十卷 12000138/7
(明)俞安期編
明萬曆三十七年(1609)刻本
杜律七言注解存一卷 12000139/1
(元)虞集注
明嘉靖(1522－1566)崔廷槐刻本
靜觀室三蘇文選十六卷 12000140/1
(明)錢穀輯
明萬曆三十九年(1611)刻本
古今濡削選章四十卷 12000141/3
(明)李國祥輯
明萬曆二十九年(1601)刻本
唐詩品彙九十卷拾遺十卷詩人爵里详節一卷 12000142/4
(明)高秉輯
明(1368－1644)屠隆刻本
歷代賦鈔三十二卷 12000143/2
(清)趙維烈輯
清康熙二十五年(1686)立敬堂刻本
唐丞相曲江張文獻公集十二卷 12000144/1
(唐)張九齡撰
清雍正(1723－1735)刻本
古詩歸十五卷唐詩歸三十六卷 12000145/2
(明)鍾惺 譚元春輯
明末(1621－1644)刻本
皇明翰閣文宗十二卷 12000146/1
(明)黃洪憲 何大通輯
明萬曆五年(1577)金陵書坊岡竹潭刻本
詩林韶護選二十卷 12000147/1
(清)顧嗣立輯
清乾隆二十九年(1764)刻本
楚辭六卷楚辭葉音一卷 12000148/1
(清)劉維謙撰
清乾隆六年(1741)刻本
西崑訓唱集二卷 12000149/1
(宋)楊億撰
清康熙四十七年(1708)朱俊升刻本
刪定唐詩解二十四卷 12000150/2
(清)唐汝詢輯
清康熙四十一年(1702)誦懿堂刻本
文體明辯六十一卷 12000151/6
(明)徐師曾輯
明萬曆十九年(1591)刻本
衡門集十五卷 12000152/2
(明)鄭履淳編
明萬曆十三年(1585)刻本
古文苑二十一卷 12000153/1
(宋)章樵注
明成化十八年(1482)刻本
楚辭燈四卷 12000154/1
(清)林雲銘撰
清康熙三十六年(1697)挹奎樓刻本
歷朝賦格 12000155/2
(清)陸棻輯
清康熙二十五年(1686)刻本
南邦黎獻集十六卷 12000156/1
(清)鄂爾泰輯
清雍正(1723－1735)刻本
皇明詩統四十二卷 12000157/5
(明)李騰鵬輯
明萬曆十九年(1581)刻本
大宋文鑒一百五十卷 12000158/4
(宋)呂祖謙撰
明正德(1506－1521)慎独齋刻本
元詩選六卷 12000159/1
(清)顧奎光輯
清乾隆十六年(1751)刻本
雍音四卷 12000160/1
(明)胡纘宗編
明嘉靖(1522－1566)清渭草堂刻本
菉斐堂子史彙纂二十四卷 12000161/2
(明)馮廷章編
明崇禎十六年(1643)菉斐堂刻本
鍥大河氏異傳回生外科醫方二卷 12000162/1
(明)王拳撰
明(1368－1644)余文臺雙峰堂刻本
古文備體奇鈔十二卷 12000163/2
(明)鍾惺輯
明崇禎(1628－1644)刻本
劉河間伤寒三書 12000165/1
(金)劉守真等撰
明末(1621－1644)刻本
新鋟太醫院参訂徐氏针灸大全六卷 12000166/1
(明)徐鳳編
明(1368－1644)刻本
新鐫翰林考正歷朝統宗 12000167/1
(明)李廷機考正
明萬曆二十三年(1595)周氏萬卷樓刻本
皇明四夷考二卷 12000168/1
(明)鄭曉撰
明嘉靖四十三年(1564)刻本
丹臺玉案六卷 12000169/1
(明)孫文胤撰
明崇禎十年(1637)刻本
洛陽伽藍記五卷 12000170/1
(魏)楊衒之撰
明(1368－1644)刻本
新刻汪先生家藏醫學原理十三卷 12000171/1
(明)汪機撰
明(1368－1644)吳繼武、謝孜刻本
陽山志三卷 12000172/1
(明)岳岱撰
明嘉靖(1522－1566)刻本
賦鈔箋略十五卷 12000173/1
(清)雷琳 張杏濱撰
清乾隆三十一年(1766)刻本
王荆石先生批評韓柳文二十卷 12000174/3
(唐)韓愈 柳宗元撰

明(1368－1644)刻本
西湖遊覽志二十四卷　12000175/2
(明)田汝成撰
明嘉靖(1522－1566)刻本
山東鹽法續增備考　12000176/1
清(1644－1911)抄本
補漢兵志不分卷　12000177/1
(宋)錢文子撰
宋(960－1279)鈔本
建炎以來朝野雜記甲集二十卷乙集二十卷　12000178/2
(宋)李心傳撰
清(1644－1911)清蘋古齋鈔本
新鐫海内奇觀十卷　12000179/1
(明)楊爾曾撰
明萬曆三十七年(1609)夷白堂刻本
刻醫無問子醫贯六卷　12000180/1
(明)趙獻可撰
清初(1644－1722)張起鵬毓秀堂刻本
明謚考存七卷　12000181/1
(明)郭良翰輯
清(1644－1911)抄本
穹窿山志六卷圖一卷　12000182/1
(清)向球等纂修
清康熙(1662－1722)刻本
思生錄二卷　12000183/1
(清)趙開雍撰
清顺治(1644－1661)刻本
爛柯山志不分卷　12000184/1
(清)冷時中纂
清初(1644－1722)刻本
風穴志略二卷　12000185/1
(清)任楓輯
清康熙(1662－1722)刻本
國朝松陵詩徵二十卷　12000186/1
(清)袁景輅輯
清乾隆三十一年(1767)愛吟齋刻本
南昌文考二十卷　12000187/2
(清)徐午輯
清乾隆六十年(1759)刻本
鹽政志十卷　12000188/1
(明)朱廷立撰
明嘉靖八年(1529)刻本
江左十五子詩選十五卷　12000189/1
(清)宋犖輯
清康熙四十二年(1703)刻本
大歷詩略六卷　12000190/1
(清)喬億輯
清乾隆三十七年(1772)居安樂玩之堂刻本
松風餘韻五十卷　12000191/2
(清)姚弘緒輯
清乾隆八年(1743)刻本
四六纂組九卷歷代官制一卷　12000192/2
(清)胡吉豫編
清康熙十八年(1679)刻本
唐詩觀瀾集二十四卷　12000193/1
(清)李因培輯
清乾隆二十四年(1759)刻本
南宋雜事詩七卷　12000194/1
(清)沈嘉轍等撰
清(1644－1911)武林芹香齋刻本
嶺南三大家詩選二十四卷　12000195/1
(清)王隼撰
清(1644－1911)刻本
友聲初集五卷后集五卷新集五卷　12000196/2
(清)張潮輯并撰
清乾隆四十五年(1780)心齋刻本
居濟一得八卷　12000197/1
(清)張伯行撰
清康熙四十七年(1708)刻本
欽定大清會典一百卷則例一百八十卷　12000198/14
(清)張廷玉等撰
清乾隆二十九年(1764)武英殿刻本
明練音續集十卷卷首一卷卷末一卷　12000199/1
(清)王輔銘輯
清雍正(1723－1735)爾雅堂刻本
金華詩錄六十卷外集六卷别集四卷書後一卷　12000200/2
(清)朱琰編
清乾隆三十八年(1773)金華府學刻本
海虞詩苑十八卷　12000201/1
(清)王應奎輯
清乾隆二十四年(1759)刻本
南遊壎篪集二卷　12000202/1
(清)邊中寳 邊連寶撰
清乾隆三十七年(1772)刻本
陸生口譜五卷　12000203/2
(清)陸圻撰
清道光二十二年(1842)郁泰峰鈔本
火戲略五卷　12000204/1
(清)趙學敏撰
清(1644－1911)稿本
三江閘務全書二卷　12000205/1
(清)程鶴翥撰
清康熙(1662－1722)潄五齋刻本
婁東詩派二十八卷　12000206/2
(清)汪學金輯
清嘉慶九年(1804)詩志齋刻本
千叟宴詩　12000207/3
(清)高宗弘曆等撰
清乾隆五十年(1785)武英殿刻本
七子詩選十四卷　12000208/1
(清)沈德潛輯
清乾隆(1736－1795)刻本
國朝練音初集十卷　12000209/1
(清)王輔銘輯
清乾隆八年(1743)飛霞閣刻本
采菽堂古詩選三十八卷　12000210/3
(清)陳祚明編
清康熙四十五年(1706)刻本
天臺山全志十八卷　12000211/1
(清)張聯元纂
清康熙(1662－1722)刻本
水經注不分卷　12000212/2
(后魏)酈道元撰
清乾隆(1736－1795)孔繼涵刻本
墨池漁不分卷　12000213/1
清(1644－1911)抄本
全唐詩鈔八十卷補遺十六卷附詩人爵里節略一卷　12000214/3
(清)吳成儀輯
清乾隆二十四年(1759)刻本
五刻徽郡釋義經書士民便用通考雜字□卷　12000215/1
明末(1621－1644)刻本
水道提綱二十八卷　12000216/1
(清)齊召南撰
清乾隆四十一年(1776)傳經書屋刻本
渡海輿記　12000217/1
清(1644－1911)抄本
吳江沈氏詩集十二卷　12000218/1
(清)沈祖禹輯
清乾隆五年(1740)刻本
東陽歷朝詩九卷　12000219/1
(清)黄肇勛輯
清乾隆(1736－1795)刻本
憲臺通紀不分卷　12000220/1

清(1644－1911)抄本
欽定宗人府則例 12000221/1
(清)奕林等纂修
清光緒(1875－1908)抄本
雲南苗族風俗圖不分卷 12000222/1
清(1644－1911)彩繪本
國朝文鈔初稿不分卷 12000223/4
(清)高塘輯
清乾隆五十一年(1786)刻本
經世导源錄十六卷 12000224/3
(清)侯開國撰
清(1644－1911)抄本
本朝館閣賦前集十二卷后集七卷 12000225/2
(清)葉抱菘等編
清乾隆二十九至三十三年(1764－1768)團學齋刻本
三吳水利圖考四卷蘇松常鎮水利圖一卷 12000226/1
(明)呂光洵撰
明嘉靖四十年(1561)刻本
唐宋名賢百家詞集不分卷 12000227/4
(明)吳訥編
明(1368－1644)抄本
文粹一百卷 12000228/3
(宋)姚弦輯
清光緒十六年(1890)許氏榆園刻本
即子集不分卷 12000229/1
(清)呂楠撰
清(1644－1911)抄本
澄景堂宦游子集五卷 12000230/1
(清)施鴻撰
清康熙(1662－1722)刻本
瑶光閣詩集四卷 12000231/1
(明)黃端伯撰
清(1644－1911)刻本
石渠閣訂刻王謹山先生集十四卷 12000232/1
(清)王辰撰
清(1644－1911)刻本
說安堂集八卷 12000233/1
(清)盧震撰
清康熙五十四年(1715)刻本
遁園草一卷文集鈔一卷 12000234/1
(清)李贊元撰
清康熙(1662－1722)師白堂刻本
識匡齋全集十六卷 12000235/1
(明)劉康祉撰
清顺治十一年(1654)刻本
大雅堂初稿十五卷 12000236/1
(清)鄒方鍔撰
清乾隆二十七年(1762)刻本
王荆文公詩五十卷補遺一卷 12000237/1
(宋)王安石撰
清乾隆六年(1741)張宗松清綺齋刻本
春蕪詞 12000238/1
(清)江闓撰
清康熙(1662－1722)留松閣刻本
翠筠亭集十三卷 12000239/1
(明)石文器撰
清初(1644－1722)刻本
望雲草一卷 12000240/1
(清)魏象樞撰
清顺治十三年(1656)刻本
葛莊編年詩三十六卷 12000241/1
(清)劉廷璣撰
清康熙五十三年(1714)刻本
含星集六卷 12000242/1
(清)王譽昌撰
清康熙(1662－1722)薛熙刻本
尊水園集十二卷 12000243/1
(清)盧世?撰
清顺治十七年(1660)見賓堂刻本
玉紅草堂詩文十六卷 12000244/2
(清)龍震撰
清康熙(1662－1722)刻本
味和堂詩集六卷 12000245/1
(清)高其倬撰
清乾隆五年(1740)刻本
彭省廬先生文集七卷詩集十卷 12000246/1
(清)彭師度撰
清康熙六十一年(1722)刻本
飛龍傳六十回 12000247/2
(清)吳璿刪定
清乾隆(1736－1795)崇德書院刻本
新編東游記二十卷 12000248/2
(清)清溪道人撰
清初(1644－1722)雲林刻本
阮亭詩餘略一卷 12000249/1
(清)王士禛撰
清(1644－1911)刻本
香嚴齋詩集 12000250/1
(清)龔鼎孳撰
清康熙(1662－1722)刻本
葆璞堂詩集四卷文集四卷 12000251/1
(清)胡煦撰
清乾隆三十七年(1772)刻本
隋緣集雜著三卷 12000252/1
(清)釋聯耀撰
清康熙(1662－1722)刻本
玉池生稿五卷 12000253/1
(清)岳端撰
清康熙三十四年(1695)刻本
嶺南集八卷 12000254/1
(清)杭世駿撰
清(1644－1911)刻本
静惕堂詩集四十四卷 12000255/2
(清)曹溶撰
清雍正三年(1725)李維鈞刻本
守坡居士詩集十二卷 12000256/1
(清)宮去矜撰
清乾隆三十三年(1768)頤志堂刻本
十笏齋詩八卷 12000257/1
(清)沈世楓撰
清乾隆三十年(1765)刻本
是程堂集十四卷 12000258/1
(清)屠倬撰
清嘉慶十九年(1814)刻本
豆棚閒話十二卷 12000259/1
(清)艾衲居士編
清初(1644－1722)刻本
皆非集二卷 12000260/1
(明)萬達甫撰
清(1644－1911)萬世標刻本
文水李忠肅先生集六卷 12000261/2
(明)李邦華撰
清乾隆二十八年(1763)大節堂刻本
峴泉集六卷 12000262/1
(明)張宇初撰
清乾隆十九年(1744)刻本
鄭忠愍公北山文集三十卷 12000263/1
(宋)鄭剛中撰
清康熙三十六年(1697)鄭世戊刻本
漪園詩二集一卷 12000264/1
(清)張遇撰
清康熙(1662－1722)刻本
鐫李卓吾批點殘唐五代演義傳八卷六十回 12000265/1
(明)羅本編
清(1644－1911)刻本

清乾隆(1736－1795)刻本
曹李尺牘合選二卷 12000314/1
(清)曹溶 李良年撰
清(1644－1911)刻本
湯潛菴先生文集節要八卷 12000316/1
(清)彭定求輯
清康熙三十七年(1698)刻本
語餘謾錄十九卷 12000317/1
(清)王璲 汪鈞撰
清康熙(1662－1722)刻本
澄碧齋詩鈔十二卷 12000318/1
(清)錢琦撰
清乾隆(1736－1795)刻本
宋魯齋王文憲公遺集十三卷 12000319/1
(宋)王柏撰
清順治十一年(1654)刻本
竹巖集十八卷補遺一卷附錄一卷
12000320/1
(明)柯潛撰
清(1616－1911)刻本
瓣香山房詩集十五卷 12000321/1
(清)曾廷枚撰
清嘉慶(1796－1820)刻本
可石小草一卷 12000322/1
(清)段琦撰
清嘉慶元年(1796)刻本
劍南詩鈔六卷 12000323/1
(宋)陸游撰
清康熙二十四年(1685)刻本
定山堂詩集四十三卷 12000324/2:2
(清)龔鼎孳撰
清康熙十五年(1676)刻本
蓼村集四卷 12000325/1
(清)王苹撰
清乾隆三十八年(1773)刻本
袁文箋正十六卷補注一卷 12000326/1
(清)袁枚撰
清嘉慶十七年(1812)刻本
也園草不分卷 12000327/1
(清)葉菁撰
清康熙五十四年(1715)香草堂刻本
石仓世纂七種三十三卷 12000328/1
(清)曹錫黼輯
清乾隆十五年(1750)上海曹氏五亩園刻本
楊維斗先生平訂王文恪公家藏未刻稿
12000329/1
(明)王鏊撰
清順治十三年(1656)三槐堂刻本
繡虎軒尺牘八卷二集八卷三集八卷
12000330/2
(清)曹煜撰
清康熙(1662－1722)傳萬堂刻本
惜分軒詩鈔四卷 12000331/1
(清)顧葵撰
清乾隆五十八年(1793)刻本
東山草堂集六卷 12000332/1
(清)潘安禮撰
清乾隆四年(1739)刻本
腰雪堂詩集六卷 12000333/1
(清)釋德溥撰
清(1644－1911)刻本
竹苞集二卷 12000334/1
(清)蕭仲升輯
清康熙(1622－1722)刻本
玉屏山人古樂府二卷詩集十二卷
12000335/1
(清)徐櫄撰
清乾隆(1736－1795)刻本
南陔堂詩集 12000336/1
(清)徐以升撰
清乾隆二十六年(1761)刻本
隨園詩草八卷附禪家公案頌一卷
12000337/1
(清)邊連寶撰
清乾隆四十年(1775)刻本
蕉尾詩集十五卷 12000338/1
(清)鄭方坤撰
清乾隆十八年(1753)刻本
海山存稿二十卷 12000339/1
(清)周煌撰
清乾隆五十八年(1793)刻本
雨春軒詩草十卷經進詩一卷 12000340/1
(清)姚頤撰
清(1644－1911)刻本
瘦石稿十卷 12000341/1
(清)黃振撰
清乾隆三十二年(1767)寄生草堂刻本
八乂集四卷 12000342/1
(唐)温庭筠撰
清初(1644－1722)刻本
式馨堂詩前集十二卷復集八卷
12000343/1
(清)魯之裕撰
清雍正(1723－1735)刻本
崇本山堂文集十二卷 12000344/1
(清)徐疇作撰
清乾隆四十九年(1784)刻本
青立軒詩稿八卷 12000345/1
(清)宋華金撰
清乾隆(1736－1795)刻本
篛村詩全集四十四卷 12000347/2
(清)邱上峰撰
清乾隆(1736－1795)曉山草刻本
白雲詩集七卷附詠梅詩一卷 12000348/1
(清)盧存心撰
清乾隆(1736－1795)數間草堂刻本
甓餘雜集十二卷 12000349/2
(明)朱紈撰
明(1368－1644)刻本
歷科後場鳴悅不分卷 12000350/2
(明)徐如珩輯
明天啟(1621－1627)東觀閣刻本
唐詩近體集韻三十卷 12000351/1
(明)施重光輯
明(1368－1644)刻本
皇明館課標奇二十一卷 12000353/2
(明)張位撰
明萬曆(1573－1620)富春堂刻本
詩法五卷詩法源流三卷 12000354/1
(明)王用章輯
明嘉靖二年(1523)刻本
新刊三訂便蒙唐詩鼓吹大全十卷
12000355/1
(金)元好問輯
明嘉靖十七年(1538)廣勤書堂刻本
濂溪周元公全集十三卷 12000356/1
(宋)周敦頤撰
明(1368－1644)刻本
春草齋文集六卷詩集五卷 12000357/1
(明)烏斯道撰
明崇禎二年(1629)刻本
陶太史精選蘇長公合作二卷 12000358/1
(宋)蘇軾撰
明萬曆(1573－1620)常春堂刻本
中川遺稿三十三卷 12000359/1
(明)王教撰
明嘉靖三十九年(1560)王在仟刻本
凌谿先生集十八卷 12000360/1
(明)朱應登撰
明嘉靖(1522－1566)刻本

朔埜山人集六卷 12000361/1
(明)尹耕撰
明崇禎十年(1637)刻本
馮北湖先生鳴春集八卷 12000362/1
(明)馮光浙撰
明萬曆三十九年(1611)刻本
歐陽恭簡公遺集二十二卷 12000363/1
(明)歐陽鐸撰
明(1368－1644)刻本
李氏山房集四卷 12000365/1
(明)李先芳撰
明(1368－1644)刻本
南沙先生文集八卷 12000366/1
(明)熊過撰
明泰昌元年(1620)刻本
循夫先生集四卷 12000367/1
(明)郭廷序撰
明崇禎七年(1634)郭守命等刻本
王忠文公文集二十四卷 12000368/2
(明)王禕撰
明萬曆三十二年(1604)刻本
張水南文集十一卷 12000369/1
(明)張袞撰
明隆慶元年(1567)范惟一刻本
王槐溪先生文集五卷 12000370/1
(明)王三接撰
明萬曆三十六年(1608)王學曾刻本
滄溟先生文鈔九卷 12000371/1
(明)李攀龍撰
明萬曆(1573－1620)刻本
趙文肅公集四卷 12000372/1
(明)趙貞吉撰
明(1386－1644)刻本
張文定公觀光樓集十卷 12000373/1
(明)張邦奇撰
明(1368－1644)刻本
韋蘇州集十卷拾遺一卷 12000374/1
(唐)韋應物撰
明(1368－1644)刻本
山带閣集三十三卷 12000375/1
(明)朱日藩撰
明嘉靖(1522－1566)刻本
方洲先生集二十六卷讀史錄六卷
12000376/2
(明)張寧撰
明(1368－1644)刻本
鄒東廓先生文選四卷 12000377/1
(明)鄒守益撰
明隆慶六年(1572)刻本
東園遺稿二卷 12000378/1
(明)黄璽撰
明嘉靖(1522－1566)刻本
桂洲詩集二十四卷 12000379/1
(明)夏言撰
明嘉靖(1522－1566)刻本
陽明先生要書八卷附錄五卷 12000380/2
(明)王守仁撰
明崇禎五年(1632)刻本
太白山人詩五卷附錄一卷 12000381/1
(明)孫一元撰
明(1368－1644)刻本
東園鄭先生文集續編十三卷附錄一卷
12000382/1
(明)鄭紀撰
明(1368－1644)刻本
桃溪浄稿文集三十九卷詩集四十五卷
12000383/2
(明)謝鐸撰
明嘉靖(1522－1566)刻本
石聯遺稿八卷 12000384/1
(明)沈爚撰
明萬曆(1573－1620)刻本
二谷山人集十卷 12000385/1
(明)侯一元撰
明嘉靖(1522－1566)刻本
潛學稿十九卷 12000386/2
(明)鄧元錫撰
明崇禎十二年(1639)刻本
大椿堂詩選二卷 12000387/1
(明)楊博撰
明萬曆二十一年(1593)裴述祖刻本
五體集唐五卷 12000388/1
(明)朱多炤撰
明(1368－1644)刻本
太岳集書牘十五卷 12000389/1
(明)張居正撰
明萬曆(1573－1620)刻本
冲谿先生集二十二卷 12000390/1
(明)彭輅撰
明萬曆三十九年(1611)刻本
弇州山人四部稿選十六卷 12000391/2
(明)王世貞撰
明(1368－1644)刻本
馬恭敏集六卷 12000392/1
(明)馬森撰
明萬曆十八年(1590)刻本
鄧文洁公佚稿十卷 12000393/1
(明)鄧以讃撰
明萬曆(1573－1620)刻本
衡廬精舍藏稿三十卷 12000394/2
(明)胡直撰
明(1368－1644)刻本
羅德安先生文集三卷 12000395/1
(明)羅子理撰
明隆慶四年(1570)刻本
方麓居士集十四卷 12000396/1
(明)王樵撰
明萬曆(1573－1620)刻本
劉子威禪悅小草十五卷 12000397/1
(明)劉鳳撰
明萬曆(1522－1566)刻本
訥谿先生詩錄九卷文錄十卷 12000398/2
(明)周怡撰
明萬曆二年(1574)刻本
鳩兹集十二卷雜著一卷 12000399/1
(明)徐時進撰并修訂
明萬曆四十五年(1617)增刻本
秋水閣墨副九卷 12000400/1
(明)董光宏撰
明(1368－1644)刻本
王惺所先生文集十卷 12000401/1
(明)王以悟撰
明天啟(1621－1626)刻本
水滸后傳八卷四十回 12000402/1
(明)陳忱撰
清(1644－1911)紹裕堂刻本
第五才子書施耐庵水滸傳七十五卷七十回 12000403/3
(元)施耐庵撰
明崇禎(1628－1644)贯華堂刻本
拍案驚奇三十六卷 12000404/2
(明)凌蒙初撰
明(1368－1644)刻本
朱密所先生密林漫稿十卷 12000405/1
(明)朱吾弼撰輯
明天啟二年(1622)刻本
藏密齋集二十四卷 12000406/2
(明)魏大中撰
明崇禎(1628－1644)刻本
岱宗藏藁五十卷 12000407/2
(明)楊夢衮撰

明天啟四年(1624)秣陵廣慶堂刻本
簡平子集十六卷 12000408/1
(明)王道通撰
明崇禎九年(1636)刻本
晃巘集 12000409/2
(明)池顯方撰
明崇禎十四年(1641)刻本
静儉堂集二十卷 12000410/1
(明)熊化撰
明崇禎十四年(1641)刻本
叢桂堂全集四卷 12000411/1
(明)颜延榘撰
明(1368-1644)刻本
明詩綜詩話不分卷 12000412/2
(清)朱彝尊輯
清乾隆四年(1739)江湄行書抄本
明夏赤城先生文集二十三卷 12000413/1
(明)夏鍭撰
清乾隆(1736-1795)夏氏映南軒活字印本
山木居士文集不分卷 12000414/1
(清)鲁仕驥撰
清(1644-1911)稿本
恥躬堂文集二十卷 12000415/1
(清)王命岳撰
清(1644-1911)鈔本
夢筆山房繭甕集八卷續編一卷閒雲詞一卷 12000417/1
(清)紀逵宜撰
清(1644-1912)抄本
東皋詩文集不分卷 12000419/1
(清)張右民撰
清(1644-1911)抄本
夏忠靖集六卷附錄一卷 12000420/1
(明)夏原吉撰
清眠云精舍鈔本
南宫集十五卷 12000421/1
(明)陳子壯撰
明崇禎十一年(1638)刻本
續識資諧二卷 12000422/1
(明)薛朝選輯
明末(1621-1644)書林王守渠珍萃堂刻本
景瞻論草不分卷 12000423/1
(明)賀仲軾撰
明(1368-1644)刻本
春雨軒詩正集存五卷 12000425/1
(明)劉炳撰
明(1368-1644)刻本
秋舫詩鈔二卷 12000426/1
(清)陳沆撰
清(1644-1911)清白石山館抄本
藏山閣存稿二十卷 12000427/1
(清)錢澄之撰
清(1644-1911)抄本
五家詞五卷 12000428/1
清(1644-1911)十萬卷樓抄本
高氏三宴詩集三卷 12000429/1
(唐)高正臣輯
清(1644-1911)當歸草堂抄本
冰蓮集四卷 12000430/1
(明)夏樹芳撰
明末(1621-1644)江陰夏氏清遠樓刻本
管涔集六卷 12000431/1
(明)丁維暄撰
明(1368-1644)刻本
歇菴集二十卷 12000432/2
(明)陶望齡撰
明(1368-1644)刻本
劉大司成文集十六卷 12000433/1
(明)劉應秋撰
明萬曆(1573-1620)刻本
陳恭介公文集十二卷附錄一卷 12000434/1
(明)陳有年撰
明萬曆(1573-1620)刻本
蒼霞草二十卷蒼霞草詩八卷蒼霞草續二十二卷 12000435/8
(明)葉向高撰
明末(1621-1644)刻本
玄感軒稿四卷 12000436/1
(明)陳邦訓撰
明萬曆四十五年(1617)刻本
正始堂詩集存七卷 12000437/1
(明)陸君弼撰
明(1368-1644)刻本
薛文介公文集四卷 12000438/1
(明)薛三省撰
明末(1621-1644)刻本
張洺南詩集十卷 12000439/1
(明)張成教撰
明萬曆(1573-1620)刻本
許文穆公全集二十卷 12000440/2
(明)許國撰
明天啟五年(1625)許奇钺刻本
申椒館敝帚集四卷 12000441/1
(明)凌湛初撰
明萬曆(1573-1620)刻本
耕心子漫稿二十二卷 12000442/1
(明)王太白撰
明萬曆四十二年(1614)刻本
趾菴歸养草六卷 12000443/1
(明)鄭一麟撰
明萬曆四十一年(1613)刻本
映玉堂集二十卷 12000445/2
(明)蒋煜撰
明崇禎十二年(1639)刻本
絜菴懟錄不分卷 12000446/1
(明)吳文企撰
明(1368-1644)刻本
還浦集六卷丁卯集一卷 12000448/1
(清)余世廉撰
清(1644-1911)抄本
憨山大師夢游全集一卷 12000449/1
(明)釋德清撰
清(1644-1911)抄本
採蕺齋集不分卷 12000450/1
(明)劉宗周撰
清初(1644-1722)抄本
益齋詩稿七卷文稿一卷 12000452/1
(清)永瑆撰
清(1644-1911)抄本
介和堂集不分卷補遺二卷 12000454/1
(清)任辰旦撰
清(1644-1911)抄本
悦雲山房初存文集一卷詩集八卷 12000455/1
(清)劉敦元撰
清(1644-1911)抄本
瘦紅館詞二卷题詞一卷 12000456/1
(清)謝玉樹撰
清(1644-1911)稿本
奇零草二卷續草一卷 12000457/1
(明)張煌言撰
清(1644-1911)抄本
竹間詩話八卷 12000458/1
(清)盛大士撰
清(1644-1911)稿本
見真吾齋詩本十卷詩餘二卷 12000459/1
(清)徐大鏞撰

清(1644－1911)抄本
天啓宫詞百詠二卷 12000460/1
(明)陳悰撰
清康熙四十一年(1702)楳壑散人抄本
繡餘近草一卷 12000461/1
(清)歸懋儀撰
清(1644－1911)稿本
南岡詩草十六卷 12000462/1
(清)于豹文撰
清(1644－1911)于巨澍抄本
清風草堂詩鈔六卷 12000463/1
(清)余峥撰
清(1644－1911)抄本
养素堂集外文稿 12000464/1
(清)王鹭撰
清(1644－1911)抄本
乔阪先生遺詩一卷 12000465/1
(清)鄭補撰
清道光(1821－1850)鄭照抄本
北泉文集五卷 12000466/1
(明)藍田撰
清(1644－1911)抄本
江鄉偶話不分卷 12000467/1
(清)金淳撰
清(1644－1911)抄本
鑄雪齋集七卷 12000468/1
(清)張希傑撰
清(1644－1911)稿本
真本玉劍緣三十二卷 12000469/5
清(1644－1911)抄本
精訂綱鑑廿一史通俗衍義 12000470/2
(清)吕撫撰
清(1644－1911)活字印本
本朝廿二家詩不分卷 12000471/1
(清)桂馥輯
清(1644－1911)抄本
春雪館詩十六卷 12000472/1
(明)錢良胤撰
清(1644－1911)抄本
松鄉先生文集十卷 12000473/1
(元)任士林撰
清(1644－1911)抄本
臺灣外記三十卷 12000474/2
(清)江日昇撰
清康熙(1662－1722)求無不獲齋活字本
判花軒吟稿一卷 12000475/1
(清)王祖源撰
清(1644－1911)稿本
古藤書屋文甲二卷附録一卷二集六卷詩稿六卷 12000476/1
(清)湯成烈撰
清(1644－1911)稿本
騰香館詞鈔一卷 12000477/1
(清)華長卿撰
清(1644－1911)稿本
明張伯起詩稿 12000478/1
(明)張鳳翼撰
明(1368－1644)稿本
清溪文稿不分卷詩草十卷炎川草一卷即墨節婦考一卷 12000479/2
(清)楊玠撰
清(1644－1911)抄本
小石山房墜間拾遺六種 12000480/1
(清)顧湘編
清道光(1821－1850)抄本
宋四名家詩鈔二十七卷 12000481/1
(清)周之鱗 柴升輯
清康熙三十二年(1693)刻本
唐宋八家詩五十二卷 12000482/2
(清)姚培謙輯
清雍正六年(1728)刻本
新安二布衣詩八卷 12000483/1
(清)王士禛輯
清康熙四十三年(1704)汪洪履刻本
鳩塢隨手錄 12000484/1
(清)張祥河輯
清(1644－1911)抄本
范文正公忠宣公全集七十三卷 12000485/3
(宋)范仲淹 (宋)范純仁撰
清康熙四十六年(1707)范氏歲寒堂刻本
宋十五家詩選十六卷 12000486/2
(清)陳訏輯
清康熙三十二年(1693)刻本
一瓻筆存一百十三種一百二十四卷 12000487/2
(清)管庭芬編
清(1644－1911)稿本
古雋考略六卷 12000488/1
(明)顧充編
明萬曆二十七年(1599)刻本
宋百家詩存一百卷 12000489/3
(清)曹庭棟編
清乾隆六年(1741)嘉善曹氏二六書堂刻本
八家詩選八種八卷 12000490/1
(清)吳之振輯
清康熙十一年(1672)鑑古堂刻本
唐宋叢書一百零五種一百四十九卷 12000491/4
(明)鍾人傑輯
明(1368－1644)刻本
陳眉公吳寧野精校青蓮露六箋六卷 12000492/1
(明)葉華撰
明(1368－1644)樹德堂刻本
荒政叢書六種六卷 12000493/1
(清)俞森輯
清康熙二十九年(1690)刻本
何氏芝園集二十五卷居廬集十五卷 12000494/2
(明)何三畏撰
明萬曆二十四年(1596)刻本
消閒四種七卷 12000495/1
(清)左潢撰
清嘉慶(1796－1820)藤花書舫刻本
尚友叢書七種 12000496/1
(明)夏洪基輯
明末(1621－1644)刻本
銷夏錄舊五種十一卷 12000497/1
(清)管庭芬輯
清(1644－1911)稿本
[御選]宋金元明四朝詩三百十七卷 12000498/15
(清)張豫章等輯
清康熙四十八年(1709)刻本
淨信堂初集八卷 12000499/1
(明)釋智旭撰
明崇禎十五年(1642)刻本
香谷集六卷 12000500/1
(明)釋蔭在撰
清康熙三十九年(1700)刻本
碧里六種七卷 12000501/1
(明)董穀撰
明(1368－1644)刻本
白州詩集三卷 12000502/1
(明)李士實撰
明正德(1506－1521)刻本
斗南老人詩集四卷 12000503/1

(明)胡奎撰
明(1368－1644)姚綬抄本
類博稿十卷 12000504/1
(明)岳正撰
明嘉靖(1522－1566)刻本
北游漫稿 12000505/1
(清)鄭若庸撰
明隆慶(1567－1572)刻本
資治通鑒綱目五十九卷 12000506/1
(宋)朱熹撰
宋(960－1127)刻本
千叟宴詩三十四卷 12000507/2
(清)高宗弘曆等撰
清嘉慶元年(1796)武英殿印本
忠義水滸全書一百二十回 12000508/4
(元)施耐庵撰
明末(1621－1644)郁郁堂刻本
[康熙]交河縣志七卷圖一卷 12000509/1
(清)墻鼎修
清康熙十二年(1673)刻本
[嘉慶]青縣志八卷 12000510/1
(清)沈聯芳修
清嘉慶八年(1803)刻本
[嘉慶]青縣志八卷 12000511/1
(清)沈聯芳修
清同治五年补刊清嘉慶八年(1803)本
[民國]廣平縣志十二卷 12000512/1
韓作舟纂修
一九三九年鉛印本
[康熙]満城縣志十二卷圖一卷
12000513/1
(清)張煥原本
清康熙五十二年(1713)刻本
[乾隆]贊皇縣志十卷首一卷末一卷
12000514/1
(清)黄崗竹纂修
清乾隆十六年(1751)刻本
[顺治]饒陽縣後志六卷 12000515/1
(清)劉世祚修
清顺治三年(1646)刻本
續修平山縣志六卷 12000516/1
(清)唐世錄 郭奇中修
清光緒二年(1876)刻本
[乾隆]宣化府志四十二卷首一卷
12000517/3
(清)王芥園等修
清乾隆八年(1743)刻本
[乾隆]行唐縣新志十六卷 12000518/1
(清)吳高增纂修
乾隆二十八年(1763)刻本
[康熙]南宫縣志十二卷 12000519/1
(清)胡胤銓纂修
清康熙十二年(1673)刻本
虞縣鄉土志 12000520/1
清光緒(1875－1908)鈔本
获鹿縣鄉土志二卷 12000521/1
(清)嚴書勲纂修
清(1874－1911)鈔本
廣平縣鄉土志 12000522/1
(清)曾愷章修
清康熙三十二年(1693)鈔本
永年縣鄉土志 12000523/1
清光緒(1875－1908)鈔本
[康熙]曲陽縣新志十一卷 12000524/1
(清)劉師峻纂修
清康熙十一年(1672)刻本
[乾隆]博野縣志八卷首一卷 12000525/1
(清)吳鏊修
清乾隆三十二年(1767)刻本
固安志不分卷 12000526/1
劉峙輯
民國(1911－1949)鈔本
[民國]直隶定縣鄉土調查錄不分卷
12000527/1
民國(1911－1949)稿本
[道光]增訂安州志十九卷 12000528/1
(清)俞湘等纂修
清道光二十六年(1846)鈔本
[康熙]滄州新志十五卷圖一卷
12000529/1
(清)祖澤溍 李永純修
清康熙十三年(1680)刻本
[萬曆]安平縣志六卷 12000530/1
(明)王訢 王三餘原纂
明萬曆十七年(1589)刻本
南宫縣鄉土志 12000531/1
清光緒(1875－1908)鈔本
[康熙]臨城縣志八卷 12000532/1
(清)楊宽修 乔已百纂
清康熙三十年(1691)刻本
[康熙]重修無極志二卷 12000533/1
(清)高必大修
清康熙元年(1662)刻本
内邱縣鄉土志二卷 12000534/1
清光緒(1875－1908)鈔本
[乾隆]棗強縣志八卷首一卷末一卷
12000535/1
(清)單作哲纂修
清乾隆十七年(1752)刻本
寧晉縣鄉土志 12000536/1
清光緒(1875－1908)鈔本
贊皇縣鄉土志 12000537/1
(清)秦兆階纂
清光緒(1875－1908)鈔本
寧河縣鄉土志 12000538/1
清光緒(1875－1908)鈔本
磁州鄉土志 12000539/1
清光緒(1875－1908)鈔本
[康熙]磁州志十八卷 12000540/1
(清)蔣擢修
清康熙三十九年(1700)刻本
祁州鄉土志 12000541/1
清光緒(1875－1908)鈔本
昌黎縣鄉土志 12000542/1
清(1644－1911)鈔本
[顺治]盧龍縣志 12000543/1
(清)李士模修
清顺治十七年(1660)刻本
完縣鄉土志 12000544/1
(清)朱運昌等纂
清光緒三十二年(1906)鈔本
曲陽縣鄉土志 12000545/1
清光緒(1875－1908)鈔本
涿縣志稿二十卷三坡概况一卷
12000546/1
一九三二年稿本
蕪湖縣志二十四卷 12000547/2
(清)梁啟讓等修
清嘉慶十二年(1807)刻本
保安州鄉土志 12000548/1
清光緒(1875－1908)鈔本
[宣統]磚坪縣志不分卷附續修志八則
12000549/1
清宣統(1908－1911)鈔本
[道光]定遠縣志 12000551/1
(清)李德生 水其沂修
清道光十五年(1835)刻本
[乾隆]廬州衛志六卷首一卷 12000552/1
(清)尹煥纂修
清乾隆十二年(1747)刻本
元江鄉土韻言一卷 12000553/1

彭松森著
一九二〇年退思補齋刻本
[嘉慶]臨安府志二十卷　12000554/2
(清)江濬源修
清嘉慶四年(1799)刻本
内黄縣志十六卷　12000555/1
韓兆麟修
清(1644－1911)稿本
南樂縣鄉土志　12000556/1
清光緒(1875－1908)鈔本
[乾隆]中牟縣志十一卷首一卷　12000557/1
(清)孫和相修
清乾隆十九年(1754)刻本
河南省區縣沿革簡表　12000558/1
明清(1368－1911)石印
[康熙]南陽縣志六卷首一卷　12000559/1
(清)張光祖修
清康熙三十二年(1693)刻本
普思沿邊志略不分卷　12000560/1
柯樹勳纂
一九一六年鉛印本
黔南識略三十二卷　12000561/1
(清)愛必達纂
清道光二十七年(1847)刻本
開州新編輯鄉土志　12000562/1
清光緒三十四年(1908)鈔本
[乾隆]仙游縣志五十三卷　12000563/2
(清)胡啓植修
清乾隆三十五年(1770)刻本
[同治]平鄉縣志十二卷首一卷　12000564/1
(清)蘇性纂修
清同治七年(1868)刻本
[嘉慶]范縣志四卷　12000565/1
(清)唐晟纂修
清嘉慶十四年(1809)刻本
石阡府志八卷　12000566/1
清光緒二年(1876)刻本
[同治]長樂縣志二十卷首一卷　12000567/2
(清)彭光藻 王家駒修
清同治八年(1869)刻本
[乾隆]池州府志五十八卷　12000568/3
(清)張士範纂修
清乾隆四十三年(1778)刻本
[道光]重修上高縣志　12000569/2
(清)林元英纂修
清道光三年(1823)活字印本
[康熙]全椒縣志十八卷　12000570/1
(清)藍學鑑修
清康熙十二年(1673)刻本
[乾隆]涇縣志十卷首一卷志餘二卷　12000571/1
(清)王廷棟 崔雲會修
清乾隆二十年(1755)刻本
[乾隆]績溪縣志十卷　12000572/1
(清)較陳錫修
清乾隆二十一年(1756)刻本
[乾隆]霍邱縣志十二卷　12000573/1
(清)張海 戴建掄修
清乾隆十九年(1754)刻本
[乾隆]德化縣續志稿　12000574/1
(清)楊奇膺修
乾隆五十七年(1792)刻本
[康熙]合肥縣志二十卷　12000575/1
(清)賈暉修
清康熙三十六年(1697)刻本
[道光]萍鄉縣志十六卷　12000576/1
(清)黄濬纂修
清道光三年(1823)興賢堂刻本
[乾隆]蕪湖縣志二十四卷　12000577/1
(清)劉瓚修
清乾隆十九年(1754)刻本
[道光]壽州志三十六卷　12000578/2
(清)朱士達修
清道光九年(1829)刻本
[康熙]宜陽縣志四卷　12000579/1
(清)申明倫纂修
清康熙三十二年(1693)刻本
[康熙]雲南通志三十卷　12000580/4
(清)范承勳 王繼文修
清康熙三十年(1691)刻本
[乾隆]定南廳志七卷　12000581/1
(清)朱昕修
清乾隆四十四年(1779)刻本
[乾隆]袁州府志三十八卷首一卷　12000582/2
(清)陳廷枚修
清乾隆二十五年(1760)刻本
黔記四卷　12000583/1
(清)李宗昉纂
清(1644－1911)刻本
[道光]高安縣志二十二卷首一卷　12000584/2
(清)高以本修
清道光四年(1824)刻本
[嘉慶]靈山縣志十三卷　12000585/1
(清)張孝詩修
清嘉慶二十五年(1820)刻本
[道光]分宜縣志三十二卷首一卷　12000586/2
(清)龔笙纂修
清道光二年(1822)刻本
[乾隆]陸凉州志六卷　12000587/1
(清)沈生遴纂修
清乾隆十七年(1752)刻本
[雍正]崇安縣志八卷　12000588/1
(清)劉埥修
清雍正十一年(1733)刻本
[光緒]澎湖廳志十五卷首一卷　12000589/1
(清)蔡麟祥等修
清光緒八年(1882)稿本
[嘉慶]武宣縣志十六卷首一卷　12000590/1
(清)高攀桂修
清嘉慶十三年(1808)刻本
[乾隆]屏南縣志八卷首一卷　12000591/1
(清)沈鍾纂修
清乾隆五年(1735)刻本
[道光]陽朔縣志五卷首一卷　12000592/1
(清)吳德徵修
清道光十八年(1838)刻本
[康熙]懷柔縣新志八卷圖一卷　12000593/1
(清)吳景果修
清康熙六十年(1721)刻本
[乾隆]平谷縣志三卷　12000594/1
(清)朱克閱增修
清乾隆四十二年(1777)刻本
[道光]桂平縣志十六卷　12000595/1
(清)袁湛業修
清道光二十三年(1843)刻本
[光緒]雄縣鄉土志十五卷　12000596/1
清光緒三十一年(1905)鉛印本
[乾隆]顺寧府志十卷　12000597/1
(清)范溥原修
清乾隆二十六年(1761)刻本
[光緒]淶水縣志八卷首一卷　12000598/1
(清)陳杰纂修
清光緒二十一年(1895)敬業堂刻本

察哈爾省通志二十八卷首一卷 12000599/2
宋哲元修
一九三五年鉛印本

[光緒]通州志十卷卷首一卷圖一卷卷末一卷 12000600/2
(清)高建勳等修
清光緒五年(1879)刻本

[光緒]貴池縣志四十四卷 12000601/2
(清)陸延齡修
清光緒九年(1883)活字印本

南和縣鄉土志二卷 12000602/1
清光緒(1875－1908)鈔本

[道光]思南府續志十二卷 12000603/2
(清)夏修恕等修
清道光二十一年(1841)刻本

[道光]西鄉縣志六卷 12000604/1
(清)張廷槐纂修
清道光八年(1828)刻本

滁縣鄉土志二卷 12000605/1
杭海著
民國(1911－1949)抄本

[道光]永定縣志三十二卷 12000606/2
(清)方履籛修 巫宜福纂
清道光十年(1830)刻本

[同治]藤縣志二十二卷 12000607/2
(清)邊其晉修
清同治六年(1867)刻本

[乾隆]洵陽縣志十四卷 12000608/1
(清)鄧夢琴纂修
清乾隆四十九年(1784)刻本

滇繹四卷 12000609/1
袁嘉穀著
一九二三年鉛印本

[咸豐]保安縣志八卷 12000610/1
(清)彭瑞麟等纂修
清咸豐六年(1856)刻本

[乾隆]長泰縣志十二卷 12000611/1
(清)張懋建修
清乾隆十五年(1750)刻本

[嘉慶]漢南續修郡志三十二卷 12000612/2
(清)嚴如熤修
清嘉慶十九年(1814)刻本

建德風土記十八卷 12000613/2
周雲纂
民國(1911－1949)油印本

[道光]沙縣志二十卷 12000614/2
(清)孫大焜 王庚修
清道光十四年(1834)刻本

[道光]輝縣志二十卷 12000615/2
(清)周際華修
清道光十五年(1835)刻本

[道光]萬載縣志三十卷 12000616/2
(清)衛鵷鳴等修
清道光十二年(1832)刻本

[同治]渦陽縣志六卷 12000617/1
(清)石成之等修
清同治十一年(1872)刻本

[道光]永安縣續志十卷 12000618/1
(清)孫義修 陳樹蘭 劉承美纂
清道光十三年(1833)刻本

泰寧縣志三十八卷首一卷 12000619/1
萬心權修
一九四〇年永安現代印刷局鉛印本

[乾隆]同安縣志三十卷首一卷 12000620/2
(清)吳鏞修
清乾隆三十二年(1767)刻本

[道光]新建縣志七十四卷首末各一卷 12000621/3
(清)雷學淦修
清道光四年(1824)刻本

[道光]南康縣志二十四卷首一卷 12000622/2
(清)劉繩武 王雅南修
清道光三年(1823)刻本

[道光]峽江縣志十四卷首一卷 12000623/2
(清)兆元修 郭廷賡等纂
清道光三年(1823)刻本

[道光]龍泉縣志十八卷首一卷末一卷 12000624/1
(清)文海修 高世書纂
清道光四年(1824)刻本

[道光]廣豐縣志三十二卷首一卷 12000625/1
(清)文炳等修
清道光三年(1823)刻本

[道光]進賢縣志二十五卷首一卷 12000626/2
(清)朱楣修 賀熙齡纂
清道光三年(1823)刻本

[道光]元江州志四卷 12000627/1
(清)廣裕修 王垲 馮世驤纂
清道光六年(1826)刻本

[乾隆]興業縣志四卷 12000628/1
(清)王巡泰纂修
清乾隆四十四年(1779)刻本

[道光]永寧縣志八卷首一卷 12000629/1
(清)孫承祖 黃節纂
清道光二年(1822)刻本

[乾隆]貴溪縣志十四卷首一卷 12000630/2
(清)鄭高華纂修
清乾隆四十九年(1784)刻本

[道光]瀘谿縣志十二卷首一卷 12000631/1
(清)張澍纂修
清道光九年(1829)刻本

[道光]清江縣志二十八卷首末各一卷 12000632/2
(清)張湄修
清道光四年(1824)刻本

[道光]瑞金縣志十六卷首一卷 12000633/2
(清)蔣方增纂修
清道光二年(1822)刻本

[光緒]平山縣續志八卷末一卷 12000634/1
(清)熊壽籛修
清光緒二十四年(1898)刻本

平山縣志料集十六卷 12000635/1
金潤壁修
一九三二年鉛印本

[光緒]顺天府志一百三十卷附錄一卷 12000636/8
(清)周家楣修
清光緒十二年(1886)刻本

[乾隆]元氏縣志八卷卷末一卷 12000637/1
(清)王人雄纂修
清乾隆二十三年(1758)刻本

[乾隆]贊皇縣志十卷首末各一卷 12000638/1
(清)黃崗竹纂修
清乾隆十六年(1751)刻本

[光緒]續修贊皇縣志二十九卷卷首一卷 12000639/1
(清)史賡雲等修
清光緒二年(1876)刻本

[光緒]定興縣志二十六卷首一卷　12000640/2
(清)張主敬等修
清光緒十六年(1890)刻本
[乾隆]延慶州志十卷首一卷 12000641/1
(清)李鐘俾修
清乾隆七年(1742)刻本
井陘縣志料十六編　12000642/1
王用舟修
一九三四年鉛印本
[光緒]昌平州志十八卷　12000643/1
(清)吴履福等修
清光緒十二年(1886)刻本
[咸豐]平山縣志八卷　12000644/1
(清)王滌心修
清咸豐四年(1854)刻本
[道光]承德府志六十卷　12000645/4
(清)海忠纂修
清道光十一年(1831)刻本
[康熙]畿輔通志四十六卷　12000646/4
(清)于成龍 格爾古德修
清康熙二十二年(1683)刻本
[光緒]續脩新城縣志十卷　12000647/1
(清)張丙嘉修
清光緒二十一年(1895)紫泉書院刻本
[乾隆]正定府志五十卷　12000648/4
(清)鄭大進纂修
清乾隆二十七年(1762)刻本
霸縣志五卷首一卷　12000649/1
唐肯等修
一九二三年鉛印本
[乾隆]河間府新志二十卷首一卷　12000650/2
(清)杜甲等修
清乾隆二十五年(1760)刻本
[咸豐]大名府志二十二卷　12000651/4
(清)武蔚文等修
清咸豐三年(1853)刻本
[乾隆]天津縣志二十四卷圖一卷　12000652/1
(清)朱奎揚修
清乾隆四年(1739)刻本
霸縣新志八卷　12000653/1
張仁蠡等修
一九三四年天津文竹齋鉛印本
天津衛攷初稿　12000654/1
明至民國(1368－1949)鉛印本
[乾隆]永清縣志二十五卷附文徵五卷　12000655/1
(清)周震榮修
乾隆四十四年(1779)刻本
[咸豐]固安縣志八卷　12000656/1
(清)陳崇砥修
清咸豐九年(1858)刻本
房山縣志八卷　12000657/1
馮慶瀾等修
一九二八年鉛印本
[光緒]續永清縣志十四卷　12000658/1
(清)李秉鈞等修
清光緒元年(1875)鉛印本
[道光]任邱縣志續編二卷　12000659/1
(清)鮑承燾修
清道光十七年(1837)刻本
[光緒]東光縣志十二卷卷首一卷卷末一卷　12000660/1
(清)周植瀛修
清光緒十四年(1888)刻本
[乾隆]寶坻縣志十八卷圖一卷　12000661/2
(清)洪肇茂修
清乾隆十年(1745)刻本
交河縣志十卷　12000662/1
高步青等修
一九一六年善成堂刻本
[同治]肥鄉縣志三十六卷補遺一卷　12000663/1
(清)李鵬展修
清同治六年(1867)刻本
[光緒]續修故城縣志十二卷首一卷　12000664/2
(清)丁燦 王育德修
清光緒十一年(1885)刻本
[光緒]永年縣志四十卷　12000665/1
(清)夏詒鈺纂修
清光緒三年(1877)刻本
[同治]鹽山縣志十六卷首末各一卷　12000666/2
(清)江毓秀修
清同治七年(1868)刻本
景縣志十四卷　12000667/2
耿兆棟修
一九三二年鉛印本
[乾隆]景州志六卷首一卷　12000668/1
(清)屈成霖修
清乾隆十年(1745)刻本
[乾隆]肅寧縣志十卷圖一卷 12000669/1
(清)尹侃等修
清乾隆二十一年(1756)刻本
鹽山新志三十卷　12000670/1
一九一六年刻本
[光緒]藁城縣志續補十一卷圖一卷　12000671/1
(清)汪度 朱紹穀修
清光緒七年(1881)刻本
束鹿新志考徵文科一卷　12000672/1
謝道安著
一九三六年鉛印本
望都縣鄉土圖說　12000673/1
(清)陸保善纂修
清光緒三十一年(1905)鉛印本
[同治]棗強縣志補正五卷附補遺　12000674/1
(清)方宗誠纂修
清光緒二年(1876)刻本
成安縣志十六卷卷首一卷勘誤表一卷　12000675/1
張應麟修
一九三一年文竹齋鉛印本
邢臺縣志八卷　12000676/1
張棟修
一九四三年鉛印本
[同治]深澤縣志十卷　12000677/1
(清)張衍壽修
清同治元年(1862)刻本
威縣志二十卷首末各一卷　12000678/2
崔正春等修
一九二九年鉛印本
無極縣志二十卷　12000679/1
王桂照等修
一九三四年鉛印本
雄縣新志二十一卷　12000680/1
秦廷秀等修
一九二九年鉛印本
[乾隆]束鹿縣志十二卷首一卷　12000681/1
(清)李文耀修
清乾隆二十七年(1762)刻本
[光緒]重修曲陽縣志二十卷 12000682/2
(清)周斯億等修
清光緒三十年(1904)刻本
[康熙]靈壽縣志十卷末一卷附續志稿

十卷 12000683/1
(清)陸隴其原纂
清康熙二十四年(1685)刻本
廣宗縣志十六卷 12000684/1
姜榓榮修
一九三三年文獻委员會鉛印本
[道光]南宫縣志十六卷 12000685/1
(清)周栻修
清道光十一年(1831)刻本
[道光]内邱縣志四卷 12000686/1
(清)施彦士纂修
清道光十二年(1832)刻本
[道光]内邱縣志十卷 12000687/1
一九三三年鉛印本
[同治]廣宗縣志十二卷 12000688/1
(清)羅觀駿修
清同治十三年(1874)刻本
邯鄲縣志十七卷首末各一卷 12000689/1
一九三三年刻本
磁縣縣志二十章 12000690/1
黄希文纂修
一九四〇年鉛印本
清河縣志 12000691/1
張福謙等修
一九三四年鉛印本
定縣志二十二卷 12000692/1
何其章等修
一九三四年刻本
[光緒]唐山縣志十二卷卷首一卷卷末一卷 12000693/1
(清)蘇玉修
清光緒七年(1881)刻本
[光緒]邢臺縣志八卷首一卷 12000694/1
(清)戚朝卿修
清光緒三十一年(1905)刻本
[光緒]新河縣志十六卷 12000695/1
(清)趙鴻鈞修
清光緒二年(1876)刻本清宣统元年(1909)增修本
柏鄉縣志十卷首一卷 12000696/1
牛寶善修
一九三二年鉛印本
新河縣志二十四卷首末各一卷 12000697/1
傅振倫纂
一九二九年鉛印本
[光緒]重修新樂縣志六卷圖一卷 12000698/1
(清)雷鶴鳴等修
清光緒十一年(1885)刻本
[道光]欒城縣志十卷首末各一卷 12000699/1
(清)桂超萬等修
清道光26年(1846)刻本
[民國]臨榆縣志二十四卷首末各一卷 12000700/2
仵墉修
一九二九年鉛印本
[光緒]保定府志七十九卷首一卷 12000701/4:4
(清)李培祜等修
清光緒七年(1881)修刻本
[光緒]永平府志七十二卷首末各一卷 12000702/4
(清)游智開修
清光緒五年(1879)刻本
冀縣志 12000703/1
王樹枏纂
一九二九年鉛印本
[乾隆]定興縣志十二卷 12000704/1
(清)王錫璁纂修
清乾隆四十四年(1779)刻本
河北通志稿二十四卷 12000705/1
民國(1911－1949)鉛印本
[乾隆]永平府志二十四卷首末各一卷 12000706/2
(清)李奉翰修
清乾隆三十九年(1774)刻本
[咸豐]容城縣志八卷圖一卷 12000707/1
(清)詹作周等修
清咸豐七年(1857)刻本
徐水縣新志十二卷末一卷 12000708/1
劉延昌修
一九三二年鉛印本
[光緒]延慶州志十二卷首一卷末一卷 12000709/1
(清)何道增修
清光緒六年(1880)刻本
[民國]新城縣志二十四卷 12000710/1
張雨蒼等修
一九三五年文華齋鉛印本
[光緒]容城縣志八卷圖一卷 12000711/1
(清)俞廷獻等修
清光緒二十二年(1896)刻本
平谷縣志六卷 12000712/1
李興焯等修
一九三四年文竹齋鉛印本
平谷縣志四卷 12000713/1
王沛等修
一九二六年中華印刷局鉛印本
安次縣志十二卷附一山集一卷 12000714/1
一九一四年鉛印本
重修天津府志五十四卷首一卷 12000715/4
(清)沈家本等修
清二十五年(1899)刻本
[光緒]大城縣志十二卷首一卷 12000716/2
(清)趙炳文等修
清二十三年(1897)刻本
良鄉縣志八卷 12000717/1
周志中修
一九二四年鉛印本
[光緒]良鄉縣志八卷 12000718/1
(清)范履福修
清光緒十五年(1889)刻本
天津縣新志十一卷首一卷 12000719/2
高凌雯纂
(1931－1938)刻本
[乾隆]天津府志四十卷圖一卷 12000720/2
(清)程鳳文等修
清乾隆四年(1739)刻本
大名縣志三十卷卷首一卷 12000721/2
程廷恒修
一九三四年鉛印本
通縣志要十卷 12000722/1
金士堅修
一九四一年鉛印本
[同治]静海縣志八卷圖一卷 12000723/1
(清)鄭士蕙纂修
清同治十二年(1873)刻本
文安縣志十二卷首末各一卷 12000724/1
陳楨修
一九二二年鉛印本
[光緒]重修青縣志十卷 12000725/1
(清)江貢琛修
清光緒八年(1882)增刊本刻本
南皮縣志十四卷首一卷 12000726/2
王德乾等修
一九三二年鉛印本

香河縣志十卷 12000727/1
王葆安 吳文卓修
一九三六年鉛印本
[同治]續天津縣志二十卷圖一卷 12000728/1
(清)吳惠元修
同治九年(1870)刻本
[乾隆]任丘縣志十二卷首一卷 12000729/2
(清)劉統修
清乾隆二十八年(1763)刻本
[乾隆]武清縣志十二卷圖一卷首末各一卷 12000730/1
(清)吳羽中纂修
清乾隆七年(1742)刻本
[光緒]南皮縣志十五卷首末各一卷 12000731/1
(清)殷樹森修
清光緒十四年(1888)刻本
[光緒]吳橋縣志十二卷圖一卷 12000732/1
(清)倪昌燮修
清光緒元年(1875)刻本
[民國]青縣志十六卷卷首一卷 12000733/1
萬震霄修
一九三一年鉛印本
三河縣新志十六卷 12000734/1
章維燮修
一九三五年鉛印本
滄縣志十六卷 12000735/2
張鳳瑞等修
一九三三年鉛印本
[嘉慶]成安縣志二卷 12000736/1
(清)孫培曾纂修
清嘉慶七年(1802)刻本
[雍正]故城縣志六卷 12000737/1
(清)蔡維義修
清雍正五年(1727)刻本
[咸豐][直隸]定州續志四卷 12000738/1
(清)王榕吉等修
清咸豐十年(1860)刻本
[同治]續修束鹿縣志八卷 12000739/1
(清)宋陳壽纂修
清同治七年(1868)刻本
[道光]直隶定州志二十二卷卷首一卷 12000740/2
(清)寶琳修
道光二十九年(1849)刻本
藁城縣志十二卷 12000741/1
任傳藻等修
一九三三年鉛印本
[光緒]唐縣志十二卷首一卷 12000742/1
(清)陳詠修
清光緒四年(1878)刻本
[乾隆]邯鄲縣志十二卷卷首一卷 12000743/1
(清)王烔纂修
清乾隆二十一年(1756)刻本
祈州續志四卷圖一卷 12000744/1
(清)趙秉恒等修
清光緒元年(1875)刻本
[民國]張北縣志八卷卷首一卷 12000745/1
陳繼淹修
一九三四年鉛印本
青苑縣志六卷 12000746/1
金良驥等修
一九三四年鉛印本
[宣統]任縣志八卷 12000747/1
宣統三年(1909)鉛印本
[道光]保安州志八卷首一卷 12000748/1
(清)楊桂森纂修
清道光十五年(1835)刻本
[光緒]保安州續志四卷 12000749/1
(清)張毓生 尋鑾晉纂修
清光緒三年(1877)刻本
[同治]青苑縣志十八卷首一卷 12000750/1
(清)李逢源修
清同治十二年(1873)刻本
[光緒]南宮縣志十八卷 12000751/1
(清)戴世文修
清光緒三十年(1904)刻本
南宮縣志二十六卷 12000752/1
黄容惠修
一九三六年刻本
宣化縣新志十八卷首一卷 12000753/1
陳繼曾等修
一九二二年鉛印本
[光緒]廣昌縣志十四卷首末各一卷 12000754/1
(清)劉榮纂修
清光緒元年(1875)刻本
深州風土記二十二卷附表五卷 12000755/2
(清)吳汝綸纂修
清二十六年(1900)刻本
[光緒]平鄉縣志十二卷首一卷 12000756/1
(清)蘇性纂修
清同治七年(1868)刻本
[同治]阜平縣志四卷卷首一卷 12000757/1
(清)劳輔芝纂修
清同治十三年(1874)刻本
滿城縣志略十六卷首一卷 12000758/1
陳寶生修
一九三一年鉛印本
[光緒]豐潤縣志十二卷圖一卷 12000759/2
(清)牛昶煦 郝增祜纂修
清光緒十六年(1890)刻本
[同治]清河縣志六卷圖一卷 12000760/1
(清)王鏞修
清同治十一年(1872)刻本
[道光]深州直隸州志十卷首一卷末一卷 12000761/1
(清)張范東修
清道光七年(1827)刻本
[光緒]灤縣志十八卷 12000762/2
(清)袁棻纂修
清光緒(1875－1908)鉛印本
[光緒]遵化通志六十卷 12000763/3
(清)何崧泰等修
清光緒十二年(1886)刻本
[乾隆]豐潤縣志八卷圖考一卷 12000764/1
(清)吳慎纂修
清乾隆二十年(1755)刻本
昌黎縣志十二卷首末各一卷 12000765/1
陶宗奇等修
一九三三年鉛印
館陶縣志十一卷附圖一卷 12000766/2
丁世恭等修
一九三六年鉛印本
萬全縣志十二卷首一卷 12000767/1
一九三七年鉛印本
[乾隆]宣化府志四十二卷首一卷 12000768/3:1、3:3
(清)王芥園等修

清乾隆八年(1743)張志奇刻本
懷安縣志十卷卷首一卷 12000769/2
景佐綱修
一九二三年鉛印本
[同治]西寧新志十卷首一卷 12000770/1
(清)寅康等修
清同治十二年(1873)刻本
[乾隆]蔚州志補十二卷卷首一卷 12000771/1
(清)楊世昌修
清乾隆十年(1745)刻本
[同治]昌黎縣志十卷首一卷 12000772/1
(清)何崧泰修
清同治五年(1866)刻本
[雍正]深澤縣志十二卷卷首一卷 12000773/1
(清)趙憲修
清雍正十三年(1735)刻本
[康熙]宣化縣志三十卷圖一卷 12000774/1
(清)陳坦纂修
清康熙五十年(1711)刻本
[光緒]蠡縣志十卷圖一卷 12000775/1
(清)韓志超 何雲誥修
清光緒二年(1876)刻本
[康熙]龍門縣志十六卷圖一卷 12000776/1
(清)章焞纂修
清康熙五十一年(1712)刻本
[雍正]高陽縣志六卷 12000777/1
(清)嚴宗嘉修
清雍正八年(1730)刻本
[康熙]雄乘三卷 12000778/1
(清)姚文燮纂修
清康熙九年(1670)刻本
[乾隆]淶水縣志八卷首末各一卷 12000779/1
(清)方立經纂修
清乾隆二十七年(1763)刻本
[康熙]房山縣志十卷 12000780/1
(清)佟有年修
清康熙三十七年(1698)刻本
[康熙]霸州志十卷 12000781/1
(清)朱廷梅修
清康熙十三年(1674)刻本
[康熙]河間府志二十二卷 12000782/2
(清)徐可先纂修
清康熙十七年(1678)刻本
[康熙]天津衛志四卷圖一卷 12000783/1
(清)薛柱斗纂修
清康熙十三年(1674)刻本
[雍正]定州志十卷 12000784/1
(清)王大年修
清雍正十一年(1733)刻本
[同治]磁洲續志六卷卷首一卷 12000785/1
(清)程光滢纂修
清同治十三年(1874)刻本
[嘉慶]束鹿縣志十卷 12000786/1
(清)李符清修
清嘉慶三年(1798)刻本
[乾隆]萬全縣志十卷 12000787/1
(清)左承業原修
清乾隆七年(1742)刻本
[光緒]懷來縣志十八卷首一卷 12000788/1
(清)朱乃恭修
清光緒八年(1882)刻本
[光緒]重修廣平府志六十三卷首一卷 12000789/4
(清)吳中彦修
清光緒二十年(1894)刻本
[康熙]西寧縣志八卷首一卷 12000790/1
(清)張充國等修
清康熙五十一年(1712)刻本
[康熙]山海關志十卷 12000791/1
(清)陳天植 陳名遠修
清康熙九年(1670)刻本
[乾隆]直隶遵化州志二十卷 12000792/1
清乾隆五十八年(1793)刻本
[乾隆]滄州志十六卷 12000793/2
(清)徐時作等修
清乾隆八年(1743)刻本
[道光]武強縣志重修十二卷圖一卷 12000794/1
(清)翟慎行修
清道光十一年(1831)刻本
[乾隆]臨榆縣志十四卷卷首一卷 12000795/1
(清)鍾和梅纂修
清乾隆二十一年(1756)刻本
[康熙]懷來縣志十八卷卷首一卷 12000796/1
(清)許隆遠纂修
清康熙五十一年(1712)刻本
[乾隆]顺德府志十六卷圖一卷 12000797/2
(清)徐景曾纂修
清乾隆十五年(1750)刻本
[光緒]畿輔通志三百卷卷首一卷 12000798/29:1-9、12-27、29
(清)李鴻章等修
清光緒十年(1884)刻本
[道光]黔南职方紀略九卷 12000799/1
(清)羅繞典輯
清道光二十七年(1847)刻本
[光緒]昌平外志六卷 12000800/1
(清)麻兆慶纂
清光緒十八年(1892)榆陰堂刻本
[光緒]寧河縣志十六卷圖一卷 12000801/2
(清)丁符九等修
清光緒六年(1880)刻本
[同治]遷安縣志十八卷首一卷末一卷 12000802/1
(清)韓耀光修
清同治十二年(1873)刻本
[光緒]臨榆縣志二十四卷首一卷 12000803/2
(清)趙允祜修
清光緒四年(1878)刻本
[嘉慶]灤州志八卷首、末、圖各一卷 12000804/1
(清)吳士鴻等修
清嘉慶十五年(1810)刻本
[康熙]慶都縣志六卷 12000805/1
(清)李天璣纂修
清康熙十七年(1678)刻本
[乾隆]遷安縣志三十卷 12000806/1
(清)燕臣仁修
清乾隆二十二年(1757)刻本
[光緒]撫寧縣志十六卷首一卷 12000807/1
(清)張上龢修
清光緒三年(1877)刻本
[乾隆]萬全縣志十卷首一卷 12000808/1
(清)左承業纂修
清乾隆七年(1742)刻本
[光緒]樂亭縣志十五卷首末各一卷 12000809/1
(清)蔡志修等修

清光緒三年(1877)刻本
[民國]盧龍縣志二十四卷首一卷圖一卷　12000810/1
董天華修
一九三一年鉛印本
[雍正]畿輔通志一百二十卷圖一卷　12000811/8
(清)唐执玉等修
清雍正十三年(1735)刻本
[乾隆]口北三廳志十六卷首一卷　12000812/1
(清)黄可潤纂修
清乾隆二十三年(1758)刻本
[康熙]大城縣志八卷　12000813/1
(清)張象燦等修
清康熙十二年(1673)刻本
[乾隆]通州志十卷卷首末一卷圖一卷　12000814/2
(清)高天鳳修
清乾隆四十八年(1783)刻本
[康熙]平山縣志五卷　12000815/1
(清)湯聘修
清康熙十二年(1673)刻本
[康熙]南皮縣志八卷　12000816/1
(清)馬士瓊修
清康熙十二年(1673)刻本
[康熙]唐縣志十八卷　12000817/1
(清)王政修
清康熙十二年(1673)刻本
[康熙]靈壽縣志十卷末一卷 12000818/1
(清)陸隴其纂修
清康熙二十四年(1685)刻本
[雍正]井陘縣志八卷圖一卷 12000819/1
(清)鍾文英纂修
清雍正八年(1730)刻本
[光緒]續脩井陘縣志三十六卷　12000820/1
(清)常善修
清光緒元年(1875)刻本
[嘉慶]高邑縣志十卷首一卷附錄一卷　12000821/1
(清)陳元芳修
清嘉慶五年(1800)刻本
[乾隆]無極縣志十一卷 末 圖各一卷　12000822/1
(清)黄可潤纂修
清乾隆二十二年(1757)刻本
[康熙]寧晉縣志十卷　12000823/1
(清)萬任修
清康熙十八年(1679)刻本
京津風土叢書十七種　12000824/1
張江裁輯
一九三八年鉛印本
天津市概要　12000825/1
天津市市志编纂处輯
一九三四年天津市市志编纂处鉛印本
[光緒]蔚州志二十卷卷首一卷　12000826/1
(清)慶之金修
清光緒三年(1877)刻本
[光緒]棗強縣志補正五卷附補遺　12000827/1
(清)方宗誠纂修
清光緒二年(1876)刻本
[道光]續增沙河縣志二卷　12000828/1
(清)魯傑纂修
清道光二十五年(1845)刻本
[咸豐]初續獻縣志四卷　12000829/1
(清)李昌祺纂修
清咸豐七年(1857)刻本
[光緒]南和縣志十二卷 首 圖各一卷　12000830/1
(清)王立勲等修
清光緒十九年(1893)崇文齋抄本
[光緒]密雲縣志六卷圖一卷 12000831/1
(清)丁符九等修
清光緒八年(1882)刻本
[雍正]完縣志十卷圖一卷　12000832/1
(清)朱懋德修
清雍正十年(1732)刻本
[乾隆]冀州志二十卷續編一卷　12000833/1
(清)范清曠纂修
清乾隆十二年(1747)刻本
[光緒]正定縣志四十六卷圖一卷卷首一卷卷末一卷　12000834/2
(清)慶之金等修
清光緒元年(1875)刻本
[光緒]臨漳縣志十八卷卷首一卷　12000835/2
(清)周秉彝修
清光緒三十一年(1905)刻本
[光緒]趙州屬邑志八卷　12000836/1
(清)孫傳栻纂修
清光緒二十三年(1897)刻本
[乾隆]大名縣志四十卷卷首一卷　12000837/1
(清)張維祺 李棠纂修
清乾隆五十四年(1789)刻本
[乾隆]赤城縣志八卷卷首一卷　12000838/1
(清)孟思誼修
清乾隆十二年(1748)刻本
[光緒]懷安縣志八卷卷首一卷卷終一卷　12000839/1
(清)陰祿修
清光緒二年(1876)刻本
[民國]獻縣志二十卷卷首一卷附補遺補正　12000840/2
薛鳳鳴修
一九二五年刻本
[民國]武安縣志十八卷附志四卷卷首一卷　12000841/2:1
杜濟美等修
一九三七年鉛印本
[光緒]望都縣新志十卷　12000842/1
(清)陳洪書修
清光緒三十年(1904)刻本
[康熙]薊州志八卷　12000843/1
(清)張朝琮修
清康熙四十三年(1704)刻本
[同治]元氏縣志十四卷卷首一卷卷末一卷　12000844/1
清光緒元年(1875)刻本
密雲縣志八卷首一卷　12000845/1
臧理臣等修
一九一四年京華印書局鉛印本
[康熙]文安縣志八卷圖一卷 12000846/1
(清)楊朝麟修
清康熙四十二年(1703)刻本
[乾隆]直隶遵儀州志十二卷 12000847/1
(清)劉靖修
清乾隆二十一年(1756)刻本
[雍正]肥鄉縣志六卷　12000848/1
(清)王建中修
清雍正十年(1732)刻本
隆化縣志六卷　12000849/1
羅則遜修
一九一九年鉛印本
[光緒]獲鹿縣志十四卷首末各一卷　12000850/1
清光緒四年(1878)刻本

[民國]密雲縣志十三章 12000851/2
一九三八年鉛印本
[乾隆]沙河縣志十卷首一卷 12000852/1
(清)杜灝纂修
清乾隆二十二年(1757)刻本
[光緒]無極縣續志十卷 12000853/1
(清)曹鳳來纂修
清光緒十九年(1893)刻本
[乾隆]直隸易州志十八卷首一卷 12000854/2
(清)張登高纂修
清乾隆十二年(1747)刻本
静海縣志十二卷 12000855/2
白鳳文等修
一九三四年鉛印本
[乾隆]安肅縣志十六卷 12000856/1
(清)張鈍修
清乾隆四十三年(1778)刻本刻本
[乾隆]柏鄉縣志十卷首一卷 12000857/1
(清)鍾賡華纂修
清乾隆三十二年(1767)刻本
[同治]欒城縣志十四卷首末各一卷 12000858/1
(清)陳詠修
清同治十二年(1873)刻本
[乾隆]雞澤縣志二十卷圖一卷 12000859/1
(清)王光燮等修
清乾隆二十年(1755)刻本
[乾隆]衡水縣志十四卷 12000860/1
(清)陶淑纂修
清乾隆三十二年(1767)刻本
[乾隆]宸垣識略十六卷 12000861/1
(清)吳長元輯
清乾隆五十三年(1788)池北草堂刻本
[光緒]修仁縣志二册 12000862/1
清光緒(1875－1909)稿本
重修滄州志稿 12000863/1
清咸豐(1851－1861)稿本
[顺治]祥符縣志六卷 12000864/1
(清)張俊哲修
清顺治十八年(1661)刻本
完縣新志七卷完縣文徵二卷 12000865/1
一九三四年鉛印本
[乾隆]玉田縣志十卷 12000866/1
(清)謝客纂修
清乾隆二十一年(1756)刻本

[乾隆]涿州志二十二卷首一卷 12000867/2
(清)吳山鳳纂修
清乾隆三十年(1765)刻本
[乾隆]蔚縣志三十一卷 12000868/1
(清)王育榞修
清乾隆四年(1739)刻本
玉田縣志三十卷首一卷 12000869/1
(清)夏子鎏修
清光緒十年(1884)刻本
[乾隆]三河縣志十六卷圖一卷 12000870/1
(清)陳杲修
清乾隆二十五年(1760)刻本
[乾隆]廣昌縣志八卷首一卷 12000871/1
(清)趙由仁纂修
清乾隆二十五年(1760)刻本
[嘉慶]涉縣志八卷圖一卷 12000872/1
(清)戚學標纂修
清嘉慶四年(1799)刻本
直隸趙州志十六卷卷首末各一卷 12000873/1
(清)孫傳栻纂修
清光緒二十三年(1897)刻本
[同治]武邑縣志十卷首一卷 12000874/1
(清)彭美修
清同治十一年(1872)刻本
[乾隆]寧河縣志十六卷圖一卷 12000875/1
(清)關廷牧修
清乾隆四十四年(1779)刻本
[同治]續修元城縣志六卷卷首一卷 12000876/1
(清)吳大鏞修
清同治十一年(1872)刻本
[光緒]鉅鹿縣志十二卷首一卷 12000877/1
(清)凌燮修
清光緒十二年(1886)刻本
棗強縣志料八卷 12000878/1
宋兆升修
一九三一年鉛印本
固安縣志四卷 首 末各一卷 12000879/1
錢仲仁修
一九四二年鉛印本
[康熙]晉州志十卷 12000880/1
(清)郭建章原修
清康熙三十九年(1700)刻本

[乾隆]武安縣志二十卷圖一卷 12000881/1
(清)蒋光祖修
清乾隆四年(1739)刻本
[順治]新修望江縣志十卷圖一卷 12000882/1
(清)王世胤修
清顺治八年(1651)刻本
丁酉重刊西鎮志不分卷 12000883/1
清顺治十四年(1657)刻本
[康熙]清苑縣志十二卷首一卷 12000884/1
清康熙十六年(1677)刻本
[康熙]保定府祈州束鹿縣志十卷卷首一卷 12000885/1
(清)劉崑修
一九三七年刻本
[道光]薊州志十卷 12000886/2
(清)沈鋭修
清道光十一年(1831)刻本
[乾隆]獻縣志二十卷圖表各一卷 12000887/2
(清)萬廷蘭修
清乾隆二十六年(1761)刻本
[乾隆]懷集縣志十卷 12000888/1
(清)顧旭明修
清乾隆二十年(1755)刻本
[康熙]池州府志九十二卷圖一卷 12000889/3
(清)馬世永纂修
清康熙五十年(1711)刻本
[康熙]道州志十五卷 12000890/1
(清)張大成修
清康熙六年(1667)刻本
舊抄宋人詞 12000891/1
清(1644－1911)抄本
[康熙]恩平縣志十一卷 12000892/1
(清)佟世男修
清康熙二十七年(1688)刻本
[嘉靖]嘉興府圖記二十卷 12000893/1
(明)趙瀛修
明嘉靖二十八年(1549)刻本
[乾隆]澎湖志略一册 12000894/1
(清)周于仁修
清乾隆八年(1743)刻本
[民國]直隶定縣鄉土調查錄不分卷 12000895/1
民國(1911－1949)稿本

[康熙]桂陽州志十四卷　12000896/1
(清)董之輔修
清康熙二十三年(1684)刻本
[萬曆]臨汾縣志九卷　12000897/1
(明)邢雲路修
明萬曆十九年(1591)刻本
[乾隆]臺灣縣志六卷　12000898/1
清(1644－1911)鈔本
[咸豐]和林格爾城志四卷　12000900/1
清咸豐二年(1852)活字印本
[康熙]昌黎縣志八卷圖一卷 12000901/1
(清)王日翼修
清康熙十三年(1674)刻本
[乾隆]永年縣志四十四卷首一卷　12000902/1
(清)孔廣棣纂修
清乾隆二十三年(1758)刻本
[乾隆]祁州志八卷圖一卷　12000903/1
(清)羅以桂修
清乾隆二十年(1755)刻本
[光緒]豐鎮廳志八卷首一卷 12000904/1
(清)德溥修
一九一六年財政部印刷局鉛印本
束鹿鄉土志　12000905/1
(清)張鳳臺修
清光緒三十二年(1906)刻本
[康熙]新城縣志八卷首一卷 12000906/1
(清)高基重修
清康熙十四年(1675)刻本
[乾隆]河間縣志六卷　12000907/1
(清)吳山鳳修
清乾隆二十四年(1759)刻本
[天啟]東安縣志六卷　12000908/1
(明)鄭之城修
一九三六年合刊本
[道光]新城縣志十八卷首一卷　12000909/1
(清)李廷棨修
清道光十八年(1838)刻本
[乾隆]廣平府志二十四卷圖一卷　12000910/2
(清)吳穀纂修
清乾隆十年(1745)刻本
[嘉靖]藁城縣志十卷　12000911/1
(明)李正儒纂
明嘉靖十三年(1534)刻本一九三三年鉛印本
四鎮三關志十卷　12000912/2
清(1644－1911)鈔本
[乾隆]欒亭縣志十四卷首一卷　12000913/1
(清)陳金駿纂修
清乾隆二十年(1755)刻本
[乾隆]獲鹿縣志十二卷　12000914/1
(清)韓國瓚修
清乾隆元年(1736)刻本
馬玉昆等奏稿三件　12000915/1
(清)馬玉昆等撰
清(1644－1911)稿本
集寧縣志四卷　12000916/1
楊葆初纂修
一九二四年傳鈔本
[光緒]新修清水河縣志二十卷　12000917/1
(清)文秀修
清光緒九年(1883)鈔本
[康熙]廣平縣志五卷圖一卷 12000918/1
(清)夏顯煜修
清康熙十五年(1676)刻本
[康熙]成安縣志十二卷　12000919/1
(清)王公楷修
清康熙十二年(1673)刻本
[康熙]藁城縣志十二卷圖一卷　12000920/1
(清)賴于宣修
清康熙五十九年(1720)刻本
[乾隆]新安縣志八卷　12000921/1
(清)孫孝芬修
清乾隆八年(1743)鈔本
[崇禎]蠡縣志十卷續志四卷 12000922/1
(明)錢天錫原修
明崇禎十四年(1641)刻本
[康熙]蠡縣續志　12000923/1
(清)耿文岱纂修
清康熙十九年(1680)刻本
趙州鄉土志　12000924/1
清光绪(1875－1909)抄本
[順治]興濟縣志書二卷　12000925/1
一九四二年抄本
[乾隆]吉水縣志四十二卷　12000926/3
(清)米嘉績修
清乾隆十五年(1750)刻本
[康熙]黄安縣志十二卷　12000927/2
(清)劉承啓修
清康熙三十六年(1697)刻本
[康熙]蒲城縣續志四卷　12000928/1
(清)汪元仕修
清康熙五十三年(1714)刻本
[康熙]萬安縣志十二卷卷首一卷　12000929/1
(清)黃圖昌修
清康熙二十八年(1689)刻本
[乾隆]隆昌縣志二卷　12000930/1
(清)朱雲駿纂修
清乾隆四十年(1775)千峰榭刻本
[康熙]蒲縣新志八卷　12000931/1
(清)胡必藩增修
清康熙十二年(1673)刻本
[康熙]高苑縣志八卷　12000932/1
(清)宋弼纂修
康熙十一年(1672)刻本
[康熙]蒲州志十二卷　12000933/1
(清)侯康民修
清康熙三年(1664)刻本
津門詩抄三十卷　12000934/2
(清)梅成棟撰
清道光四年(1824)思誠書屋刻本
明人詩抄正集十四卷續集十四卷　12000935/1
(清)朱琰輯
清乾隆二十五年(1760)樊桐山房刻本
[康熙]四會縣志二十卷　12000936/1
(清)陳欲達纂修
清康熙二十七年(1688)刻本
京本校正音聯唐柳先生文集四十三卷　12000937/1
(唐)柳宗元撰
明(1368－1644)刻本
詞譜四十卷　12000938/3
(清)王奕清等編
清康熙五十四年(1715)内府刻本
唐元次山文集七卷　12000939/1
(唐)元結撰
明嘉靖(1522－1566)夏鏜刻本
冰川詩式十卷　12000940/1
(明)梁橋撰
明萬曆三十八年(1610)刻本
山陰道上集不分卷　12000941/3
(清)沈復燦輯
清(1644－1911)抄本
類編草堂詩餘四卷　12000942/1
明嘉靖二十九年(1550)刻本

郊居詩抄八卷 12000943/1
(明)昌應時輯
明萬曆六年(1578)刻本
蒲溪吟社三家詩鈔四卷 12000944/1
(清)顧貽祿編
清(1644－1911)平嵐書屋抄本
[乾隆]靖州志十四卷首末各一卷 12000945/2
(清)呂宣曾修
清乾隆二十六年(1761)刻本
[康熙]長洲縣志摘要不分卷 12000946/1
(清)吳汝略輯
清康熙二十九年(1690)吳汝略摘抄本
綏蒙輯要不分卷 12000947/1
陳玉甲編
一九三六年鉛印本
新鐫全像通俗演義隋煬帝艷史八卷四十回爵里姓氏一卷圖一卷 12000948/2
齊東野人撰
明崇禎四年(1631)人瑞堂刻本
苑洛集二十二卷 12000949/2
(明)韓邦奇撰
明嘉靖(1522－1566)刻本
楚辭十卷 12000950/1
(漢)劉向輯
明(1368－1644)刻本
王覺斯初集不分卷 12000951/1
(清)王鐸撰
明末(1628－1644)黃居中抄本
八代四六全書十六卷 12000952/1
(明)李天麟輯
明萬曆十五年(1587)刻本
津門雜事詩一卷 12000953/1
(清)汪沆撰
清乾隆四年(1739)刻本
敬業堂詩集四十八卷 12000954/2
(清)查慎行撰
清康熙五十八年(1719)刻本
楚辭十九卷雜論一卷讀楚辭語一卷 12000955/1
(明)陸時雍撰
明末(1621－1644)陆氏刻本
震川先生集三十卷別集十卷 12000956/2
(明)歸有光撰
清康熙十四年(1675)刻本
[康熙]石門縣志三卷 12000957/1
(清)張霖纂修 (清)許涓續修
清康熙二十二年(1683)刻四十九年增修本
陶詩衍二卷 12000958/1
(明)陳龍正輯
明崇禎十六年(1643)刻本
青溪遺稿二十八卷 12000959/1
(清)程正揆撰
清康熙(1662－1722)天咫閣刻本
七律中聲五卷 12000960/1
(清)姚大源輯
清(1644－1911)稿本
昌黎先生詩集註十一卷年譜一卷 12000961/1
(唐)韓愈纂 (清)顧嗣立刪補
清康熙三十八年(1699)刻本
說學齋稿不分卷 12000962/1
(明)危素撰
清(1644－1911)鈔本
袁文榮公文集八卷詩集八卷 12000963/1
(明)袁煒撰
明萬曆(1573－1620)馮孜張德夫刻本
三史文類五卷 12000964/1
(明)趙文華編
明嘉靖十六年(1537)刻本
高季迪先生大全集十八卷 12000965/1
(明)高啓撰
清(1644－1911)刻本
牧齋有學集補遺不分卷 12000966/1
(清)錢謙益撰
清(1644－1911)抄本
陳檢討集二十卷 12000967/1
(清)陳維崧撰
清(1644－1911)有美堂刻本
江陰黃氏家集 12000968/1
(清)丁寶義輯
民國(1911－1949)鈔本
未軒公文集十二卷附一卷 12000969/1
(明)黃仲昭撰
明嘉靖三十四年(1555)黃希白刻本
郝蘭石全集二十卷 12000970/2
(清)郝璧撰
清初(1644－1744)集思堂刻本
半山藏稿二十卷 12000971/1
(明)王叔果撰
明萬曆二十八年(1600)刻本
李丞相詩集二卷 12000972/1
(南唐)李建勛撰
宋(960－1279)陳宅書籍鋪刻本
[康熙]新興縣志二十卷 12000973/1
(清)徐煌等纂修
清康熙二十六年(1687)刻本
葛端肅公文集十八卷 12000975/1
(明)葛守禮撰
明萬曆(1573－1620)刻本
長江集十卷附錄一卷 12000976/1
(唐)賈岛撰
明崇禎十二年(1639)毛氏汲古閣刻本
西湖款乃集一卷 12000977/1
清(1644－1911)鈔本
秣陵春傳奇二卷四十一齣通天臺一卷二齣臨春閣一卷四齣 12000978/1
(清)吳偉業撰
清初(1644－1662)振古堂刻本
師善堂詩集十卷 12000979/1
(清)嵇曾筠撰
清雍正十三年(1735)刻本
蘭雪齋韓歐文批評一卷國策選評一卷 12000980/1
(清)陳儀撰
清乾隆(1736－1795)抄本
溉堂詩前集九卷續集六卷文集 12000981/1
(清)孫枝蔚撰
清康熙(1662－1722)刻本
沽上梅花詩社存稿二十卷 12000982/1
(清)王崇綬輯
清(1644－1911)抄本
借山亭前集六卷續集六卷來青軒文選八卷詩選四卷見南江閣詩選八卷文選十四卷退樂軒詩選一卷大業堂尺牘六卷 12000983/1
(明)陳柏撰
明萬曆(1573－1620)刻本
龍谿王先生全集二十卷 12000984/2
(明)王畿撰
明萬曆十六年(1588)萧良幹刻本
白榆集二十八卷 12000985/2
(明)屠隆撰
明萬曆二十八年(1600)程元方刻本
支華平先生集四十卷附錄一卷 12000986/2
(明)支大綸撰
明泰昌元年(1620)清旦閣刻本
洪駒父老圃集二卷 12000987/1
(宋)洪芻撰
清(1644－1911)鈔本

明崇禎十三年(1640)刻本
周禮三注粹抄不分卷 12001087/1
明萬曆十八年(1590)萃慶堂刻本
[重刊]儀禮考註十七卷 12001088/1
(元)吳澄考訂
明(1368－1644)刻本
重鐫蘇紫溪先生易經儿說八卷
12001089/2
(明)蘇濬撰
清乾隆五十六年(1791)活字印本
津門聞見錄六卷 12001090/1
(清)郝福森撰
清(1644－1911)稿本
類篇四十五卷 12001091/2
(宋)司馬光撰
清康熙四十五年(1706)楊州使院精刻
禹貢鄭注釋二卷 12001092/1
(清)焦循撰
清(1644－1911)稿本
聖學格物通一百卷纂要一卷 12001093/3
(明)湛若水撰
明嘉靖十二年(1533)刻本
獺祭錄六十三卷 12001094/2
(清)李繩遠輯
清(1644－1911)抄本
删錄纂序詩經說約講旨二卷 12001095/1
(清)賢賢道人輯
清(1644－1911)稿本
皇极經世書:觀物篇十二卷外篇二卷
12001096/2
(宋)邵雍撰
明(1368－1644)刻本
研山齋雜記四卷 12001097/1
(清)孫烔撰
清(1644－1911)鈔本
古今譚槩三十六卷 12001098/2
(明)馮夢龍撰
明(1368－1644)刻本
醫學綱目四十卷 12001099/4
(明)樓英編
明嘉靖四十四年(1565)刻本
爾雅三卷釋音三卷 12001100/1
(晉)郭璞注
明景泰七年(1456)刻本
鐵網珊瑚書品十卷書品六卷 12001101/2
(明)朱存理撰
清雍正六年(1728)希堯刻本
行間日記不分卷 12001102/1
(清)李之芳撰
清(1644－1911)鈔本
六吉齋字書四種 12001103/1
(清)單秋岩編
清(1644－1911)稿本
總集十三經註疏略十三卷 12001105/1
(清)吳雯輯
清(1644－1911)稿本
金陵名勝不分卷 12001106/1
(清)唐贊袞編
清(1644－1911)抄本
三家詩遺說八卷補一卷 12001107/1
(清)馮登府撰
清(1644－1911)精抄本
仁獄類編三十卷 12001108/1
(明)余懋學撰
明萬曆三十六年(1608)直方堂刻本
周易雜論精義一卷 12001109/1
(宋)呂祖謙編
清(1644－1911)鈔本
先聖大訓六卷 12001110/1
(宋)楊簡撰
明萬曆四十三年(1615)刻本
爾雅補郭二卷 12001111/1
(清)翟灝撰
清(1644－1911)刻本
大明天元玉曆祥異圖說七卷 12001112/1
(明)余文龍撰
明萬曆四十七年(1619)刻本
無如四卷 12001113/1
(明)呂坤輯
明萬曆二十年(1592)刻本
古今紆籌十卷 12001114/1
(明)朱錦輯
明崇禎十二年(1639)刻本
七十二子粹言二卷 12001115/1
(宋)朱南功撰
明(1368－1644)刻本
大藏一覽集十卷 12001116/1
(明)陳實編
明永樂十六年(1418)隆慶遞修本
研硃集五經總類二十二卷 12001117/1
(明)張瑄撰
明崇禎(1628－1644)虹化堂刻本
士翼四卷 12001118/1
(明)崔銑撰
明嘉靖(1522－1566)精刻本
重訂併音連聲韻學集成十三卷
12001119/2
明萬曆三十四年(1606)刻本
春秋左傳節文十五卷 12001120/1
(明)汪道昆撰
明(1368－1644)刻本
錢氏小儿直訣四卷 12001121/1
(宋)錢乙撰
明崇禎元年(1628)刻本
兩山墨談十八卷 12001122/1
(明)陳霆撰
明嘉靖十八年(1539)李檠刻本
蘇米齋蘭亭考八卷 12001123/1
(清)翁方綱撰
清嘉慶(1796－1820)刻本
献次瑣談一卷 12001124/1
(明)劉世偉撰
清(1644－1911)鈔本
鼎鐫睡菴湯太史易經脈四卷卷首一卷
12001125/1
明萬曆四十五年(1617)寫刻本
帝王經世圖譜十六卷附錄二卷
12001126/1
(宋)唐仲友撰
清道光二十八年(1848)清吟閣刻本
新編歷代草書韻海十卷 12001127/1
(明)陳鼎新編
明崇禎三年(1630)刻本
玉堂叢語八卷 12001128/1
(明)焦竑輯
明萬曆(1573－1620)曼山館刻本
養蒙圖說不分卷 12001129/1
(明)涂時相撰
清乾隆(1736－1795)夢杏書屋刻本
顯密圓通成佛心要集 12001130/1
(遼)釋道?輯
明嘉靖四十五年(1566)刻本
山居日記八卷輿圖考略二卷 12001131/1
(明)寇慎撰
清(1644－1911)抄本
秕言四卷 12001132/1
(明)鄭明選撰
明萬曆二十四年(1596)刻本
華夷花草鳥獸珍玩考八卷續考三卷雜考一卷 12001133/1
(明)慎懋官撰

明萬曆九年(1581)刻本
道德經解二卷 12001134/1
(明)沈一贯撰
明萬曆十五年(1587)蔡貴易刻本
皇明三儒言行要錄十四卷 12001135/1
(明)郜永春等輯
明隆慶二年(1568)刻本
王宇泰先生訂補古今醫鑒十六卷 12001136/2
明(1368－1644)刻本
讀史蒙拾一卷 12001137/1
(清)王士禄撰
清(1644－1911)抄本
帝鑒圖說前卷四卷后卷二卷 12001138/1
(明)張居正輯
明天啟二年(1622)刻本
象教皮編六卷 12001139/1
(明)陳士元輯
明萬曆(1573－1620)刻本
青州百問一卷通玄百問一卷 12001140/1
明嘉靖三十六年(1557)刻本
經武渊源内編六卷外編六卷 12001141/1
(明)李材編
明萬曆(1573－1620)刻本
揚子法言十卷 12001142/1
(漢)揚雄撰
明隆慶二年(1568)刻本
書畫指南 12001143/1
清(1644－1911)抄本
便農占鏡三卷 12001144/1
(清)蘇毓輝輯
清(1644－1911)稿本
茶餘客話十二卷 12001145/1
(清)阮葵生撰
清乾隆(1736－1795)活字印本
泗洲大聖明覺普照國師僧伽傳不分卷 12001146/1
(宋)蔣之奇撰
明萬曆十九年(1591)刻本
嘯亭雜錄十卷續錄三卷 12001147/1
(清)昭槤撰
清(1644－1911)抄本
老子道德經二卷 12001148/1
崇禎六年(1633)抄本
童蒙訓三卷 12001149/1
(宋)呂本中撰
明(1368－1644)刻本
[重刻]古今醫鑑八卷 12001150/1
(明)龔信輯
明末(1621－1644)刻本
胡子衡齊八卷 12001151/1
(明)胡直撰
明萬曆(1573－1620)刻本
錢磬室雜錄不分卷 12001152/1
(明)錢穀輯
明(1368－1644)稿本
增補陶朱公致富奇書八卷 12001153/1
(明)陳繼儒撰
清初(1644－1722)刻本
新刊箋注决科古今源流至論前集十卷后集十卷續集十卷 12001154/1
明萬曆十八年(1590)刻本
踪眼和尚機鋒語錄一卷 12001155/1
明嘉靖四十一年(1562)刻本
易經易解三卷 12001156/1
清嘉慶二十年(1815)吳錦抄本
程志十卷 12001157/1
(明)崔銑編
明嘉靖(1522－1566)刻本
觀世音菩萨大悲心陁羅尼神咒一卷 12001158/1
清(1644－1911)稿本
玉機微義五十卷 12001159/2
(明)徐彦純撰
明正統四年(1439)陳有戒等刻本
成化丁亥重刊改併五音類聚四聲篇海十五卷 12001160/2
(金)韓孝彦撰
明嘉靖二十六年(1547)刻本
天文會通占三十一卷 12001161/2
明(1368－1644)抄本
陳圖南先生河洛真數起例三卷易卦聯義二卷詩断秘訣二卷 12001162/1
(宋)陳摶 邵雍撰
明萬曆二十年(1592)刻本
[萬曆]興化縣志十卷 12001163/1
(明)歐陽東鳳纂修
明萬曆十九年(1591)刻本
太常寺續紀二十二卷 12001164/1
(明)李日宣撰
明崇禎九年(1636)刻本
唐摭言十五卷 12001165/1
(五代)王定保撰
清(1644－1911)文瑞樓鈔本
周禮淪義三十二卷 12001166/2:1
(清)劉謙撰
清(1644－1911)抄本
[康熙]保定府志二十九卷 12001167/2
(清)紀弘謨修
清康熙十九年(1680)刻本
王公治績紀略一卷 12001168/1
(清)樊澤達等撰
清康熙(1662－1721)刻本
傳演毗尼儀範別集一卷 12001169/1
清(1644－1911)抄本
李興鋭日記不分卷附幾南賑次稟稿一卷 12001170/1
(清)李興鋭撰
清(1644－1911)稿本
潘黻廷先生日記 12001171/1
(清)潘曾綬撰
清(1644－1911)稿本
禮記講錄不分卷 12001172/2
(清)沈昌時撰
清(1644－1911)稿本
[順治]真定縣志十四卷 12001173/1
(清)陳謙纂修
清順治三年(1646)刻本
[康熙]趙州志十卷 12001174/1
(清)祝萬祉修
清康熙十二年(1673)刻本
詞綜三十六卷 12001175/1
(清)朱彝尊 汪森同輯
清康熙(1662－1721)刻本
太平經國之書十一卷卷首一卷 12001176/1
(宋)鄭伯謙撰
明嘉靖十五年(1536)刻本
治河全書二十四卷 12001177/3:1－2
(宋)張鵬翮撰
清(1644－1911)抄本
王柔王顯緒奏稿不分卷 12001178/1
(清)王柔 王顯緒撰
清(1644－1911)稿本
廣四十家小說 12001179/1
(明)顧元慶輯
明嘉靖(1522－1619)刻本
尚書注疏二十卷 12001180/1
(唐)孔穎達撰
明(1368－1644)刻本
五經四書大全 12001181/11:1－7、9－11
(明)胡廣等輯

明(1368－1644)刻本
新刊名臣碑傳琬琰集一百七卷 12001182/2
(宋)杜大珪輯
明(1368－1644)抄本
欽定方輿路程考略不分卷 12001183/2
(清)汪士鋐等纂
清康熙(1662－1721)刻本
遂閒堂張氏詩草二卷附錄詩星閣筆記八則 12001184/1
(清)張虎士輯
清康熙(1662－1721)抄本
水經注四十卷 12001185/2
(后魏)酈道元注
清(1644－1911)鈔本
商子五卷 12001186/1
(战國)商鞅撰
明萬曆(1573－1619)吳勉學刻二十子全書本
黃帝内經素問二十四卷 12001187/1
(唐)王冰註
明萬曆四十八年(1620)潘之恒刻本
[康熙]保定縣志四卷首一卷 12001188/1
(清)成其範修
清康熙十二年(1673)刻本
少司空主一徐公奏議九卷 12001189/1
(明)徐恪撰
明嘉靖(1522－1565)刻本
萬曆武功錄十四卷 12001190/2
(明)瞿九思撰
明萬曆(1573－1619)刻本
非周禮辨一卷經傳正偽一卷 12001191/1
(明)王應電撰
明(1368－1644)刻本
熊勿軒先生文集八卷易學啓蒙圖傳通義一卷五論五卷 12001192/1
(宋)熊禾撰
明成化至弘治(1465－1505)刻本
大明恭穆獻皇帝實錄五十卷 12001193/1
(明)費宏等纂修
明(1368－1644)南雲閣鈔本
明六部纂修條例 12001194/2
明(1368－1644)抄本
軍政備例 12001195/2
(明)趙堂撰
明(1368－1644)抄本
全氏七校水經注彙錄四十卷附水道表四十卷 12001196/3
(后魏)酈道元撰
清(1644－1911)鈔本
欽定四库全書總目二百卷卷首一卷圣諭一卷凡例目錄一卷 12001197/11:1－9、11
(清)紀昀等撰
清(1644－1911)四库全書本
龜山先生語錄四卷 12001198/1
(宋)楊時撰
元(1279－1368)刻本
八種畫譜 12001199/1
明天啟(1368－1644)刻本
吳興閔氏两尚書詩集十五卷 12001200/1
(明)閔一范編
明(1368－1644)刻本
水經注四十卷 12001201/1
(北魏)酈道元撰
明(1368－1644)鈔本
玩易心得不分卷附摘抄周函書詩草周易眼周易心法 12001202/3
稿本
甬東詩括十三卷 12001203/1
(明)楊德周等編
明崇禎(1628－1644)刻本
松雪齋文集十卷外集二卷 12001204/1
(元)趙孟頫撰
明萬曆(1573－1619)刻本
周易經傳二十四卷 12001205/1
(宋)程頤 朱熹撰
明(1368－1644)刻本
東泉誌四卷 12001206/1
(明)王寵撰
明正德五年(1510)陳澍刻本
嘉禾徵獻錄三十卷附外紀六卷 12001207/1
(清)盛楓撰
清(1644－1911)舊抄本
三朝聖諭錄三卷 12001208/1
(明)楊士奇輯錄
明正統(1436－1449)刻本
道園學古錄五十卷 12001209/2
(元)虞集撰
明景泰(1450－1456)刊本
濟胜一覽不分卷 12001210/1
(明)侯應琛撰
明萬曆(1573－1619)刻本
繪孟七卷 12001211/1
(明)戴君恩評
明天啟六年(1626)刻本
穆天子傳六卷 12001212/1
(晉)郭璞注
明萬曆(1573－1619)刻汉魏叢書本
廣韻五卷 12001213/1
元(1279－1368)刻本
孟子集注十四卷 12001214/1
元(1279－1368)刻本
節義錄二卷補遺一卷 12001215/1
(明)謝杲撰
明(1368－1644)稿本
棠湖詩稿一卷 12001216/1
(南宋)岳珂著
南宋(1368－1644)刻本
鼎鋟鍾伯敬訂正資治綱鑒正史大全七十四卷 12001217/5
明崇禎元年(1628)刻本
說文字原一卷 12001218/1
(元)周伯琦撰
元(1279－1368)刻本
秦樓月二卷附二分明月集一卷名媛題詠一卷 12001219/1
(清)朱素臣編
清康熙(1662－1721)刻本
孟子集注輯釋十四卷 12001220/1
元(1279－1368)刻本
五代名畫補遺一卷 12001221/1
(宋)劉道淳輯
明(1368－1644)抄本
春秋傳議六卷 12001222/1
(清)張爾岐撰
清(1644－1911)抄本
[乾隆]館陶縣志十二卷 12001223/1
(清)趙知希修
乾隆元年(1736)刻本
丁汝昌海軍函稿不分卷 12001224/1
(清)丁汝昌撰
清光緒(1875－1909)稿本
儀禮圖六卷 12001225/1
清(1644－1911)抄本
南海先生孟子微稿二卷 12001226/1
(清)康有为撰
清光緒(1875－1909)稿本
南海先生論語注稿二卷 12001227/1
(清)康有为撰

清(1644－1911)稿本
南海先生禮運注稿 12001228/1
(清)康有为撰
清(1644－1911)稿本
黔省苗族風俗圖解不分卷 12001229/1
清(1644－1911)彩繪本
[康熙]固始縣志十二卷首一卷 12001230/1
(清)楊汝楫纂修
清康熙三十二年(1693)刻本
[康熙]陽谷縣志八卷首一卷 12001231/1
(清)王時來修
清康熙五十五年(1716)刻本
[雍正]密雲縣志六卷圖一卷 12001232/1
(清)薛天培修
清雍正元年(1723)簣山堂刻本
聖諭講解錄不分卷 12001233/1
(明)張福臻撰
明天啟二年(1622)刻本
千叟宴詩四卷 12001234/1
(清)聖祖玄燁等撰
清康熙六十一年(1722)内府刻本
國語二十一卷 12001235/1
(吳)韋昭注
清(1644－1911)刻本
史要編十卷 12001236/1
(明)梁夢龍編
明隆慶六年(1572)刻本
[乾隆]上海縣志十二卷卷首一卷 12001237/3
(清)范廷傑修
清乾隆四十八年(1783)刻本
[嘉慶]上海縣志二十卷卷首一卷 12001238/3
(清)王大同等修
清嘉慶十九年(1814)刻本
[民國]上海市自治志不分卷 12001239/1
一九一八年鉛印本
[乾隆]寶山縣志十卷卷首一卷 12001240/1
(清)趙酉修
清乾隆十一年(1746)刻本
[同治]上海縣志札記六卷 12001241/1
清光緒二十八年(1902)鉛印本
[道光]川沙撫民廳志十二卷卷首一卷 12001242/1
(清)何士祁修
清道光十七年(1837)刻本
[民國]寶山縣再續志十七卷卷首一卷卷末一卷 12001243/1
吳葭修
一九三一年鉛印本
[嘉靖]上海縣志八卷 12001244/1
(明)鄭洛書修
明嘉靖(1522－1565)刻本
[乾隆]嘉定縣志十二卷卷首一卷 12001245/2
(清)程國棟修
清乾隆七年(1742)刻本
[光緒]江灣里志十五卷卷首一卷 12001246/1
(清)錢淦修
一九二四年鉛印本
法華鄉志八卷卷首一卷卷末一卷 12001247/1
(清)王鍾纂
一九二二年鉛印本
川沙縣志二十四卷卷首一卷 12001248/2
方鴻鎧等修
一九三七年鉛印本
月浦里志十五卷卷首一卷附錄一卷 12001249/1
陳應康等纂修
一九三四年鉛印本
[乾隆]金山縣志二十卷卷首一卷 12001250/1
(清)常琬修
清乾隆(1736－1795)刻本
[乾隆]青浦縣志十卷 12001251/2
(清)孫鳳鳴修
清乾隆五十三年(1788)刻本
[正德]金山衛志六卷附校記一卷 12001252/1
(明)張奎修
一九三二年影印刻本
[紹熙]雲間志三卷 12001253/1
(宋)楊潛纂修
清光緒二十年(1894)校刻本
寶山縣續志十七卷卷首一卷卷末一卷 12001254/1
張允高修
一九二一年鉛印本
蒸里志略十二卷 12001255/1
清宣統二年(1910)鉛印本
[光緒]重修奉賢縣志二十卷首末各一卷 12001256/1
(清)韓佩金修
清光緒四年(1878)刻本
章練小志八卷 12001257/1
(清)高如圭原編
一九一八年鉛印本
[乾隆]奉賢縣志十卷卷首一卷 12001258/1
(清)李治灝修
清乾隆二十三年(1758)刻本
[宣統]續修楓涇小志十卷卷首一卷 12001259/1
(清)程兼善纂修
清宣統三年(1911)鉛印本
[紹熙]雲間志三卷續一卷 12001260/1
(宋)楊潛纂修
嘉慶二十年(1815)刻本
[康熙]青浦縣志十卷 12001261/1
(清)魏球修
清康熙八年(1669)刻本
[光緒]崇明縣志十八卷 12001262/2
清光緒七年(1881)刻本
新鐫批評出像通俗演義禪真后史八卷五十三回 12001263/1
清(1644－1911)刻本
新鐫批評出像通俗奇俠禪真逸史八卷四十回 12001264/2
清(1644－1911)刻本
金石緣全傳八卷二十四回卷首一卷 12001265/1
清(1644－1911)刻本
新鐫批評出像通俗奇俠禪真逸史八卷四十回 12001266/2
(1368－1911)刻本
綠野仙踪八十回 12001267/2
(清)李百川撰
清道光十年(1830)刻本
鋒劍春秋十卷六十回 12001268/1
清光緒二年(1876)刻本
綠野仙踪八十回 12001269/2
(清)李百川撰
清光緒二十一年(1895)刻本
新刻離合劍蓮子瓶全集三十二回 12001270/1
清道光二十二年(1842)刻本
新鋟異說奇聞繡像群英傑全傳三十六回 12001271/1

清(1644－1911)刻本
綠牡丹全傳八卷六十四回　12001272/1
清光緒七年(1881)刻本
夢中緣四卷十五回　12001273/1
清光緒十一年(1885)刻本
蝴蝶媒四卷十六回　12001274/1
南岳道人編
(1279－1911)舊刻本
增訂精忠演義說本全傳二十卷八十回　12001275/1
(清)錢彩撰
清(1644－1911)同文堂刻本
說唐前傳十卷六十八回后卷四十二回　12001276/1
題(清)姑蘇如蓮居士編次
清(1644－1911)漁古山房刻本
第五才子書十二卷一百二十四回　12001277/1
(元)施耐庵撰
清(1644－1911)刻本
常言道四卷十六回　12001278/1
(清)落魄道人編
清光緒元年(1875)得成堂刻本
雲鍾雁三鬧太平莊全傳五十四回　12001279/1
清同治三年(1864)一笑軒刻本
四雪堂重訂通俗隋唐演義二十卷一百回　12001280/2
(清)褚人獲撰
清同治五年(1866)連元閣刻本
結水滸傳七十卷一百四十回　12001281/3
(清)俞萬春撰
清同治十年(1871)刻本
結水滸全傳七十卷一百四十回　12001282/3
(清)俞萬春撰
清末(1900－1911)刻本
結水滸全傳七十卷七十回　12001283/3
(清)俞萬春撰
清咸豐七年(1857)重刻本
殘唐五代演義傳十二卷六十回　12001284/1
(明)羅貫中撰
清(1644－1911)刻本
第十才子書六卷二十四回　12001285/1
清(1644－1911)刻本
第五才子書十二卷一百二十四回　12001286/1
(元)施耐庵撰
清(1644－1911)刻本
新刊繡像彭公案二十三卷一百回　12001287/2
(清)貪夢道人撰
清光緒二十年(1894)民安堂刻本
繡像京本雲合奇踪十卷八十回　12001288/1
(明)徐渭編
清(1644－1911)刻本
新編雷鋒塔奇傳五卷　12001289/1
清(1644－1911)刻本
聊齋志異遺稿四卷　12001290/1
(清)蒲松齡撰
清光緒四年(1878)活字本
雅觀樓四卷十六回　12001291/1
(清)檀園主人編
清(1644－1911)刻本
新刻按鑑編纂開闢演繹六卷八十回　12001292/1
(明)周遊撰
清道光十年(1830)刻本
繡像雲合奇踪五卷八十回　12001293/1
(明)徐渭撰
清光緒十二年(1886)刻本
雅觀樓全傳四卷十六回　12001294/1
(清)檀園主人編
(1911－1949)抄本
新刻大宋楊文廣平南全傳　12001295/1
清同治四年(1865)刻本
後西遊記四十回　12001296/2
清道光元年(1821)大字本
聊齋志異新評十六卷　12001297/2
(清)蒲松齡撰
清三十三年(1907)刻本
雪月梅傳十卷五十回　12001298/1
(清)陳朗撰
清光緒(1875－1908)刻本
後紅樓夢三十回附刻吳下諸子和大觀園菊花社原韻詩二卷　12001299/2
清(1644－1911)刻本
新鐫批評繡像後西遊記四十回　12001300/2
清(1644－1911)刻本
後續大宋楊家將文武曲星包公狄青初傳十四卷六十八回　12001301/1
(清)李雨堂撰
清咸豐八年(1858)刻本
雪月梅傳五十回　12001302/1
(清)陳朗撰
清(1644－1911)刻本
紅樓夢一百二十回　12001303/2
(清)曹雪芹撰
清(1644－1911)刻本
新刻章臺柳四卷十六回　12001304/1
民國(1911－1949)抄本
後西遊記四十回　12001305/1
清末(1736－1911)刻本
新刻清風閘四卷三十二回　12001306/1
清同治十三年(1874)刻本
聊齋志異新評十六卷　12001307/2
(清)蒲松齡撰
清道光二十二年(1842)刻本
混元盒五毒全傳二十回　12001308/1
清同治十年(1871)刻本
批點聊齋志異十六卷　12001309/2
(清)蒲松齡撰
清嘉慶二十一年(1816)刻本
鬼谷四友志三卷　12001310/1
(清)楊景昌撰
清道光四年(1824)刻本
紅樓夢一百二十回　12001311/4
(清)曹雪芹撰
清光緒三年(1877)芸居樓刻本
紅樓夢一百二回附論□一卷總評一卷　12001312/3
(清)曹雪芹撰
清光緒二年(1876)聚珍堂活字印本
航海西遊記八十四回　12001313/1
民國(1911－1949)傳抄本
聊齋志異十六卷　12001314/2
(清)蒲松齡撰
清(1644－1911)抄本
皇明中興聖烈傳二卷　12001315/1
(清)樂舜日述
民國(1911－1949)抄本
皇明大儒王陽明先生出身靖亂錄五卷　12001316/1
(明)馮夢龍撰
民國(1911－1949)抄本
兒女英雄傳四十回　12001317/2
(清)文康撰
清光緒十四年(1888)刻本
雪月梅傳十卷五十回　12001318/1
(清)陳朗撰
清道光二十二年(1842)刻本

異說後唐傳三集薛丁山征西樊梨花全傳十卷八十八回 12001319/1
(清)如蓮居士撰
清末(1736–1911)刻本
金石緣全傳八卷二十四回 12001320/1
清同治四年(1865)刻本
原本海公大紅袍全傳六十卷六十回 12001321/1
(晉)李春芳編次
清道光二年(1822)刻本
新鐫玉茗堂批評按鑑參補南宋志傳十卷五十回 12001322/1
(明)研石山樵訂正
南宋(1127–1911)刻本
新鐫玉茗堂批評按鑑參補南宋志傳十卷五十回 12001323/1
(明)研石山樵訂正
清(1644–1911)刻本
美益奇觀孝義傳八卷六十四回 12001324/1
清(1644–1911)刻本
英雲夢傳八卷 12001325/1
清光緒十四年(1888)扫葉山房刻本
新刻異說南唐演義全傳十卷一百回 12001326/1
清(1644–1911)似菊别墅刻本
狐狸緣六卷二十二回 12001327/1
(清)醉月山人撰
清(1644–1911)刻本
繡像京本雲合奇踪玉茗英烈全傳十卷八十回 12001328/1
(明)徐渭撰
清(1644–1911)刻本
封神演義詮解十卷 12001329/1
清咸豐六年(1856)稿本
兒女英雄傳評話四十回 12001330/2
(清)文康撰
清光緒六年(1880)活字印本
娱目醒心編十六卷三十九回 12001331/1
(清)杜綱撰
清咸豐二年(1852)三星堂刻本
孫龐演義四卷二十回 12001332/1
清(1644–1911)刻本
新刻鍾伯敬先生批評封神演義十九卷一百回 12001333/2
(明)許仲琳撰
清光緒(1875–1908)扫葉山房刻本
義俠好逑傳四卷十八回 12001334/1
清(1644–1911)刻本
東周列國全志二十三卷一百八回 12001335/2
清光緒十三年(1887)刻本
義俠好逑傳四卷十八回 12001336/1
清(1644–1911)刻本
林蘭香八卷六十四回 12001337/2
清(1644–1911)刻本
南史演義三十二卷 12001338/1
(清)杜綱撰
清道光十年(1830)培德堂刻本
歧路燈二十卷一百五回 12001339/2
(清)李海觀撰
民國(1911–1949)抄本
西遊記傳四卷 12001340/1
(明)吳承恩撰
清(1644–1911)聚古齋刻本
吕祖全傳一卷後卷一卷 12001341/1
(清)汪象旭編
清光緒十一年(1885)刻本
繡像京本雲合奇踪玉茗英烈全傳十卷八十回 12001342/1
(明)徐渭撰
清(1644–1911)致和堂刻本
好逑傳四卷十八回 12001343/1
清(1644–1911)刻本
快心錄七卷十四回 12001344/1
清(1644–1911)抄本
金鐘傳八卷六十四回 12001345/1
正一子 克明子撰
清光緒二十二年(1896)樂善堂刻本
豆棚閒話十二卷 12001346/1
清(1644–1911)刻本
花月痕全書十六卷五十二回 12001347/1
(清)魏秀仁撰
清光緒十四年(1888)刻本
繡像忠烈全傳六十卷六十回 12001348/1
清(1644–1944)刻本
林蘭香八卷六十四回 12001349/2
清道光十八年(1838)刻本
新刻劍嘯閣批評西漢演義八卷東漢演義十卷 12001350/2
清(1644–1911)刻本
新刻劍嘯閣批評西漢演義八卷東漢演義八卷 12001351/2
清(1644–1911)刻本
新刻劍嘯閣批評西漢演義八卷東漢演義十卷 12001352/2
清(1644–1911)刻本
忠烈俠義傳一百二十回 12001353/2
清光緒五年(1879)刻本
繡像北宋金槍全傳十卷五十回 12001354/1
研石山樵訂正
清(1644–1911)刻本
新鐫全像武穆精忠傳八卷 12001355/1
(明)熊大木撰
清(1644–1911)刻本
新刻粉妝樓傳記八卷八十回 12001356/1
清光緒十九年(1893)泰山堂刻本
異說后唐傳三集薛丁山征西樊梨花全傳十二卷八十八回 12001357/1
清光緒十九年(1893)崇德堂刻本
西湖小史四卷十六回 12001358/1
(清)蓉江撰
清光緒二年(1876)六經堂刻本
西遊真詮一百回 12001359/2
(清)陳士斌撰
清(1644–1911)刻本
快心編初集五卷十回二集五卷十回三集六卷十二回 12001360/2
清(1644–1911)课花書屋刻本
今古奇觀四十卷 12001361/2
(明)抱甕老人選輯
清(1644–1911)刻本
精訂廿四史綱鑑通俗衍義二十六卷四十四回 12001362/1
(清)吕撫撰
清光緒十三年(1887)刻本
筆耕山房宜春香質四集二十回 12001363/1
民國(1911–1949)刻本
新刊北魏奇史闺孝烈傳十二卷四十六回 12001364/1
(清)張紹賢撰
清道光三十年(1850)藏德堂刻本
李公案奇聞初集三十四回 12001365/1
(清)惜紅居士撰
清光緒二十八年(1902)刻本
新編肉坵墳十二卷九十八回 12001366/1
清光緒二十三年(1897)義善堂刻本
新纂四望亭全傳十一卷六十四回 12001367/1
清光緒十三年(1887)琉璃厂刻本

新刻天花藏批評平山冷燕四卷二十回 12001368/1
(清)荻岸散人撰
清(1644－1911)刻本
新編玉蟾記六卷五十三回 12001369/1
(清)崔象川撰
清道光十九年(1839)綠玉山房刻本
新鐫后續繡像五虎平南狄青演傳六卷四十二回 12001370/1
清(1644－1911)善成堂刻本
新刊五美緣全傳八十回 12001371/1
清道光十二年(1832)三餘堂刻本
忠烈俠義傳一百二十回 12001372/2
清光緒八年(1882)袖珍本
今古奇觀四十卷 12001373/1
(明)抱甕老人選輯
清(1644－1911)刻本
新刻京本烈國志傳八卷 12001374/1
(明)余邵魚撰
清(1644－1911)刻本
繡像綠牡丹全傳六卷六十四回 12001375/1
清道光十八年(1839)忠信堂刻本
新選今古奇聞二十二卷 12001376/1
題(清)東壁山房主人編
清光緒十七年(1891)文成堂刻本
新編繡像簇新小說麟儿报十六回 12001377/1
清(1644－1911)刻本
新編玉蟾記六卷五十三回 12001378/1
(清)崔象川撰
清光緒元年(1875)刻本
新刻天花藏批評平山冷燕四卷二十回 12001379/1
(清)荻岸散人撰
清光緒二十八年(1902)刻本
鴛鴦影四卷十八回 12001380/1
清道光十五年(1835)刻本
東周列國全傳二十三卷一百八回 12001381/2
(清)蔡元放評點
清(1644－1911)刻本
新鐫異說五虎平西珍珠旗演義狄青前傳十四卷一百十二回 12001382/1
清(1644－1911)同文堂刻本
岳武穆精忠全傳六卷六十八回 12001383/1
(明)鄒元標撰
清(1644－1911)大文堂刻本
新鐫三分夢全傳十六卷十六回 12001384/1
(清)張士登撰
清道光二十八年(1848)刻本
儒林外史五十六回 12001385/2
(清)吳敬梓撰
清咸豐元年(1851)清江注禮閣刻本
齊省堂增訂儒林外史五十六回 12001386/2
(清)吳敬梓撰
清同治十三年(1874)齊省堂刻本
刪訂二奇合傳十六卷四十回 12001387/1
清光緒四年(1878)渝城二勝會刊本
新鐫全像武穆精忠傳八卷 12001388/1
(明)熊大木撰
清(1644－1911)刻本
醒夢駢言十二回 12001389/1
清(1644－1911)刻本
四大奇書第一種三國演義十九卷一百二十回 12001390/2
(明)羅貫中撰
清(1644－1911)刻本
水石緣六卷 12001391/1
(清)李春榮撰
清(1644－1911)刻本
鐵冠圖八卷五十回 12001392/1
清光緒四年(1878)宏文堂刻本
新刻批評平山冷燕六卷二十回 12001393/1
(清)荻岸散人撰
清(1644－1919)静寄山房刻本
于少保萃忠全傳十卷四十傳 12001394/1
(清)孫高亮撰
清(1644－1911)刻本
第一才子書三國演義六十卷一百二十回 12001395/2
(明)羅貫中撰
清光緒九年(1883)築野書屋刻本
四大奇書第一種三國演義五十一卷一百二十回 12001396/2
(明)羅本撰
清(1644－1911)文成室刻本
七真祖師列仙傳不分卷 12001397/1
清光緒十九年(1892)刻本
續纂施公案三十六卷一百回 12001398/2
清光緒二十年(1894)梓潼會刻本
靈犀刦十二回 12001399/1
清(1644－1911)抄本
林蘭香八卷 12001400/1
清道光(1821－1850)刻本
醒世姻緣傳一百回 12001401/2
(清)西周生輯著
清同治九年(1870)刻本
儿女英雄傳評話四十回首一回 12001434/2
(清)文康撰
清光緒四年(1878)聚珍堂活字本
新編批評續像后七國演義 12001457/1
清(1644－1911)刻本
醉醒石十四回 12001458/1
題(明)東魯古狂生編輯
清乾隆五十四年(1789)瀛經堂刻本
草閑堂新編小史警寤鐘 12001459/1
(題)嗤嗤道人撰
(1911－1949)抄本
異說征西演義全傳 12001460/1
(題)恂莊主人編次
清乾隆(1736－1795)鴻寶堂刻本
新課逸田叟女仙外史大奇書 12001462/2
(清)呂熊撰
清康熙(1662－1722)刻本
紅樓夢一百二十回 12001463/3
(清)曹雪撰
清光緒二年(1876)聚珍堂活字印本
儒林外史五十六回 12001464/2
(清)吳敬梓撰
清嘉慶二十一年(1816)藝古堂刻本
儒林外史五十六回 12001465/2
(清)吳敬梓撰
清嘉慶八年(1803)臥閑草堂刻本
嶺南逸史二十八回 12001466/1
(清)黃耐庵撰
清嘉慶(1796－1820)文道堂刻本
北史演義六十四卷 12001467/2
(清)杜綱撰
清乾隆五十八年(1793)刻本
雪月梅傳十卷五十回 12001468/1
(清)陳朗撰
清乾隆四十年(1775)德華堂刻本
警富新書四卷四十回 12001469/1
題(清)安和先生撰
清道光十二年(1832)桐石山房刻本
水石緣六卷 12001470/1
(清)李春榮撰

清(1644－1911)明德堂刻本
鳳凰池四卷十六回 12001471/1
題煙霞散人編
清(1644－1911)華文堂刻本
天花臧批評玉娇梨五卷二十回 12001472/1
(清)張匀撰
清乾隆三十六年(1771)刻本
情夢柝四卷二十回 12001473/1
題安陽洒氏撰
清(1644－1911)刻本
飛龍傳六十回 12001474/2
(清)吳璿删定
清乾隆(1736－1796)刻本
夏商合傳 12001475/1
(明)鍾惺編
清嘉慶十九年(1814)稽古堂刻本
春柳鶯四卷十回 12001476/1
題鶡冠史者編
清(1644－1911)刻本
覺世名言六卷十二種三十八回 12001477/1
(清)李漁撰
清嘉慶五年(1800)會成堂刻本
新鍥重訂出像註釋東西晉通俗演義 12001478/1
題陳氏尺蠖評釋
明(1368－1644)周氏大業堂刻世德堂補刻本
續紅樓夢三十卷 12001480/2
清嘉慶四年(1755)抱甕軒刻本
新刻劍嘯閣批評西漢演義傳 12001481/2
(明)佚名撰
清(1644－1911)刻本
新鐫孫龐演義六卷二十回 12001482/1
清(1644－1911)古吳樹本堂刻本
列國志輯要八卷 12001483/1
(清)楊庸輯
清(1644－1911)四知堂刻本
西游補十六回 12001484/1
(明)董說撰
清(1644－1911)空青室刻本
剿闖小說十卷附錄一卷 12001485/1
(明)西懶道人口授
清(1644－1911)抄本
水滸后傳十卷四十回 12001486/1
(明)陳忱撰
清乾隆(1736－1795)刻本
西遊真詮一百回 12001487/1
(清)陳士斌詮解
清(1644－1911)刻本
新鐫玉茗堂批點按鑒参補楊家将傳 12001488/1
(明)研石山樵訂
明末(1621－1644)啓元堂刻本
西遊真詮一百回 12001489/2
(清)陳士斌詮解
清乾隆(1736－1795)敬業堂刻本
新鐫全像東西两晉演義志傳十二卷五十回 12001490/1
(明)楊爾曾編
清(1644－1911)刻本
新刻黃掌綸先生評定神仙鑒 12001491/3
(清)徐道撰
清(1644－1911)刻本
第五才子書水滸傳 12001492/3
(元)施耐庵撰
清(1644－1911)刻本
燕山外史八卷 12001494/1
(清)陳球撰
清嘉慶(1796－1820)三陋居刻本
平妖傳八卷四十回 12001495/1
(明)羅貫中撰
清嘉慶十七年(1812)書業堂刻本
石點頭十四卷 12001496/1
(題)天然癡叟撰
清(1644－1911)刻本
燕山外史四六傳奇四卷 12001497/1
(清)陳球撰
清同治五年(1866)鳴盛堂刻本
四大奇書第一種十九卷一百二十回 12001498/2
(明)羅本撰
清顺治(1644－1661)刻本
四大奇書第一種六十卷一百二十回 12001499/3
(明)羅貫中撰
清乾隆十七年(1752)姑蘇書業懷穎堂刻本
覺世名言十二卷三十八回 12001500/1
(清)李漁撰
清乾隆五十五年(1790)文寶堂刻本
燕山外史八卷 12001501/1
(清)陳球撰
清嘉慶十六年(1811)刻本
樵史通俗演義八卷四十回 12001502/1
(清)江左樵子撰
(1911－1949)抄本
新刻鍾伯敬先生批評封神演義二十卷 12001503/2
(明)許仲琳撰
清乾隆四十七年(1782)刻本
水滸后傳八卷四十回 12001504/1
(明)陳忱撰
清(1644－1911)刻本
繡像雲合奇踪五卷八十回 12001505/1
(明)徐渭編
清(1644－1911)文英堂刻本
英雄譜二種 12001506/1
(明)熊飛輯
明末(1368－1644)刻本
新鐫玉茗堂批評按鑒参補南宋志傳 12001507/1
研石山樵訂正
清(1644－1911)刻本
新刻清風閘四卷三十二回 12001508/1
清嘉慶二十四年(1819)奉孝軒刻本
新鐫濟顛大師醉菩提全傳二十回 12001509/1
題(清)天花藏主人編
清乾隆五十三年(1788)刻本
東周列國志二十七卷一百八回 12001535/1
(清)蔡元放評點
清光緒十四年(1888)石印本
蟫史二十卷 12001536/2
(清)屠紳撰
清末(1900－1911)刻本
繡像永慶升平前傳十二卷九十七回繡像永慶升平後傳十二卷一百回 12001541/1
(清)姜振名等撰
清光緒二十九年(1903)上海簡青齋石印本
醒世姻緣傳一百回 12001542/3
西周生輯撰
清同治九年(1870)刻本
繡像永慶昇平前傳二十四卷九十七回繡像永慶昇平後傳六卷一百回 12001545/1
(清)貪夢道人著

清光緒二十九年(1903)簡青齋石印本
第一才子書六十卷一百二十回
12001546/2
(明)羅貫中撰
清光緒十六年(1890)上海書局石印本
評注圖像水滸傳七十五卷七十回
12001547/1
(元)施耐庵撰
清光緒三十三年(1907)石印本
繪圖評點女仙外史一百回　12001548/1
清光緒(1975－1909)石印本
第一才子書六十卷一百二十回
12001549/2
(明)羅貫中撰 (清)毛宗崗評
清宣統元年(1909)鉛印本
繡像封神演義一百回　12001550/1
清光緒十五年(1889)上海文百宋齋鉛印本
繡像西漢演義八卷一百回　12001551/1
(明)許仲琳撰
清光緒十八年(1892)鉛印本
繪圖官場現形記五編六十卷 12001552/1
(清)李伯元撰
清(1644－1911)石印本
今古奇觀四十卷　12001553/1
(明)抱翁老人選輯
清光緒十四年(1888)茂苑萃珍書屋石印本
新刻中興大唐演義傳十卷一百回
12001554/1
清光緒十二年(1886)京都立盛堂刻本
增補齊省堂儒林外史六十回 12001555/1
(清)吳敬梓撰
清光緒十四年(1888)鴻寶齋石印本
繪圖增像萬仙鬬法八卷六十回
12001556/1
清光緒二十六年(1900)江南書局石印本
繡像結水滸全傳八卷七十回坿結子一回　12001557/1
(清)俞萬春撰
清光緒二十二年(1896)煥文書局石印本
最新時事滑稽小說新天地二卷
12001558/1
書带子撰
清宣統二年(1910)集文書局石印本

繪圖劉進忠三春夢六卷三十三回
12001560/1
清末(1890－1911)石印本
繪圖鏡花緣一百回　12001561/1
(清)李汝珍撰
清光緒十四年(1888)點石齋石印本
新刊七真因果二卷二十九回 12001562/1
一九一八年刻本
繪圖繪芳錄八卷八十回　12001563/1
題(清)西冷野樵著
清光緒二十年(1894)上海書局石印本
繡像全圖小五義一百二十四回
12001564/1
清光緒十六年(1890)上海文海堂鉛印本
繡像仙俠五花劍六卷三十回 12001565/1
(清)海上劍癡撰
清光緒三十年(1904)上海書局石印小本
精訂綱鑒廿四史通俗衍義二十六卷四十四回　12001566/1
(清)呂撫撰
清光緒十三年(1887)鉛印本
繡像前七國志六卷　12001567/1
清光緒三十四年(1908)營口成文厚石印本
增訂繪圖精忠說岳全傳八卷八十回
12001568/1
清光緒三十一年(1905)上海書局石印本
新刊繡像全圖施公案後傳二十五卷一百回　12001569/1
清光緒十九年(1893)上海書局石印本
衛生小說醫界現行記四卷二十二回
12001570/1
(清)郁聞堯撰
清光緒三十二年(1906)鉛印本
繡像三國演義續編西晉四卷東晉八卷
12001571/1
題(明)陳氏尺蠖齋評釋
清光緒十九年(1893)廣百宋齋鉛印本
東周列國志二十七卷一百八回
12001572/1
(清)蔡元放評點
清光緒十六年(1890)點石齋石印本
繪圖銀瓶梅四卷二十四回　12001573/1
清末(1890－1911)石印本

[顺治]饒陽縣后志六卷　12001574/1
(清)劉世祚修
清顺治三年(1646)刻本
社會小說二十年目睹之怪現狀八卷一百八回　12001575/2
清光緒三十二年(1906)鉛印本
新刻三寶太監西洋記通俗演義二十卷一百回　12001576/1
(明)羅懋登撰
清(1644－1911)鉛印本
老殘游記二十卷　12001577/1
(清)劉鶚撰
天津日日新聞社鉛印本
[萬曆]四鎮三關志十卷卷首 12001578/2
(明)劉應節 楊兆修
清(1644－1911)鈔本
[乾隆]永清縣志二十五卷卷首附永清文徵五卷　12001579/1
(清)周震榮修
清乾隆四十四年(1779)刻本
續永清縣志十四卷附文徵二卷
12001580/1
(清)李秉鈞等修
清光緒元年(1875)刻本
[康熙]香河縣志十一卷　12001581/1
(清)劉深纂修
清康熙(1662－1911)抄本
[康熙]大名縣志二十卷　12001582/1
(清)顧咸泰修
清康熙十五年(1676)刻本
[乾隆]隆平縣志十卷首一卷 12001583/1
(清)袁文煥纂修
清乾隆(1736－1911)抄本
[乾隆]棗強縣志八卷首一卷末一卷
12001584/1
(清)單作哲纂修
清乾隆十七年(1752)刻本
固安文獻志二十卷　12001585/2
賈廷琳纂
一九二八年鉛印本
南宫縣鄉土志　12001586/1
清光緒(1875－1908)鈔本
[雍正]臨漳縣志六卷首一卷 12001587/1
(清)陶穎發纂修
清康熙三十年(1691)刻本 清雍正九年(1731)增修本

[乾隆]欽定熱河志一百二十卷首一卷 12001588/6
(清)和珅等纂修
清乾隆(1736－1795)内府抄本
[康熙]滄州新志十五卷卷首 12001589/1
(清)祖澤潛等纂修
清康熙十三年(1674)刻十九年增修本
繡像繪圖七俠五義傳六卷一百回 12001590/1
石印本
[康熙]豐潤縣志八卷 12001591/1
(清)羅景泐修
清康熙三十一年(1692)刻本
繡像三國演義續編十二卷 12001592/1
陳氏尺蠖齋評釋
清光緒三十四年(1908)上海文宜書局石印本
繡像續小五義一百二十四回 12001593/1
清光緒十八年(1892)珍藝書局鉛印本
繪圖三公奇案二十卷 12001594/1
清光緒十七年(1891)正宜書局鉛印本
獲鹿縣志十四卷首一卷末一卷附石門概況 12001595/1
梁仁政纂修
一九三九年鉛印本
新校天津衛志四卷首一卷 12001596/1
(清)薛柱斗纂修
一九三四年鉛印本
[光緒]赤城縣續志十卷首一卷 12001597/1
(清)林牟貽等纂修
清光緒九年(1883)刻本
濟顛大師醉菩提全傳二十回 12001598/1
題(清)西湖墨浪子撰
清光緒四年(1878)聚珍堂活字印本
民族小說洪秀全演義四集八卷五十四回 12001599/1
(清)黃小配撰
清宣統元年(1909)石印小本
[康熙]武邑縣志六卷 12001600/1
(清)許維梃修
清康熙三十三年(1694)刻本
[乾隆]肅寧縣志十卷首一卷 12001601/1
(清)尹侃等修
清乾隆二十一年(1756)刻本
增補齊省堂儒林外史六十回 12001602/1
(清)吳敬梓撰
清光緒三十二年(1906)海左書局石印本
[光緒]新河縣志十六卷卷首 12001603/1
(清)趙鴻鈞修
清光緒二年(1876)刻本
[同治]曲周縣志二十卷 12001604/1
(清)存祿修
清同治八年(1869)刻本
哀艷小說桃花新夢二編 12001605/1
香夢詞人記述
清宣統三年(1911)鉛印本
[乾隆]南和縣志十二卷首一卷 12001606/1
(清)周章煥纂修
清乾隆十四年(1749)抄本
[道光]邢臺縣志十卷首一卷 12001607/1
清道光七年(1827)刻本
[光緒]容城縣志八卷圖一卷 12001608/1
(清)俞廷獻等修
清光緒二十二年(1896)刻本
[萬曆]安平縣志六卷 12001609/1
(明)王訢修
明萬曆十七年(1589)刻本
[乾隆]赤城縣志八卷卷首一卷附續補一卷 12001610/1
(清)孟思誼修
清乾隆十二年(1747)刻本
一字不識之新黨二編三十三回 12001611/1
題(清)老耘撰
清光緒三十三年(1907)彪蒙書室鉛印本
[萬曆]顺德府志四卷 12001612/1
(明)王守誠修
明萬曆十二年(1584)刻本
[康熙]高邑縣志三卷 12001613/1
(清)劉瑜修
清康熙二十四年(1685)刻本
[康熙]深州志八卷 12001614/1
(清)李天培等纂修
清康熙三十六年(1697)刻本
[雍正]阜城縣志二十二卷首一卷 12001615/1
(清)陸福宜修
清光緒三十四年(1908)鉛印本
[康熙]重修無極志二卷圖一卷 12001616/1
(清)高必大修
清康熙元年(1662)刻本
[乾隆]三河縣志十六卷首一卷 12001617/1
(清)陳昶修
清乾隆二十五年(1760)鉛印本
[光緒]直隸趙州志 12001618/1
(清)孫傳栻纂修
一九三九年鉛印本
繡像小八義十二卷一百二十回 12001619/1
清光緒三十一年(1905)上海書局石印本
黃金世界二卷二十回 12001620/1
題(清)碧荷館主人著
清光緒三十二年(1906)小說林社鉛印本
[乾隆]廣昌縣志八卷首一卷 12001621/1
(清)趙由仁纂修
清乾隆二十五年(1760)刻本
[康熙]寶坻縣志八卷 12001622/1
(清)牛一象修
清康熙十二年(1673)刻本
韋蘇州集 GT0001
(唐)韋應物撰
明(1368－1644)銅活字印本
欒城集 GT0002
(宋)蘇轍撰
明(1368－1644)活字印本
御選明臣奏議 GT0003
(清)蔡新等輯
清乾隆四十七年(1782)活字印本
帝裡明代人文略 GT0004
(清)路鴻休撰
清道光三十年(1850)活字印本
績溪戴氏族譜 GT0005
(明)戴祥纂修
明嘉靖(1522－1566)刻本
皋廡吳氏家乘 GT0006
(清)吳哲等纂修
清乾隆三十三年(1768)刻本
城北汪氏族譜 GT0007
(明)汪讓纂修
明成化二十三年(1487)刻本
吳氏本枝墓譜 GT0008
(明)吳可學撰
明萬曆(1573－1620)刻本
真意堂叢書 GT0009
(清)吳志忠編

清嘉慶十六年(1811)活字印本
朱氏統宗譜　GT0010
(明)朱邦相 朱國禎等纂修
明末(1621－1644)抄本
甫裡逸詩　GT0011
(清)周秉鑒輯
清乾隆五十八年(1793)活字印本
火氏家譜　GT0012
(清)火舜文纂修
清(1644－1911)抄本
松鶴山房詩集　GT0013
(清)陳夢雷撰
清康熙(1662－1722)活字印本
汪氏家傳　GT0014
(清)汪喜孫輯
清(1644－1911)抄本
名帖紀聞　GT0015
(清)朱照廉撰
清嘉慶十七年(1812)活字印本
婺源山水遊記　GT0016
(清)周鴻撰
清乾隆五十五年(1790)活字印本
唐詩類苑　GT0017
(明)卓明卿輯
明萬曆十四年(1586)活字印本
崇禎三癸卯增廣別試文武科殿試榜目　GT0018
出版年不詳銅活字印本
崇禎紀元後四甲子式司馬榜目　GT0019
清同治三年(1865)銅活字印本
重修李氏族譜　GT0020
(明)李昮纂修
明嘉靖(1522－1566)刻本
考事撮要　GT0021
(朝鮮)魚叔權等撰
出版年不詳銅活字印本
陳氏宗祠祀產記　GT0022
(清)陳士鍈等撰
清(1644－1911)抄本
鳳洲筆記　GT0023
(明)王世貞撰
明隆慶三年(1569)活字印本
北堂書抄　GT0024
(唐)虞世南輯
清光緒十四年－十五年(1888－1874)活字印本
吳越錢氏鳳林派宗譜　GT0025
(清)錢經一纂修
清(1644－1911)抄本
山陽陸氏族譜　GT0026
(清)陸求可 陸志謹纂修
清康熙二十五年(1686)刻本
曹子建集　GT0027
(魏)曹植撰
明(1368－1644)銅活字印本
莊子鬳齋口義　GT0028
(宋)林希逸撰
明正德十三年(1518)銅活字印本
白氏長慶集　GT0029
(唐)白居易撰
明正德八年(1513)銅活字印本
鳳洲筆記　GT0030
(明)王世貞撰
明隆慶三年(1569)活字印本
欒城集　GT0031
(宋)蘇轍撰
明(1368－1644)活字印本
杜審言集　GT0032
(唐)杜審言撰
明(1368－1644)銅活字印本
楊炯集　GT0033
(唐)楊炯撰
明(1368－1644)銅活字印本
王勃集　GT0034
(唐)王勃撰
明(1368－1644)銅活字印本
龍灣志　GT0035
(朝鮮)金就奎纂修
出版年不詳銅活字印本
元朝名臣事略　GT0036
(元)蘇天爵輯
清乾隆(1736－1795)活字印本
梁氏宗譜　GT0037
(清)梁興化纂修
清(1644－1911)抄本
盧照鄰集　GT0038
(唐)盧照鄰撰
明(1368－1644)銅活字印本
康熙四十一年山東鄉試錄　GT0039
清康熙刻本
陳氏宗譜　GT0040
清(1644－1911)抄本
金淵集　GT0041
(元)仇遠撰
清乾隆(1736－1795)活字印本
拙軒集　GT0042
(金)王寂撰
清乾隆(1736－1795)活字印本
新安休甯汪溪金氏族譜　GT0043
(明)金弁 陳有守等纂修
明(1368－1644)刻本
景城紀氏家譜　GT0044
(清)紀昀纂修
清嘉慶七年(1802)刻本
顏魯公年譜　GT0045
(宋)留元剛撰
明嘉靖(1522－1566)銅活字印本
休甯厚田吳氏宗譜　GT0046
(清)吳騫纂修
清乾隆五十二年(1787)刻本
欒城集　GT0047
(宋)蘇轍撰
明(1368－1644)活字印本
鳳洲筆記　GT0048
(明)王世貞撰
明隆慶三年(1569)活字印本
王勃集　GT0049
(唐)王勃撰
明(1368－1644)銅活字印本
楊炯集　GT0050
(唐)孟浩然撰
明(1368－1644)銅活字印本
盧照鄰集　GT0051
(唐)盧照鄰撰
明(1368－1644)銅活字印本
新安孫氏宗譜　GT0052
(清)孫毓華纂修
清(1644－1911)抄本
汪氏世譜　GT0053
(清)汪淮纂修
清嘉慶(1796－1820)刻本
常建集　GT0054
(唐)常建撰
明(1368－1644)銅活字印本
物初和尚語錄　GT0055
(宋)釋德溥等輯
日本寶永三年(1706)活字印本
所知錄　GT0056
(明)錢澄之撰
清道光(1821－1850)活字印本
虞世南集　GT0057
(唐)虞世南撰
明(1368－1644)銅活字印本
韓君平集　GT0058
(唐)韓翃撰
明(1368－1644)銅活字印本

駱賓王集 GT0059
(唐)駱賓王撰
明(1368－1644)銅活字印本
外科精義 GT0060
(元)齊德之撰
日本慶長二年(1597)活字印本
沈佺期集 GT0061
(唐)沈佺期撰
明(1368－1644)銅活字印本
包何集 GT0062
(唐)包何撰
明(1368－1644)銅活字印本
王昌齡集 GT0063
(唐)王昌齡撰
明(1368－1644)銅活字印本
嚴武集 GT0064
(唐)嚴武撰
明(1368－1644)銅活字印本
張九齡集 GT0065
(唐)張九齡撰
明(1368－1644)銅活字印本
陳子昂集 GT0066
(唐)陳子昂撰
明(1368－1644)銅活字印本
張說之集 GT0067
(唐)張說撰
明(1368－1644)銅活字印本
劉隨州集 GT0068
(唐)劉長卿撰
明(1368－1644)銅活字印本
孟浩然集 GT0069
(唐)孟浩然撰
明(1368－1644)銅活字印本
王摩詰集 GT0070
(唐)王維撰
明(1368－1644)銅活字印本
岑嘉州集 GT0071
(唐)岑參撰
明(1368－1644)銅活字印本
錢考功集 GT0072
(唐)錢起撰
明(1368－1644)銅活字印本
高常侍集 GT0073
(唐)高適撰
明(1368－1644)銅活字印本
祖詠集 GT0074
(唐)祖詠撰
明(1368－1644)銅活字印本
崔曙集 GT0075
(唐)郎士元撰
明(1368－1644)銅活字印本
皇甫曾集 GT0076
(唐)皇甫曾撰
明(1368－1644)銅活字印本
皇甫冉集 GT0077
(唐)皇甫冉撰
明(1368－1644)銅活字印本
司空曙集 GT0078
(唐)司空曙撰
明(1368－1644)銅活字印本
包佶集 GT0079
(唐)包佶撰
明(1368－1644)銅活字印本
耿湋集 GT0080
(唐)耿湋撰
明(1368－1644)銅活字印本
戴叔倫集 GT0081
(唐)戴叔倫撰
明(1368－1644)銅活字印本
盧綸集 GT0082
(唐)盧綸撰
明(1368－1644)銅活字印本
李益集 GT0083
(唐)李益撰
明(1368－1644)銅活字印本
嚴維集 GT0084
(唐)嚴維撰
明(1368－1644)銅活字印本
郎士元集 GT0085
(唐)郎士元撰
明(1368－1644)銅活字印本
顏魯公文集 GT0086
(唐)顏真卿撰
明(1368－1644)銅活字印本
李益集 GT0087
(唐)李益撰
明(1368－1644)銅活字印本
康熙十一年江西鄉試錄 GT0088
清康熙(1662－1722)刻本
重訂嘉慶七年壬戌科會試齒錄 GT0089
清嘉慶十九年(1814)刻本
康熙十五年丙辰科會試二百九名進士三代履歷便覽 GT0090
刻本
雍正十二十三年寅卯拔貢同年序齒錄 GT0091
清雍正(1723－1735)刻本
順治六年己醜科會試四百名進士三代履歷便覽 GT0092
清順治(1644－1661)刻本
順治十五年會試錄 GT0093
清順治(1644－1661)刻本
順治十一年山東鄉試錄 GT0094
清順治(1644－1911)刻本
道光二十年庚子科會試同年齒錄 GT0095
清(1644－1911)抄本
道光十二年壬辰科直省鄉試同年齒錄 GT0096
清(1944－1911)抄本
嘉慶十五年廣西鄉試題名錄 GT0097
清嘉慶(1796－1820)刻本
乾隆三十五年庚寅恩科福建鄉試錄 GT0098
清乾隆(1736)刻本
乾隆三十九年甲午科福建鄉試錄 GT0099
清乾隆(1736)刻本
乾隆三年戊午科順天鄉試錄履歷 GT0100
清(1644－1911)抄本
乾隆四十八年癸卯科江南鄉試同年齒錄 GT0101
清(1644－1911)刻本
乾隆四十八年癸卯科鄉試齒錄 GT0102
清咸豐二年(1852)抄本
嘉慶二十五年庚辰柯欽取漢教習同年齒錄 GT0103
清嘉慶刻本
重訂道光二年壬午年恩科同年齒錄 GT0104
(清)周含萬輯
清刻本
道光十二年壬辰科四川鄉試題名錄 GT0105
清道光刻本
道光三十年庚戌科拔貢朝考同年齒錄 GT0106
清道光刻本
光緒十六年庚寅科會試錄 GT0107
清光緒刻本
光緒二十年京察滿漢司員履歷冊 GT0108
清抄本
同治元年壬戌恩科山西鄉試同年齒錄 GT0109
清同治刻本
光緒十四年戊子科順天鄉試錄 GT0110
(清)翁同龢撰
清稿本

嘉慶辛未科會試第十四房同門硃卷 GT0170
(清)湯儲等撰
清嘉慶(1796－1820)刻本
嘉慶辛酉恩科第十三房同門會試硃卷 GT0171
(清)萬世美等撰
清嘉慶(1796－1821)刻本
康熙癸未科會試硃卷 GT0172
清康熙刻本
康熙丁酉年科順天鄉試硃卷 GT0173
清康熙刻本
嘉慶乙丑科會試第四房同門硃卷 GT0174
(清)聶銑民等撰
清嘉慶(1796－1821)刻本
嘉慶辛酉恩科第十七房同門會試硃卷 GT0175
(清)丁步曾等撰
清嘉慶(1796－1821)刻本
康熙浙江鄉試硃卷 GT0176
清康熙(1662－1722)刻本
乾隆庚子科順天鄉試硃卷 GT0177
(清)王錫培等撰
清乾隆刻本
康熙庚午科順天鄉試禮記房硃卷 GT0178
(清)孔尚先等撰
清康熙(1662－1722)刻本
康熙三十二年癸酉科順天鄉試錄 GT0179
清康熙刻本
康熙壬戌科會試硃卷 GT0180
(清)郝林撰
清康熙刻本
鄧華熙世系及鄉試硃卷 GT0181
(清)鄧華熙撰
清(1644－1911)刻本
武闈鄉試事宜 GT0182
(清)黃貽楫撰
清(1644－1911)稿本
光緒十七年京察滿漢司員履歷表 GT0183
清抄本
道光八年戊子科廣東鄉試題名錄 GT0184
清道光刻本
康熙五十年福建鄉試錄 GT0185
清康熙刻本

期刊

河北省重工學院半月刊 12/J－0001/1
天津郵刊 12/J－0002/1
南開雙周 12/J－0003/1
檢驗月刊 12/J－0004/3
津津月刊 12/J－0005/1
新北方 12/J－0006/1
甲寅週刊 12/J－0007/1
社會統計月刊 12/J－0008/1
北洋半月刊 12/J－0009/1
東北文化月報 12/J－0010/2
北洋理工季刊 12/J－0011/2
平劇彙刊 12/J－0012/1
大天津 12/J－0013/1
世界昌明報 12/J－0014/1
七襄 12/J－0016/1
綢繆 12/J－0017/2
法律彙刊(半月刊) 12/J－0018/1
申時經濟情報 12/J－0019/1
譯文 12/J－0020/3
國藥新聲 12/J－0021/3
張垣市半月刊 12/J－0023/1
保險季刊 12/J－0024/1
仁智林叢刊 12/J－0025/1
民眾叢書 12/J－0026/1
天地人 12/J－0028/1
河北省公報 12/J－0029/3
河北建設公報(補遺) 12/J－0030/1
河北省建設公報 12/J－0030/3
太平洋 12/J－0031/1
福建教育官報 12/J－0032/2
河北省立女子師範學院圖書館月報 12/J－0033/1
知識往來 12/J－0034/1
秘聞叢刊 12/J－0035/1
當代文藝 12/J－0036/1
天津市市立通俗圖書館月刊 12/J－0037/1
民教 12/J－0038/2
天津市週刊 12/J－0039/1
社會月刊 12/J－0040/1
摩洛 12/J－0041/1
光華附中半月刊 12/J－0042/2
女師學院期刊 12/J－0043/1
牖民叢刊 12/J－0044/1
華北水利委員會計畫彙刊 12/J－0045/1
遊藝畫刊 12/J－0046/2
十日戲劇 12/J－0047/1
教育公報 12/J－0048/9
立言畫刊 12/J－0049/4
立言畫刊(補遺) 12/J－0049/1
星期六畫報 12/J－0050/1
字學雜誌 12/J－0051/1
河北實業公報 12/J－0052/2
方舟 12/J－0053/2
東北文化 12/J－0054/1
一爐 12/J－0055/1
三六九畫報 12/J－0056/7
新學校刊 12/J－0057/1
山東省立劇院第一周年紀念年刊 12/J－0058/1
教育季刊 12/J－0059/1
天津棉鑒 12/J－0060/2
北寧鐵路運輸公報 12/J－0061/2
新廣州 12/J－0062/1
健美月刊 12/J－0063/1
微波 12/J－0064/1
中華戲劇 12/J－0065/1
文藝生活 12/J－0066/2
扶風畫報 12/J－0067/1
北洋大學校季刊 12/J－0068/1
津匯月刊 12/J－0069/1
天津文化 12/J－0070/1
五月革命紀念刊 12/J－0071/1
廣東旅滬同鄉會月刊 12/J－0072/1
竟樂畫報 12/J－0073/1
生活雜誌 12/J－0074/1
語美畫刊 12/J－0075/1
教育季刊 12/J－0077/1
清華中國文學會月刊 12/J－0078/1
河北省工程師協會月刊 12/J－0079/1
兵事雜誌 12/J－0080/6
天津市訓練團二刊 12/J－0081/1
天津特別市警察局半年刊 12/J－0082/1
效實學生季刊 12/J－0083/1
快樂家庭 12/J－0084/1
音樂評論 12/J－0085/1
天下篇 12/J－0086/1
新開月刊 12/J－0087/1
新天津副刊 12/J－0088/2
社會教育星期報 12/J－0089/4
譯報週刊 12/J－0090/1
天聲 12/J－0091/1
江西省立圖書館館務彙刊 12/J－0092/1
嚮導 12/J－0093/1
天津學生 12/J－0094/1
河北週刊 12/J－0095/1
詩刊 12/J－0096/1
紅色中華 12/J－0097/2
員警三日刊 12/J－0098/1

福建勸業雜誌　12/J－0099/1
廣智館星期報　12/J－0100/2
中國童子軍總會月刊　12/J－0102/1
中國童子軍總會籌備處彙報　12/J－0103/1
文聯　12/J－0104/1
戲劇畫報　12/J－0105/1
天津國貨調查　12/J－0106/1
河北省立女子師範學院中部季刊　12/J－0107/1
天津益世報副刊　12/J－0108/1
經濟資料彙編　12/J－0109/1
四海　12/J－0110/3
鈴鐺　12/J－0111/1
憲法論從　12/J－0112/1
國際知識　12/J－0113/1
作家　12/J－0114/1
新民小說報　12/J－0115/1
華北海關進出口貿易統計月報　12/J－0116/5
公論　12/J－0117/1
氣象月報　12/J－0118/1
華北之水文　12/J－0119/1
文哲　12/J－0120/1
理想家庭　12/J－0121/1
戲曲　12/J－0122/1
一心　12/J－0123/1
中華員警協會雜誌　12/J－0124/1
大戈壁　12/J－0125/1
國醫雜誌　12/J－0126/1
人言　12/J－0127/2
佛教月報　12/J－0128/1
天津特別市市政府市政公報　12/J－0129/7
文藝週刊　12/J－0130/1
蓝皮書　12/J－0131/1
遠東　12/J－0132/1
農村建設　12/J－0133/1
電化教育　12/J－0134/1
勞動與婦女　12/J－0135/1
警務月刊　12/J－0136/1
半月戲劇　12/J－0137/1
滑稽畫報　12/J－0138/1
農商部觀測所年報　12/J－0139/1
舊劇集成:京朝派標準戲詞　12/J－0140/1
中國紡織學會第十二屆青島分會第一屆年會　12/J－0141/1
經濟研究季報　12/J－0142/1
綜藝　12/J－0143/1
北洋大學季刊　12/J－0144/1
津紡統計年報　12/J－0145/1
樂天報　12/J－0146/3
沙漠畫報　12/J－0147/2
復興中醫　12/J－0148/1
微音　12/J－0149/2
青春月刊　12/J－0150/1
時代生活　12/J－0151/1
交大校友　12/J－0152/1
一四七畫報　12/J－0153/2
雪風　12/J－0154/1
新民意報副刊　12/J－0155/1
軍事雜誌　12/J－0156/1
北方青年　12/J－0157/1
染化月刊　12/J－0158/2
商職月刊　12/J－0159/1
法令旬刊　12/J－0160/1
國貨研究月刊　12/J－0161/1
戲世界　12/J－0162/2
萬人文庫　12/J－0163/1
北洋週刊　12/J－0165/1
紡織年刊　12/J－0166/1
新民報　12/J－0167/1
華北氣象月刊　12/J－0168/1
長春員警　12/J－0169/1
中國童子軍　12/J－0171/1
中國童子軍半月刊　12/J－0172/1
眼界　12/J－0173/1
蘇淮特別區行政公署公報　12/J－0176/2
鍛煉　12/J－0177/1
好萊塢　12/J－0178/2
婦人畫報　12/J－0179/1
天津經濟統計月報　12/J－0180/1
中國氣象學會會刊　12/J－0181/1
上海現銀移動狀況　12/J－0182/1
國立清華大學年刊　12/J－0183/1
抗日特刊　12/J－0184/1
國聞週報　12/J－0185/20
文哲季刊　12/J－0187/1
新生活　12/J－0188/1
讀書月報　12/J－0189/1
法商週刊　12/J－0190/1
政情專報　12/J－0191/1
歐戰時報　12/J－0192/1
光芒　12/J－0193/1
青年半月刊　12/J－0195/1
探討與批判　12/J－0196/1
中國童子軍月刊　12/J－0197/1
市政公報　12/J－0198/1
人間月刊　12/J－0199/1
中國內幕　12/J－0200/1
星期小說　12/J－0201/1
冀中教育　12/J－0202/1
工協　12/J－0203/1
會務鳥瞰　12/J－0204/1
天津聖經神學志　12/J－0205/1
北辰　12/J－0209/2
月亮　12/J－0210/1
郵星　12/J－0211/1
燕京大學季刊　12/J－0212/1
國際新聞　12/J－0213/1
科學世界　12/J－0214/1
南風　12/J－0215/1
南風(補遺)　12/J－0215/1
田家半月報　12/J－0216/2
民間　12/J－0217/1
滑稽世界　12/J－0218/1
新星　12/J－0219/1
外論　12/J－0220/1
銀河　12/J－0221/1
公益工商通訊　12/J－0222/1
天津半月刊　12/J－0223/1
東吳　12/J－0224/1
中國攝影學會畫報　12/J－0225/3
青青電影　12/J－0226/1
文學　12/J－0227/1
新東北　12/J－0228/1
國術週刊　12/J－0229/1
電影生活　12/J－0230/1
大聲半月刊　12/J－0231/1
先導　12/J－0232/1
漫畫界　12/J－0233/1
青年與婦女　12/J－0234/1
證交　12/J－0235/1
救世旬刊　12/J－0236/1
大亞月刊　12/J－0237/1
新政　12/J－0238/1
通訊　12/J－0239/1
新月　12/J－0240/1
朔風　12/J－0241/1
銀行學會會刊　12/J－0242/1
青島市公安局行政年刊　12/J－0243/1
大同　12/J－0244/1
通訊往來　12/J－0245/1
新中國　12/J－0246/1
匯文旬刊　12/J－0247/1

藝術評論 12/J－0248/1
學校評論 12/J－0249/1
銀行知識 12/J－0250/1
鴻聞拔萃月刊 12/J－0251/1
北戴河海濱公報 12/J－0252/1
讀書生活 12/J－0253/1
津電月刊 12/J－0255/1
北洋醫學學友會會報 12/J－0256/1
穆音 12/J－0257/1
修業雜誌 12/J－0258/1
天津基督教女青年會會務季刊 12/J－0259/1
黃埔週刊 12/J－0260/1
黃埔黨務週刊 12/J－0261/1
時代前 12/J－0262/1
俯瞰 12/J－0263/1
海濤 12/J－0264/1
工業通訊 12/J－0265/1
紡織時報 12/J－0266/1
中央彙刊 12/J－0267/1
戰教週刊 12/J－0268/1
南開大學電工會刊 12/J－0269/1
交通管理學院院刊 12/J－0270/1
天津縣政府公報 12/J－0271/1
家庭研究 12/J－0272/1
星光 12/J－0273/1
月華 12/J－0274/1
新光明週刊 12/J－0275/1
清華旬刊 12/J－0276/1
電影雜誌 12/J－0277/1
抗敵青年 12/J－0278/1
怒吼 12/J－0279/1
長城 12/J－0280/1
都會 12/J－0281/1
國運 12/J－0282/1
虞美人 12/J－0283/1
公安旬刊 12/J－0284/1
青年文藝 12/J－0285/1
黃河 12/J－0286/1
南開校友 12/J－0287/1
世界電影 12/J－0288/1
教育與青年 12/J－0289/1
濟案特刊 12/J－0290/1
天津漫畫 12/J－0291/1
雙星 12/J－0292/1
南開初中 12/J－0293/1
武漢評論 12/J－0294/1
中華特刊 12/J－0295/1
握手 12/J－0296/1
野煙三週報 12/J－0297/1
抗敵週刊 12/J－0298/1
軍事要刊 12/J－0299/1
藝術界週刊 12/J－0301/1
銀行生活 12/J－0302/1
中華漫畫 12/J－0303/1
商聯週報 12/J－0304/1
茶陽邑僑蒙難特輯 12/J－0305/1
新婦女 12/J－0306/1
文物月刊 12/J－0307/1
吐露月刊 12/J－0308/1
天津市立第二十二小學校校刊 12/J－0309/1
天津晶報元旦特刊 12/J－0310/1
毛革雜誌 12/J－0311/1
時代電影 12/J－0312/1
新的小說 12/J－0313/1
中行生活 12/J－0314/1
國聯文化合作報告 12/J－0315/1
藝文線 12/J－0316/1
南中半月刊 12/J－0317/1
鐵路協會會報 12/J－0318/1
逸經·宇宙風·西風 12/J－0319/1
天津青年 12/J－0320/1
人民世紀 12/J－0321/1
影戲雜誌 12/J－0322/1
全國公民和平協助會週刊 12/J－0323/1
國醫求是月刊 12/J－0324/1
南開季刊 12/J－0325/1
清真月刊 12/J－0326/1
革命響導 12/J－0327/1
飛沫 12/J－0328/1
文葉 12/J－0329/1
民心週報 12/J－0335/1
商學雜誌 12/J－0341/1
直隸農會報 12/J－0342/1
伊光 12/J－0343/1
教育報國際文教叢刊 12/J－0344/1
旅津廣東學校二十六周年校慶專刊 12/J－0345/1
會務雜誌 12/J－0346/1
一二一月刊 12/J－0347/1
透視 12/J－0348/1
遠東經濟月報 12/J－0349/1
大東亞經濟 12/J－0350/1
大東亞公論 12/J－0351/1
天津文化 12/J－0352/1
天津特別市公安局周年紀念特刊 12/J－0353/1
直隸教育界 12/J－0354/1
國民革命軍第二十四軍政務彙刊 12/J－0355/1
東北光復紀念 12/J－0356/1
三十五年度青紡統計年報 12/J－0357/1
青年知識畫報 12/J－0358/1
統計年刊 12/J－0359/1
乙丑級刊 12/J－0360/1
昌農月刊 12/J－0361/1
陸軍第一五一師卅周年紀念特刊 12/J－0362/1
銀線畫報叢書 12/J－0363/1
天津工商學院校友會 12/J－0364/1
中國教育電影協會第四屆年會專刊 12/J－0365/1
商檢統計專刊 12/J－0366/1
雁門旬刊 12/J－0367/1
唐山 12/J－0368/1
國慶特刊 12/J－0369/1
企新月刊 12/J－0370/1
濤聲月刊 12/J－0371/1
天津區糧食儲運旬刊 12/J－0372/1
天津兒童 12/J－0375/1
南中學生 12/J－0377/1
天津市臨時參議會第一屆第二次大會會刊 12/J－0378/1
大地週報 12/J－0379/1
文化雜誌 12/J－0380/1
商業經濟週刊 12/J－0381/1
藝友 12/J－0382/1
會務月刊 12/J－0383/1
安琪兒 12/J－0384/1
平論半月刊 12/J－0385/1
上海市總工會第五屆一周年紀念特刊 12/J－0386/1
晨曦 12/J－0387/1
國光月刊 12/J－0388/1
文昌 12/J－0389/1
回民公報 12/J－0390/1
天津特別市衛生局月刊 12/J－0391/1
新南社社刊 12/J－0392/1
理科學報 12/J－0393/1
國語週刊 12/J－0394/1
北晨畫刊 12/J－0395/1
大亞畫報 12/J－0396/1

散文 12/J－0521/5
國外前寒武紀地質 12/J－0522/4
理論與現代化 12/J－0528/3
河北學刊 12/J－0529/5
華北地震科學 12/J－0530/3
河北醫藥 12/J－0531/3

報紙

醒華日報補遺 12/N－0000/2
1911.9.22－1912.1.18
時報 12/N－0001/2
1886.7.31－1888.11.3
時報(補遺) 12/N－0001/1
1891.12.1－1892.5.13
誠報 12/N－0002/2
1916.10.1－1920.11.14
新時報 12/N－0003/2
1946.5.12－1948.12.5
天津新生晚報 12/N－0004/4
1946.9.28－1949.10.31
天津新生晚報 12/N－0004/1
1949.11.－12
天津新生晚報 12/N－0004/1
1950.1－12
天津新生晚報 12/N－0004/2
1951.1－12
天津新生晚報 12/N－0004/1
1952.1－6
民力週報 12/N－0005/1
1945.5.5－1948.10.23
商報 12/N－0006/21
1928.6.1－1929.11.30
唐山日報 12/N－0007/2
1946.2.16－1948.12.5
天津民國晚報 12/N－0008/1
1948.3.29－1949.1.13
天津青年日報 12/N－0009/1
1945.11.10－1946.9.26
新星報 12/N－0010/5
1947.6.1－1949.1.5
天津衛 12/N－0011/1
1946.12.8－1947.3.4
時事日報 12/N－0012/1
1947.11.1－1948.10.31
廣播日報 12/N－0013/2
1935.9.6－1937.3.31
民生導報 12/N－0014/2
1946.8.10－1947.9.30
天津華北新報 12/N－0015/3
1944.5.1－1945.10.5
中華日報 12/N－0016/3
1946.1.1－1948.12.15
天風報 12/N－0017/5
1930.5.2－1938.8.31
天聲報 12/N－0018/8
1938.2.3－1943.12.3
天風畫報 12/N－0019/2
1938.9.5－1939.3.31
東亞晨報 12/N－0020/12
1939.9.1－1943.11.30
天津衛報 12/N－0021/1
1947.3.5－1947.6.26
自由晚報 12/N－0022/1
1946.11.1－1948.6.30
天津午報 12/N－00023/1
1935.3.17－1936.9.30
中南報 12/N－00024/5
1934.4.3－1948.12.13
商務日報 12/N－00025/1
1947.4.1－1947.11.30
冀東日報 12/N－00026/2
1948.1.1－1949.7.31
群眾日報 12/N－00027/4
1947.7.1－1949.12.31
冀熱遼日報 12/N－00028/2
1945.11.3－1947.5.31
唐山勞動日報 12/N－00029/1
1949.8.1－1949.12.31
新唐山日報 12/N－00030/1
1949.1.1－1949.4.30
大中華商報 12/N－00031/1
1946.4.15－1946.8.26
華北漢英報 12/N－00032/1
1947.9.16－1948.10.31
天津新聞 12/N－00033/1
1926.10.7－1927.3.31
民興報 12/N－00034/5
1909.7.3－1912.9.10
醒報 12/N－00035/1
1911.12.20－1912.1.18
河北省中文零散報紙彙集 12/N－00036/1
1945－1948
庸報 12/N－00037/112
1926.10.1－1944.4.30
時言報 12/N－00038/4
1932.5.6－1943.12.15
天津白話報 12/N－00039/1
1910.4.10－1910.10.1
中國萃報 12/N－00040/1
1909.8.27－1909.10.13
忠言報 12/N－00041/1
1909.7.17－1909.8.15
益世報 12/N－00042/207
1915.10.1－1949.1.13
天津日報 12/N－00043/148
1949.1.17－1994.12.31
技術市場 12/N－000045
1982－1985
技術市場報 12/N－000046
1985－1988
中國技術市場報 12/N－000047
1989－2002
新晚報 12/N－000048
1952.6－1960.6
天津晚報 12/N－000049
1960.7－1966.12
今晚報 12/N－000050
1984.7－2002

專利卷片

實用新型專利申請說明書
實用新型專利申請說明書
發明專利申請審定說明書
專利平片
發明專利公報
中國專利局
實用新型專利公報
中國專利局專利資訊中心
實用新型專利公告號索引
中國專利局專利文獻服務中心
發明專利公開號索引
中國專利局專利資訊中心
實用新型專利分類號索引
中國專利局專利資訊中心
實用新型專利申請號索引
中國專利局專利資訊中心
發明專利申請號索引
中國專利局專利資訊中心
發明專利分類號索引
中國專利局專利資訊中心
外觀設計專利公報
中國專利局專利文獻服務中心

後　記

天津圖書館歷史文獻部李國慶主任多年以前既有編寫《天津圖書館購藏影印本古籍書目》一書的想法，但一直未能如願，適值天津圖書館複康路館向文化中心館搬遷，古籍閱覽室暫時關閉，方有機會指導我做此項工作。此書中收錄的是原複康路館區古籍閱覽室的全部影印本古籍圖書，另有大部分是文化中心圖書館新館開放後購藏的圖書，一併作此書目。

文化中心圖書館建成，適值國家實施"中華古籍保護計劃"，大力推動以影印出版、數字化、縮微複製等方式的古籍再生性保護工作，出版了大量的影印本古籍，並以各種系列叢書形式問世，同時新館古籍閱覽室面積的擴大，也為購藏眾多影印本古籍創造了條件。因為陸續新進館的圖書量激增，並且入藏時間不一，故未能徹底標註索書號和依號排架，而是盡量將同類圖書集中在一起，個別圖書因為到館時間較晚未能歸入其相應的類別中，待以後再進行調整。

在讀者服務工作中，因影印古籍讀者查詢率高，為加快書目編寫進度，滿足讀者的需求，後期五位編委參與了部分工作。為使書目早日與讀者見面，此書目先行出版，只收錄了 2018 年以前所入藏的影印本古籍圖書。

本書部分條目標有索書號，"Y""F""T"等字母開始的，為原復康路館區藏書，內容包括：一般影印本古籍、地方志系列、小說系列等；大部分未標註索書號的圖書，為文化中心館區新入藏的部分，內容包括：詩文別集系列、珍貴古籍系列、敦煌遺書系列、漢文大藏經系列等；本書還收錄了以線裝書形式影印出版的古籍，其中部分影印線裝書，因原復康路館區古籍閱覽室面積有限，存放於書庫中，為更加便於讀者利用，現亦歸入閱覽室對讀者開放閱覽。

這項工作的開展自始至終都是在李國慶主任的支持下進行的，後期楊欣言參與了審校工作，張文琴為書稿的完成提供了便利。天津圖書館王永華、胡黜傑及天津社會科學院出版社沈楠主任對本書的出版工作也傾注了大量的心血，使得本書得以付梓，謹向他們表示衷心的感謝！

由於缺少經驗，學識所限，編寫工作中難免存在不足之處，敬祈讀者不吝賜教。

王　振

2019. 11. 29